THE NEW GLOBAL

ENGLISH-JAPANESE DICTIONARY

木原研三…［監修］ 山岸和夫…［編者代表］

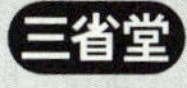

First published, under the title
THE GLOBAL ENGLISH-JAPANESE DICTIONARY 1983
Published under the present title
THE NEW GLOBAL ENGLISH-JAPANESE DICTIONARY 1994
Second edition 2001

監修
木原 研三

編集委員
土屋 順子　藤田 崇夫　本吉 侃
山岸 和夫　渡辺 勝馬
Paul Edmund Davenport

編集顧問
福村虎治郎

執筆協力
宇佐美邦雄　佐藤 尚孝　柳田 躬嗣　山口 英則

調査協力
相沢のり子　岩崎 昌子　伊藤 康司
小川由里子　田島佐希子　田中 彰子
長山 圭子　二タ村発生　山口 雪江
吉森 由季　オプティマ企画編集室

挿 画 : 北野 玲　北野 順子　キャデック（中山 隆夫）
エジマ企画　オメガ社
写 真 : 手島 良　デジタルアーカイブ・ジャパン
地 図 : ジェイ・マップ
装 丁 : 三省堂デザイン室

〈新グローバル英和辞典 初版編集委員〉
芦川長三郎　奥田 夏子　佐藤 尚孝　土屋 順子
宮井 捷二　宮川 幸久　山岸 和夫
Paul Edmund Davenport

第2版　ま　え　が　き

我々が『グローバル英和辞典』に大幅な増補を加えて『新グローバル英和辞典』を刊行してから既に6年，初版刊行から数えれば17年を経過した．その間多くの方々からご好評を戴き，編集にたずさわった我々としては誠にやり甲斐のある仕事であったとひそかに自負すると共に，より一層理想の学習英和辞典に近づけるべく，常に検討を加えて来た．今ここに関係諸氏のたゆまぬ努力の結晶たる第2版を世に送ることができたのは，監修者として誠に喜びに堪えない所である．

言うまでもなく近年の先端科学，特に情報科学や生物学の急速な発達に応ずべく新語・新語義への目くばりは当然のことであるが，さらに今回の改訂に当たって留意した点を挙げれば，

(1)　旧版で文型を5文型に分類していたのを7文型に改めた．それは Adjunct の導入により SV, SVO のほかに新たに SVA, SVOA の文型を認めたことである．この点は既にかなりの文法家によって唱えられている事であるが，例えば She acted strangely. のような従来ならば SV (＋Modifier) と分析されるものを，この場合の strangely は文型の外に置かれる単なる optional な Modifier ではなくて，文の成立に欠くことのできない obligatory なものであるから，これを Adjunct と呼び，これを含む型を一つの文型として立てたのである．詳しくは凡例に譲るが，学習上一層有効な文型表示へ一歩踏みだしたものと言えよう．

(2) 分離複合語 (separate compound) をすべて独立させ，2語見出しとして検索の便を図った．

(3) 語源は従来の形式を改め，約1万語について各個に語源を簡潔に記して記憶の便を図った．

(4) 初版以来本書の特色の一つであった「連結」欄を500から1000に倍加した．これについては再び P.E. Davenport 氏をわずらわせた．

(5) 例文の多くが生きた，血の通った例文であることも本書の特色の一つであったが，今回は特に日常口語的表現についても考慮した．

以上のほか従来本書の特色であった語義記述の構成に関しても一語一句再検討を加えたのはもちろんのことである．

なお執筆陣の構成について一言すれば，旧版でのメンバーである芦川・

宮井・佐藤の3君が『グランドセンチュリー英和辞典』に専心するため『新グローバル英和』からは退かれ，新たに渡辺勝馬君と本吉侃君とが『グローバル』に加わり，執筆者代表の任を山岸和夫君に取って戴いた.

最後になったが，執筆のための資料として新聞雑誌からの用例数千を提供された柳田躬嗣氏，現代小説からの用例を提供された吉田一彦氏，上記「連結」欄の強化のほかに定期的な session で語法上の質問に対し適確な回答を与えられた Davenport 氏に深い感謝を捧げたい. もとより三省堂外国語辞書編集室の諸君の献身的努力によること大なるものがあることを特記し，その労に感謝するものである.

2000年11月10日

木　原　研　三

本書の使い方

I 見出し語

配　列

1 同じつづりで大文字·小文字の違いのあるときは大文字を先にする.

2 同じつづりで語源の異なるものは，別の見出し語とし，右肩に数字を付けて区別する.

bow[1] **bow**[2] **bow**[3]

3 省略することがある文字は ( ) に入れたが，( ) の中の文字も，アルファベット順に数える.

つづり

4 見出し語には，音節の区切りに·を入れて分節を示す．ワードプロセッサーなどで行末で単語を切るときは，ここで切る.

＊が付かない語 (→I-10) で既出の見出し語の 2 つ以上からなる合成語では，それぞれの語の切れ目のみ (2 語のときは1箇所) を·で示す.

an·chor, anchor·person

5 同一の語に 2 つ以上のつづりがあるときは，使用度のより高い方のつづりの所で語義を出し，もう1つの語はそこを参照させる.

gild[2] 图 ＝guild.
⋮
guild /gild/ 图 Ⓒ **1** ギルド《中世の商人, …》

ただし，アルファベット順配列ですぐ前後になるときは，同じ所に並記する．一部を省略するともう1つのつづりになるものは，その字を ( ) でくくる (→I-3).

frow·zy, -sy → frowzy 又は frowsy
flan·nel·et(te) → flannelet 又は flannelette

〖米〗〖英〗の違い

6 〖米〗と〖英〗でつづりの異なるものは，原則として〖米〗を先にして並記してある．この場合，アルファベット順で 2 つが離れるときは，英つづりを別の見出し語とし，〖米〗つづりの方を参照させる.

cen·ter〖米〗, **-tre**〖英〗
⋮
cen·tre /séntər/ 图, 動 〖英〗＝center.

複合語

7 複合語は，一方又は両方が他に見出し語として出ていないものは，出ている方の発音記号は省略する.

Kèw Gárdens /kjùː-/
Mag·na Car·ta [〖旧〗 **Char·ta**] /mæ̀gnə-kɑ́ːrtə/

略　語　8　最近は略語にピリオドを付けない傾向にあるので，本書も概ねその方針に従った．両方行われる場合はピリオドを付けた形は通例示さない．ただし慣用上ピリオドを必ず付けるものや，つづりの途中までの略語には，残してある．

9　略語はその省略前の形で複合語，成句，用例のいずれかで出ているものには訳を付けない．それ以外のものには ( ) に訳を出すか，《 》で説明してある．

FA 〖英〗Football Association (サッカー協会).

ABC[2]　American Broadcasting Company《米国 3 大放送会社の1つ; ….

⁑ ⁎ * † ‡　10　見出し語のうち基本語には重要度の順に 5 種類の印を付ける．

⁂ 863 語	† 3621 語
⁑ 2686 語	‡ 2974 語
* 3109 語	

II　発音

記　号　1　記号は国際音声字母 (IPA) を用いて表記する．→「発音記号表」

米音 / 英音　2　米音を先に表示し，| で区切って，英音のうち米音と異なる部分を示す．米音の表記から *r* を除いたものが英音になるときは，英音を別に示すことはしない．

hot /hɑt|hɔt/,　**ask** /æsk|ɑːsk/,　**cin·der** /síndər/,　**bird** /bəːrd/

cinder, bird の場合，英音は /síndə/, /bəːd/ だが，示さない．

アクセント　3　第1アクセントは /ˊ/, 第 2 アクセントは /ˋ/ で示す

ac·tu·ate /æktʃuèit/

( )の記号　4　( ) 内にある記号は発音が省略されることがあることを示す．

a·ble /éib(ə)l/,　**often** /ɔ́ːf(t)(ə)n|ɔ́f(t)(ə)n/

発音記号の省略　5　前出の発音の一部の省略にはハイフン (-) を用いる．

bond·age /bɑ́ndidʒ|bɔ́n-/＝/bɑ́ndidʒ|bɔ́ndidʒ/

6　アクセントの位置が異なるときはダッシュ (–) を用いる．ダッシュ 1 つは 1 音節に相当する．

ac·co·lade /ækəlèid, ˋ–ˊ/＝/ǽkəlèid, ækəléid/

7　同じつづり (I–2) で同じ発音のときは，2 番目以下は発音を省略する．

8　見出し語のうち下に説明する，合成語・派生見出し語では，発音記号を省略することがある．⁂ ⁑ * の付くものについては，省略はしない．

(**a**)　合成語 (既出の見出し語どうしが結合してできた語) では，それぞれ

の語の音に変化がなければ，アクセントのみを示す(→I–7).

bláck·bìrd → **black·bird** /blǽkbə̀ːrd/

一部が変化するときは，その部分の発音を示す．

fíre·àrm /fái(ə)r-/ → **fire·arm** /fái(ə)rɑ̀ːrm/

(**b**) 派生見出し語(ある語に -ly などの派生語尾が付いてできた語)のうち次の語尾が付くものは原則として発音を省略する．

-able, -ible /əb(ə)l/ **-bility** /bíləti/

-ism /iz(ə)m, ìz(ə)m/ **-ist** /ist/ **-ize** /àiz/

-ization /əzéiʃ(ə)n | aizéiʃ(ə)n/ **-less** /ləs/

-ly /li/ **-ment** /mənt/ **-ness** /nəs/ **-tion** /ʃ(ə)n/

-ed /d/ (★但し /t/, /əd/ となるときはその部分のみ示す)

-er /ər/ **-est** /əst/ **-ing** /iŋ/ **-s** /s, z/ **-es** /əz/

つづりの一部が変わるもの(y→i など)，まぎらわしいものについては原則として省略しない．

9　追込み派生語(XIII–1)も 8 同様の省略をするほか，一部を示せばよいものはそうする．アクセントの移動のあるものは示す．

lin·guis·tic /liŋgwístik/ → **lin·guis·ti·cal·ly** /-k(ə)li/

com·pli·cate /kɑ́mpləkèit | kɔ́m-/ → **còm·pli·cá·tion**

また **-ible, -able** /əb(ə)l/ → **-bly** /bli/ となるものは **-bly** と示し，発音も略す．

アクセントの移動

10　形容詞のうち，叙述的用法のときと，限定的用法のときとで，アクセントの移動が起こるものについては，発音記号の後に ㊙ の記号を置く．

fif·teen /fìftíːn㊙/

これは be 動詞などの後に来て，叙述的に用いられるときは，このままのアクセントであるが，fifteen の後に名詞が来て，限定的に用いられるときは，第1アクセントが前に移動することがありうることを表す．

fìfteen dóllars のように形容詞＋名詞の結合の場合，形容詞より名詞の方に強いアクセントが置かれるため，移動した fifteen の第1アクセントは第2アクセントに弱められ，第2アクセントはなくなる．

prep·o·si·tion·al /prèpəzíʃ(ə)nəl㊙/ が複合語では

prèpositional phráse となる．

〈限定〉と指示のある形容詞に ㊙ が付いているものがある．

pre·school /prìːskúːl㊙/ 形〈限定〉…

この形容詞は名詞の前にだけ用いられるので，実際には常にアクセントの移動が起こり prèschool chíldren となる．本書の見出し語に示したアクセント符号は，句や文など語集合の中においてでなく，この語を単独に発音したときのアクセントの型を示すものである．

外国音の /x/, /ç/

11　外来語の発音は，英語化した音で表す．ただし **Bach** /bɑːk, bɑːx/ などの /x/, **Reich** /raik, raiç/ などの /ç/ だけは，/x/, /ç/ の記号を用いる．これは英語でも原語で発音されることが多いからである．

複合語

12 複合語は，1つのまとまった単位とみてアクセント符号を付ける．従って，それぞれの語が発音されるときは，第1アクセントと第2アクセントがある語でも，複合語の要素になると，もう1つの語との関係で，第1アクセントか第2アクセントかのいずれか1つになる．

ab·so·lute /ǽbsəlùːt/ → **àbsolute zéro**

成句

13 成句のアクセントも，それぞれの語を単独に発音した場合とは異なり，一続きの発話として発音した場合のアクセントを示す．

長い成句はいくつかのグループに分かれ，それぞれのグループに第1アクセントが1つずつ付く．

chànge cólor, nàil *one's* ***cólors to the mást***

14 成句中の *one, one's* は実際の文中では，主語と同一人物を表す代名詞になるのが普通で，*a person, a person's* は実際の文中では主語とは別の人物を表す名詞·代名詞になる．

/r/

15 */r/* は sta*r*, bi*r*d など，つづり字に r が含まれる母音の発音の際に生じる米音特有の音声である．この音に先立つ母音から，舌先を硬口蓋(がい)の方に向けて反り返らせたまま，又は舌先を舌そのものの中に引き戻すようにして出す，子音の /r/ に近い音に移行する．

(ə) と (j)

16 ( )の中の音は省略可能を示すが，次の2つの場合は，米音では発音されないことが多く，英音では発音することが多いことを表す．

hear·er /hí(ə)rə*r*/, **nu·clear** /n(j)úːkliə*r*/

/i/ と /ə/

17 kindn*e*ss, pock*e*t, char*a*cter, fast*e*st などの弱母音の部分を本書では，/káin(d)nis/ のように /i/ で表記せず，/káin(d)nəs/ と /ə/ を用いる．その理由の1つは，それが最近の米英の辞書の傾向であること，また /ə/ は舌や唇の力を抜き，口をわずかに開いて発音する，弱くあいまいな音で，/i/ に日本語のイをあてはめて発音したり，英語のつづり通りに，エ，イ，アをあてはめて発音するより /ə/ の方が原音に近くなるとの配慮からである．

弱音と強音

18 冠詞や代名詞など，強く発音されるときと，弱く発音されるときとで発音が異なるものは，弱形の発音を先に出し，後に「強」の略語を置いて強形の発音を挙げる．

you /ju, jə, 強 juː/ 代

III 品詞

記号

1 品詞は記号又は〈 〉で示す．

名	名詞	助	助動詞
形	形容詞	副	副詞
動	動詞	前	前置詞
自	自動詞	接	接続詞
他	他動詞	間	間投詞

代 代名詞 〈複合要素〉
接頭 接頭辞 定冠詞
接尾 接尾辞 不定冠詞

棒見出し

2 1つの見出し語で品詞が2つ以上あるときは棒見出し (——) を置いて別の品詞を示す.

pitch[1] /pitʃ/ 動 (**pítch·es** /-əz/| 過 過分 **~ed** /-t/| **pítch·ing**) 他 … —— 名 (複 **pítch·es** /-əz/) **1** C …

品詞的な機能

3 品詞とはしないが, 品詞に準じる機能を示すために,〈形容詞的〉,〈副詞的〉などの表示をする.

fel·low /félou/ 名 C … **2** (**a**) … (**b**) 〈形容詞的〉 **仲間の**, 同僚の, 同志の.

èvery tíme (1) … (2) 〈接続詞的〉 **..するたびに** (whenever). *Every time* I call on you, you're out. いつ訪ねてもあなたは留守だ.

形容詞のうち, 限定的用法又は叙述的用法のどちらかに限定されるときは,〈限定〉又は〈叙述〉と示す.

副詞のうち, 1つの語ではなく文全体を修飾するものは〈文修飾〉として示す.

IV 語形変化

示し方

1 名詞の複数形は (複 **~s**) のように示す.

動詞の変化形は (3単現|過去形|過去分詞|現在分詞) の順に示す. 過去形は 過, 過去分詞は 過分 で表し, 過去形と過去分詞が同じときは, まとめて1つ示す.

形容詞・副詞は (比較級|最上級) の順に示す.

2 見出し語そのものの省略には **~**, 一部の省略には - を用いる.

3 変化形はすべて太字体で示す. 複数形の見出し語のないものは·で分節を示す.

knife /naif/ 名 (複 **knives** /naivz/)

a·nal·y·sis /ənǽləsəs/ 名 (複 **a·nal·y·ses** /-sìːz/)

変化形に s などがついても, 発音が変化しないものは /同/ として示す.

Nou·velle Vague /nùːvel-vɑ́ːg/ 名 (複 **Nouvelles Vagues** /同/) …

4 * 印の付かない動詞の最後の子音字を重ねて過去形, 過去分詞, 現在分詞を作るものは次のように示す.

quip /kwip/ … 動 (**~s**| **-pp-**)
→(**quips**| 過 過分 **quipped**| **quip·ping**)

5 * 印の付く動詞・名詞は1の方式ですべての見出し語に変化形を示し, 名詞はすべて, 動詞は3単現, 過去形, 過去分詞の発音を示す.

⁑**dash** /dæʃ/ 動 (**dásh·es** /-əz/| 過 過分 **~ed** /-t/| **dásh·ing**)…

⁑**match** /mætʃ/ 名 (複 **mátch·es** /-əz/) C …

＊印の付く形容詞，副詞には原則として次の3つの区別をつける．ただし，これは一般的指針であり，文体，個人の表現法により異なることがある (→**9**).

ⓔ er, est を付けて比較級，最上級を作る
ⓜ more, most を前に置いて比較級，最上級を作る
ⓒ 変化しない

不規則変化形

6 不規則変化形は全部を示すが，合成語で＊印の付かないものは，変化する語幹に当たる語を参照させる．

cát·fìsh 名 (複 →fish) →catfish, catfishes
†**for·gó** 動 (→go) →forwent, forgone など

7 不規則変化形は，変化形自体の見出し語が無いものに発音を示す．

co·ro·na /kəróunə/ 名 (複 **～s, co·ro·nae** /-niː/)
→coronae は見出し語としては出ない．

8 house→houses /háuzəz/ のように語尾の発音が変化するものも不規則変化に含めて示す．

規則変化形

9 規則変化形のうち，まぎらわしい語，間違えやすい語について次のように示す．＊印の付く語には特に丁寧に示してある．

【名詞】

＊印の付かない語

(**a**) **o, f, fe, y** で終わる語
cel·lo (複 **～s**), **ban·jo** (複 **～(e)s**),
cuff (複 **～s**), **sheaf** (複 **sheaves** /-vz/),
pen·knife (複 →knife), **flur·ry** (複 **-ries**)

(**b**) 語尾以外に **s, es** の付く語
†**tea·spoon·ful** (複 **～s, teaspoonsful**)

＊印の付く語はすべて示し，1音節語が音節が増えることによりアクセントが生じる場合はアクセントを示す (→**5**).

(**c**) **es** を付ける語
‡**box** (複 **bóx·es** /-əz/), ‡**glass** (複 **gláss·es** /-əz/)

【動詞】

＊印の付かない語

(**d**) **y** で終わる語
cloy (**～s**| 過 過分 **～ed**| **clóy·ing**),
am·pli·fy (**-fies**| 過 過分 **-fied**| **～·ing**)

(**e**) 語尾の子音字を重ねるもの
†**flip** (**～s**| **-pp-**), **e·qual** (**～s**|〚英〛**-ll-**) →イギリス英語のときだけ l を重ねて equalled, equalling となる．

(**f**) その他まぎらわしいもの
al·i·bi (~**s**| 過 過分 ~**ed**| ~·**ing**)

* 印の付く語はすべて示し, 1 音節語が音節が増えることによりアクセントが生じる場合はアクセントを示す (→**5**).

【形容詞】
* 印の付く語 (→**5**)
(**g**) **y** で終わる語
‡**dry** e (**drí·er**| **drí·est**), ‡**gay** e (**gáy·er**| **gáy·est**)
(**h**) 語尾が黙字の **e** で終わる語
‡**wide** e (**wíd·er**| **wíd·est**)
(**i**) 語尾の子音字を重ねるもの
‡**big** e (**bíg·ger**| **bíg·gest**)

V 用法指示

使用域 **1** 地域, 社会, 文化などによって異なる使用域, 文体上のレーベルは, 主に〖英〗,〖俗〗など, 略語によって表示する. →「略語表」

専門分野の指示 **2** 専門分野の指示も,〖医〗,〖軍〗など多く略語を用いる. →「略語表」〖サッカー〗〖韻律学〗など, 略さないものもある.

語形指示 **3** 語形指示は次のようにする.
(**a**) 〈d-〉など…見出し語は大文字でも, 小文字で用いる.
Daph·ne /dǽfni/ 名 … **2** C〖植〗〈d-〉ジンチョウゲ …
→2 の意味では daphne で用いる.
(**b**) 〈G-〉など…見出し語は小文字でも, 大文字で用いる.
lib·er·al /líb(ə)rəl/ 形 … **1** …; 〈L-〉(英国などの)自由党の. …
→「(英国などの)自由党の」の意味では Liberal で用いる.
(**c**) 〈the ~〉… 定冠詞 the を付けて用いる.
air /eər/ 名 … **2** (**a**) U 〈the ~〉(地球を取り巻く)**大気**; 空(そら), 空中. …
(**d**) 〈the E-〉など … the を付けて, 大文字で用いる.
en·e·my /énəmi/ 名 … **4** 〈the E-〉悪魔 (the Devil).
→4 の意味では the Enemy で用いる.
(**e**) 〈a ~〉…不定冠詞 a 又は an を付けて用いる.
third /θəːrd/ 形 … —— 名 … **1** (**a**) … (**b**) 〈a ~〉
(3 番目の)もうひとりの人[もうひとつのもの]. …
(**f**) 〈~s〉, 〈~es〉, 〈-ties〉など … 複数形で用いる.
pain /pein/ 名 … **3** 〈~s〉**骨折り, 苦労**; …
→3 の意味では pains で用いる.
(**g**) 〈the ~s〉など … the を付けて, 複数形で用いる.
rank[1] /ræŋk/ 名 … **3** …; 〈the ~s 又は other ~s〉(将校と区別して)**兵, 下士官(兵)**; …
→3 の意味では the ranks 又は other ranks で用いる.

(**h**) 〈one's 〜〉… my, his などの所有代名詞と共に用いる.

hour /auər/ 图… **12** 〈one's 〜〉死期; …

VI UC 表示

記号

1 本書では次の記号を用いて, 名詞が数えられる (C) か, 数えられない (U) かを表示する.

→本文の countable, uncountable の項参照.

2 C … 数えられる名詞. 単数形では a, an が付き, 普通, 無冠詞では用いない. 複数形になり原則的には数詞が付き得る.

3 U … 数えられない名詞. 無冠詞で用いられることがあり, a, an は付かない. 複数形にならず, 数詞が付くこともない.

4 aU … U の性質を持つが, a, an を付けることがある.

ex·cess /iksés/ 图 (複 〜·**es**) **1** aU 過多, 過剰; … an 〜 of production 生産過剰.

5 UC … U と C の両方の使い方がある.

複数名詞

複数名詞については U, C の記号ではなく, それが単数・複数のどちらに扱われるかを示す.

6 〈単数扱い〉… 単数の動詞・代名詞で受ける.

7 〈複数扱い〉… 複数の動詞・代名詞で受ける.

8 〈単複両扱い〉… 上記 **6**, **7** の両方の用い方がある.

9 〈普通, 単数扱い〉… 上記 **6**, **7** の両方の用い方があるが, 単数扱いの方が一般的なもの.

10 〈〜s〉, 〈the 〜s〉などの後に〈単数扱い〉とあれば, その語義のときは複数形で用い, 単数の動詞・代名詞で受けることを示す. これが付いていないものは, 複数扱いである. (→**16**)

衆多名詞

11 cattle, police などの衆多名詞 (noun of multitude) は単数形のまま常に複数で用いられる. これには U, C を付けずに〈複数扱い〉と表示する.

示し方

12 固有名詞(普通名詞の固有名詞化したものを含む)を除く名詞の全語義に表示する.

1つの語にいくつか語義があり, そのすべてに共通のときは, 語義番号 **1** の前に置く.

語義ごとに変わるときは, 各語義番号の後に置く.

1つの語義内に2つ以上あるときは, 初めのものは, 次のものの来る前まで.

ex·trav·a·gance 图 … **3** U 過度; 法外さ, 突飛さ; C 突飛な言葉[行為など].

→U は「過度」「法外さ」「突飛さ」の3つで, 「突飛な言葉[行為など]」は, C.

〈the 〜〉, 〈one's 〜〉などの表示があり, U C を示していないものは, 常にその形でしか用いられない.

注意すべき表示

13 Ⓒ〈単数形で複数扱いもある〉… 集合，グループを意味する名詞で，Ⓒの名詞として用いられるほか，単数形のまま複数の動詞・代名詞で受けることがある．

group (イ) A *group* of children *are* playing in the yard.
(ロ) The *group* of men *has* gone into the house.
→(イ)では group の1人1人が意識されて，その集まり(＝複数)であるので are を用いる．(ロ)では group は1つのまとまった単位と意識され，普通の Ⓒ の語と同じになる．

14 Ⓤ〈単複両扱い〉… 集合，グループを意味する名詞で，Ⓤ の名詞として用いられるほか，単数形のまま複数の動詞・代名詞で受けることがある．

left The *left is* [*are*] …
→1人1人の成員の意識が強ければ *are*，1つのまとまりとみる意識が強ければ is を用いる．

15 aU〈単複両扱い〉… 集合，グループを意味する名詞であるが，aU の名詞として用いられるほか，単数形のまま複数の動詞・代名詞で受けることがある．

ma·jor·i·ty The (great) *majority is* [*are*] for the mayor.
→この場合の使い分けは上記 **13** と同様．

16 〈～s; 単数扱い〉… その語義では複数形になるが，単数の動詞・代名詞で受ける．

rack·et 图 … **2**〈～s; 単数扱い〉ラケットボール《四面を壁に囲まれた…》．

17 Ⓒ〈単数形で〉… Ⓒ の名詞であるが，その意味のときは単数形でしか用いられない．

‡feel·ing 图 … **3** Ⓒ〈単数形で〉(漠然と抱く)**考え**，感じ，印象，予感，…．

VII　語義

1　多義の語を中心に「本義」と「分義」をそれぞれ【 】，【 】に入れて示す．本義は語義番号の前に，分義は番号の後に置く．いくつかの番号に共通の本義はくり返して示さない．

本義

2　本義とは，いくつかの語義の根底にある基本的意義で，多義語の場合には，いくつかのグループに分けてその相違を表すことがある．

分義

3　分義とは本義の上に形成される意義で，具体的には訳語として現れるが，訳語にすぐ結びつかないときは，前に【 】を置いて補足する．

語義区分

4　区分は **1**，**2**，… などの数字で分け，必要なときはセミコロン（；）で区分する．同じ番号の語義中で，各種レーベル，Ⓤ Ⓒ，文型などの相違により更に区分するときは，(**a**), (**b**), (**c**), … などのアルファベットを用いる．

太字体の訳語

5 ＊印の付く語では使用頻度の高い語義を太字体で示す.

＊a·bun·dant 形 **1 豊富な**, たくさんの.

動詞の語義

6 (**a**) 他動詞の訳語には目的語に続く助詞を, を の に へ などの小さい字で示す.

fish … ── 動 … 他 **1** 〔川, 湖など〕で魚を取る[釣る].

(**b**) ある語義でよく用いられる前置詞, 副詞を示すときは, 訳語の後に〈 〉に入れ, 必要に応じてその和訳を示す.

blend 動 … 他 **1** 〔2 種類以上の物〕を**混ぜ合わせる**, 混合する, 〈*together*〉; を混ぜる 〈*with* ..と〉. …

(**c**) 主語を補足するときは〔 〕に入れる.

flow 動 自 … **2** VA 〔人, 車などが〕ぞろぞろ通る, どっと流れる; …

名詞の語義

7 ある語義でよく用いられる前置詞, 接続詞などを示すときは, 訳語の後に〈 〉に入れて示す.

hope 名 … **2** UC **見込み**, 望み, 期待, 〈*of* ..の/*of* do*ing* ..する/*that* 節 ..という〉.

形容詞, 副詞の語義

8 (**a**) ある語義でよく用いられる前置詞などを示すときは, 訳語の後に〈 〉に入れて示す.

suf·fi·cient 形 **十分な** 〈*for* ..に/*to* do ..するのに〉.

fur·ther 副 … **1** (時間, 距離などが)**もっと遠く**, 一層はるかに, 〈*from*, *than* ..から〉 ….

(**b**) 被修飾語を補足するときは〔 〕に入れる.

fair 形 … **2** 〔肌が〕**色白の**, 〔髪が〕金色の; 〔人が〕金髪で色白の, … **11** 〔印刷, 筆跡などが〕きれいな, はっきりした. …

mor·tal·ly 副 … **2** ひどく, 非常に; 心底から〔怒るなど〕 ….

かっこ類のかかる範囲

9 かっこ類がカンマで並んだ訳語の前にあるときは, かっこはカンマの後の訳語にもかかる.

fan·cy 名 … **2** C (空想から生まれる)**幻想**, 奇想.

→「空想から生まれる」は「奇想」にもかかる.

10 かっこ類がカンマで並んだ訳語の後にあり, 前の訳語にもかかるときは, かっこの前にカンマを打ってこれを示す.

fan·cy 名 … **4** C 〈普通, 単数形で〉 **好み**, 愛好, (liking).

→liking は前の訳語「好み」にもかかり,「好み」の言い換えにもなる.

11 かっこ類がセミコロンで区切られた先行する訳語の両方にかかるときは, かっこの前にセミコロンを打つ.

aft 副 〖海〗 船尾に[へ]; 〖空〗 (航空機の)尾部に[へ]; (↔fore).

→反意語の fore は「船尾に[へ]」と「(航空機の)尾部に[へ]」の両方にかかる.

なお,〖空〗〖海〗などの指示, Ⓤ Ⓒ,〈〜s〉などの指示は原則としてセミコロンを越えて後の訳語にもかかる.

《 》の解説

12　語の背景, 百科的解説などは訳語の後に《 》に入れて与える.

milquetoast [名] Ⓒ〖米〗意気地なし《漫画の主人公の名から》.

Rosetta stone [名]〈the 〜〉ロゼッタ石《古代エジプト文字解読の手掛かりとなった碑石; ナイル河口の Rosetta で1799年発見され, 現在は British Museum にある》.

[類語]などの解説

13　レーベルを付けての解説には次のものがある. これらが特に重要なもののときは囲み記事として見やすくしてある.

[類語] … 類義語の解説
[語法] … 語の用い方についての注意, 解説
[注意] … 英語学習者として特に注意すべきことがら
[文法] … 文法上の言葉の解説(文例で訳のないものは本文にある)
[参考] … 英・米の歴史・文化などの理解に役立つ解説

★の解説

14　上記のレーベルは付けないが, ワンポイントの解説には★を付ける.

barbarian [名]… ── [形] **1** 未開の; 野蛮人の. a 〜 king 未開人の王 (★a *barbarous* king は「残忍な王」).

brandy /brǽndi/ [名] (⊛ **-dies**) Ⓤ ブランデー (★種類をいう時はⒸ); …

英語での言い換え

15　訳語を他の英語で言い換えるときは ( ) に入れて示す.

parturition … [名] Ⓤ〖医〗出産, 分娩(べん), (childbirth).

言い換えた英語が分離した複合語のとき, ここで活字を太くしてアクセントを付けることがある. この場合は独立見出しとしては立項していない.

middy [名]… **2** (女性, 小児用の)セーラー服のブラウス (**míddy blòuse**).

参考語

16　参考語は次の記号で示す. 用例の後に置くときは, 前に◊を付ける.

→ … 関連のある語
↔ … 反意語, 対立語

他の品詞形

17　ある語の他の品詞の形は次のように示す.

admit [動] … ◊[名] admission, admittance [形] admissible

VIII　文型

7 文型

1　文を構成する主要素は S(主語), V(動詞), O(目的語), C(補語)に A(必須の副詞要素)を加えた5つとする. その組み合わせにより7文型に分類するが, 全てに共通する S は省き7つの動詞型として表示する. 5文型と対応させて示せば次の通りである.

[文型1] … S+V　→[V]
　　　　　　　　↘[VA]　} 自動詞
[文型2] … S+V+C　→[VC]

[文型3] … S+V+O →[VO] / →[VOA]
[文型4] … S+V+O+O →[VOO]
[文型5] … S+V+O+C →[VOC]
（他動詞）

このうちV型と，VO型で(代)名詞の目的語をとるごく一般的なものは特に表示しない．従って動詞型表示のない[自]はV型，[他]はVO型である．

2 VA型とVOA型は，それぞれ従来の文型1と文型3のうち副詞要素Aを義務的に必要とするものである．

(**a**) [VA] の例： Mother is *out*./Be *at home* this evening.
John behaved *well* towards me.
Will the snow turn *to rain*?

(**b**) [VOA] の例： She put the book *on the desk*.
Shall I get some more coffee *for you*?
＝Shall I get you some more coffee?
He showed me *to the door*.
The people treated the poor man *very warmly*.
The way she speaks reminds me *of her mother*.

文型の要素

3 OとCは必要に応じ，動詞型に続く( )内に X，Y を用いて表示する．O，C，A が特定のものになるときは，次のように示す．

to, into.. など … *to, into*+(代)名詞
to do … to 付きの不定詞
X ***to do*** … (代)名詞+to 付きの不定詞
X (***to be***) Y … (代)名詞+(to 付きの不定詞 be)+(代)名詞，形容詞
*do**ing*** … 動名詞，現在分詞を表す -ing 形
X(***'s***) *do**ing*** … (代)名詞(の所有格)+-ing 形
do … 原形不定詞(to の付かない不定詞)
done … 過去分詞
X *done* … (代)名詞+過去分詞
that 節 … that で導かれる名詞節
wh 節 … what, how, if などの疑問詞で導かれる名詞節
wh 句 … what, how などの疑問詞で導かれる名詞句

4 A は種々の前置詞に導かれる前置詞句，out, in, on などの副詞，well, badly などの様態副詞，how, where などの疑問副詞，as if などが導く副詞節，副詞用法の不定詞句など多様である．従って，VA，VOA は( )の中に特定の形を明示できないことが多く，その場合には代表的なものを，当該語義末尾の〈 〉内に表示するか，あるいは特に示さず，用例中のイタリック体や〈A は様態の副詞〉といった注記で済ませている場合がある．なお [VOA] の A が out, in, on などの副詞の場合は，O と A の語順はしばしば入れかわる．( )内の /X/ はこのことを表す．

例： **aim** [自] **2** [VA] (~ ***at, for..***/~ ***at doing..***/~ ***to do***) ..を/..しようと目指す，

志す.

knock ㊀ **2** VA ぶつかる, 衝突する, 〈*against, into* ..に〉.

act ㊀ **2** (**a**) VA 〔..のように〕ふるまう. ～ stupidly [strangely] ばかな[変な]ふるまいをする. ～ *like* a madman 狂人のようにふるまう. She ～ed as if she were surprised. 彼女は驚いたかのようなふりをした.

compare ㊀ **2** VA 〈A は様態の副詞〉比較して..である.

cheat ㊉ **1** ... (**b**) VOA (～ X (***out***) ***of*** **..**) X (人)から..をだましとる; (～ X ***into*** (***doing***) **..**) X (人)をだまして..させる.

root[2] ㊉ **1** VOA (～ /X/ ***up***) 〔豚などが〕 X (地面など)を掘り返して食物を捜す.

jet ㊉ VOA を噴出[射出]する, 噴き出させる, 〈*out*〉.

keep ㊉ **3** (**b**) VOA を(いつでも使えるように) 〔..に〕しまって[置いて]おく, 保管する. *Where* do you ～ your car? 車はいつもどこに置いているんですか. *Keep* this wine *in* the refrigerator. このワインを冷蔵庫に入れといてくれ.…

注意すべき文型

5 これまで 文型5 (～ A *to* do) で表示していた(代)名詞に不定詞が後続する型は, 本改訂版ではそのほとんどが VOC (～ X ***to*** *do*) となるが, 一部のものについては (**a**) VO (～ X ***to*** *do*), (**b**) VOO (～ X ***to*** *do*) に分類する.

(**a**) VO (～ X ***to*** *do*) に属するのは, (can't) bear, desire, dread, hate, like, loathe, love, prefer, want, wish など「欲求」「好き嫌い」を表す動詞であり, X *to* do 全体が動詞の目的語とみなされるものである.

VO (～ X ***to*** *do*) の例: 1) Tom likes *girls to be quiet*.
2) I want *you to read this letter*.

→girls, you をそれぞれ主語にした受け身の文に書き換えられないのは, これらが意味上は不定詞の主語であって like, want の目的語ではないと考えられるからである. また, 特に〖米〗で 1′) Tom likes *for girls to be quiet*. 2′) I want *for you to read this letter*. の語法が可能なのがこの裏付けとなる.

(**b**) VOO (～ X ***to*** *do*) に属するのは, advise, ask, beg, persuade, teach, tell など, 話し手から聞き手に対する発話行為を表す動詞であり, 動詞に続く(代)名詞は間接目的語, 不定詞句は直接目的語とみなされるものである.

VOO (～ X ***to*** *do*) の例: 3) Jim advised Tom *to buy the house*.
4) Bob persuaded the doctor *to examine the boy*.

→Tom, the doctor を主語にした受け身の文, Tom was advised to buy the house by Jim. The doctor was persuaded to examine the boy by Bob. が可能である. 一方 Tom, the doctor の位置に不定詞の目的語 the house, the boy を入れ換え, 不定詞の動詞を受け身に書き換えると, 3) と 4) はそれぞれ 3′) *Jim advised the house to be bought by Tom. 4′) Bob persuaded the boy to be examined by the doctor. となり, 3′) のように意味をなさないか, 4) のように意味が変わってしまうかになる. 従って, 3) の Tom と 4) の the doctor は advised と persuaded の目的語であり直接不定詞の主語ではない.

同様にこれまで 文型5 (～ A do*ing*) で表示していた(代)名詞に *-ing* 形が続くもののうち, 文型3 (～ A's do*ing*) の用法も可能なものは, 2 つの間に意味の差は認められないため，ひとつにまとめて 🄥 (～ X('s) *doing*) とする.

(c) 🄥 (～ X('s) *doing*) に属するのは，(can't) bear, dread, fancy, forget, hate, like, mind, permit などの動詞である.

IX 用例

～での省略 **1** 用例中では見出し語を～で省略する．見出し語が2語(以上)でも同様に～1つで代用する．つづりに変化のあるときは，全部書いてイタリック体で示す.

2 文型の要素，よく用いられる前置詞，副詞などはイタリック体で示す.

参照 **3** **eight** で (★用法 →five) とあるのは，数詞 eight, seven, six などに共通な用例・用法が five にまとめてあるとの意味.

X 連結

[連結] **1** 名詞を主に，見出し語によく結び付く語を [連結] の後に囲み記事にして挙げる．原則として語義別に付け，用例の後に置く．和訳は付けない．冠詞の付くものは示す．英作文に活用すれば自然な英文を作るのに役立つ.

指示順 **2** 名詞 (A) に付けるときの順

[連結] A を修飾する形容詞 // A を目的語にとる動詞 // A が主語になる動詞.

以上のうち必要に応じて示す.

excitement 名 …

> [連結] intense [frantic; confused] ～ // arouse [create, produce; lack ～ // ～ grows [builds (up), mounts; prevails; dies down]

3 名詞以外でも，形容詞，動詞に副詞などを示すことがある.

refuse[1] 動 他 **1** …

> [連結] ～ adamantly [absolutely, categorically; bluntly, curtly, flatly, point-blank; graciously]

XI 成句

1 成句は各品詞ごとにまとめて出す．自動詞と他動詞の成句はまとめて一緒に出す.

2 成句は太いイタリック体にする．変化する要素 (one's など) は細いイタリック体にする．語義区分には (**1**), (**2**) ..などを用いる.

3 まれに，用例の代用として〔 〕に語句を入れて示すことがある.

one と *a person* **4** *one* と *one's* は成句の主語になるものと同一の語を代表し，*a person* と *a person's* は成句の主語となるものと別の語を代表する.

****wàtch*** [〖英〗 ***mìnd***] *one's* ***stép*** 足もとに気をつける; 慎重に(行動)する. *Watch* your ～! 足もとに気をつけて.

off *a pèrson's* ***hánds*** 人の責任[任務]でなくなって. The problem is *off* my ～*s* now. その問題は私の手を離れた.

5　成句はアルファベット順に配列するが, *one*, *one's*, *a person*, *a person's* は数えない. ***oneself*** はこのままアルファベット順に入れる.

動詞句の品詞

6　「動詞＋前置詞又は副詞」の動詞句は目的語を **..** で示す. **/../** と斜線の付くものは目的語が副詞の後にも来ることがある. **..** のないものは自動詞＋副詞である.

brèak úp → 自動詞＋副詞

brèak/../úp → 他動詞＋副詞

bréak through .. → 自動詞＋前置詞

7　成句の他動詞と前置詞には目的語に続く助詞を示す (→**VII-6** (**a**)). 前置詞のときは普通の字で, 〔 〕で目的語の補足があっても〔 〕の外に出す. 他動詞のときは小さい字で示す, X·Y を用いるときは全て普通の字を用いる.

fáll into .. (**1**)〔わななど〕に**落ち込む**, はまる. ～ *into* a pit [trick] 落とし穴[わな]にはまる.

bríng X ***into*** Y XをYの状態にする. ～ innocent people *into* slavery 罪のない人々を奴隷にする.

8　成句のアクセントについては **II-13～15** 参照.

相互参照

9　成句の相互参照は次の方法による.

(**a**)　成句のうち1箇所に2種類以上の語が入り得るもの

pùt [***tùrn*** ↓] *one's* ***hánd to ..***

⋮

tùrn *one's* ***hánd to ..*** 〔新しい分野など〕に手を出す; ..に取りかかる; ..をやる.

→同じ hand の成句で put と turn は交換でき, 訳は turn を用いた方に出してある.

(**b**)　同じ成句が別の見出し語の所に出ているとき

gain の所で ***gàin tíme*** →time とあればこの成句は time に出ている.

(**c**)　形は違うが同じ意味の成句が別の見出し語の所に出ているとき

far の所で ***gò fár*** … (**2**)=GO a long way. とあればこの成句は go に出ており, 意味は同じということ.

10　成句のうち, 使用度の高いものには＊印を付け, 主要な訳語を太字にしてある.

XII　語源

1　語源, 語の由来, 外来語の原義・字義は [ ] に入れて示す. なお語義説明の便宜上, 本文の《 》内に示してある場合もある.

2　< は派生, 由来を示す記号であるが, 以下の場合は省いてある.

(**a**)　[接頭], [接尾], 〈複合要素〉および固有名詞の記述

(**b**) 借入語の語形が原語と同様な場合.

boutique … [フランス語「小さな店」]

(**c**) 構成要素を並列して示す場合，また擬音語の記述

natural … [nature, -al]

3 語形や語義に著しい変化のない場合は ＜ のあとに言語名のみ示す.

apple … [＜古期英語]

4 引用する語形はイタリック体で示し，その意味は「 」の中に日本語で，あるいは ‘ ’ の中に英語で示す(第 2 例のような略記もある).

salary … [＜ラテン語 *salārium*「兵士の塩代＞給料」(＜*sāl* ‘salt’)]

savage … [＜ラテン語「森 (*silva*) の, 野生の」]

5 短縮語，頭字語は，該当部分をイタリック体で示してある.

phone[1] … [＜tele*phone*]

6 その他

(**a**) 「A＞B」はある語形の意味が A から B へと発展したことを示す(上掲 **salary** 参照)が,「A」(＜「B」) は B の意味を持つ語から A の意味を持つ語が生じたことを示す.

scare[1] … [＜古期北欧語「怖がらせる」(＜「臆病な」)]

(**b**) ？は「不明」,「あるいは」の意味で用いる.

XIII 派生語

1 派生語のうち使用度の余り高くないものは， 独立の見出し語とせずに，もとになる語の記述の最後に ▷ 印を付けて出す.

発音 / アクセント

2 発音は省略した形で示すが, -ly, -ness, -ment などで終わるものには示さない. (→**II–8** (**b**))

～の使用

3 見出し語と同じ部分は ～ で省略する. 分節・発音・アクセントに変化があるときは ～ を用いない.

訳語の省略

4 派生語のうち，見出し語の訳語から派生語の訳が知られやすいものには，訳語を示さない.

発音記号表

母音

/iː/	teach, meat, people	/ɔː|ɔ/	soft, dog, forest
/i/	sit, busy, build	/u/	look, put, would
/e/	bed, many, friend	/uː/	school, soup, rule
/æ/	map, lamb, plaid	/ei/	make, rain, break
/æ|ɑː/	fast, half, glass	/ai/	eye, like, buy
/ɑː/	father, psalm, alms	/ɔi/	toy, oil, avoid
/ɑ|ɔ/	pot, cotton, yacht	/au/	cow, mouth, owl
/ʌ/	cut, lucky, enough	/ou/	note, open, boat
/əːr/	girl, world, pearl	/iər/	hear, deer, pierce
/əː|ʌ/	hurry, worry, courage	/eər/	care, bear, there
/ə/	adopt, edible, suppose	/ɑːr/	car, are, heart
/ər/	over, Saturday, doctor	/ɔːr/	floor, morning, war
/ɔː/	law, story, taught	/uər/	moor, cure, tour

子音

閉鎖音

/p/	pen, happen, soap
/b/	busy, rabbit, job
/t/	time, letter, meet
/d/	do, sudden, rowed
/k/	cake, kick, liquor
/g/	go, beggar, leg

摩擦音

/f/	food, effect, enough
/v/	very, service, have
/θ/	three, both
/ð/	that, other, bathe
/s/	sin, sister, cups
/z/	zoo, music, rise
/ʃ/	she, special, wash
/ʒ/	azure, leisure, vision
/h/	house, whole, who

破擦音

/tʃ/	church, picture, itch
/dʒ/	June, soldier, edge

鼻音

/m/	man, common, aim
/n/	net, banner, soon
/ŋ/	king, singer

側音

/l/	like, fellow, sail

半母音

/w/	wall, one, queen
/r/	read, marry, write
/j/	yes, onion

外国音

/x/	Bach, loch
/ç/	Fichte, Reich

略語表

専門分野
（アイウエオ順）

〘アメフト〙 …… アメリカンフットボール
〘医〙……医学
〘印〙……印刷
〘映〙……映画
〘音声〙……音声学
〘化〙……化学
〘海〙……海事，航海
〘貝〙……貝類
〘楽〙……音楽
〘機〙……機械
〘ギ…〙……ギリシア…
〘魚〙……魚類
〘空〙……航空
〘軍〙……軍事，軍隊
〘経〙……経済，経営
〘劇〙……演劇，劇場
〘建〙……建築，建築学
〘言〙……言語学
〘工〙……工学
〘鉱〙……鉱物，鉱業
〘古生物〙……古生物学
〘史〙……歴史，史学
〘写〙……写真
〘商〙……商業
〘宗〙……宗教
〘植〙……植物，植物学
〘心〙……心理学
〘数〙……数学
〘政〙……政治，政治学
〘生化〙……生化学
〘生態〙……生態学
〘生物〙……生物学
〘生理〙……生理学
〘船〙……船舶，造船
〘地〙……地理学，地質学
〘虫〙……昆虫，虫類
〘鳥〙……鳥類
〘哲〙……哲学
〘天〙……天文学
〘電〙……電気，電子工学
〘電算〙……コンピュータ
〘動〙……動物，動物学
〘バスケ〙……バスケットボール
〘美〙……美術
〘物理〙……物理学
〘法〙……法律，法学
〘薬〙……薬学，薬剤
〘郵〙……郵便
〘倫〙……倫理学
〘ロ…〙……ローマ…
〘論〙……論理学

使用域

〘米〙……アメリカ
〘英〙……イギリス
〘オース〙……オーストラリア
〘ニュー〙……ニュージーランド
〘スコ〙……スコットランド
〘南ア〙……南アフリカ共和国
〘北イング〙……イングランド北部
〘北英〙……イングランド北部＋スコットランド
〘アイル〙……アイルランド
〘古〙……古語
〘旧〙……古めかしい語
〘雅〙……雅語
〘詩〙……詩語
〘章〙……文章体
〘話〙……談話体
〘俗〙……俗語
〘卑〙……卑語
〘方〙……方言
〘戯〙……戯言
〘幼〙……幼児語
〘廃〙……廃語

品　詞

名……名詞
形……形容詞
動……動詞
自……自動詞
他……他動詞
副……副詞
前……前置詞
接……接続詞
助……助動詞
間……間投詞
代……代名詞
接頭……接頭辞
接尾……接尾辞

発　音

移……アクセント移動
強……強形発音
同……単数形と同一

その他

男……男性形
女……女性形

C……可算名詞
U……不可算名詞
UC……U C両用法がある名詞
aU……不定冠詞の付きうるU名詞

複……複数形
単……単数形

過……過去形
過分……過去分詞

VA……自動詞＋副詞要素
VC……自動詞＋補語
VO……他動詞＋目的語
VOA……他動詞＋目的語＋副詞要素
VOO……他動詞＋目的語 1＋目的語 2
VOC……他動詞＋目的詞＋補語

e……形・副の -er, -est 型の比較変化
m……形・副の more, most 型の比較変化
¢……形・副の比較変化なし
˪……［ ］による用例の言い換え開始場所

PC 語……politically correct な語

A

A, a /ei/ 名 (複 **A's, As, a's** /-z/) **1** UC エー《英語アルファベットの第1字》. **2** C A字形のもの. **3** C 第1仮定者, 甲;〖数〗第1既知数 (→B, C). **4** U〖楽〗イ音; イ調. *A* flat 変イ音《記号 A♭》. *A* major イ長調. **5** C 1番目のもの; 一流のもの, A級(品); UC (学業成績の)優, A, (参考 Bは良上, Cは良, Dは可で最低合格成績, Eは条件付き可で再試験の対象, Fは不可で不合格). straight *A's* [*A*s] 全優, オールA. a straight-*A* student オールAの生徒[学生]. get (an) *A* for [in] math 数学でAを取る. an *A* minus →minus 形 2. **6** U〖英〗A級(道路)《motorway に次ぐ幹線で, その下がB-road; *A*1 は London と Edinburgh を結ぶ; →A-road》. **7** C (トランプの)エース. **8** U (血液型の) A型. **9** U (紙の寸法の) A判. *A*3 A3判《297mm×420mm》. *A*4 A4判《210×297mm》. *A*5 A5判《148×210mm》.

★2, 4, 5, 6, 7, 8, 9 では大文字.

À to Ź [***A–Z***] (1) アルファベット順の. London *A to Z*. アルファベット順ロンドン市街案内《書名などに》. (2) 〈the A to Z of ..〉..のすべて *the A to Z of* baseball 野球のすべて.

from À to B́ ある場所から別の場所へ(の). I just use my car for getting *from A to B*. 私は車を場所の移動に使うだけだ.

from À to Ź 初めから終わりまで, すっかり. He knows his business *from A to Z*. 彼は自分の仕事を知りつくしている.

nòt knòw À from B́ AとBの区別もできない, 全く無学である.

A ampere; angstrom; answer; atom(ic).

@ /ət, 強 æt/ 〖商〗単価..で (＜at). buy the article @$3.00 a dozen その品物を1ダースにつき3ドルで買う.

‡a, an /ə, 強 ei/, /(ə)n, 強 æn/ 不定冠詞

> 語法 (1) 可算名詞の単数形に付ける; 冠詞の省略については the 18 語法 文法 参照. (2) 固有名詞, 物質名詞, 抽象名詞に付けて, それらを可算名詞のように扱う (→4, 5, 6). (3) 普通は無冠詞の名詞でも, 形容詞などの修飾表現が付いて種類などを示すときには, a, an が付く場合がある: I had *an* early lunch. (早めの昼食をとった). He has *a* detailed knowledge of Italy. (彼はイタリアのことに)詳しい; なお4(f)の例, 5の第3例も類例. (4) つづりに関係なく次に来る語の発音が子音で始まるときには *a*, 母音で始まるときには *an* を用いる. *a* house /ə haus/; *an* apple /ən ǽp(ə)l/; *a* large apple; *a* university /ə jùː-/; *a* European /ə jù(ə)-/; *an* honest /ən ɑ́nəst/ man; *an* LP /ən èlpíː/ record. (5) 普通は弱形が用いられる.強形は引用語として単独で用いられる場合と, 強調・対比などの意味が含まれる場合に使用される. The indefinite article is *'a'* /éi/ or *'an'* /ǽn/. (不定冠詞は'a'か'an'のどちらかである); *Án* egg will do. (卵は1つで十分間に合う)

> 語法 **不定冠詞の位置** (1) 原則として, 名詞を修飾する形容詞(又は副詞＋形容詞)の前に置かれる: *an* old man; *a* very fine day. (2) such, many, しばしば half, quite, rather, what の後に来る: such *a* fine day; many *a* day (→成句 MANY a); half *an* hour; quite *an* artist; rather *a* good book. (3) 直後に形容詞を伴った as, how, so, this (＝so), that (＝so), too の後に来る: as [so] fine *a* day (as..); too heavy *a* burden (for..). (4) 所有代名詞との並置は不可; a my [my a] friend とはできない (→3 (a) 注意).

【(同類の中で) 1つの】 **1** 1つの, 1... (**a**) 〈one の弱まった意味〉 *a* pound 1ポンド. *a* day or two 1日か2日. *an* hour and *a* half 1時間半. *a* mile or so 1マイルほど. in *a* word 一口で言えば. Come in one at *a* time. 1度に1人ずつ入りなさい. Not *a* cloud was to be seen. 雲1つ見えなかった (注意 このような場合の *a* [*an*] は, one single「ただの1つ(も..ない)」の意味). Rome was not built in *a* day. →Rome. (**b**) 〈単位を表す語に付けて〉 1.. について. Take the medicine three times *a* day. この薬を1日3回飲みなさい. at the rate of fifty miles *an* hour 時速50マイルで. 注意 構文上 for each に相当する意味となり, 前置詞 per で置き換えられる. (**c**) 〈数詞＋複数名詞をひとまとめにして形容詞などを付けて〉 *A* mere 526 spectators watched the game. たった526人の観客しか試合を見に来なかった. *an* estimated 2,000 refugees 推定2千人の難民. keep up *a* steady thirty miles per hour 時速ぴったり30マイルのスピードを保つ. (**d**) 〈序数詞と共に〉 もう1つの (another); ..分の1《分数》. ask for *a* second cup of coffee コーヒーをもう1杯頼む (★ second 形 4, third 形 1 (b) の用例も参照). *a* fourth of the population 人口の4分の1.

2 【1つの＞同一の】 同一の, 同じ, (the same). The boys are all of *an* age. 少年たちはみんな同じ年齢だ. birds of *a* feather 同じ羽色の鳥; 似たもの同士. Two of *a* trade seldom agree. 〖諺〗同業の2人は意見の一致がまれである.

【(任意の) 1つの, ある】 **3** (**a**) ある1つの, ..の1つ, (注意 次に来る単数名詞が「数えられるもの」であることを示すだけで, 日本語では訳さなくてもよい; 複数名詞に付ける some, any に対応する). He has bought *a* car. 彼は車を買った(比較: The firm has bought *some* cars. その会社は車を何台か買った). You are not *a* child any more. おまえはもう子供ではない. I need *a* Japanese-English dictionary. 私は和英辞書が必要だ. *a* poet and critic 詩人でかつ批評家 (→and 1). *a* cup and saucer 受け皿付き茶わん (→and 5, cup 1). *a* friend of mine (ひとりの)私の友人 (注意 a my friend と言えないのでこの形式になる; →of 20).

(**b**) 【(同類の代表として)任意の1つの】 **..というもの** (注意 日本語では訳さないことが多い). What is *a* UFO? ユーフォーって何. *A* dog is a faithful animal. 犬は忠実な動物である. shooting *an* elephant 象を射つこと.

> 語法 定冠詞 the にも類全体を代表する用法があるが, *a* [*an*] より文章体; また談話体では無冠詞複数形で同じ意味を表すことが多い; 特に「私は犬が好きだ」のように, この意味の名詞が目的語の場合は, I like a dog. とは言わずに, I like dogs. と無冠詞複数形にするのが普通.

4 〈固有名詞に付けて〉 (**a**) **..と(か)いう人** (a certain). *A* Mr. Jones has come to see you. ジョーンズさんとかいう方がお見えになりました. Is there *a* Percy in your class? パーシーという名の人が君の組にいますか.

(**b**) ..家(ᵏ)の人. She was *a* Bennett before she married. 結婚する前, 彼女はベネット家の人だった.
(**c**) ..のような人. *an* Edison エジソンのような大発明家. The young actor is *a* (new) James Dean. その若い男優はジェームズ・ディーン張りの役者だ.
(**d**) ..の作品[製品]. The painting turned out to be *a* Turner. その絵画はターナーの作品と分かった. *a* Toyota トヨタ製の車.

> 語法 個数を意識しない場合は, a を付けたり, 複数形にしたりする必要はない: She usually wears Calvin Klein. 彼女はたいていカルヴァン・クライン(の服)を着ている.

(**e**) 〈曜日, 祭日などに付けて〉ある... It was on *a* Christmas when it snowed heavily. それはある大雪のクリスマスの日のことだった.
(**f**) 〈形容詞などを付けて一時的状態, 一様相などを示す〉 It was not the Stanley everyone knew, but *a* timid Stanley that I saw that day. その日私が見たのは, みんなの知っているスタンレーではなく, おどおどしているスタンレーであった (★最初の Stanley では the を使っていることに注意).

> 語法 the 付きの固有名詞では, the が a になる場合があることにも注意: *a* strong, self-confident United States (強くて, 自信に満ちた米国); the sun, the moonなどの唯一物の the が a になる場合については sun 1, moon 1 を参照.

5 〈物質名詞に付けて〉 **..で作ったもの** (**1 つ**), 1 個の; 一種の; 1 杯の 〔飲み物など〕. *a* cloth (一種の)布. *a* powder 粉薬; おしろい. Madeira is the name of *a* wine. マデイラはワインの名前だ. I'd like *a* tea. 茶が 1 杯欲しい.
6 〈抽象名詞に付けて〉 **..の**(具体的な) **1 例**, 一種[ある種]の... *a* comfort 慰めになるもの[人]. *a* kindness (1 つの)親切な行為. He had *a* gentleness that was attractive to women. 彼は女性を引きつけるある優しさを持っていた.
7 〈動詞から転換した名詞や動名詞に付けて〉 ..する(具体的な) 1 例. give *a* glance ちらと見る. have *a* swim ひと泳ぎする. take *a* liking to... ..が好きになる. The audience showed their impatience with *a* stamping of feet. 聴衆は足を踏み鳴らしていらだちを示した.
8【ある>ちょっとした】ある(程度の) (some); 〖話〗かなり(長い, 良いなど). in *a* sense ある意味では. I waited for *a* time. 私はしばらく待った. That's *an* idea. それはいい考えだ.
9 〈慣用語法で〉 few, little, good [great] many の前に付ける (→few, little, many).
[<古期英語 *ān* 'one' (の弱まった形); 子音の前で n が↓

a. about; acre(s); adjective. ⌊脱落]

a-[1] /ə/ 接頭 **1** 〈名詞に付けて副詞又は形容詞を作る〉 on, to, in, intoなどの意味. *a*foot. *a*shore. *a*sleep.
2 〖古〗〈動名詞に付けて副詞を作る〉「..しながら; ..するために; ..中など」の意味. be *a*-building (建築中である). go *a*-hunting (狩りに行く).
[古期英語 *on* 'in, on']

a-[2] 接頭 動詞に付けて意味を強める. *a*rise. *a*wake.
[古期英語 *a-* 'out of, up']

a-[3] 接頭 「否定, 欠如など」の意味《子音字の前で; 母音の前では an-となる》. *a*moral. *a*pathy. *an*archy. [ギリシア語 *a-*, *an-* 'not']

a-[4] 接頭 ab-, ad- の異形. *a*vert. *a*scend.

-a /ə/ 接尾 〖話〗 **1** 〈名詞に付けて〉 of の弱まった形. coupl*a*=couple of. sort*a*=sort of. kind*a*=kind of (→kinda).
2 〈助動詞に付けて〉 (**a**) have の弱まった形. must*a*=must have. should*a*=should have. (**b**) to の弱まった形. ought*a*=ought to.

AA Alcoholics Anonymous; antiaircraft; 〖米〗 Associate of Arts (人文系短期大学の卒業生に与えられる資格); 〖英〗 Automobile Association (自動車協会).

AAA 〖英〗 Amateur Athletic Association (英国アマチュア陸上競技協会); 〖米〗 American Automobile Association (米国自動車協会) 《triple A とも言う》.

AAAL American Academy of Arts and Letters (米国芸術院).

AAAS American Association for the Advancement of Science (米国科学振興協会).

Aa·chen /ɑ́:kən/ 名 アーヘン《ドイツ西部のベルギー, オランダ国境近くの史都; 市内に温泉が湧(ʷ)く》.

aah /ɑ:/ 間 =ah. —— 名 C ああ(という叫び). —— 動 自 ああと言う(嘆声を上げる).

AAM air-to-air missile (空対空ミサイル).

A & P Great Atlantic and Pacific Tea Company 《米国の大手スーパーマーケット会社(のチェーン店)》.

aard·vark /ɑ́:rdvɑ̀:rk/ 名 C 〖動〗 ツチブタ《アリを常食として夜行性; アフリカ南部産》.

aard·wolf /ɑ́:rdwùlf/ 名 (複 →wolf) C アードウルフ《ハイエナ科; 南アフリカ産》.

Aar·on /é(ə)rən, ǽr-/ 名 **1** 〖聖書〗 アロン《モーセ (Moses) の兄でユダヤ教最初の祭司長; *Exodus* 4 章 14 節》. **2 Hank** ~ アーロン (1934–) 《米国の野球選手; 通算本塁打数 755 本で米国大リーグ 1 位》.

Aaron's ród 名 **1** 〖聖書〗 アロンの杖(ᵉ)《アロンの名を刻んだ杖; 一夜でアーモンドの花が付き実を結んだという》. **2** U 〖植〗 アキノキリンソウの類《高い茎の頂に黄色い花が固まって咲く》.

AAU Amateur Athletic Union (全米体育協会).

ÀB[1] 名 U (血液型の) AB 型.

AB[2] 〖米〗 Artium Baccalaureus (文学士) 《=BA; ラテン語 'Bachelor of Arts'》; 〖英〗 able seaman; able-bodied seaman.

ab- /əb, æb/ 接頭 「離脱」の意味. *ab*normal. *ab*duct. *ab*negate. ★m, p, v の前では a-; c, t の前ではしばしば abs-となる; *a*vert, *abs*tract. [ラテン語 *ab* 'from, away']

ABA American Bar Association.

ab·a·ca /æ̀bəkɑ́:|ǽbəkə/ 名 U マニラ麻; C 〖植〗 マニライトバショウ《マニラ麻の原料; フィリピン産》.

ab·a·ci /ǽbəsài/ 名 abacus の複数形.

‡**a·back** /əbǽk/ 副 **1** 〖海〗 裏帆に《向かい風を受け帆がマストに吹き付けられて》. **2** 〖古〗 後ろに[へ].
tàke.. abáck ..をびっくりさせる, 面食らわせる, 〈しばしば受け身で〉. I was somewhat *taken* ~ by [at] the news. 私はその知らせにいささかびっくりした.

ab·a·cus /ǽbəkəs/ 名 (複 ~·es, **ab·a·ci**) C **1** そろばん《西洋では子供に数の数え方を教えるのに用いる》. **2** 〖建〗 アバクス, 柱頭板.

a·baft /əbǽft|əbɑ́:ft/ 副, 前 〖海〗 (..の)船尾に, (..より)船尾に近く; (..の)後ろに (behind).

ab·a·lo·ne /æ̀bəlóuni/ 名 C 〖貝〗 アワビ《食用; ear shell とも言う》.

‡**a·ban·don** /əbǽndən/ 動 (~s /-z/| 過 過分 ~ed /-d/|~·ing) 他 【捨て去る】 **1** を見捨てる; 〔沈む船〕を離れる; 〔家族など〕を捨て去る; 〔地位, 権利など〕を捨てる, 放棄する; (類語 捨てて他人の手に任せる, という意味を含む; →desert[2], forsake). His father ~*ed* the family for another woman. 彼の父は家族を捨てて別の女の許に走った. *Abandon* ship! 全員退去せよ《火災や沈没する船から》. Many drivers ~*ed* their cars in the snow. ドライバーの多くが雪の中に車を乗り捨てた.
2 〔計画など〕を**断念する**, やめる, 〔試合など〕を中止する; 〔希

望, 考えなど〕を捨てる; (give up). ～ one's plan 計画を(途中で)断念する. ～ hope (*of doing*) (..する)希望を捨てる. I have ～*ed* the idea of buying a house. 私は家を買うことを断念した.

3【捨てて他人に任せる】をゆだねる; 〔身〕を任す; 〈*to* ..に〉. ～ the hill *to* enemy forces その高地を敵軍に明け渡す. ～ a person *to* his fate 人を運命にゆだねる.

abándon onesèlf to .. 〖章〗〔賭(か)け事, 空想など〕にふける; 〔悲嘆〕に暮れる; 〔絶望〕に身をまかせる.

── 名 U 奔放; 気まま.

with* [*in*] (*gày, wìld*) *abándon 我を忘れて; 思い切り; 奔放に, 勝手気ままに. drink *with* ～ 羽目を外して飲む. [＜古期フランス語「管理下に置く」]

†**a·bán·doned** /-d/ 形 〈普通, 限定〉 **1** (見)捨てられた. an ～ house 廃屋. an ～ baby 捨て子. **2** 乗り捨てられた〔車など〕. **3** 〔人, ふるまいが〕奔放な, 放埒(らつ)な; 破廉恥な.

‡**a·bán·don·ment** 名 U **1** (見)捨て(られ)ること; 放棄, 断念; 中止. **2** 自暴自棄; 奔放さ.

a·base /əbéis/ 動 他 〖章〗〔人〕の威信[名声・品位・地位]を落とす. ***abáse onesèlf*** (恥ずかしいことをして)自分の品位を落とす, 自分を貶(おと)める; へりくだる, 卑屈になる, 〈*before* ..の前に/*to* ..に〉.

▷～**·ment** 名 U (品位などの)低下; 屈辱; 卑下.

a·bash /əbǽʃ/ 動 他 〈普通, 受け身で〉を決まり悪がらせる, 赤面させる; を当惑させる; . ▷～**·ment** 名

abashed /-t/ 形 当惑した, まごついた; 赤面した; (↔ unabashed). I was ～ when my mistakes were pointed out. 誤りを指摘されて決まり悪い思いをした.

†**a·bate** /əbéit/ 動 (～**s** /-ts/|過 過分 **-bat·ed** /-əd/|**-bat·ing**) 自 〖章〗〔洪水, 暴風雨, 苦痛などが〕弱まる, 衰える, 和らぐ, 減る. The storm didn't ～ for several hours. あらしは数時間静まらなかった.

── 他 **1** 〖章〗〔苦痛など〕を和らげる; 〔勢力など〕を弱める. **2** 〖章〗〔税など〕を軽減する; 〔価格など〕を引き下げる. ～ 10 cents *from* [*out of*] the price 価格を 10 セント下げる. **3** 〖法〗〔生活妨害〕を(自力で)排除する; 〔令状〕を無効にする. ～ a nuisance (騒音など)生活妨害となるものを除去する. [＜古期フランス語「打ち倒す」]

a·báte·ment 名 U 〖章〗 **1** 軽減, 減少. **2** 減額, 減価(額).

ab·at·toir /ǽbətwɑ̀ːr|´-`-/ 名 C 畜殺場, 食肉処理場, (slaughterhouse).

ab·ba·cy /ǽbəsi/ 名 (複 **-cies**) UC 修道院長 (abbot, abbess) の職[任期].

ab·bé /ǽbei, -´/ 名 C **1** ..師, ..神父, 《フランスの聖職者に対する尊称》. **2** (フランスの)修道院長.

ab·bess /ǽbəs/ 名 C 女子修道院長《convent の長; ↔abbot》.

†**ab·bey** /ǽbi/ 名 (複 ～**s**) **1** C 修道院《monastery と convent の総称》; その建物. **2** U 〈the ～; 単複両扱い; 集合的〉 修道院の修道士[女]たち. **3** C 〈しばしば A-〉 (もと大修道院であった)寺院, 邸宅, 《名称として用いる; →4》. **4** 〖英〗〈the A-〉 ＝Westminster Abbey. [＜中世ラテン語「abbot の職・地位」]

Àbbey Nátional 名 〈the ～〉 アベイ・ナショナル《英国の大金融機関》.

Àbbey Théatre 名 〈the ～〉 アベイ座《1904 年に創設された Dublin の劇場; Yeats, Synge などが活躍したアイルランド文芸復興の拠点》.

ab·bot /ǽbət/ 名 C 修道院長《monastery の長; ↔ abbess》. [＜アラム語「父」]

abbr(ev). abbreviated; abbreviation.

†**ab·bre·vi·ate** /əbríːvièit/ 動 他 **1** 〔語句, 称号など〕を省略する, 短縮する, 略記する, 〈*to, as*..と〉. ～ Sunday *to* Sun. Sunday を Sun. と略記する. **2** 〔物語, 滞在など〕を短くする, 切り詰める. [＜ラテン語「短くする」]

ab·brè·vi·át·ed /-əd 移/ 形 省略[簡略化]された. an ～ version 簡約版.

***ab·bre·vi·a·tion** /əbrìːviéiʃ(ə)n/ 名 (複 ～**s** /-z/) **1** C **略語**; 省略形. CA is the ～ *for* [*of*] California. CA は California の省略形である. **2** U 短縮する[される]こと; 省略.

> 参考 (1) 略語には普通末尾にピリオドを付ける: Jan. (＝January); Can. (＝Canada). 最近のイギリス英語ではしばしばピリオドを略して ie (i.e.), eg (e.g.)のようにする. (2) ピリオドを付けたり付けなかったりするものもある: UN [U.N.] (＝United Nations) (3) そのまま 1 語として用いられるようになった略語には普通ピリオドを付けない: ad (＝advertisement); TV (＝television) (4) もとの語の最初と最後の文字から成る略語には, ピリオドを付けないことがある《主に英国の習慣》: Dr. [Dr] .. (＝Doctor ..博士); Mr. [Mr].. (＝Mister .. 氏, 様); Ltd. [Ltd] (＝Limited 有限責任の)

ABC[1] /èibiːsíː/ 名 (複 **～'s, ～s**) **1** UC 〈〖米〗 普通 ～'s, ～s〉 アルファベット (alphabet). **2** UC 〈the ～〉 〈〖米〗 普通 ～'s, ～s〉 初歩, 'いろは'; 手ほどき. the ～ of chess チェスの初歩. **3** C 〖英〗 (項目がアルファベット順の)案内書, 手引き書.

ABC[2] American Broadcasting Company 《米国 3 大放送会社の 1 つ; →NBC, CBS》.

ABC[3] atomic, biological, and chemical. ～ warfare [weapons] ABC 戦[兵器].

ABD 〖米〗 all but dissertation 《博士課程の単位はすべて修得し, 論文提出だけが残っている》.

ab·di·cate /ǽbdikèit/ 動 他 〔王位など〕を捨てる; 〖章〗〔権力, 権利, 義務, 役割など〕を放棄する. ～ responsibility 責任を放棄する. ── 自 〔国王が〕退位する. The king ～*d from* his throne. 王は退位した (★from を省けば 他). ▷**ab·di·ca·tor** /ǽbdikèitər/ 名 C 退位者; 放棄者.

àb·di·cá·tion 名 UC (権利, 義務などの)放棄; (国王の)退位; 〈the A-〉 王位[王権]放棄《1936 年の英国王 Edward VIII の》.

†**ab·do·men** /ǽbdəmən, æbdóu-/ 名 C 腹部 (belly) 《stomach, intestines, liver を含む》; (昆虫などの)腹部; (類語 腹部を表す医学用語; →stomach).

ab·dom·i·nal /æbdɑ́mən(ə)l|-dɔ́m-/ 形 腹(部)の. an ～ operation 開腹手術. ～ pains 腹痛.

── 名 〈～s〉 腹筋.

ab·dom·i·no·pla·sty /æbdɑ́mənəplæ̀sti|-dɔ́m-/ 名 U 下腹整形《腹の脂肪などを取る》.

‡**ab·duct** /æbdʌ́kt/ 動 他 〖章〗を誘拐する (kidnap), 拉致(らち)する. [＜ラテン語「連れ去る」]

ab·duc·tee /æbdəktíː/ 名 C **1** 誘拐された人. **2** エイリアンに誘拐された(と信じる)人.

ab·dúc·tion 名 UC 誘拐(する[される]こと), 拉致(らち).

ab·duc·tor /æbdʌ́ktər/ 名 C 誘拐犯.

Abe /eib/ 名 Abraham の愛称.

a·beam /əbíːm/ 副 〖海・空〗 真横に.

a·bed /əbéd/ 副 〖古〗 寝床に(就いて) (in bed).

A·bel /éib(ə)l/ 名 〖聖書〗 アベル《Adam と Eve の第 2 子で兄 Cain に殺された》.

Ab·é·lard /ǽbəlɑ̀ːrd/ 名 **Pierre ～** アベラール (1079–1142) 《フランスの宗教家・哲学者; 修道女 Héloïse との愛の往復書簡で有名》.

Ab·er·deen /æ̀bərdíːn/ 名 **1** アバディーン《スコットランド東北部の都市; Glasgow, Edinburgh に次ぐ大都市》. **2** ＝Aberdeen Angus. **3** ＝Aberdeen terrier.

Àberdeen Ángus 名 C アバディーンアンガス(種) 《角のない黒牛; スコットランド原産; 食肉用》.

A

Àberdeen térrier 名 =Scotch terrier.

ab·er·rant /æbérənt, æbər-/ 形 **1** 正道を外れた, 常軌を逸した,〔行動など〕. **2** (特に生物が)変異の, 異常な.

ab·er·ra·tion /æbəréiʃ(ə)n/ 名 UC **1** 正道を外れること, 常軌の逸脱; (一時的な)精神錯乱《a mental ～とも言う》; 道徳上の過失. in a moment of ～ 衝動的に. **2**〖生物〗変異;〖物理〗(レンズの)収差;〖天〗光行差. [<ラテン語「離れてさまよう」]

a·bet /əbét/ 動 (～s|-tt-) 他〖主に法〗を教唆(きょうさ)[扇動, 幇助(ほうじょ)]する, そそのかす. ～ a thief [a theft] (人を)そそのかして盗みを働かせる. ～ a person *in* robbing a bank 人をけしかけて銀行強盗をさせる.

àid and abét →aid.

a·bét·ment 名 U 教唆(きょうさ), 扇動, 幇助(ほうじょ).

a·bet·tor, a·bet·ter /əbétər/ 名 C (犯罪の)教唆(きょうさ)[扇動]者. ★法律用語には -tor を用いる.

a·bey·ance /əbéiəns/ 名 U〖章〗(一時的な)中止, 休止, 停止; 未定(の状態).

fàll* [*gò*] *into abéyance 〔規則などが〕(施行)中止になる, 失効する;〔習慣などが〕廃れる.

in abéyance 停止中の[で]; 未決定の[で]. The question is left *in* ～. 問題は未解決のままだ.

†**ab·hor** /əbhɔ́ːr/ 動 (～s|-rr-) 他 〈普通, 進行形不可〉〖章〗をぞっとするほど嫌う, 憎悪する(類語 dislike より強意的で, 恐怖感などを伴う特に道義的な嫌悪). ～ violence 暴力を憎む. I ～ killing animals. 動物を殺すのはいやだ. ▷**ab·hor·rer** /əbhɔ́ːrər|əbhɔ́rər/ 名 C〖章〗憎悪する人. [<ラテン語「髪を逆立たせる」; →horror, horrid]

ab·hor·rence /əbhɔ́ːrəns|-hɔ́r-/ 名〖章〗**1** aU ぞっとするほど嫌うこと, 憎悪. hold flattery in ～= have an ～ *of* flattery お世辞を言われるのが大嫌いである. in [with] ～ さも厭(いと)わしげに. **2** C 大嫌いなもの. Hypocrisy is my ～. 偽善は大嫌いだ.

ab·hor·rent /əbhɔ́ːrənt|-hɔ́r-/ 形〖章〗**1**〔物事が〕ぞっとするほど嫌な, 忌まわしい, 〈*to* ..にとって〉. The very thought is ～ *to* me. (その事を)考えるだけでも忌まわしい. **2**〖古〗〔人が〕ひどく嫌がる, 忌み嫌う, 〈*of* ..を〉. **3** 矛盾する〈*to* ..と〉; かけ離れた〈*from* ..から〉. conduct ～ *to* his conscience 彼の良心と相いれない行為.

‡**a·bide** /əbáid/ 動 (～s /-dz/|過 過分 **abode** /əbóud/, **-bid·ed** /-əd/|**-bid·ing**) (★abodeは 他 には用いない) 自 **1**〖古〗(ある状態に)とどまる, そのままでいる, (remain). **2** VA〖古〗滞在する (stay); 住む (live). '*Abide* With Me.'「我がもとにとどまれ」《賛美歌の題》. **3**〔記憶などが〕続く (continue).

── 他 **1**〈普通 can, could を伴って否定文・疑問文で〉VO (～ X/*to do*/*doing*) Xを/..することを我慢する, こらえる, (bear). How could you ～ his rudeness? あの男の無礼をどうして我慢できるというの. I cannot ～ hear*ing* [*to* hear] you cry so bitterly. あなたがそんなに悲しそうに泣くのは聞いていられない. **2**〖まれ〗をじっと待つ (wait for).

abíde by .. 〖章〗(★過去形・過去分詞は **～d** だけ) (1)〔規則, 約束, 法律, 決定など〕を忠実に守る. ～ *by* the umpire's decision 審判員の決定に従う. (2)〔(悪い)結果など〕を甘受する (accept). You should ～ *by* the consequences. 君はその結果を甘受すべきだ.

‡**a·bíd·ing** 形〖章〗〈限定〉終わることのない, 永続的な, 不変の, (lasting). ▷**～·ly** 副

ab·i·gail /æbəgèil/ 名 C 腰元, 侍女.

*‡**a·bil·i·ty** /əbíləti/ 名 (複 **-ties** /-z/) UC **1** (**a**) 能力; ..できること〈*to* do〉; (類語 能力を意味する最も一般的な語で, 生来の, または努力や訓練によって得た(普通以上の)能力を言う; コンピュータ類にも使うことができる; →aptitude, capability, capacity, competence, faculty, gift, talent). Cats have the ～ *to* see in the dark. 猫は暗やみでも目が見える. (**b**) (学業の)能力, 力. high [low, average] ～ 高い[低い, 普通の]能力. ～ in music = musical ～ 音楽的な能力. mixed ～ class 能力混成のクラス. his ～ at mathematics 彼の数学の力. Our computer has the ～ to cope with the most complex calculations. 我々のコンピュータはきわめて複雑な計算を処理する能力がある.

2〈普通 -ties〉才能, 手腕. a woman of ⌊great ～ [many *abilities*] 才能豊かな[多才な]女性. her leadership *abilities* 彼女の指導者としての手腕. his *abilities* as a teacher 彼の教師としての腕前[力量].

◇↔inability 形 able

連結 rare [exceptional, remarkable; prodigious; considerable; mediocre; poor, striking] ～ // show (off) [display] (one's) ～; cultivate [develop, improve] one's ～

***to the bèst of one's abílity* [*abílities*]** 力の及ぶ限り.

-ability /əbíləti/ 接尾 〈-able で終わる形容詞から名詞を作る〉「..できること; ..するに値することなど」の意味. accept*ability*. reli*ability*.

ab in·i·ti·o /æb-iníʃiòu/ 最初から. [ラテン語 'from (the) beginning']

à·bi·o·génesis /èibaiou-/ 名 U 自然発生論《生物が無生物から発生するという説; ↔biogenesis》.

‡**ab·ject** /æbdʒekt/ 形 **1**〈普通, 限定〉落ちぶれた, 惨めな. die in ～ poverty [misery] ひどい貧乏[赤貧]のうちに死ぬ. an ～ failure 惨めな失敗. **2**〔人, 行為が〕卑しむべき, 卑劣な; 卑屈な[で]. an ～ liar 卑劣な嘘(うそ)つき. make an ～ apology 平謝りに謝る. be ～ in ..の点で卑屈である. ▷**～·ly** 副 **～·ness** 名

ab·jéc·tion 名 U **1** 惨めな[落ちぶれた]状態, 零落. **2** 卑劣さ; 卑屈.

ab·jure /æbdʒúər|əb-, æb-/ 動 他〖章〗〔主義, 悪習など〕を誓って捨てる[やめる];〔国籍, 信仰など〕を公然と放棄する; (renounce). ▷**ab·ju·ra·tion** /æbdʒəréiʃ(ə)n|-dʒur-/ 名

ab·la·tion /æbléiʃ(ə)n/ 名 UC **1** (手術による)切除. **2** アブレーション, 溶発,《宇宙船などが大気圏突入後, 摩擦による加熱で表面の一部が溶けて蒸発する現象》. **3**〖地〗(氷山, 氷河, 岩などの)消磨.

ab·la·tive /æblətiv/〖文法〗形 奪格の《特にラテン語》. ── 名 U 奪格; C 奪格の語.

áblative càse 名 U 奪格《特にラテン語で,「..から, によって, のためになど」の意味を表し, 又そのような意味の前置詞の目的語になる; 例えば →ab initio》.

ab·laut /æblaut, áp-|æb-/ 名 U〖言〗アプラウト, 母音変差[交替],《英語の動詞の時制変化 s*i*ng, s*a*ng, s*u*ng などに見られる母音の交替はその名残; gradation ともいう; →umlaut》. [ドイツ語 (< *ab* 'off'+*Laut* 'sound')]

‡**a·blaze** /əbléiz/ 形〈叙述〉**1** 燃えて; あかあかと[華やかに]輝いて. ～ *with* diamonds ダイヤできらきら輝いて. **2** 激昂(こう)して. Her eyes were ～ *with* anger. 彼女の目は怒りで真っ赤だった. ── 副 赤々と燃えて; 激昂して.

sèt .. abláze 〔物〕を燃え上がらせる, を燃やす;〔人の心〕を燃え立たせる.

‡**a·ble** /éib(ə)l/ 形 m, e (～r|～st) **1**〈叙述〉(..することが)できる (→成句 be able to do).

2 才能のある, 有能な. an ～ man 手腕家. He turned out to be an ～*r* lawyer than I expected. 彼は期待以上に有能な弁護士であることが分かった.

◇名 ability 動 enable

*__*be àble to dó ..*__ することができる (=can) (↔be unable to do) (注意 この成句に ～r, ～st の比較変化は不可で, better [more] ～, best [most] ～となる). (1)

〈能力・技量・資質を表す〉She *is* ～ *to* (＝She can) skate. 彼女はスケートができる. *Are* you ～ *to* (＝Can you) see the sea from where you live? あなたの住まいから海が見えますか (★語法 (1) 参照). My husband *is* better [more] ～ *to* cook than I (am). 夫は私より料理が上手にできる. (2)〈時間的余裕・裁量の自由・資力・機会の有無などを表す〉I'm sorry I *wasn't* ～ *to* come yesterday. きのう来られなくてすみません. As he had a lot of time, he *was* ～ *to* help her. 彼は時間がたくさんあったので, 彼女を援助することができた.

> 語法 (1) 現在形で, 現在のことや, 一般的に「..できる(できない)」を表す場合は can を用いる方がずっと多く, be able to はやや〘章〙. can は機械にも使える. be able to の主語は普通, 人・団体であるが物の場合もある: The tank *is* ～ *to* use both day and night sights. (そのタンクは昼間も夜も照準器を使える) (2) 過去の能力を表す場合は, 恒久的・潜在的な能力には could, 一時的な能力には was [were] able to が普通: Jill *could* not read. (ジルは読み書きができなかった); She *was* not ～ *to* read the letter. ((読みにくい字などで)彼女はその手紙を読めなかった) 特に, 困難を克服したような場合 could は使われない: It took a long time, but in the end I *was* ～ *to* convince him. (長時間かかったが, とうとう彼を納得させることができた) また, I *was* ～ *to* pass the exam. (試験に合格できた) を I *could* pass the exam. とすると仮定法的な意味にとられて「試験に合格できるかもしれない」と解されやすい. (3) can には未来形, 完了形がないので, will [shall] be able to, have [has, had] been able to で代用する. また不定詞, 動名詞の場合も to be able to, being able to で代用: No one *has* ever *been* ～ *to* do it. (今までだれにもそれはできなかった); *Being* ～ *to* disguise my feelings is a crucial part of my job. 感情を隠せることは私の仕事のきわめて重要な一部である. (4) 未来のことであっても, 現在の判断を表す場合には can も可能: Tomorrow I *can* [I'll be able to] go to the beach. (明日海へ行けます) (5) be able to に受け身の不定詞が続くことはまれで, ぎこちない文とされる. able は行動をする人に使うのが普通であり, 無生物主語の受け身文は避けられる: It *can* be fried. (フライにできる) (★ It is able to be fried. は不可).

[<ラテン語 *habilis*「扱いやすい, 便利な」(<*habēre*「保持する」; →habit)]

-able /əb(ə)l/ 接尾 **1**〈普通, 他動詞, 時には自動詞に付けて形容詞を作る〉「..できる, ..に適するなど」の意味. eat*able*. liv*able*. 注意 受動的な意味になるのが普通; lovable (＝that can be loved) に対し loving (＝showing love) の意味は能動的. **2**〈名詞に付けて形容詞を作る〉「..に適する, ..の状態[性質]のなど」の意味. marriage*able*. comfort*able*. [フランス語 *-able*<ラテン語(形容詞語尾); 本来 able とは無関係]

àble-bódied /⑧/ 形 〈限定〉強壮な, 身体健全な. ── 名 〈the ～; 複数扱い〉身体健全な者. ◇↔disabled

àble-bodied séaman 名 C 〘米〙〘海〙熟練船員《略 AB》. →able seaman.

á·bled 形 健康なからだの. differently ～ ハンディキャップのある《handicapped のより婉曲的な表現》. [dis*abled* からの逆成]

àble séaman 名 C 〘英海軍〙2 等水兵《略 AB》.

a·blism /éib(ə)liz(ə)m/ 名 U 身体の不自由な人への差別.

a·bloom /əblúːm/ 形 〈叙述〉花が咲いて.

ab·lu·tion /əblúːʃ(ə)n/ 名 **1**〘章・戯〙〈～s〉体を洗うこと, 沐(もく)浴. perform one's ～*s* 自分の体を洗う. **2** UC〘章〙(宗教的儀式としての)洗い清め, みそぎ; 洗浄式.

a·bly /éibli/ 副 見事に, 立派に; 有能に.

ABM anti-ballistic missile.

ab·ne·gate /ǽbnigèit/ 動 他 〘章〙〔快楽など〕を断つ; 〔信仰など〕を捨てる, 〔権利など〕を放棄する.

àb·ne·gá·tion 名 U 〘章〙禁欲, 克己, 断念; (権利などの)放棄.

***ab·nor·mal** /æbnɔ́ːrm(ə)l/ 形 m **異常な**, 普通でない; 変則な, 変態の; (↔normal). ～ behavior 常軌を逸した行動. ～ weather (conditions) 異常気象. [ab-, normal]

‡ab·nor·mal·i·ty /æ̀bnɔːrmǽləti/ 名 (複 **-ties**) **1** U 異常; 変則, 変態. **2** C 異常なもの[こと]; 奇形. a heart ～ 心臓の異常.

ab·nór·mal·ly 副 異常に; 変則的に. an ～ hot day 異常に暑い日. ～ high [low] blood pressure 異常に高い[低い]血圧.

abnòrmal psychólogy 名 U 異常心理学.

Ab·o, ab·o /ǽbou/ 〘オース俗・軽蔑〙名 (複 **～s**) C, 形 オーストラリア先住民(の)《<*Ab*origine, *Ab*original》.

‡a·board /əbɔ́ːrd/ 前 〔船, 航空機, 列車, バスなど〕(の中)へ[に], に乗って. go ～ a ship [train] 乗船[乗車]する. refugees ～ the boats ボートに乗った難民. put the mail ～ the plane 郵便物を飛行機に積む.
── 副 ⓒ **船[航空機, 列車, バス]に(乗って)**. go [climb] ～ (船, 列車などに)乗り込む. Welcome ～! 本日はご搭乗いただきありがとうございます《乗務員の乗客への挨拶》. The plane crash killed 520 people ～. その飛行機墜落事故で乗っていた 520 人が死亡した.
Áll abòard! (1) 皆さんお乗りください《出発の知らせ》. (2) 全員乗船[乗車]済み(出発用意)!
còme abóard (1) 乗り込んで来る. (2) (事業などに)途中から参加して来る. [a-[1], board「板, 甲板」]

a·bode[1] /əbóud/ 名 **1** C 〘古・雅・戯〙住まい. my humble ～ わがあばら屋. take up one's ～ in a warmer climate もっと暖かい気候の所に住む. **2** U 〘法〙住所. a man of [with] no fixed ～ 住所不定の男. They will be given (the) right of ～ in Britain. 彼らはイギリスに居住権を与えられるだろう.

a·bode[2] 動 abide の過去形・過去分詞.

***a·bol·ish** /əbɑ́liʃ|əbɔ́l-/ 動 (**～·es** /-əz/| 過 過分 **～ed** /-t/| **～·ing**) 他 〔慣行, 法律, 制度など〕を**廃止する** (do away with). ～ capital punishment 死刑を廃止する. ～ slavery 奴隷制度を廃止する. [<ラテン語「滅ぼす」] ▷ **～·ment** 名

†ab·o·li·tion /æ̀bəlíʃ(ə)n/ 名 U **1** 廃止(する[される]こと), 撤廃. the ～ of capital punishment 死刑廃止. **2** 死刑廃止; 〘米国史〙〈時に A-〉奴隷制度廃止《主に 18,19 世紀に用いられた言い方》. ▷ **àb·o·lí·tion·ìsm** 名 U (死刑)廃止論; 〘米国史〙〈時に A-〉奴隷制度廃止論. **àb·o·lí·tion·ist** 名 C

ab·o·ma·sum, -sus /æ̀bəméisəm/, /-səs/ 名 (複 **ab·o·ma·sa** /-sə/) C (反芻(すう)動物の)第 4 胃, 皺(しゅう)胃.

***Á-bòmb** 名 (複 **～s** /-z/) C **原子爆弾**《<*a*tom(ic) *bomb*》.

†a·bom·i·na·ble /əbɑ́mənəb(ə)l|əbɔ́m-/ 形 **1**〘章〙(生理的又は精神的に)忌まわしい, 憎むべき, 〈*to* ..にとって〉(disgusting). an ～ crime 忌まわしい犯罪. a reputation ～ *to* her 彼女にとって忌まわしい評判. **2**〘話〙嫌な, 実にひどい, (very bad). This weather [soup] is absolutely ～. この天気には本当にうんざりだ[このスープは実にひどい].

abòminable snówman /-mæn/ 名 (複 **-men** /-men/) C 〈しばしば A- S-〉(ヒマラヤ山中に住むという)雪男 (yeti).

a·bóm·i·na·bly 副 忌まわしいほど; 〘話〙ひどく, いやに. an ～ tedious lecture ひどく退屈な講義.

a·bom·i·nate /əbɑ́mənèit|əbɔ́m-/ 動 他 〈普通, 進行形不可〉**1**〘章〙を忌み嫌う, 憎悪する, (類語 類語

A

中最も強意; →dislike). **2**〘話〙が大嫌いである. I ~ snakes. 私は蛇が大嫌いです. [<ラテン語「吉兆とみなす」; →omen]

a·bòm·i·ná·tion 名 〘章〙 **1** Ⓤ 嫌悪, 憎悪. hold ..in ~ ..を忌み嫌う. **2** Ⓒ 忌まわしいもの[こと]〈*to* ..にとって〉. The sight of you is an ~ *to* me. おまえなんか見るのも嫌だ.

ab·o·rig·i·nal /æbərídʒən(ə)l ⑧/ 形 原生の, 土着の; 先住民の; 〈普通 A-〉〈特に〉オーストラリア先住民の (→Abo). ── 名 Ⓒ 先住民; 原生動植物; 〈普通 A-〉〈特に〉オーストラリア先住民; (★単数形では Aborigine より Aboriginal が好まれる; 複数形では Aborigines の方が望ましいとされる).

ab·o·rig·i·ne /æbərídʒəni:|-ni/ 名 Ⓒ **1** 先住民; 〈普通 A-〉オーストラリア先住民 (→aboriginal 名 ★). **2**〈the ~s〉(ある地域固有の)土着動[植]物群. [<ラテン語「元からの住民」]

‡**a·bort** /əbɔ́:rt/ 動 自 **1** (特に, 人工的に)流産する, 中絶する, 'おろす', (類語 事故などにより「流産する」は miscarry). **2**〔計画などが〕'流れる', 失敗する; 中止される[する]. ── 他 **1**〔妊婦〕に流産させる;〔妊娠, 胎児〕を中絶する. ~ a pregnancy 妊娠中絶する. **2**〔計画など〕を中止する;〘電算〙を強制終了する. ~ a space flight (機械の故障などで)宇宙飛行を中止する. ── 名 Ⓒ 〔ロケットなどの〕発射中止. [<ラテン語「日が沈む」なくなる」]

†**a·bór·tion** 名 **1** ⓊⒸ 人工流産; **妊娠中絶**(手術), 堕胎(手術); (類語 事故などによる「流産」は miscarriage). have [get] an ~ 中絶する. **2** Ⓒ 人工流産した胎児 (aborted fetus). **3** Ⓤ **失敗**, 不成功; Ⓒ 流れた計画. Their effort proved an ~. 彼らの努力は実を結ばなかった.

a·bor·tion·ist /əbɔ́:rʃ(ə)nist/ 名 Ⓒ (特に非合法の)堕胎施術者; 妊娠中絶推進[賛成]者.

abórtion pìll 名 Ⓒ(流産誘発用の)ピル.

‡**a·bor·tive** /əbɔ́:rtiv/ 形 **1** 不成功の, 失敗した. make an ~ attempt [effort] 試みたがものにならない. **2** 流産になる. ▷ **~·ly** 副

ÀBÓ sỳstem 名 〈the ~〉〘医〙ABO 式(血液型分類法)《A, B, AB, O 型に分ける》.

***a·bound** /əbáund/ 動 (**~s** /-dz/|過 過分 **~·ed** /-əd/|**~·ing**) 自〘章〙**1**〔物, 人が〕たくさんある[いる]〈*in, on* ..に〉(類語 多さや豊富さを表す一般的な語; →overflow, swarm, teem). Fish ~ *in* this lake. この湖には魚が多い. Celtic remains ~ *on* this isle. ケルトの遺跡がこの島には多い. Theories ~ about how life appeared on earth. 生命が地球上にいかに現れたかにはさまざまな説がある(★意味的には about 以下は theories につながる). **2** VA (**~ *in, with* ..**)〔場所などが〕..に富む; ..でいっぱいである; (★1 とは主語になるものが逆になる点に注意). This lake ~*s in* fish. この湖には魚が多い. ◇名 abundance 形 abundant [<ラテン語「氾濫する」]

‡**a·bout** /əbáut/ 前 【周囲に, 周辺に】 **1** ***..*の回りに**, の周囲を. ~ the neck 首の回りに. dance ~ the fire たき火の周囲を踊り回る.

2 ***..*のあちこちを**, の方々に. walk ~ the yard 庭を歩き回る. There were books lying ~ the room. 本が部屋のあちこちに散らばっていた.

【近辺に】 **3** ***..*の近くに**, の辺りに. somewhere ~ here どこかこの辺に. She made herself useful ~ the home. 彼女はあれこれと家事の手伝いをした.

★1, 2, 3 の意味には, 特に〘米〙では around を用いる方が普通.

4【身辺に】 ***..*の手元に**. I have no money ~ me. 今は金の持ち合わせがない. 語法 今は on 又は with が普通; about と on は金のようにポケットに入る程度に小さいものに限られ, 傘のように大きな物には with.

5 ***..*の身辺に**, ..には, (★ある人・物が全体として持つ特徴や雰囲気を表す). There's something unusual ~ him. 彼にはどこか変わったところがある. What do you like ~ her? 彼女のどこがいいのか. The old cottage has a certain charm ~ it. その古い田舎家にはある種の魅力がある.

6【(時間的に)近辺】 ***..*ごろ(に)**. ~ the middle of May 5 月半ばごろに. ~ noon 正午ごろ.

【周辺に>かかわって】 **7** ***..*に従事して**, に携わって. What are you ~? 何をしているのですか. Bring me some water, and be quick ~ it! 水を少し持ってきてくれ一急いで.

8 ***..*について**, に関して, (類語「..について」という「関連」の意味を表す最も一般的な語で, 一般性の高い話題について用いるのが普通; →concerning, of, on 11, over 10, regarding, respecting). talk ~ the weather 天気の話をする. What is the story ~? それは何の話ですか. It's ~ my husband, doctor; he sleeps badly. 先生, 主人のことですが, よく眠れないんです. 参考 慣用的に of を取る表現 (aware *of* ..など)で, of の代わりに about を用いる傾向が, 特に〘話〙では認められるが一般的ではない: They are disdainful *about* 《本来は *of*》 *Italian cuisine*. 彼らはイタリア料理を軽蔑している.

be abòut to dó (1) (今しも)***..*するところで**, しようとして. I *was* ~ *to* leave the house, when the telephone rang. 家を出ようとしたら, ちょうどその時電話が鳴った. The bus *was* (just) ~ *to* start. バスは発車しようとしていた (★〘話〙ではしばしば just が入る). 類語 be going to よりも改まった言い方で, 差し迫った未来について用いる; be going to に許される未来を表す副詞(句) (例えば tomorrow) とは一緒に用いない. (2) ..する意志がある〈普通, 否定形で〉. I'*m* not ~ *to* ask him. あの人に頼む気持ちはありません.

Whát* [*Hów*] *about ..? →what, how.

whìle you're abóut it 〘話〙(事の)ついでに. Go and mail this letter, and while you're ~ it buy me a pack of cigarettes. この手紙を出しに行って, ついでにたばこを一箱買ってきてくれ.

── 副 ¢ 【周囲で, 周辺で】 **1** 回りに[を]; 周囲に[を]. look ~ for an exit 出口を探して辺りを見回す.

2 あちこちに, 方々に. walk ~ 歩き回る. The wind scattered the leaves ~. 風が葉を吹き散らした.

【近辺で】 **3** 近くに, 辺りに. There is no one ~. 辺りにだれ 1 人いない. hang ~ 辺りをうろつく.

4【(数量的に)近辺で>見当で】 **およそ**, 約..;〘話〙ほとんど (almost); (↔just, exactly). ~ ten miles 約 10 マイル. at ~ two o'clock 2 時ごろに (★at はなくてもよいが, その場合は 前 6 の用法). ~ as high as the roof 屋根の高さぐらい. It's ~ time ˪for the train to arrive [the train arrived]. もうそろそろ列車の着く時刻だ. I'm ~ tired of this quiet life. この静かな生活にはいいかげん[ほとほと]飽きてしまった (注意「ほとんど, ほぼ」という控え目な表現が, かえって強意になる).

【周辺で動いて】 **5** 動いて, (起きて)**仕事をして**, 活動して. I'll be ~ again when my leg heals. 脚が治ったらまた動き回ります.

6 広まって, 流行して; 出回って. The plague was ~ that year. その年はペストがはやった. There are too many drugs ~ nowadays. 近ごろはあまりに多くの薬物が出回っている.

【回って】 **7** 反対の方向に; ぐるりと回って;〘海〙上手(うわて)回しに. turn ~ ぐるりと向きを変える. go a long way ~ 大きく遠回りする. **8** 輪番で, 代わる代わる. We drove the car turn and turn ~. 我々は車を代わる代わる運転した. put (/../) ~〘海〙→put (成句).

★1, 2, 3, 7 の意味には, 特に〘米〙では around を用いる方が普通.

Abòut fáce! →face.

about hálf 〘米俗〙(1) とても, べらぼうに. (2) 気分

[調子]がよくて.
(a)round about →around, round.
just about →just.
Thàt's (jùst) about ít [***áll***]. これで終わり; まあこんなところだ; 《話の結びに》.
ùp and abóut →up.
[＜古期英語「外側に」]

abóut-fàce /また, ‐‐‐/ 〘米〙 名 C 〈普通, 単数形で〉 **1** 回れ右(の号令); 180 度の方向転換. **2** (主義, 態度などの) 180 度の転向[転換]. The government has done a swift ～ in its foreign policy. 政府は素早く外交政策を 180 度方向転換した.
── /‐‐‐/ 動 自 回れ右をする; 転向する.

abòut-túrn 〘英〙 名 C, 動 ＝about-face.

‡**a·bove** /əbʌ́v/ 前 【一定の基準より上の】 **1** (**a**) (位置的に) **..より上に**[を]; ..よりも高く; ..の階上の[に]; (↔below; 類語 基準になる面[線]より高いことを表し,「真上」(over) とは限らず,「接触」(on) もしない). ～ the horizon 水平線上に. Our plane was flying ～ the clouds. 我々の飛行機は雲の上を飛んでいた. 8,848m ～ sea level 海抜 8848 メートル. Her dress is ～ the knee. 彼女の服は膝(ひざ)まで届いていない. Shall I sign my name ～ or below the line? 名前のサインは線の上下どちらですか. I live in a flat ～ a shop. 私は店舗の上のアパートに住んでいる. (**b**) 〘劇〙 ..より(舞台の)奥の方に.
2 (**a**) (地理的に) **..より上流に**, の上手(かみて)に, (↔below); ..より先に[遠くに]; ..より北に. There is a waterfall ～ the bridge. 橋の上手に滝がある. six miles ～ the town その町の 6 マイル北に. (**b**) 〘古〙 (時間的に) ..に以前にさかのぼって.
3 (数量, 価格, 程度などが) **..以上で**, より多く, (more than); (音量などが) ..を越えて; (↔below). ～ ten years 10 年より長く (★10 年を含まない). men ～ fifty 50 歳を越えた人. The parcel weighs ～ one pound. その小包は重さが 1 ポンドを越える. My work at school was well ～ average. 私の学校の成績は平均をかなり上回っていた. The girl's shrill voice could be heard ～ the noise. 少女のかん高い声が騒音にかき消されずに聞こえてきた.
4 (地位, 能力, 重要性などが) **..よりまさって**; ..より上位で[に]; (↔below). A major is ～ a captain. 少佐は大尉の上官である. As a pianist, he is far ～ me. ピアニストとしては彼は私よりはるかに優れている. Dr. Mason placed his work ～ everything else. メイスン博士は仕事第一だった.
【超越した】 **5** (人が高潔, 高慢などで) **..をしない**, を恥とする; ..を超越している (beyond). I'm ～ telling lies. 私は嘘(うそ)をつくようなことはしない. That great writer is ～ all praise. あの大作家はどんなに賞賛してもし過ぎることはない. His behavior toward me was ～ reproach. 私に対する彼の態度は非の打ちどころがなかった.
6 ..(の能力)を超えて, ..の及ばない, (beyond). His explanation was quite ～ me [my understanding]. 彼の説明は私には全然理解できなかった. live ～ one's means 収入以上[分不相応]の生活をする.
****above áll*** 何よりもまず, とりわけ. Diligence and shrewdness, and public-mindedness ～ *all* made him a great businessman. 勤勉と目ざとさ, そしてとりわけ公共精神が彼を大実業家たらしめた.
above* ⌞*àll élse [***áll thìngs***] ＝ABOVE all.
abòve and beyónd.. 〘章〙 ..を越えた[て], より以上の; ..に加えて, の上に, (in addition to).
gèt [***be***] ***above oneséIf*** いい気になる, 自分を買いかぶる; (興奮して)我を忘れる.
── 副 ⓒ **1** (**a**) **上の方に**[へ]; 頭上に, 上空に[へ], 階上に; (↔below). Far ～ I saw an airplane going east. ずっと上の方に飛行機が東へ飛んで行くのが見えた. soar ～ 舞い上がる. Who lives in the rooms ～? 上の部屋にはだれが住んでいますか. My study is just ～. 私の書斎はこの真上です. the heavens ～ 上なる天国. 語法 この語はしばしば名詞の後に置かれて名詞を修飾する. (**b**) 〘劇〙 舞台奥へ[で]. (**c**) 〘動〙 背部[上部]が[で]. **2** (川の)上流に (↔below). **3** (本などの)前の部分で, 前段に, (↔below). as is stated ～ 前述のように. **4** (数量が)**それ以上に**, (より)多く; 〔気温が〕 零度より上の. people of thirty years and ～ 30 歳以上の人たち. five ～ プラス 5 度. **5** (より)**上位に**, 上級に, (↔below). the court ～ 上級の裁判所. a meeting for colonels and ～ 大佐およびその上級者のための会合. **6** 〘古〙 加えて, その上.
from abóve 上から(の), 上役から(の); 天から(の). the orders *from* ～ 上司からの命令. A rock fell *from* ～. 上から岩が落ちてきた.
── 形 ⓒ 〈限定〉 上記の, 前述の. the ～ facts 上記の諸事実. the ～ paragraph 前の段落.
── 名 U 〈the ～; 単複両扱い〉 上記(の部分), 前述(の事実). The ～ are the essential points of this project. 前記がこの企画の中枢的な要点である.
[＜古期英語「上の辺りに」]

abòve-áverage 形 /㊞/ 平均以上の.

abóve·bòard /〘英〙 でまた ‐‐‐/ 副 あけっぴろげに, 隠しごとをせずに, 公明正大で. ── 形 〈叙述〉〔行動, 取引き, 人などが〕 あけっぴろげで, 隠しごとをしない, (↔underhand). Everything is completely open [honest] and ～ in this transaction. この取引きではすべてにやましいところは全くない.

abóve·gròund 形 地上の; 埋葬されずに, 生きて.

†**abòve-méntioned** /㊞/ 形 〈限定〉 上記の, 前述の. the ～ facts 上記の事実. the ～ 前記の人たち.

Abp. Archbishop.

abr. abridged; abridg(e)ment.

ab·ra·ca·dab·ra /æ̀brəkədǽbrə/ 間 アブラカダブラ 《手品などの呪文(じゅもん)》. ── 名 U **1** 呪文, まじない. **2** ちんぷんかんぷん, 訳の分からない言葉. [＜ギリシア語; オカルトで用いる神の名]

a·brade /əbréid/ 動 他 〔皮膚〕を擦りむく; 〔岩石, 織物など〕をすり減らす.

A·bra·ham /éibrəhæ̀m/ 名 **1** 男子の名 《愛称は Abe》. **2** 〘聖書〙 アブラハム 《ユダヤ人の先祖》. [ヘブライ語「多くの者の父」]

a·bra·sion /əbréiʒ(ə)n/ 名 **1** U 擦りむく[むける]こと; 摩滅; 摩耗. **2** C (皮膚の)擦り傷.

a·bra·sive /əbréisiv/ 形 **1** すり減らす(ような); 擦りむく(ような); 研磨(用)の; みがき洗い(用)の; 皮膚を擦りむく. **2** 感情を逆なでするような, (他人を)いらいらさせる, 不快な. an ～ voice [personality] 人の気にさわる声[性格].
── 名 UC 研磨剤 《金剛砂, 軽石など》; みがき粉(～ powder). ▷ **～·ly** 副 **～·ness** 名

‡**a·breast** /əbrést/ 副 並んで, 並行して. We were cycling three ～. 私たちは横に 3 人並んで自転車に乗っていた. Walk ～ *with* me. 私と並んで歩きなさい. come [draw] ～ of .. (後から来て)..の横に並ぶ.
kèep [***be***] ***abréast of*** [***with***]***..*** 〔時勢, 進歩など〕に(遅れずに)ついて行く. I can't *keep* ～ *of* the times any more. もう時勢について行けなくなった.

***a·bridge** /əbrídʒ/ 動 (**a·bridg·es** /-əz/| 過 過分 **～d** /-d/| **a·bridg·ing**) 他 **1** 〔本, 物語など〕を**短縮する**; を要約する. a fairy tale ～*d from* the original 原作を短くした童話. an ～*d* edition [version] 簡約[縮約]版. **2** 〔時間, 範囲など〕を**切り詰める**, 縮小する. ～ an interview 会見を早く切り上げる. **3** 〔自由など〕を制限する.
[＜古期フランス語; abbreviate と同源]

†**a·brídg(e)·ment** 名 **1** U 短縮[要約]すること. **2** C 短縮[要約]されたもの 《本, 物語など》, 縮約版.

‡**a·broad** /əbrɔ́:d/ 副 ⓒ **1 外国へ**[に, で]; 海外へ[に, で] (overseas); 〘米〙 ヨーロッパへ[で]. go ～ 外国へ行く. be sent ～ 外国へ派遣される. travel ～ 外国旅行をす

A

る. at home and ～ 国の内外で. in my absence ～ 私が外国へ行って留守の間に.
2《古・戯》戸外に[で], 屋外に[で], (out of doors).
3 広く, 四方八方に, 広まって, 流布して. The rumor soon spread [got] ～. そのうわさはすぐに広まった. There is a rumor ～ that he is going to resign. 彼が辞職するといううわさが広まっている.
from [***for***] ***abróad*** 外国から(の)[へ(の)]. mail *from* [*for*] ～ 外国から[外国向け]の郵便物. [＜a-¹＋broad]

ab·ro·gate /ǽbrəgèit/ 動 他 《章》〔法律, 条約, 慣習など〕を廃止する, 撤廃する, (repeal).

àb·ro·gá·tion 名 aU 《章》廃止(する[される]こと).

***a·brupt** /əbrʌ́pt/ 形 m **1** 突然の(sudden), 不意の(unexpected), (★不快な場合が多い). an ～ change in the weather 天候の急変. make an ～ departure 突然出発する. an ～ turn in the road 道の急カーブ. come to an ～ end 不意に終わる.
2〔態度, 言葉遣いなどが〕ぶっきらぼうで[な], 無作法で[な], (curt). The policeman was rather ～ *with* me. その警官は私に対してかなりぞんざいだった.
3〔文体などが〕ぎこちない, つながりの悪い. an ～ style 話があちこちに飛ぶ文体. **4**〔坂などが〕険しい,〔山頂などが〕切り立った, 急な, (steep). an ～ slope 急な坂.
[＜ラテン語「引き裂かれた」]
▷ **～·ness** 名 U 唐突さ; ぶっきらぼう.

†**a·brúpt·ly** 副 **1** 急に, 突然, いきなり. stop ～ 急に止まる. He rose ～ and went out of the room. 彼はつっと立ち上がって部屋から出て行った. **2** ぶっきらぼうに, 無作法に, (curtly).

ABS anti-lock breaking system.

Ab·sa·lom /ǽbsələm/ 名《聖書》アブサロム《ユダヤ王ダヴィデの第3子; 父に背いて殺された》.

ab·scess /ǽbses/ 名 C はれ物, 膿瘍(のうよう).

ab·scis·sa /æbsísə/ 名 (複 **～s, ab·scis·sae** /-siː/) C《数》横座標. ◇↔ordinate

ab·scond /æbskɑ́nd|-skɔ́nd/ 動 自《章》**1** (特に窃盗などをして, 又は刑務所から)こっそり逃亡する, 行方[姿]をくらます, 〈*from*〔刑務所など〕から〉. The boy ～*ed from* the boarding school. 少年は寄宿学校から姿をくらました. **2** VA (**～ *with* ..**) ..を持ち逃げする. He ～*ed* with the bank's money. 彼は銀行の金を持ち逃げした.

ab·seil /ǽbseil/ 動, 名 C 《主に英》＝rappel.

‡**ab·sence** /ǽbs(ə)ns/ 名 (複 **～s** /-əz/) **1** U 不在, 留守; 欠席, 欠勤, 〈*from* ..の〉. during his ～ in Kobe 彼が神戸へ行っている留守に. ～ without notice 無断欠席[欠勤]. his ～ *from* school [the office] 彼の授業欠席[欠勤]. *Absence* makes the heart grow fonder.《諺》会わねばいやます恋心《遠く離れていると一層好きになる》.
2 C (1回の)不在, 欠席, 欠勤, その期間. frequent ～*s from* class [work] 度重なる欠席[欠勤]. after an ～ of two weeks 2週間ぶりに.
3 aU 無いこと, いないこと, 欠如, 〈*of* ..が, の〉. a complete ～ *of* noise 物音ひとつしないこと.
4 U ＝ABSENCE of mind (→成句). ◇↔presence
àbsence of mínd 放心状態, うわの空, (absent-mindedness; ↔presence of mind).
in a pèrson's ábsence 人のいないところで; 人の不在中に (★この意味の時は in より during の方が普通). The matter was settled *in* [during] his ～. その問題は彼のいないところで[いない間に]決定された.
in the ábsence of .. ..の無い[いない]場合に; ..が無い[いない]ために. *in the* ～ *of* the principal 校長がいない場合[時]には. *In the* ～ *of* sufficient proof, the police were unable to indict him. 十分な証拠が無くて警察は彼を起訴できなかった.

‡**ab·sent** /ǽbs(ə)nt/ 形 ©
【本来の場所にいない】 **1**〔人が〕不在の[で], 留守の[で]; 欠席の[で], 欠勤の[で], 〈*from* ..を〉. be ～ *from* school [work] 学校[仕事]を休む. ～ without leave 無断外出[欠勤]で《元, 軍隊用語; →AWOL》. Let's drink to ～ friends. ここに来られていない友人たちのために乾杯しましょう《パーティーなどで》. The manager is ～ on business. マネージャーは商用で不在です.

> 語法 absent は人が本来ならいるべき場所に「いない」を意味するので, 不意に訪ねた相手が「留守で」ある場合などには用いない; He is out. He is not in [at home]. などと言う; また出張, 旅行など泊まりがけで家を空ける場合は be away, 買い物などでちょっと留守にするなら be out と言う. 事務所で欠勤している人に電話があった場合は She's out [not in]. She's off today. などを使う.

2《章》〔本来あるべきものが〕無い, 欠けた[て], 〈*from, in* ..に〉. Compassion is entirely ～ *from* his character. 彼の性格には同情心が全く欠けている. *In* this animal the teeth are ～. この動物には歯はない.
3【心が不在の】放心状態の[で], ぽかんとした. an ～ look [expression] うわの空の顔つき[表情]. in an ～ way 放心した様子で. give an ～ reply うわの空で答える. ◇↔present
── 前《米章》..がない場合(に)は; ..がないので. (★この用法を認めない人もいる) *Absent* such a direct pressure, the President professes to feel no pressure at all. 直接的な脅威がなければ何ら圧力は感じないと大統領は公言している.
── /æbsént/《章》動 他〈次の用法のみ〉
absént onesèlf (***from ..***)《章》(意図的に..を)留守に[欠席, 欠勤]する; (..の, から)席をはずす. I am going to ～ my*self from* this discussion. この議論に加わることは遠慮するつもりだ.
[＜ラテン語「離れている」(＜ab-＋*esse*「いる」)]

ab·sen·tee /æ̀bs(ə)ntíː ⑱/ 名 C **1** 不在者; 欠席者, 欠勤者. **2** ＝absentee landlord. **3**《米》＝absentee voter.

àbsentee bállot 名 C《米》不在投票(用紙).

ab·sen·tee·ism /æ̀bs(ə)ntíːiz(ə)m/ 名 U **1** (常習的)欠勤, 欠席. a high rate of ～ 高い欠勤率. **2** 地主の長期不在.

àbsentee lándlord 名 C 不在地主.

àbsentee vóte 名 C《米》不在投票(用紙)(《英》postal vote).

àbsentee vóter 名 C《米》不在投票者.

ábsent·ly 副 ぼんやりして, うっかりして; うわの空で.

†**àb·sent-mínded** /-əd ⑱/ 形 うっかりした, ぼんやりした, うわの空の; 忘れっぽい. an ～ professor うっかり教授《学問に打ち込んで身辺の事に疎い教授の典型》.
▷ **～·ly** 副 ぼんやりして, ぼうっとして. **～·ness** 名 U 放心状態, うっかりしていること, うわの空.

ab·sinth(e) /ǽbsinθ/ 名 UC アブサン《ニガヨモギ(wormwood)の葉の苦味で味付けしたアルコール度の高い緑色のリキュール; 多くの国では製造禁止》.

‡**ab·so·lute** /ǽbsəlùːt, ─ ─ ⑱/ 形 ©〈普通, 限定〉
【制限されない】 **1** 完全な(perfect, complete); 〈強意語〉全くの(utter). an ～ beginner [disaster] 全くの初心者[大失敗]. ～ nonsense 全くのナンセンス. a man of ～ sincerity この上なく実直な男. This is the ～ limit of my patience. 私の忍耐もこれが精一杯だ. It's an ～ waste of time to wait any longer. これ以上待つのはそれこそ時間の浪費というものだ. **2** (相対に対して)絶対の, 絶対的な, (↔relative). ～ truth 絶対的真理. in ～ terms (他と)比べないで言えば. There is no ～ standard for happiness. 幸福に絶対的基準はない.

3 **専制の**, 独裁の; 制約のない, 絶対的な, 〔権力など〕. an ～ ruler 独裁者. His power was ～. 彼の権力は絶対(的)だった.

4 〘文法〙〔構文などが〕遊離した, 独立の; 〔他動詞が〕(目的語を取らず)単独の. the ～ use of 'read'「読む」の単独用法(「読書する」の意味はこれから生じた).

【無条件の】 **5** 無条件の. make an ～ promise that .. と無条件に約束する. **6** 疑う余地のない, 確実な; 決定的な. an ～ proof 確実な証拠.

―― 名 **1** U 〈普通 the A-〉 絶対的なもの[存在]; 絶対者, 神. **2** C 絶対不変の原理[基準など].

[<ラテン語「完全に解き放たれた」] ▷ **～·ness** 名

àbsolute álcohol 名 U 無水アルコール《99%以上の純度》.

àbsolute áltitude 名 U 〘空〙 絶対高度《航空機から直下の地表・海面までの距離》.

àbsolute céiling 名 C (航空機の)絶対上昇高度.

àbsolute constrúction 名 C 〘文法〙 遊離[独立]構文.

> 文法 **absolute construction**: absolute construction とは文の他の部分と密接に結びつかず, 文構造の上で独立しているものを指し, 多くは副詞節のような役をする. 中でも重要なのは **àbsolute partìcipial constrúction** (独立分詞構文)で, 多くは現在分詞が, また過去分詞も使われる.
> 例: *No one objecting*, the proposal was adopted. (だれも反対しないので提案は採用された)
> She ran past me, *her long hair flowing behind her*. (長い髪をなびかせて彼女は私の横を走り抜けた)
> *Everything considered*, the party was a success. (すべてを考慮すれば, パーティーは成功だった)
> 文の主語と違う名詞が分詞の意味上の主語となる(上の No one, her long hair, Everything) のが特徴で, 両者が同じものになれば後者は不要となり, 普通の分詞構文 (→participial construction) となる.

***ab·so·lute·ly** /ǽbsəlù:tli/ (修飾する語の後ではしばしば /ˌ--ˊ-/; また単独で用いられた場合→3(a)) 副 ⓒ **1** 完全に, 絶対に, (completely, totally). No one can be ～ right. だれも完全に正しいということはない. It's ～ impossible to finish the work in a day. その仕事を 1 日で仕上げるのは絶対不可能だ.

2 〈強意語〉 **(a)** 全く, ほんとうに; 実際に. ～ stupid [brilliant] ほんとうにばかな[すばらしい]. I ～ will not speak to that fellow again. あいつとは 2 度と絶対口をきかんぞ. I'm ～ frozen. ほんとに凍えそうだ (注意 このようにすでに強意の形容詞, 動詞の意味をさらに強める場合がある. これらの形容詞には普通 very は使えない.; 類例 I'm ～ starving. (空腹で)飢え死にしそうだ). **(b)** 〈～ no ..[none] で〉 全く, まるで, (..がない) (at all). He will have ～ no chance of success. 彼が成功する見込みは全然ない.

3 **(a)** 〘話〙 全くそのとおり, そうですとも, (certainly) 《yes の代わりになる強い肯定の返事》. "Do you think he will give up?" "*Àbsolútely!*"「彼は投げ出すと思うか」「思うとも」 **(b)** 〈～ not で〉 絶対に(違う, だめなど). "Can I go swimming, Mother?" "*Absolutely* not. It's too cold today."「お母さん, 泳ぎに行ってもいい」「絶対だめ. 今日は寒いから」

4 絶対的に (↔relatively). God exists ～. 神の存在は絶対的である. **5** 無条件で; 断固として, きっぱり. He ～ refused our offer. 彼は私たちの申し出を断固はねつけた. **6** 〘文法〙 (構文などが)独立して, 遊離して, (特に, 他動詞が目的語なしで)単独で.

àbsolute mágnitude 名 C 絶対等級《天体を 10 パーセク (32.6 光年)の距離から見た時の明るさ》.

àbsolute majórity 名 C 絶対多数, 過半数. win [gain] an ～ 絶対多数を得る.

àbsolute mónarchy 名 C 専制君主国.

àbsolute músic 名 U 絶対音楽《絵画的・文学的な描写を排除する; ↔program music》.

àbsolute pítch 名 U 〘楽〙 絶対音(高); 絶対音感.

àbsolute témperature 名 C 〘物理〙 絶対温度《absolute zero を 0° として示した温度; →Kelvin scale》.

àbsolute válue 名 **1** U 〘数〙 絶対値. **2** C 絶対的な価値.

àbsolute zéro 名 U 〘物理〙 絶対零度《Kelvin scale の零度; −273.15℃》.

ab·so·lu·tion /æ̀bsəlú:ʃ(ə)n/ 名 **1** U 無罪の宣告, 責任解除, 〈*from* ..からの〉. **2** U 〘キリスト教〙 罪の赦(ゆる)し, 赦免, 〈*of*, *from* ..からの〉; 〘カトリック〙 C 赦禱(とう)式[文]. give [grant] a person ～ 人に赦免を与える. ◇動 absolve

ab·so·lut·ism /ǽbsəlù:tiz(ə)m/ 名 U 〘政〙 専制[独裁]主義, 専制政治論; 〘哲〙 絶対論.

ab·so·lut·ist /ǽbsəlù:tist/ 名 C 専制主義者, 専制政治論者; 絶対論者.

ab·solve /əbzɑ́lv, -sɑ́lv|-zɔ́lv/ 動 他 **1** 〔人〕を解除[免除]する 〈*of*, *from* ..〔約束, 義務など〕から〉. I was ～*d from* paying my father's debt. 私は父の借金返済を免除された. **2** 〘キリスト教〙 〔人〕を赦免する 〈*of* ..〔罪〕から〉. ◇名 absolution

‡**ab·sorb** /əbsɔ́:rb, -zɔ́:rb/ 動 (～s /-z/| 過 過分 ～ed /-d/| ～·ing) 他 【吸い込む】 **1** **(a)** 〔液体, 熱, 光など〕を**吸収する**. A sponge ～*s* water. 海綿は水を吸い込む. **(b)** 〔震動, 音, 光, 熱など〕を(吸収して)緩和する. ～ sound 音を吸収する, 反響を消す.

2 〔思想, 知識, 情報など〕を吸収する, 取り入れる. My grandfather still endeavors to ～ new ideas. 祖父は今でも新思想を吸収しようと努力しています.

3 【吸い取る】 **(a)** 〔物事が〕〔人の注意, 関心, 時間など〕をすっかり奪う, 〔金〕を吸い取ってしまう, 〔人〕を**夢中にさせる**. Business ～*s* him [all his time]. 彼は商売に没頭している[彼は時間のすべてを商売に費やしている]. She was completely ～*ed* by the book. 彼女はその本にすっかり夢中になった. be ～ed in .. →成句. **(b)** 〔金, スペースなど〕を食う. Campaigning ～*s* a great deal of money. 選挙運動は大変な金を食う.

【取り込む】 **4** **(a)** 〔より小さな集団, 組織など〕を併合[吸収]する 〈*into* ..に〉. Small businesses are often ～*ed* by [*into*] a major company. 小企業は大会社にしばしば吸収される. **(b)** 〔移民など〕を受け容れる. The United States ～*ed* 2,000 refugees. 合衆国は 2000 人の難民を受け容れた.

5 【負担になるものを取り込む】 〔費用, 損害など〕を負担する; 〔困難など〕に耐える (bear). The expenses were ～*ed* by the employer. 費用は雇い主が負担した. They could not ～ the additional hardships. 彼らはさらに加わった苦難に耐えられなかった. ◇名 absorption

****be absórbed in ..*** ..に**夢中になっている**, 熱中[没頭]している. I *was* so deeply ～*ed in* reading that I didn't notice him come in. 私は読書にすっかり夢中になっていたので, 彼が入ってくるのに気がつかなかった.

> 連結 *be* completely [thoroughly, totally, wholly] ～*ed in* ..

[<ラテン語「飲み込む」]

ab·sórb·a·ble 形 吸収される; 吸収されやすい.

ab·sórbed 形 一心の, 夢中の. listen with ～ attention 一心に傾聴する. 注意 be ～ in は →absorb の成句. be ～ by は →absorb 3(a).

ab·sórb·ed·ly /-bədli/ 副 一心に, 夢中になって.

ab·sorb·en·cy /əbsɔ́:rbənsi, -zɔ́:r-/ 名 U 吸収力, 吸収性.

A

ab·sorb·ent /əbsɔ́ːrbənt, -zɔ́ːr-/ 形 〖章〗吸収する〈*of* ..を〉; 吸収力のある. ── 名 UC 吸収性の物質.

absòrbent cótton 名 U 〖米〗脱脂綿(〖英〗cotton wool).

ab·sórb·er 名 C 吸収する人; 吸収装置; =shock absorber.

†**ab·sórb·ing** 形 夢中にさせる(ような); 非常に面白い. an ~ story 我を忘れるほど面白い物語.

†**ab·sorp·tion** /əbsɔ́ːrpʃ(ə)n, -zɔ́ːrp-/ 名 U **1 吸収**(する[される]こと); (集団, 組織などの)併合, 吸収; (移民などの)受け容れ; 〈*by, into* ..への〉. **2** 専念すること, 夢中になること, 〈*in, with* ..に〉. total ~ *in* one's work 仕事への没頭. his ~ *with* soccer 彼のサッカーへの熱中. ◇動 absorb

ab·sorp·tive /əbsɔ́ːrptiv, -zɔ́ːrp-/ 形 =absorbent.

†**ab·stain** /əbstéin/ 動 自 **1** (酒, たばこなどを)やめる; VA (~ *from* ..) ..をやめる, しないでおく; (類語 refrain より意味が強く, 主義として又意志の力で長期的にある習慣などをやめる場合に使う). If you have an alcohol problem, it's better to ~ completely. アルコール依存症なら, 完全にやめる方がいい. ~ *from* smoking [alcohol] 禁煙[禁酒]する. ~ *from* meat on Friday 金曜日には肉を断つ. ~ *from* sex セックスをしない. **2** 投票しない, (投票を)棄権する. ~ *from* ⌞the vote [voting] 棄権する. ◇名 abstention, abstinence 形 abstinent [<ラテン語「遠ざかっている」]

ab·stáin·er 名 C 節制家, 〈特に〉禁酒家. a total ~ 絶対禁酒家.

ab·ste·mi·ous /æbstíːmiəs, əb-/ 形 節制する〈*in* ..を〉, 飲食[快楽]を慎む, 禁欲的な, 質素な〔食事など〕. an ~ life 節制[禁欲]生活. an ~ meal 質素な食事. ▷ **~·ly** 副 節制して, 控えめに. **~·ness** 名

†**ab·sten·tion** /əbsténʃ(ə)n/ 名 **1** U 慎むこと, 控えること, 節制すること, 〈*from* ..を〉(abstinence). **2** UC (投票の)棄権. the number of ~*s* 棄権者数. 10 ayes [in favor], 3 nays [against], and 2 ~*s* 賛成 10 票, 反対 3 票, 棄権 2 票. ◇動 abstain

‡**ab·sti·nence, -nen·cy** /ǽbstənəns/, /-si/ 名 U 断つこと〈*from* ..を〉; 禁欲, 節制, 〈特に〉禁酒. ~ *from* food 絶食. total ~ (*from* alcohol) 絶対禁酒. ◇動 abstain

ab·sti·nent /ǽbstənənt/ 形 禁欲的な, 節制する. ▷ **~·ly** 副

‡**ab·stract** /ǽbstrækt, ⌐-|⌐-/ 形 m **1 抽象的な**, 観念的な, (↔concrete); (個別的ではなく)一般論の, 具体的ではない. Goodness is ~; a kind man is concrete. 善良さは抽象的, 親切な人は具体的である. an ~ idea [concept] 抽象的概念. in ~ terms (個人の名前などを出さないで) 抽象的に, 一般論で.
2 理論的な; 具体性のない, 非現実的な, (↔practical). an ~ science (実験しない)理論科学. be lost in ~ thought 非現実的な思考にふける.
3 〖美〗抽象主義[派]の (↔representational). ~ art 抽象美術. an ~ painter 抽象画家.
4 深遠な, 難解な. be lost in ~ speculations 深遠な思索に我を忘れる.
── /⌐-/ 名 **1** C 抜粋, 摘要. an ~ *from* a newspaper 新聞からの抜粋. make an ~ of a thesis 論文の摘要を作る. **2** 〈普通 the ~〉抽象(概念). **3** C 抽象美術の作品, 抽象画.
in the ábstract 抽象的に, (個々の例ではなく)一般論で; 純理論上. Young people know the disasters of war only *in the* ~. 若い人たちは戦禍というものを頭でしか知らない.
── /-⌐, 1 では ⌐-/ 動 他 **1** を要約する, 抜粋する; 〔論点など〕を抽出する. **2** 〖化〗を抽出する, 分離する, 〈*from* ..から〉. ~ salt *from* seawater 海水から塩を取る. **3** 〔概念など〕を抽象(化)する. **4** を取る; 〖話·戯〗を抜き取る, 〖婉曲〗盗む; 〈*from* ..から〉(steal). ~ a wallet *from* a pocket ポケットから財布を抜き取る. **5** 〔注意〕をそらす〈*from* ..から〉.
abstráct onesèlf from .. 〖章〗〔活躍の場など〕から身を引く, 引退する. [<ラテン語「引き離された」]
▷ **~·ly** 副 抽象的に; 観念上. **~·ness** 名

ab·stráct·ed /-əd/ 形 **1** 放心した, (他のことに気を取られて)うわの空の. with an ~ air 心ここにあらずといった様子で. **2** 〖化〗抽出[分離]された. ▷ **~·ly** 副 うわの空で.

àbstract expréssionism 名 U 抽象表現主義《第 2 次大戦後 1960 年代初めごろまで盛んだった美術の一派; action painting はこの一種》.

‡**ab·strác·tion** 名 **1** U 抽象(する[される]こと), 抽象化. **2** U 放心, うわの空. in a moment of ~ ぼんやりしている時に. **3** UC 〖美〗抽象芸術, 抽象(派の)作品. **4** C 抽象概念; 非現実的な考え. talk in ~*s* 抽象的に話す. **5** U 〖化〗抽出, 分離. ▷ **~·ism** 名 U (美術の)抽象主義. **~·ist** 名 C 抽象美術家.

ab·strac·tive /æbstrǽktiv/ 形 **1** 抽象力のある; 抽象性の. **2** 抜粋の, 摘要の.

àbstract nóun 名 C 〖文法〗抽象名詞《peace, honesty など; →noun》.

ab·struse /æbstrúːs, əb-/ 形 〖章·時に戯〗難解な, 深遠な, 〔理論, 教義など〕(profound). ▷ **~·ly** 副 **~·ness** 名

***ab·surd** /əbsɔ́ːrd, -zɔ́ːrd/ 形 m **途方もない**, 不条理な; ばからしい, おかしな; こっけいな; (類語 不条理さ, 非常識さを強調する; →ridiculous). Don't be ~. ばかな事言うな. It is ~ of you to hope to marry an heiress. 君が(財産家の)女相続人と結婚したいなんてのはお話にならない. an ~ joke ばかげた冗談. an ~ hat 奇妙な帽子.
── 名 〈the ~〉(人間存在の)不条理. the theater of the ~ 不条理劇《Camus のが有名》.
[<ラテン語「調子外れの, 不条理な」]
▷ **~·ly** 副 不合理に; ばからしいほど. ~*ly* expensive [easy] ばからしいほど高い[やさしい]. **~·ness** 名

ab·súrd·ism 名 U 〖哲〗不条理主義.

ab·súrd·ist 形 不条理主義の. an ~ play 不条理劇.

†**ab·surd·i·ty** /əbsɔ́ːrdəti, -zɔ́ːrd-/ 名 (複 -ties) **1** U ばからしさ; 不合理, 不条理. **2** C ばかげた行為[言葉など].

ABTA Association of British Travel Agents (英国旅行業協会).

A·bu Dha·bi /ɑ́ːbuː-dɑ́ːbi|æb-/ 名 アブダビ《アラブ首長国連邦 (the United Arab Emirates) に属する首長国, 又その首都》.

A·bu·ja /əbúːdʒə/ 名 アブジャ《ナイジェリアの首都》.

***a·bun·dance** /əbʌ́ndəns/ 名 aU **豊富**, あり余ること; 富裕, 多数, 多量. There is an ~ of pictures in the book. その本には絵がいっぱい入っている. an ~ of ⌞black hair [love and affection] ふさふさとした黒髪[あふれんばかりの愛情]. ◇動 abound
****in abúndance*** **豊富**に, 豊かに, あり余るほど. live *in* ~ 何不自由なく暮らす. Here are wild flowers *in* ~. ここには野の花がたくさんある.

***a·bun·dant** /əbʌ́ndənt/ 形 m **1 豊富な**, たくさんの, (類語 plentiful より強意的で, 時に供給過多を意味する). an ~ supply of foodstuffs 食料の潤沢な供給. **2** 〈叙述〉富んだ, 豊かな, 〈*in* ..が〉. This region is ~ *in* minerals. この地方は鉱物が豊富である. Their home is ~ *in* love and laughter. 彼らの家庭は愛情と笑いにあふれている. ◇動 abound

a·bún·dant·ly 副 **1** きわめて, 確かに, (very, extremely). It's ~ clear. それは明々白々だ. It has been ~ proved that.... ..ということは十分に証明された. **2** 豊富に, ふんだんに. Oil is ~ produced in Iraq. イラクでは石油が大量に産出される. This encyclopedia is ~ illustrated with photographs. この百科事典にはふん

だんに写真が入っている.

*a·buse /əbjúːz/ 動 (a·bus·es /-əz/|過 過分 ~d /-d/|a·bus·ing) 他【使用を誤る】 1 を乱用する, 悪用する; 〔人の信頼, 親切など〕に付け込む. ~ one's authority [power] 職権[権力]を乱用する. ~ drugs 麻薬を乱用する. He ~*d* our trust [confidence]. 彼は我々の信頼を裏切った. 2【言葉の使用を誤る】を口汚くののしる, に悪態をつく. ~ a person violently 人に猛烈な悪態をつく. 3 を虐待する, 酷使する, (ill-treat); (性的に)辱しめる. She was sexually ~*d*. 彼女は性的に辱しめられた《無理に性交させられた》.

abúse onesèlf 自慰をする.

—— /əbjúːs/ 名 (複 a·bus·es /-əz/) 1 UC 乱用; 悪用; 誤用; 〈*of* ..の〉. an ~ *of* one's privilege 特権の乱用. drug ~ 麻薬の乱用. continued alcohol ~ 長期にわたる酒の飲み過ぎ. an ~ *of* terms 誤った言い回し. human rights ~*s* =~*s* of human rights 人権の侵害. open to ~ 悪用されやすい. 2 U ひどい悪口, 罵倒(ばとう). a term of ~ ののしり言葉. shout [hurl] (a stream of) ~ at a person =shower [heap] ~ on a person 人にいろいろと悪態をつく. 3 C (長い間の)悪習, 弊害. put an end to ~*s* 悪習を断つ. 4 U 虐待, 酷使; (特に子供に対する)猥褻(わいせつ)行為. mental ~ 精神的虐待. child sex ~ 子供に対する猥褻行為, 子供への性的辱しめ. [<ラテン語「乱用された」]

a·bus·er /əbjúːzər/ 名 C 乱用者, 悪用者; (特に, 性的)虐待者.

†**a·bu·sive** /əbjúːsiv/ 形 1 ののしる; 口汚い〔人, 言葉〕; 虐待する. an ~ telephone call いやがらせ電話《obscene calls は除く》. use ~ language 悪態をつく. become [get] ~ (to [toward] ..) (..に)悪態をつき始める. an ~ husband 暴力をふるう夫. 2 乱用の, 誤用の. ▷ **~·ly** 副 口汚く; みだりに. **~·ness** 名

a·but /əbʌ́t/ 動 (~s|-tt-) 自【章】VA (**~ *on*[*upon*], *onto* ..**)〔土地が〕..と境を接する, 隣接する; VA (**~ *on* [*upon*], *against* ..**)〔建物が〕..と一端を接している. Our land ~*s on* the river. 我々の土地は川に接している. —— 他【章】に隣接する.

a·bút·ment 名 1 C【建】迫(せり)台, 迫持台, 橋台. 2 U 隣接.

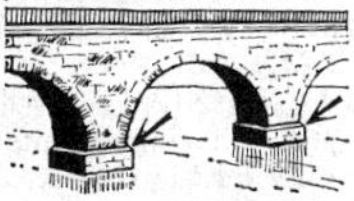

[abutment 1]

a·buzz /əbʌ́z/ 形 〈叙述〉〔場所が〕大騒ぎで; にぎやかで, 騒然として, 〈*with* ..で〉.

a·bysm /əbíz(ə)m/ 名【詩】=abyss.

a·bys·mal /əbízməl/ 形 1 底知れない (→abyss), 限りなく深い. ~ ignorance 底抜けの無知. 2【話】実にひどい, 話にならない. an ~ failure ひどい失敗. The weather was ~. ひどい悪天候だった. John is ~ at math. ジョンは数学が話にならないほどできない. ▷ **~·ly** 副 計り知れないほど;【話】実にひどく, みじめなほど.

†**a·byss** /əbís/ 名 C 1 深いふち, 底知れぬ穴; 奈(な)落; 地獄. 2 底知れぬ深いもの. in an ~ of despair 絶望のどん底に落ちて. the ~ of time 永遠. 3【章】(2 人[2 つのもの]の間の)深く大きなへだたり.

bè on the èdge [brink] of an abýss【章】大変な危機に瀕している.

Ab·ys·sin·i·a /æ̀bəsíniə, -njə/ 名 アビシニア《Ethiopia の旧名》. ▷ **Ab·ys·sin·i·an** /-ən/ 形, 名

AC[1], **ac** alternating current (→DC, AC/DC).

AC[2] 【主に米】air conditioner; air conditioning. turn on the ~ エアコンをつける.

Ac【化】actinium.

a/c, A/C account.

ac- 接頭 ad- の異形〈c, k, q の前で〉.

a·ca·cia /əkéiʃə/ 名 C 1 アカシア《マメ科の常緑高木; アラビアゴムを採る》. 2 ニセアカシア (false acacia)《街路樹などにする locust (ハリエンジュ)の俗称》. [<ギリシア語「とげのある木」]

Acàcia Ávenue 名 C【英】典型的な郊外の街.

acad. academic; academy.

ac·a·deme /ǽkədiːm/ 名 U【章・時に戯】学問の世界; 〈集合的〉大学の世界 (the groves of Academe, **ac·a·de·mi·a** /æ̀kədíːmiə/ とも言う).

‡**ac·a·dem·ic** /æ̀kədémik ⑱/ 形 m (★1, 2 は Ⓒ) 1 学術研究の, (大学)教育の; 大学の. an ~ degree 学位. ~ achievement 学業成績. maintain ~ standards 学問の水準を保つ.

2 (職業 [専門]教育に対して)普通教育の, 教養科目の, (↔technical, vocational);【米】人文科学[科目]の.

3 (a) 純学究的な; 理論的な; 非実際的な. strictly ~ interest (実用的でなく)厳密に学問上の興味. an ~ argument 学問上の議論. (b) 学力の, 勉強のできる;〔生徒が〕進学向きの. her ~ performance 彼女の学力.

4 理論的なだけの, 非実際的な; 空論の[にすぎない], '絵にかいた餅の'. be purely ~ 全く空論である.

5〔絵画などが〕型にはまった, 伝統主義の, 《academy 3, 4 (a) はとかく保守的なことから》.

—— 名 C 大学人, 〈特に〉教授; 学者; (【米】では academician とも言う).

ac·a·dem·i·cal /æ̀kədémik(ə)l/ 形 =academic 1. —— 名 〈~s〉大学の式服 (cap and gown).

▷ **~·ly** 副 学問上; 理論的に; 学業成績の点で. ~*ly* gifted 学者の素質のある.

àcademic dréss [cóstume] 名 U =academicals.

àcademic fréedom 名 U 学問の自由.

a·cad·e·mi·cian /əkæ̀dəmíʃ(ə)n, æ̀kədə-/ 名 C 1 芸術院[学士院]会員 (→academy 3). 2 大学人 (academic).

ac·a·dem·i·cism, a·cad·e·mism /æ̀kədéməsìz(ə)m/, /əkǽdəmìz(ə)m/ 名 U プラトン学派哲学; (芸術・文学の)伝統尊重; 形式主義; 学者風.

àcademic yéar 名 C 学年(【米】school year)《英米では 9–10 月から 6 月まで》.

*a·cad·e·my /əkǽdəmi/ 名 (複 **-mies** /-z/) 1 C 学院, (特殊分野の)学校, 《軍事, 美術, 音楽, 技芸, 体育など特殊な科目を教える高等教育機関》. a music ~ 音楽学校. a riding ~ 馬術学校. a police ~【米】警察学校. 2 C (特に私立の)高等学校, 中等学校. 3 〈しばしば A-〉C 芸術院; 美術院; 学士院《選ばれたその道の権威で構成する, 学問・芸術発展のための機関》. 4 〈the A-〉(a) =the royal Academy of Arts. (b) フランス学士院. (c) アカデメイアの園 《Plato が哲学を説いた Athens 付近の遊園》; プラトン学派; プラトン哲学. [<ギリシア語「アカデーモスの森」; 古代アテネの英雄にちなんでプラトンが命名]

Acàdemy Áward 名 C【映】アカデミー賞《米国の the Academy of Motion Picture Arts and Sciences (映画芸術科学アカデミー) が毎年授与する; →Oscar》.

A·ca·di·a /əkéidiə/ 名 アカディア《カナダの南東部, 今の Nova Scotia 州を含む地域の旧称》.

A·ca·di·an /əkéidiən/ 形, 名 C アカディアの(住民); Nova Scotia 州の(住民).

a·can·thus /əkǽnθəs/ 名 (複 **~es, a·can·thi** /-θai/) C 1 アカンサス《ハアザミの類; 地中海地方原産のキク科の草木》. 2【建】アカンサス葉飾り《特にコリント式柱頭の》.

a cap·pel·la /àː-kəpélə/【楽】無伴奏で[の], アカペラで[の]. [イタリア語 'in chapel style']

A·ca·pul·co /àːkəpúlkou|æ-/ 名 アカプルコ《メキシコ南西部, 太平洋岸の港市, 保養地》.

Acapùlco góld 名 U【俗】アカプルコ・ゴールド《マリ

ファナの一種》.

ACAS, Acas /éikəs/ 名 〘英〙エイカス, 助言・調停・仲裁サービス《*A*dvisory *C*onciliation and *A*rbitration *S*ervice の略; 労使間の労働条件, 賃金紛争の解決を助ける組織》.

acc. accompanied (by); according (to); account; accountant; accusative.

ac·cede /æksíːd/ 動 自 〘章〙【到達する】 **1** 継ぐ, 継承する, 〈*to* ..〔特に, 王位〕を〉; 就く〈*to* ..〔高位, 官職など〕に〉. Henry VIII ~d (*to* the throne) in 1509. ヘンリー8世は1509年に即位した. ~ *to* the chairmanship 議長[会長など]に就任する.
【同意に到達する】 **2** 同意する, 応じる, 〈*to* ..〔提案など〕に〉 (類語 譲歩して同意するという意味が agree より強い). ~ *to* a request 要求に応じる. **3** VA (~ *to* ..) 〔国際条約など〕に参加する. ~ *to* a treaty 条約に加盟する. ◇名 accession [＜ラテン語「接近する」]

accel. accelerando.

ac·cel·er·an·do /æksèlərǽndou, -ráːn-/ 副, 形 〘楽〙アチェレランド, 次第に速く[速い]. ── 名 (複 ~s, -di /-di/) アチェレランド. [イタリア語 'accelerating']

***ac·cel·er·ate** /æksélərèit, ək-/ 動 (~s /-ts/|過 過分 **-at·ed** /-əd/|**-at·ing**) 他 **1** の**速度を速める**; に加速する; (↔decelerate). ~ the auto 車のスピードを上げる. **2** 〘章〙の時期を早める; の変化などを速める, を促進する. ~ the growth of plants 植物の生長を促進する. His harsh measures ~*d* his fall. 彼の苛(か)酷な手段によって彼の失脚は早まった. ── 自 速くなる, 加速する; 早まる. The car ~*d* to 50 m.p.h. 車は時速50マイルにスピードを上げた. I ~*d* and passed the van. (車の)スピードを出して, バンを抜いた. [＜ラテン語「急がせる」]

‡**ac·cel·er·a·tion** /æksèləréiʃ(ə)n, ək-/ 名 **1** U 加速(性能); 〘物理・経済〙加速度. ~ of gravity 重力加速度. a car with good [poor] ~ 加速性能のよい[悪い]車. **2** aU スピードアップ, 促進, 〈*in, of* ..の〉. the ~ of economic growth 経済成長の推進.

ac·cel·er·a·tive /æksélərèitiv, ək-, -rət-/ 形 加速性の; 促進させる.

ac·cel·er·a·tor /æksélərèitər, ək-/ 名 C **1** (車などの)加速装置, アクセル(ペダル) (〘米〙では gas pedal とも言う; →car 図). step [put one's foot down] on the ~ (車の)アクセルを踏む. ease one's foot off the ~ ゆっくりと足をアクセルから離す. **2** 〘物理〙加速器《高い運動エネルギーを作る装置》; 〘化〙(反応)促進剤.

‡**ac·cel·er·om·e·ter** /æksèlərámətər, ək-|-rɔ́m-/ 名 C (航空機, 誘導弾などの)加速度計.

‡**ac·cent** /ǽks(ə)nt, -sent/ 名 (複 ~s /-ts/) **1** C 〘音声〙**アクセント**. In the word "tomorrow", the ~ falls [is, comes] on the second syllable. tomorrow という語ではアクセントは2番目の音節にある.→pitch accent, stress accent. **2** C **アクセント記号** (áccent, accépt; òbligátion, órdinàry などにおける ´, ` など). **3** UC 特定の人[地方, 国民など]に特有な話し振り, **訛(なま)り**. speak without an ~ 言葉に訛りがない; 標準語を話す. speak English with a strong [broad] German ~ ひどいドイツ訛りで英語を話す.

> 連結 a foreign [a broad, a heavy, a pronounced, a thick; a slight; a well-bred] ~ // cultivate [affect, assume; imitate] an ~

4 U 〈the ~〉 強調, 強意, 〈*on* ..の〉 (emphasis); 重きを置く点[部分]. The ~ is on ... 重点は..にある. His policy puts the ~ *on* national welfare. 彼の政策は国民の福祉に重点を置く. **5** UC 〘韻律学〙強音. **6** 〈~s〉 〘古・詩〙言葉 (speech, words).
── /ǽksent, -´|-´-/ 動 他 **1** 〔語, 音節〕にアクセントを置いて発音する; にアクセント記号を付ける. an ~*ed* syllable アクセントのある音節. **2** ＝accentuate 1. [＜ラテン語「(言葉に)加える音調」]

ac·cent·ed /ǽksentəd/ 形 訛(なま)りのある. speak heavily ~ English ひどい訛りの英語を話す.

ác·cent·less 形 〔言葉に〕訛(なま)りがない.

ac·cen·tu·al /ækséntʃuəl/ 形 **1** アクセントの(ある). **2** (英詩のように)韻律が音節の強弱による.

†**ac·cen·tu·ate** /ækséntʃuèit/ 動 他 **1** を強調する; を目立たせる. Her striped dress ~*s* her slimness. 縞柄(しまがら)の服で彼女のほっそりした姿が目立つ. **2** ＝accent 1.

ac·cèn·tu·á·tion 名 UC **1** アクセントを置く[かれる]こと; アクセントの置き方. **2** 強調, 目立たせること.

‡**ac·cept** /əksépt, æk-/ 動 他 (~**s** /-ts/|過 過分 ~**ed** /-əd/|~**ing**)
【受け入れる】 **1** 〔贈り物など〕を**受ける**, 受け取る, (↔decline; 類語 普通「好意的に喜んで受け入れる」という意味; →receive). ~ a gift 贈り物を受け取る. ~ a bribe *from* a company 会社から賄賂(わいろ)を受け取る.
2 (a) 〔招待など〕に**応じる**, 〘旧〙〔女性が〕〔求婚〕に応じる; 〔地位など〕を引き受ける, 〔提案など〕を受諾する; (↔decline, refuse). I gladly ~ your invitation. 喜んでご招待に応じます. ~ the⌞office [responsibility, consequences] その地位[責任, 結果]を引き受ける. ~ a challenge 挑戦に応じる. Anne ~*ed* my proposal. アンは私の求婚に応じた. (b) VO (~ *to do*) ..することを引き受ける. He has ~*ed to* speak at the meeting. 彼はその会で話をすることを引き受けている.
3 〔証拠, 説明, 事態など〕を(しぶしぶ)**承認する**, 受け入れる; VO (~ *that* 節) ..であると認める; VOA (~ X *as, for* ..) X を..と認める; (admit). He did not ~ my apologies. 彼は私の弁解を認めてくれなかった. I can ~ that. (相手の言い方を認めて)その通りです. I can't ~ that. (それには)納得できない; 信じられない. ~ poor living conditions ひどい生活状況を甘受する. I ~ the statement *as* true.＝I ~ *that* the statement is true. 私はその陳述を真実と認める. It is generally ~*ed that* she is the greatest dancer of her generation. 彼女は同じ世代で最高のダンサーであると一般に認められている.
4 〔人〕を受け入れる, 仲間に入れる; 〔人〕に入学[入会]を許す. The immigrants tried to get themselves fully ~*ed* in society. 移民たちは社会に完全に受け入れられるよう努力した. be ~*ed* at a university 大学に入学を許される.
5 〔機械が〕〔挿入物など〕を受け付ける; 〔カードなど〕の使用に応じる. All major credit cards (are) ~*ed*. 主なクレジットカードはすべてご利用になれます 《レストランなどでの掲示》. This vending machine won't ~ 500 yen coins. この自動販売機に500円硬貨は使えない.
6 〘商〙〔手形〕を引き受ける.
── 自 (申し出, 招待などに) 応じる; (人を)受け入れる. I am happy to ~. 喜んでお引き受けします.
◇名 acceptance, acceptation
[＜ラテン語「受け取る」(＜ad-＋*capere* 'take')]

***ac·cept·a·ble** /əkséptəb(ə)l, æk-/ 形 m **1 受け入れられる**(価値のある) 〈*to* ..に〉; 満足な, 適切な. Such an offer is not ~ *to* me. こんな申し出は私には受け入れられない. an ~ man for the job その仕事にふさわしい男. **2** 許容し得る; まずまずの〔成績など〕. an ~ level of tax increase 許容範囲内の増税. His work was ~, but far from excellent. 彼の仕事はまずまずの出来だが, とても優秀とは言えなかった. **3** 気に入られる, 喜ばれる(ような). Fruit is an ~ gift. 果物は喜ばれる贈り物だ. **4** 〘言〙(文法的に)容認可能な (↔unacceptable).
the accèptable fáce of .. ..の許容できる部分.
▷**ac·cèpt·a·bíl·i·ty** 名 **-bly** 副 **1** 気に入られるよう

に. All the actors performed *acceptably*. 役者は皆まずまずの演技であった. **2** 容認可能(な状態)で.

***ac·cept·ance** /əkséptəns, æk-/ 名 (複 **-anc·es** /-əz/) **1** ⓊⒸ **受け入れる[られる]こと**; 受納; 受理; 受諾; (大学などへの)合格(通知). a letter of ～ 受諾の手紙; 合格通知. We've received five ～*s* to our party invitations. パーティーの招待に5件出席の返事が来ている. **2** Ⓤ 承認, 是認, 賛成. gain general ～ 広く受け入れられる.

> 連結 whole-hearted [unconditional, unqualified; wide; universal; ready; blind; grudging] ～ // find [meet with; win] ～

3 ⓊⒸ 〖商〗手形の引き受け; Ⓒ 引き受け済み手形.

ac·cep·ta·tion /ækseptéiʃ(ə)n/ 名 Ⓒ (語句の)一般に認められた意味, 通常語義. in the common [ordinary] ～ of the word その語の普通の意味で(は).

ac·cépt·ed /-əd/ 形 (一般に)認められた, 信じられている. the ～ opinion [truth] 承認済みの見解[真理]. in the ～ meaning 一般に認められている意味で(は). an ～ fact 一般に認められている事実.

ac·cépt·er 名 Ⓒ **1** 受け入れる人, 受諾者. **2** = acceptor.

ac·cep·tor /əkséptər, æk-/ 名 Ⓒ **1** 〖商〗手形引受人. **2** 〖物理〗アクセプター, 受容体, 《donor から電子を受け入れることのできる原子[分子]》.

***ac·cess** /ǽkses/ 名 (複 **～·es** /-əz/) 【近づくこと】 **1** Ⓤ **接近** 〈*to*..〔場所, 物〕へ(の)〉; 接近方法; Ⓒ 進入路, 通路. *Access* only. 通り抜け禁止《立て札》. There is no ～ *to* the building from this direction. この方向からあの建物へ行く道はない. have wheelchair ～ (建物が)車椅子で入れる. **2** Ⓤ (面会, 閲覧, 利用などの)便宜, 方法, 許可; 面会(の機会); 〈*to* ..へ(の)〉. get ～ *to* a secret document 秘密文書を閲覧する便宜を得る. have ～ *to* a computer [an excellent library] コンピュータ[すばらしい図書館]が利用できる. gain ～ *to* ..を利用できる; 〔市場など〕に参入する. have easy [good] ～ *to* .. に行きやすい.
3 【接近＞到来】 Ⓒ 〈単数形で〉〖雅・古〗(病気の)発作, (感情の)激発. ◇形 accessible

èasy [dìfficult] of áccess 〔場所などが〕近寄りやすい[にくい]; 入りやすい[にくい]; 〔人が〕近うきやすい[にくい]; 簡単に面会できる[できない].

within èasy áccess of 〔Tokyo〕〔東京〕から楽に行ける範囲に[の].

—— 動 他 〖電算〗〔情報〕を呼び出す[入力する], にアクセスする. [<ラテン語「接近」]

ac·ces·sa·ry /əksésəri, æk-/ 名, 形 =accessory 2.

áccess bròadcasting 名 Ⓤ 局外制作放送《テレビ局がマイノリティーなどのために時間を与える》.

Áccess (càrd) 名 Ⓒ 〖英・商標〗アクセスカード《銀行が発行しているクレジットカードの一種》.

†**ac·ces·si·ble** /əksésəb(ə)l, ək-/ 形 **1** 〔場所が〕接近できる, 入りやすい; 到達できる, 〈*to*..〔人〕に/*by* ..〔交通手段, 道〕で〉 (↔inaccessible). an ～ mountain 登りやすい山. ～ *to* disabled people 障害者が入ることができる. easily ～ すぐに行ける. keep .. readily ～ すぐに..を使えるようにしておく. **2** 〔物が〕入手[利用]できる; 〖電算〗アクセスできる; 〔作品などが〕理解しやすい; 〔人が〕面会しやすい, 話しやすい. Those records are not ～ *to* the public. その記録は一般に公開されていない. He makes himself ～ *to* all who seek his counsel. 彼は自分の助言を求める人にはだれでも面会するようにしている. **3** 〔人が〕影響されやすい, 動かされやすい. be readily ～ *to* flattery すぐにお世辞に乗る.
◇名 access ▷**ac·cès·si·bíl·i·ty** 名 Ⓤ 接近[入手]できること; 理解のしやすさ; 影響されやすいこと. **-bly** 副

ac·ces·sion /əkséʃ(ə)n, ək-/ 名 〖章〗 **1** ⓐⓊ (ある状態への)到達; (権利などの)取得; (官職への)就任, 即位. ～ *to* manhood 成年に達すること. Queen Elizabeth's ～ *to* the throne エリザベス女王の即位. **2** Ⓤ (団体, 条約などへの)新規加入[加盟], (図書館, 美術館などで収蔵品の)受け入れ; Ⓒ 新規加入[加盟]者; 受け入れ図書[美術品など]; 追加(されたもの); 〈*to* .. への〉. new ～*s to* the library 図書館への新着書. **3** ⓊⒸ (特に要求への)賛成, 同意, 〈*to* ..に対する〉. ◇動 accede
—— 動 他 を受け入れ台帳に記入する〈普通, 受け身で〉.

ac·ces·so·rize /əksésəràiz/ 動 他 にアクセサリーを付ける.

***ac·ces·so·ry** /əksés(ə)ri, æk-/ 名 (複 **-ries**) Ⓒ
1 〈普通 -ries〉 **付属物**, 付属品; アクセサリー; 《特に, 車のライト, ワイパー, ラジオなど, あるいは女性の靴, 帽子, 手袋, ハンドバッグなど》. **2** 〖法〗共犯 〈*to* ..の〉 (↔principal). charge him as an ～ *to* the crime 共犯として彼を告発する. **3** 〖電算〗アクセサリ《システム付属の簡易(アプリケーション)ソフト》. —— 形 **1** 付属の, 補助的な. **2** 〖法〗共犯の.

accèssory before [after] the fáct 名 Ⓒ 〖法〗事前[事後]共犯 (→fact 4). If you shelter a criminal you will be an *accessory after the fact*. 犯人をかくまうとあなたは事後共犯ということになる.

áccess ròad 名 Ⓒ 取り付け道路《通過用でなく特定場所へ行くための》; (高速道路への)進入路.

áccess tèlevision 名 Ⓤ 局外制作番組 (→access broadcasting).

áccess tìme 名 Ⓤ 〖電算〗アクセスタイム《データの呼び出しに掛かる時間》.

ac·ci·dence /ǽksəd(ə)ns/ 名 Ⓤ 〖文法〗語形(変化)論《今は普通 morphology と言う; →syntax》.

‡**ac·ci·dent** /ǽksəd(ə)nt/ 名 (複 **～s** /-ts/)
【降りかかること】 **1** ⓐⓊ **偶然**, 巡り合わせ, (chance). pure ～ 全くの偶然. by a happy ～ うまい具合に. by [through] ～ of birth 生まれ合わせによって. It is no ～ that .... ..なのは決して偶然ではない.

> 連結 a mere [an extraordinary, a remarkable] ～

2 【偶然の出来事】 Ⓒ **事故**, 災難; 思いがけない出来事, 偶発事件; (類語 偶然性に重点があり, 特に不慮の事故に用いる; →event, incident); 〖話〗(子供, ペットの)おもらし. a car [an automobile] ～ 自動車事故. a climbing ～ 登山の遭難. be killed in a traffic ～ 交通事故で死ぬ. have [meet (with)] an ～ 事故に遭う. Meeting him there was a lucky ～. 彼にそこで会えたのは思いがけない幸運だった. owing to ～ 事故のために (★この場合は無冠詞). have an ～ おもらしする.

> 連結 a terrible [a bad, a nasty, a serious; a fatal; a tragic; an unfortunate; an unavoidable; a slight] ～ // have [cause; prevent] an ～ // an ～ happens [occurs, takes place]

3 Ⓒ 〖哲〗偶有的性格. ◇形 accidental

Àccidents will háppen (in the best regulated families). 〖諺〗(どんなに注意しても)人生に事故は付き物《★普通は Accidents will happen. で用いる》.

an àccident wàiting to háppen 起こるべくして起こった[起こる]事故.

****by áccident*** 偶然に[の], 思いがけなく. *by* ～ or by design 偶然にか故意にか. *by* sheer ～ 全く偶然に. death *by* ～ 事故死.

without áccident 無事に.
[<ラテン語「落ちかかる＞起こる」]

***ac·ci·den·tal** /æksədéntl/ 形 ⓜ **1 偶然の**, 思いがけない; 事故による; (↔deliberate, intentional). (an)

A

～ death 事故死. an ～ fire 失火. an ～ meeting 偶然の出会い. **2** 本質的でない; 付随的な; 〘哲〙偶有的な; (↔essential). **3** 〘楽〙臨時記号の.

── 名 **1** U 〈the ～〉偶然的なもの; 付随的なもの. **2** C 〘楽〙臨時記号《sharp (♯), flat (♭), natural (♮) の 3 つを指す》. **3** C 〘鳥〙迷鳥《生息地, 飛来地ではない所に迷い込んだ》.

ac·ci·den·tal·ly /æksədént(ə)li/ 副 偶然に; 故意でなく, 過失で, 事故で. (whether) ～ or deliberately 偶然にか故意にか. ～ on purpose 〘戯〙偶然に見せかけて(実は故意に). I ～ fell down the stairs. 過って階段から転げ落ちた.

áccident insùrance 名 U 傷害[災害]保険.

áccident-pròne 形 事故ₗを起こし[に遭い]やすい.

†**ac·claim** /əkléim/ 動 他 〘章〙**1** を歓呼して迎える, に喝采(さい)を浴びせる, (hail). The crowd ～*ed* the new king. 群衆は新王を歓呼して迎えた. **2** を賞賛する; VOC (～ X Y)・VOA (～ X *as* Y) X を喝采して Y と認める. be highly [widely] ～*ed* 高く[広く]賞賛される. The people ～*ed* him (*as*) king. 国民は歓呼して彼を国王に迎えた. The novel was ～*ed as* the best one of the year. その小説はその年度の最高作とたたえられた.

── 名 U 喝采, 歓呼; 賞賛, 絶賛. [＜ラテン語「大声で呼びかける」]

ac·cla·ma·tion /ækləméiʃ(ə)n/ 名 〘章〙**1** U 喝采(さい), 歓呼; C 〈普通 ～s〉賛成[歓迎]の声.

2 U 発声投票《投票代わりの拍手, 喝采による賛成の意思表示》; 〘カナダ〙反対なしの選出. by ～ 満場の喝采[発声投票]で.

ac·cli·mate /əkláimət, ækləmèit/ 動 〘主に米〙他 〔人, 動植物〕を慣れさせる, 順応させる, 〈*to* ..〔新しい風土, 環境, 条件など〕に〉. become [get] ～*d to* the new job 新しい仕事に慣れる. ～ oneself *to* the cold 寒さに体を慣らす. ── 自 順応する[慣れる]〈*to* ..〔新しい風土, 環境など〕に〉.

ac·cli·ma·tion /æ̀kləméiʃ(ə)n|-lai-/ 名 U 〘主に米〙(新風土, 環境などへの)順応.

ac·clì·ma·ti·zá·tion 名 U ＝acclimation.

ac·cli·ma·tize /əkláimətàiz/ 動 ＝acclimate.

ac·cliv·i·ty /əklívəti/ 名 (複 **-ties**) C 〘章〙上りₗ坂[勾配(こうばい)] (↔declivity).

ac·co·lade /ǽkəlèid, ⌣⌣⌣/ 名 C **1** 〘章〙賞賛; 授賞. **2** ナイト爵 (knighthood) 授与(式)《国王が剣のひらでひざまずいた受爵者の肩を軽く打つ; →dub[1]》.

[accolade 2]

*__ac·com·mo·date__ /əkɑ́mədèit|əkɔ́m-/ 動 (～s /-ts/|過 過分 **-dat·ed** /-əd/|**-dat·ing**) 他

【便宜を供与する】 **1** 【収容能力がある】〔ホテルなどが〕〔客〕を**宿泊させられる**; 〔病院が〕〔患者〕を収容できる; 〔乗り物が〕〔人〕を乗せられる; 〔スペースなどが〕を収められる. This hotel can ～ over 1,000 guests. このホテルは千人以上の客が収容できる. This car ～*s* six people. この車には 6 人が乗れる.

2 〘章〙〔人〕の**便宜を図る**; 〔人〕に金を貸す; 〔要求, 必要〕に応じる; VOA (～ X *with* ..) X(人)に..を用立てる, 融通する. a book that ～*s* the needs of beginners 初心者の要求に応じる本. ～ a photographer カメラマンの注文に応じる. ～ a person *with* money [a night's lodging] 人に金を用立てる[人を一晩泊める].

3 〔人〕の面倒を見る; に親切にする; に配慮する. Sorry, I can't ～ you. すみません, お役に立てなくて. ～ the disabled 障害者に配慮する.

【都合を合わせる】 **4** VOA (～ X *to* ..) ..に(合うように) X を適応させる, 調節する. The husband ～*d* his plans *to* his wife's. 夫は自分の計画を変えて妻の計画に合わせた. ～ oneself *to* new circumstances 新しい境遇に順応する.

5 【折り合いをつける】〘章〙〔紛争など〕を和解させる, 調停する. **6** を受け入れる. ～ their point of view 彼らの考え方を取り入れる.

── 自 VA (～ *to* ..)〔環境, 条件など〕に順応する.

[＜ラテン語「適合させる」] ▷**-da·tor** 名 C 順応性のある人; 調停者, 妥協者.

†**ac·cóm·mo·dàt·ing** 形 **1** (受け入れに)好意的な; 面倒見のいい, 親切な, (obliging). The country is very ～ to foreign enterprises. その国は外国企業(の導入)に好意的である. **2** 人にすぐ合わせる. ▷**～·ly** 副

*__ac·com·mo·da·tion__ /əkɑ̀mədéiʃ(ə)n|əkɔ̀m-/ 名 (複 **～s** /-z/) **1** U **宿泊**(させること); **便宜**(を図ること); (駐車などの)便宜を与える余地; 〈〘米〙では ～s〉**宿泊設備**, 収容力, 《旅館などの》; 〈～s〉〘米〙(旅客機などの)(座)席. We need ～(*s*) for six. 6 人分の宿泊設備が欲しい. for the ～ of visitors to the exhibition 博覧会への訪問者の(宿泊の)便宜を図って.

> 連結 excellent [adequate, proper; poor] ～ // give [furnish, provide; look for, seek; find, secure] ～

2 C 便利な物[事], 役に立つ物[事].

3 UC 融資; 貸付金. **4** U 適応; (生物の)環境順応; (目の自動的な焦点の)調節. **5** UC 〘章〙調節; 調停; 妥協, 折り合い 〈*with* ..との/*between* .. の間の〉. come to [reach] an ～ (*with* ..) (..と)妥協する.

accommodátion addrèss 名 C 臨時あて先《住所を知られたくない人や住所不定者が郵便を受け取るために使う; (〘米〙mail drop)》.

accommodátion àgency 名 C 〘英〙不動産斡旋業者.

accommodátion bìll 名 C 〘商〙融通手形.

accommodátion còllar 名 C 〘米俗〙点数かせぎの逮捕.

ac·còm·mo·dá·tion·ist 名 C 〘米〙融和を求める人, 〈特に〉白人に協調的な黒人.

accommodátion làdder 名 C 〘船〙舷梯(げんてい), タラップ.

†**ac·com·pa·ni·ment** /əkʌ́mp(ə)nimənt/ 名 **1** C 付き物, 随伴物; (お茶に出す)菓子, (酒の)さかな; (食物に合う)飲み物. High fever is a frequent ～ of influenza. インフルエンザは高熱を伴うことがしばしばだ.

2 UC 〘楽〙伴奏(部); 伴奏音楽; 〈*to* ..の〉. sing to [with] his piano ～ 彼のピアノ伴奏で歌う.

◇動 accompany

to the accómpaniment of .. (1)〔楽器〕の伴奏で[に合わせて]. (2)〈比喩的〉..と共に.

ac·com·pa·nist /əkʌ́mp(ə)nist/ 名 C 〘楽〙伴奏者.

‡**ac·com·pa·ny** /əkʌ́mp(ə)ni/ 動 (**-nies** /-z/|過 過分 **-nied** /-d/|**～·ing**) 他

1 〘章〙 と**一緒に行く**, について行く, に付き添う, (go with) (注意 X accompanies Y. を「X が Y を同伴する」と訳すのは誤り). I'll ～ you to the airport. 空港までご一緒いたします. The boy was *accompanied* by his parents. その少年は両親に付き添われて来た.

2 〔現象などが〕に**伴って起こる**, 付随する; に伴う, 付き物である. Wind *accompanied* the rain. 雨に風が加わった. The illness is often *accompanied* by shivering. その病気にはしばしば震えが伴う. Roast beef is usually *accompanied* by Yorkshire pudding. ローストビーフにはたいていヨークシャープディングが付いている.

3 に伴わせる, 加える, 〈*with*, *by* ..を〉. ～ one's speech *with* gesture 話に身ぶりを添える. That book is *accompanied by* a cassette. その本にはカセットが付いている. an ～*ing* booklet 同封のパンフレット.

4〘楽〙の伴奏をする. Meg sang and Jim *accompanied* her *on* [*at*] the piano. メグが歌いジムは彼女のピアノ伴奏をした. ◇名 accompaniment [<古期フランス語「仲間に入れる」]

ac·com·pa·ny·ist /əkʌ́mp(ə)niist/ 名 =accompanist.

†**ac·com·plice** /əkɑ́mpləs|əkʌ́m-, əkɔ́m-/ 名 C (広義の)共犯者《正犯, 共犯をはじめ, すべての犯罪関与者を含む; →complicity》. I won't be your ~ *in* such a crime. こんな犯罪で君の共犯になりたくない.

‡**ac·com·plish** /əkɑ́mpliʃ|əkʌ́m-, əkɔ́m-/ 動 (~·es /-əz/|過 過分 ~ed /-t/|~·ing) 他 **1** 〔仕事〕を**成し遂げる**, 成就する, 〔目的, 望みなど〕を達成する, (類語 過程よりも結果としての成就を強調する; →achieve, attain). ~ one's aim [mission] 目的[使命]を果たす. ~ a task 仕事をやり遂げる. **2** 〔道程〕に達する; 〔旅〕を終える. We ~*ed* the journey safely. 旅を無事に終えた. ◇名 accomplishment [<ラテン語「完成する」]

†**ac·cóm·plished** /-t/ 形 **1** 〔仕事が〕完成した, 成就した; 〔事実などが〕既成の. an ~ fact 既成事実. **2** 〔人が〕堪(た)能な, 熟達した, 〈*in* ..に〉. an ~ pianist 練達のピアニスト. **3** 教養のある, たしなみのある, (★社交性を伴う; →accomplishment 3).

***ac·com·plish·ment** /əkɑ́mpliʃmənt|əkʌ́m-, əkɔ́m-/ 名 (複 ~s /-ts/) **1** U **完成する[される]こと**, 成就, 達成, 遂行. a work difficult [easy] of ~ 遂行しがたい[しやすい]仕事.

2【成就された仕事】C **功績**, 業績. Columbus's discovery of America was a remarkable ~. コロンブスのアメリカ発見は目覚ましい成果であった.

3 C〘章〙(訓練によって身につける)**技芸**, たしなみ, 《踊り, ピアノ, 裁縫, 手芸など》. a woman of various ~*s* 多芸な女性. **4** U 腕前.

***ac·cord** /əkɔ́:rd/〘章〙動 (~s /-dz/|過 過分 ~·ed /-əd/|~·ing) 自 **一致する**, 調和する, 〈*with* ..と〉 (agree). His account of the accident ~*s with* yours. 事故についての彼の説明は君の説明と一致する. His words and deads do not ~. 彼の言行は一致しない.

── 他 を与える; VOO (~ X Y)・VOA (~ Y *to* X) XにY(許可など)を与える, 授ける, (→give 類語); XのY(要求など)をかなえる (grant). ~ respect *to* .. に敬意を払う. They ~*ed* these honors *to* us.=They ~*ed* us these honors. 彼らは私たちにこのような栄誉を与えてくれた (★受動態は We were ~*ed* these honors.). ◇名 accordance

── 名 (複 ~s /-dz/) **1** U **一致** (agreement); (色, 音などの)調和. **2** C 協定 〈*between* ..〔国家間など〕の〉; 合意 〈*with* ..〔他国家など〕との〉. a peace ~ 平和協定. **3** UC 〔音, 色などの〕調和; 〘楽〙和音.

in accórd (*with*..) (..と)一致して. be in total [perfect] ~ 完全に一致する. This measure is *in* ~ *with* our policy. この議案は我々の政策に合致している.

of one's òwn accórd 自発的に, 自然に. resign *of one's own* ~ 自発的に辞任する.

out of accórd (*with*..) (..と)合わないで. Our opinions are *out of* ~ *with* theirs. 私たちの意見は彼らとは合わない.

with óne accòrd 心を合わせて; 一斉に. *With one* ~ the audience stood up and applauded. 聴衆は一斉に立ち上がって拍手喝采(さい)した.

[<後期ラテン語「心を一つにする」]

***ac·cord·ance** /əkɔ́:rd(ə)ns/ 名 U 一致, 調和.

****in accórdance with..*** 〘章〙..**に従って**, と一致して. *in* ~ *with* his wishes 彼の願いどおりに. act *in* ~ *with* the rules 規則に従って行動する.

ac·cord·ant /əkɔ́:rd(ə)nt/ 形 一致した, 調和している, 〈*with* ..と〉.

***ac·cord·ing** /əkɔ́:rdiŋ/ 副 〈次の用法のみ〉

****accórding as*** 〈接続詞的〉〘章〙..(する)**に従って**, に応じて; ..かどうかによって. We'll let him go or stay ~ *as* he chooses. 彼が行くもとどまるも彼自身の決心に任せよう.

****accórding to..*** 〈前置詞的〉(1) ..(の言うところ)**によれば**. ~ *to* today's paper 今日の新聞によると. He's not coming, ~ *to* Mary. メリーの話では彼は来ないそうだ. (2) ..**に従って**; ..のとおりに. ~ *to* plan 計画[予定]どおりに (★慣用句的表現なので無冠詞). I've done everything ~ *to* the cookbook. すべて料理の本どおりにやった. (3) ..(の程度)に応じて, ..次第で. They are paid ~ *to* the amount of work they do. 彼らはする仕事の量に応じて金をもらう. The classes are organized ~ *to* age. クラスは年齢別に構成されている. [<accord の現在分詞]

***ac·cord·ing·ly** /əkɔ́:rdiŋli/ 副 ⓒ **1 それに従って**, そのとおりに. Watch your leader and act ~. よくリーダーを見て, そのとおりに動きなさい. **2**〘章〙**従って**, それだから, (therefore). He failed to come; ~ I wrote him to ask why. 彼は来なかった. それで私は彼になぜかと尋ねる手紙を書いた.

‡**ac·cor·di·on** /əkɔ́:rdiən/ 名 C アコーディオン, 手風琴. ── 形〘米〙(アコーディオンの)蛇腹のような, 伸縮できる襞(ひだ)状の. ▷ **~·ist** 名 C アコーディオン奏者.

accórdion plèats 名 〈複数扱い〉アコーディオンプリーツ《スカートなどの細いひだ》.

accórdion wàll 名 C アコーディオンカーテン.

ac·cost /əkɔ́:st|əkɔ́st/ 動 他〘章〙〔特に未知の人〕に(脅すように)近寄って話しかける; 〔売春婦などが〕に(誘うように路上などで)呼びかける. A stranger ~*ed* me in the street. 路上で見知らぬ男に呼びかけられた.

‡**ac·count** /əkáunt/ 名 (複 ~s /-ts/) 【(金融の)計算】 **1** C **計算(書)**, 勘定; 会計. cast ~*s* 計算をする. keep ~*s* 帳簿を付ける. **2**【取り引き】C (銀行, 郵便局などの)**預金口座**; 信用取り引き, 掛け勘定; 得意先, 顧客. I have [opened] a savings ~ *with* that bank. 私はあの銀行に預金口座ㇾがある[を開いた]. pay money into an ~ 口座に金を振り込む. withdraw [draw] money from [out of] an ~ 口座から金を引き出す. I have an ~ at that bookshop. 私はあの書店では付けで買える. put [charge] .. to a person's ~ ..を〔人〕の付けにする. →bank account. **3**【計算の明細】C **(a)** 〈しばしば ~s〉(収支, 損益の)報告(書), 明細書; 〈~s〉(会社の)経理部門. render [send in] an ~ 支払請求書を出す. **(b)**〘英〙決済期間.

【明細>説明】 **4** C (事件などの)**報告(書)**, 記事; 物語. He gave us a detailed ~ of his experiences in Africa. 彼は我々にアフリカでの経験の詳細な報告をしてくれた.

> 連結 a full [an exhaustive; an accurate, a true; a long; a brief, a concise, a short; a biased; an objective; an eyewitness; a firsthand] ~ // present [provide] an ~

5 C **説明(書)**; 弁明, 申し開き; (学問上の)説. What ~ can you give of your misbehavior? 君は自分の不始末をどう弁明するのか. on his ~ 彼の説によれば.

【計算>評価】 **6** U 根拠, 理由. on that [this] ~, on ~ of.., (→成句). **7** U 評価, 考慮 (consideration), (価値)判断; (楽譜の)解釈, 演奏. take ~ of.. →成句. **8** U 価値, 重要性. a matter of much [great] ~ 大変重要な事柄. of no [little] ~ 全く[ほとんど]取るに足りない. of some ~ かなり重要な. **9** U 利益 (profit), 便宜. on one's own ~ →成句. **10** C〘電算〙アカウント《ネットワークなどへの登録(番号)》.

accòrding to áll accòunts =by all ACCOUNTS.

A

***bàlance* [*sèttle*↓] *accóunts* (*with..*)**
by* [*from*] *áll accòunts だれの話を聞いても, どの報道によっても.
by* [*accòrding to*] *a pèrson's òwn accóunt 人自身の説明によれば, 人の言い分に従えば.
***càll* [*brìng, hòld*] *a pèrson to accóunt* (*for..*)** 人に(..の)弁明を求める, 人を(..で)叱(しっ)責する.
fìnd one's accóunt in.. ..に価値を見出す, ..が割に合うと思う.
gìve a góod* [*póor*] *accòunt of onesèlf (競技などで)立派にやって見せる[しくじる, へまをする]. For a professional, he *gave a poor* ～ *of* him*self* in today's game. 彼は今日の試合でプロとしてはまずいプレーをした.
kèep an accóunt of .. ..の帳簿[記録]をつける.
lèave..out of accóunt ..を勘定[考慮]に入れない.
màke accóunt* [*múch accòunt*] *of.. ..を重んじる. 「とんど問題にしない].
màke nó* [*líttle*] *accòunt of.. ..を無視する [ほ↑
mòney of accóunt →見出し語.
not..on ány accòunt ＝on no ACCOUNT.
on accóunt (1) 内金として. pay 1,000 yen *on* ～ 内金として千円払う. (2) (現金払いでなく)付けで.
on a pèrson's accóunt (1) 人のために. Please don't take any trouble *on* my ～ /mái əkàunt/. どうぞ(私のために)お構いしないでください. (2) 人の付け[勘定]で. Please put the suit *on* my father's ～. スーツの代金は父の付けにしてください.
****on accóunt of..*** 〖章〗 **..のために**, ..という理由で (because of); ..のためを思って; (→sake¹ 語法). The picnic was put off *on* ～ *of* rain. 雨のためにピクニックは延期された. We came *on* ～ *of* your sick mother. 君のお母さんの病気が心配でやって来ました.
on áll accòunts*＝*on évery accòunt どう見ても, あらゆる点で; ぜひ, どうしても. This must be done *on all* ～*s*. この事はぜひともしなければならない.
on nó accòunt どうしても[どんなことがあっても]..ない, 決して..しない. *On no* ～ would he accept my advice.＝He would*n't* accept my advice *on any* ～. どうしても彼は私の忠告を聞き入れようとはしなかった.
on one's ówn accòunt 自分の利益のために; 自分の責任で, 自前で; 一本立ちで, 独力で.
on thát* [*thís*] *accòunt その[この]ために, その[この]理由で, (→on ACCOUNT of..).
pùt..dówn* [*chàrge..*] *to a pèrson's accóunt ..を人の勘定に付ける.
pùt* [*tùrn* ↓]*..to* (*gòod*) *accóunt
***sèttle* [*squàre*] *accóunts* (*with..*)＝*sèttle an* [*one's*] *accóunt* (*with..*)** (..と)貸借なしにする; (..に) '借り'を返す.
****tàke accóunt of..*＝*tàke..into accóunt*** **..を考慮する**, 斟酌(しんしゃく)する; ..に注意する. I will *take* his youth *into* ～. 彼の若さを考慮に入れよう.
tàke no accóunt of.. ..を全く考慮しない, 無視する. *Take no* ～ *of* what I said earlier. 前に言ったことは無視してくれ.
tùrn..to bàd* [*pòor*] *accóunt 〖章〗 ..を活用しない.
tùrn*[*ùse*]*..to* (*gòod*) *accóunt 〖章〗 ..を活用する. Robert *turned* his war experience *to good* ～. ロバートは自分の戦争体験をうまく生かした.
── 動 他 〖章〗 VOC (～ X (***to be***) Y) X を Y と思う, みなす, (consider). ～ oneself lucky 自分を幸運だと思う. Mr. Hill is ～*ed* (*to be*) an able businessman. ヒル氏は有能な実業家と目されている. (★We ～ him *as* lucky の VOA は非標準.)
── 自 〖古〗(収支)決算をする〈*to*..に〉.
****accóunt for ..*** (1) 〔人が〕**..の理由[原因]を説明する**. You have to ～ *for* your absence from school. 君は欠席の理由を説明しなければならない. There is no ～*ing for* tastes. 〖諺〗 タデ食う虫も好き好き《人の好みはさまざまで説明できない》. (2) 〔物が〕**..の原因[理由]である**. That ～*s for* why he left the room so abruptly. それで彼が突然部屋を出て行った訳が分かる. (3) (災害, 事故の後などに)..の生存[所在]を確かめる〈普通, 受け身で〉. Twenty passengers are still not ～*ed for*. まだ 20 人の乗客の安否がわからない. (4) 〔金〕の収支計算を明らかにする. You must ～ *for* every penny you spend. 君の使う金についてはいちいち詳細に使途を明らかにせねばならない. (5) 〔行為など〕の責任をとる, 償いをする. ～ *for* one's crime 犯した罪の償いをする. (6) 〔ある部分, 割合〕を占める. Black people ～ *for* 70% of the population of the district. その地区の人口の 70% を黒人が占めている. (7) 〖話〗〔獲物〕を仕留める, 殺す; 〔人〕を敗北させる, 負かす.
[＜古期フランス語「計算する, 申し開きする」]

ac·còunt·a·bíl·i·ty 名 U 責任のあること, 責務.

†**ac·cóunt·a·ble** 形 〈叙述〉 **1** 〔人が〕責任がある, 申し開きの義務がある, 〈*to* ..〔人〕に対して/*for* ..〔物事〕について〉 (類語 責任を問われる状況が切迫していることを暗示する; →responsible). I am not ～ *to* you *for* my actions. 私の行動について君に申し開きをする義務はない. hold *a person* ～ (for..) (..の)責任を人にとらせる[持たせる]. **2** 〔物事が〕説明できる; 理由[原因]がある.

ac·count·an·cy /əkáuntənsi/ 名 U 会計係[士]の職[地位]; 会計事務.

†**ac·count·ant** /əkáuntənt/ 名 C 会計係[士].

accóunt bòok 名 C 会計簿, 出納簿.

accóunt exècutive 名 C (広告業などの)顧客会計主任. 「accountancy.

ac·cóunt·ing 名 U **1** 会計; 会計学. **2** 〖米〗＝↑

ac·cou·ter 〖米〗, **-tre** 〖英〗 /əkú:tər/ 動 他 〔人〕を装わせる, に着装させる, 〈普通, 受け身で〉.

ac·cóu·ter·ments 〖米〗, **-tre-** 〖英〗 /-mənts/ 名 〈複数扱い〉 服装, 身支度, 所持物[品]; 〖戯〗(旅客などの)手回り品《camera, handbag など》; 〖軍〗(武器・被服以外の)装備《belt, blanket, knapsack など》.

Ac·cra /əkrá:/ 名 アクラ《Ghana 共和国の首都》.

ac·cred·it /əkrédət/ 動 他 〈普通, 受け身で〉
1 〔大使など〕を信任状を授けて派遣する〈*to*..に〉. He was ～*ed to* the Court of St. James's. 彼は駐英大使として派遣された 《信任状奉呈の儀式は St. James's Palace で行われる; →court of St. James's》. **2** を有資格と認定する, 〔学校など〕を認可する. **3** VOA (～ X ***with*** Y) Y (事柄)を X (人)の行ったこととする; (～ Y ***to*** X) Y (事柄)を X (人)に帰する. He is ～*ed with* the invention. 彼はそれの発明者とされている. The invention is ～*ed to* him. その発明は彼によるとされている. **4** を信じる, 信頼する. 「信任状.

ac·cred·i·ta·tion /əkrèdətéiʃ(ə)n/ 名 UC 認可;↑

ac·créd·it·ed /-əd/ 形 公認の, 認可された, 〔人, 施設など〕; 品質認定された; 一般に承認されている, 正統的な〔意見, 信仰など〕. ～ milk 品質保証牛乳. an ～ school 認可校. the ～ representative of a firm 会社の正式代理人.

ac·crete /əkrí:t/ 動 自 (成長により)増大する; 付着して大きくなる〈*to* ..に〉. ── 他 を増大させる; を付着させる.

ac·cre·tion /əkrí:ʃ(ə)n/ 名 〖章〗 **1** U (付着, 成長による)増大, 増加. **2** C 増大した物; 付着物, 付加物.

ac·cru·al /əkrú:əl/ 名 UC 自然増加; 利子(が付くこと).

‡**ac·crue** /əkrú:/ 動 自 〖章〗(結果として自然に)〔利益, 権力などが〕生じる; 〔利息などが〕次第に殖える; 〔権利が〕発生する. Interest ～*s to* you *from* your money in the bank. 銀行に預けた金には利子が付く. ── 他 を次第に殖やす.

A

acct. account; accountant.

ac·cul·tur·ate /əkʌ́ltʃərèit/ 動 他 を異種の文化に適応させる. ── 自 文化的に適応する〈*to* ..に〉.

ac·cul·tu·ra·tion /əkʌ̀ltʃəréiʃ(ə)n/ 名 UC 〖社会学〗 **1** 文化変容《(先進)異文化との接触によって起こる》. **2** (子供の成長に伴う)文化的適応.

***ac·cu·mu·late** /əkjú:mjəlèit/ 動 (~s /-ts/| 過 過分 **-lat·ed** /-əd/| **-lat·ing**) 他 **を積み上げる; を集める, ため込む;** 〔財産など〕を蓄える; (類語 長期にわたり徐々に集めること; →heap). ~ wealth 富を蓄える. He has ~*d* quite a collection of books. 彼は相当数の蔵書を集めた. ── 自 **積もる, たまる;** 増大する; 蓄積される. Dust had ~*d* on my desk during my long absence. 長い不在中にほこりが私のデスクの上に積もっていた. [<ラテン語「積み重ねる」]

†**ac·cù·mu·lá·tion** 名 **1** U 積む[積もる]こと; ためる[たまる]こと, 蓄積; 利殖. the ~ of knowledge [experience] 知識[経験]を積むこと. the ~ of capital 資本の蓄積. **2** C 累積[蓄積]したもの. an ~ of rubbish がらくたの山.

ac·cu·mu·la·tive /əkjú:mjəlèitiv|-lət-/ 形 **1** (徐々に)蓄積される. **2** 利殖を好む, ため込み主義の.

ac·cu·mu·la·tor /əkjú:mjəlèitər/ 名 C **1** 〖英〗蓄電池(〖米〗storage battery); 〖電算〗アキュムレータ, 累算器. **2** 蓄財家. **3** 〖英〗積み上げ方式の賭(か)け, 繰越勝馬投票《競馬などで元金と賞金を繰り越して, 4, 5回連続で勝負する》.

***ac·cu·ra·cy** /ǽkjərəsi/ 名 **1** aU **正確さ** (exactness), 的確; 精密. I doubt the ~ of these calculations. この計算の正確さを私は疑う. **2** U 正確さの度合い; C 精度. be measured to an ~ of one hundredth of an inch 100分の1インチまでの精度で測定される. *accuracies* of 70–90 percent 70から90%の精度. ◇↔inaccuracy

> 連結 perfect [absolute, complete, flawless, strict, unerring] ~ // question [test] the ~ of ..

with áccuracy 正確に. *with* great [photographic] ~ 非常に[写真のように]正確に.

***ac·cu·rate** /ǽkjərət/ 形 m **1** 〔情報, 計算などが〕**正確な;** 〔機械などが〕狂わない, 精密な; 〔人が〕誤りを犯さない; (類語 正確を期そうとする慎重さや努力を暗示する; →correct). an ~ watch [scale] 正確な時計[はかり]. This watch keeps ~ time. この時計は時間が正確だ. be ~ to within a few centiseconds a day 〔時計が〕1日に100分の何秒(の誤差)以内の正確さである. an ~ answer [report] 正確な答え[報告]. She is ~ in her calculations. 彼女は計算が正確だ. He is not always ~ *in* what he says. 彼の言うことは必ずしも正確ではない. an ~ shot 正確なシュート. **2** 〔兵器が〕正確に的中する; 〔人が〕(兵器などを)正確に的中させることができる. ◇↔inaccurate

to be áccurate 正確[厳密]に言えば.

[<ラテン語「念入りに行われた」]

***ac·cu·rate·ly** /ǽkjərətli/ 副 m 正確に; 精密に. remember the event ~ その事件を正確に覚えている. as ~ as possible 出来るだけ正確に. "Have to" would express my meaning more ~. (この場合)"have to" を使った方が私の気持ちをもっと正確に表せる.

ac·curs·ed /əkə́:rst, əkə́:rsəd/ 形 **1** 〖雅〗のろわれた, ひどく不幸な. **2** 〖話〗いまいましい, 実にひどい, いやな, (hateful). ▷ **ac·curs·ed·ly** /-ədli/ 副 〖話〗実にひどく.

accurst /əkə́:rst/ 形 〖古〗 =accursed.

accus. accusative.

†**ac·cu·sa·tion** /æ̀kjuzéiʃ(ə)n/ 名 UC **1** 非難(する[される]こと), 言い掛かり; 非難〈*that* 節 ..という〉. a wild [an unfounded] ~ 見当違いの[事実無根の]非難. make an ~ *against* .. を非難する. face an ~ 非難される. Your ~ *that* I cheated is false. 私がごまかしをしたという君の非難は当たらない.

> 連結 a baseless [a groundless; an unjust; a grave, a serious; a damaging; a sweeping] ~ // deny [refute; answer; drop, withdraw] an ~; bring [lodge] an ~ against ..

2 起訴, 告発; 罪状. be brought to court on an ~ of murder 殺人のかどで起訴される. ◇動 accuse

brìng [lày] an accusátion against .. ..を起訴[告訴]する.

under an accusátion of .. ..の点で非難されて; 「..の罪で起訴されて.

ac·cu·sa·tive /əkjú:zətiv/ 〖文法〗 形 対格の. ── 名 U 〈the ~〉対格; C 対格の語.

accùsative cáse 名 〈the ~〉対格《(直接)目的語の格: I gave him *a book*. →dative case》.

ac·cu·sa·to·ry /əkjú:zətɔ̀:ri|-t(ə)ri/ 形 非難の; 非難を込めた.

‡**ac·cuse** /əkjú:z/ 動 (**-cus·es** /-əz/| 過 過分 **~d** /-d/| **-cus·ing**) 他 **1** 〔人〕**を非難する;** VOA (**~ X *of* (*doing*) ..**) X(人)を..の理由で[..したといって]非難する. My camera is broken; I ~ yóu. カメラがこわれている. お前が悪いのだ (★you は強調されて強く発音される). She ~*d* me *of* negligence [be*ing* lazy]. 彼女は怠慢[怠け者]だと私を非難した. He was ~*d of* hav*ing* lied about the affair. 彼はそのことでうそをついたといって責められた. **2** 〔人〕**を告発する;** VOA (**~ X *of* ..**) X(人)を..の罪で訴える, 告発する. He was falsely ~*d*. 彼は誤って告発された. She was ~*d of* murder. 彼女は殺人罪で告発された.

◇名 accusation [<ラテン語「責めを負わせる」]

‡**ac·cúsed** 形 **1** 告発された; 非難された. **2** 〈the ~; 名詞的; 単複両扱い〉(特に刑事)被告人(たち).

stànd accúsed (*of* ..) (..の点で)非難されている; (..の容疑で)起訴されている.

ac·cús·er 名 C 非難者; 告訴人, 原告, (↔the accused).

ac·cús·ing 形 非難がましい, とがめるような.

▷ **~·ly** 副 非難がましく. look at a person ~*ly* 人をとがめるように見る.

‡**ac·cus·tom** /əkʌ́stəm/ 動 (**~s** /-z/| 過 過分 **~ed** /-d/| **~·ing**) 他 **1** VOA (**~ X *to* (*doing*) ..**) X(人など)を..(すること)に慣らす, 習慣づける. ~ one's eyes *to* the dark 暗闇(やみ)に目を慣らす. ~ a child *to* sleep*ing* alone 子供に独り寝の習慣をつける. **2** VOA (**~ *oneself to* (*doing*) ..**) ..(すること)に慣れる. You have to ~ your*self to* the crowded trains in Tokyo. 東京では混んだ電車に慣れなければなりません. [<古期フランス語; a-⁴, custom]

***ac·cus·tomed** /-d/ 形 **1** ⓒ〈限定〉**習慣の,** いつもの (usual). put a thing in its ~ place 物をいつもの所へしまう. with his ~ ease いつものように楽々と. **2** m 〈叙述〉慣れた (used). →成句.

****be accústomed to .. [to doing¹]*** 〖章〗**..に慣れている.** Bob *is* ~ *to* hard work [*to* work*ing* hard]. ボブはつらい仕事[一生懸命働くこと]に慣れている.

be accústomed to dò [to dòing²] 〖章〗..する習慣である, いつも..する(★不定詞の方が普通). In those days I *was* ~ *to* jog [jogg*ing*] before breakfast. 当時私は朝食前にジョギングする習慣だった.(★was [were] ~ to do=used to do)

****becòme [gèt] accústomed to .. [to doing]*** 〖章〗**..に慣れる.** You'll soon *get* ~ *to* this cold weather. 君はこの寒さにすぐ慣れるだろう.

ÀC/DC 形 **1** 交流直流両用の (→AC, DC). **2** 〖俗〗両性愛 (bisexual) の, '両刀使いの'.

A

†**ace** /eis/ 名 C **1** (トランプ, さいころ, ドミノの) 1; 1 の札. the ~ of diamonds ダイヤの 1. Life started to deal her ~*s* again. 彼女の人生はまた幸運に恵まれだした《<(トランプで) 1 の札ばかり配られる》. **2**〘テニスなど〙エース《相手が打ち返せない打球; その得点》; 〈特に〉サーブで得た 1 点, サービスエース. **3**〘話〙(野球などの)一流選手; 名手; (多数の敵機を撃墜した)空の勇士. an ~ of ~*s* 一流中の一流, ぴか一. an ~ at soccer 優秀なサッカー選手. **4**〘主に米〙〘ゴルフ〙ホールインワン (hole in one).

an àce in the hóle (1)〘トランプ〙(ポーカーで手開きまで伏せておく)伏せ札のエース. (2)〘米話〙=an ACE up one's sleeve.

an àce up** one's **sléeve (1)〘トランプ〙袖(そで)に隠し持っているエース. (2)〘話〙最後の切り札, とっておきの手[選手]; '奥の手'. have [keep] *an ~ up one's sleeve* とっておきの手がある.

hòld* [*hàve*] (*àll*) *the áces (競技などで)すべての点に強味がある, 絶対優勢である,《<(トランプで) 1 の札を全部持つ》.

plày** one's **áce '奥の手'を使う.

within an áce of .. 〘話〙もう少しで[危うく]..するところで; ..しようとして. I was [came] *within an ~ of* win*ning* [death, be*ing* killed]. 私はもう少しで勝つ[死ぬ, 殺される]ところだった.

── 形 〘話〙トップクラスの, 一流の, すばらしい. an ~ pitcher〘野球〙主戦投手, エース.

── 動 他 **1**〔相手〕にサービスエースを決める. **2**〔ホール〕にホールインワンを決める. **3**〔試験〕でA[優]を取る. ~ one's final exam 期末試験で A を取る.

àce ín 〘話〙(運よく)入る, 入り込む.

áce it 〘話〙成功する, うまくいく.

àce óut 〘話〙うまくいく 〈*of* .. が〉.

àce a person óut 〘話〙人を負かす.

[<ラテン語「統一体, 単位」]

Áce bàndage 名 C〘商標〙エース印包帯《手首, 足首など用》.

a·cer·bic /əsə́ːrbik/ 形 〘章〙**1** 酸っぱい, 渋い. **2**〔言葉, 態度などが〕辛辣(らつ)な, 痛烈な.

a·cer·bi·ty /əsə́ːrbəti/ 名 (複 **-ties**) **1** U (味の)酸っぱさ, 渋味. **2**〘章〙U (言葉, 態度などの)辛辣(らつ)さ, 痛烈さ; C 辛辣な言葉[態度など].

ac·et·al·de·hyde /æ̀sətǽldəhàid/ 名 C〘化〙アセトアルデヒド《刺激臭のある無色の液体; 工業原料》.

a·ce·ta·mi·no·phen /əsìːtəmínəfən/ 名 U〘薬〙アセタミノーフェン《鎮痛・解熱剤に用いる》.

ac·et·an·i·lide, -lid /æ̀sətǽnəlàid, -ləd/ 名 U〘薬〙アセトアニリド《鎮痛・解熱剤に用いる》.

ac·e·tate /ǽsətèit/ 名 U〘化〙酢酸塩; アセテート繊維[糸, 織物]《レコードの材料》.

àcetate fíber [sílk] 名 U アセテート.

a·ce·tic /əsíːtik|əsét-/ 形 酢の, 酸っぱい.

acètic ácid 名 U〘化〙酢酸.

ac·e·tone /ǽsətòun/ 名 U〘化〙アセトン《揮発性・引火性の無色の液体; 溶剤として用いる》.

a·ce·tyl /ǽsətəl, əsíː-|-tail/ 名 U〘化〙アセチル基.

a·cet·y·lene /əsétəliːn, -lən|-liːn/ 名 U〘化〙アセチレン(ガス)《溶接用》.

ac·e·tyl·sal·i·cyl·ic acid /əsìːtəlsæ̀ləsìlik-ǽsid|æ̀sətail-/〘化〙アセチルサリチル酸《アスピリン(aspirin)の化学名》.

ach /ɑːx/ 間〘主にスコ〙=och.

A·chae·a /əkíːə/ 名 アカイア《ギリシア Peloponnesus 半島北部の古名》. ▷ **~n** /-n/ 形

‡**ache** /eik/ 動 (**~s** /-s/|過 過分 **~d** /-t/|**ách·ing**) 自 **1** (継続的に鈍く)**痛む**, うずく; 心が痛む. My head is *aching*. 頭が痛い. I ~ all over. 体中が痛む. My heart ~*s* for the starving children in Africa. アフリカの飢えに苦しむ子供たちのことを思うと胸が痛む.

2〘話〙VA (**~ *to do***) (痛いほど)..したい; (**~ *for ..***) ..にあこがれる, ..がほしくてたまらない. I was *aching to* tell her the secret. 私は彼女にその秘密をしゃべりたくてしかたがなかった. The soldiers ~*d for* their homeland. 兵士たちは故国が恋しくてならなかった. He was *aching for* a cigarette. 彼はたばこが吸いたくてたまらなかった. ~ *for* one's son to come home from abroad 息子が外国から帰るのを待ち焦がれる.

── 名 UC **1** (継続的な)**痛み**, **鈍痛**, (類語 体の特定部分に発生する継続的な鈍痛; →pain). a dull ~ 鈍い痛み. I have an ~ in my [the] back. 背中が痛む. muscular ~*s* 筋肉痛. ★しばしば複合要素: stomach*ache*, head*ache*, heart*ache*, tooth*ache*. **2** 心痛, 悲しみ; うずく思い《強いあこがれ, 幸福感など》; 切望〈*for* .. に対する〉.

àches and páins 体中[足腰]の痛み. The old man is continually complaining of ~*s and pains*. あの老人はいつもあそこが痛いここが痛いとこぼしている.

[<古期英語]

Ach·er·on /ǽkərɑ̀n|-rɔ̀n/ 名〘ギ神話〙アケロン《死者の国 Hades への境界にある川; →styx》; 冥土, 地獄.

a·chiev·a·ble 形 成し遂げられる, 成就できる.

‡**a·chieve** /ətʃíːv/ 動 (**~s** /-z/|過 過分 **~d** /-d/|**a·chiev·ing**) 他

1〔困難な事〕を**成し遂げる**, 成就する; 〔努力して目的〕を達成する; (類語 困難克服に重点がある; →accomplish). The man will never ~ what he set out to do. あの男はやり始めた事を決して成就できないだろう. ~ all our aims 我々の目的をすべて達成する.

2〔成功, 名声など〕を勝ち取る, 〔平和など〕を達成する. ~ success 成功を収める. ~ fame 名声を得る.

[<古期フランス語「頂点に至らせる」]

*__a·chieve·ment__ /ətʃíːvmənt/ 名 **1** U **成就**; 達成. the ~ of knowledge 知識の習得. the ~ of world peace 世界平和の達成. a sense of ~ 達成感.

2 U 成績, 学力. academic ~ (身につけた)学力.

3 C (成就された)**業績**, 功績. his ~*s* as a scientist 科学者としての彼の業績. Their climbing Mt. Everest was a great ~. 彼らのエヴェレスト登頂は偉業であった. no mean [quite an] ~ 並々ならぬ業績.

> 連結 a major [a brilliant, a memorable, a notable, an outstanding, a remarkable] ~

achíevement quòtient 名 C〘教育・心〙成就指数《略 AQ》.

achíevement tèst 名 C 学力考査《知能でなく, 学習の到達度を見る》.

achíev·er 名 C 達成者; 〈特に〉成績優良者.

A·chil·les /əkíliːz/ 名〘ギ神話〙アキレス《Homer 作 *Iliad* に出てくるギリシアの勇士》.

Achílles(') hèel /〘英〙-ˌ--ˊ/ 名 C アキレスの踵(かかと), 'アキレス腱(けん)',《唯一の構造的な弱点; アキレスは踵を除けば不死身であったと言う; **the hèel of Achílles** とも言う》.

Achìlles(') téndon 名 C〘解剖〙アキレス腱(けん).

ach·ing /éikiŋ/ 形 痛む. ~ feet 痛む足. ▷ **~·ly** 副〘章〙非常に.

a·choo /ətʃúː/ 間 =ahchoo.

ach·ro·mat·ic /æ̀krəmǽtik|-róu-/ 形〘光学〙無色の; 色消しの.

àchromatic léns 名 C 色消しレンズ.

àchromatic vísion 名 U 一色型色覚, 全色盲.

a·chrom·ic /əkróumik/ 形 色(素)のない.

ach·y /éiki/ 形〘話〙痛む.

*__ac·id__ /ǽsəd/ 形 m **1 酸っぱい**, 酸味のある, (sour). Lemons are ~. レモンは酸っぱい. **2**〘化〙酸(性)の (↔ alkaline). **3** 気難しい; 辛辣(らつ)な. an ~ comment [remark, tone] 辛辣な批評[ことば, 調子]. **4**〔色が〕刺激的な. ── 名 (複 **~s** /-dz/) **1** UC〘化〙酸 (↔

alkali); 酸味のあるもの《特に液体》. **2** Ⓤ 辛辣さ, 'とげ'. **3** Ⓤ〘俗〙=LSD. drop ～〘俗〙LSD をやる. [<ラテン語「鋭い」] ▷～·ly 副 辛辣に.
àcid dróp 名 Ⓒ〘英〙酸味入りドロップ.
àcid-free páper 名 Ⓤ 中性紙.
ácid hèad 名 Ⓒ〘俗〙LSD 常用者.
ácid hòuse 名 Ⓤ〘楽〙アシッドハウス《強烈なリズムの電子音楽; LSD (acid) を連想させる; 'house' music の影響を受ける》.
ácid house pàrty 名 Ⓒ アシッドハウス・パーティー《空家などで開かれるアシッドハウスのダンスパーティー》.
a·cid·i·c /əsídik/ 形 **1** 酸っぱい. **2** =acid 2. **3** 酸を作る.
a·cid·i·fy /əsídəfài/ 動 (-fies|過 過分 -fied|～·ing) 他 を酸っぱくする, 酸性にする. ── 自 酸っぱくなる, 酸性化する.
a·cid·i·ty /əsídəti/ 名 Ⓤ **1** 酸味; 酸性(度). **2** 辛辣(⁽ˢ⁾)さ.
ac·i·doph·i·lus /æ̀sədáfələs|-dɔ́f-/ 名 Ⓤ 乳酸菌.
ac·i·do·sis /æ̀sədóusəs/ 名 Ⓤ〘医〙酸性症.
àcid ráin 名 Ⓤ 酸性雨《大気汚染物質を含む》.
àcid róck 名 Ⓤ〘楽〙アシッドロック《幻想的な照明を使い電子音響をがなりたてるロック》.
àcid tést 名〈the ～〉(人, 物の価値, 真偽などの)厳密な検査[吟味]〈*for, of* ..の〉. [昔, 金を硝酸で試したことから] ▷～·ly 副 辛辣(⁽ˢ⁾)に.
a·cid·u·lat·ed /əsídʒəlèitəd|-dju-/ 形 多少酸味を持たせた〔飲料, 菓子など〕.
a·cid·u·lous /əsídʒələs|-dju-/ 形 **1** 多少酸味のある. **2** 気難しい; 辛辣(⁽ˢ⁾)な; (bitter).
ack-ack /ǽkæ̀k/ 名 ⓊⒸ〘話〙高射砲(火)《antiaircraft の略語 AA の信号での読み方》.
***ac·knowl·edge** /əknálidʒ|-nɔ́l-/ 動 (-edg·es /-əz/|過 過分 ～d /-d/|-edg·ing) 他 【認める】 **1** **(a)** VO (～ X/*that* 節/"引用"/*doing*) X を/..ということを/..したことを認める, 承認する; を自認する, 白状する; (注意 不本意であることを含意する). ～ one's fault 自分の過失を認め(て謝罪す)る. Tom grudgingly ～*d* ⌊defeat [*that* he was defeated/be*ing* [hav*ing* been] defeated]. トムはしぶしぶ負けを認めた. "That's true," he ～*d*.「そのとおりです」と彼は認めた. **(b)** VOC (～ X (*to be*) Y)・VOA (～ X *as* Y) X を Y であると認める. They ～*d* him their leader. 彼らは彼を指導者と仰いだ. She is generally ～*d as* [*to be*] Japan's best harpist. 彼女は日本で最高のハープ奏者と広く認められている.
2〘法〙の合法[正当]性を認める.
【認めて知らせる】 **3** (笑顔を向けたり手を振るなどして)〔人〕に会釈する, 〔人の存在など〕に気づいて合図[あいさつ]する; 〔人のあいさつなど〕に答える. He didn't ～ my presence. 彼は私がいることに気づかなかった.
4〔手紙など〕の到着[受領]を通知する. I beg to ～ (receipt of) your letter. お手紙確かに落手いたしました《商業文での言い方》. **5**〔贈り物など〕に謝意を述べる, の礼を言う. ～ a favor 厚意を感謝する.
[〘廃〙*acknow*「認める」と knowledge「知らせる, 認める」(廃用となった動詞用法)の混成]
ac·knówl·edged 形 定評ある; 承認された. an ～ expert in economics 定評ある経済学の専門家.
***ac·knowl·edg(e)·ment** /əknálidʒmənt|-nɔ́l-/ 名 **1** Ⓤ **承認**, 容認; 自認; 白状. Tom's ～ that he stole the ring cleared the maid of suspicion. 指輪を盗んだというトムの自白でメイドの容疑は晴れた.
2 Ⓤ (人の)存在に気づくこと. There is no ～ of .. の存在は認められない. smile in ～ (人が)いることに気づいてほほえむ.
3 Ⓒ (受け取ったという)通知; 領収証; 礼状. We received an ～ of our letter. こちらの手紙を受け取ったという通知が来た. **4** ⓊⒸ **感謝**(のしるし), 謝礼(の品). This is a small ～ of your kindness. これはあなたの親切に対するささやかなお礼のしるしです. bow one's ～*s* of .. を感謝してお辞儀する.

連結 grateful [thankful; hearty, sincere, warm] ～

5〈the ～s〉(本の巻頭などの著者の)謝辞《他書の引用, 資料提供などに対しての》.
in acknówledgment of.. ..を承認して; ..の返礼に, に感謝して. He was awarded a knighthood *in* ～ *of* his services as a diplomat. 彼は外交官としての貢献を認められてナイトの爵位を賜わった. 「由人権協会).
ACLU American Civil Liberties Union (米国自↑
ac·me /ǽkmi/ 名 Ⓒ〈the ～〉〘章〙頂点; 極致; 全盛期. the ～ of his career 彼の経歴の絶頂.
ac·ne /ǽkni/ 名 Ⓤ にきび (→pimple).
ac·o·lyte /ǽkəlàit/ 名 Ⓒ **1** 侍祭; ミサ仕え. **2**〘雅〙従者; 助手. **3** 初心者.
A·con·ca·gua /æ̀kənká:gwə|-kǽ-/ 名 アコンカグワ山《アルゼンチンの Andes 山脈にあり, 海抜 6960 メートルで, 西半球最高の山》.
ac·o·nite /ǽkənàit/ 名 **1** ⓊⒸ〘植〙トリカブト《普通, 青色の花をつけ有毒; キンポウゲ科》.
2 Ⓤ アコニット《トリカブトの根から採る薬剤》.
†**a·corn** /éikɔ:rn/ 名 Ⓒ オークの実 (→oak), どんぐり. [<古期英語 (acre の関連語); 'oak corn「粒」'と誤解された]
ácorn cùp 名 Ⓒ オークの実の(わん形の)へた.
a·cous·tic, -ti·cal /əkú:stik/, /-tik(ə)l/ 形 **1** 聴覚の; 音響の, 音響学の. ～ phonetics 音響音声学. **2**〔建築材が〕音響調節[防音]用に使われる. **3** (音を)電気的に増幅しない. ── 名 Ⓒ〈普通～s〉音響効果; Ⓤ 音のひびき. ▷**a·cous·ti·cal·ly** 副 聴覚上, 音響学上.
acòustic cóupler 名 Ⓒ 音響カプラー《コンピュータなどのデータを音響に変えて電話回線に接続する装置》.
acòustic guitár 名 Ⓒ アコースティック・ギター, 生(⁽ⁿᵃᵐᵃ⁾)ギター (↔electric guitar).
acòustic pérfume 名 Ⓤ〘俗〙騒音対策用音楽《工事現場などの騒音を目立たなくするためにスピーカーで流す音楽など》.
a·cóus·tics 名 **1**〈単数扱い〉音響学. **2**〈複数扱い〉(劇場, 講堂などの)音響効果.
acòustic tíle 名 Ⓒ 吸音タイル[ボード].
***ac·quaint** /əkwéint/ 動 (～s /-ts/|過 過分 ～·ed /-əd/|～·ing) 他 **1** VOA (～X *with* ..) X に..を熟知させる; X を..になじませる. ～ a newcomer *with* the rules of the office 新入社員に事務所の規則を熟知させる.
2〘章〙VOA (～X *with* ..) X に..を知らせる (inform). Let's ～ her *with* our decision immediately. 彼女に我々の決定を直ちに知らせよう.
3 を知り合いにさせる〈*with* ..と〉〈普通, 受け身で〉(→acquainted);〘主に米〙VOA (～X *with* ..) X を..に紹介する. Let me ～ you *with* my family. うちの家族をご紹介します. ◇名 acquaintance
acquáint onesèlf with.. ..を(実地に)知る, ..に精通する. ～ one*self with* the local customs その地方の習慣を実地に知る. [<ラテン語「よく知る」]
‡**ac·quaint·ance** /əkwéint(ə)ns/ 名 **1** aU **知識**, 心得,〈*with* ..の〉. I have an [some] ～ *with* Spanish. スペイン語を少し知っている. her ～ *with* pop art 彼女のポップアートの知識.

連結 a close [an intimate, a profound, a special, a thorough; little, a slight, a superficial] ～

2 aU **面識**, なじみ, 交際,〈*with* ..〔人〕との〉. I have no ～ *with* that writer. 私はその作家と面識がない.

A

(I'm) delighted to make your ～. お会いしてうれしいです. an American *of* his ～ 彼と知り合いのアメリカ人. renew one's ～ *with* .. と旧交を温める.

連結 a close [an intimate; a casual] ～ // acquire [gain; cultivate; renew] (an) ～; widen one's ～

3 Ⓒ **知人**, 知り合い, (★friend ほど親密でない); Ⓤ 知己. He has many ～*s* but few friends. 彼には知人は多いが友人は少ない. Her ～ included Synge and Joyce. 彼女の知己にはシングやジョイスがいた.
◇動 acquaint

***have a nòdding* [*bòwing, pàssing*] *acquáintance with* ..** 〔人〕と会えば会釈する[お辞儀する, 行きずり]程度の知り合いである; 〔物事〕を少し知っている.

*****màke the acquáintance of** *a pèrson*＝**màke** *a pèrson's* **acquáintance** 人と知り合いになる. I *made* her ～ at a party. 私は彼女とパーティーで知り合いになった.

「らによく)知ってみると.
on* [*upon*] (*fùrther, clòser*) *acquáintance (さ↑

acquáintance ràpe 名 Ⓤ 〖主に米〗知り合いの男によるレイプ (→date rape).

ac·quaint·ance·ship /əkwéint(ə)n(s)ʃìp/ 名 aU **1** 面識, 近づき; なじみ; 〈*with* ..との〉. **2** 交際範囲, 知人, 仲間. He has a wide ～ among bankers. 彼は銀行家の間に顔が広い.

ac·quaint·ed /əkwéintəd/ 形 〈叙述〉知り合いで〈*with* ..と〉. "Do you know Linda?" "No, I'm afraid we are not ～." 「リンダを知っていますか」「いいえ, 私たちは知り合いではありません」. We two became [got] ～ at a party. 私たち2人はパーティーで知り合った.

*****be* [*gèt, becòme*] *acquáinted with* ..** (1) **..に精通している[する]**, ..を知っている, ..に詳しい. *be* fully ～*ed with* .. を十分に心得ている. *get* ～ *with* all the details of one's new job 新しい仕事の細部すべてに詳しくなる. (2) **..と知り合いである[になる]**. Through him I *got* ～ *with* the big names of the town. 彼を通して私は町の有力者と知り合いになった.

ac·qui·esce /ækwiés/ 動 自 〖章〗黙って従う; 黙認する; (不本意ながら)同意する; (類語 agree より消極的な同意). The son ～*d in* his parents' wishes. 息子は仕方なく両親の希望に従った. ～ *to* a demand 要求をのむ.

ac·qui·es·cence /ækwiés(ə)ns/ 名 Ⓤ 〖章〗黙認; 黙従; (不本意ながらの)同意.

ac·qui·es·cent /ækwiés(ə)nt/ 形 〖章〗黙認する; 黙従する, 従順な. ▷**～·ly** 副 黙従して, 従順に.

‡**ac·quire** /əkwáiər/ 動 (**～s** /-z/|過 過分 **～d** /-d/|**-quir·ing** /-kwái(ə)riŋ/) 他 **1** (自分の力で)〔技術, 能力, 知識など〕を**習得する**, 自分のものにする; 〔習慣など〕を身につける; (類語 時間をかけて努力して得るものに使うのが普通; →get 1). ～ a knowledge of English 英語の知識を習得する. ～ a taste for (whisky) (ウイスキー)が好きになる. How easily one ～*s* bad habits! 悪い習慣は実に簡単に身につくものだ.

2 〖章〗〔財産, 権力, 地位など〕を**手に入れる**, 取得する, 獲得する. ～ land 土地を手に入れる. ～ citizenship 市民権を得る. ～ a reputation for honesty 正直であるという評判を得る. I managed to ～ the book after a long search. 長い間捜した挙げ句にようやくその本を手に入れた.
◇名 acquirement, acquisition 形 acquisitive
[＜ラテン語「さらに加える」]

ac·quíred 形 獲得した; 習性になった; 〖生物〗後天的(な) (↔innate).

acquìred cháracter [**characterístic**] 名 Ⓒ 〖生物〗獲得形質.

acquìred immùne defíciency sỳndrome →AIDS.

acquìred táste 名 Ⓒ 〈普通, 単数形で〉(生まれつきでなく)習い覚えた好み. Whisky is an ～. ウイスキーは何度か飲んでうまいと思うようになる.

ac·quíre·ment 名 〖章〗**1** Ⓤ 取得, 入手, 獲得; 習得; (★この意味では acquisition が普通の語).
2 Ⓒ 〈しばしば ～s〉 取得[獲得]したもの; 学識, 技能.

†**ac·qui·si·tion** /ækwəzíʃ(ə)n/ 名 〖章〗**1** Ⓤ 取得, 獲得, (有用なものの)入手; (知識などの)習得, (技術の)習得, (言語の)獲得 (注意 母語の場合に acquisition, 第二言語の場合に learning を使う傾向がある). The ～ of skill in anything always requires constant practice. どんな技術の習得にも常に絶えざる練習が必要だ.
2 Ⓒ 手に入れたもの[人], 取得[獲得]物. this year's ～*s to* the museum 美術館の今年の新収蔵品. Jack is a powerful ～ *for* our team. ジャックはチームの強力な新メンバーだ. **3** Ⓒ (会社などの)買収. ◇動 acquire

ac·quis·i·tive /əkwízətiv/ 形 〖章〗《しばしばけなして》手に入れたがる, 欲しがる, 〈*of* ..を〉; 欲の深い; (類語 greedy ほど欲深くはない). be ～ *of* land 土地を欲しがる. an ～ nature 欲深い性質. ▷**～·ly** 副 **～·ness** 名

†**ac·quit** /əkwít/ 動 (**～s**|**-tt-**) 他 **1** を無罪にする, 放免する; に無罪を宣告する; 〈*of, on* ..について〉; (→convict 参考). The jury ～*ted* him (*of* the crime). 陪審員は彼を無罪とした. He was ～*ted* (on the charge) *of* theft. 彼は窃盗(容疑)について無罪になった. **2** VOA (～ *oneself* ..) 〖章〗..にふるまう, 行動する. He ～*ted* him*self* admirably [well] at the track meet. 彼は陸上競技会で見事な[よい]成績を上げた.
3 VOA (～ *oneself of* ..) 〖古〗〔義務など〕を果たす.
[＜中世ラテン語「平静な状態にする＞借りを返す」]

‡**ac·quit·tal** /əkwítl/ 名 UC 無罪放免 (↔conviction). a sentence of ～ 無罪判決. He got an ～ on grounds of insanity. 彼は精神錯乱の理由で無罪になった.

ac·quit·tance /əkwít(ə)ns/ 名 **1** Ⓤ (債務の)免除; (借金の)返済. **2** Ⓒ 債務消滅証; (借金返済の)領収証.

*****a·cre** /éikər/ 名 (複 **～s** /-z/) Ⓒ **1** エーカー《面積の単位; 約 4047m²; 略 a》. **2** 〈～s〉 土地, 所有地, (estate). broad ～*s* 広大な土地. **3** 〈～s〉 〖話〗広大な面積; 大量. ～*s* of space 広大な用地. ～*s* of time 膨大な時間. [＜古期英語「野, 畑」]

a·cre·age /éik(ə)ridʒ/ 名 UC エーカー数; 面積. What is the ～ of your ranch? あなたの牧場は何エーカーありますか.

á·cred /-d/ 形 〈普通, 複合要素として〉何エーカーもの. a many-～ park 広大な公園.

ac·rid /ækrəd/ 形 **1** つんとくる, 刺すような, 〔味, においなど〕. **2** 意地の悪い, 辛辣(らつ)な, とげとげしい, 〔言葉, 気質, 態度など〕. [＜ラテン語 *acer*「鋭い」]

ac·rid·i·ty /əkrídəti/ 名 Ⓤ **1** (味, においなどの)刺激性, 辛さ. **2** 辛辣(らつ)さ.

‡**ac·ri·mo·ni·ous** /ækrəmóuniəs/ 形 〖章〗とげとげしい, 辛辣(らつ)な, 激しい, 〔気性, 言葉, 態度など〕.
▷**～·ly** 副

ac·ri·mo·ny /ækrəmòuni|-məni/ 名 Ⓤ 〖章〗(気性, 言葉, 態度などの)とげとげしさ, 辛辣(らつ)さ.

ac·ro- /ækrou, -rə/ 〈複合要素〉「先端」「頂上」「高所」の意味を表す. *acro*bat, *acro*phobia. [ギリシア語 *ákros*「最先端の」]

ac·ro·bat /ækrəbæt/ 名 Ⓒ 軽業師, 綱渡り芸人. [ギリシア語「爪先で歩く人」]

ac·ro·bat·ic /ækrəbǽtik/ 形 軽業の(ような), 曲芸的な. an ～ feat 放れ業.
▷**ac·ro·bat·i·cal·ly** /-k(ə)li/ 副 軽業のように.

àc·ro·bát·ics /-s/ 名 **1** 〈複数扱い〉軽業, アクロバット; 〈一般に〉離れ業. **2** 〈単数扱い〉軽業の芸, 曲芸.

‡**ac·ro·nym** /ækrənìm/ 名 Ⓒ 頭字語《いくつかの語の

最初の 1 字又は数文字を組み合わせた語; 普通の単語と同じように発音する; 例えば *radar* /réidɑr/ ＜radio *d*etecting *a*nd *r*anging; *NATO* /néitou/; →initial word》. 「恐怖症.

ac·ro·pho·bi·a /æ̀krəfóubiə|-rou-/ 名 U 高所↑

a·crop·o·lis /əkrápələs|-rɔ́p-/ 名 **1** C アクロポリス《古代ギリシアの都市の, 普通, 丘の上に築いた城塞(ㇵ)》 **2** 〈the A-〉 アテネのアクロポリス《Parthenon 神殿などが立っている》. [＜ギリシア語「高所の都市」]

‡a·cross /əkrɔ́:s|əkrɔ́s/ 前 【横切って】 **1** **..を横切って**, を越えて. ～ the border 〖米〗メキシコ[カナダ]へ[に]. run [walk] ～ the street 通りを走って[歩いて]横切る. bridges ～ the Thames テムズ川に架かっている橋. sail ～ the Strait of Dover ドーヴァー海峡を船で渡る. I've been ～ this territory a hundred times. 私はこの地方を何回となく横断した.

> 語法 (1) across も over も road, river, field には使える. ただし水中[水上]は across: There were no bridges *across* [*over*] the river. (その川には橋が架かっていない); They often walk *across* [*over*] the fields. (彼らはしばしばその野原を横切る); They swam *across* the river. (彼らはその川を泳ぎ渡った) (2) 高いものの上を横切る場合は over: Dick often climbs *over* the fence. (ディックはしばしば塀を乗りこえる)

2 【交差して】 ..と十文字に, と交差して. lay two sticks ～ each other＝lay one stick ～ another 2 本の棒を十文字に置く. throw a bag ～ one's shoulder 袋を肩に担ぐ.

【横切った先[端]に】 **3** **..の向こう側に**, の反対側に. a store ～ the road 道路の向こう側の店. My wife gave me a sign from ～ the room. 妻は部屋の向こうの端から私に合図をした. He was at the desk, ～ the office from the door. 彼はオフィスで入口の反対側の机についていた.

4 【端から端まで】 ..の至る所に, ..中(ᵢᵤ)に. in every town ～ the country 国中の[全国の]すべての町で[に]. A sweet smile spread ～ her face. 愛らしい微笑が彼女の満面に広がった.

fróm across .. ..の至るところから(の).

── 副 ¢ **1** **横切って**, 横断して; (クロスワードパズルのかぎが)横に (↔down 3(d)); 越えて; 反対側に. swim ～ 泳いで渡る. help an old man ～ 老人が横断するのを助ける. The Channel was rough when we came ～. 私たちが渡って来た時イギリス海峡は荒れていた. The ferry started to move and we were ～ in half an hour. フェリーは動き出し, 我々は 30 分で向こう岸に着いた.

2 **交差して**, 十文字に. with one's arms ～ 腕を組んで.
3 (幅の狭い方の)**一端から他端まで**, 幅で, 差し渡しで. The island is nearly a mile ～. 島は(狭い所で) 1 マイル近くの幅がある. a circle 10cm ～ 直径 10 センチの円. How far ～ is the other side? 向こう岸まではどのくらいありますか. **4** 理解されるように, 通じるように. get ～, get /../ ～ →get (成句).

acróss from .. 〖主に米〗 ..の真向かいに. He sat ～ *from* me. (テーブルなどを挟んで)彼は私の真向かいに座っていた. ～ *from* each other 向き合って.

[アングロノルマン語「十字をなして」]

acròss-the-bóard /㊕/ 形 **1** 全員に及ぶ, 全般にわたる. a 10% ～ salary increase 一律 10 パーセントの賃上げ. ～ price reduction 全商品値引き. **2** 〖米〗〖競馬〗 複(勝)式の (→成句 across the BOARD). ── 副 一律に.

a·cros·tic /əkrɔ́:stik|əkrɔ́s-/ 名 C 折り句《各行の初め[終わりなど]の文字を順につなぐと一定の語句になる詩など; 下例では行頭文字が WINTER となる》.

*W*hen air is cold and full of snow
*I*nto his house man likes to go.
*N*ight soon falls with howling gale
*T*o freeze the water in the pail.
*E*ach man before the crackling log
*R*ests with slippers, pipe, and dog.

‡ac·ryl·ic /əkrílik/ 形 〖化〗アクリル(酸)の.
── 名 UC **1** ＝acrylic fiber [resin, plastic]. **2** 〈～s〉＝acrylic paint.

acrỳlic ácid 名 U アクリル酸.
acrỳlic fíber 名 U アクリル繊維.
acrỳlic páint 名 U アクリル絵の具[塗料]
acrỳlic plástic 名 UC アクリルプラスチック.
acrỳlic résin 名 UC アクリル樹脂.

‡act /ækt/ 名 (複 **～s** /-ts/) C 【行為】 **1** 行い, 行為, 仕業; 行動, 動作; (類語 行為の結果又は 1 回限りの行為, U には用いない; →behavior). a noble [kind] ～ 気高い[親切な]行為 (★この act を action に換えてもほとんど意味の差はない). a sexual ～ 性行為. an ～ of cruelty [kindness] 残酷な[親切な]行い (★このように of＋名詞(句)で修飾される「行為」には普通 action を用いない).

> 連結 do [perform] an ～ of charity [kindness]; commit an ～ of folly [brutality]

2 【議会の行為】〈しばしば A-〉**法律** (→bill[1] 4). an ～ of Congress 〖米〗 [Parliament 〖英〗] 国会制定法.
3 〈Acts〉＝Acts of the Apostles (→見出し語).
【舞台上の行為】 **4** (**a**) (寄席, ショー, サーカスなどの)出し物. a juggler's ～ 手品師の演技. see an animal ～ at the circus サーカスで動物の芸を見る. (**b**) 芸(能)人; 一座. **5** (劇, オペラの)**幕** (→scene). Romeo and Juliet, Act III『ロミオとジュリエット』第 3 幕. a play in three ～*s* 3 幕もの(の劇).
6 【舞台上のような行為】〈普通, 単数形で〉〖話〗(見せかけの)演技, 'お芝居', (→成句 put on an ACT). It's all just an ～. ただのお芝居だよ.

àct and déed 後日の証拠. 「ようなこと.
a hàrd [***tòugh***] ***áct to fòllow*** 他の人には出来ない↑
an impòssible áct to fòllow ＝a hard ACT to follow.
càtch *a person* [*persons*] ***in the*** (***very***) ***áct*** (1) 人がしている現場を押さえる; 人の犯行の現場を押さえる; 〈*of* (do*ing*) ..(しているところ)を〉. The student was *caught in the* ～ *of* cheat*ing*. その学生はカンニングの現場を見つかった. (2) 人がセックスしている現場を見る. One of the kids *caught* us *in the* ～. 子供の一人にセックスを見られてしまった. 「肝心なときに)いなくなる.
dò a [***the***] ***disappéaring*** [***vánishing***] ***àct*** (肝↑
get one's áct togèther 〖話〗力を合わせる, まとまる; もっとしっかりする[効果的にやる]; 立ち直る. Bill is at last *getting* his ～ *together* after the shock of his divorce. ビルは離婚のショックの後やっと生活の立て直しにかかっている.
get in (***on***) [***get into***] ***the*** [*a pèrson's*] ***áct*** 〖話〗 (分け前にあずかろうと人の始めたことに)加わる, 一枚噛む, 割り込む.
put òn an áct 〖話〗(本当であるかのように)演技する, 'お芝居' をして見せる. Stop *putting on an* ～ and be serious. お芝居はよしてまじめになりなさい.

── 動 (～s /-ts/|過 過分 **áct·ed** /-əd/|**áct·ing**) 自 【行動する】 **1** **行動する**, 実行する; (職務で)動く, 出動する. We must ～ at once. 直ちに行動を起こさなければならない. The police were slow to ～. 警察は動き出すのが遅かった. **2** (**a**) VA 〔..のように〕ふるまう. ～ stupidly [strangely] ばかな[変な]ふるまいをする. ～ like a

A

madman 狂人のようにふるまう. She ~*ed* as if she were surprised. 彼女は驚いたかのようなふりをした.
(**b**) VC (~ X) 〘話〙X みたいにふるまう (★ X は形容詞). ~ stupid [silly] ばかみたいにふるまう.
3【望ましく働く】(**a**)〔機械などが〕(正常に)動く, 働く. The brakes won't ~! ブレーキがどうしても効かない.
(**b**)〔薬品などが〕作用する, 効く, 〈*on, upon* ..に〉. →成句 ACT on [upon].
【役を演じる】 **4** VA (~ *as* ..) ..として行動する, ..の役をする, ..としての役割を果たす. ~ *as* interpreter 通訳を務める. This box will ~ *as* a chair. この箱はいすの代用になる. **5** (舞台などで)演技をする, 演じる; (劇などに)出演する. **6** 〈普通, 進行形で〉'お芝居'をする, 見せかける. He doesn't mean it; he's just ~*ing*. 彼は本気でそう言っているのではない, 'お芝居' をしているだけだ.
7〔脚本が〕芝居になる. His plays are interesting, but they simply do not ~. 彼の戯曲は面白いがどうにも上演向きでない.
— 他 **1** 〈the+単数名詞を目的語として〉 ..のように[らしく]ふるまう[見せかける]. ~ the fool ばかなまねをする. ~ the hero 英雄のようにふるまう. ~ one's age →age (成句). **2**〔芝居などの役〕を演じる;〔劇〕を上演する. ~ (the part of) Hamlet ハムレットの役を務める. ~ a comedy 喜劇を上演する. He ~*ed* his part very well. 彼は(劇の)持ち役を巧みに演じた; (仕事の)役割を立派に果たした. The play was well [badly] ~*ed*. その劇はよかった[ひどかった].
****áct for ..*** (1) **..の代理[代役]をする**; ..のために尽くす. As the chairman is ill, Mr. Mills is ~*ing for* him. 議長が病気なのでミルズ氏が代行している. (2) ..(の実現)のために行動する.
áct from [***out of***] ***..*** ..が動機で行動する[行う].
****áct on*** [***upon***] ***..*** (1)〔忠告, 命令など〕**に従って[基づいて]行動する**. ~ *on* his advice [orders, suggestion] 彼の忠告[命令, 提案]どおりにする. ~ *on* information 通報に基づいて行動する. (2)〔薬品などが〕..に作用する, 効く, 影響する. Acids ~ *on* metal. 酸は金属を腐食する. (3) ..に取り組む.
àct on a person's beháIf = ACT for ..(1).
àct /../ óut (1)〔考えなど〕を行動[身振り]で示す, ..を実行する. (2)〔場面など〕を実際に演じる. The two young lovers were ~*ing out* the conventional story of star-crossed love. その2人の若い恋人はお決まりの悲恋物語を地で行くようなものだった. (3)〔抑圧された感情, 衝動など〕を(別の形で)行動で表す.
àct úp 〘話〙(1) いたずらをする, ふざける; あばれる. (2)〔機械などが〕故障する,〔身体などが〕具合が悪くなる. (3) (一時的に)代役をする.
àct úp to .. 〔主義, 約束, 期待〕どおりに行動する. ~ *up to* one's convictions 自分の信念を実行に移す.
[<ラテン語「なされたこと」(< *agere*「駆り立てる」)]
ACTH /èisiːtiːéitʃ, ækθ/ 名 U アクス《関節炎, リューマチ, ぜんそくなどの治療用副腎皮質刺激ホルモン剤; *a*dreno*c*ortico*t*ropic *h*ormone の略》.
†**áct·ing** 形 代理の, 臨時の. an ~ governor 知事代理. — 名 U **1** 行動[実行]すること. **2** 演技; 演出; 見せかけ. **3** 〈形容詞的〉演出[舞台]用の; 上演に適した. an ~ copy 台本.
àcting pártner 名 C 業務担当社員《silent [sleeping] partner に対する》.
ac·tin·ic /æktínik/ 形 化学線(作用)の.
actìnic ráys 名 〈複数扱い〉化学線《紫外線, 放射線など》.
「外線, 放射線などの》.
ac·tin·ism /ǽktənìz(ə)m/ 名 U 化学線作用《紫↑
ac·tin·i·um /æktíniəm/ 名 U 〘化〙アクチニウム《放射性元素; 記号 Ac》.
ac·ti·no·my·cin /æ̀ktənoumáisən/ 名 U 〘薬〙アクチノマイシン《抗生物質; ぶどう球菌やがん細胞の発育を抑制する力をもつ》.
***ac·tion** /ǽkʃ(ə)n/ 名 (複 **~s** /-z/) 【行動】 **1** U (ある目的のための)**行動**, 活動, 実行; 行動力, 精力. a course of ~ 行動方針. Now is the time for ~. 今が行動する時だ. He is a talker, not a man of ~. 彼は弁舌の人で, 行動家ではない.

連結 decisive [resolute; vigorous; direct; immediate, prompt; concerted, united; drastic; hasty, rash; premature] ~ // take [go into, initiate] ~

2 C **行為**, 行い; 〈~s〉ふるまい, 行状; (類語 普通, 行為の過程又はある期間にわたる何回かの行為を全体として表す; act と違い, 1 のように U の用法もある; →behavior). a generous [kind] ~ 寛大[親切]な行為 (→act 1★). the ~ of a desperate man やけくそになった男の典型的な行動. *Actions* speak louder than words. 〘諺〙行動は言葉より雄弁である. suit the ~ to the word 言葉通りに行う[実行する].
【動き】 **3** aU (人, 動物の)**動作**, 身のこなし; U (俳優などの)**演技**, 所作; (はらはらする)アクション(場面), 動き. That runner has a fine ~. あの走者はみごとなフォームだ. *Action!* 〘映〙演技始め. an ~-packed drama アクションドラマ. **4** U 〈the ~〉(劇, 小説の)筋(の運び), 場面, 展開. The ~ of *Hamlet* takes place in Denmark. 『ハムレット』の筋[話]はデンマークを舞台に展開する.
5 U 〈普通 the ~〉〘話〙刺激的[生産的, 現代的など]な活気, おもしろいこと. I should like to be near the center of the ~. 私は活気あふれる中央近くにいたい. I want a little ~. 何かおもしろいことしたいな.
【物の働き】 **6** U (薬, 化学物質などの)**作用**, 効果, 影響; aU (機械, 器官などの)機能, 働き. chemical ~ 化学作用. the ~ of water *on* rocks 岩石に対する水の(浸食)作用. the ~ of the heart 心臓の働き.
7【作動の仕組み】 C 〈普通, 単数形で〉(時計などの)作動装置, (ピアノの)打弦機構, (銃の)撃発機構.
【対抗的行動】 **8** UC 〘軍〙戦闘, 交戦, (類語 battle の意味の軍事用語, 多くは U で慣用表現で用いる; →fight). be killed [wounded] in ~ 戦死する[戦闘で負傷する]. go *into* ~ 戦闘を開始する. →MISSING in action (成句). **9** U 処置, 措置. →take ACTION (1).
10 UC 訴訟. a legal ~ 訴訟. a civil ~ 民事訴訟. dismiss an ~ 告訴を棄却する. **11** U (従業員の)示威行為 (industrial action).
a piece [***slice***] ***of the áction*** 〘話〙(事業, 取引などに一役買うことによって得られる)利益の分け前.
bring (***an***) ***áction against a pérson*** 人を告訴する.
bring ..into áction ..を発動させる; ..を戦闘に参加させる. To control the mob, the police were *brought into* ~. 暴徒制圧に警察力が発動された.
gò [***sprìng***] ***into áction*** 活動[作動]し始める; 戦闘を開始する.
****in áction*** **活動**[作用, 作動]**して**; 戦闘中で; 競技中で. The football game is now *in* ~. 今フットボールの試合が行われている.
out of áction 故障して, 活動[作用, 作動, 戦闘]していない. This computer is *out of* ~. このコンピュータは故障している. This illness will put him *out of* ~. この病気で彼は活動できなくなるだろう.
one's pìece of the áction =a piece of the↑ ACTION.
pùt ..into áction 〔計画など〕を実行する;〔機械など〕を作動させる. His plan was *put into* ~. 彼の計画は実行に移された.
sèe áction 戦闘に加わる, 実戦を経験する.
swìng into áction 速やかに行動に移る.

***tàke áction** (1) **処置を取る**; 取りかかる〈*in* ..に〉. *take* firm ～ 断固とした処置[措置]を取る. We *took* ～ so that things wouldn't get worse. 事態が悪化しないように手を打った. (2) **訴訟を起こす**〈*against* ..を相手取って〉.
whère (all) the áction is 〖話〗重大な事の起こっている現場, 肝心かなめの所.
── 動 他 〔要望など〕に応える〈普通, 受け身で〉.

ác·tion·a·ble 形 **1**〈限定〉〖法〗(それに対して)訴訟を起こせる〔暴言など〕. **2**〈普通, 限定〉実行可能な〔計画など〕.

áction commìttee [gròup] 名 C (特定のキャンペーンのための)行動の会[団体].

áction màn 名 **1**〈A- M-〉〖商標〗アクション・マン《男の子用の人形》. **2** C〖英〗危険なスポーツ[行動]を好む男.

àction-pácked 形〖話〗アクションのいっぱいある〔映画など〕.

áction pàinting 名 U アクションペインティング《抽象美術の一派; 衝動性を重んじ絵の具を画布に投げつけたりする》.

àction réplay 名〖英〗＝instant replay.

áction stàtions 名 C 戦闘配置. ── 間 **1**〖軍〗戦闘配置につけ《号令》. **2** 部署につけ《緊急時の船員などへの命令》;〖話〗気をつけろ, 警戒.

‡ac·ti·vate /ǽktəvèit/ 動 他 **1** を活動的にする; を作動させる. ～ a computer [an alarm] コンピュータ[警報装置]を作動させる. **2**〖物理〗に放射能を帯びさせる, を放射性にする;〖化〗を活性化する. **3**〔下水など〕を浄化(処理)する. **4**〖軍〗〔部隊〕を動員する.

ác·ti·vàt·ed /-əd/ 形〖化〗活性化された. ～ carbon [charcoal] 活性炭.

àc·ti·vá·tion 名 U〖化〗活性化.

ac·ti·va·tor /ǽktəvèitər/ 名 C〖化〗活性剤, 触媒.

‡ac·tive /ǽktiv/ 形 m【活動的な】**1 活動的な**, 盛んに活動する; 活発な, 機敏な; 活気のある; 多忙な; (↔dull, inactive). an ～ brain 鋭敏な頭脳. lead an ～ life 活動的な生活を送る. He is ～ in sports. 彼はスポーツをよくやる. be politically ～ 盛んに政治活動を行う. These animals are ～ at night. この動物たちは夜行性だ. **2 積極的な**, 進取的な; 精力的な;〈*in* .. に〉(↔passive). ～ measures 積極的対策. an ～ member 積極的なメンバー. She played an ～ part in the women's lib movement. 彼女は婦人解放運動で積極的な役割をした.
【活動中の】**3**〖軍〗現役の; 戦時就役の, 従軍の. on ～ service [〖米〗duty] 従軍中で[の]; 現役で[の]. **4**〔火山が〕活動して;〔病気が〕進行中の;〔市場が〕活発な. **5**〔物が〕使われて, 作動して;〔口座が〕使用されて;〖電算〗装作中の, アクティヴの.
【活動力のある】**6**〔化学薬品が〕効力のある, 反応性に富む; 放射性の (radioactive). **7**〖文法〗能動態の (↔passive). ◇動 act 名 activity
── 名〈the ～〉＝active voice.

àctive bírth 名 UC 能動出産《産婦の主体性を重んじる》.

àctive dúty 名 U 現役(勤務).

***ac·tive·ly** /ǽktivli/ 副 m **活動的に**; 積極的に;〖文法〗能動態として. be ～ engaged in volunteer work 積極的にボランティア活動をしている.

ác·tive·ness 名 U 活動的なこと, 活発さ; 積極性.

àctive pártner 名 ＝acting partner.

àctive sáfety 名 U (車で)事故予防のための走行性能や視野などを高める機能[構造].

àctive vocábulary 名 C 発表用語彙(ごい)《個人が知っているだけでなく自由に使える語彙; →passive vocabulary》.

àctive vóice 名〈the ～〉〖文法〗能動態.

àctive volcáno 名 C 活火山 (→dormant volcano).

ac·tiv·ism /ǽktivìzm/ 名 U 行動主義《政治運動などで武力行使も辞さないやり方》.

ac·tiv·ist /ǽktivist/ 名 C (特に政治運動の)行動隊員, 行動主義者; 活動家. a student ～ 学生活動家.

***ac·tiv·i·ty** /æktívəti/ 名 (複 **-ties** /-z/) **1** U **活動**; 活躍; 活気, 活発さ; (市況などの)活気; 活動力; (↔passivity). political [economic] ～ 政治[経済]活動 (★種々の具体的活動を念頭におけば political [economic] *activities* となる; →2). a person of great ～ 大変活動的な人. There is a lot of ～ in the street. 通りは人の行き来でにぎわっている. There was little ～ on the stock market yesterday. きのうはあまり株式市場に動きはなかった.

> 連結 bustling [feverish, furious, intense; ceaseless, constant] ～

2〈-ties〉**(a)** (種々の)**活動**《学校の課外活動など》; 事業《社会事業など》. cultural *activities* 文化活動. social *activities* 社交的行事[活動]. club *activities* クラブ活動. **(b)** (団体などの種々の)活動. terrorist *activities* テロ活動 (★terrorist ～も使う; →1).

> 連結 engage in [participate in, take part in; break off, stop] *activities*

3 C (趣味で)やること. Gardening is an ～ I much enjoy. 園芸は私が大変楽しんでやっていることだ.
◇形 active

àct of fáith 名 (複 **acts-**) C 信仰[信頼]の強さを示す[試す]行為.

àct of Gód 名 (複 **acts-**) C〖法〗不可抗力, 天災,《洪水, 地震など》.

Àct of Suprémacy 名〈the ～〉〖英史〗国王至上法《イングランド教会がローマカトリックより分離して英国王を国教の主権者と定めた法令 (1534 年, 1559 年)》

‡ac·tor /ǽktər/ 名 (複 **～s** /-z/) C **1 (a) 俳優**,〈特に〉男優 (女 actress). a film [stage, TV] ～ 映画[舞台, テレビ]俳優. **(b)** '役者', (うまく)本心を隠せる人.

> 連結 a famous [a distinguished; a first-rate; a talented, a versatile; a mediocre, a second-rate; an aspiring; a promising, an up-and-coming; a struggling] ～ // an ～ performs [enters; exits]

2 行為者; (事件などの)関係者. the main ～*s* in the attempt to kill Hitler ヒトラー殺害計画の主要人物たち. [＜ラテン語「行う人」; act, -or¹]

Àctor's Equity Associátion 名〖米〗俳優組合 (〖英〗Equity).

‡ac·tress /ǽktrəs/ 名 (複 **～·es** /-əz/) C **女優**.
as the àctress sàid to the bíshop〖英・戯〗女優が司教に言った言葉を使えば《表面的には普通だが裏に性的な含みがある表現について言う》.

Àcts of the Apóstles 名〈the ～〉『使徒行伝』《新約聖書中の一書》.

‡ac·tu·al /ǽktʃuəl/ 形 C **現に存在する**, 実際の; 現在の, 現行の; (類語「現実に存在する[起こった]」ことを強調する; →real). an ～ person 実在の人物. an ～ situation 実際の状況. Those were my father's ～ words. これが実際に父の言った言葉だ. The ～ cost was higher than the estimate. 実際にかかった費用は見積もりより高かった.
in àctual fáct 実際には, 実のところ; 実際に.
your áctual ..〖英話〗本当の.. (the real). I'm *your* ～ expert, you know! 私は本物の名人ですよ (注意 おどけた表現).
[＜後期ラテン語「活動的な, 実際的な」]

‡ac·tu·al·i·ty /ǽktʃuǽləti/ 名 (複 **-ties**)
1 U 現実; 現実性; (描写などの)現実味; 事実.

A

2 〈-ties〉 現状, 実状. 3 [C] (映画, テレビなどの)実録.
in actuálity 実際には.
àc·tu·al·i·zá·tion [名] [U] 実現, 実行.
ác·tu·al·ìze [動] [他] を実現する, 実行する.
‡**ac·tu·al·ly** /ǽktʃu(ə)li/ [副] [¢] **1** (意外かもしれないが) **本当に**, 実際. She ~ spoke Russian. 彼女は本当にロシア語を話した. Did you ~ build this model airplane? 君は本当にこの模型飛行機を作ったのか ([注意] 疑問文では不信感を伴う). He ~ didn't see her. 彼は本当に彼女に会わなかった. He didn't ~ see her. 彼は本当に彼女に会ったわけではない ([注意] 否定語の前と後では意味が違う). **2 実際に**. What she says and what she ~ does are two different stories. 彼女の言うことと実際にやることは全く違う. **3** 〈普通, 主語の前または文末で〉**実際(に)は**, (いや)本当は, 実は, ([語法] 予想されることと違ったことを言ったり, 穏やかに断ったり, 謝罪したりする時に用いる). He worked as a teacher, but ~ he was a spy. 彼は教師をしていたが, 実際はスパイだった. We aren't married, ~. 本当は私たちは結婚していません. "Could I have some oranges, please?" "Well, ~ we haven't got any oranges."「オレンジをください」「あのう, 実は, オレンジはありません」. "I bet you haven't done that!" "*Actually* I have."「君はやってないだろう」「あのう, 実は, やりました」.
ac·tu·ar·i·al /æ̀ktʃué(ə)riəl ⑱/ [形] 〈限定〉保険計理(士)の. 「計理士.
ac·tu·ar·y /ǽktʃuèri|-ər-/ [名] ([複] **-ries**) [C] 保険↑
ac·tu·ate /ǽktʃuèit/ [動] [他] 〖章〗**1** 〔機械, 器具などを動かす. The device is ~*d* by a switch. この仕掛けはスイッチで動く. **2** を行動に駆り立てる, に動機を与える, 〈普通, 受け身で〉. He is ~*d* solely by ambition. 彼はただ野心に動かされているだけだ. 「英米の団体).
Act Up /ˊ-ˋ/ [名] アクトアップ《エイズ患者支援を訴える↑
a·cu·i·ty /əkjúːəti/ [名] [U] 〖章〗(知覚力の)鋭敏さ; 鋭さ; 激しさ. ~ of vision＝visual ~ 視力.
a·cu·men /əkjúːmən|ǽkjùmen/ [名] [U] 〖章〗聡(そう)明さ; 洞察力. a man of business ~ 鋭い商才の持ち主.
ac·u·pres·sure /ǽkjuprèʃər/ [名] [U] 指圧(療法).
ac·u·punc·ture /ǽkjupʌ̀ŋ(k)tʃər/ [名] [U] 鍼(しん)術, はり治療. ▷ **ac·u·punc·tur·ist** /-rist/ [名] [C] はり治療師.
***a·cute** /əkjúːt/ [形] [e] (**-cut·er**|**-cut·est**), [m]
【鋭い】 **1** 〔感覚, 知力などが〕**鋭敏な**; 明敏な. an ~ sense of smell 鋭い嗅覚(きゅうかく). an ~ observer 鋭い観察者. He has ~ hearing. 彼は耳が鋭い.
2【鋭く感じる】**激しい**, 強烈な, 極度の. ~ pain 激痛. ~ pleasure 強烈な喜び. Her grief was too ~ for tears. 彼女の悲しさはあまりに痛切で涙も出なかった. **3** 〔音が〕かん高い, 鋭い, (shrill). **4**〖音声〗揚音符《´》の付いた《例えばフランス語の é で, これは狭い /e/ 音を表す; è は grave², ê は circumflex と呼ぶ》.
5 〔物が〕とがった, 鋭い; 〖数〗鋭角の.
【急激な】 **6** 〔事態, 問題などが〕急を要する, 緊急の; 深刻な. The town has an ~ need for sewerage. その町は緊急に下水道を作る必要がある. an ~ shortage of food 深刻な食糧不足. **7**〖医〗急性の(↔chronic). ~ pneumonia 急性肺炎.
[＜ラテン語「尖(とが)らされた」; →cute]
▷ **~·ly** [副] **1** 鋭く, 鋭敏に; 激しく. I am ~*ly* aware [conscious] that... と痛切に感じている. **2** ひどく, すごく. **~·ness** [名] [U] **1** 鋭さ; 激しさ; 急性. the ~*ness* of his intelligence 彼の知力の鋭さ. **2** 深刻さ.
acùte áccent [名] [C] 鋭アクセント, 揚音符, 《例えばフランス語 habitué の é の ´; →grave accent》.
acùte ángle [名] [C] 〖数〗鋭角 (↔obtuse angle).
ACV air-cushion vehicle (エアクッション艇). → hovercraft.
-a·cy /əsi/ [接尾] 「性質, 状態, 境遇, 職」を表す名詞を作る. accur*acy*. delic*acy*. [ラテン語]
***A.D., AD** /èidíː/ **西暦**.., キリスト紀元.., 《主に紀元後の若い年代の場合に用いる; ↔B.C.》. *A.D.* 49 = 49 *A.D.* 西暦 49 年. in the third century *A.D.* 西暦 3 世紀に. [ラテン語 *Anno Domini* 'in the year of our Lord' の頭字から]
***ad**¹ /æd/ [名] ([複] **~ads** /-dz/) [C] 〖話〗**広告** 《＜ *ad*vertisement》. an ~ agent 広告代理業者. ~s for men's colognes 男性用オーデコロンの広告. → want ad.
ad² [名] [U] 〖米話〗〖テニス〗アドヴァンテージ《＜*ad*vantage 3; 〖英話〗van》.
ad³ [前] to, toward; up to; according to の意味. → ad hoc, ad lib. [ラテン語]
ad. adverb; advertisement.
ad- [接頭] 「方向, 変化, 添加, 増加など」の意味. *ad*vance. *ad*apt. *ad*here. [ラテン語 *ad* 'ad³']
A·da /éidə/ [名] **1** 女子の名. **2** 〈しばしば ADA〉〖電算〗英語による高水準プログラム言語.
ad·age /ǽdidʒ/ [名] [C] 格言, 金言, ([類語] 古くからある金言だが proverb ほど日常的ではない; 例 FAMILIARITY breeds contempt.).
a·da·gio /ədɑ́ːdʒ(i)ou/ 〖楽〗[副], [形] 緩やかに[な], アダージオで[の], (→tempo [参考]). ―― [名] ([複] **~s**) [C] 緩徐曲, アダージオの曲[楽章]. [イタリア語 'at ease']
Ad·am /ǽdəm/ [名] **1** 男子の名. **2** 〖聖書〗アダム《神が最初に創造したという男性; →Eve》.
as òld as Ádam 大変古い.
nòt knòw a pérson from Ádam 〖話〗人を見てだれかまるで見当がつかない[知らない].
the òld Ádam 〖やや旧〗(人類の初めから変わらない)人間の持つ悪. [ヘブライ語「人」]
‡**ad·a·mant** /ǽdəmənt, -mæ̀nt/ [名] [U] (伝説に言う)アダマント《金剛石のように堅牢(ろう)無比の石》. as hard as ~ 比類なく固い. ―― [形] 〖章〗比類なく堅い; 〔人, 態度などが〕断固とした, 動じない, 〈*in*, *on* ..において/*to* ..に対して〉; 断固主張する〈*that* 節 ..ということを〉. Why are you so ~ *in* your refusal? なぜ君はそんなに頑固に拒絶するのか. I am ~ *that* he (should) undertake it. 彼が引き受けるべきだという私の決意は不動だ. [＜ギリシア語「屈服させられないもの」]
▷ **~·ly** [副] 頑固に. ~*ly* opposed 断固反対で.
ad·a·man·tine /æ̀dəmǽntain, -tiːn|-tain ⑱/ [形] **1** 堅牢(ろう)無比の; 断固とした〔決意など〕. **2** ダイヤモンドのような輝きを持つ.
Ad·ams /ǽdəmz/ [名] アダムズ **1 Henry (Brooks)** ~ (1838–1918)《米国の歴史家》. **2 John** ~ (1735–1826)《米国第 2 代大統領 (1797–1801)》. **3 John Quincy** /kwínzi, -si/ ~ (1767–1848)《John Adams の息子; 米国第 6 代大統領 (1825–29)》. **4 Samuel** ~ (1722–1803)《米国独立に活躍した米国の政治家》. **5 William** ~ (1564–1620)《1600 年, 日本に漂着; 日本名: 三浦按針》. 「と》.
Àdam's ále [名] [U] 〖旧・戯〗'アダムのビール'《水のこ↑
Ádam's àpple [名] [C] /〖英〗ˋ-ˊ-/ のどぼとけ《Adam が禁断の木の実を食べた時のどにつかえて出来たという伝説から》.
‡**a·dapt** /ədǽpt/ [動] (**~s** /-ts/|[過] [過分] **~·ed** /-əd/|**~·ing**) [他] **1 (a)** (新しい状況などに向くように)を変える; [VOA] (~ X *to* ..) X を..に**適応させる**, 適合させる, (★adopt は別語). ~ traditional religion 伝統的な宗教を新しくする. ~ the law *to* changing conditions 法律を変わりゆく状況に合わせる. They ⌊~*ed* themselves [were ~*ed*] quickly *to* the climate in Alaska. 彼らはすぐにアラスカの気候に適応した. **(b)** [VOC] (~ X *to do*) X

が..するように変える[合わせる]. They ~*ed* their plan *to* fit the boss's timetable. 彼らは計画を上司の予定に合うように変えた.

2【適応のために変更する】を作り変える, 改造する;〔小説など〕を**脚色する**, 改作する,〈*for* ..〔映画など〕に/*from* ..から〉. ~ one's house 家を改築する. ~ the bathroom *for* the use of the old man 老人が使いやすいように浴室を模様替えする. ~ a novel *for* broadcasting 小説を放送用に脚色する. a play ~*ed from* an old legend 昔の伝説から翻案した劇.

— ⓐ 適応する, 順応する,〈*to* ..に〉(類語 心身の柔軟性を含意する; →adjust). Young people are quick to ~ *to* new circumstances. 若者は新しい環境に順応するのが速い.

****adápt onesèlf to*** 〔the world〕〔世間〕に**順応する**.

****(be) adápted for*** [***to***] ***..*** **..に適している**, 向いている. This book *is* well ~*ed for* beginners. この本はきわめて初学者向きである. [<ラテン語「適合させる」]

a·dàpt·a·bíl·i·ty 名 U 適応性, 順応性,〈*to* ..への〉; 改作[脚色]の可能性.

‡**a·dápt·a·ble** 形 適応[適合]できる〈*to*, *for* ..に〉,〔人が〕順応性のある, 融通の利く; 改作[脚色]できる. a person ~ *to* new ideas 新しい考えに適応できる人.

†**ad·ap·ta·tion** /ædæptéiʃ(ə)n, ædəp-/ 名 **1** UC 適合(した状態), 適応, 順応;〖生物〗適応;〈*to* ..への〉. animals' ~ *to* the new environment 動物の新環境への適応. **2** UC 改作(物), 翻案(物), 脚色(作品),〈*to* ..への/from ..からの〉. an ~ *of* a novel *for* the movies 小説の映画化. the ~ *of Romeo and Juliet*『ロミオとジュリエット』の翻案. ◇動 adapt

a·dápt·er 名 C **1** 脚色者, 翻案者. **2**〖機〗アダプター《機械を他の目的に応用したり, サイズなどの異なる部品を結合するための仲介器具》. **3** 接続ソケット《ひと口のコンセントを複数の差し込み口に分ける》.

a·dap·tive /ədǽptiv/ 形 適合できる, 順応性のある.

a·dap·tor /ədǽptər/ 名 =adapter.

ADB Asian Development Bank (アジア開発銀行).

ADC aide-de-camp.

‡**add** /æd/ 動 (~**s** /-z/|過 過分 **ádd·ed** /-əd/|**ádd·ing**) ⓗ **1** を**加える**, 追加する,〈*to* ..に〉. ~ a few eggs *to* the mixture in the bowl ボウルで混ぜ合わせた材料に卵を2,3個加える. *Add* a little more sugar, please. もう少し砂糖を入れてください.

2 を**加算する**, 足す, (↔subtract); を合計する;〈*up*, *together*〉. When[If] you ~ three and [to] four, you get seven. 3と4[4に3]を足すと7になる. *Add up* these numbers. これらの数を合計しなさい.

3 VO (~ X/*that* 節/"引用") Xを/**..と言い足す**, 書き足す, 付け加える. "I'll be back in a minute," he ~*ed*. 「すぐ帰ってくるから」と彼は付け加えた. She ~*ed* in her letter *that* she would write again soon. 彼女は手紙に, 近くまたお便りしますと付け加えた.

— ⓐ **足し算をする** (↔subtract). The child does not even know how to ~ (*up*). その子供は足し算の仕方さえ知らない. ◇名 addition

àdded to thís [***thát***] これ[それ]に加えて, その上. *Added to this*, prices are rising. その上物価が上昇している.

àdd /../ ín ..を算入する, 含める;〔料理の材料など〕を加える, 入れる. Don't forget to ~ me *in*. 私を入れるのを忘れないでほしい.

àdd /../ ón ..を付け足す; (金額などに)..を上乗せする. ~ *on* 5% consumption tax 消費税5%を付け足す.

àdd ón to.. 付け足して..を大きくする. ~ *on to* a house 家を増築する.

****àdd to..*** **..を増す**;〔家〕に増築する;〈受け身可〉. The new novel ~*ed* greatly *to* his reputation. 今度の小説は彼の名声を大いに高めた. The residence has been ~*ed to* from time to time. その邸宅は何度か増築されてきた.

àdd úp (1) 足し算をする, 合計する. (2) 思ったとおりの合計になる;〖話〗つじつまが合う, 意味が通じる; 了解できる. These figures don't ~ *up*. これらの数字は合計が(答えと)合わない. Their stories don't ~ *up*. 彼らの話はつじつまが合わない.

àdd /../ úp ..について判断する.

****àdd úp to..*** (1) **合計..になる**. The loss ~*s up to* over $1,000,000. 損失は100万ドル以上に上る. (2)〖話〗結局..ということになる; ..を意味する. What it ~*s up to* is that he lied to us. 要するに彼は我々に嘘(うそ)をついたということになる.

if you àdd to thís .. ..を考えればなおさら.

****to ádd to.. ..***に加えて, ..のみならず. *To* ~ *to* his poverty, Harry suffered a serious illness. ハリーは貧乏の上にさらに重い病気にかかった. [<ラテン語「付加する」]

ad·dax /ǽdæks/ 名 (複 ~·**es**, ~) C アダックス《北アフリカ・アラビア産のレイヨウ; 角が曲がっている》.

add·ed /ǽdəd/ 形 付け加えられた; 一層の. contain no ~ sugar 砂糖が添加されていない.

àdded válue 名 U〖経〗付加価値.

ad·dend /ǽdend, ədénd/ 名 C〖数〗加数《3+5=8の5を指す》.

ad·den·dum /ədéndəm/ 名 (複 **ad·den·da** /-də/) C 追加物;〈普通 addenda〉(書物の)補遺, 付録.

ad·der[1] /ǽdər/ 名 C (ヨーロッパ産の)クサリヘビ《背中に黒のジグザグ模様がある毒蛇; マムシの類》; (アメリカ産の無毒の)小蛇《hognose snake など》. [<中期英語 (*a n*) *addre*; 語頭の n が不定詞に付いた; →apron, umpire]

add·er[2] 名 C (コンピュータの)加算器.

†**ad·dict** /ədíkt/ 動 ⓗ〔人〕を中毒させる;〔人〕を没頭させる, ふけらせる;〈to ..に〉〈普通, 受け身で; →addicted〉. A pusher tries to ~ others. 麻薬密売人は人を(麻薬)中毒にさせようとする. ~ *oneself to* science 科学に熱中する. **—** /ǽdikt/ 名 C **1** (特に麻薬などの)常用者. a drug ~ 麻薬中毒者. **2** (娯楽などへの)熱中者, 凝り屋. a golf ~ ゴルフ狂. [ラテン語「承認を与えられた」]

ad·dict·ed /ədíktəd/ 形〈叙述〉**1** ふけって, 中毒で,〈*to* ..に〉. He is ~*ed to* cocaine. 彼はコカイン中毒だ. be ~ *to* alcohol 酒におぼれる. **2** 夢中で, 没頭して,〈*to* ..に〉. be ~ *to* computers コンピュータに夢中である.

‡**ad·dic·tion** /ədíkʃ(ə)n/ 名 UC ふけること, 耽溺(たんでき),〈*to* ..に, への〉; 中毒. drug ~ 麻薬中毒. an ~ *to* alcohol 酒におぼれること.

‡**ad·dic·tive** /ədíktiv/ 形 習慣性の, 中毒性の.

ádd-ìn 名 C〖電算〗アドイン, 機能拡張[強化]ソフト; =add-on.

ádding machìne 名 C (旧式の)加算器, 計算器.

Ad·dis A·ba·ba /ǽdis-ǽbəbə/ 名 アディスアベバ《Ethiopia の首都》.

Ad·di·son /ǽdəs(ə)n/ 名 **Joseph** ~ アディソン (1672–1719)《英国の随筆家》.

Áddison's disèase 名 U〖医〗アジソン病《副腎(じん)皮質の機能障害; 貧血を起こす》.

‡**ad·di·tion** /ədíʃ(ə)n/ 名 (複 ~**s** /-z/) **1** U **付加**, 添加, 追加,〈*to* ..への〉. the ~ of $500 *to* the budget 予算へ500ドルの追加. with the ~ of a little salt 塩を少し加えれば. **2** UC **足し算**, 加法, (→subtraction, multiplication, division). **3** C 付加[添加, 追加]されたもの; 新規に加わった者《新生児, チームの新メンバーなど》;〖米〗(家の)建て増し(部分). The latest camera is a welcome ~ *to* this range. 最新のカメラのこの価格帯への参入は結構なことだ. There was a new ~ to his family. (子供が生まれて)彼の家族が1人増えた. build

A

an ～ to the house 家に建て増しをする. ◇動 add 形 additional

*__*in addítion*__ 加えるに, その上に. pay 5 dollars *in* ～ その上さらに 5 ドル払う.

*__*in addítion to . .*__ . .に加えて, . .の上に又. *In* ～ *to* being a physician, he was a master pianist. 彼は医師であるばかりでなくピアノの名人だった.

***ad·di·tion·al** /ədíʃ(ə)nəl/ 形 Ⓒ **付加の**, 追加の, さらにその上の; 余分の. an ～ charge 割増料金. an ～ difficulty さらに加わった困難. ～ work 余分の仕事. ▷ **～·ly** 副 追加的に; 〈文修飾〉その上に (in addition).

‡**ad·di·tive** /ǽdətiv/ 名 Ⓒ 添加剤《ガソリンなどへの》; 添加物《食品などへの》. be full of ～*s* 添加物が一杯入っている. a food ～ 食品添加物. ── 形 付加[追加]の; 〘数〙 加法的, 加算の.

áddītive-frèe 形 添加物なしの, 無添加の.

ad·dle /ǽdl/ 動 他 を混乱させる. The shocking experience ～*d* his brains. その恐ろしい経験で彼の頭は混乱した. ── 自 混乱する. ── 形 腐った〔卵〕.

áddle·bràined /-d/, **-hèad·ed** /-əd/, **-pàt·ed** /-pèitəd/ 形 頭の鈍い, 低能な. 「混乱した〔頭〕.

ád·dled /-d/ 形 **1** 腐った. an ～ egg 腐った卵. **2**↑

ádd-òn 名 Ⓒ 〘電算〙(コンピュータの機能を高める)付加装置《モデム, ディスクドライブなど》. ── 形 〘電算〙 拡張用の.

‡**ad·dress** /ədrés, ǽdres|ədrés/ 名 (複 **～·es** /-əz/)

【言葉を向けること】 **1** Ⓒ (口頭, 書面による)**あいさつ**, 式辞; **演説** (類語 あらかじめ案を練った公式の場での speech). an opening [a closing] ～ 開会[閉会]の辞. a funeral ～ 弔辞. give an ～ of thanks 謝辞を述べる.

> 連結 an eloquent [a powerful; a moving, a stirring; a welcoming; a farewell, a parting; an inaugural; a keynote] ～ // deliver an ～

【言葉を向ける先】 **2** Ⓒ **住所**, 所在地; **あて先**《住所又は住所とあて名》, (手紙, 小包などの)上書き. Name and ～, please. 住所氏名を言ってください. What's your ～? 住所はどこですか (注意 where は使えない). This is my business [home] ～. これが私の会社[自宅]のあて名です. a change of ～ 住所変更. of no fixed ～ 住所不定の.

> 連結 a permanent [a temporary; a forwarding; an accommodation; a return; a mailing, a postal; an E-mail; an office; a private] ～ // change [give] one's ～

3 Ⓒ 〘電算〙 アドレス, 番地, 《データの記憶位置を示す記号》; (ネットワークでの)アドレス.

【言葉の向け方】 **4** Ⓤ 〘古〙 応対, 話しぶり(の巧みさ); Ⓒ 〈～s〉 求愛. a man of pleasing ～ 応対の如才ない人. →form of address. **5** Ⓤ 巧みさ. solve a problem with ～ 問題を手際よく解く.

── /ədrés/ 動 (**～·es** /-əz/|過 過分 **～ed** /-t/|**～·ing**) 他 **1** に**話しかける**; に(向かって)**演説する**; VOA (～ X *as* . .) X **を**(正式な呼び方で)**. .と呼ぶ**. Be careful how you ～ him. 彼の名前の呼び方には気をつけなさい. You should ～ a priest *as* father. 司祭さんは "father" と呼びなさい. ～ a large audience 大聴衆を前に演説する. ～ a meeting [conference] 会議(の席)で演説する.

2 〔手紙など〕に**あて名を書く**; VOA (～ X *to* . .) X を. .宛(あ)てにする; 〈普通, 受け身で〉. ～ a card カードにあて名を書く. The parcel was wrongly ～*ed to* my old home. 小包のあて名は間違って私の旧住所になっていた.

3 VOA (～ X *to* . .) . .にあてて X (言葉)を向ける[述べる]. ～ a question *to* a person 人に質問を向ける. ～ a petition *to* the mayor 請願書を市長あてに出す.

4 〘ゴルフ〙〔球〕に向かって構える.

5 〔問題, 仕事など〕に(本気で)取りかかる, 取り組む. ～ a problem 課題に取り組む.

6 〘電算〙 をアドレスする《記憶位置を指示してデータの入力[呼び出し]をする》.

*__*addréss onesèlf to . .*__ 〘章〙 (1) 〔人〕に話し[語り]かける, . .に向かって話す; . .に手紙を書く. (2) ＝address 動 5. [＜古期フランス語「まっすぐに向ける」]

áddress bòok /〘英〙 ━ ━ ━/ 名 Ⓒ 住所録.

ad·dréssed /-t/ 形 住所を記入した〔封筒など〕.

ad·dress·ee /ædresíː/ 名 Ⓒ 受信人, 名あて人.

ad·dress·er, ad·dres·sor /ədrésər/ 名 Ⓒ 発信人, 差出人.

Ad·dres·so·graph /ədrésəgræf|-sougrɑ̀ːf/ 名 〘商標〙 アドレソグラフ《郵便のあて名自動印刷機》.

ad·duce /əd(j)úːs/ 動 他 〘章〙〔実例, 理由, 証拠など〕を挙げる (→quote 類語). ～ the fact *as* evidence 事実を証拠として提示する. ▷ **adduction** /ədʌ́kʃ(ə)n/ 名 UC 例証.

-ade /eid/ 接尾 「動作」「行動中の集団」「材料から作られたもの」の意味を表す. block*ade*, cavalc*ade*, arc*ade*, lemon*ade*. [フランス語 (＜ラテン語 *-ātus* '-ate')]

Ad·e·laide /ǽdəlèid/ 名 アデレード《South Australia 州の州都》.

A·den /éidn, ɑ́ː-|éidn/ 名 アデン **1** 《インド洋と紅海の間, Yemen と Somalia に挟まれた大きな湾; **the Gùlf of Áden**》. **2** 《Yemen の海港で中心都市》.

A·de·nau·er /ǽdənauər/ 名 **Konrad ～** アデナウアー (1876–1967)《西ドイツ最初の首相 (1949–63)》.

ad·e·nine /ǽd(ə)nìːn/ 名 Ⓤ 〘生化〙 アデニン《すい臓などの動物組織, 茶の葉などに含まれる成分; 医薬用》.

ad·e·no·car·ci·no·ma /ædənoukɑ̀ːrsənóumə/ 名 (複 **～, ～·ta** /-tə/) UC 〘医〙 腺癌(がん).

ad·e·noi·dal /ædənɔ́idl ◈/ 形 アデノイドの; 鼻声の.

ad·e·noids /ǽdənɔ̀idz/ 名 〈複数扱い〉〘医〙 アデノイド, 腺(せん)様増殖(症), 《しばしば呼吸・会話が困難になる》.

aden·o·sine /ədénəsìːn/ 名 Ⓤ 〘生化〙 アデノシン.

†**ad·ept** /ədépt, ǽdept/ 形 熟達した 〈*at, in* . .に〉. an ～ climber 熟練した登山家. He is ～ *at* telling convincing lies. 彼はもっともらしい嘘(うそ)をつく名人だ ── /ǽdept, ədépt/ 名 Ⓒ 〘章〙 名人, 熟練者, 〈*at, in* . .の〉. ▷ **～·ly** 副

ad·e·qua·cy /ǽdikwəsi/ 名 Ⓤ 十分さ, 適切さ.

***ad·e·quate** /ǽdikwət/ 形 Ⓒ

【要求を満たせる程度の】 **1** (**a**) **十分な** 〈*to, for* . .に/*to* do . .するのに〉 (類語 ある目的にちょうど又は辛うじて間に合う程度の十分さ; →enough). The food was ～ but not plentiful. 食料は間に合う分だけあったが, 豊富ではなかった. ～ *to* a person's needs 人の要求を満たすに十分な. The pay is not ～ *for* [*to* support] a family of six. 給料は 6 人家族(を養う)には不十分だ. There's ～ sunshine *for* plants *to* grow. 植物が生長するのに十分な日光がある. (**b**) **適当な** 《資格, 能力などがある》 〈*to, for* . .に〉. a person ～ *to* the post その地位にふさわしい(能力の)人. Is she ～ *for* the role? 彼女はその役に適しているだろうか.

2 まずまずの, よくも悪くもない. He is an ～ baseball player, but not a brilliant one. 彼はまあ一通りの野球選手だがすばらしいとは言えない.

◇名 adequacy [＜ラテン語「等しくされた」]

▷ **～·ly** 副 十分に, 適切に. be ～*ly* punished 十分な処罰を受ける.

***ad·here** /ædhíər, əd-/ 動 (**～s** /-z/|過 過分 **～d** /-d/|**-her·ing** /-hí(ə)riŋ/) 自 **1** (2 つの面が互いに)**固くくっつく**; VA (～ *to* . .) . .にくっつく, 粘着する, 固着する. This glue doesn't ～ *to* plastic. このりはプラスチックには付かない.

2 VA (～ *to* ..) ..に固執する, 執着する; ..を忠実に守る, 信奉する, 支持する. ～ *to* the rules あくまで規則を守る. ～ *to* a political party ある政党を支持する.

連結 ～ closely [faithfully; rigidly, strictly; stubbornly; blindly]

◇1 の 名 adhesion 形 adhesive, 2 の 名 adherence 形 adherent [＜ラテン語「付着する」]

†ad·her·ence /ædhí(ə)rəns, əd-/ 名 U 1 固執, 執着〈*to* ..〔主義, 約束など〕への〉; 支持〈*to* ..〔人物, 党派など〕への〉. 2 粘着, 付着, (注意 比喩的な 1 の意味で使う方が多い).

†ad·her·ent /ædhí(ə)rənt, əd-/ 形 執着する; 粘着する, 付着する; 〈*to* ..に〉. ── 名 C 支持者, 信奉者, 〈*of* ..〔主義, 政党など〕の〉. I was never an ～ *of* Christianity. 私はキリスト教の信者だったことはない.

ad·he·sion /ædhí:ʒ(ə)n, əd-/ 名 1 U 粘着, 固着, 〈*to* ..への〉. have good ～ 粘着力が強い. 2 U (車輪などの滑り止めのための)摩擦. 3 U 固守; 支持; 〈*to* ..への〉(adherence). 4 UC 〖医〗 癒着(箇所).
◇動 adhere

‡ad·he·sive /ædhí:siv, əd-/ 形 粘着性の, 粘りつく; (片面に)のりの付いた〔切手など〕. an ～ envelope のり付き封筒 ── 名 UC 粘着物; 接着剤; 粘着テープ, ばんそうこう. ◇動 adhere ▷ **～·ly** 副 粘ついて. **～·ness** 名 U 粘着性.

adhésive tàpe 名 U 粘着テープ, ばんそうこう.

‡ad hoc /æd-hák|-hɔ́k ⑱/ 副, 形 (特に) この目的(だけ)のために[の]; その場限り(の). an ～ committee 特別委員会《常設でない》. on an ～ basis 臨時に; 特例として. [ラテン語 'to this']

a·dieu /əd(j)ú:/ 〖雅〗 間 さようなら (goodbye). ── 名 C (複 **～s, ～x** /-z/) 別れ(の言葉). bid [say] ～ to ..に別れを告げる. [古期フランス語 'to God']

ad inf. ad infinitum.

ad in·fi·ni·tum /æd-infənáitəm/ 副 無限に. go on ～ 限りなく続ける. [ラテン語 'to infinity']

a·di·os /ædióus|-ɔ́s/ 間 さようなら. [スペイン語 'to God']

ad·i·pose /ǽdəpòus/ 形 動物性脂肪(質)の; 脂肪太りの (fatty). ～ tissue 脂肪組織.

ad·i·pos·i·ty /æ̀dəpásəti|-pɔ́s-/ 名 U 脂肪過多; 「肥満.

Ad·i·ron·dacks /æ̀dərándæks|-rɔ́n-/ 名 〈the ～〉 アディロンダック山脈《米国 New York 州北東部の山脈; **the Adiròndack Móuntains** とも言う》.

Adj. Adjutant. **adj.** adjective.

ad·ja·cen·cy /ədʒéis(ə)nsi/ 名 (複 **-cies**) 1 U 隣接. 2 C 〈普通 -cies〉 隣接地.

†ad·ja·cent /ədʒéis(ə)nt/ 形 〖章〗 隣接した; 付近の; 〈*to* ..に, の〉 (★adjoining と異なり, 接触しない場合もある). ～ rooms 隣室. Kanazawa is ～ *to* the ocean. 金沢は海にごく近い. ▷ **～·ly** 副 隣接して; 近くに.

adjàcent ángles 名 〈複数扱い〉 〖幾何〗 隣接角.

ad·jec·ti·val /æ̀dʒiktáiv(ə)l ⑱/ 〖文法〗 形 形容詞(的)の. an ～ phrase [clause] 形容詞句[節]. ── 名 C 形容詞相当語句《例えば形容詞的に使われた名詞》. ▷ **～·ly** 副 形容詞として, 形容詞的に. be used ～*ly* 形容詞として使われる.

‡ad·jec·tive /ǽdʒiktiv/ 〖文法〗 名 C **形容詞**. ── 形 形容詞の, 形容詞的な. an ～ clause [phrase] 形容詞節[句]. [＜ラテン語「付加された」]

> 文法 **adjective** (形容詞): 8 品詞の 1 つ. -er, -est か more, most による比較変化 (**comparison**) を示すものが多いが, 意味の上から比較変化を許さないものもある. 本書ではそれぞれ e, m, ¢ で示してある.
> 形容詞には叙述的用法 (**predicative** use) と限定的用法 (**attributive** use) とがある. 前者は This rose is *red*. (このバラは赤い)のように補語として用いられる場合で, 後者は a *red* rose のように名詞の修飾語として用いられる場合である. どちらの用法にも使える形容詞が大部分であるが, どちらかにしか使えない語または語義があり, 本書ではその場合〈叙述〉,〈限定〉と示してある.
> 同じく名詞を修飾する形容詞節 (adjective clause), 形容詞句 (adjective phrase) については → clause 文法, phrase 文法

†ad·join /ədʒɔ́in/ 動 〖章〗 他 に隣接する. France ～*s* Spain. フランスはスペインに隣接する. the house ～*ing* mine 私の隣の家. ── 自 (互いに). 隣り合う. France and Spain ～. フランスとスペインは互いに隣接する.

ad·jóin·ing 形 隣の, 隣接の. the ～ room 隣の部屋. the ～ rooms 隣り合っている 2 室.

†ad·journ /ədʒɔ́:rn/ 動 他 〔会議など〕を延期する, (次回に)持ち越す, 〈*till, until* ..まで〉; 〔集会など〕を(一時)休止する, 休会する, 〈*for* ..の間〉. The meeting was ～*ed until* the next week [*for* one week]. 会議は次の週まで[1 週間]延期された. ～ *for* lunch 昼食のために休む. The court is ～*ed*. (本日は)これで閉廷とする《裁判官の言葉》. ── 自 1 休会する; 散会する. The Diet will ～ *for* three months. 国会は 3 か月間休会になる. 2 VA (～ *to* ..) ..へ会場を移す; 〖しばしば戯〗 (特に談話などのために)へ席を移す. We ～*ed to a pub*. 我々はパブへと席を移した. [＜古期フランス語「(ある日まで)延期する」; →journal, journey]
▷ **～·ment** 名 UC 延期; 休会(期間).

ad·judge /ədʒʌ́dʒ/ 動 他 〖章〗 1 VOC (～ X (*to be*) Y) X を Y と判決する, 宣告する; VO (～ *that* 節) ..と判決[宣告]する; VOC (～ X *to do*) X に..するように判決する. ～ a person (*to be*) guilty＝～ *that* a person is guilty 人を有罪と判決する. He was ～*d to* pay a penalty for drunk driving. 彼は飲酒運転で罰金を支払うよう宣告された.
2 VOC (～ X (*to be*) Y) X を Y と判断する, 見なす; X を Y と宣言する; VO (～ *that* 節) ..と判断する; VOC (～ X *to have done*) X が..したと判定する; 〈普通, 受け身で〉 be ～*d* worthy of promotion 昇進の資格を認められる.
3 〖法〗 〔賠償金など〕を審理の上与える; 〔賞など〕を審査して授与する; 〈*to* ..に〉.

ad·ju·di·cate /ədʒú:dikèit/ 〖章〗 動 他 1 (a) 〔普通, 裁判所又は裁判官が〕..について判決[裁定, 宣告]を下す. ～ a claim for damages 損害賠償請求について判決を下す. (b) VOC (～ X (*to be*) Y) X を Y と判決[裁定, 宣告]する. He was ～*d* (*to* be) bankrupt. 彼は破産を宣告された. 2 〔競技など〕の審判を務める.
── 自 判決[裁定, 宣告]を下す; (競技などで)審判を務める, 判定を下す; 〈*on, upon* ..について〉.
▷ **ad·jù·di·cá·tion** 名 UC 判決; 裁定, 宣告.

ad·ju·di·ca·tor /ədʒú:dikèitər/ 名 C 裁判官; 審判員, 審査員.

ad·junct /ǽdʒʌŋ(k)t/ 名 C 1 付加物, 付属物, 〈*to, of* ..の〉. 2 助手, 補助者. 3 〖文法〗 付加語(句), 修飾語(句)《例えば I put it *on the table*. のイタリックの部分》.

ad·junc·tive /ədʒʌ́ŋ(k)tiv/ 形 付属の; 補助の.

ad·ju·ra·tion /æ̀dʒu(ə)réiʃ(ə)n/ 名 UC 〖章〗 厳命; 懇願.

ad·jure /ədʒúər/ 動 他 〖章〗 1 に厳命する; に懇願する, 嘆願する. 2 VOO (～ X *to do*) X に..するように厳命[懇願]する. The judge ～*d* him *to* speak the truth. 裁判官は彼に真実を語るように厳かに命じた.

‡ad·just /ədʒʌ́st/ 動 (～s /-ts/| 過 過分 **～·ed** /-əd/| **～·ing**) 他 1 (a) を(微)**調節する**; 〔機械など〕を整備する; 〔衣服など〕を整える. ～ the brakes ブレーキを調節する. ～

A

one's hair 髪を整える. (**b**) VOA (～ X *to* [*for*] ..) X を..に適するように調整する, 合わせる. I ～*ed* the telescope *to* my vision. 望遠鏡のピントを合わせた.

2 VOA (～ X *to* ..) X を〔環境など〕に**適応**[**順応**]させる. A correspondent must soon ～ himself *to* life abroad. 通信員は海外生活にすぐに順応しなくてはいけない. ～ the interest rate *for* inflation 利率をインフレに合わせて調整する. **3**〔紛争など〕を調停する;〔間違いなど〕を訂正する;〔保険金支払額〕を査定する.

—— 自 **順応する**〈*to* ..に〉(類語 工夫をし知恵を働かせて順応する感じが強い; →adapt). He needs time to ～. 彼は慣れるのに時間が必要だ. Our eyes take time to ～ *to* the darkness. 我々の目は暗闇(やみ)に慣れるのに時間がかかる. ～ *to* new circumstances 新しい環境に順応する. [＜古期フランス語「調整する」]

***ad·júst·a·ble** 形 **調節可能な**; 順応できる.

adjùstable spánner 名 〖英〗＝monkey wrench 1.

ad·júst·er 名 C **1** 調節器[装置]. **2** 調整[調停]者; (保険金支払額)査定係《保険会社の》.

***ad·just·ment** /ədʒʌ́s(t)mənt/ 名 (複 **～s** /-ts/) **1** UC **調節する**[**される**]こと, 調整,〈*to, for, in* ..を, が, の〉; 順応〈*to* ..への〉; 調停; 苦情などの解決. make minor [slight] ～s 微調整をする. ～ *to* college life 大学生活への順応. **2** C 調節装置[手段]. ◇動 adjust

ad·jus·tor /ədʒʌ́stər/ 名 ＝adjuster.

ad·ju·tan·cy /ǽdʒət(ə)nsi/ 名 U 副官の職.

ad·ju·tant /ǽdʒət(ə)nt/ 名 C **1**〖軍〗(部隊の)副官. **2** 助手 (assistant). **3**〖鳥〗ハゲコウ《**ádjutant bìrd** [**stòrk**] とも言う; インド・アフリカ産》.

Àdjutant Gèneral 名 C〖米〗(米陸軍の)事務担当副官[少将];〖英〗事務担当将校.

ad lib /æd-líb/ 副〖話〗即興的に, アドリブで; 任意に, 自由に, 好きなだけ;《＜*ad lib*itum》. We can eat and drink ～ here. ここでは好きなだけ飲み食いできる.

ad-lib /ædlíb/〖話〗動 (**～s**|**-bb-**) 他, 自 ([(台本にない)せりふなど]を)即興的にしゃべる[演じる]; (を)即興的に歌う[演奏する]. He forgot part of his speech and had to ～ for a while. 彼は演説の一部を忘れたので少しの間即席でしゃべらなくてはならなかった. ～ one's way through the speech スピーチ全部を準備なしにやる.

—— 名 C 即興的なせりふ[演奏], アドリブ.

—— /⌣⌣/ 形 即興的な, アドリブの.

ad lib·i·tum /æd-líbətəm/ 副, 形〖主に楽〗好みのままに[の], 任意に[の],《略 ad lib》. [ラテン語 'according to pleasure']

Adm. Admiral; Admiralty.

ad·man /ǽdmæn/ 名 (複 **-men** /-mèn/) C〖話〗広告業者, 広告係, 広告会社社員, アドマン, コピーライター,《＜ad[1]＋man》.

ad·mass /ǽdmæs/ 名 U〖英旧〗(マスコミに動かされやすい)一般大衆《＜ad[1]＋mass[1]》.

ad·min /ǽdmin/ 名 U〖話〗＝administration.

***ad·min·is·ter** /ədmínəstər/ 動 (**～s** /-z/|過 過分 **～ed** /-d/|**～·ing** /-t(ə)riŋ/) 他 **【必要な処置を施す】**

1〔会社, 事業など〕を**運営する**;〔国など〕を**支配**[**統治**]する;〔資産など〕を管理する;〔家事など〕を切り盛りする. ～ a country 国を統治する. ～ a school 学校を経営する. The Secretary of State ～*s* foreign affairs. (米国)国務長官は対外関係を統括する. **2**〖章〗〔法律など〕を**執行する**;〔宣誓〕をさせる;〔牧師が〕〔儀式〕を執り行う. ～ justice 裁判を行う. ～ an oath (*to* a person) (誓詞を読み聞かせそのとおりに)(人に)宣誓させる.

3【必要なものを与える】〖章〗を与える; を提供する;〔薬など〕を投与する;〔殴打など〕を加える. ～ punishment 罰を科す. ～ a severe blow 痛烈な打撃を与える. ～ medicine *to* sick people 病人に投薬する.

—— 自 **1 奉仕する**, 助けとなる, 寄与する,〈*to* ..に〉. ～ *to* the flood victims 洪水の被災者を救援する.

2 管理者である;〖法〗遺産を管理する.

◇名 administration 形 administrative [＜ラテン語「そばで仕える, 管理する」]

「ter 他 1, 自 2.

ad·min·is·trate /ədmínəstrèit/ 動 ＝adminis-↑

‡ad·min·is·tra·tion /ədminəstréiʃ(ə)n/ 名 (複 **～s** /-z/) **1** U **管理**, 経営;〈the ～〉管理部, 経営者側. business ～ 事業経営; 経営学. a board of ～ 理事会. That is a question for the ～ to decide. それは経営者側が決めることだ.

2 U **行政**, 統治; C 行政機関, 行政府;〖米〗〈the A-〉**政府**《大統領と閣僚を合わせて》. military ～ 軍政. the city ～ 市当局. the Clinton *Administration* クリントン政権. under Dutch ～ オランダの統治下で.

> 1, 2 の 連結 efficient [capable, competent; bad, corrupt; central; local, regional] ～

3 U 長官[社長, 会長など]の任期;〖米〗大統領の任期.

4 UC〖章〗(法律, 処罰, 宣誓などの)執行; (救済などの)供与; (薬の)投与. the ～ of justice 法の執行.

5 U〖法〗遺産管理. ◇動 administer

***ad·min·is·tra·tive** /ədmínəstrèitiv|-trət-/ 形 ©

管理[**経営**](**上**)**の**; **行政**(**上**)**の**. ～ ability 行政の手腕; 管理[経営]能力. ～ law 行政法. ～ guidance (日本政府の)行政指導. I'm not the ～ type. 私は管理者向きの人間ではない. 参考 一般に administrative な地位は executive な地位より高い. ▷ **～·ly** 副 管理[経営]上; 行政的に.

‡ad·min·is·tra·tor /ədmínəstrèitər/ 名 C **1** 管理者[理事, 経営者](の 1 人). a college ～ 大学の理事.

2 行政官. **3** 管理・経営の手腕のある人.

4〖法〗遺産管理人《特に, 遺言なしに死んだ人の財産を管理する》; 管財人.

***ad·mi·ra·ble** /ǽdm(ə)rəb(ə)l/ 形 m **賞賛すべき**, 立派な; 見事な, 優れた. an ～ collection of paintings 絵画の見事な収集. make an ～ speech 立派な演説をする. ◇動 admire

†ad·mi·ra·bly /ǽdm(ə)rəbli/ 副 立派に, 見事に.

†ad·mi·ral /ǽdm(ə)rəl/ 名 C **1** (全海軍又は艦隊の)**司令長官**; 海軍の将官;〈特に〉海軍大将;〈俗に〉提督;《略 Adm.》(→general 名 1). 参考 次の 4 階級がある. fleet admiral〖米〗＝admiral of the fleet〖英〗海軍元帥; (full) admiral 海軍大将; vice admiral 海軍中将; rear admiral 海軍少将. **2**〖虫〗タテハチョウなどの通称. [＜アラビア語 'the emir'; →alcohol]

àdmiral of the fléet 名 C〖英〗海軍元帥(〖米〗fleet admiral).

ád·mi·ral·ship 名 U 海軍将官[大将]の職[地位].

ad·mi·ral·ty /ǽdm(ə)rəlti/ 名 **1**〖英史〗〈the A-〉海軍本部, 海軍省,《1964 年国防省 (the Ministry of Defence) に統合; 略 Adm.》.

2 U〖法〗海事法. **3** C 海事裁判所.

***ad·mi·ra·tion** /ædməréiʃ(ə)n/ 名 **1** U **賞賛**, 賛美,〈*for* ..に対する〉; すばらしいと眺めること〈*of* ..を〉. have great ～ *for* his courage 彼の勇気にはほとほと感心する. look at a painting *in* [*with*] ～ 感心して絵を眺める. *be* lost in ～ *of* the scenery 風景の美しさを眺めてうっとりする.

> 連結 deep [enormous; heartfelt, sincere; enthusiastic; enduring; grudging; mutual] ～ // arouse [excite; command, win; deserve] (a person's) ～

2 U〈the ～〉賛美の的. Her beauty is the ～ *of* the whole school. 彼女の美貌(ぼう)は全校の賛美の的だ. ◇動 admire

‡ad·mire /ədmáiər/ 動 (～s /-z/|過 過分 ～d /-d/|-mir·ing /-mái(ə)riŋ/) 他 **1** (a) を賞賛する, 賛美する, 〈*for* ..で〉. I ～ you *for* your courage. 君の勇気には全く感服する. Mr. White is a much ～*d* man. ホワイトさんにはみんな感心している. (b) 〈普通, 反語的に〉..には感心する, 恐れ入る. I ～ your impudence. 君の厚かましさには恐れ入るよ. **2** を感心して眺める; に見とれる. ～ the flowers in the vase 花瓶の花に見とれる. **3** 〖話〗〈しばしばお世辞に〉を褒める. She never forgets to ～ our baby. 彼女はいつもうちの赤ん坊を見るとかわいい赤ちゃんですねと言う. ◇名 admiration 形 admirable [＜ラテン語「驚嘆する」]

†ad·mir·er /ədmái(ə)rər/ 名 C 賛美者; 〖旧〗(特に女性に対する男性の)崇拝者, 求愛者 (suitor). a great ～ of Lincoln リンカーンの大の崇拝者[心酔者]. Dinah has many ～*s*. ダイナには崇拝者がたくさんいる.

†ad·mir·ing /ədmái(ə)riŋ/ 形 賞賛する, 賛美する. cast ～ glances at ..に見とれる. ▷**～·ly** 副 感嘆して, ほれぼれと. gaze ～*ly* ほれぼれと見とれる.

ad·mìs·si·bíl·i·ty 名 U 承認[容認]できること, 承認の可能性; 入る資格のあること; 《入学を許可される可能性など》.

ad·mis·si·ble /ədmísəb(ə)l/ 形 **1** 承認できる; 〖法〗〔証拠が〕容認できる. an ～ reason 承認できる理由. **2** 入る資格がある〈*to* ..〔学校, 会場など〕に〉, 就く資格がある〈*to* ..〔地位〕に〉. Adults only are ～ *to* that film. その映画は成人しか見られない. ◇動 admit ▷**-bly** 副

‡ad·mis·sion /ədmíʃ(ə)n/ 名 **1** UC 入場(許可)する[される]こと, 入学(許可), 入会(許可), 入国(許可), 〈*to, into* ..へ(の)〉; C 入院; (類語 admittance が主に具体的な場所への「入場許可」だけを意味するのに対し, admission はさらに「権利, 資格を許されること」も意味する). gain ～ *to* a club クラブへの入会を許される. He was granted ～ *to* the university. 彼はその大学への入学を許可された. *Admission* by ticket only (→ticket 1). No ～ after 4 p.m.＝No ～*s* are permitted after 4 p.m. 午後4時以後は入場できません.

> 連結 apply for [seek; obtain; deny, refuse] ～ // ～ is open [limited, restricted]

2 U 入場料, 入会金など. *Admission* free. 〖掲示〗入場無料. *Admission* is $10 for adults and $5 for children. 入場料は大人10ドル, 子供5ドルです. charge two dollars ～ 2ドルの入場料を取る. **3** 〈～s〉入場[入学]者数; 入院患者(数). all ～*s* over 70 70歳以上のすべての入院患者.
4【事実を受け入れること】UC 承認; 自認, 自白; 〈*of* ..の/*that* 節 ..という〉. make an ～ *of* ..を告白する, 打ち明ける. His ～ *that* he had stolen the money astonished his family. その金を盗んだという彼の自白に家族は驚いた. a tacit ～ that ..という暗黙の了解. Silence is an ～ *of* guilt. 黙っていると罪を認めたことになる. ◇動 admit

> 連結 a frank [a candid; a startling, a stunning; a damaging; a tacit] ～ // make an ～

by* [*on*] *one's ówn admìssion 自身が認めているように《普通, よくないことに言う》.

Admíssion Dày 名 州制記念日《米国独立後に合衆国に編入した各州の記念休日》.

admíssion fèe 名 C 入場料, 入会[入学]金など.

‡ad·mit /ədmít/ 動 (～s /-ts/|過 過分 ～·ted /-əd/|～·ting) 他【受け入れる】**1** (a)〔人, 物〕を入れる; 〔病院などが〕を受け入れる; 〔人〕に入場[入会, 入学, 入国など]を許可する; 〈*to, in, into* ..へ〉. I was ～*ted* at once. 私はすぐに中に通された. The window was opened, ～*ting* fresh air. 窓が開くと新鮮な空気が入ってきた. be ～*ted to* college [hospital] 大学に入学を許可される[病院に収容される]. Women are not ～*ted to* the group. 女性はその団体に入会を認められない. This ticket ～*s* two persons (*to* the theme park). この切符で(テーマパークに)2人入れます. be ～*ted* free to ..に無料で入ることができる. (b) VOA (～ X *to* ..) Xに〔特権など〕を許す. be ～*ted to* citizenship 市民権を与えられる[得る]. (c) VOA (～ X *into* ..) Xを..に入れる, 加える. We cannot ～ this document *into* the body of evidence. この文書は証拠の中に入れられない.
2 〔場所が〕を収容できる, 入れる余地がある. The room ～*s* 20 persons. その部屋は20人収容できる.
3【事実を受け入れる】(a)〔自分の非, 罪など〕を認める, 白状する. I ～ defeat [my mistake]. 私は負け[自分の誤り]を認める. (b) VO (～ *doing*/*that* 節/"引用") ..した[している]ことを/..ということを承認する[認める]; を自認する; (注意 他人に指摘されたことを(しぶしぶ)認めること). I must ～ *that* you are right. あなたが正しいことを認めざるをえません. (while) ～*ting that* ..ということは一応認めるが(しかし..). I ～ hav*ing* done wrong.＝I ～ *that* I have done wrong. 悪い事をしたと認める.
(c) VOC (～ X (*to be*) Y) XをYと認める. I ～ it *to be* false.＝I ～ *that* it is false. それが偽りであることを認める. ～ oneself defeated 負けを認める. It is generally ～*ted* that ..ということは一般に認められている.
── 自 **1** 〖章〗VA (～ *of* ..)〔物事が〕..を容(い)れる余地がある, ..を許す. His delay ～*s of* no excuse. 彼の遅れは弁解の余地がない. The sentence ～*s of* two interpretations. その文は2つの解釈ができる.
2 VA (～ *to* ..)〔門, 入り口などが〕..に通じる. The gate ～*s to* the garden. この門から庭園に入れる.
3 VA (～ *to* (*doing*) ..) ..(したこと)を(しぶしぶ)認める, 白状する. He ～*ted to* shoplifting. 彼は万引きしたことを認めた. ◇名 admission, admittance 形 admissible [＜ラテン語「行かせる」(＜ad-＋*mittere* 'send')]

†ad·mit·tance /ədmít(ə)ns/ 名 U **1** 入場, 入場許可, 〈*to, into* ..〔場所〕への〉(→admission 類語). gain [get] ～ *to* ..に入場できる. We were granted [refused] ～ *to* the meeting. 我々は集会への入場を許された[断られた]. No ～ except on business. 〖掲示〗無用の者立ち入り禁止. **2** 〖電〗アドミタンス《交流回路における電流の流れやすさを表す量》. ◇動 admit

ad·mít·ted /-əd/ 形 自ら認める, 公然の. an ～ alcoholic [atheist] 自らも認めるアル中[無神論者].

†ad·mít·ted·ly 副 〈普通, 文修飾〉一般に認められているように; 明らかに(..ではあるが); (人が自ら)認めているところでは. an ～ difficult job だれが見ても困難な仕事. He is ～ [*Admittedly*, he is] an able man, but I doubt his integrity. 彼は明らかに有能な人だが彼の誠実さは疑わしい.

ad·mix /ædmíks, əd-/ 動 他 を混ぜる, 混合する, 〈*with* ..と〉. ── 自 混ざる〈*with* ..と〉.

ad·mix·ture /ædmíkstʃər, əd-/ 名 〖章〗U 混合; C 混合物 (mixture); 混ぜるもの, 混ぜもの.

ad·mon·ish /ədmániʃ|-mɔ́n-/ 動 他 〖章〗**1** 〔人〕を(穏やかに)しかる, たしなめる, (scold) 〈*for* ..(したこと)に対して〉; VO (～"引用")「..」と言ってたしなめる; VOA (～ X *against* ..) 〖古〗Xに..しないように警告する; (類語 かなり権威を持って注意すること; →blame). ～ her *against* smoking 彼女にたばこを吸わないよう注意する. ～ them *for* being noisy 彼らを騒がしいとたしなめる.
2 VOO (～ X *to do*/*that* 節/"引用") Xに..するよう/..ということを/「..」と言って(強く)忠告[勧告]する. She ～*ed* me *to* consult a doctor.＝She ～*ed* me ⌞*that* I should consult a doctor. [, "Consult a doctor."] 彼女は私に医者に⌞診てもらうよう[診てもらいなさいと]強く勧

A

めた.
3 〔人〕に警告する〈*about, of* ..を〉. ～ him *of* the danger of smoking 彼に喫煙の害を警告する.
▷～**·ment** [名] ＝admonition.

ad·mo·ni·tion /ædmənɪ́ʃ(ə)n/ [名] [UC] 〘章〙(目上の者からの)たしなめ, 軽い叱(しっ)責; 勧告; 警告; 助言.

ad·mon·i·to·ry /ədmɑ́nətɔ̀ːri|-mɔ́nət(ə)ri/ [形] 〘章〙たしなめるような〔口調, 言葉など〕, 忠告の[になる]〔手紙など〕. ◇[動] admonish

ad nau·se·am /æd-nɔ́ːziæm|-əm/ [副] 吐き気を催すほど; うんざりするほど〔長たらしくなど〕. ［ラテン語 'to nausea'］

a·do /ədúː/ [名] [U] 〘旧〙騒ぎ, 騒動, (fuss); 骨折り, 苦心, (trouble). What's ～? 〘古〙どうしたのか. have [make] much ～ *to* do [*about*..] ..するのに[..について]大騒ぎする. much ～ about nothing 空(から)騒ぎ《Shakespeare の同名の戯曲から》.
without múch* [*móre, fúrther*] *adò 大して[それ以上]面倒をかけないで; 早速ですが. So, *without more* ～, let me introduce our guest speaker. さて, 早速ですが, 来賓としてお話しいただく方をご紹介させていただきます. ［＜中期英語 *at do* 'to do'］

a·do·be /ədóubi/ [名] [U] アドービ《粘土とトウモロコシの茎などを混ぜて作る日干しれんが; またその粘土》; [C] アドービれんが; [C] アドービ造りの家《メキシコ・インディアンなどの》. ［＜アラビア語「れんが」］

†**ad·o·les·cence** /ædəlés(ə)ns/ [名] [aU] 青春期《子供(childhood)と大人(adulthood)の中間の時期; およそ 12, 3 歳から 18 歳前後まで》.

†**ad·o·les·cent** /ædəlés(ə)nt/ [形] **1** 青春期の. **2** 〔大人が〕少年[少女]じみた; 未熟な. Don't be so ～. もっと大人らしくしろよ. ── [名] [C] **1** 青春期の男[女]; 〈特に〉13–16 歳ごろの少年[少女]. **2** 少年[少女]じみた大人. ［＜ラテン語「成長中の」］

A·don·is /ədɑ́nəs, ədóu-|ədóu-/ [名] **1** 〘ギ神話〙アドニス《Aphrodite に愛された美青年》. **2** [C] 美青年.

‡**a·dopt** /ədɑ́pt|ədɔ́pt/ [動] (～**s** /-ts/|[過] [過分] ～**ed** /-əd/|～**·ing**) [他] 【選んで受け入れる】 **1 (a)** 〔人の意見, 勧告など〕を**採用する**; 〔方針など〕を選ぶ; 〔ある態度, 姿勢〕を取る; 〔いつもとは違った話し方〕をする. ～ a plan 計画を採用する. ～ a foreign custom 外国の習慣を取り入れる. ～ a new foreign policy 新しい外交政策を取る. **(b)** を(外来語として)取り入れる, 借入する, 〈*from* ..から〉. words ～*ed from* French フランス語からの借入語. **2** (投票などで)〔決議, 案件など〕を採択する; 〔報告書など〕を承認する, 可決する. ～ a resolution unanimously 満場一致で決議を採択する.
3 を養子[養女]にする. ～ an orphan 孤児を養子にする. have one's child ～*ed* 子供を養子に出す.
4 〘英〙[VOA] (～ X *as* ..) 〔政党などが〕X を..として公認する, 指名する. **5** 〔教科書〕を選定する. **6** 〘英〙〔地方自治体が〕〔道路〕の補修の責任を引き受ける. ── [自] 養子をもらう[とる].
◇[名] adoption ［＜ラテン語「選び出す」; ad-, opt］

a·dópt·ed /-əd/ [形] **1** 養子になった. an ～ son [daughter] 養子[養女]. **2** 選ばれた, 採用された; 借入された〔語〕. one's ～ country 自分が(選んで)帰化した国.

†**a·dóp·tion** [名] [UC] (方針などの)採用; (決議などの)採択; (外来語の)借入; 養子縁組み; (候補者などの)指名. one's country of ～ (帰化などして)選んだ国. place [put up, offer] a child for ～ 子供を養子に出す.

adóption àgency [名] [C] 養子(縁組)斡旋所.

a·dop·tive /ədɑ́ptiv|ədɔ́p-/ [形] 〘章〙**1** 養子関係の. an ～ father [son] 養父[養子]. **2** 帰化した〔先の国; 又はその国から見た人〕.

†**a·dor·a·ble** /ədɔ́ːrəb(ə)l/ [形] **1** 〘旧〙崇拝[熱愛]に値する. **2** 〘話〙かわいらしい; ほれぼれするような. an ～ baby かわいらしい赤ん坊. What an ～ dress! まあかわいらしいドレス! ▷**-bly** [副] 崇拝できるほどに; 〘話〙かわいらしく.

†**ad·o·ra·tion** /ædəréiʃ(ə)n|ædɔː-/ [名] [U] **1** 〘旧〙崇拝; 礼拝. **2** 礼賛, 熱愛. their ～ *for* [*of*] their father 彼らの父に対する敬愛.

***a·dore** /ədɔ́ːr/ [動] (～**s** /-z/|[過] [過分] ～**d** /-d/|**-dor·ing** /-riŋ/) [他] **1** を**礼賛する**; を敬慕[熱愛]する. The young professor is ～*d* by the girl students. その若い教授は女子学生のあこがれの的だ. I ～ you. あなたをとても愛しています《I love you. より激しい表現》. **2** 〘章〙を崇拝する; を(神として)あがめる; 〘カトリック〙を礼拝する; (worship). Voltaire died *adoring* God. ヴォルテールは神をあがめながら死んだ. **3** 〘話〙〈進行形不可〉[VO] (～ X/*doing*) X が/..することが大好きである. I ～ (draw*ing*) cartoons. 私は漫画(を描くの)が大好きだ. ［＜ラテン語「呼び掛ける, 切願する」］

a·dór·er /-rər/ [名] [C] 崇拝者; 礼拝者; 礼賛者, 熱↑「愛者.

a·dór·ing /-riŋ/ [形] 〈普通, 限定〉崇拝[礼賛, 熱愛]する; ほれぼれした〔表情など〕. an ～ mother (子供を)熱愛する母親. ▷～**·ly** [副] ほれぼれと〔眺めるなど〕.

†**a·dorn** /ədɔ́ːrn/ [動] [他] **1** を飾る, 装飾する, 〈*with* ..で〉 ([類語] 多く人に用いられ, 本来美しい物をさらに美しくすること; →decorate; [注意] 皮肉として使う場合もある). ～ the dress *with* flowers ドレスに花の飾りを付ける. ～ oneself *with* jewels 宝石で身を飾る. **2** の飾りになる, に美しさ[光彩など]を添える. the romances that ～ his life 彼の生涯を彩るロマンス. ［＜ラテン語「備える, 用意する」］

a·dórn·ment [名] **1** [U] 飾ること, 装飾. **2** [C] 装飾品. She wears no ～*s*. 彼女は装身具を身に着けない.

ADR alternative dispute resolution. (裁判外紛争処理) 〘米〙American depository receipt (米国預託証券).

ad·re·nal /ədríːn(ə)l/ 〘解剖〙[形] 腎(じん)臓付近の; ↑「副腎の. ── [名] [C] 副腎.

adrénal glànd [名] [C] 副腎.

‡**ad·ren·al·in(e)** /ədrén(ə)lən/ [名] [U] アドレナリン《副腎(じん)から分泌されるホルモン; 興奮すると分泌が活発になる》; 〈A-〉〘商標〙アドレナリン剤. get the [a person's] ～ going [flowing] 〔物事が〕興奮[どきどき]させる.

a·dre·no·cor·ti·co·trop·ic hórmone /ədrìː-noukɔ̀ːrtikoutrɑ́pik-|-trɔ́pik-/ [名] [U] 副腎(じん)皮質刺激ホルモン《略 ACTH》.

A·dri·at·ic /èidriǽtik [移]/ [形] アドリア海の.

Adriatic Séa [名] 〈the ～〉アドリア海《主にイタリアとクロアチア間の地中海の一部》.

‡**a·drift** /ədrɪ́ft/ [副], [形] 〈叙述〉**1** 〔船が〕漂流して, (波風のままに)漂って. **2** 〔人が〕さまよって; 定職がなく; 目的を持たずに[見失って]; 孤立して. He was ～ in Paris with no money. 彼は金もなくパリをさまよっていた. **3** 〔部品などが〕緩んで, 外れて; 調子が狂って. **4** 〘スポーツ〙〈普通, 数詞の後で〉(距離, 点数, 順位が)離されて, リードされて, 〈*of* ..に〉.
còme adríft (1)(部品などが)取れる. (2)(本題から)↑「離れる.
gò adríft (1)漂流する. (2)うまくいかない. Our project *went* badly ～. 我々の計画はすっかり調子が狂ってしまった.
tùrn* [*càst*] *a pèrson adríft 人を(家から)追い出す.

a·droit /ədrɔ́it/ [形] 〘章〙手先の器用な; 機敏な, 抜け目のない; 〈*at, in* ..(するの)に〉. ～ *in* [*at*] borrowing money 借金するのが上手.
［＜フランス語「右へ, 正しく」］ ▷～**·ly** [副] ～**·ness** [名]

ad·sorb /ædsɔ́ːrb/ [動] [他] 〘化〙を吸着する. Nickel ～*s* hydrogen. ニッケルは水素を吸着する.

ad·sorb·ent /ædsɔ́ːrbənt/ [形] 〘化〙吸着性の. ── [名] [UC] 吸着剤. 「用).

ad·sorp·tion /ædsɔ́ːrpʃ(ə)n/ [名] [U] 〘化〙吸着(作↑

ad·sorp·tive /ædsɔ́ːrptiv/ 形 吸着性[作用]の.
aduki bean /ədúːki bìːn/ 名 C 小豆.
ad·u·late /ǽdʒəlèit|ǽdju-/ 動 他 〖雅〗にへつらう; (気に入られようと)をほめそやす; 〈しばしば受け身で〉.
▷**ad·u·la·tor** /-lèitər/ 名 C へつらう人. 「世辞.
àd·u·lá·tion 名 U 〖章〗(過度の)へつらい, 追従, お↑
ad·u·la·to·ry /ǽdʒələtɔ̀ːri|ǽdjulèit(ə)ri, ǽdʒuléitəri/ 形 〖章〗へつらいの, お世辞の. an ～ biography 追従的伝記.
‡**a·dult** /ədʌ́lt, ǽdʌlt/ 形 m **1 成人**[成長]した, 成年の; 成熟した, 大人の, 大人にふさわしい《普通〖英〗では18歳以上,〖米〗では法的には21歳以上を指す》. all ～ males すべての成人男性. an ～ elephant おとなの象. in ～ life 成年期に. **2** 成人向きの《特に,「ポルノ」の意味を遠回しに》. an ～ film [movie] 成人向き映画. an ～ bookstore 〖米〗[〖英〗bookshop] 成人向き図書[ポルノ本]専門店.
── 名 (複 **～s** /-ts/) C **1 大人**, 成人, (類語 成人を表す一般的な語; →grown-up, major); 〖法〗成年者 (↔ minor). *Adults* only. 未成年者お断り《映画館などの掲示》. **2** 成長した動植物. [＜ラテン語「成長した」]
adùlt educátion 名 U 成人教育(〖米〗continuing education).
a·dul·ter·ant /ədʌ́lt(ə)rənt/ 名 C, 形 混ぜ物(の).
a·dul·ter·ate /ədʌ́ltərèit/ 動 他 〖章〗〔食品など〕に混ぜ物をする, の品質を落とす, 〔飲み物〕を薄める, 〈*with* ..で〉. ～*d* gasoline (灯油などを混入した)不純ガソリン.
a·dùl·ter·á·tion 名 U 〖章〗混ぜ物をすること; C (混ぜ物をした)粗悪品. 「者.
a·dul·ter·a·tor /ədʌ́ltərèitər/ 名 C 粗悪品製造↑
a·dul·ter·er /ədʌ́lt(ə)rər/ 名 C (男の)姦(かん)通者, 姦夫. 「者, 姦婦.
a·dul·ter·ess /ədʌ́lt(ə)rəs/ 名 C (女の)姦(かん)通↑
a·dul·ter·ous /ədʌ́lt(ə)rəs/ 形 姦(かん)通の, 不義の, 不倫の; 姦通を犯した.
†**a·dul·ter·y** /ədʌ́lt(ə)ri/ 名 (複 **-ries**) UC 姦(かん)通, 不義, 不倫. commit ～ 不倫をする. [＜ラテン語「他のものを混ぜること」]
†**a·dult·hood** /ədʌ́lthùd/ 名 U 成人であること. reach ～ 成人に達する.
ad·um·brate /ǽdʌmbrèit, -dəm-, ədʌ́m-|ǽd-/ 動 他 〖章〗**1** の輪郭[概略]を示す. **2** 〔未来など〕をかすかに予示する, の前兆となる.
ad·um·bra·tion /æ̀dʌmbréiʃ(ə)n/ 名 U 〖章〗輪郭[概略]を示すこと; かすかな予示, 前兆.
adv. adverb; adverbial(ly); advertisement.
ad va·lo·rem /æd-vəlɔ́ːrem/ 副 形 評価額に応じて[た]. a duty of 30 percent ～ 30%の従価税. [ラテン語 'according to the value']
‡**ad·vance** /ədvǽns|-vɑ́ːns/ 動 (**-vanc·es** /-əz/|過 過分 **～d** /-t/|**-vanc·ing**) 他 【前へ進める】 **1** を**進める**, 前に出す, 前進させる; 〔テープ, フィルムなど〕を先に送る, 前に進める. ～ the runner to second base 走者を2塁に進める. ～ the hands on a clock 時計の針を進める.
2 〔期日など〕を**早める**, 繰り上げる, 〈(*from*..) *to*.. (..から)..へ/*by*..だけ〉 (↔postpone). ～ the wedding date (*by* two weeks/*to* 15th June) 結婚式の日取りを(2週間/6月15日に)繰り上げる.
3 VOO (～XY)・VOA (～Y *to* X) **YをXに前払いする**, 前貸しする. The manager ～*d* him two weeks' wages. 支配人は2週間分の給料を彼に前渡しした.
4 を**促進**[**推進**]**する**, はかどらせる. The world today needs to ～ its production of food. 今日の世界は食料生産を促進する必要がある. ～ the growth of plants 植物の成育を助長する. ～ the cause of peace 平和運動を推し進める.
5 【人の前へ出す】 〖章〗〔意見, 要求, 理論など〕を**提出**[**提示**]する. He ～*d* a new plan [proposal]. 彼は新しい計画[提案]を出した.
【上へ進める】 **6** を**昇進**[**昇給**]させる 〈*to* ..に〉. ～ him *to* colonel 彼を大佐に昇進させる.
7 〖章〗〔価格, 料金など〕を上げる; 〔量など〕を増やす.
── 自 **1** 〔軍隊などが〕**進む, 前進する**, 〈*on*, *toward*(*s*) ..に向かって〉 (↔retreat). ～ through a crowd 群衆を押し分けて進む. ～ *against* [*on*, *upon*] the enemy 敵に向かって進撃する. **2** 〖章〗(時間的に)進む, 〔夜が〕更ける. ～ in age [years] 年を取る, 年齢を重ねる. as the evening ～*s* 夜が更けるにつれ. **3** 〔学問などが〕進む; **はかどる**; 進歩する. ～ *in* knowledge 知識が増える. As far as wisdom is concerned, we have not ～*d* much over the ancient Greeks. 賢明さの点では我々は古代ギリシア人からあまり進んでいない. **4 昇進する**; 出世する. ～ in life [in the world] 出世する. **5** 〖章〗〔株などが〕上がる; 〔量が〕増える.
── 名 (複 **-vanc·es** /-əz/) 【前進】 **1** UC **前進**, 進行; 進撃; (病気の)進行. Our ～ was checked. 我々の前進は阻まれた.
2 UC (時間的な)進行. with the ～ of age 年を取るとともに. with the ～ of night 夜が更けるにつれて.
3 C **進歩**; はかどること; 〈*in*..〔..の分野〕で(の)〉 (類語 新しい着想や技術などによるある分野の水準の向上; progress は U だがこれは C); 〈普通 an ～〉 改善 〈*on* ..における〉. recent ～*s in* medicine 近年における医学の進歩. make a rapid ～ 急速の進歩を遂げる. His latest novel marks a great ～ *on* his previous ones. 彼の最近作の小説は以前のに比べて長足の進歩を示している.
4 C (地位の)**向上**, 昇進. **5** C (価格, 料金の)**上昇**, 騰貴. an ～ *in* prices [wages] 物価[賃金]の上昇.
6 【進み出ること】 C 〈普通 ～s〉 (人に)取り入ること; (交際の)申し入れ; (異性への)言い寄り. reject his bold ～*s* 彼が大胆に言い寄るのをはねつける. make ～*s to* her 彼女に言い寄る.
【先行】 **7** C **前払い**(**金**); 立替(金); 前貸し(金). ask for an ～ *on* one's salary 給料の前払いを求める.
8 C ローン. an ～ from a bank 銀行のローン.
9 〈形容詞的〉 前方の, 先発の; 前もっての. ～ booking (ホテル, 座席などの)予約; 前売り. an ～ ticket 前売り券. ～ notice [warning] 予告[事前の警告]. ～ payment 前払い, 前金. an ～ party [team] 先発隊.
***in advánce** (1) **前もって**, あらかじめ. make hotel reservations *in* ～ ホテルの予約を取る. (2) 先頭に(立って); 前方へ(の). The leader of the party walked *in* ～. 隊長は先頭に立って歩いた. (3) 前払いで, 前金で. pay *in* ～ 前払いする.
***in advánce of..** ..**より前に**; ..より進んで; ..より優れて. Einstein was far [very much] *in* ～ *of* his time. アインシュタインは時代にはるかに先んじていた.
[＜古期フランス語「先を行く」]
advànce cópy 名 C (発売前に書評用として送る)新刊書見本, 前出し.
***ad·vanced** /ədvǽnst|-vɑ́ːnst/ 形 m **1** 〔学問などが〕**上級の**, 高等の. an ～ course 高等科, 上級コース. an ～ class 〖米〗(同学年の出来のいい生徒を集めた)上級クラス. an ～ French class フランス語上級クラス. ～ studies 高度の研究. **2** 進歩した; 〔思想などが〕(一般より)進んだ, 進歩的な. ～ countries 先進国. ～ ideas 進歩的思想. **3** 〔病気が〕進行した. the ～ stage of cancer 癌(がん)の末期. **4** 〔年齢が〕進んだ, 老いた. a man ⌞～ in years [of ～ years] 高齢の人. **5** 〈叙述〉〔日, 年などの〕時が過ぎた; 〔夜が〕更けた. The night was far ～. 夜が更けた.
advànced crédit 名 UC 〖米〗振替認定された(他大学での)履修単位.

A

advànce diréctive 名 〖米〗=living will.
advánced lèvel 名 〖英〗→A level.
advànced stánding 名 U 〖米〗(転入先の大学が行う, よそで履修した)単位の振替認定.
advànce guárd 名 C 〖軍〗前衛.
advánce màn 名 C 〖主に米〗(遊説の)先乗り隊員.
†**ad·vánce·ment** 名 〖章〗**1** U 促進, 振興; C 進歩. the ~ of learning 学問の振興 (注意 the *advance* of learning は「学問の進歩」). technological ~*s* 工業技術の進歩. **2** U (地位, 身分の)昇進, 向上. career ~ 地位の昇進. **3** 〖法〗(財産の)生前贈与(分) 《それを受けた人の遺産の取り分から差し引く》.
‡**ad·van·tage** /ədvǽntidʒ|-vá:n-/ 名 (複 **-tag·es** /-əz/) 【優位にあること】**1** C 有利な点[事柄] 〈*over* ..より〉; 長所, 利点. the ~*s* of birth 生まれ(のよさ)から来る利点. be at an ~ 有利である. have an ~ (*over* ..) (..より)有利である, すぐれている. It is an ~ to be able to use a computer. コンピュータが使えるのは有利である. That would give him a terrible ~ *over* me. それでは僕より彼のほうがひどく得をする[有利になる]ことになる.
2 UC **利益**; 便宜, 好都合; (類語 benefit より意味が狭く主として物質的な利益, 又は他との競争で獲得したもの). an unfair ~ 不当な利益. He saw no ~ in waiting any longer. 彼はこれ以上待ってもなんにもならないと思った.

> 1,2 の 連結 a distinct [a clear, a decided, a definite, a marked, an obvious; a decisive; an immense; an unfair] ~ // have an ~ (over ..); derive an ~ from..

3 U 〖テニス〗アドヴァンテージ《ジュース (deuce) 後の最初の得点; vantage, 〖米話〗ad, 〖英話〗van とも言う》. *Advantage* Sugiyama. アドヴァンテージ, 杉山《ジュースの後杉山がポイントを取った時に言う》.
◇形 advantageous ↔disadvantage
***be of gréat [nó] advàntage (to ..)** (..に)**大いに有利である[少しも有利でない]**.
gàin [gèt] (an) advántage over (of) .. ..より優位に立つ; ..よりまさる.
gèt the advántage of [over] .. ..より優位に立つ.
****hàve the advántage of ..*** (1) **..という長所[強味]がある**. You *have the* ~ *of* a good education. 君には立派な教育を受けたという利点がある. (2)〖旧〗〔人〕に勝る, ..より有利である. You *have the* ~ *of* me. 〖英〗どなた様でしたかしら《こちらは知らないのに相手がこちらを知っていれば相手が有利なわけで, 未知の人から名を呼ばれた場合などに言う》; あなたは私の知らないことも知っているのだ.
****tàke advántage of ..*** (1)〔人の好意, 無知など〕**に付け込む**; ..を好きなように利用する; 〖旧・婉曲〗〔女性〕を誘惑する. (2)〔機会など〕**を利用する**. Let's *take* ~ *of* the vacation to mow the lawn. 休暇を利用して芝刈りをしよう.
to a pèrson's advántage=***to the advàntage of a pérson*** 人に有利に[な], 都合よく[よい]. It will be *to* your ~ to study hard now. 今しっかり勉強するのが君のためになる.
to (gòod, bètter, (the) bèst) advántage (1) 有利に. The party used public opinion *to* (*good*, (*the*) *best*) ~. その政党は世論を(うまく, 最大限に)利用した. (2) 引き立って, 引き立つように. This dress shows your figure *to* (*good*) ~. この服を着るとあなたのスタイルが引き立つ.
tùrn ..to (one's own) advántage 〔不利な状況など〕を(うまく)利用する. The government *turned* the economic crisis *to* ~. 政府は経済危機をうまく利用した.
── 動 他 を利する, に利益をもたらす.
[<古期フランス語「先行していること」]
ad·ván·taged /-d/ 形 〔人が〕(経済的, 環境的に)恵まれた; 〔場所が〕有利な; (↔disadvantaged).
***ad·van·ta·geous** /ædvəntéidʒəs ⑧/ 形 m **有利な**, 利益になる; 好都合な; 〈*to* ..に〉. This marriage will be ~ *to* his career. この結婚は彼の将来にとって有利になるだろう. ▷ **~·ly** 副 **~·ness** 名
‡**ad·vent** /ǽdvent, -vənt/ 名 **1** U 〖章〗〈the ~〉 到来, 出現, 出来(しゅったい) 《特に重要な人, 事物, 事態の》. the ~ of spring 春の到来. since the ~ of the motorcar 自動車の出現以来. **2** 〈A-〉 キリストの降臨[降誕]; 待降節, 降臨節, 《クリスマス前の4つの日曜日を含む期間》; =Second Advent.
Àdvent cálendar 名 C 降臨節カレンダー《小窓を開けると絵が見える子供用》.
Ád·vent·ist /ǽdventist, -vən-/ 名 C アドヴェンティスト派の人《キリスト再臨を信じる》.
ad·ven·ti·tious /ædvəntíʃəs ⑧/ 形 〖章〗**1** 外来の, 本来のものでない. **2** 偶然の, 偶発的な. **3** 〖植〗異常に発生した〔根, 芽など〕. ~ roots 不定根(え). ▷ **~·ly** 副
Àdvent Súnday 名 降臨節の第1日曜日.
‡**ad·ven·ture** /ədvéntʃər/ 名 (複 **~s** /-z/) **1** U **冒険**(すること); 冒険心. a spirit of ~ 冒険心. a story of ~ 冒険物語. **2** C (個々の)冒険; 異常な[珍しい]事件[経験], わくわくするような(危険な)旅; (類語 venture より一般的な語で, 冒険の与える刺激に重点がある). He told the children about his ~*s* in Africa. 彼は子供たちにアフリカでの珍しい経験について話した.

> 連結 an exciting [a breathtaking, a thrilling; a bold, a daring; a hazardous] ~ // have [meet with; embark on, set out on] an ~

3 UC 〖古〗(株などの)投機. ◇形 adventurous
── 動 自 〖旧〗冒険する; 探険する; 〈*into* ..を〉. ── 他 〖古〗を投機する.
[<ラテン語「起ころうとしている(こと)」]
advènture pláyground 名 C 〖英〗アスレチック遊園地《備え付けの古タイヤなど廃品を使って遊ぶ》.
†**ad·vén·tur·er** /-tʃ(ə)rər/ 名 C **1** 冒険家; =soldier of fortune. **2** 向こう見ずな男, はったり屋; 〖古〗投機家, 相場師, 山師. a political ~ 政界ごろ. that vulgar Corsican ~ (ナポレオンを指して)あの下品なコルシカ生まれの '山師軍人'.
ad·ven·ture·some /ədvéntʃərsəm/ 形 〖雅〗=adventurous.
ad·ven·tur·ess /ədvéntʃ(ə)rəs/ 名 C **1** 女性冒険家. **2** (目的達成のためには色仕掛けも辞さない)大胆な女, 女野心家.
ad·ven·tur·ism /ədvéntʃəriz(ə)m/ 名 U (政治, 外交, 実業などにおける利益追求を至上とする)冒険主義.
†**ad·ven·tur·ous** /ədvéntʃ(ə)rəs/ 形 **1** 〔人が〕冒険好きな, 大胆な; 進取的な; 新しい〔料理など〕. an ~ explorer 大胆な探検家. **2** 〔行為, 事業などが〕冒険的な, 危険な. an ~ journey 危険に満ちた旅行.
◇名 adventure ▷ **~·ly** 副 大胆に(も).
***ad·verb** /ǽdvə:rb/ 名 (複 **~s** /-z/) C **副詞**. →sentence adverb. [<ラテン語「動詞に添えられる(語)」]
ad·ver·bi·al /ædvə́:rbiəl, -bjəl, əd-/ 〖文法〗形 副詞の; 副詞的な. ── 名 C 副詞相当語句; 副詞類. ▷ **~·ly** 副 副詞として, 副詞的に.
advèrbial cláuse [phráse] 名 C 副詞節[句].
ad·ver·sar·i·al /ædvərsé(ə)riəl/ 形 〖章〗対立[争い]を生じる; 敵対する, 反対の; 〖法〗当事者がかかわる.
†**ad·ver·sar·y** /ǽdvərsèri|-s(ə)ri/ 名 (複 **-ries**) C **1** 〖章〗敵 (類語 opponent よりはるかに強意的で, 激しい敵意を含む). his political *adversaris* 彼の政敵. **2**

(競技などの)相手. **3** 〈the A-〉悪魔, サタン, (Satan)《神と人間の敵対者; ＜Milton の *Paradise Lost*》. ── 形 (利害の)対立する.

†**ad·verse** /ædvə́ːrs, ⌐-|⌐-/ 形【章】**1** 逆の, 反対の; 反対する; 〈*to* ..と, に〉. an ～ wind 逆風. **2** 不利な (unfavorable); 不運な; 敵意を持つ (hostile); 〈*to* ..に〉. conditions ～ *to* our interests 我々の利益に反する諸条件. ～ criticism 敵意のある批評. in ～ circumstances 逆境にあって. **3** 有害な (harmful). the ～ consequences of smoking on health 喫煙の健康に対する有害な影響. have an ～ effect on ..に悪影響を及ぼす. [＜ラテン語「逆に向けられた」]
▷ **～·ly** 副 逆に; 反対して; 不利に; 有害に. be ～*ly* affected 悪い影響を受ける.

†**ad·ver·si·ty** /ædvə́ːrsəti|əd-/ 名 (複 **-ties**) U 逆境; C (個々の)逆境, 災難. in ～ 逆境にあって. Prosperity makes friends, ～ tries them.【諺】繁栄は友を作り, 逆境は友を試す. overcome *adversities* 逆境に打ち勝つ. ◇形 adverse

*__ad·vert__[1] /ǽdvəːrt/ 名 (**～s** /-ts/) C【主に英話】**1** 広告(advertisement). a short ～ 短い広告. **2** 好例〈for ..の〉. **3** 〈the ～s〉【話】(テレビの)コマーシャルの時間[インターバル].

ad·vert[2] /ædvə́ːrt, əd-|əd-/ 動 自【章】VA (～ *to* ..) ..に注意を向ける; 言及する.

‡**ad·ver·tise** /ǽdvərtàiz/ 動 (**～tis·es** /-əz/|過 過分 **～d** /-d/|**-tis·ing**) 他 **1 (a)** 〔製品, 催し物など〕を**広告する**, 宣伝する, 〈*in* ..〔新聞など〕で/*on* ..〔テレビ, パンフレットなど〕で〉. ～ a summer sale *in* the newspapers 新聞に夏期特売の広告をする. The house is ～*d for* sale. その家は売り家の広告が出ている. ～ oneself 自己宣伝をする. **(b)** VOC (～ X Y)・VOA (～ X *as* Y) X を Y と宣伝する. This camera is ～*d as* the best of its kind. このカメラは同種のもので最高と宣伝されている. **(c)** VO (～ *that* 節) ..であると広告する. **2** を公示する, 公にする, 知らせる. the ～*d* time of arrival (汽車などの)公示してある到着時刻. It may be unwise of you to ～ your presence. あなたがおいでになるのを公にするのは賢明でないかもしれない. ～ the fact (that ..) (..という)事実を知らせる. ～ one's presence 自分がいることを知らせる.
── 自 **1** 広告する. It pays to ～ *on* TV in business. 商売ではテレビ広告は引き合う. **2** VA (～ *for* ..) ..を求める広告を出す. ～ *for* a baby-sitter [a job] ベビーシッター[職]を求める広告を出す.
[＜ラテン語「..に(注意を)向ける」]

‡**ad·ver·tise·ment** /ædvərtáizmənt, ədvə́ːrtəz-|ədvə́ːtəs-, -təz-/ 名 **1** UC **広告**, 宣伝, 〈*for* ..の〉; 公告, 公示; (★【話】では ad と短縮; 略 adv., advt.; 類語 主に商品などの新聞, テレビなどでの宣伝; →propaganda, publicity). put [place] an ～ in the newspapers 新聞に広告を出す. ～*s for* houses for sale 売り家の広告. an ～ column 広告欄. **2** C【話】宣伝となるもの[こと], 好例, 〈*for* ..の〉. a good [great] ～ for ..のよさを示す好例.

‡**ád·ver·tìs·er** 名 C 広告主; 〈しばしば A-〉..アドヴァタイザー《新聞名; 広告専門紙だけでなく一般的にも用いる》. The Morning *Advertiser*『モーニング・アドヴァタイザー』.

†**ád·ver·tìs·ing** 名 U 広告(業).

ádvertising àgency 名 C 広告代理業(者).

ádvertising màn 名 ＝adman.

ad·ver·to·ri·al /ædvərtɔ́ːriəl/ 名 UC (新聞・雑誌などの)記事仕立ての広告, (テレビの)ドキュメンタリータッチの広告.

‡**ad·vice** /ədváis/ 名 (複 **-vic·es** /-əz/) **1** U **忠告**, 助言; 勧告; 〈*on, about* ..についての/*to* ..〔人〕への〉(★「1つの助言」は an advice とせず, a bit [piece, word] of advice とする; 類語 counsel より一般的な語). his ～ *to* me *to* be more cautious 彼のもっと慎重にせよという私への忠告. give a person ⌞a few words [a piece] of ～ *about* [*on*] a problem of great importance 重大問題に関して人に二言三言忠告する. against [on, according to] a person's ～ 人の忠告に反して[従って]. ask a person's ～＝ask a person for ～ 人の助言を求める. follow [act on] the doctor's ～ 医師の勧告に従う. expert ～ 専門家の助言. seek medical [legal, professional] ～ 医師の診察を受ける[弁護士, 専門家に相談する]. My ～ *to* you is to follow the doctor's orders.＝My ～ is that you should follow the doctor's orders. 医者の指示に従うよう忠告します. Let me give you some ～. 少し君に忠告しよう.

> 連結 friendly [good, sensible, sound, shrewd, wise; bad; impartial] ～ // offer ～; heed [accept; take; disregard, ignore; solicit] (a person's) ～

2 C【商】(商用などの)通知(状), 知らせ; 〈～s〉【古】情報. a remittance ～ 送金通知. ◇動 advise
tàke advíce (専門家に)意見[診断, 鑑定]を求める. *take* legal ～ 弁護士に相談する.
[＜古期フランス語 *avis*「見解, 意見」(＜ラテン語 *ad vīsum*「見たところでは」)]

advíce còlumn 名 C【主に米】(新聞や雑誌の)相談欄, 質問欄, 《回答者は advíce còlumnist; →agony column》.

advíce nòte 名 C【商】送荷通知状.

ad·vìs·a·bíl·i·ty 名 U 勧めてよいこと, 得策; (策などの)適否.

†**ad·vís·a·ble** 形 〈普通, 叙述〉〔物事が〕勧められる, 当を得た; 〈It is ～ *to* do/*that* 節で〉得策な, 賢明な. It is ～ ⌞*for* him *to* go [*that* he (should) go]. 彼が行くのが得策だ. ◇動 advise

ad·ví·sa·bly 副 〈主に文修飾〉当を得て, 賢明に. You may ～ look into the matter more closely (＝It may be advisable ⌞for you to look into .. [that you (should) look into ..]). 君はもっと綿密にこの件を調査した方が賢明だ.

‡**ad·vise** /ədváiz/ 動 (**-vis·es** /-əz/|過 過分 **～d** /-d/|**-vis·ing**) 他【**大切なことに注目させる**】**1 (a)** に**忠告する**, 助言する, 〈*on* ..について/*against* ..(を)しないよう〉. Doctors ～ us *on* our health. 医師は健康について我々の相談に乗ってくれる. You can't go wrong if you are ～*d* by me. 私の言うとおりにすれば間違いはないよ. **(b)** VOO (～ X *to do/that* 節) X に..**するよう忠告する**, 勧告する. I strongly ～*d* him *to* take [(him) *that* he (should) take] a rest. 彼に休むよう強く勧めた (★*that* 節を使うのは【章】; him は省略可 (→2)). ★直接話法中の had better は間接話法では advise で表すことができる: "You *had better* take a rest," I said to him.＝I ～*d* him *to* take a rest.
(c) VOA (～ X *against* (*doing*) ..)・VOO (～ X *not to do*) X に..しないように忠告する. I ～*d* her ⌞*against* smok*ing* [*not to* smoke]. 彼女にたばこを吸わないように忠告した. **(d)** VOO (～ X *wh* 節・句) X に**どうするべきかなどについて助言する**. ～ her *what* to do 彼女に何をしたらよいか助言する.
2 VO (～ X/*doing*/*that* 節/"引用"/*wh* 節) X (物事)を/..することを/..ということを/「..」と/..かを**勧告**[忠告]する. ～ secrecy 秘密にしておくよう勧める. ～ caution (to a person) (人に)注意するように忠告する. ～ *that* he (should) take a rest＝～ his tak*ing* [him *to* take (→1(b))] a rest 彼にひと休みするよう勧める.
3【章】《商用文に多い》. **(a)** VOA (～ X *of* ..) ..を X (人)に通知する (inform). We wish to ～ you *of* the following price reductions. 下記のとおり値下げ致し

A

ましたことをご通知申し上げます. The Miranda rule requires police to ～ suspects *of* their rights. ミランダ規則によって警察は容疑者に黙秘権があることを通告するのを義務づけられている. keep a person ～*d of* . . (. .について)たえず知らせ続ける. **(b)** VOO (～ X *that*/X *wh* 節) X に. . ということ/. . かを知らせる. We ～ you *that* the goods have been dispatched. 商品を発送しましたことをお知らせ致します.

── 自 **1** VA (～ *on* [*upon*] *. .*/～ *against . .*) . . について/. . しないように忠告する, 助言する. ～ *on* interior decoration 室内装飾について助言する. **2** VA (～ *with . .*)〖主に米〗. . と相談する. ◇名 advice
[＜古期フランス語 *aviser*「見る」(＜*avis* 'advice')]

ad·vísed 形 **1**〈叙述〉賢明な. You would be well ～ [ill ～] *to* take legal action. 訴訟を起こした[起こさない]方がいいでしょう (→advise 他 1(b)). **2**〈普通, 複合要素〉熟考した; 思慮のある, 賢明な. →well-advised, ill-advised.

ad·vís·ed·ly /-ədli/ 副〖章〗熟考した上で; 故意に, 意図的に. I say so ～, because . . . 私がそう言うのは(奇嬌に[意地悪になど]聞こえるかもしれないが)よく考えた上でのことだ. なぜなら, . . .

ad·víse·ment 名 Ⓤ〖米・英古〗熟慮; 助言. take . . under ～〖米〗. . を熟考する; . . を(専門家の)検討に委ねる.

***ad·vis·er, ad·vi·sor** /ədváizər/ 名 (複 **～s** /-z/) Ⓒ 忠告者; 顧問;〖米大学〗指導教官, アドヴァイザー;〈*to* . . への/*on* . . についての〉. serve as special ～ 特別顧問を務める. an ～ *on* legal affairs [a legal ～] *to* a firm 会社の法律顧問.

> 連結 a trusted [a close; a wise; a key, a top; an economic, a military, a political] ～

†ad·vi·so·ry /ədváiz(ə)ri/ 形〈限定〉助言する(権限のある); 助言の, 忠告の; 顧問の. an ～ board [committee, council, panel] 諮(し)問委員会. in an ～ capacity 顧問の資格で. ── 名 Ⓒ〖米〗気象通報, 注意報.

advísory bòdy 名 Ⓒ 顧問団.

ad·vo·ca·cy /ǽdvəkəsi/ 名 Ⓤ **1** 弁護, 支持, 唱道,〈*of* . .〔人, 主義など〕の〉. **2** 弁護士業, 弁護士の仕事.

***ad·vo·cate** /ǽdvəkət, -kèit/ 名 (複 **～s** /-ts/) Ⓒ **1** 主唱者; 擁護者, 支持者. an ～ *of* [*for*] peace 平和の唱道者.

> 連結 a firm [an ardent, an enthusiastic, a fervent, a passionate, a staunch, a strong, a vigorous] ～

2 訴訟代理人, 弁護士;〖スコ〗＝barrister.
── /-kèit/ 動 他 VO (～ X/*doing*/*that* 節) X を/. . することを/. . ということを擁護する, 主唱する, 弁護する, 支持する. ～ reduc*ing* [a reduction in] defense spending 防衛費の削減を唱える. They ～ *that* bullfighting (should) be abolished. 彼らは闘牛は廃止されるべきだと主張している《語法〖米〗では should を用いないことが多い; その場合 be は仮定法現在》.
[＜ラテン語「召集された」]

ad·vo·ca·tor /ǽdvəkèitər/ 名 Ⓒ 擁護者; 主唱者.

advt. advertisement.

adz〖米〗, **adze** /ædz/ 名 Ⓒ ちょうな, 手おの.

adzuki /ædzú:ki/ 名 小豆(あずき).

Æ, æ /i:/ 名 (複 **Æ's, Æs, æ's**) UC A と E [a と e] の合字《Ae, ae とも書く: Æsop＝Aesop, Cæsar＝Caesar》.

AEA Atomic Energy Authority (〖英〗原子力公社).

AEC Atomic Energy Commission (〖米〗原子力委員会; →NRC).

Ae·ge·an /i(:)dʒí:ən/ 形 エーゲ海の, 多島海の. ── 名〈the ～〉＝Aegean Sea.

Aegéan Ìslands 名〈the ～〉エーゲ諸島.「海」.

Aegèan Séa 名〈the ～〉エーゲ海《ギリシア東方の海》.

ae·gis /í:dʒəs/ 名 **1**〖ギ神話〗ゼウス (Zeus) [アテナ (Athena)]の盾. **2** Ⓤ〖雅〗保護, 庇護, (protection); 防御; 賛助, 後援, (support). **3** イージス艦《ミサイル・高性能レーダーを備える》.
under the áegis of . . . . の保護[後援]の下に.

Ae·ne·as /i(:)ní:əs, -æs/ 名 アイネイアス《Troy 戦争で戦った Troy の勇士; →Aeneid》.

Ae·ne·id /i(:)ní:id|í:niid/ 名 アエネイス《Virgil 作の叙事詩; Aeneas の Troy 陥落後の流浪を歌う》.

Ae·o·li·an /i(:)óuliən/ 形 風神 Aeolus の.

Aeòlian hárp [lýre] 名 Ⓒ〈時に a-〉風奏琴《風が当たると自然に鳴る》.

Ae·o·lus /í:ələs/ 名〖ギ神話〗アイオロス《風神》.

[Aeolian harp]

ae·on /í:ən/ 名 ＝eon.

aer·ate /é(ə)rèit/ 動 他 **1** を空気に当てる; に空気を通す. ～ soil by plowing 耕して土に空気を通す. **2**〔血液〕に酸素を供給する. Blood is ～*d* as it passes through the lungs. 血液は肺を通過する時酸素の供給を受ける. **3**〔水, 液体〕に(炭酸)ガスを入れる《ソーダ水を作るためなど》. ～*d* bread (炭酸などで膨らました)無酵母パン. ～*d* water〖英〗炭酸水 (soda water).

àer·á·tion 名 Ⓤ 通気.

aer·a·tor /é(ə)rèitər/ 名 Ⓒ 通気装置.

†aer·i·al /é(ə)riəl/ 形〈限定〉**1** 空気の, 大気の; 気体の. ～ currents 気流. **2** (空気のように)軽やかな; 希薄な. ～ music 軽やかな音楽. **3**〖雅〗(空気のように)実体の無い; 霊妙な. ～ visions 空想. **4** 空中にそびえる; 大気中に生じる. ～ spires 空にそびえる尖(せん)塔. **5** 空中の, 空からの; 航空機の[による]. an ～ battle [combat] 空中戦. ～ bombardment [bombing] 空爆. an ～ photograph 航空写真. ～ photography 航空写真(術). ～ reconnaissance 空中査察.
── 名 **1** Ⓒ〖主に英〗アンテナ (antenna). **2**〈-s〉エアリアル《フリースタイル・スキーやスノーボードのジャンプの一種で, 高さ, 飛距離, 空中演技を競う》. 注意 aerial＝air のことが多いから air 及びその複合語も見ること: *aerial* sickness＝*air*sickness.
[＜ギリシア語「空気」; -al] ▷ **～·ly** 副

àerial béacon 名 Ⓒ 航空標識.

àerial cábleway 名 Ⓒ ＝aerial railway.

aer·i·al·ist /é(ə)riəlist/ 名 Ⓒ 空中曲芸師.

áerial làdder 名 Ⓒ 繰り出しはしご《特に消防用の》.

àerial ráilway 名 Ⓒ ロープウエー.

àerial róot 名 Ⓒ〖植〗気根.

àerial rópeway 名 ＝aerial railway.

aer·ie /é(ə)ri|íəri/ 名 Ⓒ **1** 高巣《ワシなど猛禽(きん)が高所に作る》. **2** 高い所にある建物《城・砦など》.
★aery, eyrie, eyry ともつづる.

Aer Lingus /èər-líŋgəs/ 名 エア・リンガス, アイルランド航空.

aer·o- /é(ə)rou/〈複合要素〉「空気; 空中; 航空」の意味. *aero*dynamics. *aero*nautics. ★〖米〗では air- となる語がある: *aero*plane＝*air*plane. [＜ギリシア語 'air']

aer·o·bat·ic /è(ə)rəbǽtik ◂/ 形 曲芸飛行の, 高等飛行(術)の. an ～ display 曲芸飛行ショー.

àer·o·bát·ics 名 **1**〈複数扱い〉曲芸飛行. **2**〈単数扱い〉高等飛行(術). [＜*aero-*＋acro*batics*]

aer·obe /é(ə)roub/ 名 Ⓒ〖生物〗好気性有機体,〈特に〉好気性菌.

aer·o·bic /e(ə)róubik/ 形 **1**〖生物〗好気性の; 好気性菌による. **2** エアロビクス (aerobics) の. ～ exercise エアロビクス体操.

‡aer·o·bics /e(ə)róubiks/ 名〈単数扱い〉エアロビクス

《体内の酸素消費量を増大させて体を鍛える健康法》. join an ~ class エアロビクスのクラスに入る. She does ~. 彼女はエアロビクスをしている.

aer·o·drome /é(ə)rədròum/ [名] [C] 〖英旧〗(特に小型飛行機の離着陸用)飛行場 (airfield).

aer·o·dy·nam·ic /è(ə)roudainǽmik [移]/ [形] 空気力学の; 空気力学を応用した. ▷**àer·o·dy·nám·i·cal·ly** /-k(ə)li/ [副]

àer·o·dy·nám·ics [名] 〈単数扱い〉 空気[航空]力学《空気とその中を移動する物体との相互作用を扱う》.

Aer·o·flot /é(ə)rəflòut|é(ə)rouflɔ̀t/ [名] アエロフロート《ロシアの航空会社》.

aer·o·foil /é(ə)roufɔ̀il/ [名] 〖英〗=airfoil.

aer·o·gram, -gramme /é(ə)rəgræ̀m/ [名] [C] **1** 航空書簡 (air letter). **2** 無線電報.

aer·ol·o·gy /e(ə)rálədʒi|-rɔ́l-/ [名] [U] 高層気象学.

àero-mechánics [名] 〈単数扱い〉 空気[航空]力学.

aer·o·naut /é(ə)rənɔ̀:t/ [名] [C] 気球[飛行船]操縦士. [aero-, ギリシア語「船乗り」]

aer·o·nau·tic, -ti·cal /è(ə)rənɔ́:tik [移]/, /-tik(ə)l [移]/ [形] 航空学の, 航空術の.

àer·o·náu·tics [名] 〈単数扱い〉 航空学, 航空術.

aer·o·pause /é(ə)rəpɔ̀:z/ [名] [U] 大気界面《大気圏の最上層; 航空機で飛行可能な上限》.

aer·o·pho·to /é(ə)rəfòutou/ [名] [C] 航空写真 (aerial photograph).

‡**aer·o·plane** /é(ə)rəplèin/ [名] ([複] **~s** /-z/) [C] 〖英〗**飛行機** (〖米〗 airplane). [フランス語 (<aero-+*planer*「舞い上がる」]

aer·o·sol /é(ə)rəsɔ̀:l, -sɑ̀l|-sɔ̀l/ [名] **1** [U] 〖化〗エーロゾル, 煙霧質. an ~ insecticide 噴霧式の殺虫剤. **2** [U] エアゾール(剤)《スプレーで霧状に噴出される薬液》; [C] スプレー, 噴霧器, (**áerosol bòmb**).

aer·o·space /é(ə)rəspèis/ [名] [U] 航空宇宙《大気圏と宇宙空間とを含めた名称》; 航空宇宙 ˪学[産業].

aer·o·stat·ics /è(ə)rəstǽtiks/ [名] 〈単複両扱い〉 気体静力学.

Aer·tex /é(ə)rteks/ [名] [U] 〖商標〗 エアテックス《下着, スポーツウェアなどに使われる粗(あら)織りの生地; <airy texture (空気のような織物)》.

aer·y /é(ə)ri/ [名] ([複] **-ries**) =aerie.

Aes·chy·lus /éskələs|í:ski-/ [名] アイスキュロス (525–456 B.C.)《ギリシアの悲劇詩人》.

Ae·sop, Æ·sop /í:sɑp, -səp|-sɔp/ [名] イソップ (620–560 B.C. ごろ)《古代ギリシアの寓(ぐう)話作者》.

Àesop's Fábles [名] 〈単数扱い〉『イソップ物語』.

aes·thete /ésθi:t|í:s-/ [名] [C] 〖時に軽蔑〗唯美主義者; 審美眼のある(と自称する)人, (自称)芸術愛好家. ★〖米〗では esthete ともつづる.

†**aes·thet·ic** /esθétik|i:s-/ [形] **1** 美の; 美学の, 美術の. **2** 審美眼のある; 美的感覚の鋭い. **3** 審美的な; 芸術的な. More ~ than practical 実用的というよりしゃれた. ★〖米〗では esthetic ともつづる. —— [名] [U] 〈the ~〉 美学原理; 美的特質. ▷**aes·thét·i·cal·ly** /-k(ə)li/ [副] 美学的に; (審)美的に.

aes·thet·i·cism /esθétəsìz(ə)m|i:s-/ [名] [U] 唯美主義, 耽(たん)美派. ★〖米〗では estheticism ともつづる.

†**aes·thét·ics** [名] 〈単数扱い〉 美学. ★〖米〗では esthetics ともつづる.

ae·ther, ae·the·re·al /í:θər/ [名] [U], /iθí(ə)riəl/ [形] 〖雅·古〗 =ether, ethereal.

ae·ti·ol·o·gy /ì:tiálədʒi|-ɔ́l-/ [名] [U] =etiology.

AF Anglo-French; audio frequency.

a.f. audio frequency.

af- /æ(f), ə(f)/ [接頭] ad- の異形 〈f の前に用いる〉: *af*fix.

a·far /əfá:r/ [副] 〖雅〗 はるかに (far).
 afàr óff はるかかなたに.
 from afár 遠方から. admire her *from* ~ 遠くから彼女を賛美する.

AFB Air Force Base (空軍基地).

AFC automatic flight control (自動飛行装置); automatic frequency control (周波数自動調整装置).

AFDC 〖米〗 Aid to Families with Dependent Children (未成年者扶養世帯給付金(制度))《子供のある貧困家庭に支給される》.

àf·fa·bíl·i·ty [名] [U] 愛想のよさ, 気の置けないこと.

†**af·fa·ble** /ǽfəb(ə)l/ [形] 愛想のよい, 気の置けない; (目下の者などに)丁寧な. an ~ reply 気さくな答え. ▷**-bly** [副] 愛想よく, 気さくに, 丁寧に.

‡**af·fair** /əféər/ [名] [C] **1 仕事**, 用事; 関心事. a family ~ 家庭内[家族だけ]のこと[問題]. a personal [private] ~ 私事. (It's) my own [none of your] ~. 余計なお世話だ(<私のことで, 君の知ったことではない).
2 〈~s〉 **事務**, 用務, 業務; 商売 (business); 事態. legal ~*s* of the company 会社の法律事務[問題]. public ~*s* 公務. financial ~*s* 財務; 金銭問題. a man of ~*s* 実務家. put one's ~*s* in order 自分の身辺(仕事関係, 経済問題など)を整理する. ~*s* of state 国務. world ~*s* 世界情勢. in the present state of ~*s* 現状では. →current affairs, state of affairs, foreign affairs.
3 (**a**) **出来事**, 事件; 〈固有名詞を伴って〉(世間を騒がせた)..事件. a strange ~ 不思議な事件. a very small ~ 取るに足りない事. a terrible ~ 恐ろしい出来事. the Suez ~ of 1956 1956 年のスエズ運河事件. (**b**) 〈the ~〉〈すでに述べた出来事を示して〉 事柄, 事(こと). They mishandled the whole ~. 彼らはこの件全体の処理を誤った.

> [連結] a secret [an intricate; a painful; a tragic; a minor; domestic, internal; foreign, international] ~*s* ∥ conduct [administer, deal with, manage] ~*s*

4 行事, 催し. The ceremony was a quiet ~. 式典は静粛に催された. **5** (特に短い期間の)**情事**, 不倫, (love affair, **affàir of the héart** とも言う). have an ~ with ..と(性的な)関係を持つ.
6 〖話〗〈普通, 形容詞を伴って〉..の物, 事, 代物. Her dress was a cheap ~. 彼女のドレスは安物だった.
[<古期フランス語「なすべきこと」]

‡**af·fect**[1] /əfékt/ [動] (**~s** /-ts/|[過] [過分] **~·ed** /-əd/|**~·ing**) [他] 【**影響する**】 **1** に**影響する**; 〔病気が人〕を冒す, 〔体〕に障る. His unhappy childhood ~*ed* his outlook on life. 彼の不幸な幼年時代は彼の人生観に影響した. Cancer had ~*ed* his lungs. 癌(がん)が彼の肺を冒していた. be ~*ed* by heat 暑気あたりする.
2 【心に影響する】〈普通, 受け身で〉 を**感動させる**. be ~*ed with* compassion 同情心を持つ. be badly ~*ed* by .. ..で感情を害する, 気を悪くする. He was not ~*ed* by her appeal. 彼は彼女の訴えに心を動かされなかった. ◇[名] affection —— /ǽfekt, əfékt/ [名] [UC] 〖心〗 感情, 情動.
[<ラテン語「働きかけられた」(<「働きかける」)]

†**af·fect**[2] [動] [他] 〖章〗【**見せつける**】 **1** 〖しばしば軽蔑〗 を用いたがる, 好む, 気取って..を使う. ~ loud neckties 好んで派手なネクタイをする. She ~*s* the British accent. 彼女は気取ってイギリス発音を使う. **2** [VO] (~ X/*to do*) X の/..するふりをする (pretend); ..ぶる. ~ calmness 平静を装う. She ~*s* indifference [*to* be indifferent] to dress. 彼女は服装に無頓着(むとんちゃく)なふりをする. He ~*s* the scholar. 彼は学者ぶる. ◇[名] affectation [<ラテン語「..を得ようとする」(<「働きかける」)]

†**af·fec·ta·tion** /æ̀fektéiʃ(ə)n/ [名] [UC] **1** 気取り, きざ(な態度). without ~ 気取らずに, 率直に. They

A

laughed at the ～s in his speech. 彼らは彼のきざな話し方を笑った. **2** ふりをすること, 見せかけ, 〈of ..の〉. make ～ of great wealth 大金持ちを気取る[と見せかける]. with an ～ of interest [indifference] 興味のある[無関心な]ふりをして. ◇動 affect[2]

†**af·féct·ed**[1] /-əd/ 形 **1** 影響を受けた; (病気などに)冒された. an ～ part 患部. **2** 感動した; (..の)気持ちを抱いた. well-[ill-]～ 好意[悪感情]を持った.

†**af·féct·ed**[2] 形 〖軽蔑〗気取った, きざな; わざとらしい; わざとの, 嘘(うそ)の. ～ manners きざな態度. with an ～ air 気取って. ▷～·**ly** 副 〖軽蔑〗気取って, きざに.

af·féct·ing 形 感動させるような, 感激的な; 哀れな, 痛ましい, (touching). What an ～ story! なんと哀れな話だ. ▷～·**ly** 副 感動的に; 哀れみを催させるように.

***af·fec·tion** /əfékʃ(ə)n/ 名 (複 ～s /-z/)

【心への影響】 **1** UC 〈しばしば ～s〉**愛情**, 好意, 〈for, toward ..への〉 (類語 love よりも温和で永続的な愛情で, passion の激しさはない). a mother's ～ for [toward] her children 母の子に対する愛情. develop an ～ for .. ..が好きになる. the object of one's ～(s) 愛情の対象, 意中の人. feel great [little, no] ～ for .. をとても愛している[あまり, 全く愛していない]. gain [win] a person's ～(s) 人に愛される. set one's ～s on a person 人に好意を寄せる.

> 連結 great [strong; tender; warm; mutual] ～ // feel [display, show; awaken, kindle] ～

2 C 〈しばしば～s〉 気持ち, 感情. play on her ～s 彼女の感情をもてあそぶ.

【体への影響】 **3** C 〖旧〗病気, 疾患, (disease). an ～ of the liver 肝臓疾患. ◇動 affect[1]

***af·fec·tion·ate** /əfékʃ(ə)nət/ 形 m **1** 〔人が〕**情愛の深い**, 優しい. an ～ wife 優しい妻. Mary is especially ～ to her youngest child. メリーは末っ子に対して特に優しい. **2** 〔言動が〕**愛情のこもった**. an ～ kiss 愛情のこもったキス. ～ care 優しい心遣い[看護]. hug a person in an ～ manner 愛情を込めて人を抱き締める. ◇名 affection

Your affèctionate bròther [*sìster, etc.*] = Yours AFFECTIONATELY.

†**af·féc·tion·ate·ly** 副 愛情を込めて, 優しく. I don't love her, but I think of her ～. 愛しているのではないが彼女には好意を寄せている.

Yòurs affèctionately = Affèctionately yòurs 親愛なる..より, さようなら, 《近親, 例えば兄弟姉妹などの間で用いる手紙の結び文句》.

af·fec·tive /əféktiv/ 形 感情の; 情緒の; 感動の[的な]; 感情表現の〔言葉など〕.

af·fer·ent /ǽfər(ə)nt/ 形 〖解剖〗求心(性)の《末端から中枢に向かう; 神経などに言う; ↔efferent》.

af·fi·anced /əfáiənst/ 形 〖雅·古〗婚約して (engaged) 〈to ..と〉.

af·fi·da·vit /æ̀fədéivət/ 名 C 〖法〗宣誓供述書《法廷外で自発的に供述し, その真であることを宣誓した文書》. [＜中世ラテン語 'he has made an oath']

‡**af·fil·i·ate** /əfílièit/ 動 他 〔人, 団体〕を加入させる; を合併する, 提携させる; 〈to, with ..に〉. ～ all the local PTA's 地域全体の PTA を連合させる. Our union ⌞is ～d with [has ～d itself to] a national organization. 我々の組合は全国組織に加盟している[した]. ── 自 関係する; 提携する, 協力する; 加入する; 〈with, to ..と, に〉. ～ with a political party 政党に加入する.

── /-liət/ 名 C 会員; 支部; 加盟団体; 子会社. [＜中世ラテン語「養子にする」]

‡**af·fil·i·àt·ed** /-əd/ 形 支部の, 付属の; 合併した, 提携した, 系列下の. the university and its ～ research center 大学とその付属研究センター. an ～ company 子会社, 系列会社 (→PARENT company).

‡**af·fìl·i·á·tion** 名 UC 加入(する[させる]こと), 所属, 加盟; 連合; 連合体; 提携, 協力; 〖米〗(政治上などの)結びつき, 関係. What is your religious ～? あなたの宗教は何ですか.

affiliátion òrder 名 C 〖英法〗非嫡出子扶養「命令.

†**af·fin·i·ty** /əfínəti/ 名 (複 -ties) 〖章〗**1** UC (類似から来る)親しみ, 好み, 〈to, for, with ..への〉; 相性; 親近感 〈between ..の間の〉. They have a strange ～ for [to] each other [between them]. 彼らはお互いに妙に気が合う. **2** UC 姻戚(いんせき)(関係) (→consanguinity); 同族関係. He is related by ～ to the royal family. 彼は王家と姻戚関係にある. **3** UC (構造上の)類似; 親近性, 密接な関係; 〈between ..の間の/with ..との〉. There is (a) close ～ between English and German. 英語とドイツ語の間には非常な類似性がある. **4** U 〖化〗親和力.

affínity càrd 名 C アフィニティ·カード《〖米〗では提携団体へのクレジット·カードの一種; 〖英〗では支払い額の一部が慈善団体へ行く》.

***af·firm** /əfə́ːrm/ 動 (～s /-z/|過 過分 ～ed /-d/|～·ing) 他 〖章〗**1** VO (～ X/that 節/"引用") X を/..と/「..」と断言する; X を/..ということを/「..」と言って肯定する, 認める; (類語 固い信念, ゆるぎない確信を示す; →assert). The boy ～ed ⌞his innocence [that he was innocent]. 自分は潔白だと少年は断言した. He ～ed (to us) that he was responsible for the confusion. 彼は混乱の責任が自分にあることを(私たちに)認めた.

2 〔意図, 政策など〕を公言する, 言明する; の支持を表明する. ～ human rights 人権擁護をうたう.

3 〖法〗〔原判決〕を確認する, 支持する.

── 自 **1** 断言する; 肯定する. **2** 〖法〗(法廷で宣誓に代えて)確約する (★神にかけた誓いを拒否する人, クェーカー教徒などがこれを行う). ◇↔deny [＜ラテン語「固める」]

af·fírm·a·ble 形 断言[肯定, 確認]できる.

af·fir·ma·tion /æ̀fərméiʃ(ə)n/ 名 UC 断言; 肯定 (↔negation); 確認; 〖法〗(宣誓 (oath) に代わる)確約. nod in ～ うなずいて肯定する.

†**af·firm·a·tive** /əfə́ːrmətiv/ 形 断定的な; 肯定(的)の (↔negative); 承諾の, 賛成の. an ～ sentence 肯定文. ～ votes 賛成票. ── 名 C 〈単数形で〉確言, 断言; 肯定[承諾]の言葉, 肯定表現; 〈the ～〉賛成する側[立場]. be on the ～ side (討論などで)賛成側に立つ.

in the affírmative 肯定で, 「イエス」と, 〔答えるなど〕, (↔in the negative). The answer was in the ～. 答えはイエスだった. He answered in the ～. 彼は肯定した (★He answered yes. の方が普通).

── 間 〖主に米〗イエス (Yes), はい, 《もと軍隊用語》.

▷～·**ly** 副 肯定して, 肯定的に.

affìrmative áction 名 U 〖主に米〗公民権推進措置[活動], 差別撤廃[修正]措置, (〖英〗positive discrimination) 《女性や少数民族の雇用拡大, 教育の機会均等を目指す; →reverse discrimination》.

‡**af·fix** /əfíks/ 動 他 〖章〗**1** を添付する; 〔切手など〕を張る; 〈to, on ..に〉. ～ a stamp to a letter 手紙に切手を張る. ～ a poster on a wall 壁にポスターを張る. **2** ..に X (名前など)を書き添える; 〔印鑑〕を押す. ～ one's signature to a document 文書に署名する.

── /ǽfiks/ 名 C **1** 添付物, 付加物. **2** 〖文法〗接辞《接頭辞 (prefix), 接尾辞 (suffix) などの総称》. [＜中世ラテン語「しっかりくっつける」]

af·fla·tus /əfléitəs/ 名 U (芸術家などの)インスピレー「ション.

***af·flict** /əflíkt/ 動 (～s /-ts/|過 過分 ～·ed /-əd/|～·ing) 他 をひどく苦しめる, 大いに悩ます, 〈普通, 受け身で〉. be ～ed with rheumatism リューマチで苦しむ. Volcanic eruptions have been ～ing the Shimabara district. 火山噴火が島原地区を悩ませ続

けている. the ～*ed* 苦しんでいる人たち. [＜ラテン語「打ち砕かれた」]

‡**af·flic·tion** /əflíkʃ(ə)n/ 名〘章〙**1** U 苦悩, 災難, 不幸. suffer from the ～ of war 戦争の惨禍に苦しむ. **2** C 不幸な事件, 苦しみの種. the ～*s* of old age 老いの苦しみ《視力が衰え耳が遠くなるなど》.

af·flic·tive /əflíktiv/ 形 苦しめる, 難儀な, つらい.

***af·flu·ence** /ǽfluəns/ 名 U〘章〙**1 豊富**, 多量. **2** 富裕. live in ～ 裕福に暮らす.

***af·flu·ent** /ǽfluənt/ 形 m〘章〙**豊富な**〈*in* ..が〉(rich); 裕福な. an ～ society [family] 豊かな社会[家庭]. in ～ circumstances 裕福な境遇で. the ～ 裕福な人々.

‡**af·ford** /əfɔ́:rd/ 動 (～**s** /-dz/|過 過分 ～**ed** /-əd/|～**ing**) 他【余裕がある】〈普通 can, could, be able to とともに〉 **1** に**必要な**(経済的, 時間的)**余裕がある**; VO (～ *to do*) ..する余裕がある; (★進行形・受け身不可). *can* ～ (*to* buy) a car 車を買える. I *cannot* ～ the time. その時間の都合がつかない.
2 VO (～ X/*to do*) X があっても/..しても差し支えない, 許される. You *can't* ～ another failure. 君にこれ以上の失敗は許されない. We *can* ill ～ *to* lose a minute. 1 分もむだにできない. You *can* ～ *to* speak frankly. あなたは率直に話しても大丈夫です(困ったことにはならない). You *can't* ～ *to* miss the opportunity. その機会を逃してはいけません.
3【与える余裕がある】〘章・雅〙を与える, 供給する;〔農産物など〕を産出する; VOO (～ X Y)・VOA (～ Y *to* X) X に Y **を与える**. These trees ～ good fruit every year. これらの木から毎年果実がたくさん採れる. Reading ～*s* us great pleasure [great pleasure *to* us]. 読書は大きな喜びを与えてくれる.
[＜古期英語「前に進める」; →forth]

‡**af·fórd·a·ble** 形 都合がつけられる; (たいていの人が)手に入れられる. at ～ prices 手の届く価格で. ▷**af·fòrd·a·bíl·i·ty** 名

af·for·est /æfɔ́:rəst, ə-|æfɔ́r-/ 動 他〔土地〕を山林にする, に植林する.

af·fòr·est·á·tion 名 U 植林. desert ～ efforts「砂漠緑化の努力.

af·fray /əfréi/ 名 (複 ～**s**) C〘法・旧〙(公共の場所などでの)乱闘, 騒動.

af·fri·cate /ǽfrikət/ 名 C〘音声〙破擦音《破裂音＋摩擦音; /tʃ, dʒ, ts, dz/など》.

af·fric·a·tive /æfríkətiv/ 形, 名 C〘音声〙破擦「音(の).

af·fright /əfráit/ 動 他〘古〙を恐れさす; をおびやかす; (frighten).

†**af·front** /əfrʌ́nt/ 動 他〔人〕を公然と[故意に]侮辱する〈普通, 受け身で〉. He looked deeply ～*ed* by her offhand manner. 彼は彼女のぶっきらぼうな態度にひどく侮辱されたと感じたようだった. ── 名 C〈普通, 単数形で〉(面と向かっての)無礼, 侮辱,〈*to* ..への〉. a serious ～ *to* the Prime Minister 首相に対する重大な侮辱. ▷～·**ed** /-əd/ 形

Af·ghan /ǽfgæn, -gən|-gæn/ 形 アフガニスタン(人, 語)の. ── 名 **1** C アフガニスタン人. **2** U アフガニスタン語. **3** C〈a-〉アフガン織り《毛糸で(普通)幾何学模様に編んだ毛布[肩掛け]》. **4** C アフガン犬《猟犬の一種; 毛が長く鼻先がとがっている; **Áfghan hóund**》.

Af·ghan·i·stan /æfgǽnəstæ̀n|-stà:n/ 名 アフガニスタン《インド北西の共和国; 首都 Kabul》.

a·fi·cio·na·do /əfiʃiəná:dou/ 名 (複 ～**s**) C (特に闘牛の)熱愛者; ファン. an ～ of the opera オペラ・ファン. [スペイン語「熱愛の情をかき立てられた」]

‡**a·field** /əfí:ld/ 副 **1** 遠方へ; 離れて, 去って, (away). **2** (農夫が)畑で[へ]; (軍隊が)戦場で[へ].
fàr* [*fàrther, fùrther*] *afíeld はるか遠くに[へ]; 家[国]を離れて; 道に迷って;〔議論などが〕本題を外れて. customers from as *far* ～ as Riverside はるか遠くのリバーサイドからのお客さん.

a·fire /əfáiər/ 副, 形〘雅〙〈叙述〉**1** 燃えて (on fire). set the house ～ 家に火をつける. **2** 激して; 熱中して. be ～ *with* ambition 野心に燃えている.

AFL American Federation of Labor (→AFL-CIO); Australian Football League.

a·flame /əfléim/ 副, 形〘雅〙〈叙述〉**1** 燃え立って, 炎上して. The entire building was ～. 建物全体が炎に包まれていた. **2** 輝いて; 真っ赤になって. ～ *with* anger かんかんに怒って.

ÀFL-CIÓ American Federation of Labor and Congress of Industrial Organizations (米国労働総同盟産業別組合会議)《1955 年 AFL と CIO が合併してできた》.

‡**a·float** /əflóut/ 副, 形〈叙述〉**1** (水面, 空中に)浮かんで. The ship was ～ at last. (座礁していた)船がやっと浮上した. **2** 海上に; 船上[艦上]に. cargo ～〘商〙沖荷《沖合停泊中の船に積まれた陸揚げ前の貨物》. life ～ 海上生活 (↔life ashore). service ～ 船上[艦上]勤務. **3** 漂流して;〔計画などが〕方向が定まらないで, 頓挫(とんざ)して. **4** 浸水して, 水びたしになって. **5**〔うわさが〕広まって;〘商〙〔手形などが〕流通して. The rumor was ～ that the King was seriously ill. 王が重い病気にかかっているといううわさが広まっていた. **6** 負債がなく; 支払い能力があって.
kèep* [*stày*] *aflóat (1) 浮かんでいる. (2) なんとか破産しないでいる. We only just manage to *keep* ～ on my husband's small salary. 私たちは夫の安い給料でどうにかやっと暮らしているだけなのです.
kèep..aflóat (1) ..を沈まないようにする. (2) ..をどうにか破産しないようにしている; ..に何とか暮らしを立てさせる. How did you *keep* your company ～ during the depression? 不況の間どのようにして会社をつぶさないでいられたのですか.
sèt..aflóat (1)〔船など〕を浮かばせる. (2)〔商売など〕を始める;〔計画など〕を実施する.

a·flut·ter /əflʌ́tər/ 副, 形〈叙述〉**1**〔旗などが〕はためいて, ひらひらして. **2**〔胸が〕どきどきして; そわそわして.

‡**a·foot** /əfút/ 副, 形〈叙述〉**1** 進行中で; 計画中で. There were secret plans ～ to assassinate the dictator. 独裁者の暗殺がひそかに計画されていた.
2〘主に米〙徒歩で (on foot).

a·fore /əfɔ́:r/ 副, 前〘古・海〙(..の)前方に; (..より)「以前に; (before).

‡**afòre·méntioned** 形〘章・法〙**1**〈限定〉前述の, 前記の. **2**〈the ～; 名詞的; 単複両扱い〉前述の「人[もの, こと].

afóre·sàid 形 =aforementioned.

afóre·thòught 形〘法〙〈普通, 名詞の後に置く〉前もって考えられた; 故意の. with malice ～ 殺意をもって.

a for·ti·o·ri /èi-fɔ:rʃió:ri:|-tió:rai/ さらに強い理由で(の); なおさら. If you cannot afford a new car, then, ～, you cannot afford a house. 君に新車を買う余裕がないなら, なおのこと家を買えるわけがない. [ラテン語 'from the stronger (argument)']

a·foul /əfául/ 副, 形〘主に米〙〈叙述〉衝突して; もつれて. ***rùn* [*fàll*] *afóul of..*** =fall FOUL of...

Afr. Africa(n).

‡**a·fraid** /əfréid/ 形 m〈叙述〉**1** (a) **恐れて**, 怖がって, 〈*of* ..を〉; 気づかって, 心配して, 〈*for* ..を〉. Are you ～ *of* dogs? 犬がこわいのかい. I am ～ *of* thunder. 私は雷が怖い (★I fear thunder. は〘章〙). I was very (much) ～ in the airplane. 私は飛行機に乗ってとても怖かった (★強調する時 much ～ とするのは〘古〙). I am ～ *for* my job. 失職しはしないかと心配だ. She is ～ *for* (the safety of) her husband. 彼女は夫の安否を気づかっている (語法 単独では名前の前に置いて修飾できないが, ある種の修飾語が付くと可能. 例: a somewhat ～

soldier (いくぶん怖がっている兵士)).
(**b**) 恐れる, 心配する, 〈*of* doing ..することを/*that* 節 ..ということを〉. Don't be ~ *of* mak*ing* mistakes when you speak English. 英語を話す時に間違いを気にするな. We were ~ *that* we might hurt his feelings. 我々は彼の感情を害しはしないかと心配した.
(**c**) 怖くて..できない, ..する勇気がない, 〈*to* do〉. I am ~ *to* handle a revolver. 怖くてピストルに触れられない.
2 (**a**) 嫌がる, ためらって, 〈*of* ..を〉. He is not ~ *of* labor. 彼は労働をいとわない.
(**b**) ためらう 〈*to* do ..するのを〉. Don't be ~ *to* ask for advice. 遠慮しないで助言を求めなさい.
be afràid of one's òwn shádow 自分自身の影におびえる; いつもびくびくしている.
****I am afráid*** 〖話〗 (1) 残念です[あいにくです, 申し訳ない]が.. (語法 表現を和らげる効果がある; 普通 that は伴わない). You are wrong, *I'm* ~. どうも君は間違っているようだ. *I'm* ~ I can't come on Sunday. あいにくですが, 日曜日は行けません. *I'm* ~ to say... 残念[恐縮]なことですが... (2) ..(ではないか)と思う (語法 好ましくないことを予想して言う場合に用いる(↔I HOPE); 普通 that を伴わない). *I'm* ~ he won't come. 彼は来ないのではないかと思う. "Will you be able to come?" "*I'm* ~ *not*." (="*I'm* ~ I will *not* be able to come.")「君来られるかね」「だめだと思う」"Must you really go?" "*I'm* ~ *so*."「本当に行かなくちゃいけないの」「残念だがそうだ」(語法 〖話〗では that 節を簡単にして, "I'm afraid *so*." "I'm afraid *not*." などと言うことが多い; ただし I am *not* afraid *so*.とは言えない).
[＜中期英語; 〖廃〗 *affray*「驚かす, 怖がらす」の過去分詞]

Á-fràme /éi-/ 形, 名 Ⓒ (合掌造りのように屋根が急勾(こう)配で) A 字型の(家, 建物).

†**a·fresh** /əfréʃ/ 副 新たに, 改めて. start ~ 出直す, (始めから)やり直しする.

***Af·ri·ca** /ǽfrikə/ 名 アフリカ(大陸). [＜ラテン語; 北アフリカの古代民族の名から]

***Af·ri·can** /ǽfrikən/ 形 ⓒ アフリカの; アフリカ人の; 黒人の. ── 名 Ⓒ アフリカ人; 黒人.

Àfrican-Américan 名 Ⓒ アフリカ系アメリカ(黒)人. ── 形 アフリカ系アメリカ人の. ★black より無難な名称とされる.

Af·ri·can·ize /ǽfrikənàiz/ 動 他 **1** をアフリカ人の支配下に置く. **2** をアフリカ化する.

Àfrican Nàtional Cóngress 名 〈the ~〉 アフリカ民族会議 《南アフリカで apartheid 撤廃を目的に 1912 年結成された政治団体; 略 ANC》.

Àfrican víolet 名 Ⓒ アフリカスミレ, セントポーリア, 《鉢植え用; スミレに似ている》.

Af·ri·kaans /æfrikáːns/ 名 Ⓤ アフリカーンス語 《17 世紀のオランダ人植民者の話し言葉から発達したもの; 英語と共に南アフリカ共和国の公用語》.

Af·ri·ka·ner /æfrikáːnər/ 名 Ⓒ, 形 ヨーロッパ(特にオランダ)系南アフリカ人(の) (Boer).

Af·ro /ǽfrou/ 形 〔頭髪が〕アフロ型の; アフリカ系アメリカ人の; 黒人文化の. ── 名 (複 ~s) Ⓒ アフロ型(の頭髪), アフロヘアー, 《毛を縮らせて丸く膨らませた髪型》.

Àf·ro- /ǽfrou/ 〈結合辞〉「アフリカ」の意味.

Àfro-Américan /⑧/ 形, 名 Ⓒ アフリカ系アメリカ人(の). ★今は African-American の方が普通.

Àfro-Ásian /⑧/ 形 アフリカ・アジアの, 第三世界の. the ~ bloc [group] アフリカ・アジア諸国団, AA グループ.

Àfro-Asiástic 形 アフロアジア語族の.

Àfro-Caribbéan 名 Ⓒ, 形 アフリカ系カリブ人(の).

AFS American Field Service (エイエフエス) 《高校生の交換留学を援助推進する米国の民間団体》.

aft /æft | ɑːft/ 副 〖海〗 船尾に[へ]; 〖空〗 (航空機の)尾部に[へ]; (↔fore).

‡**af·ter** /ǽftər | áːf-/ 副 ⓒ **1** (順序が)あとに[から]; 後方に; (時間が)のちに; 遅れて; (→behind 類語). follow ~ あとに続く, ついて行く. soon [shortly, not long] ~ 間もなく. three months ~ 3か月後に (★*after* three months 又は three months *later* の方が普通). Tom came on Monday and went back the day ~ (=the following day). トムは月曜日に来て(その)翌日帰った. look before and ~ 前後を見る; 後先を考える. 参考 I arrived here at five and went shopping ~. (5 時にここに到着して, その後買い物に行った)のように afterward(s) の代わりに用いるのは 〈非標準〉. **2** 〖海・空〗 ＝aft.
èver áfter →ever.
── 前 【時間, 順序があとに】 **1** (**a**) ..のあとに; ..より遅く; ..の次に; (↔before). Read ~ me. 私について読みなさい. Write your name ~ Ben's. ベンの名前の次[下]に署名しなさい. The boy was dragging a bundle of firewood ~ him. 少年は薪(まき)の束を後ろに引きずっていた. Close the door ~ [behind] you. 入ったら[出たら]ドアを閉めなさい. stare ~ him (去って行く)彼の後ろ姿を見つめる. the day ~ tomorrow 明後日. Are you free ~ supper? 夕食後お暇ですか. We left an hour ~ sunrise. 我々は日の出 1 時間後に出かけた. *After* leaving university, she moved to London. 大学卒業後, 彼女はロンドンに引っ越した. ~ that それから; 次に. I married her ~ a year. 1 年後に彼女と結婚した (★*after* a year は過去のことに用い, *in* a year は「1 年したら」と未来に言う). (**b**) 〖米〗 〔時刻が〕..を過ぎて (past). It's ten (minutes) ~ five. 今 5 時 10 分過ぎです.
2 ..の結果として; ..にかんがみて; ..であるから; ..にもかかわらず (in spite of; →成句 AFTER all..). We were tired out ~ our long walk. 長時間歩いたので疲れ切った. *After* hearing what you have said, I shall be careful. 話をお聞きしたからには気をつけましょう.
3 【次々に】 〈前後に無冠詞の同じ名詞を連ねて〉 次々に (→by 7). day ~ day 来る日も来る日も. time ~ time 何度も, 繰り返して. year ~ year 毎年毎年. Leaf ~ leaf has fallen to the ground. 葉が次々と地に落ちてしまった.
4 【序列があとに】 ..の次に 〔重要である, 難しいなど〕. the greatest poet ~ Shakespeare シェークスピアに次ぐ大詩人. He is the most powerful man in the country ~ the king. 彼はその国で王に次ぐ権力者である.
【あとを追って】 **5** ..を追って, を求めて. run ~ her 彼女を追いかける. seek ~ fame 名声を追い求める. The FBI are ~ me. 私は FBI に追われている. Her suitors were all ~ her money. 彼女の求婚者たちは皆彼女の金が目当てだった.
6 【まねて】 ..に従って, にならって, にちなんで. a picture ~ (the style of) Renoir ルノワール風の絵. He was named George ~ his grandfather. 彼は祖父の名を取ってジョージと名付けられた.
7 【利益を追って＞心配して】 ..について. inquire [ask] ~ a friend 友人の安否を尋ねる. look ~ the children 子供たちの世話[監督]をする.
8 〖古〗 ..(の割合など)で (at).
****after áll*** (1) 〈普通, 文尾で〉 (予想などに反して)結局(は), やはり; 所詮(せん); 挙げ句(の果て)に; (→finally 類語). I'm sorry I can't attend the meeting ~ *all*. すみませんが, やっぱり会合には出られなくなりました. He searched the whole house for his key and found it in his own pocket ~ *all*. 彼は家中鍵(かぎ)を捜した挙げ句に, 自分のポケットにあるのに気付いた. (2) 〈普通, 文頭で〉 そうは言っても, とにかく, なにしろ. Mary has failed again. *After all* she is still young. メリーはまた失敗した. なんと言ったって彼女はまだ若い.
after áll.. 〈後に名詞又は修飾節が続く〉 ..にもかかわ

らず; (あれほど..した)からには. *After all* his trouble he has gained nothing. あれほど苦労したのに彼は何も得なかった. *After all* she's done for me, I couldn't well refuse. 彼女があれだけ私のためにしてくれたからにはとても断れないでしょう.

After yóu(, please). どうぞお先に《部屋, 乗り物の「出入りなどの時》.

After yóu with .. 〘話〙..を次に使わせてください.

be after dóing .. 〘主にアイル〙..したばかりである; ..するつもりでいる; 今にも..しそうである. I'm ~ hav*ing* lunch. 今昼食をとったところだ. 注意 文脈によって,「..している最中だ」「..する癖がある」などの意味にもなる.

*****òne* (..) *after anóther* [*the óther*]** 1つずつ; 次々と. He read *one* book ~ *another*. 彼は何冊も次々と読んだ. He lost his parents *one* ~ *the other*. 彼は両親を続けて亡くした.

the Mònday* [*wèek, yèar, etc.*] *after néxt その次の次の月曜日[翌々週, 翌々年など].

── 接 ..したあとで. I'll go out ~ you (have) come back. あなたが帰ってきてから出かけます. He went to bed ~ he (had) finished his homework. 彼は宿題を終えてから寝た. immediately [straight] ~ I came home 帰宅してすぐに[直後に]. Her grandma died two weeks ~ she was born. 彼女が生まれて2週間後におばあちゃんが死んだ.

àfter that .. 〘古〙..してから.

── 形 〈限定〉 **1** あとの, のちの, (★多く複合語に用いられる: *after*care, *after*noon). in ~ years 後年に. **2** 〘海・空〙後方の, 船尾[尾翼]寄りの.

── 名 **1** 〘話〙=afternoon. **2** 〈~s〉 →afters.

[<古期英語; もとは *of* 'off'の比較級]

áfter·bìrth 名 U 〈the ~〉〘医〙後産(あとざん).

áfter·bùrner 名 C アフターバーナー《ジェットエンジンなどの再燃装置》.

áfter·càre 名 U **1** アフターケア, 病後[産後]の保護. **2** (出獄者の)更生指導. **3** 販売後のサポート.

áfter·dàmp 名 U あとガス《坑内の爆発[火災]後に発生する有毒ガス》.

áfter·dèck 名 C 〘船〙後甲板.

àfter-dínner /移/ 形 正餐(さん)後の. an ~ speech 食後のスピーチ(注意 普通, 宴席のスピーチは食後;「テーブルスピーチ」は和製英語).

áfter·effèct 名 C 〈普通 ~s〉 余波; 残存効果; 〘医〙(薬などの)後(こう)作用; 〈俗に〉 後遺症. Some drugs have ~*s*. 薬によっては後作用がある. the ~*s* of the nuclear reactor accident 原子炉事故の'後遺症'.

áfter·glòw 名 C 〈普通, 単数形で〉 **1** 残光, 夕焼け. **2** (楽しい出来事などの)快いあと味, 余韻. bask in the ~ of victory 勝利の余韻に浸る.

áfter-hòurs 形 営業[勤務]時間後の.

áfter·ìmage 名 C 〘心〙残像《ものを見たあと短時間視覚に残る映像》.

áfter·lìfe 名 (複 **-lives**) C 〈普通, 単数形で〉 **1** 来世. **2** 余生, 晩年, 《何か出来事を境にしての》.

áfter·màrket 名 C **1** 〘米〙アフターマーケット《修理のための自動車の部品製造》. **2** 流通市場.

áfter·màth 名 C 〈普通, 単数形で〉 **1** 2番刈り(の草). **2** (戦争, 災害などの)余波, 影響; (戦争などの)直後の時期. in the ~ of the war 戦争の余波を受けて, 戦禍まだ冷めやらぬころ. [after, 〘廃〙 *math*「刈ること」]

áfter·mòst 形 一番後ろの; 〘海〙(船の)最後部の.

‡**af·ter·noon** /æ̀ftərnúːn | ɑ̀ːf-/ 名 (複 **~s** /-z/) UC **1** 午後《正午から日没まで》(語法 単なる「午後に」には前置詞 in を用いるが,「..日の午後に」のように特定の日を示す形容詞(句) が付く場合には on を用いる). *in* the ~ 午後に. *on* the ~ of the 20th 20日の午後に. *on* Saturday ~ 土曜日の午後に. (★次の4例では前置詞なしで副詞的に用いる) this [that] ~ 今日[その日]の午後に. tomorrow [yesterday] ~ 明日[昨日]の午後に. every ~ 毎日午後に. one ~ (last week) (先週の)ある日の午後. **2** 〈the ~〉 後期, 後半, 〈*of* ..の〉. the ~ *of* life 人生のたそがれ《晩年》.
3 /移/ 〈形容詞的〉 午後の; 午後用の. an *àfternoon náp* 昼寝.

Afternoon! =Good afternoon!

Good afternoon! →good.

àfternoon dréss 名 C アフタヌーンドレス《evening dress ほど豪華・装飾的でない》.

àf·ter·nóons 副 〘米話〙午後に, 午後はいつも[よく]. She goes shopping ~. 彼女は午後にはよく買い物に行く. [→-s 3]

àfternoon téa 名 UC 〘主に英〙午後のお茶《午後4-5時ごろ; しばしばこの時に人を招いて歓談する》.

áfter·pàins 名 〈複数扱い〉 産後陣痛.

áf·ters 名 〈単数扱い〉〘英話〙デザート.

àfter-sáles sèrvice 名 U (販売後の)アフターサービス.

áfter·shàve 形, 名 UC ひげ剃(そ)り後の(ローション).

áfter·shòck 名 C 余震; 〈比喩的に〉 余波.

áfter·sùn 形, 名 UC 陽焼けのあとにつける(ローション).

áfter·tàste 名 C **1** (飲食して舌に残る)あと味, あと口. **2** (不愉快な体験などの)あと味, 名残, 余韻.

áfter·tàx 形 税引き後の, 手取りの.

áfter·thòught 名 C 〈普通, 単数形で〉 あと思案, あと知恵; 後からの付け足し, 補足的説明. add as an ~ 思いついたように後から付け加える.

‡**after·ward** 〘米〙, **-wards** 〘主に英〙 /ǽftərwərd | ɑ́ːf-/, /-wərdz/ 副 ⓒ あとに(なって), その後. soon [shortly] ~ その後まもなく. long ~ ずっと後で. We saw the film and ~ had dinner together. 我々はその映画を見てその後一緒に食事をした.

áfter·wòrd 名 C (書物の, 特に著者以外の人による)後書き (↔foreword).

AFTRA /ǽftrə/ American Federation of Television and Radio Artists (米国テレビ・ラジオ芸能人組合).

Ag 〘化〙 argentum (銀). [ラテン語 'silver']

ag- /æ(g), ə(g)/ 接頭 ad- の異形 〈g の前に用いる形〉.

A·ga /ɑ́ːgə/ 名 C 〘英〙〘商標〙大型レンジ《中産階級の象徴とされる》.

‡**a·gain** /əgén, əgéin/ 副 ⓒ 【また】 **1** もう**1度**, 再び, (once more). Please say it ~. =*Again*, please. もう1度言ってください. I won't do it ~. 二度とそんなことしません. Won't you come ~? また来てください《帰る客などに言う》. What's her name ~? 彼女の名前何でしたっけ《疑問文の最後に付けて, 忘れたことなどを改めて聞く》. Not you ~! また君か.
2【それにまた】さらに, その上に. Mary is pretty and, ~, clever. メリーはかわいい上に利口でもある. *Again*, there is another side to the story. さらにまた, その話にはもうひとつ別の側面がある.
3【また一方で】〈文修飾; しばしば (and [but]) then ~, there ~ として〉 その一方で (on the other hand). He might lend you the money, and then ~ he might not. 彼は君に金を貸してくれるかもしれないし, 又その一方, 貸さないかもしれない. But then ~, he considered this an average performance. しかし一方で, 彼はこの程度は普通の出来と思った.
【また元へ】 **4** 元のところに, 戻って; 元通りに; (注意 この意味では /-ˊ-/ と強勢は弱くなる). be [còme] hóme agàin 家へ戻る. get well ~ 体が元通りになる. get the money back ~ 金を取り戻す. Back ~ already? もう戻ったの.
5【元に返して】〘古〙答えて, 応じて, (back). answer ~ 言い返す. echo [ring] ~ 反響する.

*****agàin and agáin*** 幾度も, 繰り返し繰り返し. Grandma tells the same story ~ *and* ~. おばあちゃんは同じ話を繰り返し繰り返し話す.

A

(*àll*) ***over agáin*** もう1度, 改めて. Read the sentence aloud *over* ～. もう1度(初めから)その文を声を出して読みなさい.

as mùch [***màny, làrge,*** *etc.*] (X) ***agáin*** (***as ..***) さらにそれだけ; (..の)2倍の量[数, 大きさなど] (のX). I stayed in London for a month, and in Paris for *as long* ～. 私はロンドンに1か月, さらにもう1か月パリに滞在した. The deluxe model will cost *as much* ～ *as* the ordinary one. デラックス型は普通の型の2倍の値段だ. Tom has *as many* suits ～ *as* I have. トムはスーツを僕の2倍持っている.

be onesèlf agáin 元通りになる, 病気が治る.

hàlf agàin as múch 〖米〗1倍半(の量).

hálf as mùch [***màny, làrge,*** *etc.*] (X) ***agáin*** (***as ..***) さらにその半分だけ; (..の)1倍半の量[数, 大きさなど] (のX). He made $1,000 the first night and *half as much* ～ the next. 彼は最初の夜は千ドル, 次の夜はさらにその半分の金をもうけた. expand a story to *half as long* ～ 物語を1倍半に膨らませる.

Nòt agáin! 〖話〗またかって!, まさか!. "He has divorced his wife". "*Not* ～!" 「彼は離婚したよ」「またかって!」.

****ònce agáin*** (1) もう1度 (once more). Read it *once* ～. もう1度読みなさい. (2) 〈文頭で〉 またしても. *Once* ～, the coroner could not determine the cause of death. またしても検死官は死因が決められなかった.

the sàme agáin さらに同じ量.

[＜古期英語「反対に」(この意味は against に伝えられた); 中期英語で「戻って」「再び」の意味が生じた]

‡**a·gainst** /əgénst, əgéinst/ 前 【逆らって】 **1** ..に向かって, に対して; ..と向かい合って; ..に衝突して. sail ～ the wind 風に逆らって航行する. travel ～ the traffic 混んだ車線などの逆方向に行く 《例えば通勤ラッシュの反対方向へ》. The rain is beating ～ the window. 雨が窓に打ち付けている. The ship ran ～ the rocks. 船は岩にぶつかった. a race against time →race[1] (成句).

2 ..に反対して, に反抗して; ..に不賛成で (↔for, in favor of); ..に違反して. fight ～ oppression [the enemy] 弾圧[敵]と闘う. vote ～ the bill 議案に反対投票をする. I am dead ～ this engagement. この婚約には絶対反対だ. arguments for and ～ the plan その計画に対する賛否両論. It's ～ the rules [law]. それはルール[法律]違反である. It goes ～ my conscience to accept such money. このような金を受け取るのは私の良心に反する. He that is not with me is ～ me. 私の味方でない者は, 私に反対する者である《〖聖〗『マタイによる福音書』12:30》

3 【利益に逆らって】 ..に不利(益)に. evidence ～ him 彼に不利な証拠. inform ～ a person 人のことを密告する. have nothing ～.. →成句.

4 【脅威に逆らって】 (**a**) ..を予期して; ..に備えて. have a shot ～ influenza インフルエンザの予防注射をする. There was a notice warning ～ pickpockets. すりに用心するようにとの注意書きがあった. (**b**) ..から守って. protect children ～ harassment 子供をいやがらせから守る.

【対抗し合って】 **5** ..に立てかけて, にもたれて; ..に寄せて. lean ～ the door ドアに寄りかかる. with one's back ～ the wall 壁に背をもたせかけて. place a ladder ～ the wall はしごを壁に立てかける. move a table ～ the wall テーブルを壁際に押し付ける.

6 ..を背景にして; ..と対比して. The mountains looked beautiful ～ the evening sky. 山々は夕空を背景に美しかった. the contrast of red ～ white 白地に赤の対照. Their crimes are trivial ～ those of the people in power. 権力者の犯罪に比べれば彼らの犯罪など取るに足りないものだ.

7 【代価として】 ..と引き換えに; 〖商〗 ..を引き当てに. the yen rate of exchange ～ the dollar ドルに対する円の為替相場. draw a check ～ one's bank account 預金口座に対して小切手を振り出す. a loan ～ real property 不動産を抵当にした融資.

hàve nóthing against .. (1) ..に不利な材料は持っていない. The police have nothing ～ him. 警察は彼に不利な材料は1つも持っていない. (2) ..を嫌いではない, ..に含む所はない. I have nothing ～ her. 別に彼女は嫌いではない.

óver against →over.

[＜中期英語; again に属格の -es が加わり, さらに amongst, whilst のように -t が加わった]

A·ga Khan /ɑ́:gə-kɑ́:n/ 名 〈the ～〉 アガカーン《イスラム教の一派の首長の称号; 現在は4世 (1936–)》.

Ag·a·mem·non /æ̀gəmémnɑ:n|-nən/ 名 〖ギ神話〗 アガメムノン《Troy 戦争でギリシア軍の総指揮官》.

a·gape[1] /əgéip/ 副, 形 〈叙述〉 (あんぐり)口を開けて《驚き, 興奮又はあくびで》; あっけにとられて. (with) one's mouth ～ 口をぽかんと開けて. [a-[1]＋gape]

a·ga·pe[2] /ɑ:gɑ́:pei|ǽgəpi, -pì:/ 名 (複 **a·ga·pae** /-pì:/) 名 **1** Ⓒ 愛餐(さん)《初期キリスト教徒の会食》. **2** Ⓤ (キリスト教的な)神の愛, アガペー, (↔eros). [ギリシア語「(兄弟)愛」]

a·gar /ɑ́:gɑ:r|éigə/ 名 Ⓤ 寒天; 細菌培養基《**àgar-ágar**とも言う》.

ag·ar·ic /ǽgərik, əgǽr-/ 名 Ⓒ 〖植〗 ハラタケ.

A·ga sa·ga /ɑ́:gə sɑ̀:gə/ 名 Ⓒ アーガ・サガ《英国田園地帯の中産階級の家庭生活を描く大衆小説》.

ag·ate /ǽgət/ 名 **1** Ⓤ 〖鉱〗 めのう (→birthstone ★). **2** Ⓒ (めのうに似せた)おはじき玉. **3** Ⓒ 〖米〗〖印〗 5.5 ポイント活字 (〖英〗 ruby).

Ag·a·tha /ǽgəθə/ 名 女子の名《愛称 Aggie》.

a·ga·ve /əgɑ́:vi|əgéi-/ 名 Ⓒ リュウゼツラン属の植物《メキシコ原産; 汁から tequila を作る》.

‡**age** /eidʒ/ 名 (複 **ág·es** /éidʒəz/) 【年齢】 **1** ⓊⒸ **年齢**. at the ～ of five [〖話〗 at ～ five] 5歳の時に. What is her ～?＝What ～ is she? 彼女は何歳ですか (＝How old is she?). She is twenty years of ～. 彼女は20歳です (＝She is twenty years old). at your ～ 君の年ごろには. people of all ～*s* あらゆる年齢の人たち. I saw some children (of) your ～. 君の年ごろの子供たち何人かに会った. when I was (of) your ～ 私が君の年齢のころには. (★上の2例で of を省けば your ～ は叙述形容詞的用法) You don't look your ～. 君は年ほどには見えない. feel one's ～ 年(相応の衰え)を感じる. live to a great ～ 長生きする. She's of an ～ when she should marry. 彼女はもう結婚していい年齢だ.

2 Ⓤ **成年** (full age) 《18歳又は21歳》.

3 Ⓤ **老齢**, 高齢; 晩年; (old age; ↔youth); 〈集合的〉 老人たち (↔youth). be weak with ～ 高齢のため弱っている. peevishness of ～ 年寄りの気難しさ. youth and ～ 若者も老人も.

【期間】 **4** Ⓤ **生涯の一時期**. middle [old] ～ 中[老]年. **5** Ⓤ 寿命, 一生. live to the full ～ of man 天寿を全うする. the ～ of an elephant 象の寿命.

6 Ⓒ (**a**) (歴史上の)**時代**, 世, 時期, (類語 普通 era より長く, 特定の人物や事件で代表される時代; →period). the spirit of an ～ 時代精神. the ～ of Shakespeare シェークスピアの時代. the Middle *Ages* 中世. the Iron *Age* 鉄器時代. (**b**) 〈～s〉 一時代の人々. ～*s* yet unborn＝future ～*s* 後世の人々.

7 Ⓒ 〖話〗 〈しばしば ～s〉 長い間. ～*s* ago 大昔. take ～*s* 長い時間がかかる. I haven't seen you *for* ～*s* [an ～].＝It's (been) ～*s* since I saw you last. 本当に長いことお会いしませんでしたね.

àct [***be***] ***one's áge*** 〖話〗 年相応にふるまう 《しばしば命

令形で〉. Why can't you *act your* ～? どうして年相応に出来ないの.
Àge before béauty 〘戯〙年配の方からどうぞ《入口などで年上の人に言う》.
****còme* [*be*] *of áge*** (1) 成年に達する[達している]. (2) 〔組織, 様式などが〕成熟する[している].
****for one's áge*** 年のわりには. look young *for* one's ～ 年のわりに若く見える.
lòok* [*shòw*] *one's áge 年齢相応に見える.
of an áge (1) 同年齢で〈*with* ..と〉. (2) 年齢で〈*to* do ..できる〉. be *of an* ～ to marry 適齢期である.
over* [*under*] *áge 成年[一定の年齢]以上[以下]の; 年齢が高すぎる[足りない]. I can't take you into the pub, Bob–you're *under* ～. ボブ, おまえを連れてパブに入る訳にはいかないよ. 未成年なんだから.
through the áges 昔からずっと.
―― 動 (**ág·es** /-əz/|過 過分 **～d** /-d/|**ág(e)·ing**) 自 **1** 年を取る, 老いる; 古くなる. You haven't ～*d* a day. 君は全然年を取ってないね. **2** 〔チーズ, 酒などが〕熟成する.
―― 他 **1** 〔人〕に年を取らせる, を老けさせる; を古びさせる. **2** を熟成させる, ねかす. Whiskey is ～*d* in large wooden casks. ウイスキーは大樽(だる)に入れて熟成される. **3** の年齢を決める.
[＜古期フランス語 (＜ラテン語「年齢」)]
-age /idʒ/ 接尾「行為, 状態, 料金, 集合など」の意味の名詞を作る. marri*age*. bond*age*. vill*age*. [古期フランス語 (＜ラテン語 *-āticum*)]
áge bràcket 名 C 〈単複両扱い〉同一年齢層(の人々). the 18–25 ～ 18歳から25歳の年齢層.
***aged**[1] /eidʒd/ 形 ℂ 〈数詞の前へ置いて〉 **..歳の**. a girl ～ ten (years) 10歳の少女. a man ～ between 40 and 45 40から45歳の男. He died ～ 68. 彼は68歳で死んだ.
***a·ged**[2] /éidʒəd/ 形 ℂ **1 年を取った**; 古びた; (類語 単に old というだけでなく肉体的, 精神的な衰えを暗示する). an ～ man 老人. the ～ 〈集合的〉老人たち. **2** 熟成した 〔ワイン, チーズなど〕; 〔馬, 牛などが〕成熟した《馬は普通6～12歳, 牛は3, 4歳》. ▷ **～·ness** 名
áge discriminàtion 名 U 〘米〙年齢による差別 (agism, 〘主に英〙 ageism).
áge gròup 名 ＝age bracket.
áge·ing 名, 形 〘主に英〙 ＝aging.
age·ism /éidʒiz(ə)m/ 名 〘主に英〙 ＝agism.
áge·less 形 不老の; 永遠の. ～ truth 永遠の真実.
áge lìmit 名 C 年齢制限; 定年. What's the ～? 年齢制限は何歳ですか.
àge·lóng /㊥/ 形 長年にわたる.
***a·gen·cy** /éidʒ(ə)nsi/ 名 (複 **-cies** /-z/)
【仲介】 **1** U **斡(あっ)旋**; 世話; 代理. She got a job *through* [*by*] the ～ of her friend. 彼女は友達の世話で職に就いた. **2** U (ある結果をもたらす)**作用**; **働き**, 力. the ～ of Providence 神の力[摂理]. Iron melts *through* [*by*] the ～ of heat. 鉄は熱の作用で溶ける.
【仲介機関】 **3** C **代理店**, 取扱店, (→agent). an advertising ～ 広告代理店. a detective ～ 秘密探偵社. a news ～ 通信社. the sole ～ 総代理店. The company has *agencies* all over the country. その会社は国中に代理店がある. **4** C 〘主に米〙(政府の)**機関**, 庁. government *agencies* 諸官庁. the Central Intelligence *Agency* (米国)中央情報局《国外での情報収集を担当; 略 CIA》. [→agent, -ency]
†**a·gen·da** /ədʒéndə/ 名 (複 **～, ～s**) C 会議事項, 議事日程(表); (重要な)政治課題[日程], 政策, 路線; 予定 (語法 本来は **agendum** /-dəm/ の複数形, だが普通, 単数扱い). the first item on the ～ 議事日程の第1項目. high on [at the top of] the ～ 主要な議題(の1つ)で[に].
sèt the agénda (1) 議事日程を定める. (2) 路線を決める. [ラテン語「なされるべきこと(複数形)」]
Agenda 21 /ədʒèndə-twentiwʌ́n/ 名 アジェンダ21《1992年の地球サミットで採択された環境問題保護行動計画》.
‡**a·gent** /éidʒ(ə)nt/ 名 (複 **～s** /-ts/) C 【仲介者】 **1 代理人**, 代行者; 取扱者; 代理店主; (→agency). a commission ～ 委託販売人, 問屋. a general ～ 総代理人. a house ～ 家屋仲介業者. a literary ～ 著作者代理人《出版について著者に代わって出版社と交渉する》. a sole ～ 一手販売人, 総代理人. the Longman ～ in Tokyo ロングマン社の東京代理人. **2** (人の)手先; 諜報(部)員, スパイ. a secret [confidential] ～ 密使, スパイ. **3** (政府機関の)代表, 派遣員; (法の)執行者《警官・刑事など》. an FBI ～ 〘米〙連邦捜査局員. **4** 〘主に米〙セールスマン. an insurance ～ 保険外交員.
【仲介する力】 **5** (**a**) 〘章〙作因, 動因, 力; ある作用を持つもの, 薬剤; (積極的な)推進者. an ～ for [of] change 変化をもたらす力. He was the ～ of her grief. 彼女の悲嘆の原因は彼だった. natural ～*s* 自然力. chemical ～*s* 化学薬品. (**b**) 病原体. **6** 〘文法〙動作主.
[＜ラテン語 (*agere* (→act) の現在分詞)]
àgent nóun 名 C 〘文法〙動作主名詞《例 maker》.
Àgent Órange 名 U オレンジ剤《ヴェトナム戦争で米軍が使った枯れ葉剤; 住民に癌(がん)や奇形などの障害を起こしたとされる》.
a·gent pro·vo·ca·teur 名 C /ɑ:ʒɑ:ŋ-prouvɑ-kətə́:r|æʒɑ:ŋ-prəvɔk-/ (複 **agents provocateurs** /同/) (挑発が目的の)おとり捜査員. [フランス語 'provocative agent']
àge of consént 名 〈the ～〉〘法〙承諾年齢《結婚, 性交などに対する同意が法的に有効と認められる年齢》. 「では普通14歳とされる》.
àge of discrétion 名 〈the ～〉分別年齢《英米↑
Àge of Enlíghtenment 名 〈the ～〉啓蒙主義の時代. →enlightenment 2.
àge of réason 名 〈the A- of R-〉 **1** 理性の時代(＝the Enlightenment). **2** 〘カトリック〙善悪の区別のできる年齢.
àge-óld /㊥/ 形 長年にわたる〔習慣, 儀式など〕.
Ag·gie /ǽgi/ 名 Agatha, Agnes の愛称.
ag·glom·er·ate /əglɑ́mərèit|-lɔ́m-/ 動 他 をひと塊にする; (無秩序に)を集める. ―― 自 塊になる; 集まる.
―― /-rət/ 形 固まった; 集まった; 集積された.
―― /-rət/ 名 aU (乱雑な)集積; 〘地〙集塊岩.
ag·glom·er·a·tion /əglɑ̀məréiʃ(ə)n|-lɔ̀m-/ 名 UC 固ま(らせ)ること; 集塊; (秩序なく)集積したもの. The new town center is nothing but an ～ of ugly buildings. 新しい町の中心部は醜い雑多なビルの集合にすぎない.
ag·glu·ti·nate /əglú:tənèit/ 動 他, 自 を膠(にかわ)で接着させる; 膠(こう)着する; 〘言〙〔語〕を膠着によって機能させる. ―― /-nət/ 形 膠着した.
ag·glu·ti·na·tion /əglù:tənéiʃ(ə)n/ 名 U **1** 膠着, 粘着. **2** 〘言〙膠着《語形変化によらず, 別の要素を付加して語を文法的に機能させること》. **3** 〘医〙(細菌, 血球などの)凝集反応.
ag·glu·ti·na·tive /əglú:tənèitiv, -nət-/ 形 膠(こう)着する, 粘着する; 〘言〙膠着(性)の. →analytic, synthetic.
agglùtinative lánguage 名 C 膠(こう)着語《トルコ語, ハンガリー語, 日本語など; →agglutination 2》.
ag·gran·dize /əgrǽndaiz, ǽgrən-/ 動 他 を大きくする; 〔個人, 国家など〕を強力にする; を誇大化する. ▷ **～·ment** /əgrǽndəzmənt/ 名 U 〘軽蔑〙(権力, 富などの)増大, 強化, 拡大; 勢力拡大.

A

†**ag·gra·vate** /ǽgrəvèit/ 動 他 **1** を悪化させる;〔負担, 困難, 刑罰など〕を重くする. Her son's death ～*d* her illness. 息子に死なれて彼女は病気が悪化した.
2〖話〗を怒らす, いらいらさせる, (annoy). Your whistling ～*s* me. 君の口笛は僕をいらいらさせるんだよ.
[＜ラテン語「重くする」] ▷**ag·gra·vat·ed** /-əd/ 形〖法〗(刑が)加重される.

ág·gra·vàt·ing 形 **1** 悪化させる; (刑罰などを)重くする. an ～ circumstance [factor] (刑罰の)加重事由. **2**〖話〗しゃくにさわる, 頭にくる. an ～ traffic jam 頭にくる交通渋滞. ▷**～·ly** 副 しゃくにさわるほど.

àg·gra·vá·tion 名 UC 悪化させること[もの];〖話〗腹立ち, 憤慨(の種).

†**ag·gre·gate** /ǽgrigèit/ 動 自 **1** 集合[集積]する. **2**〖話〗VC (～ X) X に達する, 総計 X になる. His annual income will ～ $90,000. 彼の年収は全部で 9 万ドルにのぼるだろう. **──** 他 を集める, 集合させる.
── /-gət/ 形 集積された; 合計の, 総計の. the ～ whole (集められた)総体.
── /-gət/ 名 **1** UC〖章〗集合; 総数; 集合体. the ～ of the television audience テレビ視聴者の総数. **2** aU (コンクリートの)混合材《砂, 小石など》.
in (*the*) *ággregate* 全体として; 総計で.
on ággregate〖英〗(全得点などを)合計すると[して].
[＜ラテン語「群にする」]

ag·gre·ga·tion /æ̀grigéiʃ(ə)n/ 名 U 集合, 集積; (会社などの)統合; C 集合体, 集積物.

†**ag·gres·sion** /əgréʃ(ə)n/ 名 **1** UC 侵略, 攻撃; 侵犯. economic ～ 経済侵略. an act of ～ 侵略行為. naked ～ against ..に対する公然たる侵略. have a lot of ～ (toward(s)..) (..に攻撃的な態度を取る).

連結 brutal [blatant; senseless; unprovoked] ～ // meet [provoke; resist] ～

2 U〖心〗攻撃性. **3** U (利益などの)強引な追求.

*__ag·gres·sive__ /əgrésiv/ 形 m **1 攻撃的な**, 侵略的な; けんか好きな; 攻撃用の; (offensive; ↔defensive). an ～ war 侵略戦争. an ～ weapon 攻撃用兵器. **2** 積極的な, 反対を恐れない; 我の強い, 強引な. ～ marketing tactics 積極的なマーケティング戦術. He is not ～ enough to succeed in business. 彼は商売で成功するだけの押しの強さがない. the too ～ pursuit of economic growth あまりに強引な経済成長の追求.
[＜ラテン語「襲いかかる」; -ive]
▷**～·ly** 副 侵略的に, 攻撃的に; 積極的に. **～·ness** 名 U 攻撃性; 積極性; 強引さ.

‡**ag·gres·sor** /əgrésər/ 名 C 侵略者[国]. an ～nation 侵略国.

ag·grieve /əgríːv/ 動 他 を苦しめる, 悲しませる, 虐げる;〖法〗の権利を不当に犯す;〈普通, 受け身または It ～*s* a person that ..で〉.

‡**ag·grieved** 形 **1**〈叙述〉憤慨した, 傷つけられた,〈*at*, *by* ..〔不当な扱いなど〕に/*to* do ..して〉. He felt ～ *by* [*at*] her indifference to him. 彼は彼女が彼に無関心なのにひどく傷つけられた. **2** 虐げられた;〖法〗不当に権利を侵害された. an ～ ethnic minority 不当に差別された少数民族. the ～ party〖法〗不服当事者.

ag·gro /ǽgrou/ 名 U〖英・オース俗〗(ちんぴらなどの)挑発, けんか腰, けんか; 面倒, 厄介. Sorry for the ～. 面倒かけてごめん (★主に若者が使う).

a·ghast /əgǽst|əgáːst/ 形〈叙述〉びっくり仰天して, 驚きあきれて,〈*at* ..に/*that* 節 ..ということに〉. I stood ～ *at* what my own son had done. わが息子のしでかしたことにびっくり仰天した.

‡**ag·ile** /ǽdʒ(ə)l|ǽdʒail/ 形 **1** 身の軽い; 敏捷(しょう)な. **2** 機敏な, (頭の回転が)速い. ▷**～·ly** /ǽdʒ(ə)l(l)i|ǽdʒail(l)i/ 副 機敏に, すばしっこく.

a·gil·i·ty /ədʒíləti/ 名 U 敏捷(しょう)さ; 機敏さ. mental ～ 頭の回転の速さ.

Ag·in·court /ǽdʒinkɔːrt/ 名 アジャンクール《フランス北部の村; 百年戦争中の 1415 年, この近くで Henry5 世の率いるイギリス軍がフランスの大軍を破った》. the Battle of ～ アジャンクールの戦い.

†**ag·ing** /éidʒiŋ/ 名 U〖主に米〗**1** 年を取ること, 老化; (人を)老けさせること; 古めかしくすること. the ～ process 老化作用. **2** (酒などの)熟成, エージング.
── 形 **1** 年を取ってきた, 老齢化した;〔衣服が〕年寄りくさく見せる〈*on* ..〔人〕を〉. an ～ society 高齢化社会. **2** 使い古された〔物〕.

ag·ism /éidʒiz(ə)m/ 名 U〖主に米〗年齢による差別,〈特に〉老人差別, (→racism, sexism) (〖主に英〗ageism,〖米〗age discrimination).

†**ag·i·tate** /ǽdʒətèit/ 動 他 **1**〔人の心〕をかき乱す, 動揺させる; を興奮させる. ～ oneself やきもきする. She was ～*d by* [*at*] the news of her lover's death. 恋人の死の知らせに彼女の心は乱れた. **2**〔液体など〕を揺り動かす, かき回す. ～ the liquid 液体を攪拌(かくはん)する. **3**〔社会問題など〕の論議を起こす; を世論に訴える.
── 自 扇動する, アジる,〈*for* [*against*] ..に賛成[反対]して〉. ～ *for* higher wages 賃上げ要求のアジ演説をする. [＜ラテン語「絶えず動かす」＜「駆り立てる」(→act)]

ág·i·tàt·ed /-əd/ 形 動揺した; 興奮した. ▷**～·ly** 副 動揺して; 興奮して.

àg·i·tá·tion 名 **1** U (心の)動揺; 興奮. be in a state of ～ 興奮状態にある. **2** U (液体などを)揺り動かすこと, かき回すこと, 攪拌(かくはん). **3 (a)** UC 扇動(的行動), 宣伝, アジ; 論議. carry on an ～ *for* [*against*] reform 改革のため[反対]の扇動をする. **(b)** U (扇動, 論議などを招く)社会不安[問題].

†**ag·i·ta·tor** /ǽdʒətèitər/ 名 C **1** (政治)活動家, 扇動者. **2** 攪拌(かくはん)器.

ag·it·prop /ǽdʒitprɑ̀p|-prɔ̀p/ 名 U, 形 (特に共産主義の)アジプロ[宣伝](の).

a·gleam /əglíːm/ 副, 形〈叙述〉きらめいて, 輝いて,「〈*with* ..で〉.

a·glit·ter /əglítər/ 副, 形〈叙述〉ぴかぴか光って.

a·glow /əglóu/ 副, 形〈叙述〉燃えて; 赤らんで;〔顔が〕ほてって;〈*with* ..で〉. the sky ～ *with* the setting sun 夕日に燃える空. His face was ～ *with* excitement. 彼の顔は興奮で上気していた.

AGM annual general meeting.

ag·nail /ǽgnèil/ 名 ＝hangnail.

Ag·nes /ǽgnəs/ 名 女子の名《愛称 Aggie》. [ギリシア語「貞節な」]

ag·no·sia /ægnóuʒə|-ziə/ 名 U〖医〗失認, 認知「不能(症).

ag·nos·tic /ægnɑ́stik|-nɔ́s-/〖哲・神学〗形 不可知論(者)の. **──** 名 C 不可知論者.

ag·nos·ti·cism /ægnɑ́stəsìz(ə)m|-nɔ́s-/ 名 U〖哲・神学〗不可知論《人間には感覚的に経験する以外の事, 例えば神の存在などは全く知ることができないとする説; 無神論 (atheism) とは別》.

Ag·nus De·i /ɑ̀ːgnus-dé(i)iː, æ̀gnəs-díːai/ **1** 神の小羊《キリストの呼称の 1 つ》; C 小羊の像《キリストの象徴》. **2**〖カトリック〗〈the ～〉アニュスデイ《Agnus Dei (神の小羊)で始まる祈禱(とう)[聖歌]》. [ラテン語 'lamb of God']

‡**a·go** /əgóu/ 副 C〈期間を表す語(句)の後に置いて〉(今から)**..前に**. ten minutes ～ 10 分前に. some time ～ しばらく前に. long [a long time] ～ ずっと前に. years ～ 何年も前に. long, long ～ 昔々. (one day) not long ～ 先ごろ(ある日のこと). the Olympic Games of 12 years ～ 12 年前のオリンピック. How long ～ was that? それはどれくらい前のことでしたか. It was five years ～ *that* [*when*] I graduated from college. 大学を卒業して 5 年になる (★この that, when を since に変えることは間違いとされる; since を使うなら It is [has

been] five years *since* I graduated from college.). three years ～ today 3 年前の今日. a week ～ yesterday 昨日から数えて 1 週間前に. as long ～ as 1919 遠くさかのぼって 1919 年に (すでに). several issues ～ in this magazine この雑誌で数号前に.

語法 (1) 過去時制とともに用いられ, 現在完了時制とは用いられない: I *saw* him three days ～. (3 日前に彼に会った). この場合 have seen は不可. (2) 直接話法を間接話法に変える時は, 普通 ago は before に置き換える; →before 語法.

[〘廃〙 *ago*「過ぎ去る」(＜古期英語)の過去分詞; ten days *ago* はもと ten days *gone* の意味]

a·gog /əgɑ́g|əgɔ́g/ 副, 形 〘話〙〈叙述〉(期待, 興奮で)じっとしていられない, わくわくして. The boys are all ～ *for* mischief [*to* do mischief]. 少年たちはいたずらがしたくてむずむずしている. I was all ～ (*with* excitement [expectation]). 私は(興奮[期待]で)わくわくしていた.

à-go-go /əgóugòu/ 形 ＝go-go. ── 副 〘話〙 奔放に; 好きなだけ; ふんだんに. ── 名 (複 **～s**) ＝discotheque. [フランス語 'in plenty']

ag·o·nize /ǽgənàiz/ 動 自 (主に精神的に)苦しむ, もだえる; 苦闘する; 〈*over, about* ..のことで〉. ── 他 を (精神的に)苦しめる. ◇名 agony

ág·o·nìzed 形 苦しそうな〔表情, 叫びなど〕; 必死の〔努力など〕.

‡**ág·o·nìz·ing** 形 もだえさせる; 七転八倒の〔苦しみなど〕; つらい. ▷ **～·ly** 副 苦痛なほど; 切なくも.

*__ag·o·ny__ /ǽgəni/ 名 (複 **-nies** /-z/) UC (精神又は肉体の)苦しみ, 苦悶(もん); 断末魔の苦しみ; (激情の)極み; (類語 anguish より強度の耐え難い苦痛や歓喜). in ～ もだえて, 苦悶して. in *agonies* with toothache 歯痛にもだえて. in an ～ of regret [joy, impatience] 後悔[うれしさ, じれったさ]で気が狂いそうで.
pile òn the ágony →pile.
[＜ギリシア語「戦い, 苦悩」]

ágony àunt 名 C 〘英話〙 agony column 1 の女性の回答者(〘米〙 advice columnist).

ágony còlumn 名 C 〘英話〙 **1** (新聞, 雑誌の)身の上相談欄 (〘米〙 advice column). **2** ＝personal column.

ágony ùncle 名 C agony column 1 の男性回答者(〘米〙 advice columnist).

ag·o·ra /ǽgərə/ 名 (複 **ag·o·rae** /-rìː/, **～s**) C 〘古代ギリシア〙(市民の)集会; (集会用の)広場, 市場. [ギリシア語「広場」]

ag·o·ra·pho·bi·a /æ̀gərəfóubiə/ 名 U 〘心〙 広場恐怖症 (→agora; ↔claustrophobia).

ag·o·ra·pho·bic /æ̀gərəfóubik ⑱/ 形, 名 C 広場恐怖症の(人).

agr. agricultural; agriculture.

A·gra /ɑ́ːgrə/ 名 アグラ《インド北部の都市; the Taj Mahal がある》.

a·graph·i·a /eigrǽfiə|əgrǽfiə/ 名 U 〘医〙 失書, 「書字不能(症)」《aphasia の一種》.

‡**a·grar·i·an** /əgré(ə)riən/ 形 土地の; 農地の; 農地所有権の. ～ reform 農地改革. ── 名 C 土地再分配論者.

‡**a·gree** /əgríː/ 動 (**～s** /-z/|過 過分 **～d** /-d/|**～·ing**) 自
【合わせて受け入れる】 **1 (a) 同意する**, 承諾を与える, 〈*to* ..〔提案など〕に〉 (類語 ↔refuse;「同意する」の意味の最も一般的な語; →accede, acquiesce, assent, concur, consent). reluctantly ～ *to* a proposal [plan] 提案にしぶしぶ同意する. ～ *to* the child's being sent to school 子供を学校にやることに同意する.
(b) VA (**～ *to do***) ..することに同意する, 承知する. I ～*d to* go. 私は行くことを承知した.
2 (↔disagree) **(a) 意見が一致する** 〈*with* ..〔人〕と〉; 賛成する 〈*with* ..〔人の意見〕に〉. I ～ *with* you. 僕は君と同意見だ. I quite ～. 全く賛成です. I ～ *with* what you say. 君の意見に賛成だ.
(b) VA (**～ *with* ..**)〈普通, 否定文で〉..を認める, 受け入れる. I don't ～ *with* children drinking wine. 子供がワインを飲むことは反対だ.
(c) VA (**～*to do*/*about, as to wh*** 節・句) ..することで/..かについて意見が一致する. (語法 前置詞は省かれることがある; 他 1(b)). We could not ～ *as to when* we should start. いつ出発すべきかについて意見が一致しなかった. ～ *to* differ [disagree] →成句.
【合う】
3 合意に達する 〈*on, upon* ..で〉. ～ *on* a plan [date] 計画[日にち]で意見が合う. We ～*d on* an early start. 早く出発することに意見が一致した. The price for the land has been ～*d upon*. その土地の値段で合意に達した.
4 一致する, 符合する, 辻褄(つじつま)が合う, 〈*with* ..と〉. Your story doesn't ～ *with* his. 君の話は彼の話と符合しない.
5 〘文法〙〔人称, 性, 数, 格などが〕一致する 〈*with* ..と〉. This verb doesn't ～ *with* the subject in number. この動詞は主語と数(すう)が一致していない.
6 折り合う, 和合する, 仲よくやっていく, 〈*together*〉. My wife and I ～ well. 私と妻はしっくりいっている.
7 VA (**～ *with* ..**)〈普通, 否定文・疑問文で〉〘話〙〔食べ物, 気候が〕〔人〕(の体)に合う, 適合する. The wet climate did not ～ *with* his constitution. 湿気の多い気候が彼の体質に合わなかった.
── 他 **1 (a)** 〘主に英〙 に合意する, 意見が一致する. ～ a 15% pay rise 15% の昇給に合意する.
(b) VO (**～ *that*** 節/***wh*** 節・句) ..ということに/..かということに同意する, 意見が一致する (→自 2(c)), ..という意見に賛成する 〈*with* ..〔人〕の〉. We haven't ～*d where* to go. どこに行くかでは意見が一致していない. We ～*d* [It was ～*d*] *that* we should start early. 早く出発することに意見が一致した. I ～ *with* him *that* she is right. 彼女は正しいという彼の意見に賛成だ.
2 (a) 〘主に英〙 を認める, 承認する. ～ a plan [date] 計画[日にち]に賛成する(★～ on a plan の方が普通; →自 3). The education budget has been ～*d*. 教育予算は承認された. **(b)** VO (**～ *that*** 節/"引用") ..ということを認める. I ～ *that* I was careless. 私が不注意だったことは認める. ◇名 agreement
***agrée to díffer* [*disagrée*]** 見解の相違であると相互に認める《意見の一致しない時に論争を友好的に打ち切る決まり文句》. That's where we must ～ *to differ*. そこが我々の見解の相違だと認めざるを得ない点だ.
***I còuldn't agree móre* [*léss*].** 全くおっしゃるとおり[ことに反対]です《＜これ以上 [以下] の同意はあり得ません》.
[＜古期フランス語「喜んで受ける」(＜ラテン語 *ad*-＋*grātus*「喜ばしい」)]

*__a·gree·a·ble__ /əgríːəb(ə)l/ 形 m **1** 〔物事が〕**愉快な**, 気持ちのいい, 感じのよい, 〈*to* ..にとって〉(↔disagreeable; 類語 自分の気持ち, 趣味などに合っていて「愉快な」という意味; →pleasant). be ～ *to* the ear 耳に[聞いて]快い, 心地よい. be ～ *to* the taste 口当たりがいい, おいしい. in an ～ manner 気持ちのいい[嫌味のない]態度で. His visit was an ～ surprise. 彼の訪問はうれしい驚きだった[びっくりしたがうれしかった].
2 〔人, 性格などが〕**感じのいい**, 愛想のいい, (↔disagreeable). He could make himself ～ *to* almost anyone. 彼はほとんどだれとでも調子を合わせることができた. **3** 〈叙述〉〘話〙 快く同意[賛成]する 〈*to* ..に〉. Her parents are ～ *to* the match. 両親はその縁組みに賛成である. I'm quite ～ (*to* the plan). (その計画に)全く異存はありません.
4 適合する, 合致する, 〈*to, with* ..に〉. working hours ～ *to* current trends 時流に合った労働時間.

A

†**a·grée·a·bly** 副 **1** 快く, 喜んで. be ～ busy 多忙だが喜んでいる. **2**〈～ *to* ..で〉..に従って.

‡**a·gréed** 形 **1** 協定した, (互いに)決めた. the ～ price 協定価格. We met at the ～ place. 我々は約束の場所で会った. **2**〈叙述〉(**a**) 意見が一致して〈*on, upon* ..について/*to* do..することに/*that* 節..ということで〉. They are all ～ *on* this point. この点でみんなの意見はまとまっている. The jury are ～ *that* the defendant is not guilty. 被告は無罪ということで陪審員の意見は一致している. (**b**)〈間投詞的〉*Agreed?* それでいいですか, 賛成しますか. *Agreed!* (提案などに)同感, それに決まった, 承知した, オーケー.

‡**a·gree·ment** /əgríːmənt/ 名 (複 **～s** /-ts/) **1** Ⓒ (**a**) **協定**; 契約〈*on* ..に関する〉. come to [arrive at, enter into, make, reach] an ～ (with..) (..と)協定を結ぶ. under the ～ その協定によって[の下で]. (**b**) 契約書. draw up an ～ 契約書を作成する.

> 連結 a mutual [a bilateral; a provisional] ～; a breach of ～ // strike [sign; be under; break, violate] an ～ // an ～ expires [runs out]

2 Ⓤ (**a**) (意見などの)**一致**; 調和; 同意; 了解; (↔disagreement). There is no ～ yet *about* how to approach the problem. その問題にどう取り組むかについてはまだ意見が一致していない. There is wide ～ (among experts) ⌞*that* [*on*] ..であると[..に関して](専門家の間で)広く意見が一致している.
(**b**) (2つの事柄の)一致, 符合. ～ *between* observations and theory 観察と理論の一致.

> 連結 complete [full; unanimous; wholehearted; tacit] ～ // reach ～; express one's ～

3 Ⓤ 〖文法〗(性, 数, 格, 人称の)一致, 呼応, (concord). ◇動 agree
by agréement 合意の上で.
in agréement 一致[合意]して〈*with* ..と/*on* ..で〉. Our views are *in* ～ *with* theirs as to the essential points. 我々の意見は基本的な点については彼らの意見と一致している.

ag·ri·busi·ness /ǽgribìznəs/ 名 ⓊⒸ 農業関連産業.

***ag·ri·cul·tur·al** /æ̀grikʌ́ltʃ(ə)rəl ⑧/ 形 Ⓒ **農業の**, 農芸の; 農学の. ～ products 農産物. an ～ college 農学校. ～ chemicals 農薬. ▷**～·ist** 名 = agriculturist.

‡**ag·ri·cul·ture** /ǽgrikʌ̀ltʃər/ 名 Ⓤ **農業**, 農芸; 農学《畜産・林業を含む》. be engaged in ～ 農業に携わる. [<ラテン語「畑」+「耕作」]

ag·ri·cul·tur·ist /æ̀grikʌ́ltʃ(ə)rist/ 名 Ⓒ 農耕者, 農業経営者; 農学者, 農業技術(指導)者.

ag·ro- /ǽgrou/ 〈複合要素〉「土壌」「農作」の意味を表す. *agro*biology (農業生物学). *agro*ecological (農業生態学の). [ギリシア語 *agrós*「畑」]

àgro·chémical 名 Ⓒ 農薬《化学肥料, 除草剤, 殺虫剤など》.

a·gron·o·my /əgránəmi|-rɔ́n-/ 名 Ⓤ 農学《agriculture から畜産・林業を除いた狭義の》. ▷**a·grón·o·mist** 名 Ⓒ 農学者.

‡**a·ground** /əgráund/ 副, 形 〈叙述〉〔船が浅瀬に〕乗り上げて, 座礁して. run [go] ～〔船が〕座礁する;〔計画などが〕行き詰まる.

agt. agent.

a·gue /éigjuː/ 名 Ⓤ マラリア熱, おこり; 悪寒, 寒け.

a·gu·ish /éigju(ː)iʃ/ 形 おこりの(ような); おこりにかかりやすい; 寒けのする.

***ah**[1] /ɑː/ 間 ああ, うん, なんだ; (ためらって) えーと (er); (★ aah ともつづる). *Ah* me! 〖古〗ああ悲しい事.

> 語法 予期に反した事への驚きが中心的意味である oh と異なり, ah は普通(既知・未知を問わず)何かを見つけた時に発する言葉で, 表される気持ちは状況によってまちまちである. (1) 人を見つけて軽く呼びかける: *Ah,* John. Just sit down. ああ, ジョン, ちょっと座れ. *Ah!* Here you are, Mary. ああ, 来たねメリー. (2) 喜び, 満足, 同情, 詠嘆など: *Ah,* that's just what I wanted. うん, それが僕欲しかったんだ. *Ah,* what a lovely flower! ああ何てきれいな花. (3) 同意, 了解など: Never been there? *Ah,* well, come with me. まだ行ったことがないって? ああいいや, それならついて来なさい. "After this I'll break with him."—"*Ah,* but you won't."「今後はあの男と縁を切ろう」「そりゃ分かるが, やっぱりそうはいくまい」(4) 前から気になっていたことの確認: *Ah,* that accounts for it. ああ, それで分かった. *Ah,* you're Mr. Smith. I was looking for you. ああ, あなたがスミスさんですね. お捜ししていました《*Oh,* you're Mr. Smith! なら「まあ, あなたがスミスさんですか」》.

ah[2], **Ah** 代 〖方, 特に米国南部に多い〗=I.

a·ha /ɑːhɑ́ː, əhɑ́ː/ 間 **1** あはあ《満足感, 優越感, 驚きなどを表す》. **2** (話し相手の発言内容を理解, 納得して)分かった.

A·hab /éihæb/ 名 **Captain ～** エイハブ《Melville 作 *Moby Dick* の主人公・船長; Ahab はもと聖書に出るイスラエル王の名》.

ah·choo /ɑːtʃúː/ 間 はくしょん《くしゃみの音》.

‡**a·head** /əhéd/ 副 Ⓒ 【先に位置して】 **1**【場所的に先で】(他の人や物より)**前方に**[へ], 先に, 進んで, (↔behind). drive ～ 車で前進する. up ～ 前方に. go straight ～. まっすぐ進みなさい. Danger ～! 前方に危険物あり. Look straight ～. まっすぐ前方を見なさい. How far ～ is he? 彼はどのくらい先に行っているか.
2【時間的に先で】将来に向かって, 前途に対して; 前もって (in advance). You'll need to look [think] ～ ten years. 10年先を見通す必要があるだろう. You had better phone ～ to get tickets. 切符を手に入れるには前もって電話した方がいい. changes ～ 今後の変化 (★前の名詞を修飾). You just *go on* ～ (*of* me). (私より)先に行ってほしい. in the years [months, weeks] ～ これから先の数年[数か月, 数週間]に.
3【優位に立って】先んじて, まさって; (ゲームなどで)勝ち越して. America is well ～ in computer technology. アメリカは今日コンピュータ・テクノロジーにおいて抜きん出ている. be two points ～ 2点勝ち越している.
****ahéad of*** .. (1) ..の先に(立って); (時間的に)..より進んで. Tom sat two rows ～ *of* me. トムは私の2列前に座っていた. She was three or four classes ～ *of* me. 彼女は(学校で)私より3, 4年上級[先輩]だった. ～ *of* time 予定より早く; 〖米〗前もって. The time in New York is three hours ～ *of* the time in San Francisco. ニューヨークの時刻はサンフランシスコの時刻より3時間早い. (2) [人]の前途[将来]に. He had a full day's motoring ～ *of* him. 彼はまる一日車を運転することになっていた. (3) ..より進歩して; ..にまさって. streets ～ *of* .. (→street 成句). His thinking is far ～ *of* the times. 彼の考え方は時代よりはるかに進んでいる. He is ～ *of* me in English. 英語では彼は私より進んでいる.
còme out ahéad 〖米俗〗もうかる.
dèad ahéad すぐ前に.
gèt ahéad (1) 成功する, 立身出世する. His mother is always pushing him to *get* ～. 彼の母親は始終彼に出世しろと尻を叩いている. (2) 金を(少し)貯める[残す].
gèt ahéad of .. ..にまさる, 勝つ, ..をしのぐ; ..を追い越す. *get* ～ *of* others in mathematics 数学で他の人々の先に出る.
****gò ahéad*** **前進する**; (人より)先に行く; 続ける; 進歩する; 推進する〈*with* ..を〉. The program is *going* ～ in

spite of troubles. 計画は難関を乗り切って進んでいる. We *went* ～ *with* the plan for the party. 私たちはパーティーの計画を押し進めた.

Gò ahéad! (1) そら行け. (2)〘話〙さあどうぞ, おやりなさい; どうぞお先に; (挑発して)さあ, やってみな. *Go* right ～ and ask me. さあどんどん(遠慮せずに)僕に聞いてください. "May I use this phone?" "*Go* ～." 「この電話お借りしていいですか」「ええどうぞ」 (3)〘話〙それから? 《相手に話の進行を促す》. [a-¹＋head「上部」; 海事語から]

a·hem /mhm, əhém/ 間 ふむ, えへん, 《注意を促したり, 疑いを表したり, 話に詰まった時などのせきばらい》.

a·hold /əhóuld/ 名 U つかむこと〈次の成句で〉.

gèt ahóld of .. 〘主に米〙..と連絡を取る.

gèt ahóld of onesèlf 〘主に米〙自分を落ち着かせる.

-a·hol·ic /əhálik|-hɔ́l-/ 〈結合辞〉「..に溺れる人, ..中毒(の人)」の意. book*aholic* (本の虫), shop*aholic* (買い物中毒の人). [＜work*aholic*]

a·hoy /əhɔ́i/ 間 〘海〙おおい《ほかの船を呼んだり仲間の注意を引く時》. Kay, ～! ケイ丸, おおい.

AI artificial insemination; artificial intelligence; Amnesty International.

AID Agency for International Development (〘米〙国際開発局); Artificial Insemination by Donor (非配偶者間人工授精).

***aid** /eid/ 動 (～s /-dz/|過 過分 **áid·ed** /-əd/|**áid·ing**) 他 〘章〙**1** 〔人〕を助ける, 援助する, (help) 〈*with* ..で/*in* ..において〉; 〔仕事〕を手伝う; を助成する; (類語 困っている場合に救いの手を差し伸べる意味; →help). He ～*ed* me *in* my research *with* money and advice. 彼は私の研究を金銭と助言で援助してくれた. an opera house ～*ed* by the government 政府から援助を受けている歌劇場.

2 促進する; VOA (～ X *in doing*)・VOC (～ X *to do*) X が..するのを手伝う; 促進する. Does brandy ～ digestion? ブランデーを飲むと消化をよくしますか. Fresh air ～*ed* him *in* recover*ing* [*to* recover] from the illness. 新鮮な空気が彼の病気の回復を助けた.

àid and abét 〘法〙を現場幇(ほう)助する《犯行現場で主犯を助ける》.

── 名 (複 ～s /-dz/) 〘章〙**1** U **助力**, 手伝い; (金銭・物資などによる)**援助**. financial [economic] ～ 財政的[経済]援助. overseas [foreign] ～ (発展途上国などへの)対外援助. give ～ to ..を助ける. seek medical ～ 医者にかかる. They came to our ～ when we were lost in the snow. 我々が雪で道に迷った時彼らは助けに来てくれた. go to a person's ～ [the ～ of a person] 人の救助に行く, 人に援助の手をさしのべる.

> 連結 generous [unstinting; substantial] ～ // apply for [solicit; grant, provide; cut off, withdraw; receive] ～

2 C 援助者; 助けになるもの; 補助器具. Books are a great ～ *to* reflection. 書物は大いに反省の助けになる. teaching ～*s* 教材. →hearing aid.

in áid of .. (1) ..の助けとして; ..を助けて. raise funds *in* ～ *of* the victims 被害者救済のために基金を募集する. (2)〘英話〙..の目的で, ..のために. What's all this crying *in* ～ *of*? 泣いてどうしよう[なる]というのだ. What's (all) this *in* ～ *of*? これは一体何のため[何が目的]なんだい.

with [***without***] ***the áid of ..*** ..の助けを借りて[借りずに]. *without the* ～ *of* an interpreter 通訳の助けを借りずに. [＜ラテン語「たびたび助ける」]

†aide /eid/ 名 C **1** ＝aide-de-camp. **2**〘主に米〙助手; (政府高官などの)補佐官, 側近.

aide-de-camp /èidədəkǽmp|-kɑ́:mp/ 名 (複 **aides-** /èidz-/) C 〘軍〙(将官付き)副官. [フランス語 'camp assistant']

àided schóol /èidəd-/ 名 C 〘英教育〙公費援助学校《voluntary school の一種; 公費で援助されるが宗教教育について制約されない》.

aide-mé·moire /èidmemwɑ́:r/ 名 (複 **aides-** /èidz-/) C 備忘録; 〘外交〙覚え書き. [フランス語 'help memory']

***AIDS, Aids** /eidz/ 名 U 〘医〙**エイズ**《＜*a*cquired *i*mmune *d*eficiency *s*yndrome (後天性免疫不全症候群); HIV によって起こる; →PWA》. have ～ エイズにかかっている.

ai·grette /éigret, -ˊ/ 名 C **1** 〘鳥〙＝egret. **2** (かぶとなどの)サギ毛飾り; (帽子などの)飾り毛. **3** (宝石の)枝飾り.

「間人工授精).

AIH artificial insemination by husband 《配偶者↑

ai·ki·do /aikí:dou/ 名 U 合気道. [日本語]

‡ail /eil/ 動 他 〘英では古〙を悩ます, 苦しめる. What ～*s* you? いかがなされましたか. Something ～*s* him. 彼はどこか具合が悪いようだ.

── 自 〈普通, 進行形で〉病気で弱る. My mother has long been ～*ing*. 母は長らく患っている.

ai·le·ron /éilərɑ̀n|-rɔ̀n/ 名 C (飛行機の)補助翼.

‡áil·ing 形 患っている; 病身[病弱]の. my ～ old wife 病身の老妻. the ～ economy 病(や)める経済.

‡áil·ment 名 C 患い, 病気, (類語 風邪などの特に軽症や慢性のもの; →illness).

***aim** /eim/ 動 (～s /-z/|過 過分 **～ed** /-d/|**áim·ing**) 他 **【ねらう】** **1** 〔銃など〕を向ける, 〔攻撃〕のねらいをつける; を投げつける; 〈*at* ..に〉. ～ one's gun *at* a target 的に向けて銃のねらいを定める. He ～*ed* a punch *at* my jaw but missed it. 彼は私のあごをねらってパンチを出したが外れた. **2** VOA (～X *at* ..) ..に X (批評など)を向ける, 当て付ける; ..に X (運動, 宣伝など)のねらいを定める; 〈普通, 受け身で〉. His remark was ～*ed at* you. 彼の言葉は君に当て付けていたのだ. books ～*ed at* teen-age girls 10 代の少女向けの本. measures ～*ed at* curbing inflation インフレを抑えるのをねらった対策.

── 自 **1** ねらう, 目がける, 〈*at* ..を〉. ～ *at* a bird 鳥をねらう. ～ *at* the opponent's chin and hit it 相手のあごをねらって打つ. **2** VA (～ *at, for* ../～ *at doing* ../～ *to do*) ..を/..しようと目指す, 志す. ～ *at* a higher level より高い水準を目指す. ～ *for* perfection 完璧(ぺき)を期す. He ～*s at* break*ing* the record. ＝He ～*s to* break the record. 彼は記録を破ろうとねらっている. I ～ *to* be a doctor when I grow up. 大人になったら医者になるつもりだ. We ～ *to* please. お気にめせばうれしく存じます《店で, 又は〘戯〙》.

àim hígh [***lów***] 大望を抱く[望みが低い].

── 名 (複 ～s /-z/) **1** U **ねらい**, 照準. miss one's ～ ねらいが外れる. **2** C 的; 目当て, 目的, 意向. attain one's ～(s) 目的を達する. with the ～ of mastering Russian ロシア語を習得する目的で. Her chief ～ in life is to become a movie star. 彼女の人生の大きな目的は映画スターになることだ.

> 連結 an immediate [a long-term; a lofty, a noble; the main, the ultimate] ～ // achieve [fulfill, realize; further, promote] one's ～

tàke áim (銃やカメラの)ねらいを定める; 攻撃の矢を向ける; 〈*at* ..に〉. *take* (good) ～ *at* the bear クマに(よく)ねらいを定める.

without áim ねらいをつけずに; 目的なしに[の].

[＜古期フランス語 (＜ラテン語「評価する」); estimate ↓

と同源]

†áim·less 形 目的のない, 当てのない.

▷ **～·ly** 副 当てなしに. wander [walk] ～*ly* あてどなくさまよう[歩く]. **～·ness** 名

ain't /eint/ 〘非標準〙**1** am not の短縮形. ★ただし疑

A

問形 ain't I? は〘話〙. **2** are not, is not, have not, has not の短縮形. *Ain't* you ashamed of yourself? お前恥ずかしくねぇのか.

Ain·tree /éintri:/ [名] エイントリー(競馬場)《Liverpool 郊外にあり, Grand National 競馬が行われる》.

Ai·nu /áinu:/ [名] ([複] **~, ~s**) [C] アイヌ人; [U] アイヌ語 ── [形] アイヌ人の; アイヌ語の. [アイヌ語「(神に対して)人間」]

‡**air** /eər/ [名] ([複] **~s** /-z/) 【空気】 **1** [U] **空気**. a gas lighter than ~ 空気より軽い気体. let in some fresh ~ 新鮮な空気を入れる. put some ~ in one's tires タイヤに空気を入れる. live on ~ (→LIVE[1] on .. (1)).

[連結] clear [clean, pure, wholesome; dirty, polluted, stale; bracing, crisp; balmy; sultry] ~ // breathe [inhale, exhale] (the) ~

2 (**a**) [U] 〈the ~〉(地球を取り巻く)**大気**; 空(そら), 空中. high up in the ~ 空高く. the mastery of the ~ 制空権. Birds fly in the ~. 鳥は空を飛ぶ. in the open ~ 戸外[野外]で. fire into the ~ 空に向けて発砲する. (**b**)〈形容詞的〉 空の, 航空..., (→aerial [注意]). ~ travel 空の旅. ~ cargo 航空貨物. an ~ crash 飛行機の墜落. ~ disaster 航空惨事.

3 〈the ~〉放送. over the ~ 放送で. on [off] the ~ →成句.

4 【外気に当てること】 [U] (意見などの)公表, 発表. give ~ to one's views 見解を公にする (→[動] [他] 2).

【雰囲気】 **5** [C] (**a**) **様子**, そぶり. an ~ of importance 偉そうな態度. with an ~ of disappointment がっかりした様子で. She has the ~ of being a lady. 彼女には貴婦人の風格がある. (**b**)〈~s〉気取り. put on the ~*s* of a scholar 学者ぶる. assume ~*s* 気取る.

【空気の流れ】 **6** (**a**) [U] 〘古代哲学〙風. →element 5. (**b**) [UC] 〘雅〙〘海〙そよ風, 微風, ([類語] breeze より弱い; →wind[1]). A slight ~ rustled the leaves. そよ風で木の葉がさらさらと音をたてた. There was not a breath of ~. 風はそよとも吹かなかった. light ~ 〘気象〙至軽風.

7 [C] 〘旧〙メロディー, 曲 (tune). Let's sing a patriotic ~. 愛国的な歌を 1 曲歌おう.

àirs and gráces 気取り, お上品ぶり.

bèat the áir むだ骨を折る.

****by áir*** **飛行機で**, 航空便で; 無電で. travel *by* ~ 飛行機で旅行する. Send this *by* ~, please. これを航空便で送ってください.

clèar the áir (1) 換気をする. (2) 疑いを晴らす, 誤解を解く; おかしい雰囲気を和らげる; (うわさなどを)一掃する. Discussing the matter frankly helped to *clear the* ~. その問題を率直に話し合ったことが誤解を解くのを助けた.

flòat [***trèad*** ↓] ***on áir***

gèt the áir (恋人に)捨てられる.

gìve oneself áirs もったいぶる, お高くとまっている.

give a person the áir 〔恋人〕を袖にする, 捨てる.

go ùp in the áir 〘話〙激怒する, かっかとする.

****in the áir*** (1) **空中に**[**の**]. a balloon *in the* ~ 空中の気球. (2)〘話〙雰囲気[気配]が広がって; 至るところに; 〔うわさ, 考えなどが〕**広まって**, 起こりそうで. Spring is *in the* ~. 春の気配が漂っている. There's reform *in the* ~. 至るところに改革の気運がある. (3)〘話〙 =up in the AIR. (4)〘軍〙無防備で.

into thìn áir 跡形もなく〔消えるなど〕.

off the áir 放送をやめて; 放送されないで. This station goes *off the* ~ at midnight. この局は夜 12 時に放送を打ち切る. take a program *off the* ~ 番組を放送から外す.

****on the áir*** **放送されて**; 放送中で. The Prime Minister will go *on the* ~ tonight. 首相は今晩放送に出る. They put his new play *on the* ~ last night. 昨夜彼の新しい芝居が放送になった.

out of [***from***] ***thìn áir*** どこからともなく〔現れる, 出すなど〕.

pùnch the áir ガッツポーズをとる.

pùt on áirs もったいぶる, 気取る, えらぶる.

tàke the áir (1)〘古〙外気に当たる, 散歩[ドライブ]に出かける. (2) 放送を始める. We *take the* ~ in just fifteen seconds. あと 15 秒で放送開始です.

tàke to the áir 〔鳥, 飛行機が〕飛び立つ.

trèad [***flòat, wàlk***] ***on áir*** (うれしくて)足が地に着かない; うきうきする. After passing the exam I was *walking on* ~. 試験に合格したので僕は有頂天だった.

ùp in the áir (1) 空中高く(舞い上がって). (2) 決まらないで, 宙ぶらりんで, (=in the AIR (3)). It's *up in the* ~. その問題はまだ決まっていない. (3)〘話〙有頂天で, 大喜びで. (4)〘話〙激怒して, かっかとして.

You could cùt the áir with a knífe. →knife.

── [動] [他] 【外気に当てる】 **1** 〔服など〕を空気に当てる; 〔部屋〕に風を通す[入れる], の換気をする; (熱に当てて)を乾かす. ~ (out) a room 部屋に風を入れる. **2** 〔意見など〕を公にする; 〔不平など〕を並べ立てる, にはけ口を与える; 〔衣装など〕を見せびらかす. ~ one's views [opinions] 自分の考えを明らかにする. ~ one's grievances 不平を並べたてる. ~ one's knowledge 自分の知識をひけらかす. ~ one's new jewels at a party パーティーで新しい宝石を見せびらかす.

【大気中を送る】 **3** 〘米〙を放送する. The game will be ~*ed* (live) on ABC next Sunday. その試合は ABC 放送で今度の日曜日に(生で)放送される.

── [自] **1** 外気に当たる; 〔衣服などが〕乾く. **2** 〘米〙〔番組などが〕放送される. The program ~*s* daily. その番組は毎日放送される.

áir oneself 〘古〙外気に当たる, 散歩に出る.

àir /../ óut 〘米〙〔服など〕を空気に当てる, 乾かす; 〔部屋など〕に空気を入れる.

[<ギリシア語 *aḗr*「空気」]

áir alèrt [名] [C] 空襲警戒態勢; その警報.

áir bàg [名] [C] エアバッグ《自動車が衝突した時自動的に膨れて乗っている人の受ける衝撃を和らげる》.

áir bàse [名] [C] 空軍基地.

áir·bèd [名] [C] 空気入りマットレス.

áir blàdder [名] [C] (魚の)浮き袋.

áir·bòrne [形] **1** 空輸の. ~ troops 空挺(てい)部隊. **2** 〈叙述〉〔航空機が〕浮揚して; 飛行中の. Is the plane ~ yet? もう離陸しましたか. **3** 〔種子などが〕風で運ばれる, 風媒の.

áir bràke [名] [C] 空気ブレーキ[制動機].

áir brìck [名] [C] 有孔れんが《通気性がある》.

áir·brùsh [名] [C] エアブラシ《(塗料などの)吹き付け用噴霧器》. ── [動] [他] をエアブラシで塗る.

áir·bùs [名] [C] エアバス《近[中]距離用大型ジェット旅客機》.

àir cástle [名] [C] =CASTLE in the air.

áir·chèck [名] [C] エアチェック《放送からの録音》.

Àir Chìef Márshal /⑱/ [名] [C] 〘英〙空軍大将.

áir còach [名] [C] 〘米〙低料金旅客機.

áir commànd [名] [C] 〘米〙航空軍団《空軍の最大の編成単位; air force, air division, wing の順に細分される》.

àir cómmodore /⑱/ [名] [C] 〘英〙空軍准将.

áir-condìtion [動] [他] 〔部屋, 建物など〕に空気調節装置を取り付ける, エアコンを付ける. ▷**~ed** [形] エアコンを付けた.

áir condìtioner [名] [C] 空気調節[冷暖房]装置, エアコン.

áir condìtioning [名] [U] 空気調節, 冷暖房,《略 AC》.

áir-còol [動] [他] を空気で冷却する.

áir-còoled [形] 〔エンジンが〕空冷式の; 冷房付きの.

áir còrridor [名] [C] 空中回廊《特に国際協定で安全

が保証されている航空路》.

‡**air·craft** /éərkræ̀ft|-krɑ̀:ft/ 名 (複 ～) Ⓒ **航空機**《飛行機, ヘリコプター, 飛行船, 気球を含めての総称; 普通, 集合的, ただし1台の航空機を指すこともある》.

áircraft càrrier 名 Ⓒ 航空母艦.

áircràft·man /-mən/ 名 (複 **-men** /-mən/) Ⓒ 〖英〗(最下位の)空軍兵士.

áircraft·wòman 名 (複 **-women** /-wìmən/) 〖英〗(最下位の)女性空軍兵士.

áir·crèw 名 Ⓒ 〈単数形で複数扱いもある〉(1機の)航空機搭乗員《全体》.

áir cùrtain 名 Ⓒ エアカーテン《圧搾空気を噴出させて屋内を外気から遮断する装置》.

áir cùshion 名 Ⓒ **1** 空気ぶとん[まくら]. **2** エアクッション《hovercraft などを浮上させるために圧搾空気を噴出して作られる高圧空気の層》.

áir·dàte 名 Ⓒ 放送(予定)日.

air·drome /éərdròum/ 名 Ⓒ 〖米〗飛行場, 空港,《普通, airport より小規模; 〖英〗aerodrome》.

áir·dròp 名 Ⓒ (落下傘による)空中投下.
—— 動 (～s|-pp-) 他 〔食料など〕を空中投下する.

Aire·dale /éərdeil/ 名 Ⓒ エアデールテリア《黄褐色で背部が黒い粗毛の大型テリア犬; **Áiredale tèrrier** とも言う》.

áir·fàre 名 Ⓒ 航空運賃.

‡**áir·fièld** 名 Ⓒ (小規模の)飛行場.

áir·flòw 名 aU 気流《特に, 航空機, 自動車など疾走する物体の表面に生ずる》.

áir·fòil 名 UC 〖米〗(航空機の)翼《機体を浮揚・制御するための主翼, 尾翼などの総称; 〖英〗aerofoil》.

†**áir fòrce** 名 Ⓒ 空軍 (→army, navy); (狭義で, 米空軍の)航空軍 (→air command).

Áir Fòrce Óne [Twó] 名 米国大統領[副大統領]専用機.

áir·fràme 名 Ⓒ 〖空〗(エンジンを除いた)機体.

Àir Fránce 名 エールフランス《フランスの航空会社》.

áir·frèight 名 U 航空貨物; 空輸. —— 副 空輸で. —— 動 他 を空輸する.

áir frèshener 名 UC 空気清浄剤.

áir gùn 名 Ⓒ 空気銃; (その形と原理を利用した)噴霧器.

áir·hèad 名 Ⓒ 〖主に米〗ばか, '空気頭'.

áir hòle 名 **1** 通気孔. **2** (川, 湖などの結氷面に生ずる)空気穴. **3** ＝air pocket.

áir hòstess 名 Ⓒ (旅客機の)スチュワーデス (★PC は flight attendant).

air·i·ly /é(ə)rili/ 副 **1** 軽快に; 優美に. She walked in ～ and took over the party. 彼女は軽やかに入ってきてパーティーの人気をさらってしまった. **2** 〖軽蔑〗気軽に; 無頓着に; どこ吹く風と. **3** 非現実的に, 雲をつかむように.

air·i·ness /é(ə)rinəs/ 名 U **1** 風通しのよさ. **2** 軽快さ; 無頓着. **3** 空虚, 実体のないこと.

air·ing /é(ə)riŋ/ 名 **1** aU 空気で乾かす[される]こと, 虫干し; 換気, 風通し(をすること). This kind of blanket needs (a) good ～. この種の毛布は十分な虫干しが必要だ. **2** Ⓒ〈普通, 単数形で〉外出, 散歩, ドライブ. He takes his dog out for an ～ every afternoon. 彼は毎日午後犬を散歩に連れ出す. **3** Ⓒ〈普通, 単数形で〉(不平などを)並べ立てること, 'ガス抜き'; (意見などの)発表, 公表; 放送. get an ～ 公表される. give the scandal a complete ～ 不正事件の全容を公表する.

áiring cùpboard 名 Ⓒ 〖英〗(衣類の)乾燥用戸棚.

áir làne 名 Ⓒ 航空路.

áir·less 形 風通しの悪い; 空気のない[薄い], 風のない.

áir lètter 名 ＝aerogram 1.

áir·lìft 名 Ⓒ (大規模の)空輸《特に, 緊急時の》. —— 動 他 を空輸する.

áir lìne 名 ＝airline 2.

‡**air·line** /éərlàin/ 名 (複 ～**s** /-z/) Ⓒ **1 航空路**; 定期航空; 〈しばしば ～s; 単数扱い〉航空会社 (〖英〗airways). an ～ stewardess 航空会社のスチュワーデス. They are a good ～ to fly with. あれは空の旅に利用するにはいい航空会社だ. **2** 〖米〗一直線 (beeline).

†**áir·lìn·er** 名 Ⓒ (大型)定期旅客機.

áir lòck 名 Ⓒ エアロック《管の中に空気が入って中の液の流れが止まること》; 〖機〗気閘(きこう).

‡**air·mail** /éərmèil/ 名 U **航空(郵)便**; 〈集合的〉航空郵便物; 〈形容詞的〉航空便の. send by ～ 航空便で送る. an ～ letter 航空便の手紙. —— 動 他 を航空便で送る —— 副 航空便で. send a letter ～ 手紙を航空便で送る.

áir·man /-mən/ 名 (複 **-men** /-mən/) Ⓒ **1** 飛行士, 〈特に〉パイロット, 飛行家; (→airwoman). **2** 〖米空軍〗(sergeant より下級の)航空兵 (注意 男女ともに言う).

Àir Márshal 名 Ⓒ 〖英〗空軍中将.

áir màss 名 Ⓒ 〖気象〗気団.

áir màttress 名 ＝airbed.

áir mìle 名 Ⓒ 航空マイル《1852m; →nautical mile》.

Áir Mìles 名 〖英〗〖商標〗エア・マイルズ《ポイントをためることによって無料で航空券がもらえるクーポン券など》.

áir-mìnded /-əd/ 形 航空機[航空事業]に関心を持つ; 空の旅が好きな.

áir·mìss 名 Ⓒ (飛行機の)ニアミス (near miss).

‡**air·plane** /éərplèin/ 名 (複 ～**s** /-z/) Ⓒ 〖米〗**飛行機** (注意 単に plane とも言う; 〖英〗では aeroplane, 〖英空軍〗では公式に aircraft と言う). go by ～ 飛行機で行く. take an ～ 飛行機に乗る. [＜*air*＋aero*plane*; ギリシア語風の aero- を英語の air に綴り変えた]

áir plày 名 U (ポピュラーソングなどの)放送(される時間).

áir pòcket 名 Ⓒ 〖空〗エアポケット.

áir pollùtion 名 U 大気汚染.

‡**air·port** /éərpɔ̀:rt/ 名 (複 ～**s** /-ts/) Ⓒ **空港** (→airdrome, airfield). an international ～ 国際空港. I went to Narita *Airport* to meet my father. 父を迎えに成田空港へ行った.

áirport còde 名 Ⓒ 空港名コード《LAX (ロサンゼルス国際空港)のようにアルファベット3文字で表す》.

áirport fìction 名 U (気晴らし用の)空港売店などで売っている小説.

áir pòwer 名 U 空軍力.

áir prèssure 名 U 気圧.

áir pùmp 名 Ⓒ 空気ポンプ; 排気ポンプ.

áir ràid 名 Ⓒ 空襲. an *air-raid* shelter 防空壕(ごう).

áir rìfle 名 Ⓒ 空気銃.

áir sàc 名 Ⓒ 〖鳥〗気嚢(のう).

áir·scrèw 名 Ⓒ 〖英〗(飛行機の)プロペラ.

àir-sea réscue 名 UC 空海協同救助《ヘリコプター, ボートなどによる海難救助作業》.

áir shàft 名 Ⓒ 〖鉱〗通風縦坑; ＝air well.

‡**áir·shìp** 名 Ⓒ 飛行船 (dirigible).

áir shòw 名 Ⓒ 航空ショー.

áir shùttle 名 Ⓒ エアシャトル《近距離, 例えばニューヨーク・ボストン間の航空サービス; 乗客が一定数になると出発》.

áir·sìck 形 飛行機に酔った (→seasick).
▷～**·ness** 名 U 飛行機酔い, 航空病.

áir·sìde 名 Ⓒ (空港の)職員と搭乗者だけが入れる区域 (→landside).

áir·spàce 名 U **1** 領空《特定の国の上空で, その国家主権の及ぶ空間》; 〖法〗私有地上の空間. controlled ～ 管制空域. stray into Russian ～ ロシアの領空に迷い込む. **2** (室内の)空積, 気積, 《呼吸用の空気のある空間》; 〖建〗(壁などの中の防湿のための)空気層, 空隙.

áir·spèed 名 UC (航空機などの)対気速度 (→ground speed).

áir sprìng 名 Ⓒ 〖機〗空気バネ《圧搾空気による緩衝装置》.

áir·strèam 名 Ⓒ 気流, 〈特に〉高層気流; ＝airflow.

áir·strìke 名 ＝air raid.

áir·strìp 名 Ⓒ 仮設滑走路.

A

áir tàxi 名 C 〘米〙エアタクシー《定期航空便のない所へ飛ぶ小型機》.

áir tèrminal 名 C 〘英〙 **1** 空港直通輸送ターミナル《空港から離れた都心にある》. **2** 空港ビル《空港内の旅客発着用建物》.

áir·tìght 形 **1** 空気を通さない, 気密の. **2**〔防御などが〕乗じるすきのない, 〔議論などが〕(緻(ち)密で)つけ込むすきのない, 完全な, '水ももらさない', (→watertight).

áir·tìme 名 U 放送[放映]時間. be given ～ (テレビなどで)放送される.

àir-to-áir /®/ 形 飛行機から飛行機への, 空対空の. an ～ missile 空対空ミサイル.

àir-to-gróund, àir-to-súrface /®/ 形 飛行機から地面への, 空対地の.

áir-tràffic contròl 名 U 航空管制; 〈集合的〉航空管制官《1 人は **áir-tràffic contròller**》.

Àir Vìce-Márshal 名 C 〘英〙空軍少将.

áir·wàves 名 〈複数扱い〉ラジオ[テレビ]放送(電波). be on the ～ 放送される.

***air·way** /éərwèi/ 名 (複 ～s /-z/) **1** C **航空路**. **2** 〘英〙〈しばしば ～s〉航空会社 (airlines). British *Airways* 英国航空(会社). **3** C (鉱山などの)通風孔. **4** C (人体の)気道.

áir wèll 名 C (ビルなどの)通風空間.

áir·wòman /-wùmən/ 名 (複 **-wòmen** /-wìmən/) C 女流飛行家; 〘英空軍〙女性航空兵《男は airman》.

áir·wòrthy 形 航空に耐える〔機体, 部品など〕(→seaworthy). ▷**áir·wòr·thi·ness** /-ðinəs/ 名 U 耐空性.

†air·y /é(ə)ri/ 形 【大気の】 **1** 大気の; 上空の; 航空の; 空高くそびえる (lofty). **2** 風通しのいい〔部屋など〕.
【風に似た】 **3** (風のように)軽い, 軽快な; 優美な, 繊細な. an ～ dress (薄ものの)軽いドレス.
4 〘軽蔑〙気軽な; のんきな, 無頓着な. He has an ～ disregard for the law. 彼は法律を構わず無視する. **5** 快活な, 陽気な; 元気のいい. an ～ manner 快活な態度.
【実体のない】 **6** 〔考え, 計画などが〕現実的でない; 実を伴わない, 空しい. an ～ promise 誠意のない約束.
7 不自然な, 気取った. in an ～ tone of voice わざとらしい声で.

àiry-fáiry /®/ 形 〘話〙〘軽蔑〙荒唐無稽な, 現実的でない; 雲をつかむような. ～ ideas 非現実的な考え.

†aisle /ail/ 名 C **1** (座席の間の)通路《劇場, 教室, 列車, 旅客機内などの》; (スーパー, 倉庫などの内部の)通路. His seat in the plane was on the ～. 機内での彼の席は通路側だった. an ～ seat 通路側の座席. **2** (教会堂の)側廊; (教会堂の座席の間の)通路 (→church 図).
gò [*wàlk*] *up* [*down*] *the áisle* 〘話〙結婚する《<教会の通路を歩く》.
knòck [*lày, ròck*] *.. in the áisles* 〔聴衆, 世間など〕に強烈な印象を与える.
ròlling in the áisles 〔観客などが〕笑い転げて.
[<ラテン語 *āla*「翼」; isle との混同で綴りに -s- が入った]

aitch /eitʃ/ 名 C H[h] の字[音].
dròp one's áitches=*dròp one's h's* →H, h.

áitch·bòne 名 C 〘英〙牛の臀(でん)骨(付近の肉).

a·jar[1] /ədʒáːr/ 副, 形 〈叙述〉〔ドアが〕少し開いて. leave the door ～ ドアを半開きにしておく. "When is the door not a door?" "When it is ～."「ドアがドアでないのはどんな時?」「半開き[瓶 (jar)]の時」(★ajar と a jar をかけたなぞなぞ).

a·jar[2] 副, 形 〈叙述〉調子が狂って; 不調和で. set a person's nerves ～ 神経をいらだたせる.

AK 〘郵〙Alaska.

AKA, aka /ǽkə, èikeiéi/ also known as .. (別名 ..(alias)).

a·kim·bo /əkímbou/ 副 〘旧〙両手を腰に当てひじを張って. stand with arms ～ 両手を腰に当てひじを張って立つ《普通, 足も開き, 挑戦的な構え》.

‡a·kin /əkín/ 形 〈叙述〉 **1** 類似している, 密接な関係のある; 同種の, 同類の; 〈*to* ..と〉. ～ in taste 味が似ている. feel something ～ *to* nausea 何か吐き気に似た感じがする. Pity is ～ *to* love. 〘諺〙かわいそうは好きだの親類. **2** 血族の, 同族の, 〈*to* ..と〉. The cat is ～ *to* the tiger. 猫はトラの同族である.

AL 〘郵〙Alabama.

Al[1] /æl/ 名 Albert, Alfred の愛称.

Al[2] 〘化〙alumin(i)um.

al- /ə(l)/ 接頭 ad- の異形 〈l- の前で〉: *al*lure.

-al /əl/ 接尾 **1**「..の(ような), ..の性質の」の意味の形容詞を作る. ornament*al*. person*al*. **2** 動詞から名詞を作る. arriv*al*. deni*al*. [ラテン語 *-ālis*「..に属する」]

Ala. Alabama.

à la, a la /áː-lɑː|ǽ-lɑː/ 前 〘話〙..をまねて[た], ..式に[の], ..風に[の], ..流に[の]. tragedy ～ Shakespeare シェイクスピア風悲劇. write ～ Hemingway ヘミングウェイ流に書く. [<*à la* mode]

Al·a·bam·a /æ̀ləbǽmə/ 名 アラバマ《米国南東部の州; 州都 Montgomery; 略 AL〘郵〙, Ala.》. [北米先住民語「茂みを切り開く」]

Al·a·bam(·i)·an /æ̀ləbǽm(i)ən ®/ 形, 名 C アラバマ州の(人).

al·a·bas·ter /ǽləbæ̀stər|-bɑ̀ːs-/ 名 U 雪花石膏(こう) ── 形 **1** (雪花石膏のように)白い, 滑らかな. ～ skin 白い肌. **2** 雪花石膏(製)の.

à la carte /ɑ̀ː-lɑː-káːrt|æ̀-lɑː-/ 副, 形 メニューによって[よる]; 一品料理で[の]; (↔table d'hôte). dine ～ メニューから好みの品を選んで食事する. [フランス語 'according to the card']

a·lack(·a·day) /əlǽk(ədèi)/ 間 〘古〙悲しいかな, ああ, 《悲しみ, 悔い, 驚きを表す》.

a·lac·ri·ty /əlǽkrəti/ 名 U 〘章〙敏活さ, 機敏; 即座の乗り気; 活発さ. accept the invitation with ～ 招待にすぐさま喜んで応じる.

A·lad·din /əlǽd(ə)n/ 名 アラジン《*The Arabian Nights* に出てくる少年》.

Alàddin's Cáve 名 C アラジンの洞窟(くつ)《珍奇な物がいっぱいある所を比喩的に言う》.

Alàddin's lámp 名 C アラジンのランプ《どんな望みでもかなえてくれるという魔法のランプ》.

à la king /ɑ̀ː-lɑː-kíŋ|æ̀-lɑː-/ 形 〘米〙〘料理〙〈普通, 名詞の後に付けて〉アラキングの〔チキンなど〕《ピーマンとマッシュルームを入れてクリーム煮にした》.

Al·a·mein /ǽləmèin/ 名 ＝El Alamein.

Al·a·mo /ǽləmòu/ 名 〈the ～〉アラモ《米国テキサス州サンアントニオにあるもとキリスト教伝道用の要塞(さい); 1836 年メキシコからの独立を求めるテキサス人が立てこもりメキシコ軍により全滅させられた; David Crockett がここで戦死》.

à la mode, a la mode /ɑ̀ː-lɑː-móud|æ̀-lɑː-/ 形, 副 **1** 流行の[に従って], 現代風の[に], (fashionable). **2** 〘料理〙(ビーフを)野菜と一緒にいためてワインで煮込んだ[で]; 〘米〙アイスクリームを乗せ[添え]た[て]. pie ～ 〘米〙パイアラモード《アイスクリームを乗せたパイ》. [フランス語 'in the fashion']

Al·an /ǽlən/ 名 男子の名.

Al-Anon /ǽlənɑ̀n|-nɔ̀n/ 名 アル・アノン《(特に Alcoholics Anonymous の)アルコール依存症患者の家族・友人のための会》.

‡a·larm /əláːrm/ 名 (複 ～s /-z/) **1** C **警報**; 警報装置 (→fire alarm). an ～ signal 非常警報(器). give [raise] the ～ 警報を発する. sound [set off, ring] the ～ (鐘, ベルなどの)警報器を鳴らす; 警鐘を鳴らす 〈*about* ..に〉. **2** C **目覚まし時計** (alarm clock). The ～ went off at five-thirty. 目覚ましは 5 時 30 分に鳴っ

た. **3** Ⓤ (差し迫った危険に対する)恐れ; 不安, 心配; (→fear 類語). feel [take] ～ びくびくする. The news caused ～ throughout the village. その知らせは村中に不安を巻き起こした. He leapt back in ～. 彼はびっくりして後ろに跳びのいた. view .. in ～ ..に警戒心を抱く.

── 動 他 **1** 〔人〕を恐れさせる; を心配させる, 不安がらせる; 〈普通, 受け身で; →alarmed〉(類語 差し迫った危険などが恐怖を感じさせるという意味; →frighten). I don't want to ～ you, but ... 驚かす気はないが... **2** に警報を発する, 危急を伝える. [＜イタリア語「武器をとれ!」]

alárm bèll 名 Ⓒ 警鐘; 非常ベル.

alárm càll 名 Ⓒ **1** (鳥などの)警戒の合図(の鳴き声). **2** モーニング・コール.

alárm clòck 名 Ⓒ 目覚まし時計. set the ～ for 5 目覚まし時計を5時にセットする.

alármed 形 **1** 驚いた, びっくりした, 〈*by, at, over*..で〉. Don't be ～. 落ち着いて. I was ～ *by* [*at*] the news. 私はその知らせを聞いて不安になった. She was ～ for her son's safety. 彼女は息子の安否が心配でならなかった. **2** 〈叙述〉警報装置が付いている[作動する].

†**a·lárm·ing** 形 気遣わしい, 心配な; 切迫した〔事態など〕. an ～ increase in crime 犯罪の憂慮すべきほどの増加. at an ～ rate 気がかりな割合で. ▷**～·ly** 副 不安になるほど; 気遣わしいほど; 驚いたことに(は).

a·larm·ist /əlɑ́:rmist/ 形, 名 Ⓒ 〖軽蔑〗人騒がせな(人); 心配性の(人).

Alas. Alaska.

†**a·las** /əlǽs, əlɑ́:s/ 間 ああ, まあ, (悲しい, つらい, ひどい, かわいそうなどの気持ちを表す).

A·las·ka /əlǽskə/ 名 アラスカ《北米大陸西北端にある米国最大の州; 州都 Juneau; 略 AK〖郵〗, Alas.》. [アレウト語「(アリューシャン諸島に対して)本土」]

Alàska Híghway 名 〈the ～〉アラスカハイウェー《カナダ西部からアラスカに通じる》.

A·las·kan /əlǽskən/ 形, 名 Ⓒ アラスカ州の(人).

Alàska Península 名 〈the ～〉アラスカ半島《Alaska 南西部の半島》.

Alàska Stándard Tìme 名 Ⓤ アラスカ標準時 (→standard time).

alb /ælb/ 名 Ⓒ 〖キリスト教〗アルバ, 白衣, 《ミサの時, 司祭 (priest) が着る長い麻の祭服》. [＜ラテン語「白い」]

Al·ba·ni·a /ælbéiniə/ 名 アルバニア《バルカン半島西南部の共和国; 首都 Tirana》.

Al·ba·ni·an /ælbéiniən/ 形 アルバニア(人, 語)の
── 名 Ⓒ アルバニア人; Ⓤ アルバニア語.

Al·ba·ny /ɔ́:lbəni/ 名 オールバニー《米国 New York 州の州都》.

al·ba·tross /ǽlbətrɔ̀:s|-trɔ̀s/ 名 Ⓒ **1** (複 ～·es, ～) 〖鳥〗アホウドリ. **2** ＝an ALBATROSS around one's neck. **3** (複 ～·es) 〖ゴルフ〗アルバトロス《→par 4 参考》.

an álbatross around one's néck つきまとって離れない罪の意識; 重荷; 悩み[苦痛]の種; 難物; 《S.T.Coleridge, *The Ancient Mariner* から》.

Al·bee /ɔ́:lbi:/ 名 **Edward ～** オールビー (1928–) 《米国の劇作家》.

†**al·be·it** /ɔ:lbí:ət/ 接 〖章〗たとえ..でも, ..にもかかわらず, (even though); ..であるが同時に (though). an intelligent ～ rash leader 軽率だが頭はいい指導者. speak firmly ～ pleasantly 愛想はいいがきっぱりした口調で話す.

Al·bert /ǽlbərt/ 名 **1** 男子の名《愛称 Al, Bert》. **2** **Prince ～** アルバート公 (1819–61)《Victoria 女王の夫で Prince Consort と呼ばれた》.

Al·ber·ta /ælbə́:rtə/ 名 アルバータ《カナダ西部の州》.

al·bi·nism /ǽlbənìz(ə)m/ 名 Ⓤ 〖医〗色素欠乏症.

al·bi·no /ælbáinou|-bí:-/ 名 (複 **～s**) Ⓒ 白子(しろこ)《皮膚色素欠乏による》; 〖植〗白変種.

Al·bi·on /ǽlbiən/ 名 アルビオン《Great Britain 又は England の古名・雅名; 原意は「白い国」; 南部海岸の白亜質にちなんだ名》. perfidious ～ 不実なる国アルビオン《フランス人が英国をなじって言った言葉から》.

***al·bum** /ǽlbəm/ 名 (複 **～s** /-z/) Ⓒ **1** アルバム《写真のアルバム, 切手帳, サイン帳, 来賓名簿など》. a photograph ～ 写真のアルバム. a stamp ～ 郵便切手帳. **2** (昔のアルバム式の)レコードケース; (レコード, カセットテープ, CD の)アルバム《数曲を収録した1枚又はセットの》. the first item in his latest ～ 彼の最新のレコード[CD]の最初の曲. [ラテン語「白い書き板」(＜*albus*「白い」)]

al·bu·men /ælbjú:mən|ǽlbju-/ 名 Ⓤ **1** 卵白; 〖植〗胚(はい)乳. **2** ＝albumin.

al·bu·min /ælbjú:mən|ǽlbju-/ 名 Ⓤ 〖生化〗アルブミン《たんぱく質の一種; 卵白の主成分》.

al·bu·mi·nous /ælbjú:mənəs/ 形 アルブミンの[を含む].

Al·bu·quer·que /ǽlbəkə̀:rki/ 名 アルバカーキ《米国 New Mexico 州中部の同州最大の都市》.

Àl·can Hígh·way /ǽlkæn-/ 名 〈the ～〉 Alaska Highway の旧称.

Al·ca·traz /ǽlkətræ̀z/ 名 アルカトラズ《California 州サンフランシスコ湾内の小島; 1933–63 年に連邦刑務所があった; Al Capone も収監された》.

al·che·mist /ǽlkəmist/ 名 Ⓒ 錬金術師.

al·che·my /ǽlkəmi/ 名 Ⓤ 錬金術《卑金属を金に変えることや不老長寿薬の発見などを企てた》. [＜アラビア語「金属の変成」]

‡**al·co·hol** /ǽlkəhɔ̀:l|-hɔ̀l/ 名 Ⓤ **1** アルコール, 酒精. **2** アルコール飲料, 酒. His doctor told him not to touch ～. 彼の医者は彼に一切酒は飲むなと命じた. reek with ～ 酒のにおいをぷんぷんさせる. [＜アラビア語 'the kohl'; al はアラビア語の定冠詞 (→algebra, admiral)]

álcohol abùse 名 Ⓤ 〖医〗アルコール乱用.

àlcohol depéndence 名 Ⓤ アルコール依存症.

àlcohol-frée ⊛/ 形 アルコールを含まない.

†**al·co·hol·ic** /æ̀lkəhɔ́:lik, -hɑ́l-|-hɔ́l- ⊛/ 形 アルコール(性)の; アルコールによる; アルコール中毒の. ～ beverages (諸種の)アルコール飲料, 酒.
── 名 Ⓒ アルコール依存症患者 (→alky).

Alcohòlics Anónymous 名 アルコール依存矯正会, 断酒会, 《互いに匿名を守る; 略 AA; →Al-Anon》.

‡**al·co·hol·ism** /ǽlkəhɔ̀:liz(ə)m|-hɔ̀l-/ 名 Ⓤ アルコール中毒[依存症].

al·co·hol·om·e·ter /æ̀lkəhɔ:lɑ́mətər|-hɔlɔ́m-/ 名 Ⓒ アルコール(比重)計《液体中のアルコールの濃度を測る》.

al·co·pop /ǽlkəpɑ̀p|-pɔ̀p/ 名 Ⓒ 〖英〗アルコール入り清涼飲料.

Al·cott /ɔ́:lkət/ 名 **Louisa May ～** オールコット (1832–88)《米国の女流作家; *Little Women* の作者》.

‡**al·cove** /ǽlkouv/ 名 Ⓒ **1** アルコーヴ《室内の一部が入り込んでできた小部屋; ベッド, 書棚, いす, テーブルなどを置く》. a small ～ in one end of the room 部屋の一方の端にある小さな入り込み. **2** 壁に設けた凹(くぼ)み《日本家屋の床の間に相当》. **3** (庭園の中の)あずまや.

[alcove 1]

Ald. alderman.

Al·deb·a·ran /ældébərən/ [名] 〖天〗アルデバラン《牡牛座中のオレンジ色に輝く一等星》.

Alde·burgh /ɔ́:ldbə̀:rou|-bərə/ [名] オールドバラ《英国 Suffolk 州の海岸町, 毎年夏に挙行される音楽祭で有名》.

al den·te /æl-déntei/ [形] (歯ごたえがあるよう)固めに調理された〔パスタ, 野菜など〕. [イタリア語 'to the tooth']

al·der /ɔ́:ldər/ [名] [C] 〖植〗ハンノキ《カバノキ科の樹木で温帯地方の湿地を好む; 樹皮は染料などになる》.

al·der·man /ɔ́:ldərmən/ [名] ([複] **-men** /-mən/) [C] **1** 〖米〗市評議会会員, 市会議員《多くの市ではこの語ではなく councilman [councilwoman; council member]を使う》. **2** 〖英史〗参事会員《地方議会の議員の互選で選ばれ, 市[町]長 (mayor) に次ぐ地位; 1974年廃止》. ▷**àl·der·mán·ic** /-mǽnik [移]/ [形]

Al·der·ney /ɔ́:ldərni/ [名] ([複] **～s**) **1** オールダニー島《英国海峡の Channel Islands 中の 1 つ》. **2** [C] オールダニー種の乳牛《オールダニー島の原産》.

‡**ale** /eil/ [名] **1** [U] エール《普通のビールよりもやや強くて苦い; →lager》; [C] エール 1 杯. **2** [U] 〖英旧〗=beer.
càkes and ále →cake (成句). [＜古期英語]

Al·ec(k) /ǽlik/ [名] Alexander の愛称.

al·ec /ǽlik/ [名] =smart alec.

a·lee /əlí:/ [副], [形] 〈叙述〉〖海〗風下に[へ, への] (→lee). Helm ～! 下手(したて)舵(かじ).

ále·hòuse [名] ([複] →house) [C] 〖古〗酒場 (pub), ビヤホール.

a·lem·bic /əlémbik/ [名] [C] (昔の)蒸留器, ランビキ《錬金術で用いた》.

***a·lert** /ələ́:rt/ [形] [m] **1** 油断のない, 用心を怠らない, 用心をする, 注意深い, 〈*to* ..に〉. an ～ bodyguard 油断のない護衛. stay [keep] ～ 注意している. The hunter was very ～ *to* every sound and movement. 狩猟者はあらゆる音や動きに大変気を配っていた. (with) eyes and ears ～ 目を見開き耳をそばだてて. **2** 機敏な, 敏活な. an ～ mind 敏活な頭脳. ～ movements 機敏な動作. be ～ in class 授業中はきはきしている. He is ～ *to* every chance of making money. 彼は金もうけのあらゆる機会に目ざとい.
── [名] [C] 警報発令期間; (特に空襲の)警戒警報《「解除」は all clear》; 待機命令. an air ～ 空襲警報. give the ～ 警報[待機命令]を出す.
on (***the***) ***alért*** 油断なく見張って〈*for, against* ..に対して〉; 待機して, 機会をねらって, 〈*to* do ..できるよう〉. Be *on the* ～ *for* anything strange. 何か変わった事はないかと気をつけていなさい. The police were *on the* ～ *to* catch the criminal. 警察は犯人を逮捕しようと油断なく見張っていた. put [place] the army *on* full ～ 軍隊を完全警戒態勢に置く.
── [動] [他] 〔人〕に警戒をさせる, 警報を出す; [VOA] (～ X ***to*** ..) ..に対して X (人)に警告する; [VOO] (～ X ***that*** 節) X に..であると警告する. ～ the public *to* the danger of smoking 喫煙のもたらす危険について公衆に警告する. [＜イタリア語「見張り塔へ(行け)!」]
▷**～·ly** [副] 油断なく; 機敏に, 素早く. **～·ness** [名] [U] 油断のなさ; 素早さ.

A·leut /əlú:t, ǽliu:t/ [名] ([複] **～, ～s**) [C] アレウト人《アリューシャン列島からアラスカ西部にかけて居住する; Inuits に近い種族》; [U] アレウト語.

A·leu·tian /əlú:ʃən/ [形] アリューシャン列島の; アレウト族[語] (Aleut) の. ── [名] **1** =Aleut. **2** 〈the ～s〉アリューシャン列島《米国アラスカ州に属する; **the Alèutian Íslands** とも言う》.

†**A lèvel** /éi-lèv(ə)l/ [名] [UC] 〖英〗**1** A 級の試験(合格)《A は *A*dvanced; 大学進学に必須でかつての GCE 取得試験で O level より高度; →GCSE》. She has five ～*s*. 彼女は 5 科目 A 級に合格している. **2** 〈形容詞的〉A 級の.

ale·wife /éilwàif/ [名] ([複] **-wives** /-wàivz/) [C] エールワイフ《北米産のニシン科の食用魚》.

Al·ex /ǽleks, -iks/ [名] Alexander の愛称.

Al·ex·an·der /æligzǽndər|-zɑ́:n-/ [名] 男子の名《愛称 Alec(k), Alex, Sandy》.

Àlexánder techníque [名] 〈the ～〉アレグザンダー療法《姿勢に対する意識を高め, 改善する》.

Alexànder the Gréat [名] アレキサンダー大王 (356–323 B.C.)《マケドニアの王》.

Al·ex·an·dra /æligzǽndrə|-zɑ́:n-/ [名] 女子の名《Alexander の女性形; 愛称 Sandra, Sandy》.

Al·ex·an·dri·a /æligzǽndriə|-zɑ́:n-/ [名] アレキサンドリア《エジプトの Nile 河口の港市; アレキサンダー大王が建設した古代文化の中心地》.

Al·ex·an·dri·an /æligzǽndriən|-zɑ́:n- [移]/ [形] **1** (古代)アレキサンドリアの; ヘレニズム文化の (Hellenistic). **2** アレキサンダー大王の.

al·ex·an·drine /æligzǽndrən, -dri:n|-drain/ 〖韻律学〗〈時に A-〉[名] [C] アレクサンドル格の詩行《弱強 6 歩格 (iambic hexameter) から成る詩行》; その詩行から成る詩《フランスの典型的詩形》.
── [形] アレクサンドル格詩行の.

al·ex·an·drite /æ̀ligzǽndrait|-zɑ́:n-/ [名] [UC] アレキサンドライト《宝石; 日中は暗緑色, 人工光線では赤紫色に見える》.

a·lex·i·a /əléksiə/ [名] [U] 〖医〗失読症 (→dyslexia).

ALF 〖英〗Animal Liberation Front.

alf /ælf/ [名] [C], [形] 〖オース話・軽蔑〗**1** 無教養で保守的なオーストラリア男(の). **2** あほ, ばか. **3** 異性愛の男.

al·fal·fa /ælfǽlfə/ [名] [U] 〖米〗ムラサキウマゴヤシ, アルファルファ, (〖英〗lucerne)《マメ科の多年生牧草; 若芽はサラダなど食用になる》. ～ sprouts アルファルファの新芽.

Al·fred /ǽlfrəd/ [名] 男子の名《愛称 Al, Alf, Fred》.

Àlfred the Gréat [名] アルフレッド大王 (849–899)《中世イギリスの Wessex 国王》.

al·fres·co /ælfréskou/ [副], [形] 戸外に[で]; 戸外での. [イタリア語 'in the fresh (air)']

alg. algebra.

‡**al·gae** /ǽldʒi:/ [名] (★本来 **al·ga** /ǽlgə/ の複数形)〈普通, 複数扱い〉〖植〗藻(も); 藻(そう)類. ▷**al·gal** /ǽlgəl/ [形]

***al·ge·bra** /ǽldʒəbrə/ [名] [U] 代数(学). [＜アラビア語「壊れた部分の接合」; →alcohol]

al·ge·bra·ic, -i·cal /æ̀ldʒəbréiik [移]/, /-ik(ə)l [移]/ [形] 代数(学)の. ▷**al·ge·bra·i·cal·ly** [副] 代数学(上), 代数学によって.

al·ge·bra·ist /ǽldʒəbrèiist, ∸–∸–/ [名] [C] 代数学者.

Al·ge·ri·a /ældʒí(ə)riə/ [名] アルジェリア《アフリカ北部の共和国; 首都 Algiers》.

Al·ge·ri·an /ældʒí(ə)riən/ [形] アルジェリアの.
── [名] [C] アルジェリア人.

Al·giers /ældʒíərz/ [名] アルジェ《アルジェリアの首都; この casbah が有名》.

AL·GOL /ǽlgɑl|-gɔl/ [名] [U] 〖電算〗アルゴル《科学計算用のプログラム言語の一種; ＜*algo*rithmic *l*anguage》.

Al·gon·qui·an, -ki·an /ælgɑ́ŋk(w)iən|-gɔ́ŋ-/, /-kiən/ [名] **1** [U] アルゴンキアン諸語. **2** [C] アルゴンキアン語族(の人)《北米先住民最大の語族》.
── [形] アルゴンキアン諸語[人]の.

Al·gon·quin, -kin /ælgɑ́ŋk(w)in|-gɔ́ŋ-/, /-kin/ [名] ([複] **～, ～s**) **1** [C] アルゴンキン族(の人)《アルゴンキアン語族中の一部族》. **2** [U] アルゴンキン語.

al·go·rism /ǽlgərìz(ə)m/ [名] 〖今はまれ〗=algorithm.

al·go·rithm /ǽlgərìð(ə)m/ [名] **1** [C] 〖主に電算〗アルゴリズム《問題解決のための段階的手続き》. **2** [U] (1,

2, 3. . の算用数字を用いる)アラビア記数法; 10 進法. ▷**àl·go·ríth·mic** /-mik [移]/ [形]

Al·ham·bra /ælhǽmbrə/ [名] 〈the ～〉 アルハンブラ宮殿《スペインのグラナダ (Granada) にあるムーア人が建てた王城; ムーア様式の建築》. [＜アラビア語 'the red (house)']

A·li /ɑ́:li/ [名] **Muhammad ～** アリ (1942–)《元の名 Cassius Clay; プロボクシングのヘビー級チャンピオンを 3 度獲得》.

a·li·as /éiliəs|-æs/ [副] 別名で. George Simpson, ～ John Smith ジョン・スミスこと本名ジョージ・シンプソン. ── [名] [C] **1** 通称, 変名, 偽名. under an ～ 偽名を使って. **2** 〖電算〗 エイリアス《プログラムなどを呼び出すアイコンなど》. [ラテン語「別の時に」]

A·li Ba·ba /ɑ̀:li-bɑ́:bə, æ̀li-bǽbə|æ̀li-bɑ́:bə/ アリババ《*The Arabian Nights* の中の 1 物語の主人公; → Open SESAME!》.

*__al·i·bi__ /ǽləbài/ [名] ([複] **～s** /-z/) [C] **1** 〖法〗 **アリバイ, 現場不在証明**. establish [prove] an ～ アリバイを立証する. I don't have an ～ for that time. 私はその時刻のアリバイがない. a cast-iron ～ 強力なアリバイ. **2** 〖話〗 言い訳 (excuse). an ～ *for* delay 遅滞の言い訳.
── [動] (**～s** /-z/|[過] [過分] **～ed** /-d/|**～·ing**) [他], [自] **1** (の)アリバイを立てる. Will you ～ me for last night? 僕の昨晩のアリバイを立ててくれないか. **2** 〖米話〗 (の)言い訳をする. ～ for being late 遅刻の言い訳をする. [ラテン語「他の場所に」]

Al·ice /ǽlis, -əs/ [名] **1** 女子の名. **2** アリス《Lewis Carroll 作の童話 *Alice's Adventures in Wonderland*『不思議の国のアリス(の冒険)』(1865) とその姉妹編の主人公の少女》.

Álice bànd [名] [C] 〖英〗 アリスバンド《髪を額に垂れないようにするヘアバンド》.

Àlice Spríngs [名] アリス・スプリングズ《オーストラリア中部のオアシス町; Ayers Rock への観光基地》.

A·li·ci·a /əlíʃiə/ [名] 女子の名.

*__al·ien__ /éiliən, -jən/ [名] ([複] **～s** /-z/) [C] **1** (他国にいる) **外国人**, 在留外人, 《市民権を持たない; [類語] 主に法律用語; →foreigner》. **2** 異星人, 宇宙人, エイリアン, 《SF に登場する》.
── [形] [m] **1 外国の** (foreign); 外国人の, 異人種の; ([注意] 非難がましいニュアンスを持つことがある); 異星人の. carry one's ～ registration card 外国人登録証を携帯する. **2** 異質の 〈*to, from* . . と〉; 反発する, 相容(い)れない, 〈*to* . . と〉. Your methods are totally ～ *to* mine. あなたのやり方は私のやり方とは性質が全く違っている. Dishonesty is ～ *to* his nature. 不正行為は彼の性(しょう)に合わない. **3** 〖植〗 帰化植物の. [＜ラテン語「他者の(所有する)」]

àlien abdúction [名] [UC] エイリアンによる誘拐.

ál·ien·a·ble [形] 〖法〗 譲渡できる.

†**al·ien·ate** /éiliənèit/ [動] [他] **1** 〔物事, 人が〕〔人〕を遠ざける, 疎遠にする; 疎外する; 〈*from* . . から〉. His selfishness has ～*d* all his friends. 彼のわがままのために友人はみんな遠ざかってしまった. How long have you been ～*d from* each other? 君たちはいつから仲たがいしているのか. youth ～*d from* society 社会から疎外された若者たち. **2** 〖法〗 の所有権を移転する; を譲渡する. ～ one's property 財産を譲渡する.

àl·ien·á·tion [名] [U] **1** 遠ざける[られる]こと, 疎外; 疎外感; 離反. the ～ of the worker from his product 労働者のその生産物からの疎外 《マルクスが唱えた》. **2** 〖法〗 譲渡, (権利の)移転. **3** 異化(効果)《読者や観客の対象への同化を妨げ, 対象と距離を持つようにする; 演劇理論, 文学批評用語; **alienàtion efféct** とも言う》.

al·ien·ist /éiliənist/ [名] [C] 〖主に米〗〈特に〉 精神鑑定医《裁判においての》.

*__a·light__[1] /əláit/ [動] (**～s** /-ts/|[過] [過分] **～·ed** /-əd/, **a·lit** /əlít/|**～·ing**) [自] 〖章〗 **1** (目的地に来て)**降りる** 〈*from* . .〔車, 船, 馬など〕から〉 (get down [off]). ～ *from* the airplane 飛行機から降りる.
2 (空から)舞い降りる[落ちる]; 〔航空機が〕着陸する (land); 〔鳥が〕止まる 〈*on* . .〔木など〕に〉 (settle).
3 [VA] (**～ on [upon] . .**) . .を(偶然)見つける. [＜古期英語; a-[2], light[3]]

a·light[2] [形] 〈叙述〉 **1** 燃えて; 灯がともって. set a stove [a car] ～ ストーブをたく[車に火をつける]. catch ～ 火がつく. The house was already ～ when I arrived. 私が着いた時家にはすでに灯がともっていた. **2** 〔顔, 目が〕輝いて. Her face was ～ *with* happiness. 彼女の顔は幸せで輝いていた. [＜古期英語; a-[2], light[1]]

‡**a·lign** /əláin/ [動] [他] **1** を一直線上に並べる, 揃える, 〈*with* . . と〉; を 1 列に並べる; を整列させる. ～ the soldiers in two rows 兵隊を 2 列に整列させる. **2** (**a**) [VOA] (**～ *oneself with* . .**) . .を支持する, . .と提携する. He ～*ed himself* [was ～*ed*] *with* the Republicans. 彼は共和党を支持した[していた]. (**b**) [VOA] に支持させる, 同調させる, 〈*with, behind* . .を, と〉; を結束させる 〈*against* . . に対して〉; 〈普通, 受け身で〉. All my colleagues are ～*ed against* me. 同僚たちは結束して私に反対している. **3** 〔機械装置の諸部分〕を調整する; 〔テレビ, ラジオなど〕を調節する. The wheels of this car need to be ～*ed*. この車の車輪は調整が必要だ.
── [自] **1** 一線になる 〈*with* . . と〉; 1 列に整列する. **2** 提携する, 手を結ぶ, 〈*with* . . と/*against* . . に対して〉. [＜フランス語「一線に並べる」]

‡**a·lígn·ment** [名] **1** [U] 一直線にする[を成す]こと; 整列させる[する]こと; 配列. into [out of] ～ (with . .) (. . と) 1 列に並んで[並ばずに]. **2** [U] 提携, 連合, 加担; [C] 連合体; 〈*with* . . との〉. a new ～ of the major powers 列強の新しい協力組織. **3** [U] (機械などの)調整, 調節.

‡**a·like** /əláik/ [形] [m] 〈叙述〉 **互いによく似た**, 類似の, ([類語] 限定的用法には similar, 時に like[2] を用いる). Those plans are (very) much ～ to me. それらの計画は私にとってはほとんど同じだ. coins ～ *in* size and weight 大きさも重さも似ている硬貨. look exactly ～ 寸分違わぬくらいよく似ている.
── [副] [m] **同じように**, 等しく. You should treat all people ～. すべての人々を平等に扱うべきだ. Young and old ～ flocked to the seaside. 老いも若きも海辺へ集まった. [＜古期英語 ġelīc「. . に似た」; like[2] は ġe- が脱落してできた]

al·i·ment /ǽləmənt/ [名] [UC] **1** 〖章〗 食物; 滋養物. **2** 支え; 心の糧(かて). **3** 〖スコ〗〖法〗 ＝alimony.

al·i·men·ta·ry /æ̀ləmént(ə)ri [移]/ [形] 食物の; 栄養の; 消化の.

àlimentary canál [名] 〈the ～〉 消化管《口から肛(こう)門まで》.

al·i·mo·ny /ǽləmòuni|-məni/ [名] [U] 〖法〗 離婚[別居]手当, 扶助料, 《裁判所の裁定で離婚後又は別居中, 夫が妻[妻が夫]に与える金》.

Á-lìne [形] 〔服が〕 A ライン型の, 裾(すそ)広がりの.

a·line /əláin/ [動] ＝align.

a·líne·ment [名] ＝alignment.

a·lit /əlít/ [動] alight[1] の過去形・過去分詞の 1 つ.

Al·i·tal·ia /ɑ̀:litɑ́:liə/ [名] イタリア航空.

a·lit·er·ate /eilít(ə)rət/ [名] [C], [形] 読書をしようとしない(人)《字は読める》. ▷**a·lít·er·a·cy** [名] [U] 活字離れ.

‡**a·live** /əláiv/ [形] [m] 〈普通, 叙述〉 **1** (**a**) **生きて(いる)**, 生存して, (↔dead) (★限定的形容詞としては live /laiv/ を用い, living には叙述的・限定的両用法がある). Is this fish dead or ～? この魚は生きているのか死んでいるのか. be buried ～ 生き埋めになる. stay ～ 生き続ける. be burnt ～ 焼き殺される. catch an elephant ～ 象を生け捕りにする. We can hardly keep ～ on this salary. この給料ではまず生活していけない. keep the na-

A

tional traditions ~ 民族の伝統を絶やさないように努める. be kept ~ on a life-support machine 生命維持装置で生きている. (**b**)〈any+ 名, または最上級+ 名 の後で強意的に〉いま生きている. any man ~ (人間ならば)だれでも. the wisest man ~ 当代随一の賢人.

2 生き生きして, 元気で, (lively). My grandfather is more ~ than most of his contemporaries. 祖父はたいていの同年輩者より元気がいい. a really ~ student 実に元気のいい学生 (★前に修飾語を伴うと限定的用法も可).

3 活動して (active); 作用して; 有効で; 〔伝統などが〕存続して. He is very much ~. 彼は大変活動的だ. The microphone is ~. マイクは入っている. keep the fire ~ 火を消えないようにしておく.

4 にぎわって; いっぱいで; 〈*with* ..で〉. The wood is ~ *with* birds. 森は鳥でにぎやかだ. This street will come ~ *with* shoppers on Saturday. 土曜日にはこの通りは買い物客で活気を呈するのが常だ.

5 敏感で, 十分気づいて, 〈*to* ..に〉 (aware of). be fully ~ *to* the danger その危険に十分気づいている. That businessman is keenly ~ *to* his own interests. あの事業家は自分の利害には実に抜け目がない.

alìve and kícking 〖話〗元気はつらつで, 活発で. The old prejudices are still very much ~ *and kicking*. 古い偏見が依然として力を持っている.

alìve and wéll (依然として)健在で, ぴんぴんして. He is ~ *and well* and living in Paris. 彼は健在でパリにいる《and living in ..を伴い, 死んだと思われた人が生きていることを表す; 特に新聞で》.

(*as*) *súre as I'm alíve* 〖話〗絶対確実に, ほんとうに.

còme alíve 活気を取り戻す; 〔登場人物などが〕生き生きとする, 活気づく. She *came* ~ after taking a rest. ひと休みしたら彼女は生気を取り戻した.

Hèart [***Màn***] ***alíve!*** 〖話〗何だと, おや.

lòok alíve →look.

not knòw a pèrson is alíve 〖米〗人の存在に気がつかない《<人が生きているのを知らない》.

[<古期英語 *on lífe* 'in life']

‡**al·ka·li** /ǽlkəlài/ 名 (複 **~s, ~es**) UC 〖化〗アルカリ (↔acid); アルカリ塩, 〈特に〉苛(か)性ソーダ. [<アラビア語「塩生植物を焼いた灰」]

álkali mètal 名 C アルカリ金属《カリウム, ナトリウムなど》.

†**al·ka·line** /ǽlkəlәn, -làin|-làin/ 形 〖化〗アルカリ属の; アルカリ性の; (↔acid).

al·ka·lize /ǽlkəlàiz/ 動 他 をアルカリ性にする.

al·ka·loid /ǽlkəlɔ̀id/ 名 C アルカロイド《植物に含まれる塩基性物質; 一般に有毒; コカイン, モルヒネなど》.

Al·ka Sel·tzer /ǽlkə-sèltsər|⌐–⌐–/ 名 〖商標〗アルカセルツァー《米国の鎮痛, 制酸剤》.

al·ky, al·kie /ǽlki/ 名 C 〖話〗アル中《アルコール依存症患者; →alcoholic》.

‡**all** /ɔːl/ 形 © 【全部の】 **1 すべての**, 全部の, あらゆる. ~ his friends 彼の友人全部. ~ (the 〖英〗) day [night] 一日[晩]中. ~ one's life 一生涯. ~ this time 今までずっと. *All* Paris is out of doors. パリ中(の人)が戸外に出ている.

> 語法 (1) 数えられる名詞も数えられない名詞も修飾する. (2) →every 語法. (3) all は定冠詞, 指示詞, 所有格の名詞・代名詞などの前に置かれる. ~ the day=the *whole* day. (4) all を含む句は副詞的に用いられることが多い. その場合,「一..中」という表現ではしばしば the が省かれる. work ~ *day* (一日中働く), ~ (*the*) *summer* (一夏中), ~ (*the*) *year* (一年中); →成句 all the WAY, all the TIME. (5) all..not, not all は部分否定になるのが普通; これは all が名詞, 代名詞の場合も同じ: *All* men are *not* wise.=*Not* ~ men are wise. (人間すべてが賢いというわけではない) Life is *not* ~ pleasure. (人生は楽しみばかりではない). (6) 文脈により I have*n't* seen him *all* day. (今日は一日彼に会わなかった) *All* this is *not* easy. (こういう事はみんな楽な事ではない)のように全体否定にも用いる; 特に, all が数えられる名詞の複数形に付く場合は,「全部集めても..ない」の意味になることが多い. *All* the King's horses and ~ the King's men could*n't* put Humpty together again. (王様の馬と王様の家来を総動員してもハンプティーを元に返すことはできなかった)

2 〈強意用法〉(こんなに)ひどい, 大変な. What's ~ this noise? このひどい騒ぎは何だ.

【あらん限りの】 **3 あるだけの**, できる限りの. with ~ speed 全速力で. with ~ my power 私の全力を挙げて. with ~ the strength one can muster 有りったけの力を振り絞って. The storm raged in ~ its fury. 暴風雨があらん限りの猛威をふるった.

4 どのような, いかなる, (any). beyond ~ doubt [question] 何の疑い[疑問]もなく. in spite of ~ opposition いかなる反対にもかかわらず.

àll thís 以上述べたことはみな; こんなことはすべて; (→1 語法 (6) 2 番目の例) (★雑多な事をひっくるめて単数扱いにする). What's ~ *this?* こりゃ一体どうしたんだ.

and àll thát 〖話〗その他いろいろ(なもの[こと]). Tell them the rules *and* ~ *that* before they begin working. 仕事を始める前に一同に規則や何やかや話しておいてくれ.

for áll .. →for.

of áll .. 〈複数名詞を伴って〉〖話〗すべての..のうちで, よりにもよって, こともあろうに. His favorite food is peanut butter, *of* ~ things. 彼の好物はよりにもよってピーナツバターだ. *Of* ~ days! よりにもよってこんな日に.

of áll the .. 〖話〗 (1) なんという..か. *Of* ~ *the* cheek [luck]! なんて厚かましいんだ[回り合わせなんだ]. *Of* ~ *the* stupid things to say! (言うに事欠いて)なんて馬鹿を言うのだ[言ったんだ]. (2) 〈of all the で; 間投詞的; いらだちなどを表す〉くそっ. *Of* ~ *the*, someone's broken my computer. まったくもう, だれかおれのコンピュータをこわしやがった.

with áll .. →with.

── 代 **1** 〈複数扱い〉**全員**, すべての人々[もの]. *All* of us [We ~] went. みんな出かけた. *All* five of us went there. 我々5人全員がそこに行った. *All* of the towns there were affected by the flood. その地域の町はすべてその洪水の影響を受けた. *All* were silent. 全員黙っていた. 語法 (1) of を用いない時, all は普通, 主語の直後に来て主語と同格となるが意味は副詞的である. (2) 否定文については→形 1 語法 (5).

2 〈単数扱い〉(**a**) **全部**, すべてのもの[こと]; 宇宙; 万物. *All* is over. すべてが終わった; 万事休す. *All* was silent. あたりは全く静かだった. (**b**)〈関係詞節を伴って〉(..の)すべて; (..の)唯一. You're ~ I have. 私にはあなたしかいない. *All*'s well that ends well. 〖諺〗(途中で支障や災難があっても)終わりよければすべてよし. *All* you have to do is (to) sign your name here. 君はここに署名しさえすればいい. 語法 省略可能な関係代名詞は all の後では特に省かれやすい; →for ~ one CARES, for ~ I KNOW.

above áll →above.

after all (**..**) →after.

after àll is sáid and dóne (いろいろあるが)結局のところ, とどのつまりは, (after all).

áll but →but.

àll one cán できる限り. I hurried ~ I *could*. 最大限に急いだ.

àll in áll (1) 全体として, 概して. taking it ~ *in* ~ 全体的に見て. *All in* ~, it's been an interesting day. 概して面白い一日だった. (2) 何よりも大切な(もの). After her husband died, the baby was ~ *in* ~ to

her. 夫の死後, 彼女には赤ん坊が何よりも大切になった.
áll of ..〖話〗(1)〈数詞を伴って; 驚きなどを表す〉..ほども; 少なくとも.. (at least); わずか..だけ (only). The repair will cost you ～ *of* 50 dollars. 修理には50ドルはかかるでしょう. He met the press for ～ *of* five minutes. 彼の記者会見はものの5分で終わった. (2)〈all of a＋名詞で〉全く(..の状態で). ～ *of a* tremble ぶるぶる震えて. 参考 dither, flutter, jump, sudden, twitter などにもこの用法がある.
àll óne →one.
àll togéther **全部一緒に**; 全部で. start ～ *together* 皆一斉に出発する. *All together*, your bill comes to $125. 君の勘定は全部で125ドルになる.
and áll (1) その他何やかや, ..ぐるみ. He sold books, furniture *and* ～. 彼は本や家財やその他何やかや売り払った. He ate the apple, skin *and* ～. 彼はリンゴを皮ごと食べてしまった. (2) それに, おまけに; ..もまた (as well). (3)〈特に意味なく, 単に口調を整えるためなどに〉..なんだよ(ね), ..とか. "Come on." "I mean it. He went to jail *and* ～."「まさか」「本当だよ. 奴は刑務所に入っていたりもしてたんだ」. (4)〖話〗〈強意的に又は驚きなどを表す〉いやー, 本当に.
****at áll*** (1)〈否定文で〉**少しも**(..ない). I am not *at* ～ tired.＝I am not tired *at* ～. 少しも疲れていない. "It's very kind of you." "Oh, not *at* ～.(＝You're welcome.)"「ご親切ありがとう」「いやどういたしまして」 (2)〈疑問文[節]・条件節で〉**少しでも, 仮にも**. Will the machine work *at* ～? そもそもその機械動くのかね. If you do it *at* ～, do it well. やるからには立派にやれ. This sort of thing will occur very rarely, if *at* ～. こういう事は起こるにしても非常にまれにしか起こらない. (3)〖アイル〗〈強意的用法で, 文尾に付ける〉本当に, 全く.
****in áll*** **全部で**, 総計で. We are forty three *in* ～. 我々は総勢43名です.
òne and áll〖旧話〗だれもかれも, どれもこれも.
****That's áll (there is to it).*** **それで終わり**; それだけのこと[話]だ《ほかに何もない》; 要するにそういうことだ.
when [after↑] àll is sáid and dóne
── 名〈one's ～〉(自分の)所有している[大切な]もの全部, 'すべて', 全財産. give [do] one's ～ for the cause 主義のために自分のすべてをささげる[全力を尽くす]. She puts her ～ into every job. 彼女はどんな仕事にも全力を傾注する.
── 副 **1**〈形容詞, 副詞, 前置詞句などに付けて〉**全く**, すっかり, 全部. I am ～ wet. ずぶぬれだ. The pin is ～ gold. そのピンは金むくだ. She was dressed ～ in white for the wedding. 彼女は結婚式のために純白のドレスを着ていた. It's warm here ～ through the year. ここは年中暖かい. The news was ～ about the collapse of the Soviet Union. ニュースはソ連邦崩壊のものばかりだった. 参考「all (the)＋比較級」の用例は the 副 2を参照. **2**〖話〗ひどく, とっても, (very). She was ～ excited. 彼女はひどく興奮していた. **3** (スポーツ, ゲームで)それぞれ, めいめい, (each) (★数詞の後に付ける). The score is two ～. 得点はそれぞれ2点. with the score three ～ それぞれ3点の得点で. **4** 全身ことごとく, ..だけ. He was ～ skin and bones. 彼は(やせて)全身骨と皮だけだった. I was ～ ears. (全身耳になっていた＞)全神経を集中して聞いていた (＝I was ～ attention.). be ～ eyes [smiles] →eye, smile, (成句).
àll alóne →alone.
àll alóng〖話〗ずっと(その間中); 初めから(ずっと). I was wrong ～ *along*. 初めから僕が間違っていた.
àll aróund →around.
àll at ónce →once.
áll but →but.
áll for (doing)..〖話〗..(すること)に乗り気で, 熱心で. I'm ～ *for* employ*ing* him. 彼を雇うことに大賛成だ.
àll ín〖話〗(1) 疲れ切って, へとへとになって. (2)〔料金などが〕すべて込みで (→all-in 1). You don't have to pay for the coffee—the price of the meal is ～ *in*. コーヒー代は払わなくていいのです—食事料金は全部込みですから. (3)〖米俗〗〈ポーカーなどで〉一文無しで, おけらで.
àll óut 全力を挙げて; 全速力で. We went ～ *out* to get the job done. 仕事を片付けようと全力を挙げた.
****àll óver*** (1) **体中**; 至る所, どこもかしこも;〖話〗どこからどこまでも; 典型的に. I felt a burning sensation ～ *over*. 全身焼けつくような感じがした. I looked ～ *over* for you. 四方八方おまえを探したよ. He is his father ～ *over*. 彼はまるで父親そっくりだ. That sounds like him [That's Liz] ～ *over*. それはいかにも彼らしい言葉だ[リズらしい]. (2) **すっかり終わって**; だめになって. It's ～ *over* for [with] us now. もう我々はおしまいだ[望みがない].
****áll over ..*** (1) **..の至る所で**, ..中. He is well-known ～ *over* the country. 彼は全国に名を知られている. (2)〖話〗〔人〕にほれこんで; と(触るなどして)いちゃついて. Tom was ～ *over* Jane at the party. トムはパーティーでジェーンにべったりだったよ.
****àll ríght*** (1) **申し分ない**; 差し支えない;〖米俗〗〈時に限定〉信頼できる; 優しい. Your work is ～ *right*. 君の仕事は申し分ない. The house is not ideal, but it's ～ *right*. その家は理想的とは言えないが, まあ差し支えはない. Would it be ～ *right* if I called him right now? 彼に今すぐ電話してもよろしいでしょうか. "I'm sorry I broke the saucer." "That's ～ *right*."「すみません, 受け皿を割ってしまって」「いいんですよ」 an ～ *right* guy〖米俗〗頼りになる奴. (2) **無事で**, 元気で. You'll be ～ *right* after you rest for a while. 少し休めば元気になるさ. (3)〈副詞的〉確かに, 間違いなく. I'll be there ～ *right*. 間違いなくそこに行っています. (4) よろしい; 承知した. "Let's play tennis." "*All right!*"「テニスをやろう」「よしやろう」 *All right!* You shall remember this. ようし, 覚えていろ〈反語的〉.
àll róund →round.
àll thát (..) (1)〖話〗それほど(..)《that (副詞的用法)の強調》. It can't be as bad as ～ *that*. ＝It can't be ～ *that* bad. そんなにひどいはずはない. (2)〖米俗〗すごくいかす, 最高の, 《all (o') dat とも書く》.
áll tòo .. あまりにも... John passed away ～ *too* soon. ジョンはあまりにも早く逝(い)ってしまった. He seems ～ *too* eager to leave here. 彼はここを出たくてうずうずしているようだ.
be áll thère →there. [＜古期英語]

all- /ɔːl/ 〈複合要素〉**1** 純..製の; ..だけから成る. an *all*-wool sweater 純毛のセーター. **2** 全..(代表)の; ..中の. an *all*-night party 夜通しのパーティー. **3** 大変. *all*-important 大変重要な.

al·la bre·ve /àːlə-bréivi|ælə-/ 形, 副 〖楽〗2分の2拍子の[で]. [イタリア語 'at the breve']

Al·lah /ǽlə, əláː/ 名 アラー《イスラム教の神》. [アラビア語 'the God']

Àll-América /㊙/ 形 アメリカ(合衆国)最高のアマチュアの. ── 名 C ＝All-American.

àll-Américan /㊙/ 形 全米(代表)の; アメリカ(合衆国)最高のアマチュアの; アメリカ人だけの; 純米国的な. the ～ football team フットボール全米代表チーム. an ～ family 典型的アメリカ人家庭. ── 名 C アメリカ最高のアマチュア選手《特に大学生の》, 全米代表選手.

Al·lan /ǽlən/ 名 男子の名.

àll-aróund /㊙/ 形 〖米〗**1** 包括的な; 一方に偏しない〔教育など〕, 全面的な. **2** 万能の〔選手など〕; 多芸[多才]の〔文学者など〕; 効用の広い. an ～ athlete 万能スポーツ

A

マン. ▷～·er 名 C 万能選手.

‡al·lay /əléi/ 動 (～s|過 過分 ～ed|～·ing) 他 〖章〗〔興奮, 恐怖など〕を静める; 〔苦痛, 不安など〕を和らげる, 軽減する.

Àll Blácks 名 〈the ～〉 オールブラックス《ニュージーランドの国際アマチュアラグビーチーム; ユニホームが黒》.

Áll-Bràn 名 U 〖商標〗オールブラン《小麦の麩(ふすま)(ひいた後の皮)の成分の多い cereal, マッチ棒状に固めてある》.

àll cléar 名 〈the ～〉 **1** 警報解除のサイレン[合図]《特に空襲の際の; ↔alert》. **2** (着手の)認可, ゴーサイン.

áll-comers 名 〈複数扱い〉 参加希望者全員.

àll-dáy /㊥/ 形 〈限定〉 一日中の, 終日の. an ～ event 一日がかりの行事.

†al·le·ga·tion /æləgéiʃ(ə)n/ 名 C 〖章〗(特に, 証拠のない)主張, 陳述, 申し立て. Your ～ that the mayor accepted bribes must be proved. 市長が賄賂(わいろ)をもらったという君の主張は立証されなければならない.

> 連結 a false [a groundless; an unjust; a grave, a serious; a sweeping] ～ // deny [refute; drop, retract, withdraw] an ～

***al·lege** /əlédʒ/ 動 (-leg·es /-əz/|過 過分 ～d /-d/|-leg·ing) 他 〖章〗 **1** (**a**) VO (～ X/*that* 節) (特に, 証拠なしに) Xを/**..であると主張する**, 断言する. ～ his innocence＝～ *that* he is innocent 彼が潔白であると主張する. (**b**) VOC (～ X *to do*) (証拠なしに) Xが..すると言う〈普通, 受け身で〉. He is ～*d to* have poisoned his wife.＝It is ～*d that* he poisoned his wife. 彼は妻を毒殺したと言われている. **2** を申し立てる, と主張する; VOA (～ X *as* ..) Xを..だと申し立てる. ～ insanity *as* the reason for his eccentricities 彼の奇行の理由として精神異常を申し立てる.
◇名 allegation [＜古期フランス語「法廷で弁明する」]

†al·léged 形 〖章〗主張[断言]された; 申し立てられた; (主張者の)言うところの. his ～ innocence 彼の申し立てる潔白(なるもの). the ～ murderer 殺人容疑者. The motive ～ is not convincing. 動機と目されているものは説得力に欠ける.

al·lég·ed·ly /-ədli/ 副 (真偽は分からないが)申し立て[主張するところ]によると; 伝えられるところでは, 関係筋の話では. He was arrested for ～ possessing narcotics. 彼は麻薬所持容疑で逮捕された《allege しているのは警察》.

Al·le·ghe·nies /æləgéiniz/ 名 〈the ～〉 アレゲーニー山脈《米国東部の the Appalachians の一部; **the Allegheny Móuntains** とも言う》.

‡al·le·giance /əlí:dʒ(ə)ns/ 名 UC (君主, 国家などに対する)忠誠; 〈一般に〉 誠実さ, 忠実さ, 献身; (類語 特に国家の一員としての忠節を表し, 個人的感情を伴わない; →loyalty). pledge [swear, proclaim] ～ *to* the flag 国旗に向かって忠節を誓う《米国の慣習》. I have given my ～ *to* the cause of world peace. 私は世界平和のために献身を約した. take [swear] an oath of ～ *to* the king [the United States] 王[合衆国]への忠誠を誓う. He switched his party ～. 彼は支持政党を変えた.

al·le·gor·ic, -i·cal /æləgɔ́:rik|-gɔ́r- ㊥/, /-k(ə)l ㊥/ 形 寓(ぐう)意の, 諷喩(ふうゆ)の; 寓話の. an *allegorical* poem [tale] 寓意詩[寓話].

àl·le·gór·i·cal·ly 副 寓(ぐう)意的に.

al·le·go·rist /æligɔ̀:rist|-gər-/ 名 C 寓(ぐう)話作者, 諷喩(ふうゆ)家. 「話化する, 寓話で説く.

al·le·go·rize /æligəràiz, -gɔ:r-/ 動 他, 自 (を)寓(ぐう)↑

al·le·go·ry /æləgɔ̀:ri|-gəri/ 名 (複 -ries) C 寓(ぐう)話, 寓意物語; 寓意画; U 諷喩(ふうゆ), アレゴリー; (文学形式としての)寓話; (類語 作中の人物や事件が隠れた象徴的意味を持つ物語; 例えば Bunyan の *The Pilgrim's Progress*; →fable). a political ～ 政治的寓話.

al·le·gret·to /æləgrétou/ 〖楽〗 副, 形 アレグレットで[の], やや急速に[な], (→tempo 参考). ── 名 (複 ～s) C アレグレットの曲[楽章]. [イタリア語(＜*allegro*＋*-etto* (指小辞))]

al·le·gro /əlégrou, əléi-/ 〖楽〗 副, 形 アレグロで[の], 急速に[な], (→tempo 参考). ── 名 (複 ～s) C アレグロの曲[楽章]. [イタリア語 'lively']

al·le·lu·ia /æləlú:jə/ 間, 名 ＝halleluiah.

àll-embrácing /㊥/ 形 広範囲にわたる; すべてを包容[包括]する. an ～ principle 包括的な原理.

All-England Clùb 名 〈the ～〉 全英(ローンテニス・クロッケー)クラブ《Wimbledon テニス選手権大会を主催》.

Állen scrèw 名 C 〖機〗アレンねじ[ボルト]《頭に六角形の穴があり, それに合う **Állen wrènch** 〖米〗[〖英〗 **kèy wrènch**] (アレンキー; L 字型鋼鉄製六角棒)を入れて回す》. 「レルギーを起こす物質》.

al·ler·gen /ælərdʒən|-dʒèn/ 名 UC アレルゲン《ア↑

al·ler·gen·ic /ælərdʒénik ㊥/ 形 アレルギーを起こす.

†al·ler·gic /ələ́:rdʒik/ 形 **1** 〖医〗アレルギー(体質)の〈*to* ..に対して〉. an ～ rash アレルギーによる発疹. have an ～ reaction *to* ..にアレルギー性反応を起こす. be ～ *to* eggs 卵に対してアレルギー反応を起こす. **2** 〖話〗とても反感を持つ, 大嫌いの, 〈*to* ..に, が〉. I'm ～ *to* math. 僕は数学はだめなんだ.

al·ler·gist /ælərdʒist/ 名 C アレルギー専門医.

***al·ler·gy** /ælərdʒi/ 名 (複 -gies /-z/) C **1** 〖医〗アレルギー, 異常敏感症, 〈*to* ..に対する〉. **2** 〖話〗ひどい反感, 嫌悪, 〈*to* ..に対する〉. [＜ギリシア語「他の」＋「作用」] 「を緩和する, 和らげる, 軽くする.

†al·le·vi·ate /əlí:vièit/ 動 他 〖章〗〔苦痛, 緊張など〕↑

al·lè·vi·á·tion 名 U 緩和, 軽減.

al·le·vi·a·tive /əlí:vièitiv, -ətiv/ 形, 名 C 軽減[緩和]する(もの).

***al·ley** /æli/ 名 (複 ～s /-z/) C **1 路地**, 小路(こうじ), 狭い道. an ～ off Fleet St. フリート通りから横へ入った路地. →blind alley. **2** (庭園, 公園などの)小道.
3 ボウリング場, 九柱戯 (skittles) 場; ボウリングのレーン (bowling alley) 《球を転がす》. **4** 〖テニス〗アレー《シングルス用とダブルス用の sideline の間のコート》.
(*ríght*) *up* [*down*] *a pèrson's álley* 〖米・オース話〗人の領分で, お手のもので, お得意で; 人の好みにかなって (〖英〗 up [down] a person's street). Take your problem to Bill; it is right *up* his ～. その問題はビルに相談しろよ, あいつならお手のものだから.
[＜古期フランス語「通行」] 「い女[男], 尻軽女.

álley càt 名 C **1** のら猫. **2** 〖俗〗(性的に)節操のな↑

álley·wày 名 (複 ～s) C ＝alley 1.

àll-fíred /㊥/ 形 〖米話〗すごい, ひどい. ── 副 ひどく, すごく.

Àll Fóols' Dày 名 万愚節《4 月 1 日; この日には冗談に人をかついでもとがめられない; April Fools' Day とも言う; →April fool》.

àll fóurs 名 →four (成句).

All·hal·lows, All·hal·low·mas /ɔ:lhǽlouz/, /ɔ:lhǽlouməs/ 名 〈単数扱い〉 ＝all Saints' Day.

†al·li·ance /əláiəns/ 名 **1** UC (国家間の)同盟, 連合; 〈一般に〉 協同, 提携; (類語 相互の利益のために国家間などで結ぶ同盟や提携を意味する一般的な語; →coalition, confederation, entente). an ～ *between* X and Y＝an ～ of X *with* Y XとYとの協同. a dual [triple] ～ 2 国[3 国]同盟. conclude an ～ *against* a common enemy 共通の敵に対して同盟を結ぶ.
2 C 〈単数形で複数扱いもある〉 同盟者[国].
3 C 〖生態〗(植物の)群団. ◇名, 動 ally
fòrm* [*ènter into*] *an allíance with.. ..と同盟

[協同, 提携]する.
in allíance with .. ..と連合[協同, 提携]して.

†al·lied /əláid, ǽlaid/ 形 **1** 同盟した, 連合した, 協同の, 〈with, to ..と〉; 〈普通 A-〉 連合国の《第1次・第2次世界大戦の》. The United States was ~ *with* Great Britain in World War II. 第2次世界大戦中, アメリカ合衆国は英国と同盟した. **2** 縁組みした 〈with, to ..と〉. **3** 関連のある, 同類の, 〈to, with ..と〉. history and ~ subjects 歴史とその関連諸学科. ◇名, 動 ally

Àllied Fórces [Pówers] 名 〈the ~〉 連合軍《第1次・第2次世界大戦の; →ally 名 3》.

Al·lies /əláiz, ǽlaiz/ 名 →ally 名 3.

‡al·li·ga·tor /ǽləgèitər/ 名 **1** Ⓒ アリゲーター《北米, 中国産のワニ; →crocodile, caiman》. "(See you) later, ~." "In a while, crocodile."「じゃあね」「じゃあね」《*later* と allig*ator*, wh*ile* と crocod*ile* で韻をふませた言葉遊び》. **2** Ⓤ ワニ皮. **3** Ⓒ 〖米〗 わに口《ワニの口に似た形の挟み器具, 機械など》. [<スペイン語 'the lizard']

álligator clìp 名 Ⓒ 〖電〗 わに口クリップ.

álligator pèar 名 〖米〗 =avocado.

àll-impórtant 形 極めて重要な.

àll-ín /㊧/ 形 〈限定〉 **1** 〖主に英〗 全部込みの〔値段, 請求書など〕. at the ~ rate 全部込みの料率で〔保険契約するなど〕. **2** 〖レスリング〗 フリースタイルの.

àll-inclúsive /㊧/ 形 全部を含む, 包括的な.

àll-in-óne 形 オールインワンの, 一体型の. ── 名 Ⓒ オールインワン《エアロビクスのウェアなど》.

àll-in wréstling 名 Ⓤ フリースタイル・プロレス.

al·lit·er·ate /əlítərèit/ 動 ⓐ 頭韻を踏む; 頭韻を用いる. ── 他 に頭韻を踏ませる.

al·lit·er·a·tion /əlìtəréiʃ(ə)n/ 名 Ⓤ 頭韻(法) 《*M*oney *m*akes the *m*are to go. (→mare[1]) の /m/ 音などのように同じ子音(字)で始まる語又は音節を並べること; →rhyme》.

al·lit·er·a·tive /əlítərèitiv|-rət-/ 形 頭韻の(用いられた), 頭韻体の. an ~ poem 頭韻詩. ▷**~·ly** 副

àll-níght /㊧/ 形 〈限定〉 徹夜の; 終夜営業[運転]の. an ~ mahjong game 徹夜マージャン. an ~ store 終夜[24時間]営業の店.
▷**~·er** 名 Ⓒ 徹夜の仕事[勉強, 催し事].

†al·lo·cate /ǽləkèit/ 動 他 **1** VOO (~ X Y)・VOA (~ Y *to* X) X(人)にYを割り当てる, 配分する. Food and clothing were ~*d to* the victims of the disaster. 食料と衣類は被災者たちに配分された.
2 VOA (~ X *to, for ..*) Xを..のために取っておく, 振り向ける, 充当する; VOC (~ X *to do*) Xに..するように割り振る. ~ a room *for* research purposes 研究用として1部屋取っておく. ~ a room *to* be used for storage 1部屋を貯蔵用に割り振る.

‡àl·lo·cá·tion 名 **1** Ⓤ 割り当て, 配分; 充当; 〈to, for ..への〉. the ~ of funds 資金の割り当て. **2** Ⓒ 割り当て額[量] 〈to, for ..への〉.

al·lo·morph /ǽləmɔ̀ːrf/ 名 Ⓒ 〖言〗 異形態 (→morpheme).

al·lo·path·ic /æ̀ləpǽθik ㊧/ 形 〖医〗 対症療法の. ~ medicine 対症療法医学《現在の西洋医学はこれに相当》. ▷**al·lo·path·i·cal·ly** /-k(ə)li/ 副

al·lop·a·thy /əlɑ́pəθi|-lɔ́p-/ 名 Ⓤ 〖医〗 対症療法, アロパシー, 《熱には解熱剤, 痛みには鎮痛剤を用いるなどして, 病状と逆の状態を作り出そうとする医療; ↔homeopathy》.

al·lo·phone /ǽləfòun/ 名 Ⓒ 〖言〗 (音素の)異音. →phoneme.

àll-or-nóthing /㊧/ 形 すべてか無かの, 妥協を許さない; 一か八(ばち)かの.

†al·lot /əlɑ́t|əlɔ́t/ 動 (~s|-tt-) 他 **1** を分配する, 割り当てる; VOO (~ X Y)・VOA (~ Y *to* X) XにYを分配する, 割り当てる, (assign). ~ the lands *among* the farmers 土地を農民たちに分配する. The teacher ~*ted* me the longest chapter. =The teacher ~*ted* the longest chapter *to* me. 先生は私に一番長い章を割り当てた.
2 VOA (~ X *to, for ..*) Xを..に充てる, 充当する, (appropriate). ~ three years [$1,000,000] *for* the project その企画に3年[100万ドル]を充てる.
[<古期フランス語「くじで分ける」]

al·lót·ment 名 **1** Ⓤ 分配, 割り当て; Ⓒ 分け前, 分担額. **2** Ⓒ 〖英〗 市民菜園《地方自治体が割り当てて貸し出す公有地》.

al·lo·trope /ǽlətròup/ 名 Ⓒ 〖化〗 同素体《例えばダイヤモンドと石炭は炭素の同素体》.

al·lot·ro·py /əlɑ́trəpi|əlɔ́t-/ 名 Ⓤ 〖化〗 同素性.

al·lót·ted /-əd/ 形 割り当てられた, 定められた. in the ~ time 割り当てられた時間で. the time ~ *to* reading 読書に充てた時間.

àll-óut /㊧/ 形 〖話〗 〈限定〉 全力を挙げての; 全面的の, 徹底的な. make an ~ effort 必死の努力をする. ── 副 全力を挙げて.

áll·òver 形 〔模様などが〕全面を覆う, 全面にわたる. an ~ pattern 総柄(そうがら).

‡al·low /əláu/ 動 (~s /-z/|過 過分 ~ed /-d/|~·ing) 他 【許す】 **1 (a)** を許す; 〈普通, 場所, 方向などを表す副詞(句)を伴って〉 の存在 [出入りなど] を許す; (類語「許す」を表す最も一般的な語; →permit). No smoking ~*ed*! 禁煙. do not ~ eating [talking] 食べる[話をする]ことを許さない. Dogs are not ~*ed* here. 犬の同伴お断り 《飲食店などでの掲示》. How can you ~ this much cheating? どうしてこんなに多くのカンニングを許しておけるのですか. They ~ parking here. ここは駐車してもよい. 語法 目的語に自動詞の動名詞は許されるが, 目的語のある他動詞の動名詞は不可.
(b) VOO (~ X Y) XにYを**許す**. You won't be ~*ed* another mistake. 2度と間違いをすることは許されない. I ~ myself no sweets. 私は甘い物を食べないようにしている. ~ the imagination full play 想像力を十分に発揮する. The patient is ~*ed* visitors. その患者は面会が許可されている.
(c) VOC (~ X *to do*) Xに**..することを許す**, させる; Xに**..させておく**, Xが..するにまかせる, 《承知の上で, 又は不注意で》. The teacher ~*ed* me *to* leave school early. 先生は私が学校を早退するのを許してくれた. I would like to visit her, but I am not ~*ed to* (do so). 私は彼女を訪ねたいけれど許してもらえない. Please ~ me *to* pay. (失礼ですが)私に払わせてください. *Allow* me *to* introduce Mr.Day. デイさんをご紹介します. I can't ~ you *to* behave like that. 君にそんなまねをさせてはおけない. ~ the revolution *to* run its course (当局者が手をこまねいて)革命がどんどん進行するのに任せる.
(d) VOA に..することを許す. The patient was ~*ed up*. 患者は起き上がることを許された. They won't ~ me *in*. 私を入れてはくれないだろう.
2 【許す>可能にする】 VOC (~ X *to do*) 〔物, 事が〕Xが..するのを可能にする. The direct flight ~*s* us *to* reach London in about 13 hours. 直行便だとロンドンへ約13時間で行ける.
【許し与える】 **3** VOO (~ X Y)・VOA (~ Y *to* X) X(人)にYを(定期的に)**支給する**; X(人)にY(時間など)を与える. ~ him $3,000 a year 彼に年3000ドルを支給する. I'll ~ you one more chance. 君にはもう1度だけチャンスを与えよう. I ~ myself a can of beer a day. 私は一日に缶ビール一本にしている.
4 【余裕を見込んで与える】 〔余分の費用, 時間など〕を**考慮に入れる**; を見越しておく; 〈*for* ..に/*to* do ..するのに〉. ~ fifty dollars a week *for* rent 家賃に週50ドルを見

A

ておく. Please ～ five days *for* this job. この仕事には5日間見ておいてください. You should ～ an hour *to* go to the airport. 空港に行くには1時間見ておくべきだ.
5【好遇を与える】を割り増す[引く]; VOO (～ X Y) X(人)にYを割り増す[引く]. ～ 5% (interest) on bank deposits 銀行預金に5パーセントの利子を付ける. The appliance store ～*ed* me 50 dollars *on* my old washing machine. 電機器具商は私の古い洗濯機を50ドルで下取りしてくれた.
【許す>認める】 **6**〔要求, 主張など〕を(正式に)承認する(↔disallow);〘章〙VO (～ *that* 節) ..ということを認める(admit); VOC (～ X *to be* Y) XがYであることを認める. The judge ～*ed* the claim. 裁判官はその主張を認めた. I ～ *that* he is sincere. ＝I ～ him *to be* sincere. 彼に誠意のあることは認める.
7 VO (～ *that* 節)〘米方〙..であると思う, 主張する.
◇↔forbid 名 allowance
Allòw mé! お手伝いいたしましょう, 失礼します,《人に手を貸すときのていねいな表現》.
── 自〈次の成句で〉
****allów for..*** ..を考慮[斟酌(しんしゃく)]する; ..を見越しておく. He did very good work ～*ing for* his youth. 彼は若い割にはとてもいい仕事をした. His arrow missed the target because the wind hadn't been ～*ed for*. 風を考慮しなかったため彼の矢は的を外れた. ～ *for* three weeks for delivery 配達[届くの]に3週間を見ておく.
allów of..〘章〙..を許す, ..の余地を残す. The situation ～*s of* no delay. 事態は一刻の猶予も許さない. Your story ～*s of* two conflicting interpretations. 君の話は2つの正反対の解釈ができる.
[<古期フランス語「賞める」; 類似した語の「割り当てる」の意味が混入した]

al·lów·a·ble 形 (法規上)許される; 差し支えない, 正当な. ▷**-bly** 副

***al·low·ance** /əláuəns/ 名 (複 **-anc·es** /-əz/)
【許し与えられるもの】 **1** C (普通, 定期的に支給される)**手当, 給与**; (食料などの)配給;〘米〙(子供などへの)小遣い(〘英〙pocket money). a travel ～ 通勤手当, 出張旅費. a clothing [family] ～ 被服[家族]手当. He received a weekly ～ from his father. 彼は毎週父親から小遣いをもらっていた. My ～ does not pay for my tuition. (親から)もらう金[仕送り]では授業料に足りない.

> 連結 an adequate [an ample; a generous, a liberal; a meager, a small, a scanty; a daily, a monthly; a fixed; a special] ～ // give [provide] an ～ to..

2 C 許容量. a baggage [luggage] ～ of 20kg per passenger (特に旅客機に持ち込める)一人20キロまでの無料手荷物. a seam ～ (衣服などの)縫い代(しろ).
【配慮】 **3** UC 斟酌(しんしゃく), 手心, (→成句); U〘古〙容認. **4** C 値引き(額)(reduction); (税金の)控除(額). a trade-in ～ (on ..) (..の)下取り値段. make an ～ of 10% for cash payment 現金払いなら1割引きにする. ◇動 allow
****màke allówance(s) (for..)*** (1) (..を)考慮[斟酌]する; (..を)見込んでおく; (allow for). *make* ～(*s*) *for* your lack of experience 君の経験不足を斟酌する. *make* ～(*s*) *for* travel expenses 旅行の費用を見込んで[計上して]おく. (2) (人, 行動などを)大目に見る.

al·lów·ed·ly /-ədli/ 副 公然と; 明白に.

†**al·loy** /ǽlɔi, əlɔ́i/ 名 (複 ～s) UC **1** 合金. an ～ of silver and bronze 銀と青銅の合金. **2** 卑金属《金, 銀などに混ぜる》; (価値を損なう)混ぜ物, 混ざり物. joy without ～ 混ざりけのない喜び.
── /əlɔ́i/ 動 (～s|過 過分 ～ed|～·ing) 他 **1** を合金にする; VOA (～ X *with..*) Xに..を混ぜる. ～ the two metals 2種の金属を合金にする. ～ silver *with* copper 銀に銅を混ぜる. **2**〔貴金属〕の品位[純度]を落とす;〔希望, 喜びなど〕を損なう, 減殺する, (spoil).
[ally と同源]

àll-párty /⊛/ 形 超党派の.

àll-points búlletin 名 C〘米〙(警察の)全部署指名手配《略 APB》.

àll-pówerful /⊛/ 形 全能の(almighty).

àll-púrpose /⊛/ 形 多くの目的にかなう, 万能の. an ～ cleanser 万能洗剤.

àll-róund /⊛/ 形〘主に英〙＝all-around.

àll-róunder 名 C〘英〙多芸な人, 万能選手.

Àll Sáints' Dày 名〘カトリック〙万聖節,〘聖公会〙諸聖徒日, (Allhallows)《11月1日; 天国にある諸聖徒を祝う》.

áll-sèater 形〘英〙全員座席式の〔スタジアムなど〕《立見席なし》.

àll-sínging, àll-dáncing 形〈限定〉〘英・戯〙何でも出来ちゃう〔機械など〕.

áll·sòrts 名〈複数扱い〉〘英〙キャンディー詰め合わせ「《liquorice を含む》.

Àll Sóuls' Dày 名〘カトリック〙万霊節,〘聖公会〙諸霊日,《11月2日; 篤信者の霊を祭る》.

áll·spìce 名 **1** C ＝pimento. **2** U オールスパイス《pimento の実から製する香辛料》.

àll-stár /⊛/ 形〈限定〉人気俳優総出演の, 花形選手総出場の. an ～ film [team] スター総出演映画[オールスターチーム]. an ～ break オールスター(期間の)休み《プロ野球の》. an ～ cast (→cast 名 3). ── 名 C オールスター戦出場選手.

Àll-star gáme 名〈the ～〉〘米〙オールスター戦《メジャーリーグの》. be selected to the ～ オールスター戦に選ばれる.

àll-terrain bícycle 名 C 不整地走行[オフロード用]自転車.

àll-terrain véhicle 名 C 不整地走行[オフロード用]自動車《略 ATV》.

àll-tíme /⊛/ 形〈限定〉空前の, 前代未聞の. an ～ high [low] 過去最高[最低]記録. the ～ best 史上最高. the ～ greatest hit in popular music 今までのポピュラーミュージック中最大のヒット(曲).

‡**al·lude** /əlúːd/ 動 自〘章〙VA (～ *to..*) ..のことに(それとなく)言及する, ..を示唆する, (類語 間接的に言及する場合が多い; →mention). ～ *to* one's past 自分の過去に触れる. He ～*d to* the possibility of cooperation with the ruling party. 彼は与党との協調の可能性を示唆した. ◇名 allusion 形 allusive [<ラテン語「戯れに言う」]

‡**al·lure** /əlúər/ 動 他〔人〕を唆す, (えさで)誘う; を魅惑する(charm); VOC (～ X *to do*)・VOA (～ X *into..*) X(人)を誘惑して..させる; (類語 強い魅力を暗示し, lure と違いよい意味にも使う; →tempt). ～ people *to* buy 人々を唆して買わせる. Her wealth finally ～*d* him *into* matrimony. 彼はついに彼女の財産に釣られて結婚した.
── 名 aU 魅力; 魅惑. sexual ～ 性的魅力.
[<古期フランス語「魅きつける」]

al·lúre·ment 名 **1** U 唆し, 誘惑; 魅惑. **2** C 誘惑の手, 誘いの種.

‡**al·lur·ing** /əlú(ə)riŋ/ 形 誘惑する; 魅惑的な. an ～ offer [portrait] 魅力的な提案[肖像]. ▷**～·ly** 副 誘惑[魅惑]するように. smile ～*ly* 誘うように笑う.

†**al·lu·sion** /əlúːʒ(ə)n/ 名 UC **1**〘章〙(間接的な)言及, 示唆; 当て付け;〈*to* ..への〉. The ～ was not lost on me. 何のことを言っているのか私にはぴんと来た. She makes no ～ in the book to her profession. 彼女はその本の中で自分の職業をにおわすような事は書いてない. a novel full of topical ～*s* 時事問題への当て付けに満ちた小説. in ～ *to* ..を暗に指して. **2**〘修辞学〙引喩(いんゆ). ◇動 allude 形 allusive

al·lu·sive /əlúːsiv/ 形 ほのめかしの; それとなく言う, 当て付けた, 言及した, 〈*to* ..のことを, に〉.
▷ ~·ly 副 ~·ness 名

al·lu·vi·al /əlúːviəl/ 形 〖地〗沖積(ちゅうせき)の; 沖積期の
—— 名 U 沖積土.

allùvial époch 名 〈the ~〉沖積期[世].

allùvial fán 名 C 扇状地.

al·lu·vi·um /əlúːviəm/ 名 (複 ~s, al·lu·vi·a /-viə/) UC 〖地〗沖積(ちゅうせき)層, 沖積土.

àll-wéather /⑱/ 形 全天候用の, どんな天候にも耐えられる. an ~ coat 全天候用上着.

***al·ly** /əlái, ǽlai/ 動 (-lies /-z/|過 過分 -lied /-d/|~·ing) 他 VOA (~ X *with, to* ..) X(国家)を..と同盟させる, 連合させる; X(人, 家)を..と縁組みさせる; (→allied); VOA (~ *oneself with* [*to*] ..) ..と同盟[提携]する; 縁組みする. Let us ~ our*selves to* that group. 我々はその団体に参加しよう. ◇名 alliance
—— /ǽlai, əlái/ 名 (複 -lies /-z/) C **1 同盟国**; 同盟者. the United States and its *allies* 合衆国とその同盟国. **2** 味方, 協力者.

> 1,2 の 連結 a loyal [a faithful, a staunch, a steadfast, a trustworthy; a powerful; a military, a political] ~ // support an ~; make an ~ of..

3 〈the Allies〉(第1次・第2次世界大戦当時の)**連合国** (↔the Axis). [<ラテン語「結びつける」]

Al·ma Ma·ter, al·ma ma·ter /ǽlmə-máːtər, -méi-/ 名 C **1** 母校. **2** 〖米〗校歌. [ラテン語 'fostering mother']

‡**al·ma·nac** /ɔ́ːlmənæ̀k, ǽl-/ 名 C **1** 暦《天文気象関連事項も記載》. **2** 年鑑 (yearbook).

‡**al·might·y** /ɔːlmáiti/ 形 普通 ⓒ **1 全能の**, 全権を握った. **2** 〖話〗非常な, 大変な, (very great). an ~ nuisance 大変な迷惑. the *Almighty* 〈名詞的に〉= Almighty God.
Gòd* [*Chrìst*] *Almíghty! (驚き, 怒りなどを表して) えっ, こんちきしょう.
—— 副 〖話〗すごく, 大変. ~ hot すごく暑い.
[<古期英語; all, mighty]

Almìghty Gód 名 全能者, 神, (God)《God Almighty とも言う》. 「[木].

†**al·mond** /áːmənd/ 名 C 扁桃(へんとう), アーモンドの実↑

àlmond-éyed /⑱/ 形 細いつり上がった目の《日本人, 中国人などの目の形容》.

al·mon·er /ǽlmənər|áːm-/ 名 C **1** (昔の)施物(せもつ)分配係. **2** 〖英旧〗医療ケースワーカー《患者のアフターケアを担当する; 今は medical social worker が普通》.

‡**al·most** /ɔ́ːlmoust, ⌐⌐|⌐⌐/ 副 ⓒ **ほとんど, もう少しで; 危うく(..するところで)**; (★普通, 修飾する語の直前に置かれる). ~ certainly まず間違いなく. It's ~ six. もう少しで6時だ. It's ~ time to go to bed. そろそろ寝る時間だ. The performance was ~ over. 演奏は終わりかけていた. *Almost* all the leaves have fallen. ほとんどの葉が散ってしまった. It was an amazing meeting; she ~ died of emotion. 驚くべき出会いだった, 彼女は感動で死ぬ思いだった. He was ~ drowned. 彼は危うく溺(でき)死するところだった. "Have you finished?" "*Almost*."「終えましたか」「ほとんどね」

> 語法 (1) almost は「..にやや足りない, ..までいっていない」であり, nearly は「..に近い」という感じの意味合いである. 例えば It's ~ five o'clock. は4時57分ということもあるが, It's *nearly* five o'clock. は4時45分ということもある. 程度を表す時は, ~ [nearly] dead, ~ [nearly] perfect, I've ~ [nearly] finished. のような場合はどちらも可. (2) また, very nearly, pretty nearly とは言えるが, almost には very, pretty は使えない. (3) Our dog understands everything—he's ~ human. とは言えるが, nearly human とは言えない. (4) almost も nearly も all, every, always などの前に付けて用いることができる: ~ [*nearly*] *every* morning (ほとんど毎朝); I'm ~ [*nearly*] *always* at home on Sundays. (私は, 日曜日にはたいてい家にいます) (5) almost は, any 及び never, no, none, nothing などの否定語の直前に用いられるが, nearly にこの用法はない: I like ~ *any* fruit. (私は果物ならたいてい好きです); It ~ *never* rains in the winter here. (ここでは冬ほとんど雨が降らない); He has accomplished ~ nothing. (彼はほとんど何もやりとげていない)

[<古期英語「概して」; all, most]

alms /ɑːmz/ 名 〈単複両扱い〉施し物; 義捐(えん)金. ask [beg] ~ of a person 人に施しを求める.

álms·gìver 名 C 施しをする人, 慈善家.

álms·gìving 名 U 施し, 慈善(行為).

álms·hòuse 名 (複 →house) C (昔の)救貧院; 〖英〗私立養老院.

al·oe /ǽlou/ 名 **1** C アロエ, ロカイ, 《ユリ科の薬用・観賞用植物》. **2** 〈~s; 単数扱い〉ロカイ汁《下剤》. **3** C 〖米〗〖植〗リュウゼツラン (agave). [<ギリシア語]

‡**a·loft** /əlɔ́ːft|əlɔ́ft/ 副 **1** 〖章〗上方に, 高く. go ~ 高みに登る; 昇天する, 死ぬ. **2** 〖海〗檣頭(しょうとう)に. climb ~ (水夫が)檣頭に登る.

a·lo·ha /ɑːlóuhɑː|əlóuhə/ 間 ようこそ; さようなら.↓

alòha shírt 名 C アロハシャツ. ⌊[ハワイ語「愛」]

Alòha Státe 名 〈the ~〉米国ハワイ州の俗称.

‡**a·lone** /əlóun/ 形 ⓜ **1** 〈叙述〉**1人[1つ]きり(で), 単独で; 他の人を交えない(で)**; 孤独で; 独身で; (類語 仲間や連れのない状態を客観的に表す語で, 普通, 寂しさを含意しない; →lonely). I don't like to be ~. 私は1人でいるのは嫌いだ. I am ~, but not lonely at all. 私は1人きりだが, 全然寂しくなんかない. We're ~ together at last. やっと2人きりになれたね (★日本語の「1人きり」と違い, 複数のまとまりについても使える). She was ~ *with* her baby [She and the baby were ~] in the house. その家で彼女は赤ん坊と2人きりだった.
2 〈叙述〉ひとりで, 孤立して; 匹敵するものがない; 〈*in* ..において〉. I am not ~ *in* this opinion [thinking *that*..]. こういう意見は[..と考えるのは]私ひとりではない. One tree stands ~ on the hill. 木が1本だけ丘の上に生えている. He stands ~ *in* the field of space science. 宇宙科学の分野で彼は第一人者だ.
3 〈修飾する語の直後に置いて; 副詞とみることもできる〉**ただ..だけ, ..のみ**. I ~ know the truth. 私だけが真実を知っている. Good will ~ is not enough. 善意だけでは十分ではない. Man cannot live on bread ~. 人はパンだけで生きるものではない《聖書から》.
****àll alóne*** (1) 1人っきり(で) (★「寂しく」の意味が入ることがある). She lived *all* ~. 彼女はたった1人で住んでいた. (2) 全く独力で.
gò it alóne 〖話〗単独行動をとる; 独力でやる.
****lèave* [*lèt*]..*alóne*** ..を構わずにおく; ..を1人にしておく. *Leave* the dog ~. 犬に構わないで. Leave me ~. ほっといてちょうだい.
****lèt alóne..*** 〈普通, 否定文で〉..**は言うまでもなく**. He can't speak English, *let* ~ Spanish. 彼はスペイン語はおろか英語も話せない.
lèt* [*lèave*] *wèll* (*enòugh*) *alóne →well[1] 名.
—— 副 ⓒ **単独で**, 独力で, (by oneself); 〖雅〗単に (solely). Tom can do this work ~. トムはこの仕事を1人でやれる (★Tom ~ can do this work. この仕事ができるのはトムだけだ; →形 3).

A

nòt alóne..but (àlso) 〖雅〗..のみならずまた.
[<中期英語「全く一人で」; all, one]

‡**a·long** /əlɔ́ːŋ|əlɔ́ŋ/ [前] **1**〔道, 川など〕**を通って, に沿って**, ..うたいに, 〔歩く, 流れるなど〕. We walked ～ the river bank. 私たちは川の堤防を歩いて行った. sail ～ the coast 沿岸を航行する. A river flows ～ the valley. 1本の川がその谷間を流れている. His office is just ～ the corridor. 彼の研究室は廊下をちょっと行ったところです. help them ～ the road to modernity 〈比喩的〉 彼らの近代化を援助する. **2** ..の向こうの端へ[に]. Pass [Move] ～ the bus, please. どうぞ奥の方へお詰めください《車掌などが入り口付近の乗客に言う》. **3** ..の沿道に; 〔道など〕に面して. There is a hotel ～ the road. 道路沿いにホテルがある. [語法] 道などの「端から端までずっと」の意味を明確にするためには all を前置する: There were muddy footprints all ～ the corridor. (廊下にずっと泥の足跡が付いていた).
── [副] [C] **1** (**a**) **先へ, 進んで**, (今までの方へ)ずんずん, 続けてずうっと, (on, forward). come ～ やってくる, 通りかかる. move ～ 先へ進む. Hurry ～ or you'll be late. 急いで行かないと遅れるよ. Get ～ with you. 出て行け (★with you で命令の意味を強める). (**b**) (人から人へ)順に. The order was passed ～. 命令は伝えられた. **2** 沿って. There is a narrow path running ～ by the cliff. 崖(がけ)っぷちに沿って狭い道が通っている. **3** (人と)一緒に; (物を)**持って**, 携えて. Bring your wife ～ to the party. 会合には奥さんを連れていらっしゃい. He took his camera ～. 彼はカメラを持って行った. **4** 〖話〗(**a**) 〈しばしば well, far などを伴って〉 (時間が)たって; (年齢が)進んで; (妊娠期間が)進んで; (仕事が)はかどって. The afternoon was *well* ～. 午後もだいぶ過ぎていた. Grandpa's ～ in years now. おじいちゃんはもう年をとった. How *far* ～ are you *with* your work? 仕事はどこまで進みましたか. (**b**) 〈come, go などと共に〉 (健康状態, 人生行路などが)順調に. My father is *coming* ～ fine [nicely]. 父は順調によくなっています. Her life is *going* ～ nicely. 彼女の人生は順調である.
àll alóng →all [副].
alóng about.. 〖米話〗(年齢, 時が)..ごろになって. ～ *about* noon 正午ごろに.
alóng with.. ..と一緒に; ..のほかに. This letter came ～ *with* the book. この手紙が本と一緒に来た.
be [come] alóng 〖話〗 やって来る. I'll *be* ～ in a minute. すぐ(そちらに)行きます. →COME along (成句).
right alóng 〖話〗 (1) 順調に. (2) すぐに〔行くなど〕. (3) 前からずっと.
[<古期英語「同じ方向に延びた」(<*and* 'against'+ *lang* 'long')]

alòng·shóre [副] 岸に沿って, 磯(いそ)うたいに; 岸辺で[に].

alòng·síde /[移]/ [副] **1** (桟橋などに)横付けに; 舷(げん)側に. **2** 横に, 傍らに; 並んで; 一緒に. A police car pulled up ～. パトロールカーが横に来て止まった.
── [前] ..の横に; ..と並んで; ..に横づけになるように. work ～ the war prisoners 捕虜と一緒に働く. rank ～ ..と同列である. sit uneasily ～ ..とそぐわない. cars parked ～ the curb 歩道の縁に駐車してある車.
alongsíde of.. ..の横に, ..に沿って; ..と並んで; ..と一緒に; ..と比べると. The two houses stand ～ *of* each other. 2軒の家は並んで立っている.

‡**a·loof** /əlúːf/ [副] 離れて, 遠ざかって.
remàin [stànd, kèep (oneself), hòld (oneself)] alóof (from..) (..から)離れている; (..の)仲間に加わらない, (..と)付き合わない.
── [形] よそよそしい, 冷淡な. the mistress's ～ manner 女主人のよそよそしい態度. 「..への〉.
▷ **～·ly** [副] **～·ness** [名] [U] よそよそしさ; 無関心; 〈*from*

‡**a·loud** /əláud/ [副] [C] **1** (普通の)**声を出して**〔読むなど〕 (↔silently). read a book ～ 声を出して本を読む[音読する]. think ～ (→think (成句)). cry ～ 声を出して泣く. wonder ～ whether ..かどうか人前で疑いを口に出す. **2** **大声で**〔叫ぶなど〕(loudly) ([注意] cry ～, laugh ～, shout ～, yell ～ のような場合に限る). call ～ for help 大声で助けを求める. [<中期英語; a-¹, loud]

a·low /əlóu/ [副] 〖海〗(船の)下方に[へ], 船底に[へ].

alp /ælp/ [名] [C] **1** (特に, スイス及び近隣の)高山. **2** (スイスの山腹の)牧草地 (→Alps).

al·pac·a /ælpǽkə/ [名] **1** [C] 〖動〗 アルパカ《南米産のラマの一種》. **2** [U] アルパカの毛(織物). 「real の一種).

Al·pen /ǽlpən/ [名] [U] 〖商標〗 アルペン《朝食用 ce-

al·pen·horn /ǽlpənhɔ̀ːrn/ [名] [C] アルペンホルン《アルプスの羊飼い用の長い木製の笛》.

al·pen·stock /ǽlpənstɑ̀k|-stɔ̀k/ [名] [C] アルペンストック《ピッケルの一種》.

al·pha /ǽlfə/ [名] [UC] **1** アルファ《ギリシア語アルファベットの1番目の文字; Α, α; ローマ字の A, a に当たる; →omega》. **2** 〈the ～〉 最初; 1番目のもの; 〖主に英〗(学業成績の)優. **3** 〈A-〉 アルファ星《その星座の中で最も明るい星》.
the àlpha and oméga (of..) (1) 〖雅〗(..の)初めと終わり; (..の)主要素, 全部. (2) 創始者にして完成者《キリストを示す; 〖聖〗『黙示録』1章8節》.

‡**al·pha·bet** /ǽlfəbèt, -ət/ [名] ([複] **～s** /-ts/) [C] **1** アルファベット, 字母. the English [Greek] ～ 英語[ギリシア語]のアルファベット. a phonetic ～ 音標字母. **2** 〈the ～〉 初歩, いろは, 〈*of*..の〉. [<ギリシア語; alpha, beta]

al·pha·bet·ic /æ̀lfəbétik [移]/ [形] =alphabetical.

al·pha·bet·i·cal /æ̀lfəbétik(ə)l [移]/ [形] アルファベット(順)の. in ～ order ABC 順に[の].
▷ **～·ly** [副] ABC 順に.

al·pha·bet·ize /ǽlfəbətàiz/ [動] [他] をアルファベット順にする; をアルファベットで表記する.

álphabet sòup [名] [U] 〖話〗 略語や頭字語 (acronym) がいっぱいの文章.

al·pha·mer·ic, al·pha·nu·mer·ic /æ̀lfəmérik [移]/, /-n(j)umérik [移]/ [形] 〖電算〗 英数の《アルファベット26文字と数字を併用の》. [<*alpha*bet+(*nu*)*meric*]

álpha pàrticle [名] [C] 〖物理〗 アルファ粒子.

àlpha plús [名] [UC] 〖主に英〗(学業成績などの)優の上, 秀, A⁺.

álpha rày [名] [C] 〖物理〗 アルファ線.

álpha rhỳthm [名] =alpha wave. 「出る脳波).

álpha wàve [名] [C] 〖生理〗 アルファ波《安静時に

†**al·pine** /ǽlpain/ [形] **1** 高山の; 〈A-〉 アルプス山脈の. an ～ plant 高山植物. **2** 〈A-〉 〖スキー〗 アルペン競技の (↔Nordic). ── [名] [C] 高山植物. ◇[名] alp

al·pin·ist /ǽlpənist/ [名] [C] 登山家.

***Alps** /ælps/ [名] 〈the ～; 複数扱い〉 **アルプス山脈** (→alp).

‡**al·read·y** /ɔːlrédi/ [副] [C] **1** すでに, もう; とっくに; 以前 (before). It was ～ dark. もう暗かった. When he got to the station, the train had ～ left. 彼が駅へ着いたら汽車は出た後だった. I won't buy the book; I've read it ～ [〖米〗 I ～ read /red/ it]. その本を買う気はありません. 以前読んでいますから (★〖米〗では現在完了の代りに単純過去時制を使うこともある). *Already*, she has a PC. とっくの昔に彼女はパソコンは持っているよ. **2** 〖主に米話〗 〈いらだちなどを表す〉 もういいかげん, 今すぐ, 早く. Enongh ～! もうたくさんだ. Let's go ～! 本当にもう行こうよ.

[語法] (1) 普通, 疑問文・否定文では already の代わりに yet が用いられる: Have you finished breakfast *yet*? (朝食はもう済みましたか); I haven't finished breakfast *yet*. (まだ朝食は済んでいない) (2) 疑問文・

否定文に already が用いられると驚きや意外の感じを表す: Have you finished breakfast ～? (おや, もう朝食を済ませたんですか); He hasn't left ～, has he? (彼はまさかもう帰ったんじゃないでしょうね) (3) already の位置: (a)〈助動詞と本動詞の間〉Bill has ～ gone to bed. (b)〈文末〉〖話〗Bill has gone to bed ～. (c)〈強調された語の前〉(Has Bill gone to bed yet?) Yes, he ～ hás. (d)〈be 動詞の後〉Bill is ～ in bed. (e) 強調のために文頭に置くことはあるが(→1 の最後の例), 一般的にはまれ.

All rìght(y) alréady! 〖米話〗もう分かったよ, いいかげんにしろよ.
[＜中期英語「すっかり用意が整って」; all (副詞), ready]

al·right /ɔ̀:lráit ㊕/ 副, 形 〖俗〗＝all right.

Al·sace /ælsǽs/ 名 アルザス《フランス北東部, ライン川でドイツに接する地方; ワインの産地》.

Àlsace-Lor·ráine /ælsæslɔ:réin/ 名 アルザス・ロレーヌ《フランス北東部, Alsace と Lorraine を含む地方; しばしばドイツと領有を争い, 1871–1919, 1940–44 年間はドイツが占領》.

Al·sa·tian /ælséiʃ(ə)n/ 名 〖英〗＝German shepherd.

‡**al·so** /ɔ́:lsou/ 副 **..も又, やはり; その上**; 同時に, その反面. Mr. Smíth is ～ a pòet. ＝Mr. Smíth ～ is a pòet. (だれそれは詩人だが)スミス氏も詩人です. Mr. Smìth is ～ a póet. スミス氏は(何々だが)詩人でもある. He is very poor but he is ～ very wasteful. 彼はとても貧しいのに, それでいて非常な浪費家だ.

語法 (1)〖話〗では普通, also より too 又は as well が好まれる: I ～ went there. ＝I went there, *too*. (私もそこへ行きました) (2) too, as well は節の終わりに置かれることが多い. これに対し also の位置は普通, 動詞の前(助動詞・be 動詞があればその後)であり, 話し言葉では, それが直接修飾する語句に文強勢を置いて意味が区別される. 書き言葉では, 意味をはっきりさせるために, 修飾する語の近くに置かれることがある. (3) 否定文では neither 又は not..either を用いる (→either). しかしくだけた文章では He ～ doesn't play tennis. (彼はテニスも[彼も又テニスを]しない)と言える. また He doesn't ～ play tennis. (彼はテニスもするわけではない)という言い方があるが, He doesn't play tennis as well. と言う方が普通.

nòt ónly X ***but*** (***àlso***) Y →not.
── 接 〖話〗そして又, その上, (and also). He is a good runner, ～ a good swimmer. 彼は走るのが速く, その上水泳もうまい. Old cars use more gas. *Also*, there is a greater risk of accidents. 古い車はガソリンを食う. そのうえ事故の危険性も高い.
[＜古期英語「全くそのように」; all (副詞), so]

álso-ràn 名 (複 **also-rans**) Ⓒ **1** (競馬の)等外馬《3 等以内に入らなかった》; 等外者, (競技会, 選挙の)落選者, 落選しそうな人; 敗者. **2** 成功し損なった人, 落伍(らご)者.

alt /ælt/ 名 ＝alto.

alt. alternate; altitude; alto.

Al·ta·ic /æltéiik/ 形 アルタイ山脈(の住民)の; 〖言〗アルタイ語族の. ── 名 Ⓤ 〖言〗アルタイ語族《トルコ語, モンゴル語など》.

Àl·tai Móuntains /æltai-, æltài-|æltèiai-, æltài-/ 名 〈the ～〉アルタイ山脈《ロシア・モンゴル・中国にまたがる山脈》.

***al·tar** /ɔ́:ltər/ 名 (複 ～**s** /-z/) Ⓒ (教会堂の)**祭壇**; 聖餐(さん)台《聖餐式のパンとワインを載せる台; →church 図》. lead a woman to the ～ 女性と(教会で)結婚する.
be sácrificed on [***at***] ***the àltar of..*** ..のために[..の名の下に]犠牲になる. [＜ラテン語「高い祭壇」]

áltar bòy 名 Ⓒ (ミサなどの際の)牧師の従者.

áltar·pìece 名 Ⓒ 祭壇飾り《祭壇の背後と上方の絵, 彫刻など》.

‡**al·ter** /ɔ́:ltər/ 動 (～**s** /-z/|過 過分 ～**ed** /-d/|～**·ing** /-t(ə)riŋ/) 他 **1** 〔形, 外観, 位置, 性質など〕を**変える, 変更する**, 改める, (類語 特に部分的手直し程度の変更; →change). Why don't you ～ your lifestyle a bit? 少し生活様式を変えてみたらどうか. It doesn't ～ things. それで状況が変わるわけではない. ～ one's plan 計画に変更を加える. That [this] does not ～ the fact that ...〈前段を受けて〉そうであるからといって..という事実は変わらない. **2** を**手直しする**, 〔家屋〕を改造する, 〔衣服〕を仕立て直す. This coat must be ～*ed*; it's too large. この上着は直してもらう必要がある, 大きすぎるから. **3** 〖米・婉曲〗〔動物〕を去勢する. ── 自 変わる, 改まる. Tokyo has ～*ed* a great deal since the end of the war. 終戦後東京は随分変わった. ◇名 alteration [＜後期ラテン語「他に変える」(＜ラテン語 *alter*「他の, もう一つの」)]

al·ter·a·ble /ɔ́:ltərəb(ə)l/ 形 変える[変わる]ことのできる, 変更可能な, 可変性の. ▷**-bly** 副

†**al·ter·a·tion** /ɔ̀:ltəréiʃ(ə)n/ 名 UC **1** 変更(する[される]こと), 改変. **2** 手直し, 改造, 修正, 〈*in, to* ..の〉. There hasn't been much ～ *in* this town in the last twenty years. この 20 年間この町は大して変わっていない. make ～*s in* the program [dress] 予定計画を変更する[服を手直しする]. minor ～*s* 小さな修正.

al·ter·cate /ɔ́:ltərkèit/ 動 自 〖章〗激しく言い争う, 激論する, 〈*with* ..と〉.

àl·ter·cá·tion 名 UC 〖章〗口論, 激論, 〈*with* ..との〉.

al·ter ego /ɔ̀:ltər-í:gou, -ég-, æ̀l-/ 名 **1** 第 2 の我; 分身. **2** 無二の親友. [ラテン語 '(the) other self']

***al·ter·nate** /ɔ́:ltərnət|ɔ:ltə́:-/ 形 ⓒ **1** 〈普通, 限定〉**交互の, 交替の**, 代わる代わるの. ～ layers of sand and clay 砂と粘土の交互の層. in ～ order 交互に.
2 1 つおきの; 〖植〗互生の, 互い違いの. on ～ days 隔日に. on ～ Saturdays 隔週の土曜日に. an election held in ～ years 1 年おきに行われる選挙. on ～ lines 1 行おきに. ～ leaves 互生葉《茎の両側に互い違いに出る》. **3** 〈限定〉〖主に米〗代わりの, 代用の, (alternative). an ～ plan 代案.
── 名 Ⓒ (あらかじめ定めてある)代理人; 補欠.
── /ɔ́:ltərnèit/ 動 (～**s** /-ts/|過 過分 **-nat·ed** /-əd/|**-nat·ing**) 自 **1 交替する; 交互に並ぶ[現れる]**; 〈*with* ..と〉; 交互に[交替で]行う〈*in* ..を/*between* ..の間で〉. Day and night ～＝Day ～*s with* night. 昼と夜が交互に来る. Blue lines ～*d with* red lines. 青い線と赤い線が交互に並んでいた. John and I ～*d in* driving. ジョンと私は交替で車を運転した. **2** VA (～ ***between*** X ***and*** Y) X と Y の間を行き来する; (～ ***with..***) ..と行き来する. He ～*d between* optimism *and* pessimism. ＝His optimism ～*d with* pessimism. 彼は時に楽観し時に悲観した.
── 他 を交替させる; を交互に[交替で]行う; 〈*with* ..と〉. ～ chores 雑用を交替でやる. We ～*d* two hours of work and ten minutes of rest. 私たちは 2 時間の労働と 10 分間の休憩を交互に行った. On a checkerboard black squares are ～*d with* white ones. チェス盤では黒と白のます目が互い違いになっている. [＜ラテン語「順番に行う」]

àlternate ángles 名 〈複数扱い〉〖幾何〗錯角.

†**al·ter·nate·ly** /ɔ́:ltərnətli|ɔ:ltə́:-/ 副 交互に, 代わる代わる, 〈*with* ..と〉; 1 つおきに. place white tiles ～ *with* yellow ones 白いタイルを黄色いタイルと交互に敷く. The candidate was ～ overjoyed and disheartened as the ballot counting progressed. 候補者は開票が進むにつれ時に狂喜し時に落胆した.

al·ter·nat·ing /ɔ́:ltərnèitiŋ/ 形 交互の, 交替の.

A

àlternating cúrrent 名 U 〘電〙交流 (↔direct current)《略 AC, ac》.

al·ter·na·tion /ɔ̀:ltərnéiʃ(ə)n/ 名 UC 交替(する[される]こと); 交互(にする[される]こと), 1 つおき. the ～ of day and night 昼夜の交替. 「世代交代.

alternàtion of generátions 名 U 〘生物〙↑

*****al·ter·na·tive** /ɔ:ltə́:rnətiv/ 形 ¢ **1** 〈限定〉(二者のうち)いずれかを選ぶべき, 二者択一の, (→名 1 語法). ～ plans (どちらにするか) 2 つに 1 つの案. several ～ courses of action 選択できるいくつかの方針. **2** 〈限定〉**代わりの, 代用の.** an ～ plan 代案. **3** (既存のものとは)全く別の, もう 1 つの; 反体制的な. an ～ lifestyle 全く新しいライフスタイル. an ～ theater (前衛的な)もう 1 つの劇場.

── 名 (複 ～s /-z/) C **1** 〈the ～ of X or Y で〉(X か Y の 2 つのうち) **1 つを選ぶ余地[自由]**, 二者択一, (語法 本来は二者について用いるが, 時には二者以上のこともある; 形容詞についても同様). We are faced with the ～ of resistance or slavery. 我々は抵抗か隷属か二者択一を迫られている (→2, 3).

2 (二者(以上)ある中から)**選べるもの**; 選択肢. What are the ～*s*? 選べるものは何と何か. The only ～*s* are resistance and slavery. 選べる道はただ 2 つ, 抵抗か隷属かだ (→1,3).

3 代わるべき手段[工夫など] 〈*to* ..に〉. The only ～ *to* resistance is slavery. 抵抗に代わるべき道は隷属しかない (→1,2). They had no (other) ～ but to give in. 彼らは屈服する外はなかった. There is no (other) ～. (この)外に取るべき道はない. This is the only ～. これが唯一の取るべき道だ.

> 連結 a viable ～ // find [propose; adopt] an ～

altèrnative cómedy 名 U オルターナティブ・コメディ《ブラック・ユーモアなどを特徴とする》.

altèrnative énergy 名 U 代替エネルギー《水力, 風力, 太陽エネルギーなど》.

al·tér·na·tive·ly 副 (2 つについて)どちらか 1 つを選ぶように, 二者択一で; 〈文修飾〉(その)代わりとして, あるいは. *Alternatively*, you could reject the proposal. (承諾するか)それとも提案を拒否してもいい.

altèrnative médicine 名 ＝complementary medicine.

altèrnative quéstion 名 C 〘文法〙選択疑問(文)《例 Will you go↗ or stay↘? 行くのか行かないのか; 注意 相手に選択させるのだから答えは Yes, No にならない; しかし Do you have a *pen or pencil?* のイタリック部分を一気に上昇調で発音すれば「ペンか鉛筆(どちらか)を持っていますか」の意味で, これは選択疑問文でなく, Yes, No で答える》.

al·ter·na·tor /ɔ́:ltərnèitər/ 名 C 〘電〙交流発電↓

al·tho /ɔ:lðóu/ 接 〘米〙＝although. 機.

alt·horn /ǽlthɔ̀:rn/ 名 C 〘楽〙アルトホルン《saxhorn 系の金管楽器; 特に軍楽隊で用いられる》.

‡al·though /ɔ:lðóu/ 接 **1** ..(という事実)にもかかわらず, ..けれども. *Although* he did his best, he lost the game. 彼は最善を尽くしたのに試合に負けた.

> 語法 (1) although は though よりもやや〘章〙; 上の例のように従属節が主節に先行する場合に多く用いられる. また though と違い, as [even] although の形はなく, また 副 用法もない. (2) although は譲歩の内容が「事実」の場合に用い, これが「仮定」の場合には, 普通 (even) if を, 時に (even) though を用いる: I would tell truth (*even*) *if* [*though*] it should cost me my job. ((たとえ)仕事を失うことになろうと, 私は真実を話す) (3) 従属節が主節と同じ主語で be 動詞を伴っていれば, これらを省略できるのは though の場合と同様: *Although* (she was) tired, she kept on working. (疲れていたが彼女は働き続けた)

2 しかし, でも, (but). She is poor, ～ she is satisfied. ＝*Although* [*Though*] she is poor, she is satisfied. 彼女は貧しいけれど, 満足している.

[＜中期英語; all (副詞), though]

al·tim·e·ter /æltímətər, ǽltəmì:tər | ǽltəmì:tə/ 名 C (特に, 航空機に搭載した)高度計.

†al·ti·tude /ǽltət(j)ù:d/ 名 **1** UC 高さ, 高度, (類語 海面又は地面からの高度; 科学的記述に多い; →height); (山の)標高. fly at an ～ of 3,000m 3 千メートルの高度で飛ぶ. **2** aU 〘天文〙(天体の)高度. take the sun's ～ 太陽の高度を測る. **3** 〈～s〉(標高の高い[低い])土地. high [low] ～*s* 高[低]地. [＜ラテン語 *altus*「高い」]

áltitude sìckness 名 U 〘医〙高度病, 高山病.

al·to /ǽltou/ 名 (複 ～s) 〘楽〙**1** U アルト, 中高音,《contralto と同じ意味で女声の最低音; 昔は男声の最高音 (countertenor) にも用いられた; 女声は alto, mezzo-soprano, soprano の順に高くなる》. **2** C アルト歌手[楽器, 声部]. [イタリア語 'high (singing)']

álto clèf 名 C 〘楽〙アルト記号《五線譜の第 3 線上に置かれるハ音記号 (C clef 𝄡)》.

al·to·cu·mu·lus /æ̀ltoukjú:mjələs/ 名 (複 **al·to·cu·mu·li** /-lai/) C 〘気象〙高積雲.

‡al·to·geth·er /ɔ̀:ltəgéðər, ⌐-⌐-/ (★修飾する語の前では /⌐-⌐-/, 後または単独では /⌐-⌐-/) 副 ¢

1 全く, 完全に, (completely) (★altogether と all together (皆一緒に)は別). That's *áltogèther* wrong. それは全く間違いだ. She stopped crying *àltogéther*. 彼女はすっかり泣きやんだ. They are not ～ correct. それらすべてが正しいわけではない (★否定文では部分否定になる). I don't ～ agree with you. あなたと全く同じ意見というわけではない.

> 語法 altogether の位置は「それは全く違うことである」の場合, That's a different matter ～. が最も普通. That's ～ a different matter. や That's an ～ different matter. は形式ばった表現.

2 全部で, 合計して, (in all). His losses amounted ～ to over a thousand dollars. 彼の損失は合計で千ドルを超えた. **3** 〈文修飾〉**全体として(は)**, 概して, (on the whole). *Àltogéther* [Taken ～], things are going better than expected. 全体として(見ると)事態は予想より好転している.

── 名 U 〘戯〙裸 〈次の成句で〉.

in the àltogéther 〘話〙素っ裸で (in the nude).

[＜中期英語; all, together]

al·to-re·lie·vo /æ̀ltourilí:vou/ 名 (複 ～s) UC 〘美〙高浮彫り (high relief). [＜イタリア語]

al·tru·ism /ǽltru(:)ìz(ə)m/ 名 **1** U 利他主義 (↔egoism). **2** C 利他的行為.

al·tru·ist /ǽltru(:)ist/ 名 C 利他主義者.

al·tru·is·tic /æ̀ltru(:)ístik ⊛/ 形 利他的な.

▷**al·tru·is·ti·cal·ly** /-k(ə)li/ 副 利他的に.

al·um /ǽləm/ 名 U 〘化〙明礬(みょうばん).

a·lu·mi·na /əlú:minə/ 名 U 〘化〙アルミナ, 礬(ばん)土,《アルミニウムの原料》. 「num.

†al·u·min·i·um /æ̀ljəmíniəm/ 名 〘英〙＝alumi-↑

al·u·mi·nize /əlú:mənàiz/ 動 他 にアルミ(ニウム)を被(かぶ)せる, アルミのメッキを施す.

*****a·lu·mi·num** /əlú:mənəm/ 名 U 〘米〙**アルミニウム** (〘英〙aluminium)《金属元素; 記号 Al》. [＜ラテン語「明礬(みょうばん)」]

alùminum fóil 名 U 〘米〙アルミホイル (tinfoil).

a·lum·na /əlʌ́mnə/ 名 (複 **-nae** /-ni:/) C 〘主に米〙

女子卒業生, (女子の)同窓生, 《alumnus の女性形》.

a·lum·ni /əlʌ́mnai/ 名 alumnus の複数形.

alùmni associátion 名 C 〖米〗同窓会.

‡**a·lum·nus** /əlʌ́mnəs/ 名 (複 **-ni** /-nai/) C 〖主に米〗卒業生, 同窓生, (★単数形は普通, 男性を指すが, 複数形は女性の混じっている場合にも用いられる; 〖英〗では普通 old boy と言う). [ラテン語「養子, 生徒」]

al·ve·o·lar /ælvíːələr|-víələ, ælvióulə 形/ 形 **1** 〖音声〗歯茎音の. **2** 〖解剖〗歯槽の; 肺胞の.
— 名 C 〖音声〗歯茎音《舌端を歯茎に付けるか近づけて発音: /t/, /d/, /n/, /l/, /s/, /z/》.

al·ve·o·lus /ælvíːələs|-víə-/ 名 (複 **al·ve·o·li** /-lài/) C **1** (ハチの巣状の)小穴. **2** 〖解剖〗歯槽; 肺胞.

‡**al·ways** /ɔ́ːlwəz, -weiz/ 副 ℂ **1** 常に, いつも; 始終; いつまでも (forever); かねてから, ずっと(前から); (↔ never). He is ~ busy. 彼はいつも忙しい. almost [nearly] ~ たいていは. He's ~ been kind to me. 彼は昔から私には親切でした. I ~ walk to school. 私はいつも学校へは歩いて行く. "Al was arrested for stalking, you know." "He ~ was a bit of an oddball."「アルがストーカー行為で逮捕されたんだってさ」「彼はいつだってちょっと変わり者だったじゃない」(★always wás [wére] .. で「だから驚くには当たらないなど」の気持ちを表す). Your bravery will ~ be remembered. 君の勇気はいつまでも記憶されるだろう. I've ~ lived in Paris. 私はずっとパリに住んでいる.

> 語法 (1) 上例のように always の位置は普通, 助動詞, be 動詞の直後, 助動詞＋be 動詞ならその間, 一般動詞の直前である; ただし例えば You should ~ be honest. (いつも正直であるべきだ)と言われたことに反発して,「私はいつだって正直だ」という場合は, I ~ ám honest. と, be 動詞に強勢を置いて always を前置する(→1 の第 5 例も参照); また「いつまでも」の意味では, I'll love you ~. (私は永遠に君を愛す)のようにしばしば文末に置かれる; *Always* be punctual. (常に時間を厳守しろ)のように命令文では文頭も可能. (2) not always (→成句) の部分否定に対し「いつも..しない」には never を用いる:「彼はいつも借金を期限内に支払わない」は He *never* pays his debts on time. で He ~ doesn't pay.. とは言わない.

2 〈進行形と共に用いて〉絶えず, しょっちゅう, (★話し手の主観(多くはいらだち, 非難の気持ちなど)を表す). The old woman is ~ complaining. あの老女は不平ばかり言っている. **3** 〈普通 can, could を伴い強意的に〉いつでも; いざとなれば. You *can* ~ quit the job. いつでもその仕事は辞められる. You *could* ~ try applying for the job. (とにかく)ためしにその職に応募してみたらどうですか(★このように丁寧な提案の表現にもなる).

àlways excèpting .. →excepting.

àlways suppósing (that).. 〈接続詞的〉ただし..という条件がかなえば. I'm going to graduate, ~ *supposing* I pass my final exams. 卒業するつもりだ, ただし最終試験に合格すればの話だが.

as álways いつもするように, いつもと同じように.

for álways 〖話〗永久に[の].

****nòt álways*** 〈部分否定〉常に[必ずしも]..とは限らない. Work does *not* ~ begin at nine. 仕事はいつも 9 時に始まるとは限らない. The rich are *not* ~ happy. 金持ちが必ずしも幸福とは限らない.
[<中期英語 (*alwei* 'all way' の属格)]

‡**Álz·heim·er's (disèase)** /ǽltshàimərz-, ɑ́ːlts-|ǽlts-/ 名 U アルツハイマー病《脳の萎縮(いしゅく)により発症する痴呆(ほう), 老人のぼけは多くこれ; 発見者のドイツ人医師の名から》. She has ~. 彼女はアルツハイマーだ.

AM[1] amplitude modulation (→FM).

AM[2] 〖米〗Artium Magister (修士). [ラテン語 'Master of Arts']

‡**A.M., a.m.** /èiém 形/ 午前《<ラテン語 *a*nte *m*eridiem 'before noon'; ↔P.M., p.m.》(注意 普通, 小文字を用い数字の後に置く; o'clock は付けない). at 8:30 *a.m.* 午前 8 時 30 分に (at eight-thirty a.m. と読む). 12:05 *a.m.* EDT (アメリカ)東部夏時間の午前零時 5 分. the 7:00 *a.m.* train 午前 7 時発の列車. I arrived here this *a.m.* 今日の午前にここに着きました.

Am 〖化〗americium.

Am. America, American.

‡**am** /(ə)m, 強 æm/ 動, 助 be の 1 人称・単数・直説法・現在形 (→be). 語法 I am not の短縮形は I'm not で, 普通 I *amn't* とはしない. 付加疑問の am I not? の短縮形は aren't I? が普通. amn't I? はアイルランド, スコットランドで用いられることもある. →ain't. [<古期英語; →be]

AMA American Medical Association (アメリカ医学会).

a·mal·gam /əmǽlgəm/ 名 **1** U 〖化〗アマルガム《水銀と銀[錫(すず)など]との合金》. **2** 〖章〗C 混合物, 寄せ集め, 〈*of* ..の〉.

a·mal·ga·mate /əmǽlgəmèit/ 動 他 **1** 〔会社など〕を合併する, 合同する; を混合する, 融合する; 〈*with* ..と〉. ~ that company *with* this (company) あの会社をこの会社と合併する. **2** 〔金属〕をアマルガムにする.
— 自 合併する; 混合する; 〈*with* ..と/*into* ..へと〉. The two big banks have ~*d into* a vast one. 2 つの大銀行が合併して巨大銀行になった.

a·màl·ga·má·tion 名 UC **1** (会社などの)合併, 合同, 〈*with* ..との〉. **2** 混合; (人種などの)混交. an ~ of ideas 各種思想の融合したもの. **3** アマルガムにすること.

a·man·u·en·sis /əmæ̀njuénsəs/ 名 (複 **a·man·u·en·ses** /-siːz/) C 〖章〗(口述)筆記者, 書記; 秘書.

am·a·ranth /ǽmərænθ/ 名 **1** C 〖詩〗(架空の)しぼまない花, 不凋(ちょう)花. **2** C アマランス《ヒユ科の観賞植物; 特にハゲイトウなど》. **3** U 赤紫色.

am·a·ran·thine /æmərǽnθin|-θain 形/ 形 **1** しぼむことのない. **2** アマランスのような; 赤紫色の.

am·a·ryl·lis /æmərílәs/ 名 C アマリリス(の花)《ヒガンバナ科; ユリに似た花の咲く球根植物》.

‡**a·mass** /əmǽs/ 動 他 (少しずつ)〔財産〕をためる, 蓄える; 〔物〕を集める. ~ a fortune 財産を蓄える. ~ evidence 証拠を集める. — 自 〖古〗集まる.

‡**am·a·teur** /ǽmətʃər, -tər|-təː, -tʃə, æmətə́ː/ 名 (複 **~s** /-z/) C **1** アマチュア, 素人; 未熟な人; 愛好家 〈*of* ..の〉; (↔professional; →dilettante). a great ~ *of* painting 熱心な絵画愛好家. It's not a job for ~*s*. 素人に出来ることではない. **2** 〈形容詞的〉アマチュアの, 道楽でする. an ~ photographer アマチュアカメラマン. [<ラテン語「愛好者」]

àmateur dramátics 名 UC アマチュア演劇, 素人芝居.

am·a·teur·ish /ǽmətʃú(ə)riʃ, -tə́ːr-|-tə́ːr-, -tʃúər- 形/ 形 〖しばしば軽蔑〗素人らしい[くさい]; 未熟な. ▷ **~·ly** 副 **~·ness** 名

am·a·teur·ism /ǽmətʃərìz(ə)m, -tər-|-təːr-, -tʃər-/ 名 U 素人芸; 素人気質(かたぎ); アマチュアの立場[資格]; (↔professionalism).

am·a·to·ry /ǽmətɔ̀ːri|-təri/ 形 〖雅〗恋愛の; 好色(的)な. ~ poetry 恋愛詩. an ~ look 色目.

‡**a·maze** /əméiz/ 動 (**-maz·es** /-əz/|過 過分 **~d** /-d/|**a·maz·ing**) 他 をびっくり仰天させる; をあきれさせる; 〈普通, 受け身で〉(類語 astonish よりもさらに強く, 狼狽(ろうばい), 驚嘆などの気持ちを伴う; →surprise). The circus ~*d* and delighted the children. サーカスは子供たちを驚き喜ばせた. He never ceases to ~ me. 彼にはいつも驚く. The children were ~*d by* the tall buildings. 子供たちは高い建物に驚いた.
◇名 amazement [<古期英語]

A

a·mázed [形] びっくりした, あっけにとられた. her ～ look 彼女のびっくりした顔つき. I'm ～ *at* his rapid progress in English. 彼の英語の上達が速いことにびっくりしている. She was ～ *to* hear the news. 彼女は知らせを聞いて驚いた. I'm ～ (*that*) he should have accepted the offer. 私は彼がその申し出を引き受けたことに驚いている.

[連結] really [absolutely, completely, totally, utterly] ～

a·máz·ed·ly /-ədli/ [副] びっくりして, あっけにとられて.

*__a·maze·ment__ /əméizmənt/ [名] [U] **びっくり仰天すること**, 非常な驚き. in ～ びっくりして, あっけにとられて. hear the news with ～ その知らせを聞いてびっくりする. ◇[動] amaze

to a pèrson's ***amázement*** 〔人が〕驚いたことには. *To* my utter ～, she arrived on time. 全く驚いたことに彼女は時間通りに来た.

*__a·maz·ing__ /əméiziŋ/ [形] [m] **驚くほどの**, あきれるばかりの; 目覚ましい. His skill is ～. 彼の技量は驚くべきものだ. How ～! 何てすばらしい. an ～ amount of money 驚くほどの大金. It's ～ that he won the championship at the age of nineteen. 彼が19歳で優勝したなんて驚くばかりだ. ▷～**·ly** [副] 驚くほど, あきれ返るほど; 〈文修飾; しばしば ～ly enough で〉驚いたことには.

Amàzing Gráce [名] アメージング・グレイス《賛美歌; Amazing grace! で始まる》.

Am·a·zon /ǽməzɑ̀n|-z(ə)n/ [名] **1** 〈the ～〉アマゾン川《南米にある大河》. **2** [C]〖ギ神話〗アマゾン《昔黒海の近くに住んでいたという勇猛な女族(の一人); 弓を引く妨げになるので右乳房を切ったと言われる》. **3** [C]〈又は a-〉女丈夫, 女傑; 〈特に〉スポーツウーマン. [?＜ギリシア語「乳房のない」]

Am·a·zo·ni·an /æ̀məzóuniən [移]/ [形] **1** アマゾン川の. **2** 〈又は a-〉〔女性が〕男まさりの.

*__am·bas·sa·dor__ /æmbǽsədər/ [名] ([複] ～**s** /-z/) [C] **1 大使**, (正式には)特命全権大使 (**ambàssador extraórdinary and plenipoténtiary**), 〈*to* ..(国)駐在の〉(→consul, minister; embassy [参考]). [注意] 大使への呼びかけには Your Excellency を使う. the Japanese ～ *to* the Court of St. James's 駐英日本大使《→St. James's》. our ～ *in* Paris パリ駐在のわが国の大使. **2** (公式・非公式の)使節. an ～ of goodwill [peace] 親善[平和]使節. [＜ラテン語「召使い」]
▷～**·shìp** [名] [UC] 大使[使節]の職[地位, 任期].

ambàssador-at-lárge /-rət-/ [名] ([複] **ambassadors-**) [C]〖米〗無任所大使《特定の任務を持つ》.

am·bas·sa·do·ri·al /æmbæ̀sədɔ́:riəl [移]/ [形] **1** 大使の; 大使級の〔会談など〕. **2** 使節の.

am·bas·sa·dress /æmbǽsədrəs/ [名] [C] **1** 女性大使[使節]《通性語として ambassador を使う人もいる》. **2**〖古〗大使夫人.

‡**am·ber** /ǽmbər/ [名] [U] 琥珀(こはく); 琥珀色; 〖主に英〗(交通信号の)黄色 (★〖米〗では yellow も使う). The traffic lights were *at* ～. 信号は黄色だった. ── [形] 琥珀(製)の; 琥珀色の.

am·ber·gris /ǽmbərgri(:)s/ [名] [U] 竜涎(りゅうぜん)香《マッコウクジラから採る香水の原料》.

am·bi- /ǽmbi/ 〈複合要素〉「両側; 周囲など」を意味する. *ambi*valent. *ambi*guous. [ラテン語 'on both sides, around']

am·bi·dex·ter·i·ty /æ̀mbidekstérəti/ [名] [U] **1** 両手利き; 非常な器用さ. **2** 二心(あること).

am·bi·dex·trous /æ̀mbidékstrəs [移]/ [形] **1** 両手利きの; 非常に器用な. **2** 二心のある. ▷～**·ly** [副]

‡**am·bi·ence, -ance** /ǽmbiəns/ [名] [aU]〖雅〗環境, 雰囲気.

am·bi·ent /ǽmbiənt/ [形]〖章〗取り巻く〔大気, 温度など〕. ～ temperature まわりの温度. ── [名] ＝ambient music.

àmbient músic [名] [U] 環境音楽.

†**am·bi·gu·i·ty** /æ̀mbigjú:əti/ [名] ([複] **-ties**) [U] (意味の)あいまいさ, 不明瞭(りょう)さ; [C]あいまいな表現[語句]. No *ambiguities* are allowed in a contract. 契約にはあいまいな箇所があってはならない.

*__am·big·u·ous__ /æmbígjuəs/ [形] [m] **1 あいまいな**, 不明瞭(りょう)な, ([類語]「2つ又はそれ以上の意味に解釈できてあいまいな」の意味; →equivocal, obscure, vague). an ～ answer [expression] あいまいな答え[表現]. morally ～ 道義的にまぎらわしい. **2** 不確かな, あやふやな; 不安定な. an ～ political situation 不安定な政局. in an ～ position あやふやな立場に.
◇↔unambiguous [＜ラテン語「左右に動揺する」]
▷～**·ly** [副] あいまいに; どっちつかずに. ～**·ness** [名] [U] あいまいなこと; 不確実性.

am·bit /ǽmbət/ [名] [C] 〈普通, 単数形で〉〖章〗**1** 周囲; 境界. **2** (勢力などの及ぶ)範囲, 区域. within the ～ of the law 法の範囲内で.

‡**am·bi·tion** /æmbíʃ(ə)n/ [名] ([複] ～**s** /-z/) **1** [UC] **大望, 野心**, 熱望, 〈*to* do ..しようとする/*for* ..を得ようとする〉; 向上心. his ～ *to* become a great statesman 偉大な政治家になりたいという彼の大望. one's life's ～ 生涯の大望. He is full of ～ *for* power. 彼は権力獲得に野心満々だ. He has more ～ than any of you. 彼には君たちのだれよりも覇気がある.

[連結] a high [a worthy; a burning] ～; boundless [overweening] ～ // fire [stir, stimulate; frustrate] a person's ～; achieve [attain; check, restrain] one's ～

2 [C] 熱望するもの, 野心の的. realize [fulfill] one's ～*s* 野心を達成する. The presidency of a big company is my ～. 大企業の社長が私の野心だ.
◇[形] ambitious [＜ラテン語「(票を得るために)歩き回ること」(＜ambi-＋*ire* 'go')]

‡**am·bi·tious** /æmbíʃəs/ [形] [m] **1** 〔人が〕**大望を抱いた**, 野心のある. an ～ young man 大望を抱いた青年. Boys, be ～! 少年よ, 大志を抱け. She was very ～ for her children. 彼女は子供たちにとても大きな望みをかけていた.
2 〔仕事, 計画などが〕**野心的な**, 大掛かりな; 力に余るような. His plan is too ～. 彼の計画はあまりに野心的だ.
3 熱望している 〈*of*, *for* ..を得たいと/*to* do ..したいと〉. He is ～ *for* success [*to* succeed]. 彼は成功したいと熱望している. He was very ～ *of* that job. 彼はその仕事をとても欲しがっていた. ◇[名] ambition
▷～**·ly** [副] 大望を抱いて; 野心的に. ～**·ness** [名] [U] 野心的なこと.

am·biv·a·lence /æmbívələns/ [名] [U] **1**〖心〗(同一の対象に対する愛と憎しみなどの) 反対感情併存, アンビヴァレンス. **2** 二者択一を決めないでいること.

‡**am·biv·a·lent** /æmbívələnt/ [形] [¢] **1**〖心〗(愛と憎しみなど) 正反対の感情を同時に持つ. ～ feelings *about* her 彼女に対する(好きでもあり嫌いでもある)二重の複雑な気持ち. an ～ attitude *to* [*toward(s)*] monarchy 君主制に対する(好悪の入り混った)複雑な姿勢. **2** 態度を決め(られ)ないでいる. ▷～**·ly** [副]

am·ble /ǽmb(ə)l/ [名] [aU] アンブル, 側対歩, 《馬などが片側の前足と後足を同時に上げて歩くこと; →gallop》; 緩やかな歩き方[足取り]. ── [動] [自] **1** 〔馬が〕アンブルで歩く. **2** [VA] 〔人が〕ぶらぶら歩く 〈*about*, *along*, *around*, *over*〉. [＜ラテン語「歩く」]

ám·bler [名] [C] 側対歩で歩く馬; ぶらぶら歩く人.

am·bro·sia /æmbróuʒ(i)ə|-zjə/ [名] [U] **1**〖ギ・ロ神

話》神の食物《人間には不死の効があると信じられた; →nectar》. **2**〖雅〗大変美味な[香りのいい]食物[飲物], 嘉肴(かこう).

am·bro·sial /æmbróuʒ(i)əl|-zjəl/ [形] **1** ambrosia のような; 美味で芳しい. **2** 神々しい.

‡**am·bu·lance** /ǽmbjələns/ [名] (複 **-lanc·es** /-ez/) [C] **1 救急車**. by ～ 救急車で. Call an ～! 救急車を呼んでくれ. **2** (軍について移動する)野戦病院. [<フランス語 (*hôpital*) *ambulant*「移動(病院)」; amble と同源]

ámbulance chàser [名] [C]〖米俗〗交通事故を商売のたねにする悪徳弁護士; 〈一般に〉悪徳弁護士, へぼ弁護士.

ámbulance·màn, -wòman /-mæ̀n/, /-wùmən/ [名] (複 **-men** /-mèn/, **-wòmen**) [C]〖英〗救急車乗務員, 救急隊員.

am·bu·lant /ǽmbjulənt/ [形] [C] **1** 動き回る; 移動する. **2** ＝ambulatory 2.

am·bu·la·to·ry /ǽmbjələtɔ̀ːri | æ̀mbjəléit(ə)ri〖英〗は [移]/ [形] **1** 歩行の. ～ exercise 歩行訓練. **2**〖医〗〔患者が〕歩行できる.

am·bus·cade /æ̀mbəskéid/ [名], [動] ＝ambush.

†**am·bush** /ǽmbuʃ/ [名] [UC] 待ち伏せ; 待ち伏せの場所; 〈集合的〉伏兵. fall into [be caught in] an ～ 待ち伏せに遭う. lie [hide, wait] in ～ 待ち伏せする. lay an ～ for the enemy 敵を待ち伏せする.
── [動] [他] を待ち伏せする; を待ち伏せして襲う.

a·me·ba /əmíːbə/ [名]〖米〗＝amoeba.

a·me·bic /əmíːbik/ [形]〖米〗＝amoebic.

a·mel·io·rate /əmíːljərèit/ [動]〖章〗[他] を改善[改良]する (improve). ～ the living conditions of working men 労働者の生活状態を改善する.
── [自] 改善される, 向上する. ◇↔deteriorate

a·mèl·io·rá·tion [名] [U]〖章〗改善, 改良, 向上, (↔deterioration). 「改善的な.

a·mel·io·ra·tive /əmíːljərèitiv|-rət-/ [形] 改良の,↑

†**a·men** /èimén, àːmén/ [間] **1** アーメン《ヘブライ語で「そうありますように」(So be it.) の意味; キリスト教徒が祈りの終わりなどに唱える》. **2** 賛成です. *Amen* to that. それに賛成(です). ── [名] [UC] アーメンという言葉[と言うこと].
sày amén to ..〖話〗〔物事〕に積極的に賛成する.

a·mè·na·bíl·i·ty [名] [U] 従順さ; 服従(すること); 被適用性.

a·me·na·ble /əmíːnəb(ə)l/ [形] **1** 従順な, 素直な, 〈*to* ..〔忠告, 提案など〕に〉; 快く受け入れる〈*to* ..を〉. an ～ girl 従順な少女. ～ *to* reason 道理に服する. ～ *to* flattery おだてに乗りやすい. **2**〖章〗〈叙述〉〔人が〕服従の義務がある, 責任を負う, 〈*to* ..に〉. All citizens are ～ *to* the law. すべての市民は法律に従う義務がある. **3**〈叙述〉〔行為などが〕受ける余地のある〈*to* ..〔批判など〕を〉; 〔事に〕適用できて〈*to* ..〔分析, テストなど〕を〉. actions ～ *to* criticism 批判の余地がある行動. be ～ *to* statistical treatment 統計的処理が適用できる. ▷ **-bly** [副] 従順に; 服従して; 〈*to* ..に〉.

*__a·mend__ /əménd/ [動] (～**s** /-z/|[過] [過分] ～**·ed** /-əd/ ～**·ing**) [他] **1**〔文書の誤りなど〕を**訂正する**; 〔発言〕を改める, を言い直す. ～ "men" to "humans" men を humans に直す. **2**〔議案など〕を**修正する**, 〔法律など〕を改正する. ～ the Constitution 憲法を修正する[に修正条項を加える]. **3**〖章〗を改善[改良]する (improve); 〔行いなど〕を改める. ～ one's manners 行儀をよくする. ── [自]〖章〗改善[改良]される; 行いを改める.
[<古期フランス語; emend と同源]

a·ménd·a·ble [形] 改められる; 修正できる.

†**a·ménd·ment** [名] **1** [UC] 修正, 訂正; 改善; 〈*to* ..の〉. move an ～ *to* the Constitution 憲法改正を提案する. **2** [C] 修正条項; 修正案; 〈A-〉米国憲法修正箇条[条項]. table an ～ 修正案を棚上げする〖米〗(〖英〗上程する). →Equal Rights Amendment, Fifth Amendment, First Amendment.

a·mends /əméndz/ [名]〈単複両扱い〉償い, 賠償.
màke aménds (to a person) (for ..) (人に)(..の)償いをする. I'll have to *make* ～ *to* them *for* my mistake. 彼らに私の間違いの償いをしなくてはならないだろう.

†**a·men·i·ty** /əménəti, əmíːn-/ [名] (複 **-ties**) **1** [U] (場所, 気候などの)快適さ; (人の)感じのよさ. **2**〈-ties〉生活を快適にするもの[環境], 設備, 便宜. basic *amenities* 生活に必要な設備. My house is close to the *amenities* of a big city. 私の家は大都会の便利な設備の近くにある《公園, 図書館, 娯楽施設などを指す》. exchange *amenities* (会合して)交歓する. **3**〈-ties〉(社交的)礼儀.

aménity bèd [名] [C]〖英〗(病院の)差額ベッド.

Amer. America; American.

Am·er·a·sian /æ̀mərèiʒən, -ʃən [移]/ [名] [C] 米ア混血者《片親が米国人, もう一人の親がアジア人》.

a·merce /əmɜ́ːrs/ [動] [他] **1**〖法〗を罰金刑に処す. **2** を罰する. ▷ **～·ment** [名]

‡**A·mer·i·ca** /əmérəkə/ [名] (複 **～s** /-z/) **1 アメリカ合衆国**, 米国, (the United States (of America); 〖話〗the States (→state 7)). **2 アメリカ**《南北アメリカ全体, 又はその一方; 特に北米》. **3**〈the ～s〉南北(中央)アメリカ. the wildlife of the ～*s* アメリカ大陸の野生生物. [<*Americus* Vespucius (イタリアの航海者 Amerigo Vespucci (1454–1512) のラテン名)]

‡**A·mer·i·can** /əmérəkən/ [形] [C] (2は [叙]) **1 アメリカ(合衆国)の**; アメリカ人の. I am ～. 私は米国人だ. the ～ people アメリカ人民. ～ studies アメリカ研究. **2** アメリカ的な. as ～ as apple pie (→apple pie). **3** アメリカ大陸の; アメリカ原産の. ～ plants アメリカ原産の植物. **4** アメリカ先住民の.
── [名] (複 **～s** /-z/) **1** [C] **アメリカ人**, 米国人. an ～ 米国人《1人》. ～*s* spend much of their free time at home. アメリカ人は自由な時間の大部分を家で過ごす. The ～*s* at last went to war. 米国はついに参戦した. **2** [U] **アメリカ英語** (American English). **3** [C] アメリカ大陸の住民. **4** [C] アメリカ先住民.

A·mer·i·ca·na /əmèrəkǽnə, -káː-|-káː-/ [名]〈複数扱い〉アメリカ(の文化, 歴史など)に関する文献, アメリカーナ; アメリカ事情[風物]. 「民間航空会社》.

Amèrican Áirlines [名] アメリカン航空《米国の↑

Amèrican Bár Associàtion [名]〈the ～〉アメリカ法曹協会《弁護士・判事・検事・法学者を含む; 《略》ABA》.

Américan chèese [名] [U] Cheddar チーズの一種.

Amèrican Cìvil Wár [名]〈the ～〉〖米史〗南北戦争 (1861–1865).

Amèrican dréam [名]〈the ～〉〖米〗アメリカの夢《平等と物質的繁栄を目指す米国人の理想》.

Amèrican éagle [名] **1** [C] 白頭ワシ (＝bald eagle). **2**〈the ～〉白頭ワシの印《アメリカ合衆国の国章》.

Amèrican Énglish [名] [U] アメリカ英語. →British English.

Amèrican Expréss [名] アメリカンエキスプレス《米国の金銀・有価証券などの輸送業として始まった会社; 〖商標〗同社発行のクレジットカード; Amex とも言う》.

Amèrican fóotball [名] **1** [U]〖英〗アメリカンフットボール (〖米〗では単に football と言う). **2** [C] アメリカンフットボールのボール.

Amèrican Índian [名] [C] アメリカインディアン (→Indian). ★PC 語は Native American.

†**A·mér·i·can·ìsm** [名] [UC] **1** アメリカ語法; アメリカ訛(なま)り; (→Briticism). **2** アメリカ人気質(かたぎ); アメリカびいき.

A

A·mèr·i·can·i·zá·tion 名 U 米国化; 米国帰化.
A·mér·i·can·ize 動 他 をアメリカ化する, アメリカ風にする; を米国に帰化させる. ── 自 アメリカ風になる; アメリカ語法を用いる; 米国に帰化する.
Amèrican Léague 名 〈the ~〉 **1** アメリカンリーグ (→major league). **2** アメリカンリーグ《米国のサッカーの連盟》.
「人会.
Amèrican Légion 名 〈the ~〉 アメリカ在郷軍↑
Amèrican órgan 名 C 〖英〗リードオルガン《harmonium に類似》.
Amérıcan plàn 名 〈the ~〉 アメリカ式勘定《ホテルで室料・食事代・サービス料金を込みにして宿泊費とする方式; →European plan》.
Amèrican Revolútion 名 〈the ~〉 アメリカ革命, アメリカ独立戦争,《1775–83》.
Amèrican Revolùtionary Wár 名 〈the ~〉 =American Revolution. 「話法《略 ASL》.
Amèrican Sígn Lànguage 名 U アメリカ手↑
Amèrican tíger 名 =jaguar.
Amèrican Wàr of Indepéndence 名 〈the ~〉 =American Revolution. 「[考え方].
Amèrican Wáy 名 〈the ~〉 アメリカ人の価値観↑
Amèrica's Cúp (Ràce) 名 〈the ~〉 アメリカ杯(レース)《世界最高レベルのヨットレース》.
am·er·ic·i·um /æmərí∫iəm, -siəm/ 名 U 〖化〗アメリシウム《放射性元素; 記号 Am》.
Am·er·ind /ǽmərind/ 名 C アメリカ大陸先住民《*Amer*ican *Ind*ian や Inuit》.
Am·er·in·di·an /æməríndiən ⊛/ 形 アメリカ大陸先住民の. ── 名 =Amerind. →Native American.
Ámes tèst /éimz-/ 名 C 【医】エイムズ試験《細菌を用いて物質の発癌(がん)性を調べる; 米国の生化学者 B. *Ames* (1928–)が開発》
am·e·thyst /ǽməθəst/ 名 UC 紫水晶, アメジスト, (→birthstone ★); U 紫色.
Am·ex /ǽmeks/ 名 =American Express. 「よさ.
à·mi·a·bíl·i·ty 名 U 気立てのよさ, 優しさ; 愛想の↑
***a·mi·a·ble** /éimiəb(ə)l/ 形 m **気立てのいい** (good-natured); 優しい, 感じのいい; 愛想のいい 〈*to* ..に〉. make oneself ~ *to* a person 人に愛想よくする. an ~ gathering 和やかな集い. [<古期フランス語; amicable と同源] ▷**-bly** 副 優しく; 愛想よく. **~·ness** 名 U 愛想よさ.
àm·i·ca·bíl·i·ty 名 U 友好, 親善.
‡**am·i·ca·ble** /ǽmɪkəb(ə)l/ 形 友好的な (friendly); 平和的な (peaceful). ~ relations 友好関係. an ~ settlement 円満な解決, 和解. [<ラテン語 *amicus*「友人」; -able] ▷**-bly** 副 友好[平和]的に. **~·ness** 名 U 友好[平和]的なこと.
am·ice /ǽmis/ 名 C 〖カトリック〗肩衣(かたぎぬ)《司祭が首の回りから肩に着用する長方形の白布》.
a·mi·cus cu·ri·ae /əmí:kəs-kjù(ə)riai/ 名 (複 **a·mi·ci cu·ri·ae** /əmí:ki:-, -sai-/) C =friend of the court. [ラテン語]
†**a·mid** /əmíd/ 前 〖雅〗..の中にまじって; ..の間に[で], ..の真ん中に[で]; ..のただ中に[で]; (語法 amid は among と違って複数的な意味を持たない単数名詞の前にも置かれる). ~ skyscrapers 摩天楼の間に. ~ a storm あらしのさなかに. ~ tears 涙ながらに〔語るなど〕.
amíd·ships 副 船の中央部に[で].
a·midst /əmídst/ 前 〖雅〗=amid.
a·mi·go /əmí:gou, ɑ:-/ 名 (複 **~s**) C 〖主に米〗友達. [スペイン語「友人」]
‡**a·mì·no ácid** /əmì:nou-/ 名 C 〖化〗アミノ酸.
a·mir /əmíər/ 名 =emir.
a·mir·ate /əmí:ərət, -eit/ 名 =emirate.

A·mis /éiməs/ 名 **Kingsley ~** エイミス (1922–95)《英国の作家; the Angry Young Men の 1 人》.
A·mish /ɑ́:mi∫, ǽm-/ 名 〈the ~; 複数扱い〉 アマン[アーミッシュ]派《米国 Pennsylvania 州などに住むキリスト教新教の一派で, 電気も自動車も使わず近代文明を拒否する厳格な教義で有名》. ── 形 アマン[アーミッシュ]派の.
‡**a·miss** /əmís/ 〖章・旧〗副 具合悪く, まずく; 間違って. His plan went ~. 彼の計画は失敗した.
còme [gò] amíss 〈普通, 否定文で〉〔物事が〕不適当である, 具合が悪い, ありがたくない. A little patience wouldn't *come* ~. ちょっと辛抱しても悪くはなかろう. Nothing *comes* ~ to a hungry man. 〖諺〗すき腹にまずいものなし.
tàke [thìnk]..amíss 〔物事〕を誤解する, (誤解して)..に気分を害する, ..を悪く取る. I hope you don't *take* this ~. これで気を悪くしないでください.
── 形 〈叙述〉不都合で, 具合悪くて. It wouldn't be ~ to ask twice. 2 度聞いたって悪いことはないだろう. What's ~ with you? どうかしましたか.
am·i·ty /ǽməti/ 名 U 〖章〗(人や国などの間の)親睦(ぼく), 親善, 友好(関係), (↔enmity). a treaty of ~ 友好条約. in ~ (with..) (..と)友好的に.
Am·man /æmɑ́:n, -mǽn|əmɑ́:n/ 名 アンマン《ヨルダンの首都》. 「ペア計.
am·me·ter /ǽmì:tər|ǽmitə/ 名 C 電流計, アン↑
am·mo /ǽmou/ 名 〖話〗=ammunition.
†**am·mo·nia** /əmóunjə, -niə/ 名 U 〖化〗アンモニア《気体》; アンモニア水 (**ammónia wàter**).
am·mo·ni·ac /əmóuniæk/ 形 アンモニア(性)の.
am·mo·ni·a·cal /æmənáiəkəl ⊛/ 形 =ammoniac.
am·mo·nite /ǽmənàit/ 名 C 〖古生物〗アンモン貝, 菊石, アンモナイト. 「アンモニウム.
am·mo·ni·um /əmóuniəm, -njəm/ 名 U 〖化〗↑
ammònium chlóride 名 U 塩化アンモニウム.
ammònium hydróxide 名 U 水酸化アンモニウム.
ammònium nítrate 名 U 硝酸アンモニウム.
†**am·mu·ni·tion** /æmjəní∫(ə)n/ 名 U **1** (武器)弾薬. live ~ 実弾. We are running out of ~. 我々の弾薬は尽きかけている. **2** 攻撃[防御]手段[材料], '武器'. He used the rumor as ~ against his opponent. 彼はそのうわさを相手を攻撃する武器に使った. [<フランス語 *la munition* 'the munition'; 定冠詞末尾の a が語頭に付いた]
am·ne·sia /æmní:ʒ(i)ə|-zjə, -ziə/ 名 UC 〖医〗記憶喪失症. 「の(人).
am·ne·si·ac /æmní:ziæk/ 形, 名 C 記憶喪失症↑
am·ne·sic /æmní:zik/ 形, 名 =amnesiac.
†**am·nes·ty** /ǽmnəsti/ 名 (複 **-ties**) UC (特に国事犯人に対する)恩赦, 大赦, 特赦; 処罰猶予期間. declare an ~ for ..に恩赦を宣言する. [<ギリシア語「忘却」]
Ámnesty Internátional 名 国際人権救援機構.
am·ni·o·cen·te·sis /æmniousentí:səs/ 名 (複 **-ses** /-si:z/) UC 羊水穿刺(せんし)《胎児のダウン症候群などを調べるために行う》.
am·ni·on /ǽmniən/ 名 (複 **~s, am·ni·a** /-niə/) C 羊膜《胎児を包む膜》.
am·ni·ot·ic /æmniɑ́tik|-ɔ́t- ⊛/ 形 羊膜の(ある).
àmniotic flúid 名 U 羊水, 胎水.
a·moe·ba /əmí:bə/ 名 (複 **~s, a·moe·bae** /-bi:/) C 〖動〗アメーバ. [<ギリシア語「変化」]
a·moe·bic /əmí:bik/ 形 アメーバ(性)の.
amòebic dýsentery 名 U アメーバ赤痢.
a·mok /əmʌ́k|əmɔ́k/ 副 =amuck.

a·mong /əmʌ́ŋ/ 前 【間に，中に】 **1**【囲まれて】〔多数〕**の間**(あいだ)に[の]，の中にまじって(いる)，に囲まれて[た]; ..の間[中]を; ..の間[中]にあって; (語法 普通，3つ[3人]又はそれ以上の場合に用いる; 複数名詞を従えるが，集合名詞の場合もある; →amid, between 語法). a house ～ the trees 木に囲まれた家. Don't worry; you're ～ friends. 心配は要らない，周囲の人は皆味方だ. move ～ the crowd 人込みの中を動き回る. There is honor ～ thieves. (→honor 名 3).
2【同類の1つで】**(a)** **..の1つで**，の仲間の1人で. be numbered ～ the dead 死んだ人の中に数えられる. *Among* those present was the Mayor. 出席者の中に市長もいた. London is ～ the largest cities in the world. ロンドンは世界最大の都市の1つである.
(b) ..の中で; ..の中で目立って. Who ～ you is the oldest? 君たちの中で最年長はだれか. an actor ～ actors 役者中の役者，最高の俳優.
【全体の間で】 **3 (a)** **..の間**(あいだ)**で**，(互いに協力[対立]して); 〈複数再帰代名詞を伴って〉 仲間同士で，内輪で，自分たちだけで. You'll spoil him ～ you. 君たちはみんなして[よってたかって]彼を甘やかしてしまう. They began to quarrel ～ themselves. 彼らは仲間うちでけんかを始めた. We solved the problem ～ ourselves. 我々だけで(力を合わせて)その問題を解決した. Keep that plan ～ yourselves. その計画は君たちだけの秘密にしてくれ.
(b) ..の間(あいだ)に(平等に)，..の仲間全体[おのおの]に. There was left five dollars ～ us. 我々の手元に合計5ドル残った. Divide the money ～ you. その金を君たちみんなで分けなさい.
(c)【全体に普及して】..の(多くの)間(あいだ)で. The singer is popular ～ girls. その歌手は女の子の間に人気がある. Smoking is becoming increasingly prevalent ～ teenagers. 喫煙が10代の子の間でますますはやってきている.
among óthers (1)数あるうちで，ほかにもあるが，とりわけ. Then I talked about my recent book—～ *others*, of course. それから私は私の新刊の本の話をした—もちろんそのほかの話もしたが. (2)そのうちの1つ[1人]で，(..を)含めて. He collected prints of the English artists, Hogarth ～ *others*. 彼は英国の画家の版画を集めた，ホガースも含めて. 注意 物事の場合 *other things* とすることもある: I noticed, ～ *other* things, that he was drunk. とりわけ彼が酔っていることに気づいた.
among oursélves 〈普通，挿入句として〉内密で，ここだけの話だが，(→3 (a) 最後の例). Just ～ *ourselves*, I don't trust the man. ここだけの話だが私はあの男を信用しない.
from among .. ..の中から. Choose *from* ～ these five. この5つの中から選びなさい.
òne among mány (1)多くのうちの1つ[1人]. He is only *one* ～ *many* who suffer from overwork. 彼も過労に苦しむ多くの人の1人にすぎない. (2)独特のもの[人]; 群を抜いて(優れて)いるもの[人].
[<古期英語「群集の中に」(<*on* 'a-[1]'+*gemang*「群集」)]

†a·mongst /əmʌ́ŋst/ 前 ＝among

a·mon·til·la·do /əmɑ̀ntəlɑ́:dou|əmɔ̀n-/ 名 U アモンティ(リ)ヤード《スペイン南部 Montilla 原産の中辛口シェリー酒》.

a·mor·al /èimɔ́:rəl, æm-|-mɔ́r- 移/ 形 超道徳的な，道徳とは無関係の，(nonmoral). Science as such is completely ～. 科学それ自体は道徳とは無関係だ. ★「不道徳の」は immoral. [a-[3], moral]
▷**a·mo·rál·i·ty** /èimərǽləti, æ̀-/ 名 **～·ly** 副 道徳を超越して.

am·o·rous /ǽmərəs/ 形 **1** 好色の，多情の. an ～ man 好色漢. **2** なまめかしい. ～ glances 色目. **3** 恋愛の. an ～ letter 恋文，ラブレター. **4** 恋している〈*of* ..を〉. [<ラテン語 *amor*「愛」; -ous] ▷**～·ly** 副 好色らしく; なまめかしく. **～·ness** 名 U 多情，好色; なまめかしさ.

a·mor·phous /əmɔ́:rfəs/ 形 **1** 無定形の. **2**〖鉱〗非結晶の;〖物理〗無定形の. **3** 組織のない. [<ギリシア語(<a-[3]+*morphḗ*「形」)] ▷**～·ly** 副 **～·ness** 名

am·or·ti·za·tion /æ̀mərtizéiʃən, əmɔ̀:r-|əmɔ̀:tai-, -ti-/ 名 U 割賦弁済(金).

am·or·tize /ǽmərtàiz|əmɔ́:-/ 動 他 〖法〗〔負債など〕を割賦弁済する.

A·mos /éiməs|-mɔs/ 名 〖聖書〗アモス《ヘブライの預言者》;『アモス書』《旧約聖書中の一書》.

‡a·mount /əmáunt/ 動 (**～s** /-ts/|過 過分 **～·ed** /-əd/|**～·ing**) 自 **1** VA (**～ *to* ..**)〔金額などの総額が〕**..に達する**，上る;〔ある状態〕に達する，なる;〔価値，重要性などが〕..だけある. The loss ～*s to* a million dollars. 損害は百万ドルに上る. His testimony ～*s to* little. 彼の証言は大したことはない. That son of his will never ～ *to* much. 彼のあの息子は大した人物には決してならないよ. ～ *to* the same thing 同じことである. What does it ～ *to?* 総計どれくらいの額になるのか; どれだけの意味[価値]があるか. It ～*s to* the same thing in the end. 結局は同じことになる.
2 VA (**～ *to* ..**) ..に等しい; ..も同然である. His warning ～*s to* a threat. 彼の警告は脅迫同然だ.
—— 名 (複 **～s** /-ts/) **1** C **量**; 金額. a certain ～ *of* experience 多少の経験. large ～*s* [a large ～] *of* money 多額の金. I lost a lot but I gained something which no ～ of money can buy. 私は多くを失ったが又どんな大金でも買えない何かを得た. two times the normal ～ *of* work 平常の2倍量の仕事. 語法 of に続くのは普通，不可算名詞; ただし一つの集合と見られる場合や大量に扱う商品などでは可算名詞も用いられる: There is a large ～ of lemons in the storeroom. (貯蔵室には大量のレモンがある)

> 連結 a considerable [a fair; an enormous, a tremendous, a vast; an excessive; a moderate, a modest, a reasonable; a small; a negligible, a tiny] ～

2 U 合計，総数. the whole ～ 総額. What's the ～ of my bill? 私の勘定は合計いくらですか.
3 (結局の)価値，重要性，意味. **4** 元利合計.
àny amóunt of .. (1)どれだけの量[額]の..でも. *Any* ～ *of* help is welcome. どれほどの援助でもありがたい. (2)〖英〗大量[たくさん]の... We have *any* ～ *of* food. 食物はたくさん[いくらでも]ある.
in amóunt 量は; 総計で; 結局.
nò amóunt of .. どれほど多くの..も(し)ない. *No* ～ *of* washing will remove the smear. いくら洗ってもその染みは取れないだろう.
to the amóunt of .. 総計..までも，..だけ. a debt *to the* ～ *of* one thousand dollars 千ドルに達する借金.
[<古期フランス語「登る」(<ラテン語 *ad montem*「山へ」)]

a·mour /əmúər/ 名 C 〖雅・旧〗(特に人目を忍ぶ)「情事，色恋沙汰(ざた)」. [フランス語 'love']

a·mour pro·pre /ɑ̀:mur-próuprə|æmuə-prɔ́prə/ 名 U 自尊心 (self-respect).

amp /æmp/ 名 〖話〗**1** ＝ampere. **2** ＝amplifier.

am·per·age /ǽmpəridʒ/ 名 U 〖電〗アンペア数.

am·pere /ǽmpiər|-peə/ 名 C アンペア《電流の強さの単位; <フランスの物理学者 A.M. *Ampère* (1775–1836)》.

am·per·sand /ǽmpərsæ̀nd/ 名 C アンパサンド《記号 & (and) の名称; 記号はラテン語 *et* 'and' の E と T の合字から》. [<*and*(=&) *per se and*「& 自体が and を表す」; per se はラテン語で 'by itself' の意味; & という記

A

号の使い方を憶えるために唱えた句]

am·phet·a·mine /æmfétəmìːn/ 名 UC アンフェタミン《覚醒(せい)剤の一種》.

am·phi- /æmfi/ 〈複合要素〉「両方, 両種; 周囲」を意味する. [ギリシア語 'around']

Am·phib·i·a /æmfíbiə/ 名 〖動〗〈複数扱い〉両生綱(こう)《カエル, イモリなどを含む》.

am·phib·i·an /æmfíbiən/ 形 **1**〖動〗両生類の. **2** 水陸両用の. an ～ vehicle 水陸両用車. ── 名 C **1** 両生動物[植物]. **2** 水陸両用飛行機[戦車].

‡**am·phib·i·ous** /æmfíbiəs/ 形 **1** 水陸両生の. **2** 水陸両用の; 〖軍〗陸・海(・空)軍共同の〔攻撃など〕. ～ operations [assaults] 陸海(空)共同作戦[水陸両面の攻撃]. an ～ plane 水陸両用飛行機.

am·phi·the·a·ter〖米〗, **-tre**〖英〗/æmfəθìə-tər/ 名 C **1** (古代ローマの)円形競技場 (→arena, Colosseum); 闘争の場. **2** (劇場の)半円形ひな段式観覧席. **3**〖米〗階段教室. **4** 段丘に囲まれた平地, 盆地.

[amphitheater 1]

am·pho·ra /æmfərə/ 名 (複 **～s, am·pho·rae** /-rìː/) C アンフォラ《古代ギリシア, ローマの両取っ手付きのつぼ; 酒や油を入れる》.

***am·ple** /æmp(ə)l/ 形 e (**～r**|**～st**) **1** たっぷりした; (余るほど)十分な 〈*to* do ..するのに〉; (類語 enough より文章体で「あり過ぎるほどの」の意味が強い). an ～ supply of food たっぷりした食物の供給. He was given ～ payment for the work. 彼はその仕事に対し十二分の報酬をもらった. ～ time *to* finish the work 仕事を仕上げるのに十分な時間. **2** 広い, 広々した. There's ～ room in the attic. 屋根裏には十分広い余地がある. **3**〖婉曲〗豊かな, 大きい, 〔胸など〕; 太った, でっぷりした, (stout). her ～ bosom 彼女の豊かな胸.
[<ラテン語「広い」] ▷ **～·ness** 名

am·pli·fi·ca·tion /æ̀mpləfəkéiʃ(ə)n/ 名 UC **1** 拡大, 拡張. **2** (話などの)敷衍(ふえん). **3**〖電〗増幅.

am·pli·fi·er /æmpləfàiər/ 名 C〖電〗増幅器, アンプ, (amp).

†**am·pli·fy** /æmpləfài/ 動 (**-fies**|過 過分 **-fied**|**～·ing**) 他 **1**〖章〗を拡大する, 強力にする. **2**〖章〗〔話など〕を敷衍(ふえん)する, 詳述する. **3**〖電〗〔ラジオ, ギターなどの音量〕を(アンプを使って)増幅する. ── 自〖章〗敷衍する, 詳述する, 〈*on, upon* ..について〉. ◇形 ample
▷ **am·pli·fied** 形 ラウドスピーカーでの.

am·pli·tude /æmplət(j)ùːd/ 名 UC **1**〖章〗広大さ; 大きさ. **2**〖章〗豊富さ, 十二分. **3**〖物理〗振幅.

àmplitude modulátion 名 U〖電〗振幅変調《略 AM; →FM》, AM 放送.

†**am·ply** /æmpli/ 副 たっぷり, 十二分に; 広く; 詳細に. be ～ rewarded 十二分に報酬をもらう. I've spoken ～ about the project. その企画については詳しく話した.

am·poule, am·pule /æmpuːl/, /-pjuːl/ 名 C アンプル《注射液などの小瓶》. [<ラテン語「小さい瓶」]

‡**am·pu·tate** /æmpjətèit/ 動 他, 自 (外科手術などで〔手, 足〕を)切断する.

àm·pu·tá·tion 名 UC (手足の)切断(手術).

am·pu·tee /æ̀mpjətíː/ 名 C (手足の)切断手術を受けた人.

Am·ster·dam /æmstərdæ̀m/ 名 アムステルダム《「オランダの首都, 海港; →Hague》.

amt amount.

Am·trak /æmtræk/ 名 米国鉄道旅客公社.

a·muck /əmʌ́k/ 副 ¢ 〈次の用法のみ〉
rùn amúck 血に飢えて走り回る; 狂ったように暴れる.

am·u·let /æmjələt/ 名 C (体に着ける)護符, お守り.

A·mund·sen /ɑ́ːmən(d)s(ə)n/ 名 **Roald ～** アムンゼン (1872–1928)《ノルウェーの探検家; 南極点に初めて到達 (1911)》.

‡**a·muse** /əmjúːz/ 動 (**-mus·es** /-əz/|過 過分 **～d** /-d/|**-mus·ing**) 他 を楽しませる, 面白がらせる; をおかしがらせる, 笑わせる; (類語「楽しませる」の意味の一般的な語で, 愉快な喜びに重点がある; →divert, entertain). The teacher ～*d* his pupils with stories. 先生はいろいろ話をして生徒たちを楽しませた. That kind of joke doesn't ～ me. そんな冗談は僕にはおかしくない. That comedian never fails to ～. あのコメディアンは必ず楽しませてくれる (★目的語が省略されることがある).
◇名 amusement
amúse onesèlf 楽しむ, 楽しく時を過ごす, 遊ぶ, 〈(*by*) do*ing*, *with* ..をして〉. We ～*d* ourselves (*by*) sing*ing* all night. 我々は夜通し歌って楽しんだ.
[<古期フランス語「ぼんやり考えさせる」]

‡**a·músed** 形 楽しんでいる; 楽しそうな, おかしそうな. with an ～ expression on one's face 面白そうな表情をして. keep a baby [children] ～ 赤ん坊[子供]をあやす[退屈させない]. I was much [very] ～ *by* [*at*] the idea. 私はその考えを非常に面白いと思った. The children were ～ *with* toys. 子供たちはおもちゃで楽しく遊んでいた. We were ～ (to learn) that John sat on the wet paint. ジョンが塗りたてのペンキの上に座ったことを(聞いて)面白がった. I was not at all ～ when my father started to talk in the middle of the film. 映画の最中に父がしゃべり出してすっかり興ざめだった[当惑した].

連結 greatly [highly, thoroughly; mildly] ～

†**a·mús·ed·ly** /-ədli/ 副 おかしそうに, 面白がって.

***a·muse·ment** /əmjúːzmənt/ 名 (複 **～s** /-ts/) **1** U 楽しさ, 面白さ. a place of ～ 娯楽場. find ～ in reading 読書を楽しむ. listen in ～ 面白がって聞く. I play the piano for (my own) ～. 私は楽しみでピアノを弾く. **2** C 娯楽, 楽しみ事; 〈～s〉娯楽設備. There are not many ～*s* in the village. 村には娯楽が少ない.
◇動 amuse
to a pèrson's amúsement 〔人〕が面白がったことに. Much *to* my ～ [*To* my great ～], he was afraid of me. 私にはとてもおかしかったが, 彼は私を怖がった.

amúsement arcàde 名 C〖英〗(ゲームマシーンなどの並んだ)娯楽場, ゲームセンター.

amúsement pàrk 名 C 遊園地.

***a·mus·ing** /əmjúːziŋ/ 形 m 面白い; おかしい; (類語 funny, interesting と同じく「面白い」と訳されるが, amusing は「笑いを誘う面白さ」). an ～ story 面白い話. How ～! これは面白い. ▷ **～·ly** 副 面白く; おかしく.

A·my /éimi/ 名 女子の名.

am·yl·ase /æmələ̀is/ 名 U〖生化〗アミラーゼ《でんぷん糖化酵素》.

Am·y·tal /æmətɔ̀ːl/ 名 U〖商標〗アミタール, アミトール, 《米国製の鎮痛剤, 鎮静剤》.

‡**an** /ən, 強 æn/ 不定冠詞 ＝a. ★母音で始まる語の前に用いる形, 従って *a* U /juː/ (U という大文字)であるのに対して, *an* H /eitʃ/ (H という大文字); ただし h で始まる語でも, その第 1 音節にアクセントがない時には用いられることがある: *a* hístory, *a* [*an*] histórian.

an' /ən/ 接〖話〗＝and.

an- /ən/ 接頭 **1** a-³ の異形〈母音の前で〉. *an*archy. *an*emia. **2** ad- の異形〈n の前で〉. *an*nex.

-an /ən/ 接尾「..の, ..に関する(人, もの), ..に属する(人, もの)など」の意味の形容詞[名詞]を作る. Europe*an*. republic*an*. histori*an*. [ラテン語 *-ānus*]

an·a- /ænə/ 接頭「上方に」「戻って」「再び」「全体を通して」などの意味を表す. *Ana*baptist. *ana*chronism. *ana*lysis. [ギリシア語 *aná* 'up, on, again, etc.']

-an·a /ǽnə|ɑ́:nə/ 接尾 人名・地名などに付けて「..文献(集), 資料(集)」を意味する名詞を作る. Ameri*cana*. [ラテン語; *-ānus* '-an' の中性複数形]

An·a·bap·tist /æ̀nəbǽptist ⑧/ 名 C 再洗礼派(の信徒)《幼児洗礼を認めない》.

a·na·bol·ic /æ̀nəbɑ́lik|-bɔ́l- ⑧/ 形〖生物〗同化作用の[による].

ànabolic stéroid 名 C 筋肉増強剤の一種《オリンピックでは使用禁止》.

a·nab·o·lism /ənǽbəlìz(ə)m/ 名 U〖生物〗同化(作用) (↔catabolism).

a·nach·ro·nism /ənǽkrənìz(ə)m/ 名 **1** UC 時代錯誤《特に後代のものを早期のものと混同する誤り》, アナクロ(ニズム); 年代上の誤り. **2** C 時代遅れの人[物], 前代の遺物. [<ギリシア語「時間に逆行すること」]

a·nach·ro·nis·tic /ənæ̀krənístik ⑧/ 形 時代錯誤の; 時代遅れの.

▷**a·nach·ro·nis·ti·cal·ly** /-k(ə)li/ 副

an·a·con·da /æ̀nəkɑ́ndə|-kɔ́n-/ 名 C アナコンダ《南米産の無毒の大蛇》;〈一般に〉大蛇.

a·nae·mi·a /əní:miə/ 名 ＝anemia.

a·nae·mic /əní:mik/ 形 ＝anemic.

an·aer·obe /ǽné(ə)roub/ 名 C〖生物〗嫌(ケン)気[無気]性生物《酸素なしで生きられる微生物》.

an·aer·o·bic /æ̀nəróubik, æ̀neər- ⑧/ 形 嫌気[無気]性の.

an·aes·the·sia /æ̀nəsθí:ʒə|-ziə/ 名 ＝anesthesia.

an·aes·thet·ic /æ̀nəsθétik ⑧/ 形, 名 ＝anesthetic.

an·aes·the·tist /ənésθətist|əní:s-/ 名 ＝anesthetist.

an·aes·the·tize /ənésθətàiz|əní:s-/ 動 ＝anesthetize.

an·a·gram /ǽnəgræ̀m/ 名 **1** U 字謎(ナゾ), つづり換え, 《文字を並べ換えて別の意味の言葉を作る; 例えば mother-in-law →woman Hitler, revolution →to love ruin など》; C つづり換え語[句, 文], アナグラム. **2**〈~s; 単数扱い〉字謎遊び.

An·a·heim /ǽnəhàim/ 名 アナハイム《米国 California 州南西部の都市; Disneyland の所在地》.

a·nal /éin(ə)l/ 形 ⓒ **1** 肛(コウ)門 (anus) (付近)の. ~ sex [intercourse] 肛門性交. **2**〖精神分析〗肛門期[愛性格]の. **3** ささいなことにこだわる. ▷**~·ly** 副

an·a·lects /ǽnəlèkts/ 名〈複数扱い〉選集, 語録.

Ànalects of Confúcius 名〈the ~〉『論語』.

an·al·ge·si·a /æ̀nəldʒí:ziə|æ̀næl-/ 名 U〖医〗無痛覚(症).

an·al·ge·sic /æ̀nəldʒí:zik|æ̀nældʒés- ⑧/ 形 無痛覚の; 鎮痛の. ── 名 C 鎮痛剤.

***an·a·log** /ǽnəlɔ̀:g|-lɔ̀g/ 形 ⓒ **アナログ型[式]の**《例えば時計の針のように, 変化量を連続的に示す型; ↔digital》. an ~ watch アナログ(式)時計. ── 名〖米〗＝analogue.

ànalog compúter (★〖英〗でも -logue とはしない) 名 C アナログ[相似型]計算機.

a·nal·o·gize /ənǽlədʒàiz/ 動 他 を類推により説明する; をなぞらえる〈*to*..に〉. ── 自 類推する; 類似する〈*with*..に〉. ▷**~·ly** 副

a·nal·o·gous /ənǽləgəs/ 形 類似した, 相似の,〈*to, with*..に〉.

an·a·logue /ǽnəlɔ̀:g|-lɔ̀g/ 名 C **1** 類似[相似]物〈*of*..の〉. **2**〖生物〗相似器管. ── 形〖英〗＝analog.

†**a·nal·o·gy** /ənǽlədʒi/ 名 (複 **-gies**) **1** C 類似, 似通い,〈*to, with, between*..との(間の)〉(類語 単なる外観の類似でなく, 特性や機能の対応に重点がある; 例えば「目」と「カメラのレンズ」との間にあるのが analogy である; →likeness). draw an ~ *between* the nation and a ship 国家と船の類似性を説く. have [bear] some ~ *with* [*to*]..に類似する.

2 U〖論〗類推;〖数〗等比, 類比;〖言〗類推;〖生物〗相似; (参考 言語学でいう analogy とは, 例えば圧倒的に多い -ed による規則動詞にならってもとは不規則動詞だった shape の過去形 shoop が shaped になったような現象や, 幼児や第 2 言語の学習者が誤って she go*ed* とするような現象を指す). argue [reason] by ~ 類推によって議論する.

on the análogy of..＝by análogy with.. ..から類推して. [<ギリシア語「比例」]

an·a·lyse /ǽnəlàiz/ 動〖英〗＝analyze.

‡**a·nal·y·sis** /ənǽləsəs/ 名 (複 **a·nal·y·ses** /-sì:z/) **1** UC **分解, 分析**, (↔synthesis). textual ~ テキスト分析. We must make a close ~ of the causes of the accident. 我々は事故の原因を詳細に分析しなければならない.

> 連結 a careful [a painstaking; a detailed, a thorough; a penetrating] ~ // make [carry out] an ~

2 UC〖文法〗(文などの)**分析, 解剖**;〖数〗**解析(学)**;〖化〗(定性)**分析**.

3 U 精神分析 (psychoanalysis). ◇動 analyze

in the fìnal* [*làst, ùltimate*] *análysis つまるところ, 要するに. *In the last* ~, methods don't educate children; people do. 要するに子供を教育するのは方法ではない. 人なのだ.

[<ギリシア語「ばらばらにすること」(<ana- + *lúein*「ゆるめる」)]

an·a·lyst /ǽnəlist/ 名 C 分解[分析]者; (政治, 社会, 経済, 証券動向などの)分析家, 評論家;〖医〗精神分析家[医] (psychoanalyst). a political ~ 政治評論家.

‡**an·a·lyt·ic, -i·cal** /æ̀nəlítik ⑧/, /-k(ə)l ⑧/ 形 分解の, 分析的な; 解析の; (↔synthetic).

ànalytic(al) chémistry 名 U 分析化学.

ànalytic(al) geómetry 名 U 解析幾何学.

àn·a·lýt·i·cal·ly 副 分解して, 分析的に.

ànalytic lánguage 名 C〖言〗分析的言語《語形変化が単純で, 文法関係を主に助動詞, 前置詞などの機能語や語順で表す傾向の言語; 近代英語はこの例; ↔ synthetic language》.

ànalytic psychólogy 名 U 分析心理学《C.G. Jung が主唱した》.

án·a·lỳz·a·ble 形 分析可能な[で].

***an·a·lyze,**〖英〗**-lyse** /ǽnəlàiz/ 動 (**-lyz·es** /-əz/|過 過分 **~d** /-d/|**-lyz·ing**) 他 **1** を**分解[分析]する**; を綿密に検討する. ~ the problem [situation] 問題[情勢]を分析する. **2**〖化〗を分析する;〖数〗を解析する;〔文〕を(文法的に)解剖する;〖心〗を精神分析する (psychoanalyze). ◇↔synthesize 名 analysis [<*analysis*]

án·a·lỳz·er 名 C 分解[分析]する人[機械, 装置].

an·a·pest〖米〗, **-paest**〖英〗/ǽnəpèst/, /-pèst, -pì:st/ 名 C〖韻律学〗弱弱強格, アナペスト, 《例: in the house (×× ⏊) のような弱弱強格; →dactyl, iamb》; (ラテン語などの)短短長格. ▷**an·a·pes·tic, -paes·tic** /æ̀nəpéstik|-pí:s- ⑧/ 形, 名 C 弱弱強格の(詩行).

an·a·phor /ǽnəfɔ:r/ 名 C〖文法〗照応形《前方照応の機能を持つ語(句)》.

a·naph·o·ra /ənǽfərə/ 名 U〖修辞〗首語(句)反復《連続した文の先頭に同じ語(句)を反復使用する》;〖文

A

法〉前方照応《代名詞が既出の名詞を受けたり, do が既出の動詞を代用したりする》.

an·a·phor·ic /ænəfɔ́:rik|-fɔ́r- [移]/ [形] 〘文法〙〔代名詞などが〕前方照応の, 既出の語[句, 文]を指す, (↔cataphoric).

an·ar·chic, -chi·cal /ænɑ́:rkik/, /-kik(ə)l/ [形] 無政府(状態)の; 無政府主義の.

an·ar·chism /ǽnərkiz(ə)m/ [名] [U] **1** 無政府主義, アナキズム; 無政府(状態). **2** 〘政〙アナーキズム. →anarchy 2.

†**an·ar·chist** /ǽnərkist/ [名] [C] 無政府主義者.

an·ar·chis·tic /ænərkístik [移]/ [形] 無政府主義的な.

†**an·ar·chy** /ǽnərki/ [名] [U] **1** 無政府[無法]状態, 政治[社会]的混乱; 無秩序, 混乱. in a state of ～ 無政府状態で; 秩序がない. **2** 〘政〙自由社会《自由で自律的な個々人の自発的結合に基礎を置く》. [＜ギリシア語「統治者不在」]

an·as·tig·mat·ic /ænəstigmǽtik, ænæs- [移]/ [形] 〘光学〙〔レンズの〕非点収差が矯正された (→astigma-tism).

anat. anatomical; anatomy.

‡**a·nath·e·ma** /ənǽθəmə/ [名] **1** [UC] 〘キリスト教〙破門《呪(のろ)って追放すること》; 〈一般に〉呪い. **2** [C] 呪われた人[もの]; [aU] ひどい嫌われもの 〈*to* ..に〉. Smoking is (an) ～ *to* me. 私はたばこ(の煙)が大嫌いだ. [ギリシア語「(悪に)捧げられたもの」]

a·nath·e·ma·tize /ənǽθəmətàiz/ [動] [他], [自] 〘キリスト教〙(を)破門する; (を)のろう.

An·a·to·li·a /ænətóuliə/ [名] アナトリア《トルコの大部分を占める半島部; 昔の名 Asia Minor》.

an·a·tom·ic, -i·cal /ænətɑ́mik|-tɔ́m- [移]/, /-ik(ə)l [移]/ [形] 解剖の, 解剖(学)上の; (解剖的)構造上の. ▷**an·a·tom·i·cal·ly** [副] 解剖学的に; 構造上.

a·nat·o·mist /ənǽtəmist/ [名] [C] 解剖学者.

a·nat·o·mize /ənǽtəmàiz/ [動] [他] 〔動植物〕を解剖する; を分解[分析]する; を綿密に検討する.

†**a·nat·o·my** /ənǽtəmi/ [名] ([複] **-mies**) **1** [UC] 解剖; [U] 解剖学[術]. **2** [UC] (動植物の)解剖学的構造, 組織; 〈一般に〉組織, 構造. study ⌊human ～ [the ～ of society] 人体構造[社会構造]を研究する. **3** [UC] 分析的検討[研究]. the ～ of a crime 犯罪の徹底的分析. **4** [C] 〈普通 one's ～〉〘しばしば戯〙肉体, 体, (body). I got hit in a tender [delicate] part of my ～. 〘戯〙急所に球が当たってしまった. [＜ギリシア語「切り刻むこと」]

ANC African National Congress.

anc. ancient; anciently.

-ance /əns/ [接尾] **1** 動詞から「行動, 状態, 性質など」を表す名詞を作る. utter*ance*. resembl*ance*. **2** -ant で終わる形容詞に対応する名詞を作る. import*ance*. ele*gance*. [古期フランス語(＜ラテン語 *-antia*)]

‡**an·ces·tor** /ǽnsestər, -səs-/ [名] ([複] **～s** /-z/) [C] **1 先祖**, 祖先, (↔descendant) ([類語]「先祖」を表す一般的な語で, 普通, 祖父母より前の人を指す; →ancestry, forebear, forefather). ～ worship 祖先崇拝. Kennedy's ～*s* came from Ireland. ケネディの先祖はアイルランドから来た.

[連結] a direct [a distant, a remote; a maternal, a paternal; a common] ～ // trace one's ～*s*

2 (機械, 構造などの)原型, 前身; 〘生物〙原種, 始祖. the ～ of the modern space rocket 今日の宇宙ロケットの原型.
[＜ラテン語「先を行く人」(＜ante-＋*cēdere*「行く」)]

†**an·ces·tral** /ænséstrəl/ [形] 祖先の; 先祖代々の. one's ～ home 先祖(伝来)の家.

an·ces·tress /ǽnsestrəs, -səs-/ [名] [C] ancestor の女性形.

†**an·ces·try** /ǽnsestri, -səs-/ [名] ([複] **-ries**) [UC] **1** 〈集合的〉祖先 (↔posterity). [類語] 個人は ancestor. **2** 家系, 家柄; よい家柄. Americans of Japanese ～ 日系米人. be born of good ～ 家柄がよい.

***an·chor** /ǽŋkər/ [名] ([複] **～s** /-z/) [C] **1 錨**(いかり)《安定, 希望の象徴》. The ～ holds a ship in one position. 錨は船を 1 箇所に留める. **2** 安定させる[自信を与える]人[もの], 支え; 支えになる人[物], 大黒柱, 頼みの綱; 〈*of, for* ..の〉. Christianity was his ～. キリスト教が彼の心の支えだった. **3** 〘英話〙(ショッピング・センターの中心となる)有名店[デパート]. **4** 〈～s〉〘英話〙(車の)ブレーキ. **5** (リレーの)最終走者[泳者], アンカー; (綱引きで)いちばん後ろの人. **6** 〘米〙ニュースキャスター, アンカー, (anchorperson) (★女性にも使う).

be* [*lìe, rìde*] *at ánchor 停泊している.

brìng ..to* (*an*) *ánchor ..を停泊[定着]させる.

càst* [*dròp*] *ánchor 錨を下ろす; (ある所に)落ち着く.

còme to* (*an*) *ánchor 停泊する; 定着する.

dràg ánchor (錨を引きずって)漂流する.

let gò the ánchor 錨を下ろす.

wèigh* [*ùp*] *ánchor 〔船が〕錨を揚げる, 出帆する.

── [動] [他] **1** 〔船〕を錨で留める. be ～*ed* 〔船が〕停泊している. **2** 〈しばしば受け身で〉を定着させる, 固定する; 支える; [VOA] (～ X *in, to*..) X を..につなぎとめる, ..に定着させる. ～ oneself *to*.. にしっかりと固定する[定着する]. He is firmly ～*ed in* the local community. 彼は地域社会にしっかりと根を下ろしている. **3** 〘米〙〔ニュース番組〕の総合司会[キャスター]を務める.

── [自] **1** 投錨(とうびょう)する, 停泊する. We ～*ed* in the bay. 我々の船は港内に停泊した. **2** 〘米〙キャスターを務める. [＜ギリシア語「錨」(＜「曲がった」)]

An·chor·age /ǽŋkəridʒ/ [名] アンカレッジ《米国 Alaska 州南部の海港市で空港がある》.

an·chor·age /ǽŋkəridʒ/ [名] **1** [C] 停泊地; [aU] 停泊税[料]. **2** [UC] 固定するもの; '頼みの綱'. The Bible was his ～. 聖書が彼の心のよりどころだった.

an·cho·ress /ǽŋkərəs/ [名] [C] 独住修女.

an·cho·ret /ǽŋkərèt, -rit/ [名] ＝anchorite.

an·cho·rite /ǽŋkəràit/ [名] [C] 独住修士《隠者の生活をして神との合一を願う人》.

ánchor·màn /-mæ̀n/ [名] ([複] **-men** /-mèn/) [C] **1** ＝anchor 5. **2** 〘米〙ニュース放送の総合司会者.

ánchor·pèrson [名] [C] 〘米〙ニュース放送の総合司会者, 総合司会のニュースキャスター, 《性差の明示を避けた言い方; →chairperson》.

ánchor·wòman [名] ([複] **-women** /-wìmən/) [C] 〘米〙ニュース放送の女性総合司会者.

an·cho·vy /ǽntʃouvi, ⌐⌐⌐, æntʃə-/ [名] ([複] **-vies**, ～) [UC] 〘魚〙アンチョビー《カタクチイワシの類; 地中海に多い; 練ってペーストにしたり, ソースを作ったりする》.

an·cien ré·gime /ɑ:nsjæŋ-reiʒí:m/ [名] ([複] **anciens régimes** /[同]/) [C] アンシャンレジーム, 旧体制, 《特に 1789 年の革命以前のフランスの政治・社会組織》. [フランス語 'old regime']

‡**an·cient** /éinʃ(ə)nt/ [形] [m] **1 昔の; 古代の**《中世, 近代に対して》; ([類語] old より強意的で「はるかに昔の」の意味). ～ Greece 古代ギリシア. ～ civilization 古代文明. in ～ days 遠い昔に. **2** 昔からの, 古来の. ～ customs 古来の習慣. **3** 〘古・戯〙老齢の. an ～ mariner 老水夫. **4** 〘戯〙古くさい, 使い古した[こんだ]. This dress is ～! こんなドレスは古くさいわよ. ── [名] [C] **1** 古代の人; 〈the ～s, 又は the Ancients〉(特にギリシア・ローマの)古代文明人. **2** 〘古〙高齢者, 古老.
[＜古期フランス語 *auncien*「前の」(＜ラテン語 *ante* 'before'); -ent にならって語尾に -t が付いた]
▷ **～·ly** [副] **～·ness** [名]

àncient hístory [名] [U] **1** 古代史《西洋史では 476 年の西ローマ帝国滅亡まで》. **2** 〘話〙言い古された話[事

実], もう済んだこと. What you're talking about is ～. 君の言ってることは昔々の話だ.

an·cil·lar·y /ǽnsəlèri|ænsíləri/ 形 補助の; 付随的な; 〈to ..に対して〉. ── 名 C 補助的な人[もの].

-an·cy /ənsi/ 接尾 「状態, 性質など」を表す名詞を作る《-ance と同類》. constancy. infancy. [ラテン語 -antia]

‡**and** /ən(d), n(d), 強 ænd/ 接 (★等位接続詞で, 2つ以上の同じ文法的範疇(はんちゅう)の語, 句, 節を接続するのが原則; 以下 and の前の要素を A, and のあとの要素を B で表す)

【そして, ならびに】 **1** *..と.., ..および..*; そして; 又, かつ. Jack ～ Jill ジャックとジル. a table, two chairs(,) ～ an old piano テーブル1つ, いす2脚, それに古いピアノ1台 (語法 3個以上の語[句, 節]を並べる時は普通, 最後の語[句, 節]の前だけに and を置き, 語を並べる場合はこの and の前のコンマは省いてもよい). you, he, ～ I あなたと彼と私 (★人称を並べる順序に注意). a brown ～ a black cat 茶猫と黒猫《2匹》. a writer ～ statesman 作家でかつ政治家《1人の人間》. He is a writer ～ /ænd/ *a* statesman. 彼は作家でもあり, かつまた政治家でもある (★同一人物に冠詞を繰り返すのは強調的). the king ～ queen 王と王妃 (★二者であっても, 誤解の恐れがなければ, 冠詞は前者だけに付けることが多い). a long ～ happy life 長い幸福な生涯.

2【加えて】〈A, B は数詞〉..と.., ..に加えて. Two ～ two make four. 2足す2は4. two hundred ～ five ＝205. one thousand ～ twenty-one＝1021. six thousand two hundred ～ fifty-six＝6256 (★普通 100 位の次に来る数の前には and を置く). one ～ twenty 〖古〗21.

3【続いて】〈A, B は同じ語〉(**a**) *..も..も*; どんどん..; 次第に... for weeks ～ weeks 何週間も. She cried ～ cried. 彼女は泣きに泣いた. It became colder ～ colder. 次第に寒くなった. (**b**)〖話〗〈多様性を強調して〉さまざまの... There are books ～ books. 本にも(良書悪書など)いろいろある.

4【同時に, 付随して】〈A, B 共に動詞〉(**a**) *..したり..したり*. They sang ～ danced after dinner. 彼らは夕食の後歌ったり踊ったりした. (**b**)〈否定の付いた助動詞を伴って〉..して同時に..する(ことはない); ..と..は両立しない. I won't just sit ～ do nothing. ただ座って何もしないでいる気はない. You cannot have your cake ～ eat it. (→cake (成句)).

5 〈B は A と一体; 単数扱い〉*..の付いた...* bread ～ butter /brèdnbʌ́tər/ バターを塗ったパン (★bread ～ butter /bréd ənd bʌ́tər/ と発音すればパンとバター). a rod ～ line 糸の付いた釣竿(ざお) (★a rod ～ a line では竿と糸とが別々). 語法 〖米〗では, 食堂用語として2品目セットになったメニューの2つ目を略して '..and' とも言う: I'll have ham ～. (私はハムエッグがいい), coffee ～ (コーヒー(とドーナツなど)のセット).

6〖話〗〈A, B は共に 形; A and が B を修飾する副詞の働きをし and の発音はきわめて弱い; A の 形 は, nice, good, fine, rare など〉..で..; 非常に. nice ～ /náisn/ (＝nicely) warm 気持ちよく暖かい. My new car is good ～ /gúdn/ (＝very) fast. 僕の新車はとてもスピードが出る.

7〖話〗〈A は come, go, run, try, wait など, B は他の動詞; and B が不定詞に相当〉Try ～ do it. ＝Try *to* do it. やってごらん. Come ～ see us again. またいらっしゃい. 語法 命令文に多い; 〖米話〗では come, go の後で and はしばしば省略される.

【そうすると】 **8**〈B は A の結果〉それで, そのため; すると, そうしたら, (and then). He started to speak, ～ everyone stopped talking. 彼が話し始めたので皆は話をやめた. I looked up ～ saw an airplane flying. 空を見上げたら飛行機が飛んでいるのが目に入った.

9〈B は時間的に A の後〉それから, 次に, ..してから, (and then). She cleaned her teeth ～ went to bed. 彼女は歯を磨いてから就寝した.

10〖話〗〈And? で〉それで?, だから?, 《相手のさらなる発言を促す》; 〈文頭で〉それで, (それ)じゃあ, では, それとなど, (★先行発言を受けて話を続けたり, 話を導入したりなどする場合に). "Twenty bucks a share, five years ago." "*And* what's it worth now?"「5年前で1株20ドルだった」「で, 今の株価は」*And* now (to) the plane crash in Canada. さて, 次はカナダの飛行機墜落事故(のニュース)です《放送で》.

11 /ænd/ 〈A は命令文など〉そうすれば (→or 3). Work hard, ～ you will soon master English. (＝If you work hard, you will soon master English.) 一所懸命勉強すればじきに英語をものにすることができる. Another two or three days' exercise, ～ I'll be ready for a real climb. もう1回2, 3日間の訓練をすれば, 登山の本番に準備が整う.

【そしてしかも】 **12** /ænd/ 〈B を強調して〉それに加えて, しかも, (→AND that). He gave, ～ very generously. 彼は寄付をした, しかも気前よく. First, ～ most important, Ben is her sole heir. 最初に, そして一番重要なことなのだが, ベンが彼女の唯一の相続人である.

【そして一方】 **13** /ænd/ 〈B は A と対照的な内容〉しかし (but); しかも, それなのに, (and yet); 一方, ..とは逆に, (and in contrast). He is rich, ～ lives like a beggar. 彼は金持ちのくせに乞食(こじき)のような生活をしている. I like coffee black, ～ my wife prefers it with cream. 私はコーヒーはブラックが好きなのに, 妻はクリームを入れた方がいいのです.

14〖古・方〗＝(even) if; 〖廃〗＝AS if. ～ it please you 差し支えなければ.

and áll →all 代.

and Co /ən kóu, ən kʌ́mpəni/ ..会社, ..商会, 《略 & Co; →company》. West & Co ウエスト商会.

and íf.. 〖古〗＝if.

****and só òn＝and só fòrth*** *..*など, 等々, 《略 etc. 又は & c.》. He asked me my name, my age, my address ～ *so on*. 彼は私に氏名, 年齢, 住所やその他を尋ねた.

and thát (1) しかも(それは), その上, (★that は先行する節を指す). I told her, ～ *that* plainly. 彼女に話した, しかもあからさまに. **2** ＝AND so on.

── 名 C (付け足し的)条件. She accepted the offer, no ～*s* or buts about it. 彼女はつべこべ言わずにその申し出を受けた. [＜古期英語 *and, ond*]

An·da·lu·sia, -cía /ændəlúːʒə|-siə, -ziə/ 名 アンダルシア《スペイン南部の地中海と大西洋に臨む地方》.

an·dan·te /ændǽnti/ 〖楽〗副, 形 アンダンテで[の], 緩やかに[な], 緩徐調で[の], (→tempo 参考). ── 名 C アンダンテの曲[楽章]. [イタリア語 (＜*andante* 'walking')]

an·dan·ti·no /ændæntíːnou/ 〖楽〗副 アンダンテより少し速く (→tempo 参考). ── 名 (複 ～s) C アンダンティーノの曲[楽章]. [イタリア語 (＜andante＋*-ino* (指小辞))]

An·de·an /ændíːən/ 形 アンデス山脈の.

An·der·sen /ǽndərsn/ 名 **Hans Christian** ～ アンデルセン (1805-75)《デンマークの童話作家》.

An·der·son /ǽndərsn/ 名 **Sherwood** ～ アンダーソン (1876-1941)《米国の作家》.

Ánderson shèlter 名 C アンダーソン式シェルター《金属製; 第2次世界大戦中に英国人が家の近くに作った》.

An·des /ǽndiːz/ 名 〈the ～; 複数扱い〉アンデス山脈《南米西部の大山脈》.

and·i·ron /ǽndàiərn/ 名 C (暖炉の)鉄製まき載せ台 (firedog)《2個で一対; 普通, 複数形で ～s, a pair of ～s とする》.

A

and/or /ǽndɔ́ːr/ 接 A および B 又はその一方《元来は商業[法律]上の用語》. Such an offense is punished by a fine ～ imprisonment. このような犯罪は罰金および投獄又はそのいずれかで罰せられる.

An·dor·ra /ændɔ́ːrə|-dɔ́rə/ 图 アンドラ《フランス・スペイン国境のピレネー山脈中にある小公国》.

An·drew /ǽndruː/ 图 **1** 男子の名《愛称 Andy》. **2** 〖聖書〗**St.** ～ 聖アンデレ《キリストの十二使徒の 1 人で, スコットランドの守護聖者》. [ギリシア語「男らしい」]

an·dro·cen·tric /ændrəséntrik/ 形 (女性を排除して)男性中心の.

An·dro·cles, -clus /ǽndrəklìːz/, /ǽndrəkləs|ændrɔ́k-/ 图 アンドロクレス《ローマ伝説中の奴隷; ライオンの足のとげを抜いてやったため, その後闘技場で同じライオンと戦うのを免れたと言う》.

an·dro·gyne /ǽndrədʒàin/ 图 Ⓒ 男女両性具有者; 雌雄同花. ── 形 ＝androgynous. [＜ギリシア語 *anḗr* 'man'＋*gunḗ* 'woman']

an·drog·y·nous /ændrɑ́dʒənəs|-drɔ́dʒ-/ 形 **1** 男女[雌雄]両性具有の; 〖植〗雌雄同花[株]の. **2** 中性的な.

an·drog·y·ny /ændrɑ́dʒəni|-drɔ́dʒ-/ 图 Ⓤ 男女「[雌雄]両性具有.

an·droid /ǽndrɔid/ 图 Ⓒ アンドロイド《SF に登場する人間の形をしたロボット》.

An·drom·e·da /ændrɑ́mədə|-drɔ́m-/ 图 **1** 〖ギ神話〗アンドロメダ《Perseus の妻》. **2** 〖天〗アンドロメダ座.

Andròmeda Gálaxy [Nébula] 图 〈the ～〉〖天〗アンドロメダ銀河[星雲].

An·dy /ǽndi/ 图 Andrew 1 の愛称.

an·ec·dot·age /ǽnikdòutidʒ/ 图 Ⓤ **1** 〈集合的〉逸話. **2** 〖戯〗昔話をしたがる老年《＜*anec*dote＋*dotage*》.

‡**an·ec·dot·al** /ænikdóut(ə)l ㊥/ 形 逸話の; 逸話の多い; 逸話のような.

†**an·ec·dote** /ǽnikdòut/ 图 Ⓒ (人物や事件にまつわる面白い)逸話 〈*about* ..の〉 (→story[1] 類語). several ～*s about* Lincoln リンカーンのいくつかの逸話. [＜ギリシア語「未公表の」]

‡**a·ne·mi·a** /əníːmiə/ 图 Ⓤ 〖医〗貧血(症).

a·ne·mic /əníːmik/ 形 貧血(症)の; 生気のない.

an·e·mom·e·ter /ænəmɑ́mətər|-mɔ́m-/ 图 Ⓒ 風力計.

a·nem·o·ne /ənéməni/ 图 Ⓒ **1** 〖植〗アネモネ《キンポウゲ科》 **2** ＝sea anemone. [＜ギリシア語「風(*ánemos*) の花」]

an·er·oid /ǽnərɔ̀id/ 形 〔気圧計が〕液体を利用しない. ── 图 Ⓒ アネロイド気圧計(**àneroid barómeter**).

an·es·the·sia /ænəsθíːʒə|-ziə/ 图 Ⓤ 〖医〗麻酔; 麻痺(ひ). general [local] ～ 全身[局部]麻酔.

an·es·the·si·ol·o·gist /ænəsθìːziɑ́lədʒist|-ɔ́lə-/ 图 Ⓒ 〖米〗麻酔医.

‡**an·es·thet·ic** /ænəsθétik ㊥/ 形 麻酔の.
── 图 ⓊⒸ 麻酔剤. place.. under ～ ..に麻酔をかける. administer [give] an ～ to ..に麻酔をかける.

an·es·the·tist /ənésθətist|əníːs-/ 图 Ⓒ (手術の時などの)麻酔係; 〖英〗麻酔医.

an·es·the·tize /ənésθətàiz|əníːs-/ 動 他 に麻酔をかける. ▷**an·ès·the·ti·zá·tion** 图 Ⓤ 麻酔をかけること.

an·eu·rysm, -rism /ǽnju(ə)rìzm/ 图 Ⓒ 〖医〗動脈瘤(りゅう).

‡**a·new** /ən(j)úː/ 副 〖雅〗改めて; 新たに. start life ～ 人生をやり直す. begin the research ～ 研究を初めからやり直す.

‡**an·gel** /éindʒ(ə)l/ 图 (複 ～**s** /-z/) Ⓒ **1** 天使《神の使者; 天使の 9 階級中, 最下位の天使; 9 階級は上から順に seraphim, cherubim, thrones, dominations, virtues, powers, principalities, archangels, angels》. an ～ of death 死の使い. Fools rush in where ～*s* fear to tread. 〖諺〗愚か者の怖いもの知らず《愚者は天使も入るのが怖いところに踏み込む》.
2 天使のような人, 愛らしい人, 《特に女性》. as gentle as an ～ 天使のように優しい. an ～ of a child 天使のような子供 (★angel of a で「天使のような」の意味; →of 11). Thanks for making tea, you're an ～. 〖話〗お茶をいれてくれてありがとう, いい子ね. He's no ～. あの子の言うことやることはひどい.
3 守護神, 守り神. a person's good ～ (人に付き添う)守り神 (guardian angel). **4** 〖話〗(事業への)出資者; (演劇などの)後援者, パトロン. **5** 〖俗〗(飛行機以外の)レーダー像《鳥など》. ◇形 angelic
Be an ángel and.. (お願いだから)..してちょうだいね. *Be an* ～ *and* fetch my slippers. いい子だから私のスリッパを取って来てね.
be on the sìde of the ángels 天使の側(がわ)につく; 正統的な考え方をする, 正しい.
lìke an ángel 美しく〔歌うなど〕.
the àngel in the hóuse 夫と子供に身を捧げる女性.
[＜ギリシア語「伝える者」]

An·ge·la /ǽndʒələ/ 图 女子の名.

ángel càke 图 ＝angel (food) cake.

ángel dùst 图 Ⓤ 〖米俗〗'天使の粉'《主に獣医が使う鎮静・麻酔剤; ヘロインと同様に用いるのは非合法》.

An·ge·le·no /ændʒəlíːnou/ 图 Ⓒ (複 ～**s** /-z/) ロサンゼルス人[住民].

ángel·fìsh 图 (複 →fish) Ⓒ **1** エンゼルフィッシュ《観賞用熱帯魚の一種》. **2** カスザメ.

ángel (fòod) càke 图 ⓊⒸ エンゼルケーキ《軽いスポンジケーキの一種; food が入るのは主に〖米〗》.

†**an·gel·ic, -i·cal** /ændʒélik/, /-k(ə)l/ 形 天使の; 天使のような; かわいくて優しい. an *angelic* expression あどけない表情. ◇图 angel
▷**an·gel·i·cal·ly** 副 天使のように.

an·gel·i·ca /ændʒélikə/ 图 ⓊⒸ 〖植〗シシウド, アンゼリカ, 《薬用, 料理用》; アンゼリカ《その茎の砂糖づけ; ケーキなどの飾りに使う》.

An·gel·i·co /ændʒélikòu/ 图 **Fra** ～ アンジェリコ (1400?–55)《イタリアの修道士, 画家》.

an·ge·lus, A- /ǽndʒələs/ 图 〖カトリック〗〈the ～〉お告げの祈り, アンジェラスの祈り, 《the Annunciation を記念》; (その祈りの時を知らせる)お告げの鐘, アンジェラスの鐘, 《朝・正午・日没の 3 回鳴らす; **Ángelus bèll** とも言う》. [祈りが *Angelus domini* (ラテン語 'the angel of the Lord') という言葉で始まることから]

‡**an·ger** /ǽŋgər/ 图 Ⓤ **怒り**, 立腹, 〈*toward* ..〔人〕への/*at* ..〔事・人〕への〉 (類語 怒りを表す最も一般的な語で, 主に個人的な怒りを言う; →fury, indignation, ire, rage, wrath). show one's ～ 怒りを顔に出す. burn *with* ～ 怒りに燃える. in a fit of ～ 腹立ちまぎれに. *Anger* is temporary madness. 怒りは一時的な狂気である.

> 連結 blind [burning, violent] ～ // blaze [fume, seethe; explode] with ～; arouse [allay] a person's ～; vent [check, control] one's ～ // one's ～ grows [subsides]

── 動 他 を怒らせる. be ～*ed* by [at] ..に腹を立てる. be easily ～*ed* すぐ腹を立てる. ── 自 怒る.
◇形 angry [＜古期北欧語「悲しみ, 苦悩」]

‡**an·gi·na (pec·to·ris)** /ændʒàinə(-péktərəs)/ 〖医〗狭心症.

Ang·kor Wat /ǽŋkɔːr-wɑ́t|-wɔ́t/ 图 アンコールワット《カンボジアにある石造寺院の遺跡》.

‡**an·gle**[1] /ǽŋg(ə)l/ 图 (複 ～**s** /-z/) Ⓒ **1** 〖数〗角; 角

度. an acute [obtuse] ～ 鋭角[鈍角]. at an ～ of 60 degrees [at a 60° ～] *to* [*with*] the base 底辺[底面]と60度の角度で. →right angle. **2** (写真などの)アングル; '角度', 見地, 観点, (point of view). *from* every ～ [all ～*s*] あらゆる角度から. look at a problem *from* different ～*s* いろいろ違った角度から問題を眺める. have a new ～ *on* ..に新しい見方をする. **3** (出っ張った)かど; すみ.

at an ángle 曲がって; 斜めに. That picture is hanging *at an* ～. あの絵は斜めに掛かっている.

── [動] [他] **1** (ある角度に)を曲げる; を斜めに動かす; を斜め駐車する. **2** を向ける, 〔カメラ〕のアングルを決める. ～ a spotlight スポットライトを向ける. **3** 〖話〗〔特定の観点から報道など〕を曲げる, に偏向を与える. **4** [VOA] (～ X *toward, at..*) Xを..向きにする. That program is ～*d toward* teenagers. あの番組はティーンエイジャー向きである. ── [自] [VA] ..の方に(急に)曲がる, 曲がって進む. The road ～*s to* the left just past the hotel. 道はホテルを過ぎるとすぐ左に曲がる. [＜ラテン語「かど」(＜ギリシア語「曲がった」); angle², ankle と同源]

an·gle² [動] [自] **1** (針と餌(え)で)釣りをする; 釣る 〈*for*..〔魚〕を〉. go *angling for* trout マス釣りに行く.
2 [VA] (～ *for..*) 〈普通, 進行形で〉..を求めて策をめぐらす; ほのめかす, それとなく言う. He is *angling for* promotion. 彼は昇進を求めて策動している. He is probably *angling for* an invitation. 彼はたぶん招待してくれとかまをかけているのだ. [＜古期英語; →ankle]

ángle bràcket [名] [C] L字型腕木[腕金]《たな支え用など》; 〈～s〉山パーレン, ギュメ, 《〈 〉》.

an·gled [形] 横からの〔シュートなど〕; ある角度の.

ángle ìron [名] [C] 山形鋼, (L字形の)アングル鉄.

àngle of íncidence [名] 〈the ～〉(光の)入射角, 投射角.

àngle of refléction [名] 〈the ～〉(光の)反射角.

ángle-pàrking [名] [U] (自動車の)斜め駐車《街路のわきなどでの》.

Àngle·poise lámp /æ̀ŋglpɔiz-/ [名] [C] 〖商標〗〖英〗(方向を変えられる)スタンド.

‡**an·gler** /æŋglər/ [名] [C] 釣り師. [類語] fisherman と異なり, (趣味で)釣竿(ざお)を用いる人に限る.

An·gles /æŋg(ə)lz/ [名] 〈the ～; 複数扱い〉アングル族《5世紀以降 Saxons, Jutes と共に大陸から英国に移住したゲルマン民族の一部族》.

An·gle·sey /æŋglsi/ [名] アングルシー《Wales の西北に近接した島》.

ángle·wòrm [名] [C] (釣り餌(え)の)ミミズ (earthworm).

An·gli·a /æŋgliə/ [名] アングリア《England のラテン語名》.

An·gli·can /æŋglikən/ [形] **1** 英国国教会[聖公会]の. **2** 〖米〗英国(民)の. ── [名] [C] 英国国教徒.
▷ **～·ìsm** [名] [U] 英国国教会(の教義).

Ànglican Chúrch [Commúnion] [名] 〈the ～〉英国国教会系教会(連合)《日本聖公会なども含む世界的連合》.

An·gli·cism /æŋgləsìz(ə)m/ [名] [UC] **1** (外国語に見られる)英語的語法; 〖米〗イギリス語法 (Briticism). **2** 英国風; イギリス人気質.

An·gli·cize, a- /æŋgləsàiz/ [動] [他] を英国化[英語化]する. ▷ **～d** [形] 英語化した. ～*d* spelling 英語化したつづり.

‡**an·gling** /æŋgliŋ/ [名] [U] (特に趣味としての)魚釣り.

An·glo- /æŋglou/ 〈複合要素〉「英国(の)」を意味する. [ラテン語 *Anglus* 'English']

Ànglo-Américan /[移]/ [形] 英米の, 英米間の; 英国系米国人の. ── [名] [C] 英国系米国人.

Ànglo-Cátholic /[移]/ [形] 英国国教カトリック派の. ── [名] [C] 英国国教カトリック派の教徒 《High Church のうちでも最もカトリックに近い分派の信者》. ▷ **～·ism** [名]

Ànglo-Frénch /[移]/ [形] **1** 英仏の. **2** 〖史〗アングロノルマン語の. ── [名] ＝Anglo-Norman 2.

Ànglo-Índian /[移]/ [形] **1** 英国とインドの. **2** 〖旧〗インド在住[インドで生まれた]英国人の; 英印混血の. **3** インド英語の. ── [名] **1** [C] 〖旧〗インド在住[インド生まれの]英国人; 英印混血児. **2** [U] インド英語.

Ànglo-Írish /[移]/ [形] 英国とアイルランドの; アングロサクソン系アイルランド人の, アングロ・アイリッシュの; アイルランド在住の英国人の. ── [名] 〈the ～; 複数扱い〉アイルランド在住の英国人.

Ànglo-Japanése /[移]/ [形] 英国と日本の, 日英(間)の.

An·glo·ma·ni·a /æ̀ŋgləméiniə/ [名] [U] (外国人の)英国かぶれ, 英国狂.

An·glo·ma·ni·ac /æ̀ŋgləméiniæ̀k/ [名] [C] 英国かぶれの人, 英国心酔者.

Ànglo-Nórman /[移]/ 〖史〗[名] **1** [C] ノルマン系英国人. **2** [U] アングロノルマン語《Norman Conquest (1066年)以後14世紀まで英国で用いられたフランス北部方言; Anglo-French とも言う》. ── [形] ノルマン系英国人の; アングロノルマン語の.

An·glo·phile, -phil, a- /æŋgləfàil/, /-fìl/ [形] 親英派の. ── [名] [C] 親英派の人.

An·glo·phil·i·a, a- /æ̀ŋgləfíliə/ [名] [U] 親英, 英国好き[びいき].

An·glo·phobe, a- /æŋgləfòub/ [名] [C] 英国(人)嫌いの人.

An·glo·pho·bi·a, a- /æ̀ŋgləfóubiə/ [名] [U] 英国(人)嫌い.

An·glo·phone /æŋgləfòun/ [名] [C] 英語を話す人《母語として, または公用語として》. ── [形] 英語を話す.

Ànglo-Sáxon /[移]/ [名] **1** 〈the ～s〉アングロサクソン部族《5,6世紀に大陸から英国に移住したゲルマン民族で今日の英国人の祖先; Angles, Saxons, Jutes の総称》. **2** [C] アングロサクソン部族の人; ノルマン征服 (1066年)以前の英国人; アングロサクソン系の人; 〖米〗英国系の米国人. a blond ～ 金髪色白碧眼(へきがん)のアングロサクソン系の男子. **3** [U] 〖旧〗アングロサクソン語 (Old English). ── [形] アングロサクソン部族の; アングロサクソン語の; アングロサクソン的な.

An·go·la /æŋgóulə/ [名] アンゴラ《アフリカ南西部の大西洋に面した国; 首都 Luanda》. ▷ **An·gó·lan** [名], [形]

An·go·ra, a- /æŋgɔ́:rə/ [名] **1** [C] アンゴラネコ[ヤギ, ウサギ]. **2** [U] アンゴララシャ, モヘヤ, 《アンゴラヤギ又はアンゴラウサギの毛で作る》.

Angòra cát [名] [C] アンゴラネコ.

Angòra góat [名] [C] アンゴラヤギ.

Angòra rábbit [名] [C] アンゴラウサギ.

an·gos·tu·ra /æ̀ŋgəst(j)ú(ə)rə|-gɔs-/ [名] **1** [U] アングスチュラ樹皮《芳香と苦味のある南米産の木の皮でカクテルの香味料・解熱剤に用いる; ＜ベネズエラの産地名; **angostùra bárk** とも言う》. **2** 〈しばしば A-〉〖商標〗アングスチュラビターズ《カクテル用の苦味剤; **Angostùra Bítters** とも言う》.

***an·gri·ly** /æŋgrəli/ [副] [m] 怒って, 腹を立てて.

‡**an·gry** /æŋgri/ [形] [e] (**-gri·er**|**-gri·est**) **1** 怒った, 腹を立てた, ([語法] 前置詞は怒りの対象が事物ならば at 又は about, over; 人ならば at 又は with). an ～ look 怒った顔つき. in an ～ tone 怒った口調で. be ～ *at* [*about*] trifles ささいな事に腹を立てる. Your mother is very ～ *with* you for staying out so late. こんなに遅くまで家に帰らないから, お母さんがあなたのことをとても怒っていますよ. be ～ *with* [*at*] oneself 自分(自身)に腹を立てる. I was ～ *about* poor Tom. かわいそうに, トムに対する仕打ちで腹が立った (★トムに対してではなくて, 同情して怒っていることに注意). become [get, grow] ～ 怒る, 腹を立てる. He looks ～. 彼は怒った顔をしている.

A

have ～ words with ..と激しく口論する. She has no reason to get ～. 彼女が怒る理由はない. He got ～ *to* learn that.... ...ということを知って彼は怒った. He was ～ *that* I had insulted him. 彼は僕が彼を侮辱したと言って怒っていた.
2〔空, 天候などが〕険悪な, 荒れ模様の. ～ waves 激しい波, 怒濤(ˀう). The ～ sky spells a storm. 空が荒れ模様だからきっとあらしになる.
3〔傷などが〕炎症を起こした, ずきずき痛む. an ～ wound 真っ赤にはれあがった傷.
◇名 anger [＜中期英語; anger, -y¹]

àngry whìte mále 名 C 〚主に米〛怒れる白人男性《反リベラルな右翼》.

àngry yòung mán 名 **1** 〈the A- Y- Men で〉'怒れる若者たち'《1950年代後半の沈滞した英国社会に対する怒りを作品に表した若い作家グループ; John Osborne, Kingsley Amis, John Wain など》. **2** C 既存の制度[社会]に反抗する若者, 怒れる若者.

angst /ɑːŋst|æŋst/ 名 U 不安, 厭世(えん). [ドイツ語 'anxiety'; anger と同源]

ang·strom /æŋstrəm/ 名 C 〚物理〛オングストローム《光の波長の単位, 1億分の1センチ; 略 Å, A; **àngstrom únit** とも言う》. [A.J. *Ångström* (1814-74)《スウェーデンの物理学者》]

***an·guish** /æŋgwiʃ/ 名 U **苦悩, 心痛**, 苦悶(もん), (類語 特に精神的苦痛; →agony). the ～ of despair 絶望の苦悶. in ～ 苦しんで. —— 動 自 (精神的に)苦しむ, 悲しむ. ～ *over* trifles つまらないことに悩む. [＜古期フランス語「窒息」(＜ラテン語「狭苦しい」)]

‡án·guished /-t/ 形 苦しんだ, 苦悶(もん)の; 苦しそうな. give an ～ cry 苦悶の叫びを上げる. have an ～ look 苦悩の表情を浮かべる.

an·gu·lar /æŋgjələr/ 形 **1** かどのある; かどのとがった. **2** 角(度)の; 角度で測った. ～ distance 角距離. **3** 骨ばった, やせこけた. a pale, ～ face 青白いやせこけた顔. **4**〔態度などが〕かどのある, ぎこちない; 片意地な. ◇名 angle¹
▷ **～ly** 副

an·gu·lar·i·ty /æ̀ŋgjəlǽrəti/ 名 (複 **-ties**) **1** U かどのあること; 骨ばっていること; ぎこちないこと. **2** C 〈普通 -ties〉とがった部分.

An·gus /æŋgəs/ 名 **1** 男子の名. **2** Scotland 東部の旧州. **3** ＝Aberdeen (Angus).

an·hy·dride /ænháidraid/ 名 U 〚化〛無水物.

an·hy·drous /ænháidrəs/ 形 〚化〛無水の.

an·i·line /ǽn(ə)lən, -liːn/ 名 U 〚化〛アニリン《無色で有毒な油状液体; 染料・プラスチック・薬品などの合成に使用》.

ániline dỳe 名 UC アニリン染料.

an·i·ma /ǽnəmə/ 名 U 〚心〛アニマ《男性の心にある無意識的な女性的傾向; →animus》. [ラテン語; → animal]

an·i·mad·ver·sion /æ̀nəmædvə́ːrʒ(ə)n, -ʃ(ə)n|-ʃ(ə)n/ 名 UC 〚章〛批評, 非難, 酷評, 〈*on*, *upon* ..についての〉.

an·i·mad·vert /æ̀nəmædvə́ːrt/ 動 自 〚章〛批評する, 非難[酷評]する, 〈*on*, *upon*, *about* ..を〉.

‡an·i·mal /ǽnəm(ə)l/ 名 (複 **～s** /-z/) C **1 動物**《植物・鉱物に対して》. Man is the only ～ that talks. 人間は話ができる唯一の動物である. **2** (人間以外の)動物, 〈特に〉**四足獣, 哺(ほ)乳類**, けだもの, (類語 animal は動物を意味する一般的な語で必ずしも悪い意味を含まない; →beast, brute). wild ～*s* 野生動物. domestic ～*s* 家畜. the lower ～*s* 下等動物.

> 連結 a tame [a domesticated; a carnivorous, a herbivorous, an omnivorous; a ruminant; a diurnal, a nocturnal; an extinct] ～ ‖ trap [train] an ～

3 けだもののような人, 人でなし. **4** 〈the ～〉獣性. It's the ～ in me that wants it. それを欲するのは私の中の獣性だ. **5** 〈形容詞を伴って〉〚話〛..な人物. a political [social] ～ 政治[社交]好きな人. a very [completely] different ～ (from..) (..とは)全く違った人[もの]. There's no such ～. 〚戯〛そんなものは存在しない.

—— 形 **1** 動物の; 動物的な; 肉体的な, 獣欲的な. ～ foods 動物質の食物, 獣肉. man's ～ nature 人間の獣性. ～ appetite [desire, passion(s)] 獣欲, 肉欲. **2** 動物性の. ～ protein [fats] 動物性たんぱく質[脂肪].
Ànimal, Vègetable, or Míneral 〚米〛＝20 Questions.
[＜ラテン語「息をするもの, 生き物」(＜*anima*「息, 生命」)]

ànimal crácker 名 C 動物形クラッカー.

Ànimal Fárm 名 『動物農場』《共産主義社会を風刺した Orwell の小説 (1945)》.

ànimal húsbandry 名 U 畜産(業).

an·i·mal·ism /ǽnəməlìz(ə)m/ 名 U **1** 動物的生活, 肉体主義; 獣性. **2** 人間動物説.

an·i·mal·i·ty /æ̀nəmǽləti/ 名 U **1** 動物性, 獣性. **2** 〈集合的〉動物; 動物界.

ànimal kíngdom 名 〈the ～〉動物界 (→vegetable kingdom, mineral kingdom).

Ànimal Liberátion Frònt 名 〈the ～〉〚英〛動物解放戦線《動物を使う科学実験などに反対する組織; 略 ALF》.

ànimal liberátion 名 U 動物解放.

ànimal mágnetism 名 U 肉体的[性的]魅力; 〚旧〛催眠術.

ànimal ríghts 名 動物の権利. an ～ group [campaigner] 動物保護団体[運動家].

ànimal spírits 名 生気; (若々しい)活気.

†an·i·mate /ǽnəmèit/ 動 他 〚章〛**1** に生命を与える; に生気[活気]を与える; を鼓舞する 〈*with* ..で/*to* ..するように〉. Joy ～*d* her face. 喜びで彼女の顔は生き生きとした. The soldiers were ～*d* by the song. 兵士たちはその歌に士気を鼓舞された. The news ～*d* us *with* fresh hope [*to* desperate efforts]. そのニュースは我々を元気うけ新しい希望を与えた[に必死の努力をさせた].
2〔行動〕の動機になる. His act was ～*d* by noble ideals. 彼の行為は崇高な理想が動機になっていた.
3〔おとぎ話など〕をアニメ[動画]化する. ～ *Cinderella* 『シンデレラ』をアニメ[動画]化する.
—— /-mət/ 形 **1** 生きた, 生きている, 生命のある; 活気のある; (↔inanimate). the vast range of ～ life 広い範囲の生物界. ～ expressions of joy うれしさの生き生きとした表現. **2** 〚言〛〔名詞(句)が〕有生の《child, cow などは有生の名詞; ↔inanimate》.
[＜ラテン語「生命を与える」]

†án·i·màt·ed /-mèitəd/ 形 **1** 生き生きした; にぎやかな. an ～ discussion 活発な討論. **2** 生きているように作った[見せかけた], アニメの. an ～ film [program] アニメ映画[番組]. ▷ **～·ly** 副 生き生きと; にぎやかに.

ànimated cartóon 名 C 漫画映画, アニメ, (★単に cartoon と言うことが多い).

†an·i·ma·tion /æ̀nəméiʃ(ə)n/ 名 **1** U 生気, 活気, 生き生きしていること; 活気うけ, 鼓舞. He told of his adventures *with* ～. 彼は生き生きとして自分の冒険談をした. **2** U アニメ[動画]製作; コンピュータ・アニメーション《**compùter animátion** とも言う》; C 動画, 漫画映画, アニメ, (animated cartoon).

an·i·ma·tor /ǽnəmèitər/ 名 C **1** 生気を与える者[物]. **2** アニメ[動画]制作者, アニメ作家.

an·i·mism /ǽnəmìz(ə)m/ 名 U アニミズム《自然物にはすべて霊魂が内在するという信仰》.
▷ **án·i·mist** 名 **àn·i·mís·tic** 形

†an·i·mos·i·ty /ænəmɑ́səti|-mɔ́s-/ 名 (複 **-i·ties**) UC (強い)憎しみ, 敵意, 〈*against, toward* ..に対する〉; 反目, 対立, 〈*between* ..の間の〉.

> 連結 deep [bitter, burning, intense, strong] ～ // arouse [stir up; feel, harbor; display] ～

an·i·mus /ǽnəməs/ 名 **1** aU 〖章〗 敵意 〈*against* ..に対する〉. **2** U 〖心〗 アニムス《女性の心にある無意識的な男性的傾向; →anima》. [ラテン語「精神, 魂」]

an·i·on /ǽnàiən/ 名 C 〖化〗 陰イオン (↔cation).

an·ise /ǽnəs/ 名 C アニス《セリ科の草本; パセリに似る; 「薬用, 調味用」; →aniseed》.

an·i·seed /ǽnəsì:d/ 名 U anise の実《芳香があり, 薬用, 調味用》.

an·i·sette /æ̀nəsét|-zét/ 名 U アニス酒《aniseed 風味のリキュール》.

An·jou /ǽndʒu:, ɑ:ŋʒú:/ 名 アンジュー《フランス西部の旧州; 中世のこの地の領主 Anjou 家が英国 Plantagenet 王家の祖》.

An·ka·ra /ǽŋkərə/ 名 アンカラ《トルコの首都》.

ankh /æŋk/ 名 C アンク十字《古代エジプトで生命の象徴》.

‡an·kle /ǽŋk(ə)l/ 名 (複 **～s** /-z/) C **足首**; くるぶし. sprain [turn, twist] one's ～ 足首を捻座(ねんざ)する. stand up to one's ～ in snow 足首までの雪の中に立つ. [＜古期英語;「曲げる」という語根で, angle[1], angle[2] と同源]

ánkle·bòne 名 C 〖解剖〗 距骨(きょ).

ánkle bòot 名 C 〖英〗 (足首までの)短いブーツ.

ánkle sòck 名 〈普通 ～s〉 〖英〗 ＝anklet 2.

an·klet /ǽŋklət/ 名 C **1** 足首飾り, アンクレット. **2** 〖米〗 〈普通 ～s〉 (足首までの)短いソックス.

an·ky·lo·sis /æ̀ŋkilóusis/ 名 U 〖医〗 (特に関節の)強直(ごうちょく)《骨と骨の膠着(こうちゃく)による》.

Ann, An·na /æn/, /ǽnə/ 名 女子の名《愛称は Annie, Nancy など》. [ヘブライ語「優しさ」]

An·na·bel(le) /ǽnəbel/ 名 女子の名.

an·nal·ist /ǽnəlist/ 名 C 年代記の編者.

an·nals /ǽn(ə)lz/ 名 〈複数扱い〉 **1** 年代記, 編年史. **2** 記録, 歴史. He will go down in the ～ of American history. 彼はアメリカの歴史に名を残すだろう. **3** (学会, 各種団体などの)年報, 紀要. [＜ラテン語 'yearly (books)']

An·nam /ænǽm/ 名 アンナン(安南)《もとフランス保護領; 今はヴェトナムの一部》.

An·nap·o·lis /ənǽpələs/ 名 アナポリス《米国 Maryland 州の州都; 又そこにある海軍兵学校》.

Ànn Árbor 名 アナーバー《米国 Michigan 州南東部の都市; Michigan 大学の所在地》.

Anne /æn/ 名 ＝Ann. →Queen Anne, Princess Anne.

an·neal /əní:l/ 動 他 **1** 〔ガラス, はがねなど〕を焼きなます, 焼きもどす. **2** 〔精神〕を鍛える.

an·ne·lid /ǽnəlid/ 名 C 環形動物《ミミズ, ゴカイなど》.

†an·nex /ənéks/ 動 他 **1** 〔領土など〕を(武力で)併合する 〈*to* ..に〉, 占領する. The small country was ～*ed to* its larger neighbor. その小国は隣の大国に併合された. **2** を付加する, 追加する; を添付する; 〈*to* ..に〉. ～ a new wing *to* the hotel そのホテルに新しい張り出し部分[ウイング]を増築する. **3** 〖話〗 を(勝手に)自分の物にする.
── /ǽneks/ 名 C **1** 〈〖英〗では普通 annexe〉 建増し部分; 別館. a hotel ～ ホテルの別館. **2** 付加物; 添付書類, 付録. [＜ラテン語「結びつける」]

an·nex·a·tion /æ̀nekséiʃ(ə)n/ 名 U 付加(する[される]こと), 併合; C 付加物, 併合された領土.

an·nexe /ǽneks/ 名 〖主に英〗 ＝annex.

An·nie /ǽni/ 名 Ann(e) の愛称.

†an·ni·hi·late /ənáiəlèit/ 動 他 を絶滅する, 全滅させる; 〖話〗 を完敗させる. The city was ～*d* by the bombs. 市は爆撃によって全滅した. The Dodgers were ～*d* by the Giants. ドジャーズはジャイアンツに完敗した. [＜ラテン語「ゼロ(*nihil*)にする」]

†an·nì·hi·lá·tion 名 U 絶滅(する[される]こと), 全滅; 〖話〗 完敗. the ～ of the world 全世界の破滅.

***an·ni·ver·sa·ry** /æ̀nəvə́:rs(ə)ri/ 名 (複 **-ries** /-z/) C (特に, 結婚, 誕生の)**記念日**; 記念祭; 年忌. on our twentieth wedding ～ 我々の結婚 20 周年記念日に. the 60th ～ of one's birth 還暦. an ～ gift 記念(の祝い)品. [＜ラテン語「毎年めぐって来る」]

An·no Do·mi·ni /ǽnou-dɑ́məni:, -nài|-dɔ́m-/ 〈副詞的〉 キリスト紀元[西暦]で (→A.D.). ── 名 〖英話〗 老年, 年(とし). [ラテン語; →A.D.]

an·no·tate /ǽnətèit/ 動 他 〔本など〕に注を付ける; を注釈する. a fully ～*d* book 詳細な注釈が付いている本.

àn·no·tá·tion 名 UC 注釈.

an·no·ta·tor /ǽnətèitər/ 名 C 注釈者.

‡an·nounce /ənáuns/ 動 (**-nounc·es** /-əz/|過 過分 **～d** /-t/|**-nounc·ing**) 他 【公に知らせる】 **1 (a)** 〔婚約など〕を**知らせる**, 発表する, (類語 ニュース性のある事柄を初めて公表すること; →declare, proclaim). ～ a cut in taxes 減税を発表する. He ～*d* his engagement to Miss Brown. 彼はブラウン嬢との婚約を発表した. The card ～*s* the birth of their daughter. この挨拶(あいさつ)状は娘さん誕生の知らせです. **(b)** VO (～ ***that*** 節/***wh*** 節) ***..*ということ/*..*かを発表する**, 公表する, 知らせる; (～ ***that*** 節/"引用") ..ということを/「..」と(怒って, 大声で)告げる; VOA (～ X ***as..***) X を..であると発表する. It was ～*d that* a typhoon was approaching Kyushu. 台風が九州に接近していると発表された. "I'm leaving," she ～*d*.「私, 出て行きます」と彼女は告げた. Mr. Smith was ～*d as* the succeeding chairman. スミス氏が後任の委員長として発表された.
2 (a) 〔客の到着など〕を**声をあげて伝える**. The servant ～*d* Mr. and Mrs. Smith. 召使いはスミス夫妻の来着を告げた《パーティーなどで, 客の名前を呼んで到着を知らせる》. Dinner was ～*d*. 食事の用意ができましたと告げられた. **(b)** VO (～ X/***that*** 節) (スピーカーで) X を/..ということをアナウンスする. ～ the departure of flight 120 for London ロンドン行き第 120 (飛行)便の出発をアナウンスする.
3 〔番組など〕のアナウンサーを務める. ～ a baseball game アナウンサーとして野球試合の放送をする.
4 【物事が知らせる】 VO (～ X/***that*** 節) X を/..ということを示す, 知らせる; VOA (～ X ***as ..***) X が..であることを知らせる. The falling of leaves ～*s* the coming of winter. 落葉は冬の到来を告げる. His bearing ～*d* him *as* a military man. 物腰から彼が軍人であることは歴然としていた.
── 自 **1** アナウンサーとして務める. **2** 〖米〗 VA (～ ***for ..***) ..への立候補を表明する. He ～*d for* the presidency. 彼は大統領選に立候補を表明した.
[＜ラテン語「告知する」(＜*nuntius*「使者, 知らせ」)]

‡an·nounce·ment /ənáunsmənt/ 名 (複 **～s** /-ts/) UC **発表**(する[される]こと), 公表; 告知; 予告, 声明; 〈*that* 節..という〉. The ～ of his death has appeared in the newspapers. 彼の死亡告知が新聞に出た. Bill and I have an ～ to make. ビルと私から, 皆さんに発表したいことがあります《婚約発表をする時に多い言い方》. Sale ～*s* are posted all over town. 特売の広告が町中に張ってある.

> 連結 a formal [an unofficial; a special; a brief; a surprise; a dramatic; a shocking, a stunning] ～ // issue an ～

***an·nounc·er** /ənáunsər/ 名 (複 **～s** /-z/) C **告知者**; 放送係; 〖放送〗 **アナウンサー**.

A

‡**an·noy** /ənɔ́i/ 動 (～s /-z/|過 過分 ～ed /-d/|～·ing) 他 **1** 〔人〕をいらいらさせる, 悩ます; をうるさがらす; 〈*with*, *by* ..で〉 (類語 一時的ないらだちや怒りを爆発させる前の状態に用いる; →bother, irritate, peeve, vex). He ～*ed* her *by* saying that she was getting fat. 太ってきたと言って彼は彼女をいらいらさせた. Stop ～*ing* me (*with* your persistent requests for money). (たえず金を欲しいと言って)私を悩ますのは止めてくれ. It ～*ed* me that he took so long to answer. 彼が返事をするのにすごく時間がかかるのはむかついた. (→annoyed 形)
2 をうるさく攻撃する, 困らせる, に(性的)いやがらせをする, (harass). ～ a teacher *with* [*by* asking] questions 先生を質問攻めにして困らせる. [<後期ラテン語「いやがらせる」(<ラテン語 *in odiō* 'in hate')]

*__an·noy·ance__ /ənɔ́iəns/ 名 (複 **-anc·es** /-əz/) **1** U 困惑(する[させる]こと), **いらだち, 腹立たしさ.** Much *to* our ～, we ran out of gas. ひどく困ったことにはガソリンが切れた. **2** C 悩みの種, 腹立たしい人[事柄]. That noisy music is an ～ to the neighborhood. あのうるさい音楽は近所迷惑だ.
be pùt to annóyance 悩ま[困ら]される.
with annóyance 腹を立てて.

‡**an·nóyed** 形 いらいらした, 腹を立てた[て], 〈*at*, *with* ..に/*that* 節..ということに〉. an ～ frown 腹立たしげな渋面. I got very ～ *at* her remarks [*with* her]. 私は彼女の発言には[彼女に]むかむかした. be ～ *to* learn ..を知って腹が立つ. I was ～ *at* his interruptions. =I was ～ *with* him *for* his interruptions. =I was ～ *that* he interrupted so often. 彼がたびたび口をはさむのでむかむかしていた.

†**an·nóy·ing** 形 いらいらさせる, 腹立たしい; うるさい, わずらわしい. an ～ little boy うるさい男の子. How ～! ああうるさい. ▷ **～·ly** 副 うるさく; 腹立たしいことには.

‡**an·nu·al** /ǽnjuəl/ 形 ⓒ **1 1 年の**; 1 年ごとの, 毎年の; 年間の; (類語 ラテン語から入ったので yearly より形式ばった語). the ～ production 年産(額). an ～ event 毎年の行事. one's ～ income 年収. an ～ ring (木の)年輪. **2** 年 1 回の; 年刊の. **3**〖植〗1 年生の〔草など〕. ◇→biennial, perennial. ── 名 C **1** 1 年生植物. →hardy annual. **2** 年刊誌, 年報; 年鑑; (→periodical 参考). [<ラテン語「年(*annus*)の」]

ànnual accóunts 名 〈複数扱い〉〖商〗年次決算報告書.

†**an·nu·al·ly** /ǽnjuəli/ 副 毎年, 1 年ごとに. The conference takes place ～. その会議は毎年開催される[行われる].

ànnual méeting〖米〗, **ànnual gèneral méeting**〖英・オース〗名 C〖商〗年次(株主)総会 (★〖英・オース〗の略 AGM). 「《株主に送る》.

ànnual repórt 名 C **1** 年報. **2** 年次報告書↑

ànnual retúrn 名 C〖英〗事業所得確定申告書.

an·nu·i·tant /ən(j)ú:ətənt/ 名 C 年金受領者.

an·nu·i·ty /ən(j)ú:əti/ 名 (複 **-ties**) C 年金《制度, 又は保険会社などと結ぶ契約としての年金; それによって毎年支給される金額》.

an·nul /ənʌ́l/ 動 (～s|-ll-) 他 〔法令, 契約など〕を無効とする, 取り消す; を抹消する. ～ a marriage 結婚を無効にする. [<ラテン語「ゼロにする」]

an·nu·lar /ǽnjələr/ 形〖章〗環状の, 輪状の.

ànnular eclípse 名 C〖天〗金環食.

an·núl·ment 名 UC 取り消し, 廃棄; 失効.

an·num /ǽnəm/ 名 C 年 (year). →per annum.

An·nun·ci·a·tion /ənʌ̀nsiéiʃ(ə)n/ 名 **1** 〈the ～〉受胎告知《天使 Gabriel が聖母 Maria にキリスト受胎を告げたこと》. **2**〖カトリック〗聖母福音祭《受胎告知を記念する; 3 月 25 日; Lady Day とも言う》. [<ラテン語「告知」]

an·nun·ci·a·tor /ənʌ́nsièitər, -ʃi-/ 名 C **1** 呼び出し表示装置《ホテルの事務室などで, 呼んでいるベルの場所を示す装置》. **2** 列車運行表示器.

an·nus hor·ri·bi·lis /ǽnəs-hərí:bələs/ 名 (複 **an·ni hor·ri·bi·les** /ǽnai-hərí:bəli:z/) C 散々な年《Elizabeth II が王室スキャンダル, ウィンザー城火災のあった 1992 年を指して使ってから広まる》. [ラテン語 'horrible year']

an·nus mi·ra·bi·lis /ǽnəs-mirɑ́:bələs, -rǽ-/ 名 (複 **an·ni mi·ra·bi·les** /ǽnai-mirɑ́:bəli:z/) C 〈普通 the ～〉驚くべき年. [<ラテン語 'wonderful year']

an·ode /ǽnoud/ 名 C〖電〗陽極 (positive pole; ↔ cathode). ～ rays 陽極線. 「薄膜で保護する.

an·o·dize /ǽnədàiz/ 動 他 〔金属〕を電解処理して↑

an·o·dyne /ǽnədàin/ 形 **1** 鎮痛の; 和らげる. **2**〖しばしば軽蔑〗(人を)刺激しない, あたらずさわらずの, 〔話など〕. ── 名 C 鎮痛剤; 和らげる[なだめる]もの.

a·noint /ənɔ́int/ 動 他 **1** に塗る, すり込む, 〈*with* ..を〉. ～ a wound *with* ointment 傷跡に軟膏(なんこう)をすり込む. **2** (**a**) (特にキリスト教で)に塗油する《洗礼, 聖職者任命, 国王の聖別などの時に行う》; VOA (～ X *as* Y)・VOC (～ X Y) X に塗油して Y にする. ～ a person king 人に塗油して王として聖別する. God's [the Lord's] ～*ed* 神権による王. (**b**) 〔後継者など〕を指名する; VOA (～ X *as* Y)・VOC (～ X Y) X を Y に指名する[選ぶ]. ～ Mr. Smith (*as*) the candidate スミス氏を候補者に選ぶ. [<ラテン語「油を塗る」] ▷ **～·er** 名

Anòinting of the Síck 名 U〖カトリック〗病者の塗油《秘跡の一つ》.

a·nóint·ment 名 UC 塗油; 塗油式.

a·nom·a·lous /ənɑ́mələs|ənɔ́m-/ 形〖章〗変則の, 破格の, 異例の. ▷ **～·ly** 副 変則的に.

‡**a·nom·a·ly** /ənɑ́məli|ənɔ́m-/ 名 (複 **-lies**) C 変則(なもの[人]); 異例, 例外, 〈*in* ..の/*that* 節..という〉; 異常.

a·non[1] /ənɑ́n|ənɔ́n/ 副〖古・雅〗ほどなく; すぐに; (soon). Of this more ～. これについてはのちほどさらに詳しく(述べる). ***èver and anón*** →ever. [<古期英語 *on ān* 'into one'; のち「ただちに」>「ほどなく」と意味↓変化]

anon[2], **Anon** anonymous.

an·o·nym /ǽnənìm/ 名 C **1** 匿名者, 無名氏; 作者不明の出版物. **2** 匿名, 変名, (pseudonym).

an·o·nym·i·ty /æ̀nəníməti/ 名 U 匿名, 無名; 作者不明; 平凡. speak on condition of ～ 匿名でという条件でしゃべる.

†**a·non·y·mous** /ənɑ́nəməs|ənɔ́n-/ 形 **1** 匿名の, 名を伏せた; 作者不明の, 名の分からない. an ～ letter [phone call] 匿名の手紙[電話]. an ～ poem 作者不詳の詩. I want to remain ～ in this. この件では名前を出したくない. **2** 特徴のない, 平凡な, 〔顔など〕; 非個人的な (impersonal); どこにでもあるような. ～ streets ありふれた街並み. ◇名 anonymity [<ギリシア語「名前のない」] ▷ **～·ly** 副 匿名で.

anònymous FTP 名 U〖電算〗匿名エフティーピー《だれでも匿名で利用できるインターネットのファイル転送プロトコル》.

a·noph·e·les /ənɑ́fəli:z|ənɔ́f-/ 名 (複 ～) C〖虫〗ハマダラカ《マラリアを媒介する》.

an·o·rak /ǽnəræ̀k/ 名 C **1** アノラック《フード付きの防寒服; →parka》. **2**〖英話・軽蔑〗どうでもいいことにはまっている人, 'おたく'. [イヌイット語「衣服」]

‡**an·o·rex·i·a** /æ̀nəréksiə/ 名 U〖医〗食欲減退; 拒食症 (**anorèxia ner·vó·sa** /-nə:rvóusə/). 「(人).
▷ **an·o·rex·ic** /æ̀nəréksik/ 形, 名 C 食欲不振の↑

A N Other, A.N. Other /èi-en-ʌ́ðər/ 名〖英・戯〗(名前は分からないが)もう一人の人[選手].

‡**an·oth·er** /ənʌ́ðər/ 形 ⓒ **1** (**a**) 〈単数の可算名詞に

付けて〉もう 1 つの, もう 1 人の, (one more) (語法 この語は本来 an＋other だから前にも後にも冠詞や this, his などの語を付けない). Won't you have ～ cup of tea? お茶をもう 1 杯いかがですか. There is not ～ such book [book like it]. あんな本はほかにはない. ～, serious problem もう 1 つの, そして重大な問題. ～ serious problem もう 1 つの重大な問題《1 つ重大問題がすでに有る上にもう 1 つ, の意味》. (**b**)〈距離, 時間, 金額などの数量表現に付けて〉さらに, もう.. *Another* three miles is more than I can walk. もう 3 マイルなんて歩けない (★three miles を 1 つの単位とみて単数扱い). wait ～ five minutes もう 5 分待つ. pay ～ ten dollars さらに 10 ドル払う. I have ～ two letters to write. あと 2 通手紙を書かなくてはならない. (**c**)〈固有名詞に付けて〉..のような, に匹敵する. May will turn out to be ～ Florence Nightingale. メイはフローレンス・ナイチンゲールのような女性になるだろう.

2 別の, 違った, (different); 何かほかの, だれかほかの, (some other). Come ～ day. また別の日に来てください. That is (quite) ～ matter. それは(全く)別の問題だ. She left him for ～ man. 彼女は別の男のもとに走った. He has become ～ man. 彼は別人のようになった. I'd like to go to ～ place. どこかよそへ行きたい.

anòther màtter* [*thìng*] *altogéther 全く別のこと.

jùst anóther 単にもう 1 つの, ありきたりの. This is *just* ～ political trick. これはありきたりの政治的策略にすぎない.

sùch anóther そのようなもう 1 人[1 つ]の.

yèt anóther さらに別の.

―― 代 **1** (**a**) もう 1 つのもの, もう 1 人の人. We already have six children; we don't need ～. 子供は 6 人もいるからもうこれ以上は要らない. (**b**) 同類のもの[人]. "You are a fool!" "You are ～!"「お前はばかだ」「お前こそばかだ」. She finished her coffee and asked for ～. 彼女はコーヒーを飲み終えるともう 1 杯注文した. That's ～ of his old lies. 彼は又いつもの手でうそをついている.

2〈one と相関して〉別なもの[人] (★複数は others). You can't have that *one*; choose ～. それはあげられない, 別のを選びなさい. It is *one* thing to promise, and ～ to perform. 約束と実行とは別のことだ《約束しても守らない人がいる》. go from *one* shop to ～ 次から次へと店を見て回る. Days went by, *one* like ～. 来る日も来る日も同じで過ぎ去って行った.

from òne .. to anóther 次々に.

òne after anóther →after.

****òne anóther*** (1) お互い(を), お互い(に). They helped *one* ～. 彼らはお互いに助け合った. praise *one* ～'s works 互いに相手の作品をほめる. (2) 1 つがほかを, 次々に, 《「相互」の意味を持たない》. The children followed *one* ～. 子供たちは(1 人また 1 人と)次々に続いて行った. on top of *one* ～ 積み重なって. 語法 one another は主語として用いられない. また副詞句でなく, 目的語として用いるので,「彼らはお互いに恐れている」を They are afraid one ～. とするのは誤りで, afraid の次に of が必要; →EACH other.

óne .. or anóther ある... of *one* kind *or* ～ ある種の. at *one* time *or* ～ いつかは.

****óne wày or anóther*** →way[1].

tàken* [*tàking*] *òne with anóther あれこれ考え合わせると, 全体として. [＜中期英語 *an other*]

ans. answer.

An·sa·fone, -phone /ǽnsəfoun|ɑ́:ns-/ 名 UC 〖商標〗アンサフォン《留守番電話; →answerphone》.

ANSI American National Standards Institute (米国規格協会).

‡**an·swer** /ǽnsər|ɑ́:n-/ 名 (複 **～s** /-z/) C 【答え】**1** 返事, 回答; 応答; (電話の)応答; 〖法〗答弁; (↔question). give an ～ *to* a person *about* a thing ある事について人に返事をする. I've got no ～ *to* my letter. 私の手紙に返事は来なかった. I knocked at the door but there was no ～. ドアをノックしたが応答はなかった.

> 連結 a brief [a terse; a blunt, a curt; a clear, a definite; a vague; an affirmative, a favorable, a positive; a negative] ～ // get [receive; furnish, provide] an ～

2 解答; (答案などの)答え; (正しい)解決策, '正解'; 〈*to* ..(へ)の〉. find an ～ *to* the question 問題の解答を見つける. the correct [right] ～ (*to* question No.10) (第 10 問の)正解. There are no easy ～*s to* the housing problem in Japan. 日本の住宅問題には簡単な解決策はない. Quitting your job? That's not the ～. 仕事をやめるって? それは正解じゃないよ.

【対応】 **3** (行動による)回答; 応酬, 報復; 〈*to* ..への〉. His ～ was to slam the door. 彼は答える代わりにドアをぴしゃっと閉めた. His ～ was a hard punch on the nose. 彼の返報は鼻への強烈なパンチだった.

4 相当[匹敵]する人[もの] 〈*to* ..に〉. He has been regarded as Japan's ～ *to* Picasso. 彼は日本のピカソ(に相当する画家)とみなされてきた.

Góod ànswer! 〖米〗その通り.

hàve* [*knòw*] *àll the ánswers 〖話〗何でも知っている, 万事心得ている, 《実際そうでもないのにうぬぼれている場合に用いることが多い》.

***in ánswer* (*to..*)** (..に)答えて, 応じて. He said nothing *in* ～ *to* my charges. 私の非難に対して彼は一言もいわなかった. She gave me a smile *in* ～. 彼女は私にほほえみで答えた.

―― 動 (**～s** /-z/| 過 過分 **～ed** /-d/| **～·ing** /-s(ə)riŋ/) 他 【答える】**1** (**a**)〔人, 手紙など〕に返事をする, 答える; 〔呼鈴, ノックなど〕に応答する; (類語「答える」の意味の最も一般的な語; →rejoin[2], reply, respond, retort[1]). *Answer* me. 答えなさい. ～ a question 質問に答える. ～ a letter 手紙の返事を出す. ～ the bell [door] (訪問者の)応対に出る. ～ the telephone 電話に出る. (**b**) VOO (～ X Y) X(人)に Y の答えをする. *Answer* me this [that] (question). 私にこの[その] (質問の)答えをしなさい. ★この文型は普通, 上の例文以外にはあまり用いない. (**c**) VO (～ *that* 節/"引用") **..と返事をする**, 答える; VOO (～ X *that* 節) X に..と答える. He ～*ed* (me) *that* he knew no French. 彼は(私に)フランス語は知らないと答えた. "I arrived at ten," I ～*ed*.「10 時に着いたよ」と私は答えた.

2〔問題〕を解く, に解答する. ～ a question 問題に解答する.

【対応する】 **3**〔非難など〕に応じる, 答弁する; に(行動で)やり返す. ～ the charges 非難を受けて立つ. ～ blows *with* blows 殴られたので殴り返す. **4** 〖章〗〔目的など〕にかなう; 〔要求〕を満たす; 〔願い〕をかなえる. ～ a need 必要に応じる. They found a meeting place that would ～ their purpose. 彼らは目的にかないそうな会場を見つけた. ～ a person's prayer 〔神が〕人の願いをかなえる.

5 に合致する (→ANSWER to..). The man ～*s* (*to*) the police description. その男は警察からの人相書きに符合する.

―― 自 **1** 答える, 返事をする; 応答する; 〈*to* ..に〉; 応じる 〈*with* ..〔行動など〕で〉(→ANSWER to..). I rang the doorbell but no one ～*ed*. 玄関のベルを鳴らしたがだれも出てこなかった. ～ *with* a nod うなずいて答える. **2** (テストなどで)解答する. **3** 報復する. **4** 〖章〗うまくいく; 間に合う 〈*for* ..として〉. This will ～ *for* a knife. これはナイフ代わりになるだろう.

ànswer báck 〖話〗〔子供などが〕口答えする, 言い返す; 反論する; 〈*to* ..〔人〕に〉. Don't ～ *back* when you're

A

being scolded. しかられている時に口答えはやめなさい.

ànswer .. báck 〖話〗..に口答えする, 言い返す.

ánswer for .. (1)〔人〕に代わって答える; 〔人〕について責任を持つ. I can't ～ *for* Dick. ディックに代わって答えることはできない. I agree with you but I can't ～ *for* the other members of the committee. 私は君と同意見だが, 委員会の他のメンバーについては責任を持てない. (2)〔物事〕の責めを負う, 責任を取る; ..の報いを受ける. She has a lot to ～ *for*. 彼女には(悪い結果を招いた)責任が大いにある. You'll soon have to ～ *for* your idleness. 君にはじきに怠けた報いがくるだろう. (3) ..を保証する, 請け合う, 〈*to* ..〔人〕に〉. I can ～ *for* her [her diligence]. 彼女[彼女の勤勉さ]は請け合える. (4) ..の代りになる (→自 4).

ánswer to .. (1) ..に答える, 返事する, 反応する. I won't ～ *to* any name shorter than Joseph. ジョゼフより短い名前で呼ばれても返事をしないぞ《Joe などという愛称でなくちゃんと呼んでもらいたい, の意味》. (2)〔上司など〕に復命する, 従う. Who [Whom] do I ～ *to* in this job? この職場ではどなた(の指図)に従えばよいのですか. (3) ..に申し開きをする, 弁明する; 責任[罪]を問われる; 〈*for* ..に対して〉. You'll have to ～ *to* the police *for* drunk driving. 君はそのうち飲酒運転で警察に引っ張られるだろう. (4)〔乗り物などが〕..に操作される, 反応する. This horse is slow to ～ *to* the rein. この馬は手綱に対して反応が鈍い. (5) ..に合致する, 符合する (→他 5). (6)〔犬などが〕..という名前である, ..と呼ばれると反応する. ～ *to* Sam サムと呼ばれると答える.

ànswer to the náme of .. ..の名前を呼ばれると返事をする[寄って来る]; ..という名である.

[＜古期英語「誓って反駁(ばく)する」(＜*and-* 'against'＋*swerian* 'swear')]

an·swer·a·ble /ǽns(ə)rəb(ə)l | ɑ́:n-/ 形 **1** 答えられる〔問題など〕. **2**〈叙述〉責任がある〈*to* ..〔人〕に/*for* ..〔物事〕に対して〉(類語 責任を負う側と問う側の双方の関係に重点がある; →responsible). I am not ～ *to* you *for* anything. 私はあなたから責任を問われることは何もない.

ánswering machìne 名 C 留守番電話(〖英〗answerphone).

ánswering sèrvice 名 C 〖米〗電話応答サービス《依頼人に代わって電話を受け用件を取次ぐ事業》.

ánswer·phòne 名 〖英〗＝answering machine.

‡**ant** /ænt/ 名 (複 ～s /-ts/) C 〖虫〗アリ《勤勉さ, 秩序正しさなどの象徴》(→queen ant, worker 4).

hàve ánts in one's pánts (1)〖話〗したくてむずむず[うずうず]する, じっとしていられない; 心配でたまらない. (2)〖旧俗〗(セックスを)やりたがっている. [＜古期英語; 原義↓ 「は「噛み切る者」]

an't /eint/ 〖主に英〗ain't の異形.

ant. antonym.

ant- /ænt/ 接頭 anti- の異形〈母音の前に用いる〉. *ant*agonism. *ant*onym.

-ant /ənt/ 接尾 **1** 動詞に付けて形容詞を作る. observ*ant*. repent*ant*. **2** 動詞に付けて行為者を表す名詞を作る. attend*ant*. inhabit*ant*. [古期フランス語＜ラテン語 *-antem* (*-āre* で終わる動詞の現在分詞)]

ant·ac·id /æntǽsəd, ⌐–⌐–/ 形 酸を中和する.

── 名 UC 制酸剤.

†**an·tag·o·nism** /æntǽgənìz(ə)m/ 名 UC 〖章〗敵対; 反対, 反抗; 敵意; 〈*to, toward* ..への/*between* ..間の〉. the ～ *between* the two 二者の反目. feel (a) great ～ *for* [*toward, against*] a person 人に激しい敵意を持つ. His ～ *toward* the president lost him the job. 彼は社長に反対したので職を失った. in ～ *to* [*with*] ..に反対[対抗]して.

†**an·tag·o·nist** /æntǽgənist/ 名 C 〖章〗敵対者, 対立者; 相手, 敵手; (芝居などの)敵役《例えば Shakespeare 作 *Othello* の Iago; ↔protagonist》; (類語 敵意と相手を負かそうとする支配欲とが裏に潜む語; →opponent). He has been my ～ in Congress for years. 彼は議会で長年私の政敵だった. He plays the ～ in the drama. 彼は芝居で敵役をやる. [＜ギリシア語「(競技の)相手」]

an·tag·o·nis·tic /æntæ̀gənístik ⑧/ 形 〖章〗敵対する, 反目する; 矛盾する, 相いれない; 〈*to, toward* ..と〉. He is openly ～ *toward* the Mayor. 彼は市長にあからさまな敵意を持っている.

‡**an·tag·o·nize** /æntǽgənàiz/ 動 他 〖章〗**1** を敵にまわす, に敵意[反感]を持たせる. Her haughty manner ～*d* her new relatives. 彼女の尊大な態度は新しい親類たちの反感を買った. **2** を中和する.

*__ant·arc·tic__ /æntɑ́:rktik/ 形 C 〈又は A-〉**南極の**, 南極地帯の, (↔arctic). an ～ expedition 南極探検.

── 名 〈the A-〉＝Antarctica. [anti-, Arctic]

Ant·arc·ti·ca /æntɑ́:rktikə/ 名 南極大陸 (the Antarctic Continent).

Antàrctic Círcle 名 〈the ～〉南極圏《南緯 66°33′ 線》.

Antàrctic Cóntinent 名 〈the ～〉南極大陸.

Antàrctic Ócean 名 〈the ～〉南極海, 南氷洋.

Antàrctic Zóne 名 〈the ～〉南極帯《南極圏から南の地帯》.

ánt bèar 名 C 〖動〗オオアリクイ《中南米産》.

an·te /ǽnti/ 名 C 〈普通, 単数形で〉**1** (ポーカーで)アンティー, 場代, 《カードが配られる前に各プレーヤーが合意して出す一定額の参加料; 賭(か)け金と一緒に勝者がもらう》; 〈一般に〉前金. **2**〈the ～〉〖米話〗割り前, 分担金; 〖米俗〗値段.

ràise [ùp] the ánte 賭け金[分担金]を引き上げる; 金額を増やす.

── 動 他 〔アンティー(としてある額)〕を出す; 〖米話〗〔割り前, 賭け金〕を払う; 〈*up*〉. ── 自 VA (～ *up*) アンティーを出す; 割り前を出す; 自分の役割を果たす.

[ラテン語 'before']

an·te- /ǽnti/ 接頭 「..の前の, ..より前の」の意味 (↔post-). *ante*bellum. *ante*room. [ラテン語; →ante]

ánt·èater 名 C 〖動〗アリクイ.

an·te·bel·lum /æ̀ntibéləm ⑧/ 形 戦前の; 〖米〗南北戦争前の; (↔postbellum).

an·te·ced·ence /æ̀ntəsí:d(ə)ns/ 名 U (時間的に, 又因果関係などで)先行(すること).

†**an·te·ced·ent** /æ̀ntəsí:d(ə)nt ⑧/ 形 〖章〗先立つ, 先行する, 〈*to* ..に〉; 前提の, 推定の.

── 名 C **1**〖章〗先行するもの, 先行する事件; 先例; 原形. the ～*s* of the conflict 紛争発生に至る諸事情. **2**〈～s〉〖章〗祖先; 前歴, 素性. check out a person's ～*s* 人の前身を調査する. **3**〖文法〗先行詞 (→relative pronoun). **4**〖論〗(仮定命題の)前件; 〖数〗(比例式の)前項. [＜ラテン語「先を行く」]

▷ **～·ly** 副 前もって, あらかじめ.

ánte·chàmber 名 C 控えの間.

an·te·date /⌐–⌐, ⌐–⌐/ 動 他 **1** (年代的に)に先んじる. **2**〔小切手など〕を実際より以前の日付にする.

── /⌐–⌐/ 名 C 前日付. ◇↔postdate

an·te·di·lu·vi·an /æ̀ntidəlú:viən ⑧/ 形 **1** ノア (Noah) の大洪水以前の; 太古の. **2**〖戯〗古くさい, 時代遅れの, 旧時代の, '有史以前の'.

── 名 C **1** ノアの大洪水以前の人[もの]. **2**〖戯〗大変なお年寄り; 時代遅れの人[事物].

an·te·lope /ǽntəlòup/ 名 (複 ～, ～s) C レイヨウ(羚羊)《アジア・アフリカ産; シカに似たウシ科の動物》; 〖米〗エダツノレイヨウ《北米産》.

an·te me·rid·i·em /ǽnti-mərídiəm/ 副, 形 午前に[の]《略 a.m., A.M.; ↔post meridiem》. [ラテン語

'before noon']

ànte·nátal /⑱/ 形 〖英〗出生前の, 産前の, 妊婦のための, (〖主に米〗prenatal). —— 名 C 妊産婦検診. ▷ ~·ly 副

***an·ten·na** /ænténə/ 名 (複 ~s /-z/, 2では an·ten·nae /-ni:/) C **1** 〖主に米〗(ラジオ, テレビの)アンテナ, 空中線, (〖英〗aerial). **2** 〖動〗触角; 〖植〗触毛; 〈比喩的に〉感覚. have fine political *antennae* 政治感覚がすぐれている. [ラテン語「帆桁」; ギリシア語を翻訳する際に複数形が「触角」の意味で用いられた]

anténna shòp 名 C アンテナショップ《新商品を試験的に売り出す店舗》.

an·te·pe·nult /æ̀ntipənʌ́lt, -pí:nəlt|-pənʌ́lt/ 名 C 語尾から3番目の音節 (→ultima, penult).

an·te·pe·nul·ti·mate /æ̀ntipənʌ́ltəmət/ 名 = antepenult.

†**an·te·ri·or** /æntí(ə)riər/ 形 〖章〗**1** 前方[前部]の. **2** (時間的に, 又は順序が)前の, 先行する, 〈*to* ..より, に〉. events ~ *to* the Revolution 革命前の諸事件. **3** 〖植〗前側の. ◇↔posterior [ラテン語「より前の」(*ante* 'before' の比較級)]

ánte·ròom 名 C 控えの間; 待合室.

†**an·them** /ǽnθəm/ 名 C **1** 聖歌, 賛美歌. **2** 祝いの歌, 賛歌. a national ~ 国歌. **3** 歌《特定の団体, 主義と結びついた》. [<ギリシア語「応じる声」(<anti-+*phōnḗ*「声」)] ▷ **an·them·ic** /ænθémik/ 形

an·ther /ǽnθər/ 名 C 〖植〗葯(ﾔｸ).

ánt·hìll 名 C アリ塚, アリの塔.

an·thol·o·gist /ænθɑ́lədʒist|-θɔ́l-/ 名 C 名詩選[名文集]の編者.

an·thol·o·gize /ænθɑ́lədʒàiz|-θɔ́l-/ 動 自 詩文選を編む. —— 他 を詩文選に収録する.

an·thol·o·gy /ænθɑ́lədʒi|-θɔ́l-/ 名 (複 **-gies**) C (いろいろな作家・作品から採った)詞華[花]集, 詩文選, 選集. an ~ of French literature フランス文学選集. [<ギリシア語「花(*ánthos*)を集めること」]

An·tho·ny /ǽntəni, -θə-/ 名 **1** 男子の名《異形 Antony; 愛称 Tony》. **2** **St.** ~ 聖アントニオ(251?–356?)《エジプト人で修道僧の始祖》.

an·thra·cite /ǽnθrəsàit/ 名 U 無煙炭 (hard coal).

an·thrax /ǽnθræks/ 名 U 〖医〗炭疽(ﾀﾝｿ)(熱)《家畜の伝染病; 人間にも感染する》.

an·thro·po- /ǽnθrəpou/ 〈複合要素〉「人」の意味. [ギリシア語 'human being']

an·thro·po·cen·tric /æ̀nθrəpəséntrik|-pou-⑱/ 形 人間中心の〔観点など〕. ▷ **an·thro·po·cen·trism** /æ̀nθrəpəséntriz(ə)m|-pou-/ 名 U 人間中心主義.

an·thro·poid /ǽnθrəpɔ̀id/ 形 **1** 〔動物が〕人間に似た; 人間の形をした. **2** 〖話・軽蔑〗〔人が〕猿みたいな. —— 名 C 類人猿《chimpanzee, gorilla など; **àn·thropoid ápe**, 通俗には ape とも言う》.

an·thro·po·log·i·cal /æ̀nθrəpəlɑ́dʒik(ə)l|-lɔ́dʒ-⑱/ 形 人類学の. ▷ ~·ly 副 人類学上, 人類学的に.

an·thro·pol·o·gist /æ̀nθrəpɑ́lədʒist|-pɔ́l-/ 名 C 人類学者.

†**an·thro·pol·o·gy** /æ̀nθrəpɑ́lədʒi|-pɔ́l-/ 名 U 人類学. social ~ 社会人類学. →cultural anthropology.

an·thro·po·mor·phic /æ̀nθrəpəmɔ́:rfik⑱/ 形 擬人観の.

an·thro·po·mor·phism /æ̀nθrəpəmɔ́:rfiz(ə)m/ 名 U 擬人観《神, 動物, 自然現象などすべてに人間の形・性質を付与する考え方》.

an·thro·po·mor·phous /æ̀nθrəpəmɔ́:rfəs/ 形 人間の姿をした.

an·thro·poph·a·gy /æ̀nθrəpɑ́fədʒi|-pɔ́f-/ 名 U 人食い(の風習).

an·ti /ǽntai, ǽnti|ǽnti/ 〖話〗名 (複 ~s) C (政策, 行動などの)反対者, 反対論者. —— 形 反対の[で]. —— 前 ..に反対して. [ギリシア語 *antí* 'against']

an·ti- /æ̀nti, æ̀ntai|æ̀nti/ 接頭 「反.., 抗.., 不..など」の意味 (↔pro-). *anti*slavery. *anti*social. 語法 (1) 後にハイフン《-》を付けることがあるが, 特に母音(主に i), 又大文字で始まる語が次に来る時に多い. *anti*-imperialism (反帝国主義). *anti*-Semitism. (2) 各語には示さないが〖米〗では /æ̀ntai/ の発音もある. (3) 自由に他の語の前に付けられるので, 以下の見出し語以外にも *anti*capitalism, *anti*smoker などほとんど無数に作れる. [ギリシア語; →anti]

ànti·abórtion /⑱/ 形 〈限定〉(妊娠)中絶反対(派)の. ▷ ~·**ist** 名 C (妊娠)中絶反対の人.

ànti-áging 〖米〗, **-ágeing** 〖英〗/⑱/ 形 老化防止の.

ànti·áircràft /⑱/ 形 〈限定〉対航空機の; 防空の. an ~ gun 高射砲.

ànti-Américan /⑱/ 形 反米の.

ànti·bactérial /⑱/ 形 〈限定〉抗菌性の.

ànti-ballístic /⑱/ 形 対弾道弾の. an ~ missile 弾道弾迎撃ミサイル《略 ABM》.

anti·biotic /æ̀ntibaiɑ́tik, -bi-|-ɔ́t- ⑱/ 〖生物〗形 抗生の. —— 名 C 〈普通 ~s〉抗生物質《penicillin など》. take ~*s* 抗生物質を服用する[飲む].

ánti·bòdy 名 (複 **-dies**) C 〖生理〗抗体, 免疫体, (→antigen).

an·tic /ǽntik/ 名 C 〈普通 ~s〉おどけた身ぶり, とっぴな行動. The children are full of ~*s* when we have company. 子供たちは客が来るとおどけ回る. [<イタリア語; antique と同源]

ànti·cáncer 形 制癌(ｶﾞﾝ)性の〔薬など〕.

ànti·chóice /⑱/ 形, 名 C 妊娠中絶反対(派)の(人) (↔pro-choice).

ánti·chrìst 名 C **1** キリスト(教)の敵. **2** 〈普通 the A-〉〖聖書〗反キリスト《世界の終わり直前に現れて悪を広めようとする; 『ヨハネの手紙 1』2:18》.

***an·tic·i·pate** /æntísəpèit/ 動 (~s /-ts/|過 過分 -pat·ed /-əd/|-pat·ing) 他

【先回りする】 **1** 〈VO〉(~ X/*doing*/*that* 節) Xを/..することを/..ということを予期[予想]する, (楽しみに[心配して])待つ, 期待する, (類語 期待・懸念の両方に用いられるが, 普通, 予想される事態への心構え[備え]を含意する; →expect). ~ a storm 嵐が来ると思う. I ~ (*that* there will be) problems for their expedition. 彼らの探検には問題(の生じること)が予想される. We all ~ see*ing* you next weekend. 次の週末にお会いするのを皆心待ちにしております. You're always *anticipating* trouble. 君はいつも取り越し苦労をしている.

2 〈VO〉(~ X/*that* 節/*wh* 節) Xを/..ということを/..かを先回りして処理[手配]する, 予測して手を打つ, ..の先を読む. My assistant ~*s* all my needs. 私の助手は必要な物を皆口に出して言う前に手配してくれる. We ~*d where* the enemy would attack. 敵が攻撃しそうな所に先回りして手を打っておいた.

3 〖章〗を先走って[後先にして]言う; 〔収入〕をもらわないうちに使ってしまう. ~ the end of a story 話の結末を先に言う. ~ one's bonus ボーナスを見込んで金を使ってしまう. **4** 〖章〗に先んじる, 〔学説など〕に先行する, を出し抜く, 未然に防ぐ. ~ the enemy's move 敵の機先を制する. ~ other countries in welfare 福祉事業で他国に先んじる. **5** を早める.

—— 自 (話の)先回りをする. But this is to ~. (何か言いかけて)いや, これでは話の先回りになる.

◇名 anticipation [<ラテン語「先に取る」(<ante-+*capere* 'take')] ▷ **an·tic·i·pat·ed** 形 期待[待望]される.

†**an·tìc·i·pá·tion** 名 U **1** 予期, 予感; 期待. with [in] eager ~ 期待に胸を躍らせて. **2** 先んじること 〈*of* ..に〉; 予防.

A

in anticipátion あらかじめ; 期待(にわくわく)して. Thanking you *in* ～. 前もってお礼申しあげます《「まずは右お願いまで」くらいに当たる結びの文句》.

***in anticipátion of*..** ..を期待して; ..を予期して; ..を見越して, に先んじて. Mother took the clothes off the line *in* ～ *of* rain. 母は雨が来そうだと思って(物干し綱から)洗濯物を取り込んだ.

an·tic·i·pa·to·ry /æntísəpətɔ̀ːri|-pèit(ə)ri/ 形 **1** 予期しての; 先回りしての. **2**〖文法〗先行の, 予備の. an ～ subject 先行主語《例えば *It* is a pleasure to teach children. (子供を教えるのは楽しみだ)の it》.

ànti·clérical /移/ 形 反 ˪聖職者[教権]の. ▷～·**ism** 名

ànti·climáctic /移/ 形 漸降法による; 竜頭蛇尾の.

ànti·clímax 名 **1** U〖修辞学〗漸降法 (↔climax; bathos)《例: Mr. Smith is a very good judge—of cheap wine. スミス君は大した鑑定家だよ—安ワインのね》. **2** C〖しばしば戯〗竜頭蛇尾, (前と比べて)急に価値[面白味]のなくなったもの[人]. She had looked forward to his arrival so eagerly that the arrival itself was almost an ～. 彼女は彼の到着をとても熱心に待ち構えていたので, いざ彼が着いてみると拍子抜けしたみたいだった.

an·ti·cli·nal /æ̀ntiklái n(ə)l/ 形〖地〗背斜の.

an·ti·cline /æ̀ntiklàin/ 名 C〖地〗背斜.

ànti·clóckwise /移/ 形, 副〖英〗時計と反対回りの[に], 左回りの[に], (〖米〗counterclockwise).

ànti·coágulant /移/ 名 C 抗凝血剤.

ànti·coágulative 形〈限定〉血液の凝固を防ぐ.

ànti·cómmunist 名 C 反共産主義者.
── 形 反共の.

ànti·cýclone 名 C〖気象〗高気圧(圏) (→cyclone). ▷**àn·ti·cy·clón·ic** /-saiklάnik|-klɔ́-/ 形

ànti·depréssant 名 C〖薬〗抗鬱(うつ)剤.

an·ti·dot·al /æ̀ntidóutl, ⌐-⌐-/ 形 解毒の.

‡**an·ti·dote** /ǽntidòut/ 名 C 解毒剤; 矯正方法, 対策;〈*for*, *against*, *to* ..〔害悪など〕の〉. You are truly an ～ *for* my melancholy. ほんとうに君のおかげで僕の憂うつは消し飛んでしまう. Laughter is a good ～ *to* stress. 笑いはストレスを解消するのにいい. [＜ギリシア語「治療に与えられる＞解毒剤」]

ànti-estáblishment 形 反体制の.

An·tie·tam /ætíːtəm/ 名 アンティータム《米国 Maryland 州北西部の川; 近くに南北戦争中北軍が勝った激戦の地がある》.

「入れる不凍液など」.

ánti·frèeze 名 U 不凍剤《自動車のラジエーターに↑

an·ti·gen /ǽntidʒən/ 名 C〖生理〗抗原《体内に入って抗体 (antibody) の形成を促す物質》.

An·tig·o·ne /æntígəni(ː)/ 名〖ギ伝説〗アンチゴーネ《Oedipus とその母 Jocasta との娘; 伯父 Creon 王に逆らって兄の遺体を埋葬し死罪になった; →Oedipus》.

An·ti·gua and Bar·bu·da /æntíːgə-ənd-bɑːrbúːdə, æntíːgwə-/ アンティグア・バーブーダ《西インド諸島東部のいくつかの島より成る国, 英連邦の一員; 首都 St. John's》.

ánti-hèro 名 (複 ～es) C アンチヒーロー《劇や小説の英雄的資質を欠いた平凡な主人公》.

ánti-hèroine 名 C アンチヒロイン (→anti-hero).

ànti·hístamìne 名 UC 抗ヒスタミン剤《アレルギー性症状に効く》.

ànti·hyperténsive 名 C〖薬〗降圧剤.

ànti·intelléctual 形 知識人 ˪に反対する[嫌いの], 知的な活動[事柄]に反発する. ── 名 C インテリ嫌い. ▷～·**ism** 名

「ング防止のためガソリンに加える」.

ànti·knóck 名 U アンチノック剤《内燃機関のノッキ↑

An·til·les /æntíliːz/ 名〈the ～; 複数扱い〉アンチル列島《Bahama 諸島と共に西インド諸島を構成する》.

ànti-lock bráking sỳstem 名 U アンチロック・ブレーキ《ABS と略す》.

ánti·lòg 名〖話〗＝antilogarithm.

ànti·lógarìthm 名 C〖数〗真数, 逆対数.

an·ti·ma·cas·sar /æ̀ntiməkǽsər/ 名 C いす覆い《昔の髪油 macassar の汚れを防ぐため, 装飾も兼ねて背もたれにかけたのが始まり》.

「から成る」.

ánti·màtter 名 U〖物理〗反物質《antiparticles↑

ànti·míssile /移/ 形 対ミサイルの. an ～ missile ミサイル迎撃用ミサイル《略 AMM》.

an·ti·mo·ny /ǽntimòuni|-məni/ 名 U〖化〗アンチモン《金属元素; 記号 Sb》.

ànti·néutron 名 C〖物理〗反中性子.

an·tin·o·my /æntínəmi/ 名 (複 **-mies**) UC (法令などの(間の))矛盾;〖哲〗二律背反.

ànti·nóvel 名 C アンチロマン《性格や筋の展開などの伝統的手法を無視した小説》.

ànti·núclear /移/ 形 核兵器反対の, 反核の.

ànti·núke 形〖話〗＝antinuclear.

An·ti·och /ǽntiὰk|-ɔ̀k/ 名 アンティオケ《古代シリアの首都; 今のトルコ南西部シリア国境近くにあった》.

ánti·pàrticle 名 C〖物理〗反粒子.

an·ti·pas·to /æ̀ntipάːstou, -pǽs-/ 名 U 前菜. [イタリア語 'before food']

ànti·pathétic /移/ 形 ひどく毛嫌いする〈*to* ..を〉; 正反対の(性格の). two men ～ *to* each other 互いに虫の好かない同士の2人.

†**an·tip·a·thy** /æntípəθi/ 名 (複 **-thies**) **1** aU 反感, 毛嫌い,〈*to*, *toward*, *against* ..に対する〉; 反感, 反発,〈*between* ..の間の〉; (↔sympathy). I have an ～ *to* cats. 猫は大嫌いだ. **2** C 虫の好かないこと[もの].
類語 生理的に虫が好かないこと; 語源の「反対的感情」の気持ちが今でも感じられる; →dislike 名. [anti-, -pathy]

ànti·pèrsonnél 形 (施設破壊でなく)兵員殺傷が目的の〔爆弾など; 例えば neutron bomb〕.

an·ti·per·spi·rant /æ̀ntipərspái(ə)rənt/ 名 C〖薬〗発汗抑制剤.

an·ti·phon /ǽntifὰn, -fən|-fən/ 名 C 交唱聖歌《2つの聖歌隊が代わる代わる歌う》. [＜ギリシア語; anthem と同源]

「唱の.

an·tiph·o·nal /æntífənl/ 形 代わる代わる歌う, 交↑

an·tip·o·dal /æntípədl/ 形 **1** 対蹠(せき)地の, 地球の正反対側の. **2** 対蹠的な, 正反対の.

an·ti·pode /ǽntəpòud/ 名 C 正反対なもの.

an·tip·o·de·an /æntipədíːən/ 形 ＝antipodal.

an·tip·o·des /æntípədìːz/ 名 **1**〈複数扱い〉対蹠(せき)地《地球上正反対側にある2つの地点》. **2**〖英・戯〗〈the A-; 複数扱い〉オーストラリアとニュージーランド. **3**〈単複両扱い〉正反対なもの. [＜ギリシア語「足が反対の所にある」]

ànti·pollútion 形 (大気などの)汚染防止の(ための).

ánti·pòpe 名 C 対立教皇《正統なローマ教皇に反対して ˪自ら教皇を名乗る[教皇に立てられた]人》.

ànti·próton 名 C〖物理〗反陽子.

an·ti·py·ret·ic /æ̀ntipairétik 移/〖薬〗形 解熱の.
── 名 C 解熱剤.

an·ti·quar·i·an /æ̀ntikwέ(ə)riən 移/ 形 古物研究[収集]の, 好古家(的)の. an ～ bookshop (希少本が主の)古書肆(し)《a secondhand bookshop と区別して》. ── 名 C 古物研究[収集]家, 好古家.
▷～·**ism** 名 U 古物研究; 骨董(こっとう)趣味.

an·ti·quar·y /ǽntikwèri|-kwəri/ 名 (複 **-quaries**) C 古物研究[収集]家; 骨董(こっとう)商.

†**an·ti·quat·ed** /ǽntikwèitəd/ 形 古臭くなった, すたれた; 時代遅れの; 老朽の;〖話・戯〗年を取った. He has ～ ideas. 彼は頭が古い.

A

***an·tique** /æntíːk/ 形 ⓜ **1** 古い時代の, 骨董(こっとう)品の, (注意 単に古いのではなく, 普通 100 年以上前に作られ価値の出てきたものに言う); 骨董品を扱う. an ~ stove 骨董品のストーブ. an ~ dealer 骨董屋. an ~ store 古美術店. **2** 旧式な, 時代遅れの. **3**〔章〕古代(ギリシア, ローマ)の. ── 名 (複 ~s /-s/) **1** Ⓒ **古美術品**, 古器, アンティーク, (→形 1 注意). Korean ~*s* 朝鮮古器. **2** Ⓤ〈the ~〉古代風; 古代美術. a lover of the ~ 古代美術愛好家. ── 動 他 を時代物[アンティーク]に見せかける. [<ラテン語「昔の」(<*ante*「前方の」); antic と同源] ▷**an·tíqued** 形

***an·tiq·ui·ty** /æntíkwəti/ 名 (複 **-ties** /-z/) **1** Ⓤ 古さ, 古いこと. a city of great ~ 極めて古い都市. **2** Ⓤ 昔, (中世以前の)**古代**. classical ~ ギリシア・ローマ古典時代. great men of ~ 古代の偉人たち. in ~ 古代には. **3**〈-ties〉古代の風習[制度など]; 古代の遺物, 古器.

ànti·rácism 名 Ⓤ 人種差別反対主義.

an·tir·rhi·num /æ̀ntiráinəm/ 名 Ⓒ〔植〕キンギョソウ (snapdragon).

ànti-Sémite 名 Ⓒ 反ユダヤ主義者, ユダヤ排斥[迫害]者. ── 形 反ユダヤ主義の.

ànti-Semític /㊀/ 形 反ユダヤ(人)の.

an·ti-Sem·i·tism /æ̀ntisémətìz(ə)m/ 名 Ⓤ 反ユダヤ主義[運動], ユダヤ排斥[迫害].

an·ti·sep·sis /æ̀ntisépsis/ 名 (複 **-ses** /-siːz/) Ⓒ 殺菌(法), 消毒(法), 防腐(法).

‡**ànti·séptic** /㊀/ 形 **1** 防腐の; 殺菌した, 消毒済みの. **2**〔話〕味気ない, 面白味に欠ける. ── 名 Ⓒ 防腐剤, 消毒剤.

ànti·slávery /㊀/ 形 奴隷制度反対の.

‡**ànti·sócial** /㊀/ 形 **1** 反社会的な; 社会道徳に反する. ~ acts such as murder and theft 殺人や盗みのような反社会的行動. **2** 社交嫌いの. I don't mean to be ~ but I'm tired. 付き合いがいやなわけではないが疲れているのだ. **3** 人に会うことの少ない. **4** 社交にひびく〔労働時間など〕.

ànti·státic /㊀/ 形 帯電防止の〔織物など〕.

an·tis·tro·phe /æntístrəfi/ 名 Ⓒ **1** アンチストロペ《古代ギリシア劇の合唱舞踊隊の左から右へ旋回する戻り舞い(歌); →strophe》. **2**〔韻律学〕(韻律上)対立する節, 連.

ànti·súbmarine /㊀/ 形〔軍〕対潜水艦の.

ànti·tánk /㊀/ 形〔軍〕対戦車用の. an ~ gun 対戦車砲.

an·tith·e·sis /æntíθəsəs/ 名 (複 **an·tith·e·ses** /-sìːz/) **1**〔章〕Ⓤ 正反対(であること), 対照, 〈*between*, *of* ..の〉; Ⓒ 正反対のもの〈*of*, *to* ..と〉. the ~ *between* [*of*] theory and practice 理論と実際との対立. The ~ *of* [*to*] fact is fiction. 事実の反対は虚構である. **2** Ⓤ〔修辞学〕対照法; Ⓒ 対句《例: To err is human; to forgive divine. 誤るは人の常, 許すは神のわざ》. **3** Ⓒ〔哲〕反対命題, 反定立, アンチテーゼ. [<ギリシア語「対立して置く」]

an·ti·thet·ic, -i·cal /æ̀ntəθétik ㊀/, /-k(ə)l ㊀/ 形 正反対の, 対照的な, 〈*to* ..と〉; 対句をなす. ▷**an·ti·thet·i·cal·ly** 副 正反対に, 対照的に.

ànti·tóxin 名 ⓊⒸ 抗毒素.

ánti·tràde 形 反対貿易風の《貿易風(trade wind)の上を反対方向に吹く》. ── 名〈~s〉反対貿易風.

ànti·trúst /㊀/ 形〔経〕独占禁止の. ~ laws 独占禁止法《米国では 1890 年に最初に立法, 英国では Fair Trading Act (1973) がこれに当たる》.

ànti·wár /㊀/ 形 戦争反対の, 反戦の.

ant·ler /æ̃ntlər/ 名 Ⓒ (シカの)枝角(えだつの).

ánt lìon 名 Ⓒ〔虫〕ウスバカゲロウ; アリジゴク《ウスバカゲロウの幼虫》.

An·toi·nette /æ̀ntwɑːnét/ 名 **1** 女子の名. **2** Marie ~ マリー・アントワネット (1755-93)《フランス王ルイ 16 世の妃; フランス革命で処刑された》.

An·to·ny /æ̃ntəni/ 名 **1** 男子の名《Anthony の異形; 愛称 Tony》. **2 Mark ~** マーク・アントニー (83?–30 B.C.)《古代ローマの軍人・政治家; Cleopatra との愛欲とその最期を劇にした Shakespeare 作 *Antony and Cleopatra* は有名; 原語名 Marcus Antonius》.

†**an·to·nym** /æ̃ntənìm/ 名 Ⓒ 反意[反義]語 (↔ synonym)《例: up↔down; go↔come》. [anti-, ギリシア語 *ónoma*「名前」]

an·ton·y·mous /æntɑ́nəməs|-tɔ́n-/ 形 反意[反義]語の.

An·trim /æ̃ntrim/ 名 アントリム《北アイルランドの Belfast を含む地方の名》.

ants·y /æ̃ntsi/ 形〔米話〕いらいらして; 落ち着かない.

Ant·werp /æ̃ntwəːrp/ 名 アントワープ《ベルギー北部の海港・商業都市》.

A number 1 [**one**] /èi-nʌ̀mbər-wʌ́n/ 形 = A one.

a·nus /éinəs/ 名 Ⓒ〔解剖〕肛(こう)門. ◇形 anal [ラテン語「環」]

an·vil /æ̃nvəl/ 名 Ⓒ **1** 金床(かなとこ), 金敷(かなしき). **2**〔解剖〕きぬた骨《耳の小骨の 1 つ》.

on the ánvil〔章〕(1)〈比喩的〉鍛えられて; 〈*of* ..(の金床)で〉. (2)〔物事が〕準備中で[の], 取りかかっていて[いる].

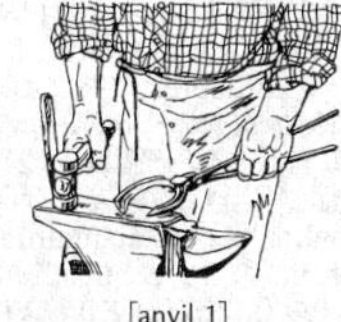

[anvil 1]

‡**anx·i·e·ty** /æŋzáiəti/ 名 (複 **-ties** /-z/) **1** Ⓤ **心配**, 懸念, 不安, 〈*about*, *for*, *over* ..についての〉; 〔精神医学〕不安. Don't cause your mother ~. お母さんに心配をかけるな. in [with] ~ 心配して. be ⌊full of [filled with] ~ *about* the future 将来の事が心配でたまらない.

> 連結 great [deep, grave; acute, intense, keen; the utmost; undue; slight] ~ // arouse [create; feel] ~; relieve a person's ~

2 Ⓒ **心配の種**, 心配事. Forget the *anxieties* of life and learn to relax. この世の心配事は忘れて気をゆったり持て. **3** Ⓤ **切望**, 熱望, 〈*for* ..に対する/*to* do ..(したい)という〉. a mother's ~ *for* her child's happiness 子の幸福を願う母の気持ち. His ~ *to* win was strong. 彼の勝ちたいという気持ちは強かった.

‡**anx·ious** /æ̃ŋ(k)ʃəs/ 形 ⓜ **1** (**a**) **心配して**, 案じて, 〈*about*, *for* ..のことを/*that* 節 ..ということを〉(★起る[起った]かもしれないことをたえず気にしていることを含意). Don't be ~; it'll be all right. 心配するな, 大丈夫だよ. I was [got] ~ *about* [*for*] his safety. 私は彼の安否が気がかり⌊だった[になった]. She is ~ *that* she may have failed the exam. 試験に落ちたかもしれないと彼女は心配している. (**b**) 心配している〔人〕; 心配そうな〔顔, 声など〕; 心配による. his ~ mother 心配している彼の母. ~ inquiries about the flood victims 洪水の被災者を心配してくる問い合わせ.

2〈限定〉心配な, 不安な, 気がかりな, 〔事柄など〕. ~ forebodings 気がかりな予感. spend an ~ night 心配な一夜を過ごす.

3〈叙述〉(**a**)〔人が〕**切望して**, 欲しがって, 〈*for* ..を〉(類語 熱心さに加えて, 願望の実現についての不安を含意する; →eager). The boy was ~ *for* a bicycle. 少年はしきりに自転車を欲しがった. (**b**) **しきりに..したがって**〈*to* do〉. Please come; I'm ⌊~ [~ *for* my father] *to* see you. 来てください, 君には是非⌊会いたい[父に会って欲しい]から. (**c**) 切望して〈*that* 節 ..ということを〉. I was ~ *that* she (should) accept my offer. 彼女が僕の申し込みを受諾してくれるように切望していた. [<ラテン語「心配な」(<窒息させる)]

A

anx·ious·ly /æŋ(k)ʃəsli/ 副 m 心配して; しきりに欲しがって. I'm ～ expecting your visit to Japan. あなたの訪日を心からお待ちしています.

‡**an·y** /əni, 強 éni/ (★品詞, 意味の違いに応じて強形, 弱形の使い分けがある. 語法, 用法は原則として anybody, anything, anywhere などとも共通する) (→some) 形 C 【少しでも】 **1** /əni/ 〈可算名詞の複数形, 不可算名詞に付けて〉 **(a)** 〈疑問文で〉 いくらか(でも), 少し(でも). Do you have ～ pencils [money]? 鉛筆[金]を(少しでも)持っていますか. **(b)** 〈条件節で〉 いくらか(でも), 少し(でも). If we need ～ stamps [bread], we go to the post office [a baker's]. 切手[パン]が必要なら郵便局[パン屋]へ行く. **(c)** 〈否定文で〉 少しも〔..ない〕. I don't have ～ friends [trouble]. 私には友達がいない[苦労がない] (＝I have *no* friends [trouble]). (★疑問文・条件節・否定文での some との使い分けについては → some 形 1 語法)

> 語法 (1) not など否定語に限らず否定的な意味の語と共に用いることができる (→成句 SCARCELY [hardly] any): She answered all the questions *without* ～ difficulty. (彼女は何の苦も無く全問題に答えた) He *avoided* ～ mention of the plan. (彼はその計画に言及するのを避けた) (2) 次のような形容詞節は条件節に相当するから any が用いられる: Every person who has ～ acquaintance with him respects him. 彼と少しでも面識のある人は彼を尊敬する. (3) 上の (a) (b) (c) どの場合も, 特に強調する必要がなければ強勢を置かずに発音し, 不定冠詞と同じく日本語に訳さなくてよい.

【何かの】 /éni/ 〈普通, 可算名詞の単数形に付けて〉 **2 (a)** 〈疑問文・条件節で〉 何か, だれか. Is there ～ interesting program? 何か面白い番組はないか. He knows English, if ～ man does. だれか英語を(ほんとうに)知っているとすれば, 彼こそその人だ. **(b)** 〈否定文で〉 何も, だれも, 〔..ない〕. I couldn't find ～ hat that fitted me at that store. あの店には私に合う帽子は見つからなかった. You can't get this at ～ bookseller's. これはどこの本屋でも手に入らない. (参考 これを文尾を↗の抑揚にすると「どこの本屋ででも手に入るというようなものではない」の意味になる). He hasn't left ～ message. 彼は何も伝言を頼んでいかなかった. The law *forbids* the building of ～ skyscraper on this land. この土地に超高層ビルを建てることは法律が禁じている (★forbid が否定に相当する意味を持つ; →1 語法 (1)).

3【どれでも】〈肯定文で〉 どの(**..**でも), どんな(..でも), どの(..でも). *Any* child could do it. どんな子供でもそれはできるだろう. somebody of ～ age of either sex 年齢, 性別を問わずだれか (★2つの中から選ぶ時は, any でなく either を用いる). Choose ～ book(s) you like. どれでも好きな本を選びなさい. You can get it at ～ bookseller's. それはどこの書店でも買える.

> 語法 (1) any は every と類義の場合もある (*Any*[＝*Every*] child could do it.) が, この場合 any は選択の自由(「どれをとっても」―A or B or C.. の関係)を表し, every は個別的に取り上げながら, 全体を意味する (A and B and C.. の関係). 従って You may come *every* day. (毎日来てもよい)で any を使うと別の意味「いつでも好きな日 (1日だけ) に」になる. (2)「any＋名詞」を主語として動詞を否定形にすることはできず,「no＋名詞」の形にする. anybody, anyone, anything を主語とする場合も同様. 従って「どんな子供もそれはできないだろう」は *No* child could do it. で *Any* child could *not* do it. は誤り. 同様に「だれもそれを知らない」は *Anyone* does *not* know it. でなく *No one* knows it. となる. 時に, これを修飾する節や句が後に続くとこの原則が忘れられて *Any* play he wrote was *not* a success. (彼の書いた芝居はどれも当たらなかった)のような文が見受けられるが語法上好ましくない.

àny amóunt [númber] of.. →amount, number.

****any one*** (1) /éni wʌ̀n/ ＝anyone. (2) /éni wʌ́n/ どれか1つ(の), だれか1人(の); どれ[だれ]でも. Take ～ *one* of the dolls. どの人形でもいいから1つ取りなさい.

ány tìme 〖話〗 (1) ＝at ANY time. (2) 〈接続詞的〉 (..する時は)いつでも. *Any time* I was late, the teacher got mad. 遅刻するといつも先生は怒った. (3) 〈Anytime. で〉 どういたしまして (You are welcome.). "Thanks for yaur help." "*Anytime.*"「手伝ってくれてありがとう」「どういたしまして」

(at) àny mínute [móment, tíme, etc.] nów 〖話〗 今すぐにでも, いつなんどき. Bob's letter should arrive ～ *day now*. ボブからの手紙は今日明日にも届くはずだ.

at ány ràte →rate.

at ány time いつでも; 今すぐにでも.

in ány càse →case¹.

nòt jùst ány.. ただの[並の]..ではない. He is *not just* ～ singer. 彼は並の歌手ではない.

── /éni/ 代 〈単複両扱い〉 **1** 〈疑問文・条件節で〉 いくらか, だれか, 何か. I'm collecting foreign stamps; do you have ～? 僕は外国の切手を集めていますが, あなたも(いくらか)お持ちですか 《any *foreign stamps* の意味》. May I have some more coffee, if there is ～ left? もし残っているのならもう少しコーヒーをもらえますか.

2 〈否定文で〉 どれも, だれも, 少しも, 〔..ない〕. He didn't answer ～ of my questions. 彼は私の質問のどれにも答えなかった (＝He answered *none* of my questions). Don't spend ～ of this money. このお金に(少しでも)手を付けてはいけない.

3 〈肯定文で〉 どれでも, だれでも. You may choose ～ of these pictures. この絵のうちどれでも選びなさい (★絵が2枚なら either を用いる).

Gétting àny? 〖米俗〗 よう, やってるかい 《「セックスを楽しんでいるか」という男同士のあいさつ代わりの文句》.

****if ány*** (1) もしあったら. Give what's left, *if* ～, to the dog. 残り物があったら犬にやりなさい. (2) たとえあっても. Errors are few, *if* ～. 誤りはあるにしても少ない 《誤りはまず無い》.

nòt háving àny 〖話〗 〔人が〕了承[賛成, 協力など]しないで, いやで. I tried to get my husband to buy a new car, but he wasn't *having* ～. 主人に新しく車を買わせようとしたけれど 彼はその気にならなかった.

── /éni/ 副 C **1** 〈比較級の語, 及び good, different, too などの前につけて〉 **(a)** 〈疑問文・条件節で〉 いくらか, 少しは; 少しでも. Is he ～ wealthier than I am? 彼は僕よりも少しでも金持ちだろうか. If you come ～ nearer, I'll shoot. もうちょっとでも近うけば撃つぞ. **(b)** 〈否定文で〉 少しも〔..ない〕. It wasn't ～ bigger than an average pearl. それは普通の真珠より少しも大きくなかった (＝It was *no* bigger than..). You don't look ～ different from three years ago. あなたは3年前と少しも様子が変わっていない.

2 〖米話〗 〈動詞を修飾して; 疑問文・否定文で〉 少しでも; 少しも〔..ない〕. Have you rested ～? 少しは休息しましたか. She doesn't care ～. 彼女はちっとも気にしていない.

àny lónger →long¹ 副.

****àny móre*** 〈否定文・疑問文・条件節で〉 もはや; これ以上. I won't see him ～ *more*. もう彼には会いません. If I eat ～ *more*, I won't be able to move. これ以上食べたら動けなくなります.

[＜古期英語 ǣnig (＜*ān* 'one'); -y¹]

A

‡an·y·bod·y /énibàdi, -bədi|-bɔ̀di, -bədi/ 代 【だれか】 **1** 〈疑問文・条件節で〉 **だれか**. Is ～ absent today? 今日はだれか休んでいますか. Don't shoot if you see ～ coming. だれかが来るのが見えたら, 撃つな.
2 〈否定文で〉 **だれも**〔..ない〕. I didn't see ～ there (＝I saw *nobody* there). そこにはだれもいなかった. 語法 anybody を主語にして not を伴う *Anybody* did *not* answer. は誤りで *Nobody* answered. と言う; →any 形 3 語法 (2).
【どんな人でも】 **3** だれでも. (**a**) 〈肯定文で〉 (→everybody 語法 (3)) *Anybody* can see that. だれだってそんな事わかる. Ask ～ in this room. この部屋にいるだれにでも聞いてみなさい. (**b**) 〈否定文で〉 Don't think I'm marrying just ～. 私はだれとでも結婚するつもりだなんて思わないで.

> 語法 (1) 1, 2 の場合, somebody との使い分けは any と some のそれと同じ. (2) 単数扱いが普通であるが, 〖話〗では they, their, them で受けることもある: Has ～ lost *their* glasses? (だれか眼鏡をなくしましたか) (3) 同義の anyone よりも口語的.

ànybody's guéss →guess.
── 名 (複 **-dies** /-z/) Ⓒ 〈普通, 無冠詞〉 **1** 〈疑問文・否定文・条件節で〉 **何らかの重要性[取り柄]のある人** (↔nobody). I don't think he is ～. あの人は大した人じゃなさそうだ. Everybody who was ～ at all attended the celebration. いやしくも大物といえる人は皆祝典に参列した (★who was ～ は条件節相当).
2 〈-dies〉 (どこにでもいるような)ただの人.

‡an·y·how /énihàu/ 副 Ⓒ (★2 以外は＝anyway) 〖話〗 【どのようにしても】 **1** (**a**) なんとしても, なんとか(して); 〈否定文で〉 どうしても〔..ない〕. I'm going to try it ～. なんとかやってみるつもりだ. The doors were locked and we couldn't get in ～. ドアにはかぎがかかっていてどうしても入れなかった. (**b**) 〈接続詞的に〉 どのように..しても. *Anyhow* I do it, it always fails. どうやっても, いつもだめだ.
2 【やり方はどうであれ】 〖主に英話〗 いいかげんに, ぞんざいに. The new maid does her work just [all] ～. 今度のお手伝いは仕事がいいかげんだ. The books were all ～ on the floor. 本はぞんざいに床に置かれていた. →any old HOW (成句).
【どうあろうとも】 **3** とにかく, いずれにしても, (★話を終えたり話題を変える時などに用いる). *Anyhow*, I don't like him. とにかくあの男は嫌いだ. **4** にもかかわらず, やはり, (nevertheless). I'm feeling ill, but I intend to go out ～. 気分が悪いけれど, やはり出かけるつもりです.
5 〈強意〉 いったい, そもそも. Why don't you marry, ～? いったいどうして結婚しないのか.

àny·móre 副 〖米〗 ＝ANY more (→ 副 の成句).

‡an·y·one /éniwʌ̀n, -wən/ 代 **だれか; だれも**〔..ない〕; だれでも. Ask ～ in your class. クラスのだれにでも聞きなさい (★any one は不可).
be ányone's 〖話〗 (セックスに関して)相手はだれでもいい.

> 語法 (1) anybody と同義; someone との使い分けは any と some のそれと同じ. (2) any one (→any 形 成句 (2)) と混同しないように. (3) →any 形 3 語法 (2).

ány·plàce 副 〖米話〗 どこにでも (anywhere). Just set the box down ～. その箱はどこでもいいから置きなさい.
gèt ányplace 成功する.

ány·ròad 副 〖英・非標準〗 ＝anyway.

‡an·y·thing /éniθìŋ/ 代 【何か】 **1** 〈疑問文・条件節で〉 **何か**. Is there ～ I can do for you? 何かご用がありますか. if ～ should happen in my absence 万が一私の留守中に何か起こったら. If I want to do ～, you want me to do something else. 私が何かをしたいと思うと, あなたは別の事をやれと言う.
2 〈否定文で〉 **何も**〔..ない〕. I don't know ～ about her family. 彼女の家族については何も知らない. 語法 *Anything* was *not* done. は誤りで *Nothing* was done. と言う; →any 形 3 語法 (2).
【どんな物・事でも】 **3** なんでも. (**a**) 〈肯定文で〉 (→everybody 語法 (3)). He likes ～ sweet. 彼は甘いものならなんでも好きだ. I will give you ～ you want. 欲しいものはなんでもあげる. *Anything* is better than nothing. どんな物でも無いよりはましだ. *Anything* you say may be taken down and used in evidence against you. あなたの話すことはなんでも記録され, あなたに不利な証拠として使われる可能性があります. (**b**) 〈否定文で〉 He doesn't want to do just ～. 彼はなんでもいいからやりたいと思っているわけではない.

> 語法 (1) something との使い分けは any と some とのそれと同じ. (2) anything を修飾する形容詞はその後に置く (→3 (a) の第 1 例).

ànything between X̀ and Ý X と Y の間で. ～ *between* 30 *and* 40 30 から 40 歳の間で.
****ánything but..*** (1) ..のほかならなんでも. I will do ～ *but* that. そのほかの事ならなんでもする(がそればかりはごめんだ). (2) 〖話〗 ..どころではない, 決して..ではない, (far from). He is ～ *but* an artist. あの男どうして芸術家なものか. "Is Sam sick?" "*Anything but!*" 「サムは病気か」「とんでもないよ」.
Ánything gòes. 〖話〗 何をしても構わない, なんでも「オーケーだ.
ánything like.. 〈疑問文・条件節・否定文で〉 ..のような[に似た]もの (→something LIKE..); 〈否定文で〉 とても..とは〔思えないなど〕. It does not taste ～ *like* beef. とても牛肉の味はしない.
ánything of.. 〈疑問文・条件節・否定文で〉 少しは..; 少しでも〔..なら〕; 少しも〔..でない〕; (→SOMETHING of.., NOTHING of..). Is he ～ *of* a golfer? あの人少しはゴルフやれますか. I haven't seen ～ *of* him for some time. ここしばらく彼にまるで会わない.
(as)..as ánything 〖話〗 ひどく.., すごく.., (→AS..as any). He's *as* mean *as* ～ when he gets drunk. 彼は酔っ払うと実に始末が悪い.
cannot do ánything with.. ..には手を焼く, ..は「どうしようもない.
for ánything (in the world) 〈普通 wouldn't と共に〉 〖話〗 何をもらっても, 決して, 〔..しない〕. I wouldn't go there again *for* ～. あそこへは絶対に 2 度と行きたくない.
if ánything とりたてて言えば, 何か違いがあるとすれば; どちらかと言えば. She's as lovely as ever; more so *if* ～. 彼女は相変わらずきれいだ, しいて言えば前以上だ.
lìke ánything 〈普通, 動詞を修飾して〉 〖話〗 たいへん, すごく. When he saw a policeman coming, he began to run *like* ～. 警官がやってくるのを見ると彼は猛烈に走り出した.
not have ànything on a pérson ＝HAVE nothing「*on a person*.
nòt jùst ánything 〖話〗 普通のこと[ただごと]でない, 格別のことで, (→not just ANY..).
or ánything 〖話〗 (そのほか)なんとか, 何か. If you touch me *or* ～, I'll scream. 私に触ったりなんかしたら大きい声を出すから.
── 副 いくらかでも 〈次の成句で〉.
ànything líke.. 〖話〗 いくらかでも..のような; 少しは..; 〈否定文で〉 全然〔..でない〕. Is she ～ *like* her mother? 彼女はお母さんに少しは似ていますか. The money is not ～ *like* enough for our needs. その金では我々の必要に全然足りない.

án·y·tìme 副 〖米〗 ＝ANY time (→形 の成句).

***an·y·way** /éniwèi/ 副 Ⓒ (★1, 2, 3, 4＝anyhow)

A

〘話〙 **1** なんとしても, なんとか; 〈否定文で〉 どうしても〔..ない〕; 〈接続詞的に〉 どのように..しても; (anyhow 1(a)(b)). I caught the ball ～; though it was slippery. ボールは滑ったがなんとか取った. Try and get it done ～ you can. どんなことをしてもそれを終えなさい.
2 とにかく, いずれにしても, (anyhow 3). *Anyway*, I'll see you tomorrow. とにかく, 明日お会いしましょう.
3 にもかかわらず, やはり, (anyhow 4). It rained but the game was played ～. 雨が降ったが試合は行われた.
4 〈強意〉 いったい, そもそも, (anyhow 5). What are you doing here ～ ? いったいここで何をしているのか.

:an·y·where /éni(h)wèər/ 副 Ⓒ
【どこかに】 **1** 〈疑問文・条件節で〉 どこかに[へ]. Isn't John ～ about? その辺にジョンはいませんか. Use my car, if you are going ～. どこかへ行くんだったら僕の車を使いたまえ. ～ else どこかほかの所へ.
2 〈否定文で〉 どこに[へ]も〔..ない〕. I don't feel like going ～ tonight. 今夜はどこへも行きたくない.
【どんな所にも】 **3** 〈肯定文で〉 どこに[へ]でも. You can put it ～. それはどこへ置いてもいい.
4 〈接続詞的〉 **..する所はどこでも** (wherever). You may go ～ you like. 君はどこでも好きな所へ行っていい.
語法 somewhere との使い分けは any と some とのそれと同じ.
ánywhere from X̀ to Ý [***between X̀ and Ý***] (数量の範囲が) X から Y の間, X ないし Y. Such handbags usually cost ～ *from* two hundred *to* three hundred dollars. こういうハンドバッグは普通 200 ドルから 300 ドルはする.
ànywhere néar [***clóse***] **..** 〘話〙 〈疑問文・条件節で〉 少しでも..に近い; 〈否定文で〉 全然..で〔ない〕 (→nowhere NEAR). Is my answer ～ *near* the correct one? 私の答えは正解に近いですか. The building work isn't ～ *near* complete. その建築工事は完成にはほど遠い.
be not gètting [***gòing***] ***ánywhere*** うまくいかない, 成功しない. He's *not going* ～. 彼はうまくいかない[うだつが上がらない]だろう.
gèt ánywhere (1) どこへでも行ける. (2) 〈疑問文・否定文・条件節で〉 (少しでも)成功する, うまくいく (→get NOWHERE, get SOMEWHERE). We couldn't *get* ～ in our attempt to convince him. 彼を説得しようとしたが全然だめだった.
gèt .. ánywhere 〈疑問文・否定文・条件節で〉 ..を少しでも成功させる. This easy life won't *get* you ～. そんな楽な生活をしていては君には何にもならない.
gò ánywhere ＝get ANYWHERE.
if ánywhere どこかに有るとすれば. In this town, *if* ～, you will find old Japan at her best. どこかにというなら, この町にこそ古い日本の最良の姿が見られる.
── 代 どこか (any place). Do you know ～ to stay overnight? どこか泊まれる所を知りませんか. *Anywhere* will do. どこでも結構です. miles from ～ どこからでも数マイル離れて.

an·y·wise /éniwàiz/ 副 〘主に米〙 どうしても; どの点でも.

An·zac /ǽnzæk/ 名 **1** 〈the ～s〉 〘史〙 (第一次世界大戦時の)アンザック軍(団), 豪州・ニュージーランド連合軍, 《< *A*ustralian and *N*ew *Z*ealand *A*rmy *C*orps》. **2** Ⓒ 〘史〙 アンザック兵士; (現在の)オーストラリア[ニュージーランド]兵.

Ánzac Dày 名 アンザック・デー 《4月25日. オーストラリア, ニュージーランドの休日. 第一次世界大戦中のアンザック軍のガリポリ上陸 (1915年) 記念》.

AOB, a.o.b. 〘英〙 any other business (その他(の議題)) 《議事に予定されていないが討議を要する事柄について言う》.

A-OK /èioukéi/ 形, 副 〘米話〙 完璧(ぺき)の[で], すべてオーケーの[で].

AOL America OnLine 《米国の代表的なプロバイダ》.

AONB 〘英〙 Area of Outstanding Natural Beauty (指定景勝地) 《開発利用が国により禁止されている》.

A1, A one /èi-wʌ́n/ 名 Ⓤ (船舶格付けの)第1等級 (→Lloyd's Register). ── 形 〘話〙 飛び切り上等の (excellent) 《米国では A number 1 とも言う》. I'm feeling *A1*. 体の調子は上々だ.

a·or·ta /eiɔ́ːrtə/ 名 (複 **～s, a·or·tae** /-tiː/) Ⓒ 大動脈 (→artery).

AP Associated Press.

ap- /ə(p)/ 接頭 ad- の異形 〈p の前に用いる〉.

a·pace /əpéis/ 副 〘雅〙 速く, すみやかに, (rapidly). Ill news runs ～. 〘諺〙 悪事千里を走る.

A·pach·e /əpǽtʃi/ 名 (複 **～, ～s**) Ⓒ アパッチ族(の人) 《北米先住民の一部族》. ── 形 アパッチ族の. [北米先住民語「人々」]

a·pache /əpǽʃ, əpáːʃ/ 名 Ⓒ (パリなどの)無頼漢. [< 「Apache」]

a·pa·nage /ǽpənidʒ/ 名 ＝appanage.

:a·part /əpáːrt/ 副 Ⓒ 〈比較は farther ～ で表す〉
【分かれて】 **1** 離れて; 別々に; わかれて. He stood with his feet wide ～. 彼は両足を広く開いて立っていた. live ～ 別れて住む. She sat a little ～, knitting. 彼女は編み物をしながら1人少し離れて座っていた. four kilometers ～ 4キロ離れて. miles ～ 大そう離れて. The brothers were born twelve years ～. その兄弟は12年あいだを置いて生まれた.
2 ばらばらに; 切り離して; 別れて, 分けて. come ～ (壊れて)ばらばらになる. fall ～ ばらばらになる, 〈比喩的〉 崩壊する. tear /../ ～ →tear² (成句). keep one's work and private life ～ 仕事とプライベートな生活を分ける.
【かけ離れて, 別で】 **3** (**a**) かけ離れた. things that seem ～ and unrelated かけ離れていて互いに無関係に見える物. (**b**) 〈形容詞的に; 名詞の後に置いて〉 一種独特な, 特異な. a breed ～ 一種独特な人種. Some people say that the Japanese are a race ～. 日本人は特異な民族だと言う人がいる.
4 〈(代)名詞, 動名詞の後に置いて〉 ..は別として. The cost ～, the building will take a lot of time. 費用はさておきその建築にはかなりの時間がかかるだろう. you and me ～ あなたと私を別にすれば.
***apárt from ..** (1) **..から離れて**. Mr. and Mrs. Smith live ～ *from* each other now. スミス夫妻は今はお互いに別れて暮らしている. (2) **..を別にすれば**, ..は別として, ..を除いて; (〘主に米〙 ASIDE from ..). *Apart from* a few minor mistakes, your composition was excellent. 二, 三の小さな誤りを別にすれば, 君の作文は優秀だった. (3) ..のほかに, ..だけではなく, (〘主に米〙 ASIDE from ..). There are other problems with that car ～ *from* its cost. その車は値段のほかにもいろいろ問題がある.
be pòles apárt →pole².
jòking apárt 冗談はさておき, まじめな話. *Joking* ～, you ought to see a doctor about your headache. 冗談はともかく, 君の頭痛は医者に診せるべきだ.
knòw [***tèll*** ↓] ***.. apárt.***
pùll /../ apárt →pull.
pùt .. apárt ＝set .. APART (2).
sèt .. apárt (1) ..を取りのけておく, 貯金しておく. *set* some money ～ *for* sickness 病気の時のために金を別にとっておく. (2) ..をへだてる; ..をはっきり区別する; 〈*from* ..から〉. Her bright red hair *set* her ～ *from* the other girls. 鮮やかな赤毛で彼女はほかの少女から際立っていた.
tàke .. apárt (1) 〔人〕をわきの方へ連れて行く. (2) をばらばらにする, 分解する. *take* a clock ～ 時計を分解する. (3) 〘話〙 をこてんこてんにやっつける, こきおろす. I'd *take* anybody ～ who dared to say a word against her.

彼女を悪く言うやつがいたらただではおかないぞ.
tèll [sèe] .. apárt ..を見分ける, 識別する. The two sisters are so alike I can't *tell* them ～. その姉妹2人はあまり似ているので私には区別がつかない.
wòrlds apárt 〖話〗(考え方などが)天と地の違いで. [＜古期フランス語 *à part* 'to the side']

†**a·part·heid** /əpɑ́ːrt(h)eit, -(h)ait/ 名 U **1** (南アフリカ共和国の黒人に対する)人種差別(政策), アパルトヘイト, 《1994年廃止》. **2** 差別(待遇). [アフリカーンス語「隔離」]

apàrt·hotél 名 C アパートホテル《自炊設備の付いた部屋がある》.

‡**a·part·ment** /əpɑ́ːrtmənt/ 名 (複 ～s /-ts/) **1** C 〖米〗(アパート, マンション内の)**1世帯分の部屋**, 1戸, (略 apt.) (〖英〗 flat). 注意 分譲ではなく賃貸. live in a three-room ～ 3部屋続きのアパートに住む. **2** ＝apartment house. **3** 〖英〗〈～s〉(保養地などの普通, 家具付きの短期用)貸し室《数室から成る》. **4** 〖英〗〈～s〉(特に宮殿などの壮麗な)部屋. **5** C 部屋 (room). [＜イタリア語「仕切られた居住区画」]

apàrtment blóck 名 〖英〗＝apartment house.

apàrtment hotél 名 C 〖米〗ホテル式マンション《ホテルのサービスの付いたマンション; 〖英〗 block of service flats》.

apártment hòuse [bùilding] 名 C 〖米〗アパート, マンション.

ap·a·thet·ic /æ̀pəθétik ⑧/ 形 無感動な, 無気力な; 冷淡な, 無関心な, 〈*about* ..に〉. ▷**ap·a·thet·i·cal·ly** /-k(ə)li/ 副 無関心で; 冷淡に.

†**ap·a·thy** /ǽpəθi/ 名 U 無感動, 無気力; 冷淡, 無関心, 〈*toward* ..に〉. sink into ～ 無気力になる. be sunk in ～ 無気力である. with ～ 無気力に; 冷淡に. [＜ギリシア語「無感情」]

APB 〖米〗all-points bulletin (全部署緊急連絡, 全国指名手配)《警察の》.

APC 〖軍〗armored personnel carrier (装甲兵員輸送車).

†**ape** /eip/ 名 C **1** 類人猿《尾の無い[短い]大形サル; gorilla, chimpanzee, orangutan, gibbon など》; 〈一般に〉サル. **2** 人まねをする人. **3** がさつ者, ばかな奴.
gò ápe 〖俗〗 (1) かっとなる, 気が狂う. (2) 熱狂する 〈*over* ..に〉. I've *gone* ～ *over* a young man Mom doesn't like. 私は母が嫌っている青年に夢中です.
── 動 他 をまねる. [＜古期英語]

APEC /éipek/ Asian Pacific Economic Cooperation Conference (アジア太平洋経済協力会議, エイペック).

ápe·màn /-mæ̀n/ 名 (複 -men /-mèn/) C 猿人《人間と類人猿との中間動物だったと推定される》.

Ap·en·nines /ǽpənàinz/ 名 〈the ～; 複数扱い〉アペニン山脈《イタリア半島を縦断する山脈》.

a·pe·ri·ent /əpí(ə)riənt/ 形, 名 ＝laxative.

a·pe·ri·tif /ɑːpèrətíːf/ 名 (複 ～s) C アペリティフ《食欲をつけるため食前に飲む少量の酒》. [フランス語「食欲をそそる(物)」(＜ラテン語「開く」)]

‡**ap·er·ture** /ǽpərtʃùər, -tʃər/ 名 C **1** 開き口, 穴. **2** (レンズの)口径; 開き. What is the correct ～ in this light? この明るさで絞りはどの位ですか.

ápe·shìt 形 〖俗〗〈次の用法のみ〉**gò ápeshit** すごく興奮する; かっとなる, すごく怒る.

APEX, Apex /éipeks/ 名 U アペックス《航空運賃の前売り割引; ＜*A*dvance *P*urchase *Ex*cursion》. an ～ fare アペックス運賃.

a·pex /éipeks/ 名 (複 ～·es, **a·pi·ces** /éipəsìːz, ǽp-/) C **1** 頂上, 頂点; 先端. the ～ of a triangle 三角形の頂点. **2** 〖章〗絶頂, 最高潮; 頂点. He is now at the ～ of his career. 彼は今生涯の絶頂にある. ── 動 自 頂点[クライマックス]に達する. ◇形 apical [ラテン語 'point']

a·pha·si·a /əféiʒ(i)ə|-zjə/ 名 U 〖医〗失語症.

a·pha·sic /əféizik/ 形, 名 C 失語症の(人).

a·phe·li·on /əfíːliən/ 名 (複 **a·phe·li·a** /-liə/) C 〖天〗遠日点《惑星などの軌道上で太陽から最も遠い点; ↔perihelion》. [＜ギリシア語「太陽から遠ざかった」]

a·pher·e·sis /əférəsis|æfíər-/ 名 U 〖言〗語頭音消失[省略]《例 *omni*bus→bus; *it* is→'tis》. →apocope, syncope.

a·phid /éifəd, ǽf-/ 名 ＝aphis.

a·phis /éifəs, ǽf-/ 名 (複 **a·phi·des** /-fədìːz/) C 〖虫〗アリマキ, アブラムシ.

aph·o·rism /ǽfərìz(ə)m/ 名 C 警句, 金言, (類語 epigram と異なり, 必ずしも機知 (wit) を含むとは限らない). [＜ギリシア語「区分すること」]

aph·o·ris·tic /æ̀fərístik ⑧/ 形 警句風の; 警句が得意の.

aph·ro·dis·i·ac /æ̀frədíziæ̀k ⑧/ 形 催淫(いん)性の. ── 名 UC 催淫剤, 媚(び)薬.

Aph·ro·di·te /æ̀frədáiti/ 名 〖ギ神話〗アフロディテ《美と愛の女神; ローマ神話の Venus》.

a·pi·a·rist /éipiərist/ 名 C 養蜂(ほう)家.

a·pi·ar·y /éipièri|-piəri/ 名 (複 -ries) C 養蜂(ほう)場. [＜ラテン語 *apis*「蜜蜂」]

ap·i·cal /ǽpikəl, éi-/ 形 **1** 頂上の, 頂点の. **2** 〖音声〗舌先(さき)の[を用いる]. ◇名 apex

a·pi·ces /éipəsìːz, ǽp-/ 名 apex の複数形.

a·pi·cul·ture /éipəkʌ̀ltʃər/ 名 U 養蜂(ほう).

a·pi·cul·tur·ist /èipəkʌ́ltʃ(ə)rist/ 名 C 養蜂(ほう)家, 養蜂業者.

†**a·piece** /əpíːs/ 副 めいめいに, 個々に; 1人[1個]につき. I gave the children two cookies ～. 子供たちにクッキーを2枚ずつやった. cost ten dollars ～ 1個10ドルする.

ap·ish /éipiʃ/ 形 サルのような; さるまねをする; 愚かな.

a·plen·ty /əplénti/ 〖米話・英古〗形 〈名詞の後につけて〉たっぷりの, たくさんの. I have money ～. 金ならたっぷりある. ── 副 どっさり; ひどく.

a·plomb /əplɑ́m|-lɔ́m/ 名 U 沈着, 自信, 《危機に面した時などの》. with perfect ～ 泰然自若として. [フランス語「垂直」(＜「おもりに従って」)]

ap·ne·a 〖米〗, **ap·noe·a** 〖英〗 /ǽpniə/ 名 U (一時的な)呼吸停止《特に睡眠中の》.

APO 〖米〗Army (and Air Force) Post Office (海外の陸(空)軍郵便局).

ap·o- /ǽpou, ǽpə/ 接頭 「離れて」「分かれて」の意味. *apo*logy. *apo*strophe. [ギリシア語 *apó* 'off, away']

Apoc. Apocalypse; Apocrypha.

‡**a·poc·a·lypse** /əpɑ́kəlìps|əpɔ́k-/ 名 C **1** 黙示, 啓示; 〖聖書〗〈the A-〉『ヨハネの黙示録』(Revelations)《世界の終末を予言的に鮮烈に描く》. **2** 〈the ～〉世界の終わり; 大破局. [＜ギリシア語「覆いを取ること」]

a·poc·a·lyp·tic /əpɑ̀kəlíptik|əpɔ̀k- ⑧/ 形 **1** 黙示の; 黙示録の. **2** 黙示録的な, 大災害を予言する; 世界の終末のような.

a·poc·o·pe /əpɑ́kəpi|əpɔ́k-/ 名 U 〖言〗語末音消失[省略]《例 maid*en*→maid; wi*th*→wi'; →apheresis, syncope》.

A·poc·ry·pha /əpɑ́krəfə|əpɔ́k-/ 名 **1** 〖聖書〗〈the ～〉外典, 経外書, 《典拠に疑義があるとされる14書; ↔canon》. **2** C 〈a-〉出所[作者; 真偽]の疑わしい文書. [＜ギリシア語「隠された」]

A·poc·ry·phal /əpɑ́krəf(ə)l|əpɔ́k-/ 形 **1** (聖書の)外典の. **2** 〈a-〉出所[作者]の疑わしい, 真偽の程は定かでない, 偽の, 〔文書, 書物など〕; まゆつば物の.

a·pod·o·sis /əpɑ́dəsəs|əpɔ́d-/ 名 (複 **a·pod·o·ses** /-sìːz/) C 〖文法〗(条件文の)帰結節 (→protasis).

ap·o·gee /ǽpədʒìː/ 名 C **1** 〖天〗遠地点《月や人工衛星などが軌道上で地球から最も遠ざかる点; ↔perigee》. **2** 〖章〗(権力などの)最高点, 絶頂.

A

a·po·lit·i·cal /èipəlítik(ə)l [米]/ [形] 政治に無関心[無関係]な, ノンポリの; 政治的に重要ではない. ▷**a·pól·i·tics** /èipálətiks|-pɔ́l-/ [名]

A·pol·lo /əpálou|əpɔ́l-/ [名] ([複] **~s**) **1** 〖ギ・ロ神話〗アポロ《太陽神; 音楽・詩・予言などをつかさどる》.
2 [C] 〈又は a-〉美青年.

Apóllo Prògram [名] 〈the ~〉アポロ計画《宇宙船 Apollo に人間を乗せて月面に送る計画; 1969 年に初めて成功, 1974 年廃止》.

†**a·pol·o·get·ic** /əpɑ̀lədʒétik|əpɔ̀l- [米]/ [形] 謝罪の, 弁解の; 謝罪する, わびる, 遺憾に[申し訳なく]思う, 〈*about*, *for*..を〉; 〔態度などが〕おずおずした. an ~ letter わび状. She was ~ *about* her mistake. 彼女は自分の間違いをわびた. —— [名] 〈~s〉〈単数扱い〉(キリスト教)弁証学, 護教学,《キリスト教擁護をめざす神学の一部門》. ◇[名] apology ▷**a·pol·o·get·i·cal·ly** /-k(ə)li/ [副] 謝罪して; 弁解して; すまなそうに.

ap·o·lo·gi·a /æ̀pəlóudʒiə/ [名] =apology 2.

a·pol·o·gist /əpálədʒist|əpɔ́l-/ [名] [C] 〖章〗弁護者; (キリスト教の)弁証家, 護教家.

‡**a·pol·o·gize,** 〖英〗 **-gise** /əpálədʒàiz|əpɔ́l-/ [動] (**-giz[s]·es** /-əz/| [過] [過分] **~d** /-d/|**-giz[s]·ing**) [自] **1** 謝罪する, 謝る; 弁解する; 〈*to*..〔人〕に/*for*..について〉. I ~. おわびします. Ann ~*d to* her teacher *for* coming to school late. アンは遅刻したので先生に謝った. ~ profusely 深くわびる. **2** 擁護[弁明]する.
—— [他] [VO] (~ *that* 節/"引用") ..ということを/「..」と言って謝罪する, わびる. I ~*d that* I had not come sooner. もっと早く来られなかったことをわびた.

‡**a·pol·o·gy** /əpálədʒi|əpɔ́l-/ [名] ([複] **-gies** /-z/) [C] **1** 謝罪, わび; 言い訳, 弁解; 〈*for*..についての〉([類語] 自分の非を認めて謝ること; →excuse). a written ~ わび状. make an ~ *for* being out 出かけていたのをわびる. You owe me an ~ *for* that. 君はその件で僕に謝らなければならない. Please accept our *apologies* for any inconveniences we have caused. ご迷惑をおかけしましたことをどうかご容赦ください. offer [make] *apologies* to..〖章〗..に謝罪する.

> [連結] a sincere [a profound; a handsome, a profuse; a full; an abject; a public; a clumsy] ~ // demand [get; offer] an ~

2 弁明, 擁護, 〈*for*..についての〉. His speech was an effective ~ *for* the Government's policies. 彼の演説は政府の政策の効果的な擁護論であった.
3 〖話・戯〗間に合わせ, ほんの申し訳(だけのもの), 名ばかりのもの, 〈*for*..として〉. I'm sorry this is a bit of an ~ *for* a meal. ほんの間に合わせの食事ですみません.
◇[動] apologize [形] apologetic [<ギリシア語「弁明」; apo-, -logy]

ap·o·phthegm /ǽpəθèm/ [名] [C] 格言, 警句.

ap·o·plec·tic /æ̀pəpléktik [米]/ [形] [C] **1** 卒中(性)の. an ~ fit [stroke] 卒中の発作. **2** 〖章〗(赤ら顔で)怒りっぽい; (怒りで)顔が赤くなった, かんかんに怒っている. He was ~ with rage. 彼は烈火のごとく怒っていた.

ap·o·plex·y /ǽpəplèksi/ [名] [U] 〖医〗卒中; 〈比喩的〉激しい怒り. [<ギリシア語「打ち倒すこと」]

a·port /əpɔ́ːrt/ [副] 〖海〗左舷(げん)に[へ].

a·pos·ta·sy /əpástəsi|əpɔ́s-/ [名] ([複] **-sies**) [UC] 背信, 背教; 変節, 脱党. [<ギリシア語「離れて立つこと」]

a·pos·tate /əpásteit, -tət|əpɔ́s-/ [名] [C] 背信者, 背教者; 変節者, 脱党者. —— [形] 背教の; 変節の.

a·pos·ta·tize /əpástətàiz|əpɔ́s-/ [動] [自] 信仰を捨てる; 変節する, 脱党する, 〈*from*..から〉.

a pos·te·ri·o·ri /éi-pɑstì(ə)rióːrai|-pɔstèr-/ [形], [副] 帰納的な[に]; 後天的な[に], 経験的な[に]; (↔a priori). [ラテン語 'from what comes after']

†**a·pos·tle** /əpás(ə)l|əpɔ́s-/ [名] [C] **1** 〈A-〉使徒《Matthew, Peter などキリストが布教のため各地に行かせた 12 人の弟子の 1 人》. the *Apostles* 12 使徒. **2** (ある地方の)最初のキリスト教伝道者, 開祖. **3** (主義, 改革運動などの)主唱者. an ~ of nonviolence 非暴力運動のリーダー. [<ギリシア語「派遣された者」]

Apòstles' Créed [名] 〈the ~〉(カトリックで)使徒信経, (新教で)使徒信条, 《キリスト教の最も基本的な信条から成る祈り》.

a·pos·to·late /əpástəlit, -lèit|əpɔ́s-/ [名] [UC] **1** 使徒の地位[任務]. **2** (改革運動などの)主唱者の地位[任務].

ap·os·tol·ic /æ̀pəstálik|-tɔ́l- [米]/ [形] **1** 使徒の; 12 使徒の. **2** (使徒ペテロの継承者としての)ローマ教皇の.

àpostolic succéssion [名] [U] 使徒継承《教会の権威は使徒に始まり, 各教皇を通じ永続的に伝承されるとする》.

***a·pos·tro·phe** /əpástrəfi|əpɔ́s-/ [名] ([複] **~s** /-z/)
1 [C] アポストロフィ《'》. [語法] (1) 名詞の語尾につけて所有格を表す: girl's, girls'. (2) 省略形, 短縮形を作る: he is→he's, will not→won't, never→ne'er, 1992→'92. (3) 文字, 数字などの複数形を作る: three A's (3 つの A), five 7's (5 つの数字 7), 1990's (1990 年代).
2 [U] 〖修辞学〗頓(とん)呼法《詩文や演説の途中でしばしば死者, 擬人化した物などに呼びかける表現法》.
[<ギリシア語「他へ向きを変える」]

a·pos·tro·phize /əpástrəfàiz|əpɔ́s-/ [動] [他], [自] (に対して)頓(とん)呼法を用いる, (〔人, 物〕に)途中で呼びかける.

apóthecaries' wèight [名] [U] 薬局衡量法《grain, scruple, dram, ounce, pound の単位から成り, 昔, 薬剤の計量に用いた》.

a·poth·e·car·y /əpáθəkèri|əpɔ́θəkəri/ [名] ([複] **-ries**) [C] 〖古〗薬剤師 (pharmacist). [<ギリシア語「倉庫」]

ap·o·thegm /ǽpəθèm/ [名] 〖米〗=apophthegm.

a·poth·e·o·sis /əpɑ̀θióusəs|əpɔ̀θ-/ [名] ([複] **-ses** /-siːz/) **1** [U] (人を)神として祭ること, 神格化. **2** [UC] 神聖視; 理想化[像]; 崇拝. **3** [UC] 精髄, 極致, 〈*of*..の〉. She is the ~ *of* motherly love. 彼女は母性愛の極致だ.

a·poth·e·o·size /əpáθiəsàiz|əpɔ́θ-/ [動] [他] **1** を神に祭る, 神格化する. **2** を神聖視する; を極度に崇拝する.

†**ap·pal** /əpɔ́ːl/ [動] (**~s**|**-ll-**) 〖英〗=appall.

Ap·pa·la·chi·ans /æ̀pəléitʃ(i)ənz, -lǽtʃ-|-léitʃ-/ [名] 〈the ~; 複数扱い〉アパラチア山脈《北米東海岸沿いの山脈; **the Appalàchian Móuntains** とも言う》.

†**ap·pall** 〖米〗, **ap·pal** 〖英〗 /əpɔ́ːl/ [動] (**~s**|**-ll-**) [他] をぞっとさせる, ぎょっとさせる. You ~ me! 全くあきれた人だ. I was ~*ed at* [*by*] the way things were going. 私は事態の成行きに色を失った. [<古期フランス語 'make [become] pale']

ap·palled [形] ぞっとする, ぎょっとする, 〈*at*, *with*, *by*..に/*that* 節..ということに〉. an ~ expression ぞっとした表情.

†**ap·pál·ling** [形] **1** ぞっとするような, 恐ろしい. an ~ sight 見るも恐ろしい光景. **2** 〖話〗とてもひどい. This is an ~ waste of time. これはひどい時間のむだだ.
▷**~·ly** [副] ぞっとするほど; 〖話〗ひどく.

ap·pa·loo·sa /æ̀pəlúːsə/ [名] [C] 〈しばしば A-〉アッパルーサ種の乗用馬《米西部産; しりに黒斑(はん)点がある》.

ap·pa·nage /ǽpənidʒ/ [名] [UC] 〖章〗**1** (生まれ, 地位などに伴う)役得. **2** 付属物, 属性.

ap·pa·rat·chik /àːpəráːtʃik/ [名] [C] **1** (政府, 共産党の)機関員. **2** 〖軽蔑・戯〗(政党, 組織などの)お偉方. [ロシア語(<ラテン語) 'apparatus']

***ap·pa·rat·us** /æ̀pərǽtəs, -réi-|-réi-/ [名] ([複] **~**, **~·**

es /-əz/) UC 〈複数形はまれ〉 **1 器具[器械]一式**; 装置; (★いくつかの machines や instruments から成る複雑な機構を指す). a piece of ～ 1 つの器械. laboratory ～ 実験室の装置. a heating ～ 暖房装置.
2 (体の)一連の器官. the breathing [digestive] ～ 呼吸[消化]器官. **3** (政治などの)機構, 組織, (organization). a bureaucratic ～ 官僚機構. **4** (テクストに付けた)研究資料 《**crìtical apparátus** とも言う》.
[ラテン語「準備」]

‡ap·par·el /əpǽrəl/ 名 **1** **(a)** U 〖章・雅〗 (特にきらびやかで特殊な)衣服; 装い; (類語 主に商業用語として; →clothing). the fine ～ of the king 王のきらびやかな装い. **(b)** C 〈～s〉 僧服の刺繍(ししゅう)飾り. **2** U 〖主に米〗〈修飾語句を伴って〉服, 衣料. children's ready-to-wear ～ 子供既製服. ladies' [women's] ～ 婦人服.
── 動 (～s|〖英〗-ll-) 他 〖雅・古〗に衣服をまとわせる, 装わせる, (clothe). [<古期フランス語「ふさわしく装わせる」]

‡ap·par·ent /əpǽrənt/ 形 m **1 外見上の; 見せかけの**, うわべの, (seeming); (★「実はそうでないかもしれない」の意味が入っている). the ～ size of the moon 月の見かけ上の大きさ. in spite of his ～ indifference 彼は一見無関心のように見えるけれども. Her air of innocence is ∟～, not real [more ～ than real]. 彼女の無邪気なそぶりは見せかけで本物ではない[本物というより見せかけだ].
2 〈普通, 叙述〉 (一見して)**明白で**, 歴然として. It was ～ *to* everybody that our team was stronger. 我々のチームのほうが強いのはだれの目にも明らかであった. It soon became ～ who was lying. だれがうそをついているかすぐに明らかになった. for no ～ reason はっきりした理由もなしに.

類語 evident に非常に近いが, それよりも視覚的要素が強く, 目に見える場合に特に好まれる; *apparent* defeat のような結合では「歴然たる敗北」か「見かけだけの敗北」(→1) かあいまいなので, 前者ならば evident のほうが好ましい; →clear 4.

◇動 appear [appear, -ent]

‡ap·par·ent·ly /əpǽrəntli/ 副 m **1** (実際はともかく)**外見上は**, 見たところ. . らしい, (seemingly); (聞いたところでは)どうも. Though ～ healthy, he really has a delicate constitution. 彼は見かけは健康そうだが実は体が弱い. He is not coming, ～. 彼はどうも来ないらしい (★これは文修飾; ＝*It appears that* he is not coming). **2** 明らかに (evidently). The man is ～ deceiving us. あの男は明らかに我々をだましている.

ap·pa·ri·tion /æ̀pəríʃ(ə)n/ 名 **1** C (不意に現れる)得体の知れない光景[人の姿]; 幽霊, 亡霊; (類語 突然の出現を強調する; →ghost). **2** U (幽霊などの)出現.

‡ap·peal /əpíːl/ 動 (～s /-z/|過 過分 ～ed /-d/|～·ing) 自 【訴える】 **1** VA (～ *to*..) 〔人〕**に懇願する**, 懇請する; (～ *for*..) 〔事柄〕を求める; (～ *against*..) ..に反対を訴える; (～ *to* [*for*] X *to do*) X (人)に. . してくれるように懇願する[訴える]. We ～ *to* this conference—do not turn your back on the poor. この会議に懇請します. 貧しい人たちに背を向けないでください. ～ (*to* a person) *for* help (人に)援助を懇請する. He ～*ed to* [*for*] his friends *to* support him. 彼は友人に(自分を)支持してくれるように頼んだ.
2 VA (～ *to*..) 〔理性, 武力, 法律など〕**に訴える**, 援助を求める; . . を理由として指摘する, 持ち出す. ～ *to* reason [arms, a person's better nature] 理性[武力, 人の優しい気持ち]に訴える. You must ～ *to* public opinion to win the election. 選挙に勝つには世論に訴えなければならない. He ～*ed to* lack of funds as a reason for the failure of his enterprise. 事業の失敗の理由として彼は資金不足を挙げた.
3 〖法〗控訴する, 上告する; 〖スポーツ〗アピールする, 抗議する; 〈*to* . . 〔裁判所, 審判など〕に/*against* . . を不服として〉. I've decided to ～. 訴える決心をした. ～ *to* a higher court 上級裁判所に控訴する. ～ *against* a sentence 判決を不服として上告する.
4 【心に訴える】 **魅力がある** 〈*to* . . 〔人〕にとって〉. Modern art does not ～ (*to* me). 現代美術は(私には)魅力がない.
── 他 〖法〗に関して控訴[上告]する. The case is being ～*ed*. その訴訟は上告中だ.
── 名 (複 ～s /-z/) **1** UC **懇願**, 懇請, 〈*for* . . 〔援助, 慈悲など〕の〉; 訴え 〈*to* . . 〔世論, 武力など〕への〉. launch an ～ *for* help 援助を訴え始める. make an ～ *to* the public 世間に訴える. There was a look of ～ in her eyes. 彼女は目に懇願の表情を浮かべていた.

連結 an eloquent [a stirring; a passionate; a desperate, an urgent] ～ // respond to [ignore] an ～

2 UC 〖法〗控訴, 上告. lodge [enter] an ～ 控訴する. the right of ～ 控訴の権利. There is no ～ *against* the jury's verdict. 陪審団の評決に対しては上告できない.

連結 win [lose; dismiss, reject; admit] an ～

3 C 〖スポーツ〗(審判などに対する)アピール.
4 U **魅力**, 人を引きつける力. lose one's sex ～ 性的魅力を失う. the ～ of the sea 海の魅力. Jazz ∟has lost [holds] its ～ for me. ジャズは僕には面白くなくなった[面白い]. have a wide ～ 広く受ける.

連結 powerful [irresistible, magnetic; mass, popular; widespread; universal] ～

[<ラテン語「接近する>懇願する」]

Appéal Còurt 名 ＝Appeal(s) Court.

†ap·péal·ing 形 **1** 訴える(ような). with an ～ gesture [look] 哀願するような身振り[目つき]で. **2** 人の心に訴える; 興味をそそる, 魅力のある, (↔unappealing). an ～ smile 魅力的な微笑. ▷ **～·ly** 副 訴えるように.

appéal plày 名 U 〖野球〗アピールプレー 《守備側が攻撃側の反則行為を指摘し, 審判員にアウトを主張すること; 指摘しなければプレーは続行される》.

Appéal(s) Còurt 名 C 控訴[上告]裁判所 《〖英〗は Appeal, 〖米〗は Appeals; **Còurt of Appéal(s)** とも言う》.

‡ap·pear /əpíər/ 動 (～s /-z/|過 過分 ～ed /-d/|～·ing /-riŋ/) 自 【現れ出る】 **1** **(a)** **現れる**, 出る; 見えてくる; (会合などに)姿を現す, 到着する; (↔disappear; 類語 出現それ自体を強調する; →emerge). ～ in public 人前に出る. The ship ～*ed* on the horizon. その船が水平線上に現れた. He ～*ed* at the party late. 彼はパーティーへ遅れてやって来た. ～ from nowhere どこからともなく現れる. **(b)** VA (～ *in* [*on*] ..) 〔テーマなどが〕出てくる 〈進行形不可〉.
2 VA (～ *as* ..) **..の役で出演する**; (～ *on* ..) 〔舞台など〕に出演する; (～ *in* ..) 〔映画など〕に出る. ～ *as* Hamlet ハムレット役で出演する. ～ *on* TV テレビに出演する. ～ *in* a movie 映画に出る.
3 出頭する, 出席する; 出廷する. ～ for an interview 面接に出頭する. Mr. White ～*ed for* [*on behalf of*] him in court. ホワイト氏が彼の弁護人として出廷した.
4 〔作品が〕世に出る, **出版される**; 〔記事などが〕載る, 出る; 〔名前, 項目などが〕載っている, 出ている. His new book is to ～ next month. 彼の新しい本は来月出版の予定です. My name doesn't ～ on the list. 私の名前がそのリストに載っていない. ～ on the front page (新聞の)一面に出る.

A

【外に表れる】 **5 (a)** VC (〜 (*to be*) X) X (であるよう)に**見える**, (外見上)思われる, (類語 外見はそうでも実際は必ずしもそうではないという気持ちを表す; →seem). She is 5 feet 5 but 〜*s* (*to be*) taller. 彼女は5フィート5インチだが, もっと高く見える. The baby doesn't 〜 *to be* awake. 赤ん坊は目が覚めていないようだ. There 〜*ed to be* no one there. そこにはだれもいないようだった (=It 〜*ed* that there was no one there. →It APPEARS (that)..). He 〜*s to have been* a great sportsman. (見たところ)彼は大変なスポーツマンだったようだ.
(b) VA (〜 *to do*) ..するように見える[思われる]. She didn't 〜 *to* recognize me. 彼女は私だと分からなかったようだ. ◇名 appearance, apparition 形 apparent
as it appéars 見たところ. She is in good health *as it* 〜*s*. 彼女は見たところでは健康だ.
It appèars só [nót]. (質問に答えて)そうらしい[そうではないらしい]. "Will he have to resign his post?" "It 〜*s so* [*not*]."「彼は辞任しなくてはならないのか」「そのようだね[そうはならないようだ]」.
It appéars (that)... (どうも)..らしい; ..は明らかである. *It* 〜*s that* the old man is quite well. 老人は全く元気そうだ (=The old man 〜*s* (*to be*) quite well). ★同じ意味で ***It would appear*** というのは〖章〗又は〈大げさ〉な言い方.
Sò it appéars.=***Sò it would appéar.*** "She came then?" "*So it would* 〜."「彼女は来たの」「そのようですね」.
[<ラテン語「見えて来る」(<ad-+*pārēre*「現われる」)]

‡**ap·pear·ance** /əpí(ə)rəns/ 名 (複 **-anc·es** /-əz/)
【出現】 **1** C **出現** (↔disappearance); 出演, 出場; 出版; 出頭, 出席. I was surprised at his sudden 〜. 彼が突然出て来たので驚いた. She made her first 〜 on the stage in 1950. 彼女は1950年に初舞台を踏んだ. the 〜 of his new novel 彼の新しい小説の出版. his 〜 in court 彼の出廷.
【外見】 **2** UC (人の)**風采**(さい); **外観**, 様子; 体裁, 見せかけ; (類語「外見」の意味では look(s) と同じだが, しばしば「見せかけだけで実際はそうでない」の意味が含まれる; →aspect, guise, semblance). He doesn't take care of his 〜 very well. 彼は自分の風采にはあまり気を使わない. From the 〜 of the sky we're going to have a shower in the afternoon. この空模様では午後にはひと雨ありそうだ. in (outward) 〜 見たところは, 外見は. change [alter] the whole 〜 外見全体を変える. The document has⌞every 〜 [all the 〜*s*] of having been tampered with. その書類には不当に手を加えられた明白な形跡がある. judge by 〜*s* 外見で判断する. *Appearances* are [can be] deceptive. 人[物]は見かけによらぬもの. **3** 〈〜s〉 情勢, 状況. *Appearances* are against you. 形勢は君に不利だ.
◇動 appear 形 apparent
against [còntrary to] (àll) appéarances 外観[見たところ]とは違って.
creàte [gìve] the appéarance of .. ..のように見せかける.
****kèep up appéarances*** **見えを張る**, 体裁を繕う.
màke an appéarance 公衆の前に出る; 到着する; 出席する; ちょっと顔を出す.
pùt ín an appéarance ちょっと顔を出す〈*at* ..〔会合など〕に〉. He just *put in an* 〜 *at* the party. そのパーティーには彼はちょっと顔を出しただけだ.
****to [by,* 〖米〗 *from] áll appèarances*** (どこを)どう見ても, 見たところ. *To all* 〜*s* he wasn't the least tired. どう見ても彼は全然疲れている様子はなかった.

appéarance mòney 名 U (有名選手への)出場報酬.

‡**ap·pease** /əpí:z/ 動 他 **1** 〔人〕をなだめる; 〔怒りなど〕を和らげる, 静める; (類語 普通, 譲歩や妥協を暗示する; →pacify). 〜 an angry man 怒った人をなだめる.
2 〔食欲など〕を満たす, 〔のどの渇き〕をいやす; 〔好奇心など〕を満足させる. That will 〜 my appetite, but that's all. それで一応食欲はおさまるがそれだけのことだ.
3 〖政〗〔相手国の要求など〕に譲歩する, を宥(ゆう)和する.
[<古期フランス語「静める」(<*à pais* 'to peace')]

ap·péase·ment 名 **1** UC なだめること, 静めること. **2** U 〖しばしば軽蔑〗宥(ゆう)和, 譲歩. an 〜 policy 宥和政策 《1938年のミュンヘン条約で英国が示したのが有名な例》.

ap·pel·lant /əpélənt/ 〖法〗 形 上訴の. ── 名 C 上訴人.

ap·pel·late /əpélət/ 形 〖法〗上訴事件を審理する.

appéllate còurt 名 C 上訴裁判所.

ap·pel·la·tion /æpəléiʃ(ə)n/ 名 〖章〗 **1** C 名称 (name); 異名, 呼び名, 《例えば Richard *the Lion-hearted* (獅子(し)心王リチャード)の斜体部》. **2** U 命名.

ap·pel·la·tive /əpélətiv/ 形, 名 C **1** 異名(の). **2** 〖文法〗(固有名詞に対し)普通名詞(の).

ap·pend /əpénd/ 動 他 〖章〗〔付録〕を添える, 添付する, 付加する, (add); 〔署名〕をする, 〔印〕を押す; 〔札など〕を付ける; 〈*to* ..に〉. 〜 explanatory notes *to* a text テキストに注を付ける. [<ラテン語「..に吊るす」]

ap·pend·age /əpéndidʒ/ 名 C **1** 付加物, 付属品, 〈*to* ..への〉. **2** 〖生物〗付属器官《動物の足, 尾, 植物の枝など》.

ap·pen·dec·to·my /æpəndéktəmi/ 名 (複 **-mies**) UC 〖医〗虫垂切除 (→appendix 2).

ap·pen·di·ces /əpéndəsi:z/ 名 appendix の複数形.

ap·pen·di·ci·tis /əpèndəsáitis/ 名 U 〖医〗虫垂炎 (→appendix 2).

†**ap·pen·dix** /əpéndiks/ 名 (複 **〜·es, appendices**) C **1** 付属物, (特に書物, 文書の)付録 《略 app.》. maps in the 〜 *to* [*of*] the dictionary 辞書の付録にある地図. **2** 〖解剖〗虫垂 《俗に言う盲腸; vermiform appendix とも言う》.
[ラテン語「(ぶら下がった)付属物」]

ap·per·tain /æpərtéin/ 動 自 〖章〗 VA (〜 *to* ..) 〔普通, 人でなく物(事)〕に属する, 関連する. the responsibilities 〜*ing to* his office 彼の職務に伴う責任.

***ap·pe·tite** /ǽpətàit/ 名 (複 **〜s** /-ts/) UC **1 食欲**. Fresh air gives us an 〜. 新鮮な空気は食欲を出させる. have a good [poor] 〜 食が進む[進まない]. with a good 〜 旺(おう)盛な食欲で, もりもり. lose one's 〜 食欲がなくなる. have no 〜 食欲がない. spoil [ruin, take away] a person's 〜 人の食欲をなくさせる. a sudden decrease in 〜 急激な食欲減退. A good 〜 is a good sauce. 〖諺〗'空腹にまずいものなし'.
2 欲望 (desire); 欲求, 好み; 〈*for* ..に対する〉. have a great 〜 *for* reading 読書欲が旺盛である. sexual 〜*s* 性欲. curb his 〜 *for* power 彼の権力欲を抑える.

1, 2 の 連結 a healthy [a hearty; a huge, an insatiable, a ravenous, a voracious] 〜 // satisfy [gratify, indulge, satiate] one's 〜

whèt a pèrson's áppetite 人の食欲[欲望, 欲求, 興味]をそそる, 人に熱中させる. [<ラテン語「強い欲求」]

ap·pe·tiz·er /ǽpətàizər/ 名 C 食欲を促進するもの 《hors d'oeuvre と aperitif との総称》.

ap·pe·tiz·ing /ǽpətàiziŋ/ 形 食欲をそそる, うまそうな. ▷**〜·ly** 副 うまそうに〔料理されたなど〕.

Àp·pi·an Wáy /æpiən-/ 名 〈the 〜〉 アッピア街道 《ローマから南西に向かう古代ローマの軍用道路; 建設者 Appius の名にちなむ; 一部は現存》.

***ap·plaud** /əplɔ́:d/ 動 (〜s /-dz/ | 過 過分 〜·ed /-əd/ | 〜·ing) 他 **1** に**拍手喝采**(かっさい)する. 〜 the performance [the actors and actresses] 演技[俳優たち]に拍手を送る. be warmly 〜*ed* 熱烈な喝采を受ける. **2** をほめる, 賞賛する; に賛同する. I 〜 your courage. 君の勇

気をたたえます. ── 自 拍手喝采する. The audience ~*ed* for a full five minutes. 観客はたっぷり5分間拍手した. [<ラテン語「..に拍手する」]

***ap·plause** /əplɔ́ːz/ 名 U 拍手喝采(かっさい); 賞賛. greet the conductor with ~ 拍手して指揮者を迎える. win popular ~ 大衆の喝采を博する. The audience gave the singer a round of ~. 聴衆は歌手にひとしきり拍手を贈った. to ~ 拍手喝采のうちに. ◇動 applaud

> 連結 lengthy [prolonged; loud, thunderous; enthusiastic, warm; spontaneous; light] ~ // ~ breaks out [dies down]

Ap·ple /ǽp(ə)l/ 名 アップル社(の製品)《米国 California 州のコンピュータ企業; →Macintosh》.

‡ap·ple /ǽp(ə)l/ 名 (複 **~s** /-z/) C リンゴ; リンゴの木; U リンゴ(の果肉). a cooking ~ 調理用リンゴ. An ~ a day keeps the doctor away. 〖諺〗リンゴ1日1個で医者知らず. I exercise regularly—an ~ a day is my motto. 私はいつも運動している. 予防が私のモットーです《前出の諺をふまえた表現》. The ~ never falls far from the tree. (リンゴは木から離れた所には落ちない>) 顕著な特徴は遺伝する. bob [dip, dunk] for ~*s* (水を張ったバケツの)リンゴを(手を使わずに)口でくわえる《ハロウィーンなどに行われるゲーム》.

a ròtten ápple (1) 腐ったリンゴ. (2) 悪影響を及ぼす人《***a ròtten [bàd] ápple in the bárrel*** とも言う》.

compàre ápples and óranges 比較できないものを比べる. It's like *comparing ~s and oranges*. それでは比較できないものを比べていることになる.

pòlish ápples [the ápple] 〖米話〗ご機嫌とりをする, 'ごまをする'. →apple-polish.

the àpple of a pèrson's éye (目に入れても痛くないほど)かわいい子供; 非常に大切な物. [<古期英語]

àpple brándy 名 U アップルブランデー.

àpple bútter 名 U リンゴジャム.

ápple·càrt 名 C リンゴ売りの手押し車〈主に次の成句で〉. ***upsèt the [a pèrson's] ápplecart*** 〖話〗人の計画[順調に行っていること]をめちゃめちゃにする; 学説などを覆す.

ápple·jàck 名 〖主に米〗=apple brandy.

àpple of díscord 名 〈the ~〉'不和のリンゴ'《トロイ戦争の原因となった黄金のリンゴ》; 〖雅〗争いの種.

àpple píe 名 C アップルパイ (★限定的用法では **ápple-pìe**). (as) American as ~ 非常にアメリカ的な《apple pie はアメリカの最も伝統的なデザート》.

as èasy as ápple pìe =as easy as PIE.

in àpple-pie órder 〖話〗きちんと(して), 秩序整然と(して). His files were *in apple-pie order*. 彼の書類箱は実に整然としていた.

àpple-pie béd 名 C 〖英〗アップルパイ寝床《シーツをうまく折って中に入れないようにする; いたずら》.

ápple-pòlish 動 他, 自 〖米話〗(に)おべっかを使う, 'ごまをする',《学童がリンゴをみがいて先生に贈った風習から》. ▷**~·er** 名 C 〖主に米話〗ご機嫌とり, ごますり,《人》. **~·ing** 名 U 〖主に米話〗ご機嫌とり, ごますり,《行為》.

apple·sauce /⌐-⌐|⌐-⌐/ 名 U アップルソース《リンゴをつぶして甘く煮たもの》.

Ápple·sèed 名 **Johnny ~** アップルシード (1774–1845)《米国東部を歩いてリンゴの種を配ったと言う; 本名 John Chapman》.

†ap·pli·ance /əpláiəns/ 名 C **1** 〔特定の目的のための〕器具, 機械; 装置; 〈特に〉家庭用(電気)器具; 〈*for* ..用の〉(→utensil). an ~ *for* peeling potatoes ジャガイモの皮むき器. household [domestic] ~*s* 家庭用(電気)製品. an ~ store 家庭用(電気)器具店. **2** 〖英〗=fire engine.

àp·pli·ca·bíl·i·ty 名 U 適用できること, 応用のきくこと.

†ap·pli·ca·ble /ǽplikəb(ə)l, əplíkə-/ 形 〈普通, 叙述〉適用され(得)る, 効力を持つ; 応用できる; 当てはまる, 適切な; 〈*to* ..に〉. Is the rule ~ *to* us foreigners? その規則は我々外国人にも当てはまりますか. ◇動 apply ▷ **-bly** 副

***ap·pli·cant** /ǽplikənt/ 名 (複 **~s** /-ts/) C 申込者; 志願者; 応募者; 〈*for* ..への〉. an ~ *for* a job 就職希望者. an ~ *for* admission to a school 入学志願者. ◇動 apply

‡ap·pli·ca·tion /æplikéiʃ(ə)n/ 名 (複 **~s** /-z/)

1 (a) U 適用, 応用, 〈*of* ..の/*to* ..への〉; 該当. the ~ *of* a rule *to* a case ある事例に対する規則の適用. the ~ *of* new scientific discoveries *to* industry 科学上の新発見の産業への応用. **(b)** C 適用法[例], 応用の仕方. a rule of many ~*s* 適用範囲の広い規則.

2 (a) UC 志願, 申し込み, 請求, 〈*for* ..に対する/*to* ..への〉. *Application* should be made in writing to the following address. 申し込みは文書により下記の宛(あ)先に郵送のこと. **(b)** C 願書, 申込書, 〈*for* ..の〉. an ~ form [blank] 申し込み用紙. a written ~ 願書. fill out [in] an ~ 願書に(必要な事項を)書き込む. make an ~ *for* admission [a job] 入学[就職]を申し込む.

> 連結 file [present, submit; consider; accept; refuse, reject, turn down] an ~

3 U 専念, 没頭, 〈*to* ..に対する〉. *Application to* his studies brought him excellent results in the final examination. 熱心に勉強したおかげで彼は最終試験にみごとな成績を得た. with great [intense] ~ 一心不乱に.

4 (a) UC (薬を)塗る[張る]こと, 塗布; (ペンキ, ワックスなどを)塗ること. medicine for external ~ 外用薬. This bruise needs an ~ of ointment three times a day. この打ち身には1日3回軟膏(なんこう)を塗る必要があります. **(b)** C 膏(こう)薬, 塗り薬.

5 C 〖電算〗アプリケーション・ソフト. ◇動 apply

on [upon] applicátion (to ..) (..への)申し込み次第. Catalogue *on* ~. 申し込み次第カタログ進呈 (★動詞 will be sent を on の前に補って解する).

applicàtion páckage 名 C 〖電算〗アプリケーション・(パッケージ)ソフト《多様な機能を持つ》.

ap·pli·ca·tor /ǽplikèitər/ 名 C (薬, 光沢剤などを)塗りつける道具; (タンポンなどの)挿入具.

†ap·plied /əpláid/ 形 〈限定〉適用された; 応用の; (↔pure, theoretical).

applìed chémistry 名 U 応用化学.

applìed linguístics 名 U 応用言語学.

applìed mathemátics 名 U 応用数学.

ap·pli·qué /æpləkéi|æplíːkei/ 名 U アップリケ《切り取った模様を別の布地に縫い付ける手芸》.

── 動 (**~s** /-z/|過 過分 **~d** /-d/|**~·ing**) 他 にアップリケを付ける. [フランス語 'applied']

‡ap·ply /əplái/ 動 (**-plies** /-z/|過 過分 **-plied** /-d/|**~·ing**) 他 【当てる】 **1** 〔包帯〕を当てる, 付ける; 〔薬など〕を塗る, 張る; 〈*to* ..に〉. ~ a bandage 包帯をする. ~ paint ペンキを塗る. ~ a plaster *to* a wound 傷に膏(こう)薬を張る.

2 〔熱, 力など〕を加える〈*to* ..に〉; 〔装置〕を動かす. ~ pressure [heat] *to* the plate 板金に圧力[熱]を加える. ~ force 力を入れる. ~ the brakes ブレーキをかける.

【振り向ける】 **3** 〔知識など〕を応用する, 〔言葉など〕を当てる; 〔金など〕を充当する; 〔規則など〕を適用する; 〈*to* ..に〉. ~ money *to* the payment of a debt 金を借金の支払いに当てる. ~ the rule *to* a case 規則をある事例に適用する. ~ the remedy その治療法を用いる.

4 〔能力など〕を向ける; 〔自分自身, 心など〕を専念させる; 〈*to* ..に〉. ~ oneself (to..) →成句. I can't ~ my

A

mind *to* anything with all that noise! あんなに騒がしくては何事にも身が入らない.
— 自【当たる】 **1 申し込む**, 申請する, 志願[出願]する, 〈*for* ..に/*to* do ..するために〉; 照会する, 問い合わせる, 〈to ..に〉. ～ *for* a visa ビザを申請する. ～ *for* a scholarship [ticket] 奨学金[切符(の購入)]を申し込む. ～ *to* join a summer school 夏季講習参加の申し込みをする. ～ *to* three universities 3つの大学に出願する. Anyone under 20 need not ～. 20歳以下の応募は遠慮されたし. I *applied to* him *for* financial aid. 彼に財政上の援助を求めた. For particulars, ～ in person *to* the Personnel Section. 詳細については本人が人事課に照会すること.
【当てはまる】 **2 適用される; 当てはまる**, 該当する; 〈*to* ..に〉. The rule does not ～ *to* his case. その規則は彼の場合には当てはまらない. This rule *applies* in all cases. この規則はすべての場合に当てはまる. What you have said *applies* only *to* single women. 君の言ったことは独身女性にしか当てはまらない. **3** 〔ペンキなどが〕塗れる. This hairdye *applies* easily. この染毛剤は塗りやすい. ◇名 application 形 applicable
******applý oneself* (*to..*) (**..に**)**専心従事する**, 没頭する. He's too lazy to ～ him*self to* anything. 彼は怠け者で何事も身を入れてやらない. [<ラテン語「結びつける」]

‡ap·point /əpɔ́int/ 動 (～s /-ts/|過 過分 ～·ed /-əd/|～·ing) 他 【定める】 **1** 〘章〙〔日時, 場所など〕を**指定する**, 定める, (fix) 〈*for, as* ..に〉. the day ～*ed for* the wedding 結婚式の予定日.
2 (**a**) 〔人〕を**指名する**, 任命する, 〈*to* ..に〉; 〔委員など〕を任命する. He was ～*ed to* a responsible post. 彼は責任ある地位に任命された. ～ a new cabinet member 新閣僚を任命する.
(**b**) VOC (～ X (*to be*) Y)・VOA (～ X *as* Y) X(人)をYに任命する; VOC (～ X *to do*) Xに..するように命じる; (★Yがただ1人で占める役職名の場合は無冠詞). be ～*ed* ambassador 大使に任命される. The President ～*ed* Mr. Thomas (*as* [*to be*]) Secretary of State. 大統領はトマス氏を国務長官に任命した. He ～*ed* John *to* act as his deputy. 彼はジョンに代理を務めるように命じた.
3 (委員を任命して) 〔委員会など〕を発足させる. A committee was ～*ed* to examine the question. その問題を検討するために委員会が設けられた.
4 〘古〙 VO (～ *that* 節) 〔神などが〕..ということを定める, 命じる. **5** 〔家, 部屋〕を設備する, に家具を入れる, (furnish). →appointed 3. ◇名 appointment
[<古期フランス語「手はずを整える」(<*à point*)「よい状況に」]

†ap·póint·ed /-əd/ 形 **1** 〈限定〉 定められた; 約束の; 指定の; 期待される[された]とおりの. at the ～ time 約束の時刻に. in the ～ place 約束の場所で. one's ～ task 定められた仕事. play one's ～ role 期待された役割を果たす. **2** 任命による (appointive). He holds an ～ office. 彼は(選挙によらないで)任命された職に就いている. **3** 〈普通, 副詞と結合して〉 〘章〙 設備された. a well-[poorly-]～ hotel [studio] 設備のよい[悪い]ホテル[スタジオ].

ap·poin·tee /əpɔ̀intíː, æpɔin-/ 名 C **1** 被任命者. an ～ by the President 大統領に任命された人. **2** 〘法〙 (財産権の)被指定人.

ap·poin·tive /əpɔ́intiv/ 形 任命制の〔官職など〕(↔elective).

‡ap·point·ment /əpɔ́intmənt/ 名 (複 ～s /-ts/) 【定めること】 **1** C (会う)**約束**, (面会の)予約, 〈*with* ..と〉. I have a five-thirty ～ *with* him [to see him at five-thirty]. 5時半に彼と会う約束がある. keep [break, cancel] one's ～ 約束を守る[破る, 取り消す]. a dental ～ 歯医者の予約. I'd like to make an ～ *with* Dr. Smith this afternoon please. 今日の午後スミス先生の予約をお願いします.
2 U **任命**; C (任命された)官職, 地位. get an ～ 職を得る. make an ～ 任命する. take up an ～ 就任する. Jane's parents were pleased about her ～ as a teacher at the school [to the post]. 両親はジェーンがその学校の教師[その地位]に任命されて喜んだ.
3 【一定の整備】 〈～s〉 (建物, 部屋などの)設備, 備品. The inn is famous for its elegant ～*s*. その旅館は上品な設備・備品で有名である. ◇動 appoint
by appóintment (1) (日時, 場所などを)指定して, 予約して. Dr. Smith sees patients *by* ～ only. スミス先生は予約患者しか診ない. (2) (選挙によらず) 任命によって. (3) 御用達(たし)の[で] 〈*to* ..の〉. Lipton Ltd., tea-maker *by* ～ *to* the British Royal Household リプトン社, 英王室御用達の製茶業者.

appóintments còlumn 名 C 〘英〙 (新聞の)「広告欄.

Ap·po·mat·tox /æ̀pəmǽtəks/ 名 アポマトックス《米国 Virginia 州中部の村; 1865年ここで, 南軍が北軍に降服して南北戦争が終わった》.

ap·por·tion /əpɔ́ːrʃ(ə)n/ 動 他 〔仕事, 金銭など〕を割り当てる, 分配する, (divide); 〔失敗の責任など〕を分担させる; 〈*between, among, to* ..〔人〕に〉.

ap·pór·tion·ment 名 UC 割り当て; 〘米〙 (州への)下院議員数割り当て《人口数に基づき, 10年ごとに調整される》.

ap·po·site /ǽpəzət/ 形 〘章〙 適切な 〈*to, for* ..に〉. [<ラテン語「近くに置かれた」] ▷**～·ly** 副 **～·ness** 名

ap·po·si·tion /æ̀pəzíʃ(ə)n/ 名 U **1** 〘文法〙 同格. **2** 並置. ***in apposítion to*** [***with***]*..* ..と同格で. ▷**～·al** /-n(ə)l/ 形

ap·pos·i·tive /əpɑ́zətiv|əpɔ́z-/ 〘文法〙 形 同格の.
— 名 C 同格語[句, 節].

‡ap·prais·al /əpréiz(ə)l/ 名 UC (能力などの)評価; (資産などの)査定, 鑑定; 査定[評価]額. self-～ 自己評価.

‡ap·praise /əpréiz/ 動 他 〘章〙 **1** 〔資産など〕を査定する, 鑑定する. ～ a house [diamond] 家屋[ダイヤモンド]を鑑定する. **2** 〔人物, 事態など〕を評価する, 判定する. [<古期フランス語; appreciate と同源] ▷**～·ment** 名 =appraisal.

ap·prais·ee /əpreizíː/ 名 C 評価を受ける[受けている]人.

ap·práis·er 名 C (特に公の)査定官, 鑑定士[人].

ap·práis·ing 形 評価するような. with coolly ～ eyes 冷たい値踏みするような目で〔眺めるなど〕.

†ap·pre·ci·a·ble /əpríːʃ(i)əb(ə)l/ 形 感知されるほどの, 幾分かの; かなりの. He's shown no ～ change of attitude. 彼の態度にはこれと言う変化は見えない.

ap·pre·ci·a·bly /əpríːʃ(i)əbli/ 副 感じられるほどに, 幾分か; かなり.

‡ap·pre·ci·ate /əpríːʃièit/ 動 (～s /-ts/|過 過分 -at·ed /-əd/|-at·ing) 他 【認識する】 **1** (**a**) を**認識する**, 十分理解する; 〔相違など〕を識別する. ～ the seriousness of the situation 事態の重大性を認識する. ～ small differences わずかな相違を見分ける. (**b**) VO (～ *that* 節) ..ということを認識する; VO (～ *wh* 節) ..かを十分理解する. I ～ *that* this is not an easy task for you. これがあなたに易しい仕事でないことはよく分かる. Many people don't ～ *how* much work is involved in making a dictionary. 辞書を作るにはどれほどの労力が必要なのか認識していない人が多い.
【価値を認識する】 **2** を**高く評価する**, の真価を認める. His great ability was fully ～*d* by his friends. 彼の偉大な才能は友達がその真価を認めていた.
3 〔物, 事〕に**感謝する**, をありがたく思う; VO (～ X('s) do*ing*) X(人)が..してくれるのをありがたく思う; (類語 thank に比べて, 他人がしてくれた事の真価を認めて感謝する気持ちが強い). I ～ your kind letter. 親切なお手紙をありがとうございます. Any help will be gratefully

〜*d*. どんな援助もありがたく感謝いたします. I'd 〜 it if you would let me have the recipe. レシピを教えていただければありがたいのですが. I 〜 your [you] see*ing* me today. 今日お会いいただきありがとうございます.
4 を**鑑賞する**, 味わう, が分かる. 〜 poetry [music] 詩[音楽]を鑑賞する. 〜 good food おいしい食物を賞味する. 〜 a rest after hard work せっせと働いた後のひと休みを十分に味わう. **5** の価格を上げる.
── 自 〔通貨が〕相場を上げる; 上がる〈*in* ..〔価格など〕が〉. Gold has 〜*d* (*in* value). 金の相場が上がった.
◇↔ depreciate 名 appreciation 形 appreciative, appreciable [<後期ラテン語「評価する」(<ラテン語 ad-+*pretium* 'price')]

***ap·pre·ci·a·tion** /əprìːʃiéiʃ(ə)n/ 名 (複 〜s /-z/)
1 aU (十分な)**理解**, 認識; 識別; **評価**. The Prime Minister showed a quick 〜 of the problems before him. 首相は彼が直面している問題をすばやく認識した. **2** C (好意的な)批評(文). write an 〜 of the art exhibition その美術展の評論を書く.
3 aU **鑑賞(力)**, 玩味(がんみ). have an 〜 of art and music 美術と音楽の鑑賞力がある.
4 U **感謝**. I wanted to show my 〜 of [for] her help. 彼女の助力に私の感謝の気持ちを表したかった. I wish to express my deep 〜 for your kindness. ご親切に対し深く感謝申し上げます.

連結 great [hearty, keen, sincere] 〜 // feel 〜; demonstrate [display] (one's) 〜

5 aU 騰貴〈*in* ..〔価格など〕の〉. an 〜 *of* 30 percent *in* land value 地価の 30 パーセントの値上がり.
◇↔depreciation 動 appreciate
***in appreciátion of* [*for*]..** ..を感謝して; ..を賞賛して; ..を認めて. He smiled *in* 〜 *of* our gift. 彼は私たちの贈り物に感謝してほほえんだ.

†ap·pre·ci·a·tive /əpríːʃ(i)ətiv, -ʃièi-/ 形 **1** 感謝している; 賞賛している; 〈*of* ..を〉(↔unappreciative; 類語 他人がしてくれたことの真価を認識して感謝しているという意味; →thankful). I am 〜 *of* your efforts. あなたのお骨折りに感謝します. **2** 〔人が〕鑑賞眼のある, 目の高い, 〈*of* ..について〉(→appreciatory). an 〜 audience 鑑賞力のある聴衆. He isn't 〜 *of* my little jokes. 彼は私のちょっとした冗談が分からない. **3** 認識して; 識別できる; 〈*of* ..を〉. My eyes have become less 〜 *of* colors. 私の目は色が識別しにくくなってきた.
◇動 appreciate ▷〜·ly 副 鑑賞するように; 感謝して.

ap·pre·ci·a·tor /əpríːʃièitər/ 名 C 真価を解する人; 鑑賞者.

ap·pre·ci·a·to·ry /əpríːʃ(i)ətɔ̀ːri|-t(ə)ri/ 形 〔批評文などが〕鑑賞力を表す, 理解の行き届いた.

ap·pre·hend /æ̀prihénd/ 動 他 【とらえる】 **1** 〖章〗〔犯人など〕を逮捕する, とらえる, (arrest). **2** 〖章〗〔意味など〕をつかむ, 理解する, (understand); VO (〜 *that* 節/*wh* 節) ..ということを/..かを理解する.
3 【先のことをとらえる】 を懸念する, 恐れる, (fear); VO (〜 *that* 節) ..ということを恐れる. 〜 another failure 再度の失敗を恐れる. ◇名 apprehension 形 apprehensive
[<ラテン語「つかむ」]

†ap·pre·hen·sion /æ̀prihénʃ(ə)n/ 名 **1** UC 〈しばしば 〜s〉(これから先のことについての)懸念, 不安, (fear) 〈*of, about* ..の〉. have [entertain] an 〜 *of* failure 失敗の懸念を抱く. All my 〜*s about* my health proved unwarranted. 私は自分の健康のことをずいぶん心配したがみな無用のものだった. in 〜 不安で.
2 aU 〖章〗 理解(力) (understanding); 判断, 見解. be dull [quick] of 〜 物分かりが遅い[早い]. have a clear 〜 of .. を明確に理解している. according to general 〜 一般的な見方では. **3** UC 〖章〗 (犯人などの)逮捕. ◇動 apprehend 形 apprehensive

†ap·pre·hen·sive /æ̀prihénsiv/ 形 **1** (a) 〔表情などが〕心配げな; 気うかって, 心配して, 〈*of, for, about* ..を〉. an 〜 glance 心配げなまなざし. be 〜 *of* being captured 捕虜になることを恐れる. be 〜 *for* [*about*] him [his safety] 彼のことを[彼の安否を]気うかう. feel 〜 *about* the future 将来のことを心配する. (b) 気うかって, 心配して, 〈*that* 節 ..ということを〉. I am 〜 *that* the dollar may rise still higher. ドルがさらに高くなりはしないかと憂慮している. **2** 〖古〗 理解の早い.
◇動 apprehend 名 apprehension
▷〜·ly 副 心配そうに, 不安らしく. 〜·ness 名

†ap·pren·tice /əpréntəs/ 名 C **1** 初心者, 見習い生[工]. **2** 徒弟, 年季奉公人, 《次に journeyman になる》. a carpenter's 〜 = an 〜 carpenter 見習い大工.
── 動 他 を奉公に出す, 徒弟にやる, 〈*to* ..へ〉〈主に受け身で〉. The boy was 〜*d to* a tailor. 少年は仕立屋へ徒弟に出された. [<古期フランス語「学ぶ者」; apprehend と同源]

‡ap·pren·tice·ship /əpréntə(s)ʃip/ 名 UC 見習い[徒弟]の身分; C 見習い[徒弟]期間. serve a three-year 〜 with a shoemaker 靴屋で 3 年の年季を務める.

ap·prise /əpráiz/ 動 他 〖章〗 VOA (〜 X *of* ..) X に..を知らせる (inform) 〈しばしば受け身で〉. No one was 〜*d of* his decision to retire until then. だれもその時まで彼の引退の決意を知らされていなかった. [<フランス語 (*apprendre*「学ぶ」の過去分詞)]

ap·pro /ǽprou/ 名 U 〖英話〗〈次の用法のみ〉
on áppro =on APPROVAL.

***ap·proach** /əpróutʃ/ 動 (〜·es /-əz/|過 過分 〜ed /-t/|〜·ing) 他 【接近する】 **1** 〔場所, 時刻など〕に**近づく**, 接近する. They 〜*ed* the house cautiously. 彼らは用心深くその家に近づいた. She is 〜*ing* thirty. 彼女は 30 に近い. The temperature 〜*ed* zero. 気温が零度に近づいた. The bungalow is 〜*ed* only by a narrow path. そのバンガローに行くには狭い小道しかない.
2 【近くなる】 に**近似する**, の域に達する; に匹敵する. His performance 〜*es* perfection. 彼の演技は完璧(ぺき)に近い. No one can 〜 him in wideness of knowledge. 博識の点で彼に及ぶものはいない.
【人・物事に接近する】 **3** に**接近する**, **話を持ちかける**, と交渉を始める; と掛け合う; 〈*on, about* ..のことで/*for* ..を求めて〉. She is difficult to 〜. 彼女は近寄りがたい. Why not 〜 him *on* the matter? その件で彼と掛け合ったらどうだい. I 〜*ed* my father *about* an increase in allowance. 小遣いの増額を父に掛け合った. He 〜*ed* the boss *for* a raise. 彼は上司に昇給を掛け合った.
4 〔仕事など〕に取りかかる; 〔問題など〕を取り上げる. 〜 the problem from a different angle 別の角度から問題を検討する.
── 自 近づく; (性質, 数量などが)近い, 近似する, 〈*to* ..に〉. Spring is 〜*ing*. 春は近い. The day is 〜*ing* when we will move into our new home. 新居に引っ越す日が近づいている. Then something 〜*ing to* an argument started. そこで口論めいたものが始まった.
── 名 (複 〜·es /-əz/) **1** U **接近**, 近づくこと, 〈*to* ..へ(の)〉. the 〜 of a storm 嵐の接近. with the 〜 of daylight 夜明けが近づくにつれて. at my 〜 *to* the house 私が家へ近づくと.
2 C **近づく道** 〈*to* ..へ〉; 通路, 入り口, 〈*to* ..への〉. an 〜 *to* the expressway 高速道路の入り口. The best 〜 *to* Lisbon is by sea. リスボンへは船で行くのが一番よい.
3 C 〈しばしば 〜es〉 **近づき**, (依頼する形での)交渉; 言い寄り (advances); 〈*to* ..〔人〕への〉. Dan is good at making 〜*es to* strangers. ダンは知らない人と近うきに

A

なるのがうまい.
4 [C] **取り上げ方**, 扱い方; 学習[研究]法, 手引き; 〈*to* ..の〉. He made the wrong ～ and antagonized everybody. 彼は話の切り出し方を間違えたのでだれからも反感を買った. a scientific ～ *to* this problem この問題の科学的な取り組み方. the oral ～ (言語教育の)口頭導入教授法, オーラル・アプローチ.

[連結] a new [a novel, an original, a unique; a conservative, a conventional, an orthodox; an old-fashioned; a rational; a sound; a methodical, a systematic; a straightforward] ～ // adopt [take; apply] an ～

5 [U] 近いこと, **近似**; [C] 近いもの; 〈*to* ..に, への〉. That was his closest [nearest] ～ *to* a smile. あれが彼としては精一杯の微笑だった. **6** [C] 〖ゴルフ〗アプローチ《グリーンに向けてのショット; **appróach shòt** とも言う》. **7** [C] 〖空〗進入《着陸態勢に入ること》; (滑走路への)進入路《**appróach pàth** とも言う》. The plane is now making its final ～ *to* [*into*] Los Angeles. 飛行機はまもなくロサンゼルス空港に着陸いたします.
èasy* [*difficult*] *of appróach 〔人, 場所などが〕近寄りやすい[にくい]. [＜後期ラテン語「より近うく」]

ap·próach·a·ble [形] **1** 〔場所が〕近うくことのできる. **2** 〖話〗〔人が〕親しみやすい, 付き合いやすい. ◇↔unapproachable. ▷ **ap·pròach·a·bíl·i·ty** [名]

ap·pro·bate /ǽprəbèit/ [動] [他] 〖米〗を認可する, に免許を与える. [＜ラテン語; approve と同源]

àp·pro·bá·tion [名] [U] 〖章〗賞賛; 認可, 賛成, (approval). ◇[動] approve, approbate

ap·pro·ba·to·ry /əpróubətɔ̀:ri, ǽprəbə-|æprəbéit(ə)ri 〖英〗は [称]/ [形] 〖章〗賞賛の.

‡ap·pro·pri·ate /əpróupriət/ [形] [m] **適切な**, ふさわしい, (suitable) 〈*to*, *for* ..に〉 (↔inappropriate; [類語] 細かな点まで適正で, ある状況などにかなって好ましい, の意味; →fit[1] 1). at the ～ time [moment] しかるべき時に. a speech ～ *to* the occasion その場にふさわしい演説. clothes not ～ *for* a funeral 葬式にふさわしくない衣服. present a petition to the ～ authority 関係当局に陳情書を提出する. Please place a tick in the ～ box. 該当する枠に√印を書いてください. It is ～ that she (should) be present. 彼女が出席するのが好ましい.
── /-èit/ [動] [他] 〖章〗【特定用途にあてる】 **1** を取りのけておく, 充当する, 〈*for* ..のために〉. Congress ～*d* sixty million dollars *for* housing. 議会は住宅建設に 6 千万ドル充当することを承認した. All vehicles were ～*d for* the military. すべての車両は軍用に徴用された.
2【自分の用途にあてる】を流用する, 着服する; (許可なく又は不法に)を専有する. They ～*d* part of the aid funds *to* themselves [*for* their own use]. 彼らは援助資金の一部を着服した. [＜後期ラテン語「自分のものにする」(＜ラテン語 ad-＋*proprius*「自分の」)] ▷ **～·ness** /-ət-/ [名]

ap·pro·pri·ate·ly /əpróupriətli/ [副] 適切に; 適切なことに, 適切に言えば. Her pride—no, it might more ～ be called vanity. 彼女の誇り—いや, 虚栄と呼んだほうがもっと適当かもしれない.

ap·pro·pri·a·tion /əpròupriéiʃ(ə)n/ [名] **1** [UC] (資金などの)充当, 経費の計上; [C] 充当金; 〈*for* ..への〉. make an ～ of funds *for* highway building 公道建設に資金を充当する. **2** [UC] 〖米〗(議会の承認した政府の)特別支出(金); 予算割当額. **3** [U] 横領, 着服; 専有, 私用.

ap·pro·pri·a·tor /əpróuprièitər/ [名] [C] 横領者, 不法占有者.

ap·próv·a·ble [形] 賛成[承認]できる.

‡ap·prov·al /əprú:v(ə)l/ [名] ([複] **～s** /-z/) [U] **1 是認**, 賛成. I got my father's ～ *to* continue [*for* continuing] my studies. 勉学を続けることに父の賛成を得た. Our plan met with his full ～. 我々の計画は彼の全面的な賛成を得た. nod [smile] in ～ ＝nod [smile] one's ～ うなずいて[にっこり笑って]賛成の意を表す.
2 (正式の)許可, 承認. the seal [stamp] of ～ 正式の認可. with your ～ ご承認を得て[いただければ].
3 〈～s〉 試用[点検]売買品《試用して気に入らなければ返せる》. ◇↔disapproval [動] approve

[連結] complete [unqualified; unanimous; limited; enthusiastic; tacit] ～ // give [withhold] (one's) ～; gain [win] (a person's) ～

on appróval 〖商〗気に入らなければ返品するという条件で[の], 試用[点検]売買で[の], 見計らいで[の]. send goods *on* ～ 見計らいで品物を送る.

appróval ràting [名] [C] (内閣などの)支持率.

‡ap·prove /əprú:v/ [動] (**～s** /-z/|[過] [過分] **～d** /-d/|**-prov·ing**) [他] に**賛成する**, をよいと認める[言う]; を(公式に)承認する, 認可する; ([類語]「承認する」の意味の最も一般的な語; approve of との間に明確な意味上の相違はない; →endorse, OK[1], sanction). ～ the budget 予算案を承認する. Is this plan ～*d* by the board? この計画は理事会の承認を得ていますか.
── [自] **賛成する**, よいと認める[言う]; 承認を与える; 〈*of* ..について〉. I simply do not ～. 私は絶対認めません. I don't ～ *of* long engagements. 婚約期間の長いのには賛成しない. I don't ～ *of* (your befriending) that man. あの男(と君が友達うき合いをするの)はどうも感心しない. ◇↔disapprove [名] approbation, approval [＜ラテン語「(試して)認める」(＜ad-＋*probāre* 'probe')]

ap·próved [形] 承認済みの; 試験済みの, 定評のある.

appròved schóol [名] 〖英旧〗 ＝community home.

ap·próv·er [名] [C] 賛成者; 認可する人.

ap·próv·ing [形] 賛成の; 満足そうな. give an ～ nod 賛成してうなずく. ▷ **～·ly** [副] 賛成して; 満足そうに. nod ～*ly* 満足そうにうなずく.

approx. approximate(ly).

***ap·prox·i·mate** /əprɑ́ksəmət|-rɔ́ks-/ [形] [m] **正確に近い**, およその; 近似の; 近い. an ～ estimate 概算. an ～ number 概数. at the ～ center of the city 市のほぼ中心に.
── /-mèit/ [動] [他] **1** に近うく, 近似する; を概算する. The cost will ～ (*to*) $50,000. 費用は 5 万ドル近くになるだろう. ～ the cost *at* five million dollars 費用を 500 万ドルと概算する.
2 を近うける. ～ conditions *to* those of actual space flight 条件を宇宙飛行の実状に近うける.
── [自] (数・量などの点で)近うく, 近似する; ほぼ等しい, 似ている; 〈*to* ..に〉 (→[他] 1 の第1例). The story ～*s to* historical truth. その物語は歴史的真実に近い. [＜後期ラテン語「大そう接近した」(＜ラテン語 ad-＋*proximus* 'nearest')]

***ap·prox·i·mate·ly** /əprɑ́ksəmətli|-rɔ́ks-/ [副] [¢] おおよそ, ほぼ. ～ 200 people 約 200 人. estimate the cost at ～ $2000 費用を約 2 千ドルと見積もる. She is ～ forty [forty ～]. 彼女はほぼ 40 だ.

ap·prox·i·ma·tion /əprɑ̀ksəméiʃ(ə)n|-rɔ̀ks-/ [名] **1** [U] (数・量などが)近いこと, 近似; [C] ほぼ近いもの; 〈*to*, *of* ..に, への〉. a rough ～ of ..のおおよそのところ[金額]. an ～ *to* the truth [*of* what really happened] 真実[現実に起こったこと]にほぼ近いもの. **2** [U] 概算; [C] 概数, 概算額; 〖数〗近似値. make a rough ～ based on the data データに基づいてざっと概算してみる.

ap·pur·te·nance /əpə́:rt(ə)nəns/ [名] [C] 〈普通 ～s〉 **1** 付属物[品]. Portable phones and Walkmans seem to be the ～s of student lifes.〘戯〙携帯電話とウォークマンはどうやら学生生活につきものらしい. **2**〘法〙従物《主物に従属し, 主物の売却や譲渡の場合には, その権利も一緒に移転する; 例えば家屋の備品など》.

ap·pur·te·nant /əpə́ːrt(ə)nənt/ 形 付属の, 従属した; 適切な; 〈*to* ..に〉.

APR Annual Percentage Rate (年率)《月賦払いのローンなどに関して言う》. an ～ of 30% 年率 30%.

Apr. April.

a·près-ski /æ̀preskíː|æ̀prei-(米)/ 名 U (スキー場のホテルなどでの)スキー後の社交[団欒(だんらん)]. ～ wear スキー後の団欒に着る衣服. [フランス語 'after ski']

‡**a·pri·cot** /ǽprəkɑ̀t, éi-|éiprəkɔ̀t/ 名 C 〘植〙アンズ(の木); U アンズ色, 黄赤色.

‡**A·pril** /éiprəl/ 名 **4 月** (略 Apr.). *in* ～ 4 月に. *on* ～ 1st 4 月 1 日に. March winds and ～ showers bring forth May flowers.〘諺〙3 月の風と 4 月の雨が 5 月の花を咲かせる. [＜ラテン語; (1)「第 2 番目の月」(古代ローマ暦は 3 月に始まった), (2)「(大地が)開く月」, (3)「Aphrodite の月」など諸説がある]

Àpril fóol 名 C 4 月ばか《**Àpril Fóols' Dày** (＝All Fools' Day) の朝にかつがれた人》.

a pri·o·ri /èi-praiɔ́ːrai, ɑ̀ː-priɔ́ːri/ 形, 副 演繹(えんえき)的な[に], 先験的な[に]; 直感的な[に]; (↔a posteriori). [ラテン語 'from what is before']

‡**a·pron** /éiprən/ 名 (複 **～s** /-z/) **1** エプロン, 前掛け. **2**〘劇〙(幕前のエプロン状の)張り出し舞台. **3**〘空〙(飛行場の)エプロン《格納庫, ターミナルビルなどの前の舗装部分》.

(be) tied to a pèrson's* [*one's mòther's, one's wìfe's*] *ápron strìngs (1) 人[母, 妻]の言いなりになって. He *is* too *tied to his mother's* ～ *strings*. 彼は母の言いなりになりすぎている. (2) 人[母, 妻]におんぶにだっこである.

cùt* [*untìe*] *the ápron strìngs 自立する, 一本立ちする.
[＜中期英語 (*a n*)*apron*; 語頭の n が不定冠詞についた (→adder, umpire); ＜古期フランス語 *naperon*「小さな布」(＜ラテン語 *mappa*「ナプキン」)]

àpron stáge 名 C ＝apron 2.

ap·ro·pos /æ̀prəpóu (米)/ 副 適切に, 都合よく; それで(思い出したが), ついでながら. "I saw Kay in town yesterday." "*Apropos*, was she not with a young man?"「きのう町でケイを見かけたよ」「それで, 彼女若い男性と一緒でなかったか」

apropós of .. ..について, 関して, ..と言えば. *Apropos of* professional baseball, what is your favorite team? プロ野球と言えば, 君のひいきのチームはどこですか. ～ *of* nothing 出し抜けに.

── 形 〈普通, 叙述〉適切な, 時宜にかなった, 〈*to* ..に〉. I thought his remarks very ～. 私は彼の意見はとても適切だと思った. ── 前 ..に関して.
[＜フランス語 *à propos* 'to the purpose']

APS Advanced Photo System (新写真システム). ～ film APS フィルム.

apse /æps/ 名 C 〘建〙後陣《教会の東端に張り出した半円形又は多角形の丸屋根の部分; →church 図》.

ap·si·des /ǽpsədìːz|æpsáidiːz/ 名 apsis の複数形.

ap·sis /ǽpsis/ 名 (複 **apsides**) C 〘天〙遠[近]日点, 遠[近]地点など, 《楕(だ)円軌道を公転する天体が焦点の主天体へ最も遠く[近く]なる点》. [＜ギリシア語「アーチ, 円天井」]

‡**apt** /æpt/ 形 m, e **1** 〈叙述〉〈～ *to* do で〉**..しがちで**, ..する傾向のある, (類語 生来又は習慣上そうなりやすい場合に言う; →liable 3). I am ～ *to* catch cold. 私は風邪を引きやすい. A lazy boy is ～ *to* fail in life. 怠け者の少年はとかく人生の落伍(らくご)者となる. **2** 〈叙述〉〈～ *to* do で〉〘米〙**..しそうで**. He knew he was not ～ to live much longer. 彼はもう先が長くないことを知っていた. It is ～ *to* be chilly tonight. 今夜は冷え込みそうだ. **3 適切な**, ぴったりな; 巧みな; (類語 しばしば慎重な選択又は熟慮の結果得られた適切さを表す; →fit[1] 1). an ～ reply 適切な答え. an ～ metaphor 巧みな比喩(ゆ). a piece of advice ～ *for* the occasion 時宜にかなった忠告. **4**〘章〙**覚えの早い**, 頭のいい; 才能のある, 上手な, 〈*at* ..の〉. an ～ student 頭のいい学生. be ～ *at* sewing 裁縫が上手だ.
◇名 aptitude, aptness [＜ラテン語 *aptus*「結びつけられた, 適切な」(*apere*「固定する」の過去分詞)]

apt. apartment.

ap·ter·ous /ǽptərəs/ 形 〔鳥, 昆虫が〕羽のない; 〔植物が〕翼状物のない.

ap·ter·yx /ǽptəriks/ 名 ＝kiwi 1.

†**ap·ti·tude** /ǽptət(j)ùːd/ 名 UC 適性, 才能, 素質; 覚えのよさ; 〈*for, at* ..に対する〉(類語 ある方面に発揮される生来の素質や適性; →ability). He has shown an ～ *for* [*at*] mathematics [learning languages]. 彼は数学[語学習得]の才能を発揮した. ◇形 apt

áptitude tèst 名 C 適性検査 (→achievement test).

ápt·ly 副 適切に, 巧みに. answer ～ 適切な返事をする. He is ～ called Fatty. 彼がでぶちゃんとはうまいあだ名だ.

ápt·ness 名 U 適切さ; 才能 〈*for, at* ..の〉; 傾向.

apts. apartments.

AQ achievement quotient.

Aq·a·ba /ɑ́ːkəbɑː|ǽkəbə/ 名 **the Gulf of ～** アカバ湾《紅海最北東部の細長い湾で, Jordan 唯一の海港 Aqaba に通じる》.

aq·ua /ǽkwə/ 名 U **1** 水, 〈特に〉溶液. **2** ＝aquamarine 2. [ラテン語 'water']

aq·ua·lung, Aq·ua Lung /ǽkwəlʌ̀ŋ/ 名 C 〘商標〙アクアラング (scuba)《潜水用の水中呼吸器》. [aqua, lung]

aq·ua·ma·rine /æ̀kwəmәríːn/ 名 **1** UC〘鉱〙藍玉(らんぎょく), アクアマリン, 《beryl の一種》. **2** U 青緑色.
── 形 青緑色の. [＜ラテン語 'sea water']

aq·ua·naut /ǽkwənɔ̀ːt/ 名 C **1** 海中技術士《海底などの施設で生活しながら研究に従事する; →astronaut》. **2** ＝skin diver. [＜*aqua*＋aero*naut*]

áqua·plàne 名 C (水上スキー用の)波乗り板. ── 動 自 水上スキーをする;〘主に英〙〔自動車が〕(ぬれた路上で)スリップする (〘主に米〙hydroplane).

àqua régia /-ríːdʒiə/ 名 U 王水《硝酸と塩酸の混合液で, 金や銀を溶かす》. [ラテン語 'royal water']

A·qua·ri·an /əkwé(ə)riən/ 形 水瓶(みずがめ)座の. ── 名 C 水瓶座の人.

†**a·quar·i·um** /əkwé(ə)riəm/ 名 (複 **～s, a·quar·i·a** /-riə/) C **1** (養魚, 水草用の)ガラスの水槽. **2** 水族館. [ラテン語「(家畜の)水呑み場」]

A·quar·i·us /əkwé(ə)riəs/ 名 **1**〘天〙水瓶(みずがめ)座. **2**〘占星〙宝瓶(ほうへい)宮, 水瓶座, 《黄道 12 宮の 11 番目; →zodiac》; C 宝瓶宮[水瓶座](生まれ)の人《1 月 20 日から 2 月 18 日の間に生まれた人》. I was born under ～. ＝I'm an ～. 私は水瓶座です. [ラテン語「水瓶」]

‡**a·quat·ic** /əkwǽtik, əkwɑ́t-|əkwǽt-/ 形 〈限定〉 **1** 〔動植物が〕水中[水上, 水辺]に住む[生じる] (→terrestrial). an ～ animal [plant] 水生動物[植物]. **2** 〔スポーツなどが〕水中[水上]で行われる. ～ pictures 水中(撮影の)映画. ～ sports 水上競技.
── 名 C **1** 水生動物[植物]. **2** 〈単複両扱い〉水上競技. [＜ラテン語「水(*aqua*)の」] ▷**a·qua·ti·cal·ly** 副

aq·ua·tint /ǽkwətìnt/ 名 **1** U アクアチント《**àqua fórtis** /-fɔ́ːrtəs/(硝酸)による腐食銅版術; 鋭い線を出さず柔らかい感じを持つ》. **2** C アクアチント版画.

àqua vítae /-váitiː/ 名 U '生命の水'《アルコールや蒸

A

留酒の旧名称》.［ラテン語 'water of life'］
aq·ue·duct /ǽkwədʌ̀kt/ 名 C 送水路, 導水管, 《遠距離送水用》; 水路橋《例えば古代ローマの》.［<ラテン語 *aquae ductus*「水の導管」］

[aqueduct]

a·que·ous /éikwiəs, ǽk-/ 形 **1** 水の(ような). an ～ solution 水溶液. **2**〖地質〗水成の. ～ rocks 水成岩.
àqueous húmor 名 U〖解剖〗(眼の)房水, 水様液, 《角膜と水晶体の間を満たす》.
aq·ui·cul·ture /ǽkwəkʌ̀ltʃər/ 名 U (魚介類の)養殖; (植物の)水生栽培.
aq·ui·fer /ǽkwəfər/ 名 C〖地質〗帯水層.
aq·ui·line /ǽkwəlàin/ 形 ワシ(鷲)の(ような); (ワシのくちばしのように)曲がった. an ～ nose ワシ鼻, かぎ鼻.［<ラテン語「ワシ(*aquila*)の」］
A·qui·nas /əkwáinəs/ 名 **Saint Thomas** ～ アクィナス (1225?–74)《イタリアの神学者; アリストテレス哲学を基礎にスコラ哲学を完成させた》.
AR〖郵〗Arkansas.
Ar〖化〗argon.
Ar. Arabia(n); Arabic.
ar- /ə(r)/ 接頭 ad- の異形〈r で始まる語に用いる〉. *ar*rest.
-ar /ər/ 接尾 **1**〈形容詞をつくる〉「..の, の性質の」の意味. spectacul*ar*. nucle*ar*. **2**〈名詞をつくる〉「..する人[物]」の意味〈-er よりまれ〉. li*ar*. schol*ar*.［ラテン語; 1 *-āris*, 2 *-ārius*］
***Ar·ab** /ǽrəb/ 名 (複 ～s /-z/) C **1** アラブ人, アラビア人; 〈the ～s〉アラブ(民)族. **2** アラビア馬, アラブ(種の馬). —— 形 アラブ人[民族]の; アラビアの.［<アラビア語; 原義は「砂漠の民」か］
Arab. Arabia(n); Arabic.
Ar·a·bel, Ar·a·bel·la /ǽrəbèl/, /æ̀rəbélə/ 名 女子の名《愛称 Bel(la)》.
ar·a·besque /æ̀rəbésk/ 名 C **1** 唐草模様. **2**〖バレエ〗アラベスク《片足をまっすぐ後ろに伸ばし片腕を前に他方の腕を後ろに伸ばしたポーズ》. **3** 装飾的な小曲《主にピアノ曲》. —— /⑧/ 形 **1** アラビア風の; アラベスク[唐草]模様の. **2** 意匠を凝らした; 風変わりな.［<イタリア語「アラビア風の」］
A·ra·bi·a /əréibiə, -bjə/ 名 アラビア(半島).
†**A·ra·bi·an** /əréibiən, -bjən/ 形 アラビア(半島)の; アラブ(民)族の. —— 名 C **1**〖旧〗アラビア人 (Arab). **2** ＝Arab 2.
Aràbian cámel 名 C〖動〗ヒトコブラクダ (dromedary).
Aràbian Désert 名 アラビア砂漠《(1) アラビア半島にある砂漠の総称; (2) エジプト東部, ナイル川と紅海との間に広がる砂漠》.
Aràbian Níghts 名 〈the ～〉『アラビア夜話』《The Arabian Nights' Entertainments 又は The Thousand and One Nights とも言う》.
Aràbian Península 名 〈the ～〉アラビア半島.
Aràbian Séa 名 〈the ～〉アラビア海.
†**Ar·a·bic** /ǽrəbik/ 形 アラビア語[文化]の; アラビア(人)の; アラブ(民)族の. 類語 Arabia に関する形容詞の中で, Arab は人種に, Arabian は地理に, Arabic は言語や文化に関連して用いることが多い. —— 名 C アラビア語.
Àrabic númeral [fígure] 名 C アラビア数字, 算用数字, 《1, 2, 3 など; →Roman numeral》.
Àrab-Israeli Wár 名 〈the ～〉アラブ・イスラエル戦争《1967–73など》.
Ar·ab·ist /ǽrəbist/ 名 C アラブ支持者, 親アラブ(の人); アラビア語研究家.
ar·a·ble /ǽrəb(ə)l/ 形 〔土地が〕耕作に適した. ～ land 耕地. —— 名 U 耕地.
Àrab Léague 名 〈the ～〉アラブ連盟《PLO を含む約 20 か国が参加し, アラブ民族の結束を図る》.
Àrab Repùblic of Égypt 名 〈the ～〉エジプト・アラブ共和国《エジプトの正式名》.
a·rach·nid /əræknəd/ 形, 名 C クモ形綱節足動物(の)《クモ, サソリなど》.
Ar·a·fat /ǽrəfæt/ 名 **Yasser** ～ アラファト (1929–)《PLO 議長 (1969–); ノーベル平和賞受賞 (1994 年)》.
Ar·a·gon /ǽrəgɑ̀n, -gən|-gən/ 名 アラゴン《スペイン北東部の地方; 昔は王国であった》.
Ar·al·dite /ǽrəldàit/ 名 U〖商標〗アラルダイト《強力接着剤の一種》.
Àr·al Séa /ǽrəl-/ 名 〈the ～〉アラル海《カスピ海の東にある塩湖で世界第 4 の湖》.
Ar·am /ǽrəm/ 名 アラム《聖書でのシリアの古代名》.
Ar·a·ma·ic /æ̀rəméiik/ 名 U アラム語《古代シリア, パレスチナなどのセム語; キリストの用いた言語》.
Ar·an /ǽrən/ 形 アラン編みの《Aran Islands の伝統的な編み方》. an ～ sweater [jumper] アランセーター.
Àran Ìslands 名 〈the ～〉アラン島《アイルランド西岸中部に近い 3 島》.
A·rap·a·ho /əræpəhòu/ 名 (複 ～, ～s) **1**〈the ～〉アラパホー族《北米先住民族の 1 つ》. **2** C アラパホー族の人; U アラパホー語.
Ar·a·rat /ǽrəræt/ 名 **Mount** ～ アララト山《トルコ東部の死火山; ノア (Noah) の箱舟が漂着した所とされる》.
ar·bi·ter /ɑ́ːrbətər/ 名 C〖章〗**1** (最終)決定者, 裁決者; 最高の権威. an ～ of good manners 行儀作法の権威. be the final ～ 最終決定者である. **2**〖旧〗＝arbitrator.［ラテン語「(調停に)出向く人」］
ar·bi·trage /ɑ́ːrbitrɑːʒ/ 名 U〖商〗さや取り《同一品物が 2 か所で価格が異なる時, 同時に一方で買い他方で売って差額をもうけること》.
ar·bi·trag·eur /ɑ̀ːbətrɑːʒə́ː/ 名 C さや取り商人.
ar·bi·tral /ɑ́ːrbətrəl/ 形 仲裁の[による].
ar·bit·ra·ment /ɑːrbítrəmənt/ 名 UC 仲裁; 裁決, 審判.
ar·bi·trar·i·ly /ɑ̀ːrbətrérili, ⌐—⌐——|ɑ́ːbətrərili/ 副 気まぐれに; 独断的に; 任意に.
ar·bi·trar·i·ness /ɑ̀ːrbətrérinəs, ⌐—⌐——|ɑ́ːbətrərinəs/ 名 U 気まぐれ(なこと); 専横; 任意.
†**ar·bi·trar·y** /ɑ́ːrbətrèri|-trəri/ 形 **1** 独断的な, 横暴な. ～ government 専制政治. **2** 任意の; 恣(し)意的な, 気まぐれな. an ～ choice 任意の選択. an ～ interpretation 勝手な解釈.
ar·bi·trate /ɑ́ːrbətrèit/ 動 他 〔紛争など〕を仲裁する; 〔紛争など〕を仲裁に委(ゆだ)ねる. —— 自 仲裁する〈*in* ..を/*between* ..の間を〉. ～ *in* the dispute *between* the company and the union 争議について会社と組合の間を仲裁する.
［<ラテン語「決定を下す」］
‡**àr·bi·trá·tion** 名 U 仲裁; 仲裁裁判; (類語 mediation と違って, arbitration の決定には紛争当事者は従わなければならない). a court of ～ 仲裁裁判所. The dispute went [was taken] to ～. 紛争は仲裁に委(ゆだ)ねられた. refer [submit] the issue to ～ 争点を仲裁に付す.
ar·bi·tra·tor /ɑ́ːrbətrèitər/ 名 C 仲裁者, 裁定者.
ar·bor[1] /ɑ́ːrbər/ 名 C〖機〗アーバ《旋盤の回転部を支える装置》, 軸, 心棒.
ar·bor[2]〖米〗**, -bour**〖英〗名 C あずまや, 園亭, 《低

木やツタをからませた格子で囲った休息所》. [＜古期フランス語 *erbier* (＜*erbe* 'herb'); ラテン語 *arbor*「木」の連想で綴りが ar- に変った]

Árbor Dày 名 植樹の日《米国, カナダ, オーストラリアなどの普通, 春の年中行事日; ＜ラテン語 *arbor*「木」》.

ar·bo·re·al /ɑːrbɔ́ːriəl/ 形 **1** 樹木の; 樹木に似た. **2** 〔動物が〕樹木の間に住む; 樹上生活に適した.

ar·bo·res·cent /àːrbərésnt 移/ 形 (成長, 外観などが)樹木状の; 樹枝状の.

ar·bo·re·tum /àːrbəríːtəm/ 名 (複 **～s, -ta** /-tə/) C 樹木園, 森林公園.

ar·bor·vi·tae /àːrbərváiti/ 名 C ニオイヒバ《ヒノキ科クロベ属の針葉樹》. [ラテン語 'tree of life']

ar·bour /ɑ́ːrbər/ 名 《英》＝arbor².

ar·bu·tus /ɑːrbjúːtəs/ 名 C **1** イワナシ《北米産ツツジ科の匍匐(ほふく)性常緑低木; 早春香りのある白又はピンクの花をつける; mayflower とも言う; Massachusetts 州の州花》. **2** アービュタス《南欧産の常緑低木; イチゴに似た実がなる》.

ARC American Red Cross (米国赤十字).

***arc** /ɑːrk/ 名 (複 **～s** /-s/) C **1** (円)弧; 弓形. The rainbow forms an ～ in the sky. 虹(にじ)は空に弓状にかかる. **2** 《電》アーク, 電弧. ── 動 (～s /-s/|過 過分 **～(k)ed** /-t/|**～(k)·ing**) 自 弧状に動く, アーチをなす; 《電》アークを発する. [＜ラテン語 *arcus*; →arch]

‡ar·cade /ɑːrkéid/ 名 C **1** アーケード《両側又は片側に店舗の並んだ屋根付きの街路》. a shopping ～ アーケード式商店街. **2** 《建》拱廊(きょうろう), 列拱, 《建物の側面に付けた arch の多い廊下》. [＜イタリア語「アーチの道」]

arcáde gàme 名 C 《米》ビデオゲーム《ゲームセンターなどにある》.

Ar·ca·di·a /ɑːrkéidiə/ 名 **1** アルカディア《古代ギリシアの風光明媚(び)な高原地方》. **2** C 〈又は a-〉簡素で平和な理想郷, 桃源郷.

Ar·ca·di·an /ɑːrkéidiən/ 形 **1** アルカディアの. **2** 〈又は a-〉(田園)牧歌的な; 純朴な. ── 名 **1** C アルカディア人; U アルカディア語. **2** C 〈又は a-〉田園生活(の愛好)者. 「的な.

‡ar·cane /ɑːrkéin/ 形 《雅》不可解な; 秘密の; 神秘↑

árc fùrnace 名 C アーク炉.

‡arch[1] /ɑːrtʃ/ 名 (複 **árch·es** /-əz/) C **1** (**a**) 《建》アーチ, 迫持(せりもち). a round ～ 円弧アーチ. (**b**) アーチ門, 弓形門. a memorial ～ 記念門. a rose ～ (ツルバラをからませた)バラのアーチ. **2** ＝archway. **3** アーチ状(のもの); (足の)土踏まず. the blue ～ of the heavens 青天井. the ～ of an eyebrow 弓形の眉(まゆ).
── 動 他 にアーチをかける; をアーチ形にする; 〔眉〕をつり上げる. A small bridge ～*ed* the stream. 小さな橋が流れの上にアーチ形にかかっていた. The cat ～*ed* its back. 猫は背を弓なりに曲げた. ── 自 弓なり[アーチ形]になる; 〔眉が〕つり上がる. trees ～*ing over* [*across*] a path 小道の上に弓なりにかぶさる並木.
[＜ラテン語 *arcus*「弓, 湾曲」; arc と同源]

arch[2] 形 〈限定〉**1** 〔表情などが〕いたずらっぽい, ちゃめな; 自分は優秀だとにおわせる; 《古》ずるそうな. an ～ smile いたずらっぽい微笑. **2** 主な, 主要な, (→arch-). an ～ villain 大悪党. [＜arch-]

arch. archaic; archipelago; architect(ure).

arch- /ɑːrtʃ/ 〈複合要素〉「首位の, この上ない」の意味. *arch*bishop. *arch*enemy. [ギリシア語; ＜*arkhós* (→ -arch)]

-arch /ɑːrk/ 〈複合要素〉「支配者, 長, 指導者」の意味. mon*arch*. patri*arch*. [ギリシア語 *arkhós* 'leader, chief']

ar·chae(·o)- /ɑ́ːrki(ou)/ 〈複合要素〉「古代の」「原始の」の意味. *archaeo*logy. *archa*ic. [ギリシア語 (＜*arkhē*「始まり」)]

†ar·chae·o·log·i·cal /àːrkiəlɑ́dʒik(ə)l|-lɔ́dʒ- 移/ 形 考古学の. ▷**～·ly** 副 「古学者.

†ar·chae·ol·o·gist /àːrkiɑ́lədʒist|-ɔ́l-/ 名 C 考↑

***ar·chae·ol·o·gy** /àːrkiɑ́lədʒi|-ɔ́l-/ 名 U 考古学.

ar·chae·op·ter·yx /àːrkiɑ́ptəriks|-ɔ́p-/ 名 C 《古生物》始祖鳥《最古の鳥とされる》.

‡ar·cha·ic /ɑːrkéiik/ 形 **1** 〔語や語法が〕擬古的な《日常生活では用いられないが聖書, 法律, 詩歌などの中で特別に用いられている語[語法]を言う; 例えば betwixt, brave 2, fair¹ 1 など》. **2** 古代の; 廃れた. **3** 時代遅れの.

ar·cha·ism /ɑ́ːrkiìz(ə)m, -kei-|-kei-/ 名 **1** U 古風; 擬古体. **2** C 古語; 擬古的表現. **3** C 過去のなごり.

arch·an·gel /ɑ́ːrkèindʒ(ə)l/ 名 C 大天使 (→angel).

†àrch·bíshop /àːrtʃ-/ 名 C (新教の)大監督, (カトリックの)大司教, (ギリシア正教, 英国国教などの)大主教, (仏教の)大僧正, (→bishop). ★英国国教会では the *Archbishop* of Canterbury (カンタベリー大主教)と, それに次ぐ the *Archbishop* of York の 2 名; 英国内のカトリック教会の最高位は the *Archbishop* of Westminster. 「bishop の職[管区].

arch·bish·op·ric /àːrtʃbíʃəprik/ 名 UC arch-↑

árch brìdge 名 C アーチ橋《主桁(けた)をアーチ構造にした橋》.

àrch·déacon /移/ 名 C (英国国教の)大執事, (新教の)副監督, (カトリックの)副司教, 《bishop に次ぐ位》. ▷**～·ry** /-ri/ 名 UC archdeacon の職[管区].

arch·di·o·cese /àːrtʃdáiəsəs, -sìːs/ 名 C archbishop の管区.

àrch·dúchess 名 C 大公妃《archduke の妻》; 旧オーストリア国 (1918 年まで)の皇女.

àrch·dúchy 名 (複 **-duchies**) C 大公国[領].

àrch·dúke /移/ 名 C 大公; 旧オーストリア皇子; (→archduchess).

arched /-t/ 形 アーチ形の; アーチのある. an ～ bridge 石造りなどのアーチ橋, 眼鏡橋. ～ brows つり上がった眉(まゆ).

àrch·énemy 名 (複 **-mies**) C 最大の敵; 〈the ～〉魔王 (Satan).

ar·che·o·log·i·cal, -ologist, -ology 〈《米》ではしばしば〉＝archaeological, etc.

Ar·che·o·zo·ic /àːrkiəzóuik/ 形, 名 《地》〈the ～〉始生代(の). the ～ era 始生代《最古の地質年代; 約 20 億年前》.

arch·er /ɑ́ːrtʃər/ 名 **1** C 弓の射手; 弓術家. **2** 〈the A-〉《天》, 《占星》＝sagittarius.

arch·er·y /ɑ́ːrtʃəri/ 名 U 弓術, アーチェリー; 〈集合的〉弓矢類, アーチェリーの道具.

ar·che·typ·al /àːrkətáip(ə)l 移/ 形 原型の.

‡ar·che·type /ɑ́ːrkətàip/ 名 C 原型 (prototype); 典型的見本. The English House of Commons is the ～ of many legislative assemblies. 英国下院は多くの議会の原型である.

ar·che·typ·i·cal /àːrkətípik(ə)l 移/ 形 ＝archetypal. ▷**～·ly** 副 典型的に.

àrch·fíend /àːrtʃ-/ 名 〈the ～〉魔王 (Satan).

ar·chi- /ɑ́ːrkə/ 接頭 arch- の異形.

ar·chi·man·drite /àːrkəmǽndrait/ 名 C (ギリシア正教の)修道院長.

Ar·chi·me·des /àːrkəmíːdiːz/ 名 アルキメデス (287?–212 B.C.) 《古代ギリシアの数学者・物理学者》. ～' Principle アルキメデスの原理.

†ar·chi·pel·a·go /àːrkəpéləgòu/ 名 (複 **～s, ～es**) **1** C 群島; 多島海. **2** 〈the A-〉エーゲ海 (the Aegean Sea). [＜ギリシア語「主要な海」(エーゲ海のこと)]

‡ar·chi·tect /ɑ́ːrkətèkt/ 名 (複 **～s** /-ts/) C **1** 建築

A

家; 設計者. a naval ～ 造船技師. **2** 立案者, 創立者, 創始者. the ～*s* of the British Empire イギリス帝国の建設者. [＜ギリシア語「棟梁(とうりょう)」(＜arch-＋*tékhtōn*「大工」)]

ar·chi·tec·ton·ic /ɑ̀ːrkətektɑ́nik|-tɔ́n-/ [形] **1** 建築学[術]の. **2** 構成的な, 構図上の.

àr·chi·tec·tón·ics [名] 〈単数扱い〉(芸術作品などの)構成, 構図.

ar·chi·tec·tur·al /ɑ̀ːrkətéktʃ(ə)rəl [移]/ [形] 建築学[術]の; 建築上の. an ～ wonder 驚異的な建築物. ▷ **～·ly** [副] 建築(学)上.

‡**ar·chi·tec·ture** /ɑ́ːrkətèktʃər/ [名] ([複] **～s** /-z/) **1** [U] **建築学[術]**. study ～ 建築学を学ぶ. the department of ～ (at a university) (大学の)建築学科.
2 [U] 建築(様式). Gothic [Greek] ～ ゴシック[ギリシア]建築(様式).

> [連結] modern [traditional; functional; plain; ornate; magnificent; noble; urban; Norman, Renaissance, Roman] ～

3 [U] 〈集合的〉 建築物. The ～ in this part of the city is ugly. 市のこの地区の建物はみな醜悪だ.
4 [U] **構造**, 構成, (structure). the ～ of DNA DNA の構造. the ～ of a novel 小説の構成. **5** [UC] 〖電算〗アーキテクチャー 《コンピュータを機能面から見たときの構成方式》.

ar·chi·trave /ɑ́ːrkətrèiv/ [名] [C] 〖建〗アーキトレーヴ, 台輪(だいわ).

ar·chi·val /ɑːrkáivəl/ [形] **1** 記録保管所の. **2** 古記録の, 古文書の. ～ research 古文書の調査.

‡**ar·chive** /ɑ́ːrkaiv/ [名] [C] 〈しばしば ～s〉 **1** 記録保管所, 公文書館. **2** 〈集合的〉(保管所にある)公文書, 古い記録. ～ material 古文書の資料. **3** 〖電算〗アーカイブ, 書庫, 《(圧縮などして)複数のファイルをひとまとめにしたもの[の大規模な蓄積]》; その技術. ── [動] [他] をアーカイブに入れる[まとめる].

ár·chiv·er [名] [C] 〖電算〗アーカイバー《複数のファイルをひとまとめにする; 圧縮解凍ソフトもその一種》.

ar·chi·vist /ɑ́ːrkəvist/ [名] [C] 公文書保管人.

árch·ly [副] いたずらっぽく.

árch·ness [名] [U] ちゃめなこと; ずるそうなこと.

ar·ch(·o)- /ɑ̀ːrki(ou)/ 〈複合要素〉 ＝archae(o)-.

àrch of tríumph [名] [C] ＝triumphal arch.

àrch-ríval [名] [C] 最大のライバル.

árch·wày [名] ([複] **～s**) [C] アーチの下の通路; アーチ形の門[入り口].

-ar·chy /ɑːrki, ərki/ 〈複合要素〉「支配, 政治」の意味. mon*archy*. an*archy*. [ギリシア語(＜*arkhós*「指導者」)]

árc làmp [lìght] [名] [C] アーク灯.

***arc·tic** /ɑ́ːrktik/ [形] [¢] **1** 〈又は A-〉 **北極の**, 北極地方の, (↔antarctic). an ～ expedition 北極探検. **2** 〖話〗やけに寒い, 凍えそうな, 〔天候, 部屋など〕. **3** 〈又は A-〉 極寒用の〔衣類など〕. ── [名] ([複] **～s** /-s/) **1** 〈the A-〉 **北極地方**. **2** [C] 〖米〗〈普通 ～s〉 防寒防水オーバーシューズ. [＜ギリシア語「大熊座の, 北方の」(＜*árktos*「熊」)]

Àrctic Círcle [名] 〈the ～〉 北極圏《北緯 66°33′ の線》.

Àrctic Ócean [Séa] [名] 〈the ～〉 北極海.

Àrctic Zóne [名] 〈the ～〉 北極帯《北極圏から北》.

Arc·tu·rus /ɑːrkt(j)ú(ə)rəs/ [名] 〖天〗大角(だいかく)星《牛飼い座 (Boötes) の主星》.

àrc wélding [名] [U] アーク溶接.

-ard /ərd/ [接尾] 「過度に..する人」の意味. drunk*ard*. dull*ard*. [古期フランス語(＜中世高地ドイツ語「大胆な」)]

Ar·den /ɑ́ːrdn/ [名] アーデンの森《昔イングランドの中西部をおおっていた大きな森; the Forest of Arden とも言う; Shakespeare 作 *As You Like It* の舞台》.

Ar·dennes /ɑːrdén/ [名] 〈the ～〉 アルデンヌ《フランス北部からベルギー及びルクセンブルグにまたがる森林丘陵地帯; 2 度の大戦の激戦地》.

***ar·dent** /ɑ́ːrd(ə)nt/ [形] [m] **1 熱心な**, 熱烈な; 献身的な; 〔信奉者など〕 ([類語] eager より強く, 燃えるような熱烈さを表す). an ～ patriot 熱烈な愛国者. **2** 〖章〗燃えるような, 激しい, 〔感情〕. ～ love 熱烈な愛. ◇[名] ardor
▷ **～·ly** [副] 熱心に, 熱烈に.
[＜ラテン語「燃えている」]

†**ar·dor** 〖米〗, **ar·dour** 〖英〗 /ɑ́ːrdər/ [名] [U] 〖章〗熱意, 熱烈さ; 熱情; 〈*for* ..に対する〉. ～ *for* glory 激しい名誉欲. with ～ 熱意を持って. his ～ *for* her 彼の彼女への熱い思い. ◇[形] ardent

> [連結] fervent [fiery; patriotic] ～ // awaken [fire; cool, dampen] a person's ～

‡**ar·du·ous** /ɑ́ːrdʒuəs/ [形] 〖章〗 **1** 骨の折れる, 困難な, 〔仕事など〕 ([類語] 非常な努力や根気の必要性を強調; →difficult). ～ work 骨の折れる仕事. **2** 根気強い, 懸命な. make ～ efforts 一生懸命努力する. ▷ **～·ly** [副] **～·ness** [名]

‡**are**[1] /ər, 強 ɑːr/ [動], [助] be の 2 人称単数およびすべての人称における複数・直説法・現在形 (→be). You ～ a student, ～*n't* you? 君は学生だね 《2 人称単数》. "You*'re* students, ～*n't* you?" "Yes, we ～." 「君たち学生だね《2 人称複数》」「はいそうです《1 人称複数》」

> [語法] (1) 発音は普通, 弱形; ただし強調する時と文末に来る時 ("Yes, we ～.") などは強形になる. (2) 次に母音が来れば 〖英〗 でも /r/ 音が現れる (～ a /ɑːrə, ərə/). (3) 否定形 ～ not は短縮されて ～*n't* となることが多い (→aren't). (4) 短縮形は 're (→we're, you're, they're).

[＜古期英語; →be]

are[2] /ɑːr, eər/ [名] [C] アール《面積の単位; 100m²》. [＜ラテン語 *ārea* 'area']

***ar·e·a** /é(ə)riə/ [名] ([複] **～s** /-z/) **1** [C] (特定の)**場所**, 空間, スペース, 空き地, 区域; 部分, 箇所; 〖米〗区画. a parking ～ 駐車場. the dining ～ of a house 家の食堂部分. the surrounding ～ 周辺. a non-smoking ～ 禁煙区域.
2 [C] **地域**, 地方, ([類語] 様々な広さの地域を表す最も一般的な語; →district, quarter 12, region, zone). the desert ～ of North Africa 北アフリカの砂模地帯. the metropolitan ～ 首都圏. a residential ～ 住宅地区. There are few bookstores in this ～. この地区には書店が少ない. send food supplies to the disaster ～ 被災地に食糧を送る.

> [連結] an urban [a built-up, a congested, a populous; a populated; a rural; an outlying, a remote] ～

3 [UC] **面積**, 表面. This room is 120 square feet in ～. この部屋は 120 平方フィートの面積がある. The ranch covers a large ～. 牧場は広大な面積を占めている.
4 [C] (学問, 活動などの)**分野**, 領域. a new ～ of investigation 新しい研究分野. an expert in the ～ of city planning 都市計画の分野の専門家. That's not really my ～. その方面にはあまり強くはない. every ～ of her life 彼女の生活のあらゆる面.
5 〖英〗 ＝areaway. **6** 〈the ～〉 (サッカーの)ペナルティエリア (penalty area).
in the área 近くに〔来るなど〕.

in the área of .. 約...*in the* ～ *of* $1,000 約千ドル.
[ラテン語「平坦な空地, 敷地」]

área còde 名 C 〖主に米〗(電話の)市外局番《3 けたの数; 〖英〗STD code》.

área stùdy 名 UC 地域研究《ある地域についての実地調査による社会生態学的総合研究》.

[areaway]

área·wày 名 (複 ～s) C 〖米〗ドライエリア《地下室への通行・採光のために路面より低く作った空所; 屋外の階段で降りる》.

ar·e·ca /ǽrəkə, əríː-/ 名 C 〖植〗ビンロウジュ (**áreca pàlm**).

a·re·na /əríːnə/ 名 C **1** (古代ローマの円形競技場の中央にある)闘技場 (→amphitheater 写真). **2** (周囲を囲まれた)演技場, 試合場. a boxing [basketball] ～ ボクシング[バスケットボール]の競技場. **3** 活動[闘争]の場所. enter the political ～ 政界に入る. [ラテン語「砂, (闘技のための)砂地」]

arèna théater 名 ＝theater-in-the-round.

‡**aren't** /ɑːrnt/ **1** are not の短縮形. **2** 〖英話〗〈疑問文で〉am not の短縮形 (★〖米〗ではやや気取っているとされる; →ain't). I'm your friend, ～ I? 僕は君の友人じゃないか《水臭いことを言うな》.

Ar·es /é(ə)riːz/ 名 〖ギ神話〗アレス《軍神; ローマ神話の Mars に当たる》.

a·rête /əréit/ 名 C (特にスイスの)切り立った山の尾根, やせ尾根,《氷河の浸食による》. [フランス語 'fish skeleton']

ar·gent /ɑ́ːrdʒənt/ 形, 名 U **1** 〖古・詩〗銀(の) (silver); 銀色(の). **2** 〖紋章〗銀白(の)《銀を表す白地; →tincture 3》.

Ar·gen·ti·na /ɑ̀ːrdʒəntíːnə/ 名 アルゼンチン《南米の国; 首都 Buenos Aires》.

Ar·gen·tine /ɑ́ːrdʒəntiːn, -tàin/ 形 アルゼンチンの. ── 名 C アルゼンチン人; 〈the ～〉＝Argentina.
[＜ラテン語 *argentum*「銀」; 銀の輸出国だったことから]

Argentine Repúblic 名 〈the ～〉アルゼンチン共和国《アルゼンチンの正式名》.

Àr·gen·tín·i·an /-tíniən/ 形, 名 ＝Argentine.

Ar·go /ɑ́ːrgou/ 名 〖ギ神話〗〈the ～〉アルゴ号《Jason が乗って黄金の羊毛 (the Golden Fleece) を捜しに出かけた船; →Argonaut》.

ar·gon /ɑ́ːrgɑn|-gɔn/ 名 U 〖化〗アルゴン《希ガス元素; 記号 Ar》. [ギリシア語「不活発な」(＜a-³＋*érgon*「仕事」)]

Ar·go·naut /ɑ́ːrgənɔ̀ːt/ 名 C 〖ギ神話〗アルゴ (Argo) 号の乗組員.

ar·go·sy /ɑ́ːrgəsi/ 名 (複 **-sies**) C 〖詩〗大商船(隊).

ar·got /ɑ́ːrgou, -gət|-gou/ 名 UC (特に犯罪者の)隠語. [フランス語; 原義は「盗賊仲間」か]

‡**ár·gu·a·ble** 形 **1** 議論の余地がある, 疑わしい. Your conclusion is highly ～. 君の結論はきわめて疑わしい. **2** 論証できる, もっともな. It is at least ～ that poverty and crime are correlated. 貧困と犯罪とは相関しているとは少なくとも立論可能である.

‡**ár·gu·a·bly** 副 論証できるように; 〈文修飾〉恐らく, たぶん. He is ～ the best mayor we have ever had. 彼は恐らくこれまでの最良の市長だ (＝It can be argued that he is the best mayor..).

‡**ar·gue** /ɑ́ːrgjuː/ 動 (～s /-z/|過 過分 ～d /-d/|-gu·ing) 他 **1** 〖章〗〔問題など〕を論じる, 議論する, (類語 根拠を示して自分の見解を主張する; →discuss). ～ an issue [a point] ある問題[点]を論じる. The lawyers ～*d* the case for hours. 弁護士たちはその事件を何時間も弁論した.
2 VO (～ *that* 節) (理由をあげて)**..と主張する**, 論証する. Columbus ～*d that* he could reach India by going west. コロンブスは西へ行けばインドに到着できると主張した.
3 VOA (～ X *into* [*out of*] ..) **..するように[しないように] X (人)を説得する**. I ～*d* him *into* going back to school. 学校へ戻るように彼を説き伏せた. My father ～*d* me *out of* my decision. 父は私を説得して決心を変えさせた.
4 〖章〗を示す, の証拠である; VO (～ *that* 節) ..ということを証明する. His silence ～*d* his guilt.＝His silence ～*d that* he was guilty. 彼が黙っていたのは身に覚えがあったからだ.
── 自 **1 議論する**, 論争する; (理由をあげて)主張する; 〈*with* ..と/*about*, *over* ..について〉. ～ *about* [*over*] a matter *with* a person ある問題について人と論じ合う. He earnestly ～*d in favor of* the reform. 彼はその改革を支持して熱心に論じた. I can't ～ *with* that. その通りです, 賛成 (★ I が省略されることもある). **2** 口論する, 言い合う, 〈*with* ..と〉. They are always *arguing*. 彼らはいつも言い合いをしている. Don't ～ *with* your mother, just do what you are told. お母さんに口答えしないで言われたことをやりなさい.
◇名 argument

árgue agáinst .. 〔人が〕..に反対の議論をする; 〔事が〕..に反対の立証[根拠]となる. The result of the experiment ～*s against* your theory. 実験の結果は君の理論が正しくないと証明している.

àrgue /../ dówn 〖主に米〗(1) ..を論破する. (2) 〔値段など〕を下げさせる.

árgue for .. 〔人が〕..に賛成の議論をする; 〔事が〕..に賛成する立証[根拠]となる.

àrgue /../ óut ..を徹底的に論じる, 論じ尽くす.

àrgue one's wày óut 議論をしてそれで事は済んだとする.
[＜ラテン語「明示する」]

‡**ar·gu·ment** /ɑ́ːrgjəmənt/ 名 (複 ～s /-ts/)
1 UC **議論**, 論争; 騒々しい言い合い, 口論; 〈*about*, *over* ..に関する/*with* ..との〉. There was much ～ *for* and *against* the bill. その法案には賛否の議論がたくさんあった. I had an ～ *with* Tom *about* the proposed revision of the Juvenile Law. 少年法の改正案についてトムと議論した. a heated ～ 激論. start an ～ 議論をふっかける. win [lose] an ～ 議論に勝つ[負ける]. There was a loud ～ *over* whether the runner was safe or out. ランナーがセーフかアウトかで大きな声で言い争いになった.

> 連結 an angry [a bitter, a violent] ～ // get into [settle] an ～ // an ～ arises [breaks out]

2 C 論拠, 理由; (理由として出される)主張; 〈*that* 節 ..という〉. She had a good ～ *in favor of* choosing him as chairman. 彼女には彼の議長選出を支持する十分な論拠があった. The accident was a strong ～ *for* new safety measures. 事故は新しい安全対策のための有力な根拠になった. the familiar ～ *against* a proposed action *that* it is premature 提案された行動に対するおきまりの時期尚早論.

> 連結 a balanced [a cogent, a convincing, a persuasive; a sound, a valid; a poor; a fallacious] ～ // present [advance, put forward; rebut, refute; reject] an ～

3 C 〖雅〗(物語, 書物, 詩の)梗(こう)概, 大意.
◇動 argue 形 argumentative

A

for the sàke of árgument 議論を進めるために. Let's assume, *for the sake of* ～, that our exports will keep their current level. 議論の手がかりとして, 我が国の輸出が現在のレベルを維持するものと仮定しよう.
without árgument 異議なく. He paid the bill *without* ～. 彼は文句を言わずに勘定を払った.

ar·gu·men·ta·tion /àːrgjəmentéiʃ(ə)n, -mən-/ [名] [UC] 議論, 討議; 論証; 立論.

ar·gu·men·ta·tive /àːrgjəméntətiv [米]/ [形] 議論好きの, 理屈っぽい, 論争的な. ▷～**·ly** [副]

Ar·gus /áːrgəs/ [名] **1** 〖ギ神話〗アルゴス《百の目を持つ巨人》. **2** [C] 厳重な監視人.

Árgus-èyed [形] 油断のない, 目の鋭い.

ar·gy-bar·gy /àːrdʒibáːrdʒi/ [名] [U] 〖英話〗言い合い, 口論.

ar·gyle /áːrgàil|-⌐/ [名] [C] ダイヤ[菱(ひし)]形編み模様(の短靴下)《Argyll の部族の tartan の模様から》.

[argyle]

Ar·gyll /ɑːrgáil/ [名] アーガイル《もと Scotland 西部の州, 今は Strathclyde 州の一部》.

a·ri·a /áːriə, é(ə)r-/ [名] [C] 〖楽〗アリア, 詠唱, 《オペラ, オラトリオなどの中の独唱曲》. [イタリア語 'tune, air']

Ar·i·ad·ne /æriǽdni/ [名] 〖ギ神話〗アリアドネ《Theseus に糸玉を与え Minotaur の迷宮脱出を助けた少女》.

-ar·i·an /é(ə)riən/ [接尾] 〈名詞・形容詞を作る〉「..の職業, 信条, 年齢などの人」の意味. libr*arian*. humanit*arian*. octogen*arian*. [ラテン語; -ary, -an]

‡**ar·id** /ǽrəd/ [形] **1** 乾燥した, 乾ききった, 不毛の, 〔土地など〕(dry). **2** 無味乾燥な, つまらない, 不毛な, 〔話など〕. ▷～**·ly** [副] ～**·ness** [名]

a·rid·i·ty /ərídəti, æ-/ [名] [U] (土地の)乾燥; (内容の)貧しさ, 味気なさ, 無味乾燥.

Ar·i·el /é(ə)riəl/ [名] **1** エーリエル《空気の精; Shakespeare の *Tempest* に登場し魔法を使う》. **2** 〖天〗アリエル《天王星 (Uranus) の衛星の1つ》.

Ar·i·es /é(ə)riːz, -riìːz|éər-/ [名] **1** 〖天〗牡羊座. **2** 〖占星〗白羊宮, 牡羊座, 《黄道12宮の1番目; →zodiac》; [C] 白羊宮[牡羊座](生まれ)の人《3月21日から4月20日の間に生まれた人》.

a·right /əráit/ [副] 〖雅〗正しく (correctly). if I heard ～ 私の聞き違いでなければ.

‡**a·rise** /əráiz/ [動] (**a·ris·es** /-əz/|[過] **a·rose** /əróuz/|[過分] **a·ris·en** /ərízə)n/|**a·ris·ing**) [自] **1** 現れる, 起こる; 〔問題などが〕発生する 〈*from, out of* ..から〉. A strong whirlwind *arose*. 強い旋風が生じた. How did this dispute ～? この論争はどうして起こったのか. Accidents ～ *from* carelessness. 事故は不注意から生じる.
2 〔煙などが〕のぼる, 上昇する; 〔月などが〕のぼる. Smoke *arose* from the chimney. 煙突から煙がのぼった.
3 〔人々が〕(権利などを主張して)一斉に立ち上がる.
4 〖英では詩・古〗起き上がる, 立ち上がる, (rise); 起床する; 〔死者が〕よみがえる. **5** 〖章〗〔建物などが〕見えてくる.
should the nèed arise = ***if [when] the nèed arises*** 必要ならば, 入用の場合は. *If the need* ～*s*, phone for help. 必要があれば, 電話で助けを求めなさい. [<古期英語; a-[2], rise]

a·ris·en /ərízə)n/ [動] arise の過去分詞.

*__ar·is·toc·ra·cy__ /æ̀rəstákrəsi|-tɔ́k-/ [名] ([複] **-cies** /-z/) 〈1, 3では単数形で複数扱いもある〉 **1** [C] 〈the ～; 集合的〉**貴族階級**, 貴族(たち), (nobility); 上流階級. a member of the French ～ フランス貴族(の1人). **2** [U] 貴族政治; [C] 貴族政治の国; (→democracy). **3** [C] 〈集合的〉(ある方面での)一流の人々, '貴族'. the intellectual ～ 第一級の知識人たち. [<ギリシア語「高貴な生まれの者による支配」(<*áristos* 'best'+-cracy)]

*__a·ris·to·crat__ /ərístəkræ̀t, ǽris-/ [名] ([複] ～**s** /-ts/) [C] **1 貴族**; 貴族的な人; 〈比喩的〉最高(のもの) 〈*of* ..の中の〉. **2** 貴族政治主義者.

*__a·ris·to·crat·ic__ /ərìstəkrǽtik, æ̀ris-|æ̀ris- [米]/ [形] [m] **貴族の**; 貴族的な, 貴族趣味の; 貴族政治の.
▷**a·ris·to·crat·i·cal·ly** /-k(ə)li/ [副]

Ar·is·toph·a·nes /æ̀rəstáfəniːz|-tɔ́f-/ [名] アリストファネス (448?–380? B.C.) 《古代ギリシアの喜劇作家・詩人》.

Ar·is·to·te·li·an /æ̀rəstətíːljən, -liən|-tɔt- [米]/ [形] アリストテレス (Aristotle) の; アリストテレス学派の. ── [名] [C] アリストテレス学派の人.

Ar·is·tot·le /ǽrəstɑ̀tl|-tɔtl/ [名] アリストテレス (384–322 B.C.) 《古代ギリシアの哲学者》.

arith. arithmetic, arithmetical.

‡**a·rith·me·tic** /əríθmətik/ [名] [U] **算数**, 算術; 計算(能力); 数値. a problem in ～ 算数の問題. mental ～ 暗算. ── /æ̀rithmétik [米]/ [形] [C] 算数の, 算術の. [<ギリシア語「計算の(技法)」(<*arithmós*「数」)]

ar·ith·met·i·cal /æ̀riθmétik(ə)l/ [形] =arithmetic. ▷～**·ly** [副] 算術で; 算術的に.

a·rith·me·ti·cian /əriθmətíʃ(ə)n, æ̀riθ-/ [名] [C] 算数研究家[専門家].

àrithmetic méan [名] [C] 算術平均, 等差中項.

àrithmetic progréssion [名] [C] 等差数列 (→geometric progression).

Ariz. Arizona.

Ar·i·zo·na /æ̀rəzóunə/ [名] アリゾナ《米国南西部の州; 州都 Phoenix; 略 AZ〖郵〗, Ariz.》. [北米先住民語「小さな泉」]

Àr·i·zó·nan /-nən/ [形], [名] [C] アリゾナ州の(人).

Ark. Arkansas.

‡**ark** /ɑːrk/ [名] [C] **1** 〈the ～ [the A-]〉〖聖書〗=Noah's ark. **2** 〖聖書〗(契約の)箱《**the Àrk of the Cóvenant** とも言う; モーセ (Moses) の十戒を刻んだ石板を納めた箱》. **3** 〖ユダヤ教〗聖櫃(ひつ)《ユダヤ教会堂にある箱で, Torah の巻き物を入れる》.
òut of the Árk 〖英旧話〗ノアの箱舟から出て来たと思われるほど古ぼけ(ている). [<ラテン語「箱」]

Ar·kan·san /ɑːrkǽnz(ə)n/ [形], [名] [C] アンカンソー州の(人).

Ar·kan·sas /áːrkənsɔ̀ː/ [名] **1** 〖米〗では又 /ɑːrkǽnzəs/ 〈the ～〉アーカンソー川《Mississippi 川の支流》. **2** アーカンソー《米国中南部の州; 州都 Little Rock; 略 AR〖郵〗, Ark.》. [北米先住民語; 部族名(原義は「下流の人々」か)]

Ark·wright /áːrkrait/ [名] **Sir Richard** ～ アークライト (1732–92) 《英国の企業家; 強力な紡績機を発明, 大規模綿糸工場を経営した産業革命の先駆者》.

Àr·ling·ton Nàtional Cémetery /àːrliŋtən-/ [名] アーリントン国立墓地《米国の首都ワシントン市の西, Potomac 川対岸にある; 戦没軍人の墓などがある》.

‡**arm**[1] /ɑːrm/ [名] ([複] ～**s** /-z/) [C] 【**腕**】 **1 腕** 《特に肩から手首まで》(→forearm[1], upper arm); (哺(ほ)乳動物の)前足; (→limb). hold..in one's ～*s* ..を抱く. with a beautiful woman on one's ～ 美しい女性と腕を組んで. carry a bat under one's ～ バットを小わきにかかえる. walk on a person's ～ 〖旧〗人の腕にすがって歩く. take a person by the ～ 人の腕を取って導く. take a person in one's ～*s* 人を抱きしめる. throw [put] one's ～*s* around a person's neck 人の首に抱きつく.

[連結] strong [brawny, muscular; slender; hairy; bare] ～*s* // bend [cross; lower; raise; stretch; swing, wave] one's ～*s*

【**腕の形をしたもの**】 **2** (いすの)ひじかけ; (衣服の)そで;

(木の)大枝; (海の)入り江; (レコードプレーヤーの)アーム. an ～ of the sea (細長い)入り江.
【腕のように働く部分】 **3** 部門, 部局, (section). Congress is an ～ of the government. 議会は政治の一翼を担っている.
an àrm and a lég 〖話〗 大出費, 大変な金. This place cost me *an ～ and a leg*. この家にはすごく金がかかった. charge [pay, spend] *an ～ and a leg* べらぼうな金を請求する[払う].
*****àrm in árm*** 腕を組み合って; 一緒に; 同調して; 〈*with* ..と〉. walk ～ *in* ～ *with* ..と腕を組んで歩く. These two problems go ～ *in* ～. この 2 つの問題はいつも一緒に起こる.
as lòng as my [your] árm 〖話〗 〔リスト, 文書などが〕とても長い.
*****at árm's lèngth*** (1) 腕を伸ばした距離に; **手近な所に**. I'll be *at ～'s length* if you need me. 必要ならすぐそばにおります. (2) 寄せつけないで. She keeps [holds] everyone *at ～'s length*. 彼女はだれもそばに寄せつけない.
beyond àrm's réach 手の届かない所に.
gìve [òffer] (a person) one's árm, gìve one's árm (to a person) (同行の女性などに)腕を貸す. As I approached the stairs he *offered* me his ～. 階段の近くまで来た時彼は私に腕を貸してくれた.
in árms 抱かれた(ままで). a babe [a baby, a child, an infant] *in ～s* まだ歩けない幼児.
into the árms of .. 〔人〕の所有[支配]に.
the (lòng) àrm of the láw 法の力, '司直の手'.
twìst a person's árm →twist.
with fòlded árms＝with one's àrms fólded 腕組みをして; 手をこまねいて, 傍観して.
within àrm's réach 手の届く所に.
with òpen árms 両手を広げて; 心から歓迎して. welcome [greet] him *with open ～s*. 彼を大歓迎する.
would gìve one's rìght árm for .. 〖話〗 ..を得るためならなんでもするだろうに 《<右手を無くしてもかまわない》. [<古期英語]

arm[2] 名 C 兵科, 兵種, (→arms). the air ～ 空軍. the infantry ～ 歩兵科.

*****arm**[3] /ɑːrm/ 動 (～s /-z/|過 過分 ～ed /-d/|árm·ing) 他 **1** を**武装させる**; を固める, 防護する; 〈*with* ..で〉. Be careful; he is ～*ed*. 気をつけろ, 彼は武器を持っているから. They ～*ed* themselves [were ～*ed*] *with* rifles. 彼らはライフル銃で武装した[していた].
2 に**装備させる**; に(身を)固めさせる, 備えさせる; 〈*with* ..で〉. be ～*ed* against the cold *with* a heavy coat 寒さに備えて重い外套(とう)を着ている. He ～*ed* himself *with* all the facts before putting questions at the meeting. 彼は会議で質問する前に事実をすっかり掌握し備えていた.
3 〔爆弾など〕の安全装置をはずして発火準備を整える.
── 自 武装する. ～ *against* the invasion 敵の侵入に備えて武装を整える. ◇↔disarm
[<ラテン語 *armāre*「武装する」; →arms]

ar·ma·da /ɑːrmɑ́ːdə/ 名 **1** C 〈単数形で複数扱いもある〉 艦隊; (軍用機, 戦車などの)大編成部隊; 大人数.
2 〖史〗 〈the A-〉 無敵艦隊 (the Invincible [Spanish] Armada) 《1588 年英国を襲い Sir Francis Drake の率いる英国海軍に敗れたスペインの大艦隊》. [スペイン語「軍隊, 艦隊」]

ar·ma·dil·lo /ɑːrmədílou/ 名 (複 ～s) C アルマジロ 《よろいのような堅い皮でおおわれた夜行性哺(ほ)乳動物; 北米南部から南米にかけて生息》. [スペイン語「小さな武装者」]

Ar·ma·ged·don /ɑ̀ːrməgédn/ 名 **1** 〖聖書〗 ハルマゲドン 《この世の終わりの日に起こると予言されている善と悪との決戦(の場)》. **2** C 大決戦; 人類の破滅.

‡**ar·ma·ment** /ɑ́ːrməmənt/ 名 **1** C 〈しばしば ～s〉 (一国の)軍備, (総合的)軍事力; (軍艦などの)兵器, 装備. heavy [light] ～*s* 重火器[小型兵器]. reduce ～*s* 軍備を縮小する. **2** U 軍備を整えること, 武装(化). ◇↔disarmament 動 arm[3]

ar·ma·ture /ɑ́ːrmətʃər, -tʃùər|-tʃùə/ 名 C **1** 〖電〗 電機子 《発電機, 電動機の回転子》; (電磁石の)接極子. **2** 〖生物〗 防護器官 《歯, 爪(つめ), とげなど》. **3** (制作中の彫刻の粘土像などを支える)骨組み.

árm·bànd 名 C **1** 腕章. **2** 〈普通 ～s〉 (腕につけるプラスチックの)浮き輪.

*****arm·chair** /ɑ́ːrmtʃèər/ 名 (複 ～s /-z/) C ひじかけいす. sit *in* a big ～ 大きなひじかけいすに腰をかける.
── 形 **1** 机上の空論的な, 実情にうとい. an ～ politician (政治に携わらず批評ばかりする)政治評論家. an ～ traveler (旅行記などを読んで楽しむ) 空想的旅行者. **2** 電話[インターネット]で注文を受ける〔店など〕.

armed[1] 形 **1** 腕のある; 〔いすなどが〕ひじかけのある. **2** 〈複合要素〉 (..の)腕[前足]の. one-～ 腕が 1 本の. a long-～ monkey 手長ザル.

armed[2] 形 **1** 武装した; (道具や必要な品物を)備えた, 準備のできた; (→arm[3]). an ～ robber 凶器を持った強盗. ～ conflict 武力衝突, 戦争. ～ peace 武装平和. heavily ～ infantry 重装備した歩兵軍団. **2** 〈複合要素〉 (..で)装備した. nuclear-～ 核装備した.
àrmed to the téeth 完全に武装した[して].

†**àrmed fórces [sérvices]** 名 〈the ～〉 (普通, 陸・海・空軍から成る)軍隊.

àrmed neutrálity 名 U 武装中立.

Ar·me·ni·a /ɑːrmíːniə, -njə/ 名 アルメニア 《トルコの東に接する共和国; 首都 Yerevan; CIS 構成国》.

Ar·me·ni·an /ɑːrmíːniən/ 形 アルメニア(人, 語)の.
── 名 C アルメニア人; U アルメニア語.

†**arm·ful** /ɑ́ːrmfùl/ 名 C 両腕[片腕]いっぱい. an ～ *of* books ひとかかえの本.

árm·hòle 名 C (服, チョッキなどの)袖(そで)ぐり 《腕を通す穴》.

Ar·min·i·an /ɑːrmíniən/ 形, 名 C アルミニウス主義[説]の(信奉者). ▷ **～·ism** 名 U アルミニウス主義[説].

Ar·min·i·us /ɑːrmíniəs/ 名 **Jacob Hermensen ～** アルミニウス (1560–1609) 《オランダの神学者; 自由意志を尊重して Calvin の教義を否定した》.

ar·mi·stice /ɑ́ːrməstəs/ 名 C 休戦, 停戦, (truce). [<ラテン語 *arma* 'arms'＋*sistere* 'stop']

Ármistice Dày 名 (第 1 次世界大戦の)休戦記念日 《11 月 11 日; 現在は米国では Veterans Day と呼び, 英国では Remembrance Sunday にその祝賀をする》.

árm·less 形 腕[前足]のない.

arm·let /ɑ́ːrmlət/ 名 C **1** 腕輪, 腕章, 腕飾り. **2** (海の)小さな入り江.

árm·lòad 名 ＝armful.

†**ar·mor** 〖米〗, **ar·mour** 〖英〗 /ɑ́ːrmər/ 名 U **1** よろいかぶと, 甲冑(かっちゅう). a suit of ～ 甲冑ひとそろい. a knight *in* ～ 甲冑をつけた騎士. **2** (艦船, 航空機, 車両などの)装甲; 〖生物〗 防護器官, 甲羅. the ～ of a turtle ウミガメの甲. **3** 〈集合的〉 装甲[機甲]部隊.
── 動 他 によろいかぶとをつけさせる; を装甲する.
[<ラテン語「武装, 甲冑」]

†**ár·mored** 〖米〗, **ár·moured** 〖英〗 形 装甲した; 装甲車両を持つ. an ～ division 装甲師団.

àrmored cár 名 C 〖軍〗 装甲車; 装甲自動車.

àrmored personnél càrrier 名 C 装甲兵員運送車.

ár·mor·er 〖米〗, **ár·mour·er** 〖英〗 /-rər/ 名 C (昔の)武具師, 具足師; 兵器製造者; 〖軍〗 兵器係.

ar·mo·ri·al /ɑːrmɔ́ːriəl/ 形 紋章の. ～ bearings 紋章 (a coat of arms).

ármor plàte 名 U (軍艦, タンクなどの)装甲板. ▷ **ar·mo(u)r-plat·ed** /-əd/ 形

A

ar·mor·y〘米〙, **ar·mour·y**〘英〙/ɑ́ːrməri/ 名 (複 **-ries**) C **1** 兵器庫;〈比喩的に〉手持ち, 備え;〘米〙兵器工場. **2**〘米〙州軍・予備役軍の本部及び訓練所.

†**ar·mour** /ɑ́ːrmər/ 名, 動〘英〙=armor.

‡**árm·pìt** 名 C **1** わきの下. **2**〘米話〙きたならしい所. the ~ of the universe むさ苦しく不快な所.

ùp to the [*one's*] *ármpits*〘主に米〙すっかりかかりきりになって; 深くかかわって;〈*in*..に〉.

árm·rèst 名 C (いすの)ひじかけ.

***arms** /ɑːrmz/ 名〈複数扱い〉**1** **武器**, 兵器, (weapons); 銃器類 (firearms)《ライフル, ピストルなど》. go to ~ 武力に訴える. by ~ 武力に訴えて. carry ~ 武器を携帯する. in ~ 武装して[した]. use force of ~ 武力を行使する. **2** (盾形の)紋章《完全武装した中世の騎士の盾に目印としてつけたのが起こり; surcoat にも紋章を配したことから coat of arms とも言う》.

a càll to árms 戦闘への召集.

bèar árms (1) 武器を携帯する; 兵役に服する. (2) 紋章をつける〈*on* ..に〉.

càll ..to árms 〔兵隊〕を動員する.

flỳ to árms 急いで∟武器を取る[戦闘準備をする].

lay dòwn (*one's*) *árms* 武器を捨てる; 降伏する.

Presènt árms!〘軍〙捧(ささ)げ銃(つつ).

take ùp árms*〘章〙(1) **武器を取る, 戦争に行く. *take up* ~ *against* the invaders 侵略者に対して武器を取って立つ. (2) 兵役に服する.

To árms! 武器を取れ, 戦闘用意.

under árms 武装して, 戦闘準備ができて.

ùp in árms* (1) **反旗を翻して〈*against* ..に〉. (2)〘話〙激しく抗議して, 憤慨して,〈*about, over* ..に〉. Don't get all *up in* ~ *over* a little thing like that. そんなささいなことでかっかするのはよせ.

[<ラテン語 *arma* (複数形)「道具, 武器」]

árms contròl 名 U (大国間の交渉による)軍備∟管理[制限].

árm's-lèngth 形 親密でない〔関係など〕.

árms ràce 名 C〈普通 an ~〉軍拡競争.

Arm·strong /ɑ́ːrmstrɔ̀ːŋ|-strɔ̀ŋ/ 名 アームストロング **1 Louis** /lúːi/ ~(1900–71)《米国のジャズバンドを率いたトランペット奏者》. **2 Neil** /niːl/ ~(1930–)《米国の宇宙飛行士; 1969年7月, 人類で初めて月面に降りた》.

árm-twìsting 名 U 無理強い, 圧力.

árm-wrèstling 名 U 腕相撲.

‡**ar·my** /ɑ́ːrmi/ 名 (複 **-mies** /-z/) C〈単数形で複数扱いもある〉**1** (**a**)〈普通 the ~〉**陸軍** (★一国の陸軍の総称は the Army; →navy; air force). join [enter, go into] the ~ 陸軍に入る, 軍人になる. serve [be] in the ~ 軍務に服する[している]. retire from the ~ 陸軍から退役する, 除隊する. be drafted into the ~ 陸軍に徴集される. ~ surplus 軍隊の放出物資.

(**b**) **軍隊**《野戦部隊の意味で》; 軍, 軍勢; 常備軍 (standing ~). lead one's ~ into the enemy's land 軍を率いて敵地に入る. the opposed *armies* 対峙(じ)する軍勢. An ~ marches on its stomach. (軍隊は胃袋で前進する>)腹がへっては戦はできぬ《ナポレオン1世の言葉とされる》. (**c**)〈形容詞的〉陸軍の; 軍隊の. an ~ officer 陸軍士官.

> 連結 a strong [a formidable; a triumphant, a victorious] ~ // raise [field] an ~ // an ~ advances [attacks; fights; retreats]

2 方面軍 (**fíeld àrmy**)《2個以上の軍団 (army corps) から成る最大の戦術部隊; 軍団は2個師団 (division) 以上から成る; それ以下は→company 6》.

3 (軍隊的組織の)団体. the Salvation *Army* 救世軍.

4 大群, 大集団. an ~ of ants [supporters] アリ[サポーター]の大群.

Yóu and whàt ármy?〘話〙〈「なぐるぞ」などのおどしに対して〉 おまえ1人で(だれとも組まずに)やれるっていうのかい. [<古期フランス語 *armee*(<ラテン語 *armāre*「武装する」「動する」)]

ármy ànt 名 C〘虫〙グンタイアリ《大群をなして移動する》.

ármy bràt 名 C〘米話〙'軍人っ子'《親の転勤について回り, 基地の近くで育った子》.

Ármy Lìst 名 C〘英〙陸軍現役将校名簿 (〘米〙 **ármy règister**).

ármy sùrgeon 名 C 軍医.

ármy·wòrm 名 C〘虫〙ヨトウムシ《群をなして作物に被害を与える》.

ar·ni·ca /ɑ́ːrnikə/ 名 C アルニカ《キク科の薬用植物》; U〘薬〙アルニカチンキ《アルニカの根や花からの製剤; 昔ねんざ, 打撲傷などにつけた》.

Ar·nold /ɑ́ːrnəld/ 名 アーノルド **1** 男子の名. **2 Benedict** ~ (1741–1801)《独立戦争当時の米国の将軍で国を裏切った》. **3 Matthew** ~ (1822–88)《英国の詩人・批評家》. **4 Thomas** ~ (1795–1842)《英国 Rugby School の校長として public school 教育の改革の範を示した; 3の父》. [ゲルマン語「鷲のように強い」]

Á-ròad 名 C〘英〙A級道路《主要幹線道路》.

‡**a·ro·ma** /əróumə/ 名 U **1** 香り; 芳香; (類語 コーヒーなどの芳しく強いにおい; →smell). the ~ of fine tobacco 高級たばこの香り. **2** (独特の)おもむき; 気品, 風格. an ~ of the mysterious East 神秘的東洋の雰囲気. [ギリシア語「(甘い)香辛料」]

aròma·thérapy 名 U アロマセラピー《芳香性の物質を外用する治療・健康法》. ▷**aròma·thérapist** 名

ar·o·mat·ic /ærəmǽtik ⑱/ 形 香りの高い, 芳しい. —— 名 C 香料; 芳香植物.

a·rose /əróuz/ 動 arise の過去形.

‡**a·round** /əráund/

> 語法 around は round に置き換え可能な場合が多いが,〘米〙では around が普通;〘英〙では, 副 6,7, 前 4, 5のように回転運動や, 副 8のような回りの寸法に用いる場合は, round を使う傾向がある; →about 前 3★.

—— 副 ⓒ【周りに】**1** **周囲に**[を], 四方に[を], ぐるりと. There was a thick fog ~. 濃霧があたり一面に立ちこめていた. There wasn't another house for a mile ~. 周りには(どの方向にも)1マイル以内に他に家はなかった.

2 (**a**)〘話〙**辺りに**, 近所に. He is∟~ somewhere [somewhere ~ here]. 彼はどこかその辺[どこかこの辺りに]にいる. Each time I called, Bill was not ~. いつ電話しても, ビルは(家に)いなかった. I hung ~ until after six. 6時過ぎまでぶらぶらしていた. 語法「ぶらぶら, あてもなく」の意味になる成句は, 他に FOOL [MESS, PLAY, SIT, WAIT] ~ などがある; この語連結では round は使われない.

(**b**)【(数量的に)辺りに】**およそ**, 約.., (about). This cost ~ $50. これは50ドルほどかかった. at ~ six o'clock 6時ごろに (★at がなければ 前 6の用法).

3【周り中を】**あちこち**(に). I've traveled ~ on my job. 仕事で方々に旅行して回った. I will show you ~. あちらこちらご案内致します.

4【動き回って】〘話〙活躍して; (病気が治って)元気で, 健在で;〈最上級表現のあとで〉現存して(いる中で). I remember those days when my parents were ~. 両親が元気だったころのことを思い出す. He was ill, but now is able to be [get] ~. 彼は病気だったが今はもう動き回れる. one of the best stage actors ~ 現代の最も優れた舞台俳優の1人.

5【出回って】〘話〙手に入って, 存在して; (金・商品が)流通して. This type of camera has been ~ for a year now. この型のカメラが出てもう1年になる.

【ひと回りして】**6** **向きを変えて**, ぐるりと. He turned

〜. 彼はくるりと後ろを振り返った. Don't turn the hands of a clock the other way 〜. 時計の針を逆に回してはいけない.
7 **回って**, 輪を描いて; 迂(ぅ)回して. The dog ran 〜 and 〜. 犬はぐるぐる駆け回った. take the way 〜 回り道をする.
8 **周囲が**, 回りが. The tree measures three meters 〜. 木は周囲 3 メートルある. The lake was close to five miles 〜. 湖は周囲 5 マイル近くあった.
9【巡って＞元へ戻って】(**a**) (季節・時期・順番などが)巡って. when spring comes 〜 春が巡って来たら. Autumn rolled 〜 again. また秋がやってきた.
(**b**)〈this time などと共に特に意味なく〉this time 〜 (巡り巡って＞)今回は. the second time 〜 2 回目は.
(**c**) 意識が戻って, 正気づいて. →成句 BRING.. around (3), COME around .. (2).
***àll aróund** 四方に; あたり一面に; 一同に; 万事に. The candidate shook hands *all* 〜. 候補者はみんなと握手した. There were flowers *all* 〜. あたり一面花でいっぱいだった.
all yèar aróund →year.
aròund abóut【話】ほぼ, 約.., (approximately).
have been aróund (1)【話】ずっと(前から)存在している(→5). (2) 広く旅行している;【話】見聞が広い, (性的)経験が豊富である. I *haven't been* 〜 much these days. 私はこのところあまり旅行はしていない. You can't fool him; he *has been* 〜. あの男はばかにできないよ, 世間を広く見ているから.
Sèe you aróund!【主に米話】また(どこかで)会いましょう, じゃあね.
── 前【周りに】 **1** **..の回り[周り]に**, を(ぐるりと)囲んで; ..を中心にして; ..に基づいて. sit 〜 the fire たき火の周りに座る. The enemy was all 〜 us. 敵に完全に囲まれていた. Wrap a blanket 〜 the baby. 赤ん坊の体を毛布でくるみなさい. wear the belt 〜 one's waist 腰に帯を締めている. The society was built 〜 belief in God. 会は神への信仰を中心にして創立された. a novel built 〜 an interesting plot 面白い筋に基づいて組み立てられた小説.
2【話】(**a**) **..の辺りに**, の近くに[を]; ..の内外で. live somewhere 〜 Boston どこかボストン近くに住む. He is always hanging 〜 the bowling alley. 彼はいつもボウリング場の辺りをぶらぶらしている.
(**b**)【(時間的に)辺りに】(およそ) **..の頃**(ころ), ..頃. 〜 noon 正午頃. 〜 the end of 1980 1980 年の終わり頃.
(**c**)【周辺に】(仕事などの点で)..に近い, ..を取り巻く. the men 〜 the Prime Minister 首相の側近.
3【周り中に】 **..のあちこちに**; ..の方々を; ..の各地で. There were toys lying all 〜 the room. 部屋中におもちゃが散らばっていた. travel 〜 the world 世界を旅行して回る. many countries 〜 the globe 地球上の多くの国々. I took her 〜 the town all afternoon. 午後ずっと彼女を案内して町のあちこちを回った.
【回って】 **4** **..を回って**, の周りをぐるりと; ..を迂(ぅ)回して, を避けて. The earth moves 〜 the sun. 地球は太陽の周りを回る. We went 〜 the park, not through it. 私たちは公園を通り抜けないで, 迂回した. There seems no way 〜 the new tax. あの新税から逃れる道はなさそうだ.
5 〔角など〕**を曲がって**; ..を曲がった所に[で]. 〜 the corner →corner (成句).
[＜中期英語; a-¹＋round]
aròund-the-clóck /⊛/ 形 24 時間ぶっ通しの, 休みなしの.
‡**a·rous·al** /əráuz(ə)l/ 名 U 覚醒(せい), (性的)興奮. sexual 〜 性的興奮.
***a·rouse** /əráuz/ 動 (**a·rous·es** /-əz/|過 過分 **〜d** /-d/|**a·rous·ing**) 他
1 〔人〕を目覚めさせる〈*from* ..から〉. The noise 〜*d* me *from* my sleep. その物音で眠りから覚めた.
2 〔興味, 期待など〕を**喚起する**; 〔不満, 疑問など〕を生じさせる. The book 〜*d* my interest in history. その本によって僕は歴史に対する興味を持つようになった. His absence 〜*d* suspicion [their anger]. 彼の欠席は疑い[彼らの怒り]を招いた.
3 〔人〕を奮い立たせる〈*from*, *out of*.. 〔無気力など〕から〉; を性的に興奮させる〈普通, 受け身で〉; を興奮させる; 〔人々〕の怒りを招く; VOA (〜 X *to*..) X (人)を刺激して..させる. 〜 people *to* action 人々を駆りたてて行動させる. What the Governor said 〜*d* the blacks. 州知事の発言は黒人を怒らせた.
[＜a-²＋rouse] ▷**a·roused** 形 (性的に)興奮した.
ar·peg·gi·o /ɑːrpédʒiou/ 名 (複 **〜s**) C 【楽】アルペッジョ《和音を同時でなく連続的に急速に演奏すること》. [＜イタリア語「ハープ(*arpa*)をひく」]
arr. arranged; arrival; arrive(d).
ar·rack /ǽrək/ 名 U アラク酒《ヤシの実の汁や米などから作る蒸留酒》.
ar·raign /əréin/ 動 他 **1**【法】(公訴事実の認否を問うため)〔被告〕を法廷へ召喚する; を告発する. be 〜*ed* on a charge of [for] ..の罪で告発される.
2【章】〔人〕を非難する, の責任を問う, 〈*for* ..で〉.
ar·ráign·ment 名 UC **1**【法】罪状認否手続き《被告の名前を確認し, 告訴状を読んで聞かせ, 有罪か無罪かを答えさせるなどの手続き》. **2**【章】非難. be subjected to 〜 非難を浴びせられる.
Ar·ran /ǽrən/ 名 アラン島《スコットランド南西部, Clyde 湾内にある》.
****ar·range** /əréindʒ/ 動 (**ar·rang·es** /-əz/|過 過分 **〜d** /-d/|**ar·rang·ing**) 他【きちんと並べる】**1** **を整える**, 整頓(とん)する; 〔仕事など〕を整理する. 〜 the books on the shelf 本棚の上の本を整頓する. 〜 cards alphabetically カードをアルファベット順に並べる. Sylvia takes hours just *arranging* her hair. シルビアは髪を整えるだけのことにとても時間がかかる. She 〜*d* the flowers beautifully. 彼女は花をきれいに生けた.
2 〔紛争など〕を**調停する**, 解決する.
3 **を編曲する**; 〔劇〕を脚色する; 〈*for* ..用に〉. 〜 a violin piece *for* the piano ヴァイオリン用の曲をピアノ用に編曲する.
【整えて備える】 **4** (**a**) の**手はずを整える**, を用意しておく. 〜 a meeting 会合を準備する. 〜 a party for her birthday 彼女の誕生日のためのパーティーの手配をする. 〜 a fancy dinner with wine ワインも添えて特別な食事を用意する. My marriage was 〜*d* by my parents. 私の結婚は両親がおぜん立てをした.
(**b**) VO (〜 ***that*** 節) ..となるよう手配する. I'll 〜 *that* someone will meet you at the airport.＝I'll 〜 *for* someone *to* meet you at the airport. (→自) だれか空港へお迎えに行くよう手はずしておきましょう.
5 (**a**) 〔条件など〕を(あらかじめ)**打ち合わせる**, 取り決める. 〜 a time and place for the next conference 次の会議の日時と場所を取り決める. He appeared exactly at noon as 〜*d*. 打ち合わせ通り, 彼はきっかり正午に姿を見せた. (**b**) VO (〜 ***that*** 節/***wh*** 節・句) ..ということを取り決める. It is 〜*d that* the accountant will be here around five o'clock. 会計士は 5 時ごろここに来るよう打ち合わせてある. 〜 *where* [*when*] to meet どこで[いつ]会うかを決める. We 〜*d* it *that* we would all meet at the station at four. 私たちは全員が駅で 4 時に会うよう取り決めた(★it は形式目的語で that 以下がその内容).
── 自 **1** (**a**) VA **取り決める**, 打ち合わせる, 〈*with* ..と/*about*, *for* ..について〉. 〜 *for* an appointment 会合の約束を取り決める. 〜 *with* the milkman *about* delivery 牛乳屋と配達のことで取り決めをする.
(**b**) VA (〜 ***for***../(***for***..) ***to do***) ..を/(..が)..するよう

A

に手配する. Can you ~ *to* meet me this evening? 今晩私と会うようにできますか. Please ~ *for* a car (*to* be here) at three o'clock. 3時に車を1台(ここに回すよう)手配してください.

2 編曲をする. [<古期フランス語「整列させる」]

arrànged márriage 名 UC 親の決める[決めた]結婚, 見合い結婚.

‡ar·range·ment /əréindʒmənt/ 名 (複 **~s** /-ts/) **1** (**a**) U **整える[られる]こと**, 整頓(とん), 整理; 配列, 配置. Flower ~ is a traditional art in Japan. 生け花は日本では伝統的な芸道である. the ~ of words in a sentence 文の中での語の配置. (**b**) C 整理[配列]されたもの. a fine ~ of exhibits 見事に配列された展示品.

2 C 〈普通 ~s〉 **用意**, 準備, 手はず, 〈*for* ..の〉. safety ~*s* 安全対策. make ~*s for* a wedding (*to* take place) 結婚式の(行われる)準備をする.

3 UC **取り決め**, 協定, 〈*to* do ..する/*that* 節..すること の〉; 打ち合わせ; 〈*about* ..についての/*with* ..との〉; 調停, 解決. I've made an ~ *to* rent a room from Mrs. Smith. 私はスミス夫人から1部屋借りる取り決めをした. They've finally come to some ~ *about* the price. 彼らは価格の点でようやく話し合いがついた. by ~ 打ち合わせによって. This book is published in Japan by (a) special ~ *with* Chambers Ltd. 本書はチェインバーズ社との特約により日本で出版されます.

4 C **編曲**(した曲), 脚色(した脚本); U 編曲[脚色]すること. an orchestral ~ of an organ piece by Bach バッハのオルガン曲の管弦楽への編曲.

ar·rang·er /əréindʒər/ 名 C **1** 編曲家. **2** 手配する人. **3** 〈a flower ~ で〉 華道家, 生け花をする人.

ar·rant /ǽrənt/ 形 〈限定〉〈悪い意味で〉 全くの, 徹底的な, (downright). an ~ coward 真底からの臆(おく)病者. ~ nonsense 全くのたわごと.

ar·ras /ǽrəs/ 名 UC アラス織り(の壁掛け) 《美しい絵模様のあるつづれ織り》.

†ar·ray /əréi/ 動 (**~s** /-z/| 過 過分 **~ed** /-d/|**~·ing**) 他 〖雅〗〈しばしば ~ oneself, 又は受け身で〉 **1** を整列させる; を整然と並べる. The soldiers were ~*ed* on the hill. 兵士たちは丘の上に整列させられた. be ~*ed* against ..に対して陣容を整えている; 〈比喩的〉..に反対である. **2** 〔人〕を盛装させる 〈*in* ..で〉. be ~*ed in* gems 宝石を身にちりばめる. She ~*ed* herself *in* her finest silks. 彼女は一番上等の絹の服で着飾った.

── 名 **1** UC 〖章〗(人, 物の)勢ぞろい; ずらりと並んだ人[物]; 〔軍隊などの〕配置. an ~ of VIPs [flags] ずらりと並んだお歴々[旗の列]. Hampstead has a fine ~ of old houses. ハムステッドには古めかしい家が見事に並んでいる. an ~ of arguments against rearmament 再軍備に対する反対論の数々. in battle ~ 戦闘態勢を取って. **2** U 〖雅〗 衣装, 美服. in bridal ~ 花嫁衣装を身にまとって. **3** C 〖電算〗 配列 《ある原則に従ってデータを処理した記憶装置》. [<古期フランス語「整える」]

‡ar·rears /əríərz/ 名 〈複数扱い〉 未払いの借金, 延滞金; (未完了の)仕事.

fàll into arréars 滞る, 遅れる, 〈*with* ..〔家賃, 仕事など〕が〉.

in arréars [〖主に法〗 *arréar*] 滞って[た], 遅れて[た], 〈*with, on* ..が〉. be two months *in* ~ (with one's rent) (家賃が)ふた月滞っている.

[<古期フランス語「後ろに」]

***ar·rest** /ərést/ 動 (**~s** /-ts/| 過 過分 **~·ed**/-əd/|**~·ing**) 他 **【とらえる】 1 を逮捕する**, 検挙する, 〈*for* ..の罪で〉. ~ the criminal 犯人を逮捕する. ~ a man *for* drunken driving 飲酒運転で男を逮捕する. He was ~*ed on* suspicion of murder. 彼は殺人容疑で逮捕された.

【とらえて引きとめる】 2 〖章〗〔進行〕を止める, 遅らせる, (check); 〔癌(がん)の進行など〕を止める. Still pictures ~ the motion of a moving object. スチール写真は動く物の一瞬の動きをとらえる. ~ economic growth 経済成長にブレーキをかける. **3** 〖章〗〔注意, 人の目〕を引く. ~ a person's attention 人の注意を引く.

── 名 (複 **~s** /-ts/) UC **1 逮捕**, 検挙. a warrant for his ~ 彼の逮捕令状. make many ~*s* 多くの人を逮捕する. (a) false ~ 誤認逮捕. **2** 〖医・法〗 停止, 中断; 阻止. a cardiac ~ 心拍停止. ~ of judgment 判決抑止.

under arrést 逮捕されて[た]. place [put] a person *under* ~ 人を逮捕する. You're *under* ~. おまえを逮捕する 《警察官の言葉》.

[<古期フランス語「止める」(<ラテン語 ad-+*restāre* 'rest²')]

ar·rést·a·ble 形 〖法〗(令状なしで)逮捕できる.

ar·rést·er 名 C **1** 逮捕する人. **2** 鉤(こう)引装置 《着艦した航空機を減速するため機体の拘束フック (**ar-réster hòok**) を航空母艦の甲板上の綱索 (**arréster wìres**) に引っかける》.

ar·rést·ing 形 人の注意を引く(ような), 目覚ましい, (striking).

arrèst wárrant 名 C 逮捕(令)状.

ar·rhyth·mi·a /əríðmiə/ 名 UC 不整脈.

ar·ris /ǽris/ 名 C 〖建〗(2面が交わってできる鋭角の)稜(りょう).

‡ar·riv·al /əráiv(ə)l/ 名 (複 **~s** /-z/) **1** (**a**) U **到着** (↔departure). Our ~ *at* Narita was delayed by an hour. 我々の成田到着は1時間遅れた (★到着する場所につく前置詞については →arrive 1 語法).

(**b**) 〈形容詞的〉 到着の. an ~ platform 到着ホーム. What's the ~ time in Los Angeles? ロサンゼルス到着時刻は何時ですか.

2 U 到達 〈*at* ..〔結論, 年齢など〕への〉. ~ *at* a decision 結論に達すること.

3 U 出現 (introduction); (大統領などの)就任; 出生. the ~ of a new bomb 新型爆弾の登場. celebrate the ~ of one's baby 赤ん坊の誕生を祝う.

4 C 到着する[した]人[物]; 〖話〗 新しく生まれた子. new ~*s* 新着書; 新来者, (ホテルなどの)新来の客; (学校の)新入生. late ~*s* 遅れてきた人. The new ~ was a lovely girl. 生まれたのはかわいらしい女の子だった. ◇動 arrive

on arríval (1) 着くとすぐに[の], 着き次第(の). payment *on* ~ 着荷払い. (2) 着いた時に(は). The severely injured man was dead *on* ~ *at* the hospital. 重傷を負った男は病院に着いた時すでに亡くなっていた.

‡ar·rive /əráiv/ 動 (**~s** /-z/| 過 過分 **~d** /-d/|**ar·riv·ing**) 自 **【到達する】 1 到着する**, 着く; (ここへ)来る; 〈*at, in, on, upon* ..に〉.

> 語法 (1) 到着場所を示す前置詞は, 比較的狭いと考えられる場所(小都市, 地区, 家, 店など)の時は at, 比較的広いと考えられる場所(国, 地方, 大都市など)の時は in を用いるのが普通. しかし, 飛行機の乗り継ぎの場合には arrive *at* London と言う. (2) 大陸, 島, 現場などに到着する時は on [upon] を用いる. (3) 一般に arrive at [in, on, upon]=reach と言えるが, 例えば「月面到達」(*reach*ing the moon) のような非常な困難を伴う事について arrive は不自然.

~ *at* the airport [*in* the city] 空港[市]に到着する. The ship is *arriving in* San Francisco this evening. 船は今日の夕方サンフランシスコに入港する. ~ *on* [*upon*] the scene (of..) (..の)現場に現れる, 登場する. I ~*d* home only an hour ago. 私は1時間前に帰宅したばかりだ. ~ back at a hotel ホテルに戻る.

【連結】 ~ quickly [soon; immediately; early; late; punctually, on time; later]

2 𝕍𝔸 (~ *at*..) 〔結論, 年齢などに〕達する 〈受け身可〉. We finally ~*d at* an agreement. 我々はついに合意に達した. No conclusion was ~*d at*. 結論に達しなかった. ~ *at* school age 学齢に達する.
3 〔手紙, 小包などが〕届く, 配達される. Your letter ~*d* on Monday. 君の手紙は月曜日に届いた.
4【目標に到達する】〖話〗〈しばしば完了形で〉成功する, 地位を固める, 名声を得る. He has finally ~*d* as a politician. 彼はついに政治家として名を成した.
【到来する】 **5** (**a**) 〔時機などが〕到来する, 来る, 〔出来事などが〕起こる. when the right time ~*s* 潮時が来たら. The time has ~*d* for us to take action. 行動すべき時が来た. (**b**) 〔新製品などが〕現れる. since the computer ~*d* コンピュータが出現して以来. (**c**)〖話〗〔赤ん坊が〕生まれる. The baby ~*d* near dawn. 赤ん坊は夜明け近くに生まれた. ◇↔depart 名 arrival
[<古期フランス語「岸に着く」(<ラテン語 ad-+*ripa*「岸」)]

ar·ri·viste /æ̀riːvíːst/ 名 C 野心家, 出世主義者; 成り上がり. [フランス語 (<'arrive'+'-ist')]

†**ar·ro·gance** /ǽrəgəns/ 名 U 横柄さ, 傲(ごう)慢さ.

***ar·ro·gant** /ǽrəgənt/ 形 m **横柄な**, 傲(ごう)慢な, 尊大な, (類語 自信過剰から来る傲慢さを指す; →proud). [<ラテン語「自分の物だと主張する (arrogate)」; -ant]
▷ **~·ly** 副 傲慢に.

ar·ro·gate /ǽrəgèit/ 動 他 〖章〗 **1** 𝕍𝕆𝔸 (~ X *to oneself*) X を不当に自分のものだと主張[要求]する, 横取りする. ~ power *to* one*self* 権力をわがものとする.
2 𝕍𝕆𝔸 (~ X *to*..) X (悪事など)を〔人〕のせいにする.
▷ **àr·ro·gá·tion** 名 U 不当な主張, 横取り.

‡**ar·row** /ǽrou/ 名 (複 **~s** /-z/) C **1** 矢 (→bow¹). shoot an ~ 矢を射る. **2** 矢印 (→, ⇨ など); 矢の形をしたもの. follow the ~*s* to ..へ矢印をたどって行く.
àrrow of tíme = ***tìme's árrow*** 時間の矢, 時間の流れる方向.
(as) stràight as an árrow まっすぐな, 一直線で; 「〔人が〕真っ正直な[で].
── 動 他 を矢印で示す《地図などで》. [<古期英語]

árrow·hèad 名 C **1** 矢じり. **2**〖植〗クワイ.

árrow·ròot 名 U 〖植〗クズウコン; クズ粉《クッキーなどのつなぎに用いる; アメリカ先住民はこの根で毒矢の傷から毒を吸い取った》.

ar·roy·o /ərɔ́iou/ 名 (複 **~s**) C 〖米南西部〗 **1** 水のかれた峡谷, 涸(か)れ谷. **2** 小川. [スペイン語]

‡**arse** /ɑːrs/ 名 C 〖英〗 **1**〖卑〗=ass². 〈ass の成句も参照〉. **2**〖話〗あほう.
àrse about fáce 〖米俗〗=ASS backwards.
be ríght up a person's árse 〖話〗(車で)すぐ後について来る.
fall àrse over tít 〖米俗〗うつぶせに倒れる.
lick a person's árse 〖俗〗すごくゴマをする.
Móve [shíft] your árse! 〖俗〗急げ. 「(成句).
not knòw one's árse from one's élbow →ass
tàlk out of one's árse くだらないことを言う.
── 動 自 〈次の成句で; ass² の成句も参照〉.
àrse abóut [aróund] 〖英話〗のらくらして時を過ごす.
càn't [còuldn't] be ársed 〖英話〗ごめんだ 〈*to* do, *doing* ..するのは〉. [<古期英語]

árse·hòle 名 C 〖英卑〗=asshole.

‡**ar·se·nal** /ɑ́ːrs(ə)n(ə)l/ 名 **1** C 兵器庫; 兵器廠(しょう); 〈集合的〉貯蔵された兵器, 火薬など. **2** C 〈一般に〉蓄え. the ~ of abuses he commands 彼が操る悪口雑言のストック. [<イタリア語「造船所」(<アラビア語「作業所」)]

ar·se·nic /ɑ́ːrs(ə)nik/ 名 U 〖化〗砒(ひ)素《猛毒. 記号 As》. ── /ɑːrsénik/ 形 砒素の[を含む].

ar·sen·i·cal /ɑːrsénik(ə)l/ 形 =arsenic.

‡**ar·son** /ɑ́ːrs(ə)n/ 名 U 〖法〗放火(罪). suspect ~ 放火ではないかと疑う. [<ラテン語「燃やす」]

ar·son·ist /ɑ́ːrs(ə)nist/ 名 C 〖法〗放火犯人.

‡**art**¹ /ɑːrt/ 名 (複 **~s** /-ts/) **1** (**a**) U **芸術**; U 又は 〈the ~s〉**美術** (fine arts). study ~ and music 美術と音楽を勉強する. ancient Egyptian ~ 古代エジプト芸術. a work of ~ 美術品. *Art* is long, life is short. 〖諺〗芸術は長く人生は短し《前半の意味は元来「技術は修得するのに長くかかる」; 今は「芸術の生命は長い」とも解される》. (**b**) U グラフィック・アート.
(**c**) C (特定分野の)芸術活動; 〈the ~s〉(国又は地方の)芸術(分野)《全体》.
(**d**) 〈形容詞的〉芸術の; 美術の. an ~ critic 美術評論家. an ~ dealer 美術商. an ~ exhibition 美術展.
2 C 〈集合的〉芸術作品; 美術品.
3 UC **技術**; わざ, 技巧, 熟練, (skill). the ~ of printing 印刷術. the industrial ~*s* 工芸. He knows the ~ of making friends. 彼は友達をつくる'こつ'を知っている. That's quite an ~. こりゃ見事な出来ばえだ. Giving surprise parties is quite an ~. びっくりパーティーを開くことはなかなか難しい.
4 U 人工, 人為, (↔nature). This beautiful garden owes more to ~ than to nature. この庭の美しさは自然より人工のおかげだ.
5 〈the ~s〉人文科学 (humanities; →science); = liberal arts. →Bachelor [Master] of Arts.
6 C 〈普通 ~s〉〖旧〗術策 (artifice); U 狡猾(こうかつ)さ (cunning). ◇形 artful, artistic, artificial
àrt for árt's sàke 芸術のための芸術, 芸術至上主義.
árt of wár 戦術.
by árt 熟練によって; 人工で; 策略で, 狡猾(こうかつ)に.
have [get] .. dòwn to a fìne árt →fine.
[<ラテン語 *ars*「(物を接合する)技術」]

art² 動 〖古〗be の 2 人称・単数・直説法・現在形《主語 thou に呼応; thou ~=you are》.

art. 〖文法〗article; artillery; artist.

art deco /ɑ̀ːr-déikou, ɑ̀ːrt-/ 名 〈しばしば A- D-〉U アールデコ《1920 年代後半-30 年代を隆盛の頂点とする装飾美術様式; 直線の多い幾何学的形態が特徴》. [フランス語 'deco(rative) art']

árt dirèctor 名 C 〖演劇・映・テレビ〗美術監督; (出版・広告の)美術面担当者.

ar·te·fact /ɑ́ːrtəfæ̀kt/ 名 =artifact.

Ar·te·mis /ɑ́ːrtəməs/ 名 〖ギ神話〗アルテミス《月・狩猟の処女神; ローマ神話の Diana に当たる》.

ar·te·ri·al /ɑːrtí(ə)riəl/ 形 **1** 動脈の (↔venous). ~ blood 動脈血. **2** 主要な (main). an ~ road 幹線道路. ── 名 C 幹線道路.

ar·te·ri·ole /ɑːrtí(ə)rioul/ 名 C 〖解剖〗細動脈.

ar·te·ri·o·scle·ro·sis /ɑːrtì(ə)riouskləróusəs|-skliər-/ 名 U 〖医〗動脈硬化症.

†**ar·ter·y** /ɑ́ːrtəri/ 名 (複 **-ries**) C **1**〖解剖〗動脈 (↔vein). hardening of the *arteries* 動脈硬化. **2** (交通, 輸送などの)幹線《鉄道・水路を含む》. [<ギリシア語「動脈, 気管」]

ar·tè·sian wéll /ɑːrtìːʒ(ə)n-|-ziən-/ 名 C (アルトワ式)掘り抜き井戸《<Artois (フランスの地名); 地下水圧で水がわき出る》.

árt fìlm 名 C 芸術映画.

árt fòrm 名 C 芸術的表現形態《バレエ, オペラ, 建築などのような》; (伝統的)芸術形式《ソネット, ソナタ, 小説など》.

‡**art·ful** /ɑ́ːrtf(ə)l/ 形 **1** 狡猾(こうかつ)な, ずるい, (cunning). **2** 技巧的な; 巧妙な. an ~ arrangement of flowers 巧みな生け花. ◇↔artless ▷ **~·ly** 副 狡猾に; 巧妙に. **~·ness** 名 U ずるいこと; 巧妙さ.

A

árt gàllery 名 C 画廊; 美術館.
árt glàss 名 U 工芸ガラス.
árt hòuse 名 C 〘米〙芸術映画劇場, 名画座.
ar·thrit·ic /ɑːrθrítik/ 形 関節炎の.
‡**ar·thri·tis** /ɑːrθráitəs/ 名 U 〘医〙関節炎.
ar·thro·pod /ɑ́ːrθrəpɑ̀d|-pɔ̀d/ 名 C 節足動物《昆虫・クモ・カニなど》.
Ar·thur /ɑ́ːrθər/ 名 **1** 男子の名. **2 King ~** アーサー王《中世伝説上の英国王》.
not knòw whether one is Àrthur or Mártha 〘英話〙何が何だか分からなくなっている.
[?<ケルト語「熊」]
Ar·thu·ri·an /ɑːrθ(j)ú(ə)riən/ 形 アーサー王の; アーサー王伝説の.
Arthùrian légends 名 〈the ~〉アーサー王伝説《王, 王妃, 円卓の騎士などにまつわる一連の物語; →the Round Table; the Holy Grail》.
‡**ar·ti·choke** /ɑ́ːrtətʃòuk/ 名 UC **1** チョウセンアザミ (**glòbe** ~)《キク科の多年草; 若い花托(たく)と萼(がく)を食用にする》. **2** =Jerusalem artichoke. [<アラビア語]
‡**ar·ti·cle** /ɑ́ːrtik(ə)l/ 名 (複 ~**s** /-z/) C
【1つ1つ区切りのあるもの】 **1 品物**, 物, (object); (同類の品物の) 1個, 1着, 1枚など, (piece). an ~ of furniture [clothing, jewelry] 家具[衣料品, 宝石]1点. the genuine ~ 本物. There are many ~*s* in her purse. 彼女のハンドバッグにはいろんな物が入っている.
2 (新聞, 雑誌の)**記事**, 論文, 論説. the ~ about Iran in today's paper 今日の新聞に載ったイランに関する記事[論文]. →leading article.

> 連結 an informative [an insightful; a well-argued; a well-written; an in-depth; a lively; a provocative; a boring; a lengthy]~ // contribute an ~ // an ~ appears

3 (条約, 契約などの)**箇条**, 条項, (clause); 項目 (item); 〈~s〉規約; (年季)契約; 実務修習生としての契約, 実務修習期間. *Article* 9 of the Japanese Constitution 日本国憲法第9条. The agreement contains several ~*s* on atomic energy. その協定には原子力に関する数箇条が含まれている. ~*s* of apprenticeship 年季(徒弟)契約. ~*s* of association (会社の)定款. be in ~*s* 年季契約で働いている.
4 冠詞 (a, an, the を指す). the definite [indefinite] ~ 定[不定]冠詞.
── 動 他 を年季契約で[実務研修生として]雇う 〈*to*, *with* ..に〉.
[<ラテン語「(小さな)関節; 節目」(<*artus*「関節」)]
▷ ~**d** 形 実務修習のための. an ~*d* clerk 〘英〙= trainee solicitor.
àrticle of fáith 名 C 信仰箇条, 信条,《キリスト教で教理を要約し教会によって権威うけられた条文》; 〈一般に〉信条.
Àrticles of Confederátion 名 〈the ~〉〘米史〙連邦規約《1781–1788年の建国当時の憲法》.
ar·tic·u·lar /ɑːrtíkjulər/ 形 関節の.
†**ar·tic·u·late** /ɑːrtíkjələt/ 形
【区切りのある】 **1** 〔言葉, 発音が〕はっきりした, 歯切れのいい; 分節された; (↔inarticulate). ~ speech (音と音との間に)はっきりした区切りのある発音, はっきり聞き分けられる言葉. an ~ explanation of one's views 自分の意見についての明確な説明.
2 〔人が〕考えをはっきり表現できる. a baby not yet ~ まだはっきりしゃべれない赤ん坊. a small but ~ activist group 小さいが積極的に発言する活動家集団. **3** 関節を持った〔昆虫など〕.
── /-lèit/ 動 他 **1** をはっきり発音する[話す]; を分節する. **2** 〔考えている事〕をはっきり表現する; 述べる. **3** を関節でつなぐ 〈*with* ..と/*to* ..に〉〈普通, 受け身で〉.
── 自 **1** 明瞭(りょう)に発音する. **2** (関節などで)つながる 〈*with* ..と〉. [<ラテン語「節目節目を切る」]
▷ ~**·ly** /-lətli/ 副 ~**·ness** /-lətnəs/ 名
ar·tíc·u·làt·ed /-lèitəd/ 形 〘主に英〙連結式の〔トレーラーなど〕《関節のように折れ曲がることから》. an ~ lorry 〘英〙トレーラートラック (〘米〙tractor-trailer).
ar·tic·u·la·tion /ɑːrtìkjəléiʃ(ə)n/ 名 U **1** 明瞭(りょう)な発音; 発音(の仕方); 〘音声〙調音. **2** (言語による思想, 感情の)表現. **3** 相互関係. **4** (関節による)接合; 〘植〙節間.
ar·tic·u·la·to·ry /ɑːrtíkjulətɔ̀ːri|-t(ə)ri/ 形 分節的な; 関節の.
‡**ar·ti·fact** /ɑ́ːrtəfæ̀kt/ 名 C **1** 人工物《文化的に興味のある》; 〘考古学〙(人工)遺物《道具, 装身具など; ↔ natural object (自然物)》. **2** (典型的な)影響, '遺物'. an ~ of male supremacy 男性優位主義の遺物.
[<ラテン語「技巧で作られた物」]
ar·ti·fice /ɑ́ːrtəf(ə)s/ 名 〘章〙**1** C 工夫, 工夫したもの; U 器用さ (cleverness), 技巧. **2** C 策略, 悪だくみ, (trick); U 策略, 悪賢さ. by ~ 策略を用いて. I saw through his ~ at once. すぐ彼の策略を見破った.
ar·tif·i·cer /ɑːrtífəsər/ 名 C **1** 〘雅〙職人; 熟練工. **2** 〘英陸海軍〙技術兵.
‡**ar·ti·fi·cial** /ɑːrtəfíʃəl ⑱/ 形 m **1 人工の**, 人工[人為]的な; **人造の**; (↔natural). an ~ flower 造花. an ~ tooth [limb] 入れ歯[義肢]. an ~ barrier 人為的な障壁. **2 不自然な**, わざとらしい (affected); にせものの. an ~ smile 作り笑い. Those tears are ~. あれはそら涙さ.
[<ラテン語「技巧の」(<*ars* 'art'+*facere* 'make')]
àrtificial inseminátion 名 U 人工授精《略 AI》.
àrtificial intélligence 名 U 人工知能《略 AI》.
ar·ti·fi·ci·al·i·ty /ɑ̀ːrtəfìʃiǽləti/ 名 (複 -**ties**) U 人為的[人工的]なこと; UC 不自然さ, わざとらしさ; C 人工的なもの, 人造品.
àrtificial lánguage 名 U 人工言語《エスペラントやプログラム言語など》.
àr·ti·fí·cial·ly 副 人工で; 人工的に; 不自然に, わざとらしく.
àrtificial respirátion 名 U 人工呼吸.
àrtificial túrf 名 U 人工芝.
ar·tik /ɑːrtík/ 名 C 〘英話〙=ARTICULATED lorry.
†**ar·til·ler·y** /ɑːrtíləri/ 名 U 〈集合的〉**1** 大砲 (guns). **2** 〈the ~; 単複両扱い〉砲兵(隊) (★個々の砲兵の集まりと見る時は複数扱い; 歩兵隊 (infantry), 騎兵隊 (cavalry) などに対して軍の1部門を言う時は単数扱い). the heavy [field] ~ 重[野]砲(隊). **3** 砲術 (gunnery). [<古期フランス語「武装する」; -y²]
ar·tíl·ler·y·man /-mən/ 名 (複 -**men** /-mən/) C 砲兵, 砲手.
‡**ar·ti·san** /ɑ́ːrtəz(ə)n|ɑ̀ːtəzǽn/ 名 C 職人 (craftsman), 熟練工.
‡**art·ist** /ɑ́ːrtist/ 名 (複 ~**s** /-ts/) C **1 芸術家**; 〈特に〉**画家**. Picasso is one of the most important ~*s* of the 20th century. ピカソは20世紀の最も重要な画家の1人である.

> 連結 a famous [a celebrated; a major; a first-rate; an accomplished, a talented; an imaginative; an obscure; a mediocre, a second-rate; a struggling] ~

2 =artiste. **3** (その道の)達人, 名手. an ~ with words 名文家. **4** 〘話〙名人, 達人; (特に悪事に)長(た)けたやつ. an ~ with cards いかさまトランプの名人.
[<フランス語 *artiste*; art¹, -ist]
ar·tiste /ɑːrtíːst/ 名 C 芸能人, タレント,《歌手, 俳優, 舞踊家など》. [フランス語 'artist']

***ar·tis·tic** /ɑːrtístik/ 形 m **1** 芸術の; 美術の; 芸術家[美術家]の. ～ freedom 芸術の自由. **2** 芸術的な, 趣のある, 美しい. the ～ beauty of the garden 庭園の芸術的な美しさ. **3** 芸術が分かる; 芸術好きの; 芸術家肌の. My father is far from ～. 父はおよそ非芸術的な人だ. ◇名 art, artist

ar·tis·ti·cal·ly /ɑːrtístik(ə)li/ 副 美術[芸術]的に; 芸術的に見れば.

artìstic impréssion 名 **1** C 完成予想図. **2** U アーティスティックインプレッション《フィギュアスケートなどの芸術的評価; →technical merit》.

art·ist·ry /ɑ́ːrtistri/ 名 U 芸術性; 芸術的手法, 芸術的技量; 芸術(という職業).

árt·less 形 **1** 策を弄(ろう)しない, 無邪気な, 誠実な, (↔ artful). **2** 自然のままの (natural); 単純素朴な. **3** 不器用な, 下手な, (clumsy). ▷ **～·ly** 副 無邪気に; 単純に; 不器用に. **～·ness** 名 U 無邪気さ; 素朴さ; 拙劣さ.

art nou·veau /àːr-nuːvóu, àːrt-/ 名 〈しばしば A-N-〉 U アールヌーヴォー《1890–1910 年に流行した装飾美術の一様式》. [フランス語 'new art']

árt pàper 名 U 〖英〗アート紙.

àrts and cráfts 名 〈複数扱い〉 工芸美術《陶芸, 染織, 家具製作など》.

árt schòol 名 C 美術学校.

Árts Còuncil 名 〈the ～〉 (英国)芸術振興会《芸能団体に政府補助金を配分する》.

árt sòng 名 C (芸術的な)歌曲.

art·sy /ɑ́ːrtsi/ 形 ＝arty. ★**àrtsy-fártsy** /-fɑ́ːrtsi/ 〖米〗とも言う.

árt thèater 名 ＝art house.

árt·wòrk 名 **1** UC 手工芸(品). **2** U (本, 広告などの)挿絵, 図版, 写真.

art·y /ɑ́ːrti/ 形 〖話・しばしば軽蔑〗芸術家気取りの; 芸術品らしく見せかけた. ★**àrty-fárty** /-fɑ́ːrti/ 〖英〗とも言う.

àrty-cráfty /移/ 形 〖話・戯〗〔家具などが〕やたら凝って非実用的な; 〔人が〕芸術家気取りの.

ar·um /é(ə)rəm/ 名 C アルム《ヨーロッパ産のサトイモ科の植物》.

ARV American Revised Version (米国改訂訳聖書).

-ar·y /èri, əri|əri/ 接尾 **1** 「..に属する[と関係ある]人[物]など」を意味する名詞を作る. mission*ary*. libr*ary*. **2** 「..と関係ある」を意味する形容詞を作る. custom*ary*. element*ary*. [ラテン語 *-ārius*]

Ar·y·an /é(ə)riən/ 形 〖古〗＝Indo-European.
── 名 **1** 〖旧〗 U アーリア語《インドヨーロッパ祖語 (Proto-Indo-European) のこと》; C アーリア人. **2** C (特に北欧系の)アーリア人, 非ユダヤ系白人,《ドイツのナチ政権下で最も優秀な人種と宣伝された》. [＜サンスクリット語「高貴な」]

AS Anglo-Saxon.

As 〖化〗arsenic.

‡as /əz, z, 強 æz/ 副 **同じ程度に**, 同様に. Jim runs fast, but I run just *as* fast. ジムは走るのが速いが僕も同じくらい速い. I run *as* fast as Jim. 僕はジムと同じくらい走るのが速い (注意 普通 as..as の形で用いるが, 初めの as が副詞, あとの as は接続詞 (→接 1)). The second sentence was just *as* long (as the first). 2 番目の文も(最初の文と)ちょうど同じくらいの長さだった (★このように接続詞の as 以下は省略されることがある). She has twice *as* many CDs as I [〖話〗me]. 彼女は私の 2 倍の CD を持っています. She is *as* beautiful a model as I have ever seen. 彼女は今まで見たこともないきれいなモデルだ (★不定冠詞の位置に注意; →a, an 語法; 2 番目の as は →接 1). This is not *as* simple a question as it seems. これは見かけほど簡単な問題ではない.

── 接 【同じだけ】 **1** (**a**) 〈as..as の形で〉 **..と同じ程度に**, 同じくらいに. He is now as tall *as* his father (is). 彼はもう父親と同じ身長だ (★初めの as は副詞 (→副), あとの as が接続詞). My son is now as tall *as* I [me]. 息子はもう私と同じ身長だ (★..*as* I am. の短縮だから me を用いるのは非文法的, しかし〖話〗では普通). He loves you as much *as* I (do). 私はあなたを愛しているが彼も同じくらいあなたを愛している (語法 この文の I を me とすると ..as much as he loves me. と解され,「彼は私を愛しているが同じくらいにあなたも愛している」の意味になる). It's as deep *as* it is wide. 間口も広いが奥行も同様に深い (★異なった概念の比較). California is almost as large *as* Japan. カリフォルニアはほぼ日本と同じくらいの大きさだ. I saw him as recently *as* last week. 彼にはつい先週会ったばかりだ. Jane is not so [as] diligent *as* Mary. ジェーンはメリーほど勤勉でない (語法 このように否定文では最初の as の代わりに so を用いることがある; ただし, 最初の as の前に修飾語がある場合は多くの場合 as を用いる: She isn't *nearly as* wise as she pretends to be. (彼女は決して見せかけほど賢くない)). (**b**) 〈(as) A as B の形で〉 まるで B のように A で, 非常に A で, (★強意的直喩(ゆ)表現として用いる; 頭韻を踏むものも多い). (as) bold *as* brass 実にずうずうしい. (as) cool *as* a cucumber 落ち着き払って. (as) poor *as* a church mouse ひどく貧乏で.

2 【同じように】 **..のように**, ..の通りに; ..のままに (→成句 AS it is). Do *as* you like. 好きなようにしなさい. Why didn't you stay at home *as* you had been told? あなたはなぜ言われた通りに家に居なかったのか. Arnold teaches us to see the object *as* it really is. アーノルドは物を実際にあるがままに見よと教える. Loving conviviality *as* I do, it will be trying to continue this lonely life. 実際[何しろ]にぎやかなのが好きなので, こんな寂しい生活を続けるのは僕にはつらいでしょう (語法 この *as* I do は先行の分詞を強調する; 歴史的に見れば元来 5 の Sleepy *as* I was.. の as も 6 の as も 2 の用法であって,「..だから」か「..だけれども」かは文脈によって決まる; そう考えれば 6 の〖米〗as..as が譲歩の意味になるのも理解できる).

3 **..のような**; 例えば. Seaside resorts, *as* Brighton, are very crowded in summer. 海岸の避暑地は, 例えばブライトンがそうだが, 夏には非常に混雑する. P, *as* in 'Paris.' 'Paris' の p です《交換手などがスペルを教える時の言葉》.

4 (**a**) ..する限りの[では]. an up-to-date survey of the English language *as* it is used in Britain and around the world 英国及び世界各地で実際に使用されている(ような)英語の最新の調査. I briefed him on the facts *as* I knew them. 自分の知っている(範囲の)事実について要点を彼に説明した. (**b**) 〈主に慣用表現で〉 ..の限りでは. *as* I see it 私の見るところでは. He is the best man for the job, *as* it seems. 見たところ彼がその仕事に最適任のようだ. The island *as* (it is) seen from above resembles a pear in shape. 上から眺めたところではその島は形が洋ナシに似ている. Mr. Smith, *as* I knew him, was a man of modesty. 私が知っている限りではスミスさんは控え目な人だった.

【それと同じだけ＞それほどまで】 **5** **..だから**, ..なので, (類語 比較的軽い理由を表すので as の節は文頭に置かれるのが普通; →because 1 類語 (1)). *As* I was sleepy, I went to bed. 眠かったので床についた (★同じ意味で Sleepy *as* I was.. とすることもできる). Michael, fool *as* he was, flatly refused the kind offer. マイケルはなにしろ愚か者で親切な申し出をにべもなく断った (★fool の前には冠詞がつかない; →6 語法).

6 ..だけれども, ..ではあるが. Sleepy *as* I was [= Though I was sleepy], I worked on at my home-

A

work. 眠かったけれども宿題をやり続けた. Much *as* I regret the ruling, I will not challenge it. 今回の判決は大変残念ではあるが, 異議を唱えるつもりはない. Look *as* I might, nowhere could I find my lost watch. どんなに捜してもなくした時計はどこにも見つからなかった. (語法 上例のように譲歩を表す節の語順は普通の文と異なる; ただしこの語順で 接 5 の意味に用いることがある; as の前に来るのは形容詞が普通であるが, 名詞・副詞・分詞・動詞も来る; 単数名詞の場合, 可算名詞でも冠詞をつけない). As patient *as* he was, he had no intention of waiting for three hours. 彼は辛抱強かったけれど, 3時間も待つつもりはなかった (★〖米〗では as..as の形で譲歩の意味になる場合がある).

7【そうなるまで】(→so の成句) (**a**) 〈so..as to do..の形で〉 **..するほど..**; ..なので..する. (**b**) 〈so as to do..の形で〉 **..するために**, するように.

【時を同じくして】 **8 ..の時**, **..の間**(あいだ); ..しながら, ..するにつれて. It started to rain just *as* we got there. 我々が向こうに着くと同時に雨が降り出した (→JUST as.. (2)). He whistled *as* he went along. 彼は歩きながら口笛を吹いた. I watched (her) *as* she drove away. 彼女が車で走り去るところを見ていた (→watch 自 1 の用例も参照). I listened *as* the water trickled by. (川の)水がちょろちょろ流れていく音に耳を澄ました. *As* time went on, our hopes sank. 時間が経(た)つにつれて我々の希望は消えた.

【同じ関係で】 **9** ..の割合で; ..と同じ関係で. 2 is to 3 *as* 8 is to 12.＝*As* 2 is to 3, (*so*) 8 is to 12. 2:3＝8:12 《2 対 3 は 8 対 12 に同じ》. *As* the summer has come, *so* it will go. 夏は来たが(同じように)やがては去る. ★as..so..と相互関連して用いるのは堅苦しい言い方; ただし just が as の前に付くと Just as.., so.. は普通. **10**〖主に米話〗..ということを (that). **11**〖方〗＝than.

── 代 〈関係代名詞〉 **1**〈制限的用法〉 **..のような**; **..ところの**; (★such, the same, as と相互関連して用いる; →such, same). You should teach the students *such* things *as* will be useful in later life. 学生には後になってから役に立ちそうな事を教えるべきだ (★as はこの節の主語と考えてよい). She is *such* an innocent girl *as* I have never met. 彼女は僕がこれまでに会ったこともないほど純真な娘だ (★as は met の目的語と考えてよい; なお, この文を I've never met such an innocent girl *as* her. と書き換えた場合, as は前置詞). My pay is *the same as* yours (is). 僕の給料は君のと同額だ. This is *the same* bag *as* I lost. これは僕がなくしたのと同じ(種類の)かばんだ (→the SAME..as). We admitted as many men *as* came. 来た人は皆受け入れた. 語法 先行詞が such や the same の修飾を受けていない場合に, as を that [which, who]の代わりに用いるのは〖方・俗〗.

2〈非制限的用法〉 **そのことは[を]..であるが**, ..のように. That would be impossible, *as* I have already explained to you. 私がすでに君に説明したように, それはおそらく不可能でしょう. *As* is usual, Bob came to school late this morning. いつものことだが今朝もボブは学校に遅刻した (★上の 2 例では先行[後続]する節の内容が先行詞). *As* appears from this essay, he is well versed in French literature. この論文から明らかなように, 彼は仏文学に精通している (★As *it* appears..とすれば as は 接). The Indian, *as he* seemed to be, smiled at me. そのインド人―とその男は見えたが―は私にほほえみかけた. She's a harpist, *as* was her mother. 母親もそうだったが彼女はハープ奏者です.

── 前 **1 ..として**; ..のように. He used his umbrella *as* a weapon. 彼は傘を武器として使った. She is famous *as* an essayist. 彼女は随筆家として有名だ. appear *as* Shylock シャイロック役で出演する. act *as* chairman 委員長の役を務める (★as に続く名詞が 1 人だけの役職名の時は普通, 無冠詞). his image *as* a strong leader 強い指導者という彼のイメージ. Jane was dressed *as* a man. ジェーンは男装していた.

2〈動詞＋目的語＋as 句の形で〉 **..(である)と**, ..として. regard him *as* (being) honest [a genius] 彼を正直[天才]であると見なす. She doesn't strike me *as* efficient. 私には彼女は有能なようには見えない. 語法 account, consider, deem など本来 VOC の動詞に冗語的に as を用いることがある: That was deemed *as* unnecessary. それは不要と考えられた.

3 ..(であった)ころに. My father left Edinburgh *as* a boy. 父は子供のころエジンバラを去った (注意 *when* he was a boy と言い換えられるが, この as は「..として」の意味の転化したもの).

as abóve 上[上記]のように.

as agáinst.. .. に対して(の), 比べて(の). Five hundred students entered this year, *as against* three hundred last year. 昨年の 300 名に対して今年は 500 名の学生が入学した.

às and whén (1) ＝IF and when. (2)〖話〗〈副詞的〉 できる時がくれば; 結局は. I'll tell you the truth *as and when*. いずれ時がくれば真実を話します.

****as..as*** →副, 接 1, 6 (最後の例).

as..as ány だれ[どれ]にも劣らず.., 最も... He knows *as* much *as any*. 彼は 1 番の物知りだ.

****as..as póssible*** [*one cán*] **できるだけ...** The child shouted for help *as* loudly *as possible* [*as* he *could*]. 子供はできるだけ大声で助けを呼んだ.

as fár as.. →far.

****às for.. ..***はと言えば, ..に関しては, (語法 (1) これまでの話題に関連した新しい話題を持ち出すのに用いることが多く, 普通, 文頭に来る. (2) しばしば否定, 反対, 軽蔑などの気持ちが入る). *As for* me, I'm not interested in such things. 僕としてはそんなことには興味が持てない. He seems to be a good fellow. But *as for* employing him, that's another matter. 彼はいい男のようだ. しかし彼を雇うとなると, それは別の話だ.

às from 〔特定の日付〕から 《公式文書などで》. The law will be effective *as from* April 1. この法律は 4 月 1 日から施行される.

as hòw.. 〖主に米話〗..ということを (that); ..かどうか (whether, if). seeing *as how*.. →seeing.

****as ìf..＝as thòugh..*** (語法 as if [as though] の導く節の動詞は普通, 仮定法過去(完了)であるが, (1) の第 3, 4 例のように現実性が強い時は直説法を用いる)
(1) あたかも**..のように**. He talks *as if* he knew everything about show business. 彼は芸能界のことなら何でも知っているような口ぶりだ (★この場合, 直説法の knows はやや非標準). It was *as if* nothing had happened at all. まるで何事もなかったかのようだった. It *looks as if* our candidate will win. 我々の候補者が勝ちそうだ (語法 look as if..＝seem that..の場合は普通, 後に直説法の動詞がくる). I feel *as though* something very important is going to happen. 何かとても重要なことが起こりそうな気がする. They sit *as though* (they were) charmed by the music. 彼らはまるで音楽に魅せられたように座っている (語法 as if [though] はしばしば省略節を導き, 直後に分詞, 不定詞, 形容詞などがくる). She opened her mouth *as if* to say something. 彼女は何か言いたげに口を開いた. *As if* conscious of me, he nodded. 私に気がついたかのように彼はうなずいた. *as if* by magic まるで魔法を使ったかのように.
(2)〈単独節又は it isn't の後などで〉 ..の訳ではないのに; ..ではあるまいし; 全然..ない. *As if* you didn't know! 知っているくせに(知らないふりをするなんて). Why doesn't he come? *It isn't as if* he had no time. 彼はなぜ来な

いんだろう. 時間がない訳じゃあるまいし. *As if* I cared! ちっとも気にしてないよ.
(3)〖話〗〈As if! で〉信じられない, そんなばかな. "I heard they got divorced." "Yeah [Right], *as if!*"「あの2人離婚したんだって」「へー, まさか」
as ís 〈副詞的に〉〖主に米話〗(古物などを)そのままで, 手入れせずに. buy an old house *as is* 古屋を現状のまま買う.
***as it ís** (1)〈文尾に置いて〉そのままに, 現状のままで(も); そのままの, 現在あるがままの〔人, 物など〕; (→圏 2). Leave it *as it is*. それはそのままにしておきなさい. I have more than enough work *as it is*. 現状でも私には十分すぎるほど仕事がある. England *as she is* ありのままの英国. ★it is は she is, they were などともなる.
(2)〈文, 節の始め, 又は挿入的に〉(想像と違って)**事実**は, 実際には; 現状では. *As it is*, prices are going up every week. (予想に反して)実のところ物価は毎週上昇している. We are doing a little better than we were, but, *as it is*, we still can't afford to buy a house. 暮らし向きは前より少しよくなったが現状ではまだ家を買うだけの余裕はない.
as it wás その時の実際は, 実のところ, 当時の実状では, 《as it is (2) の過去形》.
***as it wére** いわば《比喩的又は不正確な表現を使った時の言い訳》. I was, *as it were*, talking to a stone wall. (相手の反応が無くて)私はいわば石の壁に話しかけているようだった.
as lóng as.. →long[1] 圓.
as of.. 〔特定の日付〕現在で[の]; 〖主に米〗 =AS from. the city's population *as of* Jan. 1,1990 1990年1月1日現在の市の人口.
as súch →such.
às that.. 〖古〗..なように; ..なほど.
as thóugh.. =AS if...
***às to..** (1)〈文頭に来て〉=AS for. (2) **..について**, に関して, (about). We are in agreement *as to* the essential points. 基本的な点については合意している. We aren't sure (*as to*) who will speak first. だれが最初にしゃべるのかがはっきりしない (★*as to* who [what, etc.] ..では *as to* を省略することができる). (3) ..に従って. classify eggs *as to* size 玉子を大きさで等級に分ける.
as wéll (as..) →well[1].
as yét →yet.
Às you wére(!) もとい, なおれ, 《号令又は発言の取り消し》.
sò as to dó, sò..as to dó →so.
[<中期英語 *as(e)*; 古期英語 *eallswā* 'also'が弱まった形]

ASA 1 American Standards Association《米国規格協会, 現在は ANSI と言う; この協会が決めたフィルム感度表示方式の1つだったが, 1983年以後 ISO に統一された》. **2** Advertising Standards Authority〖英〗(広告基準局).

asap, a.s.a.p. (★ /éisæp/とも発音) as SOON as possible.

‡as·bes·tos /æsbéstəs, æz-/ 图 U 石綿, アスベスト.

as·bes·to·sis /æsbestóusis/ 图 U 〖医〗石綿沈着症.

***as·cend** /əsénd/ 動 (~s /-dz/|過 過分 ~ed /-əd/|~ing) 〖章〗自 **1** (上方に)のぼる, 上がる. The airplane ~*ed* into the clouds. 飛行機は上昇して雲の中へ入った. **2** 〔道が〕のぼりになる; 〔物価, 雑音, 地位などが〕高くなる; 〈*to* ..まで〉. ~*ing* production costs 上昇する生産費. The mountain path sharply ~*s to* the peak. 山道は急な上り坂になって頂上に達している. Mr. Robson has ~*ed to* a vice-presidency. ロブスン氏は副社長に昇進した. **3** VA (~ *to, into*..)〔天国など〕に昇る. ~ *to* [*into*] heaven 昇天する.
── 他 **1** 〔階段, 山など〕をのぼる; に上がる; (類語「1歩1歩のぼる」という意味で, 苦労などを含まない; →climb). ~ the stairs 階段をのぼる. ~ the throne 王位に就く. **2** 〔川, 時など〕をさかのぼる. ◇↔descend 图 ascent, ascension [<ラテン語「登る」(<ad-+*scandere* 'climb')]

as·cend·an·cy, -en·cy /əséndənsi/ 图 U 〖章〗優勢; 支配権 (domination); 〈*over* ..に対する/*in* ..での〉. gain ~ *over*.. の優位に立つ. be in ~ 優勢である.

as·cend·ant, -ent /əséndənt/ 形 〖章〗 **1** のぼりつつある, 上昇中の. **2** 優勢な, 支配的な, (dominant).
── 图 U 〈次の成句で〉. ***in the ascéndant*** 勢力上昇中で, 日の出の勢いで. The new political party is *in the* ~. 新政党は日の出の勢いだ.

as·cénd·ing 形 (数量, 高さ, 重要性などが)あがっていく, 上昇的な, 〔順序, 配列など〕(↔descending). an ~ scale〖楽〗上昇音階. in ~ order of importance 重要性の低いものから高いものへと順番に.

as·cen·sion /əsénʃ(ə)n/ 图 U **1** 上昇, 昇ること, 〈*to* ..へ〉. **2** 〈the A-〉キリストの昇天.

Ascénsion Dày 图 キリスト昇天祭《Easter 後 40日目の木曜日》.

†as·cent /əsént/ 图 **1** UC 上方へあがること, 上昇. a rocket's ~ ロケットの上昇. **2** UC (山へ)登ること, 登攀(はん). make a successful ~ of Mt. Everest エヴェレスト登頂に成功する. **3** UC〖章〗(地位, 階級などの)昇進, 向上; 騰貴. **4** C 上り坂, 上り勾配(こうばい). a gentle [steep] ~ 緩やかな[急な]上り坂. an ~ of 15° 15度の勾配. **5** UC 遡及(そきゅう); (系図などを)さかのぼること. **6** 昇天. ◇↔descent 動 ascend

***as·cer·tain** /æsərtéin/ 動 (~s /-z/|過 過分 ~ed /-d/|~·ing) 他 〖章〗VO (~ X/*that* 節/*wh* 節·句) X を/..ということを/..かを確かめる, つきとめる. ~ the truth of the matter 事の真相を確かめる. ~ their safety [*that* they are safe] 彼らが安全であることを確かめる. ~ *whether* they are safe or not 彼らが安全であるかどうかを確かめる. [<古期フランス語「確実にする」]
▷ **~·a·ble** 形 確かめ[つきとめ]られる. **~·ment** 图

as·cet·ic /əsétik/ 形 苦行(者)の; 禁欲主義の.
── 图 C 苦行者, 修道者; 禁欲主義者.
▷**as·cet·i·cal·ly** /-k(ə)li/ 副

as·cet·i·cism /əsétəsiz(ə)m/ 图 U 修道生活; 禁欲主義; 耐乏生活.

ASCII /æski/ 图 〖電算〗米国情報交換標準コード, アスキーコード《<*A*merican *S*tandard *C*ode for *I*nformation *I*nterchange; 128の文字, 数字などの組み合せから成る》.

a·scòr·bic ácid /əskɔ̀ːrbik-/ 图 U アスコルビン酸《ビタミンCの化学名》.

As·cot /æskət/ 图 **1** アスコット競馬《英国 Berkshire の Ascot Heath で毎年6月に行われる》. **2** C〖米〗〈a-〉アスコットタイ《幅の広いスカーフ状のネクタイ;〖英〗cravat》.

as·crib·a·ble /əskráibəb(ə)l/ 形 〈叙述〉原因と考えられる, 帰することのできる, 〈*to* ..の, に〉.

‡as·cribe /əskráib/ 動 (~s /-z/|過 過分 ~d /-d/|-crib·ing) 他 〖章〗VOA (~ X *to*..) X の原因を..に帰する (attribute); X (性質, 行為, 作品など)を..に属するものと考える; 〈しばしば受け身で〉. What do you ~ your good health *to*? ご自分の健康の原因は何だとお考えですか. We cannot ~ this failure *to* anyone but ourselves. この失敗の原因は我々自身にあると考えざるを得ない. The poem is usually ~*d to* Coleridge. この詩は普通コールリッジの作とされている.
── 自 VA (~ *to*..)〔信念など〕を持つ.
[<ラテン語「書き加える」]

as·crip·tion /əskrípʃ(ə)n/ 图 U 〖章〗**1** 〈~ of X to Y で〉X の原因を Y に帰すること. The ~ of his success *to* diligence alone isn't right. 彼の成功を勤勉だけに帰することは正しくない. **2** 〈~ of X to Y で〉X (作品など)を Y (人)の著作とすること.

ASEAN /eisíːən, æsiæn/ 图 アセアン; 東南アジア諸国

連合《<*A*ssociation of *S*outheast *A*sian *N*ations》.

a·sep·sis /eisépsis, ə-/ 名 U 〖医〗無菌状態; (外科的)防腐処置, 無菌法. 「殺菌した.

a·sep·tic /eiséptik|æ-/ 形 〔傷, ガーゼなどが〕無菌の,↑

a·sex·u·al /eisékʃuəl|æséksju-/ 形 **1** 〖生物〗無性の. ~ reproduction 無性生殖. **2** 性とは無関係の; 性的関心[性欲]のない. an ~ relationship セックスを伴わない関係. ▷**a·sex·u·al·i·ty** /-ǽləti/ 名 **~·ly** 副

ASH /æʃ/ 名 〖英〗喫煙反対連盟《<*A*ction on *S*moking and *H*ealth》.

‡**ash**¹ /æʃ/ 名 (複 **~·es** /-əz/) **1** U (燃えつきた)灰; 灰がら. Don't drop cigarette ~. たばこの灰を落とさないでください. Coke leaves a lot of ~. コークスは灰をたくさん出す.

2 〈~es〉(燃え残りをも含む)灰, 灰がら, 灰燼(かいじん); 遺骨, 遺骸(いがい), (remains); 廃墟. Clean the *~es* out of the fireplace. 暖炉の灰を掃除してください. The stately palace was reduced to *~es*. その壮麗な宮殿は灰燼に帰した. Half the capital now lies in *~es*. 首都の半ばは今や灰となっている. rise [emerge] from the *~es* 打撃から立ち直る[甦る]. *~es* to *~es*, dust to dust 灰は灰に, 塵(ちり)は塵に《キリスト教の葬式で死者を埋葬する時に唱える祈りの中の文句》.

3 〈~es〉灰色. the lip of *~es* 灰色の唇. **4** 〈the Ashes〉英豪クリケット戦優勝トロフィー《実際はつぼに灰が入れてある》. win back *the Ashes* 優勝杯を取り戻す.

tùrn to áshes (***in one's móuth***) むなしい[価値のない]ものとなる. ◇形 ashen¹, ashy [<古期英語]

ash² 名 **1** C 〖植〗トネリコ. **2** U トネリコ材《丈夫で弾性があり, スキーやバットを作る》.

‡**a·shamed** /əʃéimd/ 形 m 〈叙述〉**恥じて**, 恥ずかしがって, 〈*of* ..を/*that* 節 ..ということを〉. You should be ~ *of* yourself [your behavior]. (そんなことをして)恥ずかしいと思いなさい. I feel ~ *of* having lost my temper. ついかっとなったことが恥ずかしい. She is bitterly [deeply, thoroughly] ~ *of* her son *for* stealing. 彼女は息子が盗みを働いたことでひどく恥ずかしい思いをしている. He is ~ *that* he has failed again. 彼はまた失敗したことを恥じている.

be ashàmed to dó .. するのが恥ずかしい, 恥ずかしくて..したくない. I'*m* ~ *to* ask you such a silly question. こんなばかげた質問をするのはお恥ずかしい. Our firm is just going bankrupt, I'*m* ~ *to* say. うちの会社は倒産寸前です, お恥ずかしい話ですが.

[<古期英語; a-², shame, -ed]

a·shám·ed·ly /-ədli/ 副 恥じて, 恥じたように.

àsh blónd(e) 名 U 銀色がかった金髪; C 銀色がかった金髪の人. ▷**ash-blond(e)** /㊥/ 形

ásh·càn 名 C 〖米〗ごみ入れ (〖英〗dustbin).

ash·en¹ /ǽʃ(ə)n/ 形 〔顔色などが〕灰色の, 青白い (pale); 灰の.

ash·en² 形 トネリコ材(製)の. 「り石積み.

ash·lar, -ler /ǽʃlər/ 名 UC (建築用の)切り石; 切↑

*__a·shore__ /əʃɔ́ːr/ 副 ¢ **浜に[へ]**, 岸に[へ]; 陸上に[へ] (↔aboard). run [be driven] ~ (船が)浅瀬に乗り上げる, 座礁する. The crew went ~. 乗組員は上陸した. adjust to life ~ 陸の生活に適応する. [a-¹, shore¹]

ásh·pàn 名 C 灰受け《ストーブや暖炉の》.

ash·ram /ɑ́ːʃrəm/ 名 C 〖ヒンドゥー教〗(修業のための)隠遁(いんとん)所, 庵(いおり).

†**ásh·trày** 名 (複 **~s**) C 灰皿.

Àsh Wédnesday 名 〖カトリック〗聖灰水曜日《四旬節 (Lent) の第 1 日; この日改悛(かいしゅん)の印として信者の額に灰をかける》. 「青白い (pale).

ash·y /ǽʃi/ 形 **1** 灰の(ような); 灰だらけの. **2** 灰色の,↑

‡**A·sia** /éiʒə|-ʃə/ 名 **アジア**. [ラテン語<ギリシア語<アッカド語「(太陽が)昇る」]

Àsia Mínor 名 小アジア《黒海と地中海にはさまれた半島でトルコの大部分》.

*__A·sian__ /éiʒ(ə)n|-ʃ(ə)n/ 形 **アジアの**; アジア人の. ── 名 C アジア人.

Àsian-Américan 名 C, 形 アジア系アメリカ人(の).

Àsian Devèlopment Bánk 名 アジア開発銀行.

Àsian influénza [**flú**] 名 U アジア風邪《中国に発したとされる流感の一種》.

Àsian tíger 名 C アジアのトラ《韓国, シンガポール, 台湾など経済成長めざましいアジアの振興国[地域]; →dragon, NIES》. 「地域.

Àsia Pacìfic région 名 〈the ~〉アジア太平洋↑

A·si·at·ic /èiʒiǽtik|-ʃi- ㊥/ 形, 名 ＝Asian. ★ Asiatic を人に用いるのは〖軽蔑〗.

‡**a·side** /əsáid/ 副 ¢ **1** わきに[へ]; 離れて; 〈*from* ..から〉. stand [step] ~ (他人の通る道をよけて)わきに立つ[1歩わきへ寄る]. draw [take] a person ~ (*from* the others) (他の人から引き離して)人をわきへ連れて行く《内緒話などのため》. motion a person ~ 手で合図して人をわきに呼ぶ. She turned ~ (*from* them) to wipe her tears. 彼女は涙をふくため(彼らから)わきへ離れた[顔をそらした]. move ~ わきへよける.

2 別にして, 取っておいて; 《(動)名詞(句)のあとに付けて》..は別にして, さておき. (→PUT [SET] /../ ~). We will leave this question ~ for the moment. さしあたりこの問題は保留としよう. Joking [All kidding] ~, what do you think of his latest doings? 冗談はさておいて, 彼のごく最近のふるまいをどう思うかい.

asìde from .. 〖主に米〗＝APART from.. (2)(3).

asìde of .. 〖方〗..のそばに.

── 名 C **1** 〖劇〗わきぜりふ, 傍白,《心中の思いなどを, 観客だけに向けて言うせりふ》 **2** (周囲の人に聞こえないような)私語. as an ~ 独り言で; ひそひそ話で. **3** (話の中の)'寄り道', 余談. [<中期英語 *on side*; a-¹, side]

As·i·mov /ǽzəmɔ̀ːf/ 名 **Isaac** ~ アシモフ (1920–1992)《ロシア生まれの米国の SF 作家·生化学者》.

as·i·nine /ǽsənàin/ 形 **1** ロバの(ような). **2** 愚かな; 頑固な. [<ラテン語「ロバ(*assinus*)の」]

as·i·nin·i·ty /æ̀sənínəti/ 名 U 愚鈍さ; 頑固さ.

‡**ask** /æsk|ɑːsk/ 動 (~s /-s/|過 過分 ~ed /-t/|**ásk·ing**) 他 【求める】 **1** 【返事を求める】 (**a**) VO (~ X/*wh* 節·句/"引用") X を/..か/「..」かを尋ねる, 聞く; VOO (~ X *wh* 節·句/"引用") X (人)に..か/「..」かを聞く; 〔人〕に質問する〈*about* ..について〉; (類語「尋ねる」の意味の最も一般的な語; →inquire, interrogate, query, question). I'd like to ~ a question. 1 つ質問をしてみたい. We *~ed what* time the plane was due. 我々は飛行機の到着予定時刻を聞いた. First, let's ~ *if* he's arrived. まず彼がもう来たかどうか聞いてみましょう. ~ *how* to operate a personal computer パソコンの操作の仕方を聞く. "Why?" *~ed* Ed.「なぜ」とエドは聞いた. I *~ed* her *when* she would marry Jim. 彼女にいつジムと結婚するのか聞いてみた. I *~ed* the teacher *which* dictionary to buy. 先生にどちらの辞書を買ったらいいか聞いた. I *~ed* Sue, "Are you tired?"「疲れているの」とスーに聞いた. The teacher *~ed* me *about* my big brother. 先生は私に兄のことを尋ねた.

(**b**) VOO (~ X Y)·VOA (~ Y ***of*** X) X に Y を尋ねる, 聞く. ~ (him) the way (彼に)道を尋ねる. The visitor *~ed* the class a question. 参観者はクラスに 1 つの質問をした. I have an important question to ~ you. あなたに 1 つ重要な質問をしたい. He *~ed* the same question *of* many people. 〖章〗彼は多くの人に同じことを質問した (語法 この構文が可能なのは Y が question の場合に限る; 例えば Ask him his name. (彼に名前を

聞きなさい)は Ask his name of him. と言い換えられない). The same question was also *~ed of* me. 〖章〗私も同じ質問を受けました. I *~ed* my son what he really wanted. 息子に何がほんとに欲しいのか聞いた. He *~ed* me my opinion. 彼は私に意見を尋ねた(★受け身は I was *~ed* my opinion.).

2【人に求める】(**a**)〔人〕に**頼む**; 〔意見, 忠告, 許可など〕を求める; (類語 依頼を意味する最も一般的な語; →beg, beseech, entreat, implore, request, solicit). Why didn't you ~ me? I'm always ready to help you. なぜ僕に頼まなかったのだ, いつでも力になってあげるつもりでいるのに. He *~ed* my opinion. 彼は私の意見を求めた(=He *~ed* me *for* my opinion. →(b)).

(**b**) VOO (~ X Y)・VOA (~ X *for* Y/Y *of, from* X) X に Y をくださいと頼む, 求める. ~ Kate *for* a date ケイトにデートを申し込む. May I ~ you a favor [a favor *of* you]? 1つお願いがあるんですが. I *~ed* him permission [permission *from* him]. 私は彼に許可を求めた.

(**c**) VOO (~ X *to do*) X に..**してくださいと頼む**. Let's ~ Frank *to* sing a song. フランクに歌を歌ってもらおう. I was *~ed to* baby-sit for them. 彼らの子供の子守を頼まれました. ★I ~ed *for* him *to* see Beth. (彼にベスに会ってくれるように頼んだ)の形もある.

(**d**) VO (~ *to do*) ..させてくださいと頼む. The maid *~ed to* go home. そのお手伝いさんは家へ帰らせてほしいと言った. They are *~ing to* be fired. 彼らは首になって当然だ《<首にしてくれと頼んでいる》.

(**e**)〖章〗VO (~ *that* 節) ..ということを頼む, 要求する. The young man *~ed that* he (should) be allowed to see his fiancée. 青年はいいなずけに会うことを許してほしいと言った (=The young man *~ed to* be allowed to see his fiancée. →2(d)). I ~ *of* you *that* you will confide in me. 私に秘密を打ち明けることを切望します.

3【物を求める】(**a**) を欲しがる, 求める. You're *~ing* a lot *of* me, if you expect me to work ten hours a day. 私に1日10時間働いて欲しいと思ったら, それは大変な要求だ. (**b**)〔金〕を**請求[要求]する**; VOO (~ X Y) X (人)に Y (金)を請求[要求]する, 〈for..の代価として〉. Pay the gardener whatever he *~s*. いくらでも植木屋の要求通り払ってやれ. Dan *~ed* me $1,000 *for* the old car. ダンは中古車の代金として千ドルくれと言った. (**c**)〖古〗〔物事が〕を必要とする (require). This job *~s* time and patience. この仕事には時間と忍耐が必要だ.

4【出席を求める】(**a**)〔人〕を**招待する**, 呼ぶ, (invite); 〔人〕を(会, 食事などに)招く. I'm not going because I wasn't *~ed*. 僕は呼ばれなかったのだから行かない. We *~ed* him *in for* a drink. 我々は1杯やるように彼を呼び入れた. Mary *~ed* me (*over* [*round*]) to her birthday party. メリーは誕生日のパーティーに来るように私を招待してくれた. ~ her *out* 彼女をデートに誘う. ~ him *along* 彼を(遠足などの)仲間に誘う.

(**b**) VOO (~ X *to do*) X (人)を..するように招く, 誘う. I *~ed* Anne *to* come to tea. アンをお茶に招いた.

5【周知を求める】〖古〗を公告[公表]する. ~ the banns〔教会が〕結婚予告を行う. be *~ed* in church 教会で結婚予告をしてもらう.

── 自 **1 尋ねる**〈*about* ..について〉; 場所を尋ねる〈*for* ..の〉. If you don't know, ~. 知らなければ尋ねなさい. The workers came to ~ *about* their pay raises. 労働者たちは昇給について質問に来た. ~ *for* the city hall 市役所はどこかと尋ねる. "May I ask a personal question?" "*Ask away.*"「個人的なことを聞いてもよろしいですか」「何なりと聞いてくれ」

2 求める, 請求する, 〈*for* ..を〉. ~ *for* help [advice] 助け[助言]を求める. ~ *for* a pay increase 給与の増額を求める. She is as good an English teacher as we could ~ *for*. 彼女は申し分のない英語教師だ. *Ask*, and it shall be given you. 求めよ, さらば与えられん《新約聖書から; 現代英語訳では Ask, and you will receive.》.

3 VA (~ *for..*)〔人〕に面会を求める. There's a man at the door *~ing for* Daddy. お父さんに会いたいっていう人が玄関に来ています.

***ásk after** [〖スコ〗*for*] **..**〔人の〕**安否[健康]を尋ねる**; ..の容体を聞く. Tom *~ed after* you yesterday. きのうトムがあなたはお元気かどうか尋ねていました.

àsk aróund あちこち[方々]聞いて回る.

ásk for it〖話〗=ask for TROUBLE.

Àsk me anóther.〖話〗(そんな事)知らないよ.

àsk tòo múch (of [from] a person) (人に)過大な要求をする[無理を言う]; (人に)高値を吹っかける.

Dòn't ásk.〖話〗(聞いてくれるな>)思い出したくもない, 惨憺(さんたん)たるもの[結果など]だ.

Dòn't àsk mé!〖話〗(聞いてくれるな>)知ってる訳がない. "Do you know the capital of North Dakota?" "*Don't ~ me!*"「ノースダコタ州の州都を知ってるかい」「知ってる訳ないよ(そんな事)」

if you ásk me〖話〗私の意見を聞かれるなら, 私の目には. Her dress is too loud, *if you ~ me*. あえて言わせてもらえば, 彼女の服は派手すぎる.

(Well,) I ásk you!〖話〗(へぇー)(こんなばかな話)聞いてみたいよ, 信じられるかね, あきれたね.

── 名 C **1**〖オース・ニュー話〗困難な目標[要求]《主に **bìg ásk** で》. **2**〖主に米〗言い値. [<古期英語]

a·skance /əskǽns/ 副 横目で〈次の成句のみ〉.

lòok askánce at..〔人, 物〕を疑い[非難, 不快, 不信]の目で見る. She *looked ~ at* my showy dress. 彼女は私の派手な服を非難するような目つきで見た.

a·skew /əskjúː/ 副, 形 〈叙述〉斜めに[の]; 曲がって[た], ゆがんで[だ]. She wears her hat ~. 彼女は帽子をはすにかぶっている.

ásk·ing 名 U 請求; 依頼.

for the ásking 請求しさえすれば, 無料で, 望みさえすれば, (=if only you ask for it). This book's yours [You may have this book] *for the ~*. この本欲しい方にさしあげます.

ásking prìce 名 C 言い値, (売り手の)希望価格.

a·slant /əslǽnt|əslάːnt/ 副, 形 〈叙述〉斜めに[で]. He runs with his head ~. 彼は首を斜めにかしげて走る. ── 前 ..と斜めに, を横切って. The light fell ~ his face. 光が斜め上から彼の顔に当たっていた.

***a·sleep** /əslíːp/ 形 C 〈叙述〉**1 眠って(いる)** (↔ awake) (★限定的には sleeping を用いる. 例えば a sleeping man (眠っている男); ただし asleep に副詞がついて a fast asleep man (ぐっすり眠っている男)の用法もある). be fast [sound] ~ ぐっすり眠っている. I'm not really ~, just dozing. 本当に眠ってはいない, うとうとしているだけだ. be half ~ in class 授業中に半ば眠っている. **2**〔腕, 足などが〕しびれて (numb). My foot's ~ again! また足がしびれた. **3** 眠ったようになって, ぼんやりして, 無関心で; 不活発で. While Europe was busy preparing for war, America lay ~. ヨーロッパが戦争の準備に忙しかった時アメリカは惰眠をむさぼっていた.

****fàll asléep*** (1)**寝入る**;〖婉曲〗永眠する, 死ぬ. He *fell ~* at the wheel and had an accident. 彼は運転中に居眠りして事故を起こした. (2) 関心がなくなる. [<中期英語 *on slepe*; a-[1], sleep]

Á/Ś lèvel 名 UC 〖英〗A/S 級試験《<*A*dvanced *S*upplementary *level*; A level と GCSE との中間》.

a·so·cial /eisóuʃəl/ 形 **1** 非社交的な. **2**〖話〗思いやりのない; 自己中心的な.

A·so·ka /əsóukə/ 名 アショーカ王《紀元前3世紀頃インドを統一, 仏教を保護》.

asp /æsp/ 名 C エジプトコブラ《北アフリカ産の毒蛇; Cleopatra はこれに咬(か)ませて自殺したと言われる》.

A

†**as·par·a·gus** /əspǽrəgəs/ 名 (複 ～) UC アスパラガス《若い茎を食用にする; ユリ科の多年草》. [<ギリシア語]

as·par·tame /ǽspərtèim/ 名 U アスパルテーム《人工甘味料に使用される低カロリーのたんぱく質》.

ASPCA /ǽspkə/ 名 〈the ～〉米国動物愛護協会《< *A*merican *S*ociety for the *P*revention of *C*ruelty to *A*nimals》.

‡**as·pect** /ǽspekt/ 名 (複 ～s /-ts/) **1** C (多面的な事態, 問題などの)**一側面**, 様相; (情勢, 問題などの)とらえ方, 見方. Things took on an entirely new ～. 事態は全く新しい様相を呈した[一変した]. consider a question in all its ～*s* [from every ～] 問題をあらゆる面で[方面から]考察する.
2 C 〈普通, 単数形で〉(建物などの面する)方向, 向き. Most houses here have a southern ～. ここの住宅はたいてい南向きに建てられている.
3 UC 【章】(人, 物の)様子, 外見; 容貌(ぼう), 表情, 顔つき; (類語 人, 物の外見的特徴, 特に特定の時に, また特定の方向から見た外見; →appearance). the awful ～ of the Himalayas ヒマラヤの山々の荘厳なたたずまい. The witness became serious *in* ～. 証人は見たところ真剣な顔つきになった.
4 C 【占星】星位《地球から角距離で計った2つの星の相対的位置; 人の運命に影響すると言う》.
5 UC 【文法】相《英語では progressive aspect (進行相)と perfective [perfect] aspect (完了相)が形態的にはっきりしている》.
[<ラテン語「見ること, 外観」(<ad-+*specere*「見る」)]

as·pen /ǽspən/ 名 C セイヨウハコヤナギ, ポプラ,《ヤナギ科の落葉高木; 微風にもさらさらと音を立てて葉がそよぐ》.

as·per·i·ty /æspérəti/ 名 (複 -ties) 【章】**1** (**a**) U (気性, 態度, 口調などの)辛辣(らつ)さ, とげとげしさ, (harshness). speak with ～ 語気を荒らげて物を言う. (**b**) C 〈普通 -ties〉辛辣な言葉. **2** U 〈又は-ties〉(気候, 環境, 境遇などの)厳しさ, つらさ. the *asperities* of life in Siberia シベリア生活の苦しさ. **3** U (でこぼこ[ざらざら]した表面の)粗い手ざわり; C でこぼこ[ざらざら]した箇所[部分].

as·perse /əspə́ːrs/ 動 他 【章】を中傷する, そしる.

as·per·sion /əspə́ːrʒ(ə)n, -ʃ(ə)n/ 名 UC 【章】中傷(すること), 悪口, 〈主に次の成句で〉. ***càst aspérsions on*** [***upon***]**..** 〔人, 名誉など〕を中傷する.

***as·phalt** /ǽsfɔːlt|-fælt/ 名 U アスファルト. an ～ road アスファルト(で舗装した)道路. ―― 動 他 〔道路〕をアスファルトで舗装する. ▷**as·phál·tic** /-tik/ 形 アスファルトの. [<ギリシア語「瀝青(れきせい)」]

àsphalt júngle 名 C アスファルトの密林《弱肉強食の, 又暴力と犯罪におびやかされている大都会》.

as·pho·del /ǽsfədèl/ 名 C **1** アスフォデル《ユリ科の植物》. **2** スイセン; 【ギ神話】不死の花《死後の楽園 Elysium に咲いている》.

as·phyx·i·a /æsfíksiə/ 名 U 【医】窒息, 仮死.

as·phyx·i·ate /æsfíksièit/ 動 【章】他 〔人〕を窒息(死)させる (suffocate). ―― 自 窒息(死)する.

as·phyx·i·a·tion /æsfìksiéiʃ(ə)n/ 名 U 【章】窒息, 仮死状態.

as·pic /ǽspik/ 名 U アスピック《肉汁, 魚肉汁などから作るゼリーの一種; 付け合わせなどにする》. [<asp; 肉汁の色が似ていることから]

as·pi·dis·tra /æ̀spədístrə/ 名 C ハラン《ユリ科の多年草; 19世紀以降英国中流階級の間で室内観葉植物として最も人気があった》.

as·pir·ant /əspáiərənt, ǽspər-|əspáiər-/ 名 C 【章】熱望する人 〈*to, after, for* ..〔高い地位, 栄誉など〕を〉. an ～ *to* the White House [Presidency] ホワイトハウス[大統領の地位]を目ざす人. ―― 形 大望を抱いた.

as·pi·rate /ǽspərèit/ 動 他 **1** 【音声】〔音〕を帯気音で発音する. The vowel in 'herb' is usually not ～*d* in the United States. 'herb' の母音は米国では普通帯気音にしない《前に /h/ 音をつけない》. **2** 〔異物など〕を吸い込む; 〔体内のガスや液体〕を吸い出す. **3** 【医】〔うみなど〕を吸引する.
―― /-p(ə)rət/ 名 C /h/ 音; 【音声】帯気音, 気息音, 《pay の 'p', ten の 't' など; vapor, heater などの語中にある 'p', 't' は帯気音ではない》.
[<ラテン語 (*aspīrāre* 'aspire'の過去分詞)]

ás·pi·ràt·ed /-rèi-/ 形 /h/ 音の; 【音声】帯気音の.

†**as·pi·ra·tion** /æ̀spəréiʃ(ə)n/ 名 **1** UC 〈しばしば ～s〉野心, 向上心; 熱望, 切望; 〈*for, after* ..に対する〉; 大望 〈*to* do ..したいという〉. his ～ *for* [*after*] military fame 軍人として名を上げたいという彼の野心. He has ～*s to* be an outstanding surgeon. 彼には傑出した外科医になりたいという大望がある. **2** C 熱望[野心]の的. **3** C /h/ 音; 【音声】UC 帯気(音). **4** U 【医】吸引. ◇動 1, 2 は aspire; 3, 4 は aspirate

às·pi·rá·tion·al 形 上昇志向の強い〔人など〕; 上昇志向者向きの〔商品など〕.

as·pi·ra·tor /ǽspərèitər/ 名 C 【医】吸出し器.

***as·pire** /əspáiər/ 動 (～s /-z/|過 過分 ～d /-d/|-pir·ing /-pai(ə)riŋ/) 自 VA (～ *to, after*..) ..**を得ようと熱望する**, 野心に燃える; (～ *to do*) ..したいと熱望する. ～ *to* the mastery of English 英語の熟達をめざす. ～ *after* wealth 富を得たいと切望する. ～ *to* become Prime Minister 総理大臣になりたいという野心を抱く. ◇名 aspiration [<ラテン語 *aspīrāre*「息を吹きつける」] ▷**as·pir·ing** /-pái(ə)riŋ/ 形

***as·pi·rin** /ǽsp(ə)rən/ 名 (複 ～s /-z/, ～) U アスピリン《鎮痛解熱剤》; C アスピリン錠. a couple of ～(*s*) アスピリン2, 3錠. [ドイツ語; <ギリシア語 *a*- 'without'+近代ラテン語 *spiraea*「シモツケ(植物名)」+-in[2]; シモツケの天然薬用成分を合成で作ったことから]

a·squint /əskwínt/ 副, 形 横目で(の), やぶにらみで(の).

***ass**[1] /æs|æs, ɑːs/ 名 (複 ～·es /-əz/) C **1** ロバ. 参考 (1) おとぎ話では頑固者, ばか者として扱われる. (2) donkey は ass の飼育種であるが同義に用いられることが多い. **2** ばか者. Don't be an ～! ばかなまねはよせ.
màke an áss of.. ..をばかにする, こけにする. Harry *made an* ～ *of* himself at the party. ハリーはパーティーの席でばかなまねをした.
[<古期英語(<ラテン語 *asinus*「ロバ」)]

ass[2] 名 【米卑】**1** C 尻(しり), けつ, (buttocks; 【英】arse); 肛(こう)門. **2** 〈a piece of ～ で〉U 性交; C その対象としての女.
àss báckwards 〈副詞的〉【米俗】間違って.
one's àss is in a slíng 困ったことになっている.
be àss óut 【米俗】困ったことにはなる.
be on a pèrson's áss 【米話】(1)(あれをしろ, これをしろと)うるさい. (2)(車が)すぐ後について来る.
brèak one's áss 【俗】すごくがんばる 〈*to* do ..するために〉.
còver one's áss (罰[非難]を受けないように)言い抜ける.
dràg (*one's*) ***áss*** 【俗】出かける; 出て行く.
get òff one's áss [***árse***] 【話】さぼるのをやめる.
Gèt your àss [***àrse***] ***in géar.*** 【話】急げ, 急ぐんだ.
Gèt your àss over hére. 早くこっちに来い.
hàve [***gèt, pùt***] ***one's àss in a slíng*** 困ったことになる, やばいことになる.
kìck (***some***) ***áss, kìck*** [***whìp***] ***a person's áss*** 【米俗】やっつける; びしびし怒る.
kìss áss [***árse***] 【俗】へつらう, ゴマをする.
My áss [***árse***]***!*** 【話】ばか言え.
not knòw one's àss from one's élbow 何も分かっちゃいない.
wòrk one's àss óff やみくもに働く 〈*with* ..をして〉.

[arse の変形]

as·sa·gai /ǽsəgài/ 名 C 投げ槍(やり)《南部アフリカ先住民の》.

as·sai /ɑːsái/ 副 〖楽〗非常に. allegro ～ 非常に速く, アレグロアッサイ. [イタリア語 'very, enough']

‡**as·sail** /əséil/ 動 他 〖章〗**1** を激しく攻撃する; をひどく悩ます[困らす]; 〈*with, by* ..で〉 (類語 attack に比べて繰り返し攻撃する意味が強い). They ～*ed* the new teacher *with* questions. 彼らは新任の教師を質問攻めにした. We were all ～*ed with* [*by*] fears. 我々一同恐怖にさいなまれた. The din of traffic constantly ～*ed* our ears. 交通の騒音が絶えず我々の耳を悩ました. **2** 〔困難など〕にぶつかってゆく, 決然として取りかかる. ～ one's task with great enthusiasm 意気ごんで仕事に着手する. [<ラテン語「飛びかかる」] ▷～**·a·ble** 形 攻撃できる.

‡**as·sail·ant** /əséilənt/ 名 C 〖章〗攻撃者; 加害者.

As·sam /æsǽm, ⌐‐/ 名 **1** アッサム《インド北東部の州》. **2** U アッサム(産の)紅茶.

†**as·sas·sin** /əsǽsən/ 名 C **1** 暗殺者, 刺客. **2** 〈A-〉〖史〗イスラム教徒の暗殺団員《主に中世十字軍の戦士に対する》. [<アラビア語で「hashish を飲む人」; 麻薬の勢いで殺害を行った]

†**as·sas·si·nate** /əsǽsənèit/ 動 他 を暗殺する (類語 主に政治上の理由で要人を殺すこと; →kill).

as·sàs·si·ná·tion 名 UC 暗殺. an ～ attempt 暗殺の企て.

as·sas·si·na·tor /əsǽsənèitər/ 名 C 暗殺者.

†**as·sault** /əsɔ́ːlt/ 名 UC **1** 激しい攻撃, 強襲, 〈*on, against* ..に対する〉 (類語 attack より突然で暴力的な攻撃を意味する); 〈比喩的〉(ことばによる)攻撃 〈*on, upon, against* ..への〉. take [carry] the capital *by* ～ 強襲によって首都を占領する. an ～ *on* traditional ideas 伝統的な考えに対する攻撃. make an ～ *on* [*against*] the enemy headquarters 敵の司令部を強襲する. be under ～ 攻撃されている. **2** 挑戦 〈*on*..〔難しいこと〕への〉. an ～ *on* Mt. Everest エベレスト登頂の試み. **3** 〖法〗脅迫; 暴行. (an) indecent ～ 強制猥褻(わいせつ). sexual ～ 性的暴力《多くは強姦(ごうかん)の婉曲表現》.

── 動 他 〔場所など〕を攻撃[強襲]する; 〔人〕に暴行を加える; 〔人〕を襲う; 〔人〕を(ことばで)攻撃する. A terrible noise ～*ed* his ears. ひどい騒音が彼の耳を襲った. The guard was ～*ed* by a robber. 警備員が強盗に襲われた. attempt to sexually ～ a woman 女性を乱暴しようとする. [<ラテン語; assail と同源]

assàult and báttery 名 U 〖法〗暴力行為《脅迫だけでなく殴打などの身体的接触をすること》.

assáult còurse 名 C 〖英〗＝obstacle course.

assáult rìfle 名 C 突撃銃, 軽機関銃.

assáult wèapon 名 C 戦闘用兵器, 軽機関銃《猟銃との対比》.

as·say /əséi, ǽsei/ 名 (複 ～s) C 試金; 分析; 試金物, 分析物. ── /əséi/ 動 (～s|過 過分 ～ed|～·ing) 他 **1** 〔鉱石, 合金など〕を試金する; を(化学的に)分析する. ～ an ore 鉱石を分析する. **2** 〖古〗〔難事〕を企てる; VO (～ *to do*) ..しようと努める (attempt). [<古期フランス語; essay の変形] ▷**as·sáy·er** 名 C 試金者, 分析者.

as·se·gai /ǽsəgài/ 名 ＝assagai.

as·sem·blage /əsémblidʒ/ 名 〖章〗**1** C 〈単数形で複数扱いもある〉 (人, 物の)集まり, 集合; 〈集合的〉集団, 会衆; (類語 雑然とした集まりを意味する; →assembly). The ～ rose and cheered as one man. 会衆はそろって立ち上がり喝采(かっさい)した. **2** U 集める[られる]こと, 収集. **3** U (機械などの)組み立て.

‡**as·sem·ble** /əsémb(ə)l/ 動 (～s /-z/|過 過分 ～d /-d/|-bl·ing) 他 **1** 〔人, 物〕を**集める**; を(集めて)整頓(とん)する; (類語 物, 人, データなどを ∟一定の目的のために[ある場所に]集めること; →gather). ～ material [evidence] 資料[証拠]を集める. The president ～*d* his advisers for a conference. 社長は会議のために顧問たちを召集した. the ～*d* company 集まった[居合わせた]人たち. We're leaving soon, so ～ all your baggage. すぐに出発するから荷物を全部まとめておきなさい. All the books are ～*d* on the shelves. 本は皆本棚に整頓してある. **2** (部品)を**組み立てる**. ～ a computer from parts コンピュータを部品から組み立てる. **3** 〖電算〗〔(アセンブリ言語で書いた)プログラム〕をアセンブルする《機械語に翻訳する》.

── 自 〔人が〕集まる, 集合する. The pupils ～*d* in the schoolyard. 生徒たちは校庭に集まった.

◇名 assembly, assemblage [<古期フランス語「一緒にする」(<ラテン語 ad-＋*simul* 'together')]

as·sem·bler /əsémblər/ 名 C **1** 組立て工. **2** 〖電算〗アセンブラー《assembly language で書かれたプログラムを機械語に翻訳するプログラム》.

***as·sem·bly** /əsémbli/ 名 (複 **-blies** /-z/) **1** C 〈単数形で複数扱いもある〉 (特別の目的のための)**集会**, 会合, 朝礼; U (人々が)集まること, 集合; (類語 会議, 儀式などの一定の目的をもった集まり, 集まった人々; →assemblage, meeting). The ～ consisted of people concerned about human rights. その集会は人権に関心を持つ人々の集まりだった. freedom [the right] of ～ 集会の自由. an ～ point 集合地点.

2 C 〈単数形で複数扱いもある〉 議会, 立法府; 〖米〗〈the A-〉州議会の下院 (→senate). a legislative ～ (立法)議会. →General *Assembly*.

3 UC 〖軍〗集合の合図《らっぱ, 太鼓などによる》.

4 U (機械の部品の)組み立て; C 組立て部品. Check all the components before ～. 組み立てる前に部品を全部チェックしなさい. an ～ plant 組立て工場.

5 U 〖電算〗アセンブリー《assembler による機械語への翻訳》. ◇動 assemble [assemble, -y²]

assémbly lànguage 名 U 〖電算〗アセンブリ言語《日常言語に近い低水準のプログラム言語; これが機械語命令に変換される》.

assémbly lìne 名 C (流れ作業の)組み立てライン.

as·sém·bly·man /-mən/ 名 (複 **-men** /-mən/) C 〖米〗議員; 〈特に A-〉州議会の下院議員; (女 **assém·bly·wòman**).

†**as·sent** /əsént/ 動 自 〖章〗**1** 同意する, 賛成する, 〈*to* ..〔提案など〕に〉; 応じる 〈*to* ..〔要求など〕に〉; (類語 agree より形式ばった語で, 慎重に考慮した上で同意すること). ～ *to* his plan 彼の計画に賛成する. I ～*ed to* your demands through force. 力に押されてあなたの要求に屈したまでだ. **2** VA (～ *to do*) ..することに同意する. I ～*ed to* go with her. 彼女と一緒に行くことに同意した. ── 他 VO (～ "引用") 「..と」同意する. "Perfectly true," ～*ed* Mr. Bush. 「全く正しい」とブッシュ氏は同意した.

── 名 U 同意, 賛成; 承諾; 〈*to* ..に対する〉 (↔dissent). give a nod [wink] of ～ うなずいて[目くばせして]同意を示す. receive Royal *Assent* 〔法案などが〕国王の承認を得る. give one's ～ *to*.. ..に同意する.

by còmmon assént 全員異議なく《声に出さない賛成の場合にもしばしば用いる》.

with òne assént 満場一致で.

◇↔dissent [<ラテン語「同意する, 同感する」(<ad-＋*sentire*「思う, 感じる」)] ▷～**·er,** 〖主に英〗**as·sen·tor** 名 C 賛同者.

***as·sert** /əsɔ́ːrt/ 動 (～**s** /-ts/|過 過分 ～**·ed** /-əd/|～**·ing**) 他 **1** VO (～ X/*that* 節/"引用") X を/**..**ということを断言する/「**..**と」言い張る; VOC (～ X *to be* Y) X は Y であると断言する; 《★しばしば, 証拠なしに断言したり, 不

A

利な証拠があっても強弁する》. ～ one's opinion 意見をはっきり述べる. He still ～s ˪his innocence [*that* he is innocent]. 自分は無実だと彼は依然として言い張っている. They ～*ed* her *to* be the thief. 彼らは彼女がどろぼうだと断言した. **2**〔権利など〕を**主張する**, 言い張る. I ～ my right ˪*to* a fair trial [*to* disagree]. 公平な裁判を受ける[意見を異にする]権利を主張します. ～ (one's) authority 権限を行使する.

assért onesèlf (1)〔人が〕自己主張をする; 目立ったふるまいをする; でしゃばる. You should ～ your*self* as head of the department. あなたは部長らしく断固とした態度に出るべきだ. ～ one*self* at a meeting 会議で強く自分の主張を述べる. (2)〔物事が〕(外に)現れてくる. In a week or two the disease will ～ it*self*. 1, 2 週間すると病気の症状が出てくるだろう. Hunger ～*ed* it*self*. 腹が減ってきた.

[＜ラテン語「(奴隷を)自分の物だと宣言する」(＜ad-＋*serere*「加える」)] ▷ **～·er,**〖主に英〗 **as·ser·tor** 名

†as·sér·tion 名 **1** [U] 主張[断言]すること. ～ of one's right 自分の権利を主張すること. **2** [C] 主張; 断言, 言明; 〈*that* 節..という〉. make an ～ 主張する. He repeated his ～ *that* he was in the right. 彼は自分の言い分は正しいと繰り返し主張した.

> [連結] a sweeping [a bold; an incorrect, an unfounded; a misleading] ～ ∥ deny [refute; challenge] an ～

‡as·ser·tive /əsə́ːrtiv/ 形 **1** 断定的な; 自己主張的な, 我を張る; 独断的な. **2**〖文法〗＝declarative.
▷ **～·ly** 副 断定的に. **～·ness** 名 [U] 自己主張的なこと; 独断的なこと. ～*ness* training 自己主張訓練.

†as·sess /əsés/ 動 他

1 [VO] (～ X/*wh* 節)・[VOA] (～ X *as*..)〈一般に〉X (価値, 能力, 効果など)を/..かを/X が..であると判断評価する. ～ his learning ability *as* excellent 彼の学習能力はすぐれていると評価する. It's difficult to ～ *how* electors react to his politics. 有限者が彼の政見にどう反応するかの判断は難しい. **2 (a)** [VO] (～ X/*wh* 節) X (財産, 収入)を/..かを(課税のために)評価する; [VOA] (～ X *at*..) X を..と査定する. have a public accountant ～ (*what's* the value of) one's estate 税理士に自分の土地(価格がいくらか)を評価させる. The deceased's fortune was ～*ed at* fifty million dollars. 故人の財産は 5 千万ドルと評価された. **(b)** [VOA] (～ X *at*..) X (税金や罰金などの額)を..と算定する, 決定する. ～ the damage *at* $1,000 損害額を千ドルと算定する.

3 (a) [VOO] (～ X Y)・[VOA] (～ Y *on* [*upon*] X) X に Y (税金など)を課す. ～ a tax [fine] *on* [*upon*] a person 人に税金[罰金]を課す. The factory was ～*ed* a fine of only £5,000 for air pollution. その工場は大気汚染に対しわずか 5 千ポンドの罰金しか課せられなかった. **(b)** [VOO] [VOA] (～ X (*at, in*) Y) X (人)に Y の額を課税する, 罰金として払わせる. I was ～*ed* (*at*) $500. 私は 5 百ドル(の税金[罰金])を課[科]された.

[＜ラテン語「(判事の補助役として)脇に座る」(＜ad-＋*sedēre*「座る」)]
▷ **～·a·ble** 形 査定[評価]できる; 課税できる.

†as·séss·ment 名 **1** [U] 評価, 査定; 賦課. environmental ～ 環境アセスメント, 環境影響評価. **2** [C] 評価額, 査定額, 賦課額. my tax ～ for 1994 1994 年分の私の税額. **3** [C] (事態などに対する)判定, 意見. What is your ～ of our chances? 我々が成功する見込みはどれほどと判定されますか.

> [連結] an accurate [an exact, a precise; a careful, a cautious; a realistic; an optimistic; a gloomy; a frank] ～ ∥ make [give] an ～

as·ses·sor /əsésər/ 名 [C] **1** 課税[資産, 収入]評価人[査定員];〖英〗(テスト, 競技などの)試験官, 評定者, 審査員. **2** (判事の)補佐官《ある分野の専門家としての立場から助言する》; (委員会の)顧問.

†as·set /ǽset/ 名 [C] **1** (資産の 1 項目としての)所有物, 財産; 〈～s〉 資産(全体)《特に債務償還に当てうるもの》; (貸借対照表上の)資産項目. ～*s* and liabilities 資産及び負債. personal ～*s* 動産. real ～*s* 不動産. My ～*s* have been dwindling these several years. この数年私の資産は減ってきた.

2 貴重[有用]な性質[技量], 利点, 長所; 宝, '財産'; 貴重[有用]な人物〈*to*..にとって〉. a cultural ～ 文化財. The player is a valuable ～ *to* the team. その選手はチームにとって貴重な人材だ. The singer's soft voice is his best ～. 柔らかい声がその歌手の最大の長所だ.

3 (外国に進出した諜報機関の)現地人スパイ. [＜古期フランス語「十分に」(＜ラテン語 ad-＋*satis* 'enough')]

ásset strìpping 名 [U]〖商〗資産収奪《成績不良の会社の資産に目をつけ, 会社を安く買い資産を売ってもうけること》. ▷ **ásset strìpper** 名

as·sev·er·ate /əsévərèit/ 動 他〖章〗を強く主張する; [VO] (～ *that* 節) ..と誓って断言する.

as·sèv·er·á·tion 名 [UC]〖章〗誓言, 断言.

áss·hòle 名 [C]〖米卑〗けつの穴; ばかたれ.

as·si·du·i·ty /æ̀səd(j)úːəti|-djú(ː)-/ 名 (複 **-ties**)〖章〗**1** [U] 精励, 勤勉. with ～ 勤勉に. **2** 〈-ties〉十分な配慮[心遣い]〈*to*..への〉.

‡as·sid·u·ous /əsídʒuəs/ 形〖章〗**1**〔調査などが〕行き届いた, 綿密な; 絶えず気を配る. **2** 勤勉な (→diligent [類語]). [＜ラテン語「いつも側にいる」; assess と同源] ▷ **～·ly** 副 勤勉に. **～·ness** 名 [U] 勤勉.

***as·sign** /əsáin/ 動 (**～s** /-z/|**～ed** /-d/|**～·ing**) 他

1 (a) を**割り当てる**, あてがう. Mr. Bush ～*ed* a lot of homework. ブッシュ先生はたくさんの宿題を出した. **(b)** [VOO] (～ X Y)・[VOA] (～ Y *to* X) X (人)に Y (仕事, 部屋など)を**割り当てる**, あてがう, X に Y を(仕事として)課す. We were each ～*ed* a small room. 我々はめいめい小部屋をあてがわれた. The teacher ～*ed* some homework *to* the pupils. 先生は生徒たちに宿題を課した. Our boss ～*ed* ˪Dick (*to*) the delicate task [the delicate task *to* Dick]. 上司はディックにその扱いにくい仕事を課した. **(c)** [VOC] (～ X *to do*) X (人)に..するように命じる[決定する], X を指名して..させる. I was ～*ed to* do the dishes. 私は食後の食器洗いをやらされることになった.

2 [VOA] (～ X *for, to*..) X (時, 場所など)を**..のために指定**する, 決める, (fix). ～ a day *for* the trial 公判の日を決める. The teacher ～*ed* Friday afternoon *to* meeting the parents. その教師は金曜の午後を父母との面談にあてた.

3 [VOA] (～ X *to*../*as*..) ..に/..として X を配属する, 派遣する, 〈普通, 受け身で〉. He was ～*ed to* the London office. 彼はロンドン支局に配属された.

4 [VOA] (～ X *to*..) ..に X (物事)の原因があるとする; X (事件の年代など)を..とみなす; (ascribe). What do you ～ this failure *to*? この失敗の原因は何だと考えますか. The invention of the axe is ～*ed to* the Stone Age. 斧(おの)の発明は石器時代とされている.

5〖法〗[VOO] (～ X Y)・[VOA] (～ Y *to* X) X (人)に Y (財産, 権利など)を譲渡する.

6〖電算〗をアサインする, 割り当てる.

◇名 assignment, assignation [＜ラテン語「指定する, 配当する」(＜ad-＋*signum* 'sign')]

as·sígn·a·ble 形 **1** 割り当て得る;〖法〗譲渡され得る. **2** 原因などを帰せられる〈*to*..に〉.

as·sig·na·tion /æ̀signéiʃ(ə)n/ 名 [C]〖章〗会合(の約束); (特に, 恋人同士の)密会.

as·sign·ee /əsàiníː|æ̀siníː/ 名 [C]〖法〗(財産, 権利

などの)譲り受け人 (↔assignor).

***as·sign·ment** /əsáinmənt/ 名 (複 ~s /-ts/) **1** U 割り当てる[られる]こと; 任命〈*to* ..への〉; (日時, 場所の)指定. his ~ *to* the post 彼のその地位への任命. **2** C (割り当てられた)**仕事** (job), 任務 (task). Her first ~ on the magazine was to interview a film star. その雑誌での彼女の最初の仕事は映画スターのインタヴューだった. He was sent to Iran *on* a special ~. 彼は特別任務でイランに派遣された. **3** C〖米〗**宿題**. a math ~ 数学の宿題. The teacher gives her class an ~ every day. 先生は自分のクラスに毎日宿題を出す. **4** U〖法〗(財産, 権利などの)譲渡.

as·sign·or /əsáinər, -nɔːr|æsinɔ́ː, æsai-/ 名 C〖法〗(財産, 権利などの)譲渡人 (↔assignee).

as·sim·i·la·ble /əsímələbl/ 形 同化され得る; 消化吸収できる.

***as·sim·i·late** /əsímәlèit/ 動 (~s /-ts/|過 過分 **-lat·ed** /-əd/|**-lat·ing**) 他 【中に取り込む】 **1** 〔食物など〕を消化吸収する (digest). Fish is ~*d* more easily than meat. 魚は肉より消化吸収がいい. **2** 〔知識など〕を**自分のものにする**, (真に)理解する. He ~*d* all he was taught. 彼は教わったことすべてを自分のものにした. **3** 〔他民族など〕を同化する〈*into* ..に〉. America has ~*d* millions of immigrants. アメリカは何百万という移民を同化してきた. **4** を同じにする, 一様にする, 〈*to, with* ..と〉. He ~*d* his ways *to* those of the native inhabitants. 彼は自分のやり方をその国の住民のそれに合わせた. **5**〖音声〗を同化する〈*to, with* ..に〉(→assimilation 2). The "p" in "cupboard" is ~*d to* "b". cupboard の p は b に同化する.

── 自 〔食物などが〕消化吸収される; 同化する, 一様化する, 〈*to, into, with* ..に〉. The newcomers ~*d* easily *into* our village. 新来の人たちは我々の村に容易に溶け込んだ.

[<ラテン語「似せる」(<ad-+*similis*「同様な」)]

†**as·sìm·i·lá·tion** 名 U **1** 消化吸収; 同化(作用). **2**〖音声〗同化《音が隣接音に影響して, その同類音に変える作用; 例えば begged /-gd/ に対し kicked /-kt/ と発音されるのは, 後者で本来の /-d/ が直前の無声音 /-k/ に同化して無声音 /-t/ になったもの》.

as·sim·i·la·tive /əsímәlèitiv, -lət-/ 形 同化の, 同化力のある.

As·si·si /əsíːzi/ 名 アッシジ《イタリア中部の町; St. Francis の生地》.

‡**as·sist** /əsíst/ 動 (~s /-ts/|過 過分 ~·**ed** /-əd/|~·**ing**) 他 【章】 **1** 〔人〕を**助ける**, 援助する, 〈*in, with* ..で〉; 〔物事が〕〔物事の進行など〕を促進する; (類語 help と比べてやや改まった語; 特に, 補助的援助. help と違い命を助けるような場合には用いない). She has always ~*ed* the poor. 彼女はいつも貧しい人々を助けてきた. She ~*ed* Ed *with* his homework. 彼女はエドの宿題を手伝ってやった. The medicine ~*ed* his recovery. 薬は彼の回復を促進した.

2 〔人〕を手伝う; VOA (~ X *in doing*)・VOC (~ X *to do*) X が..するのを手伝う. She ~*ed* her husband(*in* writ*ing* [*to* write] the book). 彼女は夫(がその本を書くの)を手伝った. They are ~*ing* the police *in* [*with*] their enquiries. 彼らは警察の事情聴取に協力している.

── 自 **助力する**〈*in, with* ..に〉. Sam ~*ed in* paying back his friend's debt. サムは彼の友人の借金返済を助けた. ◇名 assistance

── 名 C〖米〗**1** 助力. **2**〖球技〗アシスト《他選手が得点するのを助けるプレー》;〖野球〗補殺.

[<ラテン語「側に立つ」(<ad-+*sistere*「立つ」)]

***as·sis·tance** /əsístəns/ 名 U **助力**, 援助; 金銭的援助. give financial ~ to developing countries 開発途上国に財政援助を与える. Can I be of any ~? 何かお手伝いできることがありますか《困っている未知の人などに対して言う》. come to our ~ 我々を助けに来る. with the ~ of ..の助けを借りて. ◇動 assist

連結 great [generous, liberal] ~ // ask for [seek; offer; afford, provide; accept; obtain, receive] ~

‡**as·sis·tant** /əsístənt/ 名 (複 ~s /-ts/) C **1 助手**, 補助員, 〈*to*..の〉, 《略 asst》. work as a dentist's ~ 歯科医の助手として働く. **2**〖英〗店員 (shop assistant) (〖米〗clerk). ── 形 補助の; 副.., 助... an ~ manager 副支配人. an ~ professor〖米〗助教授 (→professor 参考). ▷ **~·ship** 名 C〖米〗助手手当《大学院生で教授を補佐する人に与えられる》.

as·siz·es /əsáizəz/ 名〖英史〗〈複数扱い〉巡回裁判; 巡回裁判開廷期[地]; 《England と Wales の各州で, 年 2-4 回裁判官が中央から派遣されて行われた; 1971 年に廃止され, crown court がこれに代わった; 〖米〗の巡回裁判所 (circuit court) は今もある》. [<古期フランス語「開廷」]

áss kìsser 名 C おべっか使い, ごますり, 《人》.

assn. association.

assoc. associate; associated; association.

as·so·ci·a·ble /əsóuʃ(i)əb(ə)l/ 形 **1** 連想される; 関連づけられる. **2** 〔国家が〕経済連合に加盟している.

‡**as·so·ci·ate** /əsóuʃièit/ 動 (~s /-ts/|過 過分 **-at·ed** /-əd/|**-at·ing**) 他 【結びつける】 **1 (a)** VOA (~ X *with* ..) X で**..を連想する**, X と..を結びつけて考える. We ~ Paris *with* high fashion. パリと言えば最新の流行が頭に浮かぶ. Green is ~*d with* grass. 緑は草を連想させる. **(b)** を結びつけて考える〈*with*..と〉. ~ two ideas (*with* each other) 2 つの考えを(互いに)関連づける.

2 VOA (~ X *with*..) X を..と[に]**連合させる**, 関係させる; X (人)を..に参加させる; 〈普通, 受け身で〉. He is ~*d with* his uncle in business. 彼はおじと事業を共同経営している. He has been ~*d with* the institute for nearly thirty years. 彼はその研究所に関係してから 30 年近くになる.

── 自 **1** VA (~ *with*..) **..と付き合う**, 交際する. I don't ~ *with* that kind of person. あんな種類の人間とは付き合いません. **2 合併する**, 結合する, 提携する, 〈*with* ..と〉. ◇↔dissociate 名 association

assóciate oneself with .. ..と提携する, ..と関係する; ..を支持する. He ~*d* him*self with* Mr. Jones in foreign trade. 彼はジョーンズ氏と海外貿易で提携をした. I'd like to ~ my*self with* that view. 私はその意見に同調したい.

── /-ʃiət/ 名 (複 ~s /-ts/) C **1 仲間**, 同僚, (犯罪などの)協力者; 共同経営者 (partner). a business ~ 仕事仲間, 共同事業者. **2** 準会員. **3** 準学士 (→associate degree).

── /-ʃiət/ 形 準.., 副... an ~ editor 副主筆. an ~ judge 陪席判事. an ~ member 準会員.

[<ラテン語「..に加わる」(<ad-+*socius*「仲間」)]

as·só·ci·àt·ed /-əd/ 形 関係[関連]した〈*with*..と〉.

assòciated cómpany 名 C 系列会社《株の 20% から 50% を他の会社が保有する》.

assòciate degrée 名 C〖米〗準学士号《短大 (community college) 卒業生に与えられる資格》.

Assòciated Préss 名〈the ~〉(米国の)連合通信社《略 AP》. [AP]

assóciate profèssor 名 C〖米〗準教授 (→professor 参考).

***as·so·ci·a·tion** /əsòusiéiʃ(ə)n, -ʃiéi-/ 名 (複 ~s /-z/) **1** C〈単数形で複数扱いもある〉**協会**, 組合, つながり, (類語 society と比べて構成員の結び付きが緩く目的の広いものを言う). the Young Men's Christian *Association* (→YMCA). form an ~ (to do) (..するために)協会を作る. **2** U **連合**, 結合; 結社; 提携; 関連; 〈*with*

A

..との〉. freedom of ～ 結社の自由. in ～ *with* ..と共同[共催]して. **3** Ⓤ **交際**, 付き合い, かかわり, '関係', 〈*with* ..との〉. be *in* close ～ *with* ..と親密な交際をしている. My ～ *with* him did not last long. 彼との付き合い[関係]は長く続かなかった. **4** Ⓤ **連想する[される]こと**; Ⓒ 連想されるもの. the ～ of ideas 〖心〗観念連合, 連想. a city full of historical ～*s* 歴史的連想に満ちた町. ◇動 associate

assòciation fóotball 名 Ⓤ 〖英〗サッカー (soccer).

as·so·ci·a·tive /əsóuʃièitiv, -ʃiə-/ 形 連合の[による]; 連想(的)の.

as·so·nance /ǽsənəns/ 名 Ⓤ **1** (特に母音の)音の類似. **2** 〖韻律学〗母音韻, 類韻《強勢のある母音だけの一致 (l*o*ve: c*u*p), まれに子音だけの一致 (*l*o*ve*: *l*i*ve*); →consonance》.

as·sort /əsɔ́:rt/ 動 他 を分類する, 仕分ける. The apples are ～*ed* and packed by machines. リンゴは機械によって仕分けられ箱詰めされる. ── 自 **1** 〖章〗 VA (～ ***with***..) ..と調和する, 合う. Her hat ～*s* well [ill] *with* her dress. 彼女の帽子は洋服とよく合っている[いない]. **2** VA (～ ***with***..) 〔特に悪い仲間〕と交際する. [＜古期フランス語「類別する」(＜*à* 'to'＋*sorte* 'sort')]

†**as·sórt·ed** /-əd/ 形 **1** 各種組み合わせの; 色とりどりの. ～ biscuits [chocolates] 詰め合わせビスケット[チョコレート]. **2** 〈複合要素〉..に調和した. a well-[an ill-]～ couple 似合いの[不釣り合いの]夫婦.

†**as·sórt·ment** 名 Ⓒ 〈単数形で複数扱いもある〉各種取り合わせたもの. an ～ of cookies クッキーの各種取り[詰め]合わせ. Convenience stores have a wide ～ of merchandise. コンビニには幅広く商品が取りそろえてある.

asst assistant.

as·suage /əswéidʒ/ 動 他 〖章〗**1** 〔苦痛, 悲しみなど〕を和らげる; 〔人〕を静める, なだめる. **2** 〔空腹, 渇きなど〕を満たす, いやす. [＜古期フランス語「和らげる」(＜ラテン語 *suāvis*「甘い」)] ▷**～·ment** 名 Ⓤ 緩和; Ⓒ 緩和物.

as·sum·a·ble /əs(j)ú:məb(ə)l/ 形 仮定[推定]できる. ▷**-bly** 副 たぶん, 恐らく.

as·sume** /əs(j)ú:m/ 動 (～**s** /-z/|過 過分 ～**d** /-d/|**-sum·ing**) 他 【**取る**】 **1** 【**事実として取る**】 VO (～ X/that*** 節) (根拠はないが) X を[と]/..**であると仮定する**, 決めてかかる, 当然..であると思う; VOC (～ X ***to be*** Y) X を Y と考える, 仮定する, 推定する. We ～ his honesty. ＝We ～ *that* he is honest. ＝We ～ him *to be* honest. 我々は彼をむろん正直だと思っている. I think we can safely [It seems reasonable to] ～ *that* there is no life on Mars. 火星に生物はいないと推定していいだろう. Let's ～ there is life on Mars. 火星に生物がいると仮定してみよう. He was mistakenly ～*d to be* a man of noble birth. 彼はまちがって貴族出身と思い込まれていた.
2 【**引き受ける**】〔任務など〕を**引き受ける** (undertake), 〔地位など〕につく; 〔責任など〕を取る. ～ office 就任する. ～ (complete) control of ..を(完全に)支配する. He ～*d* the management of the hotel. 彼はホテルの支配人になった. If I make a mistake, I will ～ responsibility for it. もし私が間違いをすれば, その責任は取ります.
3 【**勝手に取る**】〔権力など〕を**奪い取る**; を横領する. He ～*d* to himself all the rights and powers of the dead king. 彼は死んだ王の全権力を我が物にした.
【**外観を見せる**】 **4** 〔態度, 形態など〕を**取る**; 〔様子, 性質など〕を**帯びる**; 〔衣服, 習慣など〕を身につける. ～ an air of importance もったいぶった態度をとる. ～ a bad habit 悪い癖を身につける. The problem ～*d* massive [frightening] proportions. 問題は大きくなった. ～ a false name 偽名をかたる.
5 の**ふりをする**, を装う, (pretend). ～ an air [a look] of ignorance 知らぬふりをする. ～ innocence 潔白を装う. ～ the voice of a person 人の声をまねる.
◇名 assumption

***assúming* (*that*)..** 〈接続詞的〉..と仮定して, とするならば, (★if に近い). *Assuming that* he is telling the truth, what should we do? 彼が真実を語っているとしたら我々はどうしたらよいのか. 「「取る」」
[＜ラテン語「取り上げる, 取り入れる」(＜ad-＋*sūmere*]

as·súmed 形 **1** 仮定された, 推定の. **2** 見せかけの; 装った; 偽りの. write a novel under an ～ name 偽名[仮名]で小説を書く. an ～ voice 作り声.

as·súm·ed·ly /-mədli/ 副 たぶん, 恐らく.

as·súm·ing 形 でしゃばりな, 横柄な, 傲(ごう)慢な. ▷**～·ly** 副

***as·sump·tion** /əsʌ́m(p)ʃ(ə)n/ 名 (複 **～s** /-z/) **1** Ⓒ **仮定**; 仮説, 憶測. a mere ～ 全くの憶測. His theory is based on an underlying ～ that ... 彼の理論は..という潜在的な仮定に立ったものである. He bought the ring on the ～ that she would accept his proposal. 彼は彼女が結婚の申し込みを受けてくれるものと思ってその指輪を買った. make an ～ that.. であると仮定する.

連結 a correct [a logical, a rational, a reasonable; an erroneous, a false, a mistaken, a wrong] ～ // make an ～

2 ⓊⒸ (ある態度を)取ること; (任務, 責任などの)引き受け; (地位への)就任; (権力などの)奪取. Hitler's ～ of power ヒットラーによる政権の奪取.
3 ⓊⒸ 見せかけ. put on an ～ of ignorance 素知らぬ顔をする. **4** Ⓤ ずうずうしさ, 横柄さ. **5** 〈the A-〉〖カトリック〗聖母被昇天; 聖母被昇天祭《8月15日》. 注意 the Ascension と混同しないこと. ◇動 assume

***as·sur·ance** /əʃúrəns|əʃɔ́:r-, əʃúər-/ 名 (複 **-anc·es** /-əz/) **1** Ⓒ 〈しばしば ～s〉**保証**, 確言, 〈*that* 節 ..という/*of*, *about* ..についての〉. give an ～ that.. であると保証する. I give you [You can have] my ～ *that* we mean you no harm. 君に対して我々に悪意のないことは私が請け合います. Despite his repeated ～*s of* help, he did nothing for me when I needed it. 彼は繰り返し援助を請け合いながら, 私が必要な時には何もしてくれなかった. There is no ～ that ..という保証はない.
2 Ⓤ **確信** 〈*of* ..についての/*that* 節 ..という〉. declare *with* ～ 確信をもって断言する. He has ～ *of* their loyalty. 彼は彼らの忠誠を確信している. have full ～ *that* ..であるという十分な確信がある.
3 Ⓤ **自信**, 落ち着き. speak [act] *with* ～ 自信をもって話す[行動する]. She lacked ～ on stage [in front of her class]. 彼女は舞台上で[教壇で]落ち着きがなかった.
4 Ⓤ 厚かましさ. have *the* ～ *to* do 厚かましくも..する.
5 Ⓤ 〖英〗保険 (insurance), 〈特に〉生命保険.
◇動 assure

màke assúrance dòubly* [*dòuble*] *súre 念には念を入れる《Shakespeare 作 *Macbeth* から》.

***as·sure** /əʃúər|əʃɔ́:, əʃúə/ 動 (～**s** /-z/|過 過分 ～**d** /-d/|**-sur·ing** /-riŋ/) 他
【**確かだと言う**】 **1** (**a**) 〔人〕に**保証する**, 請け合う. This car is quite safe, I can ～ you. この車は本当に安全です, 本当ですよ. (**b**) VOA (～ X ***of*** Y) X に(人)に Y を保証する, 確言する; VOO (～ X ***that*** 節/"引用") X (人)に..ということを請け合う. I can ～ you *of* his honesty. ＝I can ～ you *that* he is honest. 彼が正直なことは請け合う.
2 (**a**) 〔人〕に**納得させる**, 確信させる. ～ a frightened boy 怖がる少年を安心させる. (**b**) VOA (～ X ***of*** Y) X (人)に Y を納得[確信]させる; VOO (～ X ***that*** 節/"引用") X (人)に..ということを/..と言って納得[確信(させて安心)]させる. "You'll soon get better," the doctor ～*d* me. 「すぐによくなります」と言って医者は私を安心させた. He took great pains to ～ her *of* his sincerity. 彼は彼女に自分の誠実さを信じてもらおうと大変骨を折っ

A

た. (c) [VOA] (～ *oneself of*‥) ‥を確かめる; [VOO] (～ *oneself that* 節) ‥ということを納得する, 確かめる. I ～*d* myself ⌊*of* the truth of the rumor [*that* the rumor was true]. そのうわさが本当であることを確かめた. I was ～*d of* first place. 私は1位になることを確信していた. You may rest ～*d that* such things will never happen again. こんな事は2度と起こらないから安心したまえ.
【確かにする】 **3** 〔成功など〕を**確実にする**, 保証する; [VOO] (～ X Y) X(人)に〔地位など〕を確かなものにする, 安泰にする. His father's influence ～*d* his position [him a position] in the firm. 父親の影響力のおかげで彼の社内での地位は[彼には社内での地位が]保証されていた.
4 〖英〗に保険をつける (insure), 〔特に人〕を生命保険に入れる.
◇[名] assurance [＜古期フランス語「確かめる」(＜ラテン語 ad-＋*sēcūrus* 'secure')]

†**as·súred** [形] **1** 保証された, 確実な. an ～ income 確実な収入. an ～ success 間違いなしの成功. **2** 自信のある (confident); 自信満々の, うぬぼれた. an ～ manner 落ち着き払った態度. He looks very ～. 彼は自信たっぷりの様子だ. **3** 〈the ～; 名詞的; 単複両扱い〉 被保険者. ▷ **～·ness** [名]

†**as·sur·ed·ly** /əʃú(ə)rədli|əʃɔ́:r-, əʃúər-/ [副] **1** 〈しばしば文修飾〉〖旧〗確かに, 間違いなく. *Assuredly*, he will take over the post. 彼がその役を引き継ぐのは確かだ. **2** 自信をもって (confidently); 自信たっぷりに.

As·syr·i·a /əsíriə/ [名] アッシリア《西アジアのチグリス川流域にあった古代王国; 首都 Nineveh》.

As·syr·i·an /əsíriən/ [形] アッシリアの; アッシリア人[語]の. ── [名] [C] アッシリア人; [U] アッシリア語.

AST Atlantic Standard Time.

as·ta·tine /ǽstətì:n, -tin/ [名] [U] 〖化〗アスタチン《放射性元素; 記号 At》.

as·ter /ǽstər/ [名] [C] シオン, アスター, 《キク科シオン属の植物の総称; シオン, ヨメナ, エゾギクなど》; その花. [ギリシア語「星」]

as·ter·isk /ǽstərìsk/ [名] [C] 星印, アステリスク, 《(*)》(star) 《脚注や文字の省略などがあることの目印に使う; 言語学では文献で確認できない推定上の語形に, 文法では規則に反した誤った語形や文に付ける》.
── [動] [他] に星印を付ける. [＜ギリシア語「小さな星」]

as·ter·ism /ǽstərìz(ə)m/ [名] [C] **1** 3つ星印《⁂, ⁂; 読者の注意を促したい文章の前などに付ける》. **2** 〖天〗星群; 星座.

a·stern /əstə́:rn/ [副] 〖海·空〗船尾に[へ], 後尾に[へ]; 後方へ. ～ of‥ の後ろに[へ]. drop [fall] ～ of‥ 〔他の船〕に遅れる. Go ～! 後進, ゴースタン, 《号令》.

‡**as·ter·oid** /ǽstərɔ̀id/ [名] [C] **1** 〖天〗小惑星 (minor planet) 《火星と木星の軌道の間に散在する》. **2** 〖動〗ヒトデ (starfish).

†**asth·ma** /ǽzmə|ǽs-/ [名] [U] 〖医〗ぜんそく.

asth·mat·ic /æzmǽtik|æs-/ [形] ぜんそく(性)の, ぜんそく持ちの. ── [名] [C] ぜんそく患者.

as·tig·mat·ic /æ̀stigmǽtik [移]/ [形] 〔人が〕乱視の; 〔レンズなどが〕乱視矯正用の; 〖光学〗非点収差の.

a·stig·ma·tism /əstígmətìz(ə)m/ [名] [U] 乱視; 〖光学〗(レンズの)非点収差.

a·stir /əstə́:r/ [形] 〖雅〗〈叙述〉 **1** 動いて; (寝ていないで)起きて, 動き回って. be early ～ 朝早く起きている. A new spirit was ～. 新しい気運が起こっていた. **2** ざわめいて; 興奮して; 〈*with*‥で〉. The square was ～ *with* protesters. 広場は抗議の人たちで騒然としていた.

‡**as·ton·ish** /əstániʃ|-tɔ́n-/ [動] (～·**es** /-əz/|[過] [過分] ～**ed** /-t/|～·**ing**) [他] を(ひどく)**驚かす**, びっくりさせる, 〈しばしば受け身で〉([類語] surprise より意味が強く, 信じ難いという感じがある). You ～ me. 君には驚かされる. It ～*es* me that she is going to be promoted to editor. 彼女が編集責任者に昇進するとは驚きである.
◇[名] astonishment [＜古期フランス語「仰天させる」(＜ラテン語 ex-＋*tonāre*「雷が鳴る」)]

‡**as·tón·ished** /-t/ [形] 驚いた, びっくりした. I was ～ *at* [*by*] the news. その知らせに驚いた. I was ～ *to* hear what had happened. 何が起こったのかを聞いてびっくりした. I am ～ *that* you should say such a thing. 君がそんなことを言うとはたまげるよ. with an ～ look びっくりした顔つきで.

†**as·tón·ish·ing** [形] びっくりさせるような, 驚くべき, 目覚ましい. an ～ victory 驚くべき勝利. The result was ～. 結果は驚くべきものだった. It is ～ how fast time flies. 時の流れの速いのには全く驚かされる.
▷ **～·ly** [副] 驚くほど, ひどく; 驚いたことには.

‡**as·ton·ish·ment** /əstániʃmənt|-tɔ́n-/ [名] (複 ～**s** /-ts/) [U] (非常な)**驚き**, びっくり; [C] 驚くべきこと[もの]. He fell from his chair *in* ～. 彼はびっくりしていすから転げ落ちた. He gazed at me *with* ～. 彼は驚きの表情で私を見つめた. ◇[動] astonish
to a pèrson's astónishment 人の驚いたことには. Much *to* my ～, she collapsed on the spot. 大変驚いたことに, 彼女は突然その場にくずれるように倒れた.

†**as·tound** /əstáund/ [動] [他] をびっくり仰天させる〈しばしば受け身で〉([類語] astonish, amaze よりさらに意味が強い; →surprise). My success ～*ed* her. 私が成功して彼女は仰天した. [＜中期英語 (*astonien* 'astonish'の過去分詞)]

as·tóund·ed /-əd/ [形] びっくり仰天した 〈*to* do‥して〉. I was ～ *at* [*by*] the news of his death. 彼の死亡の知らせに仰天した.

‡**as·tóund·ing** [形] びっくり仰天させる(ような). an ～ discovery 人をあっと言わせるような大発見. ▷ **～·ly** [副] びっくり仰天させるほど, じつにひどく; びっくりしたことには.

a·strad·dle /əstrǽdl/ [副], [前] ＝astride.

as·tra·khan /ǽstrəkən|æ̀strəkǽn, ⸗⸗⸗/ [名] [U] アストラカン《ロシア南部 Astrakhan 地方原産の子羊の毛皮》; アストラカン織(の布).

as·tral /ǽstrəl/ [形] 〈限定〉 星の(ような); 星形の; 星の世界の, 星から発する.

‡**a·stray** /əstréi/ [副], [形] 〈叙述〉 正道からそれて, 迷って; 堕落して; (→stray).
gò astráy (1) 道に迷う; (計算の途中などで)分からなくなる; 〔物が〕行方不明になる. The best-laid plans [schemes] *go* ～. よく練られた計画でもうまくいかないことがある. (2) 堕落する.
lèad a person astráy 人を迷わせる; 〖しばしば戯〗人を堕落させる.

a·stride /əstráid/ [副] またがって; 両足を開いて. ride ～ 馬にまたがって行く. ── [前] ‥にまたがって. sit ～ a horse 馬にまたがる. stand ～ ‥にまたがって存在する.

as·trin·gen·cy /əstríndʒənsi/ [名] [U] **1** 収斂(しゅうれん)性. **2** 厳しさ.

as·trin·gent /əstríndʒənt/ [形] **1** 収斂(しゅうれん)性の. **2** 厳しい, 痛烈な〔批評など〕. ── [名] [UC] 収斂剤. [＜ラテン語「固く縛りつける」]

as·tro- /ǽstrou/ 〈複合要素〉「星, 天体; 宇宙」の意味を表す. [ギリシア語 *ástron* 'star, constellation']

as·tro·dome /ǽstrədòum/ [名] [C] 〖空〗天測窓《機体上部にある透明なドーム; 主に天体観測用》.

as·tro·gate /ǽstrəgèit/ [動] [自] 宇宙飛行する.
── [他] を宇宙飛行させる.

as·tro·hatch /ǽstrəhæ̀tʃ/ [名] ＝astrodome.

as·tro·labe /ǽstrəlèib/ [名] [C] アストロラーベ《昔の天体観測儀; 現在では sextant を用いる》.

‡**as·trol·o·ger** /əstrálədʒər|-trɔ́l-/ [名] [C] 星占い師, 占星術師.

as·tro·log·i·cal /æ̀strəlɑ́dʒik(ə)l|-lɔ́dʒ- [移]/ [形] 占星術の.

A

***as·trol·o·gy** /əstrɑ́lədʒi|-trɔ́l-/ 名 U 占星術[学] 《これから現在の科学としての astronomy が発達した》. [astro-, -logy]

astron. astronomer. astronomical. astronomy.

***as·tro·naut** /ǽstrənɔ̀ːt/ 名 (複 ～s /-ts/) C 宇宙飛行士 (→cosmonaut). [＜*astro*-＋aero*naut*]

às·tro·náu·tic, -ti·cal /-tik 移/, /-tik(ə)l 移/ 形 宇宙飛行学の; 宇宙飛行士の.

as·tro·nau·tics /æ̀strənɔ́ːtiks/ 名 〈単数扱い〉 宇宙飛行学.

†**as·tron·o·mer** /əstrɑ́nəmər|-trɔ́n-/ 名 C 天文学者.

†**as·tro·nom·i·cal, -nom·ic** /æ̀strənɑ́mik(ə)l|-nɔ́m- 移/, /-nɑ́mik|-nɔ́m 移/ 形 **1** 天文(学上)の. an ～ observatory 天文台. an ～ telescope 天体望遠鏡. **2** 〔話〕 天文学的数字の, けたはずれに大きい. an ～ sum of money 天文学的金額.

àstronomical únit 名 C 〔天〕 天文単位 《太陽から地球までの平均距離, 太陽系の距離を測るのに使用》.

àstronomical yéar 名 C ＝solar year.

▷ **～·ly** 副 天文学的に; 〔話〕 けたはずれに 〔高価になど〕.

***as·tron·o·my** /əstrɑ́nəmi|-trɔ́n-/ 名 U **天文学**. [astro-, -nomy]

àstro·phýsical /移/ 形 天体物理学の.

àstro·phýsicist 名 C 天体物理学者.

àstro·phýsics 名 〈単数扱い〉 天体物理学.

Ástro·turf 名 U 〔商標〕 アストロターフ 《人工芝》.

†**as·tute** /əst(j)úːt/ 形 機敏な, 明敏な; 抜け目ない, 狡猾(こうかつ)な. an ～ politician 抜け目ない政治家.

▷ **～·ly** 副 **～·ness** 名

A·sun·ción /əsùnsióun/ 名 アスンシオン 《南米 Paraguay の首都》.

a·sun·der /əsʌ́ndər/ 副 〔雅〕 (★apart が日常語) **1** (1 つのものが)ばらばらに; 真っ二つに. break ～ 2 つ[ばらばら]に割る[割れる]. come [fall] ～ ばらばらになる. The cabin was torn ～ by the storm. 小屋はあらしでばらばらになった. **2** (2 つ以上のものが)離れ離れに, 散り散りに; 隔たって, 異なって. The parents and children were forced ～ by the war. 両親と子供たちは戦争のために離れ離れにさせられた. be poles ～ →pole² (成句). [＜古期英語 'into pieces']

As·wan /æswɑ́ːn, ɑːs-/ 名 アスワン 《エジプト南部ナイル川沿いの都市》

Aswàn Dám 名 〈the ～〉 アスワンダム 《1902 年, Aswan 近くに完成》.

Aswàn Hìgh Dám 名 〈the ～〉 アスワンハイダム 《Aswan Dam の上流に 1970 年完成, これによってナイル川の水位が通年ほぼ一定に保たれる》.

†**a·sy·lum** /əsáiləm/ 名 **1** C 収容所, 保護施設; 〔古〕 精神病院 (mental hospital[home, institution]). a lunatic [an insane] ～ 〔古〕 精神病院. an orphan ～ 孤児院. **2** UC (昔の犯罪者や借財者の)逃げ込み場所 《寺院など》; (亡命者などの)一時的避難所 《外国大使館など》; 〈一般に〉 隠れ場所, 避難所. He found ～ in the church. 彼は教会に逃げ込んだ. **3** U 〔法〕 亡命者保護 (類語 刑罰などを免れるように, 亡命者に与えられる(国家的)保護; → protection). seek [be granted] political ～ 政治的亡命者保護を求める[与えられる]. [＜ギリシア語「聖域, 避難所」]

asýlum sèeker 名 C 政治的亡命志願者.

a·sym·met·ric, -ri·cal /èisəmétrik, æ̀s- 移/, /-k(ə)l 移/ 形 非対称の (↔symmetric(al)).

a·sym·me·try /eisímətri, æs-/ 名 U 非対称.

a·symp·to·mat·ic /èisím(p)təmǽtik|ei-, æ-/ 形 (自覚)症状のない.

a·syn·chro·nous /eisíŋkrənəs/ 形 非同時性の; 〔電算〕 非同期(式)の 《前の演算が終わってから次のが始まるというような操作を表す》.

At 〔化〕 astatine.

‡**at** /ət, 強 æt/ (★対照などのため強調する時, 又は文末では /æt/) 前 【1 つの地点で】 **1 (a)** 【ある場所, 位置で】 *..*に, ..で. Someone is *at* the door. だれか戸口に来ている (注意 「訪ねて来ている」の意味で, Someone is *by* the door. では人がたまたま戸のそばにいるというだけの意味). meet a person *at* a station 人を駅に出迎える. stay *at* Jim's (house) in Boston ボストンのジムの家に滞在する. I have an appointment *at* the doctor's. 私は医者に予約を入れてある. Is your father *at* home? お父さんはご在宅ですか. live *at* 5 Park Street パーク通り 5 番に住む. The boy is *at* the head of the class. 少年はクラスの首席である. Open your book *at* 〔英〕 [〔米〕 *to*] page 20. 本の 20 ページを開けなさい.

(b) 【活動の場で】 ..に出て, ..の席上で. meet a girl *at* a dance ダンスパーティーで女の子と知り合う. be *at* a funeral 葬式に参列する.

(c) ..に通って, 所属して. *at* college [(the) university] 大学在学中で. She was three years *at* Oxford. 彼女はオックスフォード(大学)に 3 年いた 《学生として; 単なる滞在, 居住を表す場合は *in* Oxford》. teach ethics *at* Harvard ハーヴァード大学で倫理学を教える.

(d) 【出発点にして】 *..*から. look in *at* an open door 開いているドアからのぞき込む. Let's begin *at* page ten. 10 ページから始めよう. *at* the hand(s) of a person (→hand 成句).

(e) 【到着点にして】 *..*に. arrive *at* the station 駅に着く. arrive *at* a conclusion 結論に到達する.

★in との相違については →in 1 語法.

(f) 【特定の部分で】 ..(の点で)は, ..(のところ)が. He is a kind man *at* heart. 彼は根は優しい. My pants tore *at* the seam. ズボンがほころびた 《＜縫い目のところで破れた》.

【1 点をねらって】 **2 (a)** *..*に向かって, ..を目がけて. aim *at* a target 的をねらう. level one's gun *at* ..に銃のねらいをつける. look [shout] *at* Tom トムの方を見る[に向かって叫ぶ]. laugh *at* you 君のことを(あざけって)笑う. throw a stone *at* a dog 犬を目がけて石を投げる (注意 throw a piece of bread *to* a dog (犬にパン切れを投げ与える)と比較). He shot *at* the bird. 彼は鳥をねらって撃った (注意 at を用いないで He shot the bird. とすると実際に鳥を撃ち落としたことを意味する). What is he driving *at*? 彼は何を言おうとしているのか.

(b) ..の方に; ..を試みて. catch *at* a rope ロープをつかもうとする. Guess *at* the price. 値段を当ててみなさい. sip *at* wine ワインを試しに少し飲んでみる.

【1 つの時点で】 **3 (a)** *..*に; *..*から; ..する[した]時に. School begins *at* nine o'clock. 学校は 9 時に[から]始まる. *at* dawn 明け方に. *at* noon 正午に. *at* Christmas クリスマスに. *at* birth 誕生時に. *at* the beginning of April 4 月初めに (注意 *in* the beginning of April は「4 月上旬に」の意味). *at* his death 彼が死んだ時に. *at* your convenience ご都合のよろしい時に.

> 語法 at は時刻など時の 1 点を示す; on は日, 曜日又は特定の日の午前 (morning), 午後 (afternoon) などに用いる: *on* Monday morning (月曜の朝に), *on* the morning of April 1st (4 月 1 日の朝[午前]に); in は午前や午後に用いられ, 又月や年など比較的長い期間に用いる: *in* the morning (朝に, 午前中に), ただし商業・経済関係では *at* July 31 のような表現も見られる.

(b) *..*(歳の時)に. *at* (the age of) seven 7 歳の時に. *at* his age 彼の年齢で.

【活動・状態の1 局面で】 **4 (a)** *..*して, *..*の最中で; ..に携わって. He is *at* work on a new invention. 彼は新しい発明に取りかかっている. I like to see children *at* play. 私は子供たちが遊んでいるのを見るのが好きだ. be *at* school [church] 学校で勉強中[教会で礼拝中]. *at* table (→table 成句). What are you *at* now? 今何し

ていますか. work *at* a thesis 論文に精を出す.
(b) **..するのが**〔うまい, 下手など〕, ..の面で, ..にかけては. be good [excel] *at* mathematics 数学がよくできる. be bad [poor] *at* drawing 絵が下手だ. an expert *at* chess チェスの名手. a genius *at* getting into trouble 面倒を起こす天才.
5 (a) **..(の状態)で**. He is never *at* rest. 彼はいつ見てもじっとしていない. England was *at* war with France then. そのころ英国はフランスと戦っていた. *at* an impasse 進退きわまって. →*at* LIBERTY [EASE, a LOSS].
(b) 〈at＋(one's [the]＋) 形容詞の最上級〉 Tulips are *at* their best now. チューリップは今が盛りである. →*at* (the) BEST [LEAST, (the) MOST].
6【活動が原因となって】..のため, ..によって, **..を見て[聞いて]**. *at* a touch of your hand (君の)手で触れただけで. faint *at* the sight of a snake 蛇を見て気を失う. be angry *at* his remark 彼の言葉に腹を立てる. laugh *at* the thought of it それを考えて笑い出す.

> 語法 驚きを表す語 (surprise, amaze, astonish など) は過去分詞形で使われることが多く, 過去分詞が形容詞的性格を強く持つようになることは I was *surprised at* the news. (私はその知らせに驚いた)のような at の使用でも分かる(この at は angry *at*.. の用法と同じ). surprise の動詞的な意味が強く, 受け身の文の性格がはっきりしていれば at でなく by が使われる: I was recently *surprised by* how old he has grown. (私は彼が老けこんでいるのに最近驚いた). amuse, delight など喜びを表す動詞の場合も同じ.

|【数量・割合の 1 点で】| **7 (a)** **..で**; ..を払って; ..の割合で. He stood *at* just over six feet five. 彼の身長は 6 フィート 5 インチを少し超えていた. The thermometer stands *at* ninety degrees. 寒暖計は(華氏) 90 度になっている. sell the wine *at* four dollars a bottle ワインを 1 本 4 ドルで売る (→for 前 15). *at* a low price 安い値段で. The car was racing *at* 100 miles an hour. 車は時速 100 マイルで疾走していた. increase *at* the rate of 10% a year 年 10% の割合で増加する. *at* face value 額面どおりに.
(b) ..で, ..(回)目に. *at* the third attempt 3 度目の試みで. *at* first 最初に. *at* 10-minute intervals 10 分おきに. *at* a bound ひと跳びで. *at* a blow 一撃で.
8【ある方法・様態で】..で, ..に. *at* random でたらめに. *at* a guess 当て推量で. *at* retail 小売りで. *at* a canter ゆるい駆け足で. *at* length 長々と.
9【(行動の)尺度として】(a) ..に応じて. *at* his request 彼の依頼で. **(b)** ..のままに. I am *at* your command, sir. 何なりとお申しつけください. *at* will 思いのままに.
at áll →all.
át it せっせと働いて, (仕事などに)取りかかって; 〖話〗(けんかなどを)さかんにやって; 〖米俗〗罪を犯して; セックスをして. I've been *at it* since morning. 朝からぶっ続けにやっています. catch a person *at it*. 人がまた(例の事を)やってるのを見つける.
at óne →one.
át oneséelf 〖アイル俗〗健康な; 裕福な.
****at thát*** (1) それぐらいで; そのままで. We left it *at that*. それはその程度にしておいた. (2) しかも, その上. He was beaten, and by a mere beginner *at that*. 彼は負けた, しかも全くの初心者に. (3) それにもかかわらず. I left home a little late but was in time for work *at that*. 私は家を出るのは少し遅かったが, それでも仕事の時間に間に合った. (4) その結果; それを見て[聞いて].
at thís ここにおいて; これを見て[聞いて]. *At this* he turned pale. これを見て[聞いて]彼は真っ青になった.
whère a person's [it's] át →where.
[＜古期英語; ラテン語 *ad* 'to' に対応]
AT & T American Telephone & Telegraph Company (米国電話電信会社).
At·a·türk /ǽtətə̀ːrk/ 名 **Kemal ～** アタチュルク (1881–1938) 《トルコの初代大統領 (1923–38) で, その近代化の功労者》.
at·a·vism /ǽtəvìz(ə)m/ 名 UC 隔世遺伝, 先祖返り, (reversion).
at·a·vis·tic /æ̀təvístik ⑱/ 形 隔世遺伝的な, 先祖返りの.
a·tax·i·a, a·tax·y /ətǽksiə/, /-si/ 名 U 〖医〗運動失調(症).
at bát 名 (複 **at bats**) C 〖野球〗打席(数). two hits in five ～*s* 5 打席 2 安打.
ATC Air Traffic Control (航空交通管制); Automatic Train Control (列車自動制御装置).
a·tchoo /ətʃúː/ 間 〖米〗はくしょん《くしゃみの音; 〖英〗atishoo》.
ate /eit|et, eit/ 動 eat の過去形.
-ate /eit, ət/ 接尾 **1** 英語の -ed のように「..された」の意味の形容詞を作る. sed*ate*. subordin*ate*. **2**「..のある」の意味の形容詞を作る. affection*ate*, passion*ate*. **3**「..させる, ..する」の意味の動詞を作る. decor*ate*. educ*ate*. **4** 職務, 集団を示す名詞を作る. consul*ate*. elector*ate*. **5**「..酸塩」の意味の化学用語を作る. carbon*ate*. phosph*ate*. [ラテン語 *-ātus* (*-āre* で終る動詞の過去分詞語尾); 2 は 1 から転じたもの; 従って separ*ate*, articul*ate* のように形容詞, 動詞として用いる語もある]
at·el·ier /ǽtəljèi|-lièi/ 名 C アトリエ, (芸術家の)仕事場, スタジオ. [フランス語(＜古期フランス語「木くずの山」)]
a tempo /ɑː-témpou/ 形 副 〖楽〗もとの速さで. [イタリア語 'in (the original) time']
†**a·the·ism** /éiθiìz(ə)m/ 名 U 無神論. [＜ギリシア語「神 (*theós*) を否定する」; -ism]
†**a·the·ist** /éiθiist/ 名 C 無神論者.
a·the·is·tic /èiθiístik ⑱/ 形 無神論(者)の.
A·the·na, A·the·ne /əθíːnə/, /-ni(ː)/ 名 〖ギ神話〗アテネ《知恵, 芸術, 学問, 戦争などの女神; ローマ神話の Minerva に当たる》.
Ath·e·n(a)e·um /æ̀θəníːəm/ 名 **1** 〈the ～〉アテネ神殿《古代ギリシアの学者・詩人がここに集まって詩文を論評した》. **2** 〈a-〉 C 文芸[学術]協会. **3** 〈a-〉 C 図書館; 読書室.
A·the·ni·an /əθíːniən/ 形 アテネ (Athens) の. ── 名 C アテネ人, アテネ市民.
Ath·ens /ǽθinz/ 名 アテネ《ギリシアの首都; 古代ギリシアの指導的な都市国家として栄えた》.
àth·e·ro·scle·ró·sis /æ̀θərou-/ 名 U 〖医〗アテローム性動脈硬化症《動脈の一部に脂肪が付着して血行を悪くする》.
a·thirst /əθə́ːrst/ 形 〈叙述〉 **1** 渇望して 〈*for* ..を〉. Young minds are ～ *for* knowledge. 若い人の頭脳は知識を渇望する. **2** 〖古〗のどがかわいて (thirsty).
***ath·lete** /ǽθliːt/ 名 (複 **～s** /-ts/) C **運動選手**; 運動家, スポーツマン. He is no ～. 彼はスポーツはだめだ. a real sexual ～ すごくセックスに強い人. [＜ギリシア語「賞を争う者＞競技者」]
àthlete's fóot 名 U 〖話〗(足の)水虫.
***ath·let·ic** /æθlétik/ 形 **1** ⓒ **競技の**, 運動の; 体育の; 運動(競技用)の. an ～ meeting [meet] 陸上競技会. ～ equipment 運動競技用器材. **2** ⓜ **運動家[選手]の**, 運動神経のいい; 頑健な, 元気な, スポーツマンらしい. *Athletic* boys are generally popular with girls in schools. 一般に学校では運動の得意な男の子は女の子に人気がある. a man of ～ build がっちりした体格の男. ▷ **ath·let·i·cal·ly** /-k(ə)li/ 副
ath·let·ic·ism /æθlétəsìz(ə)m/ 名 U (スポーツの)技量, 技術; スポーツ熱.
***ath·let·ics** /æθlétiks/ 名 **1** 〈普通, 複数扱い〉(各種の)**運動競技**; 〖英〗陸上競技 (〖米〗track and field).

an ～ arena [stadium] 競技場. **2**〈普通, 単数扱い〉体育実技, 体育理論.

athlétic suppòrter 名 C 運動用サポーター(《英》jockstrap).

at-home /əthóum/ 名 C 《旧》在宅面会日(パーティー)《特定の曜日の時間帯を決めておき気軽に来てもらう》. ── 形〈限定〉家庭用の. an ～ dress 家庭着.

-a·thon /əθən/〈複合要素〉「長時間イベント」の意味. talk*athon* (長時間演説[討論]). [＜mar*athon*]

a·thwart /əθwɔ́ːrt/ 副 (斜めに)横切って. ── 前 . . を(斜めに)横切って; . . に逆らって; 《海》. . の進路を横切って. A submarine ran ～ our course. 我々の進路を潜水艦が横切って行った.

-a·tion /éiʃ(ə)n/ 接尾「行為, 状態, 結果など」を示す名詞を作る. oper*ation*. plant*ation*. [ラテン語 *-ātiō*]

a·tish·oo /ətíʃuː/ 間 《英》＝atchoo.

-a·tive /ətiv/ 接尾「傾向, 性質, 関係など」を示す形容詞を作る. oper*ative*. talk*ative*. authorit*ative*. [ラテン語 *-ātivus*]

Atl. Atlantic.

At·lan·ta /ətlǽntə, æt-/ 名 アトランタ《米国 Georgia 州西北部にあり, その州都》.

‡**At·lan·tic** /ətlǽntik/ 名〈the ～〉**大西洋** (the Atlantic Ocean). ── 形 **大西洋の**, 大西洋岸の. an ～ liner 大西洋航路定期船. the ～ States 米国大西洋岸の諸州, 東部諸州. [＜ギリシア語「Atlas の(海)」]

Atlàntic Cíty 名 アトランティックシティ《米国 New Jersey 州南東部の都市; 大西洋岸の保養地》.

Atlàntic Ócean 名〈the ～〉大西洋.

Atlàntic Stándard tìme 名 U 《カナダ》大西洋標準時《略 AST; →standard time》.

At·lan·tis /ətlǽntəs/ 名 アトランティス《海中に没したと言われる大西洋上の伝説の島[大陸]》.

At·las /ǽtləs/ 名 《ギ神話》アトラス《ゼウス神によって天を双肩ににになわされた大力無双の巨人》.

***at·las** /ǽtləs/ 名 (複 **～·es** /-əz/) C **地図書**, 地図帳. ★map は 1 枚の地図; atlas は maps を本にしたもの. [もと地図書についていた Atlas 像の口絵から]

Àtlas Móuntains 名〈the ～〉アトラス山脈《アフリカ北西部にある》.

ATM 《米》automated teller machine (《英》cash dispenser, cashpoint).

‡**at·mos·phere** /ǽtməsfiər/ 名 (複 **～s** /-z/) **1** C〈the ～〉(地球又は他の天体を取り巻く)**大気**. The ～ becomes thinner as you climb higher. 高く登るにつれて大気は薄くなる. the ～ of Mars 火星の大気.

2 C〈普通, 単数形で〉(一定の場所の)**空気**. a refreshing mountain ～ すがすがしい山の空気.

3 UC〈普通, 単数形で〉**雰囲気**, ムード; 周囲の情況, 環境. a tense ～＝an ～ of tension 緊張した雰囲気. a genuine pub ～ 本物のパブの雰囲気. The two novels differ widely in ～. その 2 つの小説は雰囲気が大分異なる. He grew up in the ～ of a college town in the East. 彼は東部の学園町の環境で育った. purify the political ～ 政界の空気を浄化する.

> 連結 a formal [an informal, a relaxed; a stifling; a relaxing; a friendly; a hostile; an emotional; an unpleasant] ～

4 気圧.

You could cùt the átmosphere with a knífe. [→knife.]

[ギリシア語 *atmós*「蒸気」, -sphere]

†**at·mos·pher·ic** /æ̀tməsférik ⑱/ 形 **1**〈限定〉大気の; 大気中の; 大気によって起こる. an ～ current 気流. ～ disturbances (空電によるラジオなどの)雑音 (atmospherics). ～ pollution 大気汚染.

2 雰囲気に富む; 〔音楽などが〕霊妙な[で]. ～ stage lighting ムードのある舞台照明. ～ music ムード音楽.

àtmospheric préssure 名 U 気圧.

àt·mos·phér·ics 名 **1** 《無電》〈複数扱い〉空電; (ラジオなどの)雑音《空電による》. **2**〈単数扱い〉空中電気学. **3**〈複数扱い〉(会談, 交渉などの)雰囲気, ムード.

at. no. atomic number.

at·oll /ǽtɔːl, ǽtɑl|ǽtɔl, ətɔ́l/ 名 C 環礁, 環状サンゴ礁, 《lagoon を取り囲む》. the Mururoa ～ ムルロア環礁.

‡**at·om** /ǽtəm/ 名 (複 **～s** /-z/) C **1** 《物理》**原子** (→molecule); 〈the ～〉原子力. An ～ was once thought to be the smallest unit of matter in the universe. 原子はかつて宇宙で最小の物質の単位と考えられた. **2** 極小のもの, 微量, みじん; 〈否定語を伴って〉かけら(もない) 〈*of* . . の〉, 少し(も . . しない). smash [break] a thing to ～*s* 物を粉みじんに砕く. There's not an ～ *of* truth in that! それには真実のかけらもない. You haven't changed an ～. 君はちっとも変わっていない.

màke like an àtom and splít 《米話・戯》出かける.

◇形 atomic [＜ギリシア語 *átomos*「分割できない」]

àtom bómb 名 C ＝atomic bomb.

‡**a·tom·ic** /ətɑ́mik|ətɔ́m-/ 形 ℂ **1 原子の**, 原子に関する. the ～ structure of uranium ウラニウムの原子構造. **2 原子力の**[で動く], 原子力[原子爆弾]を使用する. ～ weapons 原子力兵器. ▷ **a·tóm·i·cal·ly** 副

atòmic áge 名〈the ～〉原子力時代.

atòmic bómb 名 C 原子爆弾.

atòmic clóck 名 C 原子時計.

atòmic énergy 名 U 原子力.

atòmic físsion 名 U 原子核分裂.

atòmic fúsion 名 U 原子核融合.

atòmic máss 名 U 原子質量.

atòmic máss ùnit 名 C 原子質量単位.

atòmic númber 名 C 原子番号.

atòmic píle 名 C (初期の)原子炉《今は nuclear reactor が普通》.

atòmic pówer 名 U 原子力.

atòmic pówer plànt [stàtion] 名 C 原子力発電所.

atòmic submaríne 名 C 原子力潜水艦.

atòmic théory 名 U 原子論.

atòmic wárfare 名 U 核戦争.

atòmic wéight 名 C 原子量. The ～ of hydrogen is 1.008. 水素の原子量は 1.008 である.

àt·om·i·zá·tion 名 U **1** 霧状にすること; 粉末化. **2** 原子化.

at·om·ize /ǽtəmàiz/ 動 他 **1** 〔液体〕を霧にする, 〔固体〕を粉末にする. **2** を原子にする. **3** を核兵器で破壊する.

át·om·ìz·er 名 C 噴霧器; 香水吹き.

átom smàsher 名 C 粒子加速器 (→accelerator).

a·ton·al /eitóunl|ei, æ-/ 形 《楽》無調の. ▷ **～·ly** 副 《楽》無調で.

a·to·nal·i·ty /èitounǽləti/ 名 U 《楽》無調(性); 無調形式(の作曲法).

‡**a·tone** /ətóun/ 動 自 《章》(罪, 過失などを)償う, 罪ほろぼしをする. ～ *for* one's sins 罪ほろぼしをする. [＜中期英語「折り合う」(＜*at one*「一致した」)]

‡**a·tone·ment** /ətóunmənt/ 名 **1** U 《章》償い, 罪ほろぼし, 〈*for* . . に対する〉. in ～ *for* one's sins 罪ほろぼしのために. make ～ *for* what one has done やってしまったことに対する償いをする. **2**〈the A-〉(キリストの)贖罪(しょくざい)《十字架にかかり人類の罪のあがないをしたこと》.

at·o·ny /ǽtəni/ 名 U **1** 《医》(収縮性器官の)弛緩(しかん)(症), アトニー. **2** 《音声》無強勢.

a·top /ətɑ́p|ətɔ́p/ 《英では雅》前 〔山など〕の頂上に; . . の上に. ～ the pole さおの先に. ── 副 頂上に; 上に. ～ of . . の上に.

at·o·py /ǽtəpi/ 名 U 《医》アトピー《先天性アレルギーの一種》. [＜ギリシア語「(どこにもない)異常」]

A

-a·tor /éitər/ [接尾] 「..する人(物)」の意味の名詞を作る. creator, narrator, generator.

at-risk /ˌ-ˊ-/ [形] 危険にさらされている.

a·tri·um /éitriəm, á:-/ [名] ([複] **a·tri·a** /-triə/, ~s) [C] **1** 〘建〙アトリウム《(**a**) 古代ローマの家の中庭付きの広間. (**b**) 現代建築で, 建物の内部に設けた中庭風の広場. 多くはガラスの天井》. **2** 〘解剖〙心房.

†a·tro·cious /ətróuʃəs/ [形] **1** 極悪な, 非道な, 残虐な. an ~ crime 凶悪犯罪. **2** 〘話〙実にひどい[不愉快な, 下品な, まずい, など]. ~ weather とてもひどい天気. This meat is ~. この肉は食えた代物じゃない. ~ typing 間違いだらけのタイプ(印書). [<ラテン語「暗い目をした>残忍な」] ▷ **~·ly** [副] 残虐に; 〘話〙実にひどく. **~·ness** [名]

†a·troc·i·ty /ətrásəti|ətrɔ́s-/ [名] ([複] **-ties**) **1** [U] 極悪さ; 残酷さ. **2** [C] 〈普通 -ties〉残虐行為〈*against* ..に対する〉. Many *atrocities* were committed *against* the civilian population during the war. 戦争中多くの残虐行為が一般市民に対して行われた. **3** [C] 〘話〙実にひどい[不愉快な, 下品な, まずい]もの[こと]. This painting is an ~; it could never be called art. この絵はひどい, とても芸術などとは呼べない.

at·ro·phy /ǽtrəfi/ [名] **1** [U] 〘医〙(栄養不足などから生じる)萎(い)縮(症); 発育不能. **2** [aU] (無形のものの)衰退, 衰微. a marked ~ of national morals 国民道徳の著しい衰微. sink into ~ 衰退する.
— [動] (**-phies**|[過] [過分] **-phied**|**~·ing**) [他], [自] (を)萎縮させる[する]; 衰退させる[する]. Muscles ~ during a long illness. 長い病気の間に筋肉が退化する.
[<ギリシア語「栄養不良の」]

at·ro·pine /ǽtrəpì:n, -pin/ [名] [U] 〘化〙アトロピン《有毒物質; 薬剤》.

At·ro·pos /ǽtrəpàs|-pɔ̀s/ [名] 〘ギ神話〙アトロポス《運命の3女神 (the Fates) の1人; 運命の糸を切る役; →fate 4》.

att. attention; attorney.

at·ta·boy /ǽtəbɔ̀i/ [間] 〘米話〙いいぞ, うまい, すごいぞ. [That's a [the] boy. の変形]

‡at·tach /ətǽtʃ/ [動] (**~·es** /-əz/|[過] [過分] **~ed** /-t/|**~·ing**) [他] 【付ける】 **1** を固着する; を取り付ける, 留める; を張り付ける; 〈*to* ..に〉(↔detach; [類語] 普通小さい物を大きい物に, 部分を全体に直接付けるような場合に用いる; →fasten). ~ labels *to* all the bags かばん全部に荷札を付ける. the belt ~*ed to* the seat 座席についているベルト. ~ a stamp 切手を張る.
2 〔施設, 建物など〕を付属させる〈*to* ..に〉〈普通, 受け身で〉. The Institute is ~*ed to* Columbia University. その研究所はコロンビア大学に付属している. a house with a barn ~*ed* 納屋付きの家.
3 【部署に就ける】 (**a**) [VOA] (~ X *to..*) (特別任務などで一時的に) X (人)を..に配属する, 張りつける, 〈普通, 受け身で; →attached 2〉.
(**b**) [VOA] (~ *oneself to..*) (臨時に) ..に所属する, 参加する; 付きまとう. I ~*ed* my*self* to a party of tourists entering the Louvre. 私はルーヴル美術館に入場する旅行者団体にくっついて行った.
4 【心を引きつける】 [VOA] (~ X *to..*) X (人)に..への愛情を持たせる, Xを..になつかせる; Xを..に執着させる; 〈しばしば受け身で; →attached 3〉. She ~*ed* herself *to* her grandmother. 彼女はおばあさんを慕っていた.

> [連結] be deeply [passionately, romantically, sentimentally, strongly, tenderly] ~*ed* to..

【付加する】 **5** 〔書類など〕を添付する, 〘電算〙〔ファイル〕を添付する; 〔名前など〕を書き添える; 〈*to* ..に〉 → attached 4. ~ one's signature *to* a document 書類に署名する.
6 [VOA] (~ X *to..*) ..にX (意味, 価値など)があると認める, ..にX (重き)を置く; X (責任など)を..のせいにする. ~ importance *to* ..を重視する. I ~ little significance *to* this opinion poll. この世論調査(の結果)にほとんど意味を認めない. ~ blame *to* the driver 責任を運転手に押しつける. **7** 〔付帯条件など〕を付ける〈*to*..〔協定など〕に〉.
【釘づけにする】 **8** 〘法〙〔人〕を逮捕する; 〔財産〕を差し押さえる.
— [自] 〘章〙 [VA] (~ *to..*) ..に付随する, 付きまとう, 付いて離れない; 〔責任などが〕..にある. Attractive benefits ~ *to* the post. そのポストには魅力的な手当が付いている. No blame ~*es to* the driver. 運転手には責任はない.
◇[名] attachment [<古期フランス語「(杭に)固定する」(<ゲルマン語); attack と同源]

at·tách·a·ble [形] **1** 取り付けられる. **2** 〘法〙逮捕できる; 差し押さえられる.

at·ta·ché /æ̀təʃéi|ətǽʃei/ [名] [C] 大使[公使]の随行員, 大使[公使]館員. a commercial ~ 商務官. a military [naval] ~ 大使[公使]館付き陸軍[海軍]武官. a press ~ 報道官.

attaché case /-ˊ--ˊ-|-ˊ-ˊ-/ [名] [C] (書類用の)小型かばん, アタッシュケース.

attached /-t/ [形] **1** 壁続きの, 長屋式の, 〔家〕. **2** (一時的に)配属されて, 所属して; (組織的に)一部で; 〈*to* ..に, の〉. a secretary ~ *to* the Embassy in Tokyo 東京の大使館に配属されている書記官. **3** 愛情を持っている, 愛し合っている, 〈*to* ..に, と〉; 結婚している, 相手の決まっている. He is [feels] ~ *to* her. 彼は彼女に愛着を感じている. I'm deeply [very] ~ *to* this house and don't want to leave it. 私はこの家には強い愛着があって離れ難い. **4** 添付の; 付属の. an ~ document [form] 添付書類[書式].

†at·tách·ment [名] **1** [U] 取り付け(る[られる]こと); 付着, 付属〈*to* ..に, への〉. the ~ of a printer *to* a personal computer パソコンにプリンターを取り付けること. **2** [C] 付属品, アタッチメント. ~*s to* a vacuum cleaner 掃除機の付属品. **3** [C] 留め具, 取り付け器具.
4 [U] (一時的な)配属, 出向, 派遣, 〈*to* ..への〉. I worked six months on ~ *to* a general hospital. 私は6か月間総合病院に配属されて勤務した.
5 [C] 愛着, 執着; 忠誠, 献身; 〈*to*, *for* ..への〉([類語] love ほど強くない). form an ~ to ..を好きになる. I have a great ~ *to* my native place. 私は生まれ故郷に強い愛着がある. She hasn't got over her romantic ~ *to* him. 彼女は彼へのロマンチックな思慕が捨てきれていない. an ~ *to* the cause of peace 平和運動への献身.
6 〘法〙 [U] 逮捕; 差し押さえ; [C] その令状. ◇[動] attach

‡at·tack /ətǽk/ [動] (**~s** /-s/|[過] [過分] **~ed** /-t/|**~·ing**) [他] **1** を攻撃する, 襲撃する, 襲う, 〈*with* ..〔武器など〕で〉(↔defend). Our army ~*ed* the enemy during the night. 我が軍は敵に夜襲をかけた. I was [got] ~*ed* by robbers *with* a knife in the dark. 私は暗闇(やみ)で強盗にナイフで襲われた.
2 (言葉を用いて)を攻撃する, 非難する, 〈*for* ..の理由で〉. He ~*ed* the government's policy in his speech. 彼は演説で政府の政策を攻撃した.
3 〔病気などが〕〔人, 身体〕を冒す; 〔害虫が〕〔樹木など〕を襲う; 〔酸が〕〔金属〕を腐食する. He was ~*ed* by a high fever. 彼は高熱に冒された.
4 〔仕事など〕に(勢いよく)取りかかる. We ~*ed* the problem from various angles. 我々はいろいろな角度からその問題に取り組んだ. He ~*ed* the meal as if he hadn't eaten for a week. 彼は1週間も食べていなかったかのようにがつがつ食べ始めた. **5** 〘球技〙〔ゴール〕を攻める《サッカーなどでゴールに球を入れ得点しようとする》.
— [自] 攻撃する; 〘球技〙攻めに出る.
— [名] ([複] **~s** /-s/) **1** [UC] 攻撃, 襲撃; 非難; 〈*against*, *on*, *upon* ..に対する〉(↔defense; [類語] 攻撃を表す最も一般的な語; →assail, assault). be [come] under ~ 攻撃を受けている[受ける]. launch a

A

surprise 〜 奇襲をかける. We made an 〜 *on* [*against*] the enemy. 我々は敵を攻撃した. 〜*s against* landowners 土地所有者に対する攻撃(的処置)《高い税金をかけるなど》.

> 連結 a fierce [a vigorous; a decisive; a sudden, an unprovoked, an all-out] 〜 // carry out [mount; sustain; resist; repel] an 〜

2 C **発病**, 発作. a heart 〜 心臓発作. an 〜 of malaria マラリアの発作. an 〜 of fear (一時的な)恐怖心. have a sudden 〜 of homesickness 突然ホームシックにかかる. **3** UC (仕事などへの)着手; 〖楽〗アタック《ある旋律又は楽句を勢いよく始めること》. **4** UC 〖球技〗攻撃(位置); 攻撃陣.

on the attáck 攻撃[攻勢]に出て.

[<イタリア語 *attacare* 'attach, attack'(<ゲルマン語); attach と同源]

▷**〜·er** 名 C 攻撃者; 〖競技〗アタッカー《主として攻撃を受け持つ選手》. **〜·ing** 形 〖球技〗攻めに出る.

at·ta·girl, at·ta·gal /ǽtəgə̀ːrl/, /-gæ̀l/ 間 〖米話〗いいぞ, よし,《女性に対して》. You got the scholarship? *Attagirl!* 奨学金をもらったって? やったね. [→attaboy]

***at·tain** /ətéin/ 動 (〜s /-z/| 過 過分 〜ed /-d/|〜-ing) 他 【達する】 **1** (努力して)を**成し遂げる**, 達成する; 〔名声など〕を手に入れる; (類語 困難な目的を達成する際の強い野心を暗示する; →accomplish). 〜 one's goal [objective] 目標を達成する. 〜 proficiency in English 英語に熟達する. **2** に**到着する**, 達する, (reach). 〜 the highest peak 最も高い山頂を極める. 〜 the advanced age of eighty years 80 歳の高齢に達する.

── 自 〖章〗(努力して又は自然に)達する〈*to* ..に〉. 〜 *to* perfection 完成の域に達する.

[<古期フランス語「到達する」(<ラテン語 ad-+*tangere*「触れる」)]

at·tàin·a·bíl·i·ty 名 U 到達[達成]の可能性.

at·táin·a·ble 形 達し得る; 達成できる. What's the highest speed 〜 in that car? その車で出せる最高速度はいくらか.

at·tain·der /ətéindər/ 名 U 〖史〗(重罪を宣告された者の)私権喪失[剝(はく)奪].

†at·táin·ment 名 **1** U 到達; 達成. an ambition impossible of 〜 達成不可能な大望. the 〜 of one's goal 目標の達成. **2** UC 〈普通 〜s〉学識, 才芸; 業績. a woman of varied 〜*s* 多芸多才な婦人. Fluency in French was among his many 〜*s*. 多才な彼はフランス語も達者だった. 〜 targets 到達目標.

at·taint /ətéint/ 動 他 **1** 〖史〗に私権剝(はく)奪を宣告する. **2** 〖古〗〔名誉など〕を汚す.

at·tar /ǽtər/ 名 U (花, 特にバラから採った)香油.

‡at·tempt /ətém(p)t/ 動 (〜s /-ts/|〜·ed /-əd/|〜·ing) 他 **1** を**試みる**, 企てる; VO (〜 *to do*/〖まれ〗*doing*) ..しようと試みる, 努める; (類語 try より形式ばった語, 特に難しい事を試みる場合で, 試みが不成功に終わった含みが強い). 〜 a difficult task 難しい仕事を試みる. He 〜*ed to* stop smoking. 彼はたばこをやめようとした(しかし成功しなかった). The patient 〜*ed* walk*ing* but could not do it. 病人は歩こうと努力したが出来なかった. **2** 〖古〗〔命〕をねらう. 〜 the life of the king 王の命をねらう.

── 名 C **1 試み**, 企て, 〈*to* do, *at* do*ing* ..しようとする/*at* ..の〉; 〖法〗未遂〈*at* ..の〉. The prisoners made an 〜 *to* escape [*at* escap*ing*]. 囚人たちは逃げようと試みた《失敗の含みがある》. They operated in an 〜 *to* save his life. 彼の命を救おうとして手術を行った. I failed in my 〜 *at* humor. 笑わせようとしたがうまくいかなかった. succeed in the entrance examination at the third 〜 入試に 3 度目の試みで成功する. an 〜 *at* murder 殺人未遂.

> 連結 a bold [a daring; a hasty, a rash; a successful; a clumsy; a half-hearted; an abortive, a futile, a vain] 〜 // foil [thwart] an 〜

2 試みた結果, 試作品. Would you taste my first 〜 at a cheesecake? チーズケーキを初めて作ってみたので味見してくださいませんか.

3 襲撃, 攻撃; 挑戦; 〈*on*, *upon* ..に対する〉. make an 〜 *on* the Premier's life 首相の暗殺を企てる. make an 〜 *on* the world record 世界記録に挑戦する.

[<ラテン語「試す」(<ad-+*temptāre* 'tempt')]

‡at·témpt·ed /-əd/ 形 未遂の. 〜 murder 殺人未遂.

‡at·tend /əténd/ 動 (〜s /-dz/| 過 過分 〜·ed /-əd/|〜·ing) 他 【注意を向ける】 **1** 〖章〗〔人〕を**世話する**, 看護する, (look after); 〔医者が〕〔患者〕を診る. Who 〜*s* your baby when you go to work? 仕事にお出かけの時だれが赤ちゃんの世話をしますか. Which doctor is 〜*ing* you? どの先生があなたの担当医ですか.

2 【付いて世話をする】〖章〗〔王様など〕に**付き添う**, お供をする. The President is 〜*ed by* several aides. 大統領には数人の補佐官が付き添っている.

3 【付いて回る】〖章〗(結果として)に**伴う**. High fever 〜*s* malaria. マラリアは高熱を伴う. Their project was 〜*ed with* [*by*] unforeseen difficulties. 彼らの事業は不測の困難を伴った.

4 〔会合, 講義など〕に**出席する**; 〔学校〕に通う; 〔劇場など〕に行く (★「通う」の意味では, 話し言葉では go to の方が普通だが, 書き言葉では attend の方が多く用いられる). 〜 a meeting [her funeral] 会合[彼女の葬式]に出る. 〜 school 通学する. 〜 church 教会へ通う. 〜 a play 芝居を見に行く. The concert was well 〜*ed*. 音楽会は入りがよかった.

── 自 **1** 〖章〗**注意する**, 気を配る; 耳を傾ける; 〈*to* ..に〉. Will you 〜 *to* the fire while we're out? 私たちの外出中火に気をつけてくれますか. *Attend to* your own business. よけいなおせっかいはよせ. *Attend* carefully (*to* what I say). (私の言うことを)よく聞いてください.

2 VA (**〜 *to* ..**) **..に精を出す**, 専心する. You won't succeed unless you 〜 *to* your work. 仕事に精を出さないと成功しませんよ. We've got more important things to 〜 *to*. 他にもっと一生懸命やらなくちゃならない重要なことがあるんだ.

3 (**a**) VA (**〜 *to*, *on* [*upon*] ..**) 〔病人など〕**の世話をする**, 看病する. 〜 to one's sick father 病気の父を看護する. the nurse 〜*ing on* the patient その患者を世話している看護婦. (**b**) VA (**〜 *to* ..**) 〔客〕に応対する. Are you being 〜*ed to*, Madam? 奥様, (だれかが)御用を承っておりますでしょうか《店員が客に尋ねる》.

4 〖章〗(**a**) VA (**〜 *on* [*upon*] ..**) **..に仕える**, 付き添う. The queen was 〜*ed upon* by several maids. 女王は数人の侍女にかしずかれていた. (**b**) VA (**〜 *on* [*upon*] ..**) 〔物が〕..に付随する, 伴う. Many dangers 〜*ed upon* the expeditions. その探検は多くの危険を伴った.

5 出席する〈*at* ..に〉. 〜 *at* a wedding 結婚式に出席する. I regret that I will be unable to 〜. 残念ながら出席できません.

◇名 attention, attendance 形 attentive, attendant

[<ラテン語「..の方へ向ける, 注目する」(<ad-+*tendere*「張る, 延ばす」)]

***at·tend·ance** /əténdəns/ 名 (複 **-anc·es** /-əz/) **1** U **出席**〈*at* ..への〉, 出勤, 参列, 就学; C (1 回の)出席. check [take] 〜 出席をとる. be in 〜 (*at*..) (..に)参加する. We require your 〜 *at* the meeting. 君に会への出席を要請する. Is his 〜 *at* school regular? 彼は学校にちゃんと出てますか. How many 〜*s at* class have you made? 授業に何回出席しましたか.

2 Ⓒ **出席者数**, 観客数, 〈集合的〉参加[参列]者. an ～ of 2,000 出席者[観客]数2千. a low [high] ～ 少ない[多い]出席(者数). ～ record (劇場などの)入場者(数)記録. There was a large ～ *at* the performance. 公演は観客が多数あった. At Christmas, ～*s at* churches increase. クリスマスには教会へ行く人が増える.

3 Ⓤ **付き添い**, 随行; 看病, 世話; (店員などの)応対; 〈*on, upon* ..の〉; サービス料. medical ～ 医療. a doctor in ～ 担当医師. He has several secretaries in ～ (*on* him). 彼には秘書が数人いる. She is in ～ *on* her sick mother. 彼女は病気の母親に付き添っている. be in ～ 花嫁に付き添う. ◇動 attend

dànce atténdance on [***upon***] ***a pérson*** 人に付ききりでご機嫌をとる.

atténdance allòwance 名 Ⓒ 〖英〗(重度身体障害者などの)介護手当.

atténdance bòok 名 Ⓒ 出席[出勤]簿.

atténdance cèntre 名 Ⓒ 〖英〗(非行少年)監督センター《矯正施設に収容される代わりにここに定期的に出頭する》.

***at·tend·ant** /əténdənt/ 形 ⓒ 〖章〗 **1 付き添いの**, 随行の, 〈*on, upon* ..に〉. an ～ nurse 付き添い看護婦. the governess ～ *on* the prince 王子付きの女性家庭教師. **2 付随する**, 伴う, 〈*on, upon* ..に〉. ～ circumstances 付帯状況. a bankruptcy and its ～ panic 破産とそれに伴う恐慌状態. evils ～ *on* war 戦争につきものの禍.

── 名 (複 ～**s** /-ts/) Ⓒ **1 付き添い人**, 従者; 花嫁の付き添いの女性 (bridesmaid). an ～ of the queen 女王のお付き. **2** (駐車場などの)**係員**, 接客係, 店員; 〖英〗(博物館などの)案内係. a cloakroom ～ クローク係. **3 出席者**, 参会者. ◇動 attend

at·tend·ee /ətendíː, æ-/ 名 Ⓒ 出席者.

‡**at·ten·tion** /aténʃ(ə)n/ 名 (複 ～**s** /-z/)

【注意】 **1** (**a**) Ⓤ **注意**, 注意力, 注目, (類語 notice より強意的; →heed). the center of ～ 注目の的. *Attention*, please! 皆様に申しあげます《アナウンス開始の言葉》. Her earrings caught [attracted] my ～. 彼女のイヤリングが私の注意を引いた. I would like to call [draw] your ～ *to* this point. この点にご注目いただきたい. His diligence came to the manager's ～. 彼の勤勉さは支配人の目にとまった. bring..to a person's ～ ..を人に知らせる. ～ *to* detail 細部への注意. turn one's ～ to ..に注目する. His ～ began to wander. 彼の注意力は散漫になりだした. (**b**) 〈～s; しばしばけなして〉注視, 詮索. the ～*s* of the media マスコミの注目.

> 連結 close [minute; careful, meticulous; full, undivided] ～ // capture [command, get; hold, rivet; distract] a person's ～; concentrate [focus] one's ～ on..

【特別な注意】 **2** Ⓤ (**a**) **配慮**, 考慮; 世話; 治療, 手当て. We ask your prompt ～ *to* our order. 我々の注文に至急のご手配を願います. She devotes her ～ *to* her patients. 彼女は患者の世話に専念している. medical ～ 治療. (**b**) (機械類の)手入れ, 修理. need ～ 手入れが必要である.

3 Ⓒ 〈普通 ～s〉〖章〗**思いやり**, 気うかい, 親切; (特に女性に対する, 歓心を買う目的での)心うかい. Their ～*s* made the old man feel happy. 彼らの親切は老人をうれしがらせた. **4** Ⓤ 〖軍〗「気をつけ」の姿勢 (★号令ではしばしば 'shun! /ʃʌn/ と短縮). stand at [to] ～ 直立不動の姿勢をとる (↔stand at ease).

◇動 attend 形 attentive

for the atténtion of.. 〔会社などへの手紙が〕..宛(あ)て, 気付, (→attn). This letter is *for the* ～ *of* Mr. Allen. この手紙はアレン氏宛てである.

****pày atténtion*** (***to..***) (..に)**注意する**; (..の言うことを)注意してよく聞く. He *paid* no [little] ～ *to* my advice. 彼は私の忠告に全く[ほとんど]耳を貸さなかった.

atténtion spàn 名 Ⓒ 注意力の維持する時間. Small children have a very short ～. 幼児はほんのわずかの間しか注意力を持続できない.

***at·ten·tive** /əténtiv/ 形 ⓜ **1 注意深い**; 熱心に耳を傾ける; 〈*to* ..に〉 (↔inattentive). You must be more ～ *to* your study. もっと身を入れて勉強しなくてはいけない. ～ *to* one's dress 服装に気をつける. an ～ audience 熱心に聞いている聴衆. **2 思いやりのある**, よく気が付く. an ～ husband 思いやりのある夫. She is very ～ *to* her grandmother. 彼女はおばあさんをたいそう大事にする. **3** 丁重な (polite). ◇動 attend

▷ **～·ly** 副 注意深く; 丁重に. **～·ness** 名

at·ten·u·ate /əténjuèit/ 動 他 〖章〗 **1** を細くする; 〔人〕をやせ細らせる; を薄める. **2** 〔..(の力)〕を弱める; 〔量など〕を減じる. ▷ **at·tèn·u·á·tion** 名 Ⓤ 〖章〗細くすること; 希薄化; 弱化; 減少.

‡**at·test** /ətést/ 動 他 〖章〗 **1** (口頭あるいは書面で)の真実性を証明[証言]する, 立証する; の証拠になる; Ⅳ (～ *that* 節/"引用")..であることを立証する. His high grades ～ his academic ability. 彼の好成績は学問的能力の証拠である. I can ～ *that* this is his signature. これが彼のサインであることは立証できる. **2** 〖法〗〔人〕を誓言[宣誓]させる.

── 自 〖章〗証明[証言]する 〈*to* ..を〉. I ～ *to* the reliability of my colleague Edward. 私は同僚エドワードが信頼に足ることを証言する. His first work ～*ed* well *to* his literary genius. 彼の最初の作品は彼の文学的才能を十分に証明した.

[＜ラテン語「証言する」(＜ad-＋*testis*「証人」)]

at·tes·ta·tion /æ̀testéiʃ(ə)n/ 名 ⓊⒸ 〖章〗証明; 証言; 証拠; 認証.

at·tést·ed /-əd/ 形 〖英〗無菌証明付きの.

attésted mìlk 名 Ⓤ 〖英〗保証牛乳 (〖米〗certified milk).

Àt·tic /ǽtik/ 形 **1** アッティカ (Attica) の; アテネ (Athens) の. **2** アテネ風の; 典雅な. ── 名 Ⓤ (古代ギリシアの) アッティカ方言《4・5世紀の標準ギリシア語のもとになった》.

†**at·tic** /ǽtik/ 名 Ⓒ 屋根裏(部屋). a room in the ～ 屋根裏の部屋. [＜ギリシア語「Attica の」]

Àt·ti·ca /ǽtikə/ 名 アッティカ《アテネを中心とする古代ギリシアの1地方》.

Àttic sált [**wít**] 名 Ⓤ 機知, 洗練されたしゃれ.

Àt·ti·la /ǽtilə/ 名 アッティラ《5世紀にヨーロッパに侵入したフン族 (the Huns) の王》.

†**at·tire** /ətáiər/ 〖章〗動 他 に装わせる 〈*in* ..を〉; を盛装させる; 〈主に受け身で, 又は再帰的に〉. ～ oneself *in* green 緑色の服をまとう. ── 名 Ⓤ 服装, 衣服, (類語 人に与える印象に重点がある; →clothing). [＜古期フランス語「整える」]

at·tíred 形 〈叙述〉〖章〗服装をした 〈*in* ..の〉. be ～ *in* black 黒衣を身にまとっている. be richly ～ 華美に装っている.

‡**at·ti·tude** /ǽtət(j)ùːd/ 名 (複 ～**s** /-dz/) ⓊⒸ **1** (**a**) **態度**, 考え方, 心構え; 意見, 判断; 〈*to, toward* ..に対する〉. one's ～ of mind 心構え, 考え方. a wait-and-see ～ 静観の構え. assume [take] a firm ～ 断固たる態度をとる. the blacks' ～ *toward* the whites 黒人の白人に対する考え方. I don't like your ～ *to* your work. 君の仕事に対する態度が気に食わない. She has a bad ～ *toward* her boss. 彼女は上司に対する態度がよくない. (**b**) 〖主に米俗〗生意気な[反抗的な]態度; けんか腰, つっぱり. show (a person) an ～ (人に)生意気な態度をとる. He's got ～. あいつはつっぱった野郎だぜ.

A

連結 a friendly [an aggressive; a defiant; an arrogant; a scornful; a positive; a negative; a passive; a liberal] ～ // adopt an ～

2〘章〙姿勢, 身構え. in a threatening ～ 脅迫するような身構えで. in an ～ of despair 絶望した姿で.
3 (飛行機, 宇宙船の)姿勢《例えば地上に対する》.
hàve an áttitude〘米俗〙態度が悪い.
have an áttitude pròblem 態度が悪い, 自分勝手な人間である.
strìke an áttitude〘雅〙急にわざとらしい[芝居がかった]そぶりをする.
with áttitude 自信たっぷりに[の].
[＜イタリア語「ふさわしさ, 姿勢」; aptitude と同源]

at·ti·tu·di·nize /æ̀tət(j)úːdənàiz/ 動 自 もったいぶった態度をとる, わざとらしい言い方[書き方]をする.

attn〘商〙for the attention of.. →attention (成句). Personnel Dept, ～ Mr. Hill 人事課ヒル氏宛(あ)て.

‡**at·tor·ney** /ətə́ːrni/ 名 (複 ～s /-z/) C **1**〘米〙**弁護士** (**attòrney at láw** とも言う; →lawyer 類語).
2〘法・商〙代理人. →letter of attorney, power of attorney.
by attórney 代理人によって (↔in person).
[＜古期フランス語「..に回す」(*à* 'to'＋*torner* 'turn')]

attòrney géneral 名 (複 **attorney generals, attorneys general**) C **1**〘米〙(州の)法務長官. **2** 〈A- G-〉司法長官《〘米〙では内閣の1員;〘英〙では閣外だが司法の最高責任者, 正式には Attorney-General》.

‡**at·tract** /ətrǽkt/ 動 (～s /-ts/|過 過分 ～·ed /-əd/|～·ing) 他【引きつける】**1** (物理的に)を**引きつける**, 引き寄せる. A magnet ～*s* iron. 磁石は鉄を引きつける. The candlelight ～*ed* moths. ろうそくの光に蛾(が)が集まってきた.
2【心を引きつける】〔人の注意など〕を**引きつける**; に関心をもたせる; を魅惑する; (↔distract). ～ a large audience 多くの視聴者[観客]を引きつける. The boy cried out to ～ attention. 少年は注意を引こうとして大声をあげた. ～ a lot of criticism [support] 大変批判[支持]される. I'm [feel] ～*ed to* him. 私は彼に興味がある[引かれる]. He was ～*ed by* her beauty. 彼は彼女の美しさに引かれた. ◇名 attraction 形 attractive
[＜ラテン語「引きつける」(＜ad-＋*trahere*「引く」)]

‡**at·trac·tion** /ətrǽkʃ(ə)n/ 名 (複 ～s /-z/) **1** U 引きつけること, 引かれること;〘物理〙引力; (↔repulsion). chemical ～〘化〙親和力. magnetic ～ 磁力. the ～ of gravity 重力. **2** U 人を引きつける力, **魅力**. sexual ～ 性的魅力. This kind of amusement has [holds] no ～ *for* me. こういう種類の娯楽は私には全然興味がない. I feel a strong ～ *to* the music of Beethoven. ベートーベンの音楽には強い魅力を感じる.
3 C **魅力のある点**; 人を引きつける人[物]; **アトラクション**, 呼び物. tourist ～*s* 観光客を引きつける場所. have many ～*s* for.. にとって大変魅力的である. The main ～ of the show was a dancing bear. ショーの最大の呼び物は踊るクマだった. **4**〘文法〙牽引(けんいん)《文中のある語が近くにある語の影響で数・性が破格になること; Neither of the boys *are* here. (少年はどちらもここにいない)は直前の複数形の影響で is が are になった例. I met a man *whom* I thought was a foreigner. (外国人と思う男に会った)は thought の目的語と誤解して who が whom になった例》. ◇動 attract

‡**at·trac·tive** /ətrǽktiv/ 形 m **1 人を引きつける**; 魅力的な;〔物事が〕(金銭的に)魅力的な;〈*to* ..に〉(↔unattractive; 類語 charming と同様に人を引きつける魅力を表すが, この語は特に性的魅力を暗示する; →beautiful). an ～ young woman 魅力的な若い女性. He is very ～ *to* women. 彼は女性には大変魅力的だ. an ～ smile 魅力的なほほえみ. The offer was too ～ to refuse. その申し出は断るにはあまりにも魅力的だった. That's an ～ idea. それはとても面白い考えだ. You are very ～ in blue. あなたはブルーの服を着ると非常に魅力的です. find a person ～ 人を魅力的だと思う. **2** 引力のある. ◇動 attract
▷ **～·ly** 副 人目を引くように, 魅力的に. **～·ness** 名 U 人目を引くこと, 魅力のあること.

attrib. attribute; attributive(ly).

‡**at·trib·ut·a·ble** /ətríbjətəb(ə)l/ 形〈叙述〉〔事故などが〕原因を帰せられる, せいと考え得る,〈*to* ..に, の〉. This disaster is ～ *to* the driver's inattention. この惨事は運転者の不注意に帰することができよう.

*__at·trib·ute__ /ətríbju(ː)t/ 動 (～s /-ts/|過 過分 **-ut·ed** /-əd/|**-ut·ing**) 他 **1** VOA (～ X *to* ..) **X の原因**などを**..に帰する**, Xを..の結果だと考える. His friends ～*d* his success *to* good luck. 彼が成功したのは幸運のおかげだと彼の友人たちは考えた.
2 VOA (～ X *to*..) X (性質, 特徴など)が..にあるとする. We can hardly ～ integrity *to* these politicians. これらの政治家が高潔さを持っているとはまず考えられない.
3 VOA (～ X *to*..) X (作品など)の作者を..であるとする〈普通, 受け身で〉. The piece is usually ～*d to* Mozart. この曲は普通モーツァルトの作とされている.
── **at·tri·bute** /ǽtribjùːt/ 名 (複 ～s /-ts/) C **1 属性**, 本来の性質, 特質. Patience is an ～ of a successful teacher. 忍耐は教師として成功する人の特質である. **2** (人, 地位などの)象徴; (お決まりの)持ち物. The crown is an ～ of kingship. 王冠は王位の象徴である.
[＜ラテン語「割り当てる」(＜ad-＋*tribuere*「与える」)]

‡**at·tri·bu·tion** /æ̀trəbjúːʃ(ə)n/ 名 **1** U 〈the ～ *of* X *to* Y として〉X (の原因など)を Y に帰する[帰せられる]こと; X(性質など)を Y に属するものと考えること. The ～ *of* the accident *to* neglect of duty is wrong. その出来事を職務怠慢のせいにするのは間違っている. **2** C 属性; (地位に伴う)権能, 職権. **3** (作品の)帰属, (作者不詳の作品の)製作者の決定.

at·trib·u·tive /ətríbjətiv/ 形 **1** 属性の. **2**〘文法〙〔形容詞などが〕限定的な《a *red* rose のように名詞を直接に修飾する場合に言う; ↔predicative》. an ～ adjective 限定形容詞. ── 名 C〘文法〙限定形容詞. ▷ **～·ly** 副〘文法〙限定的に.

at·tri·tion /ətríʃ(ə)n/ 名 U **1** 摩滅. **2** 損耗; 漸減; (人員などの)自然減. a war of ～ 消耗戦.

at·tune /ət(j)úːn/ 動 他 VOA (～ X *to*..) X を..に調和させる, 慣れさせる, 合わせる〈普通, 受け身で〉. →attuned.

at·túned 形〈叙述〉**1** (調子を)合わせる, 順応する; 分かる;〈*to* ..に, が〉. He is not yet ～ *to* the pace of city life. 彼はまだ都会生活の速さに調子が合って[慣れて]いない. **2**〔耳が〕分かる, 聞き分けられる, 慣れている,〈*to* ..を, に〉.

atty. attorney.

at·wit·ter /ətwítər/ 形〈叙述〉興奮して〈*at* ..に対して〉.

a·typ·i·cal /eitípik(ə)l/ 形 型やぶりの, 変則的な. an ～ use of a word 語の変則的な使い方.

Au〘化〙aurum (金). [ラテン語 'gold']

au·ber·gine /óubərʒiːn/ 名 UC〘主に英〙＝eggplant.

au·burn /ɔ́ːbərn/ 形〔特に髪が〕赤褐色の. ── 名 U 赤褐色.

Auck·land /ɔ́ːklənd/ 名 オークランド《New Zealand 最大の都市で主要海港》.

au cou·rant /ou-kuːrɑ́ːŋ/ 形 事情に通じた, 時事に詳しい; 最新(式)の. be ～ with ..に明るい. [フランス語 'in the current']

†auc·tion /ɔ́:kʃ(ə)n/ 名 **1** UC 競売, 競り売り, (**áuction sàle**). sell a thing at [〘英〙 by] ～ 物を競売する. hold an ～ 競売を行う. put something up at [for, 〘英〙 to] ～ 物を競売に出す. bid at a painting ～ 絵画の競売で値をつける. His art collection is up for ～. 彼の美術品のコレクションが競売に出ている. **2** = auction bridge.
on the* (*áuction*) *blòck 競売にかけられて.
── 動 他 を競売で売る 〈*to* ..に〉.
àuction /../ óff ..を競売で売り払う.
[＜ラテン語「(せりによる販売の)増加」]

áuction brìdge 名 U (トランプの)オークションブリッジ《bridge² の一種》.

auc·tion·eer 名 C 競売人 (→bidder).

áuction hòuse 名 C 競売(専門)会社.

AUD Australian dollar (豪[オーストラリア]ドル).

†au·da·cious /ɔ:déiʃəs/ 形 **1** 大胆な; 無謀な. an ～ attempt 無謀な試み. **2** ずうずうしい, 厚かましい, 無礼な. her ～ behavior 彼女の無礼なふるまい. [＜ラテン語「大胆な」] ▷ **～·ly** 副 大胆に(も); 厚かましく(も).

‡au·dac·i·ty /ɔ:dǽsəti/ 名 (複 **-ties**) **1** U 大胆不敵; 無謀. **2** U 厚かましさ, ずうずうしさ, 無礼. He had the ～ to criticize me. 彼は厚かましくも私を批判した. **3** C 〈しばしば -ties〉 大胆な行為; 厚かましい行為.
◇形 audacious

Au·den /ɔ́:dn/ 名 **Wys·tan** /wístən/ **Hugh** ～ オーデン (1907–73)《英国生まれの米国に帰化した詩人·劇作家·批評家》.

àu·di·bíl·i·ty 名 U 聞き取れること; 可聴度.

†au·di·ble /ɔ́:dəb(ə)l/ 形 〔声や音が〕聞こえる, 聞き取れる, 可聴の, (↔inaudible). barely [scarcely] ～ かろうじて聞きとれる[ほとんど聞きとれない]. [＜ラテン語 *audīre* 「聞く」; -able]

au·di·bly /ɔ́:dəbli/ 副 聞き取れるように. She sighed ～. 彼女は人に聞こえるほどのため息をついた.

‡au·di·ence /ɔ́:diəns, -djəns/ 名 (複 **-enc·es** /-əz/)
1 C 〈単数形で複数扱いもある〉 (**a**) **聴衆**; 観客. an ～ of 5,000 5 千人の聴衆[観客]. sing before a large ～ 大勢の聴衆を前にして歌う. lecture to large ～*s* 何度も大勢の人に講演をする. The ～ *was* silent until she finished the aria. 彼女がアリアを歌い終わるまで聴衆はしんとしていた. The ～ was ecstatic [spellbound]. 聴衆は恍惚(こう)としていた. The ～ *were* mostly young girls. 聴衆はほとんど若い女性だった. ～ participation (ショーへの)観客の参加. (**b**) (ラジオの)聴取者; (テレビの)視聴者; (本の)読者. None of his books reached a wide ～. 彼の本で広く読まれたものはない. This TV program has an ～ of millions. このテレビ番組には何百万もの視聴者がいる. lose a large part of one's ～ 大幅に視聴率を下げる. the target ～ 対象とする視聴者[観客]. (**c**) (芸能人などの)取り巻き, 支持者; (芸道, 主義などの)信奉者, 追随者. Each artistic tradition has its ～. それぞれの芸術の伝統はそれを信奉する人たちがいる.

> 連結 an enthusiastic [an appreciative, a sympathetic; an attentive; a responsive; a passive; a hostile] ～ // move [grip] an ～ // an ～ applauds [claps; cheers; boos; hisses]

2 UC 公式の会見, 謁(えっ)見, 〈*with* ..〔王など〕との〉. The actress was granted an ～ *with* the Queen. その女優は女王に拝謁を許された. The ambassador was received in ～ by the King. 大使は国王に拝謁を許された.
3 U 〘古〙 (訴え, 意見などの)聴問[聴取](の機会) (hearing). If she is given ～, she may yet succeed. もし彼女が言い分を聞いてもらえれば, うまくいくかもしれない.
[＜ラテン語「傾聴」(＜*audīre*「聞く」)]

au·di·o /ɔ́:diòu/ 形 〈限定〉 音の; 可聴周波の; ハイファイ音の; 〘テレビ〙 音声部の, オーディオの, (→video). ── 名 (複 **～s**) UC 音(の再生); 〘テレビ〙 音声部.

au·di·o- /ɔ́:diou/ 〈複合要素〉「音, 聴」の意味を表す. [ラテン語 *audīre* 'hear']

áudio frèquency 名 C 可聴周波数《略 AF, a.f.; 15–20,000 ヘルツ》.

au·di·ol·og·y /ɔ̀:diɑ́lədʒi|-ɔ́-/ 名 U 聴覚学.

au·di·om·e·ter /ɔ̀:diɑ́mətər|-ɔ́m-/ 名 C 聴力計, オーディオメーター.

áudio·phìle 名 C オーディオファン, ハイファイマニア.

áudio·tàpe 名 UC 録音テープ.

áudio týpist 名 C オーディオタイピスト《テープなどを聞きながらそのままタイプする》.

àudio·vísual /⑧/ 形 視聴覚の; 視聴覚教材の[を用いる]. ～ education 視聴覚教育. ── 名 〈～s〉 視聴覚教材《テープ, スライド, 映画, テレビなど; **àudiovisual áids** とも言う; 略 AV》.

‡au·dit /ɔ́:dət/ 名 C (法人などの)会計検査, 監査; 監査報告(書). ── 動 他 **1** の会計検査[監査]をする. **2** 〘米〙〔単位取得を目的としないで講義〕を聴講する.

‡au·di·tion /ɔ:díʃ(ə)n/ 名 **1** U 聴覚; 聴力. **2** C (歌手, 俳優などの志願者の)オーディション, 試聴, 試演.
── 動 他 をオーディションをする 〈*for* ..〔役など〕で〉; をテストする. ～ three singers 3 人の歌手を試聴する.
── 自 オーディションを受ける 〈*for* ..〔役など〕の〉. ～ *for* the leading part in the play 劇の主役のオーディションを受ける.

au·dit·or /ɔ́:dətər/ 名 C **1** 会計検査官, 監査役. **2** 〘米〙 (単位を取らない)聴講生.

†au·di·to·ri·um /ɔ̀:dətɔ́:riəm/ 名 (複 **～s, au·di·to·ria** /-riə/) C **1** (劇場などの)観客席, 聴衆席. **2** 〘米〙 講堂; 会館, 公会堂.

au·di·to·ry /ɔ́:dətɔ̀:ri|-t(ə)ri/ 形 耳の, 聴覚の. the ～ nerve 聴神経.

Au·drey /ɔ́:dri/ 名 女子の名. [古期英語「高貴な力」]

Au·du·bon /ɔ́:dəbɑ̀n|-bɔn/ 名 **John James** ～ オーデュボン (1785–1851)《米国の鳥類研究家·鳥類画家; the ～ Society はその名にちなむ》.

Áudubon Socìety 名 〈the ～〉 オーデュボン協会《野生生物の保護を目的とする》.

au fait /òu-féi/ 形 〈叙述〉 精通して, 熟知して 〈*with* ..に, を〉. [フランス語 'to the fact']

au fond /òu-fɔ́:ŋ/ 副 根底は; 根本的に. [フランス語 'at bottom']

auf Wie·der·se·hen /auf-ví:dərzèiən/ 間 さようなら, ではまた. [ドイツ語 'till we see again']

Aug. August.

Au·ge·an /ɔ:dʒí:ən/ 形 〘ギ神話〙 アウゲイアス (Augeas) 王の; (その大牛舎のように)不潔きわまる.

Augèan stábles 名 〈the ～〉 アウゲイアス王の大牛舎《3 千頭を収容し 30 年間掃除していなかったのを, Hercules が川の水を引いて 1 日で清掃したと言う》.

au·gend /ɔ́:dʒend, -⁄/ 名 C 〘数〙 被加算数 (→addend).

au·ger /ɔ́:gər/ 名 C (ハンドル付き)らせん錐(きり), ボート錐, (→gimlet).

aught¹ /ɔ:t/ 代 〘古〙 何か, 何でも.
for àught I cáre 私にはどうだっていいことだが. The party may split *for* ～ *I care.* 私にはどうだっていいことだが党は分裂するかもしれない.
for àught I knów よくは知らないが, たぶん.
── 副 〘古〙 少しでも, とにかく, (at all).
[＜古期英語 'anything']

aught² 名 U 零, ゼロ, (★本来は誤用; 正しくは naught 又は nought). [＜(*a n*)*aught*]

‡aug·ment /ɔ:gmént/ 動 〘章〙 他 を増大[増加]させる (increase). He ～*ed* his income by working on the side. 彼は副業をして収入の足しにした. ── 自 増大[増

A

加]する. [＜ラテン語「増加」]

aug·men·ta·tion /ɔ̀:gmentéiʃ(ə)n/ 名 **1** U 増大, 増加. **2** C 増加物, 付加物.

aug·men·ta·tive /ɔ:gméntətiv/ 形 **1** 増大する. **2**〖言〗指大の《大きいことを表す》. an ～ suffix 指大接尾辞《balloon (＜ball) の *-oon* など》. ── 名 C〖言〗指大辞, 指大語. ◇↔diminutive

au gratin /ou-grǽtən/ 形 〈名詞の後に付けて〉グラタン風の. chicken ～ チキングラタン. [フランス語 'with scrapings']

au·gur /ɔ́:gər/ 名 C (古代ローマの)卜占(ぼくせん)官《鳥や自然現象をもとに予言をした》; 予言者.
── 動〖雅〗他 を占う, 予言する; の前兆を示す. The rainbow ～*s* happiness for us. この虹(にじ)は我々の幸福の前兆だ. ── 自 予言する.
àugur íll [***wéll***] (***for..***) (..にとって)縁起が悪い[いい], 凶[吉]兆を示す. This incident ～*s ill for* us. この出来事は我々にとって縁起が悪い.
[ラテン語「鳥占い師」(?＜*avis* 'bird')]

au·gu·ry /ɔ́:gjəri/ 名 (複 **-ries**)〖雅〗**1** C 予言; 前兆 〈*for* ..の〉. **2** U 占い; C 卜占(ぼくせん)の儀式.

‡**Au·gust** /ɔ́:gəst/ 名 8月《略 Aug.》. Los Angeles during [in] ～ 8月のロサンゼルス. [＜ラテン語; 初代ローマ皇帝 Augustus にちなんで古代ローマ暦の6月が改称された]

au·gust /ɔ:gʌ́st/ 形 威厳のある, 堂々とした; 荘厳な. Mt. Everest's ～ slopes エベレストの荘厳な斜面. an ～ assemblage 貴人顕官の集まり. Your *August* Majesty 陛下 (→majesty). [＜ラテン語 *augustus*「尊敬すべき」]

Au·gus·ta /ɔ:gʌ́stə/ 名 **1** オーガスタ《米国 Maine「州の州都》. **2** 女子の名.

Au·gus·tan /ɔ:gʌ́stən/ 形 **1** (ローマ皇帝)アウグストゥス時代の. **2** 文芸全盛期の; 古典主義の.

Augùstan Áge 名 〈the ～〉文芸全盛期《ローマのアウグストゥス時代; 英文学では Anne 女王時代で18世紀初め, Swift や Defoe のころ》.

Àugust Bank Hóliday 名〖英〗8月銀行休日《8月の最後の月曜日; →holiday 表》.

Au·gus·tine /ɔ́:gəstì:n, ɔ:gʌ́stən/ 名 **Saint ～ 1** 聖アウグスティヌス (354–430) 《キリスト教初期の聖徒で神学者》. **2** 聖オーガスティン (?–604)《イングランドにローマカトリックを伝えた; 初代のカンタベリー大司教》.

Au·gus·tus /ɔ:gʌ́stəs/ 名 アウグストゥス (63 B.C.–A.D. 14)《初代ローマ帝国皇帝 (Gaius Octavianus; Julius Caesar の養子) の称号》. [ラテン語 'august']

au jus /ou-ʒú:s/ 副 肉汁につけて[と共に]. [フランス語 'with the juice']

auk /ɔ:k/ 名 C ウミスズメ科の鳥《北方海洋産》.

au lait /ou-léi/ 形 〈名詞の後に付けて〉ミルク入りの (→cafe au lait). [フランス語 'with milk']

auld lang syne /ɔ̀:ld-læŋ-záin, òuld-, -sáin/ 名 U **1** 過ぎ去った日, 楽しかった昔. for ～ 昔をなつかしんで. **2** 〈A- L- S-〉オールドラングサイン《Robert Burns の詩の題名;「ほたるの光」のメロディはこの歌に同じ》. [スコットランド英語 'old long since']

‡**aunt** /ænt|ɑ:nt/ 名 (複 **～s** /-ts/) C 〈しばしば A-〉**1** おば《広義にはおじの配偶者も含む; ↔uncle》. Hello, aunt. おばさん, こんにちは. Hello, *Aunt* Mame. メイムおばさん, こんにちは. (★後者の方が形式ばった言い方. 親しみを込めて, Auntie Mame. とも言う. aunt [auntie] は姓にはつけない). **2**〖話〗おばさん《子供にとって親しい年上の女性》. [＜ラテン語 *amita*「(父方の)おば」]
My sàinted áunt! 〖主に英話〗おや.

aunt·ie, aunt·y /ǽnti|ɑ́:nti/ 名 (複 **-ties**) C **1**〖話〗おばちゃん《aunt の親しい呼び方》. **2**〖英話〗BBC のあだ名.

Àunt Jemíma /-dʒimáimə/ 名 **1**〖商標〗アーントジェマイマ《米国産のパンケーキミックス; パンケーキ用シロップ; 宣伝販売(の広告に)した黒人女性料理人を「ジェマイマおばさん」と呼んだことから》. **2** C〖俗・軽蔑〗ジェマイマおばさん《白人に取り入る黒人女; →Uncle Tom》.

Àunt Sálly 名〖英〗**1** 'サリーおばさん'《この名の木像にボールや棒を投げつける遊び》. **2** C (いわれのない)攻撃[非難]の的.

Àunt Tóm 名 C〖米俗〗〖軽蔑〗(ウーマン・リブに冷「たい)キャリア・ウーマン.

‡**au pair** /òu-péər/ 名 C オーペア(ガール)《外国の家庭に住み込み, 子守・家事手伝いなどをしながら交換条件として(その国の言葉の)勉強をする女性; **àu páir gìrl** とも言う》. work as an ～ オーペアとして働く. ── 形 〈限定〉オーペア(の条件で)の. [フランス語 'on equality']

‡**au·ra** /ɔ́:rə/ 名 (複 **～s, au·rae** /-ri:/) C (人, 場所などから発散する)独特の雰囲気; (人体を取り巻くと言われる)霊気. have an ～ of mystery 謎めいたところがある. There was a curious ～ of happiness about the girl. その女の子にはどことなく幸福そうな不思議な雰囲気があった. [ギリシア語「そよ風」]

au·ral /ɔ́:rəl/ 形 耳の; 聴覚の. an ～ surgeon 耳科医. the oral-～ approach (外国語の)口と耳を使っての学習法 (★oral /ɔ́:rəl/ と区別するため /áurəl/ と発音することがある). [＜ラテン語「耳 (*auris*) の」]

au·re·ate /ɔ́:riit/ 形 金色の, 金めっきの; 華麗な, 凝った, 〔文体〕. [＜ラテン語「金 (*aurum*) で飾られた」]

Au·re·li·us /ɔ:rí:ljəs, -liəs/ 名 **Marcus** /mɑ́:rkəs/ ～ **Antonius** アウレリウス (121–180)《ローマ皇帝 (161–180); ストア学派の哲学者》.

au·re·o·la /ɔ:rí:ələ|-ríə-/ 名 ＝aureole.

au·re·ole /ɔ́:riòul/ 名 C **1** (宗教画中の聖者の頭を囲む金色の)後光, 光輪, (halo). **2** ＝corona 1.

Au·re·o·my·cin /ɔ̀:rioumáis(ə)n/ 名 U〖化〗〖商標〗オーレオマイシン《抗生物質の一種》.

au re·voir /òu-rəvwɑ́:r/ 間 ではまた, さようなら. [フランス語 'to the seeing again']

au·ri·cle /ɔ́:rik(ə)l/ 名 C〖解剖〗外耳, 耳殻, 耳「介; (心臓の)心耳.

au·ric·u·lar /ɔ:ríkjələr/ 形 **1** 耳の, 聴覚の. **2** 心耳の. **3** 耳状の. **4** 耳打ちされた, 内緒の. an ～ confession (司祭に対して行う)秘密告白.

au·rif·er·ous /ɔ:ríf(ə)rəs/ 形 金を産する; 金を含「有する.

Au·ri·ga /ɔ:ráigə/ 名〖天〗馭者(ぎょしゃ)座.

Au·ro·ra /ɔ:rɔ́:rə/ 名 **1**〖ロ神話〗オーロラ《あけぼのの女神》. **2** 〈a-〉C オーロラ, 極光. [ラテン語「夜明け」]

auròra aus·trá·lis /-ɔ:stréilis/ 名 U 南極光 (the southern lights). [ラテン語]

auròra bor·e·ál·is /-bɔ(:)riǽlis, -éilis|-éilis/ 名 U 北極光 (the northern lights). [ラテン語]

au·ro·ral /ɔ:rɔ́:rəl/ 形 あけぼのの; 極光の(ような).

Ausch·witz /áuʃvits/ 名 アウシュヴィッツ《ポーランド南西部の都市のドイツ語名; 第2次大戦中ナチのユダヤ人収容所があり, 何百万というユダヤ人が殺された》.

aus·cul·ta·tion /ɔ̀:skəltéiʃ(ə)n/ 名 UC〖医〗聴診.

†**aus·pice** /ɔ́:spəs/ 名 C **1** 〈～s〉援助, 保護. The speech contest was held under the ～*s* of the Ministry of Education. スピーチコンテストは文部省後援の下に開催された. **2** 〈しばしば ～s〉前兆, 〈特に〉吉兆, 明るい見通し. The new program started under favorable ～*s*. 新計画は幸(さい)先のよいスタートを切った. [＜ラテン語「(飛び方で占うための)鳥の観察」(＜*avis* 'bird'＋*specere* 'watch')]

‡**aus·pi·cious** /ɔ:spíʃəs/ 形〖章〗幸(さい)先のよい, 将来の明るい; 幸運な. make an ～ beginning [start] 幸先のよい出発をする. On this ～ occasion I wish to offer a toast to the bride. このめでたい機会に際し新婦のため乾杯いたしたいと思います. ▷ **～·ly** 副 幸先よく; 幸運に.

Aus·sie /ɔ́:si|ɔ́zi/ 名 C〖話〗オーストラリア人.

── 形 オーストラリア(人)の. ［Australia(n), -ie］
Aus·ten /ɔ́ːstən|ɔ́(ː)s-/ 名 **Jane** ～ オースチン (1775–1817)《英国の女流小説家》.
†**aus·tere** /ɔːstíər|ɔ(ː)s-/ 形 **1**〈けなして〉〔態度, 性格などが〕厳しい, 厳格な. have an ～ look いかめしい風貌(ふうぼう)をしている. **2** 耐乏の, 禁欲的な; 緊縮の. an ～ life 耐乏生活. **3**〈ほめて〉〔建築物, 美術品などが〕飾り立てていない, 簡素な, 〔文体が〕簡潔な, (severe). ▷～·**ly** 副 厳しく; 禁欲的に. ［＜ギリシア語「舌ざわりの悪い」］
†**aus·ter·i·ty** /ɔːstérəti|ɔ(ː)s-/ 名 (複 **-ties**) **1** U 厳しさ, 厳格さ. **2** U 簡素さ. **3** U (経済上の)耐乏生活, (国策としての)ぜいたく禁止;〈形容詞的〉緊縮の, 耐乏の. wartime ～ 戦時の耐乏生活. take ～ measures 緊縮政策を実行する. adopt an ～ budget 緊縮予算の道をとる. **4** C〈普通 -ties〉禁欲[耐乏]生活(の実行). He practices *austerities* almost like a monk. 彼は僧侶に近い禁欲生活をしている. ◇形 austere
Aus·tin /ɔ́ːstən|ɔ́(ː)s-/ 名 オースチン **1**《米国 Texas 州の州都》. **2** C〖商標〗《英国製小型車》.
aus·tral /ɔ́ːstrəl|ɔ́(ː)s-/ 形 **1** 南の (southern). **2**〈A-〉＝Australian, Australasian.
Aus·tral·a·sia /ɔ̀ːstrəléiʒə|ɔ̀(ː)strəléiʒ(i)ə/ 名 オーストララシア州, 南洋州,《オーストラリア・ニュージーランド・ニューギニア・ニューブリテンとその付近の島々の総称》. ▷**Àus·tral·á·sian** /-n ⑧/ 形, 名 C 南洋州の(人).
‡**Aus·tral·ia** /ɔːstréiljə, -rɑ́ːliə|ɔ(ː)s-/ 名 **1** オーストラリア大陸, 豪州. **2** オーストラリア連邦《正式名 **the Còmmonwealth of Austrália**; 英連邦構成国の1つ; 首都 Canberra》. ［ラテン語 'southern (land)'］
Austrália Dày 名 (オーストラリアの)上陸記念日《1月26日(1788年英人が上陸)後の最初の月曜日》.
***Aus·tral·ian** /ɔːstréiljən, -rɑ́ːliən|ɔ(ː)s-/ 形 **1** オーストラリアの, 豪州の. **2** オーストラリア英語の. ── 名 (複 **～s** /-z/) **1** C オーストラリア人; オーストラリア先住民. **2** U オーストラリア英語.
Austràlian bállot 名 C オーストラリア式投票《全候補者名が投票用紙に印刷してあり, 意中の候補者に印をつける; 米国で広く採用》.
Austràlian béar 名 C ＝koala.
Austràlian Càpital Térritory 名〈the ～〉オーストラリア首都領《オーストラリア南東部にある連邦政府直轄地; ここに Canberra がある》.
Austràlian Énglish 名 U オーストラリア英語.
Austràlian Rúles 名 U〈単数扱い〉オーストラリア式フットボール《18人制ラグビー; **Austràlian Rùles fóotball** とも言う》.
***Aus·tri·a** /ɔ́ːstriə|ɔ́(ː)s-/ 名 オーストリア《ヨーロッパ中部の共和国; 首都 Vienna》. ［近代ラテン語(＜ドイツ語「東の王国」)］
Àustria-Húngary 名 オーストリアーハンガリー《ヨーロッパ中部のかつての君主国 (1867–1918)》.
Aus·tri·an /ɔ́ːstriən|ɔ́(ː)s-/ 形 オーストリア(人)の. ── 名 C オーストリア人.
Aus·tro- /ɔ́ːstrou/〈複合要素〉**1** オーストリアの. **2**「オーストラリアの.
Aus·tro·ne·sia /ɔ̀ːstrouníːʒə|ɔ̀(ː)s-/ 名 オーストロネシア《太平洋中南部の諸島》.
au·tar·chy /ɔ́ːtɑːrki/ 名 (複 **-chies**) **1** U 独裁[専制]政治; C 専制主義国. **2** ＝autarky. ［auto-＋-archy］
au·tar·ky /ɔ́ːtɑːrki/ 名 (複 **-kies**) U (国家の)経済的自給自足, 経済自立政策; C 経済自立国. ［＜ギリシア語「自己充足」］
†**au·then·tic** /ɔːθéntik/ 形 **1** 本物の, 真正の, (genuine). This picture is an ～ Goya. この絵は本物のゴヤだ. Is this money ～? これはにせ金ではあるまいね. an ～ signature 本人の署名. **2** 本心からの (sincere); 信ずるに足る, 根拠のある, (reliable). His warm cordiality may not be ～. 彼のいんぎんさは本心ではないかもしれない. a report from an ～ source 信ずべき筋からの報道. ［＜ギリシア語「真正の」(＜「自分で行った」)］ ▷**au·then·ti·cal·ly** /-k(ə)li/ 副 真正に, 確実に.
au·then·ti·cate /ɔːθéntəkèit/ 動 他〖章〗の真正[有効]を証明する; VOA (～ X *as*..) X を..と鑑定する;〖法〗を認証する. have a painting ～*d* 絵が本物であることを証明してもらう.
au·thèn·ti·cá·tion 名 U〖章〗証明; 認証.
au·then·tic·i·ty /ɔ̀ːθentísəti/ 名 U **1** 真正であること, 本物であること, 確実性. doubt the ～ of a document 文書がにせ物ではないかと疑う.
2 心からのものであること, 誠意のあること, (sincerity). Are you sure of the ～ of his offer? 彼の申し出は間違いなく本心からのものでしょうか.
‡**au·thor** /ɔ́ːθər/ 名 (複 **～s** /-z/)
C **【作り出す人】** **1 著者**, 作者, 執筆者, 作家; 作家の作品. the ～ of a book [a newspaper article] 本[新聞論説]の著者[執筆者]. I have read many modern ～*s*. 私は多くの現代作家(の作品)を読んだ. Mark Twain is my favorite ～. マーク・トゥエインは私の好きな作家だ.
2 (物事の)**創始者**, 立案者; 張本人. Gandhi the ～ of nonviolence 非暴力主義の創始者ガンジー. the ～ of an event [all the troubles] 事件[トラブルすべて]の張本人. ── 動 他〔本など〕を著す; を始める; を立案する. ［＜ラテン語 *auctor*「増やす人, 創始者」(＜*augēre*「増やす」)］
au·thor·ess /ɔ́ːθərəs/ 名 C 女流作家. ★現在は女流作家でも author と言うのが普通.
au·thor·i·al /ɔːθɔ́ːriəl/ 形 著者の.
au·thor·i·tar·i·an /ɔːθɔ̀ːrəté(ə)riən, əθ-|ɔːθɔ̀rə-⑧/ 形 権威主義の; 独裁的な. ── 名 C 権威主義者; 独裁者. He is too much of an ～. 彼はあまりにも独裁的だ. ▷～·**ism** 名 U 権威[独裁]主義.
†**au·thor·i·ta·tive** /əθɔ́ːrətèitiv|ɔːθɔ́rətət-/ 形 **1** 命令的な〔口調など〕; 厳然とした〔態度など〕. **2** 当局の, その筋(から)の, 正式の. ～ orders 正式の命令. **3** 権威のある, 信頼できる. information from an ～ source 確かな筋からの情報. an ～ history of modern Japan 権威ある近代日本史. ▷～·**ly** 副 命令的に, 断固として.
‡**au·thor·i·ty** /əθɔ́ːrəti|ɔːθɔ́r-/ 名 (複 **-ties** /-z/)
【権威】 **1** U **権威**, 威光; 権力;〈*over, with*..に対する〉. challenge the ～ of tradition 伝統の権威に挑戦する. the ～ of a father 父親の威光. The teacher has no ～ *with* [*over*] his students. その先生は生徒に全然にらみがきかない. Mr. Brown is in ～ here. ここはブラウン氏が統轄している[権限を持っている]. exercise [use, exert] ～ *over* one's subordinates 部下に対して権力を行使する. speak with the voice of ～ 権威を持って話す.

> 連結 full [absolute, supreme] ～ // possess [assume; resist] ～; lose one's ～; undermine a person's ～

2 (**a**) U **権限**, 職権; 資格の認可, 許可;〈*for*..に対する/*to* do..する〉. What ～ do you have *for* entering this building? この建物に立ち入る何の権限があるのか. Who gave you the ～ *to* do that? 君がそれをすることをだれが許可したか. under the ～ of the Ministry of Construction 建設省に許可されて. on one's own ～ 自分の判断で, 独断で, 自分の権限で. (**b**) C〈普通, 単数形で〉許可証. Will you show me your ～? 許可証をお見せください.
3 U 威信; 影響力; 説得力, 確信. a man of ～ 威信を備えた人. His opinion has a lot of ～. 彼の意見は影

A

響力が大である. say with great ～ 確信に満ちて言う. 【権威のありか】 **4** Ⓒ 〈しばしば the -ties〉 **当局**, 権威筋; 公共事業機関. the proper *authorities*＝the *authorities* concerned 関係当局, 当該官庁. the municipal *authorities* 市当局. the school *authorities* 学校当局. the local ～ 〖英〗 地方(自治体)当局. the Tennessee Valley *Authority* テネシー川流域開発公社. **5** Ⓒ **権威者**, 大家, 〈*on* ..についての〉. an ～ *on* mathematics 数学の権威.

6 Ⓒ **典拠**, 出所, 〈*for* ..〔情報, 主張など〕の〉. have no good ～ *for* such a belief そう信じる確かな根拠がない. The Bible is the sole ～ in his everyday life. 聖書が彼の日常生活の唯一の指針である. I have it on Tom's ～ that.. とトムから聞いている.

hàve (it) on gòod authórity that.. 信頼すべき筋によると..である. I *have it on good* ～ *that* the Foreign Secretary will shortly resign. 確かな筋によると外務大臣は近く辞任するようだ.

[＜ラテン語「創り出すこと, 決定, 権力」(＜*auctor* 「'author'); -ity]

àu·thor·i·zá·tion 名 Ⓤ 委任, 公認, 認可; Ⓒ 委任状; 〈*for* ..の/*to* do ..することの〉.

†**au·thor·ize** /ɔ́:θəràiz/ 動 他 (**-iz·es** /-əz/|過 過分 **～d** /-d/|**-iz·ing**) **1** (**a**) 〔人〕に権限を与える, 委任する. (**b**) VOC (～ X *to do*) X(人)に..する権限を与える, Xに..することを委任する. I ～*d* him *to* negotiate. 交渉を彼に一任した. I am not ～*d to* lower the price any more. これ以上の値引きは私の一存ではできません.

2 を(正式に)許可する. The Board of Education ～*d* the appointment of a new principal. 教育委員会は新校長の任命を認可した.

áu·thor·ìzed 形 権限を授けられた; 認可された, 公認の. an ～ agent 指定[委任]代理人. an ～ edition (著者が承認した)定本. an ～ textbook 検定済み教科書.

àuthorized cápital 名 Ⓤ 授権資本.

Àuthorized Vérsion 名 〈the ～〉 欽(きん)定英訳聖書 《1611 年英国王 James 1 世の裁可を得て英訳された聖書; 略 AV; the King James ⌞Version [Bible] とも言う; →Bible 1》.

au·thor·ship /ɔ́:θərʃip/ 名 Ⓤ **1** (著書, 文学作品の)著者[作者](であること). claim the ～ of the book 自分がその本の著者だと主張する. **2** 著述家であること; 著述業.

au·tism /ɔ́:tiz(ə)m/ 名 Ⓤ 〖心〗 自閉症. infantile 「～ 幼児自閉症.

au·tis·tic /ɔ:tístik/ 形 〖心〗 自閉症の〔子供など〕.

†**au·to** /ɔ́:tou/ 名 (複 **～s**) Ⓒ 〖主に米旧話〗 自動車 (car) 《automobile の略》. sales of ～*s* 車の販売. the ～ industry 自動車産業. [＜*auto*mobile]

au·to- /ɔ́:tou/ 〈複合要素〉「自身(の, で)..., 自己(の)..」の意味. *auto*biography. *auto*mobile. [ギリシア語 *autós* 'self']

au·to·bahn /ɔ́:toubɑ̀:n/ 名 Ⓒ アウトバーン 《ドイツ, スイス, オーストリアの高速道路》. [ドイツ語 'automobile road']

àuto·biógrapher /ɔ:tə-/ 名 Ⓒ 自叙伝作者.

‡**au·to·bi·o·graph·ic, -i·cal** /ɔ:təbàiəgrǽfik/, /-k(ə)l 移/ 形 自叙伝の; 自伝ふうの. an ～ novel 自伝的小説. ▷ **～·ly** 副

***au·to·bi·og·ra·phy** /ɔ:təbaiɑ́grəfi|ɔ:toubaiɔ́g-/ 名 (複 **-phies** /-z/) Ⓒ **自叙伝**; Ⓤ (文学のジャンルとしての)自伝. [auto-, biography]

áuto-chànger, -chànge 名 Ⓒ オートチェンジャー 《レコードプレーヤーの自動連続演奏装置》.

au·toch·tho·nous /ɔ:tɑ́kθənəs|-tɔ́k-/ 形 土着の, 原産の.

au·to·clave /ɔ́:toukleìv/ 名 Ⓒ 圧力なべ; (特に滅「菌用の)高圧がま.

áuto còurt 名 Ⓒ モーテル (motel).

au·toc·ra·cy /ɔ:tɑ́krəsi|-tɔ́k-/ 名 (複 **-cies**) **1** Ⓤ 独裁政治; 独裁権. He has complete ～ in the company. 彼は会社では全くの独裁者だ. **2** Ⓒ 独裁主義国.

au·to·crat /ɔ́:təkræ̀t/ 名 Ⓒ **1** 専制君主; 独裁者. **2** 独裁的な人.

‡**au·to·crat·ic** /ɔ:təkrǽtik 移/ 形 独裁の; 独裁的な. ▷ **au·to·crat·i·cal·ly** /-k(ə)li/ 副 独裁的に.

áuto·cròss 名 Ⓤ 〖英〗 クロスカントリー自動車レース.

áuto·cùe 名 〈しばしば A-〉 UC 〖商標〗 オートキュー 《＜テレビ出演者が読めるように, カメラ近くにせりふを写し出す自動プロンプター装置》.

au·to-da-fé /ɔ:toudəféi|-dɑ:-/ 名 (複 **autos-** /-z-/) Ⓒ 宗教裁判所 (Inquisition) の異端者裁判; 異端者の処刑 《特に火あぶり》. [ポルトガル語 'act of the faith']

àuto·eróticism 名 Ⓤ 自慰.

au·tog·a·my /ɔ:tɑ́gəmi|-tɔ́g-/ 名 Ⓤ 自家受精, 「自家生殖.

àuto·gíro, -gýro 名 (複 **～s**) Ⓒ オートジャイロ 《プロペラと回転翼をもつ航空機; ヘリコプターの前身》.

au·to·graph /ɔ́:təgræ̀f|-grɑ̀:f/ 名 Ⓒ **1** 自筆のもの; 自筆原稿. **2** 自筆の署名, 自署, サイン, (類語 特に有名人にしてもらう signature). an ～ hunter (有名人などの)サインの収集者. Could I have your ～? サインをいただけないでしょうか. ―― 動 他 〔本, 写真など〕に署名する, サインする. an ～*ed* copy (of a book) 著者署名入り本.

áutograph bòok [àlbum] 名 Ⓒ (知人, 有名人などのサインを集める)署名帳, サインブック.

àu·to·gráph·ic 形 自筆の; (著者の)署名入りの.

áuto·hàrp 名 Ⓒ オートハープ 《一種の zither; ボタンの操作で和音が出せる; country and western で使われる》.

àuto·immùne diséase 名 Ⓤ 〖医〗 自己免疫「疾患.

áuto·màker 名 Ⓒ 自動車メーカー.

au·to·mat /ɔ́:təmæ̀t/ 名 Ⓒ 〖米〗 自動販売式食堂 《コインを入れる自動販売機を備えている》; 自動販売機.

au·tom·a·ta /ɔ:tɑ́mətə|-tɔ́m-/ 名 automaton の複数形.

au·to·mate /ɔ́:təmèit/ 動 他 〔工場, 作業など〕を自動化する, オートメーション化する. ―― 自 オートメーション化する. ▷ **áu·to·màt·ed** /-əd 移/ 形 **1** オートメーション化された. fully ～ 完全にオートメーション化している.

àutomated téller machìne 名 Ⓒ 〖米〗 現金自動支払機 《略 ATM; 〖英〗 cash dispenser [point]》.

‡**au·to·mat·ic** /ɔ:təmǽtik 移/ 形 ⓜ **1** 〔機械類が〕**自動の**, 自動装置の. *Automatic* machines make women's lives easier. 自動式機械類は女性の生活を楽にしてくれる. **2** **無意識的な**, 機械的な; 習慣的な. Our heartbeat is ～. 心臓の鼓動は無意識的である. **3** 自動的な; 〔処罰などが〕機械的に適用される. an ～ pay increase 自動昇給.

―― 名 Ⓒ 自動小銃, 自動拳(けん)銃; 自動変速式自動車; 全自動洗濯機. [＜ギリシア語「自分で動く」]

†**au·to·mat·i·cal·ly** /ɔ:təmǽtik(ə)li/ 副 自動的に; 無意識に. reach for candy ～ 無意識のうちにキャンディーに手を伸ばす.

àutomatic dáta pròcessing 名 Ⓤ 〖電算〗 自動情報処理.

àutomatic dóor 名 Ⓒ 自動ドア.

àutomatic dríve 名 ＝automatic transmis-「sion.

àutomatic pílot 名 Ⓒ (航空機などの)自動操縦装置. on ～ 〔飛行機などが〕自動操縦装置で; 〔人が〕(意識しないで)自動的に.

àutomatic pístol 名 Ⓒ 自動拳銃 (→revolver).

àutomatic rífle 名 Ⓒ 自動小銃.

àutomatic transmíssion 名 Ⓤ (自動車の)自動変速(装置), オートマチック.

***au·to·ma·tion** /ɔ:təméiʃ(ə)n/ 名 Ⓤ (生産工程などの)**自動化**, オートメーション. office ～ 事務の自動化.

[<*automatic* oper*ation*]

au·tom·a·ton /ɔːtάmətən, -tὰn|-tɔ́mətən/ 名 (複 **~s, automata**) C **1** 自動装置;〈特に〉自動人形, ロボット, (robot). **2** (考えたり感情を交えたりしないで)機械的に行動する人. turn into an ~ (よく考えないで)機械的にやる.

‡**au·to·mo·bile** /ɔːtəməbíːl, ˊ-ˋ-ˋ, ɔːtəmóubiːl/ 名 (複 **~s** /-z/) C 〖米〗 **自動車** (類語 car より形式ばった語). [auto-, mobile]

‡**au·to·mo·tive** /ɔːtəmóutiv 移/ 形 **1** 自動車[オートバイなど]の. the ~ industry 自動車産業. **2** (機械などが)自力推進の.

au·to·nom·ic /ɔːtənάmik|-nɔ́m- 移/ 形 自律神経の.

àutonomic atáxia 名 U 自律神経失調.

àutonomic nérvous sỳstem 名 〈the ~〉 自律神経系.

†**au·ton·o·mous** /ɔːtάnəməs|-tɔ́n-/ 形 自治の, 自治権のある; 自立した. an ~ state 独立国.
▷ **~·ly** 副 自治権をもって; 独立国として.

†**au·ton·o·my** /ɔːtάnəmi|-tɔ́n-/ 名 (複 **-mies**) **1** U 自治; 自治権; 自立; 自主性. on ~ 機械的に〔演奏するなど〕. **2** C 自治体.

áuto·pìlot 名 C ＝automatic pilot.

‡**au·top·sy** /ɔ́ːtɑpsi, -təp-|-təp-/ 名 (複 **-sies**) C **1** 検死(解剖)(postmortem). **2** 〖章〗詳細な分析. [<ギリシア語「自分の目で見ること」]

au·to·stra·da /àutoustrάːdə/ 名 (複 **~s, au·to·stra·de** /-dei/) C (イタリアの)高速道路. [イタリア語 'automobile road']

àuto·suggéstion 名 U 〖心〗自己暗示.

áuto·wòrker 名 C 〖米〗自動車産業労働者.

‡**au·tumn** /ɔ́ːtəm/ 名 (複 **~s** /-z/) **1** UC 〈普通, 無冠詞単数形, 又は the ~〉 **秋** (参考 (1) 北半球では通俗的に 9–11 月, 天文学的には秋分から冬至まで. 〖米〗では普通 fall を用いる). The leaves change color in ~. 秋になると木の葉の色が変わる. in the ~ of 1818 1818 年の秋に. in (the) early [late] ~ 初[晩]秋に. **2** U 〈the ~〉 成熟期; (人生の)初老期. the ~ of one's life 初老期. in the ~ of his power 彼の権力のたそがれ時に. **3** 〈形容詞的〉 秋の; 秋向きの, 秋用の; 初老の. a crisp ~ morning すがすがしい秋の朝. ~ wear 秋用衣服. his ~ years 彼の初老期《特に退職後の》. [<ラテン語 *autumnus* (?<エトルリア語)]

au·tum·nal /ɔːtʌ́mnəl/ 形 **1** 〖章〗秋の, 秋らしい, (★日常語では autumn を形容詞的に用いる). an ~ sky 秋の空. **2** 秋咲きの, 秋に実る. **3** 人生の盛りを過ぎた, 初老の.

autùmnal équinox 名 〈the ~〉 秋分 (→vernal equinox).

àutumn státement 名 C 〖英〗秋季報告書《政府が普通 11 月に議会に出す今後 3 年間の経済計画》.

aux., auxil. auxiliary (verb).

†**aux·il·ia·ry** /ɔːgzíljəri/ 形 補助の, 予備の. an ~ engine 補助エンジン. an ~ generator 予備発電機.
── 名 (複 **-ries**) C **1** 〖章〗(特に医療などの)助力者 (helper); 補助物. **2** 〈-ries〉 外人部隊, (外国からの)援軍. **3** 〖文法〗助動詞 (＝auxiliary verb). **4** 補助団体《主団体会員の家族などから成る》. [<ラテン語「助けとなる, 援軍の」]

auxìliary vérb 名 C 〖文法〗助動詞《疑問文や否定文を作る do, 進行形や受け身を作る be, 完了形の have, その他 shall, will, can など; →modal》.

AV Authorized Version; audiovisual.

av. avenue; average; avoirdupois.

†**a·vail** /əvéil/ 動 〖雅〗 自 役に立つ, 用が足りる, 〈普通, 否定文・疑問文で〉. No words *~ed* to comfort him. どんな言葉も彼を慰めるのには役立たなかった.
── 他 **1** 〖古〗 VOO (~ X *nothing* [*little*]) X (人)の役に立たない 〈*to* do ..するのは〉. *It* will ~ you *nothing to* protest. 君が抗議しても何のかいもないだろう. **2** 〖章〗 VOA (~ *oneself of ..*) 〔機会など〕を利用する. *Avail* your*self of* every opportunity to speak English. 英語が話せるあらゆる機会を利用せよ.
── 名 U 〖雅〗利益 (advantage), 効用 (use), 〈普通, 否定文・疑問文で〉. Of what ~ will it be to call for help? 助けを求めてなんのかいがあるのか.
of nò* [*lìttle*] *aváil 全く[ほとんど]無益な.
to nò* [*lìttle or nò*] *aváil*＝*without aváil (結局)役に立たずに, むだに. I warned him, but *to no* ~. 彼に警告したのだが無益だった.
[<古期フランス語「価値がある」(<*à* 'to'+*valoir* 'to be worth')]

a·vàil·a·bíl·i·ty 名 U 利用できること, 役に立つこと, 有効性; 入手可能.

‡**a·vail·a·ble** /əvéiləb(ə)l/ 形 m **1 利用できる**, 役に立つ, 〈*for, to* ..のために〉; **手近にある**; 入手可能な, 手に入る, 〈*from* ..から〉; (↔unavailable). money ~ *for* the research その研究に使える金. The tennis courts are ~ *for* the use of members only. テニスコートは会員しか利用できない. Cars ~ for rent. レンタカーあり. This is the only ~ single room. シングルで空いているのはこの部屋だけです. Such excellent concerts are seldom ~ *to* us. こんな素晴らしい音楽会は私たちはめったに聴けません. Is this magazine ~ at any bookstore? この雑誌はどこの書店でも手に入りますか. be freely [readily] ~ 自由に[すぐに]手に入る.
2 〔人が〕手があいている, 面会できる. Is the doctor ~ this afternoon? 先生は今日の午後お手すきですか. The mayor was not ~ for comment. 市長に会って意見を聞くことはできなかった. **3** (結婚, 交際などの)相手になれる[なりたがっている], いつまでもつき合える.
▷ **~·ness** 名 **-bly** 副 使えるように, 都合よく.

†**av·a·lanche** /ǽvəlæ̀ntʃ|-lὰːnʃ/ 名 C 雪崩(なだれ); (雪崩のような)殺到《質問, 投書, 注文などの》; (雪崩のように)激しい勢いで押し寄せるもの. be overwhelmed by an ~ of phone calls 引っ切りなしの電話に圧倒される. [フランス語]

Av·a·lon /ǽvəlὰn|-lɔ̀n/ 名 アヴァロン《アーサー王物語で, 傷ついた王が最後に運ばれたというイングランド南西部の島》.

‡**av·ant-garde** /æ̀vɑːŋgάːrd 移/ 形 前衛的な〔作家, 作品など〕. an ~ play [architect] 前衛劇[建築家].
── 名 C 〈the ~; 単数形で複数扱いもある〉 前衛派(の芸術家たち), アヴァンギャルド. [フランス語 'advance guard']

†**av·a·rice** /ǽv(ə)rəs/ 名 U 〖章〗(金銭に対する)貪(どん)欲さ, 強欲. earn wealth beyond the dreams of ~ とてつもない富を得る. [<ラテン語「貪欲 (<*avēre*「ひどく欲しがる」)」]

av·a·ri·cious /æ̀vəríʃəs 移/ 形 〖章〗貪(どん)欲な, 強欲な, (類語 特に金銭欲に用い, 欲深さを強調する; →greedy). ▷ **~·ly** 副 強欲に. **~·ness** 名

a·vast /əvǽst|əvάːst/ 間 〖海〗やめ, 待て. [<オランダ語 *houd vast* 'hold fast']

av·a·tar /ǽvətὰːr/ 名 C 〖インド神話〗 **1** (神仏の)化身, 権化. **2** (思想などの)体現者, '権化'.

avdp. avoirdupois.

Ave. Avenue.

a·ve /άːvei, éivi|άːv(e)i/ 間 ようこそ; さようなら, ごきげんよう. ── 名 〈A-〉 ＝Ave Maria. [ラテン語 'welcome, farewell']

Ave·bur·y /éivbəri/ 名 エイヴベリ《英国 Wiltshire にある村で, 前史時代の巨石群がある》.

Àve María /-məríːə/ 名 C 〖カトリック〗アヴェマリア(の祈り)《聖母マリアにささげる祈り; 原義「ようこそマリアさま」》.

A

†a·venge /əvénʤ/ 動 (a·veng·es /-əz/|過 過分 **~d** /-d/|a·veng·ing) 他 〔人〕のかたきを討つ; 〔恨み事〕の復讐(ふくしゅう)をする; VOA (~ X *on* [*upon*]..) ..に X(人, 恨み事など)の仕返しをする; (類語 他人のために当然の懲罰を加える, すなわち「こらしめる」の意味; →revenge). ~ (the cruel treatment of) his sister 彼の妹(の受けた虐待)のかたきを討つ. Hamlet ~*d* his father's death *on* his uncle. ハムレットは叔父に対して父の死の復讐をした.

avénge onesèlf [***be avénged***] ***on a person*** 〔人〕に復讐する 〈*for* ..のことで〉. I will *be* ~*d* [I will ~ my*self*] *on* you *for* this. このことでは必ず君に仕返しをするぞ. ◇名 vengeance

[<古期フランス語「..に復習する」]

a·véng·er 名 C かたきを討つ人, 復讐(ふくしゅう)者.

‡av·e·nue /ǽvən(j)ù:/ 名 (複 **~s** /-z/) C **1 大通り** (thoroughfare), ..街, 《米国 New York 市などでは南北の通りを Avenue, 東西の通りを Street と言う; 略 Ave.》. Fifth *Avenue* (New York の) 5 番街. **2 並木道**; 《主に英》(田舎の大邸宅の門から玄関に通じる)並木道. **3** 道, 手段, 〈*to* ..への〉. an ~ *to* success 成功に至る道. They explored [pursued] every ~ in order to avoid war. 彼らは戦争を回避しようとあらゆる手段を試みた. Only two ~*s* are open to you. 君には 2 つの道しかない. [フランス語「到着, 到達路」(<ラテン語 ad-+*venire*「来る」)]

a·ver /əvə́:r/ 動 (~s|-rr-) 他 《章》 VO (~ X/*that* 節/"引用") X を/..ということを断言する, 主張する.

‡av·er·age /ǽv(ə)riʤ/ 名 (複 **-ag·es** /-əz/) C **平均**(値); UC 並み, 標準. The ~ of 7,10 and 16 is 11. 7, 10,16 の平均は 11 である. my batting ~ 僕の打率. take [strike] an ~ 平均を取る, 平均する. Your marks were well below [above] ~ this term. 今学期は君の成績は平均よりだいぶ下[上]だった.

****on*** (***an, the***) ***áverage*** (1) **平均して**, ならせば; 普通は, たいていは. I go to the barbershop once a month *on* ~. 私は平均月 1 回床屋へ行く. (2) 概して.

—— 形 C **1 平均の**, 普通の. the ~ monthly sale 月間平均売上高. ~ income [earnings] 平均所得. a person of ~ height [build] 普通の身長[体格]の人. The ~ age of the professors is 54. 教授の平均年齢は 54 才である. an ~ year (気候などについていう)平年. **2** 普通の; 〈けなして〉 並みの. She got only ~ grades in school. 彼女の学校の成績は普通にすぎなかった. a dull ~ person 面白味のない並みの人.

—— 動 他 平均して..をする[を得るなど]; 〔数など〕の平均(値)をとる, を平均する. I ~ six hours' work a day. 平均して 1 日に 6 時間働く. The writer ~*s* two short stories a month. その作家は月平均短編を 2 つ書く. If you ~ 4 and 6, you get 5. 4 と 6 を平均すれば 5 になる.

—— 自 VC (~ X) 平均して X になる (★X は名詞); VA (~ *out at* [*out to*]..) 平均して..になる. His income ~*s* (*out at*) 50,000 dollars a year. 彼の平均年収は 5 万ドルだ. My car ~*s* 35 miles to the gallon. 私の車は 1 ガロン平均 35 マイル走る.

àverage óut (1) 平均値になる 〈*at*, *to* ..の〉 (→自 の例). (2) (特に, 相殺して)平均的な所に落ち着く, 釣り合う. Everything will ~ *out* in the end. すべては結局平均的な線に落ち着くだろう.

àverage /../ óut ..の平均(値)を出す 〈*at* ..と〉. ~ the profit *out at* one hundred pounds a week 利益を平均 1 週間当たり 100 ポンドと計算する.

àverage /../ úp ..を平均する.

[<アラビア語「船・積荷の損害」; 英語特有の意味「平均」は海損額を関係者が均等に負担したことから生じた]

†a·verse /əvə́:rs/ 形 〈叙述〉《章》 嫌って 〈*to* ..を〉; 反対で 〈*to doing* ..することに〉. be ~ *to* flattery [study*ing*] お世辞が嫌いだ[勉強をしたがらない]. I am not ~ *to* (hav*ing*) an occasional glass of wine. 《戯》 たまにはワインを 1 杯も悪くはありません. [<ラテン語 *āversus* (*āvertere* 'avert'の過去分詞)]

†a·ver·sion /əvə́:rʒ(ə)n, -ʃ(ə)n|-ʃ(ə)n/ 名 **1** aU 嫌悪, 反感, 〈*to* ..に対する〉 (類語 dislike より強意的で, 嫌悪の対象に近寄るのもいやという気持ち). They have a deep ~ *to* violence of any sort. 彼らはいかなる種類の暴力にも深い嫌悪を持つ. take an ~ *to* Tom トムが大嫌いになる. **2** C 大嫌いな人[もの]. Snakes are her pet ~. 蛇は彼女の大嫌いなものだ.

avérsion thèrapy 名 U 《医》 嫌忌療法 《アルコール依存症などの治療に用いられる》.

†a·vert /əvə́:rt/ 動 他 **1** 〔災難, 危険など〕を防ぐ, 避ける, (類語 差し迫る危険を機転や予防対策でわきにそらせること; →avoid). Every precaution was taken to ~ accidents. 事故を防ぐためにあらゆる予防策が講じられた. ~ a strike ストライキを避ける. **2** 〔目〕をそむける, 〔注意, 思いなど〕をそらす, 〈*from* ..から〉. Jane ~*ed* her eyes [gaze] *from* the cruel scene. ジェーンはそのむごたらしい場面から目をそらした. [<ラテン語 *āvertere*「他方へ向ける」(<ab-+*vertere* 'turn')]

A·ves·ta /əvéstə/ 名 〈the ~〉『アヴェスタ』《ゾロアスター教の聖典; 中世ペルシア語で書かれている》.

a·vi·an /éiviən/ 形 鳥類の.

a·vi·ar·y /éivièri|-viəri/ 名 (複 **-ries**) C (動物園などにある大型の)鳥小屋.

†a·vi·a·tion /èiviéiʃ(ə)n/ 名 U **1** 飛行, 航空; 飛行術. **2** 空軍(の装備) **3** 航空機産業. [フランス語; <ラテン語 *avis*「鳥」+-ation]

a·vi·at·or /éivièitər/ 名 C 《旧》 飛行士[家].

†av·id /ǽvəd/ 形 **1** (非常に)熱心な, 熱中した, (keen). an ~ stamp collector 熱心な切手収集家. an ~ reader 読書欲の旺盛な人. **2** 夢中な, 貪(どん)欲な, 〈*for*, *of* ..に〉 (greedy). be ~ *for* [*of*] power 権勢欲が強い. [<ラテン語「ひどく欲しがる」] ▷ **~·ly** 副 熱心に; むさぼるように.

a·vid·i·ty /əvídəti/ 名 U 《章》 **1** 非常な熱意, 熱心さ. **2** 貪(どん)欲さ 〈*for* ..に対する〉. work [eat] *with* ~ きわめて熱心に働く[むさぼり食う].

A·vi·gnon /ǽvi:njóun|ǽvi:njɔŋ/ 名 アヴィニョン 《フランス南東部 Rhone 川に臨む都市; 12 世紀からある橋が有名》.

a·vi·on·ics /èiviániks|-ɔ́n-/ 名 〈単数扱い〉 航空電子工学. [<*avi*ation+electr*onics*]

‡av·o·ca·do /æ̀vəká:dou/ 名 (複 **~s, ~es**) C アボカド 《熱帯アメリカ産の果実; 生のままサラダ, デザートなどにする; **avocàdo péar** とも言う》; アボカドの木. [<中米先住民語「睾丸」]

av·o·ca·tion /æ̀vəkéiʃ(ə)n/ 名 C **1** 《章》 副業; 余技, 趣味, (hobby). Teaching is my vocation and skating (is) my ~. 教師が本業でスケートは趣味. **2** 《話》 職業 (vocation). [<ラテン語「召喚する」]

av·o·cet /ǽvəsèt/ 名 C 《鳥》 ソリハシセイタカシギ.

‡a·void /əvɔ́id/ 動 (**~s** /-dz/|過 過分 **~·ed** /-əd/|**~·ing**) 他 **1** を避ける, 逃れる; VO (~ *doing*) ..することを避ける; (類語「避ける」の意味の最も一般的な語で危険などに意識的に近寄らないこと; →avert, escape, eschew, evade, shirk, shun). ~ bad company 悪友と付き合わないようにする. I think she's ~*ing* me. 彼女は私を避けているんだと思う. I won't see the lawyer if I can ~ it. できればあの弁護士には会いたくない. ~ him [war] like the plague [at all costs] 彼[戦争]をどんなことがあっても避ける. I couldn't ~ hear*ing* his tedious talk. 彼の退屈な話を聞かざるをえなかった. He narrowly ~*ed* be*ing* arrested. 彼はかろうじて逮捕を逃れた. **2** 〔人, 車などが〕を(轢(ひ)かないように)よける. [<古

期フランス語「空(から)にする」] 「れる過ち.
a·vóid·a·ble 形 避けられる. an ～ mistake 避けら↑
‡**a·void·ance** /əvɔ́id(ə)ns/ 名 U 避けること, 回避. ～ of one's responsibilities 責任の回避. ～ of danger 危険の防止. tax ～ (合法的な)税金逃れ, 節税.
av·oir·du·pois /æ̀vərdəpɔ́iz/ 名 U 常衡(じょうこう)《英米の重量の単位; 16オンスを1ポンドとする衡量で, 貴金属, 宝石, 薬品以外のものに用いる; **avoirdupóis wèight** とも言う; 略 av., avdp.》. [＜古期フランス語「量り売りされる品物」]
A·von /éiv(ə)n/ 名 **1** 〈the ～〉 エイヴォン川《イングランド中部の川; →Stratford-upon-Avon》. **2** エイヴォン《イングランド南西部の旧州》. [ケルト語「河」]
a·vouch /əváutʃ/ 動 他 《章》**1** VO (～ *that* 節) ..ということを断言する. **2** を保証する. **3** を認める; を白状する.
a·vow /əváu/ 動 他 《章》**1** を公然と[率直に]認める (admit); VO (～ *that* 節/"引用") ..であると/..と公言する. ～ one's guilt 自分の罪を認める. **2** VOC (～ *oneself* (*to be*) ..)自分が..であると認める, 公言する. He ～*ed* him*self* (*to be*) a supporter of disarmament. ＝He ～*ed that* he was a supporter of disarmament. 彼は自分は軍備縮小の支持者だと言明した (→1) 《He was an ～*ed* supporter... とも言える》. [＜古期フランス語「認める」(＜ラテン語 ad-＋*vocāre*「呼ぶ」)]
‡**a·vow·al** /əváuəl/ 名 UC 《章》公言; 告白, 自認. make (an) ～ of one's real purpose 自分の真の目的を告白する.
a·vówed 形 〈限定〉自認した, 公言した; 公然の. The ～ aim [intention] of the dictator was to expand his territory. その独裁者の公言してはばからないねらいは領土を拡大することだった. the ～ enemy of the people 公然たる民衆の敵.
a·vów·ed·ly /-ədli/ 副 《章》公然と, 自認して. He is ～ a conservative. 彼は自ら保守主義者だと認めている.
a·vun·cu·lar /əvʌ́ŋkjələr/ 形 《章》(特に, 情け深い)おじの(ような)《uncle の形容詞》. [＜ラテン語「母方のおじ」] ▷**～·ly** 副 「感などを表す》.
aw /ɔ:/ 間 《米》ちぇっ, ばかな, おお, 《嫌悪, 抗議, 同↑
AWACS /éiwæks/ 名 **1** 〈単複両扱い〉空中警戒管制システム《*a*irborne *w*arning *a*nd *c*ontrol *s*ystem》. **2** C 空中警戒管制機.
***a·wait** /əwéit/ 動 (～s /-ts/|過 過分 ～·ed /-əd/|～·ing) 他 **1** 〔人が〕を**待つ**, 待ち受ける, (類語 wait for より《章》). I ～*ed* his arrival. 彼の到着を待ち受けた. a long-～*ed* change 待望の改革. **2** 〔物事が〕〔人〕の**前途に控えている**, を待ち構えている. A pleasant surprise ～*s* you. 意外なうれしい事があなたを待ち受けている. [＜アングロノルマン語「..を待ち伏せる」; a-[4], wait]
‡**a·wake** /əwéik/ 動 (～s /-s/|過 **a·woke** /əwóuk/, 《米》～**d** /-t/|過分 **a·wok·en** /-ən/, 《米》～**d, a·woke** |**-wak·ing**) 自 【眠りから覚める】**1** 《章》**目が覚める** (★この意味では普通 wake (up) を用いる). I *awoke* one morning to find myself famous. ある朝目が覚めたら私は有名になっていた《詩人 Byron の言葉》. ～ *from* a dream 夢から覚める. ～ to the sound of a heavy rain 豪雨の音に目が覚める.
2【心の目が覚める】〔自覚, 記憶などが〕呼び起こされる; VA (～ *to..*) **..に気づく**, 目覚める. Conscience *awoke* in him. 彼の心に良心が目覚めた. ～ *to* the realities of one's life 自分の生活の現実に気づく.
── 他 **1** 《章》〔人〕を**起こす** (★この意味では普通 wake (up) を用いる). The telephone *awoke* him *from* his daydream. 電話の音で彼は真昼の夢から覚めた.
2 〔記憶, 関心など〕を呼び起こす; VOA (～ X *to..*) X(人)に..に対して自覚させる, 気づかせる; (★この意味では普通 awaken を用いる). ～ a person *to* a sense of shame 人に恥の意識を起こさせる. ～ people *to* the need to protect the environment 環境保護の必要性を人々に気づかせる.
── 形 m 〈叙述〉**1 目が覚めて**, 眠らないで, (↔asleep). *Awake* or asleep he is thinking of her. 寝ても覚めても彼は彼女のことを思っている. lie ～ 目を覚ましたまま横になっている. The children stayed ～ waiting for their father. 子供たちは寝ないで父親の帰りを待っていた. The noise kept me ～. その物音で私は眠れなかった. **2 気づいて** (aware) 〈*to* ..に〉; 油断のない 〈*to* ..に対して〉. be fully ～ *to* the seriousness of the matter 事の重大さに十分気づいている.
wìde awáke すっかり目が覚めて; 抜け目のない.
[＜古期英語; a-[2], wake[1]]
***a·wak·en** /əwéikən/ 動 (～s /-z/|過 過分 **～ed** /-d/|**～·ing**) 他 〈しばしば受け身で〉**1** 〔記憶, 関心など〕を**呼び起こす**; VOA (～ X *to..*) X(人)に**..を気づかせる, 悟らせる**. ～ new interest in Greek drama ギリシア劇への新しい関心を呼び起こす. People must be ～*ed to* the imminent danger. 人々に差し迫った危険を悟らせなければならない. **2** 《章》〔人〕を起こす(眠りから) (wake (up)). I was ～*ed* by the shock of an earthquake. 私は地震の衝撃で目が覚めた.
── 自 ＝awake 自. [＜古期英語; a-[2], waken]
†**a·wak·en·ing** /əwéikəniŋ/ 名 C 〈普通, 単数形で〉目覚め; 気づくこと 〈*to* ..に〉. her sexual ～ 彼女の性の目覚め.
a rùde awákening (予期せぬ厳しさによる)ショック. It was *a rude* ～ when she was told that he was leaving her. 君とは別れると彼に言われたのは彼女にとって予期しないショックだった.
── 形 目覚めつつある, つのってくる〔気持ちなど〕.
‡**a·ward** /əwɔ́:rd/ 動 (～s /-dz/|過 過分 **～·ed** /-əd/|**～·ing**) 他 **1** (審査して)を**与える**; VOO (～ X Y)・VOA (～ Y *to* X) X(人)に Y を授与する; 〈*for* ..に対して〉. ～ a scholarship 奨学金を与える. They ～*ed* him [He was ～*ed*] a gold medal *for* his achievement. 彼の業績に対し彼らは彼に金メダルを授与した[彼は金メダルを授与された]《金メダルを主語にすれば A gold medal was ～*ed* (*to*) him *for* his achievement.》.
2 VOO (～ X Y)・VOA (～ Y *to* X)〔裁判官などが〕X(人)のために Y を裁定する. The victims were ～*ed* £1,000 in damages. 被害者たちは損害賠償金として千ポンドの裁定を受けた.
── 名 (複 **～s** /-dz/) **1** C **賞品**, 賞金, ..賞; 《英》奨学金. The golf pro won the highest ～ of $50,000. そのプロゴルファーは5万ドルという最高額の賞金を獲得した. **2** U (裁判官などによる)裁定; C 裁定額.
[＜アングロノルマン語「検討する, 制定する」]
‡**a·ware** /əwéər/ 形 m **1** 〈叙述〉(**a**) **気づいて**, 知って, 〈*of* ..に, を〉(↔unaware; 類語 感覚器官によって気づくこと; →conscious). I became ～ *of* someone looking at me. 私はだれかが私を見ているのに気づいた. "Did Tom phone me?" "Not that [as far as] I'm ～ *of*." 「トムから電話あった?」「私の知る限りではなかったよ」
(**b**) 気づいて, 知って, 〈*that* 節 ..ということに[を]/*wh* 節 ..かに[を]〉(★that 節の内容は話し[書き]手が本当であることを前提としている). The climber was well ～ (*that*) there was danger ahead. その登山者は前方に危険のあることはよく知っていた. Those present weren't ～ (of) *how* I felt. 僕がどう感じているか出席者たちは気づかなかった.

連結 keenly [acutely, painfully; fully; hardly, scarcely] ～

2 〈修飾語を伴って〉..意識をもった, ..知識のある. environmentally [ecologically] ～ 環境問題[エコロ

A

ジー]を意識した. She is politically very [very politically] ～. 彼女は大変政治意識に目覚めている. **3** 自分の立場をわきまえた, 見識のある; 敏感な; 気配りのいい. [＜古期英語「大そう用心深い」]

a·wáre·ness 名 aU 気づいていること〈*of* ..に/*that* 節..ということに〉, 自覚, 意識. political ～ 政治意識. raise ～ 意識を高める. have an ～ *that* something is wrong どこかおかしいと気づいている.

a·wash /əwɔ́:ʃ, əwɑ́ʃ|əwɔ́ʃ/ 形 〈叙述〉 **1** 〔船の甲板などが〕波に洗われて, 水面すれすれで; 〔道路などが〕水をかぶって. **2** いっぱいで, あふれて, 〈*with* ..で〉. The street was ～ *with* shoppers. 通りは買い物客でごった返していた.

‡**a·way** /əwéi/ 副 ℂ 【**離れて**】 **1** (**a**) **離れて**, 遠くへ. How far ～ is your school? 学校はどのくらい離れていますか. stay ～ from ..に近づかない. *Away!* 〈間投詞的〉出てけ; 行くぞ. (**b**) **離れるように**〔..する〕. cut ～ the dead branches 枯れ枝を切り落とす. The dog frightened the children ～. 犬が怖くて子供たちは逃げた. (**c**) 〖スコ〗〈be ～ で〉 行く, 出発する. He's ～ tomorrow. 彼は明日出かけます. (**d**) 〖ゴルフ〗〔球が〕ホールから最も離れて.

2 (**a**) 〈名詞の後につけて〉 ..の距離[時間]を置いて, ..だけ離れて[先に], 〈*from* ..から〉. The lake is three miles ～ *from* here. 湖はここから3マイル離れている. The exams are only a week ～. 試験までもう1週間しかない. I was two months ～ *from* graduating from high school. 高校卒業まであと2か月だった. (**b**) 〖米〗〈後の前置詞, 副詞を強めて〉 はるかに, ずっと, (far), (★今は way² のほうが普通). ～ back in 1920 はるか1920年の昔に. ～ down the street 通りをずっと行ったところに.

【**よそへ**】 **3** **あちらへ**, よそへ; わきへ; 元の[見えない]場所に; 〖英俗〗豚箱から脱走して. He went ～ in a hurry. 彼は急いで立ち去った. Put ～ your books [summer clothes]. 本[夏服]を片付けなさい. lock a gold medal ～ in a drawer 引き出しに鍵(かぎ)を掛けて金メダルをしまい込む. Father came ～ with an armful of prizes. 父はひと抱えの賞品をもらって帰って来た. look ～ from ..から目をそらす. get ～ (→get (成句)).

4 【よそを行って】 〖スポーツ〗 (相手チームの競技場に)出かけて, 遠征して. play ～ 遠征試合をする.

【**不在で**】 **5** **留守で**, 不在で; 〖俗〗刑務所に入って. My father is ～ on a trip. 父は旅行に出て不在です. All of us will be ～ for the summer. 家中夏の間留守にします (類語 「短時間の外出」の場合は out: He is *out* for a walk. 彼は散歩に出かけている). be put ～ for 5 years 'むしょ'に5年ぶち込まれる. **6** 〖アイル俗〗頭がおかしくて, 気が狂って, 《～ in the head [mind] とも言う》.

【**なくなって**】 **7** (**a**) **消えて**, なくなって; 弱まって; **なくなるまで**〔..する〕. The snow began to melt ～. 雪が解け始めた. The sound faded ～. 音はだんだんに聞こえなくなった. dance the night ～ 踊り明かす. The cockroaches have eaten the cloth part ～. ゴキブリが布の部分を食べてしまった. die ～ 〔音などが〕弱まる. wear ～ 〔タイヤなどが〕すり減る. explain ～ a failure 失敗を釈明して言い逃れる. (**b**) 〖野球〗アウトになって. with two ～ in the top of the eighth 8回表ツーアウトで.

8 手元からなくなって, 〔..し〕去って. He gave all his money ～. 彼は金をみんな人にやってしまった. throw ～ an old parasol 古いパラソルを捨て去る.

【**遠くへ＞先へ**】 **9** **続けて**, どんどん, せっせと, (語法 この away は自動詞に付く). talk ～ しゃべりまくる. They have been eating ～ for two hours. 彼らは2時間もせっせと食べ続けている. work ～ on one's personal computer パソコンをせっせとやる. 参考 drudge, grind, plod, slave, toil なども連結する.

10 【先を急いで】 ただちに, すぐさま. Ready with the guns? Fire ～! 銃の用意はいいか, それ撃て.

Àre we awáy? 〖話〗(もう)行こうか, さあ出発だ.

Awáy with ..! 〖雅〗 ..を追い払え; ..を取り去れ. *Away with* him [you]! 彼を追い払え[立ち去れ, あっちへ行け].

òut and awáy はるかに, 群を抜いて, (by far). He is *far and* ～ the best jockey. 彼は抜群の騎手だ.

rìght [***stràight***] ***awáy*** →right¹, straight.

wèll awáy →well¹.

Whère awáy? 〖海〗どの方向だ《見張りの報告を受けて》.

—— 形 **1** 〖スポーツ〗遠征地での (↔home). an ～ match 遠征試合, アウェー. **2** 〖競馬〗レース前半の.

—— 名 Ⓒ 〖スポーツ〗遠征試合(での勝利).

[＜古期英語「途中で」; a-¹, way]

***awe** /ɔ:/ 名 Ⓤ **畏**(い)**敬**, 畏怖, (類語 尊敬や賛嘆の念のこもった恐れ; →fear). be [stand] in ～ *of* God 神を恐れ敬う. be struck with ～ 畏怖の念に打たれる. The sight of Mont Blanc filled me with ～. モンブランを見て私は畏怖の念でいっぱいだった. As a child I always held my grandfather in ～. 子供のころ私はいつも祖父に畏敬の念を抱いていた. with ～ 畏敬の念をもって.

—— 動 (**～s** /-z/|過 過分 **～d** /-d/|**aw(e)·ing**) 他 〔人〕に畏敬の念を起こさせる; 〔人〕を威圧する〈*into* ..させるように〉. Tourists were ～*d into* silence by the majestic view. 観光客は壮大な眺めに威圧されて声も出なかった. ◇形 awful, awesome [＜古期北欧語「恐怖」] ▷ **～d** 形 畏敬の念を持った.

a·wear·y /əwí(ə)ri/ 形 〖詩〗＝weary.

a·weigh /əwéi/ 副 〖海〗〔いかりが〕海底を離れて.

áwe-inspìring 形 畏(い)敬の念を起こさせる, 荘厳な.

‡**awe·some** /ɔ́:səm/ 形 **1** 畏(い)敬の念を起こさせる; 恐ろしい, すさまじい. the giant's ～ powers 巨人の怪力. **2** おそれかしこんだ〔態度など〕. **3** 〖米話〗とてもよい, すばらしい. We had an ～ time at the party. パーティーはすばらしく楽しかった. ▷ **～·ly** 副

áwe·strìcken 形 ＝awestruck.

áwe·strùck 形 畏(い)敬の念に打たれた, おそれかしこんだ. his ～ face 畏敬の念に打たれた彼の顔.

‡**aw·ful** /ɔ́:f(ə)l/ 形 ⓜ **1** **恐ろしい**, すさまじい, (類語 「awe を感じさせるような」; →fearful). an ～ storm すさまじいあらし. **2** 〖話〗**とても悪い**, ひどい, (very bad); 気分[具合]が悪い (ill). What ～ weather! なんてひどい天気だ. This food tastes [smells] ～. これはひどい味[匂い]だ. I feel ～ today. 今日は気分が悪い. You look ～. 具合悪そうですよ. **3** 〖話〗ものすごい, 非常な, (great). an ～ lot of money すごい大金. an ～ load of work すごく多い仕事. **4** 〖雅·古〗＝awe-inspiring.

—— 副 〖話〗とても, ものすごく, (awfully). ～ good とってもよい. She was ～ glad. 彼女はすごく喜んだ.

[＜中期英語; awe, -ful]

▷ **～·ness** 名 Ⓤ 恐ろしさ, すさまじさ; ものすごさ.

***aw·ful·ly** /ɔ́:f(ə)li/ 副 ⓜ 〖話〗 **1** **とても**, すごく, (very). It's ～ kind of you. ご親切にどうもありがとう. **2** ひどく悪く, 無作法に. I scored ～ on my test. テストの点はひどかった.

‡**a·while** /ə(h)wáil/ 副 〖雅·章〗しばらく (for a while). Rest (for) ～ after dinner. 食後はちょっと休め (★for a white との混同で for が入ることがあるが, 本来は不要). ～ back しばらく前に.

***awk·ward** /ɔ́:kwərd/ 形 ⓜ, ⓔ **1** 〔人, 動物が〕**不器用な**, へたな, 〈*with, at* ..が〉; 〔行動, 態度などが〕**ぎこちない**, ぶざまな, (clumsy). Our child is still ～ *with* his knife and fork. うちの子はいまだにナイフとフォークの使い方がへただ. make an ～ bow ぎこちなくおじぎをする. **2** 〔道具, 建具などが〕**使いにくい**, **不便な**; 難しい, 〔曲がり

角などが〕危ない. an ～ tool 使いにくい道具. an ～ door to open 開けにくい戸. an ～ bend in the road 道路の要注意のカーブ.
3 〔人, 事態などが〕**処理しにくい**, やっかいな, 扱いにくい, 人を困らせる, (difficult); **都合の悪い** (inconvenient); 〖英〗意地が悪い. come at an ～ hour 都合の悪い時間に来る. an ～ question 答えにくい質問. make things ～ 事態をめんどうにする. an ～ customer 手ごわい相手《人, 動物》. That will put you in an ～ position. そうなると君は困った立場になるだろう.
4 具合の悪い, 気まずい, (embarrassing); 〔人が〕きまり悪くて, どぎまぎして, (embarrassed); 窮屈な, 居心地の悪い. There was an ～ moment when no one said anything. だれも何も言わない気まずい瞬間があった. feel ～ ばつが悪い, てれくさい. His position was ～, so he moved a little. 姿勢が窮屈だったので彼は少し身じろぎした.
[＜〖廃〗*awk*「逆向きになった」(＜古期北欧語), -ward]　「と子供のどっちつかずの時期で扱いにくい》.
àwkward áge [名] 〈the [that] ～〉思春期《大人↑
†**áwk·ward·ly** [副] **1** 不器用に, ぎこちなく. handle chopsticks ～ 不器用に箸(はし)を使う. **2** やっかいな立場に, 不都合に. He is ～ placed. 彼は困った立場にある. **3** 気まずく, 間が悪そうに. Mary burst into tears, and Tom patted her shoulder ～. メリーがわっと泣き出すとトムは気まずそうに彼女の肩をなでた.
áwk·ward·ness [名] [U] 不器用さ, ぎこちなさ; 不都合さ; 気まずさ, 間の悪さ.
awl /ɔ:l/ [名] [C] 突ききり, 千枚通し,《特に靴屋の》.
awn /ɔ:n/ [名] [UC] (麦などの)芒(のぎ).
awn·ing /ɔ́:niŋ/ [名] [C] (窓, 出入り口, 船の甲板などの)日よけ, 雨よけ,《ズック又はビニール製》.

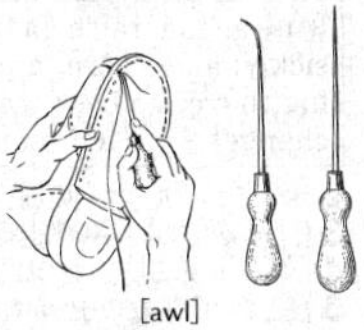
[awl]

a·woke /əwóuk/ [動] awake の過去形.
a·wok·en /əwóukən/ [動] awake の過去分詞.
AWOL, awol (★ /éiwɔ̀:l/ とも発音) [形] 〖話〗〈叙述〉〖軍〗無断欠勤[外出]で《＜*a*bsent *w*ith*o*ut *l*eave》. go ～ 無断欠勤[外出]する; 〈比喩的に〉〔物が〕姿を消す. ── [名] [C] 無断欠勤[外出]者.
a·wry /ərái/ [副], [形] 〈叙述〉**1** 曲がって, ゆがんで, ねじれて, 斜めに. His tie is ～. 彼のネクタイはゆがんでいる. look ～ 横目で[ひがんで]見る. **2** 間違って, 誤って. The plan has gone [run] ～. 計画は失敗した.
[＜中期英語; a-², wry]
aw-shucks /ɔ́:ʃʌks, ─́─/ [形] 〖米話〗照れた, 謙遜した.
*__ax__ 〖米〗, **axe** /æks/ [名] (複 **ax·es** /-əz/) [C] **1** (柄の長い)おの, まさかり. **2** 〖話〗〈the ～〉**解雇**, '首切り'; (計画などの)打ち切り, 廃止; (人員, 経費の)削減. face the ～ 首になりそうである. The ～ is hanging over . . は首になりそうだ. **3** [C] 〖俗〗楽器, 〈特に〉ギター, 〖旧〗サキソフォン.
gèt the áx 〖話〗(1) 首になる, 解雇される; 放校される; (恋人などから)ふられる. (2) 〔計画が〕(資金不足などで突然)やめになる. (3) (刑として)首を切られる.
give . . the áx (1) 〔計画など〕をとりやめる; 〔経費など〕を大幅に削減する. (2) 〔人〕を首にする.
hàve an [no] àx to grínd 〖話〗利己的なたくらみがある[ない], 何か下心がある[ない].
── [動] [他] **1** をおので切る. **2** を首にする; に大なたを振るう; を打ち切る, 〔人員, 経費など〕を大幅に削減する.
[＜古期英語]　「空中で1回転半する》.
ax·el /ǽksəl/ [名] [C] 〖スケート〗アクセル《ジャンプして↑

ax·es¹ /ǽksəz/ [名] ax, axe の複数形.
ax·es² /ǽksi:z/ [名] axis の複数形.
ax·i·al /ǽksiəl/ [形] 軸の, 軸をなす; 軸の回りの. ◇[名] axis　「部分》.
ax·il /ǽksil/ [名] [C] 葉腋(ようえき)《葉の付け根の上向きの↑
†**ax·i·om** /ǽksiəm/ [名] [C] **1** 自明の真理; 金言〈*that* 節. . という〉. **2** 〖数・論〗公理.
ax·i·o·mat·ic /æ̀ksiəmǽtik [移]/ [形] 自明の; 金言的な; 公理の. ▷**ax·i·o·mat·i·cal·ly** /-k(ə)li/ [副]
†**ax·is** /ǽksəs/ [名] (複 **ax·es** /-si:z/) **1** [C] 回転軸, 軸線; (物の)中心線. The earth rotates on its ～. 地球は地軸を中心に自転する. **2** [C] (グラフなどの)座標軸. **3** 〈the A-〉枢軸国《第2次大戦の時の日・独・伊3国; ↔the Allies》. [ラテン語「車軸, 地軸」]
*__ax·le__ /ǽks(ə)l/ [名] (複 ～**s** /-z/) [C] **心棒**; 車軸(棒). [＜古期北欧語 'axis']
áxle·trèe [名] [C] 車軸(棒).
Ax·min·ster /ǽksminstər/ [名] [UC] 〖商標〗アキスミンスター(織(じゅうたん))《英国 Devon 州の町 Axminster 原産の機械織じゅうたん》.
ax·o·lotl /ǽksəlɑ̀tl|æ̀ksəlɔ́tl/ [名] [C] 〖動〗アホロトル《メキシコ, アメリカ南西部の湖沼に住むサンショウウオ類》. [中米先住民語「水中の人形」]
ax·on, ax·one /ǽksɑn|-sɔn/, /-soun/ [名] [C] 〖解剖〗軸索《神経細胞から細長く伸びる突起部分; 刺激を伝える; →neuron》.
ay¹ /ai/ [副], [間] 〖海〗はい; 〖議会〗賛成, そのとおり, (yes) (★上記以外では〖方〗又は〖雅〗). *Ay*(*e*), *ay*(*e*), sir! はい承知しました《(特に海軍で)上官の命令に対する返事》.
── [名] (複 **ayes** /aiz/) [C] 賛成(投票); 賛成投票者; (yea; ↔nay). The *ayes* have it! 賛成者多数《議長の宣言》. [たぶん *I*「私(も賛成)」の変形]
ay² /ei/ [副] 〖古・詩〗絶えることなく (always). for (ever and) *ay* とこしえに.
ay·ah /áiə/ [名] [C] (インド・パキスタンの)乳母.
a·ya·tol·lah /ɑ̀:jətóulə/ [名] [C] **1** . . 師《イランのイスラム教最高指導者の称号》 **2** (有力な)指導者.
aye¹ /ai/ [副], [間], [名] ＝ay¹.
aye² /ei/ [副] ＝ay².
aye-aye /áiài/ [名] [C] 〖動〗アイアイ, ユビザル,《夜行性で長い尾と長い爪(つめ)のような指がある; マダガスカル産》.
Àyers Róck /èərz-/ [名] エアーズロック《オーストラリア, Northern Territory 南西にある赤い岩山; 単一の岩としては世界最大》.
Ayr·shire /éərʃiər, -ʃər/ [名] エアシャー《スコットランド南西部の旧州; 現在は Strathclyde Region の一部》.
AZ 〖郵〗Arizona.
À-Ź /-tə-/ [名] 〖英〗街路名入り都市地図帳.
a·za·lea /əzéiljə/ [名] [C] アザレア属の植物の総称.
Az·er·bai·jan /ɑ̀:zərbaidʒɑ́:n, æ̀z-/ [名] アゼルバイジャン《CIS 構成共和国の一員; 1991年独立; カスピ海沿岸にある; 首都 Baku》. ▷～**i** /-i/ [形], [名] [C] アゼルバイジャンの(人).
az·i·muth /ǽzəməθ/ [名] [C] 〖天・測量〗方位(角).
A·zores /éizɔ:rz, əzɔ́:rz|əzɔ́:z/ [名] 〈the ～; 複数扱い〉アゾレス諸島《北大西洋にあり, ポルトガル領》.
A·zov /éizɔ:f, ǽz-|éizɔv, ɑ́:z-/ [名] **the Sea of ～** アゾフ海《黒海北東部の内海》.
AZT [名] azidothymidine /æzàidouθáimidì:n/《エイズ (AIDS) の進行を遅らせる薬効がある》.
Az·tec /ǽztek/ [名] [C] アステカ人《メキシコ中央部の先住民族; その王国は16世紀初めに滅亡した》.
Àztec twó-step [名] 〈the ～〉(旅行者がかかる)下痢《特にメキシコで》.
az·ure /ǽʒər/ [形] 空色の; 青空の. ── [名] [U] 空色, 淡青色; 〖詩〗〈the ～〉青空. [＜アラビア語「瑠璃(るり)」]

B

B, b /biː/ 名 (複 **B's, Bs, b's** /-z/) **1** UC ビー《英語アルファベットの第 2 字》. **2** C B 字形のもの. **3** U 第 2 仮定者[物], 乙; 〖数〗第 2 既知数 (→A, C). **4** U 〖楽〗ロ音; ロ調. *B* flat [sharp] 変[嬰(えい)]ロ音《記号 B♭ [B♯]》. *B* major [minor] ロ長[短]調. **5** C 二流のもの, B 級; UC (学業成績の)良上, B. **6** U 〖英〗B 級(道路). →A, ab. **7** U (血液型の) B 型. ★2, 4, 5, 6, 7 では大文字を用いる.

B[1] Bible; 〖チェス〗bishop; black《鉛筆の軟度を示す; ↔H》; 〖化〗boron; British.

B[2], **b**[1] bachelor; base; 〖楽〗bass; bay; book.

B- 〖米〗〖軍〗bomber (爆撃機).

b[2] billion; born; 〖クリケット〗bowled.

BA Bachelor of Arts; British Academy; British Airways; British Association (for the Advancement of Science); Buenos Aires; 〖野球〗batting average.

Ba 〖化〗barium.

baa /bɑː/ 名 C めー《羊の鳴き声; **ba** ともつづる》. *Baa*, ~, Black Sheep.「めー, めー, 黒い羊さん」《この 1 行で始まる童謡がある》.
── 動 (~s /-z/|過 過分 **~ed, ~'d** /bɑːd/|**báa·ing**) 自 〔羊が〕めーと鳴く (bleat). [擬音語]

Ba·al /béi(ə)l/ 名 (複 **Ba·al·im** /-im/) **1** バール神《古代セム族の農作の神》. **2** C〈時に b-〉(ヘブライ人から見て)邪神; 偶像 (idol).

Bab·bage /bǽbidʒ/ 名 **Charles** ~ バベッジ (1792–1871)《英国の数学者・発明家; 電算機の原型と言える計算機を組み立てた》.

bab·bitt, B- /bǽbət/ 名 C (金と世間的成功しか頭にない)俗物的実業家《米国の作家 Sinclair Lewis の同名の小説の主人公の名から》.

bab·ble /bǽb(ə)l/ 動 自 **1** 〔幼児などが〕片言を言う; ぺちゃくちゃ早口でしゃべる; むだ口をきく 〈*away, on*〉〈*about* ..について〉. ~ *on* and *on* 延々とむだ口をきく. **2** 〖雅〗〔小川が〕さらさら音を立てる. a *babbling* stream さらさら流れる小川. ── 他 をぺちゃくちゃ早口でしゃべる; を不用意にしゃべる; VO (~ *that* 節/"引用") ..と/「..」と分かりにくい早口で言う. ~ *out* a secret 秘密を口走る.
── 名 aU **1** 片言; おしゃべり; (早口で)分かりにくい言葉; たわごと. **2** (小川の)せせらぎ. [擬音語]

-babble 〈複合要素〉 ..についての分かりにくい話. computer-*babble* わけの分からないコンピュータの話.

báb·bler 名 C **1** 片言をしゃべる幼児. **2** おしゃべり屋; 口の軽い人.

‡**babe** /beib/ 名 C **1** 〖古・雅〗みどりご, おさな子, (baby). **2** うぶな人, だまされやすい人. **3** 〖主に米俗〗= baby 5.
a bàbe in árms (1) まだはいはいできない赤ん坊. (2) うぶな人; 頼りない人.
a bàbe in the wóod うぶな人, 'かも', 《森に連れ出されて死ぬ 2 人の子供を歌ったバラッドから》.
bàbes and súcklings (1) 幼児と乳飲み子《聖書から》. (2) 半人前の連中.
[<中期英語; 幼児の *ba, ba* という発声から]

Ba·bel /béib(ə)l, bǽb-|béi-/ 名 **1** バベル《Babylon のヘブライ語名》. **2** 〖聖書〗バベルの塔 (the Tower of Babel)《昔 Babylon で人間が天まで届かせようと建て始めた塔; 神は怒って人間の言語を混乱させ, 計画をだめにしたと言う》. **3** aU〈b-〉がやがやした話し声; 騒然とした状態; 喧噪(けんそう)の場. a *babel* of voices 騒がしく飛び交う声. **4** C 実現困難な計画. [<アッカド語「神の門」]

bábies' brèath 名 =baby's breath.

ba·boon /bæbúːn|bə-/ 名 C **1** 〖動〗ヒヒ《アフリカ・アラビア産》. **2** (特に知能の低い)粗暴な人; 醜い人.

ba·bu, ba·boo /bɑ́ːbuː/ 名 C 〖インド〗〖普通, 軽蔑〗インド人書記《古くは Mr. の意味で用いた》.

ba·bush·ka /bəbúːʃkə/ 名 C バブーシュカ《あごの下で結んで頭にかぶる婦人用スカーフ》.
[ロシア語 'grandmother']

‡**ba·by** /béibi/ 名 (複 **-bies** /-z/) C **1 赤ん坊**, 赤ちゃん, (まだ歩けない)幼児, (★it でも受けるが, 家庭内では性別が明らかなので he [she] で受けるのが普通). The ~ opened *his* [*her*] mouth. 赤ん坊は口を開けた. The ~ is due in May. 赤ん坊(が産まれるの)は 5 月の予定です. She had the ~ in May. 彼女は 5 月に出産した. make a ~ 子供をこしらえる.

> 連結 an adorable [a bouncing, a healthy; a sickly; a newborn; a premature] ~ // be carrying [have; deliver; feed, nurse, suckle; wean; change] a ~ // a ~ crawls [cries]

2 末っ子; (グループ内の)最年少者, 'ちび'.
3 (同種類中の)小さい物[動物]; 子供, ひな.
4 〖軽蔑〗'赤ん坊', 'ねんね', だだっ子.
5 〖主に米俗〗女の子, かわい子ちゃん; ねえ, あなた, (darling), 《恋人, 夫婦間などの呼びかけに》.
6 〖俗〗人, やつ, (person); もの (thing). Tom is a tough ~. トムは手ごわい[腕っぷしの強い]男だ.
7 〈形容詞的〉赤ん坊(用)の; 赤ん坊のような; 小型の. a ~ boy 男の赤ん坊. a ~ face (丸くてすべすべした)赤ちゃん顔. a ~ wife おさな妻. a ~ car 小型[豆]自動車. a ~ rose ミニバラ.
be a person's báby 〖話〗〔計画などが〕人の手がけたものである; 〔行為などが〕人の責任である. Don't ask me about the project—that's Will's ~. その計画については僕に聞かないでくれ. それはウィルの始めたことだ.
be expècting a báby →expect.
be léft hòlding the báby 〖英話〗=be left holding the BAG.
chànge a báby おしめを取り替える.
stàrt a báby 〖英話〗妊娠する.
throw awày [òut] the báby with the báthwater ふろ水[ごみ]と一緒に赤ん坊[大事な物]を捨てる《'角(つの)を矯(た)めて牛を殺す' の類》.
── 動 (**-bies**|過 過分 **-bied**|**~·ing**) 他 **1** を赤ん坊扱いする, 甘やかす. **2** 〖話〗を(赤ん坊のように)大事に扱う. ~ one's new car 新しい車を大切に使う. [babe, -y[3]]

bàby blúe 名 **1** U 淡い空色, ベビーブルー; 〈~s; 複数扱い〉〖話〗(人の)青い目. **2** 〈the ~s; 複数扱い〉〖話〗産後のふさぎ込み. ▷ **bàby-blúe** 形

bàby bóom 名 C 〖話〗(第 2 次大戦後の)ベビーブーム.

bàby bóomer 名 C 〖話〗ベビーブーム世代の人.

báby bùggy 名 C **1** 〖米〗乳母車 (〖英〗pram). **2** 〈B- B-〉〖英・商標〗ベビーカーの 1 種 (→stroller).

báby bùst 名 C (急激な)出生率低下.

báby càrriage 名 =baby buggy.

báby dòll 名 C 〈しばしば ~s〉ベビードール《裾の広がったヒップ丈の上着とビキニ風パンティの寝間着; **bàby doll pajámas [níghtgown]** とも言う》.

báby fàrmer 名 C (長期の)子供預かり屋《営利的な託児所を非難した名称》.

bàby gránd 名 C 小型グランドピアノ.

Baby·gro /béibigrou/ 名 (複 **~s**) C 〖英〗〖商標〗ベビーグロー《伸縮素材によるベビー服; 普通, 頭と手以外をそっくり包む》.

báby·hòod /-hùd/ 名 U 赤ん坊時代, 幼児期; 幼少; 〈集合的〉赤ん坊 (babies), 幼児.

ba·by·ish /béibiiʃ/ 形 赤ちゃんぽい, 子供じみた.

Bab·y·lon /bǽbələn/ 名 **1** バビロン《古代 Babylonia の首都》. **2** C 奢侈(しゃし)退廃の町.

Bab·y·lo·nia /bæ̀bəlóunjə, -niə/ 名 バビロニア《2600–538 B.C.ごろアジア南西部の Tigris 川と Euphrates 川下流にあった古代王国》.

Bab·y·lo·nian /bæ̀bəlóunjən, -niən 形/ 形 **1** バビロンの; バビロニア王国の. **2** 華美で退廃的な; 邪悪な, 悪徳の. ── 名 **1** C バビロニア人. **2** U バビロニア語《セム語族に属する》.

báby mìlk 名 U (乳児用)粉ミルク.

báby-mìnder 名 C 〖英〗(特に共稼ぎ夫婦の)赤ん坊を世話する人《自分の家に預かって面倒を見る; →baby-sitter》.

báby-pròof 形 =child-proof.

báby's [bábies'] brèath 名 U 〖植〗カスミソウ.

‡**báby·sìt** 動 (~s /-ts/|過 過分 **-sat** /-sæt/|~·ting) (★過去形は babysat の代わりに did babysitting を用いることがある) 自 〖話〗(アルバイトで)両親の留守中子守をする《単に sit とも言う》. ~ *with* a person's child 人の留守中子守をする. I often ~ *for* my big sister. 私はよく姉さんの留守中の子守に行く. ── 他 の子守をする. [<*babysitter*]

‡**ba·by·sit·ter** /béibisìtər/ 名 (複 **~s** /-z/) C ベビーシッター, 留守番子守, 《両親の留守中雇われて子守をする; 単に sitter とも言う; →baby-minder》.

báby snàtcher 名 C 〖話〗**1** 赤子どろぼう《人》. **2** 〖英〗=cradle-snatcher.

báby tàlk 名 U 幼児の片言; (大人が幼児に対して用いる)幼児[赤ちゃん]言葉.

báby tòoth 名 (複 →tooth) C 〖米〗乳歯 (milk tooth).

báby wàlker 名 C 〖主に英〗(幼児の)歩行器(〖主に米〗go-cart).

bac·ca·lau·re·ate /bæ̀kəlɔ́ːriət/ 名 C **1** 〖章〗学士号 (bachelor's degree). **2** 〖米〗(大学の)卒業式訓示《普通, 説教の形式を採る》. **3** (フランスの)大学入学資格試験, バカロレア, 《中等教育終了時に行われる国家試験》. sit [pass, fail] one's ~ バカロレアを受験[に合格, 落第]する.

bac·ca·ra(t) /bɑ́ːkərɑ̀ː, bǽk-, ⌣⌣´/ 名 U バカラ《トランプ賭博(とばく)の一種》. [<フランス語]

Bac·ca·rat /bɑ́ːkərɑ̀ː, bǽk-, ⌣⌣´/ 名 〖商標〗バカラ(グラス)《フランス北東部 Baccarat 産の高級クリスタルガラス製品》.

bac·cha·nal /bǽkən(ə)l, bæ̀kənǽl, bɑ̀ːkənɑ́ːl/ 形 **1** Bacchus の; バッカス祭の. **2** 酔ってどんちゃん騒ぎする. ── 名 C **1** バッカスの崇拝者[祭司]; 酔って騒ぐ人. **2** 〖雅〗どんちゃん騒ぎ.

Bac·cha·na·lia /bæ̀kənéiljə, -liə/ 名 (複 **~, ~s**) C **1** (古代ローマの)バッカス祭. **2** 〈b-〉飲めや歌えの大騒ぎ, 無礼講.

bac·cha·na·lian /bæ̀kənéiljən, -liən 形/ 形 バッカス祭の; どんちゃん騒ぎの. ── 名 =bacchanal 1.

bac·chant /bǽkənt/ 名 (複 **~s, bac·chan·tes** /bəkǽntiːz/) C **1** バッカスの祭司[礼賛者]. **2** 酒を飲んで騒ぐ人.

bac·chan·te /bəkǽnt|bəkǽnti/ 名 C bacchant の女性形.

Bac·chus /bǽkəs/ 名 〖ギ・ロ神話〗バッカス《酒神; 古くは Dionysus とも言った》.

bac·cy /bǽki/ 名 U 〖英話〗たばこ《<to*bacco*》.

Bach /bɑːk, bɑːx/ 名 **Johann Sebastian ~** (大)バッハ (1685–1750)《ドイツの作曲家; 音楽の父と言われる》.

bach /bætʃ/ 〖米俗〗名 C 独身男, チョンガー, 《<*bach*elor》. ── 動 他 〈主に次の成句で〉

bách it チョンガー(の寄り合い)暮らしをする.

***bach·e·lor** /bǽtʃ(ə)lər/ 名 (複 **~s** /-z/) C **1** (結婚歴のある)**未婚[独身]の男子** (→spinster). a confirmed ~ 独身主義者. an eligible ~ (裕福で夫として)望ましい独身者. **2** 学士 (→doctor, master).

kèep báchelor('s) hàll 〖米〗〔男が〕独身生活を送る; 〔夫が〕(妻の不在中)家事を切盛りする.

[<古期フランス語「騎士志願者」]

báchelor flàt 名 C 〖英〗独身者用アパート.

báchelor gìrl 名 C 自活している独身女性.

báchelor·hòod /-hùd/ 名 U 独身; 独身生活[時代].

Bàchelor of Árts 名 (複 **Bachelors of Arts**) C 文学士《略 BA, 〖米〗AB; 文学部卒業者の外に, 文科系の諸学部の卒業者にも与えられる》. take a *BA* at Cornell コーネル大学で学士号を取る.

Bàchelor of Scíence 名 (複 **Bachelors of Science**) C 理学士《略 BSc, SB, 〖米〗BS; 理学部卒業者の外に, 理科系諸学部の卒業者にも与えられる》.

báchelor pàrty 名 〖米〗=stag party.

báchelor's-bùttons 名 〈単複両扱い〉花冠が丸いボタン状の草花《八重のキンポウゲ (buttercup), ヤグルマギク (cornflower) など》.

báchelor's degrèe 名 C 学士号 (baccalaureate).

bac·il·lar·y /bǽsəlèri|bəsíləri/ 形 棒状の; 桿(かん)菌の[による].

ba·cil·lus /bəsíləs/ 名 (複 **ba·cil·li** /-lai/) C **1** 桿(かん)菌, バチルス, 《棒状の細菌; チフス菌, ジフテリア菌など》. **2** 〈しばしば -li〉〈一般に〉細菌 (bacteria), バクテリア. [ラテン語「小さな棒」]

‡**back** /bæk/ 名 (複 **~s** /-s/)

【背】 **1** C (人, 動物の)**背中**; 背(は)部, 背骨 (backbone); (衣類をまとう部分としての)体. carry one's baby on one's ~ 赤子を背負う. have a pain in one's ~ 背中が痛む. as soon as his ~ was turned 彼の背が向けられる[彼が立ち去る]とすぐに. He has only the clothes on his ~. 彼には今着ている服しかない.

【物の背部】 **2** C (位置や形が)背中に相当する部分. a jacket with unlined ~ 背抜きの上着. the ~ of a chair 腰かけの背もたれ. the label on the ~ of a book 本の背に張られたラベル. the ~ of one's hand 手の甲 (→palm 名 1). the ~ of one's head 後頭部, うなじ. the ~ of a knife ナイフのみね. the ~ of a hill 山の尾根. the ~ of a ship 船の竜骨. the ~ of a brush ブラシの握り.

【後部】 **3** C (場所, 建物, 乗り物などの)**奥**; (物の)**後ろ**; **裏**, 裏側; 裏手; (↔front). The mother was at the wheel and the children in the ~ (of the car). 母親が運転して後ろの座席に子供たちが乗っていた. the ~ of the mouth 口の奥. write one's name on the ~ of a check 小切手の裏に署名する. the ~ of a house 家の裏手. out [round] the ~ 〖英話〗(家などの)裏手に[の] (〖米〗out [in the] ~).

4 〈the Backs; 複数扱い〉ケンブリッジ大学(学寮)の裏庭《Cam 川沿いにあり, その美しい景観で有名》.

5 UC (サッカー, ラグビー, ホッケーなどの)後衛, バック, 《fullback, halfback, three-quarter back を言う》.

at a pèrson's báck =at the BACK of.. (2).

****at the báck of..*** (1) ..の後ろに[で, の]; ..の奥に;

B

(↔in front of..). There is an appendix *at the* ～ *of* the book. 巻末には付録が付いている. *at the* ～ *of* my house 僕の家の後ろに. *at the* ～ *of* his mind (意識しないが)心の隅で. (2) ..を支持[後援]して.

bàck to báck (1)背中合わせに〈*with* ..と〉. The two houses stand ～ *to* ～ *with* each other. 2軒の家は背中合わせに立っている. (2)〖主に米〗続けざまに; 相次ぎ. fail in foreign policy ～ *to* ～ 外交政策に相次ぎ失敗する.

bàck to frónt (1)〖英〗後ろ前に(〖米〗backward). wear a T-shirt ～ *to front* Tシャツを後ろ前に着る. (2)(表から裏まで)完全に, 徹底的に, 〔知るなど〕. (3)乱雑に; 混乱して; (in disorder).

****behind a pèrson's báck*** = ***behind the báck of a pèrson*** 人のいないところで, 陰で, (↔to a person's face). She speaks ill of him *behind* his ～. 彼女は陰で彼の悪口を言う. go *behind* a person's ～ 人に内緒で事を進める.

be on a pèrson's báck (1)(文句を言うなどして)人を悩ます, じゃまする. (2)人におんぶされている.

brèak one's báck (to do) 〖話〗(..しようと)(背骨を折るほど)一生懸命頑張る.

brèak the báck of.. 〖話〗(1)〔仕事など〕の大半[厄介な部分]を片付ける. We can take it easier now—we've *broken the* ～ *of* the work. もう今までよりものんびりやってよい, 仕事の大半は終わったんだから. (2)〔反対勢力など〕を制圧する.

brèak the bàck of a pérson = ***brèak a pèrson's báck*** 〔仕事, 責任などが〕人に背負いきれないほどの荷を負わせる, 人を押しつぶす; 人を失敗させる, 〈特に〉破産させる.

gèt one's [a pèrson's] báck ùp 〖話〗怒る[人を怒らせる]; 反抗的になる[人を反抗的にさせる]《猫が怒った時の姿勢から》.

gèt off a person's báck 〖話〗人を悩ます[じゃまする]のをやめる.

gèt one's òwn báck on.. ..に仕返しをする.

give a pèrson a báck (馬跳び遊びなどで)人の馬になる; 人に背中を貸す《踏み台の代わりなどに》.

give a pèrson the báck 人に背を向ける; 人を無視する.

have one's bàck to [against] the wáll →wall.

in báck of.. 〖米話〗=at the BACK of..

knów..like the bàck of one's hánd →know.

lìve off a person's báck 人を搾取する; 人に頼って生きる.

****on one's báck*** (1)あお向けになって; 〖話〗病床に就いて; 万策尽きて. fall (flat) *on* one's ～ あお向けに倒れる. swim *on* one's ～ 背泳ぎをする. be (flat) *on* one's ～ 〈特に〉病気で寝ている; 万策尽きている. (2)背負って. (3)すぐ後ろに迫って.

màke a báck for a pérson =give a person a BACK.

pàt a pèrson on the báck →pat¹.

pùt one's báck into.. 〖話〗〔仕事など〕に本腰を入れる.

pùt [sèt, gèt] one's [a pèrson's] báck ùp ↑

sèe the báck of.. 〖話〗..を追い払う; ..を片付ける. I'm glad to *see the* ～ *of* him. 彼を追い払ってうれしい.

the bàck of beyónd 〖話〗へんぴな場所, 僻(へき)地.

to the báck 全く(の), 骨の髄まで.

tùrn one's báck (1)くるりと向きを変える, きびすを返す. (2)背を向ける[見せる]〈*on* ..に〉.

tùrn one's báck on [upon].. ..に背を向ける, ..を無視する; ..を見捨てる, (不当にも)..から逃げる. I never *turn* my ～ *on* a friend in need. 私は困っている友達を決して見捨てない.

with one's bàck to [against] the wáll →wall.

── 形 ⓒ〈限定〉‖【奥の】‖ **1 奥の, 後ろの; 裏の.** ～ teeth 奥歯. the ～ gate 裏木戸, 裏門. →back seat, back street. **2** へんぴな, 奥地の. **3**〖音声〗後舌の. a ～ vowel 後(舌)母音《/u, o, ɑ/ など》.

‖【あとに戻る】‖ **4 あと戻りする**; 逆らうような. a ～ current 逆流. give a ～ answer 口答えする.

5 過去の; 月遅れの. →back number.

6【遅れた】未納の, 未払いの. ～ pay 未払いの給料. ～ rent 滞納家賃[地代]. **7**〖ゴルフ〗(18ホールのコースの)後半の〔9ホール〕(→nine 名 7).

── 副 ⓒ ‖【後ろへ】‖ **1 後ろへ[で]**, あとに; (見る人の立場から)離れて, 奥へ, 引っ込んで; もたれた状態へ. step ～ あとへ下がる. look ～ 振り返る; 回想する(→4). His house stands ～ from the main street. 彼の家は本通りから引っ込んだところにある. lie ～ in a chair いすの背にもたれる.

2【後ろに引っ込めて】**(a)**(感情を)抑えて; (秘密などを)隠して. I held ～ my anger, and smiled graciously. 私は怒りをこらえて, にっこりと微笑した. keep /../ ～ →keep (成句). **(b)** 引っ込めて, 取り消して. take /../ ～ →take (成句).

‖【あと戻りして】‖ **3 (a) 戻って**, 元の場所[状態]に; 逆戻りして. come ～ 戻って来る. He'll be ～ soon. 彼はじきに帰って来ます. go ～ home 家へ戻る. Please put the book ～ on the shelf. 本を元の棚に戻してください. Miniskirts are ～ in fashion. ミニスカートの流行が戻ってきている. It should be found several pages ～. それは数ページ前にあるはずだ.

(b)【返して】お返しに, 答えて; (人に)逆らって; 返報として. write ～ 返事を書く. call ～ 折り返し電話をする; 電話をかけ直す. She answered me ～. 彼女は私に口答えした. I'll pay her ～ for this! 彼女にこの仕返しはする. **(c)**(戻って)もう1度. Will you please play the tape ～? テープを巻き戻してもう1度回してください.

4 (a)〈強意〉(過去に)**さかのぼって**, 以前に; (今から)..前に. think ～ to one's school days 学校時代を回想する. for some time ～ 先ごろから. ～ in the 1920s (ずっと)さかのぼって1920年代に. several months ～ 数か月も前に. *Back* then he used to live in a fine large house. (今とは違い)当時彼は立派な大邸宅に住んでいた. **(b)** 以前いた, なつかしい; 例の, あの; 〈*in*, *at* ..〔故郷など〕では〉(★話し手になじみの深い場所などを話題にしようとする時に使う). *Back* in New York we often use the subway. ニューヨークでは, 私たちはよく地下鉄を利用するんだ.

****bàck and fórth*** (2点間を)**あちこちに**; 前後に; 行ったり来たり; (to and fro). She walked ～ *and forth* in front of the door, hesitating to enter. 彼女は中へ入るのをためらってドアの前を行ったり来たりした.

báck of.. 〖米話〗=at the BACK of.. (→名 成句).

thère [to..] and báck そこまで[..まで]の往復で. It'll take you about an hour to drive *there and* ～. そこまで車で行って帰ってくるのに約1時間かかるよ. What's the fare *to* Tokyo *and* ～? 東京まで往復の料金はいくらですか.

wày báck 〖話〗ずっと前に, 昔に, (long ago).

── 動 (～s /-s/|過 過分 ～ed /-t/|**báck·ing**) 他 ‖【後ろに動かす】‖ **1 を後退させる**, バックさせる, 〈*up*〉. I ～*ed* my car (*up*) into [out of] the garage. 車をバックさせて車庫に入れた[から出した].

‖【後ろから支える】‖ **2 を後援する** (support); を支援する《精神的, 財政的に, また行動で》; 〈*up*〉. ～ (*up*) a candidate 候補者を支援する. Nobody ～*ed* me *up*. だれもバックアップしてくれなかった.

3〔競馬の馬など〕に賭(か)ける (bet on). ～ a winner 勝ち馬に賭ける. ～ the wrong horse →horse (成句).

4〖楽〗(ポップミュージックで)に伴奏を付ける.

5〔本など〕に背を付ける; 〔衣服など〕に裏打ちする; 〈*with* ..で〉〈普通, 受け身で〉.

6【後ろにある】〔景色など〕の背景になる; の後ろにある, 裏に

..がある;〈普通, 受け身で〉. My house is ~ed by woods. 私の家の後ろは森です.
7【後ろに書く】〔手形など〕に裏書きする (endorse).
── 自 1 後退する, バックする; 車をバックさせる;〈up〉. The truck ~ed into a tree. トラックはバックして木にぶつかった. Back up another two yards. もう2ヤード(車を)バックしなさい (★another 以下は副詞的).
2〔風が〕ゆっくりと左回りに方向を変える (↔veer).
3 VA (~ on [onto] ..) ..と背中合わせになる; (~ against ..) ..に背中を押し当てる. The house ~s onto an orchard. 家の裏は果樹園に接している.
bàck and fíll (1)〖海〗(狭い水路で)帆を巧みに調整しつつ前進する. (2)〖米〗決心[態度]がぐらつく.
bàck awáy (1) あとへ下がる; (怖くて)後ずさりする, 尻込みする. (2) 後退する, 手を引く,〈from ..〔考え, 計画など〕から〉.
bàck dówn (1) (はしごなどを)後向きに降りる. (2) 自分の非を認める, 主張を引っ込める; 要求を取り下げる. When I saw their evidence against my theory, I had to ~ down. 私の理論に対する彼らの反証を見せられて自論を引っ込めざるを得なかった.
bàck *a person* **into a córner** 人を窮地に追い詰める.
bàck óff (1)〖主に米〗=BACK away. (2)〖米〗=BACK down (2). (3)〖話〗干渉などを控える, 口出しをやめる. *Back off*, Dad, my marriage is none of your business. 口を出さないでよ. 私の結婚はパパには関係ない.
bàck óut (of ..) (1) (..から)車をバックで出す. (2) (事業, 契約などから)手を引く; (約束を)実行できない. We'll be in trouble if he ~s *out* at this stage. この段階で彼が手を引くなら我々は困ることになるだろう.
bàck úp (1) →自 1. (2)〔下水などが〕詰まる, あふれる;〖米〗〔交通が〕渋滞する. (3)〖電算〗(ディスク, ファイルなどの)コピーをする《誤操作などによるデータの破壊に備える》.
bàck /../ úp (1) →他 1, 2. (2)〔主張など〕を裏付ける, 実証する;〔商品など〕を保証する (secure). ~ *up* one's story with facts 言ったことを事実で証明する. These clocks are ~*ed up* by a guarantee. これらの時計には保証書が付いている. (3)〔流水など〕をせき止める;〖米〗〔交通〕を渋滞させる. (4)〖電算〗〔ディスク, ファイルなど〕をコピーする, バックアップする. (5)〖スポーツ〗..をバックアップする. [<古期英語]

báck·àche 名 UC 背中の痛み,〈特に〉腰痛.
báck-àlley 形 きたない; 不正の, いかがわしい; (→back-street).
bàck·bénch 名 C〖英〗〈普通, the ~es〉下院の後方席《陣笠(がさ)議員が座る; ↔frontbench》; U〈the ~; 単複両扱い〉陣笠議員連.
bàck·béncher 名 C〖英〗陣笠(がさ)議員.
báck·bìt 動 backbite の過去形・過去分詞.
báck·bìte 動 (→bite) 他, 自 (の)陰口を言う, (を)中傷する. ▷**back·bit·er** 名 C 陰口を言う人. **back·bit·ing** 名 U 陰口.
báck·bìtten 動 backbite の過去分詞.
báck·bòard 名 C 1 (家具の)裏板; (額縁の)背板. 2〖バスケ〗バックボード《バスケットを取り付けた板》.
báck bòiler 名 C〖英〗(暖炉などの)背に取り付けられた給湯装置 (〖米〗water back).
***back·bone** /bǽkbòun/ 名 (複 ~s /-z/) 1 C (a) **背骨**, 脊椎(せきつい), (spine). (b)〈the ~〉中央山脈, 分水嶺. 2 C〈the ~〉**中心勢力**, 大黒柱. the ~ of the movement 運動の大黒柱. The middle class forms the ~ of a country. 中産階級は一国の基幹を成す. 3 U **気骨**, 土性骨. haven't the ~ ⌞to do so [*for* the task] そう[その仕事を]するだけの気骨がない. 4〖電算〗基幹回線.
to the báckbone 徹底的に[な], 骨の髄まで(の). a conservative *to the* ~ 徹底した保守主義者.

báck·brèaker 名 C 骨の折れる仕事.
báck·brèaking 形 骨の折れる, ひどく力のいる, 《<break a person's BACK》.
báck bùrner 名 C (ガスレンジの)奥の⌞火口[バーナー]《煮物などが冷めないようにかける》. 「しにする.
pùt ..on the báck bùrner〖話〗〔仕事など〕を後回↑
báck·chàt 名〖英話〗=back talk.
báck·clòth 名 (複 →cloth)〖英〗=backdrop.
báck·còmb 動 他〖英〗〔髪〕に逆毛を立てる (〖米〗tease).
bàck cópy 名 =back number 1. 「僻(へき)地.
báck cóuntry 名〈the ~〉〖米・オース〗奥地,↑
báck·còurt 名 C 1〖テニス〗バックコート《サービスラインとベースラインの間の部分》(↔forecourt). 2〖バスケ〗バックコート《自陣ゴールのあるコートの半分》.
báck·cròss〖遺伝〗動 他 を戻し交雑する《雑種第1代を両親の一方と交配する; 品種改良などに利用》.
── 名 UC 戻し交雑(による品種).
báck·dàte 動 他 の日付をさかのぼらせる; をさかのぼって有効にする;〈to ..まで〉. The pay rise agreed in May will be ~d *to* January. 5月に妥結した昇給は1月にさかのぼって支給される.
bàck·dóor 名 C 裏口; やみ手段.
── /⑧/ 形〈限定〉裏口の, 裏口からの; 不正な, 秘密の. ~ business [dealings] 裏口営業.
by [through] the backdóor 裏口から; 不正に.
báck·dòwn 名 C (主張, 要求などの)撤回, 取り下げ.
‡**báck·dròp** 名 C 1〖劇〗背景幕. 2 背景〈for, to ..〔状況, 事件など〕の〉. *against* a ~ of the American Civil War アメリカの南北戦争を背景にして. The temple will form [provide] an effective ~ *to* the open-air concert. 寺が野外音楽会の効果的な背景となるだろう.
-backed /bækt/〈複合要素〉1「背を付けた」の意味. a high-*backed* chair 背もたれの高いいす. 2「後援された」の意味. a well-*backed* candidate 十分な後援者のある候補者.
‡**báck·er** 名 C 1 後援者, スポンサー. 2 (競馬などで)賭(か)ける人. 3 裏打ち材《台紙, ズックなど》.
báck·field 名 U〖アメフト〗〈集合的〉後衛, バックス.
báck·fìll 動 他〔掘った穴〕を埋め戻す.
‡**báck·fìre** 名 C 1 バックファイア, 逆(さか)火, 《エンジン不調の一種》. 2〖米〗向かい火《野火, 山火事の延焼防止に前もって風下の草木を焼くこと》.
── /⌐⌐|⌐⌐/ 動 自 1〔自動車などが〕バックファイアを起こす. 2〔計画などが〕期待外れの結果に終わる, 裏目に出る, 逆効果になる,〈on ..にとって〉. The plan ~d *on* us and we suffered a great loss. 計画は裏目に出て我々は大損をした. 3〖米〗向かい火を放つ.
báck-formàtion 名〖言〗1 U 逆成《既存の語を派生語と誤り, 元の語と想像された新語を作ること》. 2 C 逆成語《例: editor>edit, jelly>jell》.
back·gam·mon /bǽkgæ̀mən, ⌐⌐|⌐/ 名 U バックギャモン《2人の競技者が各自15個の駒(こま)を持ち, さいころの目に従って盤上の駒を動かす》.
‡**back·ground** /bǽkgràund/ 名 (複 ~s /-dz/) 1 C〈単数形で〉(絵, 写真などの)**背景**, バック, 遠景, (↔foreground). There were trees in the ~ of the picture. その絵の背景には木があった.
2 C (衣服などの柄(がら)に対する)地(じ). She is wearing a dress with white spots on a blue ~. 彼女は青い地に白の水玉模様があるドレスを着ている.
3 C〈単数形で〉(背景になって)目立たない位置, 陰. be [stay] in the ~ 目立たないで[後ろに控えて]いる.
4 UC 背景の音; 背景音楽 (→background music). I can't hear you—there's too much ~ noise. あなたの言っていることが聞こえません. 回りの音が大きすぎます.

play a tape as a ～ to the recitation of poetry 詩の朗読の背景音楽にテープを流す.
5 (**a**) Ⓒ〈単数形で〉**背景**, 遠因, 〈*to* ..〔事件など〕の〉; Ⓤ (問題理解のための)情報, 予備知識, 〈*on* ..について の〉. the social ～ *to* a riot 暴動の社会的背景. The general strike took place against a ～ of galloping inflation. ゼネストは急激なインフレを背景に行われた. You need some ～ *on* the economic situation. 君には経済情勢に関する予備知識が多少必要だ.
(**b**)〈形容詞的〉背景の; 状況説明の〔資料など〕. ～ information [knowledge] 予備知識.
6 UC (人の)**経歴**, 学歴, 素性; 素養 〈*in* ..の〉. He's got a clean ～. 彼の前歴にやましいところはない. women of college ～ 大学出の女性. come from a humble [wealthy] ～ 身分の低い[富裕な]家柄の出である. have a ～ *in* music 音楽の素養がある.

連結 a broad [a varied; a narrow, a specialized; an aristocratic; a humble] ～; one's academic [educational, intellectual; cultural; political; religious] ～

báck·gròunder 名 Ⓒ 〖米〗(政府などが行う)非公式記者会見, 状況説明会, 《内容は公開されない》.
báckground mùsic 名 Ⓤ バックグラウンドミュージック 《レストラン, デパートなどで気分を和らげるために流す音楽》; (映画, 演劇などの)背景音楽; 《略 BGM》.
báck·hànd 名 Ⓒ **1** (テニスなどの)バックハンド, 逆手打ち. **2** 左傾斜の筆跡[書体]. ── 形 ＝backhanded. ◇↔forehand
bàck·hánded /-əd ⑧/ 形 **1** バックハンドの, 逆手打ちの. a ～ return バックハンドのレシーブ. **2** 左に傾いた〔筆跡〕. **3** 嫌味とも取れる, 皮肉をこめた, 〔お世辞など〕.
báck·hànder 名 Ⓒ **1** バックハンドストローク, 逆手打ち. **2** 〖英話〗賄賂(ﾜｲﾛ) (bribe). **3** 当てこすり, 嫌味.
†**báck·ing** 名 **1** Ⓤ 後援, 援助. financial ～ 経済的援助. **2** aU 後援者グループ, 支持団体. **3** UC (いすなどの)裏張り, 裏打ち; (製本の)背付け; 〖建〗裏板. **4** aU (ポップミュージックの)伴奏. **5** Ⓤ 後退; 逆行.
bàck íssue 名 ＝back number 1.
‡**báck·làsh** 名 Ⓒ **1** (機械の)あそび《部品間の余裕》; (あそびで生じる)逆転, 反動. **2** 強い反発, 反動. political ～*es* against Japan's investments in Asian countries アジア諸国への日本の投資に対する政治的反発. 「いる.
báck·less 形 背部のない; 〔ドレスの〕背が大きく開いて↑
báck·lìst 名 Ⓒ (出版社の)在庫リスト; 出版総目録.
‡**báck·lòg** 名 Ⓒ **1** 〖主に米〗(火持ちをよくするため炉の奥に入れる)太いまき. **2** 〈普通, 単数形で〉仕事のやり残し. a ～ of orders 受注残高. The strike created a ～ of four million letters. ストライキで 400 万通の手紙の滞貨ができた. 「ter).
báck màtter 名 Ⓤ (本の)あと付け (↔front mat-↑
báck·mòst 形〈限定〉最も後ろの, 最後部の.
bàck númber 名 Ⓒ **1** (雑誌, 新聞の)バックナンバー, 既刊号. **2** 〖話〗時代遅れの人[もの, やり方].
báck òrder 名 Ⓒ 〖商〗(在庫切れで未納の)繰り越し注文.
báck·pàck 〖米〗名 Ⓒ バックパック《ナップザックの一種; 軽い枠に付けたものが多く, ハイカー用》.
── 動 自 バックパックを背負ってハイキング[キャンプ]に出かける. ── 他 をバックパックに入れる. ▷～·**er** 名
bàck pássage 名 Ⓒ 〖英・婉曲〗直腸 (rectum); 肛門 (anus).
back·pedal /⌐⌐-|⌐⌐-/ 動 (～s|〖英〗-ll-) 自 **1** (自転車などの)ペダルを逆に漕ぐ《特に, コースターブレーキ付きの自転車の場合は逆に漕ぐとブレーキがかかる》. **2** 〖話〗後退する, 撤回する, 〈*on* ..〔前言, 約束など〕から, を〉; やった事をご破算にする.
báck·rèst 名 Ⓒ (いすの)背もたれ.
báck ròad 名 Ⓒ 〖米〗(特に, 舗装してない)わき道, 田舎道; 間道; (byroad).
bàck·róom 名 Ⓒ **1** (通りに面していない)裏手の部屋, 奥の間. **2** '奥の部屋' 《(秘密の)研究, 調査などが行われる場所》. a ～ deal (政治家などの)裏取引.
bàckroom bóy 名 Ⓒ 〖英話〗〈しばしば ～s〉(特に国家機密に属する研究をする)科学研究員; (共同作業の)裏方.
báck·scràtcher 名 Ⓒ **1** 孫の手《背中をかく道具》. **2** 〖話〗(打算で)手助けする人; (不法に)利用し合う人.
báck·scràtching 名 Ⓤ 〖話〗(打算的な)援助[サービス]; (不法に)利用し合うこと.
bàck séat 名 Ⓒ **1** (自動車の)後部座席 (→car 図). **2** 〈単数形で〉〖話〗目立たない[低い]地位.
tàke a back séat 〖話〗出しゃばらないでいる, 一目置く, 〈*to* ..に対して〉.
bàck-seat dríver 名 Ⓒ (自動車の後部座席にいて)余計な運転の指図をする人; 差し出がましい人.
‡**báck·sìde** 名 Ⓒ 〖話〗〈〖米〗ではしばしば ～s〉しり, けつ, (buttocks). 「る類).
báck slàng 名 Ⓤ 逆読み隠語《look を cool とす↑
báck·slàp 動 他, 自 (に)ひどくなれなれしくする《＜背中をぽんとたたく》. ▷～·**per** 名 Ⓒ なれなれしくする人.
báck·slàpping 形, 名 Ⓤ なれなれしくする(こと); (特に男性が, 勝利などに)はしゃぎほめたたえ合う(こと).
báck slàsh 名 Ⓒ バックスラッシュ《記号 \ 》.
báck·slìd 動 backslide の過去形・過去分詞.
báck·slìdden 動 backslide の過去分詞.
báck·slìde 動 (→slide) 自 (悪い生活[習慣], 成績, 景気などに)逆戻りする.
▷**back·slid·er** 名 Ⓒ 再び悪い生活に戻る人.
báck·spàce 動 自 (タイプライター[コンピュータ]の戻し用キーを押して)キャリッジ[カーソル]を 1 字分ずつ後退させる. ── 名 Ⓒ 〈普通, 単数形で〉＝backspace key; 戻したスペース.
báckspace kèy 名 Ⓒ 戻し用キー (→backspace).
báck·spìn 名 Ⓒ 〖球技〗逆回転《球が急停止したり, 逆方向に弾む》.
‡**báck·stàge** 副 **1** 舞台裏で[へ], 〈特に〉楽屋で[へ]; 舞台の奥で[へ] (upstage). **2** こっそりと, 内密に.
── /⌐⌐ ⑧/ 形 〈限定〉**1** 舞台裏の; 楽屋(で)の. a ～ interview 楽屋でのインタヴュー. **2** 舞台を離れた. ～ life (俳優などの)私生活. **3** 内密の, 陰での. ～ negotiations 闇(ﾔﾐ)取引.
back·stair /⌐⌐, ⌐⌐|⌐⌐ ⑧/ 形 ＝backdoor.
back·stairs /⌐⌐, ⌐⌐|⌐⌐/ 名 〈単複両扱い〉裏階段.
── 形 /⌐⌐/＝backdoor.
báck·stày 名 Ⓒ 〖船〗バックステー, 後支索, 《マストの先から後方斜め下へ張る支え綱》; 〈一般に〉後部の支え (靴のかかと上部の補強革など).
báck·stìtch 名 Ⓒ 返し針, 返し縫い, 《針目をしっかりさせるため一針ごとに少しずつ後へ返して縫うこと》.
── 動 他, 自 (を)返し縫いする.
báck·stòp 名 Ⓒ **1** (野球などの)バックネット, ボール止めの柵(ｻｸ). ★「バックネット」は和製英語. **2** 〖米〗(野球の)捕手 (catcher). ── 動 他 〖米〗を援助[支持]する.
báck strèet 名 Ⓒ 裏通り; 〈～s〉裏町.
báck-strèet 形 裏通りの; 不法の, いかがわしい. ～ abortion 〖英〗(無免許医師などによる)怪しげな堕胎手術 (〖米〗back-alley abortion).
báck·strètch 名 Ⓒ 〖競技〗バックストレッチ《home-stretch の反対側にある直線コース》. 「競技.
báck·stròke 名 Ⓒ 〖水泳〗背泳; 〈the ～〉背泳↑
báck·swìng 名 Ⓒ バックスウィング《バットやゴルフクラ

ブを振るためにいったん後ろへ引くこと》. 「backchat).

báck tàlk 名 U 〖米話〗(生意気な)口答え (〖英話〗↑

bàck-to-báck 形 **1** 背中合わせの〔席など〕. **2** 続けざまの; 相次ぐ. ～ typhoons 相次ぐ台風. ── 名 C 〖英〗背中合わせに建てた連棟住宅《間に裏庭がある; 北部の労働者用住宅に多かった》.

báck·tràck 動 自 **1** (来た道を)引き返す; (話, 議論などで)後戻りする. **2** ＝backpedal 2.

‡**báck·ùp** 名 UC **1** 代わりの物[人], 代役; 補助, 予備. **2** 支援[後援](者), 後ろ盾, バックアップ; 伴奏(者). need a lot of economical ～ 多くの経済的支援を必要とする. **3** (商品などに)付随するもの《サービス, 教科書の補助教材など》. There is a tape as ～ for this textbook. この教科書には補助教材としてテープが付いています. **4** (下水などが)詰まる[溢(あふ)れる]こと; 〖米〗交通渋滞(による車の列). **5** 〖電算〗(ディスクなどの)コピー[バックアップ](をすること). make a ～ of a floppy フロッピーをコピーする.

── 形 **1** 代わりの; 予備の, 控えの. a ～ plan 代案. **2** 支援[後援]の; 伴奏の. ～ troops 支援部隊. a singer's ～ musicians 歌手の伴奏を務めるミュージシャン. **3** 〖電算〗バックアップの. a ～ disk バックアップ・ディスク《データ・ファイルなどをコピーしたもの》. 「reversing light).

báckup lìght 名 C 〖米〗(車の)後退灯 (〖英〗↑

‡**back·ward** /bǽkwərd/ 副 Ⓒ **1 後ろに[へ]**, 後方に[へ], (↔forward). go ～ 後退する. look ～ over one's shoulder 肩越しに後ろを振り返る. 語法 比較の意味は go *further* ～ (さらに後退する)のような形で表現する.

2 後ろ向きに; 逆に; 間違った方向に. walk ～ 後ろ向きに歩く. count ～ 数字を(大きい方から)逆に数える.

3 〖米〗後ろ前に (〖英〗back to front).

4 過去に(さかのぼって), 以前に.

5 〔状態, 状況などが〕後退して, 退歩して; 前より悪くなって. Social conditions are going ～ rather than forward. 社会情勢は前進というよりは後退している.

bàckward and fórward (1) 前後に; あちこちに, 行きつ戻りつ. (2) 〖主に米〗詳細に, 徹底的に.

bènd [fàll, lèan] over báckward 〖話〗頑張る, 踏んばる, 〈*to* do ..しようと〉.

knòw..báckward (〖主に米〗***and fórward***) ..を熟知している.

── 形 m 【後方への】 **1** Ⓒ 〈限定〉**後ろへの**, 後方への; 逆の; 帰りの〔旅行など〕; (↔forward). She left the room without a ～ glance. 彼女は後ろを振り向きもしないで部屋を出て行った. a ～ movement 逆行, 後退.

【後退した＞遅れた】 **2** (文化, 知能などが)**遅れた**, 未発達の. a ～ country 後進国. ～ children 知恵遅れの子供たち. **3** 〔季節の訪れなどが〕遅い. Spring is ～ this year. 今年は春が遅い. **4** 遅れている 〈*in* ..〔勉強, 準備など〕が〉; おろそかにする 〈*in* ..〔義務など〕を〉. He is ～ *in* his studies. 彼は勉強が遅れている.

【後へ引っ込む】 **5** 〈叙述〉 **気後れする**, 内気な, (shy); 引っ込み思案の; 〈*in* ..に〉. She is ～ *in* coming forward [expressing her opinion]. 彼女は内気で自分の意見を言いたがらない.

▷ **～·ly** 副 後方[逆]に; 気後れして. **～·ness** 名 U (進歩, 季節などの)遅れ, 後進性; 気後れ.

bàckward-lóoking /㊥/ 形 過去にこだわる, 時代遅れの; 後向きの, 消極的な; (↔forward-looking).

báck·wards 副 〖主に英〗＝backward.

báck·wàsh 名 C 〈単数形で〉 **1** (プロペラ, オール, スクリューなどによる水, 空気の)逆流. **2** (事件などの不愉快な)余波, 悪い後味.

báck·wàter 名 C **1** 戻り水《ダム, 潮などによってせき上げられた[逆流した]水》; 川のわきの淀(よど)み. **2** 後進地域, 僻(へき)地. a cultural ～ 文化の沈滞した所.

báck·wòods 名 〈the ～; 単複両扱い〉(特に北米の人口希薄な)森林地帯, 辺境.

báck·wòodsman /-mən/ 名 (複 **-men** /-mən/) C 辺境の住人[出身者].

*__back·yard__ /bæ̀kjɑ́ːrd/ 名 (複 **～s** /-dz/) C **1 裏庭**《普通, 〖米〗では芝生, 〖英〗ではコンクリート敷きなどになっている》. **2** (我が家の裏庭のような)近い所, 自分の勢力範囲. ～ gossip 井戸端会議. 「で'.

in one's òwn backyárd 〖話〗手近な所に; 'お膝元↑

nòt in my backyárd うちの裏庭は駄目《核廃棄物処理場などの建設に反対する地域住民のスローガン; →nimby》.

Ba·con /béikən/ 名 ベーコン **1 Francis ～** (1561–1626)《英国の随筆家・政治家・哲学者》. **2 Roger ～** (1214?–92)《英国の修道士・思想家》.

‡**ba·con** /béikən/ 名 U **ベーコン**《豚の背肉, ばら肉の塩漬け薫製》. a slice [rasher] of ～ ベーコンひと切れ.

bàcon and égg(s) ベーコンエッグ. 「事業に成功する.

bring hòme the bácon 〖話〗(妻子を)養っていく;↑

sàve one's [a person's] bácon 〖英話〗被害を危うく免れる[させる]; 命が助かる[を助ける].

[＜古期フランス語(＜ゲルマン語「尻, ハム」); back と同源]

Ba·co·ni·an /beikóuniən, -njən/ 形 Bacon 1 の; Bacon 哲学の; 帰納的な. ── 名 C **1** Bacon 哲学の信奉者. **2** シェークスピア＝ベーコン論者.

Bacònian théory 名 〈the ～〉シェークスピア＝ベーコン説《Shakespeare の作品は, 実は Francis Bacon によるものと考える》.

*__bac·te·ri·a__ /bæktí(ə)riə/ 名 〈複数扱い〉**バクテリア**, 細菌, ばい菌. ★単数形 bacterium はまれ. [＜ギリシア語「小さな棒」] ▷**bac·te·ri·al** /-əl/ 形 バクテリアの[による].

bac·te·ri·cide /bæktí(ə)rəsàid/ 名 UC 殺菌剤.

▷**bac·tè·ri·cíd·al** /-(ə)l ㊥/ 形 殺菌(性)の.

bac·tè·ri·ól·o·gist /-dʒist/ 名 C 細菌学者.

bac·te·ri·ol·o·gy /bæktì(ə)riɑ́lədʒi|-ɔ́l-/ 名 U 細菌学. ▷**bac·tè·ri·o·lóg·i·cal** /-riəlɑ́dʒik(ə)l|-lɔ́dʒ-㊥/ 形 細菌学(上)の.

bac·te·ri·um /bæktí(ə)riəm/ 名 bacteria の単数形 (★まれにしか用いられない).

Bàc·tri·an cámel /bǽktriən-/ 名 C 〖動〗フタコブラクダ《中央アジア産; ひとこぶのラクダは dromedary》.

‡**bad** /bæd/ 形 (**worse|worst**, 4 は **bád·der|bád·dest**) 【よくない】 **1** (道徳的に)**悪い**, 不正な, 不良の; 〔子供, 犬などが〕いたずらな, 言うことをきかない; (↔good; 類語「悪い」の意味の最も一般的な語; →evil, ill 5, wicked, wrong). a ～ habit 悪習. ～ conduct 不正行為. It was ～ *of* her to tell a lie. 彼女がうそをついたのはひどい. *Bad* boy! Stop teasing your sister! 悪い子ね. 妹をいじめるのは止めなさい. **2 よくない; 不快な**, いやな. a ～ word 下品な言葉. ～ manners 無作法. ～ weather 悪天候. a ～ smell いやな臭(にお)い. This soup tastes ～. このスープはいやな味がする.

3【ひどくよくない】〖話〗〔病気, 事故などが〕**ひどい**, 激しい, (serious, severe). a ～ headache [accident] ひどい頭痛[事故]. One night there was a ～ snowstorm. ある晩激しい吹雪があった.

4【体制側から見てよくない】〖米俗〗優れた, すごい, (★もと黒人, ジャズ音楽家などの用法). He is a ～ man with a bat. 彼はすごい強打者だ.

【好適でない】 **5** 不都合な, 不適当な, 〈*for* ..に/*to* do ..するのに〉. a ～ time of the year *for* climbing [*to* climb] a mountain 山登りには悪い季節.

6 有害な, 悪い, 〈*for* ..に〉(harmful). Lack of sleep is ～ *for* the health. 睡眠不足は健康に悪い. It's ～ *for* you to have [that you have] no job. 君に仕事がないのはよくない.

【正常でない】 7 腐った, いたんだ, (spoiled). ～ milk 悪くなった牛乳. a ～ tooth 虫歯.
8 病気の (diseased), 加減の悪い. He has a ～ heart. 彼は心臓が悪い. You'd better not drink if your liver is ～. 肝臓が悪いのなら, 酒は飲まない方がよい. He was taken ～. 〖話〗 彼は病気になった.
【正しくない】 9 的外れの, 間違った. a ～ shot 当てそこない, 外れ. ～ grammar 間違った語法. a ～ method 誤った方法.
10 にせの, まがいの; 無効の. a ～ ten-dollar bill にせの 10 ドル札. →bad check.
【完全でない】 11 欠陥のある, 不十分な, 不完全な; 標準以下の. ～ plumbing 手抜きをした配管工事. ～ lighting for reading 読書には不十分な照明. a ～ translation 悪訳.
12 下手な, 未熟な, (poor); 無能な. a ～ speaker 口下手な人. He is ～ *at* driving. 彼は車の運転が下手だ. a ～ painter へぼ絵かき.
***be in a bàd móod* [*témper*]** 不機嫌である, 腹を立てている.
be in a bàd wáy 病気が重い; 調子が悪い.
fèel bád (1) 〖話〗 後悔する, 悪いと思う, 〈*about* ..を〉. He *felt* ～ *about* the matter afterwards. 彼はあとでその件を後悔した. (2) 加減が悪い.
gèt a bàd náme 評判を落とす, 信用を失う.
****gò bád*** 〔物が〕腐る, 悪くなる. This meat has *gone* ～. この肉は腐っている.
(*It's* [*That's*]) *tòo bád* 〖話〗 (1) それはお気の毒に; 残念だ. *It's too* ～ your pet dog died. ペットの犬に死なれてお気の毒です. (2) おあいにくさま, やむを得ない. You failed the test? *Too* ～, you should have worked harder. テストに失敗したって. 仕方ないな, もっと勉強すればよかったんだ. (3) 〖英旧〗 それはひどい, 不当だ.
****nòt* (*tòo*) *bád*＝*nòt hàlf* [*sò*] *bád*** 〖話〗 まんざら悪くない, なかなかいい; 大いに結構.
── 名 U 悪いこと[もの, 状態]; 不運, 不幸.
be* [*gèt*] *in bád 〖話〗 困っている, 難儀する; 〖米話〗 不興を買っている[買う], 覚えが悪い[悪くなる], 〈*with* ..〔人〕の〉.
gò from bàd to wórse (悪いのが)ますますひどくなる. Things *went from* ～ *to worse*. 事態はますます悪化した.
gò to the bád 身を持ちくずす.
tàke the bàd with the góod 人生の運不運を合わせ受け容れる.
to the bád 赤字で; 借りができて. He is $100 *to the* ～. 彼は 100 ドル赤字を出した.
── 副 〖米話〗 ＝badly.
[＜中期英語(?＜古期英語「両性具有者, 女のような男」)]

bàd áctor 名 C 1 下手な役者. 2 面倒ばかり起こす人; 悪人. 3 〖米〗 有害な化学物質[植物].
bàd ápple 名 〖話〗 ＝bad egg 2.
bád·àss 形, 名 C 〖米俗〗 たちの悪い(野郎), ワル(な).
bàd blóod 名 U 敵意. There's ～ between them. 彼らは互いに憎み合っている.
bàd bréak 名 C 〖話〗 失言, しくじり; 不運な出来事.
bàd bréath 名 U 口臭.
bàd chéck 名 C 不渡り小切手.
bàd débt 名 UC 不良貸付, 貸し倒れ.
bad·die, -dy /bǽdi/ 名 (複 **-dies**) C 〖話〗 (小説, 映画などの)悪いやつ, 悪玉, (↔goodie).
bade /bæd, beid/ 動 bid の過去形.
bàd égg 名 C 1 腐った卵. 2 〖話〗 やくざ, 不良.
Ba·den-Ba·den /bὰ:dnbá:dn/ 名 バーデンバーデン《ドイツ南西部の温泉保養地》.
Ba·den-Pow·ell /bèidnpóuəl/ 名 **Robert Stephenson Smyth** ～ ベーデンポーエル (1857–1941) 《Boy Scouts と Girl Guides を創設した英国の将軍》.

bàd fáith 名 U 不誠実.
bàd féeling 名 ＝bad blood.
bàd fórm 名 U 〖主に英旧〗 無作法.
***badge** /bædʒ/ 名 (複 **bádg·es** /-əz/) C 1 (a) バッジ, 記章; 功労章. wear a school ～ 学校のバッジをつける. a ～ of rank (軍人の)階級章. a merit ～ 功労章. (b) 〖英〗 (スローガン, 名前などを書いた)バッジ, 記章, (〖米〗 button). 2 〈一般に〉 しるし, シンボル; 〈悪い意味で〉 烙(ら)印, レッテル; 〈*of* ..の〉. A laurel crown is a ～ *of* victory. 月桂冠は勝利のシンボルである. Her clear eyes are a ～ *of* innocence. 彼女の澄んだ目は潔白のしるしである. ── 動 他 に記章をつける. [＜中期英語(＜?)]
‡**badg·er** /bǽdʒər/ 名 1 C アナグマ《体長 70cm 前後の夜行性穴居動物》. 2 U アナグマの毛皮《黄灰色》.
── 動 他 1 (犬をけしかけるように)をいじめる, 困らせる, 悩ます, (pester) 〈*with* ..〔質問など〕で〉. My wife is always ～*ing* me *with* her complaints. 家内はいつも不平をこぼして僕を困らせる. ～ him *for* money 彼に金をくれとせがむ.
2 VOC (～ X *to do*)・VOA (～ X *into* ..) X にうるさく言って..させる. Father ～*ed* me *to* mow [*into* mowing] the lawn. 父はうるさく言って私にとうとう芝刈りをさせた. [?＜badge (額の白い印から); 動 は昔の「アナグマいじめ」の遊びから]
bád gùy 名 C 〖米話〗 悪いやつ.
bad·i·nage /bæd(ə)ná:ʒ|ーーー, ーーー/ 名 U 〖章・戯〗 からかい (banter). [フランス語]
bád·lànd 名 C 1 〈普通 ～s〉 (浸食により岩石が奇観を呈する)荒れ地, 不毛の土地. 2 〈the Badlands〉 バッドランズ《米国 South Dakota 州南西部, Nebraska 州北西部の不毛地帯》.
bàd lánguage 名 U 口汚い[ののしり]言葉.
bàd lót 名 ＝bad egg 2.
‡**bad·ly** /bǽdli/ 副 (**worse**|**worst**) 1 悪く, 不当に; 不都合に, 不利に; (↔well). treat a person ～ 人を虐待する. behave ～ 行い[行儀]が悪い. Don't think ～ of him. 彼を悪く思うな. The affair reflected ～ on his reputation. その事件は彼の名声を傷つけた.
2 〖話〗 ひどく, とても, (very much) 〈普通, 必要, 病気, 被害などを意味する文脈で〉. She wants a new dress ～. 彼女は新しいドレスをひどく欲しがっている. They are ～ in need of food. 彼らは食糧がとても不足している. My arm is hurting ～. 腕がひどく痛む. Our team was ～ beaten. 我々のチームはひどい負け方をした.
3 下手に, まずく, 不正確に; 不十分に. He did ～ at school. 彼は学校の成績が悪かった. The meal was ～ cooked. 食事はひどい料理の仕方だった. be ～ paid まともに支払われない.
be bàdly óff 生活が苦しい; 不足している 〈*for* ..が〉; (↔be well off).
fèel bádly 〖話〗 ＝feel BAD (1).
bàdly-óff 形 (**worse-off**|**worst-off**) 〈叙述〉 1 ＝badly off (→be BADLY off). 2 悪い状況で, 恵まれていない. ◇↔well-off
bád·màn /-mæ̀n/ 名 (複 **-men** /-mèn/) C 〖米〗 (特に西部開拓時代の)無法者, ならず者.
‡**bad·min·ton** /bǽdmint(ə)n/ 名 U バドミントン. [発祥地であるイングランド南部の貴族の領地名から]
bád mòuth 名 C 〖米俗〗 中傷, こきおろし.
bád-mòuth /-màuθ, -ð/ 動 他 〖米俗〗 をこき下ろす, 中傷する.
†**bad·ness** 名 U 正しくないこと, 悪いこと; 正常でないこと; 不正確なこと.
bàd néws 名 U 悪い知らせ; 〖話〗 困った事[やつ].
bàd-óff 形 〖米〗 ＝badly-off.
bàd pénny 名 C 〖話〗 嫌なもの, 始末の悪いやつ, 《＜品質を落としたペニー貨》. turn up like a ～ (→penny 成句).

†**bàd·témpered** /㊅/ 形 不機嫌な, 気難しい. ▷**~·ly** 副 不機嫌に.

BAe British Aerospace.

Bae·de·ker /béidikər/ 名 C **1** ベデカー旅行案内書《ドイツの出版社 Baedeker が 1829 年以来出版している詳細な旅行案内書》. **2**〈一般に〉旅行案内書.

Bàf·fin Ísland /bæfin-/ 名 バフィン島《グリーンランドとハドソン湾との間にある, 北極海諸島中最大(世界第 5 位)の島; カナダ領》.

†**baf·fle** /bǽf(ə)l/ 動 他 **1**〔計画など〕をくじく,〔計略など〕の裏をかく; の進行を阻む. The thick walls ~ outside noises. 厚い壁が外の騒音を遮っている. ~ a person's effort 人の努力をむだに終わらせる. **2**〔難問などが人〕を当惑させる, 困らす, (perplex). This math problem ~*s* me. この数学の問題にはお手上げだ.
── 名 C 調整板[壁]《液体, 気体, 光線の通過を調節する》. ▷**~·ment** U 挫(ざ)折, 失敗.

baf·fling /bǽfliŋ/ 形 厄介な, 手に負えない; 面食らわせる, 不可解な; 迷惑な. a ~ situation 厄介な立場. a ~ problem 解決[解答]できない問題. 「番ウッド.

baf·fy /bǽfi/ 名 (複 **-fies**) C 〖ゴルフ〗バッフィー, 4↑

BAFTA /bǽftə/ 名 C 〖英〗バフタ賞《映画とテレビ番組を対象とする; <*B*ritish *A*cademy of *F*ilm and *T*elevision *A*rts (英国映画テレビ芸術院)》.

‡**bag** /bæg/ 名 (複 **~s** /-z/) C
【入れ物としての袋】 **1** (**a**) 袋; ひと袋の量 (bagful). a paper ~ 紙袋. a shopping ~ 買い物袋. a ~ of wheat ひと袋の小麦. (**b**)〈しばしば ~*s*〉手荷物. put the ~*s* in the trunk (車の)トランクに荷物を入れる.
2 かばん, 手さげ (suitcase), 書類かばん. a traveling ~ 旅行かばん. **3** (女性用の)財布, ハンドバッグ.
【袋状のもの】 **4** (動物の)嚢(のう) (sac); (牛の)乳房 (udder). **5**〖野球〗ベース, 塁. **6**〈普通 ~*s*〉〖話〗たるんだ箇所. ~*s* under the eyes 目の下のたるみ. ~*s* at trouser knees ズボンのひざの出た部分. **7**〈~*s*〉〖英旧話〗ズボン《特に, 太くて折り返し付き》.
8【たるんだ体型】〖俗・軽蔑〗醜い女, 'ブス'; がみがみ女, 'おばん'. You old ~! このばばあー.
【袋の中身】 **9**〈普通, 単数形で〉(ハンターが 1 日に取った)獲物《獲物袋 (game bag) の中身》. have a good [poor, bad] ~ 大猟である[獲物が乏しい].
10〖俗〗麻薬ひと包み, '薬(やく)' 1 服.
11【自分のもの】〈one's ~〉〖俗〗得意, 'おはこ'; 関心事. Sewing is not my ~. 縫物は得意でない.
a bàg of bónes (骨と皮だけのように)やせた人[動物].
a bàg of nérves 非常に神経質[心配性]の人.
bàg and bággage 〈副詞的〉家財道具[持ち物]全部; 一切合財. She left home ~ *and baggage*. 彼女は持ち物全部を持って家出した.
bágs of .. 〖英話〗..がどっさり, たんまり. have ~*s of* money [time] お金[時間]がどっさりある.
be léft hòlding the bág 〖米話〗(過失などの)全責任をしょわされる(〖英話〗be left holding the baby).
in the bág 〖話〗〔成功などが〕手に入れたも同然で, 確実で.
pàck** one's **bágs (嫌な場所, 住居などから)離れる, 出ていく, (仕事などを)やめる,《<荷物をまとめる》.
pùll .. out of the bág 最初のがんばりで成功する.
the whòle bàg of trícks 〖話〗あらゆる手段; すべて, 一切合財, (everything).
── 動 (**~s**|**-gg-**) 他 **1** を袋に入れる〈*up*〉. ~ (*up*) corn トウモロコシを袋に詰める. **2**〔獲物〕を捕らえる, 殺す, 仕留める. ~ a wild bird 野鳥を捕らえる. **3**〖話〗〔他人のもの〕を(悪気なしに)失敬する. Someone has ~*ged* my cigarettes. だれかが私のたばこを失敬していった. **4**〖話〗〔よい席など〕を確保する, 占領する,〈*for* ..のために〉. **5** を(袋のように)膨らます. **6**〖オース俗〗をこきおろす, けなす, (disparage).
── 自〔帆などが〕(風で)膨らむ;〔服などが〕だぶだぶする, たるむ;〈*out*〉. These pants tend to ~ (*out*) at the knees. このズボンはひざが出やすい.
bàgs Í (*..*) 〖英話〗〈間投詞的に〉(..は)僕[あたし]のいただきだ; 僕[あたし]が(..する);《子供が使う; 他 2 の意味で, says I にならって作った表現》. *Bags I* (play) Portia! (先に言ったんだから)ポーシャの役はあたしよ.
[<中期英語(?<古期北欧語)]

ba·gasse /bəgǽs/ 名 U バガス《サトウキビのしぼりかす; 燃料, 紙の原料に使用》.

bag·a·telle /bæ̀gətél/ 名 **1** U バガテル《ビリヤードに似たゲーム; 玉を番号の付いた穴に入れる》. **2** C〈普通, 単数形で〉〖章〗つまらないもの, ささいなこと[金額], (trifle). **3** C バガテル《特に, ピアノ用の小曲》. [フランス語(<イタリア語「小さな漿(しょう)果」)] 「国の首都》.

Bag·dad /bǽgdæd, ‒́/ 名 バグダッド《イラク共和↑

ba·gel /béigəl/ 名 C ベーグル《ドーナツ型の(イースト菌を使わないユダヤ風)堅焼きロールパン》. [イディッシュ語]

bag·ful /bǽgfùl/ 名 (複 **~s, bags-**) C 袋 1 杯(の分量).

‡**bag·gage** /bǽgidʒ/ 名 (複 **-gag·es** /-əz/) **1** U〈集合的〉**手荷物** (→luggage 参考). a piece of ~ 手荷物 1 個. excess ~ 超過手荷物. a ~ allowance (機内などの)手荷物許容量. **2** U〖軍〗〈集合的〉携帯装備《テント・寝具などの装備》. **3** C〖旧戯〗(役に立たない)娘っ子;〖話〗〈年寄りの女性を軽蔑して〉ばばあ, 'お荷物'. **4**〖話〗(自由な発想などの)妨げ, 障害,《思いこみ, 感情的しがらみなど》. throw away the ideological ~ of communism 共産主義の固定観念を捨てる. [<古期フランス語「束ねた物」] 「(〖英〗luggage van).

bággage càr 名 C 〖米〗(鉄道の)手荷物車↑

bággage chèck 名 C 〖米〗手荷物預かり証, チッキ, (〖英〗luggage ticket). 「荷物係.

bággage hàndler 名 C (飛行機, 船, 列車の)↑

bággage ràck 名 C 〖米〗(車両中の)網棚.

bággage ròom 名 C 〖米〗手荷物預かり所 (〖英〗left-luggage office).

bággage tàg 名 C 〖米〗手荷物の荷札 (〖英〗luggage label).

bag·gy /bǽgi/ 形 だぶだぶの, 膨らんだ,〔ズボンなど〕.

Bagh·dad /bæ̀gdæd, ‒́/ 名 =Bagdad.

bág làdy 名 C 〖主に米〗女の浮浪者《全財産を袋に入れている》.

bág·man /-mən/ 名 (複 **-men** /-mən/) C **1**〖英話〗出張販売員, 外交員. **2**〖米俗〗黒い金集めの手先, '運び屋'.

bág·pìpe 名 C〈しばしば the ~s〉バグパイプ《スコットランド高地地方などで用いられる》. play the ~*s* バグパイプを吹く.

ba·guet(te) /bægét/ 名 C **1** 長方形カット(の宝石)《特に, ダイヤモンド》. **2** バゲット《細長い棒状のフランスパン》. [フランス語(<イタリア語「小さな棒」)]

bág·wòrm 名 C 〖米〗ミノムシ. 「不信などを表す》.

bah /bɑ:, bæ(:)|bɑ:/ 間 ばかな, ふふん,《軽蔑, 嫌悪,↑

Ba·ha·i /bəhɑ́:i/ 形, 名 C バハーイ教の(信者).

Ba·ha·ism /bəhɑ́:iz(ə)m/ 名 U バハーイ教 (**Bahài Fáith**)《19 世紀中ごろ興ったイスラム教の一派; 人種や宗教の差別をやめ世界平和を目的とする》.

Ba·ha·mas /bəhɑ́:məz/ 名〈the ~; 複数扱い〉バハマ諸島 (**the Bahàma Íslands**);〈the ~; 単数扱い〉バハマ《キューバの北東に位置する英連邦の一員; 保養地として有名; 首都 Nassau》.

Ba·ha·mi·an /bəhéimiən, -hɑ́:-/ 形 バハマ(諸島)の; バハマ人の. ── 名 C バハマ人.

Bah·rain, -rein /bɑ:réin/ 名 バーレーン《ペルシア湾内の島々から成る首長国; 首都 Manama》.

Bah·rain·i, -rein·i /bɑːréini/ 形, 名 C バーレーンの(人).

Bai·kal /baikáːl, -kǽl/ 名 **Lake ～** バイカル湖《ロシア領シベリア南部の世界最深の淡水湖》.

†**bail**[1] /beil/ 名 〖法〗 **1** U 保釈; 保釈金. be released on ～ 保釈出所を許される. set ～ at ten thousand dollars 保釈金を1万ドルとする. grant [refuse] a person ～ 人の保釈を認める[認めない]. a person out on ～ 保釈出所中の人. **2** C 保釈保証人.

gò [stànd, pùt up,* 〖米〗 *pòst] báil (for..) (..の)保釈保証人になる; 〈一般に〉(人, 物を)保証する.

fòrfeit* [〖話〗 *jùmp*] *one's báil 〔保釈中の被告が〕出廷しない(で保釈金を没収される).

── 動 他 **1** 〖法〗 **(a)** の保釈を許す; VOC (～ X *to do*) Xを保釈して..させる; 〈普通, 受け身で〉. be ～*ed to* appear in court 保釈されて出廷する. **(b)** VOA (～ /X/ *out*) 保釈金を払ってXを出所させる. **2** VOA (～ /X/ *out*) Xを(財政)危機から救う 〈*of* ..の〉.
[＜古期フランス語「拘禁」]

bail[2] 動 他 〔船底の(あか)水〕をかい出す 〈*out* (*of* ..から)〉; 〔ボート〕から(あか)水をかい出す 〈*out*〉. ～ water *out of* a boat＝～ (*out*) a boat ボートから水をかい出す.
── 自 **1** 船底の(あか)水をかい出す 〈*out*〉. **2** VA (～ *out* (*of..*)) (..から)パラシュートで脱出する; (..を)離れる, 見限る; (..から)手を引く. [＜〖廃〗 *bail*「バケツ」]
▷ **báil·er** 名 C (船底の)あか汲み《道具》.

bail[3] 名 C 〖クリケット〗 ベイル《3柱門 (wicket) の3本の柱 (stumps) の上に渡した横木; 投手の投球でこれが落とされると打者はアウトになる》.

bail[4] 名 C (やかん, おけなどの)取っ手, つる.

báil·a·ble 形 保釈が許される〔犯罪, 人〕.

bai·ley /béili/ 名 (複 ～s) C (中世の城の)外壁; 城の中庭.

Báiley brìdge 名 C 〖土木〗 ベーリー橋《短時間で組み立てられる; 考案者 D. Bailey (1901–85) から》.

bai·liff /béilif/ 名 (複 ～s) C **1** 〖英〗 執行吏《sheriff の下役》. **2** 〖主に英〗 土地管理人 (→steward 参考). **3** 〖米〗 廷吏 (〖英〗 usher).

bai·li·wick /béiliwik/ 名 C **1** bailiff の管轄区[地位など]. **2** (得意な)領域, 'おはこ'.

báil·òut 名 C (財政)困難からの救出 (→bail[1] 動).

bails·man /béilzmən/ 名 (複 **-men** /-mən/) C 〖法〗 保釈保証人.

bain-ma·rie /bænməríː/ 名 (複 **bains-marie** /同/) C 〖料理〗 湯煎(せん)用なべ. [フランス語]

bairn /beərn/ 名 C 〖北英〗 子供, 幼児, (child).

***bait** /beit/ 名 aU **1** (釣り針, わななどに付ける)えさ, おとり. live /laiv/ ～ 生き餌(え). an artificial ～ 擬餌(ぎじ), ルアー. put ～ on a hook [in a trap] 釣り針にえさ[わなにおとり]を付ける. **2** (人をおびき寄せる)えさ, 誘い, わな.

rìse to* [*tàke, swàllow*] *the báit 〔魚が〕水面に上がってきてえさに飛び[食い]付く; 〔人が〕誘いに引っかかる; 挑発にのる.

── 動 他 **1** 〔釣り針〕にえさを付ける, 〔わな〕にえさ[おとり]を付ける. ～ the hook *with* a worm 針にミミズを付ける. **2** 〔鎖でつながれたクマ, 牛など〕に犬をけしかけていじめる《英国の昔の見世物; →bearbaiting》; 〔弱い者〕を(怒らせるようにからかったりして)いじめる.
[＜古期北欧語「噛ませる」]

bàit-and-swítch 〖米〗 形, 名 U おとり商法[販売](の).

baize /beiz/ 名 U ベーズ《普通, 緑色の粗ラシャ; テーブル掛け, ビリヤード, スヌーカーの玉突き台用など, 又かつては台所へのドアに張った》.

Bà·ja Califórnia /bàːhɑː-/ 名 バハカリフォルニア, カリフォルニア半島. [スペイン語 'Lower California']

‡**bake** /beik/ 動 (～**s** /-s/| 過 過分 ～**d** /-t/| **bák·ing**) 他 **1** **(a)** 〔パン, ケーキなど〕を**天火で焼く** 《直火(じか)に当てない; →broil》. ～ bread in the oven オーブンでパンを焼く. **(b)** VOO (～ X Y)・VOA (～ Y *for* X) XにYを焼いてやる. I'm *baking* Meg a cake [a cake *for* Meg]. メグにケーキを焼いてやっているところです.
2 〔れんがなど〕を焼く, 焼き固める; VOC (～ X Y) XをYの状態に焼く. The ground was ～*d* dry. 地面は日照りでからからだった. **3** 〔日光が〕〔肌〕を焼く. She got her skin ～*d* by the hot sun. 彼女は熱い日差しで肌を焼いた.
── 自 **1** 〔パンなどが〕焼ける. Cookies are *baking* now. クッキーが焼けている. **2** パンなどを焼く.
3 〈普通, be baking で〉〖話〗 (場所, 天候が)暑くなる; (体が)熱くなる. I'm *baking*! 暑くてたまらない.
── 名 C **1** 〖米〗 焼き料理パーティー《例えば clambake》. **2** パン焼き, 焼くこと. [＜古期英語]

baked /-t/ 形 焼いた. a ～ apple 焼きりんご.

bàked Aláska 名 UC ベークトアラスカ《アイスクリームを meringue で包みさっと焼いたもの》.

bàked béans 名 U ベークトビーンズ《オーブンで蒸し焼きにした豆料理; 〖英〗ではトマトソース, 〖米〗では塩漬けの豚肉を加えざらめなどで調味する》.

báke·hòuse 名 (複 →house) ＝bakery 1.

Ba·ke·lite /béikəlàit/ 名 U 〖商標〗 ベークライト.

‡**bak·er** /béikər/ 名 (複 ～**s** /-z/) C **1** **パン屋**《人》; パン焼き職人. **2** 〖米〗 (持ち運びできる)小型天火.

bàker's dózen 名 C 〈単数形で〉 〖旧〗 13, パン屋の1ダース, 《昔, パン屋が量目不足による罰を恐れて1ダースに1つおまけを付けたことから》.

Báker Strèet 名 ベーカー通り《ロンドン Hyde Park の北東の角近くから北に向かう通り; その221番Bに Sherlock Holmes が住んでいたと設定されている》.

***bak·er·y** /béik(ə)ri/ 名 (複 **-er·ies** /-z/) C **1** **製パン所[室]**. **2** (パンを製造・販売する)パン屋. **3** パン菓子類販売店.

báke·shòp 名 C 〖米〗 ＝bakery 3.

†**bak·ing** /béikiŋ/ 名 **1** U (パンなどを)焼くこと. **2** C (パンの)ひと焼き, ひとかまど. ── 形, 副 〖話〗 焼けつくような[に]. It's ～ hot. 焼けつくように暑いね.

báking dìsh 名 C (普通, 陶製の)天火皿.

báking pòwder 名 U ベーキングパウダー, 膨らし粉.

báking shèet 名 C 天火用金属板, 天板, (〖米〗 cookie sheet)《クッキー, パンなどを焼く》.

báking sòda 名 U 重曹.

báking tìn 名 C (材料を流し入れケーキなどを焼く)天火用金属容器.

báking trày 名 C 天火用金属製トレー[受け皿], バット.

bak·sheesh, bak·shish /bǽkʃiːʃ/ 名 U (中東諸国の)心付け, チップ; (貧民への)施し. [＜ペルシア語「与える」]

Ba·ku /bɑːkúː/ 名 バクー《Azerbaijan 共和国の首都で港市; カスピ海に臨む》.

bal. balance; balancing.

bal·a·cla·va /bæ̀ləkláːvə/ 名 C バラクラーヴァ帽子《Crimean War の激戦地 Balaclava で兵士が着用したニットのかぶりもの; **balacláva hèlmet** とも言う》.

bal·a·lai·ka /bæ̀ləláikə/ 名 C バラライカ《ギターに似た3弦のロシアの弦楽器》. [ロシア語]

‡**bal·ance** /bǽləns/ 名 (複 **-anc·es** /-əz/)
【天秤(てんびん)】 **1** C **はかり**, 天秤; 〈the B-〉 〖天〗 天秤座 (Libra). weigh chemicals in the ～ 薬品を天秤で量る.
【天秤の釣り合い】 **2** aU **バランス**, **釣り合い**, 均衡; 安定; 調和, (心の)**平穏**; (↔imbalance; 類語 poise より一般的な語). the sense of ～ 平衡感覚. keep a proper ～ *between* work, play and rest 仕事, 遊び, 休息の間に適当な釣り合いをもたせる. Demand for food is in [out of] ～ with its supply. 食物の需要は供給と均衡がとれている[いない]. disturb the natural ～ of the forest 森の自然の調和を乱す.

連結 a delicate [a perfect; a precarious, a shaky] // destroy [upset; restore, redress] the ～; recover one's ～

3【釣り合いを取るもの】C〈普通, 単数形で〉均衡をもたらすもの. Her prudence acts as a ～ to her husband's recklessness. 彼女の思慮深さが夫の向こう見ずなところを埋め合わせている.
【天秤が傾いた状態】 **4** U (重さ, 量などの)片おもり, 傾斜; 大勢, 傾向, 〈*of* ..〔証拠, 見込みなど〕の〉. The ～ *of* public opinion remains in his favor. 世論の傾向は依然として彼に有利である.
5 C〖商〗〈普通, 単数形で〉(収支, 貸借の)**差額**, 差引残高. a small bank ～ わずかな銀行預金残高. the ～ due [in hand] 差引不足額[手元残高]. the ～ brought [carried] forward 前期よりの[次期への]繰越残高. **6** C〈the ～〉残り; 残金; つり銭. pay the ～ 残金を支払う. the ～ of the season [work] 季節[仕事]の残り. You may keep the ～. おつりは取っておきなさい.
in the bálance 不安定な状態に(ある), 未定のままで[の]. hang *in the* ～ →hang (動 成句).
****kèep* [*lòse*] *one's bálance***(体, 心の)バランスを保つ[失う].
off bálance 釣合い[重心]を失って; 面食らって, 慌てて. A sudden gust of wind caught me *off* ～. 急に突風が吹いて来て私はよろけて倒れそうになった. The question threw him *off* (his) ～. その質問に彼は慌てた.
on bálance すべての点で(両者を)はかりにかけると, 全体として見て.
strike a bálance (1) 貸借を差引する, 決算する. (2) (2者間の)バランスを取る. *strike a* ～ between exports and imports 輸出入のバランスを(うまく)取る.
tip* [*swing*] *the bálance (天秤を一方に傾ける>) 均衡を破る; 決定的な要素となる. His utterance *tipped the* ～ against the motion. 彼の発言で動議は否決に傾いた.
── 動 (**-anc·es** /-əz/|過 過分 **～d** /-t/|**-anc·ing**) 他
1 の**釣り合いを取る**; 〔体など〕のバランスを保つ. She ate lunch with her baby ～*d* on her left arm. 彼女は左腕で赤ん坊のバランスを取りながら昼食を食べた.
2 を**調和させる**, 両立させる, 〈*with* ..と〉. ～ play and [*with*] work 遊びを仕事と調和させる.
3 を比較する; VOA (～ X ***against*** ..) X を..と対比する. ～ two plans in one's mind 心の中で2つの計画(の優劣)を比べてみる. ～ advantages *against* disadvantages 利害得失を(はかりにかけて)考える.
4 の収支を一致させる〈*out*〉; を決算する, 清算する. ～ one's accounts 収支のバランスを取る.
5 を相殺(そうさい)する; を埋め合わせる. Our wage increases would be ～*d* by higher prices. 賃金の増加分は物価高で帳消しになるだろう.
── 自 **1 釣り合う, 調和する**, 〈*with* ..と〉; バランスを取る. Your way of life does not ～ *with* your income. 君の生活の仕方は収入に見合っていない. ～ on one's toes つま先で立って釣り合いを取る.
2 〔計算が〕合う, 収支の合計が一致する, 〈*out*〉.
bàlance* /../ *óff ..を帳消しにする.
[＜後期ラテン語「2つの皿を持った(はかり)」(＜ラテン語 bi-＋*lanx*「皿, 目盛り」)]
bálance bèam 名 C〖体操〗平均台《競技又は「道具」》.
bálanced /-t/ 形 (公正で)釣り合いの取れた; 調和した.
bàlanced díet 名 UC 完全栄養食.
bàlance of (internàtional) páyments 名 aU 国際収支.
bàlance of mínd 名 aU 正気 (sanity). 「収支.
bàlance of tráde 名 C〈普通, 単数形で〉貿易↑
bàlance of pówer 名 aU (政治, 軍事などの)力の均衡. hold the ～ 力の均衡を保つ; 〔少数派が〕(議会などの)決定権を握る.
bálancer 名 C 釣合いを取る人[もの]; 軽業師.
bálance shèet 名 C〖商〗バランスシート, 貸借対照表, 《略 B/S, b.s.》.
bálance whèel 名 C (時計の)てんぷ輪; 〈一般に〉(動きを)調整[安定]させるもの.
bálancing 形 釣合いを取る; 調和させる.
bálancing àct 名 C〈普通, 単数形で〉(対立する双方を立て, 駆け引きで)均衡を保つ行為, 両天秤(びん)策.
bal·a·ta /bəlɑ́:tə, bǽlə-/ 名 C〖植〗バラタ《熱帯樹の一種》; U (その樹液から採る)バラタゴム.
Bal·bo·a /bælbóuə/ 名 **Vasco de ～** バルボア (1475?–1517)《スペインの探検家でパナマに定住; 彼とその部下は太平洋を初めて見た西欧人》.
bal·bo·a /bælbóuə/ 名 C バルボア《パナマの貨幣単位; 100 centésimos に当たる; Balboa にちなむ》.
bal·brig·gan /bælbrígən/ 名 U 綿メリヤスの一種《主として下着用; 原産地のアイルランドの町名から》.
bal·co·nied /bǽlkənid/ 形 バルコニーの付いた.
‡**bal·co·ny** /bǽlkəni/ 名 (複 **-nies** /-z/) C **1** バルコニー, 露台. **2**〖英〗(劇場の)桟敷, 階上席, 《dress circle の上部》; 〖米〗＝dress circle. [＜イタリア語(＜ゲルマン語「梁(はり)」)]
***bald** /bɔ:ld/ 形 e 【毛や飾りなどがない】 **1** 〔頭が〕はげた, 毛のない; 〔人が〕はげ頭の. a ～ spot〖米〗[patch〖英〗] はげ(た部分). get [go] ～ 頭がはげる. ～ on top 頭のてっぺんがはげて. as ～ as a coot〖英話〗つるつるにはげた[て]. **2** 〔木に〕葉がない; 〔山などに〕木がない. a ～ mountain はげ山. **3** 〔言葉などが〕飾りのない, むき出しの, (plain); 趣のない (dull). a ～ fact ありのままの事実. a ～ accusation 露骨な非難. a ～ style 味のない文体.
4〖話〗〔タイヤが〕(トレッドの)すり減った, '坊主の'.
5 頭部に白い毛[羽根毛]のある〔動物, 鳥〕.
[＜中期英語「額に白い斑点のある」]
bàld éagle 名 C ハクトウワシ (American eagle)《北米産; その像は米国の国章に用いられている》.
bal·der·dash /bɔ́:ldərdæʃ/ 名 U〖旧話〗でたらめ, ばか話, ナンセンス, 〈しばしば間投詞的〉.
báld·hèad 名 C はげ頭の人.
bàld·héaded /-əd 形/ 形 はげ頭の.
bald·ie /bɔ́:ldi:/ 名 C〖話〗はげ頭《人》.
‡**báld·ing** 形 (頭が)はげかかった. 「骨に言えば.
báld·ly 副 むき出しに, ありのままに. to put it ～ 露↑
báld·ness 名 U はげていること; 露骨なこと; (文体など↓
báld·pàte 名 ＝baldhead. 」の)味気なさ.
bal·dric /bɔ́:ldrik/ 名 C〖史〗(剣, 角笛などをつるす)飾り帯.
Bald·win /bɔ́:ldwin/ 名 ボールドウィン **1 James ～** (1924–87)《米国の黒人文学作家》. **2 Stanley ～** (1867–1947)《英国の政治家・首相》.
bald·y /bɔ́:ldi:/ 名 (複 **-ies**) ＝baldie.
‡**bale**[1] /beil/ 名 C (運送用にひもで縛るなどした)包み, 梱包(こんぽう). a ～ of cotton 綿花1俵. ── 動 他 を包み[束]にする, 梱包する, 〈*up*〉. [＜中期フランス語(＜ゲルマン語); たぶんもとは ball[1] と同一語] ▷ **bál·er** 名 C↓
bale[2] 名 U〖古・詩〗災い, 不幸; 悲しみ. 」梱包機.
bale[3] 動 ＝bail[1] 2, bail[2].
ba·leen /bəlí:n/ 名 U 鯨のひげ (whalebone).
bale·ful /béilf(ə)l/ 形〖章〗悪意のある, 陰険な; 有害な. a ～ glare 悪意に満ちた目つき. ▷ **～·ly** 副
Bal·four /bǽlfər, -fɔ:r/ 名 **Arthur James ～** バルフォア (1848–1930)《英国の政治家・首相; パレスティナでのユダヤ国家建設を認めた宣言 (the Balfour Declaration) で有名》.
Ba·li /bɑ́:li/ 名 バリ島《ジャワの東にあるインドネシア領の島; 民族芸能に優れ, 観光客が多く, the Jewel of the

East と称される》.

Ba·li·nese /bɑ̀ːləníːz ⓢ/ 形 バリ島(民)の; バリ語の ── 名 (複 ~) C バリ島民; U バリ語.

B

†balk, baulk 〘主に英〙/bɔːk/ 名 C **1** 妨害, じゃま; 障害. a ~ to the plan 計画の妨げ. **2** 〘建〙角材; (屋根の)つなぎ梁(ばり). **3** 〘野球〙ボーク. **4** 〘ビリヤード〙ボーク《台の井の字型線で仕切った区域》. **5** (境などのために)すき残した(畑の)畝(うね).

── 動 他 〘旧〙〔人〕のじゃまをする, 〔計画など〕を妨げる; VOA (~ X *of..*) X(人)が..を手に入れるのを妨げる〈普通, 受け身〉. ~ his plan＝~ him *in* his plan 彼の計画をじゃまする. He was ~*ed of* the chance to escape. 彼は逃亡のチャンスを妨げられた. ── 自 **1** 〔馬が〕急に立ち止まって動かなくなる; 〔人が〕しり込みする, たじろぐ, 〈*at* ..に〉. He ~*s at* meeting the creditors. 彼は債権者に会うのをしり込みする. **2** 〘野球〙ボークをする.
[＜古期英語「(畑の)畝(うね)」]

Bal·kan /bɔ́ːlkən/ 形 バルカン半島[諸国(民)]の. ── 名 〈the ~s〉＝the Balkan States. [トルコ語「山(脈)」]

Bál·kan·ìze, b- 動 他 をバルカン化する, (敵対する)小国に分割する; 〔党派など〕を分断する. ▷**Bàl·kan·i·zá·tion, b-** 名

Bàlkan Península 名 〈the ~〉バルカン半島.

Bàlkan Státes 名 〈the ~; 複数扱い〉バルカン諸国《旧 Yugoslavia, Albania, Bulgaria, Romania, Greece と Turkey の一部; 乱立する諸国間に古来紛争が絶えない》.

balk·y, baulk·y 〘主に英〙/bɔ́ːki/ 形 e (馬が)急に立ち止まって動かない癖のある; 言うことをきかない, 強情な.

‡ball[1] /bɔːl/ 名 (複 ~s /-z/)
【球】 **1** C (球技用の)ボール, 球, 玉, まり. throw [kick] a ~ ボールを投げる[蹴(け)る].
2 U 球技, 〈特に〉野球. **3** C (1回の)投球, 打球, 蹴った球. a foul ~ ファウル(になった)球. a fast [curved] ~ 速球[カーブ]. **4** C 〘野球〙ボール (↔strike). four straight ~s ストレートのフォアボール. two ~s and one strike ワンストライク・ツーボール (注意 日本語の場合とは逆にボールのカウントがストライクより先).
【球状のもの】 **5** C 球体; 丸い固まり(毛糸, 雪などの); 〘雅〙天体, 〈特に〉地球. wind up a ~ of wool 毛糸を巻いて玉にする. **6** C (体の部分の)ふくらみ. the ~ of the eye 眼球. the ~ of the thumb [foot] 手の平[足の裏]の親指のつけ根のふくらみ. **7** C 〈~s〉(昔の大砲の)弾丸, 砲丸, (cannon ball, bullet). **8** 〘卑〙〈~s〉(**a**) きんたま (testicles); (男の)闘志, 勇気. (**b**) 〈単数扱い〉めちゃめちゃ, ばかげたこと; 〈間投詞的〉くそっ. (→ballocks).

càrry the báll 〘米話〙責任をしょいこむ; 推進力になる; 《＜「ボールを運ぶ」; アメリカンフットボールに由来》.
gèt [stàrt↓] the báll rólling
hàve the báll at** one's **féet 〘旧話〙(成功の)チャンスをつかんでいる《＜「ボールが足元にある」; サッカーに由来》.
kèep sèveral bàlls in the áir 数個のボールを同時に宙で操る; いくつか別の事を同時にやろうとする.
kèep the báll rólling ボールを転がし続ける; (会話などを続けて)座がだれない[白けない]ようにする.
on the báll 〘話〙抜け目がない; 機敏な; 有能な; 《＜球技の試合中選手は球の動きから目を離せない》. be *on the* ~ 目端が利く. have a lot *on the* ~ とても有能である.
***plày báll** (1) ゲームを開始する; 活動を開始[再開]する. *Play* ~! プレーボール. (2) 〘話〙**協力する**〈*with* ..と〉(cooperate). (3) 〘米〙野球をする.
***stàrt [sèt, gèt] the báll rólling** (仕事などを率先して)始める; (話などの)口火を切る.
The bàll is in your [his, her, etc.] cóurt. 今度は君[彼, 彼女など]の(やる, 答える)番だ《テニスに由来》.
the whóle bàll of wáx 〘米話〙まるまる全部, 万事.

── 動 他 **1** を巻いて[握って]球にする, 丸める, 〈*up*〉. ~ one's fists こぶしを握りしめる. **2** 〘米卑〙と性交する.
── 自 **1** 球になる. **2** 〘米卑〙性交する〈*with* ..と〉.
bàll /../ úp ..を丸める; 〘米卑〙..をめちゃめちゃにする (spoil) (〘英卑〙balls /../ up). [＜古期北欧語「球」]

***ball**[2] /bɔːl/ 名 (複 ~s /-z/) C **舞踏会** (類語 格式ばった大規模なもの; →dance). give a ~ 舞踏会を開く.
hàve (oneself) a báll 〘話〙楽しい時間を過ごす.
òpen the báll 最初に踊って舞踏会を始める; (物事の)皮切りをする, 口火を切る.
[＜フランス語(＜後期ラテン語「踊る」)]

†bal·lad /bǽləd/ 名 C バラッド《例えば Robin Hood や Arthur 王伝説などをうたった物語風の伝承民謡; またそれらに題材を取った詩》; (感傷的な)歌謡曲, ラブソング.
[＜プロヴァンス語「踊りの歌」]

bal·lade /bəlɑ́ːd, bæ-/ 名 C **1** 〘韻律学〙バラード《3つの連と1つの末尾連(envoy)から成る》. **2** 〘楽〙バラード, 譚(たん)詩曲, 《叙情的な小曲; ピアノ曲に多い》.
[ballad の異形]

bal·lad·eer /bæ̀lədíər/ 名 C バラッド歌手.

bal·lad·ry /bǽlədri/ 名 U 〈集合的〉バラッド.

bàll-and-sócket jòint 名 C **1** 〘機〙玉継ぎ手. **2** (肩などの)球状関節.

bal·last /bǽləst/ 名 **1** U バラスト《船や気球を安定させるため底に積むもの; 船では昔は砂利, 今は普通, 水バラスト, 又は砂糖などの底荷を用いる; 気球では砂袋》. **2** U (道路に敷く)砂利, バラス(ト), (鉄道線路の)道床, (→stone 2 類語). **3** U (精神的に)安定させるもの; (社会的な)安定勢力. **4** C 〘電〙(電流の)安定装置.
in bállast 〘海〙〔船が〕バラストだけで[の], 空載で[の].
── 動 他 **1** 〔船, 気球など〕にバラストを積む[積んで安定させる]. **2** に砂利[バラス(ト)]を敷く. **3** 〔人〕に安定感を与える, を落ち着かせる.
[＜中期オランダ語「役に立たない (*bal*) 積み荷 (*last*)」]

bàll béaring 名 C 〘機〙ボールベアリング, 玉軸受け.

báll bòy 名 C (テニスなどの)球拾いの少年.

báll·còck 名 C 浮き玉コック《水洗トイレの貯水タンクなどに用いる給水量自動調節栓》.

‡bal·le·ri·na /bæ̀ləríːnə/ 名 (複 ~s, **bal·le·ri·ne** /-ni/) C バレリーナ《特に主役クラスの女性バレエダンサー; →prima ballerina》.
[イタリア語「(女性の)踊りの名手」]

***bal·let** /bǽlei, -ˊ|ˊ-/ 名 (複 ~s /-z/) **1** UC バレエ. **2** C バレエ曲. **3** C バレエ団. [フランス語(＜イタリア語「小さな踊り」)] ▷**bal·let·ic** /bælétik/ 形

bállet dàncer 名 C バレエダンサー.

bal·let·o·mane /bælétəmèin, bə-/ 名 C バレエ狂(の人).

bállet slìpper [shòe] 名 C バレエシューズ.

báll gàme 名 C **1** 球技; 〘米〙野球. **2** 〈普通, 単数形で〉〘話〙状況, 事態. a whole new [completely different] ~ 全く新しい[完全に異なった]状況, 今まで全く体験したことのない事態.

báll gìrl 名 C (テニスなどの)球拾いの少女.

‡bal·lis·tic /bəlístik/ 形 弾道(学)の. [＜ラテン語「大砲」(＜ギリシア語「投げる」)]

ballìstic míssile 名 C 弾道弾[ミサイル]《発射直後だけ誘導される guided missile; ICBM, IRBM がある》.

bal·lís·tics 名 〈単数扱い〉弾道学.

bal·locks /bɔ́ːləks|bɔ́l-/ 名 〘話〙**1** 〈複数扱い〉睾丸(こうがん)(testicles). **2** 〈単数扱い〉ばかばかしいこと (nonsense) (★普通, 間投詞的に用いて軽蔑を表す).

bàll of fíre 名 C 〘話〙'火の玉'(みたいに精力的な人).

‡bal·loon /bəlúːn/ 名 (複 ~s /-z/) C **1** 気球; ＝hot-air balloon. a captive [free] ~ 係留[自由]気球. send up an observation ~ 観測気球を上げる. **2** (おもちゃの)風船. a rubber [paper] ~ ゴム[紙]風船.

3〖話〗吹き出し (speech bubble)《漫画で人物のせりふを囲む》.
gò dówn like a lèad ballóon 〖話〗〔冗談などが〕受けない, 不発に終わる.
when the ballòon goes úp 〖話〗(恐れていた)問題が持ち上がった時に(は).
―― 動 自 1 (風船のように)だんだん膨らむ〈*out, up*〉; 急増[急騰]する. 2 気球で昇る[行く]《特に, スポーツとして》. ―― 他 1 を膨らませる. 2〖英〗〔ボールなど〕を空高く飛ばす[けり上げる]. [<イタリア語「大きな球」]

bal·lóon·ing 名 U (スポーツとしての)気球乗り, 気球旅行. go ～ 気球飛行をする.

bal·lóon·ist 名 C 気球に乗る人.

ballòon páyment 名 UC バルーン式支払い《割賦金額は少なくし, 借入期限の終りに残金を一括返済する》.

ballóon tìre 名 C バルーンタイヤ《幅広の低圧タイヤ》.

***bal·lot** /bǽlət/ 名 (複 ～s /-ts/) 1 C (無記名)**投票用紙**. cast a ～ 投票する. an absentee ～ 不在投票用紙. 2 UC (特に無記名の)投票. decide [elect] by ～ 投票で決める[選ぶ]. hold a ～ 投票を行う. on the first ～ 第1回の投票で. The question was put to a ～. その問題は投票にかけられた. 3 C 投票総数 (vote). 4 U〈普通 the ～〉投票権, 選挙権. 5 C 立候補者氏名表.
―― 動 自 1 (無記名投票で)選出する〈*for* ..を〉; (無記名で)投票する. ～ *for* a new chairman 投票で新議長を選出する. ～ *for* [*against*] a motion 動議に賛成[反対]の投票をする. 2 くじで決める〈*for* ..を〉.
―― 他〔有権者〕の票決を採る〈*about, on* ..について〉.
[<イタリア語「小さな球」]

bállot bòx 名 C 投票箱;〈the ～〉(投票による)選挙. at the ～ 選挙で.

bállot pàper 名 C 投票用紙.

báll·pàrk 名 C 1〖米〗野球場. 2〈単数形で〉〖話〗(数, 値段などの)妥当な範囲;〈形容詞的〉概算の. Your guess is in the (right) ～. 君の推量はほぼ当たっている. a ～ figure 概算数字. 3〖話〗=ball game 2; (他と互角に競う)活躍の場. be in the same ～ 同じ土俵に上がっている.

bàll pén 名 =ballpoint (pen).

báll·plàyer 名 C 野球[球技]をする人;〖米〗(プロ)野球選手.

‡ball·point /bɔ́ːlpɔ̀int/ 名 (複 ～s /-ts/) C ボールペン (**bàllpoint pén**).

‡báll·ròom 名 C 舞踏室[場].

bállroom dàncing 名 U 社交ダンス.

balls /bɔːlz/ 動〈次の成句で〉
bàlls /../ úp 〖英卑〗=BALL[1] /../ up.

bálls-ùp〖英〗, **báll-ùp**〖米〗名 C〖卑〗めちゃめちゃ; やり損ない.

ball·sy /bɔ́ːlzi/ 形〖俗〗元気のいい, 張り切っている.

bal·ly /bǽli/ 形, 副〖英旧俗〗ひどい[く], すごい[く], (★bloody の婉曲語). a ～ fool 大ばか野郎.

bal·ly·hoo /bǽlihùː|ˌ--ˊ/ 名 U〖話〗1 誇大広告, 騒々しい宣伝. 2 大騒ぎ (uproar).
―― 動 他〖主に米話〗を大げさに宣伝する.

balm /bɑːm/ 名 UC 1 バルサム《ある種の木から採る芳香のある樹脂》; (そのような)芳香. 2 バルサム剤《バルサムから作る鎮痛用軟膏(こう)》. 3 (心の)慰め. [<ラテン語; balsam と同源]

Bal·mor·al /bælmɔ́ːrəl/ 名 C〈しばしば b-〉1 編上げ靴の一種. 2 (スコットランドの兵士がかぶる)青いベレー風の帽子 (bluebonnet).

balm·y /bɑ́ːmi/ 形 e 1〔気候, 微風などが〕さわやかな, しっとりした. a ～ summer evening 心の和らぐ夏の夕方. 2 芳香のある, 芳しい. 3 痛みを和らげる. 4〖主に米話〗いかれた, ばかな, (〖英話〗barmy).
▷ **balm·i·ly** 副 **balm·i·ness** 名

ba·lo·ney /bəlóuni/ 名 (複 ～s) 1 U〖俗〗ナンセンス, でたらめ. 2 C〖米話〗=Bologna.

bal·sa /bɔ́ːlsə/ 名 1 C バルサ《熱帯アメリカ産の樹木; パンヤ科》; U バルサ材《軽くて丈夫なため救命具, 浮き, 模型などに用いる》. 2 C (バルサ材で作った)いかだ; =catamaran 2. [スペイン語「いかだ」]

bal·sam /bɔ́ːlsəm/ 名 1 UC =balm. 2 C〖植〗バルサム樹《バルサム (balm) の原料になる各種の樹木の総称》. 3 C ホウセンカ (garden balsam). [<ラテン語(<ヘブライ語「香料」)]

bàlsam fír 名 C〖植〗バルサムモミ《北米産》.

Bal·tic /bɔ́ːltik/ 形 バルト海の; バルト海東岸諸国の.
―― 名 1 U バルト語派《インド・ヨーロッパ語族の一語派でラトヴィア語・リトアニア語などを含む》. 2〈the ～〉=Baltic Sea;〈the ～s〉=Baltic States.

Bàltic Séa 名〈the ～〉バルト海.

Bàltic Státes 名〈the ～; 複数扱い〉バルト3国《Estonia, Latvia, Lithuania》.

Bal·ti·more /bɔ́ːltəmɔ̀ːr/ 名 ボルティモア《米国 Maryland 州最大の都市; ここに植民地を開いた Lord Baltimore (1580?–1632) にちなむ》.

Bàltimore óriole 名 C〖鳥〗ボルティモアムクドリモドキ《北米産; 雄の羽毛が Baltimore 卿(きょう)の紋章の配色に似ていたことから》.

bal·us·ter /bǽləstər/ 名 C 手すり子《手すり, 欄干の縦の棒》. [<ギリシア語「(野生の)ザクロの花」]

bal·us·trade /bǽləstrèid|ˌ--ˊ/ 名 C 手すり, 欄干.

Bal·zac /bǽlzæk/ 名 **Honoré de ～** バルザック (1799–1850)《フランスの写実主義小説家》.

Bam·bi /bǽmbi/ 名 バンビ《同名の雄鹿を主人公にした Disney 作の動画》.

bam·bi·no /bæmbíːnou/ 名 (複 ～s, **bam·bi·ni** /-niː/) C 1 幼いイエス・キリストの像[絵]. 2〖話〗子供, 赤ん坊. [イタリア語「小さなおばかさん」]

†bam·boo /bæmbúː/ 名 (複 ～s) 1 U〖植〗竹; 竹材. ～ shoots たけのこ. a ～ leaf ささの葉; 竹皮. 2 C =bamboo tree. [<マレー語]

bàmboo cúrtain 名〈the ～〉竹のカーテン《1950–60 年代の中華人民共和国の他国に対する閉鎖性を指して言った; →Iron Curtain》.

bambóo trèe 名 C (1本の)竹.

bam·boo·zle /bæmbúːz(ə)l/ 動 他〖話〗を煙にまく (mistify); をだます, ぺてんにかける, (cheat).
bambòozle a pérson into dóing 人をだまして..させる.
bambòozle a pérson out of 〔money〕人をだまして〔金〕を巻き上げる. [<?]

***ban** /bæn/ 名 (複 ～s /-z/) C 1 (法による)**禁止**, 禁制. a nuclear test ～ 核実験禁止. a ～ *on* demonstrations デモ禁止. 2〖宗教〗破門, 追放.

> 1の 連結 a complete [an outright, a total; a sweeping; a global; a permanent] ～ // impose a ～ on ..

lìft* [*remòve*] *the bán on .. ..の禁制を解く, ..を解禁する.
plàce* [*pùt*] *..under a bán ..を禁止[破門]する.
under a bán 禁止されて[た]; 破門されて[た].
―― 動 (～s|-nn-) 他 1 を禁止する;〔人〕に禁じる〈*from* (doing) ..(すること)を〉; (類語 社会的・法的な禁止; →forbid). Smoking is ～*ned* in the lecture hall. 講堂は禁煙である. He was ～*ned from* (*entering*) the competition. 彼は競技会の出場を禁じられた. 2 を追放する. [<古期英語「召集する, 布告する」]

‡ba·nal /bənɑ́ːl, béin(ə)l, / 形〖軽蔑〗平凡な, 古くさい, 陳腐な. ～ jokes 古くさい冗談. [<古期フランス語「(すべての者に)義務的な, 共通の」] ▷ **～·ly** 副

ba·nal·i·ty /bənǽləti/ [名] ([複] **-ties**) [U] 平凡さ, 凡庸; [C] 陳腐な言葉[考え].

*ba·nan·a** /bənǽnə|-ná:nə/ [名] ([複] **~s** /-z/) [C] **1** バナナ. a bunch [hand] of ~*s* バナナ一房. a ~ peel バナナの皮. **2** バナナの木 (**banána plànt**).

gò* [*be*] *banánas 〖俗〗かっとなる[かっかとしている]; ばかげたことをやる[ばかげている].

[<スペイン語またはポルトガル語; 西アフリカ語起源]

banána repùblic [名] [C] バナナ共和国《特に中南米の政治的に不安定な小国を軽蔑して》.

banána skin [名] [UC] **1** バナナの皮. slip on a ~ バナナの皮を踏んで滑べる. **2** [C]〖英話〗(政府, 要人などの)失態を招くもの, つまずきになるもの.

banàna split [名] [C] バナナスプリット《縦半分にしたバナナの切り口にアイスクリームをのせ, チョコレートソース, ナッツ, ホイップクリームなどをかけたデザート》.

B & [and] B, b & [and] b /bì:-ənd-bí:/ bed and breakfast.

*band*¹ /bænd/ [名] ([複] **~s** /-dz/) [C] **1** 帯, ひも, バンド; (たるなどの)たが; (鳥の足に付ける)標識バンド; (かまぼこ型の)指輪; (★ズボンの「バンド」は belt が正しい). a rubber ~ ゴムバンド, 輪ゴム. a panama hat with a black ~ 黒リボンを巻いたパナマ帽. a wedding ~ 結婚指輪. **2** (色などの)しま, 筋, (stripe). bright ~*s* of color 明るいしま模様. **3** (**a**)〖無電〗(一定範囲の)周波数帯, バンド, (**wáve** [**fréquency**] **bànd** とも言う). (**b**) (収入額, 年齢などの)範囲; (変動)幅. children in the 5–10 age ~ 5–10 歳の間の子供たち. a 6 percent fluctuation ~ 6 パーセントの変動幅.

── [動] [他] **1** をひもで縛る. **2** に筋[しま]を付ける 〈*with* ..で〉. **3** 〔鳥の足〕に標識バンドを付ける.

[<古期北欧語「しばる物」および古期フランス語「ひも, 帯」]

*band*² /bænd/ [名] ([複] **~s** /-dz/) [C] **1** (人, 動物の)一隊, 一団, 群れ. a ~ of robbers 盗賊の一団. **2** 楽団, 楽隊, バンド, 《普通, 弦楽器なしでポピュラー音楽を演奏するもの》. a brass ~ ブラスバンド. a jazz ~ ジャズバンド.

to bèat the bánd 〖話〗猛烈に, ものすごく. The baby was howling *to beat the* ~. 赤ん坊は盛んに泣きわめいていた.

── [動] 〈次の成句で〉

bànd (*oneself*) ***togéther*** 団結する. They ~*ed* (them*selves*) [were ~*ed*] *together* against the dictator. 彼らは独裁者に団結して立ち向かった.

[<中世ラテン語「(兵士の)集団」]

*band·age /bǽndidʒ/ [名] ([複] **-ag·es** /-əz/) [C] 包帯; (目隠し用の)布. gauze ~*s* ガーゼの包帯. ── [動] [他] に包帯をする 〈*up*〉. ~ a wound [finger] 傷[指]に包帯をする. a ~*d* hand 包帯をした手. [<フランス語; band¹, -age]

Bánd-Àid [名] 〖米〗**1** [UC]〖商標〗バンドエイド. **2** 〈b-〉 [UC] 〈一般に〉救急ばんそうこう; [C] 応急策[処置].

ban·dan·(n)a /bændǽnə/ [名] [C] バンダナ《派手な模様の大型のハンカチ; スカーフにも使う》. [<ヒンディー語「結び染め」]

bánd·bòx [名] [C] (帽子などを入れる)円形のボール[薄板]箱. ***lóok as if*** *one* ***càme out of a bándbox*** とてもさっぱりした身なりをしている.

ban·deau /bǽndou, -´/ [名] ([複] **~x** /-z/) [C] (女性の)ヘアバンド. [フランス語「小さな帯」]

ban·de·rol(e) /bǽndəròul/ [名] [C] **1** (マスト, やり先などの)小旗, 吹流し. **2** (銘の入った)帯状の巻物. [フランス語(<イタリア語「小さな旗」)]

ban·di·coot /bǽndikù:t/ [名] [C] **1** フクロアナグマ《オーストラリア産の小さな有袋動物; 草や虫を食べる》. **2** =bandicoot rat.

bàndicoot rát [名] [C] オニネズミ《穀物に被害を与える大形ネズミ; インド産》.

†**ban·dit** /bǽndət/ [名] ([複] **~s, ban·dit·ti** /bændíti/) [C] 山賊, 強盗; ならず者. [<イタリア語「法外放置宣告を受けた者」]

ban·dit·ry /bǽndətri/ [名] [U] 山賊行為, 強盗; 〈集合的〉山賊団, ギャング団.

bánd·lèader [名] [C] 〖旧〗バンドリーダー《ジャズバンドの指揮者; しばしば自分も演奏する》. 「楽長.

bánd·màster [名] [C] バンドマスター, 楽隊指揮者,↑

ban·do·leer, -lier /bændəlíər/ [名] [C] (肩から斜めにかける)弾薬帯. [<スペイン語「小さな帯」]

bánd sàw [名] 帯のこ. 「[C] 楽団員, バンドマン.

bands·man /bǽn(d)zmən/ [名] ([複] **-men** /-mən/)↑

bánd·stànd [名] [C] (普通, 屋根付きの)野外演奏ステージ; (屋内の)演奏ステージ.

[bandstand]

Ban·dung /bá:nduŋ|bǽn-/ [名] バンドン《インドネシア Java 島西部の都市》.

bánd·wàgon [名] [C] (サーカスや選挙運動のパレードの先頭を行く)楽隊車.

clìmb* [*jùmp, gèt*] *on the bándwagon 〖話〗(選挙などの際)有望な候補者(支持)に回る《<楽隊車に乗る》; 時流[流行]に乗る, 便乗する. *jump on the* Greenpeace ~ グリーンピース(の環境保護運動)に積極的に協力する.

bánd·wìdth [名] [U] 〖無電〗帯域幅 (→band¹ 3 (a)).

ban·dy /bǽndi/ [動] (**-dies**|[過] [過分] **-died**|**~·ing**) [他] **1** 〔ボールなど〕を打ち合う, 投げ合う. **2** 〖旧〗〔悪口, 殴り合い, お世辞〕をやりとりする.

bàndy..abóut [***aróund***] 〔特に, よくないうわさ〕を言いふらす; 〔言葉, 名前など〕を繰り返し口にする; 〈普通, 受け身で〉. His name is being *bandied about* as the next prime minister. 彼の名前が次の首相として取りざたされている.

bàndy wórds (***with***..) 〖旧〗(..と)言い合いをする.

── [形] **1** 〔脚が〕湾曲した. **2** =bandy-legged.

bàndy-légged /-(ə)d|-gd [移]/ [形] 脚が外側へ曲がった, がにまたの, (↔knockkneed).

bane /bein/ [名] [U] 〈the ~〉破滅のもと; 苦労の種; 〈*of* ..の〉. Gambling was the ~ of his existence [life]. 賭(か)け事が彼の一生の災いの元だった.

bane·ful /béinf(ə)l/ [形] 災いをもたらす. a ~ influence 悪影響. a ~ look 悪意のこもった目つき.

▷ **~·ly** [副] **~·ness** [名]

Banff·shire /bǽnfʃər/ [名] バンフシャー《スコットランドの州の旧名; 今は Grampian 州の一部》.

*bang*¹ /bæŋ/ [動] (**~s** /-z/|[過] [過分] **~ed** /-d/|**báng·ing**) [他] **1** をどんと打つ, 強打する; どんとぶつける 〈*against* ..に〉. He ~*ed* the table with his fist.=He ~*ed* his fist on the table. 彼はテーブルをげんこつでどんとたたいた. ~ one's foot *against* a table leg 足をテーブルの脚にがたんとぶつける. **2** 〔ドアなど〕をばたんと閉める 〈*shut, to*〉; 〔物〕をどすんと置く 〈*down*〉. ~ the door *shut* [*to*] ドアをばたんと閉める (★この例と [自] 2 の to については→to [副] 2). ~ the door in a person's face 人の面前でドアをばたんと閉める; 人を門前払いにする. **3** 〔銃〕をばーんと発射する. **4** 〖卑〗〔女〕と性交する.

── [自] **1** [VA] (~ ***at, on***..) ..をどんと打つ; (~ ***against***..) ..にどんとぶつかる. ~ *at* [*on*] the door ドアをどんとたたく. **2** 〔銃が〕ばーんと発射される; 〔ドアなどが〕ばたんと音を立てる, ばたんと閉まる 〈*shut, to*〉. The door ~*ed* *shut* [*to*]. ドアがばたんと閉まった (→[他] 2). **3** 〖卑〗性交

する.
bàng abóut [***aróund***] 〖話〗騒々しく動き回る.
bàng..abóut 〖話〗..を乱暴に扱う; ..を虐待する.
bàng awáy 〖話〗(1)(たたくなどして)やかましく音を立てる; 発砲し続ける. (2) がむしゃらにやる〈*at* ..を〉. (3) 質問攻めにする〈*at* ..を〉.
bàng /../ ín 〖話〗〔手紙, 届けなど〕を大急ぎで出す.
báng into.. どすんと..にぶつかる; 〖話〗〔人〕にばったり出会う.
bàng ón about.. 〖英話〗..について(うんざりするほど)繰り返ししゃべる.
bàng /../ óut 〖話〗(1)(ピアノでやかましく)〔音楽〕をたたき出す; 〔文章〕を(急いで)たたき出す〈*on* ..〔タイプライター〕で〉. (2)〔製品など〕を粗製濫造する.
bàng /../ úp (1)〖米話〗..を壊す, 傷つける. (2)〖俗〗..を(監獄に)ぶち込む. (3)〖俗〗〔女〕をはらませる.
── 图 (複 ~s /-z/) Ⓒ **1** どたん[ぽかっ, ぴしゃっ](という音); ばーん(という銃声). **2** 強い一打. get a ~ on the head 頭に一撃を食らう. **3**〈単数形で〉〖話〗衝撃; 劇的効果. **4**〖米話〗〈普通, 単数形で〉(興奮して又はうれしくて)わくわく[ぞくぞく](すること). **5**〖卑〗性交.
*__*with a báng*__* ばたんと, どすんと, ばーんと; いきなり; 威勢よく. shut the door *with a* ~ ドアをばたんと閉める. go over〖米〗[off〖英〗] *with a* ~〔銃が〕ばーんと発射される; 〖話〗大成功を収める.
── 副 〖話〗**1** どすんと, ばたんと, ばーんと, The ball came ~ into my face. 顔に球がぽかんと当たった.
2 ちょうど, まさに, もろに, ずばり, (exactly); 全く (completely). ~ in the middle of the exam その試験の真っ最中に.
bàng óff 〖英俗〗すぐさま, 即刻.
bàng ón 〖英話〗ずばり的中して. Your guess is ~ *on*. 君の推測はどんぴしゃりだ.
gò báng 〖話〗(1) ばたんと閉まる; ばんと破裂[爆発]する. (2)〈倒置して〉〔希望などが〕ぱっとなくなる. *Bang went* my hopes of getting the post. 私がその職に就く見込みは一瞬にして消えた.
── 間 ばたん, どすん, ばーん. [擬音語]
bang[2] 〖主に米〗图 Ⓒ〈しばしば ~s; 単数扱い〉切り下げた前髪 (〖英〗fringe). Susie wears ~*s*. スージーは前髪を切り下げにしている. ── 動 他 〔前髪〕を切り下げる.
báng·er /bǽŋər/ 图 Ⓒ 〖英話〗**1** ソーセージ. ~*s* and mash ソーセージとマッシュポテト《典型的な英国人の食事》. **2** 爆竹, かんしゃく玉. **3** (音のうるさい)ぽんこつ車.
Bang·kok /bǽŋkɑk, ⌐⌐|bæŋkɔ́k, ⌐⌐/ 图 バンコク《タイの首都》.
Ban·gla·desh /bɑ̀:ŋglədéʃ|bæ̀ŋ-/ 图 バングラデシュ《インド半島北東部の国; もと東パキスタン; 首都は Dhaka; 公用語は Bengali》. ▷ **~·i** /-i/ 图 Ⓒ バングラデシュ人.
Ban·gla·desh·i /bɑ̀:ŋglədéʃi|bæ̀ŋ-/ 图 Ⓒ バングラデシュ人. ── 形 バングラデシュ(人)の.
ban·gle /bǽŋgl/ 图 Ⓒ 腕輪, バングル; 足首飾り.
bàng-ón /㊂/ 形 〖英話〗どんぴしゃりの, 完璧(ぺき)な.
Ban·gui /bɑ:ŋgí:|bɔ̀ŋ-/ 图 バンギ《中央アフリカ共和国の首都》.
bàng-úp /㊂/ 形 〖米話〗断然いい.
ban·ian /bǽnjən, -niən/ 图 =banyan.
***ban·ish** /bǽniʃ/ 動 (~·es /-əz/|過 過分 ~ed /-t/|~·ing) 他 **1** を追放する, 流刑に処する; を追い出す; 〈*from* ..から/*to* ..へ〉. The ruler was overthrown and ~*ed from* the country. 支配者は倒され国外に追放された. The naughty boy was ~*ed to* his bedroom. いたずら坊主は自分の寝室に追いやられた. **2**〔心配, 考えなど〕を取り除く, 追い払う, 〈*from* ..から〉. ~ an idle fancy (*from* one's mind) ばかげた空想を(頭から)追い払う. [<古期フランス語「追放する」; ban, -ish[2]]
bán·ish·ment 图 Ⓤ 追放(する[される]こと), 流刑; 追い出し, 排斥. go into ~ 追放される.
ban·is·ter, ban·nis- /bǽnəstər/ 图 Ⓒ〈時に ~s; 単複両扱い〉欄干, 手すり, (balustrade). [baluster の変形]
†**ban·jo** /bǽndʒou/ 图 (複 ~(e)s) Ⓒ バンジョー《普通 5 弦の弦楽器》. [古形 *bandore*(<ギリシア語「3 弦のリュート」)の米国黒人英語なまり] ▷ **~·ist** 图 Ⓒ バンジョー弾き.
‡**bank**[1] /bæŋk/ 图 (複 ~s /-s/) Ⓒ 【盛り上がった所】
1 (**a**) 土手, 堤; (川, 湖, 運河などの)岸(に近い土地). the left ~ of the river 川の左岸《上流から下流に向かって言う》. have a handsome house on the ~*s* of the Thames テムズ川のほとりに美しい邸宅を構える. (**b**)(田舎道の両側や畑の境にある)盛り土.
2 (砂, 雲, 雪などの堤状の)堆(たい)積. a ~ of clouds 雲堤《地平線上に盛り上がった上部が平らな雲塊》.
3 (河口, 海の)州(す), 浅瀬, (sandbank).
【堆積物の斜面>傾斜】 **4** 坂, 急斜面. **5** (道路, 競走路の)バンク《カーブで外側が高くなっている》. **6**〖空〗バンク《飛行機が旋回するために機体を傾けること》.
── 動 他 **1** に堤防を築く, を堤防で囲む, せき止める. ~ (*up*) the river 川に堤防を築く. **2**〔機体, 車体〕をバンクさせる. **3**〔道路〕のカーブの外側を高くする.
── 自 **1** 堤防状になる; 積み重なる. The snow ~*ed up* against the wall. 雪が塀に吹き寄せられて高く積もっていた. **2**〔飛行機, 自動車などが〕バンクする. **3**〔道路が〕カーブで外側が高くなる.
bànk /../ úp (1) ..を積み上げる; 〔川など〕に堤防を築き上げる. ~ *up* mud 泥を積み上げる. (2)〔火〕をいける《火勢を弱めるため灰などをかける》.
[<古期北欧語「土手, 畝」; bank[2], bench と同源]
‡**bank**[2] /bæŋk/ 图 (複 ~s /-s/) Ⓒ **1** 銀行. deposit money in the ~ 銀行に預金する. the *Bank*〖英〗= the BANK OF ENGLAND (→見出し語).

> 連結 a major [a leading; a central, a federal, a national, a state; a local; a commercial, a high-street; a merchant] ~

2 貯蔵所, '..銀行'; (家庭の)貯金箱 (→piggy bank). →blood bank, data bank.
3〈the ~〉(賭博(とばく)の)胴元(の用意金).
brèak the bánk (1)(賭(か)け金をすっかりさらって)胴元をつぶす. (2)〖話〗文無しにする, 破産させる.
── 動 他 を銀行に預ける. ── 自 **1** (銀行と)取り引きする; 銀行に預金する. ~ *at* Lloyd's ロイズ銀行に預金する. Who do you ~ *with?* =Where do you ~? どこの銀行と取引があるか. **2** 銀行業を営む.
bánk on [***upon***]*..* ..を頼りにする, 当てにする. I'm ~*ing on* ⌞my father's help [my father *to* help me]. 私は父の援助を当てにしている. You mustn't ~ *on* the bus be*ing* on time. 時刻通りに走るものとバスを当てにしてはいけない.
[<イタリア語「(両替商の)机, ベンチ」; bank[1], bench と同源]
bank[3] 图 Ⓒ **1** (ピアノ, オルガン, パソコンのキーなどの) 1 列, ひと並び; (一般に, 同種の物の)列, 並び. a ~ of lights 明かりの列. **2** (デパート, ホテルなどで 1 列に)並んだエレベーター. **3**〖史〗(ガレー船の)ひと並びの⌞オール[漕(そう)手席]. ── 動 他 を1 列に並べる. [<古期フランス語 'bench']
bánk·able 形 **1** 銀行で受け付けられる; 信頼のおける. **2**〔特に映画スターが〕ドル箱の. ▷ **bànk·a·bíl·i·ty** 图 Ⓤ〖米〗(人気などによる)集金力.
bánk accòunt 图 Ⓒ 銀行預金口座[残高].
Bànk·América 图 バンカメリカ《本社を San Francisco に置く全米第 2 の持ち株会社; 商業銀行の名門 **The Bànk of América** はその子会社》.

bánk bàlance 名 C 〈単数形で〉銀行預金残高.
bánk bìll 名 C **1**〖米〗=bank note. **2**〖英〗=bank draft.
B
bánk·bòok 名 C 銀行預金通帳 (passbook).
bánk càrd 名 C **1**〖米〗(銀行発行の)クレジットカード (bank credit card), キャッシュカード (〖英〗cash card). **2**〖英〗小切手支払保証カード.
bánk chàrge 名 C (客が支払う)銀行の手数料.
bánk clèrk 名 C〖英〗銀行員,〈特に〉窓口係, (→banker).
bánk credit càrd 名 =bank card 1.
bánk dràft 名 C 銀行為替手形《略 B/D》.
***bank·er** /bǽŋkər/ 名 (複 ~s /-z/) **1** C **銀行家**, 銀行経営者. Who are your ~s? 何銀行をご利用ですか. **2** C (賭博(とばく), ゲームの)胴元. **3** U '銀行', バンカー, 《トランプによる賭(か)けゲームの1つ》.
bánker's bìll 名 =bank draft.
bánker's càrd 名 =bank card 2.
bánker's dràft 名 =bank draft.
bánker's òrder 名 C〖英〗(口座からの)自動引き落とし依頼 (standing order).
bànk hóliday 名 C〖米〗銀行休業日《金融危機などを回避するため政府が命じることがある》;〖英〗銀行休日 (→holiday 表).
***bánk·ing** 名 U **銀行業**, 銀行経営; 銀行業務. ~ hours 銀行営業時間.
bánking institùtion 名 C 金融機関.
bánk lòan 名 C 銀行ローン.
bánk machìne 名 =cash dispenser.
bánk mànager 名 C 銀行の支店長.
bánk nòte 名 C 紙幣, 銀行券. a wad of ~*s* 札束.
Bànk of Éngland 名 〈the ~〉イングランド銀行《1694年創立; ロンドンの the City にある英国の中央銀行; 米国でこれに相当するのは Federal Reserve Bank》.
bánk ràte 名 C〖経〗公定歩合.
bánk·ròll 名 C〖米〗札束; 資金. ── 動 他〖米話〗〔事業など〕に資金を出す.
***bank·rupt** /bǽŋkrʌpt, -rəpt/ 名 (複 ~s /-ts/) C **破産者**; 支払い不能者; (性格)破綻(たん)者.
── 形 ¢ **倒産した**, 破産した, 支払い能力のない; 破綻を来した. He has been declared ~. 彼は破産宣告を受けた. a ~ foreign policy 破綻した外交政策.
***be bánkrupt of* [*in*] ..** 〔能力など〕が全くない. The speech *was* completely ~ *of* wit. その演説には機知が全く欠けていた.
****gò* [*becòme*] *bánkrupt*** **破産する**, 倒産する.
── 動 他 を破綻させる; を支払い不能にする.
[<イタリア語 'broken bench'; 破産した両替商の机 (→bank²) が壊されたことから]
***bank·rupt·cy** /bǽŋkrʌp(t)si, -rəp(t)-/ 名 (複 -cies /-z/) UC **破産**, 倒産, 破産状態; (計画, 性格などの)破綻(たん); (名誉などの)失墜. go into ~ 破産する.
bánk stàtement 名 C (定期的に銀行が預金者に出す)預金収支報告書.
***ban·ner** /bǽnər/ 名 (複 ~s /-z/) C **1**〖雅〗(国旗, 軍旗, 校旗などの)**旗** (類語 主に比喩的に用い, 実際の「旗」の意味では flag が普通).
2 旗じるし, 象徴, (symbol);〖電算〗バナー《小さめに表示されたロゴマークなど》. join [follow] the ~ of revolution 革命の旗の下に馳(は)せ参じる. **3** 横断幕《デモの時などに用いる2本の旗ざおに長い布を張りスローガンを書いたもの》; (宣伝用などの)たれ幕. **4**〖新聞〗全段抜きの大見出し. **5**〖米〗〈形容詞的〉特筆大書すべき, 際立った. a ~ year 特筆すべき年.
càrry the bánner for .. 〖話〗..を旗印に掲げる, 支持する.
under the bánner of .. (1) ..の旗[名]の下に; ..の主義のために. (2) ..の傘下(さんか)で[に], ..に所属して.
[<古期フランス語「旗」]
ban·ner·et(te) /bæ̀nərét, ⌐-⌐/ 名 C 小旗.
bànner héadline 名 =banner 4.
bánner hòlder 名 C 旗手.
ban·nis·ter /bǽnəstəlr/ 名 =banister.
ban·nock /bǽnək/ 名 C〖北英〗丸く平たいカラスムギ[トウモロコシ]パンの一種.
banns /bænz/ 名 〈複数扱い〉(教会で行う)結婚予告《挙式前に連続3回, 日曜ごとに予告し, その結婚に反対する者の有無を問う》. read [call, publish, put up] the ~ 〔教会が〕結婚予告を行う. forbid the ~ 結婚に異議を唱える. [ban の複数形]
***ban·quet** /bǽŋkwət/ 名 (複 ~s /-ts/) C **1** (特に正式な)**宴会**, 招宴, (類語 結婚式など特別な時に催す儀式ばった公式のディナーで, 普通スピーチが行われる; →feast). They gave a state ~ in honor of the visiting Prince of Monaco. 彼らは訪問中のモナコ公のために盛大な宴を催した. **2** (豪華な)ごちそう.

1の 連結 a formal [an official; a lavish, a sumptuous] ~ // hold [attend] a ~

── 動 他 のために宴会を催す. ── 自 宴会を催す; 宴会に出る; 豪勢な食事をする. ~ *on* lobster 大エビに舌鼓を打つ.
[フランス語(<イタリア語「小さなベンチ (bank²)」)]
bánqueting hàll 名 =banquet room.
bánquet ròom 名 C 宴会用広間.
ban·quette /bæŋkét/ 名 C **1** 上張りした長いす《レストランなどで壁に作り付けのもの》. **2** (城壁の内側, 塹壕(ざんごう)内部の)射撃用足場. **3**〖米南部〗歩道. [フランス語(<プロヴァンス語「小さなベンチ (bank³)」)]
Ban·quo /bǽŋkwou/ 名 バンクウォー《Shakespeare 作 *Macbeth* でマクベスに殺される将軍; 亡霊で現れ, マクベスを悩ます》.
ban·shee /bǽnʃi:, ⌐-⌐/ 名 C〖アイル・スコ伝説〗バンシー《泣いて家族の中の死者を予告するという女の妖精(ようせい)》. [<アイルランド語「妖精の女」]
ban·tam /bǽntəm/ 名 C **1** (特に雄の)バンタム鶏(けい), チャボ. **2** 小柄でけんか好きな人. [インドネシア Java 島の原産地名から]
bántam·wèight 名 C バンタム級選手.
†**ban·ter** /bǽntər/ 名 U ひやかし, からかい, (悪意のない)軽口. exchange much ~ with ..とさかんに軽口をたたき合う. ── 動 他 ひやかす, からかう. ── 自 軽口をたたく[たたき合う]〈*with* ..と〉.
bán·ter·ing /-riŋ/ 形 ひやかしの, からかっている. ▷ **~·ly** 副
Ban·tu /bǽntu:, bά:n-|bæ̀ntú:, bὰ:n-/ 名 (複 ~, ~s) C バントゥー族(の人)《アフリカ中部, 南部に住む黒人の諸族》; U バントゥー語《Swahili 語, Zulu 語などを含む》. ── 形 バントゥー族の; バントゥー諸語の.
Ban·tu·stan /bǽntu:stæ̀n, bά:n-|bæ̀ntu:stά:n, bὰ:n-/ 名〖時に軽蔑〗=homeland 2.
ban·yan /bǽnjən, -niən/ 名 C〖植〗ベンガルボダイジュ《巨木になり, ヒンドゥー教で聖木とされる》.
ban·zai /bα:nzái/ 間 万歳;〈形容詞的〉向こう見ずの. a ~ attack 決死の突撃《第2次大戦中, 日本軍が万歳を叫びながら突撃したことから》. [日本語]
bao·bab /béiəbæb|béiou-, báu-/ 名 C〖植〗バオバブ《熱帯アフリカ産, 巨木となる; 果実は食用》.
Bap(t) Baptist.
bap /bæp/ 名 C〖英〗柔らかくやや平らなロールパン.
bap(t) baptized.
bap·tise /bæptáiz, ⌐-|⌐-⌐/ 動〖英〗=baptize.
***bap·tism** /bǽptiz(ə)m/ 名 (複 ~s /-z/) UC **1**〖キリスト教〗**洗礼(式)**《普通, 子供の生後間もなく行う儀式

で，この時に子供は命名され教会員となる》; 命名式. 参考 全身を水に入れる浸礼 (immersion) のほかに，注水と，指先で水を振りかけるだけの灌(かん)水 (effusion) とがある; カトリック教会などでは灌水を用いる. **2** 最初の試練，'洗礼'. ～ of blood 殉教《血の洗礼》.
bàptism of fíre (軍人の)初陣《砲火の洗礼》; 初めての厳しい試練.

bap·tis·mal /bæptízm(ə)l/ 形 洗礼の. a ～ name 洗礼名 (Christian name).

†**Bap·tist** /bǽptist/ 名 C 〖キリスト教〗 **1** バプティスト派(の信徒) 《幼児洗礼に反対し，洗礼の意味が分かる年齢になってからの浸礼 (immersion) を主唱する; 新教の一派》. **2** 〖聖書〗〈the ～〉＝John the Baptist.
3 〈b-〉洗礼を施す人.

bap·tis·ter·y, bap·tis·try /bǽptəst(ə)ri/, /-tri/ 名 (複 **-ter·ies, -tries**) C 洗礼場; 浸礼用水槽.

***bap·tize,** 〖英〗 **-tise** /bæptáiz, ⌐-|-⌐/ 動 (**-tiz·es** /-əz/| 過 過分 **～d** /-d/| **-tiz·ing**) 他 **1** 〈普通，受け身で〉 **(a)** に洗礼を施す. **(b)** VOC (～ X Y) X に Y と洗礼名をつける; 〈一般に〉 X に Y と命名する (name), あだ名をつける. The baby was ～*d* Henry. 赤ん坊は洗礼を受けてヘンリーと命名された. **(c)** VOC (～ X Y) X に洗礼を施して Y (..教徒)にする. be ～*d* a Catholic 洗礼を受けてカトリック教徒になる. **2** の心を清める. [＜ギリシア語「水に浸す」]

‡**bar**[1] /bɑːr/ 名 (複 **～s** /-z/) C
【縦長のもの】 **1** (金属，木の)**棒**，棒状のもの; 長方形のもの. a ～ of an electric stove 電気ストーブの(棒状)ヒーター. a gold ～ 金の延べ棒. a ～ of chocolate 板チョコ 1 枚. a ～ of soap (四角い)石けん 1 個.
2 かんぬき; (柵(さく), 走り高跳びなどの)横木; ＝barre; 〈普通 ～s〉(窓などにはめ込んだ)桟, (おりなどの)柵.
3 〖雅〗(光, 色などの)しま, 筋, 帯.
4 〖楽〗(楽譜の小節を区切る)縦線 (**bár lìne**); 小節 (〖米〗measure). play a few ～*s* of the sonata ソナタの数小節を演奏する.
5 〖軍〗(勲章のリボンに付ける金属製の)線章.
【横木＞通過を妨げるもの】 **6** (交通を遮断する)遮断棒; (昔の)通行料徴収所. **7** (航行の妨げとなる河口の)砂州 (sandbar). **8** 〈普通，単数形で〉(出世などの)**妨げ**，障害. a ～ *to* (making) progress 進歩(することへ)の妨げ.
【横木などで仕切った場所】 **9** **(a)** (バーの)カウンター; 〖米〗バー，酒場. **(b)** (ホテル，レストランなどの中にある)バー; ＝public bar. a wine ～ ワインバー. **10** **(a)** (家庭で飲食物を供するための)台《カウンター，ワゴンなど》. **(b)** 〈主に複合要素として〉(普通，酒類を置かないカウンター式の)軽食堂; ..バー; (デパート，スーパーなどの各種)サービスカウンター. a sushi ～ 寿司(すし)屋. a snack ～ スナック，軽食堂. a salad ～ サラダバー. a heel ～ 靴の修理コーナー.
【仕切り】 **11** 〈単数形で〉〖英議会〗議員席への仕切り《喚問された人などがここに立つ》. **12** 〈単数形で〉(法廷内の傍聴席を仕切る)手すり; 被告席; 法廷; 〈一般に〉裁きの場. at the ～ of conscience 良心の裁きを受けて.
13 〈単数形で複数扱いもある〉〈the ～, 又は the B-〉〖英〗法廷弁護士，〖米〗法律関係者，法曹界，(→ banch 4 (b)); 弁護士[法律家]業. retire from the ～ 法曹界を去る，弁護士をやめる. go to the ～ 〖米〗法曹界に入る，〖英〗法廷弁護士になる.
at (the) bár 法廷で(の); 被告席で(の).
be admìtted to the bár 〖米〗法律家になる.
be càlled to the bár 〖英〗法廷弁護士の資格を得る.
behind bárs 〖話〗投獄されて，獄の中へ.
── 動 (～**s** /-z/| 過 過分 **～red** /-d/| **bár·ring** /-riŋ/) 他 **1** 〔ドアなど〕にかんぬきを差して締める; を横木で閉ざす. The cottage is ～*red* up for the winter. 別荘は冬の間かんぬきで閉ざしている.
2 をふさぐ; を妨げる，じゃまする，(hinder). A fallen rock ～*red* his way [path]. 落石が彼の行く手を遮った. **3** を除外する，締め出す，〈*from* (*doing*) ..(すること)から〉; を禁じる (prohibit), 許さない. They ～*red* me *from* (entering) the competition. 彼らは私を競争(に参加すること)から締め出した. ～ the use of nuclear weapons 核兵器の使用を禁じる.
4 〈普通，受け身で〉に筋を引く，しま模様をつける. be ～*red with* red stripes 赤いしまがついている.
bàr .. ín [***óut***] ..を閉じ込める[締め出す]. Angry with his parents, the boy ～*red* himself *in*. 両親に腹を立てて少年は(自室に)閉じこもってしまった.
bár X ***in*** [***out of***] Y X を Y に閉じ込める [Y から締め出す].
── 前 〖章〗..を除いて (except), ..のほかには; ..がなければ; (barring). The whole class was present, ～ Tom. トムのほかは全クラス出席だった.
bàr nóne 1 人 [1 つ]残らず，例外なしに，《単に強調の意味で》. She's the finest woman I know, ～ *none*. 彼女は私の知っている中で断然最高の女性です.
[＜古期フランス語「横木，障害物」]

bar[2] 名 C 〖物理〗バール《圧力の単位; →millibar》. [＜ギリシア語「重さ」]

bar. barometer; barrel; barrister.

Ba·rab·bas /bərǽbəs/ 名 〖聖書〗バラバ《捕えられたイエスを差し置いて民衆の要求で放免された囚人》.

barb /bɑːrb/ 名 C **1** (釣り針，矢じりなどの)あご，かえし，戻り. **2** (有刺鉄線の)とげ. **3** (ナマズなどの)ひげ; (鳥の)羽枝(し). **4** (皮肉の)'とげ', (風刺の)'矢'.
── 動 他 〔釣り針など〕にあごを付ける; 〔針金〕にとげを付ける; (→barbed). [＜ラテン語「ひげ」]

Bar·ba·di·an /bɑːrbéidiən/ 形 バルバドス(人)の.
── 名 C バルバドス人.

Bar·ba·dos /bɑːrbéidous, -douz/ 名 バルバドス《西インド諸島東端の島国; 首都 Bridgetown; 英連邦の一員; 公用語は英語》.

Bar·ba·ra /báːrb(ə)rə/ 名 女子の名. [ラテン語「見知らぬ，外国の」]

†**bar·bar·i·an** /bɑːrbé(ə)riən/ 名 C **1** 未開人，野蛮人. **2** 無教養の人，野卑な人. **3** (古代・中世の世界で，キリスト教徒から見ての)異教徒; (ギリシア・ローマ人から見ての)異邦人. ── 形 **1** 未開の; 野蛮人の. a ～ king 未開人の王 (★a *barbarous* king は「残忍な王」). **2** 異教徒の，異邦人の.

†**bar·bar·ic** /bɑːrbǽrik/ 形 **1** 野蛮人の(ような), 未開の. **2** 〔芸術，趣味などが〕荒削りの，野性的な. **3** 〔態度，行為，習慣などが〕野蛮な，下品な; 〔処罰などが〕残酷な (cruel). ▷ **bar·bar·i·cal·ly** /-k(ə)li/ 副

bar·ba·rism /báːrbərìz(ə)m/ 名 **1** U 野蛮[未開]状態 (↔civilization). **2** C 野蛮な行為[性質，風習]. **3** C 〖章〗野卑な[文法的に誤った]言葉(遣い)《you (複数)の代わりに youse と言うなど》.

bar·bar·i·ty /bɑːrbǽrəti/ 名 (複 **-ties**) UC 残忍さ，蛮行，残虐(行為).

bar·ba·rize /báːrbəràiz/ 動 他 を野蛮[野卑，粗野]にする. ── 自 野蛮[粗野]になる.

***bar·ba·rous** /báːrbərəs/ 形 m **1 残忍な**，残酷な; 野蛮な; (→barbarian ★). a ～ act 残虐行為. **2** 〖章〗〔態度，行為などが〕下品な，粗野な; 野卑な[間違いだらけの]言葉遣いをする. [＜ギリシア語「わけのわからない言葉をしゃべる，外国の」] ▷ **～·ly** 副 **～·ness** 名

Bar·ba·ry /báːrbəri/ 名 バーバリ《エジプトを除く北アフリカの旧称》. the ～ Coast バーバリ海岸《昔，海賊の根拠地》. the ～ States バーバリ諸国《16–19 世紀トルコの支配下にあった北アフリカ地域; Morocco, Algeria, Tunisia など》.

†**bar·be·cue** /báːrbikjùː/ 名 **1** C (野外)バーベキューパーティー《子牛や豚の丸焼きなどをする; 米国では町中の人々が集まる大規模なものもある》. **2** UC 串(くし)焼きの肉,

B

バーベキュー; (子牛や豚の)丸焼き. **3** Ⓒ バーベキュー用こんろ. ── 動 他〔肉, 魚〕をはだか火[じか火]で焼く《特に濃い味付けのソースを付けて》. [<西インド諸島先住民語「(肉をあぶる)木製の架台」]

bárbecue sàuce 名 Ⓤ 〖料理〗バーベキューソース.

barbed 形 **1** とげのある; 〔釣り針が〕あごのある. **2** とげを含んだ〔言葉など〕.

bàrbed wíre 名 Ⓤ 有刺鉄線《鉄条網などに用いる》.

bar·bel /bάːrb(ə)l/ 名 Ⓒ **1** (コイ, ナマズなどの)ひげ. **2** バーベル《ヨーロッパ産のコイ科の魚》.

bár·bèll 名 Ⓒ (重量挙げなどに用いる)バーベル (→dumbbell).

***bar·ber** /bάːrbər/ 名 (複 ~s /-z/) Ⓒ **理髪師**, 床屋, (→hairdresser). go to the ~('s) (shop) 理髪店に行く. ── 動 他 の散髪をする, ひげをそる. [<古期フランス語「ひげをそる人」]

bárber còllege 名 Ⓒ 理容(師)学校.

bárber('s) chàir 名 Ⓒ 床屋の椅子《高さが調節できる》.

bárber('s) pòle 名 Ⓒ (理髪店の店頭にある)あめんぼう《赤と白のしまの柱; 昔, 床屋がした放血治療 (bloodletting) の名残; 赤は血, 白は包帯を表す》.

bárber·shòp 名 **1** Ⓒ 〖米〗理髪店, 床屋, (〖英〗**bárber's (shòp)**). **2** 〖米話〗〈形容詞的〉(ポピュラーソングを伴奏なしで歌う)男性四重唱(風)の. a ~ quartet (この種の)男性四重唱団《1920–30 年代に流行》.

bàrber's ítch 名 Ⓒ 〈普通, 単数形で〉床屋疹(しん)《頭や顔の毛髪部にできる輪癬(せん), タムシ; 赤く発疹する》.

Bar·bi·can /bάːrbikən/ 名 〈the ~〉バービカン《ロンドンの the City にある新ビル街; 都市開発地域で高層住宅群; 博物館, 劇場, 各種ホールを含む The ~ Arts Centre などがある; 1962 年着工, 82 年完成》.

bar·bi·can /bάːrbikən/ 名 Ⓒ 〖築城〗(町, 城の)外防備《入り口付近を固めた塔, (物見)やぐらなど》.

[barbican]

Bar·bie /bάːrbi/ 名 Ⓒ **1** 〖商標〗バービー《碧(へき)眼金髪の白人女性の着せ替え人形》. **2** =Barbie doll. [<Barbara の愛称]

bar·bie 名 〖英話〗=barbecue.

Bárbie dòll 名 Ⓒ バービーちゃん《着飾るがあまり知的でない美女》.

bar·bi·tal /bάːrbitɔ̀ːl|-tæ̀l/ 名 Ⓤ 〖米〗〖薬〗バルビタール《鎮静・睡眠剤》.

bar·bi·tone /bάːrbitòun|-toun/ 名 〖英〗=barbital.

bar·bi·tu·rate /bɑːrbítʃərət/ 名 ⓊⒸ 〖化〗バルビツル酸塩《睡眠剤, 鎮静剤の原料; 習慣性がある》.

bar·bi·tù·ric ácid /bɑːrbət(j)ù(ə)rik-/ 名 Ⓤ バルビツル酸.

Bár·bi·zon Schòol /bάːrbizɑn-|-zɔn-/ 名 〈the ~〉バルビゾン派《19 世紀中ごろのフランス画家の一派; Millet, Corot などを中心とし, 風景画家が多い》.

Bar-B-Q /bάːrbikjùː/ 名 =barbecue.

bárb·wìre 名 〖米〗=barbed wire.

bár càr 名 Ⓒ (列車の)バー《主に酒類を供するカウンターのある車両; →buffet car》.

bar·ca·rol(le) /bάːrkəròul/ 名 Ⓒ (ヴェニスの)ゴンドラ船歌, バルカロール; 船歌調の曲. [<イタリア語「船 (*barca*)の歌」]

Bar·ce·lo·na /bὰːrsəlóunə/ 名 バルセロナ《スペイン北東部の港市; カタルーニャ地方の中心》.

bár chàrt 名 Ⓒ 棒グラフ.

Bar·clays /bάːrkliz/ 名 バークレイズ銀行 (**Bàrclays Bánk**)《英国 4 大銀行の 1 つ; これが発行するクレジットカードが **Bárclay·càrd**》.

bár còde 名 Ⓒ バーコード (→universal product code). a ~ reader バーコードリーダー《バーコードを読み取る装置》.

bard /bɑːrd/ 名 Ⓒ **1** (ハープを持った古代ケルト族の)吟遊詩人. **2** 〖雅・詩〗〈一般に〉詩人. [<ゲール語「楽人」] ▷**bárd·ic** 形

Bàrd (of Ávon) 名 〈the ~〉エイヴォンの歌人(うたびと)《シェイクスピアを指す; →Stratford-upon-Avon》.

***bare** /beər/ 形 ⓔ (**bar·er** /bé(ə)rər/|**bar·est** /bé(ə)rəst/) 【覆い, 飾りの無い】 **1 裸の**, むき出しの, 露出した; 擦り切れた (threadbare); (類語「裸の」の意味で最も一般的な語; 普通, 体にはその一部について用いる; →naked, nude). walk in [with] ~ feet はだしで歩く. with ~ head 帽子をかぶらないで. a ~ floor じゅうたんの敷いてない床. a ~ tree 葉の落ちた木. The trees were ~ *of* leaves. 木々はすべて葉を落としていた. a ~ carpet 擦り切れたじゅうたん. **2** 〈限定〉赤裸々な, **ありのままの**. ~ facts [details] ありのままの事実[詳細].

【付属するものが無い】 **3** 〔部屋などが〕**空っぽの** (empty); 欠けている 〈*of* ..が〉. a ~ room (家具のない)がらんとした部屋. a cupboard ~ *of* dishes 皿の入ってない食器棚.

4 〈限定〉**ぎりぎりの**, 最低[最小]限の, ごくわずかな; ただそれだけの (mere). a ~ majority ぎりぎりの過半数. earn a ~ living 最低ぎりぎりの生計を得る. the ~ minimum of clothing 最小限の衣服. The room was furnished with the ~*st* essentials. 部屋には最低限必要なものだけが備えられていた. The ~ thought of her grandson warmed her heart. 孫息子のことを考えただけで彼女の心は温まった. a ~ three miles 3 マイル足らず.

lày /../ báre 〔秘密, 計画など〕を一切打ち明ける; 〔事実など〕を暴露する; 〔腕など〕をあらわにする. 「手で.

with* (*one's*) *bàre hánds (武器, 道具を持たず)素↑

with bàre lífe 命からがら. get away *with* ~ *life* 命からがら逃れる.

── 動 他 **1** を裸にする, 露出する, むき出しにする. ~ one's head 〔主に男性が〕(敬意を表して)脱帽する. The lion ~*d* its teeth in a snarl. ライオンはうなって歯をむき出しにした. **2** を明るみに出す, 暴く; を発表する; 〔心中〕を打ち明ける. ~ a secret 秘密を暴く. ~ one's heart [soul] to a friend 友達に心を打ち明ける. ~ oneself *of* one's secrets 自分の秘密を打ち明ける.
[<古期英語「裸の」]

báre·bàck, báre·bàcked /〖英〗ˌ⁀ ⁀ 移/ 形, 副 鞍(くら)なしの[で]; 裸馬の[で]. ride ~ 裸馬に乗る.

bàre bónes 名 〈the ~; 複数扱い〉要点, 骨子, 〈*of* ..の〉.

bàre·fáced /-t 移/ 形 **1** 恥知らずの (shameless), 厚かましい. a ~ lie ずうずうしい嘘(うそ). **2** 顔をむき出しにした, 素面(すめん)の; ひげをそった[のない]. ▷**bare·fac·ed·ly** /-ədli/ 副 恥知らずにも. **bare·fac·ed·ness** /-ədnəs/ 名 Ⓤ 恥知らず, ずうずうしさ.

†**báre·fòot, báre·fòot·ed** /-əd|ˌ⁀ ⁀ 移/ 形, 副 はだしの[で]; 素足の[で]. walk ~ on the dewy lawn 露にぬれた芝生をはだしで歩く.

bàre·hánded /-əd 移/ 形, 副 素手の[で]; 武器[道具]なしの[で]. play catch ~ 素手でキャッチボールをする.

bàre·héaded /-əd ㊣/ 形, 副 帽子をかぶらない(で), 無帽の[で].

bàre infínitive 名 =root infinitive.

bàre-légged /-lég(ə)d ㊣/ 形, 副 すねをむき出した[て], ストッキングをはいていない[はかないで].

‡**bare·ly** /béərli/ 副 m **1** かろうじて, やっと.

> 語法 hardly, scarcely が否定の意味で用いられるのに対して, barely は肯定的に「やっと..する」という意味. 従って *only* hardly は不可だが *only* barely は可能; ただし時に hardly の意味にも用いる (→2).

He just ～ succeeded. 彼はかろうじて成功した. The refugees ～ escaped death. 避難民は辛くも命拾いをした. **2** やっと..したばかりで; ほとんど..ない; (hardly). I had ～ got aboard when the train began to move. 私が乗り込むやいなや汽車は動きだした. I ～ got wet at all. 私はほとんどぬれないで済んだ.
3 不十分に, 貧弱に, (poorly). a ～ furnished room 名ばかりの家具の付いた部屋.

báre·ness 名 U 裸, むき出し; (部屋などが家具がなくて)空っぽのこと.

Bàr·ents Séa /bǽrənts-/ 名 〈the ～〉 バレンツ海 《北極海の一部でノルウェーとロシアの北にある; 発見者のオランダ人の名から》.

barf /bɑːrf/ 〖主に米話〗 動 自 へどを吐く; むかつく.
── 名 U げろ; むかつき. 「吐(おう)袋.

bárf bàg 名 C 〖米話〗(機内乗客用の)げろ袋, 嘔↑

bár·flỳ 名 C 〖話〗 バーの常連, 飲み歩く人.

‡**bar·gain** /bɑ́ːrgən/ 名 (複 ～s /-z/) C **1 契約**, 売買契約, 取引. He made a ～ *with* them *about* the furniture. 彼は彼らと家具の売買契約をした. "You can have this for 10 dollars." "All right. It's a ～." 「これ 10 ドルでどうです」「よし, 買った」《それで手を打とう》. **2** 協定, 取り決め, 約束. Let's make a ～.―I'll cook if you do the dishes. お互いに取り決めをしよう―君が食器洗いをするなら僕は料理をする.
3 (**a**) 安い買い物, 掘り出し物, 特価品. This dress is a real ～. このドレスはほんとにお買い得です. (**b**) 〈形容詞的〉 格安の, バーゲンの. a ～ price 特価.
A bárgain is a bárgain. 約束は約束だ《一度約束した以上は絶対に守れ》.
a gòod* [*bàd*] *bárgain (1) 割安[割高]な買い物. (2) 自分に有利[不利]な取り引き.
****at a* (*gòod*) *bárgain*** 格安の値で.
drìve* [*strìke*] *a hàrd bárgain (強硬に交渉して)有利な取引[取り決め]を結ぶ. Our best negotiators always *drive a hard* ～. うち 1 番の腕利き交渉者たちはいつも有利な取り引きを強引にまとめる.
gò bárgain hùnting 特売品をあさりに行く.
****into* [〖米〗 *in*] *the bárgain*** おまけに, その上. It was cold and windy, and then it began to snow *into the* ～. 寒くて風が強かったが, おまけに雪まで降りだした.
kèep* one's *sìde of the bárgain 契約を守る, 合意に従う.
màke the bést of a bàd bárgain 不利な状況を何とか打開する (→make the BEST of..).
strìke* [*màke*] *a bárgain 契約を結ぶ, 取り引きに合意する, 〈*with* ..と〉.
strìke* [*drive* ↑] *a hàrd bárgain
── 動 自 商談[交渉]をする; 駆け引きをする; 〈*with* ..と/*about, for, over* ..について〉; 値切る. He ～*ed with* the house agent *for* a lower price [*about* the price]. 彼は不動産屋にもう少し値引きするよう[価格について]交渉した.
── 他 **1** 〔値段など〕を(交渉によって)取り決める. **2** を(物々)交換する (barter) 〈*for* ..と〉. **3** VO (～ *that* 節) ..ということ⌊になると思う[を予測する]. I'll ～ *that* he is going to give us a lot of trouble. 彼は我々に大変な迷惑をかけることになると思う.
bàrgain /../ awáy 〔大事なもの〕を見切って売り払う. The traitor was ～*ing away* our freedom. その売国奴は我々の自由を売り渡そうとしていた.
bárgain for .. ..を(前もって)考慮に入れる; ..を予期する; 〈普通, 否定文, 又は比較構文で〉. I didn't ～ *for* fighting both of them. 彼ら 2 人とも敵に回すとは思いも寄らなかった. His opposition was more violent than I had ～*ed for*. 彼の反対は思ったより激しかった.
bárgain on .. (1) ..を当てにする. What shall I do now? I was ～*ing on* your ⌊help [helping me]. これからどうしたらいいんだろう. 君が手伝ってくれるものと当てにしていたのに. (2) 〖話〗 =BARGAIN for...
[＜古期フランス語「値切る(こと)」] ▷ **～·er** 名 C 取り引きする人; 交渉者.

bárgain bàsement 名 C (デパートの)地階特売場.

bárgain còunter 名 C 特売品の売り台.

bárgain hùnter 名 C 特売品あさりをする人.

bár·gain·ing 名 U (値段などの)交渉, 取り引き.

bárgaining chìp 名 C 交渉の⌊取り引き材料[切り札].

bárgaining còunter 名 〖英〗 =bargaining chip.

bárgaining posìtion 名 C 〈普通, 単数形で〉 交渉[取り引き]上の立場. 「運ぶ力.

bárgaining pòwer 名 U 交渉[取引]を有利に↑

barge /bɑːrdʒ/ 名 C **1** はしけ, だるま船, 《港内, 川, 運河で用いる平底の荷船》. **2** (儀式用に飾った)屋形船; 遊覧船. **3** 〖海軍〗 司令官艇, 将官艇, 《旗艦に搭載》.
── 動 他 をはしけで運ぶ. ── 自 〖話〗 **1** あたりかまわず[めくらめっぽうに]動く[進む] 〈*about, along, past* (..をはねのけて)〉. ～ *through* the crowd 群衆をかき分けて進む. **2** のろのろぎこちなく動く.
bàrge ín (乱暴に)押し入る; (強引に)割り込む, 首を突っ込む, 〈*on* ..〔会話など〕に〉. ～ *in on* a party (招待されていないのに)パーティーに押しかける.
bárge into .. (1) ..に(無作法に)入り込む. ～ *into* a conversation (人の)会話に割り込む. (2) ..にどすんとぶつかる.
bàrge* one's *wáy = 自 1.
[＜ギリシア語「(エジプトの)小舟」]

bar·gee /bɑːrdʒíː/ 名 〖英〗 =bargeman.

bárge·man /-mən/ 名 (複 **-men** /-mən/) C 〖米〗 はしけの船頭, 遊覧船の船長[船員].

bárge·pòle 名 C (はしけ用の)船竿(ざお).
not tòuch ..with a bárgepole 〖英話〗 ..をひどく毛嫌いする, ..なんかまっぴらだ, 《＜竿の先で触るのも嫌》.

bár gràph 名 =bar chart.

bár·hòp 動 (-s|-pp-) 自 〖米話〗 はしご酒をする.

‡**bar·i·tone** /bǽrətòun/ 名 〖楽〗 **1** U バリトン, 上低音, 《tenor と bass の中間の男声音》. **2** C バリトン歌手[楽器, 曲]. **3** C 上低音部. [＜ギリシア語「重い」＋「調子」] 「素; 記号 Ba》.

bar·i·um /bé(ə)riəm/ 名 U 〖化〗 バリウム 《金属元↑

bàrium méal 名 U バリウム粥(かゆ) 《レントゲン検査用の造影剤; 硫酸バリウムの粉末を水に溶いたもの》.

‡**bark**[1] /bɑːrk/ 動 (～s /-s/|過 過分 ～ed /-t/|**bárk·ing**) 自 **1** 〔犬, キツネなどが〕ほえる 〈*at* ..に〉 (→whine, yelp; →dog 参考). *Barking* dogs seldom bite (→dog 1). **2** どなる, どなり散らす, 〈*at* ..を〉. Don't ～ *at* me! そうどなるな. **3** 〖米話〗 大声で客を呼び込む. **4** 〖話〗 ひどくせきをする. **5** 〔銃などが〕ずどんと鳴る.
── 他 **1** をどなって言う; VO (～ "引用") 「..」とどなる. ～ (*out*) orders どなって命令する. "Stop!" he ～*ed*. 「止まれ」と彼はどなった. **2** 〖米話〗 〔商品, 見世物など〕を大

B

声で宣伝する.
bàrk at [***against***] ***the móon*** (1) 月にほえる. (2) から騒ぎをする; 泣き言を言う.
bàrk up the wròng trée 〖話〗お門違い(の攻撃)をする〈普通, 進行形で〉《＜獲物が逃げ込んだのと違う木を見上げて犬がほえる》. If you think it was I who revealed the secret, you're ～*ing up the wrong tree*. 秘密を漏らしたのは私だという考えならお門違いだ.
── [名] [C] **1** (犬, キツネなどの)ほえる声; (人の)どなり声. give a ～ ほえる. His ～ is worse than his bite. 〖話〗彼は口が悪い割には腹黒くない. **2** (どなるような)せき(の音) **3** (銃砲の)ずどんという音. [＜古期英語; 擬音語起源]

***bark**[2] /bɑːrk/ [名] [U] **1** 木の皮, 樹皮; 〖話〗キナ皮 (cinchona). **2** タン皮 (tanbark). ── [動] [他] **1** の木の皮をはぐ. **2** 〔すね, ひざなど〕を擦りむく〈*on, against* ..で〉. [＜古期北欧語]

bark[3] [名] [C] **1** バーク(型帆船)《3本マスト; 前2本は横帆, 他は縦帆》; 〖雅〗小帆船. **2** 〖詩〗船. [＜ラテン語「小舟」]

bár·kèep(er) [名] [C] 〖米〗バーの主人; バーテン (bartender).

bark·en·tine /bɑ́ːrkəntiːn/ [名] [C] バーケンティン(型帆船)《3本マスト; 前1本は横帆, 他は縦帆》.

bárk·er [名] [C] **1** 〖話〗(商店, 興行などの)呼び込み屋, 客引き. **2** ほえる動物《犬など》; どなる人.

bark·ing 〖英話〗[形] 気の狂った, いかれた. ── [副] 〈強意〉まるっきり, すっかり. ～ mad いかれきって.

***bar·ley** /bɑ́ːrli/ [名] [U] **大麦** (→wheat ★); ＝barleycorn. [＜古期英語「大麦の」; [形] が [名] に変わった]

bárley·còrn [名] [C] 大麦の粒. [参考] 昔, 尺度の単位とされ 1/3 インチの長さを表した. →John Barleycorn.

bárley sùgar [名] [UC] 〖英〗(大麦の煮汁で作る)あめん棒.

bárley wàter [名] [U] 〖英〗大麦のせんじ薬《子供の下痢止め用》.

bárley wìne [名] [U] 〖英〗強いビールの一種.

barm /bɑːrm/ [名] [U] (ビールなどの発酵中に生じる)泡状酵母.

bár màgnet [名] [C] 棒磁石.

bár·màid [名] [C] **1** 〖主に英〗女性のバーテン (bartender). **2** 〖米〗バーのホステス.

‡**bár·man** /-mən/ [名] ([複] **-men** /-mən/) 〖主に英〗＝bartender.

Bar·me·cide /bɑ́ːrməsàid/ [名] バルマク《The Arabian Nights に出てくる王子》.

Bàrmecide('s) féast [名] [C] 見せかけのもてなし, 実(じつ)のない親切. 《バルマクが立派な容器に何もごちそうを入れないで乞食(こじき)に差し出したことから》.

bar mitz·vah /bɑ̀ːr-mítsvə/ 〈しばしば B- M-〉 [名] [C] **1** バルミツヴァー《ユダヤ教の男子の成人式; 13歳で行う》. **2** 成人式を受ける少年. →bat mitzvah. [ヘブライ語「掟の息子」]

barm·y /bɑ́ːrmi/ [形] [e] **1** 発酵している, 泡立った. **2** 〖主に英話〗＝balmy 4.

***barn** /bɑːrn/ [名] ([複] **～s** /-z/) [C] **1** (農家の穀物用)納屋《家畜小屋, 車庫を兼用することもある》. **2** 〖米〗列車[トラック, バス]用車庫. **3** 〖話〗(納屋みたいに)がらんとした部屋[建物]. **4** 〖物理〗バーン《原子核の断面積の単位》. [＜古期英語 'barley house']

bar·na·cle /bɑ́ːrnək(ə)l/ [名] [C] **1** 〖貝〗フジツボ《船底などに付く》. **2** (地位などに)しがみつく人; 他人に付きまとう人.

bàrnacle góose [名] ([複] →goose) [C] 〖鳥〗カオジロガン.

bárn bùrner [名] [C] 〖米話〗一大関心事, 注目の的, 興奮するできごと.

bárn dànce [名] [C] バーンダンス **1** ポルカ調のダンスの一種; もと納屋で開いたダンスパーティーで踊った. **2** スクエアダンス[郷土舞踊]を踊るパーティー.

bárn dòor [名] [C] **1** 納屋の開き戸《一般に幅広い大きな戸》. **2** 〖話〗(戸板ほどの)大きな標的. He can't hit a ～. 彼は(射撃が下手で)戸板にも命中できない.

bar·ney /bɑ́ːrni/ [名] [C] 〈普通, 単数形で〉〖主に英話〗やかましい口論, けんか.

bárn òwl [名] [C] 〖鳥〗メンフクロウ.

bárn·stòrm [動] 〖主に米〗[自] 〔劇団, 曲芸団などが〕地方巡業する《昔, しばしば納屋が会場》; 〔政治家が〕地方遊説する. ── [他] へ地方巡業[遊説]する. ▷ **～·er** [名] [C] 〖主に米〗旅役者; 地方遊説者. **～·ing** [形] 〖主に米〗地方巡業[遊説]の; 〖英〗見ごたえのある, 目覚ましい, 〔演技など〕.

bárn swàllow [名] [C] 〖米〗〖鳥〗ツバメ.

Bar·num /bɑ́ːrnəm/ [名] **Phin·e·as** /fíniəs/ **Taylor** ～ バーナム (1810–91)《米国の興行師; 大サーカス 'The Greatest Show on Earth' を成功させた》.

bárn·yàrd [名] [C] **1** 納屋まわりの空き地, 農家の庭. **2** 〈形容詞的〉粗野な, 低俗な. ～ humor 下品なユーモア.

bar·o·gram /bǽrəgræ̀m/ [名] [C] 自記気圧[晴雨]計 (barograph) による記録.

bar·o·graph /bǽrəgræ̀f|-grɑ̀ːf/ [名] [C] 自記気圧[晴雨]計.

***ba·rom·e·ter** /bərɑ́mətər|-rɔ́m-/ [名] ([複] **～s** /-z/) [C] **1** 晴雨計, 気圧計, 高度計, バロメーター. **2** (世論, 市価などの傾向, 変化を表す)指標, バロメーター. a ～ of public opinion 世論の動向の指標. [ギリシア語 *báros*「重さ」, -meter]

bar·o·met·ric, -ri·cal /bæ̀rəmétrik [移]/, /-rik(ə)l [移]/ [形] 気圧(計)の. ～ pressure 気圧. ▷**-ri·cal·ly** [副]

†**bar·on** /bǽrən/ [名] [C] **1** 男爵《英国貴族の最下位; 尊称は英国では Lord, 他の国の男爵は Baron を用いる; →duke [参考]》. **2** 〖史〗封建領主. **3** (産業界などの)大物, 実力者. an automobile ～ 自動車王. [＜中世ラテン語「男, 戦士」]

bar·on·age /bǽrənidʒ/ [名] **1** [U] 〈集合的〉男爵; 貴族. **2** [UC] 男爵[貴族]の地位[身分].

†**bar·on·ess** /bǽrənəs/ [名] [C] **1** 男爵夫人 (→duke [参考]). **2** 女性の男爵《尊称は英国では Lady, 他の国の場合は Baroness を用いる》.

bar·on·et /bǽrənət/ [名] [C] 准男爵《英国の世襲制の位階で baron の下, knight の上; ただし貴族 (peer) ではない; 略 Bart.; 姓名と共に用いる時は knight と区別するため Sir John Brown, *Bart*. とし, 呼びかけの時は *Sir* John と言う; →duke, knight, sir》.

bar·on·et·age /bǽrənətidʒ/ [名] [U] 〈集合的〉准男爵; [UC] 准男爵の地位[身分].

bar·on·et·cy /bǽrənətsi/ [名] [C] 准男爵の地位[称号].

ba·ro·ni·al /bəróuniəl/ [形] **1** 男爵(領)の; 男爵にふさわしい. **2** 〔建物などが(男爵にふさわしく)〕豪壮な, 堂々とした.

bar·on·y /bǽrəni/ [名] ([複] **-on·ies**) [C] 男爵領; 男爵の地位.

‡**ba·roque** /bəróuk|bəróuk, -rɔ́k/ [形] 〈1, 2 はしばしば B-〉 **1** 〖建・美〗バロック様式の《17, 18 世紀のヨーロッパの建築・美術の様式で誇張された曲線が多い; →Gothic, rococo》. **2** 〖楽〗バロック風の《1600 年ごろから 1750 年ごろのバッハ・ヘンデルに代表される装飾音や対位法の多い音楽》. **3** 〔文体などが〕飾り立てた, 凝りすぎた; 〔趣味などが〕あくどい, けばけばしい. **4** 〔真珠が〕いびつの, ゆがんだ.
── [名] **1** [U] 〖建・美・楽〗〈しばしば B-; the ～〉バロック様式; バロック音楽. **2** [C] 飾りすぎた作品[様式]. **3** [C] ゆがんだ真珠. [＜ポルトガル語「いびつな真珠」]

ba·rouche /bərúːʃ/ [名] [C] バルーシュ(型) 4 輪馬車《普通 2 頭立てで 2 人ずつ向かい合って座る座席があり, たためる半幌(ほろ)が付いている》. [＜ドイツ語(＜ラテン語「2 輪の」)]

bár·pèrson [名] [C] 〖英〗バーテン (→barman, barmaid). [参考] 特に, 求人広告などで使用する.

barque /bɑːrk/ [名] ＝bark[3].

bar·quen·tine /bɑ́ːrkəntìːn/ 名 ＝barkentine.

bar·rack[1] /bǽrək/ 動 〘英話〙 他 を大声でやじる, やじで妨害する; を声援する. ── 自 やじる; 大声で応援する 〈*for* ..〔チームなど〕を〉.

bar·rack[2] 動 他 を兵舎に宿泊させる. ── 自 兵舎に宿泊する.

***bar·racks** /bǽrəks/ 名 **1** 〈単複両扱い〉 **兵舎**, 兵営. **2** 〈単数扱い〉〘話〙 **バラック** 《多人数を収容する大きくて粗末な(仮の)建物》. [<スペイン語「(兵士用)テント」]

bar·ra·cu·da /bæ̀rəkúːdə/ 名 (複 ～s, ～) Ⓒ バラクーダ 《(亜)熱帯産の凶暴な海魚; カマスの一種》.

‡**bar·rage**[1] /bərɑ́ːʒ|bǽrɑːʒ/ 名 Ⓒ **1** 〈普通, 単数形で〉〘軍〙(対空砲火の)弾幕, 集中砲撃《敵の行動阻止のため一定地域に砲火を幕のように集中するもの》. **2** 〈単数形で〉(質問などの)集中攻撃; (手紙などの)殺到. a ～ of questions 矢継ぎばやの質問. ── 動 他 **1** に弾幕を張る. **2** に集中的に加える 〈*with* ..を〉. ～ the speaker *with* questions 演説者を質問攻めにする.

bar·rage[2] /bɑ́ːridʒ|bǽrɑːʒ/ 名 Ⓒ 〘主に英〙(川の水を止める)ダム, せき, 《特にナイル川やインダス川の》. [<フランス語「障害物を置く」; -age]

bárrage ballòon 名 Ⓒ 阻塞(そさい)気球《低空飛行攻撃を阻止する》.

barre /bɑːr/ 名 Ⓒ バー, バレエ練習用の横木.

barred /bɑːrd/ 形 **1** 横木のある; かんぬきをかけた; 縦桟(たてさん)入りの. **2** 〘章〙 縞(しま)(柄)のある. **3** 禁じられた.

‡**bar·rel** /bǽrəl/ 名 (複 ～s /-z/) Ⓒ

【たる】 **1** (胴の膨れた, 本来は木製の)たる《普通 cask より大きい》. **2** (**a**) ひとたる(の量). ten ～*s of* beer ビール 10 たる. (**b**) 1 バレル《容量の単位で, 品物や英米で異なる; 例えば, ワインは 31.5 米ガロン (119 リットル), 36 英ガロン (164 リットル), 石油は 42 米ガロン, 35 英ガロン, (159 リットル); 略 bbl, bl》. 【たる状のもの】 **3 銃身**, 砲身. **4** (機械類の)シリンダー; (時計の)ぜんまいケース; (万年筆の)インクタンク. **5** (牛, 馬などの)胴体.

***be a bàrrel of láughs* [*fún*]** 〘話〙〈しばしば否定形で〉とても楽しい, 大変愉快で. The party [He] *wasn't a* ～ *of laughs*. 会合[彼]はとても楽しいというもの[人]ではなかった.

over a bárrel 〘話〙(人の)なすがままになって; 窮地に陥って. Don't let him get [have] you *over a* ～. 彼にいいようにされてはだめだよ.

scràpe* (*the bòttom of*) *the bárrel 〘話〙(人, 物の)残りかすを使う《<たるの底をこそげる》.

── 動 (～s|〘英〙-ll-) 他 をたるに詰める. ── 自 〘米話〙〔人が〕車を猛烈に飛ばす; 〔車が〕突っ走る. [<中世ラテン語「小さなたる」]

bárrel-chèsted /-əd/ 形 〔男性が〕大きな厚い胸で, 盛りあがった胸の.

bárrel·ful 名 Ⓒ **1** ひとたる(の量); 1 バレル. **2** 大量, たくさん.

bárrel·hòuse 名 (複 →house) **1** Ⓒ 〘米〙(怪しげな)安酒場《壁際の棚に酒だるが並んでいたことから》. **2** Ⓤ バレルハウス《20 世紀初頭 New Orleans の安酒場で始まった強烈なリズムのジャズ》.

bárrel òrgan 名 Ⓒ 手回しオルガン 《ハンドルを回すとオルゴールのように一定の音楽が聞こえる》.

[barrel organ]

bárrel vàult 名 Ⓒ 〘建〙かまぼこ型天井.

***bar·ren** /bǽrən/ 形 ⓜ, ⓔ (1 (b), 4 は Ⓒ) **1** (**a**) 〔土地が〕**不毛の**, やせた. ～ soil 不毛の土壌. (**b**) Ⓒ 〔植物が〕**実を結ばない**, 種子ができない; 〘雅〙子供を生まない, 不妊の; (↔fertile; 類語 「不妊の」の意味では古風な語; 時に非難を含意する; →sterile).

2 〈普通, 限定〉〘章〙〔努力などが〕成果を上げない, 無益な (useless), むなしい. He made many ～ efforts to solve the mystery. 彼はその謎(なぞ)の解明に多くのむだな努力をした. **3** 〔作品などが〕内容のない, 無味乾燥な, 退屈な, (dull). a rather ～ novel あまり面白味のない小説. **4** Ⓒ 〘章〙〔場所が〕がらんとした, 何もない; 〈叙述〉ない, 欠けて, 〈*of* ..が〉. a ～ room＝a room ～ *of* furniture 家具のない部屋. His speech is ～ *of* humor. 彼の演説にはユーモアがない.

── 名 Ⓒ 〈普通 ～s〉 不毛の土地, やせ地.

[<古期フランス語「(土地が)不毛の」]

▷ **～·ness** 名 Ⓤ 不毛; 不妊; 無益; 無味乾燥.

bar·rette /bərét, bɑː-/ 名 Ⓒ 〘米〙(女性用の)髪留め, バレッタ, 《整髪用又は装飾用; 〘英〙 hair slide》. [フランス語 'little bar']

†**bar·ri·cade** /bǽrəkèid, ⌒⌒´|⌒⌒´/ 名 Ⓒ (市街戦などで防御に用いる)バリケード; 妨害物. make [set up, erect] a ～ across the road 道路にバリケードを築く.

── 動 他 **1** 〔道路など〕をバリケードでふさぐ[防ぐ] 〈*off*〉; 〔障害物が道路など〕をふさぐ. The protesters ～*d* (*off*) the entrance. 抗議者たちが入り口にバリケードを築いた. **2** VOA をバリケードを築いて閉じ込める 〈*in*, *inside* ..の中に〉; をバリケードを築いて締め出す 〈*out*〉. He ～*d* himself *in* (his study). 彼はバリケードを作り(書斎の)中に立てこもった. [<スペイン語「たる」; -ade; たるに砂を入れ用いたことから]

Bar·rie /bǽri/ 名 **Sir James Matthew ～** バリー (1860–1937) 《スコットランドの劇作家・小説家; *Peter Pan* の物語, 劇の作者》.

***bar·ri·er** /bǽriər/ 名 (複 ～s /-z/) Ⓒ **1** (通行, 侵入を防ぐ)さく, 障壁, 防壁.

> 連結 a great [a formidable; a natural; an artificial] ～ // erect [create; break (down), remove] a ～

2 (駅の)改札口; (国境の)検問所, 関門; (競馬の)ゲート. **3 障害**, 障壁, 支障, 妨げ, 〈*to*, *against* ..への/*between* ..の間にある〉 (類語 一時的に進行を妨げるもので, 必ずしも乗り越えられないものではない; →obstacle). a language ～ 言葉の壁《言葉の違いから生じる誤解など》. break the sound ～ 音の障壁を破る《音速を超えて飛行する》. Import restrictions are ～*s to* closer relations *between* the two countries. 輸入制限は両国間により親密な関係を作る上で支障になる.

[<古期フランス語「障害物」(<*barre* 'bar')]

bárrier crèam 名 Ⓤ 〘英〙(手の)荒れ止めクリーム.

bàrrier-frée /形/ 形 バリア・フリーの《障害者の識別しやすい表示方式, 老齢者の転倒防止のための段差のない住宅設計など》.

bárrier rèef 名 Ⓒ 堡礁(ほしょう)《海岸に平行して走るサンゴ礁》.

‡**bar·ring** /bɑ́ːriŋ/ 前 ..を除いて (except); ..がなければ (except for). We'll be home by sunset ～ accidents. 事故がなければ日暮れまでには家に帰れよう.

†**bar·ris·ter** /bǽrəstər/ 名 Ⓒ 〘英〙法廷弁護士《上級裁判所で弁論する資格がある; その資格のない弁護士は solicitor と言う; →lawyer 類語》. [bar[1]「法廷」, -ster 「カウンターがある」]

bár·ròom 名 Ⓒ 〘米〙バー, 酒場, 《ホテルなどにあり, カウンターがある》.

bar·row[1] /bǽrou/ 名 Ⓒ **1** ＝wheelbarrow. **2** ＝handbarrow. **3** 〘英〙(街頭の)物売りの(普通 2 輪の手押し)屋台車. [<古期英語「かご」]

bar·row[2] 名 C 〖考古学〗塚, 古墳, (tumulus). [<古期英語「丘」]

bárrow bòy 名 C 〖英〗街頭の物売り《barrow[1] に積んだ野菜や果物を売る》.

B

Bár·row Pòint /bǽrou-/ 名 バロウ岬《北極海を臨む Alaska の最北端》.

bàr sínister 名 =bend sinister.

BART /bɑːrt/ Bay Area Rapid Transit System (湾岸高速輸送システム)《サンフランシスコの通勤用地下鉄》.

Bart. 〖英〗Baronet.

‡**bar·tend·er** /bɑ́ːrtèndər/ 名 C 〖米〗バーテン (barkeeper). ★米国では一般に男性であるが, 英国の特に都市部では女性も多い; →barman, barmaid.

bar·ter /bɑ́ːrtər/ 動 他 を物々交換に出す〈*for* ..と〉(類語 商業用語で, 等価値の商品の物々交換に用いる; →exchange). ～ guns *for* furs 銃を(出して)毛皮と物々交換する.

── 自 物々交換する〈*with* ..〔人〕と/*for* ..を〉.

bàrter /../ awáy ..を(普通つまらないものと)引き替えに手離す; 〔生命, 自由など〕を安く売り渡す.

── 名 U **1** 物々交換, バーター(方式). **2** 物々交換される品物. [<古期フランス語「だます」]

Bar·thol·o·mew /bɑːrθɑ́ləmjùː|-θɔ́l-/ 名 **1** 男子の名. **2** 〖聖書〗**St.** ～ 聖バルトロマイ《キリストの 12 使徒の 1 人》.

bar·ti·zan /bɑ́ːrtəz(ə)n, bɑ̀ːrtizǽn/ 名 C 〖建〗(城, 塔など頂上の)張り出しやぐら.

Bart·lett /bɑ́ːrtlət/ 名 **1 John** ～ バートレット (1820–1905)《米国の出版業者; 引用句辞典の編者》. **2** C バートレット種のセイヨウナシ (**Bàrtlett péar**)《実は黄色で大きく汁気が多い》.

bar·y·on /bǽriɑ̀n|-ɔ̀n/ 名 C 〖物理〗バリオン《neutron, proton, hyperon を含む重い素粒子》.

bas·al /béis(ə)l/ 形 基礎の, 基底の; 基本的な; (類語 主として科学用語; →basic). ◇名 base

bàsal metabòlic ráte 名 C 基礎代謝率.

bàsal metábolism 名 U 〖生理〗基礎代謝.

ba·salt /bəsɔ́ːlt, bǽsɔːlt/ 名 U 玄武岩.

▷**ba·sal·tic** /bəsɔ́ːltik/ 形

bás·cule brìdge /bǽskjuːl-/ 名 C 跳ね橋.

‡**base**[1] /beis/ 名 (複 **bás·es** /-əz/) C

【基礎になるもの】 **1** 〈普通, 単数形で〉**土台**, 基底部; 付け根; ふもと. the ～ of a lamp 電気スタンドの台(の部分). the ～ of one's head 首の付け根. the ～ of a mountain 山のふもと.

2 〈普通, 単数形で〉(物事の)**基礎**; 根拠; (知識, 構想などの)元, 下地; (類語 この意味では basis の方が普通). Axioms are the ～ of geometry. 公理は幾何学の基礎である. The ～ for his latest work is his father's life. 彼の最新作の下敷になっているのは父親の生涯だ.

3 〈普通, 単数形で〉(政治, 経済, 産業などの)基盤, 母体; (税, 消費などを)支える層, 担い手(全体). The party's main power ～ is the working class. その政党の主要な支持基盤は労働者階級である. a healthy industrial ～ 健全な産業基盤. We have a solid customer ～. 我々にはしっかりした顧客層がついている.

4 (ペンキの)下塗り; 化粧下地.

【拠点】 **5** (軍事[登山, 探検]用の)基地; 〈一般に〉(企業や人の活動[生活]などの)根拠地, 本拠. a military ～ 軍用基地. The company's ～ is in Paris. その会社はパリに本拠を置いている.

6 〖野球〗**塁**, ベース; 〖競技〗出発点, スタートライン. the home ～ 本塁. advance to third on a stolen ～ 盗塁で 3 塁に進む (注意 first [second, third] base には the を付けないのが普通). *Bases* loaded, two outs in the ninth inning! 9 回 2 死満塁. a ～*s*-loaded walk 押し出しの四球.

【根底】 **7** 〈普通, 単数形で〉'台', ベース,《カクテル, 塗料などの主要成分》; 〖医〗基剤. a drink having [with] a rum ～ ラム酒をベースにした飲み物.

8 〈普通, 単数形で〉〖数〗底辺; 底面; (対数の)底; (記数法の)基数《10 進法の 10, 2 進法の 2 など》. the ～ of a triangle 三角形の底辺. **9** 〖測量〗基線 (baseline). **10** 〖化〗塩基. **11** 〖言〗=root[1] 7. **12** 〖株式〗底値.

a bàse on bálls 〖野球〗四球(での出塁). 注意「フォアボール」は和製英語.

gèt to fírst bàse (1)〖野球〗1 塁に出る. (2)〖米話〗成功の足がかりをつかむ〈普通, 否定文で〉.

off báse 〖野球〗塁を離れて; 〖米話〗全然見当違いで; 出し抜けに. be caught *off* ～ 牽(けん)制球で刺される; 虚を突かれる.

tòuch all the báses 〖米話〗(話などで)要点に全部触れる; 抜かりなく手を打つ.

tòuch báse (with ..) (..と)連絡する, 接触する; (..を)ちょっと訪ねる.

── 動 (**bás·es** /-əz/|過 過分 **～d** /-t/|**bás·ing**) 他 **1** VOA (～ X ***on*** [***upon***] ..) X **の基礎を..に置く**, X を..の上に基礎づける. What do you ～ your theory *on*? 君は君の理論の基礎をどこに置いているのか.

2 VOA の本拠地を置く; を駐在させる, 配置する; 〈*at*, *in* ..に〉〈普通, 受け身で〉. a company ～*d in* Paris パリに本拠を置く会社. My son is ～*d in* Cairo [overseas] now. 息子は今カイロ駐在[海外勤務]です.

báse oneself on [upon] .. (議論などの)根拠を..に置く.

****be básed on [upon] ..*** ..**に基礎を置いている**, 基づいている. His view of life *is* ～*d on* his long experience. 彼の人生観は長年の経験に基づいている. [<フランス語(<ラテン語 *basis*「土台」)]

base[2] 形 〖主に雅〗**1** 〔人, 行為などが〕卑しい, 下劣な, あさましい. a ～ deed 卑劣な行為. **2** 〔金属などが〕質の悪い, 価値の低い; 劣悪な; にせの. a ～ coin (混ぜ物をした)悪貨. ～ food ひどい食べ物. [<古期フランス語「低い」]

▷**báse·ly** 副 〖雅〗卑しく, 下劣に. **báse·ness** 名 U 〖雅〗卑しさ, 下劣さ; 価値の低さ, (質の)悪さ.

‡**base·ball** /béisbɔ̀ːl/ 名 (複 **～s** /-z/) **1** U **野球**, ベースボール, (★単に ball とも言う; →ball[1] 名 2). play ～ 野球をする. a ～ team 野球チーム. a ～ player [fan] 野球選手[ファン]. **2** C 野球ボール.

野球用語

守備側の選手 battery (pitcher, catcher), infielder (first [second, third] baseman, shortstop), outfielder (left [center, right] fielder)

投手・投球

投球方法: overhand [underhand, sidearm] throw

球種: fastball, breaking ball (curve [palm, knuckle] ball, forkball, sinker, slider, change-up)

特別な投球: balk, bean ball, waste [wild] pitch, pitch-out

その他: earned run, earned run average (ERA)

打者・打撃

打者: designated hitter (DH), pinch hitter, switch-hitter

安打: single, base hit; extra-base hit (double, triple, home run, homer); scratch [infield] hit, Texas leaguer

バント: sacrifice [drag, squeeze] bunt

その他: batting average, run(s) batted in (RBI), on-base average (出塁率), at-bat (打数)

守備・攻撃

守備: double [triple] play, force-out, force play, run-down, pick-off, passed ball

攻撃: double [delayed] steal, squeeze play, hit and run, left on base (残塁)
★主な和製英語 (カッコ内が正しい英語)
シュート (screwball), タッチアップ (tag up), タッチアウト (tag-out), ノック (fungo), ランニングホーマー (inside-the-park homer), スリーバント (two-strike bunt), デッドボール (hit by a pitch), ナイター (night game), ウェーティングサークル, ネクストバッターズサークル (on-deck circle), バックネット (backstop), バックスクリーン (centerfield screen), オープン戦 (exhibition game), ストッキング (stirrup sock), レガース (shin guard), フォアボール (base on balls), フルベース (bases loaded)

báseball càp 名 C 野球帽.
báseball càrd 名 C 〖米〗 野球選手カード《表に選手個人の写真, 裏にその選手についての情報が入っている》.
báse·bòard 名 C 〖米〗 (壁の下部の)幅木(はばき), すそ板, (〖英〗 skirting).
báse càmp 名 C (登山隊などの)前進基地, ベースキャンプ.
-based /beist/ 〈複合要素〉 **1** (..に)本拠地を置く; (..に)配置された. a Paris-*based* company パリに本社を置く会社. **2** (..を)基礎[主成分]とする, (..に)重点を置く. rum-*based* ラム酒を基礎にした〔カクテルなど〕. an export-*based* policy 輸出重視の政策.
Bá·se·dow's disèase /bá:zədouz-/ 名 U バセドー(氏)病《<ドイツの医師 Karl von *Basedow*》.
bàse hít 名 C 〖野球〗 安打, ベースヒット.
Ba·sel /bá:zl/ 名 バーゼル《スイス北西部, Rhein 川に臨む都市》.
báse·less 形 根拠のない, 理由のない. a ～ accusation いわれのない非難.
‡**báse·lìne** 名 C **1** 〖野球〗 塁線, ベースライン, 《塁と塁を結ぶ線》. **2** 〖テニス〗 (コートの後方の両端を示す)ベースライン. **3** (比較などの)基準(線); 〖測量〗 基線.
báse·man /-mən/ 名 (複 **-men** /-mən/) C 〖野球〗 ..塁手. a first ～ 1 塁手.
‡**base·ment** /béismənt/ 名 (複 **～s** /-ts/) C **1** (一般住宅の)**地階**, (半)地下室, 《路面より低く, 道路からは専用の石段で降りられる (→areaway); 採光のため壁面上部に窓があり, 以前のイギリス上流家庭では使用人部屋に, 最近では娯楽室などに使うことが多い; →cellar》.
2 (デパートなどの)**地階** 《特売場があることが多い; →bargain basement》. **3** (壁, 建造物などの)底部.
bàse métal 名 UC 卑金属《錫(すず), 鉛, 亜鉛など; ↔ precious metal》.
ba·sen·ji /bəséndʒi/ 名 C バセンジー犬《アフリカ産の小型犬; 栗毛でほえないのが特徴》. [<バントゥー語]
báse pàth 名 C 〖野球〗 (塁間の)走路.
bàse páy 名 U 基本給.
báse ràte 名 C **1** 〖英〗 基準利率《金融機関の貸出し・預金の利率の基準; 例えば貸出しの場合, 借り手の信用度などで 1.5～5% 高くなる》; 〖話〗 公定歩合. **2** (時間給, 能力給などの)支払基準.
báse rùnner 名 C 〖野球〗 走者.
báse rùnning 名 U 〖野球〗 走塁.
ba·ses[1] /béisi:z/ 名 basis の複数形.
bas·es[2] /béisəz/ 名 base の複数形.
báse stèaling 名 U 〖野球〗 盗塁.
bash /bæʃ/ 動 〖話〗 他 **1** をぶん殴る; をぶつける 〈*against, into* ..に〉. ～ a person on the head 人の頭をぶん殴る. I ～*ed* my car *against* the wall. 私は車を塀にぶつけた. **2** を言葉でやっつける, 非難する, 'たたく'.
── 自 VA (～ *at* ..) ..をぶん殴る; (～ *against, into* ..) ..にぶつかる.
***bàsh /../ ín* [*dówn*]** ..をたたいてへこます[壊す]. The policemen ～*d* the door *down* and rushed into the room. 警官はドアをたたき壊して部屋に突入した.
***bàsh ón* [*ahéad, awáy*] (*with, at* ..)** 〖英〗 (..を)熱心にどんどんやる.
bàsh /../ óut ..をやたら作る, 粗製濫造する.
bàsh /../ úp 〖英〗 ..をたたきのめす; ..をぶちこわす.
── 名 〖話〗 C **1** ぶん殴ること. **2** にぎやかなパーティー.
***have a básh* (*at* ..)** 〖英俗〗 (..を)一丁やってみる.
[擬音音; ?<*b*ang+sm*ash* (または d*ash*)]
-bash·er 〈複合要素〉 〖話〗 ..を攻撃[非難]する人; ..をたたきこむ人 (→Bible-basher).
†**bash·ful** /bǽʃf(ə)l/ 形 はにかみ屋の, 内気な, おずおずとした, (類語 特に子供が見せる(ような)はにかみに用いる; →shy[1]). a ～ smile はにかみ笑い. [〖廃〗 *bash* 「ひるませる」, -ful] ▷ **～·ly** 副 **～·ness** 名
-bash·ing 〈複合要素〉 〖話〗 ..攻撃[非難], バッシング; ..のたたきこみ (→Bible-bashing). Japan-[union-] *bashing* 日本[組合]たたき.
BASIC, Basic /béisik/ 名 U 〖電算〗 ベーシック《1960 年代前半に開発され, 改良されて今日も使われているプログラム言語の一種; <*B*eginner's *A*ll-purpose *S*ymbolic *I*nstruction *C*ode》.
‡**bas·ic** /béisik/ 形 m **1 基礎の**, 基本的な; 主要な; 必須の, 不可欠な; 〈*to* ..に〉. a ～ idea 基本的な考え. ～ human rights 基本的人権. ～ vocabulary 基本語彙. ～ foodstuff 主要食品. Mathematics is ～ *to* all sciences. 数学はすべての科学の基礎である. Is money ～ *to* happiness? 金は幸福に不可欠だろうか.
2 〔知識などが〕初歩的な; 〔設備などが〕必要最小限の. I have only a ～ knowledge of French. 私にはフランス語の初歩的な知識しかない.
3 〖化〗 塩基性の; アルカリ性の.
── 名 〈～s〉 基礎(的知識), 基本(的事項); (最低限の)必需品. the ～*s* of physics 物理学の基礎. get back to the ～*s* 基本に立ち戻る. ◇名 base
bas·i·cal·ly /béisik(ə)li/ 副 基本的に, 根本的に; 〈文修飾〉 基本的には, 元来. I believe men are ～ good. 人間はもともと善良なのだと私は信じている.
Bàsic Énglish 名 U ベーシックイングリッシュ《C.K. Ogden と I.A. Richards が提唱した簡素化された英語; 語数を 850 に制限した》.
bàsic índustry 名 C (国家の)基幹産業.
bàsic páy 名 ＝base pay.
bàsic ráte 名 ＝base rate 2.
bàsic sálary 名 ＝base pay.
bàsic slág 名 U 塩基性スラグ《製鋼過程の副産物「で, 燐(りん)酸肥料」》.
bàsic tráining 名 U 〖米〗 新兵(基礎)教育.
bas·il /bǽzl/ 名 U メボウキ《ハッカに似たシソ科の植物; 葉は香辛料》; 〈集合的〉 メボウキの葉, バジル. [<ギリシア語「王の(植物)」]
ba·sil·i·ca /bəsílikə, -zíl-/ 名 C **1** 〖古代ローマ〗 バシリカ《長方形の会堂で法廷・集会場として用いた》. **2** (初期キリスト教の)バシリカ風教会堂. **3** 〖カトリック〗 バシリカ教会堂《特に格式の高いいくつかの大聖堂, 例えばローマのサンピエトロ大聖堂》. [<ギリシア語「王の(家)」]
bas·i·lisk /bǽsəlisk, bǽz-|bǽz-/ 名 C **1** バシリスク《蛇又はトカゲに似た伝説上の怪物で, ひと息又はひとにらみで人を殺すという》. **2** 〖動〗 セビレトカゲ《熱帯アメリカ産》. [<ギリシア語「小さな王」]
‡**ba·sin** /béis(ə)n/ 名 (複 **～s** /-z/) C **1** (**a**) **鉢**, たらい; 洗面器, **洗面台**, (washbasin, 〖米〗 washbowl). (**b**) 〖英〗 (料理用)ボール. →pudding basin. (**c**) 鉢[たらい, 洗面器] 1 杯の量. a ～ of water 鉢[たらい, 洗面器] 1 杯の水. **2** (普通, 水のたまった)くぼ地, (ため)池; (川の)流域. the Columbia river ～ コロンビア川流域.
3 (港の船を係留できる深い)入り江, 船だまり; 係船ドック《潮の影響を防ぎ水位を一定に保つために水門がある》. a yacht ～ ヨットハーバー. **4** 盆地; 〖地〗 構造盆地《岩の

B

層が中心に向かって傾斜した大きなくぼ地》.
[＜中世ラテン語「水たらい」]

ba·sin·ful /béisnfùl/ 名 C ＝basin 1 (c).

*__ba·sis__ /béisəs/ 名 (複 **ba·ses** /béisi:z/) C
1 基礎; 根拠; 〈*of, for* ..の〉 (類語 抽象的なものに用いる; →base[1]). a theory founded on a scientific ～ 科学的な基礎の上に立った理論. He has no ～ *for* his opposition. 彼には反対する根拠がない.

連結 a firm [a solid, a sound; a factual; a logical; a shaky] ～ // form [provide] a ～ for..

2 原則, 方式, ..制. currency on a gold ～ 金本位制の通貨. work on a part-time ～ パート[非常勤]で働く. We are paid on a weekly [monthly] ～. うちは週[月]給制だ.

連結 an optional [a voluntary; a compulsory; a regular; a full-time; a permanent; a temporary] ～

3 (飲料, 食品, 薬などの)主成分. The ～ of French dressing is oil and vinegar. フレンチドレッシングの主成分は油と酢である.
*__*on the básis of..*__ ..を基礎として. *On the* ～ *of* the following facts, we conclude that... 以下の事実に基づいて我々は..と結論する.
[ラテン語(＜ギリシア語「土台, 踏み段」)]

básis pòint 名 C 〈普通 ～s〉 ベーシスポイント, 100分の1パーセント, 毛(もう), 《金利, 利回りに用いる単位》.

†**bask** /bæsk|bɑ:sk/ 動 自 **1** 暖まる, 日なたぼっこをする. ～ *in* the sun 日なたぼっこをする. **2** VA (～ *in..*) 〔恩恵など〕に浴する, 浸る. The girl ～*s in* the love of her family. その少女は家族の愛に包まれている. [＜古期北欧語「水浴をする」]

‡**bas·ket** /bǽskət|bɑ́:s-/ 名 (複 ～s /-ts/) C **1** かご, ざる, バスケット; かご1杯(の量). a shopping ～ 買物かご. a ～ of fruit 果物ひとかご. **2** (バスケットボールの)バスケット; (バスケットに入れた) 1 ゴール, 得点. make [shoot] a ～ 得点する. **3** 〈普通, 単数形で〉 (同類のものの)集まり, 集合体. the value of the yen against a ～ of world currencies 世界の通貨群に対する円の交換価値.
pùt àll** (one's) **éggs in one básket →egg[1].
[＜アングロ・ノルマン語(＜?)]

‡**bas·ket·ball** /bǽskətbɔ̀:l|bɑ́:s-/ 名 (複 ～s /-z/) U バスケットボール, 籠球(ろうきゅう); C そのボール.

básket càse 名 C 【話】 **1** 【軽蔑】 両手足を切断された人; 無能力者, 〈特に〉 精神障害者. **2** 経済的に破綻(はたん)した国[会社].

†**básket·fùl** /-fùl/ 名 (複 ～**s, basketsful**) C かご1杯(の量), ひとかご.

bas·ket·ry /bǽskətri|bɑ́:s-/ 名 U かご細工 《その技術または集合的にかご類を指す》.

básket wèave 名 C (布地の)バスケット織.

básket·wòrk 名 U かご細工(品).

bas mitz·vah /bɑ̀:s-mítsvə/ 名 〈しばしば B- M-〉 ＝bat mitzvah.

Basque /bæsk/ 名 **1** C (ピレネー山脈西部に住む)バスク人. **2** U バスク語 《どの語族に属するか不明》. **3** 〈b-〉 女性用 bodice の一種. ── 形 バスク人[語]の.

bas-re·lief /bɑ̀:rilí:f, bæ̀s-/ 名 (複 ～s) U 浅浮き彫り; C 浅浮き彫りの作品. [フランス語 'low relief']

†**bass**[1] /beis/ 名 【楽】 **1** U バス, 低音, 《男声の最低音部》. ★男声は bass, baritone, tenor, countertenor の順に高くなる (→alto 1). **2** C バス歌手. **3** C 【話】 ＝bass guitar. He's playing [on] ～ in the band. 彼はそのバンドでベースギターを弾いている. **4** C 【話】 ＝double bass. ── 形 低音(部)の. [＜中期英語 *bas* 'base[1]'; イタリア語 *basso*「低い」の影響で変形]

bass[2] /bæs/ 名 (複 ～·es, ～) C 【魚】 バス 《スズキの類》.

bass[3] /bæs/ 名 **1** C アメリカシナノキ (basswood). **2** ＝bast.

báss clèf /béis-/ 名 C 【楽】 ヘ音記号 《低音部記号; ＝F clef》.

bàss drúm /bèis-/ 名 C (オーケストラ用の)大太鼓.

bas·set /bǽsət/ 名 C バセット犬 (**básset hòund**) 《足が短く胴長で耳の垂れた猟犬》. [フランス語「短い」(*bas*「低い」の指小語)]

básset hòrn 名 C バセットホルン 《低音クラリネット属の木管吹奏楽器》.

bàss guitár /bèis-/ 名 C ベースギター 《低音のエレキギター》.

bàss hórn /bèis-/ 名 ＝tuba.

bas·si·net /bæ̀sənét, ˌ-ˌ-ˊ|ˌ-ˌ-ˊ/ 名 C 幼児用のかご型ベッド[乳母車] 《しばしば幌(ほろ)付き》. [フランス語 'little basin']

bass·ist /béisist/ 名 C 【楽】 ベース奏者 《bass guitar, contrabass の奏者》.

bas·so /bǽsou/ 名 (複 ～**s, bas·si** /bǽsi/) C 【楽】 低音(部); (特にオペラの)バス歌手. [イタリア語 'low']

bas·soon /bəsú:n/ 名 C バスーン, ファゴット, 《低音の木管楽器》. ▷～·**ist** 名 C バスーン奏者.

bàsso pro·fún·do /-proufʌ́ndou/ 名 (複 ～**s, -si -di** /-di/) C 最低音のバス声部[歌手]. [イタリア語 'deep bass[1]']

bàss víol /bèis-/ 名 ＝double bass.

bass·wood /bǽswùd/ 名 ＝bass[3] 1.

bast /bæst/ 名 U 靭皮(じんぴ) (bast fiber) 《シナノキなどの内皮, シュロ皮などの繊維; 布, 縄, 紙などの原料》.

†**bas·tard** /bǽstərd|bɑ́:s-, bǽs-/ 名 C **1** 【旧】 私生児, 庶子. **2** にせもの, まがいもの. **3** 【俗】 厄介なもの, 困りもの. This cough's a real ～. このせきはほんとに厄介だ. **4** 【俗】 〈主に男性に用いて〉 **(a)** 【軽蔑】 嫌な野郎, '畜生'. He's a real [right] ～, deserting his family in that way. あんな風に家族を捨てるなんて, あいつはほんとにひどいやつだ. **(b)** 〈同情, 親しみ, 羨望などを込めて〉 (..な)やつ; おい, 君, 《友人への呼びかけ》. The poor ～! He's broken his leg. かわいそうに, やつは足を折っちまった.
── 形 **1** 庶子の. a ～ son 庶子. **2** にせの, まがいものの, 擬似.., 不純な, 雑種の.
[＜古期フランス語「荷鞍を枕にして出来た子」]

bás·tard·ìze 動 他 【章】 **1** を庶子と認定する. **2** (改ざんして)の質を落とす. ▷～**d** 形 質の落ちた.

bás·tar·dy /-di/ 名 U 【古】 庶出(であること).

baste[1] /beist/ 動 他 を仮縫いする, にしつけをかける.

baste[2] 動 他 自 (焼きながら)(〔肉など〕に)バター[脂]を塗る, たれをかける.

baste[3] 動 他 【旧話】 **1** (棒などで)をぶん殴る. **2** をひどくしかりつける.

bást fìber 名 ＝bast.

Bas·til(l)e /bæstí:l/ 名 〈the ～〉 バスティーユ監獄 《フランス革命当時のパリにあった国事犯の牢(ろう)獄; 民衆がそれを破壊した (1789 年)ことが革命の発端》. [古期フランス語「要塞(さい)」]

Bastíl(l)e Dày 名 〈the ～〉 フランス革命記念日 《7月14日;「パリ祭」は日本での呼び名》.

bas·ti·na·do /bæ̀stənéidou, -nɑ́:-/ 【古】 名 (複 ～**es**) C 足の裏をむちで打つ刑罰. ── 動 他 の足の裏をむちで打つ. [＜スペイン語「棒で打つこと」]

‡**bas·tion** /bǽstʃ(ə)n, -tiən|-tiən/ 名 C **1** 【築城】 稜堡(りょうほ) 《射撃を多角的にするため城, 要塞(ようさい)の壁面が変則5角形に突き出ている部分》. **2** (国, 軍隊などの)防衛上の拠点; (ライフスタイル, 主義, 信条などの)'とりで'. The English public school has long been the ～ of tradition. 英国のパブリックスクールは長く伝統のとりでであった. the last ～*s* of communism 共産主義の最後のとりで. [＜フランス語「小さな要塞 (→Bastille)」]

‡**bat**[1] /bæt/ 名 (複 ～**s** /-ts/) C **1** **(a)** (野球, クリケット

などの)バット. (**b**) (卓球, バドミントンなどの)ラケット. **2** 打撃, バッティング. **3** (クリケットの)打者 (batsman). **4** 〖話〗強い一撃. get a ~ on the head 頭を強く殴られる.
at bát 〖野球, クリケットなど〗打席に立って; 攻撃側になって. the team *at* ~ 攻撃側のチーム.
càrry** one's **bát 〖クリケット〗1 イニングの終わりまでアウトにならずに残る.
gò (in) to bát for .. 〖米話〗..のためにひと肌脱ぐ.
off** one's **òwn bát 〖英話〗独力で; 自発的に.
(rìght) off the bát 〖米話〗すぐに, 即座に.
── 動 (~**s** /-ts/|過 過分 **bát·ted** /-əd/|**bát·ting**) 他 **1** をバットで打つ; 〔走者〕を打って進める. ~ a runner home 打ってランナーを生還させる (★home は副詞). **2** 〔ある打率〕を打つ. He ~*s* .350. 彼の打率は3割5分である (★.350 は three fifty 又は three hundred fifty と読む).
── 自 (バットで) **打つ**; 打席に立つ; 打って走者を進める. He ~*s* left-handed. 彼は左打者である.
bàt aróund (1)〖俗〗ほっつき歩く, 駆けずり回る. (2)〖野球〗(1回で)打順が一巡する.
bàt /../ aróund 〖米話〗〔計画など〕を練る, 自由に討議する.
bàt a thóusand 〖米話〗大あたりする, 大成功する.
bàt /../ ín 〖野球〗打って〔得点〕を入れる, 〔打点〕をあげる.
bàt /../ óut 〖米話〗〔仕事, レポートなど〕をやっつける, 急いでやりあげる.
gò to bát for .. 〖米話〗〔人〕を弁護する, 助太刀する.
[<古期英語「こん棒」]
†**bat**² /bæt/ 名 C **1** 〖動〗コウモリ. **2** 〈普通 old ~ で〉(ばかな[うるさい, 不愉快な])ばばあ, おいぼれ.
(as) blìnd as a bát 目が全く見えない(で).
hàve báts in the** [one's] **bélfry 〖話〗頭がいかれている; 変わり者である.
like a bàt out of héll 〖話〗猛スピードで.
[中期英語 *bakke* (<古期北欧語)の変形]
bat³ 動 (~**s**|-**tt**-) 他 〔特に女性が(媚(こ)態として)〕〔目, まぶた, まつ毛〕をまたたかせる (類語 wink より口語的; →blink).
not bàt an éyelid [〖主に米〗***éye***] (1)一睡もしない. (2)〖話〗平然としている, びくともしない.
[<〖廃〗*bate*「羽ばたきする」]
Ba·taan /bətǽn, -tá:n/ 名 バターン《フィリピン Luzon 島南部の半島; 第2次大戦の激戦地》.
bát bòy 名 C 〖野球〗バットボーイ《球場で, 使ったバットの回収, チームの用具の世話, 雑用などをする少年》.
batch /bætʃ/ 名 C **1** 〖話〗ひと組; ひと束; 一団. a ~ *of* letters 手紙ひと束. a ~ *of* hens めんどりの一群. **2** (パンの材料などの) 1回分. **3** (パンなどの)ひと焼き分, ひとかまど. a ~ of cookies クッキーひと焼き分. **4** 〖電算〗バッチ《一括処理される作業単位の集合; →batch processing》. [<中期英語「bake すること[したもの]」]
bàtch prócessing 名 U 〖電算〗バッチ処理《一定時間[量]の情報をまとめて入力し一括処理する》.
ba·teau /bætóu/ 名 (複 ~**x** /-z/) C 軽い平底船《米国・カナダで用いる》. [フランス語 'boat']
bat·ed /béitəd/ 形 〈次の成句で〉
with bàted bréath 息を殺して〔待つなど〕.
[<bate 動 他 〖古〗=abate]
Bath /bæθ|bɑ:θ/ 名 **1** バース《英国 Avon 州の都市; 特に18世紀に栄えた温泉保養地》.
2 〖英〗〈the ~〉=the Order of the Bath.
‡**bath** /bæθ|bɑ:θ/ 名 (複 ~**s** /bæðz|bɑ:ðz, bɑ:θs/) C **1** (**a**) **入浴**, 湯あみ; (日光, 蒸気などを)浴びること; (★必ずしも浴槽に入ることを意味せず, シャワーも bath の一種). give the baby a ~ 赤ん坊にお湯を使わせる. have a hot [cold] ~ 温[冷水]浴をする. a sun ~ 日光浴. (**b**) 入浴用の湯[水]. Your ~ is ready. (湯を入れ[沸かし]たので)おふろに入れます. draw [run] a ~ 浴槽に湯(水)を入れる.
2 〖英〗**浴槽** (〖米〗bathtub); 浴室 (bathroom). 参考 家の広告などでは「シャワー・浴槽・トイレット・洗面台」がそろったのを full ~, トイレット・洗面台だけのを half ~ と言い, $2^1/_2$ ~*s* (=two and a half ~*s*) は full ~ が2か所と half ~ が1か所あることを示す.
3 〈しばしば ~*s*〉(公衆)浴場, ふろ屋, (bathhouse)《個室のふろ場が並び, しばしば医療用バスや屋内プールの設備もある》; 〈~*s*; 単複両扱い〉〖英旧〗屋内プール (swimming bath). the public ~ 公衆浴場.
4 〈しばしば ~*s*〉温泉地, 湯治場.
5 溶液, 浸液, 《物を入れて化学作用を起こさせる》; 溶液器, バット. a hypo ~ (写真の)現像液(容器), ハイポ(容器). **6** (ふろに入ったように)びしょぬれの状態. in a ~ of sweat 汗まみれで. ◇動 bathe
tàke a báth 〖米〗(1) 入浴する. (2)〖話〗大損する.
── 動 (~**s** /-s/|過 過分 ~**ed** /-t/|**báth·ing**) 〖英〗他 =bathe 2. ── 自 =bathe 1.
[<古期英語; bake と同様「暖める」の意味の語根を持つ]
báth chàir 名 〈しばしば B-〉 C (病人用の)幌(ほろ)付き車椅子. (→wheelchair)
báth cùbe 名 C (さいころ状の)固形入浴剤.
‡**bathe** /beið/ 動 (**bath·es** /-əz/|過 過分 ~**d** /-d/|**báth·ing**) 他 **1** を浸す, 水につける; (治療のために)を洗う. I ~*d* my foot in hot water to ease the pain. 痛みを取るために足を湯につけた. **2** 〖米〗〔病人, 幼児など〕を入浴させる (〖英〗bath).
── 自 **1** 〖米〗入浴する (〖英〗bath). **2** 〖主に英〗水浴びする, 水泳をする. ~ *in* the river 川で泳ぐ.
◇名 bath
be báthed in .. ..に浸る, まみれる; 〔光など〕を浴びる. The room *was* ~*d in* sunshine. 部屋には日光がさんさんと注いでいた. *be* ~*d in* tears 涙にぬれる.
── 名 C 〈単数形で〉〖英〗水浴び, 水泳, (類語 swimming よりも意味が広く, 川や海の水につかって遊ぶこと). go for a ~ 泳ぎに行く. take [have] a ~ *in* the sea 海水浴をする (★take [have] a bath (入浴する)と区別すること). [<古期英語]
bath·er /béiðər/ 名 C 海水浴などする人; 湯治客.
ba·thet·ic /bəθétik/ 形 **1** 〖修辞学〗漸降法 (bathos) の (↔climactic). **2** 陳腐な; 感傷的な.
báth·hòuse 名 (複 →house) C **1** 公衆浴場 (→bath 3). **2** 〖米〗(海水浴場などの)更衣所.
bath·ing /béiðiŋ/ 名 U 水泳, 水浴び; 入浴.
báthing bèauty 名 C 水着の美女《美人コンテスト出場者》.
báthing bèlle 名 〖旧〗=bathing beauty.
báthing càp 名 C (主に女性用の)水泳帽.
báthing còstume 名 〖英旧〗=bathing suit.
báthing màchine 名 C (18, 19世紀の)更衣車《海水浴客をのせ海に入った》.
báthing sùit 名 C (普通, 女性用の)水着 (swimsuit).
báthing trùnks 名 〈複数扱い〉水泳パンツ.
báth màt 名 C 浴室用足ふき, バスマット.
báth òil 名 U 油状入浴剤.
ba·thom·e·ter /bəθámətər|-θɔ́m-/ 名 C 水深測量計.
ba·thos /béiθɑs|-θɔs/ 名 U **1** 〖修辞学〗漸降[頓(とん)降]法, 急落, (anticlimax)《高い格調から急にこっけいな調子に落とすこと: Here the statesmen took counsel—and sometimes tea. ここで政治家たちは国政を議し, そして時にはお茶を飲んだ》. **2** (文体などの)平凡さ, 陳腐さ. **3** 過度の[見せかけの]感傷. [ギリシア語 'depth']
báth·ròbe 名 C **1** バスローブ《入浴の前後に着るタオ

ル地のガウン》. **2**〘米〙部屋着 (dressing gown).

***bath·room** /bǽθrù(:)m | bá:θ-/ 名 (複 **~s** /-z/) C **1** 浴室, バスルーム, 《英米では普通, 浴室に便器・洗面台の設備がある》. **2**〘主に米・婉曲〙(個人住宅の)便所, トイレ, (lavatory;〘主に英〙toilets). go to [use] the ~ トイレに行く[を使う].

báthroom tìssue 名〘米・婉曲〙=toilet paper.

báth sàlts 名〈複数扱い〉(薄片状, 粒状などの)入浴剤.

Bath·she·ba /bæθʃí:bə, bǽθʃibə | bǽθʃibə/ 名 **1** 女子の名. **2**〘聖書〙バテシバ《David 王の妃で Solomon の母》.

báth shèet 名 C 大型バスタオル《最低 1m×1.5mくらい》.

báth·tìme 名 UC (子供の)入浴(している)時間.

báth tòwel 名 C バスタオル, 湯上がりタオル.

báth·tùb 名 C〘米〙浴槽, 湯舟, (〘英〙bath).

báth·wàter 名 U 浴槽の湯.

bath·y·scaph(e) /bǽθiskæ̀f, -skèif/ 名 C バチスカーフ《深海観測用の潜水艇》. [フランス語 (<ギリシア語 *bathús* 'deep'+*skáphē* 'boat')]

bath·y·sphere /bǽθisfìər/ 名 C 潜水球《深海観測用》. [ギリシア語 *bathús* 'deep', -sphere]

ba·tik /bətí:k, bǽtik/ 名 U ろう(けつ)染め; UC ろう(けつ)染めの布. [<マレー語 'painted']

ba·tiste /bətí:st, bæ-/ 名 U 薄織の麻[綿]布.

Bat·man /bǽtmən/ 名 バットマン《米国の漫画の主人公; コウモリのような黒い服装で悪と闘う》.

bat·man /bǽtmən/ 名 (複 **-men** /-mən/) C〘英軍〙将校の従卒, 当番兵. 注意 batsman とは別.

bat mitz·vah /bà:t-mítsvə/ 〈しばしば B- M-〉 名 C **1** バットミツヴァー《ユダヤ教の女子の成人式; 12, 3 歳で行う》. **2** 成人式を受ける少女. →bar mitzvah. [ヘブライ語「掟の娘」]

‡ba·ton /bətάn | bǽt(ə)n/ 名 C **1**〘楽〙指揮棒. wield the ~ 指揮棒を振る. **2**〘競技〙リレー用のバトン. pass the ~ in a relay race リレーでバトンを渡す. **3** (軍楽隊長やバトンガールの振る)バトン. **4** (警官の)警棒. a ~ charge (暴民などに対する)警棒装備の警官隊による鎮圧攻撃. **5** (地位の象徴としての)職杖(じょう)《特に field marshal の》.

***pàss* (*on*) *the báton* (*to..*)** (1) →2. (2) 責任などを(..に)引き渡す.

pìck* [*tàke*] *up the báton 責任などを引き継ぐ.

[<後期ラテン語「棒」]

Bàton Róuge /bǽt(ə)n-rú:ʒ/ 名 バトンルージュ《米国 Louisiana 州の州都》.

báton ròund 名 C〘英〙(暴動などの鎮圧用)ゴム[プラスチック]弾.

batón twìrler 名 C バトントワラー (★バトンガールは和製英語). →drum major [majorette].

ba·tra·chi·an /bətréikiən, -kjən/ 形, 名 C 無尾両生類の(動物)《カエルなど》.

bats /bæts/ 形 〈叙述〉〘主に英俗〙頭がいかれて (mad); 変わり者で; (→bat² の成句, batty).

bats·man /bǽtsmən/ 名 (複 **-men** /-mən/) C (クリケットの)打者 (batter; ↔bowler).

†bat·tal·ion /bətǽljən/ 名 C **1**〘軍〙〈単数形で複数扱いもある〉(陸軍の)大隊《数個の company (中隊)から成る; 略 Bn; →company 6 参考》. **2** 〈しばしば ~s〉(人, 物の)大群. ~*s* [a ~] *of* locusts イナゴの大群.

bat·ten¹ /bǽt(ə)n/ 名 C **1** (a)〘建〙床張り板; (床板などを固定する細長い)小割り板, 小角材. (b) (板などの合わせ目のふさぎや補強に使う)目板; (板などを下から押さえる)押し縁. **2**〘船〙(ハッチを密閉するための)当て木[金(かな)].

── 動 他 に小割り板を張る; に目板[押し縁]を当てる;〘船〙を当て木[金]で固定する.

bàtten down the hátches →hatch².

[<古期フランス語; baton の変形]

bat·ten² 動 自 VA (~ ***on*** [***upon***] ***..***) ..を犠牲にして自分の利益を図る, 繁栄する. ~ *on* cheap labor 安い労働力を使って私腹を肥やす.

***bat·ter¹** /bǽtər/ 名 (複 **~s** /-z/) C (野球, クリケットなどの)バッター, 打者. the ~'s box バッターボックス. [bat¹, -er¹]

†bat·ter² 動 他 **1** (a) を乱打する; を打ちこわす 〈*down*〉; をめった打ちにする 〈*to* ..になるまで〉. ~ *down* the door ドアをぶち破る. Waves were ~*ing* (*against*) the shore. 波が海岸に激しく打ち寄せていた. be ~*ed to* death めった打ちにされて殺される. (b) VOC (~ X Y) X を Y の状態に打ちのめす. be ~*ed* unconscious 打ちのめされて失神する. **2** 〔子供, 妻など〕に暴力をふるう; 〔嵐などが〕〔場所に〕猛威をふるう; 〈普通, 受け身で〉.

── 自 VA めった打ちにする 〈*at*, *on*, *against* ..を〉, 乱打する, 〈*away*〉. ~ (*away*) *at* the door ドアをどんどんたたく. [<中期英語; たぶん<bat¹+-er³]

bát·ter³ 名 U (牛乳, 卵, 小麦粉などの)練り粉, こねもの, 《ケーキ, フライの衣などの材料》.

‡bát·tered¹ 形 めった打ちされた; (使い古して)形のつぶれた, 壊れた, でこぼこの; 打ちひしがれた〔誇りなど〕. a ~ old car がたぴしの老朽車.

bát·tered² 形 batter³ の衣をつけて揚げた〔魚など〕.

bàttered báby 名 C (折檻(かん)で)生傷の絶えない赤ん坊.

bàttered wífe 名 C (夫の暴力で)生傷の絶えない妻.

bát·ter·ing /-riŋ/ 名 C めった打ち; 攻撃. baby ~ 赤ん坊をたたいて折檻(かん)すること. take a ~〘話〙(勝負などで)めちゃくちゃにやられる.

báttering ràm 名 C 破城槌(つい)《城壁や城門を破壊するのに用いた昔の道具》.

Bat·ter·y /bǽtəri/ 名 〈the ~〉 バタリー(公園) (**Báttery Pàrk**)《ニューヨーク市 Manhattan の南端にある》.

***bat·ter·y** /bǽtəri/ 名 (複 **-ries** /-z/)

【ひと並び[続き]のもの】 **1** C 〈普通, 単数形で〉(器具などの)ひと並び, 一式, 一連; 多数, たくさん; 〈*of* ..の〉. a ~ *of* pots and pans ずらりと並んだポットやなべ. a whole ~ *of* arguments [tests] 一連の論拠 [テスト]. face a ~ *of* reporters and cameras たくさんの報道陣とカメラの放列に直面する.

2 C 電池, バッテリー, (★cell (電池)のひとそろい; 一般には 1 つの cell にも使う). a dry [storage] ~ 乾[蓄]電池. My car ~ is dead [gone,〘英〙flat]. 車のバッテリーがあがった. **3** C〘軍〙砲列; 砲兵中隊; 砲台; (軍艦の)備砲. **4** C〘英〙バタリー《卵・食肉用に飼育するアパート式鶏舎など》; 〈形容詞的〉バタリー式の.

5【ひと組】C〘野球〙バッテリー《投手と捕手》.

6【連打】U〘法〙殴打, 暴行, (→assault and battery).

rechàrge one's bátteries バッテリーを再充電する;〘話〙〔人が〕(休養などして)元気を取り戻す, '充電する'.

[<古期フランス語「連打」]

báttery fàrm 名 C〘英〙バタリー式養鶏場. →「battery 4.

bat·ting¹ /bǽtiŋ/ 名 U 打撃, バッティング. practice ~ バッティングの練習をする. the ~ order 打順.

bat·ting² 名 U 綿[羊毛]を薄く打ち延ばしたもの《キルティング, 夜具, 家具類に詰める》.

bátting àverage 名 C **1**〘野球〙打率《略 BA》;〘クリケット〙(打球して走る)打手のランによる得点率. **2**〘米話〙〈一般に〉成功率, 業績.

bátting èye 名 C 〈普通, 単数形で〉〘野球〙(バッターの)選球眼.

***bat·tle** /bǽtl/ 名 (複 **~s** /-z/) **1** UC 戦い, 戦闘, 会戦; 〈一般に〉戦争; (類語 特定の地域で特定の日時に行われた個別的な戦い; the *Battle* of Waterloo (ワーテルローの会戦) のように地名と共に用いることが多い; → fight). a losing ~ 勝ち目のない戦い. a naval ~ 海戦. lead troops into ~ 軍隊を率いて戦いに臨む. The

Battle of Gettysburg marked the turning point of the Civil War. ゲティスバーグの会戦が南北戦争の(勝敗の)分岐点となった.

連結 a bloody [a fierce, a pitched; a decisive] ~ // fight [wage; win; lose] a ~

2 Ⓒ (武力によらない)**闘争**, 戦い; (個人的な)**争い**, けんか, いさかい; 競争. the ~ of life 生きるための戦い. a ~ *against* hunger 飢えとの戦い. a ~ *for* power 権力闘争. a ~ of wits 知力の戦い, 知恵比べ. a ~ of words *between* husband and wife 夫婦間の口げんか. a ~ *of* wills 根(こん)くらべ. **3** Ⓤ 〈the ~〉 勝利. The ~ is to the strong. 勝利は強者のもの.

be hàlf the báttle 〖話〗 半分勝った[成功した]も同然だ. The first blow *is half the* ~. 先制の一撃を加えれば半分勝ったようなものだ.

dò báttle (***with*** X) (***about*** [***over***] Y) (Yのことで)(Xと)戦う, 争う.

fàll [***díe, be killed***] ***in báttle*** 戦死する.

gò to báttle 戦争に行く, 出征する.

── 動 (~s /-z/|過 過分 ~d /-d/|-tling) 自 **戦う**, 争う, 〈*against, with* ..と/*for* ..を求めて〉; 懸命に努力する〈*to* do ..しようと〉. ~ *against* [*with*] poverty 貧困と戦う. keep *battling* on *for* freedom 自由を求めて戦い続ける. ~ *to* reduce expenses 経費節約に取り組む. ── 他 **1** 〖米〗 と戦う. ~ the guerillas ゲリラと戦う. ~ cancer 癌(がん)と戦う. **2** 〔道〕を押し分けて進む. He ~*d* his way out of the mob. 彼は群衆の中から必死になって抜け出した.

bàttle it óut 戦い抜く; やり遂げる.

[<後期ラテン語「戦闘訓練」(<ラテン語 *battuere*「打つ」)] ▷**bat·tler** 名 Ⓒ 闘士.

báttle-àx(e) 名 Ⓒ **1** 戦斧(ぶ) 《中世以前に武器として用いた長柄のおの》. **2** 〖話〗 (中年の)がみがみ女.

báttle crùiser 名 Ⓒ 〖史〗 巡洋戦艦.

báttle crỳ 名 Ⓒ 〈普通, 単数形で〉 **1** 鬨(とき)の声, 雄たけび. **2** (闘争, 運動などの)スローガン.

bat·tle·dore /bǽtldɔ̀ːr/ 名 **1** Ⓒ (昔の羽根つき遊びの)羽子板. **2** Ⓤ 羽根つき遊び 《普通, **bàttledore and shúttlecock** と言う》.

báttle drèss 名 Ⓤ (陸軍の)戦闘服, 軍服.

báttle fatìgue 名 Ⓤ 〖医〗 戦闘神経症 (→shell shock).

†**báttle·fìeld** 名 Ⓒ **1** 戦場. **2** 闘争[論争, 競争]の場. a political ~ 政治闘争の場.

báttle frònt 名 Ⓒ (戦闘の)前線.

báttle·gròund 名 =battlefield.

báttle lìne 名 Ⓒ 戦線 (line of battle).

bát·tle·ment 名 Ⓒ 〈普通 ~s〉 銃眼[狭間(はざま)]付き胸壁; (その内部の)平らな屋根 (→parapet 1).

[battlement]

Bàttle of Brítain 名 〈the ~〉 (第2次大戦中の)英本土航空決戦 《1940年の夏から秋にかけてロンドン周辺で展開された英独空軍間の激戦; 独軍は撃退され英本土上陸の計画は挫折(ざせつ)した》.

bàttle róyal 名 Ⓒ (複 **battles royal**) 〖章・雅〗 (数名の者が同時に戦う)乱闘, 激戦; 大論戦.

†**báttle·shìp** 名 Ⓒ 戦艦.

báttle wàgon 名 〖米話〗 =battleship.

bat·ty /bǽti/ 形 **1** 〖俗〗 頭のいかれ気味の (crazy); 少し変わり者で; (→bats). **2** コウモリのような.

bau·ble /bɔ́ːb(ə)l/ 名 Ⓒ 安ぴか物.

baud /bɔːd/ 名 (複 ~, ~s) Ⓒ 〖通信・電算〗 ボー 《送られる情報量の単位》. [<J.M.E. *Baud*ot 《フランスの技師 (1845-1903)》]

Bau·de·laire /bòudəléər/ 名 **Charles Pierre ~** ボードレール (1821-67) 《フランスの詩人・批評家》.

Bau·haus /báuhàus/ 名 バウハウス 《芸術と工業技術の統合を目指したドイツ Weimar の建築デザイン学校 (1919-33); 現代建築への貢献は大きい》.

baulk /bɔːk/ 名, 動 〖主に英〗 =balk.

baux·ite /bɔ́ːksait/ 名 Ⓤ 〖鉱〗 ボーキサイト 《アルミニウムの原鉱》. [<Les *Baux* (最初に発見されたフランスの町)] ▷**baux·it·ic** /bɔːksítik/ 形

Ba·var·i·a /bəvé(ə)riə/ 名 バヴァリア, バイエルン, 《ドイツ南部の州; ドイツ名 Bayern; 州都 Munich》.

bawd /bɔːd/ 名 Ⓒ 〖古・雅〗 売春宿の女将(おかみ).

bawd·y /bɔ́ːdi/ 形 ⓔ 淫猥(いんわい)な, 猥褻(わいせつ)な. a ~ song 卑猥な歌. ── 名 Ⓤ 猥褻(な言葉など).
▷**bawd·i·ly** 副 卑猥に. **bawd·i·ness** 名

báwdy hòuse 名 〖旧〗 =brothel.

‡**bawl** /bɔːl/ 動 自 **1** どなる; ほえる; 〈*away*〉 〈*at* ..に向かって〉. The angry father ~*ed at* the children. 怒った父親は子供らに向かってどなった. **2** 〔赤ん坊などが〕泣き叫ぶ. ── 他 Ⅵ (~ X/"引用") Xを/「..」とどなって言う. ~ (out) a command 大声で命令する.

bàwl one's éyes òut =CRY one's eyes out.

bàwl /../ óut (1) ..をどなって言う. (2) 〖主に米話〗 〔人〕をしかりとばす. I was ~*ed out* for coming home late. 家に遅く帰って大目玉をくった.

── 名 Ⓒ どなり声; 泣き叫ぶ声.

[<中期英語; 擬音語]

‡**bay**[1] /bei/ 名 (複 ~s /-z/) Ⓒ **1** 湾, 入り江, (類語 普通 gulf より小さい). the *Bay* of Tokyo 東京湾 (★To-kyo *Bay* では無冠詞). **2** 山のふところ. [<古期フランス語(?<中世ラテン語「あくびをする」)]

bay[2] 名 Ⓤ **1** ほえ声 《特に猟犬が獲物を追いつめた時に一斉に上げる声》; (大きい犬の)太いほえ声. **2** 窮地, 追いつめられた状態.

at báy 追いつめられて[た], 窮地に陥って[た]. a deer *at* ~ 追いつめられたシカ.

brìng ..to báy 〔獲物, 人など〕を追いつめる, 窮地に陥れる.

kèep [***hòld***] ***..at báy*** 〔敵, 追っ手など〕を寄せつけない. *keep* the invaders *at* ~ 侵略者たちを寄せつけない.

stànd [***tùrn***] ***at báy*** 追いつめられて敵に歯向かう.

── 動 自 **1** 〔特に大型犬や猟犬が〕太い声でほえ(続け)る (★bark より継続的). **2** 強要する, しつこく迫る, 〈*for* ..を〉. ~ *for* (a person's) blood 〔群衆などが〕口々にわめいて(人の)処刑[制裁など]を要求する. ── 他 にほえる, ほえ続ける.

bày (***at***) ***the móon*** 月に(向かって)ほえる 《むだな願望, 訴えのたとえ》.

[<古期フランス語「吠える」; 擬音語]

bay[3] 名 (複 ~s) **1** Ⓒ ゲッケイジュ (laurel). **2** 〈~s〉 (勝者などにかぶせる)月桂冠; 栄冠, 名声. [<ラテン語「漿(しょう)果, 丸い果実」]

bay[4] 名 (複 ~s) Ⓒ **1** 〖建〗 柱と柱の間の1区間; (張り出し窓のためなどの)壁の入り込み. **2** =bay window. **3** 飛行機の仕切り室, 隔室. a cargo ~ 貨物室. a bomb ~ (爆撃機の)爆弾倉. **4** =sick bay. **5** 駐車用区画; 〖英〗 (駅の)引き込み線(ホーム). [bay[1] と同源]

bay[5] 形 〔馬が〕鹿毛(かげ)の, 赤茶色の.
── 名 (複 ~s) Ⓒ 鹿毛の馬.

bay·ber·ry /béibèri|-bəri/ 名 (複 **-ries**) Ⓒ **1** 〖植〗 ベーラムノキ 《西インド諸島産; 葉は bay rum の原料》. **2** ヤマモモ 《北米産; その実はろうそくの原料》; ヤマモモの実. **3** ゲッケイジュ (bay) の実.

Bay·èux tápestry /beijùː-|baijə̀ː-/ 名 〈the ~〉

バイユー壁掛け《フランス北部の Bayeux に残る 12 世紀頃のつづれ織; Norman Conquest の諸情景を示す》.

báy lèaf 名 C ベイリーフ, ゲッケイジュの葉, ローリエ,《スパイス》.

‡**bay·o·net** /béiənət, beiənét/ 名 C 銃剣 (→sword 参考). a dictatorship built on the army's ~s 陸軍の銃剣(=武力)の上に建てられた独裁政権.
── 動 他 を銃剣で突く, に銃剣を突きつけて[武力で]強制する. ~ the villagers *into* submission 村人たちを武力で服従させる.
[<Bayonne (最初の生産地のフランス南西部の市)]

bay·ou /bái(j)u:/ 名 C (特に米国南部の)沼状の水域, バイユー,《ミシシッピー下流デルタ地帯に広がる水のよどんだ支流, 入り江など》; 三日月湖.

Bàyou Státe 名〈the ~〉バイユー州《米国 Mississippi 州の俗称; Louisiana 州, Texas 州にも使う》.

Bay·reuth /bairɔ́it, ˊ-/ 名 バイロイト《ドイツ Bayern 州の都市; Wagner 音楽祭の開催地》.

bày rúm 名 U ベーラム《頭髪用の香水; →bayberry》.

Bày Státe 名〈the ~〉Massachusetts 州の俗称.

báy trèe 名 =bay³ 1.

bày wíndow 名 C 出窓 (→bow window 写真).

†**ba·za(a)r** /bəzá:r/ 名 C **1** バザー, 慈善市. a charity ~ バザー, 慈善市,《基金を集めるため教会, 病院などが催す》. **2** (イランなど中東諸国, インドの)市場, マーケット, 商店街. **3** 雑貨屋; 百貨店. [ペルシア語「市場」]

ba·zoo·ka /bəzú:kə/ 名 C バズーカ砲《肩に担いで発射する対戦車用の携帯ロケット砲; 米国のコメディアン Bob Burns (1896–1956) が創案した同名の管状の楽器と形が似ていることから》. [?<〖米俗〗*bazoo*「口」]

BB[1] double-black《鉛筆の 2B》.

BB[2] /bí:bi:/ 名 C〖米〗BB 弾 (**BB shòt**)《猟銃[空気銃]の弾; 直径 0.18 インチ》.

BBA Bachelor of Business Administration (経営学士).

BBB〖米〗Better Business Bureau; treble-black《鉛筆の 3B》.

BBC British Broadcasting Corporation (のテレビ[ラジオ]チャンネル)《〖話〗では Beeb とも; →IBA, ITV》.

BBC English 名 U BBC 英語《BBC のアナウンサーの英語; 標準的なイギリス英語とされる》.

BB gùn 名 C〖米〗BB 銃《BB 弾を使う子供用の空気銃》.

bbl barrel(s).

bbls barrels.

BBQ barbecue.

BBS bulletin board service (公開電子掲示板).

BC British Columbia; British Council.

***B.C., BC** /bì:sí:/ (西暦)紀元前《<*before Christ* の略; ↔A.D.》. in 399 *B.C.* 紀元前 399 年に. 参考 この言い方の宗教色を避けるため BCE¹ を使うことがある.

BCE[1] before the Common Era (→Common Era).

BCE[2] Bachelor of Chemical Engineering (化学工学士); Bachelor of Civil Engineering (土木工学士).

BCG (váccine) /bi:si:dʒí:-/ 名 U ビーシージー(ワクチン)《<*Bacillus Calmette-Guérin*; 結核予防用ワクチン》.

BD Bachelor of Divinity (神学士).

B/D bank draft; bills discounted (割引手形).

bdl bundle.

bdrm bedroom.

BE Bachelor of Education (教育学士); Bachelor of Engineering (工学士); bill of exchange.

Be〖化〗beryllium.

‡**be** /bi, 強 bi:/ (直説法現在形 (I) **am**; (you) **are**; (he, she, it) **is**; (we, you, they) **are**. 直説法過去形 (I) **was**; (you) **were**; (he, she, it) **was**; (we, you, they) **were**. 仮定法現在形(各人称・数を通じて) **be**. 仮定法過去形(各人称・数を通じて) **were**. 命令形 **be**. 過去分詞形 **been**. 現在分詞形 **being**)

> 語法 (1) 古い 2 人称単数形は次の通り: 直説法現在形 (thou) **art**; 直説法過去形 (thou) **wast**, **wert**; 仮定法過去形 (thou) **wert**.
> (2) (a) 仮定法現在形は次のような場合を除き, 今日ではほとんど直説法現在形に置き換えられた: She suggested that he *be* summoned.〖主に米〗(彼女は彼を呼ぶよう提案した); if need *be*〖雅〗(必要あらば); Woe *be* to you.〖雅〗(汝(なんじ)に災いあれ)
> (b) 仮定法過去形は次のような場合を除き, ほとんど直説法過去形(又は現在形)に置き換えられた: *Were* he alive now, ...〖雅〗(もし彼が今存命ならば, ...)のような倒置形; if I *were* you, if it *were* not for.., as it *were* →if, as (成句).
> (3) 次のような短縮形がある: (a) *'m* (=am); *'re* (=are), *'s* (=is) (b) *aren't* (=are not; am not); *isn't* (=is not); *ain't* (=am not, are not, is not); *wasn't* (=was not); *weren't* (=were not)

── 動 自【である】 **1**〈繋(けい)辞として〉.
(a)【同じである】VC (~ X) X である[だ, です] (★X は(代)名詞, to 不定詞, 動名詞, that 節, wh 句・節など). The capital of Japan *is* Tokyo. 日本の首都は東京である. His name *is* Bill Clinton. 彼の名前はビル・クリントンです. It'*s* me. 僕です (語法 It's I. は雅語的な言い方; It's he[she]. も〖話〗ではしばしば It's him[her].). Her one wish *was to* see her son again. 彼女の唯一の望みは息子にもう一度会うことだった. All you have to do *is* (*to*) sign your name here. 君はここに署名しさえすればいい (★〖話〗では to が省略されることがあり, その場合原形不定詞が直接続くことになる). My hobby *is* collect*ing* stamps. 私の趣味は切手の収集です. The fact *was that* they were unwilling to come here. 実は彼らはここへ来るのが嫌だったのです. The point *is when* to start. 要はいつ出発すべきかということだ. Ed *is* not *what* he *was*. エドはもう昔のエドではない. This *is why* I gave up. これが私のあきらめた理由です.
(b)【身分, 性質, 状態などである】VC (~ X) X である[だ, です] (★X は名詞, 形容詞(相当表現)). I'*m* a high school student. 私は高校生です. *Be* careful! よく気をつけろ. Do *be* quiet! 静かにしろったら. Don't *be* silly! ばかなことを言うな[するな]. The house *is on fire* (=afire). あの家が火事だ. How long have you *been out of a job* (=unemployed)? 失業してどれくらいになりますか. 注意「..になる」と訳した方が自然な場合がある: Three and five *is* [*are*] eight. (3 足す 5 は 8 (になる)) He will *be* ten next April. (彼は今度の 4 月で 10 歳になる) I want to *be* a pianist. (私はピアニストになりたい); また, suddenly などの意味合いの副詞と共に用いられる場合も同様: She *was* suddenly dizzy. (彼女は急にめまいがした) He *was* instantly likable. (彼にはすぐに好感が持てた).
【ある, いる】 **2** (a)〖やや雅〗**実在する**, ある, いる. God *is*. 神は存在する. Can such things *be*? そのようなことがはたしてあるだろうか. To *be*, or not to *be*: that is the question. 生きているか, 死んでしまうか, そこが問題だ《*Hamlet* の独白中の言葉》. pine for what *is* not 存在せぬものにあこがれる. His parents hoped that he and Mary would marry, but he knew that would not *be*. 彼の両親は彼とメリーが結婚するのを望んだが, 彼にはそうはなりそうにないのが分かっていた. (b)〈let..be として〉..をそのままにしておく. Let it *be*. それはそのままにしておけ. Jim is sleeping; let him *be*. ジムは眠っているんだから, そっとしておけ.
3 VA (a) (ある場所, 状態などに)いる, ある. Mother *is out*. 母は外出中です. I must *be off* now. そろそろおいと

ましなくては. "Where *is* my watch?" "It's *on* the TV."「僕の時計はどこだ」「テレビの上にある」. *Be at* home this evening. 今夜うちにいてくれ.

> 注意 (1) be が come, go などに相当する場合がある: John will *be* here in five minutes. (ジョンは 5 分もすればここに来るでしょう) (2) There is.. の構文については →there 4.

(**b**) (特定の日などに)当たる; 〔会などが〕開かれる. "*When was* their wedding?"「彼らの結婚式はいつあったのか」. The funeral will *be* at eleven o'clock tomorrow. 葬儀は明日 11 時から行われます.

4 🅅🄰 〈人を主語にして〉(時間が)かかる (★A の要素には第 2, 3 例のように副詞的名詞句も用いられる). "Will you *be long*?" "No, I'll only *be a minute*."「長くかかりますか」「いや, すぐ済みます」. I've *been a long time* finding this out. これを見つけるのに随分時間がかかった.

━━ 助 **1** 〈be＋doing の形で進行形を作る〉 **..している**, ..している最中である; ..しかけている, ..しつつあるなど. He's swim*ming* now. 彼は今泳いでいます. Jane has *been* do*ing* her assignment. ジェーンは宿題を(さっきから)やっている. The bridge *is* be*ing* built. 橋は架設工事中 (★昔は The bridge *is* build*ing*. と言ったが, 今でもこの型はまれに見られる). *He was* dying. 彼は瀕死(ひんし)の状態だった. She's get*ting* interested in you. 彼女は(だんだん)君に関心を持ってきてるよ.

> 語法 進行形の特別な用法として次のようなものがある. (1) (未来を表す副詞(句)を伴って)近い未来を表す: She *is* go*ing* to France next week. (彼女は来週フランスへ行く) I'*m* din*ing* out this evening. (今夜は外食です) We'*re* hav*ing* a baby. (私たち(もうすぐ)子供ができるんです) (2) 動作の反復, 習慣的行為などを表し, しばしばいらだちなどの感情的色彩を伴う: He *is* always find*ing* fault with others. (彼はいつも他人のあら探しばかりしている) (3) 2 人称主語の場合に命令を表す: You'*re* not see*ing* him. (彼に会ってはだめですよ) (4) 丁寧で控え目な依頼を表す: I *was* wonder*ing* if you could come with me. (ご一緒していただけないでしょうか) (5) 永続的な状態を表す動詞を進行形に用いると, 一時的な状態を強調し, それを示すような言動を含意する (→being 動 1 (b)): You *are* be*ing* silly again. (君は又ばかなことを言っている[している])

2 〈be＋他動詞の過去分詞で受動態を作る〉 **..される**; ..されている. This novel *was written by* an American writer. この小説は米国の作家によって書かれた. His name *is* well *known to* us. 彼の名は我々によく知られている. His suitcase *was packed* and waiting in the hall. 彼のスーツケースは荷物が詰め込まれて玄関に置かれていた.

> 語法 受動態 (→passive voice 文法)の注意すべき用法として, 次のようなものがある. (1) 動作を表す受動態と状態を表す受動態: The gate *is closed* at six. (《動作》門は 6 時に閉められる. 《状態》門は 6 時には閉まっている); be の代わりに get, become などを用いると動作を表すことが明確になる. (2) 一般に受動態でしか用いられない動詞がある: It *is rumored* that he will shortly resign. (彼は近く辞任するというわさだ) (3)「自動詞＋前置詞」などの動詞句が他動詞に準じて受動態になることがある: Such a man cannot *be relied upon*. (こんな男は信頼できない) She *is* well *spoken of* by everybody. (彼女はみんなによく言われる) I *was made fun of* by all my colleagues. (同僚のみんなにひやかされた)

3 〈be＋自動詞の過去分詞で一種の完了形を作る〉 **..した**, ..している. The moon *is risen*. 月が出た. Summer *is gone*. 夏は終わった. 語法 (1) これに用いられる動詞は come, go, grow, rise などに限られるが, come, go 以外でのこの用法は〖古・雅〗. (2) 現在では「have＋過去分詞」が普通.

4 〈be to do の形で〉 (**a**) 《予定》 **..する予定である, ..することになっている**. I *am to* meet him at ten. 彼と 10 時に会うことになっている. I *was to* have attended the meeting last week. 私は先週その会議に出席の予定でした(が出なかった). (**b**) 《義務・命令》 **..すべきである, ..しなければならない**. You *are to* do as I tell you. 私の言う通りにしなくてはいけない. You *are* not *to* use this exit. この出口は使用禁止です. (**c**) 《必要性》 〈if 節で〉 **..するためには**, ..したいなら. This book needs to be read several times *if* it *is to* be fully understood. この本は十分理解するとなれば何度も読まなければならぬ (★if 以下は *in order to* be fully understood とほぼ同じ意味). *if* you *are to* get on in the world 出世したいのなら.
(**d**) 《可能》 **..できる**. My briefcase *was* nowhere *to* be found. 僕のかばんはどこにも見当たらなかった. Not a car *was to* be seen on the street. 路上には車は 1 台も見えなかった.
(**e**) 《運命》 ..する運命である. They *were* never *to* see each other again. 彼らは二度と会えない運命だった. But that *was* not *to* be. しかしそうはならぬ運命であった.
参考 be to do の形でも, 文脈により単に「..するため[すること]である」の意味になることもある: Everything she did *was to* protect her children. (彼女がしたことはすべて子供たちを守るためだった); →動 1 (a) 第 4 例.

5 〈条件節中で were to do の形で〉 もし..だったら (語法 仮定, 条件を表す副詞節で用い, 実現困難な内容を表すことが多い; →should 8). If I *were to* [*Were* I *to*] live again, I would like to be a musician. もう一度人生をやり直すとすれば音楽家になりたい.

as wás ＝THAT was.
Bè góne! 行っちまえ, 消えうせろ.
Bè it só. ＝***So bé it.***＝***Lèt it be só.*** →so[1].
be thát as it mày →may.
****have*** [***had***] ***béen*** →been.
have bèen (***and góne***) ***and dóne*** 〖話〗 ..したのか, ..してくれたもんだ, 《驚き, 抗議を表す》. You'*ve been* (*and gone*) *and* taken my umbrella. だれかおれの傘を持ってったな.
if it had nót [***hádn't***] ***bèen for..*** ＝***had it nót bèen for..*** →if.
if it were nót [***wéren't***] ***fòr..*** ＝***were it nót fòr..*** →if.
thàt wás [***is to bé***] →that 代.
[＜古期英語 *bēon*; 英語の be 動詞は系統の異なる 3 種類の活用形が混在しており, be, been は「成る」, am, is, are は「存在する」, was, were は「留まる」という語根を持つ]

be- 接頭 **1** 他動詞に付けて「全面的に, すっかり」の意味になる. *be*set. *be*daub. **2** 自動詞に付けて他動詞を作る. *be*moan. **3**「取り去る」の意味の他動詞を作る. *be*head. *be*reave. **4** 形容詞, 名詞に付けて他動詞を作る. *be*devil. *be*little. **5** 名詞に付けて「..で覆う, ..として扱う」などの意味を表す. *be*cloud. *be*friend. **6** 名詞に付け, 語尾に -ed を付けた形で「..で飾った, ..を付けた」の意味の形容詞を作る. *be*jeweled (宝石を付けた). *be*ribboned (リボンを付けた). [古期英語(*bī* 'at, near, by' の弱まった形)]

****beach** /biːtʃ/ 名 (複 **béach·es** /-əz/) Ⓒ **浜**, **砂浜**, **磯**(いそ), **波打ちぎわ**, 《海, 湖, 大河の》 (類語 普通 coast や shore より範囲が狭い; →shore[1]). a ～ resort 浜辺の行楽地. play on the ～ 浜辺で遊ぶ. spend long hours every day at the ～ 浜辺で毎日長時間過ごす

(注意 次と比較: spend the summer at the *shore* (海岸でひと夏を過ごす)).

連結 a sandy [a pebbly, a shingly, a stony; a white; a secluded; an unspoiled; a public; a private] ～

— 動 他 〔船, クジラなど〕を浜に引き上げる.
[＜?;「小石, 砂利」(16 世紀英語)＞「小石に覆われた場所」＞「浜」と意味変化したものか]

béach bàll 名 C ビーチボール.

béach bùggy 名 C 砂地用自動車, サンドバギー, (dune buggy) 《タイヤが太い》. 「に, 男性》.

béach bùm 名 C のらくら海辺で日を過ごす人《特↑

beach·comb·er /bíːtʃkòumər/ 名 C **1** (特に南太平洋諸島の)白人浮浪者, 浜ルンペン, 《＜売れそうな物を捜して浜辺を歩き回る; →comb 動 他 2》. **2** (浜に打ち寄せる)大波.

béach flèa 名 〖米〗＝sand hopper.

béach·hèad 名 C **1** 〖軍〗上陸拠点, 海岸堡(ほ). **2** (将来の発展の)足掛かり. →bridgehead.

béach umbrèlla 名 C 〖米〗ビーチパラソル (★「ビーチパラソル」は和製英語).

béach·wèar 名 U ビーチウェア, 海浜着, 《水着からその上に羽織るものをすべて含む包括的名称》.

Bèach·y Héad /bìːtʃi-/ ビーチー岬《英国 East Sussex 州の海岸で白亜の絶壁になっている》.

†**bea·con** /bíːkən/ 名 C **1** (山頂にあげる)のろし《昔, 合図として用いた》. **2** 信号灯; 信号ブイ; 灯台. **3** ＝radio beacon. **4** 〖英〗＝Belisha beacon. **5** 指針; 先導[警告] (する人, もの). [＜古期英語「合図」; beckon と同源]

***bead** /biːd/ 名 (複 ～s /-dz/) C **1** 数珠玉, ビーズ. **2** 〈～s〉(お祈りに用いる)数珠, ロザリオ (rosary); ビーズのネックレス. a string of ～s 一連のビーズ. **3** (露, 汗などの)玉, しずく. with ～s of sweat on one's forehead 額に玉の汗をかいて. **4** (銃の)照星(しょうせい).

***dràw* [*gèt*] *a béad on* [*upon*]..** 〖主に英〗..をじっとねらう《銃で; →4》.

tèll* [*sày*] *one's béads 〖雅・古〗(ロザリオの玉をつまぐりながら)お祈りを唱える《祈りが 1 つ済むごとに玉を 1 つずつ進める; tell の原義は「数える」》.

— 動 他 **1** に数珠玉を付ける; に玉を付ける. His naked back was ～*ed with* sweat. 彼は裸の背中に玉のような汗をかいていた. **2** をビーズで飾る. **3** を数珠つなぎにする. — 自 〔雨水, 汗などが〕玉[しずく]になる.
[＜古期英語「祈り」;「数珠玉」の意味はロザリオの数珠を繰って祈りの回数を数えたことから]

béad cùrtain 名 C 玉すだれ.

béad·ed /-əd/ 形 玉[ビーズ]で飾った; 玉状の.

béad·ing 名 UC **1** (衣服などの)ビーズ細工, 数珠玉飾り. **2** 〖建〗玉縁(たまぶち); (家具, ドアなどの)玉縁飾り.

bea·dle /bíːdl/ 名 C 〖英〗**1** 教区役員《教会の秩序を保つなどして牧師を助けた; 現在は単なる儀式職員》. **2** (大学学長)職標奉持者《行列の先導などを務める式典係》. ▷ **～·dom** 名 U 小役人根性.

béad·wòrk 名 U ビーズ細工; 〖建〗玉縁(たまぶち)(装飾).

bead·y /bíːdi/ 形 e **1** ビーズのような; (鳥のように)小さくて丸く光る〔目〕《鋭く, 油断なく, 時に敵意を見せる》. I couldn't escape Mr. Smith's ～ eye. 僕はスミス先生のぎょろっとした目を逃れられなかった. keep a ～ eye on ..に鋭く油断のない目を向ける. **2** ビーズ[しずく]で覆われた.

bèady-éyed /㊥/ 形 ビーズのような[輝く丸い小さな]目をした.

bea·gle /bíːg(ə)l/ 名 C **1** ビーグル犬《ウサギ狩り用の脚の短い小形ハウンド種》. **2** 〈HMS B-〉ビーグル号《Charles Darwin が南米での研究に乗った船》. [＜古期フランス語「大きく開けたのど＞うるさい人」] ▷ **bea·gling** /bíːgliŋ/ 名 U ビーグル犬を使ったウサギ狩り.

***beak**[1] /biːk/ 名 (複 ～s /-s/) C **1** くちばし《特に猛禽(きん)類の曲がったくちばし; →bill[2]》. **2** かぎ鼻. **3** くちばし状のもの《カメ, 昆虫, 魚のとがった口先など》; (水差しの)注(つ)ぎ口. **4** (昔の戦艦の)衝角《それで敵艦を突いた》. [＜ラテン語(?＜ケルト語「鉤(かぎ)」)] ▷ **～·ed** /-t/ 形 くちばしのある; くちばし状の. 「生, 〈特に〉校長.

beak[2] 名 C 〖英旧俗〗**1** 治安判事. **2** (学校の)先↑

beak·er /bíːkər/ 名 C **1** (化学実験用の)ビーカー. **2** 〖英〗(細長く取っ手のない)紙[プラスチックの]コップ. **3** 〖古・雅〗広口の大形コップ; その 1 杯分.

bé-àll 名 U 〖話〗〈the ～〉肝心かなめ, 最重要事.

***the bè-all and énd-all* (*of*..)** (..の)一番大事なもの[人, 事]. *The ～ and end-all of* a capitalist business is profits and dividends. 資本主義企業の金科玉条は利潤と配当である.

***beam** /biːm/ 名 (複 ～s /-z/) C 【梁(はり)】 **1** (建物の)梁, 桁(けた); (船の)ビーム, 甲板梁(りょう), 《船を横断して甲板を支える》. **2** (最大の)船幅; 〖話〗(人の)尻(しり)幅.
3【梁状にまっすぐなもの】天秤(びん)ばかり(のさお). **4** (体操用の)平均台 (balance beam).
【まっすぐ差すもの＞光】 **5** 光線; 光束. a ～ *of* light 一筋の光. a laser ～ レーザー光線. **6** (顔の)輝き; ほほえみ, 笑顔; (希望などの)光. a faint ～ *of* hope かすかな一筋の望み. **6** 〖無電〗方向指示電波, ビーム.

a* [*the*] *bèam in one's* (*own*) *éye 我が目の中の梁《自分では気うかない大きな欠点; 聖書から; →the MOTE in a person's eye》. 「の大きな.

bròad in the béam 〖話〗〔人が〕ずんぐりした[て]; 尻↑

off* (*the*) *béam (1) 方向指示電波から外れて[た]. (2) 〖話〗進路を踏み外して[た]; 見当違いで[に, の].

on the béam (1) 方向指示電波に従って. (2) 〖話〗(道を)間違えないで; 調子よく[のいい].

— 動 (～s /-z/|過 過分 ～ed /-d/|**béam·ing**) 自 **1** 光を発する, 輝く. The moon ～*ed down on* the pond. 月光が池を照らし出した. **2** 明るく[優しく]ほほえむ 〈*at, on* ..に〉. Good fortune ～*ed on* him. 好運が彼にほほえみかけた. ～ *with* happiness 幸福であふれんばかりに(顔が)輝いている. — 他 **1** (a) VOA 〔信号, 番組など〕を送る 〈*from*..から/*to*..へ〉. The music festival was ～*ed* live by satellite all *over* the world. その音楽祭の模様は衛星中継で全世界に送られた. (b) VOA (SF小説で)〔異星人〕を(変身させ別の惑星に)転送する 〈*up, down*〉〈*from*..から/*to*..へ〉. **2** 〔光〕を放射する;〔光〕を当てる. **3** VO (～ X/"引用") X をほほえみで表す/「..」と笑顔で言う. She ～*ed* a hearty welcome. 彼女はにこやかに歓迎の気持ちを表していた.
[＜古期英語「木」]

bèam-énds 名 〈複数扱い〉船の梁端(りょうたん).

on one's* [*the*] *beam-énds (1) 〔船が〕横倒しになって, 転覆しかかって. (2) 〖話〗〔人が〕金に詰まって.

béam·ing 形 輝いている; 晴れ晴れした[て]. a ～ smile 破顔一笑. ▷ **～·ly** 副 にこやかに. 「発する.

beam·y /bíːmi/ 形 e **1** 〔船が〕幅広の[で]. **2** 光を↑

***bean** /biːn/ 名 (複 ～s /-z/) C 【豆】 **1** 豆《普通, やや長めのもの; broad [kidney, soy, string] ～ などがある; →pea》; 豆のなる植物; 豆の莢(さや). **2** (コーヒー, カカオなどの)豆に似た実. coffee ～*s* コーヒー豆. **3** 〖米俗〗頭 (head). use one's ～ 頭を使う.
【豆ひと粒の価値】 **4** 〖話〗びた一文(もん)〈主に否定文で〉. I haven't a ～. 僕は一文無しだ. It's not worth a ～. それは一文の値打ちもない. **5** 〖話〗くだらないもの; ほんのわずか; 〈普通, 否定文で〉. not care a ～ [〖米〗(a hill of) ～*s*] 全然気にしない. He doesn't know ～*s* about music. 〖米〗彼は音楽のことはまるっきり知らない.

fùll of béans 〖話〗(1) 元気いっぱいで[な]. (2) 〖米〗

(考え方などが)間違って[た].
give a pèrson béans 〖俗〗人に罰を食わせる, 人をしかりつける.
knòw how many bèans make fíve 〖話〗世事に抜かりがない, 抜け目がない.
òld béan 〖英・古俗〗〈呼びかけ〉やあ君.
spìll the béans 〖話〗(うっかり)秘密を漏らす.
── 動 他 〖米話〗**1** の頭を殴る. **2** 〖野球〗〔打者〕にビーンボールをぶつける. [<古期英語]

béan·bàg 名 C **1** お手玉. **2** (丸い大きな)クッション.
béan bàll 名 C 〖野球〗ビーンボール《投手が打者の頭(bean 3)をねらって投げるボール; 禁止されている》.
béan còunter 名 C 〖米話〗〖軽蔑〗(企業などの)財務担当者, 会計屋; けち, しまり屋.
béan cùrd 名 U 豆腐(tofu).
béan·fèast 名 C 〖英旧話〗(にぎやかな)パーティー.
bean·ie /bíːni/ 名 C (主に子供用の)縁なし帽.
bean·o /bíːnou/ 名 ＝beanfeast.
béan·pòle 名 C **1** 豆の(つるの)支柱. **2** 〖戯〗のっぽ.
béan·spròut 名 C 〈普通 ～s〉豆もやし.
béan·stàlk 名 C 豆の茎.

‡**bear**[1] /beər/ 動 (～s /-z/|過 **bore** /bɔːr/|過分 **borne** /bɔːrn/, **born** /bɔːrn/|**béar·ing** /bé(ə)riŋ/) 他
【持ち運ぶ】 **1** 〖章〗(**a**) を運ぶ, 持って行く; 〔贈り物など〕を持参する; (類語 この意味では現在は carry が普通). The Magi came ～*ing* gifts for Jesus. 東方の 3 博士がイエスに贈り物を持ってやって来た. (**b**) 〔うわさなど〕を広める, 伝える. ～ gossip うわさを広める.
2 【運んで行って与える】〔必要なもの〕を(..に)提供する (★普通次のような成句で). ～ₗa person COMPANY [TESTIMONY, WITNESS].
3 【運ぶように動かす】 VOA を押しやる, 駆る. The mob was *borne back* by the police. 暴徒は警察に押し返された.
【持っている】 **4** 〖章〗〔武器など〕を携帯する, 身に帯びている. Americans have the right to ～ arms. アメリカ人は武器の携帯を許されている.
5 〔しるしなど〕を持っている, が付いている, 見られる; 〔日付など〕が記載されている; 〔関係, 類似など〕を有している; 〔特徴など〕を帯びている. This letter ～*s* no date [signature]. この手紙には日付[署名]がない. His hands ～ the marks of toil. あの人の手には労働の跡が見える. She *bore* the air of a lady. 彼女は貴婦人の風格を備えていた.
6 〖章〗〔称号, 名前など〕を持っている, がついている. He ～*s* the title of Sir. 彼はサーの称号を持っている.
7 【意味を持っている】〖古〗 VO (～ *that* 節) ..を意味する, ..という趣旨である.
8 【心に持っている】〖章〗〔恨み, 悪意, 愛など〕を心に抱く; VOO (～ X Y)・VOA (～ Y *against* [*toward*] X) X に対し Y を心に抱く. I ～ no grudge *against* you.＝I ～ you no grudge. 君には何の恨みもない.
【持ちこたえる】 **9** 〔重さ〕を支える, 〔重さ〕に耐える; 〔責任, 費用など〕を引き受ける, 負担する. The ice on the lake is much too thin to ～ your weight. その湖の氷はとても薄くて君の体重は支えられまい. ～ the burden of guilt 罪の重荷を背負う. We have to ～ the blame [responsibility]. 我々がその責め[責任]を負わねばならない. ～ a part (in..) (..に)参加[協力]する; 役を演じる; 《<役割を担う》.
10 〈普通 can を伴い, 否定文・疑問文で〉(**a**) に耐える, を我慢する, こらえる, (類語「耐える」の意味で一般的な語; →brook[2], endure, stand, tolerate, put up with). I can't ～ the pain [suspense]. 痛くて[気がもめて]たまらない. I can't ～ the sight of him. あいつは見ただけで胸くそが悪い. grin and ～ it →grin (成句). His impudence was almost more than I could ～. 彼のずうずうしさにはもう我慢できないほどであった. (**b**) VO (～ *to do*/*doing*/*that* 節) **..するのを/..であることを我慢する**. I couldn't ～ *to* see [see*ing*] such a scene. そんな場面を見るに忍びなかった. I can't ～ *that* she should suffer so. 彼女がそんなに苦しむのを私は見ていられない. (**c**) VO (～ X *to do*/X('s) *doing*) X (人)が..するのを我慢する. Could you ～ anyone *to* treat you like that? 人にそんな扱いを受けて我慢できるか. I can't ～ him [his] sing*ing*. 彼が歌うのは聞いていられない.
11 【耐えうる】 VO (～ X/*doing*) X を/..されるのに耐えられる, ..するのを許す, 〈★物を主語にして否定文で; 目的語は動詞から派生したもので, 主語に対し受動的な意味を表す〉. His theory won't ～ close examination. 彼の理論はよく調べればぼろが出るだろう. His dirty words don't ～ repeat*ing* [repetition]. 彼の使った下品な言葉はとてもほかの人に伝えられない. The terrible accident doesn't ～ think*ing* about. その恐ろしい事故は思い出すのも耐えがたい.
【子孫を持つ】 **12** 〖章〗(**a**) 〔女性, 雌が子供〕を産む, 出産する, (→beget 語法). She only *bore* one child. 彼女は子供を 1 人だけ産んだ. Jack was *born* on August 10. ジャックは 8 月 10 日に生まれた.

> 語法 「生まれる」は (be) born を用いるが, 能動態の完了形と, by を伴う受動態の時は borne を用いる: She *has borne* five children. (彼女は子供を 5 人産んだ); Jesus *was borne by* Mary. (イエスはマリアから生まれた); (be) *born* に関するその他の表現は born 参照.

(**b**) VOO (～ X Y) X (との間)に Y (子供)をもうける. His wife *bore* him two daughters and a son. 彼の妻は(彼との間に) 2 人の娘と 1 人の息子をもうけた.
13 〔実〕を結ぶ; 〔花〕をつける; 〔利息など〕を生じる. This tree does not ～ flowers. この木は花が咲かない. His efforts *bore* fruit. 彼の努力は実を結んだ.
── 自 **1** VA (ある方向へ) 向かう, 進む; 傾く; (ある場所に)位置する. The ship is ～*ing* due north. 船はまっすぐ北に向かっている. ～ (to the) left 左へ進む.
2 実がなる; 子を産む. This apple tree ～*s* well. このリンゴの木はよく実がなる.
3 持ちこたえる, 重みに耐える.
bèar a hánd 〖旧〗＝give [lend] a HAND.
bèar and forbéar じっと辛抱する.
bèar awáy 〖海〗〔船が〕岸を離れる; 風下に向かう.
bèar /../ awáy 〖章〗 (1) ..を持ち去る, 運び去る; 〔賞〕を勝ちとる. (2) 〔事態, 熱情などが人〕を押し流す. be *borne away* by passion 熱情に負ける.
bèar dówn (1) 頑張る; 全力を挙げる. ～ *down* in one's studies 勉強に身を入れる. (2) 〔妊婦が〕(出産のとき)力む, いきむ.
bèar /../ dówn (1) ..を上から圧迫する. (2) 〖章〗〔敵など〕を倒す, 圧倒する. (3) 〔難局など〕を乗り切る.
bèar dówn on [***upon***] ***..*** (1) ..にぐっと力をかける, のしかかる; ..を圧迫する; ..を罰する. (2) 〔人, 車などが〕..に急に迫る, 殺到する. A typhoon was ～*ing down on* our ship. 台風が我々の船に迫って来ていた. (3) ..に励む. (4) 〖海〗〔他の船〕に風上から迫る.
bèar..in mínd →mind.
bèar óff 〖海〗岸を離れる; 遠ざかる.
bèar /../ óff 〖章〗＝BEAR[1] /../ away (1).
****béar on*** [***upon***] ***..*** (1) **..と関係がある**, 関連する. How does this ～ *on* my future? これが私の将来とどう関係しますか. (2) ..を押す; ..に寄りかかる; ..を圧迫する. The tax *bore* hard [heavily] *on* the peasantry. その税は農民に重くのしかかった.
bèar /../ óut 〔人, 事実など〕を支持する, 裏付ける. These facts ～ *out* my hypothesis. これらの事実は私の仮説の裏付けになる. The witness *bore* her *out*. 証人

B

が彼女(の話)が正しいことを証明してくれた. His apprehension was *borne out*. 彼の不安は現実に裏付けられた.

béar onesèlf 〖章〗〈様態を示す副詞(句)を伴って〉ふるまう, 身を処する. She ～*s* her*self* very well. 彼女はとても行儀がよい.

bèar úp (1)(批判などに)耐えられる, 持ちこたえる; がっかりしないで頑張る; 〈*against, under* ..に対して〉. *Bear up!* 元気を出せ. How will she ～ *up against* her distress? 彼女はどうやって悲しみに耐えていくだろう. (2)〖海〗進路を風下にとる.

bèar /../ úp ..を頑張らせる, 支持する.

béar with.. 〔人(の行為)など〕を我慢する, 辛抱して待つ[聞く]. If you'll ～ *with* me for a while, I'll explain why I did it. しばらく我慢して聞いてくれるなら, なぜそうしたのかを説明します.

be bòrne ín on [***upon***] ***a pérson*** 人が認めるようになる, 人が確信するに至る. It *was* gradually *borne in on* them that divorce was inevitable. 離婚はもう避けられないことが彼らには次第に分かり始めた.

****bring* X *to béar on*** [***upon***] Y (1) X(圧力など)をYにかける; X(精力など)をYに集中する; 〈*to* do..(Yに)..させるため〉. I *brought* all my energies *to* ～ *on* my work. 私は自分の仕事に全力を注いだ. He *brought* his considerable charm *to* ～ *upon* her. 彼は彼女に対して自分の魅力をふんだんに見せつけた. (2) Yに対処するためXを導入する. [＜古期英語「運ぶ」]

:bear[2] /beər/ 名 (複 ～s /-z/) C **1** クマ(熊). a polar ～ シロクマ, 北極グマ. a brown ～ ヒグマ. **2** がさつな人, 乱暴者. **3** (**a**)〖株式〗売り方, 弱気筋, 《株価が下がると見て売り, 下がったところで買いに出て差額を儲ける者; ↔bull》. (**b**)〈形容詞的〉弱気の, 下げ相場の. a ～ market 弱気市場. (**4**)〈the B-〉ロシア《あだ名》.

be a bèar for púnishment (ひどい扱いなどに)よく耐える, タフである.

like a bèar with a sore héad 〖話〗とても不機嫌で; (怒って)ぷりぷりして.

[＜古期英語; 原義は「褐色の動物」(brown と同根)]

bear·a·ble /bé(ə)rəb(ə)l/ 形 我慢できる, 耐えられる; なんとかしのげる; (↔unbearable).

béar·bàiting 名 U クマいじめ《つないだクマに犬をけしかけていじめた英国の16, 7世紀ごろの遊び》.

bear·berry /béərbèri|-b(ə)ri/ 名 (複 **-ries**) C 〖植〗クマコケモモ, ツルコケモモ, 《赤い実がなる》.

béar·càt 名 C **1** ＝lesser panda. **2**〖米話〗闘士; 豪傑.

béar clàw 名 C 〖米〗'熊の爪'(形菓子パン)《アーモンド風味で甘く, 切れ込みのある半月形》.

:beard /biərd/ 名 (複 ～s /-dz/) C

【あごひげ】 **1** (人, ヤギなどの)あごひげ (★mustache は「口ひげ」, whiskers は「ほおひげ」). grow [have, wear] a ～ ひげを生やす[生やしている]. shave (off) [trim] one's ～ ひげをそる[刈り込む].

> 連結 a bushy [a heavy, a thick; a light, a thin; a long; a short] ～ // a ～grows

2【ひげに似たもの】(麦などの)のぎ (awn); (釣り針, 矢じりなどの)あご, もどし.

làugh in one's béard ほくそ笑む.

── 動 他 **1** のひげを引っ張る; に敢然と立ち向かう. 「**2** にひげを付ける.

bèard the líon in his dén (相手が得意なことに)敢然と挑戦する. [＜古期英語]

‡béard·ed /-əd/ 形 ひげのある; のぎのある.

béard·less 形 **1** ひげのない; のぎのない. **2** 青二才の. a ～ youth 若造.

Beards·ley /bíərdzli/ 名 **Aubrey** /ɔ́:bri/ **Vincent** ～ ビアズリー (1872-98)《英国の挿絵画家》.

†bear·er /bé(ə)rər/ 名 C **1**〖章〗運ぶ人; 運搬人, 担ぎ人足, (porter). a flag [standard] ～ 旗手. **2**〖章〗棺担ぎ, 柩(ひつぎ)持ち, (pallbearer). **3**〖章〗(小切手, 手紙などの)持参人. a ～ of sad tidings 悲しい知らせを持ってくる人. payable to (the) ～ 〔小切手などが〕持参人払いの. **4**〖章〗(官職などの)保有者; (伝統, 思想などの)担い手, 擁護者. **5**〈good, bad などを付けて〉実のなる[花をつける]木. a good ～ よく実のなる[花をつける]木.

béarer bònd 名 C 無記名債券.

béarer chèck 名 C 持参人払い小切手.

béar gàrden 名 C 騒々しい場所[会合]; 〖史〗クマ遊園《クマいじめなどが行われた; →bearbaiting》.

béar hùg 名 C (久しぶりに会った男同士があいさつにするような)乱暴な抱擁.

***bear·ing** /bé(ə)riŋ/ 名 (複 ～s /-z/) **1** aU **態度**, 立ち居振舞い, (manner); 姿勢. a man of noble ～ 態度に気品のある人. a gentlemanly ～ 紳士的な態度.

2 UC **関係**, つながり, 関連, 〈*on*.. との〉; 面, 意味. That has no ～ *on* our plan. それは我々の計画とは何の関係もない. consider a question in all its ～*s* 問題をあらゆる面から考える.

3 C (**a**)〈しばしば ～s〉**方向感覚**; (自己の)相対的位置, 立場; (→成句). (**b**)〖測量〗方位, 方角, 《真北を0として時計回りに3桁の数字で表す》. Our ship took a (compass) ～ on the lighthouse. 我々の船は灯台を目印に針路をとった. "What is the ～ of X from Y?" "X is 50 miles from Y on a ～ of 120 degrees." 「XはYからどの方角にありますか」「XはYから方位120度50マイルのところにあります」

4 U **忍耐**, 我慢. beyond [past] all ～ どうにも我慢ならない. **5** C 〖機〗〈普通 ～s〉**ベアリング**, 軸受け. ball ～*s* ボールベアリング.

6 U (**子を**)**産むこと**, 出産; 結実(期), 実り. past ～ 子供を産む[実を結ぶ]時期を過ぎた. a tree in full ～ よく実を結ぶ木. **7** C (紋章の盾 (escutcheon) に描かれた)シンボルや図形. ◇動 bear

brìng a pérson to his béarings 人に身の程を知ら「せてやる.

lòse [***be òut of***] ***one's béarings*** 方向を見失う, 迷子になる; 方向感覚を失う, (進路に迷って)途方に暮れる.

tàke [***fìnd, gèt***] ***one's béarings*** 自分の置かれた位置[立場]を確かめる; (物事の)形勢を見極める.

-béar·ing 〈複合要素〉名詞に付けて「..を含んだ」の意の形容詞を作る. gold*bearing* ore (金鉱石).

‡bear·ish /bé(ə)riʃ/ 形 **1** クマ(熊)のような; がさつな, 無作法な. **2**〖株式〗弱気の, 下げ気味の, (↔bullish). a ～ market 下がり相場, 弱気市場. ▷**～·ly** 副 無作法に.

béar·skin 名 **1** U クマの毛皮; C クマの毛皮製品. **2** C (英国の近衛(このえ)兵がかぶるような)黒毛皮帽《bearskin のほうが busby より丈が高い》.

[bearskin 2]

:beast /bi:st/ 名 (複 ～s /-ts/) C **1** (**a**)〖雅〗**動物**, けもの, 《鳥, 魚, 虫類などと区別して特に四足獣を言う》(類語 animal のうちで特に四足獣を指すが, この意味でも(狭義の) animal が普通). a wild ～ 野獣. the King of ～*s* 百獣の王. (**b**)(人に対して)けだもの, 畜生. man and ～ 人と野獣.

2〖話〗(**a**)〖旧〗人でなし, 'けだもの'. You ～! この人でなし. (**b**)〖時に戯〗嫌な人[物]; 意地悪; 頑固者. Don't be a ～ about it. そんなに意地悪するな. a real ～ of a job 本当に嫌な仕事. (**c**)〈形容詞を伴って〉..なやつ, 代物(しろもの). He's an awfully nervous ～. 彼はえらく神経質なやつだ. **3** 〈the 〜〉獣性〈*in* ..〔人〕の心に潜む〉.
◇形 beastly, bestial

a bèast of búrden [***dráft***]〘雅〙荷物運搬用の動物《牛, 馬, ロバ, ラバ, ラクダなど》.

a bèast of préy〘雅〙猛獣, 肉食獣.

[<ラテン語「動物」; 英語では animal が普及するまで「動物」(全般)を意味する語であった]

beast·li·ness /bíːstlinəs/ 名 U **1** 獣性. **2** 汚らしいこと, 不潔. **3**〘話〙不愉快なこと.

†**béast·ly** 形 **1** けだもののような; 不潔な, 汚らわしい. **2**〘話〙嫌な, ひどい, (nasty); 意地悪な[で]〈*to* ..に〉. 〜 weather ひどい天気.

── 副〘主に英話〙ひどく, 恐ろしく, (badly)《特に悪い意味の強調》. 〜 drunk ひどく酔っ払って.

‡**beat**[1] /biːt/ 動 (〜s /-ts/|過 〜|過分 〜·en /bíːtn/, 〜|**béat·ing**) 他

【続けざまに打つ】 **1** (**a**) をたたく, (繰り返し)打つ, 連打する; を折檻(せっかん)する; 〔ほこり, 自白など〕をたたき出す〈*out of* ..から〉; (類語 連続的に strike すること). 〜 a drum 太鼓をたたく. My father 〜 me for answering him back. 口答えしたら父は私をたたいた. The police are not allowed to 〜 a confession *out of* a suspect. 警察が容疑者をたたいて白状させることは許されない. 〜 one's breast →breast (成句). (**b**) VOC (〜 X Y)・VOA (〜 X *to, into* Y) X(人)をたたいて Y の状態にする. I have seen the gang 〜 a man ⌞unconscious [to death]. その暴力団が男の人を⌞気絶する[死ぬ]までたたきのめすのを見たことがある. 〜 a naughty boy *into* submission 腕白坊主をたたいておとなしくさせる.

連結 〜 brutally [hard, mercilessly, savagely, severely, viciously]

2 VOC (〜 X Y)・VOA (〜 X *into* Y) X(金属など)を打ち延ばして Y の状態[形]にする. 〜 iron flat 鉄を平らに打ち延ばす. The gold was 〜*en* (*out*) *into* a thin plate. 金は打ち延ばされ薄い板になった. 〜 one's swords *into* ploughshares 剣をすきの刃に造り直す《<武器を平和の道具に転ずる; 旧約聖書『イザヤ書』(2:4) から》.
3〔卵, クリームなど〕を打つようにかき混ぜる (whip), 泡立てる. She 〜 (up) cream for the dessert. 彼女はデザート用にクリームを泡立てた.
4〔拍子〕を取る; 〔時計が〕〔秒〕を刻む. 〜 time (たたいたり棒を振ったりして)拍子を取る. 〜 seconds 〔時計が〕秒を刻む. **5**〔鳥が翼〕を羽ばたかせる.
6【足で踏みたたく】〔道〕を踏み歩く; 〔道〕を踏みならして作る. 〜 the streets (足を棒にして)通りを歩き回る. 〜 one's way (→成句). 〜 a path *through* the jungle 密林の中を踏み固めて道を作る. 〜 a path to a person's door →path (成句).
7【たたき回る】〔やぶなど〕をたたいて捜す, 捜し回る, 〈*for* ..を〉《獲物などを狩り出すために》. 〜 the bushes *for* a lost child 迷子の子を求めてやぶを四方八方捜し回る.
【打ち負かす】 **8** (**a**) を負かす, 破る; に勝る; 〈*at* ..で〉(類語 defeat より強意的で, くだけた語); 〔病気〕に打ち勝つ; 〔記録など〕を破る. 〜 him *at* chess チェスで彼を負かす. No other hotel can 〜 this *for* good service. サービスにかけてはここに勝るホテルはない. Nothing can 〜 rest when you're sick. 病気の時は休息に勝るものはない. He 〜 the world record for the 100 meters. 彼は 100 メートル走の世界記録を破った. (**b**) VO (〜 *doing*) ..するよりましである. This job sure 〜*s* driv*ing* a taxi. この仕事の方がタクシーの運転手をしてるよりずっとましだ[面白い].
9 に先んじる; 〔人〕より先に着く[成功する]; VOA (〜 X *to* ..) X(人)より先に..を取るなど. leave early to 〜 the ⌞traffic jam [rush hour] 交通渋滞[ラッシュアワー]にぶつからないように早立ちする. Some drunken man 〜 me to a cab. どっかの酔っぱらいに先にタクシーを拾われてしまった.
10〘話〙を困らす, 参らす; に理解できない. What 〜*s* me is [It 〜*s* me] where she's gone. ＝Where she's gone 〜*s* me. (困ったことには)彼女がどこへ行ったのかさっぱり分からない.
11〘米話〙をだます; VOA (〜 X *out of* ..) X(人)から..をだまし取る. She 〜 me *out of* 100 dollars. 彼女は僕をだまして 100 ドル巻き上げた.
12〘米俗〙〔非難など〕を免れる. 〜 the rap→rap[1] (成句).

── 自 **1** VA (〜 *at, on* ..) ..を(続けざまに)打つ, どんどんたたく. A stranger 〜 urgently *at* the front door. 見知らぬ人が玄関のドアをしきりにたたいた.
2 VA (〜 *against, on* ..) 〔雨, 波などが〕..にぶつかる, 激しく当たる. The rain is 〜*ing against* the windows. 雨が窓に激しく当たっている.
3 〔心臓が〕打つ, 鼓動する, 動悸(どうき)がする. Her heart 〜 fast from fear. 彼女の心臓は恐怖で早鐘を打った.
4 〔太鼓が〕どんどん鳴る. **5** 〔鳥が〕羽ばたく.
6 (やぶなどをたたいて)獲物を狩り出す.
7 〔卵, クリームなどが〕(泡立て器で混ぜて)泡立つ.
8〘海〙間切る.
9〘米話〙勝つ (win). We 〜 the next time. *その次には僕らが勝った.*

a ròd [***stìck***] ***to bèat a pérson with*** 人を攻撃する[やり込める]材料.

bèat abóut (1) 捜し回る〈*for* ..を求めて〉. (2)〘海〙針路を変える.

bèat about [〘米〙***around***] ***the búsh*** (1) やぶの回りをたたいて獲物を追い出す. (2)〘話〙(本題に入らずに)遠回しに言う, もって回った言い方をする.

bèat áll〘米話〙人をびっくりさせる, 不思議[驚異的]である. That 〜*s all*!＝If that don't 〜 *all*! (★doesn't でないのは慣用)そいつはすごい[びっくり仰天だ], 信じられない.

bèat /../ báck ..を撃退する; 〔火災など〕を食いとめる.

bèat /../ dówn (1) ..を打ち倒す; ..を押さえつける. (2) 〔戸など〕を破って押し入る. (3)〘話〙..を値切る; 〔人〕に値引きさせる; 〈*to* ..(の額)まで〉. 「にたたきつける.

bèat dówn on .. 〔太陽が〕..に照りつける; 〔雨が〕..↑

bèat éverything ＝BEAT[1] all.

bèat /../ ín ..をたたいてへこます. 〜 *in* the door ドアをたたきつぶす.

béat it 〈普通, 命令形で〉〘話〙ずらかる, 逃げる; 急いで行く. *Beat it!* 失(う)せろ.

bèat it úp〘俗〙どんちゃん騒ぎをする.

bèat óff〘米卑〙オナニーをする.

****bèat /../ óff*** ..を撃退する.

bèat /../ óut (1) ..をたたき出す (→他 1 (a)); 〔火〕をたたき消す, ..をたたいて鳴らす. (2) →他 2; 〘米話〙〔人〕をぺちゃんこにする, やっつける. (3)〘話〙を急いで書き上げる. (4)〘野球〙〔内野ゴロ, バント〕を安打にする.

bèat the bánd ＝beat the DUTCH.

bèat (the) héll out of a person →hell.

bèat tíme →他 4. 「〔場所〕に着く.

bèat a person to 〔a place〕 (競争して)人より先に↑

bèat a pérson to it〘話〙(競争して)人の先を越す, 機先を制する. I aimed to be the first to solve the mystery, but Jim 〜 me *to it*. *そのなぞを最初に解くつもりだったが, ジムに先を越された.*

bèat .. to the púnch →punch[1].

****bèat /../ úp*** (1)〘話〙〔人〕をぼかすか殴る. (2)〘英〙〔卵など〕を泡立てる (→他 3). (3)〘英話〙＝DRUM /../ up.

bèat úp on ..〘米話〙〔弱い者など〕をぶちのめす, やっつける. 〜 *up on* oneself 必要以上に自分を責める.

bèat *one's wáy* (1) 苦労して進む. ～ *one's way* through a crowd 人込みをかき分けて進む. (2)〘米俗〙ただ乗りをしながら旅行する; 一番安上がりな旅をする.

Càn you béat it [***thàt***]***!*** [***?***]〘俗〙こんなのって(聞いた[見た]こと)ˌあるかい[ない]《beat は [他] 8 の意味》.

If you càn't béat them [***'em***]***, jóin them*** [***'em***]***.*** 長い物には巻かれろ《＜相手を負かせぬなら同調せよ》.

It béats mè [***Bèats mé***]***.***〘話〙(さっぱり)分からない. "Why did he kill himself?" "*Beats me*."「なぜ彼は自殺なんかしたのか」「分からん」.

to bèat héll [***the dévil, the bánd***] →band² [名].

You càn't béat . . . .が最高だ《＜何物も. .を打ち負かせない》.

── [名] ([複] ～s /-ts/) [C]

【連打】 **1** (続けざまに)**打つこと**. **2** 〈the ～〉(太鼓, 時計などの)**打つ音**;〘韻律学〙(詩脚の)強音; (心臓の)鼓動, 脈拍. **3**〘楽〙〈the ～〉拍; 拍子; (ジャズなどの)強烈なリズム[ビート]; (指揮棒の)ひと振り. **4** (鳥の)羽ばたき. **5**〘海〙間切り.

6【足による連打＞(踏み)固めた道】(警官, 夜警などの)パトロール地域, (巡回の)持ち場. on one's ～ (→成句).

【勝ち】 **7**〘米・新聞〙特種, スクープ. **8**〘米話〙〈the ～〉勝るもの〈*of* . .に〉. Did you ever see the ～ *of* it? それに勝るものを見たことがありますか.

be ˌ***out of*** [***off***] ***one's béat***〘話〙自分の専門外である, 自分には畑違いである.

on one's [***the***] ***béat*** パトロール中で[の].

on [***off***] ***the béat*** 拍子が合って[外れて].

pòund [***wàlk***] ***the béat***〘話〙〔警官が〕持ち場を巡回する. [＜古期英語]

beat² [動] beat の過去形・過去分詞.

── [形] **1**〈叙述〉〘話〙へばって, 疲れ切って, (exhausted). I'm dead ～. 私はへとへとだ. **2**〘話〙驚いて, 面食らって; 困って. It has me ～. それには参った[お手上げだ]. **3**〘米俗〙文無しの (**bèat to the sócks**). **4**〘米(学生)俗〙役立たずの, ひどい. **5** ビート族の.

beat·en /bíːtn/ [動] beat の過去分詞.

── [形] **1** 打たれた. **2**〔金属が〕打ち延ばされた. **3** 負かされた, 負けた. **4**〔道が〕踏みならされた. **5**〔卵などが〕泡立てられた. **6** へとへとに疲れた.

*****òff the bèaten tráck*** [〘米〙***páth***] (1) **踏みならされた道を外れて**. The shrine is *off the* ～ *track*. その神社は(人の行く)お決まりコースから外れた(へんぴな)所にある. (2) 常道を外れて[た]; 常識を破って[た].

── [名] [C] **1**〘米俗〙居候, ごくつぶし. **2**〘話〙＝beatnik.

béat·er [名] [C] **1** 打ちたたく器具; (卵, クリームなどの)かき混ぜ器, 泡立て器, (→eggbeater). **2** 打つ人; (獲物を駆り立てる)勢子(せこ).

bèat generátion [名] **1**〈the ～〉ビート族《朝鮮戦争 (1950–53) 後に成人し体制に対する不満を異様な服装や態度で示した世代; →beatnik》. **2** ビートジェネレーション《1950–60 年代, 1 の風潮を背景に活躍した米国作家たち; Jack Kerouac, Allen Ginsberg などが代表》.

be·a·tif·ic /bìːətífik [移]/ [形] **1**〘雅〙祝福を与える. **2** 幸せそうな. ▷**bè·a·tíf·i·cal·ly** [副] 幸せそうに.

be·at·i·fi·ca·tion /bi(ː)ætəfəkéiʃ(ə)n/ [名] [U] 授福, 受福; [UC]〘カトリック〙列福(式).

be·at·i·fy /bi(ː)ætəfài/ [動] (**-fies**|[過] [過分] **-fied**|**～·ing**) [他] **1** を祝福する, 幸福にする. **2**〘カトリック〙の列福を行う《教皇が徳行の高かった故人を「聖人」に次ぐ「福者」(Blessed) に認定する; canonization への一段階》.

béat·ing [名] [UC] **1** (何度も)打つこと; むち打ち(の刑). Give him a good ～. あいつをこっぴどくぶってやれ. **2**〘話〙打ち負かすこと; 敗北, ひどい目に遭うこと. Our team got [took] a terrible ～. わがチームはひどい負け方をした. **3** (心臓の)鼓動. **4** 羽ばたき.

. .tàke ˌ***some*** [***a lot of***] ***béating***〘話〙. .を越える[より勝る]のは難しい. His record for the marathon will *take some* ～. 彼のマラソン記録を破るのは難しい.

be·at·i·tude /bi(ː)ætət(j)ùːd/ [名] **1** [U]〘章〙至福, 至上の幸福. **2**〘聖書〙(the Beatitudes) 八福(の教え)《キリストが幸福について教えた; 山上の垂訓の一部》. ◇[形] beatific [＜ラテン語「祝福された」, -tude]

Beat·les /bíːtlz/ [名]〈the ～; 複数扱い〉ビートルズ《英国人 4 人 (George Harrison, John Lennon, Paul McCartney, Ringo Starr) によるロックグループ (1962–70); 初め Liverpool で結成》.

beat·nik /bíːtnik/ [名] [C] ビート族(の 1 人) (→beat generation). [beat², -nik]

Be·a·trice /bíːətrəs|bíə-/ [名] **1** 女子の名. **2** ベアトリーチェ《ダンテが『神曲』の中で理想化した女性》.

bèat-úp /[移]/ [形]〘話〙おんぼろの. a ～ (old) car ぼんこつ車.

beau /bou/ [名] ([複] **～s, ～x** /bouz/) [C] **1**〘古・雅〙おしゃれな男, ダンディー, (→belle). **2**〘米話〙ボーイフレンド, '彼'. [フランス語 'beautiful' (男性形); →belle]

Bèau Brúm·mell /-brʌ́m(ə)l/ [名] 伊達(だて)男ブランメル (1778–1840)《George Bryan Brummell の通称; 摂政時代の George IV の友人で dandy の典型》.

Bèau·fort scále /bòufərt-/ [名] [C] ビューフォート風力階級《風力を 0 から 12, 時に 18 までの段階に分類した表で, 世界的に採用されている》.

Bèau·fort Séa [名]〈the ～〉ボーフォート海《北米 Alaska 北東の北極海の一部》.

beau geste /bòu-ʒést/ [名] ([複] **beaux gestes** /[同]/) [C] **1** 優雅なしぐさ. **2** 見せかけの親切; うわべだけの'かっこよさ'. [フランス語 'beautiful gesture']

beau i·de·al /bòu-aidíː(ə)l, -iːdeiǽl|-iːdeiǽl/ ([複]〘米〙**～s,**〘英〙**beaux ideals** /bòuz-iːdeiǽl/) (個人の持つ)理想美, 最良のタイプ. [フランス語 'ideal beauty']

Beau·jo·lais /bòuʒəléi|⌐–⌐/ [名] ([複] **～**) [UC] ボージョレ《フランス Burgundy の Beaujolais 産; 主に赤ワインで前年に仕込んだのを 11 月半ばから飲む》.

beau monde /bòu-mɔ́ːnd/ [名]〈the ～〉上流社会 (fashionable society). [フランス語 'elegant world']

beaut /bjuːt/〘主にオース話〙[名] [C] すてきな人[もの], きれいな人[もの]. ── [形] すてきな, きれいな. [＜*beauty*]

beau·te·ous /bjúːtiəs, -tjəs/ [形]〘詩〙うるわしき (beautiful)《特に, 無形のものに言う》.

beau·ti·cian /bjuːtíʃ(ə)n/ [名] [C] 美容師; 美容院経営者.

beau·ti·fi·ca·tion /bjùːtəfəkéiʃ(ə)n/ [名] [U] 美化 (→beautify).

‡**beau·ti·ful** /bjúːtəf(ə)l/ [形] [m]

【美しい】 **1 美しい**, きれいな. a ～ flower [woman] 美しい花[女性]. a ～ voice 美しい声. a breathtakingly [stunningly] ～ sunset 息をのむ[うっとりする]ほど美しい日没. [類語] 美しさを表す最も一般的な語で, 華麗で優雅な美しさを表す; 人(普通, 女性)にも事物にも用いる; →attractive, charming, comely, cute, good-looking, handsome, lovely, pretty.

2〈the ～; 名詞的〉美 (beauty);〈複数扱い〉美女たち; 美しいもの. the true, the good, and the ～ 真・善・美.

【すばらしい】 **3**〔天候などが〕うららかな, 気持ちよい, すてきな. a ～ morning すばらしい朝. have a ～ nap いい気持ちで居眠りをする. a ～ violin solo すばらしいヴァイオリン独奏.

4〘話〙**立派な**, 見事な, 鮮やかな, 申し分ない. a ～ beefsteak おいしい[おいしそうな]ステーキ. a ～ shot 見事な一発《打撃, 射撃など》. ～ concentration 見事な集中力. ◇[名] beauty [beauty, -ful]

‡**beau·ti·ful·ly** /bjúːtəf(ə)li/ [副] [m] **1 美しく**. be ～ dressed 美しい衣装を着けている. **2**〘話〙**見事に**, すばらしく, 鮮やかに. The trick worked ～. 策略は実にうまく

いった. This suits me 〜. 僕にぴったりだ.

bèautiful péople 名 〈the 〜; しばしば B- P-〉(国際社交界の)名士たち.

†**beau·ti·fy** /bjúːtəfài/ 動 (-fies|過 過分 -fied|〜·ing) 他, 自 (を)美しくする[なる], 美化する.

‡**beau·ty** /bjúːti/ 名 (複 -ties /-z/) **1** U **美**, 美しさ; 美貌(ぼう). the 〜 of nature 自然の美. Health and wealth create 〜. 〖諺〗 健康と富は美貌の基.

> 連結 striking [exceptional; astonishing, breathtaking, ravishing; consummate, perfect; incomparable, unequaled, unsurpassed] 〜

2 C **美人**, 美女. a stunning 〜 目の覚めるような美女. She is a regular 〜. 彼女はすごい美人だ. Oh, what a 〜! まあなんたる美女だ (★反語的にも使う).
3 C 〖話〗 見事なもの, 大したもの; 〈しばしば -ties〉 美観, 美しい眺め. The peach is a 〜. このモモは実に見事なものだ. The bump you got in the fight is a real 〜. 君がけんかでもらったこぶは見事なものだ 〈反語的〉. the *beauties* of the Grand Canyon グランドキャニオンの美観.
4 C 〈the 〜〉 **美点**, 長所; 〖雅〗 〈普通 -ties〉 魅力, よさ. The 〜 of living here is that things are so cheap. ここに住むことのよさは物が安いことだ.
[＜古期フランス語 *beaute* (＜ラテン語 *bellus*「美しい」); -ty[1]]

béauty còntest 名 C 美人コンテスト.

béauty màrk 名 〖米〗 ＝beauty spot 2.

béauty pàrlor 名 C 〖米〗 美容院.

béauty quèen 名 C 美人コンテストの優勝者.

béauty sàlon 名 ＝beauty parlor.

béauty shòp 名 〖米〗 ＝beauty parlor.

béauty slèep 名 U 〖戯〗 真夜中前の眠り《美と健康によいと言われる》.

béauty spòt 名 C **1** つけぼくろ; ほくろ. **2** 名所, 景勝地.

béauty trèatment 名 UC 美顔術.

Beau·voir /bouvwáːr|⌒-/ 名 **Simone de 〜** ボーヴォワール (1908-86)《フランスの小説家・評論家・実存主義者》.

beaux /bouz/ 名 beau の複数形.

beaux-arts /bòuzáːr/ 名 〈複数扱い〉 美術 (fine arts). [フランス語]

†**bea·ver**[1] /bíːvər/ 名 **1** C ビーヴァー 《齧歯(げっし)類 (rodent) の動物》. **2** U ビーヴァーの毛皮; C (昔ビーヴァーの毛皮で作った)シルクハット (**bèaver hát**). **3** U 厚手のラシャ (**bèaver clóth**). **4** C 〖話〗 頑張り屋, 働き者. **5** 〈しばしば B-〉 ＝Beaver Scout. **6** 〖米卑〗 女性の外陰部, 陰毛.
wòrk like a béaver せっせと働く, 頑張る, (→eager beaver).
—— 動 自 〖主に英話〗 〈次の成句で〉
bèaver awáy (***at..***) (特に机仕事に)せっせと励む.
[＜古期英語; 原義は「褐色の動物」; →bear[2]]

béa·ver[2] 名 C (昔の兜(かぶと)の)あご当て.

béaver·bòard 名 C 〈しばしば B-〉 〖商標〗 ビーヴァーボード 《木繊維から作った軽くて硬い合板; 間仕切りや天井板用》.

Béaver Scòut 名 C 〈時に b- s-〉 ビーバースカウト団員《ボーイスカウトの最年少団員; 6, 7 歳; →boy scout》.

Bèaver Státe 名 〈the 〜〉 米国 Oregon 州の俗称.

be·bop /bíːbɑ̀p|-bɔ̀p/ 名 U 〖楽〗 ビーバップ《1940 年代に米国で起こったジャズの一種》.

be·calmed /bikɑ́ːmd/ 形 **1** 〈叙述〉 〔船が〕凪(なぎ)で動けない. The sailboat was [lay] 〜. 帆船は凪(なぎ)で動けないでいた. **2** 〔経済などが〕停滞して; 〔交渉などが〕膠着(こうちゃく)状態で.

be·came /bikéim/ 動 become の過去形.

‡**be·cause** /bikɔ́ːz, bikʌ́z|bikɔ́z, bikʌ́z/ 接 (★〖話〗では 'cause, cause, 'cos, cos になることがある)
1 〈従属節を導いて〉 ***..なので***, ..だから. We sat down 〜 we were so tired from walking. 歩いてとても疲れたので我々は腰をおろした (語法 *Because* we were so tired from walking, we sat down. のように従属節を前に置く時は節の終わりにコンマを置く). I didn't answer your letter, 〜 I was busy. 忙しかったので君の手紙に返事を書かなかった (語法 この文で because の前にコンマがないと 3 の場合と紛らわしい). The reason I'm here is 〜 I was asked to come. 〖話〗 僕がここにいるのは来いと言われたからだ (語法 この場合は that を用いるのが論理的には正しい; 次の例も同様). Just 〜 I'm a woman doesn't mean that I can't run a company. 私が女だからというだけの理由で会社を経営できないことにはならない (★Just 〜 I'm a woman, that doesn't mean.. という言い方もある).

> 類語 (1) because, since, as のうちで, because が最も強く直接の原因を表す; since はその次に強く, as は最も弱いが, as にはいろいろな意味があるので, 乱用しないのが望ましい (→since 接 2 語法 (1)). (2) for は補足的な理由や発言の根拠を表す. また for によって導かれる節は文頭に置くことができない. なお, 次の 2 つの文を比較: He's pale, *because* he's sick. (彼は病気なので顔色が悪い); He must be sick, *for* he looks pale. (彼は病気に違いない, 顔色が悪いから) (3) because は〖話〗, 〖章〗ともに用いられるが, for は〖話〗ではあまり用いられない.

2 (**a**) 〈Why 又は What (..) for による疑問文の答え〉 **そのわけは**, というのは. "Why are you so happy?" "*Because* I passed the examination."「なぜそんなにうれしがっているのか」「試験に合格したからさ」(語法 主節を伴わない because の導く副詞節が単独で用いられるのは, 一般にこのような場合だけ). (**b**) 〈this is, that is などに続けて〉 (それは)..だからである. Crime is on the increase in this area. This is partly 〜... この地域では犯罪が増加している. この理由は一つには..だからだ. (**c**) 〈疑問の前言の根拠を示して〉 ..だから(言う[聞く]のですが). Is your wife sick or something, 〜 I haven't seen her lately? 奥さんは病気か何かなんですか, 最近お見かけしないものですから.
3 〈否定を表す主節のあとで〉 ..だからといって〔..ない〕. I didn't scold him 〜 he disobeyed my order. 彼が私の命令に従わなかったから彼をしかったのではない (語法 because 節は scold だけにかかりその全体を didn't で否定している; 次の文を比較: I didn't scold him, 〜 he was already sorry for what he had done. 私は彼を叱らなかった, 彼が自分のしたことをすでに後悔していたから).
4 〖話〗 〈単独で副詞的に〉 だって, どうしても(なの). "Why didn't you go with Tom?" "Just 〜!"「どうしてトムと行かなかったの」「だって」(★理由をはっきり言いたくない場合など). **5** 〖廃〗 ..するために (in order that).
****becáuse of..*** ***..が原因[理由]で***, ..のせいで, (→sake[1] 語法). The game was called off 〜 *of* the rain. 試合は雨でコールドゲームになった.
Becàuse whý? 〖方・話〗 なぜか (why).
[＜中期英語 *bi cause* 'by cause']

bé·cha·mel /bèiʃəmél/ 名 ＝béchamel sauce.

béchamel sauce /⌒--⌒/ 名 U ベシャメルソース《濃いホワイトソースの一種》.

beck[1] /bek/ 名 C うなずき; 手招き; 〈主に次の成句で〉.
at a person's [***one's***] ***bèck and cáll*** 人[自分]の言うなりになって[なる]. He has a faithful servant *at* his 〜 *and call*. 彼には言うなりになる忠実な召使いがいる. [＜*beck*on]

beck[2] 名 C 〖北イング〗 小川; 谷川.

Beck·et /békət/ 名 **Saint Thomas à 〜** ベケット

(1118–70)《英国の聖人・カンタベリー大主教; Henry II と対立して暗殺された》.

Beck·ett /békət/ 名 **Samuel** ～ ベケット (1906–89)《アイルランドの小説家・劇作家; 1969 年ノーベル賞》.

B

†**beck·on** /békən/ 動 他 **1** (**a**) (手招き, うなずくなどして)〔人〕を招き寄せる, に合図する. He ～*ed* me ⌞nearer [*in*, *into* the room]. 彼は私に⌞もっと近くに来る[中へ入る, 部屋に入る]よう手招きした. 参考 親しい人・目下の人への手招きは, 普通, 手のひらを自分の方に向けて, 人差し指を前後に動かす (→自 の例文). (**b**) VOC (～ X *to do*) X (人)に..するよう手招き[合図]する. She ～*ed* me *to* come in. 彼女は僕に中へ入るよう手招き[合図]した.
2 を誘う, 引き寄せる. I'd like to stay home, but work ～*s* me. うちにいたいんだが仕事があるんでね.
── 自 招く, 誘う; 引き寄せる, 手招きする; 〈*to* ..を〉. The policeman ～*ed to* me with his forefinger. 警官は人差し指で僕を招いた.
[＜古期英語「合図 (→beacon) する」]

be·cloud /bikláud/ 動 他 **1** を雲で覆う, 曇らせる. **2** をあいまいにする; を隠す.

‡**be·come** /bikʌ́m/ 動 (～**s** /-z/ | 過 **be·came** /-kéim/ | 過分 ～ | **-com·ing**) 自 VC (～ X) X (の状態)になる. Mary wants to ～ a teacher. メリーは先生になりたいと思っている. It is *becoming* cloudy. 曇ってきている.

> 語法 (1)〖話〗では become よりも be, get を用いて Mary wants to *be* a teacher. The sky is *getting* cloudy. と言うのが普通. (2)「..するようになる」の意味で, 後に不定詞を付けたい時は come を用い *come to* know (知るようになる) (→come 8)のようにする.

── 他〖章〗〔服などが〕に似合う,〔言動などが〕にふさわしい, (suit) (★受け身では用いない). That dress ～*s* you (well). そのドレスはあなたによく似合う. It ⌞ill ～*s* [does not ～] a gentleman to swear like that. あんなに汚い言葉を使うのは紳士にふさわしくない.
***becóme of ..** 〈what, whatever を主語にして〉 **..** はどうなるか, ..に何が起こるか. *What* has ～ *of* John? (一体)ジョンはどうなったんだろう.
[＜古期英語; be-, come]

be·cóm·ing 形〖旧〗**1** 似合った, 似合う,〈*to*, *on* ..に〉. a very ～ necktie とてもよく似合うネクタイ. That color is ～ *to* your face [*on* you]. その色は君の顔の色と[君に]合う. **2** ふさわしい, 適当な,〈*to*, *on* ..に〉. She behaves with ～ elegance. 彼女はいかにもふさわしく上品にふるまう. His speech was not very ～ *to* the occasion. 彼の話はその場にあまりふさわしくなかった.
▷ **～·ly** 副 似合って; ふさわしく.

bec·que·rel /bèkərél/ 名 C〖理〗ベクレル《放射能の単位》.

B Ed Bachelor of Education (教育学士).

‡**bed** /bed/ 名 (複 ～**s** /-dz/) **1** (**a**) UC ベッド, 寝台, 寝床, (★慣用的表現では無冠詞のことが多い). a single [double] ～ シングル[ダブル]ベッド. twin ～*s* ツインベッド《シングルベッドを 2 つ並べたもの》. get ⌞out of ～ [a person out of ～] 起きる[人を起こす]. lie in ～ 寝ている. He is (sick) in ～. 彼は(病気で)寝ている. (**b**) U 就寝. It's time for ～. もう寝る時間だ. I have a glass of wine before ～. 私は就寝前にワインを 1 杯飲む. **2** U 結婚の床;〖話〗性交, セックス. **3** C (牛, 馬などの)寝わら, ねぐら. **4** U (旅館などでの)宿泊. →bed and board. **5** C 花壇 (flower bed); 苗床; (カキなどの)養殖場. a rose ～ バラの花壇. **6** C (川, 海などの)水底. a river ～ 河床. **7** C〖地〗地層, 層. **8** C 平らな土台; (鉄道などの)路盤, 道床. **9** C〖料理〗(上にかけたり, 飾るトッピングの)台, 下地. serve curry on a ～ of rice 平たくしたライスにカレーをかける.
a bèd of róses 〈普通, 否定文で〉 安楽な暮らし[境遇].
a bèd of thórns [***náils***] つらい境遇, '針のむしろ'.
As you màke your béd so you must líe on it. ＝ ***You've màde your béd and you must líe on*** [***in***] ***it.*** 〖諺〗自業自得, 身から出た錆(さ).
be confíned to one's béd 病床に伏す.
be in béd with .. 〖話〗..と'寝ている' (→go to BED); 〈一般に〉..と親密な仲である.
díe in one's béd (横死でなく)まともな死に方をする,「畳の上で死ぬ」.
èarly to béd and èarly to ríse 早寝早起き. *Early to* ～ *and early to rise* makes a man healthy, wealthy, and wise. 〖諺〗早寝早起きは健康と富と賢さのもと.
gèt a person into béd 〖話〗('寝る'目的で)〔人〕を「ベッドに引き入れる」.
get òut of béd on the wròng síde ＝〖米〗***get óut*** [***úp***] ***on the wròng síde of the béd*** 〖話〗(朝起きる時)いつもと反対側からベッドを出る《その日, 特に朝のうち機嫌の悪い原因とされる》.
****gò to béd*** 寝る, 床に就く;〖話〗'寝る'〈*with* ..と〉《「性交する」の婉曲表現》.
líe [***slèep***] ***in the béd one has máde*** 自業自得だ.
màke the [***a pèrson's***] ***béd*** ベッドを整える, 床を敷く.
****pùt ..to béd*** 〔子供など〕を寝かしつける. The child was *put to* ～ on the sofa. 子供はソファーに寝かされた.
tàke to one's béd 〖旧〗(特に病気で)床に就く.
── 動 (～**s** | **-dd-**) 他 **1**〔苗〕を花壇に植える. ～ some pansies パンジーを何株か花壇に植える. **2**〔石, れんがなど〕を平らに積む; VOA (～ X *in* ..) X を..に固定する; X を..にはめ込む. The foundation is ～*ded in* concrete. 土台はコンクリートで固められている. **3** を寝かせる, に寝床を与える, 〈普通, 受け身で〉. **4**〖旧話〗とセックスする.
── 自 寝る.
bèd dówn (1) (間に合わせの)寝床をこしらえて寝る〈*in* ..の中に/*on* ..の上で〉. (2)〔物が〕固定する.
bèd /../ dówn (1)〔子供など〕を寝かせる;〔家畜〕に(寝わらなどを敷いて)寝床をこしらえてやる. (2) (普通, 野外や納屋などで)寝床をこしらえて..を寝かせる. The hikers were ～*ded down* in a tent. ハイカーはテントで寝た.
bèd /../ óut ..を定植する.
[＜古期英語; 原義は「寝ぐらとして地面に掘った穴」]

be·dab·ble /bidǽb(ə)l/ 動 他 にはねかけて汚す〈*with* ..〔どろ水, ペンキなど〕を〉.

bèd and bóard 名 U **1** 宿泊と食事; 旅館の待遇. **2**〖法〗ベッドと食卓《結婚生活の主要素としての》.

bèd and bréakfast 名 UC〖英〗朝食付き宿泊(施設)《略 B & [and] B, b & [and] b》.

be·daub /bidɔ́:b/ 動 他〖章〗を塗りたくる〈普通, 受け身で〉〈*with* ..〔泥, ペンキなど〕で〉(smear).

be·daz·zle /bidǽzl/ 動 他 を眩惑(げんわく)させる.

béd bàth 名 C 寝たきり患者の体を洗うこと.

béd·bùg 名 C〖虫〗ナンキンムシ.

béd·chàm·ber 名 C〖古〗寝所 (bedroom).

***béd·clòthes** 名 〈複数扱い〉 **寝具**《シーツ・枕・枕カバー・毛布など一式》.

béd·còver 名 ＝bedspread.

-bed·ded /-bédəd/ 〈複合要素〉(..の)ベッドがある. a twin-*bedded* room ツインベッドの部屋.

***bed·ding** /bédiŋ/ 名 U **1 寝具一式** (bedclothes). **2** (家畜の)寝わら. **3**〖建〗基礎, 土台. **4**〖園芸〗苗の定植.

bédding plànt 名 C (1 年生の)花壇用の草花.

Bede /bi:d/ 名 **Saint** ～ ビード (673?–735)《通称 the Venerable ～; 英国の修道士; 英国初期の歴史を書いた》.

be·deck /bidék/ 動 他〖章〗を飾る〈普通, 受け身で〉〈*with* ..で〉(類語 人目を引く飾り立てに重点がある; → decorate). a mirror ～*ed with* jewels 宝石で飾られた鏡.

be·dev·il /bidév(ə)l/ 動 (〜s|《英》-ll-) 他《章》 **1** をまごつかせる, 混乱させる. I was really 〜*ed* by this situation. この事態には全く当惑した. **2** をひどく苦しめる; を悩まし続ける; に害を与える. Overemphasis on grammar has 〜*ed* our English teaching for many decades. 文法を強調し過ぎるのがこの何十年間わが英語教育を害して来た. **3** に悪魔をとりつかせる.
▷ **〜·ment** 名 U 混乱, 当惑; 人を苦しめること.

be·dew /bid(j)úː/ 動 他《雅》をぬらす〈*with* ..〔露, 涙など〕で〉.

béd·fàst 形《古》=bedridden.

béd·fèllow 名 C **1** 同じベッドに寝る人, 同衾(きん)者. **2** 仲間 (companion). strange 〜*s* (本来互いに無関係だが)奇妙な縁で一緒になった人たち.

Bed·ford·shire /bédfərdʃər/ 名 ベッドフォードシャー《イングランド中部の州; 州都 Bedford》.

béd·hèad 名《英》=headboard.

be·dim /bidím/ 動 (〜s|-mm-) 他《雅》を曇らせる, ぼやけさせる, 〈*with* ..で〉 (★主に過去分詞の叙述形容詞として用いる). eyes 〜*med with* tears 涙にかすんだ目.

be·diz·en /bidáiz(ə)n, -díz(ə)n/ 動 他《古》を(下品に)飾りたてる〈*with* ..で〉.

bed·lam /bédləm/ 名 **1** aU《話》騒がしい混乱(の場所). The store was a 〜 of noise and activity. 店は騒がしさと人の動きでごった返していた. **2**〈B-〉(ロンドンにあった)ベツレヘム (St. Mary of Bethlehem) 精神病院. **3** C《古》〈一般に〉精神病院 (madhouse). [*Bethlehem* の転訛(か); →2]

béd lìnen 名 U 〈集合的に〉シーツ, 枕カバーなど.

béd·màking 名 U ベッドを整えること (→make the BED).

Bed·ou·in, b- /béduin/ 名 (複 〜, 〜s) C ベドウィン《アラビア, シリア, 北アフリカの砂漠地帯の遊牧民》; 〈一般に〉遊牧民, 放浪者.

béd·pàn 名 C (病人用)差し込み便器.

béd·pòst 名 C 寝台柱《旧式寝台の四隅にある》.
between yòu and mè and the bédpost →between 前 の成句.

be·drag·gled /bidrǽgld/ 形 (泥の上などを)引きずってぬれた[汚れた]〔衣服, 髪など〕.

béd rèst 名 UC ベッドでの安静療養.

béd·rìdden 形 寝たきりの〔病人, 老人など〕.

béd·ròck 名 U **1**《地》岩盤, 岩床. **2** 基本的事実; 根本原理. get down to [reach] 〜 真相を究める. **3** (**a**) 最低, 最下部. (**b**)〈形容詞的〉最低の. the 〜 price 底値.

béd·ròll 名 C《主に米》携帯用寝具《巻いて持ち歩ける》.

‡**bed·room** /bédrù(ː)m/ 名 (複 〜s /-z/) C **1 寝室**, ベッドルーム, (★一戸建の住宅では普通 2 階にある). a master 〜 主寝室《普通, 主人夫婦用》. a guest [spare] 〜 来賓用[予備の]寝室. **2**〈形容詞的〉寝室(用)の; 情事の, セックスを扱った; 好色な, 扇情的な. make [have] 〜 eyes 好色な目付きをする[している].

bédroom commùnity 名《米》=bedroom suburb.

-béd·ròomed 〈複合要素〉(..個の)寝室がある. a three-*bedroomed* house 寝室が 3 つある家.

bédroom scène 名 C (映画などの)ベッドシーン.

bédroom slìpper 名 C 〈普通 〜s〉寝室用室内履き.

bédroom sùburb 名 C 〈しばしば 〜s〉ベッドタウン, 郊外住宅地 (dormitory suburb [《英》town]).

Beds. Bedfordshire.

***béd·sìde** 名 (複 〜s /-dz/) **1** C〈普通, 単数形で〉(特に病人の)枕(まくら)元, ベッドのかたわら. **2**〈形容詞的〉枕元用の; 臨床の. a 〜 table (《米》nightstand, night table) 枕元に置く小型テーブル. a 〜 lamp 枕元電気スタンド.

bèdside mánner 名 C 〈単数形で〉(医者の)病床に臨む態度, 患者への接し方.

bèd-sít, bèd-sítter 名《英話》=bed-sitting room.

bèd-sítting ròom 名 C《英》寝室兼居間《bedroom と sitting room を兼ねたもの; 普通, 貸間になっている》.

béd·sòre 名 C (病人の)床ずれ.

béd·sprèad 名 C (使わない時にかぶせておく)ベッドカバー, 寝台掛け, (coverlet).

béd·sprìng 名 C《米》ベッドのスプリング.

béd·stèad 名 C (マットレスを乗せる)ベッドの台枠.

béd·tàble 名 C 病人のベッド用テーブル.

†**béd·tìme** 名 U 寝る時間, 就寝時刻.

bédtime stòry 名 C 子供を寝かしつける時にしてやる話[読んでやる物語].

Bed·u·in 名 =Bedouin.

béd·wètting 名 U 寝小便; 夜尿症.

‡**bee**[1] /biː/ 名 (複 〜s /-z/) C **1** ミツバチ (honeybee; →hornet, bumblebee, wasp); 〈一般に〉ハチ (→drone 1, worker 4). a swarm of 〜*s* ミツバチの群れ. keep 〜*s* ミツバチを飼う, 養蜂をする. work like a 〜 せっせと働く. a queen [worker] 〜 女王[働き]バチ.

連結 a 〜 buzzes [drones, hums, murmurs; stings]; 〜s swarm

2 働き者, せっせと働く人. a busy 〜《話》大変忙しい人[忙しい人].
(***as***) ***bùsy as a bée*** [***bées***] 大変忙しい, 休む暇もない.
be the bèe's knées《英話》優れている, 抜群である. Tom thinks he's *the* 〜*'s knees*. トムは自分で優秀[偉い]と思っている.
hàve a bèe in one's bónnet《話》執着している, とらわれている, 〈*about* ..に〉; 頭が少しおかしい.
[<古期英語]

bee[2] 名 C《米》(協同作業, 娯楽, 競技などのための)集まり《特に友人, 近所の女同士の》(→spelling bee, husking bee). [?<《英方》*bean*「近隣の助け合い」]

Beeb /biːb/ 名 〈the 〜〉《話》=the BBC (British Broadcasting Corporation).

bée·brèad 名 U ミツバチの食糧《ミツバチが花粉に蜜(みつ)を混ぜて作る幼虫用の食糧》.

†**beech** /biːtʃ/ 名 **1** C《植》ブナノキ. **2** U ブナ材. [<古期英語; →book]

beech·en /bíːtʃən/ 形 ブナノキの; ブナ材の.

béech màst 名 U 〈集合的〉ブナノキの実《特に地上に落ちたものを言う》.

béech·nùt 名 C ブナノキの実《食用になる》.

béech trèe 名 =beech 1.

beech·wood 名 =beech 2.

‡**beef** /biːf/ 名 (複 〜s /-s/; 3 は **beeves** /biːvz/ だが《米》では 〜s もある) **1** U **牛肉**, ビーフ. →corned beef, roast beef. **2** U《話》(**a**) (人の)肉付き, 筋肉; 筋力. a heavy-weight boxer with a great deal of 〜 筋肉隆々としたヘビー級ボクサー. (**b**) 力, 勢い; 力強さ. His speech has no 〜 in it. 彼の演説には迫力[中身]がない. (**c**)〈形容詞的〉大型の〔野菜, 果物〕. a 〜 apple でっかいリンゴ. **3** C **肉牛**, 食用牛; 牛のまるごと 1 頭分. **4** C《俗》不平, ぐち, (complaint).
Whère's the béef? 牛肉はどこにあるの《ライバル社の大きいだけで中身の小さいハンバーガーを攻撃したテレビコマーシャル》; (政策などの)中身がどこにあるというのか.
── 動 自《俗》不平を言う, ぐちをこぼす, 〈*about* ..について〉(complain). ── 他 〈普通, 次の用法のみ〉
bèef /../ úp《話》..を強化する. 〜 *up* a team チームを強化する. [<古期フランス語(<ラテン語 *bōs*「牛」)]

béef·bùrger 名 =hamburger.

béef·càke 名 U《話》(筋骨たくましい)男性の肉体美(写真) (→cheesecake 2).

béef càttle 名 〈複数扱い〉肉牛 (→dairy cattle).
béef·èater 名 **1** 〈しばしば B-〉 C 〖英話〗 = yeoman of the guard. **2** C 〖米話〗英国人. **3** C 牛肉を食べる人.
béef·stèak 名 UC (ステーキやカツに用いる)牛肉の厚切れ (★単に steak とも言う); ビーフステーキ《料理》.
bèef stróganoff 名 U ビーフストロガノフ《薄切りの牛肉を玉ネギやマッシュルームといためたもの》.
bèef téa 名 U 濃い牛肉スープ《病人に与える》.
bèef Wéllington 名 U ビーフウェリントン《pâté de foie gras をまぶしパイ皮で包んで焼いた牛肉》.
beef·y /bíːfi/ 形 e 〖話〗筋骨たくましい, 力の強い.
bée·hìve 名 C **1** ミツバチの巣箱. **2** 雑踏の巷(ちまた), 盛り場. **3** ハチの巣状髪型 《ドーム状に高く結い上げる; 1960 年代に流行》.
bée·kèeper 名 C 養蜂(ようほう)家.
bée·kèeping 名 U 養蜂(ようほう).
bée·lìne 名 C 直線コース《ミツバチが巣に帰る時のよ「うな》; 最短コース.
***màke* [*tàke, strìke*] *a béeline for* [*to*] ..** 〖話〗 ..めざして一直線に進む[直行する], ..への最短距離を行く.
Be·el·ze·bub /bi(ː)élzəbʌ̀b/ 名 **1** 〖聖書〗魔王, ベルゼブル, (Satan). **2** C 悪魔 (the Devil). [ヘブライ語 'lord of flies']
‡been /bin, bən, 強 biːn|bin, 強 biːn/ 動 自 be の過去分詞. **1** 〈have [has] been: 現在完了形〉 (**a**) VA 《完了》行ってきたところだ. I*'ve* ～ *to* the post office. 郵便局へ行ってきたところだ. We *have* ～ *to* see the exhibition. 展覧会を見てきました. Jim *has*n't ～ home yet. ジムはまだ帰宅していない. (**b**) 《経験》 VA 今までに行った[居た, 来た]ことがある (→go 1 語法 (1)); VC (***have*** ～ X) 今までに X だったことがある. *Have* you ever ～ *to* [*in*] Guam? グアム島へ行ったことがありますか. I*'ve* ～ *there* once. そこへは一度行ったことがある. I *have* never ～ so happy. こんなに幸せだったことはない. (**c**) 《継続》 VA 今までいた; VC (***have*** ～ X) 今まで X だった. *Where have* you ～ all this time? 今までずっとどこにいたの. She *has* ～ absent since last Wednesday. 彼女は先週の水曜日から休んでいる. (**d**) 〖主に英話〗 (もう)来た, やって来た, 訪れてきた. *Has* anybody ～? だれか来たのかい. *Has* the postman ～ yet? 郵便屋さんはもう来たの.
2 〈had been: 過去完了形〉 (**a**) 《完了》 VA (過去のある時までに) 行ってきた. I *had* ～ *to* the hospital before you came. 君が来る前に病院へ行って来た. (**b**) 《経験》 VA (過去のある時までに) 行った[居た, 来た]ことがある; VC (***had*** ～ X) (過去のある時までに) X だったことがあった. My father *had* once ～ *in* Greece. 父は前に一度ギリシアに行ったことがあった. She *had* never ～ so proud of herself. 彼女は自分をそれほど誇らしく思ったことはそれまでなかった. (**c**) 《継続》 VA (過去のある時まで) いた; VC (***had*** ～ X) (過去のある時まで) X だった. They *had* ～ *in* the States until the end of World War II. 彼らは第 2 次世界大戦が終わるまで米国にいた. John *had* ～ moody since morning. ジョンは朝から機嫌が悪かった. (**d**) 《実現しなかったことの反対の仮定》 VA いたら[あったら] (よかったのに); VC (***had*** ～ X) X だったら(よかったのに). I wish I *had* ～ with you then. あの時君と一緒にいたらよかったのに. If he *had* ～ a little more careful, he would have succeeded. 彼がもう少し慎重だったら成功しただろうに.
3 〈will [shall] have been: 未来完了形〉《未来のある時までの完了・経験・継続》 VA いたことになる; VC (***will*** [***shall***] ***have*** ～ X) X だったことになる; (注意 くどい構文なので代わりに未来形 (will [shall] be) が用いられることが多い). He *will have* ～ in hospital for a year next March. 彼は今度の 3 月で 1 年入院していたことになる.
4 〈having been: 完了形分詞[動名詞]〉《主節の動詞の表す時よりも前に起こった事柄を表す》 VA, VC (**a**) 〈having が分詞の場合;「分詞構文」と呼ばれる〉 *Having* ～ *in* America for many years, Miss Tanaka is a very good speaker of English. 田中嬢は長年アメリカにいたので英語を話すのが非常にうまい. (**b**) 〈having が動名詞の場合〉 My wife accused me of *having* ～ away from home too long. 妻は僕があまりに長く家を留守にしたと非難した.
5 〈助動詞＋have been: 過去の事柄の推量など〉 VA ..にいた[あった]..; VC (***have*** ～ X) X だった... John *cannot have* ～ upstairs at that time. ジョンはあの時 2 階にいたはずがない. It *must have* ～ a shock to you. さぞショックだったでしょう. You *should have* ～ more careful. 君はもっと用心すべきだった.
—— 助 **1** 〈have [has] been＋他動詞の過去分詞: 現在完了形の受け身〉 (★自動詞の場合と同じように, 完了・経験・継続などの意味を表す) (**a**) 《完了》 His paper *has* just ～ *handed* in. 彼のレポートはたった今提出された. (**b**) 《経験》 He's ～ *awarded* an Oscar for his performance once. 彼は一度演技(賞)でオスカーをもらったことがある. (**c**) 《継続》 Jim *has* ～ *laid* up with flu for three days. ジムはインフルエンザで 3 日寝ている.
2 〈had been＋他動詞の過去分詞: 過去完了形の受け身〉 The gate *had* already ～ *closed* when he returned. 彼が戻ってきたら門はもう閉まっていた. She *had* ～ *proposed* to five times by the time she was twenty. 彼女は 20 歳になるまでに 5 回結婚の申し込みを受けた.
3 〈will [shall] have been＋他動詞の過去分詞: 未来完了形の受け身〉 By tomorrow morning the ground *will have* ～ *covered* with snow. 明日の朝までには地面は雪で覆われてしまっているだろう.
4 〈have [has] been＋現在分詞: 現在完了進行形〉 I*'ve* ～ *teaching* French here for 20 years. ここでもう 20 年間フランス語の教師をしています. I*'ve* ～ *waiting* for you since two o'clock. 2 時からずっと君を待っていたんだよ. ★現在完了進行形は, ある動作・状態が現在も今後も続くことを含意する場合(第 1 例)と, 動作・状態が直前に完了したことを含意する場合(第 2 例)とがある.
5 〈had been＋現在分詞: 過去完了進行形〉 My son *had* ～ *writing* for several hours when I entered the room. 私が部屋に入った時息子はもう何時間も書きものをしていた.
6 〈will [shall] have been＋現在分詞: 未来完了進行形〉 It *will have* ～ *raining* for a week if it does not stop tomorrow. もしあした雨がやまなければ 1 週間降り続くことになる.
7 〈having been＋現在分詞[過去分詞]: 完了形の分詞構文〉 *Having* ～ *living* in New York for three years, he knows many good restaurants there. 彼はニューヨークに 3 年住んでいるので, そこのいいレストランをたくさん知っている. *Having* ～ *written* [*Written*] in haste, his letter was hard to read. 急いで書かれたので, 彼の手紙は読みづらかった.
8 〈助動詞＋have been＋現在分詞[過去分詞]: 過去の事柄の可能性・推量など〉 You *might have* ～ *killed* in the accident. 君はあの事故で死んでいたかもしれないんだよ.
beep /biːp/ 名 C **1** ぴーっという音《警笛の音, 人工衛星からの発信音など》. **2** ＝beeper. —— 動 自 ぴーっという音を出す. [擬音語]
béep·er 名 C 信号発信呼び出し装置; 〖主に米〗ポケットベル (pager, 〖英〗 bleeper).
‡beer /biər/ 名 (複 ～s /-z/) **1** U ビール (→ale, porter [3], stout). a bottle of ～ ビール 1 本. two glasses of ～ ビール 2 杯. canned ～ 缶ビール. →draft beer. ★ (1) 種類を言う時は C: a dark ～ (黒ビール). (2) 日本で一般に飲まれるビールは lager (beer).

連結 cold [strong; light, low-alcohol, watery, weak; non-alcoholic; draft; imported; domestic; local; flat] ～ // brew [draw; drink, quaff] ～

2 Ⓒ〘話〙ビール 1 杯[1 本, 1 缶]《飲食店などで注文する時》. Two ～*s*, please. ビール 2 杯[本]下さい.
3 Ⓤ (根や植物エキスから作った)発泡飲料《アルコール分がないか, 少ない》. →ginger beer, root beer.
〔Life is〕 ***nòt all bèer and skíttles.*** 〘英旧〙〔人生は〕楽しいことばかりではない. [＜古期英語「飲み物」]

béer bèlly 名 Ⓒ〘話〙ビール腹, 太鼓腹.
béer ègine 名〘英〙＝beer pump.
béer gàrden 名 Ⓒ ビアガーデン.
béer gùt 名 ＝beer belly.
béer hàll 名 Ⓒ ビアホール.
béer màt 名 Ⓒ ビール用コースター《グラスの下敷き》.
béer pùmp 名 Ⓒ ビールポンプ《樽から汲み上げる》.
béer tènt 名 Ⓒ (大きな催し事で)テントがけ酒場.
beer·y /bí(ə)ri/ 形 ⓔ ビールの, ビールのような〔味, におい〕; ビール臭い.
bees·wax /bíːzwæ̀ks/ 名 Ⓤ 蜜蠟(みつろう)《ミツバチの分泌物で, ろうそくの原料, 材木のつや出し用》.
†**beet** /biːt/ 名 ⓊⒸ **1** ビート《アカザ科の野菜; sugar beet, beetroot など》. **2** ＝sugar beet. **3**〘米〙＝beetroot.
Bee·tho·ven /béitouv(ə)n|béithou-/ 名 **Ludwig van** ～ ベートーヴェン (1770–1827)《ドイツの作曲家》.
***bee·tle**[1] /bíːtl/ 名 (複 ～s /-z/) Ⓒ **1** 甲虫(こうちゅう)《カブトムシ, コガネムシなど》. **2** ＝black beetle. **3**〘話〙〈しばしば B-〉'かぶと虫'《フォルクスワーゲン (Volkswagen) 社の小型車の愛称》. ── 動 自〘英俗〙VA さっさと立ち去る, 'ずらかる', 〈*off*, *away*〉. [＜古期英語「噛むもの」]
bee·tle[2] 名 Ⓒ 掛け矢, 大うち; きね.
── 動 他 を打つ《掛け矢, きねなどで》.
bee·tle[3] 形 〈限定〉突き出た, 毛深い〔眉(まゆ)〕.
── 動 自 〔がけ, 眉などが〕突き出る, 出っ張る. The cliff ～*s over* the sea. そのがけは海に突き出ている.
béetle-bròwed 形 **1** 眉(まゆ)毛の太い[突き出た], げじげじ眉の. **2** むっつりした.
beet·ling /bíːtliŋ/ 形 〈限定〉突き出た, 出っ張った, 〔がけ, 眉(まゆ)など〕.
‡**béet·ròot** 名 ⓊⒸ〘英〙アカカブ(〘米〙beet)《赤い根はサラダ, ピクルス用》. go [turn] (as red as a) ～ (当惑, 怒りなどで)真っ赤になる.
béet sùgar 名 Ⓤ 甜(てん)菜糖 (→cane sugar).
beeves /biːvz/ 名 beef 3 の複数形の1つ.
†**be·fall** /bifɔ́ːl/ 動 (～s|過 **be·fell**|過分 ～·**en**|～·**ing**) 他, 自〘章〙〔普通, よくないことが〕(に)起こる, ふりかかる, 〈受け身不可〉. A most horrible thing *befell* (him). 非常に恐ろしいことが(彼の身に)起こった. [＜古期英語; be-, fall]
be·fall·en /bifɔ́ːlən/ 動 befall の過去分詞.
be·fell /bifél/ 動 befall の過去形.
‡**be·fit** /bifít/ 動 (～s|-tt-) 他〘章〙〔物事が〕に適する, ふさわしい; に似合う. She performed brilliantly, as ～*ted* a prima donna. 彼女の演技はプリマドンナにふさわしくすばらしかった. It does not ～ [It ill ～*s*] you to wear jeans on a formal occasion. 公式行事にジーンズの着用は適当でない.
be·fít·ting 形 適当な, ふさわしい, 似つかわしい, 〈*to* ..に〉. Modesty is ～ *to* a young girl. 若い娘には慎みが似つかわしい. ▷ ～·**ly** 副 ふさわしく.
be·fog /bifɔ́ːg, -fάg|-fɔ́g/ 動 (～s|-gg-) 他 **1** を困惑させる, 煙にまく, (bewilder). **2** を霧で包む; をぼんやりさせる.
be·fool /bifúːl/ 動 他 をばかにする; をだます.
‡**be·fore** /bifɔ́ːr/ 副【位置が前に】 **1** 前方に, 先へ, 先に立って, (↔behind). ～ and behind 前後に. go ～ 先に立って行く (★ahead が普通). look ～ and after (→after 副).
【時間が前に】 **2** 以前に, (もう)すでに; (それより)..前に; 以前には; (↔after). I have never eaten a mango ～. 僕はまだマンゴーを食べたことがない. I had received the letter three days ～. 私はその手紙を(その) 3 日前に受け取っていた. You should have warned him ～. もっと早く彼に注意してやればよかったのに《今では遅い》. We had met on the Monday ～. 私たちはその前の月曜日に会っていた (★比較: We met last Monday. (私たちはこの[先週の]月曜日に会った)).

語法 「..時間[日など]前に」を意味する時, ago は現在から見て「前に」, before は(過去の)ある時から見て「前に」を表す. したがって伝達動詞が過去形の時に直接話法を間接話法に変える場合には, 一般に ago は before に変わる: She said, "I met him three months *ago*." (彼女は「3 か月前に彼に会いました」と言った) →She said that she had met him three months *before*. (彼女は 3 か月前に彼に会ったと言った)

── 前【位置が前に】 **1**〘章〙 **..の前に[の]**, の前を, (語法 目上の存在(神, 国王など)またはそれに関連する場所(法廷, 祭壇など)の「前に」という場合に用いるのが普通で, 一般の場合は in front of を用いる) (↔behind). She stopped ～ the mirror to admire herself. 彼女は鏡の前に立ち止まって, ほれぼれと自分を眺めた.
2 ..の面前[眼前]に[で, の]; ..の前途に[の]; 当面して[の]. ～ a person's eyes →eye (成句). The boy was brought ～ the teacher to be examined. 少年は取り調べるため教師の前に連れて来られた. A brilliant future lay ～ him. 彼には洋々たる前途があった. I have the entire day ～ me, and nothing to do. (自由になる時間が)今日 1 日私の目の前にあるが, すべき事は何もない. The problem ～ us now is not a new one. 現在我々が当面している問題は新しいものではない.
3〘章〙..を前にして, ..(の力)に押されて. He recoiled ～ his master's anger. 彼は主人の怒りにひるんだ. The yacht sailed swiftly ～ the wind. ヨットは風を受けて快速で進んだ.
4 ..の手前で. Turn right just ～ the post office. 郵便局のすぐ手前を右に曲がりなさい. The library is 200 meters ～ the station. 図書館は駅の手前 200 メートルのところにある (★距離を表す表現とともによく用いる).
【時間が前に】 **5 (a) ..より以前に[の]**, ..より早く[早い], (↔after). (the) day ～ yesterday おととい. I got home ～ her. 私は彼女より先に帰宅した. He said grace ～ eating. 彼は食べる前にお祈りを言った. I should have advised her ～ now. 彼女にはもっと前に忠告してやればよかった. **(b)**〘主に米〙〔時刻が〕(..分)前で (to, 〘米〙of). It is ten minutes ～ eleven. 11 時 10 分前です.
【順番が前に】 **6 ..より先に**. He went into the water ～ me. 彼が私より先に水中に入った. Ladies ～ gentlemen. 男子より女子が先《女性優先》.
7 ..より優れて, より上位に. Dr. Smith stands ～ all others in his knowledge of that subject. スミス博士はその問題に関してはだれよりも詳しい. I love my husband ～ anybody else. 他のだれよりも夫を愛しています. put friendship ～ money 金よりも友情を大事にする.
8〘章〙 ..よりはむしろ (rather than). "Death ～ surrender" was their motto. 「降服よりも死を」というのが彼らの標語であった.
9 〔税金など〕を差し引く前で[の]. His yearly income is five million yen ～ tax. 彼の年収は税込みで 500 万円です. **10**〘古〙..の見方では.
before Chríst 西暦紀元前《略 B.C.》.

B

before éverything [***áll*** (***thìngs***), ***ánything*** (***èlse***)] 何はさておき; 最優先に. She puts her family ~ *everything*. 彼女は家庭第一主義です.
before Gód 神のみ前に, 神に誓って.
****before lóng*** →long¹ 名.
before one's tíme [***áge***] →time.
── 接 **1** **..**するより前に, ..しないうちに. I want to get a haircut ~ I go on a trip. 旅行に出かける前に頭を刈っておきたい. Look well ~ you cross the road. 道を渡る前によく見なさい (語法 before によって導かれる副詞節の中では, 未来の事柄を指す場合でも現在形を用いるのが普通). Call him ~ you forget. 忘れないうちに彼に電話しておけ. We (had) arrived at the station a half-hour ~ the train started. 列車の出る半時間前に駅へ着いた (★時間的前後関係が明らかなので, 過去完了にしなくてもよい). I hadn't waited long ~ he came along. 少し待っていたら彼がやってきた(＜彼がやってくる前に長くは待たなかった). It was some time ~ he came back. しばらくしてやっと彼は帰ってきた. I wish to revisit England ~ I get too old. 年を取りすぎないうちに英国を再訪したい. She tore up the letter ~ anyone had read it. 彼女はだれも読まないうちにその手紙を引き裂いてしまった (★before 節には否定的な意味があるので *any*one を使う). Let go of me ~ I scream. 手を放さないと悲鳴を上げるわよ (★警告又は脅迫的ニュアンスを出せる).
2 〈主節は will や would を伴う〉 **..するよりはむしろ**. I (will) quit ~ I (will) do that job in this company. この会社でそんな仕事をするくらいなら会社を辞める (★1 と違ってこの場合は before 節に will を使うこともある). I'd starve ~ I begged [would beg] in the streets. 街中で物ごいをするくらいなら餓死したほうがました.
It was nòt [***will nòt be***] ***lóng before..*** ..するまでには長くかからなかった[かからないだろう]. *It was not long* ~ the news came. 知らせが来るまでには長くはかからなかった. *It will not be long* ~ our supplies (will) run out. もうじき我々の貯蔵は底をつくだろう (→2★).
[＜古期英語 *beforan*(＜be-＋*foran* 'fore')]

†**befóre·hànd** 副 前もって, あらかじめ; (定刻より)早く. Let's get things ready ~. あらかじめ準備しておこうじゃないか. He came half an hour ~. 彼は 30 分早く来た.
be befórehand with.. ..に手回しがいい; 〔敵, 相手など〕の機先を制する. You'd better *be* ~ *with* the rent. 部屋代は期限前に払うほうがいい.

be·foul /bifául/ 動 他 〖雅〗をけがす, 汚す; をけなす.

†**be·friend** /bifrénd/ 動 他 〖章〗と友達になる; の味方をする, を援助する, (help).

be·fud·dle /bifʌ́dl/ 動 他 〔酒が〕の正体を失わせる; 〔老齢が〕を痴呆(ほう)状態にする; を当惑させる. ▷ **~·ment** 名

‡**beg** /beg/ 動 (**~s** /-z/|過 過分 **~ged** /-d/|**bég·ging**) 他 **1** 〔食物, 金など〕を**請う** 〈*of*, *from* ..〔人〕に〉; 〔人〕に請う 〈*for* ..を〉. ~ one's bread 食べ物の施しを請う. ~ money *of* [*from*] a person＝~ a person *for* money 人に金を恵んでくれと言う. ~ a person *for* mercy [his help] 人に慈悲[助力]を請う. ~ one's life 命ごいをする.
2 (**a**) 〔恩恵, 許可など〕を**求める**, **懇願する**, 〈*of*.. 〔人〕に〉 (類語 へりくだって熱心に頼む場合に用いる一般的な語; →ask 2). I ~ a favor *of* you. 〖章〗あなたにお願いしたいことがあります. (**b**) VO (**~ *to do***) ..させて下さいと頼む; 失礼ながら..したい. Jane ~*ged* *to* be allowed [*that* she might be allowed(→(c))] to see my new house. ジェーンは私の新居を見せて欲しいと頼んだ. (**c**) VO (**~ *that*** 節/"引用") ..ということを/「..」と言って頼む. He ~*ged that* someone (should [might]) come and help him. 彼はだれか助けに来てくれるよう懇願した. "Forgive me," he ~*ged*. 「お許しください」と彼は懇願した. (**d**) VOO (**~ X *to do***) X に..するよう頼む. The girl ~*ged* her mother *to* accompany her. 娘は母親に一緒に行ってとせがんだ.
3 〔問題など〕に正面から取り組まない, 〔論点など〕を避ける. The report ~*s* the very point we're disputing. 報告書は我々が論争しているまさにその点をはぐらかしている. ~ the question (→成句 (2)).
── 自 **1** 乞食(こじき)をする; 施しを請う 〈*for* ..の〉; 物ごいをする 〈*from* ..〔人〕に〉. The child is always ~*ging for* something. その子はいつも何かねだってばかりいる (→be 助 1 語法 (2)).
2 (**a**) 懇願する 〈*for* ..〔恩恵, 許可など〕を〉. ~ *for* forgiveness 許しを請う. (**b**) VA (**~ *of*..**) 〔人〕に懇願する 〈*to* do ..してくれと〉. She ~*ged of* her husband *to* stay home. 彼女は夫に家にいてくれと懇願した. 語法 beg a person to do (→他 2 (d))よりも形式張った言い方で, また懇願の意味が強い.
3 〔犬が〕ちんちんをする《犬の物ごいをするようなしぐさから》. *Beg!* ちんちん(しなさい)《犬に対する命令》.
bèg lèave to dó 〖章〗お許しを得て[失礼ながら]..いたします. I ~ *leave to* disagree. 失礼ながら賛成いたしかねます.
bèg óff 免除を願う, 免じてもらう, 〈*from* ..〔約束など〕の, を〉. He ~*ged off from* speaking at the club. 彼はクラブでの講演を免じてもらった.
bèg /../ óff 〔人〕の免除を願う; 〔招待など〕を丁重に断る.
bèg X̀ off Ý 〖話〗Y (人)に X が欲しいと頼む. Bill ~*ged* a cigarette *off* me. ビルは私にたばこを 1 本くれと言った.
bèg the quéstion (1)〖章〗証明すべきことを初めに真と仮定する《専門的には「論点先取の誤り」という》. (2)(難点を)ごまかす, 論点をぼかす.
gò bégging (1) 乞食をして歩く. (2)〔品物の〕買い手がつかない; 欲しい人がいない; もらい手を探している, 手に入る. If that old bike is *going* ~*ing*, I'll be glad to have it. あの古い自転車の引き受け手がないなら私が喜んでもらう. These books are *going* ~*ing* if anyone would like them. ここの本は欲しい方どなたにでも差し上げます.
I bèg to díffer 失礼ながら私の考えは違います 〈*from*, 「*with* ..とは〉.
I bèg your párdon →pardon 名 成句.
[?＜アングロ・ノルマン語「物乞いをする」＜古期フランス語 *begard* 'beggar']

be·gan /bigǽn/ 動 begin の過去形.

be·get /bigét/ 動 (**~s**|過 **be·got**, 〖古〗 **be·gat** /bigǽt/|過分 **be·got·ten**, 〖米〗 **be·got**|**~·ting**) 他
1 〖古〗〔子供〕をこしらえる, の父親となる, (語法 主に男性について言い, 女性の場合には bear を用いる). He *begot* two sons. 彼は 2 人の息子をもうけた.
2 〖章〗〔争い, 罪悪など〕を生ぜしめる, をもたらす, の原因になる. Overwork ~*s* disease. 過労は病気の元になる.
▷ **~·ter** 名 C 〖章〗男親; (物事の)生みの親.

***beg·gar** /bégər/ 名 (複 **~s** /-z/) C **1** 乞食(こじき), 物もらい; 貧乏人. *Beggars* can't [must not] be choosers. 〖諺〗物をもらうのに選り好みは禁物. **2** (物, 金銭を)請い求める人. **3** 〖話〗やつ《戯れ又は親しみをもって》. You lucky little ~! 運のいいやつめ.
a gòod béggar 寄付金集めの名人.
die a béggar 文無しで死ぬ.
── 動 他 〖章〗**1** を貧乏にする, 乞食にする. **2** を無力にする, 不可能にする; を貧弱に見せる.
bèggar (***àll***) ***descríption*** 〖雅〗筆舌に尽くしがたい.
I'll be béggared if.. 〖話〗もし..だったら乞食になってもいい, 絶対に..ない.
[＜中期英語 (?＜古期フランス語 *begard*「托鉢(たくはつ)修道士」)]

béggar-lìce 名 〖米〗〈単複両扱い〉衣服に実のくっつ

く植物《ヤブジラミ, イノコヅチなど》; その実.

bég·gar·ly 形 (乞食(こじき)のように)ひどく貧しい, みじめな; 卑しい; ごくわずかな〔金額, 給料など〕.

bèggar-my-néighbor 名 **1**〖トランプ〗素寒貧(すかんぴん)《1人が相手の札を全部取るまでやるゲーム》. **2**〈形容詞的〉近隣窮乏的な. a ～ policy 近隣窮乏政策《さみだれ的な輸出をして貿易黒字をため込むの類》.

Bèggar's Ópera 名〈the ～〉『乞食オペラ』《John Gay 作; 1728年初演》.

beg·gar·y /bégəri/ 名 U ひどい貧乏, 極貧.

‡be·gin /bigín/ 動 (～s /-z/|過 **be·gan** /bigǽn/|過分 **be·gun** /bigʌ́n/|～·ning) 自

【開始する】 **1** 始まる; 始める, 取りかかる; 言い出す; (類語「始める, 始まる」を表す一般的な語; →commence, initiate, start). School ～*s at* nine o'clock [*on* Monday, *in* September]. 学校は9時[月曜日, 9月]に始まる. Air fares will be raised by 5% ～*ning* (*from*) next month. 航空運賃が来月から5%値上げになる. The movie *began with* a murder scene. その映画は殺人の場面から始まった. ～ (*on*) a new novel 新しい小説に取りかかる《書き[読み]始める》(★on を略せば 他).

2 VA〔場所, 地域などが〕始まる〈*at*..から〉; (～ ***with***..)〔書物, 言葉などが〕..で始まる. Europe ～*s at* (the) Bosporus. ヨーロッパはボスポラス海峡に始まる. a word ～*ning with* A Aで始まる単語.

【生じる】 **3**〔事件が〕起こる; VA (～ ***as***..) ..として出発する, 始められる. World War I *began* in 1914. 第1次世界大戦は1914年に起こった. Yokohama *began as* a small fishing village. 横浜は初め小さな漁村だった. **4**〖米話〗〈否定文で〉VA (～ ***with***..) ..とは比較にならない, ..にかなわない.

── 他 **1** を始める, に取りかかる; VO (～ "引用")「..」と話し始める. ～ the work 仕事にかかる. When did you ～ your Spanish? 君はいつスペイン語を始めたのか. Mr. Smith always ～*s* his lecture *with* a joke. スミス先生はいつも冗談で講義を始める. "I must apologize to you," he *began*.「君に謝らねばならん」と彼は切り出した. **2** VO (～ ***to do/doing***) ..し始める, ..しだす. He *began to* run. = He *began* run*ning*. 彼は走り始めた. It's ～*ning to* rain. 雨が降り始めている.

> 語法 begin のあとには不定詞, 動名詞のどちらも来ることができるが, 頻度的には不定詞を用いる傾向が強い. ただし, 動名詞が来ると開始された行為が進行中だという含みがある. 又, 次のような場合には特に不定詞が好まれる. (1) 主語が無生物の場合: The leaves of the trees *began to* turn red. (木々の葉が紅葉し始めた) (2) begin のあとの動詞が see, feel, think, understand など心理状態や心的活動又は体の具合などを表す場合: I *began to* see what he was getting at. (彼のねらいが何だか分かってきた); He *began to* feel ill. (彼は気分が悪くなってきた) (3) begin が進行形の場合 (-ing 形が繰り返されるのを避けるため): She was ～*ning to* worry about Liz. (彼女はリズのことが心配になってきた)

3 の最初にくる. Genesis ～*s* the Bible.『創世記』が聖書の初めにくる. **4**〔事件〕を起こす; VOA (～ X ***as***..) ..としてX(事業, 人生など)を始める, 出発させる. ～ a new business 新事業を始める. The millionaire *began* life *as* a poor boy. その大富豪の一生は貧しい少年から出発した. ◇↔end

begìn by dóing まず..する, ..することから始める. I'll ～ *by* introduc*ing* myself. (本題に入る前に)まず私の自己紹介から始めましょう.

begìn the wórld 世の中[実社会]に出る.

nòt (even) begìn to dó 〖話〗とても..しそうもない, 全然..しない. We can *never* ～ *to* finish this work by tomorrow. とても明日までにこの仕事は済みそうにない. I can'*t* ～ *to* thank you enough. お礼の申しようもありません.

******to begín with*** (1) まず第一に (firstly) (★独立不定詞として普通, 文頭又は文末に置く). *To* ～ *with*, you have the facts wrong. まず第一に[そもそも]君は事実を間違って受け取っている. (2) 初め(のうち)は (at first); 初めから, 元々. I was bored with English *to* ～ *with*, and now I really hate it. 初めのうち英語はうんざり程度だったが, 今では憎んですらいる.

Wèll begún is hàlf dóne. 〖諺〗初めがよければ半ば成功. [＜古期英語]

‡be·gin·ner /bigínər/ 名 (複 ～s /-z/) C **1** 初心者, 初学者, ビギナー. a ～s' class 初級クラス. ～'s luck 初心者の好運 《賭(か)け事などで初心者がばか当たりするなど》. ～s slopes〖米・オース〗(スキーの)初心者向き斜面(〖英〗nursery slopes).

> 連結 a complete [an absolute, a mere, a rank, a raw, a total; an awkward, an inept] ～

2 最初にやる人; 創始者.

‡be·gin·ning /bigíniŋ/ 名 (複 ～s /-z/) C **1** 開始(の時間). make a good ～ よいスタートを切る.

> 連結 an auspicious [a promising; a modest] ～ // mark the ～ of..

2 最初の部分, 初め, (↔end). at the ～ of next month 来月の初めに. in the ～ of the 18th century 18世紀初頭に. the ～ of a book 本の最初の部分. enjoy teaching in [at] the ～ 最初のうちは教えるのが楽しい.

3〈しばしば ～s〉**起源** (origin), 起こり; 発端, 始まり. Parliament has its ～*s* in 14th century England. 議会は14世紀英国にその起源がある. The large company started from small [humble] ～*s*. その大会社の起こりは小さな[ささやかな]ものから出発した.

at the (vèry) begínning 真っ先に, 最初から. begin *at the very* ～ 一番最初から始める. 「ずっと通して.

******from begìnning to énd*** 初めから終わりまで, 終始.↑

the begìnning of the énd (ある事柄の, 普通悪い)結末の最初のきざし《終わりがそろそろ見え始めること》.

── 形 **1** 初期の, 発足したばかりの. a ～ school 開校したばかりの学校. **2** 最初の, 初めの方の. the ～ chapters of a novel 小説の冒頭部分の何章か. **3** 初級の, 基礎の; 初心の. ～ Latin 初級ラテン語. a ～ driver 新米ドライバー.

be·gone /bigɔ́ːn|-gɔ́n/ 動 自〖詩〗〈普通, 命令形で〉出てゆけ, 立ち去れ, (＜Be gone!).

be·go·nia /bigóunjə, -niə/ 名 C ベゴニア《シュウカイドウ科の観賞用植物; 熱帯地方原産; ＜フランスの植物愛好家 M. *Bégon* (1638–1710)》.

be·gor·ra /bigárə|-gɔ́rə/ 間〖アイル・話〗＝by GOD.

be·got /bigát|-gɔ́t/ 動 beget の過去形・過去分詞.

be·got·ten /bigátn|-gɔ́tn/ 動 beget の過去分詞.

be·grime /bigráim/ 動 他 を汚す〈*with* ..で〉. a building ～*d with* soot 煤(ばい)煙で汚れた建物.

be·grudge /bigrʌ́dʒ/ 動 他 **1** VOO (～ X Y) XのYをねたむ, うらやむ. He ～*s* you your success. 彼は君の成功をねたんでいる. **2** VOO (～ X Y) XにYを出し惜しみする, しぶしぶ与える. Our boss ～*d* us even a small raise in pay. 社長は我々の給料を少し上げることすら惜しんだ. **3** VO (～ X/*doing*) Xを/..することを惜しむ. She ～*s* (giv*ing*) money. 彼女は金を出し惜しみする.

be·grúdg·ing·ly 副 惜しそうに, しぶしぶ.

be·guile /bigáil/ 動 他〖章〗**1** (**a**) をだます, たぶらかす, あざむく, (類語 特に甘言などによってよい事を期待させてだ

B

ます; →deceive). She was ～d by his sweet words. 彼女は彼の甘い言葉にだまされた. (**b**) VOA (～ X (***out***) ***of ..***/X ***into..***) Xをだまして..を奪う/..させる. He ～d me (*out*) *of* my money. 彼は私から金をだまし取った. She ～d me *into* agree*ing* to her proposal. 彼女は私をだまして自分の提案に同意させた.

2〔退屈, 不安など〕を'ごまかす', 紛らす, 〈*by, with* ..で〉. The old man ～d the weary day *with* cards. 老人はトランプで退屈な一日を紛らした.

3〔子供など〕の歓心を買う; を喜ばす, 面白がらせる.

[be-, 《廃》*guile*「だます」] ▷**～·ment** 名 UC だますこと; 紛らすこと; 気晴らし(になるもの[事]).

be·guíl·er 名 C だます人; 気を紛らせてくれる人[もの].

be·guíl·ing 形 **1** だます; 紛らす. **2** (人の心を)そそるような, 魅惑的な. ▷**～·ly** 副

be·guine /bigíːn/ 名 U ビギン《西インド諸島のルンバに似た先住民の踊り》; その音楽. [フランス語 'flirtation']

be·gum /béigəm/ 名 C 《インド》イスラム教徒の王妃[王女, 貴婦人]. [＜トルコ語]

be·gun /bigʌ́n/ 動 begin の過去分詞.

***be·half** /bihǽf|-hɑ́ːf/ 名 (味方の)側, 支持; 利益; 〈次の成句のみ〉.

***on** [《米》 **in**] *a pèrson's* **behálf**＝**on** [**in** 《米》] **behàlf of** *a pérson* (★「人」が代名詞の場合は前の型を用いる) (1) 人を代表して; 人に代わって, 人の代理として. I am writing *on* ～ *of* my husband, who is in (the) hospital. 主人は入院していますので, 代わってお便りを差し上げます. (2) 人の(利益の)ために. He's working *on* his own ～. 彼は自分のために働いている.

[＜古期英語 *be healf* 'on (a person's) side']

‡be·have /bihéiv/ 動 (**～s** /-z/|過 過分 **～d** /-d/|**-hav·ing**) 自 **1** VA (～ X) Xにふるまう〈*to, toward* ..に対して〉. John ～d well [badly] *toward* [*to*] me. ジョンは私によくしてくれた[ひどい仕打ちをした]. ～ like a gentleman 紳士らしくふるまう.

連結 ～ politely [rudely; modestly; wisely; abnormally, strangely; inconsiderately]

2 行儀よくする. Dogs can be trained to ～. 犬は教え込めば行儀よくするものだ.

3 VA (～ X)〔機械などが〕Xに動く, 作動する;〔物質などが〕Xに作用する, 反応する. Is your new car *behaving* well? 君の新しい車は調子よく動いていますか.

***beháve onesèlf**〔子供などが〕行儀よくする. *Behave* (your*self*)! おとなしくしなさい. He doesn't ～ him*self* once he's drunk. 一度酔っ払うと彼は行儀がよくない.

[＜中期英語「自らを保つ」; be-, have]

-behaved〈複合要素〉〈副詞と複合して〉..のふるまいをする(ような). well-*behaved*.

‡be·hav·ior 《米》, **-iour** 《英》 /bihéivjər/ 名 U **1** ふるまい, (人に対する)態度, 仕打ち; 行儀; 品行; (類語 人の習慣的ふるまい, また状況に即した(適切な) 行儀; → act, action, conduct). I'm sorry for my son's bad ～. 息子の行儀が悪くてすいません.

2 (機械などの)動き具合, 調子.

3 (人, 物の) (ある条件のもとでの)行動, 反応. The psychiatrist continued to observe the patient's ～. 精神科医は患者の行動を観察し続けた. describe the ～ of a substance under heat 加熱した際の物質の反応を記述する.

be òn one's bèst behávior 努めて行儀よくしている; 謹慎中である. [behave, -or²]

‡be·hav·ior·al 《米》, **-iour-** 《英》 /bihéivjərəl/ 形 行動の[に関する].

behàvioral science 名 U 行動科学《心理学, 社会学, 人類学など; 人間の社会行動を研究する》.

be·hav·ior·ism 《米》, **-iour-** 《英》 /bihéivjərìz(ə)m/ 名 U 行動主義《人間や動物の客観的に観察できる行動のみを適正な研究対象とする心理学》.

be·hav·ior·ist 《米》, **-iour-** 《英》 /bihéivjərist/ 名 C 行動主義(心理学)者.

be·hav·ior·is·tic 《米》, **-iour-** 《英》 /bihèivjərístik/ 形 行動主義(者)の.

behávior modificàtion 名 UC 《心》行動修正《異常行動に対する心理療法の一種》.

behávior pàttern 名 C 行動様式.

behávior thèrapy 名 UC 《心》行動療法《学習理論に基づく訓練による心理療法の一種》.

be·hav·iour /bihéivjər/ 名 《英》＝behavior.

Béh·çet's disèase /béitʃets-/ 名 U ベーチェット病《1937年, トルコの医師 H. *Behçet* によって発見された潰瘍(かいよう)性の難病; 20–40歳の日本人男性に多い》.

be·head /bihéd/ 動 他 の首を切る, を打ち首にする.

be·held /bihéld/ 動 behold の過去形・過去分詞.

be·he·moth, B- /bihíːməθ, bíːəmɑ̀θ|bihíːmɔθ/ 名 **1** C 巨大で強力な物. **2** 《聖書》ビヒモス《『ヨブ記』に出てくるカバと想像される巨大な獣》.

be·hest /bihést/ 名 C 《章》〈普通, 単数形で〉命令 (command), 要請, 〈普通, 次の用法で〉.

at a pèrson's behést ＝***at the behést of a pèrson*** 人の命令で.

‡be·hind /biháind/ 副 【位置があとに】 **1** 後ろに[へ], あとに[へ]; 後ろを, あとを; (↔before; 類語 普通「静止」したある物や人の背後の位置を表す; →after 副). look ～ あとを振り返る. Someone grabbed me from ～. だれかが私を後ろからつかんだ (★from の後で名詞用法). in the seats ～ 後ろの座席に.

2 残って, 残して. stay [remain] ～ あとに残る. leave a large fortune ～ 大きな財産を残す. I must go back home—I've left my purse ～. 家に戻らなくてはならない. 財布を置き忘れてきたので.

3 【あとに＞陰で】 隠れて, 裏面で[に]. His explanation didn't convince me—there must be more ～. 彼の説明では納得できない—もっと裏があるに違いない.

【時間・進度があとに】 **4** 遅れて (slow). My watch is five minutes ～. 私の時計は5分遅れている. **5** 遅れて; (試合で)リードされて; 遅くなって (behindhand). Let's wait for the children—they're lagging ～. 子供たちを待ちましょう—遅れていますので. She's (falling) far ～ *in* [*with*] her studies. 彼女は勉強が非常に遅れている. You're a month ～ *in* [*with*] your rent. あなたの部屋代はひと月滞っています.

còme (***ùp***) ***from behínd*** 追い上げる; 挽回(ばんかい)する, 逆転する; 《競馬用語から》.

── 前 【位置があとに】 **1** ..の後ろに[の], あとに[の]; 〔カウンターなど〕の向こう側に[の]; (↔before, in front of); ..の後ろについて (↔ahead of). There was a large garden ～ the house. 家の裏には広い庭があった. John sits ～ me. ジョンの席は私の後ろです. Shut the door ～ you. (出たら[入ったら]) 後ろのドアを閉めてくれ. I don't like being ～ women drivers. 女性ドライバーの後ろにつくのは願い下げだね. Several bodyguards followed close ～ the VIP. その要人には数人のボディーガードがぴったり後ろについていた. She serves ～ the shop counter. 彼女は店員として働いている.

2 【あとに＞陰で】 ..の陰に(隠れて), 陰の, 裏面に[の]; ..の原因[理由]となって. The child was hiding ～ a curtain. その子はカーテンの陰に隠れていた. a pencil ～ his ear 耳に挟んだ鉛筆. Who is ～ the plot? だれがそのたくらみの陰にいるのだ. There must be something ～ his sudden resignation. 彼の突然の辞職の裏には何か理由があるに違いない. ～ a person's back [the scenes] →back, scene, (成句).

【後ろ楯(だて)して】 **3** (**a**) ***..***の味方をして, ..を支持して.

The President had the whole nation ~ him. 大統領は全国民に支持されていた. (**b**) ..の背後に(経験として). The pilot has ten years of flying ~ him. その飛行士は 10 年の飛行経験がある. Three failed marriages are ~ him. 彼は3度結婚を失敗した経験がある. 【時間・進度があとに】 **4** **..に遅れて**. The plane arrived an hour ~ its time. 飛行機は 1 時間遅れて着いた. **5** **..に遅れて**; ..に遅れをとって, 負けて; 〈*in* ..で〉. The work is a few weeks ~ schedule. 仕事は 2, 3 週間予定より遅れている. Tom is ~ everybody *in* mathematics. トムは数学でだれよりも遅れている. We're two points ~ the rival team. 我々は相手チームに 2 点負けている.

gét behind.. 〚米俗〛..を吸い[飲み]始める.

gróove behind.. 〚米俗〛..を大いに楽しむ.

—— 名 Ⓒ **1** 〚話・婉曲〛しり, けつ, (buttocks); 〚米俗〛セックス(の相手). smack a child's ~ 子供のしりをたたく. fall on one's ~ しりもちをつく. **2** 〚米俗〛〈one's [a person's] ~ で〉体 (★one(self), a person の強意表現として用いる). They're out to get your ~. 奴らはおめえをやろうと躍起になってるぜ. **3** 〚オーストラリア式サッカー〛(キックによる) 1 点.

[＜古期英語 (＜be-＋*hindan* 'hind')]

behínd·hànd 形 〈叙述〉 遅れて, 延滞して, 〈*in, with* ..〔支払い, 仕事など〕が〉. I was a little ~ *in* my repayments [*with* the rent]. 私はローンの支払い[部屋代]が少し滞っていた. —— 副 遅れて, 滞って.

behìnd-the-scénes 形 舞台裏の; 裏面の, 陰の, 〔工作, 交渉など〕.

†**be·hold** /bihóuld/ 動 (~s|過 過分 **be·held**|~·ing) 他 〚古・雅〛**1** を見る, ながめる, (類語 特に, 珍しいものを見る場合に用いる; →see). **2** 〈命令形で間投詞的に〉見よ (→lo). And, ~, there arose a tempest in the sea. そして, 見よ, 海にあらしが起こった. [＜古期英語「手元に保持する」; be-, hold]

be·hold·en /bihóuld(ə)n/ 形 〚旧・章〛〈叙述〉恩を受けて, 恩義を感じて, 〈*to* ..に〉. I hate to be ~ *to* any man. だれからも恩顧を受けるのは大嫌いだ.

be·hóld·er 名 Ⓒ 見る人. Beauty is in the eye of the ~. 〚諺〛美は見る者の目に宿る《美を感じる目がなければ美は存在しない》.

be·hoof /bihú:f/ 名 〚古〛〈次の成句のみ〉

to [for, on] a person's behóof ＝***to [for, on] (the) behóof of a person*** 人のために.

be·hoove /bihú:v/ 動 他 〚米章〛〈常に it を主語にして非人称構文で用いる〉..にとって必要[適当, 有利]である〈*to* do ..するのが〉. *It* ~s us *to* do our best. 我々はベストを尽くさなければならない. *It* does not ~ [ill ~s] you *to* be impolite to your seniors. 君は目上の人に失礼であってはならない.

be·hove /bihóuv/ 動 〚英章〛＝behoove.

‡**beige** /beiʒ/ 名 Ⓤ ベージュ《染色・漂白しない羊毛の自然の色》; ベージュ色のもの. —— 形 ベージュ(色)の. [フランス語「羊毛の天然の色」]

***Bei·jing** /beidʒí:ŋ/ 名 ペキン(北京)《中華人民共和国の首都; Peking とも書く》.

‡**be·ing** /bí:iŋ/ 動 自 **1** 〈be の現在分詞〉(**a**)〈分詞構文〉*Being* very clever and gentle, this dog is a good companion to me. 非常に賢くおとなしいので, この犬は私にとってよい友達です. other things ~ equal →equal (成句). (**b**)〈be being X: X は 名, 形; 進行形〉I'm ~ patient. 僕は今我慢しているんだよ (★一時的な状態を表す; →I'm patient. (僕は我慢強いたちだ); →be 助 1 語法 (5)). I was ~ a child. 私(の振舞い)は子供っぽかったね. **2** 〈be の動名詞〉*Being* with her grandson always makes her happy. 孫と一緒にいると彼女はいつも楽しい.

being as (how).. ＝***being that..*** 〈非標準〉..であるから(には). ★because や as などを用いるのが普通.

****for the time béing*** **当分の間**, さしあたって, (for the present). Well, it'll do *for the time* ~. まあ当分はそれで間に合うだろう.

—— 助 **1** 〈be の現在分詞〉(**a**)〈be being＋過去分詞: 受動態の進行形〉Our car is ~ repaired at the auto shop. うちの車は自動車工場で修理中だ. (**b**)〈分詞構文〉*Being* left alone, the boy didn't know what to do. 独りぼっちにされて少年はどうしてよいか分からなかった. ★この being はしばしば省略される. **2** 〈be の動名詞: being＋過去分詞の形で〉He hates ~ told to hurry up. 彼は急げと言われるのを嫌がる.

—— 名 (複 ~s /-z/) **1** Ⓤ **存在**, 実在, (existence). in BEING (→成句). **2** Ⓤ **本質**, 実質, (essence). His remark has changed my very ~. 彼の一言で私は生まれ変わってしまった. **3** Ⓤ **生存**, 生命, (life). **4** Ⓒ 〈普通, 形容詞を伴って〉**存在するもの**; **生き物**; 人間. the Supreme *Being* 至高の存在, 神. animate ~*s* 生物. a human ~ 人間.

brìng [càll] ..into béing ..を生じさせる, 生み出す.

còme into béing 生じる, 生まれる, 成立する.

in béing 存在[生存]して(いる), 現存して[の]. the strongest rugby team *in* ~ today 現在最強のラグビーチーム.

Bei·rut /beirú:t/ 名 ベイルート《レバノンの首都》.

be·jew·eled, -elled 〚英〛/bidʒú:əld/ 形 宝石で飾った; 宝石をちりばめたような.

Bel /bel/ 名 ＝Bell 1.

bel /bel/ 名 〚物理〛Ⓒ ベル《音響の強さなどの単位; 10 decibels に相当; ＜Alexander Graham *Bell*》.

be·la·bor 〚米〛, **-bour** 〚英〛/biléibər/ 動 他 **1** について くどくど言う. **2** 〚古〛をひどくやり込める. **3** 〚古〛を強く打つ, 打ちのめす.

Bel·a·rus /bèlərú:s/ 名 ベラルーシ《ウクライナの北, ロシアの西にある共和国で CIS 構成国の 1 つ; 首都 Minsk》.

be·lat·ed /biléitəd/ 形 **1** 遅れた; 遅過ぎた, 遅まきの, 〔挨拶状, 試みなど〕. a ~ arrival 遅刻者. **2** 〚古〛行き暮れた〔旅人など〕. ▷ **~·ly** 副 遅れて, 遅まきながら. **~·ness** 名

Be·lau /bəláu/ 名 ＝Palau.

be·lay /biléi/ 動 (~s|過 過分 ~ed|~·ing) 他 **1** 〚海〛〔ロープ〕を索止栓などに 8 の字形に巻きつけて固定する. **2** 〚登山〛〔ザイル〕を固定する; 〔人〕をザイルで確保する.

Beláy (thère)! 〚もと海俗〛やめろ, もうよし.

—— 名 Ⓒ 〚登山〛ビレイ《ザイルで確保すること》; ザイルをかけて固定するもの《岩角や低木など》.

beláying pìn 名 Ⓒ 索止栓《ロープを巻きつけて船を固定するための舷(げん)側の棒》.

‡**belch** /beltʃ/ 動 他 **1** 〔火山, 煙突などが〕〔煙, 炎など〕をもくもくと吐く, 噴き出す, 〈*out, forth*〉. **2** 〔暴言など〕を吐く. —— 自 **1** げっぷ[おくび]をする (burp) 《放屁(ほうひ)より下品とされている》. **2** 〔煙, 炎などが〕噴出する 〈*out*〉〈*from, out of*..から〉.

—— 名 Ⓒ **1** げっぷ[おくび](の音). give a loud ~ 大きな音を立ててげっぷをする. **2** (煙, 炎などの)噴出.

be·lea·guered /bilí:gərd/ 形 〚章〛**1** 攻囲されて[た]. **2** (言葉で)攻め立てられて[た]; 悩まし続けられて[た], 困難[批判, 非難]にさらされて[た], 〈*with* ..で〉. The Prime Minister was ~*ed with* questions. 首相は質問攻めだった. [＜古期英語]

bel-es·prit /bèlesprí:/ (複 **beaux-es·prits** /bòuzesprí:/) 名 Ⓒ 才人. [フランス語 'fine wit']

Bel·fast /bélfæst, -ˊ|belfá:st/ 名 ベルファスト《英国 Northern Ireland の首都》.

bel·fry /bélfri/ 名 (複 **-fries**) Ⓒ (特に, 教会堂の一部を成す)鐘塔[楼] (bell tower); (鐘塔の)鐘つり場.

hàve báts in the [***one's***] ***bélfry*** →bat².

[＜古期フランス語(＜ゲルマン語「平和の守護者」)]

[belfry]

Belg. Belgian; Belgium.

†**Bel·gian** /béldʒ(ə)n/ 形 ベルギーの, ベルギー人の.
── 名 Ⓒ ベルギー人.

Bel·gium /béldʒəm/ 名 ベルギー《北海沿岸の王国; 首都 Brussels》.

Bel·grade /bélgreid, -grɑ:d, ─ ́|belgréid/ 名 ベオグラード《ユーゴスラヴィアの首都》.

Bel·gra·vi·a /belgréiviə/ 名 ベルグレーヴィア《ロンドン西部の高級住宅地》.

Be·li·al /bí:liəl, -ljəl/ 名 **1**〖聖書〗ベリアル, 悪魔 (Satan); 邪悪の化身. **2** ビーリアル《Milton 作 *Paradise Lost* 中の堕落天使》.

†**be·lie** /bilái/ 動 (→lie²) 他 〖章〗**1**〔物事が〕..だとは思わせない, を隠す. Her girlish complexion ～*d* her real age. 彼女の少女のような顔色からは, とてもほんとの年には見えなかった. His natural prose ～*s* the labor that went into writing it. 彼の自然な散文からみると, それを書くのにあんなに苦労したというのがうそみたいだ.
2〔物事が〕の偽りであることを示す; と矛盾する. Dr. Sweet's nature ～*d* his name. スウィート博士の性格はその名に背くものだった《性格が sweet (甘い)ではなく bitter (辛辣(らつ))だったという意味》.
3〔物事が〕〔期待, 希望など〕を裏切る,〔約束など〕に背く.
[＜古期英語; be-, lie²]

‡**be·lief** /bəlí:f/ 名 (複 **～s** /-s/) ⓊⒸ **1 信じること, 信念,** 所信; 確信 〈*in* ..(の存在)に対する〉; (類語 普通, 理性や証拠に基づいた信念を言う; →confidence, credit, faith, trust). a mistaken ～ 誤った信念. his personal ～*s* 彼の個人的所信. My ～ is [It is my ～] that things will change for the better. (＝I believe that things...) 事態は好転するだろうと私は信じている. Do you have any ～ *in* ghosts? あなたは幽霊がいるといささかでも信じますか.
2 信仰, 信心, 〈*in* ..への〉(→BELIEVE in.. (2)); 〈しばしば ～s〉(宗教的)信条, 教義. Her ～ *in* God is unshakable. 彼女の神に対する信仰は揺るぎないものだ. I can't accept my parents' religious ～*s*. 私は両親の宗教的信条を受け入れられない.
3 信頼, 信用, 〈*in* ..に対する〉(→BELIEVE in..(1)). my ～ *in* his honesty (＝my ～ *that* he is honest) 彼は正直だという私の信頼. I have great ～ *in* that doctor. あの医者を非常に信頼している.

> 連結 a sincere [a firm, a strong; a common, a general, a widespread] ～ // embrace [entertain, hold; abandon, give up, relinquish] a ～; shake a person's ～ in..

◇動 believe

beyond belíef 信じがたいほどで[に, の].

còntrary to pòpular belíef 一般に信じられているのとは逆に[で].

in the belíef that.. ..ということを信じて.

to the bèst of my belíef (間違っているかもしれないが)私の信ずる限りでは.

‡**be·líev·a·ble** 形 信じられる; 信頼[信用]できる; (↔unbelievable). ▷**be·liev·a·bly** 副

‡**be·lieve** /bəlí:v/ 動 (**～s** /-z/|過 過分 **～d** /-d/|**-liev·ing**) 他 **1 (a)** を信じる, 信用する, の言うことを信じる. If you ～ that, you'll ～ anything. 〖話〗それを本気にしたら, 何でも信じることになる; そんなの信じるのは, ばかだ. I ～ you. (＝I ～ what you say.) 僕は君の言葉を信じる. I don't [can't] ～ ˪a word [any] of it! そんなのひと言も[全然]信じない[られない]《驚きの気持ちを表す》.
(b) Ⅵ (～ *that* 節/*wh* 節) **..ということを/..かを信じる, ..と思う.** We have reason to ～ *that* Ted leaked the secret. テッドが秘密を洩らしたと信じる根拠がある. In the medieval age it was ～*d that* the earth was flat. 中世には地球は平坦だと信じられていた. Nobody will ～ *how* sorry I was for what I'd done. 私が自分のしたことをどんなに後悔したかだれも信じまい. I ～ (*that*) the ship will arrive on schedule. 船は必ず予定通りに着くと思う (語法 未来時制の that 節を導く I believe は I think に等しくこれを省略しても全体の意味は変わらない.従って次の例文中の I don't ～ I'll は I won't に等しく, 全体は「今夜デザートは欲しくない」の意味になる: I don't ～ I'll have any dessert tonight.). I don't ～ (*that*) I've heard that name. その名前は聞いたことがないと思う. 語法 so, not で that 節を代表させることがある: "Will it be fine tomorrow?" "I ～ so [not]."「明日は晴れるでしょうか」「そう思います[晴れないと思います]」.
2 (a) VOC (～ X (*to be*) Y) XがYであると信じる. I ～ him (*to be*) intelligent.＝I ～ (that) he is intelligent (→1 (b)). 彼は聡(そう)明だと信じる (★that 節より文章体). He ～*s* himself (*to be*) a genius. 彼は自分が天才だと思い込んでいる. This story is widely ～*d to be* true. この話は本当だと広く信じられている.
(b) VOC (～ X *to do*) Xが..すると信じる (語法 to do は普通, 完了形か進行形, または習性, 状態を表す意味内容のもの). I ～ him *to* keep his promises.＝I ～ that he keeps his promises. 彼は約束を守る男と信じる. I ～ her *to* have written it. 彼女がそれを書いたと私は信じている.
3 〈I ～ として挿入的, 付加的に用いて〉**確か..だと思う** (think, suppose). Jack is, I ～, Mary's second cousin.＝Jack is Mary's second cousin, I ～. ジャックはたしかメリーのまたいとこだと思う.
── 自 信じる; 信頼する; 信仰を持つ. Be not afraid, only ～. 恐れないで, ただ信じなさい. ～ in.. (→成句).
◇名 belief

****belíeve in..*** (1)〔人(の人格, 能力など)〕**を信頼する,** 信用する. I ～ *in* him. 彼(の能力)を信じている. (2) ..を信仰する. ～ *in* Christianity キリスト教を信じる. (3) **..の存在を信じる.** ～ *in* hell 地獄があるものと信じる. He ～*s in* the supernatural. 彼は超自然的なものがあると信じている. (4) ..の価値[正しさなど]を信じる, ..をよいと思う. We ～ *in* democracy. 我々は民主主義をよいと思う. ～ *in* getting plenty of sleep 睡眠を十分とるのがよいと信じている.

belìeve it or nót 〖話〗信じられないかも知れないが実際に[本当は]《＜君がそれを信じようと信じまいと》.

belíeve (you) mé 〖話〗〈挿入的に〉ほんとに, ほんとうですよ, (→you KNOW, I (can) TELL you).

Dòn't you bélieve it! 〖話〗まさか, そんなわけがない. "She's over sixty." "*Don't you* ～ *it!*"「彼女は 60 過ぎだ」「まさか」.

****màke belíeve*** ˪***that..*** [***to do***] **..という[する]ふりをする;** ..である[する]と見せかける (★that 節の方が普通); (→make-believe). The children *made* ～ (*that*) they were Indians. 子供たちはインディアンごっこをした.

not belíeve one's éyes [***éars***] (予期していたこととあまりに違うので)わが目[耳]を疑う.

would [***could***] ***belíeve*** Y ***of*** X X (人)ならYをやるだろうと納得する[できる]〈普通, 否定文で〉. Jill's getting a divorce again? I *would*n't ～ it *of* her. ジルがまた離婚だって. 彼女がそんなことするとは信じられない.
would you belíeve (***it***)***!*** 〖話〗〈驚き, 当惑を表して挿入的に〉驚くなかれ, (そんなこと)信じられるか.
You'd bètter belíeve it! 〖話〗それは信じるべきだ; 本当だとも. 「*ġe-* が be- に置き換えられた」
[＜中期英語 *bileven*; 古期英語 *ġelīefan* の接頭辞↑

†**be·liev·er** /bəlíːvər/ 名 C 信じる人〈*of* ..を〉; 信奉者, 信者,〈*in* ..の〉. a ～ *of* rumor うわさを信じる人. a ～ *in* Mormonism モルモン教徒. She is a great [firm] ～ *in* (leading) a regular life. 彼女は規則正しい生活をするのがよいと固く信じている.

be·líev·ing 名 U 信じること. Seeing is ～. → seeing 名. ── 形 信じる; 信仰のある. ▷～**·ly** 副 信じて; 信仰心をもって.

Be·lì·sha béacon /bəlìːʃə-/ 名 C 〖英〗(柱の先にランプが点滅する)ベリーシャ街灯 《横断歩道の存在を自動車運転者に知らせる; 導入時 (1937) の運輸大臣 Leslie Hore-*Belisha* (1893-1957) の名から》.

[Belisha beacon]

‡**be·lit·tle** /bilítl/ 動 他 〖章〗 **1** を見くびる, 軽んじる; をけなす. **2** を小さく[少なく]する[見せる].
belíttle onesèlf みずから卑下する. ▷～**·ment** 名

Be·lize /bəlíːz/ 名 ベリーズ《中央アメリカの国; 1981 年英領から独立; 首都 Belmopan /bèlmoupǽn|-mə-/》.

Bell /bel/ 名 **1** Isabel(le), Isabella の愛称. **2** **Alexander Graham** ～ ベル (1847-1922)《スコットランド生まれの米国の発明家; 電話の発明者》.

‡**bell** /bel/ 名 (複 ～**s** /-z/) C **1 鐘**, 釣り鐘; ベル, 鈴, 呼び鈴; 鐘[ベル]の音. church ～*s* 教会の鐘. an electric ～ 電鈴. The ～ sounded [rang, went] right in the middle of our discussion. 議論の真っ最中にベルが鳴った. There's the ～. ほらベルが鳴っている《玄関に人が来た時など》. answer the ～ ベルに答える《来客の取り次ぎに玄関に出るなど》.
2 鐘状のもの《花冠, ラッパの口など》.
3 〖海〗〈普通 ～*s*〉時鐘《4 時間単位で交替する当直時間 (→watch 名 2) の間に 30 分ごとに打つ; 例えば 12 時から 4 時までの時間帯なら 12:30 が 1 点鐘, 1:00 が 2 点鐘, 4:00 が 8 点鐘》. at 3 ～*s* 3 点鐘に.
(***as***) ***clèar as a béll*** 〖話〗〔音, 声などが〕澄み切った, はっきりした; 〔物事が〕明白で[な].
(***as***) ***sòund as a béll*** 〖話〗この上なく健康で[な], ぴんぴんして; 〔物が〕完全無欠で[な].
be sàved by the béll (1)〔ボクサーが〕試合終了のゴングで助かる. (2)〖話〗人の来訪[時間切れ]などで難を救われる.
give a person a béll 〖英話〗人に電話をする.
rìng a [***the***] ***béll*** →ring².
with béllson 〖米話〗喜び勇んで(かならず); 晴れ着姿で; 〔出席する, 行くなど〕.
── 動 他 **1** に鈴を付ける. **2** を鐘状にふくらます[広げる]〈*out*〉. ── 自 鐘状にふくらむ.
bèll the cát みんなのために命がけの仕事をする《＜猫の首に鈴を付ける; イソップ物語から》. [＜古期英語]

Bel·la /bélə/ 名 Arabel(la), Isabel(la) の愛称.

bel·la·don·na /bèlədɑ́nə|-dɔ́nə/ 名 **1** C ベラドンナ, セイヨウハシリドコロ, (deadly nightshade)《ナス科の有毒植物》. **2** U ベラドンナ剤《毒薬》. [イタリア語 'beautiful lady']

béll-bòttomed 形 〔ズボンが〕らっぱズボン型の, ベルボトム型の, フレアーの, すそ広がりの.

béll-bòttoms 名 〈複数扱い〉らっぱズボン, ベルボトム, 《すその広がったズボン》.

béll·bòy 名 (複 ～**s**) C 〖主に米〗(ホテル, クラブの)ボーイ, 給仕, (page (boy)). 「警鐘が鳴る》.

béll bùoy 名 C 〖海〗ベルブイ, 打鐘浮標, 《波動で↑

béll càptain 名 C 〖米〗(ホテル, クラブの)ボーイ長.

belle /bel/ 名 C 〖旧〗美人; (パーティーなどでの)一番の美人, (→男 beau). the ～ of the ball 舞踏会の'花'. [フランス語 'beautiful' (女性形); →beau]

Bel·ler·o·phon /bəlérəfən/ 名 〖ギ神話〗ベレロポーン《Pegasus に乗り怪物 Chimera を退治した勇士》.

belles-let·tres /bèllétr(ə)/ 名 〈単複両扱い〉(広義の)文学《特に芸術的価値のある随筆, 評論, 史論, 詩を言う; 科学[学術的]論文などと区別して》. [フランス語 'fine letters']

béll·flòwer 名 C ホタルブクロ《キキョウ科ホタルブクロ属の植物の総称; フウリンソウ, ツリガネソウなどを含む》.

béll fòunder 名 C 釣り鐘鋳造師.

béll glàss 名 C 釣り鐘形のガラス器《実験機械や陳列品などの保護のためにかぶせる》.

béll·hòp 名 〖米〗＝bellboy.

bel·li·cose /bélikòus/ 形 〖章〗好戦的な (warlike); けんか好きな. 「こと; けんか好き.

bel·li·cos·i·ty /bèlikɑ́səti|-kɔ́s-/ 名 U 好戦的な↑

-bel·lied /bélid/ 〈複合要素〉(..の)腹をした, (..)腹の. a big-[pot-]*bellied* man 太鼓腹の人.

bel·lig·er·en·cy, -ence /bəlídʒ(ə)rənsi/, /-rəns/ 名 U **1** 交戦状態. **2** 好戦性, 闘争的態度.

†**bel·lig·er·ent** /bəlídʒ(ə)rənt/ 形 **1** 交戦中の; 交戦国の. **2** 好戦的な; 闘争的な; (quarrelsome). ── 名 C 交戦国; 闘争する人. [＜ラテン語「戦争をする」(＜*bellum* 'war')] ▷～**·ly** 副 好戦的に, けんか腰で.

béll jàr 名 ＝bell glass.

béll·man /-mən/ 名 (複 **-men** /-mən/) C **1** 鐘を鳴らす人; (町の)触れ役 (town crier)《昔, 鐘を鳴らしながら触れ歩いた》. **2** 〖米〗＝bellboy. 「神》.

Bel·lo·na /bəlóunə/ 名 〖ロ神話〗ベロナ《戦争の女↑

Bel·low /bélou/ 名 **Saul** ～ ベロー (1915-)《カナダ生まれの米国作家; 1976 年ノーベル文学賞受賞》.

‡**bel·low** /bélou/ 動 自 **1** 〔牛, 象などが〕大声で鳴く, ほえる. **2** 〔人が〕大声でどなる; うめく〈*with* ..〔苦痛など〕で〉. **3** 〔大砲が〕とどろく; 〔風が〕うなる. ── 他 VO (～ X/"引用") X を/「..」とどなって言う〈*out, forth*〉〈*at* ..に〉. ～ orders *at*.. ..に大声で命令する. "Shut up!" he ～*ed*.「黙れ」と彼は大声でどなった.
── 名 C **1** 牛などの鳴き声. **2** (人の)どなり声.
[＜古期英語; bell と同源か]

bel·lows /bélouz/ 名 (複 ～) C **1** ふいご. a pair of ～ ＝a ～ ふいご 1 つ. The ～ are [is] not working. ふいごは故障している. 参考 a pair of ～ は両手で動かすもの, (the) ～ は据え付けのもの. **2** (オルガン, アコーディオンなどの)送風装置. **3** (カメラなどの)蛇腹. [＜中期英語; ?＜古期英語 *belga* (*beliġ* 'belly' の複数形)]

béll pèpper 名 C 〖米〗ピーマン (sweet pepper, 〖英〗pepper).

béll pùll 名 C ベルの引き紐(ひも)[手].

béll pùsh 名 C ベルの押しボタン.

béll rìnger 名 C 鐘つき男.

béll rìnging 名 U 鳴鐘術.

béll tènt 名 C 鐘型テント.

béll tòwer 名 C (教会などの)鐘塔[楼].

bell·weth·er /bélwèðər/ 名 C **1** 先導羊《首に鈴を付けて他の羊を導く雄羊》. **2** 〖主に米〗(経済, 流行などを)リードするもの, 牽(けん)引役. Tokyo is the ～ of national price trends. 東京は全国の物価動向をリードする. **3** 先導者; 首謀者.

***bel·ly** /béli/ 名 (複 **-lies** /-z/) C **1** 〖話〗**腹**, おなか, (abdomen) (★普通, この語より上品な stomach を用いる); (動物の)腹部. a big beer ～ ビール腹. on one's ～ 腹ばいになって. **2** 〖話〗胃 (stomach). go to bed with an empty ～ 空腹のまま寝る. **3** (楽器, 瓶などの)膨らんだ部分, 胴. **4** (船, 飛行機などの)内部, 船内, 機内; 下部, 胴体. land on its ～ 〔飛行機が〕胴体着陸する.

go* [*turn*] *bèlly úp 〖主に米話〗(魚のように)腹を上にして死ぬ; 失敗する.

── 動 (**-lies** | 過 過分 **-lied** | **～·ing**) 自 〔帆などが〕膨らむ 〈*out*〉. ── 他 を膨らます 〈*out*〉.

bèlly úp to . . 〖米話〗. . に近うく; . . にぴったり寄る.

[＜古期英語 *belig*「袋」]

bélly·àche 名 **1** UC 〖話〗腹痛. **2** C 〖俗〗ぼやき, 不平, 《腹痛を訴えるような》. ── 動 自 〖俗〗ぶつぶつ言う, ぼやく, 〈*about* . . のことを〉.

bélly·bànd 名 C (馬の)腹帯.

bélly bùtton 名 C 〖話〗臍(へそ) (navel).

bélly dànce 名 C ベリーダンス《腹をくねらせて踊る中近東の踊り》.

bélly dàncer 名 C ベリーダンスの踊り手.

bélly·flòp 名 C 〖話〗腹打ち飛び込み《下手なやり方》. ── 動 自 腹打ち飛び込みをする.

bélly·fùl /-fùl/ 名 C **1** 腹一杯. **2** 〖話〗〈普通, 単数形で〉いやというほどたくさん. I've had a ～ *of* trouble. 私はいやというほど苦労してきた.

bélly·lànd 動 自, 他 (を)胴体着陸する[させる].

bélly lànding 名 C 胴体着陸.

bélly làugh 名 C 〖話〗(腹を揺する)大笑い.

‡**be·long** /bilɔ́ːŋ | -lɔ́ŋ/ 動 (**～s** /-z/ | 過 過分 **～ed** /-d/ | **～·ing**) 自 〈進行形不可〉

1 VA (**～ *to* . .**) **. . に属する**, . . の持ちものである. This house ～*s to* my uncle. この家はおじのものだ. the land ～*ing to* the company 会社所有の土地. His heart ～*ed to* her. 彼は彼女に心を奪われていた.

2 VA (**～ *to* . .**) **. . に(会員などとして)所属する**, . . の一員である. I ～ *to* the drama club. 私は演劇部に入っている.

3 VA (**～ *to, in, under* . .**) **. . の部類に入る**; (**～ *to* . .**) (部品などとして) . . の一部である, . . に合う; (**～ *with* . ./*together***) (. . と)一対になる, 一体を成す. The tiger ～*s to* the cat family. トラはネコ科の動物だ. They don't ～ *under* that category. 彼らはその範疇(ちゅう)に属さない. This lid ～*s to* that jar. このふたはあのジャーの(ふた)だ. Tom ～*s with* me [Tom and I ～ *together*]. トムは私と[トムと私は]一心同体だ.

4 (**a**) VA 本来ある[いる]べきである, ある[いる]のがふさわしい, 〈*in, on* . . に/*with* . . と共に〉. I feel that I don't really ～ here. どうもここは私には場違いな気がする. You ～ *in* a better place than this. 君はもっとましな地位にあるべき人だ. This pan ～*s on* the shelf. このなべの場所は棚の上だ. Little children ～ *with* their parents. 小さな子供は本来両親と一緒にいるべきだ.

(**b**) (環境に)溶け込む, なじむ. He remains aloof and doesn't ～. 彼は相変らずよそよそしく溶け込まない.

5 VA (**～ *to* . .**) 〔時代などが〕. . のものになる, の成功[勝利]を見る. The new century ～*s to* information science. 新しい世紀は情報科学の時代だ.

[＜中期英語 (＜*be-* (強意)＋*longen*「ふさわしい」)]

†**be·long·ing** /bilɔ́ːŋiŋ | -lɔ́ŋ-/ 名 **1** 〈～s; 複数扱い〉持ち物, 身の回り品. pack [tidy] up one's ～*s* 自分の身の回り品の荷造り[整頓(とん)]をする. **2** U 密接な関係, 親近性. a sense [feeling] of ～ 帰属意識, 一体感.

Bel·o·rus·sia /bèlourʌ́ʃə/ 名 ＝Belarus.

†**be·lov·ed** /bilʌ́v(ə)d/ 形 **1** 〈限定〉かわいい, 最愛の; 大事な, 愛用の. my ～ daughter いとしの娘. his ～ lighter 彼の愛用のライター. **2** /bilʌ́vd/ 〈叙述〉かわいがられる 〈*by, of* . . に〉. She is ～ *by* [*of*] everyone. 彼女はだれにでも愛される (★of は〖章〗).

── 名 〖雅〗〈one's ～〉最愛の人. my ～ おまえ, あなた, 《夫, 妻, 愛人などに対する呼びかけ》.

[〖廃〗*belove*(＜*be-* (強意)＋love) の過去分詞]

‡**be·low** /bilóu/ 前 【一定の基準より下の】 **1** (位置的に) **. . より下に[の]**, より低く; . . の階下に; (↔above; 類語 under はあるものの「真下に」, below はあるものから離れて「より下に」の意味で必ずしも真下でなくてもよい; 又 beneath は under, below の両方の意味を表すが〖英〗では〖古〗又は〖雅〗). skirts that reach just ～ the knee ちょうどひざ下丈のスカート. The sun went ～ the horizon. 太陽は地平線下に没した. My study is ～ this room. 私の書斎はこの部屋の下です.

2 . . より下流に, の下手(しもて)に; . . より南に; (↔above). ～ the bridge 橋の下流に.

3 (数量, 程度などが) **. . 以下の[で]**, より少なく; . . 未満で; (↔above). Your work is (way) ～ average. 君の仕事は平均を(はるかに)下回っている. ten degrees ～ zero 零下 10 度. ～ freezing 〔気温が〕零度以下で. live ～ one's income 自分の収入以下[以内]の生活をする. The checkup is free for children ～ the age of five. 5 歳未満の子供の健康診断は無料です. 参考 ～ one's breath (声をひそめて), women ～ 30 (30 歳未満の女性), income ～ £50,000 (5 万ポンド以下の収入) などでは under を用いるほうがより自然な言い方.

4 (能力, 価値などが) . . より劣った[て]; . . より下位で; (↔above; 類語 単に上下関係を表すだけ; →beneath 3). John is ～ Tom in rank but not in intelligence. ジョンはトムより階級は下だが知能は劣っていない.

【基準に達しない】 **5** **. . に値しない**, ふさわしくない; . . の品位にかかわる; (★この意味では beneath が一般的). You are ～ contempt. 君は軽蔑にも値しない. It's ～ you to say that. そんなことを言えば君の品位にかかわる.

── 副 **1** 下に[へ, で]; 地下に; 下流に, 川下に; (↔above). We saw the lake far ～. ずっと下の方に湖が見えた. from ～ 下(の方)から. **2** 階下に[で] (↔above); 〖海〗下の甲板に, (甲板下の)船室[船倉]に (★go ～ などで). the classroom ～ 下の階の教室.

3 (ページの)下の方に; (本の)あとの部分に; (↔above). For details, see ～. 詳細は以下を見られたい. See the footnote on p.75 ～. 後出 75 ページの脚注を見よ.

4 〖雅〗(天上に対して)地上に, 下界に; 地獄に; (↔above). **5** 〖話〗(数量が)以下で; 零下. . (below zero). children of six and ～ 6 歳未満の子役. The temperature is 10 degrees ～. 気温は零下 10 度だ.

***Belów* (*thère*)!** 下の者, 気をつけろよ《物を落とす時の注意》.

dòwn belów ずっと下に[で]; 地階に, 〖海〗船倉に; 地下[地獄]に.

(hère) belów この世で, 現世で.

[＜中期英語; be-, low[1]]

‡**belt** /belt/ 名 (複 **～s** /-ts/) C 【帯】 **1** ベルト, バンド, 帯. a leather ～ 革のベルト. buckle [fasten] one's ～ ベルトを(バックルで)留める. undo [unfasten] one's ～ ベルトをはずす, 緩める. →safety belt. **2** (機械の)ベルト, 調べ皮; (飛行機, 自動車などの)シートベルト. →conveyer belt, fan belt. **3** (伯爵, 騎士の)礼帯; (ボクシングの優勝者が帯びる)チャンピオンベルト; (柔道, 空手の)帯 (→black belt). **4** (気候, 地形, 産物などの)地帯; しま. a forest ～ 森林地帯. a wheat ～ 小麦(産出)地帯.

【皮帯で打つこと】 **5** 〖話〗強いひと打ち. **6** 〖米俗〗

(酒の)ぐい飲み. take a ～ at the bottle 酒をラッパ飲みする.
(at) fùll bélt〖話〗全速力(で).
bèlt and bráces〖英話〗石橋をたたいて渡るやり方. wear a ～ *and braces* (→brace (成句)).
hìt** (a person) **below the bélt〖ボクシング〗(人に)ローブローする《ベルトより下を打つ; 反則》;〖話〗(人に)卑怯(ひきょう)なまねをする,〔行動が〕(人に対して)卑怯である. His comment *hit* (me) *below the* ～. 彼の批評は(私には)まるでローブローだ《批評のルールに反している》.
tìghten** one's* [the***] ***bélt*** (1) バンドを締める. (2) 食わずに済ます; 耐乏生活をする;《「バンドを締めて空腹を我慢する」ことから》.
under** one's* ***bélt (1) (食べ物を)腹に入れて. (2)〖話〗経験[獲得]して, ものにして. Chaplin already had several successful pictures *under* his ～. チャップリンはすでにいくつか映画を当てた実績を持っていた.
── 動 他 **1** に帯を巻く, ベルトを締める, 〈*up*〉; VOA を帯で..に着ける. ～ a sword *on* [*to* one's waist] 腰に刀を帯びる. **2** に筋[しま]を付ける. **3** を皮帯で打つ;〖話〗を(手で)殴る, ひっぱたく. Shut up, or I'll ～ you (one). 黙らないと一発くらわすぞ. **4**〖米俗〗〔酒〕をぐいと飲む〈*down*〉. ── 自 VA〖英俗〗〔人, 車が〕飛ばす, 疾走する, 〈*along, up, down*〉. He was ～*ing along* (the highway) at 80 mph. 彼は(ハイウェイ)を時速 80 マイルで飛ばしていた.
bèlt /../ óut〖話〗..を勢いよく歌う[演奏する].
bèlt úp (1)〖話〗シートベルトを締める. (2)〖英話〗静かにする, おしゃべりをやめる, 〈普通, 命令形で〉.
[＜ラテン語「帯」]

belt·ed /béltəd/ 形 ベルト付きの; 礼帯[チャンピオンベルト]を着けた; 筋[しま]のある.

bélt hìghway 名 ＝beltway.

bélt·ing 名 **1** U ベルトの材料; 〈集合的〉 ベルト類. **2** aU〖話〗(皮帯で)ひっぱたくこと. give a person a good ～ 人を思いっきりひっぱたく.

bélt lìne 名 C〖米〗(電車, バスの)環状線.

bélt-tìghtening 名 U 倹約, 支出削減; 緊縮期間.

bélt·wày 名 (複 **～s**) C〖米〗(都市周辺の)環状道路 (〖英〗ring road); 〈the B-〉ワシントン市の環状道路.

be·lu·ga /bəlúːɡə/ 名 C **1**〖魚〗シロチョウザメ《黒海, カスピ海産; その腹子は caviar になる》. **2**〖動〗シロイルカ《北極海周辺産; ＝white whale》.
[＜ロシア語「白い」]

bel·ve·dere /bélvədìər/ 名 C (屋上などの)展望台; 見晴らし用あずまや. [イタリア語 'beautiful sight']

be·ly·ing /biláiiŋ/ 動 belie の現在分詞.

be·mire /bimáiər/ 動 他 を泥まみれにする.

‡**be·moan** /bimóun/ 動 他〖章〗を悲しむ, 嘆く.

‡**be·mused** /bimjúːzd/ 形 茫(ぼう)然とした; 困惑した.

Ben /ben/ 名 Benjamin の愛称.

ben /ben/ 名〖スコ〗〈主に B-; 山の名に用いて〉山頂; 山. →Ben Nevis.

‡**bench** /bentʃ/ 名 (複 **bénch·es** /-əz/) **1** C ベンチ《背もたれのないものも言う; →chair, stool, sofa》. sit on a park ～ 公園のベンチに座る. **2** C (ボートの)こぎ手の座. **3** C (大工, 靴屋などの)仕事台. **4** 〈the ～〉 **(a)** 判事席; 〈集合的〉 裁判官, 判事; 裁判所 (→the King's Bench). A judge takes the ～.〖米〗判事が着席する, 開廷する. **(b)** 〈単複両扱い〉〈集合的〉(特定の法廷で審理中の)裁判官 (→bar[1] 13); 裁判官の職.
5 C 〈普通 the ～es〉〖英〗(議会の)議席 (→seat). There were shouts of anger from the Conservative ～*es*. 保守党席から怒号がとんだ. →frontbench.
6 C (野球などの)ベンチ, 選手席; 〈集合的〉 控えの選手, 補欠. warm the ～〖米〗補欠選手でいる.
be [***sìt, sèrve***] ***on the bénch*** (1) 判事の職にある; 判事席についている, 審理中である. (2)〖米・スポーツ〗控えの選手でいる.
── 動 他 **1** にベンチを備える. **2**〔犬など〕を品評会の陳列台に載せる. **3** を判事席[役職など]につかせる. **4**〖米・スポーツ〗〔選手〕をベンチにさげる, 試合からはずす.
[＜古期英語; bank[1], bank[2] と同源]

bénch·er 名 C **1** ベンチに座る人《判事, 英国議会の議員など》. **2**〖英〗法学院 (Inns of Court) の幹部.

bénch·màrk 名 C 〈普通, 単数形〉 **1**〖測量〗水準点《地中に埋めたコンクリートの柱などに記して恒久的にその地点の高度を示す; 略 BM》. **2** (一般に判断などの)基準, 目安. **3**〖電算〗ベンチマーク《コンピュータの性能を判定する評価基準》.

bénch·mark tèst 名 C〖電算〗ベンチマークテスト《ベンチマークによる性能テスト》.

bénch prèss 名 aU ベンチ・プレス《ベンチに仰向けになったままバーベルを押し上げる運動》.

bénch sèat 名 C (2, 3 人並んで座れる)車の(幅いっぱいの)座席.

bénch wàrmer 名 C〖米〗〖スポーツ〗(試合に出ない)控えの選手.

bénch wàrrant 名 C〖法〗判事[裁判所]の逮捕令状.

‡**bend**[1] /bend/ 動 (**～s** /-dz/|過 過分 **bent** /bent/|**bénd·ing**) 他【曲げる】 **1** を曲げる, 折り曲げる;〖廃〗〔弓〕を引く. ～ a wire [stick] 針金[棒]を曲げる. ～ one's knees ひざを曲げる; あいさつする.
2〔頭〕を垂れる;〔背中〕を丸める;〔ひざなど〕を屈する. He *bent* his head before the image of the Virgin Mary. 彼は聖母マリアの像に頭を垂れた.
3【人の意志, 規則を曲げる】を屈服させる, 無理やり従わせる, 〈*to* ..に〉;〔規則, 真実など〕をねじ曲げる. He ～*s* everybody *to* his will. 彼はだれでも自分の意志に従わせる. ～ the law [facts] 法[事実]を曲げる.
4【方向を曲げる】VOA の方向を..の方に変える;〔視線, 努力など〕を向ける, 集中する. The boy *bent* his steps *away from* the main street. 少年は方向を変えて本通りから離れた. He *bent* his eyes *on* the picture. 彼はその絵に目を向けた. He *bent* his mind [efforts] *to* (finishing) his task.〖章〗彼は仕事(の完成)に心[努力]を傾けた. be *bent* on .. (→bent[1] 形 2).
── 自 **1** 曲がる; 傾く; 体を曲げる, かがむ; 〈*over, down, forward*〉〈*to, before* ..によって〉(類語 普通, まっすぐなものが力によって曲げられる場合に言い, 必ずしもこれが弧形になるとは限らない; →crook, curve). Lead ～*s* easily. 鉛は簡単に曲がる. Bamboos ～ *before* [*to*] the wind. 竹は風でたわむ. I *bent over* [*down, forward*] to pick up the pen. 私はペンを拾おうと身をかがめた. ～ over ..の上にかがみこむ, ..にのしかかる; ..に精を出す.
2 屈服する, 従う, 〈*to, before* ..に〉. He finally *bent to* my wishes. 彼はついに私の要望に従った.
3 VA 方向が変わる, 向かう. About two miles farther on, the road *bent* sharply *to* the right. さらに 2 マイルほど行くと道路は右に急カーブした.
bènd a person's éar〖話〗人に(迷惑な)話を聞かせる; 人に長々としゃべる.
bénd oneself to.. ..に精を出す.
bènd [***lèan***] ***over báckward*** →backward.
bènd the knée to.. →knee.
── 名 (複 **～s** /-dz/) C **1** 曲がり, たわみ, 屈曲; (道路, 川などの)曲がり目; (競争路[トラック]の)コーナー; 曲がった部分. a sharp ～ in the road 道路の急カーブ. **2** 曲げる[曲がる]こと; 体(の部分)を屈すること. do a warm-up exercise with a few knee ～*s* 2, 3 回ひざを曲げて準備運動をする. **3** 〈the ～s; 単複両扱い〉〖話〗＝caisson disease.
around [〖英〗***round***] ***the bénd***〖話・しばしば戯〗気がふれて; 頭にきて. This hard work will drive [send] me *round the* ～. こんなきつい仕事では気が変になる. I'm

going *round the* ～. 頭が変になりそうだ.
[<古期英語「弓を引き絞る」]

bend[2] 名 C 1〘海〙(ロープの)結び目. a fisherman's ～ 錨(いかり)結び. 2〘紋章〙斜帯《盾形に向かって左上から右下への帯状紋様》.

bend·a·ble /béndəbl/ 形 曲げられる, 曲がる.

bènd déxter 名 C〘紋章〙斜帯《左上から右下へ向かう斜帯》.

bend·ed /béndəd/ 形 曲げ(られ)た(★bend の古い過去分詞; 現在は次の成句でのみ用いる).
on bènded knée(s)〘章〙ひざまずいて〔懇願するなど〕.

bénd·er 名 C 1 曲げる人; 曲げる道具《やっとこ, ペンチなど》. 2〘俗〙飲み騒ぎ. go on a ～ 大酒を飲む.

bènd sínister 名 C〘紋章〙逆斜帯《右上から左下へ向かう斜帯; 庶子の印; →dexter》.

bend·y /béndi/ 形 e 1〔道などが〕曲がりくねった. 2〘話〙曲げやすい (flexible).

ben·e- /bénə/〈複合要素〉「良, 善」の意味. ◇↔mal-

⁑**be·neath** /biní:θ/ 前【下に】 1 ..の(すぐ)下に[へ] (under); ..より下に[へ] (below); (★1 と 2 の意味では〘英〙では〘古〙又は〘雅〙で, 代わりに under, below が用いられる; →below 1 類語). We sat ～ [under] the tree. 我々は木の下に座った. live ～ [under] the same roof 同じ屋根の下に住む. feel the soft ground ～ [under] one's feet 足の下に柔らかい地面を感じる. The parade passed ～ [below] my window. パレードは私の窓の下を通った. ～ the sun＝under the SUN (成句).
2【(力などの)下で】(..の力)に押されて, の重みで; ..の影響[勢力]下で; ..の下に(隠れて). The ice will crack ～ our weight. 我々の重みで氷が割れるだろう. The business prospered ～ his guiding hand. 彼の指導の下で商売は繁盛した. I sensed anxiety ～ their gaiety. 私は彼らの陽気さの下に不安を感じ取った.
【より低い】 3 (身分, 知能などが)..より劣って, より低い, (類語 普通, 軽蔑の意味を含む; →below 4). The pupil is too far ～ others to catch up. その生徒はほかの連中にあまりにも劣っていてとても追いつけまい. marry ～ one 自分より身分の低い人と結婚する.
4 ..に値しない, にふさわしくない; ..の品位にかかわる. ～ contempt 軽蔑にも値しない. Her foolish idea is ～ notice. 彼女のばかげた考えは考慮に値しない. It is ～ him to do a thing like that. そのようなことをするのは彼の品位を落とす. ～ one's dignity→dignity (成句).
── 副〘章〙1 すぐ下に; 下の方に; (外見の)裏に隠されて. 2 (身分などが)より劣って. 3〘古〙現世で; 地獄で.
[<古期英語 (<be-＋*neothan* 'down')]

Ben·e·dict /bénədìkt/ 名 1 男子の名. 2 **Ruth Fulton** ～ (1887–1948) ベネディクト《米国の人類学者; 日本論 *The Sword and the Chrysanthemum*『菊と刀』で有名》. 3 **St.** ～ 聖ベネディクト (480?–543?)《ベネディクト教団を創始したイタリアの修道士》.

Ben·e·dic·tine /bènədíktən 移/ 形 ベネディクト教団の. the ～ order ベネディクト修道会. ── 名 1 C ベネディクト教団の修道士[女] (→Black Monk). 2 /-ti:n/ U〘商標〙〈しばしば b-〉ベネディクティン《もとベネディクト修道院で作られたリキュールの一種》.

ben·e·dic·tion /bènədíkʃ(ə)n/ 名 UC〘章〙祝福 (blessing); 祝禱(しゅくとう)《特に礼拝の終わりに牧師が行うもの》. [<ラテン語「祝福」]

ben·e·dic·to·ry /bènədíktəri/ 形 祝福[祝禱]の.

Ben·e·dic·tus /bènədíktəs/ 名〘キリスト教〙ベネディクトゥス《Benedictus (＝blessed) で始まるラテン語の賛歌; 2 種ある》.

ben·e·fac·tion /bènəfǽkʃ(ə)n/ 名〘章〙1 U 善行; 慈善. 2 C 慈善行為; 施し物, 寄付(金).

†**ben·e·fac·tor** /bénəfæ̀ktər/ 名 C 1 恩恵を施す人. 2 (学校, 慈善事業などの)後援者, 寄付者.

ben·e·fac·tress /bénəfæ̀ktrəs/ 名 benefactor の女性形.

ben·e·fice /bénəfəs/ 名 C 1 聖職給[禄(ろく)]《牧師, 特に vicar 又は rector の収入》. 2 聖職給付きの聖職.
▷**bén·e·ficed** /-t/ 形 聖職給を受けている. [<ラテン語「恩恵」]

be·nef·i·cence /binéfəs(ə)ns/ 名 1 U 恩恵; 善行; 慈善. 2 C 慈善行為, 施し(物).

be·nef·i·cent /binéfəs(ə)nt/ 形〘章〙善行[慈善]を行う; 情深い; (↔maleficent). ▷～**·ly** 副

†**ben·e·fi·cial** /bènəfíʃ(ə)l 移/ 形 有益な, 有利な, ためになる,〈*to*..にとって〉(useful). have a ～ effect 有効である. Ultimately, spaceflight will be ～ *to* all mankind. 究極には宇宙飛行は全人類に有益なものとなろう. ◇↔harmful ▷～**·ly** 副 有益に.

‡**ben·e·fi·ci·ar·y** /bènəfíʃièri, -ʃəri|-ʃəri/ 名 (複 **-ar·ies**) C 利益を受ける人, 受益者; (特に年金, 保険, 遺産などの)受給者, 受取人.

⁑**ben·e·fit** /bénəfit/ 名 (複 ～**s** /-ts/) 1 UC 利益, 有利さ; もうけ, 利得; 恩恵; (類語 物質的・精神的どちらの利益にも用いる一般的な語; →advantage, profit). I got enormous ～ from that book. その本から大いに得るところがあった. have [enjoy] the ～*s* of modern technology 現代の科学技術の恩恵に浴する.

> 連結 great [material, substantial; full; mutual; public, national] ～ // give ～ to..; confer (a) ～ on..; derive [reap, receive] (a) ～ from..

2 C〈しばしば形容詞的〉慈善興行[試合]《個人, 慈善事業などのための寄付集めに行う催し》. a ～ show [match, concert] 慈善公演[試合, コンサート].
3 UC〈しばしば ～s〉給付金, 手当, 《社会保障制度, また保険会社, 互助組合などによるもの》. health [unemployment] ～ 医療給付金[失業手当]. He's on ～ now. 彼は今, 給付金をもらっている.
(be) of bénefit (to..) (..の)利益[ため]に(なる). A little alcohol will *be of* ～ *to* your health. 少量のアルコールはあなたの健康にいいでしょう.
(be) of bènefit to a pérson＝(be) to a pèrson's bénefit 人の利益[ため]になる.
for a pèrson's bénefit＝for the bènefit of a pérson (1) 人の(利益の)ために. Speak louder *for the* ～ *of* those in the rear. 後ろにいる人々のためにもっと大きな声で話して下さい. (2)〈反語的〉人のこらしめに; ..にはお気の毒だが. *For* your ～, today is Tuesday, not Wednesday. お気の毒ですが今日は火曜で水曜ではありませんよ.
give a person the bénefit of the dóubt 〔人の〕疑わしい点は善意に解釈してやる, '疑わしきは罰せず'.
to the bénefit of.. ..のためになって, ..によい結果[利益]をもたらして. I smoke less now, *to the* ～ *of* my health. 今はたばこを減らしているため体調がいい.
without bènefit of clérgy 教会の儀式によらず, 正式の手続きをしないで.
── 動 (～s /-ts/|過 過分 ～**ed** /-əd/|～**·ing**) 他 のためになる, に利益を与える. This law will ～ the poor. この法律は貧困者を利するだろう.
── 自 利益を受ける, 得をする,〈*by, from* ..で〉. How can you ～ *by* being so unpleasant? そんなに突っけんどんにして何の得があるのか. Heavy industry always ～*s from* war. 重工業はいつも戦争で利益を得る. She has ～*ed from* the experience. 彼女はその経験で得るところがあった[利口になった].
[<ラテン語「善行をすること」(<*bene* 'well'＋*facere* 'do')]

bénefit associàtion 名 ＝benefit society.

bénefit socìety 名 C〘米〙互助会 (〘英〙friendly

society)《会員は, 病気, 老年などの際に給付金が得られる》.

Ben·e·lux /bénəlʌ̀ks/ 名 ベネルックス《ベルギー (*Bel*gium), オランダ (the *Ne*therlands), ルクセンブルグ (*Lux*embourg) の3国(の経済協定)》.

†**be·nev·o·lence** /binévələns/ 名 **1** U 情深さ, 慈悲(心), (↔malevolence). **2** C 慈善行為, 善行.

†**be·nev·o·lent** /binévələnt/ 形 **1** 情深い, 慈悲深い, 〈*to, toward* ..に対して〉(↔malevolent). He has a ～ air about him. 彼の様子には優しそうなところがある. **2** 慈善の. a ～ fund 慈善基金. a ～ organization 慈善団体. ◇名 benevolence
[＜ラテン語「好意を抱いた」(＜*bene* 'well'＋*volēns* 'wishing')] ▷**～·ly** 副 情深く.

Ben·gal /bengɔ́:l, beŋ-, -gəl/ 名 ベンガル《インド北東部の州の旧名; West Bengal と East Bengal に分かれ, 現在前者はインドに属し, 後者はバングラデシュ (Bangladesh) 共和国になった》.

Ben·ga·lese /bèŋgəlí:z, bèn-/ 形 ベンガル(人)の. ── 名 (複 ～) C ベンガル人.

Ben·ga·li /bengɔ́:li, beŋ-/ 形 ベンガル(人)の; ベンガル語の. ── 名 **1** C ベンガル人; バングラデシュ人. **2** U ベンガル語《バングラデシュの公用語》.

Ben-Gu·ri·on /bengúəriən/ 名 **David** ～ (1886–1973) ベングリオン《イスラエル建国を推進; 初代首相》.

be·night·ed /bináitəd/ 形 **1** 〖古〗〔旅人などが〕行き暮れた. **2** 〖雅〗無知蒙昧(もうまい)な.

‡**be·nign** /bináin/ 形 **1** 〖章〗親切な, 優しい, (gentle). a ～ neglect policy いんぎん無視の政策《自国の利益のため, 国際収支の対外不均衡などをわざと見過ごすような策》. **2** 〔気候などが〕温和な; 〔土地が〕地味(ちみ)がよい. **3** 〖医〗〔病気が〕良性の (↔malignant). a ～ tumor 良性腫瘍(しゅよう). [＜ラテン語「生まれの良い, 親切な」] ▷**～·ly** 副 優しく, 親切に.

be·nig·nant /binígnənt/ 形 〖章〗(特に目下のものに)優しい, 親切な, (↔malignant). ▷**～·ly**

be·nig·ni·ty /binígnəti/ 名 (複 **-ties**) 〖章〗**1** U 優しさ, 親切; 慈悲深さ. **2** C 親切な[慈悲深い]行為.

Be·nin /bəní:n/ 名 ベナン《アフリカ西部の共和国, もとフランス領; 首都 Porto Novo》.

Ben·ja·min /béndʒəmən/ 名 **1** 男子の名《愛称は Ben, Benny》. **2** 〖聖書〗ベニヤミン《Jacob が溺(でき)愛した末子》; C かわいい末っ子. [ヘブライ語「右手の息子, 寵児(ちょうじ)」]

Ben·nett /bénət/ 名 **Arnold** ～ ベネット (1867–1931)《英国の小説家》.

Ben Nev·is /bèn-névis/ 名 ベンネヴィス山《Scotland にある Great Britain の最高峰; 1,343 メートル》.

Ben·ny /béni/ 名 Benjamin の愛称.

ben·ny /béni/ 名 C 〖米俗〗Benzedrine 錠剤.

‡**bent**[1] /bent/ 動 bend の過去形・過去分詞.
── 形 m **1** 曲がった. a ～ pole 曲がった柱. Grandmother is ～ double with age. 祖母は老齢で腰がくの字に曲がっている. **2** 〈叙述〉**決心して**; しきりに思って; 〈*on* [*upon*] (*doing*) ..しようと〉. He's ～ *on* hav*ing* a doctor's degree before he's thirty. 彼は30歳になる前に博士号を取る決心をしている. Children are always ～ *on* mischief. 子供はいつもいたずらをたくらんでいる. **3** 〖英俗〗(根性の)曲がった, 金にきたない, 腐敗した, 〔役人など〕(↔straight). a ～ copper 賄賂(わいろ)のきくおまわり. **4** 〖英俗・軽蔑〗変態(性欲)の, ホモの[で].
bènt out of shápe 〖米俗〗怒り狂って; 気が動転して.
── 名 C 傾向, 好み; 天分; 〈*for* ..の〉. a youth with a ～ *for* painting 絵の上手な青年. a boy of a scientific ～ 科学に向いた少年. have a natural ～ *for* tennis 生まれつきテニスに向いている.
fòllow one's bént 自分の好きな[に向いた]事をする.
to* [*at*] *the tòp of one's bént →top[1].

bent[2] 名 U C ベントグラス (**bént gràss**)《イネ科の雑草の一種; 芝生や干し草用》.

Ben·tham /béntəm, -θəm/ 名 **Jeremy** ～ ベンサム (1748–1832)《英国の哲学者・法学者; 最大多数の最大幸福を目標に功利主義を唱えた》. ▷**～·ism** 名 U (ベンサムの)功利主義.

Bent·ley /béntli/ 名 C 〖商標〗ベントレー《英国製の高級乗用車; Rolls-Royce の兄弟車》.

bént·wòod 形, 名 U (家具用の)曲げ木(製の). a ～ rocker 曲げ木製のロッキングチェアー.

be·numb /binʌ́m/ 動 他 を麻痺(ひ)させる, (寒さなどが)の感覚を失わせる, 〈普通, 受け身で〉. be ～*ed* with cold 寒さでしびれる. I was ～*ed* by the news. 私はその知らせに茫然となった. ▷**～ed** 形

Ben·ze·drine /bénzədrì:n/ 名 U 〖商標〗ベンゼドリン《覚醒(せい)剤の一種》.

ben·zene /bénzi:n-, ─ ́/ 名 U 〖化〗ベンゼン《石油, コールタールを分留して採る無色の揮発性液体; 合成樹脂などの原料》.

ben·zine /bénzi:n, ─ ́/ 名 U 〖化〗ベンジン《石油分留の際に得られる揮発性の液体》.

ben·zo·ic /benzóuik/ 形 〖化〗安息香性の.

benzòic ácid 名 U 安息香酸.

ben·zo·in /bénzouin, ─ ́─/ 名 U 安息香, ベンゾイン樹脂, 《ジャワ・スマトラ産の高木(エゴノキの類)の樹皮から取れる; 薬品・香水用》.

ben·zol /bénzɔ:l, -oul|-zɔl/ 名 ＝benzene.

Be·o·wulf /béiəwùlf/ 名 ベオウルフ《8世紀初めの古期英語による叙事詩; その主人公の英雄》.

†**be·queath** /bikwí:θ, -ð/ 動 他 〖章〗VOO (～ X Y)・VOA (～ Y *to* X) X に Y を遺言によって残す, 遺贈する; X に Y を残す, 伝える, (hand down). He ～*ed* his son a considerable fortune. 彼は息子に相当の財産を残した. She ～*ed* £10,000 *to* charity. 彼女は慈善事業に1万ポンド遺贈した. ～ culture *to* posterity 後世に文化を伝える. [＜古期英語「宣言する」]

be·quest /bikwést/ 名 〖章〗**1** U 遺贈 〈*to* ..への〉. **2** C 遺産 〈*to* ..への〉(類語 legacy より形式張った語; →inheritance).

‡**be·rate** /biréit/ 動 他 〖章〗をきつく叱(しっ)責する 〈*for* ..のことで〉(類語 怒っていることを強調する; →blame).

Ber·ber /bə́:rbər/ 名 C ベルベル人《北アフリカ先住の白色人種; 今は Morocco, Algeria などに住む》; U ベルベル語. ── 形 ベルベル人[語]の. [Barbary と同源]

†**be·reave** /birí:v/ 動 (～**s** /-z/|過 過分 通例1で **～d** /-d/, 2で **be·reft** /biréft/|**be·reav·ing**) 他 〖章〗**1** 〔特に死が〕から奪う 〈*of* ..〔家族, 親友など〕を〉. The accident ～*d* her *of* her husband. その事故で彼女は夫を失った. He was ～*d of* his wife. 彼は奥さんに先立たれた. **2** 〖古〗から(力ずくで)奪う 〈*of* ..〔大切なもの〕を〉. [＜古期英語「奪い取る」]

‡**be·réaved** 形 〖章〗**1** 家族などに先立たれた, あとに残された. a ～ mother 子供に死なれた母親. **2** 〈the ～; 名詞的; 単複両扱い〉遺族(たち).

‡**be·réave·ment** 名 UC 家族などを失うこと, 死別. I deeply sympathize with you in your ～. この度のご不幸誠にご愁傷さまでございます.

be·reft /biréft/ 動 bereave の過去形・過去分詞.
── 形 〖章〗〈叙述〉**1** 奪われて, 失って, 〈*of* ..を〉. a man ～ of reason [hope] 理性[希望]を失った男. **2** 孤独で, 悲嘆にくれて; なすすべがなく. She felt utterly ～ when her only son left home. 1人息子が巣立った時, 彼女は寂しくてたまらなかった.

‡**be·ret** /bəréi|bérei/ 名 C ベレー帽. [フランス語「Basque 帽」]

berg /bə:rg/ 名 C 氷山 (iceberg).

ber·ga·mot /bə́:rgəmɑ̀t|-mɔt/ 名 **1** C 〖植〗ベルガモット《南欧産で低木の柑橘(かんきつ)類; 西洋ナシ型の実は食

べられない; 果皮から香油を採る》. **2** Ⓤ ベルガモット香油.

Ber·ge·rac /bə́ːrʒəræ̀k/ 名 **Cyrano de ～** ベルジュラック (1619–55)《鼻が異常に大きかったフランスの軍人; Edmond Rostand の同名の戯曲 (1897) の主人公》.

Berg·man /bə́ːrgmən/ 名 **1 Ingmar** ベルイマン (1918–)《スウェーデンの映画監督》. **2 Ingrid ～** バーグマン (1915–82)《スウェーデン生まれでアメリカ映画で活躍した女優》.

Berg·son /bə́ːrgs(ə)n, béərg-/ 名 **Henri ～** ベルクソン(1859–1941)《フランスの哲学者》. ▷**Bèrg·só·ni·an** /-sóuniən/ 形, 名 Ⓒ ベルクソン(哲学)の(信奉者). **～·ism** 名 Ⓤ ベルクソン哲学.

ber·i·ber·i /bèribéri/ 名 Ⓤ 〖医〗脚気(かっけ). [シンハラ語「弱さ」]

Bèr·ing Séa /bí(ə)riŋ-, bè(ə)r-|bèər-/ 名 〈the ～〉 ベーリング海《シベリアとアラスカの間》.

Bèring Stàndard Tíme 名 ベーリング標準時《米国最西端の標準時; Pacific Standard Time より 3 時間遅い; →Standard time》.

Bèring Stráit 名 〈the ～〉 ベーリング海峡.

berk /bəːrk/ 名 Ⓒ 〖英俗〗ばか者, 阿呆(あほう).

Berke·ley 名 **1** /bə́ːrkli/ バークレー《米国の San Francisco に近い都市; California 大学の一部がある》. **2** /bə́ːr-|bɑ́ː-/ **George ～** バークレー (1685–1753)《アイルランドの観念論哲学者・主教》.

berke·li·um /bə́ːrkliəm|bəːkíː-/ 名 Ⓤ 〖化〗バークリウム《放射性元素; 記号 Bk》.

Berks /bəːrks|bɑːks/ Berkshire.

Berk·shire /bə́ːrkʃər|bɑ́ːk-/ 名 **1** バークシャー《イングランド南部の旧州; 州都 Reading》. **2** Ⓒ バークシャー《同州原産の白ぶちのある黒豚》.

***Ber·lin** /bəːrlín/ 名 ベルリン《ドイツの首都; 1949 年に West Berlin (西ドイツ領)と East Berlin (東ドイツの首都)に分割, 90 年ドイツ統合により旧に復す》.
▷**～·er** 名 Ⓒ ベルリン市民.

Bèrlin Wáll 名 〈the ～〉 ベルリンの壁《1961 年東西ベルリンの境に造られ, 1989 年取り壊された》.

Ber·li·oz /béərliòuz/ 名 **Louis Hector ～** ベルリオーズ (1803–69)《フランスの作曲家》.

Ber·mu·da /bə(ː)rmjúːdə/ 名 バーミューダ《北大西洋の群島; 英国領; 首都 Hamilton; 観光地として有名》.

Bermùda shórts 名 〈複数扱い〉 バーミューダ(ショーツ)《ひざ上までの半ズボン》.

Bermùda Tríangle 名 〈the ～〉 バーミューダ三角水域《バーミューダ, フロリダ, プエルトリコを結ぶ大西洋の水域; 謎の海難・航空事故が多いと言われる》.

Bern, Berne /bəːrn/ 名 ベルン《スイスの首都》.

Ber·nard /bərnɑ́ːrd, bə́ːrnərd|bə́ːnəd/ 名 男子の名《愛称は Bernie》. [ゲルマン語「熊のように強い」]

Ber·nie /bə́ːrni/ 名 Bernard の愛称.

Bern·stein /bə́ːrnstain, -stiːn/ 名 **Leonard ～** バーンスタイン (1918–90)《米国の作曲家・指揮者》.

‡**ber·ry** /béri/ 名 (複 **-ries** /-z/) Ⓒ **1** ベリー《スグリ, イチゴの類の小果実》. **2** 〖植〗漿(しょう)果《核 (stone) を欠き, 種子が柔らかい果肉に埋もれた果実; トマト, バナナ, ブドウなど; →nut, drupe》. **3** (コーヒーの)実; (小麦などの)粒. **4** (エビ, 魚などの)卵.

(as) bròwn as a bérry 〖主に英〗〔人が〕よく日焼けして褐色の.

── 動 (**-ries**|過 過分 **-ried**|**～·ing**) 自 **1** ベリー[漿果]を生じる. **2** イチゴ狩りをする. go ～*ing* (野生の)イチゴ狩りに行く. [<古期英語]

ber·serk /bəːrsə́ːrk, ╱─|bə(ː)zə́ːk, -sə́ːk/ 形 狂暴で, 激怒して. ***gò [rùn] bérserk*** 狂暴になる, 突然怒りだす.
── 名 ＝berserker. [<古期北欧語「熊皮をまとった戦士」]

ber·serk·er 名 Ⓒ 〖北欧伝説〗猛戦士《戦場で勇猛かつ狂暴に戦った戦士》.

Bert /bəːrt/ 名 Albert, Bertrand, Gilbert, Herbertなどの愛称.

†**berth** /bəːrθ/ 名 Ⓒ **1** 〖海〗(波止場の)停泊位置; 操船余地. a foul ～ (衝突の危険のある)悪い停泊位置. **2** (船, 列車などの)寝台, 段ベッド, バース. **3** 〖話〗仕事, 職, (job); (チームなどに占める)役割, 地位.

gìve a wìde bérth to ..＝gìve ..a wìde bérth 〖話〗..を敬遠する, 避ける, 《<船の回りに十分な余裕を取る》.

── 動 他 **1** を停泊させる. **2** の寝場所にあてる, にバースを与える, 〈普通, 受け身で〉. ── 自 停泊する; 泊まる. [bear¹, -th¹]

Ber·tha /bə́ːrθə/ 名 女子の名《愛称は Bertie》.

Ber·tie /bə́ːrti/ 名 Bertha, Herbert の愛称.

Ber·trand /bə́ːrtrənd/ 名 男子の名《愛称は Bert》.

Ber·wick·shire /bérikʃər/ 名 ベリックシャー《Scotland の旧州; 今は Borders 州の一部》.

ber·yl /bérəl/ 名 Ⓤ 〖鉱〗緑柱石.

be·ryl·li·um /bəríliəm/ 名 Ⓤ 〖化〗ベリリウム《金属元素; 記号 Be》.

†**be·seech** /bisíːtʃ/ 動 (**～·es** /-əz/|過 過分 **besought** /bisɔ́ːt/, **～ed** /-t/|**～·ing**) 他 〖章・雅〗 **1** 〔許しなど〕を請う, 懇願する, (類語 beg よりも, 熱心に哀れっぽく訴えること; →ask 2). I ～ your forgiveness. お許しくださるようお願いします. **2** 〔人〕に請う 〈*for* ..を〉; VOO (～ X *to do*) X に..するよう懇願する. I do ～ you, hear me through. ぜひ最後までお聞きください. I *besought* him *to* help me [*for* help]. 私は彼に助けてくれと懇願した. [<古期英語 (<be-＋*sēcan*) 'seek']

be·séech·ing 形 〈限定〉 懇願するような〔声, 表情など〕. ▷**～·ly** 副 懇願して.

be·seem /bisíːm/ 動 他 〖旧・章〗 〈主語は 3 人称に限られ, 特に it が普通〉 にふさわしい, 似つかわしい, (suit). *It* ill ～*s* a man of your means *to* grudge paying money. あなたのような金持ちが支払いを渋るのはふさわしくない.

†**be·set** /bisét/ 動 (**～s** /-ts/|過 過分 ～|**～·ting**) 他 〖章〗 **1** を包囲する, 取り囲む; (取り囲んで)を襲撃する. **2** 〔困難, 誘惑などが〕を悩ます, 苦しめる, につきまとう, 〈しばしば受け身で〉. The expedition is ～ *with* [*by*] perils. その遠征は危険がいっぱいだ. be ～ by doubts 疑念にさいなまれる. **3** 〖古〗にちりばめる 〈*with* ..〔宝石など〕を〉. [<古期英語; be-, set]

be·sét·ting 形 〈限定〉 絶えずつきまとう[悩ます]. our ～ sins 我々が陥りやすい罪.

‡**be·side** /bisáid/ 前 【わきに】 **1** ..のそばに[で], の傍らに[で]; ..と共同して〔働くなど〕. He parked his car ～ the sidewalk. 彼は車を歩道のわきに停めた.
2 【わきに置かれて】 ..と比べて[比べると]. *Beside* you, I'm only a beginner at this game. 君と比べると僕はこのゲームではほんの初心者だ.
3 【わきに外れて】 〔的, 核心など〕を外して. That's ～ the mark [point]. それは的外れだ.
4 【わきに加えて】 ＝besides (★〖英〗では〖古〗).

besìde onesélf (***with ..***) (喜び, 怒りなどで)我を忘れて, 夢中で, 逆上して, 《<自分が自分のわきにいってしまった》. [<古期英語 *bī sīdan* 'by side']

‡**be·sides** /bisáidz/ 前 **1** ..のほかに, ..に加えて, (in addition to). That store sells many things ～ furniture. あの店では家具のほかにいろんなものを売っている. **2** 〈否定文・疑問文で〉 ..を除いて, ..のほかには, (except). There was no one there ～ me. そこには私以外にはだれもいなかった. What languages can you speak ～ English? 英語以外に何語が話せますか.
── 副 その上, さらに, おまけに; そのほかに; (in addition). Planes are more comfortable; (and) ～,

they're faster. 飛行機の方が乗り心地もいいし, その上速い. [＜中期英語; beside, -s 3]

†**be·siege** /bisíːdʒ/ 動 他 **1** (**a**)〔軍隊が町, 砦(とりで)など〕を包囲(攻撃)する《普通, 長期にわたる場合》. The army ～*d* the castle for many days. 軍隊は城を何日間も包囲した. (**b**)〈the ～d; 名詞的; 複数扱い〉籠(ろう)城軍(↔the besiegers). **2**〔大勢の人が〕を取り囲む, に群がる, に押しかける. be ～*d* by visitors 客に押しかけられる. **3** VOA (～ X *with*..) Xを..で悩ます, 攻めたてる,〈普通, 受け身で〉. He was ～*d with* questions. 彼は質問攻めにあった. ▷～·**ment** 名

be·síeg·er 名 C 包囲する人. the ～*s* 包囲軍(↔the besieged).

be·smear /bismíər/ 動 他 〖章〗を(塗りたくって)汚す〈*with* ..で〉. ★smear の強意形.

be·smirch /bismə́ːrtʃ/ 動 他 〖章〗を汚す;〔名誉, 評判など〕をけがす.

be·som /bíːz(ə)m/ 名 C (小枝を束ねた)庭ぼうき.

be·sot·ted /bisάtəd|-sɔ́t-/ 形 〈主に叙述〉**1** ぼうっとなって, 理性を失って,〈*with, by* ..で〉; 愚かで. He is ～ *with* ⌊love [the girl]. 彼は恋で[その娘に]夢中になっている. **2** 酔い痴(し)れて, 酔いつぶれた,〈*with* ..で〉.

be·sought /bisɔ́ːt/ 動 beseech の過去形・過去分詞.

be·span·gle /bispǽŋg(ə)l/ 動 他 を飾る, ぴかぴか光らせる,〈*with* ..で〉.

be·spat·ter /bispǽtər/ 動 他 にはねかける〈*with* ..〔泥水, ペンキなど〕を〉; に悪口を浴びせかける.

be·speak /bispíːk/ 動 (→speak) 他 **1** を予約する; を注文する(order). **2**〖章〗を示す, 証拠だてる. **3**〖雅〗に話しかける(speak to).

be·spec·ta·cled /bispéktək(ə)ld/ 形 〖章〗眼鏡をかけた(→spectacle).

be·spoke /bispóuk/ 動 bespeak の過去形, 過去分詞の1つ. ── 形 〖英〗**1** 注文の, あつらえの; あつらえ専門の; (〖米〗custom). ～ boots あつらえた靴. a ～ shoemaker 注文靴専門の靴屋. **2**〖電算〗(要求に合わせた)あつらえの〔ソフト〕.

be·spo·ken /bispóukən/ 動 bespeak の過去分詞の1つ.

be·sprin·kle /bispríŋkl/ 動 他 〔液体, 粉など〕を一面に振りまく; に散布する〈*with* ..を〉.

Bess /bes/ 名 Elizabeth の愛称.

Bés·se·mer pròcess /bésəmər-/ 名 〈the ～〉〖冶金〗ベッセマー製鋼法《転炉の中で空気を噴射し, 銑鉄の不純物を除く; ＜英国の技師 Henry *Bessemer* (1813–98)》.

Bes·sie, Bes·sy /bési/ 名 Elizabeth の愛称.

‡**best** /best/ 形 〈good, well[1] の最上級; ↔worst〉**1** 最もよい, 最上の; 最適の; (体の具合が)最好調の. He is the ～ player on our team. 彼はわがチームの最優秀選手だ. I thought it ～ to remain silent. 黙っているのが一番よいと思った. It is ～ for her to marry Tom. ＝It is ～ that she (should) marry Tom. 彼女はトムと結婚するのが一番だ. This picture is easily [by far] the ～. この絵が断然一番いい. Bill is my ～ friend. ビルは私の一番の親友です. The ～ thing to do is to have a good night's rest. 一番いいのは一晩ぐっすり休むことです. You're the ～ man for the job. 君こそその仕事に最適任だよ. one's ～ days 全盛時代.

> 語法 (1) 限定用法では普通 the を付けるが, 叙述用法では the を付けないことが多い: Paris is ～ in autumn. (パリは秋が一番いい) (2)〖話〗では2つ[2人]の場合にも best を用いる: Jack is the ～ [better] golfer of the two. (2人のうちでジャックの方がゴルフがうまい)

2 大半の(most). the ～ part of.. (→成句).

3〈反語的〉最も悪い, この上なくひどい, 徹底した. the ～ liar この上なくひどい嘘(うそ)つき.

pùt one's bèst fóot fòrward (1) 全速力で行く. (2) 全力を尽くす. (3)〖米話〗自分をできるだけよく見せようとする.

the bèst párt of.. ..の大半, 大部分. We spent *the* ～ *part of* a year on the project. 我々は1年の大部分をその事業に費やした. drink *the* ～ *part of* a bottle of wine ワインを1本おおかた飲む.

── 副 〈well[1] の最上級〉**1** 最もよく, 一番; 最も適当に. the ～ preserved mummy in the world 世界中で最も保存状態のいいミイラ. I work ～ under pressure. 僕は追い込まれると一番仕事をする. I like summer (*the*) ～. 私は夏が一番好きだ. 語法 (1)〖話〗では副詞の場合にも the が付くことがある. (2) like, love などを修飾する場合, 原級は well ではなく very much が普通; (→better). It is ～ left untouched. それは触れないでおくのが一番いい. Who do you like ～, daddy or mammy? パパとママとどっちが好き(語法〖話〗では2つ[2人]の場合にも best を用いる). I'll tell you how ～ to lose weight. 体重を減らす一番よい方法を教えてやろう. **2**〈反語的〉この上なく〔悪く〕, 一番〔ひどく〕, (most). the ～ corrupt politician この上なく腐敗した政治家. ★1, 2は共にしばしば複合語を作る: *best*-loved (最も愛されている), *best*-hated (最も嫌われている).

as bèst one cán [***máy***] →can.

*__*bèst of áll*__* 一番, 何よりも(よい事には). I like vanilla ice cream ～ *of all.* ヴァニラアイスクリームが一番好きだ.

had bést dò ..するのが(一番)いい; ..すべきだ; (→had BETTER do). *Had*n't we ～ ⌊take [have taken] a taxi? タクシーに乗るのが⌊一番よい[よかった]のじゃないですか. You *had* ～ not swim today. 今日は泳がないに越したことはない.

knòw bést (経験上)だれよりもよく知っている, 一番詳しい. Follow the doctor's advice. He *knows* ～. 医者の勧めに従うがいい. 一番分かっている人だから.

── 名 **1**〈the ～〉**最上**, 最良, 最適; 最上のもの[人(々)]; 主要な利益[価値]. hope for the ～ (→hope (成句)). the next [second] ～ 次善. They are the ～ of friends. 彼らは(互いに)最良の友だ. the ～ of a bad lot〖英話〗悪い中では一番いいやつ《人, 物》. They are all good pupils, but he is definitely the ～ of the bunch. みないい生徒だが, その中で彼は断然トップだ. That's the ～ of living in the country. それが田舎住まいの一番いいところだ. This is the ～ I can. これが私にできる精一杯のことです. the ～-of-seven series 7回戦試合《4勝したら勝ち》.

2〈one's ～〉**最善の状態**; 全力, 最善. at one's ～, do one's ～ (→成句). I've given my ～ for the company. 私は会社のために精一杯やってきた. He looks his ～ in his uniform. 彼は制服姿が一番立派に見える. one's personal ～ 自己最高(記録).

3〈one's ～〉晴れ着. The girl was in her (Sunday) ～. 少女は晴れ着を着ていた.

4〈one's ～〉よろしくとのあいさつ (best wishes). Please give my ～ to your mother. お母さんによろしくお伝え下さい. She sends you her ～ (wishes). 彼女からよろしくとのことです.

(àll) for the bést (1) よかれと思って, 善意で. (2) (初めは悪く見えても)結局はうまく行って. Things will turn out *for the* ～. 事態は結局は好転するだろう.

Àll the bést! ご健康を祝して《乾杯の音頭》; ではご機嫌よう《友人などへの手紙の末尾で》.

*__*at one's bést*__* (1) **絶好調で**, 真っ盛りで. I wasn't *at* my ～ today. 今日は最高の調子が出なかった. The cherry blossoms are *at* their ～ now. 桜は今が満開です. (2) 最盛時には; 最善の場合でも.

B

*at (the) bést どうよく見ても, せいぜい. At ～ he'll get 1,000 votes. 彼の取れるのはよくて千票でしょう.
*dò [trỳ] one's (vèry) bést＝dò the bèst one cán 最善を尽くす〈to do ..しようと〉. I did my ～ to beat him in the race. 私はレースで彼に勝つためベストを尽くした.
(èven) at the bést of tìmes 最良の状況にあっても.
gèt [hàve] the bést of.. (1)〔人が〕(けんか, 議論などで)..に勝つ; (商売などで)..を出し抜く; 〔議論, 競技, 取引〔など〕で勝つ, うまくやる. (2)〔感情, 感覚などが〕〔人〕を圧倒する. →get [have] the BETTER of ...
gìve a pèrson the bést 人の優位を認める, 人に屈服する.
màke the bést of.. (1)〔不利な機会, 少ない時間など〕を最大限に利用する. (2)〔不利な状況など〕を何とかやりくりしてしのぐ, 〔与えられた条件など〕で我慢する. make the ～ of ⌞a bad job [a bad deal, things] 不利な状況を何とかよくしようとする. I didn't want to work with him, but I made the ～ of it. 私は彼と一緒に仕事をしたくなかったが, 何とか我慢してやった.
màke the bést of onesèlf 自分をできるだけ⌞よく[魅力的に]見せる.
màke the bést of one's wáy 〖旧〗最大限道を急ぐ.
(plày) the bèst of thrée [fíve, ..] (gámes) 3 [5, ..]番勝負(をする).
The bèst of Brítish (lùck). 〈しばしば皮肉〉幸運を祈るよ, せいぜい頑張りたまえ.
The bèst of it ís (that).. 一番面白い[よい]のは..ということだ.
(The) bèst of lúck (to you)! ＝Good LUCK (to you)!
to the bést of one's abílity →ability.
to the bést of my knówledge [mémory, recolléction] 私の知る[覚えている]限りでは.
trỳ [dò ↑] one's (vèry) bést
with the bést (of them) だれにも劣らず. He is only twelve but he plays chess with the ～ of them. 彼はまだ 12 歳だがチェスではだれにも引けを取らない.
── 動 他 〖米話・英旧〗を負かす; を出し抜く.
[＜古期英語]

bèst befóre dàte 名 C 〖英〗賞味期限《食料品の容器に記されている》.

bést-càse 形 最もよい場合の (↔worst-case). the ～ scenario 一番よくいった場合の見通し[筋書き].

bèst énd (of néck) 名 C 〖英〗(羊, 子牛などの)肋骨に近い部分の首肉, リブ, 《上等の肉》.

bést-èver 形 これまでで最もよい.

bes·tial /béstʃəl|-tjəl/ 形 **1** 野獣の. **2** 野獣のような; 残忍な (brutal). **3** 肉欲の. ◇名 beast
▷ ～·ly 副 けだもののように.

bes·ti·al·i·ty /bèstʃiǽləti|-ti-/ 名 (複 -ties) **1** U 〖章〗獣性; 獣欲. **2** UC 〖法〗獣姦(かん).

bes·ti·ar·y /béstʃièri, -ti-|-tiəri/ 名 (複 -ar·ies) C (中世の)動物⌞物語[寓(ぐう)話]集.

be·stir /bistə́ːr/ 動 (～s|-rr-) 他 〖章・時に戯〗〈次の用法のみ〉
bestír onesèlf 身動きする; 奮起する, 張り切る, 〈to do ..しようと〉.

***bèst-knówn** /⑱/ 形 〈well-known の最上級〉最もよく知られた.

bèst mán 名 C 花婿の介添え人(普通, 単数形で; ↔ bridesmaid).

‡be·stow /bistóu/ 動 他 〖章〗を授ける, 与える, 〈on, upon ..に〉 (類語 上から下への関係を暗示する; → give). ～ a title [medal] on [upon] a person 人に称号[メダル]を授ける. ▷ ～·al /-əl/ 名 U 授与.

be·strew /bistrúː/ 動 (→strew) 他 〖章〗 **1** にまき散らす 〈with ..を〉; をまき散らす. ～ the path with flowers＝～ flowers on the path 小道に花をまき散らす. **2** を覆う, の上に積もる. Poppies ～ the meadow. ケシの花が牧草地一面に咲いている.

be·strewn /bistrúːn/ 動 bestrew の過去分詞.

be·strid·den /bistrídn/ 動 bestride の過去分詞.

be·stride /bistráid/ 動 (→stride) 他 〖章〗 **1** にまたがる, 馬乗りになる. **2** をまたいで立つ; 〔橋, 虹(にじ)などが〕にかかる. **3** を制する, 支配する.

be·strode /bistróud/ 動 bestride の過去形.

bèst(-)séller 名 C ベストセラー; ベストセラーの作者.

bèst-sélling /⑱/ 形 ベストセラーの〔作品, 作者など〕. one of the ～ books ベストセラー中の 1 冊. a ～ author ベストセラー作家.

‡bet /bet/ 名 (複 ～s /-ts/) C **1** 賭(か)け; 賭けた金[もの]. an even ～ 五分五分の賭け. win [lose] a ～ 賭けに勝つ[負ける]. offer [take] a ～ 賭けを申し出る[に応じる]. He made [had] a ～ with her about whether the champion could defend his title. 彼は彼女とチャンピオンがタイトルを防衛できるかどうかで賭けをした. a ten dollar ～ 10 ドルの賭け金. place [put, lay] a ～ on a horse 馬に賭ける. He jumped down from the roof for a ～. 彼は(できないだろうと)いどまれて[賭け金欲しさに]屋根からとび降りた.
2 賭けの対象; (選挙などの)有力候補, '勝ち馬'; 期待に応(こた)える人[もの]. He is a bad ～ for the job. 彼はその仕事の期待に添える人ではない.
3 〖話〗見当, 予想; 意見. It's a sure [safe, fair] ～ that he'll be here on time. 彼はきっと時間通りに来る. My ～ is she won't agree. 私の予想では, 彼女は承諾しないだろう. **4** 〖話〗(賢明な)選択, 方策. Your best ～ is to return to your parents. 最良の策は親もとに戻ることだ. A dark suit is a safe ～ for the meeting. その会合にはダークスーツで行くのが無難だ.
hèdge one's béts →hedge.
── 動 (～s /-ts/|過 過分 ～, bét·ted /-əd/|bét·ting) 他 **1** 〔金などを〕賭ける〈on ..に〉(類語「賭ける」の意味の最も一般的な語; →gamble, lay[1] 18, stake, wager). ～ ten dollars on a horse 馬に 10 ドル賭ける. **2** と賭けをする〈on ..で〉. I ～ Tom on a football game. 私はトムとフットボールの試合で賭けをした. I'll ～ anybody on that. そのことなら, だれと賭けをしてもいい. **3** (a) 〖話〗 VO (～ that 節) きっと..だと賭ける, ..は間違いないと保証する. I('ll) ～ (that) I can beat you to that tree. あの木までの競走なら君に負けるもんか.
(b) VOO (～ X that 節) きっと..だと X と賭けをする; 〖話〗まず間違いなく..だと X に保証する. He ～ me twenty dollars (that) I wouldn't do it. 彼は僕がそうしないだろうと僕と 20 ドルの賭けをした. I('ll) ～ you anything (that) she won't come. (何を賭けてもいい)彼女は絶対来ないよ. (★上の 2 例は bet が目的語を 3 つ取った例). I('ll) ～ you (that) you're wrong about that. 賭けてもいいが君は間違ってるよ.
── 自 賭ける 〈on ..に〉; 賭け事をする. I don't [wouldn't] ～ on that horse if I were you. 僕が君ならその馬に賭けたりはしない.
bèt one's ⌞bòttom dóllar [bóots, shírt] on.. [(that)..] 〖話〗..に[..ということに]最後の 1 ドル[ブーツ, シャツ]まで賭ける; ..は[..ということは]絶対ほんとうだ.
(How mùch) do you wánt to bét? (いくら)儲けるつもりか; 〖話〗(言われたことに対し)そんなはずはない, それは違う, (★(Do you) Want a bet? とも言う).
Í('ll) bèt 〖話〗間違いない, (絶対)そうだ. (2) 〈反語的〉(相手の発言内容に対し)賭けてみたい, そうだろうとも, まさか. "I'll be home early this evening, dear." "I'll ～!" 「今夜は早く帰るよ」「分かるもんですか」
Yòu bét (that..) 〖話〗君は(..に)賭けてもいい, (..は)

請け合う; 絶対に, ほんとうに, (..だ). "Will it be sunny tomorrow?" "*You* 〜 (it will)."「明日晴れるかな」「絶対そうさ」*You* 〜 I was surprised. ほんとうに驚いたよ. [?<*abet*]

be·ta /béitə, bí:tə|bí:tə/ [名] [UC] **1** ベータ《ギリシア語アルファベットの第2字; B, β; ローマ字のB, bに当たる; →alpha》. **2** 2番目のもの, 第2位のもの; (学業成績の)良. 〜 plus [minus] (学業成績などの)良の上[下].

béta blòcker [名] [C] ベータ受容体遮断薬《狭心症, 高血圧症などの治療薬》.

be·take /bitéik/ [動] (→take) [他]〖雅〗〈次の用法のみ〉 ***betáke onesèlf to..*** ..に赴く, 向かう; 〔ある事〕に身を入れる, 精を出す.

be·tak·en /bitéikən/ [動] betake の過去分詞.

béta pàrticle [名] [C] 〖物理〗ベータ粒子.

béta rày [名] [C] 〖物理〗ベータ線.

béta rhythm [名] [C] ベータ波《活動時に出る脳波; →alpha rhythm》.

béta tèst [名] [C] 〖電算〗ベータテスト《新製品の出荷直前に限定されたユーザーのもとで行う最終テスト》.

be·ta·tron /béitətràn|bí:tətròn/ [名] [C] 〖物理〗ベータトロン《電磁誘導電子加速装置》.

béta wàve [名] [C] 〈普通 〜s〉 =beta rhythm.

be·tel /bí:tl/ [名] **1** [U]〖植〗キンマ《コショウ科の植物; 熱帯アジア産》. **2** [C] キンマの葉.

Be·tel·geuse /bí:tldʒù:z|-dʒə̀:z/ [名]〖天〗ベテルギウス《オリオン星座中の一等星》.

bétel nùt [名] [UC] ビンロウの実《東南アジアでこの実と貝殻灰を betel の葉に包んでかむ習慣がある》.

bétel pàlm [名] [C]〖植〗ビンロウ(ジュ).

bête noire /bèit-nwɑ́:r/ [名] [C] ([複] **bêtes noires** /-z/) 大嫌いなもの[人]. [フランス語 'black beast']

Beth /beθ/ [名] Elizabeth の愛称.

beth·el /béθ(ə)l/ [名] [C] **1**〖主に米〗船員のための教会. **2**〖英〗非国教徒の礼拝堂.

be·think /biθíŋk/ [動] (→think) [他]〖古・雅〗〈次の用法のみ〉 ***bethínk onesèlf*** とくと考える, 熟考する; 思い出す; 〈*of* ..を/*that* 節 ..ということを/*wh* 節 ..かを〉.

Beth·le·hem /béθləhèm/ [名] ベツレヘム《パレスティナの古都; キリスト生誕の地; 現在はヨルダン領》. 「詞.

be·thought /biθɔ́:t/ [動] bethink の過去形・過去分↑

be·tide /bitáid/ [動]〖雅〗[他] 〔不幸などが〕に起こる, 降りかかる. Woe 〜 him! 彼に災いあれ. ── [自] 起こる ([類語] whatever と共に用いる以外はまれ; →happen). whatever may 〜 何事が起ころうとも. 「うちに.

be·times /bitáimz/ [副]〖雅〗早く (early), 遅れない↑

be·to·ken /bitóukən/ [動] [他]〖章〗の前兆である; を示す. 〜 one's gratitude 感謝を表す.

be·took /bitúk/ [動] betake の過去形.

***be·tray** /bitréi/ [動] (〜s /-z/|[過] [過分] 〜ed /-d/|〜·ing) [他] **1** を裏切る; 〔主義, 信条, 理想など〕に背(そむ)く; (裏切って)〔味方, 母国など〕を売る 〈*to* ..に〉. 〜 one's country *to* the enemy 敵に国を売る. **2** 〔女性など〕をだます, 誘惑する; 〔約束など〕を破る. **3** 〔秘密〕を漏らす; を密告する 〈*to* ..に〉. She 〜*ed* his hiding place *to* the police. 彼女は彼の隠れ場所を警察に密告した.

4 (a) 〔表情, 声の様子などが〕〔欠点, 無知など〕をうっかり暴露する, さらけ出す; 〔人〕の本性を暴露する, 本心を表す. Her face 〜*ed* her anxiety. 彼女の顔色から彼女が本当は不安なのが分かった. He tried to seem calm but his trembling hands 〜*ed* him. 彼は平静を装おうとしたが手が震えて本心が表れた. His accent 〜*s* the fact that he is a Frenchman. (そうは見えなくても; 隠そうとしても)言葉の訛(なま)りで彼がフランス人であることが分かる. **(b)** [VO] (〜 *wh* 節) ..かを表す, 示す. His eyes 〜 *how* much he loves her. (そんな素振りを見せなくても[見せても])彼の目を見れば彼が彼女をどれほど愛しているか分かる.

betráy onesèlf (うっかり)本音を出す, お里が知れる'. [<中期英語 (be-+*traien*「裏切る」)]

be·tray·al /bitréiəl/ [名] **1** [U] 裏切り; 密告; 売国. **2** [C] 裏切り[密告, 背信]行為 ([類語] 裏切りを表す一般的な語; →treachery, treason). 「性を)だます男.

be·tráy·er [名] [C] 裏切り者; 密告者; 売国奴; (女↑

be·troth /bitrɑ́θ, -tróuθ|-tróuð, -tróuθ/ [動] [他]〖旧〗を婚約させる 〈*to* ..と〉〈普通, 受け身で〉. be 〜*ed to* a person ある人と婚約している. [<中期英語 (<be-+*treuthe* 'truth')]

be·troth·al /bitróuð(ə)l/ [名] [UC]〖旧〗婚約.

be·trothed /bitrɑ́θt, -trɔ́:θt|-tróuðd/〖旧〗[形] 婚約した, いいなずけの. ── [名] 〈one's 〜〉婚約者, いいなずけ; 〈the 〜; 複数扱い〉婚約中の男女.

Bet·sy /bétsi/ [名] Elizabeth の愛称.

‡**bet·ter**[1] /bétər/ [形] 〈good, well[1] の比較級〉 (↔worse) **1** よりよい, ましな; より優れた[上手な]; より適した; より明確な; (★この意味での原級は普通 good). Your plan seems much [far, a lot] 〜 than mine. 君の計画の方が僕のよりずっといいようだ. There's nothing 〜 than reading. 読書にまさるものはない. She wanted a 〜 job than cleaning office floors. 彼女は会社の床掃除よりましな仕事を望んだ. Mary is ⌊a 〜 swimmer [〜 *at* swimming] than I (am). メリーの方が私より水泳がうまい (★..than me も可; →than [前] 1 (a)). You'd [It would] be 〜 to leave him alone.=He'd be 〜 left alone. 彼は構わないで[ひとりにして]おいた方がいいだろう (★to leave の代わりに leaving も使用可). It is 〜 that he (should) give up. 彼は断念した方がいい. The results were 〜 than (I) expected. 結果は期待以上だった (★I がなければ expected は過去分詞). 'Handsome' is a 〜 word than 'beautiful' to describe her. 彼女を形容するには「美しい」より「きりっとした」と言う方がふさわしい語だ.

2 〈叙述〉〔病状が〕よりよい, より元気な, (★この意味での原級は well). I'm completely 〜. もうすっかりよい (=I'm well again). Is Beth any 〜 today than yesterday? ベスの具合は昨日より今日の方が少しはいいのかしら. You'll feel 〜 for taking a bath. 入浴すれば気分がよくなりますよ.

3 大半の (more than half); 〖米〗より多い (more) (→best [形] 2) (★この意味での原級は good). the 〜 part of.. →the BEST part of... 〜 than twenty people 20人以上の人.

(àll) the bétter for.. ..のためにかえってよく (→all the BETTER ([副]) for..; the [副] 2). Meat tastes *the* 〜 *for* being a few days old. 肉は2, 3日たった方が味がいい.

be bètter than one's wórd〖話〗約束した以上のことをする.

Bètter láte than néver.〖諺〗遅くともしないよりまし.

Bètter lùck néxt tíme! この次はうまくいきますよ《敗者, 不合格者などへの慰め言葉》.

gèt bétter (1)〔状況, 天候などが〕好転する, よくなる; 〔人が〕上達する 〈*at* ..で〉. She's *getting* 〜 *at* cooking. 彼女は料理の腕前をあげている. (2)〔病んだ部分が〕よくなる; 〔人が〕快方に向かう, 元気になる. My knee is *getting* 〜. 私のひざはよくなってきている.

have sèen [knówn] bètter dáys〖話〗(今でこそ落ちぶれているが)昔は盛んだったこともある; 〔服などが〕だいぶ傷んでいる.

****nò [líttle] bétter than..*** ..も同然, と同じくらい悪い, にすぎない, (→no [副] 4 [参考]). That fellow is *no* 〜 *than* a swindler. あいつは詐欺師も同然だ.

nò bètter than one shóuld be〖旧・婉曲〗〔女性が〕ふしだらで, 身持ちの悪い.

Sómething is bètter than nóthing.〖諺〗何もな

B

いよりは少しはある方がいい.
*__*so mùch the bétter* (*for..*)__ (..のために)それだけかえっていい, ますます結構, (→the 副 2).
__*Thát's bètter.*__ (同意, 励まし, なぐさめなどの気持を表して)よくなった; それでいい. Cheer up! *That's* ～. 元気を出しなさい. よしよし.
__*the bètter párt of..*__ ＝the BEST part of...
__*The móre, the bétter.*__ 多ければ多いほどいい (→the 副 1).
__*The sóoner, the bétter.*__ 早ければ早いほどいい.
── 副 〈well[1] の比較級〉 **1** もっとよく, もっと上手に; より適切に. He did the work ～ than anyone else. 彼はほかのだれよりも仕事をよくやった. This point is ～ ignored. この点は無視した方がいい (＝It is *better* that this point is ignored).
2 (好みなどが)より以上に, もっと. Which do you like ～, tea or coffee? お茶とコーヒーとどっちが好きですか (★like, love などを修飾する場合の原級は well ではなく very much が普通: I like tea *very much*. →best). John is ～ loved than his father. ジョンは父親以上に愛されている. She is ～ able to skate than I. 彼女の方が私よりスケートがうまい (語法 *better* able は *more* able とほとんど同じ; ほかに aware や worth にも better が使える).
__*àll the bétter for..*__ ..のためにますます, のためにかえってよく, (→all the BETTER (形) for..; the 副 2). They liked her *all the* ～ *for* her plainness. 彼女は美人でなかったためかえって人気が高まった.
__*be bètter óff*__ (1) より裕福[快適, 好都合]である (→be WELL off; ↔be WORSE off). He *is* ～ *off* than he was. 彼は前より暮らし向きがよくなった. (2) ..の方がᴸいい[賢明である]. You would *be* ～ *off* going to a dentist. 歯医者に行った方がいい. I'd *be* ～ *off* ᴸdead [without a child]. 死んだ[子供のない]方がました.
__*Bètter* (*to be*) *sàfe than sórry*__ 後悔するより用心に限る.
__*bètter still*__ もっといいのは, (それよりは)いっその事[むしろ]. You can write to her about it. *Better still*, fax it. 手紙で彼女にその件を知らせる方法もあるが, いっその事ファックスで送りなさい.
__*do bétter*__ (1) より上手にやる, 勝る; 上達する. (2) (..する)方がいい 〈*to* do, do*ing* ..する〉. You'll *do* ～ dry*ing* it in the shade. それは陰干しにした方がいい.
__*gò a pèrson òne bétter*__ →go.
__*gò òne bétter* (*than..*)__ →go.
*__*had bétter dò*__ ..した方がいい; ..すべきだ; ..しなさい; (→had BEST do). You *had* ～ do what they say. 彼らの言う通りにᴸした方がいい[すべきだ, しなさい]. *Had* I ～ stay home? Yes, you had [you'd ～].家にいた方がいいですか. その方がいい. 語法 (1) 相手に向かって言う時は, しばしば脅迫・命令の気持を含む. (2)〖話〗では had は 'd /d/ と短縮されるか, 又は落ちることが多い: You *better* go now. (3)〖英〗では強調のため you better had.. となる場合がある. (4) 比較表現が必要な場合は, 例えば We *had* ～ begin ᴸrather than wait [instead of waiting]. (待つより始めた方がいい)のように言い, We *had* ～ begin than wait. とは普通言わない. (5) → advise 1 (b)★. I *had* ～ not go today. 今日は行かないᴸ方がいい[でおこうかな]. (★否定文は I *had* not ～go. よりも I *had* ～ not go. の方が普通の形). *Had*n't I ～ go? 行った方がよくないか (★意味上は *Had* I ～ go? (行った方がいいかな)と大差ない; 「行かない方がいいかな」は, *Had* I ～ not go? となる). She *had* ～ marry, *hadn't* she? 彼女は結婚した方がいいですよね (★付加疑問は better を伴わない). They *had* ～ have kept their mouths shut. 彼らは黙っていた方がよかっただろう. Those words *had* ～ be left unsaid. そういう言葉は言わない方がよい.
__*knòw bétter*__ もっと分別がある, そのぐらいのことは知っている. You should ᴸ*know* ～ [have *known* ～]. 君はもっと分別があってしかるᴸべきだ[べきだった]. He doesn't *know* any ～.＝He *knows* no ～. 彼はそれぐらいの知恵しかない.
__*knòw bètter than to dó*__ ..しないだけの分別がある. He *knows* ～ *than to* argue with her. 彼は彼女と議論するほどばかじゃない.
__*thìnk bétter of..*__ →think.
── 名 **1** Ⓒ 〈単数形で〉 よりよい人[もの, 事]. Which is the ～ *of* the two?〖章〗2 つのうちでどっちがいいか. Will there ever be a ～? これよりいいもの[人]が現れるだろうか. **2** Ⓤ ましなもの, より以上(の成果, 待遇など). expect ～ of a person 人にもっとましな態度[反応, 結果など]を期待する. He deserves ～ than this position. 彼はこれ以上の地位が与えられていい. **3** Ⓒ〖旧〗〈one's ～s〉 目上の人たち, 先輩たち. one's elders and ～*s* 年上や目上の人たち.
__*for bétter or* (*for*) *wórse*__ よきにつけ悪(あ)しきにつけ, 行く末どうなろうとも, 《結婚式の誓いの文句の一部》; よい方にか悪い方にか.
__*for the bétter*__ よい方に, よくなるように. It all turned out *for the* ～ in the end. 結局すべてがうまく行った. a change *for the* ～ 好転.
__*gèt* [*hàve*] *the bétter of..*__ (1)〔人が〕..を負かす; (商取り引きなどで)..を出し抜く (outwit);〔議論など〕で勝つ. (2)〔感情, 感覚などが〕〔人〕を圧倒する. My curiosity *got the* ～ *of* me. 好奇心(の誘惑)に勝てなかった.
__*thìnk* (*àll*) *the bétter of..*__ →THINK better of...
── 動 他 をよりよくする, 改良[改善]する; をしのぐ, より勝る. He ～*ed* the world record in the high jump. 彼は走り高跳びの世界記録を更新した.
__*bétter oneself*__ 前よりいい地位に就く, 出世する; 自分を磨く, 修養する. [＜古期英語]

bet·ter[2] 名 Ⓒ 賭(か)けをする人 (bettor).
Bètter Búsiness Bùreau 名 〈the ～〉〖米〗商事改善協会《商品の苦情処理・商業道徳の高揚などに努める全国組織; 1922 年設立; 略 BBB》.
bètter féelings 名 〈one's ～; 複数扱い〉 良心.
bètter hálf 名 Ⓒ〖話・戯〗〈one's ～〉 妻; 伴侶(はんりょ).
bètter lánd 名 あの世.
bét·ter·ment 名 ⓊⒸ〖章〗**1** (地位の)向上, 出世. **2** 〈普通 ～s〉 土地整備(に伴う土地の値上がり).
bètter náture 名 〈one's ～〉 ＝better feelings.
bét·ting 名 Ⓤ 賭(か)け; 〈the ～〉 見込み, 可能性.
bétting shòp 名 Ⓒ〖英〗場外馬券売り場.
bet·tor /bétər/ 名 ＝better[2].
Bet·ty /béti/ 名 Elizabeth の愛称.
‡**be·tween** /bitwíːn/ 前 【2 者の間に】 **1** 〔(2 つの)場所, 人, もの〕**の間に[で, を, の]** (→among). the distance ～ Tokyo and Osaka 東京・大阪間の距離. This express runs ～ Ueno and Sendai. この急行列車は上野・仙台間を走る. the relation ～ cause and effect 因果関係. There are some differences ～ British and American English. イギリス英語とアメリカ英語との間にはいくらか違いがある (参考 difference の場合は 3 つ以上でも between を用いる: the main differences ～ 'aroma', 'odor' and 'scent' (aroma, odor, scent の 3 つの単語の主な違い)). ～ each act (芝居の)幕間(まくあい)ごとに (注意 この言い方はよく見られるが, より正しくは ～ each act and the next, 又は ～ the acts となる). read ～ the lines →read (成句).

語法 (1) 普通 2 つのものに用い, 3 つ以上の場合には among を用いると言われるが, 3 つ以上のものの集まりでも, その中の 2 つがペアになる時には between を用いる.

among は集まりの中のメンバーがばらばらでペアを成さない場合に言う. 例えば「3国間協定」がX, Y, Z 3国でX↔Y, Y↔Z, Z↔X 間の約束事を個別的に協定する場合は a treaty ～ three nations と言う; なお, 4,5,6,7 の 参考, ★用例も参照. (2) 位置の明確なものについて言う時は, 3つ以上のものの間でも between を用いる: The territory lies ～ two countries and an ocean. (その地域は2つの国と1つの大洋に囲まれている) (3) between に続く項目は and で結ぶのが原則であるが, 誤って between X *or* Y が使われることがある. 特に choose [a choice] between X or Y [X, Y, or Z] はかなり一般的で, これは *either* X or Y との混同と考えられる; また, the period ～ 1990–2000 (1990年から2000年までの時期)などの表現も見られるが, 正しくは the period ˪～ 1990 and 2000 [from 1990 to 2000] となる.

2 〔(2つの)時刻, 数〕**の間に[は, の]**; ..から..まで(の). The murder happened ～ 3 a.m. and 5 a.m. 殺人は午前3時から5時までの間に起こった. the numbers ～ 2 and 9 (＝the numbers from 3 through 8) 2から9までの間の数 (★3から8までを言い, 2と9は含まれない). *Between* Jan. 1 and March 31, there were 258 car accidents in this city. 1月1日から3月31日の間にこの市で258件の自動車事故があった (★普通, 両端の日を含むと解される). ～ times 合い間に, 時折. *Between* 30 and 40 people were there. 30ないし40人がそこにいた.

3【2者の中間に】..とも..ともつかない, ..と..の中間の. She felt something ～ love and hatred. 彼女は愛とも憎しみともつかないものを感じた.

【2者の間で】 **4** 〔2者〕**の間の[で]**. Divide this candy ～ you and your brother. このキャンディーを君と兄さんで分けなさい (参考 be divided [shared] ～ six investors (6人の投資家の間で分割[共有]される)のように, among 的な使い方もある (→6)).

5 (2者のどちらか)から, ..(どちら)かの[かに]. Choose ～ these two. この2つから選びなさい. have a choice ～ X and Y XかYかどちらかが選べる. decide ～ going by plane and by ship 飛行機と船のどちらで行くか決める. 参考 choose ～ Chinese, Korean and Japanese (中国語, 朝鮮語, 日本語の中から選択する)のように3つ(以上)について言うこともある.

6 (2者の間で)共同で, 協力して, 共有で. The two boys cooked their lunch ～ them. 2人の兄弟は協力して自分たちの昼食をこしらえた. We own a few hundred acres ～ the three of us. 我々3人の土地を合わせると[足すと]数百エーカーになる (★この意味では3人以上にも用いる).

7【2つの活動などの間で】(**a**) ..やら..やらで. *Between* the traffic and the dog's barking, he couldn't sleep. 交通の騒音やら犬の鳴き声やらで彼は眠れなかった. 参考 *Between* teaching, cooking, and raising kids, she is terribly busy. (教師の仕事, 食事の仕度, 子育てやらで, 彼女は多忙を極めている)のように3つ(以上)について言うこともある. (**b**)〈複数名詞と共に〉..(を)しながら. She nodded ～ sobs. 彼女は泣きじゃくりながらうなずいた.

between jóbs 失業中で.

between oursélves＝***between yòu and mé***＝〖戯〗***between yòu, mè and the*** ˪***gátepost*** [***béd-post***] 我々の間だけで, 内緒で; ここだけの話だが. Let's just keep this (just) ～ *ourselves*, shall we? これは我々だけの秘密にしておきませんか. 参考 ～ you and *I* はよくある誤用.

between whíles →while.

come between .. →come.

ín betwèen .. ..の間に[の]. Her house is *in* ～ the station and the park. 彼女の家は駅と公園の中間地点にある.

── 副 (2つの)間に; 間を隔てて; どっちつかずに. There were two rows of houses with a canal ～. 2つの家並みがあり, 間に運河があった.

(fèw and) fár betwèen →few.

in betwéen (1) 間に挟まって, 中間に; 合い間に; その間. Father does gardening *in* ～. おやじは合い間合い間に庭いじりをする. (2) じゃまをして. Don't get *in* ～! じゃましないで. (3) どちらとも決めかねて, どっちつかずで.

[＜古期英語「2つそれぞれのそばに」(＜*be* 'by'＋*twēon* 'two each')]

†**be·twixt** /bitwíkst/ 前, 副 〖古・詩〗＝between.

betwixt and betwéen 〖話〗どっちつかずの[で].

bev·a·tron /bévətrɑ̀n|-trɔ̀n/ 名 C 〖物理〗ベヴァトロン《陽子のエネルギーを高める加速装置》.

bev·el /bév(ə)l/ 名 C **1** (木板, 厚板ガラスなどの縁を削った)斜面. **2** 角度定規. ── 動 (**～s**|〖英〗**-ll-**) 他 に斜面をつける.

bével gèar 名 C 〖機〗傘(かさ)歯車.

***bev·er·age** /bév(ə)ridʒ/ 名 (複 **-ag·es** /-əz/) C 〖章〗**飲料**, 飲み物, (drink)《普通, 紅茶, コーヒー, アルコール飲料など水以外のすべてを言う》. [＜ラテン語 *bibere* 「飲む」; beer も同源]

Bèv·er·ly Hílls /bèvərli-/ 名 ベヴァリーヒルズ《米国 Los Angeles 近くの小都市; 映画人などの住む高級住宅地》.

bev·y /bévi/ 名 (複 **bev·ies**) C (女性や小鳥, 特にウズラの)群れ.

be·wail /biwéil/ 動 〖章〗 他, 自 (を)嘆き悲しむ.

***be·ware** /biwéər/ 動〈命令形と不定詞形のみ〉自 **用心する**, **気をつける**, 〈*of* ..に〉. *Beware of* the dog! 猛犬に注意. He told me to ～. 彼は私に「気をつけるように」と言った. ── 他 VO (～ X/*that* 節/*wh* 節) **X に/..ように/..かに用心する**, 気をつける. *Beware* (*that*) you don't get into trouble. 面倒な事にならないよう注意しなさい. [＜中期英語 *be*(*n*) *war* 'be wary']

be·whis·kered /biw(h)ískərd/ 形 〖章〗(ほお)ひげを生やした.

be·wigged /biwígd/ 形 〖章〗かつらをかぶった〔裁判官など〕.

***be·wil·der** /biwíldər/ 動 (**～s** /-z/|過 過分 **～ed** /-d/|**～·ing** /-d(ə)riŋ/) 他 **をまごつかせる**, 当惑させる, (類語 confuse より強意的; →puzzle). We are all *～ed* by her inconstancy. 彼女の移り気にはみんな当惑している. [be-, 〖廃〗*wilder*「道に迷う」] ▷**～·ing** 形 まごつかせる, 途方もない. **～·ing·ly** 副 **～·ment** 名 U 当惑, うろたえ. in *～ment* 当惑して.

be·wíl·dered 形 うろたえた, 途方にくれた. a ～ look 当惑した顔つき. ▷**～·ly** 副

***be·witch** /biwítʃ/ 動 (**～·es** /-əz/|過 過分 **～ed** /-t/|**～·ing**) 他 **1 に魔法をかける** 〈*into* ..に変身するように〉 (→witch). The witch *～ed* the men *into* stone. 魔女は男たちを魔法で石に変えた. **2** を魅了する, うっとりさせる, (charm). [be-, witch]

▷**～·ing** 形 うっとりさせる, 魅力的な. **～·ing·ly** 副 うっとりさせるように, 魅了するように. **～·ment** 名 U 魔力, 魔術; 呪文(じゅもん); 魅了, 魔法にかかった状態.

‡**be·yond** /bijɑ́nd|-jɔ́nd/ 前【限界を越えて】 **1** 〔ある場所〕**の向こうに[の]**, **を越えて[た]**, の先に, (類語 単に「限界の向こう側」という静的な意味を表す; →over 6). ～ the sea 海のかなたに, 海を越えて. My house is ～ that bridge. 私の家はあの橋の向こうにある. *Beyond* this point smoking is prohibited! 〖掲示〗この先禁煙. letters from ～ the seas 海の向こうからの手紙 (★ from beyond.. の結合形がよく使われる).

2 〔ある時刻, 年齢など〕を過ぎて (★この意味では after が普通); (数量が)..を超えて, ..以上で. No applications will be accepted ～ four o'clock. 申し込みは4時以

降には受け付けられません. Many people want to work ～ retirement age. 多くの人は退職年齢を過ぎても働きたいと思っている.
3〔能力, 程度, 範囲など〕を越えて, の及ばないところに. It's ～ me why she gave up her studies. 彼女がなぜ学業を断念したのかとても私には理解できない. ～ all praise いくら褒めても褒めきれない (★この種の連結で用いる主な名詞に次のものがある: ～ belief [compare, comparison, comprehension, control, description, dispute, doubt, endurance, expectation, hope, measure, question, reach, recall, recognition] → それぞれの名詞の項).
4〈否定文・疑問文で〉..以上には, のほかに (besides); ..以外には (except). *Beyond* that I cannot help you. それ以上はお役に立てません.
beyond the beyónds 〖アイル俗〗信じがたい, 法外な.
gò beyond oneséĺf 度を過ごす, 我を忘れる; ふだんの実力以上にやる.
stày beyond** one's **wélcome (嫌われるほど)長居する.
―― 副 **1** (はるか)向こうに. *Beyond* was the sea. はるかかなたに海があった. I believe in the life ～. 私は来世があると思う.
2〈多く and ～ で〉その先に[まで]; それ以上; それ以降に. plan for the year 2001 *and* ～ 2001 年以降の計画を立てる.
3〖まれ〗その他に, その上.
―― 名〈the ～〉あの世, 来世, (the great beyond).
the bàck of beyónd →back.
[＜古期英語 (＜*be* 'by'＋*ġeond* 'yonder')]

bez·el /béz(ə)l/ 名 C **1** (のみなどの)刃の斜面. **2** (宝石の)斜めのカット面. **3** (指輪などの宝石がはまる)溝; (時計のガラスぶたをはめる)溝ぶち, ベゼル.

be·zique /bizíːk/ 名 U 〖トランプ〗ベジーク《64 枚の札を用い 2 人または 4 人でする》.

b.f. 〖印〗boldface; 〖英・婉曲〗bloody fool (大ばか).

B-girl /bíːgəːrl/ 名 C 〖米〗バーのホステス (bar girl).

Bhag·a·vad Gi·ta /bʌ̀gəvəd-gíːtə/ 名 バガヴァッドギータ《ヒンドゥー教の聖典》.

bhang, bang /bæŋ/ 名 U **1** 〖植〗インドアサ. **2** バング《インドアサの葉, 小枝を乾燥して作る麻酔剤[麻薬]》.

BHS British Home Stores.

Bhu·tan /buːtǽn, -táːn/ 名 ブータン《ヒマラヤ山脈中にある王国; 首都 Thimbu》.

Bhu·tan·ise /bùːtəníːz/ 名 (複 ～) **1** C ブータン人; U ブータン語. ―― 形 /移/ ブータン(人[語])の.

Bi 〖化〗bismuth.

bi /bai/ 名 C, 形 〖俗〗(セックスで)男女両方を相手にする(人), バイセクシャルの(人), (→bisexual).

bi- 〈複合要素〉「2, 両, 双, 複, 重など」の意味 (→mono-, di-). *bi*cycle. *bi*plane. *bi*lingual. *bi*gamy. ★母音の前では bin- となる. *bin*aural. *bin*ocular. [ラテン語 *bis* 'twice']

Bi·a·fra /biǽfrə/ 名 ビアフラ《Nigeria 東部の地域; 1967 年分離して独立したが, 激しい内戦の結果 1970 年に崩壊, ナイジェリアに再合併された》.

bi·an·nu·al /baiǽnjuəl/ 形 年 2 回の; 半年ごとの; (→biennial). ▷ **～·ly** 副 年 2 回; 半年ごとに.

***bi·as** /báiəs/ 名 (複 **～·es** /-əz/) UC
【傾斜】 **1** **先入観**, 先入主, 偏向, (えこ)ひいき, 偏見, (prejudice)〈*toward, in favor of, against* ..に対する〉; (心理的)傾向, 性癖. without ～ and without favor 公正無私に. She has a ～ *toward* [*against*] Japanese literature. 彼女は初めから日本文学に好意[反感]を抱いている. political ～ in television programs テレビ番組における政治的偏向. a man with a scholarly ～ 学者肌の人.

> 連結 a strong [a deep(-seated), an ingrained; an irrational; an overt] ～ // show [display, reveal; remove] a ～

2 (生地裁断の)**斜線**; (正)バイアス《織目とはすかいに裁断した布地》. cut cloth *on the* ～ 生地を斜めに裁断する.
3 〖球技〗(ボウルズ (bowls) の)木球のゆがみ, 偏重; ゆがみによる球の進路の曲がり.
―― 形 斜めの, 傾斜した. ―― 副 斜めに.
―― 動 (**～·es**, 〖主に英〗 **～·ses** /-əz/|過 過分 **～ed**, 〖主に英〗 **～sed** /-t/| **～·ing**, 〖主に英〗 **～·sing**) 他
に**片寄った意見を抱かせる**; 〔判断など〕を片寄らせる; 〈*against, toward, in favor of* ..に対して〉〈しばしば受け身で〉. He's *～ed against* [*toward*] Christianity. 彼はキリスト教に偏見を抱いている[特別な好意を持っている]. The bitter experience has *～ed* his outlook on life. そのつらい経験が彼の人生観を片寄ったものにした.
[＜古期フランス語「傾斜」]

bìas bínding 名 〖英〗〖服飾〗＝bias tape.

†**bi·ased,** 〖主に英〗 **-assed** /báiəst/ 形 偏した, 片寄った; 偏見を抱いている. a ～ news report 片寄った報道. (★叙述用法 →動 受け身例) ◇↔unbiased

bías tàpe 名 U 〖米〗〖服飾〗バイアステープ.

bi·ath·lete /baiǽθliːt/ 名 C バイアスロンの選手.

bi·ath·lon /baiǽθlən|-lɔn/ 名 U バイアスロン《20 km クロスカントリースキーと 4 回のライフル射撃を組み合わせた二種競技; 冬期オリンピック種目の 1 つ》. [bi-, ギリシア語 *âthlon*「競技」]

bib /bib/ 名 C **1** よだれかけ. **2** (エプロンなどの)胸当て.
one's bèst bìb and túcker 〖旧話〗晴れ着. [＜ラテン語 *bibere*「飲む」]

Bib. Bible; Biblical.

bìb and bráce 名 C 胸当てつき作業ズボン.

bíb·còck 名 C (下方に曲がった)蛇口 (★bib とも言う).

‡**Bi·ble** /báib(ə)l/ 名 (複 **～s** /-z/) **1**〈the ～〉(キリスト教の)**聖書**, バイブル, 《the Old Testament (旧約)と the New Testament (新約)から成る》; C〈しばしば b-〉(1 冊の)聖書. a leather-bound ～ 革表紙の聖書. 参考 (1) 主な英訳聖書: the Authorized Version, the Revised Version, the Revised Standard Version, the New English Bible, the Revised English Bible, the Good News Bible. (2) ユダヤ教では「旧約」のみを聖典とし, ローマカトリックは「外典」(Apocrypha) を含める.
2 C〈普通 b-〉〈一般に〉聖典; 権威ある書物, '聖典', 'バイブル'. Euclid's book was long the *bible* in geometry. ユークリッドの書物は長く幾何学のバイブルだった. ◇形 Biblical, biblical
[＜ギリシア語 *biblía* '(little) books' (＜*bíblos* 'papyrus' ＜*Búblos*); ギリシア人はパピルスをフェニキアの港ビュブロスから輸入した]

Bíble-bàsher 名 〖英話〗＝Bible thumper.

Bíble-bàshing 形, 名 〖英話〗＝Bible-thumping.

Bíble Bèlt 名〈the ～〉聖書地帯《米国南部及び中西部の根本主義 (→fundamentalism) が強く信奉されている地域》.

Bíble clàss 名 C バイブルクラス, 聖書研究会, 《日曜学校などの》.

Bíble òath 名 C 聖書にかけての誓い.

Bíble pàper 名 U インディアペーパー《聖書の印刷によく用いられる》.

Bíble schòol 名 UC 日曜学校.

Bíble thùmper 名 C 〖米話〗〈けなして〉熱烈な福音伝道者 (〖英〗 Bible-basher).

Bíble-thùmping 形, 名 U 〖米話〗〈けなして〉熱烈に福音を説く(こと). (〖英〗 Bible-bashing).

Bible 聖書

OLD TESTAMENT	旧約聖書
Genesis (Gen.)	創世記
Exodus (Exod.)	出エジプト記
Leviticus (Lev.)	レビ記
Numbers (Num.)	民数記
Deuteronomy (Deut.)	申命記
Joshua (Josh.)	ヨシュア記
Judges (Judg.)	士師記
Ruth	ルツ記
First Book of Samuel (1 Sam.)	サムエル記上
Second Book of Samuel (2 Sam.)	サムエル記下
First Book of Kings (1 Kgs.)	列王記上
Second Book of Kings (2 Kgs.)	列王記下
First Book of Chronicles (1 Chr.)	歴代誌上
Second Book of Chronicles (2 Chr.)	歴代誌下
Ezra	エズラ記
Nehemiah (Neh.)	ネヘミヤ記
Esther	エステル記
Job	ヨブ記
Psalms (Ps.)	詩編
Proverbs (Prov.)	箴言
Ecclesiastes (Eccles.)	コレヘトの言葉
Song of Songs, Song of Solomon, Canticles (S. of S., Cant.)	雅歌
Isaiah (Isa.)	イザヤ書
Jeremiah (Jer.)	エレミヤ書
Lamentations (Lam.)	哀歌
Ezekiel (Ezek.)	エゼキエル書
Daniel (Dan.)	ダニエル書
Hosea (Hos.)	ホセア書
Joel	ヨエル書
Amos	アモス書
Obadiah (Obad.)	オバデヤ書
Jonah	ヨナ書
Micah (Mic.)	ミカ書
Nahum (Nah.)	ナホム書
Habakkuk (Hab.)	ハバクク書
Zephaniah (Zeph.)	ゼファニヤ書
Haggai (Hag.)	ハガイ書
Zechariah (Zech.)	ゼカリヤ書
Malachi (Mal.)	マラキ書
NEW TESTAMENT	新約聖書
Gospel according to St Matthew (Matt.)	マタイによる福音書
Gospel according to St Mark (Mark)	マルコによる福音書
Gospel according to St Luke (Luke)	ルカによる福音書
Gospel according to St John (John)	ヨハネによる福音書
Acts of the Apostles (Acts)	使徒言行録
Epistle to the Romans (Rom.)	ローマの信徒への手紙
First Epistle to the Corinthians (1 Cor.)	コリントの信徒への手紙 1
Second Epistle to the Corinthians (2 Cor.)	コリントの信徒への手紙 2
Epistle to the Galatians (Gal.)	ガラテヤの信徒への手紙
Epistle to the Ephesians (Eph.)	エフェソの信徒への手紙
Epistle to the Philippians (Phil.)	フィリピの信徒への手紙
Epistle to the Colossians (Col.)	コロサイの信徒への手紙
First Epistle to the Thessalonians (1 Thess.)	テサロニケの信徒への手紙 1
Second Epistle to the Thessalonians (2 Thess.)	テサロニケの信徒への手紙 2
First Epistle to Timothy (1 Tim.)	テモテへの手紙 1
Second Epistle to Timothy (2 Tim.)	テモテへの手紙 2
Epistle to Titus (Tit.)	テトスへの手紙
Epistle to Philemon (Philem.)	フィレモンへの手紙
Epistle to the Hebrews (Heb.)	ヘブライ人への手紙
Epistle of James (Jas.)	ヤコブの手紙
First Epistle of Peter (1 Pet.)	ペトロの手紙 1
Second Epistle of Peter (2 Pet.)	ペトロの手紙 2
First Epistle of John (1 John)	ヨハネの手紙 1
Second Epistle of John (2 John)	ヨハネの手紙 2
Third Epistle of John (3 John)	ヨハネの手紙 3
Epistle of Jude (Jude)	ユダの手紙
Revelation, Apocalypse (Rev., Apoc.)	ヨハネの黙示録
APOCRYPHA (旧約聖書の)外典(経外書, 続編とも訳される)	
First Book of Esdras (1 Esd.)	エズラ記 1
Second Book of Esdras (2 Esd.)	エズラ記 2
Tobit	トビト記
Judith	ユディト記
Rest of Esther (Rest of Esth.)	エステル記
Wisdom of Solomon (Wisd.)	知恵の書
Ecclesiasticus, Wisdom of Jesus the Son of Sirach (Ecclus., Sir.)	シラ書
Baruch	バルク書
Song of the Three Children (S. of III Ch.)	アザルヤの祈りと 3 人の若者の賛歌
Susanna (Sus.)	スザンナ
Bel and the Dragon (Bel & Dr.)	ベルと竜
Prayer of Manasses (Pr. of Man.)	マナセの祈り
First Book of Maccabees (1 Macc.)	マカバイ記 1
Second Book of Maccabees (2 Macc.)	マカバイ記 2

1 英語表記は, 併記した Canticles, Apocalypse 以外は Protestant のもの; 日本語訳は新共同訳.
2 ( )内は略称.

†**Bib·li·cal, b-** /bíblik(ə)l/ [形] 〈普通, 限定〉聖書の, 聖書にある. a ～ quotation 聖書からの引用. ▷ **～·ly** [副]

bib·li·o- /bíbliou/ 〈複合要素〉「本の」の意味. *bibli*ography. *biblio*phile.
[ギリシア語 *biblíon* 'book']

bib·li·og·ra·pher /bìbliɑ́grəfər|-ɔ́g-/ [名] [C] 書籍解題者, 書誌学者; 書誌編纂(さん)家.

bib·lio·graphic, -i·cal /bìbliəgrǽfik [移]/, -k(ə)l [移]/ [形] 書誌(学)の; 参考書目の.

†**bib·li·og·ra·phy** /bìbliɑ́grəfi|-ɔ́g-/ [名] ([複] **-phies**) **1** [U] 書誌学《書物の著者, 出版年月日, 版などの来歴, 印刷の体裁などを研究する》; [C] 書籍解題(書). **2** [C] (ある著者, 題目に関する)著書目録, (巻末などの)参考文献目録.

bìblio·mánia [名] [U] 蔵書癖, 書籍狂.
▷ **bìblio·mániàc** [形], [名] [C] 書籍狂の(人).

bib·li·o·phile /bíbliəfàil/ [名] [C] 愛書[書籍収集]家.

bib·u·lous /bíbjuləs/ [形] 〘戯〙 酒好きの. ▷ **～·ly** [副]

Bic, BiC /bik/ [名] [C] 〘商標〙 ビック《英米に系列会社を持つフランスの世界最大手の使い捨てボールペンメーカーの

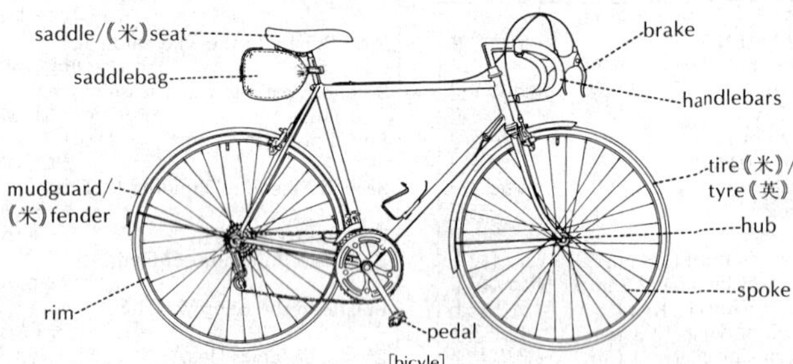

[bicyle]

製品; →Biro》; 〈一般に〉使い捨てボールペン.

bi·cam·er·al /baikǽm(ə)rəl/ 形〔議会が〕2 院制の (→unicameral). a ～ legislature 2 院制の立法府. [bi-, ラテン語 *camera*「部屋」, -al]

bi·carb /baikɑ́ːrb|ˊ-ˊ/ 名《話》＝bicarbonate 2.

bi·car·bo·nate /baikɑ́ːrbənèit, -nət/ 名 U **1**《化》重炭酸塩. **2** 重炭酸ソーダ, 重曹(じゅう), (料理, 医療用; **bicàrbonate of sóda** とも言う).

bi·cen·te·nar·y /baisénteneri, bàisenténəri|bàisentíːnəri/《英》形, 名 (複 **-nar·ies**) ＝bicentennial.

bi·cen·ten·ni·al /bàisenténiəl, -njəl ⑧/《米》形 200 年ごとの; 200 年続く. the ～ anniversary 200 年記念祭. ── 名 C 200 年祭 (→centenary).

bi·ceps /báiseps/ 名 (複 ～, ～·es) **1** C《解剖》二頭筋, '力こぶ'. His ～ are [is] as hard as rock. 彼の力こぶは石のように固い. **2** U (特に腕の)筋力. [ラテン語 'two-headed']

bi·chlo·ride /baiklɔ́ːraid/ 名 U《化》二塩化物 (dichloride). ～ of mercury 塩化第二水銀, 昇汞(しょうこう).

‡**bick·er** /bíkər/ 動 自 **1** 口げんかする, 言い争う, 〈*over*, *about* ..で/*with* ..〔人〕と〉. **2**〔水が〕さらさら流れる;〔雨が〕ぱらぱら降る. **3**〔炎, 光などが〕ゆらめく, ちらちらする; きらきら光る. ── 名 C 口げんか, 言い争い, (類語 つまらない事が原因でする; →quarrel). ▷ **～·ing** /-riŋ/ 名

bick·ie, -y /bíki/ 名 C《英話》＝biscuit 2.

bi·coast·al /baikóustl/ 形《米》(太平洋・大西洋の)両岸(で)の, 両岸にある, 両岸ㄴ往復[をいったりきたり]の.

bi·con·cave /baikɑ́nkeiv|-kɔ́n-/ 形〔レンズなどが〕両凹(おう)の (concavo-concave).

bi·con·vex /baikɑ́nveks|-kɔ́n-/ 形〔レンズなどが〕両凸(とつ)の (convexo-convex).

bi·cus·pid /baikʌ́spid/ 形〔歯などが〕尖(せん)頭の 2 つある (→cusp). ── 名 C 双頭歯《小臼(きゅう)歯 (premolar) のこと》.

‡**bi·cy·cle** /báisik(ə)l/ 名 (複 **～s** /-z/) C **自転車** (★《話》では bike と言う; →tricycle, tandem). ride (on) a ～ 自転車に乗る. go to school by [on a] ～ 自転車で通学する. a ～ pump 自転車の(携帯)空気入れ.

連結 get on [mount; get off; pedal; push, wheel] a ～

── 動 自《旧》自転車に乗る, 自転車で行く, 〈*on*, *along* など〉(★cycle の方が普通).
[bi-「2 つの」, cycle「輪」]

bícycle kìck 名 C 自転車こぎ運動《あおむけに寝て両脚を交互に動かし宙をける》.

bi·cy·cler, bi·cy·clist /báisiklər/, /-klist/ 名 C《旧》自転車に乗る人 (★cyclist の方が普通).

bícycle shèd 名 C《主に英》(学校や工場の)自転車小屋.

‡**bid** /bid/ 動 (～s /-dz/|過 **bade** /bæd, beid/, **bad** /bæd/, ～|過分 **bíd·den** /bidn/, ～|**bíd·ding**) (★他 1 及び 自 では過去形・過去分詞は bid; その他では過去形は普通 bade, bad, 過去分詞は bidden であるが, 共に bid となることがある) 他

【意向を言う】 **1 (a)** (競売, 入札で)〔ある金額〕**の値を付ける** 〈*for*,《米》*on* ..〔品物〕に〉;《トランプ》〔競り札〕を宣言する. I ～ ten dollars *for* the old stove. 私は古いストーブに 10 ドルの値を付けた. **(b)** VOO (～ X Y) X(人)に Y の値を付ける 〈*for* ..に対して〉〈普通, 競売人を主語にして受け身で〉. "Lot No. 54. What am I ～ *for* this magnificent Regency table?" 次は 54 番の品です. この摂政時代風のすばらしいテーブルにはいくらの値が付きますか《競売人の呼び声》.

2《章・雅》VOO (～ X Y)・VOA (～ Y *to* X) X に Y (あいさつ)**を述べる[告げる]**. She *bade* me good-by. 彼女は私にさようならを言った. I *bade* farewell *to* the guests. 私は客に別れのあいさつを述べた.

3【命じる】《章・雅》VOO (～ X *to do*) X に..せよと命ずる (類語 order より古風). He *bade* me (*to*) stay behind. 彼は私に後に残れと命じた. I was *～den to* stay behind. 私は後に残るよう命ぜられた.

語法 (1) 能動態では普通, 原形が後に来るが, 受動態では to 付きの不定詞が来る. (2)《話》では tell を用いて He *told* me to stay behind. のように言う.

【誘う】 **4**《古》VOA (～ X *to* ..) X を..に招く; VOO (～ X *to do*) X に..することを勧める. guests *bidden to* a banquet 宴に招かれた客. The man *bade* me *to* come and see his garden. その人は来て庭をごらんなさいと私に勧めた. **5**《米話》〔クラブ, 団体などが〕に入会を勧める.

── 自 **1 値を付ける**; 入札する; 〈*for*,《米》*on* ..に/*against* ..と競って〉. Is anyone else *～ding?* ほかに値を付ける人はいませんか. He ～ *against* me *for* the painting. 彼はその絵を私と競り合った. ～ *against* one another 互いに張り合って入札する《値をつり上げることになる》. **2** VA (～ *for..*/*to do*) (申し出, 約束などをして)..を得ようと/..しようと努める, 名のりを上げる. Japan ～ *to* host the 2002 World Cup. 日本は 2002 年のワールドカップ開催国に立候補した.

bìd fáir to dò →fair[1].

bìd /../ ín 〔持ち主が〕..を自分に競り落とす《期待通りの値が付かないため》.

bìd /../ úp ..の値を競り上げる.

── 名 C **1 (a)** (競りの)付け値; 入札(の機会). give [put in] the highest ～ 最高額の付け値をする. invite ～*s for* the construction of a museum 博物館建設の入札を募る. **(b)**《トランプ》(競り札の)宣言, ビッド, 《特にブリッジで何組取ると宣言すること》; 競り高; (競り札の)

宣言の順番. My ～ is two hearts.〖ブリッジ〗私(のビッド)はツーハート. It's your ～ now. さあ君が宣言する番だ. **2** 努力, 試み, (attempt)〈*for* ..〔権力, 地位など〕を得ようとする/*to* do ..しようとする〉. He failed in his ～ *for* the Presidency [*to* be the President]. 彼は大統領選に出馬して敗れた. **3**〖米話〗(団体加入などの)勧誘.
in a bìd to dó .. しようとして, ..しようという目論見で. The Army rose *in a* ～ *to* overthrow the Government. 陸軍が政府転覆を謀って決起した.
màke a bíd for .. (1) ..に値を付ける. *make a* ～ of £200 *for* an old book (競売で)古書に 200 ポンドの値を付ける. (2)〔権力, 地位など〕を得ようとする.
[＜古期英語 *biddan*「頼む」(*bēodan*「申し出る」との混成)]

bíd·da·ble 形 **1** 言いなりになる, 従順な. **2**〖トランプ〗競りのきく, 勝負できる,〔持ち札など〕.

bid·den /bídn/ 動 bid の過去分詞.

‡**bíd·der** 名 C 競り手; 入札者. the highest ～ 最高入札者.

bíd·ding 名 U **1** (競売, トランプの)競り; 入札. The ～ starts at $10,000. 競りは 1 万ドルから始まる. **2**〖章〗命令.
at the bídding of a pèrson ＝***at a pèrson's bídding***〖章〗人の言いつけ通りに.
dò [fòllow] a pèrson's bídding〖章〗人の命令通りにする.

bid·dy[1] /bídi/ 名 (複 **-dies**) C〖主に米話〗めんどり (hen); ひな (chicken).

bid·dy 名 (複 **-dies**) C〖話〗(口やかましい)中年女. [＜女性の名 Bridget の愛称]

bide /baid/ 動 (**～s** /-dz/|過 **～d** /-əd/, **bode** /boud/|過分 **～d** /-əd/|**bíd·ing**) 自〖古〗＝abide. ── 他〈次の成句で〉
bìde one's tíme 時節の到来を待つ.

bi·det /bidéi|bí:dei/ 名 C ビデ《バスルームに備え付けの局部・肛(こう)門部洗浄器》. [フランス語「小さな乗用馬」]

bíd-rìgging 名 U (公共事業などの, 話し合いによる)入札操作, 談合(請負).

bi·en·ni·al /baiéniəl/ 形 **1** 2 年に 1 度の, 隔年の; 2 年続く (→biannual). **2**〖植〗2 年生の. ◇→annual, perennial ── 名 C **1** 2 年生植物. **2** 隔年の行事[現象]; ビエンナーレ《隔年に開かれる美術展など》. [＜ラテン語 (＜bi-＋*annus*「年」)] ▷ **～·ly** 副 2 年ごとに.

bier /biər/ 名 C (棺おけや遺骸(がい)を乗せる)棺台, 棺架.

Bierce /biərs/ 名 **Am·brose** /ǽmbrouz/ ～ ビアス (1842–1914?)《米国の新聞記者・作家》.

biff /bif/ 動 他, 名 C〖話〗(を)ぶん殴る(こと).

bi·fo·cal /bàifóuk(ə)l ⑧/ 形 2 重焦点の, 遠近両用の (→focal). ～ lenses 2 重焦点レンズ.
── /⌐–-|–⌐-/ 名 C **1** 2 重焦点レンズ. **2**〈～s〉遠近両用の眼鏡 (a pair of ～*s*).

bi·fur·cate /báifə(:)rkèit/〖章〗動 他 を二股(また)に分ける. ── 自 二股に分かれる. ── /baifə́:rkət, -kèit/ 形 二股に分かれた. [＜ラテン語 (＜bi-＋*furca* 'fork')]

bi·fur·ca·tion /bàifə(:)rkéiʃ(ə)n/ 名〖章〗U 二股(また)に分ける[分かれる]こと, 分岐; C 分岐点.

‡‡**big** /big/ 形 e (**bíg·ger**|**bíg·gest**)【大きい】 **1** (形, 数量, 規模などが)**大きい**. a ～ tree 大木. a ～ city 大都会. a ～ voice 大きな声. ～ money〖話〗多額の金(かね), 多額の利益[支払い]. a ～ letter 大文字 (capital letter). a ～ 'a' 'a' の大文字《A》. How ～ is your fridge? お宅の冷蔵庫の大きさはどのくらいなの.

> 類語 big は「大きい」という意味を表す最も普通の語. large が客観的に広さ, 高さ, 長さ, 分量の大きさを表すのに対して, big は特に体積の大きさを言う. great は「偉大な」という抽象的な意味を表すことが多い. しかし big はしばしば主観的に large, great の代わりに用いられる. a big man は「大きな太った人」のほかに「偉大な人」(a great man) を意味し, a large man は「背が高く肩幅の広い人」を意味する. なお, big は little に対する語で big and little と言い, big and small とはあまり言わず large and small と言う.

2 成長した. Behave yourself; you're a ～ girl now. お行儀よくしなさい, もう大きいんだから. What do you want to be when you're ～? 大きくなったら何になりたいんだい.
3 年上の (elder). one's ～ brother [sister] 兄[姉] (★弟[妹]は one's little brother [sister]).
4【大きく膨らんだ】〈叙述〉(**a**)〖旧〗〔普通, 動物が〕はらんで, おなかが大きい. Our cat is ～ *with* young. うちの猫はおなかが大きい. Mary is ～ *with* child. メリーはおなかが大きい. (**b**) 満ちて, いっぱいで,〈*with* ..で〉. My heart is ～ *with* rage. 私の胸は怒りに満ちている. eyes ～ *with* tears 涙がいっぱいたまった目.
5【心が大きい】〖話〗大らかな (generous). a ～ heart 寛大な心. That's ～ of you.〈しばしば皮肉〉それは心が広いことだ.
【大事な】 **6**〈限定〉**重要な**, 重大な; 偉い. a ～ fight 大事な戦い. The ～*gest* problem of the hour is unemployment. 当面の最大問題は失業である. a ～ man 大物, 名士.
7【偉そうな】〖話〗野心的な; うぬぼれた; 威張っている. have ～ ideas 大きなことを考えている. ～ words 大言壮語, ほら. look ～ 大きな顔をする.
8【人気が大きい】〖話〗(娯楽, スポーツなどで)よく知られた, 人気の高い.
【程度が大きい】 **9**〈限定; 普通, 好ましくない意味内容を強めて〉大した, 並外れた. a ～ eater 大食家. a ～ liar 大うそつき. a ～ mistake 大失策.
bíg on ..〖主に米話〗..に熱中して; ..が大好きで.
gèt [gròw] too bíg for one's bóots [bréeches, pánts]〖話〗うぬぼれる, 威張る.
màke it bíg〖話〗有名になる, 成功する.
── 副〖話〗**1** でかく; 偉そうに. talk ～ →talk (成句). think ～ →think (成句). **2** 上首尾に, うまく. come [go] over ～ 非常にうまくいく.
[＜中期英語(＜?)]

big·a·mist /bígəmist/ 名 C 重婚者.

big·a·mous /bígəməs/ 形 重婚罪の; 同時に 2 人の妻[夫]を持った. ▷ **～·ly** 副

big·a·my /bígəmi/ 名 U 重婚(罪), 二重婚. [bi-, -gamy]

Bìg Ápple 名〈the ～〉New York 市の愛称.

bìg bánd 名 C ビッグバンド《オーケストラ編成のジャズ[ダンス]バンド》.

bìg báng 名 ビッグバン **1**〈普通 the ～〉(宇宙開闢(かいびゃく)時の)大爆発. **2**〈B- B-〉ロンドン株式取引所の 1986 年の大幅な規制緩和を伴う大改革. **3**〈普通 the ～〉大改革.

bìg báng thèory 名〈the ～〉〖天〗宇宙爆発起源論《宇宙の初めに大爆発(ビックバン)が起こり, 現在の膨張宇宙に至ったとする説》.

Bìg Bén 名 ビッグベン《英国国会議事堂の塔上にある大時鐘; ＜Sir *Benjamin* Hall (19 世紀設置当時の責任者)》.

Bìg Bóard 名〈the ～〉〖米話〗ニューヨーク株式取引所《厳密にはそこの株価表示板》.

Bìg Bróther 名〖話〗(独裁者を指して)'お兄さん'; 独裁主義の政府[組織など]; 《親切な仮面をして人民を徹底的に監視し統制する; Orwell の *Nineteen Eighty-Four* から》.

bìg búcks 名〈複数扱い〉〖米話〗大金.

bìg búg 名 C〖俗〗＝bigwig.

bìg búsiness 名 U 大企業; 大きな取り引き.

B

bìg cát [名] [C] 大型ネコ科動物《トラやライオン》.
bìg chéese [名] [C] 〖話〗お偉いさん.
bìg dáy [名] [C] 〈普通, 単数形で〉〖話〗'大変な日'《結婚式の日を指す》.
bìg déal [名] [C] 〈普通, 単数形で〉 **1** 〖話〗大した事[人], 大事(ᵍ). He's a ~ in the company. 彼は会社では大した人物だ. make a ~ about [outo of] little things わずかな事で大騒ぎする. **2** 〈間投詞的〉大したもんだ〈皮肉〉, 大したことないよ. 'Jim's bought a Cadillac.' '*Big deal*. I'm not interested.'「ジムがキャデラックを買った」「大したもんだ, 興味ないね」.
bìg dípper [名] **1** [C] 〖英〗ジェットコースター (roller coaster). **2** 〈the B- D-〉〖米〗北斗七星《大ぐま座の; 〖主に英〗Plough》. 「続する方の端; →crank》.
bìg énd [名] [C] 〖機〗(連接棒の)大端《クランク軸に接↑
Bìg Fíve [名] 〈the ~〉5 大強国《第 1 次大戦後の米・英・仏・伊・日; 第 2 次大戦後の米・英・ソ連・中国・仏, 仏を除けば **The Bìg Fóur**》.
Bíg·fòot [名] [C] ([複] **~s**) '大足人間'《米国西北部からカナダにかけていると伝説的に信じられている毛深い人間に似た動物; Sasquatch とも言う》.
bìg gáme [名] [U] **1** 大型の猟獣《象, ライオンなど》, 大型の釣り魚《マグロ, カジキなど》. **2** 〖話〗(特に獲得, 達成するのに危険を伴う)大物, 大目標.
big·gie, -gy /bígi/ [名] ([複] **-gies**) [C] 〖話〗お偉方, 大物; 大した物, '大成功'(したもの), 'ドル箱'.
big·gish /bígiʃ/ [形] 〖話〗大きめの, 大ぶりの.
bíg gòvernment [名] [U] 〖米〗大きな政府《福祉, 保険, 経済統制などたくさん仕事を抱えて膨れ上がった政府》.
bíg gùn [名] [C] 〖話〗お偉方, 大物.
bíg·hèad [名] [C] 〖話〗うぬぼれ(屋).
bìg·héaded /-əd [移]/ [形] 大頭の; 〖話〗うぬぼれの強い.
bìg·héarted /-əd [移]/ [形] 寛大な, 気前のいい, 親切な.
bíg·hòrn [名] ([複] **~, ~s**) [C] ビッグホーン《ロッキー山脈の野生の羊; Rocky Mountain sheep とも言う》.
bìg hóuse [名] 〈the ~〉〖米俗〗刑務所.
bight /bait/ [名] [C] **1** 海岸線[川岸]の緩い湾曲《Benin や New Zealand で地名の一部に見られる》. **2** ロープの輪にした部分; のばしたロープのたるみ. 「そんなばかな.
bìg idéa [名] [C] (ばかげた)大計画. What's the ~?↑
bìg léague [名] 〖米〗 **1** =major league. **2** 〈~s〉〖話〗=big time.
bìg-léague [形] 大リーグの; 一流の.
bìg-léaguer [名] [C] 〖米〗大リーグ選手.
Bíg Màn on Càmpus [名] [C] 〖米話〗大学の人気者, アイドル, 《男子学生; 特に優れたスポーツマン, 自治会長など; 略 BMOC》. 「[口]; ほら吹き.
bíg mòuth [名] [C] 〖話〗(秘密を漏らす)おしゃべりな人↑
bìg·móuthed /-máuθt, -ðd [移]/ [形] 口の大きな; 大声でしゃべり散らす; 〖話〗おしゃべりの; (→big mouth).
bìg náme [名] [C] 〖話〗名士, 著名な人[グループ]; 一流, スター, 《役者, ミュージシャンなど》.
bíg-nàme [形] 〖話〗有名な, 名高い; 一流の.
bìg nóise [名] 〖話〗=big shot.
‡**big·ot** /bígət/ [名] [C] (特に宗教, 政治の面で)頑固者, 偏屈. [<古期フランス語] ▷**~·ed** /-əd/ [形] 頑固な, 偏屈な, 偏狭な. 「態度など), 一徹さ.
‡**big·ot·ry** /bígətri/ [名] ([複] **-ries**) [UC] 頑固(な行動,↑
bìg pícture [名] [C] (物事, 問題の)全体像. 「(館).
bìg pót [名] 〖主に英話〗=big shot.
bìg scréen [名] 〈the ~〉〖話〗(テレビに対して)映画↑
bíg shòt /〖英〗ˌˊˌ/ [名] [C] 〖話〗大物 (bigwig).
bìg stíck [名] 〈the ~〉〖話〗(軍事的)威圧, (政治↓
bìg tálk [名] [C] 〖話〗大ぼら, 空いばり. ⌊的)圧力.
Bìg Thrée [名] 〈the ~〉〖米〗三大(自動車)企業《GM, Ford, Chrysler の 3 社》.
bíg-tìcket [形] 〖米話〗高価な. a ~ item 高価な物件.
bíg tìme [名] 〈the ~〉〖話〗(スポーツ, 芸能などでの)ぴか一の地位, 一流. make [hit] *the* ~ 一流になる[成功する]. be in the ~ 第一線にいる.
bíg-tìme [形] 〖話〗ぴか一の, 一流の, 大..; 大々的な, (↔small-time). a ~ performer 一流の役者[演奏家など]. ── [副] 〖米話〗みごとに, 完全に. ▷**big-timer** [名] [C] 一流の人.
bìg tóe [名] [C] 足の親指.
bíg tòp /〖英〗ˌˊˌ/ [名] [C] 〖話〗サーカスの大テント; 〈the ~〉サーカス.
bíg trèe [名] [C] 世界樹, マンモスの樹, 《米国 California 州産の大木; →sequoia》.
bìg whéel [名] [C] **1** 〖主に英〗=Ferris wheel. **2** 〖米話〗=big shot.
bíg·wìg [名] [C] 〖話〗お偉方, 大物; 尊大な人. [判事や著名人が大きなかつらをかぶったことから]
bi·jou /bíːʒuː/ [名] ([複] **~s, ~x** /-z/) [C] **1** 宝石 (jewel). **2** 小型で美しい細工物. ── [形] 〈限定〉〈時に皮肉〉小さいながら今風にしようしゃな〔建物など〕. [フランス語]
‡**bike** /baik/ 〖話〗[名] ([複] **~s** /-s/) [C] **自転車** (bicycle); **小型オートバイ** (motorcycle). ── [動] [自] 自転車[小型オートバイ]で行く. 「cle の短縮・変形]
On your bíke! 〖英俗〗あっちへ行け, うせろ. [bicy-↑
bik·er /báikər/ [名] [C] 自転車に乗る人; オートバイ乗り《特に暴走族や曲芸的乗り方をする人》.
bíke shèd [名] =bicycle shed.
bíke·wày [名] ([複] **~s**) [C] 〖米〗自転車専用道路.
‡**Bi·ki·ni** /bikíːni/ [名] **1** ビキニ《太平洋のマーシャル群島中の環礁; 1946–58 年米国が原爆実験を行った》. **2** 〈b-〉[C] **(a)** ビキニ《女性用上下セパレートの水着; 上は top, 下は bottoms と言う; 露出の大胆さを核爆発的衝撃にたとえた; →monokini》; ビキニ水泳パンツ《男性用》. **(b)** 〈しばしば ~s〉=bikini briefs. 「ツ]《下着》.
bikíni bríefs [名] 〈複数扱い〉ビキニ型ブリーフ[ショー↑
bi·la·bi·al /bailéibiəl/ 〖音声〗[形] 両唇の. ── [名] [C] 両唇音《/p, b, m/ など》.
bi·lat·er·al /bailǽt(ə)rəl/ [形] **1** 双方の, 2 者[2 国]間の; 〖法・商〗双務的な; (→unilateral, multilateral). a ~ contract [truce] 双務契約[相互休戦協定]. **2** 両側の(ある); 左右相称の. ▷**~·ly** [副] **~·ìsm** [名] [U] 双務(契約)⌊制[主義]. 「称.
bilàteral sýmmetry [名] [U] (人体などの)左右相↑
bil·ber·ry /bílbèri|-b(ə)ri/ [名] ([複] **-ries**) [C] ツツジ科コケモモ属の植物の総称; コケモモの実《食用》.
bile /bail/ [名] [U] **1** 胆汁《肝臓で分泌され, 胆嚢に貯まり, 脂肪の消化吸収を助ける; 中世医学では憂うつや怒りの原因とされた; →cardinal humors》. **2** 〖雅〗不機嫌, かんしゃく. stir [raise, rouse] a person's ~ 人を怒らせる. ◇[形] bilious [<ラテン語 *bīlis*「胆汁」]
bíle dùct [名] [C] 〖解剖〗胆管.
bíle·stòne [名] =gallstone.
bi-level /bailév(ə)l/ [形] **1** 上下二層の; 二階建ての〔客車など〕. **2** 〖米〗(一階が半地下の)準二階建ての.
bilge /bildʒ/ [名] **1** [C] 〖船〗(船底外の)湾曲部; 〈普通 ~s〉船倉の最下部. **2** =bilge water. **3** [C] (たるなどの)腹. **4** [U] 〖俗〗下らない話, 与太話, ばかげた言いぐさ. ── [動] [他] 〖古〗〔船〕の底に穴をあける.
bílge wàter [名] [U] 船底にたまる水, あか.
bil·i·ary /bílièri/ [形] 〖生理〗胆汁[胆管, 胆嚢(のう)]の.
***bi·lin·gual** /bailíŋgwəl/ [形] [¢] **2 か国語を話す**; 〔辞書などが〕2 か国語による; (→monolingual, multilingual). a ~ dictionary 2 か国語辞典《英和辞典など》. be ~ *in* A and B AB 両語が話せる. ── [名] [C] 2 か国語使用者. [bi-, lingual] ▷**~·ìsm** [名] [U] 2 か国語使用(能力). **~·ly** [副]
bil·ious /bíljəs/ [形] **1** 胆汁の; 胆汁過多の[による]; 〔人

が)胆汁症の. **2** 胆汁質の, 怒りっぽい, 気難しい. **3** (不快感をもよおす)胆汁色の, 病的に黄緑色の, 〔顔など〕. **4** 〖章〗〔人が〕頭痛がして不快で. ◇名 bile ▷ **~·ly** 副 **~·ness** 名

bil·i·ru·bìn /bìlərúːbin/ 名 U 〖生理〗ビリルビン《胆汁中の黄赤色の色素; 黄胆 (joundice) の色》.

bilk /bilk/ 動 他 **1** の借金[代金など]を踏み倒す; 〔借金など〕を踏み倒す; から だまし取る, を ぺてんにかけて奪う, 〈*of*, *out of* ..を〉. ~ a taxi driver タクシー代を踏み倒す. He ~*ed* me (*out*) *of* what he owed me. 彼は私の借金を踏み倒した. **2** から逃げ(おおせ)る, をかわす. ── 名 C 踏み倒し(屋); 詐欺(師).

Bill /bil/ 名 **1** William の愛称. **2** 〈the ~〉=Old Bill.

***bill**[1] /bil/ 名 (複 **~s** /-z/) C 【書き付け】 **1 勘定書**, 請求書, 付け; 〖英〗 (食堂やホテルでの)勘定書 (〖米〗 check). a gas ~ ガス料金請求書. a doctor('s) ~ 医療費. pay the ~ *for* the dinner 食事の勘定を払う. He was quick to pick up the ~. 彼はさっと勘定書を取り上げ(て自分で払っ)た. a ~ *for* $10 10ドルの請求書. collect ~*s* 集金する. Give me the ~, please. (レストランなどで)勘定書を頼むよ. You'll run up ~*s* if you go shopping so often. そんなにしょっちゅう買い物に行ったら付けがどんどんたまるよ.

連結 a large [a huge, a whopping; an exorbitant; an outstanding; an overdue] ~ // settle a ~

2 (広告)ビラ, ちらし; 張り紙, ポスター. Post [Stick] No *Bills*. 〖掲示〗張り紙お断り. circus [concert] ~*s* サーカス[コンサート]のビラ.

3 目録, リスト. a ~ of expenditure 支出明細書.

4 〖議会〗**法案**, 議案. introduce a ~ 法案を提出する. pass [approve] a ~ 法案を可決する《可決されると act (法令)になる》.

連結 bring in [propose; back, support; oppose; amend; enact; quash; shelve; reject, throw out] a ~

5 〖米〗**紙幣**, 札(さつ), (bank note, 〖英〗 note). a ten dollar ~ 10ドル札.

6 為替手形, 手形. a dishonored ~ 不渡り手形. a ~ payable [receivable] 支払[受取]手形. draw a ~ *on* the bank その銀行あてに手形を振り出す. clear a ~ 手形を交換により決済する. **7** (演劇などの)番組(表), プログラム. **8** 〖法〗(起)訴状; 調書.

fill* [*fit*] *the bíll 〖話〗要求[要件, 条件]を満たす, 申し分ない. After swimming a glass of soda water really *fills the* ~. 水泳のあとソーダ水1杯とくれば文句なしだ.

fòot the bíll 〖話〗経費[勘定]を全部引受ける《<勘定書の下に支払いのためのサインをすることから》; 全責任を負う〈*for* ..の〉. The professor *footed the* ~ *for* our meals. 教授がみんなの食事の勘定を払ってくれた.

hèad* [*tòp*] *the bíll 〖話〗〔名前が〕プログラムの最初に載る《主演者として》.

sèll a person a bìll of góods 〖米話〗人をだます[ぺてんにかける]. →bill of goods 2.

── 動 他 **1 (a)** に請求書を送る〈*for* ..の〉; の付けにする〈*for* ..を〉. Please ~ me *for* this book later. あとでこの本の請求書を送ってください. **(b)** VOO (~ X Y) X (人)に Y (いくら)を請求する. They ~*ed* me $50 for the repairs. その修繕に50ドルの請求書が来た.

2 を勘定書に記入する; の請求書を作成する.

3 〈普通, 受け身で〉 **(a)** VOA (~ X *as..*) X を(ビラなどで)..であると広告する, 宣伝する. The film was ~*ed as* a family comedy. その映画は家庭喜劇だと広告された. **(b)** VOC (~ X *to do*) X が..すると番組に組む[発表する]. Jane was ~*ed to* play [appear as] Ophelia. ジェーンはオフィーリアを演じると発表された.

[<中世ラテン語「印章を押した文書」]

***bill**[2] /bil/ 名 (複 **~s** /-z/) C **1** (特にハト, 水鳥などの細くまっすぐな)くちばし (→beak). **2** (ウミガメなどの)とがった口先[鼻面]. **3** いかりの爪(つめ); 岬(の突端) (promontory); 〖米〗(帽子の)ひさし. Portland *Bill* ポートランド岬《英国 Dorset 州南端にある》.

── 動 自 〔鳥, 特にハトが〕くちばしを互いに触れ合う.

bìll and cóo 〖話〗〔男女が〕キスしてささやき合う.

[<古期英語]

bil·la·bong /bíləbɔ̀ːŋ|-bɔ̀ŋ/ 名 C 〖オース〗(川の分流からできた)よどみ, 沼.

‡bíll·bòard 名 〖主に米〗 **1** C (屋外の)広告板, 掲示板, (〖英〗 hoarding). **2** (テレビなどで)番組の内容紹介, 予告; 番組提供者[スポンサー]名の紹介. **3** 〈B-〉『ビルボード』《米国の音楽週刊誌》.

bíll bròker 名 C 手形仲買人.

-billed 〈複合要素〉くちばしが..の. a long-*billed* bird くちばしが長い鳥.

bil·let[1] /bílət/ 名 C **1** 〖軍〗(民家に対する)宿舎提供命令書; (兵士の)民宿所. **2** 〖旧話〗勤め口, 職, (job).

── 動 他 〔兵士〕の宿舎を割り当てる, を宿泊させる, 〈*on*, *in*, *at*, *with* ..に〉.

bil·let[2] 名 C **1** 太いまき. **2** 〖冶金〗鉄棒; 鋼片; 鋳塊.

bil·let-doux /bìleidúː/ 名 (複 **billets-doux** /bileidúːz/) C 〖旧・戯〗ラブレター, 恋文. [フランス語 'sweet note']

bíll·fòld 名 C 〖米〗(2つ折り)札入れ (wallet).

bíll·hòok 名 C (枝はらい (pruning) 用の)鉈鎌(なたがま).

bil·liard /bíljərd/ 形 〈限定〉玉突きの, ビリヤードの. a ~ parlor 玉突き場. a ~ table 玉突き台.

bil·liards /bíljərdz/ 名 〈単数扱い〉玉突き, ビリヤード (→pool[2], snooker). play (at) ~ 玉突きをする. [<古期フランス語「ビリヤード(のキュー)」(<*bille*「丸太」)]

bíll·ing 名 U (俳優などの)プログラム[ビラ]上の順位.

Bil·lings·gate /bíliŋzgèit, -git/ 名 **1** ビリングズゲート《ロンドン East End の魚市場》. **2** 〈b-〉 U (魚市場で使われるような)ぞんざいで荒っぽい言葉; ひどい悪口.

***bil·lion** /bíljən/ 名 (複 **~s** /-z/, 数詞または数を示す形容詞の後で ~) C **1 10億** 《million の千倍》. **2** 〖英旧〗1兆《million の自乗》. **3** 〈~s〉〖話〗膨大な数.

[<*bi-*+*million*]

‡bil·lion·aire /bìljənéər/ 名 C 億万長者 (→millionaire).

bil·lionth /bíljənθ/ 形 10億番目の; 10億分の1の.

── 名 C 10億番目; 10億分の1.

bill of éntry 名 C 通関申告書.

bill of exchánge 名 C 為替手形.

bill of fáre 名 C 〖旧〗献立表 (menu).

bill of góods 名 C 〈普通, 単数形で〉〖米〗 **1** 売渡し品のリスト. **2** 〖話〗いかさま[欠陥]商品.

bill of héalth 名 C **1** 〖海〗(特に, 伝染病に関する船員, 船客の)健康証明書. **2** 〈一般に〉(監査などの)報告書.

a clèan bill of héalth (1) 〖海〗健全健康証明書. (2) 〖話〗(特に病後の)健康良好診断書; (会社, 個人などの)健全財政[適格性]を証明する報告書.

bill of láding 名 C 船荷証券; 〖米〗積み荷証券; 《B/L, b.l. などと略す》.

bill of ríghts 名 〈the ~〉基本的人権に関する宣言; 〈the B- of R-〉〖英〗権利章典《1689年制定》; 〖米〗権利章典《1791年, 合衆国憲法に加えられた修正第1条から第10条まで》.

bill of sále 名 C 売り渡し証書.

†bil·low /bílou/ 名 C 〈普通 ~s〉 **1** 〖雅・古〗大波; 〈the ~s〉海. **2** (煙, 雲, 音などの)大波, うねり. ~*s* of smoke [clouds, applause] 逆巻く煙[大波のような雲, 万雷の拍手].

── 動 自 **1** 大波が立つ; 〔煙などが〕大きくうねる; 〔笑い

B

など が〕沸き起こる. Smoke ~*ed* from the windows of the burning castle. 燃上する城の窓から煙がむくむくと出て来た. **2**〔帆, スカート(の裾)などが〕(風で)膨れ上がる〈*out*〉. ── 他 をうねらす; を膨れ上がらす. [＜古期北欧語]

bil·low·y /bíloui/ 形 〔海などが〕大波の立った; 大波のような, 大きくうねる, 膨れた.

bíll·pòster, bíll·stìcker 名 C ビラ張り人.

Bil·ly /bíli/ 名 **1** William の愛称. **2** ~ **the Kid** ビリーザキッド《William H. Bonney /báni|bɔ́-/ (1859–81) の通称; 米国西部の無法者》.

bil·ly[1] /bíli/ 名 (複 -lies) C **1** 短いこん棒. **2**〖米話〗(警官の)警棒 (**bílly clùb**) (〖英〗 truncheon).

bil·ly[2], **bílly·càn** 名 C 〖英・オース〗(キャンプ用の)ブリキ缶《湯沸かし, 調理用》.

bíl·ly gòat 名 C 雄ヤギ (→goat 参考).

bil·ly-o, -oh /bíliou/ 名 〖英旧俗〗〈次の用法のみ〉 ***like bílly-o*** 猛烈に〔降るなど〕; ものすごく〔速くなど〕.

bil·tong /bíltɔːŋ, -tɑŋ|-tɔŋ/ 名 U 〖南ア〗切干し肉.

‡**bim·bo** /bímbou/ 名 (複 ~(e)s) C 〖話・軽蔑〗**1** 頭の弱い色女, 知的でない若い美女; ふしだらな女. **2** (とんまな)やつ. [イタリア語 'little child']

bi·me·tal·lic /bàimətǽlik ⑱/ 形 **1**〖経〗複本位制の《普通, 金と銀》. **2** 2つの金属でできた[を使った].

bi·met·al·lism /bàimét(ə)liz(ə)m/ 名 U 〖経〗複本位制《金と銀を貨幣の基準にする》.

bi·month·ly /baimʌ́nθli/ 形 **1** 2か月に1度の, 隔月の. **2** 月2回の. ★1と2の両義があり紛らわしいので2の意味では semimonthly などを用いた方が誤解を避けられる; →biweekly★. ── 副 隔月に; 月に2回.
── 名 (複 -lies) C 隔月刊行される出版物 (→periodical 参考).

†**bin** /bin/ 名 C **1** (ふた付きの)大箱《石炭, 穀物, 瓶詰ワインなどの貯蔵用》; (石炭, 穀物, ワインなどの)置き場. a coal ~ 石炭箱[置き場]. **2**〖主に英〗(家庭用の)ごみ入れ (dustbin); ＝bread bin. a pedal ~ ペダル付きごみ容器《ペダルを踏むとふたが開く》. ── 動 他 **1** を bin に貯蔵する[しまう]. **2**〖英話〗をごみ入れ行きにする, 捨てる. [＜古期英語「かいばおけ」]

‡**bi·na·ry** /báinəri/ 形 **1** 2つの, 2つから成る; 〖化〗2元素から成る; 〖天〗連星の. a ~ compound 2元化合物《例えば塩化ナトリウム (NaCl)》. **2**〖数〗2進の, 2元の. ── 名 (複 -ries) **1** ＝binary system. **2** C 2つから成るもの; ＝binary star; ＝binary weapon.

bìnary códe 名 C 〖電算〗2進コード.

bìnary dígit 名 C 〖数〗2進数字《一般に0と1を用いる; →bit[3]》.

bìnary físsion 名 U 〖生物〗(細胞の) 2分裂.

bìnary númber 名 C 〖数〗2進数《2進法で表した数》.

bìnary stár 名 C 〖天〗連星.

bínary sỳstem 名 **1**〈the ~〉〖数〗2進法《コンピュータで用いられ, 数字0と1を使う》. **2** C〖天〗連星(系).

bìnary wéapon 名 C 2成分化学兵器《2種類の無害な化学物質が発射後融合し, 猛毒となる》.

bin·au·ral /bainɔ́ːrəl/ 形 **1** 両耳用の. **2**〔ラジオ, レコード(録音)などが〕立体音[ステレオ]の (→monaural).

‡**bind** /baind/ 動 (~s /-dz/|過 過分 **bound** /baund/|**bínd·ing**) 他 【しっかり結ぶ】 **1** を縛る, くくる; を結び[縛り]つける〈*to* ..に〉; を束ねる〈*up*〉; (類語 2つ又はそれ以上のものを縄などでぐるりと巻いて固く縛る; →fasten). There lay a man on the floor *bound* and gagged. 男が縛られさるぐつわをはめられて床に横たわっていた. Help me ~ the papers *into* bundles. 新聞を束にするのを手伝ってくれ. ~ (*up*) one's hair *with* a ribbon リボンで髪を束ねる.
2 を巻きつける〈*around* ..に〉; に包帯を巻く〈*up*〉. ~ a cloth *around* one's head 頭に布を巻く. The doctor *bound up* my wounds. 医者は私の傷に包帯をした.
3 VOA (~ X ***together***/X ***to, with***..) X(化学物質など)を互いに/..に[と]結合させる. **4** を(精神的に)結びつける, 団結させる,〈*together*〉. We felt *bound together* by our common purpose. 我々には共通の目的による連帯感があった.
【束縛する】 **5**〖章〗〈しばしば受け身で〉(**a**) を束縛する, 拘束する, 縛る. I won't be *bound* by any promise. 私はどんな約束にも縛られたくない. We *bound* her *to* secrecy. 我々は彼女に秘密を守るよう誓わせた.
(**b**) VOC (~ X ***to*** *do*) Xに..する義務を負わせる; Xに..せざるを得なくさせる. be *bound* to do (→成句). Local pressure *bound* them *to* move away. その土地(の人々)の圧迫で彼らは転居を余儀なくされた.
6 を年季奉公させる; VOC (~ X ***to*** *do*) Xに..するように(徒弟の)契約を結ばせる; VOC (~ X Y)・VOA (~ X ***as*** Y) XをYとして年季奉公させる; 〈*out*〉〈しばしば受け身で〉. The boy was *bound out to* work for five years. その少年は5年間働く契約で奉公に出された. ~ one's son (*as* an) apprentice *to* a carpenter 息子を大工へ年季奉公にやる.
【固定する】 **7** を製本する; 〔本〕を装丁する〈*in* ..で〉; 〔数枚の紙〕をとじ合わせる; 〈*up*〉. a book *bound in* leather 革で製本した本.
8 〔敷物など〕に(ほぐれないように)へりをつける〈*with* ..で〉.
9 を固める〈*with* ..〔セメントなど〕で〉; (接着剤などで)をくっつける〈*to* ..に〉. They are ~*ing* the gravel *with* cement to repair the road. 道路補修のために彼らは砂利をセメントで固めている. **10** を凍らせて固くする, 〔雪や氷などが〕を閉ざす. a lake *bound* (*up*) *in* ice 氷に閉ざされた湖 (→icebound, snowbound).
11〖料理〗〔材料〕のつなぎになる; 〔材料〕をつなぐ〈*with* ..で〉. *Bind* the mixture *with* an egg yolk. 混ぜ合わせた材料に卵黄を1つ加えてつなぎなさい.
12 を便秘させる.
── 自 **1** 縛る, 束ねる. **2** 固まる, 締まる; 便秘させる; 〔衣服が〕窮屈になる. This clay won't ~. この粘土はどうしても固まらない. His clothes are beginning to ~ because he's getting so big now. 彼がどんどん大きくなっているので着るものがきつくなってきた.
3 VA (~ ***to, with***..) 〔化学物質などが〕..に[と]結合する.
4 束縛する, 拘束力がある. a promise that ~*s* 拘束力のある約束.

be bóund to.. (1) ..に恩義がある. (2) ..と密接に結びついている.
****be bòund to dó*** (1) **..する義務がある**; ..せざるを得ない. I *am* in duty [honor] *bound to* see this thing through. 私は義務上[名誉にかけて]この事をやり通さなければならない. (2) **必ず..する**, ..しないでは済まない. It's *bound to* rain. きっと雨が降る. (3)〖米話〗..する決心である.
be bòund úp in.. ..で忙しい; ..に夢中である.
be bòund úp with.. ..と密接なつながりがある. In old times religion *was* closely *bound up with* politics. 昔は宗教は政治と深くかかわっていた.
bìnd a pèrson hànd and fóot 人の手足を縛りあげる.
bìnd a pèrson óver 〖英法〗人に謹慎を申しつける〈*for* ..の期間〉; 人に法的義務を負わせる〈*to* do ..する〉. He was *bound over* (*to* keep the peace) *for* a year. 彼は1年間の謹慎を命じられた.
bìnd oneSèlf to dó ..することを誓う, 請け合う.
I'll be bóund. 〖話〗きっとだ, 間違いない, (I bet). It was Bill who betrayed us, *I'll be bound*. 我々を裏切ったのはビルだ, 間違いなく.
── 名 **1** C (**a**) 縛るもの《ひも, なわ, 針金など》. (**b**)〖楽〗＝tie 2; 〖植〗＝bine. **2** 束縛, 拘束; (法的)制約. **3** aU〖話〗つらい立場, 面倒な状況; 〖英〗厄介な仕

事. get in a ～ with the police 警察ざたになる. put a person *in* [help a person *out of*] a ～ 人を苦境に陥らせる[から助け出す]. [＜古期英語]

bínd·er 名 **1** Ⓒ 縛る人; 縛るもの《ひも, 綱, 針金など》. **2** Ⓒ 製本工[係]; 製本機. **3** Ⓒ (ルーズリーフ式)バインダー (ring binder), 紙ばさみ; (新聞, 雑誌などの)帯封. **4** Ⓒ (農業用の)刈り取り結束機, バインダー. **5** ⓊⒸ 接合剤《セメント, ゴム, タールなど》; つなぎ《料理で》. **6** Ⓒ 〖米〗(保険などの)仮契約(証書); 手付け金.

bind·er·y /báindəri/ 名 (複 **-er·ies**) Ⓒ 製本所.

†**bínd·ing** 形 **1** 縛る; 結合[接合]する. **2** 拘束力のある; 義務を負わせる; 〈*on, upon* ..に(対して)〉. an agreement ～ *on* both parties 当事者双方に義務を負わせる協定, 双務協定. ── 名 **1** Ⓤ 製本; 装丁; Ⓒ 表紙 (cover). **2** Ⓤ 縛ること; 拘束; Ⓒ 縛るもの. **3** Ⓤ (衣服, 家具などの)縁取り[縁飾り]の材料. **4** Ⓒ (スキー靴を固定する)ビンディング, 締め具.

bínd·wèed 名 Ⓤ ヒルガオ科サンシキヒルガオ属の蔓(つる)状植物の総称 (convolvulus).

bine /bain/ 名 Ⓒ 〖植〗**1** (特にホップの)蔓(つる). **2** 蔓植物《woodbine, bindweed など》.

binge /bindʒ/ 名 Ⓒ 〖話〗(飲み食いしての)どんちゃん騒ぎ (spree); 思い切り..すること. have [go on] a ～ どんちゃん騒ぎをする. a ～ drinker 大酒呑み. a buying [shopping] ～ 思い切り買いまくること. ── 動 〖話〗自 (過食症などで)ばか食い[飲み]する 〈*on* ..を〉. ▷ **bíng·er** 名

‡**bin·go** /bíŋgou/ 名 (複 **～s**) Ⓤ ビンゴ《広いホールで行われる賭(か)け的なゲーム; 普通, 各自 5×5 の 25 の升目にまちまちの数字が入ったカードを買い, 読み上げられる数字と合ったものを印し, これがある並び方をするか, 全升をうめたらビンゴと叫んで賞品をもらう》; Ⓒ ビンゴ(という叫び).
── 間 〖話〗(突然の喜びや驚きを表して) 当たり, やった; えっ, どうして. We were in the middle of dinner, and ～! the lights suddenly went out. 食事の最中だった, とこれはびっくり突然明かりが消えた. [たぶん擬音語]

bín·lìner 名 Ⓒ 〖英〗(プラスチックの)ごみ袋, ポリ袋, 《捨てやすいようにごみ箱 (dustbin) に入れて使う》.

bín·màn /-mæ̀n/ 名 (複 **-men** /-mən/) Ⓒ 〖英〗ごみ収集人 (dustman).

bin·na·cle /bínək(ə)l/ 名 Ⓒ 〖海〗羅針儀箱.

‡**bin·oc·u·lar** /bainɑ́kjələr, bi-|-nɔ́k-/ 形 両眼(用)の. a ～ telescope 双眼鏡. ～ vision 両眼視《両眼の焦点を 1 点に合わせる能力, ヒトやサルが持つ》. ── 名 Ⓒ 〈普通 ～s〉 双眼鏡. a pair of ～*s* 双眼鏡 1 個.

bi·no·mi·al /bainóumiəl/ 形 **1** 〖数〗2 項(式)の. the ～ theorem 2 項定理. **2** 〖生物〗2 名法の. the ～ nomenclature 2 名法《genus と species で示す》. ── 名 Ⓒ **1** 〖数〗2 項式《X＋Y, a－b など》. **2** 〖生物〗2 名法.

bi·o- /báiou/ 〈複合要素〉「生命」,「生物」の意味. *bio*graphy. *bio*logy. [ギリシア語 *bíos* 'life']

bìo·assáy 名 Ⓒ 〖化〗生物検定.

bìo·astronáutics 名 〈単数扱い〉 生物宇宙学.

bi·o·ce·no·sis /bàiəsənóusəs/ 名 (複 **-ses** /-si:z/) Ⓒ 生物群集.

‡**bìo·chémical** /㊐/ 形 生化学の.

biochémical óxygen demànd 名 Ⓤ 生化学的酸素要求量《水中の汚濁物質を微生物が分解するのに必要な酸素量で, 汚染度の指標; 略 BOD》.

bìo·chémist 名 Ⓒ 生化学者.

†**bìo·chémistry** 名 Ⓤ 生化学; 〈the ～〉 生化学的プロセス.

bío·chìp 名 Ⓒ 〖電算〗生体素子《生物の情報機能を利用した有機分子チップ》.

bío·dàta 名 〈単複両扱い〉 〖米〗履歴書 (curriculum vitae).

bìo·degrádable /㊐/ 形 〔生ごみ・プラスチックなどが〕(微生物の作用によって)生分解性のある《ゆえに環境を汚染しない》. ▷ **bìo·degràdabílity** 名

bìo·degráde 動 自 (微生物の作用によって)生分解する. ▷ **bìo·dèg·ra·dá·tion** /-dègrədéiʃ(ə)n/ 名

‡**bìo·divérsity** 名 Ⓤ 生物[種の]多様性.

bìo·dynámics 名 〈単数扱い〉 生体力学.

bìo·engineéring 名 Ⓤ **1** 生物工学《工学原理を医学, 生物学などに応用し, 医学用には義手・義足の製造, 人工臓器の開発などをする; **biomèdical engineéring** とも言う》. **2** 生体工学《生物の機能を応用した工業技術; ＝genetic engineering》.

bìo·éthics 名 〈単数扱い〉 バイオエシックス, 生命倫理学,《臓器移植, 遺伝子組み換え, 人工授精など, 生命体に対して人間が介入する技術の倫理的側面の研究》.

bìo·féedback 名 Ⓤ 〖医〗生体自己制御《生体内の状態を計測データ化し, それを手掛りに血圧や脳波をコントロールし, 体調を制御する》.

bío·fùel 名 Ⓤ 生物燃料《石炭, 石油, 天然ガスなど》.

biog. biographical; biography.

bío·gàs 名 Ⓤ (有機物の腐敗で生じる)生物ガス《燃料に用いる》.

bìo·génesis 名 Ⓤ 生物発生論《生物は生物のみから発生するという説; ↔abiogenesis》.

bìo·génic /㊐/ 形 有機物により生じる.

bìo·geógraphy 名 Ⓤ 〖生態学〗生物地理学《生物の地理的分布の研究》.

†**bi·og·ra·pher** /baiɑ́grəfər|-ɔ́g-/ 名 Ⓒ 伝記作者「[作家].

‡**bìo·gráphic, -ical** /㊐/ 形 伝記(体)の, 伝記的な. a ～ dictionary 人名辞典.
▷ **bì·o·gráph·i·cal·ly** 副 伝記風に; 伝記上.

***bi·og·ra·phy** /baiɑ́grəfi|-ɔ́g-/ 名 (複 **-phies** /-z/) **1** Ⓒ (個人の)伝記 (→autobiography). **2** Ⓤ 伝記文学.

bío·hàzard 名 Ⓒ バイオハザード, 生物災害,《病原体研究, 遺伝子組み換えなどがもたらす人体, 環境への悪影響》.

biol. biological; biology.

†**bi·o·log·i·cal** /bàiəlɑ́dʒik(ə)l|-lɔ́dʒ- ㊐/ 形 **1** 生物学(上)の. ～ sciences 生物(諸)科学. **2** 生体(上)の, 生体メカニズムの. a ～ response 生体反応. **3** 〈限定〉 血のつながった, 実の, 〔親, 子〕. his ～ mother 生みの母. **4** 〔洗剤が〕酵素 (enzyme) 配合の (→ non-biological). ～ washing liquid 酵素入り液体洗剤. ▷ **～·ly** 副 生物学的に; 生体メカニズム的に.

biològical clóck 名 Ⓒ 生物時計, (動物の)体内時計.

biològical contról 名 Ⓤ 生物的防除《天敵導入による害虫駆除など》.

biològical wárfare 名 Ⓤ 生物戦, 細菌戦, (germ warfare)《細菌や薬剤を武器として使用する》.

biològical wéapon 名 Ⓒ 生物[細菌]兵器.

bi·ol·o·gist /baiɑ́lədʒist|-ɔ́l-/ 名 Ⓒ 生物学者.

***bi·ol·o·gy** /baiɑ́lədʒi|-ɔ́l-/ 名 Ⓤ **1 生物学**. **2** 〈the ～〉 生体メカニズム 〈*of* ..の〉. **3** (ある地域の)動植物相.

bìo·luminéscence 名 Ⓤ (深海魚, ホタルなどの)生物発光.

bío·màss 名 Ⓤ 〖生態〗生物(体)量, バイオマス,《(1) ある地域に現存している生物の総量. (2) 燃料源としてみた有機物一般》.

bìo·mechánics 名 〈単数扱い〉 生体力学.

bìo·médical 形 生物医学の. →bioengineering 1.

bìo·métrics, bi·om·e·try /baiɑ́mətri|-ɔ́m-/ 名 〈単数扱い〉 生物測定学《数理統計学理論を応用した生物学》.

bi·on·ic /baiɑ́nik|-ɔ́n-/ 形 **1** 〔SF 中の生物が〕電子機器を内蔵する; 〖話〗超人的な力の. **2** 生体工学の.

bi·on·ics /baiɑ́niks|-ɔ́n-/ 名 〈単数扱い〉 バイオニクス, 生体工学,《生物の(特に頭脳の)機能を電子工学的に分析し, 人工的に再現しようとする》.

bi·o·nom·ics /bàiənɑ́miks|-nɔ́m-/ 名 〈単数扱い〉 生活史.

bìo·phýsicist 名 Ⓒ 生物物理学者.

B

bìo·phýsics 名 〈単数扱い〉生物物理学.

bio·pic /báioupìk/ 名 C 〖話〗伝記映画. [*bio*graphical+*pic*ture]

bi·op·sy /báiɑpsi|-ɔp-, ━́━━/ 名 (複 **-sies**) C 〖医〗生体組織検査《生体組織の一部を採って行う》.

bìo·reáctor 名 C バイオリアクター, 生物反応器, 《酵素や菌類を利用して, 物質の分解や合成を行う装置》.

bío·rhỳthm 名 UC 生体リズム, バイオリズム, 《例えば体温, 血圧などに生じる周期的現象で, 身体, 感情, 知力に影響するという》.

BIOS /báious|-ɔs/ Basic Input Output System (バイオス; コンピュータの基本入出力システム).

bío·scìence 名 U 生物[生命]科学.

bìo·sénsor 名 C バイオセンサー, 生体内感知装置, 《酵素や抗体などを利用し, 生理学的データを計測する》.

†**bío·sphère** 名 C 〈普通 the ～〉(地球の)生物圏.

bìo·statístics 名 〈単数扱い〉生物統計学.

bìo·sýnthesis 名 U 〖生化〗生合成《生体の細胞内で物質が合成されること》.

bìo·technólogist 名 C 生命[生物]工学者.

‡**bìo·technólogy** 名 U バイオテクノロジー, 生命[生物]工学, 《動物, 植物, 微生物などの生体, 機能を利用した物質生産技術; **biotech** /báioutek/ と略されることもある》.

「[によってもたらされる].

bi·ot·ic /baiɑ́tik|-ɔ́t-/ 形 **1** 生命に関する. **2** 生物の↑

‡**bi·o·tin** /báiətin/ 名 U ビオチン《ビタミン H; レバー, 卵黄などに含まれる》.

bi·o·tite /báiətàit/ 名 U 〖鉱〗黒雲母(うんも).

bi·par·ti·san /baipɑ́ːrtəz(ə)n|bàipɑːtəzǽn/ 形 〈普通, 限定〉2 党の, 2 党連立の; 〖米〗民主・共和両党提携の, 超党派の. ～ diplomacy 超党派外交.

bi·par·tite /baipɑ́ːrtait/ 形 〈限定〉**1** 2 部から成る; 〔契約書などが〕2 部作成の. **2** 2 者(共有)の, 共同の. ～ agreement 両者の合意. **3** 〖植〗2 裂の〔葉など〕.

bi·ped /báiped/ 名 C 2 足動物《人間, 鳥など》. ── 形 2 足の (**bi·pédal** とも言う).

bi·plane /báiplèin/ 名 C 複葉飛行機 (→monoplane).

bi·po·lar /bàipóulər ⑱/ 形 **1** 〖電〗2 極式の; (南北)両極に分かれた. **2** 両極端[正反対]の〔性格, 意見など〕.

†**birch** /bəːrtʃ/ 名 **1** C カンバ《カバノキ科シラカンバ属の植物の総称》; U カンバ材. **2** C ＝birch rod. **3** 〈the ～〉むち打ちの罰. ── 動 他 を(罰として)カンバの枝のむちで打つ. [＜古期英語; 原義は「輝く木」]

Birch·er /bə́ːrtʃər/ 名 C バーチ主義者《1958 年設立の米国極右反共団体 **Jòhn Bírch Socìety** (ジョン・バーチ協会)の会員[支持者]; **Jòhn Bírcher** とも言う》. [＜John *Birch* (米国空軍士官; *1945* 年中国共産党員に殺害された)]

Birch·ism /bə́ːrtʃiz(ə)m/ 名 U バーチ主義.

Bírch·ist, Birch·ite /bə́ːrtʃait/ 名 C ＝Bircher.

bírch ròd 名 C (生徒の体罰に使った)カンバの枝むち.

‡**bird** /bəːrd/ 名 (複 **～s** /-dz/) C **1 鳥.** ～*s* and beasts 鳥獣. keep [feed] a ～ 鳥を飼う[にえさをやる]. a ～ in a cage 籠(かご)の鳥. She is (as) free as a bird. 彼女は鳥のように自由だ.

> 連結 a ～ sings [cheeps, chirps, sqawks, twitters, warbles, whistles; flies, soars, swoops; perches, roosts; mates; nests; preens itself]

2 猟鳥 (game bird). **3** 〖旧話〗やつ, 人, (person); 〖英俗・やや軽蔑〗(若い)女, 女の子. a queer [rare, odd] ～ 変なやつ. a home ～ マイホーム人間. An old ～ is not caught with chaff. 〖諺〗老練な人は簡単にはだまされない《＜老鳥はもみがらにだまされて捕まりはしない》. a clever old ～ 賢い人 (★old bird で「(..な)やつ, 人」の意味).

4 〖米〗バドミントンの羽根 (shuttlecock); クレー射撃の標的 (clay pigeon); 〖俗〗飛行体《飛行機, ミサイル, ロケット, 宇宙船など》.

a bìrd in the hánd [***búsh***] 〖話〗現実の利益[不確実な利益]《A ～ in the hand is worth two in the bush. (掌中の 1 羽は茂みの中の 2 羽の価値がある)という諺から》.

a bìrd of ill ómen 不吉の鳥《カラス, フクロウなど》; 不吉な便りをもたらす人.

A lìttle bìrd tóld me. 〖話〗風のたよりに聞いた《どこから聞いたか伏せておきたい時に言う》.

****an éarly bìrd*** 〖話〗**早起きの人** (early riser); 早く来た人; 《→The early BIRD catches the worm.》.

be (***strìctly***) ***for the bírds*** 〖米話〗ばからしい, くだらない.

「名 1).

bìrds of a féather 〖話〗同類(の人) (→feather↑

dò (***one's***) ***bírd*** 〖英話〗刑務所に入る, 刑期 (time) を務める, (★bird＝birdlime 3).

èat like a bírd 小食である, 食が細い, (↔eat like a horse).

gèt the bírd 〖俗〗(観客などに)やじられる; 首になる.

gìve a pèrson the bírd 〖俗〗人をやじる; 人を首にする.

「が動転する.

have a bírd 〖米話〗ぎょっとする, ショックを受ける; 気↑

kìll twò bírds with òne stóne 〖話〗一石二鳥を得る, 一挙両得する.

lìke a bírd 朗らかに〔歌う〕; いそいそと〔働くなど〕; 〖話〗〔エンジン, 乗り物などが〕滑らかに, 軽く, 〔動くなど〕.

the bìrds and (***the***) ***bées*** 〖婉曲〗(子供に話すような)性知識の基礎《鳥やハチの習性から説明するため》.

The bìrd has [***is***] ***flówn.*** 〖話〗やつに逃げられた, も抜けの殻だ.

The èarly bírd càtches [***gèts***] ***the wórm.*** 〖諺〗早起きは三文の得 《＜早起き[早く来た]鳥は虫を捕らえる》. [＜古期英語 *brid*「(ひな)鳥」]

bírd·bàth 名 (複 → bath) C 小鳥の水浴用水鉢.

[birdbath]

bírd·bràin 名 C 〖話〗間抜け, うすのろ, 《人》.
▷ **～ed** 形 〖話〗間抜けな, うすのろの, (stupid).

bírd·càge 名 C 鳥籠(かご); (形, 構造, 目的などが)鳥籠に似た物, 〖米俗〗独房, 安宿のねぐらなど.

bírd·càll 名 C **1** 鳥の鳴き声. **2** (鳥を引き寄せる)鳥の鳴きまね; 鳥笛.

bírd dòg 名 C 〖米〗鳥猟用の猟犬 (gundog); (タレントの)スカウト; (人のために)あちこち飛び回る人. 「愛好家.

bírd fàncier 名 C 小鳥屋; 小鳥好きな人, 鳥類↑

bírd·hòuse 名 (複 →house) C 巣箱; 小鳥小屋.

bird·ie /bə́ːrdi/ 名 C **1** 〖幼〗小鳥ちゃん. **2** 〖ゴルフ〗バーディー《パーより 1 打少ない; →par 参考》. **3** 〖米〗(バドミントンの)羽根 (〖英〗shuttlecock).
── 動 他 〖ゴルフ〗〔あるホール〕のバーディーをとる.

bírd·ing 名 〖話〗＝bird-watching. 「《全体》.

bírd·lìfe 名 U 〈集合的に〉(ある場所に生息する)鳥↑

bírd·lìke 形 〔人(の風貌・動作)が〕鳥のような.

bírd·lìme 名 U **1** 鳥もち. **2** 鳥の糞(ふん). **3** 〖英俗〗＝time 6《bird*lime* は *time* の押韻俗語 (rhyming slang)》.

bírd·man /-mən/ 名 (複 **-men** /-mən/) C **1** 野鳥を捕る人; 鳥類学者; 鳥の剝(はく)製師. **2** 〖旧話〗飛行家.

bìrd of páradise 名 C (ニューギニア産の)極楽鳥.

bìrd of pássage 名 (複 **birds of passage**) C 渡

り鳥;〖話〗流れ者.「《ワシ, タカなど》.

bìrd of préy 名(複 birds of prey) C 猛禽(もうきん)

bírd sànctuary 名 C 鳥の保護区域.

bírd-scàrer 名 C 鳥おどし《空港, 畑などで鳥を追い払うための人, 装置など》.

bírd·sèed 名 U 粒餌(つぶえ)《鳥のえさ》.

bírd's-èye 形〈限定〉**1** 上から見下ろした, 鳥瞰(ちょうかん)的な. **2** 概観の, 大ざっぱな. **3** 鳥目模様の; (鳥の目のように)小さく丸い〔花など〕.

bìrd's-eye víew 名 C〈普通, 単数形で〉**1** 鳥瞰(ちょうかん)図; 高所からの眺め[見方] (↔worm's-eye view). From the top of the tower we had a ～ of the city. 塔の上から市の全景を見下ろした. **2** 概観, 要約.

bírd-sòng 名 U 鳥の歌[さえずり].

bírd-tàble 名 C 鳥のえさ台.

bírd-wàtcher 名 C 野鳥観察者.

bírd-wàtching 名 U 野鳥観察.

bi·ret·ta /bərétə/ 名 C ビレッタ帽《カトリックの聖職者がかぶる四角な帽子》.

bir·i·a·ni /bìriɑ́ːni/ 名 ＝biryani.

Bir·ming·ham /1 bə́ːrmiŋəm, 2 bə́ːrmiŋhæ̀m/ 名 **1** バーミンガム《イングランド中部の工業都市; London に次ぐ大都市》. **2** バーミングハム《米国 Alabama 州中部の工業都市》.

Bi·ro /bái(ə)rou/ 名(複 ～s)〈しばしば b-〉C〖英・商標〗バイロ《ボールペンの一種; Bic の姉妹品; 発明者のハンガリー人の名から》;〈一般に〉使い捨てボールペン.

‡birth /bəːrθ/ 名(複 ～s /-θs/) **1** UC **(a)** 誕生, 出生. the date of a person's ～＝a person's ～ date 生年月日. the town of one's ～ 人の生まれ故郷. She has been physically handicapped from [since] ～. 彼女は生まれた時から身体に障害がある. My son weighed eight pounds *at* ～. 息子は生まれた時 8 ポンドだった. **(b)** 出産. have a home ～ (病院でなく)自宅で出産する. give ～ 出産する. She had two girls at a ～. 彼女は 1 度に 2 人の女の子を産んだ. Was your husband present at the (moment of) ～? お産(の時)にご主人は立ち会ったの.

> 連結 a normal [a natural; a premature; an easy; a painful] ～

2 U 生まれ, 家柄, 素姓; よい生まれ, 名門. a man of ～ and breeding 生まれも育ちもいい人. be of low [high, noble] ～ 卑しい身分[高貴]の生まれである.
3 C〖章〗(事物の)新生, 出現, 発生; 起源. the ～ of a new country 新しい国の誕生. the ～ of modern jazz モダンジャズの起源.

*__by birth__ (1) 生まれは. She lives in America but she is English *by* ～. 彼女はアメリカに住んでいるが生まれは英国人だ. (2) 生まれつきの, 生来の.

*__give birth to..__ (1)〔子〕を産む. (2) ..を生じる, もたらす, 現出させる; ..の原因になる. His outspoken remarks often *give* ～ *to* displeasure in certain quarters. 彼の率直な言葉はさる方面に不快を引き起こすことがよくある.
[＜古期北欧語; bear[1], burden と同源]

bírth certìficate 名 C 出生証明書《日本の戸籍抄本などに当たる公式証明書》.

bírth contròl 名 U 産児制限, 避妊.

bírth·dàte 名 C 生年月日 (date of birth).

‡birth·day /bə́ːrθdèi/ 名(複 ～s /-z/) **1** C 誕生日, 生誕記念日. Happy ～ (to you)! 誕生日おめでとう. "When's your ～?" "It's (on) July 24."「あなたの誕生日はいつですか」「7 月 24 日です」(★I was born on July 24, 1985. の場合と違い, ふつう月日だけで生年は言わない). **2**〈形容詞的〉誕生日の, 生誕記念の. a ～ card 誕生祝いのカード. a ～ party 誕生パーティー. a ～ present 誕生日のプレゼント. celebrate one's 80th ～ 80 歳の誕生日を祝う.

__in one's bírthday sùit__〖旧話・戯〗素っ裸で.

bírthday càke 名 バースデーケーキ.

bírthday hònours 名〖英〗生誕叙勲《英国王の誕生日に行われる》.

bírth·ing 形〈限定〉出産(用)の.

bírth·màrk 名 C (生まれつきの)あざ, ほくろ, 出産斑(はん).

bírth mòther 名 C 実の[生みの]母.

bírth pàngs 名〈複数扱い〉陣痛;〖話〗(改革などの)生みの苦しみ.

bírth pàrent 名 C 実の親《養父母などでない》.

bírth pìll 名 C 経口避妊薬.

***birth·place** /bə́ːrθplèis/ 名(複 -plac·es /-əz/) C **1** (人の)出生地, 生まれ故郷. **2** 発祥の地. Philadelphia is the ～ of American Democracy. フィラデルフィアはアメリカ民主主義の発祥の地である.

bírth·ràte 名 C 出生率, 出産率. The ～ in this country has started to decline. この国の出生率は低下している.

> 連結 a high [a low; a stable, a steady] ～ // the ～ rises [increases; falls; levels off]

bírth·rìght 名 UC〈普通, 単数形で〉生得権《生まれながらに持つ権利》.

bírth·stòne 名 C 誕生石. ★1 月から 12 月まで, 普通, 次の宝石を誕生石とする: garnet (1 月), amethyst (2 月), bloodstone (3 月), diamond (4 月), emerald (5 月), moonstone [pearl, agate] (6 月), ruby [onyx] (7 月), sardonyx (8 月), sapphire (9 月), opal (10 月), topaz (11 月), turquoise (12 月).

bir·y·a·ni /bìriɑ́ːni/ 名 UC ビリヤーニ《肉[魚, 野菜]とライスに香辛料を加えて調理するインド料理》.

bis /bis/ 副 **1** 2 回. **2**〖楽〗繰り返して《楽譜の指示》;〈間投詞的に〉アンコール. [ラテン語 'twice']

Bis·cay /bískei/ 名 **the Bay of ～** ビスケー湾《フランス西岸とスペイン北岸を海岸線とする湾; あらしが多い》.

‡bis·cuit /bískət/ 名(複 ～s /-ts/, ～) **1** C〖米〗柔らかい菓子パン《ベーキングパウダー, ソーダなどを入れて合わせた材料をすぐ焼いたもの; muffin の類;〖英〗scone》. **2** C〖主に英〗ビスケット, クッキー, (〖米〗cookie); クラッカー (cracker). Won't you have some cheese and ～s? チーズにクラッカーはいかがですか. **3** U 薄茶色, キツネ色. **4** U (陶器の)素焼き (bisque).

__tàke the bíscuit__〖英〗[*cáke*〖米〗]〖話〗〔人(の行為)が〕(善いこと, 悪いことで)ずば抜けている. [＜中世ラテン語「2 度焼かれた(パン)」]

bi·sect /baisékt/ 動 他 を 2 分する, 2 等分する.

bi·séc·tion 名 UC 2 (等)分; 2 等分された一方.

bi·sec·tor /baiséktər/ 名 C 2 等分するもの;〖数〗2 等分線.

‡bi·sex·u·al /bàisékʃuəl|-sjuəl/ 形 形 **1**〖生物〗両性の; 両性器官を備えた. **2**〖心〗男女両性に心を惹(ひ)かれる, 両性愛の. ── 名 C 両性愛の人. ▷ **～·ly** 副

bi·sex·u·al·i·ty /bàisekʃuǽləti|-sjuæ̀l-/ 名 U 両性具有;〖心〗両性愛.

***bish·op** /bíʃəp/ 名(複 ～s /-s/) **1** C (英国国教の)主教; (その他の新教の)監督; (カトリックの)司教; (ギリシア正教の)主教; (仏教の)僧正. 参考 英国国教会 (the Church of England) ではイングランドを 42 の区域 (これを主教区と言う; →diocese) に分け, それぞれの主教区に 1 人の bishop を置く; この 42 の主教区のうち南部の 29 主教区を Archbishop of Canterbury が, 北部の 13 主教区を Archbishop of York が統轄する.
2 C〖チェス〗ビショップ《主教帽子の形をしており, 同色のます目を斜めに動ける; 将棋の角(かく)に相当》.
3 U ビショップ《オレンジやチョウジ, 砂糖で味付けした(ポー

ト)ワインを温めた飲み物》. [＜ギリシア語「監督者」]

bish·op·ric /bíʃəprik/ 名 C 主教[司教]の職; 主教[司教]区 (diocese).

B

Bis·marck /bízmɑːrk/ 名 **1 Otto von ～** ビスマルク (1815–98)《ドイツ帝国の初代宰相; Iron Chancellor (鉄の宰相) と呼ばれた》. **2** ビズマーク《米国 North Dakota 州の州都》.

bis·muth /bízməθ/ 名 U 〘化〙 ビスマス, 蒼(そう)鉛, 《金属元素; 記号 Bi》.

bi·son /báis(ə)n/ 名 (複 **～**) C 野牛, バイソン, 《バイソン属の動物の総称; ヨーロッパバイソン (wisent), アメリカバイソン (〘米〙 俗称 buffalo) の2種がある》. [ラテン語]

bisque /bisk/ 名 U **1** ビスク《エビ, カニなどを材料とした濃いクリームスープ》. **2** ＝biscuit 4. [フランス語]

bis·tro /bíːstrou, bí-/ 名 (複 **～s**) C 居酒屋, バー; (フランス(風))小レストラン, ビストロ. [フランス語]

‡**bit**[1] /bit/ 名 (複 **～s** /-ts/) C 【ひとかじり＞少し】 **1** (**a**) 小片, 少量; (食物の)ひと口. a ～ of.. →成句. I put the broken ～*s* of the cup into the dustbin. 茶わんの割れたかけらをくずかごに入れた. a little ～ ほんの少し. to ～*s* →成句. (**b**) 〈a ～〉 〘話〙 ちょっとした量[金額, 時間など] 《控え目表現で実際には大量》. He's got a fair ～ of money in the bank. 彼は銀行にちょっとした小金を預けている. This car will take a ～ of repairing. この車は相当(大掛かり)な修理が必要だ. **2** 〘主に英話〙 〈a ～〉 わずかな時間. for a ～ ちょっとの間 (＝for a moment). in a ～ ちょっとしてから. a ～ →成句 (2).
3 〘主に英話〙 (書物, 物語, 映画などの)ひとこま, 部分; (場所などの)部分. watch only the funny [sad] ～s こっけいな[悲しい]場面だけ見る.
4 〘英話〙 小額硬貨, コイン, 《特に旧制度の3ペンスと6ペンス硬貨》; 〘米話〙 8分の1ドル(＝12.5セント). two ～*s* 〘米〙 25セント (＝a quarter) (★two ～s, four ～s のように偶数で言う).
5 〘話〙 (劇, 映画などの)端役 (bit part).
6 〘話〙 おきまりのやり方[態度など]; 型どおりの(..)なんてもの. He's doing the Hamlet ～. 彼はまた例のハムレット気取りをやっている. I don't like the whole wedding ～. おきまりの結婚式なんていやだ.
7 〘話〙 女の子, 若い娘, (→成句 a BIT of stuff).

a bít 〈副詞的〉 〘話〙 (1) 少し; 〈控え目表現〉 いささか, かなり. These gloves are *a* ～ tight. この手袋はちょっときつい. I'm *a* ～ tired. 少し[いささか]くたびれた.

> 語法 (1) このように a bit が修飾する原級の形容詞は, 否定的評価を含意するもの. 従って He is a ～ kind. とは言わないが, He is a ～ too kind. (彼はいささか親切がすぎる)は可. (2) drive a ～ slower (もうちょっとゆっくり運転する), feel a ～ better (少し気分がよくなる), I'd like a ～ more (drink). (もう少し(飲み物が)欲しい)のように比較級の前に使用できる.

(2) 少しの間, ちょっと; 少しの距離. Wait *a* ～. ちょっと待って.

a bìt múch [〘英〙 ***thíck***] 〘話〙 あんまりで, ひどすぎる. It's *a* ～ *much* expecting me to finish this job by tomorrow. この仕事を明日までにやれなんてあんまりだ.

****a bít of..*** 〘話〙 〈不可算名詞の前に付けて〉 (1) 少しの.., ちょっとの... *a* little ～ *of* sugar ほんのちょっとの砂糖. (2) 1片の..; 1個の.., (a piece of). *a* ～ *of* advice [news] 助言[報道]1つ. *a* ～ *of* paper 紙切れ1枚.

a bít of a.. 〘英話〙 ちょっとした.., やや.., (rather a); 〈控え目表現〉 かなりの.. (quite a). She's got *a* ～ *of a* cold. 彼女はちょっと風邪気味だ. It's *a* ～ *of a* problem. ちょっと[かなり]問題だ. 「など].

a bìt of àll ríght 〘英俗〙 申し分のない人[美女, 物↑

a bìt of stúff [***flúff, skírt***] 〘英俗〙 〘軽蔑〙 色っぽい女, セクシーガール.

a bìt on the síde 〘英戯〙 愛人(関係), 不倫(の相手).

a gòod bít 〈副詞的〉 〘話〙 相当, 大いに; (かなり)長↓

a nìce bít of.. 〘話〙 かなりの〔金など〕. 「い間.

bìt by bít 〈副詞的〉 〘話〙 少しずつ, 段々に, (by degrees).

bìts and bóbs 〘英話〙 ＝BITS and pieces (2)(3).

bits and pieces (1) 〈bits の強調形〉 断片; 粉々. The vase fell and broke in [into] ～*s and pieces*. 花瓶は落ちて粉々に壊れた. (2) 〘話〙 断片的な寄せ集め. This is not a dictionary that borrows ～*s and pieces* from others. これはあちこちの辞書からちびちび借りて来ている辞書ではない. (3) 〘話〙 がらくた; 小物類, 身の回り品. 「る.

dò one's bít 〘話〙 (微力ながら)自分のなすべきことをす↑

èvery bít as góod [***bád, cléver, etc.***] (***as..***) 〘話〙 あらゆる点で(..と同じくらい)いい[悪い, 賢いなど]. Ted is *every* ～ *as clever as* his big brother. テッドは兄さんに少しも劣らず賢い (★every bit＝quite).

gìve a pérson a bít [***píece***] ***of one's mínd*** 自分の心にあることを人にずばずば言う; 人をこっぴどくしかる.

nòt a bít 〘英話〙 (1) 〈副詞的〉 少しも..ない (not at all). I'm *not a* ～ sleepy. 全然眠くない. Tom is *not a* ～ like his father. トムは父親にまるで似てない. (2) 〈礼の言葉に対して〉 どういたしまして.

nòt a bít of it! 〘英話〙 (1) それどころか, とんでもない. "Was she depressed?" "*Not a* ～ *of it!* She was in high spirits." 「彼女, しょげていましたか」「とんでもない, 元気いっぱいでした」. (2) ＝not a BIT (2).

nòt the lèast [***slíghtest***] ***bít*** 〈副詞的〉 いささかも[全然]..ない.

quite a bít (***of..***) 〘話〙 相当(の..); たくさん(の..). for *quite a* ～ (*of* time) かなり長い間. He's *quite a* ～ older than his wife. 〈副詞的〉 彼は奥さんより相当年上だ.

to bíts (1) 粉々に; ぼろぼろに. The antique vase was smashed *to* ～*s*. その年代物の壺は粉々に割れた. (2) 〘話〙 めちゃくちゃに〔喜ぶなど〕. All the children were thrilled *to* ～*s* by their presents. 子供たちはみんな贈り物をもらってむちゃくちゃに喜んだ.

[＜古期英語「ひと噛み」; bite と同源]

bit[2] 名 C **1** (馬の)はみ, くつわ (→harness 図). **2** 拘束[制御](するもの). **3** (かんな, ナイフなどの)刃; (きりの)穂先; (やっとこなどの)かみ合う部分; (かぎの)かみ合わせ, かかり, 《錠にはまる先端の部分》.

―― 動 (**-tt-**) 他 〔馬〕にはみをかませる; を制御[拘束]する.

chàfe [***chàmp, chòmp***] ***at the bít*** 〈普通, 進行形で〉 気がはやっていらいらする.

tàke [***gèt, hàve***] ***the bít between one's*** [***the***] ***téeth*** (1) 〔馬が〕はみをかんで暴れだす; 〔人が〕手に負えなくなる. (2) 断固[決然]として事に当たる.

bit[3] 名 C 〘電算〙 ビット《情報量の最小単位; ＜*b*inary dig*it* (2進数); →byte》.

bit[4] /bit/ 動 bite の過去形・過去分詞.

†**bitch** /bitʃ/ 名 C **1** 雌犬 (→dog 参考); (キツネ, オオカミ, カワウソなどの)雌. **2** 〘軽蔑〙 あばずれ, 'あま', 売女(ばいた); 意地悪女. →son of a bitch. **3** 〘話〙 やっかいなこと[問題]. **4** 〘話〙 不平; 小言. ―― 動 自 〘話〙 泣き言ばかり言う; 文句をつける, こき下ろしをする; 〈*about*..に ついて〉; 意地悪をする. [＜古期英語] 「げぇ.

bitch·en, -in' /bítʃən/ 形, 間 〘米俗〙 すばらしい, す↑

bitch·y /bítʃi/ 形 e 〔普通, 女性が〕あら探しの好きな; あばずれの; 意地の悪い. make ～ remarks about ..について意地悪なことを言う. ▷ **bitch·i·ness** 名 U 悪意, 意地悪.

‡**bite** /bait/ 動 (～s /-ts/|過 **bit** /bit/|過分 **bit·ten** /bítn/, **bit**|**bít·ing**) 他

【かむ】 **1** をかむ, かじる; をかみ切る〈*off*〉; かんで..を作る; (類語「かむ」の意味の一般的な語で, 1回だけの行為を表す; →chew, crunch, gnaw, masticate, nibble). Don't ～ your nails. 爪(つめ)をかむのはよしなさい. I was *bitten in* [*on*] the leg by that dog. あの犬に足をかまれた. The dog has *bitten* a hole in my sleeve. 犬は私のそでをかんで穴をあけた. **2**〔蚊, ノミなどが〕を**刺す**,〔蛇などが〕を咬(か)む. **3**〔歯車, 車輪などが〕とかみ合う;〔工具の尖(せん)端, 刃などが〕に食い込む, 切り込む. The anchor *bit* the sea bottom. いかりが海底に食い込んだ.

【かむような感じを与える】 **4**〔胡椒(こしょう)などが〕をぴりぴりさせる, 刺激する;〔寒さが〕にしみる;〔霜が〕を痛める;〔酸が金属〕を腐食する. Red pepper *bit* my tongue. 唐辛子で舌がひりひりした. All the early flowers were *bitten* by the sudden frost. 早咲きの花はみんな急な霜にやられた. **5**〖話〗を悩ます. What's *biting* you? 何を悩んでいるんだ.

── 自 **1** かみつく, かむ; 〈*at*, *on* ..に, を〉. Barking dogs seldom ～. (→dog 1). Don't be afraid of me. I won't ～. 私を怖がることはない. かみつきはしないよ. ～ *at* a bone 骨にかみつこうとする.

2〔蚊などが〕刺す;〔胡椒(こしょう)などが〕刺激する;〔寒さが〕身にしみる;〔金属が〕腐食する. At nightfall a swarm of mosquitoes would rise to ～. 夕暮れになると蚊の群れが刺しに飛んで来るだろう.

3〔魚が〕えさに食いつく, あたる;〖話〗〔人が〕飛びつく, 乗る, 'ひっかかる', 〈*at*..〔誘惑など〕に〉. The fish will not ～. どうもあたりがない. If you ～ *at* that, you're a fool. そんなものに飛びつくのはばかだ.

4〔歯車などが〕かみ合う;〔車輪が〕路面をとらえる. Wheels have difficulty in *biting on* an icy road. 凍った道路では車輪が路面をうまくとらえられない.

5〔政策, 事態などが〕(不都合[深刻]な)影響を及ぼす, こたえる, 〈*into* ..に〉. The tight money policy is starting to ～ (deeply *into* the economy of Japan). 金融引締め政策が(日本経済にひどく)こたえ始めている.

be bítten by [***with***] ***..*** 〖話〗..にかぶれる, とりつかれる. She *was bitten by* a sudden urge to travel. 彼女は旅行をしたい衝動に突然とりつかれた.

bìte báck かみつき返す; やり返す, '一矢を報いる'; 〈*at*「..に〉.

bìte /../ báck (1) ..にかみつき返す. (2)〔言葉など〕をやっと[ぐっと]こらえる, ..をしないでおく.

bíte into.. (1)〔リンゴなど〕にかぶりつく. (2)〔刃, ロープなどが〕..に食い込む, 食い入る;〔金属など〕を腐食させる. (3)〔他の時間, 領分など〕に割り込む, 食い込む.

bìte óff mòre than one can chéw かめないほど(食物を)頬(ほお)張る; 〖話〗手に余ることをしようとする.

bìte one's líp [***tóngue***] →lip, tongue.

bìte the hánd that féeds one '飼い主の手をかむ', 恩を仇(あだ)で返す.

Ònce bítten, twìce shý. 〖諺〗あつものにこりてなますを吹く《＜1度かまれると次から用心深くなる》.

── 名 (複 **～s** /-ts/) 【かむこと】 **1** Ⓒ **かむこと**; ひとかみ. 〖話〗軽い食事. have [take] a ～ of bread パンをひとかじりする. The dog gave me a ～. 犬が私にかみついた. The lion ate the rabbit in one ～. ライオンはウサギをひと口で食べた. **2** Ⓒ (魚が)えさに食いつくこと, あたり. **3** Ⓤ (歯車などの)かみ合い; (刃などの)食い込み; 〖歯科〗咬合(こうごう), かみ合わせ.

【かみ傷＞その痛み】 **4** Ⓒ かみ傷; 刺されたあと; 凍傷. a snake ～ 蛇に咬(か)まれたあと. insect ～*s* 虫刺されのあと. **5** aU (ぴりっとした)辛み, 刺激; (空気, 風の)身を切るような冷たさ; (文体などの)ぴりっとしたところ, 'わさびのきいた味'; (言葉の)とげ, 辛辣(らつ)さ.

【ひとかみ分】 **6** Ⓒ (かみ切った)一口分の食物; 〈a ～〉〖話〗軽い食事. How about a ～ (to eat)? 何かひと口食べましょうか. **7** Ⓒ (全体の)ほんの一部. hear ～*s* of chatter おしゃべりがところどころ聞こえる. read books in small ～*s* 本を(一気にではなく)少しずつ読む.

8 Ⓒ〖米俗〗借金; 出費; 差し引かれる金, 分担金. the tax ～ 税金で引かれる分.

pùt the bíte on.. 〖米俗〗〔人に〕借金をせがむ;〔人〕に 'たかる', 金をせびる[ゆする].

tàke a bíte out of.. 〖主に米〗〔税金などが〕..から差し引かれる, に食い込む.

[＜古期英語; 原義は「(歯で)裂く」]

bit·er /báitər/ 名 Ⓒ かみつく動物[人].

(***It is a càse of***) ***the bìter*** (***being***) ***bít.*** 他人をだまそう[出し抜こう]として逆にやられる人(の事例だ).

bíte-sìze, -sìzed 形 1口大の. cut chicken into ～ pieces チキンを1口大に切り分ける.

†**bit·ing** /báitiŋ/ 形 **1** (寒さが)身を切るような, 刺すような, (piercing). a ～ wind 身を切るように冷たい風. **2** 辛辣(らつ)な, 痛烈な, 容赦のない. a ～ criticism 痛烈な批評. **3** 〈副詞的〉 身を切るように. It's ～ cold. 身を切るように寒い. ▷ **～·ly** 副 刺すように; 痛烈に.

bít pàrt 名 Ⓒ ＝bit[1] 5.

bit·ten /bítn/ 動 bite の過去分詞.

‡**bit·ter** /bítər/ 形 ⓔ (**-ter·er** /-t(ə)rər/|**-ter·est** /-t(ə)rəst/), ⓜ **1 苦い** (↔sweet). This medicine tastes ～. この薬は苦い. ～ chocolate〖英〗＝〖米〗bittersweet chocolate.

2 つらい, 苦しい, 身にこたえる, 苦々しい. learn from ～ experience 苦い経験から学ぶ. a ～ pain [disappointment, blow] ひどい苦痛[落胆, 打撃]. shed ～ tears くやし涙を流す. a ～ memory 苦々しい思い出.

3 痛烈な, 激烈な; 冷酷な〈*against* ..に(対して)〉. a ～ attack 激しい攻撃. Why are you so ～ *against* her? なぜ彼女にそんなにつらく当たるのだ.

4 苦々しく思う; 恨みのある. He feels [is] ～ about her behavior toward him. 彼は彼に対する彼女の態度を苦々しく思っている. a ～ enemy 恨み重なる敵.

5〔寒さなどが〕身を切るような. ～ cold 身を切るような寒さ.

a bìtter píll (***to swállow***) →pill.

to the bìtter énd →end.

── 副 激しく, ひどく, (bitterly) (★形容詞の前にのみ用いる). It's ～ cold. 身を切るように寒い.

── 名 **1** Ⓒ 苦み. **2** Ⓤ〖英〗ビター《ホップの効いた苦みの強い生ビール》. **3** 〈～s〉 ビターズ《カクテルなどに混ぜる》. gin and ～*s* ビターズで苦味をつけたジン.

tàke the bítter with the swéet 不運も幸運も甘んじて受け入れる.

[＜古期英語; 原義は「噛むような」(bite と同源)]

▷ **～·ness** 名 Ⓤ 苦さ; 苦しさ; 痛烈; 激しさ; 痛恨.

***bit·ter·ly** /bítərli/ 副 ⓜ **1** ひどく, 激しく; 痛烈に. weep ～ さめざめと泣く. be ～ disappointed 痛切な失望感を味わう. a ～ fought soccer game 激戦のサッカー試合. **2** 苦々しそうに; 敵意を込めて. speak ～ 苦々しげに言う. **3** 身を切るように〔寒い〕.

bit·tern /bítərn|-tə(:)n/ 名 **1** Ⓒ〖鳥〗サンカノゴイ《サギの一種》. **2** Ⓤ〖化〗にがり.

bítter·ròot 名 UC スベリヒユ属の草《米国ロッキー山脈地方産; ピンクの花が咲き, 根は食用; Montana 州の州花》.

bìt·ter·swéet /移/ 形 苦くて甘い, ほろ苦い; 苦しくも楽しい. ～ chocolate〖米〗苦味の強いチョコレート《砂糖が少なくミルクが入っていない; 〖英〗bitter chocolate》. the ～ taste of disappointed love 失恋のほろ苦い味.

── 名 **1** Ⓤ 苦味の混じった甘さ, ほろ苦さ; 悲喜交々(こもごも). **2** Ⓒ〖植〗ヒヨドリジョウゴの類《毒草》.

bit·ty /bíti/ 形 ⓔ **1**〖英話〗断片的な, 細切れの, ばらばらの. **2**〖米話〗ちっちゃな (tiny; →itty-bitty, itsy-bitsy, teeny(-weeny)),〔人が〕小柄な. a little ～ [～ little] house ちっぽけな家.

B

B

bi·tu·men /bit(j)úːmən|⌐--/ 名 U 瀝青(れきせい)《炭化水素化合物; タール, 石油, アスファルトなど; 道路舗装などに用いる》.

bi·tu·mi·nous /bit(j)úːmənəs/ 形 瀝青(れきせい)質の. ～ coal 瀝青炭, 有煙炭 (↔anthracite).

bi·va·lent /baivéilənt, bívə-/ 形 〖生化〗〔染色体が〕2 価の;〖化〗2 価の. ━━ 名 C 2 価染色体.

bi·valve /báivælv/ 形 二枚貝の;〖植〗〔朔(さく), 花などが〕2 弁の. ━━ 名 C 二枚貝《アサリ, カキなど》.

biv·ou·ac /bívuæk/ 名 C 露営, 野営; (登山の)ビヴァーク《テントでなく, 岩陰[岩棚]などで露営すること》.
━━ 動 (～s|過|過分 -acked /-kt/|-ack·ing) 自 露営[野営]する, ビヴァークする. [＜ドイツ語(スイス方言)「(応援の)夜警」]

biv·vy /bívi/ 名 (複 -vies) C 〖英俗〗1 人用小テント (bívvy bàg).

bi·week·ly /baiwíːkli/ 形 1 〔出版物などが〕2 週間に 1 回の, 隔週の, (fortnightly). 2 週 2 回の. ★1 と 2 の両義があり紛らわしいので, 1 の意味では every two weeks, 2 の意味では semiweekly, twice a week, twice-weekly などを用いた方が誤解を避けられる.
━━ 副 1 隔週に. 2 週 2 回. ━━ 名 (複 -lies) C 隔週刊行物 (→periodical 参考).

bi·year·ly /baijíərli|-jə́ː-/ 形, 副 1 2 年に 1 度(の) (biennial(ly)). 2 年に 2 度(の) (semiannual(ly)) (→biweekly ★).

biz /biz/ 名 〖話〗＝business, 〈特に〉芸能界 (→show-biz).

†bi·zarre /bizáːr/ 形 異様な, 奇怪な. ～ patterns 怪奇な模様. [フランス語 'handsome, brave'] ▷ ～·ly 副 奇っ怪に, 奇天烈(きてれつ)に; 奇怪なことには.

Bi·zet /bizéi/ 名 **Georges** ～ ビゼー (1838–75)《フランスの作曲家》.

Bk 〖化〗berkelium.

bk bank; block; book.

BL British Leyland.

B/L, b.l. /biːél/ bill of lading.

blab /blæb/ 動 (～s|-bb-)〖俗〗他 〔秘密〕を漏らす, べらべらしゃべる, 〈*out*〉. ━━ 自 べらべらしゃべる 〈*about* ..を/*to* ..に〉.

blab·ber /blǽbər/〖話〗動 自 (くだらないことを)べらべらしゃべる 〈*on*〉. ━━ 名 U おしゃべり, むだぐち; C おしゃべりな人.

blábber·mòuth 名 (複 →mouth) C 〖話〗おしゃべり《人》.

‡black /blæk/ 形 e (★2, 5 では C) 【黒い】 **1 黒い**, 真っ黒の, (↔white). a ～ cat 黒猫. ～ hair 黒髪. ～ eyes 黒いひとみ (→black eye). (as) ～ as ink [pitch] 真っ黒な.
2 C **皮膚の色が黒い**, 黒人で; 〈しばしば B-〉〈限定〉黒人の; (→colored, negro). a ～ musician 黒人音楽家. ～ people 黒人 (＝blacks; →名 2). the ～ community 黒人社会. ～ literature 黒人文学.
3 黒い衣服の. **4** 〔水, 空気などが〕どす黒い; 汚れた, 汚い.
5 C 〔コーヒーなどが〕ブラックの《クリームやミルクを入れていない, 時には砂糖も入れない; ↔white》. ～ coffee ブラックコーヒー. I'll take my coffee ～. 私はコーヒーをブラックでいただきましょう.
6 (会計上)黒字の (↔red). the first ～ quarter in three years ここ 3 年間で初めて黒字になった四半期.
【暗い】 **7 暗い**, 暗黒の, (dark). It was pitch ～ outside. 外は真っ暗だった. the sky ～ as night (あらしなどで)真っ暗な空.
8 陰気な, 暗い; 不吉な; 悲惨な; (★いろいろなニュアンスで「ひどい状態」を言う). ～ despair (先行き真っ暗な)絶望感. *Black* Monday 〖英学生俗〗(学校の始まる)嫌な月曜日, '月曜病'; →見出し語. The affair looks ～. 事態は険悪だ. *Black* Friday 不吉の金曜日《キリストが処刑された曜日》. ～ areas of drought 干魃(かんばつ)に見舞われている悲惨な地域.
9 不機嫌な, むっとした. be in a ～ mood むっとして[ふさぎこんで]いる. be ～ in the face (怒りなどで)血相を変えている. give a person a ～ look 不機嫌な顔をして人を見る. look (as) ～ as thunder 〖話〗ひどく怒っている様子だ.
10 内密の, 極秘扱いの.
【暗黒の＞悪い】 **11** 〖章〗よこしまな, 腹黒い; 凶悪な; 不正な, やみ取引の. a ～ lie たちの悪いうそ (→white lie). He has a ～ heart. 彼は腹黒い. ～ deeds 悪業.
12 〖主に旧英〗'クロ' の〔製品, 仕事など〕《ストを支援するため, 他企業組合員がその取引をボイコットする》.
(bèat a pèrson) blàck and blúe 青あざのできるほど(人を打つ) (→black-and-blue).
gò bláck 〔証明が消えたり, 失神するなどして周囲が〕真っ暗になる, 見えなくなる.
nòt so [as] bláck as..is páinted →paint.
of the blàckest dýe →dye.
━━ 名 (複 ～s /-s/) **1** U **黒**, 黒色, (↔white); 暗やみ; 黒インク, 黒絵の具, 黒ペンキ. the ～ of (the) night 真っ暗やみ. **2** 〈しばしば B-〉 C 黒人. **3** U **黒い服装**. a woman *in* ～ 黒衣の女性. You look good in ～. 君は黒が似合うね. **4** UC 黒い斑(はん)点, 〈特に〉すす; (黒穂病の)黒い菌. **5** C 〖チェス〗黒色の駒(こま). **6** C 〖話〗へま, 失敗. put up a ～ へまをする.
(be) in the bláck 〔会社(の財政)が〕黒字で(ある), 〔人(の金銭面)が〕借金がなくて健全である, (↔(be) in the RED).
blàck and whíte (1) 書きもの; 印刷. A verbal promise is not enough—we must have it in ～ *and white*. 口約束では十分ではない. 紙に書いて[一札(いっさつ)入れて]もらわなくてはならない. (2) ペン画; 墨絵. (3) 白黒写真[テレビ]; モノクロ (monochrome). (4) 白か黒か割り切った考え方 (→black-and-white). see things in ～ *and white* 割り切ったものの見方をする.
swèar (that) blàck is whíte＝tàlk blàck into whíte 黒を白だと言ってのける, 見えすいたうそをつく.
wòrk like a bláck (黒人のように＞)一生懸命働く.
━━ 動 他 **1** を黒くする; 〔黒い靴〕を磨く; を汚す; 〔名誉など〕をけがす. **2** 〖英〗を 'クロ' とする (→boycott; 形 12).
━━ 自 〈成句 black out でのみ〉
blàck a pèrson's éye →eye.
blàck óut (1) (一時的に)意識を失う. (2) 〔明かりが〕消える; 〔舞台などが〕暗転する (→blackout).
blàck /../ óut (1) ..を黒で塗りつぶす; ..を抹殺[抹消]する; 〔記憶など〕を消す, 思い出さないようにする. (2) (検閲などで)..を発表禁止にする; 〔テレビ・ラジオ番組〕を放送禁止にする. (3) 〔舞台の証明〕を暗くする, 暗転させる; (空襲に備えて) 〔ある地域, 窓など〕を灯火管制する《明かりが外から見えないようにする》; 〔場所〕を停電させる〈通例, 受け身で〉(→blackout).
[＜古期英語; 原義は「(燃えて)すすで黒くなった」]

Blàck África 名 黒いアフリカ《黒色人種の多いサハラ砂漠以南》.

black·a·moor /blǽkəmùər/ 名 C 〖旧・戯・軽蔑〗黒人; 色の黒い人.

blàck-and-blúe /⑧/ 形 殴られてあざになった; あざになるほど殴られた; (→(beat a person) BLACK and blue (成句)).

blàck and tán 名 **1** C (黒と褐色の)テリア犬の一種 (Manchester terrier). **2** 〈普通 the B- and Tans〉1920–21 年シンフェーン党によるアイルランド独立運動の鎮圧に派遣された警備隊《カーキ色の服に黒帽を着けた; 過酷な弾圧をして憎悪の的となる》. **3** U 黒ビール (stout か porter) と褐色ビール (ale か bitter) の混合飲料.

blàck-and-tán /⑧/ 形 **1** 〔犬の毛色などが〕黒と褐色の. **2** 〖米〗〔バーなどが〕白人と黒人の双方が出入りする; 白人と黒人の比例代表制を支持[実行]している.

†blàck-and-whíte /⑧/ 形 **1** ペン書きの; 印刷された. **2** 黒白まだらの. **3** 〔テレビ, 写真, 地図などが〕白黒の. **4** 白か黒かの[はっきりした], 善悪[真偽]どれか 1 つの; 割り

切った. a ～ issue [question] 白か黒かの問題.
blàck árt 名〈the ～; しばしば ～s〉魔術, 妖(よう)術.
blàck·bàll 名C 反対投票《昔の投票で, 賛成者は白の小球を反対者は黒の小球を投じたことから; →ballot》. ── 動 他 に反対投票する; を社会[クラブなど]から追放する, 排斥する.
blàck báss 名C ブラックバス《スズキの類の淡水魚; 北米原産》.
blàck béar 名C アメリカクロクマ; ヒマラヤグマ; ツキノワグマ.
Blàck Béauty 名『黒馬物語』《1877 年刊行の Anna Sewell 作の物語で, 同名の馬が主人公》.
blàck bèetle 名C ゴキブリ《黒くて大型》.
blàck bélt 名 **1** C〖米〗〈しばしば B- B-〉黒人(人口の優勢な)地帯. **2**〖米〗〈the B- B-〉(肥沃(よく)な)黒土地帯《Georgia, Alabama, Mississippi 州の》. **3** C (柔道, 空手の)黒帯(の有段者).
‡**bláck·bèrry** 名(複 -ries) C クロイチゴ《バラ科キイチゴ属の植物; 〖英〗bramble》, 〈特に〉セイヨウヤブイチゴ. ── 動 (-ries | 過 過分 -ried | ～·ing) 自 クロイチゴを摘む. go ～*ing* クロイチゴ摘みに行く.
blàck bíle 名U ＝melancholy 4 (→cardinal humors).
†**bláck·bìrd** 名C〖英〗クロウタドリ《ツグミ科の鳴鳥》; 〖米〗ムクドリモドキ(科の鳥の総称).
‡**black·board** /blǽkbɔ̀ːrd/ 名(複 ～s /-dz/) C **黒板**《色は黒又は黒みがかった緑; 単に board, 〖米〗では chalkboard, 特に暗緑色のものは greenboard とも言う; →whiteboard》. clean (off) the ～ 黒板をふく.
blàckboard júngle 名〖話〗暴力教室 (→asphalt jungle).
blàck bódy 名C〖物理〗黒体《すべての波長の電磁波を反射しないで吸収する仮想の物体》.
blàck bòok 名C ブラックリスト, 要注意人物のリスト; (先生の)えんま帳. be in a person's ～*s* 人に悪く思われる, にらまれる.
blàck bóx 名C **1** (飛行機の)フライトレコーダー, 飛行記録装置, (flight recorder). **2** ブラックボックス《内部構造が分からなくても使い方さえ知っていれば自由に使いこなせる電子機器・装置》.
bláck·bòy 名C ススキノキ《オーストラリア原産のユリ科の植物; 木質化した黒っぽい茎の先に堅い草のような葉が房になる》.
blàck bréad 名U ライ麦黒パン (→bread 参考).
blàck cáp 名C〖英史〗(死刑宣告の際, 裁判官がかぶる)黒帽子.
blàck chérry 名(複 -ries) C アメリカンチェリー《実は黒味がかった赤》.
bláck·còck 名C〖鳥〗クロライチョウ(の雄).
blàck cómedy 名(複 -dies) UC ブラックコメディー《black humor を効かせた喜劇》.
Blàck Cóuntry 名〈the ～〉イングランド中部の工業地帯《Birmingham 周辺; かつて工場などの煙で黒ずんでいた》.
blàck·cúrrant 名C クロフサスグリ《ユキノシタ科の低木; 実は食用》.
bláck·dàmp 名U〖鉱〗(炭鉱などの)窒息性ガス《主に二酸化炭素》.
Blàck Déath 名〈the ～〉黒死病《14 世紀にヨーロッパ・アジアで大流行したペスト》.
blàck díamond 名C **1** 黒ダイヤ. **2**〈～s〉'黒ダイヤ', 石炭.
blàck dóg 名U〈the ～〉〖話〗憂うつ, 意気消沈.
blàck éarth 名U (肥沃(よく)な)黒土《ロシアの黒土地帯のような》.
blàck ecónomy 名U〈the ～〉やみ経済, 地下経済, 《税金を逃れた非合法経済活動》.
‡**bláck·en** /blǽkən/ 動 他 **1** を黒く[暗く]する. **2** 〔名誉など〕をけがす. ～ a person's name [character] 人の名[人格]をけがす. ── 自 黒く[暗く]なる, 黒ずむ.
blàck Énglish 名U (米国の)黒人英語.
blàck éye 名C **1** 黒いあざ《殴られて目の周りにできた》. give a person a ～ 人の顔を殴って目の周りに黒あざをつくる. **2**〖米話〗不名誉なこと, 恥, 汚点.
blàck-éyed 形 形 黒いひとみの; 目の縁が黒あざになった.
blàck-eyed béan 名C〖英〗＝black-eyed pea.
blàck-eyed péa 名C〖米〗ササゲ (cowpea)《ほぞが黒い豆》.
blàck-eyed Súsan 名 ハナガサギク, アラゲハンゴンソウ, 《ヒナギクに似たキク科の草本; 花は中心部が黒く, 周辺は黄色のものが多い; 米国 Maryland 州の州花》.
bláck·fàce 名 **1** C (minstrel show の)黒人に扮(ふん)する俳優; U (焼きコルクを使う)黒人役のメイキャップ. **2**〖話〗〖印〗＝boldface.
bláck·fìsh 名(複 →fish) C **1** ゴンドウクジラ (pilot whale). **2** 黒色の魚の総称《特にクロメダイやシベリア地方・米国アラスカ州産の食用小淡水魚など》.
blàck flág 名C〈the ～〉海賊旗 (→Jolly Roger); (昔の死刑終了を示す)黒旗.
bláck·flỳ 名(複 ～, -flies) C〖虫〗ブユ, ブヨ, ブト.
Bláck·fòot 名(複 -feet, ～) **1** C ブラックフット族(の人)《北米先住民の一部族》. **2** U ブラックフット語.
Blàck Fórest 名〈the ～〉シュヴァルツヴァルト《ドイツ南西部の山岳森林地帯》. [ドイツ語 *Schwarzwald* 「黒い森」の英訳]
Blàck Fòrest cáke [gatéau] 名UC シュヴァルツヴァルトケーキ《チェリー, クリームを挟んだ[で飾った]チョコレートケーキ》.
Blàck Fríar 名C 黒衣の托鉢(たく)修道士《ドミニコ派》.
blàck fróst 名U 黒霜《白く結氷しないが植物に害を与えて葉を黒くする》.
blàck gáme [gróuse] 名C〖鳥〗クロライチョウ《北欧産》.
blàck góld 名U〖主に米話〗石油 (oil).
black·guard /blǽgərd | -gɑːd/ 名C〖旧〗ごろつき, やくざ; 悪党. ▷ ～·ly 形 ごろつきの.
bláck·hèad 名C **1**〈一般に〉(カモメ・カモ類の)頭の黒い鳥. **2**〈普通 ～s〉(先端が黒くなった)にきび.
bláck·héarted /-əd 形/ 形 腹黒い, 悪意を持った.
blàck hóle 名C **1**〖天〗ブラックホール《燃え尽きた巨大恒星が重力の崩壊による超高密度, 超高重力で自己の光さえ外へ出せないで観測不能になったもの; →white dwarf》; (一度入ったら後戻り不可能な)ブラックホールのような所. **2** 獄舎, 営倉.
Blàck Hóle of Calcútta 名〈the ～〉**1** カルカッタの牢獄《1756 年, 小部屋に 146 人が収監され 1 晩でほとんどが死んだ》. **2**〖英話〗すし詰めの暑い場所, '蒸しぶろ'.
blàck húmor 名U ブラックユーモア《残酷さや不気味さを含んだどぎついユーモア》.
blàck íce 名U 路面の薄氷《透明で見にくく車のスリップの原因になる》.
bláck·ing 名U 黒くすること; 〖旧〗黒い塗料[靴墨].
bláck·ish /blǽkiʃ/ 形 黒みがかった.
bláck·jàck 名 **1** C〖米〗ブラックジャック《先端に鉛玉を入れ皮で全体をこん棒状に包んだ武器; 〖英〗cosh》. **2** C (昔の)皮製の大ジョッキ《普通タールを塗った皮製; 現在は金属製》. **3** C 海賊の黒旗 (black flag). **4** U〖トランプ〗21 (twenty-one; 〖英〗pontoon); C スペードのエース.
blàck knight 名C 会社乗っ取り人[企業].
blàck léad /-led/ 名U 黒鉛 (graphite)《鉛筆のしん, 鉄器のさび止めなどに使う》.
bláck·lèg〖英・軽蔑〗名C スト破りする人. ── 動 自 スト破りをする.
blàck léopard 名C〖動〗クロヒョウ (panther).
blàck létter 名U〖印〗ブラック体 (〖英〗Gothic)《13–15 世紀に多く用いられた装飾的な字体で, ゴチック体 (→boldface) とは異なる》.

Merry Christmas

[black letter]

B

blàck líght 名 U 不可視光線《紫外線又は赤外線を指す》.

bláck·lìst 名 C ブラックリスト(要注意ᵢ人物[製品など]の表). be on a ～ ブラックリストに載っている. ── 動 他 〔人〕をブラックリストに載せる〈普通, 受け身で〉.

blàck lúng 名 U 炭塵(じん)肺症《炭抗労働者が患う》.

bláck·ly 副〘雅〙**1** 黒く; 暗く. **2** 陰気に, むっつりして. **3** 陰険に, 腹黒く.

blàck mágic 名 U 黒魔術, 妖(よう)術,《悪魔などの助けを借りて, 悪事を行うのに用いる; →white magic》.

†**bláck·màil** 名 U **1** ゆすり, 恐喝; ゆすりで取った金. **2** 脅迫. use emotional ～ 情にからんで脅迫する. ── 動 他 をゆする, からゆすり取る; を脅迫する; をゆすって[脅迫して]..させる〈*into* ..を〉. [＜「不法な年貢」(＜〘廃〙*mail*「年貢」)] ▷**～·er** 名 C 恐喝[脅迫]者.

Blàck Ma·rí·a /-mərάiə/ 名 C〘話〙囚人護送車(〘米〙patrol wagon).

blàck márk 名 C 黒星, 罰点.

blàck márket 名 C やみ市場《統制経済下で, 法の取締りをくぐった取引(の行われる場所)》.

blàck marketéer 名 C やみ市商人.

blàck máss 名〈しばしば B- M-〉UC 黒ミサ《悪魔崇拝者たちの行う儀式》.

Blàck Mónday 名 '暗い月曜日'《1987 年 10 月 19 日の月曜日; 世界的に株価が暴落した》.

blàck móney 名 U (不正入手, 脱税などした)黒い金, やみ金, 裏金; やみ経済 (black economy) 活動による隠し所得.

Blàck Mónk 名 C 黒衣の修道士《ベネディクト派》.

Blàck Múslim 名 C 黒人イスラム教徒《米国黒人解放勢力の中の急進派》.

bláck·ness 名 aU 黒さ, 暗黒, 漆黒; 黒い色; 陰うつさ; 腹黒さ.

‡**bláck·òut** 名 C (→BLACK /../ out) **1** (特に空襲の際の)灯火管制. **2** (舞台の)暗転. **3** (ある地域の)夜間の停電. **4** 意識[視力など]の一時的喪失; 記憶喪失(の期間). **5** 発表禁止, 報道管制. **6** (宇宙船と地上との)一時的交信不能《特に大気圏再突入の際に起こる》.

Blàck Pánther 名 C ブラックパンサー, 黒豹(ひょう)党員,《米国黒人解放勢力の最急進派》.

blàck pépper 名 U 黒コショウ《黒い皮のついたまま挽(ひ)いて用いる》.

Bláck·pòol 名 ブラックプール《英国 Lancashire 州の海岸保養地; しばしば労働党大会などが行われる》.

blàck pówer 名 U〈しばしば B- P-〉〘米〙ブラックパワー, 黒人解放運動[勢力].

Blàck Prínce 名〈the ～〉黒太子《英国王 Edward 3 世の長子 Edward (1330-76) の異名》.

blàck púdding 名 UC〘英〙ブラックプディング, 黒ソーセージ《〘米〙blood sausage; ブタの血・脂を入れたもの》.

Blàck Ród 名 C〘英〙(上院の)黒杖(じょう)官《ガーター (Garter) 勲位を持ち, 儀式的なことを取りしきる》.

Blàck Séa 名〈the ～〉黒海《地中海から北に入り込んだ内海》.

blàck shéep 名 C (一家, グループの)持て余し者,「厄介者」.

Bláck·shirt 名 C〈しばしば b-〉黒シャツ隊員《特に, Mussolini の率いたイタリアのファシスト》.

†**bláck·smìth** 名 C かじ屋; 蹄鉄(ていてつ)工;《単に smith とも言う; →whitesmith》. a village ～ 村のかじ屋.
[＜*black* metal (「鉄」の旧称)を扱う *smith*]

bláck·snàke 名 C **1** クロナメラ《北米産の無毒の蛇》. **2** 皮編みの大きなむち.

blàck spòt 名 C〘主に英〙**1** 交通事故多発地点. **2** (失業などの)問題が深刻な地域[時, 局面]. ★太陽の黒点は sunspot.

blàck swán 名 C **1** (オーストラリア産の)黒鳥. **2** 「めったにない物[事]」.

blàck téa 名 U 紅茶 (→green tea).

bláck·thòrn 名 C〘植〙**1** (ヨーロッパ産の)リンボク《とげのある枝は黒く, 木質は堅い; サクラ属; sloe とも言う》; リンボク製のステッキ. **2** (北米産の)サンザシ.

blàck tíe **1** 名 C 黒の蝶(ちょう)ネクタイ《タキシード (tuxedo;〘英〙dinner jacket) に着用する準正装用のネクタイ; →white tie》. **2** U タキシード.

blàck-tíe /⑧/ 形 黒の蝶(ちょう)ネクタイ(を結んだタキシード)着用の〔パーティーなど〕.

bláck·tòp〘米〙名 U (道路などの舗装に用いる)瀝青(れきせい)質の物質, アスファルト; C アスファルトなどによって舗装された道路; (〘英〙tarmac). ── 動 (～s|-pp-) 他 をアスファルトなどで舗装する.

blàck vélvet 名 U スタウトとシャンペン半々のカクテル.

blàck wálnut 名 C〘植〙クログルミ《北米産》; その実; U クログルミ材.

Blàck Wátch 名〈the ～〉英国陸軍スコットランド高地連隊 (the Royal Highland Regiment) の俗称《制服のキルト (kilt) が濃紺と暗緑色のタータンチェック (tartan) であることから》.

blàck·water féver 名 U〘医〙黒水熱《西部アフリカに多い悪性マラリア; どす黒い血尿が特徴》.

blàck wídow 名 C クロゴケグモ《米国産有毒グモの一種; 雌は雄を食べる》.

†**blad·der** /blǽdər/ 名 C **1**〘解剖〙(膨張性のある)嚢(のう)状組織,〈特に〉膀胱(ぼうこう). **2** ＝blister; cyst; vesicle. **3** (魚の)浮き袋; (海草などの)気胞. **4** (フットボールなどの内部にあるゴム製の)空気袋.

***blade** /bleid/ 名 (複 **～s** /-dz/) C **1** (草などの)葉 (類語 特にイネ科の植物の葉のように刀状の長いもの; →leaf, needle). a ～ of grass (刀状に)細長い草の葉. **2** (刃物の)刃, 刀身, かみそりの刃. **3**〘詩〙刀, 剣; 剣士. **4** (オールの)水かき; (プロペラ, スクリューの)羽根, 翼; (アイススケートの)ブレード; (ナイフ用の薄い)古代石器; 舌端(の平らな部分); 肩甲骨 (shoulder blade). **5**〘古〙さっそうと陽気な[肩をいからせた]若者. [＜古期英語「葉」]

blag /blæg/〘英話〙名 C かっぱらい, 強奪; (口先で)だまし取ること. ── 動 (～s|-gg-) 他 をかっぱらう[ひったくる]; をうまいこと言って手に入れる.

blàg one's wáy うまいことやって[言って]入り込む[もぐり込むなど]〈*in*〉〈*into* ..の中へ〉.

blah /blɑː/〘話〙名 **1** U (**a**) ナンセンス, ばかげたこと; 無意味なくせにもったいぶった話[文章]. say nothing but ～ 戯言(たわごと)しか言わない. (**b**)〈blah を 2, 3 度繰り返して〉なんとかかんとか, うんぬん,《実際の言葉どおりでは, ばかげた[退屈な]表現の代用として》. He talked about horses and racing ～ ～. 彼は馬だ競馬だなんだかだと話した. **2**〘米〙〈the ～s〉憂うつ, 倦怠(けんたい); (体の)不調. ── 形 **1** 退屈な, 面白味の[変哲も]ない, 気の抜けた. **2**〘米〙憂うつな, 気が滅入って; (体の)具合が悪い.

Blake /bleik/ 名 **William ～** ブレイク (1757-1827)《英国の詩人・画家・彫版家》.

blam·a·ble /bléiməb(ə)l/ 形 非難すべき, 責められるべき, 非難[責め]に価する. ▷**blam·a·bly** 副

‡**blame** /bleim/ 動 (**～s** /-z/|過 過分 **～d** /-d/|**blám·ing**) 他 **1** をとがめる, 非難する,〈*for* (do*ing*) ..(したこと)のために〉(類語 普通, 過失などを「とがめる, 非難する」という比較的軽い意味; →admonish, berate, chide, condemn, rebuke, reprimand, reproach, reprove, scold, upbraid). I don't ～ you *for* being ignorant of the fact. 私は君がその事実をᵢ知らないことをとがめはしない[知らなくても無理はないと思う] (語法 (1)

blame your ignorance のように非難すべき性質を目的語にするのは誤り. (2) 否定文では,「事情を斟酌(しんしゃく)すれば..は無理もない」という意味合いになる). Quit school then, but don't ～ me when you regret it. 〖話〗じゃ学校やめればいい. ただし後悔しても知らないよ《<私を責めるな》. A bad workman always ～*s* his tools. → workman.

2 VOA (～ X *on*..) X(事)を..のせいにする, Xの責任が..にあると言う[信じる]; (～ X *for*..) ..をX(人, 事)のせいにする. He ～*d* ⌞the accident *on* his friend [his friend *for* the accident]. 彼は事故の責任を友人のせいにした. He ～*d* his heart attack *on* overwork. 彼は自分の心臓発作を過労のせいだとした.

3 〖米話〗〈命令形で〉をのろう (★damn 1(b) の婉曲語). *Blame* that boy! いまいましい坊主だ.

***be to bláme** 責められるべきである, 悪い, (悪いことの)原因である, 〈*for* ..のことで〉. Who *is to* ～ *for* this blunder? この失態はだれの責任か.

***Bláme me if I dó* [*dón't*].** 〖米話〗..するものか[..しないでおくものか]. *Blame me if I* know! 知ってるもんか, 断じて知らない.

ónly hàve* [*have ónly gòt, have ńo one bùt*] *oneself to blàme 責任は自分だけにある. If he goes bankrupt, he'll *only have* him*self to* ～. 彼が破産すれば, その責任は彼だけにある.

── 名 U **1 責任**, 責め, 〈*for* (*doing*)..〔失敗など(をしたこと)〕の〉. Where does the ～ *for* the confusion lie? 混乱の責任はどこにあるのか. **2** 非難, とがめ. say a word of ～ 非難の言葉を吐く. incur the ～ *for* the failure 失敗して非難を招く.

***bèar* [*tàke*] *the bláme* (*for*..)** (..の)責めを負う.

***gèt the bláme* (*for*..)** (..で)非難される.

***lày* [*pùt*] *the bláme for* X *on* [*upon*] Y** X(過失など)の責任をYにかぶせる, XをYのせいにする. I *lay the* ～ *for* his failure *on* his lack of persistence. 私は彼の失敗は持久力の不足と見る.

[<古期フランス語; blaspheme と同源]

bláme·ful 形 非難されるべき, 責めに価する.

†bláme·less 形〔人, 事柄が〕非難すべき点がない, 非の打ち所がない, 潔白な. ▷ **～·ly** 副 非の打ち所なく. **～·ness** 名 U 潔白.

bláme·wòrthy 形〔人, 事柄が〕とがめるべき, 非難されるべき, けしからぬ. ▷ **blame·worth·i·ness** 名

blanch /blæntʃ|blɑːntʃ/ 動 他 **1** を白くする, 漂白する (bleach); の色をあせさせる. **2**〔顔〕を真っ青にする. The intense fear ～*ed* his face. 激しい恐怖で彼の顔は真っ青になった. **3** (熱湯に入れて)〔アーモンドなど〕の白い中身を取り出す, の皮を湯むきする;〔野菜〕を湯がく, 湯通しする;〔肉など〕を(熱湯に通して)霜降りにする. **4** を軟化栽培する《セロリー, レタスなどを白く軟らかくするため土寄せなどして日光を遮る》. ── 自 白くなる; 色あせる;〔人, 顔が〕真っ青になる〈*with*..〔病気・恐怖など〕で〉.

***blánch at*..** ..を見て[知って]真っ青になる; ..を見てひるむ[気おくれがする].

blànch /../ óver ..を隠蔽(いんぺい)しようとする.

[<古期フランス語 (<*blanc*「白い」)]

blanc·mange /bləmɑ́ːn(d)ʒ|-mɔ́nʒ/ 名 UC ブラマンジュ《牛乳をコーンスターチなどで固めた甘いデザート》. [中期フランス語 'white food']

†bland /blænd/ 形 **1**〔人, 態度などが〕もの柔らかな, 穏やかな; (過度に)いんぎんな, 当たり障りのない. a ～ manner [expression] 穏やかな態度[表情]. **2**〔気候が〕穏やかな, 温和な. **3**〔食物が〕刺激のない, 淡白な, 味もそっ気もない;〔たばこなどが〕甘口の; (insipid). **4**〔作品などが〕退屈な, 面白味のない;〔人, 風采(ふうさい)などが〕これといった特徴のない, 平凡な. **5** 無感動な, 平然とした. a ～ confession of murder 動じもせず殺人を自白すること. [<ラテン語「おべっかを使う」]

blan·dish /blǽndiʃ/ 動 他 〖古〗におべっかを使う, のご機嫌をとる, 甘言を弄(ろう)する. ▷ **～·ment** 名 C 〖章〗〈～s〉おべっか, 甘い言葉, ご機嫌とり(の品物など).

†blánd·ly 副 穏やかに, いんぎんに; 平然と, 無表情に.

blánd·ness 名 U 温和; いんぎん; 無感動; 味気なさ.

***blank** /blæŋk/ 形 ⓒ (★4 は ⓔ) 〖空白の〗 **1 白紙**の, 何も書き入れてない, 空欄のある; 録音[録画]されていない〔テープなど〕. a ～ page 白いページ. a ～ map 白地図. a ～ form 記入用紙 (→名 2). turn in a ～ paper 白紙答案を出す.

2 からの (empty); (飾り, 切れ目など)何もない〔壁など〕. (→blank wall). a ～ space 余白, 空所; 空き地.

3 空虚な, 単調な, 変化のない. the ～ blue sky どこまでも青い空. **4** ぼんやりした, ぽかんとした, 無表情な. look ～ ぽかんとした顔をする. He gave me a ～ look. 彼は無表情な目つきで私を見た.

〖白紙の>無条件の〗 **5** 〈限定〉全くの, 絶対的な〔拒絶など〕. a ～ denial 全面否定.

give a person a blànk chéck 人に白地式小切手を切る; 人に無制限に⌞金を使わせる[権限を与える]〈*for*..のために/*to* do ..するために〉.

gò blánk 〔テレビ画面などが〕(突然)真っ白になる;〔人(の頭)が〕からっぽになる. The screen suddenly *went* ～. 画面が突然真っ白になった.

── 名 (複 **～s** /-s/) C **1 空白**, 空欄, 空所; 余白, 空き地; 白紙. Fill in [out, up] the ～*s*. (試験問題などで)空所を補充せよ. **2** 記入用紙, 白地書式, (form).

3 〈普通 a ～〉(心の)むなしさ, 空虚; 仕事などのない時間. My mind [memory] is a (complete) ～. 私の心は(全く)空虚である[私の記憶は(全く)空白である]. **4** からくじ. draw a ～ (→成句). **5** =blank cartridge. **6** 省略・伏せ字を示すダッシュ. 18― 千八百何年 (★普通 eighteen (hundred and) ～ [something] と読む). Mr.― 某氏 (★普通 Mr. Blank と読む).

7 〖アーチェリー〗白丸《標的の中心部》.

dràw (a) blánk (1) からくじを引く. (2) 〖話〗(思い通りの)反応[答え]が引き出せない; 試みが外れる, (見つけるのに)失敗する; 思い出せない.

in blánk 空白のままで; 白地式で.

── 動 他 **1** を見えなくする; を抹消する;〔(コンピュータ画面の)情報など〕を消す; を(心から)締め出す〈*out*〉. **2** 〖米話〗に得点を許さない, をゼロ敗にする, 完封する. **3** 〖英話〗(挨拶などしないで)を無視する.

── 自 一時的に意識を失う; 〖米〗度忘れする; 〈*out*〉.

[<古期フランス語 *blanc*「白い」]

blànk cártridge 名 C 空包《火薬だけで実弾の入っていない弾薬筒》.

blànk chéck 〖米〗[**chéque** 〖英〗] 名 C 白地式小切手《氏名は書いてあるが金額を書き込んでない》; 〖話〗白紙委任, 自由裁量権, (carte blanche).

***blan·ket** /blǽŋkət/ 名 (複 **～s** /-ts/) C **1 毛布**. **2** (毛布のように)一面を覆う物; 〖雅〗不快にかぶさるもの. a ～ of leaves 敷きつめた落ち葉. a ～ of snow [fog] 一面の雪[霧]. The whole country is wrapped in a ～ of depression. 国中が不況一色に包まれている. **3** 〖印〗ブランケット《オフセット印刷でシリンダーに巻いたゴム又はプラスチックのシート; 刷版からここに転写されたものを紙に刷る》. **4** 〈形容詞的〉全体的な, 包括的な, 一律の. a ～ agreement [ban] 全面的合意[禁止]. ～ insurance (損害, 傷害, 盗難など)包括保険. a ～ term 包括的用語《例えば男女を区別しない person など》. The great earthquake was given ～ coverage on the front pages. 大地震は新聞の一面一色で報道された.

be bòrn on the wròng side of the blánket 庶子として生まれる.

── 動 他 **1** を毛布にくるむ. **2** を一面に覆う〈*with, in*

. . で〉. Throngs of people ～*ed* the square. 群衆が広場を埋めた. The city was ～*ed with* snow. 町は雪で覆われていた. **3**〔事件など〕を覆い隠す, もみ消す, 隠蔽(ぺい)する, 〈*out*〉. **4**〔音など〕を遮断する〈*out*〉.
[＜古期フランス語「小さな白い布」] 「てやること.

blánket bàth 图 Ⓒ 〖英〗病人の体をベッドで洗っ↑

blánket bòmbing 图 Ⓤ 〖軍〗無差別[じゅうたん]爆撃.

blánket stìtch 图 ⓊⒸ 毛布(の縁)かがり.

blànk·e·ty-blánk /blǽŋkəti-㊇/ 形 〈限定〉〖米話〗くそいまいましい《damned, goddamn, bloody などの婉曲語; これら下品な語は, 例えば damned なら d—d と伏字で印刷された習慣から; →blank 图 6》.

blánk·ly 副 ぼんやりと, 茫(ぼう)然と, ぽかんと; きっぱりと.

blánk·ness 图 Ⓤ 空白, 空虚; 白紙の状態.

blànk vérse 图 Ⓤ 無韻詩《特に弱強 5 歩格 (iambic pentameter) のものが多い; Shakespeare 劇は普通この詩形》.

blànk wáll 图 Ⓒ **1** 窓やドアのない壁. **2** 孤立無援の状態, 行きどまり, '壁'. The attempt to organize a new political party ran into a ～. 新政党結成の試みは壁にぶち当った[行き詰まった].

‡**blare** /bleər/ 動 ⓐ 〔らっぱなどが〕鳴り響く; 〔ラジオ, 拡声器などが〕がなりたてる; 〈*out*〉. I heard a police siren *blaring*. パトカーのサイレンがうなっているのが聞こえた. —— ⓗ **1**〔らっぱなど〕を鳴り響かせる. **2** を大声で叫ぶ, がなりたてる, 〈*out*〉. The critics ～*d out* the threat of war. 評論家たちは戦争になる危険があると声を大にして叫んだ.
—— 图 aⓊ **1** (らっぱなどの)大きな音, 響き; 大声. **2** ぎらぎらした色[光]. [擬音語]

blar·ney /blɑ́ːrni/ 图 Ⓤ 〖話〗お世辞, おべっか. —— 動 ⓗ におべっかを使う; を甘言で誘う. [アイルランドの Blarney 城の城壁石の 1 つ **Blárney Stòne** にキスするとお世辞がうまくなるという伝説から]

bla·sé /blɑːzéi|⌐–/ 形 (慣れっこになって)動じない, 無感動で, 麻痺(ひ)して; 飽き飽きして; 〈*about* . . に〉. [フランス語 'satiated']

blas·pheme /blæsfíːm/ 動 ⓗ **1**〔神, 神聖なもの〕に不敬な言葉を吐く, を冒瀆(とく)する. The book was considered to ～ the Islamic faith. その本はイスラム教を冒瀆するとみなされた. **2** をののしる. —— ⓐ 冒瀆的なことを言う《ののしり言葉に神の名などを使って》, 悪態をつく, 冒瀆する, 〈*against* . . に, を〉. [＜ギリシア語「悪口を言う」]
▷ **blas·phem·er** 图 Ⓒ 冒瀆的なことを言う人.

blas·phe·mous /blǽsfəməs/ 形 〔人, 言動が〕不敬な, 冒瀆(とく)的な. ▷ **～·ly** 副 冒瀆的に.

‡**blas·phe·my** /blǽsfəmi/ 图 (複 **-mies**) **1** Ⓤ 神に対する不敬, 冒瀆(とく). **2** Ⓒ 汚い言葉, 悪口雑言.

***blast** /blæst|blɑːst/ 图 (複 **～s** /-ts/) **1** Ⓒ 一陣の強風, 突風, (類語 gust より強く長くしばしば冷たい風を言う; →wind[1]). a ～ of wind 一陣の強風.
2 Ⓒ (ラッパ, 笛などの)大きな破裂するような(不愉快な)音; (ラッパなどの)ひと吹き. give [blow] a ～ *on* the whistle 笛をひと吹きする. **3** Ⓒ (ダイナマイトなどを用いた)爆破, 爆発, 発破; 銃撃; (1 回分の)爆薬; Ⓤ 爆風. **4** Ⓒ (ふいご, 溶鉱炉への)送風. **5** Ⓒ 〖話〗(爆風のような)激しい非難[批判, 叱責(しっせき)]. **6** Ⓒ 〈単数形で〉〖米俗〗どんちゃん騒ぎ, 乱痴気パーティー.
a blàst from the pást 〖話〗強い郷愁をそそるもの[事]《リバイバルのレコード, ファッションなど; ＜(忘れていた)過去から吹き送られる一陣の風》.
at a blást ひと吹きで, 一気に.
(at, in) fùll blást 全力[最大出力]で; 全速力で.
—— 動 (複 **～s** /-ts/|過 過分 **blást·ed**|**blást·ing**) ⓗ **1** (a) を爆破する 〈*away*〉, 爆撃する. The pub was ～*ed* by the IRA. パブは IRA に爆破された. (b) VOA 爆破して. . を作る〈*through, in, into* . . に〉; を爆風で吹き飛ばす〈*into* . . に〉. A tunnel was ～*ed through* the mountain. 爆破して山にトンネルが掘られた. (c) VOC (～ X Y) X を Y の状態に爆破する. ～ a door open ドアを爆破して開く.
2〖章〗〔霜, 稲妻, 熱などが〕を枯らす; 〔希望, 面目〕をつぶす. The crop was ～*ed* by the severe winter. 作物は厳しい冬にやられた. **3**〔音楽・警笛など〕を騒々しく鳴らす〈*out*〉. **4** に勢いよく⌊水をかける[送風するなど].
5〖話〗を手厳しくやっつける, 非難する, 〈*for* . . のことで〉《主に新聞用語》. ～ government corruption 政府の腐敗をこき下ろす.
6〖話〗を撃つ (shoot); 〖球技〗〔ボール〕を強打する; 《主に新聞用語》. ～ a person to death 人を射殺する.
7 をのろう《damn の婉曲語; しばしば間投詞的に》. *Blast* it! ちくしょう. *Blast* you! この野郎.
—— ⓐ **1** 発破をかける; 枯れる. **2** 騒々しい音を出す, 鳴り響く, 〈*out*〉. **3**〖話〗(銃を)発射する. **4** 〈間投詞的〉ちくしょう. Damn and ～! こんちくしょう.
blàst awáy (1)〔人が〕連発[連射]する〈*with* . . 〔拳(けん)銃など〕を〉; 〔拳銃などが〕連発[連射]される. (2) 激しく非難[批判]する〈*at* . . を〉. (3) 騒々しい音を出し続ける〈*on* . . ラッパなどで〉. 「飛び出す.
blàst óff 〔ロケットなどが〕発進する; (パーティーなどから)↑
blàst one's wáy through [***into, etc.***] . . 爆破して[銃を発射しながら]. . を[の中へなど]進む; しゃにむに. . を突破する[. . の口へ突進するなど].
[＜古期英語; blow[1] と同根]

blást·ed /-əd/ 形 **1**〖章〗枯れた, しなびた; つぶれた〔望みなど〕; (雷に打たれたように)荒涼とした (bleak). **2** 〈限定〉〖話〗いまいましい《damned の婉曲語》. this ～ car このいまいましい車. **3** 〈叙述〉〖話〗酔っ払って. —— 副〖話〗ひどく, とっても.

blást fùrnace 图 Ⓒ 溶鉱炉. 「き下ろし.

blást·ing 图 Ⓤ 爆破, 爆発; 〖話〗手厳しい批評, こ↑

blásting pòwder 图 Ⓤ 岩石爆破用火薬.

blas·to·coel /blǽstəsìːl/ 图 Ⓒ 〖生物〗(卵)割腔(こう), 胞胚(ほうはい)腔, 《胞胚 (blastula) 内の空洞; **segmentátion càvity** とも言う》.

blas·to·derm /blǽstədəːrm/ 图 Ⓒ 〖生物〗胞胚(ほうはい)葉《胞胚腔(こう)を包む細胞層の壁》.

blást-òff 图 Ⓤ (ロケット, ミサイルなどの)発進, 発射, 打ち上げ, (時刻).

blas·tu·la /blǽstʃələ/ 图 (複 **blas·tu·lae** /-lìː/, **～s**) Ⓒ 〖生物〗胞胚(ほうはい)《受精卵分割の初期段階に見られる胚; 排列した割球の中に blastocoel を作る》.

blat /blæt/ 動 (**～s**|**-tt-**) 〖米〗ⓐ 〔小羊などが〕鳴く; 〔人が〕大声でしゃべる. —— ⓗ 〖話〗を騒々しくしゃべる.

bla·tan·cy /bléit(ə)nsi/ 图 Ⓤ 騒々しさ; あくどさ.

‡**bla·tant** /bléit(ə)nt/ 形 **1** 騒々しい, 耳障りな. **2** 厚かましい, ずうずうしい. **3**〔うそなどが〕見えすいた, 露骨な. ～ discrimination against foreigners 外国人に対する露骨な差別. **4**〔色などが〕けばけばしい.

‡**blá·tant·ly** 副 **1** 騒々しく, 耳障りに. **2** ずうずうしく(も), 厚かましく. He ～ broke his promise. 彼はずうずうしくも約束を破った. **3** 露骨に, これ見よがしに; 紛れもなく.

blath·er /blǽðər/ 图 Ⓤ ナンセンス, たわ言, ばか話.
—— 動 ⓐ (退屈でたわいもないことを際限もなく)しゃべる〈*on*〉〈*about* . . について〉.

blax·ploi·ta·tion /blæksplɔitéiʃ(ə)n/ 图 Ⓤ 〖米話〗黒人活用, 黒人需要開発, 《映画・演劇などで黒人俳優によい役を割り振り, プラスイメージの開発を図る》[＜*blacks*＋*exploitation*]

***blaze**[1] /bleiz/ 图 (複 **bláz·es** /-əz/) Ⓒ 〈4 を除いて普通, 単数形で〉**1** 炎; 火災; (類語 flame より強烈で熱を発する炎). The fireman rescued a child from the ～. 消防士が子供を 1 人炎の中から救出した. a ～ at

the theater 劇場の火災.
2 強い光[輝き]; 閃光(せんこう); 燃え立つような色; (名声などの)輝き[発揚]. the ～ of the sun 強い日差し. the dazzling ～ of the diamond ダイヤモンドのまばゆい輝き. a ～ of scarlet 燃え立つような深紅. in a ～ of publicity 世間の注目を集めて. leave office in a ～ of glory 栄光の輝きに包まれて官を辞する.
3 (感情などの)**激発**, かっと燃え立つこと. in a ～ of anger かっとなって. **4**〖俗〗〈～s〉地獄《業火(ごうか)の燃える所》(hell). Go to ～*s!* くたばれ. What ˪the ～*s* [in ～*s*] are you doing? 一体何をしてるんだ ([語法] 疑問の気持ちを強める用法; the hell, the devil などの婉曲語).
in* [*into*] *a bláze ぱっと燃え上がって. burst *into a* ～ ぱっと燃え上がる.
like blázes 〖話〗猛烈に, 猛然と. talk *like* ～*s* 火が↑ついたようにしゃべりまくる.
── [動] (**bláz·es** /-əz/|[過] [過分] **～d** /-ə/|**bláz·ing**) [自] **1 燃え立つ**, 炎を上げる. **2 光る**, 輝く; 燃え立つ 〈*with* ..〔光, 色〕で〉. The house was *blazing* with lights. 家にはあかあかと明かりがついていた. **3** (感情が)**激発する**. Tom's anger ～*d* out suddenly. トムの怒りは突如燃え上がった. His eyes were [He was] *blazing with* fury.＝Fury was *blazing in* his eyes. 彼の目[彼]は憤怒(ふんぬ)に燃えていた. **4**〔銃砲が〕火を吹く, 発射される. come out with (all) guns *blazing*→gun (成句).
blàze awáy (1)〔人が〕発砲し続ける;〔銃が〕続けざまに火を吹く; 〈*at* ..に向かって〉. (2) 燃え続ける. The forest fire ～*d away* for hours. 森林火災は何時間も燃え続けた. (3) しゃべりまくる, まくし立てる. (4) どんどんやる 〈*at* ..〔仕事など〕を〉.
blàze dówn (1)〔太陽などが〕(上から)照りつける 〈*on* ..に〉. (2) 炎に包まれて落下する.
blàze úp 〔火が〕ぱっと燃え上がる; かっとなる.
[＜古期英語「たいまつ」; blush と同根]

blaze[2] [名] [C] **1** (木の皮を少し剥(は)いだ)目印《道しるべや境界標》. **2** (牛, 馬の顔の)白ぶち, 'ほし'.
── [動] [他]〔樹皮〕を少し剥いで目印を付ける.
blàze a* [*the*] *tráil (1) (樹皮を剥いで)道しるべを付ける. (2) 先駆者になる, 先鞭をつける, 〈*in* ..〔ある分野〕の〉.

blaze[3] [動] [他] を言いふらす; を広く知らせる;〔新聞などが〕を大々的に取り上げる; 〈*abroad*〉〈*across* ..中に〉〈普通, 受け身で〉. The news was ～*d across* the country. そのニュースは国内いたるところに伝えられた.

‡**blaz·er** /bléizər/ [名] [C] ブレザー(コート). [参考]「ブレザーコート」は和製英語で, 英語では blazer coat とは言わない;「燃える (blaze[1])」ような派手な色から.

blaz·ing /bléiziŋ/ [形] 〈限定〉**1** 激しく燃える; 焼けつくような; ぎらぎらする〔光など〕. the ～ Alpine summer 燃えるようなアルプスの夏. [語法] a ～ hot day (燃えるように暑い日)では副詞的. **2**〔色が〕燃えるように鮮やかな. **3** 怒りで燃え上がる〔眼差しなど〕; 激しい〔口論, 怒りなど〕. in a ～ fury [anger] 激怒して. **4**〖話〗明白な, 紛れもない. a ～ indiscretion だれの目にも明らかな無分別.

bla·zon /bléiz(ə)n/ [名] [C] **1** 紋章; 紋章の付いた盾. **2** 紋章解説. **3** 誇示. ── [動] [他]〖章〗〈しばしば受け身で〉**1**〔盾〕に紋章を描く; を飾る[描く]〈*with* ..〔紋章など〕で/*on* ..に〉; (emblazon). **2**〔ニュースなど〕を大々的に報じる; を言いふらす; (blaze[3]) 〈*abroad, forth, out*〉.

bla·zon·ry /bléiz(ə)nri/ [名] [U] **1** 紋章(画法, 解説). **2** 見せびらかし, 誇示; きらびやか.

bldg building. **bldgs** buildings.

†**bleach** /bli:tʃ/ [動] [他] を漂白する, 晒(さら)す;〔髪〕の色素を抜く; を(太陽, 風雨に)晒す. ～ a stain *out of* a shirt シャツの染みを抜く. ～*ed* bones 白骨. ── [自] (漂白剤, 日光, 風雨などに晒されて) 白くなる, 色素が抜ける. ── [名] [UC] 漂白; 漂白剤, ブリーチ. [＜古期英語]

bléach·er [名] [C] **1** 漂白剤; 漂白する人, 漂白用の器.
2〖米〗〈普通 the ～s; 単複両扱い〉(屋根なしの)大衆観覧席; (野球の)屋根なし外野席; そこに座る観客たち; 《直射日光にさらされることから》.

bléach·ing [名] [U] 漂白.

bléaching pòwder [名] [U] 漂白剤, 晒(さら)し粉.

*__bleak__ /bli:k/ [形] [e] **1**〔場所が〕**荒れた**, **寂しい**, **吹きさらしの**, 荒涼とした. a ～ house 荒れた家, 廃屋.
2〔天候が〕冷え冷えとした, 寒々とした. a ～ February day 寒々とした2月のある日. **3**〔生活などが〕**わびしい**,〔目つき, 話しぶりなどが〕陰気な;〔見通しなどが〕暗い. a ～ life わびしい生活. a ～ future [outlook] 暗い前途[見通し]. [＜古期北欧語「青白い」]

bléak·ly [副] 荒涼として, 寒々と; 陰気に.

bléak·ness [名] [U] 荒涼; わびしさ; 惨状, 見通しの暗さ.

blear /bliər/ [形]〖古〗＝bleary. ── [動] [他]〔目〕をかすませる;〔輪郭など〕をぼやけさせる (blur).

blear-eyed /blì(ə)ráid [移]/ [形] **1** (寝不足などで)目がかすんだ; ただれ目の. **2** 目先の利かない.

blear·y /blí(ə)ri/ [形] [e] **1**〔目が〕かすんだ (dim), うるんだ. **2**〔輪郭などが〕ぼやけた. ▷**blear·i·ly** [副] かすんだ目で, 寝ぼけまなこで. **blear·i·ness** [名]

bléar·y-èyed [形] ＝blear-eyed.

†**bleat** /bli:t/ [名] [C] 〈普通, 単数形で〉(ヤギ, 子牛, 羊の)鳴き声; それに似た声[音]《シギの鳴き声, 角笛の音, 人の哀れっぽい震え声など》. ── [動] [自]〔ヤギ, 子牛, 羊などが〕めえと鳴く; それに似た声を出す, 哀れっぽく不平を鳴らす 〈*on*〉〈*about* ..について〉. ── [他] を哀れっぽい震え声で言う 〈*out*〉. [擬音語]

bleb /bleb/ [名] [C] 水泡 (blister); (小さい)気泡.

bled /bled/ [動] bleed の過去形・過去分詞.

*__bleed__ /bli:d/ [動] (**～s** /-dz/|[過] [過分] **bled** /bled/| **bléed·ing**) [自] **1 血が出る**; 出血する. He was ～*ing at* [*from*] the nose.＝His nose was ～*ing*. 彼は鼻血を出していた. ～ to death 出血(多量)で死ぬ.
2 血を流す, 傷つく, 死ぬ, 〈*for* ..〔国, 主義など〕のために〉. **3** 血の出るような思いをする, 心を痛める, 嘆き悲しむ, 〈*for* ..に〉. ～ *for* one's lost child 失った子供を思って悲しむ. My heart ～*s for* you. 深くご同情申し上げます;〖話〗〈しばしば皮肉〉お気の毒さま.
4〔木が〕樹液を出す;〔樹液が〕流れ出る 〈*from* ..から〉;〔生地が〕色落ちする,〔染料が〕染み出る; 染み込む 〈*into* ..に〉. **5**〖印〗〔本などが〕印刷部分を裁ち切りされ(てい)る《マージンカットで》.
── [他] **1**〔患者〕から血を採る, 瀉血(しゃけつ)する, 《昔の治療法》. **2**〖話〗からしぼり取る 〈*for, of* ..〔金など〕を〉. ～ a person *for* money 人を脅して金を取る. **3**〔機械, 装置など〕の空気[液体]を抜く. ～ a tire *of* air タイヤから空気を抜く. **4**〖印〗〔本など〕を裁ち切りにする;〔図版など〕の不要部分を裁ち落とす. ◇[名] blood
***blèed ..whíte* [*drý*]** 〔人, 集団など〕から(金, 精力などを)しぼれるだけしぼり取る.
── [名] [C] **1** 出血 (→nosebleed). **2**〖印〗裁ち落とし(のある図版など). [＜古期英語]

bléed·er [名] [C] **1**〖話〗出血しやすい人; 血友病者 (hemophiliac). **2**〖英俗〗やつ (fellow); 〈形容詞を伴って〉..な嫌なやつ.

bléed·ing [形] 〈限定〉**1** 血の出ている; 出血する. **2**〖英旧俗〗＝bloody 4. ── [副] ＝bloody. ── [名] [U] 出血.

blèeding héart [名] [C] **1**〖植〗ケマンソウ《赤いハート形の花が房状に咲く》. **2**〖話〗〈けなして〉(社会的弱者に)同情しすぎる人 (**blèeding héart lìberal**).

‡**bleep** /bli:p/ [名] [C] **1** (人工衛星, 無線機などの)高い断続する信号音, ぴーっという音, (beep). **2** ＝bleeper.
── [動] [自] 信号音を発する; 信号音で呼ぶ 〈*for* ..を〉.
── [他] **1**〔医者など〕を信号音で呼び出す. **2**〖話〗〔放送中の不都合な言葉など〕を信号音で消す 〈*out*〉. [擬音語]

bléep·er 名 C 〖主に英〗ポケットベル, (beeper, pager).

†**blem·ish** /blémiʃ/ 名 C 傷, 汚れ (stain); 欠点 (defect), 汚点, 瑕(き). a ～ *on* a peach 桃の(打ち)傷. Her beauty is without (a) ～. 彼女の美しさは一点非の打ち所がない. ── 動 他〔名声, 美しさなど〕を傷つける, 損なう. [＜古期フランス語「青ざめさせる」] ▷～**ed** /-t/ 形 傷物の, 染みのある〔肌など〕. ～*ed* bananas 傷物のバナナ.

blench[1] /blentʃ/ 動 自 しりごみする, ひるむ.

blench[2] 動 ＝blanch.

‡**blend** /blend/ 動 (～s /-dz/|過 過分 **blénd·ed**, 〖詩・雅〗 **blent** /blent/|**blénd·ing**) 他 **1**〔2種類以上の物〕を**混ぜ合わせる**, 混合する, 〈*together*〉; を混ぜる〈*with* ..と〉. *Blend* butter and flour (*together*) [*with* flour] before adding the other ingredients. 他の材料を加える前にバターと小麦粉を混ぜてください. **2**〔茶, 酒など〕をブレンド[混合]して作る〈普通, 受け身で〉(類語 特に同じ物の異なる品種を, 好ましい結果(例えばよい風味)が得られるように混合すること; →mix). This coffee is ～*ed* by mixing mocha with Java. このコーヒーはモカにジャワ産を混ぜてブレンドしたものだ.

── 自 **1**〔2種類以上の物が〕**混ざる**, 混じり合う, 〈*together*〉; 溶け合う〈*with* ..と〉. Oil does not ～ *with* water [Oil and water do not ～ (*together*)]. 油は水と[油と水は]混ざらない.

2〈普通 well を伴って〉しっくり調和する, 一つになる, 〈*with* ..と〉. The red hat ～*s* well *with* your dress. その赤い帽子はあなたの洋服によく似合うね.

3 VA (～ *into*..)〔色, 物, 音などが〕..に溶け込んで見分け[聞き分け]られない;〔人が周囲, 集団など〕に溶け込む, 紛れる. The green of frogs ～*s* so well *into* foliage. アマガエルの緑色は葉の色とよく溶け合って見分けがつかない.

blènd ín 溶け込む; 調和する; 〈*with* ..に, と〉.

blènd /../ ín ..を溶け込ませる, 混ぜ合わせる; ..を調和させる〈*with* ..と〉.

── 名 (複 ～**s** /-dz/) C **1 混合**(物); (紅茶, コーヒー, 酒などの2種以上の)ブレンド. a ～ of jazz and [with] classical music ジャズと古典音楽が混じり合ったもの. a ～ of coffee ブレンドコーヒー. This tea is a ～ of Assam and Darjeeling この紅茶はアッサムとダージリンのブレンドだ. **2**〖言〗混成語; かばん語, 《例: smog, brunch; 別名 portmanteau word》.

[＜古期北欧語「混ぜる」]

blénd·ed /-əd/ 形 混合した, ブレンドした, 〔飲み物〕. ～ coffee [whisky] ブレンドコーヒー[ウイスキー].

blènd·ed fámily 名 C 〖主に米〗混合家族《再婚した夫婦(の間の子供)と, 連れ子を含む家族》.

blénd·er 名 C **1** 混ぜる人[もの]. **2** (料理用の)ミキサー(〖英〗では liquidizer とも言う).

blénd·ing 名 U 〖言〗混交, 混成, 《2つの構文や語句が混成して新しい構文や語句を作ること; 例: I cannot help laughing.＋I cannot but laugh.＞I cannot help but laugh./television＋broadcast＞telecast; →blend 名 2》.

Blén·heim /blénəm/ 名 **1** ブリントハイム《1704年初代 Marlborough 公爵がスペイン王位継承戦争でフランス・バヴァリア連合軍を破った南西ドイツの村》. **2** C ブレナム《スパニエル犬の一種》. **3** C ブレナム (**Blènheim órange**)《金色の実を付けるリンゴの木; その実》.

Blénheim Pàlace 名 ブレニム宮殿《英国 Oxfordshire の Woodstock にある Marlborough 公爵家の大邸宅; Churchill の生家; →Blenheim 1》.

blent /blent/ 動 〖雅〗blend の過去形・過去分詞.

‡**bless** /bles/ 動 (**bléss·es** /-əz/|過 過分 **～ed, blest,** /blest/|**bléss·ing**) 他

【神の恵みを祈る】 **1** を**祝福する**, に神の恵み[加護]を祈る, (↔curse). The priest ～*ed* the newlywed couple. 司祭は新婚の夫婦を祝福した.

2 の幸いを願う;〔人〕に感謝する〈*for* ..に対して〉. ～ a person *for* his kindness 人の親切に感謝する.

【神の恵みがある】 **3 (a)**〔神が〕を守る. (God) ～ you! あなたに神のご加護のあらんことを 《しばしば別れのあいさつ, 感謝のことばなど; →成句 Bless you(!)》(★この bless は仮定法現在形). *Bless* me *from* evils. 私を悪より守り給(たま)え. **(b)**〖旧話〗〈反語的〉を呪(のろ)う (damn). *Bless* me [I'm *blest*] if it isn't you, Bill! なんだビルじゃないか《I'll be [I'm] damned if ..の婉曲表現》.

4 VOA (～ X *with*..)〔神が〕X に..を授ける〈しばしば受け身で〉. God ～*ed* the country *with* peace and prosperity. 神はその国に平和と繁栄を恵み給うた. →be ～*ed* with.. (成句).

【神をあがめる】 **5**〔神〕を賛美する, あがめる;〔幸運〕を感謝する. *Bless* the Lord. 神をたたえよ. ～ one's stars (よい)星回りをありがたいと思う. **6** を清める, 聖別する; を清めて神に供える. ～ bread at the altar パンを祭壇に供えて清める《聖餐(さん)式用に》.

be bléssed by.. 〔企画などが〕..の承認[賛成]を得ている.

be bléssed with.. ..に恵まれている; 〈反語的〉..に(恵まれすぎて)困っている. He is ～*ed with* good health [the ability to do..]. 彼は健康[..する才能]に恵まれている. Mrs. Smith *is* ～*ed with* six children. スミス夫人は6人もの子だくさんだ.

bléss onesèlf (1)〖古〗十字を切って身を清める. I have not a penny to ～ my*self* with. びた1文(もん)も持っていない《昔, 手のひらに銀貨で十字を切って幸運を祈った習慣から》. (2) 自分を祝福する; 喜ぶ, よかったと思う, 〈*that* 節 ..ということを〉. I ～ my*self that* I was not there. そこに居合わせなくてよかった.

***Bléss you*(!)** 〖話〗〈間投詞的に〉(→3 (a)) (1) ありがとう, これはびっくり, とんでもない, など《感謝, 喜び, 驚き, 憤慨, 拒絶などの気持ちを表す》. "You sing now, Tom," said Anne. "Oh, ～ *you*, my singing is too old-fashioned," he retorted. 「今度はトム歌って」とアンが言った. 「いや, せっかくだけど僕の歌は古風にすぎるよ」と彼は返した. (2) お大事に 《くしゃみをした人に言う; →sneeze》.

(*Gòd*) *bléss me* [*my sóul*](*!*)＝(*Wéll,*) *I'm bléssed* [*blést*](*!*) 〖旧話〗〈間投詞的に〉さあ大変だ, とんでもない, こりゃありがたい, 《驚き, 怒り, 喜びなどを表す》.

[＜古期英語「(いけにえの血で)清める」; キリスト教伝来後は意味内容が変わった]

†**bless·ed** /blésəd, blest|blésəd/ 形 **1** 神聖な (sacred); 尊ぶべき, ありがたい. ～ bread 聖なるパン.

2 恵まれた, 幸福な (fortunate); 〈the B-; 名詞的; 複数扱い〉(死んで)天国にいる人々. ～ ignorance 知らぬが仏, 幸福な無知. *Blessed* are the pure in heart. 心の清い人たちは幸いである《聖書の言葉》.

3〈限定〉楽しい, うれしい, (happy). a ～ time 楽しい時. a ～ rain 恵みの雨.

4〖話〗〈限定〉いまいましい, 嫌な, (★cursed, damned の婉曲語; しばしば意味のない単なる強調語). that ～ car horn 車のあの小うるさいクラクション. That's a ～ lie. そいつは真っ赤なうそだ. not say a ～ word ただのひと言も言わない. ▷～**·ly** 副 幸いにも, ありがたいことに.

bless·ed·ness /blésədnəs/ 名 U 幸福, 幸運. single ～ →single 形 2.

Blèssed Sácrament 名 〈the ～〉〖主にカトリック〗聖餐(さん)(式); 聖餐用のパン, 聖体.

Blèssed Vírgin 名 〈the ～〉聖母マリア.

*__bless·ing__ /blésiŋ/ 名 (複 ～**s** /-z/) C

【祝福】 **1** 神の祝福, **天の恵み**. They prayed for God's ～. 彼らは神の恵みを(求めて)祈った. the ～*s* of nature 自然の恩恵.

2 ありがたいもの, うれしいこと; 幸運. It was a great

[real] ～ that no one was injured.＝What a ～ no one was injured! けが人がなくてほんとに幸いでした. a mixed ～ 一得一失のあること, よし悪し.
3【前途への祝福】〖話〗〈普通, 単数形で〉賛成 (approval), 奨励, 支持. Father gave (us) his ～, so we'll be married next month. 父が(我々に)賛成してくれたので来月結婚します.
【祝福を求めること】 **4**〈普通, 単数形で〉**神への祈り(の言葉)**; 神の祝福[加護など]を求めること[言葉].
5〈普通, 単数形で〉食前[食後]の祈り. ask [say] a [the] ～ 食前[食後]のお祈りをする.
a blèssing in disgúise 最初は不運に見えてもやがては幸運だと分かる物事, 'けがの功名'. The sudden shower was *a* ～ *in disguise*, because it kept us at home when he came to see us. にわか雨は結果的に幸いだった. 彼が訪ねて来た時我々は足止めされて家にいたから.
còunt one's bléssings (不平を言うより)恵まれている点を考える.

blest /blest/ 動 bless の過去形・過去分詞の1つ.
bleth·er /bléðər/ 動, 名 〖主にスコ〗＝blather.
blew /bluː/ 動 blow[1,3] の過去形.
†**blight** /blait/ 名 **1** U (植物の)胴枯れ病, 虫害; (植物に害を及ぼす)害虫, 病原菌, かびなど. The crops were all ruined by ～. 作物はみんな病害にやられた. **2** C 〈普通, 単数形で〉障害, 悪影響, 〈*on, upon* ..〔人の成長, 士気など〕への〉. **3** U (都市などの)荒廃.
càst [***pùt***] ***a blíght on*** [***upon***]***..*** ..を台無し[だめ]にする, 〔人の希望など〕をくじく.
── 動 他 **1**〔霜などが植物〕を枯らす, しおれさす. **2** を破滅[荒廃]させる; 〔成長など〕を妨げる; 〔希望など〕をくじく. [＜?]
blíght·er 名 C 〖英旧話〗**1**〈普通, 修飾語を伴って〉..な人, やつ, (fellow). **2** 嫌なやつ, '厄病神'.
Blight·y /bláiti/ 名 (複 **Blight·ies**)〖旧英軍俗〗〈時に b-〉**1** (外地から見た)英本国. **2** C '本国送還もの'《中くらいの負傷; 第1次大戦中にはやった言葉; a ～ one とも言う》. **3** C 英本国での休暇.
bli·mey /bláimi/ 間 〖英俗〗ひぇー, へへーん, 《驚き, 軽蔑を表す; ＜God *blind me*!》.
Blimp /blimp/ 名 ＝Colonel Blimp.
blimp /blimp/ 名 C 〖話〗**1** (観測用)小型軟式飛行船. **2**〖米俗〗太っちょ, でぶ. **3** 映画カメラ用防音カバー.
blimp·ish /blímpiʃ/ 形 〈しばしば B-〉(Colonel) Blimp のような, 頑固で保守的な.
‡**blind** /blaind/ 形 e (★4, 5, 7は c)【見る力のない】
1【視力のない】(**a**) **目の見えない**, 盲目の; 盲人のための. a ～ man 盲人. be tolally ～ from birth 生まれつき全く目が見えない. be ～ in one [the left] eye 片目[左目]が見えない. go ～ 失明する. a ～ school 盲学校. (**b**) 〈the ～; 名詞的; 複数扱い〉盲人たち.
2 (**a**)〈叙述〉目がくらんで[くもって]〈*with* ..で〉. be ～ *with* tears 涙に目がくもる. (**b**)〈普通, 限定〉**でたらめな**, めちゃくちゃな; 盲目的な. a ～ guess 当て推量. ～ obedience [faith] 盲従[盲信]. (**c**)〈普通, 限定〉思慮のない; 向こう見ずの. with ～ fury 我を忘れるほど怒って. a ～ purchase 衝動買い. In his ～ haste he almost ran into the guardrail. 彼はやみくもに(車を)飛ばして危うくガードレールに激突するところだった. (**d**) 意識のない; 〖話〗正体なく酔って (＜～ drunk (→副 成句)). a ～ stupor 全くの人事不省.
3〈叙述〉**見る目がない**; 分からない, 気付かない; 分かろうとしない; 〈*to* ..〔物事〕を, が, に〉. He is ～ *to* our trouble. 彼には私たちの苦労が分からない. Love is ～. 〖諺〗恋は盲目.
【目を閉じたままの】 **4**〖空〗(目を使わず)計器だけに頼る. ～ flying [landing] 計器⌊飛行[着陸].
5 目隠し[予備知識なし]でする〔実験, テストなど〕. a ～ tasting of *sake* 目隠しでする利き酒.
【見えにくい】 **6 隠れた**, 目に見えない. sew with ～ stitch (縫い目が見えないよう)隠し縫いにする. a ～ corner [turning] 見通しのきかない曲がり角[カーブ].
7 行き止まりの (→blind alley); 出口[窓]のない. a ～ wall 窓のない壁.
8 分かりにくい, 要領を得ない, 〔話など〕; 判読しにくい〔筆跡など〕. ～ mail あて名が不備の[判読できない]郵便物.
9〔植物が〕(芽, 花, 実などをつけないで)発育不全の.
(***as***) ***blìnd as a bát*** →bat[2].
bàke..blínd〔パイ, タルトなどの皮〕を詰め物なしで焼く.
nòt a blìnd bít of..〖俗〗ちっとも..しない. I told him not to go, but he did*n't* take *a* ～ *bit of* notice. 行くなと言ったが, 彼は一向に注意しなかった.
the blínd lèading the blínd 盲人が盲人の手を引くこと《きわめて危険なことのたとえ; 聖書『マタイによる福音書』から》.
There's nòne so blínd as thòse who wíll not sée.〖諺〗見る気ないのが一番の盲者.
tùrn a blìnd éye (***to..***) (..を)見て見ぬふりをする.
── 副 **1** 盲目的に; やみくもに. work ～ がむしゃらに働く. **2** 計器に頼って. fly [drive] ～ 計器⌊飛行[運転]する. **3**〈強意語として〉〖話〗すっかり, ひどく. rob a person ～ 人からごっそり奪い取る.
blìnd drúnk〖話〗へべれけに酔って.
go it blínd 無鉄砲に行動する.
swèar blínd (***that..***)〖話〗(..と)きっぱり断言する.
── 動 他 **1** の視力を奪う; 〔強い光などが〕の目をくらませる; 〔涙などが〕〔目〕をくもらせる. The accident ～*ed* him [He was ～*ed* in the accident] for life. 彼はその事故で生涯視力を失った. eyes ～*ed* with tears 涙にくもった目. The flash has ～*ed* me for a moment. 閃光が一瞬私の目をくらませた. **2**〔人〕を盲目にする〈*to* ..〔事実など〕に対して〉; の分別を失わせる. Love ～*ed* him *to* her faults. 恋していたので彼女の欠点が彼には見えなかった. be ～*ed* by money 金に惑わされる. ── 自〖英旧話〗VA (目のくらむ速さで)車を飛ばす〈*along*〉.
blìnd a pèrson with scíence 専門知識を振り回して人を眩惑(げんわく)する.
── 名 (複 **～s** /-dz/) C **1**〈しばしば ～s〉**ブラインド**, 日よけ, (〖米〗(window) shade); 〖英〗(ショーウインドーなどの)日よけテント (awning). draw [pull down, lower] the ～*s* ブラインドを下ろす. draw up [raise] the ～*s* ブラインドを上げる. →Venetian blind, roller blind.
2〈普通, 単数形で〉(**a**) 人の目をくらますもの, '隠れ蓑(みの)', **見せかけ**; 口実〈*for* ..に対する〉. (**b**) おとり, 身代り; 《人》. **3**〖米〗(猟師, 動物観察者の)隠れ場所 (〖英〗hide). **4**〖英話旧〗＝blinder 3. [＜古期英語]
blìnd álley 名 C **1** 袋小路, 行き止まり. **2** (物事の)行き詰まり (deadlock); 先の見込みの⌊なさ[ない職業, 事業など].
blìnd dáte 名 C 〖話〗初めて知り合う男女のデート; その相手.
blínd·er 名 C **1** 目をくらます人[もの]. **2**〈～s〉〖米〗(馬の)目隠し (〖英〗blinkers; →harness 図). **3**〖英話〗酒飲みのどんちゃん騒ぎ. be [go] on a ～ 飲み騒ぐ.
4〖英話〗(サッカーなどでの)見事なプレー, 離れ業.
†**blínd·fòld** 動 他 に目隠しする; の目をくらます, を欺く.
── 名 C 目隠し. ── 形, 副 **1** 目隠し⌊した[して]; 目隠しされた[されて]; 〖チェス〗盤を使わず頭の中で指す[指して]. I could do such a thing ～. そんなものは⌊目隠しされても[〖話〗わけなく]できる. **2** 無鉄砲な[に], 向こう見ずの[に].
blìnd gút 名 C 盲腸.
‡**blínd·ing** 形〈普通, 限定〉**1** 目もくらむ(ほどまぶしい)〔光など〕(dazzling). **2** 猛烈な〔スピード, 激痛など〕; 〈限定〉際立った, 目を奪うような. ── 名 U (舗装する道

路表面の)すき間をつぶす砂利. ▷～·ly 副 猛烈に; 際立って. ～*ly* obvious 明々白々で. 「に, でたらめに.

†blind·ly /bláindli/ 副 盲目的に; やみくもに, 無鉄砲↑

blìnd·man's búff /blàin(d)mænz-/ 名 U 目隠し遊び, '鬼さんこちら', 《目隠しの鬼が捕まえた人を当てる》.

†blínd·ness 名 U 盲目; 無分別; 無知; 向こう見ず.

blínd sìde 名 C 〈普通, 単数形で〉(片目の人の)見えない側; (自分の気がつかない)弱点, '盲点'; (ラグビーで, スクラムなどの)ブラインド・サイド.

blínd·sìde 動 他 〖米話〗 **1** (ラグビーで)〔相手〕のブラインド・サイドを攻撃する; の弱点[盲点]を突く. **2** 〔人〕から事の真相を隠蔽(ぺい)する〈普通, 受け身で〉.

blínd spòt 名 C 〖解剖〗(網膜上の)盲点; (車の運転者などの)死角; 弱点[偏見], 知らない[不得意]分野.

***blink** /bliŋk/ 動 (～s /-s/|過 過分 ～ed /-t/|blínk·ing) 自 **1** まばたきする, 目をしばたたく, (類語 両眼を無意識に素早く開閉すること; ただし〖米〗で時に＝wink; →bat³, wink). He snatched a kiss from me before I could ～. 彼は(まばたきする間もなく)素早く私からキスを奪った. ～ in the bright sunshine 日光がまぶしくてまばたきする. **2** 〈普通, 否定文で〉驚いて目をぱちくりさせる〈*at* ..に〉. ～ *at* his sudden rage 彼の突然の激怒に目をぱちくりさせる. He didn't even ～ when I told him the news. 私がそのニュースを知らせても, 彼はまばたきひとつせず動じなかった. **3** 〔灯火, 星などが〕かすかに光る, またたく; 〖米〗〔踏切, 車道などの信号灯が〕点滅する; 〈*on, off*〉. **4** 見て見ぬふりをする, わざと見逃す; 無視する; 〈*at* ..を〉.
── 他 **1** 〔目〕をまたたく, ぱちくりさせる. ～ one's eyes まばたきをする. ～ one's eye 〖米〗片目をつぶってみせる (wink). **2** を見て見ぬふりをする, 見逃す (overlook); を無視する. We can't ～ the fact that the birthrate in this country is decreasing rapidly. この国の出生率が急速に低下している事実は見過ごしにできない.

***blìnk /../ awáy* [*báck*]** 〔涙など〕をまばたきして払う[抑える].

── 名 C **1** まばたき. in a [the] ～ of an eye(lid) またたく間に, 瞬間に. **2** (光の)またたき (twinkle); ちらっとした光.

be* [*gò*] *on the blínk 〖話〗〔機械などが〕調子が狂っている[狂う], 故障している[する].

[＜中期英語「だます」]

blínk·er 名 C **1** まばたきする人. **2** 〈～s〉〖英〗(〖米〗blinders) (**a**) (馬の)目隠し. (**b**) (人の)視野を狭めるもの, 思考の妨げ. wear [remove] ～*s* 目隠しをする[はずす]; 〔人が〕偏狭である[多角的に考える], 視野_Lが狭い[を広げる]. **3** 〖米〗(踏切, 車道などの)点滅信号灯; (自動車の)方向指示器 (〖英〗winkers).

blínk·ered 形 **1** 〔馬が〕目隠しされた. **2** 視野の狭い, 偏見を持った. 「話・婉曲」＝bloody 4.

blínk·ing 形 〈限定〉 **1** またたく; 明滅する. **2** 〖英↑

blintz, blintze /blints/ 名 C 〖米〗ブリンツ 《チーズや果物を包んで揚げる[焼く]薄いホットケーキ風ユダヤ菓子》. [イディッシュ語]

blip /blip/ 名 C **1** ぴっ(という機械的な音). **2** (レーダースクリーンに現れる)映像 (pip) 《航空機などの位置を示す光点; しばしば 'ぴっ' といって点滅する》. **3** (一時的)急変調, 急下落[上昇] 《経済状況, 株式市況などの》. [擬音語]

***bliss** /blis/ 名 U この上ない喜び; 至福; (類語 最高の pleasure). pure ～ 全くの至福. What ～ it is to see you again! またあなたに会えてとてもうれしい.

> 連結 complete [heavenly, perfect, sheer, utter; domestic, marital] ～ // experience [attain] ～

[＜古期英語「喜び」; blithe と同源]

†bliss·ful /blísf(ə)l/ 形 この上なく幸福な, 大変うれしい. be in ～ ignorance of.. お目出たくも..について無知である[気付いていない] (★日本語の「知らぬが仏」に近い).
▷～·ly 副 be ～*ly* ignorant [unaware] of.. (→形用例). ～·ness 名

†blis·ter /blístər/ 名 C **1** (皮膚の)水ぶくれ, 火ぶくれ, まめ. get ～*s* on one's hands 手にまめができる. The tight shoes raised ～*s* on my toes. きつい靴のため足指にまめができた. **2** (塗料, ガラス, 植物などの表面にできる)泡, 気泡. ── 動 他 **1** を水[火]ぶくれにする, にまめをこしらえる. **2** を痛烈に非難する. ── 自 水[火]ぶくれになる, まめができる.

blíster bèetle 名 C ツチハンミョウ科の甲虫《分泌液は皮膚に水泡を生じさせる毒素を持つ; 乾燥粉末からカンタリス(利尿薬)を作る; Spanish fly とも言う》.

blís·ter·ing /-təriŋ/ 形 **1** 焼けつくような〔暑さ〕. **2** 猛烈な〔スピード〕. **3** 痛烈な〔批判, 皮肉など〕. a ～ criticism 酷評. ▷～·ly 副

blíster pàck 名 C ブリスターパック (bubble pack) 《中の商品, 錠剤などが見えるプラスチックの包装》.

BLit Bachelor of Literature (文学士).

†blithe /blaið/ 形 **1** のんきな, 気楽な; 無造作な, 不注意な, 思慮を欠いた. **2** 〖雅〗陽気な, 楽しげな.
▷**blíthe·ly** 副 のんきに; 無造作に; 陽気に.

blith·er·ing /blíð(ə)riŋ/ 形 〈限定〉〖俗〗べらべらしゃべりまくる, くだらない; どうしようもない. a ～ idiot 手の付けられないばか者.

blithe·some /bláiðsəm/ 形 〖雅〗＝blithe 2.

BLitt Bachelor of Letters (文学士).

‡blitz /blits/ 名 C **1** ＝blitzkrieg; 〈the B-〉(1940年のドイツ空軍による)ロンドン大空襲. **2** 〖話〗(清掃, 宣伝などの)集中作戦; (犯罪などの)一掃作戦. have a ～ *on* the kitchen 台所を集中的に片付ける. launch a ～ *on* juvenile crime 青少年犯罪の撲滅に乗り出す.
── 動 他 に電撃的な攻撃を加える[加えて破壊する]〈主に受け身で〉.

blitz·krieg /blítskrì:g/ 名 C (特に空からの)電撃作戦, 急襲, 猛撃, 〈*on* ..への〉. [ドイツ語 'lightning war']

†bliz·zard /blízərd/ 名 C **1** 猛吹雪, ブリザード. **2** 〈普通 a [the] ～ of.. で〉殺到する... a ～ of fan letters 殺到するファンレター.

bloat /blóut/ 動 他 **1** を膨らます 〈*with* ..で〉; をうぬぼれさせる; 〈普通, 受け身で〉. I was [felt] ～*ed* after eating so much. 食べすぎて(動くのも嫌なくらい)お腹がぱんぱんだった. **2** 〔ニシン〕を燻(くん)製にする. ── 自 膨らむ.

‡blóat·ed /-əd/ 形 **1** (水分, 脂肪, ガスなどで)膨れた, はれた, (swollen); でぶでぶした〔体など〕; 〔顔などが〕むくんだ. **2** 〔費用などが〕膨れあがった; 肥大した〔組織など〕. **3** いい気になった, 高慢な, (puffed up).

blóat·er 名 C 薄塩の燻(くん)製ニシン.

blóat·ing 名 U 膨満. abdominal ～ 腹部膨満.

‡blob /blɑb|blɔb/ 名 C **1** (どろどろした液体などの)一滴, しずく; (蠟(ろう)などの)小さい固まり; 小斑(はん)点, 染み. a ～ of ink [paint] インク[ペンキ]の一滴. **2** (遠くの)おぼろ気な形[影]. **3** 〖クリケット〗〖話〗＝duck 4.

†bloc /blɑk|blɔk/ 名 C **1** (政治・経済上の相互利益のために結成する団体, 国などの)連盟, ブロック, 圏. the sterling [dollar] ～ ポンド[ドル]圏. **2** 〖米〗(特殊な問題についての超党派の)議員連合. [フランス語 'block']

‡block /blɑk|blɔk/ 名 (複 ～s /-s/) C
【かたまり】 **1** (**a**) (木, 石, 金属などの)かたまり《普通, 大きくて平らな面が 1 つ以上あるもの》. a ～ of wood [ice] 木[氷]塊. a ～ of marble 1 枚の大理石. (**b**) (おもちゃの)積み木 (〖英〗brick); (建築用の)ブロック. a box of (building) ～*s* 積み木 1 箱. concrete ～*s* コンクリートブロック. **2** まな板, 肉切り台; まき割り台; 靴磨きの足台; 乗馬台; 〈the ～〉断頭台; 競り売り台. **3** (帽子の)型; (印刷の)版木, 鉛版, 金版など. **4** 〖俗〗あたま (head).

【囲まれたかたまり】 **5 (a)** (市街地の) **1 区画**, 街区, 《普通, 四方を道路で囲まれた建物の集合》; 〘主に米〙 1 区画の 1 辺の長さ. He lives on my ～. 彼は私と同じ区画に住んでいる. My house is two ～*s* away. 私の家は 2 ブロック先です. **(b)** (1 棟の)大きな建物. a ～ of flats 〘英〙 アパート (〘米〙 an apartment house). **(c)** 〘オース〙 (政府が入植者に提供した) 1 区画の土地; 広大な土地. **6** 滑車, 複滑車, 《1 つ又はそれ以上の pulley をケースに入れたもの》; 滑車装置 (block and tackle).
【じゃまなかたまり】 **7** 〈普通, 単数形で〉 **(a) 妨害物**, 障害物, (水道管, 血管などに)詰まったもの; (交通の)渋滞. **(b)** (言語, 思考などの)阻止(現象), 中断; 度忘れ. I have a (mental) ～ about math. 私は数学というと頭が働かなくなる. The novelist is suffering from writer's ～. その小説家はスランプに苦しんでいる. **(c)** 〘競技〙 (相手の動きを封ずるための)ブロック.
【ひとまとまりのもの】 **8** ひと組, ひとそろい; (株券の)取引単位. a ～ of seats 1 区画の座席. make a ～ booking 座席券などを一括購入する. **9** 〘主に英〙 (はぎ取り式の)メモ帳, 画帳, 便箋(びんせん). **10** 〘電算〙 ブロック 《入力されたデータのまとまりの単位》.

gò to the blóck (1) 断頭台に登る, 死刑になる. (2) 競売に付される.

knòck a person's blòck óff 〘俗〙 人の頭をぶん殴る (→名 4) 《普通, 脅し文句》.

lày [pùt] one's hèad on the blóck 〘話〙 (失敗などの)危険をあえて冒す, '首を賭(か)ける', 《'断頭台に首を載せる' の意味から; →名 2》. The government has *laid* its *head on the* ～ by increasing taxes. 政府は増税に命運を賭けた.

on the blóck 〘米〙 (競り)売り[賃貸]に出され(て[た]).

── 動 (～s /-s/|過 過分 ～ed /-t/|**blóck·ing**) 他
1 〔道路など〕を**閉鎖する**, 封鎖する, 〈*off*〉; を詰まらせる, ふさぐ, 〈*up*〉. (Road) *Blocked* 〘掲示〙 通行止め. ～ *off* a door 入り口を封鎖する. The mountain pass was ～*ed* (*up*) by a landslide. 山道は土砂崩れで(すっかり)不通になった. My nose is ～*ed* (*up*). (風邪で)鼻が(すっかり)詰まっている.
2 〔行動, 成功など〕を妨げる, 阻止する; 〔眺望など〕の障害になる. The opposition ～*ed* his re-election as mayor. 野党は彼の市長再選を妨げた.
3 〔行く先など〕を遮る, ふさぐ; 〘競技〙 〔相手(の動き)〕をブロックする, 封じる. ～ a person's way [path] 人の行く手を阻む. **4** 〘経〙 〔通貨, 資産〕を凍結する, 封鎖する. ～*ed* currency 凍結通貨.
5 〔帽子, 服など〕を型取りする (→名 3).
── 自 **1** 〔人が〕(話, 考えなどに)詰まる; 〔血管などが〕閉塞(へいそく)する, ふさがる; 〈*up*〉 **2** 〘競技〙 ブロックする, 相手の動きを封じる.

blòck /../ ín (1) ..の略図を書く. (2) ..を閉じ[封じ]込める.

blòck /../ óut (1) ..の略図を書く; ..の大体の計画を立てる. (2) 〔思考, 記憶など〕を締め出す 〈*of* .. 〔心など〕から〉. (3) 〔光, 音など〕を遮る, 遮断する; 〔見通しなど〕を妨げる.
[＜古期フランス語「塊」]

†block·ade /blɑkéid|blɔk-/ 名 C **1** (港, 都市などの)封鎖, 包囲; 封鎖隊, 包囲軍. a naval ～ around the port 海軍による港の封鎖. **2** (警察などによる)道路封鎖, 交通遮断; 経済[通信]封鎖. impose a total economic ～ *on* Iraq イラクに対し全面的な経済封鎖をする. **3** 妨害[障害](物).

brèak a blockáde 封鎖を強行突破する.

lìft [ràise] a blockáde 封鎖を解く.

rùn a [the] blockáde 封鎖を(擦り抜けて)破る.

── 動 他 を封鎖する; を妨害する.

blockáde-rùnner 名 C 封鎖破りの船[人].

‡block·age /blɑ́kidʒ|blɔ́k-/ 名 UC 封鎖[妨害, 遮断]状態; C 封鎖[妨害, 遮断]するもの. a ～ in a blood vessel 血栓.

blòck and táckle 名 C 〈普通, 単数形〉 滑車装置 《貨物の揚げ降ろし用》.

blóck·bùster 名 C **1** (1 区画を吹き飛ばすほどの)大型爆弾. **2** 〘話〙 人の度胆を抜くようなもの[こと], 超大作, 《大当たりの映画, 文学作品など》. **3** 〘米話〙 買いたたきをする悪徳不動産屋 (→blockbustig).

blóck·bùsting 名 U 〘米話〙 (不動産の)買いたたき 《特に黒人や移民者などの転入を匂わせるなど人種的偏見を悪用して, 辺りの住宅を売り急がせる手口》.

blóck dìagram 名 C 〈普通 ～s〉 (装置などの)構成図, 組立分解図.

blóck grànt 名 C (国庫から地方自治体への)一括補助金 《以前は, 各種公共事業別に支給された》.

†blóck·hèad 名 C 〘話〙 間抜け, ばか者, でくの坊.
▷ **～·ed** /-əd/ 形

blóck·hòuse 名 (複 →house) C **1** 丸太防塞(さい) 《銃眼の付いた特殊な構造のとりで[監視所]; もと丸太で作った》. **2** 発射管制棟 《ロケット打上げ基地などの》.

blóck lètter 名 C 〈普通 ～s〉 ブロック字体 《線が全部同じ太さでひげ飾り (serif) がなく, 普通, 大文字のみで書くので **blóck càpital** とも言う: 例 TOKYO; → black letter》.

blóck pàrty 名 C 〘米〙 ブロック親睦(ぼく)会 《同じ block (名 5 (a))の人々が屋外でする》.

blòck vóte 名 C 〘英〙 (代議員による)ブロック投票 《代議員の選出母体の構成員数に比例した票数に数えられる》.

bloke /blouk/ 名 C 〘英話〙 やつ, 野郎, (fellow), 男.

blók(e)·ish /blóukiʃ/ 形 〘英話〙 (昔ながらの)男が好む[に見られる] 〔活動など〕.

***blond(e)** /blɑnd|blɔnd/ 形 e (**blónd·er**|**blónd·est**) **1** 〔人が〕ブロンドの 《金髪・色白で目は青か灰色; →brunet(te)》. **2** 〔頭髪が〕ブロンドの, 金髪の, 亜麻色の; 〔皮膚が〕色白の (fair). a ～ complexion 白い肌.
── 名 C ブロンド(の人). 参考 男性には blond, 女性には blonde を用いる傾向がある. [フランス語「金髪の」(＜中世ラテン語「黄色い」)]

blon·die /blɑ́ndi|blɔ́n-/ 名 **1** C 〘話〙 ＝blond(e). **2** 〈B-〉 ブロンディ 《漫画の主人公で Dagwood の妻; 米国の中流家庭で主導権を握る主婦像の典型》.

‡blood /blʌd/ 名 (複 **～s** /-dz/) **1** U **血**, 血液. loss of ～ 出血. give [donate] ～ 献血する. a pool of ～ 血の海.

連結 draw [let, shed, spill] ～ // ～ runs [flows, drips, spurts; congeals, coagulates]

2 U **生命**. give one's ～ for his country 祖国のために命をささげる. **3** U 流血, 殺人 (murder); 犠牲(としての死). thirst [bay] for ～ 血に飢えている[(獲物を前にした猟犬のように)流血を求める]. The government has the ～ of these people on its hands. 政府はこの人たちの死に対して責任がある.
4 U **(a)** 〘章〙 **血統**, 血筋; 家柄; 名門. Learning runs [is] in their ～. 彼らには学者の血が流れている. *Blood* will tell. 血は争えない. We are (of the same [related by]) ～. 我々は同じ血筋だ. a man of noble ～ 高貴な家柄の人. →blue blood. **(b)** 〈the ～〉 王族. a prince of the ～ (royal) 王子, 親王. **(c)** 〈形容詞的〉 血縁による, 実の, 〔息子など〕. →blood relation [relative].
5 U 人種[民族]の起源, 系統. a woman of Irish ～ アイルランド系の女性. **6** U **血気**, 情熱, 激情; 気質 (temperament). a man of hot ～＝a hot-blooded man 激情的な男. →bad blood.
7 C 〘英旧〙 金持ちのしゃれ者, 伊達(だて)男, (dandy).

◇[動] bleed [形] bloody
be ⌞after [òut for] a pèrson's blóod 〖話〗人に復讐(しゅう)[人を罰]しようとする.
Blóod is thìcker than wáter. 〖諺〗血は水より濃い《他人より身内》.
one's blòod is úp 人が怒る, (人の)血が頭に上る.
dràw blóod →draw.
hàve a pèrson's blòod on one's hánds 人の死[不幸]に責任がある (→3の第2例).
in còld blóod 冷然と, 冷酷に; 冷静に.
like gètting [trỳing to gèt] blóod out of [from] a stóne 無情[けち]な人から同情[金]を得る[得ようとする]のに似て《無理な事のたとえ; <石から血を採るようなもの》.
màke a pèrson's blòod ⌞bóil [cúrdle, fréeze, run cóld] 人を激怒させる[ぞっとさせる].
nèw [frèsh, yòung] blóod '新しい血', 若い世代. The political party needs [has brought in] (some) *new* ~. 政党は新しい血を必要とする[導入した].
swèat blóod (1) 血の汗を流す, 汗水たらして働く, 〈*for* ..を求めて〉. (2) はらはらする, いらいらする. I *sweated* ~ until the doctor told me the disease was benign. 医師に私の病気は良性だと言われるまではらはらした.
tàste blóod (1)〔猟犬, 野獣などが〕(初めて)血を味わう. (2) 最初の経験で味をしめる.
── [動] [他]〔猟犬〕に初めて血を味わわせる;〔新人〕に最初の体験をさせる;〈しばしば受け身で〉. [<古期英語]

blòod-and-gúts /-ən-[移]/ [形] 〖米話〗(流血, 暴力などを扱った)アクションものの〔映画, 小説など〕; 死闘がくりひろげられる〔競技など〕.
blòod-and-thúnder /-ən-[移]/ [形] 〈限定〉〖話〗流血や暴力場面が多い, メロドラマ的な,〔映画, 小説など〕; 扇動的な〔説教師など〕.
blóod bànk [名] [C] 血液銀行.
blóod bàth [名] [C] 〈単数形で〉大量殺人, 大虐殺.
blòod bróther [名] [C] 血を分けた兄弟; (血を混ぜ合わす儀式をして誓った)兄弟分.
blóod còunt [名] [C] 血球数(測定). do a ~ 血球数の測定をする.
blóod·cùrdling [形] ぞっとさせる(ような), 血も凍る.
blóod donàtion [名] [UC] 献血.
blóod dònor [名] [C] 献血者.
blóod·ed /-əd/ [形] 〔馬, 牛などが〕純血種の, 血統のよい.
-blóod·ed 〈複合要素〉(..の)血を持った. warm-*blooded*. blue-*blooded*. hot-*blooded*.
blóod fèud [名] [C] 血で血を洗う(長期間に渡る2家族間の)確執.
blóod gròup [名] [C] 血液型.
blóod hèat [名] [U] 血温, 平熱,《健康な人の体温; 英米では華氏で98.6°F (約37°C)が常温》.
blóod·hòund [名] [C] **1** ブラッドハウンド《嗅覚の非常に鋭い英国種の大型犬; 警察犬, 捜索犬として使われる; →hound》. **2**〖話〗=detective; 執拗な追跡者, 'いぬ'.
blóod·ied /blʌ́did/ [形] 〖雅〗血みどろの, 血だらけで.
blood·i·ly /blʌ́dili/ [副] 血まみれになって; 無惨に.
blood·i·ness /blʌ́dinəs/ [名] [U] 血なまぐさいこと; 残忍さ.
blóod·less [形] **1** 血の気のない, 青白い (pale). **2** 血を流さない, 無血の. a ~ victory 無血の勝利. **3** 生気のない, 無気力な〔若者など〕. **4** 冷血の, 非情な.
▷ **~·ly** [副] 冷酷に; 血を流さずに. **~·ness** [名]
Blòodless Revolútion [名] 〈the ~〉無血革命《1688年の the English [Glorious] Revolution》.
blóod·lètting [名] [U] **1** 瀉(しゃ)血, 放血, (→bleed [他] 1)《昔, 病気治療法として行われた》. **2** 流血(沙汰); (血で血を洗う)対立, 反目. **3** (企業などの)人員削減.
blóod·lìne [名] [C] (人, 家畜の)血統, 血筋.
blóod·lùst [名] [aU] 流血への欲望.
blóod·mobìle /-məbi:l, -mou-/ [名] [C] 〖米〗移動採血車.
blóod mòney [名] [U] (殺し屋に払う)殺人の報酬; (殺された人の近親者が受け取る)慰謝料.
blóod òrange [名] [C] 血ミカン《果肉の赤いオレンジ》.
blóod plàsma [名] [U] 〖生理〗血漿(しょう).
blóod pòisoning [名] [U] 敗血症 (septicaemia).
blóod prèssure [名] [U] 血圧. high [low] ~ 高[低]血圧. take a person's ~ 人の血圧を計る. My ~ is 130 over 80. 私の血圧は上は130, 下は80だ《130/80と書くところから》.
blóod pròducts [名] 〈複数扱い〉血液製剤. All ~ are now heat-treated to kill off any infection. 今やすべての血液製剤は感染防止のため熱処理されている.
blòod púdding [名] [UC] 〖主に英〗=black pudding.
blòod-réd /[移]/ [形] 血の色をした; 血染めの.
blóod relàtion [rèlative] [名] [C] 血縁者.
blòod róyal [名] [C] 王族.
blóod sèrum [名] [U] 〖生理〗血清.
†**blóod·shèd** [名] [U] 流血, 殺人, 虐殺.
blóod·shòt [形] 〔目が〕充血した, 血走った.
blóod spòrt [名] [C] 流血を伴うスポーツ《狩猟, 闘牛, 闘鶏など》.
blóod·stàin [名] [C] 血痕(こん).
blóod·stàined [形] **1** 血痕(こん)の付いた, 血まみれの. **2** 流血にまみれた〔歴史など〕.
blóod·stòck [名] [U] 〈集合的〉(競馬用の)純血種, サラブレッド.
blóod·stòne [名] [UC] 〖鉱〗血石, 血玉髄,《赤色の斑(はん)点のある宝石; →birthstone》.
‡**blóod·strèam** [名] [C] 〈the [one's] ~〉血液循環, 血流.
blóod·sùcker [名] [C] **1** 吸血動物《特にヒル》. **2**〖話〗金を搾り取る人, '吸血鬼'; (人に頼る)'寄生虫'.
blóod sùgar [名] [U] 〖生理〗血糖.
blóod tèst [名] [C] 血液検査.
blóod·thìrsty [形] **1** 血に飢えた, 残忍な. **2**〔観客などが〕流血[暴力]場面を好む; 殺気立った. **3**〔映画, 本などが〕流血[暴力]場面の多い.
blóod transfùsion [名] [UC] 輸血.
blóod tỳpe [名] =blood group.
blóod vèssel [名] [C] 血管. burst a ~ 血管を破裂させる;〖戯〗血管が破裂せんばかりに力む[怒る].
*__blood·y__ /blʌ́di/ [形] [e] (**blood·i·er** | **blood·i·est**) (★4は[C]) **1** 血だらけの; 血の出る. have a ~ nose 鼻血が出る. give a person a ~ nose 人を殴って鼻血を出させる. a ~ handkerchief [sword] 血まみれのハンカチ[剣]. **2** 血の(ような). **3** 血なまぐさい, 流血の; むごたらしい, 残忍な, (cruel). a ~ battle 血みどろの戦闘. **4**〖主に英話〗〈限定〉ひどい, べらぼうな, すごい, (damned) ([語法] 悪い意味だけでなく単なる強調語としても用いる; 下品な言葉とされ, 伏せ字 (b—y, b—dy) や代用語 (→blooming, bleeding) で表すことがある). a ~ lie とんでもないうそ.
── [副] [C] 〖主に英話〗べらぼうに, すごく. a ~ awful film べらぼうにひどい映画. Not ~ likely. とんでもないよ (Certainly not). have a ~ nice time すごく楽しい時を過ごす. feel ~ angry やけに腹が立つ.
── [動] (**blood·ies** | [過] [過分] **blood·ied** | **~·ing**) [他] **1** を血で汚す, 血まみれにする; (殴るなどして)に血を流させる;〔人が〕〔ひざ, 手など〕から血を流す. The knife was *bloodied*. ナイフは血まみれだった. **2** を傷める; に打撃を与える; 〈受け身で〉. be *bloodied* in love 恋に傷つく.
blóody wèll 〖英話〗〈しばしば怒りをこめて〉絶対, きっと, 必ず, (certainly). Stop complaining and ~ *well* finish your work. 文句はやめて.ちゃんと仕事を終わらせろ. [blood, -y¹]
Blòody Máry [名] **1** '血のメアリー'《英国女王 Mary I (1516–58) の異名; 多くの新教徒を処刑したことから》.

2 [U] 〈しばしば b- m-〉 ブラディメリー 《ウォトカをトマトジュースで割った赤いカクテル》.

blòody-mínded /-əd [形]/ [形] 1 血に飢えた; 冷酷な, 残忍な. 2 〖英話〗 意固地な, つむじ曲がりの, 意地の悪い. Why are you being so ～? なんでそう意固地になるのか. ▷ **～·ness** [名]

Blòody Súnday [名] 〈the ～〉 血の日曜日 《(1) ロシア革命初期の 1905 年 1 月 22 日, サンクトペテルブルクで軍が労働者の陳情団に発砲し数百人を殺した. (2) 1972 年 1 月 30 日, 北アイルランドのロンドンデリーで英国軍が予防拘禁制度反対のデモ隊に発砲し 13 人を殺した》.

****bloom** /bluːm/ [名] ([複] **～s** /-z/) 1 [C] (観賞[園芸]用の)花 《バラ, 菊など》; [U] 〈成句中で〉 開花(状態), 花盛り, ([類語] blossom と同じように果実の花を指すこともあるが, bloom は「今を盛りに咲く花」に重点がある; →flower). 2 [U] 〈集合的〉 花. the ～ of this pear tree このナシの木の花. 3 [U] 〈the ～〉 (青春などの)**最盛期**, 真っ盛り, '花'. She was struck down by heart disease in the ～ of youth. 彼女は娘盛りに心臓病で倒れた.
4 [aU] (ほお, 肌の)バラ色, 健康な色つや. Her cheeks have a [have lost their] lovely ～. 彼女のほおは(健康そうな)ばら色ˬだ[を失った]. 5 [U] 蠟(ろう)粉 《ブドウ, モモなどの実の表面や植物の葉にふく白い粉》.
còme into blóom 咲き出す, 花盛りになる; 〔才能などが〕花開く.
in blóom 開花して[た]; 〔木が〕花をつけて[た]. The roses are all *in* ～ in our garden. うちの庭のバラはみな咲いている. *in* full ～ 満開で.
out of blóom 〔花が〕盛りを過ぎて.
tàke the blóom off .. ..から新鮮味[美点, 長所]を奪う; 〔パーティーなど〕の興をそぐ.
―― [動] (～s /-z/|[過] [過分] **～ed** /-d/|**blóom·ing**) [自]
1 〔植物が〕**開花する**, 花を咲かせる; 〔花が〕咲く; 〔庭などが〕花盛りである 〈*with* ..で〉. The roses are ～*ing* early this year. 今年はバラが早く咲いている. 2 〔才能などが〕開花する; 〔人が〕生き生きとはなやぐ, 全盛期にある, 〈*with* ..で, の〉; 〔経済などが〕繁栄する; 成長[発展]する 〈*into* ..に〉. ～ *with* health 健康に輝く. ～ *into* a charming woman はつらつと魅力的な女性に成長する; (flourish). [＜古期北欧語; blossom と同源]

blóom·er [名] [C] 1 〈修飾語を伴って〉 (..に) 花の咲く植物; (..に)成功する[全盛を迎える人]. a night ～ 夜咲きの花[植物]. a late ～ 遅咲きの花[人]. 2 〖英俗·戯〗 へま, 大しくじり, 《＜blooming 4》.

blóom·ers /-z/ [名] 〈複数扱い〉 1 (a) 〖史〗 ブルマー服 《短いスカートと, 足首をギャザーで絞ったゆったりしたパンツの組み合わせ; 米国の女性解放運動家 Amelia Bloomer (1818–94) が広めたもの》. (b) 〖旧〗 ブルマー 《すそ口をゴムで締めたひざ丈の女性用運動半パンツ》. 2 (女性の)ブルマー型の下着. a pair of ～ ブルマー 1 着.

Bloom·field /blúːmfìːld/ [名] **Leonard** ～ ブルームフィールド (1887–1949) 《米国の言語学者》.

blóom·ing [形] 1 花の咲いている, 花盛りの. 2 〔人が〕生気あふれる, 生き生きとした 〈*with* ..で〉. in ～ health 健康に満ちあふれて. 3 〔事業などが〕全盛の, 栄えて. 4 〖主に英話〗 〈限定〉 ひどい, べらぼうな, (★bloody の婉曲な代用語). a ～ shame ひどく恥ずかしいこと.
―― [副] 〖主に英話〗 ひどく, べらぼうに. Pa is ～ angry. おやじかんかんだ.

Blooms·bury /blúːmzbəri/ [名] ブルームズベリ 《ロンドン中央部の一区域; ロンドン大学や大英博物館があり, 20 世紀初頭ブルームズベリグループ (**the Blóomsbury Gròup**) と呼ばれた文人·学者·芸術家が集まった》.

bloop·er /blúːpər/ [名] [C] 1 〖米話〗 しくじり, 'へま', (blunder). 2 〖野球〗 ポテン[テキサス]ヒット; 山なりの超スローカーブ.

****blos·som** /blɑ́s(ə)m|blɔ́s-/ [名] ([複] **～s** /-z/) 1 [C] (特に果樹の)**花** ([類語] 将来実になるのを期待させる花; → flower, bloom). cherry ～*s* 桜の花 (★厳密には欧米の桜は果実採取用だから cherry ～, 日本のは花観賞用なので cherry flower). 2 [U] 〈集合的〉 (1 本の果樹の)花 (全体). 3 [U] 開花期, 花盛り; (成長の)初期.
in (fùll) blóssom (木が)(すっかり)開花して[た].
―― [動] (～s /-z/|[過] [過分] **～ed** /-d/|**～·ing**) [自] 1 〔果樹などが〕**開花する**; 〔花が〕**咲く**[開く]. 2 繁栄する; 成長する, 発達[発展]する, 〈*out*〉 〈*into* ..に〉. I hope their relationship will ～ (*out*) *into* something permanent. 彼らの関係が永続的なものに発展すればよいと思う. 3 元気になる, 活気づく, 〈*out*〉.
[＜古期英語; bloom と同源]

***blot** /blɑt|blɔt/ [名] ([複] **～s** /-ts/) [C] 1 (インクなどの)**染み**(跡), 汚れ. ink ～*s* インクの染み. 2 (名声, 風景などの)汚点, けがれ; 恥. a ～ *on* my ˬfamily's name [escutcheon] うちの家名をけがすもの (→escutcheon の成句). a ～ *on* the landscape 景観の目障りになるもの 《醜悪な建物など》.
―― [動] (～s /-ts/|[過] [過分] **blót·ted** /-əd/|**blót·ting**) [他] 1 に染みを付ける 〈*with* ..で〉. The paper was ～*ted with* ink. 紙はインクの染みが付いていた.
2 〔名声など〕をけがす, 傷つける. 3 〔インクなど〕を(吸取紙で)吸い取る 〈*up*〉; 〔手紙など〕に吸取紙を当てて(インクを)乾かす; 〔肌〕に..を当てて脂を取る 〈*with* .. 〔ティッシュなど〕を〉. ―― [自] 〔ペン, インクが〕 染みを付ける.
blòt /../ óut (1) ..を覆い隠す, 見えなくする. Thick smoke ～*ted out* the burning building. もうもうとした煙が燃えているビルを見えなくした. (2) 〔文字など〕を消し去る, 抹殺する; 〔記憶など〕を完全に消し去る. ～ *out* a person's name from the list リストから人の名前を抹殺する. (3) 〔ある地域など〕を完全に破壊する; 〔敵など〕を全滅させる. [＜中期英語]

blotch /blɑtʃ|blɔtʃ/ [名] [C] 1 (インク, 絵の具などの)大きな染み. 2 できもの, 腫(は)れもの. ―― [動] [他] に染みをつける 〈*with* ..で〉. ▷ **blótch·y** [形] [e] 染み[できもの]だらけの.

blót·ter [名] [C] 1 吸取紙 (blotting paper) (の 1 枚); (吸取紙を挟む)吸取器. 2 〖米〗 メモ帳, 控え帳, (警察の)事件記録簿 (**políce blòtter**).

blótting pàper [名] [U] 吸取紙.

blot·to /blɑ́tou|blɔ́t-/ [形] 〖英俗〗 〈叙述〉 へべれけに酔って.

***blouse** /blaus, -z|-z/ [名] ([複] **blóus·es** /-əz/) [C] 1 ブラウス 《女性用の緩いシャツ風上着》. 2 (ヨーロッパの農民, 職人などが着るスモック風の)上っ張り, 仕事着, 《普通ベルトを締める》. 3 兵士, 飛行士の制服の上着. [フランス語]

blou·son /bláusɑːn, -zɑːn, blúː-|blúːzɔn/ [名] [C] ブルゾン 《ゆったりした身頃を裾で絞った短目ジャケット》.

****blow**[1] /blou/ [動] (～s /-z/|[過] **blew** /bluː/|[過分] **～n** /bloun/, [他] 15 では **～ed** /-d/|**blów·ing**) [自]
【吹く】 1 〔風が〕**吹く**; 〔送風器などが〕風を送る. The wind [It] was ～*ing* hard all night. 一晩中風が強く吹いていた. A cold wind *blew* in. 冷たい風が吹き込んだ. It is ～*ing* a gale. 強い風が吹き荒れている ([注意] a gale はこの場合同族目的語). see which way the wind is ～*ing* (どの方向に風が吹いているか見る＞)成行き[形勢]を見守る.
2 〔人が〕息を吹く[吹きかける], 息を吐く, 〈*on* ..に〉; 〔鯨などが〕水[潮]を吹く. She *blew on* her hands to warm them. 彼女は両手を暖めるために息を吹きかけた. There she ～*s*! いたぞ 《船員が鯨を発見したときに言う》.
【吹いて音を出す】 3 〔汽笛などが〕鳴る; 吹いて鳴らす 〈*on* ..を〉; 〖話〗 (即興)演奏する 《ジャズ, ロックなどを》. The noon siren is ～*ing*. 正午のサイレンが鳴っている. ～ hard *on* a whistle 強く笛を吹く.
4 はあはあ息を切らす, あえぐ. puff and ～ (→puff (成句)). 5 〖米話〗 ほらを吹く. ～ *about* one's achievements 手柄話をする.

【吹き飛ぶ】 6 [VA] (a)〔物が〕**風で飛ぶ**; 風に揺れる, はためく. The papers *blew off* the desk. 書類が風で机から飛んだ. with her long hair ~*ing in* the breeze 長い髪をそよ風になびかせながら. (b) [VC] (~ X) 風で X の状態になる. The door *blew open*. 風でドアが開いた.
7 (a) [VA] 爆発する, 破裂する. The fuel tank has ~*n up*. 燃料タンクが爆発した. (b)〔タイヤが〕パンクする; 〔ヒューズが〕飛ぶ; 〈*out*〉. 8【話】さっさと出て行く, 逃げ出す. 9【米俗】かっとなる, 'きれる'. 10【俗】マリファナなどを吸う. 11【俗】オナニー[フェラチオ]をする.
── [他] 【吹き付ける】 1 (a)〔風が〕に**吹き付ける**; [VOA]〔風が〕に吹きつけて..する《吹き飛ばす[倒す, 消すなど]》. The wind *blew* her hat *off*. 風で彼女の帽子が吹き飛んだ. The gale *blew* the fence *down* [*over*]. 強風で塀が倒れた. (b) [VOC] (~ X Y)〔風が〕X に吹き付けて Y の状態にする. ~ a door shut〔風が〕吹いてドアを閉める.
2 [VOO] (~ X Y) X に Y を吹き付ける; X (人)に Y (キス)を投げる. It is an ill wind that ~*s* nobody (any) good. 【諺】'甲の損は乙の得'《だれにも利益を吹き送らないのは悪い風だ>どんな風でもだれかのためになる》. ~ (her) a kiss (彼女に)投げキスをする (=~ a kiss (*at* her)).
3 に息を吹きかける. She *blew* the fire into flames. 彼女は吹いて火を燃え上がらせた. ~ one's fingers to make them warm 指に息をかけて暖める.
4〔ハエなどが〕に卵を産み付ける (→blowfly).
【吹き鳴らす】 5〔笛など〕を**吹く**, 鳴らす; 〔ふいごなど〕を吹く; 【話】〔音楽, 楽器〕を演奏する. ~ a whistle [trumpet] 笛[トランペット]を吹く. ~ the whistle on.. (→whistle (成句)). 6〔鼻〕を**かむ**. *Blow* your nose with this handkerchief. このハンカチで鼻をかみなさい.
7〔馬〕を(疲れさせて)息切れさせる.
【吹いて作る】 8 (a) (吹いて)を**作る**. ~ bubbles シャボン玉を吹く. Dad can ~ many smoke rings. お父さんはたばこの煙でたくさん輪を作れる. (b) を(**吹いて**)**膨らます**. ~ a balloon 風船を膨らます. ~ glass ガラスを吹く《溶けたガラスを吹いてガラス器を作る》.
【吹き飛ばす】 9〔ほこりなど〕を**吹き払う**. ~ dust *off* the table テーブルからほこりを吹き払う.
10 (a) を爆破する; [VOA] を爆破して..の状態にする. ~ a plane *to* bits 飛行機を木っ端微塵(みじん)に爆破する. The embassy was ~*n up* by the terrorists. 大使館はテロリストたちに爆破された. (b)〔ヒューズ〕を飛ばす; 〔タイヤ〕をパンクさせる; 〈*out*〉.
11【話】〔チャンス〕をふいにする, 逃す. I've *blown* my chances by being late for my appointment. 約束の時間に遅れてチャンスをふいにしてしまった.
12【米話】〔せりふ〕を忘れる, とちる.
13【話】〔金〕をぱっぱと使う〈*on* ..に〉; 【米話】〔人〕におごる〈*to* ..を〉. ~ the lot あり金を全部使う.
14【話】〔秘密, 正体など〕を明かす, 暴く. ~ a person's cover 人の正体をばらす.
15〈過去分詞は ~ed〉【俗】を呪(のろ)う (★damn の婉曲語; 命令形又は I'm ~*ed* (if ..) の形などで用いる). I'll be [I'm] ~*ed* if I know. そんなこと知るものか. I'm ~*ed* if I'm going to do... 絶対に..しないぞ. *Blow* the expense! (金なんて)いくらかかったってかまうもんか. *Blow* it [that, him, *etc*.]! ちくしょう; どうにでもなれ. Well, I'm ~*ed* [~ me (down)]! =*Blow* me tight! こりゃたまげた, なんだって. *Blow* yourself! くたばれ.
16【俗】〔町〕からさっさと立ち去る.
17【俗】〔マリファナなど〕を吸う. ~ coke コカインを吸う.

blòw abóut 吹き散る. The leaves *blew about* in the wind. 木の葉が風に吹かれて飛び散った.
blòw /../ abóut ..を吹き散らす; 〔うわさ〕を広める, 言い触らす.
blòw /../ awáy (1)〔帽子など〕を吹き飛ばす; 〔嫌な気分など〕を一掃する. (2)【米俗】〔人〕を(拳(けん)銃で)ぶち殺す. (3)【話】〔人〕を圧倒する, 感動させる. I'm ~*n away* by her new CD. 彼女の新発売の CD は本当にすごい. (4)【米俗】に楽勝する.
blòw hòt and cóld【話】絶えず気が変わる, 定見がない, 〈*about* ..について〉.
blòw ín (1)【話】ひょっこりやってくる. (2)〔油井が〕石油を出し始める.
blòw /../ ín【米俗】〔金〕を(ぱっぱと)使う; 〔金〕を(ギャンブルで)擦る.
blów into..【話】..へひょっこりやってくる.
blów it (1)【話】しくじる, チャンスなどをふいにする. (2) →[他] 15.
Blòw it óut!【米俗】とっととうせろ; ばか言うな, ふざけるな, くそ食らえなど; 《..out your ear [ass, *etc*]! の形にすることもある》.
blòw itself óut〔風が〕吹きやむ.
blòw óff (1) 吹っ飛ぶ. We were afraid the roof might ~ *off*. 我々は屋根が吹き飛んでしまうのではないかと心配した. (2)【英俗】(音を立てて)おならをする.
blòw /../ óff (1) ..を吹っ飛ばす (→[他] 1 (a)). Stand back or I'll ~ your head *off*. 動くな, でないと頭を(ピストルで)吹っ飛ばすぞ. (2)〔ボイラーの蒸気など〕を吹き出させる. (3)【米話】を無視する, 軽んじる; を怠る, ずるける. He said he wanted to marry her, but she *blew* him *off*. 彼は彼女と結婚したいと言ったが, 彼女は取り合わなかった. ~ off class(es) 授業をサボる. (4)【米話】〔人〕との約束をすっぽかす; 〔人〕との(恋愛)関係を終わらせる. (5)【米俗】をだます. (6)【米俗】に楽勝する.
blow òff stéam →steam.
blów on [upon].. (1) ..に吹き付ける[かける]. (2) ..の評判を下げる, 信用に傷をつける; ..を古くさくする, 陳腐にする.
*blòw óut (1)〔火が〕(風で)**消える**. (2)〔ヒューズが〕飛ぶ; 〔タイヤが〕パンクする; (→[自] 7 (b)). (3)〔油井などが〕突然吹き出す.
*blòw /../ óut (1)〔煙など〕を吹き出す. (2) **..を吹き消す**. She *blew out* the candles on her birthday cake. 彼女はバースデーケーキのろうそくを吹き消した. (3)〔ヒューズ〕を飛ばす; 〔タイヤ〕をパンクさせる; (→[他] 10 (b)). The whole town was ~*n out*. 町全体が停電になった. (4) (ピストルで)を撃ち抜く. ~ one's brains *out* 頭を撃ち抜いて自殺する.
blòw óver〔風が〕吹きやむ; 〔あらしが〕通り過ぎる; 〔危機などが〕無事に過ぎる, 収まる. The trouble *blew over* in a few days. 騒ぎは2,3日で過ぎ去った.
blòw thróugh【オース話】立ち去る, 姿をくらます.
*blòw úp (1) **爆発する**, 粉々になる (→[自] 7 (a)). (2)〔タイヤなどが〕膨らむ. (3)〔あらしが〕起こる; 〔危機的事態などが〕突発する; 【話】かんしゃくを起こす; 【米俗】〔コンピュータが〕動かなくなる, 故障する. Our boy ~*s up* over almost anything. うちの子は何かというとすぐ腹を立てる. (4)【米】(演技中)せりふをとちる《劇場俗語》; スタミナが切れる, 落ち着きを失う,《スポーツ俗語》.
blòw /../ úp (1) ..を爆風で[爆破して]上方へ飛ばす[粉々にする] (→[他] 10 (a)); をだめにする. (2) (空気, ガスなどで)..を膨らます; 【話】〔写真〕を引き伸ばす (enlarge); 【話】..を大げさに言う (exaggerate). (3)【話】〔人〕をしかりつける.
blòw..wìde ópen【話】を暴露する, ばらす; 〔新事実などが〕(情勢を一変させて)の行方を分からなくする. ~ the racket *wide* open 悪だくみを暴く.

── [名] 1 [C] (息, 風の)ひと吹き; 【話】疾風, はやて, つむじ風. 2 [C] (楽器の)吹奏. 3 [C] (鯨の)潮吹き.
4 [C]〈普通, 単数形で〉鼻をかむこと. Have a good ~. =Give your nose a good ~. 鼻をちゃんとかめ.
5 [C]【米話】ほら; ほら吹き. 6 [U]【米俗】コカイン.
hàve [gò for] a blów (戸外へ出て)風にあたる, 散歩する.
── [間]【話】ちくしょう, いまいましい. *Blow!* I've forgotten my wallet. ったくもう, 財布を忘れちまった.
[<古期英語; blast と同根]

B

***blow**[2] /blou/ 名 (複 ~s /-z/) C **1** (げんこつ, 棒, ハンマーなどでの)**強打**, 殴打. In the accident he got a ~ *on* the head. その事故で彼は頭を強く打った. **2** (精神的)**打撃**, ショック; ショックの原因《大きな不幸など》; 〈*to* ..への〉. soften [cushion] the ~ ショックを和(やわ)らげる. It was a real ~ *to* my self-confidence. それは私の自信を大いにぐらつかせた.

連結 a crushing [a cruel, a hard, a severe; a fatal] ~ // deliver [receive, suffer, take] a ~; rain [shower] ~*s* on..

at a* [*òne*] *blów 一撃で, 一発で; 一挙に.
at blóws 殴り合いして(いる).
còme to* [*exchànge*] *blóws 殴り合いになる[をする].
dèal ..a blów＝dèal a blów to .. 〘章〙(1) ..を打つ, 殴る. (2) ..に衝撃[打撃]を与える; ..に難問を抱えさせる. The spa town was *dealt a* severe ~ by a major volcanic eruption. その温泉町は, 火山の大噴火で深刻な打撃を被った.
gèt a blów in 〘話〙うまく一発きめる《殴り合い, 議論などで》.
***strìke a blów for* [*against*] ..** ..のために[に反対して]一撃を与える, ひと肌脱ぐ.
with a* [*òne*] *blów ＝at a [one] BLOW.
without* (*strìking*) *a blów 一戦も交えることなく; やすやすと. [＜中期英語(?＜ゲルマン語「殴る」)]

blow[3] 動 (~s|過 **blew** /blu:/|過分 ~**n** /bloun/|**blów·ing**) 自 〘雅・古〙花が咲く (bloom)〈主に過去分詞で複合要素として〉. full-*blown* 満開の.

blòw-by-blów /⑧/ 形 〈限定〉逐一(経過を)述べた〔報告など〕. a ~ account of the boxing match ボクシング試合の(1打1打を述べるような)詳細を極めた説明.

blów-drỳ 動 (→dry) 他 〔髪〕をブローする, ドライヤーで乾かしながら整える. ―― 名 (複 **-dries**) C 〈普通, 単数形〉(髪を)ブロー(すること).

blów·er 名 C **1** 吹く人; ガラス吹き職人; 〘英話〙鯨. **2** 送風機. **3** 〘英旧話〙〈the ~〉電話器 (telephone). get on the ~ to ..に電話を入れる. **4** 〘米話〙ほら吹き, 自慢屋.

blów·fìsh 名 (複 →fish) C フグの類 (puffer).

blów·flỳ 名 (複 **-flies**) C 〘虫〙ホホアカクロバエなど《傷口, 汚物, 肉などに卵を産み付けるクロバエ科のハエの総称; →bluebottle》.

blów·gùn 名 C 吹き矢などの筒 (blowpipe).

blów·hàrd 形, 名 C 〘米俗〙ほら吹き(の).

blów·hòle 名 C **1** (鯨, イルカなどの)噴水孔 (nostril). **2** (トンネル, 坑道などの)通風孔, 通気孔. **3** 凍った海面の呼吸孔《鯨, アザラシなどが空気を吸いに来る》. **4** (鋳塊 (ingot) などの)ガス穴, 鋳巣(いす).

blòwing-úp 名 C 〘話〙しかりつけること, 小言, (→BLOW[1] /../ up (3)). I got quite a ~ for breaking the vase. 花瓶を割ってこっぴどくしかられた.

blów jòb 名 〘卑〙＝fellatio.

blów·làmp 名 〘主に英〙＝blowtorch.

blown /bloun/ 動 blow[1,3] の過去分詞.
―― 形 **1** 膨れた. **2** 息を切らした. **3** 吹いて作った〔ガラス器など〕. **4** ハエが卵を産み付けた, ウジがわいた, (fly-blown).

blów·òut 名 C **1** (ヒューズが)飛ぶこと; (タイヤの)パンク. **2** (石油, ガスなどの)噴出. **3** 〘米話〙怒りの爆発; 口げんか. **4** 〘米話〙圧勝, 一蹴(しゅう). **5** 〘話〙豪勢なごちそう(の出るにぎやかなパーティー[宴会]); 大安売り, (在庫)一掃セール, (**blòwout sále**). **6** 風化によるくぼみ.

blów·pìpe 名 C **1** 火吹き管[竹] (**blów tùbe**); (ガラス器を作る)吹管(すいかん). **2** ＝blowgun.

blów·tòrch 名 C 〘主に米〙(溶接用やペンキをはがすための)発炎装置, トーチランプ, (〘英〙blowlamp).

blów·ùp 名 C **1** 爆発 (explosion). **2** 〘話〙かんしゃく; けんか. **3** 〘話〙引き伸ばし(写真) (enlargement).

blów·y /blóui/ 形 e 〘話〙風の強い (windy).

blowz·y, 〘主に英〙**blows·y** /bláuzi/ 形 e 〔特に女性が〕赤ら顔の; 薄汚い, だらしない服装の.

blub /blʌb/ 動 自 〘英話〙＝blubber.

blub·ber /blʌ́bər/ 名 **1** U 海洋動物(特に鯨)の脂肪. **2** aU 泣きわめき. be in a ~ 泣きわめいている.
―― 動 自 泣きわめく, おいおい[わーわー]泣く, (類語 みっともない泣き方を表す; →cry). ―― 他 を[と]おいおい泣きながら言う〈*out*〉; 〔顔〕を泣きはらす. ―― 形 はれぼったい〔唇など〕. ▷ ~·**er** /-b(ə)rər/ 名 C 泣き虫.

blub·ber·y /blʌ́bəri/ 形 **1** 脂肪の多い; 脂肪のような; 太った (fat). **2** 泣きはらした, はれぼったい; 膨れた.

bludg·eon /blʌ́dʒ(ə)n/ 名 C (先端を太く重くした)こん棒《武器》.
―― 動 他 をこん棒で(続けざまに)打つ〈*to* ..になるまで〉; VOC (~ X Y) Xをこん棒で殴ってYの状態にする. ~ a person ˌ*to* death [senseless] 人をˌ殴り殺す[殴って気絶させる].
***blúdgeon a person into* (*dòing*) ..** 〔人〕を脅して無理やり..させる. be ~*ed into* resigning 無理やり辞任させられる.
blúdgeon ..out of a person 人を脅して..を強要する. ~ a confession *out of* the suspect 被疑者に無理やり白状させる.

‡blue /blu:/ 形 e (**blú·er**|**blú·est**) **1** **青い**, ブルーの, 空色の, 水色の, 紺色の, (参考 日本語の「青い」が green に対応する場合がある;「青野菜」は green vegetables.「青いバナナ」,「青信号」,「青二才」などの「青」も green で表現される). She has ~ eyes. 彼女は青い目をしている. How ~ the sky is! なんて青い空だろう.
2 **青白い** (pale). turn [go] ~ in the face 顔が青ざめる. His face was ~ with anger [cold]. 彼の顔は怒り[寒さ]で青ざめていた.
3 〘話〙〈叙述〉〔事態が〕**思わしくない**, 〔人が〕**憂うつな**; 陰気な, 陰うつな. I was feeling ~ all day. 一日中憂うつな気分だった. look ~ 暗い顔をする. **4** 〘楽〙ブルース調の. a ~ melody ブルース調のメロディー.
5 〘話〙猥褻(わいせつ)な (obscene). a ~ movie [film] ポルノ[ピンク]映画. 注意 英語の pink はこの意味では使わない. **6** 〘軽蔑〙〔女性が〕インテリの, 才走った, 《＜blue-stocking》.
scrèam* [*crỳ, yèll, etc.*] *blùe múrder →murder.
ònce in a blùe móon →moon.
till one is blùe in the fáce 〘話〙いつまでも, 徹底的に, 《＜疲れて顔が青ざめるまで》. You can complain *till* you *are* ~ *in the face*, but I'm not going to change my plan. いくら君に泣き言を言われても, 計画を変える気はないよ.
―― 名 (複 ~**s** /-z/) **1** UC **青色**, 空色, 紺色. **2** 〈the ~〉〘雅〙青空; 青海原. **3** UC 青色の絵の具[ペンキ, 染料]. **4** U 青色の服[生地]; 〈又は B-〉〘米〙(青色の制服を着た南北戦争当時の)北軍(の兵士) 《南軍は gray》. the boys in ~ (→boy (成句)).
5 〈the ~s〉〘話〙憂うつ, 気ふさぎ, (melancholy). have (got) [be in] the ~*s* 憂うつである, 元気がない.
6 (**a**) 〈the ~s; しばしば単数扱い〉ブルース《blue note を多用するゆっくりした暗いジャズ調の音楽; 起源は米国黒人の歌》; (ブルースの曲で踊る)ダンス. a ~*s* singer ブルースの歌手. (**b**) 〈~s〉 C ブルースの曲[歌]. play a ~*s* ブルースを1曲演奏する.
7 〈しばしば B-〉 C 〘英〙(Oxford, Cambridge 両大学の)スポーツ選手(の資格) (→dark blue, light blue). get a [one's] ~ for rugby オックスフォード[ケンブリッジ]のラグビー選手になる.
a bòlt from* [*out of*] *the blúe →bolt[1].
out of the blúe 出し抜けに, 思いもかけず.

B

── 動 他 **1** を青くする; を青く染める; 〔洗濯物〕を(黄ばまないように)青味剤 (bluing) を加えて洗う. **2**〘英話〙〔金〕をぱっぱと使う. [＜古期フランス語(＜ゲルマン語)]

blúe bàby 名 C 〘医〙青色児《心臓障害のため先天的にチアノーゼ症にかかった皮膚の青白い乳幼児》.

Blúe·bèard 名 **1** 青ひげ《ヨーロッパ各地の民話に出てくる妻を6人も殺した男》. **2** 〈b-〉 C 青ひげのような男.

‡**blúe·bèll** 名 C ブルーベル《空色でつり鐘形の花の咲く草本の総称; イングランドでは野生のヒヤシンス (hyacinth), スコットランドではイトシャジン (harebell) を言う》.

blúe·bèrry 名 (複 -ries) C ブルーベリー《ツツジ科コケモモ属の高木・低木の総称》; ブルーベリーの実.

blúe·bìrd 名 C ブルーバード《ツグミの類; 北米産の背が青色の鳴鳥》.

blùe-bláck /移/ 形 濃紺の, ブルーブラックの.

blùe blóod 名 U 貴族[王族]の家柄.

blùe-blóoded /-əd 移/ 形 貴族[王族]出身の.

blúe·bònnet 名 C **1**〘米〙〘植〙ヤグルマギク (cornflower); 青花ルピナス《米国 Texas 州の州花》. **2** 青色帽 《昔スコットランドで着用された青色の平たい円形の帽子》; (青色帽をかぶった)スコットランド兵士; 〈一般に〉スコットランド人.

blúe bòok 名 C **1** 〈しばしば B- B-〉〘英〙青書《(青表紙の)政府刊行物; 普通, 委員会などの公式報告書; →white paper》. **2**〘米〙紳士録. **3**〘米大学〙試験答案用紙《青表紙でとじてある》.

blúe·bòttle 名 C **1** (肉などにたかる)アオバエ《**blùe-bottle flý** とも言う; blowfly の一種》. **2**〘植〙ヤグルマギク (cornflower). **3**〘英旧話〙警官 (policeman).

blùe bóx 名 C 〘米俗〙ブルーボックス《長距離電話が無料でかけられる違法の電子装置》.

blue cheese /⌐-|⌐-/ 名 UC ブルーチーズ《青かびの青い筋入り; Roquefort, Stilton など》.

blùe chíp 名 C **1** (ギャンブルの)ブルーチップ《最高額; 青, 白, 赤の順で低くなる》. **2**〘株式〙優良株.

blùe-chíp /移/ 形 **1**〘株式〙優良の. ～ stocks [shares] 優良株. **2**〘話〙優れた, 一流の.

blúe·còat 名 C 〘米〙紺色の制服を着た人《警官, 南北戦争時の北軍兵士など》.

†**blùe-cóllar** /移/ 形 〈限定〉工場[肉体]労働(者)の, (↔white-collar). a ～ worker 工場労働者.

Blùe Cróss 名 ブルークロス《米国の非営利的健康保険, 入院費用を払う; Blue Cross and Blue Shield Association の一部門》.

blùe-éyed /移/ 形 青い目をした. ～ soul〘話〙白人の演奏するソウルミュージック.

blùe-eyed bóy 名 C 〘英話・軽蔑〙お気に入り(の男性), ごひいき, (〘米話〙fair-haired boy).

blúe·fìsh 名 (複 →fish) C アミキリ《北米大西洋岸に多いムツの類》; 〈一般に〉青魚. 「産》.

blúe flàg 名 C (青い花の咲く)アヤメの一種《北米↑

blúe·gràss 名 U 〘米〙**1**〘植〙イチゴツナギ《牧草》. **2** ブルーグラス 《米国南部の弦楽器によるカントリーアンドウエスタン (→country and music); Kentucky 州の愛称 **the Blúegrass Stàte** にちなむ》. 「産》.

blúe gùm 名 C ユーカリの木の一種《オーストラリア↑

blùe hélmet 名 C 国連平和維持部隊員《青いヘルメットを着用》.

Blúe Hòuse 名 〈the ～〉青瓦(せいが)台《韓国大統↓

blue·ing /blúːiŋ/ 名 ＝bluing. 「領官邸》.

blue·ish /blúːiʃ/ 形 ＝bluish.

blúe·jàcket 名 C 水兵.

blúe jày 名 C 〘鳥〙アオカケス《北米東部・カナダ産》.

blúe jèans 名 〈複数扱い〉〘米〙ブルージーンズ, ジーパン, 《青デニム製》.

blúe làw 名 C 〘米〙(日曜日の労働・飲酒・娯楽などを禁じるような)厳格な法律《最初青い紙に印刷されていた》.

blùe Mónday 名 C 〘米話〙憂うつな月曜日《仕事や学校が始まることから》.

Blùe Móuntains 名 〈the ～〉ブルー山脈 **1** 米国 Oregon 州北東部と Washington 州南東部にまたがる. **2** 西インド諸島 Jamaica 島にありコーヒー栽培が盛ん.

blúe·ness 名 U 青いこと; 青さ; (打ち身などの)青黒いあざ (→black-and-blue).

Blùe Níle 名 〈the ～〉青ナイル川《エチオピアのタナ湖に発するナイル川の支流; →White Nile》.

blúe nòte 名 C 〘楽〙ブルーノート《ブルースに特徴的な半音下がった第3音または第7音》.

blùe-péncil 動 (～s|〘英〙-ll-) 他 〘旧話〙**1**〔編集者が原稿, 校正刷り〕を修正する. **2**〔検閲官が〕を削除[訂正]する《青鉛筆を使う》; を検閲する.

Blùe Péter 名 C 〈時に b-p-〉〘英海軍〙出帆旗《青地の中央に白色の正方形》.

‡**blúe·prìnt** 名 C **1** (建築, 機械などの設計図の)青写真. **2** (詳細な)原案, 設計, 〈*for* ..の〉. **3** 遺伝子型《生物個々の形質を決定する遺伝子組合せ》.

blùe ríb(b)and 名 〘英〙＝blue ribbon.

blùe ríbbon 名 C 〘米〙1等賞, 最高の栄誉, 《英国のガーター勲章 (→garter) の青リボンから》.

blùe-ríbbon /移/ 形 〘米〙第一級の, 特選の. a ～ jury 特別陪審《事件に応じ特別に選ばれる》.

Blùe Rídge 名 〈the ～〉ブルーリッジ山脈《米国 Virginia 州から Georgia 州北部に及ぶ山脈; Appalachian 山脈の一部; **the Blúe Rìdge Móuntains** とも言う》. 「婦人が多く用いる》.

blùe rínse 名 U 〘英〙青色白髪染め《保守的な老↑

blùe-rínse /移/ 形 〘英〙第一級の, 特選の. a ～ jury 特別陪審《事件に応じ特別に選ばれる》.

Blùe Shíeld 名 ブルーシールド《米国の非営利的健康保険, 医師への技術料(手術料など)を払う; →Blue Cross》.

blùe-ský /移/ 形 〘米〙**1**〔特に証券の〕いんちきな, 不正な. **2** 純理論的な; 実際的でない, 空想的な. a ～ idea 地に足が着いていない考え.

blúe-sky làw 名 C 〘米話〙不正証券取締り法.

blúe·stòcking 名 C 〘軽蔑〙女性文化人, インテリ女性, 女学者, 青鞜(とう)派, 《18世紀中ごろ London で作られた女性の文学愛好家クラブ Blue Stocking Society から; 会員は青い靴下をはいた》.

blúes·y /blúːzi/ 形 e ブルース (blues) のような.

blu·et /blúːət/ 名 C 〈普通 ～s〉〘米〙アカネ科の草本《淡青色の四弁の小花を付ける; 北米産》; 〈一般に〉青い花の咲く植物.

blúe tìt 名 C アオガラ《シジュウカラ科の小鳥; 頭頂が↓

blùe vítriol 名 U 〘化〙硫酸銅. 「青色》.

blùe wáter 名 U 大海原, 外洋, (open sea). a ～ ship 外洋船.

blùe whále 名 C 〘動〙シロナガスクジラ.

†**bluff**[1] /blʌf/ 形 **1**〔岬, 崖(がけ), 船首などが〕断崖(だんがい)の, 切り立った. **2**〔人, 態度などが〕粗野な, 荒っぽい; ぶっきらぼうな, 無愛想な; 単刀直入の; (注意「言動は荒っぽいが善良な」の意味で, 非難は含まない; →blunt). in a ～ and straightforward way 無愛想だが率直な態度で.

── 名 (複 ～s) C **1** (川, 海, 湖などに面した幅の広い)絶壁, 断崖. **2** 〈the B-〉(川, 海, 湖などを見下ろす傾斜地に広がる)住宅地区, 山の手. [?＜オランダ語「平らな, 巾のある」]

bluff[2] 動 他 をはったりでおどす[だます]. ── 自 はったりをかける, 空威張りする.

blùff a pérson into dóing 人にはったりをかけて..させる. He ～*ed* his playmates *into* handing over their pocket money. 彼は遊び仲間をおどして小遣いを巻き上げた. 「切る].

blùff it óut 〘話〙(難局を)はったりで押し切る[逃げ↑

blùff** one's **wáy (1)はったりで切り抜ける 〈*out of, through, past* ..〔窮地など〕を〉(2)はったりで手に入れる〈*into* ..を〉.

── 名 UC はったり, こけおどし. →double bluff.

càll** a pèrson's **blúff やれるならやってみろと挑戦する《ポーカーで相手がはったりをかけていると見て持ち札の公開を要求[コール(call)]することから》. [<オランダ語]

blúf·fer 名 C はったり屋.

blúff·ly 副 粗野に.

blúff·ness 名 U 粗野, 荒っぽさ.

blu·ing /blúːiŋ/ 名 U **1** (白い洗濯物に少量加えて黄ばみを抑える)青粉, 青味剤. **2** 〖冶金〗青焼法《鋼(はがね)の表面に青色の酸化皮膜をつける》.

blu·ish /blúːiʃ/ 形 青みがかった. ～ gray 青灰色(の).

***blun·der** /blʌ́ndər/ 名 (複 ～**s** /-z/) C **不注意な失敗**, ばかばかしい間違い, (類語 mistake よりも愚かで大きな誤り). make [commit] a ～ 大失敗をする.

── 動 自 **1** しくじる, やり損なう, へまをする. ～ badly 大失態を演じる. **2** VA よたよた歩く, まごまごする. ～ *about* まごまご歩きまわる.

blùnder /../ awáy ..をむざむざ逃がす, しくじって失う.

blúnder into.. うっかり..にぶつかる; 誤って..に陥る. I ～*ed into* a lamppost while walking down the street reading a book. 本を読みながら通りを歩いていて街灯柱にぶつかった. ～ *into* a wrong room 誤って別の部屋に入る.

blúnder on [upon].. ..をまぐれ当たりで見つける.

[<中期英語「まごまごする」]

▷～**·er** /-d(ə)rər/ 名 C やり損ないをする人, うっかり屋. ～**·ing·ly** /-d(ə)riŋli/ 副 まごついて, 不器用に.

blun·der·buss /blʌ́ndərbʌ̀s/ 名 C **1** らっぱ銃《筒先がらっぱのように開いた昔の近距離用の銃》. **2** まぬけ(な人), へま(をする人). [<オランダ語]

***blunt** /blʌnt/ 形 e **1** 〔刃物が〕(切れ味の)**鈍い**, なまくらの, (↔sharp); 〔物が〕とがっていない (↔pointed). a ～ knife 切れないナイフ. a ～ instrument [weapon] 鈍器. **2** 〔人, 言葉, 態度などが〕ぶっきらぼうな; 鈍感な; (いやに)はっきりした, あけすけな, ありのままの; 〈*about* ..について〉(類語 他人の気持ちに対する鈍感さを意味する; → bluff[1], brusque, curt, gruff). To be ～, I don't like him. はっきり言うと私は彼が嫌いなのです. give a ～ refusal にべもなく断る.

── 動 他 〔刃など〕を鈍くする, 切れなくする; 〔物事が〕〔人, 頭脳, 感覚など〕を鈍感にする. ── 自 切れなくなる, 鈍る. [<中期英語]

blúnt·ly 副 ぶっきらぼうに; はっきり, 率直に. to put it ～ 遠慮なく言えば.

blúnt·ness 名 U 鈍さ; 無愛想; 鈍感.

†**blur** /bləːr/ 名 C **1** 曇り, ぼやけ; (記憶などの)不鮮明さ; ぼやけたもの. The car went so fast that the scenery was just a ～. 車はスピードを出していたから周りの景色はぼんやりしか見えなかった. **2** 汚れ, 染み; 〖古〗汚名.

── 動 (～**s**|-**rr**-) 他 **1** 〔記憶, 視覚, 光景など〕をぼんやり[ぼやけ]させる; 〔問題, 目的など〕をぼやかす, あいまいにする; 〔目〕を曇らせる (dim) 〈*with* ..〔涙など〕で〉. Time has not ～*red* the painful memory of her dead son. 時がたっても彼女には亡くなった息子の悲しい記憶が薄れることはなかった. **2** を汚す; 〔インク〕をにじませる.

── 自 ぼやける, かすむ; 曇る; 汚れる. The windowpane ～*red* with rain. 窓ガラスは雨で曇った.

[blear の変形か]

blurb /bləːrb/ 名 C (本のカバージャケットなどの誇張した)宣伝文; 〖話〗(不動産屋などの誇張した)宣伝広告.

blurred 形 **1** ぼやけた, かすれた; 〔記憶, 区別などが〕あいまいな. a ～ photograph (古く[ぶれ]て)ぼやけた写真. **2** 染みのついた, 汚れた.

blur·ry /blə́ːri/ 形 m e 染みの付いた; ぼやけた.

‡**blurt** /bləːrt/ 動 他 〔言ってはならない事や秘密〕をうっかり口をすべらして言う 〈*out*〉.

***blush** /blʌʃ/ 動 (**blúsh·es** /-əz/|過 過分 ～**ed** /-t/|**blúsh·ing**) 自 **1** (**a**) **赤面する**, 顔を赤らめる; 〔人, 顔が〕赤くなる; (類語 恥じらい, 不面目, 当惑などで赤くなることを言う; →color 自 1, flush[1], redden). She ～*ed for* [*with*] shame. 彼女は恥ずかしさに顔を赤らめた. (**b**) VC (～ X) 赤面して X の状態になる. She ～*ed* red [scarlet]. 彼女は赤面した.

2 恥じる, 赤面する, 〈*for, at* ..を/*to* do ..して〉. I ～ *for* you. 君にはこっちが赤面するよ. He ～*ed at* his own stupidity. 彼は自分の愚かさに顔が赤くなった. I ～ *to* confess that... 恥ずかしいけど白状しますが...

── 名 (複 **blúsh·es** /-əz/) **1** C **赤面**, 恥じらい. hide one's ～*es* 恥ずかしさを隠す. Spare my ～*es*. おだてるんじゃないよ(恥ずかしくなるから). **2** U バラ色, 赤さ. **3** UC 〖米〗ほお紅 (blusher).

at first blúsh 〖雅〗一見すると.

pùt a pèrson to the blúsh 〖古〗人を赤面させる.

spàre [sàve] a person's blúshes 人に恥をかかせない (→名 1 用例).

[<古期英語「赤く輝く」; blaze[1] と同根]

blúsh·er 名 C 赤面する人; UC ほお紅.

blúsh·ing·ly 副 顔を赤らめて, 恥ずかしそうに, はにかんで.

blus·ter /blʌ́stər/ 動 自 **1** 〔風, 波が〕騒がしく荒れ狂う. **2** どなり立てる, 威張り散らす.

── 他 をどなりつける; を[と]どなって言う 〈*out, forth*〉. ～ *out* threats おどし文句をどなり立てる.

blúster a pèrson into.. ..人を脅して..させる.

blùster one's wáy out of.. どなり立てて..から抜け出る; 〔難局など〕をはったりで切り抜ける.

── 名 U **1** (波, 風の)荒れ狂う音, 騒々しさ; どなり声. **2** 空威張り(の言葉), おどし(文句). ▷～**·er** /-t(ə)rər/ 名

blus·ter·y /blʌ́stəri/ 形 (風が)吹きすさぶ.

blvd boulevard.

B.M. Bachelor of Medicine (医学士); ballistic missile; British Museum.

BMA British Medical Associaton (英国医師会).

BMOC Big Man on Campus.

B́-mòvie 名 C B 級映画, 《1940, 50 年代, 特にハリウッドで添え物として安く作られた映画》.

BMR basal metabolic rate.

B.Mus. Bachelor of Music (音楽学士).

BMX bicycle motocross.

Bn Baron; battalion.

bn billion.

BNFL British Nuclear Fuels Limited (英国核燃料会社).

BO, b.o. box office; 〖話〗body odor.

bo, boh /bou/ 間 ばあ《人, 特に子供を驚かす言葉》.

bo·a /bóuə/ 名 C **1** =boa constrictor. **2** ボア《女性用の長い毛皮[羽毛]の襟巻き》.

BOAC British Overseas Airways Corporation (英国海外航空会社; British Airways (略 BA) の設立 (1973 年)以前にあった国営航空会社).

bóa constrìctor 名 C ボア《熱帯アメリカ産の大蛇の一種; 獲物を絞め殺してから食う》.

†**boar** /bɔːr/ 名 (複 ～**s**, ～) **1** C (去勢しない)雄豚 (→pig 参考 (2)); U 雄豚の肉. **2** C イノシシ (wild boar); U イノシシの肉.

‡**board** /bɔːrd/ 名 (複 ～**s** /-dz/) 【板】 **1** C (床, 壁, 甲板に使う)**板**《建築用語としては幅 11cm 以上, 厚さ 6 cm 以下のもの; これより厚く幅の広いものは plank》. floor ～*s* 床板. ～ fence 〖米〗板塀.

2 C 黒板 (blackboard); (チェスなどの)盤; 波乗り板 (surfboard); (掲示用, 案内用, アイロンなどの)板, 盤, 台. a bulletin [notice] ～ 掲示板. an ironing ～ アイロン台. a diving ～ 飛び込み台. a chopping ～ まな板.

slice bread on a ～ (＝breadboard) パン切り台でパンをスライスする. a departure ～ (駅, 空港などの)出発時刻表示板.
3【板状のもの】Ⓒ 板紙, ボール紙, 厚紙, (cardboard).
【板製のテーブル】 **4** (**a**) Ⓒ **食卓** (table); (食卓に出された)ごちそう. a festive ～ お祝いの宴. a groaning ～ (重みで食卓がうめくほどの)たくさんなごちそう. (**b**) Ⓤ (下宿などの3度の)食事, 賄い. →board and lodging, bed and boarding, full board, half board.
【テーブル会議】 **5** Ⓒ **会議**. **6** Ⓒ 〈単数形で複数扱いもある〉(会議の席に着く各種の)委員会, 評議会, 協議会, 役員会など; その委員たち[評議員, 役員たちなど]; ＝board of directors. a ～ meeting 役員会などの会合. be on the executive ～ 執行[実行]委員会に入っている. **7** Ⓒ (官庁の)部, 局, 省.
【板張りのもの】 **8** 〈the ～s〉 (**a**) 〖旧・戯〗 舞台 (stage); 俳優稼業. go on the ～*s* 舞台を踏む, 俳優になる. (**b**) 〖主に米〗 (アイスホッケーのリンクを囲む木製フェンス. **9** Ⓒ (船の)舷(げん)側. **10** Ⓤ 船内; (バス, 列車などの)車内. on ～ →成句.
above bóard (取り引きなどについて)公明正大な[に] (→aboveboard).
across the bóard (1) (会社, 組織などの)全員に及ぶ, 全般的に (→across-the-board). They threatened to strike if they weren't given big pay raises *across the* ～. 彼らは全員の大幅賃上げが得られなければストを打つと脅した. (2) 〖米競馬〗 複(勝)式で(賭(か)けて) 《賭けた馬が3着以内に入れば当たりとする方式; 〖英〗 each WAY (→成句)》.
gò by the bóard (1) 〔計画などが〕ものにならない, 完全に失敗する. (2) 全く見捨て[忘れ]られる.
****on bóard*** (1) (船, 飛行機, 列車, バスなどに)乗って (aboard); 船[機, 車]内に. go [get] *on* ～ 船[飛行機, 列車, 自動車]に乗り込む. Baby *on Board*「中に子供がいます」《自動車に張る》. (2) 〈前置詞的〉 ..に乗って. go *on* ～ a ship [train] 乗船[乗車]する.
swèep the bóard (トランプに勝って)(卓上の)賭(か)け金を全部さらう; 〈一般に〉 全勝[大勝, 圧勝]する.
tàke /../ on bóard 〖話〗 (1) 〔仕事など〕を引き受ける. (2) 〔問題, 要求など〕を理解する, 受け入れる, に理解を示す.
trèad the bóards →tread.
— 動 他 **1** に板を張(って閉鎖す)る, を板でふさぐ, 板で囲う, 〈*up*, *over*〉. ～ the floor 床板を張る. People ～*ed up* their homes and fled. 人々は家(の窓)に板を打ち付けて逃げた《台風襲来などで》. **2** の食事を賄う; を下宿させる. **3** に乗り込む (get on). ～ a bus [train] バス[列車]に乗り込む. **4** (攻撃, 乗船のために)の舷側に寄る; (昔の海戦で)〔敵船〕に躍り込む.
— 自 **1** (食事付きで)下宿する; 寄宿舎生活をする; 食事を賄ってもらう. I'm ～*ing* ⌊*at* my uncle's [*with* my uncle]. 私はおじの家に下宿している. **2** (船などに)乗り込む[める]. Flight JAL 405 for Paris is now ～ing. 日航405便パリ行きはただ今ご搭乗手続き中です.
bòard óut 外食する.
bòard /../ óut 〔子供, ペット, 貧困者など〕を(他人の)家庭に預ける. [<古期英語「板, 縁」]
bòard and lódging 名 Ⓤ 食事付き下宿.
†**bóard·er** 名 Ⓒ **1** (賄い付き下宿の)下宿人. take in ～*s* 下宿人を置く. **2** 寮生 (↔dayboy, daygirl).
bóard fòot 名 (複 →foot) Ⓒ 木材の量の単位《1フィート平方で厚さ1インチ》.
bóard gàme 名 Ⓒ 盤上ゲーム《チェス, チェッカーなど》.
†**bóard·ing** 名 Ⓤ **1** 板張り, 板囲い; 〈集合的〉 板. **2** 下宿, 賄い. **3** 乗車, 乗船, 搭乗.
bóarding càrd 名 Ⓒ (旅客機, 客船の)搭乗券.
bóarding·hòuse 名 (複 →house) Ⓒ 食事付き下宿; 寄宿舎, 寮. ★食事無しは lodging [rooming] house.
bóarding pàrty 名 Ⓒ (事件のため)乗船する捜査班.
bóarding pàss 名 ＝boarding card.
bóardìng ràmp 名 Ⓒ (航空機の)乗降階段, タラップ.
bóarding schòol 名 ⓊⒸ 寄宿[全寮制]学校 (→day school).
bòard of diréctors 名 Ⓒ 取締役会, 理事会, 役員会.
bòard of educátion 名 Ⓒ 〖米〗 教育委員会.
bòard of héalth 名 Ⓒ (地方自治体の)衛生局, 保健局.
bòard of tráde 名 Ⓒ 〖米〗 商工会議所.
‡**bóard·ròom** 名 Ⓒ 取締役[理事]会議室; 〈the ～〉 取締役会. a ～ coup 重役会のクーデター.
bóard·sàiling 名 Ⓤ windsurfing の正式名称.
bóard·wàlk 名 Ⓒ 〖米〗(海岸の)板敷き散歩道.
‡**boast** /boust/ 動 (～s /-ts/|過 過分 **bóast·ed** /-əd/|**bóast·ing**) 自 **自慢する**, 誇る, 鼻にかける, 〈*of* [*about*] (do*ing*) ..を〉. She ～*ed* to me *of* [*about*] her son's hav*ing* won the championship. 彼女は自分の息子が優勝したことを私に自慢した.
— 他 **1** VO (～ *that* 節) **..と(言って)自慢する**. He ～*ed that* he could beat me at chess. 彼はチェスでなら私に勝てると威張って言った. He ～*s that* he is a genius in mathematics.＝He ～*s of* being a genius in mathematics. 彼は数学の天才だと自慢する.
2 〔誇りになるもの〕**を持っている**, を誇りにする, (注意 普通, 人を主語にとらず, 進行形にもならない). The room ～*ed* a bar as big as a pub counter. 部屋にはパブのカウンターほどもある大きなバーがあった.
— 名 (複 ～s /-ts/) Ⓒ **1 自慢** 〈*that* 節..という〉. His loud ～*s that* he is old friends with a lot of VIPs have disgusted us. たくさんの要人と古くからの友人だという彼の大言壮語に我々はうんざりした.
2 自慢の種. The museum was the ～ of the town. 美術館はその町の自慢の種だった. It is her proudest ～ *that* her son is an airline pilot. 息子が定期航空路のパイロットだというのが彼女の何よりの自慢の種だ. His claim to be of noble birth is no idle [empty] ～. 自分は高貴の生まれだと彼が言うのは, から自慢ではない.
màke a bóast of .. ..を誇る, 自慢する.
[<中期英語]
bóast·er 名 Ⓒ 自慢する人; ほら吹き.
†**boast·ful** /bóustf(ə)l/ 形 自慢する, 鼻にかけた, 〈*of* ..を〉; 高慢な; 〔言葉などが〕自慢に満ちた. ▷ **～·ly** 副 自慢そうに, 威張って. **～·ness** 名
‡**boat** /bout/ 名 (複 ～s /-ts/) Ⓒ **1 ボート**, 小舟; 船 (ship); (類語 通俗的には船一般を指すのに用いられるが, 海事用語としては小舟に限られる; →ship). a ～ for hire 貸しボート. a fishing ～ 漁船, 釣り船. a sailing ～ 帆船. a mail ～ 郵船. row a ～ ボートをこぐ. take the ～ to Kobe 神戸に船で行く. cross the lake by [in a] ～ 船で湖を渡る. win by a ～'s length 1艇身の差で勝つ. →rowing boat.
2 舟形の容器《肉汁 (gravy), ソースなどを入れる》.
be (àll) in the sàme bóat 同じ(不利[不快]な)立場[境遇]にある; 運命を共にする.
bùrn one's bóats →burn.
miss the bóat ＝miss the BUS.
pùsh the bòat óut 〖英話〗 (宴会などを)豪勢にやる.
ròck the bóat 〖話〗 現状に波風を立て(て事態を悪くす)る, (団体の内部で異論を立てて)揺さぶりをかける.
tàke to the bóats (難破船を捨て)ボートに移る.
— 動 他 を船で運ぶ; を船に乗せる.
— 自 船で行く; 舟遊びをする; ボートをこぐ.
gò bóating ボートこぎに行く; 舟遊びに行く.

[＜古期英語; 原義は「くり抜かれた木の幹」か]

bóat·er 名 C **1** かんかん帽《昔ボート遊びの時かぶったことから; **stráw bòater** とも言う》 **2** ボートに乗る人.

bóat·hòok 名 C (舟を操る人が使う)鉤竿(かぎざお).

bóat·hòuse 名 (複 →house) C 艇庫, ボート小屋.

‡**bóat·ing** 名 U ボート[舟]遊び.

bóat·lòad 名 C **1** 船一隻分の積載量[定員]. **2** 船に積んだ貨物[乗客].

bóat·man /-mən/ 名 (複 **-men** /-mən/) C 船頭; 貸しボート屋; 渡し舟屋.

bóat pèople 名 〈複数扱い〉ボートピープル《小舟で自国を脱出する難民; 特にヴェトナム難民》.

bóat ràce 名 C ボートレース, 競艇; 〈the B- R-〉〖英〗Oxford 大学対 Cambridge 大学のボートレース《毎春 Thames 川で行われる》.

boat·swain /bóus(ə)n/ 名 C (商船の)甲板長, 水夫長; (軍艦の)掌帆長, ボースン, 《帆, いかり, 索具などを整備し, 水夫の甲板上の仕事を監督する; bo's'n, bosun, bo'sun ともつづる》.

bóatswain's chàir 名 C (高所の)作業用吊(つ)り腰掛け《甲板, ビルの外壁などで使用》.

bóat tràin 名 C 臨海列車《船便と連絡する》.

bóat·yàrd 名 C 艇庫; (小型船の)造船所, 修理場.

Bob /bɑb|bɔb/ 名 Robert の愛称.
Bòb's your úncle 〖英話〗(それで)よし, 万事オーケーだ. Just turn the switch on, and *Bob's your uncle*. ちょっとスイッチを押しなさい, それで万事オーケーだ.

†**bob**[1] /bɑb|bɔb/ 動 (**~s**|**-bb-**) 自 **1** (水面[波間]を)上下する; VA 〔人(の頭など)が〕ひょいと動く; 〈*up, down*〉. Her head always ~*s up* and *down* when she talks. 彼女は話をする時頭がひょいひょい上下に動く. **2** 〔女性が〕膝(ひざ)をひょいと曲げてお辞儀する〈*at, to* ..に〉(→curtsy). ── 他 〔頭など〕をひょいと動かす; をぐいと引く.The lecturer ~*bed* his head at the audience. 講演者は聴衆に軽く一礼した.
bòb a cúrtsy (*to a person*) 〔女性が〕膝を曲げて(人に)ぴょこんとお辞儀する.
bòb úp ひょっこり浮かび上がる; 突然(再び)現れる.
── 名 C **1** ひょいと動くこと; 急に引くこと. **2** (こっくり)うなずくこと, 会釈(nod); 膝を曲げてする女性のお辞儀.
[＜中期英語; 擬音語か]

bob[2] 名 C **1** (女性や子供の)断髪, ショートカット, ボブ(スタイル[カット]) (★日本の「おかっぱ」). have one's hair in a ~ 髪をショートカットにしている. **2** (振り子, 測深機などの一端にある)おもり; (凧(たこ)の)尾. **3** 〖米〗(釣り用の)(コルク)浮き. **4** =bobsled. **5** =bobtail.
── 動 (**~s**|**-bb-**) 他 〔頭髪, 馬の尾など〕を短く切る, 断髪にする.She wears her hair ~*bed*. 彼女は髪をボブスタイルにしている. [＜中期英語「垂れ下がった房」]

bob[3] 名 (複 ~) C 〖英旧話〗シリング貨(shilling).

bob·bin /bɑ́bən|bɔ́b-/ 名 C (筒形の)糸巻き, ボビン; 〖電〗(コイルを巻く)巻き枠.

bob·ble /bɑ́bl|bɔ́bl/ 名 C **1** (帽子などにはける毛糸などの)玉房飾り. **2** 〖米話〗しくじり, へま; 〖球技〗ファンブル(fumble). ── 動 自, 他 〖米話〗(を)しくじる; 〖球技〗(を)ファンブルする.

Bob·by /bɑ́bi|bɔ́bi/ 名 Robert の愛称.

bob·by /bɑ́bi|bɔ́bi/ 名 (複 **-bies**) C 〖英旧話〗おまわり, 警官, (policeman). [Bob (＜*Robert* Peel), -y[3]]

bóbby pìn 〖米〗ボビーピン《ボブ (bob[2] 1) に使うヘアピンの一種; 〖英〗hairgrip》.

bóbby·sòcks, -sòx 名 〈複数扱い〉〖米話〗(若い女性の足首までの[丸く折り返してはく])短いソックス.

bóbby·sòxer 名 C 〖米話〗10 代初めの女の子《特に 1940–50 年代, 短いソックス, フレアーたっぷりのスカートをはいて流行に熱を上げた》.

bób·càt 名 C アカオオヤマネコ, ボブキャット,《北米産の山猫の一種, 尾が短い》.

bob·o·link /bɑ́bəliŋk|bɔ́b-/ 名 C コメクイドリ《北米産の鳴鳥》.

bób·slèd 名 C 〖主に米〗ボブスレー.
── 動 (**~s**|**-dd-**) 自 ボブスレーに乗って走る.

bób·slèigh 〖主に英〗名, 動 =bobsled.

bób·tàil 名 C 短い尾; 切り尾(の犬, 馬など). ── 形 切り尾の. ── 動 他 の尾を短く切る; を短縮する.

bób·tàiled 形 切り尾の.

bób·white 名 C 〖鳥〗コリンウズラ《北米産の猟鳥; 雄の頭に白い斑(はん)点がある》.

Boc·cac·ci·o /boukɑ́ːtʃiòu|bɔkɑ́ː-/ 名 **Giovanni** ~ ボッカチオ (1313–75)《イタリアの詩人・作家; *Decameron* の作者》.

Boche /bɑʃ|bɔʃ/ 名 C 〖軽蔑〗ドイツ人[兵]; 〈the ~; 集合的; 複数扱い〉ドイツ人[兵]たち《第 1 次, 第 2 次大戦に流行》. [フランス語(俗語)「悪党」]

bock /bɑk|bɔk/ 名 U ボック《ドイツ産の強い黒ビール; **bóck bèer** とも言う》; C ボック 1 杯.

BOD biochemical oxygen demand.

bod /bɑd|bɔd/ 名 C **1** 〖英話〗人, やつ. an [a weird, a queer] odd ~ 変人. **2** 〖米話〗からだ. [＜*body*]

bo·da·cious /boudéiʃəs/ 形 〖米〗すばらしい, 大胆な; ずうずうしい. [＜*b*old＋aud*acious*]

‡**bode**[1] /boud/ 動 他 〖雅〗の前兆となる; VOO (~ X Y) X にとって Y の前兆となる; 〈受け身不可〉. This ~*s* you bad luck. これはあなたにとって不幸の前兆だ.
bòde íll [***wéll***] ***for ..*** ..にとって悪い[よい]前兆である.

bode[2] /boud/ 動 bide の過去形.

bodge 動, 名 〖英話〗=botch.

bod·ice /bɑ́dəs|bɔ́d-/ 名 C **1** ボディス《前をひもで締める女性用胴着》; 婦人服の胴部身頃(みごろ). **2** 〖旧〗(女性用の)ヴェスト風下着; 〖廃〗コルセット. [＜*bodies* (body の複数形)]

bódice rìpper 名 C 〖話〗扇情的歴史ロマンス《小説, 映画などをけなして》. ▷ **bódice·rìpping** 形

-bod·ied /bɑ́did|bɔ́d-/ 〈複合要素〉..な体(付き)の; 実質[濃度]が..の. a long[thick]-*bodied* man のっぽの[ずんぐりした]男. full[light]-*bodied* wine こくのある[あっさりした]ワイン.

bod·i·less /bɑ́diləs|bɔ́d-/ 形 肉体[実体]のない.

***bod·i·ly** /bɑ́dili|bɔ́d-/ 形 ⓔ 〈限定〉**肉体の**, 体の. ~ fluids 体液《血液, リンパ液など》. ~ comforts 肉体的快楽. do ~ harm to a person 人に肉体的な危害を加える.
── 副 **1** 体ごと; 体をつかまえて, 力ずくで. He lifted the child ~ and set him on the sofa. 彼は子供を体ごと抱き上げてソファーの上に下ろした.
2 そっくり全部; 一体になって, 一斉に. The shed was moved ~ to one side. 小屋はそのままそっくり片側に寄せられた. The audience rose ~ to cheer the singer. 観客は一斉に立って歌手に拍手した.
3 自分自身で, 自ら, (in person). **4** (精神的にではなく)肉体的に(は).

bod·kin /bɑ́dkən|bɔ́d-/ 名 C **1** 〖洋裁〗ひも通し《服のへりなどにひもなどを通す先の丸い針》; 目打ち《布, レザーなどの穴開け用》. **2** 長いヘアピン. **3** 〖古〗短剣(dagger).

Bod·lei·an /bɑdlíːən|bɔd- ⑱/ 名 〈the ~〉ボドリー図書館 《オックスフォード大学図書館＜Sir Thomas *Bodley* /bɑ́ːdli|bɔ́d-/; **Bòdleian Líbrary** とも言う》.

‡**bod·y** /bɑ́di|bɔ́di/ 名 (複 **bod·ies** /-z/)
【人, 動物の体】 **1** (**a**) C **体**, 肉体, 身体 (↔soul, mind, spirit; →6 (a)). a strong ~ 丈夫な体. A sound mind in a sound ~.〖諺〗健全な身体に健全な心(が望ましい). build up one's ~ 体を鍛える. (**b**) 〈形容詞的に〉体の, 肉体の. ~ weight 体重. ~ temperature 体温.

連結 a healthy [a muscular, a powerful, a well-built; a graceful, a slender; a corpulent, a fat; a thin; a frail, a weak; an emaciated, a wasted] ～ // condition [exercise; strengthen] one's ～

B

2 Ⓒ **死体**, 遺体, (corpse). There are traces of violence on the ～. 遺体に暴行を受けた形跡がある.
3 Ⓒ 〖旧話〗人 (person), 〈特に〉女性. I don't want to hurt her feelings—she is such a nice ～. 彼女の感情を傷つけたくない. あの人は本当にすばらしい女性なんだから.
【物体】 **4** Ⓒ **物体**, もの, (object); 〖数〗立体. a heavenly ～ 天体. a solid [liquid, gaseous] ～ 固体[液体, 気体]. a foreign ～ 異物《目に入ったごみなど》.
5【組織体】 Ⓒ (**a**) 〈単数形で複数扱いもある〉**団体**, 組織. a governing ～ 理事会; 幹部(会). a public ～ 公共団体. a sponsoring ～ 開催母体, 後援団体. a student ～ 全体生徒[全学学生]. (**b**) **集まり**; 大量, 集積; 群れ, かたまり, (group); 〈*of* ..の〉. a large ～ of men たくさんの人の群れ. a ～ of laws 法典. vast *bodies* of evidence 膨大な証拠の集積. a ～ of data [information] 集められたデータ[情報]. a ～ of water 池[湖, 海など].
【本体】 **6** Ⓒ (**a**) (頭と手足を除いた)**胴体** (trunk). a man's ～ and limbs 男の胴と手足. (**b**) (植物の)幹. (**c**) 〈the ～ of..〉〔自動車, 船, 飛行機などの〕**胴体**[船体, 機体], ボディー. (**d**) (建物などの)主要部分.
7 Ⓒ (衣類の)胴部; 胴着 (bodice); 〖主に英〗＝bodysuit.
8 Ⓒ (**a**) (軍隊などの)主力, 本隊; 大多数, 大部分. The ～ of public opinion favors the policy. 世論の大部分がその政策を支持している. (**b**) 中心部; **本文**, 本論. the ～ of a letter 手紙の本文.
9 Ⓤ (酒などの)こく (substance); (生地などの)張り, 腰; (音などの)豊かさ; (ペンキなどの)濃度, 粘り. a wine of [with] good ～ こくのあるワイン. Her hair has ～. 彼女の髪はふさふさしている. ◇形, 副 bodily
bòdy and sóul (1) 体と心《人間の全体》. (2) 〈副詞的〉身も心も, 全身全霊で; すっかり. My husband thinks he owns me ～ *and soul*. 私の夫は私の身も心もそっくり自分の所有物と思っている. dedicate oneself ～ *and soul* to.. に身も心もささげ尽す.
in a [***òne***] ***bódy*** 一団となって, 全員そろって.
kèep bòdy and sóul togèther (経済的に[困難にめげず])どうにか生きて行く (→BODY and soul (1)).
over my dèad bódy 〖話〗(やるなら)私の屍(しかばね)を越えて《絶対反対の強い決意》. You'll come back here *over my dead* ～. 私の目の黒いうちは, おまえを絶対ここに戻らせない. *Over my dead* ～! 絶対反対だ, とんでもない.
sèll *one's* ***bódy*** 体を売る, 売春する.
[＜古期英語「胴体」; 原義は「(醸造用の)たる」]

bódy àrmo(u)r 名 Ⓤ (警察などが着用する)防弾衣「服.
bódy bàg 名 Ⓒ 遺体袋《運ぶためのしっかりした袋》.
bódy blòw 名 Ⓒ **1** 〖ボクシング〗ボディーブロー. **2** 痛手, 大打撃(を被ること).
bódy·bùilder 名 Ⓒ ボディービルをする人.
bódy·bùilding 名 Ⓤ ボディービル.
bódy chèck 名 Ⓒ 〖スポーツ〗(アイスホッケーなどで)体当たり(で相手の動きを封じること)《反則ではない; →body search》.
bódy·chèck 動 他 〖スポーツ〗〔相手〕に体当たりして動「きを封じる.
bódy clòck 名 Ⓒ 体内時計 (biological clock) 計《人体の規則的活動機能をコントロールする》.
bódy còunt 名 Ⓒ ある(戦闘)期間の(敵の)戦死者数(を数えること).
bódy·gùard 名 Ⓒ (政府高官などの)護衛員, ボディーガード; 〈単数形で複数扱いもある〉護衛隊.
bódy lànguage 名 Ⓤ 身体言語《身ぶり, 表情など》.
bódy·lìne 名 Ⓤ 〖クリケット〗打者の体すれすれの投「球《打者へのおどし》.
bódy mìke 名 Ⓒ ボディーマイク《目立たないで身に付けて使用できる小型ワイヤレスマイク》.
bódy òdo(u)r 名 Ⓤ 体臭; わきが《略 BO》.
bòdy pólitic 名 (複 **bodies politic**) Ⓒ 〈普通 the ～〉〖章〗(政治的統一体としての)国家, 国民.
bódy pòpping 名 Ⓤ ボディーポピング《ロボット風にぎくしゃくした動きのダンス; 1980 年代に流行》.
bódy scànner 名 Ⓒ 〖医〗人体の X 線断層装置, CT スキャン装置.
bódy sèarch 名 Ⓒ (空港などでの)身体検査, ボディーチェック, (→strip search). ── 動 他 のボディーチェックをする.
bódy shìrt 名 Ⓒ **1** ボディーシャツ《体にぴったりしたシャツ[ブラウス]》. **2** ＝bodysuit.
bódy shòp 名 Ⓒ 車体製造[修理]工場.
bódy snàtcher 名 Ⓒ 死体盗人(ぬすびと)《昔, 解剖用に売るため墓から盗んだ》.
bódy stòcking 名 Ⓒ ボディーストッキング《胴体(と手足)をひと続きで(ストッキングのように)ぴったり覆う(女性用)衣類[下着]》.
bódy·sùit 名 Ⓒ ボディースーツ《上半身ひと続きで体型を整えるための女性用衣類; 股下に止め具がある》.
bódy·sùrf 動 自 ボディーサーフィンをする《サーフボードを使わない波乗り》.
bódy wàrmer 名 Ⓒ 〖英〗jerkin 風の袖なし上着《防寒用で, 普通キルティング》.
bódy·wòrk 名 Ⓤ 車体.
Boe·ing /bóuiŋ/ 名 ボーイング社《米国の航空機製造「会社》.
Boer /bɔːr, buər | bouə, buə, bɔː/ 名 Ⓒ ボーア人《南アフリカのオランダ人又はオランダ系白人; 今は普通, Afrikaner と言う》. ── 形 ボーア人の. [オランダ語 'peasant']
Bòer Wár 名 〈the ～〉ボーア戦争《1899–1902; 英国とボーア人との間に行われ, 苦戦の後英国が勝った》.
bof·fin /bɑ́fən | bɔ́f-/ 名 Ⓒ 〖英話〗科学技術研究者《特に軍事関係の》; 学者ばか《人》.
bof·fo /bɑ́fou | bɔ́f-/ 〖米話〗名 (複 **～s**) Ⓒ 大当たり[大成功](の演劇など). ── 形 大当たりの, 大評判の.
bog /bɑg, bɔːg | bɔg/ 名 **1** ⓊⒸ 沼池, 沼; 泥沼. →peat bog. **2** Ⓒ 〖英話〗便所, トイレ (toilet). ～ paper トイレットペーパー. ── 動 (**～s** | **-gg-**) 他 VOA (～ /X/ ***down***) X を沼地に沈める[落とす]; X の身動きがとれなくさせる, X を停滞させる, 〈*in* ..にはまって/*with* ..で〉〈普通, 受け身で〉. The car got ～*ged down in* the snow. 車が雪にはまって動けなくなった. ── 自 VA (～ ***down***) 沼地に落ちる[はまる]; 苦境にはまり込む, 停滞する.
bòg óff 〖英話〗〈普通, 命令形で〉出て行く, 立ち去る.
[＜アイルランド語「柔らかい」]
bo·gey /bóugi/ 名 (複 **～s**) Ⓒ **1** 〖ゴルフ〗ボギー《1 ホールで par より 1 打多い打数; →par 4 参考》; 〖英旧〗＝par 4. **2** ＝bogie. **3** ＝bogy. [＜Colonel *Bogey*《流行歌に登場する架空のゴルフプレーヤー》]
bo·g(e)y·man /bóugimæ̀n/ 名 (複 **-men** /mèn/) Ⓒ ＝bogy 1; (人をおじけさせる)忌むべき怪物《人》.
‡**bog·gle** /bɑ́g(ə)l | bɔ́g(ə)l/ 動 自 〖話〗**1** しりごみする, 躊躇(ちゅうちょ)する, 〈*at, about* ..に〉. **2** (驚き, 恐怖などのために)はっとする, まごつく, たまげる, 〈*at* ..に〉(→mind-boggling). I ～*d at* the amount of his debt. 彼の借金の額に私はたまげた.
── 他 〖米話〗を混乱させる, うろたえさせる. ～ a person's [the] mind 人をびっくりさせる.
The mind [***imaginàtion***] ***bóggles*** (***at..***). (..は)考えられない, 想像もつかない; (..に)呆(ぼう)然とする.
bog·gy /bɑ́gi | bɔ́gi/ 形 ⓔ 沼地の; 沼の多い.

bo·gie /bóugi/ 名 C 〘鉄道〙ボギー《車両がカーブを楽に回れるように車両の下に設けられた 4 個 [6 個]ひと組の車輪装置》.

Bog·o·tá /bòugətá:|bɔ̀-/ 名 ボゴタ《南米 Colombia の首都; Andes 山脈中の高原にある》.

bòg-stándard /㊀/ 形 平々凡々な, 通り一遍の.

‡**bo·gus** /bóugəs/ 形 偽の; 偽造の. ～ money 偽金.

bo·gy /bóugi/ 名 (複 **-gies**) C **1** (子供を暗やみで脅すと言われる)お化け (bog(e)yman) 《子供の世界で使う語》. **2** (人が不必要に)恐れるもの[人]. **3** 〘幼・話〙(固まった)鼻くそ(mucus). **4** 〘米軍話〙国籍不明機. **5** =bogey. **6** =bogie.

bo·gy·man /bóugimæ̀n/ 名 =bog(e)yman.

boh /bou/ 間 =bo.

Bo·he·mi·a /bouhí:miə/ 名 ボヘミア地方《元チェコスロヴァキアの西部, 国の約三分の一を占める province であったが, 今は行政上の名称ではない; 中心地は Prague》.

†**Bo·he·mi·an** /bouhí:miən/ 形 **1** ボヘミア(人)の; チェコ語の. **2** 〈又は b-〉〔芸術家などが〕自由奔放な, 因習にとらわれない. ── 名 C **1** ボヘミア地方の人. **2** 〈又は b-〉自由奔放な生活をする人《芸術家など》, ボヘミアン.

Bo·hé·mi·an·ìsm 名 U 自由奔放主義(の生活).

Bohr /bɔ:r/ 名 **Niels** (**Henrik David**) ～ ボーア (1885–1962)《デンマークの原子物理学者》.

‡**boil**[1] /bɔil/ 動 (～**s** /-z/|過 過分 ～**ed** /-d/|**bóil·ing**) 他 **1** を沸かす, 沸騰させる; を煮立てる〈*up*〉. ～ (the) water お湯を沸かす. ～ a kettle やかん(の水)を沸かす.
2 (**a**) を煮る, ゆでる; を煮上げる〈*up*〉. ～ meat [vegetables] 肉[野菜]を煮る. ～ rice ご飯を炊く. a ～*ed* egg ゆで卵. He can't ～ an egg. 彼は卵ひとつゆでられない《料理は全くだめ》. (**b**) VOO (～ X Y)・VOA (～ Y *for* X) X に Y を煮て[ゆでて]やる. Shall I ～ you some carrots? ニンジンをゆでてあげましょうか. (**c**) VOC (～ X Y) X を Y の状態に煮る[ゆでる]. ～ eggs hard [soft] 卵を固く[半熟に]ゆでる (→hard-[soft-]boiled). **3** 〔衣類〕を煮洗いする.
── 自 **1** 沸く, 沸騰する. Water ～*s* at 100℃. 水は摂氏 100 度で沸騰する. The pot is ～*ing*. なべ(の煮物)が沸騰している.
2 〔煮物が〕煮える, ゆだる. The potatoes are ～*ing*. 「ジャガイモが煮えてきた.
3 〔波などが〕沸き立つ. the ～*ing* waves 沸き立つ波.
4 〘話〙〔血が〕煮えくり返る; 〔人が〕いきり立つ, 激怒する; 〈*over*〉. Dan is ～*ing* (*over*) with anger. ダンはかんかんに怒っている. His attitude really makes my blood ～. 彼の態度にはほんとに血が煮えくり返る思いだ.
bòil awáy (1) 沸騰し続ける. (2) 沸騰して蒸発する; 蒸発して[したように]なくなる.
bòil /../ awáy ..を(沸騰して)蒸発させる.
bòil dówn (1) 煮詰まる〈*to* ..まで〉; 煮詰まって量が減る. (2) 〘話〙つまるところ..になる〈*to* ..に〉. Mr. Smith's long sermon ～*s down to* "Live modestly." スミス先生の長いお説教も煎(せん)じ詰めると「控えめに生きよ」ということだ.
bòil /../ dówn (1) ..を煮詰める〈*to* ..まで〉. (2) 〘話〙〔話, 報告, 記事など〕を要約する, 煎じ詰める, 〈*to* ..まで〉.
bòil drý 〔なべ, 煮物などの〕水分が煮詰まってなくなる, 空炊きになる.
bòil /../ óut ..を煮沸して除く, 抜く.
bòil óver (1) 〔なべ, 液体が〕吹きこぼれる. (2) 〘話〙〔人が〕かっとなる; 〔怒り, 不満などが〕爆発する. (3) 〔事が〕手に負えなくなる; 収拾がつかなくて..に至る[発展する]〈*into* ..〔戦争など〕に〉.
bòil úp 煮立つ; 〘話〙〔紛争などが〕起こりかける.
bòil /../ úp ..を煮立たせる, 沸かす.
kèep the pòt bóiling →pot.
── 名 aU 沸騰(点); 沸かすこと, 煮ること.
bè* [*kèep, be kèpt*] *on* [*at*] *the bóil 沸騰している.
brìng ..to a 〘米〙 [***the*** 〘英〙] ***bóil*** ..を沸騰させる.
còme to a 〘米〙 [***the*** 〘英〙] ***bóil*** 沸騰する.
gò off the bóil 沸騰がやむ; 〘話〙熱意がさめる, 関心が薄れる.
pùt ..ón to bóil ..を(火にかけて)沸かし[煮]はじめる.
[＜ラテン語「沸く」(＜*bulla*「泡」)]

boil[2] 名 C おでき《局部的で小さい》.

bòiled shírt 名 C 〘旧話〙(胸を固くのり付けした)礼装用ドレスシャツ (dress shirt).

bòiled swéet 名 C 〘英〙(砂糖を煮つめた固い)あめ玉 (〘米〙 hard candy).

***boil·er** /bɔ́ilər/ 名 (複 ～**s** /-z/) C **1** ボイラー; 貯湯式タンク《室内給湯用》. **2** 煮沸器具《湯沸かし, なべ, かまなど》; 〘英〙煮洗い用大がま.

bóiler·màker 名 **1** C ボイラー製造人[修理工]. **2** UC 〘米話〙ビールをチェイサー (chaser) として飲むウイスキー.

bóiler sùit 名 C 〘英〙仕事着, オーバーオール, (〘米〙 overalls).

†**bóil·ing** 形 **1** 沸騰する; 激昂(こう)する; うだるように熱い. **2** 〈副詞的〉〘話〙沸き返るほど, ぐらぐらと; 猛烈に. ～ hot ぐらぐら沸いて; 猛烈に熱[暑]い. ── 名 U 沸騰.

bóiling pòint 名 **1** UC 沸点 (↔freezing point). **2** U 〘話〙(興奮の)頂点; (忍耐などの)限界[爆発点]. reach ～ 〔緊張などが〕頂点に達する.

Bois de Bou·logne /bwɑ̀:-də-búloun|-lɔin/ 名 〈the ～〉ブーローニュの森《Longchamp 競馬場もある Paris 西部の公園》.

Boi·se /bɔizi, -si/ 名 ボイシ《米国 Idaho 州の州都》.

†**bois·ter·ous** /bɔ́ist(ə)rəs/ 形 **1** 〔風, 波, 天候などが〕荒れ狂う, 騒々しい. a ～ sea たけり狂う海. **2** 〔人, ふるまいなどが〕騒がしい, にぎやかな. [＜中期英語「粗野な」]
▷ **～·ly** 副 荒れ狂って; 騒がしく. **～·ness** 名

bo·la(**s**) /bóulə(s)/ 名 (複 ～**s** /-z/, **-las·es** /-ləsəz/) C ボーラ《鉄球付き投げ縄; 南米のガウチョが家畜をつかまえるのに使用》.

‡**bold** /bould/ 形 e (★4は C) **1** 〔人, 行為が〕大胆な, 勇敢な (↔cowardly, timid). a ～ idea 大胆な考え. a very ～ deed 大胆不敵な行為. It was ～ of him [He was ～] to enter the burning house. 彼は大胆にも燃えている家の中に入った.
2 〔特に女性が〕ずうずうしい, 厚かましい, (impudent). Don't be so ～! 出過ぎたまねをするな.
3 〔色, 形などが〕際立った, (派手で)目立つ; 〔線などが〕くっきりと太い. ～ outlines くっきりした輪郭. a dress of ～ design 大胆なデザインのドレス.
4 〘印刷〙太字体の, ボールド体の, (→boldface). ◇動 embolden
(***as***) ***bòld as bráss*** 〘話〙実にずうずうしい, 鉄面皮の.
be bóld enòugh [***so bóld as***] ***to do*** =make (so) bold (as) to do.
if I may be so bóld 〘章〙失礼ながら《丁寧な問い. 提案などに用いる》. What, *if I may be so* ～, do you mean by saying so? 失礼ながら, どういう意味でそうおっしゃるのですか.
màke (***so***) ***bóld*** (***as***) ***to do*** 〘章〙失礼ながら..する, (失礼とは思ったが)あえて..する.
màke bóld with .. =make FREE with...
pùt a bòld fáce on .. →face.
[＜古期英語]

bóld·fàce 名 U 〘印〙太字体, ボールド体, ゴチック体, (↔lightface)《この辞書の見出し語の活字は boldface》.

bòld-fáced /-t ㊀/ 形 **1** ずうずうしい, 厚かましい. **2** 〘印〙太字の, ボールド体の.

***bold·ly** /bóuldli/ 副 m **1** 大胆に. **2** ずうずうしく. **3** くっきりと, 際立って.

***bold·ness** /bóuldnəs/ 名 U **1** 大胆さ. **2** ずうずうしさ; 強引さ. He had the ～ to ignore my advice. 彼

は厚かましくも私の助言を無視した. **3** 目立つこと.

bole /boul/ 名 C (木の)幹 (trunk, stem).

bo·le·ro /bəlé(ə)rou/ 名 (複 **~s**) C **1** ボレロ《スペインの舞踊》; その曲. **2** /《英》では又 bɔ́lərou/ (前が開いている)短い(袖(そで)なしの)上着, ボレロ, 《主に女性用》. [スペイン語(<*bola*「舞踊会」)]

Bo·leyn /bəlín, búlin/ 名 **Anne ~** ブリン (1507–36) 《英国王 Henry 8 世の 2 番目の妃, Elizabeth 1 世の母; 不義の罪を問われて処刑された》.

bol·i·var /bálәvәr, bəlí:vәr|bɔ́ləvà:/ 名 (複 **~s, bol·i·va·res** /bɔ̀:ləvá:res/) C ボリバル《Venezuela の通貨単位》.

Bo·liv·i·a /bəlíviə/ 名 ボリビア《南米中西部の共和国; 首都 La Paz (憲法上は Sucre)》.

Bo·liv·i·an /bəlíviən/ 形, 名 C ボリビアの[人].

boll /boul/ 名 C (綿, 亜麻の)丸いさや.

bol·lard /bálərd|bɔ́l-/ 名 C **1** 《海》係船柱. **2** 《英》(歩道や, 安全地帯の縁に立てる)保護柱《車の侵入を防ぐ》. [bole, -ard]

bol·lix /báliks|bɔ́liks/ 動 他 《米話》を台無しにする 〈*up*〉.

bol·lock /bálək|bɔ́l-/ 動 他 《英卑》をしかりとばす, に「大目玉をくらわす.

bóll·ock·ing 名 C 《英卑》大目玉, 叱責(しっせき). give a person a ~ 人をどやしつける.

bol·locks /báləks|bɔ́ləks/ 《英卑》名 **1** 〈複数扱い〉睾丸(こうがん). **2** 〈単複両扱い〉くだらない事 (nonsense). —— 間 《英》ばかな, くだらない. —— 動 《英》= bollix.

bòll wéevil 名 C 《虫》ワタミハナゾウムシ《綿の木の害虫》.

Bo·lo·gna /bəlóunjə, -nə|-njə/ 名 ボローニャ《イタリア北部の都市》.

bo·lo·gna /bəlóuni, -nə/ UC 《米》ボローニャソーセージ《大型; **Bológna sàusage** とも言う》.

Bol·o·gnese /bòulənì:z|bɔ̀l-/ 形 Bologna (製)の.

bo·lo·ney /bəlóuni/ 名 =baloney.

bólo tìe /bóulou-/ 名 =string tie.

Bol·she·vik /bóulʃəvik, bál-|bɔ́lʃi-/ 形, 名 (複 **~s, Bol·she·vi·ki** /bòulʃəví:ki, bàl-|bɔ̀lʃiví:ki/) C **1** 《ロシア史》〈時に b-〉ボルシェヴィキの一員(の)《1903 年創立のロシア社会民主労働党の左翼多数派; Lenin が首領; →Menshevik》. **2** (1918 年以後の)ソ連共産党員(の); 〈一般に〉共産党員(の). **3** 《話》〈一般に〉過激主義者(の)《反体制派の》. [ロシア語「より多数の人」]

Bol·she·vism /bóulʃəvìz(ə)m, bál-|bɔ́l-/ 名 〈特に b-〉 U ボルシェヴィキの政策[思想]; ロシア共産主義.

Bol·she·vist /bóulʃəvist, bál-|bɔ́l-/ 〈時に b-〉 名 =Bolshevik. —— 形 ボルシェヴィキの.

bol·shie, bol·shy /bóulʃi|bɔ́l-/ 形 **1** =Bolshevik. **2** 《英話·軽蔑》〔人, 行動が〕過激な, 反体制の; 非協力的な. —— 名 (複 **-shies**) C 〈時に B-〉 = Bolshevik.

bol·ster /bóulstər/ 名 C **1** 長まくら《普通, シーツの下に敷きその上に pillow を置く》. **2** 当て物, クッション. **3** 支え, 《機》受け台. —— 動 他 **1** 〔病人など〕を長まくらで支える 〈*up*〉. **2** 〔運動, 考えなど〕を支持する, 支える, 励ます; を強化する; 〈*up*〉. ~ *up* his courage [confidence, morale] 勇気を出せ[自信を持て, 元気を出せ]と彼を励ます. ~ (*up*) the economy 経済を活性化する. [<古期英語「枕」]

***bolt**[1] /boult/ 名 (複 **~s** /-ts/) C 【太矢】 **1** (石弓 (crossbow) の)太矢. **2** 稲妻, 電光, (thunderbolt). a ~ of lightning (ひと光りの)稲妻. a ~ from [out of] the blue (→成句).
【矢のような行動】 **3** 〈単数形で〉急に駆け出すこと; 逃亡. **4** 《米》(政党などからの)脱党[離党].
【太矢状のもの】 **5** ボルト《先端に nut をはめてものを締め合わせる》. **6** (戸, 窓の)閂(かんぬき), 差し錠. **7** (ライフルの)遊底ボルト. **8** (布, 壁紙などの)ひと巻き. a ~ of cloth [wall paper] 布[壁紙]ひと巻き.

a bòlt from [out of] the blúe (青空から急に雷が落ちたように)降ってわいた(不幸な)出来事, 青天の霹靂(へきれき). The sudden death of my wife came like [as] *a ~ from the blue*. 妻の急死は青天の霹靂だった.

màke a bólt for.. ..に(向かって)突進する.

màke a bólt for it*＝*dò a bólt 逃げ出す.

shòot one's bólt 《話》〈普通, 完了形で〉(早まって)力を出し尽くす, 余力が失くなる《<最後の矢を放ち, 残る武器はない》.

—— 動 (**~s** /-ts/|過 過分 **bólt·ed** /-əd/|**bólt·ing**) 自 **1** 突然逃げ出す 〈*for* ..目ざして〉; 〔馬が〕暴れて走り出す, 逸走する. **2** 〔戸が〕閂(かんぬき)で閉まる. **3** 〔物が〕ボルトで結合する. **4** 《米》脱党[脱会, 脱退]する, (政党などの)支持をやめる. **5** 〔レタス, タマネギなどが〕(固く巻かないうちに急激に伸びて)早咲きの花[早熟の種]をつける.

—— 他 **1** 〔戸〕に閂を掛ける. **2** をボルトで締める 〈*on, together*〉 〈*to* ..に〉. ~ the beams *together* ボルトで梁(はり)を締め合わせる. The cupboard is *~ed to* the wall. 戸棚は壁にボルトで留めてある. **3** 〔食物〕をかまずに飲み込む, 大急ぎで食べる, 〈*down*〉. **4** 《米》〔政党など〕から離脱[脱退]する.

bòlt a pèrson ín [óut] 人を閉じ込める[締め出す].

—— 副 〈次の成句で〉 ***bòlt upríght*** 〔人が〕棒のように固くなってまっすぐに, 直立して. sit [stand] ~ *upright* (背を伸ばして)まっすぐにし座る[立つ]. [<古期英語「矢」]

bolt[2] 動 他 〔小麦粉など〕をふるいにかける.

bólt·er[1] 名 C **1** 逸走する馬. **2** 《米》脱党者.

bólt·er[2] 名 C (特に小麦粉用の)ふるい.

bólt-hòle 名 C (動物などの)逃げ込み場所, 避難所.

⁑**bomb** /bam|bɔm/ 名 (複 **~s** /-z/) C **1** (a) 爆弾; 《古》手投げ弾; 〈the ~〉原水爆, 核兵器. an atomic ~ 原子爆弾. a hydrogen ~ 水素爆弾. a tear ~ 催涙弾. drop *~s* 爆弾を投下する. plant *~s* in the railway station 駅に爆弾を仕掛ける. (b) (物に仕掛けられた)爆破装置, ..爆弾. a letter [parcel] ~ (テロリストなどによる)手紙[小包]爆弾.

> 連結 a powerful [a high-explosive; a nuclear; an incendiary; a homemade] ~ // explode [detonate, set off; defuse] a ~ // a ~ explodes [goes off]

2 (液体ガス, 高圧ガスなどの)ボンベ; スプレー容器. **3** 《米話》(特に, 劇の上演の)ひどい失敗. **4** 〈a ~〉《英話》大金. cost [make] a ~ 大金がかかる[をもうける].

gò (like) a bómb 《英話》(1) 〔乗り物が〕とても速く走る. (2) とてもうまくゆく. The election campaign seems to be *going (like) a ~*. 選挙運動は実に順調に運んでいるようだ.

—— 動 (**~s** /-z/|過 過分 **~ed** /-d/|**bómb·ing**) 他 を爆撃する, に爆弾を落とす. —— 自 **1** 爆撃する, 爆弾を落とす. **2** 《米話》大失敗する 〈*out*〉. **3** 《英話》(普通, 乗り物で)飛ばす 〈*along, down, up*など〉.

bómb /../ óut (1) 〔場所, 建物〕を猛烈に爆撃(して破壊)する. (2) 〔人〕を爆撃で追い出す 〈普通, 受け身で〉. be *~ed out* 空襲で焼け出される.

bòmb /../ úp 〔爆撃機など〕に爆弾を積み込む. [<ギリシア語「ぶんぶんいう音」]

†**bom·bard** /bambá:rd|bɔm-/ 動 他 **1** を砲撃[爆撃]する. **2** を質問攻めにする; を攻め立てる 〈*with* ..〔質問, 非難など〕で〉; に大量に見舞う 〈*with* ..〔贈り物など〕を〉; 〈しばしば受け身で〉. **3** 《物理》〔原子など〕に粒子などを超高速で衝突させる. [<後期ラテン語「投石機」]

bom·bard·ier /bàmbərdíər|bɔ̀m-/ 名 C **1** (爆撃機の)爆撃手. **2** 《英》砲兵下士官.

†**bom·bárd·ment** 名 UC 爆撃, 砲撃; (質問)攻撃; 〖物理〗衝撃. be under aerial ~ 空爆にさらされている.

bom·bast /bámbæst|bɔ́m-/ 名 U 大言壮語, 大げさな言葉.

bom·bas·tic /bambǽstik|bɔm-/ 形 大げさな, 誇大な; 〔人が〕大言壮語する.

▷**bom·bas·ti·cal·ly** /-k(ə)li/ 副 大げさに.

Bom·bay /bambéi|bɔm-/ 名 **1** ボンベイ《インド西部の旧州; 現在は Gujarat と Maharashtra の 2 州に分かれている》. **2** ボンベイ《アラビア海を臨む Maharashtra の州都; インド第 2 の大都市》.

bom·ba·zine /bàmbəzí:n|bɔ́mbəzì:n/ 名 U ボンバジーン《毛と絹などのあや織り(黒)生地; かつて喪服用》.

bómb bày 名 C (爆撃機内の)爆弾庫.

bòmb dispósal 名 U 不発弾処理. a ~ squad [team, unit] 不発弾処理班.

bombed /bamd|bɔmd/ 形 **1** 爆撃された. **2** 〖俗〗〈叙述〉(酒に)酔った; (麻酔で)朦朧(もうろう)とした.

bòmbed-óut 形 **1** 爆撃で家を追われた〔人〕; 爆破された〔建物など〕. **2** 〖俗〗＝bombed 2.

***bomb·er** /bámər|bɔ́mə/ 名 (複 ~s /-z/) C **爆撃機**; 爆撃手; 爆破犯人《テロリストなど》.

bómber jàcket 名 C ボマージャケット《第 2 次大戦中, 米英空軍飛行士が着た革製ジャケット; 丈が短く裾(すそ)と袖(そで)口をゴムなどで絞った上着》.

bómb·ing 名 UC 爆撃; 爆破. a ~ raid 空爆. a wave of ~s 波状爆撃.

bómb·pròof 形 防空(用)の, 爆撃に耐える. a ~ shelter 防空壕(ごう). —— 名 (複 ~s) C 防空壕.

bómb scàre 名 C 爆破警告《爆弾を仕掛けたというテロリストなどの声明》.

bómb·shèll 名 C **1** 爆弾; 砲弾. **2** 〖話〗〈普通, 単数形で〉(普通, 悪い)突発的な事件; '爆弾発言'; 爆発的人気の出た人[事]. explode [drop] a ~ 爆弾発言をする, 人の度肝を抜くようなことを言う. **3** 〖旧俗〗すごい別品. a blonde ~ 金髪の悩殺美女.

bómb shèlter 名 C 防空用地下室[壕(ごう)], 〈特に〉核シェルター.

bómb·sìght 名 C (爆撃機上の)爆撃照準器.

bómb·sìte 名 C (爆撃で壊滅した)被爆区域.

‡**bo·na fi·de** /bóunə-fàid, ⌒-fáidi|⌒⌒/ 〖章〗 形 〈普通, 限定〉真実の, 本当の; 誠意ある; 〔美術品などが〕本物の; 合法的な, 真っ当な, 〔契約, 取り引きなど〕. a ~ promise 誠意ある約束《初めから破るつもりでしたのではない, くらいの意味》. —— 副 真実に, 本当に; 誠意をもって; 合法的に. [ラテン語 'with good faith']

bo·na fi·des /bòunə-fáidi:z/ 名 **1** 〈単数扱い〉〖法〗〖章〗 善意 《例えば盗品などをそれと知らずに買う人の意思》; 誠意; 信憑(ぴょう)性; 合法性. **2** 〈複数扱い〉〖話〗人物[資格, 成績]証明書. [ラテン語 'good faith']

‡**bo·nan·za** /bənǽnzə/ 名 C 〖主に米〗**1** (鉱山中の)富鉱帯. **2** 〖話〗大もうけ, 思わぬ幸運, 大ヒット. The movie struck a ~. その映画は大ヒットした. in ~ 大当たりで. **3** 〈形容詞的〉大当たりの. a ~ year for the building trade 建築業に大当たりの年. [スペイン語 'calm sea>good luck']

Bo·na·parte /bóunəpà:rt/ 名 →Napoleon.

bon·bon /bánbàn|bɔ́nbɔ̀n/ 名 C ボンボン《キャンディーの一種》. [フランス語 (*bon* 'good' の反復)]

bonce /bans|bɔns/ 名 C 〖英話〗頭 (head).

Bond /band|bɔnd/ 名 **James** ~ ボンド《Ian Fleming の作品に登場する主人公; 007 (★double o seven と読む)の名で知られる英国政府のスパイ》.

***bond** /band|bɔnd/ 名 (複 ~s /-dz/)

【固い結合】 **1** C 〈しばしば ~s〉(愛情, 利害などの)きずな, (盟約などによる)結びつき, (類語 tie よりも強く, 一体となった結びつきを表す). the ~s of marriage 夫婦のきずな. feel a strong ~ with one's family 家族との強いきずなを感じる.

> 連結 knit [strengthen, tighten; loosen; dissolve, break] the ~s between..

2 UC 接着剤; aU 接着. This glue makes a firm ~. この接着剤はしっかり付く. **3** C 〖化〗化学結合.

【束縛】 **4** 〈~s〉〖雅〗(囚人を縛る)なわ, くさり; **束縛**, 枷(かせ); 〖古〗監禁. be in ~s 束縛されている, 監禁されている. break the ~s of convention 因習のきずなを断つ. burst one's ~s 束縛を断つ, 自由の身になる.

5 C **契約**, 約定; 契約書. enter into a ~ with ..と契約を結ぶ. **6** C 借用証書, 証文; 証券, 債券. a public ~ 公債. a government ~ 国債.

7 U 保釈(金). be released on $1,000 ~ 保釈金千ドルで釈放される. post ~ 保釈金を払う.

8 U 保税倉庫留め置き (→bonded warehouse). in ~ 保税倉庫留め置きの. take goods out of ~ (税金を払って)貨物を保税倉庫から出す.

a pèrson's wòrd is (*as gòod as*) *his bónd* 人の口約束がその人の証文と同じくらい信用できる.

—— 動 他 **1** (債券を出して)の支払いを保証する; を抵当に入れる. **2** を保税倉庫に入れる. **3** を接着する, (化学的に)結合させる, 〈*to* ..に/*with* ..と〉. **4** 〔物事が〕〔人〕をきずなで結ぶ, 結束させる, 〈*with* ..と/*into* ..〔チームなど〕へ〉. —— 自 **1** 〔2 つのものが〕接着する 〈*together*〉; 接着する, (化学的に)結合する, 〈*to* ..に/*with* ..と〉. The wood ~*ed to* the plastic. 木はプラスチックと接着した. **2** 〔人が〕きずなで結ばれる, 結束する, まとまる, 〈*with* ..と〉. [＜中期英語; band[1] の異形]

†**bond·age** /bándidʒ|bɔ́n-/ 名 U **1** 〖雅〗奴隷[とらわれ]の身分. in ~ とらわれの身で, 奴隷で. **2** 〖章〗とりこ 〈*to* ..〔欲望など〕の〉; 束縛 〈*of* ..の〉. in ~ *to* love 恋のとりこになって[た]. I want to be free *from* the ~ *of* work. 仕事の束縛から解放されたい. **3** (性技としての)緊縛.

bónd·ed /-əd/ 形 **1** 〔貨物が〕保税倉庫に預けられた; 保税貨物用の. **2** 公債[債券]で保証された.

bònded wárehouse 名 C 保税倉庫《輸入手続きの済まない外国貨物を入れておく》.

bònded whískey U 〖米〗保税ウイスキー《保税倉庫に 4 年以上寝かせてからびん詰めされたもの》.

bónd·hòlder 名 C 公債[国債, 社債]所有者.

bónd·ing 名 U (固い)きずなで結ばれること. 「奴隷.

bónd·man /-mən/ 名 (複 **-men** /-mən/) C (男の)↑

bónd pàper 名 U ボンド紙《証券用などの上質紙》.

bónd·sèrvant 名 C 奴隷; 無給の使用人.

bonds·man /bándzmən|bɔ́ndz-/ 名 (複 **-men** /-mən/) C **1** 保証人; 保釈保証業者《保釈金を貸し付け, 保証人にもなる》. **2** ＝bondman.

Bónd Strèet /bánd-|bɔ́nd-/ 名 ボンドストリート《ロンドンの高級品を売っている商店街》.

bónd·wòman 名 (複 **-women** /wìmən/) C 女奴隷.

‡**bone** /boun/ 名 (複 ~s /-z/) 【骨】 **1** C (動物一般の)骨 (→skin, flesh); (象牙(ぞうげ), 鯨のひげなど)骨状のもの; U 骨質. break a thigh ~ 大腿(たい)骨を骨折する. I got a fish ~ stuck in my throat. 魚の骨がのどに刺さった. a paper knife with a ~ handle 柄が骨製のペーパーナイフ. a woman with good ~ structure 顔形のいい女性. **2** C 肉の付いた骨《犬のごちそう, スープ用》. a soup ~ スープ用の骨. **3** 〈~s〉骨格, 体(つき). old ~s 老骨, 老体. **4** 〈普通 ~s〉骨子, 核心, 枠組み, 要点. I just want to know the bare ~s of the story. 私は話の骨子を知りたいだけだ. **5** 〈~s〉 遺骨, **死体**. lay a person's ~s to rest 人を埋葬する.

6 【骨[象牙]製のもの】〈~s〉〖話〗カスタネット; さいころ.

B

7【骨の役をするもの】[C] (**a**)(ブラジャーのカップ, 襟芯(しん)などのワイヤー, プラスチック製の)骨. (**b**)〈～s〉傘の骨; (女性用コルセットの)張り骨.
8【骨の色】象牙色, オフホワイト.
9〈副詞的〉〖話〗骨の髄まで, 徹底的に, 全く. ～ tired へとへとに疲れて. ～ idle ＝bone-idle. ～ dry ＝bone-dry.
a bòne of contèntion 不和の種, 争いのもと.
(as) drỳ as a bóne →dry.
be àll [ònly, jùst] skin and bóne(s) →skin.
brèd in the bóne 生まれつきの, 根深い.
clòse to the bóne 〖英話〗(1)〔批評などが〕露骨な, 核心に迫った, 痛いところを突いた; 〔冗談などが〕下品な, 際どい. (2)〔人が〕骨身にこたえるほど貧しい.
have (gòt) a bóne to pìck with a pérson 〖話〗人に言ってやりたいこと[不平, 苦情]がある. I *have a ～ to pick with* you about your son. 君の息子さんのことで君に言いたいことがある.
in one's bónes 本能的に, 直観的に, 〔分かる, 感じるなど〕. Bob and Liz will marry; I can feel it *in my ～s.*＝I can feel [I've got a feeling] *in my ～s that* Bob and Liz will marry. ボブとリズは結婚するだろうと, 私には直観的に感じとれる.
màke nò bónes about (doing) . . . .について隠し立てしない; . .(すること)についてこだわらない; 平気で[ためらわずに]. .する. She *makes no ～s about* showing her resentment when criticized. 彼女は批判されると露骨に憤慨して見せる.
màke òld bónes 〖旧〗長生きする〈普通, 否定文で〉.
nèar [clòse to ↑] the bóne
Nò bónes bròken! けが[大したこと]はないよ.
****to the bóne*** (1)骨身にこたえて, 骨の髄まで. be chilled [frozen] *to the ～* 体の芯(しん)まで冷える. (2)できる限り, 徹底的に. The expenses have been cut [pared, slashed] *to the ～*. 費用はぎりぎりまで切り詰められた.
── [動] [他] **1**〔魚, 鳥肉など〕の骨を抜く. ～*d* chicken 骨を取った鳥(肉). **2**〔コルセットなど〕に鯨のひげを入れて張る. **3**〖英俗〗を盗む (steal).
bòne úp 〖話〗ガリ勉する, 詰め込み勉強する〈*on* . .〔学科など〕を/*for* . .〔試験など〕のために〉.
[＜古期英語「(特に, 手足の)骨」]

bóne àsh [名] [U] 骨灰《bone china や肥料の材料など》.
bóne·blàck [名] [U] 骨炭《骨を焼いた黒い粉; 脱色・顔料などに用いる》.
bòne chína [名] [U] ボーンチャイナ《骨灰を混ぜて作った磁器》.
boned /bound/ [形] **1** 骨を抜き取った. [注意] boned ham (骨付きハム; ↔boneless ham) のように正反対の意味になることがある. **2** 骨の張りを入れた〔コルセットなど〕.
-boned 〈複合要素〉骨[骨格]が. .の. large [big] *-boned* 骨太の. fine-*boned* 骨格がきゃしゃな.
bòne-drý /[移]/ [形] 〖話〗かさかさに乾いた, 干上がった.
bóne·hèad [名] [C] 〖俗〗間抜け, どじ. ▷**～·ed** /-əd/ [形] 〖俗〗間抜けな. 「者の.
bòne-ídle, -lázy /[移]/ [形] 〖旧英話〗骨の髄まで怠け
bóne·less [形] 骨のない; 気骨のない, 骨抜きの.
bóne màrrow [名] [U] 骨髄. a ～ transplant 骨髄移植.
bóne mèal [名] [U] 骨粉《肥料, 飼料の一種》.
bon·er /bóunər/ [名] [C] **1**〖米俗〗大しくじり, へま, ([類語] 特に, 間の抜けた mistake). **2**〖米卑〗(ペニスの)勃起. 「い)接骨医, 骨つぎ.
bóne·sètter [名] [C] (普通, 医師の免許を持っていな
bóne·shàker [名] [C] 〖話・戯〗がたがたになった自転車[乗り物].
†**bon·fire** /bánfàiər|bɔ́n-/ [名] [C] **1** (祝賀の)大かがり火. light ～*s* かがり火をたく. **2** (屋外の)たき火.
màke a bónfire of . . . .を焼き払う; . .を取り除く.
[＜中期英語 'bone fire']
Bónfire Nìght [名] 〖英〗かがり火祭《11月5日; →Guy Fawkes Night》. 「音, ごーんという音.
bong /baŋ|bɔŋ/ [名] [C] (大きな鐘などの)低く響き渡る
bon·go /báŋgou|bɔ́ŋ-/ [名] ([複] **～(e)s**) [C] ボンゴ《キューバの小型ドラム; 2個ひと組を膝(ひざ)に挟んで打つ; **bóngo drùm** とも言う》.
bon·ho·mie /bànəmíː|bɔ́nəmi/ [名] [U] 人柄のよさ, 気さくなこと. [＜フランス語 *bon* 'good'＋*homme* 'man']
Bò·nin Íslands /bòunən-/ 〈the ～〉小笠原諸島.
bo·ni·to /bəníːtou/ [名] ([複] **～(e)s, ～**) [C]〖魚〗カツオ. [スペイン語「良い魚」]
bon jour /bɔ̀ːŋ-ʒúər/ [間] おはよう, こんにちは. [フランス語 'good day']
bonk /baŋk, bɔːŋk|bɔŋk/ 〖英話〗[動] [自], [他] **1** (頭を)ぽかんとたたく[ぶつける]. **2** (人と)性交する, セックスする, '寝る'. ── [名] [C] **1** ぽかん(と頭を打つこと). **2** 性交, セックス. ▷**bónk·ing** [名] [U] 性交すること.
bon·kers /báŋkərz|bɔ́ŋ-/ [形] 〈叙述〉〖話〗気がふれて (crazy); 夢中になって. You must be ～ to go out in this storm. こんなあらしに出かけるなんて君は気でもふれたのか.
bon mot /bɔ̀ːŋ-móu/ [名] ([複] **bons mots** /-móuz/) [C] ウイットに富んだ名言. [フランス語 'good word']
Bonn /ban|bɔn/ [名] ボン《旧西ドイツの首都 (1945–90)》.
***bon·net** /bánət|bɔ́n-/ [名] ([複] **～s** /-ts/) [C] **1** ボンネット《あごの下でひもを結ぶ婦人・子供用の帽子; 現在では子供用以外はあまり用いられない》. **2** (スコットランドで特に, 兵士がかぶる)ベレー風の縁無し帽. **3**〖英〗(自動車の)ボンネット (〖米〗hood; →car 図). **4** (煙突の)かさ; (機械の)ふた.
hàve a bèe in one's bónnet →bee.
[＜中世ラテン語「帽子」]
Bòn·nie and Clýde /báni-|bɔ́ni-/ [名] ボニーとクライド《1930年に米国 Texas 州その他で銀行や会社を荒らした男女の2人組強盗》.
bon·ni·ly /bánili|bɔ́n-/ [副] 健康そうに; 巧みに.
bon·ny, bon·nie /báni|bɔ́ni/ [形] 〖主に北英〗 **1** 健康でかわいい, ぴちぴちしてきれいな (pretty). a ～ lass かわいい娘. **2**〈限定〉うまい, 巧みな, (skillful); 結構な (fine). a ～ place すてきな場所. [?＜フランス語 *bon*「良い」] 「本語]
bon·sai /bansái|bɔ́nsai/ [名] ([複] **～**) [UC] 盆栽. [日
bon soir /bɔ̀ːŋ-swáːr/ 今晩は. [フランス語 'good evening']
***bo·nus** /bóunəs/ [名] ([複] **～·es** /-əz/) [C] **1** ボーナス, 特別手当, 割増金. a Christmas ～ クリスマス[年末]手当. **2**〖英〗(株主への)特別配当金; (保険加入者への)利益配当金. **3**〈普通, 単数形で〉〖話〗おまけ, (思いがけない)うれしいもの, もうけもの. **4**〖英俗〗＝bribe. [ラテン語 'good (thing)']
bon vi·vant, bon vi·veur /bɔ̀ːŋ-viːváːŋ/, /-viːvɔ́ːr/ [名] ([複] **bons vivants** /[同]/, **bons viveurs** /[同]/) [C] 美食家. [フランス語 'good liver²']
bon vo·yage /bɔ̀ːŋ-vɔiáːʒ, -vwaiáːʒ/ [間] どうぞご無事で《特に, 長い旅に出る人に》. [フランス語 'good journey']
†**bon·y** /bóuni/ [形] [e] **1** 骨の(ような). **2** 骨の多い. a ～ fish 小骨の多い魚. **3** 骨ばった, (やせて)骨の見える.
bonze /banz|bɔnz/ [名] [C] (日本, 中国の)仏教の僧侶, 坊主. [たぶん＜日本語]
‡**boo** /buː/ [間] **1** ぶー《観客, 聴衆が演技者, 演説者などに対して非難, 軽蔑を表す言葉》. **2** ばーっ《人を驚かす声; →peekaboo》. ── [名] ([複] **～s**) [C] 〈普通 ～s〉ぶーという声.

cànnot [***wòuldn't***] ***say bòo to a góose*** 〖話〗ひどく気が弱い.
── 動 他 をやじる. ～ an actor *off* the stage 役者をやじって退場させる. ── 自 ぶーぶー言う. [擬音語]
boob /bu:b/ 名 C **1** 〖英話〗どじ, へま. make a big ～ 大きなどじを踏む. **2** 〖話〗間抜け, やぼてん ── 動 〖英俗〗 自 へまをやる. ── 他 にしくじる. [＜*booby*]
boo-boo /bú:bù:/ 名 (複 **～s**) C 〖米話〗**1** ＝boob 1. **2** 〖主に幼〗軽傷《打ち身, 擦り傷など》.
boobs /bu:bz/ 名 〖俗〗〈複数扱い〉(女性の)おっぱい (breasts).
bóob tùbe 名 C **1** 〖米話〗テレビ(受像機). **2** 〖英話〗＝tube top.
boo·by /bú:bi/ 名 (複 **-bies**) C **1** 〖旧〗間抜け, とんま. **2** 〖鳥〗カツオドリ. **3** 〖英〗(ゲームの)敗者, 最下位(者). [＜スペイン語 *bobo*「おろかな」]
bóoby hàtch 名 C 〖米話〗精神病院.
bóoby prìze 名 C ブービー賞, 最下位賞 (★日本のブービー賞(下から2番目)とは使い方が異なる).
bóoby tràp 名 C (戸の上の物が開けた人の頭上に落ちる仕掛けのような)いたずら; 〖軍〗偽装地雷[爆弾].
bóoby-tràp 動 (**～s**|**-pp-**) 他 〔場所, 物〕にいたずら[偽装爆弾]を仕掛ける (→booby trap).
boo·dle /bú:dl/ 〖俗〗名 U **1** 賄賂(わいろ); 大金. **2** 〖米〗＝caboodle. ── 動 自 賄賂を贈る[受け取る].
bóog·er /bú:gər/ 名 〖米〗＝bogy 3.
boo·gey·man /bú:gimæ̀n/ 名 (複 **-men** /-mèn/) C ＝bogy 1.
boo·gie /bú(:)gi/ 〖楽〗名 **1** ＝boogie-woogie. **2** U (ブルース調で激しいリズムの)ロックミュージック; C 〖話〗これに合わせて踊るダンス(パーティー). ── 動 (**-gies**|過 過分 **-gied**|**～·ing**) 〖話〗ロックに合わせて踊る.
boo·gie-woogie /bù(:)giwú(:)gi/ 〖楽〗名 U ブギウギ《ジャズピアノ奏法》.
boo·hoo /bù:hú:/ 動 自 わあわあ泣く.
── 名 (複 **～s**) C 泣きわめく声. ── 間 わあわあ.
bóo·ing 名 U 「ぶー」とやじること.
‡**book** /buk/ 名 (複 **～s** /-s/) C
【本】 **1 本**, 書物, 書籍; 著作, 著述, 著書; 〖話〗雑誌 (magazine). two copies of this ～ この本2冊. borrow ～*s* from the library 図書館から本を借り出す. order a ～ from New York ニューヨークへ本を注文する.

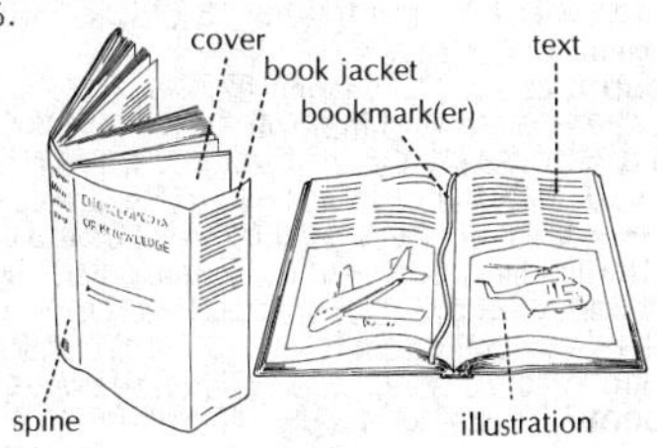

連結 publish [bring out; write; review; revise] a ～ // a ～ appears [comes out; is published; sells well [badly, poorly]; is sold out; is [goes] out of print]

2 〈the B- (of Books)〉 聖書 (the Bible).
3 巻, 編, (→volume). The National Readers *Book* I /bùk wʌ́n/『ナショナル読本』第1巻. The *Book* of Job (旧約聖書の)『ヨブ記』. *Middlemarch*, *Book* II, Old and Young (George Eliot 作)『ミドルマーチ』第2編「老人と若者」《この小説のように1冊の本がいくつかの books に分かれ, 各 book がさらに chapters に分かれることがある》.
4【台本】(芝居の)脚本; (オペラ, ミュージカルなどの総譜に対する)歌詞 (libretto), 台本. the ～ (of words) for *My Fair Lady*『マイフェアレディ』の台本.
【本のようにとじたもの】 **5** 〈the ～〉 電話帳 (telephone directory); 〈～s〉 (企業の)従業員名簿, (クラブ, チームなどの)部員名簿. She's not in the ～. 彼女は電話帳に載っていない.
6 (**a**) **帳面**, ノート (notebook); 通帳; 〈～s〉 **帳簿**, 会計簿. an account ～ 出納帳. keep [do the] ～*s* 帳簿をつける. (**b**) (競馬などの)賭(か)け金の控え, 賭け帳.
7 (切符, 切手, マッチなどの)とじ込み帳, ..帳. a ～ of tickets 回数券ひとつづり. a ～ of stamps 切手ひとと じ. a stamp ～ 切手帳. a check～ 小切手帳.
accòrding to the bóok ＝by the BOOK.
at one's bóoks 本に向かって, 勉強中で.
be a clòsed bóok →closed book.
be in a pèrson's gòod [***bàd, blàck***] ***bóoks*** 〖話〗人の受けがいい[悪い], 人に好かれて[嫌われて]いる.
brìng a pèrson to bóok (***for..***) 人に(..の)弁明を求める; 人に(..に対する)責任を取らせる, 償いをさせる.
by the bóok 〖話〗正式に, 規則通りに; きちんと, 根拠に基づいて〔話すなど〕. It's best to do everything *by the* ～. なんでもきちんとやることが最善だ.
clòse the bóoks (1) 〖簿記〗帳簿を締める, 収支決算をする. (2) 打ち切る 〈*on* ..を〉.
còok [〖英〗***fìddle***] ***the bóoks*** 〖話〗 帳簿をごまかす, 改ざんする.
in bòok fórm 単行本の形の[で]. Her poems were collected *in* ～ *form*. 彼女の詩は単行本にまとめられた.
in mý bòok 私の考えでは, 私の思う[信ずる]ところ(では).
knòw..like a bóok ..を完全に知っている.
màke a bóok on.. 〖英〗＝***màke bóok on..*** 〖米〗..に賭ける.
òne for the bóok(***s***) 〖米話〗驚くべきこと.
on [***off***] ***the bóoks*** (***of..***) (..の)名簿に載って[から除かれて], (..の)会員[会員外]で.
réad a pèrson like a bóok 〖話〗人(の心)を見透かす.
spèak [***tàlk***] ***like a bóok*** 堅苦しい言い方で話す.
sùit a pèrson's bóok 〖英話〗人の目的[意]に添う.
thròw the bóok at.. 〖話〗〔警察や裁判官などが〕..に最大の刑罰を科する, ..を厳罰に処する.
without bóok 典拠なしで; 暗記して.
── 動 (**～s** /-s/|過 過分 **～ed** /-t/|**bóok·ing**) 他
【書き入れる】 **1** 〔名前, 注文など〕を**記入する** 〈*down*〉.
2 (**a**) 〖話〗を警察の記録に記入する, の調書を取る, 〈*for* ..〔違反など〕で〉. (**b**) 〖英〗〖サッカー〗〔審判が〕〔反則者〕の名前を控える.
3 〔予約者〕の名を記入する; に切符を発行する, 出札する.
4 (**a**) 〔ホテルの部屋, 座席など〕を**予約する** (reserve); VOO (～ X Y)・VOA (～ Y *for* X) Xのために Yを予約する. ～ seats on a plane 飛行機の席を予約する. ～ a passage to Kobe 神戸までの船旅の手配をする. I've ～*ed* her a hotel room [a hotel room *for* her]. 彼女のためにホテルの部屋を予約した. (**b**) VOA (～ X ***on..***) Xのために〔航空便など〕の座席などを予約する. She ～*ed* herself [was ～*ed*] *on* the next morning's flight. 彼女は翌朝の便を予約した[してあった].
5 と出演契約を結ぶ 〈*for* ..の〉; VOC (～ X ***to do***) Xと契約して..してもらう. ～ a band *to* play at the party バンドを雇ってパーティーで演奏してもらう.
── 自 予約する; 前売り切符を買う. ～ early [well in advance] for a concert 早く[かなり前に]コンサートの予約をする. ～ through to Paris パリまで通し切符を買う.
be (***fùlly***) ***bòoked úp*** ＝ ***be fùlly bóoked*** [***bòoked sólid***] 〔場所が〕予約で満員である; 〔人が〕予定でいっぱいである.
bòok ín (1) 〖英〗(到着時に)ホテル[空港など]で記帳する, チェックインする, (check in). (2) 出社などの署名をす

る.

bòok** a person **ín 〘英〙 人のために宿泊を予約する; 〔フロント係などが〕人の宿泊手続きをする. 〜 a person *in* at a hotel ホテルに人の宿泊の予約をする.

bóok ìnto.. 〘英〙〔ホテルなど〕にチェックインする.

bóok** a person **ìnto.. 〘英〙 人のために〔ホテルなど〕宿泊を予約する.

bòok óut 〘英〙 (1)(ホテルなどを)チェックアウトする (check out). (2) 退社などの署名をする.

***bòok** a person **thróugh** (**to..**)* 人のために(..へ行く)通し切符を手配する. 「つけられたことから)]

[<古期英語; beech と同源(ブナの樹皮に文字が書き↑

bóok·a·ble 形 〘英〙 **1** 予約できる. **2** 〘サッカー〙 審判に記録されるほどの〔反則〕(→book 動 他 2(b)).

bóok·bìnder 名 C 製本業者. 「U 製本術.

bóok·bìndery 名 (複 **-er·ies**) **1** C 製本所. **2**↑

bóok·bìnding 名 U 製本, 製本業[技術].

***book·case** /búkkèis/ 名 (複 **-cas·es** /-əz/) C 本箱.

bóok clùb 名 C 書籍頒布(はんぷ)会; 読書クラブ.

bóok·ènd 名 C 〈普通 〜s〉 本立て, ブックエンド.

Bóok·er Prìze /búkər-/ 名 〈the 〜〉 ブッカー賞 《英国で, 小説を対象とした年 1 回の文学賞》.

book·ie /búki/ 名 〘話〙 =bookmaker 1.

bóok·ing 名 UC **1** 帳簿記入. **2** 〘話〙 (警察の)調書記入. **3** 出札; 〘主に英〙 (席などの)予約 (〘主に米〙 reservation). **4** (出演, 講演の)契約.

bóoking clèrk 名 C 〘主に英〙 (駅の)切符発売係, 出札係; 予約受付係, 荷物取扱い係.

bóoking òffice 名 C 〘主に英〙 出札所, 切符売り場, (ticket office).

book·ish /búkiʃ/ 形 **1** 書物で知っている; 机上の〔空論など〕. **2** 本好きの; ガリ勉の. **3** 〔言葉遣いなどが〕堅苦しい; 学究的な; 学者ぶった. **4** 本の, 本に関する.
▷ **〜·ly** 副 堅苦しく; 学者ぶって. **〜·ness** 名 U 堅苦しさ; 学者ぶること.

bóok jàcket 名 C 本の(紙)カバー.

bóok·kèeper 名 C 簿記係.

bóok·kèeping 名 U 簿記. 「学校教育.

bóok lèarning 名 U 〘しばしば軽蔑〙 机上の学問;↑

†**book·let** /búklət/ 名 C 小冊子, パンフレット.

‡**bóok·màker** 名 C **1** (競馬, スポーツなどの)賭(か)け屋 (〘話〙 bookie, 〘英章〙 turf accountant) 《オッズ (→odds) を公表し, 一般からの賭けを募る(公認の)賭博(とばく)業者》. **2** 編集屋, 出版屋, 《特に金もうけのために乱作する》; 書籍製造業者 《印刷者, 装丁者, 製本業者など》.

bóok·màking 名 U **1** (競馬の)賭(か)け屋業. **2** 書籍製造.

bóok·man /-mən/ 名 (複 **-men** /-mən/) C **1** 読書人; 文人. **2** 〘話〙 出版人, 本屋.

bóok·màrk(er) 名 C **1** (本の)しおり (→book 図). **2** 〘電算〙 ブックマーク 《気に入ったサイトの URL を記録しておく》.

bóok màtch 名 C 〘米〙 matchbook のマッチ棒.

book·mo·bile /búkmoubì:l/ 名 C 〘主に米〙 移動図書館 (〘英〙 mobile library).

Bòok of Còmmon Práyer 名 〈the 〜〉 (英国国教会の)祈禱(きとう)書 《略して the Common Prayer または the Prayer Book ともいう》.

bòok of réference 名 =reference book.

bóok·plàte 名 C 蔵書票 (ex libris).

bóok·ràck 名 C 書見台; 書棚.

bóok·rèst 名 C (読書用の)本置き台 《机上で調節して使う金属や木の枠》.

bóok revìew 名 C 書評.

bóok revìewer 名 C 書評者.

‡**bóok·sèller** 名 C 本屋, 書籍商.

‡**bóok·shèlf** 名 (複 **-shelves**) C 本棚.

‡**bóok·shòp** 名 〘主に英〙 =bookstore.

bóok·stàll 名 C (会議場などの)本の(仮設)売店; (屋台の)古本屋; 〘英〙 (駅などの)新聞雑誌売店 (newsstand). 「stall.

bóok·stànd 名 C **1** =bookrack. **2** =book-↑

‡**book·store** /búkstɔ̀:r/ 名 (複 **〜s** /-z/) C 〘米〙 本↓

bóok tòken 名 C 〘英〙 図書(購入)券. ⌊屋, 書店.

bóok vàlue 名 U 帳簿価格 (→market value).

bóok·wòrk 名 U (実習, 実験に対し)書物による学習[研究].

bóok·wòrm 名 C **1** 〘話・しばしば軽蔑〙 '本の虫' 《読書ばかりしている人》. **2** シミ(紙魚) 《本につく虫》.

***boom**[1] /bu:m/ 名 (複 **〜s** /-z/) **1** C (雷, 大砲, 大波などのどーんという)とどろく音; (ハチ, カブトムシなどの)ぶーんという羽音.
2 C 〈普通, 単数形で〉 (**a**) にわか景気, 好況, 活況, ブーム; (物価の)暴騰; 〈*in* ..における〉 (↔slump). a building 〜 建築ブーム. a 〜 *in* land prices 地価の暴騰. (**b**) (人口の)急増; (地域の)急開発. →baby boom. (**c**) 大流行, ブーム.
3 〈形容詞的〉 ブームによる. 〜 prices 急上昇した物価.
── 動 自 **1** 〔雷, 大砲, 大波などが〕とどろく, どーん[ごーん]と響く, 〈*away, out*〉; 〔声, 音楽などが〕朗々と響く 〈*out*〉; 〔ハチなどが〕ぶーんという. **2** 好況になる, にわかに景気づく; 〔物価が〕急騰する; 人気が急上昇する. Business is 〜*ing*. 商売は景気がいい.
── 他 **1** (**a**) をとどろくような音を立てて知らせる[報ずる], 声高々と朗唱する, 〈*out*〉; (**b**) 引 (〜 "引用") 「..」と低くよく通る声で言う. **2** を景気づかせる; の人気をあおる.
[擬音語]

boom[2] 名 C **1** 〘船〙 帆の下桁(げた), ブーム. **2** 防材 《港, 河川への船の侵入や木材・油などの流出を防ぐための木材をつないだもの[ケーブル, 鎖]など》. **3** (クレーンの)腕木. **4** カメラ[マイク]移動用腕木 《クレーンのように操縦できる》.

lòwer the bóom on.. 〘話〙 ..を手厳しくこらしめる[罰する, 取り締まる]. [オランダ語 'tree'; beam と同源]

bóom bòx 名 C 〘米話〙 大型ラジカセ (〘英話〙 ghetto blaster).

bóom·er 名 C 〘話〙 **1** (同類中)際立って大きいもの; 大波; 〘オース〙 雄の大型カンガルー. **2** 〘米〙 ブームに湧く地域への移住者; 渡り労働者. **3** 〘主に米〙 =baby boomer.

boom·er·ang /bú:məræ̀ŋ/ 名 C **1** ブーメラン 《オーストラリア先住民の狩猟用飛び道具; 投げて獲物に当たらない時は曲線を描いて手元に戻ってくる》. **2** 自業自得, やぶへび, 《被害が自分に戻ってくるような着想, 計画など》.
── 動 自 〔行為などが〕(結果的に) 自分に戻ってくる. Her unkind words 〜*ed* (*on* [*against*] her). 彼女の意地悪な言葉は結局自分の身にはね返って来た.
[オーストラリア先住民語] 「然の活況に沸く町.

bóom tòwn 名 C (金鉱, 油田などが見つかって)突↑

‡**boon**[1] /bu:n/ 名 C **1** 恩恵, 利益; 便利な[役に立つ]もの 〈*to, for* ..にとって〉. **2** 〘古〙 願いごと, 頼み, (favor).

boon[2] 形 愉快な. 〜 companions 気の合った(飲み, 遊び)仲間.

boon·docks /bú:ndɑ̀ks|-dɔ̀ks/ 名 〘米話〙 〈the 〜; 複数扱い〉 荒地, (未開拓の)森林地帯; 僻(へき)地.

boon·dog·gle /bú:ndɑ̀gl|-dɔ̀gl/ 〘米話〙 名 C (特に公費による)役にも立たないむだな仕事[計画, 事業など].
── 動 自 むだな仕事をする.

Boone /bu:n/ 名 **Daniel** 〜 ブーン (1734–1820) 《米国, 特に Kentucky 州の開拓者》.

boon·ies /bú:niz/ 名 =boondocks.

boor /buər/ 名 C 田舎者, 無作法者, 無骨者. [オランダ語; Boer と同じ語]

boor·ish /bú(ə)riʃ/ 形 やぼな, 野卑な, 粗野な, がさつ

B

な, 無骨な. ▷～·ly 副 ～·ness 名

***boost** /bu:st/ 動 (～s /-ts/|過 過分 **bóost·ed** /-əd/|**bóost·ing**) 他 **1** を下から押し上げる〈*up*〉. **2** の人気をあおる; を後援[応援]する. ～ a candidate 候補者を後援する. **3** 〔値〕をつり上げる; 〔生産, 販売など〕を増加[促進]させる; 〔経済, 景気など〕を上向ける; 〔士気など〕を盛り上げる. ～ (*up*) prices [wages] 物価[賃金]をつり上げる. ～ a person's ego [confidence, morale] 人の自尊心をかき立てる[自信を高める, 士気を鼓舞する]. **4** 〔新製品など〕を宣伝する, 広告する. **5** の電圧を上げる.

── 名 C 〈普通, 単数形で〉 **1** 押し上げること; しり押し; 後援, 応援. I gave him a ～ (up). 彼を下から押し上げてやった[彼を後援した]. **2** (価格, 賃金などの)つり上げ, 急上昇, 増進. a ～ *in* price 物価の上昇. **3** (**a**) (景気, 士気などの)盛り上がり, 盛り上げ. (**b**) 盛り上がらせる[元気づける]もの. a ～ *to* our spirits 我々の士気を盛り上がらせるもの. **4** (新製品などの)宣伝, 広告.
[?<*boom*¹+hoi*st*]

boost·er /bú:stər/ 名 C **1** ＝boost 3(b). **2** 〖米話〗熱心な後援[応援]者《特に大学スポーツなどの》. **3** 〖電〗昇圧器. **4** 〖ラジオ〗ブースター《補助アンプ (amplifier) の一種》. **5** ＝booster shot. **6** ＝booster rocket. **7** 〖米俗〗万引《人》.

bóoster ròcket 名 C 補助推進ロケット, ブースター.

bóoster sèat 名 C 座席を高くするためのクッション《食卓, 床屋などの椅子にのせて子供を座らせる》.

bóoster shòt 名 C (効力持続[促進]のための) 2 回目の予防[ワクチン]注射; 〈比喩的に〉'カンフル剤投与'.

‡**boot**¹ /bu:t/ 名 (複 ～s /-ts/) C **1** 〈普通 ～s〉ブーツ, 長靴; 〖英〗(くるぶしの上まで来る)半長靴, 深靴; (→shoe 参考). a pair of ～*s* ブーツ1 足. high ～*s* 〖英〗長靴. laced ～*s* 編み上げ靴. pull on [off] one's ～*s* ブーツをはく[ぬぐ]. **2** 〖英〗(自動車の)トランク (〖米〗 trunk). **3** 〈普通, 単数形で〉〖話〗けること, けとばすこと, ひとけり, (kick). give the ball a ～ ボールをける. **4** 〖電算〗(プログラムの)起動, 立ち上がり. a ～ disk 起動ディスク.

dìe with one's bóots on ＝〖主に英〗***dìe in*** *one's* ***bóots*** 〖話〗(靴をはいたまま死ぬ>)仕事[戦闘]中に死ぬ; 人手にかかって死ぬ.

gèt [be gìven] the bóot 〖話〗'首'[お払い箱]になる, 振られる.

gèt too bíg for *one's* ***bóots*** →big.

gìve *a person* ***the bóot*** 〖話〗人を'首'にする, 人を振る.

hàve *one's* ***héart in*** *one's* ***bóots*** →heart.

in *a pèrson's* ***bóots*** 人の立場で.

lìck the bòots of *a pérson* ＝***lìck*** *a pèrson's* ***bóots*** 〖話〗人にぺこぺこして取り入る.

pùt the bòot ín (1) (危険な所へ)足を踏み入れる. (2) 〖英話〗(倒れている人を)さらにける; (弱っている人を)さらに追い詰める, (ひどい言葉などで)とどめを刺す; 事態をさらに悪くする.

The bóot is on the óther fòot [lèg]. 〖話〗事態は逆転した; 責任は向こうにある.

wìpe *one's* ***bóots on..*** ..を侮辱する.

You (can) bèt your bóots (that).. 〖話〗きっと(..だ). *You bet your* ～*s* he'll come. 彼は絶対に来ますよ.

── 動 他 **1** 〖話〗をけとばす (kick). **2** 〖野球〗〔ゴロの打球〕をファンブルする, 捕りそこなう. **3** にブーツをはかせる. **4** 〔プログラム, コンピュータ〕を起動させる, 立ち上げる, 〈*up*〉. ── 自 (コンピュータを)起動させる, 立ち上げる; 〔プログラムが〕立ち上がる; 〈*up*〉. Try to ～ *up* again. もう一度立ち上げてごらん.

bòot /../ óut 〖話〗〔人〕を追い[放り]出す; 〔人〕を免職['首']にする〈普通, 受け身で〉.

bòot X̀ out of [from] Ý 〖話〗X (人)を Y (家, 学校など)から追い出す; X (人)に Y (仕事, 職場など)を辞めさせる.
[<古期北欧語]

boot² 〖古〗動 自, 他 〈普通 it を主語にして〉(の)役に立つ. *It* ～*s* (me) not to grieve. 嘆いてもしかたないこと.

── 名 〈次の用法のみ; 文末で〉 ***to bóot*** 〖章〗その上, かてて加えて, (into the bargain).

bóot·blàck 名 C 〖米〗靴磨き《人》.

bóot càmp 名 C 〖米話〗海軍新兵訓練基地.

boot·ed /bú:təd/ 形 靴をはいた. ～ and spurred 乗馬の用意をして; 旅の仕度を整えて

boot·ee /bú:ti:, -ˊ/ 名 C 〈普通 ～s〉幼児用の毛糸編み靴; 婦人用裏付き深靴 (short boots).

Bo·ö·tes /bouóuti:z/ 名 〖天〗牛飼い座《1 等星 Arcturus を含む北方星座》.

Booth /bu:θ, bu:ð|bu:ð/ 名 ブース **1 John Wilkes** /wilks/ ～ (1838–65)《Abraham Lincoln を暗殺した米国の俳優》. **2 William** ～ (1829–1912)《英国の牧師; 救世軍を創立した (1878)》.

***booth** /bu:θ|bu:ð/ 名 (複 ～s /-ðz/) C **1** (縁日, 定期市の)テント掛け屋台, (市場の)売店 (stall).
2 個人用の仕切られた場所, 小室, ブース. a polling ～ (投票場の)記入用仕切り. a ticket ～ 切符売り場. a telephone ～ 電話ボックス. **3** (喫茶店などの)ボックス, 仕切り席. [<古期北欧語「仮りの住まい」]

bóot·ie 名 ＝bootee.

bóot·jàck 名 C ブーツぬぎ《乗馬靴などのかかとをそれにひっかけてぬぐ》.

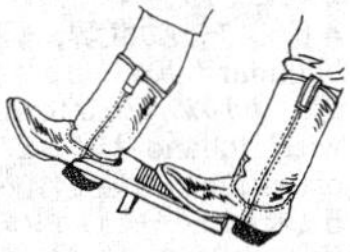

[bootjack]

bóot·làce 名 C 〖英〗〈普通 ～s〉靴ひも.

bóot·lèg 動 (～s|-gg-) 他, 自 (酒などを)密売[密造, 密輸]する《<酒瓶などを長靴の中に隠した》; の海賊版を作る.

── 形 〈限定〉密売[密造, 密輸]の, 海賊版の, 禁制の.

── 名 U 密造酒; C (CD, ビデオテープなどの)海賊盤.

bóot·lèg·ger 名 C (特に米国の禁酒法時代の)酒類密売[密造, 密輸]者; (CD, ビデオテープなどの)海賊版作成者[業者].

bóot·less 形 〖雅〗むだな, 無益な, (→boot²).

bóot·lìck 〖米話〗動 他, 自 (人に)ぺこぺこして取り入る. ▷～·er 名 C ぺこぺこする人.

boots /bu:ts/ 名 (複 ～) C 〖英旧〗(昔のホテルの)靴磨き《客の荷物を運ぶなど雑用もする》.

bóot sàle 名 〖英〗＝car boot sale.

bóot·stràp 名 C ブーツのつまみ皮《はき口の後ろ[両横]のループ状革ひも; はく時これを引っ張る》.

pùll oneself úp by *one's* ***(òwn) bóotstraps*** 〖話〗自力で頑張り通す[成功する].

bóot trèe 名 C 〈普通 ～s〉靴型《ブーツの形をくずさないため中に入れる》.

†**boo·ty** /bú:ti/ 名 U **1** (泥棒の)盗品; 強奪品, 戦利品. **2** ぼろいもうけ, 大した褒美. [<中期低地ドイツ語「交換」]

‡**booze** /bu:z/ 〖話〗動 自 大酒を食らう. ── 名 U 酒, 〈特に〉安酒; C 酒盛り. go (out) [be] on the ～ 大酒を食らう[食らっている]. ▷**bóoz·ing** 名 U 飲酒.

boozed /bu:zd/ 形 〈叙述〉〖話〗酔っ払って. be ～ up 泥酔している.

booz·er /bú:zər/ 名 C **1** 〖話〗大酒飲み. **2** 〖英話〗飲み屋 (pub, bar).

bóoze-ùp 名 C 〖英話〗飲み[どんちゃん]騒ぎ.

booz·y /bú:zi/ 形 e 酔っ払った; 酒びたりの.

bop¹ /bɑp|bɔp/ 名 C 〖米話〗ぶん殴り, ひと殴り, 1 打.
── 動 (～s|-pp-) 他 をぶん殴る.

bop² 名 **1** U ＝bebop. **2** UC 〖英話〗軽音楽に合わせて踊ること[に合わせた踊り]. ── 動 (～s|-pp-) 〖英話〗(ディスコなどで)軽音楽に合わせて踊る. ▷**bóp·per** 名 C **1** bebop を歌う[演奏する, 踊る]人. **2** ＝teeny-bopper.

bo-peep /bòupí:p/ 名 U (赤ん坊をあやす)'いないいないばあ' (peekaboo). play (at) ～ いないいないばあをする.
[bo, peep¹]

bor. borough.
bo·rac·ic /bəræsik/ 形 =boric.
bor·age /báridʒ|bɔ́r-/ 名 U 〖植〗ルリヂシャ《ヨーロッパ産のムラサキ科》; その葉《サラダ, 香味料などに用いる》.
bo·rate /bɔ́:reit/ 名 U 〖化〗硼(ほう)酸塩.
bo·rax /bɔ́:ræks/ 名 U 〖化〗硼砂(ほうしゃ).
Bor·deaux /bɔ:rdóu/ 名 **1** ボルドー《フランス南西部の港市; ワイン集散地》. **2** UC ボルドー地方産のワイン《白と赤のうち赤を特に英語で claret と言う》.
Bórdeaux mìxture 名 U ボルドー液《かび止めの農薬; 硫酸銅と生石灰の等量混合液》.
bor·del·lo /bɔ:rdélou/ 名 (複 **~s**) C 〖雅〗売春宿 (brothel). [イタリア語(＜古期フランス語「小さな小屋」)]
*__bor·der__ /bɔ́:rdər/ 名 (複 **~s** /-z/) C **1** へり, 縁. on the ~ of a lake 湖のほとりに.
2 (服, ハンカチ, 本のページ, 絵などの)**飾り縁**, へり. a lace ~ レースの飾り縁.
3 (庭園, 歩道などを縁どる帯状の)花壇《草花や低木が植えてある》. a ~ of tulips around the garden 庭のまわりのチューリップの花壇.
4 (国, 州などの)**境界**, **国境**; 国境地方, 辺境; (→boundary 類語). cross the ~ into Canada 国境を越えてカナダに入る. a town just inside Germany's ~ with Holland オランダとの国境に間近いドイツの町. out of [within] ~*s* 領土外[内]に. a ~ army 国境警備軍.
5 〖米〗〈the ~〉(メキシコとの間の)国境地帯; 〖英〗〈普通 the Borders〉(イングランド・スコットランド間の)国境地帯.
nòrth of the bórder 国境[境界]の北に[へ]; 〖英〗スコットランドで[の].
on the bórder(s) of .. (1) →1. (2) ..の瀬戸際で, 今にも..しそうで.
── 動 (**~s** /-z/|過 過分 **~ed** /-d/|**~·ing** /-d(ə)riŋ/) 自 **1** VA (**~ *on* [*upon*] ..**) **..に接している**, 隣接する. the countries ~*ing on* the Mediterranean 地中海に臨む諸国. **2** VA (**~ *on* [*upon*]**) **ほとんど..(に)近いと言ってよい**, ..に非常に似ている; もう少しで..になる. He *is* ~*ing on* seventy. 彼はもう 70 (歳)近い. She ~*ed on* tears. 彼女はもう少しで泣きそうになった. This story ~*s on* the indecent. この話は猥褻(わいせつ)すれすれだ. an act of irresponsibility ~*ing on* folly 愚行と言っていいほどの無責任な行為.
── 他 **1** に縁(飾り)を付ける〈*with* ..で〉; の縁をなす, を縁どる. a blouse ~*ed with* lace レースの縁飾りが付いたブラウス. **2** に接する, の境をなす; と互いに接し合う, 境を接する. Our farm ~*s* a highway. 我々の農場は幹線道路に面している. New York State and Pennsylvania ~ each other. ニューヨーク州とペンシルヴァニア州は隣接している. [＜古期フランス語「側, へり」]
bor·der·er /bɔ́:rd(ə)rər/ 名 C 国境[辺境]地方の住民《特に〖英〗では border 5 の》.
bórder·lànd 名 C **1** 国境地帯. **2** 〈the ~〉どっちつかずの状態. be on the ~ between fantasy and reality [sleep and waking] 夢うつつの状態にある.
‡**bórder·lìne** 名 C 〈普通, 単数形で〉**1** 境界線; 国境線; 〈*between* ..の間の/*of* ..との〉. **2** どっちつかずの状態. ── 形 〈限定〉**1** 国境[境界]線上の; 境界の. **2** どっちつかずの; あやふやな; きわどい. get a ~ pass in the exam 試験にきわどく合格する. a ~ case どっちつかずの事例; どっちとも決めがたい症例.
‡**bore**[1] /bɔ:r/ 動 (**~s** /-z/|過 過分 **~d** /-d/|**bór·ing** /-riŋ/) 他 **1** (きり, ドリルなどで)に**穴をあける**. ~ the ground for oil 石油を探して土地を試掘する. **2** 〔穴, トンネル, 井戸など〕を掘り抜く. ~ a hole *in* a board 板に穴をあける. ~ a tunnel *through* a mountain 山を通してトンネルを掘る.
── 自 **1** 穴をあける, 穴をあけて入る〈*into* ..に〉; 試掘する〈*for* ..を探して〉. The mole ~*d into* the ground. モグラは穴をあけて地中にもぐった. ~ *for* oil 石油の試掘をする. **2** 穴があく, 穴をあけられる. **3** VA (~ *on*) 穴を掘るように(困難の中を)じりじり進む; (**~ *into* ..**) 〔目が〕..を穴のあくほど見つめる〈*into* ..を〉.
bòre one's wáy 〔through the crowd〕〔群衆の中を〕かきわけて進む (→way[1] 2 語法).
── 名 C **1** (きりなどであけた)穴; =borehole.
2 (銃, パイプの)口径, 内径; (銃身, パイプの)内部の空間, 内腔(こう); (★「口径」の意味でしばしば複合形容詞の要素になる). a 12-~ shotgun 12 番口径の散弾銃.
[＜古期英語「(錐(きり)で)穴をあける」]
*__bore__[2] /bɔ:r/ 動 (**~s** /-z/|過 過分 **~d** /-d/|**bór·ing** /-riŋ/) 他 **を退屈させる**, うんざりさせる, 〈*with* ..で〉. *get* ~*d* stiff *with* his boastful accounts 〖話〗彼の自慢話にうんざりする (→stiff 形 8). I'm (getting) ~*d* to death [tears]. 〖話〗退屈で死にそうだ[泣きたくなる]. ◇名 boredom
── 名 (複 **~s** /-z/) C **1** 退屈な人. Don't be such a ~. 僕をそんなにうんざりさせないでくれ. He is a baseball ~. あいつは野球の話ばかりする(退屈なやつだ). **2** 〈普通, 単数形で〉退屈な物事; 〖話〗うんざりするもの[事], いやな事. What a ~ (it is) having to add it all up again! 合計を初めからやり直さなければならないとはいやになっちゃう. [＜?]
bore[3] 名 C (河口をさかのぼる)高潮.
bore[4] 動 bear[1] の過去形.
bo·re·al /bɔ́:riəl/ 形 北の; 北風の.
Bo·re·as /bɔ́:riəs|bɔ́(:)riæs/ 名 〖ギ神話〗ボレアス《北風の神》; U 〖詩〗北風.
*__bored__ /bɔ:rd/ 形 m **退屈した[て]**, うんざりした[て]. a ~ expression on his face 彼の退屈そうな顔の表情.
†**bore·dom** /bɔ́:rdəm/ 名 U 退屈, 倦怠(けんたい). ~ with school 学校にあきあきしていること. relieve ~ 退屈を紛らす. go for a walk out of sheer [utter] ~ 退屈の極みで散歩に出る.
bóre·hòle 名 C (水, 石油などの)試掘孔.
bor·er /bɔ́:rər/ 名 C **1** 穴をあける人; 穴あけ道具《きり, ドリルなど》. **2** 木食い虫, 芯(しん)食い虫.
Bor·ges /bɔ́:rhes/ 名 **Jorge Luis ~** ボルヘス (1899–1986)《アルゼンチンの詩人・短編作家・思想家》.
bo·ric /bɔ́:rik/ 形 硼(ほう)素 (boron) の.
bòric ácid 名 U 〖化〗硼酸.
bor·ing[1] /bɔ́:riŋ/ 名 **1** U 穴をあけること; ボーリング. **2** 〈~s〉錐屑(きりくず).
*__bor·ing__[2] 形 m **退屈な**, うんざりさせる(ような); 〖英〗嫌な, 腹立たしい. deadly ~ 死ぬほど退屈な[で]. I've got a run in my tights, how ~! 靴下が伝線しちゃった. 困ったわ. ▷ **~·ly** 副 うんざりするほど.
‡**born** /bɔ:rn/ 動 bear[1] (生む)の過去分詞. ★受け身で行為者が表現されない時に用いる; →bear 他 12 語法.
*__*be bórn*__ 〈しばしば補語を伴う〉〔..として〕**生まれる**. He *was* ~ *into* a political family on July the fourth. 彼は 7 月 4 日に政治家の家庭に生まれた. be born *to* a missionary couple 宣教師夫妻の間に生まれる. Bangladesh *was* ~ in 1971. バングラデシュは 1971 年に誕生[建国]した. He *was* ~ rich [to be a musician]. 彼は金持ちに[音楽家になるように]生まれついた. She *was* ~ *with* a harelip. 彼女は生まれつき兎唇(みつくち)だった. Mother *was* ~ Kitty O'Neill in Dublin. 〖章〗母はダブリン生まれで(結婚前の)名をキティ・オニールといった. *be* ~ under a lucky [unlucky] star 幸運[不運]の星のもとに生まれる. He never changes. He *was* ~ that way. 〖話〗彼は決して変わらない. あんな風に生まれついたんだ. I *was* not ~ yesterday. おれはきのう生まれたばかりではないぞ《＞そう簡単にはだまされないぞ》.
be bórn agàin 生まれ変わる, 再生する.
be bòrn and bréd 生まれ, かつ育つ. She *was* ~ *and*

bred ⌞a Christian [in London]. 彼女はキリスト教徒として[ロンドンに]生まれ育った.

be bórn of [*to*] **..** ..の子である. *be* ～ *of* [*to*] uneducated parents 無学の両親の子である.

be bórn (***out***) ***of*..** 〖章〗〔物事が〕..から生じる, に起因する. Prejudice *is* often ～ *of* ignorance. 偏見はしばしば無知から生じる.

be bórn to 〔wealth〕〔金持ち〕に生まれつく.

be bòrn with a sìlver spóon in one's móuth → spoon.

── 形 Ⓒ 〈限定〉**生まれつきの**, 生まれながらの, 天性の. a ～ fool 生まれつきのばか. a ～ sportsman 天性のスポーツマン.

bòrn and bréd 氏(うじ)も育ちも. →breed.

in àll one's bòrn dáys 〖旧話〗生まれてこのかた, 一生のうちで, 〈普通, 否定・疑問文で〉.

-born 〈複合要素〉..に生まれついた; ..生まれの; ..によって生ずる. well-*born* 生まれのよい. American-*born* アメリカ生まれの. the first[eldest]-*born* 長子.

bòrn-agáin /㊥/ 形 〈限定〉**1** 生まれ変わった, 心を入れ替えた; 改宗した. a ～ Christian (福音派に)改宗したキリスト教徒. **2** よみがえりの, 復活した, 〔主義(者)など〕. **3** 熱心に打ち込んでいる. a ～ nondrinker 熱心な禁酒家.

‡**borne** /bɔːrn/ 動 bear[1] (「生む」以外の意味)の過去分詞. ★「生む」の意味では「by＋行為者」を伴う受け身文か, 受け身でない完了形の時; →bear 他 12 語法.

-borne 〈複合要素〉..に運ばれる. air*borne*. insect[wind]-*borne* 昆虫[風]によって運ばれる.

Bor·ne·o /bɔ́ːrniòu/ 名 ボルネオ《Malay 諸島中最大, 世界第 3 の島; 北部は Malaysia と Brunei に, 南部は Indonesia に属する》. ▷**Bor·ne·an** /-niən/ 形, 名

bo·ron /bɔ́ːrɑn|-rɔn/ 名 Ⓤ 〖化〗硼(ほう)素《非金属元素; 記号 B》.

†**bor·ough** /bə́ːrou, -rə|bʌ́rə/ 名 Ⓒ **1** 〖米〗自治町[村]《いくつかの州で city より小さい自治体を言う》. **2** 〖米〗(New York 市の)区《Manhattan, the Bronx, Brooklyn, Queens, Staten Island の 5 区ある》. **3** 〖英史〗(勅許状 (royal charter) によって特権を与えられた)自治都市. **4** (ロンドンの)自治区《the City とともに Greater London を構成する 32 の地区》. [＜古期英語「(城塞化された)町」]

bórough còuncil 名 〖英〗バラー議会.

‡**bor·row** /bárou, bɔ́ːr-|bɔ́r-/ 動 (～**s** /-z/|過 過分 ～**ed** /-d/|～**·ing**) 他 **1** を**借りる** 〈*on* ..を担保[抵当]に〉(↔lend; 類語 普通, 借りた物を持ち帰る場合に言い, その場でちょっと使わせてもらう場合には use がよい; しかし May I *borrow* the phone? はかなり一般的; 銀行などからの借金以外は, 普通無料の借用に用いる; →hire 2, lease, rent[1] 1). ～ money *from* [〖古〗*of*] a person [bank] 人[銀行]から金を借りる. ～ money *on* one's house 家を担保に金を借りる.

2 〔他国語, 他人の文章, 考えなど〕を借りる, 借用する, 取り入れる, 模倣する. ～ an idea 考えを借りる. Shakespeare ～*ed* the story *from* Plutarch. シェークスピアはその話をプルタークから採った.

3 〖婉曲〗を無断借用する, 盗用する. Someone has ～*ed* my parasol. だれかが私の日傘を持って行った.

── 自 借りる, 借用する; 借金する; 〈*from* ..から〉. ～ heavily *from* a bank 銀行から大金を借りる.

be (***líving*** [***exísting***]) ***on bòrrowed tíme*** (死ぬのが当然と思われた者が)生き長らえている; 付録の人生と生きている; 〔組織などが〕死に体で生きている.

[＜古期英語「(抵当を入れて)借りる, 貸す」]

▷～**·er** 名 Ⓒ 借用者, 借り手.

bór·row·ing 名 **1** Ⓤ 借用. **2** Ⓒ 借用物, 借入金; 〖言〗借入語《他国語から借入した語; 例 zeitgeist, naïve》. ～ powers 〖経〗(会社の)借入可能限度額.

bor(t)sch, bors(h)cht /bɔːrʃ(t)/ 名 Ⓤ ボルシチ《赤カブ・キャベツなどを煮込んだロシア風スープ》. [ロシア語「ハナウド」(もと, このスープの材料)]

bor·stal /bɔ́ːrst(ə)l/ 名 〖英〗Ⓒ 〈しばしば B-〉少年院; Ⓤ 少年院への収容. [＜最初に少年院が設立された南イングランドの町名]

bor·zoi /bɔ́ːrzɔi/ 名 Ⓒ ボルゾイ犬《ロシア原産の猟犬; Russian wolfhound とも言う》. [ロシア語「速い」]

Bosch /bɑʃ|bɔʃ/ 名 **Hieronymus ～** ボス (1450?–1516)《オランダの画家; 怪奇的な絵で有名》.

bosh /bɑʃ|bɔʃ/ 〖話〗名 Ⓤ ナンセンス. ── 間 ばか言え. [トルコ語「空っぽの」]

bosk·y /báski|bɔ́ski/ 形 やぶに覆われた; 木陰のある.

bo's'n /bóusn/ 名 ＝boatswain.

Bòs·ni·a and Hèrzegovína /báznia-|bɔ́z-/ 名 ボスニア・ヘルツェゴヴィナ《旧ユーゴスラヴィア連邦の一構成共和国; 1991 年に独立宣言; 首都 Sarajevo》.

‡**bos·om** /búz(ə)m/ 名 (複 ～**s** /-z/) Ⓒ **1** 〖旧〗(特に, 女性の)**胸**; 乳房 (breast) (★単数形で両乳房を表すこともある). a well-developed [an ample] ～ 豊かな胸.

2 (衣服の)胸の部分; ふところ; 〖米〗(ワイシャツの)胸.

3 〖雅〗**胸のうち**, 心. speak one's ～ 胸中を明かす.

4 〈the ～〉〖雅〗**奥**, 内部, 真ん中, 〈*of* ..の〉; 表面 〈*of* ..海などの〉. in the ～ *of* the earth 地球の内部で. on the ～ *of* the ocean 大洋の上に. He was happy in the ～ *of* his family. 家族の愛情に包まれて彼は幸福であった. **5** 〈形容詞的〉胸に秘めた, 大事な; 親しい. a ～ friend [buddy, pal] 心の友, 親友.

of one's bósom 最愛の, 心から信頼している.

tàke a pérson to one's bósom 人を妻にする; 人を心の友にする. [＜古期英語]

bos·om·y /búz(ə)mi/ 形 〖話〗〔女性が〕胸の豊かな.

Bos·po·rus, Bos·pho·rus /báspərəs|bɔ́s-/, /-fə-/ 名 〈the ～〉ボスポラス海峡《黒海の南西隅にあり, マルマラ海を経て地中海方面への出口》.

‡**boss**[1] /bɔːs, bɑs|bɔs/ 名 (複 **bóss·es** /-əz/) Ⓒ 〖話〗**1** **上役**《社長, 所長, 主任など》; 決定権を持つ人, 親分; (★女性に対しても用いられる; 呼びかけにも普通に使われ, 日本語の「ボス」のような悪い意味はない). one's ～ at the office 職場の上司. My wife thinks she's the ～. 家内は自分が家庭を切り回していると思っている.

2 〖米・軽蔑〗政党のボス, 領袖(りょうしゅう), 政治的有力者.

be one's òwn bóss 自営業を営む; 一匹狼である.

shòw a person whò's bóss 人にだれがボスか思い知らせる.

── 動 他 〖話〗**1** を支配する, 指揮する; を牛耳る, に親分風を吹かす. ～ the job 仕事の指揮をとる. **2** をこき使う 〈*around*, *about*〉. I'm not used to being ～*ed around*. 私は人にあごで使われるのに慣れていない.

── 形 **1** 〖話〗親分[ボス]の. **2** 〖米俗〗ど偉い, とびきりの (excellent); かっこいい, スマートな. a ～ overcoat すてきなオーバー. [＜オランダ語「親方」]

boss[2] 名 Ⓒ (平らな面につけた)装飾的な突起, いぼ状の飾り; (盾の中心の)飾り鋲(びょう); 〖建〗浮き上げ彫り. ── 動 他 を浮き上げ彫りで飾る. [＜古期フランス語「突起物」]

boss[3] 名 Ⓒ 〖英旧俗〗しくじり; 見当違い (**bóss shòt**). I made a ⌞～ *of* [～ shot *at*] my exam. 私は試験をまずった.

bos·sa no·va /bàsə-nóuvə|bɔ̀s-/ 名 Ⓤ ボサノバ《ブラジル起源のジャズ風サンバ》; Ⓒ その曲[ダンス]. [ポルトガル語 'new trend']

bóss-èyed 形 〖英話〗**1** やぶにらみの (cross-eyed); 片目の. **2** 偏った, 一面的な.

boss·ism /bɔ́ːsiz(ə)m, bás-|bɔ́s-/ 名 Ⓤ 〖米〗ボス支

B

配. political ～ 政党のボス支配.

boss·y /bɔ́:si, bɑ́s-|bɔ́s-/ 形 e 〘話〙親分風を吹かす, 威張りちらす. ▷**boss·i·ly** 副 **boss·i·ness** 名

***Bos·ton** /bɔ́:st(ə)n, bɑ́s-|bɔ́s-/ 名 **1** ボストン《米国 Massachusetts 州の州都》. **2** 〈しばしば b-〉ボストンワルツ《社交ダンスの一種》.

Bóston bàg 名 C ボストンバッグ.

Bòston búll [térrier] 名 C ボストンテリア《ブルドッグとテリアとの混種の黒色に白ぶちの小型犬》.

Bos·to·ni·an /bɔ:stóuniən, bɑs-|bɔs-/ 名 C ボストン市民. ── 形 ボストンの.

Bòston Téa Pàrty 名 〈the ～〉〘米史〙ボストン茶(会)事件《1773 年, 輸入する茶に対する英本国の課税政策に反発した 1 団が, ボストン港内の英国船を襲撃し, 茶箱を海中に投げ捨てた》.

bo·sun, bo'sun /bóusn/ 名 ＝boatswain.

Bos·well /bɑ́zwel, -wəl|bɔ́z-/ 名 **1 James** ～ ボズウェル (1740–95)《英国人; Dr. Johnson に心酔し, その言動を克明に記した伝記を著した》. **2** C 〈一般に〉克明な伝記作者; 熱烈な信奉者.

Bos·well·ian /bɑzwélian|bɔz-/ 形 ボズウェル⌞風の[らしい]《事実を細大漏らさず書く》.

bot /bɑt|bɔt/ 名 C ウマバエの幼虫《馬・羊・牛, 時には人間に寄生する》.

bot. botanical; botany; bottle.

†**bo·tan·ic, bo·tan·i·cal** /bətǽnik/, /-k(ə)l/ 形 植物の, 植物から作った[採った]; 植物学(上)の. [＜ギリシア語「(牧)草」]

botànical gárden 名 C 〈普通 ～s〉植物園.

‡**bot·a·nist** /bɑ́tənist|bɔ́t-/ 名 C 植物学者.

bot·a·nize /bɑ́tənàiz|bɔ́t-/ 動 自 植物を採集[実地研究]する. ── 他 〔ある土地〕へ植物採集[研究]に行く.

†**bot·a·ny** /bɑ́təni|bɔ́t-/ 名 (複 **-nies**) **1** U 植物学 (→zoology); 〈集合的〉(1 地域の)植物; 植物の生態. **2** C 植物学の文献. [＜*botanic*＋-y²]

Bótany Bày 名 **1** ボタニー湾《オーストラリア Sydney 市の南にある入江》. **2** ボタニーベイ《19 世紀に作られた英国の流刑者用刑務所; 予定に反して実際には北の Port Jackson に設けられたが名称として残った》.

‡**botch** /bɑtʃ|bɔtʃ/ 〘話〙動 他 をやりそこなう, とちる; を下手に繕う[修理する]; 〈*up*〉. ── 名 C 不出来な仕事; 下手な繕い. make a ～ of repairing a TV set テレビの修理をやりそこなう. ▷**bótch·er** 名 C 下手な人. **bótch·y** 形 〔仕事の出来などが〕まずい.

bótch-ùp 名 〘主に英〙＝botch.

bót·flỳ 名 C (複 **-flies**) 〘虫〙ウマバエ (→bot).

‡**both** /bouθ/ 形 ⓒ **両方の**, 双方の. (語法 定冠詞・人称代名詞の所有格・指示形容詞がある時はその前に置く). *Both* (the) sisters are beautiful. 姉妹は 2 人とも美人だ (★これを The ～ sisters ..とするのは誤り; なお→代 第 1 例). She had flowers in ～ (her) hands. 彼女は両手に花を持っていた. on ～ sides of the street 通りの両側に. I don't want ～ these hats. この帽子 2 つともはいらないわ (★部分否定; →代 最終例).

bòth wáys ＝each WAY¹.

hàve it bóth wàys →way¹.

── 代 **両方**, 双方, 〈*of* ..の〉. *Both of* the sisters are beautiful. ＝The sisters are ～ beautiful. (★形 第 1 例と同じ意味; 後の文の both は主語と同格) *Both of* them [They ～] have fair hair. 彼らは 2 人とも金髪である. I like ～ (*of* them). 私は(彼らが)両方好きだ (★〘話〙では, the ～ of them と, the 付きの形も行われる). Either of you can go, but not ～. 君たちのどちらかは行ってもよいが 2 人行っては困る. I don't want ～ (*of*) these hats. 私はこの帽子を 2 つとも欲しいのではない (★上例と同じく部分否定; of を省けば both は 形). 語法 (1) 全体否定は I do*n't* want *either* of these hats. ＝I want *neither* of these hats. (この帽子は 2 つともいらない)のように言う. (2) *Both* of them are nót coming. を〘話〙では全体否定(「どちらも来ない」)の意味に使うことがある. (→all 形 語法)

── 副 〈～ X and Y の形で〉X も Y も, **両方とも**, (↔ neither X nor Y) (語法 (1) 結合される部分は原則として同じ品詞の働きを持つ. (2) ～ X and Y で結ばれた 2 つ(以上)の名詞[代名詞]が主語になる時は複数扱い). *Both* you *and* I are to blame. 君も僕も悪いのだ. He speaks ～ French *and* German. 彼はフランス語もドイツ語も話す. He has been ～ in Greece *and* (in) Italy. 彼はギリシアにもイタリアにもいたことがある (★このような場合後の前置詞 in が省略されることがある). 注意 ～ beasts *and* birds *and* fish (獣も鳥も魚も)などのように, 2 つ以上にも用いることがあるが, 避けるべき用法. [＜古期北欧語]

‡**both·er** /bɑ́ðər|bɔ́ðə/ 動 (～**s** /-z/|過 過分 ～**ed** /-d/|～**·ing** /-ð(ə)riŋ/) 他 **1** を悩ます, に迷惑をかける, をじゃまする, うるさがらせる; を面食らわせる, 当惑させる; 〈*about*, *with* ..で〉(類語 あまり重要でないことで迷惑, 心配などをかける時に用いる; →annoy, worry). He ～*ed* me *with* stupid questions. 彼は愚にもつかぬ質問をして私を悩ませた. May I ～ you *for* a match? すみません, マッチを貸してください. I'm sorry to ～ you, but would you tell me where the post office is? ご迷惑をかけてすみませんが, 郵便局はどこか教えてください. Don't ～ yourself [your head] *about* that. そんなこと心配するな. It ～s me that boys can be so mischievous. 男の子たちがあまりいたずらなので面食らっている[弱っている]. I'm not ～*ed* (*about*) whether they win or lose. 〘主に英〙彼らが勝っても負けても私にはどうでもよいことだ.

2 VOC (～ X *to do*) X に..してくれとうるさくせがむ; X をわざわざ..させる. He ～*ed* me *to* lend him some money. 彼は金を貸してくれと私にうるさくせがんだ.

3 〘主に英話〙はうるさい, いやになっちゃう (★「のろう」(→damn 1) の意味の仮定法であるが間投詞とも考えられる). *Bother* the flies! うるさいハエめ. Oh, ～ (it)! うるさい, うんざりだ.

── 自 **1 気を使う**, 気にする, 〈*about*, *with* ..に, を〉. Don't ～ *about* that [*with* the untidy room]. そんなこと[乱雑な部屋]は気にするな. Her tears are not worth ～*ing about*. 彼女の涙は気をもむに値しない.

2 わざわざ..する 〈*to* do, (*about*) doing〉. Don't ～ *to* come [(*about*) com*ing*] downstairs. わざわざ下へ降りてこなくてもいいですよ. He didn't even ～ *to* say good-bye to me. 彼は私に別れのあいさつすらしなかった.

càn't be bóthered (***to*** ***dó***) わざわざ(..)したくない; (..)する気にならない.

── 名 (複 ～**s** /-z/) **1** U **面倒**, 厄介. We had a lot of ～ (in) finding his house. 我々は彼の家を見つけるのにとても手間どった. Oh, it's no ～ at all. (相手の遠慮, 感謝などに答えて)いいえ, ちっとも迷惑ではありません. have [get into] a spot of ～ *with*.. 〘英話〙..とちょっと面倒なことに⌞なっている[なる]. I phoned her and saved myself the ～ of writing a letter. 彼女に電話して手紙を書く手間を省いた.

2 C 〈普通, 単数形で〉〘話〙**面倒なこと[人]**, 厄介なこと[人]. What a ～! I've left my ticket at home. これは困った. 切符を家に忘れてきた.

gò to (***all***) ***the bóther*** (***of doing***) わざわざ(..)やる. I'm not *going to the* ～ *of* persuad*ing* her. あえて彼女を説得する気はない. [?＜アイルランド語「耳をつんざく」]

both·er·a·tion /bɑ̀ðəréiʃ(ə)n|bɔ̀ð-/ 間 〘話〙ああうるさい, いまいましい (→bother 他 3).

both·er·some /bɑ́ðərsəm|bɔ́ð-/ 形 うるさい, 面倒な, わずらわしい, (troublesome). The noise of the radio was very ～. ラジオの音が非常にうるさかった.

Bot·swa·na /bɑtswɑ́ːnə|bɔts-/ 名 ボツワナ《アフリカ南部の共和国; 首都 Gaborone》.

Bot·ti·cel·li /bɑ̀titʃéri|bɔ̀t-/ 名 **Sandro** ～ ボッティチェリ (1444?-1510)《イタリア文芸復興期の画家》.

‡bot·tle /bɑ́tl|bɔ́tl/ 名 (複 ～s /-z/) **1** Ⓒ (牛乳, 酒などを入れるガラス, プラスチックなどの普通首 (neck) のある)**瓶**, (★ジャムなどを入れる広口の瓶は jar). a milk ～ 牛乳瓶. an empty ～ 空き瓶. pull out the cork from a ～ of champagne シャンペンの瓶からコルク栓を抜く.
2 Ⓒ **瓶 1 杯の量**, ひと瓶, (bottleful). two ～*s* of milk 牛乳 2 本.
3 Ⓒ 〈普通 the ～〉〖話〗酒; 飲酒. be on [off] the ～ 酒びたりである[酒をやめている].
4 Ⓒ 哺(ほ)乳瓶 (feeding bottle); 〈普通, 単数形で〉(母乳に対して)哺乳瓶に入れたミルク. bring up [raise] a baby on the ～ 赤ん坊をミルク[人工栄養]で育てる. Which do you think is better for your baby: the breast or the ～? 赤ん坊には母乳と人工栄養のどちらがよいと思いますか.
5 Ⓤ〖英俗〗度胸, 図太さ, (courage).
hìt the bóttle 〖話〗大酒を飲む(ようになる). After she had her son die on her, she began to *hit the* ～. 息子に先立たれてから彼女は大酒を飲むようになった.
over the [a] bóttle 酒を飲みながら.
tàke to the bóttle 酒におぼれる, 飲酒にふける.
── 動 他 〔ワイン, ビールなど〕を瓶に詰める; 〖英〗〔果物など〕を(保存のため)瓶詰めにする; 〈*up*〉.
bòttle ít 〖英話〗(どたん場で)おじけうく, びびる.
bòttle óut (*of..*) 〖英話〗(どたん場で)おじけづいて(..を)急にやめる.
bòttle /../ úp (1)〔敵〕を封じ込める. (2)〔感情など〕を抑えつける, 押し殺す; 〔うっぷん〕をため込む. (3) ..を瓶に詰める.
[＜古期フランス語「瓶」(＜中世ラテン語「小型のたる」)]

bóttle bànk 名 Ⓒ〖英〗空き瓶回収用容器《街頭に置きリサイクル用の瓶を集める》.

bót·tled 形 〈主に限定〉**1** 瓶⌞詰め[入り]の. ～ beer 瓶詰のビール. **2** 携帯ボンベ入りの〔ガスなど〕.

bóttle-fèd 形 (母乳でなく)ミルクで育った. a ～ baby 人工栄養児.

bóttle-fèed 動 (→feed) 他 をミルク[人工栄養]で育てる (↔breast-feed).

bot·tle·ful /bɑ́tlfùl|bɔ́t-/ 名 Ⓒ ひと瓶(の量).

bòttle gréen 名 Ⓤ, 形 暗緑色(の)《ある種のビール瓶の色から》.

bóttle·nèck 名 Ⓒ **1** 瓶の首. **2** 狭い道, (交通などの)隘路(あいろ). **3** (進歩, 生産などの)障害, 'ネック'. **4**〖楽〗(**a**) ボトルネック《ブルースなどのギター演奏に使う瓶の首; 折った瓶の首を指にかぶせて弾いた》. (**b**) ボトルネック奏法《金属の棒・ガラスの管(もとは瓶の首)を弦に当て, 音階をすべるような演奏効果を出す》.

bóttle·nòse 名 Ⓒ バンドウイルカ.

bóttle òpener 名 Ⓒ 栓抜き.

bóttle pàrty 名 Ⓒ 酒瓶持寄りのパーティー.

bot·tler /bɑ́tlər|bɔ́t-/ 名 Ⓒ 瓶詰をする人[装置, 会社].

‡bot·tom /bɑ́təm|bɔ́t-/ 名 (複 ～s /-z/) 【最下部】 **1** Ⓒ 〈普通 the ～〉(容器などの)**底**《内側も外側も言う》; 最下部; (↔top). the ～ of a bathtub [hole] ふろ桶(おけ)[穴]の底. There's a tack stuck in the ～ of my shoe. 靴底の裏に鋲(びょう)が刺さっている. → false bottom. **2** Ⓤ〈普通 the ～〉(海, 川などの)**底**, 水底. at [in, on] the ～ of a lake 湖底に. sink [go] to the ～ of the sea 海底に沈む. **3** Ⓒ 船底; 船, 〈特に〉貨物船. **4** Ⓒ 低地; 〈しばしば ～s〉〖米〗川沿いの低地. **5** Ⓒ 〈普通 the ～〉(木などの)根もと; (丘の)ふもと; (ページなどの)下の部分; (階段の)下; (↔top). the ～ of a tree [hill] 木の根もと[丘のふもと]. wait at the ～ of the stairs 階段の下で待つ.
【最下位】 **6** Ⓤ〈普通 the ～〉(クラスなどの)びり, 最下位, (↔top); 最下級; (テーブルの)末席, 下座. Jim is (at the) ～ of his class. ジムはクラスでびりだ. He always stands by the people at the ～. 彼はいつも底辺の人たちの力になる. **7** Ⓤ ＝bottom gear.
【下部＞基礎】 **8** Ⓒ (いすの)座部; (ズボンなどの)しりの部分; 〖話〗(人体の)おしり; 〈～s〉(パジャマなどの)ズボン; (ビキニ水着の)パンツ. spank a child on the ～ 子供のしりをぶつ. fall on one's ～ しりもちをつく. **9** Ⓤ〈the ～〉**基礎**, (建物の)土台. **10** Ⓤ〈the ～〉根源, 原因; 真相. be at the ～ of.. →成句.
【下＞奥, 裏】 **11** Ⓤ〈the ～〉〖主に英〗(道路の)行き詰まり; (庭などの)いちばん奥; (ベッドなどの)足もと, 裾(すそ). at the ～ of a garden 庭の奥に. **12** Ⓒ〖野球〗(イニングの)裏 (↔top). **13** 〈形容詞的〉**底の**; いちばん下の, 最下位の; 根本の, 本質的な. a ～ shelf いちばん下の棚. the ～ price 底値. the ～ cause 根本原因. come ～ in history (教科の)歴史でいちばん悪い点を取る.
at bóttom (表面はどうあれ)根本的には, 本質的に; 根は, 心底(しんそこ)は; 本当は (in reality). *At* ～, he's nothing but a hypocrite. 心底は彼は偽善者にすぎない.
be at the bóttom of.. (1) ..の底にある; ..の下の部分にある (→5 の例); ..の最下部[最下位]である (→6 の例); ..の奥にある (→11 の例). (2)〔なぞなど〕の真相[真因]である. (3) ..の黒幕である, ..を陰で操っている.
bèt** one's **bòttom dóllar ⌞***on** [**that**]..* →bet.
Bòttoms úp! 〖主に英話〗乾杯, ぐっと飲み干して, 《＜杯の底(しり)を上にして》.
bòttom úp 底を上にして, さかさまに.
from the bòttom of** one's **[the] héart 心の底から, 本当に.
gèt [gò] to the bóttom of.. ..の真相を究明する; ..の真因を突き止める. It took the police a year to *get to the* ～ *of* the case. 警察はその事件の真相究明に 1 年かかった.
〔The economy〕 ***is bùmping along the bóttom*** 〔経済が〕鍋底景気である, 低迷している.
knòck the bóttom out of.. 〖話〗〔論拠など〕を根底からくつがえす, めちゃめちゃにする.
the bòttom fàlls [dròps] óut (***of..***) (..の)底が抜ける, 土台が崩れる; (相場などが)底を割る, 暴落する; (世の中が崩れる思いの)打撃を被る.
tòuch [hìt] bóttom 底に届く, 底をつく; 座礁する; どん底に落ちる.
── 動 他 **1** に底をつける; 〔いすなど〕に座部をつける. **2** の真相を究める. **3** 〔議論など〕の基盤を置く〈*on* ..に〉. **4** の底に届く; 〔潜水艦など〕を海底につける.
── 自 **1** 基づく〈*on, upon* ..に〉. **2** 底に届く; VA (～ *out*) 〔株価などが〕底値に届く, 〔不景気などが〕底をつく, 《これからは上がる[上向く]》.
[＜古期英語「地面, 底」]

bòttom dráwer 名〖英旧〗＝hope chest.

-bottomed 〈複合要素〉..底の. a round-*bottomed* container 丸底の容器.

bòttom géar 名 Ⓤ 〖英〗(車の)ローギア(〖米〗low gear).

bóttom lànd 名 Ⓤ 〖米〗川沿いの低地.

bóttom·less 形 **1** 底のない; 底なしの, 非常に深い; 無尽蔵の. **2** 際限のない, 果てしない. ～ stupidity 底知れぬ愚かさ. **3** 根拠[いわれ]のない. **4**〖米〗(上半身同様)下半身も裸の (→topless).

bòttomless pít 名 **1** 〈the ～〉地獄. **2** Ⓒ 〈しばしば比喩的に〉底なし穴, 無尽蔵, 〈*of* ..の〉. the ～ *of* his appetite 彼の底なしの食い気. We don't have a ～ *of* natural resources. 天然資源は無尽蔵ではない.

bòttom líne 名 Ⓒ **1** 〈the ～〉(ページの)最後の行. **2** (決算書の)最終行《ひと株当たりの純益が記される》; 〖話〗(事業の)損益; 〖話〗最終結果, 収支決算. **3** (物事の)本質, 肝心な点. The ～ is (that) ..肝心な点は..

B

ということだ. **4** (取り引きなどの条件で)譲れないギリギリの線.

bóttom·mòst [形] いちばん下の, 最低の.

bòttom-úp /[移]/ [形] 〘英〙 **1** 下意上達方式の《下部組織の意見などを積極的に取り上げる形式》. **2** 〔計画などが〕各論から始めて一般原則に至る. ◇↔top-down

bot·u·lism /bátʃulìz(ə)m|bɔ́tju-/ [名] [U] 〘医〙ボツリヌス中毒《ボツリヌス菌による食中毒》. [<ラテン語 *botulus*「ソーセージ」]

bou·doir /bú:dwɑ:r/ [名] [C] (上流)婦人の私室, 寝室. [フランス語「すねるための部屋」]

bouf·fant /bu:fɑ́:nt|bú:fɑ:n/ [形] 〔髪が〕逆髪を立ててふっくらした; 〔袖(そで), スカートが〕ふんわりふくれた. [フランス語 'swelling']

bou·gain·vil·lae·a, -le·a /bù:gənvíliə/ [名] [C] ブーゲンヴィリア《濃いピンクの花(実際は苞(ほう))の咲く蔓(つる)性の熱帯植物》. [<フランスの航海者の名]

***bough** /bau/ [名] ([複] **~s** /-z/) [C] **大枝** (→branch [類語]). [<古期英語「肩, 腕」; bow³ と同源]

bought /bɔ:t/ [動] buy の過去形・過去分詞.

bouil·la·baisse /bù:(l)jəbéis|bù:jəbés/ [名] [UC] ブイヤベース《魚・貝類の香辛料のきいたシチュー; マルセーユの名物》. [<プロヴァンス語「煮立ててから冷ましなさい」]

bouil·lon /búljɑn|bú:jɔ:ŋ/ [名] [UC] ブイヨン《牛肉・鶏肉・野菜などのだしから作った澄んだスープ(のもと); →broth, stock》. [フランス語「煮汁」]

boul. boulevard.

‡**boul·der** /bóuldər/ [名] [C] 大きな丸い石, 大玉石,《激流などで丸くなった石で直径 2, 3 メートルぐらいまでのもの; →cobblestone, pebble》.

Bòulder Dám [名] 〈the ~〉 Hoover Dam の旧称.

‡**bou·le·vard** /bú(:)ləvɑ̀:rd|bú:-/ [名] [C] 広い並木通り; 〘米〙大通り《しばしば B- で街路名に用いる; 略 Blvd, blvd, boul.》. [フランス語「城壁上面(の遊歩道)」; bulwark と同源]

Bou·logne /bu:lóun, -lɔ́in/ [名] ブーローニュ《フランス北部の港; イギリス海峡に臨む》.

***bounce** /bauns/ [動] (**bóunc·es** /-əz/|[過] [過分] **~d** /-t/|**bóunc·ing**) [自] **1** 〔ボールなどが〕**はずむ**, 飛び上がる, はね返る (rebound); 〔音が〕反響する; 〔光が〕反射する; 〈*off* .. に当たって〉(★物が何かに突き当たり弾力でその運動の方向を著しく変えること, 又それが繰り返されることを言う). The ball ~*d over* the wall. ボールがはずんで塀を越えた. The ball ~*d off* the pitcher's glove. 球は投手のグラブに当たってはね返った.
2 〔人が〕飛び上がる, はねる; 〔髪などが〕はずむように揺れる. The child was scolded for *bouncing* up and down on the bed. 子供はベットの上でぴょんぴょんはねてしかられた.
3 [VA] はずむように進む[移動する]. ~ *around* [*out of*; *into*] the room 部屋をはね回る[から飛び出す; に飛び込む]. The jeep ~*d along* the rough road. ジープはでこぼこ道を躍りながら走った. He ~*d from* job *to* job. 彼は職場を転々と渡り歩いた.
4 〘話〙 〔小切手が〕支払いを拒絶される, 不渡りになる,《預金残高不足のために振出人に戻ってくることから》; 〘電算〙〔電子メールなどが〕発信人に戻る《宛先の不備, コンピュータの不具合で》.
5 〘英話〙ほらを吹く, 大きなことを言う.
── [他] **1** をはねさせる, はずませる, 〈*on* ..の上で/*against* ..にぶつけて〉; 〔光など〕を反射させる, はね返らす, 〈*off* ..から〉. ~ a child *on* one's knee 子供をひざの上で上下に揺り動かしてあやす. ~ a ball *against* a wall 壁にボールをぶつける.
2 〔考え, 案など〕をぶつけてみる〈*off* ..に〉《反応を見るために》; 〔テレビ画像など〕を中継する〈*off* ..〔通信衛星〕で〉.
3 〘英話〙 [VOA] (~ X *into doing..*) X を脅して[せきたてて]..させる. He was ~*d into* confess*ing*. 彼は脅されて白状した. **4** 〘話〙〔銀行が小切手〕に支払いを拒絶する, を不渡りにする. **5** 〘俗〙を力ずくで追い出す, 放り出す, (→bouncer); 〘米俗〙を首にする.
bòunce báck (1) はね返る; 〘話〙〔人が〕気を取り直す; (失敗, 打撃などから)立ち直る; 〔株価などが〕反発する. (2) 〘話〙〔行為などの〕結果[影響]がはね返ってくる〈*on* ..に〉.
── [名] **1** [UC] はずむこと, 飛び上がり. **2** [U] 弾力, はね返り; 元気, 活力. **3** [U] 〘英話〙ほら; から威張り. **4** 〈the ~〉〘米俗〙'首', 解雇, (dismissal). get [give a person] the ~ 首になる[人を首にする].
on the bóunce はずんだところを〔捕まえるなど〕.
[<中期英語「ごつんと打つ」]

bounc·er /báunsər/ [名] [C] **1** 跳びはねる人[物]; 〘クリケット〙(打者の顔くらいまで)高くバウンドする投球. **2** 〘俗〙(バー, ディスコなどの)用心棒 (→bounce [他] 5).

‡**bounc·ing** /báunsiŋ/ [形] **1** よくはずむ. **2** 〔特に, 赤ん坊が〕健康で元気のいい. 「用).

bòuncing bómb [名] [C] 〘英〙跳躍爆弾《ダム破壊

‡**bounc·y** /báunsi/ [形] **1** よくはずむ; 〔髪などが〕弾力性のある. **2** 元気はつらつとした.

‡**bound**¹ /baund/ [名] ([複] **~s** /-dz/) [C] **1** 〈普通 ~s〉(内側から見た)**境界(線)** (→boundary [類語]). within the ~*s* of the territory 領土内で. **2** 境界付近, 境界内, 領域. **3** (物事の)**限界**, 際限. His ambition knows no ~*s*. = There are no ~*s to* his ambition. 彼の野心には際限がない. It is not beyond [within] the ~*s* of possibility that he will break the world record. 彼が世界記録を破る可能性もある.
kèep* (..) *within bóunds (..の)度を過ごさない, (..を)ほどほどにする. Your spending must *keep* [be *kept*] *within* ~*s*. 金を使うのは度を過ごしてはいけない.
kèep within* [*gò beyond*] *the bóunds of 〔reason, convention, etc.〕〔理, しきたりなど〕にかなう[を外れる], ..の範囲内にある[を超える].
out of bóunds (1) 限界[制限]を越えて; (使用などが)禁止されて. (2) 立ち入り禁止区域で[の]〈*to* ..にとって〉(〘米〙 off limits); 〘スポーツ〙規定区域外で[の], (ゴルフで) 'OB' になって.
pùt* [*sèt*] *bóunds to.. ..を制限する.
── [動] (~s /-dz/|[過] [過分] **bóund·ed** /-əd/|**bóund·ing**) [他] 〈普通, 受け身で〉 **1** 〔場所, 空間など〕に**境界をつける**, を限る, と境を接する. Japan is ~*ed* by the sea on all sides. 日本は四方を海に囲まれている. **2** を制限する.
── [自] [VA] (~ *on*) ..と境を接する.
[<中世ラテン語「境界(標)」]

***bound**² /baund/ [動] (~s /-dz/|[過] [過分] **bóund·ed** /-əd/|**bóund·ing**) [自] **(高く)はね上がる**, (遠く)はね跳ぶ; バウンドする, はね返る, はずむ, (bounce); [VA] ぴょんぴょん跳ぶように行く. My heart ~*ed* with joy. 私の心はうれしさではずんだ. The dog was ~*ing toward* us. 犬がはずむように我々の方へ駆け寄ってきた. ~ *back* はね返る.
── [名] ([複] **~s** /-dz/) [C] **飛び上がり**, バウンド; はね返り.
at a* [*with òne, in òne*] *bóund ひと飛びに[で]. Progress is not accomplished *at a* ~. 進歩はひと飛びで達成されるものではない.
by lèaps and bóunds →leap.
[<古期フランス語「反響する, 跳ねる」]

***bound**³ /baund/ [動] bind の過去形・過去分詞.
── [形] [C] **1** **縛られた**; 束縛された; 拘束された. a ~ captive 縛られた捕虜. ~ *to* one's social standing 社会的地位に拘束された. **2** **装丁した**. a book ~ *in* cloth [leather] 布[革]装の本.
be bòund to (*dó*).. →bind.

†**bound**⁴ /baund/ [形] 〈叙述〉〔人, 乗り物が〕..行きの. Where are you ~ (*for*) at this time of the morning? 朝のこんな時間にどこへ行くのか. a train ~ north [*for* London] 北[ロンドン]行きの列車. Our ship is

now outward [homeward] 〜. 私たちの船は今母港⌞から外へ[へ]向かっている. [＜古期北欧語「用意された」]

-bound[1] 〈複合要素〉 **1** ..に閉じ込められた; ..に妨害されて[縛られて]動けない. snow-*bound* 雪に閉ざされた. →house-*bound*. strike-*bound*. **2** ..で装丁された. cloth-*bound* 布で装丁された.

-bound[2] 〈複合要素〉 ..行きの; ..に向かう. south-*bound* 南行きの. Rome-*bound* ローマに向かう.

‡**bound·a·ry** /báund(ə)ri/ 名 (複 **-ries** /-z/) Ⓒ

1 境界(線) (類語 border は,「境界沿いの細長い部分」, boundary は「明確な境界線」; →bound[1]). The 〜 *between* the two countries is still disputed. 両国の境界線はまだ争われている. draw a 〜 境界線を引く.

2 〈しばしば -ries〉 **限界**, 範囲. something beyond the *boundaries* of understanding 理解の範囲を越えたある事柄. push back the *boundaries* of grammatical theory 文法理論の枠を広げる. **3**〖クリケット〗球場の境界線を越える打球《球が内側で着地していれば 4 点, しないで越えれば 6 点》. [bound[1], -ary]

bound·en /báund(ə)n/ 形 〖章〗必至の〈今は次の成句のみ〉. *one's* ***bòunden dúty*** 絶対的義務; 本務. [bind の過去分詞]

bóund·er 名 Ⓒ 〖英旧話〗無作法者; 卑劣漢.

***bound·less** /báundləs/ 形 ⓒ **限りない**, 果てしない, 無限の. 〜 generosity 限りない気前よさ.

▷ **〜·ly** 副 限りなく. **〜·ness** 名 Ⓤ 無限.

boun·te·ous /báuntiəs/ 形 〖雅〗＝bountiful.

▷ **〜·ly** 副 **〜·ness** 名

†**boun·ti·ful** /báuntif(ə)l/ 形 〖雅〗**1** 〔人が〕物惜しみしない (generous). **2** 〔物が〕豊富な, 十分な; 〔土地が〕豊饒な; (類語 自然や人から恵まれた豊富さに重点がある; →plentiful). ▷ **〜·ly** 副 **〜·ness** 名

†**boun·ty** /báunti/ 名 (複 **-ties**) **1** Ⓤ 〖雅〗気前のよさ (generosity). **2** Ⓒ 気前よく贈られたもの; ご祝儀. **3** Ⓒ (政府の)助成金, 報奨金, 奨励金; (犯人逮捕の)賞金; 〈*on*, *for* ..に対する〉. grant a 〜 *on* exports 輸出品に対し助成金を下付する. put a 〜 of $10,000 *on* a snatcher's head 誘拐犯の首に 1 万ドルの賞金をかける. **4** 〈the B-〉 バウンティー号《1789 年乗組員が反乱を起こした英国軍艦》. [＜ラテン語「善」]

bóunty hùnter 名 Ⓒ 賞金かせぎ《報奨金目当てに, 犯罪人や野生動物を捜し回る人》.

†**bou·quet** /boukéi, bu:-|bu(:)kéi, ⌐⌐/ 名 **1** Ⓒ 花束. **2** ⓊⒸ (ブランデー, ワインなどの)芳香. **3** Ⓒ ほめ言葉, お世辞, 〈*for* ..への〉. [フランス語(＜「木立, 茂み」)]

bouquèt gar·ní /-ɡɑ:rní:/ 名 (複 **bouquets garnis** /同/) Ⓒ ブーケガルニ《タイム・パセリなど香草の小さな束; スープ, シチューなどの香味料に使う》. [フランス語 'garnished bouquet']

‡**Bour·bon** /búərbən/ 名 **1** (フランスの)ブルボン王家; Ⓒ ブルボン王家の人. **2** 〈しばしば b-〉 Ⓒ 〖米〗極端な反動[保守]主義者.

bour·bon /bə́:rbən/ 名 〖米〗Ⓤ バーボンウイスキー《原料の 51% 以上がトウモロコシ; ＜最初に作られた Kentucky 州 *Bourbon* County》; Ⓒ バーボンウイスキー 1 杯.

†**bour·geois** /buərʒwɑ́:, ⌐⌐|⌐⌐/ 名 (複 〜 /同, -z/) Ⓒ **1** 中産階級の人《主に商工業者》; (マルクス主義思想で無産階級 (proletarian) に対する)有産階級の人, 資本家, ブルジョア. **2** 〖軽蔑〗(物欲や社会的地位への関心が強い)教養のない人, 俗物 (philistine).

―― 形 **1** 中産階級の; 有産階級の; 資本家[主義]の. **2** 〖軽蔑〗ブルジョア根性の, 物質的で無教養な. [＜古期フランス語「市民」]

‡**bour·geoi·sie** /bùərʒwɑːzí:/ 名 Ⓤ 〈the 〜; 単複両扱い〉 中産階級; (マルクス主義の)有産階級, 資本家階級, ブルジョアジー, (↔proletariat). [フランス語]

bourn(e) /bɔ:rn, buərn/ 名 Ⓒ 〖古・雅〗限界, 境界, (boundary); 目的地 (goal).

Bourne·mouth /bɔ́:rnməθ, bɔ́:rn-|bɔ́:n-/ 名 ボーンマス《イングランド Dorset 州南部海岸の保養都市》.

bourse /buərs/ 名 Ⓒ (ヨーロッパの)証券取引所; 〈the B-〉 パリ証券取引所.

†**bout** /baut/ 名 Ⓒ **1** ひと勝負, ひと試合. a wrestling 〜 レスリングのひと試合. a sumo 〜 相撲の一番. **2** ひと仕事, 1 期間, ひとしきり(何かをすること). a 〜 *of* work ひと働き. a two-week 〜 *of* cramming for exams 試験に備えての 2 週間の詰め込み勉強. a drinking 〜 酒宴. **3** (病気の)発作, 発病. a bad 〜 *of* malaria マラリアのひどい発作. [＜中期英語「転回」]

‡**bou·tique** /bu:tí:k/ 名 Ⓒ ブティック《普通, 女性用の洋品雑貨を売る小規模な専門店》. [フランス語「小さな店」]

bou·ton·ni·ere /bù:təníər|bu:tɔ̀niéə/ 名 Ⓒ 〖主に米〗(主に男性の上着の)えり穴に差す花飾り (★〖英〗では buttonhole を主に使う). [フランス語]

bou·zou·ki /bu:zú:ki/ 名 Ⓒ ブズーキ《マンドリンに似たギリシアの弦楽器》.

bo·vine /bóuvain/ 形 **1** 〖章〗ウシ属の, 牛の. **2** 〖軽蔑〗牛のような; 鈍重な; のろまな. ―― 名 Ⓒ ウシ属の動物. [＜ラテン語 *bōs* 'ox']

bòvine spòngiform en·cèph·a·lóp·a·thy /-ensèfəlɑ́pəθi|-lɔ́p-/ 名 Ⓤ 〖医〗ウシ海綿状脳症, 狂牛病, 《略 BSE; mad cow disease とも言う》.

Bov·ril /bɑ́vrəl|bɔ́v-/ 名 Ⓤ 〖英〗〖商標〗ボヴリル《濃縮した(牛)肉エキス》.

bov·ver /bɑ́vər|bɔ́v-/ 名 Ⓤ 〖英旧俗〗(特にちんぴらの集団による)乱暴, 脅迫行為. [bother のコックニー発音から]

***bow**[1] /bou/ 名 (複 **〜s** /-z/) Ⓒ **1** 弓. shoot an arrow from a 〜 弓で矢を射る. **2** 弓形(のもの); 湾曲; 眼鏡のふち[つる]; にじ (rainbow). **3** (ヴァイオリンなどの)弓. **4** ちょう結び (bow knot); ちょうネクタイ (bow tie). tie a scarf in a 〜 スカーフをちょう結びにする.

hàve ⌞***twò stríngs*** [***a sècond stríng***] ***to one's bów*** →string.

―― 動 他 〔楽器〕を弓で弾く; を弓形に曲げる.

―― 自 弓で楽器を弾く; 弓形に曲がる.

[＜古期英語「湾曲したもの」; bow[2] と同根]

***bow**[2] /bau/ 動 (**〜s** /-z/|過 過分 **〜ed** /-d/|**bów·ing**)

自 **1** おじぎをする, 腰をかがめる, 〈*down*〉 〈*to*, *before* ..に〉; たわむ, 曲がる. The students 〜*ed* low [slightly] *to* their teacher. 生徒たちは先生に深々と[ちょっと]おじぎした. **2** 屈服する, 従う, 〈*to* ..〔要求, 圧力など〕に〉. 〜 *to* the pressures of public opinion 世論の圧力に屈服する.

―― 他 **1** 〔頭〕を下げる, たれる, 〔腰, ひざ〕をかがめる; を曲げる〈普通, 受け身で〉. 〜 one's head (in shame) 頭を下げる; (恥じて)うなだれる. She is 〜*ed* ⌞with (old) age [under the child on her back]. 彼女は⌞年で腰が曲がっている[子供をおんぶして腰をかがめている].

2 (**a**) 〔感謝の気持ちなど〕をおじぎで示す. I 〜*ed* my thanks. 私はおじぎで感謝を表した.

(**b**) VOA (会釈して)を..の方へ案内する. She 〜*ed* the visitor *out* (*of* the room). 彼女はおじぎして客を(部屋から)送り出した. I 〜*ed* myself *in* [*into* the car]. 私は会釈して中へ入った[車に乗り込んだ]. 〜 oneself *out*＝BOW out (of..) (1) (→成句).

3 〔人〕を屈服させる; 〔人の意見など〕を押しつぶす; の元気をなくする; 〈普通, 受け身で〉. The woman was 〜*ed* (*down*) with care. 女は気苦労で気が滅入っていた.

bòw and scrápe 右足をうしろに引いておじぎをする; ばか丁寧にふるまう, 人の機嫌を取る.

bòw dówn to.. (1) ..に深々とおじぎをする. (2)〖主

B

に雅》〔敵〕に「参った」と言う,〔圧力など〕に屈する.
***bòw óut** (**of ..**)* (1) (..から)おじぎをして出て行く. (2) (..することを)中止する, (共同事業などから)おりる; 身を引く, 引退する. I ～*ed out of* the scheme when I realized how much it would cost me. 私はどれくらい金がかかるかを知ってその計画から手を引いた.
bòw to nó òne だれにも頭を下げない; だれにも負けない, 人後に落ちない, 〈*in* ..において〉.
have a bòwing acquáintance with .. →acquaintance.
── 名 (複 **～s** /-z/) C おじぎ, 会釈. make a ～ to .. におじぎする. exchange ～*s* おじぎを交わす.

> 連結 a low [a deep; a slight; a polite; a graceful; a stiff; a dignified] ～ // give a ～

màke one's bów (1) おじぎして引き下がる; 入って来て一礼する. (2) (社交界などに)デビューする, お目見えする, 世間に出る.
tàke a* [*one's*] *bów 〔指揮者, 役者などが〕拍手にこたえる.
[＜古期英語「曲げる」; bow[1] と同根]
***bow**[3] /bau/ 名 (複 **～s** /-z/) C **1** 〈しばしば ～s〉**船首**, へさき, (↔stern[2]). **2** 船首のこぎ手. **3** ＝bow oar.
a shòt across the* [*a person's*] *bóws 警告; おどし.
on the bów 船首前方に《船首正面から左右 45 度以内に》. [＜低地ドイツ語「肩」; bough と同源]
Bòw bélls /bòu-/ 名 ロンドン旧市内 (the City) の St. Mary-le-Bow 教会(俗に **Bòw Chúrch**)の鐘; (その鐘の音の聞こえる)ロンドン旧市内.
be bórn within the sòund of Bòw bélls St. Mary-le-Bow 教会の鐘の音が聞こえる所(ロンドン旧市内)で生まれる《＞生粋のロンドン子 (Cockney) である》.
bowd·ler·ize /báudlərὰiz, bóud-|báud-/ 動 他, 自 (〔本〕から)不穏当[卑猥(ひわい)]な文句を勝手に削除訂正する. [不道徳と思う箇所を削除した Shakespeare 全集の編者 Thomas *Bowdler* (1754–1825) から]
bowed[1] /boud/ 形 曲がった, 湾曲した.
bowed[2] /baud/ 形 〔身体が〕前こごみになった.
***bow·el** /báuəl/ 名 (複 **～s** /-z/) C **1 腸** (intestine). the large [small] ～ 大腸[小腸]. have a ～ disorder お腹の具合がよくない.
2 〈普通 ～s〉**内臓**, はらわた, 腸. One's ～*s* move [are open]. 便通がある. move [empty, open] one's ～*s* 排便する. 参考「下痢をしている」は have loose ～*s* より have diarrhea が普通.
3 《雅》〈～s〉奥, 底, (depths). in the ～*s* of the earth 大地の奥深くに.
4 《古》〈～s〉情け, 哀れみ《昔, 腸が哀れみの情を起こす場所と考えられたことから》. ～*s* of mercy 慈悲の心.
[＜ラテン語「小さい *botulus* (→botulism)」]
bówel mòvement [**mòtion**] 名 UC 便通, 排便.
bow·er /báuər/ 名 C **1** 木陰のあずまや, 亭(ちん), (arbor). **2** 《雅》＝boudoir. **3** 《雅》(雅趣あふれる)田舎家.
bówer·bìrd 名 C 《鳥》ニワシドリ《オーストラリア・ニューギニア産の鳴鳥; 極楽鳥の一種》.
Bow·er·y /báu(ə)ri/ 名 〈the ～〉バワリー《New York の大通り; その周辺; 安酒場[ホテル]などが多い》.
Bo·wie /bóui/ 名 **James** [**Jim**] ～ ボウイ (1796–1836)《米国の開拓者; アラモの戦いで戦死》.
bów·ie knìfe /bóui-, bú:i-|bóui-/ 名 C (アメリカの開拓者たちが武器にした)片刃の猟刀《＜Jim *Bowie*》.
bow·ing /bóuiŋ/ 名 U 《楽》運弓(法).
bów·knòt /bóu-/ 名 C ちょう結び.
***bowl**[1] /boul/ 名 (複 **～s** /-z/) C 【鉢】 **1** (料理・食器洗い用などの)**ボール**; どんぶり, 鉢, 椀(わん). a salad ～ サラダボール. a finger ～ フィンガーボール. a sugar ～ 砂糖入れ. a washing-up ～ 《英》食器洗いの容器. a punch ～ パンチ用のボール. **2** ボール 1 杯の量. three ～*s* of rice ご飯茶わん 3 杯.
【鉢状の物】 **3** (パイプの)火皿; (スプーンの)くぼみ; (はかりの)皿; 《米》(トイレの)便器. a toilet ～ 便器. **4** 《米》(**a**) (鉢形にくぼんだ)野外円形競技場[音楽堂など] (amphitheater). (**b**) ＝bowl game. **5** 《古》大酒盃; 〈the ～〉飲酒, 酒宴. over the ～ 酒を飲みながら.
[＜古期英語]
bowl[2] 名 C **1** ボウルズ (bowls) の木球《重心が片寄っている; →bias 3》. **2** (球技の)ひと転がし, 一投. **3** 〈～s; 単数扱い〉(**a**) (芝生 (bowling green) の上で行う)ボウルズ《離れて置いた球にできるだけ近く木球を転がそうと競う》. (**b**) ＝bowling 1.
── 動 他 **1** (ボウリングなどで)〔球〕を転がす; (球を転がして)〔..点〕を出す. **2** 《クリケット》〔投手が〕〔ボール〕を投げる《ひじを曲げずに頭の上から投げる》; 〔打者〕をアウトにする 〈*out*〉, 〔三柱門 (wicket) の横木 (bail)〕を打ち落とす 〈*off*〉. **3** (球を転がすように)を動かす. The wind ～*ed* my hat down the street. 風で私の帽子は通りを転がって行った.
── 自 **1** 球転がし (bowls) [ボウリングなど]をする. **2** (クリケット, ボウルズ, ボウリングで)投球する
***bòwl alóng* [*dówn*] (*..*)** 〔乗り物(の人)が〕(..を)快適に飛ばして行く. We ～*ed along* the motorway in a new car. 我々は高速道路を新車で飛ばした.
bòwl /../ óver (1) ..を(球で)打ち倒す; ..を突き飛ばす. (2) 《話》(思いがけない喜びなどで)..を圧倒する; ..を面食らわせる; 〈普通, 受け身で〉. [＜ラテン語「泡, 球」]
bów·lèg /bóulèg/ 名 C 〈普通 ～s〉がにまた, O 脚.
bow·legged /bòulégəd, -légd 移/ 形 がにまたの, O 脚の, (bandylegged).
bowl·er[1] /bóulər/ 名 C ボウルズ (bowls) をする人; ボウリングをする人; (クリケットの)投手 (→batsman).
bowl·er[2] 名 C 《英》山高帽 (**bówler hàt**; 《米》derby). [＜19 世紀ロンドンの帽子商 J. *Bowler*]
bowl·ful /bóulfùl/ 名 C ＝bowl[1] 2.
bówl gàme 名 C 《米》ボールゲーム《シーズン終了後に, 各地区の選抜チームで行われるフットボールの試合; ＜鉢形 (bowl[1]) のスタジアム》. →Cotton Bowl, Rose Bowl.
bow·line /bóulən, -làin|-lən/ 名 C **1** 《海》はらみ綱《横帆の風上側を船首の方に引っ張る》. **2** もやい結び (**bówline knòt** とも言う).
†**bowl·ing** /bóuliŋ/ 名 U **1** (**a**) ボウリング(《米》tenpins, 《英》tenpin bowling). (**b**) 九柱戯 (ninepins, 《英》skittles). (**c**) ＝bowl[2] 3 (a). **2** 《クリケット》投球.
「**2** 〈普通 ～s〉ボウリング場.
bówling àlley 名 C **1** ボウリング[九柱戯]のレーン.
bówling grèen 名 C ボウルズ (bowls) 用の芝生.
bow·man /bóumən/ 名 (複 **-men** /-mən/) C 《旧》弓の射手; 弓術家 (archer).
bów òar /báu-/ 名 C 船首のオール(のこぎ手).
bów·shòt /bóu-/ 名 C 〈普通, 単数形で〉《主に雅》矢の届く距離, 矢ごろ, 《300 メートル前後》. within a ～ of the school 学校から近い距離に.
bow·sprit /báusprìt, bóu-|bóu-/ 名 C 《船》第 1 斜檣(しゃしょう), やりだし, 《帆船の船首から前に突き出した円材; jib の前支索 (forestay) 下端を固定す

[bow window]

る》.

Bów Strèet /bóu-/ 名 ボウ通り《ロンドンの the City の西部にあり, 古くから police court があるので有名》.

bów·strìng /bóu-/ 名 C 弓の弦(つる).

bòw tíe 名 C ちょうネクタイ.

bòw wíndow 名 C 弓形張り出し窓 (→前ページ図版; →bay window).

†**bow·wow** /bàuwáu/ 間 わんわん《犬のほえ声; →dog 参考》. ── /´-`-/ 名 C 〖幼〗わんわん, 犬. [擬音語]

‡**box**[1] /bɑks | bɔks/ 名 (複 **bóx·es** /-əz/) C

【箱】 **1 (a)** 箱《普通, ふた付き》. a lunch ～ 弁当箱. **(b)**〖話〗棺 (coffin).

2【箱の中身】 **(a) 1** 箱(の量), 箱 1 杯. a ～ of chocolates [apples] チョコレートの詰め合せ[リンゴ]1 箱. **(b)**〖英〗贈り物; ＝Christmas box.

【間仕切りした場所】 **3** (劇場, レストランなどの)ボックス席, ます; さじき. the royal ～ in Covent Garden コヴェントガーデン劇場の王室用貴賓席. **4** 陪審席; 〖英〗証人席. **5** (うまや, 馬[家畜]用貨車の)ひと仕切り (〖米〗 **bóx stàll**, 〖英〗 **lòose bóx**); 御者台. **6**〖野球〗バッターボックス; コーチャーズボックス; ピッチャーズマウンド; 〖サッカー〗〖英〗＝penalty box.

【箱のような建物】 **7** 交番; 詰め所; 信号所; 〖英〗(釣りや狩猟の時に使う)小屋. **8**〖英〗電話ボックス (call-box, (tele)phone box).

【箱状のもの】 **9** (機械を保護する)箱形ケース. **10** (郵便局の)私書箱; ＝box number. **11** (新聞, 雑誌などの線で囲んだ)枠, 囲み(記事), 《例えばこの辞典の 連結 欄の囲みなど》; (記入欄などの)枠, チェック《(√印)を記入する小さな四角. **12**〖話〗〈the ～〉テレビ. watch a film on the ～ テレビで映画を見る. **13**〖英〗(特に, クリケットで使用する) プロテクター(〖米〗 cup). **14**〖米卑〗女性器, 膣(ちつ).

be in a (bàd, tìght) bóx 〖話〗 窮地に陥っている, 困っている.

be in the sàme bóx 同じ立場[苦境]にある.

be in the wròng bóx 場所を間違えている; 困っている.

── 動 他 を箱に入れる[詰める]; を枠で囲む.

bòx /../ ín (1) ..を(狭い場所に)閉じ込める; (駐車位置が悪くて)〔他車〕の発進を妨げる; 〈普通, 受け身で〉. feel ～*ed in* 狭い所で[自由が制約されて]窮屈な思いをする, 気がつまる. (2) ..を囲む, 挟む; 〔相手〕の走路を三方からふさぎ囲む《競馬などで抜かれないように》; を窮地に追い込む.

bòx /../ óff ..を分けて離す〈*from* ..から〉.

bòx the cómpass (1)〖海〗羅針盤の 32 の方位を順に正しく読み上げる. (2)〔意見, 議論などが〕結局出発点に帰る, 堂々めぐりをする; はじめとは全く逆のことをする.

bòx /../ úp (1) ..を箱詰めにする; ..を狭い所に押し込める. (2)〔感情など〕を抑えつける.

[＜後期ラテン語「箱」(＜ラテン語「ツゲの木(材)」＜ギリシア語 *púxos*「ツゲ」)]

†**box**[2] 名 C 平手[こぶし]打ち, びんた. give a person a ～ on the ear(s) 人の横つらを張りとばす.

── 動 他 **1** をげんこつ[平手]で殴る; と殴り合い[ボクシング]をする. ～ his ear(s)＝～ him *on* the ear(s) 彼の横つらを張りとばす. **2**〔ボクシングの試合〕をする. ～ a 12-round match 12 ラウンドの試合をする. ── 自 ボクシングをする; 殴り合いをする.　[＜中期英語(＜?)]

box[3] 名 C ツゲ《ツゲ科常緑低木の総称; 生け垣などに用いられる》; U ツゲ材. [＜ギリシア語; →box[1]]

Bòx and Cóx /-ən-/ 名〖英〗1 つの役を交替で務める 2 人, すれちがいで会うことのない 2 人, 《Morton 作の喜劇 (1847) 中の人物から》. ★自動詞・形容詞用法もある.

box camera /´-`--|´-`--/ 名 C ボックスカメラ《固定焦点の簡単な箱形カメラ》.

bóx·càr 名 C 〖米〗有蓋(がい)貨車 (〖英〗 van).

boxed /bɑkst | bɔkst/ 形 箱に入った, 箱入りで売る〔セット商品〕.

***box·er** /bɑ́ksər | bɔ́ksə/ 名 (複 **～s** /-z/) C **1** ボクサー, 拳(けん)闘選手. **2** ボクサー犬《ドイツ種の中形犬》. **3** 〈～s〉＝boxer shorts.

bóxer shòrts 名 〈複数扱い〉ボクサーショーツ《ボクサーのはくパンツに似た男性用下着》.

box·ful /bɑ́ksfùl | bɔ́ks-/ 名 C 箱 1 杯(の分量). two ～*s* of chocolates チョコレートの詰め合わせ 2 箱.

***box·ing** /bɑ́ksiŋ | bɔ́k-/ 名 U **ボクシング, 拳(けん)闘.** [box[2], -ing]

Bóxing Dày 名〖英〗心付けの日《クリスマスの翌日, 法定休日 (bank holidays) の 1 つ; 日曜日に当たればその翌日; 昔, この日に使用人, 郵便配達人などに贈り物 (Christmas box) をして 1 年の労をねぎらったことから; 現在では休暇に入る前日に贈り物をするのが普通》.
[box[1], -ing]

bóxing glòve 名 C ボクシング用グローブ.

bóxing màtch 名 C ボクシングの試合.

bóxing rìng 名 C (ボクシングの)リング.

bóxing wèight 名 C ボクサーの体重による等級.

bóx jùnction 名 C 〖英〗交差点の停車禁止区域《車の流れをよくするため設けられた黄色い格子縞の部分》.

[box junction]

bóx kìte 名 C 箱形だこ.

bóx lùnch 名 C 〖米〗箱入り弁当《普通サンドイッチに果物; 〖英〗 packed lunch》.

bóx nùmber 名 C 〖英〗広告番号《新聞の匿名広告などで住所の代わりをする》; (郵便局の)私書箱番号.

bóx òffice 名 C (劇場, 競技場などの)切符売り場; 切符の売り上げ. do well [badly] at the ～〔興行が〕大当たりする[はずれる].

bóx-òffice 形 〈限定〉興行上の (→box office). a ～ success [hit] 大当たり(興行). She is a ～ draw. 彼女はドル箱スターだ.

bóx plèat [plàit] 名 C (スカートなどの)箱ひだ.

bóx·ròom 名 C 〖英〗納戸.

bóx scòre 名 C (野球, バスケットボールなどの)選手・試合成績一覧表.

bòx séat 名 C (劇場, 競技場などの)ボックス内の座席.

bóx sprìng 名 C ちょうちんばね《枠にコイルばねを数条渡したもの; ベッドのスプリング用など》.

bóx·wòod 名 U ツゲ材; C ツゲ (→box[3]).

bóx wrènch 〖米〗 **[spànner** 〖英〗**]** 名 C 箱スパナ《内側が 6 角になった輪状の頭でナットやボルトを挟む》.

box·y /bɑ́ksi | bɔ́ksi/ 形 角張った, 箱のような.

‡**boy** /bɔi/ 名 (複 **～s** /-z/) C **1 男の子, 少年; 青年, 若者,** (young man) (↔girl). *Boys* will be ～*s*. 〖諺〗男の子はどこまでも男の子《わるさをするのはしかたがない》. The newborn child was a ～. 生まれた子は男だった.
参考 boy は雄の馬や犬の呼びかけにも用いられる.

> 連結 a handsome [a good-looking; a healthy, a robust, a strong; a clever; a silly; a well-behaved; a mischievous; a headstrong; an unruly; an adolescent, a teenage] ～

2 少年らしい[子供っぽい]男; 未熟者. He's just a ～ when he's with his mother. お母さんと一緒だと彼はま

B

るで子供だ.
3 〈しばしば one's ～〉〘話〙**息子** (son; ↔girl) (★年齢に関係なく親子関係を言うが, 普通は若い息子を指す). Mr. Smith has two ～*s* and a girl. スミス氏には息子が 2 人と娘が 1 人いる.
4 〘話〙 (**a**) 〈the ～s〉 (同じ職種の)男たち; 男(の遊び)仲間. the science ～*s* 男性科学者連中. one of the ～*s* 男同士の飲み[遊び]仲間の 1 人, 付き合いのいい男. (**b**) 〈the [our] ～s〉 (特に戦時の)兵士. *our* ～*s* out at the front 前線の兵士たち.
5 〘話〙 (親しみをこめて) (..出身の)男 (man); やつ (fellow). a local [city] ～ 地元[都会]出身の男.
6 〘軽蔑〙 男の召使い (★ホテルやレストランの「ボーイ」はそれぞれ bellboy, waiter と言う; →maid); あの野郎 《人種, 国籍, 職種などを意識した差別的表現; 以前黒人男性によく使用したが, 今日ではきわめて無礼》.
7 〈形容詞的〉 男の; 少年[青年]の. a ～ student 男子学生. a ～ husband 非常に若い夫.
Bòy hówdy! 〘米〙〈間投詞的〉 これは驚いた, すごいや.
my* [*òld, dèar*] *bóy 〘旧〙《男子への親愛の呼びかけ》やあ君.
(***Òh***) ***bóy!*** 〘主に米〙〈間投詞的〉 やあ, しめた; へえ, やれやれ.
the bòys in blúe 〘英旧話〙〈集合的〉 警察官.
[＜中期英語「男の召使い」; 原義は「足かせをされた者」か]

bòy-and-gírl /-ən- [移]/ [形] 少年少女の, 幼い.

†**boy·cott** /bɔ́ikɑ̀t|-kɔ̀t, -kət/ [動] [他] **1** 〔個人, 団体, 国家など〕との交渉[取引]を拒否[排斥]する; をボイコットする, への参加を拒否する. ～ a store 商店に対し不買同盟を結ぶ. ～ the election [the vote] 選挙[投票]をボイコットする. ～ a graduation ceremony 卒業式をボイコットする. **2** 〔品物〕の不買[不売]運動をする.
── [名] [C] 不買[不売]運動, ボイコット. launch [lift] a ～ *against* [*on*] ..に対するボイコットを始める[やめる]. place [put] foreign goods under a ～ 外国製品をボイコットする.
[＜C.C. *Boycott* (1832–97)《アイルランドで小作人に苛酷だったため土地の人に何も売ってもらえなかった土地管理人》]

⁑**boy·friend** /bɔ́ifrènd/ [名] (複 ～**s** /-dz/) [C] 〘話〙 (性的関係にある親密な)ボーイフレンド, (男性の)恋人, (↔girlfriend).

⁑**boy·hood** /bɔ́ihùd/ [名] [aU] **少年時代**, 少年期; 〈集合的〉 少年たち. in his ～ 彼の少年時代に.

†**boy·ish** /bɔ́iiʃ/ [形] **1** 男の子らしい, 少年らしい; 〔女の子が〕男の子のような. a ～ way of thinking 少年らしい物の考え方. **2** 元気いっぱいな; 子供じみた.
▷ **～·ly** [副] 若々しく; 子供っぽく. **～·ness** [名] [U] 男の子らしさ; 子供っぽさ; 若々しさ; (女性が)男の子っぽいこと.

Boyle /bɔil/ [名] **Robert ～** ボイル (1627–91) 《英国の科学者; 一定温度では気体の圧力と体積は反比例するというボイルの法則 (**Bòyle's Láw**) の発見者》.

bòy-meets-gírl /[移]/ [形] (少年が少女に出会って恋をする, といった類の)おきまりの, 月並みな, 〔物語など〕.

Bòy's Brigáde [名] 〘英〙 キリスト教少年団.

boy scout /⌐⌐|⌐⌐/ [名] [C] ボーイスカウトの 1 員 ([参考] 年少者から cub scout; boy scout; 〘米〙 explorer, 〘英〙 venture scout に分かれる).

Boy Scouts /⌐⌐|⌐⌐/ [名] 〈the ～; 単複両扱い〉 ボーイスカウト《英国で 1908 年に, 米国で 1910 年に創立された; →Girl Scouts [Guides]》.

bòy wónder [名] [C] 天才少年, (男の)神童.

bo·zo /bóuzou/ [名] (複 ～**s**) [C] 〘米俗〙 やつ (fellow); 間抜け (fool).

BP boiling point; blood pressure; British Petroleum.

Bp. Bishop.

BPhil Bachelor of Philosophy (哲学士).

bps 〘電算〙 bit(s) per second (秒速..ビット)《通信速度の単位》.

BR British Rail.

Br 〘化〙 bromine.

Br. Britain; British; Brother.

br. branch; brand; brother.

bra /brɑː/ [名] [C] ブラジャー (brassiere).

***brace** /breis/ [名] (複 **brác·es** /-əz/, 6 は～) [C]
【(両腕のように)締めつけるもの】 **1 止め金**, かすがい; つっぱり, 支柱. **2** 〈〘米〙 しばしば ～s〉 歯列矯正器; 〈普通 ～s〉〘米〙 (金属製の)脚の副え木 (〘英〙 caliper). **3** 〘英〙 〈～s〉 **ズボンつり** (〘米〙 suspenders). **4** 〈普通 ～s〉 **大かっこ** 《{ }; →bracket [名] 3》. **5** 〘楽〙 ブレース《2 つ以上の五線をつなぐかっこ》.
6 【両腕＞一対】 一対 (pair); (特に猟鳥の)ひとつがい (couple). a ～ of dueling pistols 決闘用ピストル一対. four ～ of pheasants キジ 4 つがい.
7 【腕の形をしたもの】 (ドリルの)曲がり柄.
wèar a bèlt and bráces 〘話〙 (ベルトをした上にズボンつりをする＞)身の安全のために気を使いすぎる, '石橋をたたいて渡る'.
── [動] (**brác·es** /-əz/|[過] [過分] **～d** /-t/|**brác·ing**) [他]
1 を(締めつけて)**強固にする**, を補強する; 〔弓など〕をぴんと張る (stretch); 〔腕, 脚など〕を突っ張る, ふんばる, 〈*against* ..に〉. ～ a bow 弓を引きしぼる.
2 を**支える** (support), につっかい棒[筋交い]を取り付ける. ～ the windows against a storm 嵐に備えて窓に筋交いを支(か)う. **3** 〔神経など〕を**緊張させる**; 〔人〕を**元気づける**.
── [自] (異常事態に備えて)身構える, 身を引き締める, 足をふんばる. *Brace*! Get your heads down below the seats. (緊急着陸などの)非常体制を願います! 頭は座席より低くしてください.
bráce oneself*＝*be bráced (1) 緊張して┗構える[構えている], 覚悟┗する[している] 〈*for* ..に備えて/*to* do ..するために〉. (2) 体を支える[補強されている]. He was unsteady on his feet and had to ～ him*self* with his hands as he came down the steps. 彼は足下がふらついて, 階段を降りるのに体を手で支えなければならなかった.
bràce úp 〘主に米〙 元気を出す, 奮い立つ.
[＜ラテン語「両腕」「ドリル」]

bràce and bít [名] [C] くりこ錐(きり)《曲がり柄付きのドリル》.

†**brace·let** /bréislət/ [名] [C] **1** 腕輪, ブレスレット. **2** 〈～s〉〘話〙 手錠 (handcuffs).

brac·er /bréisər/ [名] [C] **1** 締める人[もの]; ひも, 綱, 帯(など). **2** (弓術, フェンシングなどの)籠手(こて). **3** 〘話〙 元気づけの(酒の) 1 杯.

brac·ing /bréisiŋ/ [形] 〔空気, 場所, 行動などが〕身を引き締めるような, すがすがしい, (人を)リフレッシュさせる(ような), (refreshing). 「茂み).

brack·en /brǽkən/ [名] [U] 〘植〙 ワラビ, シダ類, (の

⁑**brack·et** /brǽkət/ [名] (複 ～**s** /-ts/) [C]
【腕形のもの】 **1** 〘建〙 持ち送り, (棚などを支える)**腕木**, 腕金. **2** (腕木[腕金]で支えられた)張り出し棚; ブラケット《壁に取り付ける突き出した電灯(用の腕木)》.
【両腕のように囲むもの】 **3** 〈普通 ～s〉〈一般に〉 かっこ. [注意] もっとも普通には角がっこ《[]; ＝square brackets》を言う; ギュメ《〈〉; ＝angle brackets》, 丸がっこ《( ); ＝parentheses, 〘主に英〙 round brackets》, ブレース《{ }; ＝braces》にも用いる.
4 【囲まれたもの＞区分】 同類, 同一グループ; 階層, (特に所得, 年齢, 価格などによる区分の)..層. come within [fall outside] the high income ～ 高額所得者層の仲間入りする[から外れる].
── [動] [他] **1** をかっこでくくる 〈*off*〉. **2** をひとまとめにする 〈*together*〉; を一括する 〈*with* ..と〉. I don't want Nora to ～ me *with* her previous boyfriends. ノラ

には僕のことを今までのボーイフレンドと同類に考えて欲しくない. **3** に持ち送り[腕木, 腕金]を取り付ける.
[＜フランス語「小さな股(もも)引き」;「腕木」の意味は股引きとの類似から]

brack·ish /brǽkiʃ/ 形 塩気のある〔水, 池など〕. a ～ lake 塩湖. ▷～·**ness** 名

bract /brækt/ 名 C 〘植〙包葉, 苞(ほう).

brad /bræd/ 名 C **1** (小さな)無頭くぎ. **2** 〘米〙書類クリップ (〘英〙 paper fastener).

brad·awl /brǽdɔːl/ 名 C (先端がのみ形の)押し錐(きり) 《無頭くぎ, ねじくぎ用の穴などを開ける》.

Brad·ford /brǽdfərd/ 名 ブラッドフォード《英国イングランド北部の工業都市; 毛織物産業の中心》.

brae /brei/ 名 C 〘スコ〙(谷川に沿った)斜面 (slope), 山腹 (hillside).

brag** /bræg/ 動 (～s /-z/|過 過分 ～ged /-d/|**brág·ging**) 自 **自慢する** 〈*of, about* ..を/*to* ..に〉 (boast). ～ *of* one's new house 新居を自慢する. His work shows nothing to ～ *about*. 彼の仕事は自慢するほどのところはない. ── 他 VO (～ ***that 節/"引用") ..であると/「..」と自慢する.Tom ～*ged that* he had won the tennis match. トムはテニスの試合に勝ったと自慢した.
── 名 UC 自慢話; 自慢(の種); ＝braggart.
[＜中期英語]

brag·ga·do·ci·o /brӕgədóuʃiòu|-tʃiòu/ 名 (複 ～s) 〘雅〙 **1** U 自慢. **2** C ＝braggart. [E. Spenser の *The Faerie Queene* に登場する自慢屋の名から]

brag·gart /brǽgərt/ 名 C, 形 自慢屋(の).

Brah·ma /brɑ́ːmə/ 名 〘ヒンドゥー教〙 **1** 梵天(ぼんてん), ブラフマー, 《ヒンドゥー教 3 大神の第 1 神で一切衆生の父; →Siva, Vishnu》. **2** U 宇宙の根本原理.

Brah·man /brɑ́ːmən/ 名 (複 ～s) C バラモン《インド 4 姓中の最高階級である僧族の人; →caste》.

Bráh·man·ìsm 名 U バラモン教.

Brah·min /brɑ́ːmən/ 名 C **1** ＝Brahman. **2** 〘米〙(特に New England の高慢な)上流教養人.

Brahms /brɑːmz/ 名 **Johannes ～** ブラームス (1833–97)《ドイツの作曲家》.
Bràhms and Lískt 〘英俗〙酔っ払って (pissed) 《/list/ と /pist/ の押韻俗語 (rhyming slang)》.

braid /breid/ 名 **1** C 〘主に米〙〈普通 ～s〉編んだ髪, 下げ髪, (〘主に英〙 plait). wear one's hair in ～*s* 髪をお下げにしている. **2** U 組みひも, さなだひも, ブレード, モール, 《衣服の縁飾りなどに用いる》. gold ～ 金モール.
── 動 他 〘主に米〙〔ひも, 髪, わらなど〕を編む, 組む; を編んで作る; を組みひもなどで飾る; (〘主に英〙 plait). ～ one's hair 髪を編んでお下げにする.

bráid·ed /-əd/ 形 編んだ; 組みひも[ブレード]で飾った.

braille, B- /breil/ 名 U (ブライユ式の)点字(法)《＜考案したフランスの盲人教育家 Louis *Braille* (1809–52)》. in ～ 点字で. ── 動 他 を点訳する.

‡brain /brein/ 名 (複 ～**s** /-z/) **1** C (器官としての)**脳**; 脳髄; 〈～s; 単数扱い〉 脳漿(しょう), (小牛, 羊の)脳みそ《特に食用としての》. blow out one's ～*s* (ピストルなどで)頭を撃ち抜く[吹き飛ばす].
2 UC 〈しばしば ～s; 単数扱い〉 **頭脳**, 知力, 'あたま'. That boy has (good) ～*s* [a good ～; plenty of ～*s*]. あの少年は頭がいい. use one's ～(*s*) 頭を使う, 知恵をしぼる. a man of little ～ 知力の乏しい人. have more regard for ～*s* than for brawn 筋肉よりも頭脳をより高く尊重する.
3 〈the ～s; 単数扱い〉〘話〙(組織, 企画などの)**知的指導者**, ブレーン, 知恵者. He was the ～*s* behind the plot. 彼はその陰謀の陰の指導者だった.
4 C 〘話〙秀才; 優秀な人材. He was well known as a ～ while in college. 大学時代彼は秀才として有名だった.
***bèat* [*cùdgel, ràck*] *one's bráins* (*about ..*)** 〘話〙(..で)脳みそを絞る.
bèat a pèrson's bráins out＝bàsh a pèrson's bráins in 〘話〙人の頭をひどくなぐる.
hàve* [*have gót*] *..on the bráin 〘話〙..のことばかり考える, ..のことしか頭にない, ..が頭から離れない. Like any teenager, my son *has* cars *on the* ～. 10 代の少年の例にもれず息子は車に取りつかれている.
pick a pèrson's bráins 〘話〙人の知恵を借りる.
***tàx one's* [*a pèrson's*] *bráin*(*s*)** 頭を酷使する[人に頭を酷使させる].
── 動 他 〘話〙の頭をかち割る; の頭をがつんとやる.
[＜古期英語]

bráin·bòx 名 C 〘英話〙知恵者[袋].

bráin cèll 名 C 〘解剖〙脳細胞.

bráin·chìld 名 (複 →child) C 〘話〙〈普通 one's ～〉 生み出したもの, いい思いつき, 新工夫.

bráin dàmage 名 U 〘医〙脳傷.

bráin-dèad 形 **1** 〘医〙脳死状態の. be declared ～ 脳死を宣告される. **2** ＝stupid.

bráin dèath 名 U 〘医〙脳死.

bráin dràin 名 C 〈普通, 単数形〉〘話〙頭脳流出.

-brained /breind/ 〈複合要素〉..の頭脳の, 'あたま'の. large-*brained* 大きな脳の. bird[feather]-*brained* 間抜けな.

bráin fèver 名 U 〘医〙脳脊(せき)髄膜炎.

brain·i·ness /bréininəs/ 名 U 〘話〙頭のよさ, 頭の'切れる' こと.

bráin·less 形 頭の悪い, 愚かな; ばかげた. ▷～·**ly** 副

bráin·pàn 名 C 〘話〙頭蓋(ずがい).

bráin·pòwer 名 U **1** 思考力; 知力. **2** 〈集合的〉 (組織などの)'頭脳', 有識者.

bráin scàn 名 C 〘医〙脳のレントゲン断層写真.

bráin stèm 名 C 〘解剖〙脳幹《延髄, 中脳, 脳橋》

bráin·stòrm 名 C **1** 突然の精神錯乱. **2** 〘米話〙霊感, 突然のひらめき. **3** 〘英話〙度忘れ, (頭の)一時的混乱. ── 動 他, 自 (を)ブレーンストーミングでもむ.

bráin·stòrm·ing 名 U 〘米〙集団思考, ブレーンストーミング, 《自由討論によるアイデア開発法》.

bráins trùst 名 C 〘英話〙 **1** 〘放送〙(視聴者からの質問に即答する)専門解答者グループ. **2** ＝brain trust.

bráin sùrgeon 名 C 脳外科医.

bráin·tèaser 名 C 難問, なぞ (puzzle).

bráin trùst 名 C 〘米〙(政府の) 専門顧問団, ブレーントラスト; 〈一般に〉 専門委員会.

bráin trùster 名 C 〘米〙 brain trust の 1 員.

bráin·wàsh 動 他 〘話〙を洗脳する.
bràinwash a person into dóing 人をうまく言いくるめて..させる.
▷～·**ing** 名 UC 洗脳; 巧妙[高圧的]な説得.

bráin·wàve 名 C **1** 〈普通 ～s〉 脳波. **2** 〘英話〙 ＝brainstorm 2.

brain·y /bréini/ 形 〘話〙頭のいい, '切れる'.

braise /breiz/ 動 他 〔肉, 野菜〕をヘット (fat) でいためてから, 水分を少量加えてふたをし, とろ火で蒸し煮にする. *braising* steak braise 用牛肉《並肉》.

‡brake[1] /breik/ 名 (複 ～**s** /-s/) C **ブレーキ**(ペダル), 制動装置 (→bicycle 図; →car 図); 抑制, 歯止め. put on [apply] the ～(*s*) ブレーキをかける. The driver slammed on the ～*s* and the car skidded to a halt with a screech. 運転者が急ブレーキをかけると車は, ギーと音を立てて急停車した. The ～*s* were dead. ブレーキが利かなかった. put the ～*s* [a ～] on an investigation 調査にブレーキをかける. take off [release] the ～ (かけた)ブレーキをゆるめる. act [serve] as a ～ on a movement 運動のじゃま[歯止め]になる.
── 動 (～s /-s/|過 過分 ～d /-t/|**brák·ing**) 他, 自 (に)ブレーキをかける. ～ a bike sharply 自転車に急ブ

レーキをかける. The jet ～*d* to a halt. ジェット機はブレーキをかけて停止した.
[?<〘廃〙 *brake*「(機械を操作する)取っ手, 手綱」]

brake[2] 名 **1** C やぶ, 茂み, (thicket). **2** U = bracken.

bráke blòck 名 C (自転車の車輪に取り付けられた硬質ゴムの)車輪止, 制動子.

bráke drùm 名 C ブレーキドラム《drum brake の一部で, 車輪に固定された円筒状の輪; 内部にある一対の brake shoe がこれに圧接してブレーキがかかる》.

bráke flùid 名 U (油圧ブレーキの)ブレーキ液.

bràke hórsepower 名 C ブレーキ馬力《エンジン出力を馬力で表したもの; これを測定する動力計が制動力を利用していることから; 略 bhp》.

bráke lìght 名 ＝stoplight.

bráke·man /-mən/ 名 (複 **-men** /-mən/) C **1** 〘米〙(列車の)ブレーキ(点検)係. **2** (bobsleigh の)制動手.

bráke pèdal 名 C (車の)ブレーキペダル.

bráke shòe 名 C ブレーキシュー, 制動子[片] (→brake drum).

brá·less 形 〘話〙ブラ(ジャー)を着けない, ノーブラの.

bram·ble /brǽmb(ə)l/ 名 C イバラ《バラ科キイチゴ属の総称》, 〈特に〉クロイチゴ (blackberry); イバラの茂み.

bram·bly /brǽmbli/ 形 イバラの多い; とげのある.

Bram·ley /brǽmli/ 名 (複 ～s) C 〘英〙ブラムリー《料理用リンゴの一種》.

‡**bran** /brǽn/ 名 U (麦など穀物の)麩(ふすま), ぬか; これを原料とした cereals などの食品.

‡**branch** /brǽntʃ|brɑ́:ntʃ/ 名 (複 **bránch·es** /-əz/) C
1 (樹木の)**枝**, 分枝, (類語「枝」の意味で最も一般的な語; →bough, limb, sprig, twig); (シカの角の)枝. **2** 支流; 支脈; (鉄道の)支線. **3 支店**, 支部, 出張所; 支局. **4** (学問などの)**部門**, 分科; 分家; 〘言〙語派. Phonology is a ～ of linguistics. 音韻論は言語学の1部門だ. The Germanic languages form a ～ of the Indo-European family. ゲルマン系言語は印欧語族の1語派を成す. **5** 〈形容詞的〉分かれた, 分派した, 分岐した. a ～ line 支線. a ～ office 支店, 支社.
—— 動 (**bránch·es** /-əz/|過 過分 ～**ed** /-t/|**bránch·ing**) 自 **1 枝分かれする**, 分岐する. The river ～*es* three kilometers below the town. 川は町の3キロ下流で分岐する. **2** 〔木が〕枝を出す, 枝を広げる, 〈*forth, out*〉.
brànch óff (***from*** ..) (..から)脇(わき)道[支線]に入る; 〔議論, 談話などが〕(..から)脇道にそれる.
brànch óut (1) →自 2. (2) 〔人, 会社, 事業などが〕手を広げる, 進出する, 〈*to, into* (doing) ..(すること)へ〉.
[<後期ラテン語「(動物の)かぎ爪, 前足」]

***brand** /brǽnd/ 名 (複 ～**s** /-dz/) C
【焼き付けた印】 **1** (家畜などに押した持ち主を示す)**焼き印**, 烙(らく)印; ＝branding iron.
2 (昔, 罪人に押した)烙印; 汚名. He had to bear the ～ of a criminal after that event. あの事件以来, 彼は犯罪者の汚名を背負わなければならなかった.
3 【焼き印>商品名】 **(a) 商標** (trademark), ブランド, 銘柄; 品種; 〈集合的〉(銘柄)製品. This type of beer is the ～ leader. このタイプのビールがいちばんよく売れる銘柄です. a private ～ 自社ブランド《スーパーマーケット, デパートなどの自主企画商品》. **(b)** (思考法, 行動パターンなどの特別な)種類 (kind). his own ～ of irony 彼独特の皮肉.
【燃えるもの】 **4** 燃えさし, 燃え木; 〘詩〙たいまつ (torch).
5 【炎のように光るもの】〘詩〙剣 (sword).
a brànd (plùcked) from the ⌞búrning [fíre] 〘章〙罪の報いから救われた人; 改宗者 (convert).
the brànd of Cáin カインの烙印《殺人の罪; →Cain》.
—— 動 他 **1** 〔家畜〕に焼き印[烙印]を押す〈*with* ..の〉. ～ cattle 牛に焼き印を押す.
2 に汚名を着せる〈*with* ..の〉; VOC (～ X Y)・VOA (～ X *as* Y) X に Y の汚名を着せる. His actions ～*ed* him *with* dishonor. その行為で彼は不名誉の烙印を押された. That accidental killing ～*ed* him for life. その過失致死で彼は生涯消えぬ烙印を押された. He was ～*ed* (*as*) a coward. 彼は卑怯(ひきょう)者の汚名を着せられた.
3 〔みじめな体験などが人〕の記憶に焼き付く; を焼き付ける, の強い印象を与える, 〈*on, in*.. 〔人の心など〕に〉. The word is ～*ed on* [*in*] my memory. その1語は私の記憶に焼き付いている.
[<古期英語「燃え木, 剣」; burn と同源]

bránd·ed 形 〈限定〉(有名)ブランドの, 銘柄の, 〔製品, 商品など〕.

bránding ìron 名 C 焼き印用のこて (→brand 名 1).

†**bran·dish** /brǽndiʃ/ 動 他 〔刀など〕を振り回す, 振りかざす, 〈*at* ..に向かって〉. ～ one's fist *at* a person 人に向かってげんこつを振り回す.

bránd lòyalty 名 U (特定の)ブランド品一辺倒.

bránd nàme 名 C 商標名, ブランド名.

bránd-nàme 形 〔商品が〕ブランド名入りの, 〘話〙有名な. ～ item [article] ブランド商品.

†**brànd-néw** /brǽn(d)- ⑧/ 形 真新しい, 新品の.

Brandt /brǽnt/ 名 **Willy** ～ ブラント (1913–92) 《旧西ドイツの政治家・首相; ノーベル平和賞 (1971)》.

***bran·dy** /brǽndi/ 名 (複 **-dies** /-z/) U ブランデー (★ 種類をいう時は C); C ブランデー1杯. a ～ and soda ソーダ水で割ったブランデー1杯.
—— 動 他 をブランデーで漬ける[香りをつける].
[<古形 *brandy*wine(<オランダ語 'burnt wine')]

bràndy bútter 名 U ブランデーバター《バター, 砂糖, ブランデーを混ぜクリーム状にしたもの; クリスマスプディングなどにかける》.

brándy snàp 名 C 〘英〙ショウガ風味の薄い巻き菓子《円筒形でしばしばクリーム入り》.

brant /brǽnt/ 名 (複 ～, ～s) C 〘鳥〙コクガン《北極圏で繁殖し南方に渡る; 〘主に英〙brant (goose)》.

brán tùb 名 C 〘英〙麩桶(ふすまおけ)《パーティーなどで, 中の麩に隠した景品を探して遊ぶ》.

‡**brash** /brǽʃ/ 形 **1** 生意気な. He is ～ in his attitude toward the umpire. 彼は審判に対する態度が生意気だ. **2** せっかちな; 向こう見ずの. **3** 派手な, けばけばしい. ～ commercialism 派手な商業主義. ▷ **brásh·ly** 副 **brásh·ness** 名

Bra·síl·ia /brəzí(:)ljə/ 名 ブラジリア《1960年以後ブラジルの首都; 計画的に建設された都市》.

***brass** /brǽs|brɑ́:s/ 名 (複 **bráss·es** /-əz/) **1** U **(a)** 真鍮(しんちゅう)《copper と zinc の合金》. **(b)** 〈形容詞的〉真鍮(製)の. a ～ candlestick 真鍮の燭(しょく)台.
2 〈集合的〉**真鍮製器具[装飾]**; C 真鍮製装飾馬具. do [clean, polish] the ～ 真鍮製器具をみがく.
3 U 〈the ～; 単複両扱い〉金管楽器; (楽団の)金管楽部 (→reeds, strings). **4** U 〘話〙ずうずうしさ, 鉄面皮, (impudence). have the ～ to ask for more money 厚かましくさらに金を要求する. **5** C 〘主に英〙(死者の記念に教会の壁又は床にはめ込まれる)真鍮製の碑面 (→brass rubbing). **6** 〘話〙〈the ～; 単複両扱い〉最高幹部, 〈特に〉高級将校, (top brass; →brass hat). **7** U 〘北イング俗〙お金 (money). ◇形 brassy, brazen
(*as*) ***bòld as bráss*** →bold. [<古期英語]

bràss bánd 名 C ブラスバンド《金管楽器と打楽器から成る》.

brassed /-t/ 形 〘英俗〙〈次の成句で〉***bràssed óff*** うんざりして (fed up) 〈*with* ..に〉.

bras·se·rie /bræ̀sərí:|⌐−−⌐/ 名 C (庶民的な)ビアホール, レストラン. [フランス語 'brewery']

bràss hát 名 C 〖話〗**1** 高級将校《金モールの付いた帽子をかぶったことから》. **2** 高官; 幹部; 《人》.

brass·ie /brǽsi|brɑ́:si/ 名 C 〖ゴルフ〗ブラッシー《本来, 木製の頭部 (head) の底部 (sole) が真鍮(しんちゅう)で裏打ちされているクラブ; ウッドの 2 番の旧称》.

bras·siere, bras·sière /brəzíər|brǽsiə, -ziə/ 名 C ブラジャー (bra). [フランス語 'bodice';「乳当て」は英語の中で生じた意味]

brass·i·ly /brǽsili|brɑ́:s-/ 副 **1** かん高く, 耳障りに. **2** 厚かましく, ずうずうしく.

bràss knúckles 名 〈単複両扱い〉〖米〗メリケン(サック)《指を通して握るけんか用の武器; 〖英〗knuckle-duster》.

bràss-mónkey 形 〖話〗えらく寒い.

bràss pláte 名 C (真鍮(しんちゅう)の)表札.

bráss rùbbing 名 UC 〖英〗真鍮(しんちゅう)製碑面の拓本(を取ること) (→brass 5).

bràss tácks 名 〈複数扱い〉〖話〗核心, 要点. get down to ～ *tacks* 問題の核心に触れる.

bráss·wàre 名 U 〈集合的〉真鍮(しんちゅう)製品.

brass·y /brǽsi|brɑ́:-/ 形 e **1** 真鍮(しんちゅう)製の; 真鍮色の; 真鍮に似せた, 見かけ倒しの. **2** 〔音が〕かん高い, 耳障りな. **3** 〖話〗〔特に女性が〕ずうずうしい (impudent); 派手な, けばけばしい. ▷ **brass·i·ness** 名

‡**brat** /brӕt/ 名 C 〖話・軽蔑〗がき, ちび, 《特に, 行儀の悪い子供》. a spoilt ～ 甘やかされて行儀の悪いがき.

Bra·ti·sla·va /brӕtəslɑ́:və/ 名 ブラティスラーバ《スロヴァキアの首都》.

brát·pàck 名 〈the ～; 集合的〉〖軽蔑〗がきの群れ《成功して傍若無人に振舞う若い俳優[作家]たち》.

brat·ty /brǽti/ 形 e 〖話〗生意気な, がきの.

bra·va /brɑ́:vɑ:, -ˊ/ (★女性について用いる) 間 うまい, でかした. ── 名 (複 ～s) C 'brava' という叫び. [イタリア語 'splendid' (女性形)]

‡**bra·va·do** /brəvɑ́:dou/ 名 U 強がり, 虚勢. [＜スペイン語]

‡**brave** /breiv/ 形 e (**bráv·er**|**bráv·est**) **1** (**a**) 〔人, 行為などが〕**勇敢な**, 勇気のある, (↔cowardly; 類語「勇敢な」の意味の一般的な語; →courageous, gallant 1, valiant). a ～ soldier 勇敢な兵士. Now, be ～ and don't cry! さあ勇気を出して, 泣くんじゃない. He was ～ [It was ～ of him] to jump into the river to rescue the drowning child. 彼は勇敢にもおぼれかかった子供を救出しようと川に飛び込んだ. make a ～ attempt to set a new record 新記録を目指す勇敢な試みをする.
(**b**) 〈the ～; 名詞的; 複数扱い〉勇敢な人々, 勇士[戦士]たち.
2 〈限定〉〖古・雅〗華麗な (splendid), すばらしい (fine). a ～ new world 〈時に皮肉〉すばらしい新世界《Shakespeare 作 *The Tempest* から; Aldous Huxley の未来小説 *Brave New World* で有名になった》.
◇名 bravery
── 名 C 北米先住民の戦士. ── 動 他 に勇敢に立ち向かう, をものともしない. He ～*d* the storm and went out. 彼は嵐をものともせず出かけた.
bràve it óut (非難, 苦労などを)敢然と押し切る.
[＜フランス語「勇敢な, すばらしい」(＜イタリア語「野蛮な, 大胆な」); barbarous と同源か]

*__brave·ly__ /bréivli/ 副 m **勇敢に**(も), 勇気をもって.

*__brav·er·y__ /bréiv(ə)ri/ 名 U **1 勇敢さ**, 勇気. **2** 〖古・雅〗華麗さ, すばらしさ, (splendor).

bra·vo /brɑ́:vou, -ˊ/ (★男性について用いる; →brava) 間 うまい, でかした. ── 名 (複 ～s) C 'bravo' という叫び. [イタリア語 'splendid']

bra·vu·ra /brəvjú(ə)rə/ 名 U (ことさらに)派手[華やか]な演奏[演技]; 大胆さ. [イタリア語 'bravery']

†**brawl** /brɔ:l/ 名 C (公共の場所での)乱闘, 口論.
── 動 自 **1** 大声でけんかする; がなり立てる. **2** 〔川が〕ざあざあと音を立てる. ▷ **bráwl·er** 名 C 大声でけんかをする人; どなり立てる人.

brawn /brɔ:n/ 名 U **1** 強い筋肉, (知力 (brains, intelligence) に対して)筋力. **2** 〖英〗ブローン《主に豚[牛]の頭を煮て作る肉ゼリー; 〖米〗head cheese》. [＜古期フランス語「肉付きのよい部分, 尻」]

brawn·y /brɔ́:ni/ 形 e 筋肉の隆々とした, 筋骨たくましい, 屈強な, (muscular). ▷ **brawn·i·ness** 名

bray /brei/ 名 (複 ～s) C ロバの騒がしい鳴き声; (らっぱなどの)けたたましい音. ── 動 (～s|過 過分 ～ed|～·ing) 自 〔ロバが〕鳴く; 〔人が〕耳障りな声を出す; 〔らっぱなどが〕騒々しい音を出す. [＜古期フランス語「叫ぶ」]

Braz. Brazil; Brazilian.

braze /breiz/ 動 他 を蠟(ろう)[はんだ]付けする.

†**bra·zen** /bréiz(ə)n/ 形 **1** 真鍮(しんちゅう)(製)の; 真鍮に似た; 真鍮色の. **2** 〖雅〗かん高い金属音の, 耳障りな. **3** 厚かましい, ずうずうしい. a ～ hussy 恥知らずのあばずれ女. a ～ lie ぬけぬけとしたうそ. ◇名 brass
── 動 他 〈次の成句のみ〉***bràzen it óut*** [***thróugh***] (非難されても)しゃあしゃあとして押し通す.
[＜brass] ▷ **～·ly** 副 ずうずうしく(も). **～·ness** 名 U 厚かましさ, 鉄面皮.

brázen·fàced /-t/ 形 鉄面皮の, 厚かましい.

bra·zier[1] /bréiʒər|-ziə, -ʒə/ 名 C 火鉢《金属製で脚付き; 木炭[石炭]を入れて, 暖房, 照明, 料理用》. [＜フランス語「炭火」]

bra·zier[2] 名 C 真鍮(しんちゅう)細工師. [＜brass]

*__Bra·zil__ /brəzíl/ 名 **1** ブラジル《南米の共和国; 首都は Brasília》. **2** U 〈b-〉＝brazilwood; brazilwood から採る赤色染料. **3** C 〈b-〉＝Brazil nut. [ポルトガル語 '(land of) brazilwood']

*__Bra·zil·ian__ /brəzíljən/ 形 ブラジル(人)の.
── 名 C ブラジル人.

Brazíl nùt 名 C ブラジルナッツ《南米産の堅果の一種; 三角形で食用になる》.

brazíl·wòod 名 U ブラジルスオウ材《南米熱帯産マメ科の木の赤味がかった堅い材木; 赤色染料を採り, 家具材にもなる》.

*__breach__ /bri:tʃ/ 名 (複 **bréach·es** /-əz/) **1** UC (規則, 義務, 約束, 慣例, 法律などの)**違反**, 不履行. a ～ of the law 法律違反. sue a person for ～ of contract 契約違反で人を訴える. **2** C (防壁, 堤防などの)破れ目 (opening); (城壁などの)突破口. **3** C (友人間などの)仲たがい, 絶交, 疎隔. This will be a serious ～ in their marriage. これは彼らの結婚生活にとって深刻な亀裂(きれつ)になるだろう. heal the ～ 仲直りをさせる.
(*be*) ***in bréach of..*** ..に違反して(いる). 「に立つ》.
stànd in the bréach 攻撃の矢面に立つ《＜突破口↑
stèp [***thròw onesèlf***] ***into the bréach*** (危機, 窮地にある人の救助に)敢然と立ち向かう.
── 動 他 **1** に違反する, を破る; 〔関係など〕を破綻(はたん)させる. **2** に突破口を開く, を破って通る, 突破する. [＜古期英語「break すること」]

brèach of cónfidence 名 UC 〖章〗(秘密漏洩(えい)による)信頼の裏切り. 「婚約不履行.

brèach of prómise 名 UC 〖法〗破約, 〈特に〉↑

brèach of the péace 名 UC 〖法〗治安妨害.

‡**bread** /bred/ 名 U **1** パン (参考 (1) パンの皮[耳]は crust, (柔らかい)中身は crumb. (2) 普通, スライスしない小型(の巻き)パンは roll と言うが, 〖米〗では, 特に丸型のものを bun とも言う (→roll, bun 1). (3) 原料による種類 (→white bread, rye bread, black bread, brown bread, corn bread)). a loaf of ～ ひと塊[ひと焼き]のパン. two slices [pieces] of ～ パン 2 枚 [2 切れ]. whole-wheat ～ 玄麦(げんばく)パン. ～ and milk 熱い牛乳にパンをちぎって入れたもの. ～ and jam ジャムを塗ったパン. ～ and scrape ほんの少しバターを付けたパン. →

B

B

bread and butter.

連結 fresh [stale] ～ // bake [butter; slice; toast] ～

2 生計, 糧(かて), (livelihood). daily ～ 日々の糧. earn one's (daily) ～ by the sweat of one's brow 額に汗して日々の生計を立てる. depend for one's ～ on ..に生活の糧を求めている. **3**〖旧俗〗金 (money).

bréad bùttered on bòth sídes (パンの両側にバターを付けて食べるような)安楽な境遇.

brèak bréad with.. 〖雅〗..と食事をともにする.

càst [thròw] (one's) bréad upon the wáters (報酬を当てにしないで)人のために功徳を施す《聖書から》.

knów which síde one's brèad is búttered on 〖話〗自分の利害にさとい, 抜け目がない.

tàke the bréad out of a pèrson's móuth 〖話〗人の生計の道を断つ, 人を'干す'.

―― 動 他 にパン粉を付ける《料理の下ごしらえ》.

[＜古期英語「小片, 一口」]

brèad and bútter /brèd(ə)nbʌ́tər/ 名 U **1** バターを塗ったパン. **2**〖話〗〈普通 a person's ～で〉生計(の道); 主要な収入源.

bread-and-butter /bréd(ə)nbʌ̀tər/ 形〈限定〉 **1** 生計のための, 生活にかかわる, 基本的な. ～ issues [matters] 死活問題, 生活維持にかかわる根本問題. **2** 主な収入源になる, 確実にもうかる,〔商品, 演目など〕. **3**〖話〗平凡な, 日常的な.

brèad-and-butter létter [nóte] 名 C (ごちそうになったことに対する)礼状.

brèad and círcuses 名〈複数扱い〉(民衆の気をそらそうとして政治家などが提供する)食事と見世物(のようなもの); 一時しのぎの手段.

brèad and wáter 名 U パンと水; きわめて粗末な食事.

brèad and wíne 名 U〖キリスト教〗聖餐(せいさん)(式用のパンとワイン).

bréad·bàsket 名 C **1** (食卓用の)パンかご. **2**〖話〗〈the ～〉穀倉地帯. **3**〖旧俗〗胃(袋) (stomach).

bréad bìn 名 C〖英〗(家庭用のふた付き)パン入れ (〖米〗**bréad bòx**).

bréad·bòard 名 C パンこね台; パン切り台.

bréad·crùmb 名 U **1** ＝crumb 3. **2**〈普通 ～s〉パン粉《料理用》.

bréad·ed /-əd/ 形 パン粉をまぶした〔魚, 肉など〕.

bréad·frùit 名 C〖植〗パンノキ (**bréadfruit trèe** とも言う)《Malaya 原産; クワ科》; UC パンノキの実《焼いて食べるとパンのような味がする》.

bréad knìfe 名 C パン切りナイフ《ぎざぎざ又は波形の歯がある》.

bréad·lìne 名 **1** C〖主に米〗施しのパンの配給を受ける人の列. **2** U〖英〗〈the ～〉最低生活水準.

on [nèar, clòse to; belòw, etc.] the bréadline ぎりぎり最低の[最低に近い; 最低以下の]生活水準で.

brèad sáuce 名 U〖英〗パン入りソース《牛乳やタマネギも入り, 鶏肉にかける》.

bréad·stùff 名 (複 ～s) C〈普通 ～s〉パンの原料(《麦類, 麦粉など》).

‡breadth /bredθ, bretθ/ 名 (複 ～s /-s/) **1** UC **幅**, 横幅, (width; ↔length, depth). "What's the ～ of this wall?" "It's 10 meters *in* ～. (＝Its ～ is 10 meters.)"「この塀の幅はどれくらいありますか」「10 メートルです」. a ～ of 10 meters 10 メートルの幅. **2** C 広さ; (水, 土地などの)広大な平面 (expanse). **3** U **心の広さ**, 度量, 寛容さ; (精神的な) '人間の幅'; (見識, 技量の)広さ. great ～ of mind 心の広さ, 寛容さ. I admire the ～ of his learning and experience. 彼の学識経験の広さはたいしたものだ. ◇形 broad

throughout [across] the lèngth and bréadth of.. ..のいたるところで[に]; ..をくまなく.

[＜中期英語; broad, -th[1]]

bréadth·wàys, -wìse 副, 形 横から(の), 側面から(の).

bréad·wìnner 名 C (一家の)かせぎ手, 大黒柱.

‡break /breik/ 動 (～s /-s/ | 過 **broke** /brouk/ | 過分 **bro·ken** /bróukən/ | **bréak·ing**) 他

【ばらばらにこわす】 **1** をこわす, 割る, 破る, 砕く; を折る, 折って 2 つにする. Be careful you don't ～ the vase. 花瓶を割らないように気をつけるんですよ. I *broke* the dish. 私が皿を割りました (★「誤って」,「故意に」のどちらにも用いる). ～ a stick *in* two 棒を 2 つに折る.

2〔貨幣〕をくずす, 細かくする;〔セットになったもの〕をばらばらにする. ～ a 10,000 yen bill 1 万円札をくずす. ～ a set of tableware 食器のセットをばらばらにする.

【こわして使えなくする】 **3**〔手足など〕を**折る**, 骨折する; を脱臼(だっきゅう)する. I fell and *broke* my leg. 私は転んで足の骨を折った. ～ one's neck 首の骨を折る.

4〔機械など〕をこわす, 故障させる. ～ a clock [typewriter] 時計[タイプライター]をこわす.

【部分的にこわす】 **5** を**折り取る**, ちぎる. ～ a branch off [from] the tree 木から枝を一本折り取る. ～ bread パンを(手で)ちぎる (参考 刃物で切れば cut; ～ bread with.. →bread (成句)).

6〔皮膚など〕をすりむく, 切る;〔道〕を切り開く;〔土地〕を耕す. The blow caused a bruise, but did not ～ the skin. その打撃で打ち身にはなったが皮膚は傷つかなかった. ～ a trail (森などに)道を通す. ～ (fresh [new]) ground →ground (成句).

【無理にこわす, 破る】 **7** (**a**) を**こわして開ける**; を突破する; に侵入する. ～ a package〖旧〗包みを開ける. ～ a safe 金庫をこじ開ける[爆破して破る]. ～ prison [jail] 脱獄する. ～ (and enter) a house 家に押し入る. (**b**) VOC (～ X Y) **X をこわして Y の状態にする**. ～ a gate open 門をこわして開ける.

8〔敵の隊列など〕をくずす, 乱す. ～ formation [ranks]「隊列を乱す.

9〔約束, 信頼など〕を破る;〔婚約など〕を解消する;〔法律など〕に違反する. He *broke* his promise. 彼は約束を破った. ～ the law 法律を破る.

10 (**a**)〔秘密〕を漏らす;〔言いにくいこと〕を打ち明ける;〔冗談など〕を言う;〖新聞〗を公表[発表]する. I'll ～ the bad news to Susie. その悪い知らせは私がスージーに伝えよう. ～ a jest〖旧〗冗談を飛ばす. (**b**)〖米〗〔宣伝活動など〕を(大々的に)開始する;〖米話〗〔タレント, 曲など〕を(うまく)売り出す. (**c**)〔暗号〕を解く (decipher);〔難問〕を解決する;〔アリバイ〕をくずす. ～ a code 暗号を解く.

【途中で打ち切る】 **11** (**a**)〔旅行など〕を**中断する**, 打ち切る;〔眠りなど〕を妨げる, 目覚めやすくする;〔電流など〕を遮断する;〔歩調〕を変える;〔沈黙など〕を破る;〔遺言〕を法的に無効にする. ～ his journey to New York at Detroit ニューヨークへの旅行をデトロイトで打ち切る. ～ one's train of thought 思考の流れを中断する. ～ peace [silence] 平和[沈黙]を破る. ～ a spell まじないを解く. ～ one's fast →fast[2] (成句). (**b**)〖ジャーナリズム〗〔記事〕を他ページに続ける.

12〔癖など〕をやめ(させ)る, 断つ;〔因習など〕を打破する; VOA (～ X *of*..) X (人)に〔癖など〕をやめさせる. It's hard to ～ old habits. 昔からの習慣をやめるのは難しい. The mother tried to ～ her boy *of* (the habit of) smoking. 母親は息子にたばこ(の習慣)をやめさせようとした.

13 (**a**)〔記録など〕を破る, 更新する;〖ゴルフ〗〔..のスコア〕を切る;〖テニス〗〔相手のサーブ〕を破る, で得点をする. ～ the world record in the high jump 走り高跳びの世界記録を破る. (**b**)〖球技〗〔ボール〕をカーブさせる, 急に曲げる. **14**〔封鎖, 包囲など〕を破る;〔膠着(こうちゃく)状態など〕を打開する. ～ a strike スト破りをする. ～ a deadlock 行き詰まりを打開する.

【勢いをくじく】 **15** を疲労困憊(こんぱい)させる; を落胆させる;〔..の力〕を弱める,〔..の勢い〕を和らげる, 鈍らせる. ～

a person's heart 人を悲嘆にくれさせる; 人を失恋させる. ～ the force of the wind 風の力をそぐ. Fortunately, the bush *broke* her fall. 幸いにも, やぶのおかげで彼女の落下の衝撃が小さくなった.

16 (**a**)〔敵〕を打ち破る;〔相手〕をやっつける; を(脅すなどして)屈服させる, に口を割らせる. (**b**) を破産させる (→ broke). ～ the bank →bank² (成句).

17 を挫折(ざせつ)させる; の階級を下げる; を解任する. That scandal *broke* him politically. そのスキャンダルが彼を政治的に失脚させた.

18【従順にする】〔動物, 子供など〕を馴(な)らす (tame). ～ a horse to harness 馬を馬具に馴らす.

19〖アイル俗〗をまごつかせる (embarrass).

── 自【こわれる】 **1** **こわれる**, 割れる, 砕ける; 破れる; 折れる,〔なわ, ひもなどが〕切れる. Glass ～*s* easily. ガラスはこわれやすい. waves ～*ing* against the shore 岸に当たって砕ける波. The chalk *broke* in two. チョークが2つに折れた. ～ to [into] pieces 粉々になる.

2〔隊列が〕乱れる,〔軍隊が〕敗走する.

3〔心が〕張り裂けそうになる;〔機械などが〕故障する.

【破って出る[入る]】 **4** [VA] (～ ***from, out of..***) ..から脱(出)する, 逃れる; [VC] (～ X) 脱出して X の状態になる; [VA] (～ ***into, through..***) ..に押し進む[入る];〔日が〕..に差し込む. ～ *from* the past 過去と決別する. ～ *loose* [*free*] *from* prison 脱獄して自由になる. The plane *broke free of* the clouds. 飛行機は雲海を抜け出た. *Break* left! 左(の方)へ逃げろ. Sunlight *broke into* my study. 書斎に日が差し込んできた.

5〔魚が〕(水から)飛び上がる;〔潜水艦が〕急に浮上する;〔植物(の芽)が〕出る;〔羊水が〕流れ出る. Her waters have *broken*. 彼女は破水した.

6 夜が明ける;〔雲が〕切れる;〔霧, 霜などが〕消える. Day *broke* at last. やっと夜が明けた.

7〔私事, 秘密などが〕表面に出る, 明らかになる, '割れる';〖新聞〗〔記事などが〕公表[発表]される. The story *broke* in the evening papers. その記事は夕刊各紙に報道された.

8〖米話〗[VA]〔事が〕成り行く, 展開する. Things have been ～*ing well* for us. 事態は我々に有利に展開している.

【突発する】 **9**〔あらしなどが〕急襲する;〔微笑などが〕急に現れる; (レースなどで)急にスピードを上げる;〔歓声などが〕沸き上がる;〖米話〗〔タレント, 曲などが〕急に売れ出す, 人気が高まる, ブレークする;〈一般に〉成功する, 大躍進を遂げる. When she entered, a cheer *broke* from the class. 彼女が入ると, クラスのみんなから喝采(かっさい)の声が起きた. **10**〔走者が〕スタートを切る;〖ビリヤード〗(試合開始の)初キューを突く.

【途中で切れる】 **11**〔連続したものが〕中断する, 打ち切りになる, 終わる (end); 中休みする, 休憩する. ～ for lunch 昼食の休みをとる.

12〔続いた天候が〕終わる, 急に変わる,《よくなる又は崩れる》. The cold weather *broke* at last. ようやく寒気が終わった.

13〔声(の調子)が〕変わる;〔少年の声が〕変わる; (激しい感情などで)〔声が〕かすれる, とぎれとぎれになる. ～ to a whisper〔声が〕ささやきになる. Jim's voice has already *broken*. ジムはもう声変わりした. Her voice *broke* as she told us the story of her mother's death. 彼女は母親の死について我々に話すとき声がとぎれた.

14〖野球・クリケット〗〔投球が〕変化する;〖ボクシング〗ブレークする, クリンチを解く. *Break*! ブレーク《「両者分かれて」という審判の命令》.

15〖植物〗突然変異を起こす.

16〖音声〗〔単母音が〕2重母音化する, 割れる.

【勢いがなくなる】 **17**〔人, 健康が〕衰える, 参る,〔元気が〕くじける;〔会社などが〕破産する; 屈する, 口を割る,〈*under*..〔尋問など〕に〉. The police are grilling him. He'll ～. 警察が締め上げているから, 奴は'落ちる'よ.

18〔熱が〕急に下がる;〖株式〗〔株価が〕急落する.

19 ブレークダンス (break dancing) をする.

brèak and énter 家宅侵入する.

****brèak awáy*** (1) **はずれる**, ちぎれる. The left wing *broke away* in midair and the plane crashed. 左の翼が空中ではずれて飛行機は墜落した. (2) くずれ去る. (3) **分離独立する**, 脱党する,〈*from* ..から〉; 手を切る〈*from* ..と〉. (4) **脱出する**; 逃げる, 急に立ち去る;〈*from* ..から〉. (5) (競走の合図の前に)駆け出す, フライングする. (6) 抜け出る〈*from* ..〔習慣, 主義など〕から〉. ～ *away from* time-honored tradition 由緒ある伝統を捨てる.

brèak /../ awáy ..をもぎ取る, はがす; ..を取りこわす.

****brèak dówn*** (1) **こわれる**; 失敗に終わる;〔機械が〕**故障する**, 作動しなくなる. The superpower talks *broke down* as both sides refused to compromise. 超大国会談は双方が妥協を拒んだので失敗に終わった. My car *broke down* on a mountain road. 私の車は山道で故障した. (2) 肉体的[精神的]に参る, がっくりする, 取り乱す, 泣きくずれる. I saw him ～ *down* when his wife died. 妻に死なれて彼ががっくりするのを見た. (3) 分類[分解]される. (4) '折れる'; 屈する, 降参する. Ms Blake finally *broke down* and gave me the answer. ブレーク先生はとうとう折れて, 答えを教えてくれた.

****brèak /../ dówn*** (1) **..を破壊する**, こわす;〔健康〕をこわす. We *broke* the door *down* and found a body in the room. 我々がドアをこわして中に入ってみると部屋には死体があった. (2) **..を打ち破る**,〔抵抗など〕を制圧する; ..を屈服させる. We couldn't ～ *down* their opposition to the scheme. 我々はその計画に対する彼らの反対を抑えることができなかった. (3)〔支出など〕の項目を分ける, 分類する; ..の成分を分解する;〈*into* ..に〉. (4)〖オース・ニュー話〗〈次の形で〉*Break* [Just ～] it *down*! やめろ; いい加減な事を言うな; 落ち着け. (5)〖ニュー〗〔丸太〕を(厚)板に挽(ひ)く. (6)〖米(黒人)俗〗..を(詳しく)説明する, 話す.

brèak éven →even.

bréak for.. ..に(向かって)走り出す, 突進する. *Break for* it! 逃げろ.

brèak fórth (1) 突進する; どっと出て来る; 勃(ぼっ)発する. (2) 突然..しだす〈*in*, *into* ..を〉.

****brèak ín*** (1) (建物に)**押し入る**. The burglar *broke in* through a back window. 泥棒は裏の窓から侵入した. (2) 口をはさむ.

brèak /../ ín (1)〔馬など〕を馴(な)らす;〔靴, 人など〕を使いならす. (2)〖オース・ニュー〗〔土地〕を開墾する.

****brèak ín on*** [***upon***]***..*** (1) **..のじゃまをする**; ..に口をはさむ. He has a bad habit of ～*ing in on* [*upon*] a conversation. 彼は人の会話に口をはさむ悪い癖がある. (2)〔..の胸〕にふと浮かぶ. The idea *broke in on* my thoughts quite suddenly. 全く突然にその着想が浮かんできた.

****bréak into..*** (1) **割れて**[こわれて, 破れて]**..になる** (→自 1). (2) **..に押し入る** (→自 4);〔話など〕に割り込む;〔余暇の時間など〕に食い込む. My aunt's sudden visit *broke into* my weekend. おばの突然の訪問で週末の時間をとられた. (3)〔食物, 金などの貯え〕に(やむを得ず)手をつける;〔(額の大きい)貨幣〕をくずして使う. (4) **急に..しだす**. ～ *into* song [tears] 急に歌い[わっと泣き]だす. ～ *into* a run 急に走りだす. (5)〔新しい分野〕に乗りだす. Their attempt to ～ *into* the Japanese market ended in failure. 日本の市場に進出しようという彼らの試みは失敗に終わった.

brèak it óff in..〖米俗〗..をこっぴどく懲らしめる, ひ

どい目に合わせる.

brèak óff (1) 折れる, 取れる. The mast *broke off* at its base. マストは基のところで折れた. (2) 急に(話を)やめる, 中断する. ～ *off* in the middle of a sentence 途中まで言って絶句する. (3) (仕事をやめて)休憩する. Let's ～ *off* for coffee now. さあひと休みしてコーヒーを飲もう. (4) 縁を切る 〈*with* ..と〉. We have *broken off with* that company because they are unreliable. あの会社は信用できないので縁を切った[取り引きをやめた].

__brèak /../ óff__ (1) **..を折り取る**, もぎ取る. (2) 〔関係, 契約など〕を急にやめる, 中断する, 解消する, 〈*with* ..と〉. ～ *off* diplomatic relations 外交関係を断つ.

__brèak óut__ (1) 〔戦争, 災害などが〕**突然起こる**, 勃(ぼっ)発する; 〔平和(な時期)が〕訪れる, 始まる. A fire *broke out* in the middle of the city. 町の真ん中で火災が発生した. (2) 逃げ出す 〈*of* ..〔監獄など〕から〉; 脱する 〈*of* ..〔束縛, 因習など〕から〉; 〖米俗〗立ち去る, 帰る. (3) 急に..しだす 〈*in*, ..*into*; *doing*〉. ～ *out in* anger [cries] 急に怒り[叫び]はじめる. ～ *out* laugh*ing* 急に笑いだす. (4) 〔汗, 発疹(ほっしん)などが〕吹き出す; 〔歓声, 笑いなどが〕急に沸き起こる. I felt the sweat ～ *out on* my forehead. 額に汗が吹き出るのを感じた. The thought made her ～ *out into* a cold sweat. そう考えて彼女は急に冷汗に見舞われた. ～ *out in* a rash [pimples] 発疹[にきび]ができる. (5) 〖オース・ニュー〗〔金鉱が〕開かれる.

brèak /../ óut 〖米〗(1) 〔しまっておいた物〕を取り出す, 用意する, 《飲み食い, 使用するためなど》. (2) ..を分類[区分]する.

__brèak thróugh__ (1) (障害などを)**突破する**. (2) 〔日光などが〕(雲間から)漏れる. (3) (困難を克服して)画期的躍進[発見]をする.

__bréak through ..__ (1) 〔障害など〕**を突破する**; 〔臆(おく)病, はにかみなど〕を克服する. ～ *through* the enemy's defenses 敵の防御線を突破する. (2) 〔日光などが〕〔雲間〕からもれる.

__brèak úp__ (1) **砕ける**, 割れる, こわれる. (2) 〔群衆などが〕**解散する**; 〖英〗〔学校, 生徒が〕休暇に入る; 〔パーティーなどが〕お開きになる. When does your school ～ *up* for the summer vacation? 君の学校はいつから夏休みになるのか. (3) 絶交する 〈*with* ..と〉; 別れる; 離婚する; 〔結婚などが〕破綻(はたん)する, 解消される. We *broke up* and went our own ways. 我々は別れて別々の道を行った. (4) 〔天気が〕くずれる; 〔病人などが〕衰弱する. (5) 〖米話〗笑いころげる; 泣きくずれる.

__brèak /../ úp__ (1) **..を砕く**, 割る; ..を分割する, 分ける, (divide) 〈*into* ..に〉. ～ *up* the soil 土を砕く. (2) 〔会合など〕を**解散させる**, お開きにする; ..を解体する. ～ *up* demonstrators デモ隊を解散させる. be *broken up* for scrap 〔車が〕スクラップとして解体される. (3) 〔けんかなど〕をやめさせる; 〔結婚, 協力関係など〕を解消する. ～ *up* a fight けんかをとめる. *Break* it *up*! (けんかを)やめろ; どいた, どいた. (4) 〖米話〗..を困らす; ..を苦しめる, 悩ます. (5) 〖米話〗..を笑わせる, 吹き出させる; ..を泣かせる. His jokes *broke* me *up*. 彼の冗談には腹を抱えた.

bréak with .. (1) ..と関係を絶つ, 手を切る. ～ (off) *with* a friend 友人と絶交する (→BREAK off (4)). (2) 〔古い考えなど〕を捨てる. ～ *with* tradition 伝統を捨てる.

màke or bréak .. →make.

―― 名 (複 ～s /-s/) Ⓒ **1 破れ**, 破損(箇所); 裂け目, 切れ目; 骨折. a ～ in the clouds 雲の切れ目. a bad ～ in the arm 腕のひどい骨折.

2 中断, とぎれ; 〖テレビ・ラジオ〗番組の中断《コマーシャルなどのための》. There has been no ～ in the rain for days. 幾日も雨が小やみなく降り続いている.

3 中休み, 小憩; (週末などの)休暇; 〖英〗(学校の)休み時間 (〖米〗recess). take [have] a ten-minute ～ 10分間休憩する. →coffee [tea] break.

4 絶縁, 断絶, 〈*with* ..との〉. make the ～ 生き方[暮らし方]を変える; 離れて暮らす, 独立する 〈*from* ..と, から〉. a ～ *with* [*from*] tradition 慣例を破ること. make a (clean) ～ *with* a person 人と(すっぱり)絶交する. after his ～ *with* Communism 彼が共産主義と縁を切ってから.

5 (天候などの)変わり目; 急変; 〖株式〗(相場の)暴落. a ～ in his life 彼の人生の岐路.

6 突進 (dash) 〈*for* ..へ向かっての〉; 逃亡, 逃走; 脱出. make a ～ *for* it 〖話〗逃げ出す, 脱獄する.

7 〖話〗**(a)** 運, 〈特に〉幸運; 〖米話〗〈the ～s〉世の習い, 運命. What a ～! なんて間(ま)がいいんだろう. The ～*s* are coming our way. 僕らはついてるよ. Those are the ～*s*. そういうものですよ, 世の中なんて.
(b) 〖話〗チャンス, 機会. an even ～ 五分(ぶ)五分.
(c) 〖米〗特別な計らい. Get me a ～ in court. 裁判ではお手柔らかに頼むぜ.

8 〖主に米話〗(社交上の)ミス, へま, 失言; 〖ボウリング〗ミス《2投目で残りのピンを倒せないこと》.

9 〖野球・クリケット〗(投球の)鋭いカーブ; 〖ボクシング〗ブレーク (→自 14); 〖テニス〗=service break; 〖競馬など〗(レースの)スタート.

10 〖ビリヤード〗(試合開始の)初キュー(の権利); 連続の得点(数). **11** 〖楽〗(ジャズで短い)ソロの部分《普通, 即興無伴奏》. **12** 〖電〗(回路の)遮断. **13** 〖韻律学〗行間休止 (caesura). **14** 〖印〗(文章内部の)区切り; 〈～s〉(3 点の)省略符号《...》. **15** 〖植物〗突然変異. **16** 〖採鉱〗断層(のずれ). **17** ラジオ局へのアクセス《citizens' band の利用者による》.

at (the) brèak of dáy 〖雅〗夜明けに (at daybreak).

give a pèrson a bréak (1) 人をひと休みさせる. (2) 〖話〗人に(成功などへの)チャンスを与える. (3) 〖米話〗人に手心を加える, 優遇措置を取る. Give me a ～. かんべん[いい加減に]してくれ; (冗談は)よしてくれよなど.

without a bréak 休まずに, 引き続いて.

[＜古期英語]

bréak·a·ble 形 こわれやすい; もろい; こわすことのできる.
―― 名 〈～s〉こわれもの.

break·age /bréikidʒ/ 名 **1** ⓊⒸ 破損; 〈普通 ～s〉破損物. **2** Ⓒ 破損箇所. **3** Ⓤ 破損額[数].

bréak·awày 名 (複 ～s) Ⓒ **1** 脱走(者); 脱退[離脱](者). a ～ *from* routine きまりきった日常生活から抜け出すこと. **2** 〖競走〗フライング.
―― 形 〈限定〉**1** 分離[独立]した. **2** 〖米〗こわれやすく作ってある〔芝居の小道具など〕.

bréak dàncing 名 Ⓤ ブレークダンス《米国の黒人が始めた動きの速い曲芸的な踊り》.

break·down /bréikdàun/ 名 (複 ～s /-z/) **1** ⓊⒸ (秩序などの)**崩壊**; (交渉, 会談などの)中断, 決裂. family ～ 家庭崩壊. a ～ of peace talks 平和会談の決裂. **2** Ⓒ 断絶, (通信などの)途絶. **3** Ⓒ (機械などの)突然の故障, 破損. **4** Ⓒ 衰弱, 意気消沈. have [suffer] a nervous ～ 神経衰弱に苦しむ. **5** Ⓒ (標本などの)分類, (事実などの)分析; (支出などの)内訳.

bréakdown lòrry 名 =breakdown truck.

bréakdown trùck 名 Ⓒ 〖英〗レッカー車《故障車牽(けん)引車; 〖米〗tow truck, wrecker》.

†**bréak·er** 名 Ⓒ **1** こわす人[もの]. a record-～ 記録更新者. **2** (岩や岸辺に当たって砕ける)大波.
3 〖電〗(回路)遮断器, ブレーカー, (circuit breaker).

brèak·éven 形, 名 Ⓤ 損益なしの(経営状態).

‡**break·fast** /brékfəst/ 名 (複 ～s /-ts/) ⓊⒸ **朝食** (→meal[1] 参考). be at ～ 朝食中である. I ate bacon and eggs for ～. 朝食にベーコンエッグを食べた. a ～ of coffee and toast コーヒーとトーストの朝食 (★種類や特定の朝食を言う時は Ⓒ). ～ cereal =cereal 2.

連結 a continental [a cooked; an English; a full, a hearty, a substantial; a light, a simple; a hurried] ～ // have [cook, fix, make, prepare; serve] ～

a dòg's breákfast →見出し語.
èat a pèrson for bréakfast →eat.
—— 動 自 朝食をとる〈*on* ..で〉. ～ *on* fruit and coffee 果物とコーヒーで朝食をとる.
[break, fast[2]; 「断食をやめる」]

bréakfast cùp 名 C 朝食用の大型コーヒー[紅茶]茶わん, モーニングカップ.

bréakfast fòod 名 C 朝食用食品《oatmeal, cornflakes など》.

brèakfast télevision 名 U 〖英〗朝食時のテレビ番組.

bréak-ìn 名 C **1** (建物などへの)侵入, 押し込み. **2** (仕事, 事業などの)皮切り, 手始め.

bréak·ing 名 C break すること.

brèaking and éntering 名 U 〖法〗家宅侵入罪.

brèaking báll [pítch] 名 C 〖野球〗変化球.

bréaking pòint 名 aU 〈しばしば the ～〉破壊点《ある物にそれ以上力を加えると破壊される限界》; (我慢などの)限界点.

bréak·nèck 形 〈限定〉無謀な, 危険きわまる. at (a) ～ speed 無謀なスピードで. a ～ road 事故多発道路.

bréak·òut 名 C 脱走; (集団)脱獄; 〖軍〗包囲突破.

bréak pòint 名 C 〖テニス〗ブレークポイント《レシーブ側が獲得すれば相手のサーブを破ってそのゲームを取るポイント; →service break》.

†**bréak·thròugh** 名 C **1** 敵陣突破. **2** (難関などの)突破, 解決(法). make a ～ in the complicated problem 込み入った問題を切り抜ける. **3** (科学, 技術上の)画期的躍進. The invention of the transistor marked a major ～ in electronics. トランジスターの発明は電子工学に画期的躍進をもたらした.

bréak·ùp 名 C **1** 崩壊; 解体, 分解; 分割. **2** 絶交, 絶縁; (結婚, 婚約などの)解消, 破局. **3** (会合などの)解散.

bréak·wàter 名 C 防波堤.

bream /briːm/ 名 (複 ～, ～s) C **1** コイ科の扁(へん)平な淡水魚の総称. **2** タイ科の海魚の総称.

‡**breast** /brest/ 名 (複 ～s /-ts/) **1** C **乳房**. a baby at its mother's ～ [at the ～] 乳飲み子. give the ～ to a child 子供に乳を飲ませる. suck the ～ 乳を吸う.
2 C 〖章〗**胸** (類語 肩と腹との間の部分, すなわち胸(chest) の上部を指し, しばしば乳房を意味する; → bosom, bust[1], chest); 〈the ～〉(衣服の)胸部. the ～ of a coat 上着の胸部.
3 C 〖雅〗**胸中**, 心情. Nostalgia suddenly tore at his ～. 望郷の思いが突然彼の心をかき乱した.
4 C (鳥, 動物の)胸; UC (チキン, 子羊などの)胸肉.
5 C (物の)胸の[に似た]部分. the ～ of a mountain 山のなだらかに盛り上がった頂上.
bèat one's bréast 〖話〗〈しばしばけなして〉胸をたたく《大げさな悲しみ, 悔恨, 苦悶(もん), 怒りのジェスチャー》.
màke a clèan bréast of .. ..をすっかり白状する, 打ち明ける.
—— 動 他 **1** を胸に受ける; 〖競走〗〔ゴールのテープ〕を胸で切る. **2** 〔波〕を切って進む; 〖章〗〔難事〕に敢然と立ち向かう (face). ～ the storms of life 人生の荒波に立ち向かう. **3** 〔山, 坂〕の頂上に達する.
[＜古期英語; 語根は「ふくらむ」の意]

bréast-bèating 名 C 大げさな痛恨のしぐさ.

bréast·bòne 名 C 胸骨 (sternum).

bréast càncer 名 UC 乳癌(がん).

-bréasted /-əd/ 〈複合要素〉**1** (女性の)胸が..の; (鳥などの)胸が..の. a full-*breasted* woman 豊かな胸の女性. a red-*breasted* thrush 胸の赤いツグミ. **2** (上着などの)胸部が..の. single-*breasted*. double-*breasted*.

bréast-fèd 動 breast-feed の過去形・過去分詞.

bréast-fèed 動 (→feed) 他, 自 (を)母乳で育てる (↔ bottle-feed). a *breast-fed* baby 母乳で育った赤ん坊.

brèast-hígh 形, 副 胸の高さの[に, まで].

bréast mìlk 名 U 母乳 (mother's milk).

bréast·pìn 名 C **1** ネクタイピン. **2** 〖米〗胸の飾りピン, ブローチ.

bréast·plàte 名 C (よろいの)胸当て.

bréast pòcket 名 C 胸(の内)ポケット.

bréast·stròke 名 U 平泳ぎ. do (the) ～ 平泳ぎをする.

bréast·wòrk 名 C 〖軍〗(急造の防御用)胸壁.

***breath** /breθ/ 名 (複 ～s /-s/) **1** U **息, 呼吸**. take in [give out] ～ 息を吸う[吐く]. be [feel] short of ～ 息切れがする. bad [foul] ～ 臭い息.
2 U 〖音声〗息, 無声音, (↔voice).
3 C 〈普通, 単数形で〉**ひと息**, 1 回の呼[吸]気; (息をする)一瞬. draw a long ～ 大きく息を吸う; ほっと安心する. take a deep ～ 深呼吸をする.
4 C 〈普通, 単数形で〉**風のそよぎ**, ひと吹き, ささやき. There is not a ～ of wind [air]. そよとの風もない.
5 U 〖雅〗命, 生命, (life). as long as I have ～ 命のあらん限り.
6 aU 気配, きざし. feel a ～ of spring in the air 大気に春の息吹を感じる. ◇動 breathe
a brèath of frèsh áir (1) (戸外の)新鮮な空気を吸うこと. (2) 新風を送る人[もの], '一服の清涼剤'.
at a bréath 一気に, 一息に.
below one's bréath ＝under one's BREATH.
càtch one's bréath (1) (感情に打たれて)息をのむ, はっとする. She *caught* her ～ when she saw the car coming toward her. その車が自分の方に向かってくるのを見て彼女は息をのんだ. (2) ひと息入れる. It'd give me a chance to *catch* my ～ here. それで一息つけるだろう.
dràw bréath (1) 息をする. when he first *drew* ～ 〖雅〗彼の出生の時. as long as I *draw* ～ 私が生きている限り. (2) 〈普通, 否定文脈で〉(走ったあとなどで)ひと息入れる, ひと休みする.
dràw [tàke] one's fìrst [làst] bréath 生まれる[死ぬ]《＜最初[最後]の呼吸をする》.
fìght for bréath 息をしようと[空気を求めて]もがく.
gèt one's bréath bàck [agàin] (激しい)呼吸がもとに戻る, 一息つく.
hòld one's bréath (1) (水中などで)息を止める[つめる]. (2) かたずをのむ, 息を殺す, 〈*for* ..を期待して〉. The children *held* their ～ as the two dogs fought. 子供たちは 2 頭の犬が闘うのをかたずをのんで見ていた.
in òne bréath 口をそろえて; ひと息に.
in the sàme [nèxt] bréath (ほとんど)同時に; (..と言ったかと思うと)すぐその口の下から(逆のことを言う), 舌の根の乾かぬうちに. As a statesman he can't be mentioned *in the same* ～ with his father. 政治家として彼は彼の父と同日の談ではない《＝..より非常に劣る》.
lòse one's ***bréath*** 息を切らす.
nòt a bréath of .. ..が全然ない.
****out of bréath*** **息を切らして(いる)**. We were *out of* ～ after running to catch the bus. 我々はバスに乗ろうと走って息が切れていた.
sàve one's bréath 無駄なことを言わないでいる, 黙っている. You may as well *save* your ～—you'll never be able to persuade him. 余計な口はきかない方がいい. 彼を説得するなんてできっこないんだから.
tàke bréath ＝draw BREATH.
tàke a pèrson's bréath (awày) 〔物事が〕(驚き, 喜びなどで)人をはっとさせる.
the brèath of lífe (to [for] a person) (人にとって)(生きるのに)不可欠なもの.

B

under one's bréath 声をひそめて.
wàste one's bréath 無駄なことを言う《相手が聞いてくれない》.
with bàted bréath →bated.
with one's làst [dỳing] bréath 臨終に際して. [＜古期英語「臭気」]

breath·a·ble /bríːðəb(ə)l/ 形 〔空気が〕新鮮な; 〔布地が〕通気性のよい.

breath·a·lyze /bréθəlàiz/ 動 他 《英》の(呼気の)アルコール分を測定する.

Breath·a·lyz·er /bréθəlàizər/ 名 〈しばしば b-〉 C 《商標》(自動車運転者の)呼気のアルコール分測定器 (《米話》drunkometer).

bréath anàlyzer 名 ＝breathalyzer.

‡breathe /briːð/ 動 (**bréath·es** /-əs/ | 過 過分 **~d** /-d/ | **bréath·ing**) 自 **1 呼吸する**; 生きている (be alive). The horse is *breathing* hard [heavily] after its gallop. 馬は全速力で走ったあとで荒い息をしている. ~ *out* [*in*] 息を吐く[吸う]. as long as I ~ 私が生きている限り. **2 ひと息つく**, 休息する. **3** においがする; 気配を見せる; 〈*of* ..の〉. The big lawn ~*s of* newly-mown grass. 広い芝生は刈ったばかりの芝の香りがする.
4 〔ワインが〕(栓を抜かれて)空気にさらされる《ワインは味わう前にしばらく空気にあてると風味 (flavor) を増す》.
── 他 **1 を呼吸する**, 吸う. ~ fresh country air 新鮮な田園の空気を吸う.
2 〔勇気, 生気など〕を吹き込む〈*into* ..に〉. The young leader's energy ~*d* new life *into* the party. 若い指導者の活力が党に新風を吹き込んだ.
3 をささやく, そっと言う. ~ sweet nonsense in her ear 彼女の耳にそっと甘い言葉をささやく.
4 を(態度で)表す, 示す, で満ちている, で息づいている. Lincoln's Gettysburg Address ~*s* the true spirit of democracy. リンカーンのゲティスバーグ演説は民主主義本来の精神を表している.
5 を吐く; を息で出す. ~ (out) tobacco fumes たばこの煙を吐く. ~ a sigh of relief ほっと安堵(あんど)の息をつく. **6** 〔においなど〕を放つ. ~ forth fragrance 芳香を放つ. **7** 〔馬など〕をひと息つかせる, 休ませせる. ◇名 breath
as I lìve and bréathe 〈間投詞的〉これはこれは(驚いた[お久し振り]など). ★特に長い間会っていなかった人に出会った時などに用いる.
brèathe down a pèrson's néck →neck.
brèathe fíre 火を吹く; 火のように怒ってしゃべる[行動する].
brèathe (frèely [èasily]) agáin ほっと(ひと安心)する.
brèathe /../ ín ..を吸い込む; ..に聞き入る.
brèathe one's lást 《章・婉曲》息を引きとる.
bréathe on [upon] .. (1) ..に息を吹きかける; ..を曇らす. (2) ..を中傷する.
nòt brèathe a wórd of [about] X (***to*** Y) (Yに)Xを秘密にする, Xについてひと言も話さない, 〈進行形不可〉. [＜中期英語(＜breath)]

breathed /breθt, briːðd/ 形 《音声》無声(音)の.

breath·er /bríːðər/ 名 C **1** 呼吸するもの. a short ~ すぐ息を切らす人. **2** 《話》短い休息, (新鮮な外気の中での)息抜き. have [take] a ~ ひと休みする. **3** (部屋, 容器などの)換気孔. **4** 《米俗》いたずら電話をする人.

bréath gròup 名 C 《音声》息の段落, 気息群, 《ひと息に発音する音群》.

breath·ing /bríːðiŋ/ 名 **1** U 呼吸, ひと息; 呼吸音. deep ~ 深呼吸. When the doctor arrived, his ~ had already stopped. 医者が到着した時彼の呼吸はすでに止まっていた. **2** C 息つぎ, ひと休み.

連結 regular [steady; slow; rapid; shallow; gentle, quiet; heavy; labored] ~

bréathing capàcity aU 肺活量.

bréathing spàce 名 aU **1** 息をつく時間, 中休み, (**bréathing spèll**). **2** 動き回れるスペース (**bréathing ròom**).

***breath·less** /bréθləs/ 形 C **1 息を切らした**. Jim was ~ from the long run. ジムは長いこと走って息を切らしていた. **2** 〔速さなどが〕息もつけないほどの. in ~ haste 息せききって. **3** (激情, 興奮, 期待などのため)息をこらした, かたずをのんだ. be ~ *with* terror 恐怖で息を詰める. **4** 息の絶えた, 死んだ. **5** (暑苦しく)風ひとつない.
▷ **~·ness** 名

†bréath·less·ly 副 息を切らして; かたずをのんで.

†bréath-tàking 形 はっと思わせるような; 胸躍らせるような, はらはらするような (thrilling). ▷ **~·ly** 副

bréath tèst 名 C (自動車運転者の)呼気検査《飲酒量を調べる》.

breath·y /bréθi/ 形 e 〔声が〕かすれた, 〔人が〕かすれ声の; 息(の音)の混じる; 《音声》気息音の.

Brecht /brekt/ 名 **Bertolt ~** ブレヒト (1898–1956) 《ドイツの劇作家・詩人》.

bred /bred/ 動 breed の過去形・過去分詞.

-bred 〈複合要素〉 育ちが..の. →ill[well]-*bred*. pure*bred*.

breech /briːtʃ/ 名 **1** C 銃尾, 砲尾, 《barrel 3 に続く部分》. **2** C 《古》(人の)尻(しり). **3** ＝breech birth [delivery]. [＜古期英語「尻」(複数形)]

bréech bìrth [delìvery] 名 UC 逆子(さかご)出産.

bréech·blòck 名 C (銃の)遊底, (砲の)尾栓, 《銃[砲]尾にあり弾の装塡(てん)などを行う装置》.

bréech·clòth, -clòut 名 (複 →cloth) C (北米先住民などの)腰布.

breech·es /brí(ː)tʃəz/ 名 〈複数扱い〉 半ズボン《ひざ(の下)で留める; 乗馬用・宮廷礼服用》; 《話・戯》ズボン (trousers). a pair of ~ ズボン1着.
wèar the bréeches 〔妻が〕夫を尻(しり)に敷く.
[＜中期英語; breech, -es (複数語尾)]

bréeches bùoy 名 C 二股(また)ブイ《救命具の一種》.

bréech·lòader 名 C 元込め銃, 後装銃[砲] 《muzzleloader から発達した》.

***breed** /briːd/ 動 (**~s** /-dz/ | 過 過分 **bred** /bred/ | **bréed·ing**) 自 **1** 〔動物が〕**子を産む**; 繁殖する. This kind of mouse ~*s* rapidly. この種のネズミは繁殖が速い. **2 生じる**, 発生する.
── 他 **1** 〔動物が〕〔子〕**を産む** (★人の場合には bear).
2 〔動植物〕**を育てる, 飼う**, 飼育する; を繁殖させる; (類語 主に家畜を(品種改良のために)育てること; →raise). **3** を交配させる, かけ合わす, 〈*with* ..と〉.
4 〈普通, 受け身で〉 (**a**) 〔子供〕を育てる; をしつける, 教育する, 〈*as* ..として/*for* ..に備えて〉. He was *bred* ⌞*as* a lawyer [*for* (the) law]. 彼は法律家になるように育てられた. be born and *bred* →born (成句). (**b**) VOC (~ X *to do*) Xを..するように育てる[しつける]. The prince was *bred to* be a king. 王子は王になるように育てられた.
5 〔物事〕の原因になる, を生む. Pride ~*s* prejudice. 高慢は偏見を生む. Desire ~*s* desire. 欲望が欲望を生む.
bòrn and bréd ＝ ***brèd and bórn*** 〈後置形容詞句〉 氏(うじ)も育ちも. a politician *born and bred* ⌞家柄も育ちも[根っからの]政治家.
brèd in the bóne →bone.
── 名 (複 **~s** /-dz/) C **1** (動植物の改良された)**品種**, 血統. **2** 種類 (kind).
[＜古期英語「(卵を)抱く」(＜brood)]

bréed·er 名 C **1** 飼育家; 栽培家. **2** 繁殖するもの. a good ~ よく繁殖する動物. **3** ＝breeder reactor [pile].

bréeder reàctor [pìle] 名 C 増殖(型原子)炉.

†bréed·ing 名 U **1** 繁殖; 養殖, 飼育; 品種改良. a ~ pond (コイなどの)養魚池. the ~ season 繁殖期. **2** 育ち; しつけ; 行儀のよさ. a woman of ⌞(good) ~ [no

〜] 育ちのよい[悪い]女性. *by bìrth and bréeding* 氏(うじ)も育ちも.

bréeding gròund 名 C **1** (野生動物の)繁殖地. **2** 発生地, '温床', 〈*for, of* ..〔犯罪など〕の〉.

‡**breeze**[1] /briːz/ 名 (複 **bréez·es** /-əz/) **1** UC そよ風, 微風, (類語 一般的に心地よいそよ風を指す; 気象用語としては gale より弱い風で light [gentle, moderate, fresh, strong] 〜 の段階に分かれ, 秒速 1.6m–13.8m のものが含まれる; →wind[1]). There's not much (of a) 〜. ほとんど風がない. the spring 〜 春風. a light 〜 軽風. a strong 〜 強風.

連結 a soft [a refreshing; a sweet] 〜 // a 〜 blows [comes up; dies down]

2 C 〘主に米話〙〈単数形で〉 わけない事, 朝飯前の事. That crossword was a 〜. あのクロスワードパズルはとても簡単だった. **3** C 〘英話〙 大げんか, ごたごた.

in a bréeze 〘主に米話〙 やすやすと, 楽に.

shòot [*bàt*] *the bréeze* 〘米俗〙 とりとめのないおしゃべりをする, 'だべる'.

── 動 自 **1** 〔風が〕吹く. It 〜*d* from the south in the afternoon. 午後は南からそよ風が吹いた.
2 〘話〙 VA (風のように) さっと動く[進む], 楽々と進む. 〜 *in* [*out*] さっと入る[出て行く]. 〜 *along* さっと[すいすいと]進む; (人生を)のんきに過ごす.

bréeze through .. (1) ..をさっと通り抜ける. (2) 〘話〙 ..を苦もなくやってのける. Ed 〜*d* (along) *through* the entrance exam. エドは入試をやすやすと通過した.
[?<スペイン語「北東の風」]

breeze[2] 名 U (石炭, コークス, 木炭の)燃えがら.

bréeze·blòck 名 C 〘英〙 建築用軽量ブロック《石炭[コークス]の燃えがらに砂とセメントを混ぜて作る》.

bréeze·wày 名 (複 〜s) C (家とガレージなどをつなぐ)屋根付き通路.

†**breez·y** /bríːzi/ 形 e **1** そよ風の吹く, やや風のある; 風通しのよい. It's a little 〜 out, but not very cold. 外は少し風があるが大して寒くはない. **2** 〔人が〕(そよ風のように)さわやかな, 快活な, 気さくな; 〔衣服が〕軽やかな, 〔音楽が〕軽い'乗り'の. a 〜 young girl 元気のいい少女.
▷ **breez·i·ly** 副 快活に. **breez·i·ness** 名 U 微風のあること, 風通しのよさ; 元気のよさ, 快活さ; 軽い'乗り'.

Bren /bren/ 名 C ブレン機関銃 (**Brén gùn**)《第2次大戦で英軍が使った空冷式軽機関銃》.

brént (gòose) /brént-/ 名 〘主に英〙 =brant.

†**breth·ren** /bréðrən/ 名 〈複数扱い〉(同一教会[教団]の)信者仲間, 同門宗徒; (同じクラブ, 協会などの)仲間. ★brother の古い複数形; 現在では限られた意味にしか用いられない.

Bret·on[1] /brétn/ 名 C ブルターニュ[ブリタニー]人《フランスの北西部 Brittany の住民》; U ブルターニュ[ブリタニー]語《ケルト語派の言語》.
── 形 ブルターニュの; ブルトン人[語]の.

breve /briːv/ 名 C **1** 短音符号《短母音字又は無強勢音節の上に付ける発音符号《˘》; →macron》. **2** 〘楽〙 2 全音符. [<ラテン語 'brief']

bre·vet /brəvét|brévit/ 〘軍〙 名 C (士官の)名誉昇進(辞令)《俸給据置き》. ── 動 他 を名誉昇進させる.

bre·vi·ar·y /bríːvjəri, -vièri|-vjəri/ 名 (複 **-ar·ies**) C 〘カトリック〙 聖務日課書《司祭の聖務に必要な祈禱(とう)を集めたもの》.

†**brev·i·ty** /brévəti/ 名 U **1** (言葉, 文章の)簡潔さ. *Brevity* is the soul of wit. (→soul 4). **2** (時の)短さ. the 〜 of life 人生の短さ.

†**brew** /bruː/ 動 他 **1** 〔特にビール〕を醸造する (→distill). Sake is 〜*ed from* rice. 酒は米から醸造される.
2 〔茶, コーヒーなど〕を淹(い)れる, 〔薬〕を煎(せん)じる, 〈*up*〉.
3 〔陰謀など〕をたくらむ; 〔波乱〕を起こす; 〈*up*〉. They are 〜*ing up* some trouble. 彼らは何かごたごたを起こそうとしている. ── 自 **1** 醸造する. **2** 〔茶, コーヒーなどが〕出る (be brewed). Just a moment, please; the tea is 〜*ing* in the pot. ちょっと待って, お茶が出ているところです.
3 〔あらし, 事件などが〕起ころうとしている; 〔陰謀などが〕たくらまれている; 〈*up*〉〈しばしば進行形で〉. A storm is 〜*ing* (*up*). あらしが起ころうとしている. 「→自 3.

brèw úp (1) 〘英話〙 お茶を淹れる (make tea). (2)
── 名 **1** UC 淹(い)れた茶[コーヒーなど]; 醸造酒《特にビール》. home [last year's] 〜 自家[昨年]醸造のビール.
2 C (醸造酒の)品質, (茶などの)淹れ方. I like a stronger 〜 (of tea). (お茶の)もっと濃いのが好きだ.
3 C (1回の)醸造高. **4** C 〈普通, 単数形で〉(異なった出来事, 考えなどが)混じり合ったもの. The medieval romance is a rich 〜 of adventure, love and mystery. 中世ロマンスは冒険, 恋, 神秘が一体となって豊かに醸成されたものだ. [<古期英語; broth と同源]

‡**brew·er** /brúːər/ 名 C 醸造業者《特にビールの》.

†**brew·er·y** /brúːəri/ 名 (複 **-er·ies**) C ビール醸造所.

bréw·ing 名 **1** U (ビールなどの)醸造. **2** C (1回の)醸造量.

bréw-ùp 名 C 〘英話〙 お茶を淹(い)れること. have a 〜 お茶を淹れる.

Brezh·nev /bréʒnef/ 名 **Leonid** 〜 ブレジネフ (1906–82)《旧ソ連共産党書記長 (1964–82)》.

Bri·an /bráiən/ 名 男子の名.

bri·ar /bráiər/ 名 =brier[1,2].

brib·a·ble /bráibəbl/ 形 賄賂(わいろ)のきく.

***bribe** /braib/ 名 (複 〜**s** /-z/) C **賄賂**(わいろ). offer a 〜 賄賂を贈る, 贈賄する. take [accept, receive] a 〜 賄賂を受け取る, 収賄する.
── 動 (〜**s** /-z/| 過 過分 〜**d** /-d/| **bríb·ing**) 他
1 に賄賂を贈る, を買収する〈*with* ..で〉. 〜 a judge 判事を買収する. 〜 a girl *with* money and jewelry 金(かね)と宝石類で女の歓心を買う.
2 VOA (〜 X *into doing*)・VOC (〜 X *to do*) X に賄賂を贈って..させる. They 〜*d* the reporter *to* keep [*into* keep*ing*] his mouth shut. 彼らは報道記者を買収して彼の口を封じた.
── 自 賄賂を贈る, 贈賄する.

brìbe one's wáy into [*out of*] *..* 賄賂を使って..に入る[から出る].
[<古期フランス語「(乞食に与える)パン片」]

brib·er /bráibər/ 名 C 贈賄(ぞうわい)者.

‡**brib·er·y** /bráibəri/ 名 U 賄賂(わいろ)行為《贈賄又は収賄》, 汚職. commit 〜 贈賄[収賄]する.

bric-a-brac /bríkəbræk/ 名 U 〈集合的〉装飾的な小物《古い家具など》. [フランス語「がらくた」]

***brick** /brik/ 名 (複 〜**s** /-s/) **1** U 〈集合的〉**煉瓦**(れんが); C (1個の)煉瓦. a house of 〜 煉瓦造りの家. lay 〜*s* 煉瓦を積む. **2** C 煉瓦の形をしたもの. a 〜 of ice cream 長方形のアイスクリーム. **3** C 〘英〙 (おもちゃの)積み木 (〘米〙 block). a box of 〜*s* 積み木ひと箱. **4** C 〘英旧話〙 気持ちのいいやつ, 頼もしい人. You're a 〜 for helping me. 手伝ってくれて君はいい人だね.
5 〈形容詞的〉煉瓦の, 煉瓦造りの. a 〜 building 煉瓦造りの建物.

(*as*) *drý as a bríck* かさかさに乾いて.

brìcks and mórtar 煉瓦とモルタル; (資産としての)家, 建物.

(*còme dówn on* [*ùpon*] *..*) *like a tòn* [*pìle*] *of bricks* 〘話〙 猛烈な勢いで(..に落ちてくる); 頭ごなしに(..をどなりつける).

dròp a bríck 〘話〙 失言する, 知らずに無礼を働く.

hìt [*come ùp against*] *a brìck wáll* 行き詰まる, 壁に打ち当たる.

hìt the brícks 〘米俗〙 ストライキをやる.

like a cát on hòt brícks →cat.

B

màke brícks without stráw 必要な材料[資金, 情報]なしで⌞物を作る[事を行う], (出来そうもない事に)むだ骨を折る, 《昔煉瓦作りにつなぎのわらを用いたことから》.
sèe through a brìck wáll 洞察力に優れている, 炯眼(けいがん)の持ち主である, 《<煉瓦塀をも見通す》.
── 動 他 に煉瓦を敷く.
brìck /../ ín [úp] ..を煉瓦で囲う, 煉瓦でふさぐ.
brìck /../ óff ..を煉瓦で仕切る.
[<中期オランダ語(<?)]

bríck·bàt 名 C **1** (人にぶつける)煉瓦(れんが)のかけら, つぶて. **2** 〈普通 ~s〉〖話〗酷評, こき下ろし.

brìck chéese 名〖米〗煉瓦形のチーズ《小さな孔がたくさんある》.

bríck·fìeld 名〖英〗=brickyard.

brick·ie /bríki/ 名〖英話〗=bricklayer.

bríck·làyer 名 C 煉瓦(れんが)積み職人.

bríck·làying 名 U 煉瓦(れんが)積み.

brìck-réd ⑱/ 形 赤煉瓦(れんが)色の.

bríck·wòrk 名 U **1** 煉瓦(れんが)の構築物[家, 塀など]. **2** 煉瓦積み作業.

bríck·yàrd 名 C 煉瓦(れんが)工場.

†**brid·al** /bráidl/ 形 〈限定〉花嫁の; 婚礼の. a ~ dress [gown] 花嫁衣装, ウェディングドレス. a ~ veil 花嫁のかぶるベール. a ~ march 結婚行進曲. ── 名 C **1**〖古〗婚礼 (wedding). **2** 結婚披露宴.
[<古期英語「婚礼の宴」(<*brȳd* 'bride'+*ealu* 'ale')]

‡**bride** /braid/ 名 (複 **~s** /-dz/) C **花嫁**, 新婦, (↔bridegroom). [<古期英語 *brȳd*]

‡**bride·groom** /bráidgrù(:)m/ 名 (複 **~s** /-z/) C 花婿(むこ), 新郎, (↔bride). ★現在では単に groom と言うことが多い:the bride and *groom* (新郎新婦). [<古期英語 (<*brȳd* 'bride'+*guma* 'man'); のちに, 廃語となった *guma* の代わりに groom が用いられた]

†**brides·maid** /bráidzmèid/ 名 C (結婚式での)花嫁の付き添い《未婚の女性で普通数名いる; →best man》.

brìde-to-bé 名 (複 **brides-**) C (間もなく)花嫁となる女性.

‡**bridge**[1] /bridʒ/ 名 (複 **brídg·es** /-əz/) C 【橋】 **1** 橋; 陸橋. cross a ~ 橋を渡る. build [construct] a ~ across [over] a river 川に橋を架ける. a suspension ~ 吊(つ)り橋. **2** 艦橋, 船橋, ブリッジ, 《操舵(だ)室などを含み, ここで船長その他が指揮をする》.
【橋に似たもの】 **3** 橋渡し(するもの[人]), 仲立ち, 架け橋. act as a ~⌞between Asia and Europe [*to* peace] アジアとヨーロッパの架け橋の役[平和への使者役]をする. **4** 鼻柱の上部《両眼の間の軟骨のある部分》. **5** 眼鏡のブリッジ《2つのレンズをつなぐ》. **6**〖楽〗(弦楽器の)駒(こま). **7** (義歯の)ブリッジ, 橋義歯.
bùild brídges (between..) (..の)橋渡しをする, 架け橋となる.
bùrn one's brídges →burn[1].
cròss one's brìdges when one cómes to them = ***not cròss one's brìdges before one cómes to them*** (橋に着くまでは渡らない>)取り越し苦労をしない.
wàter under the brídge →water.
── 動 他 **1** に橋を架ける. ~ a river 川に橋を架ける. **2** の橋渡しをする; のギャップを埋める. His wish was to ~ the two different civilizations. 彼の願いは2つの文明の架け橋となることだった. ~ the gap →gap (成句). **3** 〔困難など〕を差し当たりしのぐ, 〔人〕に当座をしのがせる, 〈*over*〉. [<古期英語]

bridge[2] 名 U (トランプの)ブリッジ《2人ひと組の4人でする; auction bridge と contract bridge がある》. [<?]

brídge bànk 名 C 受け皿銀行《破たんした銀行の「負債などを引き継ぐ」》.

brídge·hèad 名 C **1**〖軍〗橋頭堡(ほ)《敵陣内に確保した進撃の拠点》. **2** 足掛かり〈*for* ..の〉. →beachhead.

brídge lòan 名 C〖米〗(銀行の)つなぎ資金融資《確実な入金を見込んだ短期貸付》.

Brìdge of Síghs 名〈the ~〉嘆きの橋《Venice にある橋; 昔入獄する罪人が渡った; これにちなんで諸所(例えば, Cambridge 大学構内)に同名の橋がある》.

brìdge of bóats 名 C 浮き橋, 舟橋《多くのつないだボートの上を渡る》.

brídge·wòrk 名 U **1**〖歯〗ブリッジ(技工). **2** 架橋工事.

brídging lòan /brídʒiŋ-/ 名〖英〗=bridge loan.

†**bri·dle** /bráidl/ 名 C **1** 馬勒(ばろく)《headstall, bit, rein の総称; →harness》; 〈特に〉手綱. **2** 拘束, 抑制, 制御, 〈*on* ..の〉; 拘束[制御]するもの〈*on* ..を〉. put a ~ *on* one's temper 怒りを抑える. ── 動 他 **1** に馬勒を着ける. **2** 〔怒りなど〕を抑える (restrain). ~ one's tongue 口を慎む. ── 自 (特に, 女性が頭を反らしあごを引いて) つんとする〈*up*〉《怒り, 不機嫌, 軽蔑などのしぐさ》; ぷんと怒る〈*at* ..に〉. [<古期英語]

brídle pàth [ròad, wày] 名 C 乗馬専用道.

Brie /bri:/ 名 U ブリーチーズ《クリームチーズの一種; <フランスの原産地名》.

‡**brief** /bri:f/ 形 e **1** **短時間[期間]**の, 短い, 短命の, はかない. take a ~ rest 短時間の休息を取る. a ~ life はかない命. **2** 〔話, 書き物などが〕**簡潔な** (concise); 〔人が〕(話や文章などで)簡にして要を得た; ぶっきらぼうな, そっけない. be ~ and to the point 簡にして要を得て話す[書く]. The doctor was very ~ *with* me when I asked about my illness. 私の病気について聞いたら医者はとてもそっけなかった. **3** 〔衣服が〕短い. a ~ skirt (極端に)短いスカート. ◇名 brevity
to be bríef 手短に言うと; 要するに.
── 名 (複 **~s** /-s/) **1** C **(a)** **摘要**, **要約**. **(b)**〖英〗〖法〗訴訟事件摘要書《事務弁護士 (solicitor) が法廷弁護士 (barrister) のために作成する》;〖米〗〖法〗申し立て書《弁護士が法廷へ提出する弁論要旨》. **(c)**〖英〗訴訟事件, 依頼事件. The barrister accepted this ~. その法廷弁護士はこの事件を引き受けた. **2** C〖英〗権限指示, (与えられた)任務. It was my ~ to patrol the building. 建物の巡回が私の任務だった. stick to one's ~ 与えられた仕事しかしない. **3** =briefing. **4** 〈~s〉ブリーフ《短いパンツ又はパンティー》. a pair of ~*s* パンツ[パンティー]1枚.
hòld nò bríef for.. ..を弁護[支持]しない.
in bríef (1)〈副詞的に〉手短に; 手短に言えば, 要するに; (briefly). (2)〈形容詞的に〉〔報告書などが〕要約の.
── 動 他 **1** 〔人〕に要点を伝える. **2**〖英〗〖法〗〔事務弁護士が法廷弁護士〕に事件摘要書を作る; 〔法廷弁護士〕に(事件摘要書を渡して)弁護を依頼する. **3** 〔人〕に最後の[必要な]指示[要項説明]を与える〈*on* ..について〉《例えば出動直前の飛行士, 会議に出る人などに》.
[<ラテン語 *brevis*「短い」]

‡**bríef·càse** 名 C 書類かばん.

†**bríef·ing** 名 UC (出動直前の)指示, 要項説明, (→brief 動 3); C 状況説明会.

***brief·ly** /brí:fli/ 副 m **1** **簡潔**に, 手短に. **2** 手短に言えば (to put it ~). *Briefly*, you are to blame. 要するに, 悪いのは君だ. **3** 少しの間.

bríef·ness 名 U 簡潔[簡単]さ; (時間の)短さ; 短命.

bri·er[1], **bri·ar**[1] /braiər/ 名 C〖植〗ノバラ, イバラ. ~*s* and brambles 生い茂ったイバラ.

bri·er[2], **bri·ar**[2] 名 C ブライヤ《ツツジ科エリカ属の低木; 地中海地方産》; その根から作った喫煙用パイプ.

bríer·ròot 名 U brier[2] の根; C それで作った喫煙用パイプ.

bríer·wòod 名 =brierroot.

Brig. Brigade; Brigadier.

brig /brig/ 名 C **1** ブリッグ《横帆2本マストの帆船》. **2**〖米軍話〗(艦内)営倉.

†**bri·gade** /brigéid/ 名 C **1**〖軍〗〈単数形で複数扱いもある〉旅団((普通3 battalions から成る; →company

6 参考)). **2** (軍隊式の)隊, 団. a fire ～ 消防団. **3** 〖戯〗(信念などを共有する)一党. [＜イタリア語「軍隊」]

‡**brig·a·dier** /brìgədíər/ 名 C 〖英〗〖陸軍·海兵隊〗准将, 代将, 《colonel (大佐)と major general (少将)の中間で少将待遇; brigade の指揮官(旅団長)》.

brigadìer géneral 名 C 〖米〗〖陸軍·空軍·海兵隊〗＝brigadier.

brig·and /brígənd/ 名 C 〖雅〗山賊[強盗団]の 1 人 (bandit). [＜イタリア語「戦っている」]

brig·and·age /brígəndidʒ/ 名 U 〖雅〗(山賊, 強盗団による)略奪, 強奪.

brig·an·tine /brígəntìːn|-tàin, -tìːn/ 名 C ブリガンティン《(横帆と縦帆との) 2 本マストの帆船の一種》.

‡**bright** /brait/ 形 e **1 輝く**, (きらきら)光る; ぴかぴかの〔やかんなど〕; (類語 輝く状態を表す一般的な語; →brilliant 1, luminous, radiant). a ～ sun [star] 輝く太陽[星].
2 〔照明, 日光などが〕**明るい** (↔dark); よく晴れた (fine). a ～ room facing south 南向きの明るい部屋. a ～ (and sunny) morning よく晴れた朝.
3 色鮮やかな; 〔音が〕さえた. ～ yellow 鮮黄色. ～ clothes 色の鮮やかな衣服.
4 〔見通しが〕**明るい**, 有望な, (promising); 輝かしい. You have a ～ future. 君には明るい未来がある.
5 〔人が〕**明るい**, **明朗な**, 快活な, (cheerful), 活発な (lively). a ～ and breezy girl 快活で屈託のない少女.
6 明晰(めいせき)な, 頭がいい, (勉強などが)できる, (↔dull); 気の利いた〔着想, 返答など〕. a ～ boy 秀才 (類語 頭脳の明晰さに重点がある; →clever).
7 〔態度などが〕見事な, 立派な. ◇動 brighten
(as) bright as a button →button.
(be [get up]) bright and early 朝早く(起きる).
look on [at] the bright side (of things) 物事の明るい面を見る, (困難にもめげず)楽観的である.
—— 副 明るく (brightly) (★普通 shine とともに用いる). The sun is shining ～. 太陽は明るく輝いている.
bright and early 朝早く(から).
—— 名 **1** 〈～s〉鮮やかな色. **2** 〖米〗(最も明るい角度で点灯した自動車の)ヘッドライト. [＜古期英語]

***bright·en** /bráitn/ 動 (～s /-z/|過 過分 ～ed /-d/|～·ing) 他 **1 を輝かせる; を(さらに)明るくする**; を磨く; 〈*up*〉. The east was ～*ed* by the rising sun. 日が昇りはじめて東の空が明るくなった. ～ the silver 銀食器を磨く.
2 を晴れ晴れさせる, 快活にする, 明るくする, 〈*up*〉; 〔見通しなど〕を明るくする, 有望にする. A child's presence ～*s up* a home. 子供がいると家の中が明るくなる.
—— 自 **1 輝く**; (さらに)**明るくなる**; 〔天候が〕回復する; 〈*up*〉. The sky has ～*ed up*. 空が明るくなった.
2 快活になる, 明るくなる, 〈*up*〉; 〔見通しなどが〕明るくなる, 好転する. Father's face ～*ed* at the news. その知らせに父の顔は明るくなった. ◇形 bright

bright-èyed 形 明るい[きらきらした]目の.

bright-eyed and búshy-tailed 形 〖話·戯〗元気はつらつとした, 意気込み新たな, 《＜輝く目とふさふさした尾の》.

bright líghts 名 〈the ～; 複数扱い〉(都会の)きらびやかな生活; 盛り場.

***bright·ly** /bráitli/ 副 m **1 明るく**. The full moon shone ～ last night. ゆうべは満月が明るく輝いた. **2 輝いて**, ぴかぴかに. **3 快活に**, 明るく. smile ～ 明るくほほえむ. **4 鮮やかに**, 鮮明に. a ～ colored sweater 鮮やかな色のセーター.

***bright·ness** /bráitnəs/ 名 U **1 明るさ**, **輝き**. **2** 利発さ, 明敏さ. **3** 快活さ, 明朗さ. **4** (色などの)鮮明さ.

Bright·on /bráitn/ 名 ブライトン《イングランド南東部 East Sussex 州の海水浴場で保養地》.

Bríght's disèase /bráits-/ 名 U ブライト病《腎炎 (nephritis) の旧称》.

bright spárk 名 C 〖英話〗才気煥発(かんぱつ)な人; 〈非難の気持ちで〉才子, 利口者.

brill[1] /bril/ 名 (複 ～, ～s) C ブリル《ヨーロッパ産ヒラメ類の食用魚; →turbot》.

brill[2] 形 〖英話〗すばらしい, 大した. [＜*brill*iant]

***bril·liance, -lian·cy** /bríljəns/, /-si/ 名 U **1 輝き**, 光彩. **2** すばらしさ, 見事さ. **3** すばらしい才能.

‡**bril·liant** /bríljənt/ 形 m **1 輝く**, きらきら光る; 輝くような〔笑顔など〕; (類語 bright よりもさらに輝かしく, まぶしいような明るさを意味する). ～ jewels 光り輝く宝石.
2 みごとな (splendid), 華々しい, 輝かしい. a ～ performance みごとな演技. a ～ idea すばらしい着想.
3 才能あふれる, 頭脳明敏な, 抜群の, (類語 きらきらするような優秀さを強調する; →clever). a ～ student 才能のある学生. **4** 派手な; 色鮮やかな; さえた〔音色〕. ～ colors きらびやかな色彩. **5** 〖英話〗すてきな, 楽しい; すばらしい. It was a ～ trip. とても楽しい旅だった.
—— 名 C ブリリアントカットのダイヤモンド[宝石]《普通 58 面体にカットし屈折率を高めたもの》.
[＜イタリア語「輝く」; -ant]

bril·lian·tine /bríljəntìːn|ニーニ/ 名 U ブリリアンティーン **1** 〖旧〗男性用ポマードの一種. **2** 〖米〗綿·モヘア[ウーステッド]混紡の織物.

†**bríl·liant·ly** 副 **1** 輝いて, きらきらと. **2** 立派に, 見事に, 申し分なく. I've never seen "Hamlet" so ～ performed. こんなに見事に演じられたハムレットを見たことがない. **3** 色鮮やかに.

***brim** /brim/ 名 (複 ～s /-z/) C **1** (コップ, 茶わんなどの)**縁**, へり, (類語 rim (円型[輪状]の edge) の内側を指す). **2** (帽子の)つば. **3** 〖古〗岸辺, 水際(みぎわ).
be full to the brim (with ..) (1) 〔容器などが〕(..で)いっぱいになる[である], あふれそうになる[である]. (2) 〔人が〕(感情などで)胸がいっぱいになる[である].
(full [right up]) to the brim なみなみと, あふれるほど〔注ぐなど〕.
—— 動 (～s /-z/|過 過分 ～med /-d/|brím·ming) 自 いっぱいになる, あふれそうになる, 満ちあふれる; 〈*over*〉〈*with* ..で〉. a ～*ming* glass of beer グラスにあふれそうにいっぱいなビール. Her eyes began to ～ (*over*) *with* tears. 彼女の目から涙があふれてきた.
[＜中期英語]

brim·ful(l) /brìmfúl ⑧/ 形 〈叙述〉あふれんばかりの〈*of*, *with* ..で〉. a young man ～ *of* energy 精力あふれる若者. fill a glass ～ *with* wine グラスになみなみとワインを満たす.

brím·less 形 縁[つば]のない.

brím·stòne 名 U **1** 〖古〗硫黄 (sulfur). **2** 地獄の業火《＜硫黄の炎》. *fire and brimstone* →fire.

brin·dle /bríndl/ 名 **1** U まだら色. **2** C (動物の)ぶち. —— 形 ＝brindled.

brin·dled /bríndld/ 形 〔牛, 猫などが〕ぶちの, まだらの《特に赤茶色の地に濃いまだらのある》.

brine /brain/ 名 U **1** (漬け物用, 食品貯蔵用の)濃い塩水. **2** 〖雅〗〈the ～〉海水; 海 (sea).

‡**bring** /briŋ/ 動 (～s /-z/|過 過分 **brought** /brɔːt/|**bring·ing**) 他 【持って来る】 **1 (a)** を持って来る[行く], 連れて来る[行く], 〈*to* ..へ〉(↔take 他 21; →fetch). *Bring* your friends along tonight. 今夜お友達を一緒に連れていらっしゃい. I've *brought* the key of the hotel room with me. ホテルの部屋の鍵(かぎ)を持って来てしまった. May I ～ a friend to see you tomorrow? 明日友達をお宅に連れて行ってよいでしょうか. What has *brought* you here? なんの用でここへ来たの. A few minutes' walk *brought* us to the zoo. 2, 3 分歩いたら動物園に着いた.

語法 (1) 無生物を主語とする表現が英語ではよく用いられる. 例えば最後の例は After a few minutes' walk, we came to the zoo. と言い換えられる. (2)

B

意味的に bring X＝cause X to come となることが多い. 例えば He *brought* the car to a halt. (彼は車を停止させた)は He *caused* the car *to come* to a halt. である.

(**b**) VOO (～ X Y)・VOA (～ Y *to* [*for*] X) X(人)にYを持って⌞来る[行く], 連れて⌞来る[行く]. *Bring* me the boy.＝*Bring* the boy *to* me. その子を私のところへ連れて来なさい. Would you ～ me some water?＝Would you ～ some water *for* me? 私に水を持って来てくれませんか. *Bring* it *to* me tonight. 今晩それを持って来てください(★ このようにYが it のような代名詞の時は VOO では使われない).

2【持ち出す】〔訴訟, 問題など〕を**提起する**; 〔証拠〕を提示する, 〔苦情など〕を持ち出す. The police *brought* a charge of drunken driving against him. 警察は酒酔い運転のかどで彼を告発した. ～.. to trial →trial(成句). ～ an action against a person 人を告訴する. ～ an affair before the court 事件を法廷に持ち出す.

【もたらす】 **3** (**a**) をもたらす, 引き起こす, 生ぜしめる; 〔収入, 利益〕をもたらす, 〔いくらいくら〕で売れる. Wealth ～*s* many anxieties with it. 富は多くの心配事をもたらす. ～ trouble on oneself 自分自身に面倒な事を引き起こす. The picture *brought* a huge price. その絵はすごい値段に売れた. (**b**) VOO (～ X Y)・VOA (～ Y *to* X) X(人)にY(状態・利益など)を**もたらす**, 起こさせる, 生ぜしめる; X(視聴者など)にY(番組など)を提供[放送など]する. A year's rest *brought* ⌞him health [health *to* him]. 1年の休息で彼の健康は回復した. His new job *brought* him a handsome income. 新しい仕事は彼にかなりの収入をもたらした. This program was *brought to* you by Sony. この番組はソニーの提供でお送りしました. (**c**) VOA (～ X *to*..) X(目新しいものなど)を..に紹介する, 知らせる.

4【心身にもたらす】 VOA (～ X *to, on*..) ..にX(涙など)を出て来させる; (～ X *to*..) 〔心など〕にX(物事)を思い浮かばせる. The story *brought* tears *to* my eyes. 話を聞いて涙が出た. ～.. *to* mind →mind(成句). ～.. *to* a person's notice →notice(成句).

【ある状態に持って来る】 **5** VOA (～ X *to, into*..) Xを..に至らせる, 追いやる. ～ a fact [secret] *to* light 事実[秘密]を明るみに出す. Miniskirts have been *brought into* fashion again. またミニスカートが流行してきた. ～ a person *to* his senses →sense(成句). ～.. *to* life → life(成句). ～ X *into* Y →成句.

6 VOC (～ X *to do*) Xが..するように仕向ける; (～ *oneself to do*) **..する気になる**〈普通, 否定文で〉; (～ X *doing*) Xに..(して来)させる. What *brought* him *to* convert to Buddhism? 何が彼を仏教に改宗させたのだろう. I cannot ～ my*self to* help such a man. とてもそんな男を助けてやる気にはなれない. Her screams *brought* the neighbors dash*ing* to her apartment. 彼女の悲鳴が聞こえたので隣人たちは彼女のアパートに駆けつけた.

***bring /../ abóut** (1) **..を引き起こす**; ..を成し遂げる. ～ *about* a change 変化を起こす. Their marriage *brought about* many misfortunes. 彼らの結婚は多くの不幸をもたらした. (2)【海】〔船〕の進路を変える.

bring /../ alóng (1) ..を同伴する(→1). (2)〔選手など〕を鍛える, 養成する; 〔穀物など〕の成長を促す.

***bring /../ aróund** (1)〔人〕を**連れて来る**, 同伴する, 〈*to* ..へ〉. (2)〔会話(の話題)など〕を転じる, 向ける; 〔人〕を説得して意見を変えさせる; 〈*to* ..に〉. I managed to ～ her *around to* my way of thinking. 彼女をなんとか説得して私の考え方に従わせた. (3)〔人〕を正気づかせる, 〔人〕の意識[健康]を回復させる. (4)【海】〔船〕を反対方向に向ける.

***bring /../ báck** (1) **..を持ち帰る**; ..を連れて帰る. The dog *brought back* the ball. 犬はボールを取って来た(★間接目的語を入れて The dog brought *me* back the ball. とすることもある). (2) **..を戻す**〈*to* ..〔前の状態〕に〉; 〔借りた物〕を返却する. A change of air *brought* him *back to* health. 転地のおかげで彼は健康に戻った. (3) ..を思い出させる〈*to* ..〔人〕に〉. The pictures *brought back* many happy memories of my childhood. それらの写真を見て子供のころの幸せな事をたくさん思い出した. (4)〔制度, 慣習など〕を復活させる. The government is trying to ～ *back* the death penalty. 政府は死刑を復活しようとしている.

***bring /../ dówn** (1)〔荷物など〕を**降ろす**; 〔飛行機〕を着陸させる; ..を撃墜する. (2) ..を引き下げる; 〔価格〕を下げる; 〔売り手〕に価格を下げさせる; 〈*to*.. まで〉. (3)〔飛んでいるもの〕を撃ち落とす; 〔獲物など〕を撃ち倒す; 〔人, 政権など〕を打倒する, 失脚させる, 引きずり下ろす. (4)〔記録, 物語など〕を続ける〈*to* ..まで〉. The new chapter ～*s* the history *down to* 1980. 新しい章で(歴史の)記述は1980年まで下って来る. (5)〔罰, 苦労など〕を被らせる, もたらす〈*on* ..に〉. (6)【俗】〔人〕をがっかりさせる; 【話】〔人〕の評判に傷をつける, 品位を落とす.

bring dòwn the (whòle) hóuse →house.

brìng fórth.. 【章】(1)〔子〕を産む; 〔実〕を結ぶ; 〔結果など〕を生む. (2)〔隠れた事実など〕を明らかにする; 〔提案, 意見など〕を出す.

brìng /../ fórward (1)〔人, 物〕を面前に持って[連れて]来る. (2)〔議案, 意見, 証拠など〕を提出する; ..を提案する; ..を公にする. (3) ..(の時期)を繰り上げる, 早める, (↔put..off). (4)【簿記】..を次ページに繰り越す.

brìng..hóme 【アイル俗】〔助産婦などが〕〔赤ん坊〕を取り上げる.

***brìng /../ ín** (1) **..を持ち込む**, 連れ込む, 〔人〕を家の中へ通す; 〔洗濯物など〕を取り込む; 〔収穫〕を取り入れる; 〔かかった魚〕を釣り上げる; 〔外国の風習など〕を紹介する, 初めて持ち込む. (2)〔人〕を(外部から)招く, に参加してもらう〈*on* ..〔計画など〕に〉. (3)〔収入〕をもたらす. The job ～*s* her *in* a steady income. その仕事で彼女は安定した収入を得ている(→BRING /../ back ★). Presidency doesn't always ～ *in* a large income. 社長の地位が必ずしも大きな収入をもたらすとは限らない. (4)〔法案〕を提出する; 〔陪審員が評決〕を答申する. (5) ..を警察署へ連行する; ..を逮捕する.

bríng X into Y XをYの状態にする. ～ innocent people *into* slavery 罪のない人々を奴隷にする. ～ all one's faculties *into* play 全能力を活動させる. ～ a law *into* force [effect] 法律を施行する.

brìng..into béing →being.

bríng it 【米俗】(野球で)速球を投げる; プレーがうまい.

brìng /../ óff (1)【話】〔難しい事〕をうまく成し遂げる. We managed to ～ *off* the deal. 我々はその取引になんとか成功した. (2) ..を(危険な場所から)救助する.

***brìng /../ ón** (1) **..の原因になる**, ..を引き起こす. Going out without a coat *brought on* a cold. 上着を着ずに外出して風邪を引いた. He died of a heart attack *brought on* by overwork. 彼は働きすぎによってもたらされた心臓発作で死んだ. (2)〔学業, 成績など〕を進歩[向上]させる. My tutor has *brought on* my English a lot. 個人教授の先生のおかげで私の英語はずいぶん上達した. (3)＝BRING /../ along (2).

***brìng /../ óut** (1) **..を取り出す**, 持ち出す; 〔言葉〕を(ようやく)口に出す, 言う. (2)〔隠れた事実, 意味など〕を**明らかにする**; 〔才能, 美点など〕を引き出す; 〔無口な人など〕を打ち解けさせる. The translation ～*s out* well the meaning of the original text. その翻訳は原典の意味を実にうまく出している. ～ *out* the best in a person 人のいちばんよいところを引き出す. (3)〔新製品, レコードなど〕を発売する, 発表する; 〔書籍など〕を出版する. (4)〔花〕を開

かせる;〔娘〕を社交界にデビューさせる. (5)〘主に英〙〔労働者〕にストライキを打たせる.

bring a pèrson óut in .. 人に〔吹き出物など〕を出させる.

brìng /../ óver (1) ..を持って来る;〔人〕を(海外から)呼び寄せる, 連れて来る. (2) ..を味方に引き入れる; = BRING /../ around (2).

brìng /../ róund =BRING /../ around.

brìng ..thróugh 〔人〕に(苦難, 特に重病などを)切り抜けさせる, 乗り越えさせる.

bríng X through Y X(人)にY(困難など)を切り抜けさせる, 乗り越えさせる. ～ a person *through* a crisis 人に危機を乗り切らせる.

brìng ..tó (1)〔人〕を正気づかせる. I *brought* the man *to* by slapping him. 男を平手でたたいて正気に戻した. (2)〔船〕を止める (stop).

brìng ..to ⌊an énd [a clóse, a hált, a stóp] ..を終わらせる, 止める. ～ the war *to an end* 戦争を終わらせる.

brìng X to béar on [upon] Y →bear[1].

brìng /../ togéther 〔2人, 特に男女〕を会わせる; ..を和解させる.

brìng ..to páss →pass 图.

brìng ..únder ..を鎮める, 抑える; ..を鎮圧する.

bríng X under Y (1) XをY(支配, 権力, 抑制など)の下に置く. (2) XをY(項目)にまとめる, 分類する.

***brìng /../ úp** (1) ..を育てる; ..をしつける; (raise). ～ a child *up* healthy 子供を健康に育てる(★healthy は目的補語の働き). The girl is well [badly] *brought up*. その少女はしつけがいい[悪い]. (2)〔問題など〕を持ち出す. ～ *up* [out] one's [the] big guns (議論などで)自分の有利になるようお偉方の名を持ち出す; 奥の手[切り札]を出す. (3)〔価格など〕を上げる,〔レベルなど〕を引き上げる. (4)〘話〙..を吐く (vomit). (5)〘法〙..を出頭させる. (6)〘軍〙〔兵, 武器など〕を前線に送る[送らせる].

brìng a person úp against .. 人を〔困難, 問題など〕に直面させる.

bring a person ùp ⌊shórt [shárp, with a jérk] 人の動き[話]を急にやめさせる. She was *brought up short* by a call from behind. 彼女は後ろから呼ばれて急に立ち止まった. [<古期英語]

brìng-and-búy sàle 图 Ⓒ〘英〙(慈善のための)持ち寄りバザー.

***brink** /briŋk/ 图 (複 ～s /-s/) Ⓒ 〈普通 the ～〉 **1** 縁〈*of* ..〔がけなど〕〉の; (川, 湖などに臨んだ)土手の端; (類語 凹(へこ)んでいる所を外側から見た縁を指す; →brim, edge, rim, verge[1]). **2** 瀬戸際, 間際,〈*of* ..〔危険など〕の〉. The dispute brought the two countries to the ～ of war. その紛争で両国は戦争の寸前に至った.

on the brínk of .. 〔破滅, 死など〕に瀕(ひん)して, 今にも..しそうになって;〔成功など〕を目前にして. *on the* ～ *of* madness 今にも発狂しそうで. [<古期北欧語「がけ」]

brink·man·ship, brinks- /bríŋkmənʃip/, /bríŋks-/ 图 Ⓤ 瀬戸際政策《開戦ぎりぎりの所まで圧力を掛け続ける, というような政治上の駆引き》.

brin·y /bráini/ 形 ⓔ 濃い塩水の; 塩水の; 海水の; 海の. ── 图 Ⓤ〘話〙〈the ～〉海.

bri·oche /briːóuʃ|bríː(ː)ɔʃ/ 图 Ⓒ ブリオッシュ《玉子・バター入り菓子風ロールパンの一種》. [フランス語(<「こねる」)]

bri·quet(te) /brikét/ 图 Ⓒ ブリケット **1** 小煉瓦(れんが)形豆炭《暖炉で燃やす》. **2** 小煉瓦形のアイスクリームバーなど. [フランス語「小さな煉瓦」]

Bris·bane /brízbein, -bən/ 图 ブリスベン《オーストラリア東部の海港; Queensland 州の州都》.

***brisk** /brisk/ 形 ⓔ **1** きびきびした, 威勢のいい, 活発な, (lively),〔商売などが〕活況を呈して. a ～ walk 足早な散歩. ～ trade 活気のある売買. **2**〔風, 空気などが〕(寒いが)さわやかな, 身の引き締まるような. [たぶん brusque の変形] ▷ **brísk·ness** 图

bris·ket /brískət/ 图 Ⓤ (牛の)胸(肉), ブリスケ.

brísk·ly 副 きびきびと; 威勢よく; 活発に.

†**bris·tle** /brís(ə)l/ 图 ⓊⒸ (豚, イノシシや男の無精鬚(ひげ)などのようにピンと突き出た)剛毛; (ブラシ, 歯ブラシの)毛.

── 動 自 **1**〔羽毛, 毛, 人間の体毛・毛髪が〕(怒り, 興奮, 恐怖で)逆立つ〈*up*〉. **2**〔犬, 鳥, 人などが〕毛を逆立てる;〔人, 動物が〕怒る; 戦う身構えをする; 態度を硬化させる;〈*at* ..に対して/*with* ..で〉. Lucy ～*d with* anger. ルーシーは怒りでむらむらした. He ～*d at* their demand. 彼は彼らの要求に憤然とした.

── 他 **1**〔毛〕を逆立てる. **2** に剛毛を植える.

brístle with .. 〔武器など〕が(剛毛のように)林立する;〔難問, 障害など〕でいっぱいである; (★主語は場所や物事). The town is *bristling with* chimneys. その町は煙突が林立している. This essay ～*s with* grammatical mistakes. この論文は文法上の間違いだらけだ.

bris·tling /bríslìŋ/ 形 〈限定〉 **1**〔毛髪などが〕突っ立った. **2** 熱気にあふれた.

bris·tly /brísli/ 形 ⓔ **1** 剛毛の生えた; 剛毛のような. **2**〔人が〕怒りっぽい, いらいらしている.

Bris·tol /brístl/ 图 **1** ブリストル《イングランド南西部の港市; Avon 州の州都》. **2**〈bristols で〉〘英俗〙おっぱい《titties と Bristol cities の押韻による押韻俗語 (rhyming slang)》.

Brìstol Chánnel 图 ブリストル水道《ウェールズ南岸とイングランド南西部に挟まれた海》.

Brit /brit/ 图 Ⓒ〘話・しばしば軽蔑〙英国人.

Brit. Britain; Briticism; British(er); Briton.

***Brit·ain** /brítn/ 图 **1** 英国《the United Kingdom の通称》. **2** 大ブリテン島《Great Britain の略称》. [<ラテン語「ブリトン族」]

Bri·tan·nia /britǽnjə/ 图 **1** ブリタニア《Britain のラテン名; 特に, 古代ローマ帝国の属州だった Great Britain 島南部の呼称》. **2** ブリタニア(像)《Great Britain を擬人化した女性戦士像》. **3** Ⓤ〈普通 b-〉ブリタニア《錫(すず)・銅・アンチモニーなどの合金; 特に食器用; **Británnia mètal** とも言う》.

Rùle, Británnia 「英国よ支配せよ」《英国でよく知られた愛国の歌》.

Bri·tan·nic /britǽnik/ 形 大ブリテンの, 英国の,〈主に次の用法で〉.

His [Her] Britànnic Májesty 〘章〙英国国王[女王]陛下.

britch·es /brítʃəz/ 图〘米話〙=breeches.

Brit·i·cism /brítəsiz(ə)m/ 图 ⓊⒸ イギリス英語特有の語(法), イギリス語法, (〘米〙elevator に対して〘英〙で lift と言うなど; →Americanism).

‡**Brit·ish** /brítiʃ/ 形 ¢ (3は ⓜ) **1** 英国の《Great Britain 又は the United Kingdom の》, 大ブリテンの; 英連邦の. the ～ Embassy 英国大使館. **2** 英国人の; イギリス英語の. He is ～. 彼は英国人だ. ～ pronunciation イギリス式発音. **3** 英国的な. **4** (古代)ブリトン人 (the Britons) の.

The bèst of Brítish (lùck). →best 图.

── 图 **1**〈the ～; 複数扱い〉英国民; 大ブリテン人; 英連邦国民. **2** Ⓤ〘米〙=British English. [<古期英語「ブリトン族の」(<ケルト語)]

Brìtish Acádemy 图 〈the ～〉英国学士院《人文科学の研究奨励を目的とし 1901 年に設立》.

Brìtish Áirways 图 英国航空(会社)《略 BA》.

Brìtish Bòard of Fílm Classificátion 图 英国映画等級委員会《film rating を決める》.

Brìtish Bròadcasting Corporátion 图 〈the ～〉英国放送協会《略 BBC》.

Brìtish Colúmbia 图 ブリティッシュコロンビア《カナダ南西部太平洋岸の州 (province); 略 BC》.

Brìtish Cómmonwealth of Nátions 图 〈the ～〉→commonwealth 4.

B

Brìtish Cóuncil 名 〈the ～〉ブリティッシュカウンシル《英国文化振興会; 諸国に支部がある, 1934 年創設; 略 BC》.

Brìtish Émpire 名 〈the ～〉大英帝国《英連邦の旧形態; 今は俗称》.

Brìtish Énglish 名 U イギリス英語 (→American English).

Brit·ish·er /brítiʃər/ 名 C 〖米話〗英国人.

Brìtish Ísles 名 〈the ～〉イギリス諸島《Great Britain, Ireland, the Isle of Man, the Channel Islands, the Orkney Islands, the Shetland Islands, Scilly Isles から成る》.

Brìtish Légion 名 〈the ～〉英国在郷軍人会.

Brìtish Líbrary 名 〈the ～〉大英図書館《大英博物館の図書部が 1973 年独立したもの》.

Brìtish Muséum 名 〈the ～〉大英博物館《London にある大博物館; 1753 年創設》.

Brìtish Nùclear Fúels 名 英国核燃料公団.

Brìtish Ópen 名 〈the ～〉〖ゴルフ〗全英オープン《毎年スコットランドの Prestwich /préstwitʃ/ で開催される公開選手権試合; 世界 4 大トーナメントの 1 つ》.

Brìtish Petróleum 名 英国石油会社《英国油田を開発した; 略 BP》.

Brìtish Ráil 名 英国鉄道《略 BR》.

Brìtish Súmmer Tìme 名 U 英国夏時間《3 月末から 10 月末まで標準時より 1 時間進める; 略 BST; →daylight saving time》.

Brìtish Telecommunicátions [Télecom] 〖略称〗名 英国電信電話会社 (→AT & T).

Brìtish thérmal ùnit 名 C 英国熱量単位《1 ポンドの水を華氏 1 度に上げるのに必要な熱量; 約 252 カロリー; 略 BTU, B.t(h).u.》.

***Brit·on** /brítn/ 名 (複 ～s /-z/) C **1** (古代)ブリトン人《ローマ占領時代に大ブリテン島南部に住んでいたケルト系民族》. **2** 〖章〗**英国人** (British person); 大ブリテン人 (★主に, 新聞の報道などで用いられる). The only survivor of the accident was a ～. その事故のただ 1 人の生存者は英国人だった. [＜ラテン語(＜ケルト語)]

Brit·ta·ny /brítəni/ 名 ブリタニー, ブルターニュ, 《フランス北西部の半島; 仏名 Bretagne》. ◇形 Breton

Brit·ten /brít(ə)n/ 名 **Benjamin** ～ ブリテン (1913–76)《英国の作曲家》.

†**brit·tle** /brítl/ 形 **1** (固いが)砕けやすい, もろい; はかない. Friendship is all too ～. 友情はあまりにももろいものだ. **2** 〔人, 態度が〕怒りっぽい, 気難しい; 無愛想な, 冷淡な. a ～ temper 短気. **3** 〔音が〕鋭い, 金属性の. give a ～ laugh かん高い笑い声を上げる. ▷ **～·ness** 名

Bro., bro. brother.

broach /broutʃ/ 名 C **1** 穴あけ錐(きり), 穴ぐり器. **2** ＝brooch. ── 動 他 **1** 〔酒瓶, たるなど〕の口を開ける. **2** 〔話題など〕を持ち出す, 切り出す, 〔話〕の'糸口を切る'. [＜古期フランス語]

B-ròad 名 C 〖英〗B 級道路 (→A-road).

‡**broad** /brɔːd/ 形 e 【広い】 **1 (a)** 幅の広い; 広々とした; (↔narrow; 類語 表面の広がりに重点がある; wide とはしばしば交換可能だが, wide は両端の開きに重点を置く; a *wide* gap の wide を broad に換えるのは不自然). ～ shoulders 広い肩幅. a ～ river (水を満々とたたえて)広々とした川 (★川幅の広さに重点があれば a wide river). a ～ expanse of blue sky 広々と広がる青空. **(b)** 〈数値を表す語句に続けて〉 幅..の. a plank two feet ～ [in breadth] 幅 2 フィートの厚板.
2 心の広い, 寛大な. have ～ views 見解が広い.
3 広範囲に及ぶ, 多様な. ～ experience 幅広い経験. a ～ range of opinions 広範囲の多様な意見. The policy enjoys [has won] ～ support. その政策は広く支持を得ている.
4 【細部にわたらない】 〈限定〉 **大体の**, 大ざっぱな; 主要な. a ～ outline 概略. in a ～ sense 広い意味で. in ～ terms 大ざっぱに言って. reach ～ agreement 大筋の合意に至る.
5 〖音声〗**(a)** 〔音声表記が〕簡略の. ～ transcription 簡略表記(法). **(b)** 広母音の〔/ɑ/〕《例えば, dance の /ɑː/ の発音; →flat》. (↔narrow)
【幅広の＞はっきりした】 **6** 〈限定〉 明らかな, 分かり切った; (方言)丸出しの. a ～ distinction はっきりとした違い. a ～ hint 分かりやすいヒント. say with a ～ smile にっこり笑って言う. a ～ southern accent 丸出しの南部訛(なま)り.
7 あからさまな, 露骨な; 下品な. a ～ insinuation あからさまな当てこすり. a ～ joke 下品な冗談. ◇名 breadth
be (as) bróad as it is lóng 〖英話〗同じことである, 五十歩百歩である.
have a bròad báck 困難な仕事[問題など]をやすやすと処理できる.
in bròad dáylight 真っ昼間に, 白昼.
── 名 **1** 〈the ～〉 広い部分. the ～ of a hand [sword] 手のひら[刀身]. **2** 〖英〗〈the Broads〉 (イングランド東部, Norfolk と Suffolk の)水郷地帯. **3** C 〖米俗・軽蔑〗女. ── 副 すっかり (wide). ～ awake 完全に目が覚めて. [＜古期英語]

brȯad árrow 名 C 〖英〗太矢じりじるし《官有物に付ける; もと囚人服に付けた》.

bróad·àx(e) 名 C まさかり, 大斧(おの).

bróad·bànd 形 〖電〗〈限定〉 広(周波数)帯域の.

bróad-bàsed 形 広い基盤をもつ; 多様な人[もの]に支えられた. a ～ political campaign 支持基盤の広い政治運動.

broad bean /⌐⌐|⌐⌐/ 名 C 〖植〗ソラマメ.

bróad-brùsh 形 〈限定〉 (幅広の刷毛(はけ)のように)大ざっぱ[大うかみ]な言い方[取扱い]の.

‡**broad·cast** /brɔ́ːdkæ̀st|-kɑ̀ːst/ 動 (～s /-ts/|過 過分 ～, ～·ed /-əd/|～·ing) 他 **1** (ラジオ, テレビで)を放送する. ～ the news at 7p.m. 午後 7 時にニュースを放送する. ～ a show live ショーを生(なま)放送する. **2** 〔うわさなど〕を言いふらす; 〔思想, 信仰など〕を広める. ～ a piece of gossip all over the town うわさを町中に流す. **3** 〖章〗〔種〕をばらまく.
── 自 **1** 放送する; (ラジオ, テレビに)出演する. **2** 種をばらまく.
── 名 (複 ～s /-ts/) C **放送**; 放送番組. listen to the noon news ～ 正午のニュースを聞く. a live ～ 生放送[番組].
── 形 **1** 放送の; 放送された. ～ time 放送時間. **2** 〔うわさ, 種などが〕広くばらまかれた.
── 副 広範囲に; ばらまいて.
[「広く投げられた」; broad, cast (過去分詞)]

bróad·càst·er 名 C 放送者, アナウンサー, キャスター; 放送局; 放送装置.

***bróad·càst·ing** 名 U **放送**. a ～ station 放送局.

Bròad Chúrch 名 **1** 〈the ～〉 (英国国教内の自由主義的な)広教会派. **2** C 〈b- c-〉 自由な意見を広く許容する団体[組織].

bróad·clòth 名 U **1** (昔の紳士用の)ダブル幅の高級黒ラシャ服地. **2** ブロード《綿(めん), 絹のワイシャツ, ブラウス用生地》.

***broad·en** /brɔ́ːdn/ 動 (～s /-z/|過 過分 ～ed /-d/|～·ing) 他 を広げる, 広くする. Travel ～*s* your mind. 旅は人の心を広くする.
── 自 広がる, 広くなる; 恰幅(かっぷく)がよくなる; 〈*out*〉. His face ～*ed* (*out*) into a grin. 彼の顔は表情が緩んでにやりと笑った.

bróad gàuge 名 C 〖鉄道〗広軌.

bróad-gàuge, -gàuged 形 **1** 〖鉄道〗広軌の. **2** 広範囲の; 幅の広い〔見解など〕.

bróad jùmp 名 U 〈the ～〉 〖米〗(走り)幅跳び (〖主に英〗long jump). the running [standing] ～ 走り[立ち]幅跳び.

bróad·lèaf, -lèaved 形 広葉樹の; 落葉性の (deciduous). 「たん).

bróad·lòom 形, 名 U (無地の)広幅織りの(じゅう↑

***broad·ly** /brɔ́ːdli/ 副 m **1** 広く, 広範囲に. **2** 大ざっぱに, 大体; 大ざっぱに言うと. We have ～ similar tastes. 私たちは大体同じような趣味を持っている. *Broadly* (speaking), we Japanese are an industrious people. 大ざっぱに言って我々日本人は勤勉な国民である. **3** あからさまに, おおっぴらに; (訛(なま)り)丸出しで. smile ～ 満面に笑みを浮かべる.

bróadly-bàsed 形 ＝broad-based.

†**bròad-mínded** /-əd ㊗/ 形 心の広い, 寛大な, 偏狭でない. ▷～**·ly** 副 ～**·ness** 名

bróad·ness 名 U **1** 幅広いこと, 広さ. **2** 寛大さ. **3** 明白なこと. **4** 露骨, 下品.

bróad·shèet 名 C **1** 片面刷りの大判紙《昔は俗謡などを刷ったが今は広告などを印刷する》; それに印刷された詩[広告]. **2** 大判新聞(紙)《tabloid 判に対し普通サイズのもの; 38×61cm》.

bróad·sìde 名 C **1**〖海〗舷側(げんそく)《水上に出ている一方の舷の全体》. **2**〈集合的〉一方の舷の大砲; その一斉射撃. **3** 非難の一斉攻撃. **4** ＝broadsheet.

bròadside ón〔船が〕舷側を向けて. hit the breakwater ～ *on* 防波堤に横ざまにぶつかる.

── 副 **1** (船が)舷側を向けて; (車の)横腹に〔衝突するなど〕; 直接側面に. His car skidded ～ into another vehicle. 彼の車はスリップして別の車に横ざまにつっこんだ. **2** 一斉射撃で, 一斉射撃のように; やみくもに. fire accusations ～ 一斉に非難を浴びせかける.

bròad·spéctrum /㊗/ 形 〖薬〗広域スペクトルの《抗生物質などの薬が広範囲の細菌に有効な》.

bróad·swòrd 名 C 〖雅〗(特に両手で握って振り回す)広刃の刀, だんびら.

Broad·way /brɔ́ːdwèi/ 名 ブロードウエイ **1** New York 市の Manhattan 区を南北に走り, 北は Albany 市に至る街路; 目抜きの部分には劇場・娯楽施設が多い. **2** (ブロードウエイやその近くにある)アメリカ演劇界の中心地域; アメリカ演劇界; (→off-(off-)Broadway).

bróad·wàys, -wìse 副 横様(よこさま)に, 側面を向けて, 〈*to* ..に〉. About 100 yards away a rhinoceros stood ～ *to* us. 100 ヤードほど向こうにサイが我々に横を向けて立っていた.

Brob·ding·nag /brɑ́bdiŋnæ̀g|brɔ́b-/ 名 ブロブディンナグ, 巨人国, 《＜Swift 作 *Gulliver's Travels*》.

bro·cade /broukéid/ 名 U 錦(にしき), 金襴(きんらん), 緞子(どんす). ── 動 他 を錦織りにする. [＜イタリア語「刺された」]

broc·co·li /brɑ́kəli|brɔ́k-/ 名 UC ブロッコリ《カリフラワーに似た野菜; 緑色のつぼみのかたまりを食用にする》. [イタリア語「芽キャベツ」]

bro·chette /brouʃét/ 名 C (料理用の)小さい焼き串(くし). [フランス語「小さな broach」]

bro·chure /brouʃúər|bróuʃuə, ʃə/ 名 C 仮とじ本; 小冊子, パンフレット. [フランス語「縫いとじた本」]

Bròcken Bów /-bou/ [**Spécter**] 名 C ブロッケンの↓虹(にじ)[妖(よう)怪], 仏の御光(ごこう), 《低い太陽を背に山頂に立つ人の影が, 向かい側の雲[霧]の壁に大きく映り, その回りに虹のような光の輪が現れる現象; ドイツ中部の Brocken 山頂の日没によく観察される》.

bro·de·rie ang·laise /bròudriː-ɑːŋgléiz/ 名 UC イギリス刺繍(ししゅう)(をした布)《地布を切り抜いてする》. [フランス語 'English embroidery']

bro·gan /bróugən/ 名 C 〈普通 ～s〉作業用深靴. [アイルランド語「小さな brogue[2]」]

brogue[1] /broug/ 名 C 〈普通, 単数形で〉訛(なま)り, 方言; 〈特に〉アイルランド訛り.

brogue[2] 名 C **1**〈普通 ～s〉(穴飾りのある)普段履きの短靴; ゴルフ[釣り用]靴. **2** (昔アイルランド人などが履いた)生皮製の粗末で頑丈な靴.

†**broil**[1] /brɔil/ 動 他 **1**〖主に米〗〔肉〕を焼く, あぶる, 照り焼きする, (grill)《直接火にかざして; →bake, roast》. **2**〔太陽が〕にじりじりと照りつける. ── 自 **1**〔肉が〕焼ける. **2** 焼けつくように暑い, 〔人が〕焼けるほど暑く感じる. We were ～*ing* under the tropical sun. 熱帯の太陽の下でじりじり焼けるようだった. It is ～*ing* hot. 焼けつくように暑い (語法 broiling は現在分詞の副詞的用法).

── 名 UC 焼くこと; 照り焼き, 焼き肉.

[＜古期フランス語「焼く」]

broil[2] 名 C 〖古〗争い, 口論.

bróil·er 名 C **1** 焼き肉用若鶏(とり), ブロイラー. **2**〖米〗肉焼き器. **3**〖話〗焼けつくように暑い日.

broke /brouk/ 動 break の過去形.

── 形 〈叙述〉〖話〗一文無しの, 破産した, (penniless). I'm flat [〖英〗stony] ～. 私にはびた一文ない.

gò bróke〖話〗破産する; 無一文になる.

gò for bróke〖話〗文無しになるまでやる, (すべてを注ぎこんで)とことんやる.

‡**bro·ken** /bróukən/ 動 break の過去分詞.

── 形 ⓒ【壊れた】 **1** 壊れた, 割れた, 折れた; 故障した. a ～ cup 割れた茶わん. a ～ leg 骨折した足. a ～ television set 故障したテレビ. **2** 破壊された; 〔家庭が〕崩壊した. a ～ marriage 破局に至った結婚. **3** 破られた, 守られなかった. a ～ promise [agreement] 破られた約束[合意]. ～ rules 守られなかった規則. **4** 不完全な; 半端な, はしたの. a ～ set of an encyclopaedia 欠本のある百科事典セット.

【挫(ざ)折した】 **5** 破産した. **6** 悲嘆に暮れた; 衰弱した. a ～ man 敗残者; 意気消沈した人.

【中断された】 **7** 途切れた; 途切れ途切れの, 断続した. a ～ sleep [night] 途切れがちな眠り[にしか眠れない夜]. **8** 片言の, 不完全な, 怪しい. ～ English 片言英語.

9【滑らかでない】でこぼこの, 起伏のある. ～ fields でこぼこの野原. ～ water 波立つ水面. The path is ～. その道はでこぼこしている.

bròken-dówn /㊗/ 形 〈普通, 限定〉 **1**〔家などが〕壊れた; 〔機械などが〕故障した, ポンコツの. **2**〔健康, 気力が〕衰えた; 〔馬などが〕疲れて動けない.

bròken héart 名 C 失意, 落胆; 失恋; (→break a person's heart →break 他 15).

bròken·héarted /-əd ㊗/ 形 悲嘆に暮れた, 失意のどん底にある; 失恋した. ▷～**·ly** 副

bròken hóme 名 C 欠損家族《離婚や別居などで両親がそろっていない》.

bròken líne 名 C 破線《----; →dotted line》.

bró·ken·ly 副 **1** 途切れ途切れに. talk [sleep] ～ 途切れ途切れに話す[眠る]. **2** 悲嘆に暮れて. 「なった人.

bròken réed 名 C 折れたアシ; 頼りがい[実力]がなく↑

bròken-wínded /-wíndəd/ 形〔馬などが〕息切れした, ぜん息の.

***bro·ker** /bróukər/ 名 (複 ～s /-z/) C **1** 仲介業者, ブローカー, 周旋屋. **2** 株式仲買人 (stockbroker). **3**〖英〗(差押え物件を)査定[売却処分]する役人. ── 動 他 〔取り引き〕を仲介する; 〔和平, 条約など〕の調停役をする. The United Nations attempted to ～ a ceasefire. 国連は停戦への調停を試みた. [＜古期フランス語「ワイン樽の栓をあける人」]

bro·ker·age /bróukəridʒ/ 名 **1** UC 仲介[仲買](業); 仲介[仲買]会社, 商社. **2** U 仲介[仲買]手数料, 口銭(こうせん).

bróker-dèaler 名 C 〖英〗broker 2 の公式名.

brol·ly /brɑ́li|brɔ́li/ 名 (複 **-lies**) C 〖英話〗傘. [*umbrella* の変形]

bro·mic /bróumik/ 形 〖化〗臭素の. ～ acid 臭素酸.

bro·mide /bróumaid/ 名 **1** UC 〖化〗臭化物; 〈特

に〉臭化カリウム《potassium ～; 鎮静剤, 写真用》.
2 Ⓒ 退屈な人; (気安めの[なだめるための])決まり文句(platitude).

B

brómide pàper 名 Ⓤ 〖写〗ブロマイド印画紙.
bro·mid·ic /broumídik/ 形 陳腐な, 月並みな.
bro·mine /bróumiːn/ 名 Ⓤ 〖化〗臭素《非金属元素; 記号 Br》. [＜ギリシア語「悪臭」; -ine²]
bron·chi /bráŋkai|brɔ́ŋ-/ 名 bronchus の複数形.
bron·chi·a /bráŋkiə|brɔ́ŋ-/ 名 〈複数扱い〉 = bronchial tubes.
bron·chi·al /bráŋkiəl|brɔ́ŋ-/ 形 〈限定〉気管支の.
brònchial ásthma 名 Ⓤ 〖医〗気管支喘(ぜん)息.
brónchial tùbes 名 〈複数扱い〉〖解剖〗(2本の)気管支.
bron·chit·ic /braŋkítik|brɔŋ-/ 形 気管支炎の; 「気管支炎にかかった.
bron·chi·tis /braŋkáitəs|brɔŋ-/ 名 Ⓤ 気管支炎.
bron·cho /bráŋkou|brɔ́ŋ-/ 名 (複 **～s**) = bronco.
bron·chus /bráŋkəs|brɔ́ŋ-/ 名 (複 **bron·chi** /-kai/) Ⓒ 〖解剖〗気管支. ◇形 bronchial
bron·co /bráŋkou|brɔ́ŋ-/ 名 (複 **～s**) Ⓒ 〖米〗ブロンコ《米国西部の(半)野生の馬; →mustang》. [スペイン語「荒い」]
brónco·bùster 名 Ⓒ 〖米話〗bronco を乗り慣ら「すカウボーイ.
Bron·të /bránti|brɔ́n-/ 名 ブロンテ **1 Anne** ～ (1820–49)《英国の女流小説家; 2, 3 の妹》. **2 Charlotte** ～ (1816–55)《英国の女流小説家; *Jane Eyre* 他》. **3 Emily** ～ (1818–48)《英国の女流小説家・詩人; Charlotte の妹; *Wuthering Heights*『嵐(あらし)が丘』他》.
bron·to·saur /brántəsɔ̀ːr|brɔ́n-/ 名 = bronto「saurus.
bron·to·sau·rus /brɑ̀ntəsɔ́ːrəs|brɔ̀n-/ 名 (複 **bron·to·sau·ri** /-rai/, **～es**) Ⓒ 〖古生物〗ブロントサウルス, 雷竜, 《ジュラ紀・白亜紀に棲(せい)息した草食恐竜》. [＜ギリシア語「雷」+「トカゲ」]
Bronx /braŋks|brɔŋks/ 名 〈the ～〉 ブロンクス《New York 市最北部の区 (borough); 主に住宅地》.
Brònx chéer 名 Ⓒ 〖米俗〗= raspberry 2.
***bronze** /branz|brɔnz/ 名 (複 **brónz·es** /-əz/) **1** Ⓤ 青銅, ブロンズ《銅 (copper) とすず (tin) の合金》.
2 Ⓒ 青銅製の美術品《彫像など》; = bronze medal. **3** Ⓤ 青銅色(の絵の具)《銅メダルの色》. **4** 〈形容詞的〉青銅(製)の; 青銅色の. a ～ statue 銅像. a ～ shield 青銅の盾.
── 動 他 を青銅色にする; を日焼けさせる〈普通, 受け身〉. ～ a vase 花瓶を青銅色に塗る. Her skin has been ～*d* by the sun. 彼女の肌はブロンズ色に日焼けしている. ── 自 (日焼けして) ブロンズ色になる.
[＜イタリア語(?＜ペルシア語「銅」)]
Brónze Àge 名 〈the ～〉 **1** 〖考古学〗青銅器時代《Stone Age と Iron Age との中間》. **2** 〖ギ・ロ神話〗〈b- a-〉 青銅時代《人類太古の伝説に言う4時代の3番目; 銀と鉄の時代の間で暴力と戦争が特徴; →the golden age》.
brònze médal 名 Ⓒ 銅メダル《競技などの3等賞》.
brònze médalist 〖米〗, **-llist** 〖英〗名 Ⓒ 銅メダル獲得者.
†**brooch** /broutʃ, bruːtʃ|broutʃ/ 名 Ⓒ ブローチ (★〖米〗では pin とも言う; →broach). [＜中期英語「ピン, 焼き串」(＜古期フランス語); broach と同一語]
†**brood** /bruːd/ 名 Ⓒ **1** 〈集合的〉ひと孵(かえ)りのひな; ひと腹の動物の子. a ～ of chickens ひと孵りのひよこ. **2** 〖戯〗一家族[一家]の子供たち; ある種[品種]の群れ.
── 動 自 **1** 〔鳥が〕卵を抱く, 巣につく. The hen is ～*ing*. めんどりが巣についている. **2** じっと考える; 考え込む, くよくよと気に病む; 〈*over*, *about*, *on* ..を〉. The boy was ～*ing over* the death of his father. 少年は父の死についてじっと考え込んでいた. **3** 〖雅〗〔夕闇(やみ), 霧などが〕立ちこめる, (卵を抱くように)覆いかぶさる, 〈*over*, *above* ..に〉. ── 他 **1** 〔卵〕を抱く. **2** をじっと考える.
[＜古期英語; 原義は「(卵を)暖めること」]
bróod·er 名 Ⓒ **1** 育雛(いくすう)器, ひな保育器; 卵を抱く鳥. **2** 思いにふける人, 考え込む人.
bróod·ing 形 〔雰囲気などが〕重苦しい; 〔人(の表情など)が〕物思わしげな.
bróod màre 名 Ⓒ 繁殖(用)牝馬.
brood·y /brúːdi/ 形 ⓔ **1** 〔めんどりが〕巣につきたがる; 〔女性が〕ひどく子供を欲しがる. **2** 〔人が〕考え込んだ, ふさぎ込んだ. ▷ **brood·i·ly** 副 **brood·i·ness** 名
Brook /bruk/ 名 **Peter** ～ ブルック (1925–)《英国の舞台・映画監督; 前衛的な実験演劇で有名》.
***brook**¹ /bruk/ 名 (複 **～s** /-s/) Ⓒ 小川 (類語 特に流れの急な小川; →river). [＜古期英語]
brook² 動 他 〖章〗〈普通, 否定文・疑問文・条件文で〉 **1** 〔干渉, じゃまなど〕に耐える, を忍ぶ; VO (～ X *doing*) X が..するのを許す; (類語 tolerate より文語的; → bear¹). He will not ～ ˪any interruption [anyone interrupt*ing* him] while he is speaking. 彼は話している間は˪どんなじゃまも[だれも口をはさむことを]許さない.
2 〔物事が〕を許す. The matter ～*s* no delay. その件は少しの遅延も許されない. [＜古期英語「利用する, 楽し「む」]
brook·let /brúklət/ 名 Ⓒ 小川, 細流.
Brook·lyn /brúklən/ 名 ブルックリン《New York 市の1区 (borough); Long Island の南西端にある》.
Bròoklyn Brídge 名 〈the ～〉 ブルックリン橋《New York 市で Manhattan と Brooklyn を結ぶ》.
bróok tròut 名 (複 **～, ～s**) Ⓒ 〖魚〗カワマス (speckled trout)《北米東部原産の淡水魚; →brown trout, sea trout》.
***broom** /bruːm/ 名 (複 **～s** /-z/) **1** Ⓒ ほうき《もと, エニシダの小枝で作った》. A new ～ sweeps clean. 〖諺〗新任者は改革に熱心なものだ 《＜新しいほうきはよく掃ける》. **2** Ⓤ エニシダ《マメ科の観賞用常緑低木; 初夏に黄色い蝶(ちょう)の形の花をつける》. [＜古期英語「エニシダ」]
bróom·stìck 名 Ⓒ ほうきの柄《魔女はこれに乗って空を飛ぶという俗信がある》.
Bros. Brothers. ★兄弟で経営する会社の名に付ける: Warner *Bros*. (ワーナーブラザーズ).
†**broth** /brɔːθ|brɔθ, brɔːθ/ 名 Ⓤ (肉, 野菜などの)煮出し汁, ストック; 薄いスープ. chicken ～ チキンスープ. [＜古期英語; brew と同源]
broth·el /brɔ́ːθ(ə)l, brɑ́ð-|brɔ́θ(ə)l/ 名 Ⓒ 売春宿.
‡**broth·er** /brʌ́ðər/ 名 (複 **～s** /-z/) Ⓒ **1 兄, 弟**, 兄弟, (↔sister) (★「兄」か「弟」かを一般に区別しないが, 必要があれば「兄」は big [older, elder] brother,「弟」は little [younger] brother と言う; →half brother, step brother, blood brother). "How many ～*s* do you have?" "I have two."「男の兄弟は何人いますか」「2人です」. the Kennedy ～*s* ケネディー兄弟. *Brothers* Grimm グリム兄弟.
2 (**a**) 〈しばしば呼びかけとして〉(男の)親友, 仲間, 同僚, 同志. ～*s* in arms 戦友. a ～ of the angle [brush] 〖古・雅〗釣り[画家]仲間. *Brothers*, we must fight together to defend our rights! 同志諸君, 我々の権利を守るために, ともに戦わねばならない. (**b**) 〈形容詞的〉同僚の. my ～ doctor 同僚の医者.
3 (**a**) 同国人, 同胞. (**b**) 同一組合員, 同業者. (**c**) 〖米〗男子大学生社交クラブ (fraternity) の会員.
4 〈しばしば 複 **brethren**〉〈しばしば B-〉(男の)同一教会[教団]員, 同じ宗派の人; 〈称号, 呼びかけとして〉修道士 (monk).
5 〖話〗〈特に, 未知の男性に対して〉君, (おい)兄弟, だんな. *Brother*, can you spare a dime? だんな, 1ダイムお恵みを《米国で1930年代の不景気時の歌の題名で, 物乞(ご)いのせりふとなった》.

(*Òh,*) *bróther!* 〖主に米〗〈間投詞的〉ああ驚いた[いまいましい, がっかりだなど]. [＜古期英語]

†**broth·er·hood** /brʌ́ðərhùd/ 名 **1** U 兄弟関係; 兄弟愛; (人類はみな兄弟という)人類愛. **2** U 盟友関係, 友好関係. **3** C〈単数形で複数扱いもある〉組合[団体, 協会](のメンバー); 同業(の仲間); 教団(員). the legal [medical] ～ 法曹団[医師会].

†**bróther-in-làw** /-ðərin-/ 名 (複 **brothers-, ～s**) C 義理の兄[弟], 義兄[弟], (夫[妻]の兄弟, 又は姉妹の夫; ↔sister-in-law).

†**bróth·er·ly** 形 兄弟の(ような), 兄弟らしい; 友情に厚い, 親密な. ～ love 兄弟愛.
▷**broth·er·li·ness** /-linəs/ 名 U 兄弟愛.

brough·am /brú(:)əm, bróuəm|bru(:)m/ 名 C 〖史〗**1** 1頭立ての4輪馬車《御者台が外にある》. **2** ブルーム型自動車《運転席が外にある》. [＜考案者の英国の政治家 Lord *Brougham* (1778–1868)]

brought /brɔːt/ 動 bring の過去形・過去分詞.

brou·ha·ha /bruːhɑ́ːhɑː|ˊ−−ˋ/ 名 U 〖旧話〗大騒ぎ; 騒動, 〈*over* ..をめぐっての〉. [フランス語]

***brow** /brau/ 名 (複 **～s** /-z/) C **1 額** (forehead). mop [wipe] one's ～ 額(の汗)をぬぐう. crease [wrinkle] one's ～ 額にしわを寄せる. **2**〈普通 ～s〉まゆ, まゆ毛, (eyebrows). The old woman knitted her ～*s*. その老婦人はまゆをひそめた. **3**〖詩〗表情. an angry ～ 怒りの面(おも)ざし. **4** (がけなどの)縁; (険しい坂の)頂上. the ～ of a hill 山の頂上. **5**〖話〗知能程度, '頭の出来', (→highbrow, middlebrow, lowbrow). [＜古期英語]

brów·bèat 動 (→beat) 他 (言葉や顔つきで)を脅しつける, 威嚇する; VOA (～ X *into doing*) X を脅して..させる. ～ a person *into* resign*ing* 人を脅して辞任させる.

brów·bèat·en 動 browbeat の過去分詞. ── 形 (いつも脅されて) おびえた, おどおどした.

Brown /braun/ 名 ブラウン **1 Charlie** ～《米国人 Charles Schulz (1922–2000) の漫画 *Peanuts* に出る自省的な少年; Snoopy の飼い主》. **2 John** ～ (1800–59)《米国の奴隷解放運動を指揮し処刑された》.

‡**brown** /braun/ 形 e **1 茶色の**, 褐色の. a ～ suit 茶色のスーツ. **2** 日焼けした, 肌の黒い; こんがり焼けた, きつね色の. She came home very ～ from Hawaii. 彼女はハワイからとても日焼けして帰ってきた. **3**〔人種, 人が〕褐色の肌をした.

(as) bròwn as a bérry 〖主に英〗よく日焼けした[て].

dò (it) ùp brówn 〖米俗〗上手に仕上げる.

── 名 (複 ～s /-z/) **1** UC **茶色**, 褐色; きつね色. light ～ 薄茶色. **2** U 褐色の絵の具[染料]; 茶色の衣類. dressed in ～ 茶色の服を着た.

── 動 他 を茶色[褐色, あめ色]にする; 〔太陽などが〕〔肌など〕を焼く; 〖料理〗をきつね色に ʟいためる[焼く]. ── 自 茶色[褐色, きつね色, あめ色]になる; (きれいに)日焼けする.

be bròwned óff 〖英話〗がっかりする, うんざりする.

bròwn óut 〖米〗〔電灯などが〕(電圧低下で)暗くなる (→BLACK out (2)).

bròwn /../ óut 〖米〗〔電灯〕を(電圧低下, 灯火管制で)暗くする (→BLACK /../ out).

brówn onesèlf 日焼けする, 肌を焼く.

[＜古期英語; bear², beaver と同根]

bròwn ále 名 UC 〖英〗ブラウンエール《甘口の黒「ビール》.

bròwn-bág 動 (～s|-gg-) 他 〖米話〗〔弁当〕を持って行く; 〔酒類〕を(レストランやクラブに)持ち込む; 《＜(スーパーマーケットでくれる)茶色の袋》. ▷**～·ger** 名 C 腰弁《弁当持参の勤め人》, 安サラリーマン.

bròwn béar 名 C 〖動〗ヒグマ.

bròwn bréad 名 U **1** 黒パン《麩(ふすま)を除いてない全粒小麦粉パン》. **2**〖米〗(糖蜜(みつ)入り)褐色の蒸しパン.

bròwn cóal 名 U 褐炭.

brówn gòods 名〈複数扱い〉〖商〗家庭用電子娯楽機器《テレビ, ステレオの類》.

brown·ie /bráuni/ 名 C **1**〖スコ伝説〗ブラウニー《夜ひそかに家事の手伝いをするという小妖(よう)精》. **2**〖米〗ナッツ入りチョコレートケーキ[クッキー]. **3**〈B-〉ブラウニー《the Girl Scouts〖米〗, the Girl Guides〖英〗の年少団員; **Brównie Guìde** とも言う》; 〈the Brownies〉ブラウニー団; U〈Brownies〉その集会.

Brównie pòints 名〈複数扱い〉ブラウニー点《＜Brownie 3 が善行をした時にもらう点数》. score [earn, get, win] ～〈普通, けなして〉'点数を稼ぐ'〈*for* doing ..〔何か良い事〕をして〉; (認めてもらおうと)取り入る〈*with* ..に〉.

Brown·ing /bráuniŋ/ 名 **1 Elizabeth Barrett** /bǽrət/ ～ ブラウニング (1806–61)《英国の詩人, 2の妻》. **2 Robert** ～ ブラウニング (1812–89)《英国の詩人》. **3** C ブローニングʟ自動小銃[拳銃, 機関銃].

brown·ish /bráuniʃ/ 形 褐色がかった.

brówn-nòse 〖主に米俗〗動 他, 自 (に)おべっかを使う. ── 名 C おべっか使い《人》. ▷**-nos·ing** 名 U おべっかを使うこと.

brówn·òut 名 U 〖米〗(特に, 空襲警戒の)灯火管制 (→blackout); (節電のための)電灯制限, 電圧低下.

bròwn páper 名 U (褐色の)包装用紙.

bròwn ríce 名 U 玄米.

Brówn Shìrt 名 C (ナチの)突撃隊員.

brówn·stòne 名 U 褐色砂岩《sandstone の一種》; C 正面に褐色砂岩を用いた家. 参考 19世紀後半からニューヨーク市でこの種の(高級)建築が流行したが, 今は多く老朽化している.

bròwn súgar 名 U 赤砂糖, ざらめ.

bròwn tróut 名 (複 ～, ～s) C 〖魚〗ブラウントラウト《ヨーロッパ北部の川で普通に見られるマス; →brook trout, sea trout》.

brówny /bráuni/ 形 e ＝brownish.

†**browse** /brauz/ 名 **1** UC (シカなどが食べる)若葉, 若枝, 新芽. **2** aU (本の)拾い読み; (商店での)'ひやかし'. have a good ～ 気の済むまで拾い読みをする. ── 動 自 **1**〔動物が〕若葉[新芽]を食べる. **2** 拾い読みする, ざっと目を通す, 〈*through, among* ..を〉; (本屋や図書館で)本を立ち読みする, あれこれのぞく. **3** 品物をのぞく, 'ひやかす', 〈*around*〉〈*in* ..〔商店〕で〉. ── 他 **1**〔動物が〕〔新芽など〕を食べる. **2** (インターネットで)〔HTML ファイル〕を(ざっと)見る[読む]. [＜古期フランス語「つぼみ, 新芽」]

brows·er /bráuzər/ 名 C **1** browse 名 1 を食べるシカ, 牛など. **2** (本を)あちこち拾い読みする人. **3**〖電算〗ブラウザー《インターネットで WWW の HTML などのファイルを閲覧するソフトウェア》.

Bruce /bruːs/ 名 **1** 男子の名. **2 Robert (the)** ～ ブルース (1274–1329)《Scotland の王; 1314年, イングランド軍を破りスコットランドの独立を勝ち取った》.

Brue·g(h)el /brɔ́igəl, brúː-|brɔ́i-/ 名 **Pieter** ～ ブリューゲル (1525?–69)《フランドルの風景画家; 息子 Pieter 及び Jan も画家》.

Bruges /bruːʒ/ 名 ブルージュ《ベルギー北西部の古都》.

Bru·in, b- /brúːən/ 名 C (おとぎ話などに出てくる)クマ, クマさん. [オランダ語 'brown']

†**bruise** /bruːz/ 名 C **1** 打撲傷, 打ち身. a ～ on the leg 足の打ち身. **2** (果物, 野菜などの)傷.
── 動 他 **1** に打撲傷を与える; 〔果物など〕に傷をつける. I got my left arm ～*d*. 左腕に打撲傷を負った. **2**〔感情など〕を傷つける〈主に受け身で〉. **3** をたたき[すり]つぶす.
── 自 打ち傷がつく, あざになる; 〔人, 心などが〕傷つく. Peaches ～ easily. 桃は傷がつきやすい.
[＜古期英語「つぶす」]

bruis·er /brúːzər/ 名 C 〖話〗荒っぽい大男, 乱暴者.

bruis·ing /brúːziŋ/ 形 人を消耗させるような, きびしい, 〔戦いなど〕. ── 名 U 打撲.

bruit /bruːt/ 名 C 〘古〙うわさ, 風聞. ── 動 他 〘章·戯〙〔うわさなど〕を言いふらす〈*abroad*, *about*〉.

Brum, Brum·ma·gem /brʌm/, /brʌ́mədʒəm/ 名〘英話〙＝Birmingham.

Brum·mell /brʌ́məl/ 名 **Beau ～** ブランメル (1778–1840)《英国の有名な伊達(だ)男; 本名 George Bryan Brummell》.

Brum·mie /brʌ́mi/ 名 C Birmingham 出身者. ── 形 Birmingham (出身)の.

brunch /brʌntʃ/ 名 U 〘話〙ブランチ《朝食兼昼食, 遅い朝食, 早めの昼食》. [＜*br*eakfast＋l*unch*]

Bru·nei /brunái|brúːnai/ 名 ブルネイ《Borneo 島北西部の王国; 首都 Bandar Seri Begawan》.

†bru·net(te) /bruːnét/ 形 **1** ブルネットの《白人種で髪と目が黒又は茶色で, 肌は普通浅黒い; →blond(e)》. **2** 〔髪が〕黒[茶]色の; 〔肌が〕浅黒い. ── 名 C ブルネットの人. 注意 原則として brunet は男性に, brunette は女性に用いられるが, 前者は女性にも用いられる. [フランス語 (*brun* 'brown' の指小語)]

†brunt /brʌnt/ 名 C (攻撃の)矛先, 主力.
***bèar* [*tàke*] *the* (*fùll*) *brúnt* (*of..*)** 〘章〙(もろに) (..の)矢面に立つ.

‡brush[1] /brʌʃ/ 名 (複 **brúsh·es** /-əz/) C
【はけ】 **1** ブラシ, はけ. a shoe ～ 靴磨き用ブラシ. a shaving ～ ひげそり用ブラシ. →hairbrush, toothbrush. **2** (**a**) 毛筆, 画筆 (→paintbrush). (**b**)〈the ～〉画法, 画風; 画業. the ～ of van Gogh ヴァン·ゴッホの画風. **3**〘電〙ブラシ, 刷子(さっし). **4** (ふさふさした)動物の尾, 〈特に〉キツネの尾《キツネ狩りの記念にする》.
【ブラシかけ＞軽い接触】 **5**〈普通, 単数形で〉ブラシをかけること. give one's clothes a good [quick] ～ 服によく[手早く]ブラシをかける. **6**〈単数形で〉(衣服, 手などが)さっと触れること; (自動車などの)かすり. She removed the snow from her coat with a ～ of her hand. 彼女は軽く手ではたいて上着から雪を払った.
7 (ちょっとした)いざこざ; (軍隊の)小競り合い; (警官隊などとの)軽い衝突. have a ～ *with* the law (少しばかり)法に触れる. **8**〈普通, 単数形で〉危ない瀬戸際, 間一髪. have a ～ with death [bankruptcy] 死にそう[破産しそう]になる.
── 動 (**brúsh·es** /-əz/|過 過分 **～ed** /-t/|**brúsh·ing**) 他 **1** (**a**) にブラシをかける, をブラシで磨く. ～ one's hair [coat] 髪[上着]にブラシをかける.
(**b**) VOC (～ X Y) X にブラシをかけて[を磨いて] Y の状態にする. ～ one's teeth clean 歯を磨いてきれいにする.
2 VOA を払い落とす, 払いのける. ～ one's hair *back from* one's eyes 目から髪の毛を(手で)払いのける.
3 〔物が〕に軽く触れる, をかすする. The car ～*ed* the fence and got scratched. 車はフェンスをかすって傷がついた.
── 自 **1** VA かする, かすめる, かすって通る; 疾走する. A cyclist ～*ed against* [*by*] me. 自転車に乗った人がわきをかすって行った. The girl ～*ed* ˌ*past* me [*by*]. その少女は私の側をさっと通り過ぎた. **2** 〔汚れなどが〕こすると落ちる〈*off*〉.
brúsh against.. (1) →自 1. (2) ..といざこざを起こす. He's always ～*ing against* authority. 彼はいつも当局[警察など]といざこざを起こしている.
***brùsh /../ asíde* [*awáy*]** (1) ..を払いのける. (2)〔問題, 発言など〕を無視する, ごく軽くあしらう, 一蹴する.
brùsh /../ dówn (ブラシ, 手で)..からほこり[汚れ]を払い落とす.
brùsh /../ óff (1)〔ほこりなど〕を払いのける; 〔人〕についたほこり[糸くずなど]を払いのける. (2)〔人の頼みなど〕をすげなく断る; 〔人〕との関係を断つ; 〔人〕に話そう[耳を貸そう]としない.
brùsh oneself* ˌ*óff 〘米〙[***dówn*** 〘英〙] (転んでついた泥などを)手で払い落とす.
brùsh /../ úp 〔衣類など〕にブラシをかける; 〔髪など〕にブラシをかけて膨らます; 〔人〕の身づくろいをする.
***brùsh úp* (*on*)..** 〔忘れかけた勉強など〕をやり直す. ～ *up* (*on*) one's French (さびついた)フランス語をもう一度やり直す.
[＜古期フランス語「柴」; はけの材料に用いたことから]

brush[2] 名 U **1** 〘米〙＝brushwood. **2** 〘オース〙密生した森林.

brushed /-t/ 形 けばを立てた, 起毛した, 〔織物〕.

brúsh fìre 名 C **1** 低木林の(山)火事 (→brush[2] 1). **2** 小競り合い, 地域紛争.

brúsh-òff 名 (複 **～s**) C 〘話〙〈普通 the ～〉すげない拒絶. give [get] the ～ すげなく断る[断られる].

brúsh·stròke 名 C 〈普通, ～s〉〈特に〉絵筆のタッチ, 筆致.

brúsh-ùp 名 (複 **～s**) C **1** 〘英〙身づくろい. have a wash and ～ (洗顔し髪を整えるなどして)身じまいを正す. **2** (忘れかけた勉強などを)磨き直すこと. Give your French a ～. もう一度フランス語をやり直しなさい.

brúsh·wòod 名 U **1** 柴(しば), そだ. **2** やぶ, 低木の茂み; 低木密生地帯.

brúsh·wòrk 名 U (画家の)筆づかい, 画法.

brush·y[1] /brʌ́ʃi/ 形 e ブラシ状の, もじゃもじゃした.

brush·y[2] 形 e やぶに覆われた.

brusque /brʌsk|bru(ː)sk/ 形 ぶっきらぼうな, 無愛想な, (blunt); ぞんざいな. [＜イタリア語「酸っぱい, ピリッとする」] ▷ **brúsque·ly** 副 ぶっきらぼうに. **brúsque·ness** 名 U 無愛想.

Brus·sels /brʌ́s(ə)lz/ 名 ブリュッセル《ベルギーの首都; EU の組織 European Commission (略 EC) がある》.

Brùssels láce 名 U ブラッセルレース《アップリケした高級機械編みレース》.

Brùssels spróut 名 C 〘植〙メキャベツ, コモチカンラン; 〈～s〉小さなキャベツ状の葉の玉《食用》.

***bru·tal** /brúːt(ə)l/ 形 m **1** 残忍な, 冷酷な, 野蛮な. ～ treatment 残忍な扱い. **2** 獣的な, けもののような.
3 厳しい, 酷烈な; 情容赦ない. ～ weather 厳しい天候.
4 紛れもない, 冷厳な, 〔事実など〕; 容赦しない, 手加減なしの, 〔率直さなど〕. speak with ～ honesty [frankness] (言いにくいことも)はばかることなく正直[率直]に話す. a ～ truth いかんともしがたい真実. ▷ **～·ly** /-t(ə)li/ 副 残酷に, むごたらしく; 情容赦なく.

†bru·tal·i·ty /bruːtǽləti/ 名 (複 **-ties**) **1** U 残酷, 残忍, 野蛮. **2** C 残虐行為, 蛮行.

bru·tal·ize /brúːtəlàiz/ 動 他 **1** 〔経験などが〕〔人〕を残忍にする, 獣的にする, 〈普通, 受け身で〉. The soldiers had been ～*d* by hardships and fatigue. 兵士たちは苦難と疲労で残忍性を帯びていた. **2** を残忍に扱う, 虐待する. ▷ **brù·ta·li·zá·tion** 名

***brute** /bruːt/ 名 (複 **～s** /-ts/) C **1** けもの, けだもの, 畜生, (類語 理性がなく残忍な動物をしばしば軽蔑的に言う; →animal). the ～*s* 獣類. **2** 残忍な人, 冷血漢. **3** 〘話·時に戯〙(特に悪意はないが鈍感で無作法な)ひどい人, 嫌なやつ, 《特に男性》. **4** 厄介な物, しゃくにさわる物.
── 形 ¢〈限定〉**1** 腕力だけの, 知性のない, 粗暴な; 無思慮の, 本能的な, 〔感情など〕. ～ force [strength] 暴力[腕力]. **2** 仮借しない, 冷厳な. a ～ fact 紛れもない事実. [＜ラテン語「鈍重な」]

brut·ish /brúːtiʃ/ 形 **1** けもののような. **2** 残忍な, 野卑な; 肉欲的な. ▷ **～·ly** 副 残酷に; 下品に. **～·ness** 名 U 獣性; 残忍.

Bru·tus /brúːtəs/ 名 **Mar·cus Junius ～** ブルータス (85?–42 B.C.)《古代ローマの政治家; シーザー暗殺者の 1 人》. You too, ～! ブルータスよ, おまえもか《シーザー臨終の言葉とされる 'Et tu, Brute!' の英訳》.

BS 〖米〗Bachelor of Science (理学士); 〖英〗Bachelor of Surgery (外科医学士); British Standard (英国工業規格).
BSA Boy Scouts of America.
BSc, B.Sc. Bachelor of Science.
BSE bovine spongiform encephalopathy.
BSI British Standards Institution (英国規格協会).
B-sìde 名 C (レコードの) B 面.
BST British Summer Time (英国夏時間).
BT British Telecom.
Bt baronet.
BTA British Tourist Authority (英国観光協会).
BTU, B.t(h).u. British thermal unit(s).
bu. bushel(s).
bub /bʌb/ 名 〖米俗〗 =buddy 1.
bub·ble /bʌb(ə)l/ 名 (複 ～s /-z/) **1** C 泡, あぶく; (ガラス, プラスチックなどの中の)気泡; (類語 bubble の集まったものを foam と言う). **2** C シャボン玉. **3** C (透明な)球形[円頂形]のもの; (プールやテニスコートなどを覆う)ドーム状の構造物; (重病人を感染から守る)テント《透明なプラスチック製》. **4** C (漫画のせりふを囲む)吹き出し. **5** C 実体[確実性]のないもの; 泡沫(ほうまつ)計画[事業]; 幻想, '夢'. The economic ～ has finally burst [been pricked]. バブル経済がついに崩壊した. **6** U ふつふつ煮えたぎるさま[音].
blòw búbbles シャボン玉を吹く; 空論にふける.
bùrst** a person's **búbble 人の[希望, 夢など]を打ち砕く, 人に幻滅を与える.
prìck the búbble (of..) (..の)正体を見破る; (..についての)幻想を破る;《<シャボン玉をつついて破裂させる》.
── 動 自 **1** 泡立つ; ぶくぶく音を立てる 〈*away*〉《湯が沸騰したりして》; 〔水が〕ぶくぶくわき出る 〈*out, up*〉. The soup is *bubbling* in the pot. スープがなべでぐつぐつ煮えている. **2** 〔感情などが〕沸き返る 〈*away*〉, 沸き立つ[起こる] 〈*up*〉; 〔販売などが〕活気づいている 〈*along*〉. **3** 〔舞台などが〕活気がある, にぎやかである, 〈*with* ..で〉; 〔人が〕口角泡をとばす.
bùbble óver (1) 吹きこぼれる; 〔感情が〕ほとばしり出る. (2) あふれんばかりである, はしゃぐ, 〈*with* ..〔喜びなど〕で〉; 煮えくり返る 〈*with* ..〔怒り〕で〉.
[<中期英語; 擬音語]
bùbble and squéak 名 U 〖英〗ジャガイモ, 野菜(特にキャベツ), 時には肉を入れて油でいためた料理.
búbble bàth 名 **1** U 浴用剤. **2** C 浴用剤で泡立てたふろ.
búbble càr 名 C 〖英旧〗透明な丸屋根のついた小型車《普通, 3 輪》.
búbble chàmber 名 C 〖物理〗泡箱《沸騰した液体中にできる泡の列により荷電粒子の飛跡を観測する装置》.
búbble·gùm 名 C 風船ガム. ── 形 〖米話〗(10 代前半までの)少年[少女]向けの; 子供じみた, ミーハー趣味の.
búbble jet prìnter 名 C バブルジェットプリンター《高速でインクを紙面に噴射して印刷する装置》.
búbble pàck 名 C =blister pack.
búbble wràp 名 U (プラスチックの)気泡状包装材《壊れやすいものを包む》.
bub·bly /bʌ́bli/ 形 e **1** 泡の多い, 泡立つ. **2** 〖話〗〔普通, 女性が〕活発な; 生き生きした, 陽気な, 快活な; はしゃいで. ── 名 U 〖話〗シャンペン.
bu·bo /bjúːbou/ 名 (複 ～es) C 〖医〗横根(よこね)《腋(わき)の下, 鼠蹊(そけい)部にできるリンパ腺の炎症によるぐりぐり》.
bu·bòn·ic plágue /bjuːbɑ̀nik-|-bɔ̀n-/ 〖医〗腺(せん)ペスト《普通のペスト》.
buc·ca·neer /bʌ̀kəníər/ 名 C 海賊《特に, 17 世紀に西インド諸島を襲った》; (政界, 財界の)したたかな山師.
Bu·chan·an /bjukǽnən/ 名 **James ～** ブキャナン (1791–1868)《米国第 15 代大統領》.
Bu·cha·rest /b(j)úːkərèst, ⌒⌒ˊ/ 名 ブカレスト《ルーマニアの首都》.
Buck /bʌk/ 名 **Pearl (Sydenstricker** /sáidnstrìkər/**)～** (パール・)バック (1892–1973)《米国の女流作家, 中国が舞台の *The Good Earth*『大地』他; ノーベル文学賞 (1938)》.
buck[1] /bʌk/ 名 C (複 1 は～s, ～; 2 は ～s) **1** 雄ジカ (stag; →deer 参考); (ウサギ, 羊, カモシカなどの)雄; 〖南ア〗=antelope. **2** 〖話〗(威勢のいい)若い男; 〖古〗(特に, 19 世紀初めの英国の)しゃれ者, ダンディー. **3** 〈形容詞的〉 雄の 〔動物〕; 〖主に米俗〗 (若い)男の. a ～ nigger [Indian] 〖軽蔑〗 黒人[インディアン]の若い男.
[<古期英語「雄ジカ, 雄ヤギ」]
buck[2] 動 自 **1** 〔馬が〕後脚を蹴り上げる, 背を曲げて跳ね上がる; 〔拳銃が〕(発射の衝撃で)跳ね上がる. **2** 〖米話〗〔車などが〕がたぴし進む. ── 他 **1** (馬が跳ね上がって)を振り落とす 〈*off*〉. **2** 〖話〗〔体制, 風潮など〕に頑強に抵抗[反対]する, 逆らう. **3** 〔障害など〕を強行突破する; (フットボールなどで)〔敵陣〕に頭を低く下げて突進する.
búck at [against].. 〖米話〗..に頑強に抵抗する.
búck for.. 〖米俗〗〔昇進など〕に狂奔する.
bùck one's idéas ùp 〖英話〗もっと真剣になる, 心をひきしめる.
bùck úp 〖話〗(1) 元気を出す; しっかりする. (2) 〖英旧〗〈主に命令形で〉急ぐ.
bùck /../ úp 〖話〗〔休養, 食事などが〕..を元気づける.
── 名 C (馬が背を曲げて) 跳ね上がること.
[?<buck[1]]
buck[3] 名 C 〖主に米俗〗ドル (dollar)《多分, 開拓時代の交易単位がシカ (buck[1]) 皮だったことから》. make a fast [quick] ～ (不正に)ぼろ儲(もう)けする.
buck[4] 名 C **1** (ポーカーで)次の親 (dealer) になる人の前に備忘用に置く物《多分, 昔これに用いたナイフの柄がシカ (buck[1]) の角製だったことから》. **2** 〖話〗責任.
pàss the búck (to..) 〖話〗(..に)責任を転嫁する.
The Bùck Stòps Hére. 責任転嫁はここで止まる《こう書いた札を Truman 大統領が机の上に置いていたことから; here は with me [you, him, etc.] などと変えて使われることがある》.
buck·a·roo /bʌ́kərùː, ⌒⌒ˊ/ 名 〖米・南西部〗=cowboy 1.
búck·bòard 名 C 〖米〗(座席を弾性板に乗せた)軽「4 輪馬車.
bucked /bʌkt/ 形 〖英話〗うれしい, ほくほくで.
buck·et /bʌ́kət/ 名 (複 ～s /-ts/) C **1** バケツ, 手おけ. **2** バケツ 1 杯(の量) (bucketful). five ～*s* of water バケツ 5 杯分の水. **3** 〈～s〉〖話〗(雨, 涙などの)大量. The rain came down in ～*s*. (バケツをひっくり返したような)大雨が降った. weep [sweat] ～*s* 大泣きに泣く[大汗をかく]. **4** 浚渫(しゅんせつ)機のバケット.
a dròp in the búcket →drop.
kìck the búcket 〖俗・戯〗死ぬ, 'くたばる', 《梁(はり)からつるしたロープを首に巻いてバケツの上に立った自殺者がバケツを蹴(け)飛ばすと死ぬことからとされる》.
── 動 他 〖米〗をバケツで汲(く)む[運ぶ].
── 自 〖英話〗**1** 〔雨が〕どしゃぶりに降る 〈*down*〉. **2** 〔車などが〕がたがた進む, 乱暴に進む.
[<中期英語; たぶん古期英語 *būc*「腹, 水差し」の指小語]
bucket·ful /bʌ́kətfùl/ 名 C バケツ 1 杯(の量).
by the búcketful 大量に.
búcket sèat 名 C バケットシート《自動車, 飛行機などの背もたれが丸くくぼんだ 1 人用座席》.
búcket shòp 名 C いんちき(株式)仲買店; 〖英話〗(航空券の)安売り屋.
búck·èye 名 (複 ～s) C **1** トチノキ科トチノキ属の落葉高木《horse chestnut の一種; 米国 Ohio 州の州

B

木》; トチノキの実. **2**〖米話〗〈B-〉米国 Ohio 州の人.

Bùckeye Stàte [名]〈the ~〉米国 Ohio 州の俗称.

Bùck·ing·ham Pálace /bʌ̀kiŋəm-/ [名] バッキンガム宮殿《ロンドンにある英国王室の宮殿》.

Buck·ing·ham·shire /bʌ́kiŋəmʃər/ [名] バッキンガムシャー《イングランド南部の州; 州都 Aylesbury》.

†**buck·le** /bʌ́k(ə)l/ [名] [C] **1** バックル, 締め金,《ベルト, シートベルトなどの》. **2** (靴の)飾りのバックル. **3** (板金などの)ねじれ, ゆがみ, うねり; (路面の)膨らみ, 曲がり, 起伏.

── [動] [他] **1** 〔ベルトなど〕をバックルで締める[留める]〈*up*〉; 〔人〕をバックルで締めて固定する〈*in, into* ..に〉; 〔剣, よろい〕を締め金で留めて着用する〈*on*〉. I ~*d* myself *into* my seat. 私は(シート)ベルトを締めて体を席に固定した. ~ (*up*) a belt ベルトをバックルで留める. **2** 〔圧力, 熱などが〕を曲げる, ゆがめる.

── [自] **1** 〔靴, ベルトが〕バックルで締まる. **2** [VA] (~ *up*) (車などの座席の)シートベルトを締める. **3** (圧力, 熱などで)曲がる; 〔脚, 膝などが〕(疲労などで)がっくり折れる. **4** (精神的に)がっくりくる. ~ under the strain 重圧に屈する.

bùckle dówn (***to ..***) 〖話〗(..に)本気で取りかかる.

bùckle tó 〖話〗(困難などに直面し)一致協力して頑張る, 全力を傾ける.

bùckle únder (***to ..***) (..に)屈する, 負ける, (..の)言いなりになる. [<ラテン語「(かぶとの)頬(ほお)当て」]

buck·ler /bʌ́klər/ [名] [C] 小型の丸い盾; 防御物.

búck-nàked [形]〖米, 特に南部〗素っ裸の[で].

buck·ram /bʌ́krəm/ [名] [U] バックラム《にかわ・のりで固めた粗い麻[綿]布; 製本や服地の芯(しん)に用いる》.

Bucks. Buckinghamshire.

búck·sàw [名] [C] (両手でひく)枠付きのこぎり.

buck·shee /bʌ̀kʃíː [移]/ [形], [副]〖英旧俗〗ただの[で], 無料の[で], (free of charge). [<baksheesh の変形]

búck·shòt [名] [U] シカ弾《狩猟用の大粒散弾》.

búck·skìn [名] **1** [U] バックスキン《本来はシカのなめし革で黄色; ヤギ又はヒツジの革で作ったのもある》. **2** 〈~s〉シカ革のズボン[靴].

búck·tèeth [名] bucktooth の複数形.

búck·thòrn [名] [C] クロウメモドキ(属の植物)《とげの多い低木》.

búck·tòoth [名] (複 →tooth) [C] 出っ歯.

buck·toothed /bʌ́ktùːθt/ [形] 出っ歯の.

búck·whèat [名] [U] ソバ; ソバの実[粉]《欧米では普通, 家畜, 家禽(きん)の飼料になる; 米国では粉にしてパンケーキの原料にもなる》. ~ flour ソバ粉.

bu·col·ic /bjuːkálik|-kɔ́l-/〖雅〗[形] 羊飼いの; 牧歌的な; 田園風の. ── [名] [C] 牧歌, 田園詩. [<ギリシア語「牛飼い」]

‡**bud**[1] /bʌd/ [名] (複 ~s /-dz/) [C] **1** (枝や葉の)**新芽**; (花の)つぼみ. cherry ~*s* 桜のつぼみ. put forth ~*s* 芽が出る. **2** 未成熟な人[物]. **3**〖動・解剖〗芽体(がたい), 芽状突起 (→taste bud).

còme into búd 芽を出す; つぼみをつける.

in búd 芽を出して[た], つぼみをつけて[た]; つぼみの時は.

in the búd 未発達[未成熟]の状態に[の]. a genius *in the* ~ 将来の天才.

nìp ..in the búd →nip[1].

── [動] (~s /-dz/|[過] [過分] **búd·ded** /-əd/|**búd·ding**) [自] **芽を出す**; つぼみをつける; 発達[生長]し始める. ── [他] **1** に発芽させる; につぼみをつけさせる. **2**〖園芸〗に[を]芽つぎする. [<中期英語(<?)]

bud[2] [名] [C]〖米話〗=buddy 1.

Bu·da·pest /b(j)úːdəpèst|⌐-⌐/ [名] ブダペスト《ハンガリーの首都; Buda と Pest の 2 つの町が合併 (1873)》.

***Bud·dha** /búdə/ [名] **1** 〈(the) ~〉**仏陀**(ぶっだ), 仏,《特に釈迦牟尼(しゃかむに) (Gautama) に用いる》. **2** [C] 仏像; 大仏. [サンスクリット語「悟りを開いた人」]

***Bud·dhism** /búdiz(ə)m/ [名] [U] **仏教**.

***Bud·dhist** /búdist/ [名] (複 ~s /-ts/) **1** [C] **仏教徒**. **2** 〈形容詞的〉仏教の; 仏陀(ぶっだ)の. a ~ monk 僧侶, 坊さん. a ~ temple 寺.

Bud·dhis·tic /budístik/ [形] 仏陀(ぶっだ)の, 仏教(徒)の.

bud·ding /bʌ́diŋ/ [形] 〈限定〉**1** 〔植物が〕芽を出しかけた; 発育中の; 始まったばかりの. a ~ beauty うら若い美少女. **2** 将来有望な, 新進の, 売り出し中の. a ~ scholar 新進気鋭の学者.

bud·dy /bʌ́di/ [名] (複 **-dies**) [C] **1**〖米話〗〈呼びかけで; 特に, 怒った時〉君, 坊や, 若いの. **2**〖話〗相棒, 仲間; (男同士の)親友. **3** (特に, エイズ患者の)支援者《ボランティアでめんどうをみる》.

búddy sỳstem [名] 〈the ~〉〖米〗2 人組制, 戦友方式,《安全のため 2 人ひと組で行動する方法》.

†**budge** /bʌdʒ/ [動] 〈普通, 否定文で〉[自] **1** ちょっと動く, 身動きする. The ox would not ~ an inch. 牛は 1 歩も動こうとしなかった. **2** 意見[態度など]を変える. never ~ *from* one's opinion [*on* that point] 自分の意見を決して変えない[その点ではてこでも妥協しない]. ── [他] をちょっと動かす; 〔意見〕を変える; に意見を変えさせる. [<ラテン語「沸く」; boil[1] と同源]

budg·er·i·gar /bʌ́dʒərigàːr/ [名] [C]〖鳥〗セキセイインコ《オーストラリア産;〖話〗budgie》.

‡**budg·et** /bʌ́dʒət/ [名] (複 ~s /-ts/) **1** (**a**) [C] 〈しばしば B-〉(政府などの)**予算**, 予算案; 予算額. a government ~ 政府予算. open [introduce] the ~ (議会に)予算案を提出する. a defense ~ 防衛予算. a ~ deficit 予算の赤字, (特に, 政府の)赤字財政. (**b**) 〈the B-〉〖英〗国家予算《蔵相が下院で発表; →Budget Day》; その発表(演説). (**c**) [C] **経費**, 運営費; 家計. a family ~ of $500 a week 週 500 ドルの家計. go over (the) ~ 予算を超過する. balance one's [the] ~ 収支の均衡を保つ.

> [連結] a strict [a tight; a large; an unlimited] ~ // draw up [submit; adhere to, keep within; exceed; increase; cut, reduce, slash] a ~

2 [C]〖古〗(物の)集まり, (手紙, 書類などの)ひと束.
3 〈形容詞的〉安い, 経済的な, (★広告文などで).

on a (***tìght***) ***búdget*** 限られた予算で[の], 緊縮財政で.

within [***below***] ***búdget*** 予算内で[の].

── [動] [自] **1** 予算を立てる[組む]〈*for* ..のために, に備えて/*to* do ..するように〉. ~ *for* next year 来年の予算を立てる. ~ *for* [*to* buy] a new car 新しい車を買う予算を計上する.

── [他] **1** 〔計画など〕を予算に組む〈*at* ..〔ある金額〕で〉; 〔ある金額〕の予算を組む〈*for* ..〔活動など〕の〉. ~ medical expenses 医療費を予算に組む. ~ a tour to America 米国旅行を予算に計上する. a movie ~*ed at* $100 million (製作などの費用) 1 億ドルの予算の映画. **2** の使用計画を立てる. ~ one's salary 予算を立てて給料を使う. ~ one's time carefully 時間の配分を慎重に計画する.
[<古期フランス語「小さな革袋」(<ラテン語 *bulga*「革袋」)]

búdget accòunt [名] [C]〖英〗(百貨店などに置く)月賦口座; (銀行に置く)自動引落し口座《一定額が毎月当座預金から移される》.

budg·et·a·ry /bʌ́dʒətèri|-t(ə)ri/ [形] 予算(上)の.

Búdget Dày [名]〖英〗予算発表日《毎年 3 月か 4 月に蔵相が議会で予算案を発表する日》.

búdget·ing [名] [U] 予算編成(作業).

Búdget Mèssage [名]〖米〗予算教書《大統領が毎年 1 月議会に出す予算案》.

búdget plàn [名] =budget account.

búd·gie /bʌ́dʒi/ [名]〖話〗=budgerigar.

Bue·nos Ai·res /bwèinəs-é(ə)riːz, -ái(ə)riːz|-áiəriz/ [名] ブエノスアイレス《アルゼンチンの首都》.

buff /bʌf/ [名] (複 ~s) **1** [U] (牛, バッファロー, ヘラジカなど

の染めていない)黄褐色のもみ皮. **2** [U] 黄褐色;〈形容詞的〉黄褐色の. **3** [U]〖話〗〈the ~〉人の素肌. (all) in the ~〖主に英旧〗素っ裸で. strip a person to the ~ 人を丸裸にする. **4** [U] バフ《レンズを磨く柔らかい布》. **5** [C]〖話〗..ファン, ..狂. a movie ~ 映画ファン.

── [動] [他]〔金属, 靴など〕を(もみ皮で)磨く〈*up*〉;〔皮〕を柔軟にする. [<フランス語「水牛」; buffalo と同源]

Buf·fa·lo /bʌ́fəlou/ [名] バッファロー《米国 New York 州の Erie 湖東端の港市》.

***buf·fa·lo** /bʌ́fəlòu/ [名] ([複] ~(e)s /-z/, ~) [C] **1**〖米〗アメリカバイソン《俗称; →bison》. **2** (アジア・アフリカ産の)水牛 (water buffalo). [<ポルトガル語(<ギリシア語「レイヨウ, 野牛」)]

Bùffalo Bíll [名] バッファロービル (1846–1917)《buffalo 撃ちの名人, 後に Wild West Show の興行師; 本名 William Frederick Cody》.

buff·er[1] /bʌ́fər/ [名] [C] **1**〖英〗(鉄道車両などの)緩衝器 (〖米〗 bumper);〈一般に〉衝撃を和らげるもの[人, 国]〈*against* ..の/*between* ..の間の〉. **2**〖化〗緩衝剤[液]. **3**〖電算〗バッファー, 緩衝記憶装置.

── [動] [他] **1** のために緩衝地帯となる; を保護する;〔衝撃〕を緩和する. ~ oneself against shocks 衝撃に対して自分を守る. **2** を緩衝液で処理する.

buff·er[2] [名] [C]〖英話〗(ばかな)老いぼれ, ばか《特に, **òld búffer** として》.

Buf·fer·in /bʌ́fərən/ [名] [UC]〖商標〗バファリン《米国製の鎮痛・解熱剤; 主成分 acetylsalicylic acid; →aspirin》. [<*buffer*ed aspir*in*]

búffer stàte [**zòne**] [名] [C] 緩衝国[地帯].

búffer stòck [名] [UC]〖商〗緩衝在庫

†**buf·fet**[1] /bʌ́fət/ [名] [C] **1**〖章〗(手で)打つこと, 殴打. **2** (風, 波などの)衝撃; (不幸などによる)打撃.

── [動] [他] **1**〖章〗を打つ, 殴る; を打ちのめす. **2**〔風波, 運命などが〕を打ちのめす, に衝撃[打撃]を与える,〈普通, 受け身で〉. The wind was ~*ing* the plane terribly. 風が飛行機に激しく吹きつけていた. Our boat was ~*ed about* by the waves. 我々のボートは波に散々翻弄(ほんろう)された. **3**〖雅〗〔風波など〕と闘う, 闘いながら進む. ~ the waves 荒波と闘う. ── [自] (手, こぶしで) 戦う; 戦いながら進む. [<古期フランス語(*buffe*「打撃」の指小語)]

†**buf·fet**[2] /bəféi, bu-|búfei/ [名] [C] **1** 飲食店のカウンター; カウンター形式の簡易食堂; =buffet car. **2** 食器戸棚 (sideboard). **3** 立食(式のパーティー), ビュッフェ(形式のパーティー); ビュッフェ式の食べ物. **4**〈形容詞的〉ビュッフェ式の〔食事など〕. a ~ lunch [party] 立食式の昼食[パーティー]. [<古期フランス語「ベンチ」]

búffet càr [名] [C]〖主に英〗(簡易)食堂車, ビュッフェ.

búf·fle·hèad [名] [C] カモ《北米産》.

buf·foon /bəfú:n/ [名] [C] 道化師; おどけ者; おろか者. play the ~ おどける. [<イタリア語「道化」]

buf·foon·er·y /bəfú:nəri/ [名] [U] 道化, おどけ.

‡**bug** /bʌg/ [名] ([複] ~s /-z/) [C] **1**〖米〗**昆虫**, **虫**. **2**〖主に英〗ナンキンムシ (bedbug).

3〖話〗ばい菌, 病原菌; ウイルス (virus) 性の軽い病気《風邪など》. I'm a bit feverish; I must have caught [picked up] a ~ somewhere. ちょっと熱っぽい. どこかでウイルスをもらったらしい. get a tummy [stomach] ~ おなかにくるウイルスに感染する.

4〖話〗(何かに)凝った人, ..マニア;〈the..~〉(一時的な)..熱. a photography ~ 写真マニア. She's been now bitten by [now got] the camera ~. 彼女は今カメラ熱にとりつかれている. **5**〖話〗(機械, 装置などの)故障; (特に, コンピュータプログラムの)欠陥, バグ.

6〖話〗隠しマイク, 盗聴用マイク. plant a ~ in a conference room 会議室に隠しマイクを取り付ける.

pùt a bùg in a pèrson's éar〖米話〗人にそれとなく言う, ほのめかす,〈*about* ..について〉.

── [動] (~s|-gg-) [他]〖話〗**1**〔部屋, 電話器など〕に盗聴用マイクを付ける;〔会話など〕を盗聴マイクで聞く. **2** を悩ます, 困らせる, (annoy). ── [自]〖米俗〗**1** [VA] (~ ***off***) 急いで立ち去る, さっさと失せる,〈しばしば命令形で〉. **2** [VA] (~ ***out***) 慌てて逃げる, ずらかる. [<?]

bug·a·boo /bʌ́gəbù:/ [名] ([複] ~s) =bugbear.

búg·bèar [名] [C] お化け; (理由のない)心配, 恐怖, 心配[恐怖]の種. ── [自] **1**〖話〗(びっくりして)〔目が〕飛び出す. **2**〖米俗〗退散する〈*out*〉.

bùg-éyed /[形]/ [形]〖話〗(驚いて)目玉が飛び出た.

bug·ger /bʌ́gər/ [名] [C] **1**〖俗又は卑〗男色者, ホモ. **2**〖主に英卑〗嫌な[やっかいな]やつ[事, 仕事];〖俗〗〈形容詞を伴って〉(..な)やつ (★憎めない人物が困ったことをした時など, わざと汚い言葉を使ったおどけた表現).

plày sìlly búggers〖英俗〗ぐずぐず[のらくら]する.

── [動] [他] **1**〖俗又は卑〗と男色を行う; と(無理やり)肛門性交[アナルセックス]を行う. **2**〖英俗〗を台無し[めちゃめちゃ]にする, 壊す〈*up*〉.

bùgger abóut [***aróund***]〖英俗〗(1) のらくらする; ばかなまねをする. (2) 下手にいじくり回す〈*with* ..を〉.

bùgger** a person **abóut [***aróund***]〖英俗〗人をひどい目に遭わす.

Búgger it [***me, you***]***!***〖俗〗ちくしょう, くそ.

Búgger 〔the cost [expense], him, *etc.*〕***!*** 〔(いくら高くたって)値段なんて〕かまうもんか,〔彼のことなんて〕知ったこっちゃない.

bùgger óff〖英俗〗(そそくさと)立ち去る[帰る];〈命令形で〉行きやがれ, 失(う)せろ.

── [間] ちくしょう, よわった, くそ, 何てこった.

[<中世ラテン語「ブルガリア人, 異教徒」]

bùgger áll [名]〖英俗〗**1**〈代名詞的〉=nothing. **2**〈形容詞的〉=no.

bug·gered /-d/ [形]〖英俗〗〈叙述〉**1** へとへとに疲れて. **2**〔物事が〕めちゃくちゃで,〔物が〕壊れて, 故障して. **3** びっくり仰天して, ぎょっとして. 「か, してたまるか.

I'll be [***I'm***] ***búggered if I'll dò..*** ..なんてするもの↑

bug·ger·y /bʌ́gəri/ [名] [U]〖法又は卑〗男色; 肛門性交; 獣姦.

bug·gy[1] /bʌ́gi/ [形] [e] **1** (ナンキン)虫だらけの (→bug). **2**〖米俗〗気が狂った (crazy).

bug·gy[2] [名] ([複] -gies) [C] **1** 1頭立ての軽装馬車《〖米〗では4輪で幌(ほろ)付き,〖英〗では2輪で幌なし; 自動車が現れるまで流行した》. **2** (小型で頑丈な)車. a beach ~ (サンド)バギー. **3**〖米〗=baby buggy.

búg·hòuse [名] ([複] →house) [C]〖米旧俗〗精神病院.

bu·gle[1] /bjú:g(ə)l/ [名] [C] 軍用らっぱ《キーや弁がなく trumpet より短い》. ── [動] [自] らっぱを吹く. ── [他] (らっぱを吹いて)を召集する. [<古期フランス語「野牛>角笛」]

†**bu·gle**[2] [名] [C]〈普通 ~s〉ガラス[プラスチック]の筒状のビーズ (**búgle bèad**)《婦人服の飾り》.

búgle càll [名] [C] 召集らっぱ.

bú·gler [名] [C] らっぱ手.

búg·òut [名] [C]〖俗〗敵前逃亡, とんずら; さぼり屋.

Bùgs Búnny [名] バッグズバニー《漫画映画のウサギの主人公; "What's up, Doc?" (どうしたの, 先生)が口癖》.

‡**build** /bild/ [動] (~s /-dz/|[過] [過分] **built** /bilt/|**búild·ing**) [他] **【部分を合わせて作る】** **1** (**a**) を**建てる**, **建築**[**建造**]**する**, ([類語]「建造する」の意味で最も一般的な語; →construct, erect, raise 8, rear[2] 2). I *built* a house. 私は家を建てた《自分で, 又は他の人に依頼して》. ~ a railway [ship, bridge, dam] 鉄道[船, 橋, ダム]を建設[建造]する. Many Dutch houses are *built* (*out*) *of* brick(s). オランダの家は煉瓦(れんが)造りが多い. (**b**) [VOO] (~ X Y)・[VOA] (~ Y ***for*** X) **X に Y を建ててやる**. He *built* his son a new house. =He *built* a new house *for* his son. 彼は息子に新しい家を建ててやった.

B

2〔鳥が〕〔巣〕を作る;〔火〕を起こす. ～ a nest *from* [out of] twigs 小枝で巣を作る.
3〔機械など〕を組み立てる;〔文, 作品など〕を構成する. This factory ～*s* cars. この工場では車を組み立てている. ～ a new word using a suffix 接尾辞を使って新しい語を作る.
【作り上げる】 4〔事業, 財産など〕を築き上げる〈*up*〉(→BUILD /../ up (1));〔国, 組織, 社会など〕を興す. ～ (*up*) one's business 事業を築き上げる.
5〔(信頼)関係, 秩序など〕を樹立する;〔人格など〕を形成する;〈*up*〉. ～ a new social order 新しい社会秩序を打ち立てる. ～ (*up*) trust [confidence] in each other お互いの信頼関係を樹立する.
── 自 1 建築する, 建築業を営む;〔鳥が〕巣作りする. 2 積み重なる; (量, 度合などが)増す; (感情などが)高まる;〈*up*〉(→成句 BUILD up). The wind began to ～. 風が強くなり始めた.
bùild /../ ín〔家具〕を作り付けにする;〔土地〕を(家などで)囲む; (本質的な部分として)..を組み込む;〈普通, 受け身で〉(→built-in). These bookshelves are *built in*. これらの本棚は作り付けである.
***búild* X *into* Y** (1) X を Y の中に作り付けにする; X を Y (政策, 計画, 契約, 組織など)の一部に組み込む;〈普通, 受け身で〉. have bookshelves *built into* the walls 本棚を壁に作り付けにする. be *built into* the price 価格に織り込み済みである. (2) X から Y を作り上げる, X を Y に仕立てる. ～ blocks *into* a castle 積み木を積んで城を造る.
búild on.. (1) ..の上に築く; ..に基礎を置く; ..を基に発展させる. I *built on* his suggestion to work out a plan. 彼の示唆を土台にして案を練った. He failed to ～ *on* his father's success. 彼は父の成功を足がかりに前進できなかった. (2) ..を当てにする, 頼りにする.
bùild /../ ón ..を増築する〈しばしば受け身で〉.
***búild* X *on* [*upon*] Y** Y (約束, 信頼など)に X の基礎を置く, Y に X を基づかせる. ～ one's hopes *on* a person's promise 人の約束に望みをかける. You must ～ your theory *on* facts. 君は事実に基づいて理論を立てなくてはならない.
***búild* X *onto* Y** X を Y に増築する.
búild over.. ..の上に建築する〈普通, 受け身で〉. What was wasteland ten years ago has been *built over* with villas. 10 年前には荒地だった所が別荘で建て込んでいる.
bùild úp (1)〔雲などが〕(徐々に)形成される, 集まる, 集まって..になる〈*into*〉. These books will ～ *up into* a useful library. これらの本で有益な文庫ができるだろう. (2)〔貯金などが〕増える;〔泥などが〕たまる, 蓄積する;〔交通が〕渋滞する,〔行列が〕できる. Traffic ～*s up* here around five o'clock every afternoon. 毎日午後 5 時ごろになるとここは交通が渋滞する. (3)〔緊張, 怒り, 圧力などが〕(徐々に)高まる;〔風, 音などが〕強まる;〔兵力などが〕増強される;〈*to* ..まで〉. Tension is ～*ing up to* a climax. 緊張が極度にまで高まっている. (4) 準備を進める; 根回しをする;〈*to* ..への〉.
****bùild /../ úp*** (1)〔事業, 財産など〕を(徐々に)築き上げる. ～ *up* one's fortune 富を築く. ～ *up* stocks of raw materials 原料の在庫を蓄積する. (2)〔健康, 体力〕を増進させる;〔人〕を元気づける, 励ます,〈*with* ..で〉; ..の体を鍛える[回復させる];〔兵力など〕を増強する. ～ oneself *up* for the winter 冬に向かって体力をつける. (3)〔土地〕を建物で囲む, 建て込ませる,〈普通, 受け身で〉(→built-up 2). This area has now been *built up*. この地域はもう家が建て込んでしまった. (4) (宣伝, 売り込みなどのために)..を褒め上げる; 祭り上げる, 持ち上げる, 偶像視する;〈*as* ..として〉を褒め上げて..する〈*into* ..に〉;〈普通, 受け身で〉(→buildup 2). He has been *built up into* a star, but he's really not very talented. 彼は褒め上げられてスターになったが実はあまり才能はない.
── 名 UC 1 造り, 構造. 2 体格. a man of slight [medium] ～ ほっそりした体格[中肉中背]の男. Their ～*s* are similar. 彼らの体格は似ている.
[＜古期英語「住居を作る, 住む」]

†**búild·er** 名 C 1 建てる人, 築き上げる人, 建設者; 建築業者. 2〈複合要素〉..を建てる人; ..を形成[増進, 増強]するもの. a ship～ 造船業者. Reading is a great character-～. 読書は人格形成を大いに促進するものである. 3 (洗剤などの)洗浄力強化剤.

buílders' mèrchant 名 C 【英】建築材料商.

‡**build·ing** /bíldiŋ/ 名 (複 ～s /-z/) 1 C **建物**, 建造物, ビル.

> 連結 a high [a lofty, a tall; a low; an imposing; a palatial; a dilapidated] ～ // put up [erect; demolish, pull [tear] down] a ～

2 U 建築[建造](すること), 建設; 建築術, 建築業. ～ materials 建材.

bùilding and lóan associàtion 名 C 【米】住宅金融組合《組合員の出資金を家を建てたい会員に貸し付ける; savings and loan association とも言う;【英】building society に相当》.

búilding blòck 名 C 1 (子供の)積み木; 建築用ブロック. 2 基本的なこと, 基礎; 成分, 構成要素.

buílding contràctor 名 C 建築請負師.

búilding sìte 名 C 建築中の土地, 建築現場.

búilding socìety 名【英】＝building and loan association.

búild·ùp 名 C 1 (体力などの)強化; (兵力などの)増強 (military buildup); (交通量などの)増加; 盛り上がり〈*to* ..〔頂点など〕への〉. 2 (新人タレント, 新商品などの)宣伝; 大げさな賛辞. give a person a big ～ 人を大いに褒め上げる. 3 準備(期間); 根回し;〈*to* ..への〉.

built /bilt/ 動 build の過去形・過去分詞.
── 形〈様態副詞を伴って, 又は複合要素として〉..の体格の[で]; ..に築かれた. He is heavily ～. 彼はどっしりした体格だ. a well-～ man [building] 恰幅(かっぷく)のいい男[頑丈な建物].

bùilt-ín /⑧/ 形〈限定〉1 作り付けの〔家具〕; 内蔵された〔カメラのストロボ, 露出計やラジオのアンテナなど〕. 2〔性質, 特徴などが〕生来備わった, 内在的な.

bùilt-úp /⑧/ 形 1 幾重にも重ねてできている. shoes with ～ heels 皮を重ねて厚くしたヒールの靴. 2〔土地が〕建て込んだ, 建物が密集した. a ～ area 家屋密集地域.

***bulb** /bʌlb/ 名 (複 ～s /-z/) C 1 (ニンニク, タマネギ, ユリなどの)**球根**, 鱗(りん)茎; (→corm). 2【球根状のもの】**電球** (light bulb); (温度計下部の)球; 真空管 (valve); (脳の)延髄. 3【海】(造波抵抗を減らすため船首に付けた)球状船首 (**bùlbous bów** /-báu/). [＜ギリシア語「タマネギ」]

bul·bous /bʌ́lbəs/ 形 1 球根の; 球茎の; 球根から生じる. 2 球根状の, 膨らんだ. a ～ nose だんご鼻.

bul·bul /búlbul/ 名 C ブルブル《ペルシアの詩に出てくる鳴鳥; nightingale の類とされる》; 美しい声の歌い手.

Bul·gar·i·a /bʌlgé(ə)riə/ 名 ブルガリア《バルカン半島東部の共和国; 首都 Sofia》.

Bul·gar·i·an /bʌlgé(ə)riən/ 形 ブルガリア(人)の; ブルガリア語の. ── 名 C ブルガリア人; U ブルガリア語.

†**bulge** /bʌldʒ/ 名 C 1 膨らみ, 膨れた部分; (たるなどの)胴. The big .44 magnum made a fat ～ under his coat. でかい 44 口径マグナムが彼の上着を内側からそれと分かるほど膨らませていた. 2【話】(a) (数, 量の)一時的増大, 膨張; (価格の)急騰;〈*in* ..での/*of* ..の〉. the ～ *in* the birthrate after the war 戦後の出生率の急上

昇. (b)〖英〗〈the ～〉＝baby boom. 3〈the ～〉〖米話〗優位, 強み. have [get] the ～ on ..に対して優位に立つ. 4〖英〗(戦線の)突出部 (salient).
── 動 自 膨れる, 膨らむ, 〈out〉〈with ..で〉; でっぱる, 突き出る, 〈out〉(stick out). His briefcase is *bulging with* papers. 彼の書類かばんは書類で膨らんでいる. His eyes seemed to ～ *out of* their sockets. 彼は(驚いて)目が飛び出しそうだった. ── 他 を膨らます〈out〉〈with ..で〉. ～ one's cheeks 頰(ほお)を膨らませる.
[＜ラテン語 *bulga* (→budget)]

bul·gy /bʌ́ldʒi/ 形 膨れた.

bu·lim·i·a /b(j)uːlímiə/ 名 U 〖医〗1 (脳の傷害による)大[巨, 過]食症. 2 ＝bulimia nervosa.

bulimia nervosa /-nəːrvóusə/ 名 U 神経性過食症 《肥満への恐怖から大食と(意識的)嘔吐をくり返す神経症; →anorexia (nervosa)》.

***bulk** /bʌlk/ 名 (複 ～s /-s/) 1 U (特に大きいものの)かさ, 容積, (volume, mass); 大きさ; 大量, 多さ. an oil tanker of vast ～ 巨大なタンカー. The sheer ～ of his works is amazing. 彼の作品の多さだけでも驚きだ.
2 C 〈通例, 単数形で〉巨大な人[図体], 巨体.
3 U 〈the ～〉大半, 大部分, 〈*of* ..の〉(★ (1) 主語になる時は, of に続く名詞が複数なら動詞も複数形. (2) the bulk だけで代名詞的にも使う). the ～ *of* my time 私の時間の大部分. The ～ *of* his books are on law. 彼の蔵書の大半は法律書です. 4 U (船の)ばら積みの積み荷, ばら荷. break ～ 積み荷を降ろし始める. 5 U 繊維質の食物 (roughage) 《消化しにくく, 排泄(せつ)をよくする》.
6 〈形容詞的〉大量の〔売買〕. a ～ order 大量注文.
in búlk (包んだりせず)ばらで; 大量に.
── 動 自 かさばる, 膨れる, 大きくなる, 〈*up, out*〉〈*to* ..まで〉. ── 他 をかさばらす, 膨らます, の量を増やす, 〈*up, out*〉.
bùlk lárge 大きく[重要に]なる[見えてくる]. The coming general meeting *～ed large* in the president's thoughts. 来たるべき株主総会が社長にはますます重要に思えてきた.
[＜古期北欧語「堆積, 積み荷」]

búlk-bùying [-pùrchase] 名 U 大量(一括)購入[買入れ], 買い占め.

búlk·hèad 名 C 1〈しばしば ～s〉(船, 飛行機などの)隔壁 《浸水や火災などをその部分だけにとどめる仕切り壁》, 防火[防水]壁. 2〖米〗(階段, エレベーターシャフトの上を覆う)屋上出入り口, 塔屋.

bùlk máil 名 U 〖米〗大量郵便扱い 《普通より安い》.

***bulk·y** /bʌ́lki/ 形 e (bulk·i·er|bulk·i·est), m かさばった, 大きな; 扱いにくい; 〔人が〕太った. a ～ package [jacket] 大きな包み[だぶだぶの上着]. ▷ **bulk·i·ly** 副 大きく, かさばって. **bulk·i·ness** 名

***bull**[1] /bul/ 名 (複 ～s /-z/) C 1 **雄牛** 《去勢されていない雄牛又は雄牛一般; →ox 参考》. 2 (象, 鯨, 水牛などの)雄. an elephant ～＝a ～ elephant 雄象. 3 (雄牛のように)がっしりして強い男. 4〖米俗〗お巡り, 'でか'. 5〖株式〗強気筋, 買い方, (↔bear[2]). 6〈形容詞的〉雄の; 雄牛の(ような); 〖商〗上向きの〔景気〕; 〖株式〗強気の (↔bear[2]). a ～ market 強気市場. 7〖英〗＝bull's-eye 1. 8〖天〗〈the B-〉＝Taurus. 9＝bulldog; ＝bull terrier.
a búll in a chína shòp 〖話〗がさつ者 《＜瀬戸物屋に飛び込んだ雄牛》.
like a bùll at a gáte 〖話〗(突進する雄牛のように)まっしぐらに, 向こう見ずに, 強引に.
tàke the búll by the hórns 〖話〗恐れず困難[難局]に立ち向かう 《＜角(つの)を握って牛を押さえる》.
── 動 他 1 を強行する; 〔道〕を開いて強引に進む. ～ a bill through Congress 議案を議会で強引に通過させる. 2〔株〕の(値をつり上げるため)買いあおりをする.
── 自 1 押しのけて進む. 2〔株が〕値上がりする.
[＜古期英語]

bull[2] 名 C (ローマ教皇の)教書.

bull[3] 名 1 C こっけいな言葉の矛盾 (Irish bull) 《例: Don't come down the ladder, for I've just taken it away. (はしごを降りるなよ, 取っ払ったから)》.
2 U 〖俗〗ナンセンス (bullshit). That's a ˪lot [load] of ～! とんでもない.

†búll·dòg 名 C 1 ブルドッグ. 2 頑固者, 一刻者.
3〖英話〗(Oxford, Cambridge 大学の)学生監補佐.
4〈形容詞的〉ブルドッグのような, 頑固でがむしゃらな.
── 動 (～s|-gg-) 他 〖米〗(ブルドッグのように)を攻撃する, 〔特に, シカ, 小牛など〕を角(つの)を捕らえて倒す.
[昔, 見世物で bull[1] と戦わせた dog]

búlldog clìp 名 C 強力紙ばさみ.

búll·dòze 動 他 1〔土地〕をブルドーザーでならす; 〔建物など〕をブルドーザーで壊す. 2〖話〗を脅す, いじめる (bully); VOA (～ X *into doing*) X を脅して[無理に]..させる. ～ a person *into* obey*ing* 人を無理やり従わせる. 3〖話〗を押し通す; 〔案など〕を強引に通す; 〈*through* (..に)〉. ～ one's way 無理やり押し通す; 自分の我を通す. ～ one's plan *through* (a committee) 計画を(委員会に)無理やり通す. [?＜bull[1]＋dose (牛をおとなしくさせるのに必要なむち打ち)]

bull·doz·er /búldòuzər/ 名 C 1 ブルドーザー.
2〖米話〗脅し屋, いじめ屋.

‡bul·let /búlət/ 名 (複 ～s /-ts/) C **弾丸**, (小)銃弾, (類語 ピストル・小銃などの弾丸を言う; →ball[1], shell, shot[1]). a ～ hole [wound] 銃弾による˪穴[傷].
bite (on) the búllet 〖話〗嫌なことを敢然と[じっと我慢して, 甘んじて]やる.
[＜フランス語「小さな球」(＜ラテン語 *bulla*「泡」)]

bùllet·héaded /-əd 移/ 形 丸い頭の[を持った].

***bul·le·tin** /búlətən/ 名 (複 ～s /-z/) C 1 **公報**, 告示, 公式発表, 《公共の事柄, 戦況などの要点をまとめたもの》; (重要人物の)病状発表. the ～ on the peace talks 和平会談に関する発表. 2 (協会などの)定期報告, (会社の)社報, (学会などの)紀要[会報]. 3 ニュース速報.
[＜イタリア語「通行証」]

búlletin bòard 名 C 1〖米〗掲示板 (〖英〗notice board). 2 ＝electronic bulletin board.

búllet·pròof 形 防弾の. a ～ vest 防弾チョッキ.

búllet tràin 名 C 弾丸列車; 〈特に〉(日本の)新幹線列車.

búll·fìght 名 C 闘牛(のひと試合). ▷ **～·er** 名 C 闘牛士. **～·ing** 名 U 闘牛.

búll·fìnch 名 C ヨーロッパウソ 《胸の赤い鳴鳥》.

búll·fròg 名 C ウシガエル 《食用; 北米原産》.

búll·hèad 名 C 1 (北米産の)頭の大きい魚類の総称; 〈特に〉ナマズの類. 2〖話〗(愚かな)頑固者.

bùll·héaded /-əd 移/ 形 頑固一方の, がむしゃらな.

búll·hòrn 名 C 〖米〗電気メガホン (〖英〗loudhailer).

bul·lion /búljən/ 名 U 1 金[銀]の地金; 金[銀]塊; 金[銀]の延べ棒. 2 (軍服などの)金[銀]モール (～ fringe).

bull·ish /búliʃ/ 形 1 雄牛のような; 頑固な; 愚かな. 2〖株式〗(相場が)強気の, 上がり気味の, (↔bearish). a ～ market 上がり相場, 強気市場. 3〖話〗楽観的な.

bùll-nécked /-t 移/ 形 首が太くて短い, 猪首(いくび)の.

†bull·ock /búlək/ 名 C 去勢した雄牛 《普通 4 歳以下; 4 歳以上は ox と言う; →ox 参考》. [＜古期英語; bull[1] の指小語]

búll·pèn 名 C 〖米〗1 牛の囲い場. 2 仮留置場. 3〖野球〗ブルペン 《投手が登板前に練習する場所》.

búll·rìng 名 C 闘牛場.

búll sèssion 名 C 〖米話〗(主に男子学生の)少人数の自由討論.

búll's-èye 名 C **1** 黒点《アーチェリー, ダーツの標的の中心》; '金的', 命中; 的(まと)を射た言葉. **2** 半球[凸面]レンズ; 半球レンズ付きの手さげランプ. **3** (屋根や船の舷側にある明かりや換気のための)小型丸窓. **4** ハッカ入りあめ玉. **5**〖気象〗台風[ハリケーン, サイクロン]の目.
hit the [*scòre a*] *búll's-èye* 標的の中心を射る; 成功する, 大当たりする.

búll·shìt〖卑〗間, 名 U ナンセンス, ばか(な).
── 動 自, 他 (に)ぬけぬけとうそ[ばか]を言う.

bùll térrier 名 C ブルテリア《ブルドッグとテリアの交配種; →pit bull terrier》.

*__bul·ly__[1] /búli/ 名 (複 **-lies** /-z/) **1** C いじめっ子, がき大将, 弱い者いじめするやつ. play the ～ 弱い者いじめする, 威張り散らす. **2**〖話〗U ＝bully beef.
── 動 (**-lies** /-z/|過 過分 **-lied** /-d/|**～·ing**) 他 をいじめる, を脅す. ── 自 威張り散らす.
bùlly a pérson into [*out of*] *dóing* 人を脅して..させる[..をやめさせる]. Tom *bullied* his sister *into* giv*ing* him her candy. トムは妹を脅してキャンディーをせしめた.
── 形〖俗〗すてきな. ── 間〖俗〗すてき.
Bùlly for yóu!〖旧話〗〈しばしば皮肉〉ごりっぱ, よくやった.
[?＜中期オランダ語「恋人」; もとは dear と同様, 親愛な呼びかけに用いた]

bul·ly[2]〖ホッケー〗名 (複 **-lies**) C 試合開始 (**búlly òff**). ── 動 自 VA (**～ *off***) 試合を開始する.

búlly bèef 名 U 缶詰のコンビーフ (corned beef).

búlly·bòy 名 (複 **～s**) C〖話〗威張り散らす人; (政治団体などに関係する)ごろつき, 暴力団員. ── 形〈限定〉手荒い. ～ tactics 荒っぽい戦術.

bul·rush /búlrʌʃ/ 名 C **1** ホタルイ属の植物;〖英〗ガマ属の植物(〖米〗cattail). **2**〖聖書〗パピルス.

†**bul·wark** /búlwərk/ 名 C **1** とりで; 土塁; 防波堤. **2** 防護する人[もの], '盾'. The House of Lords is the last ～ of aristocracy. 貴族院は貴族制度の最後のとりでである. **3**〖船〗〈普通 ～s〉舷墻(げんしょう). [＜中期オランダ語「防壁」(これがフランス語を経由して boulevard となった)]

bum[1] /bʌm/ 名 C〖話〗〖軽蔑〗**1**〖米〗乞食(こじき), 浮浪者, (tramp); 〈the ～〉乞食生活. **2** のらくら者; ろくでなし. **3** (遊びごとに)凝る人, ..マニア, ..狂.
on the búm 浮浪者の生活をして; 〔機械が〕故障して.
── 動 (**～s**|**-mm-**) 自〖話〗**1** VA (**～ *around, about*(..)**) のらくら暮らす; 放浪する; 旅して回る. **2** 物乞(ご)いする; 人にたかって暮らす.
── 他〖話〗〔金, 物〕をたかる, せびる, 〈*off, from* ..に〉. ～ a cigarette *off* a person 人にたばこをたかる.
── 形〖話〗〈限定〉くだらない, お粗末な; よく動かない, だめな. a ～ hand (利かなくて)だめな手.
[＜ドイツ語 *Bumm*ler「浮浪者, 怠け者」]

bum[2] 名 C〖英俗〗尻(しり), けつ, (buttocks).

búm bàg 名 C〖英〗(ベルトに付ける)ポーチ(〖米〗waist [fanny] pack).

bum·ble /bʌ́mbl/ 動 自 **1** ぶんぶん音を立てる; とりとめなくぶつぶつ言う〈*on*〉〈*about* ..について〉. **2** VA (**～ *around, about***) へまをやる; ぎこちない[間抜けた]動きをする〈*on* ..で〉.

búmble·bèe 名 C〖虫〗マルハナバチ.

bumf /bʌmf/ 名 U〖英俗〗トイレットペーパー;〖軽蔑〗(退屈な)(公文)書類; (くず同然の)ダイレクトメール.

bum·mer /bʌ́mər/ 名 C〖話〗不愉快な[やりきれない]事.

*__bump__ /bʌmp/ 名 (複 **～s** /-s/) C **1** 衝撃; どすん[ばたん]とぶつかること[音]. sit down with a ～ どすんと座る. **2**〖話〗(車の軽い)衝突事故. The car ran into a guardrail but fortunately it was just a ～. 車はガードレールに突っ込んだが, 幸い軽い衝突ですんだ. **3** (ぶつかったりしてできた)こぶ. **4** (路面の)こぶ. **5** (乱気流などによる飛行機の)動揺;〖空〗悪気流.
còme bàck dòwn to éarth with a búmp (高揚[お祭り気分]の後)現実に引き戻される.
── 動 (**～s** /-s/|**～ed** /-t/|**búmp·ing**) 自 **1** ぶつかり合う〈*together*〉; VA (**～ *against, into*..**) ..にどすんとぶつかる, 突き当たる. The truck ～*ed into* the car. トラックが車にぶつかった. **2** がたがた進む. The car ～*ed along* the rough road. 車はでこぼこ道をがたがた進んだ.
── 他 **1** をぶつける〈*against, on* ..に〉; にぶつかる. ～ one's head *against* the wall 頭を壁にぶつける.
2 をぶつけて落とす; 〔衝撃などが〕をどすんと放り出す; 〈*off, from* ..から〉. The car crash ～*ed* her *from* the seat. 車が衝突して彼女は席から放り出された.
3〖話〗〔航空会社が〕〔客〕の予約を取り消す; 〖米話〗〔部下など〕の権利を横取りする, に取って代わる. I was ～*ed from* the flight. 私はその便の予約をキャンセルされた.
búmp into.. ..と衝突する (→自 1);〖話〗..にばったり出会う.
bùmp /../ óff ..をぶつけて落とす (→他 2);〖俗〗..を殺す, 'ばらす'.
bùmp /../ úp〖話〗〔値段, 給料など〕を急激(かつ大幅)に上げる.
── 副 どすんと, ばたんと; 激しく, いきなり. [擬音語]

bump·er[1] /bʌ́mpər/ 名 C (自動車の)バンパー (→car 図);〖米〗(機関車の)緩衝器 (〖英〗buffer).

bump·er[2] 名 C **1**〖話〗大豊作, 大入り満員. **2**〖古〗(特に乾杯の時の)なみなみとついだグラス. ── 形〈限定〉**1** 大豊作の. **2** 特大の, 並外れて大きい[豊富な]. a ～ Christmas number (雑誌の)クリスマス特別増大号.

búmper càr 名〖米〗＝dodgem.

búmper cròp [**hàrvest**] 名 C 大豊作.

búmper sticker 名 C バンパーステッカー《車の後ろに貼る宣伝, 広告, 標語, 気の利いた文句などが入ったステッカー》.

bùmper-to-búmper /形/ 形, 副 (車が)数珠つなぎの[で], 渋滞の[で].

bumph /bʌmf/ 名 ＝bumf.

bump·kin /bʌ́m(p)kən/ 名 C やぼな田舎者.

bump·tious /bʌ́m(p)ʃəs/ 形 出しゃばりな; うぬぼれた; 横柄な. ▷ **～·ly** 副 **～·ness** 名

bump·y /bʌ́mpi/ 形 e **1** 〔材木などが〕こぶだらけの; でこぼこの. a ～ road でこぼこ道. **2** がたがた揺れる〔飛行, ドライブなど〕; 浮き沈みの激しい〔人生など〕.

‡**bun** /bʌn/ 名 C **1** 小型ケーキパン《普通, 干しぶどうなどを入れ甘く味付けしてある》;〖英〗丸い小型ケーキ;〖米〗(丸い)小型パン《ハンバーガー用など;〖英〗では (bread) roll》. **2** 束髪《上部又は後頭部でロールパン状に束ねた髪型》. put [have, wear] one's hair in a ～ 髪を束髪にする[している].
have (*got*) *a bún in the òven*〖英旧話・戯〗妊娠している.

‡**bunch** /bʌntʃ/ 名 (複 **búnch·es** /-əz/) C **1** (果物などの)房. a ～ *of* grapes [bananas] ブドウ[バナナ]のひと房. **2** (花, かぎなどの)束 (類語 普通小さな同種のものをきちんと束にしたもの; →bundle). a ～ *of* flowers 花束. a ～ *of* keys かぎ束. wear one's hair in ～*es* 髪を真中で分けて両脇で束ねる. **3**〖話〗〈単数形で複数扱いもある〉(家畜, 人などの)群れ (group). a ～ *of* hooligans 一団のならず者. **4**〖米話〗たくさん (a lot)〈*of* ..〔人, 物〕の〉. a ～ *of* problems [money] たくさんの問題[金].
give a person a bùnch of fíves〖英俗〗人にげんこつをくれる《指 5 本の束》.
the bèst [*pìck*] *of the búnch*〖話〗群中えり抜きの人[物], ぴかー.
── 動 他 を束にする, 一箇所に集める; 〔服, スカートなど〕をひだにする, にしわを寄せる; 〔こぶし〕を握りしめる. ── 自

束になる; 一団になる, 一箇所に固まる, 〈*up*, *together*〉; ひだになる 〈*up*〉. [＜中期英語(＜?)]

bunch·y /bʌ́ntʃi/ 形 e 房[束]になった; 房状の.

bun·co /bʌ́ŋkou/ 名 (複 **~s**) C 〖米俗〗(特に, トランプ, 取引などでの)いかさま, ぺてん, いんちき.

bun·combe /bʌ́ŋkəm/ 名 ＝bunkum.

Bun·des·bank /búndəzbæ̀ŋk/ 名 〈the ～〉 ドイツ中央銀行.

bun·dle /bʌ́ndl/ 名 (複 **~s** /-z/) C **1** (普通, 物を中程で束ねた)**束**, 包み, 巻いたもの, (類語 多くの物を緩く束ねたもの; →bunch, packet, sheaf). a ～ *of* letters 手紙の束. a ～ *of* clothes ひと包みの衣類. in a ～ ひと束[ひと包み]にして. **2** 〖話〗〈a ～〉 ひとかたまり (mass), 一団, 〈*of* ..の〉. a ～ *of* energy 精力のかたまり. **3** 〖話〗〈単数形で〉 大金. cost [make] a ～ 大金がかかる[を手に入れる]. **4** 〖話〗赤ちゃん.

be a bùndle of fún [láughs, jóy] 〖話〗非常に愉快である.

be a bùndle of nérves 〖話〗非常に神経質である.

gò [dò] a búndle on .. 〖話〗..が大好きである.

── 動 (**~s** /-z/|過 過分 **~d** /-d/|**-dling**) 他 **1** を束ねる, 包みにする, 〈*up*, *together*〉. ～ *up* papers 新聞を束ねる. **2** VOA (～ X *into* ..) Xを..にごちゃごちゃに詰め込む; X(人)を〔車など〕に(乱暴に)押し込む. He ～*d* everything *into* his pockets. 彼はポケットに何もかも詰め込んだ. **3** VOA 〔人〕をさっさと行かせる, せきたてる. ～ a person *out of* a house 家から人を追い出す. ～ a person off to.. →成句.

── 自 VA (～ *into* ..) ..へ(一団になって)急いで入る[乗る]. We all ～*d into* the room. 我々はみんな急いで部屋に入った.

bùndle óff [óut, awáy] さっさと行く, 急いで立ち去る.

bùndle a person óff [óut, awáy] to .. 人を..へさっさと行かせる, 追い立てる. Every morning I ～ the children *off to* school and then go to work. 私は毎朝子供たちを学校へ送り出してから仕事に行く.

bùndle (onesèlf) úp 厚着する; 暖かくくるまる 〈*in* ..に〉.

bùndle /../ úp 〔人〕を厚着させる 〈*in* ..で〉.

[＜中期英語(?＜中期オランダ語「縛る」)]

bung /bʌŋ/ 名 C (たる, フラスコなどの)栓 (stopper) 《木, コルク, ゴムなどの》; たる(の注ぎ)口 (bunghole).

── 動 他 **1** に栓をする; 〈普通, 受け身で〉 をふさぐ 〈*up*〉 〈*with* ..で〉. I can't speak clearly because my nose is all ～*ed up with* a cold. 風邪で鼻がすっかり詰まっていてはっきりしゃべれない. **2** 〖英話〗 VOA を(..の方に[..の中に]など)投げる; を(..の中になど)乱暴に押し込む[突っ込む]. I ～*ed* clothes *into* the washing machine. 私は洗濯機に衣類を投げ込んだ.

†**bun·ga·low** /bʌ́ŋgəlòu/ 名 C **1** バンガロー《インドなどのベランダを巡らした木造平屋建ての簡易な家》. **2** バンガロー式住宅《屋根の傾斜の緩い, 普通ベランダの付いた平屋建ての住宅》. [＜ヒンディ語「ベンガル風の(家)」]

bún·gee jùmping /bʌ́ndʒi-/ 名 U バンジージャンプ.

búng·hòle 名 C たる(の注ぎ)口.

bun·gle /bʌ́ŋg(ə)l/ 動 他 を下手にやる[作る], しくじる. ～ a job 仕事をやり損なう. ── 自 しくじる, へまをやる.

── 名 C しくじり, へま.

bún·gler 名 C へまをやる人, 不器用な人.

búng·y jùmping /bʌ́ndʒi-/ 名 ＝bungee jumping.

bun·ion /bʌ́njən/ 名 C (足の親指の付け根にできる)はれ.

†**bunk**[1] /bʌŋk/ 名 C **1** (船, 汽車などの壁に取り付けた 2, 3 段の)寝台. **2** ＝bunk bed. ── 動 自 (船, 汽車などの寝台に) 寝る; 〖話〗(ソファーなどに)仮寝する.

bunk[2] 名 ＝bunkum.

bunk[3] 〖英俗〗名 〈次の成句のみ〉

dò a búnk (こっそりと)逃げる, ずらかる.

── 動 自 VA (*～off* (..)) ずらかる 〈*from* ..から〉; (学校を)さぼる.

búnk bèd 名 C (子供用の) 2 段ベッド(の一方).

bunk·er /bʌ́ŋkər/ 名 C **1** (船の)燃料庫, 燃料置き場. **2** 〖ゴルフ〗バンカー (〖米〗 sand trap)《コース内に障害物として設けられた砂地のくぼみ》. **3** 〖軍〗 掩蔽壕(えんぺいごう)《コンクリートなどで地下に作られた壕》.

── 動 他 〈普通, 受け身で〉 **1** 〔船〕に燃料を補給する. **2** 〖ゴルフ〗〔打球〕をバンカーに打ち込む; 〔競技者〕をバンカーに打ち込ませる. He ～*ed* his third shot. 彼は第 3 打を打ち込んだ. be ～*ed* バンカーにつかまる. **3** を苦境に立たせる. She is ～*ed*. 彼女は苦境にある. [＜スコットランド英語「箱」]

Bùnker Híll 名 バンカーヒル《米国 Boston 近くの丘; 独立戦争最初の本格的交戦 **the Bàttle of Bùnker Híll** (1775 年 6 月 17 日)はここではなく隣の Breed's Hill で行われた》.

búnk·hòuse 名 (複 →house) C 〖米〗(牧場のカウボーイなどの)寝場所.

bun·ko /bʌ́ŋkou/ 名 ＝bunco.

bun·kum /bʌ́ŋkəm/ 名 U **1** 〖俗〗ナンセンス, むだ話. **2** 〖主に米〗(選挙民におもねる)実のない政治家の演説 《＜North Carolina 州 *Buncombe* 出身の政治家 Felix Walker の演説》

búnk-ùp 名 C 〈普通, 単数形で〉 下から(尻(しり)を)押し上げること.

bun·ny /bʌ́ni/ 名 (複 **-nies**) C **1** 〖幼〗ウサちゃん (**búnny ràbbit**). **2** バニーガール《ウサギをかたどった身なりのキャバレーなどのホステス; **búnny gìrl** とも言う》. [スコットランド英語 *bun*「ウサギ(の尾)」, -y[3]]

búnny slòpe 名 〖米〗＝nursery slope.

Bun·sen /bʌ́ns(ə)n/ 名 **1 Robert Wilhelm ～** ブンゼン (1811-99)《ドイツの科学者; 2 の発明者》. **2** ブンゼンバーナー《化学実験用ガスバーナー; **Bùnsen búrner** とも言う》.

bunt /bʌnt/ 動 他, 自 **1** 〔牛, ヤギなどが〕(を)頭[角(つの)]で突く[押す]. **2** 〖野球〗(〔ボール〕を)バントする.

── 名 C **1** 頭突き. **2** 〖野球〗バント.

bunt·ing[1] /bʌ́ntiŋ/ 名 C ホオジロ類の鳴鳥.

bunt·ing[2] 名 **1** U 旗用の生地. **2** U 〈集合的〉 (祝日に街路, 建物などに飾る)垂れ幕, 飾り幕; 万国旗; 〈一般に〉 旗類 (flags). **3** C 〖米〗(ウール, 綿などの)乳児用毛布, おくるみ.

Bun·yan /bʌ́njən/ 名 バニヤン **1 John ～** (1628-88)《英国の Baptist 派の説教師; *The Pilgrim's Progress* の作者》. **2 Paul ～** 《米国西部の伝説上の巨人の木こり》.

†**buoy** /bu:i, bɔi|bɔi/ 名 (複 **~s**) C **1** ブイ, 浮標. **2** 救命浮き袋 (life buoy), 浮き輪.

── 動 (**~s**|過 過分 **~ed**|**búoy·ing**) 他 **1** を(ブイなどで)浮かす 〈*up*〉; 〔暗礁など〕を浮標で示す 〈*out*〉. **2** 〈普通, 受け身で〉 を支える, 持ち上げる; 〔株価など〕を高値に維持する; を励ます; 〈*up*〉. She was ～*ed up* by hopes of winning. 彼女は勝利の希望に支えられていた.

[＜古期フランス語「(浮標をつなぐ)鎖」]

buoy·an·cy /bɔ́iənsi, bú:jən-|bɔ́iənsi/ 名 U **1** 浮き上がる力, 浮力; (液体, 気体の)浮き上がらせる力, 揚力. Cork has great ～. コルクは浮力が大である. **2** (ふさぎからすぐ立ち直る)楽天的性質; うきうきした気分. **3** (経済, 株式市場などの)上昇傾向, 活況.

†**buoy·ant** /bɔ́iənt, bú:jənt|bɔ́iənt/ 形 **1** 浮力がある, よく浮く; 〔液体が〕物をよく浮かせる. ～ force 浮力. **2** いつまでもくよくよしない, 楽天的な; うきうきした. **3** 〔株価, 経済などが〕上向きの[で]. [＜スペイン語「浮かんでいる」] ▷**～·ly** 副 快活に, うきうきと.

bur /bə:r/ 名 C **1** (クリ, ゴボウなどの実の)いが; いがのある実をつける植物《衣服, 髪などにくっつく》. **2** くっついて離れない嫌なもの[やつ]. **3** ＝burr[1]2.

Bur·ber·ry /bə́:rbəri, -bèri|-bəri/ 名 (複 **-ries**) 〖商

標》[C] バーバリーレインコート; [U] バーバリー防水綿布; 《英国の Burberrys 社の製品》.

bur·ble /bə́ːrb(ə)l/ [動] [自] **1** (石や岩の上を流れる川のように)ぶくぶく[ごぼごぼ]という音を出す; くつくつ笑う. **2** (興奮して早口で)ぺちゃくちゃ[ぶつぶつ]しゃべる 〈*on*, *away*〉 〈*about* ..について〉. ── [他] を早口でまくしたてる. [擬音語]

burbs /bəːrbz/ [名] 〈the ～; 複数扱い〉〘米話〙＝suburbs.

*‡***bur·den**[1] /bə́ːrdn/ [名] ([複] **～s** /-z/) [C] **1**〘章〙(重い)**荷物** ([類語] 運ぶのに苦労するような重い荷物; →load). a beast of ～ →beast (成句). **2** (心の)**重荷**, 負担, 〈*on*, *to*, *for*..にとって〉. be a ～ *on* [*to*] one's family 家族にとって重荷である. **3** (重い)**責任**, (つらい)義務. He felt the heavy ～ of responsibility. 彼は重い責任を感じた. **4**〘船〙積載ₗ量[能力].

> [連結] a crushing [a weighty] ～ // carry [shoulder; share; lessen, lighten; relieve] a ～; place [impose] a ～ on..

◇[形] burdensome

bèar the búrden (of..) (..という)苦しい仕事[重い責任, つらい悩み]に耐える.

── [動] (～s /-z/|[過] [過分] **～ed** /-d/|**～·ing**) [他] に**重荷を負わせる**; を悩ませる; 〈*with*, *by* ..で〉; 〔物事が〕の負担になる; 〈しばしば受け身で〉. She came home *～ed with* [*by*] shopping bags. 彼女は買い物袋をいくつも抱えて帰ってきた. be *～ed with* heavy taxes 重税を課せられる. He must be *～ed by* guilt and remorse. 彼は罪と悔恨に苦しんでいるに違いない.

[＜古期英語「運ばれるもの」; bear[1] と同源]

bur·den[2] [名] [C] **1**〘旧〙(歌, 詩の)折り返し(句) (refrain); コーラス部. **2** 〈the ～〉〘章〙(繰り返される)主題, テーマ, 〈*of* ..〔話など〕の〉. [＜古期フランス語「ぶんぶんいう音」]

bùrden of próof [名] 〈the ～〉〘法〙挙[立]証責任《裁判では検察官又は原告にある》. The ～ is *on* the prosecution. 立証責任は検察側にある.

búr·den·some /-səm/ [形] 厄介な, 重荷になる, 〈*to* ..にとって〉 (onerous).

bur·dock /bə́ːrdɑk|-dɔk/ [名] [C] ゴボウ《欧米では雑草扱いで食用にしない》.

*****bu·reau** /bjú(ə)rou|bjúə-, -ˊ/ [名] ([複] **～s** /-z/〘主に米〙, **～x** /-z/〘主に英〙) [C] **1**〘米〙**整理だんす**《時に鏡台付きの; chest of drawers とも言う》. **2**〘英〙引出し付き書き物机《開閉式の蓋(ふた)も付いている》. **3** 〈普通 B-〉〘主に米〙(官庁の)**局**; 部; (会社, 組織などの)支局; (→department). the Mint *Bureau* 造幣局. the Federal *Bureau* of Investigation (米国)連邦捜査局《略 FBI》. **4** 事務所; 案内所. a travel ～ 旅行案内所. [フランス語「(テーブルクロス用の)粗布＞机」]

bu·reau·cra·cy /bju(ə)rɑ́krəsi|-rɔ́k-/ [名] ([複] **-cies**)〘しばしば軽蔑〙**1** [U] 官僚主義, 官僚制; 官僚政治; 官僚機構. **2** [U] (非能率的な)お役所仕事, 煩雑な手続き, (red tape). **3** [C] 〈the ～; 単数形で複数扱いもある〉官僚; 官僚社会. **4** [C] 官僚主義国家; 官僚主義的ₗ団体[組織].

bu·reau·crat /bjú(ə)rəkræ̀t/ [名] [C]〘しばしば軽蔑〙官僚; 杓子(しゃくし)定規の役人[企業人].

bu·reau·crat·ic /bjù(ə)rəkrǽtik [移]/ [形]〘しばしば軽蔑〙官僚的な; 杓子(しゃくし)定規の; 手続きの煩雑な, お役所仕事の; 官僚政治の. ▷**bu·reau·crat·i·cal·ly** /-k(ə)li/ [副] 官僚的に; 杓子定規に.

bùreau de chánge /-də-ʃɑ́ːndʒ/ [名] ([複] **bureaux-** /[同]/) [C] (外国通貨の)両替店.

bu·reaux /bjú(ə)rouz/ [名] bureau の複数形.

bu·ret(te) /bju(ə)rét/ [名] [C]〘化〙ビュレット《目盛りの付いた試験管》.

burg /bəːrg/ [名] [C]〘米話〙町, 市.

bur·geon /bə́ːrdʒ(ə)n/ [名] [C]〘雅〙芽, 若枝. ── [動] [自] **1**〘雅〙〔木が〕芽ぐむ, 萌(も)え出る, 〈*out*, *forth*〉. **2**〘章〙〔人口などが〕急増する; 〔企業などが〕急成長する.

burg·er /bə́ːrgər/ [名]〘米話〙＝hamburger.

-burg·er /bə̀ːrgər/ 〈複合要素〉..バーガー. a cheese*burger* チーズバーガー. [参考] ham*burger* が起源で, ham- の部分を steak, lobster などにして, 挟まれた材料を示す.

búrger bàr [名] [C]〘英〙ハンバーガーレストラン.

Bur·gess /bə́ːrdʒəs/ [名] **Anthony ～** バージェス (1917–93)《英国の小説家・批評家》.

bur·gess /bə́ːrdʒəs/ [名] [C] **1**〘英旧〙自治都市 (borough) の住民. **2**〘米史〙独立戦争前の Virginia [Maryland] 州の下院議員.

burgh /bəːrg, bʌ́rou|bʌg, bʌ́rə/ [名] [C]〘スコ〙自治都市 (borough).

burgh·er /bə́ːrgər/ [名] [C]〘古・戯〙公民, 市民; 中産階級の市民.

*****bur·glar** /bə́ːrglər/ [名] ([複] **～s** /-z/) [C] (元来は夜間の)泥棒, 侵入盗, (→thief). ◇[動] burgle, burglarize [＜古期フランス語「略奪する」]

búrglar alàrm [名] [C] 盗難警報器.

bur·glar·ize /bə́ːrgləràiz/ [動]〘米話〙[他] に泥棒に入る, 押し入る (→burgle). ～ a store 店を荒らす.

búrglar-pròof [形] 盗難対策が万全の〔金庫など〕.

bur·gla·ry /bə́ːrgləri/ [名] ([複] **-ries**) [UC] (元来は夜間の)押し込み, 不法目的侵入.

bur·gle /bə́ːrg(ə)l/ [動]〘主に英話〙[他], [自] (に)泥棒に入る; (に)押し入る, 不法侵入する. [＜*burgl*ar]

bur·go·mas·ter /bə́ːrgəmæ̀stər|-mɑ̀ːs-/ [名] [C] (オランダ, ドイツ, オーストリアなどの)市長.

Bur·gun·di·an /bəːrgʌ́ndiən/ [形], [名] [C] Burgundy の, Burgundy の住民(の).

Bur·gun·dy /bə́ːrgəndi/ [名] **1** ブルゴーニュ《フランスの南東部地方》. **2** [U] 〈しばしば b-〉ブルゴーニュ産のワイン《Bordeaux と並び称される》. **3** [U] ワイン色.

*****bur·i·al** /bériəl/ [名] ([複] **～s** /-z/) [UC] **1 埋葬** (→cremation); 葬式. **2**〘考古学〙[C] 墓. ◇[動] bury

búrial gròund [plàce] [名] [C] 埋葬地, 墓地, ([類語] 主に, 多くの戦没者を葬った墓地; →graveyard).

búrial sèrvice [名] [C] 埋葬式, 葬儀.

bu·rin /bjú(ə)rin/ [名] [C] ビュラン《金属用彫刻刀》.

burk /bəːrk/ [名] ＝berk.

Burke /bəːrk/ [名] **Edmund ～** バーク (1729–97)《英国の政治家; また美学上の著述がある》.

Bùrke's Péerage [名] バーク貴族名鑑《John Burke が 1826 年に創刊》.

burl /bəːrl/ [名] [C] (織り糸などの)節(ふし); (木の)こぶ.

bur·lap /bə́ːrlæp/ [名] [U]〘米〙(袋, カーテン, 壁掛け用などの)目の粗い麻布 (〘英〙hessian).

bur·lesque /bəːrlésk/ [名] **1** [C] バーレスク《文学作品を茶番化したもの》; 戯画. **2** [U]〘米〙(普通ストリップを含む)低俗なₗショー[バラエティー].

── [形] ふざけた, おどけた, 茶化した; 戯作の.

── [動] [他] をまねて茶化す; をパロディ化する.

[フランス語(＜イタリア語「冗談, あざけり」)]

bur·li·ness /bə́ːrlinəs/ [名] [U] たくましさ, 武骨さ.

bur·ly /bə́ːrli/ [形] [e] たくましい, がっしりした. a ～ workman がっしりした体格の労務者.

Bur·ma /bə́ːrmə/ [名] ビルマ《Myanmar の旧名》.

Bùrma Róad [名] ビルマルート《ビルマから中国の重慶に至る道路; 第 2 次世界大戦中, 連合軍による蒋介石の国民党軍への補給ルートとして重要であった》.

Bur·mese /bə̀ːrmíːz/ [名] ([複] ～) [C] ビルマ人; [U] ビルマ語. ── /[移]/ [形] ビルマ(人)の; ビルマ語の.

*‡***burn**[1] /bəːrn/ [動] (～s /-z/|[過] [過分] **～ed** /-d/, **～t** /-t/| **búrn·ing**) (★〘英〙では ～ed の形は自動詞に, ～t は他動詞に用いるが, 〘米〙にはこの区別なく ～ed が普通; 過去分詞の形容詞用法では共に ～t)

他 **1** を**焼く**, 燃やす; に点火する, を燃料にする. be ~*ed* to ⌊ashes [the ground] 焼けて灰になる[焼失する]. ~ candles ローソクをともす. This heater ~*s* gas. このヒーターはガスストーブです.
2 に**やけどさせる**, をやけどする; を焼死させる; を火刑にする,〘米俗〙を電気椅子で処刑する; (類語 火, 熱, 摩擦, 放射線, 薬品などによるやけど; →scald). He ~*t* his hand *on* the hot stove. 彼は熱いストーブで手をやけどした. ~ one's fingers with dry ice ドライアイスで指をやけどする. ~ oneself やけどする. be ~*ed* at the stake 火あぶりの刑に処せられる. be ~ed ⌊alive [to death] →成句.
3 を**焦がす**, 焦げつかせる. ~ bacon to a ⌊crisp [cinder] ベーコンをかりかり[黒焦げ]に焦がす.
4 を焼いて作る; を焼く〈*into* ..に〉. ~ bricks 煉瓦(れんが)を作る. ~ wood *into* charcoal 木を焼いて炭を作る.
5 を日焼けさせる (類語 皮膚に炎症が起こるほど強い日焼けを言う; →tan).
6〔目, のど, 切り傷など〕をひりひりさせる; をほてらせる. The red pepper ~*ed* my mouth. とうがらしで口がかっかとした.
7 (**a**) VOA (~ X ***in, on..***) X (罪人, 動物の)の..に焼き印を焼きつける; X (模様など)を..に焼きつける; X (穴)を..に焼いて作る. She ~*ed* her initials *on* the box. 彼女は箱に自分のイニシャルを焼きつけた. My cigarette ~*ed* a hole in my trousers. たばこの火でズボンに焼け穴ができた. (**b**) VOA (~ X ***into..***) Xを..に強く印象づける, 焼きつかせる. The scene was ~*ed into* my memory. その光景は私の記憶に焼きついた.
8 の心を燃え立たせる; 〘米話〙 をかっかと怒らせる〈*up*〉. Jealousy ~*ed* him. 彼は嫉妬(しっと)に燃えた.
9〘化〙を酸化させる, 腐食させる;〘物理〙〔ウラニウムなど〕を(原子炉内で)燃焼させる.
10〘主に米話〙をだます, ペテンにかける; を(株取り引きなどで)大損['やけど']させる;〈普通, 受け身で〉.
── 自 **1** (**a**) **火がつく**; **燃える**, 焼ける. Dry wood ~*s* easily. 乾いた木は燃えやすい. (**b**) VC (~ X) Xの状態で燃える. ~ red 真っ赤に燃える. ~ low 下火になる; 体力が衰える.
2 焼死する;〘米俗〙電気椅子で処刑される.
3 (**a**) **焦げる**,〔パンなどが〕焼ける; くすぶる. (**b**) VC (~ X) Xの状態に焦げる, 焦げてXの状態になる. ~ brown こんがり焼ける.
4〔光, 灯火などが〕輝く; ともる. There was a light ~*ing* in the window. 窓に明かりがともっていた.
5 日焼けする; 干からびる. Her skin ~*s* easily. 彼女の肌は日焼けしやすい.
6 ひりひりする, しみる; ほてる, 熱くなる,〈*with* ..〔熱, 怒りなど〕で〉. Iodine ~*s* a lot. ヨードチンキは大変しみる. My hands ~*ed* from holding the rope. ロープを握っていた私の手はひりひり痛んだ. a person's ears are ~*ing* (→ear[1] (成句)). My face [cheeks] ~*ed with* shame. 恥ずかしくて私の顔[ほお]は熱くなった.
7〈普通, 進行形で〉燃える, 興奮する〈*with* ..〔怒りなど〕に〉;〘米話〙かっかと怒る〈*up*〉. be ~*ing with* enthusiasm 熱中する.
8〈普通, 進行形で〉熱望する〈*for* ..を/*to* do ..しようと〉. He was ~*ing to* go home. 彼は家に帰りたくてむずむずしていた.
9 VA (~ ***along, through, up..***)〘話〙〔車が〕〔道路など〕を全速力で飛ばす. The car was ~*ing up* the highway. 車は街道を突っ走っていた.
be bùrned alíve [***to déath***] 焼死する; 火刑にされる.
bùrn awáy (1) 燃え尽きる; どんどん燃え続ける. (2)〔皮膚, 肉などが〕焼けただれる.
bùrn /../ awáy (1)..を焼き払う. (2)〔皮膚など〕を焼けただれさす〈普通, 受け身で〉;〔いぼなど〕を焼き取る.
bùrn *one's* ***brídges*** [***bóats***]〘話〙引くに引けない立場に身を置く, '背水の陣を敷く'.
bùrn dówn (1)〔家が〕焼け落ちる, 全焼する. (2) 下火になる, 火勢が衰える.
****bùrn /../ dówn*** ..を**焼き払う**, 全焼させる,〈しばしば受け身で〉.
bùrn óff 燃え尽きる;〘米〙〔朝霧が〕(太陽熱で)消える.
bùrn /../ óff (1)..を焼き払う;〔表面のペンキなど〕を焼き落とす. ~ *off* the fields 畑の(収穫後の)残り物を焼き払う. (2)〔体内脂肪, カロリーなど〕を(運動して)燃焼させる[消費する]. (3)〘米〙〔太陽が朝霧〕を(熱で)消す, 晴らす.
bùrn *onesèlf* ***óut*** (1)〔火などが〕燃え尽きる. The passion has ~*ed* it*self out* in him. その情熱は彼の心の中で燃え尽きた. (2)〘話〙〔人が〕精力を使い果たす, 疲労こんぱいする, '燃え尽きる'; (過労などで)体をこわす. He ~*ed* him*self out* working seven days a week for many months. 彼は何か月も週7日働きづめで精根が尽き果てた.
****bùrn óut*** (1)〔火などが〕**燃え尽きる** (burn oneself out);〔ロケットが〕推進燃料を使い切る《噴射を止め大気圏外飛行に移る》;〔モーター, コイルなどが〕焼け切れる. The light bulb has ~*ed out*. 電球が切れた. (2) =BURN[1] oneself out (2).
****bùrn /../ óut*** (1)〈普通, 受け身で〉**..を焼き**[**燃やし**]**尽くす**. (2)..を火事でがらんどうにする. (3)..を火事で追い出す. (4)〔モーターなど〕を(熱で)消耗させる, 使えなくする.
bùrn to déath 焼死する.
bùrn úp (1) ぱっと燃え上がる;〔隕石(いんせき)などが〕(大気圏に突入して)燃え尽きる. (2)〘話〙(熱で体が)ほてる. (3)〘米話〙かっかと怒る.
bùrn /../ úp (1)..を焼き尽くす[捨てる]. (2)〔車などが〕〔燃料〕をよけい費やす, '食う'; =BURN[1] /../ off (2). (3)〔人〕の心を燃やす[つのらす]〈*with* ..〔嫉妬(しっと)など〕で〉〈普通, 受け身で〉;〘米話〙..をかっかと怒らす.
hàve móney to bùrn〘話〙腐るほど金がある.
Móney bùrns a hóle in *a pèrson's* ***pócket.***〘話〙金銭が身につかない, 財布のひもが締まらない.
── 名 C **1** やけど《火, 熱, 摩擦, 放射線, 薬品などによるもの; →scald》; 日焼け (sunburn); ひりひりする感じ[痛み]. The fireman died of severe ~*s*. 消防士はひどいやけどで死んだ. a rope ~ (やけどに似た)ロープの擦り傷(によるひりつく痛み). **2** 焼け焦げ; 焼け跡; 焼き印の跡;〘米・オース〙(樹木などを焼き払った)焼き畑(はた). a cigarette ~ on the table テーブルについたタバコの焼け焦げ. **3** (ロケットの)噴射. **4** 燃焼; (煉瓦(れんが)などの)焼成. smell the ~ of rubber ゴムの焼ける臭いがする. **5**〘米話〙(だんだんつのる)怒り. do a slow ~ だんだん腹が立ってくる. **6**〘英俗〙自動車レース. [<古期英語]

burn[2] 名 C〘北英〙小川.

bùrned-óut /㊙/ 形 =burnt-out.

Burne-Jones /bə́ːrndʒòunz/ 名 **Sir Edward Coley** /kóuli/ ~ バーンジョーンズ (1833-98)《英国ラファエル前派の画家》.

búrn·er 名 C **1** (ストーブ, 調理台, ランプなどの)火口, バーナー. a gas ~ ガスバーナー. **2** (煉瓦(れんが)などを)焼く人.
pùt..on the bàck búrner (1)〔なべなど〕を(ガステーブルの)奥の火口にかける. (2)..を後回しにする.

Bur·nett /bəːrnét, bə́ːrnət/ 名 **Frances Hodgson** ~ バーネット (1849-1924)《英国生まれの米国の女流作家; *Little Lord Fauntleroy*『小公子』で有名》.

***burn·ing** /bə́ːrniŋ/ 形 ⓒ〈限定〉**1** 燃え[焼け]ている. **2** (**a**) **燃えるような**〔色, 明かり, 暑さなど〕; 焼けるような〔感じ, 痛みなど〕; **激しい**, 強烈な,〔眼差し, 欲望, 野心など〕;〔体などが〕ほてる. ~ anger [thirst] 激しい怒り[渇き]. ~ cheeks ほてる頰(ほお). ~ ambition 燃えるような野心. (**b**)〈副詞的に〉燃える[焼ける]ように. ~ hot 焼けつくように

暑い. **3** 焦点になっている, **緊急の** (urgent). a ～ issue [question] 焦眉(しょうび)の問題. **4** ひどい. a ～ disgrace ひどい恥さらし.

bur·nish /bə́ːrniʃ/ [動] [他] **1** 〔金属など〕を磨く, 研ぐ. **2** のイメージをアップさせる. ── [自] 磨くと光る. Brass ～*es* well. 真鍮(しんちゅう)は磨くとよく光る. ── [名] [U] 磨き仕上げ; 光沢. ▷～·**er** [名] [C] バーニッシャー《メゾティント版画の磨き道具など》. [＜古期フランス語「褐色にする」]

bur·noose, -nous, -nouse /bərnúːs|bəː-/ [名] [C] バーヌース **1** フード付きのマント型外衣《1枚から成り, アラビア人・ムーア人などが用いる》. **2** 1に似た婦人用コート.

búrn·òut [名] [UC] **1** (モーター, コイルなどの)焼損, 焼け切れ, オーバーヒート. **2** (働き過ぎなどから来る)燃えつき(症候群). **3** (ロケットの)燃え尽き (→BURN out).

Burns /bəːrnz/ [名] **Robert** ～ バーンズ (1759–96)《スコットランド方言で詩作した詩人; →auld lang syne 2》.

búrn·sìdes, B- [名] 〘米〙 〈複数扱い〉 バーンサイドひげ《あごひげをそり落とした豊かなほおひげと口ひげ; ＜A.E. *Burnside* (1824–81)《南北戦争の北軍の将軍》; →sideburns》.

[burnsides]

burnt /bəːrnt/ [動] burn[1] の過去形・過去分詞.
── [形] 焼いた; 焦げた; やけどした. A ～ child dreads the fire. 〘諺〙 一度やけどした子供は火を怖がる《一度痛い目に遭うとそれだけ用心深くなる; ＞羹(あつもの)に懲(こ)りて膾(なます)を吹く》.

bùrnt óffering [名] [C] **1** 燔祭(はんさい)《特に聖書で, ユダヤ人の間で獣を焼いて捧(ささ)げるいけにえ》. **2** 〘戯〙 (うっかり)焦がした食物.

bùrnt-óut /[移]/ [形] **1** 〘話〙 (働き過ぎて)疲れ果てた, 体をこわした; 〔機械などが〕消耗した. a ～ bulb 切れた電球. **2** 盛りを過ぎた, 落ち目の. a ～ writer 衰退期の作家. **3** 〔建物, 車などが〕丸焼けの.

bùrnt siénna [名] [U] 焼きシエナ土《赤茶色の顔料; 「その色」》.

bùrnt úmber [名] [U] 焼きアンバー《raw umber を焼いた焦げ茶色の顔料》.

burp /bəːrp/ 〘話〙 [名] [C] げっぷ (belch). give [let out] a loud ～ 大きなげっぷをする. ── [動] [自] げっぷをする. ── [他] 〔乳児〕に(背中をさすって授乳後の)げっぷをさせる. [擬音語]

búrp gùn [名] [C] 〘米話〙 軽機関銃.

burr[1] /bəːr/ [名] [C] **1** (粗い, 鋭い)削り[彫り]あと; ぎざぎざ. **2** (歯科[外科]医の)穴あけドリル, バー. **3** 砥石.

burr[2] [名] [C] **1** ぶんぶん[ひゅうひゅう]いう音. **2** r の口蓋(がい)垂ふるえ《イングランド北部やスコットランドの喉彦(のどひこ)を震わせた r の音 (uvular r); →uvula(r)》. ── [動] [他], [自] (を)口蓋垂ふるえ音の r で発音する; ぶんぶん[ひゅうひゅう]いう 〈*away*, *on*〉.

burr[3] [名] ＝bur.

bur·ri·to /bəríːtou/ [名] ([複] ～s) [C] ブリートー《肉, 豆, チーズなどを tortilla で包んだサンドイッチ風のメキシコ料理》. [スペイン語「小さな burro」]

bur·ro /bə́ːrrou, búr-|búr-/ [名] ([複] ～s) [C] 〘米〙 (荷駄用の)小さいロバ. [スペイン語「小さな馬」]

bur·row /bə́ːrou|bʌ́rou/ [名] [C] (ウサギ, キツネなどの)巣穴, 隠れ穴; 〈一般に〉 隠れ場所.
── [動] [他] **1** 〔穴〕を掘る; [VOA] 〔穴や道〕を..の方に掘り進む. ～ a hole underground 地下に穴を掘る. ～ (its way) *through* the sand 砂の中を穴を掘って進む. **2** [VOA] を..に隠す, 埋める. The little girl ～*ed* her face *behind* her mother's back. 少女は母親の背中の陰に顔を隠した.
── [自] **1** 穴を掘る; [VA] 穴を掘って進む (→[他] 1の2番目の例). **2** [VA] ..に身を隠す, もぐり込む; 顔などを..にすり寄せる. The little girl ～*ed in* her father's bed. 小さな女の子は父親のベッドにもぐり込んだ. **3** [VA] (～ *in, into* ..) ..を詳しく調べる, 探す. Meg ～*ed into* her purse for the key. メグはハンドバッグに手を入れて鍵を探した. [＜中期英語; borough の異形か]

bur·sa /bə́ːrsə/ [名] ([複] **bur·sae** /-siː/, ～s) [C] 〘解剖〙 嚢(のう) (sac), 〈特に〉 滑液嚢《関節などの動きを滑らかにする》. ▷**búr·sal** [形]

bur·sar /bə́ːrsər/ [名] [C] **1** (特に, 大学の)会計係; 財務担当者. **2** (大学の)奨学生. [＜中世ラテン語「財布」]

bur·sa·ry /bə́ːrsəri/ [名] ([複] **-ries**) [C] **1** (特に, 大学の)会計課. **2** 奨学金.

＊＊**burst** /bəːrst/ [動] (～s /-ts/|[過] [過分] ～|**búrst·ing**) [自]
1 **破裂[炸(さく)裂]する**, 爆発する; 張り裂ける, はじける, はち切れる; 〔ダム, 堤防などが〕決壊する. The boiler ～ under excessive pressure. 過大な圧力がかかってボイラーは破裂した. The bubble ～ in the air. シャボン玉は空中で割れた. ～ *into* fragments 破裂して粉々になる. The buds began to ～. 〘章〙 つぼみが皆ほころび始めた.
2 〈普通, 進行形で〉 (**a**) 〔人, 物, 場所などが〕(はち切れるほど)いっぱいになる; はち切れそうである; 〈*with* ..〔感情など〕で〉. The bag was ～*ing with* corn. 袋はトウモロコシではち切れそうだった. Children are always ～*ing with* energy. 子供たちはいつも元気があり余っている. 〘話〙 Where's the rest room? My child is ～*ing*! トイレはどこですか. この子がおもらししそうなの. (**b**) 〘話〙 むずむずしている 〈*to* do ..したくて〉. She is ～*ing to* tell a secret. 彼女は秘密をしゃべりたくてむずむずしている.
3 〔嵐(あらし)などが〕突然起こる. The storm ～ on the second night. 嵐は2日目の晩に起こった.
4 [VA] 突然荒々しく..する. ～ *out of* the room 部屋から飛び出す. ～ *through* the enemy's defenses 敵の防御線を突破する.
── [他] **を破裂[炸裂]させる**, 爆発させる; を裂く, 打ち壊す; を破って(穴などを)開ける, 〔川(の水)が〕〔ダム, 堤防など〕を決壊させる. The explosion ～ the boulder to bits. 爆発でその大きな石は粉々になった. ～ a blood vessel 血管の破裂を招く.

be ˪*bùrsting at the séams* [*fùll to búrsting*] 〘話〙 (1) 〔人が〕(満腹などで)はち切れそうである《＜衣服の縫目がほころびそう》. (2) 〔場所が〕(人などで)あふれている.

bùrst fórth ＝BURST out.

bùrst ín (1) 〔ドアなどが〕内側へばたんと開く. (2) (部屋などに)飛び込む; 押し入る.

bùrst ín on [*upon*] .. (1) 〔話など〕に割り込む, 〔会話など〕を急に遮る. (2) 〔人の所〕に押しかける. Don't ～ *in on* Tom while he's studying. 勉強しているトムの所へ押しかけてはいけない.

＊*búrst into* .. (1) 破裂して..になる (→[自] 1). (2) ..に躍り込む. Mary ～ *into* the kitchen. メリーは台所へ飛び込んで来た. (3) **急に..し始める** (break into ..); **急に..の状態になる[様相を帯びる]**. ～ *into* laughter [song] どっと笑い出す[急に歌いだす]. ～ *into* tears わっと泣き出す. ～ *into* flower [blossom, bloom] 一斉に開花する. ～ *into* flames ぱっと燃え上がる.

búrst on [*upon, onto*] .. 〔新人などが〕..に突然登場する. ～ *on* the musical scene 音楽界に突如として現れる.

bùrst ópen 〔花が〕ぱっと咲く; 〔ドアなどが〕ぱっと開く. The cherry blossoms have ～ *open* in this warm weather. この陽気で桜の花が一斉に開いた.

bùrst /../ *ópen* ..を押し開ける. ～ the door *open* ＝ ～ *open* the door ドアを押し開ける.

bùrst óut (1) 突然現れる, 飛び出す. (2) 〔戦争などが〕突発する; 〔喝采(かっさい)などが〕急にまき起こる. (3) 急に叫び出す. The man ～ *out with* some nasty language. 男

は急に口汚く罵(ののし)り始めた.
bùrst out into.. ＝BURST into..(2).
burst òut dóing 急に..し始める. ～ *out* cry*ing* [laugh*ing*] 急に泣き[笑い]出す.
── 名 (複 ～s /-ts/) Ⓒ **1 破裂**, 炸裂, 爆発(音); 破裂箇所, 裂け口. a ～ in the water pipe 水道管の破裂箇所. **2 突発**, 突然の出現. a ～ of applause どっという喝采の声. a ～ of flame ぱっと燃え上がる炎. **3** ひと踏ん張り. a ～ of speed 突然出した速いスピード. **4** 一斉射撃; (自動小銃などの)連射. [＜古期英語]
bur·then /bə́ːrðən/ 名, 動 〖雅〗＝burden¹.
Bur·ton¹ /bə́ːrtn/ 名 バートン **1** ＝**Bùrton upon Trént** 《英国 Staffordshire 東部の都市で醸造が盛ん》. ～ ale バートンエール《強くて色が黒いビール》. **2 Sir Richard Francis** ～ (1821-90)《英国の探検家・作家; *The Thousand Nights and a Night* の最初の英訳者》. **3 Robert** ～ (1577-1640)《英国の聖職者; *Anatomy of Melancholy* で有名》.
Búr·ton² 名 〈しばしば b-; 次の成句で〉.
gò for a Búrton 〖英俗〗〔飛行士などが〕行方不明になる, 死ぬ; 〔物, 計画などが〕こわれる, だめになる.
Bu·run·di /bərʌ́ndi|burú(ː)ndi/ 名 ブルンジ《アフリカ中央部の共和国; 首都 Bujumbura》.
‡**bur·y** /béri/ 動 (**bur·ies** /-z/|過 過分 **bur·ied** /-d/|～·**ing**) 他 **【うずめる】** **1 (a)** 〔物〕を**埋める** (★穴や空所を埋める場合は fill (in)), 埋めて隠す. **(b)** VOA 〔顔〕を(手などで)覆う, (人の胸などに)うずめる. ～ gold coins in the garden 庭に金貨を埋める. She *buried* her face ⌞*in* her hands [*in* the pillow, *against* his chest]. 彼女は⌞両手で顔を覆った[枕に顔をうずめた, 彼の胸に顔をうずめた]. **(c)** 〈普通, 受け身で〉を覆う, 下敷きにする, 〈*under*, *beneath*, *by* ..〔土地, 雪など〕で〉. The passengers of the bus were *buried under* the collapsed tunnel. バスの乗客が崩落したトンネルの下に埋まった.
2 を**埋葬する**, 葬る; 〖婉曲〗の葬式をする, を亡くす, に死なれる. He is dead and *buried* now. 彼は今地下に眠っている. She has *buried* her only son. 彼女は一人息子に先立たれた. ～ a person at sea 人を水葬にする.
3 〔記憶, 過去など〕を(意図的に)忘れ去る; 〔感情など〕を隠す, 表に出さない. *Bury* your differences and be friends again. いさかいは胸の奥にしまって仲直りしなさい.
【埋め込む】 **4** VOA (～ X *in*..) X を..に(深く)突っ込む, 打ち込む. The bullfighter *buried* his sword *in* the bull. 闘牛士は牛に剣を突き刺した.
5【心を埋め込む】 を没頭させる 〈*in*..に〉〈普通, 受け身で〉. ～ oneself *in*.. (→成句). He was deeply *buried in* thought. 彼は物思いにふけっていた. ◇名 burial
be bùried alíve (1) 生き埋めになる. (2) 世間から忘れ去られる.
bùry one's héad in.. ＝BURY oneself in..(1).
bùry one's héad in the sánd 現実に目をつぶる, 困難な事態から逃避する (→ostrich 2).
búry oneself in.. (1)〔研究など〕に没頭する. (2)(煩しい世事を離れて)〔田舎など〕に引きこもる, 埋もれる.
búry itsèlf in.. (1)〔ナイフなどが〕..に刺さる. (2)〔物が〕..の地下深くにしまわれ(ている). [＜古期英語]
‡**bus** /bʌs/ 名 (複 **bús·es** /-əz/, 〖時に米〗**bús·ses** /-əz/) Ⓒ バス. go *by* [travel *on a*] ～ バスで行く. take a ～ バスに乗る. catch the ～ バスに間に合う; 時流に乗る. miss one's last ～ home 家に帰る最終バスに乗り遅れる. get on [off] a ～ バスに乗る[から降りる]. a ～ ⌞fare [driver] バス⌞料金[の運転手 (busman)]. 「しくじる.
miss the bús 'バスに乗り遅れる', 時流に乗り損なう;
── 動 (**bús·(s)es** /-əz/|過 過分 **～(s)ed** /-t/|**bús·(s)ing**) (★〖英〗は普通 -ss-) 自 バスで行く. ── 他 **1** をバスで運ぶ. **2** 〖米〗〔通学児童〕をバス輸送する (→busing). **3** 〖米〗(レストランの給仕見習いとして)〔テーブル〕の食器を片付ける, 〔食器〕をテーブルから片付ける.
bús it 〖話〗バスで行く.
[＜ラテン語 omni*bus*「すべてのために」; -*bus* の部分は複数与格を表す単なる変化語尾]
bús bòy 名 Ⓒ 〖米〗(食堂の)給仕見習い.
bus·by /bʌ́zbi/ 名 (複 **-bies**) Ⓒ **1** 毛皮製軍帽の一種《英国軽騎兵の礼装用》. **2** 〖話〗＝bearskin 2.
Bush /buʃ/ 名 **George** ～ ブッシュ (1924-)《米国の第 41 代大統領 (1989-93)》.
‡**bush**¹ /buʃ/ 名 (複 **búsh·es** /-əz/) **1** Ⓒ **低木**, 灌(かん)木, (類語 tree より低く shrub と同じ意味だが, 集合的に「茂み」の意味で用いることも多い; →tree). a rose ～ バラの木. **2** Ⓒ (灌木の)茂み, やぶ; もじゃもじゃした(髪の)毛. Good wine needs no ～. 〖諺〗良酒は看板を要せず《bush は昔, 酒屋が看板にしたツタの枝》. **3** Ⓤ 〈普通 the ～〉(アフリカ, オーストラリアなどの)森林地帯, 未開墾地. ***bèat about*** [〖米〗***around***] ***the búsh*** →beat.
── 動 自 茂る; 〔頭髪などが〕(伸びて)もじゃもじゃになる; 〈*out*〉. ── 他 を茂みで覆う. ── 形 いなかの, やぼったい; 程度の低い, 未熟な, (＜*bush* league). [＜中期英語]
bush² 名 ＝bushing.
búsh bàby 名 Ⓒ ガラゴ《キツネザル (lemur) に似た霊長類の動物で, アフリカ南部の森林に住む; 大きな目と耳, 長いふさふさした尾を持ち夜行性》.
bushed /-t/ 形 〖米話〗疲れ切った (exhausted).
*__bush·el__ /búʃ(ə)l/ 名 (複 ～**s** /-z/) Ⓒ ブッシェル《穀物, 果物などの容積の単位; 8 gallons, 〖米〗では乾量約 35.2*l*, 〖英〗では液量・乾量約 36.4*l*; 略 bu.》; 1 ブッシェル升.
hìde one's líght [***cándle***] ***under a búshel*** 〖聖書〗自分の才能[美点]を隠す.
[＜古期フランス語(＜ガリア語「一握り分(の量)」)]
búsh·fìre 名 Ⓒ (オーストラリアなどの)山火事.
bush·ing /búʃiŋ/ 名 Ⓒ **1** 〖機〗軸受け金, ブッシュ, 《摩滅を防ぐため軸受けの内側にはめ込む円筒状の部品》. **2** 〖電〗套(とう)管, ブッシング, 《電線を壁などに通すために覆う筒状の絶縁体》.
búsh jàcket 名 Ⓒ ブッシュ・ジャケット《張り付けポケットが 4 つあり, ベルトの付いた木綿の長い上着》.
búsh lèague 名 Ⓒ 〖米・野球俗〗＝minor league.
búsh·man /-mən/ 名 (複 **-men** /-mən/) **1** Ⓒ (オーストラリアの)森林地帯の住人[旅行者]. **2** Ⓒ 〈the B-〉サン[ブッシュマン]族《アフリカ南部のカラハリ砂漠地帯の遊牧民の一部族》; その 1 人; Ⓤ サン[ブッシュマン]語.
búsh·màster 名 Ⓒ ブッシュマスター《熱帯アメリカ密林地帯の灰褐色で大型の毒ヘビ》.
búsh·rànger 名 Ⓒ **1** 〖米〗(人里離れた)奥地に住む人 (backwoodsman). **2** 〖オース〗bush¹ 3 に隠れ住む脱獄囚.
búsh shìrt 名 ＝bush jacket.
bush telegraph /⌐⌐--|⌐⌐--/ 名 Ⓤ 〈the ～〉 **1** '森の電信線'《太鼓, のろし, 走者などによる森林地帯住民の情報伝達ルート》. **2** 〖しばしば戯〗口こみ情報ルート.
búsh·whàck 動 〖米・オース〗自 森林地に住む[隠れる]; 森林地を切り開く. ── 他 (森林地で待ち伏せして)を奇襲する. ▷ **～·er** 名
†**bush·y** /búʃi/ 形 ⓔ **1** 灌(かん)木の茂った; 枝葉の多い. **2** 毛のふさふさした, 毛深い. a thick and ～ tail of a squirrel リスのふさふさした尾. ▷ **bush·i·ness** 名
*__bus·i·ly__ /bízili/ 副 ⓜ 忙しく, 忙しそうに, せっせと. My wife is ～ preparing supper. 妻はせっせと夕飯の支度をしている. go ～ about ..(のこと)で忙しくする.
‡**busi·ness** /bíznəs/ 名 (複 ～·**es** /-əz/) **【仕事】** **1** Ⓤ **仕事**, 業務, 事務, (類語 何らかの点で利益追求に関係のある仕事・職業; →occupation). attend to ～ 仕事に精を出す. He is all ～. 彼は仕事一筋の人です. ～ man-

agement 業務管理. *Business* before pleasure.〖諺〗遊びは仕事の後で.

2【やるべき仕事】Ⓤ **務め**, 本分; 口出しすべきこと〈しばしば否定文で〉. It's a student's ～ to study. 勉強するのは学生の務め. That is no ～ of yours.＝That is none of your ～. それは君がとやかく言う筋合いのものではない. I'll make it my ～ to lock the doors. 戸締まりは責任をもって私が引き受けましょう. Everybody's ～ is nobody's ～. →everybody.

3 Ⓤ **職業**, 家業. What ～ is your father in? 君のお父さんはどんな職業に就いていますか.

【事業】 **4** Ⓤ **商業**, 商売, 実業; 取り引き, 営業; (類語 商業を表す一般的な語; →commerce, trade, traffic). big ～ 大企業. a man of ～ 実業[務]家. talk ～ 商売の[まじめな]話をする. a matter of ～ 事務上のこと. do good ～ いい商売をする, もうける. go into [set up in] ～ 実業界に入る, 商売を始める. do [open] ～ with a company ある会社と取り引きをする[始める]. Hello, how's ～? やあ, 景気はどうかね. *Business* is booming these days. 昨今は景気がいい. *Business* as usual.〖掲示〗平常通り営業致します.

> 連結 paying [lucrative, profitable; bad, poor] ～ // carry on [conduct, transact; suspend] ～ // ～ is brisk [dull, slack, slow]; ～ flourishes [prospers, thrives; declines]

5 Ⓒ 店, 店舗; 商社, 会社. open [close] a ～ 店を出す[たたむ]. sell one's ～ 店舗を売却する. Sam owns a fishmonger's ～. サムは魚屋の店を持っている.

【当面の仕事】 **6** Ⓤ **用事**, 用件. What is your ～ here? ここへ何の用でおいでですか. Urgent ～ prevented me from attending the meeting. 急用で会に出席できなかった.

7 Ⓤ 議題, (議事)日程. The main ～ of today's meeting is our claim for damages. 今日の会合の主な議題は我々がする損害賠償の要求問題です.

8【降りかかってくる仕事】Ⓒ〈単数形で; 普通, 形容詞を伴って〉(面倒な)事柄, 事件, 問題; 厄介なこと[しろもの]. a bad ～ 不幸な出来事. What a ～ it is! 面倒だな. Rearing five children is a terrible ～. 5人の子供を育てるのは大変なことだ.

9【せりふに伴う仕事】Ⓤ〖劇〗しぐさ, 所作, (action).

be in the búsiness of.. (1) ..に従事している. (2)〈否定文で〉..するつもりはない〈*doing*〉. We *are* not *in the* ～ *of* yield*ing* to their demand. 我々は彼らの要求に応じる気はない.

Bùsiness is búsiness. 商売は商売, 勘定は勘定, 《もうけ仕事に人情は禁物》.

còme [gèt] to búsiness 要件に取りかかる; 仕事に就く.

dò one's búsiness〖婉曲・話〗〔子供, 動物などが〕排便[小便]する, 用を足す.

do a pèrson's búsiness ＝***do the búsiness for a person*** 人をやっつける, 殺す.

get dòwn to búsiness 本気で仕事にかかる.

gèt [give a person] the búsiness〖米〗ひどい目に遭う[人をひどい目に遭わす].

go abòut one's búsiness 自分のなすべき事をする. *Go about* your ～! もうおまえには用はない, 消えてなくなれ, 《＜自分の仕事をやれ》.

Gòod búsiness! よくやった, ご立派.

have no búsiness ⌞***to do*** [***doing***]⌟ ..する権利がない. You *have no* ～ *to* complain [complain*ing*] of the matter. 君はその件について不平を言う資格がない.

in búsiness 商売をやって;〖話〗準備が整って.

knòw one's búsiness →know.

like nòbody's [no one's] búsiness〖話〗とても速く[上手に]; とても(ひどく).

màke a grèat búsiness of.. ..をとても面倒がる; ..を持て余す.

màke it one's búsiness to do ..するよう努力する;「責任を持って..する.

mèan búsiness →mean[1].

Mínd your òwn búsiness! 余計なお世話だ, おせっかいはやめろ, 《＜自分の仕事を気にかけろ》.

mónkey bùsiness →見出し語.

nòt in the bùsiness of dóing ..するのが目的ではない. We are *not in the* ～ *of* gain*ing* profit. もうけるのが我々の狙(ねら)いではない.

****on búsiness*** **用事で**, 商用で, 仕事で, (↔for pleasure). He went to Shizuoka *on* ～. 彼は用事で静岡へ行った. No admittance except *on* ～. →admittance (用例).

out of búsiness 破産して; 廃業して; 失業して. He went *out of* ～ when a large store opened nearby. 彼は近くに大きな店が開店すると店じまいした. put..*out of* ～ ..を廃業に追い込む.

sènd a pèrson about his búsiness 人を追い払う; 人を首にする. [＜古期英語; busy, -ness]

bùsiness addréss 名 Ⓒ 勤務先の所在地.

búsiness administràtion 名 Ⓤ 事業経営; 経営学(コース).

búsiness càrd 名 Ⓒ 業務用名刺.

búsiness clàss 名 Ⓒ〈しばしば無冠詞で副詞的に〉(航空機の)ビジネスクラス《ツーリストクラスより高くファーストクラスより安い》.

búsiness còllege 名 ⓊⒸ〖米〗実務学校《ワープロ・パソコン・速記・簿記などを教える》.

búsiness cỳcle 名 Ⓒ〖米経〗景気循環 (〖英〗trade cycle).

búsiness ènd 名 Ⓒ〖話〗(道具などの)役に立つ部分《刃物の刃, 銃の銃身など》. the ～ of a tack 鋲(びょう)の先端.

búsiness Ènglish 名 Ⓤ 商業英語.

búsiness hòurs 名〈複数扱い〉営業[勤務]時間.

búsiness lètter 名 Ⓒ 商用文.

†**búsiness·lìke** 形 てきぱきとした, 能率のいい; 事務的な, 実際的な. in a ～ manner てきぱきと効率的に.

búsiness lùnch 名 ⓊⒸ 商談しながらの昼食.

búsiness machìne 名 Ⓒ 事務機器.

‡**busi·ness·man** /bíznəsmæ̀n, -mən/ 名 (複 **-men** /-mèn, -mən/) Ⓒ **1 実業家**《特に経営者や責任ある地位の人》. He eventually became a successful ～. 結局彼は実業家として成功した.

> 連結 a wealthy [an aggressive; a dynamic; an astute, a shrewd; an honest; an unscrupulous] ～

2 実務家.

búsiness pàrk 名 Ⓒ ビジネス地区《オフィスビルを中心に公園, 駐車場, レストラン, レクリエーション施設などを備えた》; 工業団地 (industrial park).

búsiness·pèrson 名 (複 **-people**) Ⓒ 実業家; 実務家. ★男女いずれにも用いうる, 性差別を避けた語.

bùsiness replý màil 名 Ⓤ〖米〗(業務用)料金受信人払い郵便.

búsiness schòol 名〖米〗＝business college. 注意 Harvard *Business School* のような場合は「経営学大学院」.

búsiness stùdies 名 商学.

búsiness sùit 名 Ⓒ〖米〗ビジネススーツ《普通の背広;〖主に英〗lounge suit》.

búsiness·wòman 名 (複 **-women**) Ⓒ 女性実業家[実務家].

bus·ing /bʌ́siŋ/ 名 Ⓤ バス輸送;〖米〗生徒のバス輸送《広い区域から生徒を通わせ白人生徒と黒人生徒を共学にするために行った》.

busk /bʌsk/ 動 ⓐ〖英話〗大道芸を演ずる.

búsk·er 名 Ⓒ〖英話〗大道芸人.

bus·kin /bʌ́skin/ 名 Ⓒ〈普通 ～s〉(古代ギリシア・

ローマの悲劇役者が履いた厚底の)編上げ半長靴.

bús làne 名 C バス専用車線.

bus·man /bʌ́smən/ 名 (複 **-men** /-mən/) C バスの運転手 (bus driver).

bùsman's hóliday 名 C 〈普通 a ～〉(バスの運転手がドライブに行くように)普段と同じ事をして過ごす休日, 平日と変わらない休日.

bús pàss 名 C 〖英〗(学童・老人用)バス無料乗車券.

buss /bʌs/ 〖古・米話〗 名 C キス (kiss).

── 動 自, 他 (に)キスをする.

bus·ses /bʌ́səz/ 名 bus の複数形の 1 つ.

bús shèlter 名 C (屋根付きの)バス待ち合い所.

bús stàtion 名 C バスターミナル(ビル)《バスの起点・終点》.

bús stòp 名 C バス停留所.

†**bust**[1] /bʌst/ 名 C **1** 胸像, 半身像. **2** (女性の)バスト, 胸囲, (類語 女性の胸部で, 普通, 衣服や身体の寸法に用いる; →breast). **3** 〖婉曲〗(女性の)(両)乳房. [<イタリア語]

†**bust**[2] 動 (～s|過 過分 ～·ed, ～|búst·ing) 〖話〗 他 **1** を破裂させる (burst); を(力で)壊す; を破産させる. **2** を殴る, 一発くらわす. ～ a person in the face 顔を殴る. **3** 〔足など〕を折る, 傷つける, 〔警察が〕〔場所〕を抜き打ち捜査する, 手入れをする, (raid) 〈*for* ..〔麻薬取引など〕で〉; を逮捕する (arrest) 〈普通, 受け身で〉. **4** 〖軍〗の階級を下げる, を降格する, (demote).

── 自 破裂する, 壊れる; 破産する.

bùst a gút* (*trỳing*) *to dó 〖話〗..しようとしゃかりきになる.

bùst óut 脱出[脱走]する 〈*of* ..〔監獄など〕から〉.

bùst úp けんかする; 〔夫婦などが〕別れる (separate).

bùst /../ úp ..を壊す, つぶす; ..を駄目(だめ)にする, 台無しにする; 〔結婚など〕を破綻(たん)させる.

── 名 C 〖話〗 **1** 大失敗(作). **2** 破産; (急激な)不況, 恐慌. **3** (げんこつで)ぶん殴ること. **4** 飲んで騒ぐこと. **5** (警察の)逮捕, 手入れ. ── 形 〖話〗 **1** 壊れた. **2** 破産した. go ～ 破産する (＝go busted). [burst の異形]

bus·tard /bʌ́stərd/ 名 C ノガン科の鳥の総称 《ヨーロッパ・アフリカ産》.

bust·er /bʌ́stər/ 名 C **1** 破壊的な力を持つ人; 破壊的な力を持つもの, 〈特に〉暴風; (★しばしば「法を破る人」「犯罪と戦う[つぶす]人[もの]」という意味で複合要素になる). crime ～s 犯罪撲滅屋《刑事など》. a trust～ トラストつぶし人《その関係の官僚》. **2** 〖米俗・軽蔑, 又は戯〗〈時に B-; 呼びかけ〉にいさん, おいこら, おまえ, (fellow).

bus·tier /bu:stiéi/ 名 C ビスチェ **1** ストラップがないブラカップの下がウエストまであるぴったりした下着. **2** 1 の上着用. [フランス語]

***bus·tle**[1] /bʌ́s(ə)l/ 動 (～s /-z/|過 過分 ～d /-d/|-tling) 自 **1** VA せわしく動き回る, 騒ぎ回る; 急ぐ, 急いで行く. Mother really ～s *about* [*around*] (the kitchen) when there's a party to get ready for. パーティーがある時はその準備のため母は(台所で)それこそ大わらわです. *Bustle up*, Meg! メグ急いで. ～ *in* and *out* せわしく出入りする. **2** 〔町などが〕にぎわう, 混雑する, 〈*with* ..で〉. The street was *bustling with* shoppers. 通りは買い物客でごった返していた. a *bustling* bargain basement にぎわっている地下バーゲン売り場.

── 他 をせかす 〈*up*〉; を慌ただしく送り出す 〈*off*〉; をせきたてて押し込む 〈*in*, *into* ..の中へ〉.

── 名 aU 騒ぎ回ること, 騒ぎ; 雑踏, にぎわい. the hustle and ～ of ..の喧騒.

[<古期北欧語「準備する」; -le[1]]

bus·tle[2] 名 C バスル《昔スカートの後部を広げるのに用いた腰当て》.

bús·tling 形 **1** 〔場所が〕にぎやかな, 活気のある. **2** 〔人が〕ちょこまかと元気よく動き回る.

búst-ùp 名 C 〖話〗(取っ組み合いの)けんか, なぐり合い; (絶交に至るような)けんか, 口論; (結婚の)解消, (会社の)解散; (→BUST[2] up).

bust·y /bʌ́sti/ 形 〖話〗〔女性が〕胸の豊かな, バストの大きい. a ～ blonde beauty ボインの金髪美人.

bús·wày 名 C バス専用レーン.

‡**bus·y** /bízi/ 形 e (**bus·i·er**|**bus·i·est**) **1** 〔人が〕忙しい, 多忙な 〈*with, about, at, on, over* ..で〉; 手がふさがっている, 仕事中で, (↔free). a ～ man 多忙な人. My mother is ～ in the kitchen. 母は台所で忙しく働いている. I'm ～ *with* my homework. 宿題で忙しい. You had better keep yourself ～ to get over your grief. 悲しみを乗り越えるには忙しくしていた方がいい.

2 〔時, 生活が〕慌ただしい, 忙しい; 〔場所が〕にぎやかな, 混雑している. I've had a ～ day. 忙しい 1 日だった. a ～ street 交通量の多い通り, 繁華街.

3 〖米〗〔電話が〕話し中で; 使用中で, (〖英〗 engaged) (→line[1] 名 7). **4** 〔意匠などが〕細か過ぎる, 'うるさい'. This carpet is too ～ for the sitting room. このじゅうたん(の柄)は居間にはしつこ過ぎる. **5** おせっかいな; 詮索(せんさく)好きな. ◇名 busyness, business 副 busily

(as) bùsy as a bée →bee.

be bùsy* (*in*) *dóing .. するのに忙しい. John *was* ～ prepar*ing* for his trip. ジョンは旅行の準備に忙しかった (★in を省略するのが普通).

gèt búsy 〖話〗仕事にかかる.

── 動 (-sies|過 過分 -sied|～·ing) 他 を忙しくさせる 〈*with* ..で〉. The teacher *busied* the students *with* tests. 先生はテスト, テストで学生たちを追い立てた.

***búsy onesèlf* ⌊*with* ..⌋[(*in, with*) *doing*]** ..で[..するのに]忙しい. The secretary *busied* her*self* (*with*) typ*ing* letters. 秘書は手紙をタイプで打つのに忙しかった. [<古期英語]

bús·y·bòdy 名 (複 -bod·ies) C 〖話〗おせっかい屋.

bús·y·ness 名 U 多忙; にぎやか, めまぐるしさ. The ～ of the city confused the woman from the country. 都会のにぎやかさに地方からきた婦人はまごまごした.

búsy sìgnal 名 C 〖米〗(電話の)話し中の信号 (〖英〗 engaged signal [tone]).

búsy·wòrk 名 U 〖米〗時間つぶしの仕事《例えば, 時間を埋めるためクラス単位で生徒に課すような》.

‡**but** /bət, 強 bʌt/ 接 **1** 〈前の語, 句, 節と意味上対立する語, 句, 節を導いて〉だが, であるが; しかし; (→yet 接 類語). a rich ～ dull man 金持ちだが退屈な男. I am old, ～ you are young. 私は老人だが, 君は若い. I have two sisters ～ (I have) no brothers. 私のきょうだいは女 2 人で男はいない. I made the request, ～ with no results yet. 私は依頼したがまだ何の成果もない. *Admittedly*, he can be very rude, ～ he is kind at heart. 確かに彼はとても無礼なふるまいをすることがあるが, 根は優しい人です (語法 このように「なるほど, 確かに」など譲歩の意味を含む語句と相関的に用いられることがある; INDEED [of COURSE, (it is) TRUE]..*but*.. →各成句).

2 〈前の否定語と照応して〉 ***..*でなくて*...*** He is *not* my friend ～ my brother's. 彼は僕の友達ではなくて弟[兄]の友達だ. *Not* [It's *not*] *that* I don't like him, ～ *that* he is not my type. 彼が嫌いというのではなくて私のタイプではないのだ. I want to go *not only* to North America ～ (also) to South America. 私は北アメリカだけではなく南アメリカにも行きたい.

3 (**a**) 〈文頭又は間投詞などの後で強意的に又は意味なく用いられる場合〉 My, ～she's pretty, isn't she? やあ彼女は美人だよねえ. *But* how nice of you to come! でもよく来てくれたね. Excuse me [I beg your pardon], ～ could you tell me the way to the station? 失礼ですが駅にはどう行けばよろしいですか. (**b**) 〈前の言葉を強意的に繰り返す場合〉 I told you everything, ～ everything. 君にはすべて話しました, 本当に何もかも.

4 〖旧・章〗〈従属節を導いて〉 (**a**) 〈条件を表す副詞節を導いて〉..しないなら, ..でなければ, (unless, if not); 〈否

B

定文の後で〉..することなしには (without the result that) (★普通 but that となる). Nothing would satisfy me ～ *that* he make amends for this. これに対し彼が償いしない限り私は承知できない. He would have won the marathon ～ *that* he got a cramp in his leg. 足がつらなければ彼はマラソンで優勝しただろうに (語法 but 以下を if を用いて書き換えると if he hadn't got .. と仮定法になる). I never go to London ～ I visit the British Museum. 私はロンドンへ行けば必ず大英博物館を訪れる. It never rains ～ it pours. →pour (成句).
(**b**)〈not so [such] X ～ Y の形で〉Y しないほど X ではない (that..not) (★しばしば but that となる). He is *not so* angry ～ (*that*) he can still see reason. 物の道理が分からないほど彼は怒ってはいない. She's *not such* a fool ～ she can tell the difference between right and wrong. 善悪の区別がつかないほど彼女はばかではない.
(**c**)〈know, believe, think, expect, say などを含む否定文・疑問文中の名詞節を導いて〉..でないということ (that..not) (★しばしば but that, but what となる). I don't think ～ (*that*) some such things happened. そういったことが起こらなかったとは思わない. Who knows ～ (*that*) there will be a great earthquake this year? 今年大地震があるかもしれないではないか.
(**d**)〈doubt, deny, question などの否定形の後で目的語となる名詞節を導く〉..ということ (that) (★but that [〖話〗 what] となることがある). I do not doubt ～ (*that, what*) he will succeed. 彼が成功することは間違いない. 参考 question などが名詞の場合は, 今は that だけの方が普通: There can be no question (*but*) *that* he was arrested. (彼が逮捕されたのは疑うべくもない)
5 ..を除いては, ..のほかは, (語法 後に人称代名詞の主格が来れば but は接続詞, 目的格が来れば前置詞). All ～ he were there. 彼以外はみんないた. Everyone agreed ～ you [Tom]. 君[トム]以外の人はみんな承諾した (語法 この場合 you [Tom] は主格とも目的格とも取れるので but の品詞は決定できない). 語法 文末では, 特に〖米〗で,「but＋目的格」を用いる傾向がある: All were there ～ him.
6〖旧・章〗〈関係代名詞的〉..しない, ..でない, (that.. not) (語法 否定文又は否定の意味を含む構文の後で, 普通, 主格として用いられる). There is nobody ～ has his faults. 欠点のない人はいない.
7〖方・話〗〈no sooner..～..の形で〉＝than.
── 副 **1**〖旧・章〗ほんの, ただ, 単に, たった, (only). She's ～ a child. 彼女はまだほんの子供だ. Had you ～ asked me, I would have given you permission. 君が私に頼みさえしたら許可してやったものを. We can ～ try. とにかく, やるだけはやってみよう.
2〖オース・ニュー・北英話〗〈文尾で〉(**a**) でも, だけど. I don't like her(,) ～. けど, あの子はきらいだ. (**b**)〈強意的に, 又は特に意味なく〉(いやー)実に, ほんとに; ..だよね, まあ... "He's rich." "Isn't he ～."「あいつは金持ちだな」「ほんとそうだよな」.
3〖俗〗(強意に用いて)全く, ほんとに. I want it done ～ quick. それを今すぐにやって欲しい. "So he wanted to fire Bob?" "*But* definitely."「じゃ, やつはボブを首にしたかったんだな」「いや全くその通り」.
── 前 **1**〈no, all, every, nobody, anywhere, who, where, the first などの後で〉***..***を除いて, のほかは (→except 語法). anywhere ～ in Alaska アラスカ以外にはどこにも. Nobody saw his joke ～ me. 私以外にはだれも彼のしゃれが分からなかった. Who ～ Tom would be so kind to you? トム以外のだれが君にこれほど親切にしてくれるだろうか. Mt. Shirane is the highest mountain ～ one in Japan. 白根山は日本で 2 番目に高い山である. I have no choice ～ to ask him for help. 彼の助けを求めるしかない. Turn left at the next corner ～ one. 2 つ目の角で左に曲がりなさい. There is nothing for it ～ to do. →nothing (成句). the last..～ one [two] →last 形 (成句).
2〈that 節を導いて〉..ということ以外は (except that). I know nothing ～ *that* he is a Russian. 私は彼がロシア人であるということ以外は何も知らない. ★この場合の that 節は名詞節.
── 名 〈～s〉「しかし」という言葉; 異議, 異論. No [There are no] ～*s* about it. 異議を唱える余地はない; つべこべ言うな. I won't have any ifs and [or] ～*s*.「もし」だの「しかし」など下手な言い訳はもう聞きたくない. But me no ～*s*. (→成句).
áll but (1) ほとんど (almost). She was *all* ～ dancing with delight. 彼女はうれしさで踊り出しそうだった. (2) →接 5 第 1 例.
ánything but.. →anything.
but ánd 〖スコ〗そしてまた, その上, (and also).
bút for.. (1) ..が無ければ, が無かったら. *But for* this heavy snow (＝If it were not for this heavy snow), we'd be having a nice party now. この大雪でなければ, 今ごろは楽しいパーティーをやっているところでした. *But for* you (＝If it had not been for you), everything would have gone well. 君さえいなかったら万事うまく行ったのに. (2) ..を別とすれば. The road was empty ～ *for* a young couple strolling along. そぞろ歩きの若い 2 人連れ以外には通りは空っぽだった.
but góod 〖米話〗うんと, ひどく, さんざん; 徹底的に.
Bút me nò búts. 〖雅・戯〗僕に向かって「しかし, しかし」とつべこべ言うな. 語法 前の but は動詞として, あとの but は名詞として用いられている.
bút that (1) →接 4. (2) →前 2.
but thén (again) (1) がその一方では (on the other hand); でもまあ[だって]..だから(仕方がない, あたりまえだなど). He mumbles a lot, ～ *then* he's an old man. 彼はやたらもぐもぐ言うが, でも年寄りだから仕方がない. He liked her, ～ *then* his parents didn't. 彼は彼女が好きだったが, いかんせん彼の両親は気に入らなかった. (2) だがいざ(その時)となると. He rarely buys anything new, ～ *then* it must be of the highest quality. 彼はめったに新しい物を買わないが, いざ買うとなると最高級の物でなくてはならない.
but tóo →too.
but whát (1) →接 4(c), (d). (2) →what.
but yét →yet.
càn but dó →can¹.
cánnot but dó 〖章〗＝***cànnot hélp bùt dó*** →help.
cànnot chòose but dó →choose.
dò nóthing but dó →nothing.
nót but that＝〖話〗***nót but what***＝〖古〗***nót but*** もっとも..ではないとは言わないが, (not that..not); おそらく..だろう. He's disliked by some of the villagers. *Not* ～ *what* he's a good man. 彼は村の一部の人々に嫌われている. いい人なんだが.
[＜古期英語「外側に, ..無しに」(＜*be* 'by'＋*ūtan* 'out')]

bu·tane /bjú:tein, -⌐|⌐-/ 名 U 〖化〗ブタン《炭化水素の一種; 無色でライターなどの燃料》.

butch /butʃ/ 形 〖話〗**1**〖軽蔑〗〔女性が〕男っぽい, (同性愛で)男役の. **2**〔男性が〕男らしい, 頑丈な. **3**〖米〗(男の髪の毛が)坊主刈りの《crew cut より短い》.

***butch·er** /bútʃər/ 名 (複 **～s** /-z/) C **1** 肉屋の主人; 肉屋, 肉店. a family ～ (一般家庭用の)肉屋《小売り店》. She bought some bacon at the ～'s (shop) [〖米〗 ～ shop]. 彼女はベーコンを肉屋で買った. a ～'s knife 肉切り包丁. ～'s meat (魚肉, 鳥肉などでなく)獣肉. **2** 畜殺人, 畜殺場[食肉処理場]の従業員. **3** 残忍

な殺人者; 無用の血を流す人 《いたずらに部下を死なせた将軍など》. **4**〘俗〙へぼ絵かき[職人]. **5**〘米旧話〙(列車, 芝居小屋などの)売り子, 物売り.
── 動 他 **1**〔食肉用動物〕を畜殺する;〔人〕を虐殺する. **2** (へまをして)を台無しにする, ぶち壊す.
hàve [tàke] a bútcher's [bùtcher's hóok] at .. 〘英俗〙..をちらっと見る, 一瞥(べつ)する, (look at)《look と hook の押韻による rhyming slang》.
the bútcher, the báker, the cándlestick-maker 肉屋に, パン屋に, 燭台屋; あらゆる種類の(職業の)人.
[<古期フランス語「雄ヤギ (*boc* 'buck[1]') を殺す人」]

bútcher blòck 名 C 肉切り台.

butch·er·y /bútʃəri/ 名 (複 **-er·ies**) **1** U 虐殺; (無用の)大量殺人; (類語 残忍さが強調される; →homicide). **2** U 畜殺[食肉処理](業). **3**〘英〙C 畜殺[食肉処理]場 (slaughterhouse).

But·ler /bʌ́tlər/ 名 バトラー **1 Rhett** /ret/ ~《*Gone with the Wind*『風と共に去りぬ』の主人公》. **2 Samuel** ~ (1835–1902)《英国の小説家; *Erewhon* /éri(h)wɔn/ の著者》.

†**but·ler** /bʌ́tlər/ 名 C 使用人がしら《男性》, 執事, 《ワイン, 食器などの管理が本来の仕事》. The ~ did. 執事がやったのだ《推理小説などで大邸宅に犯罪が起こるとまず butler が疑われる》. [<古期フランス語「bottle の管理係」]

bútler's pàntry 名 C 食器室《台所と食堂の間》.

†**butt**[1] /bʌt/ 名 C **1** (物の)太い方の端 (~ end); (銃の)台尻(じり), 床尾; (槍(やり)の)石突き; (むち, 釣竿(つりざお)などの)手元. **2** 木の根元, 切り株. **3** シガレット[葉巻]の吸い殻; (ろうそくの)燃えさし. **4**〘米俗〙しりっぺた, けつ, (buttocks). [?<オランダ語「ずんぐりした」]

butt[2] 名 C **1** 〈普通 the ~s〉射的場, 射撃場; 安土(あづち)《標的の後ろにある土盛り》. **2** 目標, 標的; 'まと' 〈*of, for* ..〔非難, あざけりなど〕の〉.

butt[3] 動 他 〔ヤギなどが〕を頭[角(つの)]で突く; に頭(ず)突きを食わせる;〔頭〕を突き当てる. The goat ~*ed* me in the stomach with its horns. ヤギは角で私の腹を突いた. ~ one's head against a wall 頭を壁にぶつける. ── 自 頭[角]で突く; 頭突きを食わす.
bùtt ín 〘話〙口を出す, でしゃばる; 割り込む 〈*on* ..「〔会話など〕に〉.
bútt into .. 〘話〙..に口を出す, おせっかいを言う.
bùtt óut 〘米話〙(他人のこと[話]に)割り込まない, お節介しない. *Butt out*! We don't ask your opinion. 口をはさむな, お前の意見なんか聞いてない.
── 名 C (頭, 角での) 強い突き.
[<古期フランス語「押す, 突く」]

butt[4] 名 C **1** (ワイン, ビールなどの)大だる; 天水おけ (water ~). **2** 容積の単位《126 米ガロン, 約 477 リットル》.

butte /bjuːt/ 名 C〘米西部〙ビュート《周囲は絶壁に近く頂上は平らな孤立した丘; mesa より小さい》. [フランス語]

[butte]

‡**but·ter** /bʌ́tər/ 名 U **1** バター. spread ~ on bread パンにバターを塗る. **2** バターに似たもの. apple ~ リンゴジャム. peanut ~ ピーナッツバター. **3**〘話〙おべっか. ◇形 buttery
lóok as if bùtter wouldn't mélt in one's móuth 虫も殺さぬ顔をしている.
sprèad the bùtter tòo thíck 〘話〙やたらとおべっか「を使う.
── 動 他 にバターを塗る; にバターで味付けする. ~*ed* toast バターを塗ったトースト.
bùtter /../ úp 〘話〙..におべっかを使う.
knów which [what] síde one's brèad is búttered (on) →bread.
[<ラテン語(<ギリシア語「牛のチーズ」)]

bútter·bàll 名 C〘米〙**1** =bufflehead. **2**〘話〙おでぶちゃん.

bútter bèan 名 C 〈普通 ~s〉アオイマメ[ライマメ] (lima bean) の類.

bútter·crèam 名 U バタークリーム《ケーキの中や「トッピングに使う》.

†**bútter·cùp** 名 C キンポウゲ《有毒な多年性野草; 春, 黄色い花をつける》.

bútter·fàt 名 U 乳脂肪.

bútter·fìngers 名 (複 ~) C〘話〙物をよく落とす不器用な人;〘野球〙ボールを取るのが下手な野手.

bútter·fìsh 名 (複 →fish)〘魚〙=gunnel[2].

‡**but·ter·fly** /bʌ́tərflài/ 名 (複 **-flies** /-z/) **1** C チョウ. **2** C 腰の落ち着かない人; 移り気な人, 浮気者《主に女性》. her gay and ~ existence 彼女の陽気で(花から花へと飛び移る)チョウのような生活. **3** U〘水泳〙バタフライ. do (the) ~ バタフライで泳ぐ.
hàve búterflies (in one's stómach) 〘話〙(試験などの前に)そわそわして落ち着かない, あがっている.
[<古期英語; バター色をしているため, またはチョウがバターを盗むという俗信から]

búterfly effèct 名 UC バタフライ効果《小さな力が結果的に大きな影響をもたらすこと》.

búterfly nùt 名 =wing-nut.

búterfly stròke 名 =butterfly 3.

bútter knìfe 名 C バターナイフ.

bútter·mìlk 名 U 脱脂乳《バター, クリームを取った「後の牛乳》.

bútter·nùt 名〘植〙C バターグルミ《walnut の一種; 北米産》; U バターグルミ材.

bútter·scòtch 名 U バタースカッチ《バターと赤砂糖などで作ったキャンディー・カラメル》. ~ sauce カラメルソース.

but·ter·y[1] /bʌ́təri/ 形 e **1** バターのような; バターを塗った[の付いた, を含んだ]. **2**〘話〙おべっかを使う (→butter 名 3). [butter, -y[1]]

but·ter·y[2] 名 (複 **-ter·ies**) C 食料貯蔵室;〘英〙〘大学〙食料室《飲食物を貯蔵し, 売店でもある》. [<古期フランス語「ワイン貯蔵室」; butt[4], -ry]

but·tock /bʌ́tək/ 名 C (人の)尻(しり)の片側; 〈普通 ~s〉尻《腰掛けるといすに触れる部分を言う; hip より狭い範囲を指す》; (動物の)尻.

‡**but·ton** /bʌ́tn/ 名 (複 **~s** /-z/) C **1** (衣服の)ボタン. do up [undo] a ~ =fasten [unfasten] a ~ ボタンをかける[外す]. sew a ~ on a coat 上着にボタンを縫い付ける. A ~ fell [came] off my coat. 上着のボタンが取れてしまった.
2 (**a**) (ベルなどの)押しボタン (push button); (フェンシングの)剣の先留め; つぼみ; =button mushroom. run a bath at the push of a ~ ボタンひとつ押して(いとも簡単に)風呂に湯を入れる. (**b**) 〈形容詞的〉ボタンのような, 丸く小さな〔鼻, 目など〕.
3〘主に米〙(襟に付ける)バッジ, 記章, (badge). a campaign ~ (選挙運動の)後援記章.
4〘英旧〙〈~s; 単複両扱い〉(金ボタンの制服を着たホテルなどの)ボーイ (page boy;〘米〙bellboy).
(as) bright [〘米〙cùte] as a bútton 〘話〙〔子供が〕元気で賢い, 利発な.
have àll one's búttons 〘話〙頭がしっかりしている, 「正常である.
hòld [tàke] a pérson by the bútton 人を引き止めて話し込む.
nòt càre a bútton 全然気にしない.

nòt wòrth a bútton 〖英〗何の価値もない.
on the bútton 〖米話〗ちょうどぴったりと, きっかり.
prèss [***pùsh, tòuch***] ***the bútton*** (1)(点灯, 機械の始動のために)ボタンを押す; 〈特に〉核兵器使用の司令ボタンを押す; (→push-button). *press* [*push*] *the* right ～ 正しいボタンを押す; 賢明な選択をする, (目的達成のため)有効な手を打つ. (2) 事件のきっかけを作る.
── 動 他 **1** ＝BUTTON /../ up (1). **2** にボタンを縫い付ける. ── 自 ボタンがかかる, ボタンで留まる, 〈*up*〉. Her new blouse ～*s* (*up*) at the back. 彼女の今度のブラウスはボタンが背中にある.
Bútton it! 〖話〗だまれ.
bùtton úp (1) ボタンをかける. (2)〖話〗だまる; だまっている, 口が固い.
bùtton /../ úp (1) ..にボタンをかける, をボタンで留める. (2)〖話〗..を立派に仕上げる; ..の準備を完了する; 〈普通, 受け身で〉.
button (***ùp***) ***one's líp***(***s***) 〖話〗＝BUTTON up (2).
[＜古期フランス語「つぼみ, ボタン」]

bùtton-dówn /⊛/ 形 〈限定〉 **1** 〔ワイシャツの襟などが〕ボタン留めの, ボタンダウンの. **2** 因襲的な, お堅い.

bùttoned-úp /⊛/ 形 〖話〗**1** だまっている, 口が固い; 無口な, 内気な, 地味な, 控え目な. **2** きちんと管理[計画, 運営など]された.

***bútton·hòle** 名 (複 ～**s** /-z/) Ⓒ **1** ボタン穴. **2** 〖英〗(上着の襟穴に差す)花(束) (boutonniere).
── 動 他 **1** にボタン穴を付ける, 穴かがりをする.
2 を(無理やり)引き止めて話し込む[を聞かせる].

bùtton múshroom 名 Ⓒ (傘が開いていない)若いキノコ.

bútton-thròugh 形 〖英〗(前が)上から下までボタン留めになっている〔スカートなど〕.

bútton·wòod 名 Ⓒ アメリカスズカケノキ《北米産の大樹; 小さな球形の固い実がなる》.

but·tress /bʌ́trəs/ 名 Ⓒ **1** 〖建〗控え壁, 扶壁. **2** 支え; 支えになる[防護する]もの. our ～ *against* militarism 軍国主義から我々を守ってくれる人[物].
── 動 他 を控え壁で支える; を支持する; 〔論拠, 財政など〕を強化する, 強固にする, 〈*up*〉〈*with, by* ..で〉.

[buttress 1]

but·ty /bʌ́ti/ 名 (複 **-ties**) Ⓒ 〖英方〗＝sandwich.

bux·om /bʌ́ksəm/ 形 〔女性が〕肉付きがいい, 胸が豊かな, 健康で魅力的な. [＜中期英語「しなやかな」; bow², -some] ▷～·**ness** 名 Ⓤ 肉付きがいいこと.

‡**buy** /bai/ 動 (～**s** /-z/|過 過分 **bought** /bɔːt/|**búy·ing**) 他【代価を払って獲得する】 **1** (**a**) を買う, 購入する, (↔sell; 類語「買う」の意味で一般的な語; →purchase). I *bought* a used car *from* [〖話〗*off*] Tom *at* a low price. トムから中古車を安く買った. ～ potatoes *at* forty cents a pound ジャガイモを1ポンド40セントで買う. ～ two pounds of potatoes *for* eighty cents ジャガイモ2ポンドを80セントで買う. ～ two dollars' worth of potatoes ジャガイモを2ドル分買う. He had no money to ～ the farm (*with*). 彼は農場を買う金がなかった. Money can't ～ everything. 金で何でも買えるわけではない.
(**b**) VOO (～ X Y)・(～ Y *for* X) XにYを買ってやる. I *bought* her a bag of popcorn.＝I *bought* a bag of popcorn *for* her. 彼女にポップコーンをひと袋買ってやった. I'll ～ you dinner tonight. 今晩夕飯をおごってあげよう. Money can't ～ me love. 金で恋は買えない《The Beatles の歌の歌詞》.
2 〔人〕を買収する (bribe). He tried to ～ (*off*) the police witness. 彼は警察の証人を買収しようとした.
3 (犠牲, 代償を払って)を手に入れる. He *bought* her favor with flattery. 彼はお世辞を使って彼女に気に入られた. How much will it cost us to ～ his silence? 彼をだまらせておくにはいくらかかるだろうか. Peace was dearly *bought*. 平和は多くの犠牲を払って獲得された. ～ time→time (成句).
4 〔ある金額が〕を買える, と交換され得る. Nowadays the dollar ～*s* less than it used to. 近ごろはドルには昔ほどの貨幣価値がない. Five dollars won't ～ a decent meal in a restaurant these days. このごろは食堂で5ドルではまともなディナーが食べられない.
5【買う＞評価する】〖俗〗〔意見, 考え方, 理論など〕を受け入れる (accept), 信じる (believe). I won't ～ your reasons for being late. 君の遅れた理由は頂きかねる.
── 自 **1** 買い物をする; 商品の仕入れをする. **2** VA (～ *into* ..) ..の株主になる. **3** VA (～ ***into*** ..) ＝ 他 5.
bùy /../ báck ..を買い戻す.
búy /../ ín (1)(品不足に備えて多量に)..を買い込む; 〔商店などが〕を仕入れる. (2) ＝BID /../ in.
buy it 〖米俗〗殺される.
bùy /../ óff (1)〔人〕を買収する (→他 2). (2)〔ゆすりなど〕を(金を与えて)追い払う.
búy (***oneself***) ***into ..*** 〔企業など〕の株を買う, 株主になる.
bùy /../ óut (1)〔共同経営者など〕から株[権利]を買い上げて営業権を握る; 〔企業など〕を買い取る. (2) ..が(早く)除隊できるように金を納める 〈*of* ..〔軍隊〕から〉.
bùy /../ óver 〔人〕を買収する, 抱き込む.
bùy /../ úp (1) ..を買い占める. (2) ＝BUY /../ out (1).
bùy one's wáy into .. ..に金を使って入る. ～ one's *way into* society 金を使って社交界に入り込む.
── 名 (複 ～**s**) Ⓒ 〖話〗買うこと; (特に安い)買い物; 格安品. The book is a good ～ at $3. 3ドルならその本はお買い得品だ. He made a good ～ on his car. 彼は車を安く手に入れた. [＜古期英語]

búy·bàck 名 Ⓒ 買い戻し.

***buy·er** /báiər/ 名 (複 ～**s** /-z/) Ⓒ **1** 買い手 (↔seller) 〈*for* ..〔物〕の〉; 消費者. **2** 仕入れ係, バイヤー, 〈*for* ..〔デパートなど〕の〉.

búyers' [**búyer's**] **màrket** 名 Ⓒ 〈普通, 単数形で〉買い手市場 (↔sellers' [seller's] market).

búy·òut 名 Ⓒ 会社株式の買い占め, 乗っ取り.

búy·ùp 名 Ⓒ (商品の)買い占め.

buzz** /bʌz/ 動 (**búzz·es** /-əz/|過 過分 ～**ed** /-d/|**búzz·ing**) 自 **1** 〔ハチ, ハエ, 機械などが〕ぶんぶんいう; 〔耳が〕鳴る; 〔場所, 群衆などが〕ざわざわする 〈*with* ..で〉; 〔頭が〕一杯になる 〈*with* ..〔とりとめのない考えなど〕で〉. The square ～*ed with* excitement. 広場は興奮で沸き立った. **2** VA (～ ***about, around(..)) 〔ハエ, 飛行機などが〕(..を)ぶんぶん飛び回る; 〔人が〕(..を)忙しく動き回る; 〔(とりとめのない)考えが〕(頭の中を)去来する.
3 ブザーを鳴らす; VA (～ ***for..***) ブザーを鳴らして..を呼ぶ.
── 他 **1** をぶんぶんいわせる. **2** をブザー[インターフォン]を鳴らして呼ぶ. The boss ～*ed* (for) his secretary. 社長はブザーで秘書を呼んだ (★for が入れば 自 用法; →自 3). **3** 〖話〗に電話をかける (telephone). **4** 〔うわさなど〕をこっそり言いふらす. **5** 〖話〗の上をかすめて低空飛行する《警告などのために》.
bùzz óff 〖主に英話〗行ってしまう 〈普通, 命令形で〉.
── 名 Ⓒ **1** (ハチ, 機械などの)ぶんぶんいう音. the ～ of an electric shaver 電気かみそりのぶんぶんいう音. **2** 〈普通, 単数形で〉 (人の)がやがやいう音, ざわめき; 〈the ～〉うわさ. The ～ went around that... というううわさが

飛んだ. **3** ブザーの音; 〘話〙(電話などの)呼び出し(音), 電話をかけること (phone call). I'll give him a ～. 彼に電話してみよう. **4** 〈単数形で〉〘話〙わくわくするような興奮[喜び]; 酩酊. get a real ～ from surfing 波乗りをすると実にわくわくする. ── 形 流行の, トレンディーな, 〔言葉など〕. ［擬音語］

buz·zard /bʌ́zərd/ 名 C **1** 〘鳥〙〘米〙ハゲタカの一種; 〘英〙ノスリ《タカの一種》. **2** 気難しい(いやな)やつ.

buz·zer /bʌ́zər/ 名 C **1** ブザー. press [ring] a ～ ブザーを押す[鳴らす]. **2** ブザーの音《工場などの時報》.

búzz sàw 名 C 〘米〙(電動)丸鋸(のこ).

búzz·wòrd 名 C (もっともらしく)やたら使われて流行語化した専門用語.

B.V. ＝B.V.(M.).

B.V.D('s) /bìːvìːdíː(z)/ 名 〘商標〙ビーヴィーディー《米国の男性用下着(メーカー)》; 〈一般に〉男性用下着.

B.V.(M.) Beata Virgo (Maria) (聖母マリア). ［ラテン語 '(the) Blessed Virgin (Mary)'］

BWI Baltimore-Washington International Airport《巨大な国際空港》.

‡**by** /bai/ 前 【近い場所】 **1** 【位置】 **(a)** **..のそばに[の, で]**, の近くに, (beside, near); ..の手元に. There is a big pine tree *by* the school gate. 校門のそばに大きな松の木がある. a house *by* the lake 湖のほとりの家. I passed *by* her house the other day. 先日彼女の家のそばを通った. Keep the dictionary *by* you. その辞書を手元に置いておきなさい.
(b) 【訪問場所】 〘主に米〙 ..に (at, to) (★come, drop, stop などの後で; →副 4). I'll come *by* your house on the way. 途中でお宅に寄ります. **(c)** 〘米俗〙 ..(の店)で. 「北東の中間》.
2 【方位】 ..寄りの. north *by* east 北微東《北と北↑
3 【経路】 **..に沿って**; ..を経由して. travel *by* (way of) Hong Kong 香港経由で旅行する. They came *by* Route 2. 彼らは 2 号線を通って来た.
【経路＞媒介】 **4** 【手段, 方法】 **(a)** **..で**, ..によって, (★後に来る名詞が交通手段, 通信方法を表す時は無冠詞). *by* train [car, plane, bicycle] 汽車[自動車, 飛行機, 自転車]で. travel *by* land [water, air] 陸路[水路, 空路]で旅をする. *by* the 4:30p.m. train 午後 4 時半発の列車で (★(特定の時間などの)修飾語が付くと冠詞を伴う). *by* letter [air mail, wire] 手紙[航空便, 電報]で. *by* special delivery 速達で. learn *by* heart [rote] 暗記する. earn one's living *by* selling flowers 花売りをして暮らしを立てる. He caught me *by* the arm. 彼は私の腕をつかんだ (→the 8). win *by* (good) luck 幸運のおかげで勝つ. *by* means of.. →means (成句). What do you mean *by* that? それはどういう意味(で言っているの)ですか. **(b)** ..を通して, を介して. She goes *by* the name of Pat here. 彼女はここではパットという名前で通っている.
5 【動作主, 原因】 **(a)** **..によって**; ..による; (★多く受け身の文で用いる). The dog was hit *by* a car. 犬は車にはねられた. a novel (written) *by* Dickens ディケンズ作の小説. Who was Easter Island discovered *by?* イースター島はだれによって発見されたか (★〘話〙では whom は前置詞を離れて文頭にくるとよく主格 who になる). The building was destroyed *by* fire. その建物は火事で破壊された. 語法 普通 by は行為者を表し, with は手段, 道具を表す: This letter was written *by* a woman. (この手紙は女性によって書かれたものだ) This letter was written *with* a pencil. (この手紙は鉛筆で書かれた) ただし, 区別がはっきりしないこともある: Printing machines are driven *by* (＝with) electricity. (印刷機は電気で動く) **(b)** ..により, の結果, (★後の名詞は無冠詞). I met her *by* accident. 彼女に偶然会った. *by* mistake うっかり, 間違って. *by* dint [virtue] of hard work 一生懸命に働いたおかげで. **(c)** ..を父親[母親]として. She had two sons *by* her former husband. 彼女は前夫との間にできた息子が 2 人いた.
【計量, 基準】 **6** 【尺度, 単位】 **(a)** **..によって**, に従って; (いくらいくら)で. It's nine o'clock *by* my watch. 私の時計では今 9 時だ. Don't judge people *by* first impressions. 人を第一印象で判断してはいけない. There is very little to go *by*. 頼るべき手がかりはとても少ない. *by* today's standards 今日の標準に照らしてみると. Gasoline is sold *by* the liter in Japan. ガソリンは日本ではリットル単位で売られる. *by* retail [wholesale] 小売り[卸売り]で. *by* (the) hundreds 何百となく. I grew more worried and unhappy *by* the minute. 私は刻一刻と心配で気持ちが沈んでいった. **(b)** 〈乗除に関して〉 ..に(掛ける, 割る). multiply [divide] 6 *by* 3 6 に 3 を掛ける[6 を 3 で割る]. **(c)** 〈縦横などの長さに関して〉 ..に対し. This room is thirty *by* twenty feet. この部屋は縦横 30 フィートに 20 フィートです. →two-by-four.
7 【程度, 比率, 差】 **..だけ**, ..ほど; ..の差で; ..ずつ; 〘主にスコ〙 ..に比べて. He's older than I *by* three years. 彼は僕より 3 つ年上だ (＝He's three years older than I). I missed the train *by* a minute. 私は 1 分の差で列車に乗り遅れた. win a race *by* a neck (競馬で)首の差でレースに勝つ. little *by* little 少しずつ. day *by* day 一日一日. *by* degrees 次第に. It is better *by* far. それははるかにいい (＝It is far better). The number of university students should be cut *by* a third. 大学生の数は 3 分の 1 を減らすべきだ.
【基準＞限定】 **8** 【関係, 立場】 **..に関して**, ..の点で(は). *by* occupation [profession] 職業は. I only know him *by* name. (交際はないが)彼の名前だけは知っている. They are cousins *by* blood. 彼らは血のつながったいとこ同士だ. my uncle *by* marriage 私の義理のおじ. be impatient *by* temperament せっかちな気性である. *by* nature 生まれつき. That's okay *by* [with] me. 私(に関する限り)はそれで結構です.
9 【期間】 **..の間に**. We concealed ourselves *by* day and rode *by* night. 我々は昼間は身を隠し夜は馬で進んだ. *by* daylight 日のあるうちに.
10 【期限】 **..までに**; ..には(すでに), ..の時点では(もう) (語法 by は動作, 状態が「ある時までに」完了することを意味し, until [till] は動作, 状態が「ある時まで」継続することを言う: I'll come *by* 10. (10 時までに来ます) I'll stay here *until* 10. (10 時までここにいます)). *by* now 今ごろまでには. He had gone *by* the time we got there. 我々がそこへ着いたときにはもう彼は行ってしまっていた. *By* eight o'clock she was dressed and ready to leave for work. 8 時には, 彼女は身仕度を終え, 出勤の準備が出来ていた.
11 【対象】 ..に対して (toward). I mean to do my best *by* her. 私は彼女のためにできる限りのことをするつもりだ. Do to others as you would be done *by*. 他の人には自分がして欲しいと思うようにしてあげなさい.
12 【誓い】 **..に誓って**, かけて. *By* God, I never knew that. 神に誓って[絶対に]私は知らなかった.
13 〘北英〙 ..のほかに, ..に加えて, (besides).
14 〘スコ〙 ..を越えて. *by* belief 信じがたい.
By mé. 〘ブリッジ, ポーカーなど〙パス, チェック.
by oneséIf →oneself.
by the bý ＝by the BYE[1].
fúll and bý 〘海〙詰め開きで〔進む〕.
── 副 **1** そばに, 近くに, かたわらに. close [hard] *by* すぐ近くに[の]. stand *by* →stand (成句). **2** わきへ, (蓄えのために)取りのけて (aside). lay [put, set] money *by* 金を取っておく[蓄える]. **3** そばを; 通り過ぎて. Ten years have gone *by*. 10 年が過ぎた. **4** 〘主に米〙訪問

して, 立ち寄って, (★ come, drop, stop などの後で). stop *by* for a chat 世間話に立ち寄る. **5**〖北英〗終わって, 過ぎて; 死んで.

bỳ and bý〖旧〗まもなく, やがて, (before long).

bỳ and lárge 概して; 全体として. *By and large* Japanese are industrious people. 概して日本人は働き者だ.

── 形 わきの; 本筋からそれた; 二次的な, 付随的な.

── 名 ＝bye¹.

[＜古期英語 *bī*, *be*「近くに, 側に」]

by- /bai/ 接頭 **1**「二次的ななど」の意味. *by*law. *by*-product. **2**「そばに, わきへ」の意味. *by*stander. *by*-path. 「《＜by and by》.

bỳ-and-bý 名 U 〈the ～〉 未来, 将来, (future)↑

bye¹ /bai/ 名 C **1**〖クリケット〗(球が打者のバットに触れないで)捕手 (wicketkeeper) の後逸による得点.

2〖ゴルフ〗(マッチプレーで)勝負がついた後の残りのホール数. **3** (トーナメント競技で対戦相手のいない)不戦勝(者[チーム]). **4** 従属的なこと, 付け足し.

by the býe ついでながら (incidentally).

[by の名詞化]

bye², by² 間〖話〗＝bye-bye.

Býe (for) now.〖話〗じゃあね, さよなら. [＜good*bye*]

‡**bye-bye** /bàibái, bəbái/ 間〖話〗さよなら, バイバイ, (good-bye). ── /báibài/ 名 UC 〈〖英〗では普通 ～s〉〖幼〗おねんね (sleep).

gò býe-bỳe〖米幼〗(1) ねんねする. (2) バイバイする.

gò to býe-bỳes〖英幼〗＝go BYE-BYE (1). [bye² の反復形]

býe·làw 名 C **1**〖英〗地方条例. **2**〖米〗(会社などの)内規, 社内規則. **3** (法律の)付則, 細則.

bý-elèction 名 C〖英〗補欠選挙 (〖米〗special election; →general election).

Bye·lo·rus·sia /bjèlourʌ́ʃə/ 名 ベロルシア (White Russia)《Belarus の旧名》.

by·gone /báigɔ̀ːn|-gɔ̀n/ 形 〈限定〉過ぎ去った, 過去の. ～ days 過ぎ去った日々, 往時.

── 名 C **1** 骨董(こっとう)品, 古道具. **2** 〈～s〉過去; 過去の嫌な[悲しい]事. ***let bỳgones be býgones***〖話〗すんだことは水に流す (forgive and forget).

bý·làw 名 ＝byelaw.

bý·lìne 名 C (新聞, 雑誌の記事の冒頭又は末尾の)筆者名を記す行《by.. と書くことから》.

bý·nàme 名 C あだ名 (nickname).

BYOB Bring your own ˌbooze [bottle] (酒は各自持参のこと《パーティーの案内状などで》).

‡**by·pass** /báipæ̀s|-pɑ̀ːs/ 名 (複 ～·es /-əz/) C **1** バイパス《都市の中心部を避けて設けられた自動車道路》. **2** (ガス, 水道の)側管, 副管; 〖医〗(血管などの)バイパス(手術). undergo ˌheart ～ surgry [a heart ～] 心臓のバイパス手術を受ける.

── 動 他 **1**〔都市など〕の周辺にバイパスを設ける; をバイパスで迂(う)回する. **2** を回避する; を(わざと)無視する; 〔中間段階など〕を飛び越える, 省略する. You must not ～ a difficulty. 困難を回避してはいけない. He ～*ed* his immediate boss and appealed to the manager directly. 彼は直属の上司を通さず, 直接に支配人に訴えた. **3**〔血管など〕のバイパス手術をする. [by-, pass]

bý·pàth 名 (複 →path) C ＝byway 1.

bý·plày 名 U **1** (芝居などで, 主場面と同時に演じられる特にせりふなしの)わき演技. **2** (本筋とは直接関係のない)付随的な行動. 注意 わき役の意味の「バイプレーヤー」は和製英語.

bý-pròduct 名 C **1** (製品の)副産物 (→end product). **2** (ある出来事, 状況などの)予期せざる結果.

Byrd /bəːrd/ 名 **Richard Evelyn ～** バード (1888–1957)《米国の海軍軍人; 極地探検家》.

byre /baiər/ 名 C〖英古〗牛小屋, 牛舎, (cowshed).

bý·ròad 名 ＝byway 1.

Byr·on /bái(ə)rən|báiər-/ 名 **George Gordon (Noel) ～** 又は **Lord ～** バイロン (1788–1824)《英国ロマン派の詩人; *Don Juan* 他》.

By·ron·ic /bairɑ́nik|-rɔ́n-/ 形 バイロン(風)の《自意識が強く, 憂愁に悩み, 冷笑的》.

†**by·stand·er** /báistæ̀ndər/ 名 C 傍観者, 見物人; 関係ない人, 局外者.

bý·strèet 名 C 横町, 裏通り.

byte /bait/ 名 C〖電算〗バイト《情報量の単位; 普通8ビット; →bit³, kilobyte, megabyte, gigabyte》.

bý·wày 名 (複 ～s) C **1** わき道; 間道; (↔highway). **2** 〈the ～s〉(学問などの)あまり知られていない分野, 側面, '裏街道'. the ～s of Oriental history 東洋史の裏街道.

bý·wòrd 名 C **1** はやり言葉, お題目, 合い言葉. "Environment friendly" is the ～ of the party.「環境に優しく」がその党の合い言葉である.

2 (人や場所について, しばしば悪いことに関して)見本, 手本, 好例 〈*for* ..の〉. Before the war, the 'English gentleman' was a ～ *for* somber clothing. 戦前, '英国紳士' といえば地味な服装の代名詞だった.

By·zan·tine /bíz(ə)ntìːn, ⌣−⌣|bizǽntain, -tiːn/ 形 **1** ビザンチウム (Byzantium) の. **2** ビザンチン[東ローマ]帝国の. **3**〖建〗ビザンチン様式の. **4** 〈b-〉〖章〗複雑極まる; 陰謀の渦巻く, 陰険な. the ～ maneuvers of party politics 政党政治の複雑怪奇な策謀.

── 名 C ビザンチウムの人.

Bỳzantine Émpire 名 〈the ～〉ビザンチン[東ローマ]帝国《476–1453 の間の Eastern Roman Empire》.

By·zan·ti·um /bizǽnʃiəm, -tiəm/ 名 ビザンチウム《東ローマ帝国の首都; のち Constantinople, 現在は Istanbul と呼ばれる》.

C

C

C, c /siː/ 名 (複 **C's, Cs, c's** /-z/) **1** UC シー《英語アルファベットの第 3 字》. **2** C C 字形のもの. **3** C 第 3 仮定者, 丙;〘数〙第 3 既知数 (→A, B). **4** U〘楽〙ハ音; ハ調. *C* major [minor] ハ長調[短調]. **5** C 三流のもの, C 級;〘米〙(学業成績の)良, C, (→A). **6** U (ローマ数字の) 100. *C*LXV＝165. **7**〘電算〙C 言語.
★4, 5, 7 では大文字を用いる.

C[1] 〘電〙capacitance; Cape;〘化〙carbon; Catholic; Celsius; Celtic; Centigrade; Central; College; Congress; Conservative; Corps; coulomb.

C[2], **c**[1] calorie(s);〘光学〙candle; carat(s);〘野球〙catcher; cathode;〘スポーツ〙center; centime(s); circa; cent(s); centimeter; century; chapter;〘数〙constant; contralto; copyright; cup(s); curie; cycle(s).

c[2] centi-; cubic.

© copyright.

CA[1] 〘郵〙California; Central America; Confederate Army.

CA[2], **ca**[1] 〘英〙chartered accountant; chief accountant; chronological age; consular agent.

C/A capital account; cash account; credit account; current account.

Ca 〘化〙calcium.

ca[2] circa.

CAA 〘英〙Civil Aviation Authority.

CAB 〘米〙Civil Aeronautics Board (民間航空管理局);〘英〙Citizens Advice Bureau.

***cab** /kæb/ 名 (複 **~s** /-z/) C **1** **タクシー**. Let's ⌞take a ~ [go by ~]. タクシーで行こう. **2** (昔の)辻(つじ)馬車. **3** 機関士室; (トラックなどの)運転台.
── 動 (~s|-bb-) 自 タクシー[辻馬車]で行く.
[1<taxi*cab*. 2<*cab*riolet. 3<*cab*in]

ca·bal /kəbǽl/ 名 C **1** 〈単数形で複数扱いもある〉陰謀団, 徒党,《特に政治的な》. **2** 陰謀, 密計.

cab·a·la /kǽbələ|kəbɑ́ːlə/ 名 **1** U カバラ《ヘブライ神秘哲学》. **2** C 秘義, 密教. [<ヘブライ語「伝統」]
▷**cab·a·lis·tic** /kæ̀bəlístik/ 形

cab·al·le·ro /kæ̀bəljé(ə)rou/ 名 (複 **~s**) C **1** スペインの紳士[騎士]. **2**〘米南西部〙騎手; 女性をエスコートする者. [スペイン語 'horseman']

ca·ba·na /kəbǽn(j)ə, -bɑ́ː-/ 名 C 〘米〙 **1** (海岸などの)更衣所《水泳者のための》. **2** 小屋.

‡**cab·a·ret** /kæ̀bəréi|´-‿-/ 名 **1** C キャバレー. **2** UC キャバレーのショー. [フランス語 'inn']

***cab·bage** /kǽbidʒ/ 名 (複 **-bag·es** /-əz/) **1** UC キャベツ (★玉になったところは head と言う). one head of ~ キャベツ(の玉) 1 個. **2** C 〘英話〙ぐうたら人間; 植物人間. **3**〘米俗〙紙幣, 金(かね). [<古期フランス語「頭」]

cábbage bùtterfly 名 C 〘米〙モンシロチョウ.

cábbage pàlm 名 C キャベツヤシ《新芽は食用》.

cábbage palmètto 名 ＝palmetto.

Cábbage Patch dòll 名 C キャベツ畑人形《太った子供の形をしている》.

cábbage whìte 名 ＝cabbage butterfly.

cábbage·wòrm 名 C アオムシ《モンシロチョウの幼虫》.

cab·ba·la /kǽbələ|kəbɑ́ːlə/ 名 ＝cabala.

cab·ba·lis·tic /kæ̀bəlístik/ 形 ＝cabalistic

cab·by, cab·bie /kǽbi/ 名 (複 **-bies**) C 〘話〙タクシーの運転手, 運ちゃん, (cabman).

cáb·drìver 名 C 〘主に米〙タクシーの運転手 (taxi driver).

ca·ber /kéibər/ 名 C 〘スコ〙(棒投げ競技の)丸太棒.

***cab·in** /kǽbən/ 名 (複 **~s** /-z/) C **1** **小屋** (→hut). a log ~ 丸太小屋. **2** **船室**; (飛行機の)貨物[乗務員, 客]室. ── 動 自 狭苦しい場所に住む. ── 他 を狭苦しい場所に閉じ込める. [<後期ラテン語「小屋」]

cábin bòy 名 C (船室の乗客や高級船員付きの)給仕, キャビンボーイ.

cábin clàss 名 U (客船の) 2 等《first class と tourist class の中間》.

cábin crèw 名 C 〈単数形で複数扱いもある〉(旅客機の)客室乗務員《全員》.

cábin crùiser 名 C (居室, 調理室などを完備した)大型モーターボート.

‡**cab·i·net** /kǽbənət/ 名 (複 **~s** /-ts/) C 【小さい戸棚】 **1** **飾り戸棚**; 戸棚; (ラジオ, テレビなどの)キャビネット. a china ~ 陶磁器を飾る戸棚. **2**【飾り戸棚用のサイズ】キャビネ(版の写真); 〈形容詞的〉キャビネ版の.
【小さい個室】 **3** 〈単数形で複数扱いもある〉〈しばしば C-〉 **内閣**;〘英〙閣議;〘米〙(大統領の)顧問団. a ~ minister〘英〙閣僚《minister には閣内相と閣外相があるが, これは閣内相のことを指す》. a ~ reshuffle〘英〙内閣改造. discuss the issue ⌞in a meeting of the ~ [〘英〙in ~] その問題を閣議で討論する.
4〘古〙私室. [cabin, -et]

cábinet·màker 名 C 家具師, 家具職人.

cábinet·wòrk 名 U **1** 〈集合的〉(家具師の作った)家具. **2** (家具師による)家具製造(の技術).

cábin fèver 名 U 〘米〙キャビン熱《特に冬期の悪天候のため家に閉じこもることから来る異常心理》.

‡**ca·ble** /kéib(ə)l/ 名 (複 **~s** /-z/) C **1** (針金又は麻などの)**太綱**, **綱索**. **2** **ケーブル線**《海底電線, 地下電線などの被覆電線》. **3** ＝cablegram. by ~ 海外電報で. **4**〘海〙錨綱(いかりづな); ＝cable('s) length. **5** ＝cable television.
── 動 他 **1** を綱索でつなぐ. **2** (**a**) に海外電報を打つ; VO (~ *that* 節/"引用") ..ということを/「..」と海外電報を打つ. (**b**) VOO (~ X Y/X *that* 節["引用"]) X に Y を/X に..ということを[「..」と]海外電報で打つ[送る]. ~ her some money 電信為替で彼女に少し金を送る. (**c**) VOO (~ X *to do*) X に..するように電報を打つ. I ~*d* him *to* wait. 彼に待つようにと電報を打った. **3** 〔家庭など〕に有線テレビを流す; 〔地域など〕を有線テレビでカバーする.
── 自 海外電報を打つ.
[<後期ラテン語「綱」(<ラテン語「捕える」)]

cáble càr 名 C ケーブルカー; ロープウェー.

cáble·gràm 名 C 海外電報, 海底電信.

cáble('s) lèngth 名 C 〘海〙1 鏈(れん)《距離の単位; 普通, 米国で 219.5 メートル, 英国で 185.4 メートル》.

cáble ràilway 名 C ケーブル鉄道《ケーブルカーを走らせる鉄道》.

cáble stìtch 名 U 綱模様編み.

càble télevision [TV́] 名 U 有線テレビ《普通のテレビは broadcast television と言う; 略 CATV》.

cáble·wày 名 (複 **~s**) C (空中に張った太綱を用いる)ロープウェー (→aerial cableway).

cáb·man /-mən/ 名 (複 **-men** /-mən/) C タクシーの運転手; (辻(つじ)馬車の)御者.

ca·boo·dle /kəbúːdl/ [名] [U] 〈普通 the whole ～として〉〘俗〙(人, 物の)全部, 全員.
ca·boose /kəbúːs/ [名] [C] **1** (商船の)料理場. **2**〘米〙(貨物列車最後尾の)乗務員専用車両.
Cab·ot /kǽbət/ [名] カボット **1 John ～** (1450–98)《イタリアの航海家; 英国王 Henry 7 世の後援で米大陸沿岸を Labrador まで探検 (1497–8)》.
2 Sebastian ～ (1476?–1557)《1 の息子で航海家・地図製作者》.
cáb rànk [名]〘英〙=cabstand.
cab·ri·o·let /kæ̀briəléi/ [名] [C] **1** コンバーチブル・クーペ《折りたたみ式の幌屋根付き》. **2** 1 頭立て 2 輪幌馬車. [<フランス語「ヤギの跳躍」; 軽快な動きを形容して]
cáb·stànd [名] [C] 〘米〙タクシー乗り場 (〘英〙cab [taxi] rank).
ca'can·ny /kɔːkǽni/ [名] [U] 〘英〙(労働者の)怠↑「業, サボタージュ
ca·ca·o /kəkáu, -kéiou|-káːou/ [名] (複 ～s) [C] カカオ《実 (**cacáo bèan**) はココア・チョコレートの原料》. [<中米先住民語]
cach·a·lot /kǽʃəlòu|-lɔ̀t/ [名] =sperm whale.
‡**cache** /kæʃ/ [名] [C] **1** (食料, 盗品, 宝物などの)隠し場所; 隠匿物. **2**〘電算〙キャッシュメモリー (**cáche mèmory**)《頻繁に使用するデータを蓄えておく高速メモリー》. ── [動] [他] **1** を貯蔵する; を隠匿する. **2** 〔データ〕をキャッシュメモリーに入れる. [<フランス語「隠す」]
ca·chet /kæʃéi|´-/ [名] **1** [C] (良質, 本物であることを示す)特徴, 印. **2** [U] 尊敬; 威信, 名声 (prestige). **3** (内服薬の)カプセル. [フランス語「封印」]
ca·chou /kəʃúː, kǽʃuː/ [名] [C] 口中香錠.
cack·hand·ed /kæ̀khǽndəd [移]/ [形] **1**〘英・オース話〙左利きの. **2** 不器用な.
cack·le /kǽk(ə)l/ [動] [自] **1** 〔めんどりが〕くわっくわっと鋭く高鳴きする. **2** きゃっきゃっと笑う; きゃっきゃっとかん高い声でしゃべる.
── [名] [UC] **1** cackle すること; cackle する音. **2** くだらないおしゃべり. ***cùt the cáckle***〘英話〙〈命令形で〉くだらないおしゃべりはやめろ, 黙れ.
▷**cack·ler** [名] [C] おしゃべり《人》.
ca·cog·ra·phy /kəkɑ́grəfi|-kɔ́g-/ [名] [U] **1** 悪筆 (↔calligraphy). **2** 誤つづり (↔orthography).
ca·coph·o·nous /kækɑ́fənəs, kə-|-kɔ́f-/ [形] 耳ざわりな; 不協和音の.
ca·coph·o·ny /kækɑ́fəni, kə-|-kɔ́f-/ [名] (複 **-nies**) [UC] 耳ざわりな音; 不協和音. [ギリシア語 *kakós*「悪い」, -phony]
†**cac·tus** /kǽktəs/ [名] (複 ～, ～**·es**, **cac·ti** /-tai/) [C] 〘植〙サボテン (★複 cacti は主に科学用語). [<ギリシア語「カルドン」(アザミに似た植物)]
CAD computer-aided design.
cad /kæd/ [名] [C] 〘旧話〙下劣な男, 野卑なやつ. [<*cad*die]
ca·dav·er /kədǽvər|-déi-/ [名] [C] 死骸(がい), (特に解剖用の)死体. [<ラテン語「倒れた物」]
ca·dav·er·ous /kədǽv(ə)rəs/ [形] 死人のような; 青ざめた; やせこけた. make a ～ grin ぞっとさせるようににやりと笑う. ▷～**·ly** [副]
CAD/CAM /kǽd kǽm/ [名] [U] コンピュータ利用によるデザインと生産《複雑な配線図を作ったり, 機械部品をデザインしたりする; <*c*omputer-*a*ided *d*esign/*c*omputer-*a*ided *m*anufacturing》.
‡**cad·die** /kǽdi/ 〘ゴルフ〙[名] [C] キャディー.
── [動] (～**s**|[過] [過分] ～**d**|**-dy·ing**) [自] キャディーを務める 〈*for* ..の〉. [<スコットランド英語「雑用係」]
cáddie càr [**càrt**] [名] [C] (ゴルフ道具を運ぶ)手押し車.
cád·dis flỳ /kǽdəs-/ [名] [C] 〘虫〙トビケラ.
cad·dish /kǽdiʃ/ [形] 〘旧話〙下劣な, 野卑な.
▷～**·ly** [副] ～**·ness** [名] 「りのえさ》.
cád·dis wòrm /kǽdəs-/ [名] [C] トビケラの幼虫《釣↑
cad·dy[1] /kǽdi/ [名] (複 **-dies**) [C] **1** (茶などを入れる)小箱, 茶入れ, (tea caddy); 小物入れ; 鉛筆立てなど. **2** 〈C-〉=Cadillac.
cad·dy[2] [名], [動] =caddie.
ca·dence /kéid(ə)ns/ [名] [UC] **1** (詩, 談話, 舞踏, 自然, 音などの)リズム; 抑揚, 律動; 韻律. **2** (文末の)声の下降. **3**〘楽〙終止法. [<ラテン語 *cadere*「下降する」]
ca·denced /-t/ [形] 律動的な, リズミカルな.
ca·den·za /kədénzə/ [名] [C] 〘楽〙(特に協奏曲の)カデンツァ, 終止装飾,《楽章の終わり近くに入れる独奏楽器の技巧的な部分》. [イタリア語; →cadence]
ca·det /kədét/ [名] [C] **1** (陸・海・空軍の)士官学校生徒; 警察学校の生徒. **2** 次男以下の息子. **3** cadet corps の 1 員. [フランス語「若者」] ▷～**·ship** [名] [U] cadet の身分.
cadét còrps [名] [C] (複 ～ /-z/) 〘英〙(一般の学校での)軍事教練部隊.
cadge /kædʒ/ [動] [自] 物乞(ご)いする, ねだる, 〈*from*, *off* ..〔人〕に/*for* ..を〉. ～ *for* a lift home 家まで車に乗せて欲しいとせがむ. ── [他] 〔金, 食事など〕をたかる 〈*from*, *off* ..〔人〕に〉. He comes here to ～ free meals (*from* us). 彼はここへ(我々に)食事をたかりに来る.
cadg·er /kǽdʒər/ [名] [C] たかり屋, 物乞(ご)いする人.
Cad·il·lac /kǽdəlæ̀k/ [名] [C] **1**〘商標〙キャデラック《米国 General Motors 社製の高級自動車》. **2**〘米話〙(同種製品中の)最高級品, 王者. the ～ of fax machines ファックスの最高級機種.
Cá·diz /kədíz/ [名] カディス《スペイン南西部の大西洋に臨む港市; 昔, アメリカ大陸との交易の中心地だった》.
Cad·me·an /kædmíːən/ [形] 〘ギ神話〙カドモス (Cadmus) の. a ～ victory カドモスの勝利《多大の犠牲を払って得た勝利; →Pyrrhic victory》.
cad·mi·um /kǽdmiəm/ [名] [U] 〘化〙カドミウム《金属元素; 記号 Cd》.
càdmium céll [名] [C] カドミウム電池.
càdmium súlfide [名] [U] 硫化カドミウム《黄色の結晶; 主として顔料用》.
càdmium yéllow [名] [U] カドミウム黄, 鮮黄色.
Cad·mus /kǽdməs/ [名] 〘ギ神話〙カドモス《竜を退治してテーベ (Thebes) を建設したフェニキアの王子》.
‡**ca·dre** /kǽdri|kɑ́ːdə/ [名] [C] 〈単数形で複数扱いもある〉(軍隊, 政党, 企業などの中核を成す)幹部; 中核グループ. [フランス語「枠組み」(<ラテン語「正方形」)]
ca·du·ce·us /kəd(j)úːsiəs/ [名] (複 **ca·du·ce·i** /-siài/) [C] 〘ギ神話〙神々の使者 Hermes [〘ロ神話〙Mercury] の杖(つえ)《2 匹の蛇が巻きつき上に 2 枚の翼がついた杖; 医術の象徴》.
CAE computer-aided engineering.
cae·cum /síːkəm/ [名] 〘英〙=cecum.
Caer·nar·fon, -von /kɑːrnɑ́ːrv(ə)n|kən-/ [名] カーナーヴォン《北部ウェールズの港町; 13 世紀建設の古城があり, ここで Prince of Wales の立太子式が行われる》.
Caer·phil·ly /keərfíli/ [名] [U] カーフィリー(チーズ)《ウェールズ産の白いクリームチーズ; 産地名から》.
Cae·sar /síːzər/ [名] **1 Gaius Julius ～** シーザー (100–44 B.C.)《ローマの将軍・政治家; →July の語源, Rubicon, suspicion (成句)》. **2** [C] ローマ皇帝《Augustus から Hadrian までの, また神聖ローマ帝国皇帝の称号》. **3** [C] 〈又は c-〉皇帝; 独裁者.
Cae·sar·e·an, -i·an /si(ː)zé(ə)riən/ [形] シーザーの; 皇帝の; 独裁君主的な. ── [名] =Caesarean section.
Caesàrean séction [名] [C] 〘医〙帝王切開(術)《Caesar がこの方法で生まれたとされる》.
Cae·sar·ism /síːzəriz(ə)m/ [名] [U] 独裁君主制, 帝

国主義. ▷**Cae·sar·ist** 名

Caesar salad /⸗⸗⸗|⸗⸗⸗/ 名 UC シーザーサラダ《オリーヴ油を使った野菜サラダの一種; メキシコのレストラン Caesar's から》.

cae·si·um /síːziəm/ 名 ＝cesium.

cae·su·ra /si(ː)ʒú(ə)rə|-zjú-/ 名 (複 **~s, cae·su·rae** /-riː/) C **1**〖韻律学〗行間休止《詩の1行の中での休止》. **2**〖章〗休止, 中断. [ラテン語「切断」]

CAF, caf cost and freight.

***ca·fé, ca·fe** /kæféi, kə-|kǽfei/ 名 C **1** コーヒー店, 喫茶店. **2** レストラン, 軽食堂. **3**〖米〗バー, キャバレー, ナイトクラブ. [フランス語「コーヒー(店)」]

café au lait /kæfèi-ou-léi|⸗⸗⸗⸗/ 名 U カフェオレ《牛乳が等量ぐらい入ったコーヒー》. [フランス語 'coffee with milk']

café noir /kæfèi-nwɑ́ːr/ 名 U ブラックコーヒー. [フランス語 'black coffee']

***caf·e·te·ri·a** /kæfətí(ə)riə/ 名 (複 **~s** /-z/) C カフェテリア《セルフサービスの簡易食堂》. [中南米スペイン語「コーヒー店」]

caf·e·ti·ere /kæfətjéər/ 名 C カフェティエール《コーヒーポットの一種; 金属製フィルターでポットの底のコーヒー粉を押さえる方式》.

caff /kæf/ 名 C〖英話〗軽食堂, スナック, (café).

‡**caf·fein(e)** /kǽfiːn|⸗⸗/ 名 U〖化〗カフェイン.

caf·tan /kǽftən/ 名 C カフタン《中近東の国々の男子が着る帯 (sash) つき長袖(そで)のゆったりした服》; カフタン風の女性用の服. [<ペルシア語]

***cage** /keidʒ/ 名 (複 **cág·es** /-əz/) C **1** 鳥かご; (獣の)檻(おり). **2**【檻に似たもの】エレベーターの箱; (格子で囲った) 出納係の窓口; (鉱山の)巻き上げかご, ケージ. **3** 囚人[捕虜]収容所, 刑務所.

── 動 他 をかご[檻]に入れる; を閉じ込める.

càge /../ ín 〔人〕の自由を束縛する〈しばしば受け身で〉. [<ラテン語「くぼみ, 檻」]

cáge bìrd 名 C かごに飼う鳥.

cage·ling /kéidʒliŋ/ 名 C かごに入れられた鳥.

ca·gey /kéidʒi/ 形〖話〗注意深い (careful); 用心深い, 話したがらない, 〈*about* ..のことに[を]〉.

ca·gi·ly /kéidʒili/ 副 用心深く.

ca·gi·ness /kéidʒinəs/ 名 U 用心深さ.

ca·goule /kəgúːl/ 名 C カグール《ひざまでの長さでフード付きの軽いアノラック》. [フランス語 'cowl']

ca·gy /kéidʒi/ 形 ＝cagey.

ca·hoots /kəhúːts/ 名〖話〗〈次の成句のみ〉

in cahóots (with ..) (..と)共謀して.

CAI computer-aided [-assisted] instruction.

cai·man /kéimən/ 名 (複 **~s**) C カイマン《中南米産の大形のワニ; →alligator, crocodile》.

Cain /kein/ 名 **1**〖聖書〗カイン《Adam と Eve の長男; 弟 Abel を殺した》. **2** C 兄弟殺し《人》.

ràise Cáin 〖話〗大騒ぎを起こす; かんかんに怒る.

ca·ique /kɑːíːk/ 名 C カイーク **1** トルコ Bosporus 海峡で用いられる細長いこぎ舟. **2** 東地中海で用いられる小帆船.

cairn /keərn/ 名 C **1** ケルン《石を積んだ道標, 墓碑, 記念碑》. **2** ＝cairn terrier.

cairn·gorm /kéərngɔ̀ːrm/ 名 U〖鉱〗煙水晶.

Càirngorm Móuntains 名〈the ~; 複数扱い〉ケアンゴーム山地《Scotland の the Grampians の一部を成す; **the Cairngorms** ともいう》.

cáirn tèrrier 名 C ケルンテリア《短足で毛のふさふさした小形のテリア犬; スコットランド原産》.

Cai·ro /kái(ə)rou/ 名 カイロ《エジプトの首都》.

cais·son /kéisɑn, -s(ə)n|kəsúːn, kéis(ə)n/ 名 C **1** ケーソン, 潜函(かん), 《水中工事に用いる水を通さない箱》; 浮き箱《沈没船を浮揚させるための》. **2** 弾薬運搬車《普通2輪の》. [<イタリア語「大きな箱」]

cáisson disèase 名 U ケーソン病, 潜函病.

Caith·ness /kéiθnes/ 名 ケイスネス《Scotland の旧州, 今は Highland 州の一部》.

‡**ca·jole** /kədʒóul/ 動 他 **1 (a)** 〔人〕を甘言でだます, おだてる, 丸めこむ. *Cajole* him, don't force him. 彼をおだてろ, 強制するな. **(b)** VOA (~ X ***into doing***/X ***out of doing***) X(人)をおだてて..させる/..をやめさせる. She ~*d* her father *into* agree*ing* [*out of* go*ing*]. 彼女は父を丸めこんで承知[行くのを断念]させた. **(c)** VOC (~ X ***to do***) X を丸めこんで..させる.

2 VOA (~ X ***out of ..***) ..から X(金など)をだましとる. He managed to ~ 100 dollars *out of* me. 彼はまんまと私から100ドル巻き上げた.

[<フランス語「(籠の中のカケスのように)ぺちゃくちゃしゃべる」] 「でつること, おだてること.

ca·jol·er·y /kədʒóuləri/ 名 (複 **-er·ies**) UC 甘言↑

Ca·jun /kéidʒ(ə)n/ 名 C Acadia 人の子孫《カナダの Acadia からアメリカの Louisiana へ来たフランス人の子孫》; U Acadia 語《フランス語方言の一種》.

‡**cake** /keik/ 名 (複 **~s** /-s/) **1** UC ケーキ(★個々のケーキを表すときは C). a piece of ~ ケーキ1個. a slice of ~ ケーキひと切れ. I like ~ very much. 私はケーキが大好きです. Miss Tate came in with tea and ~*s*. テイト嬢がお茶とケーキを運んで来た. a birthday ~ 誕生日祝いのケーキ.

> 連結 (a) chocolate [(a) pound, (a) sponge; (a) wedding; (a) plain, (a) rich] ~ // bake [make; frost] a ~

2 C (一定の形をした)かたまり. two ~*s* of soap 石けん2個. **3** C 丸くて平たい型にした料理(の材料)《魚やジャガイモが材料で, これを焼き又は揚げる》(→pancake).

a piece of cáke ケーキ1個 (→1);〖主に英俗〗わけもないこと.

a slìce [shàre] of the cáke 利益の分け前.

càkes and ále 人生の快楽, 物質的な楽しみ.

sèll [gò] like hót càkes →hot cake.

tàke the cáke 〖米〗[***bíscuit*** 〖英〗]〖話〗〔人(の行為)が〕(善いこと, 悪いことで)ずば抜けている; (ばかばかしさで)だれにも負けない, あきれ果てたものだ.

You cànnot hàve your cáke and éat it(, tòo). ＝***You cànnot èat your cáke and háve it.*** 〖諺〗菓子は食べたら残らない《同時に2つのうまい事はできない》.

── 動 他 VOA (~ X ***with*** Y/Y ***on*** X) Y を X に固めて付ける. His shoes were ~*d with* mud. ＝Mud was ~*d on* his shoes. 靴に泥がこびり付いた.

── 自 固まる. The starch will ~ when it dries. のりは乾くと固まる. [<古期北欧語]

cáke fòrk 名 C ケーキ用フォーク《1本のまた (prong) の幅が広い》.

cáke mìx 名 UC ケーキミックス《ケーキの材料を調合したもの》.

cáke pàn 名 C〖米〗ケーキ焼き型.

cáke tìn 名 C〖英〗**1** ＝cake pan. **2** ケーキ入れ《金属製容器; 蓋付き》.

cáke·wàlk 名 C **1** ケークウォーク《アメリカの黒人が始めたダンス; 菓子を賞品にもらったことからこの名がある; 現在はこれから転化した風変わりで複雑なステップが特徴の社交ダンス, その曲》. **2**〖米話〗たやすい仕事.

CAL, Cal /kæl/ computer-aided[-assisted] learning.

Cal. California; (large) calorie(s).

cal. calendar; caliber; (small) calorie(s).

cal·a·bash /kǽləbæʃ/ 名 C **1** ヒョウタン (gourd) などの果実. **2**〖植〗ヒョウタンノキ《ノウゼンカズラ科の高木; 熱帯アメリカ産》; その果実. **3** ヒョウタン製品《乾かした外皮で作ったつぼ, 水差し, 楽器など》. [<ペルシア語「メ

ロン」] 「所, 留置場.
cal·a·boose /kǽləbùːs, ⌐−⌐/ 名 C 〖米俗〗刑務↑
cal·a·brese /kǽləbrìːs/ 名 UC 〖英〗＝broccoli.
ca·la·di·um /kəléidiəm/ 名 C カラジウム《観葉植物》.
Cal·ais /kǽlei/ 名 カレー《フランスの港; ここから対岸の Dover までは英国への最短距離》.
cal·a·mi /kǽləmài/ 名 calamus の複数形.
cal·a·mine /kǽləmàin/ 名 U カラミン《皮膚の炎症の治療に用いるピンク色の粉末》. 「のカラミン》.
càlamine lótion 名 U カラミン・ローション《液状↑
ca·lam·i·tous /kəlǽmətəs/ 形 災難を起こす; 不幸な, 悲惨な. ▷ **~·ly** 副 悲惨なほどに.
†**ca·lam·i·ty** /kəlǽməti/ 名 (複 **-ties**) UC 悲惨な出来事; 痛ましい不幸, 災難; (類語 catastrophe より軽いが, 個人的精神的な苦しみを強調; →disaster). [＜ラテン語「災い」]
Calàmity Jáne 名 カラミティジェーン《Martha Jane Burke (1852?–1903) のあだ名; 米国辺境地で射撃・乗馬の名手として有名だった女性》.
cal·a·mus /kǽləməs/ 名 C (複 **calami** /-mài/) **1** 〖植〗トウ(籐); ショウブ. **2** 〖動〗羽の翮(かく) (quill).
ca·lan·do /kəlǽndou/ 形, 副 〖楽〗次第に緩やかな[に], 次第に弱い[く]. [イタリア語 'slackening']
ca·lash /kəlǽʃ/ 名 C **1** カラッシュ《18 世紀の 4 人乗りのほろ付き馬車》; カラッシュのほろ. **2** カラッシュ《18 世紀のほろ型婦人帽》.
cal·car·e·ous, cal·car·i·ous /kælké(ə)riəs/ 形 (炭酸)カルシウム[石灰]の.
cal·ces /kǽlsiːz/ 名 calx の複数形.
cal·cic /kǽlsik/ 形 カルシウム[石灰]の[を含んだ].
cal·cif·e·rol /kælsífəròul|-rɔ̀l/ 名 U 〖生化〗カルシフェロール《ビタミン D_2》. 「を含む.
cal·cif·er·ous /kælsíf(ə)rəs/ 形 (炭酸)カルシウム↑
cal·ci·fi·ca·tion /kælsəfikéiʃən/ 名 U **1** 石灰化. **2** 〖生理〗石灰沈着.
cal·ci·fy /kǽlsəfài/ 動 (**-fies**|過 過分 **-fied**|**~·ing**) 他, 自 (を)石灰化する; (を)骨化[硬化]させる[する].
cal·ci·mine /kǽlsəmàin/ 名 U カルシミン《白色系壁塗料の一種》. ── 動 他 〔壁など〕にカルシミンを塗る.
cal·ci·na·tion /kælsənéiʃən/ 名 U **1** 〖化〗煆焼(かしょう); (石灰)焼成. **2** 〖冶金〗焼鉱法.
cal·cine /kǽlsain, −⌐/ 動 他 を焼いて生石灰にする; を煆焼(かしょう)する; を焼いて灰[粉]にする. ── 自 焼けて生石炭になる; 焼けて灰[粉]になる.
cal·cite /kǽlsait/ 名 U 〖鉱〗方解石.
*__cal·ci·um__ /kǽlsiəm/ 名 U 〖化〗カルシウム《金属元素; 記号 Ca》. [ラテン語 *calx*「石灰」, -ium]
càlcium cárbide 名 U 炭化カルシウム.
càlcium cárbonate 名 U 炭酸カルシウム.
càlcium hydróxide 名 U 水酸化カルシウム, 消石灰.
càlcium óxide 名 U 酸化カルシウム, 生石灰.
cal·cu·la·ble /kǽlkjələb(ə)l/ 形 **1** 計算できる. **2** 予想しうる, あてになる, 〔事実, 変化など〕.
*__cal·cu·late__ /kǽlkjəlèit/ 名 動 (**~s** /-ts/|過 過分 **-lat·ed** /-əd/|**-lat·ing**) 他 【総計を出す】 **1** VO (~ X/*that* 節/*wh* 節) Xを/..ということを/..かを**計算する**; を算定する, 算出する; (類語 複雑で精密な計算過程を連想させる; →count¹). ~ the bill 勘定書を計算する. ~ the velocity of light 光の速度を算出する. ~ *what* the cost will be 費用がどれほどかかるかを計算する.
【見積もる】 **2** VO (~ X/*that* 節/*wh* 節) Xを/..ということを/..かを**予想する**, と推定する; 〖米話〗 と**思う** (suppose). I ~ he'll be here again tonight. 彼は今夜も又ここに来ると思う. **3** 【計画する】 を念入りに計画する, もくろむ, 〈普通, 受け身で〉 (→calculated).
── 自 **1** 計算を行う. **2** VA (~ *on* [*upon*] ..) ..をあてにする, 期待する. We ~*d on* a fine day, but it rained. いい天気だと期待していたが雨だった. Don't ~ *on* me [my] helping you. 私に助けてもらえるとあてにするな. [＜ラテン語 *calculus*「(そろばん計算用の)小石」]
‡**cál·cu·làt·ed** /-əd/ 形 **1** 計算ずくの, 計画的な, 故意の. a ~ act of treachery 計画的な裏切り行為. a ~ risk 危険を承知の上での賭(か)け. **2** 〈叙述〉意図された (designed); 適した; 〈*for* ..に/*to* do ..するよう〉. movies ~ *for* the young 青少年向きの映画. The college is ~ *to* receive [~ *for* the reception of] 1,000 students. この大学は千名の学生を受け入れるように予定されている. **3** 〈叙述〉 ..しそうで 〈*to* do〉 (likely). Listening to good music is most ~ *to* soothe your mind. よい音楽を聞くのが一番心を安らげてくれる.
▷ **~·ly** 副
‡**cál·cu·làt·ing** 形 〖普通, 軽蔑〗抜け目のない; 打算的な. He is a cold, ~ man. 彼は冷たい計算ずくの男だ.
‡**cálculating machìne** 名 C 計算器《電卓など》.
*__cal·cu·la·tion__ /kælkjəléiʃən/ 名 (複 **~s** /-z/) UC **1 計算**(すること); 計算法; 計算(の結果). make a ~ 計算する. tax ~*s* (申告のための)税額の算出. **2 予想**, 推定. beyond ~ 予想がつかない. **3 慎重な計画**, 熟慮; 打算. After much ~ they agreed to our proposal. 彼らは熟慮の末我々の提案に同意した. He approached me with cold ~. 彼は冷たい計算ずくで私に近づいた.
cal·cu·la·tive /kǽlkjulèitiv, -lət-/ 形 **1** 計算上の. **2** 計画的な. **3** 抜け目のない; 打算的な.
‡**cal·cu·la·tor** /kǽlkjəlèitər/ 名 C 計算者; 計算器《特に小型のもの》. an electronic ~ 電子計算器《特にポケット型のもの》.
cal·cu·lus /kǽlkjələs/ 名 (複 **cal·cu·li** /-lài/, **~·es** /-əz/) **1** U 〖数〗微積分学. differential ~ 微分学. integral ~ 積分学. **2** C 〖医〗結石. [ラテン語; →calculate]
Cal·cut·ta /kælkʌ́tə/ 名 カルカッタ《インド北東部, West Bengal 州の港市で州都》.
cal·de·ra /kældé(ə)rə/ 名 C 〖地〗カルデラ《火山爆発でできた大窪(くぼ)地》. [cauldron と同源]
cal·dron /kɔ́ːldrən/ 名 〖主に米〗＝cauldron.
Cal·e·do·ni·a /kæ̀lədóuniə/ 名 カレドニア《Scotland の古代ローマ名》.
Cal·e·do·ni·an /kæ̀lədóuniən/ 形 カレドニアの; スコットランドの; (★団体名などに用いる以外は普通 〖戯〗). ── 名 C カレドニア人; スコットランド人.
Caledònian Canál 名 〈the ~〉カレドニア運河《スコットランド北部で大西洋と北海を結ぶ; 1822 年開通》.
*__cal·en·dar__ /kǽləndər/ 名 (複 **~s** /-z/) C **1 カレンダー; 年中行事表**; (→almanac). a desk ~ 卓上カレンダー. a university ~ 大学年中行事一覧. **2 暦**, 暦法. →Gregorian ~, Julian ~, lunar ~, solar ~. **3** 〖法〗訴訟事件表; 〖米〗議事日程表. ── 動 他 をカレンダー[日程表]に記載する.
on the cálendar 暦にのって; 日程にのぼって. What's *on the* ~ for today? 今日は何が日程にのっているか.
[＜ラテン語「(支払いの)計算簿」; 朔日(ついたち) (calends) は勘定の区切りの日だったことから]
càlendar mónth 名 C 暦月《ある月の 1 日から月末までのひと月; →lunar month》.
càlendar yéar 名 C 暦年《1 月 1 日から 12 月 31 日まで; →fiscal year》. It is rarely that we have two general elections in a single ~. 同じ年のうちに 2 度総選挙があるのは珍しい.
cal·en·der /kǽləndər/ 名 C 光沢機, カレンダー, 《紙, 布などをロールにかけて圧搾し, なめらかにしたり, つや出しをする機械》. ── 動 他 (光沢機で) をつや出しする; を光沢機にかける.

cal·ends /kǽlendz/ 名 〈時に C-; 単複両扱い〉(古代ローマ暦の)朔日(ついたち). ***on*** [***till***] ***the Grèek cálends*** 永久に..ない《古代ギリシア暦には calends という日がなかったことから》. [<ラテン語; →calendar]

*__calf__[1] /kæf|kɑːf/ 名 (複 **calves** /kævz|kɑːvz/) **1** C 子牛《肉は veal; →ox 参考》. **2** C (アザラシ, 鯨, イルカ, 象, シカなどの)子. **3** =calfskin. **4** 《米話》どじな青二才.

kill the fàtted cálf 〔永く不在だった人に〕特別のごちそうを用意する, とびきり歓待する, 《聖書から》.

with [***in***] ***cálf*** 〔動物が〕子をはらんで(いる).

[<古期英語]

calf[2] 名 (複 **calves** /kævz|kɑːvz/) C ふくらはぎ. [<古期北欧語]

cálf lòve 名 U おさな恋《思春期の男女の一時的な》(puppy love).

cálf·skìn 名 U 子牛の皮; カーフスキン《子牛のなめし革; 高級皮革》.

Cal·ga·ry /kǽlgəri/ 名 カルガリー《カナダ Alberta 州南部の都市》.

Cal·i·ban /kǽləbæ̀n/ 名 キャリバン《Shakespeare 作 *Tempest* に登場する獣人》.

‡**cal·i·ber** 《米》, **cal·i·bre** 《英》 /kǽləbər/ 名 **1** C (銃砲の)口径; (弾丸, 円筒などの)直径. a 50-〜 machine-gun 50 口径の機関銃《口径 0.5 インチ》.

2 aU (質, 能力の)水準, 程度; 力量, 才能. a person of minister 〜 大臣級の人物.

[<アラビア語「(靴屋の)鋳型」]

cal·i·brate /kǽləbrèit/ 動 他 〔温度計など〕に目盛りをつける, の目盛りを修整する; 〔銃砲〕の口径を測定する.

càl·i·brá·tion 名 U 目盛り検定; 口径測定.

cal·i·bra·tor /kǽləbrèitər/ 名 C 目盛り検定器; 口径測定器.

cal·i·bre /kǽləbər/ 名 《英》 =caliber.

cal·i·co /kǽləkòu/ 名 (複 〜(e)s) UC **1** 《米》さらさ《色模様をプリントした綿布》. **2** 《英》キャラコ, 白かなきん《白の綿布の一種》. ── 形 **1** キャラコ[さらさ]の. **2** 《米》さらさ模様の; ぶちの. a 〜 cat ぶち猫. [<原産地 *Calicut* (インド西海岸の都市)]

Calif. California.

ca·lif /kéiləf, kǽl-/ 名 (複 〜s) =caliph.

*__Cal·i·for·nia__ /kæ̀ləfɔ́ːrnjə/ 名 カリフォルニア《米国太平洋沿岸の州; 俗称 the Golden State; 州都 Sacramento; 略 CA 《郵》, Cal., Calif.》. [スペイン語; 寓話に出て来る島の名]

Califòrnia cóndor 名 C カリフォルニアコンドル《カリフォルニア南部山岳地帯産; 国際保護鳥》.

Cal·i·for·nian /kæ̀ləfɔ́ːrnjən/ 形 カリフォルニア州の. ── 名 C カリフォルニア州人.

Califòrnia póppy 名 C 《植》ハナビシソウ《ケシ科; カリフォルニア州の州花》.

Califòrnia Tráil 名 〈the 〜〉カリフォルニア山道《1848 年にカリフォルニアで金が発見されてから移住者で賑わった東部からサンフランシスコに至る山道》.

cal·i·for·ni·um /kæ̀ləfɔ́ːrniəm/ 名 C 《化》カリフォルニウム《放射性元素; 記号 Cf》.

Ca·lig·u·la /kəlígjələ/ 名 カリグラ (12–41)《暴虐で有名なローマ帝国皇帝 (37–41)》.

cal·i·per /kǽləpər/ 名 C 〈普通 〜s〉 **1** カリパス《小さい物体の厚さ, 内径などを測るコンパス型の道具》. a pair of 〜*s* カリパス 1 丁. **2** 《医》(金属製の)脚の副え木.

ca·liph /kéiləf, kǽl-/ 名 C 〈しばしば C-〉カリフ, ハリハ, 《マホメットの後継者としてのイスラム教国の首長, 教主の称号》. [<アラビア語「後継者」]

ca·li·phate /kéiləfèit, kǽl-/ 名 UC caliph の地位[職, 任期, 領地].

cal·is·then·ic /kæ̀ləsθénik/ 形 美容[柔軟]体操の.

càl·is·thén·ics 名 《米》〈単数扱い〉美容体操法; 〈複数扱い〉美容[柔軟]体操. [<ギリシア語 *kállos*「美」+*sthénos*「力」, -ics]

calk[1] /kɔːk/ 動 =caulk.

calk[2] 名 C (蹄鉄や靴底の)すべり止め金[くぎ]. ── 動 他 にすべり止めのくぎを打ちつける.

‡**call** /kɔːl/ 動 (〜s /-z/|過 過分 〜ed /-d/|**cáll·ing**) 他

【大声で呼ぶ】 **1 (a)** を(**大声で**)**呼ぶ**; 〔名簿など〕を(**大声で**)**読みあげる**; VO (〜 "引用")「..」と叫ぶ; 〈*out*〉. He 〜*ed* (*out*) my name. 彼は私の名前を呼んだ. Mother is 〜*ing* me home. 母は家に帰れと私を呼んでいる. The teacher 〜*ed* the roll. (出欠簿を読んで)先生は出欠を取った (→roll call). "Hi, guys, "he 〜*ed* (*out*).「やあ, みんな」と彼は叫んだ. **(b)** (鳴き声をまねるなどして)〔鳥獣〕を呼び寄せる.

2 (a) 〔人など〕を**呼び寄せる**, 招く, に来てもらう; を召喚する; 〔会〕を召集する. An expert was 〜*ed* for advice. 意見を聞くために専門家が一人招かれた. dissolve Parliament and 〜 a general election 議会を解散し総選挙を行う. 〜 the police [a doctor, a taxi, an ambulance] 警察[医者, タクシー, 救急車]を呼ぶ. be 〜*ed* to the head office 本社詰めになる. The prosecution 〜*ed* six more witnesses. 検察側はさらに 6 人の証人を召喚した.

(b) VOO (〜 X Y)・VOA (〜 Y ***for*** X) X (人)のために Y を呼ぶ. *Call* me a taxi. =*Call* a taxi *for* me. タクシーを呼んで.

3【呼び出す】**(a)** 《主に米》 に**電話をかける**, 〔..番〕にかける, (《主に英》 ring); 〔医者, 警察など〕を電話で呼ぶ. Did you 〜 me last night? ゆうべ私に電話をくれましたか. *Call* (us at) 392–4865. (当方) 392–4865 番へお電話ください. She 〜*ed* me to say that .. 彼女は電話で..と言ってきた. **(b)** 《電算》〔サブルーティン〕を呼び出す.

【呼び起こす】 **4** (呼んで)を**起こす**; の目を覚まさせる. *Call* me at four. I must take the first train. 4 時に起こしてください, 一番電車に乗らなければならないので.

5 VOA (〜 X ***from*** ..) X を〔眠りなど〕から呼びさます[起こす]; (〜 X ***to*** ..) X (注意など)を喚起して..に向ける. 〜 a person *from* his thoughts 人をもの思いから呼びさます. No one 〜*ed* my attention *to* it. だれもそのことに気づかせてくれなかった.

【呼ぶ>命名する】 **6** VOC (〜 X Y) X を Y と呼ぶ[名づける, 称する]. She 〜*ed* the kitten Jaguar. 彼女は子猫をジャガーと名づけた. The kitten is 〜*ed* Jaguar. その子猫はジャガーという名である. His name was Walter, but he was 〜*ed* Walt. 彼の名はウォルターだったがウォルトと呼ばれていた. She was 〜*ed* Alice *after* her aunt. 彼女はおばの名を取ってアリスと名づけられた.

7 VOC (〜 X Y) X を Y と言う[考える, みなす, 思う].My friend 〜*ed* me a coward. 友人は私のことを臆(おく)病者だと言った. I 〜 that unfair. それは不公平というものだ.

【宣言する】 **8 (a)** (叫んで)を命じる; 〔ゲーム〕を中止させる《天候や競技場の都合で》. 〜 a halt 停止を命じる. 〜 a strike ストライキを指令する. The game was 〜*ed* on account of a sudden rainstorm. 突然の暴風雨のため試合はコールドゲームになった《後日, 再試合を行う; → suspend 3 の最後の例》. **(b)** VOC (〜 X Y) X を Y と判定する.The umpire 〜*ed* the pitch a strike. 審判員は投球にストライクを宣した.

9 〔表か裏か〕を言い当てる《コイン投げで》; (..の結果を)を予測する. **10** 《オース・ニュー》〔競馬など〕の実況放送をする.

【要求する】 **11** 《主に米》 VOA (〜 X ***on*** ..) X (人)に..について根拠[釈明など]を求める; X (人)を..のことで非難する.

12 〔借金など〕の返済[償還]を求める. **13** 《トランプ》〔札〕

を要求する,〔相手〕に持ち札の公開を要求する.
── ⓐ **1** (大声で)**呼ぶ, 叫ぶ**〈*out*〉; **呼びかける**;〔動物が〕**鳴く**. I ～*ed* (*out*) *to* him to stop, but he didn't hear me. 彼に止まるように叫んだが彼には聞こえなかった.
2〖主に米〗**電話をかける**. Who's ～*ing*, please? 失礼ですが, どなたですか《電話で》. Thanks for ～*ing*. お電話くださってありがとう《電話を切る時に言う》. Tom ～*ed* to say that he'd come tomorrow. トムは明日来ると電話で言ってきた.
3 訪問する, ちょっと訪れる; Ⓥⓐ (～ *at* ..)〔家, 駅, 港など〕に立ち寄る, 停車する, 寄港する. I hope you will ～ again. またお訪ねください. ～ on .., ～ by →成句. ～ *at* John's house ジョンの家に立ち寄る. The train didn't ～ *at* any of the stations before Oxford. その列車はオックスフォードまで途中駅に立ち寄らなかった.
4 (表か裏かを)言い当てる《コイン投げで》.
5〖トランプ〗持ち札(の公開)を求める; 同額の賭(か)けに応じる.
càll /../ áway ..を呼び出す; (他の場所に)..を行かせる. I was ～*ed away* by urgent business. 急用でよそへ行かなければならなくなった.
càll báck (1) 再度訪問する, 出直す. (2) 大きな声で答える, 叫び返す. (3) 折り返し[後でもう一度]電話する.
****càll /../ báck*** (1) **..を呼び戻す**. He was ～*ed back* from his trip. 彼は旅行から呼び戻された. (2) (返事のため)**..にあとから電話をかけ直す**. *Call* her *back* later today. 今日あとで彼女に(こっちから)電話をかけなさい. (3)〔約束など〕を取り消す.
càll bý 〖話〗(通りがかりに)立ち寄る〈*at* ..に〉. I ～*ed by at* the post office on my way to work. 仕事に行く途中で郵便局に立ち寄った.
càll /../ dówn (1) 降りて来いと〔人〕に呼びかける; ..を(神に)祈り求める. ～ *down* curses *on* a person's head 人に天罰が下るように祈る. (2)〖米俗〗..を叱(しか)る;〖英俗〗..をこきおろす.
****cáll for ..*** (1) **声をあげて..を求める**. ～ *for* help 大声で助けを求める. ～ *for* quiet 静かにしろと叫ぶ. (2) **..を持ってこいと命じる**. I ～*ed for* the bill. 私は勘定書を持ってきてくれと言った. (3) **..を要求する**, 要請する. ～ *for* an immediate cease-fire 即時停戦を要求する. (4) **..を必要とする**. This recipe ～*s for* a pound of butter. この料理にはバターが1ポンド必要だ. Mastering a foreign language ～*s for* patience. 外国語の修得には忍耐が必要だ. (5)〔人〕を誘いに立ち寄る;〔物〕を取りに行く. I'll ～ *for* you at ten. 10時にあなたを誘いに行きます. To be left till ～*ed for*. (郵便物の)局留め. (6)〖米〗..を予報する (predict). The forecast ～*ed for* thunderstorms. 予報は雷雨だった.
càll /../ fórth 〔勇気など〕を奮い起こす; ..を呼び起こす;〔軍隊など〕を動員する.
càll ín (1) ちょっと立ち寄る, 訪ねる,〈*at*, *to* ..に/*on* ..を〉. (2)〖米〗(会社などに)電話をかける. ～ *in* sick 病気で休むと(勤め先に)電話を入れる.
****càll /../ ín*** (1)〔通貨〕を**回収する**,〔貸し出した図書, 貸し金など〕の返却を求める. ～ *in* overdue books 貸し出し期限の切れた本の返却を求める. (2)〔助言など〕を**求める**;〔人〕に来てもらう. *Call* the doctor *in* immediately. すぐにお医者さんを呼びなさい.
****càll /../ óff*** (1) を呼んで引き離す. *Call off* your dogs. 犬を呼んで私から離してください. (2)〔予定されたこと〕の中止を宣言する;〔約束など〕を**取り消す**. ～ *off* a strike ストライキを中止する. The game was ～*ed off* because of bad weather. 悪天候のためゲームは中止された. (3)〔名前など〕を順に読み上げる.
****cáll on* [*upon*] ..** (1)〔人〕**を訪問する** (→ⓐ 3). I'll ～ *on* him tomorrow. 明日彼を訪ねるつもりだ. (2) **..に頼む**, 訴える, 要求する,〈*for* ..を/*to* do ..するよう〉. Can I ～ *on* you *for* five dollars? 5ドルお借りできませんか. He ～*ed upon* God *for* help [*to* help him]. 彼は神に加護を祈った. Each member was ～*ed upon to* speak. 会員は各人発言を求められた.
****càll óut*** **大声で叫ぶ**, どなる,〈*to* ..に向かって〉(→ⓐ 1).
càll /../ óut (1) ..を大声で呼ぶ (→ⓣ 1(a)). (2)〔軍隊など〕を出動させる, 召集する; ..を狩り出す. ～ *out* the army 軍隊を出動させる. be ～*ed out* on strike ストライキに参加するよう指令される. (3)〔能力など〕を引き出す. (4)〖米・英古〗に決闘をいどむ.
càll óver ぶらりと立ち寄る.
càll /../ óver (1)〔名簿など〕を読み上げ(て点呼す)る. (2)〔人〕を呼び寄せる.
càll róund ＝CALL in.
càll .. to mínd →mind.
****càll /../ úp*** (1) **..を電話に呼び出す**; **..に電話をかける**. (2)〔物事が記憶〕**を呼び戻す**; ..を思い出させる. This picture ～*s up* some bad memories for me. この絵は私に嫌な記憶を思い出させる. (3) (軍務などに)..を召集する.
cáll upon .. ＝CALL on ...
Dòn't call ús, wè'll call yóu. 〖話〗こちらからご連絡します《就職の面接などの際の, 実質的に断りの文句》.
***fèel cálled to* [*to dó*] ..** ..(するの)を天職と思う.
whàt is cálled＝whàt you* [*we, they*] *cáll いわゆる (so-called). He is *what is* ～*ed* the man of the day. 彼はいわゆる時の人だ.
── 名 (複 **～s** /-z/) Ⓒ 【呼び声】 **1 叫び, 呼び声**; (鳥獣の)鳴き声, 鳴き声に似た音(を出す笛). a ～ for rescue 救いを求める声. a bird ～ 小鳥の鳴き声; 小鳥笛.
2 呼びかけ; (らっぱや太鼓の)合図; (名簿などの)読み上げ; アンコール. This is the last ～ for passengers traveling on flight 215 to Madrid. マドリッド行き215便のお客様, これが最後のお呼び出しとなります.
3 召集, 招き; 誘い. a ～ to arms 軍隊への召集. the ～ of the wild 野性の誘い. a ～ of nature 便意.
【声をかけること】 **4 短い訪問**, 立ち寄り; (医師の)往診; 寄港; (類語 短い visit). make [pay] a ～ (on the mayor) (市長を)訪問する. a port of ～ 寄港地; (旅行中の)立ち寄り地. return his ～ 彼を返礼訪問する.
5 呼び起こすこと. I asked for a six o'clock ～. 6時に起こしてくれるように頼んだ.
【呼び出し】 **6** (電話, 無電での)**呼び出し**; 電話をかけること; 通話. have a (phone) ～ 電話がかかってくる. place [put in] a ～ to ..に電話を入れる. He took the ～ himself. 彼は自分で電話を受けた. I'll give you a ～ later again. 後で又お電話します.
7 (神の)召命, 使命(感); 天職 (calling).
【命令, 要請】 **8** 要求, 需要; 必要; 義務. ～*s* for engineers 技術者への需要. an urgent ～ 急用. have many ～*s on* one's purse 金が入用な事をたくさん抱えている. There's no ～ *to* get angry over this matter. この事で何も腹を立てるには及ばない.
9〖トランプ〗持ち札請求(をする番).
【判定】 **10**〖スポーツ〗審判員の判定;〖米話〗決定. make a ～ 決断する.
11〖オース・ニュー〗(競馬などの)実況放送.
at* [*on*] *cáll 呼べば(すぐ)応じる; 待機して; 請求次第で. I'm always *on* ～ at home. いつでも家で待機しています.
within cáll 呼べば聞こえるところに; 待機して. The secretary will be *within* ～ all the time. 秘書はいつでも声の届くところに待機しております. [＜古期北欧語]

cal·la /kǽlə/ 名 Ⓒ オランダカイウ《花を **cálla lìly** と言う; アフリカ原産; サトイモ科の草本》.
cáll·bàck 名 Ⓒ (欠陥製品の)回収; (一時解雇者の)再雇用.
cáll·bòard 名 Ⓒ 楽屋掲示板.

cáll-bòx [名][C] 〘英〙公衆電話ボックス (telephone booth); 〘米〙(道路わきなどに備えた)緊急用電話.
cáll·bòy [名] ([複] **~s**) [C] 呼び出し係《俳優に出番を知らせる人》. 「[動][他] 8 (a)).
càlled gáme [名][C] 〘野球〙コールドゲーム (→call↑
†**cáll·er** [名][C] **1** 〘旧〙訪問者. **2** 呼び出す人; 召集者. **3** 電話をする[した]人, 電話の主; 〘主に英〙〈電話交換手からの呼びかけとして〉 お客様. **4** (スクウェアダンスなどの)リーダー.
càller ID́ [名][U] 発信番号通知システム.
cáll gìrl [名][C] (電話で呼び出せる)売春婦.
cal·lig·ra·pher /kəlígrəfər/ [名][C] 達筆[能筆]家, 書(道)家.
cal·li·graph·ic /kæ̀ləgrǽfik/ [形] 達筆な; 書道の.
cal·lig·ra·phist /kəlígrəfist/ [名] =calligrapher.
cal·lig·ra·phy /kəlígrəfi/ [名][U] **1** 達筆 (↔cacography). **2** 書道, 習字. [<ギリシア語「美しい書法」]

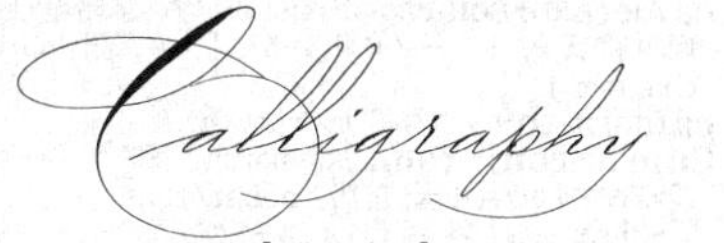
[calligraphy 2]

cáll-ìn [名] 〘米〙=phone-in.
†**cáll·ing** [名][UC] **1** 呼ぶこと, 叫び; 召集, 召喚. **2** 〘章〙天職, 召命; 使命感 〈*to*, *for* ..への/*to* do ..しようという〉; ([類語] 才能や天性が発揮される天職, 「神の呼ぶ声」; →occupation). He finally found his ~. 彼はついに生涯の仕事を見つけた. **3** 〘章〙職業.
cálling càrd [名][C] 〘米〙(訪問用の)名刺 (visiting card).
Cal·li·o·pe /kəláiəpi/ [名] **1** 〘ギ神話〙カリオペ《Nine Muses の 1 人で雄弁と叙事詩の女神》. **2** [C] 〘米・カナダ〙〈c-〉汽笛オルガン《汽笛仕掛けの楽器》.
cal·li·per /kǽləpər/ [名] 〘英〙=caliper.
cal·lis·then·ic /kæ̀ləsθénik/ [形] =calisthenic.
càl·lis·thén·ics [名] =calisthenics.
cáll lòan [名][C] 〘商〙コールローン, 一時的貸付金.
cáll mòney [名][U] 〘商〙コールマネー, 一時的借入金, 《請求次第返還する; call loan を借手から見たもの》.
cáll nùmber [名][C] (図書館の)図書整理番号.
cáll òption [名][C] 〘株式〙買付選択権, コールオプション.
cal·los·i·ty /kəlɑ́səti|-lɔ́s-/ [名] ([複] **-ties**) **1** =callus. **2** [U] 〘章〙無神経, 冷淡.
†**cal·lous** /kǽləs/ [形] **1** 〘医〙〔皮膚が〕硬結した, こわばった. **2** 無神経な; 思いやりのない; 〈*to* ..に〉.
▷ **~·ly** [副] **~·ness** [名]
cál·loused /-t/ [形] =callous 1.
cal·low /kǽlou/ [形] **1** 〔鳥が〕まだ羽毛のはえていない. **2** 〘軽蔑〙未熟な (immature). ▷ **~·ly** [副] **~·ness** [名]
cáll ràte [名][C] コールマネー (call loan) の利率.
cáll sìgn [sìgnal, lètters] [名][C] 〘無線〙呼び出し符号《例 JOAK》. 「求票.
cáll slìp [名][C] (図書館利用者が記入する)図書請↑
†**cáll-ùp** [名][C] 〘英〙徴兵[召集]令; 徴兵数; (〘米〙draft).
cal·lus /kǽləs/ [名][C] **1** 〘医〙皮膚硬結, たこ. **2** 〘植〙癒合(ゆごう)組織, 仮皮.
***calm** /kɑːm/ [形] [e] **1** 〔海, 天候などが〕**静かな, 穏やかな**; 風[波]のない; (↔stormy). The ocean was ~. 海は静かだった. **2** 〔人, 気持ち, 態度などが〕**落ち着いた**, 平静な. ~ and self-possessed 冷静沈着な. How can you be so ~? どうしてそんなに落ち着いていられるのか. **3** 〔社会, 生活などが〕平和な, 平穏な.
── [名] [aU] **1 静けさ**, 平穏; **平静**, 落ち着き. the ~ before the storm あらしの前の静けさ. **2** 無風状態, 凪(なぎ).
── [動][他] を**静める**, なだめる, 〈*down*〉. I tried to ~ him *down*, but he was too excited. 彼をなだめようとしたが手に負えないほど興奮していた.
── [自] **静まる**, 落ち着く; 〔あらしが〕凪(な)ぐ; 〈*down*〉. *Calm down*. There's nothing to get so upset about. 落ち着きなさい. 何もそんなに心配することはありません.
cálm oneself 心を静める, 気を落ち着かせる.
[<イタリア語「休息の時間」(<ギリシア語「(太陽の)炎熱」)]
†**calm·ly** /kɑ́ːmli/ [副] 静かに, 穏やかに; 落ち着いて, 平然と. He ~ ordered the prisoner to be shot. 彼は平然と捕虜の銃殺を命じた. 「き, 冷静さ.
†**calm·ness** /kɑ́ːmnəs/ [名][U] 静けさ, 平穏; 落ち着↑
cal·o·mel /kǽləmèl/ [名][U] 〘化〙甘汞(かんこう), 塩化第 1 水銀, 《下剤, 電極などに用いる》.
Cál·or gàs /kǽlər-/ [名][U] 〘英〙〘商標〙キャラーガス《家庭用ブタンガス》.
ca·lor·ic /kəlɔ́ːrik|-lɔ́r-/ [形] 熱の; カロリーの.
***cal·o·rie** /kǽləri/ [名] ([複] **~s** /-z/) [C] **1** 〘物理〙(グラム) カロリー (**smàll cálorie**) 《熱量の単位; 1 グラムの水の温度を摂氏 1 度高めるのに要する熱量》. **2** 〘生理〙 **(a)** (キロ)カロリー (**làrge cálorie**) 《栄養の熱量; 1 の 1000 倍》. **(b)** 1 カロリーを生ずる食物量. [<ラテン語「熱」]
cal·o·rif·ic /kæ̀ləríf ik [移]/ [形] **1** 発熱の; カロリーの. ~ value 熱[カロリー]量. **2** 〘話〙〔食物が〕高カロリーの, 食べると太る.
cal·o·rim·e·ter /kæ̀lərímətər/ [名][C] 熱量計.
cal·o·ry /kǽləri/ [名] ([複] **-ries**) =calorie.
cal·u·met /kǽljəmèt/ [名][C] カルメット, 平和のパイプ, (peace pipe) 《北米先住民が和解の儀式として吸う飾り付きの長いたばこパイプ》.
ca·lum·ni·ate /kəlʌ́mnièit/ [動][他] 〘章〙を中傷する, 〔人〕の悪口を言う, をそしる.
ca·lùm·ni·á·tion [名][UC] 〘章〙中傷(すること[されること]). 「傷する人.
ca·lum·ni·a·tor /kəlʌ́mnièitər/ [名][C] 〘章〙中↑
ca·lum·ni·ous /kəlʌ́mniəs/ [形] 〘章〙中傷的な.
cal·um·ny /kǽləmni/ [名] ([複] **-nies**) [UC] 〘章〙中傷, 悪口, 誹謗(ひぼう). [<ラテン語「策略」]
cal·va·dos /kæ̀lvədóus|kǽlvədɔ̀s/ [名][U] カルヴァドス《リンゴから作った強いブランデー》.
Cal·va·ry /kǽlvəri/ [名] ([複] 2, 3で **-ries**) **1** カルヴァリの丘 《キリストが十字架にかけられた Jerusalem 付近の丘; Golgotha とも言う》. **2** [C] 〈しばしば c-〉キリストの十字架像. **3** [C] 〈c-〉苦難, 受難. [<後期ラテン語「頭蓋骨」]
Cálvary cròss [名][C] 3 段の台上に載った十字 (→cross 図).
calve /kæv|kɑːv/ [動][自] **1** 〔牛, シカ, 鯨, 象などが〕子を産む (→calf[1]). **2** 〔氷塊が〕分離する.
calves /kævz|kɑːvz/ [名] calf[1, 2] の複数形.
Cal·vin /kǽlvən/ [名] **John ~** カルヴァン(1509–64)《フランス生まれで, スイスの宗教改革指導者》.
Cál·vin·ìsm [名][U] カルヴァン主義.
Cál·vin·ist [名][C] カルヴァン主義者. ── [形] カルヴァン派[主義]の.
Cal·vin·is·tic, -ti·cal /kæ̀lvənístik [移]/ /-tik(ə)l [移]/ [形] =Calvinist; 〘話〙やたらに道徳に厳しい (puritanical).
calx /kælks/ [名] ([複] **~·es, cal·ces**) [UC] 金属灰《金属, 鉱物の焼けたあとのかす》. [ラテン語「石灰(石)」]
ca·ly·ces /kéiləsìːz, kǽl-/ [名] calyx の複数形.
Ca·lyp·so /kəlípsou/ [名] 〘ギ神話〙カリプソ《Odys-

seus を7年間島に引き留めた海のニンフ》.

ca·lyp·so /kəlípsou/ 名 (複 ~s) C カリプソ《西インド諸島起源の即興的な歌; その踊り》.

ca·lyx /kéiliks, kǽ-/ 名 (複 ~·es, ca·ly·ces) C 〘植〙萼(がく).「夕利用生産).

CAM computer-aided manufacturing (コンピュー↑

Cam /kæm/ 名 〈the ~〉カム川《イングランドのケンブリッジの市中を流れる; 名は市の名から》.

cam /kæm/ 名 C カム《回転運動を往復運動に変える機械部品》.

ca·ma·ra·de·rie /kɑ̀:mərɑ́:dəri|kæ̀m-/ 名 U 友情, 同志愛. [フランス語]

cam·ber /kǽmbər/ 名 UC (道路, 木材などの中央が)高く湾曲すること, 上反り, 中高(なかだか).
— 動 他, 自 (を)上反りにする[なる].

cam·bi·um /kǽmbiəm/ 名 (複 ~s, cam·bi·a /-biə/) C 〘植〙形成層.

Cam·bo·di·a /kæmbóudiə/ 名 カンボジア《アジア南東部にある国; 首都プノンペン (Phnom Penh); → Kampuchea》.

Cam·bo·di·an /kæmbóudiən/ 形 カンボジア(人)の.
— 名 1 C カンボジア人. 2 U カンボジア語 (Khmer).

Cam·bri·a /kǽmbriə/ 名 〘詩〙カンブリア《Wales の古代ローマ名》.

Cam·bri·an /kǽmbriən/ 形 1 カンブリア (Cambria) の. 2 〘地〙カンブリア紀の. — 名 1 C カンブリア (Cambria) 人. 2 〘地〙〈the ~〉カンブリア紀《今から5,6億年前》.

Càmbrian Móuntains 名 〈the ~〉カンブリア山脈《Wales を南北に走る》.

cam·bric /kéimbrik/ 名 U キャンブリック《細糸で目のつんだ上質の白綿[麻]生地》.

cámbric tèa 名 U 〘米〙キャンブリックティー《牛乳・砂糖を入れた薄い紅茶》.

Cam·bridge /kéimbridʒ/ 名 ケンブリッジ 1 イングランド南東部の都市で Cambridge 大学がある.
2 米国 Massachusetts 州の都市で Harvard, MIT の両大学がある.

Càmbridge blúe 名 U 〘英〙淡青色 (→Oxford blue).

Cam·bridge·shire /kéimbridʒʃər/ 名 ケンブリッジシャー《イングランド南東部の州; 略 Cambs.》.

Càmbridge Univérsity 名 ケンブリッジ大学《Oxford 大学と並ぶ古い伝統を持つ12世紀に創立された英国の大学》.

Cambs. Cambridgeshire.

‡**cam·cord·er** /kǽmkɔ̀:rdər/ 名 C カムコーダー《携帯用カメラ一体型 VTR; <*camera*+*recorder*》.

Cam·den /kǽmdən/ 名 キャムデン《Greater London 北部中央の自治区 (borough) の1つ》.

came /keim/ 動 come の過去形.

†**cam·el** /kǽməl/ 名 1 C 〘動〙ラクダ. 2 U 薄茶色. [<ギリシア語; セム語起源]

cámel·bàck 名 C ラクダの背. on ~ ラクダに乗って.
— 形 ラクダのこぶ状の(曲線をもった)〔いすなど〕.

cámel-hàir 名 =camel's hair.

ca·me(l)·lia /kəmí:ljə, -liə/ 名 C 〘植〙ツバキ; ツバキの花. [<G.J. *Kamel* (1661-1706)《この植物をヨーロッパに紹介した宣教師》]

Cam·e·lot /kǽməlɑ̀t|-lɔ̀t/ 名 キャメロット《イギリス伝説の Arthur 王の宮殿のあった所》.

cámel's hàir 名 U 1 ラクダの毛. 2 らくだ(の生地). 3 リスの尾の毛《絵筆用》.

Cam·em·bert /kǽməmbὲər/ 名 U カマンベール《フランス Normandy の同名地原産の柔らかいチーズ》.

‡**cam·e·o** /kǽmiòu/ 名 (複 ~s) C 1 カメオ《貝殻, めのうなどを浮き彫りにして色の違う地を見せる細工品, 装身具》. 2 (人物, 事件などを浮き彫りにするような)見事な描写; 名演技, 名場面, 《有名な俳優が演じる》. [<イタリア語]

‡**cam·er·a** /kǽm(ə)rə/ 名 (複 ~s /-z/; 3ではまた **cam·er·ae** /-ərì:, -rài/) C 1 **カメラ, 写真機**; テレビカメラ, 映画カメラ. a still ~ スチールカメラ《静止画を撮る普通のカメラ》. 2 =camera obscura. 3 判事の私室.
in cámera 〘法〙非公開で; 〘章〙内密に.
off cámera カメラに写らない所で, カメラの外で.
on cámera 〘映・テレビ〙カメラの前で, (俳優などが)撮影中で; 生放送で.
[<ギリシア語「丸天井(の部屋)」;「写真」の意味は< *camera* obscura]

càmera lú·ci·da /-lú:sidə/ 名 C (顕微鏡用の)写生器, カメラルシダ. [ラテン語 'bright chamber']

‡**cámera·màn** /-mæ̀n/ 名 (複 **-men** /-mèn/) C (映画の)撮影技師, テレビカメラマン.

càmera ob·scú·ra /-əbskjú(ə)rə/ 名 C 暗箱《映像の観察や, トレースに用いる》. [ラテン語 'dark chamber']

cámera-shỳ 形 写真[カメラ]ぎらいの.

Cam·er·oon, -roun /kæ̀mərú:n/ 名 カメルーン《西部アフリカの共和国; 首都 Yaoundé》.
▷ **~·i·an** /-iən/ 形, 名 C カメルーンの(人).

cam·i·knick·ers, -knicks /kǽminìkərz/, /-nìks/ 名 〘英〙〈複数扱い〉(昔の)女性用のコンビネーション式肌着. [<*cami*sole+*knickers*]

cam·i·sole /kǽməsòul/ 名 C キャミソール《短いスリップ型女性用下着, 多くレースやリボン飾りがある》. [<イタリア語「小さなシャツ」; chemise と同源]

†**cam·o·mile** /kǽməmàil, -mì:l|-màil/ 名 C カミツレ, カモミール, 《キク科の草本; 花と葉を乾燥, せんじて飲む》. ~ tea カミツレ茶.

†**cam·ou·flage** /kǽməflɑ̀:ʒ/ 名 UC 1 〘軍〙カムフラージュ, 偽装, 迷彩, 《敵をあざむくためのもの》. 2 ごまかし, 隠蔽(いんぺい), 擬態. — 動 他 にカムフラージュを施す; を隠す, ごまかす. [<イタリア語「変装する」]

‡**camp**[1] /kæmp/ 名 (複 ~s /-s/) 1 C (a) (軍隊, 登山隊などの)**野営**, 野営地. (b) (捕虜, 避難民などの)収容所.
2 (a) C (キャンプ用の)テント, 小屋. (b) U **キャンプ生活**. (be) in ~ キャンプをして(いる).
3 C 〘米〙(山や海などの避暑地の)合宿生活, 夏期合宿村. 4 C〈集合的〉仲間, 同志, 陣営. be in the same ~ 味方同士である; いっしょに働いている. My father and I belong to different political ~*s*. 父と私は異なる政治的陣営に属している.
brèak [strìke] cámp テント[キャンプ]をたたむ.
màke [pìtch, set ùp] cámp テント[キャンプ]を張る.
— 動 自 1 キャンプを張る, 野営する. 2 (野営のように)仮住まいする.
càmp óut キャンプ(生活)をする, 野営する. Let's ~ *out* up by the river this weekend. この週末にあの川の上流でキャンプしよう.
gò cámping キャンプに行く.
[<ラテン語 *campus*「平原」]

camp[2] 〘話〙形 1 気取りすぎて[誇張し過ぎて]かえって面白い. a ~ film 大時代な映画. 2 〔男が〕女くさい, めめしい; ホモの. ~ gestures 女のようなしぐさ.
— 名 U 気取った[ひどく誇張した]ふるまい[演技].
— 動〈次の成句で〉***càmp (it) úp*** (1) ひどく誇張したふるまい[演技]をする. (2) 同性愛をひけらかす.

‡**cam·paign** /kæmpéin/ 名 (複 ~s /-z/) C 1 (特定の目的のための)**一連の軍事行動**, 作戦行動. a hero of the African ~ in the war その戦争でアフリカ作戦の英雄. plan a ~ 作戦計画を立てる. die on ~ 戦死する.
2 (社会的, 政治的目的の)**組織的な運動**, 選挙運動. launch a ~ *against* war 反戦運動を開始する. a Presidential ~ 大統領選挙の遊説. a ~ *for* funds 基金募

集運動. a ～ *to* curb alcoholism 節酒運動. an advertising ～ 宣伝戦. ～ promises 公約.

連結 a nationwide [a widespread; an active, a vigorous; an anti-abortion, an anti-smoking, a political] ～ // mount [conduct; fight, wage] a ～

—— 動 自 選挙運動などに参加する〈*for* ..の〉; 軍事行動を起こす; 従軍する.
[<フランス語「軍事行動(に適した平原)」(<ラテン語 *campus*「平原」)]

‡**cam·páign·er** 名 C **1** (政治的, 社会的)運動家; 選挙運動者. **2** 従軍者; 老練兵.

cam·pa·ni·le /kæ̀mpəníːli/ 名 (複 **～s, cam·pa·ni·li** /-liː/) C (独立した)鐘塔, 鐘楼, (→belfry). [<イタリア語「鐘」]

cam·pa·nol·o·gy /kæ̀mpənάlədʒi|-nɔ́l-/ 名 U **1** 鐘学. **2** 鋳鐘術; 鳴鐘術[法]. ▷**cam·pa·nol·o·gist** /-dʒist/ 名

cam·pan·u·la /kæmpǽnjələ|kəm-/ 名 C ツリガネソウ《キキョウ科ホタルブクロ属の草本》.

cámp bèd 名 C 〖英〗折り畳み式ベッド (〖米〗cot).

cámp chàir 名 C 折り畳み式いす.

Càmp Dávid 名 キャンプデイヴィッド《Maryland 州にある米国大統領の山荘》.

cámp·er 名 C キャンプをする人, 露営者; 〖米〗キャンプ用トレーラー, キャンピングカー, (★「キャンピングカー」は和製英語).

cámp·fìre 名 C **1** キャンプファイア. **2** 〖米〗キャンプファイアを囲んでの親睦(ぼく)会.

cámpfire gìrl 名 C 〖米〗the Camp Fire Girls (7–18 歳の少女団)の団員.

cámp fòllower 名 C **1** 〖旧〗'陣営の随行者'《軍の部隊と共に移動して商売する業者[売春婦など]》. **2** (党派の一員ではない)共鳴者, シンパ; (政治家などの)腰ぎんちゃく, 子分.

cámp·gròund 名 C **1** キャンプ場, 野営地. **2** 〖主に米〗野外の宗教集会場 (→camp meeting).

cam·phor /kǽmfər/ 名 U 樟脳(しょうのう).

cam·phor·at·ed /kǽmfərèitəd/ 形 〈限定〉 樟脳(しょうのう)で処理した[の入った]. ～ oil 樟脳油.

cámphor bàll 名 C 玉樟脳《ナフタリンなど》.

cam·phor·ic /kæmfɔ́ːrik|-fɔ́r-/ 形 樟脳(しょうのう)の.

cámphor trèe 名 C 〖植〗クスノキ《樹脂から camphor を採る》.

cámp·ing 名 U キャンプすること; 〈形容詞的〉キャンプ(用)の. ～ equipment キャンプ施設.

cámping-sìte 名 ＝campsite.

cam·pi·on /kǽmpiən/ 名 C センノウ《ナデシコ科の草本; 白, 赤, 青の小花をつける》.

cámp mèeting 名 C 〖米〗(福音伝道のための)野外集会.

camp·o·ree /kæ̀mpəríː/ 名 C (Boy Scouts や Girl Scouts の)地域大会, キャンポリー, 《全国大会は jamboree》. [<*camp*[1]＋jambo*ree*]

cámp ròbber 名 C 〖鳥〗カナダカケス《大胆でキャンプしている人の食物を盗む》.

cámp·sìte 名 C キャンプ(設営)地《普通, 炊事場・トイレなどがある》.

cámp·stòol 名 C (携帯用の)折り畳みいす.

***cam·pus** /kǽmpəs/ 名 (複 **～·es** /-əz/) **1** UC (学校, 大学などの)**構内, 校庭, キャンパス**; 学園; 学舎. The dormitory is *on* ～. 寮は学校内にある. He lives *on* [*off*] ～. 彼は学内[外]に住んでいる. **2** C 〖主に米〗大学分校. the Berkeley ～ of the University of California カリフォルニア大学のバークレー分校. **3** 〈形容詞的〉学校の, 大学の, 学園の. ～ activities [life] 学生活動[生活]. a ～ riot 学園紛争. [ラテン語「平原」; 現行の意味は 18 世紀末アメリカで始まった]

camp·y /kǽmpi/ 形 ＝camp[2].

cám·shàft 名 C (自動車, オートバイの)カム軸.

Ca·mus /kæm(j)úː/ 名 カミュ **1 Albert** /ælbéːr/ ～ (1913–1960)《フランスの小説家・劇作家》. **2** U 〖商標〗《cognac の一種; その製造会社》.

Can. Canada; Canadian.

‡**can**[1] /k(ə)n, 強 kæn/ 助 (過 **could**)

注意 (1) 発音は文尾に来た時や, 特に意味を強調する時は強形の /kæn/ を用いる. Do what you ～ /kæn/. He thinks I can't do it, but I ～ /kæn/ do it. その他の場合は /k(ə)n/ が普通. (2) 否定形は can not, cannot, can't. 普通は cannot が, 〖話〗では can't が, 最も普通.

【できる】 **1** 〈可能〉 ***..することができる***. How fast ～ you type? どれくらい早くタイプが打てますか. He *couldn't* answer all the questions. 彼はその問題全部には答えられなかった. I ～ examine it by right of my office. 私は職権上それを検査することができる. How ～ you (do this)? なんてひどい(ことを平気でできるものだ). This computer ～ be used on a person's lap. このコンピュータはひざの上で使える. You ～*not* look at a penguin and tell its sex. ペンギンは見ただけでは雌雄は分からない. 注意 "look..and tell" という全体が cannot によって否定されている. **2** 〈許可, 勧告〉 ***..することができる, ..してよい***; ..しなさい. You ～ smoke in this room. この部屋ではたばこを吸ってもいい (語法 〖話〗では許可の意味には may より can の方を多く用いる; →may 1). *Can* I have some more milk? もう少し牛乳をいただけますか. You ～ stop talking now. しゃべるのもいいかげんにしたら. You *can't* go out. 外へ出てはいけない (語法 否定文では軽い禁止を表す). You ～ speak Japanese to me. 私には日本語で話しなさい. Walk quietly, *can't* you? 静かに歩けといったら. We ～ fly, if you like. 君がよければ飛行機で行ってもいいよ. **3** 〈Can you ..? の形で; 依頼〉 ***..してくれますか*** (★Could you..? の方が丁寧な言い方). *Can* you lend me $10? 10 ドル貸してくれますか.

【ありうる】 **4** 〈可能性, 推量〉 **(a)** ***..がありうる***, ..することがある. Sports ～ be dangerous if safety is ignored. スポーツは安全に気をつけないと危険なものにもなる. Winter in New York ～ be very cold. ニューヨークの冬は非常に寒いことがある. Anybody ～ make mistakes. だれだって間違うことはある. **(b)** 〈否定形で〉 ..はずがない. That simply ～*not* be true. そんなことは本当であるはずがない. You *can't* mistake what he's aiming at. 彼が何をねらっているのか間違いっこない. There ～ be no doubt that he is the best candidate. 彼が最良の候補者であることに疑問の余地はない. He ～ *not* have been there. 彼がそこにいたはずはない (語法 ～ not＋完了形は「..したはずがない」の意味を表す). **(c)** 〈疑問形で〉 ..はずがあろうか 《当惑・不信を表す》. *Can* it really be all right? 実際にさしつかえないんだろうか. What ～ they be doing? 彼らはいったい何をしているのだ (★What ～ they do? は 1 (能力)). *Can* the child have done this? あの子供がこんなことをしたはずがあろうか (★*Can* he do this? ならば 1 (能力)).

語法 (1) 未来形, 完了形などが必要の時は be able to で代用する (→able 語法 (3)). He'll *be able to* hear from her next month. 彼は来月は彼女から便りがきけるだろう. I haven't *been able to* finish it in time. とうとう間に合うように終わらせることができなかった. (2) 「能力」を表す場合, 過去形に could を用いると仮定法とまぎらわしいので was [were] able to を用いるのが普通 (→able 語法 (2)).

as .. as one cán →as.

as .. as one can bé この上もなく..である. Some children are *as* bad *as* they ~ *be* while their parents are gone. 親がいないとどうしようもないほど悪さをする子供たちもいるものだ.

as bèst one cán [〖古〗 ***máy***] 〈副詞的〉 できる限り, 精一杯; どうにか. You must do the work *as best* you ~. 最善を尽くしてその仕事をしなければならないよ.

càn but dó 〖章〗 ただ..するだけである. We ~ *but* wait for the results. ただ結果を待つのみだ. We ~ *but* try. とにかくやるだけはやってみよう.

cánnot but dó 〖章〗 =***cànnot hélp bùt dó*** →help.

cànnot hèlp dóing →help.

cànnot dò tóo .. いくら..しても十分それでよい[しすぎる]ことはない. We ~*not* praise the girl *too* highly. あの少女はいくら褒めても褒め足りない (注意「あの少女をあまり褒めることはできない」の意味にもなる; その場合 too は「非常に」). I love work; you *can't* give me *too* much. 私は仕事が好きだ. いくらあってもいい.

[<古期英語 *cunnan*「知る」; 本動詞が助動詞化した]

‡can² /kæn/ 名 (複 ~s /-z/) **1** C 〖米〗(ブリキ)缶, 缶詰, (〖英・オース〗 tin). a ~ of beef 牛肉の缶詰. Take this garbage ~ outside. この生ごみ缶を外に出してくれ. **2** C (取っ手・口・ふたのある液体入れの)缶. a milk ~ 牛乳缶. **3** C 1 缶の量. drink two ~s of beer ビールを2缶飲む. **4** C 〖俗〗'ぶた箱' (prison). **5** 〖米・カナダ俗〗〈the ~〉便所 (toilet); 尻, けつ.

a càn of wórms 〖話〗(今まで隠されていた)困った事情, 困難な問題.

càrry the cán 〖主に英話〗責任を取らされる.

in the cán 〖話〗〔映画が〕撮影を完了して; 〔契約などが〕締結されて.

―― 動 (~s /-z/|過 過分 ~ned /-d/|**cán·ning**) 他 **1** 〖米〗を缶詰にする. **2** 〖俗〗を録音[録画]する. **3** 〖米俗〗〔人〕を首にする. **4** 〖米俗〗をやめる, よす. *Can* it! (うるさい)やめろ. *Can* that nonsense! くだらない事はやめろ.

[<古期英語「コップ, 容器」]

can. canon; canto.

Ca·na /kéinə/ 名 カナ《聖書に出るガラリヤ (Galilee) の古都; ここでキリストが婚礼の席の水をワインに変えるという最初の奇跡を行ったと言う》.

Ca·naan /kéinən/ 名 〖聖書〗カナン《現在の Palestine の西部; 聖書で言う the Promised Land》; C 理想の楽園. ▷**Cá·naan·ite** /-àit/ 名 C カナン人; U カナン語.

***Can·a·da** /kǽnədə/ 名 カナダ《北米大陸北部の国; 英連邦の1構成国; 首都 Ottawa》. [北米先住民語「村」; 地域の固有名と誤解された]

Cánada Dày 名 カナダ(が自治領になった)記念日《国民の祝日; 7月1日》.

Cànada góose 名 C 〖鳥〗シジュウカラガン《北米産の大形のガン》.

***Ca·na·di·an** /kənéidiən/ 形 カナダの; カナダ人の.

―― 名 (複 ~s /-z/) C カナダ人.

Canàdian bácon 名 U 〖米〗カナダベーコン《脂肪がほとんどない》.

Canàdian Frénch 名 U カナダフランス語《ケベック州および東部沿海諸州で使用》.

Ca·ná·di·an·ìsm 名 UC **1** カナダ語法[英語]. **2** カナダ特有の思想・習慣.

***ca·nal** /kənǽl/ 名 (複 ~s /-z/) C **1 運河, 掘り割り,** (灌漑(かんがい), 排水, 水力用の)水路. the Panama [Suez] *Canal* パナマ[スエズ]運河. **2** 〖解剖・植〗管《食道, 気管, 脈管など》. [<ラテン語 *canālis*「導管」(<*canna*「葦」); 葦の茎が中空なことから]

canál·bòat 名 C (運河で使う)細長い船.

ca·nàl·i·zá·tion 名 U **1** 運河化; 運河[水路]系統. **2** (一定の方向へ)導くこと; 集中.

ca·nal·ize /kǽnəlàiz/ 動 他 **1** に運河[水路]を掘る; 〔川など〕を運河にする. **2** 〔流れ, 行為など〕を一定の方向に導く. They ~*d* all their efforts *into* solving this one problem. 彼らはこの1つの問題の解決にあらゆる努力を傾けた.

Canál Zòne 名 〈the ~〉パナマ運河地帯《運河を挟んでパナマ地峡を横切る地帯で, 1979年まで米国が統治; その年パナマ共和国に一部返還され, 1999年に完全返還された; the Panama Canal Zone とも言う》.

ca·na·pé /kǽnəpi, -pèi/ 名 C カナッペ《クラッカー, 薄切りのトースト, パンなどにチーズ, 肉, 魚(のペースト), キャヴィアなどを載せた前菜》. [フランス語 'sofa']

ca·nard /kənɑ́ːrd/ 名 C 虚報, デマ.

Ca·nar·ies /kəné(ə)riz/ 名 〈the ~; 複数扱い〉= the Canary Islands.

†ca·nar·y /kəné(ə)ri/ 名 (複 **-nar·ies**) **1** C 〖鳥〗カナリア《Canary 諸島原産》. **2** U Canary 諸島の甘口の白ワイン. **3** U カナリア色, 鮮黄色, (**canàry yéllow**). **4** C 〖米俗〗密告者; (ポップスの)女性歌手. [<スペイン語「カナリア諸島(産)の」]

Canàry Íslands 名 〈the ~〉カナリア諸島 (the Canaries)《アフリカの北西沖にあるスペイン領の島々》. [<ラテン語「犬 (*canis*) の島」]

ca·nas·ta /kənǽstə/ 名 U 〖トランプ〗カナスタ《普通, カード2組と4枚のジョーカーを使うゲーム》. [<スペイン語 'basket']

cán bànk 名 C (リサイクルのための)空き缶集積場.

Can·ber·ra /kǽnbərə/ 名 キャンベラ《オーストラリア南東部にある同国の首都》.

canc. canceled; cancellation.

can·can /kǽnkæn/ 名 C カンカン《19世紀初期からパリで流行した, 踊り子がスカートを持ち上げ足を高く蹴(け)り上げるショーダンス》. [<フランス語]

‡can·cel /kǽns(ə)l/ 動 (~s /-z/|過 過分 ~ed 〖米〗, ~led 〖英〗/-d/|~·ing 〖米〗, ~·ling 〖英〗) 他

1 〔約束, 注文など〕を**取り消す**; を中止する; を無効にする, 破棄する; を休講にする, 〔列車など〕を運休にする. ~ one's order for a book 本の注文を取り消す. ~ a contract 契約を破棄する. The meeting was ~*ed*. 会合は中止された. His lecture has been ~*ed*. 彼の講演は取り消しになった. **2** 〔切手など〕に消印を押す, 〔切符〕にはさみを入れる. a ~*ed* stamp 消印のある切手. **3** (線を引いて)を消し去る, 抹消する. ~ two lines 2行抹消する. **4** を帳消しにする, 相殺する, 〈*out*〉. Our losses at home have ~*ed out* the profits made overseas. 当社の国内での損失は海外で上げた利益を帳消しにした. **5** 〖数〗〔分数の分子と分母, 方程式の共通項〕を約す.

―― 自 **1** 〔数, 額が〕互いに相殺する, 互いに等しい, 〈*out*〉. **2** 〖数〗〔分数の分子・分母, 方程式の項が〕約される 〈*by* ..で〉.

―― 名 **1** C 〖印刷〗(削除部分に代わる)差し替え部分[ページ]. **2** =cancellation. **3** C 〖米〗〖楽〗本位記号 (natural).

[<ラテン語「X 印を書いて消す」(<*cancer*「格子」)]

can·cel·la·tion /kæ̀nsəléiʃ(ə)n/ 名 **1** UC 取り消し, キャンセル; 削除; 抹消. What's your phone number? If there are any ~*s*, we'll call you. お電話番号は何番でしょうか. キャンセルが出たら, お電話差し上げます. **2** C 消印.

‡can·cer /kǽnsər/ 名 (複 ~s /-z/) **1** UC 〖医〗**癌**(がん). lung ~ 肺癌. She died of breast ~. 彼女は乳癌で死んだ. He's got a ~ in his stomach. 彼は胃癌に冒されている.

> 連結 incurable [inoperable; early; advanced; terminal; invasive, widespread] ~ // develop ~ // ~ grows [metastasizes, spreads]

2 C (社会などに広がる)害毒. Drug addiction is a ~ in modern society. 麻薬中毒は現代社会の癌だ.

3〘天〙〈C-〉かに座;〘占星〙巨蟹(きょかい)宮《黄道12宮の4番目; →zodiac》; Ⓒ 巨蟹宮生まれの人《6月21日から7月22日の間に生まれた人》. [ラテン語「カニ」;「癌」の意味は病痕(えん)がカニの甲羅状になることから]

‡**can·cer·ous** /kǽns(ə)rəs/ 形 癌(がん)の, 癌にかかった.

cáncer stìck 名 Ⓒ〘俗〙たばこ (cigarette).

C & [and] W country and western.

can·de·la /kændíːlə/ 名 Ⓒ カンデラ《光度の単位》. [ラテン語「ロウソク」]

can·de·la·brum /kæ̀ndəláːbrəm/ 名 (複 **can·de·la·bra** /-brə/, ~s) Ⓒ (枝状の豪華な)大型燭台(しょくだい), (ろうそくの)シャンデリア.

C & F, c & f cost and freight (運賃込み値段).

***can·did** /kǽndəd/ 形 ⓜ, ⓔ **1** 率直な, 包み隠しのない, 正直な. I hope you'll be ~ *with* me. 私には腹蔵なく話してくれ. to be quite ~ (*with* you)〈普通文頭に用いて〉率直に言うと. **2** 偏見のない, 公平な, (fair). **3**〈限定〉ポーズをとらない, ありのままの; 隠し撮りの;〔写真など〕. a ~ shot 自然(なところを写した)写真. ◇名 candor [<ラテン語「白い, 純粋な」; candle と同源]

can·di·da /kǽndidə/ 名 Ⓒ カンジダ菌《thrush² を引き起こす》.

†**can·di·da·cy** /kǽndədəsi/ 名 (複 **-da·cies**) ⓊⒸ 立候補. He announced his ~ *for* the Senate. 彼は上院議員立候補を声明した.

‡**can·di·date** /kǽndədèit/ 名 (複 ~s /-ts/) Ⓒ **1** 候補者, 立候補者,〈*for* ..〔議員, 職など〕の〉. a presidential ~ 大統領候補者. Two ~*s* are running *for* mayor. 2人の候補者が市長に立候補している. a ~ *for* the Nobel prize ノーベル賞候補.

> 連結 a strong [an outstanding; a leading; a qualified, a worthy; a successful, a victorious; a defeated] ~ // put up [back, endorse] a ~

2 (試験, 学位取得などの)**志願者**, 志望者. a doctoral ~ 博士号取得志望者《その目的で研究している人》.
3 候補, 適した[なりそうな]人[もの],〈*for* ..の, に〉. a ~ *for* the mental hospital 精神病院行きが適当な人. [<ラテン語「白い服を着た」; 古代ローマで公職の候補者は白い外衣 (toga) を着用した]

can·di·da·ture /kǽndədətʃər/ 名〘英〙=candidacy.

càndid cámera 名 Ⓒ 隠し撮りカメラ《1950, 60年代に英米で人気のあったテレビ番組の名にもなった》.

†**cán·did·ly** 副 **1** 率直に, あからさまに. **2**〈文修飾〉率直に言うと. *Candidly*, I think you are very rude. 率直に言って, あなたはとても無礼だと思います.

cán·did·ness 名 Ⓤ 率直(さ).

can·died /kǽndid/ 形〈限定〉**1** 砂糖をきせた; 砂糖で煮(つめ)た. ~ peel 果物の皮の砂糖漬け.
2 うわべだけの, 耳触りのいい,〔ほめ言葉など〕. ~ words 甘い言葉, おべっか.

***can·dle** /kǽndl/ 名 (複 ~s /-z/) Ⓒ **1** ろうそく《芯(しん)は wick》. burn [light] a ~ ろうそくをともす[に火をつける]. **2** =candela.
bùrn the [*one's*] ***cándle at bòth énds***〘話〙同時にいろいろなことをやろうとして精力[金銭]を浪費する[消耗する]《<両端からろうそくを燃やす》.
càn't [***be nòt fít to***] ***hòld a cándle to*** ..〘話〙..には及びもつかない《<ろうそくを持って手伝うこともできない》. My cooking *cannot hold a* ~ *to* Mother's. 私の料理などお母さんのとは比べものにならない.
The game is nòt wòrth the cándle.〘話〙それは(手数や費用をかけても)割に合わない《<ろうそく代にもならない》.
── 動 他〔卵〕を(鮮度などを見るため)明かりにすかして調べる. [<ラテン語 *candēla* (<*candēre*「白く輝く」)]

cándle·lìght 名 Ⓤ **1** ろうそくの明かり. read by ~ ろうそくの明かりで読書する. a ~ dinner キャンドルディナー. **2**〘古〙灯ともしごろ, 夕暮れ, (twilight).

cándle·lìt 形〈限定〉ろうそくの明かりで照らされた. a ~ dinner ろうそくの灯のもとでの食事.

Can·dle·mas /kǽndlməs/ 名〘カトリック〙聖燭(しょく)節《2月2日; 聖母マリアの清めの祭典; ろうそく行列を行う》.

cándle·pìn 名〘米〙**1** Ⓒ キャンドルピン《細い円筒型のボウリング用ピン》. **2**〈~s; 単数扱い〉キャンドルピンズ《キャンドルピンを用いたボウリングの一種》.

cándle·pòwer 名 Ⓤ〘旧〙燭光(しょっこう)《candelas で表す光の強さ》.

†**can·dle·stick** /kǽndlstik/ 名 Ⓒ 燭(しょく)台, ろうそく立て.

cándle·wìck 名 **1** Ⓒ ろうそくの芯(しん). **2** Ⓤ 綿布の一種《ベッドカバーなどにする》.

càn-dó 形〈限定〉〘話〙やる気のある, 意欲的な.

can·dor〘米〙, **-dour**〘英〙/kǽndər/ 名 Ⓤ 率直, 正直; 公正. in all ~ きわめて率直に. with much ~ すこぶる公正に. ◇形 candid

‡**can·dy** /kǽndi/ 名 (複 **-dies** /-z/) ⓊⒸ〘主に米〙**キャンディー** (〘英〙sweet(s))《砂糖・シロップを主材料に, チョコレート, ミルク, ナッツなどを混ぜて煮固めた砂糖菓子の総称》. a piece of ~ キャンディー1個. Various kinds of ~ are sold at the store. その店はいろいろなキャンディーを売っている. mixed [assorted] *candies* 各種詰め合わせキャンディー.
── 動 (**-dies** | 過 | 過分 **-died** | ~**·ing**) 他, 自 (を) 砂糖で煮つめる; (を)砂糖漬けにする;〔表現など〕を口あたりよく[甘美に]する.
[<フランス語 (*sucre*) *candi*「結晶状の(砂糖)」; <アラビア語「蔗(しょ)糖」]

cándy·flòss 名〘英〙=cotton candy.

cándy stòre 名 Ⓒ〘米〙菓子屋 (〘英〙sweetshop).

cándy-strìped 形〔布地が〕白とピンク色などの縞(しま)模様の.

cándy strìper 名 Ⓒ〘米〙(病院で働く13-19歳の)ボランティアの少女《縞(しま)模様の制服を着用》.

cándy·tùft 名 Ⓒ マガリバナ《アブラナ科の1年生園芸植物》.

***cane** /kein/ 名 (複 ~s /-z/) **1** Ⓒ (竹, アシ, トウなどの)**細長い茎**. **2** Ⓤ (家具の材料としての)トウ, 竹など. a ~ chair トウいす. **3** =sugarcane. **4** Ⓒ つえ, ステッキ, (walking stick); (栽培植物の)つっかい棒. **5** Ⓒ むち《体罰に用いる》;〈the ~〉むち打ちの体罰. get the ~ 罰としてむち打ちをされる. give him the ~ 彼を罰としてむち打つ.
── 動 他 **1** をむち[つえ]で打つ. **2** をトウなどで修理する[作る, 編む]. **3**〘英〙をこてんこてんに打ち負かす《特に新聞などで用いる》. [<ラテン語「葦」]

cáne·bràke 名 Ⓒ トウ[竹]のやぶ.

cáne sùgar 名 Ⓤ 蔗(しょ)糖《砂糖キビから採った砂糖; →beet sugar》.

can·ful /kǽnf(ə)l/ 名 Ⓒ can² 3.

†**ca·nine** /kéinain/ 形 **1** 犬の; 犬のような. **2**〘動〙イヌ科の. ── 名 Ⓒ **1** 犬; イヌ科の動物. **2** 犬歯, 糸切り歯, (**cánine tòoth**). [<ラテン語 *canis*「犬」]

can·ing /kéiniŋ/ 名 ⓊⒸ むちで打つこと; むち打ち. give .. a (good) ~ ..を(ひどく)むち打つ.

Cá·nis Màjor /kéinəs-/ 名〘天〙〈the ~〉大犬座. [ラテン語 'the greater dog']

Cá·nis Mìnor /kéinəs-/ 名〘天〙〈the ~〉小犬座. [ラテン語 'the lesser dog']

‡**can·is·ter** /kǽnəstər/ 名 Ⓒ **1** (普通, 金属性の)小缶, 小箱,《コーヒー, 砂糖, 小麦粉などを入れる》. **2** (散弾, ガス弾などの)円筒; 円筒弾. a tear gas ~ 催涙弾.

can·ker /kǽŋkər/ 名 1 UC 〖医〗口囲潰瘍(かいよう); 口癌(こうがん). 2 UC 植物の癌腫(しゅ)病. 3 UC 〖獣医〗(犬, 猫の)外耳炎; (馬の)蹄(てい)癌. 4 C 害毒; 腐敗のもと. Immorality is the ～ of civilization. 不道徳は文明の害毒である. ── 動 他 1 を潰瘍にかからせる. 2 〔精神など〕を腐敗させる. ── 自 潰瘍になる. [cancer と同源] 「敗[腐食]させる.

can·ker·ous /kǽŋkərəs/ 形 潰瘍(かいよう)のような; 腐↑

cánker·wòrm 名 C シャクガ科の昆虫の幼虫《葉, 果実に害を与える》.

can·na /kǽnə/ 名 C カンナ《カンナ科の多年生観賞植物; 熱帯地方原産》; カンナの花.

‡**can·na·bis** /kǽnəbəs/ 名 U 1 〖植〗インドアサ, 大麻. 2 カンナビス《インドアサから作った麻薬の一種》. [<ギリシア語「大麻」]

***canned** /kænd/ 形 ¢ 1 缶詰にした (〖英〗tinned); 〖米〗瓶詰にした. ～ beer 缶ビール. ～ fruit 缶詰の果物. 2 〖話·しばしば軽蔑〗(a) 録音[録画]された〔音楽など〕(↔live[2]); あらかじめ準備された〔演説など〕. ～ music 録音音楽《テープやレコードによる》. ～ laughter 録音された笑い声《サウンドトラックやビデオテープに加えて使う》. (b) 月並みな, お定まりの. 3 〖俗〗〈叙述〉酔っ払った (drunk).

can·nel /kǽnl/ 名 U 燭(しょく)炭 (**cánnel còal**)《油性の強い, 火のつき易い石炭》.

can·nel·lo·ni /kæ̀nəlóuni/ 名 U カネローニ《肉またはチーズを入れた筒形のパスタ》. [イタリア語「小さな管」]

can·ner /kǽnər/ 名 C 缶詰業者.

can·ner·y /kǽnəri/ 名 (複 **-ner·ies**) C 缶詰工場.

Cannes /kæn, kænz/ 名 カンヌ《フランス南部 Riviera 地方の港市; 毎年国際映画祭が開催される》.

†**can·ni·bal** /kǽnəb(ə)l/ 名 C 1 人食い人, 食人種. 2 共食いする動物. [<南米先住民語「Carib の」]

can·ni·bal·ism /kǽnəbəlìz(ə)m/ 名 U 人食い[共食い](の風習); 残忍[野蛮]な行為. 「食い]の.

can·ni·bal·is·tic /kæ̀nəbəlístik/ 形 人食い[共↑

can·ni·bal·ize /kǽnəbəlàiz/ 動 他 1 (他の機械, 車の修理のために)〔古い[壊れた]機械, 車〕の使える部品を取り外す, を解体する. ～ a stolen car 盗んだ自動車をばらす. 2 〔新商品が, 同じ会社の在来商品〕の売れ行きを悪くする, と共食いをする. ── 自 1 人肉を食う; 共食いをする. 2 使える部品の取り外しをする.

can·ni·kin /kǽnikin/ 名 C 小缶, 小コップ.

can·ni·ly /kǽnili/ 副 抜け目なく; 用心深く.

can·ni·ness /kǽninəs/ 名 U 抜け目のなさ; 用心深さ. 「詰工場 (cannery).

cán·ning 名 U 缶詰を作ること. a ～ factory 缶↑

***can·non** /kǽnən/ 名 (複 ～**s** /-z/, ～) C 1 (砲座, 砲架に据えた)**大砲**《今は普通 gun と言う》. The windows rattled to the roar of enemy ～. 敵の砲火の音に窓ががたがた鳴った. 2 (飛行機に装備した)機関砲. 3 〖英〗=carom. ── 動 自 〖英〗VA (砲弾のように)激しく突き当たる〈*into, against* ..に〉. She came running and ～*ed into* me. 彼女は走ってきて私に突き当たった. [<イタリア語「大きな管」]

can·non·ade /kæ̀nənéid/ 名 C 連続砲撃. ── 動 他 を連続砲撃する.

cánnon·bàll 名 C 1 (旧式な)球形砲弾. 2 (テニスの)弾丸サーブ. 3 〖水泳〗キャノンボール《両ひざを抱え込んで行う飛び込み》. 4 〖米〗弾丸[特急]列車. ── 動 自 1 〖俗〗突進する, (鉄砲玉のように)突っ走る. 2 キャノンボール飛び込みをする.

cánnon fòdder 名 U '砲弾の餌食(えじき)' (にされる兵士たち), '消耗品'. 「結合形 (→can't).

can·not /kǽnɑt, kənɑ́t|kǽnɔt, -nət/ can not の↑

can·nu·la /kǽnjulə/ 名 (複 ～**s, -lae** /-li:/) C 〖医〗カニューレ, 排管, 《身体に挿入して排液, 薬物注入を行う》.

†**can·ny** /kǽni/ 形 e 1 抜け目のない (shrewd); 利にさとい. 2 (特に金の使い方について)用心深い, 倹約する. 3 〖スコ〗すてきな, よい. [can[1]「〖古〗知る」, -y[1]]

†**ca·noe** /kənú:/ 名 C カヌー《前後ともとがった細長いボート; paddle でこぐ》; (原始的な)丸木舟. ── 動 (～**s**|過 過分 ～**d**|～**·ing**) 自 カヌーで行く; カヌーに乗る. ── 他 をカヌーで渡る[運ぶ]. [<カリブ語] ▷～**·ist** 名 C カヌーをこぐ人.

‡**can·on** /kǽnən/ 名 C 1 (教会の定めた)法規, 定規. 2 規範, 基準. the ～*s* of conduct 行動の基準. Free speech is a ～ of democracy. 言論の自由は民主主義の最も重要な原理である. 3 (聖書の)正典 (↔Apocrypha); (ある作家の)真作品(目録). the whole Shakespeare ～ シェークスピアの真作品全部. 4 〖楽〗カノン《対位法の一種》. 5 (主にカトリックの)聖者録. 6 司教座聖堂参事会員《chapter の一員》. [ギリシア語「(計量用の)棒」]

ca·ñon /kǽnjən/ 名 =canyon.

ca·non·i·cal /kənɑ́nik(ə)l|-nɔ́n-/ 形 1 教会法による[にかなった]. 2 権威ある; 正統の. 3 canon 3 にある.

canònical hóurs 名 〈the ～〉〖カトリック〗1日7回の祈禱(とう)時; 〖英〗(教会での)結婚式挙行時間《午前8時から午後6時まで》.

ca·nón·i·cals 名 〈複数扱い〉(聖職者の)式服, 法服.

càn·on·i·zá·tion 名 U 列聖.

cán·on·ìze 動 他 〖キリスト教〗1 〔死者〕を列聖する《saint と認めること》. 2 を正典と認める; (宗教的権威↓で)を認める.

cànon láw 名 U 教会法.

ca·noo·dle /kənú:dl/ 動 自 〖英俗〗〔男女が〕抱き合う (cuddle). 「opener).

cán òpener 名 C 〖米〗缶切り (〖英·オース〗tin↑

‡**can·o·py** /kǽnəpi/ 名 (複 **-pies**) C 1 天蓋(がい)《王座や寝台の上に取り付けた覆い; 建物の入り口などに張り出したひさし》. 2 〖章〗天蓋状のもの; 覆いかぶさるもの; 空. a ～ of leaves 林冠《森林で頭上を覆う枝葉》. the ～ of the heavens 空. 3 〖空〗キャノピー《戦闘機などの操縦席上の透明な覆い》. 4 (パラシュートの)傘体. ── 動 (**-pies**|過 過分 **-pied**|～**·ing**) 他 を天蓋で覆う, に天蓋を付ける. [<ギリシア語「蚊帳(かや)つきの寝いす」]

[canopy 1]

canst /kənst, 強 kænst/ 助 〖古〗=can《2人称単数の thou とともに用いる》.

cant[1] /kænt/ 名 U 1 偽善的な言い方; 口先だけの言葉; (内容のない)お題目. such diplomatic ～ as 'stability' and 'global equilibrium'「安定」とか「グローバルな平衡」などという外交上のお題目. 2 (特定職業·グループの)仲間言葉, 隠語. thieves' ～ 泥棒仲間の隠語《例えば刑務所 (jail) を jug と呼ぶ》. 3 (一時の)はやり言葉. ── 動 自 隠語で話す. [?<ラテン語「歌」]

cant[2] 名 C 1 傾斜, 斜面. 2 (傾かせたり, 倒したりする)急な動き. ── 動 他, 自 に傾斜を付ける; を傾ける; 傾く; (を)ひっくり返す[返る] 〈*over*〉. [<中世ラテン語「角(かど), 隅」]

can't /kænt|kɑ:nt/ cannot の短縮形.

Can·tab /kǽntæb/ [形] ケンブリッジ大学の《学位の後に付ける》. Jane Brown, MA *Cantab* ケンブリッジ大学文学修士ジェーン・ブラウン.

can·ta·bi·le /kɑntɑ́:bilèi|kæntɑ́:bəli/ [副], [形] 〖楽〗カンタービレ, 歌うような調子で[の]. [イタリア語 'singable']

Can·ta·brig·i·an /kæ̀ntəbrídʒiən [移]/ [形] 英国 Cambridge (大学)の; 米国 Cambridge [Harvard 大学]の. ── [名] [C] Cambridge [Harvard] 大学生[卒業生, 教員]; Cambridge の住人; (→Oxonian). [<ラテン語 *Cantabrigia* 'Cambridge']

can·ta·loup(e) /kǽntəlòup|-lù:p/ [名] [C] カンタロープ《マスクメロンの一種; Armenia 原産; <ローマ近郊の, ヨーロッパ最初の栽培地名》.

can·tan·ker·ous /kæntǽŋk(ə)rəs/ [形] けんか好きの; 気難しい. a ～ old man つむじ曲がりの老人. ▷～·ly [副] ～·ness [名]

can·ta·ta /kəntɑ́:tə, kæn-/ [名] [C] 〖楽〗カンタータ, 交声曲, 《多く宗教的な内容を持ち, 独唱・合唱を主体に, 管弦楽などの伴奏を伴う声楽曲》. [イタリア語 'sung (air)']

‡**can·teen** /kæntí:n/ [名] [C] **1** (兵営内の)酒保 (〖米〗post exchange). **2** (工場, 会社などの)売店, 食堂. a staff ～ 社員食堂. **3** (兵士, ハイカーなどの)水筒. **4** (携帯用)食器類収納箱《特に軍隊用》; 〖英〗(箱入りの)ナイフ・フォークなどのセット. [<イタリア語「酒蔵」]

‡**can·ter** /kǽntər/ [名] [C] **1** 〈普通, 単数形で〉馬のゆるい駆け足 (→gait). at a ～ ゆるい駆け足で. **2** ゆるい駆け足での乗馬. **3** ほんの一駆け, 短い旅.
── [動] [自], [他] (を) ゆるい駆け足で進む[進ませる].
[<*Canter*bury pace; カンタベリーへの参詣者が馬をゆっくり進めたことから]

Can·ter·bur·y /kǽntərbèri|-təb(ə)ri/ [名] カンタベリー《イングランド南東部 Kent 州の都市; 英国国教総本山の大聖堂がある; Archbishop of Canterbury は英国国教会の大主教》. [<古期英語「ケント人の町」]

Canterbury bell /ˊ----ˋ|ˋ----ˊ/ [名] [C] フウリンソウ, ヤツシロソウなど, 《キキョウ科の観賞植物》.

Canterbury Tales /ˊ----ˋ|ˋ----ˊ/ [名] 〈the ～〉『カンタベリー物語』《Chaucer 作》.

cánt hòok [名] [C] かぎてこ《丸太を処理するための道具》.

can·ti·cle /kǽntik(ə)l/ [名] [C] **1** 聖歌, 詠唱, 《普通, 聖書の文句に旋律をつけたもの; 礼拝に用いる》. **2** 〖聖書〗〈the Canticles〉=the Song of Solomon. [<ラテン語「小さな歌(*cantus*)」]

can·ti·le·ver /kǽntəlì:vər/ [名] [C] 〖建〗片持ち梁(ばり), カンチレバー, 《1 端だけが壁や柱に固定され, そこから突き出てバルコニーなどを支える梁》.

cántilever brìdge [名] [C] カンチレバー橋.

can·tle /kǽntl/ [名] [C] **1** 鞍尾(あんび)《鞍(くら)の後部の弓なりに反り上がった部分》. **2** 切れ端.

can·to /kǽntou/ [名] ([複] ～s) [C] (長詩の)編《散文の chapter に相当する区分》. [イタリア語「歌」]

Can·ton /kæ̀ntɑ́n|-tɔ́n/ [名] カントン(広東)《中国南東部の海港; 広東省の省都》.

can·ton /kǽntən, -tɑn|-tɔn/ [名] [C] (スイス連邦の)州《全国が 23 cantons に分かれる》.

Can·ton·ese /kæ̀ntəní:z/ [形] カントン(広東)の; カントン語の. ── [名] **1** [C] カントン人. **2** [U] カントン語.

can·ton·ment /kæntɑ́nmənt, -tóun-|kæntú:n-/ [名] [C] 〖軍〗駐留地, 宿営(地); [U] 営舎の割り当て.

can·tor /kǽntər|-tɔ:/ [名] [C] 〖キリスト教〗聖歌隊前唱者《リーダー》; 〖ユダヤ教〗(礼拝の)主唱者.

Ca·nuck /kənʌ́k/ [名] [C] 〖カナダ・米話〗〖しばしば軽蔑〗フランス系カナダ人; カナダ人.

Ca·nute /kən(j)ú:t/ [名] カヌート (994?–1035)《イングランド王, デンマーク王, ノルウェー王を兼ねた》.

***can·vas** /kǽnvəs/ [名] ([複] ～·es /-əz/) **1** [U] (テント, 帆布, 袋などに使う)**ズック**, 麻布; 〈集合的に〉テント, 帆. ～ shoes for tennis テニス用のズック靴. **2** 〈the ～〉(キャンバスを張った)ボクシング[レスリング]リングの床. **3** [C] (油絵用の)**画布**, カンバス; 油絵; キャンバス《ししゅうの台に使う粗目の固い布》. What a lovely ～! なんと美しい絵だろう. **4** [U] (歴史, 事件, 小説などの)背景.
under cánvas (1) 帆を上げて, 航海中で. (2) テントを張って, 野営して.
[<古期フランス語「麻布」; cannabis と同源]

cánvas·bàck [名] [C] 〖鳥〗オオホシハジロ《北米産のカモ》.

†**can·vass** /kǽnvəs/ [動] [他] **1** 〔ある地区〕を遊説する〈*for*..〔投票〕を集めるために〉; 〔地区, 住民〕に頼んで回る〈*for*..〔注文, 意見など〕を求めて〉. ～ the area *for* votes in the next election 今度の選挙の投票を頼みにその地域を回る. ～ the country *for* orders for their new product 新製品の注文を取るために国中を回る. **2** 〔世論, 反応など〕を調査する. **3** を検討する; を徹底的に論じる. ～ a suggestion 提案を検討する.
── [自] **1** 選挙運動をする〈*for*..のために〉; 注文を取りに回る; 意見を聞いて回る; 〈*for*..の〉. ～ *for* a Liberal candidate 自由党候補者のために選挙運動をする. ～ among the citizens *for* subscriptions 市民の間を回って寄付を求める. **2** 詳細に調べる; 徹底的に論じる.
── [名] [C] **1** 選挙運動, 遊説; 勧誘. **2** 世論調査. **3** 検討, 綿密な点検.
[<canvas; 原義は「(ふざけたり罰として)キャンバスシートにくるんで放り上げる」]
▷～·er [名] [C] 選挙運動員; 勧誘員, セールスマン.

***can·yon** /kǽnjən/ [名] ([複] ～s /-z/) [C] **峡谷** ([類語] 規模の大きい valley で, 普通, 両岸が深く切り立って水流がある). [<スペイン語「管」]

can·zo·ne /kænzóuni|-tsóu-/ [名] ([複] **can·zo·ni** /-ni:/, ～s) [C] 〖楽〗カンツォーネ《イタリアの大衆的歌曲》. [イタリア語「歌」]

can·zo·net /kæ̀nzənét/ [名] [C] 〖楽〗カンツォネッタ《16–18 世紀の軽快な短い歌曲》. [<イタリア語「小さな歌」]

caou·tchouc /káutʃuk/ [名] [U] 天然ゴム.

CAP Common Agricultural Policy ((EU の)共通農業政策).

‡**cap**[1] /kæp/ [名] ([複] ～s /-s/) [C] **1** (縁のない, しばしばひさし付きの)**帽子** (→hat); 制帽; (看護婦, メイド, 老女などの用いる)室内帽; 水泳帽; シャワーキャップ; 学帽. The driver tipped his ～. 運転手は帽子をちょっと上げてあいさつした. a boy in a baseball ～ 野球帽をかぶった少年. Where is your ～? (坊や)ごあいさつはどうしたの.
2 〖英・スポーツ〗チーム帽《クリケットなどで, 地域, 学校などの代表チームに選ばれた者に与えられる》; (代表チームに選ばれた)選手. win [get] one's ～ 選手になる. **3** (万年筆などの)**キャップ**, さや; (瓶などの)ふた; (ふたのように)覆うもの; (靴の)つま先; (ひざの)お皿; (キノコの)笠; (治療した)歯冠. a bottle ～ 瓶のふた. a ～ of snow on the mountaintop 山頂を覆う雪. **4** (支出金額などの)上限. the retirement age ～ 定年. **5** 雷管 (percussion cap); (おもちゃの銃に使う)火薬玉. **6** 〖英話〗=Dutch cap.
càp in hánd 脱帽して, へりくだって. I'm not going to him ～ *in hand* begging for a job. 仕事をくれと言って頭を下げて彼のところへ行くつもりはない.
If the càp fíts(, wéar it). 〖英〗思い当たるふしがあったら(, 自分のことだと思え).
pùt ón one's thínking càp 〖話〗本気になって考える, 思案する.
sènd [pàss] the cáp ròund 帽子を回す《寄付してもらうため》.
sèt one's cáp for [〖英〗 ***at***].. 〖旧話〗〔女性が〕〔男性〕の気を引こうとする.
── [動] (～s /-s/|[過] [過分] ～ped /-t/|cáp·ping) [他]

C

【帽子をかぶせる】 **1** に帽子をかぶせる; 〈普通, 受け身で〉 【英】 〔選手など〕を代表チームの選手に選ぶ 《帽子を与えて》. **2** をふたで覆う; 〔歯〕に歯冠をかぶせる; 〔雪などが〕の頂上を覆う. a mountain ~*ped* with snow=a snow-~*ped* mountain 雪をいただく山. **3** に上限を設ける; =charge-cap. Total service as Governor should be ~*ped* at 8 years. 知事としての在職期間は8年を限度とすべきだ.

【仕上げをする】 **4** を仕上げる, の最後を締めくくる; の締めくくりとなる. Another trip to the British Museum ~*ped* our London tour. 再度の大英博物館訪問が我々のロンドン旅行の締めくくりとなった.

5 〔人の冗談や逸話など〕よりよい[に負けない]ものを(競って)出す; を凌(しの)ぐ (surpass). He always ~*s* my jokes *with* one better. 彼はいつでもしゃれでは私の上手(うわて)をいく. I ~*ped* his gift to Jane *with* a more expensive one. 私は彼が贈った物より(競って)ずっと高価な物をジェーンに贈った.

càp the clímax 〔人, 物事が〕意表を突く; 度を越す; 期待以上である.

to càp it áll そして最後に, あげくの果てに. I lost my money and my tickets and then, *to ~ it all*, I had my passport stolen. お金と切符をなくしてしまい, あげくの果てにはパスポートまで盗まれた.

[<後期ラテン語「ケープ, フード付き外とう」(?<ラテン語 *caput* 'head')]

cap[2] 名 C 大文字 (capital letter). ── 動 (~s|-pp-) 他 を大文字で書く[印刷する] (capitalize).

cap. capacity; capital; capitalize; capital letter; captain; caput (ラテン語 'chapter').

Cap·a /kǽpə/ 名 **Robert ~** キャパ(1913-54)《ハンガリー生まれの米国の写真家; Spain 内戦を報道》.

†**ca·pa·bil·i·ty** /kèipəbíləti/ 名 (複 **-ties**) UC

1 能力, 才能, 〈*of* doing, *to* do ..する〉 (類語 普通程度の要求に応じることができる能力・素質で, 生得的なものを言うことが多い; →ability). His ~ *of* mak*ing* [*to* make] a fortune became evident. 彼の財産を築く才能がはっきりしてきた. That was an attempt beyond [above] my *capabilities*. それは私の能力を超える試みだった. **2** 力量, 資格, 〈*for* ..に対する〉. His ~ *for* this job is not in question. 彼がこの仕事に十分な力量があることは疑う余地がない. **3** (国家のもつ)戦闘能力. a nuclear ~ 核戦争能力. **4** 〈普通 -ties〉(将来発達しそうな)素質, 潜在能力. The student has great *capabilities*. その学生は大した素質を持っている.

‡**ca·pa·ble** /kéipəb(ə)l/ 形 m **1 有能な**, 力量のある[を示す]. a ~ student よくできる学生. a ~ performance すぐれた出来ばえ. a ~ businessman 有能な事業家. **2** 〈叙述〉 **能力がある** 〈*of* ..の〉; **..できる** 〈*of* ..が〉. She is not ~ *of* making her own decisions. 彼女は自分で物事が決められない. ~ *of* leadership 指導力がある. The new supercomputer is ~ *of* processing ten billion calculations per second. 新しい超大型コンピュータは1秒間に100億回の計算を処理することができる. **3** 〈叙述〉〔物事が〕可能性[余地]がある 〈*of* ..の〉; 〔人が〕平気でやる, ..しかねない, 〈*of* ..を〉. The situation is still ~ *of* improvement [*of* being improved]. 事態はまだ改善の余地がある. a person ~ *of* fraud 平気で詐欺をはたらける人. He's ~ *of* killing a man. 彼は人を殺しかねない.

◇↔incapable 名 capability [<後期ラテン語「受容しうる」(<ラテン語 *capere* 'take')]

cá·pa·bly 副 有能に, 見事に, 立派に. handle complaints ~ 苦情をてきぱきとさばく.

ca·pa·cious /kəpéiʃəs/ 形 【章】〔部屋などが〕広々とした; たくさん入る; 包容力のある. a ~ trunk たくさん入るトランク. a ~ mind 包容力のある心.

▷ **~·ly** 副 **~·ness** 名

ca·pac·i·tance /kəpǽsətəns/ 名 U 【電】静電「容量.

ca·pac·i·tate /kəpǽsətèit/ 動 他 **1** VOC (~ X *to do*) 〔物事が〕X(人)に..することを可能にする; VOA (~ X *for ..*) 〔物事が〕X に..を可能にする. **2** 〔人〕に能力[法的資格]を与える 〈*for* ..に対する〉.

ca·pac·i·tor /kəpǽsətər/ 名 C 【電】蓄電器.

‡**ca·pac·i·ty** /kəpǽsəti/ 名 (複 **-ties** /-z/) **1** aU **容量**, 容積; **収容力**; 包容力. a jar with a ~ of 2 liters 2リットル入る壺(つぼ). a seating ~ of 400 座席数400. The elevator's ~ is ten. そのエレベーターの定員は10人だ. The hotel is booked to 94 percent ~ for the coming winter. そのホテルは今度の冬は94パーセントが予約でふさがっている. a mind of great ~ 包容力の大きい心. ◇形 capacious

2 aU **(a) 能力**, 才能, 力量, 〈*to* do ..する/*for*, *of* ..の〉; 可能性; (↔ incapacity; 類語 主に潜在的な受容能力を言う; →ability). He has a ~ *for* leadership. 彼は指導力のある人だ. ~ *for* adapting oneself to circumstances 環境に適応する能力. his ~ *to* pay 彼の支払い能力. This book is within [beyond] the ~ *of* younger readers. この本は若い読者ₗにも理解できる[には無理だ].

(b) (工場などの)(最大)生産力. The factory is working *at* (full) ~. 工場はフル操業だ.

3 C 【章】資格, 立場. inₗone's individual [a personal] ~ 個人の資格で. Mr. Brown was acting in his ~ as ambassador. ブラウン氏は大使の資格で行動していた. **4** =capacitance. **5** 〈形容詞的〉満員の, 収容限度いっぱいの. a ~ audience 満員の聴衆.

filled [pàcked] to capácity 満員で[の]. The auditorium was *filled to* ~. 講堂は満員だった.

[<ラテン語「大きさ, 容量」(<*capāx*「広い」)]

càp and bélls 名 【史】(宮廷道化師の)鈴のついた帽子.

càp and gówn 名 U 角帽とガウン《大学の教師・学生の正装; 卒業式の時などに着る》.

cap-a-pie, -à- /kæ̀pəpíː/ 副 【雅】頭の先からつま先まで, 寸分の隙(すき)もなく. [フランス語 'head-to-foot']

ca·par·i·son /kəpǽrəs(ə)n/ 名 C 【史】馬(と騎士)の飾り馬具(と衣装); 【雅】盛装. ── 動 他 〈普通, 受け身で〉〔馬〕に盛装させる; 〔人〕に盛装させる 〈*in* ..で〉.

***cape**[1] /keip/ 名 (複 **~s** /-s/) **1** C 岬. **2** 〈the C-〉=Cape of Good Hope. [<ラテン語 *caput*「頭」]

cape[2] 名 C ケープ, 肩マント, 《短いそでなし外套(がいとう)》. [<後期ラテン語; cap[1] と同源] ▷ **caped** /-t/ 形 ケープをまとった.

Càpe Ca·náv·er·al /-kənǽv(ə)rəl/ 名 カナヴェラル岬《米国 Florida 州東海岸にある岬で, 宇宙センターがある; 1963-73年間は **Càpe Kénnedy** と呼ばれた》.

Càpe Cód 名 コッド岬《米国 Massachusetts 州南東部の岬》.

Càpe cóloured 名 C 【南ア】有色混血人 (col-「oured).

Càpe Hórn 名 ホーン岬《チリ領; 南米の最南端》.

Càpe of Gòod Hópe 名 〈the ~〉喜望峰《アフリカ南端の岬》.

†**ca·per**[1] /kéipər/ 動 自 (ふざけて)とび[はね]回る; ふざける; 〈*about* (..を)〉. The children ~*ed about* the garden until dark. 子供たちは暗くなるまで庭をはね回っていた. ── 名 C **1** とびはねること, はね回り. **2** 【旧話】(悪)ふざけ; 【話】悪事. ***cùt cápers [a cáper]*** はね回る; ふざけ回る. [<*capri*ole]

ca·per[2] 名 C **1** セイヨウフウチョウボク《地中海地方産の低木》. **2** 〈普通 ~s〉ケッパー, ケイパー, 《1のつぼみの酢漬けでスモークサーモンなどに添える; 調味料》.

cap·er·cail·lie, -cail·zie /kæ̀pərkéili/, /-kéili, -kéilzi/ 名 C 【鳥】オオライチョウ《欧州産》.

Cápe Tòwn 名 ケープタウン《南アフリカ共和国の南端の港市》.
Càpe Vérde /-vɜ́:rd/ 名 カーボヴェルデ《アフリカの Senegal 西方の群島からなる共和国; 首都 Praia》.
cap·ful /kǽpfùl/ 名 Ⓒ (瓶などの)キャップ 1 杯(の量); (風の)軽いひと吹き; 〈*of* ..の〉.
cap·il·lar·i·ty /kæ̀pəlǽrəti/ 名 Ⓤ 〖物理〗毛(細)管現象.
†**cap·il·lar·y** /kǽpəlèri | kəpíləri/ 名 (複 **-lar·ies**) Ⓒ 毛(細)管 (**cápillary tùbe**); 〖解剖〗毛細血管.
—— 形 毛細管の; 毛状の.
càpillary attráction [**áction**] 名 Ⓤ 〖物理〗毛管引力[現象].
‡**cap·i·tal** /kǽpətl/ 形 Ⓔ 〈主に限定〉【首位の】 **1** **主要な**, おもな, (→main 類語); **首位の**, 第一の; 首都の. This is a matter of ～ importance. これは最も重要な問題である. Honesty is a ～ virtue. 正直は最も大事な美徳だ. a ～ city 首都.
2 〖英旧〗すばらしい; 第一級の. A ～ idea! すばらしい考えだ. make a ～ speech 見事な演説をする. *Capital!* 〈間投詞的〉すばらしいぞ.
【先頭に来る】 **3** **大文字の**. a ～ A 大文字の A.
4 【先立つ】 資本の; 元金の.
【生命にかかわる】 **5** 死刑に値する; 生命にかかわる. a ～ offense 死罪. **6** 致命的な; 深刻な; 重大な. a ～ error 重大な誤り.
with a càpital Á [***B́, Ć, .. etc.***] 〖話〗まったくの, 極めつきの. ★A, B, C, ..は先行する語の頭文字. a Genius *with a* ～ *G* 正真正銘の天才.
—— 名 (複 **～s** /-z/) 【首位のもの】 **1** Ⓒ **首都**, 首府, 《連邦を構成する州 (state) の首都も言う》; (活動の) 中心地. Tokyo is the ～ of Japan. 東京は日本の首都である. Paris is the fashion ～ of the world. パリは世界のファッションの中心地だ.
【先頭にあるもの】 **2** Ⓒ **大文字**, 頭文字, (capital letter). begin a sentence with a ～ 文の初めを大文字で書く. Write your name *in* ～*s*. 名前を(全部)大文字で書いてください. **3** Ⓒ 〖建〗柱頭.

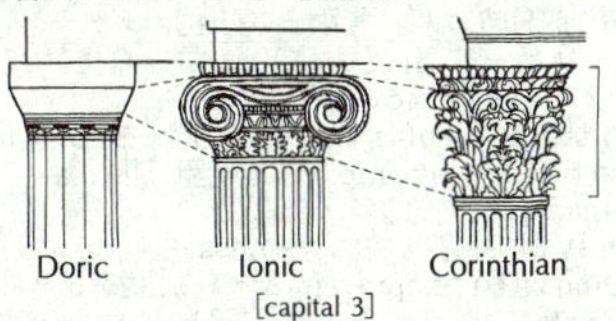

[capital 3]

【元になるもの】 **4** aⓊ 元手, **資本**, **資本金**, 元金, 元本. invest one's ～ in ..に投資する. The company has a ～ of £500,000. その会社の資本金は 50 万ポンドである. ～ and interest 元金と利子. **5** Ⓤ 〈しばしば C-〉 資本家(側). ～ and labor 資本(家)と労働(者), 労資.
màke cápital (***out***) ***of..*** ..を利用する, ..につけこむ, 《<..を元手にする》. In getting her present position, she *made* ～ *of* her father's connections. 今の職を得るのに彼女は父親のコネを利用した.
[<ラテン語「頭(*caput*)の, 重要な, 生命に関わる」]
càpital ássets 名 固定資産.
càpital expénditure 名 Ⓤ 資本(のための)支出《capital assets に使う費用》.
càpital gáins 名 資本利得《有価証券, 不動産などの売却による利益》.
càpital gáins tàx 名 Ⓒ 資本利得税.
càpital góods 名 資本財《建物, 機械, 原料など; →consumer goods, producer goods》.
càpital-inténsive 形 〔企業が〕多額の資本を必要とする, 資本集約的な, (→labor-intensive).
càpital invéstment 名 Ⓤ 資本投資.
***cap·i·tal·ism** /kǽpətəlìz(ə)m/ 名 Ⓤ **資本主義**.
***cap·i·tal·ist** /kǽpətəlist/ 名 (複 **～s** /-ts/) Ⓒ **資本家**; 富豪; 資本主義者. —— 形 資本主義の. the ～ system 資本主義制度.
†**cap·i·tal·is·tic** /kæ̀pətəlístik/ 形 資本主義(的)の; 資本家(的)の. ▷ **cap·i·tal·is·ti·cal·ly** /-k(ə)li/ 副 資本主義的に.
càp·i·tal·i·za·tion /kæ̀pətələzéiʃ(ə)n | -laiz-/ 名 Ⓤ **1** 資本金組み入れ, 資本化; 資本金; 投資. **2** 大文字使用.
†**cap·i·tal·ize** /kǽpətəlàiz/ 動 他 **1** を大文字で書く[印刷する], 〔語〕を大文字で始める. ～ proper names 固有名を大文字で始める. **2** を資本金に組み入れる, 資本化する, 〔物品, 資産〕を現金化する; を資本として用いる; に資本を提供する; 〔利子〕を元金に繰り入れる. The firm is ～*d at* £1 billion. その会社は資本金 10 億ポンドである. —— 自 VA (～ ***on*** [***upon***] ***..***) ..を利用する, ..に付け入る《<元手にする》. ～ *on* other people's mistakes 他人の過ちに乗じる.
càpital létter 名 Ⓒ 頭文字, 大文字, (↔small letter; →upper case).
càpital lévy 名 Ⓒ 資本課税.
cap·i·tal·ly /kǽpət(ə)li/ 副 〖英では旧〗すばらしく, 見事に, 立派に, (admirably).
càpital márket 名 Ⓒ 資本市場.
càpital púnishment 名 Ⓤ 死刑.
càpital shíp 名 Ⓒ 主力艦《戦艦, 巡洋艦, 航空母艦など》.
càpital súm 名 Ⓒ (保険金の)最高支払い額.
càpital tránsfer 名 Ⓤ 〖英〗資本譲渡《多くは相続による資産の譲渡》.
càpital tránsfer tàx 名 ⓊⒸ 〖英〗資本譲渡税, 相続税, 《それまでの estate duty に代わり 1974–1986 年に徴収されたが, inheritance tax の導入により廃止》.
cap·i·ta·tion /kæ̀pətéiʃ(ə)n/ 名 **1** Ⓤ 人数割り(計算). **2** Ⓒ 頭割り税金[支払い], 人頭税.
***Cap·i·tol** /kǽpətl/ 名 **1** 〈the ～〉 (古代ローマの)カピトル神殿《カピトルの丘の上にあった Jupiter の神殿》. **2** 〈the ～ (Hill)〉 (米国の)**国会議事堂**《Washington, D.C. の Capitol Hill 上にある; →Houses of Parliament》; Ⓒ 〈c-〉 (米国の)州会議事堂 (statehouse).
Càpitol Híll 名 キャピトルヒル《米国国会議事堂のある小さな丘》; Ⓤ 米国議会.
Cap·i·to·line /kǽpət(ə)làin | kəpítoulàin/ 名 〈the ～〉 カピトルの丘《古代ローマの七つの丘の 1 つ》. —— 形 カピトルの丘の; カピトル神殿の.
ca·pit·u·late /kəpítʃəlèit/ 動 自 〖章〗(条件付きで)降伏する; 不本意ながら従う[同意する]; 〈*to* ..に〉. I will never ～ *to* that kind of pressure. その種の圧力には絶対に屈しない. [<ラテン語「項目を立てて起草する」]
ca·pìt·u·lá·tion 名 **1** Ⓤ (条件付きの)降伏; Ⓒ 降伏文書. **2** Ⓒ 要項, 要約.
ca·pon /kéipən/ 名 Ⓒ (去勢して太らせた)食用おんどり.
Ca·pone /kəpóun/ 名 **Al**(**phonse**) /ǽlfɑns | -fɔns/ ～ (アル・)カポネ (1899–1947)《禁酒法時代のシカゴのギャング》.
Ca·po·te /kəpóuti/ 名 **Truman** ～ カポーティ(1924–84)《米国の小説家, ノンフィクション作家》.
cap·puc·ci·no /kɑ̀:pətʃí:nou | kæ̀pu-/ 名 (複 **～s**) Ⓤ カプチーノ《熱したミルクを加えたエスプレッソコーヒー》; Ⓒ (1 杯の)カプチーノ. [イタリア語 'Capuchin'; 修道士の褐色の服の連想から]
Ca·pri /kəprí:, kɑ́:pri/ 名 カプリ島《イタリアのナポリ付近の小島; 名勝地・観光地》.
ca·pric·ci·o /kəprí:tʃiou | -prítʃ-/ 名 (複 **～s**) Ⓒ 〖楽〗カプリッチオ, 奇想曲. [イタリア語「逆立った髪」]

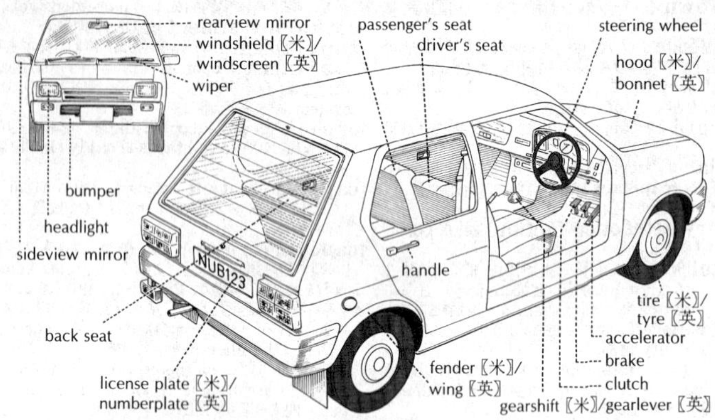

[car]

‡ca·price /kəpríːs/ 名 **1** UC 気まぐれ(な行動); むら気. act from ～ 気まぐれに行動する. He was worried by his wife's ～*s*. 妻の気まぐれに彼は悩まされた. **2** ＝capriccio. [capriccio のフランス語形]

ca·pri·cious /kəpríʃəs/ 形 気の変わりやすい, むら気な; 気まぐれな; 〔天気などが〕変わりやすい, 当てにならない. ～ weather 気まぐれな天気.
▷ **～·ly** 副 気まぐれに. **～·ness** 名 U 気まぐれ.

Cap·ri·corn /kǽprikɔ̀ːrn/ 名 〖天〗やぎ座; 〖占星〗磨羯(まかつ)宮《黄道 12 宮の 10 番目; →zodiac》; C 磨羯宮生まれの人《12 月 22 日から 1 月 19 日の間に生まれた人》.

cap·ri·ole /kǽpriòul/ 名 C **1** 跳びはね. **2** 〖馬術〗カプリオール《垂直跳躍》. [＜イタリア語「跳躍」(＜ラテン語 *caper*「雄ヤギ」)]

Caprí pànts 名 〈複数扱い〉カプリパンツ《女性用の先細りのズボン》.

Ca·pris /kəpríːz/ 名 〈複数扱い〉＝Capri pants.

caps. capital letters.

cap·si·cum /kǽpsikəm/ 名 UC 〖植〗トウガラシ(の実).

†cap·size /kǽpsaiz, ‐ˊ|ˊ‐/ 動 他 〔特に, 船〕を転覆させる, ひっくり返す. A large wave ～*d* our boat. 大波が我々のボートを転覆させた. ── 自 〔船などが〕転覆する, ひっくり返る.

cap·stan /kǽpstən/ 名 C **1** 車地(しゃち)《いかり巻き上げ用ろくろ》. **2** (テープレコーダーの)キャプスタン.

cáp·stòne 名 C **1** (石柱, 石壁などの)笠(かさ)石, 冠石. **2** 最高点, 絶頂.

cap·su·lar /kǽpsələr|-sju-/ 形 capsule の(ような); capsule に入った.

†cap·sule /kǽps(ə)l|-sjuːl/ 名 C **1** (薬の)カプセル; 1 カプセルの分量. She took the ～ and went to sleep. 彼女はカプセル入りの薬を飲んで寝た. **2** (宇宙ロケットの)カプセル. recover a ～ カプセルを回収する. **3** 〖植〗蒴(さく)《実が熟すと割れる》; 蒴果. **4** 〖解剖〗被膜. **5** (極めて短い)要約; 〈形容詞的〉〔記述などが〕極度に圧縮された[短い]. a ～ comment 寸評. ── 動 他 をカプセルに入れる; を要約[圧縮]する. [＜ラテン語「小さな箱 (*capsa*)」]

Capt. Captain.

‡cap·tain /kǽptən/ 名 (複 **～s** /-z/) C **1 長**; 首領; 指導者; (leader, chief). a ～ of industry 産業界の指導者, 大実業家. **2 船長**; 艦長; 機長.
3 陸軍大尉《major (少佐)の下で, first lieutenant (中尉)の上の位》; 海軍大佐《commodore (准将)の下で commander (中佐)の上の位》; 〖米〗空軍[海兵隊]大尉. **4** (チームの)**キャプテン**, 主将. act as ～ of a baseball team 野球チームの主将を務める.
5 〖米〗警部《地位は chief officer と lieutenant の間で, precinct の隊長》.
6 〖米〗(ホテル・食堂などの)ボーイ長.
── 動 他 の長[主将, 隊長, 指揮官など]を務める; を統率する (lead). ～ a team チームの主将を務める.
[＜後期ラテン語「主要な」(＜ラテン語 *caput* 'head')]

cáp·tain·cy /-si/ 名 (複 **-cies**) UC captain の地位[資格, 任期]. under the ～ of .. を隊長として.

***cap·tion** /kǽpʃ(ə)n/ 名 (複 **～s** /-z/) C **1** (章, 論説, 記事などの)**見出し**, **表題**; (挿絵, 写真などの)解説. under the ～ of .. という題の[で]. **2** (映画, テレビの)**字幕** (subtitle). an Italian film with English ～*s* 英語の字幕付きのイタリア映画. **3** 〖法〗頭書《法律文書の冒頭の作成日時, 場所, 権限などの記述》.
── 動 他 〈普通, 受け身で〉に表題[字幕]を付ける.
[＜ラテン語「捕らえること」]

cap·tious /kǽpʃəs/ 形 〖章〗あら探しをする, 文句をつけたがる. a ～ question 意地の悪い質問. a ～ old woman とかく文句の多い老婦人.
▷ **～·ly** 副 あら探し的に. **～·ness** 名

†cap·ti·vate /kǽptəvèit/ 動 他 の心を奪う, を魅惑する, 〈*with* ..で〉. be ～*d with* [*by*] her charms 彼女の美しさに悩殺される.

cáp·ti·vàt·ing 形 人の心を奪うような, 魅惑的な.

càp·ti·vá·tion 名 U 魅惑(すること); 魅力.

***cap·tive** /kǽptiv/ 名 (複 **～s** /-z/) C **1 捕虜**. I was a ～ in Siberia for three years. 私は 3 年間シベリアで捕虜になっていた. **2** とりこ. a ～ *to* love 恋のとりこ.
── 形 Ⓒ 〈普通, 限定〉**1** 〖章〗**捕らわれた**, 捕虜になった. **2** (魅力などに)心を奪われた, (恋などの)とりこになった. **3** 拘束[束縛]された. a ～ animal 捕らわれた動物. **4** 選択の自由がない, いやでも見させ[聞かせ, 買わせ]られる. ***hòld* [*tàke*] *a pèrson cáptive*** 人を捕虜[とりこ]にする. I was *held* ～ by his strong personality. 私は彼の強い個性のとりこになった.
[＜ラテン語「捕らわれた」]

càptive áudience 名 C '捕らわれの聴衆'《無理に何かを聞かされる[見させられる]人々; テレビのコマーシャルを見させられる視聴者など》.

càptive ballóon 名 C 係留気球.

†cap·tiv·i·ty /kæptívəti/ 名 U 捕らわれ(の状態), 監禁; 束縛. a lion in ～ 檻(おり)に入って(飼われて)いるライオ

ン. He is held in ～. 彼は監禁されている.

‡cap·tor /kǽptər/ 名 C 〘章〙捕らえる人, 捕獲者.

‡cap·ture /kǽptʃər/ 名 (複 ～s /-z/) **1** U **捕獲**(する[される]こと); **逮捕**. **2** C 捕獲物; 捕虜. **3** U 〘電算〙データの捕捉.

── 動 (～s /-z/|過 過分 ～d /-d/|-tur·ing /-tʃ(ə)riŋ/) 他 **1** 〔人など〕を**捕らえる**; を捕虜にする, 逮捕する; を捕獲する, ぶんどる; (類語 catch の場合よりも, より大きな抵抗, 困難を越えてつかまえること; →take). Jack ～*d* rabbits with snares. ジャックはわなでウサギを捕らえた.

2 〔人の心, 関心など〕を**捕らえる**, つかまえて離さない. The beauty of the poem ～*d* her heart. その詩の美しさは彼女の心を捕らえてはなさなかった.

3 〔雰囲気, 美しさなど〕を捕らえる, うまく再現する, ⟨*on* ..〔画面, 文章など〕に⟩. The scene is vividly ～*d on* film. その情景はフィルム上になまなましく捕らえられている.

4 〔敵地, 要塞(さい)など〕を**攻略する**, 攻め落とす. The army couldn't ～ the fortress. 軍はその要塞を攻略することができなかった. **5** 〔賞など〕を獲得する. ～ 70 percent of the votes 投票数の 70 パーセントを獲得する. **6** 〘電算〙〔データ〕を捕捉する.

[＜ラテン語「捕獲」(＜*capere*「捕らえる」)]

Cap·u·chin /kǽpjəʃən, -tʃən/ 名 C **1** (カトリックの)カプチン会修道士《フランシスコ会の一派》. **2** ⟨c-⟩〘動〙ノドジロオマキザル《南米産》. **3** ⟨c-⟩ フード付き女性用マント.

‡car /kɑːr/ 名 (複 ～s /-z/) C **1 車**, 自動車, ⟨特に⟩(自家用)乗用車, (類語 automobile 〘米〙, motorcar 〘英〙に対する日常語; truck, bus, taxi は car とは呼ばない). drive a ～ 車を運転する. get into a ～ 車に乗る. get out of a ～ 車から降りる. a ～ accident 車の事故.

連結 stop [park; back, reverse; hire; service] a ～; go by ～

2 電車《streetcar 〘米〙, tramcar 〘英〙などの略称》. **3** 〘主に米〙(鉄道の)**車両**; 客車; 貨車; (語法 〘英〙では客車・貨車ともに carriage が普通; しかし passenger car のように複合語では〘英〙も car を用いる). a passenger ～ 客車. The train is made up of fifteen ～*s*. 列車は 15 両編成だ. The dining ～ was full. 食堂車は満員だった. **4** エレベーターの箱 (cage); (飛行船, 気球の)ゴンドラ; (ケーブルカーの)客車.

****by cár*** **車で**. We traveled around the country *by* ～. 国中を車で旅行した.

tàke a cár 車で行く.

[＜ラテン語「(ケルト族の) 2 輪戦車＞4 輪荷馬車」]

car·a·bi·neer, -nier /kæ̀rəbiníər/ 名 C (昔の)騎銃兵.

car·a·bi·ner /kæ̀rəbíːnər/ 名 C カラビナ《登山で岩壁に打ち込むハーケンとザイルを接続する D 字型の鋼鉄環》.

Ca·ra·cas /kərɑ́ːkəs, -rǽk-/ 名 カラカス《南米 Venezuela の首都》.

ca·rafe /kərǽf/ 名 (複 ～s) C カラフ《ガラス製の水差し; 食卓に置く》; カラフ 1 杯の分量.

cár alàrm 名 C 自動車防犯警報装置.

†car·a·mel /kǽrəməl, -mèl/ 名 **1** C キャラメル《糖菓》. chew a ～ キャラメルをしゃぶる. **2** U カラメル《砂糖を煮つめた茶色の液体》. [＜スペイン語]

cár·a·mel·ìze /-àiz/ 動 自 〔砂糖が〕カラメルになる. ── 他 をカラメルにする.

car·a·pace /kǽrəpèis/ 名 C (カメなどの)甲羅, (カニ, エビなどの)甲殻(かく), 甲皮.

‡car·at /kǽrət/ 名 C **1** カラット《宝石の重量単位; 5 分の 1 グラム; 略 c., ct.》. **2** ＝karat.

†car·a·van /kǽrəvæ̀n/ 名 C **1** (砂漠などを行く)隊商. **2** 隊を組んで旅行する車の 1 群. **3** 〘英〙トレーラーハウス (〘米〙 trailer). **4** (ジプシー, サーカスなどの)大きな幌(ほろ)馬車. ── 動 (～s|〘英〙-nn-) 自 〘英〙トレーラーハウスで旅行する. go ～*ning* in Wales ウェールズへトレーラーハウスで(バカンス)旅行をする. [＜ペルシア語]

car·a·van·sa·ry /kæ̀rəvǽnsəri/ 名 (複 -ries) C **1** 隊商宿《隊商用に大きな中庭がある近東地方の旅館》. **2** 大旅館, 大ホテル. [＜ペルシア語「隊商」＋「宮殿」]

car·a·van·se·rai /kæ̀rəvǽnsəràì/ 名 ＝caravansary.

cáravan sìte 名 C 〘英〙トレーラーハウス用キャンプ場 (〘米〙 trailer camp).

car·a·vel /kǽrəvèl/ 名 C キャラヴェル船《15, 6 世紀にスペインやポルトガルで用いられた快速帆船》.

car·a·way /kǽrəwèi/ 名 (複 ～s) C キャラウェー, ヒメウイキョウ, 《セリ科の草本》; U キャラウェーの実 (**cáraway sèed(s)**)《香辛料》.

cár·bàrn 名 C 〘米〙(電車, バスの)車庫.

car·bide /kɑ́ːrbaid/ 名 ＝calcium carbide.

car·bine /kɑ́ːrbain, -biːn|-bain/ 名 C **1** (昔の銃身の短い)騎兵銃. **2** カービン銃《軽量自動ライフル》.

†car·bo·hy·drate /kɑ̀ːrbəháidreit/ 名 C **1** 〘化〙炭水化物, 含水炭素. **2** ⟨普通 ～s⟩〘話〙でんぷん質の食品.

car·bo·lat·ed /kɑ́ːrbəlèitəd/ 形 石炭酸を含む.

car·bol·ic /kɑːrbɑ́lik|-bɔ́l-/ 形 〘化〙炭素[コールタール]から製した.

carbòlic ácid 名 U 石炭酸《消毒用》.

carbòlic sóap 名 U クレゾール石けん.

cár bòmb 名 C 自動車爆弾《爆弾を積みこんだ自動車; テロリストが使う》.

‡car·bon /kɑ́ːrbən/ 名 (複 ～s /-z/) **1** U 〘化〙**炭素**《非金属元素; 記号 C》. **2** ＝carbon copy. **3** UC ＝carbon paper. [＜ラテン語「炭」]

car·bo·na·ra /kɑ̀ːrbənɑ́ːrə/ 名 U 〘料理〙カルボナーラ《卵, ベーコン, チーズなどの入ったパスタ料理》. spaghetti ～ スパゲッティ・カルボナーラ (★このように後置する形 用法もある). [イタリア語「炭焼き(風の)」]

car·bon·ate /kɑ́ːrbənèit/ 〘化〙 動 他 を炭酸塩化する; 〔飲料〕を炭酸で飽和させる《ソーダ水のようにする》.

── /-nət/ 名 U 炭酸塩. ～ of soda 炭酸ソーダ.

cár·bon·àt·ed /-əd/ 形 〔飲料が〕炭酸で飽和された. ～ drinks 炭酸飲料.

càr·bon·á·tion 名 U 炭酸化作用.

cárbon blàck 名 ＝lampblack.

càrbon cópy 名 C **1** カーボン紙を用いた写し. **2** そっくりの人[物]. He's a ～ of his father. 彼はおやじにそっくりだ.

càrbon dáting 名 U 〘考古〙放射性炭素 (C^{14}) による年代測定.

***càrbon dióxide** 名 U 〘化〙2 **酸化炭素**, 炭酸ガス, 《記号 CO_2》.

càrbon 14 [fourtéen] 名 U 〘化〙炭素 14《C^{14}; carbon dating に用いられる》.

car·bon·ic /kɑːrbɑ́nik|-bɔ́n-/ 形 炭素の; 炭酸の.

carbònic ácid 名 U 〘化〙炭酸.

car·bon·if·er·ous /kɑ̀ːrbəníf(ə)rəs/ 名 〘地〙⟨the C-⟩ 石炭紀[系].

── 形 **1** 石炭を含む. **2** ⟨C-⟩ 石炭紀[系]の.

càr·bon·i·zá·tion 名 U 炭化; 石炭乾留.

cár·bon·ìze 動 他 **1** を炭化する; を(焼いて)炭にする. **2** に炭素を塗る. ── 自 炭化する.

†càrbon monóxide 名 U 〘化〙1 酸化炭素《記号 CO》.

cárbon pàper 名 UC (複写用の)カーボン紙.

càrbon tètrachlóride 名 U 〘化〙四塩化炭素《消火剤》.

càrbon 12 [twélve] 名 U 〘化〙炭素 12《C^{12}; 原子質を表す時の基準に用いられる》.

càr bóot sàle 名 C 〘英〙カーブートセール《車のトランクに積んだ不要品などを駐車場や広場で売る; →garage sale》.

Car·bo·run·dum /kὰːrbərʌ́ndəm/ 名 U 〘商標〙カーボランダム《炭化硅(けい)素製の研磨剤・耐火剤》.

car·boy /kɑ́ːrbɔi/ 名 (複 ～s) C かご[木枠]入りの大形ガラス[プラスチック]瓶《酸類などの腐食性液体を入れる》.

car·bun·cle /kɑ́ːrbʌŋk(ə)l/ 名 C 1〘医〙 癰(よう); 疔(ちょう). 2 'できもの'《景観を台無しにする新築物, ニュータウンなど》. 3 深紅色の宝石; 〈特に〉 ざくろ石 (garnet). [＜ラテン語「小さい炭」]

car·bu·re(t)·tor /kɑ́ːrb(j)ərèitər|kὰːb(j)ərétə/ 名 C 〘機〙 キャブレター, 気化器.

‡**car·cass, car·case** /kɑ́ːrkəs/ 名 C 1 (獣の)死体, 死骸(がい). 2〘俗・軽蔑〙(人の)体. Get your ～ out of here! 出てうせろ. 3〘話〙(船, 建物などの)残骸. 4 (家屋, 家具などの)骨組み, 骨格.

car·cin·o·gen /kɑːrsínədʒən/ 名 C 〘医〙 発癌(がん)物質. [ギリシア語「カニ」, -gen]

‡**car·ci·no·gen·ic** /kὰːrsənoudʒénik/ 形 〘医〙 発癌(がん)性の. a ～ substance 発癌物質.

car·ci·no·ma /kὰːrsənóumə/ 名 (複 ～s, **car·ci·no·ma·ta** /-tə/) UC 〘医〙 癌腫(がんしゅ) (cancer).

cár còat 名 C カーコート《短い略装のオーバーコート》.

‡**card**[1] /kɑːrd/ 名 (複 ～s /-dz/) 1 C カード(普通, 厚紙又はプラスチック製の); ＝credit card; U 〘英〙 厚紙, ボール紙, 《cardboard より薄い》. a cash ～ キャッシュカード. a membership ～ 会員券. 2 C (a) はがき (postcard). (b) あいさつ状, 招待状など. an invitation ～ 招待状. a greeting ～ (誕生日祝い, クリスマスなどの)あいさつ状. a get-well ～ (病気)見舞状. (c) 名刺(〘米〙 calling ～, 〘英〙 visiting ～). a business ～ 業務用名刺. (d) メニュー; ワインリスト. (e)〘電算〙 ＝punch card; ＝printed circuit board. 3 C トランプ[カルタ]の札(ふだ) (playing card; →trump). a pack [deck] of ～*s* トランプひと組. deal the ～*s* カードを配る. shuffle the ～*s* カードを混ぜる[切る]. 4 〈～s; 普通, 単数扱い〉 トランプ遊び. play (at) ～*s* トランプをする. at ～*s* トランプ(の勝負中)で. 5 C (奥の)手; 方策, やり方. a doubtful ～ 危なっかしいやり方. 6 〈～s〉〘英話〙 雇用書類《雇主が預っていて退職時に返す; 保険証など》. 7 C (競馬などの)番組表, プログラム; (プログラム中の)呼び物. 8 C 〘旧話〙 変わり者 (queer card), おもしろいやつ. 9 〈形容詞的〉 ボール紙(製)の.

one's bèst* [*stròngest*] *cárd (議論などでの)切り札, 奥の手.

gèt one's cárds 〘英話〙 解雇される, 首になる.

gìve a pèrson his* [*her*] *cárds 〘英話〙 人を解雇する, 首にする.

hàve a cárd up one's sléeve 〘話〙 奥の手を用意してある.

hòld* [*kèep*] *one's cárds clòse to one's chést 意図を秘密にしておく, 手の内を見せない.

in the cárds 〘米話〙 たぶんありそうで《＜手の内にある》; 起こりそうで. A trip to England just isn't *in the* ～*s* for this year. 英国行きは今年はまずありそうもない.

lày* [*pùt*] *one's cárds on the táble すっかり手の内を見せる; 計画などをぶちまける.

on the cárds 〘英話〙 ＝in the CARDS.

***plày one's càrds wéll* [*ríght*]** うまく立ち回る.

plày one's làst cárd (なるべく使いたくない)奥の手を出す.

shòw one's cárds ＝show one's HAND.

thròw ùp one's cárds (負けが明らかになって)札を投げ出す; 負けを認める; 計画を放棄する.

── 動 他 1 にカードをつける; をカードに記載する; 〔得点〕をスコアカードに記入する. 2〘米話〙 に身分証明書の提示を求める. [＜ギリシア語「パピルス(の 1 枚)」]

card[2] 名 C 梳(す)きぐし, 梳(そ)毛機, 《紡(つむ)ぐ前に羊毛, 綿などのもつれなどを整える機械》.

── 動 他 を梳きぐしで整える.

car·da·mom /kɑ́ːrdəməm/ 名 C カルダモン《熱帯アジア産のショウガ科の植物》; U カルダモンの種《香辛料》.

†**card·board** /kɑ́ːrdbɔ̀ːrd/ 名 1 U ボール紙, 厚紙. a ～ box 段ボール箱. 2 〈形容詞的〉 実質のない, 薄っぺらな; 非現実的な. a novel full of ～ characters 非現実的な人物ばかり出てくる小説.

càrdboard cíty 名 C 〘話〙 (大都市の中の)段ボール小屋地区《ホームレスの人たちが夜寝るために集まる地区》.

càrdboard cútout 名 C 1 切り抜き絵《厚紙を切り抜いた人物像など; 立てることができる》. 2 (映画, 小説などに登場する)非現実的な人物.

cárd-càrrying 形 〈限定〉 党員[会員]証を持った; 正式の, 公然の.

cárd càtalog 名 C (図書館の)カード式目録.

cárd gàme 名 C トランプ遊び《bridge, poker, whist など》.

cárd·hòlder 名 C (クレジット)カード使用者.

car·di- /kɑ́ːrdi/ 〈複合要素〉 ＝cardio-.

‡**car·di·ac** /kɑ́ːrdiæ̀k/ 形 〘医〙 〈限定〉 心臓(病)の. a ～ arrest 心臓停止.

Car·diff /kɑ́ːrdif/ 名 カーディフ《Wales 南東部の海港で首都》.

‡**car·di·gan** /kɑ́ːrdigən/ 名 C カーディガン《前あきのセーター; これを愛用した英国の軍人の名から》.

‡**car·di·nal** /kɑ́ːrd(ə)nəl/ 形 1 きわめて重要な, 枢要な; 基本的な, 中心的な. This is of ～ importance. これは最も重要なことである. This is the ～ point of the whole issue. これが全問題の根本的な要点なのだ. 2 深紅色の, 緋(ひ)色の.

── 名 1 C 枢機卿(すうきけい)《ローマカトリックで, 法皇を互選することのできる最高顧問 70 人の 1 人; 深紅色の法衣と帽子をかぶる》. 2 U 深紅色《枢機卿の法衣と帽子の色から》. 3 C ショウジョウコウカンチョウ《北米産アトリ科の鳴鳥; 雄の羽が深紅色》. 4 C ＝cardinal number. [＜ラテン語「ちょうつがい (*cardō*) の, 主要な」]

cárdinal flòwer 名 C 〘植〙 ベニバナサワギキョウ《北米産》.

càrdinal húmors 名 〈the ～〉 基本体液《中世期に人の体質・性質を決定すると考えられていた 4 体液; → sanguine 参考》.

càrdinal númber [**númeral**] 名 C 基数.

càrdinal póints 名 基本方位《north, south, east, west の 4 方位; この順に言う》.

càrdinal síns 名 〈the ～〉 ＝deadly sins.

càrdinal vírtues 名 〈the ～〉 基本徳目《古代から西洋で言われる justice, temperance, prudence (又は wisdom), fortitude (又は courage) の 4 つ》.

cárd ìndex 名 C カード式索引.

car·di·o- /kɑ́ːrdiou/ 〈複合要素〉「心臓」の意味. ★母音の前では cardi- となる. [ギリシア語 *kardíā* 'heart']

car·di·o·gram /kɑ́ːrdiəgræ̀m/ 名 C 心電図 (electrocardiogram).

car·di·o·graph /kɑ́ːrdiəgræ̀f|-grὰːf/ 名 C 心電計 (electrocardiograph).

car·di·ol·o·gy /kὰːrdiɑ́lədʒi|-ɔ́l-/ 名 U 心臓(病)学. ▷**car·di·ol·o·gist** 名 C 心臓(病)学者.

cardio·pùlmonary resuscitátion 名 U 〘医〙 心肺機能蘇生(そせい)法《人工呼吸による》.

†**càrdio·váscular** 形 〘解剖〙 心臓血管の[に関する].

cárd·phòne 名 C 〘英〙 カード電話《テレフォンカード (phonecard) 用の電話機》.

cárd·plàyer 名 C トランプをする人.

cárd·pùnch 名 〘英〙 ＝key punch.

cárd·shàrp(er) 名 C いかさまトランプ師.

cárd tàble 名 C トランプ用テーブル.
cárd vòte 名 C 〖英〗カード投票《労組大会などで, 代表者が所属組合員数に応じた票数を持つ投票》.
CARE /keər/ Cooperative for American Relief to Everywhere (米国対外援助協力会, ケア).
‡**care** /keər/ 名 (複 ~**s** /-z/) 【気にかかること】 **1** (**a**) U **心配**, 気がかり, 懸念; 気苦労. *Care* had made her look older than she was. 苦労で彼女は実際の年よりふけて見えた. He is free from all ~. 彼は苦労が全くない. (**b**) C 心配[苦労]の種 (worry). worldly ~*s* 世俗的な心配事. I don't have a ~ in the world. 私は世の中になんの心配事もない.
【気にかけること】 **2** U **注意**, 用心; 心くばり, 心うかい. drive without due ~ and attention ちゃんと注意せずに運転する. Fragile! Handle with ~. こわれ物, 取り扱い注意《荷物などに書く文句》. The pilot took enormous ~ in landing on the frozen runway. パイロットは凍結した滑走路への着陸に細心の注意を払った.

連結 good [great, the utmost; painstaking, scrupulous] ~ // use [devote, exercise] ~

3 U **世話**, 保護; 監督, 管理. She came into my ~. 彼女は私が世話をすることになった. give medical ~ to a patient 患者に手当てをする. Parents are responsible for the ~ of their children. 親はその子供を養育する責任がある. be placed under the ~ of ..の管理に託される. be in ~ 〖英〗〔孤児などが〕施設に入っている.
4 C 関心事, (すべき)仕事, 責任. household ~*s* 家事. Her first ~ was your health. 彼女が第一に心がけたのは君の健康だった. ◇形 careful; careless
Cáre kìlled the [***a***] ***cát.*** 〖諺〗心配は身の毒(だからくよくよするな)《A cat has nine lives. (→cat) と諺で言うほど丈夫な猫でも心配は体に悪い, の意味》.
cáre of .. ..気付, ..方(かた), 《郵便物などでは c/o と略す》. Miss Mary Day, *c/o* Mr. Tom White トム・ホワイト様し方[気付]メリー・デイ様.
Hàve a cáre! 〖旧〗気をつけなさい, 用心しなさい.
in cáre of .. 〖米〗..気付[方]で (→care of).
****tàke cáre*** (1) **注意する**, 気をつける, 〈*that* 節, *to* do ..するように〉. I *took* good ~ *that* I did not fall. 転ばないように十分気をつけた. *Take* ~ not *to* fall. 転ばないように気をつけなさい. (2) 〖話〗さよなら, じゃあね, 《親しい別れの挨拶(あいさつ)》.
****tàke cáre of ..*** (1) **..の世話をする**, 面倒を見る; ..持物に気をつける. *take* ~ *of* one's possessions 荷物に気をつける. Tom *takes* good ~ *of* the birds. トムは小鳥の世話をよくする. (2) ..を処理する, 引き受ける; ..を始末する, 殺す. *take* ~ *of* every obstacle いっさいの障害を片付ける.
tàke cáre of onesèlf 体に気をつける; 自分のことは自分で始末する. You should *take* better ~ *of* your*self*. 君はもっと体を大切にしなければいけない. That matter will *take* ~ *of* it*self*. その件はほうって置けば解決する. Take ~ *of* your*self*. さようなら, お体大切に, 《別れの挨拶》.
tàke..into cáre 〔公的施設が〕〔特に子供〕を預かる, 保育する. George was *taken into* ~ by the local orphanage. ジョージはその地域の孤児院に引き取られた.
Thát takes càre of thát. 〖米話〗それで(問題は)片付いた.
── 動 (~**s** /-z/ | 過 過分 ~**d** /-d/ | **car·ing** /ké(ə)riŋ/) 自 【気にかける】 **1 気にする**, 気にかける, 〈*about* ..を〉; 関心[好意]を持つ 〈*about* ..に〉; 〈しばしば, 否定文・疑問文・条件文で用いる〉. The company really ~*s* *about* the environment. その会社は本当に環境に配慮している. He doesn't ~ much *about* clothes. 彼は服装をあまり気にしない. I don't ~ if I do. してもよい《<しても構わない; 控え目な賛成表現》. I didn't ~ *about* going out. あまり出かけたくなかった.
【関心を持つ>好む】 **2** VA (~ ***for, about ..***) 〔人〕に**好意[愛情]を持つ**. He still ~*s for* you. 彼は今でもあなたに好意を寄せている. ~ for (→成句 (1)).
3 VA (~ ***to do***) ..する気になる; 〈普通, would を伴い, 否定文・疑問文・条件文で〉 ***..*したいと思う**. She complains to anyone who ~*s to* listen. 彼女は聞いてくれる人ならだれにでも愚痴をこぼす. Would you ~ *to* come and see me tomorrow? 明日うちへ来ませんか (★丁寧に勧める表現; Would you はしばしば省略される). I wouldn't ~ *to* see you again. 君には二度と会いたくない.
── 他 VO (~ ***wh*** 節) ..(か)を気にする. I don't ~ (*about*) *what* people say. 人が何と言おうと平気だ (★about があれば, 自 1 の例). *What* do I ~? 私の知ったことか.
****cáre for ..*** (1) 〈否定文・疑問文・条件文に用いる〉 ***..*を好む**, 望む; ..が好きである. Would you ~ *for* a cup of coffee? コーヒーを1杯いかがですか (★丁寧に勧める表現; Would you はしばしば省略される). I don't much ~ *for* abstract art. 私は抽象芸術はあまり好きではない. (2) ***..*の世話をする**, 面倒を見る, (look after). ~ *for* one's sick mother 病気の母を看病する. (3) ..を気にかける. He ~*s* little *for* my advice. 彼は僕の忠告をほとんど問題にしない.
còuld càre léss 〖米〗=couldn't CARE less.
còuldn't càre léss 全然気にしてない, 平気だ, 〈*about* ..については/*wh* 節..かは〉《<これ以上に無関心であることはできないだろう》. I *couldn't* ~ *less what* he says about me. 彼が僕のことを何と言おうと全然気にしない.
for àll one [***a person***] ***cáres*** ..は少しも構わないが. You can fire him *for all* I ~. あなたが彼を首にしたって私はちっとも構わない. I might be dead *for all* they ~. 私が死んだってあの人たちは平気ですよ.
I dònt càre a bít [***bútton, cént, dámn, pín, stráw, etc.***]. ちっとも構わない.
Sèe if Í càre! 〖米話〗勝手にするがよい, 構うものか.
Whò cáres? だれが気にするか《だれも気にしない》.
[<古期英語「悲しみ, 心配」]
ca·reen /kərí:n/ 動 他 **1** 〔船〕を横倒しにする《船底の修理, 清掃などのために》. **2** を傾かせる.
── 自 **1** 〖主に米〗VA 横揺れしながら走る; 疾走する, 勢いよく転がる; 〈*along* [*down, over, past*] (..)〉. The bus ~*ed down* the hill. バスは坂を横揺れしながらおりてきた. **2** 〔船が〕傾く.
‡**ca·reer** /kəríər/ 名 (複 ~**s** /-z/) 【走ること】 **1** U 疾走. in [at] full ~ 全速力で. in mid ~ 疾走中で.
【走る路>人生の行路】 **2** C (特に公的な人の, 又波乱に富んだ)**経歴**, 生涯. begin one's ~ as a lawyer 弁護士としての道を踏み出す. ruin one's ~ for gambling ギャンブルのために出世の道を踏み誤る.
3 C **職業**, 仕事, (類語 立身出世の可能性を持った, 一生の仕事としての, 特に専門的な職業; →occupation). choose education for [as] one's ~ 教育を生涯の仕事に選ぶ. take a ~ break (子育てなどのために)仕事を中断する.

2, 3の 連結 a brilliant [a distinguished; a successful; a disappointing; a checkered, an eventful, a varied] ~ // make [embark on; give up, renounce] a ~

4 〈形容詞的〉職業的な (professional), 専門的な; (専門の)職業を持った; 生涯を通じての, 通算の. a ~ soldier 職業軍人. a ~ diplomat (登用された民間人などでない) 職業外交官. a ~ woman [girl] キャリアウーマン《時に軽蔑的; 腰掛けでなく, 生涯の仕事としている職業婦人》.

C

868 〜 home runs 通算 868 本のホームラン.
── 動 自 〖英〗 VA (むやみに) 疾走する (careen). a truck 〜*ing along* the road 道路を疾走しているトラック. [＜中世ラテン語「運搬(路)」]

caréer cóunselor 名 C 〖米〗職業相談員.

ca·reer·ism /kəríə)riz(ə)m/ 名 U 〖普通, 軽蔑〗立身出世主義.

ca·reer·ist /kərí(ə)rist/ 名 C 〖普通, 軽蔑〗立身出世主義者, (家庭生活も顧みない)仕事一本の人.

caréers advìce [guìdance] 名 U 職業指導.

caréers advìser [òfficer] 名 〖英〗＝career counselor.

caréers òffice 名 C 〖英〗職業相談所《職業紹介でなく一般的な助言をする》.

†**cáre·frèe** 形 **1** のんきな, 苦労のない. He has a refreshingly 〜 attitude. 彼の態度は気持ちのいいほど屈託がない. **2** (取り扱いに)心配のいらない.

‡**care·ful** /kéərf(ə)l/ 形 m **1** 〔人が〕**注意深い**, 用心深い, (↔careless). a 〜 driver 慎重な運転手. You can't be too 〜. どんなに用心してもし過ぎにはならない, くれぐれも用心に用心を重ねなさい.
2 〈叙述〉**気をつけて**, 注意して, 慎重で (類語「慎重な, 用心深い」を意味する最も一般的な語; →cautious, circumspect, discreet, wary). (**a**) 〈*of, about, with* ..に〉 Be 〜 *of* that corner. あの角(かど)のところは気をつけなさい. be 〜 *about* one's health 健康に注意する. be 〜 *with* one's money 金の使い方が慎重である, 財布のひもが堅い. (**b**) 〈(*in* [*about*]) do*ing* ..するのに〉 (注意 in [about] は省略されることが多い). be 〜 (*in* [*about*]) cross*ing* the streets 通りを横切る際に気をつける. (**c**) 〈*to* do ..するように〉. He was 〜 *to* mention it in the letter. 彼はちゃんとその事について手紙に書いた. You must be 〜 not to drop the eggs. 卵を落とさないように気をつけなさい. (**d**) 〈(*that*)節 ..するように〉 (注意 (that) 節中の動詞は未来形でなく現在形). Be 〜 (*that*) you don't trip in the dark. 暗がりでつまずかないように気をつけなさい (＝Be 〜 not *to* trip in the dark.). (**e**) 〈(*about* [*of*]) *wh* 節・句 ..に〉 (注意 about [of] は省略されることが多い). You should be 〜 (*about*) *what* you say. 言う事に気をつけなければならぬ.
3 〔人, 物事が〕**念入りな**, 綿密な; 〔物が〕(作るのに)苦心した; 注意の行き届いた; (↔careless). a 〜 accountant 綿密な会計係. 〜 observation 細心の観察. a 〜 work 苦心の作品. 注意 今は careful を「心配で一杯」の意味では用いない. [＜古期英語「悲しみで一杯の」]

‡**care·ful·ly** /kéərf(ə)li/ 副 m **1 注意深く**, 用心して, 慎重に. handle the glasses 〜 コップ類を丁寧に扱う. **2 念入りに**, 綿密に. a 〜 written report 入念に書かれたレポート.

cáre·ful·ness 名 U 注意深さ; 用心, 細心の注意.

cáre·gìver 名 〖米〗＝carer.

‡**care·less** /kéərləs/ 形 m **1** 〔人が〕**注意を欠く**, **不注意な**; 軽率な, うかつな; (↔careful). a 〜 driver 不注意な運転者.
2 〈叙述〉(**a**) **不注意で** 〈*with* ..の扱いが〉. be 〜 *with* matches マッチを不注意に扱う. (**b**) **注意を欠く** 〈*in* do*ing* ..するのに〉. be 〜 *in* handl*ing* firearms 銃砲類の扱いに注意を欠く. (**c**) **不注意で**, 不注意にも, 〈*to* do ..して〉. You were very 〜 [It was very 〜 *of* you] *to* lose the money I'd given you. 私があげた金をなくすとはお前もひどく不注意だった.
3 〔物事が〕不注意による; ぞんざいな; (↔careful). a 〜 mistake うっかり犯した間違い. 〜 work 雑な仕事.
4 〔態度などが〕**むとんじゃくな**; 屈託のない; 気にしない; 〈*about, of* ..に, を〉. a 〜 attitude 無関心な態度. be 〜 *about* money 金銭にむとんじゃくである. He is 〜 *of* his person. 彼は身の回りに気を使わない.
5 〈限定〉心配ごとのない (carefree). an utterly 〜 life 何一つ心配のない生活.

cáre·less·ly 副 **1** 不注意に, 軽率に; ぞんざいに. He put his things 〜 in the drawer. 彼は引き出しに物をぞんざいに押しこんだ. **2** 気楽に, むとんじゃくに. The young girl laughed 〜. 少女は屈託なく笑った.

cáre·less·ness 名 U 不注意; ぞんざい; むとんじゃく, 気楽さ.

car·er /ké(ə)rər/ 名 C 〖英〗(家族の中の病人などの)看護人[介護者]《報酬を受けない》.

†**ca·ress** /kərés/ 名 (複 〜·es) C 愛撫(あいぶ), 抱擁, 《しばしば kiss も含む》. ── 動 他 を愛撫する; を優しく撫(な)でる; をなだめる. The breeze 〜*ed* the trees. そよ風がいたわるように木立を撫でて渡った. ── 自 抱き合う, 抱擁する.

ca·réss·ing 形 愛撫(あいぶ)する; なだめるような.
▷〜**·ly** 副 愛撫するように; 愛情をこめて.

car·et /kǽrət/ 名 C 脱字記号《原稿・校正などで, 抜けた字句を挿入する場所を示す記号: ∧》. [ラテン語 'is lacking']

‡**cáre·tàker** 名 C **1** (土地, 建物などの)管理人, 留守番. **2** 〖米〗世話をする人《介護者, 保育者など》. **3** 〖英〗(学校, マンションなどの)管理人(〖米〗janitor).
── 形 〈限定〉暫定の, 一時代行の. a 〜 government 暫定[選挙管理]政府.

cáre·wòrn 形 苦労[心配]でやつれた. a 〜 face 苦労で疲れた顔.

cár·fàre 名 C 〖米〗電車賃; バス代.

***car·go** /kɑ́ːrgou/ 名 (複 〜(e)s /-z/) UC **船荷**, 積み荷, (類語 船や飛行機の積み荷を言う; →load). a 〜 boat [ship] 貨物船 (freighter). [スペイン語]

cár·hòp 名 C 〖米〗ドライブインの給仕《車まで食事を運ぶ》. [＜*car*＋bell*hop*]

Car·ib /kǽrəb/ 名 (複 〜s, 〜) **1** C カリブ人. **2** U カリブ語. [南米先住民語「勇敢な人々」]

†**Car·ib·be·an** /kæ̀rəbíːən 米, kəríbiən/ 形 **1** カリブ海の. **2** カリブ人[語]の. ── 名 **1** 〈the 〜〉カリブ海《西インド諸島・中米・南米に囲まれた海; **the Caribbèan Séa**とも言う》. **2** ＝Carib.

car·i·bou /kǽrəbùː/ 名 (複 〜s, 〜) C 〖動〗カリブー《北米北部産のシンリントナカイ》.

†**car·i·ca·ture** /kǽrikətʃùər, -tʃər/ 名 **1** C 漫画; 諷刺画[文], 戯画, 《対象の特徴を過度に強調して描く》; U 戯画化(の技法). make [draw] a 〜 of the queen 女王を漫画に描く. **2** C (ばかばかしいほど)不十分な[不正確な]模倣; まがい物, 偽物. Theirs was a ghastly 〜 of home. 彼らの家庭はひどくて家庭などと呼べる代物ではなかった. ── 動 他 を漫画にする; を諷刺する. [＜イタリア語「荷の積み過ぎ＞諷刺画」]

car·i·ca·tur·ist /kǽrikətʃù(ə)rist, -tʃər-/ 名 C 諷刺画家, 戯画家; 漫画家.

car·ies /ké(ə)riːz/ 名 U 〖医〗カリエス《骨・歯の腐食》. dental 〜 虫歯. [ラテン語 'decay']

car·il·lon /kǽrəlɑ̀n|kəríljən/ 名 C **1** カリヨン, 合鳴鐘, 《鐘楼などに大小の鐘を並べてつるして鳴らす組み鐘》. **2** カリヨンのメロディー.

[carillon 1]

car·ing /ké(ə)riŋ/ 形 (人の健康などについて)心配する; (よく)世話をやく, めんどうを見る; (高齢者, 病人などを)看護[介護, 看病]する. a 〜 wife めんどう見のいい妻, 世話女房. a 〜 government (国民の)めんどう見のいい政府. a 〜 profession (人の)めんどうを見る職業《医療, 福祉事業など》. ── 名 U 世話; 看護, 介護.

car·i·ole /kǽriòul/ 名 C **1** 1頭立ての小型馬車. **2** 屋根つき荷車.

car·i·ous /kέ(ə)riəs/ [形] カリエスにかかった;〔歯などが〕腐食した, 虫歯になった.

Carl /kɑːrl/ [名] カール《男子名》.

Car·lisle /kɑːrláil/ [名] カーライル《England 北西部 Cumbria 州の州都》.

cár·lòad [名] [C] **1**(貨車などの) 1 車両分〈*of* ..の〔貨物〕〉. **2** 自動車 1 台分〈*of* ..の〔人々〕〉.

Car·lyle /kɑːrláil/ [名] **Thomas** ～ カーライル(1795–1881)《スコットランドの評論家・思想家》.

cár·màker [名] [C] 自動車製造業者.

cár·man /-mən/ [名] ([複] **-men** /-mən/) [C] 〖米〗(電車などの)乗務員, 運転手.

Car·me·lite /kάːrməlàit/ [名] [C] カルメル会《カトリックの修道会》の修道士[女].

car·min·a·tive /kɑːrmínətiv|ˊ---/ 〖薬〗 [形] (胃腸内の)ガスを排出する. ── [名] [U] 駆風剤.

car·mine /kάːrmən, -main|-main/ [名] [U] カーミン色, 洋紅色,《深紅色または紫がかった紅色》; 洋紅色絵の具[塗料]. ── [形] 洋紅色の.

Cár·na·by Strèet /kάːrnəbi-/ [名] カーナビー通り《ロンドン中央部の通り; 60 年代の若者ファッションをリードした》.

‡**car·nage** /kάːrnidʒ/ [名] [U] 大虐殺, 大殺戮(りく), ([類語] 特に戦争によるもの; →homicide).

‡**car·nal** /kάːrn(ə)l/ [形] 〖章・普通, 軽蔑〗〈限定〉肉体の; 肉欲の. ～ desires [pleasures]肉欲[肉体的快楽]. ～ knowledge〖法〗情交. [＜ラテン語「肉(*carō*)の」] ▷ **～·ly** /-nəli/ [副] 肉体的に.

†**car·na·tion** /kɑːrnéiʃ(ə)n/ [名] **1** [C] 〖植〗 カーネーション. **2** [U] 淡紅色. **3**〈形容詞的〉淡紅色の. [＜フランス語「肌色」]

Car·ne·gie /kάːrnəgi, kɑːrnégi|kɑːnégi/ [名] **Andrew** ～ カーネギー(1835–1919)《米国の大富豪, '鉄鋼王'》.

Càrnegie Háll [名] カーネギーホール《ニューヨーク市にある演奏会場; 1890 年建設》.

car·nel·ian /kɑːrníːljən/ [名] [C] 〖鉱〗紅玉髄《宝石に準ずる貴石》.

car·ney, car·nie /kάːrni/ [名] ＝carny.

***car·ni·val** /kάːrnəv(ə)l/ [名] ([複] **～s** /-z/) **1** [U]〈又は C-〉 謝肉祭, カーニヴァル,《カトリック教国で四旬節(Lent) 前の数日間続く祭典の期間; →Mardi Gras》. **2** [C] 〖米〗巡業ショー, 移動娯楽興行,《メリーゴーラウンドなどの乗り物や, 余興, ゲーム, 食物の屋台店などがある》. **3** [C] 祭り; 催し; ..大会; お祭り騒ぎ. a water [beach] ～ 水上[海浜]大会[祭り]. **4**(さまざまな色, 音などの派手な)混合, '競演'.
[＜イタリア語「肉食を止めること」]

car·ni·vore /kάːrnəvɔ̀ːr/ [名] [C] **1** 食肉動物 (↔herbivore);〖戯〗肉食い《人》(↔vegetarian). **2** 食虫植物.

car·niv·o·rous /kɑːrnív(ə)rəs/ [形] 食肉類の; 肉食性の; (→herbivorous). a ～ animal [plant] 食肉動物[食虫植物].

car·ny /kάːrni/ [名] [C] 〖米・カナダ俗〗 **1** カーニヴァル. **2** 巡業ショーで働く人. [＜*carni*val]

car·ob /kǽrəb/ [名] [C] 〖植〗イナゴマメ(の木).

Car·ol /kǽrəl/ [名] キャロル《男子[女子]の名》.

†**car·ol** /kǽrəl/ [名] [C] 喜びの歌, 祝いの歌,《特にクリスマスの賛歌》. sing Christmas ～*s* クリスマス慶祝の歌を歌う. ── [動] (～**s**|〖英〗**-ll-**) [自] **1** 祝歌[賛歌]を歌う. **2** 楽しげに歌う. ── [他] を讃(たた)えて歌う, 祝って歌う.
gò cároling クリスマスの賛歌を家から家へ歌って回る《慈善のための募金が目的》.
[＜古期フランス語「輪舞」] ▷ **～·(l)er** [名]

Car·o·li·na /kæ̀rəláinə/ [名] カロライナ《もと米国東海岸に 1663 年創立の英国植民地; 1729 年に南北二州に分割; →North Carolina, South Calolina》;〈the ～s〉南北カロライナ. [＜ラテン語 *Carolus* 'Charles'; 英国王 Charles I にちなむ]

Car·o·line[1] /kǽrəlàin, -lən/ [名] 女子の名《愛称は Carrie》.

Car·o·line[2] [形] 〖英史〗Charles I 世 [II 世](時代)の.

Càroline Íslands [名]〈the ～〉カロリン諸島《フィリピン東方, 太平洋上の群島; 西部の島々は Belau 共和国, 残りは Micronesia 連邦に属する》.

Car·o·lin·gi·an /kæ̀rəlíndʒiən [移]/ [形] カロリング王朝の. ── [名]〈the ～s〉カロリング王朝《751–987 年のフランク王国の王朝》.

Car·o·lin·i·an /kæ̀rəlíniən [移]/ [形], [名] [C] North [South] Carolina 州の(人).

car·om /kǽrəm/ [名] [C] 〖米〗〖ビリヤード〗カノン《手玉が続けて 2 つの的玉に当ること;〖英〗cannon》. ── [動] [自] 〔球が〕ぶつかってはね返る〈*off*〉.

car·o·tene /kǽrətìːn/ [名] [U] 〖化〗カロチン. [＜ラテン語「ニンジン」]

ca·rot·id /kərάtəd|-rɔ́t-/ [名] [C] 〖解剖〗頸(けい)動脈.

ca·rous·al /kəráuz(ə)l/ [名] [aU] 〖雅〗飲めや歌えの大酒盛り; 大宴会.

ca·rouse /kəráuz/ 〖雅〗 [名] ＝carousal.
── [動] [自] 大酒を飲む; 大酒盛りに加わる. ～ around 飲んで騒ぎ回る. [＜ドイツ語 *gar aus* (*trinken*)「すっかり(飲み干す)」] ▷ **ca·rous·er** [名]

car·ou·sel /kæ̀rəsél/ [名] [C] **1** 〖米〗メリーゴーラウンド, 回転木馬. **2**(空港で乗客に自分の荷物を受けとらせるための)回転(ベルト式)荷台, 回転コンベア. **3** 円形の回転トレイ.

†**carp**[1] /kɑːrp/ [名] ([複] **～s, ～**) [C] コイ; コイ科の魚.

carp[2] [動] [自] 口やかましく言う〈*at* ..を/*about* ..について〉; あら探しをする〈*at* ..の〉. She's always ～*ing at* her husband. 彼女はのべつ亭主のあら探しをしている.

car·pal /kάːrp(ə)l/ 〖解剖〗 [形] 手根(しゅこん)(骨)の.
── [名] [C] 手根骨.

cár pàrk [名] [C] 〖英〗駐車場 (〖米〗parking lot).

Car·pa·thi·an Moun·tains /kɑːrpéiθiən-/ 〈the ～; 複数扱い〉カルパチア山脈《チェコ北部からルーマニアに続く山脈; **the Carpáthians** とも言う》.

***car·pen·ter** /kάːrpəntər/ [名] ([複] **～s** /-z/) [C] **大工**.
── [動] [自] 大工仕事をする. ── [他] を大工仕事で作る.
[＜後期ラテン語「(車)大工」]

car·pen·try /kάːrpəntri/ [名] [U] **1** 大工職; 大工仕事. **2** 木工; 木工品.

***car·pet** /kάːrpət/ [名] ([複] **～s** /-ts/) **1** [C] じゅうたん, カーペット, (★普通, 部屋いっぱいに敷きつめる; 部分的に覆う敷物は rug); [U] じゅうたん(地). The room was fitted with a red ～. 部屋は赤じゅうたんが敷きつめてあった. a roll of ～ 1 巻のじゅうたん. **2** [C] 一面に広がったもの《花など》. a ～ of flowers 花のじゅうたん.
on the cárpet 〖話〗 (1) 〖英〗 考慮中で; 審議中で. Currently police policy is *on the* ～. 現在のところ警察政策が審議中である. (2)(ひどく)叱(しか)られて; (叱るために)呼びつけられて; (→on the MAT). call [have] a person *on the* ～ 人を呼びつけて叱る.
pùll the cárpet (out) from under a pèrson's féet 人の足元をすくう《援助を突然打ち切るなどして》.
swèep .. under the cárpet 〖英〗〔都合の悪いようなこと〕を隠す, 秘密にする.
── [動] [他] **1** にじゅうたんを敷く; を一面に敷きつめる〈*with* ..で〉. fields ～*ed with* flowers 一面に花の咲いた野原. **2** 〖主に英話〗を叱(しか)る.
[＜後期ラテン語「梳(す)かれた(羊毛)」(＜ラテン語「けばを立てる」)]

cárpet·bàg [名] [C] (じゅうたん地製の)古風な手さげかばん《旅行用》.

C

cárpet·bàgger 名 C 〖軽蔑〗渡り政治家;〖米史〗渡り北部人《南北戦争直後の混乱時にひともうけしようと南部に(carpetbag 1 つ持って)渡ってきた北部人》.
cárpet bòmbing 名 U (一定の地域をすみずみまで爆撃する)じゅうたん爆撃.
cár·pet·ing 名 U じゅうたん地;〈集合的〉敷物類.
cárpet slìppers 名〈複数扱い〉じゅうたんのような織物でできている室内用スリッパ.
cárpet swèeper 名 C (手動式の)じゅうたん掃除機《回転ブラシが付いている》.
cár phòne 名 C 自動車電話.
car·pi /kɑ́:rpai/ 名 carpus の複数形.
cárp·ing 名 U あら探しをすること.
── 形 あら探しの, 口やかましい. have a ~ tongue 口やかましい. ~ criticism あら探し的批評.
cár pòol 名 C 輪番相乗り⌞方式[グループ]《自家用車の所有者がグループをつくり, 通勤などに交替でメンバーを運ぶ》. ── 動 自 (交替で)車の相乗りをする.
cár·pòrt 名 C カーポート, 自動車置き場,《普通, 建物の側面から屋根を張り出させた簡易車庫》.
car·pus /kɑ́:rpəs/ 名 (複 **car·pi**) C 〖解剖〗手首(wrist);〈集合的〉手首の骨.
car·rel /kǽrəl/ 名 C (図書館内の)個人閲覧コーナー.
‡car·riage /kǽridʒ/ 名 (複 **-riag·es** /-əz/)
【運ぶこと】 **1** U 〖主に英章〗運搬, 運送,(transportation). the ~ of goods by rail 貨物の鉄道輸送.
2 C (**a**) **馬車**《普通, 4 輪の乗用馬車》(coach). a ~ and pair [four] 2 頭[4 頭]立ての馬車. (**b**)〖英〗(鉄道の)客車(〖米〗car,〖英〗coach). first-class ~s 1 等車両. (**c**) (手押し式)乳母車 (baby carriage). **3** U 運賃, 送料,(→freight). ~ on goods 貨物運賃. **4** C (**a**) (機械の)往復台,(タイプライターの)キャリッジ; 運び台. (**b**) (車輪付きの)砲架. **5**【体の運び】aU 〖章〗姿勢, 態度. A fashion model must have a good ~. ファッションモデルは身のこなしがよくなければならない.
◇動 carry
cárriage clòck 名 C 〖英〗置き時計《上面に取っ手のついた角型のもの》.
càrriage fórward 副 〖英〗送料着払いで.
càrriage páid [frée] 副 〖英〗送料元払いで.
†cárriage·wày 名 (複 **~s**) C 〖英〗(自動車道の)車線《上り下りのいずれか一方》. the northbound ~ of the M1 (高速道路)エムワンの北方向車線.
Car·rie /kǽri/ 名 Caroline の愛称.
‡car·rier /kǽriər/ 名 (複 **~s** /-z/) C **1** **運ぶ人[もの]**; 運搬人; 運輸[運送]業者[会社]《旅客, 貨物の輸送を行う; 鉄道[船, 航空, バス, トラック運送]会社など》;〖米〗郵便配達人. **2** **輸送車**; 航空母艦 (aircraft ~); 運搬装置[設備],(自転車などの)荷台. a personnel ~ 兵員輸送車. **3** 伝染病媒介体; **保菌者**, キャリアー. an HIV ~ エイズウィルス感染者. **4**〖無電〗搬送波 (**cárrier wàve**).
cárrier bàg 名〖英〗=shopping bag.
cárrier pìgeon 名 C 伝書バト.
car·ri·ole /kǽriòul/ 名 =cariole.
car·rion /kǽriən/ 名 U (動物の)死肉, 腐肉.
cárrion cròw 名 C 〖鳥〗ハシボソガラス《ユーラシア産; →crow[1]》; クロコンドル《米国南部産》. 参考 ともに死肉を食う.
Car·roll /kǽrəl/ 名 **Lewis ~** キャロル(1832–98)《英国の数学者・童話作家; 本名 Charles Lutwidge /lʌ́twidʒ/ Dodgson /dɑ́dʒsn/; *Alice's Adventures in Wonderland*『不思議の国のアリス』の作者》.
***car·rot** /kǽrət/ 名 (複 **~s** /-ts/) **1** C 〖植〗ニンジン.
2 C 〖話〗**褒美**, 報酬. dangle a ~ ご褒美をちらつかせる. **3** 〈~s; 単数扱い〉〖俗〗赤毛; 赤毛の人.
(the) càrrot and (the) stíck おどしたりすかしたり, 飴(あめ)と鞭(むち),《馬の鼻先にニンジンをぶら下げたり, 鞭でおどしたりして走らせることから》. a ~ *and stick* policy 飴と鞭政策(★the をとって形容詞的に用いる).
[<ギリシア語] ▷ **~·y** 形 ニンジンのような(色の); 赤毛の.
cárrot-tòp 名 C 〖話〗赤毛の人.
car·rou·sel /kæ̀rəsél/ 名 =carousel.
‡car·ry /kǽri/ 動 (**-ries** /-z/|過 過分 **-ried** /-d/|**~·ing**) 他【持って行く】 **1** 〔物〕を**運ぶ**, **持って行く**;〔人, 車などが〕を運搬する, 運送する;(類語「運ぶ」の意味の最も一般的な語; →bear[1], convey, transport). Don't drag the bag along the floor; ~ it. 袋を床に引きずってはいけない. 手で持っていきなさい. ~ a bag *on* one's shoulder 袋を肩にかついで行く. This bus can ~ fifty passengers. このバスは 50 人乗れる.
2 〔ニュースなど〕を**伝える**, 知らせる;〔水, 音, 空気など〕を運ぶ, 通す. Copper wires ~ electricity well. 銅線はよく電流を通す. Will you ~ this message to him? この伝言を彼に伝えてくださいませんか. be *carried* on the air 放送される. **3** (**a**) を**持ち歩く**; を**携行する**;〔性質など〕を持っている. Almost every tourist *carried* a camera with him. ほとんどの観光客はカメラを持参していた. She *carried* the habit to the grave. 彼女はその習慣を死ぬまでやめなかった. (**b**)〖旧〗〈進行形で〉〔子〕を身ごもっている. be ~*ing* twins 双子を宿している. (**c**)〔人, 動物が〕〔病源菌, ウィルス〕を保菌する, 伝染させる危険を持つ. ~ the AIDS virus エイズウィルスの保菌者である. **4** (**a**) VOA (ある方向に)を押し進める, 延長する; を続ける;〔話など〕を限度以上まで進める. The war was *carried into* mountainous regions 戦いは山岳地帯にまで拡大した. ~..too far (→成句). (**b**) (足し算などで)〔数〕を(上の位へ)繰り上げる;〖簿記〗を繰り越す, 転記する. (**c**)〖ゴルフ〗〔バンカーなど〕を一打で越える;〖アイスホッケー〗〔パック〕をキープして運ぶ.
5 〔議案など〕を通過させる〈普通, 受け身で〉. The motion was *carried* by ⌞a majority [350 votes to 150]. その動議は⌞賛成多数[350 票対 150 票]で採択された. ~ a bill 法案を通過させる.
【連れて行く】 **6** 〔聴衆〕を(自説に)引き込む; を納得させる;〔人の心〕を引きつける, 感服させる. The Prime Minister failed to ~ the Cabinet with him. 首相は内閣の支持を得ることができなかった.
7 VOA 〔仕事, 動機, 旅費などが〕を(..まで)行かせる; を(ある状態, 結果に)至らせる. The money will be enough to ~ me *to* Hong Kong. この金でホンコンまでは十分いけるだろう. This job *carries* me *all over* the world. この仕事のために私は世界中に出かけます. His diligence *carried* him *to* the top of his class. 勤勉のおかげで彼はクラスのトップに立った.
【持ってくる】 **8** 〔行動, 状況などが〕〔性質, 結果など〕をもたらす;〔責任など〕を伴う;〔意味〕を含む. ~ conviction to the hearer 聞く人になるほどと思わせる. Every privilege *carries* responsibility with it. 特権はすべて責任を伴う.
9 〔利子など〕を生じる;〔作物〕を産出する. This loan will ~ a very heavy interest. この貸付金は高い利子をとられることになる.
【持っている, 保っている】 **10** (**a**) 〔重量〕を**支える**;〔人が原動力となって〕を(なんとか)維持する, 支える;〔悪影響, 酒量など〕に堪える, 負けない. a spring ~*ing* the whole weight of the car 車の全重量を支えているスプリング. She is ~*ing* the firm (on her shoulders). その会社は彼女(の働き, 努力など)で持っている. I can ~ my drink better than any of my friends. 僕は友達のだれよりも酒に強い. She *carries* her age very well. 彼女は(相当な年齢なのに)その年には見えない. (**b**)〔会社などが〕〔業務など〕を継続する;〔土地などが〕〔家畜など〕を養う;〔人〕を生活させる. That money will ~ him for a month. その金で彼は 1 か月はやっていけるだろう. (**c**)〔調子〕をはずさない;〖楽〗〔あるパート, 旋律〕を受け持つ. ～ a tune 正確に歌う.
11 (**a**)〔店が品物〕を**置く**, (商品として)**扱う**, 仕入れている. The shop *carried* leather goods. その店は革製品を扱っていた. (**b**)〔建物などが〕〔保険〕に入っている;〔商品が〕〔(..間の)保障〕が付いている. Does this building ～ fire insurance? このビルは火災保険に入っていますか.
12 VOA〔身体など〕をある姿勢に保つ;〔ある態度〕をとる; ..のような動作をする. ～ oneself graciously しとやかにふるまう. He always *carries* his head high. 彼はいつも頭(ず)が高い《高慢である》.
13〔雑誌などが〕の記事を出す, を載せる;〔テレビ, ラジオが〕を放送[報道]する. The paper doesn't ～ that cartoon series any more. その新聞はその連載漫画をもう載せていない. **14** を占領する, 獲得する;〔選挙〕に勝つ;〖米〗〔ある選挙区〕を制する 〈*with* .. の得票(率)で〉. ～ Texas [30 states] テキサス[30]州を制する. **15**〔学生が〕〔科目〕を受講する, に登録する. **16**〖英俗〗〔人〕の仕事(の肩代わり)をする. **17**〖狩〗〔臭跡〕を(失わずに)追う. **18**〖英古・米南部〗に同行する, をエスコートする.
── 自 **1** VA〔音, 弾丸などが〕**届く**, **達する**;〔ゴルフ, クリケットのボールが〕飛ぶ. Her voice *carries* well. 彼女の声はよく通る. This gun *carries* farther than that one. この銃はあの銃よりも遠くへ届く[射程距離が長い]. **2** 持ち運びをする. **3**〔議案などが〕通過する. **4**〖旧〗〈進行形で〉身ごもっている. **5**〖俗〗麻薬[銃など]を(不法)所持する. **6**〔猟犬が〕臭跡を追う;〔土地が〕臭跡が漂う.
◇名 carriage
càrry áll [éverything] before one (1) 向かうところ敵がない. Napoleon *carried all before* him until his great disaster in Russia. ナポレオンはロシアで大敗するまでは向かうところ敵なしだった. (2)〖英俗〗〈～ all ..で〉おなかが大きい;《妊娠して》; 胸が大きい, 'ぼいん'である.
****càrry /../ awáy*** (1) ..を(強引に)持ち去る, さらっていく; ..の命を奪い去る. He was *carried away* from the shore and out to sea. 彼は岸から沖へと波にさらわれていった. be *carried away* by a heart attack 心臓発作で死ぬ. (2) **..を夢中にさせる**, 熱中させる, 〈普通, 受け身で〉. He *carried* the audience *away* with his singing. 彼は歌で聴衆をうっとりさせた. be [get] *carried away* with a sense of self-importance うぬぼれでのぼせあがる.
****càrry /../ báck*** (1) **..を持ち帰る**. (2)〔人〕に思い出させる, 回想させる, 〈*to* ..を〉. The music *carried* me *back to* my childhood. その音楽を聞いて自分の子供のころを思い出した.
càrry /../ fórward (1) ..を推進する, 進行させる. I will ～ the plan *forward* to the best of my ability. 私はこの計画を最善を尽くして推進するつもりです. (2)〔計算の合計など〕を(次のページ[欄]に)繰り越す. The total at the bottom of the page is *carried forward*. ページの下の合計額は(次ページへ)繰り越しになっている. (3)〔金, 休暇など〕を(使わずに)持ち越す 〈*to, into*..まで〉.
càrry it óff (wéll) うまく[苦もなく]やってのける.
****càrry /../ óff*** (1) **..を奪い[運び]去る**;〔人〕の命を奪う;〔賞品など〕を勝ち取る. Someone must have *carried off* my baby. だれかが私の赤ん坊をさらっていったに違いない. ～ *off* all the gold medals 金メダルをみんなさらって行く. (2) ..を(うまく)やってのける. ～ *off* one's act well 自分の役をうまく果たす.
****càrry ón*** (1) **仕事を進める**, 頑張る; 続ける 〈*with* ..を〉; 当座[しばらく]間に合わせる 〈*with* .. で〉. We have no choice but to ～ *on*. 私たちはこのままやっていくより仕方がない. ～ *on* as normal [usual] 平常[いつも]どおりやって行く. *Carry on with* your work. 仕事を続けなさい. (2)〖話〗わめき回る, みっともないふるまいをする, 〈*about* .. について〉. What's he ～*ing on about*? 彼は何を騒ぎ回っているのだ. (3)〈普通, 進行形で〉〖旧話〗情事にふける, (性的な)関係を持つ, 〈*with* ..と〉. (4)〔物事が〕続いて行く, 継続する.
****càrry /../ ón*** (1)〔仕事など〕を(引き継いで)**続ける**, 続行する; ..を進める. ～ *on* a conversation 会話を続ける. ～ *on* an investigation 調査を続ける. (2)〔商売など〕を営む; ..を行う. He decided to stay and ～ *on* his father's business. 彼はそこにとどまって父親の商売を継ぐことにした. ～ *on* many improvements 多くの改善を加える. (3)〈普通, 進行形で〉〖旧話〗〔情事〕にふける 〈*with* .. と〉.
****càrry /../ óut*** ..を**実行する** (perform);〔義務, 希望など〕を成し遂げる, 果たす, (fulfil). ～ *out* researches [one's duty] 研究[義務]を遂行する. John *carried out* his threat and betrayed us. ジョンは我々を裏切るとおどしていたが本当にそうした.
càrry óver〔仕事が〕(ずっと)継続する, 残る.
càrry /../ óver (1) を持ち越す, 延期する, 〈*to, till* ..まで〉. ～ a matter *over to* the next meeting 問題を次の会合に持ち越す. (2) ＝CARRY /../ forward (2), (3).
càrry the dáy 勝利を得る.
càrry /../ thróugh (1) ..を貫徹する; ..を最後までやり抜く. He will ～ it *through*. 彼はきっとやり通すだろう. (2)〔人〕を頑張り抜かせる. His tenacity *carried* him *through*. 彼は頑張りのおかげでやり通せた.
***cárry* X *through* Y**〔物事が〕X(人)に Y を切り抜けさせる[頑張り抜かせる]. American support *carried* the British *through* the war. アメリカの支援のおかげで英国は戦争をやり通すことができた.
càrry .. too fár〔物事〕をやりすぎる,〔冗談など〕の度を過ごす. Why don't you pay the money? You can ～ thrift *too far*. なぜその金を払わないのか. 倹約もやりすぎということがある.
cárry .. with one (1) →他 3 (a), 6. (2) ..を心に留める, 覚えておく.
── 名 (複 **-ries**) **1** aU〖軍〗(銃砲の)射程;〖ゴルフ〗(球の)キャリー《着地点までの飛距離》. **2** aU 運搬; (2つの水路間の)陸上運搬; C (その)陸路.
[＜アングロノルマン語「(荷車で)運ぶ」]
cárry·àll 名 C **1**〖米〗大型手さげかばん(〖英〗holdall). **2** 1 頭立て軽馬車《4 人以上乗れる》. **3**〖米〗(両側に向かい合った長い座席がある)箱型乗用車.
cárry·bàck 名 U (所得税の)還付(額).
cárry·còt 名 C〖英〗(赤ん坊用の)携帯ベッド.
cár·ry·ing 名 U 運送, 運搬.
── 形 (声が)よく通る. a ～ voice よく通る声.
cárrying capàcity 名 aU 積載量; 輸送力;〖生態学〗(一地域の)動物扶養能力《最大限の頭数》.
cárrying chàrge 名 C〖米〗貸付金[繰越金]利息.
càrrying-ón 名 (複 **carryings-on**) UC〖話〗(興奮状態の)ばかげた[いかがわしい]ふるまい; 不行跡; 背信行為.
cárrying tràde 名 U (国際間の)運送[運輸]業.
cárry-òn 名 **1** C (飛行)機内持ち込み手荷物. **2** aU〖英話〗＝carrying-on. ── 形〈限定〉機内持ち込み(可能)の.
cárry·òut 名, 形〖米・スコ〗＝takeaway.
cárry-òver 名 C **1**〈普通, 単数形で〉〖簿記〗繰越. **2** 持越品; 残っているもの, '名残'. a ～ *from* wartime 戦時中からの名残.
cár·sìck 形 (自動車, バス, 汽車などの)乗り物に酔った. ▷ **～·ness** 名 U 乗り物酔い.
Car·son /kɑ́ːrs(ə)n/ 名 **Rachel ～** カーソン (1907–

C

64)《農薬などによる環境汚染に早くから警告を発した米国の科学者》. 「の州都》.

Càrson Cíty [名] カーソンシティ《米国 Nevada 州↑

cár stìcker [名][C] 自動車の窓に張るステッカー.

***cart** /kɑːrt/ [名] ([複] ~s /-ts/) [C] **1** (荷物などを運ぶ)**荷馬車**《普通, 2 輪》. **2** 1 頭立て 2 輪の軽乗用馬車. **3** 手押し車 (handcart). **4** 〖米〗(動力付きの)小型運搬車《ゴルフ場の道具運搬用 (golf cart) など》. **5** 〖米〗カート《スーパーなどの買物用》(shopping cart; 〖英〗trolley); ワゴン《食事を載せて運ぶ》(〖英〗trolley).

in the cárt 〖主に英俗〗困った[不利な]立場になって.

pùt the cárt before the hórse 順序を逆にする; 誤りを犯す; 本末転倒する.

—— [動] [他] [VOA] **1** を荷(馬)車で運ぶ 〈*away, off*〉. **2** 〖話〗 を(苦労して手で)運ぶ; を(乱暴に)運ぶ, 運び去る, 〈*away, off*〉. ~ a person *off* to jail 有無を言わさず人を留置場へ運んでゆく. [<古期北欧語「荷車」]

cart·age /kɑ́ːrtidʒ/ [名] [aU] 荷(馬)車運送; 荷(馬)↓

cár tàx [名][UC] 自動車税. ⌊車運搬料[賃].

carte blanche /kɑ̀ːrt-blɑ́ːnʃ/ [名] ([複] **cartes blanches** /kɑ̀ːrts-/) **1** [C] 白紙委任状. **2** [U] 白紙委任, 自由裁量権. give a person ~ *to* do 人に..することを白紙委任する. [フランス語 'white card']

†car·tel /kɑːrtél/ [名][C] **1** 〖経〗カルテル, 企業連合, (→ syndicate, trust). **2** 党派連合. [<イタリア語「挑戦状, 協定書」]

Car·ter /kɑ́ːrtər/ [名] **James Earl ~, Jr.** [しばしば **Jimmy ~**] カーター (1924–)《米国の第 39 代大統領 (1977–81)》.

cárt·er [名][C] 荷(馬)車屋[引き].

Car·te·sian /kɑːrtíːʒən|-ziən/ [形] デカルト (Descartes)(哲学, 派)の. —— [名][C] デカルト主義者.

Car·thage /kɑ́ːrθidʒ/ [名] カルタゴ《アフリカ北岸にあった古代の都市国家; ローマ帝国に滅ぼされた》.

Car·tha·gin·i·an /kɑ̀ːrθədʒíniən [移]/ [形], [名][C] カルタゴ(人)の; カルタゴ人. 「が強い種類》.

cárt·hòrse [名][C] 荷馬車(を引く)馬《ずんぐりして力↑

Car·thu·sian /kɑːrθúːʒ(ə)n|-θ(j)úːziən/ [名][C] (11 世紀にアルプス山中に創設された)カルトジオ修道会の修道士[女]. —— [形] カルトジオ修道会の.

†car·ti·lage /kɑ́ːrtəlidʒ/ [名][UC] 〖解剖〗軟骨.

car·ti·lag·i·nous /kɑ̀ːrtəlǽdʒənəs [移]/ [形] 軟骨(性)の; 軟骨質の骨格を持つ〔魚類など〕.

cárt·lòad [名][C] **1** 荷馬車 1 台分の荷. **2** 大量. a ~ of trash 山ほどあるごみ.

car·tog·ra·pher /kɑːrtɑ́grəfər|-tɔ́g-/ [名][C] 地図製作者. 「作成(法).

car·tog·ra·phy /kɑːrtɑ́grəfi|-tɔ́g-/ [名][U] 地図↑

†car·ton /kɑ́ːrtn/ [名][C] (ボール紙などで作った)箱; ボール箱入りのもの. buy milk in ~s 紙箱入りの牛乳を買う. a ~ of cigarettes 巻きたばこのカートン 1 個《普通 20 本入りの pack が 10 個入っている》. [<イタリア語; cartoon と同源]

***car·toon** /kɑːrtúːn/ [名] ([複] ~s /-z/) [C] **1** (新聞, 雑誌などの)**諷刺漫画**. **2** 漫画映画, 動画, (animated cartoon). **3** 連続漫画 (comic strip). **4** (油絵, 壁画, 大壁掛けなどの)実物大下絵, カルトン. —— [動] [他] を漫画に描く. —— [自] 漫画を描く. [<イタリア語「大きなカード, 厚紙」; 戯画を大きな紙に描いたことから] ▷ **~·ist** [名][C] 漫画家; 諷刺画家.

cár transpòrter [名][C] 自動車輸送車《トラック又は鉄道車両》.

†car·tridge /kɑ́ːrtridʒ/ [名][C] **1** 弾薬筒, 薬包, 装弾, 《雷管・火薬・弾丸を金属[紙]で覆ったもの》. a ball ~ 実弾. a blank ~ 空包. **2** 〖写〗パトローネ《ロールフィルム入れ》. **3** (レコードプレーヤーの)カートリッジ; (万年筆などの)インクカートリッジ; (音楽テープなどを収めた)カートリッジ. [<イタリア語「紙を巻いたもの」]

cártridge bèlt [名][C] 弾薬帯《肩, 腰に付ける》.

cártridge clìp [名] =clip² 2.

cártridge pàper [名][U] 画用紙.

cárt tràck [名][C] (農場などの)荷馬車道; でこぼこ道.

cárt·whèel [名][C] **1** (荷馬車の)車輪. **2** 〖米俗〗大きなコイン, 〈特に〉1 ドル銀貨. **3** (両手両足を広げたままの)側方転回. turn ~s 側方転回をする. —— [動] [自] 側方転回をする. 「大工.

cart·wright /kɑ́ːrtràit/ [名][C] cart を作る人, 車↑

Ca·ru·so /kərúːsou/ [名] **Enrico ~** カルーソー (1873–1921)《イタリアのテナー歌手》.

***carve** /kɑːrv/ [動] (~s /-z/|[過] [過分] **~d** /-d/|**cárv·ing**) [他] **1 (a)** 〔像など〕**を彫る**, 彫刻する; 〔木, 石など〕を彫刻して作る 〈*into* ..を〉; 〔文字, 模様など〕を刻みつける. ~ a figure *in* wood 木に像を彫る. ~ the wood *into* the shape of a horse 木材を馬の形に彫る. ~ a statue *out of* marble 大理石で像を作る. He ~*d* his initials *on* the tree trunk. 彼は自分の頭文字を木の幹に刻みつけた. **(b)** [VOO] (~ X Y)・[VOA] (~ Y *for* X) X に Y を彫ってやる.

2 [VOO] (~ X Y)・[VOA] (~ Y *for* X) (食卓で)〔主人が〕X (客)に Y (肉)**を切り分ける**, 薄く切り取る. The host ~*d* the turkey *for* the guests. 主人は客のために七面鳥を切り分けた.

3 (a) 〔道路〕を切り開く 〈*through* .. に〉. **(b)** 〔運命, 進路など〕を切り開く, 開拓する, (努力して)手に入れる, 〈*out*〉. ~ ⌞a new career [a niche] 新しい人生を開拓する[しかるべき地位を手に入れる].

—— [自] 彫刻をする; 肉を切り分ける.

càrve /../ óut (1) ..を切り取る. (2) 〔道, 運命など〕を切り開く; 〔地位, 名声など〕を手に入れる. ~ *out* a career in business 実業界で身を立てる.

càrve /../ úp (1) 〔肉〕を切り分ける. (2) 〈非難して〉〔遺産, 土地など〕を分割する; ..を分配する. (3) 〖俗〗〔人〕をナイフで傷つける. (4) 〖英俗〗〔前の車〕を追い越して直前に割り込む. [<古期英語「切る」]

†carv·er /kɑ́ːrvər/ [名][C] **1** 彫刻師[者]. **2** 肉を切り分ける人. **3** =carving knife; 肉切り道具. a pair of ~s 肉切り用大型ナイフとフォークのひと組. 「ストラン.

car·ve·ry /kɑ́ːrvəri/ [名] ([複] **-ries**) [C] 焼肉料理レ↑

cárve-ùp [名][C] (戦勝国による占領地の)分割; (戦利品などの)山分け, 分配.

‡carv·ing /kɑ́ːrviŋ/ [名] **1** [U] 彫刻(術). **2** [C] 彫刻品, 彫り物. **3** [U] (肉などを)切り分けること.

cárving knìfe [fòrk] [名][C] 肉切り用大型ナイ↓

cár wàsh [名][C] 洗車場[機]. ⌊フ[フォーク].

car·y·at·id /kæ̀riǽtəd/ [名] ([複] **~s, car·y·at·i·des** /-dìːz/) [C] 〖建〗(ギリシア建築の)女像柱 (→telamon).

ca·sa·ba /kəsɑ́ːbə/ [名][C] カサバ (**casába mèlon**)《マスクメロンの一種; <トルコの原産地名から》.

Ca·sa·blan·ca /kæ̀səblǽŋkə/ [名] カサブランカ **1** モロッコ北西部, 大西洋に臨む港市. **2** そこを舞台にした Michael Curtis 監督作の映画; 1942 年封切り.

Ca·sals /kəsɑ́ːlz|-sǽlz/ [名] **Pablo ~** カザルス (1876–1973)《スペインのチェロ奏者・作曲家》.

Ca·sa·no·va /kæ̀zənóuvə, kæ̀sə-/ [名][C] 〈しばしば c-〉女たらし, 漁色家, 《18 世紀イタリアに実在した漁色家 Giovanni Jacopo *Casanova* の名前から》.

cas·bah /kǽzbɑː/ [名][C] カスバ《北アフリカの砦(とりで)[城下町のアラブ地区]; Algiers のが有名》.

‡cas·cade /kæskéid/ [名][C] **1** (段になって落ちる)滝 (→waterfall [類語]); (そのような滝の) 1 段, 小滝; (庭園などの)人工滝. fall in a ~ 滝をなして[のように]どっと落ちる. **2** 滝の形状をしたもの《幾層にもなったレースの縁飾り; 垂れ下がる髪, 流れ落ちる花火; 菊などの懸崖(けんがい)作り》. ~s of sound from the orchestra オーケストラの演奏す

る音の奔流. **3** (会社などの中で上から下へ流す)情報伝達, ブリーフィング. **4**〖電〗直列.

── 動 自 滝のように落ちる[垂れ下がる]. Money came *cascading* in. 金がざくざくと入って来た.

[<イタリア語「落ちる」]

Cascáde Rànge 名 〈the ～〉カスケード山脈《米国 California 州北部からカナダ British Columbia 州南部に及ぶ》.

cas·car·a /kæské(ə)rə|-ká:rə/ 名 カスカラ **1** Ⓒ〖植〗クロウメモドキの一種; 米国太平洋岸産. **2** Ⓤ カスカラ樹皮から製した緩下剤.

‡case[1] /keis/ 名 (複 **cás·es** /-əz/) Ⓒ **【事例】 1** (個々の)**場合**; 事例; 事件. in my [Tom's] ～ 私[トム]の場合には. in some ～*s* ある場合には. in the ～ of my father's company 父の会社の場合は. I have seen many ～*s where* talent was not rewarded with success. 才能ある人が成功で報われなかった場合をたくさん見てきた. It was a ～ *of* love at first sight. それはひと目ぼれ(の1例)だった. I don't really want to go, but it's a ～ *of* having to. 僕は本当は行きたくないのだが, そんな勝手は許されない. a typical [classic] ～ of the pot calling the kettle black '目くそ鼻くそを笑う'の典型例. a ～ *of* conscience 良心の問題. a murder ～ 殺人事件.

> 連結 a clear [an obvious; a common; a rare, a special, an unusual; an extreme] ～

2【実際に起こった事例】 〈the ～〉(ある場合の)**真相, 実情**, 事実. understate [overstate, exaggerate] the ～ 事実を控え目に[誇張して]言う. If that is [proves] the ～, ..もしそれが事実ならば[ということが判明したら] ... This is also [always] the ～ *with* older people. これは年輩層にも[には常に]あてはまることだ. Is it the ～ that you did it? あなたがやったというのは事実か. That is not the ～.〖章〗それは事実と違う.

3【病気の事例】 症例, 患者; 症状. two ～*s* of cholera コレラ患者2名. an early [advanced] ～ 初期[進んだ]症状(の患者). The child has a ～ of chicken pox. その子は水疱瘡(ほうそう)の症状がある.

> 連結 a serious [an incurable; a terminal; a mild; an acute; a chronic] ～

4〖話〗**(a)** 〈修飾語をつけて〉(..な)人. a hard ～ 強情な[扱いにくい]人. a relief ～ 救済が必要な人. **(b)**〖旧〗変わり者, 一風変わったやつ.

5【語形変化の事例】〖文法〗格. the nominative [objective] ～ 主格[目的格]. This 'Brute' is a Latin word *in* the vocative ～. この 'Brute' は呼格のラテン語の単語だ. In English ～ is mostly expressed by word order and the use of prepositions. 英語では格は概して語順と前置詞使用で表される (★文法範疇(はんちゅう)としての「格」は Ⓤ).

> 文法 **case** (格) 名詞または代名詞の, 文中の他の語句に対する関係を示す語形変化. 現代英語では名詞には形の上では単数に 's の付く形と付かない形とがあるだけである. そのため文中の位置が関係を示すのに重要となった. (1) 主格 (nominative case). 動詞の主語または補語になる格. (2) 目的格 (objective case). 他動詞または前置詞の目的語になる格. 名詞では主格と同じ形であるが, 代名詞では別の形を使うものがある (me, him など; →pronoun). (3) 所有格 (possessive case). 所有関係などを表す.

【事例の解釈】 6 立場; (自分の立場の)主張, 申し立て; 論拠. take one's ～ to the public 自分の立場を社会の人々に訴える. the ～ *for* the prosecution 検察側の主張. We have a good [clear] ～ for changing the present political system. 現在の政治制度を変えるのには立派な[はっきりした]言い分がある. make (out) a ～ for [against] .. →成句.

> 連結 a strong [a watertight; a plausible; a weak] ～ // present [put, state] a [one's] ～

7 訴訟(事件); 判例. win [lose] one's ～ 勝訴[敗訴]する. a divorce ～ 離婚訴訟. a libel ～ *against* the weekly その週刊誌に対する名誉毀損(きそん)の訴訟. That ～ will go [be brought] before the court tomorrow. その訴訟事件は明日法廷に持ち出される.

a càse in póint →in POINT.

***as is òften* [*àlways*] *the cáse* (*with ..*)** (..の場合には)よくある[いつもの]ことだが.

as the càse may bé 場合によって, その時々で. The nation rejoiced, or was dejected *as the* ～ *might be*, with the course of the war. 国民は戦争の成り行きについて, その時々で一喜一憂した. Dear Sir, or Madam, *as the* ～ *may be* 拝啓《性別不明の人あての手紙の(ユーモラスな)書き出し》.

as the càse stánds 目下の状態では.

****in ány càse*** どんな場合でも; とにかく, いずれにしても. *In any* ～, it's no business of yours. とにかく, 君の知ったことじゃない.

****in cáse ..*** (1)〖主に米〗〈接続詞的〉 **..の場合**には, もし..なら. *In* ～ you see him, give him my regards. 彼に会ったらよろしく言ってください. (2) 〈接続詞的〉..する[である]といけないから(念のために言うが). They started with a guide *just in* ～ they should lose their way. 道に迷うといけないので彼らは案内人を連れて出発した. I'll leave my number (*just*) *in* ～ you want to call me. 私に電話をかけたい時のために電話番号を書いておきましょう. (3) 〈副詞的〉 万一に備えて; 念のために. You should put some money aside *just in* ～. いざという時に備えてお金を少し取っておきなさい. ★ (2), (3) の場合, しばしば前に just を置いて語調を軽くする.

****in cáse of ..*** **..の場合**には; ..に備えて. Call on us *in* ～ *of* any difficulties. 何でも困ったことが起こったら来なさい. *In* ～ *of* fire, press this button.〖掲示〗出火の際はこのボタンを押してください. His room is kept unoccupied, *in* ～ *of* his return. 彼の帰宅に備えて彼の部屋は使わないでおいてある.

in níne càses out of tén →nine.

****in nó càse*** どんな場合でも決して**..ない**. *In no* ～ are you to leave your post. どんなことがあっても持ち場を離れてはならない.

in thát càse もしそうなったら. They may not give me a raise. *In that* ～ I will quit my job. 僕は昇給してもらえないかもしれない. もしそうなったら僕は仕事を辞めるつもりだ.

***make* (*òut*) *a* [*one's*] *cáse for* [*against*] ..** ..を弁護して[..に反対して]論陣を張る. *make out a* ～ *for* reducing the rates of income tax 所得税率の引下げに賛成の論を述べる.

***pùt the cáse* (*that ..*)** (..という)示唆[提案]をする.

[<ラテン語 *cāsus*「落下>出来事」]

‡case[2] /keis/ 名 (複 **cás·es** /-əz/) Ⓒ **1 箱, ケース**, 《宝石, たばこ, 鉛筆など特定のものを入れる多少装飾的な入れ物》; 容器; 袋, さや;〖英〗旅行かばん. a jewel ～ 宝石箱. a pencil ～ 鉛筆入れ. **2** (ダース単位で入れた品物の)大箱; ひと箱(の量); セット. buy tomato juice by the ～ トマトジュースを大箱単位で買う. **3** (窓などの)枠; (時計の)側(がわ); (標本, 商品などを入れる)ガラス箱[戸棚]. **4**〖印刷〗活字のケース (→lower case, upper case).

── 動 他 **1** を箱[さや, 袋, ケース]に入れる, (ケースに入れて)覆う, 包む. **2**〖俗〗(泥棒に入るつもりで)を下検分する.

càse the jóint 〖俗〗〔泥棒が〕目標の家を下検分する. [＜ラテン語 *capsa*「箱」(＜*capere*「取る, 収容する」)]

cáse·bòok 名 C (法律, 心理学, 医学などの)ケースブック, 事例集.

càse-by-cáse /移/ 形 〈限定〉1 件ずつの, それぞれのケースごとの. on a ～ basis ケースバイケースに.

cáse·hàrden 動 他 **1** 〔鋼鉄〕の表面を硬化させる, に焼きを入れる. **2** を無神経にする, 図太くする. ▷**～ed** 形

càse hístory 名 C **1** ケースヒストリー, 事例史, 《心身障害の治療や社会福祉対策の対象となる個人や集団の記録や報告書》. **2** 病歴.

ca·sein /kéisi:n, -siən/ 名 U カゼイン《牛乳中にある蛋白(たんぱく)質でチーズの素(もと); 絵の具, プラスチック, 膠(にかわ)の原料》.

càse-insénsitive /移/ 形 〖電算〗大文字と小文字を識別しない (↔case-sensitive).

cáse làw 名 U 判例法《判例の集積による法体系→common law, statute law》.

cáse·lòad 名 C (医者, ケースワーカーなどの)取扱い件数《一定期間中の》.

case·ment /kéismənt/ 名 C **1** 開き窓 (**càsement wíndow**)《片開きもあるが, しばしば観音開きになる; →sash window》. **2** 〖詩〗〈一般に〉窓.

càse-sénsitive /移/ 形 〖電算〗大文字と小文字を有意味に識別する (↔case-insensitive).

cáse shòt 名 C 散弾.

case study /⌐⌐, ⌐⌐/ 名 C ケーススタディ, 事例研究, 《case history 1 による研究》.

cáse·wòrk 名 U ケースワーク《社会福祉対象者の生活実態調査, 又その指導》.
▷**～·er** 名 C 社会福祉主事, ケースワーカー.

Càsey Jónes /kèisi-/ 名 →Jones, Casey.

***cash** /kæʃ/ 名 U **1 現金**, (お)金, 《硬貨と紙幣》. I want to turn this check into ～. この小切手を現金化したいんです. be out of ～ 現金を切らしている. be short of ～ 現金が不足している; 金に困っている.
2 (物品購入と同時に払う)現金, 即金, 《小切手も含む》. *Cash* or charge? 即金ですか付けですか. a ～ sale 現金売り. a ～ price 現金正価. pay *in* ～ 現金で払う (↔on credit).
càsh dówn 即金で, 即時払いで.
càsh on delívery 代金引換え渡し[現金着払い]で《略 COD》.
── 動 他 を現金に換える, 現金化する; VOO (～ X Y)・VOA (～ Y *for* X) X(人)に Y(小切手など)を現金に換える. ～ a $100 check 100 ドル小切手を現金化する. Will you ～ me this check? ＝Will you ～ this check *for* me? この小切手を現金にしてくれますか.
càsh ín (1)〖話〗利益を得る 〈*on* ..から〉, 利用する 〈*on* ..を〉. ～ *in on* other people's misfortunes 他人の不幸を食いものにする. (2)〖俗〗死ぬ, くたばる. (3) 現金化[換金]をする.
càsh /../ ín 〔株券など〕を現金に換える.
càsh in one's chécks 〖英俗〗死ぬ, くたばる.
càsh úp 〖英〗(その日の)売上げ高を合計する.
[＜フランス語「銭箱」; case² と同源]

cash·a·ble /kǽʃəb(ə)l/ 形 〔小切手などが〕現金化できる.

càsh-and-cárry /-ən-/ 形 →cash and carry.

càsh and cárry 名 U 現金払い持ち帰り方式; C 現金払い持ち帰り方式の店《スーパーなど》.

cásh-bàck 名 C 現金割り戻し.

cásh·bòok 名 C 現金出納簿.

cásh càrd 名 C キャッシュカード《cash dispenser に挿入する》.

cásh còw 名 C (企業の)黒字部門; ドル箱商品.

cásh cròp 名 C 換金作物《現金収入が目的の農作物》.

cásh dèsk 名 C (商店の)勘定台.

càsh díscount 名 C 現金割引.

cásh dispènser [machìne] 名 C (銀行の)現金自動支払機.

cash·ew /kǽʃu:, kəʃú:|kæʃú:/ 名 C カシュー《熱帯アメリカ原産のウルシ科の常緑樹》; カシューナッツ (**cáshew nùt**)《カシューの実; 食用》.

cásh flòw 名 aU 現金流出入.

†cash·ier¹ /kæʃíər/ 名 C **1** (銀行や商店の)現金出納係 (teller); レジ係. **2** 〖米〗(会社の)財務担当(部長など); (銀行の現金収支担当の)支配人. a ～'s check 〖米〗(銀行の)自行宛小切手. [＜フランス語「銭箱」; cash, -ier]

cash·ier² 動 他 を免職にする; (軍隊などで)を懲戒免職にする.

càsh-in-hánd /移/ 形 (小切手などでなく)現金での. a ～ payment 現金での支払い.

cásh·less 形 現金を用いない. ～ society 現金不要社会《万事クレジットカードなどで足りる》.

‡cash·mere /kǽʒmiər, kǽʃ-|kǽʃ-/ 名 **1** U カシミア《＜*Kashmir*; 北インドカシミール地方のヤギの毛(の織物)》; /⌐⌐, ⌐⌐/ 〈形容詞的〉カシミア製の. **2** C カシミア製品《セーターなど》.

cásh·pòint 名 ＝cash dispenser.

cásh règister 名 C 金銭登録器, レジ.

càsh-strápped /-t 移/ 形 貧窮している.

cas·ing /kéisiŋ/ 名 C **1** 覆い, 包装, 包み; 被覆, 皮, 《銅線, 車のタイヤ, ソーセージなどの外被》. **2** (窓や扉の)枠.

†ca·si·no /kəsí:nou/ 名 (複 ～s) カジノ **1** C《賭博(とばく)設備のある娯楽場[室]》. **2** U《2-4 人でするトランプ遊び》. [イタリア語「小さな家」]

‡cask /kæsk|kɑ:sk/ 名 C たる《普通, 木製で主に酒類用; barrel より小さい》; ひとたる分(の量). [＜フランス語「かぶと」]

‡cas·ket /kǽskət|kɑ́:s-/ 名 C **1** 〖米・婉曲〗棺, ひつぎ, (coffin). **2** (宝石などを入れる)小箱.

Càs·pi·an Séa /kæ̀spiən-/ 名 〈the ～〉カスピ海《旧ソ連とイランの国境にある世界最大の内陸塩水湖》.

casque /kæsk/ 名 C 〖古・雅〗カスク《昔のかぶと (helmet) の一種》. [フランス語]

Cas·san·dra /kəsǽndrə/ 名 **1** 〖ギ神話〗カサンドラ《Troy の王女で予言者》. **2** C (人に信じてもらえない)凶事の予言者.

cas·sa·va /kəsɑ́:və/ 名 **1** C カッサヴァ《ブラジル原産の低木》. **2** U カッサヴァ澱(でん)粉《カッサヴァの根茎から採る澱粉; tapioca などの原料》.

‡cas·se·role /kǽsəròul/ 名 **1** C キャセロール《ガラス又は陶製, ふた付き, 耐熱性のなべ; 料理を入れたまま食卓に出す》. **2** UC キャセロール料理. ── 動 他 〔肉など〕をキャセロールで料理する. [フランス語「小さな鉢」]

***cas·sette** /kəsét, kæ-/ 名 (複 **～s** /-ts/) C **1** (テープレコーダーやビデオ用の)カセット. a ～ recorder カセットレコーダー《cassette 用の tape recorder》. **2** ロールフィルム用パトローネ. [フランス語「小さな箱 (case²)」]

cas·sia /kǽʃə|-siə/ 名 U カシア桂皮(けいひ)《肉桂に似た香辛料》.

cas·si·no /kəsí:nou/ 名 ＝casino 2.

Cas·si·o·pe·ia /kæ̀siəpí:ə/ 名 〖天〗カシオペア座《北天の星座; W 字形》.

cas·sock /kǽsək/ 名 C カソック, 僧服, 《聖職者の着る, 普通, 黒の長い法衣》.

cas·so·war·y /kǽsəwè(ə)ri/ 名 (複 **-war·ies**) C 〖鳥〗ヒクイドリ(火喰鳥)《オーストラリア・ニューギニア産; 飛べないが足が速い》. [＜マレー語]

***cast** /kæst|kɑ:st/ 動 (**～s**|/-ts/ 過 過分 **～**|**cást·ing**) 他 **【投げる】** **1** を投げる, ほうり投げる; を落とす; (類語 文章体の古風な語で, 「投げる」の意味では慣用的用法以外は普通でない; →throw). ～ anchor 投錨する. He ～ his line expertly and caught a trout. 彼は釣り糸を

巧みに投げてマスを釣り上げた. ～ dice さいころを振る. The die is ～. →die² (成句). ～ lots くじを引く.～ a stone *at* a person 人を非難[攻撃]する(★文字通り「人に石を投げる」の意味では throw が普通). ～ pearls before swine →pearl 成句.
2【ある方向に投げる】〔視線〕を**向ける**;〔光, 影など〕を**投げる**, 落とす. They ～ their eyes *down* in shame. 彼らは恥じて目を伏せた. ～ a glance *at* ..をちらりと見る. ～ a shadow *on* the wall 塀に影を投げる. ～(a) light on ..に(解決の)光を投じる.
【投げかける】 **3** VOA (～ X *on, over* ..) ..にX(疑惑, 非難など)を向ける; ..にX(魔法, 呪(のろ)い)をかける. ～ doubts *on* his honesty 彼の正直さに疑いを投げかける. ～ the blame *on* a person 人に責めを負わせる. Her beautiful voice ～ its spell *on* the audience. 彼女の美しい声は聴衆を魅了した.
【投げ与える】 **4**〔票〕を**投ずる**. ～ one's vote for Mr. Brown ブラウン氏に投票する.
5【割り当てる】(**a**)〔芝居〕を**配役する**; VOA (～ X *as* ../X *in* ..) X(役者)に..の役を/〔主役など〕を振り当てる. She was ～ *as* [*in* the role of] Portia. 彼女はポーシャの役を与えられた. (**b**) VOA (～ X *as* ../X *in* ..) X(人)を..と形容する. Dr Johnson ～ himself *as* 'a harmless drudge.' ジョンソン博士は自分を「無害な苦役者」と評した.
【投げこむ】 **6** を**鋳造する**, (型に)鋳込む. His bust was ～ in bronze. 彼の胸像は青銅で鋳造された. be ～ in the same mold 同じ鋳型で作られる; 同じタイプである.
7【1箇所に投げる>集める】を加える, 寄せる; を計算する. ～ accounts 計算する. ～ (up) a column of figures 1欄の数字を合計する.
【投げ捨てる】 **8**〔不用なもの〕を**捨てる** (→CAST /../ aside [off]).
9〔着物など〕を脱ぎ捨てる;〔蛇が〕〔皮〕を脱ぐ;〔シカなどが〕〔角〕を落とす;〔馬が, 蹄鉄〕を落とす. A snake ～*s* (*off*) its skin. 蛇は脱皮する.
── 自 **1** 釣り糸を投げる. **2** 鋳型通りになる, 鋳造される.
càst abóut [***aróund***] 捜し回る〈*for* ..を〉; 計画をめぐらす〈*for*..を求めて〉. ～ *about for* a job 仕事を捜し回る. ～ *around for* an excuse to withdraw from the business その仕事から手を引く口実をいろいろ思案する.
càst /../ asíde =CAST /../ off (1). Don't ～ me *aside* like a worn-out shoe! すり切れた靴みたいに私を捨てないで.
****càst /../ awáy*** (1) ..**を捨てる**; ..を排斥する; ..を浪費する. (2) ..を置きざりにする, (無人島に)打ち上げる, 〈普通, 受け身で〉. We were ～ *away* on a desert island. 我々は無人島に漂着した.
càst /../ dówn (1) ..を投げ落とす;〔目〕を伏せる (→他 2). (2)〖章〗..を落胆させる〈普通, 受け身で〉. Don't be so ～ *down*. そんなに力を落とすなよ.
càst óff (1)〔人が〕(船のともづなを解いて)岸を離れる;〔船が〕(ともづなを解かれて)岸を離れる. (2)(編み物の)目を留める.
****càst /../ óff*** (1)〖章〗..**を脱ぎ捨てる**, 振り捨てる;〔束縛〕を脱する; ..を見捨てる; ..と縁を切る. ～ *off* one's clothes 着物を脱ぎ捨てる. ～ *off* one's sad feelings 悲しみを振り捨てる. (2)〔船〕のともづなを解く,〔ボート〕をおろす. (3)〔編み物〕の目を留める.
càst ón (編み物の)初めの1段の目を立てる.
càst /../ ón 〔編み物の初めの1段〕の目を立てる.
cást onesèlf on 〔***a person's mercy***〕〔人の同情〕にすがる.
****càst /../ óut*** ..**を投げ出す**; ..を追い出す; 〈*of* ..から〉〈しばしば受け身で〉(→outcast). We were ～ *out* into the night. 夜空の下に追い出された.

càst /../ úp (1) ..を合計する (add up). Let me ～ this *up* and see what the total is. これを合計していくらになるか私にやらせてください. (2) ..を投げ上げる. He ～ *up* his eyes to heaven and prayed. 彼は天を見上げて祈った. (3) ..を吐く, もどす. (4)〔いやなこと〕を思い出させる.
── 名 C【投げること】 **1 投げること**, ひと投げ; (投網, 釣り糸, 釣り針などの)投下; (さいころの)ひと振り; 投票すること. with the ～ of an eye ちらりと見て. stake everything on a single ～ of the dice さいころのひと振りにすべてを賭(か)ける.
2 投げる距離, 投射距離. within a stone's ～ 石を投げて届くほどの所に (→throw 名 2).
【割り当て】 **3**〈単数形で複数扱いもある〉〖劇〗**配役**, **キャスト**, 《役の割り振り又は配役全体》. an all-star ～ スター総出演. a ～ list 配役(表). the supporting ～ 脇役陣.
【型(にはめること)】 **4** 鋳造; **鋳型**; 鋳物;〖医〗ギプス. wear a plaster ～ ギプスをはめている.
5〖章〗〈単数形で〉型; **格好**, 顔つき; **気質**, たち. a nose that has a Jewish ～ ユダヤ人型の鼻. a liberal ～ of mind 自由主義的な性質.
【傾向】 **6** 色合い, (色の)気味. gray with a greenish ～ 緑がかった灰色.
7〈普通, 単数形で〉軽い斜視, やぶにらみ. with a ～ in one eye 片方の目がやぶにらみで[の]. [<古期北欧語]
cas·ta·net /kæ̀stənét/ 名 C〖楽〗〈普通 ～s〉カスタネット. [<スペイン語「栗の実」]
cást·awày 名 (複 ～s) C **1** 難船者, 漂流者. **2** 見捨てられた人, (社会の)のけ者. ── 形 **1** 見捨てられた. **2** 難破した.
†**caste** /kæst|kɑ:st/ 名 **1** C カースト《インドのヒンドゥー教徒の世襲的社会階級; Brahman, Kshatriya, Vaisya, Sudra の4姓; caste に入らない下等民が pariah》; U カースト制度. **2** C〈一般に〉特権的[閉鎖的]社会集団; U (厳重な)世襲的階級制度. **3** U 社会的地位[身分]. lose ～ 社会的地位を失う. **4** C〖虫〗(アリなどの生態で, 役割分担による)階級.
[<ポルトガル語「血統, 人種」(<ラテン語「純潔な」)]
cas·tel·lat·ed /kǽstəlèitəd|-tel-/ 形 **1** 城(のような)造りの, 城構えの, 《大小のやぐらや胸壁 (battlement) が付いている建て方》. **2** 城のある, 城の多い.
cást·er 名 C **1** 投げる人; 鋳造者, 鋳物師; 計算者. **2** キャスター《家具やいすの脚につけた車》. **3** (塩, 酢, からしなどの)薬味入れ; 薬味立て; (砂糖, 胡椒(こしょう)などの)振りかけ容器. ★2, 3 は castor ともつづる.
cáster sùgar 名 U〖英・オース〗グラニュー糖.
‡**cas·ti·gate** /kǽstəgèit/ 動 他〖章〗を激しく[厳しく]非難する; を酷評する.
càs·ti·gá·tion 名 UC〖章〗激しい非難; 酷評.
Cas·tile /kæstí:l/ 名 カスティーリャ《スペインの中部・北部を占めていた昔の王国》.
Cas·til·ian /kæstíljən/ 形 カスティーリャの. ── 名 C カスティーリャ人; U カスティーリャ語《標準スペイン語》.
cást·ing 名 **1** U 投げること;〖釣〗キャスティング. **2** U 鋳造; C 鋳物. a bronze ～ 青銅の鋳物. **3** U 配役(すること).
cásting nèt 名 C 投網.
càsting vóte 名 C 決定投票《賛否同数のとき議長が行う投票; 日本語で言う'キャスティングボート'ではない》.
càst-íron /⑧/ 形 **1** 鋳鉄(製)の. **2** 厳密な, 融通性のない, 〔規則など〕. **3** 強い, 丈夫な〔胃など〕. a ～ constitution 鉄のよう(に頑健)な体質.
†**càst íron** 名 U 鋳鉄.
‡**cas·tle** /kǽs(ə)l|kɑ́:s(ə)l/ 名 (複 ～s /-z/) C **1 城**, 城郭. An Englishman's house is his ～.〖諺〗英国人の家は彼の城である《個人の私的生活には他人の干渉を

許さない》.

> [連結] an impregnable [a picturesque; a ruined; a feudal; a Norman] ～ // besiege [take; sack] a ～

C

2 大邸宅, 館(やかた). **3** 〖チェス〗ルーク, 城将, (rook)《将棋の飛車に当たる》.
a càstle in the áir [***Spáin***] 空中楼閣, 空想. build ～*s in the air* 空想にふける.
── [動]〖チェス〗[他]〔キング〕をルークで守る. ── [自] キングをルークで守る, キャスリングする.
[＜ラテン語「小さなとりで」]

cást nèt [名] ＝casting net.

cást·òff [形] 捨てられた; 脱ぎ捨てた. ── [名] ([複] ～s) [C] 捨てられた人[物]; 〈普通 ～s〉不用品, 古着.

cas·tor[1] /kǽstər|ká:s-/ [名] **1** [U] ビーヴァー香《ビーヴァーの体から分泌される油性物質; 強烈なにおいを持ち, 香料・薬品の原料》. **2** [C] ビーヴァー(又はウサギ)の毛皮で作った帽子. [＜ギリシア語 'beaver']

cas·tor[2] [名] ＝caster 2, 3.

Cas·tor and Pol·lux /kǽstər-ənd-pá:ləks|kà:stər-ənd-pɔ́l-/ [名] 〖ギ神話〗カストルとポルックス《Zeus と Leda の双子の息子; 兄弟愛で知られる; 双子座 (Gemini) の 2 つの星とされている》.

cástor bèan [名] [C] ヒマの実《ヒマシ油 (**càstor óil**) をとる》.「シ油をとる》.

cástor-oil plànt [名] [C] 〖植〗ヒマ《その実からヒマ↑

cástor sùgar [名] ＝caster sugar.

‡**cas·trate** /kǽstreit|-ˊ/ [動] [他] **1** を去勢する. **2** を骨抜きにする. ▷**cas·trá·tion** [名] [UC] 去勢.

Cas·tro /kǽstrou/ [名] **Fidel** ～ カストロ(1927–)《キューバの革命指導者; 1976 年以来同国首相》.

càst stéel [名] [U] 鋳鋼.

*__cas·u·al__ /kǽʒuəl/ [形] [m] (★1は [¢]) **【規則的でない】**
1 [¢] 〈限定〉不規則な, 不正規の, 〔雇用(者)など〕; 臨時の. a ～ laborer 日雇い[不定期]労働者.
2 〈普通, 限定〉**偶然の**, 思いがけない. a ～ visitor 不意の来客. ～ expenses 臨時の支出. ～ sex 行きずりの性関係. a ～ acquaintance ふと知り合った人. Our ～ meeting developed into friendship. 我々の偶然の出会いが友情に発展した.
【本式でない】 **3** 〔服装などが〕**略式の**, 普段着の; くだけた; (↔formal). ～ wear 普段着. in ～ clothes くだけた服装で. **4** **むとんじゃくな**, のんきな; いいかげんな. do things in a ～ way 物事を行き当たりばったりにやる. a ～ sort of person いいかげんな人. Mary is ～ with her jewels. メリーは自分の宝石をぞんざいに扱う.
5 〈普通, 限定〉**何気ない**, 無造作の, 通り一遍の; 用意なしの. a ～ remark ふと漏らした言葉. a defect obvious even to the ～ observer ちょっと見ただけの人にも明らかな欠陥. We talked of ～ things. 我々はよもやま話をした.
── [名] [C] **1** 臨時[自由]労働者. **2** 〈～s〉普段着; 普段ばき(の靴).
[＜ラテン語「偶然の」(＜*cāsus* 'case[1]')] ▷ **～·ness** [名]

cás·u·al·ly [副] **1** 偶然に, ふと; 何気なく. **2** 大した事でない様子で, さらりと, さりげなく; ふらりと〔やって来る, など〕. He took his illness ～. 彼は病気を軽く考えていた. He added ～ that he had quit his job. 勤めは辞めたよと彼はさりげなくつけ加えた. **3** くだけて, カジュアルに. be ～ dressed くだけた服装をしている. **4** 不正規に, 臨時に. be ～ employed 臨時に雇われている.

‡**cas·u·al·ty** /kǽʒuəlti/ [名] ([複] **-ties** /-z/) **1** [C] 〈普通 -ties〉(戦争, 災難, 大事故などによる)**死傷者**, 犠牲者; (人員整理, 機構改革などの)対象[犠牲]者. We had ten *casualties*: three killed and seven wounded. 10 人の死傷者が出た. 死亡 3 人, 負傷 7 人. heavy *casualties* 多数の死傷者. a ～ list 死傷者名簿. the *casualties* in the accident 事故の犠牲者. **2** [C] 被災物, 破壊されたもの. My house was the first ～ of the big fire caused by the bombing. 私の家は爆撃による大火災によって最初に焼失した. **3** [U] 〖英〗病院の救急病棟 (**cásualty wàrd** [**depàrtment**]; 〖米〗emergency room).

càsual wáter [名] [C] 〖ゴルフ〗カジュアルウォーター《雨などでコース上に出来た水たまり》.

cas·u·ist /kǽʒuist/ [名] [C] **1** 決疑論者 (→casuistry). **2** 〖章〗詭(き)弁家《良心の問題などを論ずる時に巧みにこじつける人》.

cas·u·is·tic, -ti·cal /kæ̀ʒuístik [移]/, /-k(ə)l [移]/ [形] 決疑論的な; 〖章〗詭(き)弁的な.
▷**cas·u·is·ti·cal·ly** [副]

cas·u·ist·ry /kǽʒuistri/ [名] [U] **1** 決疑論《義務や行動など実際の問題に, 道徳的原理を適用してその是非を判断しようとする方法》. **2** 〖章〗詭(き)弁, こじつけ.

ca·sus bel·li /kà:səs-béli:, kèisəs-bélai/ [名] ([複] ～) [C] 戦争の原因(となった事件), 開戦の口実. [ラテン語 'case of war']

「線体軸断層撮影」.

CAT /kæt/ computerized *a*xial *t*omography (X↑

‡**cat**[1] /kæt/ [名] ([複] **～s** /-ts/) [C] **1** 猫 (**doméstic càt**); ネコ科の動物 (★そのうち lion, tiger, leopard などを **big càt** と呼ぶ). an alley ～ のら猫. a mother ～ 母猫. a member of the ～ family ネコ科の動物. ◇[形] feline
[参考] 関連語:tomcat, kitten, puss, pussy;

> [連結] a tabby [a ginger; a stray; a Manx, a Persian, a Siamese] ～ // a ～ miaows [hisses, pounces, purrs, prowls, scratches]

2 〖旧話〗意地悪女. **3** 〖俗〗ジャズ狂.
4 ＝cat-o'-nine-tails.
A cát has nìne líves. 〖諺〗猫には 9 つの命がある《しぶとくて容易に死なない》.
bèll the cát →bell.
be the càt's whískers [***pajámas***] 〖話〗飛び切り上等の人間[物]である.
Cáre kìlled the [***a***] ***cát.*** →care.
(***Èven***) ***a cát may lòok at a kíng.*** 〖諺〗猫だって王様を見られる《本来身分に上下はない; だれにでも相応の権利はある》.
Has the cát gòt your tóngue? 〖話〗どうして黙っているのかい《★子供に対して, 質問に答えず黙っているような時に用いる》.
lèad [***lìve***] ***a càt and dóg life*** 〔夫婦などが〕けんかばかりして暮らす, 犬猿の仲である.
lèt the cát òut of the bág (うっかり)秘密を漏らす.
like a cát ˬon a hòt tìn róof 〖米話〗[***on hòt brícks*** 〖英話〗] 落ち着かないで, そわそわ[びくびく]して.
lìke càt and dóg 〈副詞的〉激しく, すさまじい勢いで, 〔けんかするなど〕.
lòok ˬlike sómething [***what***] ***the cát('s) bròught*** [***dràgged***] ***in*** 〔人が〕ひどくだらしがない[汚い].
not hàve [***stànd***] ***a càt in héll's chànce*** (***of dòing***) 〖話〗(..できる)見込みが全然ない.
plày càt and móuse with .. →mouse.
ràin càts and dógs 〖話〗〈しばしば進行形で〉〔雨が〕どしゃぶりに降る《北欧神話の影響で, 猫はどしゃぶりの雨の象徴, 犬は暴風雨の風の象徴》.
sée which wày the càt júmps＝wàit for the càt to júmp 周囲の形勢をうかがう.
sèt [***pùt***] ***the cát among the pígeons*** →pigeon.
There is nò róom to swìng a cát (***in***). →room.
When the càt is awáy, the mìce will pláy. 〖諺〗鬼の居ぬ間(ま)に洗濯.

── 動 (-tt-) 他 1 を九尾の猫むち (cat-o'-nine-tails) で打つ. 2 〖海〗〔いかり〕を吊錨(ちょうびょう)架 (cathead) まで揚げる. ── 自 1 〖米話〗女を漁(あさ)る ‹around›. 2 〖英俗〗吐く (vomit). [＜古期英語]

cat[2] 名 C 1 〖米話〗＝caterpillar (tractor). 2 〖英〗＝catalytic converter; 〈形容詞的〉catalytic converter の付いた〔車など〕.

cat. catalog(ue); catamaran; catechism.

cat(·a)- /kǽt(ə)/ 接頭 「下へ, 下に」,「反して」,「全く」などの意味: *cata*ract, *cate*gory, *cata*log. [ギリシア語 *katá* 'down']

cat·a·bol·ic /kæ̀təbɑ́lik|-bɔ́l-⑱/ 形 〖生物〗異化作用の (↔anabolic).

ca·tab·o·lism /kətǽbəlìz(ə)m/ 名 U 〖生物〗異化作用, 分解代謝, (↔anabolism).

cat·a·clysm /kǽtəklìz(ə)m/ 名 C 1 (自然界の)大変動《地震, 大洪水など》. 2 (政治的, 社会的)大動乱, 大変動,《戦争, 革命など》. [＜ギリシア語「大洪水」]

▷**cat·a·clys·mic** /kæ̀təklízmik⑱/ 形 すさまじい, 恐ろしい.

cat·a·comb /kǽtəkòum|-kù:m/ 名 C 1 〈普通 ～s〉地下墓地; 〈比喩的〉'開かずの間'. 2 〈the Catacombs〉カタコンベ《ローマの地下墓地; 初期キリスト教徒が避難所, また秘密の礼拝所として用いた》.

cat·a·falque /kǽtəfæ̀lk/ 名 C 棺台《葬儀の際, 遺体を納めた棺を安置しておく飾り付きの台》.

Cat·a·lan /kǽtəlæ̀n, -lən/ 形 1 カタロニア(地方)の (→Catalonia). 2 カタロニア人[語]の.
── 名 1 C カタロニア人. 2 U カタロニア語.

cat·a·lec·tic /kæ̀təléktik/ 形 〖韻律学〗韻脚不全の《最後の詩脚に音節を欠く》.

cat·a·lep·sy /kǽtəlèpsi/ 名 U 〖医〗強梗(こう)症《ヒステリーなどに伴う筋肉の硬直・無感覚状態》.

cat·a·lep·tic /kæ̀təléptik⑱/ 形 〖医〗強梗(こう)症の.
── 名 C 強梗症患者.

***cat·a·log** 〖米〗, **-logue** 〖主に英〗 /kǽtəlɔ̀:g, -lɑ̀g|-lɔ̀g/ 名 (複 ～s /-z/) C 1 **目録, カタログ**. a library ～ 図書目録. a mail-order ～ 通信販売カタログ. put the latest model in [on] the ～ 最新型をカタログに載せる. 2 〖米大学〗大学案内, 履修便覧. 3 〖米〗＝card catalog. 4 一続き, 一連, 〈*of*..よくないもの[こと]の〉. The Governor was indicted for a ～ *of* corruption. 知事は一連の汚職事件で告発された.
── 動 他 〔蔵書, 商品など〕の目録を作る; 〔書物, 商品など〕を目録に載せる. ── 自 目録[カタログ]を作製する. [＜ギリシア語「数え上げること」]

cát·a·lòg(u)·er 名 C カタログ作成者.

Cat·a·lo·ni·a /kæ̀təlóuniə/ 名 カタロニア, カタルーニャ, 《スペイン北東部の地中海に面した一地方; →Catalan》.

Cat·a·lo·ni·an /kæ̀təlóunjən/ 形, 名 ＝Catalan.

ca·tal·pa /kətǽlpə/ 名 C キササゲ《ノウゼンカズラ科の落葉高木; 北米・アジア産》.

ca·tal·y·sis /kətǽləsəs/ 名 (複 **ca·tal·y·ses** /-si:z/) 1 UC 〖化〗触媒現象, 接触反応. 2 C 誘因, きっかけ.

‡**cat·a·lyst** /kǽtəlist/ 名 C 1 〖化〗触媒. 2 変化の誘因となる人[物, 事].

†**cat·a·lyt·ic** /kæ̀təlítik⑱/ 形 触媒(作用)の.

càtalytic convérter 名 C (自動車用の)触媒式排気ガス浄化装置.

cat·a·lyze /kǽtəlàiz/ 動 他 1 〖化〗に触媒作用を及ぼす. 2 (刺激して)〔物事〕の変化を促進させる.

cat·a·ma·ran /kæ̀təmərǽn/ 名 C 1 双胴船《2つの船体を横に連結した船; 帆船が多い》. 2 いかだ舟《丸太を横につないで船体にしたもの》. [＜タミール語「縛った木材」]

cat·a·mount, -moun·tain /kǽtəmàunt/, /-màuntən/ 名 C ネコ科の中型野獣(の総称)《cougar, wildcat, panther, leopard, lynx など》.

càt-and-dóg /-(ə)n-⑱/ 形 〖英語〗〈限定〉けんかの絶えない, 仲の悪い. a ～ life 犬猿の仲の生活.

càt-and-móuse /-(ə)n-⑱/ 形 〖話〗(交互にいじめたり親切にしたりして)なぶる, じらす.
pláy a càt-and-móuse gàme with.. ..をなぶる, じらす, (play cat and mouse with ..).

‡**cat·a·pult** /kǽtəpʌ̀lt/ 名 C 1 (軍艦などの)飛行機射出装置, カタパルト. 2 〖英〗ぱちんこ (〖米〗slingshot)《Y 字型の小枝にゴムを張った子供のおもちゃ》. 3 石弓《石や矢などを発射する古代の兵器》.
── 動 他 1 をカタパルトで射ち出す. 2 VOA を勢いよく[突然]..の方へ[から]飛び出さす; を突然..の状態に至らせる ‹*to, into* ..〔スターの地位など〕に›. In the crash I (was) ～*ed out of* the seat. その衝突で私は座席から放り出された (★was がなければ 自). The film ～*ed* her *into* instant fame. この映画のおかげで彼女は一躍名を上げた. ── 自 1 〔飛行機が〕カタパルトで発進する. 2 VA 勢いよく[突然]..の方へ[から]飛び出る; 突然..の状態に至る ‹*to, into* .. に›.
[＜ギリシア語「石弓」]

‡**cat·a·ract** /kǽtərækt/ 名 C 1 〖章〗瀑布(ばくふ), (直下型の)大滝, (類語 特に大きな滝を言う; →waterfall). 2 〈普通 ～s〉豪雨; 奔流. The rain came down in ～*s*. 雨が滝のように降った. 3 〖医〗白内障, しろそこひ. [＜ギリシア語「下への突進」]

ca·tarrh /kətɑ́:r/ 名 U 〖医〗カタル《鼻, 咽喉(いんこう)などの粘膜の炎症》. [＜ギリシア語「下へ流れる」]

ca·tarrh·al /kətɑ́:rəl/ 形 〖医〗カタル性の.

***ca·tas·tro·phe** /kətǽstrəfi/ 名 (複 **～s** /-z/) C 1 **突然の大災害**, 大惨事, 大異変, 大損害, (類語 特に致命的な結果に焦点がある; →disaster). an economic ～ 経済的大破局. a terrible [tremendous] ～ 悲惨な大災害. 2 (悲劇的)破局, 破滅; (劇の)大詰め. the ～ of a play 劇の大詰め.
[ギリシア語「転覆」]

‡**cat·a·stroph·ic** /kæ̀təstrɑ́fik|-strɔ́f-⑱/ 形 破滅[壊滅]的な; 大惨事の; 大詰めの.
▷**cat·a·stroph·i·cal·ly** /-k(ə)li/ 副 破滅[壊滅]的に.

cat·a·ton·ic /kæ̀tətɑ́nik|-tɔ́n-⑱/ 形 ＝cataleptic.

Ca·taw·ba /kətɔ́:bə/ 名 (複 **～s, ～**) C カトーバ族(の人)《Carolina に住んでいた北米先住民》; U カトーバ語.

cát·bìrd 名 C ネコマネドリ《北米産の小型の鳴鳥; 鳴き声が猫に似ている》.

cátbird sèat 名 〖米話〗〈the ～〉有利な立場. be (sitting) in the ～ 有利な立場に立っている.

cát·bòat 名 C 1 本マストで 1 枚帆の小帆船.

cát bùrglar 名 C 上階の窓などから忍び込む泥棒.

cát·càll 名 C (集会, 劇場, 競技場などで, 不満や非難を表す)激しい叫び, 鋭い口笛.
── 動 自 やじる, やじを飛ばす.

‡**catch** /kætʃ/ 動 (**cátch·es** |過| 過分 **caught** /kɔ:t/| **cátch·ing**) 他 【**人がつかまえる**】 1 (追いかけて)を**捕らえる**, つかまえる, 取り押さえる, 〔警察官が〕を逮捕する; をつかむ, 受けとめる; (類語 逃げて行くものを「つかまえる」の意味で一般的な語; →capture, clutch, seize, take). I threw a ball to the boy and he *caught* it. 私が少年にボールを投げたら彼はそれをちゃんと受けとめた. The policeman *caught* the thief. 警官はその泥棒を取り押さえた. ～ a rabbit alive 野ウサギを生け捕りにする. ～ a person by the arm 人の腕をつかむ (語法 ～ a person's arm よりこの形が普通; その違いは →the 8).
2 〔乗り物〕に**間に合う** (↔miss); 〖話〗〔忙しい人など〕をつかまえる, に(ようやく)会える, 連絡がつく. The poor old woman couldn't ～ the train. かわいそうにおばあさんは

C

汽車に間に合わなかった. I *caught* him just as he was leaving the lecture hall. 彼がちょうど講堂を出てくるところをつかまえた.
3 VOC (～ X *doing*)・VOA (～ X *at, in..*) X(人)が**..しているところを見つける**. If I ～ you sleep*ing* in class, I'll send you to the principal. もし君が授業中に寝ているところを見つけたら, 校長先生に突き出してやるよ. You won't ～ me work*ing* for the company.〖話〗僕はあの会社では働くつもりはない. She *caught* herself wish*ing* to divorce her husband. 自分が無意識のうちに夫との離婚を願っているのを発見した. *Catch* me *at* it. (それをしてるのを見つけられるなら見つけてみろ＞)そんなことするもんか. I was fairly *caught in* the act of sneak*ing* out. こっそり出ようとするところをまんまと見つけられた.
4【感覚で捕らえる】(**a**)を聞き取る;〔意味〕を捕らえる, つかむ, 理解する. Betty couldn't ～ what I said. 私の言ったことがベティにはうまく聞き取れなかった. (**b**)に(ふと[一瞬])気がつく. ～ a glimpse of him in the crowd 人込みの中に彼の姿がちらりと見える. I *caught* a whiff of Sam's cologne. サムのオーデコロンのにおいがぷんとした. (**c**)〖話〗〔テレビ, 映画, 放送など〕を見る, 聞く.
5〔病気〕に感染する. ～ (a) cold 風邪をひく.
6【すばやく捕らえる】〖話〗〔軽食, 睡眠など〕を(さっと)取る. ～ a bite 急いで軽い食事をする. ～ some z's (ぐーぐー)少し眠る. **7**〖クリケット〗〔打者〕をアウトにする《打球をダイレクトキャッチして》.
【物がつかまえる】**8**〔物が〕にからみつく; VOA (～ X *on, in..*)〔人が〕**Xを..に引っ掛ける**, からます. That peg *caught* my sweater. =I *caught* my sweater *on* that peg. あのくぎに私はセーターを引っ掛けた.
9 VOA〔あらし, 雨などが〕を襲う〈主に受け身で〉; を(不意に)襲う. be *caught in* a shower にわか雨に遭う. We got *caught in* the rush-hour traffic. ラッシュアワーの交通(渋滞)につかまってしまった. ～ a person ⌞*off* his guard [by surprise, unawares, etc.] 人に不意打ちを食わす.
10【つかまえる＞伝わる】〔病気が〕にうつる, 伝染する;〔熱意などが〕に伝わる, を感化する;〔物に〕〔火〕がつく, 燃えうつる. We were all *caught* by his enthusiasm. 全員に彼の熱心が乗り移った. This wood won't ～ fire easily. この木材は火がつきにくい.
11〔人の目, 注意〕を捕らえる, 引く. the first thing to ～ our attention on entering the gate 門をくぐると最初に我々の注意を引くもの. The child is trying to ～ your attention. あの子はあなたの注意を引こうとしています. ～ a person's eye →eye (成句).
12〔絵画, 文章などが〕〔人の特徴など〕を正確に表す[捕らえる].
13 (**a**)〔落ちてくるものなどが〕に当たる; を打つ; VOO (～ X Y) X(人)にYを当てる. The ball *caught* the boy on the nose. ボールが少年の鼻に当たった (★この構文については ⑩ 1 語法). ～ a person a box on the ear 人の横っ面(つら)を平手で打つ. (**b**)〔風, 光などが〕〔物〕に当た(って輝いて見え)る,〔物が〕〔光など〕を浴び(て輝いて見え)る.
14〔風, 水などが〕を(押し)進める, (押し)流す.
── ⓐ **1** VA (～ *at..*) **..を捕らえ[つかまえ]ようとする**;〔申し出など〕に飛びつく. He *caught at* the rope, but it slipped from his grasp. 綱をつかもうとしたが, 彼の手からするりと抜けた. ～ *at* the first opportunity 最初の機会に飛びつく.
2 火がつく, 燃え出す;〔エンジンが〕かかる; 伝わる, 移って行く. The paper *caught* and began to blaze. 紙は火がついて炎を上げ始めた. The fire *caught* quickly. すぐ火がついた.
3 (**a**) VA (～ *on, in..*)〔着物などが〕..に引っ掛かる, からまる. Her dress *caught on* a nail. 彼女の服がくぎに引っ掛かった. (**b**)〔声などが〕つかえる, つまる. The girl burst into tears and her voice *caught*. 少女はわっと泣き出して声がつまった.
4〔錠などが〕下(お)りる, 掛かる;〔ドアなどが〕ぴったりと閉まる. The bolt would not ～. かんぬきがどうしても掛からなかった.
5〖野球〗捕手をする〈*for*..〔のチーム〕の〉.
6〔作物が(発芽後に)〕根付く.
càtch hóld of.. →hold.
cátch it 〖話〗叱(しか)られる, お目玉を食う. You'll ～ *it* from the teacher if she finds you cheating. 先生にカンニングを見つけられたらお目玉を食うぞ.
Càtch me láter. =CATCH you later (2).
càtch ón (1) 人気を博する, はやる. This style has really *caught on* this year. このスタイルは今年すごくはやった. (2) 意味が分かる〈*to* ..の〉. It took a few seconds for him to ～ *on* (*to* the joke). 彼は(その冗談の)意味を理解するまで数秒かかった.
cátch oneself (何かしよう[言おう]として)急にやめる.
càtch /../ óut (1)〔ごまかしなど〕を見破る, 見つけ出す. It's hard to ～ that kind of thing *out*. そういったことはなかなか見破れない. (2) ..にへまをやらせる《意地悪をして》, ..を引っ掛ける. He tried to ～ me *out* by clever questioning. 巧妙な質問で私を引っ掛けようとした. (3)〖野球〗(捕球して)..をアウトにする. The batter was *caught out*. その打者は(フライなどを取られて)アウトになった.
càtch síght of .. →sight.
càtch /../ úp (1) ..を急に取り[持ち]上げる, つかむ. He *caught up* his hat and ran out. 彼は帽子をつかんで外に走り出た. (2)〔人〕に追いつく. I ran a bit and soon *caught* him *up*. 少し駆けてすぐに彼に追いついた.
***càtch* X *úp in* Y** XをYに巻き込む; XをYに夢中にさせる;〈しばしば受け身で〉. be *caught up in* the tide of the times 時代の潮流に巻き込まれる. be *caught up in* talking with a friend 友人との話に夢中になる.
càtch úp on.. ..の遅れを取り戻す. ～ *up on* one's lessons 学課(の進度)に追いつく.
****càtch úp*** (*with..*) (..に)追いつく. Go ahead. I'll soon ～ *up* (*with* you). 先に行ってくれ. すぐに追いつくから. Production will soon ～ *up with* demand. 生産はじき需要に追いつくだろう. His dissipated life style *caught up with* him at age 48. 彼は48歳になって放埒(らつ)な生活のつけが回って来た.
Càtch you láter. (1) じゃあまた, さよなら, (★Catch you. とも言う). (2)〖主に米〗その件は今度また(会った時に)ね.
── 名 (複 **cátch·es** /-əz/) Ⓒ【捕らえること】**1** (**a**) **捕らえること**;〖野球〗**捕球**;〖クリケット〗アウト (→⑩ 7). a difficult ～ 難しい捕球. miss a ～ (ボールを)受けそこなう. make a running ～ 走りながら捕球する. (**b**) 捕らえる人[もの], 捕手. a good ～ 上手な捕手[捕球]. **2 捕らえたもの, 獲物**; (魚などの)**捕獲高**. a good [poor] ～ (of fish) 大漁[不漁].
3〖話〗いい結婚相手; 掘り出し物, 人気者. He is a good ～ for a young woman. 彼は若い女性にとって玉の輿(こし)の相手だ. **4**〖話〗'落とし穴', わな; わなのある質問; 欠陥, 問題点. The raise is fantastic; but there must be a ～. 昇給はすごいけれど何かわながあるに違いない. What's the ～? 何をたくらんでいるのか《話がうますぎるなど》. The ～ is (that) ... 問題なのは..だ.
5 (3人以上による)輪唱(歌曲)《合唱相手を追いかけるようにして同じ旋律を歌う》.
【引っ掛かること】**6** (感情が高ぶって声が)つまること, つかえ. with a ～ in one's throat のどをつまらせながら.
7 (錠, 扉などの)止め金, 掛け金, 引き手, 歯止め.
plày cátch キャッチボールをする.
[＜中期英語「追う＞捕らえる」(＜ラテン語 *captāre*「捕らえようとする」＜*capere*「取る」); chase¹ と同源]

cátch·àll [名][C]〖主に米〗**1** がらくた入れ. **2** 包括的な語[句]. ── [形]〈限定〉包括的な.

càtch-as-catch-cán [名][U]〖レスリング〗〈the 〜〉フリースタイル. ── [形], [副]〖主に米〗手当たり次第の[に], 行き当たりばったりの[に].

cátch bàsin [名][C]〖米・カナダ〗(下水管などの)ごみ受け.

cátch cròp [名][C] 間作作物《短期間土地が空いた時; 又は他の作物のうねの間に作る》.

†**catch·er** /kǽtʃər/ [名][C] **1** 捕らえる人[もの]. **2**〖野球〗捕手.

‡**cátch·ing** [形]〖話〗**1** うつる, 伝染性の. His enthusiasm is 〜. 彼の熱意は人から人へと広がっていく. **2** 人目を引く, 魅力のある.

cátch·ment [名][U] (雨水の)集水, 貯水; 貯水した水(量).

cátchment àrea [名][C]〖英〗**1** ＝catchment basin. **2** 集人地域《たとえば学校の通学区域, 病院の通院区域》.

cátchment bàsin [名][C] (貯水池の)集水地域; 流域.

cátch·pènny [形]〖旧・軽蔑〗きわもの的な〔出版物など〕, 見かけ倒しの〔安物など〕, 《＜銭取り的な》.

cátch·phràse [名][C] (人の注意を引く, 流行の)うたい文句, キャッチフレーズ; 標語, スローガン, 《例: Perestroika; From the Cradle to the Grave「揺りかごから墓場まで」; No More Hiroshimas!「広島(の惨禍)を二度と繰り返すな」》.

cátch pìt [名]〖英〗＝catch basin.

càtch-22 /-twèntitú:/ [名][aU]〖俗〗〈しばしば C-〉どうもがいても逃れられないジレンマ. [アメリカの作家 Joseph Heller の小説 (1961) の題名から]

catch·up /kǽtʃəp, kétʃ-/ [名] ＝ketchup.

cátch·wòrd [名][C] **1** (政治運動, 宣伝などの)標語, スローガン. "Glasnost" and "perestroika" were the two 〜*s* of the Gorbachev administration. グラスノスチとペレストロイカがゴルバチョフ政権の 2 つの標語だった.
2 (辞書の)欄外見出し語, 柱, (guide word).
3〖印〗つなぎことば《ページの右下に入れた次ページの最初の語》.

†**catch·y** /kǽtʃi/ [形][e] **1** 人気を呼びそうな; 覚えやすい. a 〜 tune 覚えやすい曲. a 〜 title 評判になりそうな表題《本の》. **2**〔質問, 問題などが〕引っ掛かりやすい, わなのある. **3** ＝catching 2.

cat·e·chet·ic, -i·cal /kæ̀təkétik/, /-k(ə)l/ [形] **1**〖キリスト教〗教義[公会]問答の. **2** 問答式の.

cat·e·chism /kǽtəkìz(ə)m/ [名] **1** [U]〖キリスト教〗教義[公会]問答; [C]〈普通, 単数形で〉〖カトリック〗公教要理,〖聖公会〗公会問答, 《Who is Jesus Christ?—He is the Son of God, made man for our redemption.「イエス・キリストとはどういうお方か」—「我々を贖(あがな)うために人間になられた神の子です」のような問答を集めた本》.
2 [C] 問答式解説書, 問答集; 一問一答.
pùt a pérson through a [his, her] cátechism 人を質問攻めにする.
[＜ギリシア語「口頭で教える」]

cat·e·chist /kǽtəkist/ [名][C] 教義[公会]問答の教師.

cat·e·chize /kǽtəkàiz/ [動][他] に(教義などを)問答形式で教える; に問いただす, 尋問する.

cát·e·chìz·er [名] ＝catechist.

cat·e·chu /kǽtətʃù:/ [名][U] カテキュ, 阿仙(あせん), 《アジア産の樹木から採る; 薬剤・塗料・皮なめし用》.

cat·e·chu·men /kæ̀təkjú:mən/ [名][C] **1** (キリスト教の洗礼前の)教義受講者. **2** (初歩を学ぶ)初心者.

‡**cat·e·gor·i·cal** /kæ̀təgɔ́:rik(ə)l|-gɔ́r-[移]/ [形] **1** 部類に分けた; 範疇(はんちゅう)に属する. **2** 無条件の, 絶対的な; 断言的な, 明確な,〔陳述など〕. a 〜 denial 断固とした否認. ▷ **〜·ly** /-k(ə)li/ [副] 無条件に; 断固として.

categòrical impérative [名][C]〖哲〗定言(的)命令《根本的道徳律としての良心の命令》; 至上命令.

cat·e·go·rize /kǽtəgəràiz/ [動][他] を分類する〈*as* ..〔ある部類〕に〉(classify). ▷ **càt·e·go·ri·zá·tion** [名]

*__cat·e·go·ry__ /kǽtəgɔ̀:ri|-gəri/ [名] ([複] **-ries** /-z/) [C] **種類**, **部類**, **部門**;〖論・哲〗**範疇**(はんちゅう). fall [come] into [under] five *categories* 5 つの種類に分類される. Which 〜 do you place his new work into, fiction or nonfiction? あなたは彼の新作をフィクション, ノンフィクション, どちらの部類に入れますか.
[＜ギリシア語「非難, 告発」(＜「市民集会 (agora) の前で述べる」)]

cat·e·nar·y /kǽt(ə)nèri|kətí:nəri/ [名][C] **1**〖数〗懸垂線, 垂曲線. **2** (電車の架線を吊る)懸垂索, カテナリ.

cat·e·nate /kǽtənèit/〖生物〗[動][他] を(鎖状に)連結する. ▷ **càt·e·ná·tion** [名][U] 連鎖.

*__ca·ter__ /kéitər/ [動] (〜s /-z/|[過][過分] **〜ed** /-d/|**〜·ing** /-t(ə)riŋ/) [自] **1 食事**[**サービスなど**]を[**調達**, **準備**]する, まかなう, 〈*for*, *at*,〔宴会, 集まりなど〕..の, を〉. We specialize in 〜*ing for* weddings. 私どもは結婚披露宴のお支度を専門にしております. **2** [VA] (**〜 *for* ..**) ..の娯楽[必要品など]を供給する; ..に満足を与える, ..の意を迎える; (**〜 *to* ..**) ..にこびる, 迎合する. hotels 〜*ing for* foreign tourists 外国人観光客向きのホテル. Some publications 〜 *to* low tastes. 刊行物の中には低俗な趣味に迎合するものがある. **3** [VA] (**〜 *for* ..**) ..を考慮[計算]に入れる, 見込む.
── [他]〖米話〗〔ホテルなどが, 宴会など〕の準備を引き受ける.
[＜古期フランス語「買う」]

cat·er·cor·ner(ed) /kǽtərkɔ́:rnər(d) [移]/ [形], [副]〖米話〗対角線状の[に], 斜めの[に]. [フランス語 *quatre*「4」, -corner(ed)]

†**ca·ter·er** /kéit(ə)rər/ [名][C] **1** (宴会などの)仕出し屋. **2** (ホテル, 料理店の)宴会係, 支配人.

†**ca·ter·ing** /kéit(ə)riŋ/ [名][U] 食事[サービス]の調達, 宴会の設営.

†**cat·er·pil·lar** /kǽtərpìlər/ [名][C] **1** 毛虫, いも虫, 《チョウ, ガの幼虫》. **2**〖商標〗〈C-〉キャタピラー, 無限軌道, (**Cáterpillar tràck** [**trèad**]). **3**〖商標〗〈C-〉無限軌道式トラクター (**Cáterpillar tràctor**).
[＜古期フランス語 'hairy cat']

cat·er·waul /kǽtərwɔ̀:l/ [動][自] **1**〔発情期の猫が〕ぎゃーぎゃー鳴く[騒ぐ]. **2**〖話〗怒ってけんかする, いがみ合う. ── [名][C] (猫の) ぎゃーぎゃー鳴く[騒ぐ]声; いがみ合う声.

cát·fìsh [名] ([複] →fish) [C] ナマズ《ナマズ目の各種の(淡水)魚類》.

cát·gùt /-gʌ̀t/ [名][U] 腸線, ガット, 《(猫ではなく)羊, 馬などの腸から作った丈夫な糸; 楽器の弦, テニスラケットのガット, 手術用縫い糸などに用いる》. [?＜〖廃〗*kit* 'fiddle'＋gut]

Cath. Cathedral; Catholic.

ca·thar·sis /kəθɑ́:rsəs/ [名] ([複] **ca·thar·ses** /-si:z/) [UC] **1**〖章〗カタルシス《芸術などによる精神の浄化, 又は情緒よりの解放》. **2**〖精神医〗開通法, カタルシス療法, 《患者に事実を意識させて, コンプレックスなどを解消する》. **3**〖医〗(下剤による)排便, 便通, (purgation). [ギリシア語「浄化」]

ca·thar·tic /kəθɑ́:rtik/ [名][C] 下剤. ── [形] **1** 排便の; 下剤の. **2**〖章〗カタルシスの.

Ca·thay /kæθéi, kə-/ [名]〖古・詩〗中国.

cát·hèad [名][C]〖海〗(船首に突き出た)吊錨(ちょうびょう)架.

C

*__ca·the·dral__ /kəθíːdrəl/ 名 C **大聖堂**, 司教[主教]座聖堂, 《司教[主教](bishop)の法座(**ca·the·dra** /kəθíːdrə/)のある教会堂で, その教区 (diocese)の中央会堂》. a ～ city 大聖堂のある都市. [< ギリシア語「座席」; chair と同源]

[cathedral]

__Cath·er__ /kǽðər, -θər/ 名 **Willa** ～ キャザー (1873–1947) 《米国の女流小説家》.

__Cath·er·ine__ /kǽθ(ə)rin/ 名 **1** 女子の名《愛称 Cathy, Kate, Kittie, Kitty》. **2** ～ **II** /-ðə-sékənd/ [**Càtherine the Gréat**] エカテリーナ2世(1729–96)《ロシアの女帝(1762–96)》. [ギリシア語「汚れのない」]

__Cátherine[cátherine] whèel__ 名 C 輪転花火《点火すると風車のように回転する; <アレキサンドリアの聖カタリナの拷(ごう)問に使われた車輪》.

__cath·e·ter__ /kǽθətər/ 名 C 〖医〗カテーテル《液の排出用などに体内に挿入する細い管》, 〈特に〉導尿管.

__cath·ode__ /kǽθoud/ 名 C 〖電〗陰極 (↔anode).

__càthode ráy__ 名 C 陰極線.

__càthode-ráy tùbe__ 名 C 陰極線管, (テレビなどの)ブラウン管《略 CRT》.

*__Cath·o·lic__ /kǽθ(ə)lik/ 形 ⓒ **1** (新教 (Protestant) に対して)**旧教の**, (ローマ)**カトリック教の**. **2** (東方教会, 西方教会に分裂以前の)古代キリスト教会の, 全キリスト教会の. **3** 〖章〗〈c-〉関心[興味]の広い; 寛容な, 包容力のある. He has ～ tastes. 彼は多趣味だ. **4** 〖章〗〈c-〉普遍的な, 包括的な.
—— 名 C (ローマ) **カトリック教徒**, 旧教徒.
[<ギリシア語「普遍的な」]

__ca·thol·i·cal·ly__ /kəθάlik(ə)li|-θɔ́l-/ 副 普遍的に, 包括的に.

__Càtholic Chúrch__ 名 〈the ～〉(ローマ)カトリック教会.

‡__Ca·thol·i·cism__ /kəθάləsìz(ə)m|-θɔ́l-/ 名 U (ローマ)カトリック教の教義[信仰, 制度など].

__cath·o·lic·i·ty__ /kæ̀θəlísəti/ 名 U **1** 〖章〗(興味, 関心, 理解などの)広大さ, 寛容さ, 度量. ～ of taste 趣味の広さ. **2** 〖章〗包括性, 普遍性. **3** 〈C-〉＝Catholicism.

__Ca·thol·i·cize__ /kəθάləsàiz|-θɔ́l-/ 動 他 をカトリック教にする[改宗させる]. —— 自 カトリック教徒になる[改宗する].

__cát hòuse__ 名 C 〖米旧〗売春宿.

__Cath·y__ /kǽθi/ 名 Catherine の愛称.

__cat·i·on__ /kǽtàiən/ 名 C 〖化〗陽イオン, カチオン, (↔anion).

__cat·kin__ /kǽtkin/ 名 C 〖植〗尾状花序, ねこ, 《カワヤナギ, ハシバミなどの房状に垂れ下がる花穂(かすい)》.

__cát·lìke__ 形 猫のような; しなやかな; 忍び足の.

__cát lìtter__ 名 U 猫のトイレ用の'砂'.

__cát·mìnt__ 名 〖英〗＝catnip.

__cát·nàp__ 〖話〗名 C うたた寝. —— 動 (～s|-pp-) 自 うたた寝する.

__cát·nìp__ 名 U 〖米〗イヌハッカ《猫が好む強い芳香のある草本; 北米産》.

__Ca·to__ /kéitou/ 名 **1 Marcus Porcius** ～ [～ **the Elder**] 大カトー(234–149B.C.)《古代ローマの政治家》. **2 Marcus Porcius** ～ [～ **the Younger**] 小カトー(95–46B.C.)《1の曾孫(ひまご); ストア学派の哲学者》.

__cat-o'-nine-tails__ /kæ̀tənáintèilz/ 名 (複 ～) C 九尾の猫むち《結びこぶのある9本のなわを柄に取り付けたむち; 昔罪人などの体罰に用いた》.

__CÁT scàn__ 名 C X線体軸断層写真《CT scan とも言う》.

__CÁT scànner__ 名 C X線体軸断層撮影装置《CT scanner とも言う》.

__càt's crádle__ 名 C あやとり(遊び).

__cát's-èye__ 名 C **1** 〖鉱〗猫目石, キャッツアイ, 《宝石》. **2** 〖英〗《自動車のヘッドライトを反射するように道路にはめこんだレンズ状の夜間反射装置; <商標》.

__Cáts·kill Mòuntains__ /kǽtskil-/ 名 〈the ～; 複数扱い〉キャッツキル山地《New York 州東部の丘陵地帯: **the Cátskills** とも言う》.

__cát's-mèat__ 名 U 〖英〗キャットフード《猫のえさとして調理した馬肉など》.

__cát's-pàw__ 名 C **1** 〖旧話〗手先(として使われる人)《ネコに前足で火中の木の実を拾わせたというサルの物語から》. make a ～ of a person 人を手先に使う. **2** そよ風《水面にさざ波を立てる程度の風》.

__cát·sùit__ 名 ＝jump suit 2.

__cat·sup__ /kétʃəp, kǽtsəp/ 名 〖米〗＝ketchup.

__cát·tàil__ 名 C 〖米〗ガマ《多年草; 〖英〗bulrush》.

__cat·ter·y__ /kǽtəri/ 名 (複 **-ter·ies**) C 猫飼育所.

__cat·tish__ /kǽtiʃ/ 形 ＝catty.

*__cat·tle__ /kǽtl/ 名 〈複数扱い〉**1 牛**, 飼い牛, 《cows, bulls, oxen などの総称》. a herd of ～ 牛の群れ. thirty head of ～ 30頭の牛. **2** 〖軽蔑〗(人について)畜生ども. [<古期北部フランス語(<中世ラテン語 *capitāle*「財産」<ラテン語 *caput* 'head'); 昔は家畜が財産だったので「財産>牛」となった]

__cáttle càke__ 名 U 〖英〗家畜用固形飼料.

__cáttle grìd__ 名 〖英〗＝cattle guard.

__cáttle guàrd__ 名 C 〖米〗家畜の逃亡防止装置《道路に浅い溝を掘り, 上に桟(さん)を渡したもの; 車や人は通れるが牛・羊などは通れない》.

__cáttle·man__ /-mən/ 名 (複 **-men** /-mən/) C 〖米・オース〗牛飼い; 牧牛業者.

__cáttle màrket__ 名 C **1** 家畜市場. **2** 〖話・軽蔑〗'牛市(うしいち)'《美人コンテストなど女性の肉体的魅力を問題にする企画》.

__cáttle trùck__ 名 C 〖英〗家畜輸送トラック[車両].

__cat·tle·ya__ /kǽtliə, kætlíːə/ 名 C 〖植〗カトレア《ランの一種; 熱帯アメリカ原産; <英国の園芸家 W. *Cattley* (–1832)》.

__cat·ty__ /kǽti/ 形 e **1** 猫の; 猫のような. **2** 〔女性が〕ずるくて意地の悪い. **3** はしっこい. ▷ **cat·ti·ly** 副 **cat·ti·ness** 名

__cátty-còrnered__ 形, 副 ＝catercornered.

__CATV__ community antenna television.

__cát·wàlk__ 名 C **1** 高所の狭い通路《橋の上, 船の機関室の中などの》. **2** 客席に突き出た細長い舞台[ステージ]《ファッションショーなどの》.

__Cau·ca·sia__ /kɔːkéiʒə/ 名 カフカス, コーカサス, 《黒海とカスピ海の中間にある一地方》.

‡__Cau·ca·sian__ /kɔːkéiʒ(ə)n/ 形 **1** カフカスの, コーカサスの; コーカサス人の. **2** 白色人種の.
—— 名 C **1** コーカサス人. **2** 白人 (white).

__Cau·ca·soid__ /kɔ́ːkəsɔ̀id, -zɔ̀id/ 形, 名 ＝Caucasian 形 2, 名 2.

__Cau·ca·sus__ /kɔ́ːkəsəs/ 名 〈普通 the ～〉**1** カフカス[コーカサス]山脈 (**the Càucasus Móuntains**). **2** ＝Caucasia.

‡__cau·cus__ /kɔ́ːkəs/ 名 C 〈単数形で複数扱いもある〉**1** 〖米〗(政党の)幹部会《総会に先立ち政策の決定, 候補者の選出など行う》. **2** 〖英〗〖普通, 軽蔑〗(政党の)地方支部幹部会. —— 動 自 〖米〗幹部会を催す. [?<北米先住民語「助言者, 長老」]

__cau·dal__ /kɔ́ːdl/ 形 尾部の; 尾の, 尾に似た. a ～ fin (魚などの)尾びれ. ▷ **～·ly** /-dəli/ 副

__caught__ /kɔːt/ 動 catch の過去形・過去分詞.

__caul__ /kɔːl/ 名 C 〖解剖〗大網膜《出生時に新生児の頭部を覆っていることのある羊膜の一部; 吉兆であり, 水難よ

けになると信じられた》.

‡**caul·dron** /kɔ́ːldrən/ 名 C 〘雅・古〙大釜(おおがま)《普通, 深く取っ手と蓋(ふた)が付いている; caldron ともつうる》. [<ラテン語「湯殿」]

†**cau·li·flow·er** /kɔ́ːləflàuər/ 名 UC カリフラワー, ハナキャベツ. [<イタリア語「花キャベツ」]

cáuliflower chèese 名 U 〘英〙カリフラワーチーズ《チーズソースを添えたカリフラワー料理》.

cáuliflower èar 名 C (ボクサーなどの)型のくずれた「耳(たぶ).

caulk /kɔːk/ 動 他 〔船など〕の隙(すき)間を(まいはだ (oakum) などで)塞(ふさ)ぐ. ★calk ともつうる.

cáulk·ing 名 U コーキング《隙(すき)間を塞(ふさ)ぐこと》; コーキング(材)《まいはだ, タールなど》.

caus·al /kɔ́ːz(ə)l/ 形 **1** 原因の, 原因となる; (ある)原因による; 原因を表す. ～ relation 因果関係. **2** 〘文法〙原因(や理由)を示す. a ～ conjunction 因由接続詞《because, since など》. ▷ **～·ly** 副

cau·sal·i·ty /kɔːzǽləti/ 名 U 〘章〙因果関係; 因果律; 作因. the law of ～ 因果律.

cau·sa·tion /kɔːzéiʃ(ə)n/ 名 U 〘章〙原因(となること); 因果関係.

caus·a·tive /kɔ́ːzətiv/ 形 〘章〙原因となる, 引き起こす, 〈*of* ..の, を〉; 〘文法〙使役の. Oppression is ～ *of* violence. 圧迫は暴力の原因. ── 名 C 〘文法〙使役動詞 (causative verb)《fall (倒れる)に対する fell (倒す)(＝cause to fall) のような動詞; 狭義には make, let, have などを「..させる」の意味に用いた場合に言う》. ▷ **～·ly** 副

‡**cause** /kɔːz/ 名 (複 **cáus·es** /-əz/) 【原因】 **1** UC 原因; 原因になるもの[事, 人]; (↔effect, result; 類語 原因を表す一般的な語; →reason); 〈*of* ..の〉. the root ～ *of* the population problem 人口問題の根本的原因. Your careless driving is the ～ *of* the accident. 君の不注意な運転が事故の原因なのだ. a ～ *of* anxiety 心配の種.

> 連結 the main [the leading, the principal; the underlying; the immediate] ～ // determine [trace; explain, show] the ～

2 U **理由**, わけ; 動機; 〈*to* do ..する/*for* ..の〉. What ～ can you give *for* your actions? 君の行為はどんな理由によるのか. There is [We have] good ～ *to* believe that he is already dead. 彼がすでに死亡していると信ずべき十分な理由がある. There is no ～ *for* complaint. 不平を言う理由はない.

【理由の主張】 **3** C **主張**; **主義**; (主義, 主張のための)**運動**; 〈*of* ..のための〉. promote the ～ of world peace 世界平和運動を促進する. work for good ～ of humanity 何か人道的な大義のために働く. work in [for] the ～ of helping the poor 貧困者救済のために奉仕する.

> 連結 a worthy [a deserving, a just, a noble; a hopeless, a lost] ～ // aid [further, help; back, support, uphold] a ～

4 C 〘法〙訴訟事実, 訴訟事由, 訴訟. The farmers brought their ～ before the court. 農民たちは事件を法廷に持ち出した. The lawyer pleaded his client's ～. 弁護士は依頼人の訴訟事由を申し立てた.

gìve (*a person*) ***cáuse for ..*** (人にとって)〔心配, 怒りなど〕の原因となる, をもたらす.

màke còmmon cáuse with .. (主義, 運動のために)..と協力[提携]する. 「をさす》.

the Fìrst Cáuse 第1原因《万物の根源としての神」

with [***without***] ***gòod cáuse*** 正当な理由をもって[なしに].

── 動 (**cáus·es** /-əz/|過 過分 **～d** /-d/|**cáus·ing**) 他

1 〔普通, よくない事〕の**原因になる**, **を引き起こす**. ～ a disturbance 騒ぎを起こす. Drunken driving can ～ traffic accidents. 酔っ払い運転は時に交通事故のもとになる.

2 VOO (～ X Y)・VOA (～ Y *to* [*for*] (X)) XにY(普通, よくない事)をもたらす, 引き起こす. ～ a person a lot of trouble [inconvenience, worry] 人に多大な面倒[不便, 心配]をかける. The typhoon ～*d* the town a lot of damage [a lot of damage *to* the town]. 台風は町に大きな損害を与えた. We were ～*d* a great deal of grief by his death. 彼の死で我々は大きな悲しみを感じた.

3 VOC (～ X *to do*) X(人・物)に**..させる**. Anger ～*d* her *to* rise and leave the room. 怒って彼女は立ち上がり部屋を出て行った. [<ラテン語 *causa*「原因, 理由」]

'cause /kɔːz|kɔz/ 接 〘話〙＝because.

cause célèb·re /kòuz-seiléibr(ə)/ 名 (複 **causes célèbres** /同/) C **1** (一般大衆の興味をかきたてる)有名な裁判. **2** 悪名の高いエピソード. [フランス語 'celebrated case']

cáuse·less 形 理由[原因]のない. ▷ **～·ly** 副

cau·se·rie /kòuzəríː|kóuz(ə)ri/ 名 C 談話, 雑談; (文芸)随想. [フランス語]

cáuse·wày 名 (複 **～s**) C **1** 土手道《低湿地や浅瀬を横切る橋のような通路を指すことが多い》, (車道より一段高い)歩道. **2** (敷石舗製などした昔の)主要道路, 本道. ── 動 他 **1** を敷石で舗装する. **2** に土手道を作る. [<〘古〙*causey*「石灰で舗装した道」＋way]

‡**caus·tic** /kɔ́ːstik/ 形 **1** 腐食性の, 苛性(かせい)の. **2** 皮肉な, 痛烈な. ～ remarks 辛辣(らつ)な批評. ── 名 UC 腐食剤. [<ギリシア語「燃えている」]

cáus·ti·cal·ly /-k(ə)li/ 副 痛烈に, 皮肉に.

càustic sóda 名 U 苛性ソーダ.

càu·ter·i·zá·tion 名 U 〘医〙焼灼(しょうしゃく).

cau·ter·ize /kɔ́ːtəràiz/ 動 他 〘医〙(治療の目的で)〔傷口など〕を焼灼(しょうしゃく)する《薬品, 電気などを用いて止血・消毒する》.

‡**cau·tion** /kɔ́ːʃ(ə)n/ 名 (複 **～s** /-z/) **1** U **用心**, **慎重さ**, **注意**(すること). Let's take [exercise] every ～ *against* errors. 間違いをしないようによくよく注意しよう. with ～ 用心して, 警戒して. **2** UC (警察官などの)**警告**, 戒告, 注意. give a ～ to a person 人に注意を与える. He disregarded my ～. 彼は私の警告を無視した. dismiss the offender with a ～ 戒告を与えて違反者を放免する. a ～ light 注意信号. **3** 〘旧話〙〈a ～〉風変わりなもの[人], たまげさせるもの[人]. ◇形 cautious

thròw [***flìng***] ***cáution to the wínds*** →wind[1].

── 動 (**～s** /-z/|過 過分 **～ed** /-d/|**～·ing**) 他 **1** (**a**) に**用心させる**, **警告する**, 〈*against, about, for* ..を〉. He ～*ed* me *against* walking alone in this part of the city. 彼は市のこの辺でひとり歩きしないようにと警告してくれた. (**b**) VOO (～ X ***that*** 節/"引用") X(人)に..と/「..」と言って警告する. I must ～ you *that* smoking is not allowed here. ここは禁煙だということをあなたに注意しておきます.

2 (**a**) 〘英〙〔特に, 警官が〕〔人〕に警告を与え(て放免す)る, 説諭する. be ～*ed for* speeding スピード違反で警告を受ける. (**b**) VOO (～ X *to do*) X(人)に**..するように警告する**. I have to ～ you not *to* do that. そんな事しないようにとご注意しなくてはなりません. **3** 〔逮捕された人〕に話した事が裁判で証拠に使用されうることを伝える〈普通, 受け身で〉. [<ラテン語「用心」(<*cavēre*「警戒する」)]

†**cau·tion·a·ry** /kɔ́ːʃənèri|-n(ə)ri/ 形 警告(的)の, いましめの. a ～ tale 教訓となる話.

‡**cau·tious** /kɔ́ːʃəs/ 形 m **1** 〔人が〕**用心深い**, **慎重な**, 〈*of* [*about*] (*doing*) ..(すること)に/*with* ..に〉(類語 潜在的な危険や失敗を恐れる気持ちが強い; →careful).

He is ～ *of* driv*ing* fast when the road is slippery. ＝He is ～ not *to* drive fast when the road is slippery. 彼は道路がすべる時は用心して車のスピードを出さない. Be ～ *with* the campfire. キャンプファイアー(の取り扱い)は慎重にしなさい.
2〔行動などが〕用心しながらの, 慎重な; おずおずした. a ～ estimate 慎重な[内輪の]見積もり. ～ optimism (過剰な期待をしない)慎重な楽観.

C

†**cáu·tious·ly** 副 用心深く, 慎重に; おずおずと. The police moved ～ forward. 警官たちは用心深く前進した.
cáu·tious·ness 名 U 用心深さ.
cav. cavalier; cavalry.
cav·al·cade /kǽvəlkèid, ˌ-ˈ-/ 名 C 騎馬[馬車, 自動車]行進; 行列, パレード. [＜イタリア語「騎馬行進」]
cav·a·lier /kæ̀vəlíər/ 名 C **1**〖古〗騎馬の武士, 騎士, (knight). **2**〖英史〗〈C-〉王党員 (Royalist) 《17世紀 Charles I 世時代の; →Roundhead》. **3** 女性にいんぎんな紳士; ナイト気取りの伊達(だて)男.
── /㊥/ 形 **1** 騎士気取りの; 偉ぶった, 横柄な. ～ treatment 人を見下した仕打ち; ぞんざいな態度. **2** 無造作な, 屈託のない, (女性に対して)打ち解けた.
[＜イタリア語「騎士」; chevalier と同源]
▷ **～·ly** 副 なれなれしく; ぞんざいに; 横柄に.
‡**cav·al·ry** /kǽvəlri/ 名 U 〈単複両扱い〉騎兵隊; 機甲部隊; (→infantry). a troop of 500 ～ 500 騎から成る騎兵の一隊. [＜イタリア語「騎兵隊」(＜ラテン語「馬」)]
cávalry·man /-mən/ 名 (複 **-men** /-mən/) C (特に, 昔の)騎兵(隊員).
cav·a·ti·na /kæ̀vətíːnə/ 名 C 〖楽〗カヴァティーナ《**1** オペラ中の短いアリア. **2** 短い叙情的な器楽曲》.
‡**cave** /keiv/ 名 (複 **～s** /-z/) C **1** ほら穴, 横穴; 洞窟(どうくつ). **2** (ワインなどの)地下貯蔵庫[室]; そこに貯蔵されたもの.
── 動 他 に(横)穴を掘る; をくりぬく. ── 自 **1** 落ち込む, 陥没する. **2** 〈しばしば go caving で〉(スポーツとして)ほら穴探検をする.
****càve ín*** (1)〔地面などが〕**落ち込む, 陥没する**;〔建物が〕崩壊する;〔壁, 帽子, 箱などが〕へこむ. The hole ～*d in* with three men in there. 穴は3人の人間が入ったまま陥没した. (2)〖話〗降参する, 'かぶとを脱ぐ', 屈服する, 〈*to* ..に〉. The besieged refused to ～ *in to* the besiegers. 籠城(ろうじょう)軍は包囲軍に降服することを拒んだ. ～ *in to* the big names 偉い人たちの言うなりになる.
càve /../ ín 〔壁, 帽子, 箱など〕をへこます; ..を陥没させる. Who has ～*d* my hat *in*? だれが私の帽子をへこましたのか. [＜ラテン語 *cava*「くぼみ, 穴」]
ca·ve·at /kéiviæ̀t/ 名 C **1**〖法〗(訴訟などの)手続き停止要請(書). **2**〖章〗但し書き, 留保条件, 〈*that* 節..という〉. [ラテン語 'let a person beware']
càveat émp·tor /-émptɔːr/ 名 U 〖商〗買い手の危険負担. [ラテン語 'let the buyer beware']
cáve dwèller 名 C **1** ＝caveman 1. **2**〖話〗(都市の)アパート居住者.
cáve-ìn 名 C **1** (地面などの)陥没, 落盤(箇所); (建物などの)崩壊. The miners were caught in a ～. 坑夫たちは落盤事故にあった. **2**〖話〗降参, 降伏.
†**cáve·màn** /-mæ̀n/ 名 (複 **-men** /-mèn/) C **1** (有史以前の)穴居人. **2**〖話〗(特に, 女性に)粗野な男.
cáv·er 名 〖英〗＝spelunker.
†**cav·ern** /kǽvərn/ 名 C **1**〖雅〗(地下の大きな)ほら穴, 洞窟(どうくつ). **2** 大きながらんどうの部屋. [＜ラテン語 *caverna*「洞穴」]
cav·ern·ous /kǽvərnəs/ 形 **1** ほら穴のような; ほら穴[空洞]のある[多い]. a ～ room (ほら穴のように)がらんとした部屋. **2** くぼんだ〔目など〕. ▷ **～·ly** 副
†**cav·i·ar(e)** /kǽviɑ̀ːr/ 名 U キャヴィア《チョウザメの腹子の塩漬け; 珍味とされる》. ***càviar to the géneral*** 〖雅・戯〗高尚すぎて一般人には値打ちの分からないもの.
cav·il /kǽv(ə)l/〖章〗動 (**～s**|〖英〗**-ll-**) 自 難癖をつける; あら探しをする, けちをつける; 〈*at, about* ..に, の〉. ～ *at* trifles [others' faults] ちょっとしたこと[他人の欠点]にけちをつける. ── 名 C あら探し, 難癖. ▷ **～·er** 名
cav·i·ta·tion /kæ̀vətéiʃ(ə)n/ 名 U 〖現〗空洞現象《流体の圧力の低い所にできる空間》; 〖医〗(疾病による組織器官の)空洞化.
‡**cav·i·ty** /kǽvəti/ 名 (複 **-ties**) C **1**〖章〗空洞, うつろ. **2**〖解剖〗腔(こう); 虫歯(の穴). the oral ～ 口腔(こう).
cávity wàll 名 C 中空壁《断熱・防音用の二重壁》.
ca·vort /kəvɔ́ːrt/ 動 自 **1**〔動物が〕はね回る (prance). **2**〖話〗〔人が〕はしゃぎ回る; (性的に)たわむれる; 〈*about, around*〉.
ca·vy /kéivi/ 名 (複 **-vies**) C 〖動〗(南米産の)テンジクネズミ.
caw /kɔː/ 動 自 〔カラスが〕かーかーと鳴く. ── 名 C かーかーという鳴き声. [擬音語]
Cax·ton /kǽkstən/ 名 **William ～** カクストン (1422?-91)《英国最初の印刷家》.
cay /kei, kiː/ 名 (複 **～s**) C (特にカリブ海の)砂州, さんご礁, (key[2]).
cay·ènne (pépper) /keièn-, kaièn-|keièn-/ 名 U カイエンペパー《トウガラシの実の粉末》.
cay·man /kéimən/ 名 (複 **～s**) ＝caiman.
CB[1] /sìːbíː ㊥/ 名 〖通信〗＝citizens' band.
CB[2] 〖英〗Companion of the Bath.
Cb〖化〗columbium;〖気象〗cumulonimbus.
CBC Canadian Broadcasting Corporation (カナダ放送協会).
CBD, cbd cash before delivery (着荷前現金払い).
CBE〖英〗Commander of the Order of the British Empire (大英帝国勲爵士)《国家に貢献のあった人に与えられる; →DBE》.
CBI 〖英〗Confederation of British Industry (英国経済団体連合会).
CBS Columbia Broadcasting System《米国3大放送会社の1つ; →NBC》.
CC City Council; County Council(lor); Cricket Club.
cc carbon copy [copies]; centuries; chapters; cubic centimeter(s).
C clèf 名 C 〖楽〗ハ音記号《中音部記号; 𝄡; → tenor clef, alto clef, soprano clef》.
CCTV closed circuit television.
‡**CD**[1] /sìːdíː/ 名 C シーディー, コンパクトディスク (compact disc).
CD[2] certificate of deposit.
Cd〖化〗cadmium.
cd〖光学〗candela.
Cdn Canadian.
CD pláyer 名 C シーディー[コンパクトディスク]プレーヤー.
CDR, Cdr commander.
Cdre Commodore.
CD-ROM /sìːdiːrɑ́m|-rɔ́m/ 名 C 〖電算〗シーディーロム《多量の情報が入っている compact disc; floppy disk とは異なり情報の書込みはできない; ＜*c*ompact *d*isc *r*ead-*o*nly *m*emory》.
CDT 〖米・カナダ〗Central Daylight Time (夏期中央標準時).
CDV CD-video.
CD-víd·e·o 名 (複 **～s**) C コンパクトディスク・ビデオ.
CE Chief Engineer; Church of England; Civil Engineer; Common Era.
Ce〖化〗cerium.
‡**cease** /siːs/ 動 (**céas·es** /-əz/|過 過分 **～d** /-t/|**céas·ing**) 自〖章〗**やむ, 終わる**; **やめる**, よす, 〈〖旧〗*from* ..を〉; (類語 しばらく持続していたものが終わるという意味で, 車など単に動いているものが止まる意味には用いない; →stop). The bombing ～*d*. 爆撃はやんだ. The child did not ～ (*from*) crying. 子供は泣きやまなかった (★今は *from* はないのが普通; →他). without *ceasing* ぶっ

つうけに，間断なく，(→名).
── 他 〚章〛をやめる，中止する；V0 (～ *doing*/*to do*) ..するのをやめる/しなくなる．～ fire 撃つのをやめる，停戦する．She never ～s regret*ting*. 彼女はいつまでも後悔している．～ *to* exist 消滅する．◇名 cessation
── 名〈次の用法のみ〉***without céase***〚章〛絶えることなく(without ceasing).
[＜ラテン語「ためらう，ぐずぐずする」]
†**céase-fìre** 名 C 停戦[射撃中止]の合図[命令]；停戦(期間).
†**céase·less** 形〚章〛絶え間ない，とめどない，不断の．▷～·ly 副 絶えず，とめどなく，不断に．
Ce·cil /síːs(ə)l, sés-|sés-, sís-/ 名 男子の名.
Cec·ile, Ce·cil·ia, Cec·i·ly /sés(ə)l/ /səsí(ː)ljə|-sílјə/, /sísəli, sés-/ 名 女子の名.
ce·cum /síːkəm/ 名 (複 **ce·ca** /-kə/) C〚米〛〚解剖〛盲腸.
†**ce·dar** /síːdər/ 名 C ヒマラヤスギ(属の樹木)；U ヒマラヤスギ材 (**cédarwòod**)《虫に食われない》.
‡**cede** /siːd/ 動 他〚章〛(敗戦などのため)〔領土，権利など〕を譲渡する〈*to* ..に〉．The territory was ～*d to* France. その領土はフランスに割譲された．◇名 cession
ce·dil·la /sidílə/ 名 C セディラ，セディーユ，《フランス語などで，a, o, u の前で c が /s/ の音で発音されることを示す符号；例：façade, François の ¸》．[スペイン語「小さい z」]
Ce·dric /síːdrik, séd-/ 名 男子の名.
Cee·fax /síːfæks/ 名〚英〛〚商標〛シーファックス《BBC の文字多重放送；＜*see*ing＋*fac*simile》.
cei·lidh /kéili/ 名 C (スコットランド・アイルランドの)歌と踊りと物語りの夕べ．[＜古期アイルランド語「訪問」]
*__ceil·ing__ /síːliŋ/ 名 (複 ～s /-z/) C **1** (部屋の)**天井**，天井張り．I looked up and saw a fly on the ～. 見上げたら天井にハエが 1 匹とまっていた.
2 (飛行機などの)上昇限度．an aircraft with a ～ of 20,000 ft. 上昇限度 2 万フィートの飛行機． **3** 雲高《地表から雲の底までの視界高度》． **4** (価格，賃金などの)最高限度，'天井'；(物事の)限界；(limit)．a ～ price (認められた)最高価格．set price ～s *on* retail meat 小売りの肉に最高限度価格を設ける.
hit the céiling〚話〛(我慢できず)かんかんに怒りだす.
[〚古〛*ceil*「天井を張る」，-ing]
cel·an·dine /séləndàin/ 名 C〚植〛**1** クサノオウ《ケシ科の多年草；野草で黄色い花をつける》． **2** キンポウゲの一種.
ce·leb /səléb/ 名〚話〛＝celebrity 2.
Cel·e·bes /séləbìːz|selíːbiz/ 名 セレベス島《インドネシア東部の島；Sulawesi 島の英語名》.
cel·e·brant /séləbrənt/ 名 C **1** (ミサ又は聖餐(せいさん)式の)執行司教[司祭]． **2** 祝賀者 (celebrator).
‡**cel·e·brate** /séləbrèit/ 動 (～s /-ts/|過 過分 **-brat·ed** /-əd/|**-brat·ing**) 他 **1** (式など挙げて)〔特別な日，事柄など〕を**祝う**，**祝賀する**，(★人を目的語にとらない；→congratulate)．Independence Day is ～*d* on July 4th. (米国の)独立記念日は 7 月 4 日に祝われる． **2**〔儀式，祭典〕を執り行う；〔記念日など〕を迎える．～ marriage [mass] 結婚式を挙げる[ミサを執り行う]．They ～*d* their 30th anniversary this year. 彼らは今年 30 回目の結婚記念日を迎えた． **3**〚章〛に栄誉を与える，を賛美する；を(ほめて)世に知らせる．a hero ～*d* in songs 歌に称(たた)えられる英雄．In his movies he ～*d* the Wild West. 彼は自分の映画で昔のアメリカ西部を賛美した.
── 自 **1** (祝典などを行って)祝う． **2** 浮かれ騒ぐ.
[＜ラテン語「大勢で行く，祝賀する」]
*__cel·e·brat·ed__ /séləbrèitəd/ 形 m **有名な**，著名な，〈*for* ..で/*as* ..として〉(類語 賞などによる社会的評価，またしばしばマスコミなどで話題になることを暗示する；→famous)．He is ～ *as* a scholar. 彼は学者として著名である．a place ～ *for* its scenery 景色で有名な土地.
‡**cel·e·bra·tion** /sèləbréiʃ(ə)n/ 名 (複 ～s /-z/) **1** U **祝賀**，祝うこと；(祝賀式の)挙行． **2** C **祝賀会**，祝典．hold [have] a golden wedding ～ 金婚式の祝賀会を催す． **3** U〚章〛称賛，称揚.
in celebrátion of .. ..を祝って．*in* ～ *of* the victory 勝利を記念して[祝って].
cel·e·bra·tor /séləbrèitər/ 名 ＝celebrant.
cel·e·bra·to·ry /séləbrətɔ̀ːri|sèləbréit(ə)ri ⓐ/ 形 祝賀の，お祝いの.
†**ce·leb·ri·ty** /səlébrəti/ 名 (複 **-ties**) **1** U 名声，令名．gain [seek] ～ 名声を博す[求める]． **2** C 名士，有名人．a national ～ 国家的名士.
ce·ler·i·ac /sәlériæk/ 名 U〚植〛根用(ねよう)セロリ.
ce·ler·i·ty /səlérəti/ 名 U〚章〛すばやさ，迅速さ.
†**cel·e·ry** /séləri/ 名 U〚植〛セロリ．dig up a head of ～ セロリをひと株掘り出す．eat a stick [stalk] of ～ セロリの茎を 1 本食べる．[＜ギリシア語「パセリ」]
ce·les·ta /səléstə/ 名 C チェレスタ《鐘のような音を出す小型の鍵(けん)盤楽器》．[＜フランス語「天上の」]
‡**ce·les·tial** /səléstʃəl|-tjəl/ 形 **1**〈限定〉〚章〛天の，天空の，(→terrestrial)．a ～ body 天体． **2**〚雅〛天国の(ような)；この世のものとは思われない(ほどの)；神々(こうごう)しい(ほど美しい，善良など)．～ bliss 無上の幸福，至福.
── 名 C 天人．[＜ラテン語「天 (*caelum*) の，神の」]
Celèstial Émpire 名〈the ～〉(歴代の)中国王朝，天朝.
celèstial equátor 名〈the ～〉〚天〛天の赤道《天球の両極間を 2 等分する大円》.
celèstial glóbe 名 C 天球儀《星座の位置を示す》.
celèstial navigátion 名 U 天文航法《天体観測によって自己の位置を確認しながら航海[航空]する方法》.
celèstial póle 名〈the ～〉〚天〛天球の極《地球自転軸の延長線が天球と交わる点》.
celèstial sphére 名〈the ～〉〚天〛天球．▷～·**ly** 副
cel·i·ba·cy /séləbəsi/ 名 U 独身(生活)《特に宗教上の理由による》；(長期間の性的)禁欲．take a vow of ～ 独身の誓いを立てる.
cel·i·bate /séləbət/ 名 C 独身(主義)者；禁欲者，《特に宗教上の理由による》．── 形 独身(主義)の；性交渉をしない．stay ～ 独身でいる；禁欲をしている.
*__cell__ /sel/ 名 (複 ～s /-z/) C【小部屋】**1** (修道院の)個室；(刑務所の)**独房，監房**． **2** (ハチの巣の個々の)穴.
【組織の単位】 **3** 電池《これの集合が battery》． **4**〚生物〛**細胞**．～ division 細胞分裂．a ～ membrane [wall] 細胞膜[壁]． **5** (革命運動組織などの)'細胞'，支部．[＜ラテン語「小室」(＜「隠す」)]
*__cel·lar__ /sélər/ 名 (複 ～s /-z/) C **1 地下倉，地下貯蔵[収納]室**，穴倉，《ワイン，食糧，燃料などを貯蔵する；しばしば半地下で台所などを含み居住部分の一部と見なされる basement と異なり，cellar は完全に地下の物置》；＝wine cellar． **2** (ある人が蓄えている)ワインのストック．keep a good ～ よいワインのストックを持っている． **3**〈the ～〉〚スポーツ〛〚米話〛(リーグ戦などで)最下位.
── 動 他 を地下倉に貯蔵する．[＜ラテン語「食料貯蔵室」]
cel·lar·age /sélәridʒ/ 名 aU **1** 地下貯蔵室の広さ[総面積]． **2** 地下室⌊使用料[保管料].
cel·list /tʃélist/ 名 C チェロ奏者.
céll·màte 名 C (刑務所の)監房仲間[友達].
†**cel·lo** /tʃélou/ 名 (複 ～s) C〚楽〛チェロ.
[＜violon*cello*]
cel·lo·phane /séləfèin/ 名 U セロファン《＜商標》.
céll·phòne 名 ＝cellular phone.
‡**cel·lu·lar** /séljələr/ 形 **1** 細胞(状)の；細胞から成る.

at the ～ level 細胞レベルで. **2** (生地の)織り目の粗い. a ～ blanket [shirt] 生地の粗い毛布[シャツ]. **3** 多孔質の (porous). **4** ゾーン方式の〔電話など〕.

cèllular phóne 名 C ゾーン方式電話, セルラーホン, 《自動車[携帯]電話などに利用》.

cel·lule /sélju:l/ 名 C 〖生物〗小細胞.

C

†**cel·lu·lite** /séljəlàit/ 名 U セリュライト《特に女性の太股(もも)の皮下脂肪など》.

cel·lu·loid /séljəlɔ̀id/ 名 U **1** セルロイド《以前写真フィルムの材料にも用いられた; <商標》. **2** 〖旧章〗映画. ***on célluloid*** 映画になって.

cel·lu·lose /séljəlòus/ 名 U 〖化〗 **1** セルロース, 繊維素. **2** ＝cellulose acetate.

cèllulose ácetate 名 U 〖化〗アセチルセルロース, 酢酸繊維素, 《写真フィルム, 爆薬などの生産に用いる》.

cèllulose nítrate 名 U 〖化〗ニトロセルロース, 硝酸繊維素, 《爆薬生産に用いる》.

†**Cel·si·us** /sélsiəs/ 形, 名 摂氏(の) (centigrade). [<摂氏寒暖計を創案したスウェーデンの天文学者 Anders *Celsius* (1701-44)]

Celt /kelt, selt/ 名 C ケルト人; 〈the ～s〉ケルト族《ブリテン島の先住民族; 今は Ireland, Wales, Scotland 高地地方などに住む》.

Celt. Celtic.

†**Celt·ic** /kéltik, sél-/ 形 ケルト人[語]の; ケルト的な. ── 名 U ケルト語派《インドヨーロッパ語族の一派; Gaelic, Welsh, Irish を含む; 略 Celt., C》.

Céltic cròss 名 C ケルト十字架 (→cross 図).

cem·ba·lo /tʃémbəlòu/ 名 (複 **cem·ba·li** /-lì:/, **～s**) C 〖楽〗チェンバロ (harpsichord). [<イタリア語; cymbal と同源]

‡**ce·ment** /səmént/ 名 U **1** セメント; 接着剤. **2** (虫歯に詰める)セメント. **3** 接合する[固める]もの, (友情, 団結などの)きずな. ── 動 他 **1** にセメントを塗る; をセメントで接合する[固める]. ～ bricks together れんがをセメントでくっつける. **2** を強く結びつける; を強固にする, 固める. ～ a friendship 友情を強固にする. [<ラテン語「粗石」(<*caedere*「切る」)]

cemént mìxer 名 C コンクリートミキサー.

ce·men·tum /səméntəm/ 名 U 歯のセメント質《普通, 歯茎に入り込んだ部分》.

*__cem·e·ter·y__ /sémətèri|-tri/ 名 (複 **-ter·ies** /-z/) C (共同)墓地 (類語 教会に属さないもの; →graveyard). [<ギリシア語「眠る場所」]

cen. central.

cen·o·bite /sénəbàit|sí:-/ 名 C (修道院に住む)修道士 (→anchorite).

cen·o·taph /sénətæ̀f|-tà:f/ 名 C (墓地とは別に建てた)死没者記念碑; 〖英〗〈the C-〉(両)大戦戦没者記念碑《ロンドンの Whitehall にある》. [<ギリシア語「空(から)の墓」]

Ce·no·zo·ic /sì:nəzóuik, sèn- 米/ 〖地〗形 新生代の. ── 名 〈the ～〉新生代 (the Cenozoic era)《7 千万年前に始まり現代に至る》.

cen·ser /sénsər/ 名 C 香炉, 〈特に〉提げ香炉《特に教会の儀式で鎖で吊(つ)った香炉を振り動かす》.

†**cen·sor** /sénsər/ 名 **1** C 検閲官《出版物, 演劇, 映画, 放送などの》. **2** C (古代ローマの)監察官《市民名簿を作成し風紀を取り締まった》. **3** U 〖精神分析〗検閲《ある種の潜在する記憶や想念を抑圧して意識にのぼらせないようにする心的作用》. **4** 〈一般に〉風紀係; (特に道徳面で人の行動に目を光らす)うるさ方. ── 動 他 を検閲する; を検閲して削除[禁止, 変更]する. [ラテン語「監察官」]

cen·so·ri·al /sènsɔ́:riəl/ 形 検閲(官)の.

cen·so·ri·ous /sensɔ́:riəs/ 形 〖章〗難癖をつける, あら探しをする; 批評の辛辣(らつ)な. be ～ *of* one's colleagues 同僚に対して口うるさい. ▷ **～·ly** 副 **～·ness** 名

†**cen·sor·ship** /sénsərʃìp/ 名 U **1** 検閲(制度); 検閲官の職務. **2** ＝censor 3.

cen·sur·a·ble /sénʃ(ə)rəb(ə)l/ 形 とがめを受けるべき, 非難されるべき.

†**cen·sure** /sénʃər/ 〖章〗動 他 をとがめる, 非難する; を酷評する; 〈*for* ..の点で〉. He was ～*d for* his conduct. 彼はその行為を非難された. ── 名 UC 非難, とがめだて; 不信任; 戒告; 酷評. public ～ 世間の非難. pass a vote of ～ *on* Mr. A A 氏に対して不信任決議を通過させる. [<ラテン語「検閲」]

*__cen·sus__ /sénsəs/ 名 (複 **～·es** /-əz/) C **1** 国勢調査, 人口調査. take [carry out] a ～ of the population 人口調査をする. **2** (行政の計画のための)集計[調査]. a traffic ～ 交通(量)調査. [ラテン語「財産評価」]

‡**cent** /sent/ 名 (複 **～s** /-ts/) **1** C セント《米国, オーストラリア, ニュージーランド, カナダ, 香港, シンガポールなどの補助通貨単位; 1 ドルの 100 分の 1; 略 C; 記号¢》. 15¢＝fifteen ～*s* 15 セント. **2** C 1 セント銅貨. **3** U (単位としての) 100 (→percent).

not càre a (rèd) cént びた一文[全く]構わない. I do*n't care a* (*red*) ～ what they do. 彼らが何をしようと構うものか.

pùt ín one's twò cénts (wòrth)＝***pùt one's twò cénts in*** →two cents.

[<ラテン語 *centum*「百」]

cent. centigrade; central; century.

cen·taur /séntɔ:r/ 名 **1** C 〖ギ神話〗ケンタウロス《上半身は人体で, 馬の胴と脚を持つ怪物》. **2** 〈the C-〉＝Centaurus.

Cen·tau·rus /sentɔ́:rəs/ 名 〖天〗ケンタウロス座.

cen·ta·vo /sentá:vou/ 名 (複 **～s**) C センターヴォ《ポルトガル, フィリピン, メキシコ, 中南米の一部などでの補助通貨(単位); 基本単位の 100 分の 1》.

cen·te·nar·i·an /sèntəné(ə)riən/ 形, 名 C 100 歳(以上)の(人).

†**cen·te·nar·y** /séntənèri, senténəri|sentí:nəri/ 形, 名 (複 **-nar·ies**) 〖主に英〗＝centennial.

†**cen·ten·ni·al** /senténiəl/ 〖主に米〗形 **1** 100 年(間)の; 100 年に 1 度の. **2** 100 年祭の. ── 名 C 100 周年記念日, 100 年祭. [<ラテン語 *cent(um)*「百」＋bi*ennial*] ▷ **～·ly** 副 100 年ごとに.

‡**cen·ter** 〖米〗, **-tre** 〖英〗 /séntər/ 名 (複 **～s** /-z/) C

【中心】 **1** C 〈普通 the ～〉(**a**) (両端, 周辺に対して) **中心**(点); (類語 middle より厳密に幾何学的中心を意味し, 時間には用いない); 〖物理〗(力などの)中心. the ～ of a circle 円の中心. the ～ of a target 標的の中心. the ～ of attraction [curvature, mass] 引力[曲率, 質量]の中心. →center of gravity. (**b**) **中央**(部). live in the ～ of a town 町中に住む. right in the ～ of the room ちょうど部屋の真ん中に. **2** 〈the ～〉(人気, 興味などの)中心, まと; (事件, 活動などの)中心となる人[事], 中核. The actress was the ～ of attention at the party. その女優がパーティーでの注目の的だった. be at the ～ of a dispute 紛争の中心人物[中心となる問題点]である.

【中軸】 **3** (回転の)軸; 心棒. **4** (果物などの)芯(しん) (core). **5** 〖生理〗中枢. the respiratory ～ 呼吸中枢.

6 【活動の中枢】 (**a**) (産業などの)**中心地**, (物資の)集散地; 〖英〗(市や町の)中心街, 繁華街, (〖米〗 downtown). a ～ of population 人口密集地区. a ～ of excellence (活動の)重点地区. a ～ for commerce 商業の中心地. a literary ～ 文芸の中心地. (**b**) (社会活動の)中心(施設), **センター**. a foreign trade ～ 外国貿易センター. a shopping ～ ショッピングセンター.

【中央, 中間】 **7** 〖スポーツ〗センター, 中堅手.

8 〖軍〗中央部隊《左右両翼部隊 (wings) の間の》.

9 〈the C-; 単複両扱い〉〘政〙中道派, 穏健派, 《the Left と the Right に対して》. **10** 〈形容詞的〉中心の, 中央の; 中道派の. ～ court (英国 Wimbledon テニス競技場などの)中央コート (★多くの場合 C- C-). (the) ～ stage〘劇〙舞台中央; 注視の的. a ～ party 中道政党.

── 動 (～s /-z/ | 過 過分〘米〙～ed /-d/, 〘英〙～d /-d/ | 〘米〙～·ing /-t(ə)riŋ/, 〘英〙-tring /-t(ə)riŋ/) 他

1 (a) を中心[中央]に置く[もってくる], 中心に集める, 〈*on, in* ..に〉. *Center* the vase on the table. その花瓶をテーブルの中央に置きなさい. ～ the headline 見出しを(行の幅の)中央に置く. (b) VOA を集中させる 〈*on, upon, around* .. に〉. ～ one's hopes *on* one's daughter もっぱら娘を頼りにする. Public sympathy was *～ed on* the victim. 世間の同情は被害者に集まった.

2〘スポーツ〙〔ボール〕を中央[センター]にける[打つなど].

3〔レンズ〕の焦点を合わせる (focus) 〈*on* ..に〉.

── 自 VA 集中する, 集まる, 〈*on, upon, in, at, around* ..に〉. The discussion *～ed around* the coming election. 討議は今度の選挙のことが中心だった. The interest of the audience *～s in* this climactic scene. 観客の興味はこのクライマックスの場面に集中する.

[＜ギリシア語「(円を描く時にコンパスを刺す)中心点」(＜「突く, 刺す」)]

cénter bìt 名 C 回し錐(きり).

cénter·bòard 名 C (主に帆船の)垂下竜骨, センターボード, 《船の横流れを防ぐため竜骨から垂下させる縦板》.

cén·tered 形 **1** 中央にある; 中心を持つ. **2** 〈複合要素〉..中心の. child-～ 子供中心の.

cènter fíeld [fíelder] 名 C 〘野球〙中堅[中堅手], センター.

cénter·fòld 名 C **1** (新聞・雑誌などの)中央見開きページ(の全面写真). **2** (1 の写真の, 普通ヌードの)モデル.

cènter fórward 名 C 〘サッカー〙センターフォワード (striker) (→soccer).

cènter hálf 名 C (サッカーなどの)中衛, センターハーフ.

cènter of grávity 名 C 〘物理〙重心; 最重要物[人物].

cénter·pièce 名 **1** C (食卓, 天井などの)中央飾り《生け花, レース, 工芸品など》.
2 〈the ～〉最も重要なもの, 眼目, 〈*of* ..の中で〉.

cénter sprèad 名 ＝centerfold.

cen·tes·i·mal /sentésəm(ə)l/ 形 100 分法の, 100 進法の; 100 分の 1 の.

cen·tes·i·mo /1 は tʃentézəmòu, 2 は sentés-/ 名 (複 ～s, cen·tes·i·mi /-mìː/) C **1** チェンテジモ(貨)《イタリアの補助通貨単位; lira の 100 分の 1》. **2** センテシモ(貨)《パナマ, ウルグアイなどの補助通貨単位》.

centi- /sénti/ 〈複合要素〉「100, 100 分の 1」の意味. *centi*meter. *centi*liter. [ラテン語 *centum* 'hundred']

‡**cen·ti·grade** /séntəgrèid/ 形 C 100 分度の; 〈時に C-〉摂氏の《略 C, c; →*Celsius, Fahrenheit*》. 参考 (−)15°C (摂氏(零下)15 度)は (minus) fifteen degrees centigrade と読む. ── 名 C **1** 100 (分)度目盛り. **2** 摂氏温度計 (**céntigrade thermòmeter**).

cen·ti·gram, -gramme〘英〙/séntəgræ̀m/ 名 C センチグラム《1 グラムの 100 分の 1; 略 cg》.

cen·ti·li·ter〘米〙, **-tre**〘英〙/séntəlìːtər/ 名 C センチリットル《1 リットルの 100 分の 1; 略 cl》.

cen·time /sάːntiːm | sɔ́n-/ 名 C サンチーム《フランス, スイスなどの補助通貨単位; フランス, スイスでは franc の 100 分の 1》; 1 サンチーム硬貨. [フランス語「百分の一」]

‡**cen·ti·me·ter**〘米〙, **-tre**〘英〙/séntəmìːtər/ 名 (複 ～s /-z/) C センチメートル《略 cm》.

cèntimeter-gràm(me)-sécond sỳstem 名 〈the ～〉cgs 単位制《学術・技術上は SI units に変わった》.

cen·ti·mo /séntəmòu/ 名 (複 ～s) C センチモ(貨)《スペインなどの補助通貨単位》; 1 センチモ硬貨. [スペイン語「百分の一」]

cen·ti·pede /séntəpìːd/ 名 C 〘虫〙ムカデ, 百足. [＜ラテン語「百本の足」]

CENTO, Cento /séntou/ Central Treaty Organization (セントー, 中央条約機構; 1959-79).

‡**cen·tral** /séntrəl/ 形 **1** (a) C 〈限定〉中心の, 中央の. The ～ district of London is called "The City." ロンドンの中心部は「シティ」と呼ばれている. (b) m 中心地に近い; 地の利がよい, 便利な, 〈*for* ..に〉. Our house is very ～. 我が家は市の中心にとても近くて便利だ.
2 m 主要な, 最も重要な; 中心的な; 〈*to*..に(とって)〉. a ～ figure 中心人物. "Fairness" is ～ *to* our campaign. 「公正」が我々の運動の中核です.
3 C 〈限定〉全体を支配する, 権力の中心の. ～ government (地方政府に対して)中央政府. the ～ committee (政党などの)中央委員会. **4** C 〈限定〉〘解剖〙中枢神経(系)の. **5** C 〘音声〙中舌(音)の.
── 名 C 〘米〙電話交換局 (exchange); その交換手. get ～ 交換局を呼び出す.

Cèntral Àfrican Repúblic 名 〈the ～〉中央アフリカ共和国《首都 Bangui》.

Cèntral Amérìca 名 中央アメリカ, 中米, 《メキシコ・南米間の地峡部》.

cèntral bánk 名 C (国の)中央銀行《英の the Bank of England, 米の the Federal Reserve Bank がその例》.

Cèntral Críminal Còurt 名 〈the ～〉(ロンドン)中央刑事裁判所.

Cèntral Dáylight Tìme 名 U 〘米〙夏期中部標準時《Central Time の夏時間》.

Cèntral Européan Tìme 名 U 中央ヨーロッパ標準時《GMT より 1 時間早い》.

cèntral héating 名 U 集中暖房(装置).

Cèntral Intélligence Àgency 名 〈the ～〉(米国)中央情報局《略 CIA》.

cén·tral·ìsm 名 U 中央集権主義. ▷ **cén·tral·ist** 名 C, 形 **cèn·tral·ís·tic** /-ístik/ 形

cèn·tral·i·zá·tion 名 U **1** 中央集権(化). **2** 中央に集めること, 集中.

†**cén·tral·ìze** 動 他 を中心に集める, 集中する; を中央集権化する. All government powers are *～d* under a dictator. 独裁者のもとではすべての政治権力は中央集権化される. ── 自 中央に集まる; 中央集権化する.

cèntral lócking 名 U (車の)集中ロック《一斉に施錠・解錠ができる》.

cén·tral·ly 副 中心に, 中央に; 至便な場所に〔位置するなど〕; 中央によって〔統制[管理, 支配]されるなど〕. a ～ heated house 集中暖房の家.

cèntral nérvous sỳstem 名 〈the ～〉中枢神経系.

Cèntral Óffice 名 (イギリス)保守党会館.

Cèntral Óffice of Informátion 名 〈the ～〉〘英〙中央広報局《略 COI》.

Cèntral Párk 名 セントラルパーク《New York のマンハッタン島の中心部にある公園》.

cèntral prócessing ùnit 名 C 〘電算〙中央処理装置《コンピュータの中枢的部分; 略 CPU》.

cèntral resérve [reservátion] 名 C 〘英〙(高速道路の)中央分離帯 (〘米〙median strip).

Cèntral (Stándard) Tìme 名 U 〘米〙中部標準時 (→standard time).

cen·tre /séntər/ 名, 動 〘英〙＝center.

cen·tric /séntrik/ 形 中心の; 中心的な.

cén·tri·cal /-k(ə)l/ 形 ＝centric. ▷ ～·**ly** 副

cen·trif·u·gal /sentrífjug(ə)l | sèntrifjúːg(ə)l 移/

形 **1** 遠心性[的]の; 中心から外に向かう; (↔centripetal). ～ force 遠心力. **2** 遠心力利用の. [＜ラテン語「中心から逃げる」] ▷～·ly 副

cen·tri·fuge /séntrəfjùːdʒ/ 名 C 遠心分離機.

cen·tri·ole /séntrəòul/ 名 C 〘生物〙(細胞分裂の時生じる)中心体.

C

cen·trip·e·tal /sentrípətl|sèntripíːtl ⊛/ 形 **1** 求心性[的]の; 外から中心に向かう; (↔centrifugal). ～ force 求心力. **2** 求心力利用の. [＜ラテン語「中心を求める」] ▷～·ly /-t(ə)li/ 副

cen·trism /séntriz(ə)m/ 名 U 中道[穏健]主義.

cen·trist /séntrist/ 形, 名 C 中道[穏健]派の(政治家).

cen·tro·some /séntrəsòum/ 名 ＝centriole.

cen·tu·ri·on /sent(j)ú(ə)riən/ 名 C (古代ローマ軍隊の)百人隊の隊長 (→century 2).

‡**cen·tu·ry** /séntʃəri/ 名 (複 **-ries** /-z/) C **1** 世紀; **100 年間**. in the twenty-first [21st] ～ 21 世紀に《2001–2100 年; ただし通俗的には 2000 年からと思われている》. the tenth [10th] ～ B.C. 紀元前 10 世紀《1000–901B.C.》. for *centuries* past 過去数世紀間. half a ～ 半世紀. in 15th-～ Japan 15 世紀の日本で. in the last ～ or so この 100 年かそこらの間に. at the turn of the ～ 世紀の変わり目に.

2 (古代ローマ歩兵隊の)百人隊《60 組で 1 legion; →legion 1》. **3** (古代ローマの)百人組《ひと組で 1 票の投票権を持った》. **4** 〘クリケット〙センチュリー《1 イニング中に 1 人の batsman が上げた 100 点 (100 runs) (以上)》.

[＜ラテン語「百から成る一組」(＜*centum* 'hundred')]

céntury plànt 名 C 〘植〙アオノリュウゼツラン《100 年に 1 度花が咲くと昔は信じられた; 実は 10–30 年に 1 度》.

CEO chief executive officer (会長, 社長).

ce·phal·ic /səfǽlik/ 形 頭(部)の, 頭蓋(とうがい)の.

cephàlic índex 名 C 〘人類学〙頭指数《頭の前後の長さで幅を割り, 100 を掛けた数》.

ceph·a·lo·pod /séfələpɑ̀d|-pɔ̀d/ 名 C 頭足綱の動物《イカ, タコなど》.

†**ce·ram·ic** /sərǽmik/ 形 陶(磁)器の; 陶製の; 製陶(術)の, 窯(よう)業の. ～ industry 製陶業. ── 名 C 陶(磁)器, 陶芸品. [＜ギリシア語「焼き物」]

ce·rám·ics 名 U **1** 〈単数扱い〉製陶(術), 窯(よう)業. **2** 〈複数扱い〉陶(磁)器類, 焼き物; 窯業製品, セラミックス. ★porcelain, stoneware, earthenware のほかタイル, 煉瓦(れんが)も含む総称.

ce·ram·ist /sərǽmist, sérə-/ 名 C 製陶業者; 陶芸家.

Cer·ber·us /sə́ːrb(ə)rəs/ 名 〘ギ・ロ神話〙ケルベロス《Hades の門の番犬; 頭が 3 つあり尾は蛇》.

a sòp to Cérberus (役人や番人への)賄賂(わいろ).

***ce·re·al** /sí(ə)riəl/ 名 (複 ～s /-z/) **1** C 〈普通 ～s〉**穀物**, 穀類; 穀草類《wheat, rye, barley など》. **2** UC 穀物食品, シリアル, 《oatmeal, cornflakes など; 主に朝食用》. [＜ラテン語「Ceres の」]

cer·e·bel·lum /sèrəbéləm/ 名 (複 **～s, cer·e·bel·la** /-lə/) C 〘解剖〙小脳 (→cerebrum).

cer·e·bra /sérəbrə, səríːbrə/ 名 cerebrum の複数形.

†**cer·e·bral** /sérəbrəl, səríːbrəl/ 形 **1** 〘解剖・医〙大脳の, 脳の. **2** 〘章・戯〙(感情より)知性に訴える〔音楽, 文学など〕; 知的な, 頭脳的な.

cèrebral anémia 名 U 脳貧血.

cèrebral ápoplexy 名 U 脳卒中.

cèrebral córtex 名 C 大脳皮質.

cèrebral hémisphere 名 C 大脳半球.

cèrebral hémorrhage 名 U 脳出血.

cèrebral pálsy 名 U 脳性小児麻痺(まひ).

cer·e·brate /sérəbrèit/ 動 自 〘章〙頭脳を使う[働かせる]; 考える. [＜ラテン語 *cerebrum* 'brain']

cèr·e·brá·tion 名 U 〘章〙脳作用; 思考.

cer·e·bro·spi·nal /sèrəbrouspáin(ə)l, səriːbrou- ⊛/ 形 〘医〙脳脊髄(せきずい)の[を冒す].

cer·e·brum /sérəbrəm, səríːbrəm/ 名 (複 **～s, cer·e·bra**) C 〘解剖〙大脳 (→cerebellum).

cere·cloth /síərklɔ̀ːθ|-klɔ̀θ/ 名 (複 →cloth) UC 蠟(ろう)引き布《死体などを包む》.

cere·ment /síərmənt/ 名 ＝cerecloth; 〈普通 ～s〉経帷子(きょうかたびら).

†**cer·e·mo·ni·al** /sèrəmóuniəl ⊛/ 形 〈普通, 限定〉儀式(上)の, 儀式的な; 正式の, 公式の, (formal). a ～ occasion 式典, 祝典. ～ dress 式服. a ～ dinner 公式晩餐(さん)会. The U.S. Vice President is assigned only a largely ～ position. 米国の副大統領は主として儀礼的な地位しか与えられていない. ◇名 ceremony ── 名 C 儀式; 式次第, 礼典, 《特に宗教上の》. a ～ for baptism 洗礼の式次第. marriage ～*s* 結婚式. ▷～·ly 副 儀式として; 礼式にかなって; 儀礼的に.

cèr·e·mó·ni·al·ìsm 名 U 儀式[形式]尊重(主義). ▷**cer·e·mo·ni·al·ist** 名

†**cer·e·mo·ni·ous** /sèrəmóuniəs ⊛/ 形 形式ばった, 堅苦しい; きわめて礼儀正しい; ばか丁寧な, 仰々しい. ▷～·ly 副 形式ばって, 仰々しく; 慇懃(いんぎん)に. ～·**ness** 名

‡**cer·e·mo·ny** /sérəmòuni|-məni/ 名 (複 **-nies** /-z/) **1** C **式**, 式典; (宗教的)儀式. hold the graduation ～ 卒業式を挙行する. a wedding ～ in church 教会での結婚式. →Master of Ceremonies.

> 連結 a dignified [a solemn; a tedious; a colorful, a picturesque] ～ ∥ conduct [observe, perform] a ～ ∥ a ～ takes place [is carried out]

2 U **礼儀**; (社交上の)**儀礼**, 形式; 堅苦しさ.

stànd on [***upon***] ***céremony*** 儀式ばる, 堅苦しくする. Please sit down and relax; you don't need to *stand on* ～ with me. どうぞ座って楽にしてください. 私に気を使って堅くなる必要はありません.

without céremony 四角ばらずに, 打ち解けて.

[＜ラテン語「(宗教的)儀式」; ?＜Caere (古代エトルリアの町)]

Ce·res /sí(ə)riːz/ 名 〘ロ神話〙ケレス《農業の女神; ギリシア神話の Demeter に当たる》.

ce·rise /səríːs, -ríːz/ 名 U さくらんぼ色, 鮮紅色. ── 形 さくらんぼ色の, 鮮紅色の. [フランス語 'cherry']

ce·ri·um /sí(ə)riəm/ 名 U 〘化〙セリウム《希土類元素; 記号 Ce》.

cer·met /sə́ːrmet/ 名 U サーメット《タービンの羽根などに使う耐熱合金; ＜*cer*amic＋*met*al》.

cert /səːrt/ 名 C 〘英話〙確か(な事); (競馬の)本命馬; 《＜*cert*ainty》. a dead ～ 絶対確実な事.

cert. certificate; certification; certified.

‡**cer·tain** /sə́ːrtn/ 形 【確かな】 **1** m (**a**) 〔事柄が〕**確かな**, 確実な; **疑う余地のない**, 明白な. a ～ fact 確かな事実. (**b**) 〈叙述〉**確かで**, 明白で, 〈*that* 節 ..ということは〉. It is ～ (*that*) he was there at that hour.＝He is ～ to have been there at that hour (→3 (b)). 彼がその時間にそこにいたことは間違いない (語法 It is ～ for him to have been there. とは言わない).

2 m 〈限定〉**確実な**; **信頼できる**, 当てになる, (reliable). ～ evidence 確証. a ～ remedy [cure] 特効薬[療法].

3 m (**a**) 確実に起こる; **避けられない**. Death is ～ to all. 死は万人に訪れる. (**b**) 〈叙述〉〔人・事物が〕**必ず..する** 〈*to* do〉. The plan is ～ *to* be realized.＝It is ～ that the plan will be realized (→1 (b)). この計画が実現することは確かだ. He is ～ *to* refuse. 彼は断るに決

まっている.
4【確かだと信じる】Ⓟ〈叙述〉〔人が〕**確信して**, 確かだと思って (convinced) **(a)**〈*of* (do*ing*), *about* ..を〉(類語 根拠, 証拠などに基づく確信を表す; →sure). I am ～ *of* his success.＝I am ～ (*that*) he will succeed (→(b)). 私は彼の成功を確信している. Are you really ～ *about* that? 君はそれについて本当に確信があるのか. **(b)**〈*that* 節 ..ということを〉. I am ～ (*that*) somebody is following me. 私がだれかにつけられていることは確かだ. **(c)**〈*wh* 節・句 ..かを〉〈普通, 否定文・疑問文で〉. I am not ～ *whether* he will accept the offer. 彼が申し出を受けるかどうか私には分からない. I'm not ～ *whom* to look to. だれに頼ったらいいか分からない.

連結 absolutely [completely, quite; almost, nearly; fairly, reasonably; far from] ～

【確かな＞ある定まった】 **5** Ⓒ〈限定〉**一定の** (definite), ある定まった. at a ～ place ある定まった場所に. a ～ rate 一定の比率. There are ～ books I want to read. 私の読みたい何冊かの書物がある.
6 Ⓒ〈限定〉(話し手には分かっているが, はっきりとは言わ[言え]ない)**ある..**, ある種の. at a ～ party ある会合で. a ～ feeling of ill will ある種の悪感情. a ～ Mr. Bell ベルさんとかいう人.
【ある分量の】 **7** Ⓒ〈限定〉多くはない, いく分かの, 多少の, (some, not much). to a ～ extent ある程度まで. a woman of a ～ age かなり年配のご婦人.
8〈代名詞的〉いくつ[いく人]かのもの[人]〈*of* ..の中の〉. *Certain of* my colleagues were on the spot. 同僚の何人かはその場に居合わせた.
◇↔uncertain 名 certainty 動 ascertain
for cértain〈しばしば know, say に続けて〉確かな事として, 確実に; はっきり. He will come *for* ～. 彼は必ず来るよ. Do you know *for* ～ that he is sick? 彼が病気だと君は確実に知っているのか.
màke cértain (1) 確かめる, 念を押す,〈*of* ..を/*that* 節 ..だと〉. If you still have any doubt, you ought to *make* ～ by asking him directly. なお疑いがあるのなら, 直接彼に聞いて確かめるべきです. I *made* ～ (*that*) the road was clear. 道路に車が走っていないことを確かめた. (2) 確実に手に入れる〈*of* ..を〉; 確実に手配する〈*of* do*ing*, *that* 節 ..するように〉. *make* ～ *of* get*ting* hired 就職を確実にする. *Make* ～ (*that*) the papers are ready by ten o'clock. 書類が必ず10時までに整うようにしなさい.
màke .. cértain〔物・事〕を確実なものにする.
[＜ラテン語 *certus*「決意した, 確実な」]
‡**cer·tain·ly** /sə́ːrtnli/ 副 Ⓜ **1**〈文修飾〉**確かに**, 本当に; **必ず**, きっと. I ～ like her. 私は確かに彼女が好きです. He'll ～ pass the exam. 彼はきっと試験に通るだろう. I'm ～ not going to give him any more money. 彼にこれ以上金をやるつもりは絶対にない. "Will you help me?" "Yes, ～."「手伝ってくれますか」「いいですとも」"May I go out?" "*Certainly* not."「外に出掛けてもいいですか」「いや, いけません」
2〈依頼や質問に答えて〉**もちろんです; いいですとも**, 承知しました; (語法 Yes, I *certainly* will. などの certainly 以外を省略したもので, その結果 Certainly. は Yes. とほとんど同じことになる). "May I go home?" "*Certainly*."「家(うち)へ帰っていいですか」「ええ, どうぞ」
3 確実に, はっきり. No one knows ～ how he can live so luxuriously. どうして彼があんなにぜいたくに暮らせるのか, だれもよく分からない.
***cer·tain·ty** /sə́ːrtnti/ 名 (複 **-ties** /-z/) **1** Ⓤ **確実(性)** (→probability 類語); 確信. There was a lack of ～ about the enemy's next move. 敵の次の出方については確信がなかった. **2** Ⓒ 確実なこと[もの, 人]. It's a (dead) ～ that he will be elected.＝His election is a ～. 彼が選ばれるのは確実だ. ◇形 certain
bèt on a cértainty (普通, 不正に)結果を知っていて賭(か)ける.
for* [*to*] *a cértainty ＝for CERTAIN.
with cértainty 確実に; 確信をもって.
cer·ti·fi·a·ble /sə́ːrtəfàiəb(ə)l/ 形 **1** 正式に保証[証明]できる. **2**〖英話〗(精神異常の)認定が可能な[で],〖婉曲〗精神異常の[で].
***cer·tif·i·cate** /sərtífikət/ 名 (複 **～s** /-ts/) Ⓒ **1 証明書**. a death [birth, marriage] ～ 死亡[出生, 結婚]証明書. a medical ～ 診断書. **2** (職業, 資格, 身分などの)免状, **免許証**, (license). a teaching ～ 教員免許状. **3** (一定の教育課程)修了証書; 修業証書; (→diploma). ── /sərtífəkèit/ 動 他 に証明書[免許証]を与える. [＜後期ラテン語「確か (*certus*) にする」]
cer·tif·i·càt·ed /-kèitəd/ 形〖主に英〗有資格の. a ～ teacher 免許状のある教員. a ～ physician 有資格の医師.
certìficate of depósit 名 Ⓒ (定期)預金証書「《譲渡可能; 略 CD》.
cer·ti·fi·ca·tion /sə̀ːrtəfəkéiʃ(ə)n/ 名 Ⓤ 証明, 保証; 検定; 認可; 免許; Ⓒ 証明[保証]書.
cer·ti·fied /sə́ːrtəfàid/ 形 証明[保証]された.
cèrtified chéck [〖英〗**chéque**] 名 Ⓒ 支払保証小切手《銀行が保証する》.
cèrtified máil 名 Ⓤ〖米〗配達証明付き郵便(〖英〗recorded delivery).
cèrtified mílk 名 Ⓤ〖米〗(公定基準にあった)保証牛乳 (〖英〗attested milk).
cèrtified pùblic accóuntant 名 Ⓒ〖米〗公認会計士《略 CPA;〖英〗chartered accountant》.
cer·ti·fi·er /sə́ːrtəfàiər/ 名 Ⓒ 証明者.
†**cer·ti·fy** /sə́ːrtəfài/ 動 (**-fies** | 過 過分 **-fied** | **～·ing**) 他 **1**〔一定の事実〕を(文書で)証明[証言]する;〔確実性〕を保証する;〖米〗〔銀行が, 個人の小切手〕の支払いを保証する. the document ～*ing* John's birth ジョンの出生証明書.
2 (a) VO (～ *that* 節) ..ということを(正式に)証明[保証]する. This is to [I hereby] ～ *that* ..であることをここに証明する《証明書の決まり文句》. I can ～ *that* Henry is an honest man. ヘンリーは正直な男だと保証できる. **(b)** VOC (～ X Y/X *to be* Y)・VOA (～ X *as* Y) X (人)を Y であると証明[認定]する. He was *certified* (*as* [*to be*]) insane. 彼は精神障害者と認定された.
3〔人〕に証明書[免許状]を与える. **4**〖英話〗〔医師が〕を精神病者だと証明[認定]する.
◇名 certification, certificate [certificate と同源]
cer·ti·tude /sə́ːrtət(j)ùːd/ 名 Ⓤ〖章〗確信; 確実性; (certainty).
ce·ru·le·an /sərúːliən/ 形〖雅〗澄んだ空のような青「の, (深い)空色の.
Cer·van·tes /sərvǽntiːz|-təz/ 名 **Miguel de ～** セルバンテス(1547–1616)《スペインの作家; *Don Quixote* の作者》.
‡**cer·vi·cal** /sə́ːrvik(ə)l/ 形〖解剖〗(子宮の)頸(けい)部の; 首の. [＜cervix]
cèrvical sméar 名 Ⓒ〖医〗(子宮)頸管塗抹標本《**cèrvical cáncer** (子宮頸癌(がん))検査のために採る》.
cer·vine /sə́ːrvain/ 形 シカ (deer) の(ような).
‡**cer·vix** /sə́ːrviks/ 名 (複 **～es, cer·vi·ces** /-vəsìːz/) Ⓒ〖解剖〗首; (子宮の)頸(けい)部. [ラテン語 'neck']
Ce·sar·e·an, Ce·sar·i·an /si(ː)zé(ə)riən/ 形 ＝Caesarean.
ce·si·um /síːziəm/ 名 Ⓤ〖化〗セシウム《金属元素;「記号 Cs》.
césium clòck 名 Ⓒ セシウム(原子)時計.
†**ces·sa·tion** /seséiʃ(ə)n/ 名 aU〖章〗中止, 停止; 休止. ～ of hostilities 停戦. ◇動 cease
ces·sion /séʃ(ə)n/ 名〖章〗**1** UC (権利の)譲渡; (財

産の)引き渡し; (領土の)割譲. **2** [C] 割譲地. ◇[動] cede
cess·pit /séspìt/ [名] ＝cesspool.
cess·pool /séspù:l/ [名][C] **1** 汚水溜(だ)め, 下水槽. Industrial wastes are turning the sea into a ～. 工場廃棄物は海を汚水溜めと化しつつある. **2** 不潔な場所; 悪の巣窟(くつ). [?＜イタリア語「トイレ」＋pool¹]
C
ces·tode /séstoud/ [名][C], [形] 条虫[サナダムシ](の).
ce·su·ra /si(:)zú(ə)rə/ [名] ＝caesura.
CET Central European Time.
ce·ta·cean /sitéiʃ(ə)n/ [名][C] クジラ目の動物《鯨, イルカなど》. ── [形] クジラ目の.
ce·te·ris pa·ri·bus /kèitərəs-pǽrəbəs/ [副] 他の条件が同じならば. [ラテン語 'other things being equal']
Cey·lon /silán|-lɔ́n/ [名] **1** セイロン島《インド洋上の島》. **2** Sri Lanka の旧称.
Cey·lo·nese /sèləní:z [複]/ [形] セイロン島(人)の. ── [名] ([複] ～) [C] セイロン島人.
Cé·zanne /seizǽn/ [名] **Paul ～** セザンヌ(1839–1906)《フランスの後期印象派の画家》.
CF, cf cost and freight.
Cf 〖化〗 californium.
cf 〖野球〗 center field(er); center forward.
†**cf.** /kəmpéər, kənfə́:r, sì:éf/ 比較[参照]せよ《ラテン語 *cōnfer* 'compare' (命令形)の略》.
c/f 〖簿記〗 carried forward (繰り越された).
†**CFC** /sì:efsí:/ 〈しばしば CFCs〉 chlorofluorocarbon.
CG center of gravity; Coast Guard; Commanding General; computer graphics; consul general.
cg centigram(s), centigramme(s).
CGS, cgs centimeter-gram(me)-second.
Ch. Charles; China; Chinese; Christ; 〖聖書〗 Chronicles.
Ch, ch chain《長さの単位》; champion; chaplain; chapter; 〖チェス〗 check; chief; child(ren); church.
c.h. candle hour (燭時); center half; central heating.
Cha·blis /ʃǽbli:, ─´/ [名][U] シャブリ《フランス Burgundy 産の辛口白ワインの一種》.
cha-cha(-cha) /tʃɑ́:tʃɑ:(tʃɑ́:)/ [名][C] チャチャチャ《ラテンアメリカ起源のテンポの速い 4 拍子のダンス(音楽)》. ── [動][自] チャチャチャを踊る.
cha·conne /ʃækɑ́n|-kɔ́n/ [名][C] 〖楽〗 シャコンヌ《スペインの舞踏曲起源の変奏曲の一種》.
Chad /tʃæd/ [名] チャド《アフリカ中北部の共和国; 首都 N'Djamena》.
Chad·i·an /tʃǽdiən/ [形], [名][C] チャドの(人).
Chad·ic /tʃǽdik/ [名][U], [形] チャド語(の).
cha·dor /tʃʌ́dər/ [名][C] チャドル《イランなどイスラム国の女性がヴェールなどに用いる黒い四角の布》.
chafe /tʃeif/ [動][他] **1** 〔手など〕をこすって暖める. ～ one's frozen hands together 凍えた両手をこすり合わせて暖める. **2** 〔物が〕をすりむく, こすって痛める, こすって作る. The chairs are *chafing* holes in the rug. いすの脚でこすれて敷物に穴があきかけている. **3** 〔人〕をいらだたせる.
── [自] **1** 〔動物が〕体をこすりつける 〈*on*, *against* ..〔檻(おり)など〕に〉; 〔流れが〕激しくぶつかる 〈*against* ..〔岩〕に〉. **2** すり減る, こすれて[すりむけて]痛む[傷つく], 〈*from*, *under*, *against* ..で[に]〉. His wrists began to ～ *from* the ropes that bound them. 彼の手首は縛ってある縄のためにすりむけ出した. The cables ～*d against* the rocks. 綱は岩にこすれてすり減った. **3** いらだつ; むっとする; 〈*at*, *against*, *under* ..に〉. He ～*d at* the rebuke. 彼は非難されて腹を立てた. The colonists ～*d under* their mother country's rule. 植民地の人々は母国の支配にいらだった.
chàfe at the bít →bit²
── [名][C] すり傷; 摩擦; いらだち. ***in a cháfe*** いらいら[じりじり]して. [＜ラテン語「熱する」]
chaf·er /tʃéifər/ [名][C] 〖虫〗 コガネムシ科の甲虫《cockchafer など; その幼虫は植物の根の害虫》.
chaff¹ /tʃæf|tʃɑ:f/ [名][U] **1** もみがら. **2** 刻みわら, まぐさ, 《家畜の飼料》. **3** 屑(くず), つまらないもの.
be càught with cháff 簡単にだまされる.
sèparate the whèat from the cháff →wheat.
── [動][他] 〔飼料のわら, 干し草〕を刻む.
chaff² 〖旧話〗 [名][U] からかい, ひやかし, 《悪意を含まないもの》. Don't mind the ～ of your comrades. 仲間のひやかしを気にするな.
── [動][他] をからかう, ひやかす, 〈*about* ..のことで〉.
chaf·fer /tʃǽfər/ [動][自] **1** 値引き交渉をする. ～ *with* the shopkeeper *about* [*over*] the price 店主と値段の点で掛け合う. **2** 〖英〗 雑談をする (chatter).
── [名][U] 値切ること; 値段の掛け合い.
chaf·finch /tʃǽfintʃ/ [名][C] ズアオアトリ《ヨーロッパ産の小形の鳴鳥; 愛玩(がん)用; finch の一種》.
chaff·y /tʃǽfi|tʃɑ́:fi/ [形][e] **1** もみがらのような[の多い]. **2** くだらない, つまらない.
cháf·ing dìsh /tʃéifiŋ-/ [名][C] こんろ付き卓上なべ《卓上で食物を料理[保温]する》.
‡**cha·grin** /ʃəgrín|ʃǽgrən/ 〖章〗 [名][U] くやしさ, 無念. feel some ～ *at* one's defeat 自分の敗北をいささか残念に思う. ***to one's chagrín*** 残念な[くやしい]ことには. ── [動][他] を残念がらせる 〈普通, 受け身で〉. He was ～*ed by* [*at*] the man's haughty attitude. 彼にはその男の傲(ごう)慢な態度がくやしかった. [フランス語「悲しみ」]
‡**chain** /tʃein/ [名] ([複] ～s /-z/) **【鎖】** **1** [UC] **鎖**; 鎖状のもの; (自転車の)チェーン (bicycle chain); (ドアの)チェーン (door chain). a length of ～ 1 本の鎖. a watch ～ 時計の鎖. a watch and ～ 鎖付きの懐中時計. a ～ of office (官職の印として首にかける)鎖. snow ～*s* (タイヤに巻く)チェーン. put a ～ on the dog 犬に鎖を付ける (→成句 on a chain). undo the ～ 鎖を解く. pull the ～ (鎖を引っぱって)トイレに水を流す.
2 [C] **ひと続き; 連なり**; 連鎖, 連続 (series). a ～ of pearls 真珠のネックレス. a ～ of events 相次いで起こった事件. a human ～ '人間の鎖' 《抗議行動などの》. a ～ of mountains [islands] 連山[列島].
3 [C] (同一経営者によるいくつかの店の)チェーン. own a ～ of restaurants レストランのチェーンを所有する.
4 [C] 〖化〗 原子の連鎖 (→chain reaction); 〖電算〗 チェーン《一連の計算命令》.
5 [C] 〖測量〗 測鎖; チェーン《測量に用いる単位; 22ヤード》.
【縛るもの[こと]】 **6** [C] 縛りつけるもの, 束縛するもの; 〈普通 ～s〉 **束縛**(の鎖); 拘禁. He managed to shake off the ～*s* of despair. 彼はがんじがらめの絶望状態からどうやら抜け出した.
in cháins 鎖につながれ牢(ろう)に入って; 奴隷の身分で. be put *in* ～*s* 鎖でつながれ(てい)る.
on a cháin 〔人が〕鉄鎖につながれて; 〔犬が〕鎖につながれて; 〔ドアに〕チェーンがかかって. keep a dog *on a* ～ 犬を鎖につないでおく.
── [動] (～s /-z/|[過] [過分] ～ed /-d/|**cháin·ing**) [他] **1** を鎖でつなぐ 〈*up*, *together*〉 〈*to* ..に〉; 〔ドア〕にチェーンをかける. A dangerous dog ought to be ～*ed* (*up*). 危険な犬は鎖につないでおくべきだ. **2** を縛りつける, 束縛する 〈*down*〉 〈*to* ..に, で〉. be ～*ed* (*down*) *to* one's job 仕事に縛られる. **3** 〖測量〗 を測鎖で計測する; 〖電算〗 〔関連項目〕を連鎖[チェーン]する. [＜ラテン語 *catēna*「鎖」]
chàin ármor [名] ＝chain mail.
cháin gàng [名][C] '鎖仲間' 《1 本の鎖につながれて刑務所の労役をする囚人たち》.
cháin lètter [名][C] 連鎖手紙《受取人が指定された数だけの人に同文のものを送るよう要求される》.

cháin-link fènce 名C 金網フェンス.
chàin máil 名U 鎖かたびら.
cháin reàction 名C **1**〖物理〗連鎖反応. **2** 連鎖的に誘発される事件. The bankruptcy of this firm may set off a ～ in the business world. この会社の倒産は実業界に連鎖反応を引き起こすかもしれない.
cháin sàw 名C チェーンソー《回転する鎖に歯が付いている携帯式電動のこぎり》.
cháin-smòke 動他, 自 (たばこを)続けざまに吸う.
cháin-smòker 名C 続けざまにたばこを吸う人.
cháin stìtch 名UC チェーンステッチ, 鎖縫い[編み].
cháin stòre 名C 連鎖店, チェーンストア.
‡**chair** /tʃeər/ 名(複 ～s /-z/) C 【腰かけ】 **1** いす《普通, 1 人用で背もたれのあるもの, 時には肘(ひじ)掛けもある; → bench, couch, sofa, stool》. sit on [in] a ～ いすにかける(★armchair の場合は in). pull up a ～ いすを引き寄せる. Please take this ～. どうぞこのいすにお掛けください. **2**〈the ～〉〖米話〗(死刑用の)電気いす (electric chair). get [go to] the ～ 死刑になる. **3** ＝SEDAN chair. **4** 支えとなるもの;〈特に〉(鉄道レールの)座鉄《鉄製のブロック》.
【席＞ポスト】 **5**〈the ～〉**議長の席[職]**; 議長 (類語「議長」の意味では chairman, chairwoman あるいは chairperson より広く用いられる). be in the ～ *at* ..の議長を務める. address one's questions to the ～ 質問を議長に通す. appeal to the ～ 議長の採決を求める. **6** (権威, 権限をもつ)**地位**, 職; 大学教授の地位[職]〈*of* ..講座担当の〉; (オーケストラの)演奏者の席[身分, 職]. be elected ～ *of* committee 委員長に選ばれる. have a ～ *on* the board of directors 重役[理事]を務める. be appointed to the ～ *of* physics 物理学講座担当の教授に任命される. hold the university ～ 大学教授である.
lèave the cháir 議長席を去る; 閉会する.
tàke the cháir 議長席につく; 開会[司会]する.
── 動他 **1**〔人〕をある(権威ある)地位に就かせる.
2〔会〕の議長を務める,〔会〕を主宰[統轄]する.
3〖主に英〗〔優勝者, 選挙当選者など〕を持ち上げてかつぎ回る《「胴上げ」の類; もと, いすごと持ち上げた》.
[＜ギリシア語「座席」; cathedral と同源]
cháir bèd 名C ベッド兼用いす《伸ばすとベッドになる》.
cháir càr 名C〖米〗いすがリクライニングになっている客車《parlor car の一種》.
cháir·làdy 名 ＝chairwoman. 「客を乗せる》.
cháir·lìft 名C (腰掛け式)リフト《スキーヤーや観光↑
‡**chair·man** /tʃéərmən/ 名(複 **-men** /-mən/) C **1** **議長**; (会の)主宰者, 司会者; **委員長**. Mr. [Madam] *Chairman*, ladies and gentlemen! 委員長ならびに(紳士淑女の)委員諸君! (→chairperson ★). **2 会長**; 評議員長;〖米〗(大学の)学部長, 学科主任教授. the ～ and chief executive (officer) 会長兼最高経営責任者《重役会の議長で, 我が国の社長に相当する》.
chair·man·ship /tʃéərmənʃip/ 名UC 議長[会長, 委員長など]の地位[職, 任期; 手腕].
cháir·pèrson 名C 議長, 会長, 委員長. ★男女差別反対者が chairman, chairwoman を避けて用い始めた; しかし女性についてのみ用いられる傾向が強まったため, chair の方が好まれるようになった.
cháir·wòman 名(複 **-women**) C 女性の議長[会長, 委員長など] (→chairperson ★).
chaise /ʃeiz/ 名C **1** シェーズ《2 輪の 1, 2 人用幌(ほろ)付き 1 頭立て軽装馬車》. **2** ＝chaise longue. [フランス語 (*chaire* 'chair' の異形)]
chàise láunge /-lɑ́undʒ/ 名〖米・オース〗＝chaise longue.
chaise longue /ʃèiz-lɔ́ːŋ|-lɔ́ŋ/ 名(複 **chaise longues, chaises longues** /同/) シェーズロング《安楽いすの一種; 背もたれが付いた低い寝いす》. [フランス語 'long chair']
cha·la·za /kəléizə/ 名(複 **～s, cha·la·zae** /-ziː/) C〖動〗(卵の)カラザ《卵黄を定置させる卵白のひも》.
chal·ced·o·ny /kælséd(ə)ni/ 名UC〖鉱〗玉髄《agate, onyx, jasper などの総称》.
Chal·de·a /kældíːə/ 名〖史〗カルデア《古代バビロニア王国の南部ペルシア湾沿岸地方》. ▷**～n** 形, 名
cha·let /ʃæléi|⌐-/ 名C **1** (スイスのアルプス地方の屋根が急傾斜した)山小屋《特に羊飼い用》; シャレー風建物[家, 別荘, ホテルなど]. **2** (キャンプ場などの)バンガロー[小屋]. [(スイス)フランス語「小さな農家」]

[chalet 1]

chal·ice /tʃǽləs/ 名C
1〖キリスト教〗聖杯, カリス,《聖餐(さん)式などでワインを入れて飲む杯》. **2**〖植〗杯状花.
*__chalk__ /tʃɔːk/ 名(複 **～s** /-s/) **1** U **白亜**《柔らかい多孔質の石灰石》. **2** U **チョーク, 白墨**. a piece [two pieces] of ～ 1 本[2 本]のチョーク. write in ～ 白墨で書く. **3** C (1 本の), チョーク, 白墨; チョークでつけた印.
as dífferent as chàlk and [from] chéese＝as lìke as chàlk (is) to chéese〖英・オース話〗まるで違っている, 似ても似つかない.
by a lòng chálk＝by lòng chálks〖英話〗はるかに (by far);〈否定文で〉けっして(..ない);《chalk はゲームの得点などを書いたチョーク》.
not knòw [can't tèll] chàlk from chéese〖英話〗重要な違いが分からない, 分別がない.
wàlk a [the] chálk lìne [màrk]〖米話〗行儀よく[規則通り]振舞う, 命令に服従する,《もと酔っ払っているかどうか調べるため船の甲板上にチョークで書いた線の上を歩かせたことから》.
── 動他 **1** と[を]チョークで書く, にチョークで印をつける,〈*up*〉. ～ *up* today's itinerary *on* the blackboard 黒板に今日の旅行日程を書く. **2**〔ビリヤードのキューの先など〕にチョークを塗る; をチョークで白くする.
chàlk it úp to expérience (失敗などを)後日の戒めとする. 「計画を立てる.
chàlk /../ óut ..の輪郭をチョークで書く; ..のおよその↑
chàlk /../ úp〖話〗(1)〔得点など〕を記録する;〔点, 成績など〕をかせぐ, 取る,〔記録など〕を達成する. (2) ..を勘定につける, つけにする; ..をせいにする;〈*to* ..〔人〕の〉. ～ his failure *up to* lack of experience 彼の失敗を経験不足のせいだとする.
[＜ラテン語 *calx*「石灰」] 「講義し板書する》.
chàlk and tálk 名U (旧式な)教授法《一方的に↑
chálk·bòard 名〖米・オース〗＝blackboard《black (黒人)への連想を避けるため学校で使われる》.
chálk tàlk 名C〖米・カナダ話〗板書を交えた講義[講演].
chalk·y /tʃɔ́ːki/ 形 e 白亜質[色]の; チョークの付いた. ～ soil 白亜質の土壌. ▷**chalk·i·ness** 名
‡**chal·lenge** /tʃǽləndʒ/ 名(複 **-leng·es** /-əz/)
1 C **挑戦**, 決闘[試合, 競技など]の申し込み《特にチャンピオンに対する》. give a ～ 挑戦する. accept [rise to] a ～ 挑戦⌞に応じる[を受けて立つ]. a formidable ～ 恐るべき挑戦. his first ～ *for* the presidency 大統領職への彼の最初の挑戦[立候補]. take (up) the ～ *to* swim across the river 川の向こう岸まで泳いでみろとの挑戦を受けて立つ.

> 連結 a stiff [a tough; an enormous, a tremendous; an exciting] ～ // face [meet, rise to, take (up); issue] a ～

2 U (努力, 関心, 能力などに対する)挑戦, やりがい; C や

C

りがいのある仕事; (解決を迫られている)難問, 課題. You'll get enough ～ in your new job. 君の今度の仕事は十分やりがいがあるだろう. the ～s facing the Government today 今日政府の直面している課題.

3 UC 説明の要求; 異議の申し入れ, 抗議. be beyond ～ 文句のつけようがない.

4 UC 誰何(すいか)《番兵, 歩哨(しょう)などの; 近づく人に向かって "Who goes there?"「だれだ, 名乗れ」などと尋ねること》. give the ～ 誰何する; 誰何して合い言葉を求める《'山' と言って '川' と言わせる, など》.

5 UC (妥当性などについての)異議; 〖法〗陪審員に対する忌避. be open to ～ 異議を呼びかねない.

── 動 (-leng·es /-əz/|過 過分 ～d /-d/|-leng·ing) 他 **1** に挑戦する, いどむ, 〈*to* ..を〉; VOO (～ X *to do*) X (人)に..できるならやってみろといどむ; (類語「挑戦する」の意味の一般的な語で, 自分の方からしかけたり, けしかけること; →dare, defy). ～ him *to* a duel 彼に決闘をいどむ. ～ Betty *to* a game of tennis ベティーにテニスの試合を申し込む. ～ him *to* catch me 彼につかまえられるならつかまえてみろと言う. ～ the United States *for* the America's Cup (ヨットの)アメリカズカップを争って米国に挑戦する.

2 〔物事が〕〔人〕を奮起させる, に刺激を与える; 〔称賛など〕を喚起する, うながす. I know of no man so ～*d* by obstacles as he. 障害があると奮起するという点で彼ほどの人を知らない. a picture which ～*s* our admiration 称賛せざるを得ないような(見事な)絵.

3 〔弁明, 説明, 証拠など〕を強く要求する《有るなら出してみろと言う》; VOO (～ X *to do*) X (人)に..せよと要求する. He ～*d* me *to* tell him all about the affair. 彼はその事件について全部話せと私に要求した. **4** を誰何(すいか)する. **5** に異議を唱える; 〔陪審員〕を忌避する. ～ conventional assumptions in medicine 医学の常識に挑戦する. [＜ラテン語「中傷」; calumny と同源]

chál·lenged 形 〖米〗〖婉曲〗(身体上又は精神上)障害のある. visually [mentally] ～ 目の不自由な[知的障害のある].

***chal·leng·er** /tʃǽləndʒər/ 名 (複 ～s /-z/) **1** C **挑戦者**. the ～ *to* President Clinton [*for* the world middle weight title] クリントン大統領[世界ミドル級王座]への挑戦者. **2** 〈C-〉 (米国のスペースシャトル)チャレンジャー号《1986 年 1 月 28 日発射直後に爆発した》.

***chal·leng·ing** /tʃǽləndʒiŋ/ 形 m **1** 〔仕事などが〕やりがいのある, 困難だが興味[意欲]をそそる. a ～ book 読みごたえのある本. **2** 〔態度などが〕誘惑的な, 挑発的な, 挑戦的な. a ～ attitude 挑発的な姿勢.

▷ **～·ly** 副 挑戦するかのように; 挑発的に.

chal·lis /ʃǽli|ʃǽlis/ 名 U シャリー《毛, 木綿, 合成繊維などの軽い生地》.

‡**cham·ber** /tʃéimbər/ 名 (複 ～s /-z/) C **1** (a) 〖古・詩〗**部屋**; 〈特に〉寝室. (b) (特別な用途の)部屋. an audience ～ (宮殿の)謁見の間. a torture ～ 拷問室. Nazi's gas ～s ナチのガス処刑室. **2** 〈普通 ～s〉 裁判官の執務室《法廷に対して》. **3** (議会, 国会の)**議場**; **議院**; 〈集合的〉議員. **4** 〈～s〉 弁護士事務所《特に英国の法学院 (Inns of Court) 内の》. **5** (動植物の体内の)空洞 (cavity); (心臓の)心室. **6** 地下の空洞. **7** (銃の)薬室; (エンジンの)燃焼室. [＜ラテン語「丸天井(の部屋)」; camera と同源]

chámber cóncert 名 C 室内楽演奏会.

chàmbered náutilus 名 ＝nautilus 1.

Cham·ber·lain /tʃéimbərlən/ 名 (**Arthur**) **Neville** /névil/ ～ チェンバレン (1869-1940)《英国の政治家, 首相 (1937-40); ヒトラーに対し appeasement 政策を取って失敗した》.

cham·ber·lain /tʃéimbərlən/ 名 C **1** (国王, 貴族などの)侍従, 家令. **2** 〖英〗(市や町の)収入役 (treasurer). [＜中期英語「寝室の召使い」]

chámber·màid 名 C (ホテルなどの)部屋係メイド.

chámber mùsic 名 U 室内楽.

chàmber of cómmerce 名 C 商工会議所.

Chàmber of Hórrors 名 〈the ～〉 '恐怖の間' 《London の Madame Tussaud's の 1 室; 犯罪に関する蝋(ろう)人形, 刑具などが陳列してある》.

chámber òrchestra 名 C 室内管弦楽団《25 人前後で編成》.

chámber pòt 名 C 室内用便器.

cham·bray /ʃǽmbrei/ 名 U シャンブレー織《色の縦糸と白の横糸で織った, 普段着用綿布地》.

cha·me·leon /kəmíːljən, -liən/ 名 C **1** カメレオン. **2** 無節操な人, 意見[機嫌]の変わりやすい人, 《＜カメレオンは環境に応じて体色を変える》. [＜ギリシア語「地上のライオン」]

cha·me·le·on·ic /kəmìːliánik|-ɔ́nik ®/ 形 カメレオンのような; くるくる変わる; 無節操な.

cham·fer /tʃǽmfər/ 名 C (45 度に面取りした角材の)角面. ── 動 他 〔角材〕の面取りをする; 〔円柱など〕に溝を掘る.

chám·my (lèather) /ʃǽmi-/ 名 (複 **-mies**) 〖英〗＝chamois 2.

cham·ois /ʃǽmi, ʃǽmwɑː/ 名 (複 ～ /-z/) **1** C 〖動〗シャモア, アルプスカモシカ, 《アルプス地方, コーカサス山脈地帯産のレイヨウの一種》. **2** /ʃǽmi/ UC セーム革 (chammy, **chámois lèather**) 《もとはシャモアの, 今はヤギ, 羊などの動物の皮をなめして作った柔らかい皮革; ガラス磨きなどに使用》. [フランス語]

cham·o·mile /kǽməmàil, mìːl/ 名 ＝camomile.

champ[1] /tʃæmp/ 動 自 **1** 〔馬などが〕むしゃむしゃかむ, ばりばりかむ, 〈*on, at* ..を〉. **2** 〈普通, 進行形で〉 歯ぎしりする; じりじり[うずうず]する 〈*to* do ..したくて〉. She was ～*ing to* tell the story. 彼女はその話がしたくてじりじりしていた. ── 他 をむしゃむしゃ[ばりばり]かむ.

chàmp at the bít →bit[2]. [?＜擬音語]

†**champ**[2] 名 〖話〗＝champion.

***cham·pagne** /ʃæmpéin/ 名 U **1** シャンペン(酒) 《フランス北東部 Champagne 地方原産の発泡ワイン; 又同種のワイン》. *Champagne* corks will be popping tonight. 今夜は祝賀会だ《＜シャンペンのびんのコルクが勢いよく開く》. **2** シャンペン色《淡い茶がかった黄色》.

chàmpagne sócialist 名 C 'シャンパン社会主義者' 《裕福な暮らしをしている社会主義シンパ》.

cham·paign /ʃæmpéin/ 名 C 〖雅〗平野, 平原. ── 形 平らで広々とした. 「champagne 1.

cham·pers /ʃǽmpərz/ 名 〖英・オース旧話〗＝↑

cham·pi·gnon /ʃæmpínjən|tʃæm-/ 名 C 食用キノコ; 〈特に〉マッシュルーム, シャンピニオン. [＜古期フランス語「野に生育するもの」]

‡**cham·pi·on** /tʃǽmpiən/ 名 (複 ～s /-z/) C **1** (競技の)**優勝者**[**チーム**], **選手権保持者**, (〖話〗 champ); (品評会の)最優秀品; 他よりすぐれた人[動物]. a grand ～ in Sumo 横綱. He was the heavyweight ～ of the world. 彼はヘビー級世界チャンピオンだった. **2** (主義, 主張, 弱者の権利などの)**擁護者**, **闘士**. a ～ of liberty 自由の擁護者. a ～ of the poor 貧者の友. **3** 〖史〗(王, 王妃などの名誉を守るために代わりに戦う)戦士.

── 形 **1** 優勝した. a ～ team 優勝チーム. **2** 〖北イング話〗すばらしい. ── 副 〖北イング話〗この上なく, すばらしく. ── 動 他 を擁護する; に代わって[のために]戦う. ～ freedom 自由のために戦う. [＜後期ラテン語「戦士」(＜ラテン語 *campus*「平原, 戦場」)]

***cham·pi·on·ship** /tʃǽmpiənʃip/ 名 (複 ～s /-s/) **1** C **選手権**, 優勝者の地位. obtain [hold, lose] the ～ 選手権を得る[保持する, 失う]. **2** U 闘士としての戦い; 擁護. her ～ of feminism 彼女のフェミニズム擁護.

3 Ⓒ 〈しばしば ～s〉 選手権大会[試合]. the coming World Judo *Championships* 今度の世界柔道選手権大会.

Champs É·ly·sées /ʃɑ̀:nzeili:zéi|ʃɔ̀nzəlí:zei/ 名 〈the ～〉 シャンゼリゼ《パリの繁華街》.

‡**chance** /tʃæns|tʃɑ:ns/ 名 (複 **chánc·es** /-əz/)

1 UC **偶然**(の出来事); 運, 巡り合わせ; (類語 luck より偶然性に重点がある). Our meeting was a mere ～. 我々の出会いは全くの偶然だった. by a lucky [an ill] ～ 運よく[悪く]. →game of chance.

2 UC 〈しばしば ～s〉 (成功の)**可能性**, **見込み**, (possibility); 勝ち目. *Chances* of finding a cure were slim [thin]. 治療法を見つけることは望み薄だった. He has no ～ *of* being elected. 彼が当選する見込みは全くない. He is beyond any ～ *of* recovery. 彼が回復する見込みは全然ない. There's ⌞a good ～ [one ～ in six] *that* you will win the prize. あなたが受賞する可能性⌞が強い[は6に1くらいだ]. "Are you going to visit China?" "Not a ～." 「中国を訪問しますか」「見込みは全くありません」

> 連結 an excellent [a fair, a fighting, a sporting; a faint, an outside, a slender, a slight; a poor] ～.

3 Ⓒ **機会**, **好機** (類語 opportunity に比べ「幸運」の意味が強い). if I get a ～ *to* see him 彼と会う機会さえあれば. Give me a ～ *to* sing again. もう一度歌う機会を与えてください. A couple of days later Major Larkin was strolling on the beach; so I took the ～ *of* speaking to him. その2, 3日後ラーキン少佐が海岸を散歩していた; 私はその機会を捕らえて彼に話しかけた. I was a fool to let the ～ go. 私は愚かにも好機を逃してしまった. →lost cause.

4 Ⓒ 危険, 冒険, (risk). If you cheat, you run the ～ *of* getting caught. 不正をすると君はつかまる恐れがあるよ.

as chànce would háve it 偶然に(も), たまたま.

by ány chànce ひょっとして, 万一. Was there a call from Bill *by any* ～? ひょっとしてビルから電話がなかったかね.

****by chánce*** 思いがけなく, 偶然に. I just ran into her *by* ～ on my way home. 僕は家への帰路偶然彼女に出くわしただけなのだ.

***Chánces* [*The chánces*] *are* (*that*)..** 〖話〗..する見込みが大きい. *Chances are that* it will rain tomorrow. あしたは雨になる見込みが大きい.

Chánce would be a fìne thíng. 〖話〗そんなことはできっこない《<(それができるように)幸運がめぐってくればいいのだが(その見込みはない)》.

èven chánce 五分五分の見込み. have an *even* ～ of recovery 回復の見込みは50パーセントだ.

gìve .. hàlf a chánce 〈否定文, if 節で〉〔人・物〕に(..する)機会を与える. If *given half a* ～, he would steal all the money in the bank he works for. あいつはチャンスさえあれば, 自分の勤めている銀行の金をごっそり盗みかねないよ.

lèave .. to chánce ..を運に任せる. He planned painstakingly, *leaving* nothing *to* ～. 彼は入念に計画を立てて何事も運任せにはしなかった.

***on the chánce of* [*that*]..** ..を当てにして. I was waiting, just *on the* ～ ⌞*of* seeing her [*that* I might see her]. 彼女に会えるかもしれないと思って待っていました.

***on the óff chànce of* [*that*]..** ..の万一を頼みに. I sent him my book *on the off* ～ *that* he would read it. 彼が僕の本を読んでくれるとは思えなかったが, ひょっとしたらと思って送ってみた.

stànd a chánce →stand.

tàke a chánce (うまく行くかどうか分からないが)やってみる. He *took a* ～ investing his money in the new company. 彼はその新しい会社に投資してみた. *take a* ～ on ten years' imprisonment まかり間違えば10年の懲役を食う覚悟でやる.

tàke one's* [*the*] *chánce*(*s*)=*tàke chánces 運に任せてやってみる, 出たとこ勝負でやる. A prudent man *takes* no ～*s*. 慎重な人は事を成り行き任せにはしない.

── 形 〈限定〉偶然の, 思いがけない. a ～ acquaintance 偶然の知り合い. a ～ word その場でふと出た言葉.

── 動 (**chánc·es** /-əz/|過 過分 **～d** /-t/|**chánc·ing**) 自 〖章〗VA (**～ *to do***) 偶然に..する (★happen *to* do のほうが普通). I ～*d* to be there. 私は偶然そこに居合わせた.

── 他 〖話〗VO (**～ *doing***) ..することを思いきってやってみる. I'm ready to ～ los*ing* my job. 私は職をかける覚悟だ.

***chánce it*=*chànce one's árm* [*lúck*]** 一か八かやってみる. It sounds risky, but I'll ～ *it*. あぶなっかしい感じがするが, 運だめしにやってみよう.

***chánce on* [*upon*]..** 〔人, 物〕に偶然出会う, ..をふと見つける. She ～*d on* her father's unpublished poems after his death. 彼女は父の死後偶然彼の未発表の詩を見つけた.

It chánces that.. ..がたまたま起こる. *It* ～*d* (*that*) I was out when he called. 彼が電話して[訪ねて]きた時たまたま私は外出していた.

[<ラテン語 *cadere*「落ちる, (偶然)起こる」(の現在分詞)]

chan·cel /tʃæns(ə)l|tʃɑ́:n-/ 名 Ⓒ (教会堂の)内陣《祭壇の周りにあって牧師と聖歌隊の席; →church 図》. [<ラテン語「格子」]

chan·cel·ler·y /tʃæns(ə)ləri|tʃɑ́:n-/ 名 Ⓒ (複 **-ler·ies**) **1** chancellor の職[地位]. **2** chancellor の事務局[官庁]. **3** 〈単数形で複数扱いもある〉chancellor の事務局職員たち. **4** 大使[領事]館の事務局.

***chan·cel·lor** /tʃæns(ə)lər|tʃɑ́:n-/ 名 (複 **～s** /-z/) Ⓒ **1** 首相《ドイツ, オーストリアなどの》. **2** 〖英〗=Chancellor of the Exchequer. **3** 〖米〗大学総長《president という大学もある》; 〖英〗(大学の)名誉総長《皇族などが就任し, 実際の総長は vice-chancellor》. **4** 〖英〗大臣, 長官; (大使館などの)1等書記官. [<ラテン語「格子>(判事席を隔てる格子の近くにいた)廷吏」]

▷ **～·ship** /-ʃìp/ 名 U chancellor の職[任期].

Chàncellor of the Exchéquer 名 〈the ～〉〖英〗大蔵大臣.

chánce-mèd·ley 名 U **1** 〖法〗過失殺人. **2** 偶発的行為.

chan·cer·y /tʃæns(ə)ri|tʃɑ́:n-/ 名 (複 **-cer·ies**) **1** Ⓒ 〖米〗衡平法裁判所 (court of equity). **2** 〖英〗〈the C-〉大法官庁《High Court of Justice の一部》. **3** Ⓒ 公文書保管庁. **4** =chancellery 3.

in cháncery (1)〖レスリング・ボクシング〗頭を相手のわきの下にはさまれて, ヘッドロックされて, 《<訴訟が大法官庁に持ちこまれると長びいて困ることから》. (2) 絶体絶命の状態に陥って.

chan·cre /ʃæŋkər/ 名 U 〖医〗硬性下疳(げかん)《梅↑「毒の初期症状》.

chan·croid /ʃæŋkrɔid/ 名 U〖医〗軟性下疳(げかん) (**sòft cháncre**)《局部に軟らかい潰瘍(かいよう)ができる性病》. ── 形 下疳の.

chanc·y /tʃænsi|tʃɑ́:n-/ 形 e 〖話〗危なっかしい (risky); あてにならない (uncertain).

†**chan·de·lier** /ʃændəlíər/ 名 Ⓒ シャンデリア. [<ラテン語「ろうそく (*candēla*) 立て」]

Chan·dler /tʃændlər|tʃɑ́:n-/ 名 **Raymond ～** チャンドラー (1888–1959)《米国の推理小説家》.

chan·dler /tʃændlər|tʃɑ́:n-/ 名 Ⓒ **1** 〖米・英古〗ろ

うそく製造[販売]人. **2** ＝ship's chandler.

chan·dler·y /tʃǽndləri|tʃɑ́ːn-/ 名 (複 **-dler·ies**) 〖米・英古〗 **1** 〈普通 -ries〉 雑貨. **2** C ろうそく置場. **3** U ろうそく製造[販売]業; 雑貨商.

Cha·nel /ʃənél/ 名 **Coco** /kóukou/ ～ シャネル (1883–1971) 《フランスの服飾デザイナー; 香水製造でも世界的に有名》.

‡**change** /tʃeindʒ/ 動 (**cháng·es** /-əz/|過 過分 **～d** /-d/|**cháng·ing**) 他 【**変える**】 **1** を**変える**, 変更する, 改める, 〈*to* ..に〉; を**変化させる** 〈*into* ..に〉; (類語 「変える」の意味の最も一般的な語で, しばしば全体を根本的に変えて別のものにすること; →alter, modify, transfigure, transform, transmogrify, transmute, vary). Don't ～ your mind. 心変わりしないでください. He has ～*d* his name *from* Schmidt *to* Smith. 彼は姓をシュミットからスミスに変えた. The marriage ～*d* her *into* another woman. 結婚して彼女は別人のようになった. be a ～*d* man [woman] 人間がすっかり変わった, 別人のようだ.

2 〔乗り物〕を乗り換える. ～ trains *for* Nara at Nagoya 名古屋で奈良行きに乗り換える.

【**取り替える**】 **3** を交換する, (取り)替える, (exchange). The dancers ～*d* partners. 踊り手たちは相手を替えた. ～ this car *for* a bigger one この車をもっと大きな車に取り替える. ～ clothes for dinner 晩餐(さん)のために服を着替える. get ～*d* 着替える. ～ seats *with* a person 人と席を交換する. ～ gears ギアを入れ替える.

4 〔金〕を両替する 〈*into, for* ..に〉; を小銭にくずす. ～ a check 小切手を現金に換える. Can you ～ this bill (for me)? このお札をくずしてくれませんか (語法 Can you ～ *me* this bill? と, VOO 型を使うこともある). Where can I ～ my pounds *for* [*into*] dollars? ポンドからドルへの両替はどこでしてもらえますか.

―― 自 **1** 変わる, 改まる, 〈*into, to* ..に〉. The weather ～*d* suddenly. 天気が急変した. She's ～*d* a lot during the last few years. 彼女はここ数年で大きく変わった. These caterpillars will ～ *into* butterflies. これらの毛虫は蝶(ちょう)に変わるだろう. Her laugh ～*d into* a hysterical shriek. 彼女の笑い声はヒステリックな金切り声に変わった.

2 (交通信号などの)色が変わる 〈*to* ..に〉. Wait until the traffic lights ～ (*to* green). 信号灯の色が(緑に)変わるまで待ちなさい.

3 着替え[はき替え]をする 〈*out of* ..から/*into* ..に〉; 乗り換える 〈*for* ..〔..行き〕に/*to* ..〔..線〕に〉. ～ before the party パーティーに行く前に着替える. ～ *out of* the boots *into* slippers ブーツをスリッパにはき替える. All ～! 皆さんお乗り換えです. ～ *for* Nara 奈良行きに乗り換える. ～ *to* the Keio line 京王線に乗り換える.

4 ギアを入れ替える. ～ up [down] 高速[低速]ギアに切り替える.

chànge a báby おしめを取り替える.

chànge a béd ベッドのシーツなどを取り替える.

chànge /../ aróund [***róund*** ↓]

chànge báck (1) 戻る 〈*into, to*..〔元の状態など〕に〉. (2) また着替える. 〈*into*..〔前の服〕に〉.

chànge /../ báck (1) ..を元(の状態など)に戻す. (2) 〔通貨〕を元に替える. ～ dollars *back into* yen ドルを元(と同額)の円に替える.

chànge for the bétter [***wórse***] よい[悪い]方に変わる, 好転[悪化]する.

chànge óff 〔2人が〕仕事などを交替でやる; 〔1人が〕交互に2つの事[仕事]をやる.

chánge onesèlf 〖スコ〗 着替えをする.

chànge óver (1) 立場などを入れ代わる, 交替する. (2) 移る 〈*to*..〔別の場所〕へ〉; 移行する, 切り替える, 〈*to*..〔別の制度など〕へ〉. ～ *over to* socialism 社会主義に移行する.

chànge pláces (***with*** ..) (..と)席[立場]を交換する.

chànge róund ＝CHANGE over (1).

chànge /../ róund 〔家具など〕の配置替えをする; 〔部屋など〕を模様替えをする.

―― 名 (複 **cháng·es** /-əz/) **1** UC **変化**; 変更; 変遷. a ～ for the better [worse] 改良, 好転, [悪化]. a sudden ～ in his features 彼の顔つきの突然の変化. a gradual [drastic] ～ in the weather 天候の徐々の[急激な]変化. There has been little ～ in his condition since yesterday. きのうから彼の容体に変化はほとんどない.

> 連結 a great [a momentous; a fundamental; a complete, a radical, a sweeping; a marked, a striking; a necessary, a welcome; a slight, a subtle] ～ // make [bring about, work; cause; undergo] a ～ // a ～ occurs [takes place]

2 C **気分転換**; 転地. Your wife badly needs a ～. 奥さんには気分転換が絶対必要です. →change of air.

3 C **取り替え**, 交換; 着替え; 乗り換え. a ～ of address 住所の変更. make a ～ in the cast 配役を変更する. a ～ of clothes 着替え(の衣服). The trip requires four ～*s*. その旅程では4度乗り換えが必要だ. We've seen no ～ of government for over ten years. 10年以上も政権は交代していない.

4 U **つり銭**; (両替した)**小銭**; 〖俗〗 金. Can you give me ～ for a ten-dollar bill? 10ドル札をくずしてもらえますか. Keep the ～. つりはとっといてください. small ～ in copper 銅貨の小銭. **5** 〈the ～〉 〖話〗 ＝change of life. **6** U 〖英史〗 〈多く C- 又は 'C-〉 取引所. **7** U 〖俗〗 貴重な[有益な]情報. **8** U 〖古〗 死.

.. and chánge 〖俗〗 〈金額などの端数を示す〉 ..(と)少々. This cost ten bucks [quid] *and* ～. これは10ドル[ポンド]数セント[ペニー]した. for a month *and* ～ 1か月少々の間.

for a chánge 気分転換に, 変化をつけるために, 今までと変えて. eat at a Chinese restaurant *for a* ～ 趣向を変えて中華料理店で食事をする.

gèt nò chánge out of a pérson 〖英話〗 (取引, 議論などで)人から何も聞き出せない; 人に勝てない; 《change は「つり銭」》.

màke a chánge 〖話〗 今まで[いつも]と違う 《よくなったなど》; 気分転換になる. "Ben wasn't late today." "Well, that *makes a* ～." 「ベンは今日は遅刻じゃなかったよ」「あら, 珍しいわね」

rìng the chánges やり方をいろいろ変えてやる 〈*on* ..を〉, 言い方を変えて繰り返す 〈*on* ..〔同じ内容〕を〉, (→change ringing). The President continued to *ring the* ～*s on* the same old theme. 大統領は相も変わらず同じ題目について手を替え品を替えて話し続けた.

[＜ラテン語 *cambire* 「交換する」]

chànge·a·bíl·i·ty 名 U 変わりやすさ, 変わりやすい性質; 不安定.

†**change·a·ble** /tʃéindʒəb(ə)l/ 形 **1** 変わりやすい; 不安定な; 気まぐれな. ～ weather 変わりやすい天気. **2** 変えられる. a ～ schedule 変更可能の日取り. **3** (光線や向きによって)色が変わって見える. ▷**-bly** 副 **～·ness** 名

change·ful /tʃéindʒf(ə)l/ 形 変化に富む, 変わりやすい, 一定しない. ▷**～·ly** 副

chánge·less 形 〖章〗 変わらない, 変化のない, (unchanging); 一定の, 定まった. ▷**～·ly** 副 **～·ness** 名

change·ling /tʃéindʒliŋ/ 名 C 〖章〗 取り替えっ子, すり替えられた子, 《＜昔の民話で妖(よう)精がさらった子の代わりに置いていくと伝えられる, 普通, 醜い愚かな妖精の子》.

chànge of áir [**clímate, scéne**] 名 C 〈単数形で〉 転地. Take a week off and get [enjoy] a ～.

1 週間休暇をとって転地でもしなさい.

chànge of héart 名 C 〈単数形で〉(普通, 好ましい方向への)気持ちの変化. have a ～ 気が変わる.

chànge of lífe 名 〈the ～〉(女性の)更年期 (menopause).

chànge of páce 名 C **1** 平常の調子[速度]を変えてみること; 気分転換. **2**〖野球〗＝change-up.

chánge·òver 名 C **1** (政策, システム, 方法などの)転換, 切り替え, 変更. the ～ *from* gas *to* electric power ガスから電力への切り替え. **2**〖スポーツ〗(ハーフタイムの)コートチェンジ. **3**〖リレー〗バトンタッチ; バトンタッチゾーン.

chánge pùrse 名 C〖米〗小銭入れ.

chánge rìnging 名 U 転調鳴鐘法《ひと組の鐘をいろいろ順序を変えて鳴らすこと》.

chánge-ùp 名 C〖野球〗チェンジアップ《速球と同じ動作で投げる緩い球》.

chang·ing /tʃéindʒiŋ/ 名 U 変[代]える[わる]こと.

chánging ròom 名 C〖英〗(運動場などの)更衣室 (locker room)《普通, シャワー, ロッカーなどの設備がある》.

⁑**chan·nel** /tʃǽnl/ 名 (複 ～s /-z/) C **【水路】1 水路**《川, 港湾などで船の通行のために深く掘った所》; 導水路[管] (conduit); (道路の)排水溝. **2** 河床, 川底.
3 海峡 (類語 strait より幅が広い). the *Channel*＝the English Channel. **4** (柱, 敷居などの)溝; (畑の)長く鋤(す)ですいた跡.
【経路】5 (報道, 外交, 伝達などの)**ルート, 手段,** 経路; (行動, 思考などの)方向, 路線. diplomatic [official] ～*s* 外交[公式]ルート. the ～ through which I got this news この報道を入手した経路. a ～ of command 指揮系統. **6**〖放送〗**チャンネル**; 周波数帯;〖電算〗通信路. keep switching ～*s* on TV テレビのチャンネルを次から次へ変える. change the ～〖米話〗チャンネルを変える; 話題を変える.
── 動 (～s|〖英〗-ll-) 他 **1** に水路[道]を開く, 溝を掘る. Streams from the melting snow ～*ed* the hillside. 雪解け水が山腹に溝を作って流れた.
2 を水路[経路]によって運ぶ; VOA (～ X *through*..) X (情報, 資金など)を..を通して送る; (～ X *into, to*..) X (資金, 精力など)を..に向ける, 導く, 注ぐ. ～ more money *into* welfare 福祉にもっと金をつぎ込む. **3**〔霊, 宇宙人など〕と交信する.
chànnel /../ óff (1)〔水〕を(水路で)排水する. (2)〔資源など〕を消耗する. [＜ラテン語 *canālis*; →canal]

chánnel·(l)er 名 C 霊媒, 宇宙人との交信者.

chánnel-hòpping〖英〗, **-sùrfing**〖米〗名 U (テレビの)チャンネルを次々と変えること.

chánnel·(l)ing 名 U 霊[宇宙人]との交信.

Chànnel Íslands 名 〈the ～〉チャネル諸島《イギリス海峡にある英領の島々》.

Chànnel Túnnel 名 〈the ～〉海峡トンネル《イギリス海峡の地下を貫通してイギリスとフランスをつなぐ; 1994 年開通》.

chan·son /ʃǽnsən|ʃɑːŋsɔ́ːŋ/ 名 C シャンソン, (フランス風の)歌. [フランス語 'song']

†**chant** /tʃænt|tʃɑːnt/ 名 C **1** (単調な)歌; 聖詠歌《一定のリズムで単調に繰り返される旋律; 聖歌などを詠唱する時に用いる》; 詠唱調. **2** (鳥, 虫などの)歌. the ～ of morning birds 朝の鳥のさえずり. **3** シュプレヒコール.
── 動 他 **1** を歌う, 詠唱する. **2** VO (～ X/"引用") X を/「..」という言葉を同じ調子で繰り返す; X (スローガンなど)を/「..と」シュプレヒコールする. ～ the praises of .. を絶えず褒める. ～ about reform 改革, 改革と念仏のように唱える. The crowd was ～*ing*, "We love Jimmy!" 群衆は「ジミーが大好き」とシュプレヒコールしていた. ── 自 **1** 歌う; 詠唱する. **2** シュプレヒコールする. [＜ラテン語 *cantāre*「(繰り返し)歌う」]

chánt·er 名 C **1** 詠唱者. **2** 聖歌隊のリーダー; 聖歌隊員. **3** (バグパイプの)主管《メロディを奏する》.

chan·tey /ʃǽnti, tʃǽn-/ 名 (複 ～s) C〖米〗船歌《shanty, chanty ともつづる; もとは作業をしながら調子をつけて歌った》.

chan·ti·cleer /tʃǽntəklíər/ 名 C〖雅〗おんどり《物語などで擬人化して用いられる名称》.

chan·try /tʃǽntri|tʃɑ́ːn-/ 名 (複 -tries) C **1** 寄進, お布施, 《ミサの祈禱(とう)料として寄付する》. **2** (寄進で建立された)特別礼拝堂 (**chántry chàpel**).

chan·ty /ʃǽnti/ 名 (複 -ties) ＝chantey.

Cha·nu·kah /hɑ́ːnəkə/ 名 ＝Hanukkah.

⁑**cha·os** /kéiɑs|-ɔs/ 名 U **1 大混乱,** 混雑, 無秩序, (類語 収拾がつかないほどの混乱で, confusion より強意的; →disorder). in a state of total [utter] ～ すっかりごったがえして. The entire theater turned to ～ when someone cried "Fire!". だれかが「火事だ」と叫んだら劇場全体が大混乱に陥った. **2** 混沌(とん)《天地創造以前の状態; ↔cosmos》. [ギリシア語「深淵」]

†**cha·ot·ic** /keiɑ́tik|-ɔ́t-/ 形 混乱している, 無秩序な; 混沌(とん)とした. The tsunami left the town in a ～ condition. 津波が来て町は手のつけられない状態になった. ▷**cha·ot·i·cal·ly** /-k(ə)li/ 副

***chap**[1] /tʃæp/ 名 (複 ～s /-s/) C〖話〗**やつ,** 男, (boy, fellow, man, guy). How are you, old ～? やあ君, 元気かい. an odd sort of ～ おかしなやつ. [＜*chap*man]

chap[2] 名 C 〈普通 ～s〉ひび, あかぎれ; (地面などの)ひび割れ. ── 動 (～s|-pp-) 他〔手, 唇など〕にひびを切らす.
── 自 ひびが割れる. [＜中期英語「切る」]

chap[3] 名 C 〈普通 ～s〉あご; 口; くびからの垂れ肉.
flàp [*bèat*] *one's cháps*〖俗〗立て続けにまくしたてる.
lìck one's cháps〖俗〗(うまそうに)舌なめずりする〈*over* ..に〉.

chap. chapel; chaplain; chapter.

chap·ar·ral /tʃæ̀pərǽl, ʃæ̀p-/ 名 C〖米〗(常緑カシなどの)茂み《米国南西部, 乾燥地帯の》.

cha·pa(t)·ti /tʃəpɑ́ːti/ 名 (複 ～(e)s) C チャパティ《インドの酵母を入れない丸い扁平なパン》.

cháp·bòok 名 C **1**〖史〗行商本《物語, 俗謡, 小論などを載せた小冊子; 昔 chapman (行商人)が売り歩いた》. **2**〖米〗小冊子, パンフレット, 〔特に, 詩の〕.

cha·peau /ʃæpóu/ 名 (複 ～x /ʃæpóu, -póuz/, ～s /-z/) C〖話・戯〗帽子. [フランス語; 日本語「シャッポ」のもと]

***chap·el** /tʃǽp(ə)l/ 名 (複 ～s /-z/) C **1** (学校, 病院, 刑務所などの)**付属礼拝堂,** チャペル; (教会の)礼拝堂[室].
2 〈普通, 無冠詞〉礼拝堂での礼拝式. Students should attend ～. 学生は礼拝に出席すること. **3**〖英〗(非国教派の)教会(堂) (→church 1);〖英話〗〈叙述形容詞的〉非国教徒で. **4** 〈単数形で複数扱いもある〉印刷[新聞]の組合《Caxton が Westminster 寺院付近の chapel で印刷を始めたことから》. [＜中世ラテン語「(小さな)外套」;「礼拝堂」の意味は 4 世紀フランスの司教 St. Martin の外套が聖堂に安置されたことから]

†**chap·er·on(e)** /ʃǽpəròun/ 名 C シャペロン, 付き添い婦人, 《若い未婚女性が社交の会に出る時などに付き添う年長の婦人》; 若い男女の監督役. ── 動 他〔若い女性〕に付き添う, の介添をする. ── 自 介添役をつとめる. [フランス語「小さな頭巾＞保護(者)」]

cháp·er·òn·age /-nidʒ/ 名 U 付き添うこと.

cháp·fàllen 形〖話〗(あごを落として)しょげている, 元気のなくなった.

†**chap·lain** /tʃǽplən/ 名 C チャペル付き牧師[司祭]; 従軍牧師; (刑務所の)教戒師. [＜中世ラテン語「St. Martin の外套の管理者」; →chapel] ▷**～·ship** 名

chap·lain·cy /tʃǽplənsi/ 名 (複 -cies) C chaplain の職; chaplain が働く建物.

chap·let /tʃǽplət/ 名 C **1**〘雅〙花の冠[頭飾り]. **2**〘カトリック〙祈禱(きとう)用短数珠《玉数が rosary の3分の1》; (それをつま繰りながら唱える)ロザリオの祈り.

Chap·lin /tʃǽplən/ 名 **Charles Spencer ～** チャップリン(1889–1977)《英国生まれで, 主に米国で仕事をした喜劇映画俳優・監督》.

C

chap·man /tʃǽpmən/ 名 (複 **-men** /-mən/) C〘英史〙行商人 (pedlar). [＜古期英語 (＜*ċeap*「売買」(→cheap)＋*man* 'man')]

chaps /tʃæps, ʃæps/ 名〈複数扱い〉チャプス《カウボーイが乗馬の時などに用いる丈夫な革製のズボンカバー》.

‡chap·ter /tʃǽptər/ 名 (複 **～s** /-z/) C【区分】 **1** (書物, 論文などの)**章**. the third ～＝～ three 第3章. **2**【生涯の区分】(生涯, 歴史上の)**重要な時期**[出来事]; 話題, エピソード. The birth of the baby was a new ～ in her life. その子供の誕生は彼女の人生の新しい章の始まりであった.

【組織】 **3**〘主に米〙地方支部, 分会. **4**〈単数形で複数扱いもある〉司教座聖堂参事会《dean と canons より成り, cathedral を運営する》; その会合.

a chàpter of áccidents〘英〙一連の不幸な事件.

chàpter and vérse 正しい出典〈*for* ..の〉《聖書の何章 (chapter) 何節 (verse) からと明示するように》; 正確な根拠. give ～ *and verse for* a statement 陳述の正確な出処を明らかにする.

[＜ラテン語「小さい頭 (*caput*)」]

Chàpter 11 /-ilévn/ 名 U〘米〙(破産法の)"第11章"《会社更生法を記載した部分》.

chápter hòuse 名 C 参事会会場;〘米〙(大学同窓会などの)支部会館.

†char[1] /tʃáːr/ 動 (**～s**|**-rr-**) 他 を焦がす, 黒焦げにする; を炭にする. **──** 自 焦げる; 炭になる. [＜*char*coal]

char[2]〘英旧〙名 ＝charwoman.

── 動 (**～s**|**-rr-**) 自 (日雇いで)雑役をする.

char[3] 名 U〘英旧話〙茶 (tea). [中国語]

char·a·banc /ʃǽrəbæ̀ŋ/ 名 C〘英旧〙(大型で1階の)観光バス (★現在は coach が普通). [フランス語 'car with benches']

‡char·ac·ter /kǽrəktər/ 名 (複 **～s** /-z/)【特徴】

1 UC (人や物の)**特徴**, 特質, 特性; **性格**, **性質**;〘生物〙形質; (類語 いくつかの characteristics が集まってできる全体としての性格; 人の場合, 人物評価の基準となる全体としての道徳的な人格, 従って character を2つ持てば2重人格となり, この点が characteristic と異なる; →characteristic, disposition, individuality, nature, personality, temperament, trait). the national ～ 国民性. of an international ～ 国際的性質の. a picture of no ～ 特徴のない絵. a place of questionable ～ いかがわしい場所. hereditary [inherited] ～*s*〘生物〙遺伝形質. Recent development has completely changed the ～ of the town. 最近の開発でその町の性格は全く変わった.

> 連結 a good [a fine, an honest, an upright; a dishonest, a low, a mean; a strong; a weak; a gentle, a kind; a brutal, a cruel; a cheerful; a gloomy] ～ // have [possess; reveal, show; assume] a ～

2【(優れた)性格】 U **品性**, 徳性; **気骨**, 精神力; 高潔さ. a man of ～ 人格高潔な人.

> 連結 develop [form, improve] one's ～

3【性格の評価】 C **名声**, **評判**. get a good [bad] ～ よい[悪い]評判をとる. clear one's ～ 身の明かしを立てる. The family's ～ was greatly damaged. 一家の名声は大いに傷ついた. He has gained the ～ of a miser. 彼はけちんぼうだという評判が立っている.

4 C 〘英旧〙(雇い主が旧使用人に与える)人物証明書 (→reference 4).

【性格の持ち主】 **5** C〈修飾語を伴って〉(..な)人物;〘話〙変わり者. a great historical ～ 歴史上の大人物. a real ～ 実在の人物. a trustworthy ～ 信頼できる人物. He's quite a ～. 彼は大した人物[全く変人]だ.

6【性格＞役割】 C (劇, 小説の)**登場人物**, (漫画の)キャラクター; (劇の)役. the leading ～ of the play 劇の主人公.

> 連結 a major [a minor; an engaging, a rounded, a sympathetic, a vivid, a well-drawn; a colorless, a flat, a wooden; a stereotyped; a stock] ～

7 U 資格, 身分. in his ～ *as* ambassador 大使としての資格で.

【特徴ある印】 **8** C **文字**, 記号; 字体. Chinese ～*s* 漢字. print in large ～s 大きな文字で印刷する.

◇形 characteristic 動 characterize

in cháracter 似合った; 役にぴったりはまった. That kind of generosity is right *in* ～ for [with] him. そういった寛容さはいかにも彼らしい.

in the cháracter of.. ..の資格で; ..の役割で.

out of cháracter 柄にない; 役に不向きな. He was panicked by the accident and did something quite *out of* ～. 彼は事故で動転して全く彼らしくない事をしてしまった. [ギリシア語「印刻の道具＞刻印＞特徴」]

cháracter àctor[**àctress**] 名 C (特殊)性格俳優《変人, 奇人役を演じる》.

chàracter assàssinátion 名 UC 誹謗(ひぼう), 中傷, 《＜評判を闇(やみ)に葬ること》.

chár·ac·ter·ful 形 面白い, 個性的な, 変わった.

‡char·ac·ter·is·tic /kæ̀rəktərístik ⑱/ 形 m (物や人の)**特徴**[**特質**]**を示す**; **特有の**, 独特の, 〈*of*..に〉. his ～ tones 彼特有の語調. His ～ kindness often backfired on him. 彼の性格である親切さはしばしば裏目に出(て彼は被害を受け)た. It was ～ *of* him that he didn't reveal his plan to anyone. だれにも自分の計画を漏らしたことがないのが彼の特徴だった. pronunciation ～ *of* Americans アメリカ人特有の発音.

── 名 (複 **～s** /-s/) C〈普通 ～s〉**特徴**, 特質, 特性, (類語 character を構成する個々の特質). a marked [striking] ～ 著しい特徴. one of the ～s of Byron's poems バイロンの詩の特徴の1つ.

> 連結 distinctive [distinguishing; dominant, salient; essential] ～*s* // have [bear, possess; display] ～*s*

char·ac·ter·is·ti·cal·ly /kæ̀rəktərístik(ə)li/ 副 特色を表して, 特徴として; いかにもその人らしい事だが. He was ～ taciturn when we saw him. 私たちが会った時彼はいかにも彼らしく口数が少なかった. a scribble ～ his own 彼独特の走り書き.

†chàr·ac·ter·i·zá·tion 名 U 特徴の描写[記述]; (劇や小説での)性格描写.

***chár·ac·ter·ìze** /-ràiz/ 動 (**～iz·es** /-əz/|過 過分 **～d** /-d/|**-iz·ing**) 他 **1** の性格描写をする; VOA (**～ X *as* ..**) **Xを..と性格づける**. I would ～ him *as* the biggest liar in town. 彼は町一番の大ぼら吹きであると私は言いたい. **2**〘章〙の特徴である, を**特徴づける**, 〈しばしば受け身で〉. Sharp eyes ～ his features. 鋭い目が彼の顔だちの特徴だ. His style is ～*d by* brevity. 彼の文体の特色は簡潔なことである.

chár·ac·ter·less 形 特徴のない, 何の変哲もない.

chàracter mérchandise 名 C キャラクター商品.

cháracter rèference 名 C 人物証明書, 推薦「状.

chàracter skètch 名 C 短くまとまった性格描写；(舞台などでやる短い)人まね，人物描写.

†cha·rade /ʃəréid|-rɑ́:d/ 名 **1** (**a**) 〈~s; 単数扱い〉シャレード《寸劇による言葉当て遊び；数人で行う「ジェスチャー」ゲーム》. (**b**) C このゲームの身ぶり；身ぶりで表す問題の語句. **2** C (みえすいた)虚偽の芝居，みせかけ. The whole thing is a ~, designed to fool us. それは全部我々をだますために仕組まれた芝居だ. [＜プロヴァンス語「おしゃべり」]

chár·bròil 動 他 〖米〗〔肉〕を炭火焼きにする.

†char·coal /tʃɑ́:rkòul/ 名 **1** U 木炭，炭；C (絵画用)木炭筆. **2** C 木炭画 (**chàrcoal dráwing**). **3** U チャコールグレー (**chàrcoal gráy**)《濃灰色》. [＜中期英語「炭 (coal) に変わった木」]

chárcoal bùrner 名 C 炭焼き《人》；木炭こんろ.

chard /tʃɑ:rd/ 名 UC フダンソウ，トウジシャ，(Swiss chard)《食用野菜》.

‡charge /tʃɑ:rdʒ/ 動 (**chárg·es** /-əz/|過 過分 ~**d** /-d/|**chárg·ing**) 他 【支払いの義務を負わせる】 **1** (**a**) 〔代価，料金など〕を**請求する**；〔人〕に請求する；〈*for* ..に対して/*to* do ..するのに〉. They ~*d* 200 dollars a month *for* room and board [*to* rent me the apartment]. 部屋代と食事代で[そのアパートを貸してもらうのに]ひと月200 ドル請求された. We don't ~ anything *for* service. サービスの料金はいただきません. Did they ~ you *for* delivery? 配達料を取られましたか. ~ a person *for* the broken vase 人に壊した花瓶代を請求する.
(**b**) 〔税など〕を課する〈*on* ..に〉. ~ a tax *on* wine ワインに課税する.
(**c**) VOO (~ X Y) X (人)に Y (代価など)を**請求する**〈*for* ..に対して〉. They ~*d* me twenty dollars *for* the dictionary. 本屋はその辞書の代金 20 ドルを私に請求した. (**d**) VOA (~ X ***to, against..***) X を..の借り方に(記入)する，X (の費用)を..の負担とする[として処理する]. Please ~ it (*up*) *to* her (account). それを彼女の勘定につけておいてください. (**e**) を付けにして買う〈*on* ..〔カードなど〕で〉；〖米〗をクレジットカードで買う[払う]. ~ a camera カメラを付けで買う. I ~*d* the PC *on* Amex. そのパソコンはアメックスで買った. "Cash?" "No, I'll ~ it." 「現金ですか」「いや，カードで払います」
【罪を負わせる】 **2** (**a**) 〔警察などが〕を(正式に)告発，告訴する；VOA (~ X ***with*** (*doing*) ..) X を..(したこと)で告訴[告発]する，公式に非難する；〖章〗 VO (~ ***that*** 節) ..だと法廷で主張する，非難する. He was ~*d with* tak*ing* a bribe of half a billion yen. 彼は 5 億円の収賄罪で告発された. He ~*d* me *with* dishonesty. 彼は私を不正直だと言ってとがめた. The students ~*d that* the police were brutal. 学生たちは警官隊が残忍だと非難した. (**b**) VOA (~ X ***to, on..***) X (物事)を..の責任[せい]にする. He ~*d* (*off*) the accident *to* my carelessness. 彼はその事故を私の不注意のせいにした.
3 【非難する＞攻撃する】 を**襲う**，に突撃する；〖スポーツ〗に体当たりする《反則になる競技もある》；〔銃など〕を構える. ~ the rebels 反徒に突撃する.
【責任を負わせる】 **4** 〖章〗 VOA (~ X ***with*** (*doing*) ..) X (人)に..(すること)の**義務**[**責任**など]を**負わせる**；X (人)に〔管理，世話など〕を委託する，ゆだねる；〈しばしば受け身で〉. He is ~*d with* guard*ing* the VIP. 彼にはその要人を護衛する任務がある. She ~*d* herself *with* management of the firm. 彼女はその会社の経営を引き受けた.
5 VOO (~ X ***to*** *do*) X (人)に..せよと命じる (類語 責任を負わせることを含む; →order). I am ~*d to* give you this message. あなたにこの伝言を伝えるように申し付けられました.
【荷を負わせる＞内容を満たす】 **6** (**a**) 〈普通，受け身で〉に**詰める**[**充塡**(じゅうてん)**する**]〈*with* ..を〉；に通す〈*with* ..〔電気など〕を〉；〔場所など〕をみなぎらせる〈*with*..〔ある感情，熱気など〕で〉. ~*d with* moisture 湿気をたっぷり含んで[だ]. The wire is ~*d with* electricity. その線には電気が通じている. a voice ~*d with* suppressed merriment おかしさを押し殺した声. The theater was ~*d with* eager anticipation. 劇場は今か今かという(役者などの登場を待つ)期待一色に包まれていた. (**b**) に充電する；〖英章〗〔グラス〕になみなみと(酒など)をつぐ；〖旧〗〔銃砲〕に弾丸を込める. ~ (up) a shaver 電気かみそりに充電する. Let's ~ our glasses and drink a toast to Mr. and Mrs. Spencer. 杯に酒を満たし，スペンサー夫妻のために乾杯しましょう. **7** 〖紋章〗に紋章をつける〈*with*..の〉.
8 〖米〗(図書館などで)〔本〕の貸出し記録をする，を貸りる，〈*out*〉.
── 自 **1 料金**[**代金**]**を請求する**〈*for* ..の〉. ~ *for* admission 入場料を取る. **2 攻撃する**；突撃する；〈*at*, *toward* ..に(向かって)〉；VOA 突進する，駆け[飛び]込むなど. A dog suddenly ~*d at* the infant. 犬が突然幼児に襲いかかった. The mobs ~*d into* the grounds of the palace. 群衆は宮殿の庭園へなだれ込んだ. ~ *up* the stairs 階段を駆け上る. ~ *about* [*around*] (用事などで)あちこち駆けずり回る. ~ *off* (急いで)走り去る. **3** 〔電池などが〕充電される. **4** 〔猟犬が〕(命令されて)うずくまる.
chàrge /../ óff (1) →他 2 (b). (2) ..を(帳簿上)欠損などとして処理する；を処理する〈*as*..〔必要経費など〕として〉.
chàrge /../ úp (1) →他 6 (b). (2) 〖米話〗..を興奮[熱狂]させる；..を麻薬でぼうっとさせる. (3) 〖米〗〔クレジットカード〕を限度額いっぱい使い切る.
── 名 (複 **chárg·es** /-əz/) **1** C **請求金額**[**代金**]，**費用**；(費用の)負担，税金. doctor's ~*s* 医療代. a 10 percent service ~ 1 割のサービス料. the list of ~*s* 料金一覧表. levy [impose] a ~ *upon* an estate 財産に課税する.
2 C **非難**，問責；(罪の)告発；罪，罪状. He denied the ~ that he had cheated on the exam. 彼は試験でカンニングをしたという罪を否認した. the general ~ *against* the strike ストライキに対する一般の非難. bring a ~ *against* the city 市当局を告発する.

> 連結 a false [a baseless, a groundless] ~ // make [level; prove; face; dismiss; drop, withdraw; repudiate; refute] a ~; prefer [press] ~s

3 C 突撃；突撃の合図[らっぱ].
4 U **監督**，管理；**保護**，世話；**責任**；**委託**. I gave him ~ of our children. 彼に子供たちの監督[世話]を頼んだ. a shop *under* my ~ 私が任せられている店. undertake the ~ of ..の保護[世話]を引き受ける. leave the management to his ~ 経営を彼に任せる.
5 C **委託物**，預かりもの；(世話を)託された人. a nurse and her young ~*s* 保母とその託された子供たち.
6 C 命令，指令，勧告，〈*to* ..への/*to* do ..せよとの〉.
7 U 〖法〗(裁判官が陪審団に対して行う)説示.
8 UC (1 発分の)弾薬の装塡(てん)，たまごめ；〖電〗電荷 (electric charge)；充電. **9** UC (感情を喚起する)力；〖話〗(強い)刺激. **10** C 〖紋章〗(盾の)図形，紋様.
11 C 〖米話〗快感，スリル. get a ~ *out of* .. が楽しい，に楽しみ[スリル]を感じる. **12** 〖俗〗 C 薬物の 1 服[注射]，それによる快感；UC マリファナ(たばこ).
(***be***) ***frèe of chárge*** 無料で(ある). Catalog *free of* ~. カタログ(は)無料(です).
give .. in chárge 〖主に英〗を警察に引き渡す.
hàve chárge of .. ..を引き受けて[預かって，管理して]いる. She *has* ~ *of* the first-year class. 彼女は 1 年生の担任だ. He *has* ~ *of* the store. 彼はその店を任されている.
in chárge (***of..***) (1) (..を)担任[担当]して(いる)，(..を)管理して(いる). the man who is *in* ~ *of* repairs 修

理を担当している人. (2) (..に)責任を持って(いる). take a child *in* ～ 子供の世話を引き受ける. an officer *in* ～ 担当の役人. (3) ＝in the CHARGE of *a person*.

in the chàrge of a pérson*＝*in a pèrson's chárge 人に預けられて(いる), 人に管理されて(いる). The new branch is *in* Mr. Smith's ～. 新支店はスミス氏が管理している.

làу .. to a pèrson's chárge ..を人の罪であるとして告発する.

on a [the] chárge of .. ..の罪[嫌疑]で. be arrested *on a* ～ *of* theft 盗みの嫌疑で逮捕される.

retùrn to the chárge 議論などをやり直す.

revèrse the chárges →reverse.

tàke chárge of .. ..を担当[担任; 支配]する.

[＜後期ラテン語「車 (*carrus*) に荷を積む」]

chárge·a·ble 形 **1** 〔税, 責任, 負担, 費用などが〕課せられる[負わされる]べき 〈*on, to* ..に〉. the expense ～ *on* him 彼が負うべき費用. **2** 〔人が〕負わされるべき 〈*with* ..〔罪, 非難など〕を〉; 告発されるべき 〈*with* ..で〉. a ～ offense 告発されるべき罪. be ～ *with* bribery 贈[収]賄で告発されるべきである.

chárge accòunt 名 C 〖米〗掛け売り勘定 (〖英〗 credit account).

chárge-càp 動 (～s|-pp-) 他 〖英〗〔中央政府が, 地方自治体〕に(懲罰的に)交付金減額をする.

chárge càrd [plàte] 名 C (特定の店で使える)クレジットカード.

charged 形 **1** 電気を帯びた; (バッテリーなどが)充電された. a fully ～ battery いっぱいに充電したバッテリー. **2** 〈普通, 副詞を伴って〉 熱烈な; 感情[緊張]の高まった; 論争を招きそうな. a highly ～ political question [atmosphere] 議論が沸騰しそうな難しい政治問題[一触即発の雰囲気].

char·gé (d'af·faires) /ʃɑːrʒèi(-dəféər)|ʃɑ́ːʒei (-dæ-)/ 名 (複 **chargés (d'affaires)** /-ʒèi(z)-|-ʒei(z)-/) C **1** 代理大[公]使. **2** 公使代弁《大使・公使のいない国に置く》. [フランス語 'entrusted (with affairs)']

chárge hànd 名 C 〖英〗班長《職長 (foreman) に次ぐ身分の工員》.

chárge nùrse 名 C 〖英〗(病棟の)看護婦長. (↔ sister); 病棟主任看護士.

charg·er¹ /tʃɑ́ːrdʒər/ 名 C **1** 突撃する人[もの]. **2** 〖雅〗軍馬. **3** (バッテリーの)充電器.

charg·er² 名 C 〖古〗大皿.

chárge shèet 名 C 警察の事件記録簿.

chár-grìlled 形 〔肉, 魚が〕炭焼きの.

char·i·ly /tʃé(ə)rili/ 副 注意深く; けちけちと.

char·i·ness /tʃé(ə)rinəs/ 名 U 慎重さ; けちけちしていること.

Chàr·ing Cróss /tʃæriŋ-/ 名 チャリングクロス《ロンドン中央部トラファルガー広場東側の一区域; そこから北上するのが **Chàring Cross Róad** で, (古)書店が多い》.

†**char·i·ot** /tʃæriət/ 名 C **1** 〖史〗戦車, チャリオット, 《古代の 2 輪馬車; 戦闘・競走・行進用; 2–4 頭の馬に引かせ, 御者は立った姿勢のまま》. **2** (18 世紀頃の)軽 4 輪馬車《遊覧, 儀仗(ぎじょう)用》. **3** 〖話〗豪華な馬車. [＜古期フランス語「大きな車, 荷馬車」]

char·i·ot·eer /tʃæriətíər/ 名 C **1** 戦車[馬車]の御者. **2** 〈the C-〉〖天〗御者座 (Auriga).

†**cha·ris·ma** /kərízmə/ 名 (複 **～s, cha·ris·ma·ta** /-tə/) UC **1** 教祖的指導力, カリスマ性, 《大衆を自分に心服させる不思議な魅力》. Winston Churchill was a statesman of great ～. チャーチルはカリスマ性を多く持った政治家だった. **2** 〖神学〗神から授けられた超能力, カリスマ. [ギリシア語「贈り物, 神の恩寵」]

char·is·mat·ic /kærəzmætik ⊛/ 形 **1** 教祖的な力を持った, カリスマ性のある. **2** 〖キリスト教〗カリスマ派[運動]の《病気を治すなどの超能力が神から授けられると信ずる》.

***char·i·ta·ble** /tʃærətəb(ə)l/ 形 **1** 寛大な, 寛容な. a ～ remark (人に対して)思いやりのある言葉. **2** 慈悲深い 〈*to, toward* ..に対して〉. be ～ *to* the poor and needy 貧困者を進んで援助する. **3** 〈限定〉 慈善の(ための). a ～ institution 慈善施設. work for ～ causes 慈善運動のために働く. ▷ **～·ness** 名 **-bly** 副 寛大に; 慈悲深く.

***char·i·ty** /tʃærəti/ 名 (複 **-ties** /-z/) **1** U 慈善(行為), 貧困者救済; 施し. The family lives on ～. 一家は施し[生活保護]を受けて暮らしている. *Charity* begins at home. 〖諺〗慈善は身内から(始めるべきもの). a ～ bazaar [concert, show] 慈善バザー[音楽会, ショー]. **2** C 慈善団体; 慈善施設; 〈普通 -ties〉 慈善事業. **3** U 慈悲(心), 情け深さ; 寛容さ. in ～ with ..に同情して. out of ～ 哀れんで. have ～ toward the poor 貧しい者に情けをかける. judge people with ～ 他人を寛大に判断する.

4 U (キリスト教の)同胞[兄弟]愛; 博愛, カリタス. an act of Christian ～ キリスト教的博愛の行為.

(as) còld as chárity ひどく冷淡な《慈善行政がとかくおざなりであるところから》. [＜ラテン語「愛情」]

chárity càrd 名 C 慈善クリスマスカード《売上げ利益を慈善事業に使う》.

chárity hòspital [schòol] 名 C 慈善病院[学校].

chárity shòp 名 C 〖英〗慈善店《多くは寄付された物を売って慈善事業費を作る》.

chár·làdy 名 (複 **-dies**) 〖英〗＝charwoman.

char·la·tan /ʃɑ́ːrlət(ə)n/ 名 C 食わせ者, いかさま師, 〈特に〉 にせ医者 (quack²). [＜イタリア語] ▷**～·ism** /-tənìz(ə)m/, **～·ry** /-ri/ 名 U いかさま.

Char·le·magne /ʃɑ́ːrləmèin/ 名 シャルルマーニュ (742–814) 《フランク国王, 後に神聖ローマ帝国皇帝; 英語で Charles the Great》.

Charles /tʃɑːrlz/ 名 **1** 男子の名《愛称は Charlie, Charley》. **2 ～ I** /-ðə-fə́ːrst/ チャールズ 1 世 (1600–49) 《英国王 (1625–49); 清教徒革命で処刑された》. **3 ～ II** /-ðə-sékənd/ チャールズ 2 世 (1630–85) 《英国王 (1660–85)》. **4 ～, Prince of Wales** チャールズ皇太子 (1948–) 《英国の Elizabeth II の長男で王位継承者》. [ゲルマン語「成人(の男)」]

Chàrles's Wáin 名 〖英〗〖天〗大ぐま座 (the Great Bear), 北斗七星 (〖米〗 the (Big) Dipper), 《＜ Charles the Great の馬車》.

Chàrles the Gréat 名 ＝Charlemagne.

Charles·ton /tʃɑ́ːrlst(ə)n/ 名 チャールストン **1 (a)** 米国 West Virginia 州の州都. **(b)** 米国 South Carolina 州の都市. **2** C 〈又は c-〉 〈普通 the ～〉 1920 年代に流行した軽快なテンポのダンスの一種; 1 (b) が発祥地.

Char·ley, Char·lie /tʃɑ́ːrli/ 名 **1** Charles の愛称. **2** C 〈又は c-〉 〖英話〗ばかな人 (fool). **3** C 〖米軍俗〗ヴェトコン (Vietcong).

chárley hòrse C 〈単数形で〉 〖米話〗(特に脚部の)筋肉の硬直, 'つる' こと.

char·lock /tʃɑ́ːrlək/ 名 C 〖植〗ノハラガラシ《黄色い花を咲かせる雑草の一種》.

Char·lotte /ʃɑ́ːrlət/ 名 女子の名《愛称は Lottie, Lotty》. [フランス語 (Charles の指小語)]

char·lotte /ʃɑ́ːrlət/ 名 UC シャルロット《パンやケーキの中に果物などを詰めたデザート用菓子》.

chàrlotte rússe /-rúːs/ 名 UC シャルロット・ルース《フランス語で「ロシア風のシャルロット」の意; スポンジケーキの中にカスタードを詰めた菓子》.

***charm** /tʃɑːrm/ 名 (複 **～s** /-z/) **1** C まじない, 呪文(じゅもん); 護符, お守り. The rabbit's foot is a good luck ～. ウサギの足は幸運のお守りだ. chant a ～ *against* evil 魔よけの呪文を唱える.

2 UC 魔力; **魅力**, 引きつける力. a man of unusual ～ 並々ならぬ魅力のある男. (be) under a ～ 魔力にかけられて(いる).

連結 captivating [compelling, irresistible, winning; superficial] ～ // display [exude, radiate] ～

3 C (腕輪, 鎖などに付ける)小さな飾り. 4 C 〈普通 ～s〉(特に女性の)美しさ; **あいきょう**; 容色. She hasn't lost her ～*s* yet. 彼女の色香はまだ衰えていない.
tùrn ón the chàrm (相手に向かって)魅力を発揮し始める.
wòrk like a chárm 効験あらたかである.
── 動 (～s /-z/|過 過分 **～ed** /-d/|**chárm·ing**) 他 1 を**魅惑する**, うっとりさせる; を**楽しませる**, 喜ばせる; 〈*by, with*..で〉(類語 enchant, fascinate とともに現在でも「魔法にかける」という語源的意味が感じられ,「うっとりさせる」ことを表すが, 特に charm は優雅さや気品を強調する). He was ～*ed* by her performance. 彼は彼女の演技にうっとりした. He will be ～*ed* to hear that. 彼はそれを聞いて喜ぶだろう. *Charmed!* (お目に掛かれてなど)光栄です;〈皮肉〉光栄の至り(なお仕打ちでなど). 2 **(a)** に魔法をかける. **(b)** VOC (～ X Y) X に魔法をかけて Y の状態にさせる. ～ a person asleep 人を魔力で眠らせる. **(c)** VOA (～ X *into* (*doing*) ../X *out of, from*..) 魔法をかけたように[うまくたぶらかして] X(人)を..させる/..から X を入手する. ～ a snake *into* danc*ing* 蛇を踊らせる. ～ a secret *out of* a person 人をたくみにだまして秘密を探り出す.
chàrm /../ awáy [óff] を魔法で[をかけたように]除く, なくする. Her words ～*ed away* his sorrow. 彼女の言葉は不思議にも彼の悲しみを吹き飛ばした.
chàrm *one's* ***wáy into [out of]*..** (魔法を使ったみたいに)まんまと..に入り込む[..から脱出する].
[＜ラテン語 *carmen*「歌, 呪文」]

charmed /-d,〖詩〗-əd/ 形 1 魔法をかけられた. 2〈限定〉魔法で守られた(ような).〈主に次の成句で〉***bèar [hàve, lèad] a chàrmed lífe*** 命が魔法の加護を受けている, 不死身である.

chàrmed círcle 名 C 〈単数形で〉(入会資格の厳しい)排他的団体, 特権的(エリート)集団.

chárm·er 名 C 1 魔法をかける人; 蛇使い (snake charmer). 2〈時に皮肉〉魅惑する人, 魅力たっぷりの人.

***charm·ing** /tʃáːrmiŋ/ 形 m 〔人, 人柄が〕**魅力的な**, うっとりするような; 感じがよい; 〔物事が〕**すてきな**, すばらしい, 楽しい; (類語 行儀や感じのよさなど, 内面的魅力に重点がある; →beautiful). a ～ personality 人を引きつける人柄. a ～ smile 魅力的なほほえみ. →Prince Charming. ▷ **～·ly** 副

chárm·less 形〖章〗魅力[面白味]のない.

chárm schòol 名 C チャームスクール《花嫁学校の類》.

chár·nel (hòuse) /tʃáːrn(ə)l-/ 名 C〖雅〗納骨堂, 遺体安置所.

Char·on /ké(ə)rən/ 名〖ギ神話〗カロン《Styx の渡し守, 死者の国 Hades への案内者》.

‡chart /tʃɑːrt/ 名 (複 **～s** /-ts/) C 1 **図**, **図表**; グラフ. draw [make] a ～ of ..の図表を作る. a weather ～ 天気図. a pie ～ 円グラフ. 2〖医〗(病人の日々の体温, 血圧などを図示した)カルテ. 3 海図, 水路図; (航空用の)チャート. 4 〈the ～s〉(レコードの)ヒットチャート.
── 動 他 1 の海図[図表]を作る; を海図[図表]に示す; 〈*out*〉. They ～*ed* the reefs. 岩礁の位置を海図に記入した. 2 (図表にして)の跡を示す; を記録する.
3 の(おおよその)計画を立てる. The expedition ～*ed* a course for the South Pole. 探検隊は南極点へのコースの計画を立てた. ── 自〖話〗〔ミュージシャン(のレコード)が〕ヒットチャートに上がる. [＜ラテン語 *charta* 'card']

‡char·ter /tʃáːrtər/ 名 (複 **～s** /-z/) C 1 **特許(状)**, 設立許可(状),《政府, 主権者などが個人や団体に与える》. granted by the royal ～ 勅許状によって認可された.
2 **憲章**《団体の組織, 活動, 目的などを記した正式の文書》. the Great *Charter* →Magna Carta.
3 (船, 飛行機, 自動車などの)**チャーター**, 貸借契約(証). buses for ～ チャーター用バス.
4〈形容詞的〉チャーターした, 貸し[借り]切りの. a ～ flight チャーター便; 貸し切りの飛行機旅行.
── 動 (～s /-z/|過 過分 **～ed** /-d/|**～·ing** /-t(ə)riŋ/) 他 1 に**特許状を与える**, を**特許[認可]**する. 2〔飛行機, 船, バスなど〕を**チャーターする**, 契約貸借する. The group ～*ed* a coach. その一行は長距離バスを借り切った.
[＜ラテン語「紙切れ, 書きつけ」(*charta* 'card' の指小語)]

chárter còlony 名 C〖米史〗特許植民地《Virginia, Massachusetts など英国王の特許によって建設された植民地》.

chár·tered 形 〈限定〉1 特許を受けた, 公認の. 2 ＝charter 名 4.

chàrtered accóuntant 名 C〖英〗公認会計士 (〖米〗certified public accountant).

chàrter mémber 名 C 〖主に米〗創立会員 (founder member).

Chárter of the Ùnited Nátions 名 〈the ～〉国際連合憲章.

chárter pàrty 名 C〖海〗用船契約(書).

Chart·ism /tʃáːrtiz(ə)m/ 名〖英史〗チャーティスト運動《1830 年代に起こった労働者の人民憲章運動》.
▷**Chárt·ist** 名 C チャーティスト運動家.

Char·tres /ʃáːrtrə/ 名 シャルトル《フランス北西部の都市; 有名なゴシック様式の大聖堂がある》.

char·treuse /ʃɑːrtrúːz|-trə́ːz/ 名 U 1 淡黄緑色. 2〖商標〗〈C-〉シャルトルーズ酒《淡黄緑色のリキュール; ＜初めて作られたフランスの修道院の名》. ── 形 淡黄緑色の.

char·woman /tʃáːrwùmən/ 名 (複 **-women**) C〖主に英〗(日雇いで, 時間ぎめの)雑役婦.

char·y /tʃé(ə)ri/ 形 e〖章〗〈普通, 叙述〉1 用心深い, 慎重な, 〈*of* (*doing*)..(すること[しないよう])に〉. be ～ *of* catch*ing* cold 風邪を引かないよう用心する. 2 出し惜しむ, けちけちする, 〈*of* (*doing*)..(すること)を, に〉. Jane is ～ *of* giv*ing* praise. ジェーンは容易に人をほめない.

Cha·ryb·dis /kəríbdəs/ 名 〖ギ神話〗カリュブディス《イタリアと Sicily 島の間の Messina 海峡の渦巻きになった怪物; 近づく船を飲み込むと伝えられる →Scylla》.

‡chase[1] /tʃeis/ 動 (**chás·es** /-əz/|過 過分 **～d** /-t/|**chás·ing**) 他 1 (捕らえようと)を**追う**, **追いかける**, 追跡する〈*along, down, up* (..へと)〉; 〔夢など〕を追い求める. The cat ～*d* the mouse and caught it. 猫がネズミを追いかけて捕らえた. The police are *chasing* the criminal *up* (the hill). 警察は犯人を(丘の上へと)追い上げている. He wasted his life *chasing* empty dreams. 彼はむなしい夢を追いかけて人生を棒に振った.
2 VOA を追い出す[払う]〈*away, off, out*〉〈*from, out of*..から〉. The guards ～*d* the boys *off* [*away*]. 警備員は少年たちを追い払った. ～ all anxiety *from* one's mind 自分の胸から心配を一切追い払う.
3〖話〗〔異性〕を(露骨に)追い回す, につきまとう. She is foolish to ～ him. 彼を追い回すなんて彼女は愚かだ.
4〔獲物〕を狩る (hunt). ～ deer シカ狩りをする.
── 自〖話〗1 VA (～ ***after***..) ..を追いかける; 追い求める. The fans ～*d after* the singer. ファンは歌手の後を追いかけた. 2 VA 走り回る, (あたふたと)かけずり回る〈*about, around, up, down* (..を)〉. ～ *around* (the town) looking for a missing child 迷子を探して(町中を)走り回る.
chàse /../ dówn (1) →他 1;〔獲物など〕を追いつめる.

(2)〔人(の素性, 正体など)〕を突きとめる, の実態を探り出す.
chàse the drágon 〖英俗〗 阿片(あへん)[ヘロイン]を吸う[飲む].
chàse /../ úp 〖英話〗〔人〕に(支払い, 報告などを)うるさく催促する;〔物〕を急いで探す[手に入れようとする].
── 名 (複 **chás·es** /-əz/) **1** Ⓒ **追跡**, 追撃, (pursuit). join in the ~ after a thief 泥棒の追跡に加わる. abandon [give up] the ~ 追跡をあきらめる. a ~ for fame 名声の追求. a car ~ 車に乗っての追跡. **2** Ⓤ 〈the ~〉**狩猟**,〈特に〉キツネ狩り; Ⓒ 追われるもの[人, 動物]; 獲物. spoils of the ~ 狩りの獲物. **3** Ⓒ 〖英〗狩猟地. **4** =steeplechase.
gìve cháse (to ..) (..を)追跡[追撃]する. He *gave* ~ *to* the thief in his car. 彼は車で泥棒を追跡した.
in cháse of .. ..を追って. gallop on *in* ~ *of* game 獲物を追って馬を走らせる.
lèad a pèrson a (prètty[mèrry]) cháse[dánce] →dance.
[<中期英語「狩る, 追う」(<ラテン語 *captāre*); catch と同源]

chase[2] 動 他 〔金属面〕に浮彫り模様をつける.

chase[3] 名 Ⓒ **1** (昔の後装砲の)砲身(の前部). **2** (壁面などの, 配管用の)みぞ.

Chàse Manháttan (Bànk) 名 Ⓒ チェースマンハッタン(銀行)《米国 New York 市の銀行》.

chas·er /tʃéisər/ 名 Ⓒ **1** 追っ手; 猟師. **2** 障害競馬(steeplechase)用の馬. **3** 〖話〗チェーサー《ウイスキーなどをひと口飲んでその直後に飲む水やビールなど》. **4** 〖米俗〗女の尻を追いかける男.

†**chasm** /kǽz(ə)m/ 名 Ⓒ **1** (地表, 岩, 氷河などの)深い割れ目, 裂け目. a ~ in the ice 氷の裂け目. **2** (意見, 利害, 感情などの)隔たり, みぞ. the ~ between father and son 父と息子の間のみぞ. [<ギリシア語「口を大きく開けた割れ目」]

†**chas·sis** /ʃǽsi/ 名 (複 ~ /ʃǽsiːz/) Ⓒ **1** シャシー, 車台,《自動車のボディーを載せるフレーム》; (飛行機の)シャシー, 主脚,《着陸装置の一部》. **2** (ラジオ, テレビの)部品を取り付ける台座. **3** 〖俗・戯〗(特に女性の)体. [フランス語 'frame']

chaste /tʃeist/ 形 **1** 〖旧〗純潔な, 貞節な, 清らかな; 慎みのある, 控え目の;《特に女性について》. ~ behavior しとやかな態度. **2** 〖雅〗〔文体, 趣味などが〕飾り気がない, 簡素な; 上品な. ~ style (建築などの)簡素な様式.
◇名 chastity [<ラテン語「純潔な」; caste と同源]
▷**cháste·ly** 副

chas·ten /tʃéis(ə)n/ 動 他 〖章〗**1** (矯正のために)を懲らしめる, 罰する; を鍛える. ~ a son with a rod むちで息子を懲らしめる. **2** 〔気性など〕を和らげる,〔感情など〕を抑制する. [<ラテン語「矯正する, 罰する」]

chás·tened 形 〖章〗(懲りて)おとなしくなった, しゅんとした; 控え目な. with ~ enthusiasm はやる気持ちを抑えて.

chás·ten·er 名 Ⓒ 〖章〗懲らしめる人[もの].

†**chas·tise** /tʃæstáiz,〖米〗では又 ⌐–/ 動 他 **1** 〖章〗を懲罰する, 厳しく糾弾する,〈*for* ..の理由で〉. **2** 〖旧〗打ち懲らしめる, 折檻(せっかん)する,〈*for* ..のかどで〉.
[〖廃〗*chaste* 'chasten', -ise]

chas·tise·ment /tʃæstáizmənt|tʃǽstiz-/ 名 ⓊⒸ 〖章〗懲罰, 糾弾;〖旧〗折檻(せっかん).

chas·ti·ty /tʃǽstəti/ 名 Ⓤ **1** 〖旧〗(特に女性の)貞操, 純潔. **2** (文体などの)簡素, 上品さ.

chástity bèlt 名 Ⓒ (中世の)貞操帯.

chas·u·ble /tʃǽzjəb(ə)l/ 名 Ⓒ 〖カトリック〗上祭服, カズラ,《特にミサの時, 司祭が羽織る袖(そで)なしの式服》.

‡**chat** /tʃæt/ 動 (~s /-ts/|過 過分 **chát·ted** /-əd/|**chát·ting**) 自 〖話〗(打ち解けて)**雑談する**, おしゃべりをする,〈*away*〉〈*about* ..について/*to, with* ..〔人〕に, と〉(類語 軽い話題の楽しいおしゃべり; →talk). ~ (*away*) *about* one thing and another over tea お茶を飲みながらよもやま話をする.
── 他 〈次の成句で〉***chàt /../ úp*** 〖英話〗〔異性〕を口説く, にモーションをかける.
── 名 (複 ~s /-ts/) ⓊⒸ 〖話〗**雑談**, おしゃべり. have a little ~ with a person 人と少し話をする.
[<*chat*ter]

châ·teau, cha- /ʃætóu|⌐–/ 名 (複 ~s, ~x /-z/) Ⓒ **1** (フランスの)城; (田舎の)大邸宅. **2** シャトー《主にフランス Bordeaux 地方で, ぶどう園を持つワイン醸造所を意味する; シャトー元詰めのワインを ~(-bottled) wine と言い, 高級とされる》. [フランス語 'castle']

Cha·teau·bri·and, cha- /ʃætòubriɑ́ːn|ʃætou-briɔ́n 移/ 名 ⓊⒸ, 形 ヒレ肉厚切りの(ビーフステーキ)《<フランス貴族の名》.

chat·e·laine /ʃǽt(ə)lèin/ 名 Ⓒ **1** 〖章〗城[大邸宅]の女主人; 城主の夫人. **2** 帯飾りの鎖《昔, 女性が鍵(かぎ), ハンカチなどをつるした》. [フランス語]

chát lìne 名 Ⓒ 〖英話〗チャットライン《話し相手を提供する電話サービス》.

chát ròom 名 Ⓒ (インターネット上の)談話室.

chát shòw 名 Ⓒ 〖英〗〖ラジオ・テレビ〗(有名人の)対談番組 (〖米〗talk show). a ~ host 対談の司会者.

Chat·ta·noo·ga /tʃæt(ə)núːgə/ 名 チャタヌーガ《米国 Tennessee 州南東部の都市; 南北戦争の会戦地》.

chat·tel /tʃǽtl/ 名 Ⓒ 〈普通 ~s〉〖旧〗家財;〖法〗動産 (↔real property). goods and ~*s* →goods.
[<古期フランス語 *chatel*「財産」; cattle と同源]

*__chat·ter__ /tʃǽtər/ 動 (~s /-z/|過 過分 ~ed /-d/|~·ing /-t(ə)riŋ/) 自 **1** ぺちゃくちゃしゃべる〈*away, on*〉〈*about* ..について/*to* ..〔人〕に〉(類語 chat と違い絶え間なくおしゃべりをすることで, 非難が含意される; →talk). Stop ~*ing* (*on*) *about* fashions and let me finish my work. ファッションのおしゃべりはやめて私に仕事を終わらせてくれ. **2** 〔鳥, 獣などが〕けたたましく鳴く〈*away*〉. **3** 〔歯や機械などが〕(ぶつかり合って)がたがた震えて動く[音を立てる]. My teeth ~*ed* with cold. 寒くて歯がかたかた鳴った. The machine guns began to ~. 機関銃がかたかた音を立て始めた.
── 他 を早口で(とりとめなく)しゃべる.
── 名 Ⓤ **1** おしゃべり, むだ話. **2** (鳥, 獣などの)けたたましく鳴く声. the ~ of birds in the garden 庭で鳴く鳥のけたたましい声. **3** (歯, 機械などの)がたがたいう音. the constant ~ of the machines 機械が絶えず立てているがたがたいう音. [<中期英語; 擬音語]

chátter·bòx 名 Ⓒ 〖話〗おしゃべり屋《特に子供》.

chát·ter·er /-rər/ 名 Ⓒ **1** =chatterbox. **2** よく鳴く鳥.

chàt·ter·ing clásses /-riŋ-/ 名 〈the ~〉〖英話〗おしゃべり階級(の人々)《政治, 社会などの諸問題を好んで論ずる人々; the working classes と対照させて作られ特にしたり顔の知識人やニュース解説者や評論家を揶揄(やゆ)する表現》.

chat·ty /tʃǽti/ 形 ⓔ 〖話〗 **1** おしゃべりな, 話好きな. **2** 打ち解けた, 気楽な. a nice ~ meeting 話がはずんだ気楽な会合. a ~ letter 打ち解けた手紙.
▷**chat·ti·ly** 副 **chat·ti·ness** 名

chát-up lìne 名 Ⓒ 〖英〗(未知の異性に近うこうとする時のさりげない)切り出し文句《例えば Haven't we met somewhere before? (どこかで以前お目に掛かりませんでしたか)》.

Chau·cer /tʃɔ́ːsər/ 名 **Geoffrey** ~ チョーサー (1340?–1400)《英国の詩人; *The Canterbury Tales*『カンタベリー物語』の作者》.

Chau·ce·ri·an /tʃɔːsí(ə)riən/ 形 チョーサー (Chaucer) 風の[に関する]. ── 名 Ⓒ チョーサーの心酔者; チョーサー研究家.

†**chauf·feur** /ʃóufər, ʃoufə́ːr/ 名 C (主に自家用車の)運転手, お抱え運転手. ── 動 他 を自動車で送る[案内する] 〈*about, around*〉. ── 自 お抱え運転手を務める. [フランス語「(蒸気自動車などの)かまたき＞運転手」]

chau·tau·qua /ʃətɔ́ːkwə/ 名 C 〖米〗〈又は C-〉(成人教育と娯楽を兼ねた)文化集会《講演, コンサートなどが数日間行われる; これが最初に催された, New York 州の南西部の湖水と村の名から》.

†**chau·vin·ism** /ʃóuvənìz(ə)m/ 名 U **1** 狂信的愛国主義. **2** 自尊主義《自分の属する性別, 団体, 人種に異常な誇りを抱く》; ＝male chauvinism. [＜N. *Chauvin* (ナポレオン一世を熱烈に崇拝したフランス兵士)] ▷**cháu·vin·ist** 名 C, 形 **chàu·vin·ís·tic** /-tik ⑧/ 形 **chàu·vin·ís·ti·cal·ly** /-k(ə)li/ 副

ChB Chirurgiae Baccalaureus (外科医学士; ラテン語 'Bachelor of Surgery').

ChE chemical engineer.

‡**cheap** /tʃiːp/ 形 e 【安価な】 **1** 〔品物が〕(品質のわりに値段が)**安い**, **安価な**, (↔dear, expensive); 〖英〗〔料金などが〕格安の, 割引の. Fish is ～ at that store. あの店は魚が安い. The book is ～ at [〖米〗 for] that price. その値段ではその本は安い. It's always ～*er* in the end to buy the best. 一番よい物を買うのが結局は安くつく. ～ tickets 安い[割引]切符.

> 語法 (1)〖米〗では「安い」の意味では叙述的用法 (The dress was ～) のみで, 限定用法 (a ～ dress) では 6 の「安っぽい」の意味になるのが普通;〖英〗では必ずしもそうではないが, inexpensive には決して「安っぽい」の含意はない. (2) This bag is cheap. とは言えるが The price is cheap. とは言わず The price [cost] is low. が正しい. →price 語法

2 安く売る, 高く取らない, 〔店など〕; 物価が低い〔町など〕. a ～ and cheerful cafeteria 安くて感じのよいカフェテリア. **3** 苦労しないで手に入った[入る]. a ～ victory やすやすと得た勝利. **4** 〔労働力が〕安い, 低賃金の; 〔人命が〕安い, 軽視されている. ～ labor 低賃金の労働力[労働者たち]. a country where human life is ～ 人命の尊重されない国.

5 購買力の低い; 〔金が〕低利の. ～ dollars 安いドル.

【安っぽい】 **6 安物の**; **安っぽい**; **質の悪い**, 粗悪な. a ～ kind of furniture 安っぽい家具. ～ entertainment つまらない余興.

7 卑劣な, 軽蔑すべき, 低俗な, (mean). a ～ joke (弱い者をからかうような)はしたない冗談. He behaved in a ～ manner. 彼は卑しいふるまいをした. He played a ～ trick on her. 彼は卑劣な手段で彼女をだました.

8 〖主に米〗けちな, 締まり屋の, (stingy).

chèap and násty 安かろう悪かろうの. The stuff in that store is all ～ *and nasty*. あの店で扱っているのは安かろう悪かろうの品ばかりだ.

dìrt chéap 〖話〗とても安い, ばか安の.

fèel chéap 〖話〗ばつが悪い, 恥ずかしい思いをする.

gò chéap 〖話〗安く売られる.

hòld .. chéap 〔人, もの〕を見くびる, 軽視する.

màke oneself chéap 自分を安っぽくする, 自分の値打ち[品位]を下げる.

nòt come chéap 安く上がらない[つかない].

on the chéap 安く, 安価に. buy [sell, get] things *on the* ～ 物を安く買う[売る, 手に入れる].

── 副 〖話〗安く, 安価に, (cheaply). buy [sell] things ～ 安く物を買う[売る].

[＜〖廃〗(good) *cheap*「(良い)商い」; cheap (＜古期英語「取引き, 売買」)は 名 から 形 に変化した]

†**cheap·en** /tʃíːpən/ 動 他 **1** を安くする, の値を下げる. **2** を安っぽくする; の品位を落とす. ～ oneself [one's name] 自分の評判を落とす. ── 自 安くなる, 値が下がる.

cheap·ish /tʃíːpiʃ/ 形 やや[少し]安い. ▷～**·ness** 名

chéap-jàck, -jòhn 形 〖話〗〈限定〉 **1** 安物の; 安価な; 価値のない. **2** 粗悪な安物を作って[売って]金もうけをしようとする. ── 名 C (安物の)行商人.

†**cheap·ly** /tʃíːpli/ 副 **1** 安く. sell everything ～ なんでも安く売る. **2** 安っぽく. a ～ furnished room 安っぽい家具ばかり置いた部屋. **3** たやすく. get off ～ 罰を軽く免れる.

chéap·ness 名 U 安さ; 安っぽさ.

cheap·o /tʃíːpou/ 名 C, 形 〈限定〉〖話〗安い粗悪品(の).

chèap shót 名 C 〖米俗〗不当な[卑劣な]言葉[行為].

chéap·skàte 名 C, 形 〖話〗けちん坊(の).

*__cheat__ /tʃiːt/ 動 (～**s** /-ts/|過 過分 ～**·ed** /-əd/|**chéat·ing**) 他 **1** (**a**) をだます, 欺く, (類語 欲しい物を得るために人をだますこと; →deceive). ～ the customs うまく税関をごまかす. (**b**) VOA (～ X (*out*) *of* ..) X (人)から..をだましとる; (～ X *into* (*doing*) ..) X (人)をだまして..させる. ～ a person (*out*) *of* his money 人の金をだましとる. She was ～*ed into* buy*ing* worthless stock. 彼女はだまされて価値のない株式を買ってしまった.

2 〖章〗 をうまく[運よく]逃れる; 〔悲しみなど〕を紛らす. I ～*ed* death in the Philippines. 私はフィリピンでもう少しで死ぬところだった. ～ time 暇をつぶす.

── 自 **ごまかし[不正]をする**, カンニングをする, 〈*at, in, on* .. で〉. ～ *at* cards トランプでごまかしをする. ～ *on* [*in*] an examination 試験でカンニングをする.

chéat on (1)〖話〗〔配偶者〕を(不倫して)裏切る. (2)〖米〗〔協約など〕に違反する, を破る. She's been ～*ing on* her husband for years. 彼女は何年も夫を裏切ってきた.

── 名 (複 ～**s** /-ts/) **1** C **不正をする人**, 詐欺師. **2** UC いんちき, 不正行為; C (つかまされたりした)まがい物. [＜*escheat*「没収する」(＜ラテン語「滑り落ちる」); 語頭の es- が脱落した]

chéat·er 名 C **1** 詐欺師. **2** 〈～s〉〖米俗〗眼鏡; サングラス; ブラジャー(に入れる)パッド.

‡**check**[1] /tʃek/ 名 (複 ～**s** /-s/) 【止めること】 **1** C (**a**) (突然の)**停止**, 停頓(とん); 頓挫(とんざ) (させるもの[人]). meet with a ～ 妨害に遭う. Bad weather gave a ～ to rice production. 悪天候で米の生産が伸び悩んだ. a ～ in the rate of economic growth 経済成長率の停頓. (**b**) **阻止**, **抑制**; 阻止する人[もの]. The government's policies acted as an effective ～ *on* inflation. 政府の採った政策はインフレ抑制に効果的な役割を果たした. The authorities put [place] a strict ～ *on* the import of pornography. 政府[当局]はポルノの輸入を厳しく規制している.

2 U 〖チェス〗王手, チェック, 《王の駒(こま)を詰めること》. *Check!* 〈間投詞的〉王手だ. He [His king] was in ～ from my rook. 彼のキングに私のルークで王手がかかった.

【誤りなどの防止】 **3** C **テスト**, **検査**, 点検, 試験; 調査; **照合**; 〖米〗照合[チェック]済みの印《√》(tick). medical ～*s* 健康診断. They made [did, ran] a ～ *on* the machine. 彼らは機械を検査した. a security ～ at the airport 空港での安全警備のための検査. make a ～ *on* the victim's house 被害者の家を調べる. She put a ～ *against* [*by*] the names of the people present. 彼女は出席者の名に√印をつけた.

【誤りを防止するもの】 **4** C (手荷物などの)**合い札**, チッキ. a baggage ～ 手荷物の合い札.

5 C 〖米〗**小切手** (〖英〗cheque). cash a ～ 小切手を現金に換える. draw [issue] a ～ *for* $100 *on* an American bank アメリカの銀行あてに 100 ドルの小切手を振り出す.

C

連結 a bad ～ // write [make out; endorse] a ～ // a ～ bounces [clears]

6 Ⓒ 〖米・スコット〗(レストランなどの)勘定書, 会計伝票, (〖英〗bill). He signaled to the waiter for his ～. 彼は勘定書を持って来るよう給仕に合図した.
hòld [kèep] .. in chéck ..を防ぐ, 食い止める; ..を制御する. *keep* one's temper *in* ～ 怒りを抑える.
── 動 (～s /-s/| 過 過分 ～ed /-t/| **chéck·ing**) 他 **1** (a)〔動いているもの〕を(急に)止める; を阻止する, 防止する; ～ one's steps 急に立ちどまる. ～ the enemy's advance [the progress of the disease] 敵の前進[病気の進行]を阻止する. (b)〔感情など〕を抑制する, 抑える. ～ one's anger 怒りを抑える. He was about to explode, but ～*ed* himself. どなりつけたかったが思いとどまった.
2 〖チェス〗〔キング〕に王手をかける.
3 (a) をテストする, 検査する; を調べる, 点検する, 〈*over*〉; 照合する 〈*against, with* ..と〉; 〖米〗に(照合の)マーク《✓》をつける. Will you please ～ these figures? これらの数字が合っているか調べてください. ～ the oil (車の)オイルを点検する. ～ the manuscript *for* errors 原稿に誤りがないか点検する. ～ the translation *against* the original 翻訳を原文と照合する. *Check* the correct answer. 正しい答えに✓印をつけよ.
(b) Ⅵ (～ *that* 節/*wh* 節) (点検して)..だと/かどうか確かめる. *Check that* [*whether, if*] all the windows are secured before you go out. 出かける前に窓がみんなちゃんと閉まっているか確かめなさい.
4 〖米〗(合い札と引き替えに)〔荷物など〕を預ける. Will you ～ your coat? コートをお預けになりますか.
── 自 **1** 検査する; 照合する, 確かめる; 当たってみる 〈*with* ..に〉. ～ (to see) if everybody is aboard 全員乗車したかどうか確認する (★to see を省けば→他 3 (b)). I'll ～ *with* my wife about this. この事については妻に確かめてみましょう. **2** 〖米〗(照合の結果)一致する, 符合する, 〈*with* ..と〉. These totals ～ *with* mine. これらの合計は私のとぴったり合う. **3** 〖米〗小切手を振り出す. **4** 〖チェス〗チェックする. **5** 急に止まる.
chéck for .. ..が(あるか)ないか調べる. ～ *for* discrepancies with ..との食い違いがないか調べる.
****chèck ín*** (到着, 出席, 出勤などを)記帳する, チェックインする, 〈*at* ..〔ホテルなど〕で, に〉; 搭乗手続きをする 〈*at* ..〔空港〕で〉. ～ *in at* the convention desk 大会の受付で参加の記帳をする. ～ *in* by 9:30 9時30分までに搭乗手続きを済ませる.
chèck .. ín 〔荷物〕を(駅, 空港で)預ける; 〖米〗〔借り出した本など〕の返却手続きをする; ＝check 他 4.
chéck into 〔a hotel〕〔ホテル〕に投宿する.
chèck .. óff (1) ..にチェック済みのマークをつける. (2)〔組合費など〕を天引きする.
chéck on .. (1)〔子供, 病人など〕の様子を確かめる, 安全を確認する; 〔仕事など〕を点検する. (2) ＝CHECK (up) on.
****chèck óut*** (1)(勘定を払って)ホテルを出る, チェックアウトする; 退社[退出]する. ～ *out* ⌞*of* [*from*] the hotel at 10 10時にそのホテルをチェックアウトする. (2)(調査, 照合の結果)正確であると分かる. This information ～*s out* all right. この情報は調べたところ間違いない. (3)〖米俗〗死ぬ.
chèck /../ óut (1) ..の正しさを調査する; ..の性能を点検する; ..の人物[素行]調査をする. (2)〖英話〗〔魅力的な人, 面白い物など〕を見る, 眺める. (3)〖米〗(特にスーパーマーケットで)〔レジ係が〕〔買い物〕の代金を計算する; 〔客が〕〔買い物〕の支払いを済ます. (4)〖米〗(合い札と引き替えに)〔荷物など〕を受け取る. (5)〖米〗(手続きをして)..を(図書館などから)借り出す. I've ～*ed* this book *out of* the school library. 私はこの本を学校の図書館から借り出した.
chèck /../ óver (誤りなどを見つけるために)..を検査する.
chèck (úp) on .. 〔人の行動, 背後関係など〕を調べ上げる; 〔ことの真偽, 正当性など〕を慎重に検査する.
── 間 〖米話〗その通り, 賛成, 承知した, (OK).
[＜古期フランス語 *eschec*「(チェスの)王手」(＜ペルシア語「王」)]

check[2] 名 UC チェック, 格子縞(じま); 格子縞の織物.
── 動 他 に格子縞(じま)模様をつける. [＜*checker*[1]]

chéck·bòok 名 Ⓒ 〖米〗小切手帳 (〖英〗chequebook).

chéckbook jòurnalism 名 Ⓤ '札束ジャーナリズム' 《大金を払って有名人の秘密情報を買い, 暴露記事を出す赤新聞のやり方》.

chéck càrd 名 Ⓒ 小切手(保証)カード《一定額までの小切手の支払いを保証する銀行発行のカード》.

checked /-t/ 形 格子縞(じま)の, チェックの.

†**check·er**[1] 〖主に米〗, **cheq·uer** 〖英〗/tʃékər/ 名 Ⓒ 【チェス盤の模様】 **1** 格子縞(じま), チェック模様. **2** 〖米〗〈～s; 単数扱い〉チェッカー《チェス盤上で1人が12個の駒(こま)を用いて戦う2人用のゲーム; 〖英〗draughts》. **3** チェッカーの駒 (**chéckerman**). ── 動 他 **1** を格子縞模様にする. **2** を色とりどりにする; に変化を与える.

chéck·er[2] 名 Ⓒ **1** 検査する人. **2** 〖米〗(特にスーパーマーケットの)レジ係.

chécker·bòard 名 Ⓒ **1** 〖主に米〗チェッカー盤 (〖英〗draughtboard; →chess 図). **2** 格子縞(じま)模様のもの.

chéck·ered 形 **1** 格子縞(じま)模様の. a ～ pattern 格子縞模様. **2** 〈普通, 限定〉変化に富んだ, 多彩な. a ～ career 波乱の多い生涯.

chèckered [〖英〗**chéquered**] **flág** 名 Ⓒ (自動車レースの)チェッカーフラッグ《始めと終わりに振られる旗》.

chéck-ìn 名 UC (ホテルでの)記帳, (空港での)チェックイン《搭乗手続き; それをする場所》; (到着, 出勤などを示す)サイン. a ～ counter [〖英〗desk] 〖米〗チェックイン・カウンター.

chécking accòunt 名 Ⓒ 〖米〗当座預金 (〖英〗current account) 《小切手で引き出せる》.

chéck·lìst 名 Ⓒ 照合簿, 一覧表.

chéck-màrk 動 他 〖米〗に照合の印をつける.

chéck màrk 名 Ⓒ 〖米〗照合の印《✓など》.

check·mate /tʃékmèit/ 名 UC **1** 〖チェス〗(王手)詰み(〖話〗mate). *Checkmate!* 〈間投詞的〉詰みだ (★Mate! という方が普通). **2** (事業などの)行き詰まり, 完敗.
── 動 他 **1** 〖チェス〗〔相手(のキング)〕を詰める(〖話〗mate). **2** を完敗させる, 行き詰まらせる. [＜ペルシア語「王は死んだ」「からの天引き」]

chéck·òff 名 Ⓤ チェックオフ《労働組合費などの給料↑

chéck-òut 名 UC **1** (スーパーマーケットでの)代金計算; レジ. queue at the ～ counter レジで(客の)列に並ぶ. **2** (ホテルの)勘定を支払って出る⌞こと[時刻]. ～ time チェックアウトの時刻. **3** 〖米〗(図書館での)本の貸し出し手続き. **4** (機械などの)点検, 検査.

chéck·pòint 名 Ⓒ (公道, 国境の)検問所; (ラリーなどの)通過確認所.

chéck·ràil 名 〖英〗＝guardrail 2.

chéck·rèin 名 Ⓒ (馬の頭を上げておく)止め手綱.

chéck·ròom 名 Ⓒ 〖米〗(劇場, レストランなどの)携帯品預かり所 (〖英〗cloakroom); (駅などの)荷物一時預かり所 (〖英〗left-luggage office).

chècks and bálances 名 (権力の)抑制と均衡《立法・行政・司法の3権が抑制し合ってよい均衡を保つという米国政治の基本概念》.

chéck [〖英〗**chéque**] **stùb** 名 Ⓒ 小切手の控え (→stub 名 4).

chéck·ùp 名 Ⓒ **1** 検査, 点検. **2** 健康診断 (phys-

ical checkup).
chéck·wrìter 名C 〘米〙小切手印字器《特に, 金額を書き直せないように穴あけ式などの》.
Ched·dar /tʃédər/ 名 〈又は c-〉 U チェダーチーズ《英国 Cheddar 原産; 堅くてきめが細かい》.
‡**cheek** /tʃiːk/ 名 (複 ~s /-s/) **1** C ほお. hit him on the ~ 彼のほおを打つ. hollow [rosy] ~*s* くぼんだ[ばら色の]ほお. dance ~ to ~ ほおとほおを合わせて踊る.
2 C ほおに似たもの《万力のあご, 戸口の横柱など》.
3 aU 〘話〙 生意気な[ずうずうしい]言葉[態度] (impudence)《<厚い面(つら)の皮》. What (a) ~! 何て生意気な. None of your ~! 生意気言うな. have the ~ to say such a thing ずうずうしくもそんなことを言う.
4 C 〘俗〙 しりの片方, 半けつ; 〈the ~s〉 けつ (buttocks).
chèek by jówl (with..) (..と)ぴったりくっついて; (..と) (ほおが触れ合うほど)ひしめき合って.
tùrn the óther chèek (一方のほおを打たれてもなお)他方のほおを向ける《不当な仕打ちに進んで耐えること; 聖書から》.
── 動 他 〘英〙 に生意気なことを言う[する]. ~ one's mother 母親に生意気を言う. [<古期英語「あご(骨)」]
chéek·bòne 名C 〈普通 ~s〉 ほお骨.
-cheeked /tʃiːkt/ 〈複合要素〉 ..なほおをした. rosy-[hollow]-*cheeked* ~ ほおがバラ色の[こけた].
cheek·y /tʃíːki/ 形 e 〘話〙 生意気な, ずうずうしい(が憎めない). ▷**cheek·i·ly** 副 **cheek·i·ness** 名
cheep /tʃiːp/ 動 自 **1** 〔ひな鳥などが〕ぴーぴー[ぴよぴよ]鳴く. **2** 〈否定文で〉 声を発する, しゃべる. ── 名 C **1** ぴーぴー[ぴよぴよ]という鳴き声. **2** 〈a ~; 否定文で〉 声, ひと言. We couldn't hear a ~ from him. 彼はうんともすんとも言わなかった. [擬音語]
chéep·er 名C (ぴーぴー鳴く)ひな鳥.
‡**cheer** /tʃiər/ 名 (複 ~s /-z/) **1** U 〘古〙 機嫌, 気分, (mood). One is filled with good ~ when Christmas comes around. クリスマスが来ると楽しい気分でいっぱいだ. **2** U 〘章·雅〙 **喜び**; **活気**, 陽気. The song brings ~ to my heart. その歌は私の心に元気を与えてくれる.
3 C **歓呼**, **喝采**(かっさい). give three ~*s* for the winners 優勝者に万歳三唱をする《Hip! Hip! Hooray! と叫ぶこと》. **4** U **声援**, **激励**; 励まし, 慰め. words of ~ 激励の言葉. **5** 〘主に英話〙 〈~s; 間投詞的〉 (**a**) ありがとう. (**b**) (特に, 電話を切る時に)じゃあね, いずれまた. (**c**) 乾杯.
of gòod chéer 〘雅〙 =cheerful 1.
── 動 (~s /-z/|過 過分 ~ed /-d/|**chéer·ing** /-riŋ/) 他 **1** を励ます, 元気づける; を声援する. The spectators ~*ed* their favorite wrestlers. 観客はお気に入りの力士に声援を送った. **2** に喝采(かっさい)を送る; を歓呼して迎える.
── 自 **1** 元気づく 〈*up*〉. *Cheer up!* 元気を出しなさい. **2** 声援する; 喝采する, 歓呼する. ~ *for* the runner その走者を声援する. ~ *over* the victory 勝利に歓呼する.
chèer /../ ón を声援する. ~ the players *on* to victory 選手を励まして勝たせる.
chèer /../ úp ..を元気づける, 慰める.
[<中期英語「表情, 気分」(<ギリシア語「頭」)]
***cheer·ful** /tʃíərf(ə)l/ 形 m **1** 〔人, 表情などが〕**元気のいい**, **朗らかな**; **機嫌のいい**; (語法 不幸や災難にもめげず快活さを失わない, というような場合によく用いる). a ~ appearance [person] 快活な顔つき[人]. **2** 〈普通, 限定〉 〔物事が〕**楽しい**, 愉快な, 気持ちのよい, 明るい, (↔ cheerless). a ~ party 楽しいパーティー. ~ news 明るいニュース. a ~ room 明るい(感じの)部屋. **3** 〈普通, 限定〉 喜んで..する. a ~ helper 喜んで手を貸す人.
†**chéer·ful·ly** 副 機嫌よく, 陽気に; 楽しそうに; いそいそと.
chéer·ful·ness 名U 快活さ; 上機嫌.
cheer·i·ly /tʃí(ə)rili/ 副 元気よく, 快活に; 機嫌よく.
cheer·ing /tʃí(ə)riŋ/ 形 元気づける(ような), 励ましになる. ~ news うれしい知らせ. ── 名U 声援, 喝采(かっさい).
cheer·i·o /tʃì(ə)rióu/ 間 〘英話〙 さよなら, 元気でね, 《別れのあいさつ》; おめでとう《乾杯の言葉》. [cheer, O[1]]
chéer·lèader 名C 〘主に米〙(フットボールの試合などの)チアリーダー, 応援団員(の女性). 参考 「チアガール」は和製英語.
chéer·lèading 名U チアリーダーの仕事; (組織, 思想などの)ちょうちん持ち.
†**chéer·less** 形 〔物事が〕楽しくない; 陰気な, 暗い, さびしい; (↔cheerful). ~ weather 陰気な天候.
▷**~·ly** 副 **~·ness** 名
cheer·y /tʃí(ə)ri/ 形 e 元気いっぱいの, 陽気な; 上機嫌な; 元気づける[明るくさせる]ような. a ~ smile 愉快そうな微笑. ▷**cheer·i·ness** 名
‡**cheese** /tʃiːz/ 名 (複 **chées·es** /-əz/) **1** U **チーズ**. a slice [piece] of ~ チーズひと切れ. grated ~ おろしたチーズ. soft French ~*s* フランスのソフトチーズ (★種類を言うときは C). **2** C (一定の形に固めた)チーズ. **3** U (レモンなどを材料とした)固めのジャム.
hàrd chéese 〘英旧話〙 お気の毒さま, 残念でした, (★気のない同情の言葉).
Sày chéese! 「はい笑って」《写真をとる時に言う; /iː/ の発音をしようとすると自然に笑顔になるから》.
[<ラテン語 *cāseus*「チーズ」]
chéese·bòard 名 **1** C チーズ用まな板《その上で切る》. **2** U 〈the ~〉 (食事の終わりに板にのせて出される)チーズ《そこから好みのチーズを選んで食べる》.
chéese·bùrger 名C チーズバーガー《チーズをはさんだ[のせた] hamburger》.
chéese·càke 名 **1** UC チーズケーキ. **2** U 〘旧俗〙 曲線美美女(広告)写真 (→beefcake).
chéese·clòth 名U 薄地の目の粗い木綿布, 寒冷紗(しゃ)《もとチーズを包むのに用いた》.
chèesed óff 形 〈叙述〉 〘英俗〙 うんざりした 〈*with* ..に〉.
chéese·pàring 名U 〘軽蔑〙 けち《<チーズの削りくずも粗末にしない》. ── 形 〈限定〉 けちけちした.
chees·y /tʃíːzi/ 形 e **1** チーズのような. **2** 〘米俗〙 ちゃちな; 安っぽい (cheap).
chee·tah /tʃíːtə/ 名C チータ《アフリカ·南アジア産のヒョウに似た足の速いネコ科の動物》. [<サンスクリット語「斑点のある」]
Chee·ver /tʃíːvər/ 名 **John ~** チーヴァー (1912–82)《米国の短編小説家》.
***chef** /ʃef/ 名 (複 ~s /-s/) C (ホテル, レストランの)コック長, シェフ; 〈一般に〉 料理人, コック. [フランス語 *chef (de cuisine)*「(料理)長」; →chief]
chef-d'oeu·vre /ʃeidə́ːvr(ə)/ 名 (複 **chefs-** /同/) C (美術などの)傑作 (masterpiece). [フランス語 'chief (piece of) work']
chèf's sálad 名U 〘米〙 シェフサラダ《生野菜, ゆで卵, 千切りのチーズや肉などから成る》.
Che Guevara →Guevara.
Che·khov /tʃékɔ(ː)f/ 名 **Anton Pavlovich ~** チェーホフ (1860–1904)《ロシアの劇作家·短編作家》.
che·la /kíːlə/ 名 (複 **che·lae** /-liː/) C (カニ·サソリなどの大きな)はさみ.
Chel·sea /tʃélsi/ 名 チェルシー《London 南西部の住宅地区; 芸術家が好んで住み, しゃれた店がある; 毎年 5 月の Flower Show が有名》.
Chel·ten·ham /tʃélt(ə)nəm/ 名 チェルテナム《英国 Gloucestershire の町; 競馬, 温泉, 女子パブリックスクールで有名》.
chem. chemical; chemist; chemistry.
‡**chem·i·cal** /kémik(ə)l/ 形 ⓒ **化学(上)の**; **化学的な**; 化学作用の. a ~ change 化学変化. ~ compounds

化合物. ～ products 化学製品. ～ reaction 化学反応. ── 名 (複 ～s /-z/) C 〈普通 ～s〉 **化学製品[薬品]**; 化学物質. a ～*s* company 化学薬品会社. toxic ～*s* 有毒化学物質. agricultural ～*s* 農薬.
[＜〖古〗*chemic*「錬金術の」(＜中世ラテン語 *alchimia* 'alchemy')]

C

chèmical enginéer 名 C 化学工学技術者.

chèmical enginéering 名 U 化学工学[工業].

chém·i·cal·ly 副 化学的に; 化学作用によって.

chèmical téxtile 名 C 化学繊維.

chèmical wárfare 名 U (毒ガスなど化学兵器(**chèmical wéapon**)を用いる)化学戦.

†**che·mise** /ʃəmí:z/ 名 C シュミーズ《スリップに似た女性用下着の一種》; (直線の)ゆったりした婦人服.
[＜古期フランス語 (＜後期ラテン語 *camīsia*「シャツ」)]

***chem·ist** /kémist/ 名 (複 **～s** /-ts/) C **1 化学者**. **2** 〖英〗**薬剤師**; 薬局経営者; (pharmacist; 〖米〗druggist) (→pharmacy 類語). a ～'s (shop) 薬局 (〖米〗drugstore). [＜al*chemist*]

***chem·is·try** /kémәstri/ 名 U **1 化学**. applied ～ 応用化学. organic [inorganic] ～ 有機[無機]化学. **2** 化学的性質; 化学作用. **3** (体の)化学的組成; (人の)体質. All drugs affect the body's ～. 麻薬はすべて体の化学的組成に影響する. **4** 〖話〗(人間同士の)ひかれ合い, 親和作用; 相性. that indefinable ～ which makes a man able to lead others 人がほかの人たちを引っ張って行くのを可能とする名状しがたい親和作用.

chem·o /kémou/ 名 〖話〗＝chemotherapy.

che·mo·ther·a·py /kì:mouθérәpi, kèm-/ 名 U 化学療法《例えば sulfa 剤による治療(法)》.
▷**chèmo·therapéutic** /-θèrәpjú:tik ⑱/ 形

chem·ur·gy /kémәrdʒi/ 名 U 〖米〗農産化学《農産物の工業的利用を研究》. ▷**che·mur·gic** /kәmә́:rdʒik/ 形

che·nille /ʃәní:l/ 名 U シェニール糸《刺繍(ししゅう), 房飾りなどに用いるけば立てた絹[毛, 綿, 合成繊維]の組み糸》; シェニール織物.

cheque /tʃek/ 名 〖英〗＝check[1] 5.

chéque·bòok 名 〖英〗＝checkbook.

cheq·uer /tʃékәr/ 名 〖英〗＝checker[1].

cheq·uered /tʃékәrd/ 形 〖英〗＝checkered.

Chequers /tʃékәrz/ 名 チェッカーズ《英国 Buckinghamshire にある首相別邸》.

***cher·ish** /tʃériʃ/ 動 (～·**es** /-әz/|過 過分 **～ed** /-t/|～·**ing**) 他 **1** 〔子供や草木など〕をかわいがる; を**大事にする**, 〈進行形不可〉. ～ one's family 家族を大切にする. She ～*ed* his old love letters. 彼女は彼の昔のラブレターを大切にしていた. **2** 〔希望, 野心など〕を心に抱く, 〔思い出など〕を懐かしがる. ～ the memory of one's departed husband 亡夫の思い出を胸に秘めている. one's long ～*ed* desire 年来の宿望.
[＜古期フランス語「いつくしむ」(＜ラテン語 *cārus* 'dear')]

Cher·no·byl /tʃә(:)rnóub(ә)l/ 名 チェルノブイリ《旧ソ連ウクライナ地方の町; ここの原子力発電所が 1986 年に事故を起こし周辺に大被害を与えた》.

Cher·o·kee /tʃérәkì:|∸－∸/ 名 (複 **～, ～s**) **1** 〈the ～(s); 複数扱い〉チェロキー族《昔は米国南東部を占めていた北米先住民の大部族》; C チェロキー族の人. **2** U チェロキー語.

che·root /ʃәrú:t/ 名 C 両切り葉巻.

***cher·ry** /tʃéri/ 名 (複 **-ries** /-z/) **1** C **サクランボ**, 桜桃. 参考 cherry といえば英米では「花」よりも「実」が連想される. **2** C 〖植〗**桜の木**《英米では実のなる種類が多く, その和名はセイヨウミザクラ》. ～ blossoms [flowers] 桜の花 (→blossom ★). **3** U 桜材. **4** U 桜桃色, 鮮紅色. **5** C 〖俗〗〈普通, 単数〉処女膜, 処女性. lose one's ～ 処女を失う. **6** C 〖俗〗新米; 初犯者.
hàve [gèt, tàke] anóther bìte [a sécond bìte, twó bìtes] at the chérry 〖英〗(物事を)もう一度やる(チャンスがある).
── 形 **1** 桜桃色の, 鮮紅色の. her ～ lips 彼女の赤いくちびる. **2** 〖俗〗処女の; 未使用の; 新米[新入り]の.
the chèrry on the cáke [tóp] 思いがけないうれしいおまけ[余録(よろく)]《＜ケーキに乗ったサクランボ》.
[＜アングロノルマン語 *cherise* (＜ギリシア語「サクラ」); 複数形と誤解して中期英語では -se が落ちた]

chérry bòmb 名 C 〖米〗爆竹の一種《赤色・球形》.

chérry bràndy 名 U チェリーブランデー《リキュール酒の一種》.

chérry·pìck 〖話〗動 他 を念入りに吟味して選ぶ. ── 自 目玉商品だけを買う.

chérry pìcker 名 C 〖米〗チェリーピッカー《高所作業用のクレーン車》.

chérry·stòne 名 C **1** サクランボの種. **2** (北米の「大西洋岸産)ハマグリの一種.

chèrry tomáto 名 C (サクランボのように小さい)プチトマト.

chert /tʃә:rt/ 名 C チャート《珪(けい)質堆(たい)積岩の一種》.

cher·ub /tʃérәb/ 名 (複 **～s**, 1 では ～s 又は **cher·u·bim**) C **1** 〖聖書〗ケルビム, 智天使,《天使の 9 階級の第 2 天使; 知識をつかさどり, 絵画では翼のあるまるまる太った幼児の姿として描かれる; →angel》. **2** 〖話〗無邪気なかわいい人《特に子供》. [＜ヘブライ語]

che·ru·bic /tʃәrú:bik/ 形 ケルビムの(ような); 〔子供が〕無邪気な, かわいらしい. ▷**che·ru·bi·cal·ly** /-k(ә)li/ 副

cher·u·bim /tʃérәbìm/ 名 cherub 1 の複数形.

cher·vil /tʃә́:rvәl/ 名 U チャービル《パセリの類; 芳香のある葉はサラダやスープに用いる》.

Ches. Cheshire.

Ches·a·peake Bay /tʃèsәpi:k-béi/ 名 チェサピーク湾《北米東部の大西洋岸にあり, 長さ約 320km》.

Chesh·ire /tʃéʃәr/ 名 チェシャー《イングランド西部の州; 州都 Chester; 略 Ches.》.
grín like a Chèshire cát 〖話〗(にたにたと)得体の知れない笑みを浮かべる《Lewis Carroll 作 *Alice's Adventures in Wonderland* (『不思議の国のアリス』)中の猫から》.

Chèshire chéese 名 U チェシャーチーズ《Cheshire 原産のぼろぼろした感じのチーズ》.

***chess** /tʃes/ 名 U **チェス**. 参考 駒(こま)の種類は king, queen, bishop, knight, rook [castle], pawn. play (at) ～ チェスをする. [＜古期フランス語 *esches* (*eschec* 'check[1]' の複数形)]

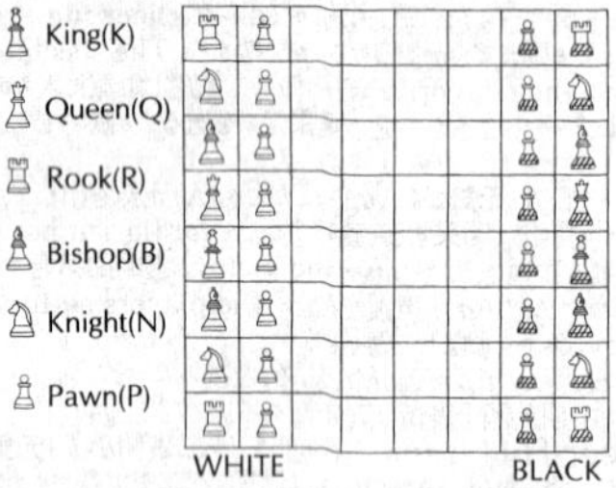

King(K)
Queen(Q)
Rook(R)
Bishop(B)
Knight(N)
Pawn(P)
WHITE
BLACK

[chess]

chéss·bòard 名 C チェス盤《checkerboard としても使える》.

chéss·màn /-mæn/ 名 (複 **-men** /-mèn/) C チェスの駒(こま)《各競技者の持ち駒は, king, queen (各 1 個), bishop, knight, rook [castle] (各 2 個), pawn (8 個)で計 16 個; →chess 図》.

chéss·pìece 名 C (pawn 以外の)チェスの駒(こま).

*chest /tʃest/ 名 (複 ~s /-ts/) C 1 胸(部); 胸郭(thorax); (感情や良心が宿るとされる)胸のうち; (類語 肋(ろ)骨や胸骨で囲まれて「箱」状になっている部分で身体の一部としての胸部; →breast). a pain in the ~ 胸部の痛み. a cold on [in] the ~ せきの出る風邪. a hairy ~ 毛深い胸. throw one's ~ out (得意になって)胸を張る. 2 (ふた付きの頑丈な)大箱, ひつ; 道具箱; 茶箱. a medicine ~ 薬箱. a tool ~ 道具箱.
3 箱一杯分〈of..の〉. a ~ of clothes 箱[たんす]1杯の着物. 4 (公共の)金庫; 公共の金, 資金. the community ~ 共同募金.
get..òff one's chést 〔不平, 心配事など〕を打ち明けて心の重荷をおろす. [<ギリシア語「箱, 籠」]

-chest·ed /-əd/ 〈複合要素〉..な胸をした. flat-*chested* 胸[おっぱい]がぺちゃんこの. bare-*chested* 胸をはだけた.

Ches·ter /tʃéstər/ 名 チェスター《England 西部 Cheshire 州の州都》.

Chés·ter·fìeld /tʃéstərfì:ld/ 名 **Earl of ~** (第4代)チェスタフィールド伯 (1694–1773)《英国の政治家・外交官; 処世訓に満ちた息子への書簡集で有名》.

ches·ter·field /tʃéstərfì:ld/ 名 C チェスターフィールド 1 男子用オーバーコートの一種; ビロードの襟, 前合わせはシングルで隠しボタン. 2 厚い詰め物をした大型ソファーの一種.

Ches·ter·ton /tʃéstərt(ə)n/ 名 **Gilbert Keith ~** チェスタトン (1874–1936)《英国の文筆家; Father Brown (ブラウン神父)を主人公にした推理小説で有名》.

†**chest·nut** /tʃésnʌ̀t/ 名 1 C クリの実; クリの木 (**chéstnut trèe**)《ブナ科》. 2 =horse chestnut. 3 U クリ材. 4 U クリ色, 赤褐色. 5 C 栗(くり)毛の馬. 6 C 〖話〗〈しばしば old ~〉ありふれた話, 古くさい冗談.
pùll a pèrson's chéstnuts out of the fíre 〖英話〗(土壇場で)人を困難から救出する《<火中のクリを拾う》.
── 形 クリ材の; クリ色の; 栗毛の.
[〖廃〗*chester*「栗の木」(<ギリシア語), nut]

chèst of dráwers 名 C (寝室などの)整理だんす.

chest·y /tʃésti/ 形 e 1 〖話〗胸の大きい; 〔特に, 女性が〕バストの大きい. 2 〖主に英話〗(結核性の)胸から出る〔せきなど〕. 3 〖米話〗いばりくさった, うぬぼれた. ▷**chest·i·ly** 副 **chest·i·ness** 名

che·vál glàss [mìrror] /ʃəvǽl-/ 名 C 大姿見《鏡》. [フランス語 *cheval*「馬, 枠」]

chev·a·lier /ʃèvəlíər/ 名 C 1 騎士 (knight). 2 (フランスの最下級の)勲爵士; 〖史〗(フランスの最下級の)貴族. a ~ of the Legion of Honor in France フランスのレジオンドヌール5等勲爵士. 3 騎士道精神に富む男性 (→chivalry 1 参考). [<古期フランス語「騎士」(<ラテン語 *cabállus*「馬」)]

chev·i·ot /ʃéviət|tʃév-/ 名 U チェヴィオット織《Cheviot Hills 産の羊の毛で作る粗い織目の生地》.

Chèviot Hílls 名 〈the ~〉チェヴィオット丘陵(地帯)《イングランドとスコットランドの境をなす》.

Chev·ro·let /ʃèvrəléi|ˊ-ˊ/ 名 C 〖商標〗シヴォレー《米国ゼネラル・モータース社の自動車; 愛称 Chev(v)y》.

†**chev·ron** /ʃévrən/ 名 C 1 (下士官, 警察官などの)山形袖(そで)章《階級や勤続年数を示す》. 2 〖紋章〗山形紋. 3 〈普通 ~s〉〖英〗シェヴロン《道路標識中で急カーブを示すV字マーク》. [<古期フランス語「(屋根の)たるき」(<ラテン語 *caper*「ヤギ」)]

Chev·(v)y /ʃévi/ 名 =Chevrolet.

chev·(v)y /tʃévi/ 動 =chiv(v)y.

*chew /tʃu:/ 動 (~s /-z/|過 過分 ~ed /-d/|chéw·ing) 他 1 〔食物, たばこなど〕をかむ (類語 繰り返し bite すること). *Chew* your food well. 食物をよくかみなさい. 2 〔穴〕をかんであける. The puppy *~ed* a hole in my shoe. 子犬が私の靴をかんで穴をあけた.
── 自 1 かむ〈*at, on*..〔植物など〕を〉. ~ (*at*) one's nails 爪をかむ. 2 〖米話〗かみたばこをかむ. 3 〖話〗熟考する, かみしめる, 〈*on* [*upon*]..について〉. ~ *on* a problem 問題について熟考する.
chèw /../ óut 〖主に米話〗..を叱(しか)りとばす (scold).
chèw /../ óver 〖話〗..をじっくり考える, かみしめる. *Chew* it *over* for a while and let me know what you think. しばらくの間そのことをよく考えてあなたの意見を聞かしてください.
chèw the fát [rág] 〖話〗(1) おしゃべりをする, だべる. (2) (済んだ事を持ち出して)愚痴をこぼす.
chèw /../ úp (1) ..をかみ砕く[こなす]. (2) 〖話〗..を(めちゃめちゃに)壊す, 台無しにする.
── 名 C かむこと[もの]; ひとかみ, ひと口(分). have a ~ of gum ガムをかむ.
[<古期英語] ▷**chéw·able** 形 〔錠剤など〕(丸のままでなく)かみ砕いて飲める.

chewed 形 〈次の成句で〉**chèwed úp** 〖米俗〗(心配で)やきもきして.

*chéw·ing gùm 名 U チューインガム《略して gum》.

chew·y /tʃú:i/ 形 e 〔食物が〕よくかむ必要のある; かみごたえのある.

Chey·enne /ʃaién/ 名 (複 ~s, ~) 1 〈the ~(s); 複数扱い〉シャイアン族《米国西部平原地方に住んでいた北米先住民の一部族》; C シャイアン族の人. 2 U シャイアン語. 3 シャイアン《米国 Wyoming 州の州都》.

chg(d) charge(d).

chi /kai/ 名 C カイ《ギリシア語アルファベットの第22字; X, χ; ローマ字の ch, まれに kh に当たる》.

Chiang Kai-shek /tʃæŋ-kaiʃék/ 名 蔣(しょう)介石 (1887–1975)《中国国民党の政治家; 中国総統のち台湾総統》.

Chi·an·ti /kiá:nti|-æn-/ 名 U キャンティ《イタリア, トスカナ (Tuscany) 地方原産の辛口(赤)ワイン》.

chi·a·ro·scu·ro /kià:rəsk(j)ú(ə)rou/ 名 (複 ~s) 〖美〗U キアロスクーロ, 《レンブラントやカラヴァッジョに典型的に見られる明と暗(光と影)による空間処理の技法[技術]》; C キアロスクーロによる絵画[版画]など. [イタリア語 'clear-dark']

chic /ʃi:k/ 形 〔服装, 人が〕あか抜けした, 趣味のいい, シックな, (stylish). ── 名 U (服装, スタイルなどの)洗練, スマートさ, 趣味のよさ. [フランス語(<ドイツ語「熟練, 秩序」)] ▷**~·ly** 副

*Chi·ca·go /ʃiká:gou/ 名 シカゴ《米国イリノイ州ミシガン湖に臨む都市; 米国第3の大都会》. [北米先住民語「タマネギの地」] ▷**Chi·ca·go·an** /-ən/ 名 C シカゴの住民.

Chicàgo Bòard of Tráde 名 〈the ~〉シカゴ商品取引所.

Chicàgo Tríbune 名 〈the ~〉『シカゴトリビューン』《シカゴ発行の新聞, 中西部庶民の声を代表するとされる》.

chi·cane /ʃikéin/ 名 1 =chicanery. 2 C (自動車レースの)障害物《ヘアピンカーブなど》. ── 動 自 詭弁(きべん)を使う, ごまかす.
── 他 〔人〕をだます; VOA (~ X *into*../X *out of*..) X をだまして..させる/..を奪う. ~ a person *out of* his money だまして人の金をとる.
chicàne /../ awáy だまして..を奪う. [フランス語]

chi·can·er·y /ʃikéinəri/ 名 (複 -er·ies) UC 〖章〗1 詭弁(きべん), 言い抜け. 2 ごまかし, 詐欺, 策略.

Chi·ca·no /tʃiká:nou/ 名 (女 **Chi·ca·na** /-nə/; 複 ~s) C, 形 メキシコ系米国人(の). [スペイン語 *Mexicano* 'Mexican' のくずれた発音から]

Chich·es·ter /tʃítʃəstər/ 名 1 チチェスター《英国 West Sussex 州の州都》. 2 **Sir Francis ~** チチェスター卿(1901–72)《ヨットで単独世界一周に最初に成功》.

chi-chi /ʃí:ʃi:/ 〖話〗形 いやに派手な〔服装など〕; 妙に気取った, 見栄(みえ)っぱりの; 上流階級の. ── 名 U 派手, 気どり. [フランス語]

C

†**chick** /tʃik/ 名 C **1** (生まれたての)鶏のひな, ひよこ; 〈一般に〉(鳥の)ひな. **2** 子供; 〖旧俗〗若い女 (★性差別語). the ～s (一家の)子供たち. [＜*chick*en]

chick·a·dee /tʃíkədìː/ 名 C 北米産シジュウカラ属の小鳥の総称.

‡**chick·en** /tʃíkən/ 名 (複 ～s /-z/) **1** C 鶏 《雌, 雄, ひな, 成鳥に関係なく言う》. free-range ～*s* 放し飼い[地飼い]の鶏. a ～ yard 養鶏場. raise ～*s* 養鶏をする. Which came first, the ～ or the egg? 鶏と卵とどちらが先か 《因果関係が決定できない場合について言う》. **2** C **鶏のひな**, 若どり, 《chick より大きい; 焼肉用は broiler》; 〈一般に〉ひな鳥. **3** U 鶏肉, チキン. ～ soup 鶏がらスープ. a ～ wing 手羽. **4** C 〈普通 no ～〉〖話〗若い人, 'ひよこ', 《特に女性》. She is no (spring) ～. 彼女はもう小娘[ねんね]ではない. **5** C 〖話〗いくじなし (coward). **6** U 〖話〗(子供の)肝だめし. play ～ 肝だめしをする.

còunt one's chíckens before they are hátched 捕らぬタヌキの皮算用をする 《＜未定の事を当てにする》.

gò to béd with the chíckens 〖米話〗早寝をする 《＜鶏と一緒に寝る》.

run (a)róund like ˌa hèadless chícken [a chícken with its hèad cut óff] だたやたらにあたふたする, やみくもに騒ぎ立てる.

── 形 〈叙述〉〖話〗いくじなしの (cowardly).

── 動 自 〖話〗〈次の成句のみ〉 ***chìcken óut (of ..)*** おじけづいて(..を)やめる. I was going to confess my crime, but I ～*ed out* (*of* it) at the last minute. 自分の罪を白状しようと思ったが, 土壇場になって怖くなってやめてしまった. [＜古期英語]

chìcken and égg /㊕/ 形 〈限定〉(鶏が先か卵が先かという)因果関係のはっきりしない〔問題, 情況など〕.

chícken brèast 名 ＝pigeonbreast.

chìcken-bréasted /-əd/ 形 ＝pigeon-breasted.

chicken-feed steak 名 U **1** 鶏の飼料. **2** 〖話〗はした金.

chìcken-frý 動 他 を衣をつけて揚げる. *chicken-fried* steak 〖米〗薄い牛カツレツ.

chìcken·héart·ed /-əd ㊕/ 形 臆(おく)病な, いくじなしの. ▷～·**ness** 名

chìcken Kíev 名 U キエフ風チキン 《ニンニクとパセリで味つけしたバターを詰めて焼いた鶏の胸肉》.

chìcken·lívered /㊕/ 形 ＝chickenhearted.

chícken pòx 名 U 〖医〗水痘, 水ぼうそう.

chícken rùn 名 C (金網で囲った)鶏の運動場.

chícken·shìt 名 C, 形 〖米俗〗 **1** いくじなし(の). **2** 〔規則などが〕やたら小うるさい, つまらぬことをくどくど言う.

chícken wìre 名 U 網目が 6 角形の金網 《＜鶏小屋の網》. 「部産; 食用》.

chíck·pèa 名 C 〖植〗ヒヨコマメ(の実) 《ヨーロッパ南↑

chíck·wèed 名 U 〖植〗ハコベ.

chic·le /tʃík(ə)l/ 名 U チクル 《熱帯アメリカ産のある種の木の樹液から作るチューインガムの原料》.

chic·o·ry /tʃíkəri/ 名 U チコリ, キクニガナ, 《ヨーロッパ原産の草本; 葉はサラダその他の料理用; 根は風味出しに炒(い)ってコーヒーに混ぜることがある》.

†**chide** /tʃaid/ 動 (～s /-dz/|過 **chid** /tʃid/, **chíd·ed** /-əd/|過分 **chid, chíd·den** /tʃídn/, **chíd·ed**|**chíd·ing**) 〖旧章〗 他 を叱責(しっせき)する, しかる, に小言を言う, 〈*for* ..のことで〉. She ～*d* her child *for* cutting in. 彼女は子供が話に割り込むのをしかった. ── 自 しかる.

類語 scold より穏やかで理性的なしかり方; →blame.

‡**chief** /tʃiːf/ 名 (複 ～**s** /-s/) C **1** (集団, 組織などの)**長**, かしら, 首領; 指導者, 支配者; (会社の)局[部, 課]長, 上司; (★〖話〗では boss). a section ～ 課長, 部長. a branch ～ 支店長. the ～ of state 国家元首. **2** (部族の)酋(しゅう)長, 族長, (chieftain). an Indian ～ 北米先住民の酋長.

in chíef 〈名詞の後につけて〉最高位の, 長である. an editor *in* ～ 編集長[主幹]. →commander in chief.

── 形 ¢ 〈限定〉 **1 最高(位)の**, 第 1 (位)の. the ～ cook コック長 (chef). a ～ clerk 書記長.

2 主な, 主要な, (類語 人や物の重要性, 地位などが第 1 位であることを意味する; 人の場合, 首位にあって他を従えるという意味を含む; →main). the ～ points 主要点. My ～ concern now is the entrance exam. 僕の現在の最大関心事は入試だ.

the chìef còok and bóttle-wàsher 〖話・戯〗(パーティーなどの)幹事役.

[＜古期フランス語 *ch(i)ef*「かしら」(＜ラテン語 *caput* 'head'); chef と同源]

chìef cónstable 名 C 〖英〗(州などの)警察本部長.

chìef éditor 名 →editor.

chìef exécutive 名 〈the ～〉 **1** 首席行政官 《〖米〗で the Chief Executive は普通, 大統領を指す; 一般に小文字(時に大文字)で始まると州知事や市長を指す》. **2** (企業や団体の)最高(経営)責任者 《managing director に代わる表現で, chairman を兼ねることもある; **chìef exécutive òfficer** とも言い, CEO と略す》.

chìef inspéctor /㊕/ 名 C 〖英〗警部.

chìef jústice /㊕/ 名 C 裁判長; 〖米〗〈the C- J-〉最高裁判所長官.

***chief·ly** /tʃíːfli/ 副 ¢ **1** 主に, 主として. We visited London ～ to go to the theaters. 我々は主として芝居を見るためにロンドンを訪れた.

2 まず第一に, とりわけ, (above all).

chìef of stáff 名 (複 **chiefs of staff**) C 参謀長; 〖米〗〈the C- of S-〉(陸・空軍)参謀総長.

chìef superinténdent /㊕/ 名 C 〖英〗警視正.

chief·tain /tʃíːftən/ 名 C (盗賊などの)頭目, かしら; (clan や tribe の)族長. a Highland ～ (スコットランド)高地氏族の族長. [captain と同源] ▷～·**cy** /-si/, ～·**ship** /-ʃìp/ 名 U 頭目[族長] (chieftain) の地位[役目]. 「whip).

Chìef Whíp 名 〈the ～〉〖英〗首席院内幹事 (→↑

chif·fon /ʃifán|ʃífɔn/ 名 U シフォン 《絹, ナイロン製などの透けるように薄くて軽い織物》. [フランス語「ぼろ布」]

chif·fo·nier, -fon·nier /ʃifəníər/ 名 C 高だんす 《幅が狭く上に鏡付き》; (本・瀬戸物などの)戸棚兼飾り棚.

chig·ger /tʃígər/ 名 C 〖虫〗 **1** ツツガムシ. **2** ＝chigoe.

chi·gnon /ʃíːnjɑn|-njɔːŋ/ 名 C (女性の後頭部に束ねた)束髪, シニョン. [フランス語 (＜ラテン語「鎖」)]

chig·oe /tʃígou/ 名 C 〖虫〗スナノミ.

chi·hua·hua /tʃiwáːwɑː/ 名 C チワワ犬 《メキシコ原産の小型犬; ＜メキシコ北部の州名》.

chil·blain /tʃílblèin/ 名 C 〈普通 ～s〉しもやけ 《普通, 指や足先にできるものを言う; →frostbite》.

[chill, blain「水[火]ぶくれ」(＜古期英語「腫れ物」)]

chíl·blàined 形 しもやけになった.

‡**child** /tʃaild/ 名 (複 **children** /tʃíldrən/) C 【未成年者】 **1** (幼少から成年までの)**子供**, 児童, 《14, 15 歳までの boy または girl》. a naughty ～ いたずらな子. a backward ～ 知恵遅れの子. a toddling ～ よちよち歩きの子. a ～ wife 幼な妻. As a ～, I would often lie on these banks and daydream. 子供のころよくこの堤防に寝ころんで夢想にふけったものだ. I have known this actress from a ～. この女優を(彼女の)子供の時から知っている. The ～ is father of the man. →father 5. *Children* should be seen and not heard. 〖諺〗子供は(大人の場に)出てもいいが, しゃべってはいけない 《特にヴィクトリア朝のしつけを特徴づける諺》.

連結 a lovely [a cute, a nice; a mischievous; a

well-behaved; a healthy, a robust; a delicate, a sickly] ～ // bear [give birth to, have; bring up, raise, rear] a ～

2 子供っぽい人, 幼稚な人; 経験不足の人. He is a mere ～ in these matters. 彼はこんな事にかけてはほんの子供だ.
【親に対しての子】 **3** **子供**《年齢, 性別に無関係; また胎児, 嬰(えい)児も含む》. an only ～ ひとりっ子. one's first ～ 最初の子, 第1子. a natural ～ 私生児. an unborn ～ やがて生まれてくる子, 胎児. the youngest of five *children* 5人きょうだいの末っ子. **4** 子孫. the *children* of Israel ユダヤ人, ヘブライ人《＜Jacob 4の子供たち》. **5** (**a**) 産物, '申し子', '落とし子', 〈*of*..〔環境, 条件など〕の〉. a ～ *of* nature 野育ちの子, 自然児. a ～ *of* fortune 運命の寵児(ちょうじ)《非常に幸運な人》. a ～ *of* the computer age コンピュータ時代が生んだ人[もの]. (**b**) 産物, 所産 〈*of*..〔空想など〕の〉 a ～ *of* his imagination 彼の想像の所産. **6**【教え子】弟子, 門弟; 崇拝者, 追随者. a ～ of God 神の子, 信徒. a ～ of the devil 悪魔の弟子, 悪人. a Lenin's ～ レーニン信奉者.
with chíld 〖古〗妊娠して, 身ごもって. get a woman *with* ～ 女性を身ごもらせる. be heavy [great] *with* ～ 身重[臨月]である.
[＜古期英語 *ċild*; 複数形 children は, 中期英語における複数形 *childre* に, さらに複数語尾 *-en* がついた二重複数形]

chíld abùse 名U 児童虐待.
chíld·bèaring 名U 出産. ～ age 出産(可能)年齢(期).
chíld·bèd 名U 産褥(じょく), 分娩(ぶんべん).
chìld bénefit 名U 〖英〗児童手当《義務教育終了時まで支給される; 別名 family allowance》.
†**chíld·bìrth** 名U 出産, 分娩(ぶんべん). a difficult ～ 難産. die in ～ お産で死ぬ. a woman *in* ～ 分娩中の女性.
chíld·càre 名U (親の)子育て; (働く親に代わってする)児童保育.
‡**child·hood** /tʃáildhùd/ 名 (複 ～s /-dz/) UC **幼年時代**, 幼年期, 幼時. from [since] ～ 幼少のころから. in one's ～ 子供のころに. She had an unhappy ～. 彼女は不幸な幼年時代を過ごした. be in a [one's] second ～ 年老いてもうろくしている (→second childhood).

連結 a happy [a carefree; a sheltered; a lonely; a difficult; a miserable, a wretched] ～; early [late] ～

***child·ish** /tʃáildiʃ/ 形 m **1** **子供らしい, 子供にふさわしい**. ～ games 子供に適したゲーム. **2** 〔おとなが〕**子供っぽい**, 子供じみた; おとなげない; (類語 悪い意味で言う; →childlike). Don't be so ～ *about* such things! そんなことで子供じみたまねはよしなさい. It was ～ *of* him [He was ～] *to* get angry at that. それで腹を立てるなんて彼はおとなげなかった. ▷ **～·ly** 副 子供っぽく, おとなげなく. **～·ness** 名U 子供っぽさ, おとなげなさ.
chìld lábor 児童[未成年者]労働《法定年齢に達していない者の就労》.
†**chíld·less** 形 (欲しいのに)子供のない〔夫婦など〕.
***child·like** /tʃáildlàik/ 形 m **子供のような**; (子供のように)純真な, 無邪気な, (類語 よい意味で言う; →childish). a ～ smile 純真な笑み. a ～ innocence 子供のような無邪気さ.
Chíld·lìne 名 〖英〗児童相談電話《悩んでいる児童の相談を受ける》.
chíld·mìnder 名C 〖英〗(特に両親が共働きの)子供を預かる人 (baby-minder)《自分の家に預かって面倒を見る; →babysitter》. ▷**chíld·mìnding** 名
chíld molèster 名C 児童性的虐待者.
chìld pródigy 名C 神童.
chíld-pròof 形 〔器具などが〕子供に安全な; 子供がいたずらできない.

chil·dren /tʃíldrən/ 名 child の複数形. [→child]
chíldren's hòme 名C (特に親が扶養できなくなった時の)児童収容所, 少年の家.
chíld's plày 名U 〖話〗わけなくできる物事; 取るに足らない事.
chíld suppòrt 名U 養育費《児童を連れて別れた配偶者に払う》.
Chil·e /tʃíli/ 名 チリ《南米太平洋岸の共和国; 首都 Santiago》.
chil·e /tʃíli/ 名 ＝chili.
Chil·e·an /tʃíliən/ 名C チリ人. ── 形 チリ(人)の.
Chìle níter[saltpéter] 名U 硝酸ナトリウム, チリ硝石.
†**chil·i,** 〖主に英〗 **chil·li** /tʃíli/ 名 (複 ～es) **1** UC 〖植〗チリ《トウガラシの一種》; チリのさや(の粉末)《香辛料; **chíli pòwder**》. **2** ＝chili con carne. [＜中米先住民語]
chìli còn cár·ne /-kàn-káːrni|-kɔ̀n-/ 名U チリコンカルネ《牛ひき肉, 豆をチリで味つけしたメキシコ風シチューの一種》. [スペイン語 'chili with meat']
chíli sàuce 名U チリソース《チリ, 酢, 砂糖, タマネギをトマトソースで煮つめたもの》.
***chill** /tʃil/ 名 (複 ～s /-z/) C **1** 〈普通, 単数形で〉**冷気, 冷え**. the ～ before dawn 夜明け前の冷え込み. **2** (**a**) 悪寒, **寒け**; (熱で)寒けを伴う風邪. I felt a ～ creep over me. 寒けで体中がぞくぞくした. catch [get, take] a ～ 風邪を引く. have a ～ 風邪を引いている. (**b**) (恐怖からくる)身震い, 戦慄(りつ), (shiver). strike a ～ into the heart of ..の心を冷やりとさせる.
3 〈普通, 単数形で〉(態度の)**冷淡さ**, よそよそしさ; 興ざめ, 白け. Don't cast a ～ over his enthusiasm. 彼の熱意に水をさすんじゃない. **4** 〖冶金〗冷やし金, チル, 《溶けた金属を急速硬化するために鋳型に入れる金属板》.
tàke the chíll off.. (1) ..の冷気を和らげる, ..を少し暖める. (2) ..の白けた空気をなごやかにする.
── 形 ＝chilly.
── 動 (～s /-z/|過 過分 ～ed /-d/|**chíll·ing**) 他 **1** を**冷やす**, 冷却する, 〔食料品など〕を冷蔵する, (★freeze はさせない). ～ beef 牛肉を冷蔵する. The wine was served ～*ed*. ワインは冷やして出された. **2** 〔天候などが〕を寒がらせる; 〖章〗〔恐怖などが〕を冷やっとさせる, ぞっとさせる. I'm ～*ed* to the bone [marrow]. 私は骨の髄まで冷えきって[ぞっとして]いる. ～ a person's blood 血の凍る思いをさせる, ぞっとさせる. **3** 〖章〗〔人の興〕をさます; 〔熱心さなど〕をくじく. His indifference ～*ed* our hopes. 彼が無関心なので我々の希望もしぼんだ. **4** 〖冶金〗〔溶けた金属〕を急冷硬化する, チル化する.
── 自 **1** 冷える; 寒けがする, ぞくぞくする. **2** 〔熱意が〕さめる, 元気がなくなる.
chìll óut 〖米俗〗落ち着く, 頭を冷やす.
[＜古期英語「寒さ」; cold, cool と同根]
chilled 形 冷却された, 冷蔵の. ～ meat 冷蔵肉.
chíll·er 名C **1** 冷却装置. **2** 〖話〗肝を冷やす話; スリラー小説[映画].
chil·li /tʃíli/ 名 ＝chili.
chill·i·ness /tʃílinəs/ 名 aU **1** 冷気. **2** 冷淡(さ).
†**chíll·ing** 形 ぞっとする(ような), (恐ろしくて)寒けがする, 身の毛もよだつ, 〔話など〕. ▷ **～·ly** 副 ぞっとするほど.
***chill·y** /tʃíli/ 形 e (**chill·i·er**|**chill·i·est**) **1** **冷たい**, 冷え冷えする; 寒けがする. a ～ room 冷え冷えする部屋. a ～ day うすら寒い日. feel ～ 寒けがする. **2** **冷淡な**, すげない. her ～ manner toward me 彼女の私に対する冷淡な態度. a ～ welcome 冷淡な歓迎.
Chil·tern Hills /tʃíltərn-hílz/ 名 〈the ～〉チルターン丘陵《英国 Oxfordshire 南部から Bedfordshire に至る; **the Chílterns** とも言う》.
chi·mae·ra /kaimí(ə)rə, kə-/ 名 ＝chimera.
***chime** /tʃaim/ 名 (複 ～s /-z/) **1** C 〈普通 ～s〉 (**a**) チャイム, 鐘, 《教会の塔などにある調律したひと組の鐘》. ring the ～*s* チャイムを鳴らす. (**b**) チャイム《長さの違う

数本の金属パイプを枠組みの中に垂れ下げた打楽器). (c) (玄関の)ドアチャイム; (時計の)チャイム.
2 [C] 〈普通 ~s〉 **チャイムの音**(ね), 鐘声. listen to the ~s on Christmas Eve クリスマス前夜の(教会の)鐘に耳を澄ます.
3 [UC] 〖章〗調和, 一致. in ~ (with..) (..と)調和して, 調子が合って. keep ~ with.. と調子を合わせる.
── [動] (~s /-z/|[過] [過分] ~d /-d/|**chím·ing**) [他] **1** 〔鐘, チャイム〕**を鳴らす**. **2** 〔時刻など〕**を鐘で知らせる**. The clock ~*d* ten. チャイム時計が 10 時を報じた.
── [自] **1** 〔鐘, チャイムが〕**鳴る**. **2** [VA] (~ *with*..) ..と調和[一致]する, ..に賛成[同意]する. His plan ~*s* perfectly *with* mine. 彼の案は私のと完全に一致する.
chime ín (1) 〖話〗相づちを打つ; 会話などに加わる[割り込む]. "I do agree," she ~*d in*.「大賛成です」と彼女は相づちを打った. (2) 調和する, 一致する; 調子を合わせる; 〈*with* ..と, に〉. What he says ~*s in with* my opinion. 彼の言うことは私の意見と一致する.
[<ラテン語 *cymbalum*「シンバル」]

chi·me·ra /kaimí(ə)rə, kəm-/ [名] **1** 〖ギ神話〗〈the C-〉キマイラ《頭はライオン, 胴はヤギ, 尾は蛇で火を吐く怪物》. **2** [C] (一般に想像上の)怪獣. **3** [C] 〖章〗ばかげた空想, 妄想. [<ギリシア語「牝ヤギ」]

chi·mer·ic /kaimérik, kəm-/ [形] =chimerical.

chi·mer·i·cal /kaimérik(ə)l, kə-/ [形] 〖章〗空想[妄想]的な, 途方もない, 〔考え, 計画など〕. ▷**~·ly** [副]

*__chim·ney__ /tʃímni/ [名] ([複] **~s** /-z/) [C] **1 煙突** 《建物中の煙出し装置全体, 又は屋根から突出した部分を指す》. **2** (石油ランプなどの普通, ガラス製の)ほや. **3** 〖登山〗チムニー 《岩壁の深い縦の割れ目; それを手がかりに岩登りする》. [<ラテン語「暖炉」(<ギリシア語「かまど」)]

chímney brèast [名] [C] 〖英〗炉胸《煙突のために壁が室内へ張り出した部分》.

chímney còrner [名] [C] (昔風の大きな暖炉の)炉すみ(の座席) 《暖かくて居心地がよい》.

chímney·pìece [名] 〖旧〗=mantelpiece.

chímney pòt [名] [C] (煙突の上端部に取り付けた普通, 土器, 金属製の)煙出し.

chímney stàck [名] [C] 〖英〗 **1** 煙突の突出部 《工場などの屋上の; 〖米〗では普通 smokestack》. **2** 組み合わせ煙突 《数本の煙突をまとめて屋根の一箇所に出したもの》.

chímney swàllow [名] [C] 〖鳥〗 **1** (普通の)ツバメ (common swallow). **2** =chimney swift.

chímney swèep(er) [名] [C] 煙突掃除人 (〖話〗では単に sweep とも言う).

chímney swìft [名] [C] 〖鳥〗エントツアマツバメ《北米産》.

chimp /tʃimp/ [名] 〖話〗=chimpanzee.

†**chim·pan·zee** /tʃìmpænzí:-, -pən-/ [名] [C] チンパンジー《アフリカ産の類人猿 (ape)》. [<バンツー語]

*__chin__ /tʃin/ [名] ([複] **~s** /-z/) [C] **あご, あご先**, ([類語] the lower JAW の先端部のこと). The beard grows *on* the ~. あごひげはあごに生える. stick [thrust] one's ~ out あごを突き出す《挑戦的あるいは高慢な態度》. ~ whiskers あごひげ (beard). a ~ dimple あご先のくぼみ.
(***kèep one's***) ***chìn úp*** 〖話〗(苦しい時にも)元気を失わない〈しばしば命令形で〉.
tàke it [***lífe***] ***on the chín*** 〖話〗(逆境などを)勇気をもって受けとめる, じっと耐える, 《<(ボクシングで)あごへパンチを受ける》.
ùp to the chín (下から)あごの所まで; 深くはまりこんで〈*in* ..に〉.
── [動] [自] (~s|-nn-) **1** 〖米俗〗おしゃべりする, だべる. **2** (体操として)懸垂する《鉄棒まであごを引き上げる》. ── [他] **1** 〔ヴァイオリンなど〕をあごに当てる[で押さえる]. **2** 〈~ oneself〉懸垂する (→[自] 2). [<古期英語]

Chin. China; Chinese.

‡**Chi·na** /tʃáinə/ [名] **中国** 《正式名 the People's Republic of China; 首都 Beijing [Peking] (北京)》. ◇[形] Chinese [<中国語「秦(しん)」(紀元前 3 世紀の王朝)]

*__chi·na__ /tʃáinə/ [名] [U] **磁器(製品)**; 〈集合的〉**陶磁器, 瀬戸物(類)**, 《特に食器》; ([類語] porcelain の俗称; → ceramics). a piece of ~ 磁器 1 個. a beautiful set of ~ 美しい瀬戸物食器のひとそろい. [<*china*ware]

chína càbinet [名] =china closet.

chína clày [名] =kaolin.

chína clòset [名] [C] (しばしばガラス戸の付いた)瀬戸物をしまう戸棚.

Chína·man /-mən/ [名] ([複] **-men** /-mən/) [C] 〖軽蔑〗中国人 (Chinese). 「ナ海」.

Chína Sèa [名] 〈the ~〉シナ海《東シナ海および南シナ海》.

Chína sỳndrome [名] 〈the ~〉チャイナシンドローム《アメリカの原子力発電所における原子炉溶融事故が地球の中を通って中国にまで及ぶという冗談》.

Chìna téa [名] [U] 中国茶.

Chína·tòwn [名] [C] (外国の都市での)中華街, 中国人町, チャイナタウン. 「戸物(類).

chína·wàre [名] [U] 〈集合的〉陶磁器(の食器), 瀬戸物(類).

chinch /tʃintʃ/ [名] [C] 〖虫〗 **1** 〖米〗トコジラミ. **2** コバネナガカメの類 (**chínch bùg**) 《麦の害虫》.

chin·chil·la /tʃintʃílə/ [名] **1** [C] チンチラ, ケイトネズミ, 《南米アンデス山地産; リスに似た動物》. **2** [U] チンチラの毛皮《銀灰色で柔らかい高級品》. [スペイン語]

chin-chin /tʃìntʃín/ [間] ごきげんよう, ご健康を祈る, 《あいさつ, 別れ, 乾杯などの時》. [<中国語「請請」]

chine /tʃain/ [名] [C] (動物の)背骨; (料理用の)背骨付きの肉.

‡**Chi·nese** /tʃàiní:z [形]/ [形] **1** [C] **中国の; 中国人の; 中国語の**. **2** [m] 中国風[流]の.
── [名] ([複] ~) **1** [C] **中国人**; 〈the ~; 複数扱い〉中国国民. several ~ 数人の中国人. **2** [U] **中国語**. **3** [C] 〖英話〗中国料理の食事《店で食べる, あるいは店から持ち帰りの》.

Chìnese béllflower [名] [C] キキョウ.

Chìnese cábbage [名] [UC] 中国白菜, パクチョイ, 《日本の白菜より縦長で肉厚》.

Chìnese cháracter [名] [C] 中国文字, 漢字.

Chìnese chéckers [〖英〗 **chéquers**] [名] [U] 〈単複両扱い〉ダイヤモンドゲーム《2-6 人の人が星型の盤上でおはじきを動かすゲーム》.

Chìnese góoseberry [名] =kiwi 3.

Chìnese lántern [名] [C] (装飾用の)紙ぢょうちん.

Chìnese leaves [名] 〖英〗=Chinese cabbage.

Chìnese médicine [名] [U] 漢方(医学).

Chìnese púzzle [名] [C] 解きがたいなぞ; 難問題.

Chìnese Wáll [名] **1** 〈the ~〉万里の長城 (the Great Wall of China). **2** [C] 〈C- w-〉越えがたい障壁.

Chìnese whíspers [名] [U] 〖英〗電話ゲーム (〖米〗Telephone) 《第 1 の人からある事をささやいて次々にリレー式にささやいて最後の人に伝わった事と最初の人の言った事とを比べる》.

Chink /tʃiŋk/ [名] [C] 〖軽蔑〗中国人.

†**chink**[1] /tʃiŋk/ [名] [C] 割れ目, 裂け目; (細い)すき間; (すき間からもれる)光. ~*s* in the wall 壁のひび. ***a chink in a person's*** [***the***] ***ármor*** (議論, 防御などにおける)弱点. [<中期英語 *chine*「割れ目」; k が加わった]

chink[2] [名] [C] ちん, ちゃりん, かちん, 《ガラスや金属などのぶつかる音》. the ~ of coins 硬貨のちゃりんと鳴る音.
── [動] [自] ちゃりんと鳴る. ── [他] をちゃりんと鳴らす.

Chink·y /tʃíŋki/ [名] ([複] **Chink·ies**) [C] **1** 〖軽蔑〗=Chink. **2** 〖英俗〗中国料理店.

chín·less [形] 〔人が〕あごの小さい; 〖英話〗意志の弱い.

chìnless wónder [名] [C] 〖英話〗(特に良家の)ばか息子.

chi·no /tʃíːnou/ 名 (複 ~s) **1** Ⓤ チノクロス《丈夫な綾織り綿布》. **2** 〈~s〉 チノパンツ.

Chi·no- /tʃàinou/ 〈複合要素〉「中国」の意味 (Sino). *Chino*-Japanese 中国と日本の, 日中の.

Chi·nook /ʃənúː(ː)k|tʃə-/ 名 (複 ~s, ~) **1** 〈the ~(s); 複数扱い〉 チヌーク族《米国北西部に住んだ先住民の一部族》; Ⓒ チヌーク族の人. **2** Ⓤ チヌーク語. **3** Ⓒ 〈c-〉 チヌーク風《北米北西部の太平洋沿岸に吹く南西風; ロッキー山脈を東に吹き下ろす乾燥した暖風》.

Chinòok járgon 名 Ⓤ 混合チヌーク語《英仏語がまざったもので, 北米北西部で交易に際して用いられた》.

chín-stràp 名 Ⓒ (ヘルメットなどの)あごひも.

†**chintz** /tʃints/ 名 Ⓤ チンツ, さらさ, 《カーテンなどに用いるつやを出した派手な模様の木綿》. [<ヒンディ語「斑点」]

chintz·y /tʃíntsi/ 形 ⓔ 〖英話〗チンツの[で飾った]; 〖米話〗安ぴかの; けちな.

chín-ùp 名 ⓊⒸ (鉄棒の)懸垂.

chín-wàg 名 ⓐⓊ, 動 自 〖英話〗(うちとけた)おしゃべり(をする) (chat).

‡**chip** /tʃip/ 名 (複 ~s /-s/) Ⓒ **1** (木, 石, れんがなどの)切れはし, 砕片, こっぱ; (瀬戸物などの)かけら; (かご, 帽子などを編む)経木. He threw some bark ~*s* on the fire. 彼は木の皮のくずをたき火に投げ込んだ.

2 (瀬戸物などの)欠けた箇所, かけ目; きず. I don't want to use this cup—it's got a ~ in it. このカップは使いたくない, 欠け目があるから.

3 (果実, 野菜などの)小さい切れ, 薄切り; 〖米〗〈~s〉 = potato chips (〖英〗 crisps); 〖英〗〈~s〉 細長く切ったジャガイモのから揚げ (〖米〗 French fries).

4 (**a**) (ポーカーなどのゲームの)数取り札, 点棒, チップ, (counter) 《現金の代用》. (**b**) = bargaining chip.

5 = microchip. **6** = chipshot. **7** 〖米〗干した家畜の糞《燃料用》; つまらない物.

a chíp off* [*of*] *the òld blóck 〖話〗親(特に父親)そっくりの子供[息子]《性格・行動について》.

be in* [*còme into*] *the chíps 〖米俗〗金がうなるほどある[転がり込む].

cásh* [*hánd, páss*] *in one's chíps [〖英俗〗 ***chécks***] 〖米俗〗'年貢を納める', 死ぬ.

hàve* (*got*) [*càrry*] *a chíp on one's shóulder 〖話〗(不当な扱いを受けたと思い)ぷりぷりしている, けんか腰である, 《もと米国で男の子がけんかを売る時肩にこっぱを乗せ, 相手に打ち落とさせたことから》. He's *got a* ~ *on* his *shoulder* about not having gone to university. 彼は大学へ行かなかったことをいつも根に持っている.

have hàd one's chíps 〖英話〗負ける; 殺される.

lèt the chíps fàll where they máy 〖話〗どんな結果になろうと《「他人はどうあれ自分はやる」という決意を表す》.

when the chìps are dówn 〖話〗いざという時に(は), せっぱつまったら.

── 動 (~s /-s/|過 過分 ~ped /-t/|**chíp·ping**) 他 **1** 〔物(の隅, 表面)〕を**欠く**, **削る**; を欠いて[割って]取る 〈*off, from, out of* ..から〉. The chair ~*ped* the table edge. いすがテーブルの縁を傷つけた. A lot of pieces were ~*ped off* the rock. 岩の細片がたくさん削り取られた. **2** 〖主に英〗〔果実, 野菜など〕を小さく切る. ~*ped* potatoes 小さく切ったジャガイモ. **3** 〔ボール〕を chipshot する.

── 自 **1** 〔瀬戸物などが〕**欠ける**; 〔ペンキなどが〕はげ落ちる 〈*off*〉. Be careful; these plates ~ very easily. これらのお皿はとても欠けやすいから気を付けてください. **2** 欠く, 削る 〈*at* ..を〉. **3** chipshot をする.

chìp awáy 少しずつ削り取る 〈*at* ..を〉. get along by ~*ping away* (*at*) one's inheritance 遺産を少しずつ食いつぶして暮らす.

chìp /../ awáy ..を少しずつ削り取る.

chìp ín 〖話〗 (1) (寄付などに)ひと口加わる. Will everyone ~ *in* to help the handicapped? みんな少しずつ寄付して障害者たちを助けてくれますか. (2) 口をはさむ; 会話に割り込む; 〈*with, that* 節 ..と言って〉.

chìp /../ ín 〖話〗〔金〕を寄付する, 出し合う.

[<古期英語「丸太, 幹, 犂(すき)の刃」]

chíp·bòard 名 Ⓤ (木くずを圧縮して固めた)合板.

chip·munk /tʃípmʌ̀ŋk/ 名 Ⓒ シマリス《北米・アジア産; 地上生活をする小形のリス》.

chip·o·la·ta /tʃìpəlɑ́ːtə/ 名 Ⓒ 〖英〗チポラータ《小さい細身のソーセージ》.

chíp pàn 名 Ⓒ 〖英〗チップパン《フィッシュアンドチップを揚げる深底のフライパン》.

chìpped béef 名 Ⓤ 〖米〗薄切りの燻(くん)製牛肉.

Chip·pen·dale /tʃípəndèil/ 形, 名 Ⓒ チペンデール風の(家具) 《装飾的な彫刻と曲線の多用が特徴》. [18 世紀英国の家具製作者の名から]

chip·per /tʃípər/ 形 〖米話〗 **1** ほがらかな, 陽気な, (lively). **2** きちんとした (trim).

chíp·ping 名 Ⓒ 〖主に英〗〈普通 ~s〉 砕石《道路や線路などに敷く石の小片》.

chípping spàrrow 名 Ⓒ 〖鳥〗チャガシラヒメドリ《北米都市部に生息》.

chip·py, chip·pie /tʃípi/ 名 Ⓒ **1** = chipping sparrow. **2** = chipmunk. **3** 〖俗〗(若い)あばずれ女; 売春婦. **4** 〖英話〗 = chip shop. **5** 〖英俗〗大工 (carpenter).

chíp shòp 名 Ⓒ 〖英〗フィッシュアンドチップス店.

chíp·shòt 名 Ⓒ **1** 〖ゴルフ〗チップショット《球をグリーンにのせるため芝生の外れから短くボールを打ち上げること》. **2** 〖サッカー・ラグビー〗敵の頭上を越える短いキック, ちょん蹴(げ)り.

chi·ro- /káirou/ 〈複合要素〉「手」の意味の名詞を作る. *chiro*graphy. *chiro*mancy. [ギリシア語 *kheír* 'hand']

chi·rog·ra·pher /kairɑ́grəfər|-rɔ́g-/ 名 Ⓒ 書家.

chi·rog·ra·phy /kairɑ́grəfi|-rɔg-/ 名 Ⓤ 筆跡, 書体; 書道.

chi·ro·man·cy /káirəmæ̀nsi/ 名 Ⓤ 〖雅〗観掌術, 手相術[学], (palmistry). [chiro-, -mancy]

chi·rop·o·dist /kərɑ́pədist|-rɔ́p-/ 名 Ⓒ 足治療医 (〖米〗 podiatrist).

chi·rop·o·dy /kərɑ́pədi|-rɔ́p-/ 名 Ⓤ (まめ, たこなどの)足治療 (〖米〗 podiatry). [chiro-, ギリシア語 *poús* 「足」]

chi·ro·prac·tic /kài(ə)rəprǽktik/ 名 Ⓤ 脊椎(せきつい)指圧[矯正]療法, カイロプラクティック. [chiro-, ギリシア語 *praktikós* 'practical']

chi·ro·prac·tor /kài(ə)rəprǽktər/ 名 Ⓒ 脊椎(せきつい)指圧[矯正]師, カイロプラクター.

†**chirp** /tʃəːrp/ 名 Ⓒ (小鳥や虫などの)ちいちい, ちゅうちゅう(という鳴き声). the ~*s* of the sparrows [cicadas] スズメ[セミ]の鳴き声. ── 動 自 〔小鳥や虫が〕 ちいちいとさえずる[鳴く] 〈*away*〉; かん高い声でしゃべる. ── 他 Ⓥⓞ (~ X/"引用") X を/「..」とかん高い声で言う 〈*out*〉. [擬音語]

chirp·y /tʃə́ːrpi/ 形 〖英話〗元気な, ほがらかな.

▷ **chirp·i·ly** 副 **chirp·i·ness** 名

chirr /tʃəːr/ 動 自 〔コオロギなどが〕ちりちりと鳴く.

── 名 Ⓒ ちりちり鳴く声. [擬音語]

chir·rup /tʃə́ːrəp, tʃír-|tʃír-/ 名, 動 = chirp.

†**chis·el** /tʃíz(ə)l/ 名 Ⓒ (大工, 彫刻師の)のみ.

── 動 (~s|〖英〗 -ll-) 他 **1** をのみで彫る[削る]; ⓋⓄⒶ (~ X *into* Y/~ Y *out of* X) X を彫って Y に/X を彫って Y を作る. ~ marble *into* a figure = ~ a figure *out of* marble 大理石で像を彫る. ~ a hole in the wall (のみで)壁に穴をあける. **2** 〖旧俗〗 をぺてんにかける, かたる;

〔人〕からまきあげる〈*out of*..を〉. ── 自 **1** 彫る. **2**〖旧俗〗ぺてんを行う.
chìsel ín 割り込む〈*on* ..に〉.
chìsel /../ ín を割り込ませる.
[<ラテン語 *caedere*「切る」(の過去分詞)]

C

chís·el(l)ed 形 〈普通, 限定〉彫りの深い〔顔だちなど〕. ~ features 彫りの深い目鼻立ち.

chís·el·(l)er 名 C **1** のみを使う人, 彫刻する人, 彫刻師. **2**〖旧俗〗ぺてん師, かたり屋.

Chís·holm Tràil /tʃízəm-/ 名 チザムトレイル《米国 Texas 州 San Antonio から北上して Kansas 州 Abilene に至る; 19 世紀後半重要だった牛追い道》.

chit[1] /tʃit/ 名 C〖話〗**1** ちび, 子供. **2**〖旧・しばしば軽蔑〗〈a ~ of a girl で〉(活発で生意気な)娘っ子.

chit[2] 名 C **1**〖主に英〗(短い)手紙; メモ. **2** (ホテルなどで飲食などを 'つけ' にする)記名伝票. [<ヒンディ語]

chít-chàt〖話〗名 U 雑談, 世間話. ── 動 (~s| -tt-) 自 雑談する. [chat の加重形]

chi·tin /káitn/ 名 U キチン質《甲殻類の殻の成分》. ▷ **chi·tin·ous** 形

chit·ter·lings, chit·lings, chit·lins /tʃítər-liŋz/, /tʃít-/, /-linz/ 名 〈複数扱い〉(主に豚の)小腸《食用としての言い方》.

chiv·al·ric /ʃív(ə)lrik, ʃəvǽl-|ʃív(ə)l-/ 形 =chivalrous.

†**chiv·al·rous** /ʃív(ə)lrəs/ 形 **1** 騎士的な, 騎士道にかなった, (→chivalry 1 参考); (女性に対して)慇懃(いんぎん)な, 親切な. How ~ of him to offer me his taxi! 私にタクシーを譲ってくれるなんてあの人はほんとに親切だわ. **2** 騎士道(時代)の; 騎士制度の. a ~ society 騎士制度の社会. ▷ **~·ly** 副 騎士らしく; 親切に.

†**chiv·al·ry** /ʃív(ə)lri/ 名 U **1** (中世の)騎士制度; 騎士道(精神) (参考 理想的な騎士の資格は, 名誉, 礼儀, 寛容, 勇気を尊び, 女性をいたわり, 弱きを助け, 武道に長じていること). The age of ~ is gone. 騎士道の時代は過ぎた《騎士道精神今や地に落つ, と大げさに嘆いてみせるせりふ》. **2**〖古〗〈集合的〉(一国の)騎士団, 全騎士. [<古期フランス語; chevalier, -ry]

chive /tʃaiv/ 名 C エゾアサツキ《ユリ科の球根植物》; 〈普通 ~s〉エゾアサツキの葉《食用》.

chiv·(v)y /tʃívi/ 動 (-vies|過 過分 -vied|~·ing) 他 〖英話〗 **1** を追い回す; を急がせる, 急いでさせる, 〈*up, along*〉. **2** VOC (~ X *to do*) X に..してくれとしつこく言う[からむ]; VOA (~ X *into* (*doing..*)) X にしつこく言って..させる.

chla·myd·i·a /kləmídiə/ 名 (複 **chla·myd·i·ae** /-dii:/) C〖生物〗クラミジア《バクテリアの一種; トラホームや尿道炎などを媒介する》.

Chlo·e /klóui/ 名 →Daphnis and Chloe.

chlo·ral /klɔ́:rəl/ 名 U〖化〗**1** クロラール《刺激臭をもつ無色油状の液体; DDT の原料》. **2** 抱水クロラール (**chlòral hýdrate**)《催眠剤》.

chlo·rate /klɔ́:reit, -rət/ 名 UC〖化〗塩素酸塩.

chlo·rel·la /klərélə/ 名 UC〖植〗クロレラ.

chlo·ric /klɔ́:rik/ 形〖化〗塩素の.

chlòric ácid 名 U〖化〗塩素酸.

chlo·ride /klɔ́:raid/ 名 UC〖化〗塩化(化合)物. ~ of lime さらし粉《消毒・漂白剤》.

chlo·ri·nate /klɔ́:rənèit/ 動 他 を塩素で殺菌[消毒]する.

chlò·ri·ná·tion 名 U (上水, 下水の)塩素処理, 塩素殺菌.

†**chlo·rine** /klɔ́:ri:n/ 名 U〖化〗塩素《非金属元素; 記号 Cl》.

chlo·ro- /klɔ́:rə/ 〈複合要素〉**1**「緑」の意味を表す. *chloro*phyll. **2**「塩素」(chlorine) の意味を表す. *chloro*form. [ギリシア語 *khlōrós* 'green']

chlo·ro·fluor·o·car·bon /klɔ̀:rəflù(ə)rəkɑ́:r-b(ə)n/ 名 UC〖化〗クロロフルオロカーボン, 〈通俗に〉フロン, 《冷蔵庫の冷媒などに使われてきたガス状の化合物; 大気中のオゾン層破壊の原因とされ将来の使用禁止が決まっている; 略 CFC》.

chlo·ro·form /klɔ́:rəfɔ̀:rm/ 名 U〖化・薬〗クロロホルム《無色揮発性の液体で麻酔剤》. ── 動 他 をクロロホルムで麻酔させる[殺す].

Chlo·ro·my·ce·tin /klɔ̀:rəmaisí:tən/ 名 U〖薬〗〖商標〗クロロマイセチン《抗生物質》.

chlo·ro·phyl(l) /klɔ́:rəfil/ 名 U〖植・生化〗クロロフィル, 葉緑素. [chloro-, ギリシア語 *phúllon* 'leaf']

chlo·ro·plast /klɔ́:rəplæ̀st/ 名 U〖植〗葉緑体.

chlo·ro·quine /klɔ́:rəkwì(:)n/ 名 U〖薬〗クロロキン《マラリアの特効薬》.

choc /tʃɑk|tʃɔk/ 名〖英話〗=chocolate.

choc·a·hol·ic /tʃɑ̀kəhɑ́lik|tʃɔ̀kəhɔ́l-/ 形, 名 = chocoholic.

chóc-bàr, chóc-ìce 名 C〖英話〗チョコアイス《アイスクリームを薄いチョコレートで包んだ菓子》.

choc·cy /tʃɑ́ki|tʃɔ́ki/ 名〖英話〗=chocolate.

chock /tʃɑk|tʃɔk/ 名 C **1** 止め木, 輪止め, 《車輪, 扉などを止めるため下にかませる》. **2** (ボートなどの)綱掛け, 導索器. ── 動 他 **1** を止め木[くさびなど]で止める; 〔ボート〕を敷き台にのせる; 〈*up*〉. **2**〖英〗をぎゅうぎゅう詰めにする〈*up*〉〈*with*..で〉. ── 副 ぎっしり, ぎゅうぎゅうに.

chock·a·block /tʃɑ̀kəblɑ́k|tʃɔ̀kəblɔ́k ㊗/ 形 〖話〗〈叙述〉〔場所が〕ぎっしり詰まった, ぎゅう詰めで[の], 〈*with* ..で〉. a road ~ *with* cars 車で渋滞している道路.

chock-full /tʃɑ̀kfúl|tʃɔ̀k- ㊗/ 形〖話〗〈叙述〉ぎっしり詰まった〈*of* ..で〉. Nature is ~ *of* mysteries. 自然界には不可解なことがぎっしり詰まっている.

choc·o·hol·ic /tʃɑ̀kəhɑ́lik|tʃɔ̀kəhɔ́l-/〖話・戯〗形, 名 C 'チョコレート中毒' の(人).

‡**choc·o·late** /tʃɔ́:k(ə)lət, tʃɑ́k-|tʃɔ́k-/ 名 (複 ~s /-ts/) **1** U **チョコレート**《固形のもの; カカオの実の粉末が原料》; **ココア** (cocoa)《同じ粉末を湯やミルクに溶かした飲料》. a bar of ~ 板チョコ. a (cup of) hot ~ 熱いココア 1 杯. **2** C **チョコレート菓子**《あめ, ナッツなどをチョコレートで丸く固めたもの》. a box of ~*s* チョコレート菓子 1 箱. **3** U **チョコレート色**. **4**〈形容詞的〉**(a) チョコレートの**, チョコレートで作った[味を付けた]. ~ sauce チョコレートソース《ケーキなどを作るのに使う》. **(b) チョコレート色の**. [<中米先住民語(?「苦い飲み物」)]

chócolate-bòx(y) /-(i)/ 形 (チョコレート菓子の箱の絵のように)ただ甘ったるくきれいな(だけの).

chòcolate chip cóokie 名 C〖米〗チョコレート粒入りクッキー.

chòcolate móusse 名 UC **1** チョコレート・ムース. **2** (泡だった)流出原油《1 に似ていることから》.

Choc·taw /tʃɑ́ktɔ:|tʃɔ́k-/ 名 (複 ~s, ~) **1** 〈the ~(s); 複数扱い〉チョクトー族《米国南東部に住んだ先住民の一部族》; C チョクトー族の人. **2** U チョクトー語.

‡**choice** /tʃɔis/ 名 (複 **chóic·es** /-əz/) 【選ぶこと】 **1** UC **選択**, 選ぶこと. a ~ *between* going and staying 行くかとどまるかの選択. make a ~ *out of* [*from*, (*from*) *among*] many たくさんの中から選ぶ. Be careful in the ~ of your partner. 結婚相手の選択は慎重にしなさい. That was a wise [wrong] ~. それは賢明な[間違った]選択だった.

連結 an admirable [a happy, an intelligent, a sensible, a sound; an ideal, a perfect, the right; a poor, a sorry; a mistaken; a hasty, a rash] ~

2 (a) aU **選択権**, 選択の自由[余地], えり好み; 選択能力. We have no ~ in this matter. この件では我々に選択の自由がない. It's your ~. = The ~ is yours. 決めるのは君だ. be left with no ~ but to do ..するしか道

はない. (**b**) Ⓒ **選択の機会**. We were offered the ～ of tea or coffee. 紅茶かコーヒーどちらでもどうぞと言われた. 【選ぶ対象】 **3** (**a**) 〈普通, 単数形で〉 Ⓒ **選ぶもの, 選んだもの**; 選ばれたもの. This scarf is my ～. このスカーフは私が選んだものです. a university of his second ～ 彼の第 2 志望の大学. He is the best ～ under the circumstances. 現状では彼が最適の人物だ. (**b**) 〈the ～〉 **えり抜きのもの**, 精粋. This piece is *the* ～ of his collection. この 1 点が彼の収集品中で最高のものである. **4** ⓐⓊ 選択の範囲[種類]. There isn't much ～ on the menu. メニューには余り品数がない. That store offers a wide ～ of the latest fashions. あの店は最新流行の品物を豊富にそろえている. ◇動 choose

at (*one's* ***òwn***) ***chóice*** (自分の)随意に, 好き勝手に.

by [***for***] ***chóice*** (すき)好んで; 選ぶとすれば. Susie is still single *by* ～. スージーは自ら望んでまだ独身でいる.

from [***out of***] ***chóice*** 進んで, 好んで.

hàve nò [***lìttle***] ***chóice but to dó*** ..するより仕方ない, せざるを得ない, (cannot help doing).

of chóice 〈名詞の後につけて〉 一般に良しとされる[好まれる]; えり抜きの, 特別上等の.

of one's (***òwn***) ***chóice*** 自分で選んだ; 好き勝手に. Hal is the man *of* my ～. ハルは私の選んだ男性です.

Tàke your chóice. どれでも好きなものを取りなさい.

── 形 ⓔ (**chóic·er**|**chóic·est**) 〈普通, 限定〉 **1** 〖章〗 **特別上等な**, 極上の, 精選された, 〔食品など〕; 〖米〗 〔特に肉が〕 (FDA の定めた等級で)上[優]の. ～ apples リンゴの最高品. the ～*st* cuts of meat 飛びきり上等の切り肉. **2** 〖章〗 十分に選ばれた, 適切な, 〔言葉など〕. He spoke in ～ words. 彼は言葉をよく選んで話した《文脈により〖戯〗で「言葉をよく選んで痛烈な攻撃をした」という含みを持つこともある》.

[＜古期フランス語 (*choisir*「選ぶ」の名詞形); ゲルマン語起源 (→choose)]

▷**chóice·ly** 副 念入りに(選んで); すばらしく. **chóice·ness** 名

***choir** /kwaiər/ 名 (複 **～s** /-z/) Ⓒ **1** (教会の)**聖歌隊** (→chorister). **2** 〈普通, 単数形で〉 (教会堂内の)聖歌隊席 (→church 図). the altar and the ～ 聖壇と聖歌隊席. **3** 〈一般に〉 合唱団. **4** (オーケストラの)同一種類の楽器群. a brass ～ 金管楽器部. ★1, 3, 4 は単数形で複数扱いもある. [chorus と同源]

chóir·bòy 名 (複 **～s**) Ⓒ 少年聖歌隊員.

chóir lòft 名 Ⓒ (教会堂の gallery 2 にある)聖歌隊席.

chóir·màster 名 Ⓒ 聖歌隊指揮者.

chóir schòol 名 Ⓒ 〖英〗 (聖歌隊少年などのための)聖堂 (cathedral) 付属の中等学校.

***choke** /tʃouk/ 動 (**～s** /-s/|過 過分 **～d** /-t/|**chók·ing**) 他 【息を詰まらせる】 **1 を窒息させる; を息苦しく(むせ)させる**. The villain ～*d* his victim to death. 暴漢は被害者を絞め殺した. be ～*d with* smoke 煙にむせる. **2** 〔感情が〕..の息[声]を詰まらせる. Anger ～*d* him. 怒りのため彼は言葉が出なかった. Her voice was ～*d with* [*by*] emotion. 感極まって彼女は声が出なかった.

3 をふさぐ, **詰まらせる**, 〈*up*〉 〈*with* ..で〉. The pump is ～*d up with* mud. ポンプに泥が詰まった. Weekend vacationers ～*d* the highways. 週末休暇の旅行者でハイウエーが渋滞した.

4 (空気を遮断して)〔火〕を消す; (日当たりや通風を悪くして)〔雑草などが, 植物〕を枯らす. **5** 〔エンジン〕にチョークをかける《燃焼室内の混合気を濃くする》.

── 自 **1 息が詰まる**, むせる, 〈*on, over* ..で〉. ～ to death 窒息死する. I nearly ～*d on* a fishbone. 魚の骨がつかえて息が詰まりそうだった. **2** 声も出ない 〈*with* ..〔激情など〕で〉; 〖米話〗 〔スポーツ選手などが〕 (緊張して)あがる. ～ on the final word of the story 物語の結びの語が声にならない. **3** 詰まる, ふさがる, 〈*with* ..で〉.

chòke /../ báck 〔激情, 涙など〕をぐっと抑える. ～ *back* one's anger [tears] 怒り[涙]をぐっとこらえる.

chòke /../ dówn (1) ..をやっと飲みくだす. (2) ＝CHOKE /../ back.

chòke /../ óff 〖話〗 (1) (だめだと言って無理に)..をやめさせる; 〔何かやろうとする人〕を思いとどまらせる. ～ *off* discussion 議論をするなと強いてやめさせる. I've ～*d* him *off*. 私は彼の話をそこで中止させた. (2) ＝CHOKE /../ back.

chòke /../ óut 〔言葉など〕を息を詰まらせて言う.

chòke úp (感情が高ぶって)ものが言えない.

chòke /../ úp (1) ..をふさぐ, 詰まらせる, (→他 2). (2) ..に(感情が高ぶって)ものを言えなくさせる. I was so ～*d up* I couldn't thank him properly. (感激に)のどが詰まって彼にちゃんとお礼が言えなかった.

── 名 Ⓒ **1** 窒息, むせること; むせぶ声. **2** (内燃機関の)空気調節弁, チョーク. **3** 〈the ～〉 ＝choky[2].

[＜古期英語(＜「あご」; →cheek)]

chóke chàin[**còllar**] 名 Ⓒ 輪縄式首輪(のついた引き綱)《犬の訓練用; 犬が強く引けば締まる》.

chóke·chèrry 名 (複 **-ries**) Ⓒ 米国産サクラ(ンボ)の一種《実は苦い》.

choked /-t/ 形 **1** 窒息した; 詰まった; (→choke 動 他). **2** 〖英話〗 〈叙述〉 憤慨して; がっかりして; 〈*up*〉 〈*about* ..に〉.

chok·er /tʃóukər/ 名 Ⓒ **1** 息を止める[詰まらせる]もの. **2** チョーカー《首の回りにぴったり付く短いネックレス》. **3** (僧服などの)固い立てカラー. **4** 〖米話〗 (緊張して)あがる人.

chok·ey[1] /tʃóuki/ 形 ＝choky[1].

chok·ey[2] 名 ＝choky[2].

chok·ing /tʃóukiŋ/ 形 〈限定〉 窒息させる(ような); 〔声などが〕 (感動で)むせぶような. in a ～ voice 声を詰まらせて. ▷**～·ly** 副 まらせるような.

chok·y[1] /tʃóuki/ 形 ⓔ 窒息させる(ような); (声を)詰まらせるような.

chok·y[2] 名 (複 **chok·ies**) Ⓒ 〖英旧俗〗 〈the ～〉 監獄 (prison).

chol·er /kálər|kɔ́l-/ 名 Ⓤ **1** 〖詩・古〗 かんしゃく, 怒り. **2** 黄胆汁 (bile) 《中世医学の 4 体液 (the cardinal humors) の 1 つで, 短気や立腹の原因と考えられた》.

†**chol·er·a** /kálərə|kɔ́l-/ 名 Ⓤ 〖医〗 コレラ. a ～ shot コレラの予防注射. [ラテン語 (＜ギリシア語「胆汁」)]

chol·er·ic /kálərik|kɔ́l-/ 形 短気な, 怒りっぽい; 胆汁質の. ▷**chol·er·i·cal·ly** /-k(ə)li/ 副 短気に.

cho·les·ter·ol /kəléstərɔ̀:l, -ròul|-rɔ̀l/ 名 Ⓤ 〖生化〗 コレステロール. ～-free foods コレステロールを含まない食品. [＜ギリシア語「胆汁」＋「堅い」]

Cho·mo·lung·ma /tʃòuməlʌ́ŋmə/ 名 チョモランマ《Everest 山のチベット語名》.

chomp /tʃamp|tʃɔmp/ 動 ＝champ[1].

Chom·sky /tʃámski|tʃɔ́m-/ 名 **No·am** /nóuəm/ ～ チョムスキー (1928–) 《米国の言語学者; 変形生成文法の創始者》. ▷**Chom·sky·an** /-ən/ 形

Chong·quing /tʃɔ̀:ŋtʃíŋ|tʃùŋ-/ 名 重慶《中国四川省南東部の都市, 1938–45 年首都》.

choo-choo /tʃú:tʃù:/ 名 (複 **～s**) 〖幼〗 **1** Ⓒ (汽車)ぽっぽ. **2** Ⓤ ぽっぽ・ぽっぽ《蒸気機関車の音》.

chook /tʃʌk/ 名 Ⓒ 〖オース話〗 ニワトリ (chicken).

‡**choose** /tʃu:z/ 動 (**chóos·es** /-əz/|過 **chose** /tʃouz/|過分 **cho·sen** /tʃóuz(ə)n/|**chóos·ing**) 他 【選ぶ】 **1** (**a**) ⅥⓄ (～ X/*wh* 節・句) X を/..かを選ぶ, **選択する**, 〈*between* ..〔2 つ〕のうち/*from*, (*from*) *among*, *out of* ..〔2 つ以上の物事〕の中から〉 (類語「選択する」の意味の最も一般的な語; →elect, opt, pick, select). My son *chose* his own way. うちの息子は自分で自分の道を選んだ. ～ one thing ⌞*from* (*among*) [*out of*] many 多数の中から 1 つを選ぶ. One of my colleagues was

chosen for the job. 同僚の1人がその仕事に選ばれた. I let him ～ *what* to eat *from* the menu. メニューの中から何を食べるか彼に選ばせた.
(b) VOO (～XY)・VOA (～Y *for* X) Xのために Y を選んでやる. ～ her a hat = ～ a hat *for* her 彼女に帽子を選んでやる.
C
2 VOC (～XY/X *to be* Y)・VOA (～X *as* [*for*] Y) X(人)をYに選ぶ, 選挙する. They *chose* him chairman. 彼らは彼を議長に選んだ. Mr. Bell was *chosen* (*as* [*for*], *to be*) Mayor. ベル氏は市長に選ばれた(★受け身では as, for, to be はしばしば省かれる).
3【他に優先して選ぶ】VO (～ *to do*/*that* 節) **..することを/..ということを望む[決める]**; (むしろ)..したい[した方がいい, するべきだ]と思う (prefer) 〈*over*..(する)よりも〉. He did not ～ *to* travel abroad. 彼は海外旅行に行きたがらなかった《他にしたいことがあった》. Which concert did you ～ *to* attend? どのコンサートに行くことに決めましたか. Father *chose that* I (should) go to Harvard. 父は私がハーヴァード大学に行くことを望んだ.
── 自 **1 選択する** 〈*between* ..のどちらかを/*from*, (*from*) *among*, *out of* ..の中から〉. *Choose between* these two ties. この2本のネクタイのどっちかを選びなさい. ～ *from* three applicants 3人の申込み者の中から選ぶ. **2** 望む, したいと思う. if you ～ お望みなら.
◇名 choice
as you chóose お好きなように.
cànnot chòose but dó〖雅・古〗..せざるをえない.
chòose úp〖米話〗(試合をするために)チーム[組]を編成する[に分かれる].
chòose /../ úp〖米話〗〔チーム, 組〕を編成する, に分かれる, 《野球などの試合をするため》.
nòthing [***not mùch, lìttle***] ***to chóose between*** X ***and*** Y XとYの間には優劣の差が全く[あまり, ほとんど]ない(★X and Y の部分は複数名詞で3つ以上のこともある).
[＜古期英語 *ċēosan* (＜ゲルマン語); 原義は「味見をする」か]
choos·er /tʃúːzər/ 名 C 選ぶ人.
choos·(e)y /tʃúːzi/ 形 e〖話〗気難しい; えり好みする, 好みがうるさい, 〈*about*..について〉. My cat is very ～ *about* food. うちの猫は食べ物に関してひどくうるさい.
▷ **choos·i·ness** 名
‡**chop**[1] /tʃɑp|tʃɔp/ 動 (**～s** /-s/|過 過分 **～ped** /-t/|**chóp·ping**) 他 **1** (おのなどで)をぶち切る, ぶち割る, たたき切る, (類語 反復して力を入れて切ること; →cut). ～ wood in the yard 庭でまき割りをする.
2 を細かに切る, 切り刻む, 〈*up*〉. ～ *up* onions = ～ onions *into* pieces タマネギを(みじんに)刻む.
3 〔道〕を切り開く. ～ a path *through* the forest 木を切り払って森に道を作る. ～ one's way →way[1] 語法.
4 (テニスなどで)〔球〕を切る《包丁で切るようにラケットを打ちおろして球に逆回転を与える》; (ボクシングなどの格闘技で)〔相手(の体の部分)〕に上から打ち下ろしの一撃を加える, (空手)チョップを見舞う.
5〖英話〗〔経費など〕をばっさり削減する, 打ち切る, 〈主に受け身で〉. The budget for the project has been ～*ped* by half. その計画に対する予算は半分削られた.
── 自 **1** VA (～ *at*..) ..をたたき切る, ぶち切る; 切り刻む; 〈*away*〉. Jim is ～*ping away at* the wood. ジムはさかんにまきを割っている. **2** VA (～ *at*..) ..に切りつける, 打ってかかる; (テニスなどで)〔球を〕切る, チョップする. The man ～*ped at* him with a knife. 男はナイフで彼に切りつけた. **3** (ボクシングなどで)上から打ち下ろす, (空手)チョップを見舞う, 〈*at* ..に〉.
chòp /../ dówn ..を切り倒す[落とす]. ～ a tall tree *down* 大木を(おので)切り倒す.
chòp /../ óff 〔人の身体や物の一部〕を切り離す. ～ *off* the branches 枝を切り払う.
chòp /../ úp →他 2.
── 名 (複 **～s** /-s/) C **1 たたき切ること. 2** (豚, 羊などの)**厚い肉片** 《普通, あばら骨付き》. **3** 球を切ること, チョップ; (空手)チョップ; (→他 4). **4** (断続する)小波; 逆(さか)波, 三角波, 《風と潮の方向が逆の時に起こる》.
5〖英話〗〈the ～〉'お払い箱'.
be for the chóp〖英話〗'お払い箱' になりそうである; 廃止[中止]になりそうである.
gèt the chóp〖英話〗'首' になる; 〔計画などが〕突然中止される.
give a person the chóp 人を '首' にする.
[＜中期英語「切る」; chap[2] の異形]
chop[2] 名 ＝chap[3].
chop[3] 動 (**～s**|**-pp-**) 自 〔風向きが〕急に変わる; 〔人が〕くるくる気を変える; 〈*around, round, about*〉.
chòp and chánge 〔人(の意見, 方針など)が〕変わってばかりいる, 定まらない, ぐらつく, (★change 他 を強めて他動詞的にも用いる).
chòp lógic 屁(へ)理屈をこねる.
[＜中期英語「売買する」]
chop[4] 名 C **1** (インド, 中国の)官印; 免許状. **2** 品質表示証印; 商標, 銘柄. **3**〖話〗品質, 等級. [＜ヒンディ語] 「しろ, 急げ.
chóp-chòp〖話〗副 あわてて, 急いで. ── 間 早く↑
chóp·fàll·en 形 ＝chapfallen.
chóp·hòuse 名 (複 →house)〖旧〗＝steakhouse.
Cho·pin /ʃóupæŋ/ 名 **Frédéric François ～** ショパン (1810–49) 《ポーランド生まれでフランスで活躍したピアニスト・作曲家》.
chóp·lògic 名 U 屁(へ)理屈.
†**chóp·per** 名 C **1** 切る人[物]. **2** 切る道具[機械] 《手おの, 料理用おの(出刃包丁より頑丈)など》. **3**〖話〗ヘリコプター. **4**〖俗〗〈～s〉(入れ)歯 (teeth). **5**〖俗〗前輪のフォークを長く改造した motorcycle. **6**〖米俗〗軽機関銃. **7**〖野球〗高いバウンドの打球. **8**〖英卑〗＝penis. **9**〖電〗チョッパー《電流, 電波などの点滅装置》.
chópping blòck [**bòard**] 名 C まな板.
chop·py /tʃɑ́pi|tʃɔ́pi/ 形 e **1** 〔風などが〕変わりやすい. **2** 〔海が〕逆(さか)波の立っている. **3**〖話〗〔文体などが〕ばらばらの, (あちこち話題が飛んで)まとまりのない. ▷ **chop·pi·ly** 副 **chop·pi·ness** 名
chóp·sticks 名 **1** 〈複数扱い〉箸(はし). a pair of ～ 箸1ぜん. **2** 〈単数扱い〉ぴょんぴょんはねるようなメロディーの短いピアノ曲《両手の人差し指だけで弾く》.
chop su·ey /tʃɑ̀p-súːi|tʃɔ̀p-/ 名 U チャプスイ《肉・魚介類・野菜を煮込み米飯を添える中国(風)料理》.
[＜中国語「雑炊」]
†**cho·ral**[1] /kɔ́ːrəl/ 形 〈限定〉聖歌隊の, 合唱隊の; 合唱の. a ～ group [society] 合唱団, コーラスグループ. a ～ symphony 合唱付き交響曲. ◇名 chorus, choir
cho·ral[2], **-rale** /kərǽl|kɔrɑ́ːl/ 名 C **1** コラール, 賛美歌曲, 《単純・素朴, 荘重な(特にルーテル教会で歌われる)賛美歌の合唱曲》. **2**〖米〗合唱団.
[＜ドイツ語 *Choral* (*gesang*) 'choral (song)']
*__chord__[1] /kɔːrd/ 名 (複 **～s** /-dz/) C〖楽〗**和音**, コード. play [pluck] a ～ on the guitar ギターで和音を奏でる.
[＜*accord*; ch- の綴りはラテン語 *chorda* 'cord' の影響]
†**chord**[2] 名 C **1**〖数〗弦. **2**〖古・詩〗(楽器の)弦. **3** 心の琴線 **4** ＝cord 5.
strìke a chórd (人の)記憶を呼び起こす. What you say *strikes a* ～ in me. お言葉で私にも思い当たるふしがあります.
strìke [***tòuch***] ***a respònsive*** [***sènsitive, sympathètic***] ***chórd*** 共感を呼び起こす, 心の琴線に触れる, 〈*in*..の〉.
strìke [***tòuch***] ***the rìght chórd*** 巧みに人の感情に

訴える, 人の同情を誘う. ［cord の異形］

chor·date /kɔ́ːrdeit/〘動物〙形, 名 C 脊索(せきさく)動物(門の)《脊椎動物と原索動物を合わせて言う》.

†chore /tʃɔːr/ 名 C **1** (a) はんぱ仕事, 雑用. (b)〈～s〉毎日の決まりきった仕事《例えば家事, 農作業》. one's household ～s 家事. **2** 面白くない[退屈な]仕事. Marking multiple-choice tests is an awful ～. 多項目選択式のテストを採点するのはひどく退屈なことだ.
［＜古期英語「向きを変えること, ひと仕事」］

cho·re·a /kɔːríːə|kɔríə/ 名 U〘医〙舞踏病.

cho·re·o·graph /kɔ́ːriəgræ̀f|kɔ́riəgrɑ̀ːf/ 動 他 **1**〔バレエなど〕の振付けをする. **2**〔運動など〕を企画演出する〈普通, 受け身で〉. ── 自 振付けをする.

chor·e·og·ra·pher /kɔ̀ːriágrəfər|kɔ̀riɔ́g-/ 名 C (バレエ, ステージダンスの)振付け師, 演出家.

cho·re·o·graph·ic /kɔ̀ːriəgrǽfik|kɔ̀r-/ ⑱ 形 バレエ, ステージダンスの(振付けの).

chor·e·og·ra·phy /kɔ̀ːriágrəfi|kɔ̀riɔ́g-/ 名 U 振付け(法), 演出(法); 舞踊技法.

cho·ric /kɔ́ːrik|kɔ́r-/ 形 合唱の; (古代ギリシア劇の)合唱歌舞団の.

cho·rine /kɔ́ːriːn|kɔ́r-/ 名〘米話〙＝chorus girl.

chor·is·ter /kɔ́ːristər|kɔ́r-/ 名 C 聖歌[合唱]隊員; 少年聖歌隊員;〘米〙聖歌隊指揮者.

chor·tle /tʃɔ́ːrtl/ 動 自 (喜んで, 時に意地悪く)けらけら笑う. ── 他 を満足気に[うれしそうに]言う[歌う].
── 名 C 喜びの高笑い.
［Lewis Carroll の造語; ＜*chuck*le＋*snort*］

***cho·rus** /kɔ́ːrəs/ 名 (複 ～es /-əz/) C **1**〘楽〙(a) 合唱, コーラス; 合唱曲; (歌, 楽曲の)合唱部, 折返し部分 (refrain). a mixed ～ 混声合唱. (b)〈単数形で複数扱いもある〉**合唱団[隊]**; コーラス.
2 口をそろえて言うこと, '合唱'〈*of*..の〉. A ～ *of* cheers greeted him as he entered the hall. 彼が会場へ入ると歓声が一斉にわき起こった. **3**〈単数形で複数扱いもある〉(古代ギリシア劇の)合唱歌舞団, コロス. **4**〈単数形で複数扱いもある〉ミュージカルのコーラス《ダンスもする》. **5** (エリザベス朝演劇などの)コーラス(役者)《プロローグなどを述べる》.
in chórus 口をそろえて, 一斉に; 合唱して. The children answered "Yes!" *in* ～. 子供たちは口をそろえて「そうです」と答えた.
── 動 他 を合唱する;〔賞賛, 抗議など〕を口をそろえて言う. ［＜ギリシア語 *khorós*「輪舞, 合唱舞踏団」］

chórus gìrl 名 C コーラスガール《ナイトクラブのショー, ミュージカルなどでコーラスを歌う若い女性》.

chórus lìne 名 C コーラスライン《ショーの舞台で横一列に並んで踊ったり歌ったりする人々》.

chose /tʃouz/ 動 choose の過去形.

cho·sen /tʃóuz(ə)n/ 動 choose の過去分詞.
── 形 選ばれた, 好きな; えりすぐった. one's ～ profession 好きで選んだ職業. one of the ～ few 選ばれた少数者の 1 人. 「人の自称》.

Chòsen Péople 名〈the ～〉神の選民《イスラエル↑

Chou En-lai /tʃóu-ènlái/ 名 ＝Zhou Enlai.

chough /tʃʌf/ 名 C〘鳥〙ベニバシガラス《くちばしと足が赤い; 欧州産》.

chow[1] /tʃau/ 名 C チャウチャウ (**chów chòw**)《毛がむくむくとした中国犬の一種》. ［＜中国語］

chow[2] 名 U〘話〙食い物 (food). ── 動 自〘米話〙(食事として)食う〈*down*〉〈*on*..を〉. ［＜中国語］

chow·der /tʃáudər/ 名 U チャウダー《ハマグリなどの魚介類・ベーコン・タマネギ・牛乳などを煮込んだシチュー》.
［＜フランス語「シチュー鍋」］

chow mein /tʃàu-méin/ 名 U 焼きそば. ［＜中国語「炒麺」］

Chr. Christ; Christian;〘聖書〙Chronicles.

Chris /kris/ 名 **1** Christopher の愛称. **2** Christiana, Christina, Christian, Christine の愛称.

chrism /kríz(ə)m/ 名 C 聖油《洗礼その他の儀式に用いる》. ▷ **chrís·mal** /-əl/ 形

***Christ** /kraist/ 名 **1** キリスト (Jesus Christ);〈the ～〉救世主 (Messiah). **2** C キリスト(画)像.
── 間〘卑〙あれ, べらぼうめ, こんちくしょう, (**Jèsus** (**Chríst**)! とも言う). *Christ*! I've left my umbrella! ちくしょう, 傘を忘れちゃった.
［＜ギリシア語「神によって聖油を注がれた者, 救世主」; 本来, 称号であったのが固有名詞化した］

Chríst·chùrch 名 クライストチャーチ《ニュージーランド南島にある, 同国第 2 の都市》.

†chris·ten /krís(ə)n/ 動 他 **1** に洗礼を施す; (洗礼を施して)をキリスト教徒にする. **2**〈しばしば受け身で〉VOC (～ X Y) X (赤ん坊など)に洗礼を施して Y と命名する; X (船など)を Y と命名する, 名付ける;〘しばしば戯・話〙X (人, 物, 場所など)に Y という名[呼び名]を奉(たてまつ)る. He ～*ed* his baby Rebecca. 彼は赤ん坊をレベッカと名付けた. **3**〘主に英話・しばしば戯〙〔新車など〕を初めて使う, おろす;〔場所〕のこけら落としをする.

Chris·ten·dom /krís(ə)ndəm/ 名 U〘旧〙全キリスト教徒; 全キリスト教国. 「礼命名式.

†chrís·ten·ing 名 UC 洗礼命名する[される]こと; 洗↑

‡Chris·tian /krístʃən/ 名 (複 ～s /-z/) C **1** キリスト教徒, キリスト者, クリスチャン. **2**〘話〙(キリスト教徒らしい)まっとうな人間. **3** 男子の名《愛称 Chris》.
── 形 **1** ⓒ キリスト教の教義に基づく; **キリスト教(徒)の**. **2** ⓜ〈また C-〉キリスト教徒らしい; 善良な, 情け深い. **3** ⓜ〘話〙人間らしい, ちゃんとした. Come home in ～ time. もっとまともな時間に帰って来い. 「称 Chris》.

Chris·ti·an·a /kristiǽnə|-áːnə/ 名 女子の名《愛↑

Chrìstian éra [**Éra**] 名〈the ～〉西暦紀元.

Chris·ti·an·i·a /krìstʃiǽniə|-tiáːn-/ 名 **1**〘スキー〙＝christie. **2** クリスチャニア《Oslo の旧名 (1624–1877)》.

***Chris·ti·an·i·ty** /krìstʃiǽnəti|-tiǽn-/ 名 U **1** キリスト教(精神); キリスト教徒であること. **2** 全キリスト教徒 (Christendom). 「教化する.

Chrís·tian·ize 動 他 をキリスト教徒にする; をキリスト↑

Chrís·tian·ly 形, 副 キリスト教徒らしい[らしく].

Christian name /⌐-⌐|⌐-⌐/ 名 C (姓に対する)洗礼名. 語法 Robert Louis Stevenson では Robert も Louis も Christian [personal, given] name だが〘米〙では特に Robert を first name, Louis を middle name, Stevenson を last name とも言う, (→surname).

Chrìstian Scíence 名 U クリスチャンサイエンス《1866 年 Mary Baker Eddy が興した米国のキリスト教の一派; 信仰による病気治療を唱える; 本部を Boston に置き, 世界的に有名な新聞 *Christian Science Monitor* を発行》. 「の信者.

Chrìstian Scíentist 名 C Christian Science↑

Chris·tie /krísti/ 名 **Dame Agatha** ～ クリスティー (1890–1976)《英国の女流推理小説家》.

chris·tie /krísti/ 名 C〘スキー〙クリスチャニア回転《スキーを平行に保ったまま行う回転》.

Chris·tie's /krístiz/ 名 クリスティーズ《Sotheby's と並ぶ英国ロンドンの競売会社》.

Chris·ti·na, Chris·tine /kristíːnə/, /krístiːn, -⌐/ 名 女子の名《愛称 Chris》.

Chríst·lìke 形 キリストのような.

‡Christ·mas /krísməs/ 名 **1 クリスマス, キリスト降誕祭**, (**Chrístmas Dày**)《12 月 25 日; 英国では四季支払日 (quarter days) の 1 つ; Xmas とも書くが X'mas と書くのは誤り》. a white [green] ～ 雪のある[雪のない]クリスマス. A merry [happy] ～. →merry (成句). **2**

＝Christmastime. **3** 〈形容詞的〉 クリスマスの. a ～ carol クリスマスの祝歌, クリスマスキャロル. the ～ holidays [〖米〗 vacation] クリスマス休暇; (学校の)冬休み. [＜古期英語 'Christ's mass']

Chrìstmas bónus [名] [C] 〖英〗 (年金生活者への)「年末ボーナス.

Chrístmas bòx [名] [C] 〖英〗 クリスマスの祝儀 《郵便配達人や牛乳配達人にその 1 年間の労に感謝して与える, 今は箱に入れるわけではない; →boxing day》.

Chrístmas càke [名] [UC] クリスマスケーキ.

†**Chrístmas càrd** [名] [C] クリスマスカード.

Chrístmas Clùb [名] [U] 〖米〗 クリスマスクラブ 《クリスマスに払い戻す定期預金》.

Chrístmas cràcker [名] [C] クリスマスの爆竹 《両端のひもを一遍に引くと破裂して小さなプレゼント, 紙帽子などが飛び出す; 単に cracker とも言う》.

Chrìstmas dínner [名] [C] クリスマスディナー 《七面鳥が主料理, 最後は Christmas pudding》.

†**Chrìstmas Éve** [名] [UC] クリスマス前夜[前日].

Chrìstmas púdding [名] [UC] 〖英〗 クリスマスプディング 《干しブドウ[プラムなど]入りの重いケーキ》.

Chrìstmas stócking [名] [C] (サンタクロースの贈り物を待ち受ける)クリスマスの靴下.

Chrístmas·tìde [名] 〖旧〗 ＝Christmastime.

Chrístmas·tìme [名] クリスマス季節 《クリスマスイヴから 1 月 1 日, 又は 1 月 6 日 (Epiphany) まで》.

†**Chrístmas trèe** [名] [C] クリスマスツリー.

Christ·mas·(s)y /krísməsi/ [形] 〖話〗 (いかにも)クリスマスらしい; お祭り風の.

Chris·to·pher /krístəfər/ [名] **1** 男子の名 《愛称 Chris》. **2 Saint ～** 聖クリストフォロス 《3 世紀小アジアのキリスト教殉教者; 旅行者の守護聖人》.

chris·ty /krísti/ [名] ＝christie.

chro·mat·ic /kroumǽtik/ [形] **1** 色の, 色彩の; 色の着いた, (濃い)彩色の. **2** 〖生物〗 染色性の. **3** 〖楽〗 半音階の. [＜ギリシア語「色 (*khrôma*) の」] ▷ **chro·mat·i·cal·ly** [副]

chromàtic aberrátion [名] [UC] 〖光学〗 色収差.

chro·mát·ics [名] 〈単数扱い〉 色彩論[学].

chromàtic scále [名] 〈the ～〉 〖楽〗 半音階.

chro·ma·tin /króumətin/ [名] [U] 〖生物〗 (染色体の)染色質, クロマチン, (→chromosome).

chro·ma·tog·ra·phy /kròumətágrəfi|-tóg-/ [名] [U] 〖化〗 色層分析(法) 《混合物の成分分析法》.

†**chrome** /kroum/ [名] [U] **1** クロム (chromium); クロム合金. **2** ＝chrome yellow. **3** クロムめっき(したもの).

chròme stéel [名] [U] クロム鋼.

chròme yéllow /[移]/ [名] [U] クロム黄 《レモン色から濃いオレンジ色までの種々の黄色顔料》.

chro·mic /króumik/ [形] 〖化〗 3 価のクロムの[を含む], クロム酸の. ～ acid クロム酸.

chro·mite /króumait/ [名] [U] **1** 〖鉱〗 クロム鉄鉱 《鉄と chromium を含む》. **2** 〖化〗 亜クロム酸塩.

†**chro·mi·um** /króumiəm/ [名] [U] 〖化〗 クロム 《金属元素; 記号 Cr》. ～ plating クロムめっき.

chro·mo /króumou/ [名] ([複] **～s**) ＝chromolithograph.

chro·mo·lith·o·graph /kròuməlíθəgræf|-grɑ̀:f/ [名] [C] 着色石版刷り(の絵).

chro·mo·som·al /kròuməsóum(ə)l [移]/ [形] 〖生物〗 染色体の. ～ aberration 染色体異常. ▷ **～·ly** [副]

†**chro·mo·some** /króuməsòum/ [名] [C] 〖生物〗 染色体 (→chromatin). [＜ギリシア語 *khrôma*「色」＋*sôma*「体」]

chrómosome màp [名] [C] 〖遺伝〗 染色体地図 《染色体上の遺伝子の位置を図示したもの》.

chrómosome nùmber [名] [C] 染色体数.

chro·mo·sphere /króuməsfìər/ [名] [C] 〖天〗 彩層 《太陽などの恒星の周りの白熱ガス層》. ▷ **-sphèr·ic** [形]

Chron. 〖聖書〗 Chronicles.

chron. chronological; chronology.

***chron·ic** /kránik|krɔ́n-/ [形] [¢] **1** 〔病気が〕**慢性の** (↔acute); 長引く; 〈限定〉 慢性の[長引く]病気に悩む〔人, 動物〕. a ～ disease 慢性病. a ～ invalid 慢性病患者. have a ～ cough いつでもせきをしている. **2** 長年の, 長期にわたる, 慢性的な; 〈限定〉 習慣的な, 常習的な. a ～ gambler 賭博(とばく)の常習者. ～ unemployment 慢性的失業. **3** 〖英俗〗 ひどい, いやな. [＜ギリシア語「時 (*khrónos*) の」]

chron·i·cal·ly /kránik(ə)li|krɔ́n-/ [副] 慢性的に; 習慣的に, 常習的に.

chrònic fatígue sỳndrome [名] [C] 慢性的疲「労症候群 《ME[1] に同じ》.

†**chron·i·cle** /kránik(ə)l|krɔ́n-/ [名] [C] **1** 年代記; 記録, 物語. *The Anglo-Saxon Chronicle*『アングロサクソン年代記』《キリスト紀元の始めから 12 世紀半ばに至るイングランドにおける出来事の記録》. **2** 〈the Chronicles; 単数扱い〉『歴代志略』《旧約聖書中の一書; 上下 2 巻ある; 略 I Chron., II Chron.》. **3** 〈C-; 新聞名として〉 ..新聞. The San Francisco *Chronicle*『サンフランシスコクロニクル(新聞)』. ── [動] [他] を年代記(ふう)に記録する. [＜ギリシア語]

chrón·i·cler [名] [C] 年代記編者, 記録者.

chron·o- /kránə|krɔ́nə/ 〈複合要素〉「時」の意味を表す. *chrono*graph. *chrono*scope. [ギリシア語 *khrónos* 'time']

chron·o·graph /kránəgræf|krɔ́nəgrɑ̀:f/ [名] [C] クロノグラフ 《時間の経過を測定・図示する装置》.

†**chron·o·log·i·cal** /kràNəládʒik(ə)l|krɔ̀nəlɔ́dʒ- [移]/ [形] **1** 年代順の, 日付順の; 年代順に配列した. in ～ order 年代順に. **2** 年代学の; 年代記[年表]の. ▷ **～·ly** [副] 年代[日付]順に.

chronològical áge [名] [UC] 〖心〗 暦年齢 《mental age に対して; 略 CA》.

chro·nol·o·gy /krənálədʒi|-nɔ́l-/ [名] ([複] **-gies**) **1** [U] 年代学. **2** [C] 年代記; 年表. a ～ of the events 事件の年代順配列. [chrono-, -logy] ▷ **chro·nol·o·gist** [名] [C] 年代学者.

chro·nom·e·ter /krənámətər|-nɔ́m-/ [名] [C] クロノメーター 《高精度の時計; 経度測定用など》.

chron·o·scope /kránəskòup|krɔ́-/ [名] [C] クロノスコープ 《微小な時間を測る時計》.

chrys·a·lid /krís(ə)ləd/ [名] ＝chrysalis. ── [形] (チョウ, ガの)さなぎの.

chrys·a·lis /krísələs/ [名] [C] ([複] **～·es, chry·sal·i·des** /krisǽlədì:z/) **1** (チョウ, ガの)さなぎ (→pupa); さなぎの殻. **2** 準備期, 過渡期. [＜ギリシア語「(金色の)さなぎ」]

†**chry·san·the·mum** /krisǽnθəməm, -zǽn-/ [名] [C] 菊; 菊の花. [＜ギリシア語「金」＋「花」]

Chrys·ler /kráislər/ [名] [C] 〖商標〗 クライスラー 《米国 Chrysler 社製の自動車》.

chrys·o·lite /krísəlàit/ [名] [U] 〖鉱〗 貴橄欖(かんらん)石, クリソライト.

chub /tʃʌb/ [名] ([複] ～, ～s) [C] ウグイの類 《コイ科の「淡水魚》.

chub·by /tʃʌ́bi/ [形] [e] まるまる太った; (顔が)まるぽちゃの; 〔手・指などが〕ぷくぷくした; ([類語] 特に赤ん坊や子供, 顔などの健康的な太り方を表す; →fat). ～ red cheeks まるまるした赤い頰(ほお). ▷ **chub·bi·ness** [名]

***chuck**[1] /tʃʌk/ [動] (～s /-s/|[過] [過分] **～ed** /-t/|**chúck·ing**) [他] 〖話〗 **1 (a)** をひょいと投げる 〈*at* ..めがけて/*in, into* ..の中に/*on* ..の上に〉. **(b)** [VOO] (～ X Y)・[VOA] (～ Y *to* X) X に Y をひょいと投げる, ほうる, (throw). Hey, ～ me the ball [the ball *to* me]! おーい, ボールをこっちにほうってくれ. **2** をほうり出す, やめる, (give up); 〖英〗 ..と交際をやめる, 手を切る. ～ one's boyfriend [girl-

friend] 恋人を捨てる. **3** 〔人〕(のあごの下)をやさしくさわる[なでる]. She ~*ed* the baby under the chin. 彼女は赤ん坊のあごの下をなでてやった.
chùck /../ awáy =CHUCK /../ out.
chùck /../ ín (1)..をほうり込む. (2)=CHUCK /../ up (2).
chùck it (ín) 〖俗〗即座によす, やめる. I'm sick of your bragging—just ~ *it!* お前の自慢話は聞きあきた—もうやめろ.
chùck /../ óff [óut] 〖話〗..をほうり出す; ..を追い出す[つまみ出す]. You noisy children will be ~*ed off* by the driver. お前たち騒がしい子供は運転手さんにほうり出されるよ.
chúck X off [out of].. 〖話〗X(人)を..から追い出す[つまみ出す]. be ~*ed out of* college 大学から追い出される.
chùck úp 〖英俗〗ゲロを吐く.
chùck /../ úp (1)..をひょいと投げ上げる. (2)〖俗〗..を(うんざりして)ほうり出す, やめる. ~ *up* one's job 仕事をほうり出す. (3)〖英俗〗..を吐く, もどす.
── 名 C **1** (あごの下などを)軽くさわる[なでる]こと. **2** 〖俗〗〈the ~〉'お払い箱', '首'. get the ~ 首になる. give a person the ~ 人を首にする.
[?<古期フランス語「たたく」]

chuck[2] 名 U 食事(どき).

chuck[3] 名 **1** C 〖機〗チャック, くわえ, 《旋盤 (lathe) の作業物をつかんで固定する装置, ドリルの先につける錐(きり)を固定する部分など》. **2** U チャック《牛の首から肩までの部分の肉》. ~ steak チャックステーキ.

chuck[4] 名 C こっこっ《めんどりの鳴き声》(cluck).
── 動 自 〔めんどりが〕こっこっと鳴く. [擬音語]

chuck·er-out /tʃλkəráut/ 名 C 〖英話〗(劇場, バーなどの)用心棒.

chuck-full /tʃλkfúl/ 形 =chock-full.

chúck·hòle 名 C 〖米〗道路の穴.

†**chuck·le** /tʃʌ́k(ə)l/ 名 C (満足, おかしさの)くすくす笑い, 含み笑い, (→laugh 類語). give a delighted ~ うれしそうな含み笑いをもらす.
── 動 自 くすくす笑う〈*over, at* ..を〉. ~ *over* a funny magazine こっけいな雑誌を読みながらくすくす笑う. ~ to oneself ひとりで悦に入る. [chuck[4], -le[1]]

chúckle·hèad 名 C 〖話〗ばか, 低能.

chúck wàgon 名 C 〖米〗(牧場などで用いる)炊事車.

chud·dar /tʃʌ́dər/ 名 =chador.

chuffed /tʃʌft/ 形 〖英話〗〈叙述〉喜んで, ほくほくして, 〈*at, about, with*..に/*to* do..して/*that* 節..ということに〉.

†**chug** /tʃʌg/ 名 C 〈普通, 単数形で〉(エンジン, 機関車などの)ぽっぽっという音, しゅっしゅっという音.
── 動 (~s|-gg-) 自 〔汽車, 汽船などが〕ぽっぽっ[しゅっしゅっ]と音を立てる[立てながら進む]〈*away, along*〉.
── 他 =chugalug. [擬音語]

chug·a·lug /tʃʌ́gələg/ 〖米話〗動 (~s|-gg-) 他 〔びん, グラス(の酒など)〕を一息に飲み干す. ── 自 一気飲みをする.

chuk·ka /tʃʌ́kə/ 名 C **1** 〈普通 ~s〉チャッカブーツ (**chúkka bòot**)《足首までのブーツで, ポロ競技用》. **2** =chukker.

chuk·ker /tʃʌ́kər/ 名 C 〖ポロ競技〗(試合の)1回「《7分半》.

†**chum**[1] /tʃʌm/ 名 C 〖旧話〗仲よし《特に少年同士の》, 親友. ── 動 (~s|-mm-) 自 仲がいい, 仲よくする〈*together*〉. ***chùm (úp) with..*** 〖旧話〗..と仲よくする. [?<*cham*ber-fellow「同室者」]

chum[2] 〖米〗名 U (魚の)寄せ餌(え), まき餌. ── 動 他 〔魚〕を寄せ餌で集める. ── 自 寄せ餌で魚を集める.

chum·my /tʃʌ́mi/ 形 e 〖旧話〗仲がいい〈*with*..と〉; 〔集まりなどが〕なごやかな. ▷ **chum·mi·ly** 副 **chum·mi·ness** 名

chump /tʃʌmp/ 名 C **1** 〖旧話〗ばか者. **2** 厚い木片. **3** 〖英〗(羊などの)(腰)肉の切れ (**chúmp chòp**)《一端に骨がついている》. ***off one's chúmp*** 〖英旧俗〗頭が狂って. [?<*ch*unk+l*ump*[1]]

Chung·king /tʃúŋkìŋ/ 名 =Chongquing.

*__chunk__ /tʃʌŋk/ 名 (複 ~s /-s/) C **1** (木材, パン, チーズ, 肉などの)**大きな塊**, 厚切り. cut lobster in $1^1/_2$ in. [one and a half inches] ~*s* ロブスターを1インチ半の厚切りにする. **2** 〖話〗かなりの量. a hefty ~ of 100 dollar notes 厚くてずっしりとした100ドル札の束. **3** 〖米話〗ずんぐり[がっちり]した人[馬]. [chuck[3] の異形か]

†**chunk·y** /tʃʌ́ŋki/ 形 **1** 〔人, 動物が〕ずんぐりした, がっちりした. a squat, ~ wrestler ずんぐりしたたくましいレスラー. **2** 厚ぼったい〔衣類など〕. **3** 固形の実の入っている, つぶつぶの多い, 〔食物など〕. **4** 大粒でずっしりした〔装身具など〕. ▷ **chunk·i·ly** 副 **chunk·i·ness** 名

Chun·nel /tʃʌ́n(ə)l/ 名 〖英話〗〈the ~〉=the Channel Tunnel. [<*Ch*annel T*unnel*]

chunt·er /tʃʌ́ntər/ 動 自 〖英話〗(小声で)ぶつぶつ言う (complain).

chu·pat·ti /tʃəpɑ́:ti/ 名 =chapatti.

‡**church** /tʃə:rtʃ/ 名 (複 **chúrch·es** /-əz/) **1** C (キリスト教の)**教会(堂)**《英国では国教会の教会を言う; →chapel 3》. a ~ wedding 教会での結婚式. In the middle of the village is an ancient ~. 村の中央に古い教会がある.

> 連結 an imposing [a medieval; an Anglo-Saxon, a Gothic, a Norman, a Romanesque] ~ // build [consecrate; dedicate] a ~

2 U 〈無冠詞で〉(教会での)**礼拝**. after ~ 礼拝が済んでから. at [in] ~ 礼拝中に[で, の]. go to [attend] ~ 礼拝に行く. *Church* will be held earlier than usual next Sunday. 今度の日曜日は礼拝がいつもより早く行われます.
3 C 〈普通 C-〉**教派**, (宗派としての)**教会**. the Catholic *Church* カトリック教会. **4** U 〈the ~, 時に the C-〉聖職, 僧職, (clergy). **5** U 教権, 教会, 《王権, 国家権力に対する教会の権力》. **6** U 〈the ~, 又は C-; 集合的〉全キリスト教徒; 全キリスト教派.
(as) pòor as a chùrch móuse ひどく貧乏で.
ènter [jòin, gò into] the Chúrch 聖職につく, 牧師になる. [<ギリシア語 *kūriakòn* (*dôma*)「主の(家)」]

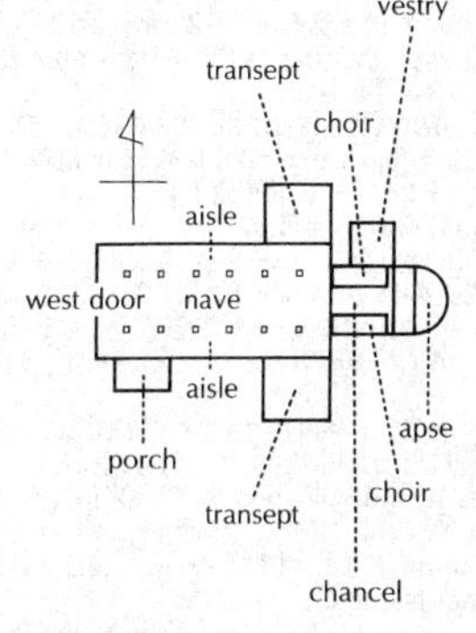

[church 1]

Chùrch Ármy 名 〈the ~〉チャーチアーミー《救世軍に相当する英国国教会内の組織》.

chúrch·gòer 名 C 教会へ行く習慣の人.

chúrch·gòing 名 U, 形 教会へ行く習慣(の).

Church·ill /tʃə́ːrtʃil/ 名 **Sir Winston** ～ チャーチル (1874–1965)《英国の軍人・政治家・首相 (1940–45, 1951–55)・文筆家; 第2次大戦を勝利に導いた》.

chúrch·kèy 名 C 《米話》(瓶用)せん抜き.

C

Chúrch Làtin 名 U 教会ラテン語《ローマカトリックで用いる中世ラテン語》.

chúrch·less 形 教会のない; 教会に属さない, 無教会の.

chúrch·ly 形 教会にふさわしい; 教会の[に関する]; 教会に忠実な.

†**chúrch·man** /-mən/ 名 (複 **-men** /-mən/) C **1** 聖職者, 牧師. **2** 教会の男子の信者; 《英》英国国教徒《男子》.

Chùrch of Éngland /⑱/ 名 〈the ～〉 英国国教会 (→Anglican Church).

Chùrch of Íreland /⑱/ 名 〈the ～〉 アイルランド教会《Anglican Church に属する》.

Chùrch of Scótland /⑱/ 名 〈the ～〉 スコットランド教会《長老制 (Presbyterianism) を取る》.

chúrch règister 名 C 教会戸籍簿《洗礼, 婚姻, 死亡などの記録》.

chúrch schòol 名 C 教会(付属)学校.

chúrch sèrvice 名 UC (教会での)礼拝.

chúrch·wàrden 名 C 教区委員《英国国教会や米国聖公会で教区 (parish) の代表として一般人から選ばれる世話人; 教会の経理に責任をもつ; 普通1教区2名》.

chúrch·wòman 名 (複 **-wòmen**) C 《英》英国国教徒《女子》.

church·y /tʃə́ːrtʃi/ 形 e **1** 教会の, 教会のような. **2** 《話》余りにも堅苦しい[宗教がかった].

†**chúrch·yàrd** 名 C 教会の境内[隣接地]; 〈特に〉教会墓地 (→graveyard 類語).

churl /tʃəːrl/ 名 C 《古》 **1** 無作法者, 野卑な人; 怒りっぽい人. **2** 百姓, 田舎者. [＜古期英語「百姓」]

churl·ish /tʃə́ːrliʃ/ 形 **1** 怒りっぽい. **2** 無作法な, 育ちの悪い; 田舎者の. ▷ **～·ly** 副 **～·ness** 名

†**churn** /tʃəːrn/ 名 C **1** 攪(かく)乳器《バター製造用》. **2** 《英》(大型)牛乳缶.

―― 動 他 **1** 〔牛乳など〕を攪乳器でかき回す; 〔バター〕を攪乳器で作る. **2** を手荒くかき回す; 〔強風, 船などが, 水面〕を激しく波[泡]立たせる; 〔人や車が〕〔地面, 芝生など〕を踏み荒す, めちゃめちゃにする; 〈*up*〉. **3** 〔人〕の心をかき乱す, を怒らせる 〈*up*〉; 〔胃〕をむかつかせる. Something is ～*ing* her *up* inside. 彼女は何かの原因でひどく動揺している. ―― 自 **1** 攪乳器を回す. **2** 〔水などが〕ひどく渦巻く, 泡立つ, 〈*up*〉. the roar of the ～*ing* water 渦巻く水のごう音. **3** 〔胃が〕むかつく.

chùrn /../ óut 《話》〔特に, 粗悪なもの〕を矢つぎ早に作る[濫造する]. ～ *out* three novels a year 毎年3冊ずつ小説を書きまくる. [＜古期英語]

churr /tʃəːr/ 動, 名 ＝chirr.

chute /ʃuːt/ 名 C **1** シュート《石炭, たるなどを穴倉へ, 手紙, ごみなどをビルの上階から下へ滑り落とす装置》; (飛行機などの)緊急脱出用シュート. **2** 急流; 滝. **3** 《話》パラシュート. **4** (プールなどの)ウォーターシュート. [フランス語 'fall']

chut·ney /tʃʌ́tni/ 名 U チャツネ《果物, コショウ, 酢などで作った薬味; カレー, 冷肉, チーズなどに添える》.

chutz·pa(h) /hútspə, -pɑː/ 名 C 《米俗》ずうずうしさ, あっぱれな度胸. [＜イディッシュ語]

chyme /kaim/ 名 U 《生理》キームス, 糜汁(びじゅう).

CI Channel Islands.

Ci curie.

†**CIA** 《米》Central Intelligence Agency (★普通 the をつけて用いる).

ciao /tʃau/ 間 《話》こんにちは; さよなら. [イタリア語(方言)「(あなたの)しもべ(です)」]

ci·ca·da /sikéidə, -kɑ́ː-/ 名 C 《虫》セミ.

cic·a·trice, -trix /síkətris/, /-triks/ 名 (複 **cic·a·tri·ces** /sìkətráisiːz/) C **1** 《医》瘢痕(はんこん)《傷跡》. **2** 《植》葉痕.

Cic·er·o /sísəròu/ 名 **Marcus Tullius** ～ キケロ (106–43 B.C.)《ローマの哲学者・政治家・雄弁家; その散文は古代ラテン語の模範とされる》.

ci·ce·ro·ne /sìsəróuni, tʃìtʃə-/ 名 (複 **～s, ci·ce·ro·ni** /-niː/) C (観光客の)ガイド, 案内人. [イタリア語「(Cicero のような) 雄弁家」]

Cic·e·ro·ni·an /sìsəróuniən ⑱/ 形 〔雄弁さなどが〕キケロ的な; 〔文体などが〕キケロ風の.

CID 《英》Criminal Investigation Department (刑事部, 犯罪捜査部)《ロンドン警視庁のが有名》(★普通 the をつけて用いる).

-cide /-sàid/ 〈複合要素〉「殺害(するもの)」の意味の名詞を作る. insecti*cide*. patri*cide*. [ラテン語 *caedere* 'kill']

†**ci·der** /sáidər/ 名 U **1** 《英》リンゴ酒 (《米》hard cider). **2** 《米》リンゴジュース (sweet cider). 参考 日本の「サイダー」は soda pop と言う. **3** C (1杯の)リンゴ酒[ジュース]. [＜古期フランス語(＜ヘブライ語「強い酒」)]

cíder prèss 名 C (cider を製造する)リンゴ圧搾器.

CIF, cif 《商》cost, insurance, and freight (運賃保険料込み値段).

cig /sig/ 名 《英話》＝cigarette.

†**ci·gar** /sigɑ́ːr/ 名 C 葉巻, シガー. [＜スペイン語]

‡**cig·a·rette,** 《米ではまれに》**-ret** /sìgərét, ⌐-⌐|⌐-⌐/ 名 (複 **～s** /-ts/) C (紙巻き)たばこ. a pack [《英》packet] of ～*s* 巻きたばこ1箱. a carton of ～*s* → carton. [フランス語「小さな cigar」]

> 連結 smoke [puff on; light (up); extinguish, put [stub] out] a ～

cigarétte càse 名 C 巻きたばこ入れ.

cigarétte ènd 名 C たばこの吸いがら.

cigarétte hòlder 名 C 巻きたばこ用パイプ.

cigarétte lìghter 名 C たばこ用ライター.

cigarétte pàper 名 UC 巻きたばこ用紙.

cigár hòlder 名 C 葉巻用パイプ.

cig·a·ril·lo /sìgərílou/ 名 (複 **～s**) C シガリロ《細くて小型の葉巻》.

cig·gy, -gie /sígi/ 名 《英話》＝cigarette.

cil·i·a /síliə/ 名 〈複数扱い〉 (単 **cil·i·um** /síliəm/) **1** まつげ. **2** 《動・植》繊毛.

C in C Commander in Chief.

cinch /sintʃ/ 名 C **1** 《米》(馬の)くら帯 (girth). **2** 《話》しっかり握る[つかむ]こと. **3** 《話》〈単数形で〉確かなこと; 造作ないこと. It's a ～ he will win. 彼が勝つのは請け合いだ.

―― 動 他 **1** 〔馬のくら帯など〕をきつく[しっかり]締める. *Cinch* this knot *up*. この結び目を締め上げてくれ. **2** 《話》をしっかりつかむ, まちがいないものにする. have .. ～*ed* ..をうまくやってのける. His homer ～*ed* the victory. 彼の本塁打がだめ押しになった. [＜ラテン語「帯」]

cin·cho·na /siŋkóunə/ 名 **1** C キナノキ《南米原産アカネ科の植物》. **2** U キナ皮《キニーネの原料》.

Cin·cin·nat·i /sìnsənǽti/ 名 シンシナティ《米国 Ohio 州南西部の都市》.

cinc·ture /síŋ(k)tʃər/ 名 C 《雅》帯《特に聖職者が祭服着用の際に着けるもの》. [＜ラテン語「腰帯」]

†**cin·der** /síndər/ 名 **1** C (石炭などの)燃え残り《燃えて炎が落ちた状態の石炭や木, 又それが消えた燃えがら, 消し炭など; 灰にはなっていない》. **2** 〈～s〉灰. Empty [Rake] out yesterday's ～*s*. きのうの灰を(ストーブから)かき出してくれ. **3** ＝slag.

bùrn ..to a cínder 〔料理など〕を黒焦げにする.

[＜古期英語「燃えかす, 鉱滓(し)」]
cínder blòck [名][C] 〘米〙軽量コンクリートブロック(〘英〙breezeblock).
Cin·der·el·la /sìndərélə/ [名] **1** シンデレラ《童話の女主人公》. **2** [C] (真価を)認められてない人[もの]; (逆境から出た)幸運児. [cinder, ラテン語 *-ella* (指小辞)]
cínder tràck [名][C] (細かい石炭がらを敷きつめた)競走路.
cin·e- /sínə/ 〈複合要素〉〘英〙cinema(tography) の意味. *cine*-camera =〘米〙movie camera. *cine*-film 映画フィルム. [＜*cine*ma]
‡**cin·e·ma** /sínəmə/ [名] ([複] **～s** /-z/) 〘主に英〙 **1** [C] **映画館** (〘米〙movie theater [house]). go to the ～ 映画(を見)に行く. **2** [C] 〈単数形で〉(1本の)映画(上映). Did you enjoy the ～? 映画は面白かったですか. **3** 〈the ～; 集合的〉映画. **4** [U] 〈普通 the ～〉映画製作[芸術]; 映画産業.
★〘米〙では 2, 3, 4 の意味で主に movie(s), motion picture(s) を用いる; なお, 2, 3, 4 に対し〘米〙〘英〙とも film(s) をも用いる. [＜*cinema*tograph]
Cin·e·ma·Scope /sínəməskòup/ [名][UC] 〘商標〙シネマスコープ《大型スクリーンによる映画(上映方式)》.
cin·e·ma·theque /sìnəmətek/ [名][UC] 実験映画(劇場). [フランス語]
†**cin·e·mat·ic** /sìnəmǽtik [移]/ [形] 映画の; 映画的な. ▷**cin·e·mat·i·cal·ly** [副]
cin·e·mat·o·graph /sìnəmǽtəgræ̀f|-grɑ̀:f/ [名][C] 〘主に英〙 **1** 映写機 (projector). **2** 映画用カメラ. [ギリシア語 *kínēmā*「動き」, -graph]
cin·e·mat·o·graph·ic /sìnəmæ̀təgrǽfik/ [形] 映画の; 映写の. ▷**cin·e·mat·o·graph·i·cal·ly** [副]
cin·e·ma·tog·ra·phy /sìnəmətɑ́grəfi|-tɔ́g-/ [名][U] 映画撮影(技)術. ▷**cin·e·ma·tog·ra·pher** /-fər/ [名][C] 映画カメラマン.
cine·pro·jec·tor /sínəprəjèktər/ [名][C] 映写機.
Cin·e·ram·a /sìnərǽmə, -rɑ́:-/ [名][U] 〘商標〙シネラマ《凹面の横広大型スクリーンを用いる映画上映方式》. [＜*cine* ma＋pan*orama*]
cin·e·rar·i·a /sìnəré(ə)riə/ [名][C] シネラリア, サイネリア, 《キク科の観賞植物》.
cin·e·rar·i·um /sìnəré(ə)riəm/ [名] ([複] **cin·e·rar·i·a** /-riə/) [C] 納骨所.
cin·e·rar·y /sínərèri|-rəri/ [形] 納骨の. a ～ urn 骨つぼ. [＜ラテン語「灰(*cinis*)の」]
cin·na·bar /sínəbɑ̀:r/ [名] **1** [U] 〘鉱〙辰砂(しんしゃ)《水銀を採る原鉱石》. **2** [U] 朱色 (vermilion). **3** [C] 〘虫〙(大形の)蛾(が)の一種《ヨーロッパ産; ＝**cínnabar mòth**》.
†**cin·na·mon** /sínəmən/ [名] **1** [U] ニッケイ(肉桂), シナモン, 《ニッケイ樹皮を乾燥, 粉末にした香辛料》. **2** [U] ニッケイの樹皮, 肉桂皮. **3** [C] ニッケイ(樹)《クスノキ属の木; 樹皮は芳香がある》. **4** [U] 淡黄褐色. ── [形] 淡黄褐色の. [＜ギリシア語(＜ヘブライ語)]
cinque·foil /síŋkfɔ̀il/ [名][C] **1** バラ科キジムシロの類の植物の総称. **2** 〘建〙五弁飾り.
Cìnque Pórts /sìŋk-/ [名] 〈the ～〉〘英史〙五港《英国南東部の海港; 沿岸警備に貢献したため特権を認められた; 初めは Hastings, Dover, Sandwich, Romney, Hythe の 5 つだったが後に Winchelsea, Rye の 2 港が加わった》.
CIO →AFL-CIO.
CIP Cataloging in Publication.
†**ci·pher** /sáifər/ [名] **1** [C] 〘雅〙ゼロ, ゼロの記号《0》. **2** [C] アラビア数字《1-9 までのいずれか》. the fifth ～ of his phone number 彼の電話番号の 5 番目の数字. **3** [C] つまらぬ人[もの]. **4** [UC] 暗号文字[文]; [C] 暗号を解くかぎ. written in ～ 暗号で書かれた. ── [動][他] を暗号化する (encipher; ↔decipher). [＜アラビア語 'zero']

cípher·tèxt [名][C] 暗号文 (→plaintext).
†**cir·ca** /sə́:rkə/ [前] 〘章〙およそ.., ..のころ《略 c, ca, circ.》. Plato was born ～ 427 B.C. プラトンは紀元前 427 年前後に生まれた. [ラテン語 'about']
cir·ca·di·an /sə:rkéidiən/ [形] 24 時間(周期)の〔体調のリズムなど〕.
Cir·ce /sə́:rsi/ [名] 〘ギ神話〙キルケー《Homer の *Odyssey* に出てくる魔女》; [C] 妖(よう)婦.
‡**cir·cle** /sə́:rk(ə)l/ [名] ([複] **～s** /-z/) [C] 【円】 **1** **円**; **輪**, 丸. draw a ～ 円を描く. the ～ of light cast by the street lamp 街灯が(地上に)投げかける光の輪. a black ～ 黒丸《●》. an open ～ 中あきの丸《○》. a half ～ 半円. in a ～ 円[輪]になって; ぐるぐる〔回るなど〕. a ～ of spectators ぐるりととり囲んだ見物人. **2** (緯度)圏; (天体の)軌道.
3 【円周のひと回り】 ひと巡り, 循環; 〘論〙循環論法. the ～ of seasons 四季の循環. a vicious ～ 悪循環. talk in ～*s* 話が堂々巡りする[要領を得ない].
【円形の物】 **4** 丸い物《冠, 指輪など》; 〘米〙円形広場 (〘英〙circus); ロータリー, 環状交差点, (〘米〙rotary, 〘英〙roundabout). **5** 〘劇〙円形桟敷.
【円の内側】 **6** **仲間**, グループ; 〈しばしば ～s〉(特定の)**集団**, ..界. her social ～ 彼女の属する社交界. in political ～*s* 政界で. move in different ～*s* いろいろな仲間と交わる[世界に出入りする].
7 (活動などの)範囲. have a wide ～ of interest 広い範囲の興味を持っている. ◇[形] circular

[連結] financial [business, fashionable, literary, official] ～s // enter [join; form] a ～

come* [*turn*] *fùll círcle 1 周して振り出しに戻る. The discussion has *come full* ～. 議論は(ひと回りして)元のところに戻った.
go aròund in círcles 〘話〙〔思考, 議論などが〕堂々巡りをする[して一向に進展しない].
rún aròund in* (*smáll*) *cìrcles 〘話〙つまらないことで駆けずり回る, むだ骨を折る.
squàre the círcle 円と同面積の正方形を作る《幾何学的に不可能; 一般に, 不可能な(と見える)事のたとえ》.
── [動] (**～s** /-z/|[過][過分] **～d** /-d/|**-cling**) [自] **旋回する**, ぐるぐる回る 〈*about, around*〉. ── [他] **1** (の上)を**旋回する**, ぐるぐる回る; を一周する. The plane ～*d* the North Pole. 飛行機が北極点上空を旋回した. one of the satellites that ～ the planet その惑星の周囲を回る衛星の 1 つ. **2** を丸で囲む. *Circle* the correct answers. 正解を丸で囲みなさい. **3** の周りを囲む, を取り巻く. the beltway that ～*s* the metropolis 首都外周環状道路.
[＜ラテン語 *circulus*「小さな輪 (*circus*)」]
cir·clet /sə́:rklət/ [名][C] **1** 小さな円[輪]. **2** (首, 腕, 頭などにつける)飾り輪; 指輪.
circs /sə:rks/ [名] 〘英話〙＝circumstances.
‡**cir·cuit** /sə́:rkət/ [名] ([複] **～s** /-ts/) [C] **1** **1 周**(すること); 巡行, 巡回; 迂(う)回. The earth completes its ～ of the sun in one year. 地球は 1 年で太陽を 1 周する. make the ～ of the town [two ～*s* of the track] 町を 1 巡[トラックを 2 周]する.
2 **(a)** (仕事上の)**巡回** 《説教師, 裁判官などがする》. be on ～ 巡回裁判に出ている. **(b)** 巡回区域; 巡回裁判区《イングランド・ウェールズは 6 circuits に分かれる》. a postman's ～ 郵便配達人の受け持ち区域.
3 〘電〙**回路**, 回線. a break in a ～ 回路が切れること. a television ～ テレビ回路. a ～ diagram 回線図.
4 **周囲**, 円周, (circumference); (囲まれた)区域, 範囲. an artificial lake about 20 miles in ～ 周囲約 20 マイルの人造湖. the ～ of the hills 丘に囲まれた地域.
5 〘主に英〙(自動車レースなどの)サーキット, 競走路[場].

6 (映画館などの)興行系統, チェーン; (プロスポーツの)リーグ, 連盟. **7** 〘スポーツ〙巡回. **8** 〘野球俗〙ホームラン《＜ダイヤモンド 1 周》. トーナメント, サーキット; 〈the ～〉サーキット参加選手(たち).
dò círcuits 〘英話〙サーキットトレーニングをする.
[＜ラテン語「回ること」(＜circum-＋*īre* 'go')]

círcuit bòard [名] [C] 回路基盤《printed circuit をはりつける絶縁盤》.「器.
círcuit brèaker [名] [C] 〘電〙ブレーカー, 回路遮断↑
cìrcuit cóurt [名] [C] 〘米〙(州の)巡回裁判所.
cir·cu·i·tous /sə(:)rkjú:ətəs/ [形] 〘章〙 **1** 回り道の, 遠回りの. take a ～ route 遠回りをする. **2** 遠回しの. ◇[名] circuit ▷ **～·ly** [副] 回り道をして; 遠回しに.
círcuit rìder [名] [C] 〘米〙(メソジスト派の)巡回牧師《昔, 僻地(へき)を馬に乗って巡回した》.
cir·cuit·ry /sə́:rkətri/ [名] [U] 電気[電子]回路(系統[組織]).「ニング.
círcuit tràining [名] [U] 〘スポーツ〙サーキットトレー↑
cir·cu·i·ty /sərkjú:əti/ [名] [UC] 〘章〙回りくどい[遠回しな]こと.
*__cir·cu·lar__ /sə́:rkjələr/ [形] [C] (4 は [m]) **1 円形の**, 丸い. a ～ room 円形の部屋. **2 円を描く**〔運動など〕, **ぐるぐる回る**, 循環する; 巡回の, 周遊の. a ～ motion 円形運動. a ～ number 〘数〙循環数. **3** 〈限定〉回覧の; 巡回する. **4** 遠回しの, 回りくどい; 〔論理が〕堂々巡りする. a ～ argument 循環論法. ◇[名] circle
── [名] [C] 回状; (広告用の)ちらし.
[＜ラテン語「円形の」(＜*circulus* 'circle')]
cir·cu·lar·i·ty /sə̀:rkjəlǽrəti/ [名] [U] 円形; 環状; (論法などの)循環性.
cir·cu·lar·ize /sə́:rkjələràiz/ [動] [他] **1** に回状[広告文]を送付する. **2** を円形にする.
cìrcular létter [名] [C] (広告, 通知などのため, 多数の人に送る)配布文.
cìrcular sáw [名] [C] (電動)丸鋸(まるのこ).
cìrcular tóur [tríp] [名] [C] 〘英〙周遊旅行《行きと違う経路を通って出発地に帰る; 〘米〙round trip》.
▷ **～·ly** [副]
*__cir·cu·late__ /sə́:rkjəlèit/ [動] (**～s** /-ts/|[過] [過分] **-lat·ed** /-əd/|**-lat·ing**) [自] **1** 〔血液などが〕**循環する** 〈*around, in, through*..を〉. Water *～s through* the cooling system. 水が冷却装置内を循環する.
2 歩き回る 〈*among*..の間を〉. *Circulate* as much as possible at a party. パーティーではできるだけ多くの人と話して回りなさい.
3 〔うわさなどが〕**伝わる**, **広まる**; 〔印刷物が〕**流布する**, よく読まれる; 〔貨幣が〕**流通する**; 〈*among, through*..に〉. Various rumors *～d* all over town. 町にはいろいろなうわさが流れた.
── [他] **1** を**回す**, 回覧[配布]する; を循環させる. ～ a bottle of port (食後に)ポートワインの瓶を回す.
2 〔うわさなど〕を**流布する**, 広める; 〔通貨など〕を**流通させる**. The rumor was widely *～d through* the town. そのうわさは町中に広まった.
[＜ラテン語「円くする, 取り囲む」]
cír·cu·làt·ing [形] 循環する; 巡回する. a ～ decimal 〘数〙循環小数.
cìrculating cápital [名] [U] 〘経〙流動資本.
cìrculating líbrary [名] [C] (学区内の学校間で次々に回される)巡回文庫; 〘米〙貸し出し文庫, 貸し本屋, (lending library).
cìrculating médium [名] [U] 〘経〙流通貨幣.
*__cir·cu·la·tion__ /sə̀:rkjəléiʃ(ə)n/ [名] ([複] **～s** /-z/) **1** [UC] (液体の)**循環**, 〈特に〉**血行**; 運行. have (a) good [bad, poor] ～ 血行がよい[悪い].
2 [aU] (出版物などの)**流布**, 売れ行き; **発行部数**; (通貨, 商品などの)流通. have a large [good] ～ 売れ行きがよい. a ～ of 50,000 発行部数 5 万. withdraw a magazine from ～ (出回った)雑誌を回収する.

> [連結] an enormous [a vast; a wide; a limited] ～ // increase [promote] the ～ // the ～ climbs [jumps; drops, wanes]

3 [aU] (うわさ, ニュースなどの)**流布**, 伝播(でんぱ). have a speedy ～ たちまち広がる.
*__*in circulátion*__ (1) **流布**して, 流通して. put .. *in* ～ ..を流布[流通]させる. Two-dollar bills are not *in* ～ now. 2 ドル紙幣は今は流通していない. (2) 〘話〙〔人が〕社会(の活動など)に交わって. She's completely recovered and now she's ⌊back *in* ～[*in* ～ again]. 彼女はすっかり回復して今はまた元気に活動している.
*__*out of circulátion*__ (1) **流布[流通]していない(で)**. take old notes *out of* ～ 古い紙幣を回収する. (2) 〘話〙〔人が〕社会(の活動など)から離れて.
cir·cu·la·tor /sə́:rkjəlèitər/ [名] [C] **1** (情報・病菌などを)広める人. **2** (液体や気体の)循環器. **3** 〘数〙循環小数.
cir·cu·la·to·ry /sə́:rkjələtɔ̀:ri|sə̀:kjəléit(ə)ri/ [形] 循環の[する]; 循環系の. the ～ system (生物の)循環系.
cir·cum- /sə́:rkəm/ [接頭]「周囲に」「取り巻いて」などの意味: *circum*cise. *circum*scribe. [ラテン語 *circum* 'about, around']「の; 取り巻く.
cir·cum·am·bi·ent /sə̀:rkəmǽmbiənt/ [形] 周囲↑
cir·cum·am·bu·late /sə̀:rkəmǽmbjulèit/ [動] [他] (特に儀式などで)の周りを歩く. ── [自] 歩き回る; 持って回ったことを言う. [circum-, amble]
†**cir·cum·cise** /sə́:rkəmsàiz/ [動] [他] に割礼を行う《宗教的または衛生的理由で男子の foreskin, 女子の clitoris を切除する; 特にユダヤ教徒, イスラム教徒のものが有名》. [＜ラテン語 (＜circum-＋*caedere*「切る」)]
cir·cum·ci·sion /sə̀:rkəmsíʒ(ə)n/ [名] [UC] 割礼.
†**cir·cum·fer·ence** /sə:rkʌ́mf(ə)rəns/ [名] [UC] 円周; 周囲(の長さ[距離]). The lake has a ～ of 20 miles.＝The lake is 20 miles in ～. 湖は周囲が 20 マイルある. [＜ラテン語「持って回ること」]
cir·cum·fer·en·tial /sə:rkʌ̀mfərénʃ(ə)l [移]/ [形] 円周の; 周辺の.
cir·cum·flex /sə́:rkəmflèks/ [名] [C] (フランス語で)アクサンシルコンフレックス, 《母音の上につける記号 ^, 音声的な意味はない; **cìrcumflex áccent** とも言う》.
cir·cum·flu·ent, -flu·ous /sə:rkʌ́mfluənt/, /-fluəs/ [形] 周りを流れる; (水などに)取り囲まれた.
cir·cum·fuse /sə̀:rkəmfjú:z/ [動] [他] 〘古〙〔液体, 粉など〕を注ぐ, まき散らす, 〈*about, around* ..の周りに〉; を囲む, 包む, 〈*with, in* ..〔液体など〕で〉.
cir·cum·lo·cu·tion /sə̀:rkəmloukjú:ʃ(ə)n/ [名] [U] 回りくどいこと; [C] 回りくどい[遠回しの]表現[言葉]《特に, 言い抜けるために使う》.
cir·cum·loc·u·to·ry /sə̀:rkəmlɑ́kjətɔ̀:ri|-lɔ́kjət(ə)ri/ [形] 〔表現が〕回りくどい, 遠回しの.
cir·cum·lu·nar /sə̀:rkəmlú:nər [移]/ [形] 月の周辺にある; 月の周りを回る〔飛行など〕.
cir·cum·nav·i·gate /sə̀:rkəmnǽvəgèit/ [動] [他] 〔特に, 世界〕を船で 1 周する. ～ the globe 世界 1 周の航海をする.
cìr·cum·nàv·i·gá·tion [名] [UC] 世界 1 周航海.
cir·cum·po·lar /sə̀:rkəmpóulər [移]/ [形] **1** (地球の)極地の[を囲む]〔海洋など〕. **2** 〘天〙周極の, 極地の上空を回る, 〔天体など〕.
cir·cum·scribe /sə́:rkəmskràib/ [動] [他] **1** の周りに線を引く; の周りに境界線を引く. **2** 〘章〙 を制限する (limit); の限界を画する (confine). His activities have been severely *～d* by his illness. 彼の活動範囲は病

気のせいでひどく狭くなった. **3**〘数〙〔円などが〕に外接する; の外接円をかく. [＜ラテン語「周りを線で囲む」]

cir·cum·scrip·tion /sə̀ːrkəmskrípʃ(ə)n/ [名] **1** [U]〘章〙制限, 限定; 限界; 範囲. **2** [C] (貨幣, メダルなどの)周囲に刻んだ文字. **3** [U]〘数〙外接.

cir·cum·so·lar /sə̀ːrkəmsóulər ㊥/ [形] 太陽の周辺にある; 太陽の周りを回る.

cir·cum·spect /sə́ːrkəmspèkt/ [形]〘章〙**1**〈普通, 叙述〉〔人が〕用心深い, 慎重な, ([類語] 周囲の状況を十分考慮して行動することを言う; →careful). You should be more ～ *in* deal*ing* with the matter. その件の処理に当たってはもっと慎重に構えるべきだ. **2**〔行動が〕慎重な, 用意周到な. a ～ answer 周到な答え. [＜ラテン語「見回している」] ▷**～·ly** [副] 用心深く, 慎重に.

cìr·cum·spéc·tion [名] [U] 慎重(さ). with ～ 慎重に.

***cir·cum·stance** /sə́ːrkəmstæ̀ns, -stəns|-stəns/ [名] (複 **-stanc·es** /-əz/) 【周囲の事情】 **1** [C]〈普通 ～s〉**事情, 状況, 情勢**. He was forced by ～*s* [Force of ～ caused him] to quit his job. 彼は事情でやむなく職をやめた. under pressure of ～*s* 事情に迫られて. a victim of ～(*s*) 境遇の犠牲者《自分の力の及ばない事が原因で不幸に陥った人》. as ～*s* demand 必要に応じて. He died in suspicious ～*s*. 彼は不審な死を遂げた.

> [連結] favorable [fortunate, propitious; adverse, untoward; difficult, trying; unforeseen; exceptional; extenuating] ～*s* // depend on ～*s*

2 [C]〈普通 ～s〉〘章〙(特に, 経済的な)**境遇**, 暮らし向き. in easy ～*s* 裕福な暮らしをして. in poor [reduced, straitened] ～*s* 貧乏な境遇で. the notion that ～*s* govern character 境遇は性格を支配するという考え.

3 [C] (ある人, 行動, 物事に影響する)出来事 (event), 事実 (fact), 事情. without omitting a single ～ 1 個の事実も省かずに. owing to the ～ *that* he is my friend 彼が私の友人だという事情のために.

4 [U] (事の)次第, 詳細. with much [great] ～ 詳細に.

【周辺的なもの】 **5** [U] (儀式, 形式の)ものものしさ, 仰々しさ. pomp and ～ →pomp (成句). without ～ 儀式ばらずに.

accòrding to círcumstances 場合によって, 臨機応変に.

under* [*in*] *nò círcumstances どんな事情があっても..ない. *Under no* ～*s* should you repeat this to anyone. どんな事情があってもこの事を人に漏らしてはいけない.

******under* [*in*] *the círcumstances*** そういう事情では[なので]. What can I do *under the* ～*s*? こういう状況で私に何ができようか.

[＜ラテン語「周りに立っていること＞事情, 状況」(＜circum-＋*stāre* 'stand')]

†cir·cum·stan·tial /sə̀ːrkəmstǽnʃ(ə)l ㊥/ [形]〘章〙**1** 状況の[による], 事情による. **2**〔出来事などが〕偶然の; 付随的な, 二義的な. **3**〔記述, 説明などが〕詳細な.

cìrcumstantial évidence [名] [U]〘法〙情況[間接]証拠《盗まれた宝石を持っていたような場合を言う; 盗むのをだれかが目撃すれば direct evidence》. ▷**～·ly** [副]

cir·cum·stan·ti·ate /sə̀ːrkəmstǽnʃièit/ [動] [他] の状況を説明する, 詳細を述べる.

†cir·cum·vent /sə̀ːrkəmvént/ [動] [他] **1**〔人〕を出し抜く, 〔計画など〕の裏をかく, 〔法律など〕の抜け道を考え出す. ～ one's enemies 敵の裏をかく. **2**〘章〙を避けて迂(う)回[遠回りを]する; を回避する. ～ dangers 危険を回避する. [＜ラテン語「包囲する, わなにかける」(＜circum-＋*venīre* 'come')] ▷**～·er, -ven·tor** /-tər/ [名]

cìr·cum·vén·tion [名] [UC] 敵の裏をかくこと; 〘章〙迂(う)回; 回避.

***cir·cus** /sə́ːrkəs/ [名] (複 **～·es** /-əz/) [C] **1 サーカス**, 曲馬団; 〈the ～〉サーカスの上演; 曲芸. put up a ～ サーカス小屋をかける. run a ～ サーカスの興行をやる. go to the ～ サーカス見物に行く.

2 円形曲芸興行場《周囲に階段見物席がある》; サーカス小屋. **3** (古代ローマの)円形野外競技場.

4〘英〙(もと, 多くの通りの集まる)円形広場《現在ではロンドンの Oxford *Circus*, Piccadilly *Circus* のように地名中に用いられ, 2 本以上の道路が集まるやや広い交差点にすぎない場合が多い; →square》.

5〘話〙 めちゃくちゃに騒々しい連中[集会]. [ラテン語「輪, 円」]

cirque /səːrk/ [名] [C]〘地〙圏谷, カール, 《氷河などによって山腹にできたくぼ地》. [フランス語「輪, 円」]

cir·rho·sis /səróusəs/ [名] [U]〘医〙肝硬変.

cir·rhot·ic /sərɑ́tik|-rɔ́-/ [形]〘医〙肝硬変症の[に似た].

cir·ro·cu·mu·lus /sìroukjúːmjələs/ [名] (複 ～, **cir·ro·cu·mu·li** /-lai/) [UC]〘気象〙巻(けん)積雲.

cir·ro·stra·tus /sìroustréitəs, -strǽt-|-strɑ́ː-/ [名] (複 ～, **cir·ro·stra·ti** /-tai/) [UC]〘気象〙巻(けん)層雲.

cir·rus /sírəs/ [名] (複 **cir·ri** /-rai/, ～) **1** [UC]〘気象〙巻(けん)雲, 絹雲. **2** [C]〘植〙巻きひげ, つる, (tendril); 〘動〙触毛. [ラテン語「巻き毛」]

CIS Commonwealth of Independent States.

cis·al·pine /sisǽlpain/ [形] アルプスのこちら側の《ローマの側から見て言う》(↔transalpine).

cis·lu·nar /sislúːnər/ [形] (地球から見て)月の軌道の内側の, 月と地球の間の.
[ラテン語 *cis*「こちら側の」, lunar]

cis·sy /sísi/ [名], [形]〘英話〙＝sissy.

Cis·ter·cian /sistə́ːrʃ(ə)n/ [形] シトー修道会の.
—— [名] [C] シトー派修道士《ベネディクト教団中の特に厳格な一派》.

cis·tern /sístərn/ [名] [C] 水ため, 水槽; 貯水池《特に雨水貯蔵用》; (水洗便所の)貯水タンク.

cit. citation; cited; citizen; citrate.

†cit·a·del /sítədl/ [名] [C] **1** (小高い所にあって, 城下を見下ろす)城, とりで; 〈一般に〉要塞(ようさい). **2** 牙城(がじょう), とりで, 〈*of*..の〉. the ～ *of* freedom 自由の牙城. [＜イタリア語「小都市」]

†ci·ta·tion /saitéiʃ(ə)n/ [名] **1** [U] 引用, 引証; [C] 引用文. **2** [C] 表彰(状), 感謝(状). a military ～ for (one's) bravery 勇敢な行為に対する軍の表彰状.
3 [C]〘米〙〘法〙召喚(状) (summons). a traffic ～ 交通違反の呼び出し(状).

***cite** /sait/ [動] (**～s** /-ts/|[過] [過分] **cít·ed** /-əd/|**cít·ing**) [他] **1**〘章〙**を挙げる, 引用する**, 引き合いに出す, 〈*as*..として〉([類語] quote と比べると, 例証など特定の理由のために引き合いに出す意味が強い). ～ an example 例を挙げる. ～ Leonardo *as* an example of all-round genius 万能の天才の例としてレオナルド(・ダヴィンチ)を引き合いに出す. **2**〘法〙を召喚する〈*for*..の件で〉. **3**〘章〙を表彰する, に感謝状を与える, 〈*for*..(の功績)で〉. be ～*d for* one's charity work 慈善事業のために表彰される.
[＜ラテン語 *citāre*「急がす, 呼び寄せる」]

Cit·i·corp /sítikɔ̀ːrp/ [名] シティーコープ《米国最大の銀行 **Cíti·bànk** を傘下に持つ持ち株会社》.

cit·i·fied /sítəfàid/ [形]〘話〙〈しばしば軽蔑的〉都会ずれした; 都会風の. ～ tastes 都会風の好み.

cit·i·fy /sítəfài/ [動] [他]〘話〙を都会風にする; を都市化する.

***cit·i·zen** /sítəz(ə)n/ [名] (複 **～s** /-z/) [C] **1** (ある国家の市民権を有する)**国民**, 公民, 人民, ([類語] 本来共和国の国民の意味; →national, subject). a ～ of the United States アメリカ合衆国国民. an American ～ born in Japan 日本で生まれたアメリカ国民.
2 (ある市, 町, 村の)**市民**, 住民. a ～ of London ロンドン市民.

C

C

連結 a good [a respectable; a public-spirited; a law-abiding; an eminent, a leading, a prominent; an ordinary; a senior] ～

3〖米〗(軍人, 警察官などに対して)**民間人**, 一般人, (civilian). [＜ラテン語 *cīvitās*; →city]

cítizen-frìendly 形 〔法律用語などが〕(一般)市民に優しい[分かりやすい]. 「ン.

cìtizen of the wórld 名 C 世界人, コスモポリタ↑

cit·i·zen·ry /sítəz(ə)nri/ 名 U 〈普通 the ～; 単複両扱い〉〖章〗市民, 一般市民たち.

Cìtizens Advíce Bùreau 名 〈the ～〉〖英〗市民相談協会《全国に支部を持ち, 法律その他の問題に無料で助言する民間団体》.

cìtizen's arrést 名 U 〖法〗(警察でなく)民間人による逮捕行為.

cìtizens(') bánd 名 U 〈しばしば C- B-〉民間周波数帯 《トランシーバーなど民間の近距離連絡用に開放される; トラックの運転手などが利用する; 略 CB》.

†**cit·i·zen·ship** /sítəz(ə)nʃìp/ 名 U 市民権, 公民権; 市民[国民]の資格[身分, 義務]. gain [be granted] U.S. ～ 合衆国の市民権を得る[許可される].

cit·rate /sítreit/ 名 U 〖化〗クエン酸塩.

cit·ric /sítrik/ 形 柑橘(かんきつ)類の果物の[から採った]; ク↓

cìtric ácid 名 U 〖化〗クエン酸. └エン酸の.

cit·rine /sítrən, sitríːn, -ráin/ 形 レモン色の, 淡黄色の. ── 名 U **1** 淡黄色, レモン色. **2**〖鉱〗黄水晶.

Citr·o·en, -ën /sìtrouén|sítrouən/ 名 C 〖商標〗シトロエン《フランスのシトロエン社製の自動車》.

†**cit·ron** /sítrən/ 名 **1** C シトロン《ミカン類のレモンに似た果実又はその木》. **2** U シトロンの皮の砂糖漬け. **3** U 淡黄色, レモン色. [フランス語「レモン」; ＜citrus]

ci·trous /sítrəs/ 形 ＝citrus.

†**cit·rus** /sítrəs/ 名 C 柑橘(かんきつ)類の植物 (**cítrus trèe**). ── 形 柑橘類の. a ～ fruit 柑橘類の果物. [ラテン語「シトロンの木」]

cit·tern /sítərn/ 名 C シターン《16–17 世紀に広くイングランドなどで用いられたギターに似た弦楽器》.

‡**cit·y** /síti/ 名 (複 **cit·ies** /-z/) C **1** 〈一般に〉**都市**, **都会**, (類語 集落の規模は大きい方から metropolis＞city＞town＞village＞hamlet となる). the capital ～ of Japan 日本の首都.

2 (行政上の)**市**《英国では town の中で勅許により city と呼ばれるもので, 多くは cathedral がある; 米国では州の認可による》. govern [manage, run] a ～ 市を治める, 市の行政を担当する.

1, 2 の 連結 a big [a sprawling; a bustling, a busy; a congested, a crowded, a teeming; a flourishing, a prosperous, a thriving; a cosmopolitan; a capital; a provincial; a coastal; an inland] ～

3 〈the ～; 単複両扱い〉全市民, 全市の人々.

4〖英〗〈the C-〉 (**a**) (ロンドンの)シティー《大ロンドン市 (Greater London) の中心部約 1 マイル四方 (2.6 平方キロ)の地区; the City of London の略; 最も古く発達した地区で世界的な商業・金融の中心地》. (**b**) (シティーの)金融筋《人にも銀行などの組織にも言う》.

5 〈形容詞的〉市の; 都会の. the ～ center 市中心部 (→inner city). a ～ dweller 都会の住民.

[＜ラテン語 *cīvitās*「市民(権)」(＜*cīvis* 'citizen')]

cìty cóuncil 名 C 市会.

cìty cóuncillor 名 C 市会議員.

cíty dèsk 名 C 〖米〗(新聞社の)地方部; 〖英〗〈C-〉(新聞社の)経済部.

cìty éditor 名 C 〖米〗(新聞社の)地元記事編集長; 〖英〗〈C-〉(新聞社の)経済記事編集長.

cìty fáther 名 C 〈普通 ～s〉〖米〗市の有力者↓

cìty gàs 名 U 都市ガス. └《市会議員など》.

cìty gént 名 C 〖英〗シティー紳士《特にロンドンのビジネス街や官庁に職を持つ紳士》.

cìty háll 名 〖主に米〗 C 市庁舎, 市会議事堂; U 市当局. fight ～〖米話〗(分からず屋の)市役所相手に戦う.

cìty mánager 名 C 〖米〗市政事務長《一般選挙でなく市会から任命されて市政を担当する》.

Cìty of Dávid 名 〈the ～〉〖聖書〗ダヴィデの町《Jerusalem のこと》.

Cìty of Gód 名 〈the ～〉神の都, 天国.

cìty plánning 名 U 〖米〗都市計画 (〖英〗town planning).

cíty·scàpe 名 C 都市(の一部)の風景画[写真]; (空から見た)都市の景観; (水平線上に浮かぶ)ビル群(のシルエット). [＜*city*＋land*scape*]

cíty slìcker 名 C 〖米話〗(特にいなかの人から見た, 口のうまい)都会人.

cìty-státe 名 C 都市国家《古代ギリシアのアテネ, スパルタ, 中世のジェノア, ヴェニスなど》.

cíty·wìde 形, 副 〖米〗市全体の[に], 市全体に及ぶ↓

civ. civil; civilian. └[及んで].

civ·et /sívət/ 名 **1** C ジャコウネコ《強い香りを出す分泌腺(せん)を持つ; **cívet càt** とも言う》. **2** U じゃこう《ジャコウネコから採る香料》. [＜アラビア語「じゃこう」]

***civ·ic** /sívik/ 形 ⓒ 〈限定〉**1 都市の**; 市立の. a ～ problem 都市問題. a ～ university〖英〗市立大学. **2 公民の**, 市民(として)の. a ～ duty 市民の義務. ～ pride 市民としての誇り. a ～ group 市民団体. [＜ラテン語 *cīvicus*「市民(*cīvis*)の」]

▷**civ·i·cal·ly** /-k(ə)li/ 副

cìvic cénter 名 C 〖英〗(都市の)官庁地区《図書館, 娯楽施設などを含むことが多い》. 「関心のある.

cìvic-mínded /-əd/ 形 公共心のある; 市政問題に↑

cív·ics 名 〈単数扱い〉市政学; (学科の)公民科.

civ·ies /síviz/ 名 ＝civvies.

‡**civ·il** /sív(ə)l/ 形 ⓒ (5 は m, e) **1** 〈限定〉**市民**(として)の, 公民の; 市民に関する. ～ duties 公民としての義務. **2** 〈限定〉**国内の**, 市民間の. ～ affairs 国内問題. ～ unrest 国情不安. **3** 〈限定〉(軍人, 官吏に対して) **一般市民の**, 民間の, (↔military); (聖職者に対して)**俗の** (↔ecclesiastical). return to ～ life (軍籍を離れて)民間の生活に戻る. ～ aviation 民間航空. **4** 〈限定〉〖法〗民事の (↔criminal). a ～ suit 民事訴訟.

5 礼儀正しい, **丁重な**, (類語 最小限の丁重さであって, いくらかのよそよそしさを暗示する; →polite). be ～ to strangers 他人に丁重である.

[＜ラテン語 *cīvilis*「市民(*cīvis*)の」]

Cìvil Aviátion Authòrity 名 〈the ～〉〖英〗民間航空管理局.

cìvil dáy 名 C 暦日《天文学的「日」に対して常用の「日」》. 「る》.

cìvil defénse 名 U 民間防衛体制《空襲などに備え↑

cìvil disobédience 名 U 市民的不服従《武力でなく, 納税などの市民的義務の拒否による》.

cìvil divórce 名 UC 法律上の離婚《教会からは認↓

cìvil engineér 名 C 土木技師. └められない》.

cìvil engineéring 名 U 土木工学.

‡**ci·vil·ian** /sivíljən, -liən/ 名 (複 **～s** /-z/) C (軍人, 警官, 聖職者に対し)**一般人**, 民間人, 文民; 非戦闘員. ── 形 ⓒ 〈限定〉一般市民の, **民間の**; 文民の. ～ control 文民優位. in ～ clothes (軍服ではなく)平服を着て. [civil, -ian] 「civilization.

civ·i·li·sa·tion /sìvələzéiʃ(ə)n|-laiz-/ 名 〖英〗＝↑

civ·i·lise /sívəlàiz/ 動 〖英〗＝civilize.

civ·i·lised /sívəlàizd/ 形 〖英〗＝civilized.

†**ci·vil·i·ty** /sivíləti/ 名 (複 **-ties**) **1** U 丁重さ, 礼儀

正しさ. **2** Ⓒ〈普通 -ties〉丁寧な言葉うかい; 礼儀正しいふるまい. exchange *civilities* (世間的なあたり障りのない)あいさつを交わす.

‡civ·i·li·za·tion /sìvəlaizéiʃ(ə)n|-laiz-/ 名 (複 **~s** /-z/) **1** UC **文明** (類語 技術や科学の高度の発達を意味し, しばしば物質文明を指す; →culture). modern western ~ 近代西洋文明. (the) Egyptian ~ エジプト文明. as ~ advances 文明が進むにつれて.
2 U 文明世界;〈集合的〉文明諸国(民).
3 U **文明化**; 開化, 教化. the ~ of the native tribes 先住民の文明化.
4 U〖話〗文化生活, 進んだ(便利な)生活. get back to ~ (未開地域から)文明生活に戻る. ◇↔barbarism

***civ·i·lize** /sívəlàiz/ 動 (**-liz·es** /-əz/|過 過分 **~d** /-d/|**-liz·ing**) 他 **1** を**開化する**, **教化する**. try to ~ the tribes in Africa アフリカの部族を教化しようとする. **2** を洗練する (refine). City life has ~*d* her. 都会生活で彼女はあか抜けて来た. ◇名 civilization [civil, -ize]

***civ·i·lized** /sívəlàizd/ 形 m **1 文明化した**; 文明の進んでいる, 文明国の. ~ life 文化的生活. **2** 礼儀のある; 教養のある; 洗練された. **3**〔場所, 物事が〕快適な.

cìvil láw 名 U **1** 民法 (↔criminal law). **2** 国内法. **3** ローマ法.

cìvil líberty 名 U〈しばしば -ties〉市民的自由《思想, 言論の自由など》.

cívil lìst 名〈the ~〉〖英〗王室費《議会で毎年決定する》.

civ·il·ly /sívəli/ 副 **1** 慇懃(いんぎん)に, 礼儀正しく. **2** 民法上, 民法に従って.

cìvil márriage 名 UC 民事婚, 届出結婚,《教会でなく役所で式を行って登録する》.

cìvil párish 名〖英〗=parish 3.

cìvil ríghts 名 市民的権利, 公民権.

cìvil rìghts móvement 名〈the ~〉(米国の)公民権運動.

cìvil sérvant 名 C 文官, 公務員.

cìvil sérvice 名〈the ~〉**1** 行政(事務)部, 官庁,《軍隊, 裁判所, 宗教機関を除く官庁すべて》. **2**〈集合的〉官吏, 公務員; 文官勤務.

cìvil wár 名 UC **1** 内戦, 内乱. **2**〈the C- W-〉〖米史〗南北戦争 (1861-65);〖英史〗清教徒革命戦争 (1642-46, 1648-52); スペイン内戦 (1936-39).

cìvil yéar 名 C 暦年 (calendar year).

civ·vies /síviz/ 名〖英旧俗〗〈複数扱い〉(軍服に対して)平服. [<*civilian*]

cív·vy strèet /sívi-/ 名 U〖英旧俗〗(軍隊に対して)民間人の生活[仕事など].

CJ Chief Justice.

Cl〖化〗chlorine.

cl centiliter(s); claim; class; classification; clause; clergyman; clerk; cloth.

clack /klæk/ 動 自 **1** かたっ[かちっ]と音を立てる.
2〖話〗ぺちゃくちゃしゃべる. ~*ing* tongues 早口でしゃべり続ける人たち. ── 他 をかちっと鳴らす. He ~*ed* his tongue. 彼は舌を鳴らした.
── 名 C〈普通 a ~〉かたっ[かちっ]という音. The door closed with a ~. 戸はかたんと閉まった.

clad /klæd/ 動〖古・雅〗clothe の過去形・過去分詞. be ~ in armor [black] よろい[黒衣]をまとっている.

-clad〈複合要素〉〖章〗(..を)着た, (..に)覆われた. an armor-*clad* ship 装甲艦.

clad·ding /klædiŋ/ 名 U (建物の外側に施すタイルや板などの)張り付け, 外装; (配管などの)外被.

‡claim /kleim/ 動 (**~s** /-z/|過 過分 **~ed** /-d/|**cláim·ing**) 他【権利として要求する】**1** を**要求する**, **請求する**, (自分の物だと)**主張する**, (↔disclaim; 類語 demand に比べて, 当然の権利として要求する気持ちがさらに強い). ~ the protection of the law 法による保護を要求する. Nobody ~*ed* the book. その本の持ち主は取りに現れなかった. ~ one's baggage at the window 窓口で(預けた)荷物を請求する. ~ unemployment benefit 失業保険の支払いを請求する.
2〔物事が〕を要求する, 必要とする;〔注意など〕に値する;〔事故, 災害などが, 人命〕を奪う. The work ~*s* half of my time. その仕事で僕の時間は半分取られる. The book ~*s* our attention. この本は注目する価値がある. The disaster ~*ed* hundreds of lives. その災害で何百人もの人が命を失った.
【強く要求する>言い張る】**3** (事実であるとして)を**主張する**; VO (~ *that* 節/"引用"/*to do*) ..と/「..」と/..すると主張する, 自称する, (★*to* do は be 動詞, 状態動詞, 又は完了形の不定詞). I cannot ~ knowledge of German.=I cannot ~ (that) I know German.=I cannot ~ *to* know German. 私はドイツ語を知っているとはとても言えない. ~ responsibility for .. ..に対して責任を持つという;〔過激派などが〕..の犯行声明を出す. ~ credit for .. ..は自分の手柄[栄誉]だと主張する. He ~*s to* have done it. 彼はそれをしたと言い張る. a man ~*ing to* be a great scholar 大学者だと称する男.
── 自 支払い請求をする〈*for*..〔損害, かかった費用など〕に対して/*on*..〔保険など〕の〉. ~ *for* damages 損害賠償を要求する.

clàim /../ báck ..の返還を要求する.

── 名 (複 **~s** /-z/)【要求, 主張】**1** C **(a)** (当然の権利としての)**要求**, **請求**,〈*for, on* ..に対する〉; (所有権の)**主張**〈*to* ..に対する〉. make a ~ *for* damages *against* a company 会社に損害賠償の請求をする (★日本語の「クレームをつける」は make a complaint). Has anybody made a ~ *to* the camera? そのカメラの持ち主は出てきましたか.
(b) 主張〈*that* 節, *to* ..であるとの〉. dispute a ~ 主張に異議を唱える. He put forward the ~ *that* he was innocent. 彼は潔白であると主張した. reject his ~ *to* innocence 彼の潔白の主張を退ける.

> 連結 a valid [a rightful] ~ // lodge [submit; contest, dispute; give up, withdraw; dismiss; settle] a ~

2 C (時間, 金銭上の)負担. I have so many ~*s on* my income. お金の出る口が多くて困る.
【権利の, 主張】**3** UC **権利**, **資格**, 請求権,〈*to, on* ..を[に対して]要求する〉. He has little ~ *to* be a student. あれでは学生だと言う資格はほとんどない. His ~ *to* fame rests upon this work. 彼に名声を得る資格があるとすればそれはこの作品に基づく. She has no ~ *on* me. 彼女は私に何ら要求する権利はない. **4** C 請求物; 払い下げ請求地《鉱区など》; (保険会社などに対する)請求金.

jùmp a cláim →jump.

lày cláim to.. (1) ..に対する権利[所有権]を主張する. *lay* ~ *to* half of the profit 利益の半分をよこせと言う. (2)〈普通, 否定文で〉..であると自称する. *lay* ~ *to* being the finder 自分が発見者だと言い張る.

put in a cláim for.. ..に対する所有権[要求]を提出する[主張する].

stake (òut) one's [a] cláim →stake.

[<ラテン語 *clāmāre*「叫ぶ」]

cláim·a·ble 形 要求[請求, 主張]できる.

†claim·ant /kléimənt/ 名 C〖章〗主張者, 請求者,〈*to* ..〔権利, 遺産など〕の〉;〖法〗原告; (医療給付金, 失業手当など公的)手当受給者.

cláim·er 名 =claimant.

clair·voy·ance /kleərvɔ́iəns/ 名 U 透視(力), 千里眼; ずばぬけた洞察力. [フランス語 'clear seeing']

clair·voy·ant /kleərvɔ́iənt/ 形 千里眼の, 透視力のある. ── 名 C 千里眼の人, 予見者.

clam /klæm/ 名 C **1** ハマグリ《ハマグリ類の食用の二

枚貝の総称). **2**〚米話〛だんまり屋.
as hàppy as a clám 〚米話〛大そう喜んで.
shut ùp like a clám 〚話〛急に黙り込む.
── 動 (〜s|-mm-) ⓐ ハマグリを採る. go 〜*ming*〚主に米〛ハマグリ採りに行く.
clàm úp 〚話〛急に黙り込む. [?<clamp[1]]

C

clám·bàke 名 C 〚主に米〛 **1** 浜焼きパーティー《ハマグリや魚介類の(石焼き)料理などをする》. **2**〚米話〛にぎやかなパーティー; 騒々しい(政治)集会など.

†**clam·ber** /klǽmbər/ 動 ⓐ VA (手足を使って)(..を)よじ[はい]登る 〈*up*, *over* (..)〉; (..を)はい降りる〈*down* (..)〉; (車などから)のめずり出る〈*out* (..)〉, 入る〈*into*..〔車, ベッドなど〕に〉. ── 名 aU よじ登ること.
[?<〚廃〛 *clamb* (climb の過去形)+-er[3]] ▷ **〜·er** /-b(ə)rər/ 名

clam·my /klǽmi/ 形 e 冷たくて湿っぽい, ねばねばする〈*with*..〔汗など〕で〉. 〜 hands 汗ばんだ手.
▷**clam·mi·ly** 副 **clam·mi·ness** 名

*__clam·or__〚米〛, **-our**〚英〛/klǽmər/ 名 (複 **〜s** /-z/) C 〈普通, 単数形で〉 **1 喧噪**(けんそう), 騒ぎ立てる声; (不平, 抗議などの一斉に上がる)叫び, 騒ぎ, 〈*for*..を求める〉; (類語 交通騒音なども言うが, 特に群衆の上げるうるさい叫び声や要求, 抗議の声; →sound[1]). labor's 〜 *for* higher wages 労働者の賃上げ要求騒ぎ.
2 〈一般に〉騒々しい連続的な音[声]. a 〜 of knives and forks ナイフとフォークのがちゃがちゃいう音.
── 動 ⓐ 騒ぎ立てる, 叫ぶ, 〈*for*..を求めて/*against*..に反対して/*to* do ..したいと〉; やかましく要求する. 〜 *for* work 〔失業者が〕仕事をよこせと騒ぐ. 〜 *against* a bill 法案に反対して騒ぐ. 〜 *to* be fed 食べ物をくれと騒ぐ.
── 他 **1** (**a**) 〔要求など〕を声高に主張する. (**b**) VO (〜 ***that*** 節/"引用") ..と/「..」と言って騒ぐ. The workers 〜*ed that* their demands for higher pay were being ignored. 労働者たちは彼らの賃上げ要求が無視されたと騒ぎ立てた. **2** (**a**) VOA (〜 X *down*) X をやじり倒す. 〜 *down* a speaker 弁士をやじり倒す. (**b**) VOA (〜 X ***into/out of..***) 騒ぎ立てて X (人)に..させる/..をやめさせる.
[ラテン語「叫び」(<*clāmāre* 'claim')]

†**clam·or·ous** /klǽm(ə)rəs/ 形 〔人, 声が〕騒々しい, やかましい; 〔要求, 抗議などが〕声高な. be 〜 *for* better pay 賃上げを要求して騒ぐ. ▷**〜·ly** 副 **〜·ness** 名

clam·our /klǽmər/ 名, 動 〚英〛=clamor.

†**clamp**[1] /klæmp/ 名 C **1** クランプ, 締め金, 締め具, 《一般にねじで (2 つの)ものを締めつけ固定する道具》. **2**〚英〛(駐車違反の車につける)車輪固定具.
── 動 他 **1** VOA (〜 X ***together***) X (2 つのもの)を(締め具などで) 留める, 締める; (〜 X ***to..***) X を..に留める. 〜 two pieces of wood *together* 2 枚の板を(締め具で)締める. **2** (**a**) VOA をぎゅっと締める[押さえる, くっつける]. He 〜*ed* his hand *over* the boy's mouth. 彼は少年の口を手でふさいだ. I kept my opera glasses 〜*ed to* my eyes. オペラグラスをぴたりと目にくっつけていた. (**b**) VOC (〜 X Y) X を Y の状態にぎゅっと締める. 〜 one's mouth shut 口をぎゅっと結ぶ. **3**〚英〛〔(駐車違反の)車〕に車輪固定具をつける.
clàmp dówn (***on..***) 〚話〛(..を)押さえつける, 弾圧する. 〜 *down on* unlawful activities 非合法活動を取り締まる. [<中期オランダ語]

clamp[2] 名 C 〚英〛(わらや土をかぶせて貯蔵した)ジャガイモなどの山積み.

clámp·dòwn 名 C 〚話〛取締り, 締めつけ; 規制強化, 禁止; 〈*on*..に対する〉. a 〜 *on* drugs 麻薬取締り.

clám·shèll 名 C **1** (片方の)貝殻. **2**〚米〛〚土木〛クラムシェル《貝殻のように下方が開閉する泥すくいバケツ》.

†**clan** /klæn/ 名 C 〈単数形で複数扱いもある〉 **1** (スコットランド高地人に見られる)氏族. 参考 共通の祖先を持つ家族群で, 固有の模様の tartan を持つ; 約 60 に及ぶ clan がある. **2**〚話〛〈一般に〉氏族《tribe より小さい単位》;〚戯〛(大)家族. **3** (共通の利害, 主張を持つ)党派, 一味, 仲間. [<ゲール語「子孫, 家族」]

clan·des·tine /klændéstən/ 形 〚章〛(たくらみを隠して)内密の, 秘密の. a 〜 marriage 内密の結婚.
▷ **〜·ly** 副

†**clang** /klæŋ/ 動 ⓐ がらん[がちゃん, からん]と鳴る. ── 他 をがらん[がちゃん, からん]と鳴らす. ── 名 aU がらん[がちゃん, からん] (という音) (類語 金属の大きく鳴り響く音; →clank, clink[1]). the 〜 of fire bells 消防車の鐘のじゃんじゃんという音. [擬音語]

clang·er /klǽŋər/ 名 C 〚英話〛へま, 大失敗.
dròp a clánger へまをやる[言う].

clan·gor,〚英〛**-gour** /klǽŋ(g)ər/ 名 aU, 動 ⓐ がらんがらん[かーんかーん]と鳴る(音) 《clang の連続音》.

clan·gor·ous /klǽŋ(g)ərəs/ 形 鳴り響く[わたる]〔鐘など〕. ▷ **〜·ly** 副

clank /klæŋk/ 動 ⓐ がちゃん[ちゃりん]と鳴る. The car started to move trailing its strings of 〜*ing* cans. 紐(ひも)につながれてがらんがらん鳴るいくつもの缶を引きずって車は走りだした《旅立つ新婚夫婦に対するいたずら》. ── 他 をがちゃん[ちゃりん]と鳴らす. ── 名 aU がちゃんという音 (類語 鎖がぶつかり合うような堅く鋭く響く音; clang よりは小さい音). [擬音語]

clan·nish /klǽniʃ/ 形 **1** 氏族の, 一門の. **2**〚しばしば軽蔑〛党派的な; 排他的な. ▷ **〜·ly** 副 **〜·ness** 名

clans·man /klǽnzmən/ 名 (複 **-men** /-mən/) C clan の一員; 同族[一門]の人《男; 女 **cláns·wòm·an**》.

*__clap__[1] /klæp/ 動 (**〜s** /-s/|過 過分 **〜ped** /-t/|**cláp·ping**) 他 **1** 〔手〕をたたく. 〜 one's hands in time to the music 音楽のリズムに合わせて手をたたく.
2 〔人や演技〕に拍手を送る. 〜 an actor 俳優に拍手を送る. **3** をぴしゃりと打つ; VA (〜 X ***on..***) X (親しい相手)の..を(手のひらで)軽くたたく. He 〜*ped* her *on* the back. 彼は彼女の背中をぽんとたたいた.
4 (**a**) VOA を急に[さっと]..に置く[動かす]〈*on*, *over*, *to*..に〉; (〜 X ***in***, ***into..***) X を..にほうり込む. 〜 a hat *on* one's head 帽子をひょいとかぶる. 〜 a man *into* jail [prison] 人を刑務所にほうり込む. (**b**) VOC・VOA をぴしゃりと..する. 〜 a door *shut* [*to*] ばたんと戸を閉める.
── ⓐ **1 拍手する**, 拍手喝采(かっさい)する. The audience 〜*ped* enthusiastically. 観客は熱烈に拍手喝采した.
2 ぴしゃん[ばたん]と音を立てる; VC・VA 〔戸が〕ぴしゃりと..する. The door 〜*ped shut* [*to*]. 戸がぴしゃりと閉まった.
clàp éyes on.. 〚話〛..を見かける, 見つける; (たまたま)..に出会う; 〈普通, 否定文で〉. I haven't 〜*ped eyes on* him for months. 私は彼には何か月も会っていない.
clàp hóld of.. ..をいきなりつかむ.
── 名 C 〈普通, 単数形で〉 **1** ぴしゃり[ぽんぽん, ぱちぱち]という音; 拍手(の音). give a person a 〜 人に拍手を送る. a 〜 of thunder 雷鳴. shut a book with a 〜 ぱたんと本を閉じる. **2** (親しい人を)ぽんとたたくこと. He gave me a 〜 on the back. 彼は私の背中をぽんとたたいた. [<古期英語; 擬音語]

clap[2] 名 U 〈the 〜〉〚俗〛淋(りん)病 (gonorrhea).

clap·board /klǽbərd, klǽpbɔ̀ːrd/ 名 C 〚米〛 **1**〚建〛下見板 (〚英〛weatherboard); U 下見張り. **2** /klǽpbɔ́ːrd/ =clapperboard. ── 動 他 〚米〛〔家〕を下見張りにする.

clapped-out /klæptáut/ 形 〚英話〛 **1** (車などが)おんぼろの. **2** 〈叙述〉(人が)疲れ果てた.

cláp·per 名 C **1** (鈴や鐘の)舌. **2** 拍手する人; ぱちぱち音を出すもの;〚英〛鳴子《農民が鳥を追い払う道具》. **3**〚俗〛(よくしゃべる人の)舌.

like the cláppers 〖英話〗非常に速く; 一生懸命に.

cláp·per·bòard 名 C 〖映〗〈~s〉かちんこ.

cláp·ping 名 U (手を)たたくこと; 拍手; ぴしゃん[ぱたん]と音を立てること. ~ game (子供のする)せっせっせなど.

cláp·tràp 名 U 〖話〗 **1** 場当たり, はったり, 《言葉又は行為》. **2** ばかげたこと.

claque /klæk/ 名 C 〈集合的; 単数形で複数扱いもある〉(劇場などの)雇われ拍手屋, さくら. [フランス語]

Clar·a /klǽrə, klé(ə)rə|kléərə/ 名 女子の名.

Clare /kleər/ 名 **1** 男子の名《Clarence の別形》. **2** 女子の名《Clara の異形》. [ラテン語 'clear']

Clar·ence /klǽrəns/ 名 男子の名.

†**clar·et** /klǽrət/ 名 U **1** クラレット《赤ワイン; 特にフランス Bordeaux 地方産のものに英国人がつけた名称》. **2** 濃い赤紫色; 〈形容詞的〉濃い赤紫色の. [<古期フランス語「やや澄んだ」(*cler* 'clear' の指小語)]

clar·i·fi·ca·tion /klæ̀rəfəkéiʃ(ə)n/ 名 U **1** 清めること, 浄化; 澄ます[澄んでくる]こと. **2** (問題などの)解明; (意味, 立場などを)明らかにすること.

clar·i·fi·er /klǽrəfàiər/ 名 C 浄化剤; 浄化器.

***clar·i·fy** /klǽrəfài/ 動 (-fies /-z/|過 過分 -fied /-d/|~·ing) 他 **1** 〔意味, 問題点など〕を**はっきりさせる**, 明らかにする, (make clear). ~ a situation [one's position] 事態[立場]を明確にする. **2** 〔空気, 液体など〕を澄ませる, 浄化する. ── 自 **1** 〔意味などが〕明瞭(りょう)になる, 明らかになる. **2** 澄む, 清浄になる. [<古期フランス語; clear, -ify]

†**clar·i·net** /klæ̀rənét/ 名 C クラリネット《木管楽器》. [<フランス語「小さな鐘」(<中世ラテン語 'clarion')]

▷**clar·i·net·(t)ist** 名 C クラリネット奏者.

clar·i·on /klǽriən/ 名 C **1** クラリオン《昔用いられた澄んだ高い音色の軍用らっぱ》. **2** クラリオンの(ような)響き[音]. **3** 〈形容詞的〉高らかに鳴り響く. [<中世ラテン語(<ラテン語 *clārus* 'clear')]

clárion càll 名 C (行動などを促す)高らかな呼びかけ↑[勧誘].

†**clar·i·ty** /klǽrəti/ 名 U **1** (文体, 意味, 論理などの)明瞭(りょう)さ, 明確, 明察. with great ~ 非常に明快に. **2** (音, 空気, 液体などの)清澄, 清浄, 透明; (形象などの)明確さ, シャープさ. [clear, -ity]

Clarke /klɑːrk/ 名 **Arthur C.** ~ クラーク (1917-) 《英国の科学者・SF 作家; 代表作は *2001, A Space Odyssey*》.

‡**clash** /klæʃ/ 名 (複 **clásh·es** /-əz/) **1** aU **がちゃん**, じゃんじゃん, 《金属のぶつかり合う音》. with a ~ がちゃんと音を立てて. the ~ of steel 剣戟(げき)の音.

2 C **衝突**, 対立; 争い, 戦い; 〖スポーツ〗対戦; (利害, 意見などの)**不一致**, 不調和; (行事, 日取りなどの)ぶつかり; 〈*with* ..との/*between* ..間の〉. a violent ~ of interests [views] 激しい利害[意見]の衝突. There have been ~*es* in the Diet *between* supporters and opponents of the Government. 国会内で政府支持と反対の議員間で衝突が起こった.

── 動 (**clásh·es** /-əz/|過 過分 **~ed** /-t/|**clásh·ing**) 自 **1 がちゃんとぶつかる** 〈*with* ..と〉; がちゃがちゃ音を立てる. Their swords ~*ed* loudly. 彼らの剣は大きな音を立ててぶつかり合った.

2 〔意見, 利害, 勢力などが〕**衝突する**, 対立する, 〈*with* ..と/*on, over* ..のことで〉; (スポーツなどで)対戦する, ぶつかる. Their views ~*ed* headlong. 彼らの意見は正面から衝突した. The armies ~*ed* several times that day. 両軍はその日数回衝突した.

3 〔行事の日取りなどが〕ぶつかる 〈*with* ..と〉〈進行形不可〉. Two events ~*ed*. 2つの行事が重なった. The meeting ~*ed with* my mother's funeral. その会合は母の葬儀とかち合った.

4 〔色彩, 服装などが〕調和しない〈*with* ..と〉〈進行形不可〉. The red scarf ~*es with* the color of your coat. その赤いスカーフはあなたのコートの色と調和しない.

5 触れる〈*with* ..〔規則など〕に〉.

── 他 をがちゃんとぶつからせる; をじゃん(じゃん)と打ち鳴らす; 〈*together*〉. ~ cymbals *together* シンバルをじゃんと鳴らす. [擬音語]

***clasp** /klæsp|klɑːsp/ 名 (複 **~s** /-s/) C **1 留め金**, 尾錠, 《ネックレス, ハンドバッグの留め金, 婦人用ベルトのバックルなど》. **2** 〈普通, 単数形で〉**握り[抱き]締めること**. He took [held] my hand in a firm ~. 彼は私の手を固く握り締めた.

── 動 (**~s** /-s/|過 過分 **~ed** /-t/|**clásp·ing**) 他 **1** を留め金で留める[締める]. **2** を**しっかり握る**, 抱き締める. ~ hands with a person 人と固い握手を交わす. with ~*ed* hands 両手(の指)を組み合わせて. ~ her baby in her arms [to her chest] 赤ん坊を腕[胸]に抱き締める. [<中期英語(<?)]

clásp knìfe 名 C 折りたたみナイフ.

‡**class** /klæs|klɑːs/ 名 (複 **cláss·es** /-əz/)

【学校の級】 **1** C **クラス(の生徒たち)**, 学級, 組; (★単数形で複数扱いもある; クラスの1人1人を意識する時は複数扱い; クラスを一体と見れば単数扱い). Half the ~ are girls. クラスの半数は女子である. a beginners' ~ 入門クラス. an advanced ~ 上級クラス. be at the top of one's ~ クラスの首席を占める. When the bell rang, the teacher dismissed the ~. ベルが鳴ると先生はクラスを解散にした.

2 UC **授業, 講習, 授業時間**. We have five ~*es* on Tuesday. 火曜日には5時間授業がある. in (a) history ~ 歴史の時間に. attend ~*es* 授業を受ける. fall asleep in ~ 授業中うたた寝する. cut [miss, skip] a ~ 授業をサボる. take ~*es* in lifesaving 人命救助の講習を受ける.

> 連結 give [conduct, hold; call off; cancel; go to; audit, sit in on] a ~

3 C 〈単数形で複数扱いもある〉〖米〗(大学の何年)卒業組, 同期生. the ~ of '75 1975年卒業組. 参考 「第何回卒業」と言わず, このように言うのが普通.

【階級, 等級】 **4** (a) C 〈単数形で複数扱いもある〉**階級**; U 階級制度. the upper [middle, lower] ~(*es*) 上流[中流, 下層]階級 (語法 単数形と複数形との間に意味上の差はない). aim to abolish ~ 階級の廃止を目指す.

> 連結 the ruling [the governing; the privileged; the landed, the propertied; the leisured; the educated; the white-collar; the blue-collar, the working; an underprivileged] ~

(b) 〈形容詞的〉階級(制度, 間)の. a ~ society 階級社会. the ~ system 階級制度.

5 C (輸送機関などでの)**等級**, **..等**; (郵便物の)..種; (語法 形容詞の付く場合, 普通, 冠詞を省く; しばしば副詞的に用いる). I can't afford *first* ~. 1等に乗る金はない. We traveled *tourist* ~. ツーリストクラスで旅行した.

6 C 〖英〗(大学の)優等試験(成績)の等級《1-3級》.

7【上等】〖話〗(a) U 上品さ; 上等, 優秀. have no ~ 全く劣っている[だめだ]. Jane has real ~. ジェーンは本当に品がある. (b) 〈形容詞的〉優秀な, 高級な. work on a ~ magazine 高級雑誌社に勤める.

【同等のもの】 **8** C **種類**, 部類; ある種類のもの[人]. be in a ~ with the best actors of the age その時代の最高の俳優と同類である[肩を並べる]. not in the same ~ as [with].. ..とは比較にならない, には太刀打ちできない. houses in the $100,000 ~ 10万ドルクラスの家.

9 C 綱(こう)《生物分類上のレベル; →classification 参考》; 〖数〗類, 集合, (set).

be in a cláss by itsélf [*onesélf*] = ***be in a cláss***

C

of [*on*] *its* [*one's*] *ówn*＝*be in a clàss apárt* それだけで 1 つの部類を成す; 他に類がない. The coffee she makes *is* really *in a* ～ *of its own*. 彼女のいれるコーヒーは本当に他に比べものがない.

── 動 他 **1** を分類する; に等級をつける; (classify). **2** 〖話〗VOA (～ X *as*/X *among, with*..) X を..と/..の同類とみなす (regard). I ～ that *as* cheek. それは厚かましいというものだ. The papers ～ me *with* the Socialists. 新聞は私を社会党員と一緒にしている.
[＜ラテン語 *classis*「(ローマ人の)階級, 区分, 序列」]

clàss áct 名 C 〖話〗大した[すばらしい]人[もの].

clàss áction [**súit**] 名 UC 〖米〗(利害が一致する人たちの)集合代表訴訟.

cláss bòok 名 C 〖米〗同期生の(卒業記念)アルバム.

clàss-cónscious /⑧/ 形 階級意識を持った.

clàss cónsciousness 名 U 階級意識.

cláss-fèeling 名 U 階級間の敵対感情.

‡**clas·sic** /klǽsik/ 形 ⓒ 〈限定〉**1** (**a**) **代表的な**, 典型的な (typical). Romeo's is a ～ case [example] of impetuous love. ロメオの(愛)は性急な愛の典型的な例である. the ～ symptoms of AIDS エイズの典型的症候. (**b**) 伝統的に有名な, 由緒のある. a ～ event 伝統的行事 (→名 4).
2 (**a**) **最高級の**, 第一流の, 《芸術作品などに言う》; 模範的な, 手本となる; 標準的な, 権威[定評]のある, 〔研究書など〕. ～ writers of our age 現代の一流作家たち. the ～ textbook on modern European history 近代ヨーロッパ史の教科書の決定版. (**b**) 〖話〗全くばかげた, 最高に変な; 全くついていない. **3** ＝classical 1, 2.
4 (衣服などについて)クラシック風の, 古典的な, 《流行に関係なく簡素で伝統的》.
── 名 (複 ～s /-s/) C **1** (**a**) **古典**, 一流の作品; 権威[定評]のある著作, 名著決定版. (**b**) 一流の作家[芸術家], 大家. **2** (特筆に値する)すばらしいもの, 傑作. That joke of yours is a ～. 君のあの冗談は傑作だ.
3 (**a**) 〈(the) ～s; 単数扱い〉(西洋)**古典**(**文学**)《古代ギリシア・ローマの文学, 言語, 哲学などの著作》; 古典(文学)研究. (**b**) (古代ギリシア・ローマの)古典作家; 古典学者; (古典の模範に忠実に従う)古典主義者.
4 伝統的な(スポーツ)行事《例えば Oxford 対 Cambridge のボートレース》. **5** クラシック風な(デザインの)衣服《流行に左右されない》; 〖米話〗＝classic car.
[＜ラテン語「最上階級の, 優秀な」]

‡**clas·si·cal** /klǽsik(ə)l/ 形 ⓒ 〈限定〉**1** (西洋)**古典**の《普通, 古代ギリシア・ローマの文化・芸術を指して言う》; 古典に基づく; 古典に通じた. the ～ languages 古典語《普通, ギリシア語, ラテン語》. a ～ scholar 古典学者. ～ education 古典主義教育《西洋古典語の習得を中心とする》. ～ mythology ギリシア・ローマ神話.
2 (**a**) (芸術作品[作家]などについて)古典派の, 古典主義の, (↔romantic); 伝統的な, 古典(主義)的な. (**b**) 〖楽〗(ポピュラーに対して)**クラシックの** (↔popular) 《「クラシック」は和製英語》, (ロマン派に対して)古典派の 《1750–1830 頃のヨーロッパのクラシック音楽》. ～ music クラシック音楽. a ～ composer クラシックの作曲家; 古典派の作曲家. **3** ＝classic 形 1. [classic, -al]

Clàssical Látin 名 U 古典ラテン語《紀元前 75 年から紀元 200 年頃まで; Cicero, Caesar, Virgil などに代表される》.

clás·si·cal·ly 副 古典的に, 古典風に; 規範通りに.

clàssic cár 名 C クラシックカー《vintage car ほど古くない》.

clas·si·cism /klǽsəsìz(ə)m/ 名 U **1** (ギリシア・ローマの)古典様式・精神; 古典の学識. **2** (文学, 芸術上の)古典主義《整った様式, 調和, 均衡, 簡素などを尊重し, 過剰な感情の吐露を抑制する; →romanticism》.

clas·si·cist /klǽsəsist/ 名 C 古典主義者; 古典学者《古代ギリシア・ローマの文学, 言語, 哲学を研究する》.

clàssic ráces 名 〈the ～〉〖英〗五大競馬《Derby, Oaks, St. Leger, Two Thousand Guineas, One Thousand Guineas》.

clàssic róck 名 U クラシックロック《1960, 70 年代にヒットした作風のロックミュージック》.

clas·si·fi·a·ble /klǽsəfàiəb(ə)l/ 形 分類できる.

***clas·si·fi·ca·tion** /klæ̀səfəkéiʃ(ə)n/ 名 (複 ～s /-z/) **1** UC **分類**(**すること**), 類別, 格付け; 分類法. the ～ *of* literary works *into* prose and verse 文学作品を散文と詩に分類すること. 参考 生物分類の下位区分は大きい区分から順に, 門 (〖動〗phylum, 〖植〗division), 綱 (class), 目 (order), 科 (family), 属 (genus), 種 (species), 亜種 (subspecies), 変種 (variety). **2** C 類, 部類, タイプ. **3** C (図書館の)図書分類法. **4** U (政府・軍の情報の)極秘扱い[区分].

‡**clas·si·fied** /klǽsəfàid/ 形 **1** 分類された; 種類分けした. a ～ directory 職業別住所録[電話帳]. **2** (国家)機密の, 極秘扱いの. ～ military documents 軍事機密書類. ── 名 〈the ～s〉〖英〗＝classified ads.

clàssified ád 名 C (新聞などの)部門別案内広告 (classified advertisement; small ad 〖英〗, want ad 〖米〗とも言う)《売買・求人・求職などの数行の広告》.

***clas·si·fy** /klǽsəfài/ 動 (**-fies** /-z/|過 過分 **-fied** /-d/|**～·ing**) 他 **1** (**a**) を**分類する**, 区分する, 〈*by, according to*..〔基準など〕によって/*into, under*..〔部類, 等級〕に〉. ～ books *into* [*under*] ten heads 書籍を 10 部門に分類する. ～ books *by* subjects 本を主題別に分類する. (**b**) VOA (～ X *as*..) X を..に区分する, ..の部類に入れる. He is *classified as* (a) conservative. 彼は保守的(な人)の部類に入る **2** 〔書類など〕を機密[極秘]扱いにする (↔declassify). [class, -fy]

cláss·ism 名 U (階級的)偏見.

cláss·ist 形 (階級に基づく)偏見を持った, 差別主義の.
── 名 C (階級)差別を主張する人.

‡**cláss·less** 形 **1** 〔社会が〕階級のない. a ～ society 階級差別のない社会. **2** 特定の社会階級に属さない.
▷ **～·ness** 名

cláss lìst 名 C 〖英大学〗優等試験合格者名簿.

‡**class·mate** /klǽsmèit|klɑ́:s-/ 名 (複 **～s** /-ts/) C **同級生**, **クラスメート**, (→schoolmate).

‡**class·room** /klǽsrù(:)m|klɑ́:s-/ 名 (複 **～s** /-z/) C **教室**.

clàss strúggle [**wár**] 名 aU 階級闘争《特に資本家と労働者間の》.

cláss·wòrk 名 U 授業中の勉強《homework に「対して」》.

‡**class·y** /klǽsi|klɑ́:si/ 形 ⓔ 〖話〗高級な; 最新流行の; センスのいい; (→class 7). They are ～ people, having a big house and all that. 彼らは大きな家だの何だの持っていて一流だ.

clas·tic /klǽstik/ 形 〖地〗〔岩石が〕砕屑(さいせつ)性の; 〖生物〗〔細胞などが〕分裂[分解]する; 〔人体模型などが〕分解できる.

***clat·ter** /klǽtər/ 名 aU **1** かたかた[がちゃがちゃ]いう音. the ～ of a horse's hoofs 馬のひづめの音. **2** ぺちゃくちゃしゃべる声, 騒々しい声; 喧噪(けんそう).
── 動 (～s /-z/|過 過分 ～ed /-d/|～·ing /-riŋ/) 自 **1** がたがた音を立てる; ぺちゃくちゃしゃべる. **2** VA かたかた音を立てて進む 〈*along, down, over* (..を)〉. The horse ～*ed along*. 馬はぱかぱか音を立てて進んだ. ～ *down* the stairs 階段をがたがた音を立てて降りる.
── 他 をかたかた鳴らす. ～ dishes in the kitchen 台所で食器をがちゃがちゃいわせる.
[＜古期英語; 擬音語] ▷ **～·er** /-rər/ 名

***clause** /klɔ:z/ 名 (複 **cláus·es** /-əz/) C **1** 〖文法〗節 (→文法). **2** (条約, 法律などの文書の)**箇条**, **条項**. We went over the contract ～ by ～. 我々はその契約を

逐条検討した.

> [文法] **clause**(節); 文と同様に主部と述部を備えていながら, より大きい文の一部を成すものを言う. 等位節(coordinate clause) と従属節 (subordinate clause) がある. 前者は and, or, but のような等位接続詞によって結ばれる節, 後者は as, because, before, that などの従位接続詞または関係代名詞によって導かれて, 名詞節・形容詞節・副詞節のように文の一要素としての働きをする. 例: I know *that it is true*. (私はそれが本当であることを知っている)(名詞節); The man *who is standing over there* is my uncle. (あそこに立っている男の人は私のおじです)(形容詞節); *As I was young*, I had wild dreams. (私は若かったので途方もない夢を持っていた)(副詞節)

[<ラテン語「閉鎖, 結末」(<*clausus*; →close²)]

‡**claus·tro·pho·bi·a** /klɔ̀ːstrəfóubiə/ [名] [U] 〖心〗閉所恐怖症 (agoraphobia). [ラテン語 *claustrum* 'cloister', -phobia]

▷**claus·tro·pho·bic** /-fóubik [移]/ [形], [名] [C] 閉所恐怖症の(患者).

clave /kleiv/ [動] cleave² の過去形.

clav·i·chord /klǽvəkɔ̀ːrd/ [名] [C] 〖楽〗クラヴィコード《14 世紀に発明されたピアノの前身》. [<ラテン語 *clāvis*「鍵」+*chorda*「弦」]

clav·i·cle /klǽvək(ə)l/ [名] [C] 〖解剖〗鎖骨 (collarbone).

cla·vier /kləvíər/ [名] [C] 〖楽〗鍵盤(けんばん) (keyboard); 鍵盤楽器《ピアノ, チェンバロなど》.

*__claw__ /klɔː/ [名] ([複] ~**s** /-z/) [C] **1** (猫, ワシ, タカなどの)つめ, かぎつめ, (→talon); (カニ, ロブスター, サソリなどの)はさみ; (昆虫の)つめ. draw in one's ~*s* つめを引っ込める. **2** つめ状のもの《くぎ抜きなど》.

gèt one's cláws into.. 〖話〗 (1)..をさんざんにけなす. (2)〔女が, 男〕をひっかける, ものにする.

── [動] [他] **1** ..をつめでひっかく[引き裂く]; をひっつかむ. **2** をひっかいて〔穴など〕を作る. **3** [VOC] (~ X Y) X をつめでひっかいて Y にする. ── [自] [VA] (~ *at*..) ..をつめでひっかく.

clàw /../ báck (1)..を苦労して取り戻す. (2)〖英〗〔政府が交付金, 減税など〕を(別の税金[増税]で)取り戻す.

clàw hóld of.. ..をひっつかむ.

clàw one's wáy (1) ひっかくようにして[かき分けて]進む 〈*up, along, across* (..を)〉. (2) 他人を押しのけてのし上がる 〈*to*..〔地位など〕に〉. (→way [名] 2 [語法]).

[<古期英語]

cláw·bàck [名] [UC] 〖英〗(交付金などの)回収; 回収金.

cláw hàmmer [名] [C] くぎ抜き付き金うち.

*__clay__ /klei/ [名] [U] **1 粘土.** potter's ~ 陶土. modeling ~ 工作用粘土. a ~ pipe 陶製パイプ. She is ~ in her husband's hands. 彼女は夫の手にかかると言いなり放題だ. **2** 〖詩〗(人体の成分としての)土; (土でできていると見た)肉体; 《神が土で人間を作ったと聖書に語られている》. a man of common ~ 普通の人間, 凡人.

[<古期英語; cleave², climb と同根]

cláy cóurt [名] [C] 〖テニス〗クレーコート《土のコート》.

clay·ey /kléii/ [形] 粘土(質)の; 粘土を塗った.

clay·ish /kléiiʃ/ [形] 粘土のような.

clay·more /kléimɔ̀ːr/ [名] [C] (昔スコットランド高地人の用いた)両刃の大刀. [ゲール語 'great sword']

cláymore mìne [名] [C] 〖軍〗クレイモア地雷《人間殺傷用》.

clày pígeon [名] [C] クレー《クレー射撃の標的として空中に射出される皿状のもの; 単に pigeon とも言う》.

clày pígeon shòoting [名] =trapshooting.

-cle /-kl/ [接尾] 「小さい」の意味の名詞を作る:cubi*cle*; ici*cle*; parti*cle*. [-cule の異形]

‡**clean** /kliːn/ [形] [e] 【よごれのない】 **1** (**a**) **きれいな, 清潔な,** (↔dirty; [類語] 汚染のないことに重点がある; →clear 2). a spotlessly ~ room 一点のよごれもない部屋. ~ air きれいな空気. a ~ white shirt 洗いたての[新調の]白のワイシャツ. keep one's house ˪~ and tidy [neat and ~] 家を整理整頓しておく. keep [have] one's hands ~=have ~ hands 手を清潔にしておく; (悪事などに) '手を汚さないでいる'. ~ and sweet こざっぱりして. sweep [wipe, scrub] the floor ~ 床を掃いて[拭いて, ごしごし洗って]きれいにする. wash the dishes ~ 皿をきれいに洗う (最後の 2 例については→[副] 2). (**b**) 環境を汚染しない; 〔核兵器, 設備が〕放射性降下物の少ない; (放射能などで)汚染されていない. a ~ bomb 'きれいな' (核)爆弾 (↔dirty bomb). ~ energy (公害を起こさない)きれいなエネルギー. **2** (宗教的見地から)清浄な《食べてよいものを言う; 例えばユダヤ人にとって豚は clean ではない》.

3 きれい好きな; 身ぎれいな. a ~ housekeeper きれい好きな家政婦.

【精神的にきれいな】 **4 清い** 〔生活, 心など〕; (性的な連想がなく)清潔な. have a ~ conscience 清らかな良心を持つ. a ~ joke (性的でない)上品な冗談. lead a ~ life 清い生活を送る.

5 (反則をしないで)きれいな〔戦い方など〕, フェアな; (前科のない)きれいな〔経歴など〕. make it a ~ fight [contest] 正々堂々の戦いをする. a ~ driving-license (違反歴のない)きれいな(運転)免許証. a ~ record [sheet, slate] しみ一つない経歴[過去]. The scandal tarnished his ~ image その醜聞は彼の清潔なイメージを傷つけた.

6 〈叙述〉〖俗〗潔白な, '白の' 《麻薬や銃の不法所持など犯罪を犯していないなど》.

【余分なもののない】 **7** 〈限定〉白紙の; 未使用の; 障害物のない. a ~ sheet of paper 白紙. a ~ harbor 障害物のない港.

8 すっきりした, 均整のとれた; 簡素な; でこぼこのない, 滑らかな. a ~ profile すっきりした横顔. ~ limbs すらりとした肢体. a ~ cut 滑らかな切り口. ~ lines of a sports car スポーツカーのなだらかなボディーライン.

9 〈限定〉完全無欠の; 鮮やかな, きれいさっぱりした. lose a ~ hundred dollars 100 ドルそっくり失う. a ~ leap 見事な跳躍. a ~ hit 鮮やかな安打. a ~ break (in a bone) 単純骨折.

a clèan bill of héalth →bill of health.

(as) clèan as ˪a (nèw) pín [the whístle] 〖話〗すっかりきれいな[に].

còme cléan 〖話〗すべて白状する, 本音を吐く, 〈*about, on*..〔悪事, 不快な事実など〕を/*with*..〔人〕に〉.

Kèep it cléan. 下品なことは言うな, 口を慎め.

kèep one's nóse clèan →nose.

màke a clèan bréast of.. →breast.

màke a clèan swéep of.. →sweep.

stàrt agáin with a clèan sláte=wìpe the slàte cléan →slate¹.

── [副] [e] (1では [ⓒ]) **1** 〖話〗全く, すっかり, きれいさっぱり, (completely). I ~ forgot to tell him. 彼に言うのをすっかり忘れていた. **2** きれいに. vacuum the floor ~ 床を掃除機できれいに掃除する (★clean を [形] で補語とみることもできる; →[形] 1(a)).

3 見事に, きれいに. leap ~ over the fence 垣を鮮やかに跳び越す. be hit ~ in the eye 見事に目をぶたれる. get ~ away まんまと逃げる. The bullet went ~ through his shoulder. 弾丸はまともに彼の肩を貫通した. **4** 〖話〗公正に, フェアに.

── [動] (~**s** /-z/|[過] [過分] ~**ed** /-d/|**cléan·ing**) [他] **1 をきれいにする, 清潔にする;** を拭く, 掃除する, 片付ける. ~ one's teeth 歯を磨く. ~ the kitchen 台所を掃除する. ~ the dirt *from* [*off*] the hands 手のよごれを落とす. I had my suit ~*ed*. 私はスーツをクリーニングしてもらった.

C

～ one's plate 皿(の物)をきれいに平らげる.
2 (料理するために)〔鳥, 魚など〕の下ごしらえをする.
━━ ⾃ **1** Ⅵ きれい[清潔]になる. ～ easily [well] 簡単に[よく]きれいになる. The stain would not ～ *off*. しみはどうしても落ちなかった. **2** 掃除をする, きれいにする. Your room needs ～*ing*. 君の部屋は掃除が必要だ.

C

clèan /../ dówn (ブラシをかけたりして)..をきれいにする. ～ *down* the wall 壁(のよごれ)を洗い落とす.
****clèan /../ óut***〔部屋, 容器など(の中身)〕を空っぽにする; ..をすっかり掃除する;〔人〕を一文なしにする,〔人, 場所〕からすべて奪う[盗む]〈*of*..を〉. The customers ～*ed out* the store. 客が(争って買って)店を空っぽにした. ～ *out* one's room 部屋をすっかり片付ける. The crash ～*ed* me *out*. 暴落で私は素寒貧(すかんぴん)になった.
clèan úp (1) きれいに片付ける; 掃除する. ～ *up* after a party パーティーの後(部屋などを)きれいに掃除する. (2) 賞などをごっそり取る[かっさらう], 大もうけする,〈*in*, *on*..で〉. (3) きちんと[きれいに]身支度をする. ～ *up* before dinner 晩餐(さん)の前に着替えをする.
****clèan /../ úp*** (1)〔場所, 取りちらかったものなど〕をきれいに(掃除)する, きちんと整理する. ～ *up* the desk 机の上を片付ける. (2)〔人〕をきれいにする. ～ oneself *up* きちんと[きれいに]身支度をする. (3) ..を粛正する, 浄化する;〔犯罪, 腐敗など〕を一掃する. ～ *up* one's act 行いを改める. ～ *up* one's image イメージアップする. ～ *up* the city council 市議会を浄化する. (4)〔仕事など〕を片付ける, し終える;〔商売〕をたたむ. (5)〘話〙..をもうける. ～ *up* a fortune ひと財産こしらえる.
━━ 名 aU 清潔にすること, 掃除. Give your desk a ～. 自分の机をきれいにしなさい.
[＜古期英語「清潔な, 純粋な」]

clean·a·ble /klíːnəb(ə)l/ 形 きれいにできる.

clèan-cút /㊙/ 形 **1** 明確な, 明白な. ～ policy statements 明確な政見発表. **2**〔目鼻立ちなどや物の形が〕輪郭のはっきりした, 格好のいい; (性格, 身仕舞いの)きちんとした; (類語 clean-cut には, 格好のよさの意味があり, 普通, 男子に対して使われる; →clear-cut). a ～ young man 格好[身だしなみ]のいい青年.

†**cléan·er** 名 **1** C 掃除人; 洗濯屋, クリーニング屋,《人》;〈the ～'s [～s]〉ドライクリーニング店. **2** C 電気掃除機, クリーナー; UC 洗剤.
tàke .. to the cléaners [***cléaner's***]〘話〙(1) ..を(有り金をはたかせて)すっからかんにする. (2) ..をこてんこてんにやっつける[こきおろす, 打ち負かす].

clèan-hánded /-əd ㊙/ 形 (人が)潔白な, 無実の.

***clean·ing** /klíːniŋ/ 名 U **洗濯**, クリーニング; 掃除. do the ～ 洗濯[(家の)掃除]をする.

cléaning wòman [**làdy**] 名 C 掃除婦.

clean·li·ly /klénlili/ 副 清潔に; こざっぱりと.

clèan-límbed /-límd ㊙/ 形〔特に青年が〕肢体の均整のとれて[た], すらっとして[た].

†**clean·li·ness** /klénlinəs/ 名 U 清潔; きれい好き. have a passion for ～ きれい好きだ. *Cleanliness* is next to godliness.〘諺〙清潔は信仰深さに次ぐ(ほど大切な事)《＜John Wesley の言葉》.

***clean·ly**[1] /klénli/ 形 m e (-li·er|-li·est) **きれい好き**な, 身ぎれいな. ★習慣的に clean なのを言う. a ～ animal きれい好きな動物. [clean, -ly[2]]

***clean·ly**[2] /klíːnli/ 副 m **1 きれいに**, 清潔に; 清く, 潔白に. ～ washed dishes きれいに洗った皿 (★「皿をきれいに洗う」は clean を使う; →clean 形 1 (a)). live ～ 清く生きる. **2** 公正に, 正々堂々と, フェアに. The trial was not carried out ～. 裁判は公正には行われなかった. **3** ちゃんと, 見事に. cut an apple ～ in half リンゴをすぱっと半分に切る. The boy caught the ball ～. 少年はボールをちゃんとキャッチした. [clean, -ly[1]]

cléan·ness /klíːn-/ 名 U 清潔(さ); 潔白.

cléan ròom 名 C 無菌室, 無塵(じん)室.

cleans·a·ble /klénzəb(ə)l/ 形 清潔にできる, (洗い)清められる.

†**cleanse** /klenz/ 動 他 **1** を(化学的処理で)清潔にする, 洗い清める. ～ a wound 傷口を消毒する. **2**〘雅〙(**a**)〔人〕を洗い清める, 浄化する;〔場所, 組織など〕を浄化[粛正]する;〈*of*..〔汚れ, 罪, 不正など〕から〉. ～ oneself *of* sin by bathing in the holy river 聖なる川で沐(もく)浴して罪を清める. ～ the district *of* drug dealers その地域から麻薬密売人を一掃する. (**b**)〔よごれなど〕を洗い流す, 清める,〈*from*..から〉. ～ sin *from* one's heart 心から罪をぬぐい去る. [＜古期英語「clean にする」]

‡**cleans·er** /klénzər/ 名 UC **1** 磨き粉, 洗剤. **2** 洗顔[クレンジング]クリーム.

clèan-sháven /㊙/ 形 ひげを生やしてない; ひげをきれいにそった.

cleans·ing /klénziŋ/ 名 U 清潔にすること; 罪の浄化. **━━** 形 清潔にするための.

cléansing crèam 名 U クレンジングクリーム《肌のよごれを落とす》.

cléansing depàrtment 名 C〘英〙(自治体の)清掃課.

cléan-ùp 名 **1** aU (大)掃除; (悪や腐敗の)一掃, 浄化. a ～ campaign 一掃作戦, 浄化運動. **2** C〘俗〙大もうけ. **3** UC〘野球〙4 番打者(の地位). Tom bats ～ in our team. 我がチームではトムが 4 番を打つ.

‡**clear** /kliər/ 形 e (～·er /klí(ə)rər/|～·est /klí(ə)rəst/) **【曇りや濁りのない】 1 晴れた, 快晴の; 明るい**; (類語 気象用語としては「雲一つない, 快晴の」; →fine[1] 8). a ～ sky [morning, day] 晴れた空[朝, 日]. the ～ light of the moon 月の明るい光. a ～ face 晴れ晴れとした顔. The next day dawned bright and ～. 明くる日の朝は明るい快晴だった.
2 (**a**)〔水などが〕**澄んだ**; (無色)**透明な** (類語 目で見た透明さに重点がある; →clean 1). ～ water 澄んだ水. ～ soup 澄んだスープ, コンソメ. frank, steady, and ～ eyes 率直でひたと見すえる澄んだ目. ～ glass 透明なガラス. (**b**)〔色が〕澄んだ, 鮮やかな. a ～ yellow (濁りのない)鮮やかな黄色. a ～ complexion (しみなどがなくて)きれいな[透き通るような]顔色. (**c**)〔声が〕澄んだ, 通る;〘音声〙〔/l/ 音が〕明るい (↔dark). in a ～ voice 澄んだ[聞きとり易い, はっきりした]声で. (as) ～ as a bell 鈴の音のように冴(さ)えた.
【はっきりした】 3 (見た目に)**鮮明な**, はっきりした, (→distinct 2 類語). a ～ photograph 鮮明な写真. The hill stood out in ～ outline. 丘の輪郭がくっきりと浮かび上がった. ～ fingerprints 鮮明な指紋.
4 明らかな, 明白な,〈*that* 節..ということが/*wh* 節..かということが〉(類語 この意味で最も一般的な語で, それ自体が明瞭(りょう)であいまいさが残らないこと; →apparent, evident, manifest, obvious, plain). What you say isn't ～ to me. 君の言っていることは私にははっきりしない. Do I make myself ～?＝Is that ～? 私の言うことは分かるだろうね (★前言を相手に確認[念押し]する表現). I have no ～ memory of that meeting. 私はその会合についてはっきり覚えていません. It is painfully ～ (that) he is lying in order to save his mother. 彼が母さんを救うためにうそを言っているのは痛々しいほど明らかだ. It isn't ～ *whether* he really said so. 彼が本当にそう言ったかどうかは明らかでない. a ～ case of fraud 明白な詐欺事件. (as) ～ as day きわめて明白な《＜昼のように明るい》; はっきりと, 明確に. (as) ～ as mud〘話〙さっぱり分からない[なく], 容易には理解し難い[難く].

連結 absolutely [abundantly, completely, crystal, perfectly, unmistakably] ～

5 明晰(せき)な. keep a ～ head 頭をはっきりさせて[がよく働くようにして]おく. ～ thinking 明晰な思考.
6〈叙述〉〔人が〕**確信して**, はっきり分かって,〈*that* 節..

ということを/*about* [*on*] (*wh* 節(句))..(か)について〉. He was ～ *about* that. 彼はその事についてははっきり分かっていた[明言した]. I'm not ～ *(about) where* he went. 彼がどこに行ったのか私にははっきりしない. Let's be ～ *on* this point. この点はお互いにはっきりさせておこう.
【道徳的汚点のない】 **7 清らかな**, 潔白な, 罪のない. I can go with [I have] a ～ conscience about it. それについてやましい所は全くない.
【じゃまなもののない】 **8** (**a**) 〔場所, 視界などが〕**空いた, 開けた**, 〔道が〕自由に通れる. a ～ space 空き地. The road is now ～. 道は通れるように[流れがスムースに]なった. There we had a ～ view of the surrounding countryside. そこで我々は周囲の田園風景をはっきり見渡すことができた. The coast is ～. →coast (成句). (**b**) Ⓒ〈叙述〉全く免れて, 自由になった, 〈*of, from* ..から〉. The street is ～ *of* all traffic. 通りには往来も全く途絶えた. be ～ *of* [*from*] debt 借金がない.
9 ひまな, (仕事などの)予定のない. I see that tomorrow afternoon is ～. Let's meet then. 明日午後なら空いてますからお会いしましょう.
10 Ⓒ〈叙述〉離れて, 外れて, 避けて, 〈*of, from* ..から, を〉. Soon we were ～ *of* the town. 間もなく我々は町を出ていた. Stand ～, please. (危ないから)離れてください. keep [stay, steer] ～ *of* one's father 父(と顔を合わせるの)を避ける[敬遠する].
【欠けるもののない】 **11** Ⓒ 〖話〗(**a**)〈限定〉全くの, 文句なしの. a ～ victory 完勝. (**b**) 〔収入, 収益などが〕まるまる..の, 正味..の. for seven ～ days まる7日間. a ～ £120 a week＝£120 ～ a week 週給手取り120ポンド. ◇名 clarity 動 clarify
Àll cléar! 敵機なし, (空襲)警報解除; もう大丈夫《だれもいない》.
sèe cléar to.. 〖主に米〗〔遠く離れたもの〕がよく見える.
sèe one's wày cléar to dòing 〖話〗..するのに差し障りはない.
── 副 **1** 明らかに, 明瞭(りょう)に, (clearly). see a thing full and ～ 物を十分にはっきりと見る. sound loud and ～ 大きくはっきり響く. **2** 〖話〗すっかり, 全く. get ～ away 全く離れる; 完全に逃げ去る.
── 動 (～s /-z/| 過 過分 ～ed /-d/| ～·ing /klí(ə)riŋ/) 他 【濁りや曇りを除く】 **1 を澄ます, きれいにする**; を明るくする. ～ a liquid 液体を澄ます. ～ a mirror 鏡をきれいにする. **2 をはっきりさせる**; を明らかにする. A cup of coffee ～*ed* my head. 1杯のコーヒーで頭がはっきりした.
【疑いなどを除く】 **3** 〔疑惑など〕**を晴らす**; 〔人〕の疑惑を晴らす; 〔人〕を免れさせる, 無罪放免する, 〈*of, from* ..〔容疑など〕から〉. ～ a doubt 疑惑を晴らす. Her testimony ～*ed* him *of* [*from*] suspicion. 彼女の証言で彼の容疑は晴れた. endeavor to ～ one's name 汚名をそそぐ努力をする. **4** 【疑いなしとして認める】 (**a**) を(検閲などして)差し支えないと認める; 〔物事〕を認可する; 〔人〕に許可する〈*for* ..を/*to* do ..してよいと〉; に出[入]国許可証を与える. The report has been ～*ed* by the Government *for* publication. 報告は政府によって公表を許可されている. He is ～*ed for* top-secret work. 彼は最高機密の仕事に携わる資格を認められている. The plane took off soon after it was ～*ed*. 飛行機は管制塔からの許可が出て間もなく離陸した. (**b**) について認可を受ける〈*with* ..から〉. ～ the project *with* the authorities 当局から事業を認可してもらう.
【じゃまものを除く】 **5** (**a**) 〔じゃまもの〕**を片付ける, のける**; を追い払う, 排除する, 〈*from, off, out of* ..から〉. ～ the dishes (*off* the table) (食卓から)皿類を下げる. ～ the Vikings *out of* England イングランドからヴァイキングを追い払う. (**b**) (片付けて) 〔場所〕**をきれいにする**; 〔場所〕から**取り除く, 片付ける**, 〈*of* ..を〉; 切り開いて〔道〕を作る〈*for* ..のために〉. ～ the room for dancing ダンスするために部屋を片付ける. ～ the table (*of* the dishes) (皿類を下げて)食卓をきれいにする. ～ one's throat せき払いをする. ～ the land *of* guerillas 国からゲリラを一掃する. ～ oneself *from* debts 借金をきれいに返す. ～ one's way *through* the jungle ジャングルの中を切り開いて進む (→way 名 2 語法). That ～*ed* the way [path] *for* the introduction of a new tax [*for* a new tax *to* be introduced]. そのことで新税導入の道が開けた. (**c**) 〖電算〗〔不要なデータ〕を消す.
6 〔銀行が〕〔小切手など〕を清算する《手形交換所で》; 〔負債〕を全部払う.
7 【負債がなくなる】 〖話〗純益として〔いくらいくら〕を上げる; 税引後の手取りで〔いくらいくら〕を稼ぐ. ～ $500 on [out of] the sale その売却で純益500ドルを上げる.
【じゃまものを通過する】 **8 を跳び越す**, 通り抜ける; をよける. ～ the hurdles ハードルを跳び越す. ～ 2.42 meters (バーを落とさずに) 2メートル42センチをクリアする. manage to ～ the truck トラックをどうにかよける[追い越す]. **9** (所定の手続きを経て) 〔税関など〕を通過する, 〔法案が〕〔議会〕を通過する; を通過させる〈*through* ..〔税関など〕を〉. ～ customs 手続きをクリアする《出[入]国を許可される》. **10** を離れる, から出て行く. ～ the port 〖海〗出港する. ◇名 clearance
── 自 **1** 〔空が〕**晴れる**, 明るくなる, 〔雲, 霧などが〕消える, はれる; 〔液体が〕澄む. The weather is ～*ing*. 天気が回復してきた. **2** 〔表情などが〕明るくなる, 〔頭, 気分などが〕はっきり[すっきり]する. **3** 〔船が〕(通関手続きをして)出港する. **4** 〔小切手などが〕精算される.
clèar awáy (1) 〔雲などが〕はれる, 消える, 通り過ぎる. (2) (食事後のテーブルの)後片付けをする.
****clèar /../ awáy*** ..を**取り除く**, 片付ける. ～ *away* the dishes 皿類を片付ける.
clèar óff (1) 〔雲などが〕はれる. (2) 〖話〗＝CLEAR out.
clèar /../ óff 〔借金〕を返済する.
clèar óut 〖話〗出て行く, 立ち去る; 逃げ出す; 〈*of* ..から〉. I'm ～*ing out of* Manchester to live in London. ロンドンで住むためマンチェスターを引き払うつもりだ.
****clèar /../ óut*** ..を**掃除[整理]する**; ..を掃き出す, 追い出す; ..を空にする. He ～*ed out* his desk. 彼は机の中を空にした.
clèar the áir →air.
****clèar úp*** (1) 〔天気が〕**晴れる**, 回復する. (2) 〔病気が〕全快する. (3) (部屋などの)片付け[整理]をする.
****clèar /../ úp*** (1) 〔部屋など〕**を片付ける**, 整理する; 〔ごみなど〕**を片付ける**. (2) 〔問題など〕を解決する, はっきりさせる. It took some time to ～ *up* the misunderstanding. 誤解を解くのにしばらく時間がかかった. (3) 〔仕事〕を片付ける.
── 名 〈次の成句で〉
in cléar (暗号でなく)平文(ひらぶん)の[で] (en clair).
in the cléar 〖話〗(1) 疑い[嫌疑]が晴れて. At first Harold was suspected of the crime, but now he's *in the* ～. 初めハロルドはその犯罪の疑いをかけられたが, 今では疑いが晴れた. (2) 危険が去って, 病気が治って; 危険[病気など]がない. (3) 借金がない.
[＜ラテン語 *clārus*「(音色の)澄んだ, 明るい, 明白な」]

‡**clear·ance** /klí(ə)rəns/ 名 **1** aU 清掃, 整理; 取り片付け, 撤去; 除去. make (a) ～ of the mess ごみをきれいに処分する. **2** Ⓒ ＝clearance sale.
3 UC (通過する船, 車などと他の物との間の)間隔, ゆとり. The ～ under the bridge isn't enough for the boat to pass. 橋の下にはその船が通過するだけの間隔がない.
4 Ⓒ (船舶の)出入港許可書; (航空機の)離着陸許可, クリアランス, 《航空管制官が口頭で与える》; Ⓤ 通関手続き. give ～ to an airplane (to take off [to land]) 飛行機に離[着]陸許可を与える.
5 Ⓤ (上申などに対する)正式の許可; (政府・軍などの機密事項を扱う職への)就任許可 (**secúrity clèarance**).

6 Ⓤ 〘商〙手形交換 (clearing).
7 Ⓒ (サッカー, ホッケーなどで, ディフェンス側がボールを)ゴールから遠ざけるキック[打球].

cléarance sàle 名 Ⓒ 在庫品処分大売り出し.

‡**clèar-cút**[1] /㊙/ 形 **1** 〔顔かたちなどの〕輪郭のはっきりした (類語 clear-cut は輪郭のはっきりしていることを強調する; →clean-cut). her ～ features 彼女のはっきりした目鼻立ち. **2** 明確な, 非常にはっきりした, 紛れもない. a ～ explanation 明快な説明.

cléar-cùt[2] 名 Ⓒ 〘米〙皆伐地《森林の中ですべての木を伐採した区域》.

clèar-éyed /klì(ə)ráid ㊙/ 形 **1** 目が見える, 視力がある. **2** 明敏な, 洞察力のある.

clèar·héaded /-əd ㊙/ 形 頭のよい, 明敏な; 冷静な. ▷ **～·ly** 副 **～·ness** 名

***clear·ing** /klí(ə)riŋ/ 名 (複 **～s** /-z/) **1** Ⓒ (森林中の)空き地《開墾のためにそこだけ樹木を切り払った》. **2** Ⓤ 〘商〙手形交換; 〈～s〉手形交換高. **3** Ⓤ 清掃; 除去.

cléaring bànk 名 Ⓒ 〘英〙手形交換所会員銀行《Barclays など4 大銀行のほか有力な都市銀行を含む》.

cléaring·hòuse 名 (複 →house) Ⓒ **1** 手形交換所. **2** (情報などの)収集交換機関, 情報センター.

‡**clear·ly** /klíərli/ 副 m **1** **明瞭に, はっきりと.** Please speak more ～. もっとはっきりと話してください. think ～ 明晰に物事を考える. **2** 明らかに;〈文修飾〉明らかなことだが, (..は)明白であるが (→文法 sentence modifier). That is ～ my mistake. それは明らかに私の間違いです. **3** 〈返事として〉そうですとも, その通り. "Am I right?" "*Clearly.*"「私は正しいですか」「もちろんです」

†**cléar·ness** 名 Ⓤ **1** 明白さ, 明瞭(りょう)さ. **2** 明るいこと, 鮮明さ, 清澄さ.

cléar·òut /klí(ə)ràut/ 名 Ⓒ 〈普通, 単数形で〉〘英話〙(不要物の)一掃; (建物や部屋の)掃除.

clèar-síghted /-əd ㊙/ 形 **1** 視力の健全な. **2** 眼識のある, 明敏な. ▷ **～·ly** 副 **～·ness** 名

cléar-ùp 形 〈限定〉事件解決の, 犯人逮捕の, 〔率, 件数など〕.

cléar·wày 名 (複 **～s**) Ⓒ 〘主に英〙(道路の)駐停車禁止区間.

cleat /kli:t/ 名 Ⓒ **1** **(a)** 〈普通 ～s〉滑り止め《靴底などに付ける》. **(b)** 〈～s〉〘米〙滑り止め付き運動靴, スパイクシューズ. **2** (船の甲板などに設けた角(つの)型の)索(なわ)止め, クリート, 《ロープをからげて固定する突起》. [＜古期英語「かたまり」]

‡**cleav·age** /klí:vidʒ/ 名 **1** Ⓤ 裂く[裂かれる]こと; 裂けること, 分裂. the ～ between North and South over slavery 奴隷制度についての南北間の分裂.
2 Ⓒ 〘章〙裂け目; 断絶, 溝. **3** ⓊⒸ 〘話〙乳房の谷間《ローカットの服を着た女性の》. **4** Ⓤ 〘鉱〙劈(へき)開.

†**cleave**[1] /kli:v/ 動 〘章〙(**～s** /-z/|過 **～d** /-d/, **cleft** /kleft/, **clove** /klóuv/|過分 **～d, cleft, clov·en** /klóuv(ə)n/|**cléav·ing**) 他 **1 (a)** を(切り)割る[裂く]《特に木目に沿って》; 〔団体など〕を分裂させる, 二分する. The tree was *cleft* in two by lightning. 木は落雷のために 2 つに裂けた. The dispute ～*d* the party asunder. その論争で党は真っ二つに分裂した.
(b) VOC (～ X Y) X を割って[裂いて] Y の状態にする. The blow *cleft* the victim's skull open like a coconut. その一撃で被害者の頭蓋(ずがい)はココナッツのようにぱっくりと割れた.
2 〔道〕を切り開く; 〔人, 船, 鳥, 飛行機などが〕〔水, 空, 雲など〕を突っ切って進む[飛ぶ]. ～ a path [one's way] *through* the dense jungle 深い密林を切り開いて進む.
── 自 割れる, 裂ける; 分かれる, 分裂する.
[＜古期英語]

†**cleave**[2] 動 (**～s** /-z/|過 **～d** /-d/, **clave** /kleiv/|過分 **～d**|**cléav·ing**) 自 〘章〙 **1** VA (～ *to..*) ..に付着する, ねばり付く. **2** VA (～ *to..*) ..にしがみつく, 固執する; 〔人, 思想など〕にあくまで忠実である. ～ *to* one's principles [beliefs] 主義[信念]に忠実である. [＜古期英語; clay と同根]

cleav·er /klí:vər/ 名 Ⓒ **1** 裂く人[物]. **2** 肉切り包丁《特に柄が短く刃が幅広で重い肉屋用の大包丁》.

clef /klef/ 名 (複 **～s**) Ⓒ 〘楽〙(5 線譜上に書く)音部記号. →C clef, F clef, G clef. [フランス語(＜ラテン語「鍵」)]

cleft /kleft/ 動 cleave[1] の過去形・過去分詞.
── 形 裂けた, 割れた.
(càught) in a clèft stíck 〘英〙窮地に陥って[た].
── 名 Ⓒ 裂け目, 割れ目; (社会的)断絶. a ～ in the rock 岩の裂け目. a ～ between the generations 世代間の断絶.

clèft líp 名 ＝harelip.

clèft pálate 名 Ⓒ 口蓋(こうがい)破裂.

clèft séntence 名 Ⓒ 〘文法〙分裂文《it is .. that で, ある要素が他の要素と隔てられた文; →it 代 6》.

clem·a·tis /klémətəs/ 名 (複 **～, ～s**) ⓊⒸ クレマチス《白・黄・紫などの花が咲く蔓(つる)植物; テッセンも同類; キンポウゲ科》.

clem·en·cy /klémənsi/ 名 Ⓤ 〘章〙 **1** (特に刑罰についての)慈悲, 寛大さ, (mercy). **2** (気候, 気質などの)温和さ, 穏やかさ.

Clem·ens /klémənz/ 名 **Samuel Langhorne** /lǽŋhɔ:rn/ ～ クレメンス《Mark Twain の本名》.

clem·ent /klémənt/ 形 〘章〙 **1** 慈悲深い, 寛大な, (merciful). **2** 〔気候, 気質などが〕温暖な, 穏やかな, 温和な, (mild). ～ days 穏やかな陽気の日々. ▷ **～·ly** 副

clem·en·tine /kléməntì:n, -tàin/ 名 **1** Ⓒ 〘園芸〙クレメンタイン《小形のオレンジ》 **2** 〈C-〉女子の名.
3 〈C-〉クレメンタイン《日本の「雪山讃歌」のメロディーともなった歌の題名》.

†**clench** /klentʃ/ 動 他 **1** 〔こぶし〕を握り締める; 〔歯〕を食いしばる; 《怒り, 苦痛のあまり》. ～ one's fists 両のこぶしを握り締める. He said it through ～*ed* teeth. 彼は歯を食いしばってそう言った. **2** 〔物〕をしっかりつかむ, 固く握る. ～ the coins in one's hand 小銭を手に握り締める. **3** ＝clinch 他 1. **──** 自 〔歯, こぶしなどが〕固く締まる. **──** 名 **1** aU (歯を)食いしばること; (こぶしを)握り締めること; (物を)しっかりつかむこと. **2** ＝clinch.
[＜古期英語「しっかりつかむ」]

Cle·o·pa·tra /kli:əpǽtrə, -péi-|kliəpǽtrə, -pɑ́:-/ 名 クレオパトラ (69?–30 B.C.)《古代エジプトの女王 (51–30 B.C.)》.

Clèopatra's Néedle 名 Ⓒ クレオパトラの針《古代エジプトにあった obelisk; 現在はロンドンの the Embankment とニューヨークの Central Park に 1 本ずつある》.

clere·sto·ry /klíərstɔ̀:ri|-təri/ 名 (複 **-ries**) Ⓒ 〘建〙クリアストリー《大寺院などの採光用高窓が並ぶ壁》. [＜中期英語; clear, story[2]]

†**cler·gy** /klə́:rdʒi/ 名 〈普通 the ～; 複数扱い〉(特に, キリスト教の)聖職者, 牧師たち, (↔laity). join the ～ 聖職者になる. the ～ of the Church of England 英国国教会の聖職者たち. All the ～ are opposed to the proposal. 牧師たちはみなその提案に反対している. Fifty ～ were assembled. 50 人の牧師が集まった. [＜後期ラテン語 *clēricus* 'clerk']

***cler·gy·man** /klə́:rdʒimən/ 名 (複 **-men** /-mən/) Ⓒ (特に, キリスト教の)聖職者; 〘英〙**牧師**《普通, 国教会の priest と deacon; →minister 1》; 〘米〙**牧師**, 聖職者, 《宗派に関係なく》. ◇↔layman

clérgy·wòman 名 (複 **-women** /-wìmən/) Ⓒ 女性の聖職者[牧師].

cler·ic /klérik/ 名 Ⓒ **1** 〘旧〙＝clergyman. **2** (キリスト教以外の)聖職者, 僧[神]職.

‡**cler·i·cal** /klérik(ə)l/ 形 **1** 牧師の, 聖職(者)の, (↔

lay[3]). a ～ collar 牧師カラー《堅くて低い立てカラーで首の後ろで留める》. ～ duties 牧師の任務. **2** 書記の, 事務(員)の. ～ work 事務. a ～ error 誤記, 書き写しの誤り; 計算間違い. ◇名 1 は clergy, 2 は clerk
▷**～·ly** 副 聖職者[書記]らしく; 事務の上で.

clér·i·cal·ìsm 名 U 聖職者の政治的権力[影響力](の支持)(↔secularism).

cler·i·hew /klérəhjùː/ 名 C 〖詩学〗クレリヒュー(風刺)四行詩《aa bb と押韻; ＜英国の詩人 Edmund *Clerihew* Bentley (1875–1956)》.

‡**clerk** /kləːrk|klɑːk/ 名 (複 **～s** /-s/) C **1 (a)** (会社などの)**事務員**, 事務系職員. **(b)** (官庁の)吏員, **職員**, 書記, 事務官. **2**〖米〗**(a)**〖旧〗**店員**, 売り子, (salesclerk;〖英〗shop assistant). **(b)** (ホテルの)**フロント係** (desk clerk), 従業員. a room ～ (ホテルの)客室係. a reservations ～ (ホテル, 航空会社の)予約係. **3**〖法・古〗＝clergyman.
── 動 自 〖主に米〗店員[事務員など]として働く.
[＜後期ラテン語 *clēricus*「聖職者」(＜ギリシア語「くじ(占い)＞聖職者」)]

clérk·ly 形 **1** 事務員の; 書記の;〖米〗店員の. **2** 牧師の; 牧師らしい.

clèrk of (the) wórks 名 C 〖主に英〗(建築工事の)現場監督.

clerk·ship /kləːrkʃip|klɑ́ːk-/ 名 U **1** 事務員[書記, 店員]の職[身分]. **2** 牧師の職[身分].

Cleve·land /klíːvlənd/ 名 クリーヴランド **1** 米国 Ohio 州北東部の都市; Lake Erie (エリー湖)に臨む. **2** England 北東部の旧州.
3 Grover /gróuvər/ ～ (1837–1908)《米国第 22, 24 代大統領 (1885–89, 1893–97)》.

‡**clev·er** /klévər/ 形 e (**～·er** /-v(ə)rər/|**～·est** /-v(ə)rəst/) 【頭がよく働く】 **1 (a)** 覚え[理解]の早い, **利口な, 賢い**, (↔stupid). a student ～ *at* mathematics 数学がよく出来る学生. be ～ and resourceful 利口で知恵者だ. It was ～ of you [You were ～] to decline the offer. その申し出を断ったのは利口だった. 類語 頭の回転の早さ, 機敏さを意味するので, 時には「ずる賢い」の意味を含む; →bright 6, brilliant 3, quick-witted, sharp-witted, smart, wise[1]. **(b)** 〔人, 言動などが〕小賢しい, 抜け目ない; 小手先[屁(へ)理屈]でごまかそうとする. make a ～ excuse へらへらと言い逃れする.
2 〔言葉, 考え, 行為などが〕**上手な, 巧みな**; 〔物が〕うまくできた, 気の利いた. a ～ reply うまい[そつのない]返答. be ～ *at* [*in*] saving appearances 体裁を繕うのがうまい. The chimpanzees did ～ tricks for the audience. チンパンジーは見物人に上手な芸当をやって見せた.
【手先がよく働く】 **3 器用な, 上手な**, (↔clumsy). Tom is ～ *at* painting. トムは絵がうまい. be very ～ *with* one's fingers 指先がとても器用だ. a ～ player on the piano ピアノの上手な弾き手.
tòo cléver by hàlf 〖主に英話・軽蔑〗利口なところをひけらかす, 才気が鼻につく. [＜中期英語(＜?)]

clèver-cléver /㊀/ 形 〖話・軽蔑〗利口ぶった.

cléver clògs 名 〖英話〗 **1** ＝clever Dick. **2** 〈呼びかけ・やや皮肉を込めて〉おばかさんね.

cléver Dìck [dìck] 名 C 〖主に英俗〗利口ぶる人.

†**clév·er·ly** 副 利口に; 巧みに; 器用に; 巧妙に.

†**clev·er·ness** /klévərnəs/ 名 U 利口さ; 巧みさ; 器用さ; 巧妙さ.

clev·is /klévis/ 名 C (両端にボルトやピンが付いた) U 字形の金具[鉤(かぎ)].

clew /kluː/ 名 C **1** 糸[紐(ひも)]の玉. **2**〖船〗帆の下端に付けた帆綱を通す金属製の輪. **3** 〈～s〉(ハンモックの)吊し綱. ── 動 他 **1** 〔糸, 紐など〕を巻いて玉にする. **2** VOA (帆の下端に付けた輪に通した綱で)〔帆〕を引き上げる[下げる]〈*up, down*〉. [＜古期英語]

‡**cli·ché** /kliːʃéi|⌐–/ 名 C (陳腐な)決まり文句, 古くさい表現[構想など]《例: as dead as a doornail, from time immemorial など》; U cliché の使用. [フランス語「型にはまった」] ▷**cli·chéd** 形 陳腐になった.

*__click__ /klik/ 名 (複 **～s** /-s/) C **1** (錠の金具を動かす時のような)**かちっという音**. The door shut with a ～. 扉はかちっといって閉まった. **2**〖機〗歯止めの爪(つめ).
3〖音声〗舌打ち音《息を吸い込みながら /t/ 音を出す; 普通 tut と書く》. **4**〖電算〗クリック.
── 動 (**～s** /-s/|過 過分 **～ed** /-t/|**clíck·ing**) 自 **1 かちっと音がする[音を立てる]**; VC (～ X) かちっと音を立てて X の状態になる. The box ～*ed* shut. 箱はかちっと音がして閉まった. **2**〖話〗すぐ仲良くなる〈*with* ..〔人, 特に異性〕と〉; 意気投合する. **3**〖話〗〔物事が〕うまく運ぶ; 人気を博する, 受ける, 〈*with* ..〔大衆など〕に〉; (物事の意味が)通じる, ぴんとくる, 〈*with* ..〔人〕に〉. Everything just ～*ed*. 万事うまく行った. The play ～*ed with* every elderly man in the audience. その芝居は観客の中の年配の人には皆ぴんときた. It suddenly ～*ed* (*with* me) that the old lady was Tom's mother. その老婦人はトムの母親だと突然(私に)ひらめいた.
4〖電算〗クリックする〈*on* ..を〉.
── 他 **1** をかちっと鳴らす; VOA をかちっと鳴らして..する; 〔舌〕をちっと鳴らす. He ～*ed* the switch *on* [*off*]. 彼はかちっとスイッチを入れた[消した]. ～ one's tongue 舌打ちする《click 名 3 を出すこと; 不満, 不快感の表現》. ～ one's fingers 指をぱちんと鳴らす. **2**〖電算〗をクリックする.
clìck into pláce ＝fall into PLACE. [擬音語]

clíck bèetle 名 C 〖虫〗コメツキムシ《あおむけにするとかちっと音を立てて跳び上がって起きる》.

click·e·ty-clack /klíkətiklæk/ 名 〈the ～〉(列車の車輪などの出す早いリズムの)がたんごとん(という音).

*__cli·ent__ /kláiənt/ 名 (複 **～s** /-ts/) C **1** (弁護士, 建築家など専門職業家への)**依頼人**; (医者の)患者 (patient); (→guest 類語). **2** (商店, ホテルなどの)客, 〈特に〉得意客, (customer). **3** 社会福祉事業の世話を受ける人. **4** 従属国, 依存国, (**clìent státe** とも言う). **5**〖電算〗(ネットワークで)サービスを受ける側(の機器). [＜ラテン語「他人によりかかる者」]

‡**cli·en·tele** /klàiəntél|klìːɑːntéil/ 名 aU 〈単複両扱い〉(弁護士などの)依頼人たち; (医者の)患者たち; 常連客, 顧客層. That store only caters to a wealthy ～. その店は金持ちだけをお得意にしている. [フランス語]

*__cliff__ /klif/ 名 (複 **～s** /-s/) C がけ, (海岸の)**絶壁**, (類語 がけを表す一般的な語; →bluff[1], precipice).

clíff dwèller, C- D- 名 C **1** 岩窟(くつ)居住民《有史以前に米国南西部にいた北米先住民の種族の一員》. **2**〖米話〗高層アパートの居住者.

clíff-hànger 名 C 〖話〗 **1** (毎回サスペンスで終わる)連続ドラマ, 連載もの. **2** (最後まで勝敗が決まらない)はらはらさせる試合.

clíff-hànging 形 〖話〗最後まではらはらさせる.

clíff swàllow 名 C (がけの上などに巣を作る)ツバメの一種《北米産》.

clíff·tòp 名 C (見晴らしのよい)がけの上(の場所).

cli·mac·ter·ic /klàimæktərik, klàimæktérik/ 名 C (肉体が衰え始める)転換期, 転機; (女性の)更年期 (menopause); 〈一般に〉重大な危機. [＜ギリシア語「(はしごの)格(こ)＞危険な時期」]

cli·mac·tic /klaimæktik/ 形 **1** クライマックスの, 頂点の. a ～ scene 最高潮場面. **2**〖修〗漸層法の (↔bathetic). ◇名 climax ▷**cli·mac·ti·cal·ly** /-k(ə)li/ 副

‡**cli·mate** /kláimət/ 名 (複 **～s** /-ts/)
1 UC **気候** (類語 ある地域での長期的な気象傾向; →weather). Alaska has a really cold ～. アラスカは非常に寒い気候だ.

C

連結 a mild [a temperate; a warm; a tropical; a dry; a damp, a humid; a harsh, an inhospitable, a rigorous; a friendly; a healthy] ～

2 Ⓒ (ある特定の気候を持つ)**地方**, **土地**; 風土. go to a warmer ～ もっと暖かい地方へ行く.
3 Ⓒ (ある社会, 時代における一般の)**傾向**, **風潮**; 雰囲気. in the present economic ～ 現在の経済情勢下では. the current ～ of opinion 今の世論の動向. a town with an intellectual ～ 知的雰囲気のある町. [＜ギリシア語「地表の傾斜, (緯度でみた)地域」]

†**cli·mat·ic** /klaimǽtik/ 形 〈限定〉気候の; 風土の. ▷**cli·mat·i·cal·ly** /-k(ə)li/ 副 気候上; 風土的に.

cli·ma·tol·o·gy /klàimətɑ́lədʒi|-tɔ́l-/ 名 Ⓤ 気候学, 風土学. ▷**cli·ma·tol·o·gist** 名 Ⓒ 気候[風土]学者.

***cli·max** /kláimæks/ 名 (複 **～·es** /-əz/) **1** Ⓒ **頂点**, **絶頂**, 最高潮, 〈*of, to* ..〔興味, 興奮, 進展など〕の〉. at the ～ *of* one's prosperity 繁栄の絶頂に. reach the ～ *of* his career 彼の経歴の頂点に達する.
2 Ⓒ (劇, 小説, 映画などの)最高潮場面[箇所].
3 Ⓤ 〖修辞学〗漸層法 (↔anticlimax) ((文末の頂点に向かって)次第に力を増していく書き方)).
4 ⓊⒸ 性的快感の絶頂, オルガスム, (orgasm).
── 動 自 **1** 頂点に達する 〈*in, with* ..で〉. His life ～*ed in* being awarded the Nobel Peace Prize. 彼の人生はノーベル平和賞を授与されてその頂点に達した. **2** オルガスムに達する.
── 他 を頂点に到達させる 〈*with, in* ..で〉. ～ the party *with* a song 歌でパーティーを最高潮に盛り上げる. [ギリシア語「はしご」(＜「傾く」)]

‡**climb** /klaim/ 動 (**～s** /-z/|過 過分 **～ed** /-d/|**clímb·ing**) 他 **1** (人, 動物が手や足を使って)〔山, 木, 塀, 綱, 階段, はしごなど〕に(よじ)**登る**; 〔人以外のものが〕に**登る**; (類語「骨折って登る」という意味が強く, 人が乗り物で登る時は使わない; →ascend, mount[1], scale[1]). I ～*ed* Mt. Fuji last year. 去年富士登山をした. ～ a rope [tree] 綱[木]をよじ登る. My car ～*ed* the hill with difficulty. 車はやっとのことでその丘を登った.
2 〔植物が〕を伝って[に巻きついて]登る. Roses are ～*ing* (up) the wall. バラが塀にはい登っている (★up を伴えば 自 扱い; →自 4).
── 自 **1** (**a**) 登る, (手, 足, 体を使って)よじ登る, 〈*up* ..を〉; VA (**～ *down* (..)**) (..を)(はい)下りる; (**～ *over* (..)**) (..を)**乗り越える**; (**～ *into* ..**) 〔乗り物など〕に(苦労して)乗り込む. ～ up a mountain 山に登る. ～ *down* a ladder はしごを(はい)下りる. He helped the girl ～ *into* the saddle. 彼は少女が馬の鞍(くら)の上によじ登るのを助けた. (**b**) (スポーツとして)登山をする. He goes ～*ing* in the Alps every summer. 彼は毎夏アルプスに登っている.
2 VA (苦労して[慌てて]) ..する, 動く, 〈*in, out*〉 〈*into* ..の中へ/*out of* ..から/*through* ..を通って〉. ～ *into* bed 寝床に潜り込む. ～ *out through* the window 窓からはい出る. ～ *into* [*out of*] one's clothes 服を着る[脱ぐ] ((ある程度努力して)). ～ *out of* poverty 貧乏生活からやっと抜け出す.
3 〔太陽, 煙, 飛行機などが〕**のぼる**, **上昇する**; 〔物価などが〕上がる, 騰貴する; 〔温度など(の数値)が〕上昇する; 〈*to* ..まで〉. The sun had just ～*ed above* the horizon. 太陽はちょうど水平線からのぼったところだった. Prices are ～*ing* steadily. 物価は少しずつ上がっている.
4 〔植物などが〕はい登る 〈*up* ..を〉. The ivy is ～*ing up* the wall. ツタが塀にはい登ってきている.
5 〔道が〕上り坂になる. **6** (苦労のあげく)出世する, 昇進する, 〈*to* ..に〉; 向上する. ～ *to* the top of his class クラスのトップにまでなる.
clìmb dówn (1) →自 1(a). (2) 〖話〗(自分の非を認めて)折れる, 引き下がる, かぶとを脱ぐ, 〈*over* ..について〉. As new facts were published, the government was forced to ～ *down*. 新事実が公表されたので政府はやむなく譲歩した.
── 名 Ⓒ 〈普通, 単数形で〉 **1 登ること**, ひと登り; 登山; **上がること**, **上昇**; 向上, 昇進. one's ～ to wealth and fame 出世して富と名声を得ること. **2** 登る距離; 登る場所; 傾斜面. It's a short ～ to the peak. 頂上まで もう少しの登りだ. [＜古期英語; clay, cleave[2] と同根]
▷**～·a·ble** 形 (よじ)登れる〔山, 木など〕.

clímb-dòwn 名 Ⓒ **1** はい下りること. **2** 非を認めること, (主張などの)撤回, 譲歩.

climb·er /kláimər/ 名 Ⓒ **1** よじ登る人; 登山者, 登山家 (mountain climber). **2** 攀援(はんえん)植物 ((ツタなどのように他の物にはい上る)). **3** 〖話〗一途(いちず)に出世を志す人 (social climber).

climb·ing[1] /kláimiŋ/ 名 Ⓤ **1** よじ登ること. **2** 登山. **3** 〈形容詞的〉登山用の.

clímb·ing[2] 形 よじ登る, はい上る. a ～ rose つるばら.

clímbing fràme 名 Ⓒ 〖英〗ジャングルジム (〖米〗jungle gym).

clímbing ìron 名 〈普通 ～s〉 ＝crampon.

clime /klaim/ 名 Ⓒ 〖詩・古〗 **1** 国, 地方. a ship bound for distant ～*s* 遠い国々へ向かう船. **2** 気候, 風土, (climate). [＜後期ラテン語「地域」]

†**clinch** /klintʃ/ 動 他 **1** 〔打ち込んだくぎの先など〕を打ち曲げて[たたきつぶして]固定させる; 〔そのようにして物〕をしっかり留める[締める]. ～ two planks together (打ち込んだくぎの先を曲げて) 2 枚の板を固定する.
2 〖話〗〔議論, 取引, 試合など〕に決着をつける, けりをつける. My home run ～*ed* the game. 私のホームランで試合のけりがついた. The evidence of these tapes ～*ed* the prosecution's case. このテープの証拠が検察側の決め手になった. ～ a deal 商談をまとめる.
3 〖ボクシング〗〔相手〕をクリンチする.
── 自 **1** 〖ボクシング〗クリンチする, 組み合う. **2** 〖話〗〔恋人同士などが〕しっかり抱き合う.
── 名 **1** aⓊ 〖ボクシング〗クリンチ. **2** aⓊ 〖話〗(恋人たちなどの)強い抱擁. **3** Ⓒ 先を打ち曲げられたくぎなど. **4** aⓊ ＝clench 1. hold ..in a ～ ..をぎゅっと握り締める. [clench の異形]

clínch·er 名 Ⓒ **1** しっかり留める[締める]もの[道具]. **2** 〖話〗(議論, 取引などの)決め手, 決定的条件[論拠]. The price was the ～ in that decision. その決定では価格が決め手だった.

cline /klain/ 名 Ⓒ 〖生物・言〗クライン, 連続変異, ((中間にさまざまな異種がある段階的な変異の仕方)).

***cling** /kliŋ/ 動 (**～s** /-z/|過 過分 **clung** /klʌŋ/|**clíng·ing**) 自 **1** くっつく, べったり(はり)つく, ねばりつく, (stick) 〈*to* ..に/*around* ..の回りに〉. The wet clothes *clung to* her body revealingly. 濡(ぬ)れた服がぴったりはりついて彼女の身体の線がはっきり分かるほどだった. The smell of cigarette smoke tends to ～ (*to* your clothes) for a long time. たばこの煙の臭(にお)いは長い間(衣服に)付着しているものだ.
2 (**a**) VA (**～ *on* (..)** /***to, onto, at* ..**) (..に)しがみつく, すがりつく, まといつく; (**～ *together***) (お互いに)くっついて離れない, 抱き合う, 団結する. *Cling on*, or you might be thrown from the horse. しっかりつかまっていないと馬から振り落とされるよ. The child was ～*ing to* his mother's skirt in the crowd. 人込みの中で子供は母親のスカートを握って離さないでいた. Our yacht *clung to* the coast. 我々のヨットは海岸から離れないように帆走した. (**b**) 〔子供などが〕離れない, 自立していない, まとわりつく, 〈*to* ..〔母親など〕から, に〉.
3 VA (**～ (*on*) *to* ..**) 〔考え, 信仰など〕を**固執する**, **固守する**; ..に**執着する**, 愛着する. ～ *to* one's opinion 自分の

意見をどうしても曲げない. The old woman still ~*s to* the hope that her son is alive. 老女は息子が生きているという希望を今でも捨てていない.
[＜古期英語; clench と同根]

clíng·fìlm 名 U 〖英〗(食品ラップ用の)薄くて透明なプラスチック (〖米〗 plastic wrap).

clíng·ing 形 **1** 体にぴったりする〔衣服など〕. **2** (人に)まつわりつく, 依存心の強い, 〔子供など〕.

clìnging víne 名 C 〖米話〗男にべったりと頼る女.

clíng·stòne 名 C 種離れの悪い果実 (↔freestone).

cling·y /klíŋi/ 形 =clinging.

***clin·ic** /klínik/ 名 (複 **~s** /-s/) C **1** (**a**) (医大, 病院付属の, 外来患者のための)**診療所** 《米国では普通, 低料金又は無料》. (**b**) (特殊な病気を治療する)診療所, クリニック. a dental ~ 歯科診療所. (**c**) 〖英〗個人[専門]病院, 医院. (**d**) 医療相談(会). a family-planning ~ 家族計画相談(所). **2** 臨床講義[講座]. **3** (医学以外の特定の問題を扱う)相談(所); (特定の技能, 趣味などの)短期講習, 教室. a tennis ~ テニス教室. **4** 〖米〗(同じ診療所で連携医療 (group practice) を行う)医師チーム. [＜ギリシア語「寝台 (*klīnē*)の」]

†clin·i·cal /klínik(ə)l/ 形 **1** 〈限定〉臨床(講義)の. ~ lectures 臨床講義. ~ records 診療記録. ~ medicine 臨床医学. **2** 診療所の. **3** 〈普通, 非難して〉(診療の際のように)客観的な, 冷静な. his ~ attitude toward his wife's fatal illness 妻の不治の病に対する彼の人事(ひとごと)のように冷静な態度. **4** (建物, 部屋などが)飾り気のない, さっぱりした. ▷ **~·ly** 副 臨床的に; 冷静に, 客観的に.

clìnical thermómeter 名 C 体温計.

cli·ni·cian /kliníʃ(ə)n/ 名 C 臨床医.

clink[1] /kliŋk/ 動 自 〔金属, ガラスなどが〕ちりん[かちん]と鳴る. ── 他 〔金属, ガラスなど〕をちりん[かちん]と鳴らす. They ~*ed* glasses in a toast. 彼らは乾杯のためグラスをかちんと合わせた. ── 名 aU ちりん[かちん]と鳴る音 (類語 金属やガラスの小片の触れ合う短く軽く高い音; → clang). [擬音語]

clink[2] 名 〖俗〗 C 〈the ~〉監獄 (prison); U 投獄.

clínk·er 名 **1** UC クリンカー, 金くそ, 《石炭などが燃焼した後に残る不純物のかたまり》. **2** UC 硬質れんが. **3** C 〈単数形で〉〖米旧俗〗へま, しくじり; (音楽演奏で)間違った音.

clìnker-búilt /⑧/ 形 (船側の外板が)よろい張りの.

cli·nom·e·ter /klainámətər|-nɔ́m-/ 名 C クリノメーター, 傾斜計.

Clin·ton /klínt(ə)n/ 名 **William J.** ~ クリントン (1946–) 《米国第 42 代大統領 (1993–2001)》.

Cli·o /kláiou/ 名 **1** 〖ギ神話〗クレイオー《歴史の女神; the Nine Muses の 1 人》. **2** C 〖米〗クライオー賞《ラジオ・テレビのコマーシャルの年間優秀作品に贈られる》.

***clip**[1] /klip/ 動 (**~s** /-s/|過 過分 **~ped** /-t/|**clíp·ping**) 他 **1** (はさみなどで)を**切り取る** 〈*out*〉; を切り抜く 〈*from, out of* ..〔新聞・雑誌〕から〉. ~ wool *from* a sheep 羊から毛を刈り取る. ~ an advertisement *out of* the newspaper 広告文を新聞から切り抜く.
2 を**短く切りそろえる, 刈り込む**, (trim); VOC (~ X Y) X を Y の状態に刈り込む. ~ sheep 羊の毛を刈る. ~ the baby's fingernails 赤ん坊のつめを切る. We had our pet dog's fur ~*ped* short [close]. うちの愛犬の毛を短く刈ってもらった.
3 〖英〗〔切符〕にはさみを入れる《穴をあける》.
4 〔語, 文〕の終わりの部分を省略する, を短縮する, 《例 professor > prof》, 言い落とす; 〔時間〕を縮める 〈*off, from* ..〔記録など〕から〉. ~ one second *off* the world record 世界記録を 1 秒短縮する.
5 〖話〗をひっぱたく. ~ a person *on* the ear = ~ a person's ear 人の横っ面を張る. **6** 〖俗〗から(法外な料金[代金]をふっかけて)金をだまし取る (swindle). ~ an innocent customer お人よしの客をだます.
── 名 **1** C 切り取り; 刈り込み. **2** C (羊毛の) 1 シーズン[1 回]に刈り取った量. **3** C (新聞の)切り抜き; (映画・テレビ番組の)(短い)抜粋. **4** C 〖話〗手早い一撃. a ~ round [on] the ear 横っ面への平手打ち. **5** aU 〖主に米話〗速いペース[速度]. at a good ~ スピードを出して. [＜古期北欧語; たぶん擬音語]

***clip**[2] /klip/ 名 (複 **~s** /-s/) C **1 クリップ, 紙[書類]ばさみ**; 留め金具《ヘアクリップなど》; (クリップ留めの)装身具《宝石類のブローチなど》. a tie ~ ネクタイ留め. fasten the slips with a ~ 紙をクリップで留める. ~ earrings (クリップで留めるタイプの)イヤリング. **2** (軽機関銃, 自動拳(けん)銃, カービン銃などの)挿弾子, クリップ, (cartridge clip).
── 動 (**~s**|**-pp-**) 他 **1** VOA を(クリップで)はさむ, 留める, 〈*together*〉; を(クリップで)留める 〈*to, onto* ..に〉. ~ two sheets of paper *together* 2 枚の紙をクリップで一緒にはさむ. **2** をしっかりつかむ (clutch). ── 自 VA クリップで留まる 〈*on*〉 〈*to, onto* ..に〉. These earrings ~ *on*. このイヤリングはクリップで留めます.
[＜古期英語「抱きしめる」]

clíp·bòard 名 C クリップ付き筆記板.

clíp-clòp 名 C 〈単数形で〉(馬のひづめの)ぱかぱかという音. ── 動 (**~s**|**-pp-**) 自 〔馬が〕ぱかぱかと歩む.

clíp jòint 名 C 〖俗〗法外な料金をふっかけるレストラン[ナイトクラブ].

clíp-òn 形 〈限定〉クリップ留めの〔イヤリングなど〕.

clipped /klipt/ 形 **1** 〔髪の毛, ひげ, 植木などが〕きれいに刈り込んだ. **2** 〔単語が〕短縮された, 〔文が〕簡潔で無駄のない. **3** 〔話し方が〕速くて歯切れのいい, ぱりぱりした《英国上流階級の発音のような》.

clip·per /klípər/ 名 C **1** 〈普通 ~s〉はさみ《バリカン, つめ切り, 植木ばさみなど》. **2** クリッパー型快速帆船《3 本マストの大型船; 19 世紀に海外貿易用に建造され, インド・中国から競争して英国に茶を運んだ; Cutty Sark もその 1 つ》. **3** (羊毛などを)刈る人.

clip·pie /klípi/ 名 C 〖英旧俗〗バスの女車掌.

clip·ping /klípiŋ/ 名 **1** U 切り[刈り]取ること. **2** C 〈普通 ~s〉切り[刈り]取ったもの《毛, 草など》; (新聞, 雑誌などからの)切り抜き (〖主に英〗 cutting).

‡clique /kli:k/ 名 C 〈単数形で複数扱いもある〉徒党, 派閥; (文学, 芸術などの)派, 同人. a military ~ 軍閥. [フランス語(＜「音を立てる」)]

cli·quey /klí:ki/ 形 =cliquish.

cli·quish /klí:kiʃ/ 形 派閥的な. ▷ **~·ness** 名

clit·o·ris /klítəris/ 名 C 〖解剖〗陰核, クリトリス. [＜ギリシア語「小さな丘」] ▷ **clit·o·ral** /klítərəl/ 形

clk clerk; clock.

Cllr 〖英〗Councillor.

†cloak /klouk/ 名 C **1** (普通, 袖(そで)なしの)外套(とう), マント. **2** 〈単数形で〉覆い隠すもの; 仮面, 見せかけ; 口実. a ~ of snow covering the ground 地面を覆う積雪. under the ~ of charity 慈善に名を借りて.
── 動 他 を(外套(とう)で (包むように))覆う, 覆い隠す, (hide) 〈*in* ..で〉〈普通, 受け身で〉. The incident is still ~*ed in* mystery. 事件はまだ謎(なぞ)に包まれたままだ.
[＜古期フランス語「鐘(の形のマント)」; clock[1] と同源]

clòak-and-dágger /-ən(d)- ⑧/ 形 〈限定〉陰謀の, スパイ(行為)を扱った〔小説など〕, ミステリーじみた.

†clóak·ròom 名 C **1** (劇場, ホテル, レストランなどの)携帯品預かり所, クローク, (〖主に米〗 checkroom). **2** 〖主に英・婉曲〗(公共施設内の)手洗 (lavatory).

clob·ber[1] /klábər|klɔ́b-/ 動 他 〖話〗 **1** をぶんなぐる. I'll ~ you if you do that kind of thing again. あんなことを二度としたらぶんなぐるからな. **2** に大打撃を与える, をこっぴどくやっつける. Small businesses have been

~*ed* by the new tax. 小企業は新税によってひどい目に遭った. **3** を罰する; をこきおろす.

clob·ber[2] 名 U 〖主に英話〗 **1** 装備, 七つ道具. one's golf ~ ゴルフ道具一式. **2** (活動のための)身仕度, 服装, いでたち. fishing ~ 釣りのいでたち.

cloche /klouʃ/ 名 C クローシュ **1** 1920 年代に流行したつり鐘形婦人帽《**clóche hàt**とも言う》. **2** 園芸植物の防寒用ガラス[プラスチック]覆い. [フランス語 'bell']

C

‡**clock**[1] /klɑk|klɔk/ 名 (複 ~s /-s/) C **1 時計** (類語 携帯用でないもので, 掛け時計, 置き時計など; →watch). The ~ is a half-hour fast [slow]. この時計は 30 分進んでいる[遅れている]. The ~ struck seven. 時計は 7 時を打った. What does the ~ say? 時計は今何時を指していますか. Set the alarm ~ for six in the morning. 目覚まし時計を朝 6 時にセットしておきなさい. wind (up) the ~ 時計を巻く.

> 連結 a table [a cuckoo; a grandfather; a digital; an electric; a mechanical; an accurate, a reliable] ~ // a ~ ticks [chimes; gains; loses; keeps good time]

2 〖話〗 時計に似た計器《タイムレコーダー, タイマー (time clock), 速度計 (speedometer), 走行距離計 (mileometer), ストップウォッチ (stopwatch), タクシーのメーター (taximeter) など》. **3** 〖英俗〗 (人の)顔, 'つら'.

⌞*according to* [*by*] *the clóck* 時間をいつも気にして[念頭に入れて].

against the clóck (間に合わせるために)時計とにらめっこで, 大急ぎで, 〔仕事をするなど〕.

around [〖英〗 ***round***] ***the clóck*** 昼夜兼行で, まる 1 日中. sleep *around the* ~ 1 昼夜眠る.

bèat the clóck 予定より早く仕事を済ます.

kill the clóck =run out the CLOCK.

pùt [***sèt***] ***the clóck bàck*** (1) 時計の針を戻す《夏季時間の終了時などに》. (2) 時勢に逆行する, 昔のやり方に戻る.

pùt [***sèt***] ***the clóck òn*** [***fòrward,*** 〖米〗 ***ahèad***] 時計の針を進ませる《夏季時間に合わせるためなど》.

run òut the clóck 〖米〗 (球技でリードしている時に)ボールを(自軍で)回して時間切れにする.

wàtch the clóck 〖話〗 時間をオーバーして働かないよう気をつける; (早く終わらないかと)終業時間ばかり気にする.

── 動 他 **1** の時間[速度]を計る; (ストップウォッチなどで)〔競技(者)〕のタイムを取る; 〈*at*..と〉〈普通, 受け身で〉. The winds then were ~*ed at* 105 mph. その時の風は時速 105 マイルと記録された. Miller was ~*ed at* four minutes flat *in* [*for*] the 1,500-meter race. ミラーは 1,500 メートル競走で 4 分フラットの記録を出した. **2** 〖話〗 〔ある時間, 距離, スピード, 回数(の勝利)など〕を達成[記録]する 〈*up*〉. My car has ~*ed up* 100,000 kilos. 私の車は 10 万キロ走行した. **3** 〖英話〗 を見つける; を(じっと)見つめる. *Clock* this! 見ろ. **4** 〖英俗〗 〔車〕のメーターを戻す《走行距離計の数字を少なくする不正工作》.

── 自 (出勤, 退出などの)時刻を記録する.

clòck in [***ón***] (タイムレコーダーで)出勤時刻を記録[打刻](して出社など)する.

clòck a person óne 〖英話〗 人に一発食らわす.

clòck óut [***óff***] (タイムレコーダーで)退出時刻を記録[打刻](して退社など)する. I'm going to ~ *out* early today. 今日は早目に退出するつもりだ.

[<中期英語「(鐘で時刻を知らせる)時計」(<中世ラテン語 *clocca* 'bell'); cloak と同源]

clock[2] 名 C 靴下の側面の刺繍(しゅう)[織り込み]模様《くるぶしの辺りにある》.

clóck·fàce 名 C 時計の文字盤.

clóck gòlf 名 U クロックゴルフ《円の中央のホールに周囲 12 の位置からパットで球を入れるゲーム》.

clóck·lìke 形 時計のように正確な[規則正しい].

clóck·màker 名 C 時計 ⌞製造人[修理工].

clòck-rádio 名 (複 ~s) =radioalarm.

clóck tòwer 名 C 時計台.

clóck-wàtcher 名 C 〖話〗 終業時刻ばかり気にする怠け者.

clóck-wàtching 名 U 〖話〗 終業時間ばかり気に「して怠けること.

‡**clóck·wìse** 副, 形 時計回りに[の], 右回りに[の], (↔〖米〗 counterclockwise, 〖英〗 anticlockwise).

***clock·work** /klɑ́kwə̀ːrk|klɔ́k-/ 名 U 時計仕掛け, ぜんまい仕掛け; 〈形容詞的〉 時計仕掛けの. a ~ toy ぜんまいで動く玩(がん)具. with ~ precision 時計のような正確さで. (as) regular as ~ 時計のように規則正しい[く]《同じ時刻に何かをするなど》.

like clóckwork 時計仕掛けのように(正確に); 円滑に; 規則正しく. All our plans went (off) *like* ~. 我々の計画はすべて順調に運んだ.

clod /klɑd|klɔd/ 名 C **1** 土くれ, 土の塊. throw a ~ of dirt at ..に泥の塊を投げつける. **2** 〖話〗 〈主に呼びかけ〉 ばか野郎, のろま. [<中期英語; clot の異形]

clod·dish /klɑ́diʃ|klɔ́d-/ 形 ばかな, のろまな. ▷ **~·ly** 副 **~·ness** 名

clód·hòpper 名 C 〖話〗 **1** 無作法[無骨]な田舎者. **2** 〈普通 ~s; おどけて〉 どた靴.

clog /klɑg, klɔːg|klɔg/ 名 C **1** 〈普通 ~s〉 木靴《底が厚い木やコルクでできた[木をくり抜いた]靴やサンダル》. **2** おもり木《馬などの足に結びつけ, 自由に動けないようにする》; じゃま物, 障害物.

── 動 (~s|-gg-) 他 **1** 〔管など〕をふさぐ, 詰まらせる; 〔活動, 機能など〕を妨げる, じゃまする; 〈*up*〉〈*with*..で〉. The drainpipe is ~*ged up with* dirt. ごみで下水管が詰まった. The heavy snow ~*ged* traffic for days. 大雪で交通が幾日も途絶した. **2** 〔馬〕におもり木をつける.

── 自 **1** 詰まる, ふさがる; 動きが悪く[鈍く]なる; 〈*up*〉. **2** 木靴ダンスを踊る. [<中期英語「木の塊」]

clóg dànce 名 C 木靴ダンス《木靴で床を踏み鳴らす》.

clog·gy /klɑ́gi|klɔ́gi/ 形 塊だらけの; 詰まりやすい.

cloi·son·né /klɔ̀izənéi|klwɑːzɔ́nei/ 名 U, 形 七宝(しっぽう)焼き(の). [フランス語「仕切られた」]

clois·ter /klɔ́istər/ 名 C **1** 修道院, 僧院, 《男子用は monastery, 女子用は convent, nunnery》; 〈the ~〉 修道院 (の隠遁(とん)) 生活. **2** 〈普通 ~s〉 (修道院, 教会, 大学などの) 回廊, 柱廊, 《普通, 中庭を囲み, 建物に沿って作られた屋根のある歩廊》.

[cloister 2]

── 動 他 **1** を修道院に閉じ込める; を世間から遠ざける (seclude). **2** に回廊を巡らす. ***clóister onesèlf*** (世間から離れて)閉じこもる. The scientist ~*ed* him*self* in his laboratory. 科学者は実験室に閉じこもった. [<ラテン語 *claustrum*「錠, 閉ざされた場所」]

clóis·tered 形 **1** 〈限定〉 隠遁(とん)的な. a ~ life 隠遁生活; 世間の風に当たらない生活. **2** cloister 2 の付いた.

clois·tral /klɔ́istrəl/ 形 修道院の(ような).

‡**clone** /kloun/ 名 **1** UC 〖生物〗 クローン, 栄養系, 分枝系, 《ある個体から無性生殖によって作られた個体(群)》. **2** C 〖話〗 全く同じような人, コピー人間; そっくりなもの. **3** C 〖電算〗 クローン, 互換機(種), 《同じ機能を持った(低価格の)コンピュータ》. ── 動 他 〔動物や植物〕を(ク

ローンとして)作る. [<ギリシア語「若芽, 小枝」]

clonk /klɑŋk|klɔŋk/〖話〗名 C 〈普通, 単数形で〉ごつんという音《重い物がぶつかる音》. ── 動 自 ごつんという音を立てる. ── 他 をごつんと打つ, にごつんと当たる.

clop /klɑp|klɔp/ 動 (~s|-pp-) 自 〔馬(のひづめ)が〕ぱかぱかという音を立てる. ── 名 C 〈普通, 単数形で〉ぱかぱかという音. [擬音語]

clóp-clòp 動, 名 =clop.

‡close[1] /klouz/ 動 (**clós·es** /-əz/|過 過分 **~d** /-d/|**clós·ing**) 他【閉じる】 **1** 〔窓, ドアなど〕をしめる, 閉じる, (↔open; 類語 shut よりやや形式ばって, 閉じた状態に重点がある). Will you ~ the door? ドアをしめてくださいませんか. *Close* your books, class, and listen to me. 皆さん, 本を閉じて私の言うことを聞きなさい.

2 〔道など〕をふさぐ, 閉鎖する. Fallen rocks ~*d* the way. 落石が道路をふさいだ. ~ a gap すきまをふさぐ.

3 〔道など〕を通行止めにする. The bridge is ~*d* to traffic. その橋は通行禁止だ. **4** (他人の意見などに)〔心〕を閉ざす. ~ one's mind to advice 忠告に耳を貸さない.

5 〔施設など〕を閉鎖する, 使用停止にする; 〔店など〕を閉じる, 休業にする. The airport had to be ~*d* on account of the fog. 霧のため空港を閉鎖しなければならなかった. Until recently nearly all shops were ~*d* on Sundays in Britain. 最近まで英国では日曜日にはほとんどすべての店が閉まっていた.

【閉じる>終わりにする】 **6** を完了する, 終結させる; を締め切る; に合意する; (類語 これまで開いていたものが閉じて終わったというイメージがある; →finish). ~ a discussion 討論を打ち切る. She ~*d* her letter with passionate words. 彼女は熱烈な言葉で手紙を結んだ. ~ one's career 一生を終える. ~ a deal 取引をまとめる.

【閉じる>間隔を詰める】 **7** 〔2つの物の差, 隔たりなど〕を詰める, 縮める; 〖軍〗〔隊列〕を詰める; を密集させる, 集結させる. ~ ranks (→成句). **8** 〖海〗に接近する, 横付けにする. **9** VOA (~ X *about, around, over, on*..) X(手, 腕など)を..に絡める, 巻きつける. She ~*d* her hand *around* my wrist. 彼女は私の手首をつかんだ.

10 〖古〗を閉じ込める 〈*in*..に〉.

── 自【閉じる】 **1** 〔開いていたものが〕しまる, 閉じる; ふさがる. The door won't ~. ドアはどうしてもしまらない.

2 〔店, 施設などが〕終業する, 休業する, 閉鎖する. The store ~*d* at 6 o'clock. 店は6時にしまる.

【終わる】 **3** 終わる, 済む. Let me ~ with a quote from Shakespeare. シェークスピアの言葉を引用して(私の話を)終えましょう. **4** 〖株式〗 VA 〔株価, 通貨などが〕..で引ける〈*at*..の値で〉; VC (~ X)〔株価などが〕Xの状態で引ける. The shares ~*d* unchanged *at* 10p. その(会社の)株の終わり値は変わらず10ペンスであった. ~ high [low] 高値[安値]で引ける. **5** 〖英〗 VA (~ *with*..) ..と意見が一致する《売買価格などについて》; ..と取引を決める; 〔申し出〕に折り合う.

【間隔を詰める】 **6** VA (~ *on*..) ..に近うく, 近寄る.

7 VA (~ *with*..) 〔敵〕に肉薄する; 〖古〗..と一戦を交える.

8【周囲から近うく】 VA (~ *about, around*..) ..の周囲に集まる, を取り巻く, を包む; (~ *about, around, over, on*..) 〔手, 指などが〕..を(ぎゅっと)つかむ, に絡まる; (~ *over*..) ..に襲いかかる. ~ *about* the movie star 映画スターの周りを取り囲む. The young man's arms ~*d around* her. 若者の腕は彼女の体を抱き締めた.

******clòse dówn* (1)〔工場が〕操業を停止する, 〔商店が〕店じまいする, 〔劇場, 学校が〕閉鎖される. a *closing down* sale 店じまいセール. (2)〖英〗(当日の)放送を終了する.

******clòse /../ dówn* 〔店, 工場など〕を閉鎖する. They've ~*d* the shop *down* for the summer. 夏期休暇であの店は閉店してしまっている.

clòse one's éyes →eye.

******clòse ín* (1)〔日が〕しだいに短くなる. (2)〔夜, 闇(やみ)などが〕迫る, 近うく, 〈*on* [*upon*]..に〉. Evening was *closing in on* the valley. 夕暮れが谷間に迫っていた. (3)包囲の輪を縮める, 押し寄せる, 〈*on* ..に〉. The wolves ~*d in* around us. オオカミは我々に四方から迫って来た.

clòse /../ óut 〖米〗 (1)(在庫一掃で)〔商品〕を見切り売りする. (2)..を終わらせる, 打ち切る.

clòse (*the*) *ránks* 横隊の間隔を詰める; 団結を固める.

clòse úp (1)店を閉じる, 営業を停止する. (2)〔傷口が〕ふさがる, 癒着する; 〔顔が〕うつろな表情になる, 険しくなる. Your wound has ~*d up*. あなたの傷はふさがった. (3)(横列を詰めて)密集隊形になる. The commander ordered his men to ~ *up*. 隊長は兵士に密集隊形を取るように命じた. (4)近うく, 接近する, 〈*to* ..に〉.

******clòse /../ úp* 〔店, 事務所, 工場など〕を閉める; 〔道路など〕を完全にふさぐ. We ~ *up* the store at six o'clock. 6時に閉店します. ~ *up* an opening in the wall 壁のすき間をふさぐ.

── 名 C 〈普通, 単数形で〉終わり, 結末, 最後; (手紙の)結句. at the ~ of his life 彼の晩年に. toward the ~ of the day 日が暮れようとするころに.

brìng .. to a clóse 〔仕事など〕を終わらせる.

dràw [*còme*] *to a clóse* 終わりになる. The party *came to a* ~ with the singing of 'Auld Lang Syne'. パーティーは「オールドラングサイン」を歌ってお開きになった. [<ラテン語 *claudere*「閉じる」]

‡close[2] /klous/ 形 e (**clós·er**|**clós·est**)

【接近した】 **1** 接近した, 間近な, 〈*to* ..に〉. Our school is very ~ *to* the park. 我々の学校は公園のすぐ近くにある. Their silver wedding is ~. 彼らの銀婚式は間近だ. The members were ~ *to* each other in age. メンバーはお互いに年が近かった. at ~ range 近距離から.

2 親しい, 親密な, (類語 同じような感情や考え方に重点がある; →familiar). He is ~ *with* [*to*] her. 彼は彼女と親密だ. a ~ friend 親友. have a ~ relation with .. と緊密な関係がある.

3 密接な; 近似した. a ~ relative 近親. a ~ resemblance 酷似.

4 大差のない, 互角の. a ~ contest 接戦, 互角の勝負. a ~ district 〖米〗(選挙で勢力の伯仲した)激戦区. a ~ finish (勝者の)判定の難しいフィニッシュ, 接戦のゴールイン.

【密な】 **5** 目の詰んだ[細かい]; 密集した (dense). a ~ texture 目の詰んだ織物. The houses are ~ together. 家々は密集している. a ~ thicket 密生したやぶ[低木林]. write a ~ hand 細かく詰めた字を書く.

6 ぴったりする. a ~ hat [lid] きっちり合う帽子[ふた].

7 〔髪・芝生などの刈り方が〕(非常に)短い. This razor gives a ~ shave. この(電気)かみそりはきれいにそれる.

【注意が細かい】 **8** 〈限定〉精密な, 周到な; 厳重な, 徹底的な. on ~*r* view もっとよく見ると. a ~ translation 忠実な翻訳. keep a ~ eye [watch] (on) (..を)厳重に見張る.

9 〈叙述〉締まり屋の, けちな. He is ~ *with* his money. 彼は金に細かい.

【密集した>すき間のない】 **10** 風通しの悪い, 息苦しい; 蒸し暑い. a ~ room 風通しの悪い部屋. The weather was very ~. とても蒸し暑い天候だった. It's very ~ in here. ここはとても暑苦しい.

11 狭苦しい, 窮屈な. a ~ alley 狭い小道. live in ~ quarters 狭苦しい場所に住む. a ~ country 四方を山で囲まれた地方.

【閉ざされた】 **12** 〈叙述〉無口の, 口の堅い; 打ち解けない. He is too ~ to tell about his past. 彼は無口で自分の過去のことを話さない.

13 秘密の; 隠れた, 隠された; 監禁された. keep a thing ～ 物事を秘密にする. lie [keep] ～ 隠れている.
14 禁猟の, (法律で)禁止の. →closed season.
15〖音声〗〔母音が〕閉音の《舌の位置が高い; 例えば pen /pen/ の /e/》. →closed syllable.
clóse, but nò cigár 〖米話〗もう少しだ, 残念賞ものだ, 《<接戦だが賞品の葉巻はもらえない》.
── [副] [e] (**clós·er**|**clós·est**) **1** (時間的, 空間的に) **接近して**, 密接して, 近くに, 〈*to* ..に, の〉; ぴったりと, くっつき合って, 〈*together*〉. Don't stand [keep] so ～ *to* the fire. そんなに火の近くに ˪立って[いて]はいけない. fit ～〔衣服などが〕ぴったり合う. hold a person ～ 人をきつく抱き締める. You're always ～ *together*. 君たちはいつも一緒だね. **2** ぎっしりと, すき間なく. pack things ～ into a suitcase スーツケースに物をぎっしり詰め込む.
clòse at hánd 間近に[の], すぐ近くに[の]. There was a very nice restaurant ～ *at hand*. すぐ近くにとてもいい食堂がありました.
clòse bý すぐ近くに[の]. The bus stop is ～ *by*. バス停はすぐ近くにあります.
clóse on [***upon***] ***..*** (1)〖話〗ほとんど.., ..に近い, (almost). It was ～ *on* noon. かれこれ正午であった. He's ～ *on* eighty. 彼は 80 歳に近い. (2) ..に引き続いて. One misfortune followed ～ *on* another. 不幸が次々に起こった.
clòse tó すぐ近くに[で]. I saw Madonna ～ *to* at her concert. 私はコンサート会場でマドンナを間近に見た.
clóse to.. ＝CLOSE on.. (1). She was ～ *to* (breaking into) tears. 彼女はもう少しで泣きだすところだった. ～ *to* home 痛いところ[真実]をついて.
clòse úp 密着して〈*to* ..に〉. The girl snuggled ～ *up to* him. 少女は彼にすり寄ってきた.
rùn .. clóse 〔競争相手〕に迫る, と激しく競り合う, ..とほぼ同程度によい[うまい, 速い, など]. 「うなよ.
Thàt's clóse. 〖米(学生)俗〗全くナンセンスだ, ばか言↑
── [名] [C] **1** 構内; 袋小路《通り抜けられない》;〖英〗(大寺院の)境内; (パブリックスクールなどの)運動場, 校庭;〖法〗私有地. break a (person's) ～ 人の土地に不法侵入する. **2**〖英〗〈通り名で; ..C-〉..通り, 小路.
[<ラテン語 *clausus*「閉じられた」(<*claudere*「閉じる」)]

clòse-bý /klòus- [形]/ [形] すぐ近くの, 隣接の.
clòse cáll /klòus-/ [名] 〈a ～〉〖話〗危機一髪で逃れること (narrow escape)《<勝敗の微妙な接戦の判定》.
clòse-crópped, -cút /klòus- [形]/ [形] 短く刈り込んだ〔髪, 芝生など〕.
closed /klouzd/ [形] **1** 閉じた, 閉鎖した; 通行止めの. a meeting behind [with] ～ doors＝a ～ meeting 非公開[内密]の会議. a sign saying "*Closed*"「本日は閉店しました」[「休業中」]という掲示. **2** 閉鎖的な, 排他的な, 〈*to, against* ..に対して〉; 内密の, 非公開の. a ～ society 閉鎖社会. a ～ mind (新しい考えを受け入れない)閉ざした心. a ～ membership 非公開会員制の会員資格. professions ～ *to* [*against*] women 女性を締め出している職業.
clòsed bóok [名] 〈a ～〉 **1** まるで理解できないもの[こと, 人]〈*to*..にとって〉. **2** すでに決着のついたこと.
clòsed círcuit [名] [C]〖電〗閉回路; [U] 有線放送方式. 「レビ《略 CCTV》.
clòsed circuit télevision [名] [UC] 有線放送テ↑
clòsed-dóor /[形]/ [形] 〈限定〉非公開の.
clóse-dòwn /klóuz-/ [名] [C] **1** (工場などの)操業停止, 閉鎖; 店じまい, 閉店. **2**〖主に英〗〖放送〗放送終了.
clòsed prímary [名] [C]〖米〗制限予備選挙《党員有資格者のみが投票する直接予備選挙; →open primary》.
clòsed séason [名] [C]〖主に米〗禁猟期 (〖英〗close season; ↔open season).
clòsed shóp [名] [C] クローズドショップ《労働組合員だけを雇用する事業体; →open shop, union shop》.
clòsed sỳllable [名] [C]〖音声〗閉音節《子音で終わる音節》.
close·fist·ed /klòusfístəd [形]/ [形] 締まり屋の.
clòse-fítting /klòus- [形]/ [形] 〔服などが〕(体の線が見えるほど)ぴったり合った.
close-grained /klòusgréind [形]/ [形] (木, 皮などが)目の細かい, 目の詰んでいる. 「開きの.
close-hauled /klòushɔ́:ld [形]/ [形]〖海〗〔帆が〕詰め↑
clòse-knít /klòus- [形]/ [形] 〔人の集団が〕(社会的, 政治的, 宗教的に)緊密に結びついた, まとまりのよい.
close-lipped /klòuslípt [形]/ [形] 無口な; 口の堅い.
‡**close·ly** /klóusli/ [副] [m] **1** 綿密に, 細かく注意して; 厳重に. They inspected my luggage ～ at the customs. 税関では私の荷物を厳しく検査した. **2** 接近して, ぴったりと. resemble a person ～ 人によく似ている. That dress fits her ～. あのドレスは彼女にぴったり合っている. **3** ぎっしりと詰めて[詰まって]. a ～ printed page ぎっしり字を詰めて印刷したページ. **4** 密接に; 親密に. be ～ related to ..と密接に関係している.
clòsely-knít /[形]/ [形] ＝close-knit.
close·mouthed /klòusmáuðd [形]/ [形] 無口の, 打ち解けない.
†**close·ness** /klóusnəs/ [名] [U] **1** 近いこと, 接近. **2** 親密さ. **3** 厳密さ, 精密さ. **4** 閉鎖. **5** 密着, 狭苦しさ; 息苦しさ. **6** けち. 「〈*on* ..〔商品〕の〉.
clóse-òut /klóuz-/ [名] [C]〖米〗見切り売り, バーゲン,↑
clòse quárters /klòus-/ [名] 〈複数扱い〉**1** 狭苦しい場所. **2** 接近, 肉薄. fight at ～ 肉薄戦をする.
clós·er /klóuzər/ [名] [C]〖野球・俗〗ストッパー《普通, 9回のリリーフ投手》.
clòse-run thíng /klòus-/ [名] ＝close thing 2.
clóse sèason /klòus-/ [名] [C] 〈単数形で〉〖英〗**1** ＝closed season. **2** (大試合がない)サッカーの夏季.
clòse-sét /klòus- [形]/ [形] 〔目などが〕互いに接近した, くっつき合った.
clòse sháve /klòus-/ [名]〖話〗＝close call.
*__clos·et__ /klázət|klɔ́z-/ [名] ([複] **～s** /-ts/) [C] **1**〖米〗(衣類, 道具類, 食料などを入れておく)**収納室**, 戸棚 (〖英〗cupboard). a clothes ～ 衣類収納室. **2**〖古〗私室, 小室, 《勉強, 会見, お祈りなどのために閉じこもる小部屋》. **3**〖古〗＝water closet.
còme óut of the clóset (1) 秘密にしていたことを明らかにする; 〈特に〉自分が同性愛者であると公言する. (2)〔秘密にしていたことが〕明るみに出る;〔問題などが〕公然と人の口の端にのぼる[公に論じられるようになる].
── [形] 〈限定〉秘密の, 人に知られていない, 隠れ... a ～ homosexual 隠れ同性愛者.
── [動] [他] を小部屋に閉じ込める.
be clóseted with .. ..と小部屋に閉じこもる, 密談する. The executives *are* ～*ed with* the lawyer now. 役員連はいま弁護士と密談中だ.
clóset oneself 小部屋に閉じこもる. [close[2] [名], -et]
clóset dràma [**plày**] [名] [C]〖劇〗レーゼドラマ《上演するより読むための戯曲》.
clòse thíng /klòus-/ [名] 〈a ～〉**1**〖話〗＝close call. **2** 接戦の末の勝利, 辛勝.
‡**clóse-ùp** /klóus-/ [名] [C] **1**〖映・写・テレビ〗クローズアップ, 大写し. take a ～ of an insect 昆虫の近接撮影をする. a picture of his face *in* ～ 彼の顔の大写し. **2** 詳細な観察[分析].
‡**clos·ing**[1] /klóuziŋ/ [名] [UC] **1** 閉じること, 閉鎖; 終結, 終了; 締め切り. **2** 〈形容詞的〉終わりの; 締め切りの. a ～ address 閉会の辞. a ～ ceremony 閉会式. the ～ date [day] 締め切り日.

clos·ing[2] [形]〈現在分詞から〉〈限定〉終わりの. the ~ sentence of his speech 彼の話の最後の文.
clósing prìce [名][C]〖株式〗終わり値.
clósing tìme [名][UC] 閉店[終業]時間《〖英〗では特に法律によるパブの》.
‡clo·sure /klóuʒər/ [名] **1** [UC] 閉鎖, 閉店; 締め切り. the ~ of the expressway [border] 高速道路[国境]の閉鎖. **2** [UC] 終結, 終止. **3** [C] (容器の)ふた. **4** [C]〖英〗(議会での)討論終結《その後ただちに賛否の投票を行う;〖米〗cloture》.
—— [動] [他]〖英〗の討論を終結する.
‡clot /klɑt|klɔt/ [名][C] **1** (液体, 特に血の半固体状の)かたまり, 凝血. **2**〖英話〗〈しばしば you ~で呼びかけ〉ばか者. **——** [動] (~s|-tt-) [自] (半固体状に)固まる. **——** [他] を(半個体状に)固まらせる. ~*ted* hair (血, ほこりなどで)固まった髪.
[<古期英語]
‡cloth /klɔːθ|klɔθ/ [名] ([複] **~s** /klɔːθs, klɔːðz|klɔθs/) (★〖米〗の複数形の発音 /-θs/ は何種類かの布地, /-ðz/ は何枚かの布地) **1** (**a**) [U] **布地, 服地**, 生地; 織物. a yard of ~ 服地1ヤール.

> [連結] strong [durable, hardwearing, tough; coarse, rough; fine; heavy; light; thick; thin; homespun] ~ // weave [cut; dye] ~

(**b**)〈形容詞的〉布地の, 布地を用いた. a ~ bag 布製のバッグ.
2 [C] (ある用途に用いる)**布, きれ**; テーブルクロス; ふきん, ぞうきん; (★特に複合語の一部として; 例 dish*cloth*, loin*cloth*, table*cloth*). I cleaned the windows with a damp ~. 窓をぬれぞうきんできれいにふいた.
3 [U]〖章〗〈the ~〉牧師の服; 聖職;〈集合的〉聖職者, 牧師. a man of the ~ 聖衣の人《牧師のこと》.
lày the clóth 食卓の用意をする.
màke /../ úp out of whòle clóth〖米話〗〔話, 理由など〕をでっちあげる.
[<古期英語 *clāth*「布(地), 服」]
clóth-bòund [形] (本が)布装の, クロースとじの.
clòth cáp [名][C]〖英〗(労働者がよくかぶる)ハンチング;〈the ~〉労働者階級.
***clothe** /klouð/ [動] (~s /-ðz/|[過][過分] **~d** /-d/,〖古・雅〗**clad** /klæd/|**clóth·ing**) [他] **【身にまとわせる】 1**〈普通, 受け身で〉〖章〗に**衣服を着せる** (→apparel [動]). be warmly ~*d* (寒くないように)たくさん着こむ. The man was elegantly ~*d*. 男は上品な服装をしていた. ~ oneself [be ~*d*] *in* white 白衣に身を包む. **2** に**衣服をあてがう**. feed and ~ a large family 大家族に衣食を与える.
3〖雅〗[VOA] (~ X ***in, with..***) Xを..で(着物を着せるように)を**覆う, 包む**, 隠す. The fields are ~*d in* [*with*] snow. 畑は雪に覆われている. ~ thought *in* language (思想に言語という衣服を着せる>) 思想を言葉で表す.
4 [VOA] (~ X ***with..***) Xに〔権力など〕を付与する. be ~*d with* authority 権威を付与される.
[<古期英語「服(*clāth*)を着せる」]
clòth-éared /-íərd [移]/ [形]〖英話〗難聴の; 鈍感な, 無神経な.
‡clothes /klouz, klouðz|klouðz/ [名]〈複数扱い〉
1 着物, 衣服, ([語法] 直接, 数詞を付けて数えることはしない; [類語] clothes は上着, 下着, スカート, ズボンなど個々の衣類の集まり; →clothing). a suit [two suits] of ~ 服1着[2着]. Are these ~ for everyday wear? これは普段着ですか. in one's best ~ 晴れ着を着て. have many ~ 着物をたくさん持っている (★much ~ より普通). put on [take off] one's ~ 服を着る[脱ぐ]. change ~ 服を着替える. Fine ~ make the man.〖諺〗馬子(まご)にも衣装.

> [連結] clean [elegant, fashionable, well-cut; sensible; shabby; ready-made; custom-made] ~ // wear [launder, wash] ~

2 =bedclothes.
[<古期英語 *clāthas* (*clāth* 'cloth' の複数形)]
clóthes bàsket [bàg] [名][C] 洗濯物かご[袋].
clóthes brùsh [名][C] 洋服ブラシ.
clóthes hànger [名][C] 衣紋(えもん)掛け.
clóthes·hòrse [名][C] **1** 洗濯物掛け《特に屋内の》. **2**〖話〗〈普通, けなして〉衣装道楽の人《特に女性》.
clóthes·lìne [名][C] 物干し綱《特に屋外の》.
clóthes mòth [名][C]〖虫〗衣蛾(いが).
clóthes pèg [名]〖英〗=clothespin. 「**pèg**).
clóthes·pìn [名][C]〖米〗洗濯ばさみ (〖英〗**clóthes**↑
clóthes pòle [名][C] **1**〖米・スコ〗(先がフォーク状の)物干し綱支柱. **2**〖英〗物干し綱(を張る)支柱 (**clóthes pòst**).
clóthes·prèss [名][C] 衣類だんす[戸棚].
clóthes pròp [名]〖英〗=clothes pole 1.
clóthes trèe [名][C] (枝付き柱状の)帽子・コート掛け.
cloth·ier /klóuðjər, -ðiər/ [名][C]〖章・まれ〗(男物の)服地商; 紳士服製造販売業者.
‡cloth·ing /klóuðiŋ/ [名][U]〖章〗**1**〈集合的〉**衣類**, 衣服, ([類語] 衣類全体を指す総称的な語で clothes より意味が広く, 帽子, 靴なども含む; 業界で商品に使われることが多い; →apparel, attire, dress, garment, habiliment, raiment, vestment, vesture, wear). much ~ 多くの衣料. an article [an item, a piece] of ~ 衣料品1点. food, ~, and shelter 衣食住. a ~ store 衣料品店. **2** 覆い.
Clo·tho /klóuθou/ [名]〖ギ・ロ神話〗クロートー《運命の3女神の1人で生命の糸を紡ぐ; →fate 4》.
clòtted créam [名][U]〖英〗半固形クリーム《牛乳をゆっくり熱して表面にできるクリームを集めたもの》.
clo·ture /klóutʃər/〖米〗[名] =closure 4.
—— [動] [他] の討論を終結する.
‡cloud /klaud/ [名] ([複] **~s** /-dz/) **【雲】 1** [UC] **雲**. Not a (speck of) ~ is to be seen in the sky. 空には一片の雲も見えない.

> [連結] dark [black; heavy, thick; fleecy; scattered] ~*s* // ~*s* gather [form; float [race, scurry] across the sky]

【雲に似たもの】 2 [UC] 空中に浮かぶほこり[煙, 蒸気など]. a ~ of dust もうもうと舞い立つほこり. a ~ of smoke 空中に浮かぶ煙. **3** [C] (移動する)大集団, **大群**. a ~ of grasshoppers バッタの大群.
【陰らすもの】 4 [C] (不安, 疑惑などの)**暗い影**, 曇り; 憂いの影. a ~ of sorrow 悲しみの影. dark ~*s* of war 暗い戦雲. have a ~ on one's brow 額に憂いの影がある. The incident cast a ~ over his future. その事件は彼の将来に暗い影を投げかけた.
5 [C] (ガラスなどの)曇り, (液体などの)濁り. ◇[形] cloudy
a clòud on the horízon 先行きの不安の種.
(hàve one's héad) in the clóuds〖話〗空想にふけって(いる), うわの空で(ある), (<雲に頭を突っこんでいる).
on clòud níne〖話〗天にも昇る心地で.
under a clóud 疑われて, 信用を失って. He was suspected of taking bribes and left office *under a* ~. 彼は収賄を疑われて不面目のうちに辞任した.
—— [動] (~s /-dz/|[過][過分] **clóud·ed** /-əd/|**clóud·ing**) [他] **【曇らせる】 1**〔霧, 煙, ほこりなどが, 空など〕をすっぽり覆う, に立ち込める,〈*over*〉.
2〔ガラスなど〕を**曇らす**〈*over, up*〉;〔液体〕を濁らす〈*up*〉. Her breath ~*ed* the mirror. 彼女の息で鏡が曇った.
3〔顔, 心など〕を曇らす, 暗くする〈*over*〉. Mother's face

C

became ～*ed* with anxiety. 母の顔は心配で暗くなった. Illnesses ～*ed* the last years of his life. 病気がちで彼の晩年は暗いものだった.
4〔喜び, 幸福など〕に暗雲を投げかける, をかげらせる;〔名声など〕を損なう.
【ぼんやりさせる】 **5**〔視界など〕を曇らせる;〔判断, 記憶など〕を鈍らせる. ～ his judgment 彼の判断力を曇らす[鈍らせる]. **6**〔問題など〕をあいまいにする. ～ the issue (無関係なことなどを持ち出して)論点をぼやけさせる.
── 自 **1**〔空が〕曇る〈*over*〉. The sky ～*ed over*. 空が一面に曇った. **2**〔ガラスなどが〕曇る〈*over, up*〉;〔液体が〕濁る〈*up*〉. **3**〔顔, 表情などが〕暗くなる, 曇る〈*over*〉. When she heard the news, her face ～*ed over*. そのニュースを聞いて彼女の顔は曇った.
[＜古期英語 *clūd*「岩のかたまり」; 積み重なった雲がそのように見えることから]

clóud·bànk 名 C 地[水]平線上に堤のように盛り上がった層雲.

clóud·bùrst 名 C 集中豪雨. a sudden ～ 突然の豪雨.

clòud-cápped /⑱/ 形 《雅》雲を頂いた〔山など〕.

clóud chàmber 名 C 《物理》霧箱.

clòud-cúckoo-lànd 名 aU 《軽蔑》(浮世ばなれした)夢の国.

clóud·ed /-əd/ 形 **1** 雲に覆われた. **2**〔頭が〕はっきりしない, どんよりした.

clóud·lànd 名 UC **1** 一面雲ばかりの世界, 雲海. **2** 夢の国, 理想郷; ＝cloud-cuckoo-land.

‡**clóud·less** 形 雲のない, よく晴れた. ▷**～·ly** 副

‡**cloud·y** /kláudi/ 形 e (**cloud·i·er**|**cloud·i·est**) **1** 曇った〔空, 日など〕. a ～ sky [day] 曇り空[日]. partly ～ (全天ではなく)部分的に雲に覆われている. in pleasant and in ～ weather よい天気にも曇った日にも.
2 雲状の(模様の入った). ～ marble 雲模様のある大理石. **3** 曇りのある〔ガラス, 鏡など〕; 濁った, 不透明な,〔液体〕. a ～ mirror 曇りのある鏡. a ～ liquid 濁りのある液体. **4** 不明瞭(りょう)な, はっきりしない, おぼろげな. ～ ideas [recollection] 漠然とした概念[記憶].
5 心が晴れない, 暗い気持ちの. ～ looks 浮かない顔つき. [cloud, -y¹] ▷**cloud·i·ly** 副 **cloud·i·ness** 名

‡**clout** /klaut/ 名 《話》 **1** C (手, 硬いものなどで)強く殴る[たたく]こと, ひと殴り[たたき];《米》(ボールの)強打. He gave the man a ～ on the chin. 彼はその男のあごに一撃食らわせた. **2** U (政治的)影響力. wield ～ 政治力を行使する[振るう]. **3** C 《英方》ぼろ切れ, ぞうきん.
── 動 他 《話》を(手などで)ごつんと殴る;《米》〔ボール〕を強く打つ, ひっぱたく. He was ～*ed* on the head. 彼は頭をごつんとやられた. [＜古期英語「塊」]

clove¹ /klouv/ 名 C **1** チョウジノキ《熱帯産の常緑高木; フトモモ科》. **2** 丁子(ちょうじ)《チョウジノキの蕾(つぼみ)を乾燥したもの; 香料》.

clove² 名 C 《植》小鱗(りん)茎《ニンニクなどの球根(bulb)の分かれたひとかけ》.

clove³ 動 cleave¹ の過去形.

clóve hìtch 名 C 《海》巻結び, 徳利結び,《索の結び方の一種》.

clo·ven /klóuv(ə)n/ 動 cleave¹ の過去分詞.

clòven fóot [hóof] 名 C (牛, 羊, ヤギなどの)割れたひづめ, 偶蹄(ぐうてい); 悪魔のひづめ《Satan の足は牛のひづめの形をしているという伝説による》. ***shòw the clòven hóof*** 〔悪党などが〕馬脚[本性]を現す.

clòven-fóoted [-hóofed] /⑱/ 形 ひづめの割れた; 悪魔の(ような).

†**clo·ver** /klóuvər/ 名 UC クローバー, ツメクサ,《マメ科の多年草の総称; 牧草; →four-leaf clover》.
in clóver 《話》裕福に〔暮らすなど〕. He has been *in* ～ since receiving the inheritance. 彼は遺産を手にしてからずっと暮らし向きがいい. [＜古期英語]

clóver·lèaf 名 (複 **～s, -leaves**) C **1** 四つ葉のクローバー. **2** (四つ葉のクローバー型の)ハイウエー立体交差道路, インターチェンジ. ── 形 四つ葉のクローバー型の.

*__clown__ /klaun/ 名 (複 **～s** /-z/) C **1** (サーカス, パントマイムなどの)**道化役**, 道化師, (jester). a circus ～ サーカスのピエロ. **2** 《軽蔑》道化者, おどけ者; ばか. play the ～ 道化役[ばかな役回り]を演ずる. make a ～ of oneself ばかなまねをする. ── 動 自 道化役をする; おどける〈*about, around*〉. Stop ～*ing around* ―you're not a child any more! おどけ回るのはやめなさい, もう子供ではないんだから. [?＜古期北欧語「へまな人」]

clown·er·y /kláunəri/ 名 U 道化のようなふるまい, ふざけ.

clown·ish /kláuniʃ/ 形 《軽蔑》道化師の(ような); おどけた. ▷**～·ly** 副 **～·ness** 名

cloy /klɔi/ 動 (**～s** /-z/|過 過分 **～ed** /-d/|**clóy·ing**) 《旧・章》他 〔ごちそうなどが〕をあきあきさせる, 食傷させる. *Cloyed with* pleasure and luxury, he decided to become a monk. 快楽と贅沢(ぜいたく)にあきた彼は修道士になる決心をした. ── 自 胸にもたれる.

clóy·ing 形 **1** 胸がもたれる[むかつく]ほど甘い[多い]〔食物など〕. **2** 余りにセンチメンタルな〔映画など〕. ▷**～·ly** 副

clóze tèst /klóuz-/ 名 C (空所に単語を記入させる)穴埋め式読解テスト.

clr clear; color; cooler.

‡**club**¹ /klʌb/ 名 (複 **～s** /-z/) C **1** こん棒《一端が太くなっていて, 武器に使う》; (ゴルフなどの球を打つ)クラブ. **2** 《トランプ》クラブ(の札);〈～s〉クラブの組札 (→suit). play a ～ クラブの札を使う[出す]. the ace of ～*s* クラブの 1. ── 動 (**～s**|**-bb-**) 他 をこん棒で殴る[打つ]. ～ a person to death 人をこん棒で殴り殺す. [＜古期北欧語「こん棒」]

‡**club**² /klʌb/ 名 (複 **～s** /-z/) C **1** (スポーツ, 社交, 娯楽などの)クラブ, 同好会; (商業的な)会員クラブ; (プロスポーツなどの)チーム;〈複数扱い〉クラブの会員たち. a social ～ 社交クラブ《会員間の親睦(ぼく)をはかることを目的とする》. join a swimming ～ 水泳クラブに入る. a book ～ →book club. 参考 同好会からプロのチームまで含む; 例えばプロ野球の球団は a (baseball) *club* である. **2** クラブ《クラブの部屋[建物]》; ＝clubhouse. **3** ＝nightclub.
in the púdding clùb 《英俗》(未婚女性が)妊娠して.
Jòin [Wèlcome to] the clúb! 《英話・戯》こちらもご同様, 同病相憐れむだ,《人が自分と同じ悪い状態に陥ったことを聞いた時などに言う》.
── 動 (**～s**|**-bb-**) 他 を団結させる;〔金など〕を出し合う, 持ち寄る〈*together*〉. ── 自 VA (**～ *together***) 団結[協力]する; 金を出し合う;〈*for*..のために/*to* do..するために〉. ～ *together to* rent the gymnasium 体育館を借りるために金を出し合う. [?＜club¹]

club·(b)a·ble /klʌ́bəb(ə)l/ 形 《英旧》クラブ会員として適格の; 社交的な (sociable).

clúb·bing 名 U 《英》ナイトクラブへ行くこと. go ～ ナイトクラブへ行く.

clúb càr 名 《米》＝lounge car.

clùb cháir 名 C 《米》クラブチェア《背もたれの低い厚張りの安楽いす》.

clúb clàss 名 ＝business class.

clúb·fòot 名 (複 →foot) C (先天性の)内反足, エビ足; U (足の)内反. ▷**～·ed** /-əd/ 形 内反足の.

‡**clúb·hòuse** 名 (複 →house) C **1** クラブ会館《会員制で, 娯楽施設のほか, 図書の利用, 食事, 宿泊もできる》; クラブ室《高級なマンションなどで同様の施設》. **2** (ゴルフ場などの)クラブハウス. **3** 《米》(運動チームの)ロッカー室.

clúb·lànd 名 U (ロンドンの St. James's Palace 付近の)有名クラブ地区.

clúb·màn 名 (複 **-men** /-mèn/) C クラブの会員, クラブに出入りする金持ち.

clúb mòss 名 UC 《植》ヒカゲノカズラの類.

clúb ròot 名 U (キャベツなどの)根瘤(こぶ)病.

clùb sándwich 名 C 《米》クラブサンドイッチ《パン切れ 3 枚重ねの間にレタス, 肉, トマトなどを挟む》.

clùb sóda 名 ＝soda water.

cluck /klʌk/ 名 C **1** めんどりのこっこっという鳴き声《ひなを呼んだり，卵を暖めている時などの; →cackle, crow》; (それに似た)こっこっという音; (人の)舌打ち(音). **2**〖米俗〗うすのろ，まぬけ. —— 動 自 **1**〔めんどりが〕こっこっと鳴く[鳴いて(ひなを)呼ぶ]. **2**〔人が〕舌打ちをする. —— 他〔非難・反対など〕を舌打ちをして表す.［＜古期英語; 擬音語］

***clue** /kluː/ 名 (複 **～s** /-z/) C **1** 手がかり，糸口，〈*to* ..〔問題，謎(なぞ)など〕を解くための〉. find a ～ *to* the mystery 謎を解く手がかりを見つける.

> 連結 an important [a vital; a missing] ～ // discover [furnish, provide; follow up] a ～

2 (クロスワードパズルなどの)かぎ. **3** ＝clew.

nòt hàve a clúe〖話〗(1) てんで見当がつかない. I do*n't have a* ～ what he wants. あの人は何が欲しいのかさっぱり分からない. (2) 全く無能である，役に立たない，〈*about*..について〉. Don't ask her to do the job—she does*n't have a* ～. その仕事は彼女にやらせない方がいい，全くへまなんだから.

—— 動 他〔人〕に手がかりを与える.

clùe /../ ín〖話〗〔人〕に最新情報を与える〈*about*, *on*..について〉.

clùe /../ úp〖話〗〔人〕を精通させる〈時に再帰形で〉. be all ～*d up* [時に ～*d-up*] *about* [*on*] the entertainment world 芸能界の事情に通じている.

［clew「糸玉」の異形］

clùed-úp 形〖話〗→CLUE /../ up.

clúe·less 形 **1**〔人が〕うとい，物を知らない，〈*about*..について〉. **2**〖主に英話〗ばかな (stupid).

‡**clump** /klʌmp/ 名 C **1** 木立; やぶ; 茂み; (建物，人などの)集団. a ～ of lilacs リラの木立. a little ～ of buildings 小さく固まって立っているいくつかの建物. **2** (土，泥などの)塊 (lump). a ～ of dirt 泥の塊. **3** どしんという音[歩く足音].

—— 動 他 **1** を1箇所に集める; を固める; 〈*together*〉. **2** をどさりと置く〈*down*〉. —— 自 **1** 1箇所に集まる; 固まる; 〈*together*〉. **2** VA (重い足取りで) どしんどしんと歩く〈*up*, *down*, *along*, *about*, *around*(..の方へと)〉.

［＜中期英語(＜?)］

clump·y /klʌ́mpi/ 形 e **1** 固まりの(多い)，塊状の. **2** 木立ちの(多い)，こんもりした. **3**〔靴が〕重くて履きにくい.

***clum·sy** /klʌ́mzi/ 形 e (**-si·er** | **-si·est**) **1**〔人が〕**不器用な**〈*at*, *in*, *with*..が〉; へまな，気の利かない. ～ *at* [*in*] throwing a ball ボールを投げるのが下手で. ～ *with* the word processor ワープロがうまく使えない. **2**〔表現などが〕下手な，ぎこちない，不細工な，不格好な;〔道具類が〕扱いにくい. (a) ～ handwriting 下手な筆跡. offer a ～ apology 下手な言い訳を言う. a ～ tool 扱いにくい道具. ［＜中期英語「寒さでかじかんだ」(＜古期北欧語)］

▷**clum·si·ly** 副 **clum·si·ness** 名

clung /klʌŋ/ 動 cling の過去形・過去分詞.

clunk /klʌŋk/ 名 aU (金属などがぶつかり合う)がちゃん(という音); ごつん(と殴る音). —— 動 自 がちゃん[ごつん]と音を立てる.［擬音語］

***clus·ter** /klʌ́stər/ 名 (複 **～s** /-z/) C **1** (ブドウの実，フジの花などの)**房**，固まり. a ～ of grapes ひと房のブドウ. **2** (人，物の)群れ，集団. a ～ of stars 星団. a ～ of onlookers gathered around the busker 大道芸人の周りに集まった見物人の群れ. in a ～ 固まって，群れを成して. **3**〖米〗勲章のリボンにつける金属のバッジ《同じ勲章が再度授与されたことを示す》. **4**〖言〗(2つ以上の音，特に子音の)結合群《street の str-など》.

—— 動 自 VA 房を成す; 群生する; 群がる; 〈*together*〉〈*around*, *round* ..の周りに〉. Eager shoppers ～*ed around* the display. 熱中した買い物客たちは展示品の周りに群がった. —— 他 VOA〔人や物〕を固まりにする，群がらせる，〈*together*〉〈*around*, *round* ..の周りに〉〈普通，受け身で〉. Several bookshops are ～*ed together* on Charing Cross Road. チャリングクロスロードには本屋が数軒固まっている.［＜古期英語; clot と同根］

clúster bòmb 名 C 集束爆弾《空中で数個の小爆弾に分裂し，広範囲に殺傷破壊する》.

***clutch**[1] /klʌtʃ/ 動 (**clútch·es** /-əz/ | 過 過分 **～ed** /-t/ | **clútch·ing**) 他 **をしっかりと握る，ぎゅっとつかむ**，(類語 不安感や性急さを暗示する語; →take). The boy ～*ed* his purse in his hand. 少年は片手に財布をつかんでいた. —— 自 VA (**～ *at*..**) **..につかみかかる，を握ろうとする**. The child ～*ed at* my arm and asked me not to go. その子は私の腕にしがみついて行かないでくれと言った. ～ *at* straws 'ワラをもつかむ'《頼りにならないものにまで頼る》.

—— 名 (複 **clútch·es** /-əz/) C **1**〈単数形で〉**しっかり握る[つかむ]こと**，把握. make a ～ at ..につかみかかる. His ～ made my arm numb. 彼は私の腕をしびれるほど強くつかんだ. **2**〈普通 ～es〉(猛獣などのつかみかかる)爪(つめ)，手; (悪者，敵などの)手中; 支配，権力. a sparrow in the ～*es* of a hawk タカにつかまれたスズメ. fall into ˪a person's ～*es* [the ～*es* of a person]˩ 人の手中に陥る. escape the ～*es* of the law 法の手を逃れる. **3**〖機〗クラッチ《軸継ぎ手の一種》; (自動車の)クラッチ《エンジンと車輪との継続装置》; クラッチペダル[レバー] (→car 図). put [let] the ～ *in* [*out*] (自動車の)クラッチをつなぐ[切る]. **4** クラッチバッグ《ひもがなく，手で持つタイプの小型ハンドバッグ; **clútch bàg** とも言う》. **5**〖米話〗危機，ピンチ. in the ～ 危機に際して. when it comes to the ～ いざという時には.［＜古期英語］

clutch[2] 名 C **1** (卵の)ひと孵(かえ)し. **2** ひと孵りの雛(ひな). **3** (人などの)群れ，一団.［＜古期北欧語］

‡**clut·ter** /klʌ́tər/ 名 aU (部屋などの)取り散らかした物; 乱雑さ; 混雑. There was a great deal of ～ in the room. 室内は非常に取り散らかしてあった. in a ～ (部屋などが)散らかって. —— 動 他 **1**〔人が〕〔場所〕を取り散らかす〈*with*..で〉;〔物が〕〔場所〕に散らかっている; 〈*up*〉. ～ *up* the street *with* trash 通りにごみを散らかす. **2**〔心〕を満たす，いっぱいにする〈*with*..〔ばかな考えなど〕で〉.［＜〖廃〗*clotter*「凝固した塊」］

Clw·yd /klúːid/ 名 クルーイド《英国ウェールズ北部の↑州》.

Clyde /klaid/ 名 **1**〈the ～〉クライド川《スコットランド南部の川; 河口に Glasgow がある》. **2**〈the Firth of ～〉クライド湾.

Clydes·dale /kláidzdèil/ 名 C クライズデール《クライド川流域原産の強力な荷役馬》.

Clýde·sìde 名 クライドサイド《Glasgow から西方 Greenock に至る Clyde 川岸の諸都市を包含する名称; かつて造船所でにぎわった》.

Cly·tem·nes·tra /klàitəmnéstrə, -níːs-/ 名〖ギ神話〗クリュテムネストラ《夫 Agamemnon を殺すが，後に↓息子 Orestes に殺される》.

Cm〖化〗curium.

cm centimeter(s).

Cmdr commander.

cml commercial.

CND Campaign for Nuclear Disarmament《英国の核武装反対運動》.

CNN Cable News Network《アメリカのニュース専門の有線テレビ放送》.

CNS central nervous system.

CO Colorado; Commanding Officer; conscientious objector.

Co[1]〖化〗cobalt.

†**Co**[2], **co**[1] /kou, kʌ́mp(ə)ni/ Company《例: The Macmillan *Co* (マクミラン社); Robinson & *Co* /-ənd-kóu/(ロビンソン商会)のように言うこともある》.

C

Co³, **co**² county.

†**c/o, c.o.** /sìːóu/ care of《手紙のあて名に用いる; 例: Miss Nancy Brown, *c/o* Mrs. Gray (グレイ様方[気付]ナンシー・ブラウン様)》;〖簿記〗carried over.

co- /kou, kɑ|kou, kɔ/ [接頭] com- の母音, h, gn, w の前における異形. *co*author. *co*existence. *co*here. *cog*nate. [→com-]

C

‡**coach** /koutʃ/ [名] (複 **cóach·es** /-əz/) [C]
【目的地に運んでくれる物】 **1 大型4輪馬車**《鉄道開設前の主要輸送機関; →stagecoach》. a state ～ 君主の公式[儀式]用馬車. a ～ and four 4頭立ての馬車《大型個人用として標準的なもの》.
2〖鉄道〗〖英〗客車《一般には carriage と言う》;〖米〗普通客車《寝台車や Pullman などではない》.
3〖米〗(旅客機や列車の)普通席, エコノミークラス, (**cóach clàss**).
4〖米〗バス;〖英〗**長距離バス**. a ～ tour バス旅行.
【目標へ導く人】 **5** (演劇, 歌, 舞踊などの)教師, 指導員;〖競技〗コーチ;〖野球〗(走塁)コーチ. a dramatics ～ 演劇指導者. **6** (受験準備などの)家庭教師.
drìve a còach and hórses thròugh .. 〔法律, 規則など〕を楽々とくぐり抜ける《<馬車で堂々と》.
── [動] (**cóach·es** /-əz/|[過] [過分] **～ed** /-t/|**cóach·ing**) [他] **1**〔受験生〕に(個人)**指導する**〈*in*..を〉([類語] 標準的学力に達していないのを特別に教えること; →teach). ～ him *in* English 彼に英語の個人指導をする. **2**〔選手や競技者〕のコーチをする. ～ a skater for the Olympics オリンピックのためにスケート選手のコーチをする.
── [自] **1** コーチをする; コーチとして雇われる. **2** 長距離用大型バスで旅行する.
[<ハンガリー語 *Kocs* /koutʃ/ (初めてこの馬車が用いられたハンガリーの村)]

cóach·buìlder [名] [C] (自動車・列車の)車体製作熟練工.

cóach·lòad [名] [C] バス1台分[満員]の乗客[旅行者].

cóach·man /-mən/ [名] (複 **-men** /-mən/) [C] **1** (馬車の)御者. **2** (フライフィッシングの)毛針.

cóach pàrk [名] [C]〖英〗バスの駐車場.

cóach's bòx [名] [C]〖野球〗コーチスボックス.

cóach stàtion [名] [C]〖英〗長距離バスのターミナル.

cóach·wòrk [名] [U] (自動車・鉄道車両などの)車体; 車体製作.

co·ad·ju·tor /kouǽdʒətər/ [名] [C] **1**〖章〗助手 (assistant). **2**〖キリスト教〗(正規の bishop を助ける)助任司教.

co·ag·u·lant /kouǽgjələnt/ [名] [UC] 凝固剤.

co·ag·u·late /kouǽgjəlèit/ [動] [他] を凝固させる. ── [自] 凝固する. ▷**co·àg·u·lá·tion** [名] [U] 凝固, 凝結; [C] 凝固[凝結]物. **co·ág·u·là·tive** /-lèitiv, -lə-/ [形] 凝固させる.

co·ág·u·là·tive /-lèitiv, -lə-/ [形] 凝固させる.

‡**coal** /koul/ [名] (複 **～s** /-z/) **1** [U] **石炭**. black ～ (普通の黒い)石炭. white ～ '白い石炭'《水力(電気)のこと》.
2 [C] (特に燃えている)石炭の塊; [UC]〈〖英〗では ～s〉燃料用の砕いた石炭 (★〖米〗ではこの意味でも [U] として扱う). a live ～ 燃えている石炭 (1個). stoke the ～*s* in the furnace 溶鉱炉に石炭をくべる. store a lot of ～ for winter 冬仕度に石炭をたくさん貯える. **3** [C] (石炭, まきなどの)燃えさし, おき. **4** [U] 木炭 (charcoal).
càrry [tàke] cóals to Néwcastle する必要のない[余計な]ことをする《Newcastle は石炭の積み出し港》.
hàul [càll, dràg, ràke] a pérson over the cóals〖話〗人を叱(しか)りとばす〈*for*..のことで〉.
hèap còals of fíre on a pèrson's héad〖雅〗悪意に対して恩を施して人を恥じ入らせる《聖書から》.
── [動] [他]〔船〕に石炭を積み込む,〔内燃機関〕に石炭を補給する. ── [自]〔船が〕石炭を積み込む,〔機関が〕石炭を補給される. [<古期英語「(木)炭」]

cóal bèd [名] [C] 炭層.

còal-bláck /⑱/ [形] 真っ黒の.

cóal·bùnker [名] [C] **1** 石炭庫. **2** (船内の)石炭置き場.

cóal·er [名] [C] **1** 石炭輸送船[鉄道]. **2** 石炭商.

co·a·lesce /kòuəlés/ [動] [自]〔人, 政党などが〕合体する, 連合する,〈*into*..に〉;〔くじいた骨などが〕癒着する.

co·a·les·cence /kòuəlésns/ [名] [U] 合体, 合同, 連合; 癒着. ▷**co·a·lés·cent** /-lésnt/ [形]

cóal·fàce [名] **1** [C] 採炭切り羽. **2**〈the ～〉〖英〗仕事の現場. teachers at the ～ 現場の教師たち.

cóal·fìeld [名] [C] 炭田.

còal-fíred /-fáiərd ⑱/ [形] 石炭で熱した; 石炭を燃料とする, 火力の.

cóal gàs [名] [U] 石炭ガス《石炭から採る燃料用ガス》.

cóal·hòle [名] [C]〖英〗(地下の)石炭置き場; (そこの)石炭投入口.

cóal·hòuse [名] (複 →house) [C] 石炭庫.

cóal·ing stàtion [名] [C] 給炭港[所].

†**co·a·li·tion** /kòuəlíʃ(ə)n/ [名] [UC] **1** 結合すること, 合同, 連合. **2** (政党間の一時的な)連立, 提携, ([類語] 利害の対立する者の間の一時的な提携; →alliance). a ～ of three opposition parties 三野党連合. form a ～ government 連立政府を作る. [<中世ラテン語「団結」]

cóal·man /-mən/ [名] (複 **-men** /-mən/) [C] 石炭運搬[配達]人.

cóal mèasures [名]〖地〗夾(きょう)炭層《石炭を含む地層》.

cóal·mìne [名] [C] 炭鉱, 炭山.

cóal·mìner [名] [C] 炭坑夫.

cóal òil [名] [U]〖米〗石油 (petroleum); 灯油 (kerosene).

cóal pìt [名] [C] 炭坑.

cóal scùttle [名] ＝scuttle¹.

cóal sèam [名] [C] 炭層.

cóal tàr [名] [U] コールタール.

coam·ing /kóumiŋ/ [名] [C]〖海〗(甲板の昇降口の)縁材《水の入るのを防ぐため少し高くしてある》.

*__coarse__ /kɔːrs/ [形] [e] (**cóars·er**|**cóars·est**)
【粗い】 **1** (粉, 砂など)**粒が大きい, 粗い**. ～ sugar 目の粗い砂糖, ざらめ.
2【きめが粗い】〔布, 肌などが〕**ざらざらした, 滑らかでない,** (rough). a ～ fabric 目の粗い布地. Her hands are red and ～ from housework. 彼女の手は家事をするため赤くざらざらしている.
【雑な】 **3 粗末な, 粗悪な**. ～ food [fare] 粗食. **4**〔言葉, 態度などが〕(特に性的に)**粗野な, 下品な**. He is ～ in manner. 彼は態度が粗野だ. a ～ joke 下品な冗談.
[<course; *of course* などの「普通, 慣行」の意味が「粗悪」に変化した]

còarse físh [名] [C]〖英〗下魚(げざかな)《サケ, マス以外の淡水魚; pike, perch, bream など》.

còarse físhing [名] [U]〖英〗(スポーツとしての)下魚釣り.

còarse-gráined /⑱/ [形] 目の粗い; 粗野な.

cóarse·ly [副] 粗野に, 下品に; 粗く; 粗雑に.

coars·en /kɔ́ːrs(ə)n/ [動] [他], [自] (を)粗くする[なる]; (を)ざらざらにする[なる]; (を)粗野[下品]にする[なる].

cóarse·ness [名] [U] 目の粗さ; 粗雑さ, 粗悪さ; 粗野, 下品さ.

‡**coast** /koust/ [名] (複 **～s** /-ts/) [C] **1** (**a**) **沿岸**(地方), **海岸**, ([類語] 特に海に沿った陸の境界線; →shore¹). the islands off the west ～ of Scotland スコットランド西海岸沖の諸島. sail up the ～ 海岸に沿って北に航行する. (**b**)〖米〗〈the C-〉太平洋沿岸地方.

> [連結] a picturesque [a scenic; a jagged; a rugged; a craggy; a rocky; a forbidding, an inhospitable; a wild] ～

2〖米〗(トボガンなどの)滑降, 滑走; (下り坂での自転車, 自動車の)惰走. **3**〖米〗滑走(できる)斜面.
from còast to cóast〖米〗全国至るところ(で)《<東

海岸から西海岸まで》.
The còast is cléar. 〘話〙じゃまもの[危険]は何もない, 見つかる心配はない,《<「監視船はいない」(密輸業者の言葉)》. You can come out now, *the ~ is clear.* 今がチャンスだ, 出て来ても大丈夫.
── 動 (~s /-ts/|過 過分 **cóast·ed** /-əd/|**cóast·ing**) 自 **1** 〔船が〕(港から港へと)海岸沿いに航行する. **2**〘米〙(トボガンなどで)**滑降する**;〔自動車, 自転車など, 又その運転者が〕**惰力で走る**, 流す; 〈*down, along, around*(..の方へと)〉. The children *~ed down* the snowy hills on their sleds. 子供たちはそりに乗って雪の丘を滑り降りた. let the canoe ~ *downstream* カヌーを川の流れのままに進ませる. **3** (努力しないで)うまくやって行く〈*along*〉〈普通, 進行形で〉. ~ *through* college のんびりやって大学を出る. ~ *to* victory 楽勝する. They had been *~ing along* nicely until the oil crisis of 1973. 1973 年の石油危機まで彼らは順風満帆に進んでいた.
── 他 の海岸に沿って航行する.
[<ラテン語 *costa*「肋骨, 脇腹, 側面」]

†**coast·al** /kóust(ə)l/ 形〈限定〉沿岸の, 海に近い, 海岸(で)の. a ~ patrol 沿岸パトロール. a ~ plain 沿岸の平野. ~ fishing 沿海漁業.

‡**cóast·er** 名 C **1**〘英〙沿岸ぃ寄港[貿易]船. **2** (コップ, 瓶などの)下敷き, コースター. **3**〘米〙そり, トボガン (toboggan). **4**〘米〙=roller coaster.

cóast guàrd,〘英〙**cóast·guàrd** 名 C **1**〈the ~;〘英〙では単複両扱い〉沿岸警備隊. **2**〘英〙= coastguardsman.

cóast·guàrds·man /-mən/ 名 (複 **-men** /-mən/) C 沿岸警備隊員.

cóast·lànd 名 UC 沿岸地帯.

‡**cóast·lìne** 名 C 海岸線.

coast·ward /kóustwərd/ 副, 形 海岸の方へ[に向かう].

cóast·wards 副 =coastward.

coast·wise /kóustwàiz/ 形〘話〙沿岸の, 沿岸回りの. ~ trade 沿岸貿易. ── 副 海岸沿いに.

‡**coat** /kout/ 名 (複 ~s /-ts/) C **1 コート**, 外套(とう),《overcoat のように普通の服の上に着るもの》. May I take your ~? コートをお預かりしましょうか《客に向かって》. **2 上着** (jacket)《suit の上半分を成すもの》. a ~ and skirt (女性の)テーラードスーツ. take off one's ~ 上着を脱ぐ. **3** (動物の)毛皮, 毛; (植物の)外被. the bears in their winter *~s* 冬用の長い毛に覆われたクマ. the *~s* of an onion タマネギの皮.
4 (表面を薄く)覆うもの《塵(ちり)など》, (ペンキなどの)被膜, (layer); ひと塗り. put three *~s* of varnish on a box 箱にワニスを 3 度塗る.
cùt** one's **cóat accòrding to** one's **clóth 収入に応じた生活をする; 身の程を知る.
tùrn** one's **cóat 変節する, 裏切る; 改宗する (→turncoat).
── 動 他 の表面を覆う〈*in, with* ..で〉〈しばしば受け身で〉. The furniture is *~ed in* [*with*] dust. 家具にはほこりが一面に積もっている. a pill *~ed with* sugar = a sugar-*~ed* pill 砂糖でくるんだ錠剤, 糖衣錠.
[<古期フランス語 *cote* (<ゲルマン語)]

cóat chèck 名〘米〙=cloakroom 1.

cóat drèss 名 C コートドレス《前あきですそまでボタンが付いた婦人用ドレス》.

cóat·ed /-əd/ 形 **1** 表面を覆われた〈*in, with* ..で〉. **2** (**a**) 上塗りした. (**b**)〔紙が〕光沢のある. (**c**)〔布などが〕防水加工した. (**d**)〔レンズが〕コーティングを施した.

-cóat·ed〈複合要素〉表面を..で覆われた; ..の衣の付いた. slime-*coated* (泥がべっとり付いた). sugar*coated*. wax-*coated* (一面にワックスを塗った).

coa·tee /koutí:/ 名 C (女性, 幼児用の)半コート.

cóat hànger 名 C 洋服掛け.

co·a·ti /kouá:ti/ 名 C ハナグマ《中南米産のアライグマに似た動物; 長い尾が特徴》. [<南米先住民語「帯状の鼻」]

‡**cóat·ing** 名 **1** C 上塗り, 塗装; (表面を)覆うもの, 被膜物. a cake with a sugar ~ 砂糖の衣の付いたケーキ. **2** U コート用生地.

còat of árms 名 (複 **coats of arms**) C (盾形の)紋章.

[coat of arms]

còat of máil 名 (複 **coats of mail**) C 鎖かたびら.

cóat·ròom 名〘米〙= cloakroom 1.

cóat·tàil 名 C〈普通 ~s〉(夜会服など tailcoat の 2 つに割れた)上着の後ろ裾(すそ).
on a pèrson's cóattails〘主に米〙人(の力)に頼って, 人の尻(しり)馬に乗って. ride into office *on* the President's *~s* 大統領のお声がかりで官職をせしめる.

co·au·thor /kòuɔ́:θər/ 名 C 共著者, 共同執筆者.
── 動 他 を共同で執筆する〈*with*..〔人〕と〉.

†**coax**[1] /kouks/ 動 他 **1** (**a**) をうまい言葉で口説き落とす[なだめる]; 〔(調子の悪い)機械など〕を(だましだまし)上手に動かす[扱う]. (**b**) VOA (~ X *into* (*doing*)..) X をうまくなだめすかして[扱って]..させる; (~ X ***from, out of*** (*doing*)..) X をうまくなだめすかして[扱って]..しないようにさせる. We *~ed* Dad *into* giv*ing* us money for the movies. 我々はおやじにうまく言って映画のお金を出させた. ~ one's colleague *out of* his rash plan 同僚を説いて無謀な計画をやめさせる. ~ a thread through a needle's eye いろいろ工夫して糸を針の目に通す. (**c**) VOC (~ X *to do*) X (人)をうまくなだめすかして[口説いて]..させる; X (機械など)を上手に扱って..させる. ~ her *to* come with us 彼女をなだめて一緒に来るようにさせる.
2 VOA (~ X ***from, out of***..) 上手に口説いて[なだめて]..から X を手に入れる. I *~ed* a contribution *out of* the old miser. 私はうまく口説いてそのけちん坊の老人に寄付させた. He *~ed* a day off *from* his master. 彼は主人をうまく口説いて 1 日の休みをものにした.
[〘廃〙*cokes*「ばか」の動詞化]

co·ax[2] /kóuæks/ 名 =coaxial cable.

co·ax·i·al /kouǽksiəl/ 形 同軸の;〘電〙同軸ケーブルの[を用いた].

coàxial cáble 名 C〘電〙同軸ケーブル.

cóax·ing 名 U 甘言を用いること, なだめすかすこと.
── 形 なだめすかすような.

cóax·ing·ly 副 なだめすかすように; うまく口説いて.

cob /kɑb|kɔb/ 名 C **1** =corncob 1. **2** コッブ《脚の短いがっしりした乗用馬》. **3** 雄の白鳥 (↔pen). **4**〘英〙丸型のパン. **5** ハシバミの実.

co·balt /kóubɔ:lt/ 名 U **1**〘化〙コバルト《金属元素; 記号 Co》. **2** コバルト絵の具; コバルト色. [<ドイツ語「小妖精」; コバルトが鉱石をだめにするという鉱夫たちの迷信から]

còbalt blúe 名 U コバルトブルー(の絵の具); 濃い青色.

cóbalt bòmb 名 C コバルト爆弾《水素爆弾をコバルトで包む強力核兵器》.

còbalt 60 /-síksti/ 名 U〘化〙コバルト 60《癌(がん)などの放射線療法に使用》.

Cobb /kɑb|kɔb/ 名 **Ty** /tai/ ~ カッブ (1886–1961)《米国のプロ野球選手; 4 千本以上の安打を記録》.

cob·ber /kɑ́bər|kɔ́bə/ 名 C〘オース話〙(男の)友達, 仲間,〈普通, 呼びかけ〉.

cob·ble[1] /kɑ́b(ə)l|kɔ́b(ə)l/ 名 =cobblestone.
── 動 他〔道路〕に玉石を敷く.

cob·ble[2] 動 他 **1**〘話〙VOA (~/X/ *together*) X をぞ

んざいに⌊組み立てる[作る]. ～ a proposal 提案をでっち上げる. **2** 〘旧〙〔靴など〕を修繕する.

cób·bler [名] **1** [C] 〘軽蔑〙ぞんざいな職人. **2** [C] 〘米〙コブラー《フルーツパイの一種》. **3** [UC] 〘米〙コブラー《ワインなどで作った冷たい飲み物》. **4** [C] 〘旧〙靴直し (shoemaker, shoe repairer).

C

cob·blers /kɑ́blərz|kɔ́b-/ [名] 〘英俗〙〈単数扱い〉たわごと, ナンセンス,〈間投詞的にも用いる〉. What a load of (old) ～! なんたるたわごと.

cóbble·stòne [名] [C] 栗石, 玉石, 丸石,《boulder より小さい; 昔, 道路に敷くのに用いた》.

cò·bellígerent [名] [C], [形] 共戦国(の).

cob·nut [名] ＝cob 5.

COBOL /kóubɔ:l/ [名] [U] 〘電算〙コボル《事務処理用プログラム言語; ＜*co*mmon *b*usiness *o*riented *l*anguage》.

co·bra /kóubrə/ [名] [C] コブラ《アフリカ, アジア産の毒「蛇」》.

‡cob·web /kɑ́bwèb|kɔ́b-/ [名] [C] **1** クモの巣; クモの糸. **2** クモの巣に似たもの; はかない[弱々しい]もの; たくらみ, わな. **3** 〈～s〉(起きぬけ時の)まぶたのけだるさ, ぼーっとした頭の中; (気持ちの)もやもや, 混乱.

blòw* [*clèar*] *the cóbwebs awày 気持ちのもやもやを吹き飛ばす. ▷**～·bed** [形] クモの巣が張った.

cob·web·by /kɑ́bwèbi|kɔ́b-/ [形] クモの巣の(ような); クモの巣が張った.

co·ca /kóukə/ [名] [C] 〘植〙コカ《南米 Andes 地方原産の低木》; その乾燥した葉《コカインを採る》.

Co·ca-Co·la /kòukəkóulə/ [名] [U] 〘商標〙コカコーラ《Coke と短縮》; [C] コカコーラひと瓶[ひと缶, 1 杯].

†co·cain(e) /koukéin, kə-/ [名] [U] 〘化〙コカイン《コカ (coca) の乾燥した葉から採る局所麻酔剤; 白い粉末状で鼻孔から吸入したりして麻薬として用いられる; 習慣性があり法律で禁止; 略 coke》. [coca, -ine²]

coc·cus /kɑ́kəs|kɔ́k-/ [名] (複 **coc·ci** /-sai/) [C] 球菌《球形のバクテリア》. [＜ギリシア語「種」]

coc·cyx /kɑ́ksiks|kɔ́k-/ [名] (複 **～·es, coc·cy·ges** /kɑksáidʒì:z, kɑ́ksədʒì:z|kɔksái-/) [C] 〘解剖〙尾骶(てい)骨. [ギリシア語「カッコウ」; カッコウのくちばしに似ていることから]

co·chair /koutʃéər/ [動] [他] 〔会議〕の共同議長を務める〈*with* ..と〉.

Co·chin, c- /kóutʃin/ [名] [C] コーチン《大型の肉用種「のニワトリ」》.

coch·i·neal /kɑ̀tʃəní:l|kɔ̀tʃ-/ [名] コチニール **1** [C] 〘虫〙メキシコ, 中南米産カイガラムシの一種. **2** [U] 1 から作る鮮紅色の染料; 食品などの着色剤.

coch·le·a /kɑ́kliə|kɔ́k-/ [名] (複 **～s, coch·le·ae** /-lii:/) [C] 〘解剖〙(内耳の)蝸(か)牛殻. ▷**coch·le·ar** /kɑ́kliər|kɔ́k-/ [形] 〘解剖〙(内耳の)蝸(か)牛殻の.

‡cock¹ /kɑk|kɔk/ [名] (複 **～s** /-s/) [C] 【おんどり】 **1** 〘主に英〙おんどり (↔hen). ★成長した鶏の雄;〘米〙では普通 8 の意味との連想を避けて rooster と言う. **2** ＝weathercock. **3** 【雄の鳥】〈複合語中で〉(鳥の)雄. a pea*cock* 雄クジャク. a ～ robin 雄のコマドリ. **4** ＝woodcock. **5** 【群れのリーダー】〘英旧俗〙〈男同士の呼びかけ〉相棒, 大将.

【とさか＞突出物】 **6** (水道, ガスなどの)栓, 蛇口, コック, (★8 の意味との連想を避けて,〘米〙では faucet,〘英〙では tap を用いることが多い). turn on [off] a ～ 栓をひねって開ける[閉める]. **7** (銃の)撃鉄 (hammer); (発射のために)撃鉄を引いた位置. **8** 〘卑〙陰茎, (勃起した)ペニス. **9** [U] 〘英俗〙たわごと, ばかげたこと.

gò óff at hàlf cóck ＝go off HALF-COCKED.

lìve like fìghting cócks 〘主に英話〙(闘鶏のように)美食してぜいたくに暮らす.

(the) còck of the wálk 〘旧話〙'お山の大将'《＜闘鶏を飼っておく場所を walk と言い, そこで一番強い闘鶏》.

── [動] [他] **1** 〔銃〕の撃鉄を発射のために起こす. **2** 〔鼻, 目など身体の一部〕をぐいと上に向ける; 〔頭, 帽子など〕を片方にかしげる; 〔帽子〕のつばを上へ折り曲げる. ～ up one's head ふんぞりかえる. ～ (up) the ears 〔犬などが〕耳をぴんと立てる. keep an ear [eye] ～*ed* (for..) 〔人が〕(..を聞こう[見つけよう]として)耳をそばだてて[目を皿のようにして]いる. ～ one's eye at ..に目くばせする; ..を心得顔にちらっと見る. The dog ～*ed* his hind leg against our gatepost. 犬はわが家の門柱に向かって後ろ足を上げ(小便し)た. ～ one's hat 帽子をやや斜めにかぶる. ── [自] 〔耳, 尾などが〕ぴんと立つ〈*up*〉.

còck /../ úp 〘英俗〙..を台無しにする, だめにする, (→cock-up). [＜古期英語]

cock² [名] ＝haycock. ── [動] [他] 〔干し草など〕を円錐(すい)形に積み上げる.

cock·ade /kɑkéid|kɔk-/ [名] [C] 花形帽章《階級, 職種などを表すために帽子に付けるリボンなど》.

cock-a-doo·dle-doo /kɑ̀kədù:dldú:|kɔ̀k-/ [名] (複 **～s**) [C] こけこっこー《おんどりの鳴き声》;〘幼〙おんどり, 'こっこ'. [擬音語]

cock-a-hoop /kɑ̀kəhú:p|kɔ̀k-/ [形] 〘旧話〙〈叙述〉 **1** 大喜びの, 意気揚々とした,〈*at, about*..に〉. He was ～ *about* his promotion. 彼は昇進して得意満面だった. **2** 〘米〙〔部屋などが〕乱雑な.

cock-a-leek·ie /kɑ̀kəlí:ki|kɔ̀k-/ [名] [U] 〘スコ〙コッカリーキー《鶏肉とニラネギ (leek) のスープ》.

cock·a·ma·mie, -my /kɑ̀kəméimi|kɔ̀k- [移]/ [形] 〘米話〙ばかげた, ナンセンスな.

còck-and-búll stòry /-ən-/ [名] [C] 〘話〙ばかげた[でたらめな]作り話[言い訳].

cock·a·too /kɑ̀kətú:, ⌐⌐⌐|kɔ̀k-/ [名] (複 **～s**) [C] **1** 〘鳥〙ボタンインコ《オーストラリアなどの産》. **2** 〘オース・ニュー〙小農場主. [＜マレー語]

cock·a·trice /kɑ́kətrəs|kɔ́kətràis, -trəs/ [名] [C] コカトリス《おんどりの卵からかえったという伝説上の蛇, これににらまれると人は死ぬという》; ＝basilisk.

cóck·chàf·er /-tʃèifər/ [名] [C] コフキコガネ《コガネムシの一種; 植物の害虫》.

cóck·cròw [名] [U] 〘雅〙夜明け, 鶏鳴(けいめい).

còcked hát /-t-/ [名] [C] (つばが上に反った)三角帽《特に 18 世紀の海軍将校などの; 今でも特殊な制服と共に着用される》. knock..into a ～ 〘俗〙〔人の計画など〕をぺしゃんこにする;〔相手〕をこてんぱんにやっつける.

cock·er /kɑ́kər|kɔ́k-/ [名] [C] コッカースパニエル (**còcker spániel**)《狩猟, 愛玩(がん)用のスパニエル犬》.

cock·er·el /kɑ́k(ə)rəl|kɔ́k-/ [名] [C] (1 歳未満の)雄の若鶏(どり).

còck·éyed /[移]/ [形] 〘話〙 **1** やぶにらみの. **2** 曲がった, かしいだ. **3** ばかげた. **4** 酔っ払った.

cóck·fìght [名] [C] 闘鶏. ▷**～·ing** [名]

cóck·horse [名] 〘旧〙＝rocker 1.

cock·le /kɑ́k(ə)l|kɔ́k(ə)l/ [名] [C] **1** 〘貝〙トリガイの類《食用》; その貝殻 (cockleshell). **2** (皮, 紙などの)しわ, ひだ. **3** 〘詩〙(底の浅い)小舟.

wàrm the cóckles of a pèrson's* [*the*] *héart 〘話〙人の心を(ほのぼのと)温める.

cóckle·shèll [名] [C] トリガイの貝殻; ＝cockle 3.

cóck·lòft [名] [C] 小さな屋根裏部屋.

†cock·ney, C- /kɑ́kni|kɔ́k-/ [名] (複 **～s**) **1** [C] ロンドン子《特に East End の労働者階級の住民でその地区の訛(なま)りを話す人; →Bow bells》. **2** [U] ロンドン下町訛り, コックニー. [参考] 例えば up the hill を hup the ill のように語頭の h を発音せず (→drop one's H's), 逆に不必要な h を発音したり, /ei/ を /ai/ (例 today /tədái/) とする特徴がある. 教養ある人の言葉とされないが, オーストラリアやニュージーランドの民衆の間でもしばしば耳にする.

── [形] ロンドン子風の; ロンドン訛りの.

[＜中期英語「おんどりの卵＞出来損ない, 意気地なし」] ▷～·ìsm 名 UC ロンドン訛り.

‡**cóck·pìt** 名 C **1**〖空〗操縦室, (小型機や宇宙船の)操縦席; (レーシングカーの)運転席; (小型ヨットなどの)操舵席. **2** 闘鶏場. **3** 古戦場, 激戦地跡.

‡**cóck·ròach** 名 C 〖虫〗ゴキブリ(〖話〗roach). [＜スペイン語 *cucaracha*; 綴りが英語風に変わった]

cócks·còmb 名 C **1** (おんどりの)とさか. **2** (道化役の)とんがり帽子. **3** ケイトウ(鶏頭)《ヒユ科の 1 年草》.

cóck·sùcker 名 C 〖米卑〗fellatio をする人; くさった[下劣な]野郎《男に対する強い軽蔑語》.

còck·súre /㊟/ 形 〖話〗 **1** 自信過剰の, うぬぼれの強い. **2** 信じきって 〈*of, about* ..を/*that* 節 ..ということを〉. He is so ～ *of* success. 彼は成功すると自信満々だ. ▷～·ly 副 ～·ness 名

cock·swain /kάksn, -swèin | kɔ́k-/ 名 ＝coxswain.

†**cock·tail** /kάktèil | kɔ́k-/ 名 **1** C カクテル《ジン, ウイスキーなどに香料, 甘味, 苦味剤などを適宜混合し冷やした各種の飲料》. **2** UC (前菜としての)カクテル《果物, エビ, カキなどをガラスの食器に入れて出す》. fruit [shrimp, prawn] ～ 果物[エビ]カクテル. **3** C 〖話〗(薬品などの)混合物. die from a ～ of drugs and alcohol 薬剤と酒を一緒に飲んだために死ぬ. [19 世紀初頭の米俗語]

cócktail drèss 名 C カクテルドレス《女性の半正式のドレス, スカートは長くない》.

cócktail glàss 名 C カクテルグラス.

cócktail lòunge 名 C (ホテル, レストラン, 社交クラブの)バー (bar).

cócktail pàrty 名 C カクテルパーティー《カクテルや軽食が中心の略式パーティー; 夕食前にすることが多い》.

cócktail stìck 名 C (カクテルパーティーで食べ物をそのとがった先に突き刺す)つま楊枝(ようじ).

cócktail wàitress 名 C 〖米〗バーのウェイトレス.

cóck-ùp 名 C 〖英俗〗へま, 失敗.

cock·y /kάki | kɔ́ki/ 形 e 〖話〗うぬぼれが鼻につく, 生意気な. ▷**cock·i·ly** 副 **cock·i·ness** 名

còcky-léek·y /-líːki ㊟/ 名 ＝cock-a-leekie

co·co /kóukou/ 名 (複 ～s) C 〖植〗ココヤシの木 (coconut palm); ココヤシの実 (coconut). [スペイン語「しかめつら」; 実の底部が猿の顔に似ていることから]

***co·coa** /kóukou/ 名 (複 ～s /-z/) **1** U ココア《粉末, 飲料を言う; →cacao》; C ココア 1 杯. **2** U ココア色, こげ茶色. [cacao の異形]

cócoa bèan 名 C ココア豆《cacao の種; ココア, チョコレートの材料》.

cócoa bùtter 名 U カカオ脂《甘菓子, 石けんなどの製造用》.

†**co·co(a)·nut** /kóukənʌ̀t/ 名 C ココヤシの実《大形で卵形; 中身の果汁は食用》. [coco, nut]

COCOM /kóukὰm | -kɔ̀m/ *Co*ordinating *Com*mittee for Export to Communist Areas (ココム, 対共産圏輸出統制委員会)《1949–94 年》.

còconut mátting 名 U シュロのむしろ《ヤシの実の外皮の繊維で作る》.

cóconut mìlk 名 U ココヤシの果汁.

cóconut òil 名 U ココヤシ油《乾燥したココヤシの実 (copra) から採る; 石けん, 洗剤, シャンプーなどの原料》.

cóconut pàlm [trèe] 名 C ココヤシの木.

cóconut shỳ 名 C 〖英〗ヤシの実落とし《ボールを投げて当てる遊園地などでのゲーム》.

‡**co·coon** /kəkúːn/ 名 C **1** (蚕などの)繭(まゆ); (クモなどの)卵袋; (→chrysalis). **2** (繭のように)すっぽりくるむもの, 覆い; (外界から)保護するもの. live in a ～ (外界との接触のない)保護された環境で生活する. **3** (兵器などの保存用の)プラスチック被膜. ── 動 他 〈普通, 受け身で〉 VOA (～ X *in*..) X を..ですっぽりくるむ, 覆う; (～ X *from, against*..) X を..から保護する, 守る. The baby was ～*ed in* a large shawl. 赤ん坊は大きなショールにすっぽりくるまれていた. [＜中世ラテン語「殻」]

co·cóoned 形 〔人などが〕(現実との接触を絶って)大切に保護された. a philosopher ～ *in* an ivory tower 象牙(ぞうげ)の塔に隠れている哲学者.

co·cóon·ing 名 U 家庭の中にこもること; (社会との接触より)家族との生活を重視すること.

co·cotte /koukάt | -kɔ́t/ 名 C **1** ココット《小型のキャセロール; →casserole 1》. **2** 売春婦.

COD, cod cash [〖米〗collect] on delivery. send it *COD* 代金引換渡しでそれを送る.

‡**cod**[1] /kɑd | kɔd/ 名 (複 ～, ～s) C 〖魚〗タラ (codfish); U タラの肉.

cod[2] 〖英俗〗 動 (-dd-) 他 をだます, かつぐ; をからかう. ── 名 C いんちき, まやかし. ── 形 〈限定〉にせの, まやかしの.

co·da /kóudə/ 名 C **1** 〖楽〗コーダ, 終結部, 《楽章, 楽曲のまとめとして付け加える》. **2** (小説などの)終結部分《登場人物のその後の人生などをまとめて語る》. [イタリア語 (＜ラテン語 *cauda*「尾」)]

cod·dle /kάdl | kɔ́dl/ 動 他 **1** を甘やかす, 過保護にする. **2** 〔特に卵〕をとろ火でゆっくりゆでる[煮る].

‡**code** /koud/ 名 (複 ～s /-dz/) C **1 (a) 暗号**(法); 略号; (電信, 手旗, 音, 灯火の点滅などによる)**信号**(体系), 信号法. the Morse ～ モールス信号. a letter written in ～ 暗号で書かれた手紙. **(b)** (電話の)市外局番 (area code). **2** (社会, 団体などの)**慣例**, おきて; **規約**, 規則. a ～ of manners 礼儀作法のきまり. a strict ～ of conduct 厳しい行動規範. the moral ～ 道徳律. the ～ of the school 校則. **3 法典**, 法規集. the civil ～ 民法典. the penal ～ 刑法典.

── 動 他 〔通信など〕を暗号[信号]にする (encode). ～ a message 通信を暗号[信号]にする.

[＜ラテン語 *cōdex*「木の幹＞書き板」]

códe bòok 名 C 暗号帳, コードブック.

co·dein(e) /kóudiːn/ 名 U コデイン《ケシを原料とする鎮痛[鎮咳(がい), 睡眠]剤》.

códe nàme 名 C (人・物の名前の代わりに用いられる)暗号名, コード名, 《軍事作戦, スパイ活動などのための》.

códe-nàmed 形 〈叙述〉〔(軍事)作戦などが〕..という暗号名の.

còde of práctice 名 C (特定の職業の)慣例規約.

códe wòrd 名 C **1** (言葉の通常の意味と異なった意味に用いられる)合い言葉. **2** (公的立場にある人などが用いる当たり障りのない)婉曲語[表現].

co·dex /kóudeks/ 名 (複 **codices**) C 古写本《特に聖書, 古文書, 医学書などの》. [→code]

cód·fìsh 名 (複 →fish) ＝cod[1].

codg·er /kάdʒər | kɔ́d-/ 名 C 〖話〗(特に老人の)変わり者 (**òld códger**), 偏屈屋; (..な)やつ (fellow).

co·di·ces /kóudəsìːz/ 名 codex の複数形.

cod·i·cil /kάdəsəl | kɔ́d-/ 名 C **1** 〖法〗遺言補足書《説明, 付加, 変更などの事項を補足した文書》. **2** 追加条項, 付記; 付録.

cod·i·fi·ca·tion /kὰdəfəkéiʃ(ə)n, kòud- | kɔ̀d-, kòud-/ 名 UC 法典編集; (規則などの)成文化.

cod·i·fy /kάdəfài, kóud- | kɔ́d-, kóud-/ 動 (-fies | 過 過分 -fied | ～·ing) 他 〔法律など〕を法典に編集する, 〔規則など〕を成文化する.

cod·lin, cod·ling[1] /kάdlən | kɔ́d-/, /kάdliŋ | kɔ́d-/ 名 C (先細形の)料理用リンゴ; 未熟なリンゴ.

cod·ling[2] 名 C 〖魚〗タラの幼魚.

còd-liver óil 名 U 肝油.

cod·piece /kάdpìːs | kɔ́d-/ 名 C コッドピース《15–16 世紀に男性用のぴったりしたズボンの前あきを隠すためにつけた装飾的な袋》. [中期英語 *cod*「睾丸」, piece]

có-drìver 名 C (ラリーなどでの)交替運転者.

cods·wal·lop /kάdzwὰləp | kɔ́dzwɔ̀l-/ 名 U 〖英

話〗たわごと, ナンセンス.
Co·dy /kóudi/ [名] **William Frederick ～** コウディー(1846-1917)《米軍のための情報収集者, バファロー狩りの名人; 通称 Buffalo Bill》.
co·ed, co-ed /kóuèd|ˌ-ˊ-/〖話〗[名] [C] **1**〖米〗(男女共学の大学の)女子学生. **2** 男女共学校. ── /[移]/ [形] 男女共学の. [＜*co-ed*ucational]
co·éditor [名] [C] 共編者.
còeducátion [名] [U] 男女共学. ▷**cò·educátion·al** /[移]/ [形] 男女共学の.
còeffícient [名] [C] 〖数·物理〗係数; 率. the ～ of expansion 膨張率.
coe·la·canth /síːləkæ̀nθ/ [名] [C] シーラカンス《中生代の硬骨魚類の一種; 近縁の現世種も発見された》. [＜ギリシア語「空洞の」+「背骨」]
coe·len·ter·ate /siléntərèit/ [名] [C], [形] 〖動〗腔(こう)腸動物(の)《クラゲ, イソギンチャクなど》.
co·équal [形], [名] [C] (地位, 年齢, 力量などが)同等の(人), 同格の(人), 〈*with* ..と〉. ▷ **～·ly** [副]
‡**co·erce** /kouə́ːrs/ [動] [他] 〖章〗(脅し, 権力などで)を強要する; [VOA] (～ X *into* (*doing*)..) X(人)に..を強制する, むりやりさせる. ～ obedience 服従を強要する. ～ a person *into* obedience [obey*ing*] 人をむりに従わせる.
‡**co·er·cion** /kouə́ːrʃ(ə)n, -ʒ(ə)n|-ʃ(ə)n/ [名] [U] 〖章〗 **1** 強制(する[される]こと), 威圧. I refuse to act under ～. 強制されて行動するのはお断りだ. **2** 威圧[弾圧]政治.
co·er·cive /kouə́ːrsiv/ [形] 〖章〗強制的な, 威圧的な. ▷ **～·ly** [副] **～·ness** [名]
còetérnal [形] 永遠に共存する.
co·e·val /kouíːv(ə)l/〖章〗[形] 同時代の, 同年代の, 〈*with* ..と〉. ── [名] [C] 同時代[年代]の人. one's ～*s* 自分と同年代の人々.
còexíst [動] [自] 〔特に政治形態の相反する国家が〕共存する〈*with* ..と〉.
còexístence [名] [U] 共存. peaceful ～ 平和的共存.
còexístent [形] 共存する〈*with* ..と〉.
còexténsive [形] (時間·空間的に)同一の広がりを持つ〈*with* ..と〉. ▷ **～·ly** [副]
C of C Chamber of Commerce.
C of E Church of England.
‡**cof·fee** /kɔ́ːfi, kɑ́fi|kɔ́fi/ [名] ([複] **～s** /-z/) **1** [U] (飲料としての)**コーヒー**. Let's discuss this over a cup of ～. コーヒーを飲みながらこのことについて話し合おう. have [drink] ～ コーヒーを飲む.

> [連結] black [white; fresh; instant; decaffeinated; strong; weak] ～ // make [brew; percolate; grind; sip] ～

2 [C] 1杯のコーヒー (a cup of coffee). Two ～*s*, please. コーヒー2つ下さい. **3** [C] コーヒーパーティー《特に何かの運動を推進したり選挙の新候補者を紹介したりする非公式な集まり》. **4** [U] コーヒー豆(をひいた粉末). **5** [C] 〖植〗コーヒーの木(**cóffee trèe**). **6** [U] コーヒー色; 〈形容詞的〉コーヒー色の.
[＜イタリア語(＜トルコ語＜アラビア語「コーヒー, ワイン」)]
cóffee bàr [名] [C] 〖英〗軽食堂.
cóffee bèan [名] [C] コーヒー豆.
cóffee brèak [名] [C] コーヒー休み《仕事の中間の小休憩》.
cóffee·càke [名] [UC] 〖米〗コーヒーケーキ《菓子パン風のケーキ; コーヒーと共に食べる》.
cóffee cùp [名] [C] コーヒー茶わん[カップ].
cóffee grìnder [名] =coffee mill.
cóffee hòur [名] =coffee 3.
cóffee·hòuse [名] ([複] →house) [C] 喫茶店; コーヒーハウス《英国で17, 8世紀ごろ文人などが集まるクラブの役目をした》.
cóffee klàt(s)ch /-klætʃ/ [名] [C] 〖米〗コーヒーを飲みおしゃべりをする集い.
cóffee machìne [名] =drinks machine.
cóffee·màker [名] [C] コーヒー沸かし《電気器具》.
cóffee mìll [名] [C] コーヒーひき.
cóffee mòrning [名] [C] 〖英〗朝のコーヒーパーティー《普通, 慈善募金のためのもの》.
cóffee·pòt [名] [C] コーヒー滝(い)れ, コーヒーポット.
cóffee shòp [名] [C] 〖主に米〗(ホテルなどの)軽食堂, 喫茶室.
cóffee tàble [名] [C] (ソファーなどの前に置く)低い小テーブル. a ～ book (内容は通俗的な)写真入り大型本.
‡**cof·fer** /kɔ́ːfər, kɑ́f-|kɔ́f-/ [名] [C] **1** 貴重品箱, 金庫. **2**〖章〗〈～s〉財源, 資金. At the end of the Russo-Japanese War our ～*s* were almost empty. 日露戦争の終わりころ我が国の財源はほとんど底をついた. **3** = cofferdam. [＜ラテン語「籠」; →coffin]
cof·fer·dam /kɔ́ːfərdæ̀m, kɑ́f-|kɔ́f-/ [名] [C] 仮締め切り《水中工事用の一時的止水壁》; 〖工〗潜函(せんかん)(caisson).
†**cof·fin** /kɔ́ːfən, kɑ́f-|kɔ́f-/ [名] [C] 棺, ひつぎ, (〖米〗casket). ***a nàil in a pèrson's cóffin*** →nail. [＜古期フランス語「小さな籠」(＜ラテン語＜ギリシア語「籠」)]
C of S chief of section, chief of staff, Church of Scotland.
cog /kɑg, kɔːg|kɔg/ [名] [C] **1** (歯車の)歯, はめ歯. **2** 〖話〗(大きな組織中の)あまり重要でない人[部局] (**còg in the machíne [whéel]**).
co·gen·cy /kóudʒ(ə)nsi/ [名] [U] 〖章〗(議論などの)説得力, 納得させる力.
co·gent /kóudʒ(ə)nt/ [形] 〖章〗説得力のある, (人を)なるほどと思わせる, 〔議論, 推理など〕. a ～ explanation 人をうなずかせる説明. ▷ **～·ly** [副]
cogged /kɑːgd|kɔgd/ [形] 歯車の付いた.
cog·i·tate /kɑ́dʒətèit|kɔ́dʒ-/ [動] [自] 〖章〗熟考する〈*about, on, upon* ..について〉([類語] 夢中になって考える過程に重点がある; →think).
▷**cog·i·ta·tive** /-tèitiv|-tətiv/ [形]
còg·i·tá·tion [名] [UC] 〖章〗 **1** 思考, 熟考. **2** 〈しばしば ～s〉(個々の)考え, 考察; 瞑(めい)想.
cog·i·to er·go sum /kòugitou-ə̀ːrgou-súm|kɔ̀g-/ 我思う, ゆえに我在り《Descartes 哲学の根本思想》. [ラテン語 'I think, therefore I am']
‡**co·gnac** /kóunjæk|kɔ́n-/ [名] [U] 〈時に C-〉コニャック《フランス Cognac 地方原産のブランデー》; [C] その1杯.
cog·nate /kɑ́gneit|kɔ́g-/〖章〗[形] **1** 共通の起源を持つ, 同族の; 〖言〗同一語族[派]の; 〈*with* ..と〉. 'Speak' is ～ *with* German 'sprechen'. speak はドイツ語の sprechen と同一起源である. **2** 同一の祖先を持つ, 同血族の; 〖法〗女系[母方]の血族の; 〈*with* ..と〉. **3** 関連のある〈*to* ..と〉.
── [名] [C] 同族の人[もの]; 母方の血族; 〖言〗同一語族[派]の語. [＜ラテン語「血縁関係のある」]
cògnate óbject [名] [C] 〖文法〗同族目的語.

> [文法] **cognate object** (同族目的語) *sleep* a sound *sleep* (ぐっすり眠る)のように目的語と動詞とが同一語又は *live* a busy *life* (忙しい生活を送る)のように同一語源である時の目的語を指す; 普通は他動詞として使わない動詞でも同族目的語を取ることができる.

cog·ni·tion /kɑgníʃ(ə)n|kɔg-/ [名] 〖章〗 **1** [U] 認知(作用), 認知力, 《感情, 意志と区別して》. **2** [C] 認知[知覚]されたもの. ▷ **～·al** [形]
‡**cog·ni·tive** /kɑ́gnətiv|kɔ́g-/ [形] 〖章〗認知(作用)の[に関する, を要する]. ～ learning (外国語などの)認識学習. [＜ラテン語「理解する」] ▷ **～·ly** [副]
cog·ni·za·ble /kɑ́gnəzəb(ə)l|kɔ́g-/ [形] **1** 認識[知覚]できる. **2**〖法〗司法の管轄権内にある; 裁判所で審理されるべき. ▷**-bly** [副]

cog·ni·zance /kάgnəz(ə)ns|kɔ́g-/ 名 U 〘章〙 **1** 認識, 知覚. **2** 理解の範囲. **3** (裁判所や司法の)管轄権; 管轄の範囲.
beyond [***within***] ***a pèrson's cógnizance*** (1) 人の理解の範囲を超えた[範囲内にある]. (2) 人の管轄外[内]の.
***tàke cógnizance of*..** ..を認識する, 考慮する.

cog·ni·zant /kάgnəz(ə)nt|kɔ́g-/ 形 〘章〙〈叙述〉認識している〈*of* ..を〉; 気がついている〈*of* ..に〉; (類語 観察や情報に基づく認識を表す; →conscious).

cog·no·men /kagnóumən|kɔgnóumen/ 名 (複 ~s, **cog·nom·i·na** /-nάmənə|-nɔ́m-/) C **1** 家名, 姓, (surname)《特にローマ市民の持つ3つの名の最後の名, 例えば Marcus Junius Brutus の Brutus》. **2**〈大げさに〉呼び名,〈特に〉あだ名 (nickname),《例 Alfred the Great (アルフレッド大王)の the Great》.

co·gno·scen·ti /kὰnjouʃénti|kɔ̀-/ 名 (単 **co·gno·scen·te** /-tiː/)〈the ~〉(芸術などの)目利き連, 識者たち, 通(つう). [イタリア語 'people who know']

cóg ràilway 名 〘米〙 =rack railway.

cóg·whèel 名 C はめ歯歯車.

‡**co·hab·it** /kouhǽbət/ 動 自 〘章〙 (普通, 未婚の男女が)同棲(せい)する〈*with* ..と〉.「棲者.

co·hab·i·tant /kouhǽbətənt/ 名 C 共住者, 同↑

co·hàb·i·tá·tion /-téiʃ(ə)n/ 名 U **1** 同棲. **2** (政党間の)協力(関係)《coalition まで進んでいない》.

co·hab·it·ee /kouhæbətíː/ 名 =cohabitant.

co·heir /kouéər/ 名 C 〘法〙 共同相続人.

co·heir·ess /koué(ə)rəs/ 名 C 〘法〙 女子共同相続人.

†**co·here** /kouhíər/ 動 自 **1** 密着する; 〔土, 粉などが〕くっついて固まる. **2** (論理的に)首尾一貫する, 〔物語, 文体などが〕筋が通る, 散漫でない. **3** (考え, 利害などの面で)一致する, 協力する. [<ラテン語「くっつき合う」]

co·her·ence, -en·cy /kouhí(ə)rəns/, /-rənsi/ 名 U **1** (論理などの)首尾一貫性, (物語などの)筋が通っていること. Your arguments lack both clarity and ~. 君の議論は明晰(せき)でもなく首尾一貫もしていない. **2** 密着(性), 結束.

†**co·her·ent** /kouhí(ə)rənt/ 形 **1** (論理などの)首尾一貫した, (話などの)筋の通った. have a ~ Middle East policy 一貫した中東政策を持つ. **2** 密着した, 結束した, 凝集した. ◇動 cohere ▷ **~·ly** 副

‡**co·he·sion** /kouhíːʒ(ə)n/ 名 U **1** 結合(力), 密着(性); 団結(力). **2** 〘物理〙 (分子などの)凝集力.

co·he·sive /kouhíːsiv/ 形 結合力のある, 密着性の; 団結力のある; 凝集性の. ▷ **~·ly** 副 **~·ness** 名

co·ho /kóuhou/ 名 (複 ~, ~s) C ギンザケ(銀鮭)《北太平洋産; silver salmon》.

co·hort /kóuhɔːrt/ 名 C **1** 〘古代ローマ〙 歩兵隊《300-600 人から成り, 10 隊で legion を形成する》. **2** 集団, 群れ. a ~ of hippies ヒッピーの一団. **3** 〘主に米〙〘軽蔑〙 (盗賊などの)仲間; 同僚; 配下; 弟子; 支持者. **4** 〘統計〙 (同年出生などの)集団, 群, コーホート.

COI Central Office of Information.

coif /kɔif/ 名 (複 ~s) C 〘史〙 コイフ《ベールの下にかぶる頭をぴったり包む修道女の頭巾(ずきん)》; (兜(かぶと)の下に付けた)鎖頭巾. [<後期ラテン語「かぶと」]

coif·feur /kwɑːfə́ːr/ 名 (女 **-feuse** /-fə́ːz/) C 美容師, 理容師. [フランス語 'hairdresser']

coif·feuse /kwɑːfə́ːz/ 名 →coiffeur の女性形.

coif·fure /kwɑːfjúər/ 名 C ヘアスタイル, 髪型; 調髪.
── 動 他 の髪を整える; 〔髪〕をセットする. [フランス語]

coif·fúred 形 〔髪型が〕(念入りに)整えられた; 〔女性が〕髪型を(念入りに)整えられた.

coign /kɔin/ 名 C 〘古〙 (壁などの)突角. [coin の古形]

còign of vántage 名 C 有利な地点, 地の利; 有利な立場.

***coil** /kɔil/ 動 (~s /-z/|過 過分 ~**ed** /-d/|**cóil·ing**) 他 **1** を(らせん形に)ぐるぐる巻く; を巻きつける;〈*up*〉〈*about*, *around*..に/*into*..の形に〉. ~ a rope (*up*) 綱をぐるぐる巻く. The snake ~*ed* itself *about* [*around*] a branch. 蛇は枝に巻きついた. **2** を輪のように丸くする. ~ oneself [be ~*ed*] in the corner of the sofa ソファのすみっこで体を丸くする[丸くなっている].
── 自 **1** 〔蛇などが〕とぐろを巻く, 巻きつく; 輪になる;〈*up*〉. **2** くねくね曲がって行く. The road ~*ed* up toward the peak. 道は山頂に向かってくねくねと登っていた.
── 名 (複 ~s /-z/) C **1** (綱, 針金などを渦巻き形, らせん形に)巻いたもの, 輪; とぐろ巻き. a ~ of wire (ぐるぐる巻いた)ひと巻きの針金. a ~ of hair 巻き毛. **2** (ぐるぐる巻きの中の)ひと巻き. **3** 〘電〙 コイル. **4** 避妊リング (intrauterine device).
[<ラテン語 *colligere* 'collect']

***coin** /kɔin/ 名 (複 ~s /-z/) **1** C 硬貨. ★集合的に U の用法もある(最終例参照). a silver [copper] ~ 銀[銅]貨. a false ~ 偽造貨幣. drop ~*s* in a machine 自動販売機に硬貨を入れる. They tossed a ~ to decide who would go first. 彼らはだれが最初に行くか硬貨を投げて決めた(★それぞれが表 (heads) か裏 (tails) かを決めて当たった方が勝つ). pay two dollars *in* ~ 硬貨で 2 ドル支払う (★U の用法).

> 連結 a gold [a bronze; a new; a shiny; a dull; a rare; an ancient; a valuable; a foreign; a counterfeit] ~ // issue [mint, strike; collect] ~*s*

2 U 〘話〙 お金(かね), かね. Much ~, much care. 〘諺〙 金多ければ心配多し.
pày a pérson (***bàck***) ***in his*** [***her***] ***òwn*** [***in the sàme***] ***cóin*** 〘話〙 人にしっぺ返しをする.
the òther side of the cóin (物事の)反面.
twó sides of the sàme cóin 同じ事の裏表.
── 動 他 **1** 〔硬貨〕を鋳造する; 〔金属〕を硬貨に作る. **2** 〔新語など〕を案出する, 新造する.
còin móney = ***còin it ín*** 〘話〙〈普通, 進行形で〉どんどん金をもうける, 大もうけする.
to còin a phráse (1) こんな言葉はありませんが《新造語を使う言い訳》. (2) 〘戯〙 陳腐な言い方ですが.
[<古期フランス語「鋳型, 隅石」(<ラテン語「くさび」)]

†**coin·age** /kɔ́inidʒ/ 名 **1** U 貨幣鋳造(法); 貨幣鋳造権; 貨幣制度. **2** U〈集合的〉鋳造(された)貨幣, 硬貨; 通貨 (currency). issue gold ~ 金貨を発行する. **3** U (新語などの)案出, 創出; C 案出[創出]されたもの; 新語. a word of my ~ 私が造った語. The word "laptop" is a fairly recent ~. laptop はかなり最近の造語である.

cóin bòx 名 C **1** 料金箱. **2** (硬貨を挿入して利用する)公衆電話; 電話ボックス.

***co·in·cide** /kòuinsáid/ 動 (~s /-dz/|過 過分 **-cid·ed** /-əd/|**-cid·ing**) 自 **1** 同時(期)に起こる〈*with* ..と〉. The incident ~*d with* his arrival. 事件は彼の到着と(たまたま)時期が一緒だった. Our holidays ~*d* [My holidays ~*d with* my wife's] this year. 今年は, 我々の休暇は[私の休暇は妻のと]一致した. The trip to Scotland is planned to ~ *with* the Edinburgh Festival. そのスコットランドの旅はエジンバラ祭に合わせたものだ. **2** (空間的に)一致する, 同じ場所にある,〈*with* ..と〉. The proposed building site happens to ~ *with* the location of ancient burial mounds. 建設候補地は古墳の所在地と重なる. **3** 〔話, 意見, 利害などが〕一致する, 合致する,〈*with* ..と〉. The jurymen ~*d* in opinion. 陪審員は意見が一致した. His words don't ~ *with* his deeds. 彼は言行が一致しない.
◇名 coincidence [<中世ラテン語「共に起こる」]

C

*co·in·ci·dence /kouínsəd(ə)ns/ 名 (複 -denc·es /-əz/) 1 U (事件などが偶然)同時に起こること, 同時発生〈with ..との〉; 同所に共存すること. the ~ of these two events この2つの事件の同時発生.
2 UC (偶然の)一致, 符合; 一致[符合]する事柄. meet again by ~ 全く偶然に再会する. What a ~! 何という偶然の一致だろう. a ~ of interests 利害の一致.

連結 (a) mere [(a) pure, (a) sheer; a fortunate, a happy; an interesting; an odd, a strange; a remarkable] ~

co·in·ci·dent /kouínsəd(ə)nt/ 形 〖章〗 1 同時(期)に起こる; 同一場所にある; 〈with ..と〉. Areas of poverty and disease tend to be ~. 貧困と病気は同じ場所に起こる傾向がある. 2 完全に一致[符合]する〈with ..と〉. hold ~ views 一致した見解を持つ.
co·in·ci·den·tal /kouìnsədéntl ⑧/ 形 一致[符合]する(ような); 偶然の一致による. a ~ encounter 偶然の出会い. ▷ ~·ly /-təli/ 副
cóin·er 名 C 1 貨幣鋳造者; 〖英〗にせ金作り《人》. 2 新語新造者.
cò·insúrance 名 U 共同保険.
coir /kɔiər/ 名 C ココヤシ皮の繊維《ロープ, マットなどを作る材料》.
co·i·tal /kóuətl, kɔ́i-/ 形 〈限定〉〖医〗性交の.
co·i·tion /kouíʃən/ 名 =coitus.
co·i·tus /kóuətəs/ 名 U 〖医〗性交. [ラテン語]
còitus in·ter·rúp·tus /-intərʌ́ptəs/ 名 U 〖章〗中絶性交, 膣外射精. [ラテン語 'interrupted coitus']
coke[1] /kouk/ 名 U コークス. —— 動 他 〔石炭〕をコークスにする.
‡coke[2] 名 1 〖商標〗〈C-〉=coca-cola; C コーラ1本[1杯]. 2 U 〖俗〗コカイン (cocaine).
COL cost of living; Colonel.
Col. Colombia; Colonel; Colorado; Colossians.
col /kɑl|kɔl/ 名 C コル, 鞍(あん)部, 《鞍(くら)のようになった尾根のくぼみ》. [フランス語 'neck']
col. collected; collector; college; colony; color(ed); column.
col- /kɑ(l), kə(l)|kɔ(l), kə(l)/ 接頭 com- の l の前における異形. *col*laborate. *col*lateral. [→com-]
COLA /kóulə/ 名 U 生計費調整; (インフレに合わせた)賃金[年金]の引き上げ制度; 《<*c*ost *o*f *l*iving *a*djustment》.
co·la /kóulə/ 名 =kola.
col·an·der /kʌ́ləndər/ 名 C 水切りボール, 濾(こ)し器, 《ボウル (bowl) 型の点々と穴をあけた台所用品》.
col·chi·cum /kɑ́ltʃikəm|kɔ́l-/ 名 C 〖植〗イヌサフラン; U その種子[球茎]から作った薬剤.
‡cold /kould/ 形 e 【寒い】 1 寒い, 冷たい, (↔warm, hot). a ~ climate 寒冷な気候. a ~ wind 寒風. It is ~ outside today. 今日, 外は寒い. a ~ bath 冷水浴.

連結 bitter [icy; extreme, intense, severe] ~ // feel [keep out] the ~

2 (適温ほど)暖かくない; 冷たくなった. Dinner will get ~. 食事が冷めますよ.
3 〔人が〕寒さを感じる, 寒い. I feel ~. 私は寒い. The children were ~ after skating on the pond. 池でスケートをしてきて子供たちは冷えきっていた. My body went ~ with fear. 恐怖で体から血の気が引いた.
4 冷たい感じの〔色〕, 寒色の, 《青や青に近い色; ↔warm》.
【冷えきった】 5 '冷たくなった', 死んでいる; 〖話〗〈叙述〉意識を失った. ~ and lifeless 死んで冷たくなった. The blow knocked him (out) ~. その一撃で彼は意識を失った.
6 冷淡な, よそよそしい; 熱意のない; 無情な; (↔warm); (抑えきれないほどの)激しい〔怒りなど〕. His attitude was ~ and distant. 彼の態度はよそよそしかった. a ~ welcome よそよそしい出迎え. ~ at heart 冷酷で[な].
7 〔女性が〕(性的に)不感症の (frigid).
【さめた】 8 冷静な, 感情に支配されない, 平然とした; 偏見のない. with ~ precision 冷静な正確さで.
9 〔事実, 報道などが〕がっかりさせるような, 興ざめの. face the ~ truth that one is soon to die 自分が間もなく死ぬという冷厳な真実に直面する.
10 〔獲物の臭跡が〕かすかな, 古い, (↔hot, warm). pick up a ~ scent 〔犬などが〕かすかな臭跡をとらえる.
11 〖話〗〈叙述〉〔子供が〕(物を見つけたり[当てたり]するゲームで)見当違いで; 見つけられそうもない. "Is he a politician?" "No, you're getting ~*er*." 「その人は政治家ですか」「いや, 残念でした」《それではますます遠ざかる; クイズなどでのやり取り; →get HOT (2)》.
12 〖話〗〈叙述〉準備なしで, ぶっつけ本番で. come to a conference ~ 準備もせずに会議に出る.
(as) còld as chárity →charity.
cùt a pèrson cóld →cut.
gèt [hàve] a pèrson cóld 〖話〗人をやっつける, 人の首根っこを押さえる.
gèt [hàve] còld féet →foot.
in còld blóod →blood.
lèave a pèrson cóld 人に感銘を与えない, 人を失望させる. The pianist's performance *left* me ~. そのピアニストの演奏は私に感銘を与えなかった.
òut cóld 意識を失って[た] (→5).
pòur [thròw] còld wáter on [upon] .. →water.
—— 名 (複 ~s /-dz/) 1 U 〈しばしば the ~〉寒さ, 冷気, 寒冷(な天候). shiver with ~ 寒さで震える. die from [with] ~ 凍死する. go for a walk in the ~ 寒さの中を散歩に出かける. I cannot bear the ~ here. ここの寒さには耐えられない. 2 UC 〈普通, 単数形で〉風邪, 感冒. the common ~ 普通の風邪. have a ~ in the head 鼻風邪を引いている. You'll catch your death of ~. あなたは風邪を引いてひどい目に遭いますよ.

連結 a bad [a heavy, a nasty, a severe; a slight] ~ // get [aggravate] a ~

càtch a cóld (1) 風邪を引く. (2) 困った事になる.
càtch a pèrson cóld 人の意表[不覚]を突く.
come ìn from the cóld 亡命生活[孤立状態, 追放の身など]から抜け出す[解放される].
òut in the cóld 除(の)け者になって, 無視されて. I was left *out in the* ~ at the gathering. その会合の中で私は除け者にされた.
—— 副 〖主に米話〗 1 完全に; きっぱりと. Never stop ~ after hard exercise. 激しい運動をした後, 急にやめてはいけない. know .. ~ ..を熟知している. 2 なんの前触れもなしに, 突然, ぶっつけ本番で. quit a job ~ 急に仕事を辞める. [<古期英語]
còld-blóoded /-əd ⑧/ 形 1 冷酷な, 無情の. a ~ murderer 冷酷な人殺し. 2 〔動物が〕冷血の. 3 寒さに敏感な[弱い]. ▷ ~·ly 副 ~·ness 名
cóld-càll 動 自 〔セールスマンが〕勧誘電話をかける; (勧誘販売するために)訪問する.
—— 他 〔人〕に勧誘電話をかける; を訪問販売する.
còld cáll 名 C (セールスマンがかける)勧誘電話; (セールスマンの)訪問.
còld cásh 名 U 〖話〗(即金で支払われる)現金 (→hard cash).
còld chísel 名 C たがね《金属を(加熱せずに)切断する工具》.
còld cómfort 名 U (慰めになりそうで)全く慰めにならない物事.
cóld crèam 名 U コールドクリーム.

cóld cùts 名 〘主に米〙 薄切りの冷肉, ハム, チーズなどの盛り合わせ.
còld dúck 名 U コールドダック 《ブルゴーニュワインとシャンペンの等量を混合した飲料》.
còld físh 名 C 人に冷たく当たる人.
cóld fràme 名 C 園芸用冷床 《寒気を遮断するが加温はしない》.
cold front /⌐ ⌐|⌐ ⌐/ 名 C 〘気象〙 寒冷前線 (↔ warm front).
còld fúsion 名 U 〘物理〙 室温核融合.
còld·héarted /-əd ⑱/ 形 無情な, 不親切な, 冷淡な. ▷ **～·ly** 副 **～·ness** 名
cold·ish /kóuldiʃ/ 形 いくぶん寒い; やや冷淡な.
còld líght 名 U 冷光 《螢光, 燐(りん)光など; →luminescence》.
†**cold·ly** /kóuldli/ 副 冷淡に, 冷ややかに; 冷静に, 淡々と. turn away ～ 冷然と立ち去る.
còld méat 名 U **1** 冷肉 《冷めたまま食べる roast pork, roast beef, ham などの総称》. **2** 〘俗〙 死体.
†**cóld·ness** 名 U 寒さ, 冷たさ; 冷静さ, 冷淡さ. with ～ 冷ややかに; 冷静に.
cóld pàck 名 C **1** 冷湿布. **2** コールドパック 《生の原料を缶詰にしてから(低温で)加熱調理する方法》.
còld rúbber 名 U 低温ゴム 《5°Cぐらいの低温で作った合成ゴム; 自動車タイヤ用》.
cóld sàw 名 C 常温のこ 《常温で鋼材を切断するのこぎり》.
còld-shóulder 動 他 〔人〕を冷遇[無視]する.
còld shóulder 名 〈the ～〉 すげない扱い. give [show, turn] the ～ to a person 人によそよそしい態度をとる. get the ～ そっけなく扱われる.
cóld snàp 名 C 寒波の一時的な襲来.
cóld sòre 名 C 〘話〙 口唇ヘルペス (fever blister) 《風邪, 発熱による口周の発疹(しん)》.
còld stéel 名 U 〘雅〙 刃物 《剣, 銃剣など; 火器 (firearm) に対して》.
còld stórage 名 U (食物などの)冷蔵; (計画などの)棚上げ. put a project into ～ 計画を一時中断[凍結]する.
cóld stòre 名 C 冷蔵倉庫.
Còld·stream Guárds 名 〘英〙 〈the ～〉 近衛(このえ)歩兵連隊 《1660 年 Scotland の Coldstream で設立》.
còld swéat 名 〈a ～〉 冷や汗. I awoke in a ～. びっしょり冷や汗をかいて目が覚めた.
còld túrkey 名 U 〘米俗〙 **1** (常用していた)麻薬[酒, たばこ]の突然の停止; 〈副詞的〉 突然; そっけなく, ずけずけと. **2** ぶっきらぼうな言動.
còld týpe 名 U 〘印刷〙 コールドタイプ 《金属を溶かす工程を含まない製版法, 例えば写真植字》.
còld wár 名 UC 冷戦 (↔hot war); 〈C- W-; the ～〉 冷戦 《第 2 次大戦後ソ連崩壊までの東西両陣営の対立》.
cóld-wàter 形 給湯設備のない, 水道が引いてあるだけの, 〔アパートなど〕.
cóld wàve 名 C **1** 〘気象〙 寒波 (↔heat wave). **2** コールドパーマ 《この訳語は＜和製英語 *cold perma*nent (wave)》.
Cole /koul/ 名 **Nat 'King' ～** (ナット・'キング'・)コール (1917–65) 《米国のポップス歌手・ジャズピアニスト》.
cole /koul/ 名 C 〘植〙 アブラナ科の植物の総称 《キャベツ, カリフラワー, ケールなど》. [＜ラテン語「茎」]
co·le·op·ter·ous /kòuliáptərəs|kɔ̀liɔ́p-/ 形 (虫が)鞘翅(しょうし)目の 《カブトムシ (beetle) など》.
Cole·ridge /kóulridʒ/ 名 **Samuel Taylor ～** コールリッジ(1772–1834) 《英国の詩人・批評家》.
cóle·sèed 名 UC 西洋アブラナ.
cole·slaw /kóulslɔ̀ː/ 名 U コールスロー 《キャベツ, ニンジン, タマネギなどを細かく刻んでマヨネーズで混ぜたサラダ》. [＜オランダ語「キャベツサラダ」]
co·le·us /kóuliəs/ 名 C 〘植〙 コリウス 《シソ科の観葉植物》.
cóle·wòrt 名 ＝cole.
co·ley /kóuli/ 名 (～, ～s) C コーリー 《北大西洋産のタラ科の魚》.
col·ic /kálik|kɔ́l-/ 名 U 〈the ～〉 (特に幼児の)疝(せん)痛, さしこみ. [＜ギリシア語「結腸(の痛み)」]
col·ick·y /káliki|kɔ́l-/ 形 〔特に幼児が〕疝(せん)痛を病む; 疝痛のような.
Co·lin /kálən|kɔ́l-/ 名 男子の名.
col·i·se·um /kɑ̀ləsíːəm|kɔ̀l-/ 名 C **1** 大演技場, 大円形体育館. **2** 〈the C-〉 ＝Colosseum 1.
co·li·tis /kəláitəs/ 名 U 〘医〙 大腸炎.
coll. collateral; colleague; collect; collection; collective; collector; college; colloquial.
†**col·lab·o·rate** /kəlǽbərèit/ 動 自 **1** 共同で仕事[研究]する, 協力する, 合作する, 〈*with* ..と/*on*, *in* ..を〉. Tom and Jim agreed to ～ [Tom agreed to ～ *with* Jim]. トムとジムは[トムはジムと]協力することで合意した. ～ *on* a novel *with* a friend 友人と小説を合作する. **2** 〈非難して〉 協力する 〈*with* ..〔占領敵軍〕に〉. [＜ラテン語「共に働く」]
▷ **col·lab·o·ra·tor** /-tər/ 名 C 協力者, 合作者, 共著者; 対敵協力者.
†**col·làb·o·rá·tion** 名 **1** U 協力; 共同研究, 共同制作, 合作; C 協力の成果[所産]. **2** U 対敵協力.
***in collaborátion* (*with ..*)** (..と)協力して; (..と)合作で, 共著で.
▷ **～·ist** 名 C, 形 対敵協力者(の). **～·ìsm** 名
col·lab·o·ra·tive /kəlǽbərèitiv|-ərətiv/ 形 〈限定〉 協力の, 共同研究[制作]の, 合作の. ▷ **～·ly** 副
col·lage /kəlɑ́ːʒ/ 名 **1** 〘美〙 U コラージュ(技法); C コラージュ作品. **2** C 寄せ集め. [フランス語「のり付け」]
col·la·gen /kálədʒən|kɔ́l-/ 名 U 〘生化〙 コラーゲン 《高等動物の皮膚や骨に多く含まれている細胞外蛋白(たんぱく)質の 1 つ》. [＜ギリシア語「にかわ」]
col·lap·sar /kəlǽpsər/ 名 ＝black hole.
***col·lapse** /kəlǽps/ 動 (**-laps·es** /-əz/|過 過分 **～d** /-t/|**-laps·ing**) 自 【崩れ落ちる】 **1** 〔建造物などが〕**崩壊する**, つぶれる; 〔屋根などが〕陥没する. The bridge ～*d* under the weight of the spectators. 橋は見物人の重みで崩れ落ちた. The tunnel ～*d*, trapping several of the miners. 坑道が崩れて数人の坑夫が閉じ込められた. **2** 〔組織, 体制などが〕崩壊する; 〔計画, 事業などが〕失敗する, つぶれる. The Nazi dictatorship ～*d* in 1945. ナチス独裁は 1945 年に崩壊した.
3 〔人が〕(病気, 過労などで)卒倒する, (へなへなと)倒れる, へたり込む. Tired out after the long walk, he ～*d* onto his bed on arriving home. 彼は長い間歩いてへとへとだったので帰宅するなりベッドの上に倒れ込んだ.
4 〔価格が〕急に下落する, 暴落する.
【衰えしぼむ】 **5** 〔健康, 体力が〕急に衰える; 〔気力が〕萎える, くずおれる. His health ～*d* shortly after that. その後間もなく彼の健康が急に衰えた. ～ *into* tears 突然くずおれて泣き出す.
6 〘医〙 〔肺・血管が〕虚脱する 《収縮した状態になる》.
7 【小さくなる】 〔いす, 器具などが〕折り畳める, 小さくなる. This ladder ～*s into* a portable unit. このはしごは持ち運びできる形に折り畳める.
── 他 **1** 〔建造物, 組織, 計画など〕を崩壊させる, つぶす. **2** 〔器具など〕を折り畳む. ～ a telescope 望遠鏡を押し縮める. **3** 〔文章など〕を要約する 〈*into* ..に〉.
── 名 (複 **-laps·es** /-əz/) UC **1** (建造物の)**崩壊**, 倒壊, **陥没**. the ～ of an old bridge 古い橋の崩壊. **2** (組織, 体制などの)崩壊; (計画, 事業などの)挫折(ざせつ), 完全な失敗. the ～ of our program 我々の計画の失敗. **3** (価格などの)暴落. a ～ of stock prices 株価の暴落. **4** (身体, 精神の)急激な衰弱. I was in a state of

〜. 私は疲労の極みに達していた.
[<ラテン語「共に倒れる」]

col·láps·i·ble, -a·ble 形 〔ボート, いすなどが〕(折り)畳める. a 〜 umbrella [table] 折り畳み雨傘[テーブル].

‡**col·lar** /kálər|kɔ́lə/ 名 (複 〜s /-z/) C
【首周りの飾り】 1 (ワイシャツの)カラー; (服の)**襟**. a soft 〜 ソフトカラー. turn up one's 〜 上着[コート]の襟を立てる《寒さをしのぐためなど》.
2 (婦人服の)襟飾り, 首飾り, 《宝石, 布, 毛皮などの》; 〖英〗首飾り章《騎士の階級を示す》.
【首輪】 3 (特に犬の)**首輪**; 首当て《馬車馬の首にはめる革製のバンド; →harness 図》. 4 (動物, 鳥の)色輪《首の周りの毛並み, 羽毛の変色部分》; (植物の)根と茎の境界部分. 5 〖機〗つば, 継ぎ輪. 6 (職務などの)束縛, 拘束; 〖米話〗逮捕. in [out of] 〜 (定)職について[つかないで].
fèel a person's cóllar 〖英俗〗〔警官が〕犯人などをしょっぴく[逮捕する].
hàve one's còllar félt 〖英俗〗(警察に)しょっぴかれる, 挙げられる.
hòt under the cóllar →hot.
── 動 他 1 〖話〗〔人〕の襟首をつかむ, 〔人〕を(手荒に)つかまえる; 〔人〕をむりやり捕まえる《話しかけるために》. The police 〜*ed* him as he was leaving the hotel. 彼はホテルを出ようとしたところを警官に捕まった. be 〜*ed* by newspapermen 新聞記者に捕まる.
2 〔特に犬〕に首輪を付ける. Keep your dog 〜*ed* and on a leash. 犬に首輪を付けて紐(ひも)につないでおきなさい.
3 〖旧話〗〔他人の物〕を無断借用する, '失敬する'.
[<ラテン語「首輪」(<*collum*「頸」)]

cóllar·bòne 名 C 鎖骨 (clavicle).

cóllar bùtton 〖米〗[**stùd** 〖英〗] 名 C カラーボタン《ワイシャツに立てカラーを止めるボタン》.

col·lard /kálərd|kɔ́l-/ 名 C コラード《米国南部産の野菜; ケール (kale) の一種》; 〈〜s〉 コラードの葉《食用; **còllard gréens** とも言う》.

col·late /kɑléit|kɔl-/ 動 他 1 〔書物, 原稿など〕のページの順序をそろえる; 〔資料カードなど〕を整理する. 2 〖章〗〔本文, 原稿など〕を照合する, 校合(きょうごう)する, 〈*with* ..と〉.
[<ラテン語「一緒に(運び)集める」]

‡**col·lat·er·al** /kəlǽt(ə)rəl|kɔl-/ 〖章〗 形 1 平行した, 並び合った. 2 付随的な, 2次的な. 〜 causes 付随的な諸原因. 3 〖商〗見返りの, 担保によって保証された. (a) 〜 security 見返り担保. a 〜 loan 担保付き金融.
4 〔家系が〕傍系の (↔lineal). a 〜 family 分家. ── 名 UC 担保物件, 見返り品. ▷ **〜·ly** 副

col·la·tion /kɑléiʃ(ə)n|kɔl-/ 名 〖章〗 1 UC 照合, 校合(きょうごう). 2 C 〖旧〗(断食日に許される)軽い間食.

col·la·tor /kɑléitər|kɔ-/ 名 C 1 照合者, 校合(きょうごう)者; 〖製本〗丁付け調べ人[機]. 2 〖電算〗コレーター《パンチカードを照合し, 複数のファイルを統合整理する装置》.

***col·league** /kɑ́li:g|kɔ́l-/ 名 (複 〜s /-z/) C (職場の)**同僚**; (専門職の)同職者, 同業者. his numerous friends and 〜s 彼の多数の友人同僚. [<ラテン語「共に選任された者」]

‡**col·lect**[1] /kəlékt/ 動 (〜s /-ts/| 過 過分 **-lect·ed** /-əd/ | **〜·ing**) 他
【集める】 1 〔人〕を**集める**, 集合させる; 〔物〕を集める, **寄せ集める**, 〈*up, together*〉; (類語 選択して集めた上で整理すること; →gather). The speaker 〜*ed* a large crowd. 演説者の周りに大群衆が集まった. 〜 (*together*) one's belongings 手回り品を取りまとめる.
2 を**収集する**. 〜 old coins 古銭を収集する. 〜 enough evidence 十分な証拠をそろえる.
3 〔税金など〕を**徴収する**, **集金する**; 〔寄付金〕を集める, 募る, 〈*for* ..の〉. 〜 money *for* charity 慈善のために金を集める. 〜 contributions 寄付を募る.
4 【集めに来る[行く]】 〔ごみなど〕を集めに来る; 〖話〗を**取って来る** (fetch), **取りに[迎えに]行く**. I'm going to 〜 the gloves I left at the store. お店に忘れてきた手袋を取りに行くところです. 〜 one's child *from* the kindergarten 幼稚園へ子供を迎えに行く.
5 【入手する】 をもらう, 受け取る. She still 〜*s* her $100,000 salary. 彼女は今でも10万ドルの給料をもらっている.
【集中する】 6 〔考えなど〕をまとめる; 〔散漫になる心〕を**統一する**, **落ち着かせる**; 〔勇気〕を奮い起こす. 〜 one's thoughts (興奮していたのが)気を落ち着ける. 〜 one's wits 正気を取り戻す. 〜 oneself (→成句).
── 自 1 〔人が〕**集まる**, 参集する. The fans 〜*ed* around the actor. ファンが俳優の周りに集まった.
2 〔ちりなどが〕積もる, 〔雨水などが〕たまる. Moisture 〜*ed on* the windowpanes. 窓ガラスに水滴がついた.
3 集金をする; 募金をする 〈*for*..のための〉. 4 支払いを受ける 〈*on*..〔保険金など〕の〉.
colléct onesèlf 心を落ち着ける, 気を取り直す.
── 形, 副 〖米〗料金先方[受取人]払いの[で]. You can call me 〜. 料金こちら払いで電話してください. place a 〜 (phone) call to one's mother 母親に料金先方払い電話をかける. send a book 〜 代金引換えで本を送る.
[<ラテン語「拾い集める」(<col- ＋ *legere*「集める, 選ぶ」)]

col·lect[2] /kálekt|kɔ́l-/ 名 C 集禱(とう)文, 特禱, 《ローマカトリック教会・英国国教会で礼拝の初めにする短い祈禱; 日によって異なる》. [<ラテン語「集会」]

col·léct·a·ble 形, 名 ＝collectible.

‡**col·léct·ed** /-əd/ 形 1 集められた. the 〜 works of George Eliot ジョージ・エリオットの作品集. 2 我を忘れない, 落ち着いた. cool and 〜 落ち着き払って[た]. remain 〜 我を忘れない.
▷ **〜·ly** 副 落ち着いて, 冷静に.

col·léct·i·ble 形 集められる, 徴収可能な; 収集する価値のある. ── 名 C 〈普通 〜s〉 収集品《antique ほどの価値はない古道具など》.

‡**col·lec·tion** /kəlékʃ(ə)n/ 名 (複 〜s /-z/)
1 UC **収集(すること)**, 採集; (郵便物, ごみなどの)回収. make a 〜 of rare coins 珍しい硬貨を収集する. There are three 〜s of mail on weekdays. 平日には3回郵便物を集めに来る.
2 C (**a**) 収集物, **コレクション**; 集合(したもの). a large 〜 of rare books 希書の一大収集. a 〜 of various people 種々の人間の集団.

> 連結 an enormous [an extensive; an impressive, a magnificent, an outstanding; a valuable; a priceless; a worthless] 〜 // make [build up; display, exhibit; house] a 〜

(**b**) (服飾)コレクション (そのシーズンの流行の)新作発表会. the summer 〜 in Milan ミラノでの夏の新作コレクション.
3 UC (税金, 料金の)**徴収**, **集金**; **募金**, (集まった)寄付金, 献金. 〜 of fines 罰金の徴収. make [take up] a 〜 for a charity 慈善事業のため寄付金を募る.
4 C 〈普通, 単数形で〉 たまり, 堆(たい)積, 〈*of* ..〔ほこり, ごみなど〕の〉.

colléction bòx 名 C 献金箱, 募金箱.

†**col·lec·tive** /kəléktiv/ 形 1 集合的な; 集合した. a 〜 effort 結集した努力. 2 集団の, 総体的な; 総括的な. a 〜 term 一括した名称, 総称. our 〜 thoughts on the subject その問題に関する我々の総体的見解. 3 共同の, 共有の. 〜 responsibility 共同責任. 〜 ownership 共有(権). 〜 property 共有財産. 4 〖文法〗集合的な. ◇↔individual

── 名C 1 共同体, 集団; 集団農場, 共同経営工場. 2〘文法〙集合名詞 (~ noun). ◇動 collect[1]

collèctive bárgaining 名U (労使間の)団体交渉.

collèctive fárm 名C 集団農場, コルホーズ.

col·léc·tive·ly 副 集団で, 共同で; 一括して, 総称して. either singly or ~ 1 つずつかそれとも全部まとめて; 1 人ずつかそれとも全員まとまって. be ~ responsible for damages 損害賠償に共同責任を負う.

collèctive nóun 名C〘文法〙集合名詞.

collèctive secúrity 名U (国家間の)集団安全保障.

collèctive uncónscious 名U〘心〙集団的無意識《古来から人類の経験として蓄積された結果, 各個人が無意識に有するとされる精神的要素》.

col·lec·tiv·ism /kəléktivìz(ə)m/ 名U 集産主義《土地, 生産手段などを社会主義理論に基づいて国家又は全人民が所有·管理する》. ▷**col·léc·tiv·ist** 名, 形

col·lec·tiv·i·ty /kàlektívəti|kɔ̀l-/ 名 (複 -i·ties) U 集合性; C 集合[共同]体; 民衆.

col·lec·tiv·ize /kəléktivàiz/ 動 他 を集産(主義)化する. ▷**col·lèc·ti·vi·zá·tion** 名

collèct on delívery 名〘米〙代金引換え渡し《略 COD》.

†**col·lec·tor** /kəléktər/ 名C〈しばしば複合語で〉**1** 収集家. a butterfly ~ チョウの収集家. a stamp ~ 切手収集家 (philatelist). a bronze ~ 銅メダル収集家《優勝候補だがいつも金メダルを逃す》. **2** 集金人, 収税官, 集札係. a tax ~ 収税官. a ticket ~ (駅などの)集札係. a toll ~ 通行税徴収員.

collèctor's ítem [〘英〙 **píece**] 名C 収集家の珍重する逸品.

col·leen /káli:n|kɔ́l-/ 名C (アイルランドの)少女, 娘.

‡**col·lege** /kálidʒ|kɔ́l-/ 名 (複 **-leg·es** /-əz/) C

1〘米〙**単科大学**《総合大学 (university) に対して言い, 大学院課程を持たない》. a junior ~ 短期大学《2 年制》. a women's ~ 女子大学.

2〘米〙(総合大学の)**学部**. the *College* of Letters and Science (..大学)文理学部.

3〘米〙(1, 2を合わせて漠然と)**大学**. ~ education 大学教育. be in ~ 大学在学中. enter ~ 大学に入る. attend [go to] ~ 大学に通う. in his second year of ~ 大学 2 年生の年に. work one's way through ~ 学費を自分で稼ぎながら大学を出る. a ~ girl〘主に米〙女子大生. 語法 C であるが, 授業[学習]を指す場合には普通, 無冠詞; 建物を意味する時は冠詞付き; → school[1].

4〘英〙**学寮**《university を構成する単位である自治組織; 教官と学生とが各自の部屋を持って生活する》. Trinity *College*, Oxford オックスフォード大学トリニティカレッジ. **5**〘英〙..校《大規模な public schoolなどの名称に用いる》. Eton *College* イートン校.

6 (学士号を与えない)専門学校, 各種学校. a ~ of agriculture 農業学校. a barbers' ~ 理容学校.

7 団体, 協会, 学会. the Royal *College* of Physicians 英国内科医師会. the *College* of Cardinals〘カトリック〙枢機卿(けい)会《全枢機卿で構成する最高顧問会; ローマ教皇を互選する》.

8〈形容詞的〉college の, 大学の; 大学生(用)の. a ~ student 大学生. a ~ dictionary 大学生向け辞書. [<ラテン語「同僚であること, 共同(体)」(< *collēga* 'colleague')]

còllege bóards 名 (米国のひと組になった)大学入学試験《SAT も含まれる》.

còllege púdding 名UC〘英〙カレッジプディング《干した果物入りの牛脂を使ったプディング》.

còllege trý 名C〘米〙最大限の努力. 「一員.

col·le·gian /kəlí:dʒ(ə)n/ 名C 大学生; college の

‡**col·le·giate** /kəlí:dʒ(i)ət/ 形 **1** college の; 大学生(用)の. ~ sports 大学スポーツ. **2**〘英〙〔大学が〕学寮(colleges) 組織の.

collègiate chúrch 名C **1**〘カトリック·英国国教〙聖堂参事会管理教会《dean 4 が管轄する》. **2**〘プロテスタント〙(**a**)〘米〙協同教会《同一の牧師団がいくつかの教会を管理する》. (**b**)〘スコ〙共同(管理)教会《複数の牧師が管理する》.

Còller ID 名U 発信番号通知システム.

***col·lide** /kəláid/ 動 (~s /-dz/|過 過分 **-lid·ed** /-əd/|**-lid·ing**) 自 **1** ぶつかる, **激突する**. ~ *with* a tree 立木に衝突する. The buses ~*d* (*together* [*with* each other]). 2 台のバスが衝突した. **2**〔利害, 意見などが〕**全く一致しない**, まるで食い違う,〈*with* ..と〉. ◇名 collision [<ラテン語「ぶつかり合う」]

col·lie /káli|kɔ́li/ 名C コリー犬.

col·lier /káljər|kɔ́liə, -ljə/ 名C〘英〙**1** 炭坑夫. **2** 石炭輸送船(員). [coal, -ier]

col·lier·y /káljəri|kɔ́l-/ 名 (複 **-lier·ies**) C〘主に英〙石炭採掘所《建物その他の施設も含む》.

Col·lins /kálənz|kɔ́l-/ 名 **Wilkie** ~ コリンズ (1824–89)《英国の先駆的推理小説家》.

***col·li·sion** /kəlíʒ(ə)n/ 名 (複 ~s /-z/) UC **1 衝突**, 激突,〈*with* ..との/*between* ..〔2者〕の〉. My car was badly damaged in a ~ *with* a big truck. 私の車は大型トラックと衝突して大破した. a head-on ~ 正面衝突. **2** (利害, 意見などの)衝突, 対立. ~ *with* the government on economic policy 経済政策についての政府との衝突. ◇動 collide

***bè on a collísion còurse* (*with ..*)** (..と)衝突必至の進路を進む. Management *was on a* ~ *course with* labor. 経営者側はやがては労働者側との衝突必至の路線を採っていた.

***còme into collísion* (*with ..*)** (..と)衝突[対立]する.

***in collísion* (*with ..*)** (..と)衝突[対立]して.

col·lo·cate /káləkèit|kɔ́l-/ 動 他 を一緒に並べる, 配置する. ── 自〘文法〙〔語句が〕相互に連結する; VA (~ *with ..*)〔他の語句〕と連結する, 連語となる. 'Weak' and 'strong' ~ well *with* 'tea'. 'weak' と 'strong' は 'tea' とうまく連結する《weak [strong] tea と言えることを指す》.

── 名C〘文法〙連語構成語《その語と連結して連語を作る相手の語》.

còl·lo·cá·tion 名 **1** U 並置, 配列. **2** U〘文法〙語句の連結(関係); C 連結語句; 連語. 参考 例えば 'commit a crime' (犯罪を犯す), 'form a judgment' (判断を下す)のように, イディオムほど緊密な結合ではないが, 比較的自然に結びつく語がある. このような関係を collocation と言う. 副詞＋形容詞 (例 abundantly clear), 形容詞＋名詞 (例 heavy debt) の連結もある.

col·loid /kálɔid|kɔ́l-/ 名U〘化〙コロイド, 膠(こう)状質. ▷**col·loi·dal** /kəlɔ́idl/ 形

colloq. colloquial(ly); colloquialism.

†**col·lo·qui·al** /kəlóukwiəl/ 形 談話体の, 口語(体)の, 日常会話の, (↔literary). a ~ style 談話体. ▷~·**ly** 副 談話体で; 日常語では.

col·lo·qui·al·ism /kəlóukwiəlìz(ə)m/ 名U 談話体(の使用); C 談話体の語句, 口語的表現. ★例: *awfully*(= very); *let up*(= stop); *Who*(=*Whom*) did you see?

col·lo·qui·um /kəlóukwiəm/ 名 (複 ~**s, col·lo·qui·a** /-kwiə/) C〘章〙**1** 非公式な討論会. **2** 学術セミナー. [ラテン語「話し合うこと」(<col-＋*loquī* 'talk')]

col·lo·quy /káləkwi|kɔ́l-/ 名 (複 **-quies**) UC〘章〙(正式な)会談, 対談. [<ラテン語 *colloquium*]

col·lo·type /kálətàip|kɔ́lou-/ 名〘印〙U コロタイプ《写真印刷の一種》; C コロタイプ印刷物.

col·lude /kəlúːd/ 動 自 〘章・法〙 共謀[結託]する〈*with* ..と〉. [＜ラテン語「一緒に遊ぶ (*lūdere*)」]

‡**col·lu·sion** /kəlúːʒ(ə)n/ 名 U 〘章・法〙 共謀, 結託, 〈*with* ..との/*between* ..の間の〉. We know that they acted *in* ～ (*with* those brokers) to control the market. 彼らが市場を支配しようとして(あのブローカーたちと)共謀したことは分かっている.

C

col·lu·sive /kəlúːsiv/ 形 共謀の, 馴(な)れ合いの. ～ bidding 談合(入札). ▷ **～·ly** 副

col·ly·wob·bles /kάliwὰblz|kɔ́liwɔ̀blz/ 名 〘話〙〈the ～; 複数扱い〉 **1** (多く, おじけから来る)腹痛. **2** おじけ, 神経過敏. [＜*colic*＋*wobble*]

Colo. Colorado.

Co·logne /kəlóun/ 名 **1** ケルン《ドイツ西部 Rhine 川に臨む都市; ドイツ名は Köln》. **2** 〈c-〉 ＝eau de cologne.

Co·lom·bi·a /kəlʌ́mbiə|-lɔ́m-, -lʌ́m-/ 名 コロンビア《南米北西部の共和国; 首都 Bogotá》. ▷ **Co·lom·bi·an** /-biən/ 形, 名

Co·lom·bo /kəlʌ́mbou/ 名 コロンボ《Sri Lanka の旧首都 (1985 年まで)で海港》.

***co·lon**[1] /kóulən/ 名 C コロン (:).

> **colon の使い方** その最も重要な役目は, それ以下に挙げられているものが前に出た語の更に詳しい説明又は言い換えであることを示すことである. She has been to numerous countries: England, France, Spain, to name but a few. (彼女は多くの国に行ったことがある. いくつかを挙げれば英国, フランス, スペインだ). この用法では namely, such as などに相当するが, これらの語を使う場合は前に comma を置く.

[ギリシア語「四肢, (詩句の)一部」]

‡**co·lon**[2] /kóulən/ 名 C 〘解剖〙 結腸. [ギリシア語]

co·lon[3] /koulóun/ 名 C (複 **co·lo·nes** /-neis/, **～s**) コロン《コスタリカ, エルサルバドルの通貨単位》.

***colo·nel** /kɔ́ːrn(ə)l/ 名 C **1** 〘米〙 **陸軍[空軍, 海兵隊]大佐**; 〘英〙 陸軍[海兵隊]大佐. **2** ＝lieutenant colonel. [＜イタリア語「縦隊 (column) の長」]

Còlonel Blímp 名 C ブリンプ大佐《頑固で尊大な保守主義者の老人》. [David Low 作の漫画の主人公名から]

***co·lo·ni·al** /kəlóuniəl/ 形 ℂ 〈限定〉 **1** **植民(地)の**. **2** 〘米〙〈しばしば C-〉 初期植民地(時代)の; 植民地時代風の, コロニアル風の, 〔建築など〕. the old ～ days (米国の英領)植民地時代. ～ architecture コロニアル風建築様式. **3** 〘英〙 現地人を見下す. **4** 〘生物〙 コロニー[群落]の.

── 名 C **1** 植民地の住民, 植民地生まれの人. **2** コロニアル風の家. **3** 植民地用の産品《切手, 貨幣など》.

▷ **～·ism** 名 U 植民地主義, (搾取的な)植民政策. **～·ist** 名 C, 形 植民(地)主義者(の).

†**col·o·nist** /kάlənist|kɔ́l-/ 名 C **1** ＝colonial. **2** 植民地開拓者, 入植者.

†**còl·o·ni·zá·tion** 名 U 植民(地開拓); 植民地化.

†**col·o·nize** /kάlənàiz|kɔ́l-/ 動 他 **1** を植民地にする, 拓殖する. **2** 〔移民〕を植民地に送り込む, 入植させる. **3** 〔ある地域〕に入植する, 植民者を送る.

── 自 植民地を造る; 入植する.

cól·o·nìz·er 名 C 植民地開拓者; 入植者.

col·on·nade /kὰlənéid|kɔ̀l-/ 名 C **1** 〘建〙 コロネード柱廊, 《ギリシア建築などの》. **2** (道の両側の)並木.

▷ **col·on·nad·ed** /-əd/ 形

‡**col·o·ny** /kάləni|kɔ́l-/ 名 (複 **-nies** /-z/) C **1** **植民地**. establish [plant] a ～ 植民地を建設する.

2 〈the Colonies〉〘米史〙 英国植民地《後に独立宣言をした東部 13 州》. **3** 〈the colonies〉〘英旧〙 英国植民地《全体》. go out to *the colonies* and start a new life 植民地へ出かけていって新生活を始める.

4 〈集合的〉 植民[移民]団. **5** (同じ人種, 宗教, 職業などの人々の)集団居住地, ..街; 〈集合的〉 集団居住地の住民. an artists' ～ (ニューヨークの Greenwich Village のような)芸術家村. **6** 〘生物〙 コロニー, 群生, 群落. a ～ of rooks ミヤマガラスの群生.

[＜ラテン語「植民地」(＜*colere*「耕す」)]

col·o·phon /kάləfən|kɔ́l-/ C **1** (本の背や表題紙に付ける)出版社の社章. **2** (本の)奥付.

‡**col·or** 〘米〙, **-our** 〘英〙 /kʌ́lər/ 名 (複 **～s** /-z/)

【**色**】 **1** (**a**) UC **色, 色彩**; 色合い, 色調; 着色, 彩色; (類語「色」を表す最も一般的な語; →hue, shade 5, tinge, tint, tone). primary ～*s* 原色. Her sweater is (of) a deep red ～. 彼女のセーターは濃い赤だ. What ～ shall we paint the fence? どんな色に柵(さく)を塗りましょうか. Is the movie in (full) ～? その映画はカラー映画ですか. (**b**) 〈形容詞的〉 色の, 色彩の; 色のついた, カラーの. ～ film カラーフィルム. ～ television カラーテレビ. a ～ filter (写真の)カラーフィルター.

> 連結 a gaudy [a gay, a loud, a rich, a showy, a strong; a quiet, a soft; a dark; a light; a cold; a warm] ～

2 UC 〈普通 ～s〉 **絵の具**, 顔料 (pigment); 染料 (dye). oil [water] ～(*s*) 油[水彩]絵の具. paint in bright ～*s* 明るい色で塗る.

【**顔色**】 **3** aU **顔色, 血色**, (complexion)《特に健康状態を示す》. have a high ～ 血色がよい; (発熱などで)顔が赤い. **4** aU (恥じらいなどの顔の)紅潮; 赤面.

5 【**よい血色**】 U **生気**, 生彩; 興趣. His style adds [gives] ～ to the story. 彼の文体が物語に生彩を加えている.

6 【**うわべの色**】 UC 外観; 本当らしさ, 見せかけ; 口実. some ～ of truth いくぶんかの真実味. put a false ～ upon [give (a) false ～ to] facts 事実と違うように見せる[を粉飾する].

【**肌色**】 **7** C 皮膚の色; aU (有色人種の)皮膚の色. people of all ～*s* あらゆる皮膚の色の人たち. a man of ～ 有色人種(特に黒人)の男性. ～ prejudice 肌色による(人種的)偏見.

8 U 特色; 性質, 性格; 〘楽〙 音色, 音質. Can you tell me the ～ of his thinking on this issue? 彼がこの問題についてどんな考え方をしているか話してくれないか.

【**シンボルとしての色**】 **9** 〈～s〉 スクールカラー; その色をしたリボン, 服, 帽子, 団旗, 校旗など. get [win, be given] one's ～*s* 〘英〙 (選手としての)色リボンをもらう, 選手になる.

10 〈～s〉 国旗, 軍旗, 船旗など. a ship under British ～*s* 英国国旗を掲げた船舶. follow [join] the ～*s* 〘旧〙 軍隊に入る.

chànge cólor 顔色を変える, 青く[赤く]なる.

gìve* [*lènd*] *cólor to .. 〔特に異常な出来事〕を真実らしく思わせる.

lòse cólor 〔人が〕青くなる, 顔色が悪くなる, 色を失う.

lòwer** one's **cólors (主張などで)譲歩する, (議論で)降参する, 《＜旗を下ろす; →10》.

nàil** one's **cólors to the mást 決意を表明してそれを貫く, 旗幟(きし)を鮮明にする.

òff cólor (1)〘話〙 少し顔色が悪くて, 気分が悪くて, (語法 普通, feel, look, seem などの補語として用いる). I'm off school today because I feel *off* ～. 気分がよくないので今日は学校を休んでいる. (2) 〔冗談などが〕猥褻(わいせつ)な, きわどい.

sàil under fàlse cólors 外見を偽って行動をする《海賊船などが国籍を偽る旗を掲げて航行したことから》; 偽善的なふるまいをする.

sèe a thíng in its trùe cólors 物事の真相を見る.

sèe the cólor of** a pèrson's **móney 〖話〗〔人〕に支払い能力があるのを確認する.
shòw** one's (**trùe**) **cólors**＝**shòw** **onesélf in** one's **trùe cólors 本性[正体]を現す.
stìck to** one's **cólors 自分の主義[意見など]を固守する《colors は「旗」》.
under cólor of . . ..と見せかけて, を口実にして.
with flýing cólors 大成功を収めて, 見事に.
── 動 (～s /-z/|過 過分 **～ed** /-d/|**～·ing** /-l(ə)riŋ/) 他 **1** に**彩色する, 色を塗る**, を染める, 〈*with* ..(鉛筆, クレヨンなど)で〉; VOC (～ X Y) X を Y (色)に塗る. ～ one's hair 髪の毛を染める. ～ a wall gray 壁を灰色に塗る.
2 〔顔〕を**赤くする** (blush). The fever *～ed* her cheeks. 熱で彼女のほおは赤くなった.
3 〔話, 記事など〕に**色をつける**, 潤色する; 〔判断, 意見など〕を偏向させる, 〔事実など〕をゆがめる, 曲げる. His way of thinking is *～ed* by his natural optimism. 彼の考え方は生来の楽天主義によって色づけられている.
── 自 **1** 顔を赤らめる 〈*up*〉 (類語 blush の婉曲語). **2** 〔木の葉などが〕色づく, 色が変わる.
còlor /../ ín 〔絵の部分, 形など〕に色を塗り込む.
[＜ラテン語「覆い＞外観, 色」]

Col·o·rad·o /kɑ̀lərǽdou|kɔ̀lərɑ́:-/ 名 **1** コロラド《米国西部の州; 州都 Denver; 略 CO〖郵〗, Colo., Col.》. **2** 〈the ～〉 コロラド川《Colorado 州北部に源を発し, California 湾に注ぐ; 途中 Grand Canyon, Hoover Dam などを通過する》. [スペイン語「赤褐色の(川)」]

Coloràdo potáto bèetle 名 ＝potato beetle.

Colorádo Sprìngs 名 コロラドスプリングス《コロラド州中央部の都市・保養地》.

col·or·ant /kʌ́lərənt/ 名 C 着色剤.

col·or·a·tion /kʌ̀ləréiʃ(ə)n/ 名 U 着色法; 彩色, 配色. 色法. **3** U 血色, 顔色. **4** U 見せかけ, うわべ.

col·o·ra·tu·ra /kʌ̀lərət(j)ú(ə)rə|kɔ̀lərətú-/ 名 U コロラチュラ《声楽の華麗な装飾的楽節[唱法]》; C コロラチュラソプラノ歌手. [イタリア語 'coloring']

cólor bàr 名 C 人種差別(の障壁).

cólor-bèarer 名 C (パレードなどの)旗手.

cólor-blìnd 形 **1** 色覚異常の. **2** 肌の色[人種]で差別をしない. ▷ **～·ness** 名 U 色覚異常.

cólor bòx 名 C 絵の具箱.

cólor·càst 〖米〗 名 UC カラー放送. ── 動 (～s|過 過分 **～, ～·ed**|**～·ing**) 他, 自 (を)カラー放送する.

cólor còde 名 C (識別用)色コード, 色分け.

cólor-còded /-kòudəd/ 形 (識別のため)色で塗り分けられた.

cólor-coòrdinated /-əd/ 形 〔服装などが〕色の組み合わせがよい[よくマッチした].

†**col·ored** 〖米〗, **-oured** 〖英〗 /kʌ́lərd/ 形 **1** 着色した, 彩色した. ～ glass 着色ガラス.
2 白人種以外の, 有色の, 〈特に〉黒人の; (特に南アで)有色人種と混血の; (↔white). ～ races 黒人種. 注意 黒人を表す語として, 〖米〗では昔は Negro の婉曲語であったが, 今では Negro より軽蔑的で, black の方が好まれる.
3 潤色した; 事実を曲げた〔記事, 陳述, 考えなど〕; 偏向のある. a highly ～ attitude toward the Jews ユダヤ人に対するきわめてゆがんだ態度.
4 〈複合要素〉 ..色の. orange-*colored* オレンジ色の.
── 名 **1** U 〈the ～〉 有色人種. **2** C 有色人; 有色混血人《南アの》.

cólor·fàst 形 色の褪(あ)せない[とばない]〔織物など〕.

cólor-fìeld 形 (形よりも)色彩が強調された〔抽象画〕.

‡**col·or·ful** 〖米〗, **-our-** 〖英〗 /kʌ́lərf(ə)l/ 形 m **色彩に富んだ**; 華やかな, 派手な; 生彩のある. a ～ event 多彩な行事. a ～ life 華麗な一生. ▷ **～·ly** 副

†**cól·or·ing** 〖米〗, **-our-** 〖英〗 /-riŋ/ 名 **1** UC (食品などの)着色剤; 染料, 顔料, 絵の具. **2** U 着色, 彩色; 着色法. **3** U 血色, 顔色. **4** U 見せかけ, うわべ.

cóloring bòok 名 C 塗り絵帳.

col·or·ist /kʌ́lərist/ 名 C 色の使い方が巧みな画家; 彩色者.

col·or·ize /kʌ́lərὰiz/ 動 他 (ビデオ用などに)〔古いモノクロフィルム〕に着色する. ▷ **col·or·i·za·tion** 名

†**cólor·less** 〖米〗, **-our-** 〖英〗 形 **1** 生気のない, 生彩のない, 殺風景な; 退屈な. a ～ personality 面白味のない性格(の人). **2** 無色の〔液体など〕. **3** 片寄っていない, 中立的な, 無色の. **4** 血色の悪い, 青ざめた.
▷ **～·ly** 副 **～·ness** 名

cólor lìne 名 〖米〗 ＝color bar.

cólor schème 名 C (庭園, 室内などの)色彩設計[配合].

cólor sùpplement 名 C 〖英〗 (新聞の)色刷り付録《普通, 日曜日に折り込まれる》.

cólor wàsh 名 U 水性染料; 泥絵の具.

cólor·wày 名 C 〖英〗 (プリント染めの布, 印刷紙面の)色の配合, 配色.

‡**co·los·sal** /kəlɑ́s(ə)l|-lɔ́s(ə)l/ 形 **1** 巨大な; 莫(ばく)大な〔量〕. **2** 〖話〗 途方もない; すばらしい. a ～ blunder とんでもない失策. a ～ success 大成功. ▷ **～·ly** 副 〖話〗 途方もなく, ばかに. a *～ly* large sum どえらい金額.

Col·os·se·um /kɑ̀ləsí:əm|kɔ̀ləsí(:)əm/ 名 **1** 〈the ～〉 コロセウム《ローマ市内の遺跡; 古代ローマの大円形演技場》. **2** C 〈c-〉 ＝coliseum 1. [＜ラテン語「巨大な」]

Co·los·sians /kəlɑ́ʃənz|-lɔ́ʃ-/ 名 〈the ～; 単数扱い〉 〖聖〗『コロサイ書』(The Epistle of Paul the Apostle to the ～)《新約聖書中の一書; 略 Col.》.

co·los·sus /kəlɑ́səs|-lɔ́s-/ 名 (複 **co·los·si** /-sai/, **～·es**) C **1** 巨像. **2** 巨人, 偉人; 巨大な物. [＜ギリシア語]

Colòssus of Rhódes 名 〈the ～〉 ロードス島の巨像《ロードス島の入り口に立っていたと言われるアポロの巨像; the Seven Wonders of the World の1つ》.

co·los·to·my /kəlɑ́stəmi|-lɔ́s-/ 名 (複 **-mies**) UC 〖医〗 人工肛門形成(術).

co·los·trum /kəlɑ́strəm|-lɔ́s-/ 名 U (産婦の)初乳(しょにゅう).

col·our /kʌ́lər/ 〖英〗 ＝color.

Colt /koult/ 名 C 〖商標〗 コルト式拳(けん)銃《＜発明者 Samuel *Colt*》.

***colt** /koult/ 名 (複 **～s** /-ts/) C **1** (雄の)**子馬**《普通 4 歳未満; 女 filly; →horse 1 参考》. **2** 未熟者, 青二才; (スポーツの)若くて未熟な選手. [＜古期英語「若いロバ」]

col·ter /kóultər/ 名 C (鋤(すき)の刃の前に付いた)土切り刃.

colt·ish /kóultiʃ/ 形 子馬のような; 活発な; ふざける.

cólts·fòot 名 (複 **～s**) C 〖植〗 フキタンポポ.

Co·lum·bi·a /kəlʌ́mbiə/ 名 コロンビア **1** 〈the ～〉 米国ワシントン州とオレゴン州の境界を流れて太平洋に注ぐ川. **2** South Carolina 州の州都. **3** 〖詩〗 アメリカ(合衆国)を擬人化した名前; 赤, 白, 青の服を着た女性で表す. **4** NASA による最初のスペースシャトル.
[＜Christopher *Columbus*]

Co·lum·bi·an /kəlʌ́mbiən/ 形 Columbia の; コロンブスの.

col·um·bine /kɑ́ləmbàin|kɔ́l-/ 名 **1** C オダマキ《キンポウゲ科の観賞用多年草》. **2** 〈C-〉 コロンバイン, コロンビーナ, 《古いパントマイム劇などで, Pantaloon の娘で Harlequin の恋人の役》.

co·lum·bi·um /kəlʌ́mbiəm/ 名 ＝niobium.

Co·lum·bus /kəlʌ́mbəs/ 名 **1 Christopher ～** コロンブス(1451?-1506)《1492 年アメリカ大陸へ到達したイタリア生まれの航海家》. **2** コロンバス《米国 Ohio 州の州都》.

Colúmbus Dày 名 〖米〗 コロンブスの日《アメリカ大陸に到達した日 (10 月 12 日)を記念する; たいていの州では 10 月の第 2 月曜日で法定祝日》.

‡**col·umn** /kɑ́ləm|kɔ́l-/ 名 (複 **～s** /-z/) C 【円い柱】
1 〖建〗 **円柱** 《建物の支え[装飾など]に並べて用い, 又単

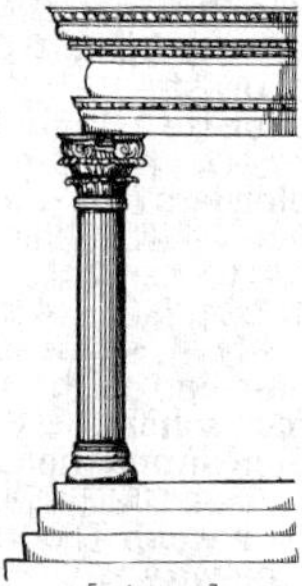

独で記念碑などに使われる》.
2 円柱形のもの; 円柱状の一団の気体[液体]. the ～ of the nose 鼻柱. a ～ of smoke 立ちのぼる一筋の煙.
【縦に並んだもの】 **3** (数字などの)**縦の列** (語法 数学などでは普通, 縦の並びを column, 横の並びを row (「行」)と呼んで区別する). a ～ of figures 縦 1 列に並んだ数字.
4 (兵士, 車両, 船などの)縦隊, 縦列, (→line[1] 10). march *in* a ～ of fours 4 列縦隊で行進する.

[column 1]

5 (新聞, 書物などのページの)**縦の欄[段]** 《英語の新聞で欄[段]は縦になる; 日本語の新聞では横》. The article ran across three ～*s*. その記事は 3 段にわたっていた. correspondence [advertising] ～*s* 投書[広告]欄.
6 (新聞, 雑誌などの)特約寄稿欄, コラム. Mr. Reston's ～ in the *New York Times* ニューヨークタイムズ紙のレストン氏のコラム.
dòdge the cólumn 〖旧話〗 仕事を怠ける, さぼる.
[＜ラテン語 *columna*「柱」]

co·lum·nar /kəlʌ́mnər/ 形 **1** 円柱の, 円柱状の. **2** 縦欄に書かれた[印刷された].

cól·umned 形 円柱のある; 円柱状の.

co·lum·ni·a·tion /kəlʌ̀mniéiʃən/ 名 U 〖建〗 円柱使用; 円柱の配列.

†col·um·nist /kɑ́ləm(n)ist|kɔ́l-/ 名 C コラムニスト 《column 6 への定期的寄稿家》.

col·za /kɑ́lzə|kɔ́l-/ 名 C 〖植〗 西洋アブラナ.

cólza òil 名 U ナタネ油.

COM /kɑm|kɔm/ computer-output microfilm (電算機出力マイクロフィルム).

Com. Command(er); Commission(er); Committee; Commodore.

com. comedy; comma; commerce; commercial; common(ly); communication.

com- /kɑ(m), kə(m)|kɔ(m), kə(m)/ 接頭 「共に, 一緒に」の意味又は強調を表す. *com*mand. *com*pany. *com*bine. ★com- は m, p, b の前で用いられ, l の前では col-, r の前では cor-, 母音や h, gn, w の前では co-, その他の場合は con- となる. [ラテン語 *cum* 'with, together']

‡co·ma[1] /kóumə/ 名 UC 昏(こん)睡(状態). in a ～ 昏睡状態で. go into a ～ 昏睡状態に陥る. [ギリシア語]

co·ma[2] 名 (複 **co·mae** /-miː/) C **1** 〖天〗 コマ, 髪, 《彗星(すいせい)の核の周りの星雲状のもの》. **2** 〖植〗 種綿 《種子の綿毛》. [＜ギリシア語「髪」]

Co·man·che /kəmǽntʃi/ 名 (複 ～, ～s) **1** 〈the ～(s); 複数扱い〉 コマンチ族; C コマンチ族の人 《北米先住民の一部族; 現在はオクラホマ州に住む》.
2 U コマンチ族の言語.

co·ma·tose /kóumətòus, kɑ́m-|kóumə-/ 形 昏(こん)睡(状態)の(ような); 眠くてたまらない, ぐったりした. a ～ state 昏睡状態. in a ～ sleep 死んだように眠りこけて.

***comb** /koum/ 名 (複 ～s /-z/) C 【くし】 **1** (女性の髪飾り又はとかすための)くし; 〈単数形で〉 くしで梳(す)くこと. **2** (麻の繊維, 羊毛などの)梳き具; 馬ぐし (currycomb).
【くし形のもの】 **3** (特におんどりの)とさか; 波頭. **4** ハチの巣 (honeycomb).
── 動 他 **1** 〔髪, 毛皮〕をくしでとかす[梳(す)く], くしけずる; 〔羊毛, 麻など〕を梳き分ける 《製品にするために》. **2** 〔場所など〕を徹底的に捜す 〈*through*〉 〈*for*..を求めて〉. We ～*ed* the whole neighborhood *for* the missing dog. 私たちは迷い犬を見つけようと近所をくまなく捜し回った. ── 自 **1** 髪を梳(す)く[とかす]. **2** 〔波が〕波頭を立てて砕ける. **3** VA (～ *through*..) ..中を捜す; ..を徹底的に調べる.
còmb /../ óut (1) 〔髪など〕をくしで梳く; 〔ほつれなど〕をくしで梳いて取り除く. (2) 〔不要な物, 人〕を探し出して整理する 〈*from*..から〉; (無駄排除などのため) 〔役所など〕を '掃除する'. (3) 〔情報など〕を探し出す 〈*from*..〔書類の中など〕から〉.
[＜古期英語「歯のある物, くし」]

comb. combination; combining.

†com·bat /kɑ́mbæt|kɔ́mbət, kʌ́m-/ 名 UC **1** 戦闘; 格闘; (類語 2 者間の雌雄を決するたたかい; →fight). be killed in ～ 戦闘で死ぬ. a ～ jacket 戦闘服. a ～ plane 戦闘機. **2** 抗争, 闘争. ～ *between* capital and labor 労資間の闘争.
── /kəmbǽt, kɑ́mbæt|kəmbǽt, kɔ́mbət, kʌ́m-/ 動 (～s|-(t)t-) 他 と戦う; と格闘する; と争う, 闘争する, 抗争する. ～ the enemy 敵と戦う. ～ depression 不況と戦う. ～ crime 犯罪と戦う. ～ the storm あらしと戦う. We must fight harder to ～ terrorism. テロを抑え込むためにもっと激しく戦わねばならぬ.
── 自 戦う; 闘争する; 〈*with*, *against* ..と〉. ～ *with* the authorities 当局と争う. ～ *against* injustice 不公正に対して抗争する.
[＜後期ラテン語「打ち合う」]

†com·bat·ant /kəmbǽtənt, kɑ́mbət-|kɔ́mbət(ə)nt, kʌ́m-/ 名 C 戦闘員 (↔noncombatant); 格闘する人. ── 形 戦闘員の; 戦っている.

cómbat fatìgue 名 〖婉曲〗 ＝shell shock.

com·bat·ive /kəmbǽtiv, kɑ́mbət-|kɔ́mbətiv, kʌ́m-/ 形 好戦的な, 戦闘的な; 争い好きな. ▷ **～·ly** 副 **～·ness** 名

combe /kuːm/ 名 ＝coomb.

comb·er /kóumər/ 名 C **1** (羊毛, 綿などを)梳(す)く人[道具]. **2** 寄せ波, 砕け波.

com·bi /kɑ́mbi|kɔ́m-/ 名 C 兼用機械. [＜*combination*]

‡com·bi·na·tion /kɑ̀mbənéiʃ(ə)n|kɔ̀m-/ 名 (複 ～s /-z/) **1** UC **結合(する[される]こと), 配合**, 組み合わせ; 共同, 連合. a ～ of talent and industry 才能と勤勉さの結合. in ～ with ..と協力して[組んで]. enter into ～ with ..と結合[連合]する. What ～ of colors do you like? どんな色の取り合わせが好きですか.

連結 a striking [a remarkable; a rare; a bizarre, an odd, a strange] ～

2 C 結合したもの, 組み合わせ(たもの); (combination lock の)組み合わせ文字[数字]. **3** 〖英〗 〈～s〉 コンビネーション 《特に男子用の上下ひと続きになった旧式肌着; 〖米〗 union suit》. **4** C 〖英〗 サイドカー付きオートバイ. **5** C 〖数〗 組み合わせ. **6** 〖化〗 U 化合; C 化合物.

combinátion lòck 名 C 数字[文字]組み合わせ錠.

‡com·bine /kəmbáin/ 動 (～s /-z/|過 過分 ～d /-d/|-bin·ing) 他 **1 を結合させる**, 合同させる, **組み合わせる**, 〈*with* ..と〉 (類語 個々の要素が識別しにくくなるほどの緊密な結合を言う; →unite). ～ theory *with* [*and*] practice 理論と実際とを結びつける.
2 を混ぜ合わせる 〈*with*..と〉. If you ～ blue *and* [*with*] yellow, you will get green. 青と黄を混ぜると緑になる. **3** 〔性質, 特徴など〕を兼ね備える, 合わせ持つ. ～ speed *and* safety スピードと安全性を合わせ持つ.
4 〖化〗 を化合させる 〈*with*..と〉.
── 自 **1 結合する**; **合同する**, **団結する**, 〈*with*..と/*against*..に対抗して〉. Oil and water do not ～. 水と

油は混ざらない. ～ (*together*) *against* the invaders 団結して侵入者と闘う. Several small parties ～*d* to form a new one. いくつかの小党が合同して新党を結成した. **2**〘化〙化合する〈*with* ..と〉. Oxygen and hydrogen ～ [Oxygen ～*s with* hydrogen] to form water. 酸素と水素は[酸素は水素と]化合して水になる.
◇名 combination
── /kάmbain | kɔ́m-/ 名 C **1** (価格操作などを目的とする)企業合同; (共通目的のための)政治的連合.
2 コンバイン (**còmbine hárvester**)《刈り取りと脱穀の両作業を行う農業用機械》.
[＜後期ラテン語「2 つずつ一緒にする」(＜com-＋*bīnī*「2 つずつ」)]

com·bíned 形 結合された, 一体化した; 協同の; 連合の. a ～ feeling of relief and regret ほっとすると同時に後悔する気持ち. It took a ～ effort of four men to move the piano. ピアノを動かすには 4 人が力を合わせる必要があった. ～ operations〘軍〙陸海空軍共同作戦.

comb·ings /kóumiŋz/ 名〈複数扱い〉(梳(す)き取った)抜け毛.

combíning fòrm 名 C〘文法〙複合要素《派生語を作る要素; homo-, hetero-, -graph など; 接頭辞・接尾辞より単語的性質が強い》.

com·bo /kάmbou | kɔ́m-/ 名 (複 ～s) C〘話〙**1** コンボ《小編成のジャズ[ダンス]バンド》. a three-man ～ 3 人編成のコンボ. **2**〘米〙(料理などの)組み合わせ, 取り合わせ. [＜*combi*nation]

comb-out /kóumàut/ 名 C〘話〙〈普通 a ～〉**1** 髪をくしで梳(す)くこと. **2** しらみつぶしの[徹底的]捜査.

combs /kɑmz | kɔmz/ 名〈複数扱い〉〘英話〙＝combination 3.

com·bùs·ti·bíl·i·ty 名 U 燃焼力, 可燃性.

com·bus·ti·ble /kəmbʌ́stəb(ə)l/ 形 **1**〘章〙燃えやすい, 可燃性の. **2** 興奮しやすい〔人, 性質〕; 一触即発の〔状況〕, デリケートな, そっとしておいた方がよい,〔話題など〕.
── 名 C〈普通 ～s〉可燃物.

‡**com·bus·tion** /kəmbʌ́stʃ(ə)n/ 名 U 燃焼, 発火, (★広義には(有機)体内の酸化反応も指す). spontaneous ～ 自然発火. an internal ～ engine 内燃機関.

comdg. commanding.

Comdr. Commander.

Comdt. Commandant.

‡**come** /kʌm/ 動 (～s /-z/ | 過 **came** /keim/ | 過分 ～ | **cóm·ing**) 自 ‖来る‖ **1** 来る, (こちらへ)やってくる, (↔ go). *Come* to me. こちらへ来なさい. *Come* here. ここへ来なさい. Please ～ and see me next week. 来週おいでください (語法 come *to* see me よりくだけた言い方; come see me は〘話〙; 参考 特に命令文などで, 目的を表す to do の代わりに and do が使えるものは他に be sure, go, run, stop, try などがある: Try to [and] see her tomorrow. (明日彼女に会うようにしてください)). Are you *coming* to the meeting? 君もその会に来ますか (語法 自分もその会に出席することを前提とする).
2【(相手から見て)来る】(相手の居る方へ)行く, 伺う, 参上する. I'm *coming* now. (呼ばれて)はい, ただ今参り[行き]ます (語法 相手の立場に立って「相手から見て'来る'」という感じにするのが英語の慣用; I'm going now. は「もう帰ります」など別の意味になる).
3 (順序に従って)(巡って)来る, やって来る;〔時が〕来る; VA〈序数を伴って〉(競走などで)..着[位]になる; (重要性の点で)..に位置する. Summer has ～. 夏が来た. Your turn ～*s* next. 次は君の番だよ. April ～*s* between March and May. 4 月は 3 月と 5 月の間にある. Halley's comet will ～ again in 2062. ハレー彗(すい)星は 2062 年にまたやって来る. He *came first* in the race and I *came* third. その競走で彼は 1 位に私は 3 位になった. As for me, my family ～*s first.* 僕はどうかというと, 家庭第一主義だ.
4〘旧話〙〈倒置形で〉..が来ると, ..になると; ..までには. He will be fifty ～ Christmas. 今度のクリスマスで彼は 50 歳になる (語法 仮定法現在で, 原義は let Christmas come). He died eight years ago ～ December. 12 月が来ると彼が死んで 8 年になる.
5〈間投詞的〉さあ, おい, これ,《命令形で非難, 警告, 激励などを表す; →COME on (8)》. *Come*, ～; don't cry. さあさあ, 泣くんじゃない. *Come*, no more nonsense! ふざけるのもいいかげんにしろ.
‖達する‖ **6** VA (**～ to..**)〔ある場所〕に**到達する**,〔物が〕..に届く;〔ある時点〕に達する. Then we *came to* a beautiful valley. それから美しい谷に差しかかった. The water *came* (*up*) *to* the knee. 水がひざまで来た. ～ *to* the age of marriage 結婚適齢期に達する.
7 VA (**～ to..**)〔金額などが〕..になる; (結局)..になる. Your bill ～*s to* $40. 勘定は 40 ドルになります. What you say ～*s to* this. 君の話はつまりこうだ《後続の事を指す》.
8【状態に達する】(**a**) VC (～ X) X **の状態になる** (類語 多くは比較的好ましい状態になる場合に使う, go 20 参照; →become). ～ alive 生き返る. ～ right ちゃんと(よく)なる. ～ true〔夢, 希望などが〕本当になる, 実現する. Your shoelace has ～ undone. 靴ひもがほどけちゃってるよ (★X が過去分詞の時は un- で始まるものが普通). (**b**) VA (ある状態に) **移る**, なる. →成句 COME to.. (1), COME into.. (2).
9〘話〙オルガスムス (orgasm) に達する, 'いく'.
‖出て来る＞生ずる‖ **10**〔事が〕**起こる**; VA (**～ to..**) ..に生ずる, ..の身にふりかかる; (**～ as..**) ..と感じられる. whatever ～*s*... どんな事が起こっても. take things as they ～ 物事をあるがままに受け止める. How ～*s* it that you are here? どうして君がここに居ることになったのか. No harm will ～ *to* you. 君の身に害の及ぶことはないだろう. It *came as* no surprise that he won first prize. 彼が 1 位になったという知らせは少しも意外ではなかった. ～ *as* a great shock to him 彼にとって大きなショックである.
11 VA (結果として) **生ずる**. →成句 COME of.. (1), COME from.. (2), COME out of .. (1).
12 (**a**) VA (**～ to, into..**)〔考えなどが〕**..に浮かぶ**,〔感情などが〕**..に生ずる**;〔物が〕できあがる, 生まれる. A good idea *came to* him. 彼に妙案が浮かんだ. It suddenly *came to* me that the next day was her birthday. 翌日が彼女の誕生日だということを急に思い出した. ～ *into* a person's mind [head]〔考えが〕心[頭]に浮かぶ. (**b**)〔子供が〕生まれる;〔物が〕できあがる;〔バター, 液体などが〕固まる, 凝固する. The wheat began to ～. 小麦が芽を出し始めた.
13 VA〈現在形で〉〔人が〕**..の出(身)である**, 生まれである. →成句 COME from.. (1), COME of.. (2).
14 VA〔商品が〕〔特定の形態で〕売られる, 市販される,〈進行形なし〉. This type of shoe ～*s in* three colors. この型の靴は色が 3 種類あります. This new model of Renault ～*s with* a 1500cc engine. この新型ルノーは 1500cc のエンジンを搭載しています.
── 他 **1**〘主に英話〙〈普通「the＋名詞」を伴う〉を演じる, ..ぶる,〈*with, over*..に対して〉. ～ the great man 偉そうにする. **2** を成し遂げる; 行う, やる. ～ tricks (*over*..) (..に)いたずらをする. **3**〔ある年齢〕に近づく〈普通, 進行形で〉. The girl is *coming* six years old. その女の子はもうじき 6 歳になる.

as..as they cóme 飛び切り..な. He is *as* tough *as they* ～. 彼はこの上もなくタフだ.

as it cómes〘米・オース〙〈飲物について〉どんなふうでもかまわない. "How would you like your tea?" "*As it* ～*s*, please." 「紅茶はどのようになさいますか」「お任せしま

す」

***còme abóut** (1) **起こる**, 生じる, (類語 特に, 不可避な事に用いる; →happen). The accident *came about* through his carelessness. 事故は彼の不注意から起こった. How did it ～ *about* that he was fired? どうして彼は首になったのか. (2) (風向きが)変わる;〖海〗〔船が〕向きを変える, 間切る, (tack).

C

còme acróss (1)〖話〗(しぶしぶ)支払う〈*with* ..〔借金など〕を〉, 出す〈*with* ..〔金, 情報など〕を〉. (2)〖話〗効き目がある, 〔話が〕うまく伝わる, 受ける; 印象を与える〈*as* ..の〉. His idea didn't quite ～ *across* in the play. 彼の思想はその芝居からうまく伝わってこなかった. He ～*s across* well on TV. 彼はテレビ写りがよい. He *came across as* (being) ⌊sincere [a sincere person]. 彼は誠実そうな人に見えました.

***cóme across..** (1) **..にふと出くわす**, ..をふと見つける. I *came across* him at the station. 駅で彼に出くわした. ～ *across* a very rare book とても珍しい本を見つける. (2) **..を横切る**; 〔考えが頭〕に浮かぶ.

còme áfter 後から来る.

cóme after.. (1) ..の後[次]に来る, ..に続く, ..の後を継ぐ; ..を探す. Tuesday ～*s after* Monday. 火曜は月曜の次に来る. (2) ..を取りに[誘いに]来る. I will ～ *after* you. 君を誘いに来よう. (3) (襲うつもりで)..の後を追う. A big dog was *coming after* me. 大きな犬が僕を追っかけて来た.

Còme agáin?〖話〗何だって(もう一度言ってくれ)《単↑「なる驚きも表す》.

***còme alóng** (1)〔人が〕**やって来る**; 現れる, 到来[登場]する; 〔子供が〕生まれる. the best comedian to ～ *along* since Chaplin チャップリン以来の最高の喜劇役者. (2) いっしょに[ついて]来る. Won't you ～ *along* for a ride? いっしょにドライブに行きませんか. *Come along!*〖主に英話〗さあ早く; がんばれ. (3)〈普通, 進行形で〉うまく進展する, はかどる; 元気になる. How are you *coming along with* your studies? 勉強ははかどっているかね. How's your dad *coming along*? お父さんの具合はどうです.

Còme and gét it.〖話〗ご飯ですよ.

còme and gó (1) 行ったり来たりする; どんどん[すぐに]移り変わる, 次々に入れ替わる, 現れてはすぐ消える; 見え隠れする. Dynasties may ～ *and go*, but Nature remains for ever. 王朝興り滅ぶとも自然は残るとこしえに《Tennyson の詩 *The Brook* の Men may come and men may go, but I go on forever (人は来たりて又逝(ゆ)くが, 私(＝小川)は永(とこ)えに流れつづける)が下敷き》. (2) ちょっと立ち寄る.

còme apárt (壊れて)ばらばらになる.

***còme aróund**〖米〗(1) **巡って来る**, やって来る; 遠回りをする; ぶらりと訪問する;〖婉曲〗生理になる. The Olympic Games ～ *around* every four years. オリンピックは4年ごとにやって来る. I'll ～ *around* tonight. 今夜ちょっとお訪ねしましょう. (2) (健康を)**回復する**; 気がつく, 正気に戻る. ～ *around* to one's mistake 自分の誤りに気づく. Soon he *came around* and opened his eyes. 間もなく彼は意識が戻り目を開いた. (3) (意見を変えて)同調[同意]する, 譲歩する; 仲直りする;〖話〗機嫌を直す. He finally *came around* to my way of thinking. 彼はついに私の考えに同調した. (4) 方向を変える; 〔風向きが〕変わる. (5)〔会話が〕話題にする, 及ぶ, 〈*to* ..を, ..に〉;〖話〗ようやく..する運びとなる〈*to doing*〉《延び延びになっていた事に言う》.

cóme at.. (1) ..に達する, ..を手に入れる; 〔真実など〕をつかむ; ..を究める, マスターする. ～ *at* the truth 真実をつかむ. (2) ..に襲いかかる; 〔質問などが〕..に(次から次へと)降りかかる. He *came at* me with a knife in his hand. 彼は手にナイフを持って向かって来た. (3)〖話〗〔問題など〕に取り組む, を考える. (4)〖オース・ニュー話〗..に同意する, を引き受ける; ..を我慢する〈普通, 否定文で〉.

còme awáy (1)〖英〗(その場を)離れる, (そこを離れて)こちらへ来る. Have a good time, but ～ *away* at eleven. (パーティーなどに行く子供に)大いに楽しみなさい, しかし11時にはお暇(いとま)するんですよ. (2)〔柄などが〕(自然に)取れて[外れて, 抜けて]しまう. I tried to pick up the jug, but the handle just *came away*. 水差しを取り上げようとしたが取っ手がぽろっと取れた. (3) 去る, 帰る, 〈*with* ..〔印象, 疑念など〕を持って〉. I *came away with* the impression that he would help us. 彼は我々を助けてくれそうだという印象を受けて帰って来た. (4)〖主に英〗〔植物が〕(急)成長する.

***còme báck** (1) **帰る**, 戻って来る; 戻る〈*to* ..〔元の状態, 話題など〕に〉. ～ *back* home 帰宅する. *Come back* anytime [and see us]. またいつでも(遊びに)来てね. ～ *back* to consciousness 意識を取り戻す. We'll ～ *back to* this subject later. この問題は後ほど取り上げてお話しします. (2)〔流行や人気などが〕復活する;〖米話〗〔人が〕立ち直る, 返り咲く, カムバックする (→comeback 1). Long dresses are *coming back* again [in]. ロングドレス(の流行)が復活しかけている. (3) 思い出される. Its name won't ～ *back* to me. その名前が思い出せない. (4)〖米〗言い返す, 仕返しする, 〈*at* ..〔人〕に〉. (5)〖英俗〗繰り返す.

cóme before.. (1) ..の前に来る, ..に先行する. (2) 〔問題などが〕(審理などのために)..の前に持ち出される, ..で検討[処理]される; ..に出頭する. (3) ..より大事である, ..に優先する. To Joe, work always *came before* pleasure. ジョーにとっては仕事は常に楽しみ事に優先した.

cóme between.. (1) ..の間に⌊入る[割り込む]; 〔人々〕の仲を裂く. Don't worry: I will never let anyone ～ *between* us. 心配はいらない. だれにも我々の仲を裂かせはしないから. (2)〈～ between X and Y で〉X(人)のY(行為など)を妨げる. The actress never allows anything to ～ *between* her *and* her afternoon nap. その女優は午後の昼寝を必ず確保している.

còme bý 通り過ぎる, やって来る;〖主に米〗立ち寄る.

***cóme by..** (1) **..を手に入れる**; (偶然に)〔負傷など〕を受ける; ..を見つける. This book is very hard to ～ *by*. この本はなかなか手に入らない. ～ *by* some skill 技術を身につける. (2)〖主に米〗..に立ち寄る, やってくる. I'll ～ *by* your house on the way. 途中でお宅に寄ります.

còme clóse to.. ＝COME near (to).. (2)

còme dóing (1) ..しながら, ..して来る. She *came running* toward us. 彼女は我々の方に走ってやって来た. (2) (だれかと)..しに来る[行く], ..に参加する, (★ doing は主にスポーツ一般を表すもの). Do you want to ～ ski*ing* (with us) tomorrow? 明日いっしょにスキーやるかい.

***còme dówn** (1) **降りる** (descend), 降りて来る, (2階の寝室から)階下に降りる; 倒れる; 〔家屋が〕取り壊される; 落ちる, 〔雨などが〕降る; 不時着[墜落]する; 〔髪やスカートなどが〕届く〈*to* ..に〉. ～ *down* to breakfast (2階の寝室から)朝食に降りて来る. (2) **低下する**, 減少する; 〔値段が〕下がる. The price of satellite antennas has ～ *down* recently. 衛星テレビ用のアンテナは最近安くなってきた. (3) 倒れる, 寝込む, 〈*with* ..〔病気など〕で〉. She *came down with* flu and was unable to go to school. 彼女は流感で寝込んでいて学校に行けなかった. (4)〔伝説, 伝統, 風習, 遺産などが〕伝わる; 〔お達しなどが〕下る, 申し渡される. This song has ～ *down* to us through many generations. この歌は何世代にもわたって我々に受け継がれてきた. (5) (地位[尊敬など]を)失う; 落ちぶれる〈*to doing* ..するまで〉. ～ *down* in the world 零落する. (6) (北から南へ, 又は都会から地方へ)

やって来る;〖英〗大学を出る. He *came down* from Oxford in 1970. 彼はオックスフォード大学を1970年に卒業した. (7) つまるところ..なる〈*to* ..に〉. It ~*s down to* a matter of money. それはつまるところ金の問題になるのだ. (8) 出す〈*with* ..〔金〕を〉. ~ *down with* a lot of money 大金を出す. (9) 最終決定を下す〈*in favor of*, *on the side of* ..に賛成の/*against* ..に反対の〉. (10)〖米俗〗起こる, 生じる. (11)〖オース・ニュー・南ア〗〔河川が〕(氾濫して)増水する. (12)〖話〗興奮が冷める; 効き目が消える, 酔いが醒(さ)める,〈*off*, *from* ..〔薬物など〕の〉.

còme dówn on [upon] .. (1)..に急に[不意に]襲いかかる. (2)..を非難する; ..をひどく叱(しか)る, どなりつける; ..を罰する. Bob *came down on* me hard for using his car without asking him. ボブは私が許可なしに彼の車を借りたことで私をどなりつけた. (3)..に強要する, 迫る,〈*for*..〔金の支払いなど〕を/*to* do..せよと〉. The bank *came down on* me *to* pay back the loan. 銀行は私にローンの返済を迫ってきた.

***cóme for ..** ..を取り[迎え]に来る; ..に襲いかかる.

còme fórth〖章・戯〗〔提案, 考えなどが〕出される, 出て来る; 提供[提案]する〈*with*..を〉.

còme fórward (1) 進んで来る; 進み[申し, 名乗り]出る, 志願する〈*to* do..すると〉. ~ *forward* in life 出世する. ~ *forward* for election 立候補する. ~ *forward* with information 進んで情報を提供する. (2)〔問題などが〕(討議のために)取り上げられる.

***cóme from ..** (1) **..から(出て)来る**;〔人が〕..の出(身)である, 生まれである;〔品物などが〕..製[産]である, ..からとれる. Where do you ~ *from?* どちらのご出身ですか (語法 Where did [have] you ~ *from?* (どこから来たのですか)と比較; →from 5★). I ~ *from* Ireland. アイルランドの出身です. ~ *from* an old family 旧家の出である. These cameras ~ *from* South Korea. ここのカメラは韓国製品です. (2) **..から生ずる**, ..に由来する. knowledge that ~*s from* personal experience 個人の経験から生じた知識. Do you know where this passage ~*s from?* この文章がどこからの引用だか知っていますか. (3)〖話〗〈coming from ..で〉..(の口)から聞くと(は), ..にそんなふうに言われると(は). "Jim told me you were a drunkard." "That's pretty rich *coming from* an alcoholic."「君は大酒飲みだってジムが言ってたよ」「アル中患者からそんな台詞(せりふ)が出てくるなんて笑わせるぜ」 (4)..の結果である〈*doing* ..したことの〉. This is what ~*s from being* hard on her. 彼女につらくあたったらこの始末だよ.

***còme ín** (1)(家や部屋などに)**入る**, 入場する. *Come in*. お入りなさい. (2) 着く, 到着する;〔ニュースが〕(テレビ局などに)届く; (決勝に)はいる; (何等に)なる; (ゲームに)出る. The train *came in*. 列車が到着した. ~ *in* second 2着になる. News has just ~ *in* of a big earthquake in Chile. チリで大地震というニュースがただいま入って来ました. (3) **流行する**, 旬(しゅん)になる; 使われだす (↔go out);〔油井などが〕産出し始める. Miniskirts *came in* in the sixties. ミニスカートは60年代にはやりだした. (4)〔収入として金が〕入る. (5) 当選する,〔政党が〕政権を握る. (6) 参加する, 自分の役割を演ずる, (仕事に)就く; 役に立つ;〔面白味などが〕入り込む. That's where yóu ~ *in*. そこが君の出番だ. Where do I ~ *in* in this scheme? この計画で私の持ち場はどこか. That's where the fun ~*s in*. そこが面白いところだ. ~ *in* handy [useful] → handy (成句). (7)〔潮が〕差してくる. The tide is *coming in*. 潮が差してきた. (8)〖通信〗応答する. *Come in*, please, London. ロンドン, 応答願います. (9)〔季節, 月などが〕始まる〈*with* ..〔の状態〕で〉. (10) 参加する〈*on* ..〔計画など〕に〉;〖話〗(事業, 企てなどで)パートナー[仲間]になる〈*with* ..の〉. (11)〖放〗(討論などで)口をはさむ〈*on*..について〉; (よく)聞きとれる. (12)〖クリ〗打席に入る. (13)〖米・方〗〔雌牛が〕子を産む.

còme ín for .. (1)(分け前, 権利として)..を受け取る, 相続する. ~ *in for* an inheritance 遺産をもらう. ~ *in for* one's share 自分の分け前をもらう. (2)〔非難など〕を受ける, 被る. ~ *in for* a great deal of attention 大いに注目を浴びる. The government's defense policies have ~ *in for* a lot of criticism. 政府の防衛政策は多くの批判を受けた. ~*in for* it〖話〗非難を浴びる.

***cóme into ..** (1)〔ある状態〕**に入る[なる]**. ~ *into* existence 生まれる. 参考 being, effect, fashion, leaf, power, sight, vogue などもこの型で用いられ, 時に↔go out of ... (2)〔金など〕を手に入れる,〔遺産など〕を相続する. ~ *into* a fortune 財産を受け継ぐ. (3)〖話〗..の(重要な)要因[理由]である, ..と関係がある,〈普通, 否定文で〉.

còme into one's ówn →own.

còme it (1)〖英話〗偉そうにふるまう; だます;〈*over*, *with*..に, を〉. Don't ~ *it with* mé! 偉そうな口をきくな; でたらめ言うな. (2)〖英・オース俗〗秘密をばらす, 密告する, 'さつ'に垂れ込む,〈*on*..の, を〉. (3)〖英俗〗誇張する; 見せかける〈*that* 節..のように〉. (4)〖米・方〗うまくいく.

cóme near ..＝còme néar to .. (1)..に近づく; ..に匹敵する. His latest novel doesn't ~ *near* (*to*) his earlier ones. 彼の最新作の小説はそれ以前のものに及ばない. (2) 危うく..するところだ〈*doing* ..する〉. She *came near* (*to*) drown*ing*. 彼女はすんでのところで溺(おぼ)れるところだった.

cóme of .. (1)..から(結果として)生じる; ＝COME from.. (3). No good can ~ *of* it. そんなことからよい結果が生まれるはずがない. (2)..の出[生まれ]である. ~ *of* a good family 良家の出である.

***còme óff** (1)(そこから)離れて(こっちへ)来る;〔ボタンなどが〕(離れて)**落ちる**, 取れる, 抜ける,〔ペンキなどが〕はがれる. (2) 起こる; 行われる. The examination *came off* last week. 試験は先週行われた. (3)〖話〗成功する, うまくいく, (参考 これの他動詞的表現が bring /../ off);〔冗談などが〕受ける. The experiment did not ~ *off*. 実験はうまくいかなかった. (4)(結果として..に)なる, (..という)結末になる. The weather *came off* pleasant. よい天気になった. ~ *off* well [badly] 成功[失敗]する. ~ *off* with a slight injury (事故などに遭って)小さいけがで済む. None of us expected him to ~ *off* the winner. 我々のうちだれも彼が勝者になるとは思っていなかった. (5)〈命令形で〉やめろ. (6)〈副詞(句)を伴って〉ふるまう, 行動する;〖米〗印象を与える, 見える,〈(*as*)..の, に〉. ~ *off* badly at a press conference 記者会見の席上しどろもどろになる. (7)〔芝居などが〕(不評などのために)公演中止となる. (8)〖クリケット〗投球を終える. (9)〖話〗＝ 自 14.

cóme off .. (1)..から落ちる, 取れる, 抜ける. ~ *off* one's horse during the race レース中落馬する. (2)〔任務など〕から解放される, 手を引く;〔酒, 麻薬など〕をやめる. (3)〔ある額が価格〕から差し引かれる, 値下げされる. (4)〖米話〗..を終える;〔けが〕を治す.

Còme óff it!〖話〗(とぼけるのは)よしなさい, いい加減な事言うな.

***còme ón** (1)〖話〗〔夜, 季節などが〕**やってくる**, 近づく,〔あらし, 風などが〕起こる,〔雨が〕降り出す, 始まる,〔病気などが〕ひどくなる, つのる. The rain *came on* about noon. 正午ごろ雨が降り出した. It *came on* to rain. 雨が降り出した. (2) 進む, 進行[進歩]する; 健康になる; 栄える. He is *coming on* fast with his English. 彼はめきめき英語が上達している. (3)〔俳優などが〕(舞台やスクリーンに)現れる, 登場する;〔劇などが〕上演[放映]される. "Hamlet" is *coming on* next month.『ハムレット』が来月上演される. (4)〔議題などが〕持ち出される; 移る, 取り上げる,〈*to*..〔話題など〕に, を〉. (5) ついて行く. I'll ~ *on* later. 僕はあとから行く. (6) 偶然出会う, ふと見つけ

る, 〈*to* ..に, を〉; 襲いかかる. (7)〔電気が〕つく,〔ブレーキなどが〕かかる; (電話に)出る. (8)〘話〙〈命令形で〉**急げ**, ついてこい, さあ行こう; 〈挑戦的に〉さあ来い; 〈懇願, 説得, 制止, 促しなど, please に近い意味で〉さあさあ, まあまあ, どうぞ, あのねえ; 〈激励など〉がんばれ, しっかりしろ; 〈いらだちなど〉まさか, そんなばかな, いい加減にしろ. *Come on*; we'll be late! さあ急いで, 遅れるよ. Please tell me. *Come on!* さあ言って, さあさあ. *Come on*; don't get angry with me. まあまあ, 怒らないで. "I love you." "*Come on*." "I mean it." 「愛してるよ」「(冗談は)よしてよ」「本気だよ」 (9) 印象を与える 〈(*as, like*) ..の〉. Al ~*s on* real stupid. アルはすごい間抜けに見える. (10)〘話〙性的関心を示す, 色目を使う, 〈*to, with* ..に〉. (11)〘英話〙生理になる. (12)〘クリケット〙投球を始める.

cóme on .. ＝COME upon...

Còme òn ín! 〘米話〙さあお入りなさい.

*__còme óut__ (1) **出る**, 出て(こちらへ)来る, 現れる; 〔花が〕咲く, 〔芽が〕出る; 〔性格, 特質などが〕現れる, 目立つ, 発揮される. The moon has ~ *out*. 月が出た. The cherry blossoms are *coming out* in the park. 公園で桜の花が咲き出した. (2) 出版[発刊]される; 発表される. It was after he died that his book *came out*. 彼の本が出たのは彼の死後だった. (3) 世間に広まる, 知れ渡る, 露見する. The secret has ~ *out*. 秘密は漏れた. It *came out* that the author was an ordinary housewife. その著者は普通の主婦だということが分かった. (4)〔意味が〕分かる, 判明する. (5) **結果が..となる**, 判明する. Everything will ~ *out* all right. 万事順調に行くでしょう. ~ out all wrong 思いと裏腹の言葉が出る. (6)〈副詞(句)を伴って〉〔人が〕(写真に)写る; 〔写真が〕現像される, 写る. You *came out* well in this photo. この写真に君はよく写っている. (7)〘旧〙(社交界に)デビューする; 初舞台を踏む. (8)〔色やマークが〕あせる, 消える, 〔染みなどが〕取れる. (9)〘英〙ストライキをする. ~ *out* (on strike) over the question of ..の問題でストに突入する. (10)〔合計が〕..となる 〈*at* ..と〉; 〔(計算)問題などが〕解ける; (試験で..の)成績をとる. ~ *out* top [first] in the exam 試験で 1 番になる. (11) 自分の考えを明らかにする, (賛成, 反対の)態度をはっきり打ち出す; 同性愛者[エイズ患者]であることを明かす (★*as*..などを伴うこともある). ~ (right) *out* and say ..はっきりと..と言う. Most newspapers have ~ *out against* [*for, in favor of*] the bill. たいていの新聞はその法案に反対[賛成]の態度を打ち出した. ~ *out as* a lesbian レズであると公表する. ~ *out* of the closet →closet (成句). (12)〔人(の体)に〕できる 〈*in* ..〔吹き出物など〕が〉. The baby has ~ *out in* a rash. 赤ん坊は体中に発疹(しん)ができた. (13) 外出する 〈*for* ..〔食事など〕に〉.

còme óut of .. (1) ..から(結果として)生じる. This novel ~*s out of* my experiences in Russia. この小説はロシアでの体験が基になっている. (2) ..(の状態)から(抜け)出る; 〈~ out of X Y で〉X の結果 Y(ある状態)になる. ~*out of* retirement 復職する. ~ *out of* oneself 人と打ち解けて付き合う; 社交的になる.

còme óut with .. 〘話〙(1) ..をしゃべる, 口外する. ~ *out with* the truth 本音を吐く. (2) ..を取り出す, 出して見せる. He reached in his pocket and *came out with* an envelope. 彼はポケットに手を入れて封筒を取り出した. (3) ..を公表[発表]する; 〔本〕を出す.

*__còme óver__ (1)(隔たりを越えて)**やって来る**, 渡来する; 訪ねて来る[行く]. ~ *over* to Japan from England 英国から日本にやって来る. Will you ~ *over* tomorrow? 明日来ませんか. (2)〔考えや意味が〕うまく伝わる, 感銘を与える, 〈*to*..〔読者や観客〕に〉; 印象を与える, 感じがする 〈*as*..の〉. (3) 変わる; (敵方から)**味方につく**, 変節する; (こちら側に)意見を変える, 同調する. ~ *over* to an automatic オートマ車に変える. ~ *over to* our side こちら側に寝返る. ~ *over to* our views 我々の意見に同調する. (4)〘英話〙〈形容詞を伴って〉(急に)..になる, 感じる. She *came over* faint. 彼女は気が遠くなった. ~ *over* all coy 急にはにかむ.

cóme over .. (1) ..を襲う, 〔..の身〕にふりかかる. He's not usually so polite — what's ~ *over* him? 彼は普段はあんなに礼儀正しくないのに, (柄にもなく)どうしちゃったのかな. (2)〘話〙..を出し抜く, だます.

còme róund ＝COME around.

*__còme thróugh__ (1) **通り抜け(て来)る**; **生き延びる**; 〔知らせなどが〕(予想通りに)届く; 〔電話が〕通じる. He's very ill now but we expect him to ~ *through*. 今彼の病状は重いが切り抜けられると思う. After some delay my visa has ~ *through*. 少し時間がかかったが私のビザが下りた. (2) 期待に添う, ものになる, 実現する. The divorce *came through*. 離婚が成立した.

*__cóme through ..__ (1) **..を通り抜ける**. ~ *through* the tunnel トンネルを抜ける. (2)〔危険, 危機など〕**を切り抜ける**, 生き抜く. ~ *through* a crisis 危機を切り抜ける. ~ *through* an operation all right 手術を無事に済ます.

còme thróugh with .. ..を出す, 提供する, 支払う. ~ *through with* the money その金を支払う.

còme tó (1) 意識を回復する, 正気づく. (2)〘海〙〔船が〕(海上で)停泊する.

*__cóme to ..__ (1)〔ある場所〕**に来る**; 合計..になる; 〔ある状態, 段階〕に達する; (→自 1, 6). ~ *to* the same conclusion 同一の結論に達する. ~ *to* little 大したものにならない. I never dreamed that things would ~ *to* this. こんな(ひどい)事態になるとは夢にも思わなかった. if it ~*s to* that, when it ~*s to*.., (→成句). 参考 come to に慣用的に続く主な名詞に次のものがある: blows, an end, grief, grips, a halt, harm, heel[1], life, light[1], notice, pass, a stop, terms (→各々の成句). (2)〔財産などが〕..に遺贈される, ..の物になる.

*__come to *do*__ (1) **..するようになる**. ~ *to* be popular 人に知れわたる (become popular). In time the children *came to* love their teacher. しばらくするうちに子供たちは先生が好きになっていった. When [Now] I ~ *to* think of it, he's the very man for the post. (今まで気づかなかったが)考えてみれば彼こそ適任者だ. (2)〈how を伴って〉..すること[羽目]になる (★単に説明, 理由を求める表現として). How did you ~ *to* commit robbery? どうしてまた強盗なんて働いたのかね. How *came* you *to* know him? 〘古〙どうして彼と知り合いになったのだ (語法 この用法の come では今でも do を使わずに疑問文を作ることがある).

còme togéther (1)〔人, 物が〕寄り集まる, 統合する. (2) 合意する 〈*on*..に〉.

cóme to onesèlf (1) ＝COME to (1). (2) 自制心を取り戻す, 本来の自分に戻る, 立ち直る.

còme to thát 〘話〙(If you ~ *to* that..>) そういう事になれば, 実のところ.

còme to thínk of it 〘話〙(if you come to think of it>)(今まで気づかなかったが)考えてみれば, そう言えば.

cóme under .. (1) ..の部類[項目]に入る; ..の管轄に入る. Whales do not ~ *under* fishes. クジラは魚類に属さない. (2)〔支配, 攻撃など〕を受ける. ~ *under* his notice 彼に気づかれる. The new policy *came under* heavy criticism. 新しい政策は厳しい批判を受けた.

*__còme úp__ (1) **上がる**, 昇る, 上がって来る, 浮かび上がる; (南から北へ, 又は中心地に)向かう, (地方から都会へ)やって来る, 上京する. The sun has ~ *up*. 日が昇った. ~ *up* to Tokyo 上京する. (2)(地位や階級が)上がる, 昇進する. ~ *up* in the world 出世する. (3) 近づく, (すぐそばまで)やって来る; 〔期間などが〕近づく. "Two hamburgers, please." "*Coming* (right) *up*!" 〖話〗「ハンバーガー 2 つね」「ただ今お持ちします」. My stay in Tokyo is ～*ing up* on seven years. 私の東京滞在は 7 年になろうとしている. (4)〔事が〕話題に上る, 持ち出される;〔事件が〕(法廷で)審理される. The same topic always ～*s up* in our conversation. 我々の会話ではいつもその同じ話題が出る. ～ *up* for a vote 投票に付せられる. (5)〔出来事, あらしなどが〕持ち上がる, 起こる;〔葉や芽が〕出る; 流行し始める. (6)〖英〗大学に入学する. She *came up* (to Cambridge) in 1980. 彼女は 1980 年に(ケンブリッジ)大学に進学した. (7)〔(宝くじの)番号などが〕当たる. (8)〖話〗〔食べたものが〕吐き出される, もどる. (9)(より)光沢が出る《磨くなどして》; (..に)仕上がる. (10)〖軍〗〔武器, 物資などが〕(前線へ)運ばれる. (11) 候補者に立てられる〈*for*..〔選挙など〕の〉. (12)〔情報が〕出てくる〈*on*..〔コンピュータの画面など〕に〉. (13)〔劇場の照明が〕次第に明るくなる《上映[演]が終了して》. (14)〖海〗風上に向かう.

còme úp against .. 〔困難, 反対〕にぶつかる.

****cóme upon*** .. (1) **..に出会う**, ..をふと見つける, ..にふと気づく. It's only a matter of time before they will ～ *upon* the truth. 彼らが真相に気づくのは時間の問題です. (2)〔発作などが〕..を不意に襲う. (3)〔人が〕..の厄介になる;〔仕事が〕..の責任[重荷]になる.

còme úp to .. (1) →COME up (1), (3). (2)〈進行形で〉〔..の時期[時間]〕に近づく. The time [It] is *coming up to* six o'clock. 6 時になるところです. He is *coming up to* retirement. 彼は退職の時期が迫っている. (3) ..に達する, 及ぶ, 匹敵する;〔期待など〕にかなう. His new play *came up to* our expectations. 彼の新しい劇は私たちの期待通りの出来だった.

****còme úp with*** .. (1) **..に追いつく**;〖米〗..を出し抜く;〈主に受け身で〉. (2)〖話〗〔案, 答えなど〕を出す, 提案[提出]する; ..を見つける; ..を生産する. He *came up with* a good idea. 彼は名案を出した. It's the only answer I can ～ *up with* now. 私が今出せる答えはこれだけです. ～ *up with* the goods→goods (成句).

còme a pèrson's wáy →way[1].

còme what máy [***wíll***] 何事が起ころうとも.

Còming sóon. 近日発売[発表, 上映など]《宣伝文句などで》.

gèt whàt's cóming to *one* 〖話〗当然の報い[罰]を受ける.

hàve it cóming →have.

How come ..? →how.

if it còmes to thát そんなことを言うのなら《非難を込めた返事をする時に用いる》.

Lèt'em áll còme! 〖話〗さあ, どっからでもかかってこい.

not knów whèther *one* ***is còming or góing*** すっかり取り乱している, 頭が混乱している.

to cóme 来るべき, 将来の. the world *to* ～ 来世. in years *to* ～ 将来(何年も).

whèn it còmes to .. 話が..ということになると. *When it* ～*s to* environmental questions, he is a very different person. 環境問題の話になると彼は別人のようになる.

whére *one* ***is cóming fròm*** 〖話〗人の考え[気持ち, 真意]. Let me tell you *where* I'*m coming from*. 僕の考え(方)を話しましょう.

── 名 U 〖卑・俗〗精液, (女の)愛液; 'いくこと'.

[＜古期英語]

come-at-able /kʌmǽtəbl/ 形 〖英話〗近づきやすい; 入手しやすい.

‡**cóme·bàck** 名 **1** C (健康, 人気などが一度衰えた後の)回復, 復活, カムバック, 返り咲き. make a ～ 返り咲く. a ～ victory 逆転勝ち. **2** C 口答え, さかねじ. **3** U 〖英〗(受けた損害の)補償, 救済.

COMECON, Com·e·con /kámikàn|kɔ́mikɔ̀n/ 名 〖史〗コメコン, 経済相互援助会議,《旧ソ連と東欧共産圏諸国で結成; 1949–91》[*C*ouncil for *M*utual *Econ*omic Assistance]

†**co·me·di·an** /kəmíːdiən/ 名 C **1** 喜劇俳優, コメディアン. **2** 道化者. [＜フランス語 *comédien*]

co·me·dic /kəmíːdik/ 形 〖章〗喜劇の.

co·me·di·enne /kəmìːdién/ 名 C 喜劇女優, 女のコメディアン. [フランス語]

com·e·do /kámədòu|kɔ́m-/ 名 〖医〗＝blackhead.

cóme·dòwn 名 C 〈普通, 単数形で〉〖話〗**1** (地位, 品位などの)失墜, 下落. **2** 零落, 落ちぶれること. **3** 失望させる物事, 失望の種, (disappointment).

‡**com·e·dy** /kámədi|kɔ́m-/ 名 (複 **-dies** /-z/) **1** U (劇の一部門としての)**喜劇**; C (一編の)喜劇; (↔tragedy). stage a ～ 喜劇を上演する. a musical ～ ミュージカルコメディー. a ～ of manners 風習喜劇《上流社会などを風刺する喜劇; 特に 17 世紀後半の英国で盛んであったものを指す》. **2** UC 喜劇的な場面[事件]; 喜劇的要素, おかしみ. see the ～ of the situation 事態のこっけいさに気づく. ◇形 comic, comical [＜ギリシア語 (＜「宴会」＋「歌う」)]

còme-from-behínd /⑱/ 形 〈限定〉逆転の〔ホームラン, 勝利など〕.

còme-híther /⑱/ 形 〖話〗〈限定〉人を誘うような, 「誘惑的な,〔目つきなど〕.

come·ly /kʌ́mli/ 形 e 〖旧〗〔女性が〕顔だちのよい, 器量よしの, (類語 good-looking などより形式ばった語, 古風に響く; →beautiful). ▷**come·li·ness** 名

cóme-òn 名 C **1** 〖米話〗(商品の)宣伝, 客寄せ(の文句). **2** 〖話〗(女性の)性的挑発, 色仕掛け. ***give a pèrson the cóme-on*** 〖話〗〔女が〕〔男〕を挑発する.

com·er /kʌ́mər/ 名 C **1** 来る[来た]人[物]; 新来者. the first ～ 先着者. The contest is open to all ～*s*. 競技はだれでも参加できる[飛入り自由だ]. **2** 〖米話〗有望な人[もの].

co·mes·ti·ble /kəméstəb(ə)l/ 〖章〗形 食用になる[適した], 食べられる. ── 名 C 〈普通 ～s〉食料品.

***com·et** /kámət|kɔ́m-/ 名 (複 **～s** /-ts/) C **彗**(すい)**星**, ほうき星, (参考 →Halley's comet). the tail of a ～ 彗星の尾. a ～ year (特に有名な)彗星の現れた年《例えば 1811 年》. like a ～ 彗星のごとく〔さっと通過するなど〕. [＜ギリシア語「長い髪をした(星)」]

come-up·pance /kʌ̀mʌ́pəns/ 名 C 〈普通, 単数形で〉〖話〗当然の報い, 天罰. get one's ～ 罰(ばち)が当たる.

com·fit /kʌ́mfət, kám-|kʌ́m-, kɔ́m-/ 名 C 〖古〗ボンボン, 砂糖菓子; (干し果物入りの)糖菓.

‡**com·fort** /kʌ́mfərt/ 名 (複 **～s** /-ts/) **1** U **安楽**, 気楽, 快適, (↔discomfort). live in ～ 安楽に暮らす.

2 C 〈普通 ～s〉(衣食住の面で)生活を安楽[快適]にするもの《necessaries と luxuries の中間》. The hotel offers all the ～*s* of home life. そのホテルは家庭生活の快適な点[設備]をすべて備えている.

3 U **慰め**, 慰安. find ～ in one's hobby 自分の趣味を慰めとする. take [draw, derive] ～ from reading 読書に慰めを得る.

4 C **慰めを与える人[物, 事]**, 慰安者, 慰問品. Singing is a ～ to me. 歌を歌うと心が安まる. one's pleasure and ～ 喜びと慰めを与える人[物].

5 〖米〗＝comforter 3.

tòo clóse [***néar***] ***for cómfort*** 身の危険を感じるほどの至近距離で, 不安なほど切迫して.

── 動 他 **1 を慰める**, 励ます, 元気づける. ～ a person for his loss 人に痛手の慰めを言う. **2** を楽にする(肉体的に, 又衣食住の面で).

◇形 comfortable [＜ラテン語「強くする」(＜con-＋*fortis* 'strong'); com- のつづりは中期英語に入ってから]

C

C

‡com·fort·a·ble /kʌ́mfərtəb(ə)l/ 形 m
1 安楽をもたらす,〔物が〕**安楽な**, 気持ちのいい, 快適な, (↔uncomfortable; 類語 物質的快適さ, 肉体的心地よさなどを表す一般的な語; →cozy, snug). a ～ bed＝a bed ～ to lie on 寝心地のよいベッド. live in ～, if not luxurious, rooms 豪華と言わないまでも居心地のよい部屋に住んでいる.
2〔収入などが〕(安楽な生活に)十分な;〈限定〉大幅の〔リードなど〕. a ～ salary 楽に暮らせるだけのサラリー. have a ～ majority (over..) (..に)大差をつけている.
3〈叙述〉〔人が〕苦労[苦痛]のない, 気楽な, くつろいだ. feel ～ 気持ちがよい. Please make yourself ～. どうぞお楽に. Are you more ～ now? 気分はよくなりましたか《病人などに対して言う》. **4**〈叙述〉かなり裕福な, 楽な; のんきな. be in ～ circumstances 暮らし向きがよい.
── 名 C 《米》＝comforter 4.

com·fort·a·bly** /kʌ́mfərt(ə)bli/ 副 m **1 快適に**, 心地よく, 安楽に. live ～ 安楽に暮らす. **2** 楽々と. win ～ 楽々と勝つ. ***be còmfortably óff かなり裕福である (→be WELL off).

cóm·fort·er 名 C **1** 慰める人[もの], 慰安者[物]. **2**〈the C-〉《キリスト教》聖霊 (the Holy Spirit). **3**《英旧》毛糸の長襟巻き. **4**《米》刺し子の掛けぶとん (quilt). **5**《英》人工乳首, おしゃぶり,(《米》pacifier).

‡cóm·fort·ing 形 慰めになる; 安心させる. a (very) ～ thought (とても)慰めになる思い. ～ and reassuring 安心させる. ▷ **～·ly** 副

cóm·fort·less 形 慰めのない〔生活など〕; 慰めにならない, 楽しみのない, 味気ない, わびしい. a ～ room わびしい部屋.

cómfort stàtion 名 C 《米》公衆便所 (《英》convenience)《public lavatory の婉曲表現》.

cómfort wòman 名 C (第2次大戦の日本軍の)従軍慰安婦.

com·frey /kʌ́mfri/ 名 (複 ～s) C コンフリー, ヒレハリソウ,《ムラサキ科の野菜》.

com·fy /kʌ́mfi/ 形 e 《話》＝comfortable.

†com·ic /kámik|kɔ́m-/ 形 **1**〈限定〉喜劇の, 喜劇的な, (↔tragic). a ～ actor 喜劇俳優. a ～ picture 喜劇映画. **2** こっけいな, おかしい, (類語 普通, 作為的な, 時によっては芸の力によって作られるおかしさを意味する; →comical). a ～ paper 漫画新聞. ◇名 comedy
── 名 C **1**《話》喜劇道化役者, コメディアン; 道化者. **2**《英》＝comic book. **3**＝comic strip. **4**〈the ～s〉(新聞, 雑誌の)漫画欄[付録].
[＜ギリシア語「宴会の＞喜劇の」]

†com·i·cal /kámik(ə)l|kɔ́m-/ 形 こっけいな, おどけた, ひょうきんな, (類語 意図的でない, 時によってはばかばかしく見えるほどのこっけいさを意味する; →comic). a ～ face おかしな顔. ▷ **～·ly** 副 こっけいに; おどけて, ひょうきんに.

cómic bòok 名 C 《米》漫画本[雑誌].

còmic ópera 名 C 喜歌劇.

còmic relíef 名 U (芝居の緊張場面に挟む)息抜き「(場面).

cómic strìp 名 C (新聞, 雑誌の)連続漫画 (《英》strip cartoon)《1回分は普通4コマ前後》.

Com·in·form /kámənfɔ̀ːrm|kɔ́m-/ 名 《史》〈the ～〉コミンフォルム《共産党情報局 (1947–56)》.
[＜*Com*munist *Inform*ation Bureau]

‡com·ing /kʌ́miŋ/ 形 ⓒ〈限定〉**1 来たるべき**, 次の, 将来の. the ～ generation 次の世代. the ～ summer 今度の夏. the ～ year 来年. **2**《話》新進の, 売り出しの; 前途有望な (up-and-coming); (将来間違いなく)重要になる〔物, 事〕. a ～ writer 今売り出しの作家.
── 名 **1** C〈単数形で〉**到来**, 到着, 到達; 接近. with the ～ of ⌞the ice age [electricity] 氷河期が到来[電気が出現]するとともに. ～ of age 成年に達すること (→come of AGE). **2**〈the C-〉キリストの再臨.
còmings and góings 《話》到着と出発, (人の)出入り, 行き来.

cóming-òut 名 (複 comings-) C **1** (若い女性の)社交界へのデビュー. **2** 同性愛者[エイズ患者]であることを公にすること.

Com·in·tern /kámәntə̀ːrn|kɔ́m-/ 名〈the ～〉コミンテルン (1919–43)《第3インターナショナルの別称》.
[＜the (Third) *Com*munist *Intern*ational]

com·i·ty /káməti|kɔ́m-/ 名 U 《章》礼儀, 友誼(ぎ), 礼譲. the ～ of nations 国際礼譲.

***com·ma** /kámə|kɔ́mə/ 名 (複 ～s /-z/) C コンマ《, 》(→inverted commas).

> **comma の使い方** (1) 同じ品詞の語を列挙する場合. Tom, John(,) and Ned are my friends. (トム, ジョン, それにネッドは私の友達です)《and の前のコンマを省くのは略式》. a rough, dusty road (でこぼこでほこりの立つ道). これは rough *and* dusty とすることもできるが, an old felt hat (古いフェルトの帽子)では felt hat にさらに old が付いたのであって, old と felt の間にコンマや and を入れることはできない. なお another 形 1 (a) の例 another serious problem 参照. (2) 呼びかけの語句, yes, no, oh などの間投詞の後, 挿入句の前後などに用いる. (3) 文頭に副詞節が来た場合, 節の終わりにコンマを置くのが普通. *When I went to see Tom,* he was out. (トムに会いに行ったら彼は外出していた)《比較: Tom was out *when I went to see him.*》(4) 副詞句を文頭に置く時は, 必ずしもその終わりにコンマを必要としないが, 読みやすくするためにコンマを置くことが多い. (5) 継続的用法の関係詞節の前ではコンマが必要. (6) 最も小さな切れ目を表す記号として, その他いろいろな場合に用いられる.

[ギリシア語「(文の)断片」]

cómma bacìllus 名 (複 →bacillus) C コンマ菌《アジアコレラの病原菌》.

‡com·mand /kəmǽnd|-mɑ́ːnd/ 動 (～s /-dz/| 過 過分 ～·ed /-əd/|～·ing) 他【命令する】**1** (**a**) を**命ずる**, 要求する, (類語 強い権限を持った人が下し, 遂行されることを前提とした命令を表す; The doctor *ordered* a complete rest. (医師は絶対安静を命じた)では command は不適切; →order). ～ silence 静粛を命ずる. (**b**) VOO (～ X *to do*/X "引用") X に..せよと/「..」と命ずる, 命令する. The policeman ～*ed* them ⌞*to* move on [, "Move on!"]. 警官は彼らに⌞進むように[「進め」と]命じた. He ～*ed* her *to* put the room in order. 彼は彼女に部屋を片付けるよう命じた. (**c**) VO (～ *that* 節/"引用") ..することを/「..」と言って命ずる. The general ～*ed* ⌞*that* we (should) follow him [, "Follow me!"]. 将軍はついて来るようにと我々に命じた.
【支配する】**2** を**指揮する**, **支配する**. ～ a fleet 艦隊を指揮する. ～ the sea [air] 制海[空]権を握る.
3〔感情など〕を**抑える**, 制する, 支配する, (control). ～ one's temper かんしゃくを抑える.
【思うままにできる】**4**《章》を**自由にする**, 思うままにできる[使える], 駆使する. ～ a lot of money 大金を自由にできる. ～ French フランス語を自由に駆使する.
5〔風景など〕を**見渡す**, (眼下に)見下ろす, (地形的に)支配する, (語法 この用法では普通, 場所, 建造物などが主語). ～ (a view of) the plain around 周りの平野が見渡せる. The fort ～*s* the entrance to the bay. 要塞(さい)は湾口を押さえている.
【当然要求できる】**6**〔尊敬, 同情など〕を**集める**, 受ける, に値する. The artist ～*s* our admiration. その画家は賛嘆に値する.
7〔ある値〕で売れる. ～ a good price 高値で売れる.
── 自 命ずる, 命令する.
commánd onesèlf 自制する.

Yours to command 〘古〙敬具.

—— 名 (複 **~s** /-dz/) **1** Ⓒ **命令** 〈*to* do..せよという/ *that* 節..という〉. obey the teacher's ~ *to* stop writing 先生の書くのをやめろという命令に従う.

連結 a stern [an authoritative] ~ // give [issue; carry out, execute; defy, disregard, violate] a ~

2 aU **支配力**; (感情を)抑制する力; (言語などを)**使いこなす力**, 熟達; (金銭を)自由に使うこと. have ~ of [over] oneself 自制できる. lose ~ of one's voice おろおろ声になる. have (a) good ~ of Spanish スペイン語が自由に操れる. **3** Ⓤ 見晴らし, 展望; (一地域を地形的に)支配していること. The hill has the ~ of the city. その丘から町が見渡せる.

4 Ⓤ 指揮権; Ⓒ 〘軍〙管轄の部隊; 管轄区域; 司令部. give a person ~ 人に指揮権を与える. He lost nearly half his ~. 彼は指揮下の部隊の半数近くを失った.

5 Ⓒ 〘電算〙(コンピュータへの)コマンド, 指令.

at (*one's*) ***command*** 思いのままになる. America has ample resources *at* (its) ~. アメリカには自由に使える豊富な資源がある.

at [***by***] ***a pèrson's command*** 人の命令で[に従って]. I am *at* your ~. 〘雅〙何なりと仰せの通りにいたします.

hàve command of.. ..を指揮する; ..を制圧[掌握]している; ..を自由に駆使できる.

in command (***of..***) (..を) 指揮[管理]して; (..に)指揮[管理]されて. the officer *in* ~ 指揮官. Who is *in* ~ *of* the army? だれが軍隊を指揮しているのか. The army is *in* ~ *of* Colonel Smith. 軍隊はスミス大佐の指揮下にある.

tàke command of.. ..を指揮する; 〔事態など〕を掌握する. *take* ~ *of* an army 軍を指揮する.

under (***the***) ***command of..*** ..の指揮の下に[の].

[<ラテン語 *commendāre*「委託する」(<com-+*mandāre* 'entrust')]

com·man·dant /kὰməndǽnt|kɔ̀m-/ 名 Ⓒ (要塞(さい), 都市などの)司令官; 指揮官; (捕虜収容所などの)所長.

com·man·deer /kὰməndíər|kɔ̀m-/ 動 他 **1** 〔青年など〕を(兵役に)徴用する, 徴兵する; 〔建物, 車両など〕を徴発する. **2** 〘話〙を勝手に取り上げる[使う].

***com·mand·er** /kəmǽndər|-mɑ́:ndə/ 名 (複 **~s** /-z/) Ⓒ **1 指揮する人**, 指導者, 長; 司令官, 指揮官. **2** 海軍中佐; (軍艦の)副長. **3** 〘英〙中級勲爵士《最上級は Knight [Dame] Grand Cross (of the Bath), 下級は Companion (of the Bath)》. Knight [Dame] *Commander* (of the Bath) 中級バス勲爵士. **4** (ロンドン警視庁の)警視長.

commànder in chíef 名 Ⓒ (複 **commanders in chief**) 最高司令官《略 C in C》.

‡**com·mánd·ing** 形 **1** 〈限定〉 指揮する. a ~ officer 指揮官. a ~ general 司令官. **2** 堂々とした, 辺りを威圧するような. a ~ voice 威圧するような声. **3** 〈限定〉見晴らしのよい; 要害の地を占めた. ▷**~·ly** 副

†**com·mánd·ment** /-(d)-/ 名 Ⓒ 〘章〙 **1** 命令. **2** (神の)おきて, 戒律; 〈C-〉(モーセの)十戒の一箇条 (→Ten Commandments).

commánd mòdule 名 Ⓒ 宇宙船司令室.

com·man·do /kəmǽndou|-mɑ́:n-/ 名 (複 **~(e)s**) Ⓒ (特殊な訓練を受けた)奇襲[コマンド]部隊; その隊員.

commànd perfórmance 名 Ⓒ 御前演奏[上演].

commánd pòst 名 Ⓒ (軍の)司令部.

comme ci, comme ça /kʌm-sì:-kʌm-sɑ́:|kɔm-sì:-kɔm-/ 形 副 まずまず(の), 可もなく不可もない[なく], (so so). [フランス語 'like this, like that']

comme il faut /kὰm-i:l-fóu|kɔ̀m-/ 形, 副 〔行動, 服装などが〕礼儀にかなった[て], 適切な[に]. [フランス語 'as it should be']

***com·mem·o·rate** /kəmémərèit/ 動 (**~s** /-ts/|過 過分 **-rat·ed** /-əd/|**-rat·ing**) 他 **1** (式を挙げて)**を祝う**, 記念する. ~ the 10th anniversary of ..の 10 周年の記念式典を執り行う. **2** 〔物が〕を記念する. The Monument ~*s* the Great Fire of London. モニュメントは(1666 年の)ロンドンの大火を記念する. [<ラテン語「思い起こす」]

‡**com·mèm·o·rá·tion** 名 **1** Ⓤ 記念. **2** Ⓒ 記念式[祭], 記念祝典; 記念となるもの.

in commemorátion of.. ..を記念して. They issued a new coin *in* ~ *of* the Royal marriage. 王室の御成婚を記念して新しい硬貨が発行された.

com·mem·o·ra·tive /kəmémərətiv, -rèi-|-rə-/ 形 記念の, 記念する〈*of*..を〉. a ~ stamp 記念切手.

—— 名 Ⓒ 記念物; 記念切手[コインなど].

commèmorative íssue 名 Ⓒ 記念発行物《切手など》.

***com·mence** /kəméns/ 動 (**-menc·es** /-əz/|過 過分 **~d** /-t/|**-menc·ing**) 〘章〙他 VO (~ X/*doing*/*to* do) Xを/**..することを開始する**, に着手する, (↔cease; 類語 begin より形式ばった語で, 普通, 準備を要する物事に関して用いる). She ~*d* study*ing* [*to* study] music. 彼女は音楽の勉強を開始した.

—— 自 **1** 始まる, 始める〈*with*..で〉. The vacation ~*s* on Sunday. 日曜から休暇が始まる. We will ~ *with* this work. この仕事から開始しよう. **2** 〘英〙(修士号, 博士号などの)学位を受ける (→commencement). [<古期フランス語「始める」(<ラテン語 com-+*initiāre* 'begin')]

†**com·ménce·ment** 名 **1** Ⓤ 〘章〙開始, 始まり. **2** Ⓒ 〈普通, 単数形で〉〘主に米〙学位授与式(の日), 卒業式(の日), 《<卒業は新人生の始まり》. ~ exercises 〘米〙卒業式.

***com·mend** /kəménd/ 動 (**~s** /-dz/|過 過分 **~·ed** /-əd/|**~·ing**) 他 〘章〙 **1 を褒める**, 賞賛する, 〈*for*..のことで〉, (類語 praise より形式ばった語で, 普通, 上から下への関係を暗示する). The mayor ~*ed* the lady *for* her good deeds. 市長はその婦人を善行の故に褒めたたえた. **2 を推薦する** 〈*to* ..に〉 (recommend). ~ a person *to* one's friend 友人に人を推薦する. I ~ it *to* your notice. そのことを御注意申し上げます. The book doesn't have much to ~ it. その本はあまり薦められない. **3** VOA (~ X *to*..) Xを..に任せる, 託する. ~ one's soul *to* God 〔死にかかった人が〕魂を神にゆだねる《大往生する》. ◇名 commendation

Comménd me to.. (1) 〘古〙..にどうぞよろしく (★Remember me to.. が普通). (2) ..が一番いい, (..なら)..に限る, 〈時に反語的〉. *Commend me to* a simple country life. 田舎の質素な生活が一番いい.

commĕnd oneself 〘章〙(1) 気に入る, 好印象を与える, 〈*to* ..の, に〉. This young man doesn't ~ him*self to* me. この若者には感心しない. (2) 値する 〈*for* ..に〉. The proposal doesn't ~ it*self for* consideration. その提案は採り上げるに値しない.

[<ラテン語 *commendāre* (→command)]

‡**com·ménd·a·ble** 形 褒めるに足る, 立派な, 推奨[賞賛]に値する, 見上げた. ▷**-bly** 副 立派に; 感心にも.

†**com·men·da·tion** /kὰmendéiʃ(ə)n|kɔ̀m-/ 名 **1** Ⓤ 〘章〙賞賛, 推賞; 推薦. be worthy of ~ 推賞に値する. **2** Ⓒ 賞, 感状, 〈*for*..〔軍功など〕に対する〉. **3** 〈~s〉〘古〙あいさつ[敬意](の言葉).

com·mend·a·to·ry /kəméndətɔ̀:ri|-t(ə)ri/ 形 〘章〙賞賛する, 推賞の; 推薦の.

com·men·su·ra·ble /kəménsərəb(ə)l|-ʃ(ə)-/ 形 〘章〙 **1** 同一単位で計量できる, 同じ数で割り切れる,

〈*with, to* ..と〉. **2** 比例した, 釣り合う, 〈*to* ..に〉.
▷**-bly** 副

com·men·su·rate /kəménsərət|-ʃ(ə)-/ 形〈叙述〉〖章〗 **1** 同量の, 同大の, 同積の, 〈*with* ..と〉. The losses were ～ *with* the winnings. 損失と利益とが同じだった. **2** 釣り合った, 相応した, ふさわしい, 〈*with, to* ..と, に〉. pay ～ *with* the work 仕事に相応した給料. **3** ＝commensurable 1.

C

***com·ment** /kάment|kɔ́m-/ 名 (複 **～s** /-ts/) **1** UC **評言**, 論評, 批評, 所見, 意見, 〈*on, upon, about*..〔時事問題など〕についての〉. without ～ とやかく言わずに. Have you any ～*s* to make (*on* my essay)? (私の試論について)何かおっしゃりたい事がおありですか. Your criticism is fair ～. 〖英話〗君の批判は適正なものだ[当然の意見だ].

> 連結 a brief [a perceptive, a shrewd; an unfavorable; a malicious, a nasty] ～ // pass a ～; cause [invite; call for, deserve, need] ～

2 C 注解, 注釈, 解説. ～*s on* a text 本文についての注釈. **3** U うわさ, 取りざた, 世評, (gossip). excite considerable ～ 物議をかもす.

be a cómment on .. 〔(困った)事態, 出来事などが〕..にその原因があることを示す, ..の現れである.

Nò cómment. 何も言うことはない, ノーコメントだ.

── 動 自 **1** 注釈する, 解説する, 〈*on, upon* ..について〉. **2** 批評する, 意見を述べる, 〈*on, upon, about* ..について〉. He ～*ed on* my new novel in his famous column in *The Times*. 彼はタイムズ紙のあの有名なコラムの中で私の新しい小説を批評してくれた.

── 他 V0 (～ *that* 節/"引用") ..であると/「..」と論評する. He ～*ed that* her new novel is the best of the year. 彼は彼女の新作小説は今年の最高作だと論評した.

[＜ラテン語「案出, 工夫」(＜com-＋*mēns* 'mind')]

†**com·men·tar·y** /kάməntèri|kɔ́mənt(ə)ri/ 名 (複 **-tar·ies**) **1** C 注解, 注釈, 《一作品に対する comments の総体》; 注釈書; 〈*on, upon*..に関する〉. a Bible ～ 聖書注解. **2** UC (放送での)解説. a news ～ ニュース解説. →running commentary. **3** aU 論評, 批評, 〈*on, upon*..に関する〉. **4** C 〈普通 -ies〉回想録.

com·men·tate /kάməntèit|kɔ́m-/ 動 自 (放送で)時事解説者として働く; 実況解説をする〈*on* ..について〉.
── 他 〖米〗を論評する, 解説する. [＜*commentator*]

†**com·men·ta·tor** /kάməntèitər|kɔ́m-/ 名 C **1** 注釈者. **2** (放送での)時事解説者; 実況アナウンサー. a news ～ ニュース解説者.

‡**com·merce** /kάmə(ː)rs|kɔ́m-/ 名 U **1** **商業**; 通商, 貿易; (類語 普通, 都市以上の単位間で行われる; → business). foreign ～ 海外貿易. domestic ～ 国内取引. carry on ～ with China 中国と貿易を行う. **2** 〖旧〗(人間の間の)交際, 交渉. **3** 〖古〗性交. [＜ラテン語「取引」(＜com-＋*merx*「商品」)]

‡**com·mer·cial** /kəmə́ːrʃ(ə)l/ 形
1 ¢ 〈普通, 限定〉**商業の**, 商業に関する; 通商の, 貿易の. ～ correspondence 商業通信(文). ～ law 商法.
2 m 営利の, 商業(上)の; 営利本位の.
3 ¢ 〈限定〉〔放送, 番組などが〕広告用の, スポンサー付きの. ～ broadcasting 商業放送, 民間放送. a ～ program (コマーシャル入りの)商業番組. a ～ TV station 民放テレビ局. a ～ enterprise 営利事業. a ～ theater 商業劇場《実験劇場などでない普通の劇場》. have no ～ value 商業的価値がない. The show was a ～ success [failure]. ショーは興業的に成功[失敗]だった.
4 ¢ 〔化学薬品などが〕市販用の, 工業用の, 《純粋でなく大量使用向き; ソーダなど》. **5** ¢ 〖米〗〔牛肉が〕並の, 徳用の, 《FDA の基準で standard と utility の間の》.
── 名 C 〖ラジオ・テレビ〗コマーシャル.

commèrcial árt 名 U 商業美術.

commèrcial ártist 名 C 商業デザイナー.

commércial bànk 名 C 商業銀行《小切手振出自由の預金を受け入れる》.

commèrcial bréak 名 C (テレビ・ラジオ番組中の)コマーシャルの時間.

com·mer·cial·ism /kəmə́ːrʃəlìz(ə)m/ 名 U **1** 〖しばしば軽蔑〗商業主義[本位], 営利主義. **2** 商業精神; 商慣習.

com·mèr·cial·i·zá·tion 名 U 商業[営利]化.

com·mer·cial·ize /kəmə́ːrʃəlàiz/ 動 他 **1** 〖しばしば軽蔑〗を商業[営利]化する. ～ Christmas クリスマスを商業化する《金もうけに利用すること》. **2** を市場に出す.

†**com·mér·cial·ly** 副 商業上[的に], 営利的に; 貿易上, 通商上.

commércial pàper 名 U 〖主に米〗**1** 商業手形《小切手, 為替手形など》. **2** コマーシャルペーパー《米国の優良企業が短期資金調達のために発行する無担保の約束手形》.

commèrcial rádio [télevision] 名 U 民(間)放(送)ラジオ[テレビ].

commèrcial tráveller 名 〖英旧〗＝traveler↑2.

commèrcial véhicle 名 C (荷物運搬, 乗客輸送用の)営業車.

com·mie, C- /kάmi|kɔ́mi/ 名 C 〖主に米話・軽蔑〗共産党員, 共産主義(支持)者, 'アカ', 《＜*com*munist》.

com·mi·na·tion /kὰmənéiʃən|kɔ̀m-/ 名 U (神罰が下るという)威嚇, 脅し.

com·min·gle /kəmíŋg(ə)l|kɔ-/ 動 自 〖章〗混ざる, 混合する, 〈*with*..と〉. ── 他 を混合する〈*with*..と〉.

com·mi·nute /kάmən(j)ùːt|kɔ́m-/ 動 他 を細かく砕く. ～*d* fracture 〖医〗粉砕骨折.

com·mis·er·ate /kəmízərèit/ 動 自 〖章〗同情する, 哀れむ, 〈*with*..〔人〕に, を/*for, on, over*..のことで〉.

com·mis·er·á·tion 名 〖章〗**1** U 哀れみ, 同情, (類語 普通, 言葉で表される同情で, 形式ばった語; → sympathy). **2** 〈～s〉同情の言葉.

com·mis·sar /kάməsὰːr|kɔ̀məsάː/ 名 C 〖史〗(ソ連の)人民委員《他国の各省長官[大臣]に相当; 1946 年以降は minister と呼ばれている》. [＜フランス語]

com·mis·sar·i·at /kὰməsé(ə)riət|kɔ̀m-/ 名 **1** C 〖軍〗兵站(へいたん)部, 糧食経理部. **2** U 食糧補給; 糧食. **3** C 〖史〗(ソ連の)人民委員会《他国の省に相当; 1946 年以後は ministry と言う》. [フランス語]

com·mis·sar·y /kάməsèri|kɔ́məsəri/ 名 (複 **-sar·ies**) C **1** 〖米〗(兵営, 鉱山, 撮影所などの)酒保, 売店, 購売部. **2** 代表者, 代理人, 委員. **3** (軍隊の)経理将校, 兵站(へいたん)将校. [＜中世ラテン語「代理人」]

***com·mis·sion** /kəmíʃ(ə)n/ 名 (複 **～s** /-z/)
【任すこと】**1** U (任務, 権限などの)**委任**, 委託; C 委任状. ～ of authority to a person 人に権限を委任すること. **2** C 任命(辞令); 〈特に〉将校任命(辞令)《英国では 1871 年まで金で買われた》. resign one's ～ 将校辞令を返す《兵卒となる》.
3 C (権限委譲を伴う)命令, 依頼, 〈*to* do..せよという〉; (製作などの)注文. a ～ to subdue the rebels 反乱者鎮圧の命令. get portrait ～*s* 肖像画製作の注文を受ける.
4【任された人々】C 〈単数形で複数扱いもある〉**委員会** (類語 特定の調査研究の権限を与えられた committee). the Federal Trade *Commission* 連邦取引委員会.
【任された仕事】**5** UC **任務**, 権限. carry out one's ～ 任務を遂行する. **6** U (商業上の)代理(業務), 取り次ぎ. on ～ (→成句). **7** UC **手数料**, 歩合, コミッション. a ten percent ～ on sales 売り上げの 1 割の歩合.
【かかり合うこと】**8** U 〖章〗犯すこと〈*of*..〔罪, 失策

など〕を〉. ～ *of* a crime 罪を犯すこと. ◇動 commit
in commíssion (1) 委任を受けた, 任務について; 〔将校が〕現役で, 〔軍艦が〕就役中で. a warship *in* ～ 就役艦. (2) すぐ使える状態の.
on commíssion (1) 委託を受けて. (2) 歩合制で.
òut of commíssion (1) 使用されていない; 退役の[して], 任務についていない. a warship *out of* ～ 退役艦. (2) 使用不能の, 故障した, 〔人が〕活動できない. He suffered an injury and is *out of* ～ for the time being. 彼は怪我(けが)をして当分の間働けない.
—— 動 他 **1** VOC (～ X ***to do***) X に ..する権限を与える, X に委任[依頼]して..させる.
2 (特に芸術品製作などについて) (**a**) を依頼[注文]する. ～ a portrait 肖像画製作を依頼する. (**b**) VOC (～ X ***to do***) X に ..するよう委嘱[注文]する. ～ an artist *to* paint one's portrait 画家に肖像画を描くよう依頼する. ～ them to erect a statue＝ ～ a statue *to be* erected 彫像を建てるよう委嘱する.
3 〈普通, 受け身で〉 (**a**) を将校に任命する. (**b**) VOC (～ X Y)・VOA (～ X ***as*** Y) X (人)を Y (将校)に任命する. be ～*ed* (*as* a) captain in the army 陸軍大尉に任命される.
4 〔艦船〕を就役させる; 〔機械など〕を始動させる.
[＜ラテン語「競技(の手配)＞(仕事の)委託」]
commíssion àgent 名 C 〖英〗(競馬などの)賭(か)け屋 (bookmaker).
com·mis·sion·aire /kəmìʃ(ə)néər/ 名 C 〖主に英〗(劇場, 映画館, ホテルなどの)ドアマン, 送迎係, 《制服を着用》(doorman). [フランス語 'commissioner']
com·mìs·sioned ófficer 名 C (陸・海軍の)将校, 士官.
***com·mís·sion·er** 名 (複 **～s** /-z/) C **1 委員**, 理事. **2** 行政長官, 局長; 弁務官. the *Commissioner* of Customs 関税局長官. the Chief *Commissioner* of the Metropolitan Police 〖英〗(ロンドンの)警視総監. →high commissioner. **3** (プロスポーツの)コミッショナー《紛争などを裁定する最高責任者》. **4** 〖英俗〗賭(か)け屋 (bookmaker).
commìssioner for óaths 名 C 〖主に英・法〗宣誓管理官.
commíssion mèrchant 名 C 委託仲買人, 問屋.
com·mit** /kəmít/ 動 (**～s** /-ts/|過 過分 **～·ted** /-əd/|**～·ting**) 他 【任せる】 **1** (**a**) VOA (～ X ***to..) X を..に**委託する**, ゆだねる. ～ a boy *to* (the care of) his aunt 少年をおばに預ける. ～ a bill *to* a standing committee 法案を常任委員会に付託する. (**b**) VOA (～ X ***to..***) X (人)を〔刑務所, 精神病院など〕に引き渡す, 収容する, (★しばしば受け身; *to* ～を省くこともある). ～ a man *to* a psychiatric hospital 男を精神病院に送る. Such a fellow must be ～*ted* (*to* prison)! こんなやつはぶち込んでやらなくちゃ. (**c**) VOA (～ X ***to, for..***) (金, 時間など)を..のために用いることにする. The government has ～*ted* more money ˪*to* the stricken area [*for* the project]. 政府は被災地あての[その事業に対する]拠出金の増額を決めた. (**d**) VOA (～ X ***to..***) X を(処理, 保存などのために)..にゆだねる. ～ one's old diaries *to* the flames 古い日記を焼却する. ～ a poem *to* memory 詩を暗記する. ～ a happening *to* paper 出来事を書き留める.
【かかり合わせる】 **2** (**a**) VOA (～ X ***to*** (*doing*) ***..***) X を〔立場など〕に**縛りつける**, X を..にかかわらせる; X を〔行動など〕のはめに陥れる, X に..を約束させる. be deeply ～*ted* *to* the CND 核兵器廃絶運動に深くかかわっている. The Prime Minister is ～*ted* *to* ˪ tax cuts [cut*ting* taxes]. 首相は減税を公約している. (**b**) VOC (～ X ***to do***) X に..することを義務うける, X が..するよう拘束する. The treaty ～*s* the country *to* observe the terms of the international convention. 条約によりその国は国際慣行の諸条項を順守する義務を負う.
3 〔人〕を(かかり合わせて)困難な立場に立たせる; 〔名誉など〕を危うくする. He has ～*ted* his reputation as a scholar by plagiarizing. 彼は剽窃(ひょうせつ)したため学者としての評判を損なった.
4 【かかり合う】 〔罪など〕を**犯す**. ～ a crime 犯罪を犯す. ～ suicide 自殺する. ～ a blunder 大失態を演じる.
—— 自 〖米〗＝COMMIT oneself (2).
◇名 commission, commitment, committal
commít onesèlf (1) 自分の意見[立場]を明らかにする 〈*on*..について〉; (抜き差しならなくなるほど)かかわる, 深入りする, 〈*in*..〔問題など〕に〉; 傾倒する, 専念する, のめり込む, 〈*to*..〔主義, 運動など〕に/*to* do*ing*..することに〉. ～ one*self to* nuclear disarmament 核軍縮に傾倒する. (2) 言質を与える, 確約する 〈*to* (do*ing*)..(すること)を/*to* do ..すると〉. ～ one*self to* go [*going*] 行くと確約する. (3) 身をゆだねる 〈*to*..に〉. ～ one*self to* the doctor's care 医師の世話になる. (4) 自分(の評判[名誉])を危うくする.
[＜ラテン語「組み合わせる, ゆだねる」(＜com-＋*mittere* 'send')]
***com·mít·ment** 名 (複 **～s** /-ts/) **1** U 委託[委任](する[される]こと); 委員(会)付託. **2** ＝committal 1. **3** UC (ある主義, 行動方針への)献身, 傾倒, (運動への)参加; 言質(を与えること), 明言(すること), 公約. ～ *to* the cause of peace 平和運動への参加. make a ～ *to* pay 払うと確約する. Learning a language is a long-term ～. 言語の習得には長期にわたる傾注が必要だ.

> 連結 a deep [a firm, an intense, a staunch, an unshakable, a whole-hearted; a binding; a long-term; a lifelong] ～ // fulfill a ～

4 C (ある行動の選択から生じる)**責任, かかり合い**. Married life involves many ～*s*. 結婚するとたくさんかかり合いが生じる. ◇動 commit
com·mit·tal /kəmítl/ 名 UC **1** (刑務所, 精神病院などへの)収容, 拘留; C 拘留令状. **2** 〖章〗埋葬, 火葬.
com·mít·ted /-əd/ 形 **1** 献身的な, 打ち込んでいる; 傾倒した; 〈*to* ..に〉. a ～ nurse 献身的な看護婦. Women managers are not less ～ *to* their careers and companies than their male colleagues. 女性支配人は仕事や会社に男性の同僚ほど献身していないわけではない. **2** 〈叙述〉 かかわって 〈*to*..に〉; 約束して 〈*to*..を/*to* do..すると〉; 引くに引けない立場に立たされて; (→commit 他 2, 3).
‡**com·mit·tee** /kəmíti/ 名 (複 **～s** /-z/) C **委員会** (類語 委員会を表す一般的な語; →board, commission); 〈単数形で複数扱いもある〉 《委員 1 人は committeeman [-woman]》. a ～ meeting 委員会(の例会). a member of a ～ 委員会の委員. a standing ～ 常任委員会. The ～ meet(s) at three. 委員会は 3 時に開かれます. A special ～ to study tax reforms has been set up. 税制改革検討のための特別委員会が設置された. be in ～ 委員会が開かれている, 委員会で審議中である. be [sit] on a [the] ～ 委員になっている, 委員会の一員である. [commit, -ee]

> 連結 appoint [establish, form; disband] a ～ // a ～ break(s) up [disband(s)]

commíttee·man /-mən, -mæ̀n/ 名 (複 **-men** /-mən, -mèn/) C 委員会の一員, 委員, 《男性》.
commíttee·wòman 名 (複 **-women**) C 委員会の一員, 委員, 《女性》.
com·mode /kəmóud/ 名 C **1** (引き出し, 棚付きの)飾り[整理]だんす. **2** (移動式の)洗面台. **3** (便座付きの)室内便器. [＜ラテン語「便利な」]
com·mod·i·fy /kəmɑ́dəfài|-mɔ́d-/ 動 他 〔芸術品

など〕を商品化する，(商品として)売買する．［＜*commodity*＋*-fy*］▷**com·mòd·i·fi·cá·tion** /-fəkéiʃ(ə)n/ 名

com·mo·di·ous /kəmóudiəs/ 形 〖雅〗〔家，部屋などが〕広くて住みよい (roomy). ▷ **～·ly** 副 **～·ness** 名

*__com·mod·i·ty__ /kəmɑ́dəti|-mɔ́d-/ 名 (複 **-ties** /-z/) Ⓒ **1**〈しばしば -ties〉**商品**，日用品，必需品．prices of *commodities* 物価．household *commodities* 家庭用品．**2** 役に立つもの，値打ちのあるもの．Political leadership is a scarce ～ these days. 昨今政治的リーダーシップはめったにお目にかかれないものである．［＜ラテン語「便利，適切さ」］

commódity màrket 名 Ⓒ (砂糖，小麦，羊毛などを取引きする)原料市場．

com·mo·dore /kɑ́mədɔːr|kɔ́m-/ 名 Ⓒ **1**〖英海軍〗准将《rear admiral と captain の間の地位》．**2**〖英海軍〗船隊指揮官[司令官]《臨時に小艦隊を指揮する》．**3** 提督《古参艦[船]長などに対する敬称》．*Commodore* Perry ペリー提督．**4**(ヨットクラブなどの)総裁，会長．**5** 先任船長《商船隊などの指揮者》．

‡**com·mon** /kɑ́mən|kɔ́m-/ 形 **【共通の】 1** Ⓒ (**a**) **共通の**，共同の，共有の，〈*to*..に〉．～ property 共有財産．～ interests 共通の利益．our ～ friend 我々に共通の友人．The garden is ～ *to* the two houses. 庭は 2 軒の家の共有のものです．English serves as the ～ language of many Asians. 英語は多くのアジア人の共通言語の役を果たしている．Pursuit of happiness is ～ *to* all rational human beings. 幸福の追求は理性ある人間のすべてに共通している．by ～ consent 満場一致で．(**b**)〖数〗共通の，公...a ～ root 共通根．→common divisor.

2【社会に共通の】 Ⓒ〈限定〉**公共の**，公衆の，一般の，(類語 ある特定の範囲[社会，集団など]に当てはまる共通性を言い，一般性の程度は general より低い)．～ welfare 公共の福祉．the ～ good 公益．

【一般的な＞並の】 3 ⓔ ⓜ **普通の**[にある，に見られる，に起こる]，**ありふれた**；いつもの．～ and natural 並で当たり前の．a ～ mistake よくやる間違い．a ～ saying 言い古されたことわざ．a matter of ～ practice よくある[普通に行われている]こと．Word processors have long since come into ～ use. ワープロが一般に使われるようになってから久しい．It is quite ～ for her to oversleep. 彼女が寝坊するのはいつものことだ (★for の代わりに of は不可；又，It is quite ～ thet..とはしない)．**4** Ⓒ〈限定〉並の，平凡な，(位が)平(ひら)の．the ～ people 一般民衆，庶民．a ～ soldier 一兵卒．

5【並の＞下等な】 ⓔ ⓜ〔人，態度，趣味などが〕品のない，下品な，卑俗な，野卑な，粗野な；安物の，(品)質の悪い．～ manners 無作法．～ clothes 粗末な着物．She is very ～. 彼女は品がない．

(as) còmmon as dírt [múck] ＝(as) cheap as DIRT.

màke common cáuse with.. →cause.

── 名 **1** Ⓒ (村などの)共有地，公有地，《特に囲いのない空き地》．play cricket on the village ～ 村の共有地でクリケットをする．**2** Ⓤ〖法〗共用[共有]権，入会(いりあい)権，(**rìght of cómmon**)．**3** Ⓤ〖英俗〗＝common sense．**4**〈～s〉→commons.

*__*in cómmon*__ 共通に，共同で；同様に；〈*with*..と〉．We have something [nothing, little] *in* ～. 我々には共通点がいくらかある[まるでない，ほとんどない]．*In* ～ *with* many other companies, we have moved to a five-day workweek. 他の多くの会社と同様，我が社も週休 2 日制に切り替えました．

out of (the) cómmon 非凡な，異常な．

［＜ラテン語 *commūnis*「共有の，公共の」］

com·mon·age /kɑ́mənidʒ|kɔ́m-/ 名 Ⓤ **1** ＝common 2．**2** 共有物[地]；共有．**3** ＝commonalty 1.

com·mon·al·i·ty /kɑ̀mənǽləti|kɔ̀m-/ 名 (複 -ties)〖章〗**1** ⓊⒸ 共通性，共通点．**2** ＝commonalty 1.

com·mon·al·ty /kɑ́mən(ə)lti|kɔ́m-/ 名 〖章〗 **1** Ⓤ〈the ～；単複両扱い〉一般大衆，民衆．**2** Ⓒ 法人；社会集団，共同体．the ～ of humankind 人間社会．

còmmon cárrier 名 Ⓒ 運輸業者[会社]．

còmmon cóld 名 Ⓒ (普通の)風邪，感冒．

còmmon cóurtesy [décency] 名 Ⓤ (道理をわきまえた人の)礼儀正しさ．

còmmon denóminator 名 Ⓒ **1**〖数〗公分母《2/3 と 4/5 ならば 15 とその倍数》．**2** 共通点．

còmmon divísor 名 Ⓒ 〖数〗公約数．the greatest ～ 最大公約数《略 GCD》．

com·mon·er /kɑ́mənər|kɔ́m-/ 名 Ⓒ **1** (貴族に対して)平民，庶民．**2**〖英〗(オックスフォードその他の大学で)自費学生，一般学生，《奨学生に対して》．

Còmmon Éra 名〈the ～〉＝Christian era.

còmmon fáctor 名 ＝common divisor.

còmmon fráction 名 Ⓒ〖米〗〖数〗常分数(〖英〗vulgar fraction)《3/4 のような，分母分子とも整数の分数》．

còmmon génder 名 Ⓤ 〖文法〗通性《child, baby のような，両性にわたる語に言う》．

còmmon gróund 名 Ⓤ (議論などにおける)共通基盤，一致点．

còmmon júry 名 Ⓒ〖法〗(一般人から成る)普通陪審．

còmmon knówledge 名 Ⓤ 周知(の事実)，常識．It is ～ that...は周知の通りである．

cómmon lànd 名 Ⓤ (村落などの)共有地．

còmmon-láw /移/ 形 慣習法上の；内縁の．a ～ wife [husband] 内縁の妻[夫]．～ marriage〖法〗コモンロー婚《男女の合意に基づく同棲(せい)婚姻；儀式は行わない》．

còmmon láw 名 Ⓤ〖英米法〗慣習法《議会の制定によらず，個々の判例の基礎として想定される慣習や不文の法；→statute law》．

*__com·mon·ly__ /kɑ́mənli|kɔ́m-/ 副 ⓜ **1 一般に**，普通(に)，概して，通例．It is ～ believed that.. 一般に..と信じられている．the criminal ～ called 'Jack the Ripper' 通称「切り裂きジャック」という犯罪者．**2** 平凡に；〖軽蔑〗下品に．

còmmon mán 名〈the ～〉普通の人，一般人，(★複 は the common people).

Còmmon Márket 名〈the ～〉(ヨーロッパ)共同市場《European Community の俗称》．

còmmon méasure 名 **1** Ⓤ〖楽〗4 分の 4 拍子．**2** ＝common divisor.

còmmon múltiple 名 Ⓒ〖数〗公倍数．

còmmon nóun [náme] 名 Ⓒ〖文法〗普通名詞(→noun 文法)．

còmmon-or-gárden /移/ 形〈限定〉〖英話〗普通の，ありふれた．

*__com·mon·place__ /kɑ́mənplèis|kɔ́m-/ 形 ⓜ ありふれた，平凡な，陳腐な，面白くない．── 名 (複 **-plac·es** /-əz/) **1** Ⓒ ありふれた事[物]，日常茶飯事；陳腐な言葉，決まり文句．**2**〈the ～〉平凡さ，陳腐さ．［ラテン語 *locus commūnis*「共通の場＞一般的話題」の英訳］

cómmonplace bòok 名 Ⓒ 備忘録．

còmmon pléas 名 **1**〈複数扱い〉〖法〗民事訴訟．**2**〈単数扱い〉〖英史〗民事高等裁判所；〖米法〗民事訴訟裁判所《一部の州の》；Court of Common Pleas の略．

còmmon práyer 名 Ⓤ〖英国国教会〗**1** 公式祈祷(きとう)文《公式礼拝用に英国国教会が制定した祈祷文》．**2**〈the C- P-〉＝Book of Common Prayer.

cómmon ròom 名 Ⓒ〖英〗(大学などの)談話室《教官用は senior ～，学生用は junior ～》．

cóm·mons 名 **1**〈the ～；複数扱い〉〖古〗平民，庶

民. **2** 〈the C-; 複数扱い〉(英国の)下院 (**Hòuse of Cómmons**); 〈集合的〉下院議員. **3** 〈単複両扱い〉〈大げさに〉(大学などの共同食卓の)共通食《定食のこと》. **4** 〈単数扱い〉(特に大学の)大食堂, 学生食堂.
(on) short cómmons 〖旧〗十分な食事をしていない.

còmmon sált 名 U (普通の)食塩.

cómmon schòol 名 C 〖米〗公立小学校.

còmmon·sénse ⑱ 形 〈限定〉常識的な, 常識のある; 常識で分かる, 明白な.

còmmon sénse 名 U 常識, 良識, 《学んだ知識などではなく健全な判断力を言う》. Use your ～. 常識を働かせろ. have the ～ to do ..するだけの良識はある.

còmmon stóck 名 U 〖米〗普通株式.

còmmon tíme 名 〖楽〗＝common measure 1.

còmmon tóuch 名 〈the ～〉(高位の人の)庶民性《わざとへり下ること (condescension) もなく好意を持たれる生まれつきの才能》.

com·mon·weal /kɑ́mənwìːl|kɔ́m-/ 名 〖古〗 **1** U 〈the ～〉公共の福祉. **2** C 共和国.

†**com·mon·wealth** /kɑ́mənwèlθ|kɔ́m-/ 名 C **1** 国家; 共和国, 民主国家. **2** (**a**) 連邦《特に国家の公式名中に用いる: the *Commonwealth* of Australia (オーストラリア連邦)》. (**b**) 〈C-〉〖米〗州《Kentucky, Massachusetts, Pennsylvania, Virginia の 4 州の正式名称に用いる》. the *Commonwealth* of Virginia ヴァージニア州. **3** (共通の利害, 関心を持つ人々の)団体, 社会. the ～ of writers 文壇. **4** 〈the C-〉(**a**) ＝Commonwealth of Nations. (**b**) 〖英史〗＝Commonwealth of England; その時代.
5 〈形容詞的〉〈C-〉イギリス連邦の《特に英本国を除いて言う》. *Commonwealth* literature [English] 英連邦諸国の文学[英語].

Cómmonwèalth Dày 名 〈the ～〉〖英〗イギリス連邦記念日《3 月の第 2 月曜日; Victoria 女王の誕生日 (5 月 24 日)を祝う; 昔の名前は Empire Day》.

Còmmonwealth of Éngland 名 〈the ～〉〖英史〗イギリス共和国《1649 年 Charles 1 世の処刑から 1660 年の王制復古まで》.

Còmmonwealth of Indepéndent Stàtes 名 〈the ～〉独立国家共同体《1991 年のソビエト連邦解体後に作られた 11 か国による緩い国家連合; 略 CIS》.

Còmmonwealth of Nátions 名 〈the ～〉イギリス連邦《もと the British *Commonwealth* of Nations と言い, 大英帝国の名残; 構成員は英国, カナダ, オーストラリアを初め 30 数か国; 英国国王を名義上の元首とする緩い連合》. 「に対して」.

cómmon yèar 名 C 平年《閏(うるう)年 (leap year)↑

†**com·mo·tion** /kəmóuʃ(ə)n/ 名 UC 騒動, 大騒ぎ, 動揺, 混乱. be in ～ 動揺している.

‡**com·mu·nal** /kəmjúːn(ə)l, kɑ́mjə-|kɔ́mjə-/ 形 **1** (市町村など)自治体の; 共同の. the ～ life of the colleges 大学学寮での共同生活. **2** 公共の, 社会一般の, 共同で使用する. ～ land 公共用地. a ～ kitchen 共同炊事場. **3** 共同社会内に起こる〔紛争など〕. ▷ **～·ism** 名 U 地方自治主義. **～·ly** 副

com·mune[1] /kəmjúːn/ 動 自 **1** 〖章〗VA (～ *with* ..) ..と親密に語り合う, 親しく交わる. ～ *with* nature 自然を友とする. ～ *with* oneself 沈思黙考する, じっと考え込む. **2** 〖米〗〖キリスト教〗聖餐(せいさん)を受ける, 聖体を拝領する. [＜古期フランス語「共有する」]

com·mune[2] /kɑ́mjuːn|kɔ́m-/ 名 C **1** 市町村(自治体)《フランス, イタリアなどで地方行政の最小区画》. **2** 共同社会; 利益共同体; (中国などの)人民公社. **3** 〖米〗(ヒッピーなどの)共同生活村. [＜中世ラテン語「共有物」]

Còmmune (of Páris) 名 〈the ～〉パリ・コミューン (Paris Commune) **1** (フランス革命時代の)パリ革命政府 (1791–94). **2** 1871 年 3 月–5 月パリを支配した革命政府.

com·mu·ni·ca·ble /kəmjúːnəkəb(ə)l/ 形 〖章〗 **1** 〔思想などが〕伝達できる, 伝えられる. **2** 〔病気などが〕伝染性の. a ～ disease 伝染病. ▷ **-bly** 副

com·mu·ni·cant /kəmjúːnəkənt/ 名 C **1** 〖キリスト教〗聖餐(せいさん)を受ける(資格のある)人, 聖体拝領者. **2** 情報提供者, 密告者, (informer).

‡**com·mu·ni·cate** /kəmjúːnəkèit/ 動 (～s /-ts/|過 過分 **-cat·ed** /-əd/|**-cat·ing**) 他 〖章〗 **1** 〔知識, 情報など〕を**伝える**, 知らせる, 伝達する, 〈*to*..に〉. He ～*d* his secret *to* me. 彼は秘密を私に教えてくれた. A smile ～*s* pleasure when we see a friend. 友だちを見ると, 微笑が喜びを伝える.
2 〔病気など〕をうつす, 感染させる; 〔熱など〕を伝える; 〈*to*..に〉. Be careful not to ～ the disease *to* others. 病気を他人にうつさないよう気をつけなさい. **3** 〖キリスト教〗を聖餐(せいさん)にあずからせる, 聖体を拝領させる.
── 自 **1** 〖章〗(文通, 信号, 身振りなどで)**意思を伝え合う**, 通信する; 心を通わす; 〈*together*〉〈*with*..と〉. Have you ～*d with* your teacher about this? この事で先生に連絡しましたか. ～ by telephone 電話で通報する.
2 〖章〗〔場所, 部屋などが〕**通じている**, 連絡する, 〈*with*..に〉. The living room ～*s with* my study. 居間は私の書斎に通じている a *communicating* door (他の部屋などへの)連絡扉(とびら). **3** 〖キリスト教〗聖餐(せいさん)にあずかる, 聖体を受ける.
[＜ラテン語「共有する」(＜*commūnis* 'common')]

‡**com·mu·ni·ca·tion** /kəmjùːnəkéiʃ(ə)n/ 名 (複 ～s /-z/) **1** U (**a**) (思想, 情報などの)**伝達**; 通信, 文通; 報道. ～ of ideas through the printed word 印刷された言語による思想の伝達. (**b**) 意思の疎通, 相互理解. There was little ～ between father and son. 父子間にはほとんど意思の疎通はなかった. (**c**) (病気の)感染; (熱の)伝導. **2** C 〖章〗情報, 通知; 消息, 伝言. receive a ～ from our agent スパイから情報を受け取る.
3 (**a**) UC 交通, 往来; 連絡, 通信. a means of ～ 交通[通信]手段. There must be a ～ between the two rooms. 2 つの部屋は通じているに違いない.
(**b**) 〈～s〉 **交通・通信機関**; 報道機関. The storm destroyed all ～*s*. あらしのため交通通信機関の一切が破壊された. **4** 〈～s; 単数扱い〉コミュニケーション論, 通信[伝達]学. ◇動 communicate
be in commùnicátion with.. ..と文通[電話連絡]している.

communicátion còrd 名 C 〖英〗(列車内の)緊急停止索《乗客が引っ張ることができる》(〖米〗emergency cord).

communicátion enginèering 名 U 情報工学.

communicátions gàp 名 C (世代間などの情報不足による)相互理解欠如, コミュニケーションギャップ.

communicátions sàtellite 名 C 通信衛星《略 comsat》.

communicátion(s) thèory 名 U 情報理論.

com·mu·ni·ca·tive /kəmjúːnəkèitiv, -kət-/ 形 **1** 話好きな, おしゃべりの; 開けっ広げの. **2** 伝達の, 通信の.

‡**com·mu·nion** /kəmjúːnjən, -niən/ 名 **1** U (ある事を)共有すること. **2** U 親しい交わり, 心の交流, 霊的交渉. hold ～ with ..と親しく交わる. **3** C 〖章〗〈集合的〉宗教団体, 宗派. a religious ～ 宗教団体. **4** U 〈C-〉＝Holy Communion. [＜ラテン語]

commúnion tàble 名 C 聖餐(せいさん)台.

com·mu·ni·qué /kəmjùːnəkéi, ─⌒─/ 名 C コミュニケ, 公報, 公式発表. issue a ～ コミュニケを発表する. [フランス語 'communicated']

*__com·mu·nism__ /kɑ́mjənìz(ə)m|kɔ́m-/ 名 〈しばしば C-〉 U **共産主義**. [＜フランス語 'common-ism']

***com·mu·nist** /kάmjənist|kɔ́m-/ 名 (複 ~s /-ts/) C **1 共産主義者**. **2**〈しばしば C-〉共産党員.
── 形〈しばしば C-〉共産主義(者)の. a ~ country 共産主義国.

Còmmunist blóc 名〈the ~〉〖史〗(旧ソ連を中心とした, 東欧諸国が形成した)共産圏, 共産主義陣営.

Còmmunist Chína 名 中共《中華人民共和国の俗称》.

com·mu·nis·tic /kὰmjənístik|kɔ̀m-/ 形〈しばしば C-〉共産主義(者)の, 共産主義的な.

Còmmunist Párty 名〈the ~〉共産党.

‡com·mu·ni·ty /kəmjú:nəti/ 名 (複 -ties /-z/) **1** C **地域社会**, 地域(共同体). Do business with a contractor established in your ~. 同じ地域で営業している請負人に依頼しなさい. Kashiwazaki is a ~ of 88,000. 柏崎は人口8万8千の市である.
2 C (利害, 宗教, 人種などを同じくする)**集団**, 特殊社会; ..界. the large Chinese ~ in Soho (ロンドンの)ソーホーにある大きな中国人社会. an artists' ~ 芸術家集団. the ~ of nations＝the international [world] ~ (共通の価値感覚を持った)国家集団, 国際社会.

> 連結 a diverse [a multicultural; a close-knit; a self-sufficient; a growing; a flourishing] ~ // establish [build (up)] a ~

3〈the ~〉(**一般)社会**, 公衆. in the interests of the ~ 社会の利益のために.
4 U (財産などの)共有, 共用; (思想, 利害などの)共通性, 類似. the ~ of land 土地の共有. ~ of interests 共通の利害. ~ of tastes 共通の趣味.
5 C (動物の)群生, (植物の)群落.
[＜ラテン語「共有, 連帯」(＜*commūnis* 'common')]

commùnity anténna tèlevision 名 U〖テレビ〗有線放送《略 CATV》.

commúnity cènter 名 C 公民館, 社会事業センター.

commúnity chàrge 名 U〖英〗地方負担金《1993年に council tax に変わった; 俗称は非難の意味を込めて poll tax》.

commúnity chèst 名 C〖主に米〗共同募金.

commùnity cóllege 名 UC〖米〗地域(短期)大学.

commúnity hòme 名 C〖英〗教護院.

commùnity polícing 名 U 地域防犯組織《地域に専従の警官を配置して住民との親睦(ぼく)を図り防犯効果を上げる》.

commúnity pròperty 名 U〖米法〗夫婦共有財産.

commùnity sérvice 名 U (組織化された)地域奉仕(ボランティア)活動; (裁判所が軽犯者に服役の代わりに課す)社会奉仕活動.

commùnity sínging 名 U (集まった)全員合唱《賛美歌や有名な歌を歌う》.

commùnity spírit 名 U 共同体(への帰属)意識.

com·mút·a·ble 形 **1** 交換[代替]可能な. **2**〖法〗減刑できる.

com·mu·tate /kάmjətèit|kɔ́m-/ 動 他〖電〗〔電流〕を整流する.

com·mu·ta·tion /kὰmjətéiʃ(ə)n|kɔ̀m-/ 名 **1** U〖章〗交換, 取り替え; 転換, 変換. **2** U (支払い方法の)振替. **3** U (刑罰, 債務などの)軽減; C 減額. **4** U〖電〗整流. **5** U〖米〗定期券による通勤.

commutátion tìcket 名 C〖主に米〗回数乗車券 (→season ticket).

com·mu·ta·tive /kάmjətèitiv|kəmjú:tə-/ 形〖数〗可換性の.

com·mu·ta·tor /kάmjətèitər|kɔ́m-/ 名 C〖電〗整流器; 整流子.

†com·mute /kəmjú:t/ 動 他 **1** を取り替える, 交換する. **2**〔支払い方法〕を取り替える. **3**〔刑罰, 債務など〕を軽いものに変える, 減刑する. ~ the sentence *from* death *to* life imprisonment 死刑を終身刑に減刑する. **4**〖電〗＝commutate. **5**〔ある距離〕を通勤[通学]する〈*from*..から/*to*..まで〉. ~ a long distance *to* and *from* work 長距離通勤をする.
── 自 (定期券で)通勤[通学]する〈*from* X *to* Y, *between* X *and* Y, XY間を〉. She ~*s from* Reading *to* London. 彼女はレディングからロンドンへ通勤している.
── 名 C〈普通, 単数〉〖主に米〗通勤, 通学; 通勤[通学](先まで)の距離[所要時間].

com·mút·er 名 C (定期券)通勤[通学]者. a ~ train 通勤列車.

commúter bèlt 名 C 通勤(可能)帯.

commùter cóuple 名 C 別居夫婦《仕事の関係で週末しか同居できない》.

commúter·lànd 名 C ベッドタウン.

Com·o·ros /kάmərὸuz|kɔ́m-/ 名〈the ~〉コモロ群島; コモロ共和国《マダガスカル島の北西, インド洋上に点在する3島から成る共和国; 首都 Moroni》.

comp /kamp|kɔmp/〖話〗名 C **1** ＝compositor. **2** ＝accompaniment; ＝accompanist. **3** ＝competition. **4**〖米〗無料切符, 招待券; 無料サービス品; 《＜*comp*limentary》. **5**〈~s〉〖米〗総合試験《学部学生, 大学院生の受ける専攻科目の総合的なテスト; ＝comprehensive examination》. **6**〖英〗＝comprehensive school.
── 動 自 **1** 植字工をする. **2** (ピアノ, ギターなどで)伴奏する〈*to*..に〉. ── 他〖米〗に招待券[サービス品]を贈呈する; を無料提供する.

comp. comparative; compare; compilation; compiled; composer; composition; compositor; compound; comprising.

***com·pact**[1] /kəmpǽkt, kάmpækt|kəmpǽkt, kɔ́mpækt/ 形 m e **1 ぎっしり詰まった**, 密な, 〔布などが〕目の詰んだ; (小区域に)密集した; ぎっしり詰まった〈*of*..の〉. ~ soil 堅く締まった土. a ~ bundle of hay 干し草を堅く縛った束. a life ~ *of* lies うそで固めた人生.
2〔家などが〕**こぢんまりした**, むだのない造りの; 〔自動車などが〕こぢんまりとまとまった, 小型の. a ~ car 小型自動車.
3〔体格が〕引き締まった. **4**〔文体などが〕**簡潔な**. write in ~ style 簡潔な文体で書く.
── /kəmpǽkt/ 動 他 **1** をぎっしり詰める, 引き締める; を簡潔にする. **2** を固めて作る, 圧縮する. slip and fall on ~*ed* snow 踏み固められた雪の上で滑って倒れる. ── /kάmpækt|kɔ́m-/ 名 C **1** コンパクト《携帯用おしろい入れ》. **2**〖主に米〗小型車 (**còmpact cár**).
[＜ラテン語「堅固な, ぎっしり詰めた」]
▷ **~·ly** 副 ぎっしりと詰めて; こぢんまりと; 簡潔に. **~·ness** 名 U 緊密さ, 簡潔; こぢんまりしていること.

com·pact[2] /kάmpækt|kɔ́m-/ 名 UC〖章〗契約, 盟約, 協約, 協定. make a ~ to do ..する契約を結ぶ.

còmpact dísc 名 C コンパクトディスク《レーザー光線による録音再生用小型レコード; 略 CD》.

còmpact dísc plàyer 名 C コンパクトディスクプレーヤー (CD player).

com·pác·tor /-ər/ 名 C (家庭用)ごみ圧縮機.

‡com·pan·ion[1] /kəmpǽnjən/ 名 (複 ~s /-z/) C
1 仲間, 相棒; (道)連れ, 同乗者; ついて回るもの; (類語 companion は単に旅, 仕事などで一緒に行動する人; friend は親密な友人). one's daily ~*s* 普段つきあっている仲間. make a ~ of one's dog 犬を友とする. a ~ for life 生涯の友[伴侶(りょ)]. a ~ in crime 共犯者. A lung ailment was his ~ all his life. 胸の病が彼に一生つきまとった.

> 連結 a boon [an agreeable, a congenial; a close; a constant, an inseparable; a tiresome; a traveling] ~

2 相手役, 付き添い, 《病人や老婦人の話相手などに雇われる婦人》. a paid ～ 雇いの付き添い.
3〈普通, 書名で〉手引き書; '必携', '..の友'. a traveler's ～ 旅行案内書. The Motorist's *Companion*『ドライバー必携』. 4 片方, 相手,〈*to*..〔対(ⁿ), 組〕の〉. the ～ volume (ある本の)姉妹編.
5〈C-〉〚英〛下級勲爵士 (→order). a *Companion* of the Bath 下級バス勲爵士.
── 動 他 〔人〕に付き添う, 同伴する.
[＜平俗ラテン語「食事仲間」(＜ラテン語 com-＋*panis*「パン」)]

com·pan·ion² 名 C 〚海〛 1 (甲板の)天窓. 2 ＝companionway.

com·pán·ion·a·ble 形 親しみやすい, 友とするによい.

compànion ánimal 名 C 伴侶動物 (→pet 1).

com·pan·ion·ate /kəmpǽnjənət/ 形 1 友人の(ような), 友愛的な. 2〈衣服が〉よく調和した〈*with*..と〉. a bow tie ～ with the white jacket 白い上着とよくマッチする蝶ネクタイ.

compànionate márriage 名 UC 〚米〛友愛結婚《子供は持たず, 互いを法的・経済的義務で拘束しない; →trial marriage》.

†**companion·ship** /kəmpǽnjənʃìp/ 名 U (親密な)交わり, 仲間うきあい. seek the ～ of ..と交際を求める.

compánion·wày 名 (複 ～s) C 〚船〛昇降階段; 昇降口.

‡**com·pa·ny** /kʌ́mp(ə)ni/ 名 (複 -nies /-z/) 【共に居ること】 1 U **同席**, 同行; 交際, 付き合い. I was glad to have her ～. 彼女と同行[同席]できてうれしかった. We request the pleasure of your ～ at the party. パーティーにはぜひご光来のほど願い上げます. keep to one's own ～ 独りでいる.

> 連結 enjoy [seek; avoid, shun, miss] (a person's) ～

【共に居る人】(★1 人か多数かは問わない) 2 U **仲間**, 連れ, 友人. She is good [bad] ～. 彼女は付き合って面白い[面白くない]. I found him boring ～. 彼は(付き合ってみて)退屈な人でした. Two is ～, (but) three is none [a crowd].〚諺〛2 人は仲間, 3 人では仲間割れ《特に恋人は 2 人だけにしてやるべきだと言う時に用いる》. A man is known by the ～ he keeps.〚諺〛交わっている友達でその人の人柄が分かる.
3 U **来客**, 客. have a great deal of ～ 多数の客がある. He sees no ～. 彼は面会謝絶だ.
4 U 同席の人々. present ～ excepted＝excepting present ～ ここにおいでの方は別として《差し障りのある事などを言う時に言う》.
【仲間＞団体】 5 C〈単数形で複数扱いもある〉(a) 団体, 一行, 一団. a ～ of pilgrims 巡礼の一行. (b) (俳優などの)一座. a theatrical ～ 劇団. the Royal Shakespeare *Company* ロイヤルシェークスピア劇団. (c)〚英史〛(中世の)職業組合, ギルド.
6 C〈単数形で複数扱いもある〉(a)〚軍〛歩兵[工兵]中隊. get [receive] one's ～ 中隊長になる. (b)〚海〛(全)乗組員. a ship's ～ 船の乗組員. (c)〚米〛消防隊.

> 参考 軍隊の部隊構成は小さいのから順に squad (分隊), section (班), platoon (小隊), company (中隊), battalion (大隊), regiment (連隊), brigade (旅団), division (師団)

7 C (a) **会社**, 商会, (→corporation, firm²). a state-owned ～ 国営企業. I work for an insurance ～. 私は保険会社に勤めています. (b) (会社名に名が出ない)一般社員《全体》《略 Co., co /kou, kʌ́mp(ə)ni/》. Benn & *Co.* ベン商会. a limited (liability) ～〚英〛有限責任会社《社名では Co., Ltd. と略す》.

> 連結 a large [a major; a medium-size(d); a small] ～ // form [establish; manage, run; take over] a ～ // a ～ fails [goes bankrupt; grows]

8〚米話〛〈the C-〉(国家の)諜(ちょう)報機関《米国の CIA など》. 9〈形容詞的〉(a) 会社の. a ～ car (会社が社員に供与する)社有[用]車. a ～ man 会社(中心の)人間. a ～ town 企業依存型都市《経済的に一(大)企業に依存する; 豊田市など》. (b)〚話〛とりすました, よそゆきの. →company manners.
and cómpany (1)〈普通, & Co. の形で〉..商会 (→7 (b)). (2)〚話・軽蔑〛..等(ら), ..派[グループ]. Mr. Reagan *and* ～ レーガン一派.
bèar a pèrson cómpany 〚古〛＝keep a person COMPANY.
be in gòod [bàd] cómpany よい[悪い]仲間と交わっている.
for cómpany (1) (旅の)連れとして, (話し)相手として. (2) お付き合いに. weep *for* ～ もらい泣きをする.
(I) èrr [sìn] in gòod cómpany 立派な人と同じ間違いをする 《同様の間違いは偉い人でもするものだという自己弁護》.
in cómpany (1) 人前で, 人なかで. behave well *in* ～ 人前で行儀をよくする. (2) 一緒に, 連れ立って,〈*with*..と〉.
kèep a pèrson cómpany 人の相手をする, 人と付き合う, 人に同行する. I'll *keep* you ～ as far as Paris. パリまでご一緒しましょう.
kèep cómpany with a pèrson (1)〔異性〕と付き合う. (2) ＝keep a person COMPANY.
pàrt cómpany →part 動.
prèsent còmpany excépted →present¹.
[＜平俗ラテン語「食事を共にする集団」; →companion]

còmpany láw 名 U 〚英〛会社法 (〚米〛corporation law).

cómpany mànners 名〈複数扱い〉よそゆき[人前]の行儀.

còmpany sécretary 名 C (会社の)法律・財務担当(重役).

còmpany stóre 名 C 会社直営店.

cómpany ùnion 名 C 〚米〛(外部とつながりを持たない)企業内労働組合《普通, 御用組合化する》.

compar. comparative.

†**com·pa·ra·ble** /kɑ́mpərəb(ə)l|kɔ́m-/ 形 1 比較可能な; 類似の, 似通った,〈*with, to*..と, に〉. in ～ situations (*to* this) (これに)似たような状況で. 2〈主に否定文で〉比較になる, 匹敵する〈*to*..と, に〉. Nothing is ～ *to* cold water in quenching your thirst. のどの渇きをいやすには冷たい水が一番だ. ◇↔incomparable 動 compare ▷**còm·pa·ra·bíl·i·ty** 名

cóm·pa·ra·bly 副 比較できるほどに; 同等に.

***com·par·a·tive** /kəmpǽrətiv/ 形 ℂ 1 **比較の**, 比較による[関する]. by the ～ method 比較研究法によって. ～ advertising 比較広告《他商品と比較して自社製品のよさを宣伝する攻撃的な広告》. 2 他と比較してみての, **相対的な**, かなりの. the ～ merits of the two methods その 2 方法を比較して相手に勝る点. in ～ comfort (他人と比べて)比較的安楽に. He's a ～ stranger to me. あの人のことはあまりよく知らない.
3〚文法〛**比較級の**. the ～ degree (形容詞, 副詞の)比較級 (→positive, superlative). ◇動 compare
── 名〚文法〛〈the ～〉(形容詞, 副詞の)比較級.

compàrative (histórical) linguístics 名 U (史的)比較言語学.

compàrative líterature 名 U 比較文学(研究).

***com·par·a·tive·ly** /kəmpǽrətivli/ 副 ℂ 1 わりあいに, かなり, 比較的, (★元来,「(何かと)比較して」の意味であったが, 比較の意味が薄れた). The exam was ～

C

easy. 試験はわりあい易しかった. **2** 相互比較して, 比較によって. *Comparatively* speaking, he is a kind person. 比較的に言って, 彼は親切な人だ. study the Germanic languages ～ ゲルマン諸語の比較研究をする.

C

***com·pare** /kəmpéər/ 動 (～s /-z/|過 過分 ～d /-d/|-par·ing /-riŋ/) 他 **1** 〔2 つのもの〕を**比較する**; VOA (～ X *with, to*..) X を ..と比べる. ～ the two translations 2 つの翻訳を比較する. ～ a word processor *with* [*to*] a personal computer ワープロをパソコンと比較する.
2 VOA (～ X *to* ..) X を ..にたとえる. Life is often ～*d to* a journey. 人生はしばしば旅にたとえられる.
3〘文法〙を比較変化させる.
── 自 **1** 匹敵する, 比較になる, 〈*with* ..に, と〉〈普通, 否定文・疑問文で〉. He can't ～ *with* his father in breadth of learning. 彼は学問の広さでは彼の父とは比べものにならない. Silk cannot ～ *with* nylon for good wear. 持ちのよさでは絹はナイロンにかなわない. Her mother was a great actress. She just doesn't ～. 彼女の母親は大女優だった.彼女は比較にもならない.
2 VA 〈A は様態の副詞〉 比較して..である〈*with, to* ..と〉. The Italian tenor ～*d* favorably *with* the Spanish. イタリアのテナーはスペインのテナーと比べて優れていた.

> 連結 ～ well [advantageously; badly, unfavorably]

◇名 comparison 形 comparable, comparative
*(*as*) ***compáred with*** [*to*].. ..と比較して, に対して. Though your car is old, it is new ～*d to* mine. 君の車は古いとは言っても僕のに比べれば新しい. The number of the unemployed is now 1.2 million, ～*d to* 1 million six months ago. 失業者数は 6 か月前の 100 万人に対し, 現在は 120 万人になっている.
compàre nótes 〘話〙意見[情報など]を交換する〈*with* ..と〉.
── 名 〈次の用法のみ〉 ***beyond*** [***past, without***] ***compáre*** 〘雅〙比べものにならない(ほど優れて).
[＜ラテン語「対等にする＞比較する」(＜com-＋*par* 'equal')]

***com·par·i·son** /kəmpǽrəs(ə)n/ 名 (複 ～s /-z/) UC **1 比較**, 対照; 類似; 〈*with, to*..との/*between, of* ..〔両者〕間の〉; 匹敵(するもの) 〈*with*..に〉. a ～ of Bach *with* Handel＝a ～ *between* [*of*] Bach and Handel バッハとヘンデルの比較. There is no ～ *between* these two books. この 2 冊の本は比較にならない《一方が断然優れている》. draw a ～ *between* London and Paris ロンドンとパリを比較してみる. *Comparisons* are odious. 〘諺〙甲乙つけるのはおぞましい, 比較は嫌なもの.

> 連結 a direct [an accurate, an apt; a favorable; an unfair; an inept; a farfetched] ～ // make a ～; permit [defy] ～

2 たとえること 〈*to* ..に〉; 〘修辞学〙比喩. the ～ of one's life *to* a journey 人の一生を旅にたとえること.
3〘文法〙(形容詞, 副詞の)比較変化. ◇動 compare
bèar [***stànd***] ***compárison*** (***with*** ..) (..との)比較に耐える, (..に)匹敵する.
beyond [***past, out of, without***] ***compárison*** 比較にならないほど.
by compárison (***with*** ..) ＝in comparison (with [to]..).
for compárison 比較するために(言えば).
****in compárison*** (***with*** [***to***]..) (..と)比較すると. My life now is heavenly *in* ～ *with* ten years ago. 10 年前と比べると私の今の生活は天国だ.

†com·part·ment /kəmpɑ́:rtmənt/ 名 C **1** 区画, 区分, (引き出しなどの)仕切り. the ice ～ in a refrigerator 冷蔵庫の製氷室. →glove compartment.
2 (客車, 客船内の)仕切った客室, 区分室, (参考 米国では寝台車のトイレット付き個室; 英国その他の国では客車を横に仕切った部屋で, 3, 4 人用座席が向かい合って付いている; 普通, ドアで車両の片側にある廊下に通じる). a smoking ～ (客車内の)喫煙室.
3 (船の)防水隔室. [＜イタリア語「仕切り」]

com·part·men·tal·ize /kəmpɑ̀:rtméntəlàiz|kɔ̀mpɑ:t-/ 動 他 を区画する, 区分する. The study of prehistory is hard to ～. 先史時代の研究は(専門別に)区分するのが難しい. ▷**com·pàrt·mèn·ta·li·zá·tion** 名

***com·pass** /kʌ́mpəs/ 名 (複 ～·es /-əz/)
【円を描く器具】 **1** C 〈普通 ～es〉 **コンパス**, 両脚規. a pair of ～*es* コンパス 1 つ. draw a circle with ～*es* コンパスで円を描く.
2【円盤状の機器】 C **羅針盤**, コンパス, 羅針儀, (mariner's compass). the points of the ～ ＝the ～ points 羅針盤の方位《32 ある》.
【円内＞範囲】 **3** C 〘章〙〈普通, 単数形で〉 範囲, 限界, 区域; 周囲. beyond [within] the ～ of my ability 私の能力を越えて[の範囲(内)で].
4 UC 〘楽〙音域. a voice of great ～ 音域の広い声.
bòx the cómpass →box[1].
── 動 他 〘雅〙 **1** を取り囲む, 取り巻く, (塀などで)囲む, (encompass). a country ～*ed* by the sea 四面とも海の国. **2** を理解する. **3** を企てる; を達成する. **4** を一巡する. [＜平俗ラテン語「歩幅で測る」]

cómpass càrd 名 C (羅針盤の)指針面.

***com·pas·sion** /kəmpǽʃ(ə)n/ 名 U **同情(心)**, 哀れみ, 〈*for, toward* ..への〉 (類語 形式ばった語で, 手を差し伸べて助けてやりたいというような優しさのこもった *sympathy*). out of ～ 哀れみの気持ちから. feel [show] ～ *for* [*toward*] the afflicted 被害者に同情を感じる[示す]. [＜ラテン語「共に苦しむ (*pati*)」]

†com·pas·sion·ate /kəmpǽʃ(ə)nət/ 形 同情心のある; 哀れみ深い, 同情的な, 〈*toward*..に〉. have a ～ nature 情け深い性質の人である. ▷**～·ly** 副 哀れみ深く, 同情して.

compàssionate léave 名 U 〘英〙特別休暇《家族の死, 重病などでの》.

compássion fatìgue 名 U 同情(心)疲労(症)《困窮する人たちの惨状を頻繁に見ることによって, 一般の人が次第に援助する熱意を失ってゆく社会的現象》.

còmpass róse 名 C (海図などに描かれた)円形方位図.

cómpass sàw 名 C 回し鋸(のこ).

com·pàt·i·bíl·i·ty 名 U 矛盾のないこと, 両立(可能)性, 適合性; 〘電算〙互換性.

†com·pat·i·ble /kəmpǽtəb(ə)l/ 形 〈普通, 叙述〉
1 両立できる, 矛盾しない, 一致[適合]する 〈*with*..と〉.
2 〔人が〕うまくやっていける, 肌が合う, 〈*with*..と〉. The couple separated because they were not ～. その夫婦は性格不一致で離婚した. **3** 〔電気器具などが〕(支障なく)共用できる; 〘電算〙互換性がある 〈*with*..と〉.
◇↔incompatible. ▷**-bly** 副

‡com·pa·tri·ot /kəmpéitriət|-pǽt-/ 名 C **1** 〘章〙同国人, 同胞, (fellow countryman). He is my ～. 彼は私と同国人です. **2** 〘米〙＝compeer 2.

com·peer /kɑ́mpiər, kəmpíər|kɔ́m-/ 名 C 〘章〙 **1** (階級などが)同等の人, 同輩, (equal). **2** 同僚, 仲間, (comrade).

***com·pel** /kəmpél/ 動 (～s /-z/|過 過分 ～led /-d/|～·ling) 他 **1** (a) VOC (～ X *to do*) X に強いて[無理に]..させる (類語 force より強制力が弱く, oblige より強い). Her parents ～*led* her *to* marry him. 両親が無理に

彼女を彼と結婚させた. He was ～*led* by illness *to* give up his studies. 彼は病気のため仕方なく勉強を放棄した. feel ～*led* to do ..しないではいられない気持ちになる. (b) VOA (～ X *to*, *into*..) X (人)に..を強いる, 強要する. ～ a person *to* [*into*] obedience 人を無理やり服従させる.
2〖章〗を強いる, 強要する, 余儀なくさせる, (★受け身不可). ～ a change of plan 計画変更を余儀なくさせる. ～ submission 降服を強要する. His bizarre appearance ～*led* attention. 彼の異様な風体はいやでも人目を引いた. ◇名 compulsion 形 compelling, compulsive, compulsory
[＜ラテン語「押し込む」(＜com-＋*pellere* 'drive')]

‡**com·pél·ling** 形 **1** 強制的な, 有無を言わさぬ. a ～ smile 思わずつり込まれる微笑. ～ circumstances やむを得ない事情. I have no ～ reason to go. どうしても行かなくてはならない理由はない. **2** 賞賛[尊敬]せずにはいられない, 強い興味をそそる. His rugged features were still ～ to women. 彼のたくましい顔立ちには今なお女たちにとって目が放せない魅力があった. ▷**～·ly** 副

com·pen·di·ous /kəmpéndiəs/ 形 〖章〗〔書きものが〕簡潔(で内容豊富)な, 簡明な. The book offers a ～ survey of the problem. 本書は問題の簡潔な概観を提供する. 注意 誤ってしばしば「網羅的, 包括的」の意味に用いられる: The large book is evidence of the author's ～ knowledge of the subject. この大冊は主題に関する著者の該博な知識を示すものだ. ▷**～·ly** 副

com·pen·di·um /kəmpéndiəm/ 名 (複 **～s, com·pen·di·a** /-diə/) C 〖章〗 **1** 大要, 概要, 要約, 概論. **2**〖英〗盤上ゲームセット《チェスなど数種のゲームを1つの箱に納めた》. [ラテン語]

***com·pen·sate** /kámpənsèit, -pen-|kɔ́m-/ 動 (～s /-ts/|過 過分 **-sat·ed** /-əd/|**-sat·ing**) 他
1 〔人〕に**補償する**, 報いる, に埋め合わせをする, 〈*for* ..〔ある事〕に対して〉. The insurance company ～*d* him *for* his injuries. 保険会社は彼に傷害補償をした.
2 〔損失, 欠点など〕を**償う**, の埋め合わせをする. His brusqueness is ～*d* by his real kindness. 彼はぶっきらぼうだが真底親切なのが償いになっている.
— 自 償う, 補償する, 埋め合わせをする, 〈*for* ..を, の〉. Nothing can ～ *for* the loss of health. 何物も健康の喪失を償えない. ◇名 compensation 形 compensatory [＜ラテン語「釣り合わせる」(＜com-＋*pendere* 'weigh')]

***com·pen·sa·tion** /kàmpənséiʃ(ə)n, -pen-|kɔ̀m-/ 名 (複 **～s** /-z/) **1** U **補償**, 償い, 賠償, 代償, 埋め合わせ, 〈*for* ..への〉. make ～ for .. の償い[埋め合わせ, 補償]をする. receive a pension as ～ *for* one's injury 傷害の賠償に年金を受け取る. **2** aU 賠償[補償]金; 〖米〗報酬; 〈*for* ..に対する〉. unemployment ～ 失業手当. a ～ *for* removal 立ち退き料. a ～ *for* damage 損害賠償金. **3** UC 〖心〗代償[補償](作用)《性格や行動の欠陥を, 他の性格面や行動を強調することで補おうとすること》; 〖生物〗代償(作用)《ある器管の欠陥を別の器管が補うこと》.
in compensátion (***for***..) (..の)償い[埋め合わせ]に.

com·pen·sa·tive /kámpənsèitiv|kɔ́m-/ 形 ＝ compensatory.

com·pen·sa·to·ry /kəmpénsətɔ̀:ri|kɔ̀mpənséit(ə)ri 形/ 形 〈普通, 限定〉補償の, 償いの, 代償の; 報酬の.

com·pere /kámpeər|kɔ́m-/〖英〗名 C (ラジオ, テレビ番組の)司会者 (〖米話〗emcee).
— 動 他 〔ラジオ, テレビ番組〕の司会を務める.
— 自 司会をする. [フランス語 'godfather']

‡**com·pete** /kəmpí:t/ 動 (～s /-ts/|過 過分 **-pet·ed** /-əd/|**-pet·ing**) 自 **1 競争する**, 競う, 〈*against*, *with* ..と/*for*..を求めて/*to* do..しようと〉. Several candidates were *competing* (*against* [*with*] each other) *for* [*to* get] the nomination. 数人の候補者が指名を得ようと互いに競っていた. **2** VA (～ *in*..) 〔競技〕に参加する. ～ *in* a race 競技に参加する. **3** 〈普通, 否定文で〉張り合う, 太刀打ちする, 勝負になる, 〈*with*..と〉. No one could ～ *with* him in tennis. テニスではだれも彼にかなわなかった. ◇名 competition 形 competitive
[＜ラテン語「共に追及する, 資格がある」(＜com-＋*petere* 'seek')]

†**com·pe·tence** /kámpət(ə)ns|kɔ́m-/ 名 **1** U 能力, 適性, 資格, 〈*in* doing, *to* do ..する/*as*..としての/*for*, *in*..の〉 (↔in competence; 類語 ある事をするのに必要な(その人に備わった)能力; その現れである運用 (performance) と対比される; →ability). one's ～ *for* the task その仕事をする能力[資格]. one's ～ *as* a designer デザイナーとしての技量. a craftsman of ～ 腕のいい職人. **2** U 〖法〗権限, 機能; 能力. exceed one's ～ 越権行為をする. beyond [within] the ～ of the court 裁判所の権限外[内]で. **3** aU 〖雅〗(楽に暮らせる)資産, かなりの収入. earn a small ～ わずか(ながら一応)の収入がある. **4** U 〖言〗言語能力 (→performance).

com·pe·ten·cy /kámpət(ə)nsi|kɔ́m-/ 名 ＝competence.

***com·pe·tent** /kámpət(ə)nt|kɔ́m-/ 形 m
1 有能な, 能力のある; 資格のある, 適格[適任]の, (qualified) 〈*for* ..に/*to* do ..する(のに)〉. a ～ lawyer 腕利きの弁護士. He is ～ *for* teaching [*to* teach] English. 彼は英語を教える資格がある.
2 有能さを示す; よくできた, 満足のいく, (★すばらしいとは言えない, の意味). do a ～ job よい仕事をする.
3 相当な, 十分の. a ～ income 相当な収入. a ～ knowledge なかなかの知識.
4 〖法〗〔証人などが〕法的資格がある, 〔裁判官, 法廷などが〕審理[管轄]権を有する. the ～ authorities [minister] 管轄官庁[大臣]. ◇↔incompetent
[＜ラテン語「適格な」; →compete]
▷**～·ly** 副 有能に, 立派に; 十分に.

com·pet·ing /kəmpí:tiŋ/ 形 〈限定〉同時には充足できない, 相容れない, 競合する, 〔要求, 利害, 理論など〕.

‡**com·pe·ti·tion** /kàmpətíʃ(ə)n|kɔ̀m-/ 名 (複 **～s** /-z/) **1** U **競争**, 争い. free ～ 自由競争. ～ in armaments 軍拡競争. come into ～ *with* [*against*] a person 人と競争を始める. The two firms are in ～ *with* each other. その2社はお互いに張り合っている.

連結 bitter [cutthroat, fierce, keen, intense, stiff, strong; fair] ～ // face [encounter] ～

2 C **試合**, 競技会, コンペ; コンクール. enter a ～ 競技に参加する. a swimming [golf] ～ 競泳会[ゴルフコンペ]. **3** U 競争者, 競争相手, (★1人でも多数でもよい). ◇動 compete

†**com·pet·i·tive** /kəmpétətiv/ 形 **1** 競争の, 競争による; 競合する 〈*with* ..と〉. a ～ examination 競争試験. ～ swimming 競泳. a highly ～ society 高度の競争社会. Nuclear power is supplementary to rather than ～ *with* fossil fuel. 原子力発電は化石燃料と競合するというより, それを補完するものだ. **2** 〔人が〕競争心の盛んな; 〔価格, 商品などが〕競争力の強い, 他に負けない; ひけを取らない 〈*with* ..に〉. the ～ spirit 競争心. offer goods at ～ prices 他に負けない(低い)価格で品物を提供する. maintain a ～ edge over ..に勝る競争力を維持する. ◇動 compete
▷**～·ly** 副 競争して. **～·ness** 名 U 競争心[力].

†**com·pet·i·tor** /kəmpétətər/ 名 C 競争者; 競争相手.

‡**com·pi·la·tion** /kàmpəléiʃ(ə)n|kɔ̀m-/ 名 **1** U

(辞書などの)編集, 編纂(ﾍﾝｻﾝ). the ～ of the budget 予算の編成. **2** Ⓒ 編集(した)物, 編纂物. a ～ film 編集フィルム《古い映像を編集したもの; ドキュメンタリーなどで使用》.

*__com·pile__ /kəmpáil/ 動 (～s /-d/|過 過分 ～d /-d/|-pil·ing) 他 **1** を編集する, 編纂(ﾍﾝｻﾝ)する, まとめ(上げ)る, (類語 資料を集めて本やリストや報告書にまとめ上げること; →edit). ～ a dictionary 辞書を編集する. ～ data into a book 資料を1冊の本にまとめる. **2**〖電算〗〔高水準言語のプログラム〕をコンパイルする, 機械語に翻訳する. [＜ラテン語「かき集める, 略奪する」]

com·píl·er 名 Ⓒ **1** 編集[編纂(ﾍﾝｻﾝ)]者. **2**〖電算〗コンパイラー, 機械語翻訳プログラム.

‡**com·pla·cence, -cen·cy** /kəmpléis(ə)ns/, /-si/ 名 Ⓤ 〖しばしば軽蔑〗安心(感), 満足, 〈特に〉自己満足, 独り善がり.

‡**com·pla·cent** /kəmpléis(ə)nt/ 形 〖しばしば軽蔑〗自己満足の, 独り善がりの, 得意の. a ～ smile 悦に入った笑い. He painted the ～ life of the American leisure class. 彼は米国の自己満足している有閑階級の生活を描いた. [＜ラテン語「大そう気に入る」]
▷ **～·ly** 副 (ひとり)満足して, 悦に入って.

‡**com·plain** /kəmpléin/ 動 (～s /-z/|過 過分 ～ed /-d/|～·ing) 自 **1** 不平[不満]を言う, 泣き言[苦情]を言う, 愚痴をこぼす, 〈*about, of* ..について/*to*..に〉(類語「不平を言う」の意味の一般的な語で, 苦情に対する何らかの対応を期待するのが普通; →grouse², grumble). ～ *about* a thing [matter] 物[事柄]について苦情を言う. I have nothing to ～ *about* [*of*]. 何も不平を言うことはない. "How's tricks?" "Can't ～." 「どうだい景気は」「まあまあだ」

連結 ～ bitterly [angrily; vigorously; loudly; sorrowfully; constantly, relentlessly]

2 VA (～ *of*..)〔病苦, 苦痛など〕を訴える. ～ *of* headache 頭痛を訴える. ～ *of* being sleepy 眠いと訴える. **3** (正式に)訴え出る, 抗議[苦情]を出す, 〈*to*..〔警察など〕に〉. ～ *to* the police *about* the noise 騒音のことを警察に訴える.
── 他 VO (～ *that* 節/"引用") ..であると/「..」と不平[不満]を言う; 訴える; 訴え出る. He ～*s* (*to* me) *that* his room is too small.＝He ～*s* (*to* me) *of* his room being too small (→自 1). 自分の部屋が狭すぎると彼は(私に)こぼす. ◇名 complaint
[＜ラテン語「悲嘆にくれる」(＜com-＋*plangere*「(胸を)たたく, 悲しむ」)]

com·plain·ant /kəmpléinənt/ 名 Ⓒ 〖法〗原告,「告訴人, (plaintiff).

com·pláin·er 名 Ⓒ 愚痴ばかり言う人, 不平屋.

com·pláin·ing·ly 副 不平を言いながら, 愚痴をこぼして.

‡**com·plaint** /kəmpléint/ 名 (複 ～s /-ts/) **1** UC 不平, 不満, 苦情, クレーム; 泣き言, 愚痴. make a ～ *about* the weather forecast [*against* a noisy neighbor] 天気予報のことで[うるさい隣人に対して]苦情を言う. constant ～*s* 絶え間ない不平. a ～*s* box (苦情)投書箱. the ～(*s*) department (デパートなどの)苦情係. write a letter of ～ to ..へ苦情の手紙を出す. without the slightest ～ 不平一つこぼさず甘んじて.
2 Ⓒ 〖法〗告訴; 抗議[苦情]の申し立て. lodge [lay, file] a ～ (against) (..を)告訴する. **3** Ⓒ 不満の種, 苦情の理由. have ～*s about* one's teacher 教師に不満がある. **4** Ⓒ 体の不調, 病気. have a heart ～ 心臓を患う. ◇動 complain

com·plai·sance /kəmpléis(ə)ns|-z(ə)ns/ 名 Ⓤ 〖章〗愛想のよさ, 世話好き, 親切.

com·plai·sant /kəmpléis(ə)nt|-z(ə)nt/ 形 〖章〗愛想のよい, 世話好きな. ▷ **～·ly** 副

com·plect·ed /kəmpléktəd/ 形 〖米〗＝complexioned.

*__com·ple·ment__ /kámpləmənt|kɔ́m-/ 名 (複 ～s /-ts/) Ⓒ **1** 補足(して完全に)するもの, 補完物, 〈*of, to* ..を, の〉. Homework is a necessary ～ *to* classroom work. 宿題は授業を補うのに必要なものだ.
2〖文法〗補語. **3**〖数〗余角, 余弧.
4 (乗組員の)定員; 必要な数[量], 全数[量].
── /-mènt/ 動 他 を完全にする, 補完する, (類語 不足しているもの, 欠けているものを補って「完全にする」という意味; →supplement). That necklace will ～ your dress perfectly. あのネックレスを着ければあなたのドレスを補って申し分ないものになるでしょう. ～ each other お互いを補足し合う.
[＜ラテン語「完全に満たす」; →complete]

文法 **complement** (補語): 文の主要素の1つで, 動詞の後に置かれるが, 目的語とは異なり, 主語といわばイコールの関係にあるもので, これを特に **subjective complement** (主格補語)と呼ぶ. Mr. Smith is a *banker*. (スミス氏は銀行家である). Tom's bicycle is *black*. (トムの自転車は黒い). 主格補語を必要とする動詞は本書では VC で示してある. 他動詞で目的語と補語とを必要とするものがある (VOC として示す: He *made her happy*. (彼は彼女を幸福にした)). この場合は目的語と補語との間にイコールの関係が成り立つ (her＝happy). この場合の補語を特に **objective complement** (目的(格)補語)と名づける.

com·ple·men·tal /kàmpləméntl|kɔ̀m-/ 形 ＝complementary. ▷ **～·ly** 副

‡**com·ple·men·ta·ry** /kàmpləméntəri|kɔ̀m-/ 形 補足的な〈*to* ..に〉; 互いに補い合う, 相補的な. be ～ *to* each other 互いに補足し合う.

còmplementary ángle 名 Ⓒ 〖数〗余角《与えられた角との和が 90° になる角; →supplementary angle》.

còmplementary cólor 名 Ⓒ 補色, 余色, 《ある色と等量混ぜ合わすと光では白に, 絵の具では灰色になる色》.

còmplementary médicine 名 Ⓤ 補足的医術〔医薬〕《伝統的医術に欠けているものを補う; 自然療法 (naturopathy) など; alternative medicine とも言う》.
▷ **com·ple·men·ta·ri·ly** /-tərili/ 副

‡**com·plete** /kəmplíːt/ 形 ⓜ, ⓔ (**-plet·er**|**-plet·est**) (★比較変化(普通は ©)をするときは「もっと[最も]完全と近い」の意味) 【部分がすべてそろっている】 **1** (**a**) 完全な, 欠けた[足りない]ところのない, (類語 ものがそろっていることに重点がある, 従って the ～ works は必ずしも perfect ではない). a ～ set of tableware 食器の完全なひとそろい[一式]. the ～ works of Shakespeare シェークスピア全集. The dinner didn't seem ～ without a salad. ディナーはサラダがなかったので完全とは思えなかった. We'll be able to display a more ～ collection next autumn. 来年の秋にはもっと完全に近いコレクションを展示できるでしょう. (**b**) 〈名詞の後で〉 完備した, 付いた, 〈*with* ..が〉. a word processor ～ *with* a printer プリンター付きワープロ. a toy car, ～ *with* a battery おもちゃの自動車, 電池付き《広告で》.
2 〈叙述〉 完成した, 完結した, (finished). The story is not ～ yet. その話はまだ完結していない.
【完璧(ﾍﾟｷ)な】 **3** 〈限定〉 全くの, 徹底した; 申し分のない; (類語 名詞の持つ内容の程度の高さを示す代表的な語; →perfect, sheer¹, thorough, total, utter). a ～ victory 完全な勝利. a ～ stranger 赤の他人. ～ recovery 全快. Mr. Ford is a ～ gentleman. フォードさんは申し分のない紳士だ. His election came as a ～ surprise to us. 彼の当選は我々の全く予期しないこと

だった. **4** (ある道に)熟達した (skillful). a ～ angler 釣りの名人. ◇↔incomplete

—— 動 (～s /-ts/|過 過分 **-plet·ed** /-əd/|**-plet·ing**) 他 **1** を**完成する**, 仕上げる; を**完了する**, 終える, (finish). The new highway was ～*d* last month. 新しい幹線道路は先月完成した. ～ one's studies abroad 在外研究を完了する.

2 を**完全なものにする**, の仕上げをする. One more chapter will ～ this book. あと1章でこの本は完成する. To ～ her misery, her father died. 彼女の不幸の仕上げをするかのように彼女の父親が死んだ.

3 〔アンケートなど〕に記入する. ～ an application (form) 申し込み用紙に記入する. ◇名 completion

[<ラテン語「完全に満たす」(<com-+*plēre* 'fill')]

‡**com·plete·ly** /kəmplíːtli/ 副 ⓒ **完全に**; **全く**, すっかり, あらゆる点で; (類語 強意副詞「全く, 完全に」として代表的なもの; →absolutely, altogether, entirely, perfectly, thoroughly, totally, utterly, wholly). be ～ exhausted 疲れ切る.

com·pléte·ness 名 U 完全(であること), 十分さ.

†**com·plé·tion** 名 UC 完成(する[される]こと), 完結, 完了, 終了. a ～ ceremony 落成式. be near ～ 完成間近である. The bridge is due for ～ in 1995. 橋は1995年完成の予定である. We'll pay you *on* ～ of the work. その仕事の完了時に支払います.

brìng..to complétion ..を完成させる.

‡**com·plex**[1] /kəmpléks, kámpleks|kɔ́mpleks/ 形 m 【種々の部分から成る】 **1** **複合の**, 合成した; 入り組んだ. the ～ mechanism of a computer コンピュータの複雑な機構. **2** 複雑な; 理解[説明]しがたい, 込み入った. a ～ situation 複雑な情勢. The story is too ～ for children. その話は子供には複雑すぎる. **3** ⓒ 〈限定〉〘文法〙 複合の, 複..〔文など〕; 合成の〔語など〕. →compound. ◇↔simple, simplex [<ラテン語「織り込む」(<com-+*plectere* 'plait, twist')] ▷**～·ly** 副

‡**com·plex**[2] /kámpleks|kɔ́m-/ 名 C **1** 複合体, 合成物; 施設総合体, 総合[共同]ビル, コンビナート. a housing ～ 団地. an industrial ～ 工業コンビナート.

2 〘心〙 複合, コンプレックス, 《抑圧によって潜在化した感情; 種々な心的異常となって現れる》. →inferiority [superiority] complex.

3 〘話〙 (理由のない)恐怖感, 強迫観念, 反感, 〈*about* ..に対する〉. Mary has a ～ *about* insects. メリーは妙に昆虫を怖がる. [<complex[1]]

còmplex fráction 名 C 〘数〙 繁分数.

†**com·plex·ion** /kəmplékʃ(ə)n/ 名 C **1** 肌の色[つや], 〈特に〉 顔色, 血色, 《★人種的に違う肌色ではなく, 同民族での肌の色合いを言う》. She has a pale ～. 彼女は青ざめた顔色をしている.

> 連結 a good [a clear, a healthy; a fair; a ruddy; a dark; a pasty, a sallow] ～

2 〈普通, 単数形で〉 様子, 様相, 形勢, (aspect). The situation suddenly assumed a critical ～. 事態はにわかに危機の様相を呈した. the threatening ～ of the sky 険悪な空模様. That puts a different ～ on the situation. それで状況が変わってくる.

[<後期ラテン語「体液 (humors) の配合>体質, 気質」]

com·plex·ioned /-d/ 形 〈複合要素〉..な肌[顔]色をした. fair(-)*complexioned* 色白の.

***com·plex·i·ty** /kəmpléksəti/ 名 (複 **-ties** /-z/) U **複雑さ**; C 複雑な物事. a problem of great ～ 複雑極まる問題. the *complexities* of human life 人生の複雑な様相. ◇↔simplicity 形 complex[1]

còmplex séntence 名 C 〘文法〙 複文 (→sentence 文法).

‡**com·pli·ance** /kəmpláiəns/ 名 U 〘章〙 **1** 応ずること 〈*with* ..〔希望, 要求など〕に〉, 承諾, 応諾; 従うこと 〈*with* ..〔法律, 規則など〕に〉. secure a person's ～ 人の承諾を得る. talk a person into ～ 人を説いて承諾させる. ～ *with* the law 法律の遵守. **2** 人の言いなりになること, 盲従. ◇動 comply

in compliance with .. ..に応じて[従って]. *In* ～ *with* the rule, the chairman let him speak first. 規則に従って議長は彼に最初に発言させた.

com·pli·an·cy /kəmpláiənsi/ 名 =compliance.

com·pli·ant /kəmpláiənt/ 形 〘章〙 (人の依頼などに) 応ずる, (人の依頼などを)聞き入れる; 人の言いなりになる, 盲従する. ◇動 comply

▷**～·ly** 副 (依頼などに)応じて, 言いなりになって.

‡**com·pli·cate** /kámpləkèit|kɔ́m-/ 動 (～s /-ts/|過 過分 **-cat·ed** /-əd/|**-cat·ing**) 他 **1** を**複雑にする**, 面倒にする; を難しくする, 分かりにくくする. Ah, that ～*s* matters. ああ, それで事がますます面倒になる. **2** 〈普通, 受け身で〉〔病気など〕を悪化させる, こじらせる. Smoking may ～ pregnancy. 喫煙は妊婦に悪影響を与えることがある. ◇名 complication [<ラテン語「まとめ合わせる」(<com-+*plecāre*「畳む, 巻く」)]

‡**com·pli·cat·ed** /kámpləkèitəd|kɔ́m-/ 形 m **1** 〔機械などが〕(種々の部分から成っていて)**複雑な**, 込み入った. a ～ machine 複雑な機械. **2** 〔物事が〕(複雑で)分かりにくい, ややこしい. through highly ～ legal processes 極めて複雑な法律上の手続きを経て. ▷**～·ly** 副 複雑に, 込み入って. **～·ness** 名

†**còm·pli·cá·tion** 名 **1** U 複雑[紛糾(ふんきゅう)]化; 複雑さ, 紛糾(状態). **2** C 面倒な事態[問題]; 面倒[厄介]のもと, 紛糾の種. The snowstorm caused a ～ in our travel plans. 雪あらしのために我々の旅行予定は狂ってしまった. run into new ～*s* 新たに面倒な問題に当面する. **3** C 余病, 併発(症). influenza with ～*s* こじれた流感. ◇動 complicate

com·plic·it /kəmplísət/ 形 〘章〙 共犯[共謀]の, 連座した, 〈*in* ..に〉.

com·plic·i·ty /kəmplísəti/ 名 U 〘章〙 共犯, 共謀, 連座, 〈*in* ..の〉 (★共犯者は accomplice).

***com·pli·ment** /kámpləmənt|kɔ́m-/ 名 (複 **～s** /-ts/) C **1 賛辞**; (社交上の)お世辞(類語 flattery と異なり, よい意味); 〈*on* ..への〉. pay him a high ～ *on* his achievement 彼の偉業に賛辞を呈する. deserve a ～ 賛辞に値する. take her words as a ～ 彼女の言葉を賛辞として受け取る. The patient's survival is a ～ to the doctor's expertise. 患者が助かったのは医師の腕前が秀れていた証拠だ.

> 連結 a sincere [a generous; a touching; a flattering; a dubious; a backhanded] ～ // offer [return] a ～

2 敬意(の表れ), 賞賛的な言動; **光栄**, 名誉なこと. She paid him the ～ of meeting him in person at the airport. 彼女は彼に敬意を表してわざわざ空港に迎えに出た. It is a fine ～ to be asked to speak. 何か話をせよと言われましてまことに光栄です.

3 〘章〙 〈～s〉 (儀礼的, 慣習的な) あいさつ(の言葉) (greetings). Please extend my ～*s* to your father. 御尊父さまによろしくお伝えのほどを. With the ～*s* of the author. 著者より謹呈《自著に記す献呈の言葉》. ◇形 complimentary

fish [àngle] for cómpliments 人がお世辞を言ってくれるように仕向ける.

in [out of] cómpliment to .. ..に敬意を表して.

retùrn the cómpliment 返礼する.

the còmpliments of the séason 時候のあいさつ《特に, 新年・クリスマス季節の》.

—— /-mènt/ 動 他 **1** に賛辞を述べる, を賞賛する; にお世

辞を言う; 〈*on* ..のことで〉. I ~*ed* him *on* his excellent performance. 私は彼のすばらしい演技を賞賛した. **2**〖古〗VOA (~ X *with* ..) X (人)に..を敬意を表して贈る.
[<スペイン語「(必要な礼儀の)充足」; complete と同源]

C

‡**com·pli·men·ta·ry** /kɑ̀mpləméntəri|kɔ̀m-/ ⑱/ 形 **1**〔批評などが〕賞賛的な, 敬意を表す, 〈*about*..について〉; 儀礼的な, あいさつの. a ~ address 祝辞. make a ~ remark 褒める. **2** (儀礼, 親切心などから)無料にした, 無料の, 招待の. a ~ copy 贈呈本. a ~ ticket 招待券. ◇名 compliment

còmplimentary clóse [clósing] 名 C 手紙の結び《Yours sincerely など》.

cómpliment slìp 名 C 謹呈カード《贈呈本や贈り物に添えて送るカードで, 普通 with compliments (謹呈)と書いてある》.

com·plin(e) /kɑ́mplən|kɔ́m-/ 名 U 〖カトリック〗終課《夕方行われる短い礼拝; →canonical hours》.

***com·ply** /kəmplái/ 動 (**-plies** /-z/|過 過分 **-plied** /-d/|**~·ing**) 自 〖章〗**応じる**, 従う, 〈*with* ..に〉. ~ *with* her request [wishes] 彼女の要求を受諾する[希望を容れる]. ~ *with* traffic rules 交通規則を遵守(じゅんしゅ)する. ◇↔refuse, resist 名 compliance 形 compliant [<ラテン語「完全に満たす」; complete と同源]

com·po /kɑ́mpou|kɔ́m-/ 名 (複 **~s**) UC 混合物; 〈特に〉しっくい, コンポ. [<*composition*]

†**com·po·nent** /kəmpóunənt/ 形 (全体を)構成している, 成分となっている. ~ parts 構成部分, 部品. ── 名 **1** C 構成要素[部分], 部品; 成分. the ~*s* of a stereo record player ステレオプレーヤーのコンポーネント.

> 連結 a primary [a crucial, an essential, an indispensable, a vital; an active] ~

2〖物理〗分力;〖数〗(ベクトルの)成分. **3**〖言語〗(文法を構成する)部門; (意味などを構成する)成分. the base ~ 基底部門. [compose と同源; -ent]

com·port /kəmpɔ́ːrt/ 動〖章〗他 VOA (~ *oneself* ..) (A は様態の副詞(句)) ..にふるまう, 行動する, (behave). ~ *oneself* ⌞*with* dignity [well] 威厳をもって[立派に]行動する. ── 自〖古〗VA (~ *with* ..) ..に適合する, 似つかわしい; ..と釣り合う. [<ラテン語「一緒に運ぶ(*portāre*)」]

com·pórt·ment 名 U〖章〗ふるまい, 態度.

***com·pose** /kəmpóuz/ 動 (**-pos·es** /-əz/|過 過分 **~d** /-d/|**-pos·ing**) 他【全体を組み立てる】 **1 を構成する**, 成立させる, 〈普通, 受け身で〉. Six doctors ~ the committee. 6 名の医師が委員会を構成している.
2 (**a**) **を作曲する**. ~ a piece of music 作曲する. (**b**)〖章〗〔詩, 文章〕を作る, 練り上げる. (**c**)〔絵〕を構図する.
3〔活字〕を組む, 植字する; 〔原稿〕を活字に組む.
【全体を調整する】 **4**〔(乱れた)心, 気持ち〕を**落ち着かせる**, 静める; 〔(取り乱した)表情〕を平静に戻す. ~ one's mind [oneself] 心を静める. ~ one's features ふだんの表情に戻る. **5**〖章〗〔紛争など〕を調停する, 〔けんかなど〕を治める. ~ a dispute 論争を調停する.
── 自 作曲する; 作詩する, 文章を書く. ◇↔decompose, discompose 名 composition, composure
***be compósed of** .. ..から成る[成り立っている]. Our class *is* ~*d of* 40 pupils. うちのクラスは 40 人の生徒から成る. Water *is* ~*d of* hydrogen and oxygen. 水は水素と酸素から成る.
[<ラテン語「一緒に置く(*pōnere*)」]

***com·posed** /kəmpóuzd/ 形 m **落ち着いた**, 冷静な. look calm and ~ 落ち着いた顔つきをしている.
▷**com·pos·ed·ly** /-zədli/ 副 落ち着いて, 冷静に.
com·pos·ed·ness /-zədnəs/ 名 U 落ち着き, 冷静.

***com·pos·er** /kəmpóuzər/ 名 (複 **~s** /-z/) C **1** (特に, クラシック音楽の)**作曲家**. **2** (一般に) compose する人[物].

†**com·pos·ite** /kəmpɑ́zət|kɔ́mpəzət/ 形 **1**〈普通, 限定〉合成の[された], 混成の. a ~ photograph 合成写真, モンタージュ写真. **2**〖植〗キク科の. **3**〈C-〉〖建〗混合式の《イオニア式とコリント式の混合様式》.
── 名 C 合成物, 混成物.

compósite nùmber 名 C〖数〗合成数《1 とその数自身以外の約数をもつ整数; 4, 6, 8, 9 など; →prime number》.

‡**com·po·si·tion** /kɑ̀mpəzíʃ(ə)n|kɔ̀m-/ 名 (複 **~s** /-z/) 【作り上げること】 **1** U (詩文, 楽曲などの)**制作**; **作文**(すること), 作詩, 作曲. The ~ of the opera took him two years. 彼はそのオペラの作曲に 2 年かかった.
2 U〖文法〗複合, 合成, 《複合語 (compound) を作ること; 語形成の一形式》. **3** U〖印〗植字, 組版.
【作り上げられたもの】 **4** C (特に学校で書かれた)**作文**; (文学, 音楽, 絵画などの)**作品**. write a ~ in English 英語で作文を書く. a musical ~ 楽曲, 音楽作品.
5 C 合成物, 混合物, 《天然物でない人工的な》. a chemical ~ 化学合成品. a ~ of several acids 数種の酸の合成物. **6** C 合意, 和解; 示談; 示談額.
【作り上げ方】 **7** U **構成**, 構造, 組成; (絵, 写真の)構図. the ethnic ~ of a committee 委員会の人種的構成. What is the ~ of air? 空気はどんな成分からできているか. **8** U (人の)気質. a man of complex ~ 複雑な気質の人. ◇動 compose

com·pos·i·tor /kəmpɑ́zətər|-pɔ́z-/ 名 C〖印〗植字工.

com·pos men·tis /kɑ̀mpəs-méntəs|kɔ̀m-/ 形〈叙述〉〖法・戯話〗正気で (sane; ↔non compos mentis). [ラテン語 'having power over the mind']

com·post /kɑ́mpoust|kɔ́mpɔst/ 名 U 堆肥(たいひ); (堆肥入りの)培養土.
── 動 他 から堆肥を作る; に肥料を施す.

†**com·po·sure** /kəmpóuʒər/ 名 U 落ち着き, 平静, 沈着. keep [lose] one's ~ 落ち着きを保つ[失う]. recover [regain] one's ~ 落ち着きを取り戻す. behave with ~ 落ち着いて行動する. ◇動 compose

com·pote /kɑ́mpout|kɔ́m-/ 名 **1** U 砂糖煮の果物《普通, デザート用》, コンポート. **2** C コンポート《菓子, 果物などを盛る高脚付きの皿》. [フランス語 'mixture']

***com·pound**[1] /kɑ́mpaund|kɔ́m-/ 形 ⓒ〈限定〉**1 合成の, 複合の**. a ~ substance 合成物. **2**〖文法〗〈語などが〉**複合の**, 合成の; 〈文が〉重文の. a ~ adjective [tense] 複合形容詞[時制]. **3** 2 つ以上の働きをもつ〔器管〕;〖植〗複合の, 複式の;〖動〗群体の.
── 名 (複 **~s** /-dz/) C **1 合成物**, 複合物; 混合物, 混ざり合ったもの. **2**〖化〗**化合物**《単なる mixture ではない》. a ~ of carbon and oxygen 炭素と酸素の化合物. **3**〖文法〗複合語 (compound word).
── /kəmpáund/ 動 他 **1**〔成分など〕を**混ぜ合わせる**, 〔薬など〕を調合する, 〔語と語〕を複合する.
2 VOA (~ X *into* ..) X を混ぜ合わせて..を作る;〖章〗(~ X *from, of* ..) ..から X を作り上げる〈普通, 受け身で〉. The report is ~*ed of* lies and deceptions. その報告はうそとごまかしで固めたものだ. **3**〔利息〕を複利計算にする. **4**〔困難, 被害など〕をよりひどくする, 悪化させる. Inflation has ~*ed* the other difficulties of American industrialists. インフレが米国の実業家の抱える他の困難をさらに悪化させた. **5**〔負債, 争いなど〕を和議[示談]にする.
── 自 VA (~ *with* ..) ..と和解する〈*for* ..のことで〉.
[<古期フランス語; compose と同源]

com·pound[2] /kɑ́mpaund|kɔ́m-/ 名 C (囲いを巡ら

した)区域[区画]内部,《<インド,マレー半島,中国などで住宅(群),工場などの》;(収容所,刑務所などの)構内.

còmpound éye 名 C 〘動〙複眼.

còmpound flówer 名 C 〘植〙(キク科の)頭状花.

còmpound fráction 名 ＝complex fraction.

còmpound frácture 名 C 〘医〙複雑骨折.

còmpound ínterest 名 U 複利.

còmpound léaf 名 C 〘植〙複葉.

còmpound séntence 名 C 重文(→sentence「文法」).

cómpound wòrd 名 C 複合語,合成語,(→word formation 文法).

***com·pre·hend** /kàmprihénd|kɔ̀m-/ 動 (~s /-dz/|過 過分 ~·ed /-əd/|~·ing) 他 **1** 㕣 (~ X/*that* 節/*wh* 節・句) Xを/..ということを/..かを理解する(類語 understand より形式ばった語). I fail to ~ the value of your suggestion [~ *how* valuable your suggestion is]. 私はあなたの提議がどのくらい価値のあるものか理解しかねます. **2**〘章〙を含む,包括する. The new edition of the dictionary ~*s* many new words. その辞書の新版はたくさんの新語を含んでいる.
◇名 comprehension 形 comprehensive
[<ラテン語「一緒につかむ(*prehendere*)」]
▷~·ing·ly 副 理解して(いるかのように).

còm·pre·hèn·si·bíl·i·ty 名 U 理解できること,分かりやすさ.

com·pre·hen·si·ble /kàmprihénsəb(ə)l|kɔ̀m-/ 形 理解できる,分かりやすい,〈*to*..に〉. ▷-bly 副 分かりやすく.

***com·pre·hen·sion** /kàmprihénʃ(ə)n|kɔ̀m-/ 名 (複 ~s /-z/) **1** U **理解**(する[される]こと),把握;理解力. reading ~ 読解力. slow of ~ 飲み込みの遅い. a document beyond [above] my ~ 私には理解しかねる書類. a listening ~ test (外国語の)聞き取り理解力テスト. **2** UC 外国語の理解力増進用の練習(問題). **3** UC 〘まれ〙〘論〙内包(connotation). ◇動 comprehend

***com·pre·hen·sive** /kàmprihénsiv|kɔ̀m- ⑱/ 形 m **1 包括的な**,広範囲にわたる,総合的な;含みの多い;理解の広い. a ~ term 意味の広い用語. a ~ development plan 総合開発計画. **2** (幅広い)理解力のある.
◇動 comprehend
—— 名 C 〘英話〙＝comprehensive school.
▷~·ly 副 包括的に,広範囲にわたって. ~·ness 名

còmprehensive insúrance 名 U (自動車の)総合保険.

comprehénsive schòol 名 C 〘英〙総合中等学校《種々の能力を持つ 11 歳以上の子供を同じ施設内で教育するため普通科・職業科など各種の課程を備える; → school 表》.

†**com·press** /kəmprés/ 動 他 **1** を圧縮[圧搾]する,押し[締め]付ける;を(圧縮して)固める,圧縮[圧搾]して入れる〈*into*..に〉. The cotton was ~*ed into* bales. 綿は圧縮されて梱(こり)に詰められた. **2**〔文章,構想など〕を要約する,簡潔にする. I can't ~ my thoughts *into* a few lines. 私の考えを 2,3 行に要約はできない. —— 自 締め付ける. The woman's lips ~*ed into* a white line. 女の唇は固く結ばれ血の気の失せた一本の線になった.
—— /kámpres|kɔ́m-/ 名 C 〘医〙(止血用の)圧迫包帯,湿布.　[<ラテン語「押さえ付ける」]
▷**com·prés·si·ble** 形 圧縮[圧搾]できる.

com·préssed /-t/ 形 〈普通,限定〉圧縮[圧搾]した;凝縮した. ~ air 圧搾空気. his ~ lips 固く結んだ彼の唇. a ~ expression 簡潔な表現.

†**com·pres·sion** /kəmpréʃ(ə)n/ 名 U **1** 圧縮(する[される]こと),圧搾. **2** (文章,語句などの)簡潔化,凝縮.

com·pres·sive /kəmprésiv/ 形 圧縮の;圧縮力のある;圧縮する.

com·pres·sor /kəmprésər/ 名 C 圧縮機;圧搾ポンプ;〘医〙(血管などの)圧迫器. an air ~ 空気圧縮機.

†**com·prise** /kəmpráiz/ 動 他 〈進行形不可〉〘章〙 **1** を(部分として)含む,包括する;から成り立っている(consist of). The United Kingdom ~*s* England, Wales, Scotland, and Northern Ireland. 連合王国はイングランド,ウェールズ,スコットランド,それに北アイルランドから成立している.
2〔部分が〕を構成する,(..の全体)を成す,(compose). Three chapters ~ Part One. 3つの章が第 1 部を構成する(参考 これを受け身形にした Part One *is* ~*d of* three chapters. を誤りとして,代わりに composed を使うべきだとする人もいる).　[comprehend と同源]

***com·pro·mise** /kámprəmàiz|kɔ́m-/ 名 (複 -mis·es /-əz/) **1** UC **妥協**,折衷,歩み寄り,〈*with*..との〉. The essence of politics is ~. 政治の真髄は妥協である. make a ~ 妥協する. reach a ~ 妥協に達する.

連結 a reasonable [an acceptable, a satisfactory] ~ // effect [strike; achieve, arrive at] a ~

2 C 妥協案,折衷案;中間物,どっちつかずの物;〈*between*..の間の〉. A sofa is a ~ *between* a chair and a bed. ソファーはいすとベッドの折衷だ.
—— 動 (-mis·es /-əz/|過 過分 ~d /-d/|-mis·ing) 自 **1 妥協する**,歩み寄る,〈*with*..〔人〕と/*on*..について〉. They ~*d* (*with* each other) *on* the issue. 彼らは(お互いに)その問題で妥協した. **2** 㕣 (~ *with*..)〔信念,主義など〕を曲げる. choose prison rather than ~ *with* one's beliefs 自分の信念を曲げるより投獄を選ぶ.
—— 他 **1**〔紛争など〕を(互いに妥協して)解決する. **2**〔名誉,立場,信用など〕を危うくする,傷つける,に累を及ぼす. ~ oneself 自分の体面を傷つける. ~ one's reputation by taking bribery 賄賂(わいろ)を取って評判を落とす. **3**〔信念など〕を曲げる,弱める.
[<ラテン語「(裁定に従うことを)互いに約束する」; com-, promise]

cóm·pro·mìs·ing 形 名誉[信用]を傷つけるような. a ~ situation 疑いを招きかねないような状況. ▷~·ly 副

comp·trol·ler /kəntróulər/ 名 C 会計検査官,監査官,(★controller の別つづり). the *Comptroller General*〘米〙会計検査院長官.

com·pul·sion /kəmpʌ́lʃ(ə)n/ 名 **1** U 強制(する[される]こと),無理強い. by ~ 強制的に. under ~ 強制されて. **2** C 〘心〙強迫;(一般に,不本意だが抑えきれない)衝動〈*to* do..しようとする〉. Overeating is a ~ with our boy. うちの子はどうも我慢できないで食べ過ぎる.
◇動 compel

com·pul·sive /kəmpʌ́lsiv/ 形〈限定〉強制的な,いやおうなしの;面白くてやめられない;衝動的な. a ~ gambler [shopper] 賭(か)け事[買い物]をしないではいられない人. ▷~·ly 副 強制的に. ~·ness 名 U 強制的なこと.

com·pul·so·ri·ly /kəmpʌ́ls(ə)rili/ 副 強制[義務]的に.

***com·pul·so·ry** /kəmpʌ́ls(ə)ri/ 形 ⓒ **1 強制的な**,無理じいの,(↔voluntary). a ~ purchace order 強制収用命令. ~ execution〘法〙強制執行. **2** (規則などで)**義務づけられている**;〔科目などが〕必修の(↔elective, optional). ~ subjects 必修科目. Attendance is ~ for all members. 全員出席を義務うけられている.
—— 名 C (フィギュアスケート,体操などの)規定演技.
◇動 compel [<ラテン語「強制された」]

compùlsory educátion 名 U 義務教育.

com·punc·tion /kəmpʌ́ŋ(k)ʃ(ə)n/ 名 U 〘章〙良心の呵責(かしゃく),気のとがめ,ためらい,〈しばしば否定文で〉. with some ~ いささか気がとがめて. without the slightest ~ 少しも悪いと思わないで,平気で. The rioters had no ~ about looting. 暴徒は略奪を少しも悪いと思わなかった. [<後期ラテン語「ちくりと刺すこと」]

com·punc·tious /kəmpʌ́ŋ(k)ʃəs/ 形 やましい, 気がとがめる. ▷ **~·ly** 副 「る.
com·put·a·ble /kəmpjúːtəbl/ 形 計算[算定]でき↑
com·pu·ta·tion /kɑ̀mpjətéiʃ(ə)n|kɔ̀m-/ 名 UC 〘章〙計算, 算定; コンピュータ使用(による計算); C 算定額. at the lowest ~ 最低に見積もって(も). at a moderate ~ 内輪に計算して.
▷ **com·pu·ta·tion·al** /-nəl ⑱/ 形 コンピュータ(使用)の. ~*al* linguistics コンピュータ言語学.

C

†**com·pute** /kəmpjúːt/ 動 他 **1** 〘章〙を計算する, 算定する, (類語 与えられたデータの計算で, その数値は大きく多数であっても計算そのものは比較的単純な場合に言う; → count[1]). ~ the cost of a college education 大学の学資を算出する. The damage is ~*d at* 30,000 dollars. 損害は3万ドルと算定される. **2** をコンピュータで計算する. ── 自 **1** 〘章〙計算[算定]する. **2** コンピュータを使用する. [＜ラテン語「総計する」(＜com-＋*putāre*「計算する」)]
‡**com·put·er** /kəmpjúːtər/ 名 (複 **~s** /-z/) C コンピュータ, 電算機 (electronic computer); 計算者[機]. a ~ game [programmer] コンピュータゲーム[プログラマー]. ~ software コンピュータソフトウェア. process by ~ コンピュータで処理する.
compùter-áid·ed /-éidəd ⑱/ 形 コンピュータを用いた[利用の] (**compùter-assísted**).
compùter-àided desígn 名 U コンピュータ(利用の)デザイン《コンピュータ・グラフィックスを用いて製品をデザインする; 略 CAD》.
compùter-aided engineéring 名 U コンピュータ(利用の)エンジニアリング《コンピュータを用いて製造過程を自動化する; 略 CAE》.
compùter-aided instrúction 名 U コンピュータ(利用の)授業《略 CAI》.
compùter-aided léarning 名 U コンピュータ(利用の)学習《略 CAL》.
com·put·er·ate /kəmpjúːtərət/ 形 〔人が〕コンピュータを使うことができる; コンピュータ使用に長じた. [＜*computer*＋ literate]
†**compùter dáting** 名 U コンピュータ見合い.
compùter gráphics 名 〈複数扱い〉コンピュータグラフィックス《略 CG》.
compùter hácker 名 ＝hacker.
†**com·put·er·ize** /kəmpjúːtəràiz/ 動 他 〔計算, 情報, 資料など〕をコンピュータで処理[管理, 制御]する, をコンピュータで自動化する; を電算化する, にコンピュータを導入する. ── 自 電算化[電算処理]を行う, コンピュータを導入する. ▷ **com·pùt·er·i·zá·tion** 名
‡**com·pút·er·ìzed** 形 〔事務所などが〕コンピュータ化された; 〔資料などが〕コンピュータに入れられた. ~ diagnosis コンピュータ(化された)診断法.
compúter lànguage 名 UC コンピュータ言語《COBOL, FORTRANなど》.
compùter-líterate 形 ＝computerate.
compùter módeling 名 U コンピュータモデリング《コンピュータを使って物のさまざまな角度からの画像を作ること》.
compùter scíence 名 U コンピュータ科学.
compùter vírus 名 C コンピュータウイルス《コンピュータのシステムや情報を乱すプログラム》.
***com·put·ing** /kəmpjúːtiŋ/ 名 U コンピュータの操作; 計算.
†**com·rade** /kɑ́mræd|kɔ́mreid/ 名 C **1** 〘旧〙(親密な)仲間, 僚友, 相棒, 戦友, 《利害, 仕事を共にする, 普通, 男性同士の》. a ~ in arms 戦友. **2** (労働組合, 共産党などの)同志 (★呼びかけ, または人名の前に付けて用いる事が多い). *Comrade* Smith 同志スミス. the ~*s* 〈外部から言って〉赤い連中《共産党員》. [＜スペイン語「同室の仲間」(＜ラテン語 *camera*「部屋」)]
cóm·rade·ly 形 仲間[同志]としての, 友好的な.
com·rade·ship /kɑ́mrædʃip|kɔ́mreid-/ 名 U 仲間[同志]であること, 仲間同志の付き合い[よしみ], 同志[僚友]関係; 同志愛, 友情, 友好(関係).
Com·sat /kɑ́msæ̀t|kɔ́m-/ 名 C 通信衛星. [＜*com*munications *sat*ellite]
Comte /kɔːnt/ 名 **Auguste ~** コント(1798–1857)《フランスの実証主義哲学者で社会学の祖》.
Co·mus /kóuməs/ 名 〘ギ・ロ神話〙コーモス《酒宴, 歓楽をつかさどる若い神》.
con[1] /kɑn|kɔn/ 動 (**~s**|**-nn-**) 他 〘古〙を(綿密に)学習する, 覚える. ~ by rote 棒暗記する. [＜中期英語「知る」; can[1] の異形]
con[2] 副 反対して. ── 名 C 反対(論), 反対意見(の人), 反対投票(者). ***the pròs and cóns*** →pro[3]. [ラテン語 *contra* 'against' の略]
con[3] 動 (**~s**|**-nn-**) 他 〘海〙〔船〕の針路を指揮する. [＜〘廃〙*cond* 'conduct']
con[4] 〘話〙動 (**~s**|**-nn-**) 他 をぺてんにかける; VOA (~ X (*out*) *of ../into* (*doing*)..) X(人)をだまして〔金など〕を奪う/..させる. ~ a person *out of* his money 人から金をだまし取る. She was ~*ned into* buying imitation pearls. 彼女はだまされて模造の真珠を買った.
còn one's wáy into .. (不正手段などで)まんまと〔仕事など〕を手に入れる.
── 名 C 詐欺, ぺてん.
[＜*con*fidence game [trick]]
con[5] 名 C 〘俗〙囚人. [＜*con*vict]
con- /kɑ(n), kə(n)|kɔ(n), kə(n)/ 接頭 com- の異形. *con*nection. *con*sist. [→com-]
Co·na·kry /kɑ́nəkriː|kɔ̀nəkríː/ 名 コナクリー《Guinea の首都》
cón àrtist 名 C 〘話〙ぺてん師, 詐欺師.
con bri·o /kɑ̀n-bríou|kɔ̀n-/ 副 〘楽〙コンブリオ, 元気に. [イタリア語 'with vigor']
con·cat·e·nate /kɑnkǽtənèit|kɔn-/ 動 他 〘章〙を鎖状につなぐ. [con-, ラテン語 *catēna*「鎖」, -ate]
con·càt·e·ná·tion 名 〘章〙**1** U 連結(すること, された状態). **2** C (いくつかの事件, 事物などの)連続, 連鎖.
†**con·cave** /kɑnkéiv|kɔn- ⑱/ 形 凹面(形)の, へこんだ, くぼんだ, (↔convex). a ~ lens 凹レンズ. a ~ mirror 凹面鏡. a ~ tile 丸瓦(がわら).
── /⌐-/ 名 C 凹面(形). [＜ラテン語「空洞の」]
con·cav·i·ty /kɑnkǽvəti|kɔn-/ 名 (複 **-ties**) 〘章〙**1** U 凹状, くぼんでいること. **2** C 凹面, へこみ, くぼみ.
con·cà·vo-concáve /kɑnkèivou-|kɔn- ⑱/ 形 両凹面(形)の (biconcave).
con·cà·vo-convéx ⑱/ 形 凹凸の.
‡**con·ceal** /kənsíːl/ 動 (**~s** /-z/|過 過分 **~ed** /-d/|**~·ing**) 他 〔物, 人〕を隠す; 〔真相, 事実など〕を秘密にしておく 〈*from* ..に〉; (類語 hide[1] より形式ばった語で, 隠そうとする意図が強い). ~ oneself behind a curtain カーテンの陰に身を隠す. ~ the truth 真相を隠す. I have ~*ed* nothing *from* you. 君には何も隠していない. ~ one's emotions 自分の感情を外に表さない. ◇名 concealment [＜ラテン語「すっかり隠す (*cēlāre*)」]
†**con·céal·ment** 名 **1** U 隠す[隠されている]こと; 秘匿, 隠蔽(ぺい); 隠れ(てい)ること, 潜伏. **2** C 隠す手段; 隠れ場所. ***in concéalment*** 隠れて; 隠されて. He stayed *in* ~ until the police had gone. 彼は警察が行ってしまうまで隠れていた.
***con·cede** /kənsíːd/ 動 (**~s** /-dz/|過 過分 **-ced·ed** /-əd/|**-ced·ing**) 〘章〙他 **1** VO (~ X/*that* 節/"引用") Xと/..であることを/「..」と言って認める, (不本意ながら)承認する; VOC (~ X *to be* Y) X を Y と認める; (類語 消極的にしぶしぶ認めるという感じがある; →grant 3). ~

defeat 敗北を認める. I ～ *that* I am wrong. 自分が悪かったと認める. This is generally ～*d to be* the best book on the subject. これはその問題に関して最上の本と一般に認められている.
2 VOO (～ X Y) X に Y **を認める**, X が Y を持っていることを認める. We ～ you the victory. 我々は君の勝利を認める. We ～ Ralph courage. 我々はラルフが勇敢であると認めている.
3 VOO (～ X Y)・VOA (～ Y *to* X) (議論で) X に Y を譲る, (スポーツなどで) X (相手)に Y (得点, 勝ち)を許す. I('ll) ～ you that (point). その点は君の言い分を認めよう.
4 VOO (～ X Y)・VOA (～ Y *to* X) X に Y (権利, 特権など) **を譲渡する**, 与える, 許す; (競技などでハンディキャップとして) X に Y を与える. ～ many privileges *to* ..に多くの特権を与える. At last the Government ～*d* the right to vote *to* women. とうとう政府は女性に選挙権を与えた.
── 自 **1** 譲歩する, 譲る, 〈*to*..に〉. ～ *to* his request 彼の要求に応じる. **2** 敗北を認める; (敗北を認めて)試合[競技]を放棄する. ◇名 concession 形 concessive
[＜ラテン語「完全に譲る」(＜con-＋*cēdere*「行く, 退く」)]

con·céd·ed·ly /-dəd-/ 副 明白に.

***con·ceit** /kənsí:t/ 名 (複 ～s /-ts/) **1** U **うぬぼれ**, 慢心; 見栄(え), 独り善がり. full of ～ 慢心しきって.
2 C 〖文学〗一風変わった思いつき, 奇想; 奇をてらった表現 《特に比喩; 例えば, 恋する 2 人の魂をコンパスの 2 本の脚にたとえるなど》. ◇動 conceive

†con·céit·ed /-əd/ 形 うぬぼれの強い, 思い上がった.
▷ **～·ly** 副 **～·ness** 名 U うぬぼれ.

†con·céiv·a·ble 形 考えられる, 想像できる; 考えられる限りの, ありとあらゆる. It is ～ that there is life on other planets. ほかの惑星に生物が存在するのは考え得る事だ. try every ～ way ありとあらゆる方法を試みる.

con·céiv·a·bly 副 考えられるところでは, 思うに, ことによると. The human race may ～ destroy itself by nuclear war. 核戦争で人類が自滅するのは考えられる事だ. I can't ～ beat him. 私は彼にはとても勝てそうにない.

***con·ceive** /kənsí:v/ 動 (～s /-z/|過 過分 ～d /-d/|-ceiv·ing) 他 【心中に抱く】 **1** 〔意見, 愛憎など〕**を心に抱く**; 〔計画など〕を思いつく, たくらむ. ～ an affection for her 彼女に対して愛情を抱く. He ～*d* a plan to run away, taking all the money with him. 彼はその金すべてを持って逃亡する計画を思いついた.
2 VO (～ *that* 節/*wh* 節・句) ..ということを/..かを想像する, 考える, 〈普通, 否定文・疑問文で〉. I could not ～ *that* he was so kind. 彼がそれほど親切だとは考えられなかった. No one could ～ *how* it could be done. どうしたらそれがやれるのかだれも思い及ばなかった.
3 VOC (～ X (*to be*) Y) X が Y であると思う. They ～*d* it their duty to revenge their lord. 彼らは主君の敵討ちをするのを義務と考えた. **4** 〖まれ〗〈普通, 受け身で〉を(言葉などで)表す, 表現する.
【体内に抱く】 **5** 〔子〕を宿す, はらむ.
6 【子を宿す】〈普通, 受け身で〉を創造する, 始める, の発端となる. bring forth a new nation ～*d* in liberty 自由の理念に始まった新国家を創設する.
── 自 **1** VA (～ *of* (*doing*) ..) ..(すること)を思いつく, 理解[想像]する. ～ *of* (propos*ing*) a good plan うまい計画(の提案)を思いつく. I cannot ～ *of* him lying. 彼がうそをつくなんて考えられない.
2 妊娠する. ◇名 conception, conceit, concept
***concèive* (*of*) X *as* (*being*) Y** X が Y (である)と思う. People used to ～ (*of*) the earth *as* (*being*) flat. 人々は大地が平らだと思っていた.
[＜ラテン語 *concipere*「把握する」(＜con-＋*capere* 'take')]

‡con·cen·trate /kánsəntrèit|kɔ́n-/ 動 (～s /-ts/|過 過分 -trat·ed /-əd/|-trat·ing) 他 **1** 〔注意, 努力, 光線など〕を**集中する** 〈*on, upon* ..に〉. ～ one's attention *on* ..に注意を集中する. A convex lens ～*s* rays of light. 凸レンズは光線を(焦点に)集める.
2 〔権力, 富など〕を一点に集中させる; 〔軍隊, 人口など〕を集結する, 集める, 〈*in, at*..に〉.
3 〖化〗を濃縮する, の濃度を増す; 〈一般に〉を濃縮[凝縮]する. ～ salt 塩分を濃くする. The last sentence ～*d* the whole of his speech. 最後の文が彼の演説の全部を凝縮している.
── 自 **1 専心[専念]する** 〈*on* [*upon*] (*doing*) ..(すること)に〉. Bill could not ～ *on* his homework. ビルは宿題に専念できなかった. **2** 1 点に集まる, 集中する; 集結する.
── 名 UC 濃縮物; 濃厚食品[飼料]. a ～ of grape juice 濃縮グレープジュース.
[con-, ラテン語 *centrum* 'center', -ate]

†cón·cen·tràt·ed /-əd/ 形 **1** 集中した; 激しい. ～ gunfire 集中砲火. exert a ～ effort 一心に努力する. **2** 濃縮した. ～ milk 濃縮乳.

‡con·cen·tra·tion /kànsəntréiʃ(ə)n|kɔ̀n-/ 名 (複 ～s /-z/) **1** UC (**精神**)**集中**, 専念, 〈*on*..への〉; U (精神の)集中力, 細心の注意. a problem that requires ～ 注意の集中を必要とする問題. disturb a person's ～ 人の集中力を乱す.
2 UC (多くのもの[人]の)**集中**, **集結**; 集中[集結]したもの. ～ of population in cities 都市への人口の集中. the ～ of power in the hands of a few 少数者への権力の集中. **3** aU 〖化〗濃縮; (液体の)濃度. the ～ of sodium in blood 血液中の塩分の濃度.
4 U (トランプゲームの) '神経衰弱'.

concentrátion càmp 名 C (捕虜などの)強制収容所.

con·cen·tric /kənséntrik/ 形 〖数〗同心の 〈*with* ..と〉 (↔ eccentric). ～ circles 同心円.
▷ **con·cen·tri·cal·ly** /-k(ə)li/ 副

***con·cept** /kánsept|kɔ́n-/ 名 (複 ～s /-ts/) C **1 概念**; (体験, 知識に基づいた)観念, 考え; (類語 主として哲学上の用語; →idea). The ～ of compulsory education was born in the 19th century. 義務教育という観念は 19 世紀に生まれた. I favor the ～ *that* all men are equal. 人はみな平等だという考えに賛成だ. **2** (既成概念を打破する)新しい観点[発想, 考え方]; 〈形容詞的〉新しい観点の, 未来的な, 〔乗物など〕. a ～ car 未来車, コンセプトカー. ◇動 conceive

> 連結 a new [a novel; an original, a unique; a radical; a strange; an outdated; a vague] ～ // formulate [develop; grasp] a ～

[＜ラテン語「把握された(もの)」(*concipere* 'conceive' の過去分詞)]

†con·cep·tion /kənsépʃ(ə)n/ 名 **1** U 概念作用; 構想力, 想像(力). powers of ～ 想像[構想]力.
2 UC 着想, 考え, 案; 概念; 〈*of* ..の/*that* 節 ..という/*wh* 節・句 ..かという〉. a bold ～ 思い切った考え. We have no ～ (*of*) *where* the man has gone. その男がどこへ行ったのか我々にはさっぱり分からない. Whose ～ is this? これはだれの発案ですか. my ～ *of* freedom 私の持っている自由の概念. 類語 concept と同じく概念の意味に用いるが, conception の方が, より普通な語; → idea. **3** UC 受胎, 妊娠; C 始まり, 発端. a method of preventing ～ 避妊の方法. ◇動 conceive
[＜ラテン語「把握された」; →conceive]

con·cep·tu·al /kənséptʃuəl/ 形 概念上の, 概念を形成する. ～ ability 概念形成力. ▷ **～·ly** 副

con·cép·tu·al·ize 動 他, 自 (を)概念化する.
▷ **con·cèp·tu·al·i·zá·tion** 名

C

‡**con·cern** /kənsə́ːrn/ 動 (~s /-z/|過|過分 ~ed /-d/|~·ing) 他 【かかわる】 **1** に**関係がある**, かかわりがある, 影響する, 重要である. This doesn't ~ you. これは君に関係ない. matters that ~ the public good 公共の利益にかかわる事態.
2 〈受け身不可〉〔物事が〕に関することである, を取り扱っている. The news ~*s* your son. そのニュースは君の息子さんに関するものだ. **3** 〈しばしば受け身で〉 VOA (~ *oneself with, about, in ..*) ..に関係する, かかわる; (~ *oneself for../to do*) ..に/..することに関心を持つ (★ ~ oneself は be ~ed と同意に用いられる; →concerned 2 (b)). Don't ~ your*self about* [*with*] this problem. この問題にかかり合うな.
【深刻にかかわる】 **4** 〔人〕に**心配させる**, 気をもませる, を不安[不幸]にさせる; VOA (~ *oneself about, for ..*) ..のことで心配する, 気をもむ (★~ oneself は be ~ed と同意に用いられる; →concerned 1(b)). His poor health ~*s* me.＝I am ~*ed about* his poor health. 彼が病弱なので私は心配だ. He doesn't have to ~ himself *with* money. 彼は金のことを心配する必要がない.
as concérns 〈前置詞的〉 ..については (about).
****as*** [***so***] ***fàr as..be concérned*** ..に関する限りでは. *As* [*So*] *far as* I /ái/ *am* ~*ed*, the story is not true. 私に関する限りその話は本当ではない.
To whòm it may concérn 関係者(各位)殿《推薦状, 届け書, 回覧などの不特定の相手に対するあて名として用いる》.
whère .. be concérned ＝as far as .. be CONCERNED.
── 名 【かかわりがあること】 **1** U **関係**, 関連, 〈*with* ..との〉; C 利害関係 〈*in*..でも〉. those who have any ~ *with* the affair その件に多少とも関係のある者. a matter of deep ~ to the nation 国民にとって深いかかわりのある事. have a ~ in ..に利害関係がある, ..の共同所有者[出資者]である.
2 C 〈しばしば ~s〉 **関心事**, (関係のある, 重要な)事柄, 仕事, 用事. This is no ~ of ours. これは我々の知ったことではない. Mind your own ~(*s*). 余計な世話を焼くな. his ~ to be recognized as a great man 偉い人間と認められたい彼の一念.

1, 2 の 連結 great [grave, serious; considerable; growing; public] ~

3 【関係者の集団】 C 会社, 事業, 商会, 財団. a banking ~ 銀行(業). a family ~ (代々伝わって来た)家業. a going ~ 営業中の(普通もうかっている)会社. a paying ~ 利益の上がっている事業.
4 C 《話》〈一般に〉事, 物.
【深刻なかかわり】 **5** aU **関心**, 気遣い, 〈*for*..への〉; U **心配**, 懸念, 〈*about, for, over*..についての/*that* 節..という〉. his ~ *about* [*over*] his father's illness 父親の病気への心配. out of ~ *for* her safety 彼女の無事を気遣って. a cause for ~ to his parents 両親にとって頭痛の種.

連結 great [anxious, grave, intense; kindly] ~ // give [arouse, cause; feel; express, show, voice] ~

with concérn 心配して, 憂慮して.
without concérn 心配せずに, 無関心に[で].
[＜後期ラテン語「ふるいにかける, 吟味する」(＜ラテン語 con-＋*cernere* 'sift')]

†**con·cérned** 形 **1** (**a**) 〈名詞の後に置いて〉 関係している, 当事者の, 当該の. all ~ (in it) (その事の)関係者一同. the authorities ~ 関係当局. the parties ~ 利害関係者, 当事者. (**b**) 〈叙述〉 関係している, かかわっている, 〈*with, about, in* ..に〉; 関心を持っている 〈*for* ..に/*to* do ..することに〉. The first chapter is ~ *with* the poet's ancestry. 第1章は詩人の祖先について述べている. I am not ~ *in* the new project. 私は新企画に関係していない. She is only ~ *to* enjoy life. 彼女は人生を楽しむことだけに関心がある. **2** (**a**) 心配そうな (anxious). with a ~ air 心配そうな様子で. (**b**) 〈叙述〉 心配する, 懸念する, 〈*about, for* ..のことで/*that* 節 ..ということを〉 (concern 動 4). I'm ~ *about* Jim. I wonder where he is now. ジムのことが心配だ. 今どこにいるんだろう. We were ~ *that* this attempt at peaceful settlement should not fall through. この平和的解決への試みが失敗しないようにと我々は気をもんでいた. ★be *concerned* with [to do] などの表現については →concern 動 3, 4.

con·cérn·ed·ly /-nədli/ 副 心配して.

‡**con·cern·ing** /kənsə́ːrniŋ/ 前 《章》 **..に関して(の)**, ..について(の), (類語 about と似ているが, 動詞 concern の原義をいくらか残している). the facts ~ the case その件に関する事実. *Concerning* his disappearance, I can't think of any convincing reason. 彼の失跡に関しては納得のいく理由は思いつかない.

‡**con·cert** /kɑ́nsərt|kɔ́n-/ 名 (複 ~s /-ts/) **1** C **音楽会**, 演奏会, コンサート, (類語 個人の演奏会には普通 recital を用いる). attend [go to] a charity ~ 慈善音楽会に行く. give a ~ コンサートを催す. enjoy an open-air ~ 野外音楽会を聞いて楽しむ. a ~ hall 演奏会場.
2 U 一致, 協力, 提携, 協調.
in cóncert (1) 〈音楽家[グループ]の名前の後に付けて〉 演奏[出演](して) 《特に広告に用いる》. Michael Jackson *in* ~ at the Paramount Theatre, Friday night. マイケル・ジャクソン, 金曜日夜パラマウント劇場に出演. (2) 《章》 協力[提携]して 〈*with* ..と〉. The brothers worked *in* ~ to restore their family business. 兄弟らは家業を再興させるため一致協力して働いた. (3) 声をそろえて. [＜イタリア語 *concerto*「調和」]

‡**con·cert·ed** /kənsə́ːrtəd/ 形 **1** 申し合わせた, 協定した, 協力した, 一致した; 一斉の. All governments should make a ~ effort to put a stop to the greenhouse effect. すべての政府は一致して大気の温暖化を食い止める努力をすべきだ. **2** 一生懸命な, ものすごい, 〔努力など〕. **3** (合奏[唱]用に)編曲された[て]. ▷ **~·ly** 副 一致[協力, 協調]して.

cóncert-gòer 名 C よく演奏会に行く人, 音楽会の常連.

còncert gránd 名 C (演奏会用)大型グランドピアノ.

con·cer·ti·na /kɑ̀nsərtíːnə|kɔ̀n-/ 名 C コンチェルティーナ《六角形でアコーディオンに似た楽器; 演奏はボタンにより鍵盤(けん)がない》. ── 動 自 《英話》〔車が〕(衝突して)ぺしゃんこになる《コンチェルティーナのように》.

cóncert·màster 名 C 《米》 コンサートマスター《オーケストラの首席ヴァイオリン奏者; 《英》 leader》.
◇女 **cóncert·mìstress**

‡**con·cer·to** /kəntʃéərtou/ 名 (複 ~s, -ti /-tiː/) C 《楽》 協奏曲, コンチェルト, 《1つ又はそれ以上の独奏楽器と管弦楽のための楽曲》. a piano [violin] ~ ピアノ[ヴァイオリン]コンチェルト. [イタリア語; →concert]

còncert perfórmance 名 C 演奏会式上演《オペラなどの音楽部分だけを演奏する》.

cóncert pìtch 名 U **1** コンサート用標準調子《全楽器をこれに合わせる; 普通, 中央ハの上のイを毎秒 440 振動とする》. **2** 意欲満々[絶好調]の状態.
at còncert pítch (***for..***) 《話》 (..への)準備おさおさ怠りない, (..に対して)やる気満々で.

***con·ces·sion** /kənséʃ(ə)n/ 名 (複 ~s /-z/)
1 UC **譲歩**, 譲与, 〈*to* ..への〉; 許容, 容認 〈*to*..の〉; (選挙などでの)敗北声明. settle a dispute by mutual ~ 相互の譲歩で紛争を解決する. make a few ~*s to* ..

にいくつか譲歩する. **2** Ⓒ 譲歩事項; 譲与物. **3** Ⓒ (政府などから与えられた)特権, 利権. have oil ~*s* in the Middle East 中東に石油採掘権を持つ. a ~ hunter 利権屋. **4** Ⓒ 〖米〗(公園, ホテル, 劇場内などの)営業許可, 売り場使用権; 売店, 場内売り場. a soft drink ~ 清涼飲料営業権. **5** Ⓒ 居留地, 租界. **6** Ⓒ 〖英〗(料金などの)割引. ◇動 concede

con·ces·sion·aire /kənsèʃ(ə)néər/ 名 Ⓒ (権利の)譲り受け人; 場内[屋台]売店(業者), (学校, 工場などの)給食業者, 営業権保有者[会社], 特約店.

con·ces·sion·ar·y /kənséʃ(ə)nèri|-n(ə)ri/ 形 **1** 特権の[として与えられた]. **2** 〖英〗特別割引の〔料金〕.

concéssion stànd 名 Ⓒ 〖米〗(競技場, 映画館などの)飲食物・土産物の売店.

con·ces·sive /kənsésiv/ 形 **1** 譲歩の; 譲与の. **2** 〖文法〗譲歩を表す. a ~ clause 譲歩節《例: even if this is true たとえこれが本当であっても》.

conch /kaŋk, kantʃ|kɔŋk, kɔntʃ/ 名 (複 ~s /kaŋks|kɔŋks/, ~·es /kántʃiz|kɔ́ntʃiz/) Ⓒ **1** (ほら貝などの)巻き貝; (巻き貝の)貝殻. **2** 〖ロ神話〗海神 Triton のほら貝; 〈一般に〉ほら貝.

con·chie, -chy /kántʃi|kɔ́n-/ 名 (複 **-chies**) Ⓒ 〖英旧話〗〈非難して〉＝conscientious objector.

con·chol·o·gy /kaŋkálədʒi|kɔŋkɔ́l-/ 名 Ⓤ 貝類学. ▷**con·chol·o·gist** 名

con·ci·erge /kànsiéərʒ|kɔ̀n-/ 名 Ⓒ (主にフランスで, アパートなどの)管理人《人の出入りをチェックする》; (ホテルの)接客係, コンシェルジェ, 《観光案内などのサービスをする》. [フランス語]

con·cil·i·ate /kənsílièit/ 動 〖章〗他 **1** 〔人〕を手なずける, 懐柔する; 〔人の好意〕を得る, ものにする. **2** 〔人〕をなだめる (soothe). The boy's apology ~*d* his angry father. 子供が謝ったので父親の怒りも解けた. **3** 〔争いの当事者〕を調停する. ── 自 調停をする〈*between*..間の/*in*..〔紛争など〕の〉. ▷**con·cil·i·a·tor** 名

con·cil·i·a·tion /kənsìliéiʃ(ə)n/ 名 Ⓤ **1** 手なずける[られる]こと, 懐柔. **2** なだめる[られる]こと. **3** 調停, あっせん.

‡**con·cil·i·a·to·ry** /kənsíliətɔ̀:ri|-t(ə)ri/ 形 懐柔的な; なだめる(ような); 調停的な. a ~ gesture 懐柔的な言動. [＜ラテン語「結び合わせる」, -ory]

‡**con·cise** /kənsáis/ 形 ⓜ 〔言葉, 本, 人などが〕**簡明な**, **簡潔な**, 簡にして要を得た. in ~ terms 簡潔な言葉で[の]. Be more ~ in your report. 報告はもっと簡明にしなさい. [＜ラテン語「細く切られた, 短い」] ▷ **~·ly** 副 簡潔に, 簡明に. **~·ness** 名 Ⓤ 簡潔さ, 簡明さ.

con·cis·ion /kənsíʒ(ə)n/ 名 ＝conciseness.

con·clave /kánkleiv|kɔ́n-/ 名 **1** Ⓒ 教皇選挙会[会場], コンクラーベ. 《ローマカトリック教会で教皇を選挙するために cardinals (枢機卿(きょう))が行う非公開の会議》; (そこに集まる)枢機卿一同. **2** ⓊⒸ 〈一般に〉秘密会(議). sit [meet] in ~ 秘密会議をする, 密談する. [＜ラテン語「鍵(*clāvis*)のかかる部屋」]

***con·clude** /kənklú:d/ 動 (~s /-dz/|過 過分 **-clud·ed** /-əd/|**-clud·ing**) 他 **【結末をつける】 1** を終える, 終結する, 〔話など〕を締めくくる, 〈*with, by*..で〉(類語 交渉や手続き, また正式な結末を持つ文章などに用いる; →finish). He ~*d* his speech *with* a prayer for peace. 彼は平和への祈りで演説を結んだ.

2 ⓋⓄ (~ *that* 節/"引用") **..であると/「..」と言って結論を下す**; ⓋⓄⒸ (~ X (*to be*) Y) X を Y であると断定する. We ~*d that* he was wrong.＝We ~*d* him (*to be*) wrong. 彼は間違っていると我々は断定した.

3 〔条約など〕を結ぶ, 締結する, 〈*with*..と〉. A peace treaty has been ~*d* between the two nations. 両国間に平和条約が締結された. ~ a trade agreement 貿易協定を結ぶ.

4【気持ちに結末をつける】〖主に米〗ⓋⓄ (~ *that* 節/*to do*) ..と/..しようと決心する. He ~*d that* he would go [He ~*d to* go] there alone. 彼はそこへ 1 人で行こうと心に決めた.

── 自 **1** ⓋⒶ〔会, 劇, 講演などが〕**終了する**, 終わる, 〈*at, on*..〔..時など〕に/*with*..〔言葉, 出来事など〕で〉; 〔人が〕**話[文など]を結ぶ**〈*by* do*ing*..することで〉. The meeting ~*d at* five o'clock in the evening. 会合は午後 5 時に閉会した. The play ~*s with* the Prince's death. その劇は王子の死で終わる.

2 結論を出す, 決定する. I cannot ~ on that matter. 私はそのことについては決定できない.

◇名 conclusion 形 conclusive

Conclúded. 終わり, 完結, 《続き物の最後に》.

(***Nòw***) ***to conclúde*** (話, 文章を)終わるに当たって, 結論として言えば.

To be conclúded. 次回完結《雑誌の連載物などの完結の前号に; →to be CONTINUED》.

[＜ラテン語「閉じ込める」(＜con-＋*claudere* 'close')]

con·clúd·ing 形 〈限定〉終結の, 結びの. the ~ remarks 結びの言葉.

‡**con·clu·sion** /kənklú:ʒ(ə)n/ 名 (複 **~s** /-z/)

1 ⓊⒸ **終わり**(の部分); 結果; 結び; **終わること**, 結末. The affair will come to a happy ~. その一件はめでたく落着するだろう. at the ~ of ..の終わりに際して.

2 ⓊⒸ **結論**, 決定, 〈*that* 節..という〉; 〖論〗帰結《特に三段論法の》. come to [arrive at, reach] the ~ *that* ..という結論に到達する. →foregone conclusion.

連結 a correct [a valid; a hasty; a wrong] ~ // draw [form, make] a ~

3 Ⓤ (条約などの)締結, (協定などの)取り決め. the ~ of a treaty 条約の締結. ◇動 conclude

bring..to a conclúsion ..を終わらせる (finish), ..の始末をつける; 〔売買など〕を約定する, 取り決める.

in conclúsion 最後に, 終わりに, 結論として.

jùmp to a conclúsion (議論を積み重ねることをしないで)一足飛びに結論を出す.

trỳ conclúsions with.. ..と力を競う.

†**con·clu·sive** /kənklú:siv/ 形 〔議論, 事実などが〕決定的な, 最終的な, 疑う余地のない, (decisive). a ~ piece of evidence 決定的な[決め手になる]証拠. ▷ **~·ly** 副 決定的に, 確実に. **~·ness** 名

‡**con·coct** /kənkákt|-kɔ́kt/ 動 他 **1** 〔飲食物など〕を(多種の材料を混ぜて)作る, 調理する. ~ a salad of fruit and nuts 果物とナッツでサラダを作る. **2** 〔話, 言い訳, うそなど〕を作り上げる, 捏(ねつ)造する; 〔筋書きなど〕を案出する, 工夫する. ~ an excuse for being late 遅刻の言い訳をでっち上げる. [＜ラテン語「一緒に料理する」]

con·cóc·tion 名 **1** Ⓤ 混ぜ合わせて作ること; Ⓒ 混ぜ合わせて作った飲食物《スープ, 混合飲料など》. **2** Ⓤ 捏(ねつ)造, でっち上げ; Ⓒ 作り話, 作り事.

con·com·i·tance /kənkámət(ə)ns|-kɔ́m-/ 名 Ⓤ 〖章〗付随, 随伴.

con·com·i·tant /kənkámət(ə)nt|-kɔ́m-/ 形 〖章〗付随する, 随伴する, 〈*with* ..に〉; 同時に生ずる[存在する]〈*with*..と〉. ~ circumstances 付随的事情.
── 名 Ⓒ 〖章〗〈普通 ~s〉付随する物事[事情]. Poor health is often a ~ of poverty. 不健康はしばしば貧困に伴う. ▷ **~·ly** 副 付随して.

Con·cord /káŋkərd|kɔ́ŋkɔ:d/ 名 **1** コンコード《米国 Massachusetts 州の都市; 独立戦争の発端となった町; 作家 Emerson, Hawthorne, Thoreau などが住んだ》. **2** コンコード《米国 New Hampshire 州の州都》. **3** Ⓒ 〖植〗コンコード種のブドウ《米国東部産; **Cóncord gràpe** とも言う》. **4** Ⓤ コンコード・ワイン《3 から生産された》.

†**con·cord** /kánkɔ:rd, káŋ-|kɔ́ŋ-/ 名〖章〗**1** U (個人, 国家などの間における意見, 利害などの)一致, 調和; 平和, 親善, 友好; 〈*with*..との〉; (↔discord). live in ～ *with* one's neighboring countries 隣国とけんかしないで暮らす. **2** C 協調; (国際間の)友好条約. **3** U 〖文法〗(数, 格, 人称, 性などの)一致 (agreement) (→下段 文法). **4** U 〖楽〗協和音 (↔discord).

> 文法 **concord** (呼応) 文中のある要素が他の要素と数・格・人称などにおいて一致すること. 英語では主語と述語動詞との数の上での一致が重要である. 単数形の主語が単数形動詞, 複数形の(または2つ以上並置された)主語が複数形動詞を伴うのが原則.しかし意味との関係からこの原則がしばしば破られるので問題が起こる.
> (1) 集合名詞は単数形で普通名詞と同じように使われる一方, その個々の成員が意識されて複数扱いされることがある.代名詞は they を使い, 述語動詞は直説法現在形で -s をつけない. family, committee の用例参照. herd の項に挙げた Gray の詩では herd を複数扱いにして wind が使われているので, ここではおのおのがひと塊りではなく右を向いたり左を向いたりしながらぞろぞろと進んで行くさまを読者は思い浮かべるべきである.
> (2) 複数名詞がまとまった1つのもの, 又は不可算名詞的な意味を持つため単数扱いされることがある. 例えば *Fifty miles is* a long distance (50マイルは長い距離だ). 多くの学問名 (linguistics, physics など), news のような語も単数扱い. 並置された主語も1つの概念を表す時は単数扱いされる. 例えば the long and (the) short of it (→long 成句).

[<ラテン語「共感」(<con-+*cors* 'heart')]

con·cord·ance /kənkɔ́:rd(ə)ns/ 名 **1** U〖章〗一致, 調和, (harmony). **2** C (ある作家又は作品の)用語索引. a ～ *of* [*to*] Shakespeare＝a Shakespeare ～ シェークスピア用語索引.

con·cord·ant /kənkɔ́:rd(ə)nt/ 形〖章〗一致する, 調和した, 〈*with*..と〉. ▷ **～·ly** 副

con·cor·dat /kənkɔ́:rdæt/ 名 C〖章〗協定, 協約; (ローマ教皇と国家との間の)政教条約. [フランス語]

Con·corde /kánkɔ:rd|kɔ́ŋ-/ 名 C〖商標〗コンコルド《英仏共同開発の超音速旅客機》.

con·course /kánkɔ:rs|kɔ́ŋ-/ 名 **1** UC (人, 物の)集まること; (事件などの)併発. **2** C〖章〗群衆. **3** C (空港, 鉄道の駅などの)中央ホール, コンコース; (道路, 人の集まる)広場. [<ラテン語「走り集まること」]

***con·crete** /kankrí:t, ⌐–|kɔ́ŋkri:t/ 形 m **1 有形の; 実在する**, 現実性のある. A desk is a ～ object. 机は有形の物体である. **2 具体的な**. a ～ example [idea, fact] 具体的な例[考え, 事実]. ◇↔abstract
in the cóncrete 具体的に[な]; 現実に[の].
―― /⌐–/ 名 **1** U コンクリート. **2** 〈形容詞的〉コンクリート(製)の. a ～ sidewalk コンクリートの歩道.
―― 動 他 **1** /⌐–/〔道路, 塀など〕にコンクリートを塗る, をコンクリートで固める[覆う, 作る]. ～ a path (over) 小道をコンクリートで舗装する. **2** /–⌐/ を固める, 凝固させる.
―― /–⌐/ 自 固まる, 凝固する.
[<ラテン語「一緒に成長した」(<con-+*crēscere* 'grow')]

còncrete júngle 名 C 〈普通, 単数形で〉'都会の密林'《弱肉強食の都市生活のこと》.

cóncrete mìxer 名 C コンクリートミキサー.

còncrete músic 名 U 具体音楽, ミュージック・コンクレート, 《楽器音以外に具体的な自然音や人工騒音などを取り入れて構成した音楽芸術の一種》.

còncrete nóun 名 C〖文法〗具象名詞《desk, snow のような具象物を意味する; ↔abstract noun》. ▷ **～·ly** 副 具体的に. **～·ness** 名

còncrete póetry 名 U 具象詩《文字の配列などの視覚的効果を利用する詩》.

con·cre·tion /kənkrí:ʃ(ə)n/ 名 **1** U 凝固; C 凝固体. **2** C〖医〗結石.

con·cu·bi·nage /kankjú:bənidʒ|kɔn-/ 名 U〖章〗内妻であること; 内縁関係, 同棲(せい).

con·cu·bine /káŋkjubàin|kɔ́ŋ-/ 名 C 内妻, めかけ; (一夫多妻制の)第2(以下の)夫人.

con·cu·pis·cence /kankjú:pis(ə)ns|kən-/ 名 U〖章〗色欲, 情欲, (lust).
▷ **con·cu·pis·cent** /-s(ə)nt/ 形 好色な.

‡**con·cur** /kənkə́:r/ 動 (～s|-rr-)〖章〗自 **1** 同意する, 意見が一致する, 〈*with*..に, と/*that* 節..ということに[で]〉;〔意見が〕一致する〈*in*..について〉; (類語 独立して走っているものが, たまたまコースが一致したという原義の感じが残っている; →agree). We ～ *with* him [his views] *in* this matter. 我々はこの問題で彼[彼の意見]に同意する. The two doctors have ～*red* (*with* each other) (*in* the patient's treatment). (その患者の治療法で) 2人の医師の意見は(互いに)一致した.
2 同時に起こる〈*with*..と〉;〔種々の事情などが〕一緒に作用する, 助け合う; VA (～*to do*) 同時に起こって[作用して]..する. Her wedding day ～*red with* her birthday. 彼女の結婚式の日は誕生日と重なった. Careful planning and good luck ～*red to* bring about great success. 慎重な立案と幸運とが相まって大成功をもたらした. [<ラテン語「共に走る(*currere*)」]

con·cur·rence /kənkə́:rəns|-kʌ́r-/ 名 UC〖章〗**1** 同意, (意見などの)一致〈*with*..との/*that* 節..という〉; 協調〈*with*..との〉. **2** (事件, 行動などが)同時に起こること, 併発, 〈*with*..と(の)〉. the ～ of his wife's illness *with* his financial troubles 彼の妻の病気と彼の経済的不如意が重なったこと. **3** (線などの)集合.

‡**con·cur·rent** /kənkə́:rənt|-kʌ́r-/ 形 **1** 同時に発生する[存在する]〈*with*..と〉. **2**〔意見などが〕一致する; 協調する;〈*with*..と〉. **3**〔線などが〕一点に集まる; (平行線のように)同方向に走る. ▷ **～·ly** 副 同時に(平行して).

con·cuss /kənkʌ́s/ 動 他 〈普通, 受け身で〉〔人〕に脳震盪(とう)を起こさせる. [<ラテン語「揺り動かす」]

con·cús·sion 名 UC **1** 震動, 衝撃. **2**〖医〗震盪(とう). a ～ of the brain 脳震盪.

***con·demn** /kəndém/ 動 (～s /-z/|過 過分 ～ed /-d/|～·ing) 他 【糾弾する】 **1 を厳しく非難する**, 責める, 〈*for*..のことで/*as*..であるとして〉(類語 blame より強意的で,「最終的判断として責任を問う」というほどの意味). We ～ cruelty to animals. 我々は動物虐待を非難する. ～ a person *for* his conduct 人の行為を責める. He is often ～*ed as* arrogant. 彼はしばしば尊大であると非難される.
2 を有罪と判決する〈*for*..のかどで〉; VOC (～ X *to do*)・VOA (～ X *to* Y) Xに..するように/XにY(の刑)を宣告する. ～ a person *for* murder 人に殺人罪を宣告する. The accused was ～*ed to* a year's hard labor. 被告は1年間の重労働を宣告された. The judge ～*ed* him *to* be hanged. 裁判官は彼に絞首刑を宣告した.
3〔態度, 風貌(ぼう)などが〕を有罪だと思わせる, に災いする. His nervous appearance ～*s* him. 彼のびくびくしている様子は彼が犯人だと思わせる.
【処分を決定する】 **4 (a)**〔医者が〕を不治と宣告する; を使用に適さないと決定する, 没収[廃棄処分に]すると申し渡す[決める]. He was ～*ed* by several doctors. 彼は数人の医師から見放された. **(b)** VOA (～ X *as*..) Xを..と判定する[決めつける]. The factory was ～*ed as* unsafe. その工場は危険と判定された.
5 VOA (～ X *to*..) Xを〔有難くない状態〕に運命づける; VOC (～ X *to do*) X(人)を..する状態に運命づける, X(人)を..する羽目に陥らせる. be ～*ed to* a wheelchair 車いすの生活を余儀なくされる. Poverty ～*ed* him *to*

(lead) a life of misery. 貧困のため彼はみじめな生活を送ることになった.
6 〘米法〙(土地収用権によって)を収用する. land ~*ed* for a state road 州道建設のために収用された土地.
[<ラテン語「有罪とする」(<con-+*damnāre* 'damn')]

con·dém·na·ble /-nəb(ə)l/ 形 非難すべき, とがめられるべき.

con·dem·na·tion /kɑ̀ndemnéiʃ(ə)n|kɔ̀n-/ 名
1 UC 非難(する[される]こと). make a sweeping ~ of the plan その計画を全面的に非難する. 2 UC 罪の宣告, 有罪の判決. 3 C 〈普通, 単数形で〉非難[宣告]の理由[根拠]. 4 UC 使用不適と言い渡すこと, (没収, 解雇などの)申し渡し; 〘米法〙(財産などの)収用.

con·dem·na·to·ry /kəndémnətɔ̀ːri|-t(ə)ri/ 形 非難を表す; 有罪宣告の.

con·démned 形 1 非難された; 有罪を宣告された; 死刑囚の; 〈the ~; 単複両扱い〉死刑囚. 2 (老朽化で危険なため)立入[使用]禁止の〔建造物など〕; 〘米法〙接収された.

condèmned céll 名 C 死刑囚監房.

con·dén·sa·ble 形 凝縮[圧縮]できる; 要約[短縮]できる.

†**con·den·sa·tion** /kɑ̀ndenséiʃ(ə)n|kɔ̀n-/ 名
1 U 凝縮(する[される]こと), 圧縮; 〘物理〙凝結, 液化.
2 UC 凝縮[液化]したもの[状態]; (水蒸気の液化した)水滴. ~ on the windowpane 窓ガラスに着いた露の水滴.
3 UC 〘章〙(書物, 思想, 表現などの)要約, 短縮(されたもの).

còndensátion tràil 名 =vapor trail.

***con·dense** /kəndéns/ 動 (-dens·es /-əz/|過 過分 ~d /-t/|-dens·ing) 他
1 〔液体〕を濃縮する; 〔気体〕を凝縮[凝結]する; 〈*to, into* ..に〉. ~ a gas *to* a liquid 気体を液化する.
2 〔思想, 表現など〕をより簡潔にする, 圧縮する, 〈*into* ..に〉. ~ his statement *into* a few words 彼の言ったことを数語に要約する.
— 自 1 凝縮する, 濃くなる, 〈*to, into*〉. ~ *into* water 〔蒸気などが〕凝結して水になる. 2 短縮する, 要約する.
[<ラテン語「濃くする」(<con-+*densus* 'dense')]

condènsed mílk 名 U コンデンスミルク, 練乳.

con·dén·ser 名 C 1 〘電〙コンデンサー, 蓄電器, (capacitor). 2 凝縮器[装置]; 液化装置, 冷却器.
3 (映写機などの)集光レンズ.

†**con·de·scend** /kɑ̀ndisénd|kɔ̀n-/ 動 自 1 (優越感を持って)わざと親切にする〈*to* ..[人]に〉; VA (~ *to do*) 恩着せがましく..する. I hate being ~*ed to*. 恩着せがましい態度をされるのは嫌だ. 2 VA (~ *to do*) 高ぶらずに..する. The Premier ~*ed to* speak to a primary schoolboy. 首相は気軽に学童に話しかけてくださった.
3 VA (~ *to* X/*to do*) 身を落として X を/..する. ~ *to* accept bribes 賄賂(わいろ)を受け取るまでに成り下がる.
[<後期ラテン語「身をかがめる」]

còn·de·scénd·ing 形 1 (目下に対して)威張らない, 腰の低い. 2 恩着せがましい, わざとへり下った, 横柄な. That's pretty ~ of you, calling him a poor guy. 彼をかわいそうな男と呼ぶなんてちょっと横柄だね.
▷ **~·ly** 副 威張らないで; 恩着せがましく.

con·de·scen·sion /kɑ̀ndisénʃ(ə)n|kɔ̀n-/ 名 UC
1 (目下に対して)高ぶらないこと; (目下に対する)腰の低さ, 丁寧な態度. 2 恩に着せるような行動[態度].
◇動 condescend

con·dign /kəndáin/ 形 〘章〙〔刑罰, 復讐(しゅう)などが〕厳しいが妥当な. ▷ **~·ly** 副

con·di·ment /kɑ́ndəmənt|kɔ́n-/ 名 UC 〘章〙〈しばしば ~s〉調味料, 薬味, 《辛子, 胡椒(こしょう), 塩など》.

‡**con·di·tion** /kəndíʃ(ə)n/ 名 (複 ~s /-z/) 【状況】 1 aU 状態; 健康状態, (競技者などの)コンディション; (類語 state より意味の範囲が狭く, 普通, ある原因や状況によって生じる特定の状態を言う). the ~ of the engine エンジンの調子. be in bad [poor] ~ よくない状態である, 健康がすぐれない. The goods arrived in good ~. 品物は良好な状態で到着した. be in (a) critical ~ 危篤である.

> 連結 (an) excellent [(a) perfect; (a) reasonable; (an) awful, (a) terrible] ~

2 C 〈修飾語をつけて〉(..の)異常, 病気. have a heart ~ 心臓が悪い.
3 〈~s〉(周囲の)**状況**, 事情, 形勢. living ~*s* 生活状態. the present ~*s* 現状.
4【社会の中での状況】UC 〘旧〙**地位**, 身分, 境遇, 生活状態. a man of ~ 身分[地位]のある人. people of every ~ あらゆる身分の人々.
【状況を成立させるもの】 5 C **条件**, 条項. *on* this ~ この条件で. make it a ~ that ..ということを条件とする. meet the ~*s* 諸条件を満たす. without ~ 無条件で.

> 連結 impose [lay down; fulfill, satisfy; accept; reject] a ~

6 C 〘米〙仮進級の必要条件, 追試験.
be in condítion 健康である, よい状態である.
be in nò condítion to dò*=*be nòt in a condítion to dò ..できる[に適する]状態ではない. He *was in no* ~ *to* drive. 彼は(酔いがひどくて)車の運転ができる状態ではなかった.
be òut of condítion 健康を害している, 調子が悪い.
in a dèlicate* [*an ìnteresting*] *condítion 〘旧〙妊娠して.
on condítion of .. ..の条件で. *on* ~ *of* anonymity 名前を出さない条件で.
****on condítion that ..*** ..**という条件で**, もし..なら. He was employed by a company in Osaka *on* ~ *that* he (should) move into the city. 彼は大阪へ引っ越すという条件で大阪の会社に採用された.
on nò condítion どんな条件だろうと..しない, 決して..しない. I will *on no* ~ work with him. どんな条件でもあの男と一緒に仕事したくない.
— 動 他 1 (a) 〔人〕を調整する, よい[健康な, 適当な]状態にする, 〔スポーツ選手など〕のコンディションを整える. ~ oneself for a fight 試合に備えて調整をする. (b) 〔髪, 皮膚など〕をよい[健康な]状態にする. a lotion that ~*s* the skin 肌を健康にするローション. 2 の必要条件となる, を制約[左右, 支配, 決定]する. Health often ~*s* one's success. 健康は多くの場合成功の必要条件だ. Our time of departure will be ~*ed* by the weather. 我々の出発の時刻は天候次第です. 3 〔室内の空気, 温度, 湿度など〕を調節する, 〔場所〕を冷暖房する.
4 〔人, 動物〕を慣らす〈*to* ..に〉; VOC (~ X *to do*)・VOA (~ X *into* (*doing*)..) X を..するように訓練する, 馴(な)らす. ~ oneself against noise 騒音に慣れる. ~ a dog *to* bark at strangers 知らない人にほえるように犬をしつける. 5 〘米〙〔学生〕に再試験を条件として進級させる〈*in* ..〔科目〕の〉.
condition *X̀ on* [*upon*] *Ý* Y を X (をすること)の必要条件とする, Y 次第で[を条件として] X をする.
[<ラテン語「話し合い, 協定」(<con-+*dīcere* 'say')]

†**con·di·tion·al** /kəndíʃ(ə)nəl/ 形 1 条件付きの, 条件次第での. ~ acceptance 条件付き受諾. 2 条件としての〈*on, upon* ..を〉. The offer of the post is ~ *on* your moving within the county. その地位(の提供)は君がその州に引っ越すことが条件である. 3 〘文法〙条件を表す. a ~ clause 条件節《if で始まるのが典型的》.
— 名 C 〘文法〙条件文[節], 条件法; 仮定語句.
▷ **~·ly** 副 条件付きで.

conditìonal dischárge 名 U 条件付き釈放《判

決》.

con·dí·tioned 形 **1** 条件付きの; 条件付けられた. **2** 〈複合要素〉..の状態の. well-[ill-]～ よい[不良な]状態の[で]. **3** 〖米〗体調のよい, コンディションの整った. **4** 調節された; 適合した; 空調された. **5** 〖米〗仮進級した.

conditioned réflex [respónse] 名 C 〖心〗条件反射.

con·dí·tion·er 名 **1** C 調節する人[もの]; 空調装置. **2** C (運動の)トレーナー; (動物の)調教師. **3** UC (洗髪後に用いる)整髪液; (洗濯用の)柔軟剤.

con·dí·tion·ing 名 U **1** (よい状態に)調整すること. air ～ 空気調節. **2** 〖心〗条件付け.

con·do /kándou|kɔ́n-/ 名 (複 ～s) 〖米話〗＝condominium.

con·do·la·to·ry /kəndóulətɔ̀:ri|-t(ə)ri/ 形 悔やみの, 弔意を表す.

con·dole /kəndóul/ 動 自 悔やみを言う, 弔意を表する, 〈*with* ..に〉. ～ *with* him *on* [*over*] his mother's death 母親の死で彼にお悔やみを言う. [＜後期ラテン語「共に嘆く」]

‡**con·do·lence** /kəndóuləns/ 名 U 哀悼の意, 弔慰; C 〈普通 ～s〉 哀悼の言葉, 弔辞; 〈*on* ..に対する〉. a letter of ～ 悔やみ状. He expressed ～*s over* the victims of the accident. 彼は事故の犠牲者に対し哀悼の意を表した.

con·dól·er 名 C 弔問客.

†**con·dom** /kʌ́ndəm|kɔ́n-/ 名 C コンドーム.

‡**con·do·min·i·um** /kàndəmíniəm|kɔ̀n-/ 名 **1** C 〖米〗分譲アパート[マンション], コンドミニアム, 《建物全体又はその中の 1 戸; condo》. **2** U 共同主権; UC 〖国際法〗(2 国以上による)共同領有[統治](地域, 国). [con-, ラテン語 *dominium* 'dominion']

‡**con·done** /kəndóun/ 動 他 〔罪〕を許す; 〔過失など〕を見逃す, 大目に見る; (類語 見て見ぬふりをすること; →pardon; 語法 目的語に人は取らない).
▷**con·do·na·tion** /kàndənéiʃ(ə)n|kɔ̀n-/ 名

‡**con·dor** /kándər|kɔ́ndɔ:, -də/ 名 C 〖鳥〗コンドル《南米産のハゲタカ (vulture) の一種》. [＜南米先住民語]

con·duce /kənd(j)ú:s/ 動 自 VA (～ *to, toward* ..) 〖章〗〔よい結果〕に導く, 貢献する, 役立つ, ..のためになる. Moderate exercise will ～ *to* good health. 適度の運動は健康の助けになる.

‡**con·du·cive** /kənd(j)ú:siv/ 形 〖章〗〈叙述〉助けになる, 貢献する, 〈*to* ..の, に〉. Soft music is often ～ *to* sleep. 静かな音楽を聞くと眠れることがよくある.
▷～**·ness** 名

‡**con·duct** /kándʌkt, -dəkt|kɔ́n-/ 名 U 【導くこと】
1 【自らを導くこと】〖章〗行い, 行為, ふるまい; 行状, 品行; (類語 特に道徳的な面から見た行動; →behavior). a man of good ～ 品行方正な人. the rules of ～ of the society その社会で決まっている行動方式. The boy's ～ in class is very good. 少年のクラスでの行状はとてもよい.
2 指導, 案内, 誘導, (guidance). under the ～ of the secretary 秘書の案内で[に導かれて].
3 【事業を導くこと】管理, 運営, 経営; 処理, 遂行. the ～ of a business 事業の経営. the ～ of state affairs 国務の処理.
―― /kəndʌ́kt/ 動 (～s /-ts/|過 過分 ～ed /-əd/|～·ing) 他 **1** 〖章〗VOA を先導する, 案内する, 〈*to* ..へと〉; を連れて回る〈*around* ..を〉. ～ a person *to* the exit 人を出口まで案内する. ～ a person *over* Paris 人のパリ案内をする. **2** 〔楽団, 楽曲など〕を指揮する. a concert by the Philharmonia Orchestra, ～*ed* by Karajan カラヤン指揮のフィルハーモニア・オーケストラの演奏会.
3 〔事業など〕を管理する, 経営する; 〔計画など〕を遂行する, 進める, 行う, する. ～ an enterprise 企業を経営する. ～ an election campaign 選挙運動を指導する.
4 を伝導する; 〔水など〕を導く, 引く. Copper ～*s* electricity well. 銅は電気をよく伝える.
―― 自 **1** 案内する. **2** 指揮をする. **3** 伝導体である. **4** 〖英〗(バスなどの)車掌をする (→conductor 4).
condúct onesèlf 〖章〗〈様態の副詞(句)を伴って〉(..に)ふるまう, 身を処する. *Conduct* your*self like* the young lady you are. 若い女性なら若い女性らしくふるまいなさい. [＜ラテン語「一緒に導く (*dūcere*)」]

con·duct·ance /kəndʌ́ktəns/ 名 U 〖電気〗コンダクタンス, 電気伝導力.

condùcted tóur 名 C 添乗員付きツアー.

con·duct·i·ble /kəndʌ́ktəb(ə)l/ 形 伝導性の; 伝導され得る.

con·duc·tion /kəndʌ́kʃ(ə)n/ 名 U **1** 〖物理〗(熱, 電気などの)伝導. **2** (導管で水などを)引くこと.

con·duc·tive /kəndʌ́ktiv/ 形 伝導(性)の, 伝導力のある.

con·duc·tiv·i·ty /kàndʌktívəti|kɔ̀n-/ 名 U 〖物理〗(電気, 熱, 音, 光の)伝導性[率].

***con·duc·tor** /kəndʌ́ktər/ 名 (複 ～s /-z/) C **1** 案内者; (ツアーの)添乗員. **2** 指導者, 管理者. **3** 〖楽〗指揮者. **4** (電車, バス, 〖米〗列車の)車掌. ★列車の場合〖英〗では guard. **5** 〖物理〗導体, 伝導体; 導線; 〖英〗避雷針 (lightning conductor). a good [poor] ～ 良[不良]導体.

condúctor ràil 名 C (鉄道の)送電レール.

con·duc·tress /kəndʌ́ktris/ 名 C 女性 conductor; 〈特に〉(バスの)女車掌.

‡**con·duit** /kánd(j)u:ət|kɔ́ndit, kɔ́ndjuət/ 名 C **1** 導水管, 導管, 溝《水などを引く》. **2** 〖電〗(ケーブル用)ダクト《ケーブル埋設用導管》. **3** 〈比喩的〉パイプ(役)〈*for* ..の〉. act [serve] as a ～ *for* ..のパイプ役を務める[果たす].

***cone** /koun/ 名 (複 ～s /-z/) C **1** 円錐(すい), 円錐形; 円錐形のもの. **2** 〖植〗(松, モミなど常緑針葉樹の)球果, マツカサ. **3** アイスクリームのコーン (〖英〗cornet). **4** (道路工事などを警告するために地上に並べる)円錐柱.
―― 動 他 〖英〗〈次の成句で〉*còne /../ óff* 〔道路の一部など〕を円錐柱で仕切(り通行禁止にす)る.
[＜ギリシア語「松かさ」]

Còn·es·tó·ga (wàgon) /kànistóugə-|kɔ̀-/ 名 C 〖米〗大型ほろ馬車《西部移住者が用いた》.

co·ney /kóuni/ 名 (複 ～s) ＝cony.

Cò·ney Ísland /kòuni-/ 名 コニーアイランド《New York 市の Long Island 南岸の行楽地》.

conf. ラテン語 confer (→cf.); conference; confessor.

con·fab /kánfæb|kɔ́n-/ 〖旧話〗名 ＝confabulation. ―― /kənfǽb/ 動 (～s|-bb-) ＝confabulate.

con·fab·u·late /kənfǽbjəlèit/ 動 自 **1** 〈大げさに〉談笑する, 懇談する, 会談する, 〈*with* ..と〉. **2** 〖精神医学〗作話をする.

con·fàb·u·lá·tion 名 UC **1** 〈大げさに〉懇談, 談笑; (私的な)会談. **2** 〖精神医学〗作話(症).

con·fec·tion /kənfékʃ(ə)n/ 名 C **1** 〖章〗甘菓子《キャンディー, ボンボンなど》, (果物の)砂糖漬け, ジャム. **2** (凝ったデザインの)既製婦人服飾品.

con·féc·tion·er 名 C 菓子製造業者[販売店主].

conféctioners' sùgar 名 U 〖米〗粉砂糖《菓子にかける衣用》.

con·fec·tion·er·y /kənfékʃ(ə)nèri|-nəri/ 名 (複 -er·ies) **1** U 〈集合的〉甘菓子類《キャンディー, ケーキ, チョコレート, パイなど》. **2** U 菓子製造, 製菓. **3** C 菓子販売店[製造所].

con·fed·er·a·cy /kənféd(ə)rəsi/ 名 (複 -cies) C **1** (個人, 団体, 国家などの)連合, 同盟, 連盟, (league).

2 連邦, 同盟国. 3 (悪事をたくらむ)徒党. 4 〈the C-〉＝Confederate States.

†**con·fed·er·ate** /kənféd(ə)rət/ 形 1 同盟に加わっている; 連合した. 2 〘米史〙〈C-〉(南北戦争当時の)南部同盟の (↔Federal, Union). the *Confederate* Army 南軍. ── 名 C 1 同盟国[者], 連合国[団体]. 2 共謀者, 共犯者, 〈*in*..の〉. 3 〘米史〙〈C-〉(南北戦争当時の)南部同盟支持者 (↔Federal, Unionist).
── /kənfédərèit/ 動 自 同盟[共謀]する〈*with*..と〉.
── 他 を同盟[共謀]させる〈*with*..と〉.
[＜後期ラテン語「同盟で結ばれた」]

Confèderate Stàtes (of América) 名 〈the ～〉(南北戦争当時の)南部同盟《the Confederacy とも言う; 1860–61 年, 奴隷廃止に反対して合衆国からの分離を図った南部 11 州の連合》.

†**con·fed·er·a·tion** /kənfèdəréiʃ(ə)n/ 名 1 UC 同盟, 連合(する[させられる]こと), (類語 対外関係についての恒久的な同盟; →alliance). 2 C 諸国連合《federation より弱い結合》. 3 〈the C-〉(a)〘米史〙アメリカ連合《1781 年成立した 13 州の連合で, 1789 年新憲法による合衆国の発足と共に解消》. (b)〘カナダ史〙カナダ連合《the Dominion of Canada (カナダ自治領)を成立させるために 4 州が作った連合; 1867 年》.

†**con·fer** /kənfə́ːr/ 動 (～s|-rr-)〘章〙他 を与える, 授ける, 〈*on, upon* ..に〉(類語 特に公式行事として学位・称号・勲章・栄誉・恩恵などを与えること; →give). ～ the degree of M.A. *on* a person 人に修士号を授ける.
── 自 協議する, 意見を交換する, 〈*with* ..と/*on, about* ..について〉. [＜ラテン語「運び集める, 比較する」]

con·fer·ee /kɑ̀nfəríː|kɔ̀n-/ 名 C 1 会議出席者; 相談相手. 2 (学位, 称号などの)受領者.

‡**con·fer·ence** /kɑ́nf(ə)rəns|kɔ́n-/ 名 (複 **-enc·es** /-əz/) 1 C **会議, 協議会**; (2 人での)相談. hold a ～ 会議を開く. attend a ～ on physics 物理学会議に出席する. have a long ～ with.. ..と長時間面談する. bring the opposing groups to the ～ table 対立しているグループを会議のテーブルに着かせる.

> 連結 an international [an academic, a peace, a press, a summit; an annual] ～ // convene a ～

2 U **会議**, 会談; 相談. be in ～ 会議中である. 3 C 〘米〙(数団体で作る)連盟, リーグ.

cónference càll 名 C 会議電話《同時に 3 人以上の人が互いに通信できる》.

con·fer·en·tial /kɑ̀nfərénʃəl|kɔ̀n-/ 形 会議の.

con·fér·ment 名 UC 〘章〙授与. 「与者.

con·fer·rer /kənfə́ːrər/ 名 C (学位, 称号などの)授↑

‡**con·fess** /kənfés/ 動 (～·es /-əz/|過 過分 ～ed /-t/|～·ing) 他 1 VO (～ X/*doing*/*that* 節/"引用"/*wh* 節) X (罪, 秘密など)を/**..したことを**/**..であると**/「**..**」と言って/**..**かを白状[自白]する, 〈*to*..〔人〕に〉. ～ one's crime (*to* a person) (人に)犯行を自白する. John ～*ed* hav*ing* eaten the cake. ジョンはケーキを食べたと白状した. The driver ～*ed* (*to* me) *that* he had run over the dog. 運転手はその犬をひいたと(私に)白状した.
2 (a) VO (～ X/*that* 節) X を/..**であると自ら認める**. ～ one's ignorance 自分の無知を認める. I ～ (*that*) you're right. 君が正しいと認める. (b) VOC (～ X (*to be*) Y) X を Y であると認める. ～ oneself beaten 負けたと認める. 3 〘カトリック〙(a) VO (～ X/*that* 節)〔信者が〕X (罪)を/..ということを告解する 〈*to* ..〔聖職者〕に〉. (b)〔聖職者が〕〔信者〕の告解を聞く.
── 自 1 (a) **白状する**, 本当のことを言う. The suspect ～*ed* at last. 被疑者はとうとう自白した. Jane, I ～, is not very trustworthy. 実を言うとジェーンは信用できない. (b) VA (～ *to* X/*to doing*) X を/..したことを白状[告白]する. The child ～*ed to* break*ing* the vase. 子供は花瓶を割ったと白状した. 2 (a) 罪を告解する〈*to* ..〔聖職者〕に〉. (b)〔聖職者が〕告解を聞く.
[＜ラテン語「白状する」(＜con-＋*fatērī*「認める」)]

con·féssed /-t/ 形 (世間一般に)認められた, 公然の, 秘密でない; 自ら認めた. stand ～ as ..であることが明白である.

con·féss·ed·ly /-sədli/ 副 (世間一般の)認めるところでは; (本人の)自白[告白]によれば. He ～ broke in through a back window. 自白によれば彼は裏の窓から侵入した.

***con·fes·sion** /kənféʃ(ə)n/ 名 (複 ～s /-z/) 1 UC **自白, 告白**, 白状; C 自白した事実. make a full ～ of one's crime 自分の罪を一切白状する. be made to sign a false ～ 偽りの自白に記名させられる. 2 U 〘カトリック〙告解《聖職者に対する告白》. go to ～ 告解する. 3 C (信仰の)告白. a ～ of faith 信仰告白. 4 C 〈単数形で複数扱いもある〉(キリスト教の, 特定の)宗派.

‡**con·fes·sion·al** /kənféʃ(ə)nəl/ 形 告白の; 告解の.
── 名 1 C (カトリック教会堂内の)告解場, 告解聴聞席. 2 〈the ～〉告解(の慣習).

con·fes·sor /kənfésər/ 名 C 1 告白者. 2 〘キリスト教史〙証聖者《困難にもかかわらず信仰を貫いた人, 殉教者や使徒は除く; Edward the *Confessor* が有名》. 3 〘カトリック〙聴罪司祭《信徒の告解を聴聞する》.

con·fet·ti /kənféti(ː)/ 名 U 1 紙吹雪《結婚式など祝い事の時にまく》. 2 キャンディー.
[イタリア語「砂糖菓子」]

con·fi·dant /kɑ́nfədæ̀nt|kɔ́n-, ⌐⌐⌐/ 名 C 何でも打ち明けて話せる相手, 腹心の友, (女 **con·fi·dante** /同/). [フランス語 'confident']

†**con·fide** /kənfáid/ 動 自 1 VA (～ *in*..)〔人〕に(個人的な)秘密を打ち明ける. I'm glad you have ～*d in* me. 私に打ち明けてくれてうれしい.
2〔人〕を信頼する. I don't feel I can ～ *in* anyone any more. もうだれも信じられない気持ちです.
── 他 1 VO (～ X/*that* 節/"引用"/*wh* 節) X を/..ということを/「..」と言って/..かを打ち明ける 〈*to* ..〔信頼する人〕に〉. ～ a secret *to* him 彼に秘密を打ち明ける. ～ *that* one's father has stomach cancer 父が胃癌(がん)だと打ち明ける. 2 VOA (～ X *to* Y)〘章〙X (仕事など)を Y に(信頼して)任せる, 託す. ～ one's children *to* her [*to* her care] 子供たちの世話を彼女に任せる.
[＜ラテン語「すっかり信頼する」]

‡**con·fi·dence** /kɑ́nfəd(ə)ns|kɔ́n-/ 名 (複 **-denc·es** /-əz/)【信頼】1 U **信頼**(する[される]こと), 信用, (類語 信頼を裏切られない, 期待に応えてくれるなどの確信; →belief). be in [have] a person's ～ 人から信頼されている. have [put, place] ～ in a person 人を信頼[信用]する.

> 連結 absolute [complete; every] ～ // win [earn, gain; enjoy; betray] a person's ～; inspire ～ in a person

2【自己への信頼】U **自信**, 確信, (self-confidence); 大胆さ; 厚かましさ; 〈*to* do ..する〉. full of ～ 自信に満ちて[満ちた]. speak with ～ 自信を持って話す. have (the) ～ *to* do ..する自信がある; 厚かましくも..する. She doesn't have enough ～ to do it all on her own. 彼女にはそれを独力でやり通す自信はない.
3【信頼して伝える物事】C **打ち明け話**, 内緒事, 秘密. exchange ～*s* 互いに秘密を打ち明ける. share a ～ (当事者だけの)秘密を守る.
in cónfidence 内密に, 内緒で.
tàke a pèrson into one's cónfidence 人に秘密を打ち明ける, 人に心を許す. [confide, -ence]

cónfidence gàme 名 C 〘米〙(信用)詐欺《人の信頼に付け込んでだますこと; 〘米俗〙con game》.

cónfidence màn [名][C] 詐欺師, 騙(かた)り, (〖俗〗con man).

cónfidence trìck [名] 〖英〗=confidence game.

cónfidence trìckster [名] 〖英〗=confidence man.

‡**con·fi·dent** /kάnfəd(ə)nt|kɔ́n-/ [形][m] **1** 〈叙述〉確信して〈*of* ..を/*that* 節 ..ということを〉(【類語】信念に基づく強い確信を表す; →sure). They were ～ *of* victory [win*ning* the game]. 彼らは必ず勝つ[試合に勝つ]と信じていた. He is [feels] ～ *that* he will win. 彼は勝つと信じ切っている. **2** 確信のある, 自信にあふれた; 大胆な. his ～ manner 彼の自信たっぷりな態度. a ～ talker 自信に満ちた話し手. be ～ in oneself 自信を持つ.
◇↔diffident [動] confide

†**con·fi·den·tial** /kὰnfədénʃ(ə)l|kɔ̀n-[移]/ [形] **1** 内密の, 秘密の. a ～ talk 内緒話. *Confidential* 親展《封筒の上書き》. ～ papers 機密書類. **2** 〈限定〉信任を得ている, 腹心の. the Premier's ～ adviser 首相の腹心の顧問. a ～ clerk [secretary] 腹心の秘書. **3** 互いに信じ合った(ような), 打ち解けた, 〔口調, 態度など〕. in a ～ tone 打ち解けた口調で.

con·fi·den·ti·al·i·ty /kὰnfidènʃiǽləti|kɔ̀n-/ [名][U] 内密であること, 秘密性; 信頼を裏切らないこと.

còn·fi·dén·tial·ly [副] **1** 内密に, 極秘で; 〈文頭に用いて〉ここだけの話だが. *Confidentially*, I've decided to leave. ここだけの話だが, 僕は出て行くことにした. **2** 打ち解けて.

cón·fi·dent·ly [副] 確信して, 自信を持って.

con·fíd·ing [形] 人を信じて疑わない, (人を)信じやすい.
▷**～·ly** [副] 人を信じて.

‡**con·fig·u·ra·tion** /kənfìgjəréiʃ(ə)n|-figə-/ [名][C] **1** 〖章〗(各部分の)配置, 外形, 輪郭. **2** 〖電算〗(機器の)編成.

con·fig·ure /kənfígjər|-fígə/ [動][他] 〖電算〗〔機器〕をシステムに編成する.

*****con·fine** /kənfáin/ [動] (～**s** /-z/|[過][過分] ～**d** /-d/|-**fin·ing**) [他] **1** [VOA] (～ X *to* (*doing*) ..) ..にXを制限する, 限定する, (【類語】普通, 強い束縛の意味を含む; →limit). I will ～ myself *to* (mak*ing*) a few remarks. 二, 三意見を申し述べるにとどめます. His interest is not ～*d to* language study. 彼の興味は言語研究にとどまらない.
2 を閉じ込める, 監禁する, 〈*to*, *in* ..に〉; (病気などで)を就かせる〈*to* ..〔床〕に〉, 〔妊婦〕を出産の床に就かせる, 〈普通, 受け身で〉. The heavy snow ～*d* the climbers *to* the cottage. 大雪のため登山者たちは山小屋から出られなかった. have long been ～*d* (*to* one's bed) on account of illness 病気で長く床に就いている. After the accident he was to be ～*d to* a wheelchair all his life. 事故のあと彼は終生車いすの生活を送ることとなった.
── /kάnfain|kɔ́n-/ [名][C] 〈普通 ～s〉 境界, 国境; 限界. within [outside] the ～*s* of ..の内部[外部]に, の範囲内[外]に. beyond the ～*s* of human knowledge 人知の範囲を超えて.
[＜フランス語「境界を接する, 閉じ込める」(＜ラテン語 con-＋*fīnis*「境界, 終わり」)]

‡**con·fíned** [形] **1** 〔場所が〕狭い, 限られた. No one *can* work *efficiently in a* ～ *space*. だれも狭苦しい場所では能率よく働くことはできない. **2** 〈叙述〉〔人が〕閉じこもって〈*to*, *in* ..に〉; 〔女性が〕出産の床に就いて.

†**con·fíne·ment** [名] **1** [U] 監禁(する[される]こと), 禁固, 幽閉, 抑留. be placed under ～ 監禁される.
2 [UC] 出産(の床に就くこと); (病気などで)引きこもること.

*****con·firm** /kənfə́ːrm/ [動] (～**s** /-z/|[過][過分] ～**ed** /-d/|～·**ing**) [他] **1** (**a**) 〔意見, うわさなど〕を**確認する**, の正しいことを認める[裏うける]; [VO] (～ *that* 節/*wh* 節) ..を/..かを確証[確認]する. The Prime Minister ～*ed* ⌞ the press reports [*that* there will be a cabinet reshuffle]. 首相はその新聞報道[近く内閣改造があること]を認めた. (**b**) [VOC] (～ X (*to be*) Y) X が Y であると確認する〈普通, 受け身で〉. Two people are ～*ed* killed. 2人が殺害されたと確認されている. (**c**) 〔契約, 予約など〕を確認する. I wrote him to ～ my telephone request. 電話で頼んだのをだめ押しするため彼に一筆した. Have you got your booking ～*ed?* (航空機などの)予約の確認は済みましたか.
2 (**a**) を正式に承認する, 〔条約〕を批准する (ratify). His appointment as ambassador has been ～*ed*. 彼の大使の任命が正式に承認された. (**b**) [VOA] (～ X *as* ..) X (人)を..として承認[確定]する. be ～ *ed as* chairman 議長として承認される.
3 〔決心, 意見など〕を**固める**, さらに強める; 〔人〕にさらに強く確信させる. Her odd behavior ～*ed* (him *in*) his earlier suspicions. 彼女の異様なふるまいに彼の以前からの疑惑がますます強まった. **4** に堅信礼を施す (→confirmation 3).
[＜ラテン語「確固たる (*firmus*) ものにする」]

†**con·fir·ma·tion** /kὰnfərméiʃ(ə)n|kɔ̀n-/ [名][UC] **1** 確認(する[される]こと), 確証; 承認, 批准. I took the document to the Foreign Office *for* ～. その文書を確認してもらうため外務省へ持って行った.
2 確認[確証](するもの). (a) strong ～ 確実な証拠; 確証となる事実. **3** 〖カトリック, 英国国教など〗堅信礼《幼時洗礼を受けた者が一定の年齢 (10代半ば, 多くは13歳)に達した時, 信仰告白をして教会員になる儀式》.
in confirmátion of .. ..を確認して[する], ..の確認として[となる]. a new fact *in* ～ *of* his confession 彼の自白を裏付ける新事実.

con·firm·a·tive /kənfə́ːrmətiv/ [形] =confirmatory.

con·firm·a·to·ry /kənfə́ːrmətɔ̀ːri|kənfə́ːmət(ə)-ri/ [形] 確認の, 確証する.

‡**con·fírmed** [形] 〈限定〉 **1** 確認[確立]された〔情報など〕. **2** 凝り固まった, 直りそうにない, 頑固な, 〔性癖, 習慣など〕. a ～ bachelor [smoker] 独身主義を押し通す男性[愛煙家].

‡**con·fis·cate** /kάnfəskèit|kɔ́n-/ [動][他] 〔私物〕を没収する, 押収する, 〈*from* ..から〉. [＜ラテン語「金庫 (*fiscus*) に収める」] 「(品).

còn·fis·cá·tion [名][UC] 没収(する[される]こと), 押収↑

con·fis·ca·tor /kάnfəskèitər|kɔ́n-/ [名][C] 没収[押収]する人.

con·fis·ca·to·ry /kənfískətɔ̀ːri|-t(ə)ri/ [形] 〖章〗 **1** 没収[押収]の. **2** 〔税金などが〕苛酷な.

con·fla·gra·tion /kὰnfləgréiʃ(ə)n|kɔ̀n-/ [名][C] 〖章〗 **1** 〖旧〗(特に建物, 森林などの)大火(災). **2** (多くの人々[国々]を巻き込む)大戦乱, 大災害; (戦乱, 災害などの)突発. [＜ラテン語「激しく燃える (*flāgere*)」]

con·flate /kənfléit/ [動][他] 〖章〗〔(2つの)異本・異なった情報など〕を合成(して1つに)する. ▷**con·flá·tion** [名]

*****con·flict** /kάnflikt|kɔ́n-/ [名] ([複] ～**s** /-ts/) [C] **1** (特に戦争にまで発展しそうな)**争い**, 闘争, 紛争, 〈*with* ..との/*between* ..間の〉. a border ～ 国境紛争. settle a ～ *peacefully* 平和的に紛争を解決する. **2** (主義, 意見, 利害などの)**衝突**, 不一致; 葛藤(かっとう). a ～ of interest (公務に携わる人などの公私の)利害衝突. a ～ *between* love and hate 愛と憎しみとの葛藤.

> 1, 2の [連結] (a) bitter [(a) bloody, (a) fierce; (a) deadly; (a) drawn-out; (an) armed, (a) military; ideological, political, racial, religious] ～ // cause [provoke; avoid, prevent] (a) ～

còme into cónflict with .. ..と衝突[矛盾]する.

in cónflict with.. ..と争って(いる), 衝突して[する], 相容れない. Your behavior is *in* ～ *with* your principles. 君の行動は君の信条と矛盾している.

—— /kənflíkt/ 動 自 矛盾する, 相容れない, 〈*with* ..と〉. His ideas ～ *with* mine. 彼の考えは私のと相容れない. [＜ラテン語「打ち合う」(＜con-＋*flīgere* 'strike')]

con·flíct·ing 形 相争う, 矛盾する. They have ～ interests. 彼らの利害は衝突する.

con·flu·ence /kánflu:əns|kɔ́nfluəns/ 名 〖章〗 **1** U (2つ以上の流れ, 道路などの)合流; C 合流点. **2** U (類似した構想などの)総合, 一本化; C 人の集合, 群衆.

con·flu·ent /kánflu:ənt|kɔ́nfluənt/ 形 〖章〗 合流する.

†**con·form** /kənfɔ́:rm/ 動 自 **1** (**a**) VA (～ *to, with* ..) 〔規則, 法律など〕を遵守する, に従う. You must ～ *to* the rules of the club. 会の規則を遵守しなくてはいけない. (**b**) 順応する, なじむ, 〈*to* ..〔環境, 習慣など〕に〉. **2** VA (～ *to* ..) 〔形, 性質などが〕..に添っている, かなっている. The original program didn't ～ *to* my idea. 最初の案は私の構想にかなっていなかった. **3** 〖英〗 国教を奉じる.

— 他 〔人, 行動など〕を従わせる, 適合[順応]させる; を一致させる; 〈*to, with* ..〔慣習, 規則など〕に〉. [＜ラテン語「同じように形作る」(＜con-＋*forma* 'form')]

▷ ～·er 名

con·fórm·a·ble 形 〈叙述〉〖章〗 **1** 適合[一致]した, 順応した, 〈*to* ..〔規則, 習慣など〕に〉. be ～ *to* reason [theory] 道理[理論]に合致している. **2** 進んで従う, 従順な, 〈*to* ..に〉. ▷ **-bly** 副 一致して; 従順に.

con·form·ance /kənfɔ́:rməns/ 名 ＝conformity.

con·for·ma·tion /kànfɔ:rméiʃ(ə)n|kɔ̀n-/ 名 UC 〖章〗 **1** 構造, 形態, 形状. **2** 適合, 一致, 〈*to*..との〉.

con·form·ist /kənfɔ́:rmist/ 名 C **1** 〖時に軽蔑〗 (体制)順応者. **2** 〖英〗 〈しばしば C-〉 国教徒 (↔nonconformist). —— 形 体制に順応する, 大勢に従う.

†**con·form·i·ty** /kənfɔ́:rməti/ 名 〖章〗 **1** aU 類似; 一致; 〈*to, with* ..との〉. a narrative with strict ～ *to* the facts 事実と厳密に一致している話. **2** U 従うこと 〈*to, with* ..〔規則, 習慣など〕に〉. work *in* ～ *to* directions 指示通りに働く. *in* ～ *with* his wishes 彼の希望に従って. **3** U 〈しばしば C-〉 〖英〗 国教信奉.

***con·found** /kənfáund, 3ではしばしば kànfáund|kɔ̀n-/ 動 (～s /-z/|過 過分 ～·ed /-əd/|～·ing) 他

1 をまごつかせる, 当惑させる, (類語 同類の語中最も強意, 非常な驚きを表す; →puzzle). The difficult problem ～*ed* me. その難問に当惑した. Mr. Brown was ～*ed* by [*to* know about] his son's behavior. ブラウン氏は息子の行状に[を知って]当惑した.

2 〖章〗 〔敵, 計画など〕を打ち破る[壊す] (defeat).

3 〖旧話〗 をのろう《damn の婉曲語》.

4 〖旧〗 を混同する 〈*with* ..と〉. ～ dreams *with* reality 夢と現実の見分けがつかない.

Confóund it [you, him]! 〖旧話〗 ちくしょう.

[＜ラテン語「一緒に注ぎ入れる」(＜con-＋*fundere* 'pour')]

con·fóund·ed /-əd/ 形 **1** 〖旧話〗 〈限定〉 いまいましい, ひどい, (damned). a ～ nuisance ひどい災難.

2 困惑した. ▷ ～·ly 副 〖話〗 ひどく, やけに.

con·fra·ter·ni·ty /kànfrətə́:rnəti|kɔ̀n-/ 名 (複 -ties) C (宗教的な)慈善事業団体; 信心会.

con·frère /kánfreər|kɔ́n-/ 名 C 〖章〗 (特に男の)同僚, 仕事仲間. [フランス語]

***con·front** /kənfrʌ́nt/ 動 (～s /-ts/|過 過分 ～·ed /-əd/|～·ing) 他 **1** と向かい合う, に直面する. They ～*ed* each other across a table. 彼らはテーブルを挟んでにらみ合った.

2 〔危険, 困難など〕に(敢然と)立ち向かう, (まともに)ぶつかる. ～ one's enemy 敵に立ち向かう.

3 VOA (～ X *with* ..) X(人)に..を突きつける; Xを..と対決させる[..に立ち向かわせる]. ～ a person *with* the facts 人に事実を突きつける. **4** 〔困難などが〕の前に立ちはだかる〈しばしば受け身で〉. Obstacles ～*ed* me.＝I was ～*ed with* obstacles. 私の前に障害が立ちはだかっていた.

[＜中世ラテン語「額 (*frōns*) を突き合わせる」]

†**con·fron·ta·tion** /kànfrəntéiʃ(ə)n|kɔ̀n-/ 名 UC 直面; 対抗; 対決, 衝突; 〈*with* ..との/*between* ..間の〉. a ～ *between* labor and management 労使の対決.

> 連結 (an) open [(a) direct; (a) bitter, (a) fierce, (an) intense; (an) armed, (a) military] ～ // cause [provoke; avoid, prevent] (a) ～

▷ ～·**al** /-ʃ(ə)nəl ⑧/ 形 対決的な, 衝突を招くような.

Con·fu·cian /kənfjú:ʃ(ə)n/ 形 孔子の; 儒教の.

—— 名 C 儒者.

Con·fú·cian·ìsm 名 U 儒教.

Con·fu·cius /kənfjú:ʃəs/ 名 孔子 (551?–479? B.C.). [中国語「孔夫子」のラテン語化]

‡**con·fuse** /kənfjú:z/ 動 (-fus·es /-əz/|過 過分 ～d /-d/|-fus·ing) 他 **1** を混乱させる; を不明瞭(りょう)にする, 分かりにくくする. The crowd was ～*d* by the outbreak of fire. 火災発生に群衆は混乱した.

2 を当惑させる, 面食らわせる, (類語 思考に支障を来すほどの強いうろたえを表す; →puzzle). Your explanations only ～ me. 君の説明を聞くとますます分からなくなる. **3** を混同する, 取り違える, 〈*with* ..と〉, 〔2つのもの〕の区別がつかない. I ～*d* your cousin *with* [and] you. 君のいとこを君と間違えた. Don't get the two chemicals ～*d*. その2種の薬品を取り違えるな. ◇名 confusion

[＜ラテン語 (*confundere* 'confound' の過去分詞)]

‡**con·fúsed** 形 **1** 混乱した, 乱雑な. **2** 当惑した, 面食らった, (まごついて)口がきけない. bewildered and ～ 困惑した. feel [get] ～ 当惑する, 面食らう.

con·fús·ed·ly /-zədli/ 副 混乱して, 乱雑に; 当惑して, 面食らって.

***con·fus·ing** /kənfjú:ziŋ/ 形 m **混乱させる**; まごつかせる. a ～ plot (込み入って)面食らうような筋. ▷ ～·**ly** 副

‡**con·fu·sion** /kənfjú:ʒ(ə)n/ 名 (複 ～s /-z/) **1** U **混乱(状態)**; 乱雑さ; (類語 ごちゃごちゃに混ざった結果個々の要素[部分]が見分けにくい状態で disorder より強い). I lost my purse *in* the ～. その場の混乱で私は財布をなくした. a ～ of coats and umbrellas 乱雑に置かれたコートや傘.

> 連結 great [terrible; total, utter] ～ // cause [create, lead; avoid, prevent; clear up] ～

2 UC **当惑**(する[させる]こと), まごつき, うろたえ. I couldn't hide my ～. 私は心の動揺を隠せなかった. stammer in ～ 当惑してどもる.

3 U **混同**, (ものの)区別がつかないこと. ～ of colors due to color-blindness 色覚異常による色の混同. *Confusion of* [*between*] the cornet and the trumpet is quite common. コルネットとトランペットの混同は珍しくない.

thrów 〔the enemy〕 ***into confúsion*** 〔敵〕を混乱に陥れる, 狼狽(ろうばい)させる.

con·fu·ta·tion /kànfju(:)téiʃ(ə)n|kɔ̀n-/ 名 UC 〖章〗 論破, 論駁(ばく)(となる議論).

con·fute /kənfjú:t/ 動 他 〖章〗 〔陳述, 主張, 論者など〕の誤りを立証する, を論破する. ～ a claim [an opponent] 主張[相手]の誤りを明らかにする.

Cong. Congregational; Congress; Congressional.

con·ga /káŋgə|kɔ́ŋ-/ 名 C コンガ《キューバ起源の活発な踊り; 1 列に並んで踊る》; コンガの曲.

cón gàme 名 〘米俗〙 =confidence game.

con·gé /kán(d)ʒei|kɔ́nʒei/ 名 U 〈大げさに〉 **1** (正式で丁重な)退去, いとまごい. take one's ～ 引き下がる. **2** (突然でそっけない)退去の要求, 免職. give a person his ～ 人を(面前から)追い払う, 解職する. get one's ～ 追い払われる, 免職になる. [フランス語「いとまごい, 賜暇(しか)」]

con·geal /kəndʒíːl/ 動 他 〔液体〕を凍らせる, 固まらせる, 凝結させる. ── 自 〔液体が〕凍る, 固まる, 凝結する. My blood seemed to ～ with fear. 恐怖のため血が凍る思いがした. ▷ **～·ment** 名 =congelation.

con·ge·la·tion /kɑ̀ndʒəléiʃ(ə)n|kɔ̀n-/ 名 U 凍結, 凝結; C 凍結[凝結]物.

†**con·gen·ial** /kəndʒíːnjəl/ 形 〘章〙 **1** 〔人が〕(趣味, 性格などが)似通った, 気の合った, 〈*to*..と〉. a ～ roommate 気の合った同室者. I found my new boss ～ *to* me. 私の新しいボスとはよく気が合った. **2** 〔職業, 物事などが〕性分に合った, 適している, 〈*to*..の, に〉. ～ surroundings 快適な環境. a new task ～ *to* him 彼に適した新しい仕事. ▷ **～·ly** 副

con·ge·ni·al·i·ty /kəndʒìːniǽləti/ 名 UC 〘章〙 **1** (趣味, 性格などの)一致, 相性. **2** 性分に合うこと, 適合性.

con·gen·i·tal /kəndʒénətl/ 形 〔特に病気, 欠点などが〕先天性の, 先天的な, 生来の. a ～ idiot 先天的知的障害者. [<ラテン語「一緒に生まれた」] ▷ **～·ly** 副

con·ger /káŋgər|kɔ́ŋ-/ 名 C 〘魚〙 アナゴ (**cònger éel**).

con·ger·ies /kán(d)ʒəriːz|kɔndʒíəriːz/ 名 〈単複両扱い〉 寄せ集め, 集積; 堆(たい)積.

‡**con·gest** /kəndʒést/ 動 他 **1** を充満させる, 〔都市, 街路など〕を混雑させる, の交通を渋滞させる, 〈*with*..で〉. **2** 〘医〙を充血[うっ血]させる. ── 自 **1** 〔街路などが〕混雑する; 〔交通が〕渋滞する. Traffic was beginning to ～. 交通渋滞が始まっていた. **2** 〘医〙 充血[うっ血]する. [<ラテン語「運び集める, 積み上げる」]

‡**con·gést·ed** /-əd/ 形 **1** 〔道路が〕(交通)渋滞した 〈*with*..で〉. The highways were ～ *with* returning vacationers. 幹線道路は行楽帰りの人たち(の車)でいっぱいだった. **2** 〘医〙 充血[うっ血]した; 鼻詰まりの.

†**con·ges·tion** /kəndʒéstʃən/ 名 U **1** 混み合い, 混雑, (交通の)渋滞. traffic ～ 交通渋滞. **2** 〘医〙 充血, うっ血; 鼻詰まり. ～ of the brain 脳充血.

con·ges·tive /kəndʒéstiv/ 形 充血[うっ血]性の. ～ heart failure 心不全.

†**con·glom·er·ate** /kənglámərət|-glɔ́m-/ 形 **1** 〔いろいろな物質が〕丸く固まった, 集塊状の. **2** 礫(れき)岩質の. **3** 複合した〔企業〕. ── 名 **1** C (いろいろな物質から成る)塊, 集塊. **2** UC 礫(れき)岩 **3** C 複合企業, コングロマリット,《異種産業の諸会社から成る巨大企業》.
── /-rèit/ 動 他 を丸く固める, 集塊状に集める. ── 自 丸く固まる, 集塊状に集まる.
[<ラテン語「巻く, 集める」(<con-+*glomus*「糸まり」)]

con·glom·er·a·tion /kənglɑ̀məréiʃ(ə)n|-glɔ̀m-/ 名 **1** U (いろいろなものを)集めて塊にすること; 集まって塊になること, 凝集(すること). **2** C (いろいろなものの)集まり, 塊. The book is a ～ of ideas by many people. その本は多くの人の考えの集まりだ.

Con·go /káŋgou|kɔ́ŋ-/ 名 **1** 〈the ～〉 コンゴ川《アフリカ中部を流れ大西洋に注ぐ》. **2** 〈普通 the ～〉 (**a**) Zaire の旧称. (**b**) コンゴ共和国《アフリカ中部にある共和国; 正式名 Republic of the Congo; 首都 Brazzaville》.

cóngo èel[snàke] 名 C 〘動〙 アンフィウマ《米国南東部産; サンショウウオの一種; ウナギに似ている》.

Con·go·lese /kɑ̀ŋgəlíːz|kɔ̀ŋ-/ ㊕/ 形 コンゴの, コンゴ人の. ── 名 (複 ～) C コンゴ人.

con·grats /kəngrǽts/ 間 〘話〙 おめでとう. [*congratulations*]

‡**con·grat·u·late** /kəngrǽtʃəlèit/ 動 (～s /-ts/|過 過分 **-lat·ed** /-əd/|**-lat·ing**) 他 〔人〕に**祝いの言葉を述べる** 〈*on, upon*..に対して〉. Let me [Allow me to] ～ you *on* your recent marriage. 最近ご結婚の由お祝い申し上げます. I ～ you *on* passing the examination. 試験に合格おめでとう.
congrátulate onesèlf 自ら喜ぶ, 我ながら幸せと思う, 誇らしく思う, 〈*on, upon, for*..を/*that* 節 ..ということを〉. I ～*d* my*self for* [*on*] getting through the interview smoothly. 無事に面接を終えてうれしかった.
[<ラテン語「共に喜びを願う」(<con-+*grātus* 'pleasing')]

‡**con·grat·u·la·tion** /kəngrætʃəléiʃ(ə)n/ 名 (複 ～s /-z/) **1** U **祝い**(を述べること), 祝賀. a speech of ～ 祝辞. a matter for ～ めでたいこと. hold a party in ～ of his sixtieth birthday 彼の還暦祝賀会を開く.
2 C 〈普通 ～s〉 **祝いの言葉**; 〈間投詞的〉 おめでとう. 注意 努力した結果の成功を祝う言葉なので, 結婚式で花嫁に向かっていうのは失礼となる. Give him my ～*s*, will you? 彼に私のおめでとうを伝えてくださいね. *Congratulations* (*on* your promotion)! (昇任)おめでとう.

> 連結 hearty [heartfelt, sincere, warmest] ～*s* // convey [extend, offer] one's ～*s*

con·grat·u·la·tor /kəngrǽtʃəlèitər/ 名 C 祝う人, 祝賀の客.

con·grat·u·la·to·ry /kəngrǽtʃələtɔ̀ːri|-t(ə)ri/ 形 祝いの, 祝賀の. a ～ telegram 祝電.

con·gre·gant /káŋgrəgənt|kɔ́ŋ-/ 名 C 〘主に米〙 (集会に)集まった人; (特にユダヤ教の)会衆の一人.

con·gre·gate /káŋgrəgèit|kɔ́ŋ-/ 動 自 集まる, 集合する (類語 特に, 多数集まって群れをなすこと; →gather). A large crowd ～*d* to watch the parade. 大群衆がパレードを見に集まった. ── 他 を集める.
── /-gət/ 形 集まった; 集団の.
[<ラテン語「呼び集める」(<con-+*grex*「群れ」)]

‡**còn·gre·gá·tion** 名 **1** U 多人数集まること, 集合. **2** C 集まった人々, 群衆. a ～ of protesters 抗議に集まった群衆. **3** C 〈単数形で複数扱いもある〉 (礼拝に集まった)会衆《又, 特定の教会に定期的に礼拝に集まる信徒全体をも指す》. deliver a sermon to a ～ 会衆に説教する. **4** C 〘米〙(植民地時代の)教区, 居住区. **5** C 〘英〙 大学評議員会.

con·gre·ga·tion·al /kɑ̀ŋgrəgéiʃ(ə)nəl|kɔ̀ŋ-/ ㊕/ 形 **1** 会衆の. **2** 〈C-〉 会衆派[組合]教会の.

Congregàtional Chúrch 名 〈the ～〉 会衆[組合]教会《各地区の教会の自主性を主張して英国国教会から分離した新教の一派》.

Còn·gre·gá·tion·al·ìsm 名 U 会衆[組合]教会制[主義].

Còn·gre·gá·tion·al·ist 名 C 会衆[組合]教会主義者.

‡**con·gress** /káŋgrəs|kɔ́ŋgres/ 名 (複 ～·es /-əz/)
1 U 〈C-〉 **米国議会**《上院 (the Senate) と下院 (the House of Representatives) から成る; →diet², parliament》; 開会中の議会, 会期. a Member *of Congress* 米国議会議員. the 88th *Congress* 第 88 米国議会. speak in *Congress* 議会で演説する.
2 U 〈C-〉 (南米・中米の共和国の)**国会**, 議会.
3 C (代表者などの正式な, 又特に国際的な)**会議**, 大会. a medical ～ 医学会. the International PEN *Congress* 国際ペン大会.

連結 convene [call; hold] a ～

[<ラテン語「会合」(<con-+*gradi* 'walk')]

‡**con·gres·sion·al** /kəngréʃ(ə)nəl|kəŋ-/ 形 **1** 〈C-〉米国議会の, 国会の. a *Congressional* district 下院議員選挙区. **2** 会議の.

Congrèssional Mèdal of Hónor 名 〈the ～〉 =Medal of Honor.

Congrèssional Récord 名 〈the ～〉(印刷された)米国議会記録.

†**cón·gress·man** /-mən/ 名 (複 **-men** /-mən/) C 〈しばしば C-〉米国議会議員,〈特に〉下院議員 (→senator), (congressperson).

cóngress·pèrson 名 C 〈しばしば C-〉米国議会議員,〈特に〉下院議員, (★congressman, congresswoman という語の表す男女の区別を避けるための PC 語; →person 語法 2).

cóngress·wòman 名 (複 **-women**) C 〈しばしば C-〉米国議会女性議員,〈特に〉女性下院議員, (congressperson).

con·gru·ence /káŋgruəns|kɔ́ŋ-/ 名 U 一致, 適合;〖数〗合同.

con·gru·ent /káŋgruənt|kɔ́ŋ-/ 形 **1**〖章〗適合する, 一致する,〈*with*..と〉. **2**〖数〗〔幾何学図形が〕合同の〈*with* ..と〉. ～ triangles (互いに)合同の三角形. ▷**～·ly** 副

con·gru·i·ty /kəŋgrú:əti|kɔŋ-/ 名 (複 **-ties**) **1** =congruence. **2** C 〈普通 -ties〉一致[合意]点.

con·gru·ous /káŋgruəs|kɔ́ŋ-/ 形〖章〗**1** 適当な (suitable). **2** =congruent 1. ▷**～·ly** 副

con·ic /kánik|kɔ́n-/ 形 **1** 円錐(すい)(体)(cone)の. a ～ section〖数〗円錐曲線. **2** =conical.

con·i·cal /kánik(ə)l|kɔ́n-/ 形 円錐(すい)形の. a ～ hat 円錐形の帽子. ▷**～·ly** 副

‡**co·ni·fer** /kánəfər|kóu-/ 名 C 毬(きゅう)果植物《マツ, モミなど多くは常緑針葉樹》. [<ラテン語 'cone-bearing']

co·nif·er·ous /kouníf(ə)rəs/ 形 毬(きゅう)果をつける;「針葉樹の.

conj. conjugation; conjunction; conjunctive.

con·jec·tur·al /kəndʒéktʃ(ə)rəl/ 形〖章〗推測による, 推測的な.

†**con·jec·ture** /kəndʒéktʃər/ 名 UC〖章〗推測, 推量. a mere ～ 単なる憶測. What he said was pure ～. 彼は当てずっぽうでああ言ったのだ. hazard a ～ 当てずっぽうを言ってみる. be open to ～ 推測するしかない.

── 動〖章〗他 **1** を推測する; VO (～ *that* 節/*wh* 節) ..である/..かと推測[推量]する; (類語 不十分な証拠に基づく推測, 推量; →guess). Columbus ～*d that* the earth was round. コロンブスは地球は丸いと推測した.

2 VOC (～ X (*to be*) Y) X が Y であると推測する, 推量する. I ～ him *to be* the culprit. (=I ～ *that* he is the culprit). 私の推測では彼が犯人だ. ── 自 推測する, 憶測を働らかす,〈*about* ..について〉.

[<ラテン語「(考えの中に)一緒に投げ入れる (*jacere*)」]

con·join /kəndʒɔ́in/ 動〖章〗自 結合する; 団結する;〈*with*..と〉. ── 他 を結合させる; を団結させる;〈*with* ..と〉. ▷**～·ly** 副

con·joint /kəndʒɔ́int/ 形〖章〗結合した, 連合した,「団結した.

con·ju·gal /kándʒəg(ə)l|kɔ́n-/ 形〖章〗〈限定〉婚姻の, 夫婦の, (★特に夫婦間の性関係を含意する; →connubial). a ～ life 夫婦生活. ▷**～·ly** 副

cònjugal ríghts 名〖法〗夫婦の権利《肉体的交わりを求める権利などの総称; 英国で夫は妻に性交を強要する権利を持っていたが 1991 年から認められなくなった》.

con·ju·gate /kándʒəgèit|kɔ́n-/ 動 他〖文法〗〔動詞〕を活用[変化]させる (→inflect, decline). ── 自 **1** 〔動詞が〕活用[変化]する. **2**〖生物〗〔単細胞生物などが〕接合する. ── /-gət/ 形 **1** (対(つい)になって)結合した;〖生物〗接合した. **2**〖文法〗〔語が〕同根の.

còn·ju·gá·tion 名 UC **1** (動詞の)語形変化, 活用, 活用形,《inflection の一種; →declension》(→下段 文法). regular [irregular] ～ 規則[不規則]変化. **2** 結合, 連合;〖生物〗接合.

> 文法 **conjugation** (活用): 動詞の活用で重要なのは **regular conjugation** (規則活用)と **irregular conjugation** (不規則活用)である. 動詞の大部分は前者に属するが, 後者に属するのは多く基本的動詞で使用頻度は高い. 規則活用は過去形, 過去分詞とも同形で現在形に -ed をつける(その際必要に応じて語末の y を i に変えたり, 子音を重ねたりする). 不規則活用は begin–began–begun のように個々の動詞で異なるもので, 本書ではそれぞれの項で示すと共に巻末に一覧表がある.

con·junct /kəndʒʌ́ŋ(k)t/ 形 結合した, 連結した.

†**con·junc·tion** /kəndʒʌ́ŋ(k)ʃ(ə)n/ 名 **1** C 接続詞《略 conj.》(→下段 文法). **2** UC〖章〗結合(する[される]こと), 連結; 合同; 関連. work *in* ～ 提携して仕事をする. **3** C〖章〗事件の同時発生.

4 U〖天〗合(ごう)《2 つの天体が同じ黄経 (longitude) 上にあること; 地上からは互いに接近していると見える》.

in conjúnction with.. ..と共に, 共同して; ..に関連して; ..と同時に.

> 文法 **conjunction** (接続詞): 語・句・節をつなぐ役をする語で, (1) 対等につなぐ**coòrdinate conjúnction** (等位接続詞), (2) その節を文の一部として従属させる**subòrdinate conjúnction** (従属接続詞), (3) 他の語と連関して接続詞の役をする**corrèlative conjúnction** (相関接続詞)がある. (1) は and, but, or, (2) は that, if, when, where, while, because, though, (3) は both .. and, either .. or など.

[<ラテン語 *conjungere*「接合する」]

con·junc·ti·va /kàndʒʌŋktáivə|kɔ̀n-/ 名 (複 **～s, con·junc·ti·vae** /-vi:/) C〖解剖〗(眼の)結膜.

con·junc·tive /kəndʒʌ́ŋ(k)tiv/ 形 **1** 結合する, 連結の. **2**〖文法〗接続(詞)的な. ── 名 C〖文法〗接続語. ▷**～·ly** 副

con·junc·ti·vi·tis /kəndʒʌ̀ŋ(k)təváitəs/ 名 U〖医〗結膜炎.

con·junc·ture /kəndʒʌ́ŋ(k)tʃər/ 名 C〖章〗(もろもろの事件, 事情などの)複合; (重大な)局面, 危機.

con·ju·ra·tion /kàndʒəréiʃ(ə)n|kɔ̀n-/ 名 UC まじない, 呪文(じゅもん), 魔法.

†**con·jure**[1] /kándʒər, kʌ́n-|kʌ́n-/ 動 他 **1** (魔法, まじない, 呪文(じゅもん)などを用いて)を目の前に呼び出す. ～ (up) the dead man's spirit (降霊術などを使って)死者の霊を呼び出す. **2** VOA (～ X *away*) (魔法みたいに) X を追い払う; (～ X *from, out of ..*) ..から(魔法みたいに) X を出す. ～ the blues *away* ふさぎの虫を追い払う. The magician ～*d* a pigeon *out of* his hat. 手品師は帽子からハトを出した.

── 自 魔法を使う, 呪文などで呼び出す; 手品を使う.

a nàme to cónjure with まじないに用いる名; 重要人物[重要な物]の名; 長たらしい名, 発音しにくい名. Keats and Shelley are *names to* ～ *with* for any poetry lover. すべての詩愛好者にキーツ, シェリーという(詩人の)名は大切な名である.

cònjure /../ úp (1) 魔法で[みたいに]..を(作り)出す. My father ～*d up* a nice lunch for me. 父はあっという間に私にうまい昼食を作ってくれた. (2) を想像させる, 思い出させる. His story ～*d up* all kinds of fantasies in my mind. 彼の話はさまざまな幻想を私の心に浮かばせた. To most people, suburbs ～ *up* images of the uniformity and monotony of middle-class life. 郊外というと画一的で単調な中流階級の生活がたいていの人の脳裏に浮かぶ. [<ラテン語「共に誓う (*jūrāre*)」]

con·jure[2] /kəndʒúər/ 動 他 〖章・古〗 VOO (〜 X *to do*) X に..してくださいと懇願する.

con·jur·er, -ju·ror /kándʒ(ə)rər, kʌ́n-|kʌ́n-/ 名 C **1** 手品師, 奇術師. **2** 魔法使い; (死者の霊を呼び出す)降霊術者.

cón·jur·ing /-dʒ(ə)riŋ/ 名 U 手品(の演技). a 〜 trick 手品.

C

conk[1] /kaŋk|kɔŋk/ 〖俗〗 名 C **1** 頭; 〖英〗 鼻. **2** 頭[鼻]への一撃. —— 動 他 〔特に頭〕を殴る. ***cònk a pèrson óne*** 人の頭に一発見舞う.

conk[2] 動 自 〖俗〗 **1** VA (〜 ***out***) 〔機械が〕急に故障する; がたがくる. **2** VA (〜 ***out, off***) 〖主に米〗 (ひどく疲れたりして)いきなり眠りこける; (〜 ***out***) 意識を失う; 気絶する; 死ぬ.

conk·er /káŋkər|kɔ́ŋ-/ 名 〖主に英話〗 **1** C セイヨウトチの実. **2** 〈〜s; 単数扱い〉 トチの実割り《ひもを通したセイヨウトチの実をぶつけ合って割る遊び》.

cón màn 名 〖俗〗 =con artist; confidence man.

Conn. Connecticut.

Con·nacht /kánɔːt|kɔ́n-/ 名 コノート地方《アイルランド共和国の中西部の地域の旧称》.

con·nate /káneit|kɔ́n-/ 形 **1** 生得の, 先天的な. **2** 同じ性質の; 同じ起源の. **3** 〖植〗 〔葉が〕合着(ごうちゃく)の, 合生(がっせい)の.

‡**con·nect** /kənékt/ 動 (〜**s** /-ts/|過 過分 〜**·ed** /-əd/|〜**·ing**) 他

【結びつける】 **1** (**a**) 〔2 つのもの〕を**つなぐ**, 連結[接続]する; をつなぐ 〈*to* ..に/*with*..と〉; (類語 2 つの物事を何らかの形でつなぐこと, join よりも結合性は緩く, 両者の独立性は失われない; →unite). A long bridge 〜*s* the two cities. 1 本の長い橋がその 2 つの都市を結びつけている. The trailer was 〜*ed to* the car. トレーラーは車と連結された. You cannot 〜 this printer *to* that model of computer. このプリンターはあの機械のコンピュータにはつなげない. (**b**) 〔電気器具など〕を電源につなぐ; 〔電気, ガス, 水道, 電話など〕を本管[本線など]とつなぐ, 通じさせる.

2 を連絡する 〈*with* ..と/*to* ..に〉. A bus line 〜*s* the two towns. 2 つの町はバス路線で結ばれている. a flight that 〜*s* Tokyo directly *with* London 東京ロンドン間の直行便. Kyushu is 〜*ed with* Honshu by a tunnel. 九州はトンネルで本州と連絡している.

3 を(**電話で**)**つなぐ** 〈*with, to*..に〉. Please 〜 me *with* Mr. Johnson. ジョンソンさんにつないでください《電話で》. "You are 〜*ed*," said the operator. 「先方とつながりました」と交換手は言った.

【関連づける】 **4** を**関係させる**, に縁故[取引]関係を持たせる, 〈*with* ..〔事業など〕と〉 〈普通, 受け身, 又は 〜 oneself として〉 (→connected 3). He came to 〜 him*self with* some government agency. 彼は政府のある機関とつながりを持つようになった. The Smiths are 〜*ed with* the Browns by marriage. スミス家はブラウン家と姻戚(せき)関係にある. **5** を**結びつけて**[**関連させて**]**考える**, から連想する, 〈*with* ..と, を〉. 〜 names *with* faces 顔と名前を結びつけて覚える. I didn't 〜 her *with* the movies. 彼女を映画界の人とは思わなかった. We generally 〜 Switzerland *with* the Alps. 普通スイスと言うとアルプスを思い浮かべる.

—— 自 **1** 〔列車, 船, バス, 旅客機などが〕連絡[接続]する; 〔電線などが〕接続する; 〈*with* ..と〉. This bus 〜*s with* the 3:30 p.m. train. このバスは午後 3 時 30 分発の列車に接続する. **2** 関連[関係]がある 〈*with* ..と〉. What you say doesn't 〜 *with* the present subject. 君が言うことは今の問題と関連がない.

3 (重要な)意味がある 〈*with* ..にとって〉. **4** 〖話〗 打つ, 叩(たた)く; 〖野球〗 ヒットを打つ. **5** 〖米俗〗 成功する.

◇名 connection 形 connective, connected

[＜ラテン語「一緒につなぐ (*nectere*)」]

con·nect·ed /-əd/ 形 **1** つながっている, 結合[連結]した. **2** 連続した, 一貫した〔談話など〕. **3** (特別な)関係のある; 姻戚(せき)関係のある; 縁故のある; 〈*with*..と〉 (→connect 他 4). problems 〜 *with* the decreasing population 人口減少に関連する諸問題. be well 〜 よい親戚を持っている; 顔が広い. ▷ 〜**·ly** 副

con·néct·er 名 =connector.

Con·nect·i·cut /kənétikət/ 名 コネティカット《米国北東部の州; 州都 Hartford; 略 CT 〖郵〗, Conn.》. [北米先住民語「長い川のある所」]

con·néct·ing 形 結合[連結]する; 連絡[接続]する. a 〜 door (2 部屋の間の)連絡ドア.

connécting ròd 名 C (内燃機関などの)連接棒.

‡**con·nec·tion,** 〖英〗 **con·nex·ion** /kənékʃ(ə)n/ 名 (複 〜**s** /-z/) 【つなぐこと】 **1** UC **連結**(する[される]こと), 結合; **連絡**; (機械などの)連接(部), (電話, 電気器具などの)接続(部). The 〜 of the two pipes has become somewhat loose. 2 本のパイプの継ぎの部分が少し緩んだ. the 〜 of the business area *with* the airport 商業地区と空港との連絡. You are in 〜. (先方へ)おつなぎしました《電話で》. **2** C 連絡便《列車, 船, バス, 旅客機など》; 乗り換え. I missed my 〜 at the airport. 空港で乗り継ぎに遅れた.

3 【つながり】 UC **関係**, 関連, つながり, 〈*with* ..との/*between* ..の間の〉; (前後の)脈絡; (思考, 表現の)論理的一貫性. the 〜 *between* character and environment 性格と環境との間の関係.

連結 a close [an intimate; a strict; a direct; a distant, a slight] 〜 // find [establish] a 〜 between ..

【人間のつながり】 **4** UC 親類関係, 縁故; 取引関係; 〈*with* ..との〉. a good business 〜 良好な取引関係. Mary has no 〜 *with* our family. メリーはうちの縁続きではない.

5 C 〈普通 〜s〉 親類(関係の人), 縁故者, コネ. He is a 〜 of mine. 彼は私の親類の者だ. one's close [distant] 〜 近い[遠い]縁戚(せき). She used her father's 〜*s* to get a job. 彼女は就職に父親のコネを利用した.

6 C 〈普通 〜s〉 取引先, 得意. Holmes & Co. is one of our most important 〜*s*. ホームズ商会はうちの一番大事な取引先の 1 つだ.

7 C 麻薬密売[秘密犯罪]組織, コネクション.

****in connéction with..*** ..に**関連**して, ..にちなんで. He went to London *in* 〜 *with* his research. 彼は研究上のことでロンドンへ行った.

in thìs [***thàt***] ***connéction*** 〖章〗 これ[それ]と関連して(は), この[その]点に関して(は).

màke a [*one's, its*] ***connéction*** (1) 関係づける 〈*between* ..の間を〉. (2) 乗り換える 〈*at*..で/*to*..行きへ〉.

con·nec·tive /kənéktiv/ 形 結合[連結, 接続]する. 〜 tissue 〖解剖〗 (体の)結合組織《動物体の諸器官, 諸組織を結合・連絡・支持している組織》. —— 名 C **1** 結合[連結, 接続]するもの. **2** 〖文法〗 連結詞[語]《接続詞, 関係代名詞, 関係副詞などの総称》. ▷ 〜**·ly** 副

con·nec·tiv·i·ty /kànektívəti/ 名 U 連結性; (コンピュータの)接続可能性.

con·nec·tor /kənéktər/ 名 C **1** 結合[連絡]する人[もの]. **2** 〖電〗 接続用ソケット, コネクター. **3** コネクター《通話先の選出・呼び出し・接続の操作をする自動電話交換機の装置》.

con·nex·ion /kənékʃ(ə)n/ 名 〖英〗 =connection.

Con·nie /káni|kɔ́ni/ 名 **1** Constance の愛称. **2** Conrad, Cornelius の愛称.

cónning tòwer 名 C (軍艦, 潜水艦の)司令塔《艦内への入り口にもなる》.

con·nip·tion /kənípʃ(ə)n/ 名 U 又は C〈普通 ～s〉〘米話・戯〙ヒステリーの発作, かんしゃく,《**conníption fìt** とも言う》.

con·niv·ance /kənáiv(ə)ns/ 名 U **1** 見て見ぬふりをすること, 黙認,〈*at*..を, の〉. his ～ *at* my misbehavior 彼が私の不行跡を黙認すること. The soldiers committed many atrocities ⌊with the ～ of [in ～ with] their officers. 兵士たちは士官たちの黙認の下に多くの残虐行為を犯した. **2** 共謀〈*with*..との〉.

con·nive /kənáiv/ 動 自 **1** VA (～ *at, in*..)〔悪事, 不正など〕を見て見ぬふりをする, わざと見逃す; 黙認する. The storekeeper didn't ～ *at* the child's shoplifting. 店主は子供の万引きを大目に見てくれなかった. **2** ひそかに共謀する, 示し合わす,〈*with*..〔人〕と /*to* do..しようと〉. [＜ラテン語「目を閉じる」]

con·nív·ing 形 ひそかにたくらむ; 陰険な. ▷ **～·ly** 副

†**con·nois·seur** /kɑ̀nəsə́ːr|kɔ̀n-/ 名 C (美術品などの)よく分かる人, 鑑定家, 目利き. He was a ～ of wines and was proud of his cellar. 彼はワインの通(つう)で酒倉が自慢だった. [フランス語「よく知っている人」] ▷ **～·shìp** 名 U 鑑識眼.

‡**con·no·ta·tion** /kɑ̀nətéiʃ(ə)n|kɔ̀n-/ 名 UC
1〈しばしば ～s〉言外の[副次的な]意味, 含意. ★同じく「新しい」ことを表しても, up-to-date はよい響きを, newfangled は悪い響きがある (new は中立的); この「響き」が connotation である. **2**〘論〙内包. ◇↔denotation

con·no·ta·tive /kɑ́nətèitiv|kɔ́n-/ 形 **1** 含みのある〔表現など〕; 暗示する〈*of*..を〉. **2**〘論〙内包的な.
▷ **～·ly** 副

con·note /kənóut/ 動 他 **1** (語が文字通りの意味のほかに)の意味を裏に含む, を言外に意味する, (→connotation; ↔denote); を結果[条件]として含意する. The word "earth" ～*s* fertility. "earth" という語は産み出す力という意味を言外に含む. **2**〘論〙を内包する.
[＜中世ラテン語「補足に記す」]

con·nu·bi·al /kən(j)úːbiəl/ 形〘章〙婚姻の, 結婚の, (→conjugal). ～ bliss 結婚の幸せ. ▷ **～·ly** 副

‡**con·quer** /kɑ́ŋkər|kɔ́ŋ-/ 動 (～s /-z/|過 過分 ～ed /-d/|～·ing /-k(ə)riŋ/) 他 【打ち勝つ】 **1** を征服する, 打ち破る, に勝つ;〔領土など〕を(征服して)獲得する;〔国, 都市など〕の人気者になる, を征服する; (類語 武力などによる決定的勝利で, 結果的な支配を暗示する; →defeat). ～ the enemy 敵を征服する. the ～*ed* 被征服者. ～ Mount Everest エヴェレスト山を征服する. The Romans ～*ed* Britain in A.D. 43. ローマ人は紀元 43 年にブリテン島を征服した. The Beatles came to ～ America. ビートルズがアメリカを征服しにやって来た.
2〔困難, 障害など〕を**克服する**,〔誘惑など〕に打ち勝つ,〔習慣など〕を打破する,〔激情など〕を抑える. ～ a bad habit 悪習を打破する. ～ one's fear of snakes 蛇に対する恐怖心に打ち勝つ.
【勝ち取る】 **3** (困難に打ち勝って)〔名声, 賞賛, 好意など〕を勝ち取る, 獲得する. ～ fame in the literary world 文学界に名声を勝ち取る. The actress has ～*ed* the hearts of many people all over the world. その女優は世界中の多くの人々の心を虜(とりこ)にした. **4**〔異性〕をなびかせる, ものにする.
— 自 勝利を得る, 勝つ. stoop to ～ (究極的)勝利を得るために(ひとまず)折れる. Caesar said "I came. I saw. I ～*ed*." シーザーは「我来たり. 我見たり. 我勝ちたり」と言った. [＜ラテン語「探し求め(て手に入れ)る」]
▷ **～·a·ble** /-kərəb(ə)l/ 形 征服[克服]できる.

*__con·quer·or__ /kɑ́ŋk(ə)rər|kɔ́ŋ-/ 名 (複 ～s /-z/)
1 C **征服者**, 勝利者. **2**〈the C-〉征服王《William I のこと》.

*__con·quest__ /kɑ́ŋkwest, kɑ́n-|kɔ́ŋ-/ 名 (複 ～s /-ts/)
1 U **征服**(する[される]こと); 克服; 勝利; (征服による)獲得; (人気による)征服. the ～ of Mexico by the Spanish スペイン人によるメキシコ征服. the ～ of bad habits 悪習慣の克服. the ～ of cancer 癌(がん)の制圧. the ～ of Mount Everest エヴェレスト山の征服.
2〈the C-〉＝the Norman Conquest.
3 C〈普通 ～s〉征服地; 被征服国民. the ～*s* of the Romans in North Africa 北アフリカにおけるローマ人の占領地. **4** U 愛情[好意]の獲得; C くどき落とした女[男]. John goes around with his latest ～. ジョンは最近できた愛人と一緒に出歩いている.
màke a cónquest (***of..***) (1)(..を)征服する. (2)(..の)愛情[好意]を得る; (異性を)くどき落とす, ものにする.

con·quis·ta·dor /kɑnkíːstədɔ̀ːr|kɔnkwís-/ 名 (複 ～s, -dores /-dɔ́ːriːz/) C コンキスタドール《16 世紀にメキシコとペルーを征服したスペイン人征服者》. [スペイン語 'conqueror']

Con·rad /kɑ́nræd|kɔ́n-/ 名 **1** 男子の名《愛称 Connie》. **2 Joseph ～** コンラッド(1857–1924)《ポーランド出身で海員経験のある英国の小説家》.

Con·rail /kɑ́nrèil|kɔ́n-/ 名 コンレール《米国の半官半民の鉄道会社; Boston から St. Louis まで 17 州を走る; ＜*Con* solidated *Rail* Corporation; →Amtrak》.

Cons. Conservative; Constable; Constitution; Consul.

con·san·guin·e·ous /kɑ̀nsæŋgwíniəs|kɔ̀n- ⑧/ 形〘章〙同血統の, 血族の, 血縁の.

con·san·guin·i·ty /kɑ̀nsæŋgwínəti|kɔ̀n-/ 名 U〘章〙血族[血縁, 同族]関係.

‡**con·science** /kɑ́nʃ(ə)ns|kɔ́n-/ 名 aU **良心**, 道義心. have a clear [good] ～ 心にやましいところがない. have a guilty [bad] ～ 心にやましいところがある. ease a person's ～ 人を安心させる. prick [stir] a person's ～ 人の良心をとがめさせる[罪の意識をかき立てる]. prey [weigh] on a person's ～ 人を良心の呵責(かしゃく)でさいなむ. He has no ～. 彼には良心[道義心]がない. act according to one's ～ 良心に従って行動する. a matter of ～ 良心の(決める)問題.
for cónscience(') sàke 気休めに; 後生だから.
in àll [***gòod***] ***cónscience*** (1)良心にかけて, 良心に省みて, 道義上. I cannot *in all* ～ approve such a measure. そのような方針に賛成することは道義上できない. (2)確かに, 絶対に. No one could *in all* ～ bear to see such a lot of people starving. あんなに大勢の人たちが餓死して行くのを見過ごすことなどだれも絶対にできないだろう.
on [***upon***] ***one's cónscience*** (1)良心にかけて, 必ず. (2)良心の上に(のしかかって). I can tell he has something *on* his ～. 彼には何か良心にやましいことがあるらしい.
[＜ラテン語「(秘密などを)与(あずか)り知ること」(＜con-＋*scire* 'know')]

cónscience clàuse 名 C〘法〙良心条項《宗教上の理由などで法に従うことを拒否する者を救済するための法律条項》.

cónscience mòney 名 U (脱税者などが良心の呵責(かしゃく)を逃れるため匿名で納める)罪滅ぼしの献金.

cónscience-smìtten, -strìcken 形 良心に責められた, 気がとがめた.

†**con·sci·en·tious** /kɑ̀nʃiénʃəs|kɔ̀n- ⑧/ 形 良心的な, 誠実な, まじめな; 慎重な, 念入りな. a ～ craftsman [piece of work] 念入りな職人[作品]. be ～ about one's work 実にまじめに仕事をする. ▷ **～·ly** 副 良心的に, 誠実に. **～·ness** 名 U 良心的なこと, 誠実さ.

conscièntious objéction 名 U 良心的兵役忌避 (→pacifism).

conscièntious objéctor 名 C 良心的兵役忌避者 (→pacifist).

C

‡con·scious /kάnʃəs|kɔ́n-/ 形 m
1 〈叙述〉**意識している, 気づいている,** 知っている, 自覚している, 〈*of* ..を, に/*that* 節 [*wh* 節] ..ということを[に]〉(類語 感覚器官で気づいたことを心で受け止め, 自覚していることを言う; →aware, cognizant, sensible, sentient). She was ~ *of* [*that* she was] being stared at by everyone present. 彼女は居合わせた人みんなにじろじろ見られているのを意識していた. The explorer was not ~ (*of*) *what* was awaiting him. 探検家は何が彼を待ち構えているのか知らなかった.
2 (**a**) **意識のある,** 正気の. become ~ 意識を回復する, 正気に戻る. intellectually ~ people 知的に物事を考える人たち. (**b**) 〈複合要素〉 **..に関心が高い,** 敏感な. fashion-~ 流行に敏感な. conservation ~ 自然保護意識が高い. **3** 〈限定〉 **故意の,** 意識的な, 〔言語など〕. a ~ lie 故意のうそ. make a ~ effort to be kind ことさら親切にしようと努める. ◇↔unconscious
[<ラテン語「(秘密などを)与(あずか)り知っている」; →conscience]

cón·scious·ly 副 意識して; 意識的に, わざと.

***con·scious·ness** /kάnʃəsnəs|kɔ́n-/ 名 aU
1 気づく[感づく]こと, 意識; 自覚; 〔人(々)の〕考え(方), 意識. class ~ 階級意識. have a mild class ~ 軽い階級意識を持つ. a ~ that someone is in the next room 隣室にだれかいると気づくこと. have little ~ of .. にほとんど気づかない. The recent scandals have had a great impact on our political ~. 最近のスキャンダルは我々の政治的意識に強く影響した. have a clear ~ of one's duty 自分の責任をはっきりと自覚している.
2 意識, 正気. lose [recover, regain] (one's) ~ 意識を失う[回復する].

cónsciousness ràising 名 U (社会的, 政治的問題に関する)意識を高めること.

con·script /kάnskript|kɔ́n-/ 名 C (志願兵 (volunteer) に対して)徴集兵 (《米》 draftee). —— 形 徴兵[徴集]された. —— /kənskrípt/ 動 他 を徴兵[徴集]する 〈*into* ..に〉 (draft). [<ラテン語「共に名簿に載せる」]

con·scrip·tion /kənskrípʃ(ə)n/ 名 U **1** 徴兵(制度). escape [evade] ~ 徴兵を免れる[忌避する]. ~ age 徴兵適齢. **2** (政府が戦時などに行う)徴発, 徴用.

‡con·se·crate /kάnsəkrèit|kɔ́n-/ 動 他 **1** を神聖にする, 清める; 〔人, 物, 場所など〕を聖別する; を神に捧(ささ)げる, 奉納する, 奉献する, (dedicate). ~ a chapel 礼拝堂を建てて神に捧げる. The ground was ~*d* for the new building. その土地は新しい建物を建てるために清められた. **2** VOA (~ X *to* ..) X (一身, 一生など)を〔目的, 大義など〕に捧げる, 委(ゆだ)ねる, (devote). I will ~ my life *to* helping the handicapped. 私は身障者の援助に一生を捧げるつもりだ. [<ラテン語「神に捧げる」]

còn·se·crá·tion 名 **1** aU 神聖にする[される]こと, 清め, 聖別; 神への奉納. the ~ of a church 献堂(式). **2** U 〈the ~〉 (ミサ聖祭中の)聖変化 《司教によりパンとぶどう酒が聖体化されること》. **3** U (司教の)聖職授任(式), 叙階(式). **4** U 献身, (犠牲的な)奉仕.

†con·sec·u·tive /kənsékjətiv/ 形 **1** (中断しないで)連続した. for three ~ hours 3時間休みなく. The numbers 1, 2, 3 are ~. 1, 2, 3 は連続した数だ.
2 論理の一貫した. a ~ account よく筋の通った説明.
3 〖文法〗 結果を表す. a ~ clause 結果節.
▷ **~·ly** 副 連続して. **~·ness** 名 U 連続性; 一貫性.

***con·sen·sus** /kənsénsəs/ 名 aU (意見などの)一致, コンセンサス; (ある集団の)**総意**. government by ~ (強制でなく)納得ずくの政治. reach a national ~ on this issue この問題について国民的合意に達する. [ラテン語]

consénsus pòlitics 名 U (全ての政党の賛成を前提にした)合意政治.

***con·sent** /kənsént/ 〖章〗 動 (~s /-ts/|過 過分 ~·ed /-əd/|~·ing) 自 **同意する, 承諾する,** 〈*to* ..に[を]/*to* do ..することに[を]〉 (↔dissent; 類語 重要なことについて積極的に同意すること; →agree). I ~*ed to* my brother's plan. 私は兄[弟]の計画に同意した. I ~*ed to* finance their project. 私は彼らの事業に出資することを承諾した.
—— 名 U **同意,** 承諾, 許可, 賛成, 意見の一致. give one's ~ to .. に承諾を与える. Silence gives ~. 〖諺〗 黙っているのは承諾のしるし[と取られる].
by còmmon [gèneral] consént 満場一致で, 全員異議なく.
with òne consént 〖古〗 =by common CONSENT.
[<ラテン語「同じ感情を持つ」(<con-+*sentīre* 'feel')]

con·sént·ing 形 同意[承諾]する.

consènting ádult 名 C 〖法〗 同意する成人 《(特に同性愛の)性行為をするのを承諾している人》.

‡con·se·quence /kάnsəkwèns|kɔ́nsəkwəns/ 名 (複 **-quenc·es** /-əz/) **1** C **結果,** 結末; (議論などの)帰結; (類語 原因との間に必ずしも緊密・直接な関係がなく, しばしば長い経過の後の結果にも言う; →result). I decided to make it public regardless of the ~*s*. どんな結果になろうともそれを公表することにした.

> 連結 far-reaching [grave, serious; adverse, negative, harmful; dire, disastrous; unavoidable; unforeseen] ~*s* // face [accept] the ~*s*

2 U 〖章〗 **重要さ** (類語 結果の重要性; →importance). of (great) ~ (非常に)重要な. It's a matter of no ~. それは取るに足らないことだ.
****in [as a] cónsequence (of ..)*** (..の)**結果として.** *In* ~ *of* the war, the people suffered from inflation. 戦争の結果, 人民はインフレに悩まされた.
tàke [sùffer, bèar, fàce, accèpt] the cónsequences (自分の行為などの)結果を甘んじて引き受ける, 責任を取る.
[<ラテン語「推理, 帰結」(<con-+*sequī* 'follow')]

†con·se·quent /kάnsəkwènt|kɔ́nsəkwənt/ 形 〖章〗 結果として起こる, 結果である, 〈*on, upon* ..の〉; (成り行き上, 理論上)当然の. food shortages ~ *on* bad weather 天候不順の結果である食糧不足. the depression and the ~ unemployment 不況とその結果生じた失業.

con·se·quen·tial /kὰnsəkwénʃ(ə)l|kɔ̀n- 形/ 形 〖章〗 **1** =consequent. **2** 重大な, 重要な, (important). **3** 偉ぶった, 尊大な. ▷ **~·ly** 副

‡con·se·quent·ly /kάnsəkwèntli|kɔ́nsəkwənt-/ 副 ¢ **その結果(として),** それ故. The Conservatives were defeated and ~ Labour came to power. 保守党は破れその結果労働党が政権を握った.

con·ser·van·cy /kənsə́ːrvənsi/ 名 (複 **-cies**) **1** C 〖英〗 (河川, 水路, 港湾の)管理委員会. **2** = conservation 2.

***con·ser·va·tion** /kὰnsərvéiʃ(ə)n|kɔ̀n-/ 名 U **1 保存,** 保全. the ~ of energy 〖物理〗 エネルギー保存(の法則). the ~ of mass [matter] 〖物理〗 質量保存(の法則). **2** (動物, 森林, 河川などの天然資源, 文化財の)**保護・管理・保全.**
▷ **~·ist** 名 C 環境保護論者 (environmentalist).

cònservátion àrea 名 C 〖英〗 (特別建築物, 史跡などの保護のための)保全地区.

‡con·ser·va·tism /kənsə́ːrvətìz(ə)m/ 名 U 保守主義; 保守性; 〈しばしば C-〉 (英国)保守党の主義・政策.

‡con·ser·va·tive /kənsə́ːrvətiv/ 形 m **1** (特に, 政治, 宗教に関して)**保守的な,** 保守主義の, 〈*in, about* .. に関して〉. become more ~ with age 年と共にますます保守的になる.

2 伝統的な, 因習的な. The Harrises still follow the ~ customs of their grandparents. ハリス家の人たちはいまだに祖父母時代の古臭い習慣を守っている.
3〔趣味などが〕地味な,〔服装などが〕目立たない. He prefers ~ clothes. 彼は地味な服を好む.
4 用心深い;〔評価, 推定などが〕内輪の, 控え目な. Your estimate of the costs is too ~. 君の費用見積りは控え目過ぎる. **5**〈C-〉保守党の. a *Conservative* member of Parliament 保守党議員. the *Conservative* policies 保守党の政策. vote *Conservative* 保守党(候補者)に投票する.
── 名 Ⓒ **1** 保守的[因習的]な人, 保守[伝統]主義者. **2**〈C-〉(英国の)保守党員. ◇↔progressive
▷ **~·ly** 副 保守的に; 控え目に言って[考えて, 評価して](も). **~·ness** 名 Ⓤ 保守性.

Consérvative Pàrty 名〈the ~〉(英国などの)保守党.

con·ser·va·toire /kənsə̀ːrvətwάːr|-⌒-⌒-/ 名〘英〙=conservatory 2. [フランス語 'conservatory']

con·ser·va·tor /kənsə́ːrvətər|kɔ́nsəvèitə/ 名 Ⓒ **1** 保存者;〘法〙後見人, 管財人. **2** (美術品の)保存修復家.

con·ser·va·to·ry /kənsə́ːrvətɔ̀ːri|-t(ə)ri/ 名 (複 **-to·ries**) Ⓒ **1** 温室《公園や邸宅に付属し商業用でないもの; →greenhouse》. **2**〘米〙(主にフランスの)公立音楽[美術, 演劇]学校, コンセルヴァトワール, (〘英〙conservatoire).

†**con·serve** /kənsə́ːrv/ 動 他 **1** (破損, 消耗, 減少, 変質などしないように)を保存[保護]する, 維持[保持]する; を浪費しない. ~ one's energy (むだな消耗をしないで)精力を保持する. ~ natural resources 天然資源を大切にする. ~ wildlife 野生(の)動物[生物]を保護する.
2〔果物など〕を砂糖漬けにする.
── /kάnsəːrv|kɔ́n-/ 名 ⓊⒸ〈しばしば ~s〉〘章〙(特に, 数種の果物を一緒にした)砂糖漬け, ジャム.
[<ラテン語「保持する」(<con-+*servāre* 'keep')]

‡**con·sid·er** /kənsídər/ 動 (~s /-z/|過 過分 ~ed /-d/|~·ing /-d(ə)riŋ/) 他 **1 (a)** をよく考える, 熟考[熟慮]する; 㓵 (~ *doing*/*wh* 節・句) ..しようかと思う/..かをよく考える; (類語 特に何らかの決意をするために熟慮すること; →think). ~ all the possibilities あらゆる可能性を考慮する. Have you ~*ed* moving out of this city? あなたはこの市から転出しようと考えたことがありますか. He ~*ed whether* he should buy the car. 彼はその車を買うべきかどうか思案した. **(b)**〔報告・問題など〕を検討する, 審議する. The committee is ~*ing* your report [application]. 委員会は君の報告[願書]を検討[審査]している.
2 を考慮に入れる, 斟酌(しんしゃく)する; 㓵 (~ *that* 節/~ *wh* 節・句) ..ということ/..かを考慮に入れる;〔人のこと〕を思いやる. ~ the traffic and start early 交通量を考えて朝早く出発する. ~ the feelings of others 他人の気持ちを思いやる.
3 㓵Ⓒ (~ X (*to be*) Y)・㓵Ⓐ (~ X *as* Y) X をYと見なす. I ~ Dan (*to be*) one of my best friends. 私はダンを最良の友人の1人と思っている. I ~*ed* it wiser to keep away from the group for a while. そのグループにしばらく近寄らないほうが賢明だと考えた. Gambling is not ~*ed* legal in Japan. 日本では賭(か)けは合法だと見なされない. 語法 Y(補語)の前に as を置くこともあるが, 一般に不要とされる: I ~ him *as* one of my best friends. (私は彼を一番の親友の1人だと思っている). I'll ~ this *as* done. (この事はもう済んだと考えよう).
4 㓵 (~ *that* 節) ..であると考える, 思う. We ~ *that* he has acted courageously. 彼は勇敢に行動したと我々は思っている.
5〘章〙を注意深く眺める, よく見る. He sat down and ~*ed* the photograph more carefully. 彼は座って写真をもっと注意してながめた.
── 自 よく考える, 熟考する. *Consider* before you reply. 返事する前によく考えなさい.
àll things consídered〈独立分詞構文〉すべてを考慮に入れて[入れると].
◇名 consideration 形 considerable, considerate
[<ラテン語「(星を)よく観察する」(<con-+*sīdus* 'star'); もとは占星術から]

‡**con·sid·er·a·ble** /kənsíd(ə)rəb(ə)l/ 形 ⓜ【考慮に値する】 **1**〔分量, 大きさ, 程度などが〕かなりの, 相当の; **大した**. a ~ difference かなりの相違. Fifty dollars was a ~ sum of money to me. 50ドルは私には相当な金額だった. a ~ number of men かなりの人数の男たち. **2** 重要な, 考慮すべき. a ~ person 重要人物.
── 名 ⓐⓊ〘米話〙かなりの数[量, 程度]. do ~ for .. ..に大いに貢献する.

***con·sid·er·a·bly** /kənsíd(ə)rəbli/ 副 ⓒ **かなり**, 相当に, 随分; はるかに, **非常に**. Profits dropped ~ last year. 去年は利益がぐんと落ちた. The man is ~ older than his wife. その男は奥さんよりはるかに年上だ.

***con·sid·er·ate** /kənsíd(ə)rət/ 形 ⓜ **思いやりのある**〈*of, to, toward* ..に対して〉. You have to be more ~ *of* others' feelings. 君は他人の気持ちをもっと思いやらねばならない. It was very ~ *of* you *to* speak to my grandparents. 私の祖父母に話しかけてくださるなんて, あなたはほんとうに思いやりのある方です.
▷ **~·ly** 副 **~·ness** 名

‡**con·sid·er·a·tion** /kənsìdəréiʃ(ə)n/ 名 (複 **~s** /-z/) **1** Ⓤ **考慮**, 熟慮, 熟考, (類語 慎重の度合いでは deliberation に劣る). After careful ~, we decided to rent our house. 慎重に考慮した上で私たちは家を貸すことに決めた. Please give the matter due ~. その件をとくと考慮願います.

連結 adequate [proper, serious, thorough; judicious; insufficient; long; a moment's, slight] ~ // require [deserve; receive] ~

2 Ⓒ (決定する際の)**考慮すべき事柄[問題点]**, 要件, 理由. The cost of the car was a major ~. 車の値段が大きな問題だった. Expense is no ~ with him. 彼は費用など問題にしない.
3 Ⓤ **思いやり**, 斟酌(しんしゃく). treat a person with kindness and ~ 親切な思いやりで人を遇する. out of ~ *for* his old age 彼の老齢に対する配慮から.
4 Ⓒ〘章〙〈普通, 単数形で〉報酬, 謝礼, 心付け, (reward). What ~ did he demand for his work? その仕事に彼はどのくらい報酬を要求しましたか. for a ~ 報酬をもらって.
in considerátion of ..〘章〙(1) ..を考慮して; ..という理由で, ..のために. The boy was excused *in* ~ *of* his youth. 少年は若さに免じて許された. (2) ..の報酬[謝礼]として. *In* ~ *of* his services, the company granted him a pension. 彼の功労に報いて会社は彼に年金を与えた.
lèave .. out of considerátion ..を考慮に入れない, 度外視する.
on nò considerátion〘章〙決して..ない. *On no* ~ would I agree to such a plan. そのような計画にはどう考えても同意したくない.
****tàke .. into considerátion*** **..を考慮に入れる**, 斟酌(しんしゃく)する. Please *take* his age *into* ~ before you blame him. とがめる前にどうぞ彼の年齢を考慮してください. *Taking* everything *into* ~ [= All things CONSIDERED], he decided to abandon the plan. すべてを考慮に入れて彼はその計画を放棄することにした.
****under considerátion*** 考慮[検討]中の[で]. His proposal is presently *under* ~. 彼の提案は目下考慮中

である.

‡**con·síd·ered** 形 **1**〈限定〉熟慮の(上での)〔回答, 意見など〕. a ～ opinion 熟慮の上での意見. **2**〖章〗〈前に程度の副詞を伴って〉 尊敬されている. a highly ～ statesman 非常に尊敬されている政治家. He is (very) well ～ within his profession. 彼は同業者仲間で大そう尊敬されている.

C

***con·sid·er·ing** /kənsíd(ə)riŋ/ 前 **..を考慮すれば**, ..の割には. He did well in the exam, ～ his lack of preparation. 彼は準備不足の割には試験の出来がよかった.

── 接 ..であることを考慮すれば, ..する割には. It is very rude of him to interfere in our affairs, ～ (that) he is a total stranger. 彼が全く外部の人間であることを思うと, 彼が我々の問題に口出しをするなんて実に失礼だ.

── 副〖話〗〈普通, 文尾に置く〉すべて(の事情)を考慮すると, 割合に, (★本来, 前置詞 (considering) の目的語の (all) the circumstances を省略した言い方). Things turned out rather nicely, ～. 結果は割とうまくいった.

‡**con·sign** /kənsáin/ 動 他 〖章〗 **1** (**a**) VOA (～ X *to* Y) X (人, 物)を Y に引き渡す, 預ける, 委(ゆだ)ねる. The police ～*ed* the lost child *to* its guardian. 警察は迷子を保護者に引き渡した. He was ～*ed to* prison. 彼は刑務所に入れられた. ～ the old papers *to* the flames〖雅〗古い書類を焼却する. (**b**) VOA (～ X *to* Y) X (人)を Y (不快な状態)に陥れる. be ～*ed to* poverty [oblivion] 貧困に陥れる[忘れ去られる]. **2**〔商品〕を(委託販売のために)発送[託送]する〈*to* ..へ〉. The goods have been ～*ed to* you by railway. 商品は貴殿宛てに鉄道便にて発送されました. [<ラテン語「封印をする」]

con·sign·ee /kɑ̀nsainíː|kɔ̀n-/ 名 C 〖商〗荷受け人, 販売受託者.

con·sígn·er 名 ＝consignor.

‡**con·sígn·ment** 名 〖商〗 **1** U 委託(販売). **2** C 委託販売品, 積送品. a ～ of relief supplies 救援物資の積荷. a ～ note〖商〗出荷通知書.

on consígnment 委託販売で[の]. Japanese bookstores usually take books *on* ～. 普通, 日本の書店は本を委託販売で引き受ける[仕入れる].

con·sign·or /kənsáinər/ 名 C 〖商〗委託者, 荷主.

‡**con·sist** /kənsíst/ 動 (～**s** /-ts/|過 過分 ～**·ed** /-əd/|～**·ing**) 自 (★進行形にしない) **1** VA (～ *of* X) X (部分, 要素, 成員, 材料)**から成る**. Bronze ～*s of* copper and tin. 青銅は銅と錫(すず)から成る. This class ～*s of* 20 boys and 22 girls. このクラスは 20 人の男生徒と 22 人の女生徒から成っている.

2〖章〗VA (～ *in* X) X に本領がある, (本来)存する, ある. True happiness ～*s in* desiring little. 真の幸福は多くを望まないことにある. Mrs. Smith's delight ～*ed in* teaching children. スミス先生の喜びは子供たちを教えることにあった.

3〖章〗VA (～ *with* X) X と両立する, 一致[合致]する, ～ *with* reason 道理にかなう.

◇名 consistency 形 consistent [<ラテン語「しっかりと立つ」(<con-＋*sistere*「立たせる」)]

con·sis·tence /kənsíst(ə)ns/ 名 ＝consistency.

†**con·sis·ten·cy** /kənsíst(ə)nsi/ 名 (複 **-cies**)

1 UC (液体などの)濃度, 粘り, (density); 硬度, 堅さ. Stir the mixture of flour and water until it has a good ～. 十分粘り気が出るまで粉と水をかき混ぜなさい. **2** U (思想, 言行などの)一貫性. Their policy lacks ～. 彼らの政策には一貫性がない. **3** U 調和, 一致.

***con·sis·tent** /kənsíst(ə)nt/ 形 m **1**〔人, 言行, 主義などが〕**一貫している**, 終始変わらない, 矛盾がない. a ～ argument 首尾一貫した議論. be ～ *in* one's argument 論法が一貫している.

2〈叙述〉**一致する**, 調和する,〈*with* ..と〉. Speed is not always ～ *with* safety. 速度は安全性と相容れないことがある. the fastest rate of economic growth ～ *with* social stability 社会の安定を損なわない最高の経済発展の速度.

◇↔inconsistent 動 consist 名 consistency

†**con·sís·tent·ly** 副 矛盾なく, 終始一貫; 相変わらず. He was ～ against militarism. 彼は終始一貫軍国主義に反対した.

con·sis·to·ry /kənsíst(ə)ri/ 名 (複 **-ries**) C 〖キリスト教〗教会会議《教会の事務・審判を行う》;〖カトリック〗枢機卿(けい)会議.

con·sól·a·ble 形 慰められる.

†**con·so·la·tion** /kɑ̀nsəléiʃ(ə)n|kɔ̀n-/ 名 **1** U 慰める[られる]こと, 慰め, 慰安. take ～ in reading 読書に慰めを見いだす. **2** C 慰めになるもの[事, 人].

3〈形容詞的〉〔試合が〕敗者復活の. a ～ race [match] 敗者復活戦. ◇動 console[1]

consolátion mòney 名 U 慰謝料.

consolátion prìze 名 C (敗者, 又は 2 位の人に与える)残念賞 (★〖戯〗として, 賞以外の物[事]にも用いる).

con·sol·a·to·ry /kənsóulətɔ̀ːri|-sɔ́lət(ə)ri/ 形 〖章〗慰めの, 慰問の. a ～ letter 慰問の手紙, 見舞状.

***con·sole**[1] /kənsóul/ 動 (～**s** /-z/|過 過分 ～**d** /-d/|**-sol·ing**) 他 **を慰める**, の慰めになる. We all tried to ～ him *for* [*on*] the death of his daughter. 我々は皆娘さんを亡くした彼を慰めようとした. I ～*d* myself *with* the thought that I had done my best. 最善を尽くしたのだと考えて自分を慰めた. ◇名 consolation [<ラテン語「十分に慰める (*sōlāri*)」]

con·sole[2] /kɑ́nsoul|kɔ́n-/ 名 C **1** 渦形持ち送り《壁に取り付けて棚などを支える》. **2** (オルガンの)演奏台《鍵盤(けんばん)・音栓 (stops)・ペダルが付属している》. **3** (ラジオ, テレビなどの)コンソール型キャビネット《卓上型に対する》. **4**〖電〗コンソール《計器類やスイッチがまとめられているパネル》;〖電算〗制御卓. [フランス語]

[console[2] 1]

[console table]

cónsole tàble 名 C (壁面に取り付けた)小テーブル.

†**con·sol·i·date** /kənsɑ́lədèit|-sɔ́l-/ 動 他 **1** を強固にする, 強化する. ～ their position in international trade 国際貿易における彼らの立場を固める. **2**〔いくつかのもの〕を 1 つ[少数]にまとめる;〔土地, 会社など〕を合併[統合]する. ～ several territories *into* one いくつかの領土を統合して 1 つにする. ── 自 **1** 強固になる. **2**〔会社などが〕合併する. [<ラテン語「強固にする」]

con·sól·i·dàt·ed /-əd/ 形 強化した; 合併した.

consòlidated annúities 名 ＝consols.

consòlidated fúnd 名 〈the ～〉〖英〗(公債利子支払いのための)整理公債基金.

consólidated schòol 名 UC 〖米〗合同学校《数学区の児童を収容する》.

con·sòl·i·dá·tion 名 **1** U 固める[まる]こと, 強化する[される]こと. the ～ of party power 党勢力の強化.

2 UC (企業などの)合併, 統合. the ～ of small businesses 小企業の合併.

con·sols /kάns(ə)lz|kɔ́n-/ 名〈複数扱い〉〖英〗コンソル公債, 整理公債,《1751年に各種公債を同一利率に整理して設けられた無期限公債》. [*consol*idated annuities]

con·som·mé /kὰnsəméi|kənsɔ́mei/ 名 U コンソメ, 澄ましスープ, (→potage). [フランス語 'extracted completely']

con·so·nance /kάnsənəns|kɔ́n-/ 名 **1** U 〖章〗(意味, 趣味などの)調和, 一致. **2** UC 〖楽〗協和(音). ◇↔dissonance

in cónsonance 調和して〈*with* ..と〉.

†**con·so·nant** /kάnsənənt|kɔ́n-/ 名 C 〖音声〗子音; 子音字《子音を表すアルファベット》; (↔vowel).

── 形 **1** 〖章〗一致する, 調和する〈*with, to* ..と〉. His view is ～ *with* mine. 彼の意見は私のと一致している. a rule quite ～ *to* reason 十分道理に合った規則. **2** 〖楽〗協和(音)の (↔dissonant). **3** =consonantal. [<ラテン語「同じ音調の」]

con·so·nan·tal /kὰnsənǽntl|kɔ̀n-/ ㊫/形 子音の.

con·sort /kάnsɔːrt|kɔ́n-/ 名 C **1** (特に, 国王, 女王の)配偶者. →prince [queen] consort. **2** 僚船, 僚艦,《他の艦船と共に航行する艦船》. **3** 〖楽〗コンソート《古楽器を演奏する合奏団又はその楽器群》.

in cónsort 〖章〗一緒に〈*with* ..と〉.

── /kənsɔ́ːrt/ 動 自 〖章〗 **1** 〖しばしば軽蔑〗 VA (～ *with* X) X (好ましくない人)と交わる; (～ *together*) 気脈を通じ合う. ～ *with* the enemy 敵と通ずる. I refuse to ～ *with* that kind of person. あんな人と付き合うのはごめんだ. **2** VA (～ *with* X) X (物, 事)と調和する, 一致する. His actions in office rarely ～*ed with* his public promises. 在任中の彼の行動は彼の公約と合致することがめったになかった.

[<ラテン語「運命 (*sors*) を共にする人」]

‡**con·sor·ti·um** /kənsɔ́ːrʃiəm|-tjəm/ 名 (複 **con·sor·ti·a** /-ʃiə|-tjə/, ～**s**) C (企業)共同体, (銀行)借款(しゃっかん)団, (国際)資本連合,《特定の巨大な事業遂行のための》.

con·spec·tus /kənspéktəs/ 名 C 〖章〗概観; 概↑ 「要, 摘要, (synopsis).

*__con·spic·u·ous__ /kənspíkjuəs/ 形 m **目立つ**, 人の注意を引く; 目につきやすい; 〈*for* ..で〉 (↔inconspicuous; 類語 他と比べ異質・奇抜であるため人目を引くさま; →noticeable). cut a ～ figure 異彩を放つ. make oneself ～ 人目を引くようなことをする. be ～ *for* one's charming smile かわいい微笑で引き立っている.

conspícuous by one's ábsence (人が)いないのでかえって目立つ《会合でいつも必ず出席する人がたまたま欠席すると何で休んだのかとかえって注目を引く》. You were ～ *by* your *absence* yesterday. 昨日は君は欠席したのでかえって目立った. [<ラテン語「はっきり見る」; -ous]

▷ **～·ly** 副 **～·ness** 名

conspìcuous consúmption 名 U 誇示的消費《上流階級に属することを誇示するための浪費》.

†**con·spir·a·cy** /kənspírəsi/ 名 (複 **-cies**) **1** UC 陰謀(をたくらむこと); (共同)謀議. in ～ (with..) (..と)共謀して. a ～ to overthrow the government 政府転覆の陰謀. **2** C 陰謀団.

conspìracy of sílence 名 C (不利益な事などについての)申し合わせた黙秘.

conspíracy thèory 名 C (実力者たちが仕組んだとする)共謀説.

†**con·spir·a·tor** /kənspírətər/ 名 C 陰謀者, 共謀↑ 「者.

con·spir·a·to·ri·al /kənspìrətɔ́ːriəl/ ㊫/形 陰謀の[に関した, じみた]. a ～ wink 何かいわくありげな目くばせ. ▷ **～·ly** 副

†**con·spire** /kənspáiər/ 動 自 **1** 陰謀をたくらむ; 共謀する〈*with* ..と〉, 共謀し合う〈*together*〉; 〈*against*..に対して/*to* do ..しようとして〉. ～ *with* others *toward* his downfall [*against* his rule] 他の人と彼の失脚を図って[彼の支配に反対して]共謀する. They ～*d together to* rob the company. 彼らはその会社に盗みに入ろうと共謀した.

2 〔種々の事情が〕一緒に働いて..という結果をもたらす〈*to* do ..する〉. Things ～*d to* improve the situation. 諸事情がうまくそろって事態は改善された. A series of unforeseen events ～*d to* place him in the White House. 予期しない一連の事件のおかげで彼はホワイトハウスの主となった. [<ラテン語「共に呼吸する」]

const. constant; constitution

Con·sta·ble /kʌ́nstəb(ə)l/ 名 **John** ～ コンスタブル (1776-1837)《英国の風景画家》.

†**con·sta·ble** /kάnstəb(ə)l|kʌ́n-/ 名 C **1** 〖米〗副保安官《sheriff より下級》. **2** 〖主に英〗巡査, 警官,《最下位の警察官; →sergeant 2》. a chief ～ 〖英〗(市, 州などの)警察部長. **3** (昔の)城守; (中世の)軍総司令官; (王室の)大臣, 長官. [<後期ラテン語「馬小屋の責任者」]

con·stab·u·lar·y /kənstǽbjəlèri|-l(ə)ri/ 名 (複 **-lar·ies**) C 〈単数形で複数扱いもある〉〖主に英〗(ある管区の)全警察官, 警官隊. ── 形 警察(隊)の.

Con·stance /kάnst(ə)ns|kɔ́n-/ 名 女子の名.

con·stan·cy /kάnst(ə)nsi|kɔ́n-/ 名 U 〖章〗 **1** (心, 愛情, 忠誠などの)変わらないこと, 不変(性), 志操堅固; 忠誠心 (loyalty). **2** (天候, 供給などの)安定性. the ～ of fuel supply 燃料供給の安定性.

‡**con·stant** /kάnst(ə)nt|kɔ́n-/ 形 m 【**変わらない**】 **1** **一定不変の**; 安定した〔天候, 供給など〕. walk at a ～ pace 一定の歩調で歩く. keep the temperature in the room ～ 室内の温度を一定に保つ.

2 【**変わりなく続く**】 **絶え間ない**, ひっきりなしの; 相変わらずの. my wife's ～ complaints 妻の絶え間ない不平不満. The children's ～ fighting got on her nerves. 子供たちがしょっちゅうけんかするのが彼女の神経に障った.

3 【**心変わりしない**】 〖雅〗忠実な, 誠実な. a ～ friend of the reformist group 革新派の忠実な味方. be ～ *in* supporting the oppressed 変わることなく被圧迫者を支援する. ◇↔inconstant

── 名 C 〖数・物理〗定数, 不変数, (↔variable).

[<ラテン語「しっかりと立つ (*stāre*)」; -ant]

Con·stan·tine /kάnst(ə)ntàin, -tìːn|kɔ́n-/ 名 ～ **the Great** コンスタンティヌス大帝(280?-337)《ローマ初のキリスト教徒皇帝 (324-37)》.

Con·stan·ti·no·ple /kὰnstæntənóupl|kɔ̀n-/ 名 コンスタンティノープル《330-1930年間の Istanbul の旧称》.

*__con·stant·ly__ /kάnst(ə)ntli|kɔ́n-/ 副 m **絶えず**, いつも; しばしば, しょっちゅう, (★特に進行形と共に用いると感情的色彩が強い). be ～ on one's guard against pickpockets 絶えずすりに気をつける. Betsy ～ keeps me waiting on a date. ベツィーはデートの時いつも僕を待たせる. He is ～ complaining. 彼はしょっちゅう愚痴ばかり言っている.

†**con·stel·la·tion** /kὰnstəléiʃ(ə)n|kɔ̀n-/ 名 C **1** 星座. **2** 〖雅〗(名士, 芸能人などの華やかな)群れ, 集まり. a glittering ～ of dignitaries 要人顕官のきら星のような集まり. [<後期ラテン語「星 (*stella*) の群れ」]

†**con·ster·na·tion** /kὰnstərnéiʃ(ə)n|kɔ̀n-/ 名 U (心配, 混乱, ショックを伴う)非常な驚き, 仰天. in ～ 驚き慌てて. be filled with ～ 仰天する. To my ～ my wallet had disappeared. 肝をつぶしたことに財布がなくなっていた. [<ラテン語「投げ落とすこと>恐怖」]

con·sti·pate /kάnstəpèit|kɔ́n-/ 動 他 を便秘させる.
── 自 〖話〗便秘する. [<ラテン語「圧縮する」]

cón·sti·pat·ed /-əd/ 形 便秘している.
còn·sti·pá·tion 名U 便秘.
†**con·stit·u·en·cy** /kənstítʃuənsi/ 名 (複 -cies) C 1 選挙区. 2〈単数形で複数扱いもある〉選挙区の有権者;(政党,政治家などの)支持母体[基盤],支持者層;顧客(たち),購買[読]者層.

C

†**con·stit·u·ent** /kənstítʃuənt/ 形〈限定〉1 (全体の)要素となる,成分を成す. the ~ elements of air 空気の成分. 2 選挙[指名]権のある. a ~ body 選挙[出]母体. 3 憲法制定[改正]権のある. a ~ assembly 憲法制定[改正]会議.
── 名C 1 成分,構成要素;〖言〗(文や句の)構成要素. Milk and sugar are the main ~s of candy. 牛乳と砂糖がキャンディーの主成分である. 2 (国会議員の)選挙区民,有権者.

*__con·sti·tute__ /kánstət(j)ù:t|kɔ́n-/ 動 (~s /-ts/|過 過分 -tut·ed /-əd/|-tut·ing) 他 1 (★進行形にしない) (a)〖章〗を構成する,の構成要素となる,(compose),〈しばしば受け身で〉. Six members ~ the committee. 6人の委員でその委員会を構成する. A jury is ~*d of* twelve people. 陪審は12人の陪審員から成る.
(b) になる,である,に等しい. The actions of these extreme rightists ~ a direct challenge to democracy. これら極右主義者の行動は民主主義に対する真っ向からの挑戦である.
2〔法律,制度など〕を制定する,設立する. ~ a committee 委員会を設ける.
3〖章〗VOC (~ X Y) X(人)をYに任命する(appoint),選定する. ~ him their spokesman 彼を代弁者に選ぶ. a self-~*d* leader 自ら指導者を買って出た人.
[<ラテン語「組み立てられた,設立された」]

cón·sti·tut·ed /-əd/ 形 〈副詞(句)又は that 節を伴って〉..な体質[性質]である. weakly ~ 虚弱体質の. Susie is *so* ~ that she cannot forgive and forget things. スージーは物事を水に流すことができない性分だ.

*__con·sti·tu·tion__ /kànstət(j)ú:ʃ(ə)n|kɔ̀n-/ 名 (複 ~s /-z/) 1〖章〗UC 構成,構造,組織; C 国制,政体. The ~ of these tribal societies varies from region to region. これらの部族の社会の構成は地域ごとに異なっている. 2 C〈普通,単数形で〉体質,体格;気質. Emma has a very poor ~ [is very weak by ~]. エマは虚弱な体質だ.
3 C〈しばしば C-〉憲法;(団体などの)規約. an unwritten ~ (英国などの)不文憲法. Japan adopted a new *Constitution* in 1946. 日本は1946年に新憲法を制定した. amend the *Constitution* 憲法を改正する.
4 U 制定,設立;任命. the ~ of new traffic regulations 新しい交通規則の制定.

†**con·sti·tu·tion·al** /kànstət(j)ú:ʃ(ə)nəl|kɔ̀n-/ 形 1 憲法の[による],立憲的な;合憲の. a ~ issue 憲法上の争点. a ~ change 憲法改正. stand on ~ rights 憲法上の[で許された]権利を主張する. a ~ monarchy 立憲君主国. a bill declared ~ 合憲と宣告された法案. 2 体質(的)の,体格の,素質(上)の. a ~ defect 体質的欠陥. 3 健康によい〔散歩,運動など〕. 4 構成上の.
── 名C 〖旧〗(健康のための)規則的な散歩. take a morning ~ 朝の散歩をする.

constitùtional convéntion 名C〖米〗憲法制定会議《the C- C- は1787年 Philadelphia における合衆国憲法制定会議》.
còn·sti·tú·tion·al·ìsm 名U 立憲政治[主義].
còn·sti·tú·tion·al·ist 名C 1 立憲主義者,護憲論者. 2 憲法学者.
con·sti·tu·tion·al·i·ty /kànstət(j)ù:ʃənǽləti|kɔ̀n-/ 名U 合憲性.
con·sti·tú·tion·al·ìze /-əlàiz/ 動 他 を憲法に組み入れる;〔国など〕に憲法を制定する.

còn·sti·tú·tion·al·ly 副 1 体質上,気質上. ~ weak 虚弱体質の. 2〈文修飾〉憲法上(から言えば). *Constitutionally*, rearmament is out of the question. 憲法上は再軍備は論外である.
con·sti·tu·tive /kánstət(j)ù:tiv|kɔ́n-/ 形 1 制定[設定]権のある. 2 構成する,要素を成す. 3 本質的な.

†**con·strain** /kənstréin/ 動 他〖章〗1 VOC (~ X *to do*) Xに無理に[強いて]..させる〈主に受け身で〉. His sense of propriety ~*ed* him *to* refuse the offer. 彼は道義感からその申し出を断らざるを得なかった. I hope you don't feel ~*ed to* help me. 私をどうしても援助しなければならないなどと思わないでください.
2 を抑制する; VOA (~ X *from* (*doing*)..) X(人)に..(すること)を制約する. feel ~*ed from* drink*ing* too much 深酒を慎しまなければと感じる. ~ one's temper かんしゃくを抑える.
[<ラテン語「縛り合わせる,くくる」]

con·stráined 形 強制された;不自然な,ぎこちない,〔声,笑いや態度〕. a ~ statement 無理にさせられた陳述. wear a ~ smile 作り笑いを浮かべる.
con·stráin·ed·ly /-nədli/ 副 強制されて,やむを得ず;不自然に.

†**con·straint** /kənstréint/ 名 1 U 強制[束縛](する[される]こと);拘束. by ~ 無理に. either by choice or under ~ 進んでか又は強制されてか. 2 U〖章〗(感情などの)抑制;窮屈さ,気まずさ,ぎこちなさ. feel ~ 窮屈に感じる. with ~ 自制して. 3 C 拘束[制約]するもの[こと]〈*on* ..を〉.

‡**con·strict** /kənstríkt/ 動 他 1 を締め付ける,〔血管〕を収縮させる,〔筋肉〕を収斂(れん)させる. The tight collar ~s my neck. カラーがきつくて首が窮屈だ. a ~*ed* outlook 狭い視野. 2〔活動など〕を抑制する,制限する. ~*ing* rules 窮屈な規則. [<ラテン語(constrain の過去分詞)]

con·stríct·ed /-əd/ 形 締め付けられた;制限された,↑「窮屈な.
con·stríc·tion 名 1 U 締め付ける[られる]こと,圧縮;収縮,収斂(れん). ~ of a blood vessel 血管の収斂. 2 UC 圧迫感. have a ~ around the neck 首の周囲を締め付けられる感じがする. 3 C 締め付けるもの.
con·stric·tive /kənstríktiv/ 形 締め付ける,圧縮の;収縮性の.
con·stric·tor /kənstríktər/ 名C 1 圧縮するもの;〖解剖〗括約筋,収縮筋. 2 (獲物を締め殺す)大蛇《boa constrictor など》.

‡**con·struct** /kənstrʌ́kt/ 動 (~s /-ts/|過 過分 ~·ed /-əd/|~·ing) 他 1 を組み立てる,建造[建設]する,(↔destroy; 類語 複雑な建設過程を暗示する; →build). ~ a bridge 橋を架ける. ~ a house 家を建てる. 2〔文章,理論など〕を構成する,組み立てる. be very skillfully ~*ed* きわめて巧みに構成されている. ~ a theory 理論を組み立てる. 3〖数〗を作図する. ~ a quadrangle 四辺形を作図する.
── /kánstrʌkt|kɔ́n-/ 名C 構成物,構造物;〖心〗構成概念.
[<ラテン語「積み重ねる,建築する」]

‡**con·struc·tion** /kənstrʌ́kʃ(ə)n/ 名 (複 ~s /-z/) 1 U (a) 建造,建築,建設,(↔destruction);建築業(界). the ~ of a ship 船舶の建造. a building under ~ 建設中のビル. a ~ worker 建設労務者. *Construction* ahead.〖掲示〗この先工事中. (b)(理論,体系などの)構成,組み立て.
2 U 構造;建築様式. fireproof ~ 防火建築. a toy of simple ~ 簡単な構造のおもちゃ.
3 C 建築,建造物. a very flimsy ~ 非常に脆(もろ)い建物. This ~ is of ferroconcrete. この建造物は鉄筋コンクリートでできている.
4 C〖文法〗(文,節,句の)構造,構文. 5 C〖章〗解

釈，意味，(★この意味では 動 construe). put the wrong ～ on an action 行動を曲解する. **6** U 〘数〙作図. ▷ **～·al** 形 **～·al·ly** 副

con·struc·tion·ist /kənstrʌ́kʃ(ə)nist/ 名 C 〘米〙(法律などの)解釈者.

constrúction pàper 名 U 画[工作]用紙《学校の図工などに用いる厚紙》.

†con·struc·tive /kənstrʌ́ktiv/ 形 **1** 建設的な (↔destructive). have ～ ideas 建設的な構想を持つ. ～ criticism 建設的批評. **2** 構造上の. **3** 推定による, 事実上の. ▷ **～·ly** 副 **～·ness** 名

con·struc·tiv·ism /kənstrʌ́ktivìz(ə)m/ 名 U 〘美〙構成主義《1914年ころロシアに起こった抽象主義の一種》.

con·struc·tor /kənstrʌ́ktər/ 名 C 建設者, 建造者; 建設業者.

†con·strue /kənstrúː/ 動 他 **1** VOA 〘章〙〔文, 陳述, 行為など〕を(..に)解釈する; (～ X *as* Y) X を Y と理解する. His words were wrongly ～*d*. 彼の言葉は誤解された. Harry ～*d* her words *as* an insult. ハリーは彼女の言葉を侮辱だと受け取った.

2 〘章〙 VO (～ ***that*** 節) ..と解釈する, 考える. I ～ from his conduct *that* he has a grudge against me. 彼の行動から見て彼は私を恨んでいると思う.

3 〔文中の語の関係〕を説明する《特に, ラテン語, ギリシア語を翻訳する時》; 〔語句〕を文法的に解剖する (analyze).

—— 自 文法的解剖を行う. ◇名 construction [＜ラテン語; construct と同源]

con·sub·stan·ti·a·tion /kɑ̀nsəbstænʃiéiʃ(ə)n|kɔ̀n-/ 名 U 〘神学〙聖体共存(説)《キリストの肉と血は聖餐(さん)のパンとぶどう酒と共存するとする》.

con·sue·tude /kɑ́nswət(j)ùːd|kɔ́n-/ 名 U 〘章〙(特にスコットランドで法的効力をもつ)慣行, 慣習.

†con·sul /kɑ́ns(ə)l|kɔ́n-/ 名 C **1** 領事 (→ambassador). **2** (古代ローマの)執政官《2人の中の1人》. **3** (1799–1804年のフランス共和国の)執政《3人の中の1人》. [ラテン語「執政官」]

con·sul·ar /kɑ́ns(ə)lər|kɔ́nsjələ/ 形 **1** 領事の(仕事の). a ～ agent 領事代理. **2** 執政(官)の.

‡con·sul·ate /kɑ́ns(ə)lət|kɔ́nsjə-/ 名 **1** C 領事館 (→embassy 参考). **2** U 領事の地位[任期]. **3** 〈the C-〉(フランスの)執政政府(時代) (→consul 3).

cònsul géneral 名 (複 **consuls general, ～s**) C 総領事.

con·sul·ship /kɑ́ns(ə)lʃip|kɔ́n-/ 名 ＝consulate 2.

‡con·sult /kənsʌ́lt/ 動 (～s /-ts/|過 過分 **～·ed** /-əd/|**～·ing**) 他 **1** に**意見を聞く**, 助言[情報]を求める, **相談する**; 〔医師〕の**診察を受ける**; 〈*on, about* ..について〉; と協議する. ～ a doctor 医者に診てもらう. ～ each other 意見を交換する. **2** 〔参考書, 地図など〕を調べる, **参照する**, 〈*for* ..を求めて〉. ～ a dictionary 辞書を引く. ～ one's watch 時計を見る. **3** 〔人の感情, 意向, 立場など〕を考慮に入れる.

—— 自 **1 協議する**, 意見[情報など]を交換する, 〈*with* ..と〉; VA (～ ***with*** ..) 〘主に米〙〔専門家〕に相談する. 語法 〘英〙では医師, 弁護士に相談する場合は他動詞を用いるのが普通. The referees ～*ed* (*with* each other). 審判団は(互いに)協議した. **2** 相談役[顧問]を務める〈*for* ..の〉.

[＜ラテン語「熟考する」(＜*consulere*「考慮する」)]

con·sult·an·cy /kənsʌ́ltənsi/ 名 (複 **-cies**) **1** U (コンサルタントが提供する) 専門的知識; C コンサルタント会社[職]. **2** UC 〘英〙上級医師の職.

***con·sult·ant** /kənsʌ́ltənt/ 名 (複 **～s** /-ts/) C **1** (専門的知識を提供する)**顧問**, コンサルタント. a management ～ 経営コンサルタント. **2** 〘英〙上級医師《専門的に一般医師より上の資格を持つ病院勤務医師》.

***con·sul·ta·tion** /kɑ̀nsəltéiʃ(ə)n|kɔ̀n-/ 名 (複 **～s** /-z/) **1** UC 〈しばしば ～s〉**相談**; 協議, 諮問; 受診; (参考図書などの)参照. The President is *in* ～ *with* his advisers. 大統領は顧問たちと協議中である. **2** C 協議会, 諮問会.

con·sul·ta·tive /kənsʌ́ltətiv/ 形 顧問の; 諮問の; (↔executive). a ～ committee 諮問委員会.

consúlt·ing 名 U 相談; 診察.

consúlting ròom 名 C 診察室.

con·sum·a·ble /kəns(j)úːməb(ə)l/ 形 消費[消耗]できる. **——** 名 C 〈普通 ～s〉消費財.

***con·sume** /kəns(j)úːm/ 動 (～s /-z/|過 過分 **～d** /-d/|**-sum·ing**) 他 【すっかり使い果たす】 **1** を**使い尽くす**, 消費する; を浪費する〈*away*〉. Nowadays offices ～ a lot of paper every day. 現在事務所は毎日大量の紙を消費する. **2** 〘章〙を**食べ[飲み]尽くす**. Mice have ～*d* all the food in our cellar. ネズミがうちの地下食料室の食料品を食い尽くしてしまった.

3 〘章〙〔火事が〕を**焼き尽くす**. The fire ～*d* the barn. 火事で納屋が焼失した.

4 【心を焼き尽くす】〘雅〙〔感情などが〕を夢中にさせる, 圧倒する, 〈普通, 受け身で〉. be ～*d* by [with] jealousy 嫉妬(しっ)に身を焦がす. Most boys are ～*d* with sports, girls and good times. たいていの男の子はスポーツと女の子と遊ぶことで夢中だ.

◇↔produce 名 consumption [＜ラテン語「完全に取る (*sūmere*)」]

***con·sum·er** /kəns(j)úːmər/ 名 (複 **～s** /-z/) C **1 消費者** (↔producer). **2** 消費する[消耗する]人[物].

consùmer cónfidence 名 U 消費意欲.

consùmer dúrables 名 ＝durables.

consúmer gòods 名 〈複数扱い〉〘経〙消費財 (→capital goods, producer goods).

con·sum·er·ism /kəns(j)úːmərìz(ə)m/ 名 U 消費賛美[擁護](論); 消費者(保護)運動.

consùmer príce ìndex 名 C 消費者物価指数《略 CPI》.

consùmer protéction 名 U (政府, 民間団体などによる)消費者保護.

consùmer reséarch 名 U 消費者(需要)調査.

consúmer socìety 名 C 消費者(中心)社会.

consùmer térrorism 名 U 消費者テロリズム《食品に毒物を混入して消費者を怖がらせるなどして製造業者・販売業者をゆする》.

‡con·súm·ing 形 **1** 〈限定〉圧倒的な, 激しい, 〔野心・興味など〕. his ～ interest 彼が夢中になっていること[趣味]. **2** 〈複合要素〉(..を)多量に使う, 消費する. →time-consuming.

‡con·sum·mate /kɑ́nsəmèit|kɔ́n-/ 動 他 〘章〙を完成する, の仕上げをする; (性交によって)〔結婚〕を法的に完全なものにする. The artist ～*d* his life's work by a great masterpiece. その画家は大傑作で生涯の画業の仕上げをした.

—— /kənsʌ́mət/ 形 〈限定〉〘章〙 **1** 完全な, 最高の. **2** 技量卓絶の; 途方もない, 全くの. a ～ performance 申し分のない公演. a most ～ liar うそつきの名人. [＜ラテン語「完成された」] ▷ **～·ly** /kənsʌ́mətli/ 副

con·sum·ma·tion /kɑ̀nsəméiʃ(ə)n|kɔ̀n-/ 名 **1** U 完成, 成就; (性交による)結婚の完了. **2** C 〈普通, 単数形で〉最終目標 (goal), 頂点, 到達点. Death is the ～ of life for all. 万人にとって死は生の終点である.

***con·sump·tion** /kənsʌ́mpʃ(ə)n/ 名 **1** U (食料品, 燃料, 資源などの)**消費** (↔production). ～ tax 消費税.

> 連結 moderate [limited; excessive; conspicuous; domestic; global] ～ // boost [limit; reduce] ～ // ～ grows [rises, soars; declines, wanes]

2 U 〘章〙(飲食物の)体内摂取. excessive fat ～ 脂

肪摂取過多. The water proved contaminated and was declared unfit [unsuitable] for human ～. 水は汚染が判明し飲用不適と発表された. **3** aU 消費額, 使用高. our annual ～ of sugar わが国の年間砂糖消費量. **4** U 《旧》消耗性の病気, 〈特に〉肺結核《pulmonary tuberculosis の俗称》.
◇動 consume 形 consumptive
for a pèrson's consúmption 〔演説などが〕..向けの[に], ..に聞かせる[見せる]ための[に], (★a person's のところは形容詞の場合もある). a statement *for* domestic [foreign] ～ 国内[外]向けの談話.

con·sump·tive /kənsʌ́mptiv/ 形 《旧》 **1** 肺結核(質)の. **2** 消耗性の. ── 名 C 《旧》肺結核患者.

cont. containing; contents; continent(al); continued; contract(ion).

‡con·tact /kɑ́ntækt|kɔ́n-/ 名 (複 ～s /-ts/) **1** U **接触**, 触れること; 出会い; 〈*with* ..と(の)〉. the ～ of two wires 2 本の電線の接触. avoid eye ～ 視線を避ける. **2** UC **関係**; 交際; **連絡**; 交渉; 〈*with* ..との〉. have little ～ *with* the outside world 世間とほとんど付き合いがない. maintain radio ～ *with* ..と無線連絡を保つ.

> 連結 direct [indirect; frequent; regular; intimate] ～ // establish [lose] ～ with..

3 C (社交[職業]上の)縁故, つて, コネ; (仕事の)仲介役; (情報組織などの)連絡員. a good business ～ 商売上のよいコネ. She admits that she got the job through ～*s*. 彼女はその仕事をコネで手に入れたと認めている.
4 C 《電》接点, 接続装置.
5 C 保菌容疑者《保菌者と接触した人》.
6 C 《話》＝contact lens
brèak cóntact 電流を切る, 回路を絶つ.
còme in [into] cóntact with.. ..と接触する; ..と出会う. See that no fire ever *comes in* ～ *with* the oil. 火がその油に触れないように注意してくれ.
in cóntact with.. ..と接触して(いる). The President has been *in* phone ～ *with* Moscow. 大統領はモスクワ(政府)と電話で接触している.
màke cóntact 電流を通じる; 連絡をつける[がつく]〈*with* 〔a person〕..〔人〕と〉.
── 形 接触による[で作用する]〔毒薬など〕; 〔飛行が〕有視界の. ── 副 有視界で. fly ～ 有視界飛行をする.
── /kɑ́ntækt|kɔ́n-, kəntǽkt/ 動 他 **1** を接触させる; 〔人〕と関係をつける, 交渉を始める. **2** 《話》(電話, 伝言などで)と**連絡する**. Please ～ us on [at] 3971-2588. 電話 3971-2588 番にご連絡ください.
[＜ラテン語 *contingere*「接触する」(＜con-＋*tangere* 'touch')]

cóntact flỳing [flìght] 名 U 有視界飛行 (↔ instrument flying [flight]).

cóntact lèns 名 C コンタクトレンズ.

cóntact màn 名 C (取引などの)仲介者.

cóntact prìnt 名 C 《写》密着印画[プリント].

cóntact spòrt 名 C 接触スポーツ《柔道, ボクシング, ラグビーなど》.

†con·ta·gion /kəntéidʒ(ə)n/ 名 《章》 **1** U 接触伝染[感染] (→infection). **2** C (接触)伝染病. **3** C (思想, 感情, 噂(うわさ)などの)蔓延(まんえん), 伝播(ぱ), 悪影響. a ～ of panic 恐怖の伝播. [＜ラテン語「接触」; contact と同源]

†con·ta·gious /kəntéidʒəs/ 形 **1** 〔病気が〕接触感染する, 伝染性の, (類語 医学的には接触による感染を指すが, しばしば infectious と混同される). Is the disease ～? その病気は感染しますか. **2** 〔人が〕(接触)伝染病にかかっている. **3** 〔感情, 動作などが〕(人から人へ)伝わりやすい, 移りやすい. Her cheerfulness is ～. 彼女が快活だと周りの者も明るくなる. ▷ **～·ly** 副 **～·ness** 名

‡con·tain /kəntéin/ 動 (～s /-z/|過 過分 ～ed /-d/|～·ing) 他 (★1, 2, 3, 4 は進行形にしない)
【内部に収める】 **1** **を含む**, 包含[含有]する, **(中に)入れている**, (類語 あるものを内容の全体として含むこと; →include). The package ～*ed* cookies. その包みの中にはクッキーが入っていた. This dictionary ～*s* much information. この辞書は情報がたくさん入っている.
2 〔建物などが〕を入れることができる, 収容する. This auditorium will ～ 500 people. この講堂は 500 人入れる.
3 に等しい, 相当する. One meter ～*s* one hundred centimeters. 1 メートルは 100 センチメートルに等しい.
4 《数》で割り切れる; 〔辺が〕〔角〕を挟む; 〔図形〕を囲む. Besides 2 and 9, 18 ～*s* 6 and 3. 2 と 9 のほかに 18 は 6 と 3 で割り切れる.
5 〔敵など〕を封じ込める, 抑制する; 〈普通, 否定文で〉〔強い感情など〕を抑える, 制御する. The police couldn't ～ the crowd. 警官隊は群衆を抑え切れなかった. ～ inflation インフレを抑え込む. cannot ～ oneself for joy うれしくてじっとしていられない.
[＜ラテン語 *continēre*「一緒に保持する (*tenēre*)」]

con·táined 形 気が平らかな, 穏やかな. ▷ **con·táin·ed·ly** /-ədli/ 副

***con·tain·er** /kəntéinər/ 名 (複 ～s /-z/) C **1** **入れ物**, 容器, 《箱, 瓶, 缶など》. **2** (貨物輸送用の)コンテナ.

contáiner càr [《英》 **lòrry**] 名 C コンテナ用貨車[トラック].

con·táin·er·ìze /-nəràiz/ 動 他 **1** 〔貨物〕をコンテナに入れる[で輸送する]. **2** 〔港, 船舶など〕をコンテナ輸送用に転換する. ▷ **con·tàin·er·i·zá·tion** 名 UC コンテナ輸送; コンテナ化.

contáiner shìp 名 C コンテナ(輸送)船.

‡con·táin·ment 名 U **1** (強い感情の)抑制, 制御. **2** (暴動, 伝染病, インフレなどの)抑え込み; 封じ込め(政策)《非友好国の強大化を防ぐための政策》.

con·tam·i·nant /kəntǽmənənt/ 名 C 《章》汚染物質.

†con·tam·i·nate /kəntǽmənèit/ 動 他 **1** (接触, 混入によって)を汚す, 汚染する. Automobile fumes ～ the air. 自動車の排気ガスは空気を汚す. **2** 〔人, 心〕に悪影響を与える. Our students are being ～*d* by his subversive ideas. この大学の学生たちは彼の破壊主義的な思想の悪影響を受けている. [＜ラテン語「混ぜる, 汚す」(＜con-＋*tangere* 'touch')]

con·tám·i·nàt·ed /-əd/ 形 汚染された.

con·tàm·i·ná·tion 名 **1** U 汚す[される]こと, 汚染(する[される]こと). the ～ of the river by nearby factories 付近の工場による川の汚染. **2** C 汚染するもの, 汚染物. **3** 《言》＝blending.

con·tám·i·nà·tor /-tər/ 名 C 汚染源[するもの].

contd. continued.

conte /kɔːnt|kɔnt/ 名 (複 ～s /-ts/) C コント《特に冒険ものの短編小説》. [フランス語 (＜*conter*「語る」)]

con·temn /kəntém/ 動 他 《雅》をさげすむ.

***con·tem·plate** /kɑ́ntəmplèit|kɔ́ntem-/ 動 (～s /-ts/|過 過分 **-plat·ed** /-əd/|**-plat·ing**) 他 **1** をじっと**見つめる**, 熟視する, (類語 考え込むように見つめること; →see). He was *contemplating* a beetle on the windowsill. 彼は窓の敷居のカブトムシをじっと見ていた.
2 🄥 (～ X/*wh* 節・句/*that* 節) X を/..かを/..ということを**じっくり考える**, 熟慮する, (類語 集中力を持続させてじっくり考えること; →think). ～ *what* the future will be like 未来がどんなものになるかじっくり考える.
3 🄥 (～ X/*doing*) X をしようと/..しようと思う, もくろむ. ～ (mak*ing*) a trip 旅行しようと思う.
4 🄥 (～ X/X *doing*) X を/X が..するのを予想する[してみる], 予期する. We don't ～ him turn*ing* down our offer. 彼が我々の申し出を断ることは予想していない. too dreadful to ～ 思ってみるだけで恐ろしい.

— ⓐ 沈思黙考する.
còntemplate one's nável 〖戯〗(特に, 周囲に起こっていることを無視して)瞑(めい)想にふける.
[＜ラテン語「(占いのため)観察する」(＜con-＋*templum* 'temple')]

†con·tem·pla·tion /kὰntəmpléiʃ(ə)n|kɔ̀ntem-/ 名 **1** Ⓤ 熟視, 注視. in the ～ of beautiful pictures 美しい絵を眺めて. **2** ⓊⒸ 熟考, 沈思, (特に宗教的な)瞑(めい)想. He was deep in ～. 彼は瞑想にふけっていた. **3** Ⓤ 〖章〗意図, 志向. I could not tell what he had in ～. 彼が何をもくろんでいるのか分からなかった. **4** Ⓤ 期待, 予期. in ～ *of* great rewards 大きな報酬を期待して.

con·tem·pla·tive /kəntémplətiv, kάntəmplèit-|kən-, kɔ́ntemplèit-/ 形, 名 Ⓒ 瞑(めい)想にふける(人).
▷ **～·ly** 副

con·tem·pla·tor /kάntəmplèitər|kɔ́ntem-/ 名 Ⓒ 熟考する人, 沈思する人.

con·tem·po·ra·ne·ous /kəntèmpəréiniəs/ 形 〖章〗〔事件などが〕同時代の, 同時発生[存在]する[した], 〈*with* ..と〉. The two ancient civilizations were more or less ～. この2つの古代文明はほぼ同時に存在した. ▷ **～·ly** 副 **～·ness** 名

‡con·tem·po·rar·y /kəntémpərèri|-p(ə)rəri/ 形 Ⓒ **1** 〔主に人が〕**同時代の**[に属する]〈*with* ..と〉; その当時の. Keats was ～ *with* Byron. キーツはバイロンと同時代だ. The two events were ～, but unrelated. 2つの事件は同時代に発生したが, その間に関係はなかった. **2 現代の**; 現代的な; (類語 recent より少し遠くさかのぼった時期も含む). ～ Japan 現代の日本. ～ literature 現代文学. ～ furniture 現代風の家具.
— 名 (複 **-rar·ies** /-z/) Ⓒ **1 同時代の人**[刊行物など]. a ～ of Beethoven ベートーヴェンと同時代の人. **2** 同年齢の人; (学校の)同期生. He's a ～ of mine. 彼は私と同い年です. **3** 現代の人.
[＜ラテン語「時(tempus)が同じの」] ▷**con·tem·po·rar·i·ly** /kəntèmpərérili|kəntémp(ə)rərili/ 副 **con·tem·po·rar·i·ness** /kəntémpərèrinəs|-p(ə)rəri-/ 名

***con·tempt** /kəntém(p)t/ 名 **1** ⓐⓊ **軽蔑**, 侮り, 〈*for* ..への〉. show ～ *for* the new rich 成り上がり者を軽蔑する. in complete ～ *of* the rules 規則を全く無視して. Your conduct is *beneath* ～. 君の行為はばかげていて軽蔑するにも値しない. She has a great ～ *for* pop. 彼女はポピュラー音楽を大いに軽蔑している.

> 連結 utter [bitter; cold; deep; open, undisguised] ～ // arouse [provoke; feel; express; deserve] ～

2 Ⓤ 〖章〗軽蔑されること, 屈辱. fall into ～ 侮蔑される. **3** Ⓤ 〖法〗屈辱罪. ～ of court 〖法〗法廷侮辱罪.
hòld [hàve] a person in contémpt 〖章〗人を軽蔑する. The man was *held in* ～ for his foolishness. 男は愚かさのためあざけりを受けた.
[＜ラテン語 (*contemnere*「侮る(contemn)」の過去分詞)]

†con·tempt·i·ble /kəntém(p)təb(ə)l/ 形 軽蔑すべき, 卑劣な. What a ～ thing to say! そんなことを言うとはなんて卑劣なんだろう. ▷**-bly** 副

†con·temp·tu·ous /-tʃuəs/ 形 軽蔑的な; 軽蔑する〈*of* ..を〉. a ～ answer 人をばかにした返事. He is ～ *of* his boss's narrow mind. 彼は上役の狭量さを軽蔑している. ▷ **～·ly** 副 軽蔑して[を込めて]. **～·ness** 名 Ⓤ 傲(ごう)慢, 無礼.

***con·tend** /kəntɛ́nd/ 動 (**～s** /-dz/|過 過分 **～·ed** /-əd/|**～·ing**) ⓐ **1 (a)** 争う, 戦う; 競い合う; 〈*with, against* ..と/*for* ..を求めて〉. ～ *with* an opponent *for* a prize 賞品を得ようと競争相手と争う. ～ *against* drought 旱魃(かんばつ)と戦う. **(b)** VA (～ *with* ..)〔困難などに取り組む, と戦う. have to ～ *with* sexism 性差別に立ち向かわなければならない. **2** 言い争う, 論争する, 〈*about, on, over* ..について〉. He ～*ed on* every point raised. 彼は提起されたあらゆる点について論駁(ばく)した.
— ⓣ 〖章〗VO (～ *that* 節/"引用") ..であると/「..」と主張する, 力説する. Do you ～ *that* I was at fault? あなたは私が間違っていたと主張するのか.
◇名 contention [＜ラテン語「共に張り合う」(＜con-＋*tendere* 'stretch')]

‡con·ténd·er 名 Ⓒ (スポーツなどで)争う人, 競争者, 〈*for* ..を(求める)〉; 論争する人.

con·ténd·ing 形 〈限定〉(相)争う, 競争する.
▷ **～·ly** 副

‡con·tent[1] /kάntent|kɔ́n-/ 名 (複 **～s** /-ts/) **1** 〈～s〉(容器の)**中身**, 内容(物), (★内容は有形物; →3). The ～*s* of her purse spilled onto the floor. 彼女の財布の中身が床にこぼれ落ちた. **2** 〈～s〉(書物などの)内容; **目次**. a table of ～*s* (書物の)目次. **3** Ⓤ (手紙, 論文, 演説などの)**内容**, 題目, (↔form); 趣旨; (★内容は無形物; →1). **4** ⓐⓊ 含有量; 容量. The ～ of the jar is one pint. そのジャーの容量は1パイントです. Milk has a good deal of vitamin ～. 牛乳はビタミン含有量が多い. ◇動 contain
[＜中世ラテン語「含まれた(もの)」(ラテン語 (*continēre* 'contain' の過去分詞)]

***con·tent**[2] /kəntént/ 形 ⓜ 〈叙述〉**満足して**, 甘んじて, 〈*with* ..に〉; 喜んで, 甘んじて〈*to* do ..する〉; (↔discontent; 類語 contented より弱く, 分に応じたほどほどの満足を意味する; →satisfy). be ～ *with* one's humble life 貧しい生活に満足している. I wasn't ～ *to* work under him. 彼の下で働くのでは満足できなかった.
— 名 Ⓤ 〖雅〗**満足** (contentment; ↔discontent). in peace and ～ 平和に不満なく.
to one's hèart's contént 心行くまで, 存分に.
— 動 (**～s** /-ts/|過 過分 **～·ed** /-əd/|**～·ing**) ⓣ **1** VOA (～ *oneself with* ..) **..で満足する**, に甘んじる. ～ one*self with* second place 2位に甘んじる. **2** 〖章〗を満足させる.
[＜ラテン語「充ち足りた」(*continēre* 'contain' の過去分詞)]

***con·tent·ed** /kənténtəd/ 形 ⓜ **満足している**〈*with, in* ..に〉; 喜んで〈*to* do ..する〉; (↔discontented; 類語 content より強く, 十分な満足を表す; →satisfy). a ～ look 満ち足りた表情. We had to be ～ *in* our job. 我々は自分の仕事に満足しなければならなかった.
▷ **～·ly** 副 満足して[そうに]. **～·ness** 名 Ⓤ 満足.

†con·ten·tion /kənténʃ(ə)n/ 名 〖章〗 **1** Ⓤ 争い; 論争; 口論, けんか. Three teams are *in* [*out of*] ～ for the title. 3チームが選手権を争っている[争いから脱落した]. **2** Ⓒ 主張, 論点, 見地, 〈*that* ..という〉. Is it your ～ *that* I was responsible for it? それは私の責任だというのがあなたの主張ですか. ◇動 contend 形 contentious
a bòne of conténtion →bone.

‡con·ten·tious /kənténʃəs/ 形 〖章〗 **1** 〔人が〕けんか[論争]好きの. **2** 〔物事が〕論議を呼びそうな, 論争の種になる. a ～ issue 議論のある問題. **3** 〖法〗係争の.
▷ **～·ly** 副 **～·ness** 名

***con·tent·ment** /kənténtmənt/ 名 Ⓤ **満足**(していること) (→content[2] 名; ↔discontent, discontentment). I always find ～ in a good book. 良書を読むといつも幸せだと感じる.

> 連結 complete [deep; lasting; quiet] ～ // afford [give; feel] ～; express (one's) ～

con·ter·mi·nous /kəntə́ːrmənəs/ 形 **1** 隣接する〈*with, to* ..と〉. **2** 同一の範囲内にある. ▷ **～·ly** 副

C

:con·test /kántest | kɔ́n-/ 名 (複 **～s** /-ts/) Ⓒ **1 競争**; 争い, 闘争, 抗争. win a ～ 競争に勝つ. a violent ～ for power 激しい権力抗争. a long ～ between capital and labor 労使間の長い闘争. **2** 競技, コンテスト. a beauty ～ 美人コンクール. a quiz ～ クイズ競技会.

C

連結 a hard(-fought) [a close, a keen; a one-sided, an unequal, an unfair] ～ // enter [hold, stage; judge] a ～

plead nò cóntest (訴追に対し)異議を申し立てない, 有罪を認める.

── /kəntést/ 動 他 **1** 〔賞など〕を得ようと競争する; 〔選挙, 試合〕を闘う; 〔議席〕を争う. ～ a prize 賞を争う. a hotly ～*ed* seat 激しく争われている議席. win one's party's nomination to ～ this Presidential election この大統領選に打って出るため党の指名を獲得する. Our soldiers are ～*ing* the hilltop *with* the enemy. わが軍の兵士は敵と山頂を奪い合っている. **2** 〔決定, 権利など〕の正当性[真実性]を疑う; に異議を唱える; について論争する. I ～ the will. その遺言状(の有効性)に異議がある. a bitterly ～*ed* point 激烈な論議.

── 自 争う; 異議を唱える; 論争する; 〈*with, against* ..と, に〉. [<ラテン語「証人 (*testis*) として呼ぶ」]

†con·test·ant /kəntést(ə)nt/ 名 Ⓒ 競争者; 競技(会出場)者; 論争者; 異議申し立て人.

***con·text** /kántekst | kɔ́n-/ 名 (複 **～s** /-ts/) ⓊⒸ **1** (語句, 文の理解に必要な)**前後関係**, 文脈, コンテクスト. The remark may sound dramatic when taken out of ～. その言葉は前後から切り離すと芝居がかって響く. **2** (事件, 行動などの)背景, 情況. You must consider the dispute in ～. その争いは(それだけ切り離さずに)その起こった前後の事情の中で考えなくてはいけない. In what ～ did he say that? どういう情況下で彼はそう言ったのか. 「況下[前後関係]では.

in this cóntext これと関連させて(見ると), こういう情↑ [<ラテン語「言葉の連関, 首尾一貫」(<con-＋*texere* 'weave')]

con·tex·tu·al /kəntékstʃuəl/ 形 文脈上の, 文脈からの; 前後関係による.

▷ **～·ly** 副 文脈上, 前後関係から見て.

con·téx·tu·al·ìze 動 他 〔語など〕を文脈にあてはめる, 脈絡化する; 〔行動など〕を情況にあてはめる.

con·ti·gu·i·ty /kàntəgjú:əti | kɔ̀n-/ 名 Ⓤ 〖章〗隣接; 近接.

con·tig·u·ous /kəntígjuəs/ 形 〖章〗 **1** 隣接する, 境界を接する, 〈*to, with* ..と〉. **2** 〔時間, 順番などが〕次の (next), すぐ後に続く. [<ラテン語「接触する」(→contact)] ▷ **～·ly** 副 **～·ness** 名

con·ti·nence /kántənəns | kɔ́n-/ 名 Ⓤ 〖章〗自制, (特に激情, 肉体的欲望の)抑制.

:con·ti·nent[1] /kántənənt | kɔ́n-/ 名 (複 **～s** /-ts/) **1** Ⓒ **大陸** (地球上の 7 大陸の 1 つ). **2** 〈the C-〉(英国から見た)ヨーロッパ大陸 (the European continent). They're gone for a holiday on the *Continent*. 彼らは休暇でヨーロッパ大陸へ行っている. [<ラテン語「続いた(陸地)」(*continēre* 'contain' の現在分詞)]

con·ti·nent[2] 形 〖章〗 **1** 排せつの自制ができる. **2** 〖旧〗自制心のある (特に激情, 肉体的欲望について).

***con·ti·nen·tal** /kàntənéntl | kɔ̀n- ⑱/ 形 ⓜ **1 大陸の; 大陸的な, 大陸性の**. a ～ climate 大陸性気候 (↔oceanic climate). **2** ヨーロッパ大陸風の; 〈C-〉(英国を除く)ヨーロッパ大陸の. **3** 〖米〗北米大陸の; 〈C-〉(独立戦争当時の)アメリカ植民地の.

── 名 Ⓒ **1** 〖旧〗〈又は C-〉ヨーロッパ大陸(特に, 中央部, 南部)の人. **2** 〈C-〉(独立戦争当時の)アメリカ植民地人.

nòt wòrth a continéntal 〖米話〗まるで無価値な.

còntinental bréakfast 名 Ⓒ (パンにバター, ジャムとコーヒーぐらいの)軽い朝食 (→English breakfast).

Còntinental Cóngress 名 〈the ～〉〖米史〗大陸会議 (独立戦争のころの植民地代表者会議).

còntinental divíde 名 **1** Ⓒ 大陸分水界. **2** 〈the C- D-〉ロッキー山脈分水界 (川の流れを太平洋方向と大西洋方向に分ける).

còntinental dríft 名 Ⓤ 〖地〗大陸移動(説).

còntinental quílt 名 Ⓒ 〖英〗羽(などの)掛布団.

còntinental shélf 名 Ⓒ 大陸棚.

Continéntal Ùnited Stàtes 名 〈the ～〉(アメリカ)合衆国大陸部 ((普通, アラスカを省く)北米大陸にある 48 州を指す; 特に, ハワイを除いたアメリカ合衆国を言いたい時に使う).

con·tin·gen·cy /kəntíndʒ(ə)nsi/ 名 (複 **-cies**) 〖章〗 **1** Ⓒ 偶発事件, 不慮の出来事. prepare for every ～ 不慮の事件に対し万全の策を取る. **2** Ⓤ 偶然(性), 偶発(性).

contìngency fée 名 Ⓒ 〖米〗(弁護士の)全面成功報酬 (勝訴した場合にのみ弁護士が報酬を受けるという約束の下での報酬; 英国ではこの制度は認められない).

contíngency plàn 名 Ⓒ 〖章〗事故対策.

†con·tin·gent /kəntíndʒ(ə)nt/ 形 〖章〗起きる可能性のある, そうなるかも知れない; 不慮の, 不測の. prepare for ～ occurrences 起こり得る出来事に備える. ～ disasters 不慮の災害. ***contíngent on*** [***upon***] **..** ..がどうなるかで左右されて, ..次第で. Our departure tomorrow will be ～ *on* fair weather. 我々が明日出発するかどうかは天候次第です.

── 名 Ⓒ **1** (軍隊, 艦船などの)分遣隊. **2** (集会, 会議などへの)派遣団, 代表団; (集会, 会議などの中の)一派, グループ, (特定の主張を持つ, あるいは出身地が同じ). There were cries of protest from the feminist ～ at his words. 彼の言葉を聞いてフェミニストのグループから抗議の叫びが上がった. **3** 偶然の出来事.

[<ラテン語「接触する」(→contact); -ent] ▷ **～·ly** 副 偶然に.

contìngent fée 名 ＝contingency fee.

con·tin·u·a /kəntínjuə/ 名 continuum の複数形.

***con·tin·u·al** /kəntínjuəl/ 形 ⓜ (しばしば好ましくない事が)**連続的な**, 絶え間のない; たびたび起こる, 頻繁な; (類語 間隔を置いていつまでも繰り返されるさま; →continuous). Your ～ interruptions have ruined my work schedule. 君がしきりとじゃまをするので仕事の予定がすっかり狂ってしまった.

◇名 continuance 動 continue

***con·tin·u·al·ly** /kəntínjuəli/ 副 ⓜ **絶え間なく**, 始終, 頻繁に. He's ～ whining about something. 彼はしょっちゅう何か泣き言を言っている (★進行形と一緒に用いると非難のニュアンスが込められる).

con·tin·u·ance /kəntínjuəns/ 名 ⓐⓊ 〖章〗 **1** 継続; 存続; 持続; 継続時間[期間]. ask for a ～ of economic aid 経済援助の継続を乞(こ)う. during my ～ in office 私の在職中は. **2** 〖米法〗(訴訟手続きの)延期. ◇動 continue

con·tin·u·ant /kəntínjuənt/ 〖音声〗名 Ⓒ, 形 継続音(の) (/f, v, s, z, m, l/などそのまま延ばして発音できる音; →stop 8).

†con·tin·u·a·tion /kəntìnjuéiʃ(ə)n/ 名 **1** ⓐⓊ 続ける[られる]こと, 継続; (中断したものの)続行. forecast a ～ of warm weather 暖かい天気が続くと予報する. **2** Ⓒ (物語などの)続き, 続編; 延長. This radio talk is a ～ of yesterday's. このラジオ談話は昨日の続きだ. This road is a ～ of the expressway. この道は高速道路の続きだ. **3** Ⓒ 〖英〗〖株式〗(決済の)繰り延べ.

◇動 continue

con·tin·u·a·tive /kəntínjuèitiv | -ətiv/ 形 連続的

な，継続的な; 〖文法〗継続[非制限]的な (nonrestrictive). the ～ use of relatives 〖文法〗関係詞の継続的用法.

‡**con·tin·ue** /kəntínju(:)/ 動 (～s /-z/|過 過分 ～d /-d/|-u·ing) 他 **1** (a) を続ける，〔中断したもの〕を続行する，〔言葉〕を続ける; VO (～ *to do/doing*) ..し続ける. Tom ～*d* his work [*to* work; work*ing*]. トムは仕事を続けた. Let's ～ the discussion after lunch. 昼食後討議を再開しよう. ～*d* resistance [failure] やむことのない抵抗[失敗の連続]. (b) VO (～ *that* 節/“引用”) ..と/「..」と続けて言う. She ～*d that* she then felt very sorry for him. それで彼がとても気の毒になったと彼女は続けた. “After that we had a grand time,” she ～*d*. 「それから私たちは実にすばらしい時を過ごしましたわ」と彼女は続けた. **2** VOA (～ X *in, at..*/X *as..*) X を〔場所，状態，地位など〕に/..としてとどまらせる. ～ a boy *at* school [*as* monitor] 少年に学校[級長]を続けさせる. **3** 〖米・スコ〗〖法〗〔訴訟〕を延期する.

── 自 **1** 続く，存続する; (中断した後で)続行される. The rain ～*d* another hour. 雨はさらに 1 時間降り続いた. The footprints ～*d* down to the river. 足跡は川まで続いていた.
2 (a) VA (～ *at, in../as ..*)〔場所，状態，地位など〕に/..としてとどまる. The worker agreed to ～ *at* the same job. その労働者は同じ仕事を続けることに同意した. (b) VA (～ *with..*)〔仕事など〕を(やめないで)続ける. Tom ～*d with* his work. トムは仕事を続けた (→他 1 (a)).
3 VC (～ X) 引き続き[相変わらず] X の状態である (remain). The old man ～*d* obstinate in his opinion. 老人はあくまで自分の意見に固執した.
4 VA ..の方向へ歩き[旅を]続ける. We crossed the bridge and ～*d* ⌞*on* our way [eastward]. 我々はその橋を渡り⌞予定どおりの道を[東へ]進んだ.
◇名 continuance, continuation, continuity 形 continual, continuous
To be continued. 以下次号《雑誌の連載物などの終わりに; →To be CONCLUDED》.
[<ラテン語「つなぎ合わせる」(<*continēre* 'contain')]

continuing educátion 名 U 成人教育《新しい知識・技術を教授する; →adult education》.

†**con·ti·nu·i·ty** /kànt(ə)n(j)ú:əti|kɔ̀ntin-/ 名 (複 -ties) **1** UC 連続(状態)，連続性; 論理的一貫性. The sudden noise broke the ～ of his thoughts. 突然の騒音で彼の思索の糸が途切れた. **2** U (映画，テレビの)撮影用台本，コンテ. **3** U (放送番組などの)つなぎ《音楽，アナウンサーの言葉など》. 「れ)役.

continúity annòuncer 名 C 〖放送〗つなぎ(入↑

continúity gìrl[màn] 名 C 〖映〗(女[男]性の)撮影記録係.

con·tin·u·o /kəntínjuou/ 名 (複 ～s) C 〖楽〗コンティヌオ，通奏低音，《バロック音楽などで鍵盤楽器などが奏でる》. [イタリア語 'continuous (bass)']

‡**con·tin·u·ous** /kəntínjuəs/ 形 m **絶え間のない**，途切れない，継続的な，(類語 途切れずにずっと続くさま，普通初めと終わりのある場合に言う; →continual). a ～ line of people 切れ目なく続く人々の列. a ～ performance (劇，ショーなどの)休憩なしの上演. have ～ rain 雨降りが続く. the ～ tense 〖文法〗継続時制《progressive tense の別称》. ◇動 continue

contìnuous asséssment 名 U 継続評価《学生の成績を定期試験のみによらず細かい段階ごとに評価する方法》.

*__con·tin·u·ous·ly__ /kəntínjuəsli/ 副 m **絶え間なく**，連続して. The party went on ～ for three days. パーティーは 3 日間ぶっ続けで続いた.

‡**con·tin·u·um** /kəntínjuəm/ 名 (複 **continua**, ～s) C 〈普通，単数形で〉〖章〗連続体《例えば虹の七色のように境目は判然としないが徐々に変化しているもの》; (物，事件などの，微細な)連続的変化[展開]. a space-time ～ 時空連続体，四次元時空間. [ラテン語]

con·tort /kəntɔ́:rt/ 動 他 **1**〔物，体など〕をねじ曲げる;〔顔など〕をゆがめる，〈*with* ..〔苦痛，恐怖など〕で〉. His face was all ～*ed with* dread. 彼の顔は恐怖ですっかりゆがんでいた. ～ a wire *into* the shape of an eight 針金を 8 の字形に曲げる. **2**〔意味，論理など〕をねじ曲げる，曲解する. ── 自 ねじ曲がる，ゆがむ，〈*with*.. で〉.

con·tór·tion 名 **1** U ねじる[られる]こと，曲げる[られる]こと; C ねじれ，ゆがみ; ねじれた[ゆがんだ]形; ねじる[曲げる]動作. make ～*s* of one's body 体をねじ曲げる. **2** UC (論理の)こじつけ，(意味の)曲解.

con·tor·tion·ist /kəntɔ́:rʃ(ə)nist/ 名 C (体を自由に曲げる)曲芸師，アクロバットダンサー.

†**con·tour** /kántuər|kɔ́n-/ 名 C **1** 〈しばしば ～s〉(物，人体，海岸などの)輪郭(線); 外形. a woman with beautiful ～*s* 体の線の美しい女性. **2** 等高線. ── 形 〈限定〉**1** 等高線の; 等高線に沿った. **2** 体の線に合わせた. a ～ seat 体に合わせた座席《宇宙飛行士用など》. ── 動 他 **1**〔道路など〕を等高線沿いにする. **2**〔地形〕の等高線を示す. [<イタリア語「輪郭(を描く)」]

cón·toured /-d/ 形 **1** 輪郭に合わせて作られた[できた]. **2** なだらかな[優美な]曲線[曲面]を持った.

cóntour fàrming 名 U 等高線耕作《畝を等高線に沿って作り土壌流失を防ぐ》.

cóntour lìne 名 ＝contour 2.

cóntour màp 名 C 等高線地図.

contr. contract(ed); contraction.

cont·ra- /kántrə|kɔ́n-/ 接頭 「反対，逆」の意味. *contra*dict. [ラテン語 *contrā* 'against, opposite']

con·tra·band /kántrəbæ̀nd|kɔ́n-/ 名 U **1** 〈集合的〉輸出入禁制品，密輸品; 密輸. **2** 〖国際法〗戦時禁制品 (**còntraband of wár**)《交戦国への供給禁止の武器など》. ── 形 輸出入禁止の; 密輸(品)の. ～ goods 禁制品. [<中世ラテン語「布告に反した」]

con·tra·bass /kántrəbèis|kɔ́n-/ 名 C 〖楽〗コントラバス《最低音程の大型弦楽器》.
▷ **～·ist** 名 C コントラバス奏者.

†**con·tra·cep·tion** /kàntrəsépʃ(ə)n|kɔ̀n-/ 名 U 避妊(法). [<*contra-*＋*conception*]

†**con·tra·cep·tive** /kàntrəséptiv|kɔ̀n-/ 形 形 〈限定〉避妊(用)の. a ～ pill (避妊)ピル. ── 名 C 避妊薬[用具].

‡**con·tract** /kántrækt|kɔ́n-/ 名 (複 ～s /-ts/) **1** UC (売買，譲渡，工事などの)**契約**，約定，協約; 請負. a breach of ～ 契約違反. a verbal ～ 口約束，口頭での契約. the theory of social ～ 社会契約説. enter into a three-year ～ to supply wheat 小麦を供給するという 3 年契約を結ぶ. The ～ runs out next month. その契約は来月切れる.

連結 a legal [a valid; an exclusive; a long-term] ～ // fulfill [break, violate; annul, cancel] a ～

2 C 契約書. a ～ of employment 雇用契約書. draw up a ～ 契約書を作成する. exchange ～*s* 契約書を交わす. **3** U 〖法〗契約法. **4** C 婚姻の契約，婚約. **5** C 〖俗〗殺しの請負. **6** ＝contract bridge.
by* [*on*] *cóntract 契約[請負]で.

── /kəntrǽkt; 他1, 自1 では 〖米〗 kántrækt/ 動 (～s /-ts/|過 過分 ～·ed /-əd/|～·ing) 他
【自分に引き付ける】 **1** 【引き受ける】を**契約によって取り決める**; VO (～ *to do*) ..するという契約を結ぶ; 〈*with* ..と〉. ～ a partnership [marriage] *with* ..と提携契約[婚約]を結ぶ. ～ *with* the publisher *to* write a novel 出版社と長編小説を書く契約をする.

2【悪いものをしょい込む】〖章〗〔病気〕にかかる; 〔負債〕をこしらえる, 〔悪習など〕が身につく. ～ a serious disease 重病にかかる. ～ a large debt 大きな負債を負う.
【中に引きつける＞縮める】 3〔筋肉など〕を収縮させる; を縮小する, 減少させる. The cold water ～*ed* the swimmer's muscles. 冷たい水が泳ぎ手の筋肉を収縮させた. ～ one's brow 額にしわを寄せる.
4 (音, 音節を省略して)〔語句〕を短縮する〈*to* ..に〉. ～ "do not" *to* "don't" do not を don't に短縮する.
― 自 1 契約する〈*with* ..〔人〕と/*for* ..の〉. the ～*ing* parties 契約当事者. Mr. Brown ～*ed with* the builder *for* a house. ブラウン氏は建築業者と家を建てる契約をした. 2 縮む, 収縮する. Things ～ when they cool. 物は冷えると縮む. 3〔語句が〕短縮される.
còntract ín 〖英〗〖章〗契約して参加する〈*to* ..〔仕事など〕に〉.
còntract óut 〖英〗〖章〗契約から脱退する; 不参加を正式に表明する〈*of* ..の〉.
còntract /../ óut 〔仕事など〕を下請けに出す〈*to* ..へ〉. They ～*ed out* the operation *to* a bus company. その実際の仕事をバス会社に下請けに出した.
[＜ラテン語「引っ張り合う」(＜con-＋*trahere* 'draw')]
còntract brídge 名 U コントラクトブリッジ《bridge² の一種》.
con·tráct·ed /-əd/ 形 1 収縮した. 2 短縮した. a ～ form〖文法〗短縮形.
con·tráct·i·ble 形 収縮自在の; 短縮できる.
con·trac·tile /kəntrǽktl|-tail/ 形 収縮性の; 収縮を起こす. ～ muscles 収縮筋.
†**con·trac·tion** /kəntrǽkʃ(ə)n/ 名 1 UC 収縮; 縮小; (出産時の子宮の筋肉の)収縮. 2 U〖章〗(病気に)かかること; (負債を)生じること; (悪習などが)身につくこと. 3〖文法〗U (語句の)短縮; C 短縮形. 「こす.
con·trac·tive /kəntrǽktiv/ 形 収縮の; 収縮を起↑
†**con·trac·tor** /kántræktər|kəntrǽk-/ 名 C 契約者; (工事の)請負人, 〈特に〉建設[土建]業者. a general ～ 'ゼネコン'. 「約による. ▷～·ly 副
con·trac·tu·al /kəntrǽktʃuəl/ 形 契約(上)の, 契↑
***con·tra·dict** /kàntrədíkt|kɔ̀n-/ 動 (～s /-ts/|過 過分 ～·ed /-əd/|～·ing) 他 1〔人が他の人の陳述, 意見, 事実など〕を**否認する**, 反論する; 〔人(の言葉)〕に反対する, 異議を唱える. I'm sorry to ～ you. お言葉に逆らってすみません. These facts cannot be ～*ed*. これらの事実は否定することはできない. 2〔陳述, 行為, 事実などが〕と**矛盾する**, 食い違う. His behavior ～*s* his principles. 彼のふるまいは彼の主義と相いれない. ～ oneself 矛盾したことを言う. Their stories flatly ～ each other. 彼らの話はお互いに全く食い違っている.
― 自 1 否認する; 反対する. 2〔2つのことが〕矛盾する. [＜ラテン語「逆って話す (*dicere*)」]
***còn·tra·díc·tion** 名 (複 ～s /-z/) 1 U 否定[反駁(ばく)](する[される]こと), 反対; C 反論, 否認的陳述. He said nothing in ～. 彼は何も反論しなかった. 2 U **矛盾**, 不一致; C 矛盾した言動[事実など]. a ～ in terms〖論〗名辞の矛盾《例: liberalistic dictator (自由主義的な独裁者)》. ～ *between* words *and* actions 言行不一致.

連結 (a) direct [(a) flat, (a) flagrant, (a) glaring] ～

con·tra·dic·tious /kàntrədíkʃəs|kɔ̀n- ®/ 形 = contradictory 2.
†**con·tra·dic·to·ry** /kàntrədíkt(ə)ri|kɔ̀n- ®/ 形 1 (相互に)矛盾する, 正反対の; 矛盾する〈*to* ..に〉. ～ rumors 互いに矛盾するうわさ. behavior ～ *to* common sense 常識に反する行動. 2 (何でも)反対したがる, 反論好きの. ▷**con·tra·dic·to·ri·ly** /-rili/ 副

còntra·distínction 名 UC〖章〗対比, 対照による区別. Speech belongs to man *in* ～ *to* animals. 言語(能力)は動物と区別しての人間に属する.
cóntra·flòw 名 UC〖英〗(道路工事などのため, 反対車線の一部を使って行う)対面通行(区間).
con·trail /kántreil|kɔ́n-/ 名 C〖米〗飛行機雲 (vapor trail). [＜*con*densation *trail*]
còntra·índicate 動 他〔薬など〕に禁忌(き)を示す. [＜*contraindication*]
còntra·indicátion 名 C〖医〗(薬などに対する)禁忌(き)《特定の薬に対する体の拒絶反応》.
con·tral·to /kəntrǽltou/ 名 (複 ～s)〖楽〗1 U コントラルト《alto と同じ》. 2 C コントラルト歌手[声部].
còntra·posítion 名 UC 対置, 対立, 対照.
con·trap·tion /kəntrǽpʃ(ə)n/ 名 C〖話〗変わった機械[器具, 仕掛け] (gadget). He's building some ～ in his backyard. 彼は裏庭で何か妙な機械を組み立てている.
con·tra·pun·tal /kàntrəpʌ́ntl|kɔ̀n- ®/ 形〖楽〗対位法 (counterpoint) の[による]. ▷～·ly 副
con·trar·i·an /kəntré(ə)riən/ 名 C〖章〗意固地な人, つむじ曲がり, ひねくれ者, 《特に, 株の売買で常識の逆のやり方をする人》.
con·tra·ri·e·ty /kàntrəráiəti|kɔ́n-/ 名 (複 -ties) 1 U 反対(であること); 矛盾. 2 C 反対[矛盾]するもの[事]. ◇形 contrary
con·trar·i·ly /kántrèrili, kəntrér-|kɔ́ntrə-; 2 で又 kəntré(ə)rili/ 副 1〈文修飾〉反対に; これに反して. 2〖話〗意地悪く, 意固地に.
con·trar·i·ness /kántrèrinəs|kɔ́ntrəri-; 2 で又 kəntré(ə)rinəs/ 名 U 1 反対; 矛盾. 2〖話〗意固地, 強情.
con·tra·ri·wise /kántreriwàiz|kɔ́ntrəri-; 3 で又 kəntré(ə)ri-/ 副 1〈接続詞的〉これに反して; 逆に 2 反対の方向に[仕方で]. 3 意固地に, ひねくれて.
‡**con·tra·ry** /kántrèri|kɔ́ntrəri; 3 で又 kəntré(ə)ri/ 形 m 1 **反対の**; 反した〈*to* ..に〉; (類語 単に静的な対立を表す opposite よりも意味が強く, 2 者の激しい衝突, 矛盾などを含意する). This is quite ～ *to* what I want. これは私の欲しい物とまるっきり反対だ. a statement ～ *to* all sense 非常識極まる陳述.
2〔風, 天候などが〕**都合の悪い**, 不利な; 〔位置, 方向が〕逆の. a ～ wind 逆風. the ～ tides 逆潮.
3 つむじ曲がりの, 強情な. The baby is in a ～ mood today. 赤ん坊は今日はむずかってしょうがない. He sometimes behaves like a ～ child. 彼は時々つむじの曲がった子供のようにふるまうことがある.
****cóntrary to ..*** 〈前置詞的〉**..に逆らって**; ..に反して. *Contrary to* expectations, all went well. 予想に反して万事うまく行った.
― 名 (複 -ries /-z/) C〈the ～〉**反対**, **逆**; 反対のもの, 反対語. I had expected the ～. (結果とは)反対のように予想していた. The ～ of 'good' is 'bad'. 「良い」の反対語は「悪い」だ.
by cóntraries (予期していたのとは)逆に, 意外な方向に. Dreams go *by contraries*. 夢というものは逆(さか)夢になりがちだ.
****on the cóntrary*** (1) (それと)**反対に**, 逆に. They see sex as shameful. *On the* ～ I feel that the body, therefore sex, is sacred. 彼らは性を恥ずべきものと見る. これに反し私は肉体は, 従って性は聖なるものと感じる. (2)〈否定の後で〉**それどころか**. He's not stingy; *on the* ～, he's very generous to the needy. 彼はけちではない, それどころか, 困った人にはとても気前がよい. "Don't you find that joke offensive?" "*On the* ～. It's a good joke." 「あの冗談いやらしいと思いませんか」「とんでもない. うまい冗談ですよ」(★On the ～ の前に No, I

don't. が含意されている).

*to the cóntrary 〈修飾する語句の後に置いて〉 (1) それとは反対の[に]. We have, for now, no information *to the* ～. 今のところ(それと)反対の[そうではないという]情報はない. (2) ..(はそうではない)にもかかわらず. Appearance *to the* ～, he is a kind man. 見かけによらず, 彼は親切な人だ.

[＜ラテン語「反対の」; contra-, -ary]

‡con·trast /kɑ́ntræst | kɔ́ntrɑːst/ 名 (複 ～s /-ts/)

1 U **対照[対比]**(する[させる]こと); (対照して)相違をはっきりさせること. Careful ～ of the two manuscripts showed up some important differences. その2つの写本の詳細な比較はいくつかの重要な相違を明らかにした.

2 UC (はっきりした)**差異**, コントラスト, 対照. a great ～ *between* city life and country life 都会生活と田園生活との対照的な相違.

連結 a remarkable [a sharp, a stark, a striking, a strong] ～ // form [make, present] a ～

3 C 著しい対照を成すもの 〈*to, with* ..〔他〕と〉. That sweater is a very nice ～ *to* the skirt. あのセーターはそのスカートとよても映りがいい. **4** U 〘写真・美〙(色や明暗の)対比; (テレビ画面などの)コントラスト.

*by [in] cóntrast 〈前文を受けて〉**対照的に**, 逆に, 〈*with* ..とは〉. Tom, *by* ～ (*with* Bob), is well-behaved. (ボブとは)対照的にトムは行儀がよい.

*in cóntrast to [with] .. ..と対照的で, はっきり違って, 正反対で; ..とは対照的に, 逆に. Tom's character is *in* marked ～ *with* his elder brother's. トムの性格は兄のと著しい対照を示している.

—— /kəntræ̀st | -trɑ́ːst/ 動 (～s /-ts/ | 過 過分 ～·ed /-əd/ | ～·ing) 他 〔2者〕を**対照[比較]する**, VOA (～ X *with*) X を..と対照する; (対照によって)の相違をはっきりさせる. *Contrast* this novel *with* his other works. この小説を彼の他の作品と比較対照しなさい.

—— 自 (比較すると)**対照を成す**, 相違が際立つ, 〈*with* ..と〉. Black and white ～ sharply.＝Black ～*s* sharply *with* white. 黒と白はきわめて対照的である. ～*ing* points of view 対照的な観点.

as contrásted with .. ..と対比してみると.

[＜中世ラテン語「対立する」(＜ラテン語 contra-＋*stāre* 'stand')]

con·tras·tive /kəntrǽstiv | -trɑ́ː-/ 形 対照的な, 対比する. ▷～·ly 副

contrástive linguìstics 名 U 対照言語学.

con·trast·y /kɑ́ntræsti | kəntrɑ́ː-/ 形 〘写真〙(明暗の)コントラストの強い.

‡con·tra·vene /kɑ̀ntrəvíːn | kɔ̀n-/ 動 他 〘章〙

1 〔法律, 習慣など〕に違反する, を破る; と抵触する; 〔主義など〕に違背する. **2** 〔陳述, 原則など〕に反論する, を反駁(ばく)する. [＜後期ラテン語 'come against']

con·tra·ven·tion /kɑ̀ntrəvénʃ(ə)n | kɔ̀n-/ 名 UC 〘章〙違反(行為); 抵触違背; 反論, 反駁(ばく). act *in* ～ *of* the law 法律に違反する.

con·tre·temps /kɑ́ntrətɑ̀ːŋ | kɔ́ːn-/ 名 (複 ～ /-z/) C 不幸な[不測の]事故など. [フランス語 'against time']

‡con·trib·ute /kəntríbjuːt/ 動 (～s /-ts/ | 過 過分 -ut·ed /-əd/ | -ut·ing) 他 【協力して与える】 **1** 〔金品など〕を**寄付する**; 〔援助など〕を与える, 〔時間, 努力, 忠告など〕を提供する; 〈*to* ..に〉. ～ a lot of money *to* one's church 教会に多額の寄付をする.

2 〔記事など〕を**寄稿[投稿]する** 〈*to* ..〔雑誌, 新聞など〕に〉. He ～*d* various stories *to* the magazine. 彼はその雑誌にいろいろな物語を寄稿した. **3** 〔考え, 意見など〕を述べる, 発言する, 進言する, 《教室, 会議などで》.

—— 自 **1 寄付**[援助など]**を与える** 〈*to, toward* ..に〉. ～ *to* the community chest 共同募金に寄付をする.

2 寄稿[投稿]する 〈*to* ..〔雑誌, 新聞など〕に〉.

3 VA (～ *to* ..) **..に寄与する**, 貢献する; ..の一助[一因]になる; (★善悪両様の意味に用いる). a *contributing* factor 有力な要因, 主因. Penicillin has ～*d* greatly *to* the welfare of mankind. ペニシリンは人類の福祉に大いに貢献した. Sugar ～*s to* tooth decay. 砂糖は虫歯を助長する. ◇名 contribution 形 contributory

[＜ラテン語「集めて一緒にする」(＜con-＋*tribuere*「与える」)]

‡con·tri·bu·tion /kɑ̀ntrəbjúːʃ(ə)n | kɔ̀n-/ 名 (複 ～s /-z/) **1** U **寄付[献金]**(すること); (援助などの)提供; C **寄付した[された]もの**, 寄付金, 献金. make a ～ *to* one's church 教会に寄付をする. a political ～ 政治献金. **2** U 寄稿(すること); C 寄稿作品[記事]. send a ～ to the newspaper 新聞に投稿する.

3 aU **貢献[寄与, 助長]**(すること); C 寄与する[一因となる]もの; (★善悪両様の意味に用いる). His ～ to science is great. 科学に対する彼の貢献は大である.

連結 an outstanding [an important, a major, a notable, a remarkable, a valuable; an enduring, a permanent] ～

4 U (討議の場などでの)発言, 発表, 進言.

5 C 〈普通 ～s〉〘英〙保険料; 〘古〙(軍)税.

◇動 contribute

‡con·trib·u·tor /kəntríbjətər/ 名 C 寄付者; 寄稿者, 投稿者; 貢献者[する物]; 〈*to* ..への〉.

con·trib·u·to·ry /kəntríbjətɔ̀ːri | -t(ə)ri/ 形

1 寄与する; 一因を成す; 〈*to* ..に, の〉. a ～ cause 副次的原因. **2** 〈限定〉寄付の; 労使共同負担の〔年金制度など〕.

cón trìck 名 〘英話〙＝con[4].

con·trite /kəntráit | kɔ́ntrait/ 形 〘章〙(罪, 過失, 悪業などを)後悔している, すまないと思っている; 後悔の気持ちを表す. ▷～·ly 副

con·tri·tion /kəntríʃ(ə)n/ 名 U **1** 〘章〙後悔, 申し訳ないと思うこと. **2** 〘カトリック〙告解.

con·triv·ance /kəntráiv(ə)ns/ 名 **1** C 考案されたもの, 考案品, 《仕掛け, 装置, 器具など》. **2** C 〈普通 ～s〉計画; 計略, もくろみ. **3** U 考案, 工夫(すること); 考案の才.

***con·trive** /kəntráiv/ 動 (～s /-z/ | 過 過分 ～d /-d/ | -triv·ing) 他 **1** を**工夫して作る[見いだす]**, **考案する**. He ～*d* a means of speaking to Nancy privately. 彼はナンシーと2人だけで話す道を考え出した. ～ a lock that cannot be picked こじ開けられない錠を考案する.

2 をたくらむ; VO (～ *to do*) ..しようとたくらむ. ～ an escape [*to* escape] 逃走をたくらむ.

3 〘章〙をどうにかやりおおせる; VO (～ *to do*) どうにかして..する; (意図に反して)..してしまう; 〈反語的〉わざわざ..する(ようなへまをやる). The host ～*d to* please everyone there. 主人役はどうにか一座の人をみんな喜ばせることができた. The foolish man ～*d to* lose all his money. 愚かにもその男は有り金全部すってしまった.

[＜古期フランス語「見つけ出す」(＜中世ラテン語「比較する」)]

‡con·trived 形 不自然な, わざとらしい. the ～ ending of a story 物語のいかにも不自然な結末.

‡con·trol /kəntróul/ 名 (複 ～s /-z/)

1 U **支配(力)**, **統制(力)**, 指揮(権), 〈*of, over* ..の〉. gain [take] ～ *of* a company 会社の支配権を握る. have ～ *over* a group グループを監督する.

連結 strict [absolute, complete, full] ～ // establish [acquire; assume; exercise, exert] ～

2 U **抑制**, **制御**, 規制, 管理, 〈*of, over* ..に対する〉; 操縦; 〘野球〙(投球の)コントロール. traffic ～ 交通整理. gun ～ 銃規制. quality ～ 品質管理. mind ～ (オカル

ト教団などの)マインドコントロール. lose ～ *of* one's car on an icy road 氷の張った道路で車が(滑って)言う事をきかなくなる. Ellen kept her emotional ～ at her mother's funeral. エレンは母親の葬式で感情を抑えて取り乱さなかった. →birth [remote] control.
3 [C] 〈普通 ～s〉 統制手段, 抑制策. price ～*s* 物価統制策.
4 [C] 〈しばしば ～s〉 (航空機, 自動車, 機械などの)制御[操縦]装置; (機器の)調整つまみ. the ～*s* of a VTR ビデオテープレコーダーの調整つまみ. A woman was at the ～*s* of the plane. 女の人がその航空機を操縦していた.
5 [UC] (空港などの)出入国検査所; (飛行の)管制室, 指令室. go through passport ～ at the airport 空港のパスポート検査所を通過する.
6 [C] 照査基準対照《実験結果を判断・比較するための標準となる患者, 標本など》. →control group.
7 [C] 〖降霊術〗霊媒を支配する霊.
beyònd* [*outsìde*] *a person's contról 人には支配できない, 手に負えない.
***in contról* (*of..*)** (..を)支配[管理, 制御]して. With fresh reinforcements, the police were soon *in* ～ *of* the situation. 新たに増援隊を得て, 警察は間もなく事態を制御した.
in* [*under*] *the contról of.. ..に支配[管理, 制御]されて. The country is *in the* ～ *of* the Occupation Army. その国は占領軍の統制下にある.
****out of contról*** **制御[統制]できない**. The forest fire went *out of* ～. 山火事は手に負えなくなった. The car got *out of* ～. 車はコントロールできなくなった.
****under contról*** **(正しく)制御[調節]されて**. He could not keep his skis *under* ～ on the steep slope. 彼は急斜面でスキーを制御できなかった. keep one's weight *under* ～ (太り過ぎないように)体重を調節する. The forest fire was finally brought *under* ～ two weeks later. 山火事は2週間後にやっと消し止められた.
── [動] (～**s** /-z/|[過] [過分] ～**led** /-d/|～**·ling**) [他]
1 〔人, もの〕を**支配する**, **管理[監督]する**. ～ a business 業務を管理する. The dictator ～*led* the country for nearly ten years. 独裁者はその国を10年近く支配していた. Some mothers cannot ～ their own children. 自分の子供にしつけができない母親もいる.
2 〔感情など〕を抑制する; 〔時間, 量, 温度, 速度など〕を制御する; 〔価格など〕を統制する; 〔航空機, 自動車, 機械など〕を操縦する. Stop that crying. *Control* yourself. 泣くのをやめて, 我慢しなさい. The money supply is ～*led* by the central bank. 通貨供給量は中央銀行が制御している. The tail fin blown off, it became extremely difficult for the pilot to ～ the aircraft. 垂直尾翼が吹き飛ばされてしまったので, パイロットがその飛行機を操縦するのは極めて難しくなった.
3 〔実験の結果〕を照査する.
[＜アングロノルマン語「帳簿の控えを取っておく＞監督する」(＜ラテン語 contra-＋*rotulus*「小さな輪＞巻紙」)]

contról expèriment [名] [C] 対照実験.
contról frèak [名] [C] 〖話〗(何でも自分が取り仕切らないではいられない)仕切り屋, でしゃばり屋.
contról gròup [名] [C] 対照群《例えばある薬の効果を調べる対照実験で, その薬を使わなかった方のグループ》.
contról kèy [名] [C] (コンピュータの)制御キー.
con·tról·la·ble [形] 支配[管理, 制御]できる; 操縦できる.
con·trólled /-d/ [形] **1** 〔態度などが〕落ち着いた, 平静な, 感情を抑えた. **2** 管理[統制]された; 使用[所持]を規制された. a ～ drug [substance] 所持規制薬品[物質].
†**con·tról·ler** [名] [C] **1** ＝comptroller. **2** (ある部局の)管理者. **3** 制御装置[器]. **4** 航空管制官 (air-traffic controller).
contròlling ínterest [名] [U] 支配的利権《ある会社を支配するに足る持ち株》.
contról ròd [名] [C] (原子炉の)制御棒.
contról ròom [名] [C] (放送局などの)調整室.
contról stìck [名] [C] 〖空〗操縦桿(かん).
contról tòwer [名] [C] (空港の)管制塔, コントロール「タワー.
†**con·tro·ver·sial** /kàntrəvə́:rʃ(ə)l|kɔ̀n- [移]/ [形] **1** 〔問題, 言論などが〕論争を引き起こす[引き起こしやすい], 議論の余地がある. a highly ～ speech 非常に問題になりそうな演説. **2** 〔人が〕議論好きな.
▷～**·ly** [副] ～**·ist** [名] [C] 〖章〗論客; 論争者.
***con·tro·ver·sy** /kɑ́ntrəvə̀:rsi|kɔ́n-, kəntrɔ́vəsi/ [名] ([複] **-sies** /-z/) [UC] (激しい)**論争**, 議論. beyond ～ 議論の余地なく[のない], 疑いなく[ない]. ～ *about* [*over*] educational reform 教育改革をめぐる論争.

[連結] a lively [a bitter, a fierce, a heated] ～ // arouse [cause, create, excite, fuel] (a) ～; enter into [settle] a ～

[＜ラテン語「反対して向けられた」(＜contra-＋*versus* 'turned')]
con·tro·vert /kɑ́ntrəvə̀:rt|kɔ́n-/ [動] [他] 〖章〗 **1** について論争する; に反対する. **2** を否定する.
▷**cón·tro·vèrt·i·ble** [形] 議論の余地がある.
con·tu·ma·cious /kɑ̀nt(j)əméiʃəs|kɔ̀ntju(:)- [移]/ [形] 〖章〗(権威, 特に法廷の命令を軽視して)服従しない, 反抗的な. ▷～**·ly** [副]
con·tu·ma·cy /kɑ́nt(j)əməsi|kɔ́ntju-/ [名] ([複] **-cies**) [UC] 〖章〗権威無視; 法廷侮辱.
con·tu·me·li·ous /kɑ̀nt(j)əmí:liəs|kɔ̀ntju(:)- [移]/ [形] 〖章〗傲(ごう)慢無礼な. ▷～**·ly** [副]
con·tu·me·ly /kɑ́nt(j)əməli, kənt(j)ú:-|kɔ́ntju(:)-/ [名] ([複] **-lies**) [UC] 〖章〗傲(ごう)慢無礼(なふるまい, 言語, 仕打ちなど); 侮辱(的なこと). bear the proud man's ～ 傲慢な男の無礼をじっと我慢する. [＜ラテン語「虐待」]
con·tuse /kənt(j)ú:z/ [動] [他] 〖医〗〔体〕に打撲傷「[挫(ざ)傷]を負わせる (bruise).
con·tu·sion /kənt(j)ú:ʒ(ə)n/ [名] [UC] 〖医〗打撲傷[挫(ざ)傷](を負わせること) (bruise).
co·nun·drum /kənʌ́ndrəm/ [名] [C] **1** なぞなぞ《答えに語呂(ごろ)合わせや地口を用いる; 例えば Who pushed the wagon away? (だれがワゴンを押して行ったか?), その答えは Of course Mr. Carter. (むろん, カーターさんさ); 姓の Carter と carter (荷車引き)をひっかけた》. **2** 難問.
con·ur·ba·tion /kɑ̀nərbéiʃ(ə)n|kɔ̀n-/ [名] [C] 〖章〗(周辺の小都市を含む)大都市圏. [参考] 行政上の区画ではなく, 例えば the Clydeside conurbation のように用いる; 我が国の「京浜地区」なともそれに当たる.
con·va·lesce /kɑ̀nvəlés|kɔ̀n-/ [動] [自] 〔人が〕(病後に)健康を回復中である, 回復期にある.
con·va·les·cence /kɑ̀nvəlés(ə)ns|kɔ̀n-/ [名] [aU] (病後)徐々に回復すること, 回復期, 予後.
‡**con·va·les·cent** /kɑ̀nvəlés(ə)nt|kɔ̀n- [移]/ [形] 回復期(患者)の. a ～ patient 回復期の患者. a ～ diet 回復期用食事. a ～ (nursing) home 病後療養所. ── [名] [C] 回復期患者. [＜ラテン語「強くなる」; -ent]
con·vec·tion /kənvékʃ(ə)n/ [名] [U] 〖物理〗(熱による液体, 気体の)対流.
convéction òven [名] [C] 対流式オーブン《ファンで「内部の温度を均一にする》.
con·vec·tor /kənvéktər/ [名] [C] 対流式暖房器 (**convéctor hèater**).
†**con·vene** /kənví:n/ [動] 〖章〗 [自] 〔会議などのために人が〕集まる, 〔会議などが〕開かれる. The Senators ～*d* for an emergency session. 上院議員は緊急会議のために集まった. ── [他] 〔人〕を(会議などに)呼び集める, 〔会議など〕を召集する. ～ (the members of) a committee 委員会を召集する. ◇[名] convention [＜ラテン語 *con-*

venire「一緒に来る (venire)」]

con·vén·er, con·vé·nor /kənvíːnər/ 名 C (会の)召集者;〖英〗(工場などの)労働組合幹部職員.

*__con·ven·ience__ /kənvíːnjəns/ 名 (複 -ienc·es /-əz/) **1** aU **便利さ**, (好)**都合**, 便宜, (↔inconvenience). for the ~ of the shoppers 買い物客の便宜のために. if it suits your ~ ご都合がよろしければ. **2** 〈a person's [one's] ~として〉 U 都合のよい時[場所]. at a person's ~ (→成句). **3** C **便利なもの**[機械, 器具, サービス]. gas, electricity, TV, radio and other ~*s* ガス, 電気, テレビ, ラジオその他文明の利器. **4** C 〖英〗公衆便所 (public convenience).

at a person's convénience 人の都合のよい時に. Please reply *at* your earliest ~. 〖章〗ご都合がつき次第ご返事ください. arrange the party *at* the governor's ~ 知事の都合に合わせてパーティを設定する.

for (the sàke of) convénience = ***for convénience' sàke*** 便宜上.

màke a convénience of . . 〔人〕をいいように[好きなように]利用する.

convénience fòod 名 UC インスタント食品.

convénience stòre 名 C 〖米〗コンビニ(エンスストア).

‡**con·ven·ient** /kənvíːnjənt/ 形 m **1 便利な**, 都合のよい, 〈*for, to* ..に〉(↔ inconvenient). a ~ appliance [house] 便利な器具[使い勝手のよい家]. Let's meet at the station if it is ~ *for* you. ご都合がよろしければ駅で会うことにしましょう. a ~ place *for* [to have] a pleasant chat 楽しいおしゃべりするのにかっこうの場所.

2 近い, 容易に行ける, 〈*to, for* ..に〉. His house is ~ *for* the supermarket. 彼の家はスーパーに近くて便利だ. [＜ラテン語「一緒に来る, ふさわしい」(＜*convenire* 'convene')]

†**con·vén·ient·ly** 副 便利よく, 都合よく; 好都合なことには. The theater is ~ located. その劇場は便利な所にある. His uncle ~ died and left him a little money. うまい具合におじが死んでちょっとした金を残してくれた.

‡**con·vent** /kɑ́nv(ə)nt|kɔ́n-/ 名 C 女子修道院; 〈集合的〉女子修道会, 尼僧団, 《院長は abbess; →monastery》. go into [enter] a ~ 修道女になる.

con·ven·ti·cle /kənvéntik(ə)l/ 名 C 〖英史〗(非国教徒の)秘密集会(所).

*__con·ven·tion__ /kənvénʃ(ə)n/ 名 (複 ~s /-z/) 【会議】 **1** C **集会**, 代表者会議, 大会; 〖米〗(候補者を指名する)政党大会; 〈集合的〉その集会への出席者[代表者]; (類語 教育, 宗教, 経済, 政治などに関する公式の meeting). an annual ~ 年次総会. an international ~ of brain surgeons 脳外科医の国際大会. the national Republican ~ 〖米〗共和党全国大会.

【合意】 **2** C (国家, 個人間の)**協定**; 協約, 協商; (→treaty). →Geneva Conventions.

3 UC (社会的な)**慣例**; 因習, しきたり; (芸術上の)しきたり, 定法. disregard the ~ 慣例を無視する. By ~ businessmen wear dark suits and ties. 慣例的に実業家は黒っぽい背広を着, 黒っぽいネクタイを締めている. [＜ラテン語 *convenire* 'convene']

*__con·ven·tion·al__ /kənvénʃ(ə)nəl/ 形 m **1** 〈限定〉**慣例の**, 型通りの; 在来型の. "How do you do?" is a ~ greeting on first meeting. "How do you do?" というのは初対面の時の慣例的なあいさつである. a ~ oven 在来型のオーブン《microwave oven に対して》. **2** 〖軽蔑〗**型にはまった**, 月並みな, 因習的な. a ~ opinion 月並みな意見. **3** 〖芸術〗在来のしきたりに従った; 様式化された (conventionalized). **4** (法定ではなく)約定(じょう)の, 協定の. ~ customs duties 協定関税. ~ interest 約定利子. **5** 〈限定〉原子力によらない, 通常の, 〔兵器, 戦争, 発電など〕. a ~ weapon 通常兵器. ▷ **~·ly** 副

con·vén·tion·al·ìsm 名 **1** U 慣例主義, 因習[伝統]尊重. **2** C 因習的事物; 紋切り型のもの, 決まり文句.

con·ven·tion·al·i·ty /kənvènʃ(ə)nǽləti/ 名 (複 -ties) **1** U 慣例追従[尊重]; 月並みなこと. **2** C 〈しばしば -ties〉慣例, しきたり.

con·vén·tion·al·ìze 動 他 **1** を慣例[因習]化する, 月並みにする. **2** 〖芸術〗を様式化する.

convéntional wìsdom 名 〈the ~〉(特定の問題についての)世間一般の通念.

con·ven·tion·eer /kənvènʃəníər/ 名 C 〖米〗大会出席者.

cónvent schòol 名 C 女子修道院付属学校《女子校で, 教員は主として修道女》.

†**con·verge** /kənvə́ːrdʒ/ 動 自 **1** 〔線, 動く物体などが〕集まる, 集中する, 〈*on, upon* ..〔一点〕に〉. The demonstrators from around the country were *converging on* Washington, D.C. デモの人たちは全国からワシントンへ向かって集まっていた. **2** 〔意見などが〕一本にまとまる. **3** 〖数〗収束する; 〖物理〗収斂(しゅうれん)する. ◇↔diverge

— 他 〔線, 動く物体など〕を一点に集める; 〔意見など〕を一つにまとめる. [＜後期ラテン語「一点に集まる」]

‡**con·ver·gence** /kənvə́ːrdʒ(ə)ns/ 名 UC 一点[一か所]に集まること; 〖数〗収束; 〖物理〗収斂(れん).

con·ver·gent /kənvə́ːrdʒ(ə)nt/ 形 (異なった方向から)一点[一か所]に集まる; 〖数〗収束する; 〖物理〗収斂(れん)性の.

con·vérs·a·ble 形 〔人が〕気楽に話し合える.

con·ver·sant /kənvə́ːrs(ə)nt/ 形 〖章〗〈叙述〉**1** 詳しい; 知識[経験]がある; 〈*with* ..について〉. **2** 〖米〗何とか話ができる〈*in* ..〔外国語〕で〉. ▷ **~·ly** 副

‡**con·ver·sa·tion** /kɑ̀nvərséiʃ(ə)n|kɔ̀n-/ 名 (複 ~s /-z/) UC **会話**, 談話, 対談; (類語 会話の意味で一般的な語; →dialogue, discourse 2). be *in* ~ *with* ..と話し合っている. enjoy a delightful ~ *with* him after dinner 食後彼と楽しく話し合う. make ~ at a party パーティーで雑談する[(社交上)無理に話題を作って話す]. have run out of ~ 何も言うことがなくなった. turn the ~ to another subject 別の話題に移る.

> 連結 (an) animated [(a) casual, (a) lively] ~ // have [carry on, hold; open, start, strike up; break off] a ~; get [fall] into ~ // the ~ comes around to..

◇動 converse [converse¹, -ation]

‡**con·ver·sa·tion·al** /kɑ̀nvərséiʃ(ə)nəl|kɔ̀n- 形/ 形 **1** 会話(体)の, 談話調の. ~ English 会話の英語. writing in a ~ style 談話体の文章. **2** 話好きの; 話の上手な. ▷ **~·ly** 副

còn·ver·sá·tion·al·ist 名 C 話好きな人; 話上手, 座談家. be a good ~ as well as a good listener 聞き上手でもあり座談上手でもある.

conversátion pìece 名 C **1** 〖戯〗話題となるもの, いい話の種《非常に奇妙な[醜い]ものを指すことが多い》. **2** 一家団欒(らん)図《風俗画の一種; 特に 18 世紀に流行した》.

conversátion stòpper 名 C 〖話〗(相手が驚いて会話がとぎれるような)思いがけない発言.

con·ver·sa·zi·o·ne /kɑ̀nvərsɑ̀ːtsióuni|kɔ̀nvəsætsi-/ 名 (複 **con·ver·sa·zi·o·ni** /-ni(ː)/, ~s /-ni(ː)z/) C 〖雅〗(学術, 文芸に関する社交的な)談話会, 座談会. [イタリア語 'conversation']

†**con·verse**¹ /kənvə́ːrs/ 動 自 〖章〗(打ちとけて)話をする, 語り合う, (類語 talk より形式ばった語) 〈*with* ..〔人〕と/*about* ..について〉. ~ *with* one's teacher *about* the

job market 先生と就職の見通しについて話し合う.
[＜ラテン語 *conversārī*「付き合う」(＜*convertere* 'convert')]

†**con·verse**[2] /kάnvəːrs, kənvə́ːrs|kɔ́n-/ 形 〔意見, 信念, 陳述などが〕逆の[で], 反対の[で], (contrary). The two men held ～ opinions. その 2 人は正反対の意見を持っていた.

C

── /kάnvəːrs|kɔ́n-/ 名 U 〈the ～〉 **1** 逆, 反対, 反対語[表現], 〈*of* ..の〉. ★ hot—cold, parent—child, buy—sell のような関係にある語などを言う. **2** 〚論〛換位命題 (主部と述部の中の語を入れ替えた文; No *man* is a *dog*. と No *dog* is a *man*. は互いに換位命題; 両者が論理的に opposite であるとは限らない).
[＜ラテン語 (*convertere* 'convert' の過去分詞)]

con·verse·ly /kənvə́ːrsli|kɔ́nvəːrsli, -⌐-/ 副 逆に, 反対に; 逆に, 逆に言えば, (★2 つの命題が矛盾することを言うのではなく, 1 つの事実を反対の側から述べる). Mastery of at least one foreign language is a mark of the cultivated; ～, the lack of this is a mark of the uncultivated. 少なくとも 1 外国語の習得は教養人の印である; 逆にそれを知らないのは非教養人の印である.

†**con·ver·sion** /kənvə́ːrʒ(ə)n, -ʃ(ə)n|-ʃ(ə)n/ 名
1 U (**a**) (性質, 形状, 機能, 用途などが)転換[転化](する[される]こと); 変換, 切り換え; 改造; 〈*of* ..の/*from* ..からの/*to, into* ..への〉. a ～ table 換算表. the ～ *of* the desert *to* arable land 砂漠の耕地への転換. (**b**) (貨幣の)兌(だ)換, 両替; 〚理〛(核燃料物質の)転換; 〚電算〛(コード, プログラムなどの)変換; 〚文法〛(品詞の)転換 (語形はそのままで他の品詞として用いる).
2 U (信条, 主義, 信仰などの)転向, 改宗. ～ *to* another political party 他党への転向. ～ *from* Judaism *to* Christianity ユダヤ教からキリスト教への改宗.
3 C 転換[政変, 改造, 転向, 改宗など](の事例).
4 UC 〚ラグビー・アメフト〛コンヴァート (トライ後のゴールキック[タッチダウン後のボーナスプレー]による得点); 〚バスケ〛フリースローを決めること[の得点]. ◇動 convert

*__con·vert__ /kənvə́ːrt/ 動 (～s /-ts/|過 過分 ～·ed /-əd/|～·ing) 他 **1** 〔..の性質, 形状, 機能, 用途, 目的などを〕**変える**; を転換[転用, 改造, 改装]する; 〈*to, into* ..に〉. ～ water power *to* electricity 水力を電気に変える. ～ a bedroom *into* a sitting room 寝室を居間に改造する.
2 〔人〕を転向させる, 方針転換させる, 改宗させる, 〈*to* ..に〉. ～ a whole village *to* Christianity 村全部をキリスト教に改宗させる. ～ my father *to* pop music お父さんをポップス・ファンに変えてしまう.
3 を交換する, 両替する, 換金する, 換算する, 兌(だ)換する, 〈*into, to, for* ..〔等価値のもの〕と〉. ～ some shares *into* cash 株券を換金する. ～ francs *into* dollars フランをドルに換える.
4 〚ラグビー・アメフト〛〔トライ[タッチダウン]〕をコンヴァートする; 〚バスケ〛〔フリースロー〕を決める.
── 自 **1** 転向する; 〚米〛改宗する. ～ *from* Anglicanism *to* Catholicism 英国国教会からカトリックに改宗する. **2** VA (～ *to, into* ..) ..に転換[転用]できる; 〔他国の通貨〕に両替[換算]される. This sofa ～*s into* a bed. このソファーはベッドになる. **3** 〚ラグビー・アメフト〛コンヴァート(に成功)する; 〚バスケ〛フリースローを決める.
── /kάnvəːrt|kɔ́n-/ 名 C 改宗者, 転向者, 〈*to* ..への〉. a ～ *to* socialism 社会主義への転向者. a recent ～ *to* feminism 最近フェミニズムへ転向した人. a Catholic ～ カトリックへの改宗者. make a ～ of ..を転向[改宗]させる.
[＜ラテン語 *convertere*「回転させる, 変える」(＜con-＋*vertere* 'turn')]

con·vért·ed /-əd/ 形 転換された; 改造された; 転向した; 改宗した. a ～ Liberal 自由党に転向した人.

con·vert·er, -ver·tor /kənvə́ːrtər/ 名 C **1** 転換[転向, 改宗]させる人. **2** 〚冶金〛(鋼鉄を作る)転炉; 〚理〛(核燃料物質の)転換炉. **3** 〚電〛コンヴァーター (交流から直流へ, 又は直流から交流へ切り換える装置). **4** 〚テレビ・ラジオ〛コンヴァーター, チャンネル[周波数]変換装置. **5** 〚電算〛変換器.

con·vèrt·i·bíl·i·ty 名 U 「兌(だ)換性. 転換[交換]可能なこと;↑

‡**con·vert·i·ble** /kənvə́ːrtəb(ə)l/ 形 **1** 転換[交換, 兌(だ)換, 変換]できる 〈*into* ..に〉. a ～ raincoat 両面レインコート (裏返しにして 2 通りに使える). a ～ note 兌換券. ～ terms 同義語. This sofa is ～ *into* a bed. このソファーはベッドに変えられる. **2** 〔自動車が〕折り畳み式幌(ほろ)屋根の. ── 名 C コンヴァーティブル (幌屋根型の自動車). ▷**-bly** 副

[convertible]

con·vex /kɑnvéks, kάnveks|kɔ́n-/ 形 凸状の, 凸面の, (↔concave). a ～ lens 凸レンズ. [＜ラテン語「アーチ型に盛り上った」] ▷**～·ly** 副 凸状に.

con·vex·i·ty /kənvéksəti, kɑn-|kɔn-/ 名 (複 **-ties**) U 凸状; C 凸面(体).

con·vèx·o-concáve /kɑnvèksou-|kɔn- 移/ 形 一面が凸で他面が凹の.

con·vèx·o-convéx /kɑnvèksou-|kɔn- 移/ 形 両↑凸の (biconvex).

*__con·vey__ /kənvéi/ 動 (～s /-z/|過 過分 ～ed /-d/|～·ing) 他 **1** 〚章〛を**運ぶ**, 運搬する, 〈*from* ..から/*to* ..へ〉 (類語 carry より形式ばった語で, 主に乗り物で運ぶこと). An ambulance ～*ed* the wounded man *from* the airport *to* the hospital. 救急車が負傷した男を空港から病院まで運んだ.
2 〔音, におい, 電流など〕を**伝える**, 伝導する, (conduct).
3 VO (～ X/*that* 節/*wh* 節) X (ニュース, 思想, 感情, 意味など)を/..だと/..かを伝達する[知らせる], 〈*to* ..に〉. Words can't ～ my true feelings. 私の真の気持ちは言葉では伝えられない. I tried to ～ *to* him *how* I felt. 彼に僕の気持ちを伝えたかった.
4 〚法〛〔財産, 権利〕を譲渡する 〈*to* ..に〉.
[＜中期フランス語「同道する, 護送する」(＜ラテン語 con-＋*via*「道」)]

con·véy·a·ble 形 運搬[伝達, 譲渡]可能な.

con·vey·ance /kənvéiəns/ 名 **1** U 〚章〛運搬, 輸送; 伝導, 伝達. ～ of goods from factories to stores 工場から商店への商品の運搬.
2 C 〚章〛輸送機関, 乗り物, (vehicle).
3 U 〚法〛(財産, 権利の)譲渡; C 譲渡証書.

con·véy·anc·er 名 C 〚法〛不動産譲渡取扱人.

con·véy·anc·ing 名 U 〚法〛財産譲渡(手続き[証書作成]).

con·véy·er, -or /-ər/ 名 C **1** 運搬する人, 輸送者; (不動産の)譲渡者. **2** ベルトコンベア (**convéyer bèlt**).

*__con·vict__ /kənvíkt/ 動 (～s /-ts/|過 過分 ～·ed /-əd/|～·ing) 他 **1** を**有罪とする**, 〔特に, 裁判官, 陪審員が〕に有罪と宣告[答申]する, 〈*of* ..の罪で〉. Having been ～*ed of* murder, he was sentenced to life imprisonment. 殺人の有罪宣告を受け, 彼は終身刑を科せられた.

参考 一般に起訴 (indict) された者は陪審 (jury) の評決 (verdict) によって無罪放免 (acquit) されるか, 有

罪決定 (convict) され, 後者の場合, さらに裁判官によって刑の宣告 (sentence) をされる.

2 〘まれ〙〔人〕に悟らせる〈*of* ..〔罪, 誤りなど〕を〉.
◇名 conviction

— /kɑ́nvikt|kɔ́n-/ 名 (複 **~s** /-ts/) C 囚人, 受刑者, (★主にジャーナリズム用語). an escaped ~ 脱獄囚. [＜ラテン語 (convince の過去分詞)]

***con·vic·tion** /kənvíkʃ(ə)n/ 名 (複 **~s** /-z/) **1** U **有罪と決定[宣告, 答申]すること**; C 有罪の判決(を受けること), 前科; 〈*for*..について(の)〉. have previous ~*s* 前科がいくつかある.

2 UC **確信, 信念**; 自覚. speak with ~ 信念を持って話す. have a strong ~ that ..という強い確信を持っている. the ~ of sin 罪の自覚.

連結 a deep [a firm, an unshakable; a burning, a passionate; a stubborn; a lifelong; a personal; a religious] ~ // develop a ~; lose one's ~; undermine a person's ~

3 U 説得(力) (persuasion); 納得する[させる]こと. be open to ~ 説得を受け入れる. lack ~ 説得力がない.
◇動 1は convict; 2, 3は convince

càrry convíction 〔議論が〕説得力がある.

‡con·vince /kənvíns/ 動 (**-vinc·es** /-əz/|過|過分 **~d** /-t/|**-vinc·ing**) 他 **1** VOO (~ X *that* 節)・VOA (~ X *of* Y) X(人)に..ということを[X(人)にYを]**確信させる, 納得させる**, 悟らせる. Her expression ~*d* me *that* she was guilty. 彼女の表情で彼女が犯人だと私は確信した. ~ him *of* his rashness 彼に彼の無謀さを悟らせる. I have ~*d* myself *of* her honesty [*that* she is honest]. 私は彼女が正直であるということを確信している (→convinced 2).

2 〘主に米〙 VOO (~ X *to do*) X(人)に..するよう納得させる (persuade). Would you try to ~ him not *to* go there? そこへ行かないよう彼を納得させてくださいますか.
◇名 conviction [＜ラテン語「論破する, 認めさせる」(＜con-＋*vincere* 'conquer')]

†con·vínced /-t/ 形 **1** 〈限定〉 確信に満ちた. a ~ Christian 信念のあるキリスト教徒.

2 〈叙述〉 確信して 〈*of* ..を/*that* 節 ..ということを〉. absolutely [fully] ~ 絶対に[完全に]確信して. I'm not totally ~ *of* her honesty. 私は彼女が正直であると完全には信じていない. Mary was ~ *that* she would win. メリーは勝てると信じ切っていた.

con·vín·ci·ble 形 説得され得る, 道理の分かる.

†con·vínc·ing 形 **1** 納得のいく, 説得力のある; いかにも本当らしい. a ~ argument 説得力のある議論. **2** 有無を言わせぬ, 確かな, 歴然たる. a ~ victory 大勝.
▷**~·ly** 副 納得がいくように; もっともらしく.

con·viv·i·al /kənvíviəl/ 形 〘章〙 **1** 〔人が〕陽気な, 浮かれ騒ぎの好きな. **2** 〔行事, 会合, 態度などが〕にぎやかな, お祭り騒ぎの. ▷**~·ly** 副

con·viv·i·al·i·ty /kənvìviǽləti/ 名 (複 **-ties**) UC 陽気, 浮かれ気分[騒ぎ], にぎやかな会合.

con·vo·ca·tion /kɑ̀nvəkéiʃ(ə)n|kɔ̀n-/ 名 〘章〙 **1** U (会議, 議会などを)召集(すること). **2** C 集会 (assembly). **3** U 〈しばしば C-; 単複両扱い〉(教会, 特に英国国教会の)聖職会議; 〘英〙(大学の)卒業生協議会; C 〘米〙(大学)卒業式.

con·voke /kənvóuk/ 動 他 〘章〙〔会議など〕を召集する.

con·vo·lute /kɑ́nvəlu:t|kɔ́n-/ 形 ＝convoluted 1. **—** 動 他 を巻き込む, からみ合わせる.

cón·vo·lùt·ed /-əd/ 形 **1** 巻き込んだ; 〘動〙 回旋状の. **2** 〔理論などが〕入り組んだ, 複雑な.

còn·vo·lú·tion 名 C 〈普通 ~s〉 **1** 渦巻き(状), 回旋, (蛇の)とぐろ(巻き). **2** 〘解剖〙 器官のひだ; 〈特に〉 脳回 (俗に言う脳のしわのこと). **3** (話の筋などの)もつれ, ややこしさ.

con·vol·vu·lus /kənvɑ́lvjələs|-vɔ́l-/ 名 ＝bind-weed.

‡con·voy /kɑ́nvɔi, kənvɔ́i|kɔ́nvɔi/ 動 (**~s**|過|過分 **~ed**|**~·ing**) 他 〔軍艦, 軍隊などが〕を護送する.

— /kɑ́nvɔi|kɔ́n-/ 名 (複 **~s**) **1** U 護送[護衛](する[される]こと). in ~ (襲撃に備えるため)船団[車隊]を組んで. under ~ 護衛隊[艦]に守られて. **2** C 〈単数形で複数扱いもある〉 護衛隊 《軍艦, 装甲車などによる》; 護送船団[輸送車隊]. [＜中期フランス語; convey の異形]

‡con·vulse /kənvʌ́ls/ 動 他 **1** を激しく揺さぶる; (社会的, 政治的に)を激動させる, 震駭(がい)させる; 〈*with* ..で〉. A rebellion ~*d* the whole country. 反乱で国中が激しく揺さぶられた. **2** 〔顔, 体など〕を引きつらせる, 身もだえさせる, 〈普通, 受け身で〉; にけいれんを起こさせる; 〈*with* ..〔激情など〕で〉. be ~*d with* laughter [anger] 笑いこける[怒りに身をふるわせる].
[＜ラテン語 (*convelle* 「ぐいと引く」の過去分詞)]

‡con·vul·sion /kənvʌ́lʃ(ə)n/ 名 C **1** 〈普通 ~s〉 けいれん, (特に幼児の)引きつけ, (spasm). have ~*s* けいれんを起こす. **2** 〈普通 ~s〉 激しい笑いの発作.
3 (社会的, 政治的な)激変, 動乱.

con·vul·sive /kənvʌ́lsiv/ 形 けいれんを起こす, けいれん性の, 発作的な; 激動的な, 激しい. The jokes threw her into ~ laughter. その冗談を聞いて彼女は身をよじって大笑いした. ▷**~·ly** 副

co·ny /kóuni/ 名 (複 **-nies**) 〘米・英旧〙 **1** C ウサギ (rabbit). **2** UC ウサギの毛皮 《特に他の動物の毛皮に似せて仕上げたもの》.

coo /ku:/ 動 自 **1** 〔ハトが〕くーくー鳴く. **2** 〔赤ん坊などが〕喜んでくっくっとのどを鳴らす; 〔恋人などが〕優しくささやく. **—** 他 を優しくささやくように言う.

bìll and cóo →bill[2].

— 名 (複 **~s**) C くーくー 《ハトの鳴き声》.

— 間 〘英話〙〈驚きを表して〉 えっ, ひえっ.

Cook /kuk/ 名 **1** (Captain) **James ~** (キャプテン)クック (1728–79) 《英国の航海者, ハワイで先住民に殺害された》. **2 Thomas ~** クック (1808–92) 《英国の旅行業者の草分け》. **3 Mount ~** (**a**) クック山 《ニュージーランドの最高峰; 3,764 メートル; South Island にある; 別名 Aorangi》. (**b**) クック山 《アラスカ南東部にある山; 4,194 メートル》.

‡cook /kuk/ 動 (**~s** /-s/|過|過分 **~ed** /-t/|**cóok·ing**) 他 **1** (熱を加えて)を**料理する**, 火にかける; VOO (~ X Y)・VOA (~ Y *for* X) X(人)にYを料理してやる; (→bake, boil[1], fry[1], roast). ~ meat [vegetables] 肉[野菜]を料理する. She ~*s* three meals a day *for* her family. ＝She ~*s* her family three meals a day. 彼女は家族のために毎日3度の食事を作る. *Cook* the ice-cream mixture before freezing it. アイスクリームミックスは凍らす前に1度火にかけなさい.

2 〘話〙〔事実や数字など〕に(不正に)手を加える, をいじる, ごまかす. ~ the books [accounts] 帳簿をごまかす.

— 自 **1 料理を作る**. learn to ~ from a book 本から料理法を覚える.

2 〔食物が〕料理される. How long should meat ~? 肉はどのくらい火にかけなければいけませんか.

3 〘話〙〈進行形で〉〔考えなどが〕(頭の中で)練られる, 〔物事が〕たくらまれる; 起こる, 持ち上がる. The idea has long been ~*ing* in my brain. その考えは長いこと私の頭の中で温められて来たのだ. What's ~*ing?* どうなっているのかね. I'm sure something is ~*ing*. どうも何か(たくらみが)ありそうだ.

còok a pèrson's góose →goose.

còok óut 〘米〙 外で料理を作る, 野外料理パーティをする.

còok /../ úp (1) 〔料理〕を手早く作る 《残り物などを使って》. (2) 〘話〙〔話, 言い訳など〕をでっち上げる. ~ *up* an alibi アリバイをでっち上げる.

— 名 (複 ~s /-s/) C コック, 料理人, (語法 自分の家で雇っているコックを指す時は, 普通, 冠詞を付けず固有名詞扱いにする). Jane is a good [bad] ~. ジェーンは料理が上手[下手]だ. Were you the ~? 君が料理したのか. Too many ~*s* spoil the broth. 〖諺〗船頭多くして船山に登る《料理人が多すぎるとスープが出来損なう》.

[<古期英語 (<ラテン語 *coquus*「料理人」, *coquere*「料理する」)]

†**cóok·bòok** 名 C 〖主に米〗料理の本 (〖英〗cookery book).

còok-chíll /㊗/ 形 〖英〗〔(市販の)食品が〕調理済みで冷蔵された《食べる前に温め直す》.

cooked /-t/ 形 **1** 〔食材が〕調理ₗされた[済みの] (↔ raw). **2** 〖米俗〗酔っぱらった.

còoked bréakfast 名 C 〖英〗温かい朝食《普通, 卵+ハムかソーセージかトマト+コーヒーか紅茶+トースト; シリアルなど冷たい朝食に対して》.

***cook·er** /kúkər/ 名 (複 ~s /-z/) C **1** 〖主に英〗**料理用具** 《なべ, 釜(かま), レンジ, オーブンなど》(〖米〗range, stove). a gas ~ ガスレンジ[コンロ]. an electric ~ 電気コンロ. a microwave ~ 電子レンジ (microwave oven). a pressure ~ 圧力釜. **2** 〈普通 ~s〉(生のまま食べるのではない)料理向きの果物 《特に, リンゴ; →eater》. Are those apples ~*s*? そのリンゴは料理用ですか.

†**cook·er·y** /kúkəri/ 名 U **1** 〖英〗料理法 (〖米〗cooking). a ~ course [school] 料理講座[学校]. **2** 〖米〗調理場.

cóokery bòok 名 〖英〗=cookbook.

cóok·hòuse 名 (複 →house) C 〖旧〗(キャンプ場などの)野外炊事場; (船の)調理室 (galley).

cook·ie** /kúki/ 名 (複 ~s /-z/) C **1** 〖主に米〗**クッキー** (〖英〗biscuit); 〖スコ〗菓子パン (bun). **2** 〖米俗〗男, やつ; かわいい女, かわいこちゃん. a smart [tough] ~ 気の利いた[骨のある]やつ. ***That's the wáy the còokie crúmbles. 〖米話〗世の中ってそんなもんだ (=Such is life). [<オランダ語「小さなケーキ (*koek*)」]

cóokie cùtter 名 C クッキーの抜き型.

cóokie shèet 名 C 〖米〗=baking sheet.

‡**cook·ing** /kúkiŋ/ 名 **1** U **料理**(すること), 料理法. I like Italian ~. 僕はイタリア料理が好きだ. do one's own ~ 自炊する. **2** 〈形容詞的〉料理に適した, 料理用の. ~ apples 料理用のリンゴ. a ~ range 調理用レンジ. ~ oil 料理用(植物)油.

cóok·òut 名 C 〖主に米〗野外料理パーティー.

cóok·wàre 名 U 〈集合的〉調理器具[用品].

cook·y /kúki/ 名 (複 **cook·ies**) =cookie.

‡**cool** /ku:l/ 形 e 【(適度に)冷たい】 **1 涼しい**, (ほどよく)冷たい. a ~ breeze 涼し(く心地よ)いそよ風. in the ~ shade of a tree 涼しい木陰で. 語法 cool は comfortable low temperature (快い低さの温度)を表すが, それだけでなく warm の状態から移って来た場合にも言う.

2 〔服装などが〕**涼しい, 涼しそうな**; 〔色が〕冷たい, 寒色の. a ~ dress 涼しい服装.

【(適度に)冷(さ)めた】 **3** 〔飲食物などが〕冷たい, 熱くない. **4** 〖狩〗〔獲物の臭跡が〕かすかな, 弱い (↔hot, warm).

【醒(さ)めた】 **5 冷静な**, 落ち着いた, 平然とした, かっかとしない; (calm). ~ (, calm,) and collected 落ち着き払って[た] (★/k/ の音の頭韻で口調がよい; as ~ as a CUCUMBER も同様). remain ~ 冷静にしている. a ~ head 冷静な人. Keep ~! 落ち着け.

6 〔ジャズ音楽が〕クールな, おとなしくて抑制のきいた, (↔ hot); 〖米俗〗〔音楽が〕耳当たりがよい, 甘い.

7 〖話〗すばらしい, すごくいかす, (excellent). You look ~ in your new clothes. 新調の服を着て君は実にぱりっとしている.

8 【冷静に計算した】 〖話〗〈限定; 特に数字の前に付けて強意的に〉掛け値なしの, 正味... a ~ hundred and fifty (dollars) 正味 150 ドル. My boy is already a ~ six feet tall. うちの子はもう身長が掛け値なしで 6 フィートもある.

【冷ややかな】 **9** 〔人, 態度が〕熱意のない, 冷淡な, よそよそしい, 〈*toward* ..に〉. ~ and aloof 知らんぷりで[の]. get a ~ reception 冷たい応対を受ける, すげなく扱われる. Tom is always ~ *toward* Jane. トムはいつもジェーンにそっけない態度を取る.

10 〖話〗〔人, 態度が〕(平然として)無礼な (impudent). a ~ customer (しゃあしゃあとして)無礼なやつ. The ~ way he stared at me was simply exasperating. 彼が私をにらんだ失礼なやり方には本当に腹が立った.

***Còol béans* [*banánas*]!** 〖米俗〗〈驚いて〉うわっ (Wow).

It's cóol! 〖話〗大丈夫だ(心配ない).

— 副 〖話〗冷静に.

plày it cóol 〖話〗冷静に行動する.

— 名 U 〈普通 the ~〉 **1** 涼しさ, 涼気; 涼しい場所[時期]. in the ~ of the forest 涼しい森の中で.

2 〈one's ~〉〖話〗落ち着き (calmness). lose [keep] one's ~ 落ち着きを失う[失わない].

— 動 (~s /-z/|過 過分 ~ed /-d/|~·ing) 他 を冷やす, 冷ます; を涼しくする; (↔heat, warm). ~ soup スープを冷ます. — 自 冷える, 冷める; 涼しくなる; 静まる.

***còol dówn* [*óff*]** 涼しくなる; 冷める; 落ち着く, 平静になる. Toward evening it began to ~ *off*. 夕方に近づくと涼しくなり出した. Our friendship has ~*ed down*. 我々の友情は冷めてしまった.

***còol /../ dówn* [*óff*]** を冷やす, 冷ます; 〔興奮している人〕を落ち着かせる, なだめる. ~ oneself *down* 涼む, 涼をとる; 落ち着く, 冷静になる.

còol one's héels →heel[1].

cóol it 〖俗〗冷静でいる, 興奮しない; 〔興奮が〕冷める, 静まる; 〈しばしば命令形で〉.

[<古期英語; cold と同根]

cool·ant /kú:lənt/ 名 UC (機械などの)冷却液.

cóol·bòx, -bàg 名 〖英〗=cooler 1.

cóol·er 名 C **1** 〖米〗(ピクニックなどに持って行く)保冷容器, クーラー. **2** 〖米〗冷蔵庫. **3** 〖話〗クーラー《ワイン, 果汁などを混ぜた飲み物》. **4** 〖俗〗〈the ~〉刑務所, ムショ. They put me in the ~. おれはムショにぶち込まれた.

còol-héaded /-əd ㊗/ 形 沈着な, 冷静な.

Coo·lidge /kú:lidʒ/ 名 **(John) Calvin ~** クーリッジ (1872–1933) 《米国の第 30 代大統領 (1923–29)》.

coo·lie /kú:li/ 名 C 〖旧・軽蔑〗クーリー(苦力) 《旧中国, インドなどの人夫》.

cóolie hàt 名 C クーリーハット《クーリーのかぶる(ような)円錐形の幅広の日よけ帽子》.

còol·ing-óff pèriod 名 C **1** (労働争議などの)冷却期間. **2** クーリングオフ期間《割賦販売契約取消し有効期間》.

cóol·ing sỳstem 名 C (エンジンなどの)冷却装置.

cóol·ing tòwer 名 C (水の)冷却塔.

cóol·ish /kú:liʃ/ 形 やや冷たい[涼しい].

còol jázz 名 U クールジャズ《1950 年代に始まったモダンジャズの一種; 感情の抑制と繊細さが特色》.

cool·ly /kú:l(l)i/ 副 **1** 冷静に; 冷淡に. **2** 平然と; 無礼に. **3** 涼しく, 冷たく.

cóol·ness 名 U **1** 涼しさ; 冷たさ. **2** 冷静さ; 冷淡さ. **3** 厚かましさ, 無礼なこと.

coomb /ku:m/ 名 C 〖英〗山腹の谷あい.

coon /ku:n/ 名 C **1** 〖米話〗=raccoon. **2** 〖俗・軽蔑〗黒んぼ.

cóon·skìn 名 UC, 形 アライグマの毛皮(で作った); アライグマの毛皮で作ったキャップ.

coop /ku:p/ 名 C (鶏, ウサギなど小動物を入れる)かご, 小屋, おり. a chicken ~ 鳥小屋.

flŷ the cóop 〖俗〗脱獄する; (急いで)逃げる, ずらかる.
── 動 自 〖米俗〗〔警官が〕(パトロール中に車の中で)居眠りする, 仮眠をとる. ── 他 〈次の成句で〉
còop /../ úp 〈普通, 受け身で〉〔鶏など〕をかご[小屋, おり]に入れる; 〔人〕を閉じ込める; 〈*in* ..に〉. He's been ～*ed up in* prison for many years. 彼は長年刑務所に入れられてきた.

coop., co-op. cooperative.

co-op /kóuɑp, -⌐|kóuɔp/ 名 C 〖話〗生協(の店)(cooperative).

Coop·er /kúːpər/ 名 クーパー **1 Gar·y** /ɡǽri/ ～ (1901–61) 《米国の映画俳優》. **2 James Fen·i·more** /fénimɔːr/ ～ (1789–1851) 《米国の小説家》.

coop·er /kúːpər/ 名 C 桶(おけ)(製造・修理)職人.

***co·op·er·ate, co-op·er·ate** /kouɑ́pərèit|-ɔ́p-/ 動 (～s /-ts/|過 過分 **-at·ed** /-əd/|**-at·ing**) 自
1 協力する, 協同する, 〈*with*..〔人〕と/*in, on*..に/*in doing, to do* ..するのに〉; (希望に応じて)力を貸す. The children ～*d with* their mother *in* cleaning [*to* clean] the rooms. 子供たちは母親と協力して部屋を掃除した. ～ *on* a project 事業の遂行に協力する. If you ～, all will be well. おまえが言う通りにしてくれたら万事うまく行くのだ.
2 VA (～ *to do*)〔諸事情が〕重なって..する. Those things ～*d to* make him manager of the branch. そういう事情が重なって彼は支店長になることができた.
[＜ラテン語「一緒に働く」(＜co-＋*operārī* 'work, operate')]

‡co·op·er·a·tion /kouɑ̀pəréiʃ(ə)n|-ɔ̀p-/ 名 (複 **～s** /-z/) **1** U (共通の目的のための)**協力, 協同**; (希望に応じて)力を貸すこと. international ～ 国際協力. ～ *between* the two cities 2市の協力. Thank you for your ～. ご協力ありがとうございました.

> 連結 full [close; unstinting; whole-hearted; bilateral] ～ // gain [obtain; request, solicit] a person's ～

2〖経〗U 協業; C 協同組合.
in cooperátion with.. ..と協力[協同]して. The students worked *in* ～ *with* the teacher. 学生たちは教師と協力して働いた.

†co·op·er·a·tive /kouɑ́p(ə)rətiv|-ɔ́p-/ 形 **1** 協力の, 協同の, 喜んで協力する, 協力的な. ～ international space programs 国際協力による宇宙開発計画. **2** 協同組合の. a ～ society 生活協同組合, 生協. a ～ store 生活協同組合[生協]の店.
── 名 C **1** (生活)協同組合, 生協《略称 co-op》. a farmers' ～ 農業協同組合. **2** 生活協同組合の店[農場]. **3**〖米〗(居住者が共有する)協同アパート(**coòperative apártment**). ▷ **～·ly** 副

co·op·er·a·tor /kouɑ́pərèitər|-ɔ́p-/ 名 C **1** 協力者. **2** (生活)協同組合員.

co·opt /kouɑ́pt|-ɔ́pt/ 動 他 **1** 〔現構成員が〕を(新会員[委員]として)選ぶ, 推挙する, 〈*onto, into* ..〔会など〕に〉. ～*ed* him *onto* the budget committee 彼を予算委員会に(委員投票で)新たに選任した. **2** 〔反対者など〕を取り込む, 吸収する; 〔他党の政策, スローガンなど〕を取り入れて使う. ▷ **co·op·tá·tion** /-téiʃ(ə)n/, **co·óp·tion** 名

†co·or·di·nate /kouɔ́ːrdənət/ 形 **1** (重要性, 階級, 程度などが)同等の, 同位の, 同格の, 〈*with* ..と〉. **2**〖文法〗等位の (↔subordinate). a ～ clause [conjunction] 等位節[接続詞]. **3**〖数〗座標の.
── 名 C **1** (重要性, 階級, 程度などが)同等の人[もの]; 〖文法〗等位語句. **2**〖数〗座標. **3** 〈～s〉コーディネートされた服《組み合わせて着ると色, デザインなどが調和して引き立つような婦人服》.
── /-dənèit/ 動 他 **1** を等位[対等, 同格]にする. **2** 〔部分など〕を同調して働かせる, 調整する; を調和させる; 〈*with* ..と〉. In sports we should ～ the movements of all parts of the body. スポーツでは身体各部の運動を同調させなければならない. ～ our schedules 我々の予定を調整する.
── 自 連係する, 同調する; 調和する; 〈*with* ..と〉. muscles that ～ well うまく連動する筋肉.
[＜co-＋ラテン語 *ordināre*「配置する」(＜*ordō* 'order')] ▷ **～·ly** 副

co·òr·di·nat·ing conjúnction 名 C 〖文法〗等位接続詞.

†co·or·di·na·tion /kouɔ̀ːrdənéiʃ(ə)n/ 名 U **1** 同等にする[させる]こと, 同格化; 同等[同格]であること.
2 協同(作業), 連携, 協調; (身体各部, 特に筋肉の運動の)同調. in ～ with ..と協同[連携]して.
3〖文法〗等位接続 (↔subordination).

co·or·di·na·tive /kouɔ́ːrdənèitiv/ 形 同等の, 対等の; 調整された.

co·or·di·na·tor /kouɔ́ːrdənèitər/ 名 C **1** 同等[対等]にするもの[人]. **2** 調整するもの; 調整役, まとめ役, コーディネーター.

coot /kuːt/ 名 C **1**〖鳥〗オオバン《クイナ科の水鳥》. **2**〖米話〗ばか者, 間抜け; 〈特に〉老いぼれ. as bald as a ～ (→bald 1).

coot·ie /kúːti/ 名 C 〖俗〗シラミ (louse). You have ～*s*! (お前は)ばっちい, バイ菌だ, 《＜「シラミがたかっている」; 子供などのののしり言葉》.

cop[1] /kɑp|kɔp/ 名 C 〖話〗警官 (policeman). The children played ～*s* and robbers. 子供たちはどろぼうごっこをした. [＜*cop*per]

†cop[2] 動 (～s|-pp-) 他 〖俗〗(★一般に, take, catchなどの意味) **1** をとっつかまえる; しょっぴく, 'ぱくる'. **2** をかっぱらう; 〔薬物〕を入手する. ～ a fix 'やく'を手に入れる. **3** 〔罰〕をくらう.
còp a féel 〖米俗〗〔女性〕の体を触(りセクハラをす)る.
Còp (a lòad of) thís! 〖英俗〗あれをようく見ろ[聞け].
còp a pléa →plea.
còp hóld of.. 〖英俗〗..を(しっかり)握る, つかむ, (★命令形で用いる).
cóp it 〖英俗〗ひどい目に遭う, お目玉を食う; 殺される, 'ばらされる'.
còp óff 〖英俗〗ひっかける, ナンパする, 〈*with* ..〔セックスの相手〕を〉.
còp óut 〖米俗〗逃げ出す, ずらかる, 〈*of* ..〔責任など〕から/*on* ..〔人など〕を捨てて〉. ～ *out of* one's work 仕事をさぼる. ～ *out on* a person 人を見捨てる[裏切る].
── 名 U 〖俗〗捕まること. It's a fair ～. まんまと捕まった.
nòt mùch cóp 〖英俗〗てんでつまらない.
[?＜〖廃〗*cap*「捕らえる」]

cop. copper; copulative; copyright(ed).

co·pa·cet·ic /kòupəsétik/ 形 〖米俗〗すばらしい, 申し分ない.

co·pal /kóupl, -pæl/ 名 U コーパル《ニス, ラッカーの原料の樹脂》.

cò·pártner 名 C (事業などの)協同者, 組合員.
▷ **～·ship** /-ʃip/ 名 U 協同; C 協同者たち.

co·pa·set·ic /kòupəsétik/ 形 ＝copacetic.

†cope[1] /koup/ 動 自 うまく処理する〈*with* ..〔問題など〕を〉; 対抗する, 対処する, 対応する, 〈*with* ..〔競争相手, 難局など〕に〉; なんとか切り抜ける. I have more work than I can ～ *with*. 手に余る仕事を抱えている. The task seemed formidable, but we were willing to ～. 仕事は大変な事のように見えたが, 我々は喜んで取り組んだ. [＜ギリシア語「こぶしの一撃」]

cope[2] 名 C コープ《聖職者が行列, 儀式などの時に着る長いマント》. [＜中世ラテン語 (*cappa* 'cap' の異形)]

co·peck /kóupek/ 名 ＝kopeck.

Co·pen·hag·en /kòupənhéiɡən, ⌐-⌐-/ 名 コペンハーゲン《デンマークの首都》.

C

Co·per·ni·can /koupə́ːrnəkən/ 形 コペルニクス(説)の(ような) (→Ptolemaic). the ～ system [theory] コペルニクスの地動説. a ～ revolution コペルニクス的大転回《考え方などが正反対に変わること》.

Co·per·ni·cus /koupə́ːrnikəs/ 名 **Nicolaus ～** コペルニクス(1473–1543) 《地動説を唱えたポーランドの天文学者》.

cópe·stòne 名 C **1** 〖建〗笠(かさ)(石), 笠瓦(がわら). **2** 最後の仕上げ.

cop·i·er /kɑ́piər|kɔ́p-/ 名 C 複写[模写]する人, 複写器; 模倣する人.

cò·pílot 名 C 〖空〗副操縦士.

cop·ing /kóupiŋ/ 名 U 〖建〗笠(かさ)石, 笠瓦(がわら)(の層); 笠木《塀や屋根のてっぺんに並べる》.

cóping stòne 名 〖主に英〗＝copestone.

†**co·pi·ous** /kóupiəs/ 形 〈普通, 限定〉 **1** 豊富な, おびただしい, (類語 主に物の供給や生産の量に重点がある; →plentiful). a ～ harvest 豊作. ～ rains 大雨. **2** 〔作家などが〕多作の; 言葉数の多い. a ～ writer 多作の作家. He took ～ notes. 彼は詳細にメモをつけた.
[＜ラテン語 *cōpia*「豊富」] ▷**～·ly** 副 **～·ness** 名

cóp-òut 名 C 〖俗〗責任逃れ, (いざと言う時)ずらかること.

***cop·per**[1] /kɑ́pər|kɔ́pə/ 名 (複 **～s** /-z/) **1** U 銅《金属元素; 記号 Cu》. **2** C (青)**銅貨**; 〈普通 ～s〉〖英話〗小銭. **3** C 〖主に英〗(洗濯・炊事用の, もと銅製の)大釜(がま). **4** C 〖虫〗ベニシジミ属のチョウ《羽が銅色》. **5** U 銅色, 赤褐色. ── 形 **銅(製)の; 銅色の**, 赤褐色の. a ～ coin 銅貨. ── 動 他 〔船底など〕を銅で覆う, に銅を着せる.
[＜ラテン語「キプロスの(金属)」]

cop·per[2] 名 〖英話〗＝cop[1]. [cop[2], -er[1]]

cop·per·as /kɑ́p(ə)rəs|kɔ́p-/ 名 U 硫酸第一鉄.

còpper béech 名 C 〖植〗ヨーロッパ産のブナの一種.

còpper-bóttomed /⊛/ 形 **1** 銅板張り船底の. **2** 〖主に英話〗〔保証, 取引, 事業などが〕確実な, 安全な, 信頼できる.

cópper·hèad 名 C **1** アメリカマムシ《米国東部・南東部産の頭が銅色の毒蛇》. **2** 〖軽蔑〗〈C-〉(南北戦争当時の)北部民主党員《南部を支持して戦争に反対した》.

cópper·plàte 名 **1** UC 銅版《印刷, 版画用》. **2** C 銅版画; U 銅版印刷(法). **3** U 続け字で装飾的な書体 (**còpperplate wríting [hándwriting]**).

cópper·smìth 名 C 銅細工師, 銅器製作者.

còpper súlfate [〖英〗**súlphate**] 名 U 硫酸銅.

còpper vítriol 名 ＝copper sulfate.

cop·per·y /kɑ́p(ə)ri|kɔ́p-/ 形 **1** 銅(製)の; 銅を含んだ. **2** 銅のような; 銅色の.

cop·pice /kɑ́pəs|kɔ́p-/ 名 〖主に英〗＝copse.
── 動 他 〔樹木〕の枝を刈り込む.

co·pra /kóuprə, kɑ́p-|kɔ́p-/ 名 U コプラ《ココヤシの乾燥果肉; ヤシ油 (coconut oil) の原料》.

copse /kɑps|kɔps/ 名 C (小さい)雑木林.

cóp shòp 名 C 〖話〗警察署.

Copt /kɑpt|kɔpt/ 名 C **1** コプト人《古代エジプト人の子孫のエジプト人》. **2** コプト教徒.

cop·ter /kɑ́ptər|kɔ́p-/ 名 C 〖米話〗＝helicopter.

Cop·tic /kɑ́ptik|kɔ́p-/ 形 コプト人[語]の; コプト教の.
── 名 U コプト語; C コプト人.

Còptic Chúrch 名 〈the ～〉コプト教会《エジプト古来のキリスト教会》.

cop·u·la /kɑ́pjələ|kɔ́p-/ 名 C 〖文法〗連結詞, 繋(けい)辞, 連辞, 《主語と述語をつなぐ語; be, become, seem など》. [＜ラテン語「つなぎ合わせる」]

cop·u·late /kɑ́pjəlèit|kɔ́p-/ 動 自 〖章〗性交する, 交尾する, 〈*with* ..と〉.

còp·u·lá·tion 名 UC 〖章〗性交, 交尾.

cop·u·la·tive /kɑ́pjəlèitiv, -lət-|kɔ́p-/ 形 **1** 〖文法〗連結の. **2** 〖章〗性交の, 交尾の. ── 名 C 〖文法〗連結詞《copula や接続詞 and など》.

‡**cop·y** /kɑ́pi|kɔ́pi/ 名 (複 **cop·ies** /-z/)
1 C **コピー, 複写**; 複製, 模写. make [take] a ～ of a report 報告書の写しを取る. a ～ of a Rembrandt レンブラントの(絵の)複製. a signed ～ of the contract 署名した契約書の写し.
2 C (同じ書籍, 雑誌, 新聞などの)**部, 冊**. two *copies* of the Bible 聖書 2 部. a presentation ～ 贈呈本.
3 U (印刷に回すための)原稿, 〈特に〉広告文案, コピー. fair ～ 清書原稿. rough ～ 草稿, 下書き.
4 U (新聞, 小説などの)よい題材[種]. The scandal will make good ～. そのスキャンダルは格好の新聞種になるだろう.
── 動 (**cop·ies** /-z/|過 過分 **cop·ied** /-d/|**～·ing**) 他
1 を書き写す; のコピーを取る; を模写[複製]する. ～ a drawing 絵の模写をする. **2** 〔人の行為など〕をまねる, 模倣する; (試験で)〔他人の答案〕を写す.
── 自 **1** 写す, コピーする, 複写[模写, 複製]する. ～ *from* life 写生する. ～ *off* [*out of*] a textbook 教科書から写す. **2** (不正に)まねる. ～ *off* [*from*] one's neighbor in the exam 試験で隣の席の人の(答案)を写す.
còpy /../ dówn [***óut***] ..を書き写す. ～ *out* a letter 手紙をそっくり書き写す.
[＜中世ラテン語「豊富に書く＞複写する」(＜ラテン語 *cōpia* 'plenty')]

cópy·bòok 名 C **1** (習字の)お手本帳. **2** 〈形容詞的〉手本通りの, 完全な. **3** 〖旧〗〈形容詞的〉古くさい, 陳腐な, 《お手本帳の文句は決まって格言であることから》.
blòt one's cópybook 〖主に英話〗(無分別な事をして)履歴を汚す, 評判を落とす.

cópy bòy 名 C (新聞社, 出版社の)雑用係のボーイ.

cópy·càt 名 C 〖話〗〖軽蔑〗なんでも他人のまねをする人《特に生徒》; 〈形容詞的〉人まねの, 模倣の. a ～ murder [crime] 模倣殺人[犯罪].

cópy dèsk 名 C 〖米〗(新聞社, 出版社の)編集机.

cópy-èdit 動 他 〔原稿〕を整理編集する.

cópy èditor 名 C (新聞社, 出版社の)原稿整理編集者.

cópy·hòld 名 〖英史法〗 **1** U 謄本保有権《freehold と leasehold の中間の土地保有形式であったが1925 年廃止》. **2** C 謄本保有地.

cópy·hòlder 名 C **1** 校正助手. **2** (植字工の)原稿掛け. **3** 〖英史法〗(謄本保有権による)土地保有者.

cóp·y·ist 名 C (文書, 原稿などを筆写する)筆写係, 筆耕; 模倣者.

cópy·rèader 名 C (新聞社, 出版社の)原稿整理係, 編集部員.

†**cópy·rìght** 名 UC 著作権, 版権, 《略 ©》. a ～ holder 版権所有者. breach of ～ 版権侵害. Who owns [holds] the ～ *on* [*of*] this play? この戯曲の版権はだれが持っているのか. be under [come out of] ～ 〔作家などの〕版権がある[切れる].
── 形 著作権[版権]で保護された[に関する].
── 動 他 の著作権[版権]を得る.

cópyright lìbrary 名 C 〖英〗版権図書館《国内の全出版物が一部ずつ献本される; British Library など6か所》.

cópy·tỳpist 名 C (タイプで)文書の写しを作る人.

cópy·wrìter 名 C 原稿を書く人, 〈特に〉広告文案家, コピーライター.

co·quet /koukét|kɔ-/ 動 (**～s**|**-tt-**) 自 〔女が〕こびを売る〈*with* ..〔男〕に〉. [フランス語「放蕩者」(＜「小さなおんどり」)]

co·quet·ry /kóukətri|kɔ́k-/ 名 (複 **-ries**) 〖章〗 U (女が)男にこびを売ること, 色っぽさ; C 媚(び)態.

co·quette /koukét|kɔ-/ 名 C 〖章〗(男に)色目を使う女, 浮気女. [フランス語 (coquet の女性形)]

co·quet·tish /koukétiʃ|kɔ-/ 形 〖章〗〔女が〕男にこびを売る, なまめかしい, 色っぽい. ▷ **~·ly** 副

co·qui·na /koukí:nə/ 名 U 貝殻石灰岩《米国南部などに産する石灰岩の一種; 貝殻やサンゴの破片から成る; 建築材料》.

Cor. Corinthians.

cor /kɔ:r/ 間 〖英〗うわっ, あら, 《驚きを表す》.
Còr blímey! 〖英旧〗うわっ, あら.

cor. corner; cornet; coroner; corpus; correction; correlative; correspondence; correspondent.

cor- /kɔ:(r)-, kə(r)-|kɔ(r)-, kə(r)-/ 接頭 com- の r の前における異形. *cor*relate. *cor*respond. [→com-]

cor·a·cle /kɔ́:rək(ə)l|kɔ́r-/ 名 C (柳の小枝を編んだ籠(かご)形のものに獣皮などを張った)小舟《アイルランド, ウェールズの川, 湖で用いる》.

†**cor·al** /kɔ́:rəl|kɔ́r-/ 名 **1** U サンゴ. **2** C 一片のサンゴ. **3** C 〖話〗サンゴ虫. **4** U サンゴ色《赤味[黄色]がかったピンク》. —— 形 サンゴの; サンゴ色の〔唇など〕.
[<ギリシア語]

còral ísland 名 C サンゴ島.

córal rèef 名 C サンゴ礁.

Còral Séa 名 〈the ～〉 珊瑚(さんご)海《南太平洋の Australia, New Guinea, Vanuatu に囲まれた海》.

córal snàke 名 C サンゴヘビ《米国南部・熱帯アメリカ産の毒蛇》.

cor ang·lais /kɔ̀:rɑ:ŋléi|⸗⸗́/ 名 (複 **cors anglais** /kɔ̀:rz-/) C 〖英〗〖楽〗イングリッシュホルン (〖米〗English horn)《木管楽器の一種》. [フランス語 'English horn']

cor·bel /kɔ́:rb(ə)l/ 名 C 〖建〗(アーチなどを支えるため壁面から突き出た石または木の)持ち送り, コーベル.

‡**cord** /kɔ:rd/ 名 (複 **~s** /-dz/) **1** UC **綱, 縄**, (類語 細い綱又は太いひもを指す; →line[1]). **2** UC (電気の)**コード**. **3** U 畝織りの生地; 〖話〗〈特に〉コールテン (corduroy). **4** C (畝織りの)畝 (rib); 〖話〗〈～s〉コールテンのズボン (corduroys). **5** C 〈しばしば ～s〉きずな, 拘束. **6** C 〖解剖〗腱(けん), 索, 帯(たい). the spinal ～ 脊(せき)髄. the vocal ～*s* 声帯.
7 C コード《薪(たきぎ)の体積の単位; 128 立方フィート》.
—— 動 他 を綱[縄, ひも]で縛る; に綱[コードなど]を付ける[付けてつなぐ].
[<ギリシア語「腸(線), 楽器の弦」]

cord·age /kɔ́:rdidʒ/ 名 U 〈集合的〉綱, 縄, (船の)索具.

córd·ed /-əd/ 形 **1** ひもをかけた. **2** 畝織りの. **3** 〔筋「肉が〕ひも状になった, 筋張った.

Cor·del·ia /kɔ:rdí:ljə/ 名 **1** 女子の名. **2** コーディーリア《Shakespeare 作 *King Lear* の中のリア王の末娘》.

*__cor·dial__ /kɔ́:rdʒəl|-diəl/ 形 m **1** 〖章〗**心からの**, ねんごろな, 真心のこもった. a ～ welcome 心からの歓迎.
2 〖章〗(嫌悪, 憎しみが)真底からの. **3** 〖古〗〔飲食物, 薬品などが〕強心性の. —— 名 **1** U 〖英〗(果物で作る)軽い飲み物. peach ～ 桃のジュース. **2** UC 〖米旧〗リキュール. [<ラテン語 *cor*「心」; -ial]

cor·di·al·i·ty /kɔ̀:rdʒiǽləti|kɔ̀:di-/ 名 (複 **-ties**) 〖章〗U 真心, 誠実; C 真心のこもった言動; 〈-ties〉友好的なあいさつ.

†**cor·dial·ly** /kɔ́:rdʒəli|-diəli/ 副 〖章〗**1** 心から, 誠実に. Yours ～＝*Cordially* yours 親愛なる友より《親友の間の手紙の結び》. **2** 真底から〔嫌うなど〕. dislike each other ～ 真底から嫌い合う.

cor·dil·le·ra /kɔ́:rdəlje(ə)rə, kɔ:rdílərə | kɔ̀:dəljéərə/ 名 C 大山脈, 山系, 《いくつかの山脈が並んで大陸の脊梁を成すもの》. [<スペイン語「小さなひも」]

cor·dite /kɔ́:rdait/ 名 U コルダイト爆薬《無煙》.

córd·less 形 コードなしの. a ～ (tele)phone コードレス電話, コードレスホン.

‡**cor·don** /kɔ́:rdn/ 名 C **1** 非常線, 包囲線. draw [post, place] a ～ 非常線を張る. a sanitary ～ 防疫線. **2** 飾りひも; 綬(じゅ)《普通, 肩から斜めに脇(わき)の下に掛ける》. **3** 〖園芸〗コルドン仕立ての果樹《壁やフェンス沿いなどで枝を切り落として 1 本立ちにした》.
—— 動 他 VOA (～ /X/*off*) X に非常[警戒]線を張る. ～ *off* an area ある地域に非常線を張る.
[フランス語「飾りひも」]

cor·don bleu /kɔ:rdɔ̀:ŋblú|kɔ̀:dɔ:ŋblɔ́: ㊞/ 〈限定〉一流の〔料理(人)など〕. [フランス語 'blue ribbon'; 昔フランスの貴族のバッジ]

Cor·do·va /kɔ́:rdəvə/ 名 コルドバ《スペイン南部の都市; スペイン語名 Córdoba》.

cor·do·van /kɔ́:rdəv(ə)n/ 形 コードバン革の. —— 名 U コードバン革《もとヤギ革》; C コードバン革の靴.

cor·du·roy /kɔ́:rdərɔ̀i/ 名 (複 **~s**) **1** U コールテン, コーデュロイ. **2** 〈～s〉コールテンのズボン. **3** 〖米〗＝corduroy road.

còrduroy róad 名 C 〖主に米〗コールテン道路《湿地などに丸太を並べて作った道》.

córd·wòod 名 U (4 フィートの長さに切られた)薪(たきぎ)《コード単位に積み重ねる; →cord 7》.

CORE /kɔ:r/ 名 〖米〗人種平等会議《<*C*ongress *o*f *R*acial *E*quality》.

*__core__ /kɔ:r/ 名 (複 **~s** /-z/) C **1** (リンゴ, ナシなどの)**芯**(しん)《種子 (seed) を中心とする固い部分》. remove the ～ from the apple リンゴから芯を取り去る. rotten at the ～ 芯が腐って. **2** (**a**) 〈普通 the ～〉(問題などの)**核心**; 中心部; 〈*of* ..の〉. the ～ *of* the problem 問題の核心. the ～ *of* the city 市の中心部. (**b**) 〈形容詞的〉核となる, 中心的な, コアの. ～ missions of U.N. peace-keeping forces 国連平和維持軍の中核的任務. **3** (電磁石, 誘導コイル, 変圧器などの)鉄心; 〖地〗中心核; (原子炉の)炉心; 〖電算〗磁心.
to the córe 中心まで; 徹底的に, 全く. Have nothing to do with him; he's rotten *to the* ～. 彼とは一切関係を持つな. 心の底まで腐りきった男だから.
—— 動 他 〔リンゴなど〕の芯を抜く.
[<中期英語(?<ラテン語 *cor* 'heart')]

còre currículum 名 C 〖教育〗コアカリキュラム《中核となる科目を中心に他の科目を統合するようにした教育課程》.

cò·re·lí·gion·ist /kòu-/ 名 C 同宗信徒.

córe mèmory 名 C 〖電算〗磁心記憶装置.

co·re·op·sis /kɔ̀:riɑ́psis|-ɔ́p-/ 名 (複 ～) C 〖植〗ハルシャギク.

cor·er /kɔ́:rər/ 名 C (リンゴの)芯(しん)抜きナイフ.

co·re·spond·ent /kòurəspɑ́nd(ə)nt|-pɔ́n-/ 名 C 〖法〗共同被告《離婚訴訟で原告の夫又は妻と姦(かん)通したかどで訴えられた人》.

còre súbjects 名 〈複数扱い〉〖英教育〗中核科目《英語, 数学, 科学》.

còre tíme 名 U コアタイム《フレックスタイムを採用している職場で全員が働いている(中核的)時間; →flextime》.

cor·gi /kɔ́:rgi/ 名 C コルギ犬《脚が短く胴長で頭部がキツネに似た小形犬》. [<ウェールズ語「極小の犬」]

cor·i·an·der /kɔ̀:riǽndər|kɔ̀r-/ 名 UC コリアンダー, コエンドロ, 《セリ科の草本; 地中海地方産》; U コエンドロの実《香辛料》. [<ギリシア語]

Cor·inth /kɔ́:rinθ/ 名 コリント《古代ギリシアの都市国家; 今は港町として残っている》.

Co·rin·thi·an /kərínθiən/ 形 **1** (古代ギリシアの)コリントの; コリント市民の; コリント風の. **2** 〖建〗コリント式の (→capital 図). the ～ order コリント式《建築様式》.
—— 名 **1** C コリント人. **2** 〈～s; 単数扱い〉『コリントの信徒への手紙 1, 2』《使徒 Paul の手紙で, 新約聖書の一書; 略 1 Cor., 2 Cor.》.

Cor·i·o·la·nus /kɔ̀:riəléinəs|kɔ̀riou-/ 名 **Gaius Marcius ～** コリオレーナス《紀元前 5 世紀のローマの伝

説的将軍》.

co·ri·um /kɔ́ːriəm/ 名 =dermis.

Cork /kɔːrk/ 名 コーク《アイルランド南西部の州, 又その州都》.

*__cork__ /kɔːrk/ 名 (複 ～s /-s/) **1** U コルク《コルクガシの樹皮》. a ～ jacket コルク入り救命具. a ～ stopper コルク栓. **2** C コルク[ゴム, プラスチック]栓; (コルク製の)浮き. draw the ～ (瓶の)栓を抜く. **3** =cork oak.
── 動 他 **1** 〔瓶など〕にコルクの栓をする;《話》〔感情〕を抑える;〈*up*〉. **2** 〔顔, 手など〕を焼きコルクで黒く塗る.
[＜オランダ語]

cork·age /kɔ́ːrkidʒ/ 名 U《英》持ち込み料《客が持ち込んだワインに対して料理店, ホテルが請求する》.

corked /-t/ 形 **1** (コルク)栓がしてある. **2**〈叙述〉〔ワインが〕栓が悪くて味が落ちた. **3**《英俗》〈叙述〉酔っ払った.

cork·er /kɔ́ːrkər/ 名 C **1** (コルク)栓をする人[機械]. **2**《旧話》すばらしい人[もの]. **3**《英話》とどめを刺す議論[意見], 決め手.

cork·ing /kɔ́ːrkiŋ/ 形《旧話》すばらしい.

córk òak 名 C《植》コルクガシ.

córk·scrèw 名 C コルク(栓)抜き. ── 形〈限定〉らせん状の (spiral), ジグザグの〔山道など〕. ── 動 他 をらせん状[ジグザグ]に動かす[進める]. ── 自 らせん状[ジグザグ]に動く[進む].

cork·y /kɔ́ːrki/ 形 コルクの(ような); =corked 2.

corm /kɔːrm/ 名 C《植》球茎《サトイモ・クワイ・クロッカスなどの地下茎》.

cor·mo·rant /kɔ́ːrm(ə)rənt/ 名 C **1**《鳥》ウ(鵜). **2** 欲張り(な人).

Corn. Cornish; Cornwall.

‡**corn**[1] /kɔːrn/ 名 (複 ～s /-z/) **1** U《英》〈集合的〉(1地域の主要)**穀物**, 穀類; C (穀物の)ひと粒, 穀粒, (grain); その実の成るイネ科の植物. grow [raise] ～ 穀物を作る. Up ～, down horn.《諺》穀物の値が上がると牛肉の値が下がる (★肉を買うのに充分な金がなくなるから; horn は牛の意味).
2 U 《米》**トウモロコシ** (《主に英》maize, Indian corn);《英》**小麦** (wheat);《スコ・アイル》**カラスムギ** (oats); (★穀粒もそれを生じる植物自身も指す). ～ on the cob (ゆでた)軸付きのトウモロコシ. **3** =corn whiskey. **4** U《話》古くさい[感傷的な]考え[歌など].
── 動 他 〔肉〕を塩漬けにする, 塩水に漬けて保存する.
[＜古期英語]

corn[2] 名 C (特に足指の)うおのめ, たこ. ***trèad on a pèrson's córns***《話》人の気分を害する. [＜ラテン語 *cornū*「つの」]

córn·bàll 《米俗》形 やぼったい, 感傷的な. ── 名 C やぼったい[感傷的な]人[もの].

Córn Bèlt 名〈the ～〉トウモロコシ地帯《米国中西部, 特に Iowa, Illinois, Indiana, Nebraska の諸州にまたがる》.

córn bòrer 名 C《虫》アワノメイチュウ《アワ, トウモロコシの害虫アワノメイガの幼虫》.

córn brèad 名 U トウモロコシパン.

córn chìp 名 C コーンチップ《トウモロコシ粉で作った薄くてぱりぱりしたスナック用食品》.

córn cìrcle 名 C コーン[ミステリー]サークル《突然畑の穀物をなぎ倒して現れる原因不明のさまざまな模様》.

corn·cob /kɔ́ːrnkɑ̀b|-kɔ̀b/ 名 C **1** トウモロコシの穂軸 (cob). **2** コーンパイプ (**còrncob pípe**)《トウモロコシの穂軸で火皿を作ったパイプ》.

córn còckle 名 C《植》ムギナデシコ, ムギセンノウ.

corn·crake /kɔ́ːrnkrèik/ 名 C《鳥》ハタクイナ《北ヨーロッパ産; 麦畑に多く見かける》.

corn·crib /kɔ́ːrnkrìb/ 名 C《主に米》(通風をよくした)トウモロコシ貯蔵小屋.

córn dòg 名 C コーンドッグ《トウモロコシパンで包んだフランクフルトソーセージを串刺しにしたホットドッグ》.

córn dòlly 名 C 麦わら人形《収穫を感謝し, 翌年の豊作を願って麦わらを編んで作る》.

cor·ne·a /kɔ́ːrniə/ 名 C《解剖》角膜.
▷ **cór·ne·al** /-niəl/ 形

corned 形 塩漬けの (→corn 動). ～ beef コンビーフ.

cor·nel /kɔ́ːrnl/ 名 C《植》ミズキ, ヤマボウシ.

Cor·ne·lia /kɔːrníːljə/ 名 女子の名.

cor·nel·ian /kɔːrníːljən/ 名 =carnelian.

Cor·ne·lius /kɔːrníːljəs/ 名 男子の名《愛称 Connie》.

Cor·nell /kɔːrnél/ 名 コーネル大学 (Cornell University)《米国 New York 州 Ithaca にある; Ivy League の1つ》.

cor·ne·ous /kɔ́ːrniəs/ 形 =horny 1.

‡**cor·ner** /kɔ́ːrnər/ 名 (複 ～s /-z/) C【かど】**1** (物の)**角**(かど); 街角, 曲がり角. hit one's leg on a ～ of the desk 机の角に脚をぶつける. *on* [*at*] the ～ of Elm and Pine Streets エルム通りとパイン通りの角に. Turn (to the) left *at* the next ～. 次の角で左に曲がりなさい.
2【内側から見たかど】**隅**;《ボクシング》コーナー《リングの隅》; 片隅, 一隅. in a cosy ～ 居心地のいい片隅に. get off in a ～ with a book 本を持って(部屋の)隅へ逃げ込む. look out of the ～ of one's eye 横目で見る. put [stand] a child in the ～ (罰として)子供を部屋の隅に立たせる.
3【片隅】辺鄙(ぴ)な場所; (特に遠距離の)地方. from the four ～*s* of the earth《章》世界の隅々から.
【隅＞狭苦しい場所】**4**〈普通, 単数形で〉窮地, つらい立場. drive [force, put] a person into a ～ 人を窮地に追い込む.
5〈普通, 単数形で〉《商》買い占め(による市場支配)〈*in, on* ..の〉. have [make] a ～ *on* [*in*] wheat 小麦を買い占める. **6**《サッカー》=corner kick.
around [***round***] ***the córner*** (1) (街)角を曲がった所に. My house is just *around the* ～. 私の家はその角を曲がってすぐです. (2) すぐ近くに, 手近に, 間近に. Christmas is just *around the* ～. もうすぐクリスマスだ.
be in a tight córner 苦しい立場[境遇]にある.
cùt córners (1) (角を曲がらないで斜めに)近道をする. (2)《話》手を抜く, 経費[時間]を切り詰める.
cut òff a [***the***] ***córner***《主に英》近道をする.
tùrn the córner (1) 街角を曲がる. (2)〔病気, 不況などが〕峠を越す, 危機を脱する.
── 形〈限定〉**1** 角にある. a ～ coffee shop 角にある喫茶店. **2** 部屋の隅に置く〔戸棚など〕.
── 動 他 **1** を窮地に追いやる, 追い詰める. ～ a thief in a dead-end alley 泥棒を袋小路に追い詰める. **2** を買い占める, 〔市場〕を独占する. ～ all the beef in the market 市場の牛肉を買い占める. ── 自 〔乗り物, 運転者が〕角を曲がる. [＜ラテン語 *cornū*「つの, 先端」]

córner·bàck 名 C《アメフト》コーナーバック.

cór·nered 形 **1**〈複合要素〉(..の)隅[角]のある. a three-～ hat 三角帽子. **2** 追い詰められた, 進退きわまった, (→corner 他 1). like a ～ rat 窮鼠(きゅうそ)のごとく.

córner kìck 名 C《サッカー》コーナーキック.

córner·màn 名 C《ボクシング》セコンド;《アメフト》コーナーバック;《バスケ》フォワード, 前衛.

córner shòp 名 C 角店(かど)《食料品, 酒, たばこ, 日用雑貨を売る小規模のコンビニエンスストア; 通りの角にあるとは限らない》.

‡**córner·stòne** 名 C **1**《建》(建物の土台の角に据える)隅石; (定礎式に用いる)礎石. lay the ～ of a new building 新築の建物の定礎式を行う. **2** 土台, 基礎; 基本方針[部分]. Science is the ～ of modern civilization. 科学は近代文明の土台だ.

córner·wàys, -wìse 副 斜めに, 筋違いに.

cor·net /kɔːrnét, 2 では kɔ́ːrnət とも|kɔ́ː-/ 名 C **1** コルネット《トランペットに似た金管楽器の一種》. **2**《英》ア

イスクリームのコーン (〖米〗 cone); コーンに入ったアイスクリーム. [<古期フランス語「小さな *corn* 'horn'」]

cor·net·(t)ist /kɔːrnétist|kɔ́ːnətist/ 名 C コルネット奏者.

córn exchànge 名 C 〖英〗 穀物取引所.

córn·fèd 形 〖米〗 **1** 〔家畜が〕トウモロコシ(その他の穀物)で養われた. **2** 〖話〗〔人が〕頑丈な, 太った, やぼったい.

†**córn·fìeld** 名 C **1** 〖米〗 トウモロコシ畑. **2** 〖英〗(小)麦畑.

córn·flàkes, córn flàkes 名 〈複数扱い〉 コーンフレークス《朝食に砂糖と牛乳をかけて食べる》.

córnflòur 名 U 〖米〗 トウモロコシ粉; 〖英〗 =cornstarch.

córn·flòwer 名 C 〖植〗 ヤグルマギク; ムギナデシコ.

córn·hùsk 名 C 〖米〗 トウモロコシの皮.

córn·hùsking 名 〖米〗 =husking bee.

cor·nice /kɔ́ːrnəs/ 名 C **1** 〖建〗 軒[胴, 天井]蛇腹, コーニス, 《柱, 軒下又は天井と壁の出会い部分に付ける装飾》. **2** 〖登山〗 雪庇(せっぴ).

cor·niche /kɔːrníːʃ, kɔ́ːrniʃ/ 名 C (海岸のがけ沿いの)道路.

corn·i·ly /kɔ́ːrnili/ 副 〖話〗 ありふれて, 陳腐に.

corn·i·ness /kɔ́ːrninəs/ 名 U 〖話〗 古くささ, 陳腐.

Cor·nish /kɔ́ːrniʃ/ 形 コーンウォール (Cornwall) の; コーンウォール人[語]の. —— 名 U コーンウォール語《ケルト語系, 今は死語》.

Córnish·man /-mən/ 名 (複 **-men** /-mən/) C コーンウォール人.

Còrnish pásty 名 C コーニッシュパスティ《コーンウォール地方のパイ料理》.

Córn Làws 名 〈the ～〉 〖英史〗 穀物条令《輸入穀物を規制した一連の法律; 1804-46》.

córn lìquor 名 =corn whiskey.

córn·mèal 名 U トウモロコシ粉《目の粗いもの》.

córn pòne 名 U 〖米南部〗 トウモロコシパン《普通, 牛乳も卵も入れず, 平らで丸い形をした素朴なもの》.

córn sìlk 名 U トウモロコシの穂先のつやつやした毛.

córn snòw 名 U ざらめ雪.

córn·stàlk 名 C 穀類の茎; 〖米〗 トウモロコシの茎.

córn·stàrch 名 U 〖米〗 コーンスターチ《トウモロコシの澱(でん)粉; 〖英〗 corn flour》.

córn sùgar 名 U コーンシュガー《コーンスターチから作る砂糖》.

córn sỳrup 名 U コーンシロップ《コーンスターチから作るシロップ》.

cor·nu·co·pi·a /kɔ̀ːrnəkóupiə|-njə-/ 名 C **1** 〖ギ神話〗 (**a**) 豊饒(ほうじょう)の角(つの) 《Zeus に乳を与え, また果物, 穀物, 花などがあふれ出たと伝えられるヤギの角; 豊かさの象徴》. (**b**) 豊かな源 〈*of* ..の〉, 豊富. *a* ～ *of* ancient monuments たくさんの古代の遺跡. **2** (果物, 穀物, 花などがあふれ出ている)角型の装飾物[容器].

Corn·wall /kɔ́ːrnwɔ̀ːl|-wəl/ 名 コーンウォール《イングランド南西端の州》. ◇形 Cornish

córn whìskey 名 U コーンウイスキー《トウモロコシから作るウイスキー; →bourbon》.

corn·y /kɔ́ːrni/ 形 **1** 〖話〗〔話やしゃれが〕古くさい, ありふれた; 〔歌などが〕センチな. a ～ joke 古くさいしゃれ. **2** 穀物の(多い).

co·rol·la /kərɑ́lə|-rɔ́lə/ 名 C 〖植〗 花冠.

cor·ol·lar·y /kɔ́ːrəlèri|kərɔ́ləri/ 名 (複 **-lar·ies**) C **1** 〖数〗 系. **2** 〖章〗 当然の推論[結果].

co·ro·na /kəróunə/ 名 (複 **～s, co·ro·nae** /-niː/) C **1** 〖天〗 コロナ《皆既日食の際, 太陽の周囲に見える光冠》. **2** (太陽, 月, 星の回りの)暈(かさ). **3** 〖商標〗〈C-〉 コロナ《ハバナ産の葉巻》. [ラテン語「(花)冠」]

cor·o·nal /kɔ́ːrən(ə)l|kɔ́r-/ 名 C **1** 〖詩〗 宝冠. **2** 花輪 (garland). —— /kəróun(ə)l/ 形 〖天〗 コロナの.

cor·o·nar·y /kɔ́ːrənèri|kɔ́rən(ə)ri/ 形 〖解剖〗 冠状動脈の; 心臓の. ～ arteries [veins] 冠状動[静]脈. —— 名 (複 **-nar·ies**) C **1** 冠状動脈. **2** 〖話〗 = coronary thrombosis.

còronary thrombósis 名 UC 冠状動脈血栓症.

†**cor·o·na·tion** /kɔ̀ːrənéiʃ(ə)n|kɔ̀r-/ 名 C 戴(たい)冠式. [<ラテン語「花環 (*corōna*) で飾ること」]

cor·o·ner /kɔ́ːrənər|kɔ́r-/ 名 C 検死官. a ～'s inquest [jury] 検死[検死陪審].

cor·o·net /kɔ́ːrənət|kɔ́r-/ 名 C **1** 宝冠, 小冠, 《王族・貴族用; 王冠 (crown) より小さい》. **2** (貴金属, 宝石, 花などで飾った)貴婦人用頭飾り.

†**Corp., corp.** corporal; corporation.

cor·poc·ra·cy /kɔːrpɑ́krəsi|-pɔ́k-/ 名 U 管理主義的企業経営, 管理体制.

cor·po·ra /kɔ́ːrpərə/ 名 corpus の複数形.

†**cor·po·ral**[1] /kɔ́ːrp(ə)rəl/ 形 〖章〗 肉体の, 身体に加えられる. ～ punishment (むち打ちなどの)体刑, 体罰. [<ラテン語「体 (*corpus*) の」] ▷ **～·ly** 副

cor·po·ral[2] 名 C 〖軍〗 伍(ご)長《sergeant の下位で下士官の最下位》.

†**cor·po·rate** /kɔ́ːrpərət/ 形 〈限定〉 **1** 法人(組織)の. a body ～=a ～ body 法人団体. a ～ town 自治都市. a ～ executive 会社の重役. seek fortune in the ～ jungle of New York ニューヨークの会社同士食うか食われるかの世界で富を築こうとする. **2** 団体の, 共同の; 団結した. a ～ action 団体行動. ～ responsibility 共同責任. [<ラテン語「体 (*corpus*) を与えられた」] ▷ **～·ly** 副 法人として; 団体として; 団結して.

còrporate hospitálity 名 U 会社の接待《顧客を演芸, スポーツの試合などに招待する》.

còrporate ráider 名 C 会社乗っ取り屋.

*__cor·po·ra·tion__ /kɔ̀ːrpəréiʃ(ə)n/ 名 (複 **～s** /-z/) C **1** 〖法〗 **法人**, 社団法人; 〖米〗 有限[株式]会社; 《略 corp., Corp.》. a business ～ 営利会社, (民間)企業. **2** 〖英〗 市自治体, 市議会. **3** 〖話〗 太鼓腹.

corporátion làw 名 U 〖米〗 会社法 (〖英〗 company law).

corporátion tàx 名 U 法人税.

cor·po·re·al /kɔːrpɔ́ːriəl/ 形 〖章〗 **1** (精神的に対して)身体上の, 肉体の. ～ needs 肉体上の必要《飲食物など》. **2** 形を有する, 物質的な; 〖法〗 有形の, 有体の. ～ property 有形財産. ▷ **～·ly** 副

†**corps** /kɔːr/ 名 (複 ～ /kɔːrz/) C **1** 〖軍〗 (特殊任務を持った)兵団, 部隊; 軍団《2 個師団以上から成る》. the medical ～ 医療隊. join the marine ～ 海兵隊に入団する. an air ～ 航空隊. **2** 団体. a press ～ 記者団. the diplomatic ～ 外交団. [フランス語(<ラテン語 *corpus* 'body')]

corps de bal·let /kɔ̀ːr-də-bæléi|-bælei/ 〖バレエ〗 群舞を踊る人々. [フランス語 'group of ballet dancers']

*__corpse__ /kɔːrps/ 名 (複 **corps·es** /-əz/) C (特に人の) **死体**, 死骸(がい). a living ～ 生けるしかばね. [<中期英語「(生きた)体」(<ラテン語 *corpus* 'body')]

corps·man /kɔ́ːr(z)mən/ 名 (複 **-men** /-mən/) C 〖米軍〗 衛生兵.

cor·pu·lence, -len·cy /kɔ́ːrpjələns/, /-lənsi/ 名 U 〖章〗 肥満, 肥大.

cor·pu·lent /kɔ́ːrpjələnt/ 形 〖章・婉曲〗 肥満した. 類語 普通, 年配の人の肥満; →fat. ▷ **～·ly** 副

‡**cor·pus** /kɔ́ːrpəs/ 名 (複 **corpora, ～es**) C **1** (ある作家, 題目などに関する資料の)集成, 総集; 集成資料, コーパス. **2** (人間, 動物の)体, 〈特に〉 死体. [ラテン語 'body']

Còrpus Chrísti /-krísti/ 名 〖カトリック〗 キリスト聖体節《Trinity Sunday の次の木曜日》. [<ラテン語 'the Body of Christ'; ミサ用のパンはその象徴]

†**cor·pus·cle** /kɔ́ːrpʌs(ə)l/ 名 C **1** 〖解剖〗 血球, 小体. red [white] ～*s* 赤[白]血球. **2** 〖物理〗 微粒子, 電

子. [<ラテン語; corpus, -cle] ▷**cor·pus·cu·lar** /kɔːrpʌ́skjulər/ 形

còrpus de·líc·ti /-dilíktai, -ti/ 名 C 〖法〗犯罪構成事実; 犯罪の証拠 《特に被害者の死体》. [ラテン語 'body of offence']

C

corr. corrected; correction; correspondence; corresponding.

cor·ral /kərǽl|kɔrɑ́ːl/ 名 C 〖米〗**1** (家畜を入れる)柵(さく)囲い. **2** 車陣 《野営の際, 敵襲に備えて荷車を周囲に円形に並べたもの》.

── 動 (~s|-ll-) 他 〖米〗**1** 〔家畜〕を柵囲いに追い込む. **2** 〔荷車〕を車陣に並べる. **3** 〖話〗を囲んで捕らえる.

‡**cor·rect** /kərékt/ 形 m e **1 正しい**, 正確な, (↔incorrect; 類語「普通の標準から見て誤りがない」という意味の一般的な語; →accurate, exact, precise, right[1]). a ~ answer 正解. Can you give me the ~ time? 今正しい時間は何時でしょうか. "Are you referring to our father?" "That's ~."「父のことをおっしゃってるんですね」「その通り」. →politically correct.

2 礼儀[慣例]にかなった; **適切な**, 当を得た, (proper). a ~ gentleman (態度, 服装など)申し分のない紳士. The ~ thing will be for you to call the police. 君が警察を呼ぶのが適切な処置だろう. the ~ dress for the occasion その場合にふさわしい服装.

── 動 (~s /-ts/|過 過分 ~·ed /-əd/|~·ing) 他

1 〔誤り〕**を正す**, 直す, の誤りを訂正する; 〔先生が, 生徒の作文, 答案など〕の誤りにしるしをつける. *Correct* errors, if any. 誤りがあれば正せ《出題の文句》. the ~*ed* proofs 訂正済みの校正刷り. Please ~ me if I make a mistake [I'm wrong]. 間違ったら訂正してください. stand ~*ed* →stand (成句).

2 〖旧〗〔人, 誤り〕を罰する, しかる; の欠点などを(罰して, しかって)矯正する. ~ a bad habit 悪い癖を直す.

3 〔時計, 視力, 眼鏡など〕を調整[補正]する. ~ a watch that runs fast 進む時計を調整する.

[<ラテン語 *corrigere*「まっすぐにする」(<cor-+*regere*「導く」)]

cor·réct·a·ble 形 訂正可能な.

†**cor·réc·tion** 名 **1** UC (誤りなどを)直す[される]こと, 訂正; 添削; 調整. speak under ~ 誤りがあれば訂正してもらうことにして話す. make ~*s* in a sentence 文の誤りを直す. **2** U 〖旧〗処罰, 叱責(しっせき), 矯正.

cor·rec·tion·al /kərékʃ(ə)nəl/ 形 矯正の, 処罰の.

corréctional cènter [facìlity] 名 C 〖米・婉曲〗'処罰施設', 刑務所, (prison).

corréctional [corréction(s)] òfficer 名 C 〖米〗看守, 刑務官; 矯正官.

corréction flùid 名 U (誤った字に塗る)修正液.

cor·rect·i·tude /kəréktət(j)ùːd/ 名 U 〖章〗品行方正.

‡**cor·rec·tive** /kəréktiv/ 形 誤りを正すための; 矯正的な. take ~ action 矯正手段を取る. ~ surgery 矯正手術. ── 名 C 誤りを正すもの, 矯正手段. an important ~ *to* the traditional view 伝統的見解に対する重大な修正. ▷**~·ly** 副

*__cor·rect·ly__ /kəréktli/ 副 m **正しく**, 正確に; 適切に; 〈文修飾〉正しくは. answer a question ~ 質問に間違いなく答える. You can't ~ call Winston Churchill Sir Churchill. ウインストン・チャーチルをサー・チャーチルと呼ぶのは正しくない《Sir Winston が正しい; →sir 3》.

cor·réct·ness 名 U **1** 正しさ, 正確さ. **2** (言動の)適切さ.

cor·rec·tor /kəréktər/ 名 C 訂正者; 矯正者.

Cor·reg·i·dor /kərégidɔːr/ 名 コレヒドール島《フィリピンのマニラ湾入り口にある; 第 2 次大戦の激戦地》.

‡**cor·re·late** /kɔ́ːrəlèit|kɔ́r-/ 〖章〗動 自 関連がある, 互いに関連し合う, 〈*with* ..と〉. The two accidents seem to ~. 2 つの事件には関連がありそうだ. ── 他 を互いに関連させる, の相互関係を明らかにする, 〈*with* ..と, との〉. Recent studies ~ serious health consequences *with* marijuana use. 最近の研究はマリファナの使用と深刻な健康への影響の相互関係を明らかにしている. ── 名 C 関係し合うもの[事].

‡**cor·re·la·tion** /kɔ̀ːrəléiʃ(ə)n|kɔ̀r-/ 名 UC 〖章〗**1** 相互[相関]関係, 相関性. a close ~ between poverty and ignorance 貧困と無知との間の密接な関係. **2** 関連させること.

correlátion coeffìcient 名 C 〖数〗相関係数.

cor·rel·a·tive /kərélətiv|kɔ-/ 形 **1** 〖章〗相互[相関]関係がある. **2** 〖文法〗相関的な. a ~ conjunction 相関接続詞《both..and..; either..or.. など》. ── 名 C **1** 〖章〗相関するもの[事]. **2** 〖文法〗相関語句. ▷**~·ly** 副 相関的に.

‡**cor·re·spond** /kɔ̀ːrəspɑ́nd|kɔ̀rəspɔ́nd/ 動 (~s /-dz/|過 過分 ~·ed /-əd/|~·ing) 自

【互いに応じる】 **1 一致する**, 符合する; 調和する; 〈*with, to* ..と〉. His performance did not ~ *with* his promises. 彼の行いは約束通りではなかった. **2 相当する**, 対応する, 〈*to* ..に〉. The engine of a car ~*s to* the heart of a man. 車のエンジンは人間の心臓に相当する. **3** 文通する 〈*with* ..と〉. I've been ~*ing with* George for many years. 私はジョージと長年にわたり文通してきた. [cor-, respond]

* **cor·re·spond·ence** /kɔ̀ːrəspɑ́nd(ə)ns|kɔ̀rəspɔ́n-/ 名 (複 **-enc·es** /-əz/) UC

【互いに応じること】 **1 一致**; 調和; **対応**, 類似. the ~ *between* [*of*] his words and deeds 彼の言行の一致. the ~ of the wing of a bird *to* the fin of a fish 鳥の翼が魚のひれに相当すること. There is a close ~ of style between the two essays. その 2 編のエッセイは文体が非常に似ている.

2 文通, **通信**; 〈集合的〉手紙, (配達された)郵便物. a long ~ between the two friends 2 人の友人の間の長期間の文通. enter into ~ with ..と文通を始める. business [commercial] ~ 商用通信(文). a ~ column (新聞, 雑誌の)読者通信欄, 投書欄. be in constant ~ with the headquarters 本部と絶えず通信している. take lessons by ~ 通信教育を受ける.

correspóndence còurse 名 C 通信教育課程.

correspóndence schòol 名 C 通信教育学校.

*__cor·re·spond·ent__ /kɔ̀ːrəspɑ́nd(ə)nt|kɔ́rəspɔ́n-/ 名 (複 ~s /-ts/) C **1** (常に)文通する人. a good ~ 筆まめな人. a poor [bad] ~ 筆不精な人. **2** (報道機関の)**通信員**, **特派員**. a war ~ 戦時特派員. **3** (特に海外の)取引先[店]. ── 形 **1** 〖章〗一致する 〈*with* ..と〉. **2** =corresponding.

*__cor·re·spond·ing__ /kɔ̀ːrəspɑ́ndiŋ|kɔ̀rəspɔ́nd-/ 形 Ⓒ 〈限定〉**1 対応する**; 相当する; **符合する**; 釣り合う. the ~ period of last year 去年のちょうど同じ時期. two statements ~ in every detail 細部まで一致している 2 つの供述. **2** 文通の, 通信をする. a ~ secretary 通信専門秘書.

▷**~·ly** 副 一致[符合]して; (それに)対応して.

*__cor·ri·dor__ /kɔ́ːrədər|kɔ́rədɔ̀ː, -də/ 名 (複 ~s /-z/) C **1 廊下**, (ホテルのように片側[両側]に部屋が並んでいる)通路. **2** 回廊《他国の領土の間を通って海などに達する内陸国の細長い領土》; (一国の)回廊地帯《主要都市を結ぶ細長い人口密集地帯》. the Polish *Corridor* 〖史〗ポーランド回廊《旧東プロシアとドイツ本国とを分断していたが, 第 2 次大戦後, 東プロシアがポーランド領となって消滅》. the northeast coastal ~ of the U.S. 合衆国の東北部沿岸(の人口密集)地域.

[<イタリア語「長い通路」]

còrridors of pówer 名 〈the ~〉〖英〗権力の回

廊《政治の重要決定をするグループ》.
córridor tràin 名 C 〖英〗通廊列車《客車の片側の通廊から客室 (compartment) に入る》.
cor·rie /kɔ́ːri, kɑ́ri|kɔ́ri/ 名 =cirque.
cor·ri·gen·dum /kɔ̀ːrədʒéndəm|kɔ̀r-/ 名 (複 **cor·ri·gen·da** /-də/) **1** C 訂正すべき誤り, (特に書物の)誤植, 誤記. **2** ⟨-da⟩ (書物の)正誤表. [ラテン語]
cor·ri·gi·ble /kɔ́ːridʒəb(ə)l|kɔ́r-/ 形 矯正できる; 矯正しやすい. [<ラテン語 *corrigere* 'correct']
†**cor·rob·o·rate** /kərɑ́bərèit|-rɔ́b-/ 動 他 〖章〗〔陳述, 考えなど〕を支持する; を確認する. Have you ~*d* the news? そのニュースを確かめたか. [<ラテン語「強くする」]
cor·ròb·o·rá·tion 名 U 〖章〗(陳述, 考えなどを)支持する[される]こと; 確認.
cor·rob·o·ra·tive /kərɑ́bərèitiv, -rətiv|-rɔ́bərətiv/ 形 ⟨限定⟩〖章〗支持する(ような), 確証[決め手]となる(ような)〔証拠など〕. ▷ **~·ly** 副
cor·rob·o·ra·tor /kərɑ́bərèitər|-rɔ́b-/ 名 C 〖章〗支持[確証]する人[もの]. 「形 =corroborative.
cor·rob·o·ra·to·ry /kərɑ́bərətɔ̀ːri|-rɔ́bərətəri/↑
cor·rob·o·ree /kərɑ́bəriː|-rɔ́b-/ 名 C **1** 〖オース〗カラバリ《先住民による歌と踊り》. **2** 〖話〗お祭り; 騒動.
cor·rode /kəróud/ 動 他 (特に化学作用によって)を腐食する; 〔無形のもの〕を徐々に破壊する, むしばむ. Acid ~*s* metal. 酸は金属を腐食する. ~ public morals 公衆道徳を低下させる. ── 自 腐食する; 次第に衰える, むしばまれる. [<ラテン語「さんざんかじる (*rōdere*)」]
‡**cor·ro·sion** /kəróuʒ(ə)n/ 名 U **1** 腐食(する[される]こと), 腐食作用; 徐々に進む破壊, 衰退. **2** (腐食によって生じる)さびなど.
cor·ro·sive /kəróusiv/ 形 **1** 腐食性の. **2** 徐々に破壊する, (心などを)むしばむ. **3** (言葉, 性格などが)厳しい, 辛辣(らつ)な. ── 名 C 腐食剤. ▷ **~·ly** 副 **~·ness** 名
cor·ru·gate /kɔ́ːrəgèit|kɔ́r-/ 動 他 を波形にする, にひだ[しわ]を付ける. ── 自 波形になる, しわが寄る, ひだになる. [<ラテン語「しわ (*rūga*) だらけにする」]
‡**cór·ru·gàt·ed** /-əd/ 形 波形の, ひだの付いた. ~ iron 波形鉄板, なまこ板. ~ paper 段ボール紙.
còr·ru·gá·tion 名 U 波形にすること, ひだ[しわ]を付けること; C しわ, ひだ.
***cor·rupt** /kərʌ́pt/ 形 m **1 堕落した**, 退廃した, 不道徳な, (類語 社会, 組織などにおける道徳観念の欠如に重点がある; →degenerate). lead a ~ life 堕落した生活を送る. *a* ~ book harmful to young people's morals 青少年のモラルに悪影響を与えるいかがわしい書籍. **2 賄賂(わいろ)を取る[贈る]**, 贈収賄の, 汚職の. a ~ government 腐敗した政府. ~ practices (選挙などでの)贈収賄.
3 〔原稿, 本文などが〕(誤写, 改悪などで)原形の損なわれた; 〔言語が〕訛(なま)った, 崩れた; 〖電算〗〔プログラム, データが〕エラーの, 誤った. the ~ passages in *Hamlet*『ハムレット』中の原文の崩れ(て意味が通らなくなっ)た箇所.
4 〖古〗腐敗した (rotten).
── 動 (~s /-ts/|過 過分 ~ed /-əd/|~·ing) 他
1 を堕落させる. Power ~s those who hold it. 権力はそれを持つ者を堕落させる. **2** を買収する (bribe). ~ a politician 政治家を買収する. **3** 〔原文など〕を改悪する; 〖電算〗〔プログラム, データ〕をエラーする. **4** 〔言語〕を崩す, 転訛(か)させる.
── 自 **1** 堕落する. **2** 〔言語が〕崩れる, 訛(なま)る.
[<ラテン語「すっかり破壊する」(<cor-+*rumpere* 'break')] ▷ **~·ly** 副 **~·ness** 名
cor·rúpt·i·ble 形 **1** 堕落しやすい. **2** 買収し[され]やすい. ▷ **cor·rùpt·i·bíl·i·ty** 名
†**cor·rúp·tion** 名 **1** U 堕落(する[させられる]こと), 退廃, 不道徳. **2** U 贈収賄, 買収, 汚職. **3** UC (原文などの)崩れ; 〖電算〗エラー; (言語の)訛(なま)り, 転訛(か). **4** U 腐敗.

「敗性の.
cor·rup·tive /kərʌ́ptiv/ 形 堕落させる(ような), 腐↑
cor·sage /kɔːrsɑ́ːʒ/ 名 C **1** (女性が肩, 腰などに付ける)花飾り. **2** (婦人服の)胴[胸]の部分. [フランス語]
cor·sair /kɔ́ːrseər/ 名 C **1** 海賊《特に昔北アフリカ海岸を荒らした海賊》. **2** 海賊船.
corse /kɔːrs/ 名 〖古・詩〗=corpse.
cor·se·let /kɔ́ːrslət/ 名 C **1** 〖史〗胴鎧(どうよろい). **2** コースレット, オールインワン, 《ブラジャー付きコルセット》.
corse·lette /kɔ̀ːrsəlét/ 名 =corselet 2.
‡**cor·set** /kɔ́ːrsət/ 名 C **1** コルセット. a pair of ~*s* コルセット 1 着. **2** 〖話〗政府の(経済)統制, '締めつけ'. ── 動 他 **1** にコルセットを着ける. **2** を厳しく規制[統制]する. [<古期フランス語 *cors* 'body'; -et]
Cor·si·ca /kɔ́ːrsikə/ 名 コルシカ島《地中海にあるフランス領の島; ナポレオン 1 世の生地》.
Cor·si·can /kɔ́ːrsikən/ 形 コルシカ島(民)の; コルシカ方言の. ── 名 C コルシカ島民.
cors·let /kɔ́ːrslət/ 名 =corselet 1.
cor·tege, -tège /kɔ́ːrteʒ, ─⌐|kɔːtéiʒ/ 名 C ⟨単数形で複数扱いもある⟩〖章〗**1** 行列, ⟨特に⟩葬列. **2** ⟨集合的⟩供奉(ぐぶ)員, 随員. [フランス語]
Cor·tés, Cor·tez /kɔːrtéz/ 名 **Hernando ~** コルテス (1485–1547)《メキシコを征服したスペインの軍人》.
cor·tex /kɔ́ːrteks/ 名 (複 **cortices**) C 〖解剖〗(脳などの)皮質; 〖植〗皮層, 樹皮. [ラテン語「樹皮」]
cor·ti·cal /kɔ́ːrtik(ə)l/ 形 〖解剖〗皮質の; 〖植〗皮層の, 樹皮の.
cor·ti·ces /kɔ́ːrtəsìːz/ 名 cortex の複数形.
cor·ti·sone /kɔ́ːrtəsòun, -zòun|-zòun/ 名 U コーチゾン《副腎(じん)皮質ホルモンの一種; 関節炎, リューマチ熱などの特効薬》.
co·run·dum /kərʌ́ndəm/ 名 U コランダム, 鋼玉, 《ダイヤモンドの次に硬い鉱物; 研磨用》.
cor·us·cate /kɔ́ːrəskèit|kɔ́r-/ 動 自 〖章〗〔星, 宝石などが〕きらめく. *coruscating* wit きらめく才気.
▷ **còr·us·cá·tion** 名
cor·vée /kɔːrvéi, ─⌐|⌐─/ 名 U 〖史〗賦(ふ)役《封建諸侯などが税の代わりに農民に課した労働》. [フランス語]
cor·vette /kɔːrvét/ 名 C **1** コルヴェット艦《対空・対潜装備を備えた護送用の高速小型軍艦》. **2** 〖史〗(大砲を 1 段装備した)帆装戦艦.
cor·vine /kɔ́ːrvain/ 形 〖章〗カラスの(ような).
co·ry·za /kəráizə/ 名 U 〖医〗鼻風邪.
cos[1], **'cos** /kəz, kɑz|kəz, kɔz/ 接 〖話〗=because.
cos[2] /kɑs|kɔs/ 名 =cos lettuce.
cos[3] cosine.
Co·sa Nos·tra /kòusə-nóustrə|-zə-nɔ́s-/ 名 =Mafia 1. [イタリア語 'Our Affair']
cosec /kóusek/ cosecant.
co·se·cant /kousíːkənt/ 名 C 〖数〗コセカント.
cosh /kɑʃ|kɔʃ/ 〖主に英話〗名 C (金属, 石などを詰めた)棍(こん)棒. ── 動 他 を棍棒で殴る.
co·sig·na·to·ry /kousígnətɔ̀ːri|-t(ə)ri/ 名 (複 -ries) C, 形 〖章〗連署人[国](の).
co·sign·er 名 C 連署人, 連帯保証人.
co·si·ly /kóuzili/ 副 =cozily. 「cos》.
co·sine /kóusain/ 名 C 〖数〗余弦, コサイン, 《略↑
co·si·ness /kóuzinəs/ 名 =coziness.
còs léttuce /kɑ̀s-|kɔ̀s-/ 名 〖主に英〗=romaine.
†**cos·met·ic** /kɑzmétik|kɔz-/ 名 C ⟨普通 ~s⟩ 化粧品. ── 形 **1** ⟨限定⟩ 化粧用の, 美顔用の. **2** うわべだけの, うわべを取り繕う. denounce the Government's efforts as ~ 政府の努力を見せかけだけだと非難する. [<ギリシア語「よく整えた」]
cos·me·ti·cian /kɑ̀zmətíʃ(ə)n|kɔ̀z-/ 名 C **1** 美容師. **2** 化粧品製造[販売]業者.

cosmètic súrgery 名 U 美容整形(手術).

***cos·mic** /kázmik|kɔ́z-/ 形 C 〈普通, 限定〉 **1 宇宙**の《特に地球に対して》. **2**【話】広大な, 途方もない規模の. a disater of ～ proportions [scale] 途方もない大災害. ◊名 cosmos ▷**cos·mi·cal·ly** /-k(ə)li/ 副

còsmic dúst 名 U【天】宇宙塵(じん).

còsmic ráys 名 〈複数扱い〉【天】宇宙線.

cos·mog·o·ny /kazmágəni|kɔzmɔ́g-/ 名 (複 -nies) UC 宇宙発生進化論; U 宇宙の起源.

cos·mog·ra·phy /kazmágrəfi|kɔzmɔ́g-/ 名 U 宇宙地理学.

cos·mol·o·gy /kazmálədʒi|kɔzmɔ́l-/ 名 (複 -gies) UC【天】【哲】宇宙論. ▷**còs·mo·lóg·i·cal** 形 **cos·mol·o·gist** /-dzhist/ 名 C 宇宙論者.

cos·mo·naut /kázmənɔ̀:t|kɔ́z-/ 名 C (特に旧ソ連の)宇宙飛行士 (→astronaut). [<ロシア語]

cos·mop·o·lis /kazmápəlis|kɔzmɔ́p-/ 名 C 国際都市《多民族が混住し国際的に重要な都市》.

***cos·mo·pol·i·tan** /kàzməpálət(ə)n|kɔ̀zməpɔ́l-/ 形 m **1 国際的な**, 多くの国の人から成る. New York is a ～ city. ニューヨークは国際的な都市である. **2**〔人, 見解, 信念などが〕一国家[民族]の立場にとらわれない; 偏狭でない, 視野の広い. **3**【生物】世界に広く分布する. ―― 名 C (世界を我が家とするような) **国際人**. [<ギリシア語「世界の市民」] ▷**～·ism** 名 U 世界主義.

cos·mop·o·lite /kazmápəlàit|kɔzmɔ́p-/ 名 = cosmopolitan.

***cos·mos**[1] /kázməs|kɔ́zmɔs/ 名 **1** U 〈the ～〉(秩序のとれた)**宇宙**; 秩序のとれた体系 (↔chaos). **2** コスモス《旧ソ連が 1962 年の 1 号以降打ち上げた人工衛星の名》. ◊形 cosmic [ギリシア語「秩序, 宇宙」]

cos·mos[2] 名 (複 ～, ～·es) C【植】コスモス.

Cos·sack /kásæk|kɔ́s-/ 名 **1** C (ロシアの)コサック人;【史】コサック騎兵(隊の一員). **2** 〈the ～s〉コサック族.

cos·set /kásət|kɔ́s-/ 動 他 を(過保護なぐらい)かわいがる, 甘やかす. ―― 名 C 愛玩(がん)用子ヒツジ; 〈一般に〉ペット.

cos·sie /kázi|kɔ́zi/ 名 C【英話】(女性用)水着 (swimming costume). [<*costume*+*-ie*]

‡cost /kɔ:st|kɔst/ 名 (複 ～s /-ts/) **1** UC **費用**, 出費, (類語 物の獲得や製造に要する代価で, 金銭のみならず労力をも意味する; →price); 〈～s〉(諸費用を総合した)経費. at one's ～ 自分が費用を負担して. at no extra ～ 追加費用なしで. The house was built at a ～ of $200,000. あの家は 20 万ドルかけて建てられた. household ～*s* 家計費. cut [reduce] ～*s* 経費を切り詰める. at (a) small ～ 安く. →running costs.

> 連結 a high [a low; a nominal; a moderate; an exorbitant, a steep; an enormous, an astronomical] ～ // ～*s* rise [increase, soar; fall, plummet]

2 UC 原価, コスト. ～ and freight【商】運賃込み値段《略 C & F》. ～, insurance and freight【商】保険料運賃込み値段《略 CIF》. The price did not even cover the ～ of production. その値段では生産費すらもまかなえなかった. **3** aU **犠牲**, 損失. The country obtained freedom at a heavy ～ in human lives. その国は多数の人命の犠牲の上に自由を獲得した.

4 〈～s〉訴訟費用. be fined $500 and ～*s* 罰金 500 ドルと訴訟費用負担を命じられる.

at àll cósts*=*at àny cóst どんな犠牲を払っても, ぜひとも. I want to get there on time *at all* ～*s*. ぜひとも時間通りにそこに到着したい.

at cóst 原価で, 実費で. I bought the camera *at* ～ from a friend in the trade. そのカメラをカメラ屋をやっている友達から原価で買った.

at the cóst of.. (1) **..を犠牲にして**. Are you willing to do it *at the* ～ *of* your life? 君はそれをやるのに命を賭(か)けてもいいのか. (2) ..という犠牲を払って. *at the* ～ *of* losing all one's fortune 全財産をなげうって(も).

còunt the cóst (1) 費用を見積もる; 前もって危険[損失など]を考慮する. (2) (愚かな行いなどの)悪い結果に苦しむ.

to one's cóst ひどい目に遭って, 損害を被って. I've learned *to* my ～ that he is unreliable. 痛い目に遭って彼の頼りにならないことを私は知った.

whatèver the cóst =at all costs.

―― 動 (～s /-ts/|過 過分 ～, 5では ～·ed /-əd/|～·ing) 他 (語法 1-4では人が主語にならず, 又受け身にしない) **1**〔金額, 費用〕を必要とする,〔物がいくら〕する; VOO (～ X Y) X (人)に Y (代金)を払わせる. How much did the dictionary ～? その辞書はいくらしましたか. That car must have ～ you at least 8,000 dollars. その車は少なくとも 8 千ドルはしたでしょう.

2〔時間, 労力, 面倒など〕がかかる; VOO (～ X Y) X (人)に Y (労力, 時間など)をかけさせる; (語法 具体的時間を表す場合は take を使う). Acquiring the picture ～ him a great deal of trouble. その絵を手に入れるのに彼は大変苦労した.

3 (貴重なもの)を犠牲にさせる, 失わせる; VOO (～ X Y) X (人)に Y (損失, 不利益など)をもたらす, X (人)に Y (代償)を払わせる [Y (貴重なもの)を失わせる]. a war that has ～ two hundred thousand lives 20 万の人命を犠牲にした戦争. His inattention ～ him an arm [his life]. 彼は不注意のため片腕を失った[命を落とした].

4【主に英話】〔人〕にとって高くつく. It will ～ you to go by air rather than train. 列車でなく飛行機で行くとがっぽり取られるぜ.

5 の原価を算定する, 費用を見積もる, 〈*out*〉.

***còst a person déar* [*déarly*]** 〔人〕にとって高くつく. Your mistake has ～ me *dear*. 君の間違いのおかげで僕は大損をした[えらい目に遭った].

[<ラテン語 *constāre*「しっかり立つ, ..に値する」(<con-+*stāre* 'stand')]

cóst accòuntant [clèrk] 名 C【会計】原価計算係.

còst accóunting 名 U【会計】原価計算.

‡co-star /kóustà:r/ 名 C 共演スター. ―― /⌐⌐/ 動 (～s|-rr-) 自 (映画, テレビで)共演する 〈*with* ..と〉. ―― 他 を共演させる.

Cos·ta Ri·ca /kàstə-rí:kə|kɔ̀s-/ 名 コスタリカ《中央アメリカの国; 略 CR; 首都 San José》. [スペイン語 'Rich Coast'] 「[人].

Còsta Rí·can /-rí:k(ə)n/ 形, 名 C コスタリカの↑

còst-bénefit 形【経】費用対便益比の. ～ analysis 費用便益分析《最小の費用で最大の便益を得る方法を求めるための分析》.

cóst-cùtting 名 U, 形 経費削減(の).

‡còst-efféctive 形 費用効果の高い. ▷**～·ly** 副 **～·ness** 名

cos·ter /kástər|kɔ́s-/ 名 =costermonger.

cos·ter·mon·ger /kástərmʌ̀ŋgər|kɔ́s-/ 名 C【英旧】(果物, 野菜などの)行商人《手押し車を使う》.

cóst·ing 名 UC【主に英】見積もり.

cos·tive /ká:stiv|kɔ́st-/ 形 **1** 便秘した; 便秘を起こさせる. **2** のろまな, にぶい. **3** けちな. ▷**～·ly** 副 **～·ness** 名 「くこと.

cost·li·ness /kɔ́:stlinəs|kɔ́st-/ 名 U 高価, 高くつ↑

***cost·ly** /kɔ́:stli|kɔ́st-/ 形 e (-li·er|-li·est) **1 値段が高い**, 高価な, (類語 値打ちがあって高いという意味; →expensive). ～ furniture 高価な家具. **2** 多くの犠牲を払う[払った], 高くつく[ついた]. With the loss of 1,000 men, it was a ～ victory. 千人もの死者を出したのだから犠牲の大きな勝利だった.

còst of líving 名 〈the ～〉生活費.

còst-of-líving ìndex 名 C 生活費[消費者物価]指数.

còst-plús /⑱/ 形 〖経〗〔契約価格が〕原価にマージンを加算する方式の.

còst príce 名 U 原価.

‡cos·tume /kάst(j)u:m|kɔ́s-/ 名 (複 ～s /-z/)
1 U (ある時代, 民族, 階級, 職業などに特有な)**服装**, 身なり, 《衣服, 装身具, 髪型も含めて》. Japanese ～ 和装. academic ～ 大学の正装《卒業式などに着る》.
2 C (特殊な目的のための)**衣装**, 扮(ふん)装. a ～ ball 仮装舞踏会. a riding ～ 乗馬服. a ～ piece [drama, play] (当時の衣装を着けて演じる)時代劇.
3 C 〖旧〗上下揃(そろ)いの婦人服. 4 C 〖英〗(女性用)水着 (swimming costume).
[フランス語「(慣習的な)衣装」(<ラテン語 *consuetūdō* 'custom')]

cóstume jèwel(le)ry 名 U 模造装身具.

cós·tum·er 名 C (舞台用, 仮装用の)(貸し)衣装屋.

cos·tum·i·er /kɑst(j)ú:miər|kɔs-/ 名 ＝costumer.

co·sy /kóuzi/ 形, 名 (複 -sies), 動 〖英〗＝cozy.

†cot[1] /kɑt|kɔt/ 名 C 1 〖米〗折り畳み式ベッド (〖英〗camp bed). 2 〖英〗幼児用寝台 (〖主に米〗crib).

cot[2] 名 C 1 ＝cote. 2 〖詩〗田舎家 (cottage).

cot[3] cotangent.

co·tan·gent /koutǽndʒ(ə)nt/ 名 C 〖数〗余接, コタンジェント, 《略 cot》.

cót dèath 名 UC 〖英〗乳児の突然死 (〖米〗crib death).

cote /kout/ 名 C 〈しばしば複合要素として〉(小鳥, 家畜のための)小屋. a dove-～ ハト小屋.

Côte d'Azur /kòut-də-z(j)úər/ 〈the ～〉コートダジュール《フランス領リヴィエラ; Nice, Cannes などを含む》.

Côte d'I·voire /kòut-di:-vwά:r/ コートジヴォアール《アフリカ西部にある共和国; 旧名 the Ivory Coast; 首都 Yamoussoukro》.

cò-ténant 名 C 共同借家[地]人.

co·te·rie /kóutəri/ 名 C 〖章·しばしば軽蔑〗(趣味などの)同好グループ, (文学などの)同人仲間.

co·ter·mi·nous /kòutə́:rmənəs/ 形 〖章〗＝conterminous. ▷ **～·ly** 副

co·til·lion, co·til·lon /koutíljən, kə-/, /-lən/ 名 C
1 〖主に米〗(社交界へ初登場の娘たちのための)お目見え舞踏会. 2 コティヨン《活発なフランス社交ダンスの一種》; その音楽. [フランス語 'petticoat']

co·to·ne·as·ter /kətóuniæstər|⌐⌐⌐⌐/ 名 C コトニアスター《バラ科の低木; 赤い実が美しい》.

Còts·wold Hílls /kάtswould-|kɔ́ts-/ 名 〈the ～〉コッツウォールド丘陵地帯《England 南西部, Avon 州から北東に広がる; **the Cótswolds** とも言う》.

‡cot·tage /kάtidʒ|kɔ́t-/ 名 (複 -tag·es /-əz/) C 1 田舎家, 小住宅, (類語 特に郊外や田舎の 1 階建てのもの; →house). 2 (避暑地などの)(小)別荘. 3 〖英俗〗男性同性愛者が相手捜しをする場所《特に, 公衆便所》.
[cot[2], -age]

còttage chéese 名 U カッテージチーズ《未熟成の柔らかく白いチーズ》.

còttage hóspital 名 C 〖英〗小病院, 診療所, 《普通, 田舎にあって住み込み医師のいない》.

còttage índustry 名 C 家内工業.

còttage lóaf 名 C 〖英〗コテージパン《大小 2 つの山を重ねて焼いたもの》.

còttage píe 名 ＝shepherd's pie.

cót·tag·er 名 C 1 〖米〗別荘暮らしをする人. 2 〖英旧〗田舎家の住人. 3 〖英俗〗(公衆便所などで)相手捜しをする男性同性愛者.

cot·tag·ing /kάtidʒiŋ|kɔ́t-/ 名 U 〖英俗〗(公衆便所などで)男性同性愛者が相手を捜すこと《英国では違法》.

cot·ter /kάtər|kɔ́tə/ 名 C 〖機〗1 コッター《くさびの一種》. 2 コッターピン, 止めピン, 割りピン, 《先端を割り開く; **cótter pìn** とも言う》.

‡cot·ton /kάtn|kɔ́tn/ 名 U 1 **綿**, 綿花. ～ in the seed 実綿. raw ～ 綿花. a ～ field 綿畑. 2 綿(の木), ワタ, (cotton plant). 3 **綿布**, 木綿; 〖主に英〗**綿糸**. sewing ～ カタン糸. a needle and ～ 木綿糸を通した縫い針. 4 〖米〗＝absorbent cotton.
5 〈形容詞的〉木綿の, 木綿で作った. ～ industry 綿工業. a ～ mill 紡績工場. ～ cloth 綿布.
—— 動 自 1 VA (～ (*on*) *to*..) 〖米話〗〔人〕が好きになる, と仲良くなる; 〔提案など〕に賛成する. Her grandchild ～*ed* (*on*) *to* me right away. 彼女の孫はすぐ私と仲良しになった. 2 VA (～ (*up*) *to*..) 〖米話〗(人)に取り入ろう[と近うきになろう]とする. 3 VA (～ *on*) 〖英話〗意味が分かる[を悟る] 〈*to*..の〉. [<アラビア語]

Cótton Bèlt 名 〈the ～〉(米国南部の)綿花生産地帯.

Cótton Bòwl 名 〈the ～〉〖アメフト〗コットンボウル《大学選手権試合; 毎年 Texas 州 Dallas で開催》.

cótton bùd 名 C 〖英〗(耳, 機械などを掃除する)綿棒.

cótton càke 名 U 綿の実の絞りかす《油を絞った後のかす; 家畜の飼料》.

còtton cándy 名 U 〖米〗綿菓子 (〖英〗candyfloss).

cótton gìn 名 C (綿の種子と繊維を分ける)綿繰り機.

cótton·mòuth 名 (複 →mouth) C ＝water moccasin.

cótton-pìck·in' /-pìkən/ 形 〈限定〉〖米話〗つまらない, ひどい, 憎らしい. a ～ lie ひどいうそ.

cótton plànt 名 C 綿の木.

cótton·sèed 名 UC 綿の種子《綿実油を採る》.

cóttonseed óil 名 U 綿実油《料理·石けん製造用》.

Còtton Státe 名 〈the ～〉米国 Alabama 州の俗称.

cótton·tàil 名 C 〖米〗ワタオウサギ《白い綿毛のような尾を持つ野ウサギ》.

còtton wáste 名 U くず綿《機械の清掃に用いる》.

cótton·wòod 名 C (北米産の)ポプラの総称《種子に綿毛がある》; U その木材.

còtton wóol 名 U 生(き)綿, 原綿, 綿花; 〖英〗脱脂綿 (〖米〗(absorbent) cotton).

cot·ton·y /kάt(ə)ni|kɔ́t-/ 形 綿のような; 白く柔らかでけば立っている.

cot·y·le·don /kὰt(ə)lí:dn|kɔ̀t-/ 名 C 〖植〗子葉. ▷ **cot·y·le·don·ous** /-nəs/ 形

***couch** /kautʃ/ 名 (複 ～·es /-əz/) C 1 **寝いす**, ソファー. 2 診察用ベッド《特に, 精神分析医の》. seek help on the (psychialist's) ～ 精神科[分析]医の診療を受ける. 3 〖古·雅〗寝台. 4 〖古〗(カワウソなどの)ねぐら, 巣.
—— 動 (～·es|過 過分 ～ed|～·ing) 他 1 VOA (～ X *in*../X *as*..) 〖章〗X を..で/..として言い表す, 表現する, 言明する, 〈普通, 受け身で〉(express). a letter ～*ed in* elegant English 上品な英語で書かれた手紙. 2 〖古〗〔槍(やり)など〕を(相手に向かって)構える. 3 〈be ～ed/～ oneself で〉横たわる; かがむ; 身構える.
—— 自 〖古·雅〗〔動物が〕(休息, 睡眠, 潜伏のために)横になる, うずくまる; (襲撃のために)体をかがめて身構える.
[<ラテン語 *collocāre*「一緒に置く」; collocate と同源]

couch·ant /káutʃ(ə)nt/ 形 〖紋章〗〈名詞の後に置いて〉(ライオンなどが)頭を上げてうずくまって (→rampant). a lion ～ 頭を上げてうずくまっているライオン.

cou·chette /ku:ʃét/ 名 C 〖主に英〗(鉄道の)寝台客

室の寝台《昼間は畳んで腰掛けにする》. [フランス語]

cóuch gràss /káutʃ-, kú:tʃ-/ 名 U 〖植〗ヒメカモジグサ《根を長く張る多年生雑草》.

còuch potáto 名 C 〖話〗いつもテレビばかり見ている人, カウチポテト.

cou·gar /kú:gər/ 名 C 〖動〗アメリカライオン《南北アメリカの山地に生息; puma, mountain lion, panther とも言う》. [南米先住民語「にせの鹿」]

C

:cough /kɔ:f|kɔf/ 動 (~s /-s/|過 過分 ~ed /-t/|~·ing) 自 **1** せきをする, せき払いする. a ~*ing* fit せきの発作. **2** 〔エンジンなどが〕せき込むような音を立てる.

— 他 をせきをして吐き出す 〈*out, up*〉. ~ *out* phlegm せきをしてたんを吐き出す. ~ (*up*) blood 喀(かっ)血する.

còugh /../ dówn せき払いして〔演説者など〕を黙らせる.

còugh úp 〖話〗しぶしぶ口を割る, 白状する; しぶしぶ寄こす[渡す, 金を出す].

còugh /../ úp (1) ..をせきをして吐き出す (→他). (2) 〖話〗〔金銭〕をしぶしぶ出す, 〔情報など〕を吐く.

— 名 C せき, せきの音; せき払い; せきの出る病気. have a bad ~ ひどくせきが出る. give a warning ~ せき払いして注意を促す. [擬音語]

> 連結 a nasty [a persistent, a stubborn; a hacking; a racking; a wheezy; a dry; a productive] ~ // develop [suppress] a ~

cóugh dròp [〖英〗 **swèet**] 名 C せき止め錠.

cóugh mìxture [**sỳrup**] 名 U せき止め(薬)[せき止めシロップ].

:could /kəd, 強 kud/ 助 〈can の過去形〉 ★(1) 発音 /kəd, kud/ の使い分けは can の /kən, kæn/ の場合と同じ. (2) 否定形 could not は **couldn't** ともする.

1 〈直説法〉 **..(することが)できた.** I ~ swim well in those days. 私はそのころは良く泳げた. I *could*n't catch the bird. 私はその鳥を捕まえることができなかった. He answered that he ~ swim well. 彼は良く泳げると答えた (★次の直接話法と比較: He answered, "I can swim well.").

> 語法 肯定文で could は 2 (d) の仮定の意味に用いられることが多いので, 実際に何かを成し遂げたことを表す場合は could を避けて was able や managed を用いる方が良い: I *was able* [*managed*] *to* catch the bird. その鳥を捕まえることができた.

2 〈仮定法〉(★仮定法過去完了の場合は ~ have+過去分詞の形で)

(**a**) 〈条件節の中や I wish の後で〉 **..(することが)できた(ら)** (were able to); ..(することが)できていた(ら) (had been able to). I would do so if I ~. 私にできるのでしたらそうするのですが(実際はできません). I wish I ~ swim well. うまく泳げたらいいのに. I wish I ~ have seen it. それが見られたら良かったのに.

(**b**) 〈帰結節中で〉 **..(することが)できるだろうに; ..(することが)できただろうに.** If you tried, you ~ do it. やってみればできるのに(やろうとしない) (★ could=would be able to). If you had tried, you ~ have done it. やってみればできたのに(やらなかった) (★ could have done= would have been able to do).

(**c**) 〈条件節なしで〉 ..(することが)できる[できた]だろう. I *could* n't care less. 私は全然気にしてないよ《<これ以上無関心にはなれないだろう》. "He should be fired." "I *could* n't agree more." 「あいつは首にすべきだ」「全く同感だ」《I agree. の強意的表現》. He ~ almost be described as flippant. 彼はほとんど軽薄と形容してもいい男だ. I *could* n't have done otherwise. (やろうとしても)ほかにやりようがなかっただろう (★ even if I had tried のような条件節を補って考える).

(**d**) 〈控え目, 婉曲, 丁寧な表現〉 I ~ be here at ten tomorrow morning. 明朝 10 時に(来ようと思えば)来られるのですが. This parcel ~ be sent by air mail. この小包は航空便で(送ろうと思えば)送れるのですが. *Could* you carry this for me? これ持っていただけませんか (★ *Can* you carry..? より丁寧). I wonder if you ~ drive me home. 家まで車で送っていただけないでしょうか.

(**e**) 《しようと思えばできる>》 ..したいくらいだ. I've got so bored I ~ scream. すごく退屈で大声でどなりたいくらいだ (★この文の過去は I got so bored I ~ have screamed. (..どなりたいくらいだった)).

(**f**) 〈非難を込めて〉 ..してもよいはずだ; ..してくれてもよかった. You ~ at least write me from time to time. たまには私に手紙ぐらいよこしてもいいはずだ. You ~ at least have phoned me. せめて電話ぐらいどうしてかけてくれなかったのか.

3 **..してもよい.** (**a**) 〈直説法; 主に間接話法で〉 The teacher said that I ~ go. 行ってもよいと先生は言われた. (**b**) 〈仮定法; 主に丁寧表現〉 *Could* I park my car here? ここに車を止めてもよろしいでしょうか. "I wonder if I ~ smoke." "Sure. Go ahead." 「たばこを吸ってもいいですか」「どうぞどうぞ」

4 〈推量・可能性を表す〉 (**a**) 〈直説法; 主に間接話法で〉 **..であり得る.** He said that it *could*n't be true. それは本当ではあり得ないと彼は言った (★直接話法ならば "It can't be true."; ただしこれは "It *cound*n't be true." (→(c)) が間接話法に引き継がれたものともとれる).

(**b**) 〈直説法; 肯定文で〉 ..のこともあった, 時に..であった. Jim ~ be very unreasonable sometimes. ジムはとても聞き分けのないことを言うことが時々あった.

(**c**) 〈仮定法; 控え目な表現〉 ..である[であった]可能性もある, ..であり得る[得た]. He ~ be telling lies. ひょっとして彼はうそを言っているのかも (=It ~ be that he is telling lies.). It *could*n't be true. まず本当ということはないでしょう. Where do you think he ~ be? 一体彼はどこにいると思いますか. You ~ have been run over by a bus and killed. バスにひかれて死んでたかもしれないよ. *Could* n't you have left your umbrella in the tram? 傘は電車の中にお忘れになったのではありませんか.

còuld bé 〈副詞的〉〖話〗たぶん, そうかも, 《maybe とほぼ同じ》. "I am right, am I not?" "*Could be.*" 「僕間違ってないよね」「まあね」

could dó with.. →do[1] with .. (3), (4).

còuld úse.. →use

I cóuldn't. もう結構です《飲食物を勧められて丁寧に断る時》. "Won't you have another beer?" "*I* (really) *couldn't.*" 「ビールもう 1 杯いかがです」「(本当に)もう結構です」

[<中期英語 *coude* (<古期英語 *cūthe*); つづりの -l- は would, should の影響]

could·n't /kúdnt/ could not の短縮形.

couldst /kudst/ 助 〖古〗2 人称単数主格 thou に呼応する can の過去形.

could've /kudv/ could have の短縮形.

cou·lee /kú:li/ 名 C **1** (米国西部の)深い峡谷《豪雨, 雪解け水などでできたもの; 夏季には普通, 干上がっている》. **2** 〖地〗溶岩流.

cou·lis /kú:li/ 名 (複 ~ /同/) UC 〖料理〗クーリ《果物を煮てつぶしたピューレ》.

cou·lomb /kú:lɑm|-lɔm/ 名 C クーロン《電気量の単位; 略 c》.

coul·ter /kóultər/ 名 〖英〗=colter.

:coun·cil /káuns(ə)l/ 名 (複 ~s /-z/) C 〈単数形で複数扱いもある〉 **1 会議**; 協議会, 評議会, (★各種機関の公式名称にしばしば用いられる). a faculty ~ (大学の)教授会. a student ~ 学生自治会. a ~ of ministers 閣僚会議. a ~ of war 軍事会議; (行動方針決定のための)緊急会議. **2** (自治体の)議会. a county ~ 〖英〗州議会. ***in council*** 会議中で. sit *in* ~ 会議に出席する. [<ラテン語「呼び集めること>集会」]

cóuncil chàmber 名C 会議室.
cóuncil estàte 名C 〘英〙公営住宅団地.
cóuncil hòuse[flàt] 名C 〘英〙公営住宅.
cóuncil·man /-mən/ 名(複 **-men** /-mən/) C 〘米〙 =councilor 1 (女 **cóuncil·wòman**).
Còuncil of Éurope 名 〈the ～〉 欧州会議《NATO が軍事面での共産主義対策であるのに対し, 政治・文化面での相互援助を目的として 1949 年に設立》.
*__coun·cil·or__ 〘米〙, **-cil·lor** 〘英〙 /káuns(ə)lər/ 名(複 **～s** /-z/) C **1 州会[市会, 町会]議員. 2** 大使館参事官; (日本の)参議院議員. the House of *Councilors* 参議院. **3** 評議員, 顧問官.
cóuncil tàx 名UC 〘英〙自治体税《自治体が家屋の評価額に応じて課税する; 1993 年に poll tax に替えて施行; →community charge》.
‡**coun·sel** /káuns(ə)l/ 名(複 **～s** /-z/) **1** U 〘章〙**助言**, 忠告, (類語 熟考の上の助言, 又は比較的重要な問題についての権威ある advice). ask ～ of ..の助言を求める. He gave me good ～. 彼はよい助言をしてくれた.
2 U **相談**, 協議. hold [take] ～ (→成句).
3 〘法〙〈無冠詞〉(**a**)〈単数扱い〉(1 人の)弁護士.
(**b**)〈複数扱い〉弁護団. ～ for the defense 被告側弁護団. 参考 職業名としては barrister だが, 法廷で活動中は counsel と称する. **4** C 〈一般に〉顧問.
a còunsel of despáir 最後の手段, 窮余の策.
a còunsel of perféction 〘英〙完徳の勧め; 実行不可能な理想案.
hòld [tàke] cóunsel 〘章〙相談する, 協議する, 〈*with* ..と〉. *take* ～ *with* one's friend 友人と相談する. They *took* ～ together. 彼らは協議し合った.
kèep** one's **òwn cóunsel 自分の計画[意見]を人に明かさない.
── 動 (～s|〘英〙 **-ll-**) 他 **1** 〘章〙に忠告[助言]する 〈*on, about*..について/*for*..するよう/*against*..しないよう〉; 〔行動〕を勧める; VOO (～ X *to do*) X (人)に..するよう助言[忠告]する. ～ one's client on all aspects of their finances クライアントの財政問題全般について助言する. ～ a person *against* smoking 人に喫煙をしないよう勧める. My father ～*ed* caution. 父は慎重な行動を勧めた. I ～*ed* her *to* act cautiously. 私は彼女に慎重に行動するように勧めた. **2** 〔(問題を抱えた)人〕にカウンセリングを行う〈*on*..について〉. ── 自 **1** 協議する, 相談する, 〈*with*..と〉. **2** VA (～ *for../against..*) 〘章〙..する/..しないよう勧める.
[<ラテン語 *consilium*「助言, 相談」]
†**cóun·sel·ing** 〘米〙, **-sel·ling** 〘英〙 名U カウンセリング, 助言; 指導.
*__coun·se·lor__ 〘米〙, **-sel·lor** 〘英〙 /káuns(ə)lər/ 名(複 **～s** /-z/) C **1 助言者**, 顧問, 相談相手; カウンセラー, (学生の)相談係. **2** 〘主に米〙(法廷)弁護士 (→lawyer). **3** (大使館などの)参事官.
‡**count**[1] /kaunt/ 動 (～s /-ts/|過 過分 ～·ed /-əd/|～·ing) 他 **1** (**a**) **を数える**, の全部の数を数え上げる〈*up*〉; まで数を順に言う; (類語 1 つ 1 つ数えること; →calculate, compute, reckon). ～ the chairs in the room 部屋の中のいすの数を数える. When you are angry, ～ ten before you speak. 腹が立った時はものを言う前に 10 まで数えなさい. He ～*ed* the change in his pocket. 彼はポケットの小銭を数えた. ～ heads 人数を数える. (**b**) VO (～ *wh* 節) ..かを数える. *Count how* many apples the basket contains, will you? かごにリンゴがいくつあるか数えてごらん.
2 を**数[勘定]に入れる**; を含める, を 1 つ[1 人]に数える, 〈*among* ..の(中に)〉. There are six of us, ～*ing* yourself. 君も勘定に入れて我々は 6 人いる (語法 この counting を「..を含めて」の意味の前置詞とする見方もある; →including). ～ him *among* my best friends 彼を私の親友の 1 人と見なす.
3 VOC (～ X Y)・VOA (～ X *as* [*for*] Y) X を Y と見なす (consider). I ～ myself happy to have such a devoted wife. 私はこんな献身的な妻を持って幸せだと思う. Ned has been ～*ed as* a fool. ネッドはこれまでばか者と見なされてきた. We ～*ed* our father *for* lost. 我々は父親は亡くなったと考えた.
── 自 **1** 数を数える. She's only three and can't ～ properly yet. 彼女はまだ 3 歳だから数をちゃんと数えられません. ～ from one to ten 1 から 10 まで数える. ～ on one's fingers 指で数える.
2 数えられる, 1 つ[1 人]と見なされる, 〈*among* ..の(中に)〉. This picture ～*s among* his masterpieces. この絵は彼の傑作の 1 つに数えられる.
3 (ある)影響力を持つ; 価値がある, 重要である. a society where only ability ～*s* 実力だけがものを言う社会. It is not money that ～s. 重要なのは金ではない.
4 〘楽〙拍子を取る. **5** 〘スポーツ〙得点する.
can còunt .. on (the fìngers of) one hánd 〘話〙..を指折り数えることができる《それほど少数である》.
cóunt against .. ..に不利に働く. His nationality ～*ed against* him. 彼の国籍が彼に不利に働いた.
còunt X̀ against Ý X を Y (人)にとって不利な点だと考える. Please don't ～ his stubbornness *against* him. 彼が頑固だからといってそれをマイナス点としないでください.
còunt** one's **bléssings →blessing.
còunt dówn (10, 9, 8..のように)数を逆に数える; (決められた期限から)逆算する; (ロケット発射時などの)秒読みをする (→countdown).
*__*cóunt for ..*__* ..**の価値がある**. ～ *for* little [nothing] 大したものではない[物の数に入らない]. I want to ～ *for* something as a novelist. 小説家としていささか名を上げたい.
còunt /../ ín ..を計算[計画など]に入れる, 含める, (↔COUNT /../ out). If you're giving her a wedding present, ～ me *in*. 彼女に結婚祝いを贈るのなら私も仲間に入れてください.
còunt óff 〘米軍〙〔兵士が〕(整列して)番号を唱える (〘英軍〙 number off).
còunt /../ óff (1)〘米〙..に番号を付ける. The roads are ～*ed off*. 道路には番号が付けられている. (2) ..を数えて等分する. The pupils were ～*ed off* into threes. 生徒は 3 人ずつの組に分けられた.
*__*cóunt on [upon] ..*__* ..**を当てにする**, 期待する; ..に頼る; 〈*to* do/*doing* ..するのを〉. May I ～ *on* your attendance? ご出席下さると思ってよろしいのでしょうか. I'm ～*ing on* you *to* get [*on* you(r) get*ting*] the job done. 君が仕事を片付けてくれると当てにしている.
còunt /../ óut (1)〔金など〕を数えて出す; ..を(数えて)分配する. ～ *out* one's change 釣り銭を数えながら出す. ～ *out* five apples to each boy 少年それぞれに 5 個ずつリンゴを分け与える. (2)〘ボクシング〙(カウントして)..をノックアウト負けと宣する. (3)〘英議会〙(定足数不足で)..の流会を宣する〈しばしば受け身で〉. (4)〘話〙..を除外する (↔COUNT /../ in). I've no desire to take part, so ～ me *out*. 私は参加したくないから除外してくれ. (5)〘話〙(票の不正操作をして)〔候補者〕を落選させる.
còunt shéep (目をつぶって頭の中で) 1 匹 2 匹と羊の数を数える《眠るため》.
còunt the cóst →cost.
còunt the dáys [hóurs] 指折り数えて待つ, そわそわする, 〈主に進行形で〉. He's ～*ing the days* till summer vacation [she comes back to Japan]. 彼は夏休みを[彼女が日本に帰国するのを]首を長くして待っている.
cóunt toward .. ..に有利に働く, プラスになる. My military service ～*ed toward* my pension. 私の兵役期間は年金(の計算)に算入された.

còunt úp to.. 合計..になる.
stànd úp and be cóunted 堂々と賛意[支持]を表明する.
── 名 (複 ～s /-ts/) **1** UC **数えること, 計算**; 〖政〗(選挙後の)票計算. by my ～ 私の計算では. On [At] the ～ of five, push the button. 5つ数えたら(すぐに)ボタンを押しなさい.
2 C 総数, 合計. the death ～ 死者総数.
3 C 〖法〗(起訴状の)訴因項目; (問題)点. be found guilty on all the 24 ～*s* 24の訴因の全項目で有罪となる. I'm indebted to them on all these ～*s*. これらすべての点で彼らには恩義がある.
4 C 〖野球〗(打者の)カウント; 〖ボクシング〗〈the ～〉カウント. hit on a 3-0 ～ ノーストライク・スリーボール(のカウント)で打つ. **5** C 〖紡績〗番手《糸の太さの単位》.
6 U 〖古〗考慮 (account). set [take] no ～ of ..を勘定[数]に入れない, 無視する.
at the làst cóunt 最新の集計では.
be òut for the cóunt (1)〖ボクシング〗カウントアウトを宣せられる. (2) 負かされる. (3)〖話〗(疲れ果てて)熟睡している.
kèep cóunt いくつ[いくら]あるか分かっている, 正しい数を記憶[記録]している, 〈*of* ..が, の〉. *keep* ～ *of* one's expenses どのくらい費用がかかったかを記録している.
lòse cóunt いくつ[いくら]あるか分からなくなる, 数を忘れる, 〈*of* ..が, の〉. I have *lost* ～ *of* the number of cousins I have. 自分のいとこが何人か分からない.
out of cóunt 数え切れない(ほど).
tàke the cóunt ＝be out for the COUNT (1).
[＜ラテン語 *computāre*「数え上げる, 統計する」; compute と同源]

†**count**[2] 名 C 〈しばしば C-〉(英国以外のヨーロッパ諸国の)伯爵《英国の earl に当たる; 女 countess; →duke 参考》. [＜ラテン語「仲間＞高官」]

cóunt·a·ble 形 数えられる, 可算の, (↔uncountable). a ～ noun 可算名詞. ── 名 C **1** 数えられるもの. **2** 〖文法〗可算名詞 (↔uncountable; count noun; 本辞典では C および UC の C で示してある).

‡**cóunt·dòwn** 名 C 〈普通, 単数形で〉(ロケット発射時などの)秒読み《10, 9, 8..と逆に数える》; 秒読み[追込み]の時期〈*to*..〔差し迫った選挙, イベントなど〕の〉.

***coun·te·nance** /káuntənəns/ 〖章〗名 (複 **-nanc·es** /-əz/) 【顔つき】 **1** C 顔, 顔だち; **顔つき**, 顔の表情. a pleasing ～ 愛らしい顔つき. change (one's) ～ 顔色を変える. read a person's ～ 人の顔色を読む.

連結 a cheerful [a happy; a gloomy, a sad; a grave; a worried; an angry, a fierce] ～

2 【ふだんの顔つき】 U 冷静, 落着き. keep one's ～ (笑ったりせず)平然としている. lose ～ 落着きを失う.
3 【いい顔】 U (精神的)支援, 後援; 支持, 賛同. give [lend] ～ to ..を支援する, に賛同する. Our proposal was given no ～ by the authorities. 我々の提案は当局から賛成されなかった.
kèep a pèrson in cóuntenance 人の顔を立ててやる, 人に決まりの悪い思いをさせない.
out of cóuntenance 〖旧〗慌てて, 当惑して. Our poor behavior put our father *out of* ～. 私たちの行儀の悪さに父は赤面した.
── 動 他 を支持する, に賛成する; を黙認する, 許す; VO (～ *doing* / X('s) *doing*) ..するのを/Xが..するのを許す[に賛成する]. ～ dishonesty 不正を黙認する. ～ the use of nuclear weapons 核兵器の使用を許す. I'll not ～ your [you] go*ing* abroad alone. おまえがたった1人で外国へ行くのは許さない.
[＜ラテン語「自制＞態度」(＜*continēre* 'contain')]

‡**count·er**[1] /káuntər/ 名 (複 ～s /-z/) C 【計算するもの】 **1** 計算する人; **計算器[装置]**; (放射能の)計数管. **2** (トランプなどで点数の計算に用いる)数取りの小円板, チップ, 点棒. **3** 代用貨幣 (token)《乗車券代わり, 自動販売機などに用いる》.
【計算する場所】 **4** (銀行, 商店などの)**カウンター**, 勘定台, 売り台; (レストラン, 軽食堂などの)**カウンター**. a lunch ～ 軽食スタンド. sit [stand] behind the ～ (売り場)店員として働く《客から見て店員は売り台の後ろ》.
over the cóunter 処方箋(せん)なしで〔薬を買う〕《直接売り台で渡してもらう》; (株式売買で)店頭で.
under the cóunter (乏しい物資の売買などで)やみ(値)で, ひそかに, 不正手段で, 《＜売り台の下からこっそり》.

count·er[2] 形 逆の, (正)反対の, 〈*to* ..と〉. two ～ opinions 2つの対立する意見. Their aims are ～ *to* ours. 彼らの目的は我々とは正反対である.
── 副 逆に, 反対に, 〈*to* ..と〉. act ～ *to* one's word 約束と反対の行動をする.
rùn [gò] cóunter to.. ..に背く, 反する, 逆らう. *run* ～ *to* reason 道理に反する.
── 動 他 **1** に逆らう, 反対する; に逆襲する. ～ a plan 計画に反対する. ～ a criticism with logical refutation 批判に対して筋の通った反論で報いる.
2 VO (～ *that* 節/"引用") ..と言って/「..」と反撃する, 反論する. I ～*ed that* he was to blame. 私は彼の方が悪いんだとやり返した. **3** 〖ボクシング〗〔相手の打撃〕に対して打ち返す, カウンターを打つ.
── 自 **1** 反撃する, 逆襲する, 〈*with* ..で〉. The Giants ～*ed with* two runs in the next inning. ジャイアンツは次回2点入れて反撃した. **2** 〖ボクシング〗打ち返す, カウンターを打つ.
── 名 C **1** 逆(のもの), 反対(のもの), (opposite). **2** (靴の)かかと皮. **3** 〖ボクシング〗カウンターブロー《相手の攻撃をかわしながら打ち返す》. **4** 〖フェンシング〗カウンターパリー, 受け流し, 《敵の攻撃を剣を巻きながらかわす》. **5** 船尾の突出部. [＜ラテン語 *contrā* 'against, opposite']

coun·ter- 接頭 「反対, 反, 逆, 対応など」の意味. [古期フランス語(＜ラテン語 *contrā*)]

†**còunter·áct** /-rǽkt/ 動 他 (反対作用で)の効果を打ち消す, を中和する; を妨害する, 阻止する. This is an antidote to ～ the poison. これはその毒を中和する解毒剤だ.

còunter·áction 名 UC (反対作用による)効果の相殺, 減殺, 中和; 阻止.

còunter·áctive /-rǽktəv/ 形 反作用の; 中和する. ── 名 C 中和剤.

cóunter·àrgument /-rà:-/ 名 C 〖章〗反論〈*to*..に対する〉.

cóunter·attàck /-rətæ̀k/ 名 C 反撃, 逆襲. ── /⌐-⌐-⌐/ 動 他, 自 (に)反撃[逆襲]する. ▷ ～·**er** 名

còunter·attráction /-rət-/ 名 C 対抗する出し物〈*to*..に〉.

cóunter·bàlance 名 C **1** (はかりの)釣り合いおもり. **2** (ある重さ, 力と)釣り合う重さ[力]. **3** 中和する反対勢力. ── /⌐-⌐-⌐/ 動 他 **1** (同じ重さ, 力で)と釣り合わす, バランスをとる. **2** 〔効果〕を相殺する.

cóunter·blàst 名 C 猛烈な反対[反駁(ばく)]〈*to*..に対する〉.

còunter·chánge /〖英〗⌐-⌐/ 動 他 **1** を入れ替える, 置き換える. **2** 〖雅〗を市松[碁盤目]模様にする.

cóunter·chàrge 名 C (非難者に対する) 反論; 〖軍〗反撃, 逆襲. ── /⌐-⌐/ 動 他 に反論[反撃]する.

cóunter·chèck 名 C **1** 対抗[抑止]手段, 阻止. **2** 再照合. ── /⌐-⌐/ 動 他 **1** を抑止する, 阻止する. **2** を再照合する.

cóunter·clàim 名 C 反対要求, (特に訴訟で, 被告の原告に対する)反訴.

còunter·clóckwise 形 〖米〗形, 副 時計と反対回りの[に], 左回りの[に], (〖英〗anticlockwise).

cóunter·cùlture 名 U 反(体制)文化《特に1960, 70年代の若者たちのライフスタイルで, 麻薬使用, 前衛的

アングラ芸術, hippie 生活などが特色》.

còunter·cùrrent [名][C] 逆流.

còunter·éspionàge /-rés-/ [名][U] 逆スパイ活動, 防諜(ちょう).

còunter·exàmple /-rigz-/ [名][C] 反例, 反証.

***coun·ter·feit** /káuntərfìt/ [形][©] **1 偽の**, まがいの, 偽[模]造の. a ～ banknote 贋(がん)造紙幣. **2** 見せかけの, うわべだけの. ～ sickness 仮病.
── [名][C] 偽物, 偽作, 模造品.
── [動] (～s /-ts/|[過][過分] ～·ed /-əd/|～·ing) [他] **1** を偽造する, の偽物を作る; に似せる. ～ a document 文書を偽造する. ～ the teacher's voice 先生の声をまねる. **2** のふりをする, を装う. ～ death 死んだふりをする.
[＜中世ラテン語「模倣する」(＜ラテン語 contra-＋*facere* 'do, make')] ▷ **～er** [名][C] (特に貨[紙]幣の)偽造者.

cóunter·fòil [名][C] 控えの紙片《小切手, 為替, 領収書などの》; 半券《入場券などの》.

còunter·insúrgency /-rin-/ [名][U] 対ゲリラ活動.

còunter·intélligence /-rinté-/ [名][U] スパイ防止活動, 防諜(ちょう)活動.

còunter·intúitive /-rintjúː-/ [形] 直観に反する.

còunter·írritant /-rírət-/ [名][UC] 〖医〗表面刺激剤《皮膚に塗って軽い炎症を起こすことで身体深部の痛みを緩和する》.

cóunter·màn /-mæ̀n/ [名] ([複] **-mèn** /-mèn/) [C] (簡易食堂などの)カウンター係.

coun·ter·mand /káuntərmæ̀nd|kàuntəmáːnd/ 〖章〗[動][他] 〔命令, 指図, 注文〕を取り消す. ── /⸗‐⸗/ [名][C] 取り消し, 撤回.

cóunter·màrch 〖軍〗[名][C] 回れ右しての前進《部隊について言う》. ── /⸗‐⸗/ [動][自] 回れ右して(そのまま)進む.

cóunter·mèasure [名][C] 〈しばしば ～s〉対抗手段, 対策, 防止策, 〈*against*..に対する〉.

cóunter·mòve [名][C] 反対運動, 報復行動.

còunter·offènsive /-rəfèn-/ [名][C] (敵の攻撃に対する)反撃, 反攻.

cóunter·òffer /-rɔ̀fər|-rɔ̀fə/ [名][C] 〖商〗修正申込み[付け値]《競争相手に対抗して客に有利なように手直しする》.

coun·ter·pane /káuntərpèin/ [名][C] 〖旧〗ベッドカバー (bedspread).

†**cóunter·pàrt** [名][C] **1** そっくりなもの[人]; 写し, 複製, 副本. **2** 対応するもの[人]. The Foreign Secretary will meet his German ～ tomorrow. 外相はドイツの外相と明日会談する.

cóunter·plòt [名][C] (相手の裏をかく)対抗策. ── [動][他] 〔敵(の計略)〕の裏をかく. ── [自] 計略で対抗する〈*against*..に〉.

cóunter·pòint [名][U] 〖楽〗対位法《単一の曲として演奏できるように 2 つ(以上)の旋律を組み合わせる作曲法》; [C] 対位旋律. ── [動][他] **1** 〖楽〗を対位法で作曲[編曲]する. **2** を並置によって極立たせる; と好対照をなす.

cóunter·pòise 〖章〗[動][他] と釣り合う, を釣り合わす. ── [名] **1** [C] 釣り合いおもり. **2** [C] 対抗勢力. **3** [U] 平衡(状態).

còunter·prodúctive /㊖/ [形] 逆効果を招く.

cóunter·pùnch [名][C] 〖ボクシング〗カウンター(パンチ[ブロー]).

Còunter Reformátion [名] 〈the ～〉〖史〗反宗教改革運動《the Society of Jesus を中核とするカトリック教会内部の改革運動》.

còunter·rèvolútion [名][UC] (革命を元に戻そうとする)反革命. ▷ **～·ist** [名] ＝counterrevolutionary.

còunter·revolútionary /㊖/ [形] 反革命の. ── [名][C] 反革命主義者.

cóunter·sìgn [名][C] **1** 〖軍〗(誰何(すいか)に対する)合い言葉 (password). **2** 副署, 連署.
── [動][他] 〔小切手, 書類など〕に副署[連署]する.

còunter·sígnature [名][C] 副署, 連署.

cóunter·sìnk [動] (→sink) [他] 〔穴の口〕を円錐(すい)形に広げる, に皿穴を開ける, 《ねじやボルトの頭が埋まるように》; 〔ねじやボルトの頭〕を皿穴に埋める. ── [名][C] 皿穴; 皿穴用のもみ錐(きり).

cóunter·spỳ [名] ([複] **-spies**) [C] 逆スパイ《敵のスパイをスパイする人》.

cóunter·sùit [名][C] 逆訴《原告を逆に告訴すること》.

cóunter·tènor /〖英〗⸗‐⸗/ [名] 〖楽〗[U] カウンターテナー《男性の最高音域; →bass[1]》; [C] その声の歌手.

cóunter-tèrrorist [形] 〈限定〉テロ対策[防止]の.

cóunter·tràde [名][U] 見返り貿易《輸出国が相手国から代金相当額の輸入を行う》.

counter·vail /káuntərvèil, ⸗‐⸗/ [動][他] 〖章〗を相殺する, 埋め合わせる; に対抗する.

cóuntervail·ing [形] 〈限定〉〖章〗相殺する; 対抗する. a ～ duty 相殺関税.

cóunter·wèight [名] ＝counterbalance.

cóunter wòrd 〖米〗代用語《nice, awful のように意味が明確でなく多用される語》.

†**count·ess** /káuntəs/ [名][C] **1** 伯爵夫人《earl, count の夫人; →duke [参考]》. **2** 女伯爵.

cóunting·hòuse [名] ([複] →house) [C] 〖英旧〗(銀行, 会社などの)会計室.

***count·less** /káuntləs/ [形][©] **無数の**.

cóunt nòun [名] ＝countable [名] 2.

coun·tri·fied /kʌ́ntrifàid/ [形] **1** 田舎(者)の; 田舎じみた, やぼったい. **2** 〔風景などが〕田園風の.

‡**coun·try** /kʌ́ntri/ [名] ([複] **-tries** /-z/) **1** [C] **国**, 国家; 国土; ([類語]「国」の意味で最も一般的な語; 主に国の支配権の及ぶ範囲, すなわち地理的な「国土」の意味が強い; →nation, state). a civilized ～ 文明国. a developing ～ 開発途上国. a developed ～ 先進国. So many *countries*, so many customs. 〖諺〗所変われば品変わる.
2 〈普通 one's ～〉[C] **祖国**, 母国; 郷里. love one's ～ 祖国を愛する. the old ～ 本国, 故国. My ～ is Akita. 私の郷里は秋田です. [語法] 時に [U] 扱い: duty to ～ 祖国への義務. love of ～ 愛国心.
3 [C] 〈the ～; 単数形で複数扱いもある〉**国民(全体)**. The whole ～ is opposed to the government's plan. 国民はこぞってその政府案に反対である.
4 [aU] (地勢, 風景などから見た)**地帯**, (漠然と)土地, 地域; (特定の人物と結びついた)地方. the north ～ 北国地方. open ～ 広々とした地域. wooded ～ 森林地帯. Wordsworth ～ ワーズワース(と関係の深い)地方. Norfolk is a flat ～. ノーフォーク州は平坦な地域である.
5 [U] 〈the ～〉**田舎**, 郊外, 田園地帯, (↔town). live in the ～ 田舎に住む. He liked to walk about in the ～ around London. 彼はロンドン周辺の土地を歩き回るのを好んだ. **6** [U] 〖話〗＝country and western.
7 〈形容詞的〉田舎の; 田舎出の. ～ life 田園生活. a ～ town 田舎町. a ～ party 農民基盤の政党. I'm just a ～ boy. 私は全くの田舎者だ.
8 〈形容詞的〉〖話〗カントリー(アンドウェスタン)の. a ～ star カントリーのスター.
acròss cóuntry (道を通らずに)田野を横切って ([注意] across the ～ は「国中」).
be one's líne of còuntry 〖英話〗十八番(おはこ)[よく知っているもの]である. That's not my *line of* ～. それは私の専門外だ.
gò [appèal] to the cóuntry 〖主に英〗(議会を解散して)国民の総意を問う, 総選挙を行う.
[＜中世ラテン語 *contrāta* (*terra*)「反対側の(土地)」(＜ラテン語 *contrā* 'opposite')]

còuntry and wéstern [名][U] カントリーアンドウェ

スタン《米国南部・西部で発生した大衆音楽》.

còuntry búmpkin [名][C] 〖話・軽蔑〗やぼな田舎者, 田舎っぺ,《単に bumpkin とも言う》.

cóuntry clùb [名][C] カントリークラブ《社交とスポーツなどの施設を備えた郊外のクラブ》.

còuntry códe [名][C] カントリーコード《レクリエーションで田舎を訪れる人のための心得(集)》.

còuntry cóusin [名][C] 〖軽蔑〗おのぼりさん.

còuntry dánce [名][C] カントリーダンス《列や円陣を作ったりして踊る英国起源の踊り》.

coun·try·fied /kʌ́ntrifàid/ [形] =countrified.

cóuntry·fòlk [名] 〈複数扱い〉田舎の人々.

còuntry géntleman [名][C] 田舎の素封家《田舎に邸宅と広大な土地を持つ》.

cóuntry hòuse [名] =country seat.

†**cóuntry·man** /-mən/ [名] ([複] **-men** /-mən/) [C] **1** 〈普通 one's ～〉同国[同郷]人, 同胞. **2** 田舎者.

còuntry músic [名] =country and western.

còuntry séat [名][C] (country gentleman の)地方屋敷 (→town house 2).

***coun·try·side** /kʌ́ntrisàid/ [名][U] 〈the ～〉 **1** 田舎, 田園地方. hail from the ～ 田舎の出身である. **2** 〈集合的〉(ある)地方の人々.

còuntry·wíde /[移]/ [形], [副] 全国的な[に].

cóuntry·wòman [名] ([複] **-women**) [C] **1** 〈普通 one's ～〉同国[同郷]の女性. **2** 田舎の女性.

***coun·ty** /káunti/ [名] ([複] **-ties** /-z/) **1** [C] 〖米〗郡《Louisiana を除く州 (state) の下の最大行政区画; →parish》. **2** 〖英・アイル〗州《地方行政上の最大区画; 州名が後続する時は the *County* of Oxford, そうでない時は Oxford*shire* のように言う; アイルランドでは Co. Dublin のように表す》. **3** [C] 〈the ～; 集合的〉〖米〗郡の住民たち; 〖英〗州の住民たち, 〖古〗〈特に〉州の旧家.
── [形] 〖英話〗旧家[名門]の; 〈けなして〉上流の, お上品な. a ～ family (州の)旧家[名門].
[＜ラテン語 *comitātus*「随行, 従者たち, 友人たち」(＜*comes* 'companion')]

còunty bórough [名][C] 〖英史〗特別市《人口10万以上の市で行政上州と同格に扱われた都市; 1974 年廃止》.

còunty cóuncil [名][C] 〖英〗州(議)会.

còunty cóurt [名][C] 〖英〗州裁判所《民事だけを扱う》; 〖米〗郡裁判所《民事, 刑事を扱う》.

còunty crícket [名][C] 〖英〗(州の代表チーム間の)クリケット試合.

còunty fáir [名][C] 〖米〗郡の農産物品評会.

còunty séat [名][C] 〖米〗郡庁所在地.

còunty tówn [名][C] 〖英〗州庁所在地.

†**coup** /kuː/ [名] ([複] **～s** /-z/) [C] **1** 見事な一撃; 大当たり, 大成功. make [pull off] a ～ 大成功を収める. **2** =coup d'état. [フランス語 '打撃']

coup de grâce /kùː-də-grάːs/ [名] ([複] **coups** /[同]/ **de grâce**) [C] (苦しむ人・動物に対する慈悲の)とどめの一撃; 決定的な一撃. [フランス語 'blow of mercy']

‡**coup d'état** /kùː-deitάː/ [名] ([複] **coups** /kùː-, kùːz-/ **d'état**) [C] クーデター, 武力政変. [フランス語 'blow of state']

coupe /kuːp/ [名] 〖米〗=coupé.

cou·pé /kuːpéi|⌐-/ [名][C] **1** クーペ(型自動車)《ツードア式有蓋(がい)で sedan より小型》. **2** クーペ型馬車《昔の 4 輪有蓋の 2 人乗り馬車; 御者台は外部》. [フランス語 'cut (carriage)']

‡**cou·ple** /kʌ́p(ə)l/ [名] ([複] **～s** /-z/) [C] **1 (a)** (同種類の もの)2 つ ([類語] pair と違って必ずしも 2 つが一対になっている必要はない: Every ～ is not a pair. (〖諺〗2 つは必ずしも対にならない)). a COUPLE of.. (1) (成句). **(b)** 〈a ～; 形容詞的〉〖米話〗2, 3 の, 少数の, 数.., (a few). →a COUPLE of ..(2) (成句).
2 ひと組の 2 人[男女]; **夫婦**; 婚約した男女; (ダンスの際の)男女ひと組; (ゲームなどの)組になった相棒; (★人を指す場合には複数扱いも可). an old ～ and *their* son 老夫婦とその息子. The ～, who met two years ago, plan to wed next month. 2 人は 2 年前に会ったのだが来月結婚する予定です. Everyone formed ～*s* and began dancing. みんな 2 人ずつの組になって踊り出した.
3 〖電〗電対(つい)《voltaic cell の両極に用いる》; 熱電対. **4** 〖理〗偶力《大きさが等しく平行で逆向きの 2 つの力; 物を回転させる》.

****a cóuple of ..*** (1) 2 つの.., 2 人の... for *a* ～ *of* years 2 年間《*two* years ほど厳密な言い方ではない》. (2) 〖話〗2, 3 (人)の.., 数個[人]の.., (★〖米〗では of を省略することがある; →1(b)). stay *a* ～ (*of*) days 2, 3 日滞在する. Wait *a* ～ more minutes, please. どうぞもう 2, 3 分お待ちください (★more, less を伴うときは普通 of を省略する). go abroad every ～*of* months 2, 3 か月ごとに外国へ行く. I haven't seen her for the last ～ *of* weeks. ここ数週間彼女に会っていない. He's had only *a* ～ (*of* beers), but he's reeling drunk. (ビールを) 2, 3 杯飲んだだけなのに酔っぱらってふらふらしている (★of beers を省けば代名詞的用法).

── [動] [他] **1** 〔2 つのもの〕をつなぐ, 結合する, 〈*together*〉; を連結する 〈*onto, on to, with* ..へ〉. ～ the cars *together* 車両を連結する. The guard's van was ～*d onto* the last car. 車掌車が最後尾の車両に連結された. **2** を一緒にする; を結びつけて考える, 関連させる; 〈*with* ..と〉. We ～ the name of Edison *with* the phonograph. エジソンというと蓄音機を連想する.

cóupled with .. 〈前置詞的〉..とあいまって. The rise in unemployment, ～ *with* low pay increases, is proving a drag on consumer spending. 失業率の増大は, 賃金上昇率の鈍化とあいまって消費者支出にブレーキをかけている.

── [自] **1** つながる 〈*with* ..と〉. **2** 〖章・雅〗性交する; 〔動物が〕交尾する, つがう; 〈*with* ..と〉.
[＜ラテン語 *cōpula*「帯, 結合」, *cōpulāre*「しっかり結び付ける」]

cóu·pler [名][C] **1** =coupling 2. **2** 〖楽〗(オルガンの)連子. **3** 〖電〗結合子, カプラー.

cou·plet /kʌ́plət/ [名][C] 〖韻律学〗2 行連句《同数の詩脚から成り, 押韻する 2 行; →heroic couplet》.
例: Just now the lilac is in *bloom*,
All before my little *room*. (R. Brooke 作)

cóu·pling [名] **1** [U] 連結, 結合. **2** [C] 連結[結合]するもの《(鉄道車両の)連結器, (機械の)継ぎ手など》. **3** [UC] 〖章・雅〗性交; (動物の)交尾.

†**cou·pon** /kúːpɑn|-pɔn/ [名][C] **1** (公債, 債券などの)利札. cum ～＝～ on 利札付きの[で]. ex ～＝～ off 利札落ちの[で]. **2** (周遊券の)クーポン《1 回ごとに切り取って使う》, 回数券の 1 枚. **3** (広告, 商品などに付けた)見本請求券, 注文券, 割引券, 景品引替券など. **4** (切り取り式の)配給切符. issue ～*s* for purchasing gasoline ガソリン購入切符を発行する. [フランス語「切り取られた一片」]

‡**cour·age** /kə́ːridʒ|kʌ́r-/ [名][U] **勇気**. a man of great ～ 非常に勇気のある人. an act of ～ 勇気ある行動. lose ～ 落胆する, 気を落とす. I took ～ from his words. 彼の言葉で勇気が出た. I think he has the ～ to tell the truth. 彼には真実を話す勇気があると思う.

[連結] demonstrate [display, show] ～; gather [muster (up), pluck [screw] up, summon (up)] (one's) ～

hàve [làck] the cóurage of one's convíctions 正しいと信ずることを行う[言う]勇気を持つ[がない].

tàke one's cóurage in bòth hánds 思い切って[勇気を奮い起こして]行う. [＜ラテン語 *cor*「心」; -age]

†**cou·ra·geous** /kəréidʒəs/ 形 勇敢な, 勇気のある, (類語 危険や困難に立ち向かう堅い道徳的決意を示唆する; →brave). It was ～ of you to say "No" to that. あれに対して No と言ったとは勇気があったね.
▷～·**ly** 副 ～·**ness** 名

Cour·bet /ku:rbéi/ 名 **Gustave ～** クールベ (1819–77)《フランスの画家》.

cour·gette /kuərʒét/ 名 〖英〗＝zucchini.

cou·ri·er /kúriər/ 名 C **1** (外交文書などを運ぶ)急使; (スパイ情報などの)連絡係, 運び屋. **2** 団体旅行の世話人, 添乗員.

‡**course** /kɔ:rs/ 名 (複 **cóurs·es** /-əz/)
【進行】 **1** U **進行**, 推移; **経過**, 成り行き. the ～ of life 人生行路. the ～ of history 歴史の流れ. I can't follow the ～ of his argument. 私は彼の議論の筋道を追っていけない. with the ～ of time 時の経過につれて. let nature take its ～ 自然の成り行きに任せる.
【進路】 **2** C 〈時に無冠詞〉 **進路**, コース, 水路; 方向. a ship's ～ 船の針路. take an easterly ～ 東への道を取る. change [keep on] (one's) ～ 進路を変える[変えない]. The airplane flew on [off] ～. 飛行機は針路通りに[から外れて]飛んだ. the ～ of the Nile ナイル川の流れる道筋.
3 C (競技などの)**コース**, 走路, 競馬場 (racecourse); ＝golf course. a racing ～ 競走路.
4 【方針】 C (行動の)方針, やり方, 身の処し方. What is the best ～ of action for us? 我々にとって何が最善の方針でしょうか. take one's own ～ 我が道を行く, 自分の思うままに行動する. take [follow] a middle ～ → middle (成句).
【順を追うべき一連の物事】 **5** C (学習)**課程**, 履修単位, コース; 学科, 科目; 講座. take a ～ in Greek ギリシア語講座を履修する. finish an English ～ at college 大学で英語(英文学)の課程を修了する. a ～ of study 学習[教科]課程, 学習指導要領.

> 連結 an elementary [an intermediate, an advanced; an intensive; an elective, an optional; a compulsory, a mandatory, an obligatory, a required] ～ // conduct [give; pass; fail] a ～

6 C ひと続きの医療[処置]. A ～ of medical treatment will make you better. 何回か続けて治療すればよくなるでしょう.
7 C (順々に出される食事の) 1 品, 料理のひと皿,《出される順は普通 hors d'œuvre, soup, fish, entrée, meat, dessert, coffee》. the main ～ 主料理, メーンコース. a dinner of five ～*s*＝a five-～ dinner 5 品のディナー. **8** C 〖建〗(積んだれんがや石の)層, 1 段.
9 C 〖海〗大横帆. **10** C 〈しばしば ～s〉 月経.
as a màtter of cóurse →matter.
***be on cóurse* ⌞*for* ..** [*to do*] (この調子なら)..を達成し[..し]そうである. The player is *on* ～ ⌞*for* [*to* win] the triple crown. その選手は三冠王になりそうな勢いだ.
(be) pàr for the cóurse →par.
***during* [*in* ↓] *the cóurse of* ..**
fòllow its* [*their*] *cóurse ＝run [take] its [their] COURSE (1).
***in cóurse of* ..** ..中で. an apartment building *in* ～ *of* construction 目下建設中のアパート.
in dùe cóurse →due.
***in the cóurse of* ..** ..のうちに (during), ..の終わる前に. *in the* ～ *of* this week 今週中に. I'll answer that question *in the* ～ *of* my lecture. 私の講義の間にその質問にお答えします.
in the còurse of náture 自然の成り行きで, 普通に行けば.
in (the) còurse of tíme 時がたてば, いつかは, やがて.
***in the nàtural* [*nòrmal, òrdinary, etc.*] *còurse of evénts* [*thíngs*]** 普通に行けば, 通例は, (usually).
****of cóurse*** /əv-kɔ́:rs, əf-/ (→副) **(1)** もちろん, 無論. *Of* ～ we were delighted to see him. もちろん我々は彼に会ってうれしかった. "May I sit here?" "*Of* ～." 「ここに腰掛けていいですか」「どうぞどうぞ」 "You wouldn't object to this, would you?" "*Of* ～ not." 「君はこれに反対しないだろうね」「もちろんです」 **(2)** 確かに[なるほど] (..だが) (admittedly). *Of* ～ money can't buy everything, but it can solve many problems. もちろん金ですべて片がつくわけではないが, いろいろな問題が解決できる. **(3)** ああ, そうそう[そうだった]《失念していたことなどを思い出して[示唆されて]》. "Don't you remember me? I met you last week at the conference." "*Of* ～, you're Dr. Smith." 「お忘れでしょうか. 先週の会議でお会いしたのですが」「ああ, スミス先生ですね」
rùn* [*tàke*] *its* [*their*] *cóurse **(1)** 〔事態, 病気などが〕自然の経過をたどる, 当然の成り行きになる. It's best to let this kind of sickness *run* [*take*] *its* ～. こういう病気は成り行きに任せるのが一番いい. **(2)** 〈have run its [their] ～で〉 終わった, 終結[終息]した. The slowdown in the world economy that marked the early 1990s appears to *have run its* ～. 1990 年代初期を特徴づけた世界経済の低迷は終わったように見える.
stày* [*stick*] *the cóurse 最後まで頑張り通す.
── 副 〖話〗＝of COURSE (**'course** とも書く).
── 動 他 〔猟犬がウサギ〕を追う; を猟犬に追わせる.
── 自 **1** VA 〖雅〗〔液体が〕速く流れる. Tears ～*d down* her cheeks. 涙が彼女のほおを伝って流れた.
2 VA 〖雅〗〔動物が〕走る (run). **3** (猟犬を使って)ウサギ狩りをする.
[＜ラテン語 *cursus*「走行, 進路」(＜*currere* 'run')]

cóurse·bòok 名 C 〖英〗(講座で使用する)教科書.

cours·er /kɔ́:rsər/ 名 C 〖詩〗駿馬(しゅんめ); 軍馬.

cóurse·wòrk 名 U 〖英〗(講座履修中の)課題《レポートなど; 平常点として評価に加算される》.

cours·ing /kɔ́:rsiŋ/ 名 U (猟犬を使う)ウサギ狩り.

‡**court** /kɔ:rt/ 名 (複 **～s** /-ts/)
【周囲から仕切られた場所】 **1** C (建物に囲まれた四角の)**中庭** (courtyard) (類語 建物や塀に囲まれた土地; 特に, 大きな建物に囲まれた中庭; →garden).
2 C (三方建物に囲まれた)幅広い短い街路.
3 C 〈時に無冠詞〉 (テニス, バスケットボールなどの)**コート**. a tennis ～ テニスコート. The ball is in your ～. → ball[1] (成句). The tennis player is notorious for his bad manners *on* ～. そのテニス選手は試合中のマナーが悪いので有名だ.
【裁判を行う場所】 **4** C **裁判所**; 法廷; U 公判. a ～ of justice [law]＝a law ～ 裁判所. a civil [criminal] ～ 民事[刑事]裁判所. lay a case before the ～ 事件を裁判にゆだねる. The ～ is now in session. ただ今開廷中です. **5** 〈the ～; 集合的〉 裁判官, 判事; (傍聴者も含めて)法廷.
【君主のいる場所】 **6** C 〈しばしば C-〉 **宮廷**, 王宮; U 王室, 皇室. a dinner party at the ～ 王宮での晩餐(さん)会. **7** C 〈the ～; 集合的〉 廷臣, 宮内(くない)官, 宮廷の役人. the king and the whole ～ 国王と全廷臣.
8 UC 〈しばしば C-〉 (国王, 女王の)謁見式; 御前会議. hold ～ (→成句). **9** C (団体, 法人などの)役員[理事]会; 〖英〗(大学の)理事会.
【(権力者の)機嫌取り】 **10** U ご機嫌取り; 追従(ついしょう), へつらい. **11** U 〖旧〗(女性に対する)求愛. pay ～ to a woman 女性に言い寄る.
at cóurt 宮廷で. be presented *at* ～ 君主に拝謁を賜わる.
gò to cóurt 訴訟を起こす; 法廷に持ち出される.
hòld cóurt 謁見式を行う; 〔人気者などが〕心酔者を周囲に集める.

in cóurt 法廷で[に], 公判で. appear *in* ～ 出廷する. end *in* ～ 結局裁判沙汰(ざた)になる.
out of cóurt (1) 法廷外で, 示談で. settle a case *out of* ～ 事件を示談で解決する. (2) 〔訴えが〕却下されて. put [rule] . . *out of* ～ . . を却下する; . . を問題外とする. laugh a proposal *out of* ～ 提案を一笑に付す.
tàke a pèrson to cóurt 人を(裁判所に)訴える.

── 動 他 【好意を得ようとする】 **1** 〔権力者〕の機嫌を取る; 〖章〗〔賞賛など〕を(こび)求める, 得るため汲々(きゅうきゅう)とする. ～ favors from the electorate 選挙区の人々にこびる. I will not change this policy just to ～ popularity. ただ人気取りのためにこの政策を変えるつもりはない.
2 〖旧〗〔女性〕に言い寄る, 求愛する, (woo). The man ～*ed* my aunt. その男はおばに結婚を迫っていた.
3 (軽率な行動などで, 意図に反して) 〔危険, 災害など〕を招く. You're just ～*ing* trouble if you stick to your plans. 君が計画に固執すれば災難を招くだけだ.
── 自 〖旧〗〔男性が〕(女性に)求愛する; 〔男女が〕(結婚を前提に)交際する.
[＜ラテン語 *cohors*「囲い地」(＜*hortus* 'garden')]

cóurt càrd 名 C 〖英〗 (トランプの)絵札 (〖米〗 face card).

*__cour·te·ous__ /kɔ́ːrtiəs/ 形 m **礼儀正しい**, 丁重な; 思いやりのある, 親切な; 〈*to, with* . . 〔人〕に対して〉; (類語 polite よりさらに高度の丁寧さ). a ～ person [reply] 礼儀正しい人[丁重な返事]. It was very ～ of you [You were very ～] to meet us at the airport. 空港までわざわざお出迎えいただきありがとうございました.
◇↔discourteous 名 courtesy [＜古期フランス語 *corteis*「宮廷の作法を身につけた」(＜ラテン語 *cohors* 'court')] ▷ **～·ly** 副 **～·ness** 名

cour·te·san, -zan /kɔ́ːrtəz(ə)n|kɔ̀ːtəzǽn/ 名 C (昔の)高級売春婦.

*__cour·te·sy__ /kɔ́ːrt(ə)si/ 名 (複 **-sies** /-z/) **1** U **礼儀正しさ**, 丁重さ, 親切. international ～ 国際儀礼. The President did me the ～ of replying to my letter. 会長は親切にも私の手紙に返事を下さった. *Courtesy* costs nothing. 〖諺〗 礼儀に金はかからない.
2 C 丁重な[親切な]行為[言葉]. return a ～ 親切に対し返礼をする. do a person many *courtesies* 人にいろいろと親切にしてやる. **3** U 好意; 優遇, 特別扱い.
── 形 〈限定〉 **1** 礼儀上の. a ～ call [visit] 表敬訪問. **2** 優遇の; (ホテルなどの)送迎サービスの. a ～ card 優待カード. a ～ bus (ホテルなどの)送迎バス. a ～ car (車の修理中に提供される)代車, (ホテルなどの宿泊客への)提供車. ◇形 courteous
by cóurtesy 儀礼上(の).
(by) cóurtesy of . . (1) (法的権利ではなく) . . の好意による[より]. The following stock forecasts are provided (*by*) ～ *of* the *Financial Times*. 下記の株価予測は『フィナンシャル・タイムズ』紙のご好意により掲載. (2) 〔ある事情など〕によって, のおかげで.
[＜古期フランス語 *corteis* 'courteous']

cóurtesy lìght 名 C (ドアが開くとつく)車内灯.

cóurtesy tìtle 名 C 〖英〗 名誉称号 《貴族の子女の慣例上の敬称; Lord, Lady など》.

‡**cóurt·hòuse** 名 (複 →house) C **1** 裁判所(の建物). **2** 〖米〗 郡庁舎.

cour·ti·er /kɔ́ːrtiər, -tjər/ 名 C **1** (特に昔の)廷臣, 宮廷人. **2** ご機嫌取りの人.

cóurt·ing 形 求愛している; (結婚を前提に)付き合っている. a ～ couple 交際中の男女; 〖婉曲〗 (公園, 車中などで)性行為中のアベック. ── 名 U 求愛; (結婚を前提にした)付き合い. We began our ～ in secret. 私たちはこっそり付き合い始めた.

cóurt·ly 形 〖章〗 **1** 宮廷にふさわしい(ような); 優雅な, 洗練された; 礼儀正しい (polite). very ～ manners 優雅な礼儀作法. **2** へつらう, おもねる. ── 副 **1** 宮廷風に; 礼儀正しく. **2** へつらって. ▷ **court·li·ness** 名

cóurtly lòve 名 U (中世の)騎士の愛, 貴婦人崇拝.

‡**cóurt-màrtial** /〖英〗 ˌ-ˈ--/ 名 (複 **courts-, ～s**) C 軍法会議. ── 動 (～s|〖英〗 -ll-) 他 を軍法会議にかける.

Còurt of Appéal(s) 名 ＝Appeal(s) Court.

Còurt of Còmmon Pléas 名 ＝common pleas 2.

còurt of équity 名 ＝chancery 1.

còurt of inquíry 名 (複 **～s of inquiry**) C 査問会.

còurt of láw 名 (複 **～s of law**) ＝court 1, 2.

Còurt of Séssion 名 〈the ～〉 〖スコ〗 控訴裁判所 《スコットランドの最高民事裁判所》.

Còurt of St. Jámes's 名 〈the ～〉 英国宮廷 《昔, 英国宮廷が St. James's Palace にあったことから; 今日でも正式名称にはこれを用いる》.

còurt órder 名 C 裁判長[所]の命令.

còurt repórter 名 C 法廷速記者 《タイプライターに似た特殊機械を使用》.

‡**cóurt·ròom** 名 C 法廷.

†**court·ship** /kɔ́ːrtʃip/ 名 U (女性への)求愛, (動物の)求愛; UC 求愛期間.

cóurt shòe 名 C 〖英〗 パンプス 《婦人靴》.

cóurt tènnis 名 U 〖米〗 コートテニス (〖英〗 real tennis) 《屋内の壁面も利用するもので, テニスの原型》.

‡**cóurt·yàrd** 名 C (建物や壁で囲まれた)中庭.

cous·cous /kúːskuːs/ 名 U クスクス 《蒸したひき割りの小麦に肉と野菜を添えた北アフリカ料理》.

‡**cous·in** /kʌ́z(ə)n/ 名 (複 **～s** /-z/) C **1** いとこ 《おじ又はおばの子; **fìrst cóusin, fùll cóusin, còusin-gérman** とも言う》. a second ～ またいとこ 《親のいとこの子》. a first ～ once removed →removed 1.
2 親類, 縁者; 親近関係にある人[もの]. The French and Italian languages are ～*s*. フランス語とイタリア語は親近関係の言語だ.
3 〈普通 ～s〉 (思想, 習慣などが同様な, 外国の)兄弟分. our ～*s* across the Atlantic 〖英〗 大西洋の向こう側のいとこたち 《米国人をさす》. [＜ラテン語「母の姉妹の子」]

cóus·in·ly 形 いとこ(間)の, いとこらしい. ── 副 いとこらしく, いとことして.

‡**cou·ture** /kut(j)úər/ 名 U **1** 高級婦人服仕立て(業); 高級婦人服, オートクチュール; (→haute couture). **2** 〈集合的〉 ファッションデザイナー. [フランス語 'sewing']

cou·tu·ri·er /kut(j)ú(ə)riei/ 名 C 婦人服のデザイナー, ドレスメーカー, 《男性; 女 **cou·tu·ri·ère** /-riər|kutjùəriéi/》. [フランス語]

‡**cove**[1] /kouv/ 名 C **1** 入り江, 小さな湾. **2** (丘や林の)人目につかない窪(くぼ)地.

cove[2] 名 C 〖英旧俗〗 野郎, (. . な)やつ.

cov·en /kʌ́v(ə)n/ 名 C 〈単数形で複数扱いもある〉 魔女の集まり 《普通 13 人》.

‡**cov·e·nant** /kʌ́v(ə)nənt/ 名 C **1** (定期的な寄付などを約束する, 正式な)契約, (厳粛な)誓約. **2** 〖法〗 契約書. **3** 〖聖書〗 〈the C-〉 (神がヘブライ人に与えた)聖約. the Ark of the *Covenant*→ark 2.
── 動 他 を契約[約束]する; VO (～ *to do/that* 節) . . すると/. . ということを契約[誓約]する. ～ (*to* pay) 50 pounds a year to charity 年 50 ポンドを慈善事業に寄付する契約をする. ── 自 契約[誓約]する 〈*for* . . を〉.

Còv·ent Gárden /kʌ̀v(ə)nt-, kɑ̀v-|kɔ̀v-/ 名 **1** コヴェントガーデン 《ロンドンの中心地区の 1 つ; 以前青果物市場があった》. **2** ＝the Royal Opera House.

Cov·en·try /kʌ́v(ə)ntri, kɑ́v-|kɔ́v-/ 名 コヴェントリー

リー《イングランド中部 West Midlands 州の工業都市; 第 2 次大戦中, 空襲で壊滅的打撃を受けた》.

sènd a pèrson to Cóventry (口をきかないなどして)人を仲間外れにする.

‡cov·er /kʌ́vər/ 動 (~s /-z/|過 過分 ~ed /-d/|~·ing /-v(ə)riŋ/) 他 **【覆う】 1** を覆う, 包む, 〈しばしば受け身で〉. The desk was ~*ed* with dust. 机はほこりだらけだった. The girl ~*ed* her mouth as she yawned. 少女はあくびをした時に口を覆った. The meadow is ~*ed* with pretty wild flowers. 牧草地はきれいな野の花で覆われている. The whole country was ~*ed* in snow. 見渡す限りの土地が雪に覆われた. The girl was ~*ed* with [in] confusion. 〈比喩的〉 女の子はすっかりまごついていた.

2 〔物〕にふた[**覆い**]をする; 〔頭〕に帽子をかぶせる; VOA (~ X *in*..) X に..の表紙を付ける; (~ X *with*..) X に..で上張りをする, X に..を塗る. ~ a pan なべにふたをする. keep one's head ~*ed* in the theater 劇場で帽子をかぶったままでいる. a dictionary ~*ed* in leather 革表紙の辞書. ~ a wall *with* paper 壁に壁紙を張る.

3 〔特に種馬が〕〔雌〕と交尾する; 〔雌鳥が〕〔卵〕を抱える.

【覆い隠す】 4 を隠す, 包み隠す. ~ one's mistake 自分の間違いを隠す. ~ one's annoyance with a grin にやりと笑って自分のいらだちを隠す.

【覆い隠す>守る】 5 (a) (危険, 事故, 失策などから)をかばう, 保護する; を援護[援助]する; を守護する; (競技で)の後方を守る, 〖野球〗〔塁〕をカバーする. ~ the retreat of an army 軍隊の退却を援護する. ~ second base 2 塁をカバーする. *Cover* me. 僕の援護(射撃)を頼む. **(b)** の代理をする; を引き受ける, (の面倒)を見る, 《だれかに代わって》. I ~*ed* her phone while she was out to lunch. 彼女が昼食に出ている間, 電話の番をしてやった.

6 を見張る, 監視する, 警戒する; 〖競技〗〔相手の選手〕をマークする. The patrol cars ~ the whole area. パトロールカーはその地区の全体を警備する.

【守る>範囲に含める】 7 (a) 〔費用, 損失など〕を償う, カバーする. ~ the cost 費用を賄う. The new pension plan ~*s* all employees. 新年金制度は全被雇用者に及ぶ. **(b)** に保険をかける[付ける] 〈*against, for* ..に備えて, の〉; (保険を付けて)の補償を確保する; VOA (~ X *to do*) X が..した場合の補償を確保する. This policy will ~ your wife *to* drive. この保険証券なら奥さんの運転もカバーします. Is this building ~*ed against* fire? このビルは火災保険に入っていますか. My house is ~*ed* by insurance. 私の家には保険が付けてある.

8 (範囲が)にわたる; を包括する, 含む; 〔ある距離, 地域〕を行く, 踏破する. The educational reforms ~ only primary schools. その教育改革は小学校にしか及ばない. We ~*ed* over 2,000 miles in the car. 我々は 2,000 マイル以上を車で走破した.

9 を担当する, 受け持つ; 〖新聞・ラジオ・テレビ〗を報道する, 取材する; (講義などで)〔特定の話題〕を取り扱う, 講ずる. The salesman ~*s* all major cities on the west coast. その販売員は西海岸の主な都市をすべて担当している. He ~*ed* the Derby this year. 彼は今年のダービー競馬を報道した. This book ~*s* brain death thoroughly. この本は脳死について余すところなく論じている.

10 〔大砲などが〕を射程内に保つ; 〔人〕に銃を突きつける; VOA (~ X *with*..) X (人)に〔銃など〕を向ける. Don't move. You're [I've got you] ~*ed*. 動くな, いつでも撃てるんだぞ. The policeman ~*ed* the burglar *with* a pistol. 警官は強盗に銃口を向けた.

11 〖トランプ〗〔前の札〕より上位の札を出す; の条件をのむ, 〔相手の金〕と同額の金を積む, 《賭け事で》.

— 自 **1** 〖トランプ〗 前の札より上位の札を出す. ~ with the queen (相手より上の)クイーンを出す. **2** 保険をかける. **3** 帽子をかぶる.

còver (all) the báses 〖米〗 万全の備えをする (★~ all bases, ~ (all) one's bases の形もある).

còver one's áss 〖米俗〗 [***báck*** 〖話〗] 人に批判されないようにする, 抜かりなくやる.

cóver for.. (1) 〔人〕の代理を務める. Will you ~ *for* me during lunch hour? お昼の時間私と代わってもらえませんか. (2) =COVER up.

còver /../ ín (1) 〔穴など〕をふさぐ, 埋める. (2) 〔通路, 庭など〕に屋根を付ける.

cóver onesèlf (1) 自分をかばう 〈*against* ..に対して〉. (2) (寒さをしのぐなどのために)体を覆う, 着物を着る.

còver onesèlf with.. 〔名誉, 栄誉など〕に輝く; 〔恥辱など〕を被る.

còver úp (1) (うそを言ったりなどして)かばう 〈*for* ..〔悪人など〕を〉. (2) 〖ボクシング〗 腕などで体をガードする.

còver /../ úp ..をすっかり包む; ..を覆い隠す; 〔失敗など〕を糊塗(こ)する. ~ *up* one's confusion 狼狽(ろうばい)を隠す.

— 名 (複 ~s /-z/) **1** C **(a) 覆い**, カバー, ふた; 包み紙; 封筒; (本の)表紙 (注意 日本語の本の「カバー」は英語では jacket 又は wrapper; →book 図). a ~ to [for] a pot なべのふた. send a letter in [under] sealed ~ 封書で便りをする (★無冠詞に注意). **(b)** 〈the ~s〉 =bedclothes.

2 C (秘密, 犯罪などの)口実, 目隠し; UC (スパイなどの)偽りの身元.

3 U **(a)** 隠れ場所, 潜伏場所, 《underbrush など》; 避難所, 遮蔽(しゃへい)物. beat the ~ 獲物の隠れている場所を狩り立てる. **(b)** (敵の攻撃から守る)援護(射撃).

4 C (食卓の) 1 人分の席と食器; 〖米〗 =cover charge. lay a table with six ~*s* 食卓に 6 人分の席を用意する.

5 U 保険(による安全確保); 保証金, 担保. unlimited ~ for hospital charges 入院費用の無制限保障. ~ against fire 火災保険. **6** U 代理, 代役, 〈*for* ..の〉.

blòw one's [a person's] cóver 自分[人]の正体を明かす, ばらす.

blòw the cóver on.. 〔人〕の正体を明かす; ..(の件)を漏らす.

brèak cóver 〔獲物が〕隠れ場所から飛び出す.

from còver to cóver (本の)初めから終わりまで. read a book *from* ~ *to* ~ 全編通読する.

tàke cóver (遮蔽(しゃへい)物の陰に)隠れる, 避難する. *take* ~ from the enemy bombardment 敵の砲撃を避けて物陰に隠れる.

under cóver (1) 守られて, 保護されて. be *under* ~ from the weather 雨宿りする; (屋根の下で)雨露をしのぐ. (2) 内密に, こっそりと. I arranged to meet him *under* ~. 彼と内密に会う手はずを整えた.

under plàin cóver 発信人[内容など]が明記されない(封書)で.

under sèparate cóver 別封[別便]で. The list and other documents are being sent *under separate* ~. 表その他の書類は別便でお送りしました.

****under (the) cóver of..*** (1) ..に紛れて, 乗じて. We advanced cautiously *under* ~ *of* darkness. 我々は夜陰に乗じて用心深く進んだ. (2) ..にかこつけて, ..を口実にして. The troops committed atrocities *under* ~ *of* self-defense. 自衛にかこつけて兵士たちは暴虐行為を行った.

under the sàme cóver 同封して.

[<ラテン語 *cooperīre*「すっかり覆う」(<co-+*operīre* 'hide')]

†cov·er·age /kʌ́vəridʒ/ 名 **1** aU (保険の)補償範囲; 補償額. I have good insurance ~ on my house. 私は家に十分な保険を掛けている.

2 aU (新聞, ラジオ, テレビなどの)報道, 取材. give live TV ~ of the wedding その結婚式をテレビで生放送する. pull a large press ～ 新聞などに大々的に報道される. **3** Ⓤ 取扱い範囲; (報道, 広告の)到達[波及]範囲; (ラジオ, テレビの)可聴[可視]範囲, サービス区域.

cóver·àll /-rɔ̀ːl/ 名 Ⓒ 〈普通 ～s〉〖米〗(服の上に着る上下続きの)仕事着, 作業衣, つなぎ, (〖英〗boiler suit; →overall 2).

cóver chàrge 名 Ⓒ (レストラン, キャバレーなどの)席料《飲食代の外に取る》.

cóver cròp 名 Ⓒ 間作物《冬の間土質を保つために植える植物; クローバーなど》.

cóv·ered 形 **1** 覆い[ふた, 屋根など]のある. **2** 帽子をかぶった. **3** 〈複合要素〉..に覆われた.

còvered wágon 名 Ⓒ 〖米史〗(昔, 開拓者が用いた)幌(ほろ)馬車.

cóver gìrl 名 Ⓒ カバーガール《雑誌などの表紙を飾る美人》.

cov·er·ing /kʌ́v(ə)riŋ/ 名 ⓊⒸ 覆い, ふた, さや, 屋根など. ── 形 (<現在分詞)覆う; 援護する.

cóvering lètter [nòte] 名 Ⓒ 添え手紙, (製品に付けた)説明書.

cov·er·let /kʌ́vərlət/ 名 Ⓒ 〖旧〗ベッドの上掛け(bedspread).

cóver lètter 名 〖米〗=covering letter.

cóver nòte 名 Ⓒ **1** 〖米〗=covering letter. **2** 〖英〗(火災保険の)仮契約書.

cóver stòry 名 Ⓒ **1** (雑誌の)表紙絵関連記事. **2** (事実を隠蔽(いんぺい)する目的の)作り話, でっち上げの話.

†**cov·ert** /kóuvərt|kʌ́v-, kóuv-/ 形 内密の, ひそかな, 表立たない, (↔overt). a ～ gathering 内密な会合. They exchanged ～ glances across the table. 彼らはテーブル越しにひそかに目配(くば)せし合った.
── /kʌ́vər(t), kóuv-/ 名 Ⓒ (動物の隠れる)やぶ, 茂み. draw a ～ (キツネ, ウサギなどを求めて)茂みを探る.
[<古期フランス語 (*covrir* 'cover' の過去分詞)]

cóvert còat 名 Ⓒ 〖英〗カバーコート《狩猟用の短いコート》.

cóvert·ly 副 ひそかに, 内密に.

cóver·ùp /-rʌ̀p/ 名 Ⓒ **1** 〈普通, 単数形で〉隠蔽(いんぺい), もみ消し, 〈*for* ..〔悪事など〕の〉. **2** (婦人用)上っ張り.

cóver vèrsion 名 Ⓒ 〖楽〗カヴァー・ヴァージョン《他のアーティストが過去にレコーディングした曲の新たなレコーディング》.

‡**cov·et** /kʌ́vət/ 動 他 〖章・軽蔑〗〔他人のものなど〕をむやみに欲しがる. All ～ all lose. 〖諺〗すべてを得ようとすればすべてを失う. [<ラテン語 *cupiditās* 'cupidity'] ▷ **～·a·ble** 形 〔物が〕欲しくてたまらない, ぜひ欲しい.

cov·et·ous /kʌ́vətəs/ 形 〖章・軽蔑〗むやみに欲しがる 〈*of* ..〔他人のものなど〕を〉, 物欲の強い, (類語 特に, 他人のものを欲しがる; →greedy). ～ *of* wealth 金に貪欲(どんよく)な. ▷ **～·ly** 副 むやみに欲しがって. **～·ness** 名 Ⓤ 強欲, 貪欲.

cov·ey /kʌ́vi/ 名 (複 **～s**) Ⓒ **1** (ウズラ, シャコなどの鳥の)小さな群れ. a ～ of quail ウズラの群れ. **2** 〖戯〗(人の)群れ.

‡**cow**[1] /kau/ 名 (複 **～s** /-z/, 〖古〗**kine** /kain/) Ⓒ **1** 雌牛, 乳牛, 〈一般に〉牛, (→ox 参考). A ～ moos. 牛がもうもうと鳴く. **2** (象, サイ, 鯨, イルカ, アザラシなどの)雌. **3** 〖英俗・軽蔑〗女, あま.
hàve aców 〖米話〗いきり立っている; 仰天している.
till the còws come hóme 〖話〗いつまでも《牛は放っておけばいつまでも帰ってこないことから》. [<古期英語]

cow[2] 動 他 (暴力, 脅迫などで)を脅かす; VOA (～ X *into* (*doing*) ..) X を脅かして..させる. a ～*ed* look おじけづいた顔つき. ～ the children *into* silence 子供たちを脅かして黙らせる. [<古期北欧語]

cow·a·bung·a /kɑ̀ːwəbʌ́ŋgə, kàuə-/ 間 やーい, すごーい, ばんざい, 《歓声や呼びかけの声; サーファーや子供たちが使う》.

Cow·ard /káuərd/ 名 **Sir Noël** ～ カワード (1899–1973)《英国の劇作家・俳優・作曲家》.

‡**cow·ard** /káuərd/ 名 (複 **～s** /-dz/) Ⓒ 臆(おく)病者, 卑怯(ひきょう)者. Don't be a ～. びくびくするな. turn ～ おじけづく. [ラテン語 *cauda*「尾」, -ard; 犬などが恐れて尻尾を巻くことから]

*__cow·ard·ice__ /káuərdəs/ 名 Ⓤ 臆(おく)病, 卑怯(ひきょう), (↔bravery). [coward, *-ice*(古期フランス語の名詞化語尾)]

†**ców·ard·ly** 形 臆(おく)病な, 卑怯(ひきょう)な, (↔brave). a ～ man 臆病な人. a ～ retreat 卑怯な退却. ── 副 臆病に, 卑怯にも. ▷ **cow·ard·li·ness** 名 =cowardice.

ców·bèll 名 Ⓒ (居場所が分かるように)牛の首に付けた鈴; 〖楽〗カウベル《打楽器の一種》.

ców·bìrd 名 Ⓒ 〖鳥〗ムクドリ《北米産; 牛の群れについていくことが多い》.

*__cow·boy__ /káubɔ̀i/ 名 (複 **～s** /-z/) Ⓒ **1** (米国西部, カナダの)カウボーイ; 牛飼い, 牧童. **2** 〖話〗怖い物知らず(の男), むちゃする男. We can't put foreign policy in the hands of ～*s*. カウボーイみたいなやつに外交は任せられない. **3** 〖英話〗(特に無資格の)悪徳業者.

cówboy fìlm 〖英〗**[mòvie** 〖米〗**]** 名 Ⓒ 〖話〗西部劇映画.

cówboy hàt 名 Ⓒ カウボーイハット.

còwboys and Índians 名 Ⓤ 西部劇ごっこ《カウボーイとインディアンの戦いをまねた子供の遊び》.

ców·càtcher 名 Ⓒ 〖米〗(機関車の)排障器.

cow·er /káuər/ 動 自 (恐怖, 寒気などのために)縮こまる, すくむ, 〈*down*〉. The children were ～*ing* in fear during the storm. 子供たちはあらしの間怖くて身をすくめていた.

ców·gìrl 名 Ⓒ (牧場の)牛飼い女.

ców·hànd 名 =cowboy 1.

ców·hèel 名 ⓊⒸ 〖英〗カウヒール《よく煮込んだ牛の足料理》.

ców·hèrd 名 Ⓒ 〖旧〗牛飼い.

ców·hìde 名 **1** ⓊⒸ (特に毛の付いたままの)牛の皮. **2** Ⓤ (なめした)牛革. **3** Ⓒ 牛革製などのむち.

ców·hòuse 名 Ⓒ 〖英〗牛舎, 牛小屋.

cowl /kaul/ 名 Ⓒ **1** (修道士の)頭巾(ずきん)(付き外衣). **2** (煙突, 通風筒のてっぺんの)通風帽, 換気帽. **3** (自動車の)カウル《フロントガラスと計器板を取り付ける部分》. **4** =cowling.

ców·lìck 名 Ⓒ 〖話〗(頭髪のなでつけられない)立ち毛《つむじの所などに起こる》.

cówl·ing 名 Ⓒ 飛行機のエンジンカバー.

ców·man /-mən/ 名 (複 **-men** /-mən/) Ⓒ **1** 〖米〗牧場主. **2** 〖英〗牛飼い (cowherd).

có-wòrker /kóu-/ 名 Ⓒ 仕事仲間, 協力者, 同僚.

ców·pàt 名 Ⓒ 牛糞(ふん)(の平らな塊).

ców·pèa 名 Ⓒ 〖植〗ササゲ《マメ科; 米国南部で牛の飼料などにするため栽培する》.

ców·pòke 名 〖米旧話〗=cowboy 1.

ców pòny 名 Ⓒ 牧牛(用)の馬《カウボーイが乗る》.

ców·pòx 名 Ⓤ 〖医〗牛痘《これにかかった牛から天然痘ワクチンを採る》.

ców·pùncher 名 〖米話〗=cowboy 1.

cow·rie, cow·ry /káuri/ 名 (複 **-ries**) Ⓒ 〖貝〗コヤスガイ《昔アフリカ, アジアで貨幣に用いた》.

có-wrìte 動 (→write) 他 〔曲, 脚本など〕を共作する 〈*with* ..と〉. ▷ **có-wrìt·er** 名 Ⓒ 共作者.

ców·shèd 名 Ⓒ (特に搾乳・越冬用の)牛舎, 牛小屋.

ców·slìp 名 Ⓒ 〖植〗**1** キバナノクリンザクラ《牧草地などに自生するサクラソウ科の草本; 黄色い花に芳香がある》. **2** 〖米〗=marsh marigold. [<古期英語「牛糞(ふん)」]

Cox /kɑks|kɔks/ 名 Ⓒ 〖英〗コックス《生で食べるリンゴの一種; **Cox's** あるいは **Còx's Òrange (Píppin)** とも言う》. [<英国の栽培家 R. *Cox*]

cox /kɑks|kɔks/ 名 =coxswain 1. ── 動 他, 自 (の)コックスを務める.

cox·a /kɑ́ksə|kɔ́k-/ 名 (複 **-ae** /-siː/) Ⓒ 〖解剖〗股(こ)関節.

cox·comb /kákskòum|kɔ́ks-/ 名 C **1**〘古〙しゃれ者, 伊達(だて)男, めかし屋. **2** ＝cockscomb 3.
cox·swain /kákswèin, káks(ə)n|kɔ́k-/ 名 C〘章〙**1**（レース用ボートの）コックス, 舵(だ)手. **2** 艇長.
coy /kɔi/ 形 **1**（特に女性が）はにかんで見せる, 恥ずかしそうなふりをする;〔態度が〕はにかんだ, 恥ずかしそうな;（類語 普通(気取って)故意に恥ずかしそうにするさま; →shy¹). **2** 隠しだてする, 秘密主義の, 〈*about* ..について〉.
▷ **～·ly** 副 **～·ness** 名
coy·o·te /kaióuti, káiout|kɔióuti, kɔ́iout/ 名（複 **～s, ～**）C **1** コヨーテ《北米の草原に住むオオカミの一種; 夜間長い遠吠えをする; prairie wolf とも言う》. **2**〘米俗〙（メキシコ国境地域の）密入国手引き人.
Coyóte Stàte 名〈the ～〉米国 South Dakota 州の俗称.
coy·pu /kɔ́ipuː/ 名（複 **～s, ～**）C カイリネズミ《南米産の水棲(せい)動物; 肉は食用になり毛皮 (nutria) は珍重される》.
coz /kʌz/ 名 C〈主に呼び掛けで〉〘英では古〙いとこ(cousin).
coz·en /kʌ́z(ə)n/ 動〘雅〙他 を欺く; VOA (～ X *out of* ../*into* (*doing*)..) X をだまして..を奪う/..をさせる. ～ a person *out of* his money 人から金をだまし取る. ～ an old woman *into* buying a fake antique 老女をだまして偽の骨董(こっとう)品を買わせる. ── 自 欺く.
[? ＜イタリア語「だます」]
coz·en·age /kʌ́z(ə)nidʒ/ 名 U〘雅〙だますこと, 詐欺.
co·zi·ly /kóuzili/ 副 居心地よく.
co·zi·ness /kóuzinəs/ 名 U 居心地よさ.
*__co·zy__〘米〙, **co·sy**〘英〙/kóuzi/ 形 e (**-zi·er, -si·er**|**-zi·est, -si·est**) **1**〔場所などが〕**居心地のよい**,（暖かくて）気持ちのよい,（類語 snug に近いが, 不快な状態(例えば寒さ) から守られていることを暗示する; →comfortable). a ～ corner 暖かくて居心地のよい(部屋の)片隅. a ～ little house 住み心地のよい小さな家.
2〔活動などが〕打ち解けた, くつろいだ. a ～ chat くつろいだおしゃべり. **3**〈けなして〉なれあいの, 結託した. a ～ relationship with politicians 政治家との癒着.
── 名（複 **-zies**）C（綿入れ頭巾(ずきん)状の）保温カバー, コージー,《tea pot などにかぶせる》.
── 動 自 VA (～ *up to* ..)〘米話〙〔人〕のご機嫌を取る, に取り入る. [＜スコットランド方言(?＜北欧語)]
coz·zie /kázi|kɔ́zi/ 名 ＝cossie.
CP〘軍〙command post; Common Prayer; Communist Party; Court of Probate (検認裁判所).
cp. compare.
c.p. candlepower.
CPA〘米〙certified public accountant.
cpd compound.
CPI consumer price index.
Cpl. Corporal.
CPO Chief Petty Officer.
CPR cardiopulmonary resuscitation.
cps〘物理〙cycles per second (秒当たりサイクル).
CPU〘電算〙central processing unit.
CR Costa Rica.
Cr〘化〙chromium.
cr. credit; creditor.
†**crab**¹ /kræb/ 名 **1** C〘動〙カニ. ～ meat カニの肉. **2** U カニの肉. ～ salad カニサラダ. canned ～ 缶詰のカニ. **3**〈the C-〉〘天〙かに座;〘占星〙巨蟹(きょかい)宮; (Cancer). **4** C 移動ウインチ, 横車地(しゃち). **5**〘話〙＝crab louse;〈(the) ～s〉毛ジラミ症.
càtch a cráb（オールを水中に入れすぎて）バランスを崩す, 漕(こ)ぎ損なう.
── 動 (**～s**|**-bb-**) 自 カニを取る. go ～*bing* カニ取りに行く. [＜古期英語]
crab² 名 C 野生のリンゴ(の木) (**cráb àpple**).
crab³ 動〘話〙(**～s**|**-bb-**) 自 悪口を言う, けちをつける, 〈*about* ..の, に〉. What are you ～*bing about?* 何をぐずぐず言っているんだ.
── 他 **1** を不機嫌にする. **2** をだめにする (spoil).
── 名 C〘話〙いつも不機嫌な人, 気難し屋.
cráb·bed /-əd/ 形 **1**〘旧〙〔人, 行為などが〕意地の悪い, 気難しい, 怒りっぽい. **2**〔筆跡が〕読みうらい. **3**〔書物, 文体, 著者が〕読みにくい, 分かりにくい.
▷ **～·ly** 副 **～·ness** 名
crab·by /krǽbi/ 形〘話〙＝crabbed 1.
cráb·gràss 名 U メヒシバ《イネ科の雑草》.
cráb lòuse 名（複 →louse）C〘虫〙毛ジラミ《陰毛にたかる》.
cráb·wàys, cráb·wìse 副 横歩きに.
‡**crack**¹ /kræk/ 名（複 **～s** /-s/）C【割れ目】**1** (**a**) **割れ目**, 裂け目, ひび. a long ～ *in* the wall 壁の長いひび割れ. (**b**) 欠陥, ほころび. a ～ *in* his character [the party line] 彼の性格上の欠陥[党の方針の破綻].
2 (**a**)（戸, 窓などの）少しの開き. (**b**)〈a ～; 副詞的〉少し〔開けてなど〕. He knocked boldly, and the door opened a tiny ～. 彼が思い切ってノックするとドアはほんの少し開いた.
【ぱちっと割れる音】**3**（雷鳴, 銃声, むちなどの）**鋭い物音**《がらがら, ばーん, ぴしっ, ぱちっなど》. a sudden ～ of thunder 突然の鋭い(がらがらっという)雷鳴. the ～ of a pistol ピストルのぱーんという音. He was surprised by the sharp ～ of a twig. 彼はぼきっという小枝の折れる音に驚いた.
4【割れた声】声の(高さ, 大きさなどの)突然の変化《しわがれ, かすれ, うわずりなど》;（第 2 次性徴としての）声変わり.
【ぱちっというひと打ち】**5**〘話〙鋭い一撃, 痛いひと打ち. get a ～ on the cheek ほおをぴしゃりと打たれる.
6〘話〙試み, ためし. have [take] a ～ at .. をやってみる.
7〘話〙軽妙なしゃれ, 気のきいた返答[一言]; 痛烈な一言, ひやかし; (→wisecrack). He made a ～ *about* my fatness. 彼は私が太っているのをひやかした.
8【やりとり】〈the ～〉〘英話〙歓談, 談笑.
a fàir cràck of the whíp〘英話〙活躍の公平な機会.
at the cràck of dáwn〘話〙夜明けに.
fàll [***slíp***] ***between*** [***through***] ***the crácks***〘米話〙見過ごされる, 無視される.
pàste [***pàper***] ***over the crácks***〘話〙(内部の)欠陥を取り繕う, ぼろを隠す.
Whàt's the crácк?〘英話〙いったい何事(があったの)か.
── 形〘話〙〈限定〉第 1 級の, ぴか一の. a ～ player 名手, 名選手. a ～ shot 射撃の名手. our ～ forces わが軍の精鋭部隊.
── 動 (**～s** /-s/|過 過分 **～ed** /-t/|**cráck·ing**) 他
【ぱちんと割る】**1** にひびを入らせる; を(ぱちんと)割る, 砕く; VOC (～ X Y) X (の殻など)を割って Y の状態にする. ～ a walnut (*open*) クルミを割る. ～ an egg (*open*) 卵を割る. She fell down and ～*ed* a bone in her arm. 彼女は転んで腕の骨にひびが入った. The sidewalk was ～*ed*. 歩道にはひびが入っていた.
2 に鋭い音を立てさせる, をぴしゃっと鳴らす[打つ]; をごつんと打つ; VOA (～ X *against, on* ..) X を..にどすんとぶつける. ～ a whip むちをぴしりと鳴らす. ～ one's knuckles 指の関節をぽきっと鳴らす. The rookie ～*ed* a grand slam in the seventh inning. その新人は 7 回に満塁ホーマーをかっとばした. I stumbled and ～*ed* my head *against* the door. 私はつまずいて頭をドアにぶつけた.
3〔声〕の調子を急に変える.
4【ひと打ちする】〘話〙〔しゃれ〕を飛ばす. ～ a joke しゃれを飛ばす.
【(打って)砕く】**5**〔抵抗力など〕をくじく, 打ち破る. **6**〘化〙〔石油など〕を分留する.

C

【(割って)開ける】 **7** 〖話〗〔金庫など〕を破る; VOC (～ X Y) X を破って Y の状態にする. The safe had been ～*ed* (*open*). 金庫がこじ開けられていた. **8** 〖話〗〔難問など〕を解決する; 〔暗号〕を解読する. ～ a code 暗号を解読する.
— 自 **1** ひびが入る, ぱちんと割れる[破ける, 裂ける]. The glass ～*ed* when he put hot water into it. 彼が熱湯をコップに入れるとぱちんと割れた.
2 〔銃, むちなどが〕鋭い音を出す, ぱーん[ぱしっなど]と鳴る; VA (～ *against, on*..) ..にごつん[どすん]とぶつかる.
3 〔声が〕急に調子が変わる, うわずる; 声変わりする (break). Her voice ～*ed* when she began to accuse him. 彼を非難し始めた時彼女の声はうわずった.
4 (精神的に)参る, 〔組織, 関係などが〕壊れる, だめになる. ～ under the strain (精神的)重圧に負ける.
be cràcked úp to be.. 〖話〗..であると評判である[もてはやされる]〈普通, 否定文中で〉. Waikiki, he soon found, was not all that it *was* ～*ed up to be*. ワイキキは言いふらされているほどでないことが彼にはすぐ分かった.
cràck a smíle 〖話〗(うれしくもないのに)ほほえむ, 作り笑いをする.
cràck dówn on.. ..に断固とした処置を取る, ..を厳しく取り締まる. ～ *down on* porn [dope pushers] ポルノ[麻薬密売人]を厳しく取り締まる.
cràck ón 〖英話〗どんどん続けてやる〈*with* ..を〉.
cràck (òpen) a bóttle 〖話〗(ワインなどの)瓶を開けて飲む.
cràck the whíp 〖話〗いばり散らす, 高圧的にふるまう.
cràck úp 〖話〗(1)〔車, 飛行機などが〕事故を起こす. (2) 精神的[肉体的]に参る. (3) 腹を抱えて笑う.
cràck /../ úp 〖話〗(1)〔車など〕を衝突させる (crash). (2)..を精神的[肉体的]に参らせる. (3)..を大笑いさせる.
cràck wíse 〖俗〗気の利いた(つもりの)ことを言う《< wisecrack》.
gèt crácking 〖話〗さっさと取りかかる, 急ぐ.
[< 古期英語「ぱちんという」]

crack[2] 名 U 〖俗〗クラック《cocaine を精製, 重曹とアンモニアで粒状にした強力な麻薬》.

cráck·bràined 形 〔人, 考えが〕ばかな (stupid); 気の狂った, 頭のおかしい.

cráck·dòwn 名 C 断固たる処置, 厳重な取り締まり, 〈*on*..〔違法行為など〕に対する〉. a ～ *on* dope trafficking 麻薬密売の取り締まり.

cracked /-t/ 形 **1** ひびの入った; 粉々に割れた. a ～ vase ひびの入った花瓶. ～ ice 割り氷. **2** (声の)つぶれた, がらがら声の. in a ～ voice つぶれた[声変わりした]声で. **3** 〔古ピアノなどの音が〕調子外れの. **4** 〈叙述〉〖話〗ばかな (crazy); 気のふれた.

***crack·er** /krǽkər/ 名 (複 ～s /-z/) C **1** クラッカー《甘味なしの堅焼きビスケットの一種》. cheese [soda] ～*s* チーズ[ソーダ]クラッカー. **2** (クリスマス用)クラッカー (Christmas cracker)《両端を引っ張ると爆音を立ててキャンディーなどが飛び出る》; かんしゃく玉. **3** ＝nutcracker. **4** 〖英話〗すごい物[人]; 〖旧〗すてきな美女. a ～ of a shot スーパーショット. His joke was a real ～. あいつのジョークは実に傑作だった. **5** 〖米話・普通, 軽蔑〗＝ poor white.

crácker-bàrrel 形 〖米〗素朴な, 田舎じみた, 《田舎の雑貨屋の辺りに集まって雑談している人たちの印象から》. [< 雑貨屋にある「クラッカーのたる」]

crácker·jàck 〖米俗〗形 ずばぬけた, とびきり上等[優秀]な. — 名 C ずばぬけた人[もの].

cráck·ers 形 〈叙述〉〖英話〗気が狂って; 我を忘れて.

cráck·hèad 名 C クラック (crack[2]) 常用者.

cráck·ing 名 U **1** 〖化〗(石油の)分解蒸留法, 分留. a ～ plant 石油蒸留工場. **2** 〖電算〗(ゲームソフトの)保護を破壊すること (→hack[1], hacker). — 形 **1** 〖話〗すばらしい, すてきな. **2** 〖英話〗早い〔歩調など〕. — 副 〈普通 ～ good として〉〖話〗大そう, すごく.

‡**crack·le** /krǽk(ə)l/ 動 自 **1** ぱちぱち[ぼきぼき, ぱりぱり]音を立てる; 〔声が〕がらがらになる. The logs ～*d* in the fireplace. 暖炉でまきがぱちぱち音を立てた. **2** 活気に満ちている〈*with* ..で〉.
— 名 **1** aU ぱちぱち[ぼきぼき, ぱりぱり]という音. **2** U (陶器, ガラス器の)ひび模様. **3** ＝crackleware.

cráckle·wàre 名 U クラックルウェア《細かいひび模様の入った陶器》.

cráck·ling 名 **1** U ローストポークのぱりぱりしたもろい茶色の皮. **2** U ぱちぱち[ぼきぼき, ぱりぱり]という音. **3** 〈～s〉(豚肉からラードを取った後の)かす.

cráck·ly 形 ぱちぱち[ぼきぼき, ぱりぱり]いう.

crack·nel /krǽkn(ə)l/ 名 **1** C クラックネル《ぱりぱりした堅焼きビスケット》. **2** 〈～s〉〖米〗＝crackling 2.

cráck·pòt 〖話〗名 C 変わり者. — 形 〈限定〉変わった, 頭の変な.

crácks·man /-mən/ 名 (複 **-men** /-mən/) C 〖旧〗泥棒, 〈特に〉金庫破り.

cráck·ùp 名 C **1** (飛行機, 自動車などの)衝突, 破損. **2** 〖話〗(身体, 神経の)衰弱. **3** (団体, 関係の)崩壊.

Crac·ow /krά:kau|krǽ-/ 名 クラクフ《ポーランド南部の都市; ワルシャワと並ぶ文化の中心地; ポーランド語名 Kraków》.

-cra·cy /krəsi/ 〈複合要素〉「..による統治[支配](社会)」,「..階級」の意味. demo*cracy*. bureau*cracy*. [ギリシア語 'strength, rule']

***cra·dle** /kréidl/ 名 (複 ～s /-z/) C **1** 揺りかご. rock a ～ 揺りかごを揺する. **2** 〈the ～〉揺籃(ようらん)の地, 発祥地, 〈*of*..〔民族, 文化など〕の〉. Italy was the ～ *of* the Renaissance. イタリアはルネッサンスの発祥地だった.
3 〈the ～〉揺籃時代, 幼年時代. What is learned in the ～ is carried to the grave. 〖諺〗スズメ百まで踊り忘れず《< 揺りかごの中で覚えたことは墓場まで持っていく》. **4** (建造, 修理中の船などを乗せる)架台, 船架; 吊(つ)り台, ゴンドラ, 《ビルの外壁に吊るす作業台》; (電話受話器の)受け台. replace the receiver on its ～ 受話器を受け台の上に戻す.
from the cràdle to the gráve 揺りかごから墓場まで, 一生を通じて, 《社会保障の標語などとして》.
ròb the crádle 〖話〗ずっと年下の相手と結婚する[を恋人にする]《< 揺りかごから赤ん坊を奪うたとえ》.
— 動 他 **1** を揺りかごに寝かす, 揺りかごに入れて揺する; を抱いてあやす. ～ a baby *in* one's arms 赤ん坊を抱いてあやす. **2** を船架[架台など]に乗せる; 〔電話の受話器〕を受け台に戻す.
[< 古期英語]

crádle-ròbber 〖米〗, **-snàtcher** 〖英〗名 C 〖話〗ずっと年下の相手と結婚する[を恋人にする]人《< rob the CRADLE》.

crádle·sòng 名 C 子守歌 (lullaby).

‡**craft** /krӕft|krα:ft/ 名 (複 1-4 は ～s /-ts/, 5 は ～)
【技術】 **1** U 技巧, 技術; 特殊な技術. the ～ of novel writing 小説制作の技巧.
2 C (特殊技術を要する)仕事, 職業; 手工業. arts and ～*s* 美術工芸. Machines have killed off most of the old ～*s*. 機械は古い工芸の大部分を滅ぼしてしまった.
3 C 〈集合的〉同業組合員.
4【だます技巧】 U 〖章〗ずる賢さ, 悪知恵.
【技術の産物】 **5** C (特に小型の)船; 飛行機 (aircraft), 宇宙船 (spacecraft). a fishing ～ 漁船. Six enemy ～ were flying in tight formation. 敵機が 6 機密集した編隊で飛んでいた (★この ～ は 複).
— 動 他 〈しばしば受け身で〉を精巧に作る, 入念に仕上げる[まとめ上げる]. furniture ～*ed* of cherry サクラ材で精巧に作った家具. [< 古期英語「力, 技術」]

-craft 〈複合要素〉「(ある仕事の)技術」,「〖しばしば軽蔑》(ある人の)特技」,「乗り物」の意味. handi*craft*. witch*craft*. air*craft*.

‡**cráfts·man** /-mən/ [名] ([複] **-men** /-mən/) [C] 職人, 工芸家; 熟練工; ([反] **cráfts·wòman**).

cráftsman·shìp /-ʃìp/ [名] [U] (職人, 工芸家などの)技能, 技量; 熟練.

cráfts·pèople [名] 〈複数扱い〉職人《集合的》.

cráfts·pèrson [名] [C] 職人《craftsman, craftswoman の性の区別を避けた PC 語》.

cráft ùnion [名] [C] 職業別労働組合《例えば「鉛管工組合」のように, 職種別に諸企業を横断して組織される》.

†**craft·y** /krǽfti|krɑ́:fti/ [形] [e] ずる賢い, 狡猾(こうかつ)な. a ~ look ずる賢そうな目つき.
▷**craft·i·ly** [副] **craft·i·ness** [名]

†**crag** /kræg/ [名] [C] 高くそそり立つ岩[崖(がけ)].

crag·ged /krǽgəd/ [形] 〖主に米〗=craggy.

crag·gy /krǽgi/ [形] [e] **1** 岩のごつごつした; 険しい〔山など〕. a ~ and dangerous slope 岩が多くて危険な傾斜地. **2** 〈限定〉〔主に男子の顔が〕彫りの深い. his ~ features 彼の彫りの深い目鼻立ち. ▷**crág·gi·ness** [名]

crake /kreik/ [名] [C] 〖鳥〗クイナ, 〈特に〉ハタクイナ; その鳴き声.

***cram** /kræm/ [動] (~**s** /-z/|[過] [過分] ~**med** /-d/|**crám·ming**) [他] **1** [VOA] (~/X/*in*)・(~ X *into, onto* ..) X を/..に詰め込む, 押し込む. ~ everything *into* the trunk 何もかもトランクに詰め込む.
2 (**a**) に詰め込む〈*up*〉〈*with* ..を〉; [VOC] (~ X Y) X を Y の状態に詰め込む〈*of*..で〉. ~ one's suitcase *with* clothes スーツケースに衣類を詰め込む. He ~*med* his mouth *full of* cookies. 彼は口いっぱいにクッキーをほおばった. (**b**) [VOA] (~ X *down* (..)) X (食べ物など)を(〔のどなど〕に)無理に押し込む. (**c**) 〔場所など〕に詰めかける, をぎゅう詰めにする. People ~*med* the hall. =The hall was ~*med with* people. 会館は人でぎゅう詰めだった.
3 〖話〗〔人〕に詰め込み勉強をさせる; 〔学課〕を詰め込み勉強する; 〈*for* ..に備えて〉.
── [自] **1** がつがつ食べる. **2** 〖話〗詰め込み勉強をする〈*for* ..に備えて〉. ~ *for* the exam 試験のためにガリ勉する. **3** [VA] (~ *into* ..) ..にぎゅうぎゅうに押し入る.
── [名] **1** [C] すし詰め(状態). **2** [U] 詰め込み勉強, 一夜漬け. [<古期英語]

cràm-fúll /[移]/ [形] 〈叙述〉〖英話〗ぎっしりいっぱいで[詰まって]. a box ~ *of* [*with*] books 本でいっぱいの箱.

crammed /kræmd/ [形] びっしり詰まった, すし詰めの. a ~ tour 予定のびっしり詰まった旅行.

cram·mer /krǽmər/ [名] [C] **1** (受験のため)詰め込み勉強をする学生. **2** 〖旧話〗詰め込み勉強をさせる教師[学校]; 詰め込み勉強用の本.

‡**cramp**[1] /kræmp/ [名] **1** [UC] (筋肉の)けいれん, 引きつり, こむら返り; (使い過ぎで筋肉が)利かなくなること; (〖英〗では普通 [U]). (a) stomach ~ 胃けいれん. get a ~ in one's leg 脚の筋肉が引きつる. **2** 〈~s〉〖主に米〗激しい腹痛; 〖婉曲〗生理痛.
── [動] [他] にけいれんを起こさせる. be ~*ed* in the left hand 左手がけいれんする. ── [自] 〔筋肉などが〕けいれんする, 利かなくなる. [<中期オランダ語「ねじられた」]

‡**cramp**[2] [名] **1** [C] かすがい, 締め付け金具, (**crámp ìron**). **2** [C] 束縛, 妨害.
── [動] [他] **1** をかすがい[締め付け金具]で留める[締め付ける]. ~ two boards together かすがい[締め付け金具]で2枚の板を留める. **2** 〔成長, 運動など〕を阻む, 妨げる. ~ a person's enthusiasm 人の熱意に水を差す.
cràmp a pèrson's stýle 〖話〗人の十分な能力発揮を妨げる, '人の手足を縛る'. My wife always says the wrong thing and ~*s* my *style* in the presence of other people. 妻はいつも見当違いなことを言って人前で私の足を引っ張るのだ.
[<中期オランダ語「鉤(かぎ), 締め具」]

‡**cramped** /-t/ [形] **1** 狭い, 窮屈な. be ~ for space 手狭で窮屈だ. **2** 〔筆跡が〕(ぎっしり詰まって)読みにくい.

cram·pon /krǽmpɑn, -pən|-pən/ [名] [C] **1** 〈普通 ~s〉アイゼン, スパイク底, 《靴底に付ける; climbing irons とも言い, 登山, 氷上などに用いる滑り止め》. wear ~*s* アイゼンを付ける. **2** (重い物を持ち上げるための)つかみ金具, つり鉤(かぎ).

[crampons 1]

crám schòol [名] [C] 〈軽蔑的〉(日本などの)(受験)予備校, 塾.

‡**cran·ber·ry** /krǽnbèri|-b(ə)ri/ [名] ([複] **-ries**) [C] 〈普通 ~s〉〖植〗ツルコケモモ《ツツジ科の低木》; その赤い実《酸味がありゼリー, ソースなどの材料にする》.

cránberry sàuce [名] [U] クランベリーソース《米国では Thanksgiving Day や Christmas の七面鳥料理に欠かせないもの》.

Crane /krein/ [名] **Stephen ~** クレイン (1871–1900) 《米国の小説家・短編作家》.

†**crane** /krein/ [名] [C] **1** 〖鳥〗ツル; 〈俗に〉サギ. **2** 起重機, クレーン. ── [動] [他] **1** (よく見ようとして)〔首〕を伸ばす. **2** を起重機で持ち上げる[動かす]. ── [自] [VA] (よく見ようとして)首を伸ばす〈*forward*〉〈*to* do ..しようと〉.
[<古期英語]

cráne flỳ [名] [C] 〖虫〗ガガンボ (〖英〗daddy(-)longlegs).

cra·ni·al /kréiniəl/ [形] 頭蓋(ずがい)の. the ~ bones 頭蓋骨. the ~ nerves 脳神経.

cra·ni·um /kréiniəm/ [名] ([複] **cra·ni·a** /-niə/, **~s**) [C] 〖解剖〗頭蓋(ずがい); 頭蓋骨 (skull).

‡**crank** /kræŋk/ [名] [C] **1** 〖機〗クランク《回転運動を往復運動, 又その逆に変える棒》, (直角に取り付けた)ハンドル. **2** 〖話〗変人, (何かに)凝る人; 〈形容詞的〉変人の[による]. a ~ call [letter] いたずら電話[いやがらせの手紙]. **3** 〖米話〗気難し屋, つむじ曲がり.
── [動] [他] **1** のクランクを回す. **2** (クランクを回して)〔エンジン〕を始動させる〈*up*〉. ~ (*up*) an engine クランクを回してエンジンを始動させる.
crànk /../ óut 〖米〗..を(機械的に)どんどん作り出す.
crànk /../ úp 〖話〗(1) = [他] 2. (2) 〔機械, 装置など〕の稼働レベルを上げる; 〔音量〕を上げる. (3) 〔活動など〕を強化する; 〔感情など〕を増幅する, 強める. [<古期英語]

cránk·càse [名] [C] (自動車などのエンジンの)クランク室, クランクケース.

cránk·shàft [名] [C] (自動車, 機関車などの)クランク軸, クランクシャフト.

crank·y /krǽŋki/ [形] [e] 〖話〗**1** 風変わりな (odd). a ~ old man 一風変わった老人. **2** 〔機械などが〕ぐらぐら[がたがた]する (shaky), 調子が悪い. **3** 〖米〗気難しい, 不機嫌な. ▷**crank·i·ness** [名]

cran·nied /krǽnəd/ [形] ひび割れた.

cran·ny /krǽni/ [名] ([複] **-nies**) [C] (壁, 岩などの)小さな割れ目, 亀(き)裂.
èvery nòok and cránny →nook.

‡**crap** /kræp/ [名] 〖卑〗**1** [U] 糞(くそ), うんこ. **2** [aU] 糞をたれること. have [take] a ~ 糞をたれる. **3** [U] ばかばかしいこと (nonsense); がらくた. be a load of ~ 実にくだらない[うそぱっちである]. Cut the ~! 〈相手の話をさえぎって〉くだらない話[うそ]はもうよい. **4** 〈間投詞的〉ばかばかしい. ── [形] くだらない, 糞ったれの. ── [動] (~**s**|-**pp**-) [自] 糞をする. [<古期フランス語「もみがら」]

crape /kreip/ [名] **1** [U] (喪服や喪章に用いる黒い)クレープ, ちりめん織り. **2** [C] クレープの喪章.

C

cràpe mỳrtle 名 C 〘植〙サルスベリ, 百日紅.
crap·per /krǽpər/ 名 C 〘卑〙便所, トイレ.
crap·pie /krǽpi/ 名 C 〘魚〙クラッピー.
crap·py /krǽpi/ 形 e 〘俗〙質の悪い, ひどい.
craps /kræps/ 名 〈単数扱い〉〘米〙クラップス《賭(か)けゲーム; 2 個のさいころを使って出た目で勝負する》. shoot ～ クラップスをする.
cráp·shòoter 名 C 〘米〙クラップス賭博(とばく)師.
crap·u·lent /krǽpjələnt/ 形 〘章〙暴飲暴食の[で気分が悪い]. ▷**crap·u·lence** /-ləns/ 名
‡**crash**[1] /kræʃ/ 動 (～·es /-əz/|過 過分 ～ed /-t/|～·ing) 自 **1** (**a**) (がちゃん, がらがらと)**大きな音を立てる**. The thunder ～*ed*. 雷鳴がとどろいた. (**b**) VA **大きな音を立てて壊れる[落ちる, 倒れる]**; VC (～ X) 大きな音を立てて X の状態になる. ～ *to* pieces (がちゃんと)粉々に砕ける. The heavy chandelier came ～*ing down onto* the floor. 重いシャンデリアががちゃんと床に落ちて来た. The door ～*ed* open [shut]. ドアが大きな音を立てて開いた[閉まった].
2 (大音響を立てて)**衝突する**, 激突する, 突っ込む, 〈*into*, *against* ..に〉; 〔飛行機が〕**墜落する**. The car ～*ed into* the guardrail. 自動車がガードレールに激突した. The plane ～*ed* a few minutes after take-off. 飛行機は離陸後数分で墜落した.
3 VA (障害をぶち壊して) ごり押しして進む; 突進する. ～ *out of* prison 刑務所を脱走する. The rioters ～*ed through* the line of policemen. 暴徒たちは警官の列を強行突破した.
4 〔商売などが〕失敗する, つぶれる, 〔市場が〕大暴落する.
5 〘話〙(招待[入場]券なしに)パーティーなどに押しかける (gatecrash). **6** 〘話〙(疲れ果てて[酔っ払って])どたんと寝る[寝入る]; (人の家などに)泊まる, 夜を過ごす; 〈*out*〉.
7 〘電算〙(コンピュータが)(突然)故障する.
8 〘米俗〙(麻薬が切れて)禁断症状を起こす.
── 他 **1** (がちゃんと)を**壊す**, ぶつける. He ～*ed* a glass against the wall. 彼はコップを壁に投げつけた.
2 VOA を(すごい勢いで)押し進める. ～ one's way *through* the crowd 人込みの中をしゃにむに押し進む (→way 名 2 語法). **3** 〔自動車など〕を衝突させる, 〔飛行機〕を墜落させる, 〈*into* ..に〉.
4 〘話〙(招待されずに) 〔パーティーなど〕に押しかける, (入場券なしに) 〔劇場など〕に潜り込む, (gatecrash). Those fellows ～*ed* my party, too. あの男たちは私のパーティーにも押しかけて来た. **5** 〘電算〙〔コンピュータ〕を(突然)故障させる.
── 名 (複 ～·es /-əz/) C **1** (**がちゃん, がらん, ばたんなどという**)**大音響**; 大音響を立てて壊れる[落ちる, 倒れる]こと. the ～ of thunder とどろく雷鳴. The box fell with a ～. 箱はどすんと落ちた.
2 (飛行機の)**墜落**, 不時着; (自動車などの)**衝突**(事故). a plane ～ 飛行機の墜落事故. The car ～ killed five persons. その自動車の衝突で 5 人が死んだ.
3 (商売などの)失敗, 倒産; (相場などの)大暴落, 恐慌. the *Crash* of 1929 1929 年の(ウォール街の)恐慌.
4 〘電算〙(コンピュータの)(突然の)故障.
── 副 大音響を立てて, がちゃん[がらがら, ごろごろなど]と. go ～ 大音響を立てる. *Crash* went the cup onto the floor. コップはがちゃんと床に落ちた.
── 形 〈限定〉速成の, 応急の. a ～ program 応急[突貫作業]計画. a ～ diet 急激ダイエット.
[＜中期英語; 擬音語]
crash[2] 名 U 目の粗い麻布[綿布]の一種《タオル, テーブル掛け, カーテンなどに用いる》.
crásh bàrrier 名 C (人と車などの通行を分離する)ガードレール; (高速道路の)中央分離帯.
crásh còurse 名 C (技術, 外国語などを教える)短期集中[速成]講座.
crásh dìve 名 C (潜水艦の)急速潜航.
crásh-dìve 動 自 (潜水艦が)急速潜航する. ── 他 〔潜水艦〕を急速潜航させる.
crásh hèlmet 名 C (レーサー, オートバイ乗りなどの)安全ヘルメット.
crásh·ing 形 〘旧話〙〈限定〉全くの, 根っからの, ひどい. a ～ bore ひどく退屈なやつ. ▷**～·ly** 副
crásh-lànd 動 自 〔飛行機が〕不時着する, 胴体着陸する. ── 他 〔飛行機〕を不時着させる.
crásh lànding 名 UC (飛行機の) 不時着, 胴体着陸.
crásh pàd 名 C **1** (自動車内部などの, 衝撃を緩和するための) クラッシュパッド. **2** 〘俗〙(緊急時などの) 宿[仮泊所].
crásh·wòrthy 形 〔車が〕衝突に強い.
▷**clash·worthiness** 名 U 衝突安全性.
‡**crass** /kræs/ 形 〘章〙愚鈍な, 鈍感な; 〈限定〉〔愚鈍さ, 鈍感さなどが〕実にひどい. ～ commercialism 無神経な商業主義. his ～ ignorance of literature 文学についての彼のひどい無知. ▷**～·ly** 副 **～·ness** 名
-crat /kræt/ 〈複合要素〉「..政治支持者, ..階級・グループの一員」の意味. demo*crat*. aristo*crat*. [フランス語 (＜-cracy)]
crate /kreit/ 名 C **1** (果物, 瓶, 家具などを輸送, 収納するための)木枠, 枠箱; 枠箱一杯の量. **2** 〘旧話〙おんぼろ自動車[飛行機], ぽんこつ.
── 動 他 を木枠に詰める 〈*up*〉.
†**cra·ter** /kréitər/ 名 C **1** 噴火口; (月面の)クレーター. **2** (爆弾, 隕(いん)石などで地面にできた)穴. [ギリシア語「(ワインと水の)混ぜ鉢」]
cra·ton /kréitɑn/ 名 C 大陸塊《地殻の比較的安定した部分》.
cra·vat /krəvǽt/ 名 C クラヴァット《昔男子が首に巻いたスカーフ》; ネクタイ. [＜フランス語 'Croat(ian)']
***crave** /kreiv/ 動 (～s /-z/|過 過分 ～d /-d/|crav·ing) 他 **1** VO (～ X/*to do*) **X を/..することを切望する**, 渇望する, (類語 want より強意的で, 抑え切れない欲望を表す). ～ fame and wealth 名声と富を熱望する.
2 〘章〙〈又は大げさに〉を懇願する. May I ～ a favor of you? 一つお願いお聞き届け頂けましょうか.
3 を緊急に必要とする. My body ～s rest. 私の肉体は休養を切に要求している.
── 自 切望する 〈*for*, *after* ..を〉; 懇願する 〈*for* ..を〉. ～ *for* motherly love 母の愛を切に求める.
[＜古期英語「(権利として)要求する」]
cra·ven /kréiv(ə)n/ 〘章〙 形 きわめて臆(おく)病な.
── 名 C 大の臆病者, 卑怯(ひきょう)者.
▷**～·ly** 副 **～·ness** 名
‡**crav·ing** /kréiviŋ/ 名 C 切望, 渇望. have a ～ *for* life [*to* live] 生を[生きたいと]渇望する.
craw /krɔː/ 名 C (鳥, 昆虫の)餌(え)袋; (動物の)胃袋. ***stìck in a person's cráw*** 不愉快である.
cráw·dàd 名 〘米話〙＝crayfish.
cráw·fìsh 名 ＝crayfish.
‡**crawl**[1] /krɔːl/ 動 (～s /-z/|過 過分 ～ed /-d/|**cráwl·ing**) 自 **1** 〔虫などが〕はう; はって進む; (類語 本来は蛇やミミズのように足がなく細長い生物について言う語; →creep). The soldiers ～*ed* on hands and knees. 兵士たちは四つんばいになって前進した. The vine ～*s* along the wall. ツタが塀にはっている.
2 **のろのろと進む**; 〔時間などが〕**ゆっくり経過する**. The cars ～*ed* along the street. 自動車は通りをのろのろ進んだ. How this taxi ～*s*! このタクシー, なんてのろいんだ. The days ～*ed* by. 毎日がのろのろ過ぎて行った.
3 VA (～ ***with*** ..) 〈進行形で〉〔場所が〕〔虫など〕でいっぱいである. The square is ～*ing with* hippies. その広場はヒッピー族がうようよしている.
4 〔肌が〕(虫にはわれるように)むずむずする, ぞくぞくする. A glance at the snake made her skin ～. 蛇を一目見ると彼女は肌がぞくぞくした.
5 〘話〙(卑屈な態度で)取り入る 〈*to* ..〔目上の人〕に〉.

〜 *to* the boss 課長[部長など]に取り入る. **6**〖水泳〗クロールで泳ぐ.

—— 名 **1** aU はうこと; のろのろ進むこと, (車などの)徐行. go at [on] a 〜 のろのろ進む, 徐行する. slow to a 〜 速度を落として徐行になる. **2** U〖水泳〗〈the 〜〉クロール. [＜古期北欧語]

crawl[2] 名 C 生簀(いけす).

cráwl·er 名 **1** C はう人[もの]; 低速車, 〈特に〉重量車. **2** C〖俗〗ご機嫌を取る人, おべっか使い.

3〈〜s〉(赤ん坊の)はいはい着 (rompers).

cráwler làne 名 C〖英〗(高速道路などの)低速用車線.

cráwler tràctor 名 C 無限軌道トラクター.

crawl·y /krɔ́:li/ 形 e〖話〗むずむずする; ぞくぞくする(ような).

cray·fish /kréifiʃ/ 名 (複 →fish) C〖動〗ザリガニ.

***cray·on** /kréiɑn, -ən|-ən/ 名 (複 **〜s** /-z/) UC クレヨン; C クレヨン画. a box of 〜*s* クレヨンひと箱. draw in 〜 [with a 〜, with 〜*s*] クレヨンでかく. —— 動 自, 他 (を)クレヨンでかく. [＜ラテン語 *crēta* 'chalk']

†craze /kreiz/ 名 C (一時的な)大流行〈*for*..の〉(類語 特に一時的で狂気じみた fashion). Large women's hats are the 〜 this year. 大型の婦人帽が今年大流行である. the current 〜 *for* a tour abroad 現在の海外旅行熱. [＜古期北欧語「ぱちんと割れる」]

‡crazed 形 **1** (**a**) 気が狂った; 熱狂した; かんかんに怒った; 〈*with* ..に〉. be 〜 *with* fear and anxiety 恐怖と心配で気が狂ったようになる. (**b**)〈複合要素〉..で狂った. drug-〜 麻薬にとりつかれた. power-〜 権力亡者の.

2〔陶器などが〕ひび模様の.

cra·zi·ly /kréizili/ 副 狂ったように; 熱狂して.

cra·zi·ness /kréizinəs/ 名 U 狂気; 熱狂.

***cra·zy** /kréizi/ 形 e (**-zi·er**|**-zi·est**)〖話〗 **1** 気が狂った (類語 mad より口語的で, 広く「常軌を逸した」程度の事にも用いる). go 〜 with fear 恐怖で気が狂いそうになる. 〜 as a loon〖米話〗ひどく狂った.

2 (**a**) 狂気じみた, 非常識な, ばかげた. a 〜 idea ばかげた考え. (**b**) 狂気じみている〈*to* do ..するのは〉. You are 〜 [It is 〜 *of* you] *to* go out in this weather. こんな天気に出て行くなんて君は頭がどうかしている.

3〈叙述〉**熱狂した**, 夢中の, 〈*about, for, over* ..に〉; 〈複合要素〉..に夢中の, ..狂の. They are 〜 *about* jazz [dancing]. 彼らはジャズ[ダンス]に夢中になっている. He's 〜 *for* Jane. 彼はジェーンに首ったけだ. car-*crazy* カー・マニアの. **4**〖俗〗すばらしい, すごくいい.

lìke crázy ＝like MAD.

—— 名 C〖米話〗頭の変な[いかれた]やつ.

[craze, -y[1]]

crázy bòne 名〖米〗＝funny bone.

Crázy Hòrse 名 クレージーホース (1842-77)《北米先住民の Sioux 族の酋(しゅう)長; Sitting Bull と共に Little Bighorn の戦いで Custer 将軍の率いる軍を破った》.

cràzy páving 名 U〖英〗(不ぞろいの石やタイルを敷いた)乱敷き舗装《庭園の散歩道など》.

crázy quìlt 名 C 寄せぎれで作ったパターンによらないパッチワークキルト.

†creak /kri:k/ 動 自 きーきーいう, きしる. The door 〜*s* on its hinges. ドアの蝶番(ちょうつがい)がきーきーいう.

—— 名 C きーきーいう音, きしむ音.

créak·y /krí:ki/ 形 きーきーいう, きしる.

▷**creak·i·ly** 副 **creak·i·ness** 名

‡cream /kri:m/ 名 (複 **〜s** /-z/) **1** U クリーム《牛乳の上層に浮く脂肪分; バターなどの原料》.

2 UC クリーム製[入り]の菓子[食品], クリームに似せた食品. a chocolate 〜 チョコレートクリーム. (an) ice 〜 アイスクリーム. **3** UC (化粧, 荒れ止め, つや出し用などの)クリーム (★しばしば複合要素として). skin 〜 スキンクリーム. cold 〜 コールドクリーム. shaving 〜 ひげそり用クリーム. shoe 〜 靴墨.

4 U〈the 〜〉最良の部分, 精華, 〈*of* ..の〉. get the 〜 *of* ..の精髄を選び取る. The party was attended by the 〜 *of* society. パーティーには最上流階級の人々が出席した. **5** U クリーム色; 〈形容詞的〉クリーム色の.

—— 動 他 **1**〔牛乳〕からクリームをとる (skim).

2 をクリーム状にする. 〜 sugar, butter and eggs 砂糖とバターと卵を(よくかき混ぜて)クリーム状にする.

3 をクリームで料理する, クリーム煮にする; にクリームを加える. 〜*ed* chicken クリームソースをかけた鶏肉.

4〖米話〗をさんざんにやっつける.

crèam /../ óff 〔最良のもの[人]〕を精選する. The best pupils are 〜*ed off* and put into special classes. 最優秀の生徒たちが選抜されて特別クラスに入れられる.

[＜古期フランス語 (＜後期ラテン語 *crāmum*「クリーム」＋ラテン語 *chrisma*「聖油」)]

cream cheese /⌐-⌐|⌐-⌐/ 名 U クリームチーズ《柔らかく白いチーズ》.

créam-còlo(u)red 形 クリーム色の.

créam cràcker 名 C〖英〗(甘味を加えてない)クラッカー《しばしばチーズと一緒に食べる》.

créam·er 名 **1** U クリーマー, クリーミーパウダー, 《コーヒーなどに入れるクリーム代用品》. **2** C (卓上用)クリーム入れ. **3** C クリーム分離器.

cream·er·y /krí:məri/ 名 (複 **-er·ies**) C 乳製品工場[販売所].

crèam hórn 名 C〖英〗クリームとジャムを入れて焼いた円錐(すい)形のペーストリー菓子.

crèam of tártar 名 U〖化〗酒石英《ふくらし粉の主成分で薬用》.

crèam púff 名 C **1** シュークリーム. **2**〖話〗柔弱な男. **3**〖米話〗程度のよい中古車.

crèam sáuce 名 U クリームソース《クリームを用いた濃厚なホワイトソース》.

crèam sóda 名 U クリームソーダ《ヴァニラ風味のソーダ水》.

crèam téa 名 C〖英〗クリームティー《ジャム又は濃縮クリームをのせたパンケーキの出る午後のお茶》.

‡cream·y /krí:mi/ 形 e **1** クリームのような, 柔らかですべすべした; クリーム色の. her 〜 skin 彼女のつるつるした肌. **2** クリームを(いっぱい)含んだ; クリームの味がする.

▷**cream·i·ness** 名

†crease /kri:s/ 名 C **1** (布, 紙などの)しわ; (ズボンの)折り目. full of 〜*s* and wrinkles しわだらけ. **2**〈単数形で〉〖クリケット〗投手[打者]の定位置線.

—— 動 他 **1**〔衣服, 紙, 布など〕にしわを付ける; 〔顔〕をしわくちゃにする; 〔ズボン〕に折り目をつける. His brow was 〜*d* with thought. 考え事で彼の額にはしわが寄っていた. **2** に弾丸でかすり傷を負わせる. **3**〖主に英話〗を大笑いさせる〈*up*〉. —— 自 しわ(くちゃ)になる; 折り目がつく. 〜 easily しわになりやすい.

crèase úp〖主に英話〗大笑いする. [たぶん crest の異形]

***cre·ate** /kri(:)éit/ 動 (**〜s** /-ts/|過 過分 **-at·ed** /-əd/|**-at·ing**) 他 **1** を**創造する**; 〔新しいもの〕を作り出す, **創作する**, 創設する. God 〜*d* the world. 神は世界を創造したもうた. Dickens 〜*d* not a few memorable characters. ディケンズは記憶に残るかなり多くの(登場)人物を作り出した. Our project will 〜 at least 10,000 new jobs. 我々の事業は少なくとも新たに 1 万人分の職場を創出するだろう. 〜 a precedent 先例を作る.

2〔俳優が〕〔ある役の型〕を作り出す. 〜 a part ある役を最初に演じる. **3**〔状態など〕を引き起こす, もたらす. 〜 a sensation センセーションを引き起こす.

4〔貴族〕を作る; VOC (〜 X Y) X(人)を Y(ある地位, 爵位など)に任ずる, 列する. be 〜*d* a baron 男爵を授けられる.

—— 自 **1** 創造的なことをする. **2**〖英旧俗〗騒ぎ立てる, わめき散らす, (make a fuss).

◇名 creation, creature 形 creative [＜ラテン語「産み出された」(＜*creāre*「成長させる, 産み出す」)]

C

***cre·a·tion** /kri(:)éiʃ(ə)n/ 名 (複 ~s /-z/) **1** U **創造**(する[される]こと); 創作, 創設; 〈the C-〉(神の)天地創造. since the *Creation* (of the world) 天地創造以来. the ~ of life 生命の創造.
2 U (神の創造した)世界, 宇宙, 万物. the whole ~ 全世界. the lord of ~ 万物の霊長(である人間).
3 C 創造されたもの; (特に知性, 創意, 想像力などの)産物, **創作物**, 発明, 新機軸. Rock'n'roll was a ~ of the young generation. ロックンロールは若い世代の発明だった. **4** C 最新流行の衣装. **5** U (状態などの)発生. the ~ of social unrest 社会不安の発生.
6 U (ある階級, 地位などへの)任命, 授爵. peers of recent ~ (新たに授爵して)最近創設された貴族.

cre·á·tion·ìsm 名 U **1** 霊魂創造説《人が生まれる時に霊魂は神によって創造されるという説》. **2** 特殊創造説《万物は神の特殊の創造によるものとする; 進化論に対する》. ▷ **cre·a·tion·ist** 名

creátion scìence 名 U 天地創造科学《神の天地創造を科学的に解明しようとする試み》.

***cre·a·tive** /kri(:)éitiv/ 形 m **創造[創作]力のある**, 創造的な, 創作的な; 独創的な. ~ power 創造力. ~ writing (劇や小説などを書く)創作(の授業, コース). a work of the poet's most ~ years その詩人の最も創造的な時期の作品. ▷ **~·ly** 副 **~·ness**, **cre·a·tiv·i·ty** /krì:eitívəti/ 名 U 創造力[性], 独創力[性].

creative accounting 名 U 粉飾決算.

***cre·a·tor** /kri(:)éitər/ 名 (複 ~s /-z/) **1** C **創造者**; 創作者; 創設者. **2** 〈the C-〉**造物主**, 神.

‡crea·ture /krí:tʃər/ 名 (複 ~s /-z/) C **1 生物**, (特に人以外の)動物. dumb ~*s* ものが言えない動物たち. forest ~*s* 森の動物たち.
2 〈(感情を表す)形容詞を伴って〉**人**, やつ. one's fellow ~*s* 同胞. a lovely ~ かわいい女. The poor ~ lost his job. かわいそうにやつは首になった.
3 左右される者, 言いなりになる者; 手先, 道具; 〈*of* ..に, の〉. a ~ *of* impulse 衝動に駆られて行動する人. Man is a ~ *of* circumstances. 人間は境遇でどうにでもなるものだ. **4** (特に, 好ましくない)創造物, 産物, 所産, 〈*of* ..の〉. ~*s* of his morbid imagination 彼の病的な空想の所産. ◇動 create [create, -ure]

crèature cómforts 名 〈複数扱い〉肉体的安楽(を与えるもの)《特に衣食住の面で》.

crèche /kreʃ, kreiʃ/ 名 C **1** 【米】キリスト降誕の図像(【英】crib). **2** 【主に英】保育園, 託児所. [フランス語]

cred /kred/ 名 U 【英俗】一般の受け, 評判.

‡cre·dence /krí:d(ə)ns/ 名 U 【章】信じること, 信用. a letter of ~ 信任[推薦]状. gain ~ 信用を得る. give [refuse] ~ to the story その話を信じる[信じない].

‡cre·den·tial /kridénʃ(ə)l/ 名 〈~s〉 **1** (大使, 公使の)信任状. **2** 成績[人物]証明書, 保証書; 資格.

†crèd·i·bíl·i·ty 名 U 信じ得ること, 確実性, 真実性. lack ~ 信用しかねる.

credibílity gàp 名 aU (政治家などの)言行不一致; (それが原因の)不信感.

†cred·i·ble /krédəb(ə)l/ 形 信用[信頼]できる, 当てになる, 確かな, (↔incredible). ▷ **-bly** 副

***cred·it** /krédət/ 名 (複 ~s /-ts/)
【信用, 名誉】 **1** U **信用, 信頼**, (類語 特に声望や過去の実績などに基づく信用; →belief). He has good ~ in the community. 彼は地域で信頼されている. put [place] ~ in ..を信用する. gain [lose] ~ (with a person) (人の)信用を得る[失う]. I can't give ~ to such rumor. そんなうわさは信用できない.
2 U **よい評判**, 信望; 功績, 手柄, 〈*for* ..の〉; 功績の認識, 賞賛, **名誉**. a man of ~ 声望家. get ~ for an invention 発明の功績を認められる. (give) ~ where ~ is due (どんな人物であれ)功績は功績として正当に評価する(ならば) (★しばしば挿入句として用いる). Some of the ~ should go to Dick. その功績の幾分かはディックに帰すべきものだ. He deserves ~ *for* preventing what might have been a great disaster. 大災害になりかねなかったのを防いだ⌞のは彼の手柄だ[ことで彼は賞賛に値する].
【名誉になるもの】 **3** C 〈普通, 単数形で〉**名誉になる人[物事]**, 声価を増すもの, 〈*to* ..の〉. Being at the top of his class, Robert is a ~ *to* his family. クラスで 1 番なのでロバートは一家の誉れだ.
4 〈~s〉 =credit titles.
5 C 【米】(特に大学での)課目履修認定; 履修単位. get two ~*s* for French フランス語 2 単位を取得する.
【商取引上の信用】 **6** U **掛け**, 信用貸し[販売], **融資**, クレジット; (信用で買ったものの代金の)支払い猶予期間. a letter of ~ 【商】信用状. Do you give ~? 付けはききますか. No ~ (given). 掛け売りお断り《店頭の掲示》. on ~ (→成句). 6 months' ~ 6 か月の支払い猶予期間. How will you pay, sir—cash or ~? 支払い方法はどのようにしますか, 現金ですかクレジットカードですか.
7 U (商取引上の)信用度. Her ~ is good. 彼女の信用度は高い.
8 (a) UC (銀行などの)預金残高. I have ~ at the bank. 私はその銀行に預金があります. My bank account is *in* ~. 私の銀行口座には残高がある.
(b) 〈形容詞的〉(銀行)預金の. He has a ~ balance of $10,000. 彼には 1 万ドルの預金残高がある.
9 C 【簿記】貸し方(記載) (credit side) 《帳簿で右側の欄; ↔debit》. Put this on the ~ side. これは貸し方に記入しなさい.

dò a pèrson [thíng] crédit = ***dò crédit to a pérson [thíng]*** 〔人[物]〕の名誉になる. *do* ~ *to* one's school (優れた事をして)学校の誉れとなる.

gìve a pèrson crédit for .. (1) 人が..を持っている[..である, ..する]と信じる. We *gave* you ~ *for* more sense than that. 我々は当然君がもっと分別があるものと信じていた. He's more generous than I *gave* him ~ *for*. 彼は思ったより金離れのいい人だ. (2) ..を人の功績にする. He was *given* no ~ *for* the part he played in the experiment. 彼はその実験で彼が果たした役割を少しも認めてもらえなかった. 「で買う[売る].

on crédit 掛けで, 信用貸しで. buy [sell] *on* ~ 掛け↑

on the crédit side (1) →名 9. (2) よい点を挙げれば, 明るい面としては.

tàke (the) crédit (for ..) (..を)自分の手柄にする.

*__*to a pèrson's [one's] crédit*__* (1) **人の信用を増して, 名誉になって**; 人の功績[名前]で. It's *to* your ~ that you told the truth. 君が真実を話したのは立派だ. a poet with three Faber volumes *to* his ~ フェイバー社からすでに 3 冊詩集を出している詩人. I already have ten screenplays *to* my ~. 私はすでに 10 本のシナリオを書いている. (2) 【簿記】人の貸し方に.

— 動 他 **1** VO (~ X/*that* 節) X を/..ということを信じる, 信用する, (★進行形なし). Her story ⌞took some ~*ing* [was hard to ~]. 彼女の話は信じ難かった《<「いささかの信じ込みが必要だった」》.
2 VOA (~ X *with* ..) X が〔性質など〕を持っていると信じる; (~ X *with doing*) X が..した(功績がある)と信じる. *Credit* me *with* a little common sense! 私にだって少しは常識があると思ってください. He is ~*ed with* bring*ing* the company back into the black. 彼は会社を再び黒字にした功があると信じられている.
3 VOA (~ X *to* Y/~ Y *with* X) X (物事, 事態など)を Y のおかげ[せい]だとする. Mr. Smith ~*s* ⌞his success *to* his wife [his wife *with* his success]. 自分の成功は妻のおかげだとスミス氏は思っている.
4 【簿記】を貸し方に記載する; 〔人〕に信用貸しする, 用立

てる, 〈*with*..〔金〕を〉; 〔金〕を信用貸しする〈*to*..〔人〕に〉. ～ a person *with* $100 [～ $100 *to* a person] 人に 100 ドル用立てる.
5〖米〗に履修証明[単位]を出す〈*with*..の〉.
[<ラテン語 *crēditum*「委託されたもの」(<*crēdere* 'believe, trust')]

†**créd·it·a·ble** 形 賞賛に値する, 立派な; 名誉になる〈*to* ..の〉. a ～ achievement 見事な成果. a ～ reputation 立派な評判. ▷**-bly** 副 賞賛に値するように, 立派に.

crédit accòunt 名 C 〖英〗掛け売り勘定 (〖米〗charge account).

crédit bùreau 名 C 信用調査所《credit rating を調査する》.

†**crédit càrd** 名 C クレジットカード (〖話〗plastic (money)).

crédit crùnch 名 ＝credit squeeze.

crédit lìmit 名 ＝credit line 2.

crédit lìne 名 C **1** 提供者[著作権者]名《映画, テレビ番組, 出版物などに添える》. **2** 信用限度(額) (**lìne of crédit**).

crédit nòte 名 C 〖商〗貸し方票《返品した際の受取証; これで同価格の別の商品が買える》.

†**cred·i·tor** /krédətər/ 名 C 債権者 (↔debtor); 〖簿記〗貸し方. a ～ nation 債権国.

crédit ràting 名 U 信用度格付け《個人又は法人の支払い能力などの評価》.

crédit sàle 名 C 掛け売り, 信用販売.

crédit sìde 名〈the ～〉＝credit 名 9.

crédit squèeze 名 C 〖経〗金融引き締め(政策).

crédit tìtles 名 〖映・テレビ〗クレジットタイトル《字幕に示される製作者・監督・出演者・その他の関係者の姓名》.

crédit trànsfer 名 C 銀行口座振替.

crédit ùnion 名 C 信用組合.

crédit vòucher 名 〖米〗＝credit note.

crédit·wòrthy 形〔人が〕貸し付けできる, 信用がおける. ▷**credit·worth·i·ness** 名

cre·do /krí:dou/ 名 (複 ～s)〖章〗**1**〈the C-〉使徒信経 (the Apostles' Creed). **2** C〈一般に〉信条, 主義. [ラテン語 'I believe']

cre·du·li·ty /krid(j)ú:ləti/ 名 U 軽々しく信ずること, 信じやすいこと.

cred·u·lous /krédʒələs|-dju-/ 形 信じやすい〈*of* ..〔物事〕を〉, だまされやすい. a ～ old woman だまされやすい老女. ▷～**ly** 副 ～**ness** 名

Cree /kri:/ 名 (複 ～, ～s) **1**〈the ～(s); 複数扱い〉クリー族《北米先住民の一部族》; C クリー族の人. **2** U クリー語.

*__creed__ /kri:d/ 名 〖章〗 **1** C (宗教上の)**信条**; 教義; (類語 教義また教理の要約, の意味; →dogma). **2**〈the C-〉＝credo 1. **3** C〈一般に〉信仰, 信条, 主義. [<credo]

Creek /kri:k/ 名 (複 ～, ～s) **1**〈the ～(s); 複数扱い〉クリーク族《北米先住民の一部族》; C クリーク族の人. **2** U クリーク語.

*__creek__ /kri:k/ 名 (複 ～s /-s/) C **1**〖米〗小川 (類語 stream とほぼ同義; →river). **2**〖英〗(海, 川, 湖が陸に入り込んだ)小さな入り江. ***up the créek***〖話〗にっちもさっちも行かないで; 全くひどい; 気が狂って.
[<古期北欧語「割れ目, 入り江」]

creel /kri:l/ 名 C (魚釣り用の)びく; 細枝で編んだ梁(やな)《エビ, カニなどを捕える》.

‡**creep** /kri:p/ 動 (～s /-s/|過 過分 **crept** /krept/|～·ing) 自【はう】 **1** はう, はって進む, (類語 四足獣や四つんばいになった人間の(ひそかな)進み方を言う語; →crawl). The baby has begun to ～. 赤ん坊ははいはいをするようになった. **2**〔ツタなどが〕はい広がる.
3【はわれるような感じがする】〔肌が〕むずむずする; ぞっとする. Just thinking about snakes makes my flesh ～. 蛇のことを考えただけで私はぞっとする. **4**【はう＞卑屈にふるまう】〖英話〗こそこそする; 取り入る, へつらう, 〈(*up*) *to*..〔人〕に〉. ～ *to* one's boss 上司にへつらう.
【はうように進む】 **5** VA 忍び足で歩く, のろのろ[恐る恐る]進む; 〔物価などが〕じりじり上がる. ～ *out* [*away*] こっそり出て行く[立ち去る]. The traffic is just ～*ing along*. (渋滞で)車の動きは全くのろのろだ. Prices have been ～*ing up*. 物価がじわじわ上昇を続けている.
6 VA 〔時が〕いつの間にか来る[たつ]; 〔雲などが〕次第に現れる; 〈*up*〉. Her wedding day *crept* closer and closer. 彼女の結婚式の日がだんだんと近づいてきた.
crèep ín はって[こっそり]入る; 〔間違いなどが〕紛れ込む; 〔習慣などが〕はやり出す. See that no mistakes ～ *in*. 間違いが潜り込まないように気をつけたまえ.
créep into.. ..にはって[こっそり]入る, 忍び込む; ..に紛れ込む. ～ *into* bed こっそり寝床に潜り込む. Drug abuse has *crept into* our schools while we were not paying attention. いつの間にか麻薬汚染がわが国の学校に忍び込んでいた.
crèep úp on.. (1)〔人, 動物などが〕..にそっと近寄る. Tom *crept up on* me from behind. トムは後ろから僕に忍び寄った. (2)〔老齢, 疲労などが〕..に忍び寄る; 〔感情などが〕..に次第に強まる. (3)〔時が〕..にいつの間にか近づく. The end of the year has *crept up on* us. いつの間にか年末近くになった.
—— 名 **1** C はうこと, 腹ばい; のろのろした歩行[進行]. **2** C 〖話〗(人におべっかを使う)嫌なやつ. **3**〖話〗〈the ～s〉ぞっとする感じ《強い嫌悪感, 恐怖感など》. feel the ～*s* ぞっとする. give a person the ～*s* 人をぞっとさせる.
[<古期英語]

créep·er 名 **1** C はうもの; はう虫《昆虫, 爬(は)虫類の動物など》; つる植物, 匍匐(ほふく)植物. **2** C (キバシリなど)木をはいまわる鳥. **3**〈～s〉〖米〗(子供の)はいはい着. **4**〈～s〉〖英〗厚ゴム底の靴.

créep·ing 形〈限定〉**1** はい回る. **2** のろのろ進む, 忍び寄る.

creep·y /krí:pi/ 形 e **1**〖話〗(恐ろしさで)鳥肌が立つ(ような), ぞっとする[させる](ような). **2** はい回る; のろのろ動く. ▷**creep·i·ly** 副 **creep·i·ness** 名

créepy-cràwly 名 (複 -lies) C 〖英話・小児語〗もぞもぞはう虫《不快・嫌悪を表す言葉》.

‡**cre·mate** /krí:meit|kriméit/ 動 他 〔死体〕を火葬にする. [<ラテン語「焼き尽くす」]

cre·ma·tion /kriméiʃ(ə)n/ 名 UC 火葬.

crem·a·to·ri·um /kri:mətɔ́:riəm|krèm-/ 名 (複 ～s, **crem·a·to·ri·a** /-riə/) ＝crematory.

crem·a·to·ry /krí:mətɔ̀:ri|krémət(ə)ri/ 形 火葬の. —— 名 (複 -ries) C 〖米〗火葬場.

crème caramel /krèm-kærəmél/ 名 C カスタードプリン. [フランス語 'caramel cream']

crème de la crème /krèm-də-lɑ:-krém/ 名〈the ～〉＝cream 名 4.
[フランス語 'cream of the cream']

crème de menthe /krèm-də-mɑ́:nt/ 名 U クレームドマント《ハッカ (mint) 入りのリキュール》. [フランス語 'cream of mint']

Cre·mo·na /krimóunə/ 名 クレモナ《イタリア北部の都市; 16–18 世紀にヴァイオリンの名器を生んだ》.

cren·el·(l)at·ed /krénəlèitəd/ 形 〔胸壁が〕銃眼を付けた, はざまを設けた.

Cre·ole /krí:oul/ 名 **1** C クレオール (**a**) 西インド諸島, 中南米で生まれたヨーロッパ人; 特にスペイン系の人. (**b**) 米国 Louisiana 州のフランス・スペイン移民の子孫. (**c**) ヨーロッパ人とクレオール人と黒人の混血児.
2 U クレオール語 (**a**) クレオールの使うくずれたフランス語. (**b**) 一般に, 2つ(以上)の民族がまざって生活した結果生じ, ある言語集団の母国語となった混成言語; →pidgin.
3 U クレオール料理.

── 形 1 クレオール(人)の. 2 〈又は c-〉〔料理が〕クレオール風の. [<ポルトガル語「(ブラジル生まれの)黒人奴隷」(<ラテン語 *creāre* 'create')]

cre·o·sol /kríːəsɔːl/ 名 U 〖化〗クレオゾール《creosote の主成分》.

cre·o·sote /kríːəsòut/ 名 U クレオソート《医療また木材の防腐用》. ── 動 他 をクレオソートで処理する.

créosote bùsh 名 C 〖植〗メキシコハナビシ《メキシコ・米南西部産; クレオソートのような香りがする》.

crepe, crêpe /kreip/ 名 1 U クレープ, ちりめん織り. 2 =crape 2. 3 =crepe rubber. 4 C クレープ《薄いパンケーキ; ジャムなどをくるんで食べる》. 5 =crepe paper. [フランス語(<ラテン語 *crispus*「縮れた」)]

crèpe de chíne /krèip-də-ʃíːn/ 名 U (絹の)デシン. [フランス語 'crepe of China']

crépe pàper 名 U クレープペーパー, ちりめん紙,《縮みじわをつけた薄紙; 造花, 包装, ナプキン用》.

crèpe rúbber 名 U クレープゴム《表面に細かなしわをつけたゴム; 主に靴底用》.

crêpe su·zétte /krèip-suːzét/ 名 C クレープシュゼット《薄く軽いデザート用パンケーキ》. [フランス語 'crepe of Suzette (Suzanne の愛称)']

crep·i·tate /krépətèit/ 〖章〗動 自 ぱりぱり[かたかた]鳴る. ▷**crèp·i·tá·tion** 名

crept /krept/ 動 creep の過去形・過去分詞.

cre·pus·cu·lar /kripʌ́skjələr/ 形 1 〖雅〗薄明(時)の. 2 〖動〗薄明活動性の《コウモリなど》.

cres., cresc. crescendo.

cre·scen·do /kriʃéndou/ 副, 形 〖楽〗クレッシェンドで[の], 次第に強く(なる),《略 cres(c).; 記号<; ↔decrescendo》. ── 名 (複 ~s) C 1 〖楽〗クレッシェンド(の楽節), 漸強音, 音調漸強. 2 (勢いなどの)盛り上がり; 〖話〗クライマックス. reach [rise to] a ~ 最高潮に達する. [イタリア語 'increasing']

†**cres·cent** /krés(ə)nt/ 名 C 1 三日月. 2 三日月形(の物)《しばしば the C- としてトルコ又はイスラム教の象徴》. the Cross and the *Crescent* 十字架《キリスト教を表す》と三日月. 3 三日月形状の家並み[街路]. ★〖英〗ではしばしば街路名中に見られる. ── 形 1 三日月形の. 2 〔特に月が〕次第に大きくなる (↔decrescent). [<古期フランス語「大きくなっていく」(<ラテン語 *crēscere* 'grow')]

créscent ròll 名 =croissant.

cre·sol /kríːsoul, -sɔːl|-sɔl/ 名 U 〖化〗クレゾール.

cress /kres/ 名 U カラシナの類,〈特に〉クレソン.

cres·set /krésit/ 名 C (かがり火用の)油つぼ, 火かご.

Cres·si·da /krésidə/ 名 〖ギ伝説〗クレシダ《トロイの王子 Troilus の恋人》.

***crest** /krest/ 名 (複 ~s /-ts/) C 1 (鳥の)とさか, 冠毛. 2 (かぶとの)羽飾り, 前立て. 3 (山の)頂上; 波頭. 4 絶頂, 極致, (→成句). 5 〖紋章〗(盾形の上の)かぶと飾り; (紋章, 便箋(せん), 封筒などに印す)家紋. 6 (建物の)棟飾り.

be* (*riding*) *on the crèst of a wáve 得意[幸運]の絶頂にある.

── 動 他 1 に羽飾り[棟飾りなど]を付ける. 2 〔山〕の頂上に達する; 〔波〕の峰に乗る. ── 自 〔波が〕うねり立つ, 波頭を立てる. [<ラテン語 *crista*「とさか」]

crést·ed /-əd/ 形 〈限定〉とさか[冠毛, 羽飾り, かぶと飾り, 家紋など]のある[付いた].

crést·fàllen 形 しおれた, しょげた,《鳥がとさかを垂れ「たさまから」》.

cre·ta·ceous /kritéiʃəs/ 形 1 白亜(質)の. 2 〖地〗〈C-〉白亜紀[系]の. ── 名 〖地〗〈the C-〉白亜紀[系]《ほぼ1億4千万年前から7千万年続く》.

Cre·tan /kríːtn/ 形 クレタ島(人)の. ── 名 C クレタ島人.

Crete /kriːt/ 名 クレタ島《地中海東部にあるギリシア領「の島」》.

cre·tin /kríːtn|krétən/ 名 C 1 〖医〗クレチン病患者. 2 〖話〗ばか者. ▷**cre·tin·ous** /-əs/ 形

cré·tin·ìsm 名 U 〖医〗クレチン病《甲状腺(せん)異常[不全]による慢性病》.

cre·tonne /kríːtɑn|kretɔ́n/ 名 U クレトン《大柄なプリント模様の厚地の更紗(さらさ); カーテン・いす張り用》.

Crèutz·feld-Jác·ob disèase /krɔ̀itsfeltjɑ́ːkɑb-|-kɔb-/ 名 U クロイツフェルトヤコブ病《狂牛病 (mad cow disease) より起こる人間の脳疾患》.

cre·vasse /krəvǽs/ 名 C 1 氷河の割れ目, クレヴァス. 2 〖米〗(堤防の)裂け目. [フランス語 'crevice']

†**crev·ice** /krévəs/ 名 C (岩などの)割れ目. [<ラテン語 *crepāre*「ぱちんと割れる」]

‡**crew**[1] /kruː/ 名 (複 ~s /-z/) C 〈単数形で複数扱いもある〉 1 (船の)**乗組員(全員)**, (飛行機の)乗務員(全員). one of the ~ 乗組員の1人. The whole ~ was [All the ~ were] saved. 乗務員は全員救われた. The spaceship had a three-man ~. その宇宙船は3人乗組みであった. 2 (高級船員を除いた)船員(全員), 下級乗組員(全員). officers and ~ 高級船員と下級船員. 3 (一緒に仕事をする)作業団, 従業員チーム. a maintenance ~ 保全係団, 営繕係全員. 4 短艇チーム, クルー. 5 〖話〗集団, 連中.

── 動 自, 他 (船などの) 乗組員として働く.

[<古期フランス語「(兵員の)増強」(<ラテン語 *crēscere* 'grow, increase')]

crew[2] 動 〖古〗crow[2] の過去形.

créw cùt 名 C (頭髪の)クルーカット, 角刈り.

crew·el /krúːəl/ 名 C 刺繡(しゅう)用毛糸.

créwel·wòrk 名 U 毛糸刺繡(しゅう).

créw·man /-mən/ 名 (複 **-men** /-mən/) C 乗組員, 搭乗員; 作業員. TV *crewmen* テレビ撮影班.

créw nèck 名 C (セーターなどの)丸首.

†**crib**[1] /krib/ 名 C 1 〖主に米〗(四方を柵(さく)で囲んだ)幼児用ベッド (〖英〗cot). 2 (家畜の)飼料棚, かいば桶(おけ). 3 〖英〗=crèche 1. 4 〖米〗(穀物, 塩などの)貯蔵箱, 収納小屋.

cràck a críb 〖英俗〗家に(強盗に)押し入る.

── 動 (~s|-bb-) 他 〖古〗〔人〕を狭い場所に閉じ込める. [<古期英語「かいば桶(おけ)」]

†**crib**[2] 名 1 C 〖話〗(人の作品, 答案などからの)盗用; カンニングペーパー (**críb nòte**). 2 C 〖話〗(特にラテン語教科書の)とらの巻. 3 =cribbage.

── 動 (~s|-bb-) 他, 自 〖話〗(を)カンニングする, 盗用する,〈*from*, *off*..〔人の答案など〕から〉. [<crib[1]]

crib·bage /kríbidʒ/ 名 U クリベッジ《2人, 時に3, 4人で行うトランプ遊びの一種》.

críbbage bòard 名 C クリベッジの得点表示盤.

críb dèath 名 C 〖米〗乳児の突然死 (〖英〗cot death).

crick /krik/ 名 C 〈普通 a ~〉(特に首や背中の痛みを伴う)筋違い. ── 動 他 の筋を違える.

***crick·et**[1] /kríkət/ 名 (複 ~s /-ts/) C 〖虫〗**コオロギ**. as chirpy [lively] as a ~ 〖俗〗とても陽気な. [<古期フランス語; 擬音語]

crick·et**[2] /kríkət/ 名 U **クリケット**《英国の国技と言われる, 野球に似た球技; 11人のチーム2組でする》. ***nòt crícket 〖英旧話〗フェアプレーでない. [<古期フランス語「(球技に用いる)バット」]

críck·et·er 名 C クリケット競技者.

cried /kraid/ 動 cry の過去形・過去分詞.

cri·er /kráiər/ 名 C 1 泣く[叫ぶ]人, 泣き虫(の子供). 2 (法廷の)呼び出し係, 廷吏. 3 〖旧〗(町内の)触れ役 (town crier). 4 呼び売り商人; ちんどん屋.

cries /kraiz/ 動 cry の3人称・単数・現在形. ── 名 cry の複数形.

cri·key /kráiki(ː)/ 間 〖英俗〗ひゃあっ, こりゃたまげた,《驚きを表す; Christ の婉曲語》.

‡**crime** /kraim/ 名 (複 ~s /-z/) 1 C (法律上の)罪, 犯

罪; Ⓤ〈集合的〉犯罪; (類語 主に法律によって罰せられるような罪; →offense). a capital ～ 死罪. commit a ～ 罪を犯す. the ～ rate 犯罪件数[発生率]. *Crime* doesn't pay. 犯罪は得にならない《結局は罰を受ける》. *Crime and Punishment*『罪と罰』《Dostoevski 作の小説》.

> 連結 a brutal [a heinous, a vicious, a violent; a serious; a minor, a petty] ～ // plot [perpetrate; confess (to); punish] a ～; prevent (a) ～

2 Ⓒ〈一般に〉罪, **悪事**. a ～ against humanity 人道に対する罪《集団大虐殺など》.
3 Ⓒ〖話〗〈単数形で〉けしからん事, 恥ずべき事; 大へんなへま, 愚行. It's no ～ to just idle the whole day once in a while. たまにまる一日ぼけっとしたって別に悪い事じゃない. ◇形 criminal
[＜ラテン語 *crimen*「判決, 罪」(＜*cernere*「ふるいにかける」)]

Cri·me·a /kraimíːə, kri-|-míə/ 名〈the ～〉クリミア半島《黒海北岸にある; ウクライナ領》.

Cri·me·an /kraimíːən, kri-|-míən/ 形 クリミア(半島)の.

Crimèan Wár 名 名〈the ～〉クリミア戦争 (1853–56)《ロシアが, トルコ, フランス, 英国, サルディニアを相手に, 主にクリミア半島で戦った; 死傷者数が多大であったことや Nightingale の活躍で記憶されている》.

críme fìction 名 Ⓤ 犯罪小説, 推理小説.

crìme of pássion 名 Ⓒ 痴情沙汰(ざた)《普通, 殺人》.

críme wàve 名 Ⓒ 犯罪の急増.

críme wrìter 名 Ⓒ 犯罪[推理]小説作家.

***crim·i·nal** /krímən(ə)l/ 形 **1** ⓒ〈限定〉**犯罪の**, 犯罪(の処罰)に関する; 刑事上の (↔civil). a ～ court 刑事裁判所. have a ～ record 前科がある.
2 ⓒ 罪を犯した; 犯罪になる. a ～ person 犯人. a ～ act 犯罪行為. **3** ⓜ〖話〗(犯罪的と言えるほど)けしからん, ばかげた. a ～ waste of natural resources 資源のとんでもない浪費. It would be ～ to add soda to a fine Scotch malt whisky. すばらしいスコッチのモルトウイスキーにソーダを加えるなんてもってのほかだ. ◇名 crime
── 名 (複 ～s /-z/) Ⓒ **犯人**; (常習)犯罪者. The police captured the ～ in a bar. 警察はあるバーでその犯人を逮捕した.

> 連結 a dangerous [a desperate; a habitual, a hardened; a notorious] ～ // arrest [apprehend; catch; imprison] a ～

▷ **～·ly** 副 刑事上; 犯罪的と言えるほど. be ～*ly* responsible *for* ..の刑事上の責任がある.

crim·i·nal·i·ty /krìmənǽləti/ 名 (複 **-ties**) **1** Ⓤ 犯罪[有罪]性. **2** Ⓒ [まれ]〈普通 -ties〉犯罪行為, 犯行.

crím·i·nal·ìze 動 他〔行為〕を不法とする;〔人〕を有罪とする.

crìminal láw 名 Ⓤ 刑法 (↔civil law).

crim·i·nol·o·gy /krìmənɑ́lədʒi|-nɔ́l-/ 名 Ⓤ 犯罪学, 刑事学. ▷ **crim·i·nol·o·gist** 名 Ⓒ 犯罪学者.

crimp /krimp/ 動 他 **1**〔布, パイの皮など〕にひだ[しわ]をつける;〔髪〕を(特にこてで)カールする. **2**〖米〗をじゃまする, 妨害する. A higher consumption tax may ～ consumption. 消費税値上げで消費が落ち込むかもしれない.
── 名 ⓊⒸ しわ[ひだ]になったもの; ひだ, しわ, 折り目;〈普通 ～s〉カールした髪の毛.
pùt a crímp in .. 〖米話〗..をじゃまする. You've *put a* ～ *in* our vacation schedule. 君のおかげで我々の休暇中の予定は狂ってしまった. [＜古期英語]

crim·plene /krímpliːn/ 名 Ⓤ クリンプリーン《しわが寄らない人造布地; ＜商標》.

crimp·y /krímpi/ 形 しわ[ひだ]になった.

***crim·son** /krímz(ə)n/ 形 ⓒ **深紅色の**. a ～ sports car 深紅のスポーツカー. ── 名 Ⓤ **深紅色** (→scarlet 類語). ── 動 他 を深紅色にする. Sunset ～*ed* the lake. 入り日が映えて湖面を赤く染めた. ── 自 深紅色になる; 顔を赤らめる. [＜アラビア語]

crìmson láke 名 ＝lake².

†**cringe** /krindʒ/ 動 自 **1** (恐怖などから)すくむ, 後ずさりする,〈*at* ..に〉. ～ *at* the sight of a snake 蛇を見て立ちすくむ. **2** ぺこぺこする, へつらう,〈*before, to* ..〔目上の人〕に〉. We all ～*d to* this despotic president. 我々は皆この専制的社長の前にひれ伏した. **3**〖話〗(恥ずかしくて)身の縮む思いがする; 嫌気がさす;〈*at* ..に〉.
── 名 ⓊⒸ 卑屈な態度, 追従.
[＜古期英語「曲がる, (戦闘で)倒れる」]

crin·kle /kríŋk(ə)l/ 動 他 **1**〔紙, 布など〕に(押したり, つぶしたりして)しわを寄せる, を縮らせる,〈*up*〉. ～ (*up*) one's nose in distaste 不快そうに鼻にしわを寄せる. ～ the paper into a ball 紙をしわくちゃに丸める. **2** をかさかさ[ぱりぱり]言わせる. ── 自 **1** しわが寄る, 縮れる,〈*up*〉. His face ～*d up* in a smile. 彼の顔は笑いでくしゃくしゃになった. **2** かさかさ[ぱりぱり]音を立てる.
── 名 Ⓒ しわ, 縮れ; かさかさ[ぱりぱり]いう音.

crin·kly /kríŋkli/ 形 ⓔ しわの寄った;〔髪が〕縮れた. ▷ **crin·kli·ness** 名

crin·o·line /krín(ə)lən, -lìːn/ 名 **1** Ⓒ クリノリン《昔スカートを膨らませるために入れたごわごわした布を枠に張ったペチコート》. **2** Ⓤ (クリノリン, 帽子, 衣装の裏地などに用いる)堅い生地. 「の婉曲語」.

cripes /kraips/ 間〖旧俗〗ひやーっ(たまげた)《Christ》

***crip·ple** /kríp(ə)l/ 名 (複 **～s** /-z/) Ⓒ **身体障害者**, 手足の不自由な人. 参考 差別的なひびきがあるので, 普通 disabled person, (physically) handicapped person などが用いられる.
── 動 (**～s** /-z/|過 過分 **～d** /-d/|**-pl·ing**) 他 **1**〔人, 動物〕を**不自由な体にする**. be ～*d* by a car accident 自動車事故で障害者になる. **2** の能力[機能]を奪う, を麻痺(ひ)させる. The automobile industry was ～*d* by the frequent strikes. 自動車産業は度重なるストライキですっかり痛めつけられた. [＜古期英語]

críp·pled 形 **1** 身体障害の; 身体障害になって. 参考 より婉曲な disabled, (physically) handicapped の方が普通. my ～ son 私の体が不自由な息子. He's ～ for life. 彼は一生体の自由が利かない. **2** 無能力な; 機能しなくなった. ── 名〈the ～; 単複両扱い〉〖軽蔑〗身体障害者, 手足の不自由な人.

‡**críp·pling** 形 **1** 体の自由を利かなくさせる. **2** (機能を失わせるほどの)大きな打撃を与える. the country's ～ debts その国の破綻(はたん)を招きかねない大きな負債. a ～ blow 人を再起不能にするほどの痛打. ▷ **～·ly** 副 ひどく, 極度に,〔高いなど〕.

cri·ses /kráisiːz/ 名 crisis の複数形.

***cri·sis** /kráisəs/ 名 (複 **cri·ses** /-siːz/) Ⓒ **1 危機**, 重大局面. lead to a financial [political] ～ 財政的[政治的]危機をもたらす. bring a country to an economic ～ 国を経済危機に追い込む. a ～ of confidence (政治などへの)信用の危機.

> 連結 a serious [an acute, a grave; a growing, a mounting; an impending] ～ // cause [provoke; avert, avoid; overcome, settle] a ～ // a ～ arises [occurs]

2 (運命の)分かれ目, 岐路; (病気の)境目, 峠. a ～ in a person's life 人の一生の分かれ目. pass the ～〔病気などが〕峠を越す.
◇形 critical [ギリシア語「決定, (病気の)峠」]

crísis cènter 名 Ⓒ〖米〗緊急電話相談センター; (災害時などの)緊急対策本部.

crísis lìne 名〖米〗＝hot line 2.

C

crísis mànagement 名 U 危機管理《政府, 経営者などの内外の政治的, 社会的, 経済的緊急事態への対処(法)》.

***crisp** /krisp/ 形 e **1**〔特に食品が〕乾いていて砕きやすい, ぱりぱりした. ~ crackers しけていないクラッカー. ~ bacon かりかりに焼いたベーコン.
2〔野菜, 果物などが〕(ぱりっとして)**新鮮な**; できたばかりの. ~ celery 歯ごたえのいい(新鮮な)セロリ. ~ bank notes (ぴんとして)手の切れるような新札.
3〔髪などが〕(きちっと)カールした; 縮れた, 波打った.
4〔態度などが〕きびきびした, てきぱきした; 簡潔[端的]な. give a ~ reply はきはきした返事をする. walk at a ~ pace きびきびした足取りで歩く. a ~ reply 簡潔明快な返事. **5** 身の引き締まるような, さわやかな. a ~ autumn morning さわやかな秋の朝.
6〔身なりなどが〕こざっぱりした.
── 動 他 (焼くなどして)をかりかり[ぱりぱり]にする; を縮らせる. ── 自 かりかり[ぱりぱり]になる; 縮れる.
── 名 C **1** かりかり[ぱりぱり]するもの. burn .. to a ~ ..をかりかりに[黒焦げに]焼く. **2**〖英〗〈~s〉=〖米〗potato chips《〖英〗**potàto crísps** とも言う》.
[<ラテン語 *crispus*「縮れた」]
▷**crísp·ly** 副 **crísp·ness** 名

crísp·brèad 名 UC (甘味料無添加の)かりかりのビスケット《ダイエット食や健康食品とする人もいる》.

crisp·y /kríspi/ 形 =crisp 1, 2. ▷**crisp·i·ness** 名

criss·cross /krískrɔ̀:s|-krɔ̀s/ 名 C **1** 十文字, ×字形. **2** ×印《非識字者の署名代わり》.
── 形〈限定〉十字(形)の, 交差した. a ~ pattern 十字模様. ── 副 十字に(交差して).
── 動 他 に十字を書く, ×の印を付ける; を十字に交差させる; を縦横に何度も横切る. Bus routes ~ the city. バス路線が市内を縦横に走っている.
── 自 十字に交差する; 何度も交差する.

crit /krit/ 名 C 〖話〗評論(文). [<*crit*icism]

cri·te·ri·a /kraití(ə)riə/ 名 criterion の複数形.

***cri·te·ri·on** /kraití(ə)riən/ 名 (複 **criteria**, **~s**) C (判定の)**基準**, 標準. the *criteria* of great literature 偉大な文学であるための基準. [ギリシア語「判断の手段」]

***crit·ic** /krítik/ 名 (複 **~s** /-s/) C **1** (文芸, 音楽, 映画などの専門の)**批評家**, 評論家; 〈一般に〉批評する人. a literary ~ 文芸批評家. **2** 酷評する人. a ruthless ~ of the Establishment 体制派を容赦なく批判する人.
[<ギリシア語「判断力のある」]

***crit·i·cal** /krítik(ə)l/ 形 m (★1, 5 は ⓒ) 【見分ける】 **1 批評(家)の**, 評論(家)の. a ~ essay 評論. a ~ success but a commercial failure 批評家には好評だったが商業的には失敗. **2** 批評眼のある, 批判的な. be sharply ~ *of* the novel その小説に厳しく批判的である. **3** あら探しをする, 酷評する, 〈*of* ..の, を〉. He's so ~ *of* others. 彼はよく人のあら探しをする.
【分かれ目の】 **4 危機に瀕(ひん)した**, きわどい, 危篤の, (★serious より重い); 決定的な, 決定的に重要な, 〈*for*, *to* ..に〉. of ~ importance 決定的重要性を持つ. Fluency in French is ~ *for* the job. フランス語に堪能なことがこの仕事には決定的に重要です. His fever is past the ~ stage. 彼の熱病は危機を脱した. **5**〖物理〗臨界の.
◇名 1, 2, 3 では criticism, critic; 4 では crisis

crit·i·cal·i·ty /krìtəkǽləti/ 名 U 〖物理〗臨界(性).

crít·i·cal·ly 副 **1** 批判的に; 酷評して. **2** 精密に, 厳密に. observe ~ 精密に観察する. **3** 危険なほどに, きわどく. be ~ injured [ill] 重傷を負う[危篤である].

crìtical máss 名 U 〖物理〗臨界質量; 〈一般に〉効果的な結果を得るために十分な量.

crit·i·cise /krítəsàiz/ 動〖英〗=criticize.

***crit·i·cism** /krítəsiz(ə)m/ 名 (複 **~s** /-z/) UC **1** (文芸作品などに対する)**批評**(をする[される]こと), (文芸の一部門としての)批評; 評論; 批評文; 〈一般に〉批判. literary ~ 文芸批評. accept ~ 批判を受け入れる. The expert offered a few ~*s* of our plan. 専門家は我々の計画について二, 三批評をしてくれた.

> 連結 favorable [kindly; adverse, harsh, scathing; constructive; incisive, penetrating] ~ // arouse [excite, provoke; pass] ~

2 あら探し(する[される]こと), 非難. The newfangled architecture drew a lot of ~. その新奇な建築は非難ごうごうだった. ◇形 critical 動 criticize

***crit·i·cize,** 〖英〗**-ise** /krítəsàiz/ 動 (-cis·es /-əz/|過 過分 **~d** /-d/|**-ciz·ing, -cis·ing**) 他 **1** を**批評**[批判]する. ~ a novel favorably 小説を好意的に批評する. The teacher ~*d* his students' compositions. 先生は学生たちの作文を批評した. **2** のあら探しをする, を非難する. The police were ~*d for* failing to capture the criminal. 警察は犯人逮捕に失敗したことで批判を受けた. ── 自 批評する; あら探しをする.

‡cri·tique /kritíːk/ 名 **1** C (思想, 文芸などの)批評(論文), 評論, 書評, 《長く組織立ったもの》. **2** U 批評(すること), 批評法. [フランス語]

crit·ter /krítər/ 名 〖方〗=creature.

†croak /krouk/ 名 C (カエル, カラスなどのような)ぎゃーぎゃー[かーかー]いう鳴き声, しわがれ声.
── 動 他 VO (~ X/"引用") X を/「..」としわがれ声で言う. He ~*ed out* his answer. 彼はしわがれ声で返事をした. ── 自 **1** ぎゃーぎゃー[かーかー]と鳴く. **2** しわがれ声を出す[で話す]. **3** 不吉な予言をする. **4**〖俗〗死ぬ (die). [擬音語]

Cro·at /króuæt/ 形, 名 =Croatian.

Cro·a·tia /krouéiʃə/ 名 クロアチア《旧 Yugoslavia の北西部にある共和国; 首都 Zagreb》.

Cro·a·tian /krouéiʃ(ə)n/ 形 クロアチア(人, 語)の.
── 名 **1** U クロアチア語. **2** C クロアチア人.

croc /krak|krɔk/ 名 〖話〗=crocodile.

croch·et /krouʃéi|⌐-/ 名 U クローセ, かぎ針編み(の作品). a ~ hook [needle] クローセ用のかぎ針.
── 動 自, 他 (を)クローセ編みする. [フランス語]

crock[1] /krak|krɔk/ 名 C 〖旧〗**1** 瀬戸物のつぼ[鉢]. **2** 〈~s〉=crockery. **3**〈普通 ~s〉瀬戸物の破片[かけら]. **4**〖米卑〗〈a ~〉うそ. a ~ of shit うそっぱち.

crock[2] 名 C 〖主に英話〗〈普通 an old ~〉**1** (自動車の)ぽんこつ. **2** 老いぼれ (old crock).

crocked /-t/ 形〈叙述〉**1**〖英話〗負傷した; 壊れた. **2**〖米話〗酔っ払った.

crock·er·y /krákəri|krɔ́k-/ 名 U 〈集合的〉瀬戸物(類).

Crock·ett /krákət|krɔ́k-/ 名 **Davy [David]** ~ クロケット (1786–1836)《米国の開拓者・政治家; アラモの砦(とりで)で戦死》.

cròck of góld 名〈a [the] ~〉**1** (虹(にじ)の橋のたもとに隠されていると言われる)金(きん)のつぼ. **2** (到底入手し難いが)手に入れたい大金; (実現不可能な)希望の実現, 僥倖(ぎょうこう).

†croc·o·dile /krákədàil|krɔ́k-/ 名 **1** C 〖動〗アフリカワニ (→alligator, caiman). **2** U ワニ革. **3** C 〖英話〗2 人ずつ並んで歩く長い列《特に学童の》. [<ギリシア語「トカゲ」]

cròcodile tèars 名 空(そら)涙《<ワニは涙を流しながらえじきを食うと言われた》. shed [cry] ~ 空涙を流す.

cro·cus /króukəs/ 名 (複 **~·es, cro·ci** /-sai/) C 〖植〗クロッカス(の花). [<ギリシア語「サフラン」]

Croe·sus /kríːsəs/ 名 **1** クロイソス《紀元前 6 世紀中ごろのリディアの王; 巨富で有名》. **2** C 〈一般に〉富豪, 大金持ち.

croft /krɔːft|krɔft/ 名 C 〖英〗**1** (特にスコットランドの)小作地. **2** 農家周辺の小農地. [<古期英語]

croft·er 名 C 〘英〙小規模の農家; (特にスコットランドの)小作人.

crois·sant /krwɑsɑ́:ŋ/ 名 (複 ~s /-sɑ́:ŋ, -sɑ́:ŋz/) C クロワッサン《三日月形パン》. [フランス語 'crescent']

Cro·mag·non /kroumǽgnən|-mǽnjɔn/ 名 UC, 形 クロマニヨン人(の)《<この原始人の遺骨が発見されたフランス南西部の洞穴の名》. ~ man クロマニヨン人.

crom·lech /krɑ́mlek|krɔ́m-/ 名 C 〘考古〙 **1** クロムレック, 環状列石, 《有史前の円形に置かれた巨大な石柱群で, megalith の一種》. **2** =dolmen.

Crom·well /krɑ́mwel, -wəl|krɔ́m-/ 名 **Oliver ~** クロムウェル (1599-1658)《英国の軍人・政治家; 清教徒革命の指導者で共和国 (the Commonwealth) の護国卿(きょう) (Lord Protector) となる》.

crone /kroun/ 名 C しなびた老婆.

Cro·nus /króunəs/ 名 〘ギ神話〙クロノス《〘ロ神話〙の Saturn に当たる巨人》.

cro·ny /króuni/ 名 (複 **-nies**) C 〘話〙悪友, よくない仲間, 《権力者の周辺に集って勝手なことをする》. Nixon and his *cronies* ニクソンとその一党. ▷ **~·ism** 名 C (官職任命などでの)仲間びいき.

***crook** /kruk/ 名 (複 ~s /-s/) C **1 曲がった物**; (羊飼いの)柄の曲がった杖(つえ) (shepherd's crook); 司教杖. **2** 曲がり, **湾曲**(部), 《こうもり傘の柄などの》. in the ~ of one's arm 折り曲げたひじの内側に. **3** 〘話〙泥棒, ぺてん師 (swindler), 《曲がった事をする人》.

by hòok or (by) cróok →hook.

on the cróok 〘俗〙曲がった事をして[した], 不正に.

── 動 他 を曲げる (類語 指や腕などを曲げること; →bend). ~ one's finger 指を(かぎなりに)曲げる《人差し指を上に曲げれば「こっちへ来なさい」という意味の身振り》. ── 自 曲がる.

── 形〈叙述〉〘オース話〙 **1** 病気で. **2** ひどい, 嫌な.

[<古期北欧語「かぎ」]

cróok·bàck 名 〘古〙=hunchback. ▷ **~ed** /-t/ 形

†**crook·ed** /krúkəd/ 形 **1** 曲がった, まっすぐでない, ゆがんだ; 奇形の. a ~ road 曲がった道. a man with a ~ back 背中の曲がった男. a ~ smile ゆがんだ笑い. **2** 〘話〙不正な, インチキな. a ~ business [deal] 不正な商売[取引]. ▷ **~·ly** 副 顔をゆがめて〔笑う〕. **~·ness** 名

croon /kru:n/ 動 他 **1** 〔流行歌など〕を感傷的に歌う. **2** VO (~ X/"引用") X を/「..」と低い静かな声で歌う; VOA (~ X *to*..) 歌って X を..にさせる. ~ a baby *to* sleep 低い静かな声で歌って赤ん坊を寝つかせる.

── 自 **1** 感傷的に歌う. **2** 低い静かな声で優しく歌う.

[<中期オランダ語]

cróon·er 名 C 〘旧〙クルーナー《1930-40 年代に流行歌を感傷的に歌った(男声)歌手; →Bing CROSBY》.

***crop** /krɑp|krɔp/ 名 (複 ~s /-s/) C

【収穫】 **1** 〈しばしば ~s〉**農作物**《穀物, 野菜, 果樹など; 時に牧畜・酪農製品などを指す》. gather [harvest] a ~ 作物を取り入れる. the main ~ 主作物.

2 収穫(高); 作柄; 生産高, 出荷量. a rich ~ 豊作. a bad ~ 不作. have an average ~ of rice 平年並みの米の収穫がある. the lamb ~ 羊肉の生産[出荷]高.

> 連結 a good [a bountiful, a bumper, a heavy; a record; an average; a meager, a poor] ~

3 〈普通, 単数形で〉(一度に束になって出てくる[続出する, 輩出する])群れ, 集まり, グループ. a ~ of new writers 新人作家の輩出. the current ~ of drop-outs 今年発生の中途退学者. The article is a ~ of lies. その記事はうその塊だ.

4【収穫の収納場所】(鳥の)素嚢(そのう), 餌(え)袋.

【先を短く刈ったもの】 **5** 〈普通, 単数形で〉短く刈り込んだ頭髪; (髪の)刈り込み. **6** (家畜などの)耳印《所有者の目印に耳の端を切る》. **7** (岩石, 鉱床などの)露頭. **8** (先に革の輪の付いた)短い乗馬用のむち (riding crop).

── 動 (~s|-pp-) 他【出た先を切る】 **1** を(短く)刈り込む; 〔..の縁, 先端〕を切り落とす; 〔家畜など〕の耳の端を切り取る《目印のため》. ~ a photograph 写真の縁を切り落とす. His hair was ~*ped* short. 彼の髪は短く刈り込まれていた. **2** 〔動物が〕〔草の先〕を食い取る, はむ.

【作物を作る】 **3** 〔畑〕に作る〈*with* ..を〉. ~ a field *with* wheat 畑に小麦を作る. **4** 〔作物〕を収穫する.

── 自 VA 〈A は様態の副詞〉〔作物が〕収穫がよい[悪いなど]. Wheat ~*ped well* [*badly*] last year. 去年は小麦の収穫がよかった[悪かった].

cròp óut 〔岩石, 鉱物などが〕地表に現れる.

cròp úp (1) =CROP out. (2) 〔問題, 困難などが〕不意に現れる, 話題にのぼる. Difficulties ~*ped up* one after another. 難題が次から次と出て来た.

[<古期英語; 原義は「丸くふくらんだ物」]

cróp cìrcle 名 =corn circle.

cróp dùster 名 C 農薬散布用飛行機[ヘリコプター](の操縦士).

cróp dùsting 名 U 農薬の(空中)散布.

cróp-èared 形 〔家畜などが〕耳の端を切られた.

cróp·per 名 C **1** 〈形容詞を伴って〉..な収穫のある作物. a good [bad] ~ 収穫のいい[悪い]作物. **2** 作物栽培者; 刈り込み機. **3** 〘話〙(馬などからの)墜落; 大しくじり.

còme a crópper 〘話〙(1) どすんと落ちる. (2) 大失敗をする.

cróp rotàtion 名 U 〘農業〙輪作.

cróp spràỳing 名 〘主に英〙=crop dusting.

cro·quet /kroukéi|⌐-/ 名 U クロッケー《芝生の上で木のボールを木槌(きづち)で打って金属製の小さな門を通過させるゲーム; 日本のゲートボールはこれをもとに考案》.

cro·quette /kroukét|krə-/ 名 C コロッケ.

crore /krɔ:r/ 名 (複 ~, ~s) C 〘インド・パキスタン〙 1000 万; 1000 万ルピー; (→lakh).

Cros·by /krɔ́:zbi|krɔ́z-/ 名 **Bing ~** (ビング・)クロスビー (1904-77)《米国の歌手・映画俳優; crooner の第一人者として人気を博した》.

cro·sier /króuʒər|-ʒiə, -ʒə/ 名 C 牧杖(じょう)《bishop が儀式などの時に持つ》.

***cross** /krɔ:s|krɔs/ 名 (複 **cróss·es** /-əz/) C

【十字架】 **1** はりつけ台. die on the ~ はりつけになる. **2** 〈the C-〉(キリストがはりつけにされた)**十字架**《キリスト教の象徴; キリストの受難像[図]》.

3【十字架が象徴するもの】 **(a)** 〈the C-〉(キリストの)受難. **(b)** 試練, 苦難, 不幸. We all have a ~ to bear in life. 人生に試練は付き物. No ~, no crown. 〘諺〙苦難なくして栄冠なし. A sick husband has been her ~. 病気の夫が彼女の背負った'十字架'だった. **(c)** 〈the C-〉キリスト教. the followers of the *Cross* 十字架に従う者《キリスト教徒》. **(d)** 十字《指先で額・胸・両肩に描く信仰, 祝福のしるし》. make the sign of the ~ 十字を切る (=cross oneself).

【十字形のもの】 **4** 十字標[塔], 十字形記念碑[墓碑]; 十字路. **5** 十字図案; 十字飾り; 十字勲章.

6 十字形のしるし《+, ×》, ばつ印. make one's ~ (非識字者などが署名の代わりに)×字形を記す. ★又, 手紙の終わりに×印を書いてキスを表す. **7** 〈the C-〉〘天〙=the Southern Cross. **8** t の字の横棒.

【(十字に)交わること】 **9** (動物, 植物の)交配, 雑種, 混合(物); (どっちつかずの)中間物; 〈*between* ..〔2 つの異なったもの〕の〉. a ~ *between* a horse and a donkey 馬とロバの雑種. **10** 〘サッカー〙中央へのパス. **11** 〘ボクシング〙クロスカウンター(パンチ). **12** 〘俗〙不正行為《八百長試合など》.

on the cróss (1) 対角線に沿って, 斜めに. cut cloth *on the* ~ 布地をはすに切る. (2) 〘俗〙不正に (↔on the SQUARE).

tàke the cróss 〘史〙十字軍に参加する.

take ùp *one's* ***cróss*** 苦難を背負う《聖書から》.

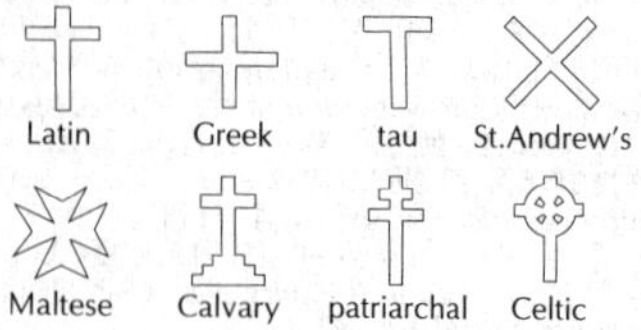

[cross]

── [動] (**cróss·es** /-əz/|[過] [過分] **~ed** /-t/|**cróss·ing**) [他]
【十字に交わらせる】 **1** を**交差させる**, 交差させて置く, 〔足, 腕など〕を組む. ~ a knife and a fork ナイフとフォークを交差させて置く. She ~*ed* one leg elegantly over the other. 彼女は上品に足を組んだ.
2 (**a**) と交差する; を**横切る**, 横断する, 越す, 渡る. The runner ~*ed* the finish line in second place. その走者は2着でゴールインした. ~ a street 通りを横断する. The ferry ~*es* the river twice a day. フェリーは1日に2回川を横断する. (**b**) 〔表情が〕〔顔〕を横切る; に表れる. A flicker of distaste ~*ed* his face. 嫌悪の表情がちらっと彼の顔をよぎった.
3 に**横線を引く**; (横線を引いて)を削る, 削除する, 〈*off* ..から〉; 〖英〗〔小切手〕を線引きにする. Don't forget to ~ your t's. t の字の横棒を引くのを忘れないように (→成句). *Cross* my name *off* the list. リストから私の名前は削ってくれ. a ~*ed* check 横線小切手《隅に横線が2本引いてある; 銀行の口座に入れないと現金化できない》.
4 【進路を横切る】 に反対する, を妨げる, のじゃまをする, に逆らう. be ~*ed* in one's plans 計画をじゃまされる. They chose death after being ~*ed* in love. 恋路を妨げられて彼らは死を選んだ.
5 【進路が交錯する】 と**すれ違う**, 行き違いになる. Your letter ~*ed* mine (in the post [mail]). 君の手紙は僕のと行き違いになった.
【交わらせる】 **6** 〔動物, 植物〕を異種交配する, の雑種を作る. **7** 〔電話線など〕を混線させる. **8** 〖俗〗をだます, 裏切る.
── [自] **1 交差する**. a spot where two roads ~ 2つの道路の交差する地点.
2 横切る, 越える, **渡る**; 他の側に移る. ~ to the opposite bank 対岸に渡る. ~ over to the Democrats 民主党にくら替えする.
3 行き違いになる, すれ違う. Our letters seem to have ~*ed* (in the post [mail]). 私たちの手紙は行き違いになったようです. **4** 〖生物〗 異種交配される, 雑種になる.
5 〖サッカー〗 中央寄りにパスする. **6** 〔電話線などが〕混線する.
cròss *a person's* ***mínd*** 〔考えなどが〕突然心に浮かぶ. A solution to the difficulty ~*ed* my *mind* while I was waiting for the bus. バスを待っている間に突然その難事の解決策が心に浮かんだ. It never ~*ed* my *mind* that ... とは思いも寄らなかった.
cròss /../ óff [***óut***] ..を(横線を引いて)削る, 消す. ~ *out* the last *e* 最後の e の字を消す.
cróss *onesèlf* 十字を切る《指先を額・胸・両肩に順に当てるように動かす; 主にカトリック教会と東方正教会のキリスト教徒の敬神のしぐさ》.
cròss óver (1) 〖英・婉曲〗 死ぬ (die) 《<あの世との境を越える》. (2) 〖米〗〔芸能人が〕本来の分野から出て成功する〈*to* ..〔別の分野〕へ〉.
cròss *a pèrson's* ***pálm*** (***with sílver***) (1) (占い師に)金を渡す《その際, 銀貨で相手の手のひらに十字を切ったことから》. (2) 人に賄賂(わいろ)を贈る.
cròss *a pèrson's* ***páth*** 人に出会う (meet). He is one of the rottenest fellows that have ever ~*ed* my *path*. 彼は私が今まで出会った堕落した人たちの中で最もひどい人の1人だ.
cròss swórds with .. →sword.
cròss the páth of .. (1) =cross a person's path. (2) ..を妨げる, 阻止する.
cròss *one's* [***the***] ***t's*** /tíːz/ (***and dòt*** *one's* [***the***] ***i's*** /áiz/) 〖話〗 細かい点を見落とさない, とても注意深い, 《<t の横線を引き, i の点を打つのを忘れない》.
── [形] [C] (★3は [e]) **1** 交差した, 斜めの, 横の; 相互の (reciprocal). ~ streets 交差した街路. **2** 〔風などが〕逆の, 反対の. a ~ wind 逆風. run ~ to ..に反する. **3 不機嫌な, 怒っている**; 怒りっぽい. Father was very ~ *about* the broken window. 割れた窓ガラスのことで父はとても機嫌が悪かった. Why are you ~ *with* me all the time? なぜあなたはいつも私に意地悪なのか.
as cròss as twò stícks 〖話〗 ひどく不機嫌で《cross [形] 1と3の意味をかけた》.
── [副] =crosswise.
[<ラテン語 *crux*「十字架, 拷問用の柱」]

cross- /krɔːs-|krɔs-/ 〈複合要素〉 **1**「直角に交わる, 交差した」の意味. *cross*beam. **2**「逆の[に], 反対の[に]」の意味. *cross*current. *cross*-purpose. **3**「横切って」の意味. *cross*-country. **4**「雑種の」の意味. *cross*breed.

cróss·bàr [名] [C] 横に渡した木, 横棒, 《走り高跳びのバー, フットボールなどのゴールの横棒, H の横棒など》.

cróss·bèam [名] [C] 〖建〗 大梁(はり), 横桁(けた).

cróss·bènches [名] 〖英〗 〈複数扱い〉 (英国議会の)無所属議員席《向き合った与野党の席と直角をなすための名称》. ▷**cross·bench·er** [名] [C] 無所属議員.

cróss·bìll [名] [C] 〖鳥〗 イスカ《くちばしが食い違っている》.

cróss·bònes [名] 〈複数扱い〉 交差した骨《2本の大腿(たい)骨を交差させた図》. skull and ~ →見出し語.

cróss-bòrder [形] 〈限定〉 国境を越えた, 外国との, 〔貿易など〕; 越境の〔攻撃など〕.

cróss·bòw /-bòu/ [名] [C] (中世期に用いられた)石弓《石, 矢を発射; →longbow》.

cróss·brèd [動] crossbreed の過去形・過去分詞.
── [形] 雑種の.

cróss·brèed [動] (→breed) [他] 〔動植物〕を異種交配させる. ── [自] 〔動植物が〕異種と交配する.
── [名] [C] 交配種, 雑種.

cròss-Chánnel /[移]/ [形] 〖英〗 イギリス海峡を渡る[横断の]〔フェリーなど〕.

cròss·chéck [動] [他] (違った方法で)〔計算, 解答など〕の検討をする. ── /⌐⌐/ [名] [C] (違った方法での)検討, 検算.

cròss-cóuntry /[移]/ [形] **1** (道路を通らずに)山野を横断する. a ~ race クロスカントリー[断郊]競走. **2** 全国横断の, 全国的な. a ~ tour of election campaign 全国的遊説. a ~ truck driver 長距離トラック運転手.
── [副] 山野を横断して.
── [名] ([複] **-tries**) [UC] クロスカントリー[断郊]競走.

cròss-cúltural /[移]/ [形] 異文化間の, 比較文化的な. a ~ survey 異文化にわたる概観.

cróss·cùrrent [名] [C] **1** (海, 川などでの)横断流. **2** 〈普通 ~s〉 相反する意見. ~*s* of English literature 英文学の諸潮流.

cróss·cùt [形] 〈限定〉 横挽(び)きの〔のこぎり〕; 横に切った. ── [名] [C] **1** (2点間の)直線コース, 近道. **2** 横断面 (cross section). **3** =crosscut saw. **4** 〖映画〗 クロスカット場面.
── [動] (→cut) [他] **1** を横に切る; 横断する. **2** 〖映画〗〔シーン〕をクロスカットにする.

cròsscut sáw [名] [C] 横挽(び)きのこぎり (↔ripsaw).

cróss-cùtting [名][U]〖映画〗クロスカット, 切り返し, 《同時進行を示すために別のシーンを挿入する手法》.
cròss-dréssing [名] =transvestism.
crosse /krɔ:s|krɔs/ [名][C] クロッス《ラクロッス(lacrosse)に用いるラケット》. [フランス語]
crossed /-t/ [形] **1** 交差した, 十文字に置いた. **2**〔小切手が〕横線を引いた. a ～ check →cross [他] 3.
cròssed líne [名][C] (電話の)混線.
cròss·exàminátion [名][UC] **1**〖法〗反対尋問《相手方証人に対する尋問》. **2** 厳しい追及, 詰問.
cròss·exámine [動][他] **1**〖法〗〔証人〕を反対尋問する. **2** (前言の真実性を確認するために)〔人〕を厳しく追及する. ▷**cross·ex·am·in·er** [名]
cróss-èye [名][U] 内斜視, やぶにらみ.
cròss-éyed /[移]/ [形] 内斜視の, やぶにらみの, (↔wall-eyed).
cròss·fertilizátion [名][U] **1**〖生物〗他家[他花]受精. **2** (文化, 思想などの)相互交流(による活性化).
cròss·fértilìze [動][他] **1**〖生物〗を他家[他花]受精させる. **2**〈普通, 受け身で〉〔異なる文化, 思想との交流が〕を活性化する, に(好)影響を与える.
cróss·fìre [名][U] **1**〖軍〗十字砲火. **2** 四方八方からの質問攻め. ***be càught in the cróssfire*** 十字砲火を浴びる; 質問攻めにあう; 板ばさみになる.
cròss·gráined /[移]/ [形] **1** 木目のねじれた. **2**〖話〗意固地な, ひねくれた.
cróss·hàtch [動][他], [自] (に)網目の陰影を付ける.
cróss·hàtching [名][U] (図形などに付ける交差した平行線の)網目の陰影.
cróss·hèad [名][C] (新聞などの)中見出し.
cròss·índex [動][他] 〔本, 記事など〕に相互参照を付ける. —— [名] ([複] →index) [C] (相互)参照(の指示).
*__cross·ing__ /krɔ́:siŋ|krɔ́s-/ [名] ([複] **～s** /-z/) **1** [UC] 横切ること, **横断**; 渡航; 交差. the night ～ 夜の渡航(便). have a rough ～ (海峡などを)渡る時に海が荒れる. **2** [C] (道路などの)交差点, 横断歩道; (鉄道の)踏切, (川の)渡り場. a pedestrian ～ 横断歩道. a railroad ～ 踏切. **3** [UC] 異種交配.
cròss-lég·ged /-lég(ə)d|-légd [移]/ [形], [副] 脚を組んだ[で], 足首を組みひざを開いた[て]. sit ～ on the floor 床の上にあぐらをかく.
cróss·ly [副] **1** 不機嫌に. **2** 横に, 斜めに. **3** 逆に, 不利に.
cróss·ness [名][U] 不機嫌.
cróss·òver [名] **1** [C]〖主に英〗(鉄道の)切り替え線; (他の道路を越す)陸橋. **2** [UC]〖米〗(芸能人が)本来の分野とは別の分野で成功すること (→cross over (成句)); [UC] (ジャズからロックへなど)曲のスタイルを変えること, クロスオーヴァー; [C] クロスオーヴァーの曲; 〈形容詞的〉クロスオーヴァーの.
cróssover prìmary [名]〖米〗=open primary.
cróss·pàtch [名][C]〖旧話・戯〗ひねくれ者, 気難し屋.
cróss·pìece [名][C] 横木.
cróss-plỳ [形]〔自動車のタイヤが〕クロスプライの《うねを対角線上に交差させて強化したもの》.
cròss-póllinàte [動][他]〖植〗を他花受粉させる.
cròss-pollinátion [名][U]〖植〗他花受粉.
cròss-púrpose [名]〈～s〉相反する目的[意図].
at cròss-púrposes 互いに考えている事が食い違って《A がある事について言っているのに B は別の事だと思って応対している場合に言う》. talk *at* ～*s* 話が互いに食い違う.
cròss-quéstion [動] =crossexamine. —— [名][C] crossexamination で行われる尋問; 詰問.
cròss-refér [動][他] **1** [VOA] (～ X ***from***../***to***..) (同一書中で) X (読者)に..から/..へ参照させる. **2** [VOA] (～ X ***to***..) X (同一書のある箇所)を〔別の箇所〕へ参照させる. —— [自] 他箇所参照をする.
cròss-réference [名][C] (同一書中の)他箇所(への)参照. [注意] 一般に「相互参照」と訳されるが相互に参照させるわけではない. —— [動][他]〔本〕に他箇所参照を付ける〈普通, 受け身で〉.
†**cróss·ròad** [名] **1** [C] 交差道路, (幹線道路を結ぶ)支道. **2**〈～s; 単複両扱い〉交差点, 十字路; 別れ道, 岐路. democracy at a [the] ～*s* 岐路に立つ民主主義.
‡**cròss·séction** [名][C] 横断面; 断面図. a ～ of public opinion 世論の断面図《各社会層の世論を一覧表的に示す》. The Army represented a ～ of Japanese society. 軍隊は日本社会の断面図を示していた《各階級の人が含まれていた》.
cróss·stìtch [名][C] クロスステッチ《×形に糸をクロスさせる》; [U] クロスステッチ刺繍(ししゅう).
—— [動][他] をクロスステッチで縫う.
cróss strèet [名][C]〖米〗(大通りと交差する)横道.
cróss tàlk [名][U] **1**〖英〗(コメディアンなどの)掛け合い. **2** (電話, ラジオなどの)混線, 混信.
cròss-tówn /[移]/ [形]〈限定〉〖米〗町を横断する〔バスなど〕.
cróss-trèe [名]〈～s〉〖海〗マストの上部にある横木.
cróss·wàlk [名][C]〖米〗横断歩道 (〖英〗pedestrian crossing).
cróss·wàys [副] =crosswise.
cróss·wìnd [名][C] (飛行機, 自動車, 船などに吹きつける)横風.
cróss·wìse [副] **1** 横に; 横切って. **2** 交差して, 筋交いに; 十字形に.
*__cróss·wòrd__ /krɔ́:swə̀:rd|krɔ́s-/ [名] ([複] **～s** /-dz/) [C] クロスワードパズル (**cróssword pùzzle**).
crotch /krɑtʃ|krɔtʃ/ [名][C] **1** (人の)股(また); (ズボン, パンツなどの)股(の部分). **2** (木の)股.
crotch·et /krɑ́tʃət|krɔ́tʃ-/ [名][C] **1** 奇妙な思いつき, 奇想. **2**〖英〗〖楽〗=quarter note.
crotch·et·y /krɑ́tʃəti|krɔ́tʃ-/ [形] **1**〔考えが〕奇妙な, 風変わりな;〔人が〕風変わりな考えの. **2**〖話〗〔特に老人が〕気難しい, 愚痴っぽい.
*__crouch__ /krautʃ/ [動] (**cróuch·es** /-əz/|[過][過分] **～ed** /-t/|**cróuch·ing**) [自] **1**〔人, 動物が〕**身をかがめる**, かがむ, 〈*down*〉. **2** (おびえて)ひるむ, うずくまる. —— [名][UC] かがむこと. He dropped down into a ～. 彼は身をかがめた. [?＜*crook*＋*couch*]
croup[1] /kru:p/ [名][U]〖医〗クループ《特に子供ののどと気管の炎症; 激しいせきと呼吸困難を伴う》.
croup[2] [名][C] (動物, 特に馬の)しり.
crou·pi·er /krú:piər/ [名][C] (賭博(とばく)場でテーブルの金を集めたり支払ったりする)元締め.
crou·ton /krú:tɑn, --ˊ|krú:tɔn/ [名][C] クルトン《揚げた小さな角切りのパン; スープに浮かす》.
Crow /krou/ [名] ([複] **～, ～s**) **1**〈the ～(s); 複数扱い〉クロウ族《北米先住民の一部族》; [C] クロウ族の人. **2** [U] クロウ語.
*__crow__[1] /krou/ [名] ([複] **～s** /-z/) [C]〖鳥〗**カラス**《carrion crow, raven, rook などの総称》; カラスの鳴き声. (as) black as a ～ 真っ黒で. a white ～ 白いカラス《珍しいもののたとえ》. A ～ caws. カラスはかあかあ鳴く.
as the crów flìes 直線距離で.
èat crów〖米話〗間違いなどを恥を忍んで認める《＜カラスの肉(のようなまずいもの)を食べさせられる》.
[＜古期英語]
crow[2] [動] (★ 1 では〖古〗過去形 **crew** もある) [自] **1**〔おんどりが〕ときを作る. **2**〔特に赤ん坊が〕喜んで叫び声を上げる. **3**〖話〗自慢する, 鼻にかける, 〈*about* ..を〉(boast). ***crów over***..〔人の失敗, 不幸など〕を喜ぶ, いい気味だと思う.
—— [名][C] **1**〈単数形で〉おんどりのときを作る声. **2**〈普通, 単数形で〉(赤ん坊などの)喜びの叫び.
[＜古期英語]
crów·bàr [名][C] かなてこ.

C

:crowd /kraud/ 名 (複 ~s /-dz/)
【人, 物の集まり】 **1** C 〈単数形で複数扱いもある〉 (**a**) **群衆**, 人込み; 観衆. There was a ~ of protesters in front of the Embassy. 大使館の前には抗議者が群れをなしていた. a paltry 2,500 ~ for the game たった 2,500 人の試合観客数.

連結 a large [a dense, a huge] ~ // draw [attract] a ~ // a ~ gathers [assembles; mills around; breaks up, disperses]

(**b**) 〖話〗 **多数**; 〈a (whole) ~ of/~s of〉 たくさんの. in ~*s* 群れをなして, 大勢で. There were ~*s of* fans waiting for the rock star at the airport. 空港では数多くのファンがロックスターを待っていた.
2 〈the ~〉 大衆, 民衆. appeal to the ~ 大衆に訴える. **3** C 〖話〗 (特殊な)グループ, ..な仲間, 連中. the college ~ 大学生仲間. a nasty ~ 嫌な連中. the usual ~ いつもの連中.
4 C (雑然と)集められた多くの物. a ~ of books on the desk 机の上の雑然と置かれた多くの本.
fòllow* [*mòve with*] *the crówd 多数の言う[する]ところに従う, 大勢(たいせい)に順応する.
Jòin the crówd! 〖話〗 〔話し手と同様な経験をした人に向かって〕あなたもお仲間ですね.
Threé's a cròwd. 3 人目はじゃまだ 《2 人だけで居ようとする時にもう 1 人の人が入り込もうとする状況を言う; → Two is company, (but) three is none. (→company 2)》.
(***would***) ***pàss in a crówd*** 大勢の中に混じれば見劣りすることはない(だろう), まずまずである.
── 動 (~s /-dz/|過 過分 **crówd·ed** /-əd/|**crówd·ing**) 他
1 〔人が, 場所〕に**群がる**, 押しかける. People ~*ed* the beaches on holidays. 休日には大勢の人で海岸は込み合った. The theater was ~*ed with* first-nighters. 劇場は初日の常連が押しかけた.
2 〔場所〕をぎゅう詰めにする 〈*with*..で〉; VOA (~ X ***in***) X を(中に)詰め込む[押し込む]; (~ X ***into, onto***..) X を..に詰め込む[押し込む]. The little boy ~*ed* the shelf *with* his toys. ＝The little boy ~*ed* his toys *onto* the shelf. 男の子は飾り棚におもちゃを詰め込んだ. He ~*ed* his whole family *into* the small car. 彼はその小さな車に家族全員を押し込んだ.
3 〔人〕を(混雑の中で)押す, 押しつける, (push). Don't ~ me. そう押さないでくれたまえ.
4 〖話〗 〔人〕をせっつく, にうるさくせがむ, 〈*for*..を求めて〉. Don't ~ me. I'm working the fastest I can. せっつかないでくれ, これ以上速くはできないんだから.
── 自 VA 〔人, 物が〕**群がる**, 押し寄せる, 〈*around* (..の回りに)〉; 押し入る, なだれ込む, 〈*in*/*into*..の中に〉. Shoppers ~*ed around* the bargain counters. 買い物客は特売品売り場に群がった. ~ *into* a bus バスにわっと乗り込む.
cròwd ín on.. 〔想い出などが, 人の脳裏〕に押し寄せる, 〔人の頭〕をいっぱいにする.
cròwd /../ óut ..を押し出す, 締め出す, はみ出させる, 〈*of*..から〉. We are being ~*ed out* by the big supermarkets. 我々は大きなスーパーに押されて商売が出来なくなってきた. [＜古期英語「前へ押す」]

:crowd·ed /kráudəd/ 形 m **込み合っている**, **混雑した**, 満員の; 〔生活などが〕多事の; 〈*with*..で〉. a ~ train 満員の列車. a store ~ *with* customers 客で込んでいる店. a very ~ schedule とても立て込んだ日程.
▷ **~·ness** 名

cròwded-óut 形 〖英話〗 〔劇場などが〕満員で.

crówd-plèaser 名 C (観客[聴衆]を満足させる)千両役者 《スポーツ選手, 政治家など》.

crówd psychòlogy 名 ＝mob psychology.

crówd-pùller 名 C 〖話〗 呼びもの, 観客を引き寄せるもの[人].

crów·fòot 名 (複 ~s, -feet) C 〖植〗 ウマノアシガタ, 「キンポウゲ.

:crown /kraun/ 名 (複 ~s /-z/) 【冠】 **1** C (勝利, 栄誉, 階級の印として頭に頂く)花冠, 栄冠; 栄誉; 〈the ~〉 選手権, チャンピオンの座. a ~ of victory 勝利の花冠.
【王冠】 **2** C **王冠** (→regalia 図). wear the ~ 王冠を頂く. **3** 〈the ~, the C-〉 **王位**, **王権**; 君主, 国王. succeed to the ~ 王位を継承する. pay homage to the *Crown* 国王に敬意を表する.
【王冠の印】 **4** C (紋章, 装飾, 図案などに用いられる)王冠(章). **5** C クラウン貨幣 《英国の旧 5 シリング銀貨; 1971 年廃止後は記念コインとして発行されることがある》.
【冠に似たもの】 **6** C ＝crown cap; 〖歯科〗 歯冠 《歯茎から上の部分》.
【冠＞頂点】 **7** C (頭, 帽子, 山などの)最高部, てっぺん, 頂上, (top); 頭部 (head); とさか (crest). the ~ of a hill 山の頂上. from ~ to toe 頭のてっぺんからつま先まで. **8** 〈the ~〉 極致, 絶頂, 〈*of*..の〉. the ~ *of* Renaissance architecture ルネッサンス建築の極致.
── 動 他 【冠をかぶせる】 **1** (**a**) に王冠を頂かせる, を国王にする. (**b**) VOC (~ X Y) X (人)を Y (国王など)にする. He was ~*ed* King. 彼は王冠を頂いた[王位に就いた].
2 (**a**) (勝利などの印として)の頭に花冠などを載せる, に栄誉を与える 〈*with*..という〉. Your effort will be ~*ed with* success someday. 君の努力はいつか成功という栄誉を与えられるだろう.
(**b**) VOC (~ X Y) (冠を頂かせて) X (人)に Y の栄誉を与える. The children ~*ed* her Queen of the May. 子供たちは彼女に 5 月姫の花の冠を頂かせた.
3 〖雅〗 の頂を覆う, にかぶさる. peaks ~*ed with* snow 雪に覆われた峰. **4** 〔歯〕に金冠などをかぶせる.
5 〖話〗 の頭を殴る[打つ].
6 【頂点を飾る＞終局を成す】 の最後を飾る, 仕上げをする, 〈*with*..で〉. The presidency ~*ed* his career. 大統領就任が彼の経歴の頂点となった.
to cròwn* (*it*) *áll (幸運や不運が続いた)挙げ句の果てに. He failed the exam, his father's firm went bankrupt, and *to* ~ *it all* he fell seriously ill himself. 試験には落第, 父親の会社は倒産, その上に彼自身が重病にかかった. [＜ラテン語 *corōna*「(花)冠」]

cròwn cáp 名 C (瓶の)王冠.

cròwn cólony 名 C 〈しばしば C- C-〉 〖英〗 国王直「轄植民地.

cròwn cóurt 名 C 〖英〗 刑事裁判所.

crowned 形 王冠を頂いた, 王位に就いた; 〈複合要素〉 頂が..の. ~ heads 国王や女王たち. snow-*crowned* mountain peaks 雪を頂いた連峰.

crówn·ing 形 〈限定〉 頂上の; 極上の; 最後を飾る. Mary's hair is her ~ glory. 髪がメリーの最高の美しい点だ. the ~ blow とどめの一撃.

cròwn jéwels 名 〈the ~〉 〖英〗 宝器 《儀式の時国王[女王]が身に着ける王冠, 剣, 宝石など》.

cròwn lánd 名 U 〖英〗 王室御料地.

Cròwn Óffice 名 〈the ~〉 〖英〗 高等法院刑事部.

cròwn of thórns 名 〈the ~; 時に C- of T-〉 (キリストのかぶった)いばらの冠.

cròwn prínce 名 C (英国以外の国の)皇太子 《英国の皇太子は Prince of Wales》.

cròwn príncess [**príncess**] 名 C **1** (英国以外の国の)皇太子妃. **2** 女子の王位継承者.

crów's-fèet 名 crow's-foot の複数形.

crów's-fòot 名 (複 →foot) C 〈普通 -feet〉 (年を取るとできる)目じりのしわ, 'カラスの足跡'.

crów's-nèst 名 C 〖海〗 マスト上の見張り台.

Croy·don /krɔ́idn/ 名 クロイドン 《ロンドンの自治区 (borough) の 1 つ》.

cro·zier /króuʒər|-ʒiə, -ʒə/ 名 ＝crosier.

CRT cathode-ray tube.

cru·ces /krúːsiːz/ 名 crux の複数形.

*__cru·cial__ /krúːʃ(ə)l/ 形 m **1** 決定的な, きわめて重大[重要]な, 〈*to, for* ..にとって〉. a ～ moment 決定的瞬間. It is ～ that we (should) send a rescue party at once. すぐに救助隊を派遣することが肝要だ. **2**〖英俗〗すごくいい, すばらしい. [＜ラテン語 *crux* 'cross']

▷ **～·ly** 副 決定的に, きわめて重大に.

cru·ci·ble /krúːsəb(ə)l/ 名 C **1** るつぼ. **2**〖雅〗(るつぼで溶かすような)厳しい試練[検査]. be tried in the ～ of competition 競争のるつぼで(真価を)試される.

cru·ci·fix /krúːsəfiks/ 名 C (キリストのはりつけの)十字架像.

cru·ci·fix·ion /krùːsəfíkʃ(ə)n/ 名 **1** UC はりつけ(にする[される]こと). **2** 〈the C-〉キリストのはりつけ; C キリストはりつけの絵[像].

cru·ci·form /krúːsəfɔ̀ːrm/ 形 十字(架)形の.

†**cru·ci·fy** /krúːsəfài/ 動 (**-fies**|過 過分 **-fied**|**～·ing**) 他 **1** を(十字架に)はりつけにする. **2**〖話〗をひどく苦しめる, 責める, 迫害する; 酷評する.

crud /krʌd/ 名〖話〗**1** U 汚れ, 汚物; (原子炉内の)沈澱(でん)物, おり. **2** C 不快なやつ.

▷ **crúd·dy** 形 きたない; くだらない.

*__crude__ /kruːd/ 形 e (**crúd·er**|**crúd·est**) **1** 天然のままの, 生(き)の, 精製[加工]してない. ～ oil 原油. ～ sugar 粗糖. **2** むき出しの, 露骨な, ありのままの. ～ facts ありのままの事実. a ～ joke 露骨な冗談. **3** 粗野な, 無作法な, 無教養の. ～ manners 無作法. **4** 粗雑な, ぞんざいな; 荒けずりの, 大ざっぱな. a ～ idea 未熟な考え. a ～ sketch 大ざっぱなスケッチ. furniture of ～ workmanship 粗末な出来の家具. —— 名 U 原油 (**crùde óil**). [＜ラテン語 *crūdus*「生の, 粗野な」]

▷ **crúde·ly** 副 **crúde·ness** 名

cru·di·tés /krùːditéi|ˊ-ˋ/ 名〈複数扱い〉生野菜の前菜. [フランス語 'crudity'(の複数)]

cru·di·ty /krúːdəti/ 名 (複 **-ties**) **1** U 天然のままの状態; 未精練, 未加工. **2** U 未熟さ, 粗野, 無作法. **3** U 粗雑さ. **4** C 粗野な行為[言葉]; 未熟な物事.

‡**cru·el** /krúː(ː)əl/ 形 m e (〖米〗**～·er**, 〖英〗**～·ler**|〖米〗**～·est**, 〖英〗**～·lest**) **1** (a)〔人, 行為が〕**残酷な**, 無慈悲な, 〈*to* ..に対して〉. ～ treatment 残酷な仕打ち. Mrs. Smith is ～ *to* her servants. スミス夫人は召使いにつらく当たる. (b) 残酷な〈*to* do ..するのは〉. It's ～ of you *to* say that. そんなことを言うなんてあなたは残酷な人だ. **2**〔物事が〕つらい, 苦しい; むごい, ひどい. a ～ disease つらい病気. a ～ winter 厳しい冬. a ～ scene むごたらしい光景. a ～ blow 手痛い打撃[ショック].

◇名 cruelty

be crùel to be kínd 人のためを思ってわざとつらく当たる.

[＜ラテン語 *crūdēlis*「残酷な」(＜*crūdus* 'crude')]

▷ **～·ness** 名

*__cru·el·ly__ /krúː(ː)əli/ 副 m **1** 残酷に, 無慈悲に; 苦しく, つらく. **2** ひどく, 大いに. suffer ～ ひどく苦しむ.

*__cru·el·ty__ /krúː(ː)əlti/ 名 (複 **-ties** /-z/) **1** U **残酷**, 無慈悲; 残忍(性). ～ to animals 動物虐待. have the ～ to do 残酷にも..する. treat a person with ～ 人を残酷に扱う.

> 連結 appalling [heinous; deliberate; downright; wanton] ～ // commit [perpetrate] ～

2 C 残酷な行為[言葉など]. *cruelties* to the prisoners of war 捕虜に対する残虐行為. ◇形 cruel

crùelty-frée /㊥/ 形〔化粧品などが〕(ほとんど)動物実験を経ていない《＜実験によって動物を虐待していない》.

cru·et /krúːət/ 名 C **1** (食卓用の)薬味入れ《小型の瓶, つぼ》. **2** 薬味台《数種の薬味入れをまとめて乗せる; **crúet stànd** とも言う》. **3**〖キリスト教〗祭瓶(さいびん)《聖餐(せいさん)用のワインや水を入れる》.

†**cruise** /kruːz/ 動 自 **1**〔遊覧船, 敵捜索の軍艦などが〕ゆっくり航行する, 巡航する. ～ through the Bahamas バハマ諸島を船で遊覧する. **2**〔パトカーが〕(巡回のため)ゆっくり走る;〔タクシーが〕(客を求めて)流す. A police car was *cruising* through the park. 警察の車が公園の中をパトロールしていた. **3** (一般に当てもなく)ゆっくり走る, ぶらぶら歩く;〖俗〗〔ホモが〕相手を求めてぶらつく. ～ for bargains 掘出物を求めてぶらぶら歩く. **4**〔飛行機, 自動車が〕巡航[経済]速度で飛ぶ[走る].

—— 他 **1**〔場所〕を巡航する. **2**〖俗〗(ホモの相手を求めて)〔盛り場など〕をぶらつく.

crùise to víctory 悠々と勝つ.

—— 名 C (遊覧のための)巡航, 航海, 旅; 漫遊, そぞろ歩き. go on a ～ 船での遊覧旅行に出かける.

[＜オランダ語「横切る」(＜ラテン語 *crux* 'cross')]

crúise contròl 名 C クルーズコントロール《自動車などの速度を一定に保つ装置》.

crúise lìner 名 C 大型クルーザー.

crùise míssile 名 C〖軍〗巡航ミサイル.

cruis·er /krúːzər/ 名 C **1** 巡洋艦. **2** クルーザー, 周遊客船, 《船室で宿泊できる; cabin cruiser とも言う》. **3**〖米〗パトロールカー.

cruis·ing /krúːziŋ/ 名 UC 巡航(速度); 回遊; パトロール. —— 形 (経済速度で)巡航する; パトロールする, 流しの〔タクシーなど〕. a ～ taxi 流しのタクシー.

crúising spèed 名 UC 巡航[経済]速度.

crul·ler /krʌ́lər/ 名 C〖米〗ねじり形ドーナツ.

*__crumb__ /krʌm/ 名 (複 **～s** /-z/) **1** C〈普通 ～s〉(パン, ケーキなどの)くず, パン粉. **2** C ほんの少し, 断片. a few ～*s* of learning 生かじりの学問. **3** U パンの(柔らかい)中身 (→crust). **4** C〖米俗〗人間のくず, ろくでなし. Dad wasn't a ～ who didn't take care of his family. おやじは家族を顧みないろくでなしではなかった. **5**〈Crumbs〉〖英旧俗〗〈間投詞的〉うえっ, おやおや, 《驚き, 心配を表す》.

—— 動 他 **1** にパン粉をまぶす. **2**〔パンなど〕を粉々にする (crumble). **3**〖米〗〔食卓〕からパンくずを払い落とす.

[＜古期英語]

*__crum·ble__ /krʌ́mb(ə)l/ 動 (**～s** /-z/|過 過分 **～d** /-d/|**-bl·ing**) 自 **粉々**[ぼろぼろ]になる;〔国などが〕崩壊する, 滅びる,〔希望などが〕崩れる, 破れる; 〈*away*〉. This house will ～ with time. この家はやがて崩壊するだろう. The Government ～*d* because of corruption. 汚職のため政府は倒れた. —— 他 を粉々[ぼろぼろ]にする.

[＜古期英語「crumb になる」]

crum·bly /krʌ́mbli/ 形 e 砕け[崩れ]やすい, もろい.

crum·my /krʌ́mi/ 形 e〖話〗**1** くだらない. a ～ film 愚劣な映画. It's a ～ job but somebody has to do it. つまらない仕事だがだれかがやらねばならない. **2** (体の)調子がよくない. feel ～ 気分がすぐれない.

crump /krʌmp/ 名 C **1** ばりばりという音. **2** 爆弾, 砲弾; (ずしーんという)爆発音.

—— 動 自 **1** ばりばりと音を立てる. **2** ずしーんと爆発する. —— 他 をずしーんと爆撃[砲撃]する.

crum·pet /krʌ́mpət/ 名 **1** C〖主に英〗クランペット《一種のホットケーキ》. **2** U〖英俗〗(セックスの対象としての)女. a nice bit [piece] of ～ 魅力的な女.

‡**crum·ple** /krʌ́mp(ə)l/ 動 他〔布, 紙など〕をしわくちゃにする;〔顔〕をくしゃくしゃにする; 〈*up*〉. Her dress was all ～*d up* from sitting in the chair the whole time. その間ずっといすに座っていて彼女のドレスはすっかりしわくちゃになった. Her face was ～*d* by weeping. 彼女の顔は涙でくしゃくしゃだった.

—— 自 **1** しわくちゃ[もみくちゃ]になる 〈*up*〉. **2**〖話〗へたへたと倒れる; 〔顔が〕(ショックなどを受けて)くしゃくしゃになる; 〈*up*〉. The woman ～*d up* [into a heap] on the

floor. その女性はへたへたと床の上にくずおれた.
── 名 くしゃくしゃ, しわくちゃ.
[＜古期英語「曲がった」]

crúmple zòne 名 C 衝撃吸収部分《車の前後部の衝突時にくしゃくしゃに潰れるように設計された部分》.

†**crunch** /krʌntʃ/ 動 他 **1** 〔食品など〕をがりがり[ばりばり, ぼりぼり]かむ〈*up*〉. (類語 音を立ててかみつぶす感じが強い; →bite). ～ popcorn ポップコーンをぼりぼりかむ. **2** 〔雪, 落ち葉など〕をざくざく踏みつける. **3** 〖電算〗〔(大量の)データ〕を高速で処理する.
── 自 **1** VA (～ *on, into* ..) ..をがりがり[ぼりぼり]とかむ; 〔リンゴなど〕に音を立ててかぶりつく. ～ *on* a bone 〔犬などが〕骨をがりがりかむ. **2** がりがり[ざくざく]音を立てる. The gravel ～*ed* under our feet. 砂利を踏むとざくざくという音がした. **3** VA ざくざくと音を立てて進む〈*along, across, over* (..)〉. ～ *across* the gravel road 砂利道を踏み鳴らして横切る.
── 名 C 〈単数形で〉 **1** がりがりかむこと[音], ざくざく踏むこと[音]. **2** 〖話〗〈普通 the ～〉危急の時; 危機. a credit ～ 信用危機, 金づまり.
when [if] it còmes to the crúnch＝when the crúnch còmes 〖話〗いざという時には. [擬音語]

crunch·y /krʌ́ntʃi/ 形 e (かむと)ばりばり[ぱりぱり, ざくざく](と音が)する.

crup·per /krʌ́pər/ 名 C しりがい《鞍(くら)が前にずれないように鞍の後ろに結ぶ革ひも》; 馬のしり.

***cru·sade** /kru:séid/ 名 (複 ～s /-dz/) C **1** 〖史〗〈しばしば C-〉 **十字軍**《11–13 世紀にわたり何度も企てられたので全体を the Crusades と言う》. **2** 改革運動〈*of* ..〔主義, 思想など〕の〉; 反対運動〈*against* ..の〉, 推進運動〈*for* ..の〉. a ～ *against* smoking 禁煙運動. a ～ *for* women's rights 女権拡張運動.
── 動 自 **1** 十字軍に加わる. **2** 改革[推進]運動に参加する〈*against, for* ..の〉.
[＜スペイン語「十字架の印をつけること」]

cru·sád·er 名 C **1** 〈しばしば C-〉十字軍の戦士. **2** 改革運動家.

cruse /kru:z/ 名 C 〖古〗(油, ワインなどを入れる)土(ど)「焼きつぼ[瓶].

***crush** /krʌʃ/ 動 (**crúsh·es** /əz/|過 過分 **～ed** /-t/|**crúsh·ing**) 他 **1** (**a**) (強い力で)を**押しつぶす**; をつぶして粉々にする〈*up*〉. ～ grapes ブドウを圧搾する. be ～*ed* to death 圧死する. In the accident his car was ～*ed* beneath the truck. その事故で彼の車はトラックの下敷きになって押しつぶされた. ～*ed* ice 砕いた氷. (**b**) VOA (～ /X/ *out*) X (たばこ)をもみ消す; X (ジュースなど)を絞り出す〈*of* ..から〉. ～ *out* a cigarette in the ashtray 灰皿でたばこの火をもみ消す.
2 (**a**) 〔敵軍, 暴徒など〕を粉砕する, 壊滅させる. ～ the rebellion 反乱を鎮圧する. (**b**) を(精神的に)参らせる; を圧倒する. have one's hopes ～*ed* 希望を打ち砕かれる.
3 を(押しつけて)しわくちゃにする〈*up*〉. The girl ～*ed* her handkerchief nervously. 少女はいらいらしてハンカチをくしゃくしゃに握り締めた.
4 VOA をきつく押しつける〈*against* ..に〉; を押し込める〈*into* ..に〉; を押し進める〈*through* ..の間に〉. be ～*ed against* the wall 壁に押しつけられる. The tourists were ～*ed into* a tiny bus. 旅行者たちは小さなバスに押し込められた. ～ one's way *through* the crowd 群衆を押し分けて進む (→way[1] 名 2 語法).
── 自 **1** (強く押されて)**つぶれる**; (押しつけられて)しわくちゃになる. A linen dress ～*es* easily. 麻のドレスはすぐしわになる. **2** VA 押し合う, 押し合って入る, 殺到する, 〈*in /into, through* ..に〉. A noisy group of reporters ～*ed into* the room. 騒々しい記者の一団がどやどやと部屋に入って行った.
── 名 **1** U 押しつぶす[される]こと; 粉砕. **2** C 〈単数形で〉押し合う群衆; 押し合いへし合い, 雑踏. a ～ of people 押し合う群衆. be caught in the ～ 雑踏に巻き込まれる. **3** C 〖話〗〈普通, 単数形で〉(がやがやわあわあ言うばかりの)大集会. **4** U 〖主に英〗スカッシュ, 果汁. **5** C 〖話〗(普通, 若い男女間の)のぼせあがり, 夢中; 首ったけの相手; 《＜押しつぶされるような気持ち》. I had a ～ *on* the young pretty female teacher. 僕はその若い美人の先生に夢中だった.
[＜古期フランス語「歯をきしらせる」]

crush·a·ble /krʌ́ʃəb(ə)l/ 形 〔物が〕押しつぶせる; 〔衣服が〕押しつぶしてもしわにならない.

crúsh bàr 名 C 〖英〗(劇場の中で幕間(あい)に飲み物「を売る)バー.

crùsh bárrier 名 C 防止柵(さく)《群衆の立ち入りを制止するため一時的に設ける柵など》.

crúsh·er 名 C **1** 押しつぶすもの[人]; 粉砕機, 絞り器, 砕石機, クラッシャー. **2** 〖話〗痛烈な一撃; ぎゃふんと参らせる事実[議論]. The decision was a ～ on us. 我々はその決定にぎゃふんと参った.

‡**crúsh·ing** 形 〈普通, 限定〉 **1** 圧倒的な; 手ひどい. a ～ victory [defeat] 大勝利[惨敗]. a ～ blow とどめの一撃. a ～ burden 支え切れそうもない重荷, 過重負担. **2** (人を)ひるませる(ような), 恥じ入らせる(ような). a ～ look 人をひるませるような(恐ろしい)目つき. ▷ **～·ly** 副

Cru·soe /krú:sou/ 名 →Robinson Crusoe.

***crust** /krʌst/ 名 (複 **～s** /-ts/) **1** UC (堅いぱりっとした)**パンの外皮**(の一部分) (→crumb); パイの外皮(の一片); U 〖米〗パイ, タルト (tart)など. ～ of bread パンの皮.
2 C 堅い皮のついたひと切れのパン《「つましい食事」の含みがある》; 生活の糧; 〖オース俗〗生計. 〖主に英〗earn a ～ 生活の糧を得る.
3 UC (物, 特に食品の)堅い表面[外皮]; 凍結した雪面; (ワインの)酒あか《熟成したワインに生じる沈澱(でん)物》. the frozen ～ of the earth 凍った地表.
4 UC 地殻; (動物の)甲殻. **5** U 〈the ～〉〖話〗厚顔, ずうずうしさ, 〈*to* do ..するという〉. He had the ～ *to* ask for a raise. 彼は厚かましくも昇給を要求した.
off one's crúst 〖まれ・俗〗気が狂って[た].
── 動 他 を堅い皮[殻]で覆う; の表面を堅くする[凍らせる]. an ice-～*ed* highway 凍結した幹線道路. ── 自 堅い皮[殻, 表面]ができる, 表面が堅くなる[凍る]〈*over*〉.
[＜ラテン語 *crūsta*「殻, 堅い皮」]

crus·ta·cean /krʌstéiʃ(ə)n/ 名 C 甲殻類の動物《エビ, カニなど》. ── 形 甲殻類の.

crúst·ed /-əd/ 形 **1** 〈普通, 叙述〉表面が堅い, 外皮[殻]をもつ, 〈*with* ..で, の〉. **2** 〔ワインが〕酒あか (crust) を生じた. **3** 古くさい, がんこな, 旧弊な.

crust·y /krʌ́sti/ 形 e **1** 堅い皮[殻, 表面]のある[で覆われた]; 外皮[外殻]のように堅い; 〔パンが〕ぱりぱりした《うまい》. **2** 〈普通, 限定〉無愛想な, 機嫌の悪い, 〔老人など〕. ▷**crust·i·ly** 副 無愛想に. **crust·i·ness** 名

‡**crutch** /krʌtʃ/ 名 C **1** 松葉杖(づえ) (語法 一対は普通 a pair of ～es と言う). walk on ～*es* 松葉杖をついて歩く. **2** 支え(となるもの), 頼り. **3** ＝crotch 1. ── 動 他 を松葉杖で支える. [＜古期英語]

crux /krʌks/ 名 (複 **～·es, cru·ces**) C 〈普通, 単数形で〉 **1** (問題などの)最難点, 最重要点, 核心. The ～ of the matter is ... 問題の最も重要な点は... **2** 〈C-〉〖天〗南十字星 (Southern Cross). ◇形 crucial
[ラテン語「十字架」]

‡**cry** /krai/ 動 (**cries** /-z/|過 過分 **cried** /-d/|**crý·ing**) 自 **【叫ぶ】** **1** (恐怖, 悲しみ, 不快などから)**叫ぶ**, 大声を出す, 〈*out*〉 (類語 「叫ぶ」の意味で最も一般的な語; → exclaim, holler, scream, screech, shout, shriek, vociferate, whoop, yell). The boy *cried out* in pain when he fell. 倒れた時少年は痛がって大声を上げた. **2** VA (**～ (*out*) *for* ..**) ..を叫び求める. The drowning man *cried* (*out*) *for* help. 溺(おぼ)れかかっている男は助けを求めて大声を出した. **3** 〔鳥, 獣が〕**鳴く**, ほえる.

【泣く】 4 泣く; [VA] (~ *for* ..) ..を欲しがって泣く, 泣いて求める; ([類語]「泣く」の意味の最も一般的な語で, その原因は問わない; →blubber, howl 3, sob, wail, weep, whimper). ~ for [with] joy うれしさのあまり泣く. ~ *for* the moon→moon (成句). A little child was ~*ing for* a toy car in the store. その店で小さい子がおもちゃの自動車を欲しがって泣いていた.

— [他] 1〔名前など〕を(大声で)叫ぶ; [VO] (~ *that* 節/"引用") ..と叫ぶ/「..」と叫んで言う; 〈*out*〉. "Hello," *cried* Mr. Smith. スミス氏は「やあ」と叫んだ. She *cried* from the bus *that* she would soon be back. じきに帰るわと彼女はバスの中から叫んだ.
2 【旧】を大声を出して知らせる, 触れ(回)る; 【雅】〔品物〕を呼び売りする. The peddler passed from street to street ~*ing* his wares. 行商人は品物を呼び売りしながら通りから通りへと歩いた.
3〔..な涙〕を流す. ~ bitter tears 悲痛の涙を流す.
4 [VOC] (~ *oneself* X)・[VOA] (~ *oneself to* X) 泣いて X の状態になる. ~ one*self* asleep [*to* sleep] 泣き寝入りする.

crý before one is húrt 【米話】取り越し苦労をする, いらない心配をする.

crỳ /../ dówn ..をやじり倒す; ..をけなす, にけちをつける, (↔CRY /../ up). ~ *down* a person's plan 人の計画をけなす.

crỳ one's éyes [héart] òut (目もつぶれる[胸も張り裂けん]ばかりに)泣きに泣く.

crý for.. (1) →[自] 2, 4. (2)〈普通, 進行形で〉〔物が〕..を緊急に必要とする. The lawn is ~*ing for* rain. 芝生は雨がぜひ欲しいところだ.

crỳ óff 【英話】(約束などを)取り消す, 手を引く〈*from* ..から〉. ~ *off from* one's appointment 約束を取り消す.

crỳ /../ óut 泣いて..をすっかり忘れる. She *cried out* all her troubles. 彼女は泣きに泣いて苦労をすべて忘れた.

crỳ óut against.. ..に反対を唱える.

crỳ (óut) for.. (1) →[自] 2, 4. (2) ..を大いに必要とする. The walls are ~*ing out for* a new coat of paint. その壁はぜひペンキを塗り直す必要がある.

****crý over..*** 〔不幸, 失敗など〕を嘆く.

crý over spìlt mílk →It's no use crying over spilt milk (→spill[1] [動] [他] 1).

crỳ /../ úp ..をほめ[持ち]上げる (↔CRY /../ down).

for crỳing out lóud 【話】(1)〈要求を強調して〉お願いだから, ..と言っているのだ. *For* ~*ing out loud*, cut it out! やめろと言っているのが分からないのか. (2)〈抗議の気持ちを表して〉これは何ということだ. *For ~ing out loud!* Why did you tell them? 彼らに言ってしまったなんて, 何ということだ.

gìve a person sòmething to crý about 〔物事が〕人をさらに痛い目にあわせる.

— [名] ([複] **cries** /-z/) [C] 1 叫び(声), (鳥, 獣の)鳴き声. give a ~ of joy [despair] 喜び[絶望]の叫び声を上げる. a ~ for help 助けを求める声. the *cries* of owls フクロウの鳴き声.

[連結] a loud [a piercing, a sharp, a shrill; a wild; an anguished] ~ // let out [utter] a ~

2 (主義, 主張を示す)スローガン, (応援などの)掛け声.
3 世論の声; (民衆からの)不満の声, 要求, 〈*for* ..を求める/*against* ..に反対する/*to* do ..したいという〉. a ~ *for* justice 公正を要望する声. 4 泣き声, 泣くこと, ひと泣き. have a good ~ 思う存分泣く.

be a fàr [lòng] crý from.. ..とはほど遠い, 大違いである, (→within CRY of..). Education today *is a far* ~ *from* what it was in my school days. 今日の教育は私の学生時代のとは大違いだ.

Grèat [Mùch] crý and lìttle wóol. 【諺】'大山鳴動してねずみ1匹' 《豚の毛を刈ろうとしても鳴き声ばかりが大きくて毛は採れないことから》.

in fùll crý 〔獲物を追う一団の猟犬が〕一斉にほえ立てて; 〔人が〕総掛かりで攻め立てて[追求して].

within crý of.. ..の声の届く所に[の], ごく近くに[の]. [<ラテン語 *quirītāre*「ローマ市民たちに助けを求める>大声で叫ぶ, 嘆き悲しむ」]

crý·bàby [名] ([複] **-bies**) [C] 【話】(特に子供の)泣き虫; 愚痴っぽい人.

crý·ing [形] 【話】〈限定〉 1 差し迫った, 捨てておけない. There is a ~ need for political reform. 政治改革が早急に必要とされている. 2〔悪い事が〕ひどい, 甚だしい. a ~ shame ひどい不面目.

cry·o- /kráiou/〈複合要素〉「(超)低温の」の意味. *cryo*surgery. [ギリシア語「霜」]

crỳo·génic /[移]/ [形] 低温の, 低温貯蔵の.
▷**crỳo·génics** [名] [U] 低温学.

cry·on·ics /kraiάniks|-ɔ́n-/ [名]〈単数扱い〉死体冷凍術 《将来の医学の蘇生(そせい)術に夢を託して死亡直後に行う》.

crỳo·súrgery [名] [U] 【医】超低温手術《急速冷凍によって病的組織を破壊する》.

crypt /kript/ [名] [C] (特に教会の)地下室《主に墓所として用いる》.

‡**cryp·tic, -tical** /kríptik/, /-kəl/ [形] 隠された, 秘密の; 不可解な, なぞめいた. a ~ remark なぞめいた発言.
▷**cryp·ti·cal·ly** /-k(ə)li/ [副]

cryp·to- /kríptou, -tə/〈複合要素〉「隠(さ)れた」「秘密の」の意味. *crypto*gram. [ギリシア語 'hidden']

cryp·to·gam /kríptəgæ̀m/ [名] [C] 【植】隠花植物《fern, moss, fungus など; ↔phanerogam》.
▷**crỳp·to·gám·ic** /-təgǽmik/, **cryp·tóg·amous** /-tάgəməs|-tɔ́g-/ [形]

crýpto·gràm [名] [C] 暗号文.

crýpto·gràph [名] 1 =cryptogram. 2 [U] 暗号通信[解読]法.

cryp·tog·ra·pher /kriptάgræfər|-tɔ́g-/ [名] [C] 暗号使用者.

cryp·tog·ra·phy /kriptάgrəfi|-tɔ́g-/ [名] [U] 暗号研究; 暗号解読法. ▷**cryp·to·graph·ic** /krìptəgrǽfik/ [形]

cryp·to·me·ri·a /krìptəmí(ə)riə/ [名] [C] 【植】(日本産の)杉 (Japanese cedar).

***crys·tal** /krístl/ [名] ([複] **~s** /-z/) 1 [U] 水晶. (as) clear as ~ 実に透明で[な]; 明々白々で[な].
2 [C] (装飾, 宝石用の)水晶(玉), 水晶製品. a necklace of ~*s* 水晶の首飾り. 3 [U] クリスタルガラス(製品類), 高級鉛ガラス, (~ glass).
4 [C] 【化・鉱】結晶(体). salt ~*s* 塩の結晶.
5 [C] 【主に米】(時計の)ガラスぶた. 6 [C] 【電子工学】(検波用)鉱石; =crystal detector.
7〈形容詞的〉水晶(製)の, 水晶質の; (水晶のように)透明な; クリスタル製の. a ~ necklace 水晶の首飾り. a ~ stream 澄んだ流れ.

crỳstal cléar /[移]/ (1)〔水, ガラスなどが〕完全に透明な. (2) 明々白々な. [<ギリシア語「氷, 水晶」]

crỳstal báll [名] [C] 水晶玉《水晶占いに用いる》.

crỳstal detéctor [名] [C] 【電子光学】鉱石検波器.

crýstal gàzer [名] [C] 水晶占い師.

crýstal gàzing [名] [U] 水晶占い《水晶玉を覗(のぞ)く》.

crýstal glàss [名] [U] クリスタルガラス.

crys·tal·line /krístələn|-làin/ [形]〈普通, 限定〉1 【雅】水晶の(ような), 透明な, 澄みきった. a ~ brook よく澄んだ小川. 2 結晶体から成る, 結晶(質)の. a ~ lens (眼球の)水晶体.

crỳs·tal·li·zá·tion [名] 1 [U] 結晶作用; [C] 結晶体. 2 [U] 具体化.

C

‡**crys·tal·lize** /krístəlàiz/ 動 他 **1** を結晶させる. Low temperature may ～ rain into snow. 低温で雨が結晶して雪になることがある. **2**〔着想など〕を具体化する, 明確にする. **3** を砂糖漬けにする. ── 自 **1** 結晶する. **2** 具体化する, 明確になる; VA (～ *into*..)〔物事が〕..という形で結晶を結ぶ[具体化する]. A new idea ～*d* in my mind. 新しい考えが私の頭の中で明確な形を取った.
▷**～d** 形 砂糖漬けにされた〔果物など〕.

crys·tal·log·ra·pher /krìstəlágrəfər|-lɔ́g-/ 名 C 結晶学者.

crys·tal·log·ra·phy /krìstəlágrəfi|-lɔ́g-/ 名 U 結晶学. ▷**crys·tal·lo·graph·ic** /krìstələgrǽfik/ 形

crys·tal·loid /krístəlɔ̀id/ 形 結晶状の; 晶質の. ── 名 U 〖理〗晶質.

crýstal sèt 名 C 〖旧〗鉱石ラジオ.

CS Christian Science; civil service.

Cs 〖化〗cesium; 〖気象〗cirrostratus.

CSA Confederate States of America.

CSCE Conference on Security and Cooperation in Europe (全欧安保協力会議).

CSE /sì:esí:/ Certificate of Secondary Education 〖英〗中等教育修了資格試験 (→GCE, GCSE).

C-section /⌐⌐⌐/ 名 〖米話〗＝Caesarean section.

CS gas /⌐⌐⌐/ 名 U 〖英〗催涙ガス (tear gas). [発明者の米人化学者 B. B. Corson および R. W. Staughton の頭文字から]

C-Spàn 名 C-スパン《米国の非営利衛星放送ネットワーク》.

CST Central Standard Time.

CT 〖郵〗Connecticut; Central Time; computerized tomography.

ct. carat; cent; court. **ctn** cotangent. **ctr.** center. **cts** carats; cents.

CT scàn [scànner] /sì:tí:-/ 名 ＝CAT scan[scanner].

Cu 〖化〗copper.

cu. cubic.

†**cub** /kʌb/ 名 C **1** (ライオン, トラ, キツネ, クマなど肉食獣の)子. **2** 〈また C-〉＝cub scout; 〈the ～s〉カブスカウト団. **3** 未経験な若者, 新米; 〖話〗駆け出しの記者 (**cùb repórter**). [? ＜ケルト語]

Cu·ba /kjú:bə/ 名 キューバ《カリブ海にある共和国; 首都 Havana》.

Cu·ban /kjú:bən/ 形 キューバの. ── 名 C キューバ人. the ～ missile crisis キューバミサイル危機《1962 年, ソ連のキューバ核ミサイル基地の建設開始による米ソ間の危機; ケネディ大統領の強硬策でソ連が撤退》.

cub·by-hole /kʌ́bihòul/ 名 C こぢんまりした部屋; 押し入れ.

***cube** /kju:b/ 名 (複 **～s** /-z/) C **1 立方体**, 正六面体; 立方体状のもの. a ～ of sugar 角砂糖 (1 個). **2** 〖数〗**3 乗**, 立方, (→square). The ～ of 3 is 27. 3 の 3 乗は 27. ── 動 他 **1** を 3 乗する. 3 ～*d* is 27. 3 の 3 乗は 27. **2** を立方体状にする; をさいの目[立方体]に切る. ～ potatoes ジャガイモをさいの目に切る.
[＜ギリシア語「立方体, さいころ」]

cúbe ròot 名 C 〖数〗立方根.

†**cu·bic** /kjú:bik/ 形 **1** 立方体の. a ～ body 立方体. ～ measure 体積, 容積. **2** 〈限定〉〖数〗3 乗の, 立方の; 3 次の. a ～ centimeter 1 立方センチメートル. a ～ equation 3 次方程式.

cu·bi·cal /kjú:bik(ə)l/ 形 ＝cubic 1.

‡**cu·bi·cle** /kjú:bik(ə)l/ 名 C (大部屋を仕切った)小部屋; (仕切りのある)個室, 小ボックス《更衣室, シャワー室, 電話室など》. [＜ラテン語「寝室」(＜*cubāre*「寝る」)]

cub·ism /kjú:biz(ə)m/ 名 U 〈しばしば C-〉立体派, キュービズム,《20 世紀初めの絵画・彫刻の一様式》.

cub·ist /kjú:bist/ 名 C, 形 立体派の(芸術家).

cu·bit /kjú:bət/ 名 C キュービット《昔の尺度; 中指の先端から肘(ひじ)までの長さ; 45-56cm》. [＜ラテン語「ひじ」]

cúb scòut 名 C 〈またC- S-〉カブスカウト団員《ボーイスカウトの年少団員; 普通 8-10 歳; →boy scout》.

cuck·old /kʌ́kəld|-kould/ 〖旧〗名 C 妻を寝取られた男. ── 動 他 の妻を寝取る;〔妻が, 夫〕に不貞[不義]を働く.

***cuck·oo** /kú(:)ku:/ 名 (複 **～s** /-z/) C **1** カッコウ《英国では春渡来して冬南方に帰る; 他の鳥の巣に産卵する習性がある》. **2** (カッコウの)鳴き声, カッコウ. **3** 〖話〗ばか, 頭の変なやつ.
a cùckoo in the nést (愛情[信頼関係など]をかく乱する)侵入者, じゃま者.
── 形 〖話〗ばかな (stupid), 気の変な (mad).
[＜古期フランス語; 擬音語]

cúckoo clòck 名 C ハト時計.

†**cu·cum·ber** /kjú:kəmbər/ 名 UC キュウリ. (**as**) ***còol as a cúcumber*** 落ち着き払って. [＜ギリシア語]

cud /kʌd/ 名 U 食い戻し《牛, 羊などが第 1 胃から再び口へ戻してかむ食物》. ***chèw the cúd*** (1) 反芻(すう)する. (2)〖話〗(決断の前に)熟考する. [＜古期英語]

‡**cud·dle** /kʌ́dl/ 動 他 を優しく抱き締める, 抱いてかわいがる. ── 自 VA (～ *up*) 寄り添う, 寄り添って寝る, 〈*to* ..に〉; 寄り添い合う,〔2 人が〕寄り添って寝る, 〈*together*〉. We ～*d up* close *together* and were soon warm. 我々はぴったり寄り添って寝たらやがて暖まってきた.
── 名 C 〈単数形で〉優しい抱擁.

cud·dle·some /kʌ́dls(ə)m/ 形 ＝cuddly.

cud·dly /kʌ́dli/ 形 e 抱き締めたいような, かわいい. as ～ as a teddy bear クマの縫いぐるみみたいに抱き締めたくなる.

cudg·el /kʌ́dʒ(ə)l/ 名 C (太くて短い)棍(こん)棒.
take ùp the cúdgels for.. ..のために一肌脱ぐ, ..を応援する; ..を擁護する.
── 動 (**～s**|〖英〗**-ll-**) 他 を棍(こん)棒でたたく.
cùdgel one's bráins (about..) →brain.

†**cue**[1] /kju:/ 名 C **1** (演劇の)渡しぜりふ, きっかけ, キュー,《他の俳優の演技, せりふ, 登場の合図になる, せりふの最後の言葉やしぐさ》. **2** (一般に行動を始める)合図, きっかけ, 〈*to* do ..する〉; ヒント, 手掛かり.
(***rìght***) ***on cúe***＝***as if on cúe*** 予告どおりに, ぴったりその時刻に.
tàke one's cúe from.. 〖話〗〔人〕から手掛かりを得る, ..を見習う. I always *take* my ～ *from* the director in these matters. こうした件では私はいつも監督さんからヒントをもらう.
── 動 他 にきっかけを与える, 合図をする.
cùe /../ ín (1)〔人〕に開始の合図をする. (2)〖劇〗〔効果音など〕を入れる指示を出す. (3)〖話〗〔人〕に情報を与える 〈*about, on* ..について〉.
[? ＜ラテン語 *quandō* 'when (to come in)?' の頭文字 q(/kju:/)]

cue[2] 名 C **1** (ビリヤードの)キュー. **2** 〖主に米〗＝queue.

cúe bàll 名 C **1** 〖ビリヤード〗突き玉 (↔object ball). **2** 〖米俗〗はげ頭(の人).

†**cuff**[1] /kʌf/ 名 (複 **～s**) C **1** (服, ワイシャツの)カフス, 袖(そで)口. **2** 〖米〗ズボンの裾(すそ)の折り返し (〖英〗turn-up). **3** 〈～s〉〖話〗手錠 (handcuffs).
off the cúff 〖話〗準備なしに[の], 即席に[の],《話をする人が食事中に思いついた点をワイシャツのカフスにメモしたことから》.
on the cúff 〖米俗〗掛けで, 付けで,〔買うなど〕; 掛けの.
── 動 他 〖話〗〔人(の手首)〕に手錠を掛ける.
[＜中期英語「手袋」]

cuff[2] 動 他 〔人, 動物〕を平手で軽く打つ. He ～*ed* the boy on the cheek. 彼は少年のほおを軽く平手打ちした.

— 名(複 ～s) C 軽い平手打ち. give a person a ～ 人を軽く平手で打つ.

cúff lìnks 名〈複数扱い〉(両袖の)カフスボタン. a pair of ～ カフスボタン一組.

cui·rass /kwiræ̀s/ 名 C 胴鎧(よろい)《腕はむき出しで首から腰の前後を覆う》.

‡**cui·sine** /kwizíːn/ 名 U 料理法; 料理. French ～ フランス料理. [フランス語 'kitchen']

cuke /kjuːk/ 名 《米話》=cucumber.

cul-de-sac /kʌ́ldəsæ̀k, kúl-/ 名(複 **culs-** /同/, ～s) C **1** 袋小路 (blind alley). **2** 行き詰まり, 窮地. [フランス語 'bottom of a sack']

-cule /kjuːl/ 接尾 「小さい」の意味の名詞を作る. minus*cule*.mole*cule*. [フランス語]

‡**cu·li·nar·y** /kjúːlənèri, kʌ́l-|kʌ́lən(ə)ri/ 形〈限定〉《章》料理の; 厨(ちゅう)房の. ～ art 調理法. [<ラテン語「台所 (*culīna*)の」]

‡**cull** /kʌl/ 動 他 **1** をえり分ける, 選び取る;〔情報など〕を収集する〈*from* ..から〉. ～ flowers in the garden 庭の花を摘む. **2**〔品質の劣る又は過剰の動物, 果物など〕を選別して殺す, 廃棄[除去]する, 間引く. — 名 C **1** 選別廃棄[除去], 間引き. **2** 劣等品として間引かれたもの《1つ又は集合的に》. [<古期フランス語; collect と同源]

cul·len·der /kʌ́ləndər/ 名 =colander.

cul·let /kʌ́lət/ 名 U (再溶解用の)くずガラス.

culm /kʌlm/ 名 U 粉炭, 粉末無煙炭.

†**cul·mi·nate** /kʌ́lmənèit/ 動 自 **1** VA (～ *in* ..) ..で最高点[絶頂]に達する, ついに..になる. His career ～*d in* the presidency. 彼は出世してついに大統領になった. **2**《天》〔天体が〕南中する. [<ラテン語「頂上 (*culmen*)に達する」]

‡**cùl·mi·ná·tion** 名 U **1** 最高点(に達すること), 絶頂(を極めること). the ～ of his political career 彼の政治生活の絶頂. **2**《天》南中.

cu·lottes /k(j)uːlɑ́ts|-lɔ́ts/ 名〈複数扱い〉キュロット《女性の短いズボン式スカート》. [フランス語「小さな尻 (*cul*)」]

cùl·pa·bíl·i·ty 名 U とがめるべきこと; 罪のあること.

cul·pa·ble /kʌ́lpəb(ə)l/ 形《章》とがめるべき; 罪のある. hold a person ～ 人を不埒(ふらち)だとする. [<ラテン語「罪 (*culpa*) をとがめる」] ▷**-bly** 副

‡**cul·prit** /kʌ́lprət/ 名 C **1**〈普通 the ～〉犯人; 被疑者; 被告. **2**《話》張本人, (悪い事の)原因. The sale of our products is rapidly falling, and competition from cheaper products is the main ～. 我が社の製品の販売量が急激に減少しているが, 安価な製品による競争がその主たる原因である. [<アングロノルマン語 *cul. prit*; 有罪判決の決まり文句の最初の2語 *culpable, prit* ..「有罪なり, ..の準備をせよ」の略から]

†**cult** /kʌlt/ 名 C **1** (宗教的な)信仰, 祭儀. the ～ of Apollo アポロ信仰. **2** (人, 主義, 物事に対する)崇拝, 礼賛; 流行, ..熱. a ～ figure 偶像的人物. Jogging has become a ～ with us. ジョギングは我々の間で流行になった. **3** 新興の(えせ)宗教[宗派, 教団], カルト; ..教. an antisocial religious ～ 反社会的な(新興)教団. **4**〈集合的〉(主義などの)崇拝者, 礼賛者; (新興宗教の)信者. a nudist ～ 裸体主義信奉者. have a ～ following 崇拝[心酔]者がついている. [<ラテン語 *cultus*「耕作, 崇拝」]

cult·ist /kʌ́ltist/ 名 C (主義, 流行などの)崇拝者, 礼賛者; (新興宗教の)信者. ▷**cúlt·ism** 名 U カルト信仰.

cul·ti·va·ble, cul·ti·vat·a·ble /kʌ́ltəvəb(ə)l/, /-vèitəb(ə)l/ 形 耕作できる; 栽培できる; 教化可能な.

***cul·ti·vate** /kʌ́ltəvèit/ 動 (～s /-ts/|過 過分 **-vat·ed** /-əd/|**-vat·ing**) 他

【耕す】**1**〔土地〕を耕す, 耕作する.

【培う】**2** を栽培する;〔魚など〕を養殖する;〔菌など〕を培養する. ～ roses バラを栽培する.

3〔技能, 趣味, 習慣など〕を養う, 育てる. His mother endeavored to ～ her son's interest in art. 母親は息子の芸術に対する関心を育てるように努めた. ～ a new market 新市場を開拓する.

4【友情を培う】(しばしば利用する目的で)との交際を求める[深める], と近うきになろうとする;〔交際〕を求める, 深める. The student decided to ～ the professor. 学生はその教授と近うきになろうと決心した. Dan tried to ～ her acquaintance. ダンは彼女と近うきになろうとした. [<中世ラテン語 *cultivāre*「耕す」(<ラテン語 *colere* 'till')]

‡**cúl·ti·vàt·ed** /-əd/ 形 **1** 耕作[栽培, 養殖, 培養]された (↔wild). an acre of ～ land 1エーカーの耕地. ～ strawberries 栽培されたイチゴ. **2** 洗練された, 教養のある. the ～ accent of Oxford men オックスフォード人[出身者]の教養あるしゃべり方.

†**cùl·ti·vá·tion** 名 U **1** 耕作(する[される]こと); 耕作された状態. bring land under ～ 土地を開墾する. **2** 栽培; 飼育, 養殖; 培養. **3** (心身の)育成, 教養, 洗練. **4** (利用する目的などでの)交際〈*of* ..〔人〕との〉.

†**cul·ti·va·tor** /kʌ́ltəvèitər/ 名 C **1** 耕作[栽培]者. **2** 中耕機, カルティベーター,《中耕用, 除草用などの農具》.

***cul·tur·al** /kʌ́ltʃ(ə)rəl/ 形 ⓒ **1** 文化の, 文化的な; 教養の; 修養の. ～ development 文化の発達. a ～ desert 文化的不毛地《文化的活動が全くない所》. ～ history 文化史. a ～ center 文化の中心地[部]. ～ heritage 文化遺産. **2** 栽培上の. ▷**～·ly** 副 文化的に(は).

cùltural anthropólogist 名 C 文化人類学者.

cùltural anthropólogy 名 U 文化人類学.

cùltural crínge 名 U 《英・オース》(外国, 特に英国に対する)文化的劣等意識[追従].

cùltural lág 名 C 文化的遅滞.

cùltural líteracy 名 U (特定の社会の成員が共有している)文化的知識.

Cùltural Revolútion 名〈the ～〉《中国史》文化大革命《およそ1966–76年》.

cul·tur·a·ti /kʌ̀ltʃərɑ́ːti/ 名〈複数扱い〉文化人たち.

***cul·ture** /kʌ́ltʃər/ 名 (複 ～s /-z/) 【耕作】**1** U 耕作, 栽培; 飼育, 養殖; 培養; C 培養菌. the ～ of rubber ゴムの栽培. bee ～ 養蜂(ほう).

【育成】**2** U **教養**. a gentleman of breeding and ～ 育ちがよくて教養のある紳士. **3** U (教養を高めるための)鍛練, 修養. moral ～ 徳育.

4 UC (ある民族, 時代の)**文化**, 精神文明, (類語 ある民族の精神的芸術的活動とその所産を意味し, 物質文明に重点のある civilization と対比される). Greek ～ ギリシア文化. a people of primitive ～ 原始文化国民. [<ラテン語「耕作, 養育」(<*colere*「耕す」)]

cúlture àrea 名 C 文化領域.

cúlture cènter 名 C 文化中心《culture area の中心部》.

†**cúl·tured** 形 **1** 栽培[養殖, 培養]された. **2** 教養のある, 洗練された.

cùltured péarl 名 C 養殖真珠.

cúlture gàp 名 C (2つの民族, 国家間などの)文化ギャップ.

cúlture shòck 名 aU 文化衝撃, カルチャーショック,《突然異文化と接触した時に味わう違和感など》.

cúlture vùlture 名 C 《戯・軽蔑》文化マニア《文化に対し過度の興味を持ち, その知識をひけらかす人》.

cul·vert /kʌ́lvərt/ 名 C (道路, 鉄道, 堤防などの下を横切る)排水管[路], 暗渠(きょ).

cum /kum|kʌm/ 前 ..とともに, ..付き(の), (と)兼用の. 語法 しばしば2つの名詞をつなぐ複合要素として用いる. a kitchen-*cum*-dining room ダイニングキッチン. [ラテン語 'with']

cum·ber /kʌ́mbər/ 動 他 〘雅〙＝encumber.

Cum·ber·land /kʌ́mbərlənd/ 名 カンバーランド《イングランドの旧州名; 今は Cumbria の一部; 景勝地 Lake District がある》.

‡**cum·ber·some** /kʌ́mbərs(ə)m/ 形 重くて[かさばって]持ちにくい; 厄介な, じゃまな. a ～ package 扱いにくい荷物. 「西部の州」.

C

Cum·bri·a /kʌ́mbriə/ 名 カンブリア《イングランド北↑

cum·brous /kʌ́mbrəs/ 形 ＝cumbersome.

cùm dívidend 副 〘株式〙配当付きの[で]《略 cum div., c.d.; ↔ex dividend》. 「用」.

cum·in /kʌ́min/ 名 U 〘植〙クミン(の実)《料理・薬↑

cum lau·de /kum-láudi | kʌm-lɔ́:di/ 優等で (→magna cum laude, summa cum laude). [ラテン語 'with praise']

cum·mer·bund /kʌ́mərbʌ̀nd/ 名 C カマーバンド《タキシードの下に巻く幅の広い腰帯》.

Cum·mings /kʌ́miŋz/ 名 **E(dward) E(stlin)** ～ カミングズ(1894–1962)《米国の詩人; 普通 e. e. cummings とつづる》.

cum·quat /kʌ́mkwɑt | -kwɔt/ 名 ＝kumquat.

cu·mu·la·tive /kjú:mjəlèitiv, -lət-/ 形 累積的な, 次第に増大する. a ～ deficit 累積赤字. a ～ effect (薬品などの)累積効果. ▷**～·ly** 副 累積的に.

cu·mu·li /kjú:mjəlai/ 名 cumulus の複数形.

cu·mu·lo·nim·bus /kjù:mjəlounímbəs/ 名 (複 →nimbus) C 〘気象〙積乱雲.

cu·mu·lo·stra·tus /kjù:mjəloustréitəs/ 名 (複 →stratus) UC 〘気象〙層積雲.

cu·mu·lous /kjú:mjələs/ 形 積雲(状)の.

cu·mu·lus /kjú:mjələs/ 名 (複 **cumuli**) **1** UC 〘気象〙積雲. **2** C 堆(たい)積, 累積. [ラテン語 'heap']

cu·ne·i·form /kju:ní:əfɔ̀:rm, kjú:niə- | kjú:niə-/ 名 U 楔形(せっけい)書字法《古代バビロニア, アッシリア, ペルシアなどで使用》. —— 形 楔形文字の[で書かれた]; くさび形の. ～ characters 楔形文字. [<ラテン語 *cuneus*「くさび」] 「(→fellatio).

cun·ni·lin·gus /kʌ̀nilíŋgəs/ 名 U クンニリングス↑

*__cun·ning__ /kʌ́niŋ/ 形 m e **1** ずるい, 狡猾(こうかつ)な, 悪賢い. a ～ look ずるそうな目つき. **2** 巧妙な. **3** 〘米旧話〙〔子供などが〕かわいい (cute).

—— 名 U **1** ずる賢さ, 狡猾さ, 悪知恵. **2** 巧みさ, 巧妙さ. 参考 日本語の「カンニングをする」は cheat (on [in] an examination) と言う.

[原義「知っている」(<古期英語 *cunnan* 'know'); can' と同源] ▷**～·ly** 副 狡猾[巧妙]に(も), 抜け目なく(も).

cunt /kʌnt/ 名 C 〘卑〙**1** 女性性器; (性的対象としての)女; 性交. **2** 〘英〙嫌なやつ, ばかなやつ.

‡**cup** /kʌp/ 名 (複 **～s** /-s/)

【カップ】 **1** C (普通, 取っ手の付いた)茶わん, カップ. a coffee ～ コーヒー茶わん. a ～ and saucer /kʌ̀pənsɔ́:sər/ 茶わんと受け皿(のひとそろい).

【カップ状のもの】 **2** C (花の)萼(がく); (ドングリの)殻斗(かくと); (ブラジャーの)カップ. **3** C **優勝杯[カップ]**; 優勝杯争奪戦. win the ～ 優勝する.

4 C 〘ゴルフ〙カップ《グリーン上に開けてある穴》.

5 C 聖餐(さん)杯 (chalice); 〈the ～〉 聖餐のブドウ酒.

【カップの中身】 **6** C **カップ 1 杯分**(の飲み物)《特に酒》; 計量カップ 1 杯の量《2 分の 1pint》. a ～ of tea [coffee] 紅茶[コーヒー]1 杯. a ～ of flour 小麦粉カップ 1 杯. **7** C 〘雅〙運命(の杯), (逃れられない)人生経験. drain the ～ of humiliation to the bottom 屈辱を散々味わわされる. My ～ is full. 私の杯は満ちている《不幸[幸福]のどん底[絶頂]にある》.

8 UC 〈複合語で〉 ..カップ 《ポンチ風アルコール飲料》. cider～ サイダーカップ.

__one's cùp of téa__ 〈普通, 否定文で〉 好みのもの, お気に入り. The dull routine of teaching was not his ～ *of tea*. 教職という退屈な日々は彼の好むところではなかった.

__in one's cúps__ 〘英旧章〙酔って(いる時に).

__My cúp rùnneth óver.__ 〘普通, 戯〙至福の境地である《聖書から》.

—— 動 他 (**～s** | **-pp-**) **1** 〔手など〕を茶わん状にする, へこませる. He ～*ped* his hands to drink water from the stream. 川から水を飲もうと彼は両手を丸めた. **2** 〘医〙に吸角法 (cupping) を施す. **3** 手をカップのようにして..を囲む[に当てる]; カップ[手のひら]で..をすくう[受ける]. with one's chin ～*ped* in one hand あごを片手にもたせて(ひじを突いて).

[<古期英語 *cuppe* (<ラテン語 *cūpa*「おけ, たる」)]

cùp and báll /-ən-/ 名 U けん玉(遊び).

cúp·bèarer 名 C (宮廷などの)酒の給仕係.

*__cup·board__ /kʌ́bərd/ 名 (複 **～s** /-dz/) C **1 食器戸棚**. **2 戸棚**, 押し入れ. a kitchen ～ 台所戸棚. a hanging ～ 洋服だんす.

cúpboard lòve 名 U 〘英〙欲得ずくの愛情[恋愛]《特に菓子など欲しさに子供が大人に示す愛情》.

cúp·càke 名 UC カップケーキ《カップ状の入れ物に入れて焼いたケーキ》.

cùp fínal 名 C 〘英〙(特にフットボールの)決勝戦.

*__cup·ful__ /kʌ́pfùl/ 名 (複 **～s** /-z/) C **カップ 1 杯(の量)**; 〘料理〙計量カップ 1 杯の量《2 分の 1pint》. two ～*s* of flour 小麦粉 2 カップ.

Cu·pid /kjú:pəd/ 名 **1** 〘ロ神話〙キューピッド《Venus の子で愛の神; 手に弓矢を持った翼のある裸体の美少年; その矢に当たると恋におちるという; ギリシア神話の Eros に当たる》. **2** C 〈又は c-〉 Cupid の画像[彫像]; 愛[恋]の取り持ち[仲立ち].

cu·pid·i·ty /kju:pídəti/ 名 U 〘章〙(金銭, 財産への)貪(どん)欲さ. [<ラテン語 *cupidus*「欲しがる」]

Cúpid's-bòw /-bòu/ 形 〔口の形などが〕二重弓形の《画像などにあるキューピッドの弓の形から》.

cu·po·la /kjú:pələ/ 名 C **1** (屋根の上から突き出た)小円塔[ドーム]; 小さな丸天井. **2** 〘冶金〙溶銑(せん)炉.

cup·pa /kʌ́pə/ 名 C 〘英話〙〈普通, 単数形で〉お茶 1 杯. [<*cup of* tea]

cúp·ping 名 U 〘医〙吸角法《吸角 (**cúpping glàss**) を用いて皮膚の表面から血液, 膿(うみ)などを吸引する昔の治療法》.

cu·pre·ous /kjú:priəs/ 形 銅を含有する; 銅色の.

cu·pric /kjú:prik/ 形 銅を含有する. ～ sulfate 硫酸銅. [<ラテン語 *cuprum*「銅」]

cu·prite /kjú:prait/ 名 U 赤銅鉱.

cu·pro-nick·el /kjù:prouníkl/ 名 U 白銅《銅とニッケルの合金》.

cúp-tìe 名 C 〘英〙(特にフットボールの)優勝杯争奪戦《個々の試合; 決勝戦は cup final》.

cur /kə:r/ 名 C **1** 〘旧〙のら犬, 雑種犬. **2** 〘古〙やくざ者, ごろつき, 卑怯(ひきょう)者.

cur·a·ble /kjú(ə)rəb(ə)l/ 形 〔病気が〕治療できる, 回復する. ▷**cùr·a·bíl·i·ty** 名 U 治療できること. **-bly** 副

cu·ra·çao /kjù(ə)rəsóu/ 名 U キュラソー《オレンジの皮で味を付けた甘いリキュール酒》. 「[地位, 任期].

cu·ra·cy /kjú(ə)rəsi/ 名 (複 **-cies**) UC curate の職↑

cu·rate /kjú(ə)rət/ 名 C 〘英国国教〙(rector 又は vicar を助ける)副牧師; 〘カトリック〙助任司祭.

cùrate's égg 名 〈the ～〉〘英〙玉石混淆(こう)の物事《主教に腐った卵を出されて困った curate が "Parts of it are excellent!" と言ったという話から》.

cur·a·tive /kjú(ə)rətiv/ 〘章〙 形 治療の; 治療に有効な. —— 名 C 治療薬[法]. (↔preventive)

‡**cu·ra·tor** /kju(ə)réitər, ⌐-⌐-| ⌐-⌐-/ 名 C (博物館, 図書館, 動物園などの)館長, 園長. 注意 「学芸員」の意味で「キュレーター」というのは日本語. ▷**～·ship** /-ʃip/ 名

*curb /kəːrb/ 名 (複 ~s /-z/) C 1 制御(するもの), 拘束(するもの). put a ~ *on* spending 支出を抑える. 2 大勒(ろく)ばみ, くつわ鎖, 《馬の下あごの下を通り, はみ (bit) に結びつけられている鎖[革ひも]》. 3 〖米〗(歩道の)縁石; 歩道の縁; (〖英〗 kerb).
── 動 他 1 〔馬〕をくつわ鎖で制御する. 2 〔感情, 話題など〕を抑える, 抑制する. *Curb* your tongue! 口を慎みたまえ. ~ inflation インフレを抑制する.
[<ラテン語 *curvāre*「曲げる」]

cúrb·ing 名 U 縁石の材料《石, コンクリートブロックなど》; 〈集合的〉縁石.

cúrb ròof 名 C 〖建〗腰折れ屋根.

cúrb·sìde 名 〈the ~〉〖米〗(歩道の)縁石側. ── 形 〈限定〉縁石側の.

cúrb·stòne 名 C 〖米〗(歩道の1個又はひと並びの)縁石 (〖英〗 kerbstone).

curd /kəːrd/ 名 UC 1 〈普通 ~s〉凝乳《牛乳が酸化して生じる; 食用, 又チーズの原料; →whey》. 2 〈複合要素として〉凝乳状の食品. lemon ~ レモンカード. bean ~=tofu.

curd cheese /ˊ-ˋ|ˋ-ˊ/ 名 =cottage cheese.

cur·dle /kə́ːrdl/ 動 自 〔牛乳, 血が〕凝結[凝固]する. The shriek made my blood ~. 叫び声を聞いて血も凍る気がした (→bloodcurdling). ── 他 を凝結[凝固]させる.

curd·y /kə́ːrdi/ 形 e 凝乳状の; 煮こごりのできた.

‡cure /kjuər/ 動 (~s /-z/|過 過分 ~d /-d/|cur·ing /kjú(ə)riŋ/) 他 【治す】 1 〔病気, 患者〕を治す, 回復させる, 治療する; 〔人〕を回復させる 〈*of* ..〔病気〕から〉; (類語 必要な手当てをして (cure のラテン語原義は care) 病気や人を治すの意味; →heal, remedy, treat). The doctor ~*d* him (*of* his cold). 医者は彼(の風邪)を治療した. 2 (a) 〔悪癖など〕を矯正する; VOA (~ X *of*..) X (人)を..から矯正する. ~ a person's fear of the dark 人の暗がりに対する恐怖を取り除いてやる. The teacher tried to ~ Ben *of* cheating. 先生はベンのカンニングをやめさせようと努力した. (b) 〔弊害など〕を取り除く; 〔困難な問題など〕を解決する, 終わらせる. ~ the slump in business 不況を立ち直らせる.
【処置をする】 3 (乾燥, 燻(くん)製, 塩漬けなどをして)〔魚, 肉など〕を貯蔵する, 保存する; 〔皮, たばこなど〕を加工処理する.
── 自 〔魚, 肉などが〕保存用にされる.
── 名 (複 ~s /-z/) 1 UC 治癒, 回復; 治療. a complete ~ 全快. undergo a ~ 治療を受ける. The patient is past ~. その患者はもう手遅れだ.
2 C 治療法, 治療剤, 薬剤, 〈*for* ..の〉 (→remedy 類語). a sure ~ *for* a headache 頭痛の妙薬. take the rest ~ 安静療法を行う. 3 C 矯正手段; 対策, 解決策; 〈*for* ..の〉. a ~ *for* inflation インフレ対策.
4 UC 〖キリスト教〗(魂の)救済; (魂を救済する)牧師の職. [<ラテン語 *cūra* 'care']

cu·ré /kjuréi|kjúərei/ 名 C (特にフランスの)教区牧師, 主任司祭.

cure-all /kjú(ə)rɔ̀ːl/ 名 C 万能薬.

cúre·less 形 治療法のない, 不治の.

cur·et·tage /kjù(ə)rətáːʒ, kjurétidʒ/ 名 U 〖医〗掻爬(そうは).

†cur·few /kə́ːrfjuː/ 名 1 C (戒厳令下などの)夜間外出禁止令. impose [enforce, clamp] an indefinite ~ over the city 市に無期限の夜間外出禁止令を出す. lift [end] a ~ 夜間外出禁止令を解除する. 2 U 門限; 〖軍〗帰営時間. have an 8 o'clock ~ 門限が8時である. 3 C (中世ヨーロッパで消灯, 消火の合図の)晩鐘(の音); U 晩鐘の鳴る時刻. The ~ tolls the knell of parting day. 夕べの鐘が逝く日の弔鐘を鳴らしている《Thomas Gray の有名な詩の1行; parting 〖詩〗= departing》. [<古期フランス語 'cover the fire']

cu·ri·a /kjú(ə)riə/ 名 (複 cu·ri·ae /-riìː/) C 1 〈しばしば C-〉ローマ教皇庁; 〈集合的〉教皇の補佐役. 2 中世の裁判所.

Cu·rie /kjúriː, kjuríː|kjúəri/ 名 Marie ~ キューリー(夫人) (1867-1934) 《ポーランド生まれのフランスの物理・化学者; 夫 Pierre と共にラジウムを発見 (1898)》.

cu·rie /kjúriː, kjuríː|kjúəri/ 名 C 〖物理〗キュリー《放射能の測定単位; <Marie and Pierre *Curie*》.

cu·ri·o /kjú(ə)riòu/ 名 (複 ~s) C 風変わりな品物, 骨董(こっ)品, 《<*curio*sity》.

‡cu·ri·os·i·ty /kjù(ə)riásəti|-ɔ́s-/ 名 (複 -ties /-z/)
1 aU 好奇心 〈*about* ..について(の); *to* do ..しようという〉. from [out of] ~ 好奇心から. Just out of ~, how did you come to know her? つかぬことをうかがいますが, 彼女とはどうして知り合いになったのですか. I was burning with ~ (*to* know) *about* her past. 私は彼女の過去について知りたいという好奇心でうずうずしていた. *Curiosity* killed the cat. (過度の)好奇心は猫を殺した《身を誤る》.

> 連結 eager [lively; idle] ~ // have [show] ~; arouse [excite, stimulate] (a person's) ~; satisfy one's ~

2 U 珍奇, 物珍しさ; C 珍しい物事[人], 珍品, 骨董(こっ)品, 変わり者. a thing of no ~ 珍しくも何ともない物. A dirigible is a ~ nowadays. 飛行船なんて今時珍しい. I was so different that they regarded me as a ~. 私はひどく変わっていたので皆に骨董品扱いされた.

curiósity sèeker 名 C 物見高い人, 野次馬.

curiósity shòp 名 C 骨董店.

‡cu·ri·ous /kjú(ə)riəs/ 形 m 【知りたがる】 1 (a) (よい意味で)好奇心の強い 〈*about* ..について〉. Children are ~ *about* everything. 子供はなんでも知りたがる. (b) 〔人などが〕..したがる 〈*to* do〉. They are ~ *to* find out all sorts of things. 彼らは何でも知りたがる.
(c) 〔人などが〕知りたがる 〈*wh* 節 ..かを〉 (★*wh* 節の前に *to* do, 前置詞の来ることがある). I was ~ (*to* see) *what* would happen. 何が起こるのか知りたかった. I'm ~ (*about*) *how* this is constructed. これがどんな構造なのかぜひ知りたい.
2 (悪い意味で)詮索(せんさく)好きな, おせっかいな. Stop being ~ *about* other people's affairs. 他人の事に一々おせっかいはよしなさい.
【好奇心をそそる】 3 奇妙な, 珍しい, 不思議な. a ~ sight 珍しい光景. a ~ accident 珍しい事件. ~ old coins 珍しい古銭. It's ~ *that* you don't know it. 君がそのことを知らないとは奇妙だ.
cúrious to sày 不思議なことに, 妙な話だが, (curiously enough).
[<ラテン語「注意深い, 熱心な」(<*cūra* 'care, cure')]

*cu·ri·ous·ly /kjú(ə)riəsli/ 副 m 1 物珍しそうに. The dog stared ~ at me. 犬は不思議そうに私をじっと見た. 2 奇妙に, 変に. a ~ twisted bar 変にねじ曲げられた鉄棒. 3 奇妙なことには, 不思議なことだが. *Curiously* (enough), Jane made no reply. 珍しいことにジェーンは何も答えなかった.

cur·i·um /kjú(ə)riəm/ 名 U キュリウム《放射性元素; 記号 Cm》.

*curl /kəːrl/ 名 (複 ~s /-z/) 1 UC 巻き毛, カール. Mary's hair has a natural ~. メリーの髪は自然に巻き毛になっている. 2 U カール[渦巻き]状; C カール[渦巻き]状のもの. keep one's hair in ~ 髪をカールにしておく. a ~ of smoke 巻き上がる一筋の煙. a ~ of the lips (軽蔑して)ゆがめた唇. 3 U 〖植〗萎(い)縮病《葉が縮れて巻き上がる》.
── 動 (~s /-z/|過 過分 ~ed /-d/|cúrl·ing) 他 1 〔頭髪〕をカールさせる. have one's hair ~*ed* 髪をカール

して もらう[いる]. **2** を渦巻き状にする; を巻く; を縮らせる, ねじる, ひねる, (丸く)曲げる; 〈*up*〉. The cat ～*ed* itself (*up*) into a ball. 猫は丸くなってうずくまった. ～ one's lip (あざけりなどで)唇をゆがめる.

── 自 **1** 〔頭髪が〕カールする, 縮れる. **2** VA 渦巻き状に動く, 渦巻く; ねじれる; 〔つるなどが〕巻きつく; 〔紙などが〕まくれ上がる〈*up*〉, 〔道路などが〕曲がりくねる. Smoke ～*ed up* [*upward*] from his pipe. 彼のパイプから煙が渦を巻いて立ち昇った. The road ～*ed around* the side of the hill. 道路は丘の周囲を曲がりくねっていた. **3** カーリング (curling) をする.

cùrl úp (1)(くつろいで)体を丸くする; (体が腰のところで)折れ(て倒れ)る. ～ *up* on a couch 寝いすの上に丸くなる. The blow I gave his stomach made him ～ *up*. 僕が腹へ食らわせた一撃で彼の体は二つに折れて倒れた. (2) 縮れる, 巻き上がる. (3)〖話〗当惑する, むかつく. (4)〖話〗大笑いする, 抱腹絶倒する. The comedian's joke made everyone ～ *up*. そのコメディアンの冗談には皆一同笑い転げた.

curl /../ up (1)〔体〕を丸くする(→他 2). (2) ..を巻き[まくれ]上がらせる, 縮らせる. (3)〖話〗〔人〕を当惑させる, むかつかせる. I tell you—his manner ～*s* me *up*. ほんとだ, やつの態度にはむかつくなあ. (4)〖話〗〔人〕を大笑いさせる, 抱腹絶倒させる.

[＜中期オランダ語「縮れ毛の」]

cúrl·er 名 C カールクリップ, カーラー, 《頭髪を巻きつけてカールさせる》.

cur·lew /kə́ːrl(j)uː/ 名 C 〖鳥〗ダイシャクシギ《くちばしが下に曲がっている水鳥の一種》.

cur·li·cue /kə́ːrlikjùː/ 名 C 〖章〗渦巻状の飾り; (署名などの)飾り書き.

curl·ing /kə́ːrliŋ/ 名 U カーリング《氷上 (rink) で丸い石盤 (**cúrling stòne**) を目標 (tee²) 目がけて滑らせるゲーム; 17 世紀以来スコットランドで発達した》.

cúrling ìron 名 C 〈又 ～s〉 ヘアアイロン(**cúrling tòngs**).

*__curl·y__ /kə́ːrli/ 形 e (**-li·er**|**-li·est**) **縮れ毛の**, 毛の縮れた; 巻き毛になりやすい. ～ hair 縮れた毛髪.

▷**curl·i·ness** 名

cur·ly·cue /kə́ːrlikjùː/ 名 ＝curlicue.

cur·mudg·eon /kə(ː)rmʌ́dʒ(ə)n/ 名 C 〖旧話〗気難し屋, 〈特に〉意地悪老人. ▷**～·ly** 形 気難し屋の.

†**cur·rant** /kə́ːrənt|kʌ́r-/ 名 C **1** カレンズ《小粒の種なし干しブドウ》. **2**〖植〗フサスグリ(の実). [＜中期英語「Corinth(のブドウ)」]

†**cur·ren·cy** /kə́ːrənsi|kʌ́r-/ 名 (複 **-cies**) **1** U 普及, 流布, 流行; 流通, 通用. be in [out of] ～ 通用している[していない]. gain ～ 流布[流行]する. give ～ to .. を流布[通用]させる. The rumor has wide ～. うわさは広く流れている. **2** UC 通貨, 貨幣. metallic ～ 硬貨. paper ～ 紙幣. a single ～ 統一通貨《複数の国家内で通用する唯一の貨幣》. change foreign ～ (銀行などが)外国の通貨を交換する. →hard currency.

‡**cur·rent** /kə́ːrənt|kʌ́r-/ 形 **1** m **一般に行われている**, 普及[流布, 流行]している; 現行の. ～ English 現行[現代]英語. follow the ～ fashions 今日のファッションを追う. The phrase is no longer in ～ use. その言い方はもはや通用していない. the beliefs and ideals ～ in pre-war Japan 戦前の日本に通用していた信条や理想.

2 ©〔貨幣が〕**流通[通用]している**. ～ money 通貨.

3 © **現在の**, 目下の; 最近の, 最新の. the ～ month [year] 今月[今年]. ～ topics 今日の話題, 時事問題. the ～ issue of *Fortune*『フォーチュン』誌の最新号. his ～ interest 彼の目下の関心.

4 〔人が〕(最新情報に)精通している〈*on, with* ..の〉. I don't watch TV, but my kids do their best to keep me ～ *with* popular music. 私はテレビを見ないが, 子供たちがはっちゃきになって私を最新ポップスの事情通にさせてくれている.

pàss cúrrent 一般に通用する[認められている].

── 名 **1** C (空気, 水などの)**流れ**, 〈特に〉海流, 潮流. a warm ～ of air 暖かい気流. an ocean ～ 海流. The ～ of traffic moved very slowly. 交通の流れはとてもゆっくりだった.

2 UC **電流** (electric current). an alternating [a direct] ～ 交流[直流]. turn on the ～ 電流を通じる.

3 C 時代[事態]の流れ, **時流**, **風潮**, 世の動向. the ～ of public opinion 世論の趨(すう)勢. swim with [against] the ～ 時流に従う[逆らう].

[＜ラテン語 *currere*「走る」; -ent]

cúrrent accòunt 名 C **1**〖経〗経常収支. **2**〖英〗当座預金(〖米〗checking account).

cùrrent affáirs 名 〈複数扱い〉今日の出来事, 世界情勢, 時事(問題).

cùrrent ássets 名 〈複数扱い〉流動資産《現金, 債券など》.

cúr·rent·ly 副 **1** 世間一般に. It is ～ believed that... と一般に信じられている. **2** 現在(のところ). Jim is ～ out of a job. ジムは目下失業中である. negotiations ～ in progress 目下進行中の交渉.

cur·ric·u·lar /kəríkjələr/ 形 教科課程の, 履修課目の, カリキュラムの.

*__cur·ric·u·lum__ /kəríkjələm/ 名 (複 **～s** /-z/, **curricu·la** /-lə/) C **教科課程**, 履修科目, カリキュラム. [ラテン語「走ること, 経歴」]

currìculum ví·tae /-víːtai, -váiti:/ 名 (複 **curricula vitae**) C 〖章〗履歴書《〖米〗では résumé とも; 略 CV, cv》. [ラテン語 'course of life']

cur·ri·er /kə́ːriər|kʌ́r-/ 名 C 製革工.

cur·rish /kə́ːriʃ/ 形 のら犬のような; 下劣な; (→cur).

▷**～·ly** 副

†**cur·ry**¹ /kə́ːri|kʌ́ri/ 名 (複 **-ries**) **1** U カレー粉 (**cúrry pòwder**). **2** UC カレーソース; カレー料理. ～ and rice カレーライス. ── 動 (**-ries**|過 過分 **-ried**|**～·ing**) 他 をカレーで調理する. *curried* chicken [beef] チキン[ビーフ]カレー《rice は別》. [＜タミール語]

cur·ry² 動 (**-ries**|過 過分 **-ried**|**～·ing**) 他 **1** に馬ぐし[馬ブラシ]をかけて清潔にする. **2** 〔なめし革〕を仕上げる.

cùrry fávor (***with*** ..) (..の)機嫌を取る, (..に)へつらう.

cúrry·còmb 名 C 馬ぐし, 馬ブラシ.

*__curse__ /kəːrs/ 名 (**cúrs·es** /-əz/) C 【**のろい**】 **1** のろうこと, のろい(の言葉), 〈*on, upon* ..を, に対する〉; のろわれたもの, たたり. be under a ～ のろわれている. call down ～*s upon* a person 人がのろわれるようにと願う. lay a person *under* a ～＝lay [put] a ～ *on* [*upon*] a person 人にのろいをかける. lift a ～ のろいを解く.

2 罰当たりの言葉, 悪口雑言, 《Damn!, Confound it!, Deuce take it! の類》.

【**のろいが招くもの**】 **3 災い**, 災禍; **災いのもと**. the ～ of war 戦争という災害. Ill health was a ～ all his life. 不健康が一生彼の不幸のもとだった.

4 〖旧話〗〈the ～〉 月の障り (menstruation) (の期間).

not give [***càre***] ***a*** (***tìnker's***) ***cúrse*** 〖英俗〗何とも思わない, へいちゃらだ.

── 動 (**cúrs·es** /-əz/|過 過分 **～d** /-t/, **curst** /kəːrst/|**cúrs·ing**) 他 **1** をのろう (↔bless). ～ one's fate 自分の運命をのろう. *Curse* it! 畜生. *Cursed* be he that moves my bones. 我が骨(こつ)を動かす者はのろわれてあれ. **2** をののしる, に悪態をつく, 〈*for* ..のことで〉. She ～*d* him *for* causing the accident. 事故を起こしたことで彼女は彼をののしった. **3** を苦しめる, 悩ます, 〈*with* ..で〉〈普通, 受け身で〉. We were ～*d with* bad weather during the tour. 我々は旅行中悪天候にたたられ通

しだった. He is ～*d with* a violent temper. 彼はすぐかっとなる(のが大きな欠点だ).

── 自 **1** のろう. **2** ののしる, 悪口雑言を言う, 〈*at* ..を, に〉. He ～*d* and swore when he slipped on a banana peel. バナナの皮で滑った時彼は盛んに当たり散らした. [＜古期英語]

curs·ed /kə́ːrsəd/ 形 **1** のろわれた. Let us fly from this ～ place at once. 直ちにこののろわれた場所から逃れよう. **2** 〈限定〉〖旧話〗いまいましい, 嫌な, (★しばしば単に強意的に用いられる). This ～ machine stopped going again. この機械のやつまた止まりやがった. a ～ nuisance 迷惑千万なこと[もの]. ▷**～·ness** 名

cúrs·ed·ly /-səd-/ 副 忌まわしく; ひどく.

cur·sive /kə́ːrsiv/ 形 〔書き方が〕筆記体の, 続け字の, 《日本語の草書体に当たる》. ── 名 C 続け字. ▷**～·ly** 副

cur·sor /kə́ːrsər/ 名 C (測量器械, 計算尺などの)カーソル; 〖電算〗カーソル《入力開始位置を示すディスプレー上のしるし》.

cur·so·ri·al /kəːrsɔ́ːriəl/ 形 **1** 走行の(ための). **2** 〖動〗走行に適した足を持つ.

cur·so·ry /kə́ːrsəri/ 形 〈限定〉ぞんざいな, 不十分な, 〔仕事など〕; 大急ぎの. take a ～ glance (at..) (..を)ちらっと見る. ▷**cur·so·ri·ly** 副

curst /kəːrst/ 動 curse の過去形・過去分詞.

── 形 ＝cursed.

†**curt** /kəːrt/ 形 〔人, 態度, 言葉などが〕ぶっきらぼうな, そっけない, (類語 窮極的には short と同源; 言葉が短すぎて愛想のないさま; →blunt). a ～ answer ぶっきらぼうな返事. be ～ with a person 人に対してそっけない. [＜ラテン語 *curtus*「短く切られた」] ▷**～·ly** 副 そっけなく. **～·ness** 名 U 無愛想.

†**cur·tail** /kəːrtéil/ 動 他 〖章〗を切り詰める, 短縮[削減]する. ～ expenses 出費を切り詰める. ～ a program 予定の計画を短縮する. [＜中期英語「切り詰める」] ▷**～·ment** 名 UC 切り詰めること, 短縮, 削減.

‡**cur·tain** /kə́ːrtn/ 名 (複 **～s** /-z/) C **1** カーテン, 窓掛け. draw the ～(s) カーテンを引く (★多くの場合,「閉める」の意味). draw the ～(s) aside [apart, back]＝open the ～(s) カーテンを開ける. ★単数, 複数の区別はカーテンが 1 枚か 2 枚かによる.

2 (劇場の)幕, 緞(どん)帳; 〈the ～〉開幕[開演](時間); (★閉幕[終演]は the final [last] ～ と言う). Tonight's ～ is at 7:00. 今夜の開演時間は 7 時です. The ～ rises *on* a drawing room. 幕が開くと, そこは応接間である. The ～ falls *on* [*over*] the hero lying on his deathbed. 主人公が死の床に横たわっているところで幕となる.

3 (幕のように)さえぎる[覆い隠す]もの. a ～ of mist 一面の靄(もや). a ～ of fire 弾幕.

4 〖話〗〈～s〉最後, おしまい, '幕切れ', 〈*for* ..の〉. If you fail this time, it'll be ～*s for* you. 今度やり損なったらお前はおしまいだぞ.

behind the cúrtain 陰で, 秘密に.

bring dòwn the cúrtain on .. →RING down the curtain (2).

dràw a cúrtain over .. ..については終わりにする[もう何も言わない事にする].

ring dòwn [ùp] the cúrtain →ring².

── 動 他 〔窓, 家など〕にカーテンを取り付ける.

cùrtain /../ óff 〔部屋など〕をカーテンで仕切る.

[＜後期ラテン語 *cōrtina*「小さな囲い地」]

cúrtain càll 名 C カーテンコール《幕切れで観客が拍手して出演者を幕の前に呼び出すこと》. take three ～*calls* 〔出演者が〕3 回カーテンコールを受ける.

cúrtain hòok 名 C カーテンフック《curtain rail に吊(つ)す鉤(かぎ)》.

cúrtain lècture 名 C (寝室で)妻が夫に言う小言.

cúrtain ràil [ròd] 名 C カーテンレール.

cúrtain ràiser 名 C 開幕劇《主要な劇の前座の短い出し物》; (主要な事件の)前触れ(の小事件); 〈*to* ..の〉.

cúrtain rìng 名 C カーテンリング《カーテンレール上を移動する輪》.

†**curt·sey** /kə́ːrtsi/ 名 (複 **～s**), 動 (**～s**|過 過分 **～ed**|**～·ing**) ＝curtsy.

†**curt·sy** /kə́ːrtsi/ 名 (複 **-sies**) C (女性の)お辞儀《普通, 高貴の人に対する礼として, スカートをつまみ左足を後ろに引き, 上体をかがめて行う》. make [drop, bob] a ～ to ..〔女性が〕ひざを曲げて..にお辞儀をする.

── 動 (**-sies**|過 過分 **-sied**|**～·ing**) 自 ひざを曲げて会釈する〈*to* ..に〉. [courtesy の異形]

cur·va·ceous, -cious /kəːrvéiʃəs/ 形 〖話〗〔女性が〕曲線美の.

cur·va·ture /kə́ːrvətʃər/ 名 UC (線, 面, 脊(せき)柱などの)湾曲(状態); 湾曲度, 湾曲部.

‡**curve** /kəːrv/ 名 (複 **～s** /-z/) C **1** 曲線, 曲面; 湾曲, 曲がり; 湾曲したもの[部分]. in a ～ 曲線を描いて. **2** 〖野球〗カーブ (**cúrve bàll**), 曲球. **3** 〖統計〗曲線図表. **4** 〖話〗〈～s〉女性の曲線美.

thròw /../ a cúrve 〖米〗..に(不意に)難問を浴びせかける.

── 動 **1** (**～s** /-z/|過 過分 **～d** /-d/|**cúrv·ing**) 自 曲がる, カーブ[湾曲]する, (類語 直線部・角(かど)を含まない; →bend). ── 他 **1** を曲げる, 湾曲[カーブ]させる. **2** 〖野球〗〔打者〕にカーブを投げる.

[＜ラテン語 *curvāre*「曲げる」]

curved 形 曲がった, 湾曲した, 曲線状の. the ～ surface of a lens レンズの湾曲した面.

cur·vet /kəːrvét/ 名 C 〖乗馬〗クルヴェット, 騰躍(とうやく), 《前足が地につかぬうちに後足も一瞬地を離れる跳躍》. ── 動 自 〔馬が〕騰躍する. ── 他 〔馬〕を騰躍させる.

cur·vi·lin·e·al /kə̀ːrvəlíniəl ⑱/ 形 ＝curvilinear.

cur·vi·lin·e·ar /kə̀ːrvəlíniər ⑱/ 形 曲線の, 曲線に囲まれた.

curv·y /kə́ːrvi/ 形 **1** ＝curvaceous. **2** ＝curved.

‡**cush·ion** /kúʃ(ə)n/ 名 (複 **～s** /-z/) C **1** クッション, 座布団, ひざ布団《祈りの時などその上にひざまずく》, (置き物の)台布団. **2** (玉突き台の)クッション. **3** ショックを緩和するもの[事]; 緩衝物, 緩衝材.

── 動 他 **1** (クッションのように)〔衝撃, 精神的打撃など〕を緩和する, 〔ショック〕を吸収する. ～ the blow 衝撃[痛手]を緩和する. The thick carpet ～*ed* my fall. 厚いじゅうたんで私の倒れた衝撃が和らげられた.

2 にクッションを備える; をクッションの上に置く[座らせる]; をクッションで[のように]支える[保護する]. ～*ed* seats クッションのある座席.

3 〔人〕を守る〈*against, from* ..〔苦労, 激変, 攻撃など〕から〉. be ～*ed against* life's hardness by an ample inheritance 大きな遺産で人生の辛(つら)さから守られる.

[＜古期フランス語(＜ラテン語 *coxa*「腰, 尻」)]

cush·y /kúʃi/ 形 e 〖話〗**1** 〔仕事, 暮らしなどが〕楽な, のん気な. a ～ job [〖英〗number] 楽な仕事. **2** (ソファーなどが)ふかふかの.

cusp /kʌsp/ 名 C (特に歯の)とがった先端; 〖天〗(三日月の)端.

cus·pid /kʌ́spid/ 名 C (人の)犬歯.

cus·pi·date /kʌ́spədèit/ 形 先端がとがった, 先鋭な.

cus·pi·dor /kʌ́spədɔ̀ːr/ 名 C 〖米〗痰(たん)つぼ (spittoon).

cuss /kʌs/ 〖旧話〗名 C **1** ＝curse. **2** 〖軽蔑〗(変わった, 嫌な, 困った)やつ. a strange old ～ 変わったじいさん. ── 動 ＝curse.

cuss·ed /kʌ́səd/ 形 〖旧話〗**1** 強情な; つむじ曲がりの. **2** ＝cursed. ▷**～·ly** 副 **～·ness** 名

†**cus·tard** /kʌ́stərd/ 名 UC カスタード《牛乳, 卵, 砂糖

などを混ぜて，それを焼いたり蒸したりしたもの；それを材料にしたデザート用のソース[クリーム]》.
cùstard píe 名 C カスタードパイ《時にどたばた喜劇の投げ合いに用いられる》.
cústard pòwder 名 U 粉末カスタード.
Cus·ter /kʌ́stər/ 名 **George Armstrong ～** カスター (1839-76)《米国の将軍; Little Bighorn における Sioux 族との戦いで戦死》.
cus·to·di·al /kʌstóudiəl/ 形 〖章〗保管(者)の.
custódial sèntence 名 C 拘留刑(の判決).
cus·to·di·an /kʌstóudiən/ 名 C **1** 〖章〗後見人，保護者. **2** (公共の建物などの)管理者; 門衛.
†**cus·to·dy** /kʌ́stədi/ 名 U **1** 保管，管理. have (the) ～ of .. を保管している. The diamond ring is kept in police ～. そのダイヤの指輪は警察に保管されている. **2** (特に法廷が定める)保護[後見，養育](の権利)《普通，離婚した父母による争いで》. The court awarded ～ of the children to the mother. 裁判所は子供たちの養育権を母親に与えた. **3** 拘引，拘留，拘置. be held in ～ 拘留される. take a person into ～ for murder 殺人のかどで人を拘留する. [＜ラテン語「見張り」]
‡**cus·tom** /kʌ́stəm/ 名 (複 **～s** /-z/) 【慣習】 **1** UC (社会の)**慣習**，風習，慣例，しきたり;〖法〗慣習法; (類語 主に固定化した社会的な習慣を意味する; →habit). by ～＝according to ～ 慣習上. keep up [break] a ～ 慣習を守る[破る]. be out of line with ～ しきたりから外れる. So many countries, so many ～*s*. 〖諺〗所変われば品変わる. That is the usual ～ in these parts. あれがこの辺では普通の風習です.

> 連結 a prevailing [an established, a settled; a cherished; a local] ～ // observe [practice] a ～ // a ～ exists [develops; dies out]

2 UC (個人の)**習慣**. *Custom* is (a) second nature. 〖諺〗習慣は第 2 の天性. It's her ～ to get up early. 早起きは彼女の習慣だ.
3【繰り返し＞愛顧】U 〖主に英章〗(商店，商品，商人に対する)ひいき;〈集合的〉顧客，得意先. give one's ～ to .. をひいきにする. have a large ～ 得意先が多い. lose ～ 得意が減る. withdraw [take away] one's ～ from a store ある店をひいきにするのをやめる.
【慣習的租税】 **4** 〈～s; 普通，複数扱い〉**関税** (customs duties). pay ～*s* on watches 腕時計に関税を払う. **5** (**a**) 〈(the) Customs, (the) ～s; 単数扱い〉**税関**. pass [clear, get through] (the) *Customs* (無事に)税関を通過する. (**b**) 〈形容詞的〉〈～s, Customs〉税関[関税]の. the *Customs* formalities 通関手続き. a *Customs* officer 税関の役人.
── 形【得意先の＞注文の】〈限定〉〖主に米〗あつらえの，注文の，注文で作る〔製造業者など〕. a ～ car 特別注文車. ～ shoes 注文靴. a ～ tailor 注文専門の洋服屋.
[＜ラテン語「すっかり慣れること」(＜con-＋*suēscere*「慣れる」)]
cùstom and práctice 名 U 〖法〗慣習法.
cus·tom·ar·i·ly /kʌ̀stəmérəli, ´-`--|kʌ́stəm(ə)rili/ 副 慣習的に，通例.
*__cus·tom·ar·y__ /kʌ́stəmèri|-m(ə)ri/ 形 m **1** (**a**) **慣例の**，慣習的な，通例の. in the ～ way いつものやり方で. (**b**) 〈叙述〉慣例である〈*for*, *with* .. にとって/*to* do .. するのが〉. It is not ～ *to* tip waiters in Japan. 日本では通例ウエイターにチップは渡さない. It is ～ *for* her *to* get up early. 早起きは彼女の習慣だ (→custom 名 2). **2** 慣例による，慣習上の. ～ law 慣習法.
cùstom-búilt /⑱/ 形 ＝custom-made.
‡**cus·tom·er** /kʌ́stəmər/ 名 (複 **～s** /-z/) C **1** **得意**，顧客，取引先，(類語 商店などの顧客; →guest). a regular ～ 常(じょう)得意. The ～ is king [always right]. お客様は王様《顧客を大事にせよという趣旨の標語》.

> 連結 a frequent [a habitual, a steady; a valuable; a demanding; a satisfied; a disgruntled, an irate; a prospective] ～ // serve a ～; attract [draw] ～*s*

2 〖話〗〈形容詞を付けて〉(..な)相手，やつ，(fellow). a queer ～ おかしなやつ.
†**cústom·hòuse** 名 (複 →house) C 〖主に米〗税関.
cús·tom·ìze 動 他 〔自動車など〕を(顧客の)注文に応じて作る[改造する];〖電算〗の仕様[操作手順など]を変更する.
cùstom-máde /⑱/ 形 あつらえの，注文で作った，(↔ ready-made). ～ furniture 注文製の家具.
cústoms dùties 名 ＝custom 4.
cústoms hòuse 名 〖英〗＝customhouse.
cústoms ùnion 名 C 関税同盟.
‡**cut** /kʌt/ 動 (**～s** /-ts/|過 過分 **～**|**cút·ting**) 他
【切る】 **1** (刃物で)を**切る**，に切りつける; を傷つける; (類語「切る」の意味で最も一般的な語; 刃物を使わず引っ張って切るのは break; →chop[1], hack[1], hew, mince, slice). I've ～ my finger with this knife [on a piece of glass]. このナイフ[ガラス]で指を切ってしまった. ～ oneself (刃物などで)けがをする.
2 (**a**) を**切断する**; を切り離す，切り分ける，を切る〈*in*, *into* .. に〉;〔木〕を切る;〔草，作物など〕を刈る，刈り取る;〔草花〕を摘む;〔つめ，縁の切ってない本のページなど〕を切る;〔頭髪〕を刈る. ～ the cake *in* two [*into* halves] ケーキを 2 つに[半分に]切る. ～ bread *into* slices パンを薄く切る. ～ (the pages of) a book 本のページを切る. have one's hair ～ (short) 髪を(短く)切ってもらう (→(c)).
(**b**) VOO (～ X Y)・VOA (～ Y ***for*** X) X(人)に Y を切り取って[切り分けて]やる. *Cut* me a slice of cake. ケーキをひと切れ切ってください. The host ～ the chicken *for* the guests. 主人はお客にチキンを切り分けた. (**c**) VOC (～ X Y) X を切って Y の状態にする. ～ a parcel open 小包を切り開く. ～ oneself free [loose] (縛られたロープなどを切って)自由の身になる，逃げる.
3【切るようにする】(クリケット，テニス，卓球などで)〔ボール〕を回転するように打つ，カットする.
4【切るようである】〔寒風が〕の肌を刺す; (むちなどで)をぴしゃりと打つ; の感情をひどく傷つける. The icy blasts ～ us to the bone. 吹きつける冷たい風が骨身にしみた. Her husband's cruel remarks ～ her deeply. 夫の無情な言葉に彼女はひどく傷つけられた.
5【横切る】を**横切る**; と**交差する**，交わる，(cross). The path ～*s* a cornfield. 道はトウモロコシ畑を横切っている. Draw line AB so that it ～*s* line XY at point P. 点 P で線分 XY と交わるように線分 AB を引け.
【切って作る】 **6** 〔像など〕を**刻む**，彫る;〔宝石など〕をカットする，削る;〔衣服など〕を裁断する. ～ a diamond ダイヤモンドをカットする. ～ steps in a rock 岩に足場を刻む. ～ a figure out of marble 大理石で像を彫る. ～ a dress from a pattern 型に従ってドレスを裁断する. ～ one's coat according to one's cloth→coat (成句).
7 〔道〕を切り開く，〔トンネルなど〕を掘る，掘り抜く. ～ a ditch 溝を掘る. ～ a road through the forest 森林を切り開いて道路を作る.
8 (**a**) 〖話〗(音楽などの)〔レコード〕を作る，に録音する. I like to listen to that disc ～ in his earliest years. 僕は彼のごく初期のころ録音したあのレコードを聞くのが好きだ. (**b**) 〖映〗〔フィルム，テープ〕を編集する.
【切って止める】 **9** 〔ガス，電気，水道などの供給〕を中断する，〔鉄道など〕を停止する;〔エンジンなど〕を切る. The water will be ～ tomorrow in parts of this city. この町の一部で明日断水する. The storm ～ all telephone

service. あらしのため電話は全部不通になった.

【切り詰める】 **10** 〔文章など〕を短くする; 〔給料, 費用など〕を**減らす**, 削減する, 〔価格など〕を切り下げる, 〔時間〕を短縮する, 〔回数〕を減らす. ～ a speech (short) スピーチを短くする (★short があれば VOC; →2 (c)). ～ one's holidays short and return to work 休暇を早めに切り上げて仕事に戻る (★文型は VOC). ～ the expenses for the project 計画の経費を削る. ～ the record for the 400 meter race by one second 400 メートル競走の記録を1秒だけ短縮する. My salary was ～ (by two per cent). 私は給料を(2 パーセント)カットされた. ～ school meals 学校給食を減らす.

【切り捨てる】 **11** 〔映画の画面, 記事, 演説など〕を**カット**[**削除**]する, 取り除く. ～ a scene (映画の)場面を削除する. ～ several pages out of his book 彼の本を数ページカットする. ～ fat from one's diet 食事から脂肪分を排除する.

12 〖話〗〔授業など〕をさぼる. ～ school [a class] 授業をさぼる. The meeting was too important to ～. その会合は重要なものなのですっぽかす訳にはいかなかった.

13 〖話〗をやめる, よす, (stop); 〔人〕を首にする. *Cut* it [that]. やめろ, よせ. Boys, let's ～ the clowning. お前たち, もうふざけるのはやめよう.

14 〖話〗〔人〕にわざと知らないふりをする, を無視する. I nodded to her but she ～ me without a word. 私は会釈したが彼女は一言も言わずに知らん顔をしていた. ～ a person dead [cold] (→成句).

15 〔幼児が〕〔歯〕を出す. Our baby has ～ her first tooth today. うちの赤ん坊は今日初めて歯が生えた.

16 〖トランプ〗〔裏返しにしたひと組のカード〕を2つ(以上)に分ける (★カードを混ぜるために切るのは shuffle the cards と言う); (親などを決めるため)〔伏せてあるひと組のカードから1枚〕を抜いて表を出す.

17 (**a**) を溶かす, 分解する; 〖主に米〗〔特に酒類〕を(水で)割る[薄める]; 〔薬物〕に混ぜ物をする; 〈*with*..で〉. Soap ～*s* grease. 石けんは油脂を溶かす性質がある. (**b**) 〖米〗〔ラードなど〕を混ぜ合わせる 〈*in*〉〈*into*..〔小麦粉など〕に〉《ナイフなどで切るようにして》.

18 〈特定の成句で〉〔ある行為〕を行う; 〔ある印象〕を与える. ～ a caper [dash, (..) figure] →caper, dash, figure (成句).

19 〖米俗〗〔仕事など〕を処理する, さばく, '切り回す', 〈普通, 否定文で〉. **20** を去勢する (castrate). **21** 〖ニュー俗〗を飲み干す. **22** 〖米俗〗をしのぐ, の上を行く. **23** 〖米(南部)方〗〔女〕と(セックスを)やる.

— 自 【切る】 **1 切る**; 切断[裁断]する; 切り離す, 切り分ける; 彫る, 刻む. ～ *at* a person 人に切りかかる.

2 〔刃物が〕**切れる**. The shears don't ～ (well). その植木ばさみは切れ味が悪い.

3 VA 〈A は様態の副詞〉(刃物で)**切れる**. This meat ～*s* easily. この肉は切りやすい.

4 (クリケット, テニス, 卓球などで)球を切る[カットする].

5 【切られるようである】〔寒風, 人の言葉などが〕**身にしみる**, 肌を刺す; 感情をひどく傷つける. The icy blasts ～ to the bone. 冷たい風が骨身にしみた. Her words ～ deep. 彼女の言葉で深く傷ついた.

【突っ切る】 **6** VA (～ *across, through*..) **..を突っ切って進む**, 横切って近道をする; ..の前を横切る. The canoe was ～*ting through* the water. カヌーは水を切って進んだ. It's quicker to ～ *through* the park. 公園を突っ切って行く方が早い.

【中断する】 **7** 〔エンジンなどが〕(突然)止まる, 切れる.

8 〖映画・テレビ〗撮影をやめる; VA (～ *to*..) 〔別の場面など〕に急に変わる. The director said "Cut!" (映画)監督は「カット」と言った. The scene ～ *to* another picture. シーンは別の画像に切り変わった.

【切るように..する】 **9** (**a**) VA 急に方向[進路]を変える. The driver ahead of us ～ sharply *to* the left. 前に行く車のドライバーは急にハンドルを左に切った. (**b**) 【切るように進む】〖俗〗(走り)去る, 逃げ出す. Let's ～. ずらかろうぜ.

10 〔歯が〕生える. **11** 〔馬が〕自分の脚と脚をぶつけ(てけがをす)る. **12** 〖トランプ〗札を(1枚)取る (→他 16). Let's ～ for dealer. 札を引いて親を決めよう. **13** 〖米俗〗申し分ない, 満足が行く.

***be cùt óut for* [*to dó*] ..** (1) ..に[..するのに]生まれつき向いている 〈普通, 否定文で〉. I'*m* not ～ *out for* [*to* be] a salesman. 僕はセールスマン向きではない. (2) 〔夫婦などが互い〕に釣り合っている. Jim and Jane seem to *be* ～ *out for* each other. ジムとジェーンは似合いのカップルのようだ.

cút acróss.. (1) →自 6. (2) 〔いくつもの層〕を**横断する**, ..の範囲を越える; ..と相容れない, ..を無視する. The cry for political reform ～*s across* party lines. 政治改革を求める声は各政党にまたがっている. Interest in baseball ～*s across* classes and ages in this country. 野球への興味は我が国ではあらゆる階層, 年齢にわたっている.

cùt alóng 〖話〗急いで立ち去る.

cùt and còme agáin 〖話〗(何度でも)好きなだけ食べる[取る].

***cùt and dríed* [*drý*]** (1) あらかじめお膳(ぜん)立てした, 前もって用意された. (2) 月並みの, 決まり切った.

cùt and rún 〖俗〗さっさと逃げ出す.

cút at.. ..に切りかかる; ..を猛打する; ..に大攻撃を与える.

cùt awáy 逃げ出す.

cùt /../ awáy 〔不要部分など〕を切り取る 〈*from*..から〉.

cùt báck (1) 縮小[削減]する 〈*on*..を〉. ～ *back on* spending 出費を切り詰める. (2) 〖主に米〗(映画などで)カットバック[フラッシュバック]する 〈*to*..に〉(→cutback, flashback).

cùt /../ báck (1) 〔木の枝など〕を刈り込む, 切り戻しする. ～ *back* the overhanging branches 覆いかぶさっている枝を切り戻す. (2) を縮小[削減]する. ～ *back* a program 予定の計画を縮小する.

cùt bóth wàys 両刃の剣である, 〔行為, 議論などが〕有利にも不利にも働く.

***cùt a pèrson déad* [*cóld*]** 知っている人に対して知らないふりをする (→cut 他 14).

cùt dówn 量を減らす, 節約する, 〈*on*..の, を〉. A diabetic has to ～ *down on* sweets. 糖尿病患者は甘い物を減らさなければならない.

cùt /../ dówn (1) 〔木など〕を**切り倒す**. ～ *down* a tree 木を切り倒す. The soldiers were ～ *down* by a machine gun. 兵士たちは機関銃になぎ倒された. (2) 〔病気などが人〕を倒す, 立てなくする. Illness ～ him *down* in the prime of life. 彼は男盛りに病に倒れた. (3) ..の量を減らす. ～ *down* the consumption of petroleum 石油の消費を減らす. (4) 〔衣服〕の寸法を縮める. have one's old jacket ～ *down* to fit one's son 息子に合うように古い上着の丈を詰めてもらう. (5) 〔(交渉して)店員など〕にまけさせる 〈*to*..〔ある金額〕まで〉.

cút a person dòwn to síze 〖話〗人に身の程を思い知らせる.

cùt from the sáme clòth 同じ(性質など)で; 類似して.

cùt /../ ín 〖話〗〔人〕に分け前をやる, ..を仲間に入れる, 〈*on*..〔もうけ仕事など〕の〉.

cùt in líne 〖米〗列に割り込む.

***cùt ín* (*on*..)** (1) (他人の話に)**口をはさむ**. He rudely ～ *in* (*on* our conversation). 彼は失礼にも(我々の話に)割り込んできた (→cut into..). (2) (車, 人の列に)**割り込む**. The car ～ *in on* me. その車は私の車の前に割り込んだ. (3) 〖主に米話〗(ダンスの最中に)(人から)踊りのパートナーを横取りする. (4) 〔機械が〕(自動的に)動き出

す, 作動する.
cút into .. (1) ..に切り込む. She ～ *into* the cake. 彼女はケーキにナイフを入れた. His sharp words ～ *into* me. 彼の鋭い言葉は私の胸に突き刺さった. (2) ..に割り込む; ..に割り込んで(それだけ)減らす, 食い込む. He ～ *into* our talk. 彼は私たちの話に割り込んできた. ～ *into* one's savings〔出費などが〕貯金に食い込む. (3)〖米俗〗..に出会う, 出くわす.
cút it (1) →[他] 13. (2)〖米話〗(与えられた立場で)立派に[うまく]やる.
cùt it fíne →fine[1].
cùt one's lósses これ以上損をしないうちに手を引く《事業などから》.
cùt óff 〔機械などが〕(急に)止まる.
*__*cùt /../ óff*__* (1) **..を切り離す**[落とす]. ～ *off* an old branch 古枝を1本切り落とす. (2) ..を中断する, 遮断する;〔ガス, 水道, 電気などの供給〕を止める; ..の通話中に電話を切る. ～ *off* aid [a debate] 援助[討論]を打ち切る. Our gas supply has been ～ *off*. うちではガスが止められた. Operator! I've been ～ *off*! 交換手さん, 電話が切れましたよ. (3) ..を(周囲から)孤立させる〈しばしば受け身で〉. ～ oneself *off* from the world 世間から孤立する. (4) ..に遺産を残さない, ..を勘当する. ～ *off* one's son without a penny [cent] びた一文やらず息子を勘当する. (5)〔病気などが突然〕..の生命を奪う〈普通, 受け身で〉《特に夭折(ようせつ)する場合》. (6)〖米話〗〔バーなどで, 人〕に酒を出すのを止める《すでに飲み過ぎているためなど》. (7)〖米俗〗〔人(の車)〕の前に割り込む. A motorist ～ him *off* and he knocked his knee on the dashboard. 車が一台彼の前に割り込み, 彼はダッシュボードにひざをぶつけた.
cút X òff Y Y(記録など)をXだけ縮める. ～ two seconds *off* the world record 世界記録を2秒縮める.
cùt óut (1)〔エンジンなどが〕突然止まる. (2)(自動車が追い越しなどのため車線から)急に脇(わき)へ出る. (3)〖話〗〈時に ～ on out で〉急いで立ち去る. (4)〖話〗〔道が〕行き止まりになる. (5)〖米俗〗死ぬ.
*__*cùt /../ óut*__* (1) **..を切り取る**, 切り抜く;〔赤ん坊〕を(帝王切開で)切って取り出す. ～ *out* an article from a newspaper 新聞から記事を切り抜く. (2) ..を切って作る;〔道〕を切り開く;〔衣服〕を裁断する;〔仕事など〕をあてがう, 予定する. ～ *out* a path 道を切り開く. have one's work ～ *out* →work (成句). (3) ..を取り除く, 削る, 省く. All the references to the princess have been ～ *out*. 王女に言及した記事はすべて削除された. Why have you ～ me *out* of the project? なぜ僕を計画から外したのか. (4)〔明かり, 眺望など〕を遮る, 妨げる;〖サッカー〗〔パス〕を阻止する. (5)〖話〗..をやめる (stop). *Cut* it [that] *out!*〖話〗やめろ. ～ *out* smoking [sweets] たばこ[甘い物]を控える. (6)〔競争相手など〕に打ち勝つ.
cùt a person óut of one's wíll (遺言を変更して)人を遺産相続から外す.
cùt /../ shórt (1) ..を切り詰める, 短くする. Her life was ～ *short* by tuberculosis. 彼女は結核で夭折(ようせつ)した. (2) ..を中断させる, 遮る. I tried to explain, but he ～ me *short*. 説明しようとしたが彼は私を遮った.
cùt one's téeth (1)〔幼児が〕歯が生え始める. (2)〖話〗初体験をする, 初めて手を染める,〈*on, in* ..の, に〉. I ～ my *teeth on* Shakespeare when I was in grade school. 僕は小学校時代にシェークスピアに初めて出会った.
cùt twó [bóth ↑] wàys
cùt úp (1)〔服地などが〕裁てる, 仕立てられる〈*into* ..に〉. (2)〖話〗遺産として残す〈*for* ..を〉(→cut up well). (3)〖米話〗悪ふざけする, いたずらをする.
cùt /../ úp (1) ..を切り刻む; ..に切傷を負わせる. ～ *up* meat 肉を細切りにする. (2)〔敵など〕を壊滅させる. (3) ..をさんざんけなす. Reviewers ～ the book *up* badly. 書評家たちはその本をこき下ろした. (4) ..を悩ませる, 悲観させる〈普通, 受け身で〉. She was terribly ～ *up* by [about] the boy's accident. 少年の事故で彼女はひどく心を痛めた. (5)〖米話〗..を見せびらかす. (6)〖英話〗〔車〕の前に割り込む. (7)〖米俗〗..の話をする.
cut ùp róugh 〖話〗かんかんに怒る. There is nothing for her to ～ *up rough* about. 彼女がかんかんに怒る理由などない.
cut ùp wéll 〖俗〗高額の遺産を残す.
── [名] ([複] ～s /-ts/) 【切ること】 **1** [C] 切ること; (むち, 剣などの)**一撃**, **一打**;〖オース・ニュー俗〗〈the ～s〉(児童へのむち打ちの体罰. give a horse a ～ 馬にひとむち当てる. make a ～ at a person with a sword 剣で人に一撃を加える.
【切って減らすこと】 **2** [C] **(a)** (脚本などの)**削除**, 省略, カット. make several ～*s* in the story before publication 出版前に物語の数箇所を削除する. **(b)**〖話〗無断欠席, (学校などを)サボること. **3** [C] 切り詰め, 削減; 賃金[価格, 料率など]のカット, 引き下げ, 割引;〖英〗送電停止, 停電. a ～ in government spending 政府支出の削減. a ～ in price(s) 値引き.
【切り取られたもの】 **4** [C] 一片, 〈特に〉肉の(大きな)切り身. a tender ～ of beef 柔らかい牛肉のひと切れ.
5【(切り)分けられたもの】 [C] 〖話〗(普通, 不正なもうけの)分け前 (share); 口銭 (commission). a 50% ～ of the profits もうけの半分の分け前.
【切ってできたもの】 **6** [C] **切り傷**; 切り口, 切れ目, 刻み目. My ～ stings. 傷がずきずき痛む. He came home covered with ～*s* and bruises. 彼は切り傷, 打ち身だらけの体で帰って来た. **7**〖主に米〗[C] (ある期間の木材の)伐採(量). **8** [C] **(a)** 切り通し, 掘割り; 近道 (shortcut, 〖スコ〗near cut). **(b)** カット, 挿絵; ＝woodcut.
9〖話〗＝track [名] 8《LP レコードの》.
【切り方】 **10** [UC] (服の)裁ち方, 仕立て(方); (髪の)刈り方; タイプ, スタイル. a sports coat of perfect ～ 申し分のない仕立てのスポーツ用上着. men of his ～ 彼のようなタイプの人間.
11 [C] (クリケット, テニス, 卓球などで)球を切ること, カット; 〖トランプ〗札を切り分けること.
12【切り捨てること】 **(a)** [C] 〖話〗〈普通 the ～〉無視, 知らない顔をすること. give a person the ～ 人に対して知らんぷりをする.
(b)【傷＞心の傷】 [C] ひどい仕打ち; 酷評. He couldn't ignore Miller's nasty ～*s*. 彼はミラーの意地の悪い皮肉を無視できなかった.
13 [UC] 〖アイル話〗(人の)外見, 風采(さい);〖アイル〗だらしない[見苦しい]格好, さま.
a cút above .. 〖話〗..より一枚上で[の]《＜衣類, 髪などの切り方》. He's *a* ～ *above* me when it comes to poker. ポーカーとなると彼は私より一枚うわてだ.
cùt and thrúst 活発な論戦. There's nothing I enjoy like the ～ *and thrust* of a good argument. 私は中身のある活発な論戦を聞くほど楽しいことはない.
màke the cút 〖ゴルフ〗基準のスコアをクリアして本選に残る (★反対は miss the cut);〖話〗選考などに残る, 合格する.
── [形] 〈限定〉 **1** 切った, 切り離した. **2** 刈った, 摘んだ. **3** 彫った, 刻んだ. **4** 切り詰めた, 削減した, 短縮した. **5**〔動物が〕去勢した. **6**〔酒などが〕薄めた. **7** 心が傷ついた, 恨みを持つ. **8**〔ボールが〕カットされた. **9**〖英俗〗酔った[て]. **10**〖オース話〗怒って, むっとして.
[＜中期英語; それまで「切る」の意味の代表語は carve だった]

cùt-and-dríed, -drý /-(ə)n- [移]/ [形] ＝cut and dried [dry] (→cut 成句).

cút·a·wày [名] ([複] ～s) [C] **1**〖主に米〗モーニングコート (**cùtaway cóat**;〖主に英〗tailcoat). **2** (内部が見えるように)外部の一部を切り取った図[模型など]. **3**〖映画・テレビ〗切り換え(場面) (**cùtaway shót**)《本筋の中で

挿入される別のシーン》.
— [形] **1** (上着の前すそが)斜め裁ちの. a ~jacket 斜め裁ちの上着. **2** 〔図などが〕外部の一部を切り取った. **3** 〘映画・テレビ〙切り換えの.

‡**cút·bàck** [名][C] **1** 縮小, 削減. make some ~*s* in the budget 予算をかなり削減する. **2** 〘主に米〙〘映〙=flashback.

†**cute** /kjuːt/ [形] [e] 〘話〙 **1** 〘主に米〙巧妙な; 利口な, 抜け目のない; 小賢い. a ~ investor 抜け目のない投資家. get ~ with a person 人をだまそう[煙に巻こう]とする. **2** 〔赤ん坊などが〕かわいらしい ([類語] pretty よりも小さくてかわいらしい点をさらに強調する; →beautiful); 〘米〙〔女性が〕(性的)魅力がある, いかす, かわいこちゃんの. What a ~ kitten! なんてかわいい猫だこと.
[<*acute*] ▷**cúte·ly** [副] **cúte·ness** [名]

cute·sy /kjúːtsi/ [形] [e] 〘話〙さもかわいらしそうに見せかけた; かわいこぶった.

cu·tey /kjúːti/ [名] =cutie.

cùt flówer [名][C] 切り花《生け花・装飾用》.

cùt gláss [名][U] カットグラス, 切子(きり)ガラス.

cut·i·cle /kjúːtik(ə)l/ [名][U] **1** (つめの付け根の)甘皮. **2** 〘解剖〙表皮, 外皮; 〘植物〙外皮.

cu·tie /kjúːti/ [名][C] 〘米話〙〈しばしば呼びかけ〉かわいい娘さん, かわいこちゃん, (**cútie-pìe**). [<cute]

cu·tis /kjúːtəs/ [名] (複 **cu·tes** /kjúːtiːz/, ~**es**) [C] 〘解剖〙真皮.

cut·lass /kʌ́tləs/ [名][C] (昔の船員が用いた)反りのある「幅の広い小刀 (→sword 図).

cut·ler /kʌ́tlər/ [名][C] 刃物屋, 刃物師.

‡**cut·ler·y** /kʌ́tləri/ [名][U] 〈集合的〉刃物類; 〈特に〉食卓用金物類.

cut·let /kʌ́tlət/ [名][C] **1** 肉の1人分の切り身《普通, 子牛や羊の上肉でフライ, 焼き肉にする》. **2** 平たいコロッケ《カツレツではない》.

cút·lìne [名][C] (写真, イラストなどの)説明文, キャプショ「ン, (caption).

cút·òff [名] (複 ~**s**) **1** [U] (パイプを通る水, ガス, 蒸気などの)遮断, 調節; [C] 遮断[調節]装置[弁, スイッチ]. a master ~ for the gas ガスの元栓. **2** [C] 打ち切り; 締め切り. the ~ of military aid 軍事援助の打ち切り. the ~ date for application 申し込み締め切り日.
3 [C] 〘主に米〙近道 (shortcut).
4 〈~s〉(ひざ下のない短い)ジーパン, 半ズボン.

cút·òut [名][C] **1** 切り絵, 切り抜き細工. **2** 〘電〙安全器; (内燃機関の)排気弁.

cút·òver [形] 〘米〙木を伐採した〔土地〕.

‡**cùt-príce** /[移]/ [形] 〘英〙=cut-rate.

cút·pùrse [名][C] 〘古〙巾着(きんちゃく)切り, すり, (pick-「pocket).

‡**cùt-ráte** /[移]/ [形] 〈限定〉〘主に米〙〔商品が〕割引[値引き]された; 〔店が〕割引販売する, 安売りする.

cut·sie /kjúːtsi/ [形] [e] =cutesy.

‡**cút·ter** [名][C] **1** 切る道具[機械], カッター, 裁断[切断]器. **2** (金属などの)切断工; 裁断師; (映画の)フィルム編集者. **3** 〘海〙カッター《軍艦などに積む陸との往来用小型ボート》, 1本マストの帆船. **4** 沿岸警備艇. **5** 〘米〙(1頭立ての)小型の馬ぞり.

cút·thròat [名][C] **1** 〘旧〙人殺し《人》, 凶漢. **2** 〘英〙(柄の付いたナイフ型の)西洋かみそり (**cùt-throat rázor**; 〘米〙straight razor).
— [形] 激烈な, 殺人的な; 情け容赦のない. ~ competition 猛烈な競争. [<「のどを切る」]

†**cút·ting** [名] **1** [UC] 切ること, 切断, 裁断, 伐採. **2** [C] 〘園芸〙(挿し木用の)切り枝. **3** [C] 〘主に英〙(新聞, 雑誌などの)切り抜き (〘米〙clipping). **4** [C] 〘英〙(鉄道, 道路用の)切り通し. **5** [U] (映画フィルムなどの)編集.
— [形] **1** 〈限定〉鋭利な, よく切れる. a ~ blade 鋭い刃. **2** 〔特に風が〕身を切るように冷たい. a ~ wind 身を切るような風. **3** 辛辣(らつ)な, 痛烈な, (bitter). a ~ review 辛辣な書評.

cútting bòard [名][C] 〘米〙まな板.

cùtting édge [名][C] 〈普通, 単数形で〉 **1** (鋭い)刃先; (書き方, 話し方の)直截(せつ)さ, 舌鋒(ぽう). **2** 最先端. on [at] the ~ *edge* of computer technology コンピュータ技術の最先端に. **3** (競争に勝つためなどの)決定的要因, 決め手.

cút·ting·ly [副] 身を切るように; 痛烈に.

cútting ròom [名][C] (映画フィルムなどの)編集室.

cut·tle /kʌ́tl/ [名] =cuttlefish.

cut·tle·bone /kʌ́tlbòun/ [名][C] イカの甲《磨き粉・鳥のえさ用》.

cut·tle·fish /kʌ́tlfiʃ/ [名] (複 →fish) [C] 〘動〙イカ,「〈特に〉コウイカ.

cút tobàcco [名][U] 刻みたばこ.

Cut·ty Sark /kʌ́tisὰːrk|⌒⌒/ 〈the ~〉カティーサーク号《1869年に建造された3本マストの快速帆船 (clipper); 東洋からの茶の輸送に活躍; London の Greenwich に保存されている》. [〘スコ〙 'short shirt'; R. Burns 作の詩に登場する魔女が着ていたことから]

cút·ùp [名][C] 〘米話〙(人の注意を引くために)おどける[悪ふざけする]人.

cút·wàter [名][C] **1** (船首の)水切り. **2** (橋脚の)水よ「け.

cút·wòrm [名][C] 根切り虫《夜間, 野菜や庭木の根元をかみ切る毛虫の一種》.

Cuz·co /kúːskou/ [名] クスコ《ペルー南部の都市; インカ「遺跡が多く見られる》.

†**CV, cv** /sìːvíː/ curriculum vitae.

cwm /kuːm/ [名] =cirque.

c.w.o. cash with order (現金払い注文).

cwt hundredweight.

-cy /si/ [接尾] **1**「状態, 性質」を示す名詞語尾. accura*cy*. democra*cy*. **2**「職, 地位, 身分」を示す語尾. captain*cy*. presiden*cy*. [ラテン語 *-cia*, *-tia*]

cy·an /sáiæn, -ən/ [名][U] 青緑色, シアン(色).

cy·an·ic /saiǽnik/ [形] **1** 〘化〙シアンの. **2** 青色の.

‡**cy·a·nide** /sáiənàid/ [名][U] 〘化〙シアン化物, 〈特に〉青酸カリ.

cy·a·no·sis /sàiənóusis/ [名][U] 〘医〙チアノーゼ.

Cyb·e·le /síbəliː/ [名] キュベレ《小アジアの自然の実りを表象する女神[大地母神]》.

cy·ber- /sáibər/ 〈複合要素〉「コンピュータ(上)の, インターネットの, ヴァーチャルリアリティの」の意味.
[<*cyber*netics]

cyber·café /⌒⌒⌒/ [名][C] インターネットカフェ《飲食をしながらインターネットを使える店》.

cy·ber·na·te /sáibərnèit/ [動] [他] 〔作業行程など〕をコンピュータで自動制御にする. ▷**cỳ·ber·ná·tion** [名]

cy·ber·net·ic /sàibərnétik/ [形] サイバネティックスの.
▷**cy·ber·net·i·cal·ly** [副]

cy·ber·net·ics /sàibərnétiks/ [名] 〈単数扱い〉サイバネティックス, 人工頭脳学. [<ギリシア語 'steersman'; -ics]

cy·ber·punk /sáibərpʌ̀ŋk/ [名][UC] サイバーパンク《SF の一種; ハイテク的なプロットと異常で虚無的な思想が一体になっている》; [C] サイバーパンクの作家. [<cyber-, punk]

cy·ber·space /sáibərspeis/ [名][U] 〘電算〙電子頭脳空間, サイバースペース, 《全世界のコンピュータ・ネットワークで形成される三次元空間》.

cy·borg /sáibɔːrg/ [名][C] サイボーグ《SF 小説などに登場する人造[改造]人間の一種》. [*cyb*er-+*org*anism]

cy·cad /sáikæd/ [名][C] 〘植〙ソテツ.

cy·cla·mate /sáikləmèit, sík-|sík-/ [名][UC] 〘化〙チクロ《人工甘味料; 発癌(がん)性あり一般使用禁止》.

cy·cla·men /sáikləmən, sík-|sík-/ [名][C] 〘植〙シクラメン《サクラソウ科の観賞用草本》.

*‡***cy·cle** /sáik(ə)l/ [名] (複 ~**s** /-z/) [C] 【ぐるぐる回ること】 **1** 循環, 繰り返し. the ~ of the seasons 季節の循環[移り変わり]. run in ~*s* 循環する.

[連結] a regular [a recurring; an endless; an unbroken] ～ // break a ～

2 (循環の)**周期**. on a five-year ～ 5年周期で. **3** 〖電〗サイクル, 周波. a current of 60 ～*s* 60サイクルの電流. **4** 自転車 (bicycle); 〖米〗オートバイ (motorcycle). 【一巡＞一連】 **5** (**a**) 〈a ～ of ..で〉一連の.. *a* ～ *of* events 一連の出来事. (**b**) (英雄, 大事件などについての)一連の詩歌[物語, 伝説]. the Arthurian ～ アーサー王伝説集成. **6** 一時代, 長い年月, (epoch, age). **7** 〖野球〗〈the ～〉サイクルヒット《1人の打者が1試合中に単打・2塁打・3塁打・本塁打の全部を打つこと》. hit for the ～ サイクルヒットを打つ.
── [動] [自] (～s /-z/|[過] [過分] ～d /-d/|cýcl·ing) **1** 自転車などに乗る. go *cycling* サイクリングに出かける. **2** 循環する, 回帰する. **3** 〖野球〗サイクルヒットを打つ.
[＜ギリシア語「円」]

cy·clic, -cli·cal /sáiklik, sík-/, /-k(ə)l/ [形] 〖章〗周期的な; 循環する. ▷**cy·cli·cal·ly** [副] 周期的に.

***cy·cling** /sáikliŋ/ [名] [U] サイクリング.

***cy·clist** /sáiklist/ [名] ([複] ～s /-ts/) [C] 自転車などに乗る人.

cy·clo-cross /sáikroukrɔ̀:s|-krɔ̀s/ [名] [U] サイクロクロス《自転車クロスカントリーレース; 自転車をかついで進む箇所も含まれる; ＜*cycle*＋*cross* country》.

†**cy·clone** /sáikloun/ [名] [C] **1** サイクロン《インド洋に発生する台風; →typhoon, hurricane》. **2** 低気圧(の総称). a tropical ～ 熱帯低気圧. **3** 〈俗に〉大暴風, 大竜巻き. **4** 遠心分離器.

cy·clon·ic /saiklɑ́nik|-klɔ́n-/ [形] サイクロンの(ような); 大暴風の.

cy·clo·p(a)e·di·a /sàikləpí:diə/ [名] ＝encyclop(a)edia. ▷**cy·clo·p(a)e·dic** /-pí:dik/ [形]

Cy·clo·pe·an /sàikləpí:ən [移]/ [形] **1** Cyclops (1つ目の巨人)の. **2** 〈また c-〉〖雅〗巨大な.

Cy·clops /sáiklɑps|-klɔps/ [名] ([複] **Cy·clo·pes** /saiklóupi:z/) [C] **1** 〖ギ神話〗キュクロープス《Homer の *Odyssey* に出てくる1つ目の巨人》. **2** 〈c-〉〖動〗ミジンコ (water flea).

cy·clo·style /sáikləstàil/ [名] [C] サイクロスタイル《回転歯車のついた鉄筆を用いる謄写印刷機の一種; ＜商標》. ── [動] [他] をサイクロスタイルで刷る.

cy·clo·tron /sáiklətrɑ̀n|-trɔ̀n/ [名] [C] 〖物理〗サイクロトロン《原子の人工破壊に使う荷電粒子加速器; →synchrotron, betatron》.

cy·der /sáidər/ [名] 〖英〗＝cider.

cyg·net /sígnət/ [名] [C] 白鳥の子[ひな].

Cyg·nus /sígnəs/ [名] 〖天〗白鳥座 (the Swan).

cyl·in·der** /síləndər/ [名] ([複] ～s /-z/) [C] **1** 円筒; 〖数〗円柱. **2** 円筒状の金属缶; (酸素などの)ボンベ; (輪転印刷機の)回転胴; 〖機〗(エンジン, ポンプなどの)シリンダー, 気筒. a six-～ engine 6気筒エンジン. **3** (回転式ピストルの)回転弾倉. ***on all cýlinders 〖話〗フル回転で, 全力で〔働くなど〕. [＜ギリシア語「回転する物」]

cýlinder blòck [名] [C] 〖機〗シリンダーブロック《内燃機関のシリンダーを収めた部分》.

cýlinder hèad [名] [C] 〖機〗シリンダーヘッド《シリンダーブロック頂部のバルブなどのある部分》.

cýlinder sèal [名] [C] 〖考古〗(古代メソポタミアの)円筒形文字板《石, 粘土製で楔形(くさび)文字が彫られている; 印章などに用いた》.

cy·lin·dri·cal, -dric /səlíndrik(ə)l/, /-drik/ [形] 円筒(状)の, 円柱(状)の. ▷**cy·lin·dri·cal·ly** [副]

cym·bal /símb(ə)l/ [名] [C] 〖楽〗〈普通 ～s〉シンバル《打楽器の一種》. ▷**～·ist** [名] [C] シンバル奏者.

cym·bid·i·um /sinbídiəm/ [名] [C] 〖植〗シンビジウム《ランの一種》.

Cym·ric /kʌ́mrik, kím-/ [形], [名] ＝Welsh.

Cym·ru /kʌ́mri/ [名] カムリ《Wales の原語名》.

Cym·ry /kʌ́mri, kím-/ [名] 〈the ～; 複数扱い〉ウェールズ人 (Welsh).

‡**cyn·ic** /sínik/ [名] [C] **1** 冷笑家, 皮肉屋, 《人間の善性を信じないで, すべての人は利己心から行動すると考える》. **2** 〈C-〉キニク学派[犬儒派]の人 (→cynicism).
── [形] ＝cynical; 〈C-〉キニク学派[犬儒派]の.

†**cyn·i·cal** /sínik(ə)l/ [形] 冷笑的な, 皮肉な; 冷淡な, けちをつけたがる. a ～ remark 皮肉な評言. be ～ about marriage 結婚について冷笑的である.
▷**～·ly** [副] smile ～*ly* 冷笑を浮かべる.

‡**cyn·i·cism** /sínəsìz(ə)m/ [名] **1** [U] 冷笑的な性質[態度, 考え方]. **2** [C] 冷笑的[皮肉]な言葉[行為など]. **3** 〈C-〉キニク学派, 犬儒派, 《古代ギリシア哲学の一派; 快楽・安逸を軽蔑した (→Diogenes)》.

cy·no·sure /sáinəʃùər, sí-|sínəzjùə, sái-/ [名] [C] 〖章〗注目[関心]の的.

Cyn·thi·a /sínθiə/ [名] **1** 〖ギ神話〗シンシア《月の女神; Artemis, Diana の別名》. **2** 〖詩〗月. **3** 女子の名.

cy·pher /sáifər/ [名], [動] ＝cipher.

‡**cy·press** /sáiprəs/ [名] **1** [C] (シダレ)イトスギ《ヒノキ科の常緑樹; 悲しみの象徴としてしばしば墓地に植えられる》. **2** [U] (シダレ)イトスギ材.

Cyp·ri·an /sípriən/ [形] キプロス (Cyprus) 島の; キプロス人[語]の. ── [名] [C] キプロス人; [U] キプロス語.

Cyp·ri·ot, -ote /sípriət/, /-òut/ [名], [形] ＝Cyprian.

Cy·prus /sáiprəs/ [名] キプロス《地中海東部の島で共和国; もと英国領; 首都 Nicosia》.

Cyr·a·no /sírənou/ [名] **Savinien ～ de Bergerac** シラノ(ド・ベルジュラック) (1619–55) 《フランスの作家・軍人; 大きな鼻で有名》.

Cy·ril·lic /sərílik/ [名] [U] シリル[キリール]文字《現在, ロシア語, ブルガリア語, セルビア語などが用いている; また **the Cyrìllic álphabet**》. ── [形] シリル[キリール]文字(の).

Cy·rus /sái(ə)rəs/ [名] **～ the Great** サイラス(大王) (600?–529 B.C.) 《キュロス2世; ペルシア帝国を創立》.

cyst /sist/ [名] [C] 〖医〗嚢(のう)胞《動物組織に生じた袋; 中に液体がたまっている》.

cys·tic /sístik/ [形] 〖医〗嚢(のう)胞(性)の; 膀胱(ぼうこう)の; 胆嚢の.

cystic fi·bró·sis /-faibróusəs/ [名] [U] 嚢(のう)胞性繊維症.

cys·ti·tis /sistáitəs/ [名] [U] 〖医〗膀胱(ぼうこう)炎.

cy·tol·o·gy /saitɑ́lədʒi|-tɔ́l-/ [名] [U] 細胞学.
▷**cy·tol·o·gist** /-dʒist/ [名] [C] 細胞学者.

cy·to·plasm /sáitəplæ̀z(ə)m/ [名] [U] 〖生物〗細胞質.

CZ Canal Zone.

†**czar** /zɑ:r/ [名] [C] (★tsar, tzar ともつづる) **1** 〈しばしば C-〉(帝政時代の)ロシア皇帝. **2** 〈しばしば C-〉皇帝; 専制君主, 独裁者; (ある分野の)大御所, 第一人者. [Caesar に当たるロシア語]

czar·das /tʃɑ́:rdæʃ/ [名] ([複] ～) [C] チャルダッシュ《ハンガリーの民族舞踊[舞曲]》.

cza·ri·na /zɑ:rí:nə/ [名] [C] 〈しばしば C-〉(帝政時代の)ロシア皇后 (★tsa-, tza- ともつづる).

czar·ism /zɑ́:riz(ə)m/ [名] [U] 専制[独裁]政治.

czar·ist /zɑ́:rist/ [形] ロシア皇帝[帝政]の; 独裁の.
── [名] [C] 帝政支持者; 独裁支持者.

Czech /tʃek/ [名] [C] チェコ人; [U] チェコ語. ── [形] チェコ人[語]の.

Czech. Czechoslovak; Czechoslovakia(n).

Czech·o·slo·vak /tʃèkəslóuvɑ:k, -væk/ [名] [C] チェコスロヴァキア人. ── [形] チェコスロヴァキア(人)の.

Czech·o·slo·va·ki·a /tʃèkəslouvɑ́:kiə, -vǽk-/ [名] チェコスロヴァキア《1992年までヨーロッパ中部にあった共和国; Czech Republic と Slovak Republic の2国に分かれた》. ▷**Czech·o·slo·va·ki·an** /-ən/ [名], [形] ＝Czechoslovak.

Czèch Repúblic [名] 〈the ～〉チェコ共和国《旧チェコスロヴァキアの西部を占める; 首都 Prague》.

D

D, d /diː/ 名 (複 **D's, Ds, d's** /-z/) **1** UC ディー《英語アルファベットの第4字》. **2** C D字形のもの. **3** U 〖楽〗ニ音; ニ調. *D* flat 変ニ音. a symphony in *D* minor ニ短調の交響曲. **4** C 最低のもの[作品]; 〖米〗(学業成績の)可, D, 《最低合格を表す》. a *D* movie 低級な映画. get a *D in* [*for*] English 英語でDを取る. **5** U (ローマ数字の) 500. ★2, 3, 4, 5 では大文字を用いる.

D December; Democrat(ic); Department; Don; Duchess; Duke; Dutch.

d date; daughter; deci-; degree; delete; denarii; denarius; diameter; died《例 *d* 1963 1963年死亡》; dime; dollar.

d— /diː, dæm/ →damn.

d' /d/ 〖話〗do の短縮形 (語法 特に疑問文で you の前に用いる). *D'*you know her?

‡'d /d/ 〖話〗 **1** had, would の短縮形. You'*d* better go. I'*d* like to do so. **2** did の短縮形《what, how など疑問詞に続けて》. Where'*d* she go?

DA 〖米〗District Attorney.

‡dab[1] /dæb/ 動 (~**s**|-**bb**-) 他 **1** を(数回)そっとたたく, 軽く打つ, に軽く触れる, (tap). She ~*bed* her face with the powder puff. 彼女はパフで軽く顔をたたいた. **2** VOA をそっと当てる; 〔スポンジなどで物の表面〕を軽く押さえる (pat); 〔ペンキなど〕をぺたぺた(いいかげんに)塗る; 〈*on, over* ..に〉. ~ some cream *on* one's face 顔にクリームを(軽く)塗る. ~ paint *on* the wall 壁にぺたぺたペンキを塗る.

— 自 VA (~ *at* ..) ..をそっとたたく, 軽く突っつく, ..に軽く触れる. ~ *at* one's face with a puff パフで顔をはたく.

dàb /../ óff ..を軽くたたいて取る.

dàb /../ ón ..をぺたぺた塗る, さっと塗る.

— 名 C **1** (スポンジなどでの)軽いひとたたき, ひと突き; ひと塗り. with a ~ of one's handkerchief ハンカチを軽く当てて. **2** 〖話〗(塗られた)少し; 〈一般に〉少々. a ~ of butter ほんの少しのバター. a ~ of rouge 口紅少々. **3** 〖英話〗〈~s〉指紋.

dab[2] 名 C 〖魚〗マガレイ; マコガレイ.

dab[3] 名 C 〖英話〗名人, 達人, 〈*at* ..の〉(expert)《また **dàb hánd**》. a ~ *at* (playing) cards トランプの名手.

‡dab·ble /dǽb(ə)l/ 動 他 〔手足〕をばしゃばしゃやって濡(ぬ)らす〈*in*..〔水など〕の中で〉. — 自 **1** (浅い水中で)手足などをばしゃばしゃやる. **2** (本職でなく)道楽でやる〈*in, at, with* ..を, に〉, 首を突っ込む. ~ *at* gardening 趣味で庭いじりをする. ~ *in* stocks 株に手を出す.

— 名 UC (ちょっと)手を出すこと〈*in* ..に〉. after a brief ~ *in* stocks 株にちょっと手を出した後で.

dáb·bler 名 C 〈特に〉道楽半分にする人〈*in, at* ..を〉.

dáb·chìck 名 C 〖鳥〗(小型の)カイツブリ.

da ca·po /dɑː-kάːpou/ 形, 副 〖楽〗初めから繰り返して, ダカーポ, 《略 DC, dc》. [イタリア語 'to (the) head']

Dac·ca /dǽkə/ 名 Dhaka の1982年までの表記.

dace /deis/ 名 (複 ~, ~**s**) C 米国産アブラハヤの類の淡水魚.

da·cha /dάːtʃə/ 名 C ダーチャ《ロシアの田舎の邸宅・別荘》. [ロシア語 'gift']

Dach·au /dάːkau/ 名 ダッハウ《ドイツ Munich 北西の都市; ナチの強制収容所があった》.

dachs·hund /dάːkshùnd, -hùnt|dǽkshùnd/ 名 C ダックスフント《短脚・胴長・褐色の小型犬; =〖英話〗sausage dog》. [ドイツ語 'badger dog']

Da·cron /déikrɑn, dǽk-|-rən/ 名 U 〖米〗〖商標〗ダクロン《合成繊維の一種; 〖英〗Terylene; 日本のテトロン》.

dac·tyl /dǽkt(ə)l/ 名 C 〖韻律学〗強弱弱格 /⏊××/ (→anapaest).

dac·tyl·ic /dæktílik/ 形, 名 C 強弱弱格の(詩行).

‡dad /dæd/ 名 (複 ~**s** /-dz/) C 〖話〗パパ, とうちゃん, 《特に呼びかけに用いる; →father 参考》. Can I go out to play, ~? パパ, 遊びに行ってもいい?

Da·da /dάːdɑː/ 名 U ダダイズム《1916–23年ごろ西ヨーロッパに興った虚無主義的な文芸・芸術運動》.

Dá·da·ìsm 名 =Dada.

Dá·da·ist 名 C ダダイスト《ダダイズムの芸術家》.

‡dad·dy /dǽdi/ 名 (複 -**dies** /-z/) 〖話・幼〗パパ (dad). my mommy [〖英〗mummy] and ~ パパとママ. [dad, -y[3]]

dàd·dy(-)lóng·lègs 名 (複 ~) C 〖虫〗 **1** 〖主に米〗メクラグモ, ザトウムシ. **2** 〖英〗ガガンボ (crane fly).

da·do /déidou/ 名 (複 〖米〗~**es**, 〖英〗~**s**) C 〖建〗(壁面下部の)腰羽目.

Daed·a·lus /dédələs|díː-/ 名 〖ギ神話〗ダイダロス《Crete 島の迷宮や飛行翼などを考案した名工; →Icarus》.

dae·mon, dae·mon·ic /díːmən/, /diːmάnik|-mɔ́n-/ 形 =demon, demonic.

***daf·fo·dil** /dǽfədil/ 名 (複 ~**s** /-z/) **1** C ラッパズイセン《Wales の国花》. **2** U 淡黄色. [?<オランダ語 *de affodil* 'the asphodel']

daf·fy /dǽfi/ 形 e 〖話〗ばかな (silly); 気の狂った (crazy). a ~ movie ばかばかしい映画.

daft /dæft|dɑːft/ 形 〖主に英話〗 **1** ばかな (silly). **2** 〈叙述〉夢中で〈*about*..に〉.

▷ **dáft·ly** 副 **dáft·ness** 名

dag /dæg/ 名 C 〈普通 ~s〉糞が付いてもつれた羊の毛.

ràttle one's dágs 〖話〗急ぐ.

da Gama /dɑː-gǽmə|-gάːmə/ 名 **Vasco ~** ヴァスコ・ダ・ガマ (1469?–1524)《1498年に喜望峰航路を発見したポルトガルの航海者》.

†dag·ger /dǽgər/ 名 C **1** 短剣, 短刀, (→sword 図). **2** 短剣じるし, ダガー, 《†》《参照, 没年などを示す; →asterisk》.

at dággers dràwn (***with*** ..) (..と)睨(にら)み合って《今にも取っ組み合いそうに》; (..と)犬猿の仲で.

lòok dággers (***at*** ..) (..を)睨(にら)みつける. Don't you dare *look* ~*s at* me. 俺を睨みつける気か.

with dàggers dráwn 睨み合って; 犬猿の仲で.

da·go /déigou/ 名 (複 ~(**e**)**s**) C 〖俗・軽蔑〗ラテン系外国人《イタリア人, スペイン人, ポルトガル人, 南米人》. [<*Diego* 'James' (スペイン人に多い名)]

da·guerre·o·type /dəgérətàip/ 名 **1** U (昔の)銀板写真術, ダゲレオタイプ, 《<発明者のフランス人 L.J.M. *Daguerre* (1789–1851)》. **2** C 銀板写真.

Dag·wood /dǽgwud/ 名 **1** ダグウッド《米国の漫画の主人公, Blondie の夫》. **2** 〖米〗=Dagwood sandwich.

Dàgwood sándwich 名 UC 〖米〗ダグウッド・サ

ンドイッチ《いろいろな物をはさんだ厚いサンドイッチ》.

†**dahl·ia** /dǽljə, dɑ́:l-|déil-/ 名 C ダリア(の花). [＜18 世紀スウェーデンの植物学者 A. *Dahl*]

Dail (Eir·eann) /dɔ̀:l(-é(ə)rən)|dàil-, dɔ̀il-/ 名 〈the ～〉アイルランド共和国の下院. [アイルランド語 'assembly (of Ireland)']

‡**dai·ly** /déili/ 形 Ⓒ 〈限定〉**1** 日々の, 日常の. (one's) ～ life 日常生活. keep a ～ record of the temperature 温度を毎日記録する. ～ activities 日々の仕事. ～ matters 日常茶飯事. **2** (日曜以外の)毎日の, 日刊の; 通いの. **3** 1日当たりの.

── 副 Ⓒ **毎日**; 絶えず. Traffic accidents happen ～. 交通事故は毎日起こる. get paid ～ 日給をもらう.

── 名 (複 **-lies**) C **1** 日刊新聞, 日刊紙 (→periodical 参考). **2**〖英話〗(通いの)お手伝いさん, 派出婦, (**dàily hélp**). **3** 〈-lies〉〖米〗(編集前の)下見用フィルム. [＜古期英語; day, -ly²]

dàily bréad 名 U 日々の糧(かて), 生計, 《聖書から》. earn one's ～ 生活費を稼ぐ. Give us this day our ～. 〖聖書〗 私たちの日ごとの食物を今日もお与え下さい《「マタイによる福音書」6:11》.

dàily dóuble 名 〈the ～〉(競馬などの)重勝式.

dàily dózen 名 U 日課として行う美容[柔軟]体操《12 又はそれ以上の種類のものからできている》. do one's ～ 日課の体操をする.

dàily páper 名 C 日刊新聞, 日刊紙.

dain·ti·ly /déintili/ 副 **1** 上品に, 優雅に. behave ～ 立ち居ふるまいが優雅である. **2** 好みにやかましく, 凝って. eat ～ 食べ物に凝る.

dain·ti·ness /déintinəs/ 名 U **1** 上品さ, 優雅さ. **2** (食べ物などの)好みのうるさいこと.

†**dain·ty** /déinti/ 形 **1** 上品な, 優雅な; きれいな(しかし脆(もろ)い), きゃしゃな, (delicate). a ～ dress 優雅なドレス. ～ porcelain 繊細な磁器. **2** 凝る, うるさい, 〈*about* ..〔趣味, 食べ物など〕に〉(fastidious); 〔食べ物が〕おいしい. Jane is ～ *about* her food. ジェーンは食べ物にうるさい. My dog is a ～ feeder. うちの犬は食べ物を好き嫌いする. ── 名 (複 **-ties**) C うまい食べ物, 珍味. [＜ラテン語「価値, 品位」; dignity と同源]

dai·qui·ri /dáikəri, dǽk-/ 名 UC ダイキリ《カクテルの一種; ラムをベースに砂糖・レモンなどで作る》.

***dair·y** /dé(ə)ri/ 名 (複 **dair·ies** /-z/) **1** C **酪農場**[室]; 搾(さ)乳場. **2** C 乳製品販売店. **3** U 酪農(業).

── 形 酪農の. [＜古期英語「パンをこねる女性」]

dáiry càttle 名 〈複数扱い〉乳牛 (→beef cattle).

dáiry fàrm 名 C 酪農場.

dáiry fàrmer 名 C 酪農家[業者].

dáiry fàrming 名 U 酪農(業).

dàiry-frée 形 〔食品が〕乳製品を含まない.

dáir·y·ing 名 U 酪農(業).

dáiry·màid 名 C 乳搾りの女, 酪農場の農婦, (milkmaid).

dáiry·man /-mən/ 名 (複 **-men** /-mən/) C (男の)酪農家[経営者]; 乳製品販売業者, 牛乳屋.

dáiry pròduce 名 U 酪農製品《バター, チーズなど》.

dáiry pròducts 名 〈複数扱い〉＝dairy produce.

da·is /déiəs/ 名 C (広間などの一端に設けた)壇《来賓席, 演壇, 教壇などとして用いる》.

***dai·sy** /déizi/ 名 (複 **-sies** /-z/) C **1 ヒナギク**《種々の類似の植物がこの名で呼ばれ, 〖米〗ではフランスギク(oxeye)を指すことが多い》. **2**〖旧・俗〗第一級品.

(as) frèsh as a dáisy 実に溌剌(はつらつ)として.

be pùshing úp (the) dáisies〖戯〗死んで埋められている《＜(肥やしになって)ヒナギクを押し上げている》.

[＜古期英語 'day's eye'(＝sun) が1語になったもの; 花が朝開くこと, また太陽に似ていることから]

dáisy chàin 名 C **1** ヒナギクの花輪《子供の首飾り》. **2** 一連の人[物]. **3**〖俗〗グループセックス. **4**〖電算〗デイジーチェイン《コンピュータと周辺機器を直列につないでデータを転送すること》. **5**〖株式〗たらい回し. ── 動 他〖電算〗〔コンピュータなど〕を直列に連結する.

dáisy whèel 名 C デイジーホイール《ヒナギクの花弁のように並んだタイプライターの円盤形印字エレメント》.

dáisy wheel prìnter 名 C デイジーホイール・プリンター.

Dak. Dakota.

Da·kar /dəkɑ́:r, dǽkɑ:r/ 名 ダカール《Senegal の首都》.

Da·ko·ta /dəkóutə/ 名 **1**〖米史〗ダコタ《North Dakota と South Dakota の全土及び Wyoming と Montana の大部分を含む準州》. **2** 〈the ～(s)〉ダコタ族《北米先住民の Sioux 族の一支族》; C ダコタ族の人; U ダコタ語. **3** 〈the ～s〉南北両ダコタ州. [北米先住民語「同盟者」]

Da·ko·tan /dəkóut(ə)n/ 名 C ダコタ(地方の)人; ノース[サウス]ダコタ州人. ── 形 ダコタ(地方)の; ノース[サウス]ダコタ州の.

Dal·ai La·ma /dæ̀lai-lɑ́:mə/ 名 ダライ・ラマ《ラマ教主の称号で, もと Tibet の統治者》.

dale /deil/ 名 C〖北英・詩〗山あいの平地, 谷間.

Da·li /dɑ́:li/ 名 **Salvador** ～ ダリ (1904-89)《スペインのシュールレアリズムの画家》.

Dal·las /dǽləs/ 名 ダラス《米国 Texas 州北東部の都市; Kennedy 大統領暗殺の地》.

dal·li·ance /dǽliəns/ 名 U **1**〖主に戯〗いちゃつくこと; (恋の)戯れ, (遊び半分の)関係; 〈*with* ..と(の)〉. **2** 遊び半分に手を出すこと, '戯れ', 〈*with* ..に, との〉. **3** (時間の)浪費, ぐずつき.

dal·ly /dǽli/ 動 自 (**-lies**|過 過分 **-lied**|**～·ing**) **1**〖旧〗VA (～ ***with*** ..) ..とふざける (flirt), 戯れる; 〔考えなど〕をもてあそぶ; 〔提案, 計画など〕を軽い気持ちで考えてみる. The kitten is ～*ing with* a ball. 子猫はボールにじゃれている. ～ *with* a person's affections 人の愛情をもてあそぶ. ～ *with* the idea of going into politics 政界に入ってみようかなどと考えてみる. **2** 時間をむだにする, ぐずぐずする, 〈*about*〉; だらだらやる〈*over* ..を〉. ～ *over* one's work 仕事をだらだらやる. [＜古期フランス語「おしゃべりをする」]

Dal·ma·tia /dælméiʃə/ 名 ダルマチア《旧ユーゴスラヴィア中部の西海岸を含む地方, 大部分は Croatia 領》.

Dal·ma·tian /dælméiʃ(ə)n/ 名 C ダルメシアン《黒い斑(はん)点のある白色・短毛の大型犬》.

‡**dam**¹ /dæm/ 名 (複 **～s** /-z/) C **ダム**, 堰(せき); ダム湖. build a ～ across the river 川を横切ってダムを建設する. (the) Hoover *Dam* フーバーダム.

── 動 (**～s** /-z/|**dammed** /-d/|**dám·ming**) 他 **1** 〔川など〕をダムでせき止める〈*up*〉. **2** VOA (～/X/***up, back***) 〔激情など〕を抑える, 封じる. ～ *back* one's tears 泣きたいのをこらえる. ～ *up* one's anger 怒りを抑える. [＜中期オランダ語]

dam² 名 C (特に四足獣の)母親, 雌親, (↔sire).

‡**dam·age** /dǽmidʒ/ 名 (複 **-ag·es** /-əz/) **1** U **(a)** (普通, 物の価値を損なうような)**損害**, 損傷, 〈*to* ..への〉. Children cause [do] much ～ *to* the furniture. 子供は家具をひどく傷める. do a person ～ 人に被害を与える. The ～ is done. 後の祭りだ, もう手遅れである. suffer great [heavy] ～ 大損害を被る. flood [storm] ～ 水害[嵐の被害]. brain [liver] ～ 脳[肝臓]の損傷. **(b)** (精神的ショックの与える)害. cause emotional ～ 情緒に害をもたらす. **(c)** (評判などへの)害, 悪影響. do serious ～ to her reputation 彼女の評判を大きく傷つける.

連結 serious [enormous; extensive, widespread; irreparable, permanent; minor, slight;

earthquake, flood, war] ～ // sustain [inflict, work] ～; assess [repair, undo] the ～

2〖法〗〈～s〉損害賠償(金). an action for ～*s* 損害賠償請求訴訟. award ～*s* 損害賠償を裁定する. get £10,000 in ～*s* 1万ポンドの損害賠償金をもらう. **3**〖話・戯〗〈the ～〉代価, 費用. What's the ～? いくら(払ったらいいん)ですか.

── 動 他〔物, 事〕に損害を与える;〔名声, 体面など〕を傷つける. The crops were badly ～*d* by the storm. 嵐で作物がひどくやられた. This scandal will ～ his career. このスキャンダルで彼の将来はだめになるだろう.
[<ラテン語「危害, 損失, 罰」; damn と同源]

dámage cȯntrol 名 U 被害対策, 収拾策.

dàmaged góods 名〈複数扱い〉きずもの《物, 又は軽蔑的に処女ではない女》.

dàmage limitátion èxercise 名 C 悪評を押さえる[被害を最小限に押さえる]対策.

dám·ag·ing 形 損害を与える, 有害な. 「の.

dam·a·scene /dǽməsìːn, ⌐-⌐/ 形〖雅〗damask↑

Da·mas·cus /dəmǽskəs|-mάːs-/ 名 ダマスカス《シリア (Syria) の首都》. ***the ròad to Damáscus*** ダマスカスへの道, 回心の道,《パウロがキリストを捕えにダマスカスへの途上にあったとき, 雷に遭ってキリストの声を聞き回心したという言い伝えがある》.

dam·ask /dǽməsk/ 名 U **1** ダマスク織り(の絹[麻]布), どんす,《テーブルクロスなどに用いる》. a ～ cushion どんすのクッション. **2** ダマスク鋼. **3**〖詩〗ダマスクローズ色, 淡紅色. ── 形 淡紅色の.

dàmask róse 名 C ダマスクローズ《芳香のある淡紅色のバラの一種; 原産地 Damascus》.

†**dame** /deim/ 名 **1**〖英〗〈D-〉デイム《OBE を受勲した女性の尊称》.

> 語法 (1) knight に相当する女性及び knight, baronet の妻[未亡人]の称号; 男子の Sir に当たる (→ lady 2). (2) 必ず *Dame* Agatha (Christie) のように言い, *Dame* Christie のように姓だけには付けない.

2 C〖古〗身分のある女性; 年配の女性; 主婦.
3〈D-〉〈自然, 運命を擬人化してそれに冠する〉*Dame* Nature 造化の女神. *Dame* Fortune 運命の女神.
4 C〖米・旧俗〗〈やや軽蔑的に男が用いて〉女.
5〈時に D-〉〖英〗デイム《パントマイムで男が演じる醜いおばさん; **pàntomime dáme** とも言う》.
[<ラテン語「女主人」]

dáme schȯol 名 UC〖英史〗小学塾《以前, 中年婦人が経営した小規模の小学校》.

da·min·o·zide /dəmínəzəd/ 名 UC〖化〗ダミノジド《植物の成長遅延剤; リンゴなどに散布して同時にすべてを収穫できるようにする》.

dam·mit /dǽmət/ 間〖話〗ちくしょう, くそっ,《< *damn it*》. ***as nèar as dámmit***〖英俗〗ごく近い; もう少しのところで. He came *as near as* ～ to scoring. 彼はもうちょっとで点を入れるところだった.

***damn** /dæm/ 動 (～s /-z/|過 過分 ～ed /-d/|**dámn·ing**) 他 **1** (a)〔神が人〕を**地獄に落とす**, 罰する; をのろう, ののしる, (curse at). He was ～*ed* to working there for the rest of his life. 彼は残りの人生をそこで働かなければならないという罰を受けた. (b)〖話〗〈間投詞的〉ちくしょう, しまった, (語法 下品な語とされるので, しばしば d— /diː, dæm/, d—n /diːn, dæm/ と略される. 類語 damn の婉曲語には blast, darn, dash などがある). *Damn* it! ちくしょう. *Damn* the rain! いまいましい雨だ. *Damn* you! この罰当たりめ. *Damn* the consequences [cost]! 後のこと[費用]なんてどうでもいい. (語法 上の4例はそれぞれ God ～ it [the rain, you, etc.]! の省略で, damn はこの場合仮定法現在). In his anger, he ～*ed* us all. 腹立ち紛れに彼は我々全員をののしった.
2 を破滅させる, だめにする. His foolish actions ～*ed* him. 愚かな行為のために彼は失脚した.
3 をひどくけなす, **酷評する**. The book was ～*ed* by the reviewer. その本は書評者にこっぴどくけなされた.
dámn..with fàint práise ..を気のない褒め方をして(実際には)くさす.
I'll be [I'm] dámned if...〖話〗..したら首をやる, ..であってたまるもんか, ..するもんか,《強い否定》. *I'll be [I'm]* ～*ed if* I know [I'll do it]. 知ってるもんか[そんなことするもんか]. (*I'm*) ～*ed if* I do and ～*ed if* I don't. どっちにしてもやばい[まずい]ことになる. 「きっと..だ.
(I'll be) dámned if a pèrson does [did] nòt..↑
Wéll, I'm dámned!=I'll be dámned!〖話〗こりゃたまげた, えっ本当?《驚き, 怒り, 不快の表現》.

── 名 **1** aU〖話〗〈否定文で〉少し. I don't care a ～. ちっとも気にしないよ. That's not worth a ～! あんなの, 何の値打ちもありゃしない. **2** U ののしり, のろい.
nòt give a dámn〖話〗全然気にかけない〈*about, for* ..を〉; 値打ちをてんで認めない〈*about, for* ..の〉. He does*n't give a* ～ what I say. 彼は私が何を言おうと全然気にかけない.

── 形〖話〗忌まわしい《いやなことを強調する; damned》. a ～ fool 大馬鹿, ど阿呆. That ～ dog bit me! あの犬の野郎め, 噛(か)みつきやがった.
a dàmn síght〖話〗うんと, ずっと. *a* ～ *sight* better うんとよい.

── 副〖話〗すごく (damned). It's ～ cold. 寒いったらない.
dàmn áll〖主に英俗〗何も..ない (nothing). You can get ～ *all* out of Tim. ティムからは何も取れないよ.
dàmn wéll (1) 絶対に. I ～ *well* will go. 絶対に行く. (2)〈know damn well..で〉絶対に, ちゃんと. You know ～ *well* I'm right! 私が正しいことはちゃんと分かっているだろ. [<ラテン語「罰を与える」; damage と同源]

dam·na·ble /dǽmnəb(ə)l/ 形 **1** のろうべき.
2〖話〗いまいましい, 憎たらしい, 癪(しゃく)にさわる, 実にひどい. ▷**-bly** 副

dam·na·tion /dæmnéiʃ(ə)n/ 名 U 地獄に落とす[される]こと, 破壊, 破滅(の原因). eternal ～ 永遠の断罪. *Damnation* take you [it]! ちくしょうめ (★take は仮定法現在). What in ～ do you mean to do? 一体何をするつもりなんだ《怒りの気持ちを強く表す; やや古い俗語的表現》. ── 間 しまった, ちくしょう.

dam·na·to·ry /dǽmnətɔ̀ːri|-t(ə)ri/ 形 のろいの, 破滅させる(ような); 非難の.

damnd·est /dǽmdəst/ 形, 名 =damnedest.

†**damned** /dæmd/ 形 e (最上級 **damn(e)dest**) **1** 地獄に落とされた, のろわれた. the ～ 地獄の亡者ども. **2** 実にひどい, けしからん, (語法 下品な語とされるので, しばしば d—d /diːd, dæmd/ と略される). a *d—d* lie 真っ赤な嘘(うそ).

── 副〖話〗ひどく, とても, すごく. a ～ stupid thing ひどくばかげた事. ～ hot [funny] すごく暑い[おもしろい]. A ～ fine mess you're in now. 君はえらいことになっとるぞ.
dàmned wéll ちゃんと. I know ～ *well* what it is to be poor. 貧乏がどんなものかいやというほど知っている.

damned·est /dǽmdəst/ 形〖話〗〈限定〉〈the ～〉途方もない. This is the ～ accident I've ever seen. こんなとてつもない事故は見たことがない.
── 名〈次の成句のみ〉***dò [trỳ] one's dámnedest***〖話〗とことんまで[やれることは]やる.

dámn-fȯol 形〈限定〉あほらしい.

‡**damn·ing** /dǽmiŋ/ 形 身を破滅させる(ような), とても不利な,〔情報など〕. The evidence is ～ against her. その証拠は彼女にとってとても不利なものだ.

Dam·o·cles /dǽməkli:z/ 名 〘ギ伝説〙ダモクレス《シラクサ (Syracuse) の王ディオニシオス (Dionysius) の廷臣》. ***the swòrd of Dámocles*** ダモクレスの剣《(栄華の中にも)身に迫る危険; ディオニシオス王がダモクレスの頭上に髪の毛 1 本で剣をつるし, 王位にある者には危険が付きまとうことを教えたことから》.

Da·mon /déimən/ 名 男子の名.

Dàmon and Pýthias 名 〈複数扱い〉〘ロ伝説〙デイモンとピシアス《(生死を誓い合った)無二の親友》.

D

‡**damp** /dæmp/ 形 e **湿気の多い, じめじめした,** (類語 damp は主として冷たい湿っぽさを言い, 不快感あるいは望ましくないことを含意; →dank, humid, moist). ～ weather 湿っぽい天気. a ～ cloth 湿った布. shoes ～ from the rain 雨で湿っぽい靴.

── 名 **1** U 湿気, 水分; 霧. remove the ～ from the room 部屋を除湿する. **2** aU 意気消沈させること. The tight money policy cast a ～ on industrial growth. 金融引き締めが産業の成長に水を差した. **3** U (炭坑などの)有毒ガス.

── 動 他 **1** ＝dampen 1. **2** 〔気勢, 熱意など〕をそぐ, に水を差す 〈*down*〉. The rain ～*ed* (*down*) the players' enthusiasm [spirits]. 雨が選手たちの熱意に水を差した.
3 VOA (～/X/*down*) X (火)をいける, の火勢を落とす.
4 〔楽器の音など〕を低くする〈*down*〉. ～ *down* the vibrations of the engine エンジンの振動を少なくする.

── 自 〔植物が〕 べと病で枯れる〈*off*〉; 〔苗木が〕(水のやり過ぎなどで根腐れして)枯れる.
[＜中期オランダ語「蒸気」]

dámp còurse 名 C 〘英〙〘建〙(壁内の)防湿層《地面からの湿気を防ぐ; **dámpproof còurse** とも言う》.

†**damp·en** /dǽmpən/ 動 他 **1** を湿らせる. **2** ＝damp 他 2, 3. ── 自 湿る.

dámp·en·er /-ər/ 名 C 勢いをそぐもの.
pùt a dámpener on .. ＝put a DAMPER on ...

dámp·er 名 C **1** (ストーブなどの)空気調節弁, ダンパー. **2** (切手などの)湿し器. **3** 〘楽〙(ピアノなどの)止音器, (ヴァイオリンなどの)弱音器. **4** 興ざまし《人, 物》; けちをつける人. ***pùt a dámper on ..*** ..の興をそぐ, 勢いをそぐ.

dámping òff 名 U 立ち枯れ病.

damp·ish /dǽmpiʃ/ 形 湿った, 湿っぽい.

dámp·ly 副 湿って; やる気[元気]なく.

dámp·ness 名 U 湿気.

dámp·pròof 形 防湿性の.

dàmp squíb 名 C 〈単数形で〉〘英・オース話〙期待↑「通りにはいかない企て.

dam·sel /dǽmz(ə)l/ 名 C 〘古・雅〙乙女.
a dàmsel in distréss 〘古・戯〙悩める乙女.

dámsel flỳ 名 C 〘虫〙イトトンボ.

dam·son /dǽmz(ə)n/ 名 C 〘植〙ダムスン《小粒で暗紅色のスモモの一種》; その木.

Dan /dæn/ 名 Daniel の愛称.

Dan. Daniel 2; Danish.

‡**dance** /dæns|dɑ:ns/ 動 (**dánc·es** /-əz/|過 過分 ～**d** /-t/|**dánc·ing**) 自 **1** (**a**) **ダンスをする, 踊る.** Shall we ～? ダンスをしましょうか. ～ *with* a person 人とダンスをする. ～ divinely [exquisitely, gracefully] すばらしい踊りをする. go *dancing* at a nightclub ナイトクラブに踊りに行く. (**b**) VA (～ *to*..) ..に合わせて踊る. ～ *to* the music of a rock group ロックの演奏に合わせて踊る. What kind of music do you like *dancing to*? どんな音楽で踊るのが好きですか. (**c**) VA 踊りながら[るように]..する〈*away, off*〉. The children ～*d away*. 子供たちは踊りながら去って行った. ～ *through* the examination in half the allotted time 与えられた時間の半分で悠々と試験を済ます.
2 跳ね回る, 小躍りする. ～ *for* [*with*] joy うれしくて踊り回る. **3** 〔木の葉などが〕(踊っているように)揺れ動く; 〔心臓などが〕躍動する. The aspen leaves are *dancing* in the breeze. 微風にポプラの葉が揺れている. The boat ～*d* on the choppy water. ボートは逆(さか)波の立つ水の上で揺れ動いた.

── 他 **1** を踊る. ～ a waltz ワルツを踊る. **2** VOA (ダンスで) をリードする〈*around*(..)/*out of* ..の外へ〉. He ～*d* her skillfully. 彼は巧みに彼女をリードしながら踊った. He ～*d* me *around* the room. 彼は部屋中私と踊った. **3** VOA 〔子供など〕を揺すってあやす. The mother is *dancing* her baby *on* her knee. 母親は赤ん坊をひざの上であやしている. **4** VOA を踊って..する. Let's ～ our cares *away*. 踊って心配を忘れよう. ～ *out* one's joy 踊って喜びを表す. ～ the night *away* (夜を)踊り明かす.

dànce attèndance on [***upon***] ***..*** →attendance.

dànce to anòther túne がらりと態度を変える《普通, よい方へ》.

dánce to a pèrson's túne 人の言いなりになる.

── 名 (複 **dánc·es** /-əz/) **1** C **ダンス,** 舞踏; 踊り[跳ね]回ること. join in a folk ～ フォークダンスに加わる. May I have this ～? このダンスのお相手を願えますか. He made a little ～ of joy. 彼はうれしさに小躍りした. a ～ hostess (ダンスホールで客と踊る)ダンサー.

> 連結 a lively [a brisk; a joyful; a frenzied; a slow; a graceful; a stately; a traditional; a round] ～ // perform a ～

2 C **ダンスパーティー,** 舞踏会, (類語 dance party は他のパーティー (cocktail party など)と対照して言う場合, 及び〘米〙では「ダンスもできる気軽なパーティー」の意味に用いる; dance は改まったものを, ball はさらに公式的で大規模な行事を言う). give [have, hold, throw] a ～ ダンスパーティーを催す. Are you coming to the ～? ダンスパーティーへ行きますか.
3 C ダンス音楽, 舞踏曲. compose a ～ 舞踏曲を作る.
4 〈the ～〉 舞踏法; (職業的, 芸術的な)バレエ, 舞踊. study the ～ バレエを研究する.

lèad a pèrson a (***prètty, mèrry***) ***dánce*** 〘旧〙人をあっちこっち引っぱり回す, 人に次から次へと面倒をかける, さんざん困らせる. [＜古期フランス語(＜?)]

dánce bànd 名 C ダンスバンド.

dánce flòor 名 C (レストランなどの)ダンスフロア, 舞踏場. be a wonder on the ～ ダンスがすばらしい.

dánce hàll 名 C ダンスホール.

dànce of déath 名 〈the ～〉 死の舞踏《死神が人々を墓場へ案内する中世の画題; dance macabre》.

‡**danc·er** /dǽnsər|dɑ́:n-/ 名 (複 ～**s** /-z/) C **1 踊り手.** She is a good [bad] ～. 彼女は踊りが上手[下手]だ. **2** ダンサー, 踊り子, (職業的)舞踊家.

dánce stùdio 名 C ダンス練習場.

***danc·ing** /dǽnsiŋ|dɑ́:ns-/ 名 U **1 踊り[ダンス]** (の仕方). ballroom ～ 社交ダンス. **2** 踊り[ダンス]の練習. take up ～ ダンスを習い始める.

dáncing gìrl 名 C 踊り子, ダンサー, (★a dàncing gírl は「踊っている少女」). Bring on the ～*s*. (もっと)賑(にぎ)やかにやろう《＜踊り子たちを出せ》.

D and C 名 C (子宮頸管の)掻爬(そうは). [＜*d*ilation *and c*urettage]

†**dan·de·li·on** /dǽndəlàiən/ 名 C タンポポ, セイヨウタンポポ. [＜古期フランス語 'teeth of lion'; 葉の形が似ている]

dándelion clòck 名 C 〘英〙'タンポポぼうず'《タンポポの丸く綿毛状になった実; 子供たちの間で, これを全部吹き飛ばすのに何回吹くかで時刻が分かるとされる》.

dan·der /dǽndər/ 名 U 〘話〙〈次の成句で〉 ***gèt one's*** [***a pèrson's***] ***dánder ùp*** 怒る[人を怒らす].

dan·di·fied /dǽndəfàid/ 形 (プレイボーイのように)めかしこんだ.

dan·dle /dǽndl/ 動 他 **1** 〔赤ん坊など〕を揺すってあやす. **2** を甘やかす, 愛撫(ぶ)する.

dan·druff /dǽndrəf/ 名 U (頭の)ふけ.

dan·dy /dǽndi/ 名 (複 **-dies**) C **1** (特に服装にうるさい)しゃれ男. **2** 〖話〗飛び切りすばらしい物[人].
── 形 〖主に米話〗飛びきりの, すばらしい.
fìne and dándy 〖しばしば皮肉〗すてきな; よろしい; (それはそれで)結構で.

Dane /dein/ 名 C **1** デンマーク人 (→Danish). the ~*s* デンマーク国民(全体). **2** 〖史〗デーン人《9–11 世紀ごろ英国を侵略した北欧民族》.

Dáne·làw 名 〈the ~〉〖英史〗デーン法《9–10 世紀にイングランド北東部を占領したデーン人がその地域に施行した法》; デーン法施行地域.

dang /dæŋ/ 間 〖米話〗ちきしょう(＝damn).

‡**dan·ger** /déindʒər/ 名 (複 **~s** /-z/) **1** UC **危険**, 危機; 恐れ, 危険性, 〈*of* ..の〉; (↔safety; 類語「危険」を意味する最も一般的な語; →hazard, jeopardy, peril, risk). *Danger* ahead! 〖掲示〗前方危険. *Danger* past, God forgotten. 〖諺〗苦しい時の神頼み《<危険が去ると神は忘れられる》. get into ~ 危機に陥る. There's no ~ of that. その心配はない. be fraught with ~ 危険が一杯である. I'm aware of the ~ *of* trusting her. 彼女を信用するのは危険だと気づいている. There is (a) ~ *that* the patient may develop pneumonia. この患者は肺炎を起こす心配がある.
2 C 危険な物[人, 事], 脅威, 〈*to* ..に対する〉. Atomic bombs are a ~ *to* the human race. 原子爆弾は人類をおびやかすものだ. He is a ~ *to* the state. 彼は国家にとって危険な存在だ.
◇形 dangerous 動 endanger

連結 (a) serious [(a) grave; (an) imminent, (an) impending] ~ // face [incur, risk; sense; avert, avoid, escape] (a) ~ // ~ threatens [looms, lurks]

at dánger (鉄道の標識が)危険を示して, 赤信号になって.
****be in dánger of..*** ..の恐れがある. He *is in* ~ *of* losing the use of his right eye. 彼は右の目が失明する恐れがある.
****in dánger*** 危機に陥って; 危篤で; (→dangerous 参考). His life is *in* ~. 彼は命が危ない.
****out of dánger*** 危機を脱して. The patient is *out of* ~ now. 患者は今では危機を脱している.
[<古期フランス語「(領主の)権力>危害(を加えうる力)」(<ラテン語 *dominus*「主人」)]

dánger lìst 名 〈the ~〉〖話〗重症患者名簿. be on [off] the ~ 危篤状態である[を脱している].

dánger mòney 名 U 〖英・オース〗危険手当(〖米〗danger pay, hazardous-duty pay).

‡**dan·ger·ous** /déindʒ(ə)rəs/ 形 m **危険な**, 危ない, 〈*to, for* ..に〉 (↔safe) (参考 a ~ person は「他人にとって危険な人」; a person *in danger* は「危険な状態にある人」). a ~ dog 猛犬. A little learning is a ~ thing. 〖諺〗(生半可の学問はかえって危険>)生兵法はけがのもと. Smoking is ~ *to* health. たばこは健康に害がある. It is ~ (*for* children) to bathe in this river. ＝This river is ~ (*for* children) to bathe in. (子供が)この川で泳ぐのは危険だ. The man looks ~. その男は険悪な人相をしている. be on ~ ground ひどい目にあう可能性がある.

†**dán·ger·ous·ly** 副 危機に瀕(ひん)して; 危険なほどに. be ~ ill 重態である. live ~ 危なっかしい生き方をする.

dánger pày 名 U 〖米〗危険手当《〖英〗danger money》.

†**dan·gle** /dǽŋg(ə)l/ 動 自 **1** ぶら下がる, ぶらぶらする. The child was *dangling* by his knees on the bar. 子供は膝(ひざ)を鉄棒にかけてぶら下がっていた. **2** VA 付きまとう 〈*about, after, around* ..〔偉い人, 女性など〕に〉. the young men *dangling about* the model そのモデルに付きまとっている若者たち.
── 他 **1** をぶらぶらさせる. ~ one's legs 脚をぶらぶらさせる. **2** VOA (~ X ***in front of, before ..***) X (人の気を誘うもの)を〔人〕の前にぶら下げる, 見せびらかす. ~ the prospect of higher wages *in front of* a person 昇給の見込みを人の目の前にちらつかせる.
kèep a pèrson dángling 〖話〗人をやきもきさせる.

dán·gler 名 C **1** ぶら下がる物. **2** 女を追い回す男.

dàngling párticiple 名 C 〖文法〗懸垂分詞. 語法 分詞構文に用いられた分詞で, 意味上の主語が主節の主語と同一でないもの; 文法上, 誤りとされる. 例: *Walking* down the street, it began to rain. (通りを歩いていたら雨が降り始めた). (★この誤りを避けるには *As I was* walking down.. とするか, 後半を *I saw* it began.. とする).

Dan·iel /dǽnjəl/ 名 **1** 男子の名《愛称は Dan》. **2** 〖聖書〗ダニエル《ユダヤの預言者》;『ダニエル書』《旧約聖書中の 1 書; 略 Dan.》. **3** C 名裁判官《聖書 The Apocrypha (経外典)にある話から》. A ~ come to judgement. 'ダニエル様が裁判においでじゃ' 《Shakespeare 作 *The Merchant of Venice* の中の Shylock のせりふ; come は過去分詞》. [ヘブライ語 'God is my judge']

†**Dan·ish** /déiniʃ/ 形 デンマーク (Denmark) の; デンマーク人[語]の; (参考 デンマーク人は a Dane, 国民全体は the Danes). ── 名 **1** U デンマーク語. **2** C 〖米〗＝Danish pastry.

Dànish blúe 名 U デンマーク産 blue cheese の一種.

Dànish pástry 名 C デニッシュ《バターを多く用いたパイ風の菓子パン》.

Dànish sweet róll 名 C 〖米〗＝Danish pastry.

dank /dæŋk/ 形 (冷たく)じめじめした, 湿っぽい, (damp). a ~ basement じめじめした地下室.
▷**dánk·ness** 名

danse ma·ca·bre /dɑ̀:ns məkɑ́:br(ə)/ 名 ＝dance of death. [フランス語]

Dan·te /dǽnti/ 名 **~ Alighieri** ダンテ (1265–1321) 《イタリアの詩人; 代表作は『神曲』(*The Divine Comedy*)》.

Dan·ton /dǽntən|-tɔn/ 名 **Georges Jacques ~** ダントン(1759–94)《フランス革命指導者の 1 人, 最後は刑死》.

Dan·ube /dǽnju:b/ 名 〈the ~〉ダニューブ川, ドナウ川, 《南西ドイツに発し黒海に注ぐ大河》.

Dan·zig /dǽntsig/ 名 ダンツィッヒ 《ポーランドの Gdansk の旧ドイツ名》.

Daph·ne /dǽfni/ 名 **1** 〖ギ神話〗ダフネ《Apollo に追われ月桂(けい)樹になった nymph》. **2** C 〖植〗〈d-〉ジンチョウゲ(沈丁花); 月桂樹. [ギリシア語 'laurel']

Daph·nis and Chlo·e /dǽfnis-ənd-klóui/ 名 〈複数扱い〉ダフニスとクロエ《3 世紀ごろのギリシアの牧歌的恋物語; 又その主人公の男と女》.

dap·per /dǽpər/ 形 **1** 〔普通, 小柄な男が〕身ぎれいな, ぱりっとした. a ~ little man 小柄で粋(いき)な男. **2** (動作が)きびきびした.

dap·ple /dǽp(ə)l/ 名 **1** UC (動物の毛皮などの)まだら, ぶち. **2** C まだら[ぶち]の動物. ── 形 ＝dappled.
── 動 他, 自 をまだらにする; まだらになる.

dáp·pled 形 まだらの, ぶちの. a ~ horse ぶちの馬. the ~ shade of a maple (木漏れ日で)まだらになったカエデの陰.

dàpple-gráy 〖米〗, **-gréy** 〖英〗 /⑧/ 形 灰色の地

に黒まだらの. —— 名 (複 ~s) C 連銭葦毛(あしげ)の馬《灰色の地により濃い灰色のぶちのある》.

DAR Daughters of the American Revolution.

Dar·by and Joan /dɑ̀ːrbi-ən-dʒóun/ 名 〈複数扱い〉〖英〗仲のいい老夫婦《<18 世紀英国のバラッドに登場する老夫婦》. a ~ club 老人クラブ. be (like) ~〖旧〗仲のいい老夫婦である.

Dar·da·nelles /dɑ̀ːrdənélz/ 名 〈the ~〉ダーダネルス海峡《エーゲ海とマルマラ海を結ぶ; 古名 Hellespont》.

‡dare /deər/ 助 (過 ~d /-d/,〖古〗**durst** /dəːrst/) あえて..する, 大胆にも..する; ずうずうしくも[無礼にも]..する.

> 語法 (1) 主に否定文・疑問文・条件文・疑いを含む肯定文・how で始まる文に用いられる. (2) to なし不定詞を伴い, 3 人称・単数・現在形でも s を付けない. (3) 疑問文で助動詞 do を用いない; 否定形は, dare not, 〖話〗daren't /deərnt/ で, 過去形として用いられることもある. (4) 助動詞としての用法は多くの場合雅語的で, 本動詞として使う方が普通.

He says [said] that the children *daren't* go out and play. その子供たちは外へ出て遊ぶだけの勇気がないと彼は言う[言った]. He hardly [never] ~ go there again. 彼は恐らく[決して]二度とそこへ行く勇気はない. *Dare* he fight me? 奴(やっ)め不敵にもこのおれと一戦交えようというのか. I wonder whether he ~ admit it. 彼にはそれを認めるだけの勇気が果たしてあるかしら.

—— 動 (~s /-z/|過 **~d** /-d/,〖古〗**durst** /dəːrst/| 過分 **~d**|**dar·ing** /dé(ə)riŋ/) 他 **1** VO (~ *to do*) あえて..する, 大胆にも..する, ずうずうしくも[無礼にも]..する, (★時に口調を整えるため to なし不定詞を用いることがあるが, この傾向は特に〖米〗). She does not ~ [Nobody ~s] (*to*) ask for the results of the exams. 彼女には[だれも]試験の結果を尋ねるだけの勇気がない. He ~*d* to doubt my sincerity. 彼は無礼にも私の誠実さを疑った. Don't ~ go into my room! 私の部屋に入るような(厚かましい)ことは絶対にするな.

2 (a)〔人〕に挑む〈*to* ..を〉(challenge). He ~*d* me *to* a fight. 彼は私に戦いを挑んだ. (b) VOO (~ X *to do*) X に**できるなら..してみろと言う** (類語 相手の勇気などを試すために, 普通危険な又は相手の怖がるような事をするようにけしかけることを言う; →challenge). I ~ you *to* say that again! それをもう一度言ってみろ《言ったら承知しないぞ》. Talk back to Ed! I ~ you! エドに口答えしてみろよ, さあ, (やれるんなら)やってみろ (★to talk..の省略).

3〔危険など〕に敢然と挑む. ~ any danger どんな危険も辞さない. ~ the holiday traffic 休日の交通渋滞をものともせず出かける.

—— 自 勇敢である, 勇気を出す. When courage is needed, he ~s. 必要な時には彼は勇気を出す. You wouldn't ~! まさか(そんな事をする勇気はあるまい).

dàre I sáy (it) 〈挿入的に〉あえて言わせてもらえば.

Dòn't you dáre (do..)!=(Jùst) you dáre! (..するなんて)とんでもない, 絶対だめだ. *Don't you* ~ tell her! 彼女に言ったら承知しないぞ. "Dad, can I watch TV now?" "*You* ~*!*" 「父さん, 今テレビ見ていい?」「だめだ」

Hòw dáre 〔you, he, etc.〕 do..? よくも(ずうずうしく)..できるね[してくれたな]. *How* ~ you [he] say such a thing to me? 君[あいつ]は僕によくもそんな口がきけたものだ.

I dàre sáy (★I daresay とも書く; 後に節が来ても that は付けない; 又文末に付加されることがある) (1) 多分..だろう. *I* ~ *say* he is well over forty. 彼は 40 はとうに過ぎているだろう. (2)〈しばしば皮肉〉(どうせ)..なんでしょうよ. You're quite right, *I* ~ *say*. 全く仰せの通りなんでしょうよ.

I dàre swéar.. ..と確信する.

—— 名 aU あえてすること; (やるならやってみろという)挑戦 (challenge). take a ~ 挑戦に応じる. for [〖米〗on, 〖英〗as] a ~ 挑戦を受けて, けしかけられて.
[<古期英語; 原義は「大胆である」]

dáre·dèvil 名 C 向こう見ずの人. —— 形 〈限定〉大胆不敵な, 恐れを知らない. a ~ driver 無謀な運転手.

daren't /deərnt/〖話〗dare not の短縮形.

dàre·sáy 動〖主に英〗→I DARE say.

†dar·ing /dé(ə)riŋ/ 形 **1** 大胆な, 勇敢な; 向こう見ずな. a ~ person [deed] 勇敢な人[行為]. **2** 思い切った, 斬(ざん)新な, 〔計画, 構想など〕. Her neckline is rather ~. 彼女の服の襟ぐりはかなり大胆だ.

—— 名 U 大胆不敵, 勇敢なこと. He lacked the ~ to face her. 彼は彼女に面と向かう勇気を欠いていた.

▷ **~·ly** 副 大胆に; 敢然と.

Da·ri·us /dəráiəs/ 名 ダリウス (550–486B.C.)《ペルシア王 (521–486B.C.); ギリシアへ 2 度遠征したが, 490 年に Marathon で敗れた》.

Dar·jee·ling /dɑːrdʒíːliŋ/ 名 ダージリン《インド東部, 西ベンガル州の都市; 高度約 2,250m》; U (その周辺で産する)ダージリン紅茶.

‡dark /dɑːrk/ 形 e

【暗い】 **1 暗い**, 暗黒の, (↔light, bright; 類語「暗い」を表す一般的な語; →dim, gloomy). It was getting ~. だんだん暗くなってきていた. a ~ room [alley, forest] 暗い部屋[路地, 森]. The ~*est* hour is just before the dawn.〖諺〗最も暗いのは夜明け直前である《最悪な状態の後は好転するであろう》.

2〖音声〗〔/l/ 音が〕暗い《語尾又は子音の前の /l/ 音を言う; ↔clear, light》. **3** (劇場などが)公演のない〔日など〕.

【黒い】 **4 黒っぽい**, (色が)**濃い**, 濃[暗]... a ~ suit [dress] 黒っぽい服. ~ red えんじ色. an extremely ~ shade of brown, so ~ that it is almost black あまり濃いのでほとんど黒に近い茶色. **5 黒い**, **褐色の**〔髪, ひとみなど〕, 〔肌が〕浅黒い, (→fair). ~ hair 黒っぽい髪. The girl is ~. その少女は髪とひとみが黒く肌は浅黒い.

【闇(やみ)に包まれた】 **6** 秘密の, 隠れた; 未知の, 意味不明の, あいまいな; 謎(なぞ)めいた;〖旧・戯〗人跡未踏の, '暗黒の'. a ~ craving ひそかなる願望. Please keep this[it] ~ for a while. しばらくこの事は伏せておいてください. a ~ passage (文中の)意味不明の箇所. darkest Africa〖旧〗知られざるアフリカ.

7 無知な, 愚かな. ~ souls 愚かな者たち.

【明るさのない】 **8** 希望のない, 陰うつな, 憂うつな; 不機嫌な. the ~ side of life [things] 人生[物事]の暗い面. the ~ days of the war 戦時中の暗い[憂うつな]日々. a ~ countenance 憂うつな[不機嫌な]顔つき.

9 腹黒い, 邪悪な. a ~ plot 悪巧み. a ~ insult 陰険な侮辱. ◇名 darkness 動 darken

—— 名 (複 **~s** /-s/) **1** U 〈普通 the ~〉**暗黒**, 暗やみ; 暗がり. The child was afraid of the ~. 子供は暗がりを怖がった. in ~ of night 夜の暗やみの中で.

2 U 夕暮れ, 夕やみ. at [until] ~ 日暮れに[まで]. after [before] ~ 日没後[前].

3 UC 暗い色, 濃い陰. lights and ~s (絵の)明暗.

a lèap in the dárk →leap.

a shòt in the dárk →shot[1].

****in the dárk*** (1) **暗やみで**. All cats are gray *in the* ~.〖諺〗暗やみではどんな猫も灰色に見える. →WHISTLE in the dark. (2) 秘密に. leave a thing *in the* ~ あることを秘密にしておく. (3) (事情などに)'暗い'; 知らされない(で); 無知で. Let's keep him *in the* ~. 彼には内緒にしておこう. be (kept, left) *in the* ~ *about* ..のことを知らされていない, 知らない. [<古期英語]

dárk adaptàtion 名 U 暗順応.

Dárk Àges 名 〈the ~〉**1** 暗黒時代《ヨーロッパ中世, 特に 5–10 世紀; 文化の光が消えたと見なした名称》. **2** 〈d- a-〉暗黒時代. the ~ of racism 人種差別の暗黒時代. 「スクールカラー).

dàrk blúe 名 U 紺《Oxford 大学, Harrow 校の↑

Dàrk Cóntinent 名 〈the ~〉【旧】暗黒大陸《アフリカのかつての俗称; ヨーロッパ人にとって未知の部分が多かったため》.

*__dark·en__ /dάːrkən/ 動 (~s /-z/|過 過分 ~ed /-d/|~·ing) 他 **1** を暗くする; を薄黒くする. The stage lights were slowly ~*ed*. 舞台の照明が少しずつ落とされた. My room is ~*ed* by a large tree in front of the window. 私の部屋は窓の前に大きな木があるので薄暗い. **2** を憂うつ[陰うつ]にする. Anxiety ~*ed* his face. 心配で彼の顔が曇った. **3** をあいまいにする, 不明確にする.
— 自 **1** 暗くなる; 薄暗くなる. ~*ing* skies 暗くなりかかった空. **2** はっきりしなくなる. **3** 憂うつ[陰うつ]になる. His brows ~*ed* with suspicion. 疑いのため彼の眉(まゆ)が曇った.
***dàrken* ⌞*a pèrson's* [*the*] *dóor* [*these doors*]** 【章】(好ましくない客として)人の家の敷居をまたぐ〈普通, 否定文で〉. Never ~ my *door* [*these doors*] again. 二度とうちの敷居をまたぐな.

dark·ey, dark·ie /dάːrki/ 名 (複 ~s) =darky.

dàrk glásses 名 〈複数扱い〉=sunglasses.

dàrk hórse 名 C **1** 穴馬. **2** (政界, 選手などの)ダークホース, 予想外の実力を持つ競争相手. **3** 【英】何を考えているか分からない人.

dark·ish /dάːrkiʃ/ 形 **1** 薄暗い. **2** 黒っぽい, 黒ずんだ.

dark·ling /dάːrkliŋ/ 【詩】 副 暗やみで[に]. —— 形 暗やみの.

†**dárk·ly** 副 **1** 暗く, 黒々と; 肌黒く. **2** 憂うつそうに; 陰うつに; 険悪に, 陰険に. She looked at me ~. 彼女は険しい目で私を見た. **3** ぼんやりと, 不明確に. **4** 秘密に, こっそりと.

dàrk mátter 名 U 【天】暗黒物質.

dárk mèat 名 U 赤身肉《調理した鶏のもも肉など; →white meat》.

‡**dark·ness** /dάːrknəs/ 名 U **1** 暗さ, (夕)やみ; 暗黒; 黒さ; (↔light[1]). He felt his way through [in] the ~. 彼は暗やみの中を手探りで進んだ. total ~ 真っ暗やみ.

> 連結 complete [absolute, impenetrable, inky, pitch] ~ // pierce [dispel] the ~ // ~ comes [falls]

2 無知; 不明, あいまいさ. All of his past is ~. 彼の過去は一切不明だ. **3** 秘密. **4** 無知, 盲目. **5** 腹黒さ, 邪悪. forces [powers] of ~ 悪; 悪魔.

dàrk of the móon 名 〈the ~〉月の見えない期間.

dárk·ròom 名 C 【写】暗室.

dárk·some /-səm/ 形 【詩】(ほの)暗い; 陰気な.

dark·y /dάːrki/ 名 (複 -kies) C 【話・軽蔑】黒人 (Negro).

‡**dar·ling** /dάːrliŋ/ 名 (複 ~s /-z/) C **1** いとしい人, 最愛の人, お気に入り; 〈呼びかけ〉あなた, 君. My ~!=*Darling!* ねえあなた[おまえ] (類語 夫婦, 恋人同士が相手を又親が子を呼ぶ時などに用いる; 【話】では特に女性が親愛の気持ちを込めて知らない人に対して用いることがある; →dear, dove[1], honey). the ~ of his heart 彼の恋人. She's Papa's ~. 彼女は父親の秘蔵っ子だ. Be a ~ and help me with the dishes. ねえお願い, 皿洗い手伝って. the ~ of ⌞the media [the fashion world] マスコミ[社交界]の寵児[人気者]. **2** 【話】かわいらしい[きれいな]人[物]. Fred's daughter is a ~. フレッドの娘はかわいらしい娘だ.
—— 形 〈限定〉**1** いとしい, 最愛の, 気に入りの. one's ~ child いとし子. **2** 【話】かわいらしい; きれいな; すてきな,《主に女性語》. a ~ baby girl かわいい女の赤ちゃん. What a ~ little dress! まあかわいらしいドレスね.
[<古期英語; dear, -ling]

‡**darn**[1] /dɑːrn/ 動 他 〔特に編んだ物〕をかがる, 繕う. ~ (a hole in) a sock 靴下(の穴)をかがる. —— 名 C 繕った箇所.

darn[2], **darned** 形, 副, 動 【俗・婉曲】=damn,↑「damned.

dar·nel /dάːrnl/ 名 C 【植】ドクムギ.

dárn·ing 名 U **1** (ほころびた穴などを)かがること, 繕い. **2** 〈集合的〉繕い物.

dárning nèedle 名 C かがり針.

†**dart** /dɑːrt/ 名 (複 ~s /-ts/) **1** C (武器・狩猟用の)投げ矢[槍(やり)]. **2** C ダーツの矢. **3** 〈~s; 単数扱い〉ダーツ, 投げ矢遊び,《的 (dartboard) に矢を投げて行う室内ゲーム》. have a game of ~*s* ダーツをする. **4** aU 突進, 疾駆, (dash). make a ~ at [on] the prey 獲物に突進する. make a ~ for the exit 出口に向かって突進する. **5** C 【洋裁】ダーツ.
—— 動 (~s /-ts/|過 過分 **dárt·ed** /-əd/|**dárt·ing**) 自 VA 疾走[疾駆]する, (矢[槍]のように)飛び去る,〈*away, off*/*into, through* ..の中へ[を]〉. He ~*ed into* the hall and *up* the stairs. 彼は玄関へ走り込んで来て階段を駆け上った.
—— 他 VOA 〔槍, 矢, 視線, 光など〕をさっと投げる〈*at* ..に向かって〉; 〔トカゲなどが〕〔舌など〕を突き出す〈*out*〉. ~ a spear *at* ..に槍を投げつける. She ~*ed* a look of hatred *at* him [him a look of hatred]. 彼女は彼に憎悪の目を向けた (★この場合は VOO の文型が可).
[<古期フランス語]

dárt·bòard 名 C ダーツの標的.

Dart·moor /dάːrtmuər|-mɔː, -muə/ 名 **1** ダートムア《イングランド南西部 Devon 州の荒野; 先史時代の遺跡が多い》. **2** ダートムア刑務所《1 にある; 長期刑の囚人を収容》. 「の野生のポニー).

Dàrtmoor póny 名 C ダートムアポニー《ダートムア↑

Dart·mouth /dάːrtməθ/ 名 ダートマス《イングランド Devon 州の港町; 英国海軍大学 (the Royal Naval College) の所在地》.

Dártmouth Còllege 名 ダートマス大学《米国 New Hampshire 州 Hanover にある; Ivy League の 1 つ》.

Dar·win /dάːrwin/ 名 **1** ダーウィン《オーストラリア北岸の中央部にある港市》. **2 Charles Robert ~** ダーウィン (1809–82)《英国の博物学者で進化論の提唱者;『種の起源』の著者》.

Dar·win·i·an /dɑːrwíniən/ 形 ダーウィン(説)の. —— 名 C ダーウィン説の信奉者, 進化論者.

Dár·win·ìsm 名 U ダーウィン説, 進化論.

Dár·win·ist 名 =Darwinian.

‡**dash** /dæʃ/ 動 (**dásh·es** /-əz/|過 過分 ~**ed** /-t/|**dásh·ing**) 他 【勢いよくぶつける】 **1** (a) VOA を力を込めて投げつける, たたきつける,〈*to, against* ..に〉. He ~*ed* the papers *to* the floor. 彼は書類を床にたたきつけた. The storm ~*ed* many boats *against* the rocks. 嵐のために多くの船が岩にたたきつけられた. (**b**) VOA (~ X *over* Y / ~ Y *with* X) Y に X (水など)を浴びせる (splash), ぶつける. He ~*ed* water *over* us.=He ~*ed* us *with* water. 彼は私たちに水を浴びせかけた. (**c**) ..に勢いよくぶつかる, 当たる. The waves ~*ed* the shore. 波は激しく岸にぶつかった.
【ぶつけて砕く】 **2** VOA を打ち砕く. ~ a glass *to pieces* コップを投げつけてこなごなに砕く. **3** 〔希望, 元気など〕を砕く, くじく. All our hopes were ~*ed* by the news. その知らせで私たちの希望はすべて打ち砕かれた.
4 【少量(<砕け散ったしぶき)を加える】 VOA (~ X *with* ..) X に〔少量の物〕を混ぜる. *Dash* my tea *with* a little brandy. 紅茶にブランデーを少し混ぜてくれ.
【damn の代用】 **5** 【英話】をののしる, のろう, (類語

damn よりも穏やかな語; damn を d—とダッシュで略すことから). *Dash* it (all)! 全くいまいましい.

— 自 **1** (**a**) 〔VA〕 **突進**[ばく進]する〈*for*, *to* ..に向かって〉, (短距離を)疾走[疾駆]する, (rush). ～ *into* [*out of*] a room 勢いよく部屋に入る[から出る]. She ～*ed* downstairs. 彼女は階段を駆け降りた. (**b**) 急ぐ. I must ～. 急いで行かなければいけない.

2 〔VA〕 突き当たる, 衝突する; ぶつかって壊れる; 〈*against*, *on*, *upon* ..に〉. The waves ～*ed against* the rocks. 波は岩に勢いよく当たって砕けた.

dàsh óff (1) 急いで立ち去る. (2) 急ぐ, 急いで行く. *Dash off* now or you'll be late for the train. さあ急いで行け, さもないと列車に遅れるぞ.

dàsh /../ óff ..を一気に片付ける[作る]. ～ *off* a report 報告を手早く書く.

dàsh óut 飛び出す; 急いで外出する. Excuse me. I just have to ～ *out*. すみません. 急いで出かけなくてはなりません.

— 名 (複 **dásh·es** /-əz/) 【突進】 **1** Ⓒ 〈単数形で〉 **突進**, 疾走; 突撃. He made a ～ *for* the bus. 彼はバスに乗ろうと懸命に走った. There was a mad ～ for the exit. 人々は猛烈な勢いで出口へ走った. at a ～ 疾走して, 一気に. The challenger made repeated ～*es at* the opponent. 挑戦者は相手に何度も突っかかって行った. **2** Ⓒ 〈普通, 単数形で〉 (陸上, 水泳などの)短距離競走. a 100 meter ～ 100 メートル競走[競泳].

【激突】 **3** Ⓤ 〈普通 the ～〉 (波, 雨などが)激しくぶつかること; その音. the ～ of waves on the beach 波が岸辺で砕け散ること[音]. **4** Ⓒ くじくもの 〈*to*..〔希望など〕を〉. a ～ *to* our hopes 私たちの希望を打ち砕くもの.

5 【ぶつかって飛ぶしぶき＞少量】 Ⓒ 少量(を加味すること); 気味 〈*of* ..の〉. a ～ *of* salt 少量の塩(を加えること). a ～ of humor 少しのユーモア.

6 【しぶきよけ】 Ⓒ 〖米〗 ＝dashboard 1.

【勢いのよさ】 **7** Ⓤ 元気, 威勢(のいいこと); 〖旧〗 (兵隊などの)かっこう良さ. with spirit and ～ 勢いよく.

8 【ペンのひと引き】 Ⓒ (句読法の)ダッシュ《—》; (モールス信号の)長音, ツー, (↔dot).

cùt a dásh 〖話〗 人の目を引くような様子[かっこう]をする, 異彩を放つ.

màke a dásh for it 急いで走る; 突進する.

[＜中期英語(?＜古期北欧語)]

dásh·bòard 名 Ⓒ **1** (自動車, 飛行機などの)計器盤, ダッシュボード. **2** (無蓋(がい)馬車の前面の)泥よけ.

dashed /-t/ 形 副 〖英旧〗 ひどい[く], いまいましい[く]. ★damned の婉曲語.

dásh·er 名 Ⓒ **1** 突進する人. **2** 攪拌(かくはん)器. **3** 〖話〗 元気のいい人.

dásh·ing 形 **1** 突進する. ～ waves 砕け散る波. **2** 威勢のいい. a ～ attack 猛烈な攻撃. **3** 颯爽(さっそう)とした, めかした. He makes a ～ figure in his new suit. 新調の背広を着て彼は颯爽としている. ▷ **～·ly** 副

dásh lìght 名 Ⓒ (自動車の)計器灯.

das·tard /dǽstərd/ 名 Ⓒ 〖古〗 卑怯(ひきょう)者, 臆(おく)病者, 卑劣なやつ. ▷ **～·ly** 形 〖古〗 卑怯な, 臆病な, 卑劣な.

DAT digital audio tape.

dat. dative.

***da·ta** /déitə, dǽtə, dɑ́ːtə | déitə, dɑ́ːtə/ 名 (〔語法〕 本来は, datum の複数形であるが, しばしば単数扱い; Ⓤ 扱いにして much ～ とすることもある)

1 (推論の基礎になる)**資料**, **データ**; 情報. There aren't sufficient ～ *on* the typhoon in this district. この地方の台風について十分なデータがない. These ～ are [This ～ is] incorrect. このデータは不正確である. gather ～ on.. のデータを集める.

> 〔連結〕 accurate [exact; objective; reliable] ～ // collect [process; store] ～ // the ～ indicate [reveal, show].

2 〖電算〗 データ. The ～ has [have] been fed into the computer. そのデータはコンピュータに入力された.

[ラテン語 '(things) given'(＜*dare* 'give')]

dáta bànk 名 Ⓒ 〖電算〗 **1** データバンク《データが利用できるように収集・保管されているシステム, 機関》. **2** ＝database.

‡**dáta·bàse** 名 Ⓒ 〖電算〗 データベース《利用者が容易に使えるように分類整理された大量のデータ》.

dàtabase mánagement sỳstem 名 Ⓒ 〖電算〗 データベース管理システム.

dat·a·ble /déitəb(ə)l/ 形 ＝dateable.

dáta bùs 名 Ⓒ 〖電算〗 データバス《中央処理装置(CPU) とメモリ間などでデータを転送するための回路》.

dáta càpture 名 Ⓤ 〖電算〗 データ収集.

dàta cóm(m)s 名 〈複数扱い〉 データ通信.

dàta díctionary 名 Ⓒ 〖電算〗 データ辞書.

dáta glòve 名 Ⓒ 〖電算〗 データグローブ《データ入力用手袋》.

Dáta·pòst 名 Ⓤ 〖英〗 〖商標〗 データポスト, 速達便.

dáta pròcessing 名 Ⓤ 〖電算〗 データ処理.

dàta protéction 名 Ⓤ (コンピュータの)データ保護.

Dàta Protéction Àct 名 〈the ～〉 〖英〗 データ保護法《1987 年より完全実施》.

dáta sèt 名 Ⓒ 〖電算〗 データセット.

dàta wárehouse 名 Ⓒ 〖電算〗 データ・ウェアハウス.

‡**date**[1] /deit/ 名 (複 **～s** /-ts/) 【日付】 **1** Ⓒ **日付**, 年月日; 期日. What's the ～ (today)? ＝ What's today's ～? ＝ What ～ is it? 今日は何日ですか (★曜日については day を用いる). Is today's ～ the 4th or the 5th? 今日は 4 日ですか, 5 日ですか. It's February (the) fifth. 2 月 5 日です. What [When] is your ～ of birth? 生年月日はいつですか. at an early ～ 近日中に. fix [set] the ～ for departure 出発の日を決める. the closing ～ for .. ..の申込み締め切り日. This letter bears the ～ March 15, 1999. この手紙の日付は 1999 年 3 月 15 日となっている (〔参考〕 〖英〗 では 15 (th) March, 1999 のように書く方が多い; 又 〖米〗 3/15/99, 〖英〗 15/3/99 のように略記することもある; → fifth ★).

> 〔連結〕 a correct [a definite, an exact, a fixed] ～; at a distant [a remote, a recent] ～

2 ⓊⒸ **年代**, 時代. paintings of very early ～ 古い時代の絵画. a building of Elizabethan ～ エリザベス朝の建物. **3** 〈～s〉 (人の)生没年. Edison's ～*s* are 1847 to 1931. エジソンは 1847 年に生まれて 1931 年に没した.

【日時＞約束】 **4** Ⓒ **会合の約束** (appointment). have [make] a ～ for dinner with ..と会食の約束がある[をする]. cancel a ～ 会合を取り消す. "How about four-thirty?" "Sure, It's a ～." 「4 時半でどお?」「いいよ. それで決まりだ.」

5 Ⓒ 〖話〗 **デート**; 〖主に米〗 デートの相手. go [be] out on a ～ with one's girlfriend ガールフレンドとデートに出かける[出かけている]. have [make] a ～ with ..とデート(の約束)をする. She kept her ～ waiting for half an hour. 彼女はデートの相手を 30 分も待たせた.

at a làter dáte 〖章〗 後日.

brìng..ùp to dáte ..を最新式にする; 〔人〕に最新情報を与える. Could you *bring* me *up to* ～ *on* what is happening in the Middle East? 中東で起こっていることについての最新情報を聞かせてくれませんか.

in dáte 〔食物が〕まだ食べられる.

màke a dáte 日時を決める 〈*to* do .. 一緒に..する〉.

out of dáte (1)**時代遅れの**[で]; 期限切れの; (→out-of-date). The expression is [has gone] *out of* ～ now. その言い回しは今はもう古い[古くなってしまった]. This passport is *out of* ～ and you can't use it. このパスポートは期限が切れているので使えません. (2)〔食物が〕古い, 食べると危ない.

to dáte 今まで(の), 今までのところ. He's done very fine work *to* ～. 彼は今まで非常にいい仕事をしている.

ùp to dáte (1)＝to DATE. (2)**最新式の**[で]; 最近の情報を持った; (→up-to-date). His car is *up to* ～. 彼の車は最新式だ.

── 動 (～s /-ts/|過 過分 **dát·ed** /-əd/|**dát·ing**) 他 **1**〔手紙, 書類など〕に**日付を入れる**; VOC に..の日付を入れる. ～ a check 小切手に日付を書く. The letter is ～*d* April 1, 1994. その手紙の日付は1994年4月1日となっている. **2 (a)** の年代を測定[推定]する; VOA (～ X *to, at* ..) Xの年代を..と推定する. ～ a bone *to* about 1,000,000 years ago 骨を百万年前のものと推定する. **(b)**〔物が〕の年令[年代]を示す. That hat really ～*s* you. その帽子であなたの年が分かりますよ.
3〖主に米話〗とデートする. I usually ～ Susan on Friday. たいてい金曜日にスーザンとデートする.

── 自 **1** VA (～ *from* ..) ..の日付がある. The letter ～*s from* May 25. 手紙は5月25日の日付になっている. **2** VA (～ *from* ..) ..から始まる. This university ～*s from* the early 17th century. この大学は17世紀初期に始まる. **3** 時代遅れになる. Slang tends to ～ quickly. 俗語はすぐに古くさくなる. **4**〖主に米話〗デートする〈*with* ..と〉.

dàte báck (起源, 家系などが)さかのぼる〈*to* ..に〉. The church in our village ～*s back to* the Norman period. 私たちの村の教会(の建設は)ノルマン時代までさかのぼる. It must ～ *back*. それは古い物に違いない.
[＜ラテン語「(手紙が, ある日時, 場所で)与えられた(＝書かれた)」(＜*dare* 'give')]

date[2] 名 C ナツメヤシの実《食用になる》; ナツメヤシの木 (**dáte pàlm**). [＜ギリシア語「指」]

dáte·a·ble 形 年代を測定[推定]できる.

dat·ed /déitəd/ 形 **1** 日付のある. **2** 時代遅れの, 廃れた. ～ slang 廃れた俗語. The statistics are ～. その統計はもう古い.

Da·tel /déitel/ 名 U〖英〗〖商標〗デイテル《電話回線を利用してコンピュータ間に情報を流すシステム》.

dáte·less 形 **1** 日付のない. **2** 年代の分からない(ほど古い). **3** 無限の. **4** (時を経てもなお)通用する, 興味を引く, 不朽の.

dáte lètter 名 C 製作年印.

dáte·lìne 名 **1** C (新聞記事の冒頭の)日付欄《例: Paris, Oct.15 (パリ発, 10月15日)》. **2**〖商標〗〈D-〉デートライン《コンピュータを利用する大規模な結婚・交際紹介所》.

dáte lìne 名 〈the ～〉＝international date line.

dáte màrk 名 C 製作年印.

dat·er /déitər/ 名 C **1** 日付スタンプ. **2**〖話〗デートをする人.

dáte ràpe 名 UC デート・レイプ《デートの相手によるレイプ》.

dáte-stàmp 動 他 に消印を押す.

dáte stàmp 名 C (郵便物の)消印; 日付スタンプ.

dáting àgency 名〖英〗C 結婚・交際紹介所.

dat·ive /déitiv/〖文法〗形 与格の. ── 名 U 与格; C 与格の語.

dàtive cáse 名 〈the ～〉与格《間接目的語の格: I gave *him* a book.; →case 文法》.

dàtive vérb 名 C 与格[授与]動詞《give, buy などのような VOO の文型をとるもの》.

†**da·tum** /déitəm/ 名 C (複 **da·ta** /déitə/) **1**〈data〉資料, データ, (→data). **2** 既知事項[情報]. [ラテン語「与えられた(もの)」]

‡**daub** /dɔːb/ 動 他 **1 (a)** VOA (～ X *with* Y/～ Y *on* X) YにX〔しっくい, 絵の具, ペンキなど〕を塗り付ける. ～ paint *on* a wall＝～ a wall *with* paint 壁にペンキを塗る. **(b)** VOA (～ X *over* ..) ..の全体にXを塗る. ～ butter *over* one's face 顔中バターを付けてしまう. **2**〔絵の具〕を塗りたくる,〔下手な絵〕を描く. **3** を汚す〈*with* ..で〉. ～ one's face〈比喩的〉顔に化粧品を塗りたくる. ── 自 下手な絵を描く. ── 名 **1** UC 塗料, しっくい. **2** C (どろどろした物の)少量. a ～ of glue 少量のにかわ. **3** UC 塗(りたく)ること. **4** C 汚れ, 汚点. **5** C 下手な絵.
[＜ラテン語「白く塗る」]

dáub·er 名 C **1** (ペンキ, 絵の具などを)塗る人[道具]. **2** へぼ絵かき.

‡**daugh·ter** /dɔ́ːtər/ 名 (複 ～s /-z/) C **1 娘** (↔son); 養女. mother and ～ 母と娘. **2** (ある国, 集団の)女性; (事件, 時代の生んだ)女性. a true ～ of England 真の英国女性. **3** '娘'; 子孫, 所産, 結果;〈*of* ..の〉. ～*s of* Eve イヴの娘たち《女性全体》. a ～ language of Latin ラテン語から派生した言語《イタリア語, フランス語など》. Poverty is often the ～ *of* laziness. 貧乏はしばしば怠惰の所産である. [＜古期英語]

‡**dáughter-in-làw** /-rin-/ 名 (複 **daughters-**,〖英〗また ～s) C 息子の妻, (息子の)嫁.

dáugh·ter·ly 形〖旧〗娘らしい; 娘としての.

Dáughters of the Amèrican Revolútion 名 〈the ～〉米国愛国婦人会《略 DAR》.

†**daunt** /dɔːnt/ 動 他 を恐れさす, ひるます; の勇気をくじく;〈しばしば受け身で〉. Illnesses did not ～ him at all. 彼は度重なる病気にも少しもめげなかった.
nòthing dáunted〖章〗少しもひるまずに.
[＜ラテン語「飼い馴らす」]

†**dáunt·ing** 形〔仕事などが〕困難な, 手ごわい, 気が遠くなるような. a ～ prospect 困難な見通し. ▷ **～·ly** 副

dáunt·less 形 不屈の, 恐れを知らない. ▷ **～·ly** 副 **～·ness** 名

dau·phin /dɔ́ːfən/ 名 C〖史〗〈しばしば D-〉ドーファン《(昔の)フランスの皇太子(の称号)》.

Dave /deiv/ 名 David の愛称.

dav·en·port /dǽvənpɔ̀ːrt/ 名 C **1**〖米〗(ベッド兼用の)大型ソファー. **2**〖主に英〗書き物机.

Da·vid /déivid/ 名 **1** 男子の名《愛称は Dave, Davy》. **2**〖聖書〗ダヴィデ《紀元前1000年ごろのイスラエル2代目の王; Goliath を倒した青年のころの像がミケランジェロによって作られた》. **3 Saint** ～ 聖デイヴィッド《ウェールズの聖人; 祝日 (**St. Dávid's Dày**) は3月1日》.
Dàvid and Jónathan 無二の親友, 刎頸(ふんけい)の友, 《聖書『サムエル前書』のダヴィデとヨナタンが無二の親友であったことから》. [ヘブライ語(?「最愛の」)]

da Vin·ci /də-víntʃi/ 名 **Leonardo** ～ ダヴィンチ (1452-1519)《イタリアの画家・建築家・科学者》.

Da·vis /déivis/ 名 デーヴィス **1 Bette** /béti/ ～ (1908-89)《米国の女優》. **2 Jefferson** ～ (1808-89)《南北戦争当時の南部同盟の大統領》. **3 Miles** ～ (1926-91)《米国のジャズ作曲家・トランペット奏者》.

Dàvis Cúp 名 〈the ～〉デビスカップ《国際テニス男子団体選手権試合(の優勝杯); ＜寄贈者の米国人 D.F. *Davis* (1879-1945)》.

dav·it /dǽvət/ 名 C〖海〗(ボートなどの上げ下ろしのためのつり柱, ダヴィット.

Da·vy /déivi/ 名 David の愛称.

Dàvy Jónes 名 海の悪霊, 海神, 《船乗りの言葉》.

Dàvy Jones's lócker 名 U〖話〗海底《海の遭難者の墓地としての; **Dàvy's lócker**とも言う》. go to ～ 海の藻屑(もくず)となる.

daw /dɔː/ 名〖鳥〗＝jackdaw.

daw·dle /dɔ́ːdl/〖話〗動 自 のらくらする, 怠ける; VA

(～ over ..) ..をのろのろとやる. ── 他 をのらくら過ごす, 空費する, 〈away〉. ～ away one's time reading a magazine 雑誌を読んで時間を空費する. ▷～r 名 C のらくらする人, 怠け者.

*dawn /dɔːn/ 名 (複 ～s /-z/) UC **1** 夜明け, あけぼの, (daybreak). The ～ is breaking. 夜が明けかかっている. at ((the) break of) ～ 明け方に. from ～ till dusk [dark] 夜明けから日暮れまで. **2** 〈the ～〉(物事の)始まり, 黎明(れいめい); 端緒, 兆し. the ～ of the computer age コンピュータ時代の始まり. a false ～ of ..の始まりと見えてそうではないこと. before the ～ of history 有史以前に. since the ～ of time 世の中が始まって以来.

── 動 (～s /-z/|過 過分 ～ed /-d/|dáwn·ing) 自 **1** 夜が明ける, 明るくなる. It ～ed.＝(The) day ～ed.＝(The) morning ～ed. 夜が明けた. **2** (徐々に)発達し始める, 現れ出す.

dáwn on [upon] a pérson 人に分かり始める. The light [truth, realization] ～s on ..〔人〕に真相が分かり始めて来る. It ～ed upon me what he was driving at. 彼が何を言いたいのか私にはだんだん分かってきた.

The lìght dáwned. やっと分かった.

[＜古期英語「夜が明ける」(＜dæg 'day')]

dàwn chórus 名 〈the ～〉【主に英】明け方の鳥の鳴き声.

dàwn ráid 名 C 暁の急襲 ((1) 早朝の警察の手入れ. (2) 株式市場で開始直後に特定の銘柄を大量に買うこと).

‡**day** /dei/ 名 (複 ～s /-z/)

【1 日】 **1** C 日, 1 日, 1 昼夜; (惑星の)自転の周期. How many ～s are there in February? 2 月は何日ありますか. What ～ (of the week) is (it) today? 今日は何曜日ですか (★日付を聞くときは What's the date (today)?). Have a nice ～! ごきげんよう, さようなら, いってらっしゃい. for a few days 数日間. in ten ～s 10 日したら.

2【1 日で明るい間】UC 日中, 昼(間), (daytime; ↔ night); 昼(の)光 (daylight). during the ～ 昼間. (as) clear as ～ (→clear 形 4). for ～s and nights 幾日も幾晩も. The ～s grow shorter as winter approaches. 冬が近づくにつれ日が短くなる.

> 連結 a beautiful [a glorious; a nice; a dreary; a bright, a sunny; a cloudy, a foggy; a hot, a warm; a balmy, a mild; a chilly, a cold; a dry; a rainy, a wet; a windy, a windless] ～

【特定の日】 **3** UC 〈しばしば D-〉記念日, 祝[祭]日; 約束の日, 期日. Christmas *Day* クリスマスの(祝)日. Mother's *Day* 母の日. fix the ～ for their wedding 彼らの結婚式の日取りを決める.

4【仕事の 1 日】C (労働時間としての) 1 日, 労働日. an 8-hour ～ 8 時間労働(日). My ～ ends at 5 o'clock. 私の仕事は 5 時に終わる.

5【勝敗の 1 日】C 〈the ～〉勝利; 勝敗. lose the ～ 負ける. How goes the ～? 勝敗の行方はどうか.

【特定の日＞時期】 **6** C 〈しばしば ～s〉時代, 時期. in ～s gone by [to come] 昔[将来]は. at this [the present] ～ 現今では. in the ～s of James I ジェームズ 1 世の治世に. the social problems of the ～ 現代の社会問題. She has seen better ～s. 彼女も昔は羽振りがよかった. one's early [young] ～s 若いころ.

7 〈one's ～s〉一生, 生涯. for the rest of her ～s 彼女が死ぬまで. He remained single till the end of his ～s. 彼は(それから)死ぬまで独りで通した. Her ～s are numbered. 彼女は余命いくばくもない.

8 C 〈one's ～〉全盛期, 活躍期, (→成句 have had one's DAY). My ～ is done. 私の時代は過ぎた. Every dog has his ～.【諺】だれにでも一度は得意の時代がある.

áll dày (lóng)＝àll the dáy 〈副詞的〉1 日中.

ány dày 〈副詞的〉(1) いつでも. *Any* ～ is fine with me. 私はいつでも結構です. (2) どの日にでも, いつでも (any day now). Their new baby is expected ～ *day now.* 彼らの赤ん坊は今日明日にも生まれるかもしれない. (3) 毎日でも (any day of the week). (4) どういう場合でも, 断然, 絶対に. I bet my job is more interesting than yours ～ *day.* 私の仕事の方が君のよりも断然面白い, 賭(か)けてもいいよ.

at the ènd of the dáy すべてを考慮して, 結局.

by dáy 【主に雅】日中は. He kept indoors *by* ～ and went out by night. 彼は昼は家にこもっていて夜は外出した.

by the dáy (1) 日割りで, 1 日いくらで. We are hired *by the* ～. 我々は日給で雇われている. (2)〈進行形とともに〉日ごとに, 日 1 日と.

càll it a dáy 【話】(1 日の仕事などを)打ち切る, おしまいにする. Let's *call it a* ～ after we finish this. これを片付けたら今日の仕事は打ち切りにしよう.

càrry [wìn] the dáy 【話】勝つ, 勝利を収める; 目的を達する.

**dày after dáy* 〈副詞的〉来る日も来る日も, 毎日毎日.

**dày and níght* →night.

**dày by dáy* 日ごとに, 日 1 日と, 日に日に. It is getting warmer ～ *by* ～. 日ごとに暖かくなっていく.

dày ín (and) dày óut 明けても暮れても, 毎日, いつでも.

dày óff 休みの日, 非番の日 (→TAKE /../ off (8)). on my ～*s off* 私の非番の日に.

dày óut 行楽の日, 遊びに出かける日.

èvery òther [sècond] dáy 1 日おきに, 2 日ごとに.

for the dáy その日の仕事として〔町に出かけるなど〕; 今日はこれでおしまいとして〔別れるなど〕.

**from dày to dáy* (1) 日ごとに, 1 日 1 日と. The weather changes *from* ～ *to* ～ in the mountains. 山の中では天候は日ごとに変わる. (2) (先のことなど考えずに)その日その日で. He lives *from* ～ *to* ～. 彼はその日暮らしをしている.

from óne dày to the néxt (1) 2 日続けて. (2) 毎日, いつ何時, 〔何が起こるか不安でなど〕.

from thìs day fórward 今日から(は).

Have a gòod [fìne, nìce] dáy! 【話】じゃお元気で, 行ってらっしゃい《別れのあいさつ》.

have hàd one's dáy 全盛期は過ぎた. The railroad *has had* its ～. 鉄道の全盛期は終わっている.

if a dáy →if.

**in a [òne] dáy* 1 日で; 一朝一夕で. Rome was not built *in a* ～. (→Rome).

in thése dàys of .. ..の盛んなこのごろでは. *in these* ～*s of* computers コンピュータばやりのこのごろでは. ★修飾語(句)のない in these days はまれ.

in thís dày and àge (昔ならともかく)今日では, このごろは, 今どき, 《怒り, 驚き, 遺憾などの意を表す》.

**in thóse dàys* そのころ, 当時は.

It's èarly dáys (yet). ＝It's early in the DAY.

It's èarly in the dáy. 判断をするにはまだ早い.

(It's) (jùst) one of thòse dáys. ついていない日である《よくない事ばかりあって》.

It's nòt a person's dáy. 【話】〔人〕は今日はついていない.

màke a dáy of it (遊んで) 1 日を過ごす.

màke a pèrson's dáy 【話】'だれそれの日にする', その人にとってうれしい日にする. It *made* Grandfather's ～ when he was decorated. 祖父が叙勲された時は祖父の最高の日だった.

**nìght and dáy* →night.

nòt one's dáy ついていない日. This is *not* my ～. 今日はついていない.

**óne dày* 〈副詞的〉(1) (過去の)ある日. (2) ＝someDAY.

*òne of thèse (fine) dáys 近日中に, 遠からず. *One of these fine* ～s he will get his just deserts. 近いうちに彼は当然の報いを受けることになるだろう.
*sóme dày 〈副詞的〉(未来の)ある日, いつか. He will return to Japan *some* ～. 彼はいつか日本へ戻って来るだろう.
sòme of thèse dáys ＝one of these DAYS.
Thàt'll be the dáy. そんなことは(起こりっこ)ない.
(the) dày after tomórrow [before yésterday] 〈副詞的にも〉あさって[おととい]. ★〖米話〗では the がしばしば省かれる.
the góod old dàys 古きよき時代.
the òther dáy* 〈副詞的〉先日**, 先だって, この間. I bought this book *the other* ～. 先日この本を買った.
thése dàys* 〈副詞的〉このごろ**, 近ごろ, 最近. I am interested in chess *these* ～s. 最近チェスに興味がある.
Thóse were the dàys. 昔はよかった.
to a [the] dáy 1日の狂いもなく. twenty years ago *to a* ～ 1日も違わずちょうど20年前.
to thìs dáy 今日(に至る)まで; 今だに.
[＜古期英語 *dæġ*「昼間, 日」]
dáy·bèd 名 C ソファー兼用ベッド.
dáy·bòok 名 C **1**〖簿記〗取引日記帳. **2** 日記.
dáy·bòy 名 (複 ～s) C〖英〗(boarding school の)男子通学生 (↔boarder).
***day·break** /déibrèik/ 名 U **夜明け**, 黎明(れいめい). at ～ 明け方に.
dáy càmp 名 C〖米〗昼間キャンプ場《子供用》.
dáy càre 名 U (幼児に対する)(昼間)保育; (老人に対する)昼間介護.
dáy-care cènter [〖英〗**cèntre**] 名 C 保育園, 託児所; (老人のための)昼間介護センター.
†**dáy·drèam** 名 C 白日[昼]夢, 空想. He is often lost in ～s. 彼はよく空想にふける.
── 動 自 空想にふける 〈*about* ..の〉. ▷ **～·er** 名
dáy·gìrl 名 C〖英〗(boarding school の)女子通学生 (↔boarder).
Dáy-Glò, day·glo /-glòu/ 名 U〖商標〗デイグロー《ペンキなどに加える蛍光着色剤》.
dáy jòb 名 C 本職. Don't give up the ～.〖戯〗はっきりした成算のないことに手を出さない方がいいですよ.
dáy làborer 名 C 日雇い労務者.
‡**day·light** /déilàit/ 名 (複 **～s** /-ts/) U **1 日光**, 昼の光. **2** 昼間 (daytime). by ～ 日のあるうちに. ～ hours 昼間の時間. in broad ～ 真昼間に, 白昼堂々と. **3** 夜明け, 黎明(れいめい), (dawn). at ～ 明け方(に). get up before ～夜明け前に起床する. **4** 明らかであること, 世間に知れわたること. The reporter brought the matter out into the ～. 報告者はその問題を公にした. **5** 〈～s〉〖話〗意識, 正気.
bèat [knòck] the (lìving) dáylights out of a pérson 人を気を失うほど殴りつける, こてんぱんにやっつける.
begìn to sèe dáylight ＝see DAYLIGHT (3).
lèt dáylight through [into].. ..を刺す, (銃で)ぶち抜く.
scàre [frighten] the (lìving) dáylights out of a pérson 人が腰を抜かすほど驚かす.
sèe dáylight (1) 訳が分かり始める. I had to think about the problem for quite a while before I *saw* ～. その問題について相当に長く考えてようやくその本質が見えてきた. (2)〔出版物などが〕日の目を見る,〔物事が〕公表される. (3)(仕事などの)やまが見える, めどがつく.
dàylight róbbery 名 U **1** 白昼強盗. **2**〖話〗法外な値段をふっかけること, 'ふんだくり'(〖米〗 highway robbery).
dàylight sáving (tìme) 名 U〖米〗夏時間《晩春から初秋まで標準時間より1時間早くする制度; 略 DST;〖英〗summer time》.
dáylight tìme 名 ＝daylight saving time.
dáy·lòng 形 1日中続く, 終日の. ── 副 1日中, 終日.
dáy nùrsery 名 ＝day-care center.
Dày of Júdgment 名 〈the ～〉＝Judgment Day.
dày of réckoning 名 〈the ～〉悪事の清算日《悪事に対する報い[罰]を受ける時》.
Dày of Atónement 名 〈the ～〉＝Yom Kippur.
dày óne 名 U〖話〗初日. from ～ 最初から.
dáy pùpil 名 C〖英〗(寄宿学校の)通学生.
dáy relèase 名 U〖英〗(大学などへ通学するための)研修日制度. go to college on ～ 研修で大学に通う. a ～ course 研修コース.
dày retúrn 名 C〖英〗当日限り有効の割引往復切符.
dáy·ròom 名 C (病院, 学校などの)娯楽室《昼間読書したり書き物をしたりするのに利用する》.
days /deiz/ 副〖米話〗昼間はいつも[よく] (↔nights); 毎日.
dáy schòol 名 **1** UC (寄宿設備のない)私立の通学学校 (→boarding school); 昼間学校 (↔night school). **2** C 特別講座.
dáy shìft 名 **1** C 昼間勤務. **2** U〈集合的〉昼間勤務員. ◇↔night shift.
dàys of gráce 名 (契約などの)猶予期間.
dáy·stàr 名 C 〈普通 the ～〉 **1** 明けの明星. **2**〖詩〗太陽.
dáy tìcket 名 ＝day return.
‡**day·time** /déitàim/ 名 **1** U〈普通 the ～〉**昼間**, 日中. in [during] the ～ 昼間, 日中.
2〈形容詞的〉昼間の. a ～ flight 昼間の(飛行)便.
‡**dày-to-dáy** /-tə-㊞/ 形〈限定〉**1** 毎日の, 日々の, (daily). **2** その日暮らしの.
dáy trìp 名 C〖英〗日帰り(行楽)旅行.
dáy-trìpper 名 C 日帰り客.
†**daze** /deiz/ 動 他 **1** をぼうっとさせる, 茫(ぼう)然とさせる,〈しばしば受け身で〉. be ～*d* by a blow 殴られてぼうっとなる. He had been a prisoner so long that freedom now ～*d* him. 彼は長く囚人だったので今自由になると茫然とした. **2**〔光が〕の目をくらませる. ── 名 aU ぼうっとなった状態. ***be in a dáze*** ぼうっと[茫(ぼう)然と]している.
[＜古期北欧語「疲れ(させ)る」]
▷ **dazed** 形 茫然とした. **dáz·ed·ly** /-ədli/ 副
***daz·zle** /dǽz(ə)l/ 動 (**～s** /-z/| 過 過分 **～d** /-d/| **-zling**) 他 **1** (強い光で)**の目をくらませる**. be ～*d* by the headlights of an approaching car やって来る自動車のヘッドライトで目がくらむ. **2** を驚嘆させる. She ～s everybody *with* her wit. 彼女の機知にはみんなただ驚くばかりだ. ── 名 aU **1** まぶしい光, まぶしいもの, (まぶしいほどの)壮麗, 魅力. the ～ of the palace その宮殿の壮麗さ. **2** (光で)目がくらむこと[くらんだ状態]. [daze, -le[1]]
‡**dáz·zling** 形 目もくらむほどの[に輝く], まぶしい(ほどの). a ～ player すばらしい選手. ～ jewels まばゆい宝石. covered with ～ snow まばゆい雪に覆われて.
▷ **～·ly** 副
dB, db decibel.
DBE〖英〗Dame Commander of the Order of the British Empire《CBE に相当する女性》.
dbl double.
DBMS database management system.
DBS direct broadcasting by satellite (衛星放送).
DC[1], D.C. District of Columbia.
DC[2], dc da capo; direct current.
DCC digital compact cassette.
DCD digital compact disk.
DD direct debit; Doctor of Divinity (神学博士).
d—d /di:d, dæmd/ 形 ＝damned.

D́-Dày 图〘軍〙作戦開始予定日《特に第2次世界大戦中の Normandy 侵攻開始の1944年6月6日; < *Day Day*》; 〈一般に〉計画開始予定日.

DDS Doctor of Dental Surgery [Science] (歯学博士).

DDT /dìːdìːtíː/ 图 U 殺虫剤の一種.

DE〘郵〙Delaware.

de /diː/ 前「..の, から, に関する」の意味. [ラテン語]

de- /diː, di/ 接頭「分離, 除去, 降下, 否定など」を表す. *de*camp. *de*prive. *de*scend. *de*merit. [ラテン語 *dē* 'from, away from, out of']

D

DEA 图〈the ～〉〘米〙Drug Enforcement Administration.

dea·con /díːkən/ 图 C **1** (カトリック, 英国国教会などの)助祭 (→clergyman). **2** (長老派教会, バプテスト教会などの)執事《平信徒がなる》.

dea·con·ess /díːkənəs/ 图 C 女性助祭補.

de·ac·ti·vate /diːǽktəvèit/ 動 他〔爆弾など〕を爆発しないようにする.

‡**dead** /ded/ 形 ℭ (★3 は e; 成句は例外)

【死んだ】 **1** (**a**) **死んだ**, 死んでいる, (↔alive, living, live²; 類語「死んだ」状態を表す一般的な語; →deceased, late 6); 〔植物が〕枯れた. a ～ body 死体. He has been ～ for three years.(＝He died three years ago.＝It's been [It is] three years since he died.) 彼が死んでから3年になる. *Dead* men tell no tales.〘諺〙死人に口なし. He was found ～ of stab wounds. 彼は刺されて死んでいるのを発見された. ～ leaves 枯れ葉. ～ flowers しおれた花. (**b**)〈普通 the ～; 名詞的〉〈複数扱い〉**死者たち**; 〈単数扱い〉故人. the ～ and the living 死者と生者. There were twenty ～ in the accident. その事故で20人の死者が出た.

2 生命のない (inanimate). ～ matter 無機物.

【死んだような】 **3** e **生気[活気]のない**; 〔色などが〕さえない; 〔音が〕反響しない. the ～ season in a business 商売の全く振るわない季節. The water was ～ around us. 我々の周囲で水はよどんでいた. The floor made a ～ sound. 床(ゆか)は鈍い音を立てた.

4〔ボールなどが〕弾力のない, 〔たばこなどが〕火の消えた, 〔ビールなどが〕気の抜けた. ～ [flat] beer 気の抜けたビール.

5〔言語, 思想, 習慣などが〕**現在では用いられない**, 廃れた. a ～ language 死語《ラテン語のように現在では使用する民族のない言語》. ～ customs 廃れた慣習. a ～ volcano 死火山. a ～ mine 廃坑.

【活動しない】 **6**〔電線などが〕電流の通じていない, 〔電池などが〕切れている, (↔live²); 〔ブレーキなどが〕きかない. a ～ wire 電流の通じていない線. a ～ battery 切れた電池, あがったバッテリー. The phone went ～. 電話が切れた.

7〈叙述〉(寒さなどで)**無感覚の**, 麻痺(まひ)した, 〈*to*.. に対して〉. My legs feel ～. 足がしびれた. be ～ *to* pity [reason] 哀れみの心[理性]がまるでない.

8〔眠りが〕深い; 静まりかえった. a ～ sleep 深い眠り. the ～ hours of the night 真夜中. **9**〘話〙〈叙述〉(死ぬほど)疲れた. We're quite ～. 我々はへとへとだ.

【活動する余地がない】 **10** 出入口のない, 行き止まりの, (→dead-end). **11**〘競技〙〔競技者やボールが〕アウトの. a ～ player アウトになった選手. a ～ ball アウトになったボール《野球のファウルになったゴロなど; その間ゲームの進行は止まる》. 参考 野球の「デッドボール」は和製英語; 「死球を受ける」は be hit by a pitch.

【死のように避けられない】 **12** (死のように)確実な, 的確な. a ～ certainty 絶対に確実な事. a ～ shot 射撃の名手. **13**〈限定〉絶対的な, 全くの. in ～ earnest 本当に真剣に. come to a ～ stop ぴたりと止まる. ◇图 death 動 die

(as) dèad as a dóornail [*dódo, hérring, máckerel*] (疑いもなく, 完全に)死んで; 息の根も絶えて.

dèad and góne [*búried*] (とうに)死んで(葬られて); 〔議論などが〕片がついて.

dèad in the wáter〔計画などが〕暗礁に乗り上げて, 宙に浮いて.

dèad méat〘話〙大変困ったことになって.

dèad on arríval (病院)到着時にすでに死亡して《略 DOA》.

dèad to the wórld ぐっすり眠って.

from the déad 蘇って, 生き返って. the Christian belief that Christ rose *from the* ～ イエスキリストは復活したというクリスチャンの信仰.

màke a dèad sét at.. (1)〔人〕を(理屈, あざけりなどで)攻撃し続ける. (2)〔特に女が男〕にねらいを定める.

more dèad than alíve へとへとで.

òver my dèad bódy →body.

wàke the déad 死者たちを目覚めさせる. be loud enough to *wake the* ～ ひどくうるさい.

wouldn't be càught [*sèen*] ***déad*** 見られるのはごめんだ〈*in*..を着ているのを/*with*..と一緒にいるところを/do*ing*..しているところを〉.

── 副 ℭ 全く, すっかり; ちょうど, 正しく. ～ certain [sure] 絶対確実な. ～ drunk 泥酔して. ～ asleep ぐっすり眠って. stop ～ ぴたりと止まる. The wind was blowing ～ against us. 風は真っ向から吹いていた.

cùt a pèrson déad →cut.

dèad béat〘話〙疲れ切った, へとへとで.

dèad ón 全く正しい.

dèad sét on [***against***]..〘話〙..しようと決意して[..に断固反対で]. I'm ～ *set on* getting the appointment. 何がなんでもあの職に就くつもりだ.

── 图 U 〈the ～〉静まり返っている[活気のない]時期[時刻], (寒さの)真っ最中. in the ～ of night [winter] 真夜中[真冬]に. [<古期英語]

dèad-(and-)alíve 形〘英〙おもしろくない, 活気のない.

déad·bèat 图 C〘米話〙**1** (借金, 勘定を)踏み倒す人. **2** 怠け者, ごくつぶし. ★dead beat は →dead 副.

déad bòlt 图 C〘米〙箱錠, 彫り込み錠(〘英〙mortise lock).

dèad cénter 图 C まん真ん中.

dèad dúck 图 C〘話〙**1** (成功の見込みのない)だめな計画[人]. **2** お蔵入りの人[物].

†**dead·en** /dédn/ 動 他 **1**〔活気, 力など〕をそぐ; 〔苦痛など〕を和らげる. ～ a person's enthusiasm 人のやる気をそぐ. a shot to ～ the pain 痛み止めの注射. **2**〔音, 光沢など〕を消す; 〔速度など〕を落とす; 〔壁, 床など〕を防音する. Thick walls ～ noise. 厚い壁は音を遮る.

dèad énd 图 C **1** (道の)行き止まり, 袋小路. **2** (仕事, 状況, 政策などの)行き詰まり, '袋小路', 苦境. come to [reach] a ～ 苦境に陥る.

dèad-énd /㊥/ 形 **1**〔通りが〕行き止まりの. **2**〔仕事などが〕行き詰まった, 将来性のない. a ～ job 将来性のない仕事. **3** 裏通りの, スラム街の. ～ kids スラム街のちんぴら. ── 動 自 行き止まりになる.

déad·fàll 图 C **1** 落とし罠(わな)《上から重い物を落として大きな動物を殺す[捕える]》. **2**〘米〙(森林の)大量の倒木.

dèad gróund 图 U 死角.

déad·hèad 图 C **1** (優待券による)無料乗客[入場者]. **2** 能なし, のろま, 鈍い人. **3**〘米〙回送車.

── 動 自 **1**〘米〙回送車を運転する. **2**〘英〙の枯れた花を取り除く.

dèad héat 图 C **1** (競走で)(1位が)同着のレース. **2**〘米〙接戦, デッドヒート. be in a ～ *with* ....とデッドヒートを演じる.

dèad létter 图 C **1** (住所不明などで)配達不能の郵便物. the ～ office 配達不能郵便物課. **2** (廃棄されてはいないが)効力・機能を失ったもの《法律など》, 空文, 死文.

†**déad·lìne** 名 C (新聞, 原稿などの)締切(時間); (最終)期限 (time limit) 〈*for*..の〉. The ~ is April 1. 締切は4月1日です. a tight ~ 余裕のない締切. work to a ~ 締切日まで仕事をする. beat a 10 am ~ 10時の締切に間に合う. set a ~ *for* ..の期限を定める. meet [miss] the ~ 締切に間に合う[遅れる].

dead·li·ness /dédlinəs/ 名 U 致命的なこと; 執念深さ; 甚だしさ.

†**déad·lòck** 名 UC (交渉などの)行き詰まり, 停頓(ていとん). come to a ~ 行き詰まる. break [resolve] the ~ 行き詰まりを打開する. ── 動 他, 自 を行き詰まらせる; 行き詰まる. ▷~**ed** /-t/ 形 行き詰まった, 暗礁に乗り上げた.

dèad lóss 名 C 丸損; 〖話〗まるで役に立たない[だめな]人[物]; むだ.

***dead·ly** /dédli/ 形 e (-**li·er**|-**li·est**)
【命にかかわる】 **1** 致命的な, 命にかかわる, 生命を奪う. a ~ poison 猛毒. a ~ wound 致命傷. a ~ weapon 凶器. **2** 〈限定〉命をねらう; 必死の; 執念深い. one's ~ enemy 不倶戴天(ふぐたいてん)の敵. a ~ combat 死闘. a ~ hatred 深い憎しみ.
【致命的打撃を与える】 **3** 極めて効果的な, 痛烈な. a ~ argument against smoking 喫煙に対する決定的な反対論. **4** 〖話〗〈限定〉(**a**) 甚だしい, ひどい. stand in ~ terror of ..を極度に恐れる. in ~ haste ひどく急いで[慌てて]. in ~ earnest ひどく真剣に. in ~ silence 全く沈黙して. (**b**) 〖スポーツ〗完璧(かんぺき)な〔選手, 技術など〕. with ~ accuracy 完璧な正確さで.
【死のような】 **5** (**a**) 〈限定〉死(人)のような, 死んだような. a ~ paleness [pallor] 死んだように青ざめていること. (**b**) 〖話〗活気のない, 退屈な. I found the party ~. パーティは退屈だった.
── 副 **1** 死(人)のように. ~ pale 死(人)のように青ざめた. **2** 〖話〗非常に, ひどく, (extremely). ~ dull [serious, tired] ひどく退屈な[まじめな, 疲れた].

dèadly níghtshade 名 ＝belladonna.

dèadly síns 名 〈the (seven) ~〉→seven deadly sins.

déad màn 名 C ＝dead soldier.

dèad man's hándle 名 C 〖英〗〖機〗デッドマンズハンドル《手を放すと動力源が切れる電車の操作ハンドル》.

dèad-man's flóat 名 C 〈単数形で〉〖水泳〗伏し浮き.

déad màrch 名 C 葬送行進曲.

déad·ness 名 U 死(の状態); 活気のなさ; 無感覚.

dèad-ón /⑧/ 形 〖話〗まさにその通りの, 全く正しい, 非常に正確な.

déad·pàn 形, 副 〖話〗無表情な[に], 平然とした[て], 何食わぬ顔で(の) 《<のっぺりした平なべ》. a ~ face [expression] ポーカーフェイス. ~ humor 何食わぬ顔でのユーモア. in a ~ manner 平然と.

dèad pán 名 C 〖話〗無表情(な顔[人]) (→deadpan).

dèad pédal 名 C 〖俗〗のろい車.

dèad réckoning 名 U 〖海〗推測航法《航行記録と羅針盤だけで船の現在位置を決めること; 濃霧などで天体を観測できない時に用いる》.

dèad rínger 名 C 〖話〗そっくりの人[物]〈*for* ..に〉. Joe is a ~ *for* his cousin Harry. ジョーはいとこのハリーと瓜(うり)二つだ.

Dèad Séa 名 〈the ~〉死海《イスラエルとヨルダンの国境にある塩分の濃い湖》.

Dèad Sea Scrólls 名 〈the ~〉死海写本[文書]《死海西岸近くの洞窟で1947年から発見された旧約聖書などを含む写本》.

dèad shót 名 C 目標に命中する弾丸; (その弾丸を「打つ」)射撃の名手.

dèad sóldier 名 C 〖主に米話〗酒の空瓶.

dèad spít 名 C 〖英話〗そっくりな人, 生き写し, 〈*of* ..に〉.

dèad wéight 名 C **1** 自力で動かない物[人]の重量. He carried her to the bed, a ~ in his arms. 彼はぐったりとなった彼女を両腕に抱えてベッドまで運んだ. **2** (負担, 責任などの)重荷, 重圧. **3** (車両の)自重.

dèad white (Européan) mále 名 C 〖主に米話〗白人男性である故に尊重される作家[哲学者など].

déad·wòod 〖米〗, **dèad wóod** 〖英〗 名 U **1** (立ち木に付いている)枯れ枝.
2 役に立たない人[物], 無用の長物. cut out the ~ 〖話〗余計な物[人員]を切り捨てる.

‡**deaf** /def/ 形 e **1** 耳が聞こえない[不自由な]; 耳が遠い. be ~ *in* one's right ear 右の耳が聞こえない. as ~ as a post [a stone, an adder] 全く耳が聞こえない. the ~ 耳の聞こえない人々. There's none so ~ as those who will not hear. 〖諺〗聞く意志のない人ほど聞こえない人はいない. **2** 〈叙述〉耳を貸さない〈*to* ..に〉. He was ~ *to* my pleas. 彼は私の訴えを聞こうとしなかった.
◇動 deafen
fàll on dèaf éars 〔忠告などが〕無視される.
tùrn a dèaf éar to.. 〔依頼など〕に耳を貸さない.
[＜古期英語] ▷**déaf·ness** 名 U 耳が聞こえないこと.

déaf-àid 名 C 〖英話〗補聴器 (hearing aid).

dèaf-and-dúmb /-(ə)n-/ 形 聾唖(ろうあ)(者)の (類語 今は軽蔑的な語とされる.→deaf-mute). the ~ alphabet 聾唖者用手話文字.

†**deaf·en** /déf(ə)n/ 動 他 〔人〕の耳を聞こえなくする. I was momentarily ~*ed* by the noise. 私はその音で一瞬耳が聞こえなくなった.

déaf·ened 形 聴覚を失った. 類語 deaf は生まれながらにして耳が聞こえないこと; deafened は言語習得した後で聴覚を失った状態.

‡**déaf·en·ing** 形 耳をつんざくような. ▷~·**ly** 副

déaf-mùte /〖英〗∸∸/ 名 C 聾唖(ろうあ)者. ── 形 ＝deaf-and-dumb. (★PC 語は profoundly deaf).

‡**deal**[1] /diːl/ 名 aU 量, 額; 程度; 〈以下の句で〉.
a déal (of..) 〖話〗＝a good [great] DEAL (of..).
****a gòod [grèat] déal*** 〖話〗 (1) 多量, 相当量. He has *a great* ~ to say against you. 彼はあなたに不満がたくさんある. (2) 〈副詞的〉随分, 大いに. He feels *a good* ~ better than yesterday. 彼は昨日よりずっと気分がいい.
****a gòod [grèat] déal of..*** 〖話〗..をたくさん (★普通 U の名詞を伴う; C の名詞を伴うときは a large [great] number of..). They drink *a good* ~ *of* tea in England. イングランドでは紅茶をたくさん飲む.
[＜古期英語「部分」]

‡**deal**[2] /diːl/ 動 (~s /-z/|過 過分 **dealt** /delt/|**déal·ing**) 他 【分け与える】 **1** (**a**) を分ける 〈*out*〉; VOO (~ X Y)・VOA (~ Y *to* X) X(人)に Y を分ける, 分配する, 〈*out*〉; Y(トランプの札など)を X に配る. ~ *out* money *to* [*among*] the victims 被災者たちに金を分ける. ~ (*out*) justice *to* all men すべての人を公平に取り扱う. *Deal* the cards. カードを配ってくれ. I have been *dealt* four aces. 僕の所にエースが4枚来ている. (**b**) VOA (~/X/ *out*) 〔判決など〕を下す; 〔当然の報いなど〕を与える.
2 を与える, 加える; VOO (~ X Y)・VOA (~ Y *to* X) X に Y (打撃など)を与える. He *dealt* me a blow *in* the face. 彼は私の顔を殴った. The loss of the pitcher *dealt* a great blow *to* the team. その投手を失ったことはチームに大打撃を与えた.
── 自 【分かち合う】 **1** (トランプなどの)札を配る.
【分かち合う＞かかわり合う】 **2** VA ふるまう. ~ kindly [badly] *by* [*toward*] a person 人に対して優しく[意地悪く]ふるまう.
3 〖俗〗麻薬を売買する.
dèal a person a hánd ＝DEAL a person in.
déal at 〔店, 会社など〕と取引きする. I've stopped ~*ing at* that store. あの店で買うのをやめた.
dèal a person ín 人を(トランプの)仲間に入れる; 〈一般

に〉仲間に入れる.
déal in .. (1)(商品として)..を扱う, 商う, 売買する. ～ *in* furniture [diamonds] 家具[ダイアモンド]を扱う[売る]. (2)..にかかわる, 手を出す; ふける. ～ *in* politics 政治に手を出す. (3)..を扱う. Science ～*s in* facts. 科学は事実を扱う.
dèal /../ óut (1)→他 1. (2)〔人〕を抜かす.
déal with .. (1)..を扱う, 処理する, 対処する. how to ～ *with* armed robbers 武器を持った強盗の対処の仕方. (2)〔本・論文などが〕..を扱う, 論じる. This book ～*s with* the Middle Ages. この本は中世を扱う. (3)〔人, 会社など〕..と取り引きする. We ～ directly *with* Bell & Co. 我が社はベル商会と直接取り引きしております. (4)..と付き合う, ..を相手にする. He is a difficult person to ～ *with*. 彼は付き合いにくい人だ. She is good at ～*ing with* difficult persons. 彼女はやっかいな人の扱いがうまい. (5)..に対してふるまう. The judge *dealt with* the offender sympathetically. 判事は犯罪人に対して同情的にふるまった.
── 名 C 1 (トランプなどの札を)配ること; 配る番, 親; (トランプなどの)ひと勝負. a new ～ 配り直し. Whose ～ is it? だれが親ですか.
2〖話〗〈普通, 単数形で〉(人の)扱い, 待遇. give a person a square [fair] ～ 人を公平に扱う. get a raw [rough] ～ (from..) (..に)ひどい仕打ちを受ける, 不当に取り扱われる.
3〖話〗取り引き, 契約, (bargain);〖米〗(特に政治的, 商売上の)不正取り引き, 密約. close [strike] a ～ 取り引きをまとめる. get a good ～ (on..) (..を)安く買う. I'll make [do] a ～ with you. 君と取り引きをしよう. It's a ～. よし決めた. That's [It's] a ～. よろしい, それで手を打ちましょう.
4 (政治, 経済上の特定の)政策 (→New Deal).
cùt a déal 協定を結ぶ; 取り引きをする, 〈*with*..と〉.
Whàt's the (bìg) déal?〖米話〗この騒ぎはどうしたんだい; 何が起こっているのか. *What's the* ～ *with* that? それがどうしたんだい.
[<古期英語「分ける」(<「部分」deal[1])]
deal[3] 名 U モミ[マツ]材; モミ[マツ]板《家具用》. [<中期オランダ語「板」]
***deal·er** /dí:lər/ 名 (複 ～s /-z/) C 1 (トランプなどの)配り手, 親. **2** 販売人[店], ディーラー, ..商人[業者, 屋], 〈*in* ..の〉. a car [real estate] ～=a ～ *in* cars [real estate] 自動車販売[不動産]業者. **3**〖俗〗(麻薬の)売人.
deal·er·ship /dí:lərʃìp/ 名 U 販売特約権; C (特約権を持つ)販売店.
†**déal·ing** 名 1 U 取り扱い, 仕打ち. fair [honest] ～ 公平な取り扱い, 正直なやり方. plain ～ 正直(なやり方). **2** 〈～s〉商取り引き; 付き合い. have ～s with ..と取り引き[付き合い]がある. **3** (トランプの札などを)配ること.
dealt /delt/ 動 deal[2] の過去形・過去分詞.
†**dean** /di:n/ 名 C 1 (大学の)学部長. **2** 学生部長. **3** (Oxbridge の)学生監. **4** (大聖堂 (cathedral) 又は聖堂参事会管理教会 (collegiate church) の)首席司祭. **5** (英国国教の)地方監督 (rural dean)《数教区を受け持つ》. **6** =doyen. [<ギリシア語「10 人の(僧の)長」(<*déka* 'ten')]
dean·er·y /dí:nəri/ 名 (複 -er·ies) 1 U dean の地位[職]. **2** C dean の管区. **3** C dean の公邸.
dean·ship /dí:nʃìp/ 名 UC dean の職[地位, 任期].
déan's lìst 名 〈the ～〉〖米大学〗成績優秀者名簿.
‡**dear** /diər/ 形 e 【大事な】 **1 大切な**, 貴重な, 〈*to* ..にとって〉. hold her ～ 彼女を大切に思う. Life is very ～ *to* me. 私はとても命が惜しい. Her brother was very ～ to her. 弟は彼女にとって大切な人だった.
2 〈限定〉**かわいい**, いとしい, 親愛な. my ～ mother 私の愛する母. my ～ June = June my ～ ジューンさん《呼びかけ; →名》. Father ～! お父さん《愛情を込めた呼びかけ》. **3** 心からの (sincere). His ～*est* hope was for peace. 彼が最も心から望んだのは平和だった.
4【高価な】〖主に英〗(**a**) **高価な** (high-priced), 高い; 高利の; (↔cheap; 類語 cheap の反対語として, 普通「法外に高い」の意味; →expensive). Vegetables are very ～ this week owing to the typhoon. 台風のせいで今週は野菜が非常に高い. ～ money 高利の金. 語法 at a *dear* price (高い値段で)や The price of pork has become very *dear*. のような言い方も時には見られるが, dear に price (値段)の意味が含まれるので, dear の代わりに high を用いるか, dear を最初の例文のように用いるのがよい.
(**b**)〔店などが〕(物を)高く売る. a ～ store 高い店.
Dèar Sír [Mádam; Mr. Á; Mrs. Á; Miss Á] (1)〈手紙の書き出しで〉拝啓.

> 語法 (1)〖米〗では my の付かないこの形の方が親愛の情が深く, My dear.. は形式的;〖英〗では反対になる. (2) 親しい者同士では, *Dear* John, *Dear* Mary のようにファーストネームに付けるのが普通. (3) *Dear* Sir [Madam] は未知の男性[女性]に対する改まった表現; 会社, 団体などに対しては *Dear* Sirs [Madams] を用いる.

(2)〈会話で〉ねえ, ..さん《時に皮肉に用いられる》.
── 名 (複 **～s** /-z/) C **かわいい人**, いい子; 愛人; 〈夫婦, 親子などの間の呼びかけとして〉あなた, おまえ, (→darling). Come here, (my) ～*s*. みんなここへおいで. Be [You are] a ～ to make a cup of tea for me. お茶を入れてちょうだいね[入れてくれてありがとう]. Do be quiet, there's [that's] a ～. いい子だから静かにしなさいね. He's such a ～. あの人って, いい人です. an old ～〖英〗(お)婆さん《an old woman に対する失礼な表現》.
── 副 高価に, 大きな代償を払って, (語法 buy, cost, pay, sell とのみ連結する). He paid ～ for the mistake.=The mistake cost him ～. その失敗で彼は大きな代償を払った.
── 間 〈驚き, 困惑, 悲しみなどを表して〉*Dear* me! I'm late again. あーあ, また遅れちゃった. Oh ～!=*Dear*, ～! おやおや, あれまあ《驚き, 同情, 苦しみのていねいな表現》.
[<古期英語]
dear·est /dí(ə)rəst/ 名 C 1 〈呼びかけ〉親愛なる人よ. *Dearest* Mary. 親愛なるメリー様. **2** dear の最上級. my ～ hope〖旧〗私の心からの希望.
dear·ie /dí(ə)ri/ 名〖話〗=deary.
Dèar Jóhn (lètter) 名 C (妻からの)離縁状, (女性からの)絶交状; 〈一般に〉絶交状.
***dear·ly** /díərli/ 副 m **1 愛情を込めて**, 大事に. He loves her ～. 彼は彼女を心から愛している. **2 とても**, 非常に. I would ～ like to see the movie. どうしてもその映画が見たい. **3 大きな犠牲を払って**. That was a victory too ～ bought. それは過大な犠牲を払って得た勝利であった《勝ったものの犠牲が大きすぎた》.
pày déarly for .. ..で大きな犠牲を払う.
dèarly belóved 名 〈単複両扱い〉親愛なるあなた(方)《牧師が結婚する男女に, あるいは葬式で死者に向かって用いる呼びかけ》.
déar·ness 名 U 1 親愛の情. **2** 高価(なこと).
dearth /də:rθ/ 名 aU〖章〗不足, 欠乏, 〈*of* ..〔人, 物〕の〉(scarcity). a ～ *of* food [information] 食糧[情報]不足. [<中期英語; dear, -th[1]]
dear·y /dí(ə)ri/ 名 (複 **dear·ies**) C〖話〗かわいい人 (darling)〈普通, 呼びかけ〉. *Deary* me! あらまあ.
‡**death** /deθ/ 名 (複 **～s** /-s/)
【死】 **1** UC **死**(の状態) (↔life); 死亡, 死ぬこと, (↔birth). accept [meet] (one's) ～ 死を迎える. ～ with dignity 尊厳死, 安楽死. his ～ from a heart attack

心臓発作による彼の死. (as) pale as ～ 死(人)のように青ざめた. from birth to ～ 生まれてから死ぬまで. ～ by drowning 水死. be united in ～ 死してなお結ばれる《夫婦などが同じ墓に葬られる》. fall to one's ～ from the balcony バルコニーから落ちて死ぬ. There's been a ～ in his family. 彼の家族に不幸があった. Nothing is certain but ～ and taxes. この世で確かなのは死と税金だけである.

連結 an accidental [a violent; an instantaneous; a lingering; a peaceful; a painful; a premature, an untimely; an unexpected] ～ // escape [face; seek] ～ // ～ comes [occurs] (to a person)

2 〈普通 D-〉死神《西洋では大鎌(おおがま)を持った骸(がい)骨として表される》.
3 Ⓒ〈修飾語を伴って〉死に方. a natural ～ 自然死. die a happy [miserable] ～ 幸福[悲惨]な死に方をする (語法 die の同族目的語の場合, 副詞(句)で書き変えられることが多い: die happily [miserably]).
4 Ⓒ 死亡(事故, 件数), 死亡者. The earthquake caused 500 ～*s*. その地震で 500 人の死者が出た.
5 Ⓤ 処刑(されること), 死刑; 殺害(されること). put a person to ～ →成句. →death sentence.
6 Ⓤ (**a**) 死因. Overwork was the ～ *of* him. 過労が彼の命を奪った. (**b**) 〈普通 the ～〉〖旧〗死ぬほど悩ますもの, 大変笑わせる人, 〈*of* ..〔人〕を〉, 命取り〈*of* ..の〉. The problem was the ～ *of* me. その問題で私は死ぬほど苦しんだ.
【終末】 **7** Ⓤ 〈the ～〉消滅, 終わり, 〈*of* ..〔物事〕の〉. the ～ *of* a word ある語の消滅. the ～ *of* all hopes すべての望みが絶たれること. ◇形 dead, 動 die
as sùre as déath 全く確かで.
at dèath's dóor 死にかかって. The patient is *at* ～*'s door*. その患者は危篤に陥っている.
be déath on .. 〖話〗 (1) ..(の腕)はすごい. (2) ..が大好きである. (3) ..が大嫌いである; ..に大変厳しい.
be in at the déath (1) (キツネ狩りなどで)獲物の死を見届ける. (2) 物事の結末[最期]を見届ける.
càtch [***tàke***] ***one's déath*** (***of còld***) 〖旧・話〗ひどい風邪を引く.
dò ..to déath ..を使い古してつまらないものにする《古くは＝put .. to death》. Bill's joke has been *done to* ～. ビルの冗談にはもう飽き飽きしている.
fèel [***lòok***] ***like déath*** (***wàrmed óver*** 〖米〗 [***úp*** 〖英〗]) 大変具合が悪く感じる[見える]; 疲労困憊(こんぱい)している(ように見える).
pùt a pèrson to déath ..を殺す, 処刑する.
till [***until***] ***dèath dò us párt*** 〖米〗, ***till dèath us dò párt*** 〖英〗 一生涯《結婚式の誓いの言葉》.
****to déath*** (1) 死ぬまで, (..して)死ぬ. be frozen [starved] *to* ～ 凍死[飢え死に]する. (2) 極度に, ひどく. I'm sick *to* ～ of his boasts. 彼の自慢話は全く聞き飽きた.
to the déath 死ぬまで. [＜古期英語]
dèath ágony 名 Ⓤ 断末魔の苦しみ.
déath·bèd 名 Ⓒ 〈普通, 単数形で〉死の床; 臨終. on one's ～ 死の床で, 死に際に.
be on one's déathbed (1) 死にかけている. (2) 〖戯〗死にそうだ《大変具合が悪い》. make a ～ repentance [confession] 死に際のざんげ[告白]をする.
déath·blòw 名 Ⓒ 〈普通, 単数形で〉致命的打撃. deal a ～ *to* his ambition 彼の野望への致命的打撃を加える.
déath càmp 名 Ⓒ (普通, 戦時中の)死の収容所.
déath certìficate 名 Ⓒ 死亡証明書.
déath dùty 名 〖英旧〗＝inheritance tax.
déath hòuse 名 〖米〗＝death row.
déath knèll 名 〈the ～〉'弔鐘', 終末を告げる出来事[前兆]. sound [toll, ring, be] the ～ for [of] .. を葬る鐘を鳴らす; の終焉(えん)を告げる.
déath·less 形 不滅の, 不朽の. ～ fame 不朽の名声. ～ prose 〖戯〗'不朽の名文'《駄文》. ▷ **～·ly** 副
déath·lìke 形 死(人)のような, 死んだような, 死を思わせる. a ～ silence 死のような静寂.
déath·ly 形 **1** ＝deathlike. **2** 致命的な (deadly). a ～ wound 致命傷. **3** 全くの. a ～ hush 全くの沈黙.
── 副 **1** 死(人)のように. a ～ black hue (死のように)真っ黒な色. **2** 極端に, ひどく. be ～ afraid ひどく怖がっている.
déath màsk 名 Ⓒ デスマスク, 死面.
déath pènalty 名 〈the ～〉死刑.
déath ràte 名 Ⓒ 死亡率《人口 1,000 人につき年間の死亡者数》.
déath ràttle 名 Ⓒ 死前喘鳴(ぜんめい)《臨終の際ののど鳴り》.
déath ròll 名 Ⓒ (事故, 戦闘などでの)死亡者名簿[数].
dèath rów /-róu/ 名 Ⓒ 死刑囚監房棟 (death house). a man on ～ for murder 殺人で死刑待ちの男.
déath sèntence 名 Ⓒ 死刑宣告.
déath's-hèad 名 Ⓒ しゃれこうべ(の絵, 像)《死の象徴》.
déath squàd 名 Ⓒ 〈単数形で複数扱いもある〉暗殺団.
déath tàx 名 Ⓒ 〖米〗相続税 (inheritance tax).
déath thròes 名 〈複数扱い〉 〈the [a person's] ～〉断末魔; 〈一般に〉末期的症状.
déath tòll 名 Ⓒ (事故などによる)死亡者数.
déath tràp 名 Ⓒ 死の落とし穴《火災のときの危険な建物, 交通事故多発地点など》.
Dèath Válley 名 デスヴァレー《米国カリフォルニア州東部からネヴァダ州南部にかけての砂漠; 北米で最も低い(一番低い地点は海面下 85m) 地域; 金鉱探しの一団がこの砂漠を横断中に死者を出したことから》.
déath wàrrant 名 Ⓒ **1** 死刑執行令状. sign one's own ～ 命取りになるようなことをする《＜自分の死刑執行令状にサインする》. **2** ＝deathblow.
déath·wàtch 名 Ⓒ **1** 臨終の看護[看(み)取り]; 通夜. **2** 死刑囚の監視人. **3** シバンムシ《この虫が木に穴を開けるときの音が死の前兆であると信じられていた; **deathwatch bèetle** とも言う》.
déath wìsh 名 Ⓒ 〖精神分析〗死亡願望《自分又は他人の死を願う》.
deb /deb/ 名 〖話〗＝debutante.
dé·bâ·cle, de·ba·cle /deibɑ́:k(ə)l, di-/ 名 Ⓒ **1** (政府の)瓦(が)解; (軍隊の)潰(かい)走 (stampede); (市場の)暴落; 大失敗. **2** (川の)氷の大崩壊. [フランス語「かんぬきを外すこと」]
de·bar /dibɑ́:r/ 動 (～s|-rr-) 他 VOA (～ X ***from*** (*doing*) ..*/X* ***for*** ..) 〖章〗..(すること)から/..の理由で X を除外する, 締め出す, 妨げる. Women are ～*red from* enter*ing* the club. 女性はそのクラブから締め出されている.
de·bark /dibɑ́:rk/ 動 自 〖まれ〗＝disembark.
de·bar·ka·tion /dì:bɑ:rkéiʃ(ə)n/ 名 〖まれ〗＝disembarkation.
†**de·base** /dibéis/ 動 他 の品質[価値, 品性]を落とす, を悪くする. ～ oneself by lying うそをついて品性を落とす. ～ one's name 名を汚す. ～ the coinage (貴金属の含有量を減らして)貨幣の質を下げる. [de-, base[2]] ▷ **～d** 形
de·báse·ment 名 UC (品質, 価値の)低下, (品性の)堕落.
‡**de·bát·a·ble** 形 **1** 論争の種となる[余地がある], 異論のある. It is ～ whether.... ..かどうかは疑問だ. **2** 論争[係争]中の. a ～ border area 係争中の国境地帯. ▷**-bly** 副
***de·bate** /dibéit/ 動 (～**s** /-ts/|過 過分 **-bat·ed** /-əd/|

-bat·ing) [他] (～ X/*wh*節·句) **1** [VO] Xを/..かを討議[討論]する; 〔人, 相手〕と討論をする, 議論を交わす; ([類語] 普通, 賛否対立して公開の場で正式に議論を戦わせる場合に用いる; →discuss). ～ the matter at a regular meeting その問題を定例会で討議する. The party ～*d which* way to go. 一行はどちらの道を行くべきかを議論した.

2【自分と討議する】[VO] (～ X/*doing*/*wh* 節·句) X を/..することを/..かを熟考する. He ～*d* the decision in his mind for many hours. 彼はその決定を何時間もじっくりと考えた. I ～*d whether* to go or stay. 行くべきかとどまるべきかをじっくり考えた.

── [自] **1** 討議[討論]する 〈*with* ..と/*about, on, upon* ..について〉; 討論(会)に加わる. I ～*d with* my friends *about* the question. 私は友人たちとその問題について話し合った. a *debating* team 討論コンテスト出場チーム.

2 熟考する, よく考える, 〈*about, of* ..を〉. She ～*d* (*with* herself) *about* his offer. 彼女は彼の申し出を(頭の中で)よく考えた.

── [名] ([複] **～s** /-ts/) [UC] (対立の際立った)**論争**, 討議, 〈*on, about, over*..に関する〉; [C] 討論会. the ～ *over* affirmative action 差別是正措置をめぐる論争. the unending ～ between pros and cons 賛成派と反対派の果てしなき論争. hold a ～ on the subject その問題について討論する. The matter of his successor is still under ～. 彼の後継者についての問題はまだ論争中だ. be open to ～ ＝ be a matter for ～ 様々な意見がありうる; まだ決定していない.

> [連結] a heated [a lively, a spirited; an acrimonious, a bitter] ～ // open [close] a ～ // a ～ begins [ends]

[＜古期フランス語「戦う」; de-, batter²]

de·bát·er [名] [C] 討論する人; 討論会参加者.

debáting pòint [名] [C] (論争を有利にするためだけの)取るに足りない論点.

de·bauch /dibɔ́:tʃ/ [動] [他] (特に酒や麻薬や女遊びなどの点で)を堕落させる. ── [名] [C] 放蕩(ほうとう), 乱行; 暴飲暴食. ▷**～ed** /-t/ [形] 「蕩(ほうとう)者 (prodigal).

deb·au·chee /dèbɔ:tʃí:, dibɔ̀:tʃí:, -ʃí:/ [名] [C] 放↑

de·bauch·er·y /dibɔ́:tʃ(ə)ri/ [名] ([複] **-er·ies**) **1** [U] 放蕩(ほうとう), 道楽. **2** [C] 〈-ries〉 放蕩生活, 乱行.

de·ben·ture /dibéntʃər/ [名] [C] **1**〖米〗無担保社債 (**debénture bònd**). **2**〖英〗借入証明書, 社債(券). **3** (関税の)戻し税証明書.

de·bil·i·tate /dibílətèit/ [動] [他] 〖章〗を衰弱させる; 〔組織など〕を弱める. ▷**de·bil·i·tat·ed** /-əd/ [形] **de·bil·i·tat·ing** [形] 身体を衰弱させる. a *debilitating* climate 体にひどくこたえる気候.

de·bil·i·ty /dibíləti/ [名] [U] 〖章〗(病気による)衰弱.

‡**deb·it** /débət/ [名] [C] **1**〖簿記〗借り方(記載) (**débit sìde**)《帳簿で左側の欄; ↔credit》. on the ～ side 借り方欄では; マイナス面としては. **2** (銀行預金の)引き落とし額. ── [動] [他] **1** 〔銀行が〕〔引き落とし額〕を借り方に記載する 〈*to, against*..人(の勘定)の〉; 〔人(の勘定)〕の借り方に記載する 〈*with*.. 〔引き落とし額〕を〉. be in ～ 借り方オーバーで, 金の使いすぎで. ～ $100 *to* [*against*] him [his account]＝～ him [his account] *with* $100 百ドルを彼の借り方に記載する. **2** 〔銀行が〕〔金額〕を引き落とす 〈*from*..〔口座〕から〉; 〔人の口座〕から引き落とす 〈*for* .. 〔代金, 費用など〕を〉. [＜ラテン語; 'debt' と同源]

débit càrd [名] [C] デビットカード《銀行が口座所有者に発行する; 支払い代金を直接口座から引き落とせる》.

débit còlumn [名] 〈the ～〉(通帳の)支払い金額欄.

débit nòte [名] [C] 借り方票.

deb·o·nair /dèbənéər|[形]/ [形] 〈特に男性について賞賛的に〉 **1** 丁重な, スマートで愛想のいい. **2** 〔人, 態度が〕快活な, 屈託のない. [＜古期フランス語「育ちの良い」]

de·bouch /dibáutʃ, -bú:ʃ/ [動] [自] [VA] 〔川などが〕(狭い所から)流れ出る; 〔軍隊などが〕(隠れ場所から)出る; 〈*into* .. 〔広い所〕へ〉.

de·bóuch·ment [名] [U] 進出, 流出; [C] 河口.

de·brief /dibrí:f/ [動] [他] 〔帰還した飛行士, 外交官, 情報部員など〕から報告[情報]を聴取する. ▷**～·ing** [名] [UC] 情報聴取.

†**de·bris, dé·bris** /dəbrí:, déibri:|déibri:, déb-/ [名] [U] (破壊の後の)破片[瓦礫(がれき)] (の山); くず, がらくた. the pile of war ～ 戦禍の残骸(がい)の山. [フランス語]

‡**debt** /det/ [名] ([複] **～s** /-ts/) [UC] 【負債】 **1** 借金, 負債. get [be, keep] out of ～ 借金を返す[借金がない, 借金をしない]. clear [repay, pay (off)] one's ～ 借金を返す. run up a ～ 借金をためこむ. get [go, run, slip] into ～ 借金をする. I have a ～ of 10 dollars outstanding. 私にはまだ 10 ドル借金が残っている. be ˪up to one's ears [deeply, heavily] in ～ 借金で首が回らない.

> [連結] a large [an enormous, a heavy, a massive, a mountainous; a bad] ～ // incur [collect; discharge, settle; cancel] a ～

2【心の負債】**恩義**, 義理, 〈*for* ..に対する〉 (obligation). I owe him a ～ of gratitude *for* what he did. 私は彼がしてくれたことに対して彼に恩義がある.

be in débt to a pèrson＝〖章〗***be in a pèrson's débt*** (1) 人に借金をしている. I *am in* ～ *to* him for $1,000. 彼に千ドル借りている. (2) 人に恩義を受けている. I *am* deeply ˪*in* ～ *to* him [*in* his ～]. 彼に深い恩義を被っている.

[＜ラテン語 *dēbitum*「借りている(もの)」]

débt collèctor [名] [C] 借金取立て人.

dèbt of hónor [名] [C] '名誉債'《賭博(とばく)上の借金など; 法律上払う義務はないが, 払わないと不徳義なやつとされる》.

†**debt·or** /détər/ [名] [C] 借り主, 債務者, (↔creditor); 〖簿記〗借り方 (debit). a ～ nation 債務国.

de·bug /di:bʌ́g/ [動] (**～s**|**-gg-**) [他] **1** から害虫を除く. **2**〖話〗〔機械など〕の不良箇所を取り除く, 欠陥を修正する; 〖電算〗デバッグする (→bug [名] 5). **3**〖話〗〔部屋など〕から盗聴器を取り除く.

de·bunk /di:bʌ́ŋk/ [動] [他] 〖話〗の正体を暴露する, をすっぱ抜く. ～ a myth 神話の正体を暴く. ▷**～·er** [名]

De·bus·sy /dèbju:sí:, dèi-|dəbjú:si/ [名] **Claude Achille** ～ ドビュッシー (1862-1918)《フランスの印象派の作曲家》.

†**de·but, dé·but** /deibjú:, ‐́‐|‐́‐/ [名] [C] **1** 初舞台, デビュー. **2** (娘が年ごろになって)初めて社交界に出ること. **3** (仕事, 活動などの)し始め, スタート.

màke one's debút (1) (特定の世界に)初登場する. (2) 初めて社交界に出る.

── [動] [自] **1**〖話〗[VA] 初舞台を踏む 〈*as* ..として/*in, at* ..で〉. **2** [VA] 〔新製品が〕売り出される 〈*at* ..〔値段〕で〉. ── [他] 〔会社が〕〔新製品〕を売り出す. [フランス語]

deb·u·tante, déb- /débjutà:nt/ [名] [C] **1** 初舞台[初出演]の女優. **2** 初めて社交界に出る女性《普通 17-20 歳ごろの娘》. [フランス語]

DEC /dek/ Digital Equipment Corporation《米国に本社を置く世界第 2 のコンピュータ製造会社》.

Dec. December.

dec. deceased; decimeter; decrease.

dec(·a)- /dék(ə)/ 〈複合要素〉「10 (個)」を意味する (→deci-). *deca*meter. *Dec*ember. [ギリシア語 *déka* 'ten']

***dec·ade** /dékeid, dikéid/ [名] ([複] **～s** /-dz/) [C] **10 年**

(間) (→century). for several ～*s* 数十年間. in the recent ～ ここ10年間に. the first ～ of the 21st century 21世紀の最初の10年間. [<ギリシア語「10の1組」]

dec·a·dence /dékəd(ə)ns, dikéi-/ 名 U (道徳, 文学, 美術などの最盛期後の)衰退 [退廃](期), デカダンス. the ～ of their life 彼らの生活の荒廃ぶり.

‡**dec·a·dent** /dékəd(ə)nt, dikéi-/ 形 **1** 衰微している, 退廃的な. **2** 〈しばしば D-〉デカダン[退廃]派の《特に19世紀末の英仏に起こった》. ── 名 C **1** 〈しばしば D-〉デカダン派の芸術家. **2** 退廃的な人. [decay と同源, -ent] ▷ **～·ly** 副

de·caf /díːkæf/ 形 =decaffeinated. ── 名 U カフェイン抜きコーヒー[紅茶]. 「抜きの〔コーヒーなど〕.

de·caf·fein·at·ed /diːkǽfənèitəd/ 形 カフェイン↑

dec·a·gon /dékəgɑ̀n|-gən/ 名 C 10角[辺]形.

dec·a·gram, 〖英〗 **-gramme** /dékəgræ̀m/ 名 C デカグラム《10グラム》.

dec·a·he·dron /dèkəhíːdrən/ 名 (複 **～s, dec·a·he·dra** /-drə/) C 〖数〗十面体.

de·cal /díːkæl, dikǽl/ 名 〖主に米話〗=decalcomania 2.

de·cal·co·ma·ni·a /dikæ̀lkəméiniə/ 名 **1** U デカルコマニア《特殊な紙に描いた図案, 絵などをガラス, 陶器などに移す方法》. **2** C デカルコマニアで描いた図案[絵].

dec·a·li·ter 〖米〗, **-tre** 〖英〗 /dékəlìːtər/ 名 C デカリットル《10リットル》.

Dec·a·logue, -log /dékəlɔ̀ːg|-lɔ̀g/ 名 〖聖書〗 〈the ～〉=Ten Commandments.

De·cam·er·on /dikǽmərən/ 名 〈the ～〉『デカメロン』《Boccaccio 作の風流短編集》.

dec·a·me·ter 〖米〗, **-tre** 〖英〗 /dékəmìːtər/ 名 C デカメートル《10メートル》.

de·camp /dikǽmp/ 動 自 **1** 〔特に兵隊が〕野営を引き払う. **2** 逃亡する. ～ with money 金を持ち逃げする. ▷ **～·ment** 名

de·cant /dikǽnt/ 動 他 **1** 〔溶液の上澄み〕を静かに他の器に移す; 〔沈んだ澱(おり)を残して, 瓶のワイン〕を静かに(デカンター (decanter) に)移す《赤ワインはデカンターに移してから食卓に出すのが正式》; 〈*from* ..から/*into* ..へ〉. **2** 〖話〗〔人々〕の居住地[職場]を移す; VOA 〔乗客など〕を送り込む; 〈*from* ..から/*into* ..へ〉.

de·cánt·er 名 C デカンター《装飾的な栓付きガラス瓶; ワインなどを入れて食卓に出す》.

de·cap·i·tate /dikǽpətèit/ 動 他 を打ち首の刑に処する, の首を切り落とす, (behead).

de·càp·i·tá·tion 名 UC 斬首(ざんしゅ)(の刑).

dec·a·pod /dékəpɑ̀d|-pɔ̀d/ 名 C 〖動〗十脚目の動物《カニ, エビなど》; 十腕目の動物《イカなど》.

de·cath·lete /dikǽθliːt/ 名 C 10種競技選手.

de·cath·lon /dikǽθlən/ 名 U 10種競技《100m, 400m, 1500m, 110m ハードル, 槍(やり)投げ, 円盤投げ, 砲丸投げ, 棒高跳び, 走り高跳び, 走り幅跳びの10種; 男子種目》. [*deka*-, ギリシア語「競技」]

***de·cay** /dikéi/ 動 (～s /-z/|過 過分 ～ed /-d/|～·ing) 自 **1** (次第に)**腐る**, 腐食する, (rot); 〈しばしば進行形で〉〔建物・地域などが〕荒れはてる. ～*ing* food 腐りかかっている食べ物. **2** 〔繁栄, 健康などが〕**衰える** (decline); 堕落[退化]する. As you get old, your mental and physical powers will ～. 年を取ると気力も体力も衰えてくる. **3** 〖物理〗〔放射性物質が〕(自然)崩壊する. **4** 〔人工衛星が〕(大気との摩擦により)減速する.

── 他 **1** を腐敗[腐食]させる. **2** を衰えさせる.

── 名 U **1 腐敗**, 腐食; 虫歯の腐食部. tooth ～ 虫歯. **2 衰えること**, 衰微; (道徳などの)堕落, 退化, 荒廃. the moral ～ among the younger generation 若い世代に見られる道徳的退廃. urban ～ 都市部の貧困化. **3** 〖物理〗(放射性物質の)崩壊. radioactive ～ 放射性崩壊. **4** (人工衛星の)減速《大気との摩擦による》.

fàll into [*gò to*] (*a stàte of*) *decáy* 朽ちる; 衰微する. 「'fall')」

[<古期フランス語「衰える」(<ラテン語 de-+*cadere*↑

de·cáyed 形 **1** 腐った. ～ food 腐った食物. a ～ tooth 虫歯. **2** 衰退した. a ～ civilization 衰退した文明.

Dec·can /dékən/ 名 〈the ～〉 **1** デカン(高原)《インド南部の半島部の大部分を成す高原》. **2** デカン(半島)《インドの南部を成す半島; Narmada 川以南の地域》.

de·cease /disíːs/ 〖章・法〗 名 U 死去 (death). ── 動 (-**ceas·es** /-əz/|過 過分 ～**d** /-t/|-**ceas·ing**) 自 死去する (→die[1] 類語). [<ラテン語「立ち去る」]

***de·ceased** /disíːst/ 形 C 〖章・法〗 **1 死去した**, 故..., (late) (類語 しばしば法律用語として, 特に死後間もない場合に用いる; →dead). one's ～ wife 亡妻.

2 〈the ～; 名詞的; 単複両扱い〉 故人, 死者, 《特に最近の》. The ～ was respected by all who knew him. 故人は彼を知る人皆に尊敬された.

de·ce·dent /disíːdənt/ 名 C 〖米法〗故人, 死者.

***de·ceit** /disíːt/ 名 (複 **～s** /-ts/) **1** UC **欺くこと, だますこと**; 虚偽, 不誠実; (→deception 類語). be honest and without ～ 正直でうそをつかない. practice ～ on one's friend 友人をだます. **2** C (人を陥れる)**計略**, 策謀. ◇動 deceive

[<古期フランス語 (*deceivre* 'deceive' の過去分詞)]

†**de·ceit·ful** /disíːtf(ə)l/ 形 **1** うそつきの, 人をだます. a ～ person うそつき. **2** 〔言動などが〕人を惑わすような (misleading). a ～ action 人を惑わすような行為.

▷ **～·ly** 副 **～·ness** 名

‡**de·ceive** /disíːv/ 動 (～s /-z/|過 過分 ～d /-d/|-**ceiv·ing**) 他 **1 をだます, 欺く**; VOA (～ X *into doing*) X をだまして..させる. (類語 わざと真実を隠してだますこと; →beguile, cheat, delude, mislead, trick). We were entirely ～*d* by the advertisement. 私たちはその広告にすっかりだまされた. I thought my eyes were *deceiving* me. 見間違いかと思った. I have been ～*d in* him. あの男を見損なったよ《思ったほどの人間ではなかった》. She was ～*d into* marry*ing* the man. 彼女はだまされてその男と結婚した. **2** 〔配偶者〕を裏切る. ～ one's wife with another woman 他の女と不倫する.

── 自 うそをつく, 人をだます.

◇名 deceit, deception 形 deceptive

decéive onesèlf* (1) (自分に都合いいようにばかり考えて)自らを欺く**. Don't ～ your*self* into believing that I will ever give in. 僕がいつか折れるなどと甘い考えを持ってはいけない. (2) **思い違いする**. I seem to have ～*d* my*self* about him. 私は彼(という人間)について思い違いをしていたようだ.

[<ラテン語「わなにかける」(<de-+*capere* 'take')]

de·céiv·er 名 C だます人, 詐欺師.

de·céiv·ing·ly 副 欺いて, 偽って.

de·cel·er·ate /diːsélərèit/ 動 他 のスピードを落とす (↔accelerate). ── 自 **1** スピードが落ちる. **2** 〔インフレなどが〕減速する. ▷ **de·cèl·er·á·tion** 名 U 減速.

‡**De·cem·ber** /disémbər/ 名 **12月**《略 D, Dec.; ラテン語で「10番目の月」の意味; 初期のローマ暦では1年は3月 (March) から始まって10か月であったが, 後に12か月となり March の前に January と February が入ったため September 以下は January から数えると語源的な意味と順番とがずれる》.

***de·cen·cy** /díːs(ə)nsi/ 名 (複 **-cies** /-z/) **1** U (社会一般の基準からみて)**見苦しくないこと**; 体裁が整っていること, 体面; 良識. for ～'s sake 体裁上. **2** U **礼儀正しいこと**, (衣服, 言動などが)礼儀にかなっていること, 上品さ. an offence against ～=a breach of ～ 無作法.

D

common ～ 世間一般の礼儀[良識]. She had the ～ to apologize. 謝るぐらいの礼儀は彼女も心得ていた. **3** Ⓒ 〈the decencies〉〖旧〗礼儀作法. observe the *decencies* 礼儀(作法)を守る. **4** Ⓒ 〈the decencies〉人並みの生活に必要なもの. ◇形 decent

de·cen·ni·al /diséniəl/ 形 10年間の, 10年ごとの. ── 名 Ⓒ〖米〗10年祭. ▷ **～·ly** 副

‡de·cent /díːs(ə)nt/ 形 m
【社会通念上まともな】 **1** きちんとした, まともな, 見苦しくない, (respectable). a ～ citizen まともな市民. live in a ～ house 見苦しくない家に住む. a ～ funeral ちゃんとした葬式. She seemed a ～ sort. 彼女はまともな女性のようだった. Your skirt isn't ～ for the occasion. あなたのスカートはその席にはふさわしくない.
2【見苦しくない】〖話〗(裸や下着姿でなく)失礼でない服装をした. Are you ～? (相手のいる部屋に)入ってもいいですか《見られてもいいように衣服を身に付けていますか》.
3〖話〗悪くない, 満足できる; かなりの〔収入など〕, 相当な. a ～ salary かなりの給料. That car will fetch a ～ price. その車は一応満足できる値段で売れるだろう. I haven't had a ～ meal since yesterday. 昨日食べてから食事らしい食事をしていません.
【立派な】 **4** 礼儀正しい; 上品な, みだらでない. ～ conduct 礼儀正しいふるまい. The movie is far from ～. その映画は非常に下品である.
5 〈主に叙述〉〖話〗親切な (kind), 寛大な; 親切にも..する〈*to* do〉; (generous). It's very ～ of you to help me. お手伝いくださってどうもありがとう.
◇↔indecent 名 decency
dò the dècent thíng 道義的にふるまう; きちんと責任を取る. [＜ラテン語「適切な」]

†dé·cent·ly 副 **1** きちんと, 見苦しくないように; 礼儀正しく. dress ～ 見苦しくない服装をする. behave ～ 礼儀正しくふるまう. **2**〖話〗かなりよく[立派に], 相当に. **3**〖話〗親切に, 寛大に. Treat your friends ～. 友達には親切にしてあげなさい.

de·cèn·tral·i·zá·tion 名 Ⓤ 分散, 集中排除; 地方分権(化); (産業, 人口などの)分散化.

de·cen·tral·ize /diːséntrəlàiz/ 動 他 〔中央政府の権限, 産業, 人口など〕を地方に分散させる. ── 自 地方分権化する. ▷ **de·cen·tral·ized** 形

†de·cep·tion /disépʃ(ə)n/ 名 **1** Ⓤ 欺く[かれる]こと; だます[される]こと; (類語 deception には必ずしも悪意は含まれないが, deceit は悪意を持って人をだますこと). fall an easy prey to ～ まんまとだまされる. Magicians use ～. 手品師はトリックを使う. **2** Ⓒ ごまかす行為, ぺてん, まやかし(物). uncover [find out] a ～ ぺてんを見破る.
◇動 deceive

de·cep·tive /diséptiv/ 形 人をだます[誤解させる]ような, 迷わす, 偽りの, 見せかけの. Appearances are ～. 物[人]は見かけによらぬもの. ◇動 deceive
▷ **～·ly** 副 ごまかして; 見かけは. ～*ly* smooth 一見なめらかな. ～*ly* spacious 見かけより広い. **～·ness** 名

dec·i- /désə/ 〈複合要素〉「10分の1」を意味する (→dec(a)-). *deci*meter. [ラテン語 *decimus* 'tenth']

dec·i·bel /désəbèl/ 名 Ⓒ **1**〖物理〗デシベル《音響の強さなどの単位; 略 dB, db》. **2** 〈～s〉〖話·戯〗騒音.

‡de·cide /disáid/ 動 (～s /-dz/|過 過分 **-cid·ed** /-əd/| **-cid·ing**) 他 **1** を決める; VO (～ *to do*/*that* 節/*wh* 節·句) (疑い, 迷いに決着をつけるために) **..することを/..ということを/..かを決定する[決心する]**; (類語「決心する」の意味の最も一般的な語で,「いろいろ考えた末きっぱりと決断する」ことを言う; →determine, make up one's mind, resolve, settle). I have ～*d* not *to* invite him.＝I have ～*d that* I will not invite him. 私は彼を招かないことに決めた. It has been ～*d that* he (should) be sent. 彼を派遣することが決定された. We have not ～*d what* to do. 我々はどうするか決めていない. I can't ～ *whether* to go or not. 行ったらいいかどうか決められない.
2 に決心させる; VOC (～ X *to do*) 〔物事が〕Xに..しようと決心させる; VOA (～ X ***against*** [***in favor of***] *doing*) Xに..しない[する]よう決心させる. What has ～*d* you *to* give up smoking? なぜ禁煙する気になったのですか. The accident ～*d* me (*against* driv*ing* a car again). その事故が私に(二度と車の運転をすまいと)決意させた.
3 (a) 〔人が〕〔問題, 争点など〕を解決する; に判定[判決]を下す; VO (～ *that* 節) ..と判断する, ..であると考える. ～ a case (訴訟)事件に判決を下す. I ～*d* from her accent *that* she must be American. 私は訛(なま)りから彼女がアメリカ人に違いないと思った. (b) VO (～ X/*wh* 節) 〔出来事, 事実など〕がX(勝負など)を/..かを決する. The move ～*d* the game. その一手で勝負が決まった.
── 自 **1** 決める, 決意[決心]する, 〈*about*..について〉; VA (～ ***on*** [***upon***]/***against***/***between***..) ..に/..しないことに/どちらかに決める. It is for you to ～. 決めるのはあなたですよ. I've ～*d on* [*against*] going tomorrow. 私は明日行く[行かない]ことに決めました (＝I've ～*d to* [not *to*] go tomorrow.→他 1). We ～*d on* him to be captain of our team. 私たちは彼にチームの主将になってもらうことに決定した.
2 VA 判決を下す〈*for*..に有利な/*against*..に不利な〉. The judge ～*d for* [*in favor of*] him and *against* me. 裁判官は彼には有利な, 私には不利な判決を下した.
◇名 decision 形 decisive [＜ラテン語「切り落とす＞決める」(＜de-＋*caedere* 'cut')]

***de·cid·ed** /disáidəd/ 形 m **1** はっきりした, 明確な. a ～ difference 明らかな違い. a ～ victory まぎれもない勝利 (類語 decided は明白さに重点がある; a *decisive* victory は「最終的な勝敗を決する勝利」). **2** 断固とした, きっぱりした. in a ～ tone 断固たる口調で. I am quite ～ about it. 私はそれについては絶対譲歩しない.

***de·cid·ed·ly** /disáidədli/ 副 m **1** はっきりと, 明確に. Christie's mysteries are most ～ interesting. クリスティーの推理小説は断然面白い. **2** 断固として, きっぱりと.

de·cíd·er 名 Ⓒ **1** 決定する人[物]. **2** 決定的得点. **3**〖英〗決勝戦. 「因. the ～ vote 決定票.

de·cíd·ing 形 決定的な. the ～ factor 決定的な要↑

de·cid·u·ous /disídʒuəs/ 形 **1** 〔木が〕落葉性の (↔evergreen). ～ trees 落葉樹. **2** 〔歯, 角, 葉などが〕(時期がくると)抜ける, 落ちる.

dec·i·gram,〖英〗**-gramme** /désəgræ̀m/ 名 Ⓒ デシグラム《10分の1グラム; 略 dg》.

dec·i·li·ter〖米〗, **-tre**〖英〗/désəlìːtər/ 名 Ⓒ デシリットル《10分の1リットル; 略 dl》.

†dec·i·mal /désəm(ə)l/ 形 10(が基準)の; 10進法の; 小数の. go ～ 10進法を採用する. ～ coinage [currency] 10進法貨幣(制度). ── 名 Ⓒ 小数 (decimal fraction). [＜中世ラテン語「10分の1(税)の」(＜ラテン語 *decimus* 'tenth')]

décimal classificàtion 名 UC 10進図書分類↓

décimal fràction 名 Ⓒ 小数. ⌊法.

dèc·i·mal·i·zá·tion 名 Ⓤ (貨幣, 度量衡などの) 10進法化. 「制度」を10進法にする.

dec·i·mal·ize /désəməlàiz/ 動 他 〔貨幣, 度量衡↑

déc·i·mal·ly /-məli/ 副 小数で.

dècimal pláce 名 Ⓒ 小数位. accurate to two ～*s* 小数点以下2桁まで正確な.

dècimal póint 名 Ⓒ 小数点. 「進法.

décimal sỳstem 名 〈the ～〉(度量衡などの) 10↑

dec·i·mate /désəmèit/ 動 他 **1** 〔疫病, 戦争などが〕の大多数を倒す. The population was ～*d* by the plague. その疫病で人が多数死んだ. **2** (古代ローマの軍

隊で, 罰としてくじ引きで)〔反乱軍など〕の 10 人ごとに 1 人を殺す. [＜ラテン語 *decimus*「10 分の 1」; 2 が原義だが「10 分の 1 にする」と誤解され 1 の意味ができた]

dèc·i·má·tion 名 U 大多数の殺害.

dec·i·me·ter 〖米〗, **-tre** 〖英〗 /désəmìːtər/ 名 C デシメートル《10 分の 1 メートル; 略 dm》.

†**de·ci·pher** /disáifər/ 動 他 **1** を解読する (↔cipher). ～ a riddle [secret message] 謎(なぞ)[暗号]を解く.
2〔読みにくい文字など〕を判読する, 〔象形文字など〕を解読する; VO (X/*wh* 節) X の/..かの意味をつかむ.
▷**～·a·ble** /-rəb(ə)l/ 形 解読[判読]できる. **～·ment** 名 U 解読, 判読.

‡**de·ci·sion** /disíʒ(ə)n/ 名 (複 **～s** /-z/) **1** UC **決定**, 結論. a difficult [hard, tough] ～ 難しい決定. a final ～ 最終決定; 最終判決 (→2). (a) ～ by majority 多数決. the ～ of a matter [question] 問題の解決. come to a ～ 結論に達する, 解決がつく. He has made a ～ to go to law shool after college. 彼は大学卒業後にロースクールに行くことを決めている.
2 C (法廷の)判決(例) 〈*about*, *on* ..に関する/*whether* ..かどうかの〉; (会議などの)決議(文); (ボクシングの)判定勝ち. pass a ～ about a case 事件の判決を下す. win by ～ 判定勝ちする.
3 U **決心**, 決意, 〈*to* do, *that* 節 ..しようという〉; 決断力 (↔indecision). Susan's ～ *to* marry him 彼と結婚しようというスーザンの決意. The mayor announced his ～ *that* he would resign. 市長は辞任の決意を公表した. change [go back on] one's ～ 決心を翻す. lack ～ 決断を欠く. with ～ 断固として. a man [woman] of ～ 決断力のある男[女]. ◇動 decide

> 連結 a crucial [the right; a fair, a just; an impartial, an unbiased; a sensible; a prompt; a hasty, a rash; an irrevocable] ～ // take [arrive at, reach; abide by; welcome; oppose; reverse] a ～

‡**decísion-màking** 形, 名 U (大組織や政府などの)意思決定(の).

***de·ci·sive** /disáisiv/ 形 m **1 決定的な**, (勝敗などを)決する. (類語 物事の「方向性を決定づける」という意味; →decided 1). ～ evidence 確証. the ～ battle in a war 戦争の勝敗を決める決定的な会戦. play a ～ role 決定的な役割を果たす. the ～ moment 決定的瞬間.
2 断固とした 〔答えなど〕(determined); 果断な. a ～ action 断固たる行動. refuse a request in a ～ manner 断固として要求を拒む. **3 明白な**, 判然とした, (decided).
◇↔indecisive 動 decide 名 decision ▷**～·ness** 名

de·cí·sive·ly 副 **1** 決定的に; 明らかに. **2** 断固(として). He said no ～. 彼は嫌だと断固として言った.

‡**deck** /dek/ 名 (複 **～s** /-s/) C **1 デッキ**, 甲板. scrub the ～ デッキをごしごし洗う. above [below] ～(*s*) 主甲板の上[下]に. All hands on ～. 全員甲板へ; 〈比喩的に〉〖話〗全員仕事にかかれ. **2** 〖主に英〗(バスなどの)床. the upper [top] ～ (バスの) 2 階. the bottom ～ (バスの)下の階. **3** 〖主に米〗(トランプ札の) 1 組 (〖英〗pack). a ～ of (playing) cards トランプ 1 組. **4** 〖米〗(家の後ろ又は横に張り出した木製の)テラス《日光浴用など》.
5 テープデッキ (tape deck). **6** (スケートボード, スノーボードの)板.
be not plàying with a fúll dèck 〖米話〗ちょっと頭がいかれている.
clèar the décks (甲板を片付けて)戦闘準備をする; (じゃま物を片付けて)行動態勢を取る; (部屋などを)片付ける.
hìt the déck 〖米俗〗(1)(寝床から)起きる; 活動の準備をする. (2) 地面[床]に素早く伏せる.
on déck (1) 甲板に出て(いる). go *on* ～ 甲板に出る. (2)〖主に米〗準備を整えて; 順番を待って. a batter *on* ～ 次打者.
── 動 他 **1** を飾る 〈*with*, *in* ..で〉; を(美しく)装う 〈*out*〉〈*in* ..で〉; 〈普通, 受け身で〉. The dance hall was ～*ed* (*out*) *with* colored ribbons. ダンスホールは色リボンで飾られた. They are ～*ed out in* their Sunday best. 彼らは晴れ着で着飾っている. **2** 〖俗〗〔人〕を殴り倒す.
[＜中期オランダ語「覆い, 屋根」; thatch と同源]

déck chàir 名 C デッキチェアー《船の甲板, 庭などで使われるズック張りの折りたたみいす》.

-deck·er /dékər/ 〈複合要素〉「..階のもの, ..層のもの」を意味する. double-*decker*. three-*decker*.

déck·hànd 名 C 〖海〗甲板員《平(ひら)の水夫》.

déck hòuse 名 C 〖船〗甲板室《甲板上に作った小部屋》.

déck·le èdge /dékl-/ (へりを切りそろえずにぎざぎざの↑「まま残した紙の)耳, へり.

déck shòe 名 C デッキシューズ.

déck tènnis 名 U デッキテニス《ゴム製の輪を投げ合う甲板上のゲーム》.

de·claim /dikléim/ 動 〖章〗 他 〔詩文など〕を朗読する; VO (～ *that* 節/"引用") ..と/「..」と言い放つ. ── 自 朗読[演説]調で話す; 熱弁を振るう; 激しく攻撃する 〈*against*, *about* ..を〉. ～ *against* political corruption 政治的腐敗を猛烈に攻撃する. ▷**～·er** 名

dec·la·ma·tion /dèkləméiʃ(ə)n/ 名 〖章〗 **1** U 朗読(法); 雄弁(術). **2** C 熱弁, 懸河の弁.

de·clam·a·to·ry /diklǽmətɔ̀ːri|-t(ə)ri/ 形 〖章〗 **1** 朗読風の; 雄弁術の; 演説調の. **2** 大げさな.

dec·lar·a·ble /dikléə(ə)rəb(ə)l/ 形 (税関で)申告を要する.

‡**dec·la·ra·tion** /dèkləréiʃ(ə)n/ 名 (複 **～s** /-z/) **1** U **宣言**, 布告; C 宣言書. make [issue] a ～ of war 宣戦を布告する. **2** UC 発表, 表明; (愛などの)告白. a ～ of one's political views 政見の表明. make a mutual ～ of love 互いに愛を告白し合う. **3** C (課税品, 税金などの)申告(書). a customs ～ 税関の課税申告(書). **4** C 〖英〗選挙結果の発表 (**declaràtion of the póll**). **5** C 〖法〗(証人の)供述《宣誓に基づかない》. **6** C 〖トランプ〗切り札宣言 (bid). ◇動 declare

Declaràtion of Indepéndence 名 〈the ～〉(米国の)独立宣言《1776 年 7 月 4 日》.

Declaràtion of Indúlgence 名 〈the ～〉〖英史〗信教自由宣言《Charles II (1672), James II (1687) が発布》.

Declaràtion of Hùman Ríghts 名 〈the ～〉世界人権宣言《1948 年 12 月に国連で採択》.

de·clar·a·tive /diklǽrətiv/ 形 陳述の, 叙述の.

declàrative séntence 名 C 〖文法〗平叙文.

de·clar·a·to·ry /diklǽrətɔ̀ːri|-t(ə)ri/ 形 ＝declarative.

‡**de·clare** /dikléər/ 動 (～**s** /-z/|過 過分 ～**d** /-d/|**-clar·ing** /-kle(ə)riŋ/) 他 **1** (**a**) (正式に)を**宣言する**, 布告する; を発表[公表]する, 表明する; (類語 公式発表を意味し, 多くの場合 proclaim と置き換えられる; →announce). ～ war *against* [*on*, *upon*] a country 国に対して宣戦を布告する. ～ the results of an election 選挙の結果を発表する. ～ one's love 愛を打ち明ける. ～ bankruptcy 破産を宣告する. ～ interest 利害関係があることを明らかにする.
(**b**) VO (～ *that* 節) ..ということを宣言する; VOC (～ X Y) X が Y であると宣言する. The Constitution ～*s that* Japan has renounced war forever. 憲法は日本が戦争を永久に放棄したと宣言している. Holmes was ～*d* the winner. ホームズの勝利が宣言された. I ～ the meeting open. 開会を宣します《議長の言葉》.

2 **(a)** を言明する, 明確にする. The candidate ~*d* his position. 候補者は自分の立場を明確にした. **(b)** [VO] (~ ***that*** 節/"引用") **..ということを/「..」と言明[断言]する**; [VOC] (~ X (***to be***) Y) **X が Y であると言明[断言]する**, 明確にする. I ~ (*that*) I am innocent. 私は潔白だと断言します. His actions ~*d* him (*to be*) an honest man. 彼の行為で彼が正直な人間であることが明らかであった.

3 を申告する. Do you have anything to ~? 課税品をお持ちですか《税関の係官の言葉》.

4 〖トランプ〗〔手札〕を知らせる; 〔ある札〕を切り札として宣言する. **5** 〖クリケット〗〔チームの主将が自軍のイニング〕を中途で終わりとする《10 人の選手がアウトになる前に》.

── 自 **1** (立候補などを)表明する, 宣言する; [VA] (~ ***for***/***against*** ..) ..に賛成/反対を表明する; **宣言する**, 表明する, 断言する. ~ *against* [*for*, *in favor of*] war 戦争に反対[賛成]を表明する. **2** 〖クリケット〗イニングの終了を宣言する.

◇[名] declaration [形] declarative

decláre onesèlf (1) 所信を表明する; 〖古〗愛を打ち明ける. (2) (..であると)言明する; 正体を明かす. ~ one*self* in favor of reform 改革に賛成であると言明する.

(***Wéll,***) ***I decláre! I dó declàre!*** 〖旧話〗これは驚いた; これは参った; 《軽い驚き, 怒りなどを表す》.

[<ラテン語「明らかにする」(< de-+ *clārus* 'clear, bright')]

de·cláred [形] **1** 公然と表明した, 公然の. a ~ atheist 自ら無神論者と公言してはばからない人. his ~ intention 彼の述べている意図. **2** 申告した.

de·clar·ed·ly /diklé(ə)rədli/ [副] 公然と.

de·clar·er /diklé(ə)rər/ [名] [C] 宣言者; 申告者.

de·clas·si·fi·ca·tion /di:klæ̀səfəkéiʃ(ə)n/ [名] [U] 機密扱いの解除.

de·clas·si·fy /di:klǽsəfài/ [動] (**-fies**|[過] [過分] **-fied**|**~·ing**) [他] 〔書類など〕の機密扱いを解除する.

de·clen·sion /diklénʃ(ə)n/ [名] 〖文法〗 **1** [U] (名詞, 代名詞, 形容詞の)語形変化 (→conjugation, inflection). **2** [C] 同一語形変化の語群[語類], 変化形.

de·clin·a·ble /dikláinəb(ə)l/ [形] 〖文法〗語形変化できる, 格変化をする.

de·cli·na·tion /dèklənéiʃ(ə)n/ [名] **1** [C] 〖今は米〗(正式の)辞退. **2** [UC] 〖天文〗赤緯《天球の赤道とある天体の天球上の位置との角距離》; [C] 〖物理〗(磁針と北極との)偏角. ◇[動] decline

de·cline /dikláin/ [動] (~**s** /-z/|[過] [過分] **~d** /-d/|**-clin·ing**) [他] **【そらす】** **1** 【要望をそらす】(普通, 丁重に)を**辞退する**; [VO] (~ ***to do***) ..するのを断る; (↔accept; [類語]「丁寧に断る」の意味; →refuse). I ~*d* his invitation to dinner [offer of help, proposal] with thanks. 私は彼の夕食の誘い[助力の申し出, 申し込み]を丁重に辞退した. ~ *to* accept an appointment 任命を辞退する.

【下へそらす】 **2** を傾ける; 〔頭など〕を垂れる.

3 【基本形からそらす】〖文法〗〔名詞, 代名詞, 形容詞〕を語形変化させる (→conjugate, inflect).

── 自 **1** (丁重に)**断る**, 辞退する. She respectfully ~*d*. 彼女は丁重に断った. **2** 〖章〗〔値段などが〕下がる, 低下[減少]する. The birthrate is rapidly *declining* in this country. この国では出生率が急速に低下しつつある. **3** 〖章〗〔土地などが下へ〕傾斜する, 傾く, (slope); 〔日が〕傾く, 沈む; 終わりに近づく. The mountain road ~*s* sharply. 山道は急な下り坂になっている.

4 (普通, 徐々に)**衰える**, 衰微[衰退]する, 次第に悪くなる. His health is *declining* slowly. 彼の健康は徐々に衰えてきている. **5** 〖文法〗語形[格]変化する.

── [名] (複 **~s** /-z/) [C] 〈普通, 単数形で〉 **1** **(a)** **衰退**, 衰えること[時期]. economic ~ 経済の衰退. the ~ and fall of the Roman Empire ローマ帝国の衰亡. fall [go] into (a) ~ 衰弱[衰退]する, 振るわなくなる. be in ~ 衰えつつある. **(b)** 晩年. He lived in Miami in the ~ of his life. 彼は晩年マイアミに住んだ. **2** (物価などの)**下落**; 低下, 減少; 〈*in*..の〉. a sharp ~ *in* prices 物価の急落. a ~ *in* popularity 人気の低下. a 5% ~ *on* the year before 〔数字が〕前年度より 5% の減少. **3** 下り坂.

> 1, 2 の [連結] a marked [a rapid, a steep; a sudden; a gradual, a steady; a modest] ~ // cause [show; experience, suffer; check; reverse] a ~

on the decline 衰えて; '下り坂' になって.

[<ラテン語「折れ曲がる, 逸脱する」(< de-+ *clīnāre* 'bend')]

declìning yéars [名] 〈複数扱い〉晩年; 〈比喩的〉(組織などの)衰退期. the ~ of one's life (体力, 気力の衰える)人生の晩年.

de·cliv·i·ty /diklívəti/ [名] (複 **-ties**) [C] 〖章〗下り坂, (下向きの)傾斜, 下り勾配(こうばい), (↔acclivity).

de·clutch /dì:klʌ́tʃ/ [動] [自] 自動車のクラッチを切る.

de·coct /dikákt|-kɔ́kt/ [動] [他] 〔薬草など〕を煮出す, せんじる.

de·cóc·tion [名] **1** [U] (薬草などを)煮出すこと, せんじ出すこと. **2** [C] せんじ薬[汁].

de·code /dikóud/ [動] [他] 〔暗号など〕を解読する; 〔作品など〕を解釈[解説]する; 〖通信〗を復号する; (↔encode, code).

de·cód·er [名] [C] (暗号文の)解読者; 〖通信・電算〗信号[符号]解読装置, デコーダー.

dé·colle·tage /dèikɑltá:ʒ|-kɔl-/ [名] [U] デコルタージュ《胸元を大きく開けたネックライン》. [フランス語]

dé·col·le·té /deikɑ̀ləté i|-kɔ́ltei/ [形] **1** 〔婦人服が〕襟ぐりの大きい. a robe ~ ローブデコルテ《婦人の夜の正装》. **2** デコルテの服を着た. [フランス語「首があらわになった」]

de·còl·o·ni·zá·tion [名] [U] 非植民地化.

de·col·o·nize /dì:kɑ́lənàiz|-kɔ́l-/ [動] [他] を非植民地化する, 〔植民地〕の独立を許す.

de·col·or·ize /dì:kʌ́ləraiz/ [動] [他] から脱色する, を漂白する.

de·com·mis·sion /dì:kəmíʃ(ə)n/ [動] [他] を廃用にする, 閉鎖する.

de·com·mu·nize /dikɑ́mjənàiz|-kɔ́m-/ [動] [他] を非共産化する. ▷**de·còm·mu·ni·zá·tion** [名]

de·com·pose /dì:kəmpóuz/ [動] [他] **1** を分解する 〈*into*..〔成分, 元素〕に〉. A prism ~*s* sunlight *into* its seven colors. プリズムは日光を 7 色に分解する. **2** を腐敗させる (rot); を変質させる. ── [自] **1** 分解する. **2** 腐敗する, 変質する. ▷**de·com·posed** [形] 腐敗した. a ~*d* body 腐乱した死体.

dè·com·pós·er [名] [C] 〖生態〗分解者《バクテリアなどのように動物の死体や枯れた植物を分解するもの》.

de·com·po·si·tion /dì:kɑmpəzíʃ(ə)n|-kɔm-/ [名] [U] **1** 分解(作用). **2** 腐敗, 変質.

de·com·press /dì:kəmprés/ [動] [他] **1** の圧力を下げる, 〔深海ダイバーなど〕を普通の気圧に戻す. **2** 〖電算〗〔圧縮されたデータ〕を展開する.

de·com·pres·sion /dì:kəmpréʃ(ə)n/ [名] [U] **1** 減圧. **2** 〖電算〗(圧縮データの)展開.

decompréssion chàmber [名] [C] 減圧室《高気圧から徐々に平常気圧に戻す部屋, 深海ダイバーなど用》.

dècompréssion sìckness [名] [U] 〖医〗減圧症.

de·con·ges·tant /dì:kəndʒéstənt/ [名] [UC] (鼻炎用の)充血緩和剤《鼻づまり薬》.

de·con·struct /dì:kənstrʌ́kt/ [動] [他] **1** 〔構造や体系〕を分解する, 解体する. **2** deconstruction 2 の手法で〔文芸作品, 映画など〕の分析をする. [< *deconstruction*]

dè·con·strúc·tion 名 U **1** (構造, 体系などの)分解, 解体. **2** 脱構築《西欧の存在論, 形而上学がもたらした構造を解体・再構築するという意図でフランスの哲学者 Jacques Derrida が提唱した考え方; 批評の分野で言語などを徹底的に解体し, そのかなたに作品の意味を見いだそうとする「テクスト解釈」の方法論として用いられている》.
▷ **~·ism** 名 **~·ist** 名

de·con·tam·i·nate /dìːkəntǽmənèit/ 動 他 を浄化する; 〔場所, 食物, 水, 大気など〕から(放射能, 毒ガス, 細菌などの)汚染を除く. 「菌などの)汚染除去.

dè·con·tàm·i·ná·tion 名 U 浄化; (放射能, 細↑

de·con·trol /dìːkəntróul/ 動 (~s|-ll-) 他 の統制を撤廃する. ── 名 UC 統制撤廃.

‡**dé·cor, de·cor** /deikɔ́ːr|´-/ 名 UC **1** 装飾, 室内装飾. **2** 舞台装置. [フランス語]

‡**dec·o·rate** /dékərèit/ 動 (~s /-ts/|過 過分 **-rat·ed** /-əd/|**-rat·ing**) 他 **1** を(華やかに)**飾(り立て)る**, 飾って美しくする, 〈*with* ..で〉; の飾りになる; (類語 decorate は主に場所や建物について用いられ, 単調・簡素なものを美しいもので飾る意味; →adorn, bedeck, embellish, garnish, ornament). The church is ~*d with* flowers for the wedding. 教会は結婚式に備えて花で美しく飾られている. Those pictures ~ the walls very well. 絵が非常によい壁の飾りになっている.

> 連結 be elaborately [gaily, magnificently, richly; gaudily, showily] ~*d*

2 〔家, 壁〕を(ペンキで)塗る, に壁紙をはる. **3** に勲章を授ける; に授ける 〈*with* ..〔勲章〕を/*for* ..を賞して〉. ~ a soldier *with* the Victoria Cross *for* his bravery in war 武勇軍功に対し軍人にヴィクトリア十字章を授ける.
── 自 (建物, 部屋に)ペンキを塗る, (部屋に)壁紙をはる.
[＜ラテン語「飾る」(＜*decus*「飾り」)]

Décorated stỳle 名 U 〖建〗文飾様式《14 世紀英国の典型的ゴシック様式; 窓の幾何学的狭間飾りなどに特徴》.

***dec·o·ra·tion** /dèkəréiʃ(ə)n/ 名 (複 ~s /-z/) **1** U 飾り付ける[られる]こと, **装飾**. interior ~ 室内装飾. There's a bit too much ~ on the cake. このケーキには飾りがちょっと多すぎる. **2** C 〈しばしば ~s〉 **飾り付け**, 装飾品. put Christmas ~*s* on the tree 木にクリスマスの飾りを付ける. **3** C **勲章**; U 叙勲.

Decorátion Dày 名 〖米〗＝Memorial Day.

†**dec·o·ra·tive** /dékərətiv, -rèit-|-rət-/ 形 装飾の, 装飾的な, 装飾になる[役立つ]. ~ arts 装飾芸術.
▷ **~·ly** 副 **~·ness** 名

‡**dec·o·ra·tor** /dékərèitər/ 名 C 装飾する人; 室内装飾家 (interior decorator).

dec·o·rous /dék(ə)rəs, dikɔ́ːrəs|dék(ə)rəs/ 形 礼儀正しい, 上品な. ▷ **~·ly** 副 **~·ness** 名

de·co·rum /dikɔ́ːrəm/ 名 〖古〗 **1** U 上品さ; 礼儀正しさ; (文体などの)適切性. **2** C 〈しばしば ~s〉 礼儀, 礼節. [ラテン語]

de·cou·ple /dìːkʌ́pl/ 動 他 を分離する 〈*from*..から〉.

‡**de·coy** /díːkɔi, dikɔ́i/ 名 (複 ~s) C **1** おとり, デコイ, 《鳥をおびき寄せるための生きた又は木製の鳥, 動物》. a ~ duck おとりのカモ. **2** (人を)おびき寄せるためのわな; おとりになる物[人], 'えさ'. **3** (カモなどをおびき寄せてわなにかける)捕獲池[場所].
── /dikɔ́i/ 動 (~s|過 過分 **~ed**|**~·ing**) 他 **1** 〔カモなど〕をおとりで誘う. **2** 〔人〕をおびき寄せる[出す] 〈*from* ..から〉; を誘惑する 〈*into* (*doing*) ..(するように)に〉. ~ a person *into* ⌞a place [*doing* something] 人をおびき寄せて ⌞ある場所へ連れ込む[ある事をさせる].
[?＜オランダ語 *de kooi* 'the cage']

‡**de·crease** /dikríːs/ 動 (**-creas·es** /-əz/|過 過分 **~d** /-t/|**-creas·ing**) 自 **減る, 減少する**; 低下する, 衰える. ~ in number 数が減る. The members ~*d* from 450 [*by* 50] *to* 400. 会員は 450 人から[50 人減って] 400 人になった. ~ *by* one half 半減する. The efficiency of workers has begun to ~. 労働者の能率は低下し始めた. ── 他 **を減らす**, 低下させる. ~ speed スピードを落とす. ~ the amount of ..の量を減らす. 類語 decrease は徐々にしかし着実に減少する[させる]という意味; →diminish, dwindle, lessen, reduce.
── /díːkriːs, dikríːs/ 名 (複 **-creas·es** /-əz/) UC **減少**, 縮小, 〈*in* ..の〉; C 減少量[額]. a ~ in production 生産高の減少. a ~ of 30 percent 30% の減少. ◇ ↔increase

> 連結 a marked [a rapid, a sharp, a sudden; a gradual, a steady; a modest] ~ // show a ~

****on the décrease*** 次第に減って, 減る傾向で. Travel by train has been *on the* ~. 列車の旅は減る傾向にある.
[＜ラテン語「少なくなる」(＜de-＋*crēscere* 'grow')]

de·créas·ing·ly 副 次第に減って[衰えて].

†**de·cree** /dikríː/ 名 C **1** (昔, 国王や政府, 教会などが出した)命令, 布告, 法令, 〈*that* 節 ..という〉. issue a ~ 法令を発布する. forbid selling guns by ~ 銃の販売を法令で禁じる. **2** 〖主に米〗判決《特に離婚訴訟の》, (裁判所の)命令.
── 動 他 を命じる, 決定する; 〖主に米〗〔判決〕を言い渡す; VO (~ *that* 節) ..と命じる; 〖主に米〗VO (~ *that* 節) ..と判決する; VOC (~ X Y) X が Y であると決定を下す. The king ~*d* an amnesty for political criminals. 王は政治犯の大赦を命じた. Fate ~*d that* she and I (should) marry. 運命の神が彼女と私が結婚するよう定めたのだ. The court ~*d* him not guilty. 法廷は彼に無罪の判決を下した. [＜ラテン語「決定する」]

decrèe ábsolute 名 (複 **decrees absolute**) C 〖英法〗離婚確定判決.

decrèe ní·si /-náisai/ 名 (複 **decrees nisi**) C 〖英法〗(離婚, 又は婚姻無効の)仮判決《一定期間(普通 6 か月)内に反対すべき事由の申し立てがなければ decree absolute となり判決が確定する》. 「減少量[高].

dec·re·ment /dékrəmənt/ 名 〖章〗 U 減少; C↑

de·crep·it /dikrépət/ 形 **1** 〔人, 動物が〕老衰した, よぼよぼの. **2** がたがたの, 老朽化した〔建物など〕. [＜ラテン語 (＜de-＋*crepāre*「きしる」)] 「衰. **2** 老朽.

de·crep·i·tude /dikrépət(j)ùːd/ 名 U 〖章〗 **1** 老↑

de·cre·scen·do /dìːkrəʃéndou/ 〖楽〗 形, 副 デクレッシェンドの[で], 次第に弱く(なる), 《略 decresc.; 記号 ＞; ↔crescendo》. ── 名 (複 ~s) C 〖楽〗デクレッシェンド(の楽節). [イタリア語 'decreasing']

de·cres·cent /dikrés(ə)nt/ 形 〔月が〕下弦の, 次第に欠けていく (↔crescent).

de·crim·i·nal·ize /dìːkrímənəlàiz/ 動 他 〔行為など〕を犯罪でなくする, 〔ポルノ, 薬物など〕を解禁する.
▷ **de·crìm·i·nal·i·zá·tion** 名

de·cry /dikrái/ 動 (**-cries**|過 過分 **-cried**|**~·ing**) 他 〖章〗をけなす, おとしめる; を(公然と)非難する.

***ded·i·cate** /dédəkèit/ 動 (~s /-ts/|過 過分 **-cat·ed** /-əd/|**-cat·ing**) 他 **1** VOA (~ X *to* ..) X を〔崇高な目的, 大義など〕のためにささげる(devote). ~ one's life [oneself] *to* the teaching of English 英語教育のために生涯をささげる. He ~*d* himself *to* social welfare. 彼は社会福祉に身をささげた. **2** VOA (~ X *to*..) ..に X (著書など)を献呈する. *Dedicated to* my wife. 我が妻にささぐ《★前に This book is が略されている; 単に To my wife. とも書く; 本の扉裏などに記す》. **3** (儀式などをして)を奉納[献納]する 〈*to* ..〔神など〕に〉. a temple ~*d to* Zeus ゼウスにささげられた[を祭った]神殿. **4** (式典をして)を開館[開通]する, を正式に使い始める. **5** 〖米〗〔金額〕を

とっておく〈*to*..用に〉. [<ラテン語「宣言する」(<de-+*dicāre*「知らせる」)]

ded·i·cat·ed /dédəkèitəd/ 形 **1** ㊞ (仕事などに)打ち込んだ, 熱心な. a ～ teacher 熱心な教師. a ～ socialist こちこちの社会主義者. **2** ⓒ 〖電算〗〔コンピュータやプログラムが〕ある目的のみに使われる, 専用の. a ～ word processor ワープロ専用機. ▷ **～·ly** 副

†dèd·i·cá·tion 名 **1** UC 献身; 専心, 熱中; 〈*to*..への〉. ～ *to* one's duty 義務(の遂行)に専心すること. **2** (**a**) U (神などに)奉納(すること), 献納; 献呈. at the ～ of the national cemetery 国立墓地の献納に際して. (**b**) C 献納[献呈]式, 除幕式. **3** C (書物などの)献(呈)の)辞《例 To Mr. Smith (スミス氏へ)》.

ded·i·ca·tor /dédəkèitər/ 名 C 奉納[献納]者; (著書などの)献呈者.

ded·i·ca·to·ry /dédəkətɔ̀:ri|-t(ə)ri/ 形 奉納[献納の; 献呈の.

†de·duce /did(j)ú:s/ 動 他 〖章〗を(演繹(えき)的に)推論する (↔induce); VO (～ *that* 節) ..と推論[推測]する; 〈*from*..から〉. The police ～*d from* the evidence *that* Mike was the murderer. 警察はその証拠からマイクが殺人者であると推定した. ◇名 deduction [<ラテン語 *dēdūcere*「導き出す」(<de-+*dūcere* 'lead')]

de·dúc·i·ble 形 推論[演繹(えき)]しうる.

†de·duct /didʌ́kt/ 動 他 を差し引く, 控除する, 〈*from*..から〉. be ～*ed from* the salary 給料から差し引かれる. ～ tax at source 税を源泉徴収する. ～ points 〖スポーツ〗減点する. [<ラテン語 (*dēdūcere* 'deduce' の過去分詞)]

de·dúct·i·ble 形 差し引ける, (所得税申告などの際に)控除可能な.

†de·dúc·tion 名 **1** U 差し引くこと, 控除; C 控除額, 差し引き高. How much of a ～ did they make from your salary? 給料から差し引かれた額はどの位でしたか. **2** U 推論; 〖論〗演繹(えき)(法) (↔induction); C (個々の)推論, 結論; 推論 〈*that* 節 ..という〉. ◇動 1 は deduct, 2 は deduce

de·duc·tive /didʌ́ktiv/ 形 推論的な, 推論の; 演繹(えき)的な (↔inductive). ～ reasoning 演繹法. ▷ **～·ly** 副 推論的に; 演繹的に.

‡deed /di:d/ 名 (複 **～s** /-dz/) C **1** (意図的なあるいは責任ある)**行為**, 行動; **実行**. do a good ～ 立派な行いをする (★deed は do の同族目的語). one's good ～ for the day 〖戯〗今日の善行. He is a prudent man in word and (in) ～. 彼は言行ともに慎重な人だ (★in と結合した場合無冠詞). *Deeds* are more important than words. 言葉より実行の方が大切である.

> 連結 a wicked [a brave, a daring, a heroic, a manly; a noble; a kind; a memorable; a worthy] ～ // a ～ of courage [glory] // accomplish [perform] a ～

2 〖法〗(正式に署名した, 特に不動産譲渡の)証書, 権利書. This is the ～ *to* the house. これがその家の権利書です. →a title deed.

in déed 行為において; 実際に (in fact).

── 動 他 〖米〗〔財産〕を証書によって譲渡する. [<古期英語]

déed-bòx 名 C 書類箱.

dèed of cóvenant 名 (複 **deeds of covenant**) C 約款捺(なつ)印証書.

déed pòll 名 (複 **deeds poll, deed polls**) C 〖主に英法〗平型捺(なつ)印証書《姓名の変更などのために当事者の一方が作成する》.

dee·jay /dí:dʒèi, ⌐⌐/ 名 (複 **～s**) C 〖話〗ディージェイ, ディスクジョッキー. [<*d*isk *j*ockey; 頭文字の発音から]

†deem /di:m/ 動 他 〖章〗VOC (～ X (*to be*) Y) X を Y であると考える, 思う, (consider); VO (～ *that* 節) ..であると考える. I ～ it (*to be*) the right method.=I ～ (*that*) it is the right method. 私はそれは正しいやり方だと思います. The commander ～*ed* it wise to retreat. 退却するのが賢明と指揮官は考えた. [<古期英語「判断する」; doom に対応する動詞]

‡deep /di:p/ 形 e 【深い】 **1** (**a**) **深い** (↔shallow); 深さ..の. a ～ hole [well] 深い穴[井戸]. the ～ sea 深海. ～ snow 深い雪. The river is ～*est* here. この川はこの辺りが一番深い(★この例のように叙述用法の形容詞が同一のものについての比較のときは普通, 無冠詞). a pond 10 feet ～ 深さ 10 フィートの池. The lake is 1,000 feet ～ [in depth]. その湖は深さ千フィートである. the ～ end of a swimming pool プールの深い方の端. (**b**) (奥行きの)深い; 奥行き..の; 厚い; ..列に並んだ. a strip of land 150 feet ～ 奥行き 150 フィートの土地. a ～ forest 深い森. a box 5 feet high, 3 feet wide and 4 feet ～ 高さ 5 フィート, 幅 3 フィート, 奥行き 4 フィートの箱. a ～ chest 厚い胸. draw up six ～ 6 列横隊に並ぶ. The cars were parked three-～. 車は 3 列に駐車していた. (**c**) 奥まった(所にある); 〖野球・クリケット〗(外野の)奥深くの. a fly into the ～ outfield 深い外野フライ.

2 深い所にまで達する; 深い所から来る. a ～ cut [wound] 深手. make a ～ bow 深々とお辞儀する. give a ～ sigh 深いため息をつく. take a ～ breath 深呼吸する. make a ～ dive into the water 水中深くまで飛び込む. **3** 〔声, 音が〕太くて低い. a ～ bass 低いバス(の声). a ～ groan 低いうめき声. the ～ sound of thunder 雷のごろごろという音. **4** 〔色が〕濃い. ～ blue eyes 濃青色の眼.

【深みのある】 **5** (**a**) 〔性質, 程度などが〕**深い** (profound); 強度の, 極度の; 〔人が〕深く考える, 洞察力のある. a ～ reader [thinker] 物を深く読み取る[考える]人. a ～ intellect 深い知性. a ～ study of Zen 禅についての深い研究. ～ designs 深謀遠慮. ～ love 強い愛(情). a ～ drinker 大酒飲み. fall into a ～ sleep 深い眠りにおちる. (**b**) ひどく悪い; 重大な. He is in ～ trouble over money. 彼は金のことでひどく困っている. in ～ shit 〖俗〗どうしようもなくなって.

【深さの程度が進んだ】 **6** 〔季節などが〕進んだ, 深まった; 〔時代が〕遠く離れた. We are in the ～*est* part of winter. 今は真冬だ. in the ～ past 遠い過去に(=～ (副) in the past). **7** 〈叙述〉〔人, 心が〕没頭して; はまり込んで; 〈*in*..に〉. ～ *in* study [thought] 研究[思索]に没頭して. be ～ *in* debt 借金で首が回らない.

【深くて分からない】 **8 深遠な**, 難解な; 〖英〗〔人物が〕理解しにくい. a ～ meaning 深遠な意味. a ～ mystery 深遠な神秘[難解な謎(なぞ)]. a thought too ～ for words 言葉では言い表せない深遠な思想. a ～ person 理解しにくい人物.

9 腹黒い, ずるい. a ～ politician 腹黒い政治家. ◇名 depth 動 deepen

go (in) òff (at) the dèep énd (1) 〖俗〗かっとなる, (興奮して)前後の見境がつかなくなる, 早まった[むちゃな]ことをする. (2) 〖米俗〗向こう見ずに(事業などを)始める.

in [into] dèep wáter(s) '深みにはまって'; (借金などで)苦境に陥って.

jùmp [be thròwn, be chùcked, be pìtched] ín at the dèep énd 〖話〗(仕事などの)最も難しいところからやらされる.

── 副 e **1** (**a**) (垂直に見て)**深く**. bury [dig, sink] ～ 深く埋める[掘る, 沈む]. breathe ～ 深呼吸する. Still waters run ～. 〖諺〗水静かならば流れは深い《表面静かな人こそ激しい情熱を内に秘めている》. (**b**) **奥深く**. He took the boy ～ into the forest. 彼は少年を森の奥深くへ連れて行った. **2** 深く; はなはだしく. look [go] ～ into a problem 問題を深く探究する. drink ～ 深酒をする. His remarks cut me ～. 彼の言葉が私をひどく傷つけた. **3** (夜など)遅くまで. sit up ～ into the night 夜

遅くまで起きている.
dèep dówn 〖話〗心の底では; 本心は, 本当は.
gò [rùn] déep 〔感情などが〕根深い[強い]; 深くまで及ぶ.
── 名 U **1** 〈the ～〉 (**a**) 深淵. the ～ of space 宇宙の深淵. (**b**) 海. the great ～ 大海原. **2** 最中(さなか). in the ～ of winter 真冬に. **3** 海溝《特に 5,500 メートルを超える深さで, 長く細いもの》.
in déep (1) (男女が)深い仲で. (2) すっかり巻き込まれて 〈*with*..に〉. (3) 借金がかさんで. [＜古期英語]

déep-dìsh 形 〖主に米〗 **1** 深皿で焼いた[料理した]. **2** 徹底した. ～ conservatism 徹底した保守主義.

***deep·en** /díːpən/ 動 (～s /-z/|過 過分 ～ed /-d/|～·ing) 他 **1** を深くする. ～ a well 井戸を掘り下げる. **2** 〔色〕を濃くする; 〔音など〕を太く[低く]する. **3** 〔知識, 印象など〕を深める; 〔気のふさぎなど〕を深刻にする. ～ one's understanding of .. の理解を深める. ── 自 **1** 深くなる. ～ to 300 meters 深さ 300 メートルになる. **2** 〔色が〕濃くなる; 〔音, 声などが〕太く[低く]なる; 〔愛情などが〕深くなる, 増す. the ～*ing* colors of leaves 次第に色が濃くなってきた木の葉. **3** 〔知識, 印象などが〕深まる. Their antagonism ～*ed* day by day. 彼らの対立は日々つのるばかりだった. a ～*ing* interest in education ますます強くなる教育への関心. **4** 〔危機などが〕深まる; 〔憂うつ, 嫌気などが〕深刻になる, いや増す.

déep frèeze / 〖英〗 ⌣⌣/ 名 **1** C 〖英〗急速冷凍庫 (freezer 1); 〈D-〉 その商標. **2** U 急速冷凍で保存すること. **3** U (活動, 事態などの)現状凍結.

dèep-fréeze 動 (**-freez·es**|過 **-froze, ～d**|過分 **-fro·zen, ～d**|**-freez·ing**) 他 〔主に食物〕を急速冷凍する. *deep-frozen* shrimps 冷凍エビ.

dèep fréezer 名 〖米〗＝freezer 1.

déep-frỳ 動 (**-fries**|過 過分 **-fried**|**～·ing**) 他 を(たっぷりした油で)揚げる.

dèep kíss 名 ＝French kiss.

dèep-láid /移/ 形 ひそかに[慎重に]計画した. a ～ scheme 深謀遠慮の計画.

‡deep·ly /díːpli/ 副 m **1** 強く, ひどく, (程度が)深く. study the problem ～ その問題を深く研究する. Susan loves her mother ～. スーザンは母を深く愛している. be ～ in love with ..を深く愛している. be ～ impressed [moved] 強い印象を受ける[深く感動する]. be ～ interested in .. に強い関心を持っている. be [get] involved with ..と深い関係を持つ(ようになる). **2** 深く (★空間的な深さの意味では deep が普通). dig ～ 深く掘る. bow ～ 深々とお辞儀をする. ～ rooted ＝ deep-rooted. **3** 〔声, 楽器の音色などが〕太く, 低く. **4** 〔色が〕濃く. the fisherman's ～ tanned skin 漁師の黒く日に焼けた肌.

dèep móurning 名 U 正式忌服(きふく)《正式喪服を着て表す哀悼》.

déep·ness 名 U **1** 深さ, 深度; 深遠さ. **2** (声の)太さ, 低さ; (色の)濃さ.

dèep pócket 名 C 〖米話〗財力, '懐'; 〈～s〉 豊富な財源.

dèep(ly)-róoted /-əd 移/ 形 **1** 根の深い〔木など〕. **2** 〔文化, 怨恨(えんこん)などが〕深く根ざした, 根深い, 簡単には変えられない. ～ hatred 根深い憎しみ.

dèep-séa /移/ 形 深海の; 遠洋の. ～ fishery [fishing] 遠洋[深海]漁業.

‡dèep-séated /-əd 移/ 形 〔信念, 憎しみなどが〕根深い, 抜きがたい. a ～ conviction [distrust, fear] 根深い信念[不信感, 恐怖].

dèep-sét /移/ 形 〔目などが〕(落ち)くぼんだ.

dèep síx 名 C 〖米話〗水葬《＜かつて少なくとも 6 fathoms の深さの海に甲板から水葬した》; 墓地; 捨て場所. get the ～ 水葬される. give .. the ～ ..をとりやめる; ..を捨てる, '葬る'.

dèep-síx 動 他 〖米話〗を水葬にする; 〔計画など〕をとりやめる; を捨てる.

Dèep Sóuth 名 〈(the) ～〉 深南部《米国南部の中で, Georgia, Alabama, Louisiana, Mississippiなどの諸州を中心とした最も保守的な南部気質の見られる地方》.

dèep spáce 名 U 地球からはるかに遠い宇宙空間《大気圏をはるかに越えた空間で太陽系の外側までも含む》.

dèep strúcture 名 UC 〖言〗深層構造《生成文法の用語; →surface structure》.

dèep thróat 名 C 〖米話〗密告者《特に政府内部からの》.

‡deer /díər/ 名 (複 **～, まれに～s** /-z/) C シカ(鹿). ～ hunting シカ狩り. a herd of ～ シカの群れ. 参考 stag, hart, buck, (雄ジカ); hind, doe, (雌ジカ); calf, fawn, (子ジカ); venison (シカ肉). [＜古期英語「(四つ足の)動物」]

déer·hòund 名 C 〖動〗ディアハウンド犬《昔, シカ狩りに用いた》.

déer mòuse 名 C シロアシネズミ《北米産の足の白いネズミ》.

déer·skìn 名 UC シカ革.

deer·stalk·er /díərstɔ̀ːkər/ 名 C **1** シカ射ち《人》. **2** シカ射ち帽 (**dèerstalker hát**) 《上げ下げできる耳覆いと前後にひさしがある; Sherlock Holmes が愛用》.

de·es·ca·late /dìːéskəleit/ 動 他, 自 (戦争, 爆撃などの)規模を(段階的に)縮小する.

de·ès·ca·lá·tion 名 U (戦争, 爆撃などの段階的)規模縮小.

def. defective; defense; deferred; definite; definition.

[deerstalker 2]

de·face /diféis/ 動 他 **1** の外観を醜くする[損なう], を傷つける, 汚す. ～ public property 公共財産を傷つける[汚す]. **2** (表面を傷つけたりして)を判読不可能にする, 読みづらくする. ～ a poster ポスターに落書きして読めなくする.

de·fáce·ment 名 U 外観を醜くする[される]こと, 汚損.

‡de fac·to /diːfǽktou/ 形, 副 事実上(の). her ～ husband 彼女の事実上の夫. ── 名 C 〖オース〗事実上の夫[妻]. [ラテン語 'from (the) fact']

de·fal·cate /difǽlkeit|díːfælkèit/ 動 自 〖章〗使い込む, 横領する, 〈*on* ..〔委託金〕を〉.

de·fal·ca·tion /dìːfælkéiʃ(ə)n/ 名 U 〖章〗(委託金の)使い込み, 横領.

de·fa·ma·tion /dèfəméiʃ(ə)n/ 名 U 〖章〗中傷, 侮辱; 名誉毀(き)損. the ～ of character 名誉毀損.

de·fam·a·to·ry /difǽmətɔ̀ːri|-t(ə)ri/ 形 〖章〗名誉を傷つける(ような), 中傷の, 中傷的な.

de·fame /diféim/ 動 他 〖章〗の名誉を毀(き)損する, を中傷する.

†de·fault /difɔ́ːlt/ 名 U **1** (義務などを)怠ること, 怠慢, 不履行; 〖法〗債務不履行. **2** (競技などへの)不参加, 欠場; (法廷への)不出頭, 欠席. **3** 〖電算〗デフォルト《コンピュータ・システムでユーザーが特に指定しない場合に設定されている標準の動作条件》.

be in defáult 〔人が〕債務不履行である; 〔債務が〕不履行である.

by defáult 欠席[欠場]によって; 不実行のために. lose [win] a game *by* ～ 不戦敗[勝]でゲームを落とす[ものにする]. judgment *by* ～ 欠席裁判. go *by* ～ 〔権利などが〕怠慢のために無効になる.

in defáult of.. ..がない時には; ..がないために. *In* ～ *of* new evidence, we'll have to give up the case. 新しい証拠が出ない限り公判の維持は無理だろう. *In* ～ *of* outside help, we had to rely on our own efforts. 外部の援助がなかったので我々は自分たちの努力に頼らなければならなかった.

── 動 自 **1** 怠る; 履行しない; 〈*in*, *on*..〔義務, 責務

など]を〉. a ～ing taxpayer 税金滞納者. ～ on one's loan 借金を返済しない. **2** (試合などで)欠場する; (裁判に)出廷しない. **3** 自 (～ to..)〖電算〗デフォルトで..を選択する. ── 他 〔債務など〕を履行しない; 〔試合など〕を不戦敗で失う. [＜古期フランス語; de-(強意), fault]

de·fáult·er 名 C **1** (債務などの)不履行者. **2** (裁判に)出廷しない人.

‡**de·feat** /difíːt/ 動 (～s /-ts/|過 過分 ～·ed /-əd/|～·ing) 他 **1** (戦闘, 競技, 選挙などで)を**負かす**, 破る, (類語 「負かす」の意味の一般的な語で, 必ずしも決定的な勝利を意味しない; →beat 8, conquer, overcome, overpower, subdue, vanquish). ～ an enemy 敵を打ち破る. be resoundingly [roundly, soundly] ～ed 大敗を喫する. We ～ed another school in baseball. 野球で我々は又1校破った. ～ the other team by two points 2点差で相手チームを破る. The clumsy team ～ed itself in the game. その下手なチームは試合で自滅した. be ～ed in a battle 戦闘で敗北する.

2〖話〗を困らせる, の能力を超える. I've tried to crack this code, but it ～s me. この暗号を解読しようとしてみたがお手上げだ.

3 〔意図, 希望など〕をくじく, 挫折(ざせつ)させる. Sensationalism ～s its own end. 扇情主義は(やがて人に飽きられるので)その目的を遂げることができない. Our hopes [plans] were ～ed. 我々の望み[計画]は挫折した.

── 名 (複 ～s /-ts/) UC **1 打ち破ること**, 撃破; 敗れること, 敗北, (↔victory). a serious ～ 大きな敗北. suffer a military ～ 軍事的敗北を喫する. admit [concede] ～ 敗北を認める. our army's ～ of the enemy 我が軍が敵を破る[破った]こと. six wins and three ～s 6勝3敗. a ～ in an election 選挙での敗北.

> 連結 a crushing [a devastating, a resounding, a total] ～ // acknowledge [admit, concede] ～; bring ～ to; inflict ～ on

2 挫折(する[させる]こと), **失敗**. the ～ of one's plans 計画の挫折.
[＜中世ラテン語「破壊する」(＜ラテン語 dis-＋*facere* 'do')]

de·féat·ism 名 U 敗北主義.

de·féat·ist 名 C 敗北主義者. ── 形 敗北主義(的)の.

def·e·cate /défəkèit/ 動 自〖章〗排便する.

dèf·e·cá·tion 名 U〖章〗排便.

***de·fect** /díːfekt, difékt/ 名 (複 ～s /-ts/) C **1 欠点**, 欠陥, (商品などの)瑕(きず), 短所, (類語 しばしば相当深刻な欠点, 欠陥に用いる; →fault). a ～ in [of] character 性格上の欠点. a character ～ in him 彼の性格上の欠点. **2** (身体の)障害. a speech [hearing] ～ 言語[聴覚]障害.

> 連結 a fatal [a grave, a serious; a glaring; a minor] ～ // correct [rectify, repair] a ～

── /difékt/ 動 自 離反[離脱]する 〈*from* ..〔主義, 党派, 国家など〕から〉; 寝返る, 亡命する, 〈*to* ..〔反対の主義, 党派, 国家〕に〉. A Cuban diplomat ～ed to the United States. あるキューバの外交官が米国へ亡命した. [＜ラテン語 *dēficere*「欠けている, 捨てる」(＜de-＋*facere* 'do')]

de·féc·tion 名 UC 離反, 脱党, 〈*from* ..からの〉; 転向, 寝返り, 〈*to* ..への〉.

†**de·fec·tive** /diféktiv/ 形 **1** 欠陥[欠点]のある, 不完全な, (↔perfect). a ～ car 欠陥車. **2** 欠いている (wanting), 不足している, 〈*in* ..を, が〉. be ～ *in* precision 精密さが足りない. **3** 〔人が〕知能が平均以下の. be mentally ～ 知能に欠陥がある. **4**〖文法〗活用を欠いた〔動詞〕. a ～ verb 欠如動詞《must, oughtなど》.

── 名 C (心身に)欠陥のある人.

▷～·ly 副 ～·ness 名

‡**de·fect·or** /diféktər/ 名 C 離反者, 転向者; 亡命者.

***de·fence** /diféns/ 名〖英〗＝defense.

‡**de·fend** /difénd/ 動 (～s /-dz/|過 過分 ～·ed /-əd/|～·ing) 他 **1** を**守る**, 防衛する, 防ぐ, 〈*against, from* ..から〉 (↔attack; 類語 defend は積極的に攻撃を排除するという意味; →guard, protect). ～ one's country *against* the enemy 敵から国を守る. ～ oneself *from* dangers 危険から身を守る. ～ the pound〖経〗ポンドを防衛する. **2**〖スポーツ〗〔ゴール, タイトルなど〕を守る. The boxer successfully ～ed his title [championship] (*against* the challenger). ボクサーは(挑戦者に対して)タイトルを守るのに成功した.

3 を**擁護[弁護]**する, 支持する;〖法〗〔被告〕の弁護に立つ. ～ one's ideas 自分の思想を擁護する. ～ a theory vigorously [stoutly, staunchly] 理論を強く支持する. I disapprove of what you say, but I will ～ to the death your right to say it. 僕は君の意見には不賛成だが, それを述べる君の権利は最後まで守ってやろう《Voltaire の言葉とされる》. ～ oneself (before the judge) みずからを弁護する.

── 自 **1** 防御する. **2** 擁護する. **3**〖スポーツ〗守る.
◇名 defense 形 defensive [＜ラテン語「守り防ぐ」(＜de-＋*fendere*「打つ」)] ▷～·**ing** 形 防衛する.

†**de·fend·ant** /diféndənt/ 名 C 〖法〗被告 (↔plaintiff). ── 形 被告(側)の.

***de·fend·er** /diféndər/ 名 (複 ～s /-z/) C **防御[防衛]者**; 擁護[弁護]者;〖スポーツ〗ディフェンダー; 選手権保持者. the ～ of liberty 自由の擁護者.

Defènder of the Fáith 名 〈the ～〉信仰の擁護者《Henry 8 世以来の英国君主の称号》.

‡**de·fense**〖米〗, **-fence**〖英〗/diféns, 3 は〖米〗では主に díːfens/ 名 (複 **-fens·es** /-əz/) **1** (**a**) aU **防御**, 防衛, 守備, (↔offense, attack). national ～ 国防. come to a person's ～ 人を擁護する. ～ cuts 国防費削減. Óffense is the best *défense*.〖諺〗攻撃は最善の防御である (★攻撃と防御を対照させるためアクセントが移動する). There is no ～ against certain illnesses. ある種の病気は防ぎようがない. (**b**) C 自己防衛; ＝defense mechanism.

> 連結 brave [strong, stubborn, vigorous; weak] ～ // put up a ～

2 C 防御物〈*against* ..に対する〉;〖軍〗〈～s〉防御施設. Vaccines are a good ～ *against* typhoid. 腸チフスの予防にはワクチンがよい. build up ～s 防衛施設を増強する.

3 (**a**)〖競技〗U (フットボールなどの)守備陣(形), ディフェンス; C 〈単数形で複数扱いもある〉守備側のチーム[選手]. play on〖米〗[〖英〗in] ～ ディフェンスをやる. (**b**) C〖チェス〗ディフェンス.

4〖法〗UC 〈普通, 単数形で〉弁護, 答弁(書); U 〈the ～; 単複両扱い〉被告側 (↔prosecution). take the side of the ～ 被告側を支持する. come to my ～ 私を弁護してくれる. We sprang [rose] to his ～. 私たちは彼の弁護に立ち上がった. a ～ witness ＝ a witness for the ～ 被告側証人.

5 U 弁明擁護; C 擁護論. need no ～ (正しいことが明らかなので)弁明の必要がない. ◇動 defend 形 defensive
in defénse of.. ..を防衛[弁護]するため. fight *in* ～ *of* one's life 生命を守るために戦う.

Defénse Àgency 名 〈the ～〉防衛庁.

defènse in dépth 名 U〖軍〗縦深防御《防衛線を幾重にも重ねた》.

de·fénse·less〘米〙, **-fénce-**〘英〙形 防備のない, 無防備の. exposed and ～ 攻撃にさらされ無防備の[で]. ▷～**·ly** 副 ～**·ness** 名U 無防備(状態).

defénse mèchanism 名C〘生理·心理〙防衛機構.

de·fèn·si·bíl·i·ty 名U 防御[防衛, 弁護]できること.

de·fen·si·ble /difénsəb(ə)l/ 形 防御できる; 弁護の余地のある, 擁護しうる. ▷**-bly** 副

†**de·fen·sive** /difénsiv/ 形 **1** 防御の, 自衛(上)の, 防御的な. take ～ measures 防衛手段を取る. ～ weapons 防御[護身]用の武器. a ～ back〘アメフト〙ディフェンシブ・バック. **2**〘時に軽蔑〙〔人や行為が〕守勢の, 受け身の, 自己弁護的な.

—— 名〈the ～〉防御; 守勢. ◇↔offensive

on the defénsive 守勢で, 防戦に努めて. Their questions put him *on the* ～. 彼らの質問に彼はたじたじとなった. be [go] *on the* ～ 守勢に立っている[立つ].

▷～**·ly** 副 防御して; 守勢になって. ～**·ness** 名

†**de·fer**[1] /difə́ːr/ 動 (～s|-rr-) 他 **1**〘章〙VO (～ X/*doing*) Xを/..することを延期する, 延ばす, (類語 → postpone). ～ payment 支払いを延期する. I will ～ mak*ing* the final decision until next week. 最終決定は来週まで延ばそう. **2**〘米〙の徴兵を猶予する.

◇名 deferment [＜古期フランス語; differ と同源]

†**de·fer**[2] 動 (～s|-rr-) 自 VA (～ *to*..)〔人, 意見など〕に(敬意を表して, あるいは仕方なく)従う, 譲る. ～ *to* older people 年長の人に譲歩する. ～ *to* a person's judgment [advice] 人の判断[忠告]に従う. [＜ラテン語「運び去る」(＜de-+*ferre* 'carry')]

†**def·er·ence** /déf(ə)rəns/ 名U **1** (目上, 権威などに敬意を表して)服従すること〈*to*..に〉. blind ～ 盲従. **2** 敬意〈*to*..への〉. with (due) ～ (十分)敬意を払って. pay [show] ～ *to* a minister 牧師に敬意を払う.

in [out of] déference to.. ..に気がね[遠慮, 配慮]して, ..に従って.

def·er·en·tial /dèfərénʃ(ə)l/ 形 うやうやしい, 敬意を表す. pay ～ attention 謹聴する. ▷～**·ly** 副 うやうやしく, 敬意を表して.

de·fér·ment 名UC **1** 延期, 繰り延べ; 据え置き. **2**〘米〙徴兵猶予.

de·fer·ral /difə́ːrəl/ 名 ＝deferment.

†**de·fi·ance** /difáiəns/ 名U **1** 反抗(的態度); 挑戦 (challenge)〈*to*..に対しての〉. an act [a gesture] of ～ against ..に対する反抗的行為[態度]. hurl one's ～ 反抗的行為をする. **2** 無視〈*of*..〔危険など〕の〉. ◇動 defy

bìd defíance to.. ..に挑戦する, 反抗する; ..を無視する, 侮る.

in defíance of.. ..をものともせずに, 無視して. *in* ～ *of* the law 法を無視して.

sèt..at defíance ..を公然と無視する; ..に挑む.

†**de·fi·ant** /difáiənt/ 形 挑戦的な, 反抗的な; けんか腰の. ～ words ふてぶてしい言葉. ◇動 defy

de·fí·ant·ly 副 挑戦[反抗]的に.

†**de·fi·cien·cy** /difíʃ(ə)nsi/ 名 (複 -cies) UC **1** 不足, 欠乏; 不足額[量];〈*of, in*..の〉(類語 特に, それが足りないと物事が正常に機能しない[ある目的が達成されない]などのような不足を言う; →shortage; ↔sufficiency). ～ *in* vitamin C ビタミンC不足. a ～ *of* food 食糧不足. a ～ *of* £500 500ポンドの不足(額). serious *deficiencies in* housing 深刻な住宅不足. **2** 欠陥, 不備,〈*in, of*..の〉(defect). *deficiencies in* character 性格上の諸欠陥.

defíciency disèase 名UC (ビタミンなどの)欠乏症.

*__de·fi·cient__ /difíʃ(ə)nt/ 形 **1** Ⓟ 欠けた〈*in*..に〉; 不十分な. The soldiers were somewhat ～ *in* courage. 兵士たちは勇気にいささか欠けるところがあった. ～ equipment 不十分な設備. **2** ⓜ 欠陥のある, 不備な. a mentally ～ person〘軽蔑〙精神薄弱者. [＜ラテン語「欠けている」(→defect); -ent] ▷～**·ly** 副 不足して; 不十分に.

†**def·i·cit** /défəsət, difís-/ 名C 欠損, 赤字; 不足(額);〈*in*..の〉(↔surplus). a balance-of-payment [budget, trade] ～ 国際収支[予算, 貿易]赤字. a ～ *in* revenue 歳入の不足. cut [reduce] the ～ 赤字を減らす. [ラテン語 'it is wanting']

de·fi·er /difáiər/ 名C 反抗者; 挑戦者.

de·file[1] /difáil/ 動 他 **1** を汚す, 汚染する,〈*by, with*..で〉. The factory ～*d* the river *with* its waste. その工場は廃棄物で川を汚染した. These books ～ the minds of young people. こういう本は若い人の心を毒する. **2** の神聖さ[名誉など]を汚す, を冒瀆(ぼうとく)する. [＜古期フランス語「踏みにじる」; foul の意味が加わった]

▷～**·ment** 名U 汚染; C 不浄物.

de·file[2] /díːfail, difáil/ 名C (山間の)狭い道, 隘(あい)路. —— 動 自〔軍隊が〕1列[縦列]で行進する.

de·fín·a·ble 形 定義[限定]できる.

*__de·fine__ /difáin/ 動 (～s /-z/|過 過分 ～d /-d/|-fin·ing) 他【限界をはっきり示す】 **1**〔語句や概念〕を**定義する**; VOA を定義する〈*as*..と〉. *How* do you ～ "love"? あなたは「愛」をどう定義しますか. The dictionary ～*s* a square *as* a rectangle with four equal sides. 辞書は正方形を四つの等しい辺を持つ矩(く)形と定義する.

2 (a) の**限界[範囲など]を定める**;〔権限など〕を明確にする. ～ the boundaries between the two estates その2つの所有地の境界を明確にする. ～ the court's powers clearly [precisely] 裁判所の権限をはっきりとさせる[明確にする]. **(b)** の輪郭をはっきり示す〈*against*..を背景に〉. The hilltop was sharply [clearly] ～*d against* the sky. 山頂の姿がくっきり空に映し出されていた. **3** VO (～ X/*wh* 節·句) X(真意, 本質, 立場など)を/..かをはっきり示す[述べる]. ～ one's meaning [position] 自分の真意[立場]を明確にする. ◇名 definition

[＜ラテン語「境界を定める」(＜de-+*fīnīre*「終える, 限る」)] ▷**de·fined** 形 明確な; 輪郭のはっきりした.

defìning móment 名C 決定的瞬間.

‡**def·i·nite** /défənət/ 形 ⓜ **1 明確な**, 疑う余地のない;〈叙述〉確信した〈*about*..を/*that* 節..ということを〉; (↔indefinite). a ～ answer 確答. a ～ mistake 明らかな誤り. It is ～ *that* the mayor will resign. 市長が辞任するのは確定している. have ～ features 目鼻だちがはっきりしている. be ～ about ..について(は)はっきりしている, ..をはっきり述べる; ..を確信している. **2 一定の**, 限定された. a ～ date はっきりとした日取り. There is a ～ time to return the books. その本の返却には一定の期限がある. **3**〘文法〙限定的な. [＜ラテン語「限られた」(→define)] ▷～**·ness** 名

dèfinite árticle 名C〈普通 the ～〉〘文法〙定冠詞 (→the).

*__def·i·nite·ly__ /défənətli/ 副 ⓜ **1 明確に**, はっきりと, (decidedly). refuse ～ きっぱり断る. a problem ～ settled はっきり決着のついた問題. **2 明らかに**, 疑いもなく. He is ～ wrong. 彼は明らかに間違っている.

3〘話〙確かに, その通り;〈否定語とともに〉絶対に, 断じて, 〔..ない〕. "Are you sure?" "*Definitely*."「確かですか」「もちろんです」"You don't want it, do you?" "*Definitely* not."「あなたはそれが欲しくないでしょう」「ええ, まっぴらです」

‡**def·i·ni·tion** /dèfəníʃ(ə)n/ 名 (複 ～s /-z/) **1** UC **定義**(すること); C 定義, 語義,〈*of*..〔語句など〕の〉. give the ～ *of* a word 語の定義をする. One ～ of "bachelor" is "a man who has not married". bachelor の1つの定義は '結婚していない男性' である. What's the ～ of "democratic"?「民主的な」の定義は何ですか.

連結 a brief [an exact; a full; a vague] ～ //

formulate [come up with, frame, lay down] a 〜

2 Ⓤ はっきりさせること, 限定; 言明.
3 Ⓤ (輪郭の)鮮明さ; (写真, テレビの映像, ラジオの音声などの)鮮明度, 解像力.
by definítion 定義すれば, 定義上; (定義上)当然; その名が示すとおり.

‡**de·fin·i·tive** /difínətiv/ 形 **1** 最終的な, 決定的な, (final). a 〜 proof 決定的証拠. a 〜 answer 最終的回答, 決定的な答え. **2**〔伝記, 研究などが〕もっとも権威のある, 完全で正確な. a 〜 edition 決定版. ▷**〜·ly** 副

de·flate /difléit/ 動 他 **1**〔タイヤ, 気球など〕の空気[ガス]を抜く. **2**〔自信, うぬぼれなど〕をへこます,〔希望〕をなくさせる, くじく. **3**〖経〗〔膨張した通貨〕を収縮させる.
── 自 (ガスなどが抜けて)へこむ; しぼむ;〖経〗デフレ政策を取る (↔inflate). [＜*de-*＋in*flate*] ▷**de·flat·ed** /-əd/ 形 自信をなくした.

de·flá·tion 名 Ⓤ **1**〖経〗通貨収縮, デフレ(ーション). **2** 空気[ガス]を抜くこと. ◇↔inflation

de·fla·tion·ar·y /difléiʃ(ə)nèri|-ʃən(ə)ri/ 形〖経〗デフレの, 通貨収縮の.

de·flect /diflékt/ 動 他 **1**〔弾丸など〕をそらす〈*from, off* ..から〉. The fence 〜*ed* the bullet *off* [*away from*] the building. 柵(さく)に当たって建物から弾丸がそれた. **2**〔注意, 批判など〕をそらす〈*away/from* ..〔目的, 目標など〕から〉. 〜 criticism [anger] 批判[怒り]をそらす. 〜 attention *from* domestic problems 国内問題から注意をそらす. ── 自 それる; 方向が変わる. [＜ラテン語「横へ曲げる」]

de·fléc·tion 名 ⓊⒸ それる[そらす]こと; (計器盤の針の)ふれ.

de·flec·tive /difléktiv/ 形 そり[ずれ]を生じる, たわむ.

de·flex·ion /diflékʃ(ə)n/ 名〖英〗＝deflection.

de·flow·er /difláuər/ 動 他 〖主に雅〗〔処女〕を凌辱(りょうじょく)する, の処女性を奪う, (violate).

De·foe /difóu/ 名 **Daniel** 〜 デフォー (1660?–1731)《英国の作家 *Robinson Crusoe* の作者》.

de·fog /dìːfɔ́ːg, -fɑ́g|-fɔ́g/ 動 (〜**s**|-**gg**-) 他〖米〗〔車のガラス〕の曇りを取る(〖英〗demist).

de·fo·li·ant /diːfóuliənt/ 名 ⓊⒸ 枯葉剤.

de·fo·li·ate /diːfóulièit/ 動 他〔樹木など〕から葉を落とす;〔植物, 地域〕に枯葉剤を撒(ま)く.

de·fò·li·á·tion 名 Ⓤ 落葉(させること); 枯葉作戦《敵兵の潜んでいる森林に枯葉剤を散布する》.

†**de·for·est** /dìːfɔ́ːrəst|-fɔ́r-/ 動 他〔ある地域〕の森林を伐採する.

†**de·for·est·a·tion** /dìːfɔ̀ːrəstéiʃ(ə)n|-fɔ̀r-/ 名 Ⓤ 森林伐採[喪失, 破壊].

†**de·form** /difɔ́ːrm/ 動 他 **1** の外観[外形]を醜くする, を歪(ゆが)める; を変形させる. Her face was 〜*ed with* pain. 彼女の顔は苦痛で歪んだ. **2** を奇形にする. ── 自 歪む.

de·for·ma·tion /dìːfɔːrméiʃ(ə)n/ 名 Ⓤ 外観[外形]を損なうこと[が損なわれること], 変形; 不格好, 醜さ.

†**de·fórmed** 形 **1**〔体, 手足などが〕不自由な; 奇形の; (注意 人については handicapped を用いる方がよい). The accident left him 〜. 事故のあと彼は体が奇形になった. **2**〔精神, 思想などが〕歪(ゆが)んだ, 醜悪な. [＜ラテン語「形 (*forma*) をこわす」]

de·form·i·ty /difɔ́ːrməti/ 名 (複 -**ties**) **1** Ⓤ 奇形; (肉体的又は精神的な)醜さ. **2** Ⓒ (身体の)奇形の箇所[人, 物]. **3** ⓊⒸ (性格, 制度などの)歪(ゆが)み, ひずみ.

†**de·fraud** /difrɔ́ːd/ 動 他 から詐取する, だまし取る; VOA (〜 X (***out***) ***of*** ..) X (人)をだまして〔財産, 金, 権利など〕を取る(類語 defraud は主に法律用語で, 真実を曲げたり隠したりして他人の物を巻き上げること; →swindle). 〜 customers 顧客をだます. 〜 a widow *of* her property 未亡人から財産をだまし取る.

de·fray /difréi/ 動 (〜**s**|過 過分 〜**ed**|〜·**ing**) 他〖章〗〔費用, 経費など〕を支払う, 負担する, (pay). 〜 expenses 費用を負担する. ▷**〜·al, 〜·ment** 名

de·frock /dìːfrɑ́k|-frɔ́k/ 動 他〖旧・戯〗から聖職を奪う《＜法衣を脱がせる》.

de·frost /difrɔ́ːst|-frɔ́st/ 動 他 **1**〔冷蔵庫〕の霜[氷]を取る;〖米〗〔車のガラス〕の霜を取る (〖英〗demist). **2**〔冷凍食品〕を解凍する, 戻す. ── 自 解凍される, 戻る; 解氷する;〖米〗車のガラスの霜を取る.

de·fróst·er 名 Ⓒ (冷蔵庫内などの)除氷[霜]装置, (車の)デフロスター.

‡**deft** /deft/ 形 すばやい; 器用な, 上手な,〈*at* ..が〉. be 〜 *at* this kind of work この種の仕事がとても上手である. ▷**déft·ly** 副 **déft·ness** 名

‡**de·funct** /difʌ́ŋ(k)t/ 形〖章・戯〗死亡した (dead);〔思想, 法律などが〕消滅した, 現存しない, 廃止された;〔組織などが〕機能するのを止めた.

‡**de·fuse** /dìːfjúːz/ 動 他 **1**〔爆弾〕から信管を抜き取る. **2**〔危機, 緊張など〕を緩和する. 〜 economic tensions between the U.S. and Japan 日米間の経済的緊張をほぐす. 〜 a crisis 危機を回避する. 〜 criticism 批判を和らげる.

†**de·fy** /difái/ 動 (-**fies** /-z/|過 過分 -**fied** /-d/|〜·**ing**) 他 **1** VOO (〜 X ***to do***) X にできるなら..をやってみろと言う[挑む] (類語 相手が実行できそうもない, 又は事実上不可能と考えられる事柄に用いる; →challenge). I 〜 you *to* make it public. できるというならそれを公表してみなさい(できるはずはない). **2**〔法律, 権威など〕を無視する, ものともしない; に公然と反抗する. 〜 the law 法を無視する. John *defied* the policeman's order to stop. ジョンは警察官の止まれという命令をきかなかった. 〜 the law of gravity 引力の法則にさからって動く.
3〔敵, 攻撃など〕に屈服しない, 勇敢に立ち向かう. 〜 the enemy's repeated attacks 敵の波状攻撃に耐える.
4〔物事が〕を拒む, 受け付けない. The disaster *defies* (all) description. その災害の光景は筆舌に尽くし難い. a term that *defies* definition 定義のしようのない術語. 〜 comprehension とうてい理解できない. She continues to 〜 her age [the years]. 彼女は依然として年より若く見える. ◇名 defiance 形 defiant [＜古期フランス語「挑む」(＜ラテン語 dis-＋*fīdere* 'trust')]

deg. degree(s).

De·gas /deigɑ́ː, ‐‐/ 名 **Edgar** 〜 ドガ (1834–1917)《フランスの印象派の画家・彫刻家》.

de Gaulle /də-góul, -gɔ́ːl|-góul/ 名 **Charles** 〜 ドゴール (1890–1970)《フランスの将軍・政治家・第 5 共和政初代大統領 (1959–69)》.

de·gauss /dìːgáus/ 動 他 (磁気機雷を避けるために)〔船体〕から磁気を消す;〔磁気テープなど〕を消磁する.

de·gen·er·a·cy /didʒén(ə)rəsi/ 名 Ⓤ **1** 退歩; 堕落. **2**〖生物〗退化. **3** 性的倒錯.

†**de·gen·er·ate** /didʒénərèit/ 動 自 **1** 退歩する; 堕落する;〈*from* ..から/*into* ..へ〉. The party 〜*d into* an orgy. パーティーはらんちき騒ぎになってしまった. Language rapidly 〜*s* in a quarrel. けんかになると言葉が急速に悪くなる. **2**〖生物〗退化する. 〜 through nonuse 使用されないため退化する.
── /-rət/ 形 退歩した; 堕落した; 退化した; (類語 倫理, 節操観念などの低下に重点がある; →corrupt).
── /-rət/ 名 Ⓒ 堕落した人[もの]; 退化した物[生物]; 性的倒錯者, 変質者.
[＜ラテン語「(同類から逸脱して)劣悪になる」(＜de-＋*genus* 'birth, race')]

de·gen·er·a·tion /didʒènəréiʃ(ə)n/ 名 Ⓤ **1** 退歩, 堕落. **2**〖生物〗退化;〖医〗(細胞, 組織などの)変質, 変性.

de·gen·er·a·tive /didʒénərèitiv|-rət-/ 形 退歩的な; 堕落した; 退化する, 退行性の.

de·grád·a·ble [形] (科学的に)分解できる.

‡**deg·ra·da·tion** /dègrədéiʃ(ə)n/ [名] [UC] **1** 格下げ(する[される]こと), 降職. **2** (品位, 価値の)下落; 堕落, 落ちぶれた状態. **3** 〖化〗分解.

†**de·grade** /digréid/ [動] [他] **1** の地位を下げる, を降格[降職]する, (↔promote). ～ an officer *for* dishonesty 不正行為の理由で役人を降職する. **2** の品位を落とす; の価値を下げる. Don't ～ your*self* by telling such a lie. そんな嘘(うそ)をついて自分の値打ちを下げるな. **3** 〖化〗〔化合物〕を分解する. [＜後期ラテン語「降格する」(＜ラテン語 de-＋*gradus* 'grade')]

de·grád·ing [形] 品位を下げる(ような), 品性を汚す(ような), 下劣な. a ～ act 下劣な行為.

*‡**de·gree** /digríː/ [名] ([複] **～s** /-z/) **1** [UC] **(a)** **程度, 度合い**, (extent). in [to] some ～ 多少, 幾らか. To what ～ can we trust him? どの程度まで彼を信用できるか. She was terrified to such a ～ that she could not say a word. 彼女は一言も言えないほどおびえていた. a matter [question] of ～ 程度問題. be different in ～ 程度が違う. to [in] different ～s 程度の差こそあれ. **(b)** 〖法〗(犯罪の)等級 《2–3 段階に分かれていて, 第 1 級の方が〖米〗では重く, 〖英〗では軽い》. murder in the first ～＝first-～ murder 第 1 級謀殺 《米国で言えば最も重く, rape, robbery など他の犯罪の過程で行われた殺人》. **(c)** 〖医〗(火傷の)度合い 《3 段階あり 1→3 の順で重傷》. third-～ burns 第 3 度火傷. →third degree.

2 [C] (温度計, 経[緯]度, 角度などの)**度** 《符号は《°》; 英米では温度には日常的には華氏を用いる》. We had [The temperature was] 32 ～*s* Fahrenheit [zero ～*s* centigrade] at 6 a.m. 午前 6 時に華氏 32 度[摂氏 0 度]でした (★0° は zero degrees と読む). 38 ～*s* Celcius (38℃) 摂氏 38 度. He has a temperature of over thirty-eight ～*s*. 彼の体温は 38 度を越えている. an angle of 90 ～*s* 90 度の角度. in [at] 23 ～*s* of north latitude 北緯 23 度で[に, の].

3 [U] 〖古〗**階級** (rank), 地位 (position). a soldier of high ～ 高級軍人.

4 [C] **学位, 称号**, (title). award [give] the ～ of B.A. 文学士の称号を授与する. get a [one's] master's ～ in law *from* [*at*] Yale イエール大学で法学修士の学位を取る. have a ～ in economics from Yale イエール大学の経済学の学位を持っている. What ～ did you do at Harvard? ハーバード大学での学位は何で取りましたか.

> [連結] a first [an advanced, a higher, a (post) graduate; an honorary] ～ // take [earn, obtain, receive] a ～; grant a ～ (to..); confer a ～ (on..)

5 [C] 〖法〗親等. a relation in the fourth ～ 第 4 親等の親族. **6** [C] 〖文法〗(形容詞, 副詞の比較変化の)級. the positive [comparative, superlative] ～ 原級[比較級, 最上級]. **7** 〖楽〗度 《音程の単位》.

***by degrées** 次第に, だんだん(に). The patient is getting better *by* slow ～*s*. 病人はゆっくり快方に向かっている.

nòt..in the slightest* [*lèast, smàllest*] *degrée 少しも..ない. He is *not* pleased *in the slightest* ～. 彼は少しも喜んでいない.

to a* [*some, a certain*] *degrée (1) ある程度までは, 幾分は. (2) 〖話〗極度に, きわめて.

to the làst degrée 極度に, この上なく.

[＜古期フランス語「階段」(＜ラテン語 de-＋*gradus* 'grade')]

degrée-dày [名] ([複] **～s**) [C] ディグリーデー 《ある日の平均気温の標準値(普通 65°F)からの偏差; 暖房用の消費燃料などを計算する単位》.

de·hire /dihάiər/ [動] [他] 〔特に管理職者〕を解雇する.

de·horn /dìːhɔ́ːrn/ [動] [他] 〔牛など〕の角を取る.

de·hù·man·i·zá·tion [名] [U] 非人間化.

de·hu·man·ize /diːhjúːmənàiz/ [動] [他] の人間性を奪う, を非人間化する. ▷**de·hu·man·iz·ing** [形]

de·hu·mid·i·fi·er /dìːhjuːmídəfàiər/ [名] [C] 除湿器.

de·hu·mid·i·fy /dìːhjuːmídəfài/ [動] (**-fies** | [過] [過分] **-fied** | **～·ing**) [他] 〔空気など〕から湿気を除去する. 除湿する. ▷**dè·hu·mìd·i·fi·cá·tion** [名] [U] 除湿.

de·hy·drate /dìːhάidreit/ [動] [他] **1** を脱水する; を乾燥させる. ～*d* eggs [vegetables] 乾燥卵[野菜]. **2** 〔文章など〕を味けないものにする. ── [自] 水分が抜ける; 脱水状態になる. ▷**de·hy·drat·ed** [形] 「水症状.

dè·hy·drá·tion [名] [U] **1** 脱水, 乾燥. **2** 〖医〗脱↑

de·hy·dra·tor /dìːhάidreitər/ [名] [C] 脱水機; 乾燥剤.

「など)の結氷を防ぐ[除く].

de·ice /dìːάis/ [動] [他] 〔航空機, 自動車のフロントガラス↑

dè·íc·er [名] [UC] (特にスプレー式の)除氷[防氷]剤.

deic·tic /dάiktik/ [形] 〖言〗直示的な. →deixis. ▷**deic·ti·cal·ly** [副]

de·i·fi·ca·tion /dìːəfəkéiʃ(ə)n/ [名] [U] 神として祭ること, 神格化; 神聖視(すること).

de·i·fy /díːəfài/ [動] (**-fies** | [過] [過分] **-fied** | **～·ing**) [他] を神として祭る, 神格化する; を神聖視する.

deign /dein/ [動] [他] 〖章〗 **1** [VO] (**～ *to do***) (ありがたいことに)..してくださる 〈普通, 否定文で〉. Mrs. Brown didn't ～ *to* speak to me at the party. ブラウン夫人は(お高くとまって)パーティーで話しかけてくれなかった. **2** をしてくださる, 賜る. The chairman eventually ～*ed* a reply. 委員長はやっと返事をしてくれた. [＜ラテン語「価値を認める」]

dè·in·dús·tri·al·ize [動] [他] を脱産業化する. ▷**dè·in·dùs·tri·al·i·zá·tion** [名] [U] 産業破壊, 脱産業化.

de·ism /díːiz(ə)m/ [名] [U] 〖哲〗〈しばしば D-〉理神論, 自然神教. [ラテン語 *deus* 'god', -ism]

de·ist /díːist/ [名] [C] 理神論者, 自然神教信奉者.

de·is·tic /diːístik [移]/ [形] 理神論の, 自然神教的な.

†**de·i·ty** /díːəti/ [名] ([複] **-ties**) **1** [C] 神 (god, goddess); 〈the D-〉(キリスト教の)神 (God). Roman [pagan] *deities* ローマ[異教]の神々. **2** [U] 神性, 神格. [ラテン語 *deus* 'god', -ity]

deix·is /dάiksəs/ [名] [U] 〖言〗ダイクシス, 直示(性), 《発話の行われる場面との関連においてのみ了解される言語表現の特質; this, that, here, there など》.

dé·jà vu /dèiʒɑː-v(j)úː/ 〖心〗既視感 《初めての経験を以前に経験したことがあるように感じる錯覚》. [フランス語 'already seen']

de·ject /didʒékt/ [動] [他] を落胆させる.

***de·ject·ed** /didʒéktəd/ [形] [m] **落胆した**, がっかりした, ([類語] depressed, downcast と比べると意気消沈の程度が大きい). a ～ look 落胆した顔つき. I've never felt so ～ in my life. 今までこんなにがっかりしたことはない. [＜ラテン語「投げ落とす」(＜de-＋*jacere* 'throw')] ▷**～·ly** [副] 落胆して.

‡**de·jéc·tion** [名] [U] 落胆, 気落ち. drop one's head in ～ 落胆してうなだれる.

de jure /diː-dʒúəri/ [副], [形] 正当に[な], 適法に[な]; 法律上(は, の). [ラテン語 'by right']

dek·a- 〈複合要素〉＝deca-.

dek·ko /dékou/ [名] [C] 〈次の成句で〉

hàve a dékko at.. 〖英俗〗..をちらっと見る.

de Klerk /də-kléːrk/ [名] **Frederik Willem ～** (1936–) デクラーク 《南アフリカの大統領 (1989–94); apartheid 廃止政策推進の功で, 自ら釈放した Nelson Mandela と共に 1993 年ノーベル平和賞》.

Del. Delaware.

del. delegate; delete.

De·la·croix /dəlɑ:krwɑ́:/ 名 **Eugène ～** ドラクロワ (1798–1863)《フランスのロマン派の代表的画家》.

De la Mare /dè-lɑ:-méər/ 名 **Walter ～** デラメア (1873–1956)《英国の詩人・小説家》.

Del·a·ware /déləwèər/ 名 (複 **～, ～s**) **1** デラウェア《米国東部の州; 州都 Dover; 略 DE〖郵〗, Del.》. **2** C デラウェア 族の人《1 の一部に住んだ北米先住民》. **3** U デラウェア(種のブドウ)《果皮は赤い》. [＜(3rd Baron) *De La Warr*《Virginia 植民地初代総督 T. West (1577–1618) の称号》]

Del·a·war·e·an /dèləwé(ə)riən/ 形 デラウェア(州)の. ── 名 C デラウェア州の人.

‡**de·lay** /diléi/ 動 (**～s** /-z/|過 過分 **～ed** /-d/|**～·ing**) 他 **1** を**遅らせる**, 遅延させる, 手間取らせる. The plane was badly *～ed* by a storm. 飛行機は嵐(あらし)のためひどく遅れた. You have *～ed* our departure *for* [*by*] an hour. 君のために出発が 1 時間遅れた.

2 VO (～ X/*doing*) X を/..することを延期する, 繰り延べる, (類語 delay は, 普通, 急を要する事をある期間又は無期限に延ばすこと; →postpone). The game was *～ed* ⌊(for) a week [until the following day]. 試合は 1 週間[翌日に]延期された. ～ one's payments 支払いを延滞する. ～ mak*ing* a decision 決定するのを延ばす.

── 自 (わざと)ぐずぐずする, 手間取る. The workmen *～ed on* [*over*] their work. 労働者たちは仕事をのろのろやった. Don't ～! ぐずぐずするな.

── 名 (複 **～s** /-z/) **1** UC **遅れる**[らす]こと, 遅延, 遅滞; 猶予, 延期. after a slight [prolonged] ～ 少し[非常に]遅れて. Do it without ～. 今すぐそれをしなさい. be subject to ～ 遅れることもある. admit of no ～ 一刻の猶予も許さない. **2** C 遅れ(の時間); 渋滞. Make no more *～s*. これ以上延期はしないでくれ. a ～ of ten minutes = a ten-minute ～ 10 分間の遅れ. long [severe] ～s 長い[ひどい]渋滞.

> 連結 a long [a lengthy, an interminable; a brief, a short; a costly; a frustrating; an unavoidable] ～ ∥ cause a ～

[＜古期フランス語(＜*des-* 'dis-'＋*laier* 'leave')]

delàyed-áction /®/ 形 遅延作動の, 時限(シャッター)式の. a ～ bomb 時限爆弾. a ～ camera セルフタイマー式のカメラ.

delàyed stéal 名 C〖野球〗ディレードスチール《捕手が投手に返球する瞬間などに意表を突いて行う盗塁》.

deláying tàctic 名 C〈普通 ～s〉引き延ばし作戦.

de·le /dí:li:/ 動 他〈命令文で〉〔文字, 語など〕を取れ, 削除せよ,《校正用語》. [ラテン語; 'delete'の命令形]

de·lec·ta·ble /diléktəb(ə)l/ 形〖章〗**1** 楽しい, 愉快な. **2** すてきな; 美味な. ★皮肉に用いられることが多い. [＜ラテン語 *dēlectāre* 'delight'; -able] ▷**-bly** 副

de·lec·ta·tion /dì:lektéiʃ(ə)n/ 名〖章〗U 楽しみ, 快楽, 気晴らし. for one's ～ 楽しみに, 気晴らしに. ★皮肉に用いられることが多い.

del·e·ga·cy /déləgəsi/ 名 (複 **-cies**) **1** C 代表団, 使節団. **2** U 代表団の派遣[任命, 任務, 地位].

*__del·e·gate__ /déləgət, -gèit/ 名 (複 **～s** /-ts/) C **1** (会議などに送られる)**代表, 使節**(**団員**); 代表者; (注意 代表個人を指す; 代表団は delegation). send [appoint] a ～ 使節を派遣する[任命する]. the Japanese *～s* to the UN 国連への日本代表. **2**〖米〗(州議会の)下院議員《Maryland, Virginia, West Virginia での名称》.

── /déləgèit/ 動 (**～s** /-ts/|過 過分 **-gat·ed** /-əd/|**-gat·ing**) 他 **1** を**代表として派遣する**〈*to* ..〔会議など〕へ〉; VOC (～ X *to do*) X を代表に任命して..させる. We *～d* him *to* speak for us at the conference. 会議で我々のために大いに弁じてもらうために彼を代表として送った. **2**〔権限など〕を委任する〈*to* ..に〉. I'll ～ that job *to* you. その仕事は君に任せる. ── 自 権限を譲る[任せる]. [＜ラテン語「使者として派遣する」(＜de-＋*lēgāre*「代表に任命する」)]

*__del·e·ga·tion__ /dèləgéiʃ(ə)n/ 名 (複 **～s** /-z/) **1** C〈単数形で複数扱いもある〉**代表**[**使節**]**団**, 代表委員団; 代議員(団). a member of the ～ 代表団の一員. **2** U 使節派遣; 代表任命. **3** U (権限などの)委任.

†**de·lete** /dilí:t/ 動 他〔文字, 語句など〕を削除する, 抹消する,〈*from* ..から〉. [＜ラテン語「拭い取る, 消す」]

del·e·te·ri·ous /dèlətí(ə)riəs/ 形〖章〗(身体, 精神に)有害な, 有毒な, (harmful). ▷**～·ly** 副

de·lé·tion 名 U 削除; C 削除箇所[部分].

delft /delft/ 名 U デルフ(ト)焼き《オランダ Delft 原産の陶器; 白地に青い模様が多い》.

délft·wàre 名 ＝delft.

Del·hi /déli/ 名 デリー《インド北部の都市; 旧首都; →New Delhi》.

del·i /déli/ 名 C〖話〗＝delicatessen.

*__de·lib·er·ate__ /dilíb(ə)rət/ 形 ⓜ **1 熟考した**(上での), 考え抜いた; **故意の**, 計画的な, (↔accidental). a ～ lie わざとたくらんだうそ. Murder is ～ homicide. 謀殺とは故意の殺人である. **2 慎重な**, 思慮深い. He is ～ *in* speaking. 彼は物言いが慎重である. **3**〔話し方, 行動などが〕**急がない**, ゆっくりした. walk with ～ steps ゆっくりした足取りで歩く.

── /dilíbərèit/ 動 (**～s** /-ts/|過 過分 **-at·ed** /-əd/|**-at·ing**) 他〖章〗を**熟考**[**熟慮**]する, 審議する; VO (～ *wh* 節・句) ..すべきかどうかを十分考える; を協議する; (類語 特に重要な決定に先立って, 様々な可能性を綿密に考慮することを意味する; →think). ～ a question 問題を熟慮[審議]する. We *～d what* (we were) to do with it. 我々はそれをどう処理すべきかじっくり話し合った.

── 自〖章〗熟考[熟慮]する;〔委員会などが〕協議[審議]する;〈*on, upon, about, over* ..について〉. *Deliberating* is not delaying.〖諺〗熟慮は延引ではない. ～ *upon* a matter 事件を熟慮[審議]する. ◇名 deliberation [＜ラテン語「(頭の中で)秤にかける」(＜de-＋*lībrāre*「秤(*lībra*)にかける」)] ▷**～·ness** /-rət-/ 名

*__de·lib·er·ate·ly__ /dilíb(ə)rətli/ 副 ⓜ **1 故意に**, わざと; 熟考[熟慮]して. It is rumored that the fire was started ～. その火事は故意に起こしたものだといううわさがある. **2 慎重に**, 用心して. He spoke ～, watching the audience's reactions. 聴衆の反応を見ながら彼は慎重に話した. **3** ゆっくりと, あわてないで. He turned and ～ surveyed the company. 彼は振り向いておもむろに一座の人を見渡した.

†**de·lib·er·a·tion** /dilìbəréiʃ(ə)n/ 名 **1** U (時間をかけて)よく考えること, 熟考, 熟慮, (類語 consideration より慎重の度が強い). after ～ じっくり考えて. **2** UC〈しばしば ～s〉審議, 協議. under ～ 審議中で[の]. **3** U (行動などの)慎重, 用意周到. with (great) ～ (きわめて)慎重に; (非常に)ゆっくりと. ◇動 deliberate

de·lib·er·a·tive /dilíbərèitiv|-rət-/ 形〖章〗**1** 審議の, 協議の. a ～ assembly [body] 審議会. **2** 慎重な, 熟慮した. ▷**～·ly** 副

*__del·i·ca·cy__ /délikəsi/ 名 (複 **-cies** /-z/) **1** U **繊細**(さ); 優美, 上品; 柔軟さ. the ～ of her hands 彼女の手のしなやかさ. with great ～ 大変優美に.

2 U (計器などの)精巧, 精緻(ち); 感度, 正確さ, 精密さ; (感覚などの)鋭敏, 敏感. the ～ of one's taste in music 音楽に対する感覚の鋭さ. the ～ of the action of the machine 機械の働きの精巧さ.

3 UC (体つきの)きゃしゃなこと, ひ弱さ. (a) ～ of constitution きゃしゃな体格, 虚弱な体質.

4 U (問題などの)扱いにくさ, 難しさ; 機微. negotiations of extreme ～ 極めて難しい交渉.

5 U 思いやり, 心遣い; (下品さに対する)ためらい, 慎み.

He displayed no ～ in reminding me of my failure. 彼は何の思いやりも示さずに私の失敗を思い出させた. Hunger knows no ～. ひもじい時には品位など構ってはいられない. **6** Ⓒ (めったに味わえない)ごちそう, 珍味. a local ～ 土地のうまいもの. entertain one's guests with all sorts of *delicacies* ありとあらゆる珍味で客をもてなす. ◇↔indelicacy

***del·i·cate** /délikət/ 形 m 【きめの細かい】 **1 繊細な; 優美な**; しなやかな. the ～ skin of a baby 赤ん坊の柔らかい肌. She has a ～ figure. 彼女は優美な姿をしている. **2 精巧な**, 精緻(ち)な, (類語 繊細な美しさに重点がある; →exquisite); 敏感な, 鋭敏な, (sensitive); 〔計器などが〕感度のよい, 正確な, (precise). ～ workmanship 念入りな細工. The human body is a ～ machine. 人体は精巧な機械である. a ～ measuring instrument 高感度の計器. nature's ～ balance 自然界の精妙な均衡.
3【神経が細やかな】(人の気持ちを)気遣う, 思いやりのある. a man of ～ feelings 思いやり(の気持ち)のある人.
4 控え目な; 慎しみ深い, 上品な. drop a ～ hint (あからさまでなく)それとなく言う.
5【味が細やかな】〔食物などが〕上等の, 高級な; 〔味などが〕淡白な, (あっさりして)うまい. the ～ taste of grouse ライチョウの肉のほんのりとしたうま味. **6** 〔色, 香りなどが〕微妙な, 淡い, かすかな. a ～ difference [flavor] 微妙な相違[味わい]. a ～ scent ほのかな香り.
【細くてもろい＞扱いにくい】 **7** (a) 壊れ[傷つき]やすい. ～ glassware 壊れやすいガラス器. (b) きゃしゃな; 虚弱な; (類語 (生来の)虚弱体質を意味する; →weak). a ～ child ひ弱な子供. in ～ health 病弱で[の].
8 〔問題などが〕慎重さを要する, 扱いの難しい. a ～ negotiation [operation] 難しい交渉[手術]. a ～ matter [question, issue] 微妙な問題. ◇↔indelicate
── 名 〈～s〉 (洗濯の際要注意の)特に軟らかい繊維の衣料品. [＜ラテン語「喜びを与える, 魅惑的な」]

dél·i·cate·ly 副 **1** 繊細に; 優美に; 手柔らかに, 大事に. She touched the petals ～ with her fingertips. 彼女は指先でそっと花びらに触れた. **2** 精巧に; 微妙に. I put the matter to her as ～ as possible. この問題を彼女にできるだけ穏やかに持ち出した. **3** 上品に. **4** 弱々しく, きゃしゃに. a ～ built woman きゃしゃな体つきの女性.

del·i·ca·tes·sen /dèlikətés(ə)n/ 名 **1** Ⓤ 調製食品 《調理済みの肉類, サラダ, チーズ, ソーセージ, 缶詰, 瓶詰など》. **2** Ⓒ 調製食品販売店, デリカテッセン. [ドイツ語 'delicacies']

***de·li·cious** /dilíʃəs/ 形 m **1 非常においしい**; 香りのよい; (類語 味も香りもよく「おいしい」を意味する一般的な語; →appetizing, palatable, savory[1], tasty, toothsome). a ～ meal [dish] おいしい食事[料理]. a ～ fragrance よい香り. **2** 非常に気持ちのいい, 心地(ここち)いい; とても面白い, とてもうれしい[楽しい]. What a ～ story! なんて面白い話だろう. a ～ irony 心地いい皮肉. [＜ラテン語「喜び, 美食」(＜*dēlicere*; →delight)]
▷ **～·ly** 副 **～·ness** 名

***de·light** /diláit/ 名 (複 **～s** /-ts/) **1** Ⓤ **大喜び** (類語 pleasure より強意的で, (短期間の)生き生きとした快感を言う; →pleasure). Grandfather took ～ in telling us ghost stories. おじいさんは私たちに怪談をするのが大好きだった. I read your letter with great ～. お手紙とてもうれしく拝読いたしました. with [in] ～ 大喜びで. with a scream [cry] of ～ 歓声と共に.

連結 much [intense, keen, sweet] ～ // give [afford] ～ to ..; find [experience] ～ in ..

2 Ⓒ 喜びを与えるもの[こと] 〈*to* ..に〉. The baby was a great ～ *to* its grandparents. 赤ん坊は祖父母の大きな喜びであった. What a ～ it is to see you again! 君にまた会えて大変うれしい. the ～*s* of country life 田園生活の楽しみ.
to a pèrson's delíght*＝*to the delíght of a pèrson 人がうれしい[楽しい]ことには. *To* our great [Much *to* our] ～, our son has found an ideal wife. 私たちがとてもうれしかったのは息子が理想的な妻を見つけたことだ.
── 動 (～s /-ts/|過 過分 ～·ed /-əd/|～·ing) 他 を**大喜びさせる**, 大いに楽しませる〈*with* ..で〉. Eliza ～*ed* us *with* her singing. イライザは歌を歌って私たちを大いに楽しませてくれた.
── 自 **1** VA (**～ *in* (*doing*)..**) **..(すること)を(大いに)喜ぶ**, 楽しむ(類語 自動詞は特に, はた目には不快又は嫌味と感じられるようなことを(して)喜ぶ場合に使うことが多い; →rejoice). ～ *in* chess [music] チェス[音楽]を楽しむ. She ～*ed in* the attentions the men paid her. 彼女は男たちからちやほやされるとうれしがった. **2** VA (**～ *to do***) ..して大いに喜ぶ. Tom ～*s to* put difficult questions to his teacher. トムは先生に難しい質問をしては面白がる.
[＜ラテン語 *dēlicere*「魅惑する」(＜de-＋*lacere* 'snare')]

***de·light·ed** /diláitəd/ 形 m **1** (非常に)喜んだ, (とても)うれしがっている, (→delightful 類語). a ～ look [voice] うれしそうな顔つき[声]. **2** (a) **大喜びする** 〈*to* do ..して〉. I'm ～ *to* meet you. お会いしてうれしいです. We're ～ *to* have you (here). 喜んであなたを歓迎します (★上の2例で I'm, We're が省略されることがある). (b) 〈shall [would] be ～ *to* do で〉 **喜んで..する**. "Would you come with me?" "I'*d be* ～ *to*."「私と行きますか」「喜んで」. (c) **とてもうれしがって** 〈*that* 節 ..ということを〉. We are ～ *that* you have returned at last. 君がとうとう帰って来て私たちはうれしい. (d) **大いに喜んで** 〈*at*, *by*, *with* ..を〉. He was ～ *at* [*by*] his own cleverness in cheating the taxman. 彼は脱税した(＜税務署員をあざむいた)自分の頭のよさをうれしがった. Jane is ～ *with* the doll. ジェーンはその人形が気に入っている.
▷ **～·ly** 副 喜んで, うれしがって, うれしくて.

***de·light·ful** /diláitf(ə)l/ 形 m **とても楽しい**, 愉快な, 非常にうれしい; 愛嬌(きょう)のある; (類語 pleasant より強意的; delighted と違い, 自分自身が「楽しい」のではない: She is ～. (彼女は人を楽しくさせる人だ), She is *delighted*. (彼女は喜んでいる); →pleasant). have a ～ time とても愉快に過ごす. ～ news to the freshmen 新入生にはとてもうれしい知らせ.
▷ **～·ly** 副 楽しく, 愉快に. **～·ness** 名

De·li·lah /diláilə/ 名 【聖書】 デリラ 《Samson の愛人; 彼を欺きペリシテ人に渡した》; 男を裏切る妖婦.

de·lim·it, de·lim·i·tate /dilímət/, /-límətèit/ 動 他 の限界を定める, を限定する; の境界を決める.

de·lìm·i·tá·tion 名 Ⓤ 限界設定, 限定; Ⓒ 限界, 境界.

de·lím·it·er 名 Ⓒ 【電算】 デリミター《語, データ項目などの区切りを示すために前後に用いる空白や記号》.

de·lin·e·ate /dilínièit/ 動 他 【章】 **1** の輪郭を描く; を描く. **2** (言葉で)を描写する.

de·lìn·e·á·tion 名 【章】 **1** Ⓤ 輪郭を描くこと, 写生; Ⓒ 図解. **2** Ⓤ (言葉による)描写, 記述.

de·lin·quen·cy /dilíŋkwənsi/ 名 (複 **-cies**) **1** ⓊⒸ (普通, 未成年の)非行, 犯罪. juvenile ～ 少年非行[犯罪]. **2** ⓊⒸ 義務不履行, 怠慢.

†de·lin·quent /dilíŋkwənt/ 形 **1** 非行の. **2** (義務などを)怠る, 怠慢な; 【米】 (支払いを)滞らせた, 滞納している. be ～ *of* one's duty 義務を怠る. a ～ borrower 借金をなかなか返さない人. ── 名 Ⓒ **1** (特に未成年の)非行者. juvenile ～*s* 非行少年たち. **2** (義務の)不履

行者.
[＜ラテン語「違背する, 罪を犯す」(＜de-＋*linquere* 'forsake')]

del·i·quesce /dèləkwés/ 動 自 〖章〗溶ける, 溶解する; 〖化〗潮解する《固体が空気中の湿気を吸って溶解する》.

del·i·ques·cence /dèləkwés(ə)ns/ 名 U 〖章〗溶解; 〖化〗潮解.

del·i·ques·cent /dèləkwés(ə)nt ㊥/ 形 〖化〗潮解性の.

D

†**de·lir·i·ous** /dilíriəs/ 形 **1** 精神錯乱した; 狂乱状態の. **2** (無我)夢中の, 我を忘れた. a girl ～ with joy 有頂点になっている少女. ◇名 delirium
▷ **～·ly** 副 夢でも見ているように.

de·lir·i·um /dilíriəm/ 名 (複 **～s, de·lir·i·a** /-riə/) **1** UC 精神錯乱(状態)《うわごとを言ったりする》; 狂乱状態. go into ～ 精神錯乱状態になる. **2** aU 無我夢中, 有頂天. a ～ of joy 有頂天. [ラテン語(＜「畑の畝を外れる＞逸脱する」)]

delìrium tré·mens /-trí:mənz/ 〖医〗(アルコール, 麻薬中毒による)振顫(しんせん)譫妄(せんもう)症《体が震え, 恐ろしい幻覚を見る; 略 DT's, dt's》. [ラテン語 'trembling delirium']

‡**de·liv·er** /dilívər/ 動 (～s /-z/|～ed /-d/|～·ing /-v(ə)riŋ/) 他 【手元から放す＞先方へ届ける】 **1** 〔郵便物, 品物など〕を届ける, **配達する**, 〈*to, at* ..に〉; 〔伝言など〕を伝える〈*to* ..に〉. ～ mail *to* the villagers 村人たちに郵便物を配達する. ～ ordered goods *at* an appointed address 指定の宛(あ)て先に注文品を配達する. have flowers [pizza] ～*ed* 花を届けて[ピザを配達して]もらう. Hospitals use handcarts to ～ meals *to* the rooms. 病院では病室へ食事を配るのに手押し車を使う. ～ one's reply *to* ..に回答する.
2 VOA (～ X *to, into* ..) **..にXを引き渡す**, 明け渡す; Xを〔他人の管理など〕に任せる; 〈*up, over*〉. ～ oneself *to* the police 警察に自首する. ～ *over* one's property *to* one's creditors 債権者に財産を渡す. ～ a fort (*up*) *to* the enemy 敵に要塞(ようさい)を明け渡す. **3** 〔攻撃, 打撃など〕を加える, 与える. ～ a blow *to* the jaw あごに1発食らわせる. ～ a bitter attack *on* the politician's corruption その政治家の汚職を激しく攻撃する. **4** (野球, クリケットで)を投げる. ～ a curve カーブを投げる. **5** 〔演説〕**をする**, 行う; 〔評決など〕を下す. ～ a lecture [speech, sermon, talk] 講義[演説, 説教, 話]をする. ～ judgment *on* ..に判定を下す. ～ a verdict of not guilty 無罪の評決を下す. **6** 〔すべきこと〕を行う, 果たす. The government failed to ～ *the* things it promised. 政府は公約を果たさなかった.
7 【集めて渡す】〖主に米〗〔票など〕を集める; VOO (～ X Y)・VOA (～ Y *to* X) X (候補者)のためにY (票・支持)を集める. They ～*ed* the candidate all their support.＝They ～*ed* all their support *to* the candidate. 彼らは全面的にその候補者を支持した.
【束縛から放す】 **8** 〖章〗 VOA (～ X *from* ..) 〔悪い状態から〕X **を救い出す**; 解放する(類語 困難などからの解放に重点がある; →rescue). *Deliver* us *from* evil [temptation]. われらを悪[誘惑]より救い出したまえ《聖書から》. ～ a person *from* bondage 奴隷状態から人を解放する. **9** 〔医師などが〕〔赤ん坊〕を取り上げる; VOA (～ X *of* ..) 〔医師などが〕X〔妊婦〕に〔赤ん坊〕を分娩(べん)させる. The doctor ～*ed* (Mary *of*) a baby. 医師は(メリーに)赤ん坊を分娩させた. Mary was ～*ed of* a baby. 〖章〗メリーは赤ん坊を分娩した.
— 自 **1** 配達する. We ～ daily. 毎日配達します. **2** 〖米〗出産する. **3** 約束を果たす, 期待に添う, うまくやりとげる; VA (～ *on* ..) 〖米〗〔約束など〕を果たす. He'll never ～ *on* his promise. 彼は決して約束を果たさない男だ. ◇名 他 7 は deliverance, 他は delivery
delíver oneself of .. 〔意見, 考えなど〕を述べる.
delìver the góods (1) 品物を届ける. (2) 〖話〗期待に添う, 約束を果たす.
Stànd and delíver! →stand.
[＜ラテン語「解放する」(＜de-＋*līberāre* 'liberate')]

de·liv·er·a·ble /dilív(ə)rəb(ə)l/ 形 配達[引き渡し]できる; 救出できる.

†**de·liv·er·ance** /dilív(ə)rəns/ 名 U **1** 〖章〗救出(する[される]こと), 救助; 解放; 救済; 〈*from* ..から〉. **2** UC 公式表明[陳述].

de·liv·er·er /dilív(ə)rər/ 名 C **1** 救出する人; 解放者. **2** 配達人; 交付者, 引き渡し人.

‡**de·liv·er·y** /dilív(ə)ri/ 名 (複 **-er·ies** /-z/) **1** UC (郵便物, 品物などの)**配達, 配送**; 伝達. make a ～ of mail [laundry] 郵便[洗濯物]を配達する. take ～ of a parcel 小包を受け取る. special [〖英〗express] ～ 速達便. **2** C 配達回数; 配達品. How many postal *deliveries* do you have around here every day? この辺では日に何回郵便の配達がありますか. **3** UC 引き[明け]渡し, 交付. **4** UC 話し(ぶり), 演説(の巧拙, 態度). His speech ～ was poor. 彼の話しぶりは下手だった. **5** UC 分娩(べん), 出産. **6** U 〖章〗解放, 釈放. **7** UC 投球. have a fast ～ 早い球を投げる.
on delívery 配達の際に, 現品と引き換えで〔代金を支払うなど〕. cash *on* ～ →cash on delivery.

delívery·man /-mən/, **delívery pèrson** 名 (複 **-men** /-mən/, **-people**) C 〖主に米〗配達人《買ったり注文したりした品物の》.

delívery nòte 名 C 配達受領書《商品の受取人がサインする》.

delívery ròom 名 C (病院の)分娩室.

dell /del/ 名 C 〖雅〗(樹木に覆われた)小さな谷.

de·louse /di:láus, -láuz/ 動 他 のシラミ(などの害虫)を駆除する.

Del·phi /délfai/ 名 デルフォイ《ギリシアの古都; Apollo の神託が下される神殿があった》.

Del·phi·an /délfiən/ 形 ＝Delphic.

Del·phic /délfik/ 形 **1** デルフォイの. the ～ oracle デルフォイの神託. **2** (デルフォイの神託のように)意味のあいまいな, 謎(なぞ)のような.

del·phin·i·um /delfíniəm/ 名 (複 **～s, del·phin·i·a** /-niə/) C 〖植〗ヒエンソウの類《キンポウゲ科》.

†**del·ta** /déltə/ 名 UC **1** デルタ《ギリシア語アルファベットの第4字; Δ, δ; ローマ字の D, d に当たる》. **2** デルタ(Δ)状[3角形]のもの; (特に河口の)三角州, デルタ; 〈the D-〉ナイル河口の三角州.

Délta Fòrce 名 (米国の)特殊勤務部隊《救助作業などに従事》.

délta rày 名 C 〖物理〗デルタ線.

délta wàve 名 C (脳波の)デルタ波《深い眠りの時に見られる; **délta rhỳthm**とも言う》.

délta wìng 名 C 〖空〗3角翼.

†**de·lude** /dilú:d/ 動 他 を惑わす, 欺く, 〈*with* ..で〉; VOA (～ X *into doing*) Xを欺いて..させる. ～ a girl *with* a false promise of marriage 女の子を結婚の偽約束でだます. He ～*d* me *into* believ*ing* that he was a very rich man. 彼は私をだまして彼が大金持ちだと思い込ませた. 類語 事実でないことを真実と思い込ませることに重点がある; →deceive. ◇名 delusion
delúde oneself 思い違いをする. You're *deluding* your*self* if you think she will help us. 彼女が我々を手伝ってくれると思っているのなら君の勘違いだ. ～ one*self* with false hopes 空頼みする.
[＜ラテン語「だます」(＜de-＋*lūdere* 'play')]

‡**del·uge** /délju:dʒ/ 名 **1** C 大洪水; 〖聖書〗〈the D-〉ノア(Noah)の大洪水. a ～ [～*s*] of rains 豪雨. After me [us] the ～. 〖諺〗あとは野となれ山となれ《＜私の死んだ後なら洪水になってもいい》. **2** C 殺到. a ～ of in-

quiries 問合せの殺到.

── 動 他 1 〖章〗〔地域など〕に洪水をもたらす, を水浸しにする, 〈主に受け身で〉. 2 VOA (～ X *with, by ..*) X に ..を(洪水のように)殺到させる 〈普通, 受け身で〉. The office was ～*d with* protest mail. 役所には抗議の手紙が殺到した. [＜ラテン語 *dīluvium*「押し流すこと」]

†**de·lu·sion** /dilúːʒ(ə)n/ 名 1 U 惑わす[される]こと, 欺く[かれる]こと. 2 UC 迷い; 思い違い; 妄想; 〈*that* 節 ..という〉; 〖医〗妄想; (類語 真相とは全く異なる事を信じ込むことで, その原因が精神的混乱にあり, 固定的で有害であるという含みを持つ; →illusion). He had a ～ *that* he was being followed. 彼は跡をつけられているような錯覚がした. ～*s* of grandeur [persecution] 誇大[被害]妄想. suffer from ～*s* 妄想に悩まされる. be under the ～ that .. という幻想を持っている. ◇動 delude

de·lu·sive /dilúːsiv/ 形 1 偽りの, ごまかしの; 妄想上の. the ～ phantom of hope 妄想による希望の幻影. 2 人を惑わす(ような), 人を誤らせる. Appearances are ～. 外見は人を誤らせる.
◇動 delude ▷～·**ly** 副 ～·**ness** 名

de·lu·so·ry /dilúːsəri/ 形 ＝delusive.

†**de·luxe, de luxe** /dəlúks, -lʌ́ks/ 形 デラックスな, 豪華な, ぜいたくな, (語法 名詞の後に置くこともある). a ～ edition＝an edition ～ 豪華版. [フランス語 'of luxury']

delve /delv/ 動 自 1 VA を調査する, 探究する, 詮索(せんさく)する, 〈*into, among* ..を〉. ～ *into* old documents 古文書を調査する. ～ *into* a person's past 人の過去を詮索する. 2 〖詩·古〗掘る (dig).

Dem. Democrat; Democratic.

dè·màg·net·i·zá·tion 名 U 磁気除去, 消磁.

de·mag·net·ize /dìːmǽgnətàiz/ 動 他 〖物理〗から磁気を除く, 〔磁気テープ(の録音)など〕を消す, 消磁する.

dem·a·gog, -gogue /déməgɑ̀g, -gɔ̀ːg|-gɔ̀g/ 名 C 扇動政治家, (民衆)扇動者. [＜ギリシア語「民衆の指導者」]

dem·a·gog·ic, -i·cal /dèməgɑ́dʒik, -gɑ́g-|-gɔ́g-/, /-ik(ə)l/ 形 扇動政治家(的)の; 扇動的な.
▷**dem·a·gog·i·cal·ly** 副

dem·a·gogu·er·y /déməgɑ̀g(ə)ri, -gɔ̀ːg-|-gɔ̀g-/ 名 U 民衆扇動; 扇動行為[方法], デマ.

dem·a·gog·y /déməgòudʒi, -gɑ̀gi|-gɔ̀gi/ 名 ＝demagoguery.

‡**de·mand** /dimǽnd|-mɑ́ːnd/ 動 (～**s** /-dz/|過 過分 ～·**ed** /-əd/|～·**ing**) 他 【要求する】 1 VO (～ X/*to do*/*that* 節) 〔人が〕(当然の権利として) X を/..することを/..するように要求する, 求める, 〈*of, from* ..〔人〕に〉 (→claim 類語). ～ one's rights 権利を主張する. ～ payment 支払いを要求する. We ～ *to* be told the whole truth. 私たちは真相を全部知らされることを求める. I'm ～*ing that* he (should) return the book immediately. 彼に本をすぐ返すよう要求している (★〖英〗では he returns も使われる). She ～*ed* an apology *of* [*from*] me. 彼女は私に謝罪を求めた.

2 【返事を要求する】 VO (～ X/"引用") X を/「..」と(命令的に)尋ねる, 詰問する. "What have you been doing here all this time?" he ～*ed*. 「ここでずっと何をしていたんだ」と彼は詰問した.

3 〔物事が〕を必要とする, 要する. The work ～*s* great care. その仕事は非常に注意が必要だ.

── 自 要求する. when occasion ～*s* 必要とあれば.

── 名 (複 ～**s** /-dz/) 1 C (権利としての強い)要求, 請求, 〈*for, on* ..に対する/*that* 節 ..という〉; 要求されること[もの]. The company rejected the workers' ～*s for* higher wages. 会社は労働者の賃上げ要求を蹴(け)った. a completely unreasonable ～ 無理難題. a final ～ (*for* ..) (..の)請求の最終通知. make a ～ *that* the prisoners (should) be freed 囚人を釈放するように要求する. by popular ～ 一般の人々の要求で.

> 連結 an exacting [an excessive; an insistent; a modest] ～ // agree to [comply with, give in to, meet, satisfy, yield to; ignore] a ～

2 aU 需要(量) 〈*for* ..の〉 (↔supply). Supply and ～ are two basic factors of capitalist economy. 需要と供給は資本主義経済の原則である. There has been a stronger ～ *for* uranium. ウラニウムの需要が強まってきている.

> 連結 (an) active, [(a) brisk, (a) keen; (a) moderate; little; (an) incessant; (a) steady, (a) growing] ～ // supply [meet, satisfy] (a) ～

in demánd 需要のある, 売れ行きがよい, 人気がある, 引く手あまたで. Oil is *in* great ～ all over the world. 石油は世界中で大変需要が多い.

màke demánds on .. 〔人〕の時間[労力]を必要とする, 〔人の時間〕を要する. This work *makes* great ～*s on* my time and money. この仕事は私にとって非常に時間と金がかかる.

on demánd 〈副詞的〉 請求あり次第; 求め[必要]に応じて. Catalog *on* ～. カタログはご請求次第(お送り致します).

[＜ラテン語「委託する」(＜de-＋*mandāre*「命じる」)]

demánd depòsit 名 C 〖米〗要求払い預金; 当座預金.

*__de·mand·ing__ /dimǽndiŋ|-mɑ́ːn-/ 形 e 1 要求の厳しい; 強要的な. a ～ teacher 厳しい先生. 2 〔仕事などが〕厳しい, つらい. a ～ job つらい仕事. ▷～·**ly** 副

demánd-sìde 形 〖経〗需要重視の〔政策など〕.

de·mar·cate /dimɑ́ːrkeit|díːmɑːkèit/ 動 他 の境界[限界]を定める; を区分する.

de·mar·ca·tion /dìːmɑːrkéiʃ(ə)n/ 名 U 境界(の設定); (仕事などの)区分, 分担. draw a ⌞line of ～ [～ line] 境界線を引く[区分する]. [＜スペイン語「境界を引く」]

demarcátion dispùte 名 C 〖経〗仕事区分紛争 《職種別の組合間で起こる仕事の縄張り争い》.

de·mean[1] /dimíːn/ 動 他 〖章〗の品位を落とす, を卑しくする. I wouldn't ～ myself by taking bribes. 賄賂(わいろ)なんか取って自分の品位を落としたくない.
▷～·**ing** 形 卑しい.

de·méan[2] 動 他 〖雅〗VOA 〈再帰形で; A は様態の副詞(句)〉 (..のように)ふるまう, 身を処する, (behave). He ～*ed* him*self* well. 彼は立派にふるまった.

†**de·mean·or** 〖米〗, **-our** 〖英〗 /dimíːnər/ 名 aU 〖章〗ふるまい, 行状, (behavior); 態度, 物腰, (manner). an arrogant ～ 横柄な態度. [demean[2], -or]

de·ment·ed /diméntəd/ 形 発狂した, 精神錯乱した; 取り乱した. ▷～·**ly** 副

‡**de·men·tia** /diménʃə/ 名 U 〖医〗痴呆(ちほう). [ラテン語 'insanity']

demèntia práe·cox /-príːkɑks|-kɔ́ks/ 名 U 早発性痴呆 《schizophrenia の旧称》. [ラテン語 'premature dementia']

dem·e·ra·ra /dèmərέ(ə)rə/ 名 U デメララ 《粗糖の一種; **dèmerara súgar** とも言う》.

de·mérge /diːmə́ːrdʒ/ 動 他, 自 (企業を)分割する.
▷～**r** 名 C 企業分割.

de·mer·it /diːmérət|⌐⌐⌐, ⌐⌐⌐/ 名 C 1 欠点, 短所; 落ち度; (↔merit 2; →fault 類語). 2 〖米〗(学校の成績, 交通違反などの)罰点.

mèrits and démerits →merit.

de·mesne /diméin, -míːn/ 名 1 U 〖法〗(不動産の)所有, 占有. 2 C 所有地; 占有地; 地所; 荘園.

D

3 [C] 範囲, 領域, 〈*of* ..〔活動など〕の〉. [＜ラテン語「領主(*dominus*)の」; dominion と同源]

De·me·ter /dimí:tər/ [名] 〖ギ神話〗デメテル《農業・豊饒(ほうじょう)・結婚の神; ローマ神話の Ceres に当たる》.

dem·i- /démi/ 〈複合要素〉「半; 部分的」の意味を表す. [ラテン語 *dīmidius* 'half']

dem·i·god /démigɑ̀d|-gɔ̀d/ [名] [C] **1** (神と人との間に生まれた)半神半人《例えば Hercules》. **2** 神格化された英雄, 傑出した人物. ▷**dém·i·gòd·dess** [名] [女]

D

dem·i·john /démidʒɑ̀n|-dʒɔ̀n/ [名] [C] かご瓶《かごに入れた細口大型瓶》. [＜フランス語 *dame-jeanne* 'Lady Jane']

‡**de·mil·i·ta·rize** /dì:mílətəràiz/ [動] [他] を非武装化する. a ～*d* zone 非武装地帯. ▷**de·mìl·i·ta·ri·zá·tion** [名]

dem·i·monde /démimɑ̀:nd|dèmimɔ́nd/ [名] 〈the ～〉(特に 19 世紀後半の)花柳界(の女性たち); 売春婦たち. [フランス語 'half-world']

‡**de·mise** /dimáiz/ [名] [C] 〈単数形で〉 **1** 〖章〗死, 死去. **2** 〖戯〗(活動などの)終了, 終焉(しゅうえん), 停止, (end).

démi·semi·quàver [名] [C] 〖英〗〖楽〗＝thirty-second note.

de·mist /dì:míst/ [動] 〖英〗＝defrost.

dè·míst·er [名] 〖英〗＝defroster.

dem·i·tasse /démitæ̀s/ [名] [C] (食後のコーヒー用の)小型コーヒーカップ, デミタス; それ 1 杯分(のコーヒー). [フランス語 'half-cup']

‡**dem·o** /démou/ [名] ([複] **～s**) [C] 〖話〗 **1** ＝demonstration 2, 3. **2** 〖米〗＝demonstrator 3. **3** 〖米〗(新曲の)試聴用レコード[テープ]《自分の才能をレコード会社などに売り込むために作る》.

de·mob /dì:mɑ́b|-mɔ́b/ 〖英話〗 [動] (**～s**|**-bb-**) [他] 〈普通, 受け身で〉＝demobilize. —— [名] ＝demobilization.

de·mò·bi·li·zá·tion [名] [U] 〖軍〗動員解除; 復員, 除隊.

de·mo·bi·lize /di:móubəlàiz/ [動] [他] 〖軍〗の動員を解く; 〔兵士〕を復員させる, 除隊させる; 〈主に受け身で〉(↔mobilize).

‡**de·moc·ra·cy** /dimɑ́krəsi|-mɔ́k-/ [名] ([複] **-cies** /-z/) **1** [U] **民主主義**; 民主制, 民主政治[政体]. direct [representative] ～ 直接[代議]民主制.

> [連結] constitutional [parliamentary] ～ // achieve [preserve; promote] ～

2 [C] **民主主義国**, 民主主義社会. In a ～ everyone has equal rights and responsibilities. 民主主義社会では各人は平等の権利と義務を持つ. **3** [U] 社会[政治, 経済]的平等(の原理); 多数決原理. **4** 〖米〗〈the D-〉民主党の綱領; 〈集合的〉民主党員. **5** 〈the ～〉(政治的勢力としての)大衆. [＜ギリシア語「民衆による政治」]

***dem·o·crat** /déməkræ̀t/ [名] ([複] **～s** /-ts/) [C] **1 民主主義者**; 民主制論者. **2** 〖米〗〈D-〉民主党員[支持者]《略 D, Dem.; →Republican》.

‡**dem·o·crat·ic** /dèməkrǽtik/ [形] [m] **1 民主主義の**; 民主制の. ～ government 民主政治[政体]. **2** 民主的な, (政治的, 社会的に)平等な; 庶民的な, 大衆(向き)の. a ～ art 大衆芸術[芸能]. a ～ society 民主主義社会. **3** 〖米〗〈D-〉民主党の (→Democrat). ▷**dem·o·crat·i·cal·ly** /-k(ə)li/ [副] 民主的に.

Democràtic Párty [名] 〈the ～〉〖米〗民主党《donkey を象徴とする; →the Republican Party》.

Democràtic-Repúblican (Pàrty) [名] 〈the ～〉〖米史〗民主共和党《19 世紀初頭 Thomas Jefferson に率いられ州権尊重・連邦政府の権限縮小を標榜(ぼう)した政党; 民主党の前身》.

de·mòc·ra·ti·zá·tion [名] [U] 民主化〈*of* ..の〉.

de·moc·ra·tize /dimɑ́krətàiz|-mɔ́k-/ [動] [他], [自] (を)民主的にする, 民主化する. ～ the election system 選挙制度を民主化する.

dé·mo·dé /dèimoudéi|-´-´/ [形] 〖章〗流行遅れの, 旧式の. [フランス語 'outmoded']

de·mog·ra·pher /dimɑ́grəfər|-mɔ́g-/ [名] [C] 人口統計学者.

de·mo·graph·ic /dì:məgrǽfik/ [形] **1** 人口統計学の. **2** 人口動態の.

dè·mo·gráph·ics [名] 〈複数扱い〉(ある地域の)人口動態.

de·mog·ra·phy /di:mɑ́grəfi|-mɔ́g-/ [名] [U] 人口統計学.

†**de·mol·ish** /dimɑ́liʃ|-mɔ́l-/ [動] [他] **1** 〔建物など〕を取り壊す, 破壊する, ([類語]「改築」などの目的で計画的に取り壊す場合, destroy でなく demolish を用いる; →destroy, pull /../ down, tear /../ down). ～ dilapidated buildings 荒れ果てた建物を取り壊す. **2** 〔計画, 立論, 学説など〕を粉砕する; 〔制度, 対抗者など〕を打倒する. **3** 〖主に英話〗〔食物〕を平らげる (eat up). [＜ラテン語「取り壊す」(＜de-＋*mōlīri* 'construct')]

dem·o·li·tion /dèməlíʃ(ə)n, dì:-/ [名] [UC] **1** 取り壊し; 破壊; 破壊されること. an old house scheduled for ～ 取り壊し予定の古家屋. **2** (計画, 立論, 学説などの)粉砕; (制度などの)打破, (対抗者などの)打倒.

demolítion dèrby [名] [C] 〖米〗自動車ぶつけ合いごっこ《何台かでぶつけ合って相手を動けなくする》.

†**de·mon** /dí:mən/ [名] [C] **1** 鬼, 鬼神; 悪魔 (devil). the ～ alcohol 〖米〗[〖英〗drink] 〖戯〗悪魔の飲み物《酒のこと》. **2** 鬼のような人, (悪などの)権化, 化身. a ～ of jealousy 嫉妬(しっと)の鬼. **3** 超人, (..の)鬼, (→devil 5). a ～ for work ＝ a ～ worker 仕事の鬼. Our president is a ～ *for* efficiency. うちの社長は能率一辺倒だ. ◇[形] demoniac(al), demonic [＜ギリシア語「神, 霊」]

de·mon·e·tize /dì:mɑ́nətàiz|-mʌ́n-/ [動] [他] 〔金属〕の本位貨幣としての使用を停止する; 〔貨幣〕の通用を廃止する. ▷**dè·mòn·e·ti·zá·tion** [名] [U] (貨幣の)通用停止, 廃貨.

de·mo·ni·ac /dimóuniæ̀k/ [形] 悪魔の; 鬼(神)のような; 悪魔に取りつかれた. —— [名] [C] 悪魔に取りつかれた(ような)人.

de·mo·ni·a·cal /dì:mənáiək(ə)l [移]/ [形] ＝demoniac. ▷**～·ly** [副]

de·mon·ic /dimɑ́nik|-mɔ́n-/ [形] 悪魔の; 悪魔による; 魔力のある. ～ possession 悪魔に魅入られること.

de·mon·ism /dí:məniz(ə)m/ [名] [U] 魔神信仰.

de·mon·ize /dí:mənàiz/ [動] [他] **1** を悪魔(のようにする[にたとえる], 悪魔視する. **2** に悪魔を取りつかせる.

de·mon·ol·o·gy /dì:mənɑ́lədʒi|-ɔ́l-/ [名] [U] 鬼神学, 悪魔研究.

de·mon·stra·ble /dimɑ́nstrəb(ə)l, démən-|démən-/ [形] 〔真理などが〕論証できる, 証明可能な. ▷**de·mòn·stra·bíl·i·ty** [名] [U] 論証[証明]可能性.

de·mon·stra·bly /dimɑ́nstrəbli, démən-|démən-/ [副] 明らかに. The new method is ～ better. 新しいやり方のほうが明らかによい.

‡**dem·on·strate** /démənstrèit/ [動] (**～s** /-ts/|[過] [過分] **-strat·ed** /-əd/|**-strat·ing**) [他] 【はっきり示す】 **1** [VO] (～ X/*that* 節/*wh* 節) (推論, 証拠などによって) X を/..ということを/..かを**証明する**, 明らかにする; 〔事物が〕を証拠立てる, 明らかに示す. ～ the truth of one's statement 自分の発言の正しさを証明する. How can you ～ *that* the earth goes round the sun? 地球が太陽の周りを回るということを君はどうしたら証明できますか. His voice ～*s* his anger. 声で彼が怒っているのが分かる.

2 [VO] (～ X/*how* 節・句) X を/..かを(実際に)やって見せる; を実演する. ～ *how* a machine works [*how* to broil steaks] 機械がどんなふうに動くか実際にやって見せ

る[ステーキの焼き方を実演する]. ～ a new car 新車の実物宣伝をする. **3** を表に出す, 露骨に示す;〔能力など〕を示す, 見せる. The audience ～*d* their approval by loud applause. 聴衆は大喝采(かっさい)で賛意を表した. ～ one's ability to drive a car 車を運転する能力を見せる. ～ one's creative talents 創造的才能を示す.
── ⓐ **1** **デモ[示威運動]をする**. ～ *for* peace [*against* war] 平和運動の[戦争に反対して]デモをする. **2** 実物宣伝する.
[＜ラテン語「指摘する」(＜de-＋*monstrāre* 'show')]

‡**de·mon·stra·tion** /dèmənstréiʃ(ə)n/ 图 (複 **～s** /-z/) **1** UC **論証**, 証明; 実証(するもの); 証拠(になるもの); (proof). a ～ that honesty is the best policy 正直は最善の策であることの証拠.
2 UC **実地教授**, 実演, 実物での説明, (新製品などの)実物宣伝. teach by ～ 実物教育をする. give a ～ of a new car 新車の実物宣伝をする. a ～ model 展示モデル. **3** C **デモ**(行進), 示威運動, 〈*against* [*for*]..反対の[賛成の]〉. stage a ～ *against* racism 人種差別反対のデモを行う. break up a ～ デモを解散させる.

> 連結 a peaceful [an angry, a militant, an ugly, an unruly, a violent] ～ // hold [provoke] a ～ // a ～ breaks out [takes place; breaks up]

4 UC (感情などを)あらわに示すこと, 表出. make ～*s* of love in public 人前で愛情の表現をする. give [display] a ～ of ..を表に出す. **5** UC 〖軍〗陽動(作戦).

†**de·mon·stra·tive** /dimɑ́nstrətiv|-mɔ́n-/ 形
1 感情を(露骨に)表す《特に愛情を》, 表現があからさまな. **2** 明示する〈*of* ..を〉. a work ～ *of* his genius 彼の天才を示す作品. **3** 〖文法〗指示の. **──** 图 C 〖文法〗指示詞.

> 文法 **demonstrative** (指示詞) this, that のように何かを指し示す語を **demonstrative** と呼ぶ. その語を言う際, しばしば指さす身振りを伴う. *This* is my book. のように独立して使われるのを **demònstrative prónoun** (指示代名詞)と呼び, *This* book is mine. のように名詞の前に使われるのを **demònstrative ádjective** (指示形容詞)と呼ぶ. here, there や now, then なども this, that の観念が含まれていると して, **demònstrative ádverb** (指示副詞)と呼ぶことがある. The more, *the* better. のあとの方の the も指示副詞と考えられる.

▷ **～·ly** 副 感情をあらわにして; 明白に. **～·ness** 图

*__dem·on·stra·tor__ /démənstrèitər/ 图 (複 **～s** /-z/) C **1** **デモ参加者**. antiwar ～*s* 戦争反対のデモ参加者. **2** 論証者, 証明者. **3** **実演者**, (商品などの使用法の)実物説明者. **4** 〖米〗実物宣伝用製品, 試乗車. **5** 実地教授者; (特に英国の大学の)科学の実習助手.

de·mòr·al·i·zá·tion 图 U (軍隊などの)士気阻喪.

de·mor·al·ize /dimɔ́:rəlàiz|-mɔ́r-/ 動 他 〔軍隊など〕の士気を阻喪させる. ▷**de·mor·al·ized** 形 士気をなくした. **de·mor·al·iz·ing** 形 士気を奪う.

De·mos·the·nes /dimɑ́sθənì:z|-mɔ́s-/ 图 デモステネス (384?–322B.C.)《アテネの政治家・雄弁家》.

‡**de·mote** /dimóut/ 動 他 の地位[階級]を落とす, を降職[降格, 降等]する; 〖スポーツ〗〈チームを〉下のリーグに下げる, (↔promote).

de·mot·ic /di(:)mɑ́tik|-mɔ́t-/ 形 〖章〗〔特に言葉が〕民衆の, 通俗の. ～ Greek 現代通俗ギリシア語.

de·mó·tion 图 UC 降格, 降等.

de·mo·ti·vate /dì:móutəvèit/ 動 他 〔人〕のやる気をなくさせる. ▷**de·mo·ti·vat·ing** 形 **dè·mò·ti·vá·tion** 图

de·mount /dì:máunt/ 動 他 (台座, 台紙などから)を取り外す.

de·mur /dimə́:r/ 〖章〗動 (**～s**|**-rr-**) ⓐ 異議を唱える, 難色を示す; 反対する, 却下する, 〈*to, at* ..に〉. ～ *to* a wage reduction 賃金引き下げに反対する.
── 他 VO (～ "引用")「..」と異議を唱える.
── 图 U 異議, 反対. without ～ 異議なく.
[＜ラテン語「ぐずぐずする」]

de·mure /dimjúər/ 形 **1** 〔特に, 女性や子供が〕控え目な, 慎しみ深い. the ～ smile of a young woman 若い女性のはにかんだ微笑. **2** (いやに)まじめぶった, 上品ぶった. [＜古期フランス語; demur と同源] ▷**～·ly** 副 **～·ness** 图

de·mur·ral /dimə́:rəl|-mʌ́r-/ 图 ＝demur.

de·mys·ti·fy /dì:místəfai/ 動 (**-fies**|過 過分 **-fied**|**～·ing**) 他 を神秘的でなくする; をはっきり[分かりやすく]説明[解説]する, の種(たね)明かしをする. ▷**dè·mys·ti·fi·cá·tion** 图

de·my·thol·o·gize /dì:miθɑ́lədʒàiz|-θɔ́l-/ 動 他 の神話性を取り除く[去る].

Den. Denmark.

†**den** /den/ 图 C **1** (野獣の住む)穴. a fox ～ キツネの穴. **2** (不法活動の中心としての)秘密の場所, 巣, 隠れ家; (子供の)秘密の遊び場. a ～ of thieves 盗賊の巣窟(そうくつ). a ～ of iniquity 〖しばしば戯〗悪の巣窟. **3** 〖主に米〗(テレビを見るなど)くつろぎの部屋; 〖英旧話〗(居心地のいい)私室《特に男の仕事, 読書, くつろぎ用》. **4** 〖米〗(cub scout の)組. [＜古期英語]

de·nar·i·us /diné(ə)riəs/ 图 (複 **de·nar·i·i** /-riài/) C (古代ローマの)デナリウス銀貨《これの略 d. は英国では旧 penny, pence の略字に用いていた》.

de·nà·tion·al·i·zá·tion 图 U (産業などの)非国有化[民営化] (privatization).

de·na·tion·al·ize /dì:nǽʃ(ə)nəlaiz/ 動 他 〔産業など〕を非国有化[民営化]する (privatize).

de·na·ture /dì:néitʃər/ 動 他 の本来の性質を変える; 〔アルコール〕を変性させる. ▷**～d** 形 変質[変性]の.

denàtured álcohol 图 U 変性アルコール《ある物質を加えて飲用不適にしたもの》.

den·gue /déŋgi/ 图 C 〖医〗デング熱《熱帯, 亜熱帯のウイルス性伝染病; **déngue fèver** とも言う》.

Deng Xiao·ping /dʌ̀ŋ-ʃàupíŋ/ 图 鄧(とう)小平 (1904–97)《中国共産党の実力者》.

de·ni·a·ble /dináiəb(ə)l/ 形 否認[否定]できる; 拒絶[拒否]可能な.

*__de·ni·al__ /dinái(ə)l/ 图 (複 **～s** /-z/) UC **1** (陳述, 噂(うわさ)などの)**否定**, 否認, 〈*that* 節..ということの〉. She gave a ～ *to* the rumor. 彼女は噂を否定した. issue a ～ ⌊of .. [that..] ..を[..ということを]否定する. the ～ of God 神(の存在)の否定. **2** (要求, 権利などの)**拒絶**, 拒否. He gave a flat ～ *to* my request. 彼は私の要望をきっぱり拒絶した. the ～ *to* slaves *of* the elementary rights of human beings 奴隷に基本的人権を与えないこと. a ～ *of* justice 正義の否定. **3** 自制, 節制, (self-denial). ◇動 deny

de·ni·er[1] /dináiər/ 图 C 否定[拒否]する人.

de·nier[2] /dénjər|-niə/ 图 C デニール《糸の太さの単位; 長さ 450m で 0.05g の重さの糸が 1 デニール》. 15-～ stockings 15 デニールの(糸の)ストッキング.

‡**den·i·grate** /dénəgrèit/ 動 他 〖章〗の名誉を毀(き)損する, を誹謗(ひぼう)する. ▷**dèn·i·grá·tion** 图

den·im /dénəm/ 图 **1** U デニム《厚地の普通青い綿布》. **2** 〈～s〉〈複数扱い〉デニムのジーンズ[作業着]. [＜フランス語 (*serge*) *de Nîmes*「ニーム産の(サージ)」]

den·i·zen /dénəz(ə)n/ 图 C **1** 〖雅・戯〗住人; 住むもの. the ～*s of* the sea 海に住むもの《魚のこと》. the ～ of the fashion industry ファッション界の'住人'たち.
2 (**a**) 〖英〗(国王大権による)英国籍取得者《外国人と英国民との中間の権利を持つ; 1948 年廃止》. (**b**) 帰化動[植]物; 外来語. [＜アングロノルマン語「内部に住む人」(＜ラテン語 *dē intus* 'from within')]

D

D

†**Den·mark** /dénmɑːrk/ 名 デンマーク《ヨーロッパ北部の王国; 首都 Copenhagen》. 参考 国民は Dane, 国語, 形容詞は Danish. [デンマーク語「デーン人の領土」]

dén mòther 名 C 《米》(カブスカウト (cub scout) の)組の女性指導者.

de·nom·i·nate /dinɑ́mənèit|-nɔ́m-/ 動 他 《章》を(大げさに)命名する; VOC (~ X Y) X を Y と命名する, 呼ぶ. ── /-nət, -nèit/ 形 《数》〔数が〕単位名の付いた (→denominate number). [<ラテン語「命名する」(<de-+*nōmināre* 'name')]

denóminate nùmber 名 C 名数《単位を付けた数; 5 pounds における 5, 3 yards における 3 など》.

†**de·nòm·i·ná·tion** 名 **1** 《章》 U 命名; C 名称, 〈特に〉総称. **2** C 《章》種類, 種目. **3** C 宗派, 教派, (類語 普通, 旧教・新教というような区別には用いず, 新教内の宗派に用いる; sect よりは大きい). a person of the Baptist ~ バプティスト派の人. **4** C (度量衡, 貨幣などの)単位(名). bills of [in] small ~*s* 小額紙幣. 注意 日本語の「デノミ(ネーション)」(通貨の呼称変更)は redenomination と言う.

de·nom·i·na·tion·al /dinɑ̀mənéiʃ(ə)nəl|-nɔ̀m-/ 形 (特定の)宗派の, 教派の. ★英国では特に英国国教以外の宗派に用いる.

de·nom·i·na·tor /dinɑ́mənèitər|-nɔ́m-/ 名 C 《数》分母 (↔numerator). a common ~ 公分母.

de·no·ta·tion /dìːnoutéiʃ(ə)n/ 名 **1** U 表示, 指示. **2** C 明示的意味《語(句)が表す表面的な文字通りの意味; また語が指示する対象そのもの》(→meaning 類語). **3** U 《論》外延. ◇↔connotation

de·no·ta·tive /díːnoutèitiv, dinóutə-/ 形 **1** 表示する, 指示する, 〈*of* ..を〉. **2** 明示的な. ▷ **~·ly** 副

†**de·note** /dinóut/ 動 他 **1** VO (~ X/*that* 節) X を/..ということを表す, 示す; ..という意味である. A nod ~*s* approval [*that* you approve]. うなずきは承諾を意味する. **2** の記号[印]である; 〔語が〕を明示的に意味する (↔connote). The word "booklet" ~*s* a small book. booklet という語は小さな本を意味する. **3** を(記号で)表す. We will ~ by T the time that has elapsed. 経過した時間を T で表す. ◇名 denotation [<ラテン語「明示する」(<de-+*nōtāre*「印をつける」)]

de·noue·ment, dé·noue·ment /dèinuːmɑ́ːŋ|-ˊ-ˊ-/ 名 C **1** (劇, 小説などの)大団円. **2** 終局の解決, 大詰め. [フランス語 'untying']

*__de·nounce__ /dináuns/ 動 (**-nounc·es** /-əz/|過 過分 **~d** /-t/|**-nounc·ing**) 他 **1** を(公然と)非難する 〈*as* ..と〉. ~ terrorism 暴力主義を非難する. ~ a person *as* a traitor 人を反逆者だと非難する. **2** を告発する 〈*to* ..〔警察〕に/*as* ..として〉. He was ~*d to* the police *as* a robber. 彼は強盗として警察に訴えられた. ~ her *as* a spy 彼女をスパイとして告発する. **3** 〔条約など〕の廃棄[終了]を宣言[通告]する. ◇名 denunciation [<ラテン語「告示する, 脅迫する」(<de-+*nuntiāre* 'declare')]

de no·vo /diː-nóuvou/ 副 初めから, 新たに. [ラテン語 'from new']

‡**dense** /dens/ 形 e (**déns·er**|**déns·est**)
【密な】 **1** 〔人などが〕**密集した**; 密生した〔森林など〕; (↔sparse) (類語 dense は close, thick に比べ密集の度が高く浸透できない場合にも言う). a ~ crowd 密集した群衆. a ~ population 密度の高い人口. The valley was ~ with trees. その谷には木がびっしり生えていた.
2 質量が大きい, 重い; 〔気体などが〕濃い, 見通しがきかない. a ~ rock 重い石. a ~ fog 濃霧. ~ silence 重苦しい沈黙[静寂]. **3** 難解な〔文章, 映画など〕. ~ writing 理解しにくい著述.
【過密で流れが悪い】 **4** 頭の悪い. **5** 〔無知, 愚かさなどが〕甚だしい, ひどい. ~ ignorance 救いがたい無知.
6 《写》〔ネガが〕不透明な, 'ねむい', (《露出オーバーなどで》).
◇名 density [<ラテン語「濃密な」] ▷**dénse·ness** 名 U 密集; 濃さ; 愚鈍さ.

*__dense·ly__ /dénsli/ 副 m 濃く; 密集して. a ~ populated area 人口密集地域.

*__den·si·ty__ /dénsəti/ 名 (複 **-ties** /-z/) **1** U 密集[密生](状態); (人口などの)密度, (霧などの)濃さ. the ~ of population 人口密度. traffic ~ 交通量. **2** UC 《物理》密度, 濃度; 比重. What is the ~ of iron? 鉄の比重はいくらですか. **3** U 難解さ, 晦渋(かいじゅう). **4** U (頭の)鈍さ; 馬鹿. **5** UC 《写真》(ネガの)濃度. ◇形 dense

†**dent** /dent/ 名 C **1** (押したりたたいたりしてできた)くぼみ, へこみ, 打たれた跡 〈*in* ..の〉. Somebody made a ~ *in* my car. だれかが僕の自動車にへこみをこさえた. **2** 痛手, 傷口. The war expenses left a ~ *in* the national economy. 戦費は国家経済に痛手を残した.
màke a dént in .. (1) ..をへこませる (→1 用例). (2) 《話》〔仕事などの遂行, 問題などの解決〕の手がかりをつかむ〈普通, 否定文で〉. I haven't even *made a* ~ *in* the work. 私はその仕事の糸口さえつかめていない. (3) 《話》..を減らす, 〔資金など〕に(大)穴を開ける. (4) ..に影響を与える.
màke a dént on .. =make a DENT in ..(4).
── 動 他 **1** をくぼませる, へこませる. **2** 〔信用など〕を傷つける. ── 自 くぼむ, へこむ. ***dènt /../ úp*** 〔車など〕をへこませる. [<中期英語; dint の異形]

*__den·tal__ /déntl/ 形 ¢ **1** 歯の; 歯科(医学)の. a ~ clinic [office] 歯科医院. **2** 《音声》歯音の. a ~ consonant 歯音. ── 名 C 《音声》歯音《英語の [θ/, /ð/] など》. [<ラテン語 *dēns*「歯」]

dental floss /ˊ-ˊ|ˊ-ˊ/ 名 U 糸ようじ《歯間の汚れを取る》.

dèntal hygíenist 名 C 歯科衛生士.

dèntal pláte 名 C 義歯(床).

dèntal súrgeon 名 《章》=dentist.

den·tate /dénteit/ 形 《動》歯のある; 《植》〔葉が〕(歯状の)ぎざぎざがある.

den·ti·frice /déntəfrəs/ 名 UC 《章》(各種の)歯磨き (toothpaste, tooth powder).

den·tin 《米》, **-tine** /déntin/, /déntiːn, -ˊ/ 名 U (歯の)象牙質.

‡**den·tist** /déntist/ 名 (複 **~s** /-ts/) C **歯医者**, 歯科医, (→doctor 類語). go to the ~('s) 歯科医(院)に行く. ★dentist's の複数形は dentists', dentists. [<ラテン語 *dēns*「歯」; -ist]

dén·tist·ry /-ri/ 名 U 歯科医学[術]; 歯科医業.

den·ture /déntʃər/ 名 《章》=dental plate.

de·nu·cle·ar·ize /diːn(j)úːkliəràiz/ 動 他 〔地域, 国など〕を非核化する. 「こと; 浸食.

de·nu·da·tion /dìːn(j)uːdéiʃ(ə)n/ 名 U 裸にする↑

de·nude /din(j)úːd/ 動 他 《章》 **1** を裸にする, 空っぽにする; 〔土地など〕から取り去る 〈*of* ..〔植物など〕を〉. **2** VOA (~ X ***of*** ..) ..を X からはぎ取る, 剝(は)奪する. ~ a tree *of* its leaves 木を丸裸にする. be ~*d of* one's possessions 所持品を奪い取られる. **3** 《地質》〔岩石など〕の表層を浸食する, を露出させる.

†**de·nun·ci·a·tion** /dinʌ̀nsiéiʃ(ə)n/ 名 UC **1** (公然たる)非難, 弾劾(だんがい). fierce ~*s* of the government's policy 政府の政策の痛烈な非難. **2** (犯罪(者)などの)告発. **3** (条約などの)廃棄[失効]通告. ◇動 denounce

Den·ver /dénvər/ 名 デンヴァー《米国 Colorado 州の州都; 海抜 1,600m》.

Dènver bóot [shóe] 名 C 《米》(デンヴァー式)車輪固定具《駐車違反車を動けなくする道具; 最初米国の Denver で使用されたことから》.

‡**de·ny** /dinái/ 動 (**-nies** /-z/|過 過分 **-nied** /-d/|**~·ing**) 他 **1 (a)** VO (~ X/*doing*/*that* 節) X を/..である[した]ことを/..ということを否定[否認]する (★未来の動

作には用いない). ～ (the existence of) God 神(の存在)を否定する. ～ the charge of bribery 収賄(ワイロ)の告発を否認する. He *denied* tak*ing* away any money. 彼は金を取ってはいないと言った (★some を使わないことに注意). I ～ mak*ing* [*that* I have ever made] such a statement. 私はそのようなことは言ってはいない. It cannot be *denied* [There is no ～*ing*] that you are responsible for it. その責任が君にあることは否定できない. ～ any involvement in the riot 暴動との関係を否認する. **(b)**〘章〙を知らないと言う, との関係を否定する. Peter *denied* Jesus three times. ペテロはイエスを知らないと3度も言った《聖書の故事から》. **(c)**〘章〙VOC (～ X *to be* Y) X が Y であることを否認する, X は Y ではないと言う. She *denies* the man *to be* her husband. 彼女はその人は夫ではないと述べている. ◇↔affirm

2 (a)〔要求など〕を**拒む**, 拒絶する. ～ a person's request 人の要求を拒絶する.

(b) VOO (～ X Y)・VOA (～ Y *to* X) X に Y **を許さない**. The demand for a 10% wage increase was *denied to* the workers. 10% の賃上げ要求は労働者たちに拒否された. The father *denied* ⌞ nothing *to* his daughter [his daughter nothing]. 父親は娘の要求をなんでもかなえてやった.

> 連結 ～ absolutely [emphatically, firmly, flatly; hotly, indignantly, passionately; strongly, vehemently, vigorously; feebly]

◇名 denial 形 deniable

denу́ onesèlf . . . .を自制する; . .なしで我慢する. ～ one*self* candy [sexually] (我慢して)キャンディーを食べないようにしている[セックスをしない].

[<ラテン語「断固として認めない」(< de-(強意)+ *negāre*「否定する」)]

‡de·o·dor·ant /diːóud(ə)rənt/ 名 UC 臭気止め, 防臭剤, デオドラント,《特に体臭止め》. —— 形 臭気止めになる. ～ soap 体臭止めの石けん. [de-, odor, -ant]

de·ò·dor·i·zá·tion 名 U 防臭.

de·o·dor·ize /diːóudəràiz/ 動 他 の臭気を取る.

de·ó·dor·ìz·er 名 UC (体臭の)におい止め, 防臭剤.

De·o gra·ti·as /déiou-gráːtiàːs/ 間 神のおかげで, ありがたいことに,《略 D.G.》. [ラテン語 '(We give) thanks to God']

De·o vo·len·te /déiou-vouléntì/ 副 神意にかなえば, 事情が許せば,《略 D.V.》. [ラテン語 'God willing']

de·ox·i·dize /diːáksədàiz|-ɔ́k-/ 動 他 から酸素を除去する;〔酸化物〕を還元する.

de·òx·y·rì·bo·nu·clé·ic ácid /diːàksiràibou-n(j)uːklíːik-|-ɔ̀ks-/ 名 U〘生化〙デオキシリボ核酸《略 DNA》.

dep. department; departure; departs; deputy.

***de·part** /dipáːrt/ 動 (～s /-ts/|過 過分 ～ed /-əd/|～ing) 自〘章〙**1**〔汽車などが〕**出発する**; 立ち去る;〈*from* . .から/*for* . .へ向けて〉(↔arrive) (類語 start, leave[1] より形式ばった語). The plane ～*s from* Heathrow at 12:30. 飛行機は12時半にヒースローから出発します. He ～*s for* America next week. 彼は来週アメリカへ向かう.

2 VA (～ *from* . .)〔慣習など〕から離れる, 外れる;〔主題, 真実など〕からそれる; . .と違っている. He ～*ed from* his habit of dropping in the pub on his way home. 彼は帰宅途中でパブに立ち寄る習慣をやめた. His story ～*ed from* his main theme. 彼の話は本題からそれた.

3〘米〙辞職[辞任]する〈*from* . .を〉.

—— 他〘章〙を出発する, 去る. Flight 15 ～*s* Boston at 10 a.m. フライト15は午前10時にボストンを出発します. ～ baseball 野球界を去る. ◇名 departure

depàrt (from) this ⌞life [éarth]〘婉曲〙この世に別れを告げる.

[<ラテン語「分配する」(<dis-+*pars* 'part')]

de·párt·ed /-əd/ 形 過ぎ去った;〘婉曲〙亡くなった, 他界した. ～ glories 過去の栄光. one's ～ father 亡き父. —— 名〈the ～; 単複両扱い〉故人(たち). Let's pray for the dear ～. 亡くなったいとしい方[方々]のご冥(めい)福を祈りましょう.

‡de·part·ment /dipáːrtmənt/ 名 (複 ～s /-ts/) C【分割されたものの1つ】**1** (会社などの)**部(門)**; 課; (デパートの)売り場. He is head of the publication ～. 彼は出版部長だ. The shoe ～ is [are] having a sale this week. 靴売場では今週セールをしています. ★単数形で複数扱いもある. She's lacking in the brain ～.〘戯〙彼女はおつむの方がどうもね.

2〘米〙〈D-〉**省** (類語 英国の省は Office, Ministry だが, 新設の省には Department を用いる; 日本の省は Ministry; →office, ministry);〘英〙(官庁の)**局**, 課, (→bureau, division).

3 (大学の)学部, 学科. the ～ of history=the history ～ 歴史学科. **4** (フランスの)県. **5**〘話〙(. .の)責任[受け持ち](の分野), 仕事; 得意な分野. That's your ～. それは君の領分だよ.

> **米国の各省とその長官**
>
> the Department of Agriculture《DA, DOA》 農務省
> the Department of the Air Force《DAF》 空軍省
> the Department of the Army《DA》 陸軍省
> the Department of Commerce《DOC》 商務省
> the Department of Defense《DOD》 国防総省
> the Department of Education《DOE, DoE》 教育省
> the Department of Energy《DE, DOE, DoE》 エネルギー省
> the Department of Health and Human Services《HHS》 保健社会福祉省
> the Department of Housing and Urban Development《HUD》 住宅都市開発省
> the Department of the Interior《DI, DOI》 内務省
> the Department of Justice《DOJ》 司法省
> the Department of Labor《DOL》 労働省
> the Department of the Navy《DON》 海軍省
> the Department of State《DOS, DS》 国務省
> the Department of Transportation《DOT, DT》 運輸省
> the Department of the Treasury《DOT》 財務省
> the Department of Veterans' Affairs《VA》 復員軍人省
>
> ★各省の長官は「司法長官」(the Attorney General) を除き, すべて Department の代わりに Secretary を用いればよい.
>
> **英国の主な省とその大臣**
>
> the Ministry of Agriculture, Fisheries and Food (the Minister of . .)《MAFF》 農水産食糧省
> the Ministry of Defence《MOD》 国防省
> the Department for Education and Employment《DFEE》 教育雇用省
> the Department of Environment and Transport 環境運輸地域省
> the Foreign and Commonwealth Office (the Secretary of State for Foreign and Commonwealth Affairs) 外務省

the Department of Health (the Secretary of State for Health)《DH, DOH, DoH》保健省
the Department of International Development 国際開発省
the Home Office (the Secretary of State for the Home Department) 内務省
the Department of Social Security (the Secretary of State for Social Security)《DSS》 社会福祉省
the Department of Trade and Industry《DTI》 通商産業省
the Treasury (the First Lord of the Treasury は首相が兼任; 実際上の主務大臣は the Chancellor of the Exchequer) 大蔵省

★( )内に特記しないかぎり, 主務大臣は Department [Ministry] of の代わりに Secretary of State for を用いればよい. Cabinet Ministers にはそのほか the Privy Council (枢密院)の議長, the Lord Chancellor (大法官), および Scotland, Northern Ireland, Wales それぞれの担当大臣などがある.

D

‡**de·part·men·tal** /dìːpɑːrtméntl ⑧/ 形 部門(別)の; 各省[局, 課]の.

de·pàrt·mén·tal·ìze 動 他 を部門に分ける.

*__depártment stòre__ 名 (複 ～s /-z/) C デパート, 百貨店,《多くの departments に分かれているからこう呼ばれる; →store 類語》.

‡**de·par·ture** /dipɑ́ːrtʃər/ 名 **1** aU **出発**; 立ち去ること; ⟨*from* ..から/*for* ..へ⟩; C 出発便[列車]; (↔arrival). the time of ～=the ～ time 出発の時刻. make a hasty ～ 慌ただしく出発する. take one's ～ *for* New York *from* London ロンドンからニューヨークに向けて出発する. There are several ～*s* for Chicago every day. シカゴへは毎日数便ある. **2** aU 辞職, 辞任. his ～ from the company その会社からの彼の退社. **3** aU 〔常軌, 真実などから〕それること, 逸脱, 離反; 発展. a ～ *from* tradition [the norm] 伝統[基準]からの逸脱. This line marks a new [fresh] ～ for the firm. この方針は会社としては新機軸をなすものだ.
◇動 depart

depárture bòard 名 C 出発時刻表示板.

depárture lòunge 名 C (空港の)出発ロビー, 乗客用待合室.

‡**de·pend** /dipénd/ 動 (～s /-dz/|過 過分 ～·ed /-əd/|～·ing) 自 **【頼りにする】** **1** VA (**～ on [upon]..**) **..に依存する**, 頼る, ⟨*for* ..を⟩. He ～*ed on* his uncle *for* his school expenses. 彼は学費をおじに出してもらった. I must ～ *upon* myself *for* success. 僕は成功するのに自力だけでやらなくてはならない.
2 VA (**～ on [upon]..**) **..を信頼する**, 当てにする, ⟨*to* do, (..'s) do*ing* ..すると⟩. The man [old map] is not to be ～*ed on* [*upon*]. その男[古い地図]は頼りにはなりませんよ. You can ～ *on* [*upon*] ˪her *to* come [her com*ing*]. =You can ～ *upon it that* she will come. 大丈夫, きっと彼女は来ますよ.
3 VA (**～ on [upon] ../wh 節**) **..による**, ..次第である. Success [*Whether* you succeed or not] ～*s on* your attitude. 成功するかどうかは君の考え方次第だ. Consumption of beer largely [entirely, partly] ～*s upon* the weather. ビールの消費量は天気に大いに[全面的に, 部分的に]左右される. That ～*s* (*on*) *how* you behave. それは君がどうふるまうかによる (語法 wh 節の前で前置詞を省くのは〖話〗).
【ぶら下がる】 **4** 〖詩・古〗 VA 〔枝などが〕垂れ下がる ⟨*from* ..から⟩. **5** 〖文法〗 VA (**～ on ..**) ..に従属する.
◇名 dependence 形 dependent

depénding on .. ⟨前置詞的⟩ ..によって(は). *Depending on* the plane's size, most airlines allow two to six pets per flight. 飛行機の大きさによっては, たいていの航空会社は２匹から６匹のペットを認めている.

depénd upon it ⟨副詞句として文頭[文尾]に用いて⟩ 大丈夫だ; 確かに. *Depend upon it,* our team will win the game. 大丈夫, うちのチームが勝つよ.

Thàt (àll) depénds.*=*It (àll) depénds. 〖話〗それは時と場合によりけりだ, 状況次第だ, (語法 単に Depends. とも言う). "Will you go to the party?" "Well, *it* ～*s.*"「パーティーに行くのか」「まあ状況次第というところかね」
[＜ラテン語「..からぶら下がる」(＜de-＋*pendēre* 'hang')]

de·pènd·a·bíl·i·ty 名 U 信頼できる[頼りになる]こと.

†**de·pénd·a·ble** 形 信頼できる; 頼み[当て]になる; (reliable). a ～ report 信頼できる報告. ▷**-bly** 副

de·pend·ant /dipéndənt/ 名 〖英〗=dependent.

‡**de·pend·ence** /dipéndəns/ 名 U **1 頼ること**, **依存**, ⟨*on* [*upon*] ..に, ..への/*for*..の面での⟩. one's ～ *on* one's parents 親への依存, 親がかり. Tom's ～ *on* Judy *for* a ride to work トムが仕事に行くのにジュディーの車に頼っていること. **2 信頼**, 当てにすること, ⟨*on* [*upon*] ..への, ..を⟩. She put [placed] too much ～ *upon* his words. 彼女はあまりにも彼の言葉を当てにし過ぎた. **3** 従属. **4** 〖医〗依存(症). alcohol [drug] ～ アルコール[麻薬]依存症. ◇↔independence 動 depend

de·pend·en·cy /dipéndənsi/ 名 (複 **-cies**) **1** C 属国, 保護領. **2** U 依存. our ～ *on* cars 私たちの車への依存. **3** UC 〖主に米〗依存(症). drug ～ 麻薬依存症.

‡**de·pend·ent** /dipéndənt/ 形 m **1 頼っている**, 扶養されている, ⟨*on* [*upon*] ..に/*for* ..を, の面で⟩. She is no longer ～ *on* her parents *for* her living. 彼女はもはや生計を親に頼っていない. **2** (**a**) ⟨叙述⟩ 依存する, 左右される, ⟨*on* [*upon*] ..に⟩. When we start is ～ *upon* you. いつ出発するかは君の考え次第だ. (**b**) ..依存の, 中毒の. He is drug [alcohol] ～. 彼は麻薬[アルコール]に依存する[中毒である]. **3** 従属の; 〖文法〗従属の (subordinate). ◇↔independent 動 depend
── 名 C 〖主に米〗扶養される人; 扶養家族.
▷**～·ly** 副

depèndent cláuse 名 C 〖文法〗従(属)節 (subordinate clause) (↔independent [main] clause).

de·per·son·al·ize /dìːpɚ́ːrsənəlàiz/ 動 他 **1** 〔人〕を人間扱いしない; 〔人〕の個性を奪う. **2** 〔物事〕から人間的要素を取り除く.

†**de·pict** /dipíkt/ 動 他 〖章〗(絵, 彫刻などで)を描く; (言葉で)を表す, 叙述する, (describe) ⟨*as* ..として⟩. ～ him *as* a hero 彼を英雄として描写する. The picture ～*ed* the battle vividly. その絵にはその戦闘が生き生きと描かれていた. [＜ラテン語「描く」(＜de- (強意)＋*pingere* 'paint')]

‡**de·píc·tion** 名 UC 〖章〗描写; 叙述.

dep·i·late /dépəlèit/ 動 他 を脱毛する. [＜ラテン語 (＜de-＋*pilus* 'hair')] ▷**dèp·i·lá·tion** 名 U 脱毛.

de·pil·a·to·ry /dipílətɔ̀ːri|-t(ə)ri/ 形 ⟨限定⟩ 脱毛作用のある. ── 名 (複 **-ries**) UC 脱毛剤.

de·plane /dìːpléin/ 動 〖主に米〗自 飛行機から降りる (↔enplane).

†**de·plete** /diplíːt/ 動 他 〖章〗 **1** 〔在庫, 貯えなど〕を激減させる; をすっかり空(から)にする, 使い果たす. Our supply of water is ～*d*. 貯水量が底をついた. **2** VOA (**～ X *of* ..**) X から〔精力, 資源など〕を枯渇させる, 無くす. ～ the land *of* its fertility 土地の地味を枯らす. [＜ラテン語「空にする」(＜de-＋*plēre* 'fill')]

de·plé·tion 名 U 〘章〙 枯渇(する[させる]こと), 消耗.

†**de·plór·a·ble** /-rəb(ə)l/ 形 **1** 嘆かわしい, 残念きわまる, 〔行為など〕. It is ～ that he should act that way. 彼がそんなふるまいをするとは嘆かわしい. **2** よくない, ひどい, (very bad). ～ living conditions 劣悪な生活状態.

de·plór·a·bly /-rəbli/ 副 嘆かわしく; 嘆かわしいことに(は), 残念なことに(は); ひどく. ～ poor ひどく貧しい. behave ～ 行儀がひどく悪い.

***de·plore** /diplɔ́ːr/ 動 (～s /-z/|過 過分 ～d /-d/|-plor·ing /-riŋ/) 他 〈進行形不可〉 **1** 〔人の死など〕を嘆き悲しむ, 悼む, (語法 人を目的語に取らない). The whole country ～*d* the hero's death. 国中が英雄の死を悼んだ. **2** 〘章〙 VO (～ X/X('s) *doing*/*that* 節) X を/X が..することを/..ということをひどく残念に思う; を遺憾とする, を非難する. The President ～*d* the use of violence. 大統領は暴力の行使を遺憾とした. I ～ their [them] tak*ing* drugs. 彼らが麻薬をやっているのが残念でならない. The delay in rescue work is deeply to be ～*d*. 救助作業の遅れは全く嘆かわしい. [＜ラテン語「大声で泣く」(＜de- (強意)＋*plōrāre* 'weep')]

‡**de·ploy** /diplɔ́i/ 動 (～s|過 過分 ～ed|～·ing) 他 **1** 〘軍〙〔部隊〕を散開[展開]させる; 〔部隊, 核兵器など〕を配置する. **2** 〔議論, 資金など〕を効果的に使う. ── 自 〔部隊が〕 散開[展開]する, 配置につく. [display と同源]
▷ **～·ment** 名 UC 配置, 配備, 展開.

de·po·lit·i·cize /dìːpəlítisàiz/ 動 他 を政治と切り離す.

de·po·nent /dipóunənt/ 名 C 〘法〙(特に文書によ↑る)宣誓証人.

de·pop·u·late /dìːpɑ́pjəlèit|-pɔ́p-/ 動 他 〔戦争, 疫病, 虐殺などが〕〔地域〕の住民[人口]を激減させる 〈普通, 受け身で〉.

de·pòp·u·lá·tion 名 U 住民を激減させること, 人口減少, 過疎化.

de·port[1] /dipɔ́ːrt/ 動 他 VOA 〈再帰形で; A は様態の副詞〉〘章・英古〙..にふるまう (behave), 行動する. ～ one*self* prudently 慎重にふるまう. [＜古期フランス語「ふるまう」(＜de- (強意)＋*porter* 'carry')]

de·port[2] 動 他 〔望ましくない人間, 不法入国の外国人など〕を(国外に)追放する, 退去させる, 自国に送還する. The diplomat was ～*ed* for espionage. その外交官はスパイ行為のため国外退去させられた. [＜ラテン語「追放する」(＜de- ('away')＋*portāre* 'carry')]

de·por·ta·tion /dìːpɔːrtéiʃ(ə)n/ 名 UC 国外追放[退去]. [→deport[2]]

de·por·tee /dìːpɔːrtíː/ 名 C (国外への)被追放者.

de·pórt·ment 名 U 〘章〙 **1** 〘英〙(特に若い女性の)立居ふるまい, 挙動. graceful ～ 優雅な立居ふるまい. **2** 〘米〙(特に若い女性の人前での)態度, ふるまい. the ～ of a lady 婦人の態度[行儀]. [→deport[1]]

†**de·pose** /dipóuz/ 動 他 **1** 〔高官〕を免職する, 〔王, 独裁者, 政府など〕を退陣させる, 追放する, 〈*from* ..から/*as* ..(として)の地位を〉. a ～*d* king [dictator] 追放された王[独裁者]. **2** 〘法〙 VO (～ *that* 節) ..であると供述する, 証言する. ── 自 〘法〙供述する 〈*to* ..を/*for* ..に有利な/*against* ..に不利な〉. ～ *to* having seen the criminal 犯人を見たと供述する. [＜後期ラテン語「免職する」; deposit と同源]

‡**de·pos·it** /dipɑ́zət|-pɔ́z-/ 動 (～s /-ts/|過 過分 ～·ed /-əd/|～·ing) 他 **1** VOA (注意深く特定の場所に) を置く (類語 put よりも形式ばった語). The baby was ～*ed in* the cot. 赤ん坊はベビーベッドに寝かされた. ～ oneself *on* a bench ベンチに腰をおろす. ～ chewing gum *into* a wastebasket チューインガムをくず箱に捨てる. **2** 〔貴重品など〕を預ける, 託す, 〈*at, with, in* ..に〉. ～ a suitcase *at* the cloakroom スーツケースを手荷物預り所に預ける. She ～*ed* her will *with* her lawyer. 彼女は遺言状を弁護士に託した. **3** を預金する 〈*in, with* ..〔銀行〕に〉. ～ $100 *in* a bank [one's savings account] 銀行[預金口座]に 100 ドルを預ける[入れる]. **4** を手付け金[保証金, 頭金]として支払う. ～ 5% of the price of a car 車の価格の 5 パーセントを頭金として支払う. **5** 〔コイン〕を(自動販売機に)入れる. **6** 〘地〙〔風, 水などが〕〔堆(たい)積[沈殿]物〕を後に残してゆく 〈*on, over* ..に〉. The flood ～*ed* mud *on* the fields. 洪水で畑に泥が堆積した. **7** 〔卵〕を産みつける.
── 名 (複 ～s /-ts/) **1** C (銀行)**預金**. have a large ～ in the bank 銀行に預金がたくさんある. a bank ～ 銀行預金. draw out one's ～ 預金を引き出す. **2** C 〈普通, 単数形で〉 手付け金, 保証金, 敷金, 〈*on* ..の〉; 寄託物; 返却代金《空(から)瓶などを返却すると払い戻される》; 〘英〙(選挙の)供託金. make [pay, put (down)] a ～ *on* a TV set テレビの頭金を払う. a ～ of 200 dollars 200 ドルの敷金. He returned the bottle and got his ten-cent ～ back. 彼は瓶を返して保証金の 10 セントを返してもらった. a ～ bottle [can] 返却可能な瓶[缶]《少額をもらえる》. lose one's ～ (選挙で規定の票数を取れなくて)供託金を没収される. **3** UC (残された)堆積物, 沈殿物; (ワインなどの)おり; C 鉱床. a ～ of volcanic ashes 火山灰の堆積. cholesterol ～*s* in blood vessels 血管内のコレステロールの堆積. a desert with huge oil ～*s* 莫(ばく)大な石油が埋蔵されている砂漠.
on depósit 預金されて, 預金して. have $1,000 *on* ～ 千ドルを〔銀行などが〕預かっている[〔預金者が〕預けてある].
[＜ラテン語「下に置く」(＜de-＋*pōnere* 'place')]

depósit accòunt 名 C 〘主に英〙 普通預金口座《demand deposit (要求払いの普通預金), time deposit (定期預金, 通知預金)などの別がある; 〘米〙 savings account》.

de·pos·i·tar·y /dipɑ́zətèri|-pɔ́zətəri/ 名 (複 -**tar·ies**) ＝depository.

‡**dep·o·si·tion** /dèpəzíʃ(ə)n/ 名 **1** U (高官などの)免職; 罷(ひ)免; (元首の)廃位. **2** UC 〘法〙 宣誓証言; 宣誓証書[供述書]. **3** U (鉱物などの)堆(たい)積[沈殿]作用. **4** C キリスト降架の図[彫刻] (deposition from the cross). ◇動 depose

‡**de·pos·i·tor** /dipɑ́zətər|-pɔ́z-/ 名 C 預金者.

de·pos·i·tor·y /dipɑ́zətɔ̀ːri|-pɔ́zət(ə)ri/ 名 (複 -**tor·ies**) C **1** 保管所; 貯蔵所; '宝庫'. a ～ of learning 知識の宝庫. **2** 保管人.

depósit slìp 名 C 〘米〙(銀行預金の)預入伝票 (〘英〙 paying-in slip).

***de·pot** /díːpou, 2, 3 は dép-|dép-/ 名 (複 ～s /-z/) C **1** 〘米〙(鉄道の)駅《元は貨物駅》, (バス, 飛行機など乗り物の)発着所《特に小規模のものをいう》. **2** (バスの)車庫[修理所]. **3** 倉庫. **4** 〘軍〙 兵站(たん)部; 兵員補充部. [フランス語(＜ラテン語 *dēpositum* 'deposit')]

dep·ra·va·tion /dèprəvéiʃ(ə)n/ 名 U 堕落[悪化](させること).

de·prave /dipréiv/ 動 他 〘章〙 を堕落させる, 悪くする. ～ and corrupt young men 青年を堕落させる. [＜ラテン語「ゆがめる」]

de·práved 形 堕落した, 腐敗した, 〔性格など〕; よこしまな, みだらな〔趣味など〕. a man of ～ morals 品行の悪い人. a ～ criminal 極悪犯人.

de·prav·i·ty /diprǽvəti/ 名 (複 -**ties**) **1** U 堕落, 腐敗. **2** C 堕落した行為, 悪行.

‡**dep·re·cate** /déprəkèit/ 動 他 〘章〙 **1** を(穏やかに)非難する, 不当とする; をやめるようにと言う; (類語 disapprove よりも形式ばった語). ～ sexual discrimination 性差別に反対する. **2** を見くびる, ばかにする. [＜ラテン語「免れることを祈る」(＜de-＋*precārī* 'pray')]

dép·re·càt·ing 形 非難する, たしなめるような. wave a ～ hand とんでもないというふうに手を振る. ▷ **～·ly** 副たしなめるように; 反対を表明して.

dèp·re·cá·tion 名 UC 1 (穏やかな)非難, 反対. reject a plan with a gesture of ～ いやとんでもないという身振りをして計画をはねつける. 2 軽視; 軽蔑.

dep·re·ca·to·ry /dépr**ə**kət**ɔ̀**ːri|-t(ə)ri/ 形 1 非難を免れようとする, 弁解的な. 2 非難[不賛成]を表す. ～ remarks 非難がましい言葉.

*__de·pre·ci·ate__ /dipríːʃièit/ 動 (～s /-ts/|過 過分 **-at·ed** /-əd/|**-at·ing**) 自 〔特に, 貨幣が〕**減価する**, 価値[価格]が下がる, 値が下がる. This sports car will never ～ in ten years. このスポーツカーは 10 年たっても決して値下がりしないだろう. ── 他 1 の**価値[価格]を下げる**; 〔財産〕の評価を低く見積もる. 2 を見くびる, おとしめる, けなす. ～ the value of being healthy 健康のありがたさを見くびる. ◇↔appreciate [＜ラテン語「値段 (*pretium*) を下げる」]

de·pré·ci·àt·ing·ly 副 軽んじて, さげすんで.

de·prè·ci·á·tion 名 UC 1 (価値, 価格, 購買力などの)低減, 低下. the ～ of the dollar ドルの下落. 2 〖商〗減価償却, 減価見積もり. 3 軽視; けなすこと. ◇↔appreciation

de·pre·ci·a·tive /dipríːʃièitiv, -ʃə-/ 形 ＝depreciatory.

de·pre·ci·a·to·ry /dipríːʃiətɔ̀ːri|-t(ə)ri/ 形 1 見くびる, けなす. 2 価格[価値]が低落の.

dep·re·da·tion /dèprədéiʃ(ə)n/ 名 〖章〗 1 U 略奪. 2 C 〈普通 ～s〉略奪行為; 破壊.

*__de·press__ /diprés/ 動 (～·**es** /-əz/|過 過分 ～**ed** /-t/|～·**ing**) 他 【低下させる】 1 〖やや章〗〔レバー, ボタンなど〕を**押し下げる**, 〔路面など〕を低下させる. To operate the machine ～ this lever. 機械を操作するためには, このレバーを押しなさい. 2 〔調子, 声など〕を落とす; 〔機能, 活動など〕を弱める, 衰えさせる. ～ nervous faculty 神経機能を弱らせる.

【落ち込ませる】 3 を**落胆させる**, の元気をなくさせる, 憂うつにさせる, (discourage). Your remarks ～*ed* her greatly. あなたの言葉で彼女はひどくしょげてしまったのです. It ～*ed* him to stay home alone all day. 一日中家に 1 人でいて, 彼は気が滅入った. 4 の活気を失わせる, 〔商売, 市場〕を不景気にする; 〔株価など〕を下落させる. A tight money policy ～*es* the economy. 金融引き締め政策は経済界を不景気にする. ◇名 depression 形 depressive [＜ラテン語「押し下げる」(＜de-＋*premere* 'press[1]')]

de·pres·sant /diprés(ə)nt/ 形 1 ＝depressing. 2 抑制[鎮静]力のある.
── 名 C 抑制剤, 鎮静剤. ◇↔stimulant

*__de·pressed__ /diprést/ 形 m 1 (**意気)消沈した**, 元気のない, 〈*about*, *by over*, 〖英〗 *at* ..で〉 (→dejected 類語). I feel very ～. 私はひどく気が重い. I'm ～ about my exam results. 試験の結果にがっくりきてます. 2 〔商売などが〕不景気の, 不況の. a ～ market 不振な市況. 3 窮乏した, 生活難の. 4 押し下げられた; 平らにされた. 5 真ん中がくぼんだ.

deprèssed área 名 C 不況地域《失業者が多い》.

†**de·préss·ing** 形 気を滅入らせる(ような), 重苦しい, 陰気な. ～ news 憂うつな[暗い]知らせ. ▷～·**ly** 副 重苦しく; 気が滅入るほど.

‡**de·pres·sion** /dipréʃ(ə)n/ 名 (複 ～**s** /-z/)
【落ち込み】 1 UC **不景気**, 不況, (→recession); 不況期; 〈the D-〉世界大恐慌 (**the (Grèat) Deprés·sion**) 《1929 年に米国に始まり 1930 年代に他国へ広がった大経済不況》. 2 UC **憂うつ**, ふさぎ; 〖医〗うつ病. be in a state of ～ ふさぎこんでいる. fall into a deep ～ ひどくふさぎ込む.
【低下】 3 U 押し下げる[下げられる]こと; 低下, 下落; 沈下, 陥没. 4 C 〖気象〗(気圧の)低下, 低気圧. an atmospheric ～ 低気圧. 5 U (気力, 活力などの)減退, 衰弱.
6 【沈下】 C くぼみ; くぼ地, 低地. a ～ in the ground 地面のくぼみ.

de·pres·sive /diprésiv/ 形 1 押し下げる; 衰えさせる; 不景気にする. 2 気を重くする, 憂うつな; 〖医〗うつ病の.
── 名 C 〖医〗うつ病患者.

de·pres·sur·ize /dipréʃəràiz/ 動 他 〔容器, 航空機など〕の内部を減圧する. ▷**de·près·sur·i·zá·tion** 名

‡**dep·ri·va·tion** /dèprəvéiʃ(ə)n/ 名 UC 1 奪う[奪われる]こと; (権利, 官職の)剝(はく)奪. 2 喪失, (痛い)損失. the ～ of eyesight 失明. 3 (必需品の)欠乏, 不足; 貧困.

*__de·prive__ /dipráiv/ 動 (～**s** /-z/|過 過分 ～**d** /-d/|**-priv·ing**) 他 VOA (～ X *of* ..) Xから..**を奪う**; 剝(はく)奪する; (→rob 類語). ～ a person *of* money 人から金を奪い取る. The accident ～*d* them *of* their only son. その事故は彼らから一人息子を奪った. The boy was ～*d of* his eyesight. 少年は視力を奪われた. He ～*d* us *of* his company. 彼は我々と付き合うのをやめた. [＜ラテン語「すっかり奪う」(＜de- (強意)＋*prīvāre* 'rob')]

‡**de·príved** 形 〔人, 地域などが〕困窮した, 貧しい. a ～ area 貧困地域. the ～ 恵まれない人たち.

de pro·fun·dis /dèi-proufúndis, dìː-prəfʌ́ndəs/ 副 (悲しみなどの)どん底から. [ラテン語 'out of (the) depths']

de·pro·gram /dìːpróugræm/ 動 (～**s**|-(**m**)**m**-) 他 〖米〗〔カルト宗教の信者など〕をマインドコントロールを解いて解放する.

dept. department.

‡**depth** /depθ/ 名 (複 ～**s** /-s/) 【深さ】 1 UC (**a**) **深いこと, 深さ**. "What is the ～ of this lake?" 「この湖の深さはどのくらいですか」 "It's ten meters at its greatest ～." 「最も深い所で 10 メートルです」 The well has a ～ of 50 feet [is 50 feet *in* ～]. ＝The ～ of the well is 50 feet. この井戸の深さは 50 フィートだ. at a ～ of 4,000 meters 4 千メートルの深さに[で]. (**b**) **奥行き** (★「高さ」は height, 「幅」は width, breadth); 厚み. the ～ of a drawer 引き出しの奥行き. (**c**) 〈比喩的〉深さ, 深刻さ. the ～ of the recession 深刻な不況. sink to such ～s [a ～] そんなひどいことをする. 2 aU (知性, 理解(力)などの)**深さ, 深み**, (性格, 感情などの)強さ, 深さ. his ～ of experience 彼の経験の深さ. a writer of great ～ 炯(けい)眼の作家. show a great ～ of love 深い愛情を表す. 3 【深み】 U 色の濃さ; 音の低さ. the ～ of darkness 闇(やみ)の濃さ.
【深い所】 4 UC 〈しばしば the ～s〉深淵(えん), 深み; 深海, (海の)底; 奥(地). in the ～*s* of a forest 森の奥に. in the ～*s* of the countryside 奥深いいなかに.
5 UC 〈しばしば the ～s〉(心の)奥底, (絶望などの)どん底; (冬の)さなか. have hidden ～*s* (性格的に)人にはなかなか分かりにくいところを持っている. The news plunged him into the ～*s* of despair. そのニュースは彼を絶望のどん底に突き落とした. the ～(*s*) of winter 冬のさなか (↔the height of summer). ◇形 deep

beyond* [*out of*] *one's dépth (1) 深くて背の立たない所に入って. Don't go *beyond* your ～. 背の立たない所へ行くな. (2) 理解[能力]が及ばないで. I'm *beyond* my ～ when it comes to mathematical formulas. 数式となるとお手上げだ.

in dépth (1) 深さは (→1 (a)). (2) (表面的にでなく)立体的に, 奥行きを持たせて; 突っこんで[だ], 徹底的に[な]. study a problem *in* ～ 問題を徹底的に調べる.

sìnk to the dépths (***of*** ..) (..するような)非道を行う.
[＜中期英語; deep, -th[1]]

dépth chàrge [bòmb] 名 C 爆雷《潜水艦攻撃用; 一定の深さに達すると爆発する》.

dèpth of fíeld 名 U 〘光学・写〙被写界深度《被写体の前後のピントの合う範囲》.
dèpth of fócus 名 U 〘光学〙焦点深度.
dépth psychòlogy 名 U 深層心理学.
dep·u·ta·tion /dèpjətéiʃ(ə)n/ 名 **1** U 代理任命[派遣]. **2** C〈単数形で複数扱いもある〉代表(派遣)団.
de·pute /dipjúːt/ 動 他 **1** に代理を命じる; VOC (〜 X *to do*) X を代理として..させる. 〜 him *to* speak for us 彼に我々の代弁をさせる. **2** VOA (〜 X ***to*** **..**) X (仕事, 権限)を..に委任する. 〜 the running of the shop *to* one's son 店の経営を息子に任せる. [<後期ラテン語「割り当てる」(<ラテン語 de-+*putāre* 'think')]
dep·u·tize /dépjətàiz/ 動 他 〘米〙に代理を命じる. **——** 自 VA (〜 ***for*** **..**) ..の代理を務める.
***dep·u·ty** /dépjəti/ 名 (複 **-ties** /-z/) C **1 代理人**; 代表団の 1 員. Who'll be [act as] your 〜 while you are away? 君の留守中だれが代理をするのか. **2** (フランス, イタリアなどの)議員. **3**〈形容詞的〉代理の, 副... a 〜 governor 副知事. a 〜 chairman 副議長; 議長代理.
by députy 代理で. [depute, -y²]
De Quin·cey /di-kwínsi|də-/ 名 **Thomas 〜** ド・クインシー (1785-1859)《英国の随筆家・批評家》.
der. derivation; derivative; derive(d).
de·rail /diréil/ 動 他 〔列車など〕を脱線させる〈普通, 受け身で〉; 〔予定など〕を狂わせる. 〜 the political reform problem 政治改革の日程を狂わせる. The train was [got] 〜*ed*. 列車は脱線した. **——** 自 〔列車などが〕 脱線する. ▷**〜·ment** 名 UC 脱線.
de·rail·leur /diréilər/ 名 C ディレーラー《自転車の変速装置》. [フランス語 'derailer']
de·range /diréindʒ/ 動 他 **1** をかき乱す, の作用[機能]を狂わす **2** を発狂させる. ▷**〜·ment** 名 UC 乱すこと, 混乱; 発狂, 錯乱.
de·ránged 形 気が狂った (insane).
be mèntally deránged 気が狂っている.
†**Der·by** /dɑ́ːrbi|dɑ́ː-/ 名 (複 **-bies**) **1**〈the 〜〉ダービー競馬《イングランド Surrey 州の Epsom で毎年 6 月開催; 第 12 代 Derby 伯により 1780 年から始まる》. **2** ダービー《他場所での類似の競馬; 例えば米国の Kentucky Derby》. **3** C〈d-〉〈一般に〉(重要な)競技大会; 競争; 〘英〙ダービーマッチ《同じ地区のフットボールなどの 2 チームの試合; **lòcal dérby** とも言う》; 〘米〙だれでも出場できる競走[レース]. **4** C 〘米〙〈d-〉山高帽《**dérby hàt** とも言う; 〘英〙bowler²》. **5** ダービー《英国 Derbyshire の都市》.

[derby 4]

Dérby Dày 名 〘英〙ダービー競馬の日.
Der·by·shire /dɑ́ːrbiʃər|dɑ́ː-/ 名 ダービーシャー《イングランド中部の州》.
‡**de·reg·u·late** /diːrégjəlèit/ 動 他 から規制[統制]を解除[撤廃, 緩和]する.
‡**dè·règ·u·lá·tion** 名 U 規制解除[緩和].
‡**der·e·lict** /dérəlikt/ 形 **1** 〔船などが〕遺棄[放棄]された. **2** 〘米〙(職務)怠慢の (negligent), なおざりの. be 〜 in one's duty 職務を怠る. **——** 名 C **1** 遺棄物; 〈特に〉遺棄船. **2** 世間から見捨てられた人, 浮浪者. [<ラテン語「見捨てる」]
dèr·e·líc·tion 名 U 〘章〙**1** 遺棄[放棄](されること). **2** (職務)怠慢 (**derelíction of dúty**).
de·re·strict /diːristríkt/ 動 他 〔道路など〕の速度制限などを解除する.
‡**de·ride** /diráid/ 動 他 〘章〙 **1** をあざける, あざ笑う, 〈*for* ..の理由で/*as* ..だと〉. His plan was 〜*d as* fantastic. 彼の計画はばかげているとあざけられた. **2** を軽蔑する. ◇名 derision 形 derisive [<ラテン語「笑いものにする」(<de-+*rīdēre* 'laugh')]
de ri·gueur /də-rigə́ːr/ 形 礼儀上必要で; 流行遅れにならないために必須で. Formal dress is 〜 at the coming party. 今度のパーティーでは正装着用が必要だ. [フランス語 'of rigor']
‡**de·ri·sion** /diríʒ(ə)n/ 名 **1** U 嘲(ちょう)笑, あざけり. hold [have] a person in 〜 人をばかにする. **2** C 嘲笑の的, 笑いもの. ◇動 deride
de·ri·sive /diráisiv/ 形 **1** 嘲(ちょう)笑的な. 〜 laughter 嘲笑. **2** 笑うべき, ばかげた. ▷**〜·ly** 副 あざけるように, ばかにして.
de·ri·so·ry /diráis(ə)ri/ 形 **1** はした金の. **2** =derisive. ▷**de·rí·so·ri·ly** 副
deriv. derivation; derivative; derive(d).
de·riv·a·ble /diráivəb(ə)l/ 形 引き出せる; 推論できる; 〈*from* ..から〉.
der·i·va·tion /dèrəvéiʃ(ə)n/ 名 **1** UC 由来, 出所, 起源; 起源の追究; 語源. a word of Greek 〜 ギリシア語起源の語. the 〜*s* of words and phrases 語句の由来. **2** U 〘言〙(語の)派生《接頭辞や接尾辞によって派生語を作ること; 例 pre-+war →prewar, kind+-ly →kindly》. ◇動 derive
‡**de·riv·a·tive** /dirívətiv/ 形 派生的な; 亜流の, 独創的でない. **——** 名 C **1** 派生物. Some say Australia is a cultural 〜 of Britain. オーストラリアは文化的には英国の分家だというものもいる. **2** 〘言〙派生語《例えば 'atomic' は 'atom' の derivative》. **3** 〈〜s〉デリバティブ, 金融派生商品. ▷**〜·ly** 副 派生的に; 独創によらないで.
de·rive** /diráiv/ 動 (〜**s** /-z/|過 過分 〜**d** /-d/|**-riv·ing**) 他 **1** VOA (〜 X ***from [***out of***] (*doing*) **..**) **..**(すること)から X **を引き出す**, 得る. I 〜*d* much profit *from* the enterprise. その事業で大もうけした. 〜 pleasure *from* read*ing* (books) 読書から楽しみを得る. **2** VOA (〜 X ***from*** **..**) **..に X の起源[由来]を求める**〈しばしば受け身で〉. This word is 〜*d from* Old English. この語は古期英語に由来する. **3** VOA (〜 X ***from*** **..**) ..から X を推論する, 演繹(えき)する. **4** 〘化〙〔化合物〕を誘導する. **——** 自 VA (〜 ***from*** **..**) **..に起源を持つ**, 由来する. Many English words 〜 *from* Latin. 英語の多くの語がラテン語に起源を持つ.
◇名 derivation 形, 名 derivative [<ラテン語「川から水を引く」(<de-+*rīvus*「小川」)]
der·ma /dɑ́ːrmə/ 名 U **1** =dermis. **2** (動植物の)外皮, 皮膚, 皮. [ギリシア語 'skin']
der·mal /dɑ́ːrməl/ 形 皮膚の; 真皮の.
der·ma·ti·tis /də̀ːrmətáitəs/ 名 U 〘医〙皮膚炎.
dèr·ma·tól·o·gist 名 C 皮膚病学者, 皮膚科医.
der·ma·tol·o·gy /də̀ːrmətɑ́lədʒi|-tɔ́l-/ 名 U 皮膚病学.
der·mis /dɑ́ːrmis/ 名 U 〘解剖〙真皮 (→epidermis).
dern /dəːrn/ 形, 副, 動 〘米俗〙=darn².
der·o·gate /dérəgèit/ 動 自 〘章〙 **1** VA (〜 ***from*** **..**) 〔価値, 名誉, 信用など〕を傷つける. The scandal 〜*d from* his reputation. スキャンダルで彼の名声は傷ついた. **2** VA (〜 ***from*** **..**) 〔人が〕..から堕落する. [<ラテン語「法の一部を撤廃する>減じる」]
dèr·o·gá·tion 名 U 低下, 減少.
de·rog·a·to·ry /dirɑ́gətɔ̀ːri|-rɔ́gət(ə)ri/ 形 〘章〙価値[名誉]を損なう(ような), 価値を減じる(ような), 〈*to* ..の〉; 軽蔑的な. What he did is 〜 *to* his dignity. 彼のした事は彼の威厳を損なうものである. a 〜 term [word]

軽蔑語. ▷**de·rog·a·to·ri·ly** /dirὰgətɔ́:rili|-rɔ́gət(ə)r-/ 副 軽蔑して.

der·rick /dérik/ 名 C **1** デリック《大型起重機の一種; 主に船荷の積み降ろしに用いる》. **2** 油井やぐら. [< *Derrick*《1600 年頃のロンドンの死刑執行人》]

Der·ri·da /déridὰ:/ 名 **Jacques ~** デリダ(1930–)《フランスの哲学者・批評家; →deconstruction》.

der·ri·ère /dèriéər/ 名 C 〘戯〙お尻. [フランス語 'behind']

der·ring-do /dèriŋdú:/ 名 U 〘古・戯〙向こう見ずな勇気, 蛮勇. deeds [acts] of ~ 向こう見ずな行為. [<中期英語 'daring to do']

der·rin·ger /dérəndʒər/ 名 C デリンジャー銃《大口径で短銃身の小型ピストル》. [<発明者の米国人 Henry *Derringer* (1786–1869)]

Der·ry /déri/ 名 デリー **1** 北アイルランドの州. **2** 〘話〙デリー(市)《カトリック系アイルランド人が用いる名称; 正式名は Londonderry》.

der·ry /déri/ 名 C 偏見. have a ~ on .. に偏見がある.

derv /də:rv/ 名 U 〘英〙〘商標〙トラック用ディーゼル油《<*d*iesel-*e*ngined *r*oad *v*ehicle の頭文字から》.

der·vish /də́:rviʃ/ 名 C イスラム教の修道僧《修業中法悦状態になって踊ったり, わめいたりするものもいる》.

DES Data Encryption Standard (データ暗号化規格).

de·sal·i·nate /dì:sǽlənèit/ 動 他 =desalt.

dè·sàl·i·ná·tion 名 U 脱塩, 淡水化.

de·sal·i·nize /dì:sǽlənàiz/ 動 他 =desalt.

de·salt /dì:sɔ́:lt/ 動 他 〔海水〕を脱塩[淡水化]する.

de·scale /dì:skéil/ 動 他 〔水道管, やかんなど〕の水あかを取り除く.

des·cant /déskænt/ 名 UC **1** 〘楽〙(定旋律の)随唱部; (多声音楽の)ソプラノの部. **2** 論評, 評論.
── /deskǽnt, dis-/ 動 自 **1** 〘章〙詳しく述べる, 述べたてる, 〈*on* [*upon*] .. 〔ある主題〕について〉. **2** (定旋律に合わせて)随唱する. [<ラテン語(<dis-+*cantus*「歌」)]

Des·cartes /deikά:rt|ˊ-/ 名 **René ~** デカルト (1596–1650)《フランスの哲学者・数学者》. ◇形 Cartesian

:de·scend /disénd/ 動 (~s /-dz/|過 過分 ~·ed /-əd/|~·ing) 自 【下る】 **1** 〘章〙**降りる**, 下る, (↔ascend) (語法 〘話〙では普通 come [go] down を用いる). We ~*ed to* the bottom of the canyon. 我々は峡谷の底へ降りた.
2 〔道などが〕**下り坂になる**, 傾斜する; VA (~ *into* ..) 〈比喩的〉〔状況などが〕〔悪い状態〕になる. The road ~*s* toward the south. 道は南に下り坂になっている.
3 【先祖から下る】 VA (~ *from* ..) ..から〔財産, 権利, 慣習などが〕**伝わる**; ..から〔性質などが〕受け継がれる. The heirloom ~*ed from* father *to* son. 家宝は父から息子へと伝えられた.
4 VA (~ *from* ..) 〔人が〕..の系統を引く; 〔物事が〕..に由来する. ★be descended の方が普通 (→成句).
【降りる】 **5** VA (~ *on* [*upon*] ..) 〔集団が〕..を急襲する; 〔特に, 大勢の人が〕..を不意に訪問する[..に押しかける]. We ~*ed on* our enemy under cover of night. 夜陰に乗じて敵の不意を突いた. His whole family ~*ed on* us for the weekend. 週末に彼の家族が全員で私たちの所へ押しかけてきた.
6 〔夜, 闇(やみ)などが〕来る, 訪れる. Night ~*s* early in winter. 冬は早く夜になる.
7 VA (~ *on* [*upon*] ..) 〔気分, 雰囲気などが〕..に立ち込める.
【落ちる】 **8** VA (~ *to* (*doing*) ..) 〔人が〕..(する)まで身を落とす[落ちぶれる]; (~ *into* ..) 〔状況など〕が..へと悪化する. ~ *to* cheat*ing* 詐欺をするまでに身を落とす. **9** (数・重要性などが)小さくなる. in ~*ing* order 重要性の高い[数の多い]方から順に(並べると).
── 他 〘章〙〔山など〕を降りる, 〔階段など〕を下る. ~ a staircase [mountain] 階段[山]を降りる.
◇名 descent, descendant
be descénded from .. ..の子孫である; ..に由来する. *Is* man ~*ed from* monkeys? 人は猿の子孫か. *be* ~*ed from* the royal family 王室の血筋を引く.
[<ラテン語「下る, 沈む」(<de-+*scandere* 'climb')]

***de·scend·ant** /diséndənt/ 名 (複 ~s /-ts/) C **子孫**, 後裔(こうえい), (↔ancestor). a direct [remote] ~ of a king 国王の直系の[遠い]子孫. 「祖)伝来の.

de·scen·dent /diséndənt/ 形 **1** 下降する. **2** (先↑

***de·scent** /disént/ 名 (複 ~s /-ts/) **1** UC **降りること**, 下降; 飛行機の降下, (↔ascent); 転落, 没落. make a final ~ into an airport 空港に着陸の降下を始める. He made a slow ~ into the hole. 彼は穴の中へゆっくり降りて行った. a dramatic ~ from power 権力の座からの劇的な転落ぶり.
2 C **下り坂**. a gentle [steep] ~ 緩い[急な]下り坂.
3 U 継承, 相続; 血統, 家系. a colored man of African ~ アフリカ系の黒人. in direct [lineal] ~ 直系の[で]. He is Chinese by ~. 彼は中国系である. He is of noble [royal, Chinese] ~. 彼は高貴[王族, 中国]の出である.
4 aU 襲撃; (警察の)抜き打ちの手入れ; 不意の[歓迎されない]訪問; 〈*upon, on* ..への〉. make a ~ *upon* ..を急襲する. have a ~ of guests 不意に客にどっとやって来られる. **5** C 〈単数形で〉身を落とすこと, 堕落; 転落; 〈*into* ..へ(の)〉. the economy's ~ *into* recession 〈比喩的〉経済の景気後退への突入.

de·scríb·a·ble 形 記述[描写]できる.

:de·scribe /diskráib/ 動 (~s /-z/|過 過分 ~d /-d/|-scrib·ing) 他 【言葉で表す】 **1** (**a**) VO (~ X/*doing*/*wh* 節・句) Xを[と]/**..したことを**/**..かを記述する**, 説明する. He ~*s* his war experiences in this story. 彼はこの話の中で戦争体験を描いている. *Genesis* ~*s how* God created the world. 『創世記』は神がどのようにして世界を作ったかを記述している. (**b**) 〔人物, 事物〕の**特徴を描写する**, 述べる, 〈*to, for* .. 〔人〕に〉. Can you ~ the man you saw here yesterday? 君は昨日ここで会った男の人の特徴を説明できますか《背丈, 髪の色, 態度などを逐一説明すること》. Words cannot ~ her beauty. 言葉では彼女の美しさは表せない. *Describe* his face *to* me. 彼の顔を説明して下さい.
2 VOA (~ X *as* (*doing*) ..) Xを..((するもの)である)と言う, 評する, 形容する. He ~*d* himself *as* a lawyer. 彼は自分を弁護士だと言った. He is ~*d as* (being) an able politician. 彼は有能な政治家であると言われている. tactics which can only be ~*d as* low 低劣としか形容できない戦術.
【図で表す】 **3** 〔人(の手), 物が〕の図形を描く; 〔動く物が〕〔ある図形〕を描いて運行する. The ball ~*d* a parabola in the air. ボールは空中に放物線を描いた.
◇名 description 形 descriptive [<ラテン語「書き写す」(<de-+*scribere* 'write')]

:de·scrip·tion /diskrípʃ(ə)n/ 名 (複 ~s /-z/) **1** UC **記述**, 描写, 〈*of* ..の〉 (類語 人, 物事についての記述を意味する; →narration 1 類語). She gave [made] a vivid ~ *of* the event. 彼女はその出来事をいきいきと述べた.

> 連結 a brief [a concise; an accurate; a clear; a detailed, a full, a minute] ~ // defy (all) ~

2 C 記事; 説明書; 人相書き. answer [bit] the ~ 人相書き通りである. **3** C 種類 (類語 詳細において共通点を有する種類を言い, all, any, every, some, that などの修飾を受けることが多い; →kind[2]). people of ⌞every ～ [all ～s] あらゆる種類の人々. **4** (図形を)描くこと, 作図. ◇動 describe 形 descriptive

beyond [past] descríption 名状し難い(ほど), 筆舌に尽くし難い(ほど). The agonies I underwent are *beyond* ～. 私の味わった苦悩は言葉ではとうてい言い表せない.

†**de·scrip·tive** /diskríptiv/ 形 **1** 記述の, 記述的(な), 描写の; 記述[描写]する〈*of* ..を〉. ～ style 叙述体 (→narrative). a ～ passage in a novel 小説の記述部分[地の文] 《会話部分に対して; ↔narrative》. a book ～ *of* (the) wonders of nature 自然の驚異を記述した本. a very ～ account of an adventure 情景が目に浮かぶような冒険談. **2**〖文法〗記述的な. ↔prescriptive. ▷**～·ly** 副 記述[描写]的に. **～·ness** 名 U 記述的であること, 記述性.

descrìptive grámmar [linguístics] 名 U 記述文法[言語学] 《あるがままの言語状態の記述を目指す; →prescriptive grammar》.

de·scry /diskrái/ 動 (**-scries**|過 過分 **-scried**|**～·ing**) 他〖雅〗〔遠くのもの, 正体不明のものなど〕を見つける, 見分ける〈進行形不可〉. ～ a human figure in the distance 遠くに人影を見つける.
[＜中期英語 (describe の短縮形)]

Des·de·mo·na /dèzdəmóunə/ 名 デズデモーナ 《Shakespeare の悲劇 *Othello* の主人公 Othello の妻; 誤解による嫉妬(しっと)から夫に殺される》.

‡**des·e·crate** /désikrèit/ 動 他 の神聖を汚す, を冒瀆(とく)する; 〔神聖なもの〕を俗用に供する. ◇ ↔consecrate.

dès·e·crá·tion 名 U 神聖を汚すこと, 冒瀆(とく).

de·seed /dì:sí:d/ 動 他〖英〗の種子を(全部)取り除く. ▷**～·ed** /-əd/ 形

de·seg·re·gate /dì:ségrigèit/ 動 他, 自 (学校などの施設, 制度などの)人種差別待遇を廃止する.

de·sèg·re·gá·tion 名 U 人種差別待遇廃止.

de·se·lect /dì:səlékt/ 動 他 **1**〖米〗〔訓練生〕を訓練期間中に落第させる. **2**〖英〗〖政〗〔現職の国会議員など〕の再選を拒む. 「〖写〗減感.

de·sèn·si·ti·zá·tion 名 U 感覚を鈍らせること;↑

de·sen·si·tize /di:sénsətàiz/ 動 他 の感覚を鈍くする〈*to* ..〔痛みなど〕に対して〉;〖写〗〔フィルムなど〕の感度を減じる.

***des·ert**[1] /dézərt/ 名 (複 **～s** /-ts/) **1** UC **砂漠**; 荒野, 不毛の地; (類語 雨, 植物のほとんどないことに重点がある; →badland, barren, waste, wasteland, wild, wilderness). a hot dry ～ 暑い乾燥した砂漠. the Sahara *Desert* サハラ砂漠. Most of Iraq is ～. イラクの大部分は砂漠である. **2** C 不毛の地域[時期, 時代], 無味乾燥な話題など. a cultural ～ 文化的不毛の地. a childcare ～ 児童の(公的)世話が全く不十分な地域. **3**〈形容詞的〉**砂漠の**, 荒れ果てた; 不毛の; 無人の.
[＜ラテン語 'deserted (place)'; →desert[2]]

***de·sert**[2] /dizə́:rt/ 動 (**～s** /-ts/|過 過分 **～·ed** /-əd/|**～·ing**) 他 **1**〔妻子, 友人など〕を**見捨てる**;〔職務, 部署など〕を(無断で)放棄する; から脱走[逃走]する; (★類語 捨てたものが「荒廃したり困窮に陥っても構わない」の意味を含む; →abandon). He ～*ed* his wife *for* another woman. 彼は妻を捨てて別な女と一緒になった. The cowardly soldier ～*ed* his post. 臆(おく)病な兵士は部署を捨てて逃走した. ～ a ship 船を放棄して逃げる.
2 を去る, から立ち退く. Farmers ～*ed* the land to seek jobs in the city. 農民たちは都会に職を求めて土地を捨てた. The street is ～*ed* after dark. 通りは暗くなると人通りが途絶える. **3**〔勇気などが〕〔人〕から消え去る, なくなる. His courage ～*ed* him at the last moment. いよいよという時になって彼は勇気を失った.
— 自 職務[部署など]を放棄する;〔軍人が〕脱走する. ～ *from* the army 軍隊から脱走する. ～ *to* the enemy 敵に走る.
◇名 desertion 形 deserted
[＜ラテン語「見捨てる」(＜de-＋*serere*「結ぶ」)]

de·sert[3] /dizə́:rt/ 名 C 〈普通 ～s〉当然の報い, 相当の賞[罰], (★特に, 悪い場合が多い). be given [get, have, receive, meet with] one's just ～*s* 当然の賞[罰]を受ける. [＜古期フランス語 'deserved']

***de·sert·ed** /dizə́:rtəd/ 形 m **1**〔場所, 家などが〕**寂れ果てた**, 人の住まない. a ～ house [village] 廃屋[廃村]. **2** 人通りの絶えた. a ～ street 人通りの絶えた通り. **3**〈限定〉〔人が〕見捨てられた. a ～ child 捨て子.

de·sert·er /dizə́:rtər/ 名 C **1** (職務, 家族などを)捨てた人, 遺棄者 **2** 脱走兵; 逃亡者.

de·ser·ti·fi·ca·tion /dèzə:rtəfəkéiʃ(ə)n/ 名 U (人為的また気候変化などによる可耕地の)砂漠化.

†**de·ser·tion** /dizə́:rʃ(ə)n/ 名 UC **1** 捨て去る[られる]こと; 遺棄. **2** 逃亡; (軍人の)脱走; 職場放棄. **3**〖法〗妻子遺棄. ◇動 desert[2]

dèsert ísland 名 C 無人島.

de·ser·ti·za·tion /dèzə:rtəzéiʃ(ə)n|-taiz-/ 名 ＝desertification.

Dèsert Ráts 名 〈the ～〉'砂漠のねずみ' 《第 2 次大戦のアフリカ, 1991 年の湾岸戦争で戦った英国の戦車隊》.

‡**de·serve** /dizə́:rv/ 動 (**～s** /-z/|過 過分 **～d** /-d/|**-serv·ing**) 他 〈進行形不可〉 **1** VO (～ X/*to do*/*doing*) X の/..する/..される**価値がある**; 〔罰など〕に値する. His efforts ～ admiration [*to* be admired]. 彼の努力は賞賛に値する. He ～*s* be*ing* recommended for the post. 彼はその職に推薦されるのにふさわしい. ～ consideration [attention] 〔事柄が〕考慮[注目]に値する. You ～ a scolding. あなたは叱られて当然です. He ～*s* *to* be punished. 彼は叱られて当然だ. He ～*s* what(ever) [everyting] he gets. 彼はどんな報いを受けても仕方がない. **2** VO (～ X/*to do*) X を受けて/..して当然だ. She ～*s* (*to* win) first prize. 彼女は 1 等賞を取って当然だ.
— 自 VA 〈A は様態の副詞〉値する. ～ better もっと報いられるべきである. →～ ill [well] of ..(成句).
◇名 desert[3]

desèrve a médal 勲章ものである, 賞賛に値することを行う.

desèrve íll [wéll] of .. 〖章〗..から罰[賞]を受けるに値する, ..に対し罪[功労]がある. He ～*s well of* the country. 彼は国家に賞さるべき功労がある.
[＜ラテン語「熱心に仕える」(＜de-＋*servīre* 'serve')]

desérved 形 当然の, それに応じた価値のある. receive ～ praise 当然の賞賛を受ける.

de·sérv·ed·ly /-vədli/ 副 当然の報いとして, 正当に. The robber was ～ punished. 泥棒は当然の罰を受けた. He was awarded a medal for bravery, and ～ so. 彼は勇敢な行為に対してメダルを贈られたが, 当然のことである.

†**de·sérv·ing** 形 **1**〖章〗〈叙述〉当然受けるべき, 値する, 〈*of* ..を, に〉(worthy). be ～ *of* attention 注目に値する. **2**〈限定〉功労のある; (経済上[対象]などの)援助に値する. a ～ student [case] 援助にふさわしい学生[対象]. ▷**～·ly** 副 当然, 功があって.

de·sex·u·al·ize /di:sékʃuəlàiz/ 動 他 の性的 ⌞機能[特徴]を奪う; を去勢する. ▷**dè·sèx·u·al·i·zá·tion** 名

des·ha·bille /dèsəbí:l|dézæbì:l, -zə-/ 名 ＝dishabille.

des·ic·cant /désəkənt/ 名 C 乾燥剤.

des·ic·cate /désəkèit/ 動 他〖章〗**1** を(十分に)乾燥させる; 〔食物〕を乾燥保存する, 脱水して粉状にする. **2**

干(ひか)びた. [<ラテン語「よく乾かす」(<de-+*siccus* 'dry')]

dés·ic·càt·ed /-əd/ 形 **1** 乾燥した〔食料〕. ~*d* milk 粉ミルク. **2** 無味乾燥な.

dès·ic·cá·tion 名 U 乾燥(作用).

de·sid·er·a·tum /disìdərá:təm, -réi-, -zìd-/ 名 (複 **de·sid·er·a·ta** /-tə/) C 〖章〗切望されるもの, 絶対必要なもの. [ラテン語 'thing desired']

D

‡**de·sign** /dizáin/ 名 (複 ~**s** /-z/) 【設計, 計画】 **1** (**a**) U **デザイン**, 意匠; **設計**. industrial ~ 工業デザイン. a ~ engineer 設計技師. have a good [poor] ~ 〔物の〕デザインがいい[悪い]. (**b**) C **設計図**〈*for* ..の〉; **図案**, 下絵, 模様. draft a ~ *for* a machine 機械の設計図を描く. a print with a flower ~ 花模様のプリント地.

2 U (小説などの)**筋書き**, 構想; 着想.

3 C もくろみ, 意図, 目的; 計画; 〈しばしば ~s〉 **陰謀**, たくらみ, 下心; (類語 design は, しようと心に描いた意図に重点がある; →plan).

****by design*** 故意に, 計画的に. by accident or *by* ~ 故意にか偶然にか.

hàve desígns on .. を(ひそかに)狙う. *have* ~*s on* her property 彼女の財産をひそかに狙っている. *have* ~*s on* the championship 優勝を狙っている. Listen, I *have* no ~*s on* Dick. いいこと, 私にはディックと付き合う気はありません.

── 動 (~**s** /-z/|過 過分 ~**ed** /-d/|~·**ing**) 他 **1** のデザインをする; を設計する; の図案[意匠]を作る; の下絵をかく; VOO (~ X Y)・VOA (~ Y *for* X) X のために Y を設計する. ~ a house [dress] 家を設計する[ドレスをデザインする]. ~ them an auditorium 彼らのために講堂を設計する. a well [badly] ~*ed* chair いい[へたな]設計の椅子.

2 VO (~ X/*to do*/*doing*/*that* 節) Xを/..することを/..ということを計画する, 立案する; をもくろむ. ~ *going* abroad 海外旅行を計画する. He ~*s to* be a doctor. 彼は医者を志している. **3** VOA (~ X *for, as* ..) X を〔ある用途〕に予定する; VOC (~ X *to do*) X に..させようともくろむ; 〈しばしば受け身で〉. ~ a room *for* [*as*] one's library 一部屋を書斎に予定する. The method is well ~*ed to* increase your vocabulary. その方法は語彙(い)を増やすにはよくできている.

── 自 **1** 設計する; デザインする. ~ *for* a dressmaker 婦人服メーカーのデザイナーをする. **2** 計画する.

[<ラテン語 *dēsignāre*「区画する, 明示する」(<de-+*signāre*「印 (*signum*) をつける」)]

***des·ig·nate** /dézignèit/ 動 (~**s** /-ts/|過 過分 -**nat·ed** /-əd/|-**nat·ing**) 他 **1** 〖章〗を(明確に)示す, 指示する. The red flags on this map ~ guerilla-held territories. この地図上の赤旗はゲリラ占領地域を示す. the conditions ~*d* in the contract 契約書に明示された諸条件. a ~*d* no-smoking area 禁煙区域.

2 (**a**) VOA (~ X *to* [*for*] ..) X を〔ある地位, 目的など〕に任命[指名]する, 指定する. The chairman ~*d* the time and place *for* the next meeting. 議長は次の会議の時間と場所を指定した. (**b**) VOC (~ X *to do*) ..するように X を指名[任命]する; VOA (~ X *as* Y)・VOC (~ X (*to be*) Y) X を Y として/X を Y であると指名[任命, 指定]する. ~ a person *as* [*to be*] one's successor 人を後継者に指名する. The place was ~*d as* the site of the new dam. その土地は新しいダムの建設予定地として指定された. **3** 〖章〗 VOC (~ X Y)・VOA (~ X *as* Y) X を Y と名づける, 呼ぶ; X に Y の称号を与える. Certain dry regions are ~*d* (*as*) deserts. ある種の乾燥した地域は砂漠と呼ばれる.

── /dézignət, -nèit/ 形 〖章〗任命後未就任の (★名詞の後に置く; →elect 形 1). an ambassador ~ 任命後未就任の大使.

[<ラテン語 (*dēsignāre* 'design' の過去分詞)]

dèsignated dríver 名 C ご指名運転手《自分は飲まないで飲んだ仲間を送る運転者》. 「DH」.

dèsignated hítter 名 C 〖野球〗指名打者《略↑

‡**dès·ig·ná·tion** 名 **1** U 指示(されること), 指名; 任命. his ~ [the ~ of John Smith] as ambassador 彼[ジョン・スミス]の大使拝命. **2** C 〖章〗名称 (name); 称号 (title).

des·ig·na·tor /dézignèitər/ 名 C 指名[指定]する↓

de·síg·ned·ly /-nədli/ 副 =by DESIGN. ⌊人.

***de·sign·er** /dizáinər/ 名 (複 ~**s** /-z/) C **1 デザイナー**, **設計者**, 図案家; 設計者, 計画者. an interior [industrial] ~ 室内装飾家[工業デザイナー]. **2** 陰謀家.

── 形 〈限定〉 **1** 有名デザイナー製作の, デザイナーブランドの. ~ shirts デザイナーブランドのシャツ. **2** 〖戯・軽蔑〗かっこよく見せているつもりの. a ~ hairstyle とっぽい髪型. **3** 遺伝子操作で作り変えた.

desígner drùg 名 C **1** 〖医〗(ある種の細菌に効く)合成抗生物質. **2** 合成麻薬《禁止されていない薬物を合成して作る》.

desígner stùbble 名 U 〖戯〗かっこいい無精ひげ.

de·sígn·ing 形 **1** 〖軽蔑〗計画的な; 下心のある. **2** 計画性のある. ── 名 U 設計(すること), 考案, 意匠.

***de·sir·a·ble** /dizái(ə)rəb(ə)l/ 形 m **1 望ましい**, 好ましい, (類語 a *desirable* man は「好ましい男性」, a man who is *desirous* は「(何かを) 欲しがっている人」). It is ~ that he (should) stop smoking. 彼はたばこをやめた方がよい. Experience is ~, but not essential. 経験(者)が望ましいが必須(ひっす)条件ではない《求人広告で》. **2** 欲望をそそられる(ほど魅力的な) 〔女性など〕; 欲しい〔物など〕. ── 名 C 望ましい人.

▷~·**ness, de·sìr·a·bíl·i·ty** 名 U 望ましさ.

de·sír·a·bly 副 **1** 望ましく, 都合よく. Our company is ~ located. わが社は便利な[都合のいい]場所にある. **2** 望ましいことには.

‡**de·sire** /dizáiər/ 動 (~**s** /-z/|過 過分 ~**d** /-d/|-**sir·ing** /-riŋ/) 〈普通, 進行形にしない〉 他 **1** VO (~ X/*to do*/*that* 節) X を/..することを/..ということを(強く)望む, 欲する, 求める, (類語 want より形式ばった語). ~ fame [peace, riches] 名声[平和, 富]を欲する. Everybody ~*s to* be happy. だれでも幸福になりたいと思う. I have long ~*d to* visit the British Museum. 長い間大英博物館へ行きたいと思っていた. The treatment produced the ~*d* effect. その処置は望んでいた結果を生んだ. if ~*d* 希望があれば, そうしたければ.

2 VO (~ *that* 節) (心に思うだけでなく) 〔..するように〕要求する; VOC (~ X *to do*) X に..してくれと言う[してほしいと願う]; (類語 wish よりも強い願望や欲求を表し, より形式ばった語). It is ~*d that* you (should) do as you were told. どうか言われた通りにやっていただきたい.

3 〖旧〗(肉体的に)〔異性〕を求める. ~ her [her body] 彼女[彼女の肉体]を求める. What do you ~ me *to* do? 私にどうしろとおっしゃるのですか.

lèave líttle [***nóthing***] ***to be desíred*** ほとんど[全く]非の打ちどころがない. His acting *left nothing to be* ~*d*. 彼の演技は申し分なかった.

lèave sómething [***múch, a lót, a grèat déal***] ***to be desíred*** 遺憾な点が少しある[多い].

── 名 (複 ~**s** /-z/) **1** UC **願望**, 欲求; 好み; 〈*for* ..への/*to* do, *of doing* ..したいという/*that* 節 ..であるようにという〉. have a strong ~ *for* wealth 富を得たいという強い欲求を持つ. She expresses a ~ *to* be an actress. 彼女は女優になりたいと言っている. I have no ~ *of* angering him. 彼を怒らせようという気は毛頭ありません. the nation's ~ *that* the tax (should) be repealed その税の廃止を望む国民の声.

連結 an ardent [a burning, an earnest, an intense, a keen, a passionate, a sincere] ～ // arouse [provoke; feel, nurse; indulge, satisfy; overcome, resist; repress, stifle] a ～

2 Ⓒ **要望**, 要求, 〈*to* do ..したいという/*for* ..への〉(request). at a person's ～ 人の求めに応じて[望み通りに]. **3** ⓊⒸ 欲情, 欲望, 〈*for* ..〔異性〕に対する〉. have no ～ *for* women 女性に対して性欲がない. **4** Ⓒ 〈普通, 単数形で〉望みのもの. my heart's ～ 私が心から望んでいるもの, 意中の人. ◇形 desirable, desirous
[＜ラテン語 *dēsīderāre*「切に求める」(de-＋*sīdus* 'star'); 原義は「自分を支配する星から離れたいと願う」か?] ▷**de·sired** 形 望んだ(とおりの).

***de·sir·ous** /dizái(ə)rəs/ 形 ⓜ 〈叙述〉**1 望んでいる**, 欲しがる, 〈*of* ..を〉(→desirable 類語). be ～ *of* higher wages もっと高い賃金を望む. We are all ～ *of* becoming happy [*that* we (should) become happy]. 私たちは皆幸福になりたいと願っている. **2** 願っている, 望んでいる, 〈*that* 節..ということを/*to* do ..することを〉(→1 の第 2 例). The bank is ～ *to* improve its image by changing its name. 銀行は名前を変えてそのイメージをよくしたいと思っている.

de·sist /dizíst/ 動 自 〖章〗止める, 思いとどまる, 〈*from* (do*ing*) ..(するの)を〉. ～ from mak*ing* further attempts それ以上試みるのを断念する.

‡desk /desk/ 名 (複 **～s** /-s/) Ⓒ **1 机** (類語 勉強又は事務用; →table). an office [a computer] ～ 事務[コンピュータ用]机. be at one's ～ 机に向かっている《勉強, 事務などのために》. I'm sorry, but Dick is away from his ～. 残念ながら, ディックは席をはずしています. **2** 〈the ～〉(新聞社の)編集部, 編集主幹, デスク. the city ～ 社会部, 地方版編集部. **3** (空港, ホテルなどの)受付, フロント. the check-in ～ (ホテルの)フロント. the airport information ～ 空港の案内所. **4** 〈形容詞的〉(携帯用でなく)卓上用の, 机上の; 内勤の. a ～ dictionary 机上版の辞書. ～ work 〖しばしば軽蔑〗机での仕事《事務など》. a ～ policeman 内勤巡査. [＜中世ラテン語 *desca*「テーブル」(＜ラテン語 *discus* 'disc')]

désk clèrk 名 Ⓒ 〖米〗(ホテルの)フロント係 (receptionist).

de·skill /dì:skíl/ 動 他 〔自動化などによって仕事〕を技術不要にする, 単純化する.

désk jòb 名 Ⓒ 事務職.

désk·tòp 形 〈限定〉卓上[机上]用の《handheld, laptop より大》. a ～ computer 卓上コンピュータ.
── 名 Ⓒ 卓上コンピュータ.

dèsktop públishing 名 Ⓤ 〖電算〗ディーティーピー《パソコンとレーザープリンターで整版する出版方式; 略 DTP》.

Des Moines /di-mɔ́in/ 名 デモイン《米国 Iowa 州の州都》.

Des·mond /dézmənd/ 名 男子の名.

***des·o·late** /désələt/ 形 ⓜ **1 住む人のない**, 無人の; 荒れ果てた. the ～ shore 無人の浜辺. a ～ moor 荒涼とした原野. **2** 〔生活, 心などが〕**寂しい**; 〔人が〕わびしい, 孤独な. with a ～ heart 心寂しく. live a ～ life わびしい生活を送る. ── /désəlèit/ 動 他 〈普通, 受け身で〉**1** 〔土地など〕を無人にする; を荒廃させる. a ～*d* land 荒廃した土地. **2** を寂しくさせる, 惨めにする. We will be ～*d* without you. 君がいなくなると寂しくなる.
[＜ラテン語「一人にされた」(＜de-＋*sōlus* 'alone')]
▷**～·ly** /-lət-/ 副 **～·ness** /-lət-/ 名

dés·o·lat·ing 形 惨めな.

‡des·o·la·tion /dèsəléiʃ(ə)n/ 名 **1** Ⓤ 荒廃(させること), 荒涼; Ⓒ 荒廃地, 廃墟(きょ). **2** Ⓤ 孤独, 寂しさ.

‡de·spair /dispéər/ 名 (複 **～s** /-z/) **1** Ⓤ **絶望(感)**; 断念. be driven to ～ 絶望に追い込まれる. give up *in* ～ 絶望してあきらめる. He is *in* ～ at the loss of his child. 彼は子供を亡くして絶望している. We are *in* ～ *of* finding him. 私たちは彼を見つけ出すのはあきらめています. a mood [sense] of ～ 絶望感. **2** Ⓒ 絶望の原因[もと]. The idle boy is the ～ *of* his parents. その怠け者の少年は両親の嘆きの種だ. He is my ～. 彼にはもう匙(さじ)を投げた.
── 動 (**～s** /-z/|過 過分 **～ed** /-d/|**～·ing** /-pé(ə)riŋ/) 自 **絶望する** 〈*at, over*..に〉; 🆅A (**～ *of* (*doing*) ..**) ..(すること)を断念する, 絶望視する. Don't ～. 絶望してはいけない. His life is ～*ed of*. 彼の命は絶望視されている. ～ *of* ris*ing* in the world 出世の望みを捨てる.
◇形 desperate [＜ラテン語 *dēspērāre*「希望 (*spēs*) をなくす」]

de·spáir·ing /-pé(ə)riŋ/ 形 〈限定〉絶望している, やけになっている. a dying man's ～ cry for water 水を求める瀕(ひん)死の人の絶望的な叫び. ▷**～·ly** 副 絶望して, やけになって.

des·patch /dispǽtʃ/ 動, 名 ＝dispatch.

des·pátch·er 名 ＝dispatcher.

des·per·a·do /dèspərá:dou, -réi-/ 名 (複 **～(e)s**) Ⓒ 命知らずの無法者, 無頼漢. [＜スペイン語]

‡des·per·ate /désp(ə)rət/ 形 ⓜ **1** 〔人が〕**捨て鉢の, 必死になった**. a ～ criminal やけになっている犯人. **2** 〈叙述〉死に物狂いの 〈*for* ..を求めて/*to* do ..したくて〉. I am ～ *for* money. 僕は金が欲しくてたまらない. He was ～ *to* win. 彼は勝とうとして死に物狂いだった.
3 (a) 〔行動が〕**捨て鉢の, 必死の** 〔努力など〕. make ～ efforts [measures] 必死の努力をする[窮余の策を講じる]. ～ remedies (万策尽きた)最後の非常手段, 窮余の一策. **(b)** 〈強意〉極度の. be in ～ need [poverty] ひどく困っている[貧乏である]. **4** 〔事態が〕極めて悪い, (回復などの)見込みのほとんどない, 絶望的な. a ～ shortage of food 絶望的[深刻]な食料不足. The situation is ～. 状況は極めて悪い. play a ～ game 一か八(ばち)かやってみる. *Desperate* diseases must have ～ remedies. 〖諺〗絶望的な病気には荒療治が必要である.
◇名, 動 despair [＜ラテン語 (*dēspērāre* 'despair' の過去分詞)]

†dés·per·ate·ly 副 **1** 絶望して; 必死になって, 死に物狂いで. look around ～ for help 必死になって助けが来ないかと見回す. **2** 絶望的に. be ～ ill [sick] 重態である. **3** 〖話〗ひどく, 猛烈に, (extremely). ～ poor どうにもならないほど貧しい. I need your help ～. 君の助力が絶対に必要です. The river was ～ swift. 川は(渡れないほど)流れがひどく速かった.

†des·per·a·tion /dèspəréiʃ(ə)n/ 名 Ⓤ 自暴自棄, 捨て鉢. drive a man to ～ 人を自暴自棄に追い込む; 〖話〗人をひどくいらいらさせる. *In* (his) ～ he tried to kill himself. 捨て鉢になって彼は自殺しようとした.

des·pi·ca·ble /dispíkəb(ə)l, déspik-/ 形 ⓜ 卑しむべき, 卑劣な. ▷**-bly** 副 卑しく.

***de·spise** /dispáiz/ 動 (**-spis·es** /-əz/|過 過分 **～d** /-d/|**-spis·ing**) 〈進行形不可〉他 **を軽蔑する**, さげすむ, 見下す; 🆅O (X/*doing*) X を/..することを嫌う, 嫌悪する; (類語 卑しいもの, 無価値なものへの道徳的反感・嫌悪を含む; →disdain, look down on, scorn). He was ～*d* by all for cheating. 彼はカンニングをしたので皆から軽蔑された. Intellectuals tend to ～ politics. インテリは政治を軽蔑する傾向がある. He ～*d* hav*ing* to work at nights. 彼は夜働かなくてはならないことを嫌がった. ◇形 despicable [＜ラテン語「見下す」(＜de-＋*specere* 'look')]

de·spite** /dispáit/ 前 〖章〗**..にもかかわらず** (in spite of). He went ahead ～ my warning. 私が警告したのに彼は前進した. The bill was railroaded: and this ～ nationwide strong opposition. 法案は強行採決された. 全国的に強い反対があったにもかかわらずである. ～ the fact that.. という事実にもかかわらず. 語法 despite of は〘古〙. ***despìte onesélf 意に反して, そのつもりはないのに, 我知らず, 思わず.

── 名 U 〈次の成句で〉 ***in despíte of*** ..にもかかわらず. She stayed out late *in* ～ *of* her father's warning. 父親の注意にもかかわらず彼女は遅くまで家に帰らなかった.

[＜ラテン語「軽蔑」]

de·spoil /dispɔ́il/ 動 他 〘章〙 **1** 〔場所, 環境など〕を悪くする, 汚染する. **2** VOA (～ X ***of..***) X (場所, 人)から..を奪い取る, 略奪する. ～ the village *of* all its gold その村から金をすべて略奪する.

de·spo·li·a·tion /dispòuliéiʃ(ə)n/ 名 U 略奪; 汚染.

de·spond /dispɑ́nd|-pɔ́nd/ 動 自 VA (～ ***of..***) ..に失望[落胆]する. ── 名 〘雅〙 =despondency. [＜ラテン語「断念する」(＜de-+*spondēre* 'promise')]

de·spond·ence, -ency /dispɑ́ndəns|-spɔ́n-/, /-dənsi/ 名 U 失意, 落胆, 意気消沈.

‡**de·spond·ent** /dispɑ́ndənt|-spɔ́n-/ 形 気落ちして[た], しょげて[た], 〈*about, over, at* ..に〉. Bill was ～ *over* the death of his wife. ビルは妻の死にふさぎ込んでいた. become [grow, get] ～ しょげる. ▷**～·ly** 副

‡**des·pot** /déspət, -pɑt|-pɔt, -pət/ 名 C 専制君主; 暴君 (tyrant). He is a ～ in his own household. 彼は家では関白だ. [＜ギリシア語「一家の主人」]

†**des·pot·ic, -i·cal** /dispɑ́tik|-pɔ́t-/, /-tik(ə)l/ 形 **1** 専制の. **2** 横暴な, 専横な. ▷**des·pót·i·cal·ly** 副

†**des·pot·ism** /déspətìz(ə)m/ 名 **1** U 専制[独裁](政治); 暴政. **2** C 専制国, 独裁君主国.

des res /dèz-réz/ 名 C 〘英話・戯〙(環境抜群の)'夢の住宅' 《もとは不動産業者の隠語; ＜*des*irable *resi*dence》.

‡**des·sert** /dizə́ːrt/ 名 (複 **～s** /-ts/) UC デザート《食事の最後のコース; ケーキ, パイ, 果物, アイスクリームなど; 昔, 英国では主に果物類; →sweet 名 2》. the ～ menu デザートのメニュー. have ice cream for ～ デザートにアイスクリームを食べる. [＜フランス語「食卓を片付ける」]

dessért fòrk 名 C デザート用フォーク.

dessért spòon 名 C 〘主に英〙 **1** デザートスプーン《デザート用のスプーン; teaspoon と tablespoon の中間の大きさ》. **2** =dessertspoonful.

des·sért·spòon·ful /-ful/ 名 (複 →spoonful) C デザートスプーン 1 杯の量《teaspoon 約 2 杯分》.

dessért wìne 名 U デザートワイン《甘口; 英国人は port を好む》.

‡**de·sta·bi·lize** /dìːstéibəlàiz/ 動 他 を不安定にする; 〔体制, 外国政府など〕を打倒する. ▷**dè·stà·bi·li·zá·tion** 名

***des·ti·na·tion** /dèstənéiʃ(ə)n/ 名 (複 **～s** /-z/) C (旅行などの)**目的地**, 行き先; (手紙などの)あて先, 届け先; 〘商〙(荷物の)仕向け先. arrive at [reach] one's ～ 目的地に着く. What's the ～ of this train? この列車はどこ行きですか. a vacation 〘米〙 [〘英・オース〙 holiday] ～ バカンスに行く所.

des·tine /déstən/ 動 (**～s**|過 過分 **～d** |**-tin·ing**) 他 **1** を運命づける 〈*for* ..に〉. **2** VO (～ ***that*** 節) 〔運命が〕..と定める. →destined. [＜ラテン語「しっかりさせる, 任命する」(＜de-+*stāre* 'stand')]

***déstined** 形 **1** 〈叙述〉を**運命づけられて** 〈*for, to* ..に〉; 運命づけられている, 定められている, 〈*to* do ..するように〉; 予定されている, 取りのけておかれる, 〈*for* .. 〔ある目的〕のために〉. be ～ *to* fail [failure] 失敗する運命にある. Ed was ～ *for* [*to* be] a statesman. エドは政治家になるように定められていた. It was ～ that he would never return to America (=He was ～ never *to* return to America.). 彼は 2 度とアメリカへ戻って来ないように運命づけられていた. The space is ～ *for* the garage. その場所はガレージのために取ってある.

2 〈限定〉 運命づけられた; 定められた. Their loveless marriage came to its ～ end. 彼らの愛のない結婚はお決まりの結果に落ち着いた. a ～ profession 〘章〙 宿命によって定められた職業.

3 行き先が決まって 〈*for* ..に〉. This ship is ～ *for* London. この船はロンドン行きです.

◇名 destination, destiny

***des·ti·ny** /déstəni/ 名 (複 **-nies** /-z/) UC (避け難い)**運命(の力)**, 宿命; 〈D-〉 天(命), 神意, (Providence); (類語 destiny は使命感などに重点がある; →fortune, fate). *Destiny* pulled them apart. 運命が彼らを引き離した. It was his ～ never to see his home again. 彼は故郷を再び見ることがない運命にあった. leave one's future to ～ 将来を運命に任せる. [＜古期フランス語 (*destiner* 'destine' の過去分詞)]

***des·ti·tute** /déstət(j)ùːt/ 形 m **1** 〘章〙〈叙述〉 **欠いた**, 持たない, 〈*of* ..を〉. be ～ *of* money 金がない. an island ～ *of* inhabitants 無人島. **2 困窮している**《住む所もなく食べる物にも困る》, 非常に貧しい, (類語 poor より困窮度が強い). a ～ family 極貧の家族. the ～ 困窮者たち. [＜ラテン語「見捨てられた」(＜de-+*statuere* 'put')]

dès·ti·tú·tion 名 U 〘章〙 極貧, 窮乏; 欠乏.

‡**de·stroy** /distrɔ́i/ 動 (**～s** /-z/|過 過分 **～ed** /-d/|**～·ing**) 他 **1** 〔建物など〕を**破壊する**, 壊す, (燃やしたり, 破ることによって)を処分する, (↔construct; →demolish 類語). The building was ～*ed* in the Great Fire of 1666. その建物は 1666 年の大火で破壊された. ～ one's old letters 古い手紙を処分する. **2** を**滅ぼす**, 消滅させる; 〔敵など〕を破る; 〔けがや病気の家畜など〕を処分する, 殺す. Many lives were ～*ed* in the war. その戦争で多くの生命が失われた. ～ a sick old horse 老いた病気の馬を処分する. ～ oneself 自殺する. **3** 〔希望, 計画など〕を砕く. ～ a person's hopes [dreams, confidence] 人の希望[夢, 自信]を打ち砕く. ◇名 destruction [＜ラテン語「取り壊す」(＜de-+*struere*「積み上げる」)]

‡**de·stróy·er** 名 C **1** 破壊するもの, 破壊者. **2** 駆逐艦《小型で高速; 魚雷なども装備している》.

de·struct /distrʌ́kt/ 名 C (故障して軌道に乗らなかったロケット, ミサイルなどを)破壊すること. a ～ button (ロケット, ミサイルなどの)自爆ボタン. ── 動 他 〔ロケット, ミサイルなど〕を破壊する, 自爆させる. ～ a rocket after launching 打ち上げ後ロケットを破壊する.

de·strúct·i·ble 形 破壊[壊滅, 駆除]され得る. ▷**de·strùc·ti·bíl·i·ty** 名

‡**de·struc·tion** /distrʌ́kʃ(ə)n/ 名 U **1 破壊**(する[される]こと); (文書などの)破棄; (↔construction). The picture escaped ～ by fire. その絵は焼失を免れた. the ～ of a letter 手紙を破り[焼き]捨てること.

> 連結 complete [total, utter; deliberate, willful; wanton; merciless] ～ // cause [work; invite; suffer] ～

2 滅ぼす[される]こと, 絶滅する[させる]こと, 殺害, 駆除. The king ordered the total ～ of the enemy. 王は敵を全滅せよと命じた. weapons of mass ～ 大量破壊[殺戮(?)]兵器. the ～ of vermin 害虫の駆除.

3 破壊の原因, 命取り. Ambition was the general's ～. 野望が将軍の命取りになった. ◇動 destroy

***de·struc·tive** /distrʌ́ktiv/ 形 m **1 破壊的な**; 非建設的な, 身を滅ぼす; (↔constructive); 物を壊したがる. the ～ forces of nature 自然の破壊的猛威. ～ criticism (悪く言うだけの)非建設的批評. **2** 〈叙述〉 破滅させる 〈*of* ..を〉; 有害な 〈*to* ..に〉. Smoking is ～ *to* your health. 喫煙は健康に有害だ. ▷**～·ly** 副 破壊的に; 破壊するほどひどく. **～·ness** 名 U 破壊性; 有害性.

de·struc·tiv·i·ty /distrʌktívəti/ 名 U 破壊性.

de·struc·tor /distrʌ́ktər/ 名 C 廃棄物焼却炉.

des·ue·tude /déswət(j)ù:d|disjú(:)ətjù:d/ 名 U 〖章〗廃止; 不用. fall into ～ 廃用される.

des·ul·to·ri·ly /dés(ə)ltɔ̀:rili|-t(ə)rili/ 副 〖章〗漫然と; 気まぐれに.

des·ul·to·ry /dés(ə)ltɔ̀:ri|-t(ə)ri/ 形 〖章〗散漫な; とりとめのない. ～ reading 散漫な読書. a ～ kiss (気持ちのこもらない)形ばかりのキス. ▷**des·ul·to·ri·ness** 名

de·tach** /ditǽtʃ/ 動 (～·es /-əz/|過 過分 ～ed /-t/|～·ing) 他 **1 (a)** を**引き離す**, 分離する, 外す, 〈*from* ..から〉(↔attach). ～ the key *from* its chain 鎖から鍵(かぎ)を取り外す. **(b)** VOA (～ ***oneself from **..**) ..から離れる; ..と距離をおく. ～ one*self from* the group グループから離れる. I try to ～ my*self from* my clients. 私は(公平にするため)自分の依頼人とは距離を置くよう努める. **2** 〖軍〗〔軍隊, 軍艦など〕を派遣する, 分遣する, 〈*from* ..〔本隊〕から〉. [＜古期フランス語 *des*-'dis-'＋(*a*)*tachier* 'attach']

de·tách·a·ble 形 取り外し[分離]可能な. a ～ hood 取り外しのできるフード.

†**de·táched** /-t/ 形 **1** 離れた, 孤立した; 〔ラベルなどが〕剝がれた; 〔軍隊などが〕分遣された. a ～ house (両隣から離れている)1戸建ての家(→semidetached). a ～ palace 離宮. **2** 無関心な, 超然とした. remain cool and ～ 冷静に超然としている. **3** 〔意見などが〕かたよりのない, 私心のない. take a ～ view of things 物事を公平に見る. ▷ **de·tach·ed·ly** /-ədli/ 副 孤立して; 超然として; 公平に.

†**de·tách·ment** 名 **1** U 分離, 取り外すこと; 孤立; 分遣. the ～ of a locket from its chain ロケットを鎖から取り外すこと. **2** U 無関心, 超然; 公平無私. observe the heated discussion in [with] cold ～ 激論を冷静に一歩離れて眺める. **3** C 〈単数形で複数扱いもある〉(特別な任務を帯びた)分遣隊, 支隊.

‡**de·tail** /ditéil, dí:teil|dí:teil/ 名 (複 **～s** /-z/) 【細分された部分】 **1 (a)** C (個々の)**細部**, 細目. to the last ～ 最後の細目に至るまで. The ～*s* of the contract remain to be worked out. 契約の細目はまだ十分決まっていない. For further ～*s*, contact your local post office. 詳細は地元の郵便局にご連絡下さい. Spare me the (sordid) ～*s*. (なんだかんだと)細かい話はやめといてもらいたい. It's a mere ～. ほんのささいな事です.

> 連結 an important [an essential, a major; a minor, a petty, a trivial] ～

(b) U 〈集合的〉**詳細, 細部**. There is too much ～ in his pictures. 彼の絵はあまりに細かくかき込みすぎだ.
2 【細部の記述】 UC 詳しく述べること, 詳説. give a full ～ of one's experiences 経験を細かく述べる.

> 連結 elaborate [minute; graphic, vivid; lurid] ～

3 【細分された隊】〖軍〗 U 特命隊員の選抜; C 〈単数形で複数扱いもある〉(特命)分遣隊, 特派部隊.
gò into détail(***s***) 詳細にわたる. *go into* ～ about one's trip in Africa 自分のアフリカ旅行について詳しく話す.
in détail 詳細に; 項目ごとに, 個別に; 細かな点で. explain *in* greater ～ [more *in* ～, *in* more ～] さらに詳細に説明する.
── /ditéil|dí:teil/ 動 他 **1** を詳述する; を詳細にリストアップする. All the items are ～*ed* in our catalog. 品目はすべてカタログに詳細にリストアップしてあります. **2** を派遣する; VOO (～ X ***to do***) X(兵士など)に..をするように特別に命じる; VOA (～ X ***for*** [***to***] **..**) X に..を命じる. The soldiers were ～*ed to* guard the bridge. 兵士たちはその橋を警備する特命を受けた. [＜古期フランス語「細かく切る」]

***de·tailed** /ditéild, dí:teild/ 形 〈普通, 限定〉**詳細な**. make a ～ explanation 詳しく説明する. He gave us a ～ account of the accident. 彼はその事故を詳細に説明してくれた.

de·tail·ing 名 U 細部の装修.

***de·tain** /ditéin/ 動 (～s /-z/|過 過分 ～ed /-d/|～·ing) 他 **1** を**引き止める**; を手間取らせる. Since you are busy, I won't ～ you. お忙しいでしょうからお引き止めは致しません. **2** を**拘留する**, 留置する. be ～*ed* at the police station 警察に留置される. be ～*ed* at Her [His] Majesty's pleasure 〖英法・戯〗終身刑に処せられる. ◇名 detention [＜ラテン語「引き止める」(＜de-＋*tenēre* 'hold')]

de·tain·ee /diteiní:, dì:-/ 名 C (特に政治的な理由に基づく)被抑留[拘留]者; 未決囚.

***de·tect** /ditékt/ 動 (～s /-ts/|過 過分 ～·ed /-əd/|～·ing) 他 **1** VO (～ X/*wh* 節) X を/..かを**見つける**, 発見する; 〔嘘(うそ)など〕を見破る, 察知する; を探知する; (類語 特に, 隠されている物や悪事などを注意を働かせて見つけ出すこと; →discover). ～ a person's insincerity 人の不誠実さを見破る. His sharp eye ～*ed* her presence among the audience. 彼の鋭い目は聴衆の中に彼女がいるのを見逃さなかった. She could not ～ the humor in his story. 彼女は彼の話にユーモアを感じ取れなかった. ～ cancer 癌(がん)を見つける. **2** VOC (～ X *doing*) X が..しているところを見つける. The burglars were ～*ed* breaking into the shop. 強盗たちはその店に押し入るところを見つかった. ◇名 detection [＜ラテン語「覆いを取る」(de-＋*tegere* 'cover')]

de·téct·a·ble, -i·ble 形 見つけ得る; 検出できる.

de·tec·ta·phone /ditéktəfòun/ 名 C 電話盗聴器.

†**de·téc·tion** 名 U 発見, 看破; 探知; 発覚, 露見. the early ～ of cancer 癌(がん)の早期発見. crime ～ 犯罪の探知. escape ～ 露見を免れる, 発見されない.

***de·tec·tive** /ditéktiv/ 名 (複 **～s** /-z/) C **刑事**; 探偵. a private ～ 私立探偵(〖話〗private eye). ── 形 **1 探偵の**. **2** 探知用の. ◇動 detect

detèctive inspéctor 名 C 〖英〗刑事係警部.

detéctive stòry [nòvel] 名 C 探偵小説, 推理小説.

†**de·tec·tor** /ditéktər/ 名 C **1** 発見者, 看破する人. **2** 探知器; 〖ラジオ〗検波器. a gas ～ ガス(漏れ)探知器. a lie ～ 嘘(うそ)発見器.

dé·tente, de·tente /deitɑ́:nt/ 名 UC (特に国際間の)緊張緩和, デタント. [フランス語 'loosening']

de·ten·tion /ditén∫(ə)n/ 名 U **1** (無理に)引き止める[られる]こと; 延引. **2** 拘置, 留置, 抑留; (罰としての)放課後の居残り. under ～ 拘留されて. ◇動 detain

deténtion cènter 〖米〗 **[cèntre** 〖英〗**]** 名 C 〖英〗非行少年短期収容所.

deténtion hòme 名 C 〖米〗少年鑑別所.

†**de·ter** /ditə́:r/ 動 (～s|-rr-) 他 〔恐怖などが〕〔人〕に思いとどまらせる; を阻止[抑止]する; VOA (～ X ***from*** (*doing*) ..) X に..(すること)を思いとどまらせる, やめさせる. Can nuclear bombs ～ war? 核爆弾は戦争を抑止できるだろうか. Nothing can ～ him *from* (do*ing*) his duty. どんな事も彼が義務を果たすのをやめさせることはできない. [＜ラテン語「おどかして追い払う」] ▷**～·ment** 名

***de·ter·gent** /ditə́:rdʒ(ə)nt/ 名 (複 **～s** /-ts/) UC (**合成)洗剤**《洗濯・食器洗い用》.

†**de·te·ri·o·rate** /dití(ə)riərèit/ 動 他 〔品質, 状態など〕を悪くする, 低下させる. ── 自 悪くなる, 低下する, 堕する, 〈*into* ..に〉. His health will ～ if he keeps on drinking. 彼は(この調子で)酒を飲み続けると体を壊す. Their rivalry ～*d into* enmity. 彼らの対抗意識は

D

ひどくなって敵意になった. ◇↔ameliorate [<ラテン語「より悪くする」(<*dēterior* 'worse')]

‡de·tè·ri·o·rá·tion 名U 悪化, 低下, (↔amelioration).

de·tér·mi·na·ble 形 **1** 決定[確定]できる. **2**〘法〙終了すべき; 終了させ得る. ▷**-bly** 副

de·ter·mi·nant /ditə́:rmənənt/〘章〙名C 決定因子[要因]. the ～ of the bankruptcy 倒産の決定的な要因. ── 形 決定する, 決定的な.

D

de·ter·mi·nate /ditə́:rmənət/ 形 **1** 限定された; 明確な. **2** 確定した, 決定的な; 確固とした. ▷**～·ly** 副 **～·ness** 名

***de·ter·mi·na·tion** /ditə̀:rmənéiʃ(ə)n/ 名 (複 **～s** /-z/) **1** U (いろいろ考えた上での)**決心**, 決意〈*to* do ..しようとする〉; 決断(力). their ～ *to* be independent 独立しようとする彼らの決意. his ～ *that* his son (should) have a college education 息子に大学教育を受けさせようという彼の決心. a man of ～ 決意の人. with ～ 断固として.

連結 great [dogged, firm, resolute, unflinching] ～ // lose one's ～; strengthen a person's ～

2 UC (観察, 調査, 裁判などした上での)**決定**, 確定; 確認. the ～ of the departure time 出発時刻の決定. the ～ of the cause of death 死因の確定. **3** U (量, 位置などの)測定. the ～ of the age of a bone 骨の年代の測定. **4** C〘法〙(裁判所の)裁決; 終決. **5** (財産権などの)終了, 消滅. ◇動 determine

de·ter·mi·na·tive /ditə́:rmənèitiv|-nə-/ 形 確定的な; 限定的な. ── 名C **1** (方向づけなどの)決定的要因[ファクター]. **2** ＝determiner 2.

‡de·ter·mine /ditə́:rmən/ 動 (**～s** /-z/|過 過分 **～d** /-d/|**-min·ing**) 他 【決定する】 **1 (a)** VO (～ *to do*/ *that* 節) **..しようと/..ということを決心する, 決める**, 決意する, (類語「決めた事柄の性格, 範囲などをはっきりさせた上で遂行しようとする」ことを意味する; →decide). I've firmly ～*d to* give up [*that* I'll give up] drinking. もう酒は飲むまいと堅く心に決めた. He ～*d that* nothing should deter him from going. 彼は万難を排して行こうと決心した. **(b)** VOC (～ X *to do*) **X に..するように決意させる**, 決心させる; VOA (～ X *against*..) **X に..をしないように決意させる**; 〈しばしば受け身で; →determined〉. What ～*d* you *to* do [*against* doing] so? あなたをそうする気にさせた[そうしないようにさせた]のは何ですか. The doctor's advice ～*d* him *against* taking [not *to* take] excessive exercise. 医者の忠告で彼は過激な運動をやめることにした.

2 (a) VO (～ X/*wh* 節・句)〔人が〕**X を/..かを決定する**, 決める. the right to ～ the form of government 政治形態を決める権利. Have you ～*d whom* you'll invite to the party? パーティーにだれを呼ぶか決めましたか. **(b)**〔事情などが〕を決定する, 左右する. The size of the rice crop is largely ～*d* by the weather. 米の収穫量は天候に大いに左右される. Demand ～*s* prices. 需要が価格を決定する. **3** を測定する. ～ the ship's position by the stars 星によって船の位置を測定する.

【決まりをつける】 **4**〔論争など〕に決着をつける;〘法〙(判決の宣告などによって)〔訴訟〕を終結させる;〔権利, 財産など〕を消滅させる, 終結させる; VO (～ *that* 節/*wh* 節) ..と決定[判定, 判決]を下す. **5** VO (～ X/*that* 節/*wh* 節) X を/..ということを/..かを(調査などをしたうえで)決定する, 明らかにする. ～ the cause of death 死因を明らかにする. We can't ～ *how* long he has been dead. 彼が死んでどのぐらいたつか分からない.

── 自 決心する; 決定する; 〈*on* ..を〉. ～ *on* rising early 早起きしようと決心する.

◇名 determination [<ラテン語「境界を定める」(<de-＋*termināre* 'limit')]

***de·ter·mined** /ditə́:rmənd/ 形 m **堅く決意[決心]した**; 決然[断固]とした; 決心している〈*to* do ..しようと〉; 堅く決めている〈*that* 節 ..するものと〉. ～ opposition 断固たる反対. a ～ woman (思った事は必ずやり遂げる)意志の強い女. She is firmly ～ *to* be independent. 彼女は自立しようと堅く決心している. My father is ～ *that* I shall go to Yale University. 父は私がイェール大学に行くものと決め込んでいる.
▷**～·ly** 副 決然として, 断固として. **～·ness** 名

de·tér·min·er 名C **1** 決定する人[もの]. **2**〘文法〙限定詞《名詞の前(形容詞があればさらにその前)に置かれる語で, 名詞の適用範囲を限定する; a, the, each, some, this, his など》.

de·tér·min·ìsm 名U〘哲〙決定論《この世の出来事はすべてあらかじめ決定されている, という思想》.

de·ter·min·ist /ditə́:rmənist/ 名C, 形 決定論者(の). ▷**de·tèr·min·is·tic** 形 **1** 決定論的な. **2** 決定的な.

‡de·ter·rence /ditə́:rəns|-tér-/ 名U 抑止, 阻止; 「戦争抑止.

†de·ter·rent /ditə́:rənt|-tér-/ 形 抑止する, 阻止する. ～ weapons 戦争抑止兵器. a ～ effect 抑止効果. ── 名C **1** 阻止するもの, 引き止めるもの, 〈*to* ..を〉. **2** 戦争抑止力《核兵器など》. an effective [a strong] ～ *against* ..を効果的に抑止するもの. the nuclear ～ 核抑止力. ◇動 deter

***de·test** /ditést/ 動 (**～s** /-ts/|過 過分 **～·ed** /-əd/|**～·ing**) 他 〈進行形不可〉 VO (～ X/*doing*) **Xを/..することをひどく嫌う**, 嫌悪する, (hate strongly) (類語 dislike よりも強意的で, 軽蔑を伴った嫌悪感を表す). ～ snakes [ly*ing*] 蛇[うそをつくの]が大嫌いである. I ～ hav*ing* to get up early on Monday mornings. 月曜の朝に早く起きなくてはならないのは嫌だ. [<ラテン語「神を証人 (*testis*) として呼び出してのろう」]

†de·tést·a·ble 形 憎むべき, 忌まわしい, 嫌でたまらない. He's the most ～ man I've ever met. 彼は今まで会った中で一番嫌なやつだ. ▷**-bly** 副 憎むべきほど.

de·tes·ta·tion /dì:testéiʃ(ə)n/ 名 **1** UC 憎悪, 嫌悪. have a ～ of liars うそつきが大嫌いである. **2** C 大嫌いな人[もの]. ◇動 detest

de·throne /diθróun/ 動 他〔王・女王〕を退位させる; を高い地位から引き降ろす. ▷**～·ment** 名

‡det·o·nate /détənèit/ 動 他 **1** を(大音響と共に)爆発させる (explode). ～ a bomb 爆弾を爆発させる. **2**〔..のブーム[人気]など〕を爆発的な勢いで高める. ── 自 爆発する. [<ラテン語「轟(とどろ)きわたる」]

dèt·o·ná·tion 名UC (大音響の)爆発, 爆発音.

det·o·na·tor /détənèitər/ 名C 雷管, 起爆剤[装置].

†de·tour, dé·tour /dí:tuər, ditúər|dí:-, déi-/ 名C (臨時)迂(う)回路; 回り道. make [take] a ～ 回り道をする, 迂回する. ── 動 自, 他 回り道をする; に回り道をさせる. [フランス語「向きを変えること」]

de·tox /dí:tɑks|-tɔks/ 名U〘話〙アルコール[麻薬]依存症治療.

de·tox·i·fi·ca·tion /dì:tɑ̀ksəfəkéiʃ(ə)n|-tɔ̀ks-/ 名U **1** 解毒(作用). **2** ＝detox.

de·tox·i·fy /dì:tɑ́ksəfài|-tɔ́ks-/ 動 (**-fies**|過 過分 **-fied**|**～·ing**) 他 から毒[有害物質]を取り除く; を解毒する.

†de·tract /ditrǽkt/ 動 自 VA (～ *from*..)〔価値, 名声など〕を落とす, 損なう; ..を悪く言う. That ugly building ～*s from* the beauty of the view. あの醜いビルで眺めの美しさが損なわれている. ── 他 VOA (～ X *from*..) X(注意など)を..からそらす. [<ラテン語「取り去る」(<de-＋*trahere* 'draw')]

de·trác·tion 名UC 損なうこと[もの]〈*from* ..の〉,

欠陥; 悪口, 誹謗(ひぼう).

de·trac·tive /ditrǽktiv/ 形 悪口を言う, けなす. ▷ **~·ly** 副

de·trac·tor /ditrǽktər/ 名 C けなす人.

de·train /ditréin/ 動〖章〗自 列車から降りる, 下車する. ── 他 を列車から降ろす, 下車させる.

de·trib·al·ize /diːtráibəlàiz/ 動 他 に部族の慣習を捨てさせる; に文明社会の生活様式を取らせる.

‡**det·ri·ment** /détrəmənt/ 名〖章〗 **1** U 損害, 損傷, 〈to ..への〉. **2** C 〈普通, 単数形で〉損害[損失]の原因〈to ..への〉. Smoking is a ~ *to* your health. 喫煙は健康に有害だ.

to the détriment of.. ..を害するほどに. drink *to the* ~ *of* one's health 健康を害するほど飲む.

without détriment to.. ..を傷つけることなく; ..に損害を与えずに, ..を損なうことなく.

[<ラテン語「こすり取ること>損害」]

‡**det·ri·men·tal** /dètrəméntl/ 形 有害な, 損になる, 〈to ..に〉. have a ~ effect on ..に有害な影響がある. habits ~ *to* the health 健康を害する習慣. ▷ **~·ly** 副

de·tri·tion /ditríʃ(ə)n/ 名 U 摩耗, 磨滅.

de·tri·tus /ditráitəs/ 名 U **1**〖地〗岩屑(せつ); 砕岩. **2** 破片; ごみくず.

De·troit /ditrɔ́it/ 名 デトロイト《米国 Michigan 州南東部の都市; 自動車工業の中心地》.

de trop /də-tróu/ 形 〈叙述〉多すぎて; 無用で. [フランス語 'too much [many]']

deuce[1] /d(j)uːs/ 名 **1** C (トランプの) 2 の札 (→ace), (さいころの) 2 の目. the ~ of hearts ハートの 2 の札. **2** U〖球技〗ジュース. [<ラテン語 *duōs* (*duo*「2」の変化形)]

†**deuce**[2] 名 U〖話〗悪魔《軽い呪(のろ)い, 怒り, 驚き, 強い否定などを表す; devil の婉曲語》; 〈the ~〉〈疑問詞を強めて〉一体. *Deuce* [The ~] take it! 畜生, しまった, くそ, (★take は仮定法現在). Who the ~ is he? やつは一体だれだ.

a [***the***] ***déuce of a..*** どえらい.., とてつもない... I had *a* ~ *of a* time convincing him. 彼を説得するのにべらぼうに時間がかかった.

(***the***) ***dèuce a bít*** 断じて..ない (not..at all).

(***There will be***) ***the déuce to pày.*** =(There will be) the DEVIL to pay.

[<deuce[1]; ダイスで「2」は最悪の目であることから]

deuc·ed /d(j)úːsəd, d(j)uːst/ 形 〈限定〉〖旧俗〗とてもひどい, いまいましい, 《damned の婉曲語》. Throw the ~ thing away! そんな物捨ててしまえ. ── 副〖話〗すごく, べらぼうに. ~ funny すごくおかしい.

deuc·ed·ly /d(j)úːsədli/ 副 =deuced.

deus ex mach·i·na /dèiəs-eks-mǽkənə, dìːəs-/ **1** (ギリシア・ローマ劇で)急場の結末をつけるために宙吊(づ)りになって舞台に現れる神. **2** (劇・小説などで)急場を救う不自然な力[出来事]. [ラテン語 'god out of the machine' (機械仕掛けの神)]

Deut. Deuteronomy.

deu·te·ri·um /d(j)uːtí(ə)riəm/ 名 U〖化〗重水素《記号 D》.

deu·te·ron /d(j)úːtərɑ̀n|-rɔ̀n/ 名 U〖物理〗重陽子.

Deu·ter·on·o·my /d(j)ùːtərɑ́nəmi|-rɔ́n-/ 名『申命(しんめい)記』《旧約聖書中の 1 書; 略 Deut.》.

déut·sche màrk, D- M- /dɔ́itʃə-/ 名 C ドイツマルク《ドイツ(もと西ドイツ)の貨幣単位; 略 DM; →mark[2]》. [ドイツ語 'German mark[2]']

de·val·u·ate /diːvǽljuèit/ 動 =devalue.

de·vàl·u·á·tion 名 UC〖経〗平価切り下げ; (価値などの)低下. the ~ of the yen 円の切り下げ.

‡**de·val·ue** /diːvǽljuː/ 動 他 の価値[重要度]を下げる; 〖経〗〔通貨〕の平価を切り下げる; VOA (~ X ***against..***) ..に対して X を切り下げる. ~ the pound *against* the yen 円に対してポンドを切り下げる. The new fact has ~*d* his theory. 新事実が出て彼の理論の価値が下がった. ▷ **~d** 形 価値[評価]の下がった.

†**dev·as·tate** /dévəstèit/ 動 他 **1**〔国土, 土地など〕を荒らす, 荒廃させる, 破壊する. The city was ~*d* by bombs. その都市は爆撃で灰燼(かいじん)に帰した. **2**〔人〕を打ちのめす, 圧倒する. be ~*d* by one's son's death 息子の死に打ちひしがれる. [<ラテン語「すっかり荒らす」(<de-+*vāstus* 'waste')]

†**dév·as·tàt·ed** /-əd/ 形 **1** 荒廃した, 大きな被害を受けた. a ~ village 荒廃した村. a ~ area 被災地. **2** (悲しみなどに)打ちひしがれた.

‡**dév·as·tàt·ing** 形 **1** 荒廃させる, 破壊的な. a ~ earthquake 壊滅的な打撃を与えた地震. **2**〔報道, 批評などが〕致命的打撃を与える, 手厳しい. a ~ blow 致命的な打撃. **3**〖話〗すごくいい, まったくうまい, 〔冗談など〕(striking). a ~ beauty〖旧〗すごい美女. ▷ **~·ly** 副 手ひどく, 散々に;〖話〗すごく, まったく.

‡**dèv·as·tá·tion** 名 UC 荒らすこと, 荒廃, 破壊; 〈~s〉略奪の跡, 廃墟(きょ). be left in ~ 荒廃したままである.

‡**de·vel·op** /divéləp/ 動 (**~s** /-s/|過 過分 **~ed** /-t/|**~·ing**) 他【開発する】 **1** を**発達させる**, 発展させる; を発育させる, 成長させる; 〔能力, 知性, 趣味など〕を伸ばす. ~ science 科学を発達させる. ~ one's taste for music 音楽の趣味を培う. The camera industry is highly ~*ed* in Japan. 日本ではカメラ産業が高度に発達している. ~ the muscles 筋肉を発達させる. ~ oneself *into* a healthy person through constant exercise 絶えず運動して自分を健康な人間に育て上げる.

2〔資源, 土地など〕を開発する; 〔土地〕を造成する. ~ natural resources 天然資源を開発する. ~ an area into a new town 地域を開発してニュータウンにする.

3〔新製品〕を開発する. ~ a new product 新製品を開発する.

【進展させる】 **4**〔議論など〕を**展開する**; を詳しく説明する; 〔理論など〕を細部まで仕上げる. Let him ~ his argument further. 彼に議論をもっと展開させなさい. Could you ~ that idea more in detail? もっと詳しくその考えを説明してくれませんか.

5〖音〗〔主題〕を展開する;〖数〗〔関数など〕を展開する.

6 を次第に生じる, 〔病気など〕になる, 〔湿疹など〕ができる, 〔習慣など〕がつく. ~ cancer 癌(がん)になる. ~ the habit of getting up early 早起きの習慣を身につける. Bob has ~*ed* an interest in chemistry. ボブは次第に化学に興味を持つようになってきた.

【隠れた物を表に出す】 **7**〔事実など〕を明るみに出す, 暴露する. The newspaper ~*ed* the fact that... 新聞は..という事実を暴露した.

8〖写〗〔フィルム〕を現像する (→enlarge, print).

── 自 **1 発達**[**発展**]する, 発育[成長]する, 〈*from* ..から/*into* ..に〉. French has ~*ed from* popular Latin. フランス語は民衆のラテン語から発達したものだ. His cold ~*ed into* pneumonia. 彼は風邪が高じて肺炎になった.

2 展開する. No one can tell how the case will ~. その訴訟事件がどう展開するかだれにも分からない.

3 (**a**)〔新事実, 症状などが〕現れる. Symptoms of cholera ~*ed*. コレラの症状が現れた. (**b**)〈It ~s that.. で〉..ということが明らかになる. *It* ~*ed that* he was an ex-convict. 彼が前科者であることが明るみに出た.

4 VA 〈A は普通, 様態の副詞〉〖写〗〔フィルム・写真が〕現像される. The photograph has ~*ed* well [properly]. 写真はうまく現像された.

◇名 development [<古期フランス語「包みを開ける」(<*des-* 'dis-'+*veloper* 'wrap')]

†**de·vél·oped** /-t/ 形 **1** 発達した. **2** 先進の. ～ countries [nations] 先進国.

de·vél·op·er 名 **1** UC 〘写〙現像液. **2** C 土地開発業者, ディヴェロッパー.

*****de·vél·op·ing** 形 **発展[開発]途上(中)の**. a ～ country [nation] 発展途上国. 参考 an undeveloped country (未開発国), an underdeveloped country (低開発国)という表現の代わりに使われる.

D

‡**de·vel·op·ment** /divéləpmənt/ 名 (複 **～s** /-ts/) **1** U **発達**(する[させる]こと), 発達段階, 発展; 発育, 成長, 〈*from* ..からの/*into* ..への〉. That child's ～ is a surprise to me. あの子の発育には驚きます. the ～ of a bud *into* a flower つぼみが成長して花になること. economic ～ 経済的発展.

連結 rapid [slow; remarkable; cultural; social; mental; physical] ～ // hasten [speed up; check, obstruct; show] ～

2 C **(a)** 発達[発展]したもの〈*from*, *of* ..の〉. Nuclear physics is a ～ in the present century. 核物理学は今世紀に発達したものである. **(b)** (新しい)製品. a new ～ 新製品. **3** U (習慣, 能力などを)徐々に身につけること. the ～ of reading ability 読む力の獲得.
4 UC (地域, 宇宙などの)**開発**. a land ～ program 土地開発計画. missile ～*s* ミサイル開発.
5 C (事件などの)新しい進展; 新事実[事情]; 新しく起こったこと, 出来事. the latest ～*s* in the Middle East crisis 中東危機の最新の事態. in a related ～ 関連した出来事として. **6** C 造成(地), 開発された土地[地域], 団地 (housing development). **7** U 〘写〙現像. **8** 〘生〙発生. ◇動 develop

de·vel·op·men·tal /divèləpméntl/ 形 発達の, 発展の; 発育の. ～ psychology 発達心理学.
▷**～·ly** 副

devélopment àrea 名 C 〘英〙開発促進地域《失業者対策として産業の促進を図る》.

de·vi·ance, -an·cy /dí:viəns/, /-ənsi/ 名 U 逸脱.

de·vi·ant /dí:viənt/ 形 (正常から)外れた, 逸脱した, 常軌を逸した. ── 名 C 異常者; (特に性的)倒錯者.

de·vi·ate /dí:vièit/ 動 自 外れる, 離れる, それる, 〈*from* ..〔正常のコース, 標準など〕から〉. ～ *from* a rule 規則から外れる. ── /-viət/ 形, 名 〘米〙＝deviant.
[＜後期ラテン語 *dēviāre*「道 (*via*) から外れる」]

de·vi·a·tion /dì:viéiʃ(ə)n/ 名 **1** UC それること, 脱線, 逸脱(行為), 〈*from* ..〔正常のコース, 規則など〕からの〉; (政治的・イデオロギー上の)偏向; 性的倒錯. make a slight ～ *from* the regular course 正規のコースをやや外れる. **2** C 〘統計〙偏差(値); (磁針の)自差.

dè·vi·á·tion·ìsm 名 U (政治信条からの)逸脱, 偏向.

dè·vi·á·tion·ist 名 C 〘軽蔑〙(政治信条からの)逸脱[偏向]者.

*****de·vice** /diváis/ 名 (複 **-vic·es** /-əz/) C **1 道具, 装置**, 仕掛け. an electronic ～ *for* calculating 計算のための電子機械《コンピュータのこと》. An answering machine is a helpful ～. 留守番電話は重宝な道具だ.
2 工夫, 方策, 手だて; 〈しばしば ～s〉たくらみ, 計略, (trick). an ingenious ～ *for* entertaining the guests 客を楽しませる気の利いた工夫. see through a person's petty ～*s* 人の小細工を見破る. **3** (文学的な効果を生むための)特殊表現, 比喩. **4** (紋章などの)図案, 意匠, (design). **5** 〘婉曲〙爆発物 (bomb). a nuclear ～ 核 ⌊爆弾[ミサイル]. ◇動 devise
***lèave a pérson to** ⌊**his òwn devíces** [**himsélf**]* (助言や援助をしないで)人に勝手にやらせる, ほったらかす.
[＜古期フランス語「区分, 意図」]

‡**dev·il** /dév(ə)l/ 名 (複 **～s** /-z/) C **1 悪魔**, 魔神, 悪鬼, (★悪・誘惑の象徴; 普通, 角(つの)と尾と割れた足先を持った姿で表す). She has the ～ in her. 彼女は魔性の女だ. Better the ～ you know (than the ～ you don't). 〘諺〙(多少ひどくても)自分の知っている状況[人間]の方が(もっとひどいかもしれない)知らない状況[人間]よりもましだ.
2 〘話〙〈普通 the ～〉《軽いのろい, ののしり, 強意, 否定などを表して; →deuce², hell》. What (in) the ～ are you doing? 一体何をやっているんだ. The ～ he is honest! 彼が正直だなんて(とんでもない). I care ～ a bit. ちっとも構わない. *Devil* [The ～] take it! 畜生, しまった, (★take は仮定法現在).
3 〈the D-〉魔王, サタン, (Satan).
4 極悪非道の人, 残忍な人. **5** 〘話〙がむしゃらな人, ..の'鬼'. the ～ of jealousy 嫉妬(しっと)の鬼. I've never known such a ～ for work as you are. 君のような仕事の鬼を私は知らない.
6 〈形容詞を付けて〉(..な)やつ. a poor ～ かわいそうなやつ. What's that little [young] ～ doing? あのちび助は何しているのか. You lucky ～! 運がいいね.
7 こまった[厄介な, 扱いにくい]もの[事, 人]. the very ～ 全く厄介なこと[もの].
8 (ぼろ布などの)切断機; 木ねじ製造機.
9 〘英〙(弁護士の)見習い, 助手. **10** (著者の)代作者.
*****a** [***the, one***] ***dévil of a ..*** 〘旧話〙どえらい.., ものすごい.., (→a HELL of a ..). Tom had *a ～ of a* time. トムはひどく面倒な[すごく楽しい, わくわくするような]思いをした (★文脈により, よい意味にも悪い意味にもなる).
Be a dévil! 〘話・戯〙さあやってみろ《励ましの言葉》.
between the dévil and the dèep (***blùe***) ***séa*** 進退窮まって《2つの危険に挟み打ちの状態》.
fùll of the dévil いたずらをして.
gìve the dèvil his dúe 悪い[嫌な]やつにもいい点は認めてやる. (To) *give the ～ his due*, the criminal was kind to children. 悪いやつにも長所を認めてやるとすれば, 犯人は子供には優しかった.
*****gò to the dévil** 破滅する; 落ちぶれる. *Go to the ～!* 〘俗〙くたばれ, うせやがれ (＝Go to the HELL!).
hàve the dèvil's òwn jób [***tíme***] 大変な目に遭う[思いをする], 骨を折る〈*to* do, do*ing* ..するのに〉.
hàve ⌊***the dèvil's òwn lúck*** [***the lùck of the dévil***] とても運がいい, ついている.
like the dévil 死に物狂いで, 必死に.
plày the dévil with .. 〘話〙..を散々に荒らす, もっと悪くする, めちゃめちゃにする.
ràise the dévil ＝raise HELL.
Tàlk [***Spèak***] ***of the dévil*** (***and he's súre*** [***bòund***] ***to appéar***). うわさをすれば影とやらで《うわさをされていた当人が現れたときに言う; 普通かっこ内は省略する》.
The dèvil can quòte Scripture for his pùrpose [***ènds***]. 悪魔も自分に有利に聖書を引用することができる《＞良いものでも悪用が可能; 聖書『マタイ伝』第4章の悪魔によるキリスト誘惑の記述から》.
The dèvil fìnds [***màkes***] ***wórk for ìdle hànds to dó.*** 〘諺〙小人閑居して不善をなす.
The dèvil lòoks after his ówn. 〘諺〙悪い奴ほど運がいい.
the dèvil's dózen 13.
The dèvil's in the détail. 悪魔は細部に宿る《物事の細部にこそ問題点は多い》.
The dèvil tàke the híndmost. (遅れたやつは悪魔に食われろ＞)他人などどうなろうと大切なのは我が身だ, 早い者が勝ちだ. (★take は仮定法現在).
(***There will be***) ***the dévil to pày.*** 後のたたりが恐ろしい, 後が大変だ.
── 動 (～s|〘英〙**-ll-**) 他 **1** 〘米話〙を困らす, 悩ます, (worry). **2** 〔肉, 卵など〕を辛い調味料を付けて焼く[煮る]. ── 自 代作をする〈*for* ..〔著者〕の〉, 下請けをする

〈*for* ..〔弁護士〕の〉. [＜ギリシア語「中傷者＞悪魔」]

dév·iled 〖米〗, **-illed** 〖英〗 形 辛い味付けの.

dévil·fìsh 名 (複 →fish) C 〖魚〗フサアンコウ, チョウチンアンコウ; イトマキエイ; タコ; イカ.

dev·il·ish /dév(ə)liʃ/ 形 **1** (悪魔のように)極悪非道な; 残忍な. **2** 〖話〗すごい, ひどい. I had a ～ time fixing the tool. その道具を修理するのにえらく手間取った.
—— 副 〖旧話〗＝devilishly 2. ▷**～·ness** 名

dév·il·ish·ly 副 **1** (悪魔のように)非道に, 残忍に. **2** 〖話〗すごく, ひどく. He's ～ cunning. やつはとてもずるい.

dèvil-may-cáre /⑱/ 形 のん気な, 気にしない; 向こう見ずな. a ～ attitude どうでもいいという[損をしても平気な]態度.

dév·il·ment 名 ＝deviltry.

dèvil's ádvocate 名 C **1** 〖カトリック〗列聖調査審問検事《聖人に列すべきものと指名された人に不利な事実を述べる役》. **2** (議論のために)わざと(本心と)反対の意見を述べる人.

dévil's fòod càke 名 U 〖主に米〗(こってりした)チョコレートケーキ.

dev·il·try, -ry /dév(ə)ltri/, /-ri/ 名 (複 **-tries, -ries**) **1** C 向こう見ずないたずら. **2** U 元気一杯, 威勢のよさ.

†**de·vi·ous** /díːviəs/ 形 **1** 遠回りの, 曲がりくねった. by a ～ course 回り道して. **2** 心のねじれた, よこしまな; 回りくどい. use ～ means いかがわしい手段を用いる. [＜ラテン語「道 (*via*) から外れて」] ▷**～·ly** 副 回り道して; よこしまに. **～·ness** 名

***de·vise** /diváiz/ 動 (**-vis·es** /-əz/|過 過分 **～d** /-d/| **-vis·ing**) 他 **1** VO (～ X/*wh* 節·句) X を/..かを工夫する, 考案[案出]する, (think out), 発明する. ～ a new plan [technique] 新しい案[技法]を考え出す. We ～*d how* to prevent water pollution. 水の汚染を防ぐ方法を考案した. **2** 〖法〗〔不動産など〕を遺贈する〈*to* ..に〉. ◇名 device [＜古期フランス語「分ける, 工夫する」(＜ラテン語 *dīvidere* 'divide')]

dè·vì·tal·i·zá·tion 名 U 生気[活力]を奪うこと, 意気消沈.

de·vi·tal·ize /dìːváit(ə)làiz/ 動 他 の生気[活力]を奪う[弱める].

de·vo·cal·ize /dìːvóukəlàiz/ 動 他 〖音声〗〔有声音〕を無声(音)化する.

de·voice /divɔ́is/ 動 他 ＝devocalize.

†**de·void** /divɔ́id/ 形 〖章〗〈叙述〉全くない, 欠いた, 〈*of* ..の, を〉. a smile ～ *of* any warmth 暖かみをまるで欠いた微笑. The room is ～ *of* furniture. その部屋には家具が全然ない. She was ～ *of* any expression [make-up]. 彼女は全く無表情だった[化粧っけがなかった]. [＜中期英語「空(から)にする」(の過去分詞)]

de·voir /dəvwáːr/ 名 C 〖古〗義務. pay one's ～*s* 正式に敬意を表す.

‡**dev·o·lu·tion** /dèvəlúːʃ(ə)n|dìː-/ 名 U **1** (権能, 職務などの後継者への)移転; 委譲, 付託, (特に中央政府から地方自治体への)権限の委任 (参考 英国では特に Scotland, Wales の要求について言う); (権利, 財産などの)移転. **2** 〖生物〗退化. ▷**～·ist** 名, 形

de·volve /diválv|-vɔ́lv/ 動 他 VOA 〔権限, 職務など〕を委譲する, ゆだねる, 〈*to, on* [*upon*] ..〔後継者, 代理人など〕に〉. ～ authority *on* the branch office 権限を支店に委譲する. —— 自 VA (～ *to* ..)〔財産などが〕〔後継者など〕に渡る, 帰する; (～ *on* [*upon*]..)〔職責などが〕..の肩にかかってくる. The responsibility ～*d on* the manager. 責任は支配人にかかるようになった. [＜ラテン語「転がり落ちる」]

Dev·on /dév(ə)n/ 名 デヴォン《イングランド南西部の州; 旧称 **Devonshire** /-ʃər/; 州都 Exeter》.

De·vo·ni·an /divóuniən/ 形 **1** デヴォン州の. **2** 〖地〗デヴォン紀の. —— 名 **1** C デヴォン州の人. **2** 〖地〗〈the ～〉デヴォン紀[層].

‡**de·vote** /divóut/ 動 (**～s** /-ts/|過 過分 **-vot·ed** /-əd/| **-vot·ing**) 他 **1** VOA (～ X *to* (*doing*)..) ..(するの)に X (心, 身体, 時間, 努力, 金銭など)をささげる. Miss Harris ～*d* her life *to* primary education. ハリスさんは初等教育に生涯をささげた. **2** VOA (～ X *to*..) X を..にもっぱら用いる, 当てる. ～ a full year *to* a work 作品にたっぷり 1 年かける. Our next lesson will be ～*d to* composition. この次の授業は作文に当てましょう.
3 VOA (～ X *to* ..) X を〔神など〕に奉納する.
devóte onesèlf to.. ..に一身をささげる, 専念する; 励んでいる; (★悪い事にも使う). She ～*d* her*self to* her children. 彼女は子供たちに愛情をささげ尽くした. [＜ラテン語 *dēvovēre*「(誓って)捧げる」(＜de-＋*vovēre* 'vow')]

***de·vot·ed** /divóutəd/ 形 m **1 献身的な**; 忠実な; 愛情深い; 〈*to* ..に対して〉. a ～ friend 心からの親友. be ～ *to* one's wife 妻に対して深い愛情を持っている. **2** 〈叙述〉没頭[専念]して(いる)〈*to* ..に〉. Bob is ～ *to* reading novels. ボブは小説を読みふけっている. **3** 扱った〈*to*..を〉. an article ～ *to* postwar Japan-American relations もっぱら戦後の日米関係を論じた論文. a sales area ～ *to* furniture 家具だけを扱う売り場. ▷**～·ly** 副 献身的に; 一心に.

‡**dev·o·tee** /dèvətíː/ 名 C **1** 熱愛者, ファン, 信奉者, 〈*of* ..の〉. a ～ *of* the theater 大の芝居好き. one of Beethoven ～*s* ベートーヴェンの熱愛者の 1 人. **2** (敬虔(けん)な)信仰家, 篤信家.

***de·vo·tion** /divóuʃ(ə)n/ 名 (複 **～s** /-z/) **1** U ささげる[られる]こと; 没頭, 専念, 打ち込んでいること; 〈*to* ..に〉. his ～ of his money *to* charities 彼が慈善事業への出費を惜しまないこと. his ～ *to* the study of Japanese history 日本史の研究への彼の没頭. **2** U 献身的愛情, 熱愛, 忠誠, 〈*to* ..への〉. the mother's ～ *to* her son 息子に対する母の熱愛. doggy ～ 犬の主人への忠誠心.

> 連結 deep [intense, passionate, undying, unshakable, unswerving; blind, slavish] ～ // show one's ～

3 U 信仰(心), 信心〈*to* ..への〉. **4** 〈～s〉祈禱(とう); 礼拝. be at one's ～*s* 礼拝をしている. ◇動 devote

de·vo·tion·al /divóuʃ(ə)nəl/ 形 **1** 信心の. a ～ life 信仰生活. **2** 祈りの, 礼拝の.

***de·vour** /diváuər/ 動 (**～s** /-z/|過 過分 **～ed** /-d/|**～·ing** /-riŋ/) 他 【食い尽くす】 **1 をむさぼり食う**, がつがつ食う. Hyenas were ～*ing* the dead zebra. ハイエナが死んだシマウマをむさぼり食っていた. The hungry boys ～*ed* the food in no time. 腹のへった少年たちは食べ物をあっという間に平らげた.
2 〔疫病, 火事などが〕を滅ぼす (destroy); 〔海, 闇(やみ)などが〕を飲み込む. The fire ～*ed* the whole village. 火事は村全体を焼き尽くした.
3 をむさぼるように読む; (穴の開くほど)を見つめる; に聞き入る. She ～*ed* every line of his letter. 彼女は彼の手紙を 1 行 1 行むさぼるようにして読んだ. ～ a person with one's eyes 人をむさぼるように見つめる.
4 を夢中にさせる, の心を奪う, 〈主に受け身で〉. be ～*ed* by anxiety [curiosity] 心配[好奇心]に取りつかれる. [＜ラテン語「ぐいと飲む」(＜de-＋*vorāre*「飲み込む」)]

de·vour·ing /diváu(ə)riŋ/ 形 〈普通, 限定〉むさぼるような. ～ passion 燃えるような情熱.

de·vour·ing·ly /diváu(ə)riŋli/ 副 むさぼるように, がつがつと.

†**de·vout** /diváut/ 形 **1** 信仰心のあつい, 信心深い. a ～ Catholic 敬虔(けん)なカトリック教徒. the ～ 信心深い人たち. **2** 〈限定〉誠実な; 心からの, 切なる, 〔願いなど〕; 熱烈な. one's ～ hope 心からの希望. [devote と同源] ▷**～·ly** 副 敬虔に; 心を込めて, 切に. hope ～*ly* that ..ということを切に願う. **～·ness** 名 U 信仰深さ; 熱心.

D

DEW distant early warning.

*__dew__ /d(j)uː/ 名 (複 ~s /-z/) **1** UC 〈時に ~s〉露. drops of ~ 露のしずく. morning ~(s) 朝露. The ~ falls on the grass at night. 露は夜の間に草に降りる. be wet with ~ 露で濡れている. **2** UC 〈時に ~s〉(涙, 汗などの)しずく. the ~ of tears 涙のしずく. **3** U (朝露のようなさわやかさ; 新鮮味. the ~ of youth 青春のみずみずしさ. [<古期英語]

dew·berry /d(j)úːbèri|-bəri/ 名 (複 **-ries**) C 〖植〗 デューベリー《キイチゴの一種》.

déw·dròp 名 C **1** 露の玉[しずく]. **2** 〖英・戯〗(垂れかけている)鼻水の一滴.

Dew·ey /d(j)úːi/ 名 **John ~** デューイ(1859–1952)《米国のプラグマティズムの哲学者・教育者》.

Dèwey décimal sỳstem [classificàtion] 名 〈the ~〉(図書の)デューイ十進分類法《<発明者の米国人 Melvil *Dewey* (1851–1931)》.

déw·fàll 名 UC 〖章〗露のおりること; 露のおりる頃.

dew·i·ly /d(j)úːili/ 副 露のように; (露のように)さわやかに.

dew·i·ness /d(j)úːinəs/ 名 U 露のようなこと; さわやかさ.

déw·làp 名 C (牛, 七面鳥などの喉(のど)の)垂れ肉.

DÉW lìne 名 〈the ~〉遠距離防空警戒線《北緯 70 度線に沿って北米大陸に設けられた敵軍機やミサイルに対する警戒網》.

déw pòint 名 〈the ~〉〖気象〗露点.

déw·pònd 名 C 〖主に英〗露池《露や霧の水分をためる》.

dew·y /d(j)úːi/ 形 **1** 露にぬれた(ような). **2** 〖雅〗(露のように)さわやかな〔眠りなど〕. **3** 清純な; 感情的な.

dèwy-éyed /⑳/ 形 うるんだ目の; 無邪気な; 感傷的な.

Dex·e·drine /déksədrìːn/ 名 U 〖商標〗デキセドリン《覚醒剤・食欲抑制薬用のデキストロアンフェタミン》.

dex·ter /dékstər/ 形 〖紋章〗(盾(たて)の紋章の)右側の《盾に向かって左側; ↔sinister》. [ラテン語 'on the right']

†**dex·ter·i·ty** /dekstérəti/ 名 U **1** (手先の)器用さ; 巧妙さ. with ~ 器用[巧妙]に. **2** 利口さ, 抜け目なさ. [<ラテン語「右利き>器用さ」]

‡**dex·ter·ous** /dékst(ə)rəs/ 形 **1** (手先の)器用な; 巧妙な 〈*at, in* ..が〉. She has long and ~ fingers. 彼女の指は長くて器用だ. That servant is quite ~ *in* [*at*] inventing excuses. あの召使いは口実を作るのが巧妙だ. **2** 利口な, 抜け目ない. [<ラテン語「右の」] ▷**~·ly** 副 器用に, 巧みに; 抜け目なく. **~·ness** 名

dex·tral /dékstrəl/ 形 右(側)の; 右利きの. ◇↔sinistral ▷**~·ly** 副

dex·trin /dékstrin/ 名 U 〖化〗デキストリン《澱(でん)粉から作られ, 接着剤として切手, 封筒などに用いる》.

dex·trose /dékstrous/ 名 U 〖化〗ブドウ糖.

dex·trous /dékstrəs/ 形 =dexterous.

DfEE the Department for Education and Employment.

DG Deo gratias; director general.

dg. decigram(s).

DH 名 C 指名打者 (designated hitter). ── 動 自 指名打者[DH]となる. ── 他 を指名打者[DH]にする.

DHA docosahexaenoic acid (ドコサヘキサエン酸)《魚の脂肪に含まれる; 脳細胞を活性化する働きがある》.

Dha·ka /dǽkə/ 名 ダッカ《Bangladesh 中東部にある首都; →Dacca》.

dhar·ma /dáːrmə, dəːr-|dáː-/ 名 U (ヒンドゥー教・仏教の)戒律, 教え.

Dhau·la·gi·ri /dàuləgí(ə)ri/ 名 ダウラギリ《ヒマラヤ山脈中の高峰; 標高 8,172m》.

dho·ti /dóuti/ 名 C (インドの男性がまとう)腰布.

dhow /dau/ 名 C ダウ《大きな三角帆を付けたアラビア人の沿岸貿易船》.

DI 〖英〗detective inspector.

Di /dai/ 名 Diana の愛称.

di-[1] /dai, di/ 〈複合要素〉「2つの, 2倍の, 2重の」の意味 (→mono-, bi-). *di*chotomy. *di*oxide. [ギリシア語 *dís* 'twice, double']

di-[2] 接頭 dis- の異形.

di·a- /dáiə/ 接頭 「通して, 横切って, 間に」などの意味. *dia*chronic. *dia*gonal. *dia*log. [ギリシア語 *diá* 'through, across, between']

*__di·a·be·tes__ /dàiəbíːtiːz/ 名 U 〖医〗**糖尿病**. [ギリシア語「通り抜けること, サイフォン」; 排尿量が多いことから]

‡**di·a·bet·ic** /dàiəbétik/ 形 糖尿病の; 糖尿病患者用の. ── 名 C 糖尿病患者.

di·a·bol·ic /dàiəbálik|-bɔ́l-/ 形 **1** 悪魔の. **2** =diabolical 1, 2.

di·a·bol·i·cal /dàiəbálik(ə)l|-bɔ́l-/ 形 **1** 残忍な, 極悪非道の. a ~ crime 凶悪犯罪. **2** 〖主に英話〗とても不愉快な, じつに腹立たしい. The train drivers are on strike again. It's really ~! また運転士のストライキだ. ほんとにひどいよ. **3** =diabolic 1. [<ギリシア語「悪魔の」] ▷**~·ly** 副

di·ab·o·lism /daiǽbəlìz(ə)m/ 名 U 魔術; 悪魔信仰.

di·ab·o·lo /daiǽbəlòu|diáː-/ 名 (複 **~s**) U ディアボロ《2本の棒の先に張ったひもでこまを回す遊び》; C ディアボロのこま《円筒状で中ほどがくびれている》.

di·a·chron·ic /dàiəkránik|-krɔ́n-/ 形 〖言〗通時的な《言語などを歴史的に時間の流れに沿って研究する方法について言う; ↔synchronic》. ~ linguistics 通時言語学.

di·a·crit·ic /dàiəkrítik/ 形 =diacritical. ── 名 C =diacritical mark.

di·a·crit·i·cal /dàiəkrítik(ə)l/ 形 発音を区別する(ための).

diacrìtical márk [sígn] 名 C 発音区別符号《例えば文字の a の表す音を区別するために ā, ă, ä のように添加する符号; それぞれ /ei/, /æ/, /ɑː/ を表す》.

di·a·dem /dáiədèm/ 名 C 〖雅〗王冠 (crown); (葉や花を編んだ)帯状頭飾り; バンド型小冠.

di·aer·e·sis /daiérəsəs|daiíər-/ 名 (複 **di·aer·e·ses** /-siːz/) =dieresis.

†**di·ag·nose** /dáiəgnòus, -nòuz|-nòuz/ 動 他 **1** 〖医〗**(a)** VO (~ X/*that* 節/*wh* 節) X (病名)と/..であると/..かと診断する; VOA (~ X *as*..) X (病気など)を..と診断する. ~ cancer 癌(がん)と診断する. His illness was ~*d as* a nervous breakdown. 彼の病気はノイローゼと診断された. **(b)** VOC (~ X Y)・VOA (~ X *with* Y/*as* (*doing*) Y) X (人)が Y であると/Y (にかかっている)と診断する. ~ the patient *with* lung cancer その患者を肺癌と診断する. He was ~*d* (*as*) a diabetic [*as* hav*ing* diabetes]. 彼は糖尿病と診断された. He was ~*d with* IDDM when he was five years old. 彼は5歳のときにインスリン依存型糖尿病であると診断された. **2** 〔事態, 機械などの異常〕の原因を判断する[突き止める]; VOA (~ X *as*..) 〔異常の原因など〕を..であると判断する. ~ the fault in a motor モーターの欠陥の原因を突き止める. [<*diag-nos*is]

†**di·ag·no·sis** /dàiəgnóusəs/ 名 (複 **di·ag·no·ses** /-siːz/) **1** U 診断(法); C 診断結果, 診断書. make [give] a ~ 診断する. **2** C 異状原因の推断. make a ~ of the depression 不景気の原因を突き止める. [<ギリシア語「識別」]

‡**di·ag·nos·tic** /dàiəgnástik|-nɔ́s-/ 形 **1** 診断(上)の, 診断に役に立つ. a ~ test 診断テスト. **2** 〈叙述〉症状を示す 〈*of* ..の〉. ▷**di·ag·nos·ti·cal·ly** /-k(ə)li/ 副

di·ag·no·sti·cian /dàiəgnastíʃ(ə)n|-nɔs-/ 名 C (特に内科の)診断(専門)医.

dì·ag·nós·tics 名 U 診断学.

‡**di·ag·o·nal** /daiǽgən(ə)l/ 形 対角線の; 斜線の; 斜めの; 斜め模様の. a ~ pass from Jack ジャックからの斜

めのパス. ── 名 C 〖数〗 対角線; 斜線. [dia-, -gon, -al]

diágonal clòth 名 U あや織り.

di·ág·o·nal·ly 副 対角線的に, 斜めに. a slice of bread cut 〜 はすに切ったパンのひと切れ. He cut 〜 across the street to the building. 彼は通りを斜めに横切ってその建物へ向かった.

†**di·a·gram** /dáiəgræ̀m/ 名 C (構造, 構想などを示す)図, 図形; 図表; 図解; ダイアグラム. draw a 〜 図を書く. a 〜 of a machine and its workings 機械とその動きの図式. [図式の.

di·a·gram·mat·ic /dàiəgrəmǽtik/ 形 図表の,

dì·a·gram·mát·i·cal·ly /-k(ə)li/ 副 図表で, 図式によって. show 〜 図示する.

‡**di·al** /dai(ə)l/ 名 (複 〜s /-z/) C **1** (時計, はかり, 羅針盤などの)**文字盤**; (計器などの)指針盤[板, 面], 目盛り盤. **2** (電話の)ダイヤル; プッシュボタン. work [spin] the 〜 ダイヤルをぐるぐる回す. **3** (ラジオ, テレビの)ダイヤル, 調節つまみ. a tuning 〜 選局[調節]ダイヤル. **4** 日時計 (sundial).

── 動 (〜s|〖英〗-ll-) 他 **1** に電話をかける, 〔電話番号〕をダイヤルで回す[ボタンで押す]. 〜 London [the office] ロンドン[事務所]に電話する. 〜 Tom's number トムの番号を回す. 〜 911 (nine one one) 911 番を回す (参考 米国では 911, 英国では 999 が警察・消防署・救急車へ通報する時の番号; 日本の 110, 119 に当たる; → telephone). Please 〜 me at home. 私の家へ電話してください. **2** 〔ラジオ, テレビ〕のダイヤルを回す, 〔放送局, 番組〕にダイヤルを合わせる. 〜 the baseball game 野球放送にダイヤルを合わせる.

── 自 (ダイヤルを回して)電話をかける; (電話, ラジオ, テレビの)ダイヤルを回す. 〜 home 家に電話する. 〜 out (from..) (..から)外線をかける.

[＜中世ラテン語「1 日の」(＜ラテン語 *diēs* 'day')]

***di·a·lect** /dáiəlèkt/ 名 (複 〜s /-ts/) UC **1** (**a**) **方言**, 国[地方]訛(なま)り. speak the Dorset 〜 ドーセット方言を話す. a regional [class] 〜 地域[階級]方言. 〜 words 訛り言葉. (**b**) 言語 《語族・語派の 1 つの》. **2** (ある職業, 階級などに特有の)言葉遣い, 通用語. the 〜 of law 法律用語. [＜ギリシア語「対話, 話し方」]

di·a·lec·tal /dàiəlékt(ə)l/ 形 方言の. ▷〜**·ly** 副

dìalect átlas 名 C 方言地図.

dìalect geógraphy 名 U 方言地理学.

di·a·lec·tic /dàiəléktik/ 名 U 〖哲〗 弁証法; 〈しばしば 〜s; 単数扱い〉 弁証法的討論. [＜ギリシア語「対話が巧みな」]

di·a·lec·ti·cal /dàiəléktik(ə)l/ 形 論理的思考の; 弁証法的討論に長じた. 〜 materialism 弁証法的唯物論. ▷〜**·ly** 副

di·a·lec·ti·cian /dàiəlektíʃ(ə)n/ 名 C 弁証家, 論法家.

di·a·lec·tól·o·gist 名 C 方言学者.

di·a·lec·tol·o·gy /dàiəlektálədʒi|-tɔ́l-/ 名 U 方言学, 方言研究.

dí·al·ling còde 名 C 〖英〗(電話の)局番, 地域番号 (〖米・オース〗 area code).

dí·al·ling tòne 名 〖英〗 ＝dial tone.

***di·a·logue, 〖米〗-log** /dáiəlɔ̀:g, -lɑ̀g|-lɔ̀g/ 名 (複 〜s /-z/) UC **1 対話**, 会話, (類語 主として二者間の対話を言う; →conversation). **2** (劇, 小説, 映画などの)会話の部分; 対話体の文芸作品; (→monologue). **3** (指導者間などの)意見交換, 話し合い. a 〜 between management and labor 労使間の話し合い. enter into a 〜 with ..と話し合いを始める.

a dìalogue of the déaf 相手の話を聞こうとしない者同士の議論[交渉].

── 動 自 対話をする.

[＜ギリシア語「会話」; dia-, -logue]

díal tòne 名 C 〖米・オース〗(電話の)発信音 《受話器を外した時に鳴るダイヤルを回してよいことを表す音》.

di·al·y·sis /daiǽləsis/ 名 (複 **di·al·y·ses** /-si:z/) UC 〖医〗 透析. blood-cleansing 〜 血液を浄化する透析.

diam. diameter.

di·a·man·té /dì:əmɑ:ntéi|-mɔ́ntei/ 名 UC ディアマンテ《衣服にちりばめる光輝く装飾品; スパンコール, 模造ダイヤモンドなど》; ディアマンテをちりばめた織物. ── 形 ディアマンテで飾った. [フランス語「ダイヤで飾った」]

***di·am·e·ter** /daiǽmətər/ 名 (複 〜s /-z/) C **1 直径** (→radius); 差し渡し. a circle [sphere] five inches in 〜 直径 5 インチの円[球]. **2** (面積でなく長さについて)..倍 《拡大率を表す単位》. The photograph is enlarged to two 〜s. 写真は(長さで) 2 倍に拡大してある《縦横を 2 倍にすると面積は 4 倍になる》. [＜ギリシア語 (＜dia-＋*métron*「長さ」)]

di·a·met·ric, -ri·cal /dàiəmétrik/, /-rik(ə)l/ 形 **1** 直径の. **2** 〔矛盾, 相違などが〕対立的な, 正反対の.

dì·a·mét·ri·cal·ly 副 正反対に; 完全に, まさに. be 〜 opposite [opposed] 正反対である.

‡**di·a·mond** /dáiəmənd, dáim-|dáiə-/ 名 (複 〜s /-dz/) **1** UC **ダイヤモンド**, ダイヤ, 金剛石, 《4 月の誕生石; →birthstone ★》; 〈〜s〉 ダイヤの装身具 《ネックレス, ブレスレットなど》. a three-carat 〜 3 カラットのダイヤモンド. a 〜 of the first water 最高級のダイヤ (→water 11). wear 〜*s* ダイヤ(の装身具)を身に着ける.

連結 a flawless [a perfect; a rough; a cut; a real; a false] 〜 // a 〜 sparkles [flashes, shines]

2 C ガラス切り (glazier's diamond). **3** C 菱(ひし)形. **4** C (トランプの)ダイヤ札. the eight of 〜*s* ダイヤの 8 の札. **5** C 〖野球〗〈普通 the 〜〉 内野 (infield); 野球場. **6** 〖印〗 4.5 ポイント活字. **7** 〈形容詞的〉 (**a**) ダイヤ入りの. a 〜 ring ダイヤの指輪. (**b**) 菱形の.

a díamond in the ròugh ＝***a ròugh díamond*** (1) 未加工のダイヤモンド, ダイヤモンドの原石. (2) 磨けば光る才能(の持ち主).

dìamond cùt díamond (知恵, 悪知恵などの)しのぎを削る好勝負.

[＜ギリシア語 *adámas*「征服されない＞最も堅い」]

díamond·bàck 形, 名 C 背にダイヤモンド形[菱(ひし)形]の紋様のある(ガラガラヘビ, カメなど).

dìamondback ráttle snàke 名 C 〖動〗 ヒシモンガラガラヘビ 《北米産》.

dìamondback térrapin 名 C 〖動〗 ダイヤモンドテラピン 《米国東部・南部産のイリエガメ; 食用》.

dìamond júbilee 名 C 60 年(時に 75 年)記念祭.

díamond làne 名 C 〖米話〗 2 人以上乗用車専用レーン.

Dìamond Stàte 名 〈the 〜〉 米国 Delaware 州の俗称.

dìamond wédding (annivèrsary) 名 C ダイヤモンド婚式 《結婚 60 年目(又は 75 年目)の祝い》.

Di·an·a /daiǽnə/ 名 **1** 〖ロ神話〗 ダイアナ 《月の女神; 狩猟と処女性の守護神; ギリシア神話の Artemis に当たる》. **2 Princess** 〜 ダイアナ元妃 (1961–97) 《英国の Charles 皇太子の元妃 (1981–96); 公式の名は Diana, Princess of Wales であった》. **3** 女子の名.

di·an·thus /daiǽnθəs/ 名 C 〖植〗 ナデシコの類.

di·a·pa·son /dàiəpéiz(ə)n, -s(ə)n/ 名 C 〖楽〗 **1** (パイプオルガンの)ダイアペーソン音栓(せん) 《荘厳な音色を出す open 〜 (開口音栓)と, 力強くフルートに似た音色を出す closed 〜 (閉口音栓)とがある》. **2** (楽器・声の)全音域. **3** 音叉(さ) (tuning fork).

***di·a·per** /dáiəpər/ 名 (複 〜s /-z/) **1** C 〖米〗 **おむつ** (〖英〗 napkin, nappy). **2** U 菱(ひし)形模様(のある布) 《麻又は木綿のタオル, ナプキンなど》. [＜中世ギリシア語「純白の」]

díaper ràsh 名 U 〖米〗 おむつかぶれ.

di·aph·a·nous /daiǽfənəs/ 形 〔織物などが〕透(す)け

て見える (transparent).

†**di·a·phragm** /dáiəfræ̀m/ 名 C **1**〖解剖〗横隔膜. **2** (受話器, スピーカーなどの)振動板. **3**〖写〗(レンズの)絞り. **4** ペッサリー (pessary)《女性用避妊具》. [＜ギリシア語 (＜dia-＋*phrágma* 'fence')]

di·a·rist /dáiərist/ 名 C 日記をつける人; 日記作家.

†**di·ar·rhe·a, -rhoe·a** /dàiərí:ə|-ríə/ 名 U〖医〗下痢. [＜ギリシア語「流れ通ること」]

di·ar·rhe·al, -rhoe·al /dàiərí:əl|-ríəl/ 形〖医〗下痢の.

‡**di·a·ry** /dáiəri/ 名 (複 **-ries** /-z/) C **1** 日記; 日記帳, 卓上[手帳]日記; (類語 個人の身辺雑記的なものを指す; →journal). keep a ～ 日記をつけている. I forgot to write (in) a ～ for May 1. 5月1日分の日記をつけ忘れた (語法 keep a diary は習慣的に書くことを, write a diary はその日の書く行為を表す). **2** (暦に書き込む形の)予定表, 手帳. [＜ラテン語「1日分の割当」(＜*diēs* 'day')]

Di·as·po·ra /daiǽspərə/ 名 〈the ～〉 **1** (バビロン幽囚終了後の)ユダヤ人の離散; 〈the d-; 一般に〉(民族, 集団などの)離散. **2** 〈集合的〉 離散したユダヤ人たち(の住む国々). [ギリシア語 'scattering']

di·a·stase /dáiəstèis/ 名 U〖化〗ジアスターゼ, 澱(でん)粉糖化酵素.

di·as·to·le /daiǽstəlì:|-li/ 名 UC〖生理〗心臓の拡張(期) (→systole).

di·as·tol·ic /dàiəstɑ́lik|-tɔ́l-/ 形〖生理〗心臓拡張の.

di·a·tom /dáiətɑ̀m|-təm/ 名 C 珪藻(けいそう)《水中に生じる単細胞植物》.

di·a·ton·ic /dàiətɑ́nik|-tɔ́n-/ 形〖楽〗全音階の. the ～ scale 全音階.

di·a·tribe /dáiətràib/ 名 C〖章〗痛烈な非難[批判] 〈*against* ..〔人, 物事〕に対する〉.

dib·ber /díbər/ 名〖英〗＝dibble.

dib·ble /díb(ə)l/ 名 C ディブル, 苗差し, 《先のとがった木製の穴掘り道具; 苗木, 球根などを植える穴を開ける》.
── 動 他 をディブルを使って植える 〈*in, into* ..に〉;〔地面〕にディブルで穴を掘る.

dibs /dibz/ 名 U〖話〗**1** 金 (money). **2** 権利. put one's ～ on ..を取っておく.
hàve* (*first*) *díbs on .. 〖米話〗..をまず[最初に]使う[読む]権利がある, ..に唾(つば)をつけてある.

†**dice** /dais/ 名 (単〖米・英古〗**die** /dai/,〖英〗～) **1** さいころ, さい, (語法 dice は元来複数形で, 現在〖米〗では複数扱い,〖英〗では1個を a ～ 又は one of the ～ と言うが, 普通は複数個で遊ぶ). roll [cast, throw] ～ さいころを転がす[投げる]. **2** U さいころ遊び, ばくち. play (at) ～ さいころ遊び[ばくち]をする. **3** さいの目形(に切った野菜, 肉など).
lòad the díce (鉛などを埋め込んで)さいころに細工する; 〈一般に〉 巧みに仕組む; 〈*against* ..〔人〕が損するように〉〈普通, 受け身で〉. He thought that *the* ～ were *loaded against* him. これは何か仕組まれていると彼は思った.
nò díce 〖主に米俗〗見込みがない; だめだ, 嫌だ, 《依頼に対する拒否》. We tried to convince her to come with us, but (she said) *no* ～. 彼女に一緒に来るように言ったが, だめだった[嫌ですと言った].
── 動 自 さいころ遊び[ばくち]をする 〈*with* ..〔人〕と/ *for* ..を賭(か)けて〉. I'll ～ *with* you *for* drinks. おまえと酒を賭けてダイスをやろう. ── 他 **1** VOA (～ /X/ *away*)〔時間〕をさいころ遊びでつぶす;〔金銭など〕をさいころ遊び[ばくち]で失う. ～ *away* one's whole fortune ばくちで全財産を失う. **2**〔肉, 野菜など〕をさいの目に刻む 〈*up*〉.
dìce with déath (死を招きかねない)危険な事を(向こう見ずに)やる《＜死神とさいころ遊びをする》.
[die² の複数形] ▷**diced** /-t/ 形 さいの目に切った.

dic·ey /dáisi/ 形 e〖話〗一か八(ばち)かの, 危なっかしい, (risky).

di·chot·o·my /daikɑ́təmi|-kɔ́t-/ 名 (複 **-mies**) C〖章〗2分する[される]こと 〈*between* ..〔対立する2つの部分〕に〉, 2分法; 分裂 〈*between* ..〔2つの部分〕への〉. a ～ *between* words and deeds 言行の分裂, 言行の不一致.

Dick /dik/ 名 Richard の愛称.

dick /dik/ 名 C **1**〖俗〗刑事, 'でか', 探偵, (detective). **2**〖俗〗(特に男の)ばか, あほう; いやなやつ; やつ. **3**〖卑〗ペニス (penis). ── 動 自 VA (～ ***around, about***) ぶらぶらする.

Dick·ens /díkənz/ 名 **Charles** ～ ディケンズ (1812–70)《英国の小説家》.

dick·ens /díkənz/ 名〖話〗**1** C 悪魔《devil の婉曲語》. **2** 〈the ～〉《のろい, 強意などに用いる; →devil, deuce》 The ～! あれっ, 畜生. Who the ～ are you? 君は一体何者だ. as pretty [cute] as the ～*s*〖米話〗すごくきれいな[かわいい]. like the ～*s* 一生懸命に; ものすごく.

Dick·en·si·an /dikénziən/ 形 **1** ディケンズの. **2** ディケンズ風の《貧しさ, 陽気さなどを連想させる》.

dick·er /díkər/ 動 自〖話〗(売買の)駆け引きをする 〈*with* ..と〉; 値切る 〈*for* ..を〉.

dick·ey /díki/ 名 (複 ～**s**) C〖話〗**1** (ワイシャツの)ディッキー, 仮胸, 《取り外せる正装用のもの》; (女性用の)前飾り, ジレー. **2**〖英・幼〗小鳥 (dickybird).

díckey sèat 名〖英旧〗＝RUMBLE seat.

díck·hèad 名 C〖卑〗大ばか, どあほう.

dick·ie /díki/ 名 ＝dickey 2.

Dick·in·son /díkəns(ə)n/ 名 **Emily** ～ ディキンソン (1830–86)《米国の女流詩人》.

dick·y /díki/ 名 (複 **dick·ies**) C **1** ＝dickey. **2**〖主に英〗補助席《2人乗り自動車の折りたたみ式の》.
── 形〖英話〗ぐらつく;〔健康などが〕危なっかしい. a ～ heart がたが来た心臓.

dícky·bìrd 名 C **1** ＝dickey 2. **2**〖俗〗ひと言, 何か 〈普通, 否定文で〉. "Did you hear from him?" "Not a ～." 「彼から便りあった?」「いや, 全然」
nòt sày* [*hèar*] *a díckybird 〖英話〗黙りこくる, 音沙汰がない.

dícky bòw 名〖話〗＝bow tie.

di·cot·y·le·don /daikɑ̀təlí:dn|-kɔ̀t-/ 名 C〖植〗双子葉植物. ▷**di·cot·y·le·don·ous** /-nəs/ 形

dict. dictation; dictator; dictionary.

dic·ta /díktə/ 名 dictum の複数形.

Dic·ta·phone /díktəfòun/ 名 C〖商標〗ディクタフォーン《口述録音器 (dictating machine) の一種》.

***dic·tate** /díkteit, ─´|─´/ 動 (～**s** /-ts/|過 過分 **-tat·ed** /-əd/|**-tat·ing**) 他 **1** を(読んで, 口で言って)書き取らせる, 口述する, 〈*to* ..に〉. ～ a letter *to* the secretary 手紙を秘書に口述する. transcribe ～*d* orders 口述された命令を転記する.
2 (**a**) を(強制的に)要求する, 命令する;〔条件など〕を指示する, 押し付ける; 〈*to* ..に〉. ～ rules (*to* the workers) (労働者に)規則を押し付ける. (**b**) VO (X/～ ***that*** 節/***wh*** 節) X を/..するように/..すべきかを要求する, 命じる, 指示する;〔物事が〕を決定する, 左右する. It is our leader who ～*s what* we may say and do. 何を言ったらいいか, 何をしたらいいかを指示するのは私たちの指導者だ. as ～*d* by.. の指示の通りに. Common sense ～*d that* the president (should) resign. 常識から言って社長の辞任が必要だった. The social code ～*s how* we should behave in public. 社会的儀礼が人前でどうふるまうべきかを決定する. The weather will ～ *what* we do on the weekend. 週末に何をするかは天気によって決まる.
── 自 **1** VA (～ ***to* ..**)〔人〕に書き取らせる, 口述する. ～ *to* one's typist タイピストに口述する. **2** VA (～ ***to* ..**)

〔人〕に(強制的に)命令する, 指図する, 〈しばしば受け身で〉. I will not be ～*d to*.＝No one shall ～ *to* me. 私は人の指図は受けない. act as circumstances ～ 臨機応変にやる.

── /ˊ-ˋ/ 名 C 〈普通 ～s〉(良心, 理性などの)命ずるところ; 命令, 指令. follow [obey] the ～s of one's conscience 良心の命令に従う.

[＜ラテン語「繰り返し言う」(＜*dīcere* 'say')]

*__dic·ta·tion__ /diktéiʃ(ə)n/ 名 (複 **～s** /-z/) **1** U 口述(する[される]こと); **書き取り**; C (外国語の)ディクテーション; 書き取った言葉[文章]. The secretary can take ～ in shorthand. その秘書は口述を速記で書き取れる. The teacher gave us a French ～. 先生は我々にフランス語の書き取りをさせた. **2** U 命令する[される]こと, 指図. ◇動 dictate

at a pèrson's dictátion 人の口述から〔書き取る〕; 人の指図に従って〔行動する〕.

*__dic·ta·tor__ /díkteitər, -ˊ-|-ˊ-/ 名 (複 **～s** /-z/) C **1** 独裁者. **2** 口述者. **3**〖ローマ史〗執政官.

dic·ta·to·ri·al /dìktətɔ́ːriəl/ 形 **1** 独裁(者)の; 独裁的な. a ～ government 独裁政府. **2** 専断の, 横暴な. ▷**～·ly** 副 独裁的に; 横暴に.

†**dic·ta·tor·ship** /diktéitərʃìp/ 名 **1** U 独裁政治; C 専制政府, 独裁国. **2** UC 独裁者の権力[地位, 在任期間].

dic·tion /díkʃ(ə)n/ 名 U **1** 言葉遣い, 語法, 用語の選択[配列]. archaic ～ 古風な言葉遣い. poetic ～ 詩的語法. **2** 話し方, 発声法. [＜ラテン語「話すこと, 言い方」]

‡**dic·tion·ar·y** /díkʃ(ə)nèri|-ʃən(ə)ri/ 名 (複 **-ar·ies** /-z/) C **1** **辞書**, 辞典, 字引き, (類語「辞書」を表す一般的な語; →glossary, lexicon, wordbook). an English-Japanese ～ 英和辞典. consult a ～ 辞書を引く. look up a word in a ～ ある語を辞書で引く. a ～ of psychology 心理学(用語)辞典.

> 連結 an authoritative [a standand; a reliable; an up-to-date; a comprehensive; an unabridged; a concise; a pocket; a bilingual, an etymological, a learner's, a technical] ～ // compile [revise] a ～

2〖電算〗辞書.

have swàllowed a díctionary〖話〗やたらと難しい言葉を使う.

[＜中世ラテン語「単語集」; diction, -ary]

Dic·to·graph /díktəgræ̀f|-grɑ̀ːf/ 名 C 〖商標〗ディクトグラフ《高性能マイクを用いた拡声送話器の一種; 盗聴にも用いられる》.

dic·tum /díktəm/ 名 (複 **～s, dicta**) C **1** (専門家の)言明, 断言. **2** 格言, 金言, (maxim; →proverb 類語). **3**〖法〗＝obiter dictum. [ラテン語 'thing said']

did /did/ 動, 助 do¹ の過去形.

di·dac·tic, -ti·cal /daidǽktik, di-/, /-tik(ə)l/ 形〖章〗**1** 教訓的な〔話, 本など〕. **2**〖軽蔑〗教師然とした, お説教好きな. [＜ギリシア語「教育に熟練した」]

▷**di·dac·ti·cal·ly** 副

di·dác·tics 名 〈単数扱い〉教授法.

did·dle /dídl/ 動 他 〖話〗**1**〔人〕から巻き上げる〈*out of* ..を〉; 〔人〕をだます (cheat). ～ him *out of* his money 彼から金をだまし取る. **2**〔時間〕を浪費する.

dìddle aróund〖主に米〗無駄に時間を使う.

did·dly /dídli/, **dìddly-shít, dìddly-squát** 名 U 〖米話〗〈否定文で〉ごくわずか(も..ない). He don't know *diddly* about cars. あいつは車のことはちっとも分かっちゃいない. ★diddly の前に jack が付くこともある.

did·dums /dídəmz/ 間〖英〗そうなの《子供あるいはふざけて大人に言う同情の言葉》.

did·ge·ri·doo /dìdʒəridúː/ 名 ディジャリドゥー《オーストラリア先住民の縦笛》.

did·n't /dídnt/ did not の短縮形.

Di·do /dáidou/ 名〖ロ伝説〗ディードー《カルタゴを建設した女王; Aeneas に恋をし, 捨てられて自殺した》.

di·do /dáidou/ 名 (複 **～es, ～s**) C〖米話〗おどけ, ふざけ. cut (up) ～(*e*)*s* おどける.

didst /didst/ 動〖古〗2 人称・単数・主格 thou に用いる do¹ の直説法・過去形 (→dost).

‡**die**¹ /dai/ 動 (**～s** /-z/|過 過分 **～d** /-d/|**dý·ing**) 自

【死ぬ】**1** (**a**)〔人, 動物が〕**死ぬ**; 〔植物が〕枯れる; (↔live; 類語「死ぬ」を表す一般的な語; decease は〖章〗, expire は〖雅〗, pass away は〖婉曲〗, give up the ghost は〖話〗, kick the bucket は〖俗〗). till the day I ～ 死ぬ日までずっと. I'd rather ～ than apologize to Ben. ベンに謝るくらいなら死んだほうがました. (**b**) VA 死ぬ〈*of, from* ..〔病気など〕で/*in* ..〔戦闘など〕で/*for* ..〔国〕のためなどで〉. ～ *of* cancer [old age, hunger] 癌(がん)[老衰, 飢え]で死ぬ. ～ *from* malnutrition [a wound, overwork, eating too much] 栄養不良[けが, 過労, 食べ過ぎ]がもとで死ぬ (語法 普通, 直接の死因(病気)には of, 間接の死因(けが, 過労など)には from を用いるが, of と from が区別なく用いられることもある). ～ *by* violence 暴行を受けて死ぬ. ～ *for* one's country [belief] 国[信仰]のために死ぬ. The bird ～*d through* neglect. 小鳥はほうっておかれたために死んだ. ～ *in* battle [an accident] 戦闘[事故]で命を落とす (語法 戦争や事故などでは be killed を使う方が普通). ～ *in* poverty 貧困のうちに死ぬ. ～ *in* one's bed →bed (成句). (**c**) VC (～ X) X の状態で死ぬ. He ～*d* young [a bachelor].＝He was young [a bachelor] when he ～*d*. 彼は若くして[結婚しないうちに]死んだ. (**d**) 〈進行形で〉死にかかっている. The injured man *is dying*, but not dead. けが人は死にかかっているが死んではいない.

2【死にそうである】〖話〗(**a**) 〈進行形で〉死にそうだ, ひどく感じる, 〈*of, from* ..〔空腹, のどの渇きなど〕で, を〉; 〖米俗〗死ぬ[つらい]思いをする. I'*m* simply *dying from* boredom. 退屈で死にそうだ. I *was dying on* my math test. 数学の試験でひどい目にあった. (**b**) 〈almost [nearly, 〖米〗just] 又は could [would] などを伴って〉死ぬほど驚く[ショックを受けるなど]. She *almost* ～*d of* shame. 彼女は死ぬほど恥ずかしかった. I *could* have ～*d*. 死ぬかと思うぐらいびっくりした[面食らったなど]. You'*ll* ～ when you see it. それを見たら腰を抜かすぞ. (**c**) VA (～ *for* ../*to do*) 〈進行形で〉..が欲しくて/..したくてたまらない. *be dying for* a smoke 一服やりたくてたまらない. I'*m dying to* see Meg. メグに会いたくてたまらない.

3〖神学〗精神的に死ぬ, 永遠の苦しみを味わう.

4 VA (～ *to*..) ..に無感覚[無関心]になる.

【物が'死ぬ'】**5**〔機械などが〕突然止まる; 〔制度などが〕滅びる, 消滅する. The hair-drier ～*d* (on me). ヘアドライヤーが止まってしま(い困)った. His policies ～*d* with him. 彼の政策は彼の死とともに滅びた《後継者がなかった》. The secret ～*d* with him. 彼は死ぬまで秘密を守り通した.

6【消えて行く】〔火, 光, 音などが〕消える, 薄らぐ; 〖主に米〗〔衣類などが〕すり切れる. The day was *dying* very fast. 日はたちまち暮れていった.

7〖俗〗＝DIE a death (→成句).

── 他 〈同族目的語を伴って〉..の死に方をする. ～ a natural [peaceful] death＝～ naturally [peacefully] 寿命が尽きて[安らかに]死ぬ (語法 このように副詞(句)で書き換えられることが多い). ～ a hero's death 英雄らしい死に方をする. ～ a dog's death 惨めな死に方をする. ◇名 death 形 dead

dìe a déath 〘英・戯〙〔芝居などが〕失敗である, 受けない.
dìe a thóusand dèaths ひどくびくつく[心配する].
****dìe awáy*** **次第に消える**,〔風, 音, 火, 光, 感情などが〕弱まってゆく. The music slowly ～*d away*. 音楽は次第に消えていった.
dìe báck 〔植物が〕(根を残して)枝先から(根元の方へ)枯れる.
dìe by one's òwn hánd 自殺する.
****dìe dówn*** (1)〔火勢, 興奮, 音, 嵐(あらし)などが〕**弱まる**, 静まる. The wind has finally ～*d down*. 風はやっと静まった. (2) =DIE back.
dìe hárd (死ぬと分かってもなお)頑強に抵抗する;〔古い習慣, 信仰などが〕なかなか滅びない[廃れない], 根強く残る; (→die-hard). Old habits ～ *hard*. 古くからの習慣はなかなかやめられない.
dìe láughing 〘話〙笑いこける.
****dìe óff*** **次々に死んで[枯れて]ゆく**. The flowers have ～*d off* until there is only one left. 花は次々と枯れてたった1つしか残っていない.
****dìe óut*** 〔一家, 種族などが〕**死に絶える**; 絶滅する;〔習慣, 思想などが〕滅びる, 廃れる. The Browns ～*d out* in the 18th century. ブラウン家は18世紀に(死に)絶えた.
dìe stànding úp 〘劇〙観衆に受けない.
dìe the déath (1)〘古・戯〙お陀仏(だぶつ)になる, 死刑になる. (2) =DIE a death.
do or die →do[1].
****Nèver sày díe!*** **弱音を吐くな**, くよくよするな.
to díe (for) 〘話〙とびきり上等の, 最高の,《<そのために死ねるぐらい》;〈副詞的〉すごく, えらい. Mary's cakes are *to* ～ *for*! メアリーのケーキは最高だ. [<古期英語]

die[2] 名 (複 1では **dice** /dais/, 2では **～s** /-z/) C **1**〘英では古〙さいころ, さい, (★単数形はまれ; →dice). **2**〘機〙打ち抜き型, (コイン用)金型; 雄ねじ切り (→tap[2] 3); 鋳型.
(as) stràight as a díe まっすぐな; まっ正直な.
The dìe is cást. さいは投げられた《もう後には引けない; Julius Caesar がこう言ってルビコン川 (Rubicon) を渡ったことから》.
[<ラテン語 *datum*「(運命によって)与えられたもの」]

díe-càst 形 ダイカストの.

díe-càsting 名 U ダイカスト; C ダイカスト鋳造物.

díe-hàrd 名 C (人の意見などを受け付けない)頑固者; 頑迷な保守的政治家. ── 形 最後まで抵抗する, 頑固な; 保守党右派の; 熱狂的な. a ～ fan 熱狂的なファン.

di·e·lec·tric /dàiiléktrik/ 〘電〙形 誘電性の, 絶縁の. ── 名 C 誘電体, 絶縁体.

Dien Bien Phu /djèn-bjèn-fúː/ 名 ディエンビエンフー《ヴェトナム北西部の村; ここで1954年フランス軍がヴェトナム軍に大敗を喫しやがてヴェトナムから撤退した》.

di·er·e·sis /daiérəsəs|daiíər-/ 名 (複 **di·er·e·ses** /-sìːz/) C 分音記号《coöperate, naïve のように隣接する2母音が別々に発音されることを示す記号(umlaut); 今ではあまり用いられない》.

†**die·sel** /díːz(ə)l, -s(ə)l|-z(ə)l/ 名 C **1** ディーゼル機関 (**díesel èngine**). **2** ディーゼル車[船]. [<R. *Diesel* (1858–1913)《ドイツの技師; ディーゼル機関発明者》]

díesel òil [fùel] 名 U ディーゼル用重油.

Di·es I·rae /dìːeis-í(ə)rei|dìːeiz-íərai/ 名 ディエスイレ《普通, 死者のためのミサの中で歌われ, 歌詞が Dies Irae (ラテン語 'Day of Wrath') で始まる賛美歌》.

‡**di·et**[1] /dáiət/ 名 (複 **～s** /-ts/) UC **1** (日常の)**食事**, 常食. a meat ～ 肉食. a rich ～ 美食. live on a ～ of potatoes ジャガイモを常食とする. **2** (治療, 減量などのための)**規定食**; 食事療法, ダイエット; 規定食表《病人などに許された飲食物のリスト》;〈形容詞的〉ダイエット用の. put him on a sugar-free ～ 彼に砂糖抜きの規定食を取らせる. be [go] on a ～ 食事療法をしている[を始める]. ～ food ダイエット用食品.

> 1, 2の 連結 a healthy [a healthful; a (well-) balanced; a varied; a fat-free, a high-fiber, a low-cholesterol, a low-fat, a low-salt, a salt-free] ～ // follow a ～

3 いつも与えられているもの, お決まりのもの. be brought up on a constant ～ of television いつもテレビばかり見て育つ.
── 動 他〔人〕に食事療法をさせる; を減食させる.
── 自 食事療法をする. Don't pass me the cake; I'm ～*ing*. ケーキはよこさないで, ダイエット中ですから.
díet onesèlf 食事療法をする〈*on* ..を食べて〉; 減食[節食]する. [<ギリシア語「生活様式」]

***di·et**[2] /dáiət/ 名 (複 **～s** /-ts/) C **1** 政治[宗教, 国際]会議. **2** 〈the D-〉**国会**《日本, デンマーク, スウェーデンなどの; →congress, parliament》. The *Diet* is now sitting. 現在国会は開会中である. [<中世ラテン語「一日の仕事・旅>公開の会合」(<diet[1])]

‡**di·e·tar·y** /dáiətèri|-t(ə)ri/ 形 食事(療法)の.

díet drìnk 名 C ダイエット用飲料《カロリーが少なく, 普通, 炭酸入り》.

díet·er 名 C ダイエットをする人.

di·e·tet·ic /dàiətétik/ 形 栄養(学)の.

dì·e·tét·ics 名 〈単数扱い〉栄養学.

di·e·ti·cian, -tian /dàiətíʃ(ə)n/ 名 C 栄養士; 栄養学者.

Dieu et mon droit /djəː-ei-mɑn-drwάː|-mɔn-/ 神とわが権利《英国王室の紋章に書かれる標語》. [フランス語 'God and my right']

diff. difference; different; differential.

‡**dif·fer** /dífər/ 動 (**～s** /-z/|過 過分 **-ed** /-d/|**～·ing** /-riŋ/) 自 **1 相違する, 違う**, 異なる,〈*from* ..と〉. Tastes ～. 〘諺〙蓼(たで)食う虫も好き好き《<人の好みは異なる》. In some birds males ～ *from* females in size. 鳥では雄と雌とで大きさの違うのがある. The twins ～ *in* that one is a bit heavier than the other. その双子は一方が少しばかり重い点が違う. The fingerprint ～*s with* the individual. 指紋は一人一人で違う.
2 意見が違う〈*with, from* ..と/*on* [*upon*], *about, over, in* ..に関して, の点で〉(↔agree). I beg [I am sorry] to ～ (*with* [*from*] you). 失礼ながら[残念ながら](あなたに)同意できません (★I beg to ～. は形式ばった表現; さらに I must beg leave to ～ *with* you *on* that point. のようにも言える). I ～ strongly *with* [*from*] him *about* the matter [*on* that point]. 私の考えはその事[その点]について彼とは非常な違いがあります. We shouldn't ～ *over* trifles. 我々はつまらないことで意見を異にしてはいけない. ◇名 difference 形 different
agrèe to díffer →agree. [<ラテン語「別々に運ぶ」(<dis-+*ferre* 'bear')]

‡**dif·fer·ence** /díf(ə)rəns/ 名 (複 **-enc·es** /-əz/) 【相違】 **1** (**a**) C **違い, 相違**; 相違点;〈*between* ..の間の/*from* ..との/*in* ..における〉(類語 物と物との具体的な違いのこと; →distinction). our age ～ =our ～ *in* age 私たちの年の違い. the ～ of a hawk *from* an eagle タカのワシとの相違. What's the ～ *between* an alligator and a crocodile? alligator と crocodile はどう違いますか. I see little ～ *in* quality *between* the two. 両者間で品質にはほとんど違いがないと思う. have a ～ of opinion over.. に関して意見が違う. racial ～*s* 人種間の差. sexual ～*s* 性差. a world of ～ 大変な違い. (**b**) aU 大変な違い. What's the ～ if I come too early? 早く来すぎたっていいじゃないか.

> 連結 a considerable [a great; a marked, a noticeable, a striking; a minor, a slight, a trifling] ～ // find [notice, recognize] a ～

2 [aU] (**a**) 差, 差額, 〈*between* ..の間の/*in* ..における〉. The ～ *between* 7 and 17 is 10. 7と17の差は10である. There's a ～ of 5 dollars *in* price. 値段に5ドルの開きがある. pay the ～ (料金などの)差額を支払う. (**b**) (株価の高低の)さや.

3【意見の相違】[C] 〈しばしば ～s〉 **不和**, いさかい; (特に国際間の)紛争. The two nations settled their ～s peacefully. 両国は紛争を平和的に解決した.

> [連結] a sharp [a serious; an irreconcilable; a long-standing] ～ ∥ resolve [reconcile] a ～

***màke a dífference** (1) **違いを生じる**; 影響がある, 重要である. It *makes* ⌞*a* [no] ～ whether or not you join. 君が参加するかしないか⌞では事情は違ってくる[は問題ではない]. (2) 差別待遇する 〈*between* ..を〉. The teacher was condemned for *making a* ～ *between* boys and girls. その教師は男子と女子を差別したことで厳しく非難された. (3) 区別する 〈*between* ..を〉.

màke àll the dífference*=*màke a bìg dífference 大違いである.

màke nò dífference 全く変わらない; どうでもいい. "Mind if I sit here?" "*Makes no* ～ to me."「ここに座ってもいいかい」「構わないよ」(★It makes no ～. の It が会話ではしばしば省略される)

sàme dífference どっちでも同じことだ.

splìt the dífference (要求額などの)差を折半する; 妥協する, 歩み寄る, '足して2で割る'. The negotiation *split the* ～ for a 4% raise. 交渉は4%の昇給で妥協した《例えば2%の回答と6%の要求だったとき》.

with a dífference (普通のと)ちょっと[ひと味]違う[違って]. Enjoy your trip *with a* ～. ひと味違う旅をお楽しみください《広告で》.

‡dif·fer·ent /díf(ə)rənt/ [形] [m]

【同じでない】 **1 違った**, 異なる, 相違した, 〈*from*, *to*, *than* ..と〉. This is ～ *from* what I expected.=〖米話〗This is ～ *than* I expected. これは私の思っていたのと違う. How ～ you are *to* your big brother!〖英〗あなたはお兄さんとは随分違いますね. "How's the patient, doctor?" "No ～."「先生, 患者の具合はどうですか」「全く変わってません」He looks ～ *from* his father. 彼は父親に似ていない. That car is ～ *from* this one only *in* color. あの車はこの車と色だけが違う. take a ～ approach to the problem 違ったやり方で問題を見直す.

> [連結] fundamentally [radically; quite, entirely, totally] ～. [語法] (1) from が英米ともに最も普通の用法であるが,〖米話〗では than (特に, 節が続く場合),〖英話〗では to もしばしば用いられる. (2) 他の形容詞と違って, very 以外に no, any, not much, little でも修飾出来る. not different from.. とは言わない. [類語] different は「互いに相いれないほど異なっている」という意味を含む; →distinct.

2 〈複数名詞を形容して〉 **別々の**, **それぞれの**, (separate); 種々の, さまざまな, (various). Saying and doing are two ～ things.〖諺〗言うは易(やす)く, 行うは難(かた)し《<言うことと行うこととは別である》. They went their ～ ways. 彼らはそれぞれ別の道を行った. ～ kinds of birds いろいろな種類の鳥.

3【普通とは違う】〖話〗風変わりな (unusual); 特別な (special). Father is quite ～. He rarely reads a newspaper. 父はひどく変わっている. めったに新聞を読まない. ◇[動] differ [名] difference

(as) dìfferent as ⌞***nìght and dáy***〖主に米〗[***chàlk and*** [***from***] ***chéese***〖主に英・オース〗] 全く違って.

dif·fer·en·ti·a /dìfərénʃiə/ [名] (複 **dif·fer·en·ti·ae** /-ʃiiː/) [C] 〖論〗種差; 相違点, 特異性. [ラテン語 'difference']

dif·fer·en·tial /dìfərénʃ(ə)l [移]/ [形] **1** 差別の, 区別の; 差別的な. a protest over ～ fees for overseas students 外国留学生に対する差別的授業料への抗議. Naturally, there are ～ wages for different industries. 産業別に賃金格差があっても当然である. **2** 特異な, 識別的な. **3**〖数〗微分の;〖機〗差動の.

── [名] **1** [C] 差, 格差; (企業別の, 又は同一企業内で熟練度などによる)賃金格差(率). pay ～*s* between us and the management 我々と管理職の給料格差. **2** [U]〖数〗微分; [C] =differential gear.

▷ **～·ly** [副] 差別的に; 特異に.

dìfferential cálculus [名] [U] 〈(the) ～〉 微分学.

dìfferential géar [名] [C]〖機〗差動歯車, 差動装置, 《自動車などがカーブを曲がりやすいように左右の後輪の回転数を変える》.

†dif·fer·en·ti·ate /dìfərénʃièit/ [動] [他] **1** を区別する, 識別する, 〈*from* ..と〉. ～ the two sounds その2つの音を区別する. ～ L and [*from*] R LとRとを区別する. ～ the right *from* the wrong 正しいことと間違っていることとを見分ける. **2** [VOA] (～ X ***from*..**) 〔ある特徴が〕Xを..と区別[識別]するのに役立つ, 〔ある特徴があるので〕Xと..の見分けがつく. Language ～*s* man *from* animals. 言葉(の有無)が人間と動物を区別する.

3 〔生物の種, 語形など〕を分化させる.

── [自] **1** [VA] (～ ***between*..**) ..を識別する, 区別する; 差別する. How do you ～ *between* these two mushrooms? 君はどうやってこの2つのキノコを見分けるのか. ～ *between* people according to their classes 階級で人を差別する. **2** 〔生物などが〕分化する.

dif·fer·èn·ti·á·tion [名] [UC] **1** 差別, 区別; 差別待遇 **2** 分化, 特殊化.

díf·fer·ent·ly [副] **1** 相違して, 違うように, 〈*from*, *than*〖米話〗, *to*〖英話〗..と〉(→different 1 [語法]). I feel ～ about the matter. その件について私は違った感じ方をしている. My jacket is made ～ *from* yours. 僕の上着は君のと仕立て方が違う. ～ abled→abled. **2** 別に; 別々に; いろいろに. They answered the question ～. 彼らは質問にさまざまな答えをした.

‡dif·fi·cult /dífik(ə)lt, -kʌlt|-k(ə)lt/ [形] [m] **1** (**a**) **難しい**, 困難な; 解決[理解, 達成]しにくい; 〈*for* ..に〉; (↔easy; [類語] difficult は「特別の努力, 能力, 知識などを必要とするため困難な」の意味; →arduous, hard, knotty, tough). a ～ task 困難な仕事. a ～ book 難しい本. (**b**) 難しい 〈*to* do ..することは〉. It is ～ for me [I find it ～] *to* solve this problem.=This problem is ～ for me *to* solve. 私にはこの問題を解くのは難しい. a question ～ [a ～ question] *to* answer 答えにくい質問. a remote village ～ *to* reach [～ *of* access] たどり着くのに骨の折れるへんぴな村.

2 (**a**) 難しい 〈*to* do ..する[させる]のが〉; 〔人などが〕気難しい, 扱いにくい. He's ～ *to* please. 彼は機嫌の取りにくい人だ (=He is a ～ person to please.=Pleasing him is ～.=It is ～ *to* please him.). a man ～ *to* get along with 付き合いにくい男. a ～ age 難しい年ごろ. She is just being ～. 彼女は困らせようとしているだけだ. Don't be so ～. そんな難しいことを言わないでくれ. The new building makes it ～ for us *to* see the lake. 新しい建物ができて湖が見にくくなった. (**b**) 〔状況, 天候などが〕厳しい, 苦しい. a ～ position 苦しい立場. Eliza had a ～ time (in) cooking the dinner. イライザは食事を準備するのに苦労した. ◇[名] difficulty

***màke lìfe dífficult for*..** 〔人〕を困らせる.

[<*difficulty*]

‡dif·fi·cul·ty /dífikʌ̀lti, -k(ə)l-|-k(ə)l-/ [名] (複 **-ties** /-z/) **1** [U] **難しさ**, 困難, 苦労, (↔ease). I've had some ～ (*in*) doing the work. その仕事をするのに多少

手こずった (★in がない方が普通). a tourist who has no ～ *with* Russian ロシア語に全然苦労のない旅行者. the ～ *of* finding employment 就職難. When *in* ～, come to me. 困ったら私の所へ来なさい. **2** Ⓒ〈普通 -ties〉**困った立場[状態]**,〈特に〉生活難; いざこざ. be in (financial) *difficulties* 金に困っている. be in *difficulties* with the police 警察とトラブルを起こしている.

3 Ⓒ **やっかいな事柄**, 難点; 障害. One ～ after another arose. 次から次へと面倒な事態が生じた. What is the main ～ *with* his proposal? 何が彼の提案の最大の難点なのか. The ～ was that my wife fell sick. 困った事には家内が病気になってしまった. conquer a ～ 障害を克服する. ◇形 difficult

連結 little [considerable, much; extreme] ～; (a) serious [(a) grave, (a) great] ～ // cause [create, present; face, meet; get over, overcome] (a) ～; have [encounter, experience, get into; give] ～

***màke* [*ràise*] *difficulties* (*over* ..)** (..に)苦情を唱える. He *made difficulties over* his daughter's betrothal. 彼は娘の婚約に異議を唱えた.

****with dífficulty*** 苦労して; かろうじて, やっと. It was only *with* ～ that he passed the exam. 彼はかろうじて試験にパスした. *with* some ～ 多少骨折って.

****without* (*àny*) *dífficulty*＝*with nò dífficulty*** 苦もなく, やすやすと. She has mastered French *without* much ～. 彼女は大して苦労もせずフランス語をものにした. [＜ラテン語「容易でないこと」(＜dis-＋*facilis* 'facile')]

dif·fi·dence /dífəd(ə)ns/ 名 Ⓤ 自信のなさ, 内気, 遠慮, (↔confidence). with ～ 自信なさそうに; 気がねして.

‡**dif·fi·dent** /dífəd(ə)nt/ 形 自信のない, 内気な, 遠慮がちな, 〈*about* ..に〉(↔confident). She was ～ *about* offering her opinion. 彼女は遠慮がちに自分の意見を述べた. [＜ラテン語「信用しない」; -ent] ▷～·**ly** 副 自信がなさそうに, 遠慮がちに.

dif·fract /difrǽkt/ 動 他 〖物理〗〔光線, 音波, 電波など〕を回折させる.

dif·frác·tion 名 Ⓤ 〖物理〗(光線, 音波, 電波などの)回折.

***dif·fuse** /difjúːz/ 動 (-**fus·es** /-əz/|過 過分 ～**d** /-d/| -**fus·ing**) 他 **1** 〔光, 熱, 液体, ガスなど〕を**拡散する**; を散らす. ～ heat [a smell] 熱[におい]を放散する. A red color ～*d* itself in the water. 赤い色が水の中に広がった. **2** 〔知識など〕を普及させる, 広める; 〔幸福感, 感情など〕をまき散らす. ～ learning [a theory] 学問[学説]を広める. Knowledge of contraception is widely ～*d* now. 今や避妊についての知識は広く行き渡っている. She ～*d* an air of happiness all around her. 彼女は幸福感を回り中にまき散らした.

── 自 **1** 拡散する; 散らばる. The smell of perfume ～*d* throughout the room. 香水の香りが部屋中に広がった. **2** 〔知識などが〕広まる, 普及する.

── /difjúːs/ 形 **1** 散らばった, 広がった. The patient complained of ～ pain in his abdomen. 患者は腹部全体に(広がった)痛みを訴えた. **2** 〔文体, 話しぶりなどが〕散漫な, 冗長な. a ～ speech だらだらした演説.

[＜ラテン語「注ぎ出す, まき散らす」] ▷～·**ly** /difjúːsli/ 副 広がって; 散漫に. ～·**ness** /difjúːsnəs/ 名 Ⓤ 拡散(性), 散漫さ.

dif·fús·er 名 Ⓒ 散布[普及]する人; 散布器, 拡散器.

dif·fús·i·ble /-zəb(ə)l/ 形 拡散できる; 普及しうる.

‡**dif·fu·sion** /difjúːʒ(ə)n/ 名 Ⓤ **1** 放散(する[される]こと); 〖物理〗拡散. the ～ of a scent においの発散. **2** 普及, 流布, (文化などの)伝播(でんぱ). the ～ of information through television テレビによって情報が広く行き渡ること. **3** (文体などの)散漫.

dif·fu·sive /difjúːsiv/ 形 **1** 拡散する; 普及しやすい. **2** 〔文体, 話しぶりなどが〕散漫な, 回りくどい. ▷～·**ly** 副 ～·**ness** 名

‡**dig** /dig/ 動 (～**s** /-z/|過 過分 **dug** /dʌg/|**díg·ging**) 他 【**掘る**】 **1** (**a**) 〔地面など〕を**掘る**, 掘り返す. ～ (*up*) the ground 地面を掘り返す. ～ a hole [grave] 穴[墓]を掘る. (**b**) 〔地中のイモ, 虫, 鉱物, 遺物など〕を掘り出す, 発掘する; 〔穴, 井戸など〕を掘って作る. ～ *up* [*out*] weeds 雑草を抜く.

2 【掘るように突く】 VOA (～ X *in*..) X(人)の〔わき腹など〕を(指先などで)突く; (～ X *into*..) Xを..に突っ込む, 突き刺す. ～ a person *in* the ribs＝～ an elbow *into* a person's ribs 人のわき腹を肘(ひじ)でつつく《ふざけて, 又は注意を促すため》. ～ one's feet *into* the snow 雪の中に足を突っ込む. ～ oneself *into* a hole 窮地に落ち込む (→成句 DIG /../ out の２番目の例).

【掘り出す】 **3** VOA を**探り出す**, 調べ上げる, (→成句 DIG /../ out, DIG /../ up). **4** 【良さを掘り出す】〖旧俗〗が気に入る, 大好きだ; を理解する, が分かる. Do you ～ that kind of music? 君はあんな音楽が好きか.

── 自 **1 地面[穴など]を掘る**; VA 掘り進む[抜く]〈*in, through, under* ..を〉; (～ *for*..) 掘って..を捜す, ..を発掘する. ～ *through* a mine 坑道を掘り進む. ～ *for* gold 金を求めて掘る.

2 VA (～ *for*..) ..を捜し求める; 探究する. He *dug* about in his pockets *for* his lighter. 彼はライターを探してポケットの中をあちこち探った. ～ *for* information 情報を探し求める. **3** 〖米話〗こつこつ勉強する[働く].

dìg aróund くまなく探す; 調べる.

dìg dówn (1) 深く掘る. (2) ポケットの奥まで探して金を(人に)あげる, 気前よくする. ～ *down* deep 自腹を切る.

dìg one's héels ìn 〖話〗断じて譲らない, あくまで頑張る.

dìg ín (1) (食べ物に)かぶりつく. *Dig in!* さあ, 食べ始めなさい. (2)〖軍〗＝DIG oneself in (1). (3) ＝自 3. (4) がんばる.

****dìg /../ ín*** (1) 〔肥料など〕を**掘り入れる**, すき込む, 埋める. (2) 〔フォークなど〕を刺す.

****díg into ..*** (1) ..を深く掘る; **..に掘って入る**. (2) **..を深く調べる**, 探究する; ..をじっくり勉強する[調べる]; 〔バッグなど〕の中を探す. I've asked the police to ～ *into* my husband's disappearance. 警察に夫の失踪(そう)の調査を依頼したところです. (3) 〖話〗〔食べ物〕にかぶりつく. ～ *into* a huge bowl of stew 大きなボウルのシチューをがつがつ食べだす. (4) 〔爪などが〕..に食い込む. (5) 〔預金など〕に手をつける.

dìg onesèlf ín (1)〖軍〗塹壕(ざんごう)を掘って隠れる. (2)〖話〗(組織などの中で)自分の座を確保する, 地位を固める. He's really *dug* him*self in* at our office. 彼はほんとうに我々の社に腰を落ち着けた. **3** 落ち着く (★be dug in とも言う).

dìg óut 掘って外へ出る.

****dìg /../ óut*** **..を掘り出す**, 捜し出す, 〈*of* ..から〉. ～ oneself *out* (崩れた建物などから)出てくる. It took me a long time to ～ *out* my old school reports. 昔の成績表を見つけるのに長い時間かかった.

díg over .. ..を(くまなく)掘り耕す.

dìg /../ óver 〔庭など〕を掘り耕す; 〖話〗..を考え直す.

Dìg úp! よく聞けよ.

****dìg /../ úp*** (1) 〔イモ, 木の根など〕を**掘り出す**; **..を発掘する**; 〔道路など〕を掘り返す; ..を掘る. (2) 〖話〗..を捜し出す, 〔費用など〕をかき集める. ～ *up* secret information 秘密情報を手に入れる. ～ some dirt *up* on a person 人のスキャンダルなどを掘り出す.

── 名 Ⓒ **1** 〖話〗ひと突き, ひとこづき(すること). give a person a ～ (*in* the ribs) 人(のわき腹)をこづく. **2** 〖話〗当てこすり, 当てつけ, 〈*at* ..への〉. have [take, make] a

～ *at* a person 人に痛烈な当てこすりを言う. **3**〖話〗(考古学の)発掘現場; 発掘. **4**〖主に英旧話〗〈～s〉下宿, 借り間, (lodgings). [＜中期英語]

*__di·gest__ /daidʒést, də-/ 動 (～s /-ts/|過 過分 ～·ed /-əd/|～·ing) 他【消化する】 **1** を消化する; 〔薬, 酒など が〕の消化を助ける. Food is ～*ed* in the stomach. 食物は胃で消化される.

2【よく咀嚼(そしゃく)する】を'かみしめる', 理解する; を熟考する. I waited while Pete ～*ed* the astonishing news. ピートがその驚くべきニュースをかみしめる間, 私は待っていた. **3**〔侮辱など〕をこらえる. The insult is more than I can ～. その侮辱は私には黙っておれない.

4【こなして要点を取る】を要約する, まとめる; を(体系的に)分類する; 〈*into* ..に〉. ～ a novel *into* 100 pages 小説を100ページに要約する. **5**〔移民など〕を同化する.

── 自 〔食物が〕消化する, こなれる. Raw vegetables generally ～ badly. 生野菜は一般に消化が悪い. ◇名 digestion

── /dáidʒəst/ 名 (複 ～s /-ts/) C **1** 要約, 摘要, ダイジェスト; 粗筋. a readable ～ of *War and Peace*『戦争と平和』のうまい要約. a ～ of the week's news 週間ニュースのダイジェスト. **2**〖法〗判例要旨集. **3**〈the D-〉＝pandect 3. [＜ラテン語「別々に運ぶ, 分ける」(＜dis-＋*gerere* 'carry')]

di·gès·ti·bíl·i·ty 名 U 消化しやすさ.

di·gest·i·ble /dədʒéstəb(ə)l, dai-/ 形 **1** 消化しやすい; おいしい. ～ foods こなれのよい食物. **2** 理解しやすい.

†**di·ges·tion** /dədʒéstʃ(ə)n, dai-/ 名 UC **1** (食物の)消化, こなれ; 消化作用, 消化力. be easy [hard] of ～ 消化しやすい[しにくい]. I have a good [weak, poor] ～. 私は胃が強い[弱い]. **2** (知識などの)消化吸収, 同化. ◇↔indigestion 動 digest

†**di·ges·tive** /dədʒéstiv, dai-/ 形 〈限定〉消化の; 消化力のある, 消化を助ける. ～ organs 消化器官. ── 名 C ＝digestive biscuit.

digèstive bíscuit 名 C〖英〗消化ビスケット《全麦で作った甘みの少ないクッキー》.

digéstive sỳstem 名 C 〈the ～〉〖解剖〗消化器系.

dig·ger /dígər/ 名 C **1** 掘る人; (金鉱の)坑夫. **2** 掘る道具[機械]. **3**〖話〗〈しばしば D-〉オーストラリア[ニュージーランド]人[の兵隊]. **4**〈D-〉〖英史〗真正水平派 (the Diggers) の一員《1649年に結成された the Levellers の急進派; 土地の共有を主張》.

dígger wàsp 名 C〖虫〗ジガバチ.

dig·ge·ty /dígəti/ 名 〈次の句で〉***Hòt diggety!***〖米話〗やったあ!

dig·ging /dígiŋ/ 名 **1** U 掘ること; 採掘, 発掘. **2**〈～s; 単複両扱い〉鉱区, (特に金の)採掘地. **3**〈～s〉採掘[発掘]された物《特に鉱物》. **4**〈～s〉〖旧〗下宿 (digs).

†**dig·it** /dídʒət/ 名 C **1** (手, 足の)指 (finger, toe). **2** アラビア数字《0から9までの各数字; ＜指で数えたことから》. a three-～ number 3けたの数. [＜ラテン語「指」]

*__dig·it·al__ /dídʒətl/ 形 ⓔ 〈限定〉**1** 指(状)の; 指のある. **2** 数字の; 数字で計算する[示す]. (↔analogue). a ～ clock [watch] デジタル式の時計[腕時計]. **3**〔通信, 録音などが〕デジタル方式の. ～ recording デジタル録音《音波を数値化して記録し, 忠実な録音再生を可能にする》. ▷ **～·ly** 副

dìgital áudio tàpe 名 U デジタル録音テープ《CD並みの音質の録音ができる; 略 DAT》.

dìgital cámera 名 C デジタルカメラ, デジカメ.

dìgital clóck 名 C デジタル時計.

dìgital còmpact cassétte 名 C デジタルカセット. 《いわゆるシーディー (CD)》.

dìgital còmpact dísc 名 C コンパクトディスク《いわゆるシーディー (CD)》.

dìgital compúter 名 C 計数型計算機 (→analog computer).

dig·i·tal·is /dìdʒətǽləs|-téi-/ 名 C ジギタリス《ゴマノハグサ科の植物; 別名 foxglove; 葉・種子から強心剤を作る》; U ジギタリス製剤《強心剤》.

dìgital recórding 名 UC デジタル録音.

dìgital to ànalog convérter 名 C デジタル・アナログ変換器.

dìgital vèrsatile dísc 名 C デジタル多目的ディスク《DVD》.

dìgital vídeodìsc 名 C デジタルビデオディスク《DVD》.

dig·i·tate /dídʒətèit/ 形〖動〗指状の, 指のある;〖植〗掌状の.

dig·i·tize /dídʒətàiz/ 動 他 〔情報〕を計数化[デジタル化]する. ～*d* data オンライン・ネットワークのデータ. ▷ **dìg·i·ti·zá·tion** 名

díg·i·tìz·er 名 C デジタル化する装置.

*__dig·ni·fied__ /dígnəfàid/ 形 ⓜ 威厳のある; 堂々とした; 品格のある; (↔undignified). a tall ～ man 背の高い風格のある男. ▷ **～·ly** 副

*__dig·ni·fy__ /dígnəfài/ 動 (-fies /-z/|過 過分 -fied /-d/|～·ing) 他 に威厳を添える, をいかめしくする; にもったいをつける; 〈*with, by* ..で〉. The President *dignified* our reception with his presence. 大統領の出席は我々のレセプションに威厳を添えた. ～ a cowardly act *by* calling it discretion 臆(おく)病な行為を分別と呼んでもったいをつける. ◇名 dignity [dignity, -fy]

dig·ni·tar·y /dígnətèri|-t(ə)ri/ 名 (複 -tar·ies) C 高位の人, 高位聖職者, (政府などの)高官.

‡**dig·ni·ty** /dígnəti/ 名 (複 -ties /-z/) **1** U **尊厳**, 尊さ. the ～ of labor 労働の尊さ. human ～ 人間としての尊厳. die with ～ 尊厳死する. **2** U **威厳**; 品位, 気品; 面目, 体面. a man of ～ 威厳のある人. win [lose] with ～ 堂々と勝つ[負ける]. On July 8th, 1993, at home in Chelsea in peace and with ～, John S. Smith.《新聞の死亡欄で》1993年7月8日チェルシーの自宅で安らかに又厳かに J.S. スミスは死去いたしました. lose one's ～ 面目を失う. **3** C 高位, 高い官職;〖古〗高位の人.

beneath one's dígnity 体面にかかわる(ような), 威信を傷つける(ような).

stànd on one's dígnity 体面にこだわる, もったいをつける. [＜ラテン語「価値」(＜*dignus* 'worthy')]

di·graph /dáigræf|-grɑ:f/ 名 C 2重字《sh /ʃ/, ph /f/などのように2字で1音を表す》.

†**di·gress** /daigrés, di-/ 動 自 〔話し手, 書き手が〕(わき道に)それる, '脱線する', 余談に入る, 〈*from* ..〔本題〕から〉. Let's not ～ *from* our main topic. 本題を離れないようにしましょう. if I may ～ ちょっと余談になりますが. [＜ラテン語「離れて行く」]

†**di·gres·sion** /daigréʃ(ə)n, di-/ 名 UC (本題から)わき道にそれること, '脱線', 余談. To return from this ～, ... ここで本題に戻って...

di·gres·sive /daigrésiv, di-/ 形 (本題から)脱線しがちな, それがちな. ▷ **～·ly** 副

dike[1], **dyke**[1] /daik/ 名 C **1** 堤防, 土手;〖スコ〗(畑の境界の)土[石]塀. **2** 堀, 溝, (排)水路. **3** 岩脈.

── 動 他 〔田畑など〕を堤防を築いて保護する; の回りに堀を巡らして守る. [＜古期英語; ditch と同源]

dike[2], **dyke**[2] 名 C〖俗〗レスビアン (lesbian).

dik·tat /diktɑ́:t|díktæt/ 名 UC (特に戦勝国による)絶対的命令. [ドイツ語 'dictation']

‡**di·lap·i·dat·ed** /dilǽpədèitəd/ 形 〔建物などが〕荒れ果てた; 〔自動車, 家具, 衣類などが〕がたがたになった, ぼろぼろの. a ～ old house 崩れ落ちそうな古家(ふるや). a ～ car おんぼろ自動車. [＜ラテン語「取り壊す」(＜dis-＋

lapidāre「石 (lapis) を投げる」]

di·lap·i·da·tion /dilæpədéiʃ(ə)n/ 名 **1** U (建物などの)荒廃, 腐朽; (家具などの)老朽化, 破損. **2**〖英〗〈~s〉(借家人が払う)家具破損料.

dil·a·ta·tion /dilətéiʃ(ə)n|dàilei-/ 名 U **1** 拡大, 膨張. **2** 敷衍(ふえん).

†**di·late** /dailéit, di-/ 動 他〔特に身体の一部〕を広げる, 拡大する, 膨張させる, (★特に円形に拡大することを言う). with ~*d* eyes 目を見張って. ~ one's nostrils with pride 得意になって鼻の穴を膨らます. ── 自 **1**〔特に身体の一部が〕広がる, 拡大する, 膨張する. His eyes ~*d with* [*from*] excitement. 興奮して彼の目は真ん丸くなった. **2**〖章〗VA (~ *on* [*upon*]..) ..を詳しく話す, 敷衍(ふえん)する. ~ *on* [*upon*] one's view 意見を延々と述べる. [＜ラテン語「拡大する」(＜dis-＋*lātus* 'wide')]

di·lá·tion 名 ＝dilatation.

dil·a·to·ry /dílətɔ̀:ri|-t(ə)ri/ 形〖章〗遅い, 手間取る, 〈*in* ..が〉(slow); 引き延ばしのための. be ~ *in* paying one's bills 勘定を払うのが遅い. ~ tactics 引き延ばし策. ▷**díl·a·tò·ri·ly** 副 **díl·a·tò·ri·ness** 名

dil·do /díldou/ 名 (複 ~(e)s) C **1** 人工ペニス, 張形, 《性具の一種》. **2** ばか, 間抜け.

†**di·lem·ma** /dəlémə, dai-/ 名 C 板挟み, 窮地, ジレンマ, 《可能な2つ(以上)の道のうち, どちらを選んでもそれぞれ重大な支障が起こるという状況》. I'm in a ~ *about* [*over*] this problem. この問題で進退窮まっている[ジレンマに陥っている]. be ⌊caught in [facing] the ~ of ..のジレンマに陥っている.

> 連結 an agonizing [a hopeless, an insoluble; an intractable] ~ // pose [face; resolve] a ~

on the hòrns of a dilémma 板挟みになって, 窮地に陥って. He was *on the horns of a* ~ when he was offered another good job. 彼はもう1ついい仕事を提供された時どちらにしようかと決断がつかなかった. [ギリシア語「二重の前提」]

dil·et·tan·te /dìlətá:nt(i), -tǽn-|-tǽnti/ 名 (複 ~s, **dil·et·tan·ti** /-ti:/) C〖しばしば軽蔑〗(生かじりの)素人, ディレッタント, 芸術愛好家. ── 形 何にでも手を出す, (生かじりの)素人の, 芸術[学問]好きの. [イタリア語「喜んでいる(人)」] ▷**dìl·et·tán·tism** /-tiz(ə)m/ 名 U 素人芸, 道楽.

***dil·i·gence**[1] /díləd͡ʒ(ə)ns/ 名 U **勉勉さ, 精励.** with ~ 一生懸命に; 念入りに. show ~ *in* ..に精を出す. ◇形 diligent

dil·i·gence[2] /díləd͡ʒɑ̀:ns, -d͡ʒɔns/ 名 C (昔フランスなどで用いた)乗合馬車.

‡**dil·i·gent** /díləd͡ʒ(ə)nt/ 形 m **1 勤勉な, 精を出す,** 〈*in, about* ..に〉(↔lazy) (類語 diligent は自分の好きな事に精を出したり, 特定の目的のために励むこと; →assiduous, hardworking, industrious, sedulous). a ~ student 勤勉な学生. He is ~ *in* his work. 彼は仕事熱心だ. **2**〔仕事などが〕念入りな, 骨を折った. ~ work 入念な仕事. ◇名 diligence [＜ラテン語「高く評価する」(＜dis-＋*legere* 'choose')]

***dil·i·gent·ly** /díləd͡ʒ(ə)ntli/ 副 m **勤勉に,** 一生懸命に, こつこつと; 念を入れて.

dill /dil/ 名 C イノンド, ディル, 《セリ科の植物》; U イノンドの実[葉]《ピクルスなどの香辛料, 健胃剤にする》.

dil·ly /díli/ 名 (複 -lies) C〖米話〗すてきな[すごい, 驚くべき]物[人]. That was a ~ of a game. すばらしい試合だった. [＜*deli*ghtful]

dil·ly·dal·ly /dílidæ̀li/ 動 (-lies|過 過分 -lied|~·ing) 自〖話〗(決断がつきかねて)ぐずぐずする, 時間を空費する, 〈*over* ..に〉(→dally).

†**di·lute** /dail(j)ú:t/ 動 他 **1**〔液体〕を水で割る, 水増しする, 〔色〕を薄める; を希釈する, 希薄にする; 〈*with* ..で〉. ~ whiskey (*with* water) ウイスキーを水で割る. **2**〔議論の効果, 影響力など〕を弱める, 減殺(げんさい)する. ── 形 /ㄧ-ㄧ, ㄧ-ㄧ/ 薄めた〔液体など〕; 水っぽい. [＜ラテン語「洗い流す」(＜dis-＋*lavāre* 'wash')]

di·lu·tion /dail(j)ú:ʃ(ə)n, di-/ 名 U 薄める[られる]こと, 希釈(度); 弱化; C 希釈液[物].

di·lu·vi·al /dilú:viəl, dai-/ 形 **1** 洪水の, (特に Noah の)大洪水の. **2**〖地〗洪積層[期]の.

***dim** /dim/ 形 e (**dím·mer**|**dím·mest**)

【はっきりしない】 **1**〔光などが〕**薄暗い,** ぼんやりした, (↔bright; 類語 光, 明かりが少なくてぼんやりとしか見えない状態を言う; →dark). The light is too ~ to read by. 明かりが暗すぎて読書ができない. **2**〔音などが〕かすかな; 〔姿などが〕はっきり見えない, かすんだ; 〔記憶, 意識などが〕おぼろげな, あいまいな. the ~ outline of a ship in the fog 霧の中を行く船のおぼろな輪郭. ~ memories おぼろげな記憶(の数々). have a ~ recollection [awareness] of.. をおぼろげに覚えている. **3**〔目が〕かすんだ, 〔耳が〕遠い. Her eyes grew ~ with tears. 彼女の目は涙で曇った. **4**〔希望, 見通しなどが〕かすかな, あまり明るくない. **5**〖話〗頭の鈍い, うすのろの, (stupid).

in the dìm and dìstant pást〖戯〗遠い遠い昔に.

tàke a dim view of..〖話〗..にあまり賛成しない, ..をどうかなと思う. Her parents *takes a* ~ *view of* her going out with me. 両親は彼女が私と付き合っているのを快く思っていない.

── 動 (~s|-mm-) 他 **1** を薄暗くする; をかすませる; 〔希望など〕を弱める. ~ one's memory 記憶を薄れさせる. **2**〖米〗〔ヘッドライト〕を下向きにする (〖英〗dip). ~ the [one's] headlights [lights] (自動車の)ヘッドライトを下向きにする. ── 自 薄暗くなる; かすむ.

dìm /../ dówn〔照明など〕の明るさを落とす.

dìm óut〔照明などが〕薄暗くなって消える.

dìm /../ óut〔舞台など〕の照明を暗くする, 〔町など〕の灯火を薄暗くする, ..を灯火管制する.

dìm /../ úp〔照明など〕を明るくする. [＜古期英語]

dim. diminuendo; diminutive.

***dime** /daim/ 名 (複 ~s /-z/) **1** C (米国, カナダの)**10セント貨** 《もと銀貨, 今は白銅貨又はニッケル貨》. **2**〖話〗〈a ~; 否定文で〉びた一文(もん), ちっとも. The metal isn't worth a ~. この金属はちっとも価値がない.

a dìme a dózen〖話〗ありふれた, 価値のない, 《1ダースで10セントの意味から; 〖英話〗ten [two] a penny》. These butterflies aren't rare; they are *a* ~ *a dozen*. このチョウは珍しくなく, いくらでも見つかる.

dròp a* [*the*] *díme 密告する, ちくる.

gèt off the díme (迷った後で)行動に出る.

on a díme〖話〗狭い所に〔車を止めるなど〕; 急に. turn *on a* ~〔車などが〕急に曲がれる; 急に変わる〈*into* ..に〉. [＜ラテン語 *decimus*「10分の1」]

díme nóvel 名 C〖米〗三文小説.

***di·men·sion** /dəménʃ(ə)n, dai-/ 名 (複 ~s /-z/) C **1 寸法** 《長さ, 幅, 厚さ[深さ]のそれぞれが1つの dimension》. take [measure] the ~*s* of a window 窓の寸法を測る. The ~*s* of this box are 30 cm by 20 cm by 10cm. この箱の寸法は30cm×20cm×10cm だ. precise in ~ 寸法が正確で.

2〈しばしば ~s〉**大きさ**; 容積; 規模; 範囲; 重要性. a project of great ~*s* きわめて大掛かり[重要]な事業. realize the ~*s* of the problem その問題の大きさが分かる. I am awed by the ~*s* of Russia's crisis. 私はロシアの危機の重大さに恐れをなしている. **3** (問題, 情況などの)面, 局面. a political [spiritual] ~ 政治[霊]的な面. add a new [different] ~ to ..に新しい[違った]面をつけ加える. There was a ~ to that problem which should have been considered. その問題には考慮すべきであった面が1つあった. **4**〖数・物理〗次元. A line has one ~, a surface two ~*s*, a solid body three. 線は1次元, 面は2次元, 立体は3次元を持つ.

── [動] [他] を特定の寸法に切る[作る]〈しばしば受け身で〉. [＜ラテン語「計測」(＜dis-＋*mētīri* 'measure')]

di·men·sion·al /dəménʃ(ə)nəl, dai-/ [形] **1** 寸法の. **2**〈複合要素〉(..)次元の. one [two, three]-~ 1[2, 3]次元の, 線[面, 立体]の. ▷ **~·ly** [副]

díme stòre [名]〖米〗＝five-and-ten.

dimin. diminuendo; diminutive.

***di·min·ish** /dəmíniʃ/ [動] (**~·es** /-əz/|**~ed** /-t/|**~·ing**) [他] **1** を減らす, 少なくする, (lessen); を小さくする; ([類語] 外部からの力で減少させる[減少する]という意味; →decrease). The failure ~*ed* his worth as a diplomat. その失敗で彼の外交官としての値打ちが下がった. **2** をけなす, にけちをつける. **3**〖建〗〔柱〕を先細りにする.

── [自] **1** 減少する; 小さくなる. The food supplies were ~*ing* rapidly. 食糧の供給は急速に減っていた. **2** 〔柱が〕先細りになる. [＜中期英語 (＜*di*minuen「減らす」＋*minish*en「減らす」)]

dimìnished responsibílity [名] [U]〖法〗限定責任能力《犯罪者が精神異常などで犯した罪に対してその責任を限定する; 減刑の理由になる》.

dimìnishing retúrns [名]〈複数扱い〉〖経〗収穫逓(ㄘ)減. the law of ~ 収穫逓減の法則.

di·min·u·en·do /dəmìnjuéndou/ [形], [副], [名] ([複] **~s**) ＝decrescendo. [イタリア語 'diminishing']

dim·i·nu·tion /dìmən(j)úːʃ(ə)n/ [名] [U] 減少; 縮小; 逓(ㄘ)減; [C] 減少量[額], 縮小量[額].

‡di·min·u·tive /dəmínjətiv/ [形] **1** 非常に小さい, 小形の; 小さくてかわいい. **2**〖言〗指小の, 小さい[かわいい]ことを表す, (↔augmentative). a ~ suffix 指小接尾辞.

── [名] [C] **1**〖言〗指小辞, 指小語, 《bird*ie*, book*let*, lamb*kin* は指小語で, -ie, -let, -kin は指小辞》. **2** 親愛語[形], 愛称, 《Betsy (Elizabeth), Tom (Thomas); auntie (aunt), dad (father) など》.

▷ **~·ly** [副]

dim·i·ty /díməti/ [名] [U] 畝(ㄋ)織《縞(ㄙ)又は格子模様を浮き織りにした綿布; ベッドカバー, カーテン用など》.

***dim·ly** /dímli/ [副] [m] **薄暗く**, ぼんやりと, かすかに. The room was ~ lighted. 部屋にはぼんやり明かりがついていた. I ~ remember my dead father. 私は死んだ父親をかすかに覚えている.

dím·mer [名] [C] **1** 調光器 (**dímmer switch**). **2**〖米〗〈~s〉(自動車の)駐車灯 (parking lights); 下向きヘッドライト.

dím·ness [名] [U] 薄暗さ, かすかなこと.

†dim·ple /dímp(ə)l/ [名] [C] **1** えくぼ. She's got ~*s* in her cheeks. 彼女の頬(ほ)にはえくぼがある. **2** (ガラスの表面や風などによる水面などの)くぼみ, へこみ. ── [動] [自], [他] **1** (に)えくぼができる[を作る]. A smile ~*s* her cheeks. 彼女は笑うと頬(ほ)にえくぼができる. **2** (に)さざ波が立つ[を立てる]. the surface of the pond *dimpling* with the raindrops 雨でさざ波の立っている池の表面.

dìm súm /-sʌ́m/ [名] [U]〈複数扱いもある〉(中国料理の)点心《英米で昼食に人気がある肉まんじゅう風のものなど》. [中国語]

dím·wìt [名] [C]〖話〗のろま, 間抜け.

dìm-wítted /-əd [移]/ [形]〖話〗のろまな, 間抜けな.

DIN /din/ ドイツ工業規格《特に電気器具の接続, 紙のサイズなどに関する規格で, 現在では国際的に用いられている; ＜ドイツ語 *D*eutsche *I*ndustrie *N*orm 'German Industry Standard'》.

†din /din/ [名] [C] (絶え間ない)騒音, (ごうごう[じゃんじゃん]いう)やかましい音. make [raise, kick up] a ~ やかましい音を立てる. a horrendous ~ すごい騒音.

── [動] (**~s**|**-nn-**) [自] 騒がしい音を立てる, (うるさいほど)鳴り響く. a ~*ning* loudspeaker がなり立てるスピーカー. ~ in one's ears 耳を聾(ろう)せんばかりに響く.

── [他] [VOA] (**~ X *into*..**) X を〔人〕にうるさいほど言う, 〔人の耳, 頭〕にたたき込む. These rules of etiquette are ~*ned into* us from infancy. 我々はこういう礼儀作法を幼いころからたたき込まれている.

dìn /../ ín をたたき込む〈*to* ..〔人〕に〉. [＜古期英語]

di·nar /dináːr, díːnɑːr|díːnɑː/ [名] [C] ディナール《アルジェリア, イラク, ヨルダン, リビア, ユーゴスラヴィアなどの通貨単位》.

‡dine /dain/ [動] (**~s** /-z/|[過] [過分] **~d** /-d/|**dín·ing**) [自] **食事をする**, ディナーをとる (→dinner). The Browns invited me to ~ *with* them. ブラウン夫妻は私を食事に招いてくれた. ~ *at* Robert's ロバートの家で食事する.

── [他] を食事に招待する.

dìne ín うちで食事をする (→dine out).

****díne off..*** (1)〔特に豪華[特別]な料理〕**を食事に食べる**. ~ *off* turkey and salad 七面鳥とサラダで食事をする. (2)〔食器〕から食べる. (3)〔人〕のごちそうになる. (4) ＝DINE out on...

****díne on..*** ＝DINE off.. (1).

****dìne óut*** (レストランなど)**外で食事をする** (→dine in).

dìne óut on.. (1)〔名声, 功績など〕のために晩餐(さん)に招かれる. (2)〔おもしろい経験談など〕を注目を浴びようとして語る. (3)〔ユーモアなど〕で人をいつも楽しませる.

[＜古期フランス語「断食をやめる」(＜後期ラテン語 dis-＋*jējūnāre*「断食する」)]

†din·er /dáinər/ [名] [C] **1** (特にレストランで)食事をする人. **2** (列車の)食堂車 (dining car). **3**〖米〗(食堂車風の)簡易食堂.

Díners Càrd [名]〖商標〗ダイナーズカード《クレジットカードの一種; **Díner's Club Càrd** とも言う》.

di·nette /dainét/ [名] [C]〖米〗**1** (部屋の隅などの)食事コーナー, (家庭内の)小食堂. **2** (小食堂用の)ダイニングテーブルセット.

dinétte sèt [名] [C]〖米〗ダイニングテーブルセット.

ding /diŋ/ [動] [自] 〔鐘などが〕ごーん[じゃーん]と鳴る. ── [他] をごーん[じゃーん]と鳴らす. ── [名] [C] (鐘などの)ごーん[じゃーん]という音. [擬音語]

ding-a-ling /díŋəliŋ/ [名] [C]〖米話〗ばか, 変人. Do we have to listen to that ~? あのばかの話を聞かなくちゃならんのかい.

díng·bàt [名] [C]〖米俗〗頭のおかしい奴, ばか.

ding·dong /díŋdɔ̀ːŋ|-dɔ̀ŋ/ [名] **1** [U] ごーんごーん, じゃんじゃん, がんがん, 《鐘などの音》. **2** [aU] 激論.

── [形]〖話〗〈限定〉〔競走などが〕追いつ追われつの. a ~ struggle 追いつ追われつの接戦. ── [副] じゃんじゃん[ごーんごーん]と〔鐘が鳴るなど〕. [擬音語]

ding·ey /díŋgi/ [名] ([複] **~s**) ＝dinghy.

din·gle /díŋg(ə)l/ [名] [C] (樹木の茂った)小渓谷.

din·go /díŋgou/ [名] ([複] **~es**) [C]〖動〗ディンゴ《オーストラリア産野犬》.

‡din·g(h)y /díŋgi/ [名] ([複] **-g(h)ies**) [C] (競走[娯楽]用の)小型ヨット, ディンギー; 艦載ボート; 救命用ゴムボート《膨らませて使う》(rubber dinghy). [＜ヒンディ語「小舟」]

din·gy /díndʒi/ [形] [e] 薄黒い, すすけた; 汚れた, きたない, むさ苦しい, 〔衣服, 部屋, ホテルなど〕. [?＜古期英語「(牛馬の)糞」] ▷ **din·gi·ly** [副] **din·gi·ness** [名]

***din·ing** /dáiniŋ/ [名] [U] **食事**(をすること).

díning càr [名] ＝diner 2.

díning hàll [名] [C] 大食堂.

díning ròom [名] [C] (家庭, ホテルの)食堂.

díning tàble [名] [C] 食卓 (★dinner table との相違に注意).

DINK, Dink, dink /diŋk/ [名] [C] ディンクス《子供なし共稼ぎ夫婦の一方; 高い生活水準を楽しむ; ＜*D*ouble

[*D*ual] *I*ncome *N*o *K*ids》. ── 形 ディンクスの.

din·kum /díŋkəm/ 形 →fair dinkum.

dink·y /díŋki/ 形 **1**〖米話〗ちっぽけな, つまらない. **2**〖英話〗小さくてかわいらしい《女性がよく使う語》.

Dínky Tòy 名 C 〖商標〗ディンキートイ《スティール製のミニカー; しばしば誤って同種のミニカー一般を指す》.

‡**din·ner** /dínər/ 名 (複 **~s** /-z/) **1** UC (★形容詞を伴って, 食事の種類を言う時は C 扱い) (1 日のうち一番ごちそうのある)**食事**, 正餐(せい), (→meal[1] 参考). They were at ~. 彼らは食事中だった. *Dinner* is served. お食事をどうぞ; 食卓へどうぞ《改まった表現》have [eat, 〖英〗take] ~ 食事をする. ask [invite] a person to ~ 人を食事に招く. What're we having [=What's] for ~, Mother? おかあさん, 夕食は何ですか. a school ~ 給食.

> 連結 an excellent [a decent, a substantial; an elaborate, a sumptuous; a simple] ~ // cook [fix, make, prepare; serve] ~

2 C (正式の)晩餐(さん) (会), 午餐(会). give [hold] a ~ in honor of Mr. and Mrs.Smith スミス夫妻を主賓として晩餐会を催す. **3** C 定食 (table d'hôte). a four-course ~ 4 品の定食.

X̀ has hàd more .. [more often] than Ỳ has hàd hot dínners. 〖話・戯〗X の方が Y より多くの..の経験がある. He's *been* to Ireland *more often than* you'*ve had hot* ~*s*. あなたより彼の方がもっとアイルランドへ行ってますよ. [<古期フランス語 *disner* 'dine' (の名詞化)]

dínner bèll 名 C 食事を知らせる鐘.

dínner dànce 名 C 夕食付きダンスパーティー.

dínner jàcket 名〖主に英〗=tuxedo.

dínner làdy 名 C 〖英〗(小学校の)給食作業員.

dínner pàil 名 C (保温)弁当.

hànd ín one's dínner pàil 〖話〗死ぬ.

dínner pàrty 名 C (個人的な)晩餐(さん)会.

dínner sèrvice 名 C 食事[ディナー]用食器セット.

dínner sèt 名 =dinner service.

dínner tàble 名 〈the ~〉(食事中の)食卓. There are things you mustn't talk about at the ~. 食事中に話題にしてはいけない事がある.

dínner thèater 名 C 〖米〗ディナー・シアター《食事中に劇を見せるレストラン》.

dínner·wàre 名 U (食卓用)食器類.

***di·no·saur** /dáinəsɔ̀:r/ 名 (複 **~s** /-z/) C **1 恐竜**. ~ bones 恐竜の骨. **2**〖話・しばしば戯〗(巨大な)時代遅れ(の生き残り). [<ギリシア語「恐ろしい」+「トカゲ」]

di·no·sau·ri·an /dàinəsɔ́:riən/ 形 恐竜の(ような). ── 名 =dinosaur.

dint /dint/ 名 C 〖詩〗打ったあと, へこみ, (dent).

by dínt of .. ..の力によって; ..によって. He managed to rise in the world *by* ~ *of* hard work. 彼は一生懸命働いたおかげでなんとか出世できた. [<古期英語「打撃」]

di·oc·e·san /daiɑ́sis(ə)n|-ɔ́s-/ 形 〈限定〉監督[主教, 司教]区の. ── 名 C diocese の監督, 司教, 主教.

‡**di·o·cese** /dáiəsəs, -sì:s, -sì:z/ 名 C 〖キリスト教〗監督[主教, 司教]区《bishop の管轄する中教区; 普通 parish に細分される; →bishop, parish》.

di·ode /dáioud/ 名 C 〖電〗ダイオード《2 端子の電子素子》; 2 極管《真空管の一種》.

Di·og·e·nes /daiɑ́dʒənì:z|-ɔ́dʒ-/ 名 ディオゲネース (412?–323B.C.)《ギリシアのキニク (Cynic) 派哲学者; 徹底的な簡素を重んじ樽の中に住んだと言われる》.

Di·o·ny·sian /dàiəníʃən|-ziən/ 形 ディオニュソスの(ような); 奔放な, 激情的な.

Di·o·ny·sus, -sos /dàiənáisəs/ 名 〖ギ神話〗ディオニュソス《酒と豊饒(じょう)の神; ローマ神話の Bacchus に当たる》.

di·o·ra·ma /dàiərǽmə, -rɑ́:-|-rɑ́:-/ 名 C ジオラマ, 透視画, 《のぞき穴から見る; 光の当て方や強弱によって光景を様々に変える》. [<*dia*-+pan*orama*]

di·ox·ide /daiɑ́ksaid|-ɔ́k-/ 名 U 〖化〗2 酸化物. carbon ~ 2 酸化炭素, 炭酸ガス.

di·ox·in /daiɑ́ksən|-ɔ́ks-/ 名 U 〖化〗ダイオキシン《塩素化炭化水素の 1 つ; 製紙の漂白や除草剤などに用いる; 発癌(がん)性のある環境汚染物質》.

Dip diploma.

‡**dip** /dip/ 動 (**~s** /-s/|過 過分 **~ped** /-t/|**díp·ping**) 他 【ちょっとおろす】 **1 をちょっと浸す**, さっとつける, 〈*in*, *into* ..〔液体〕に〉. ~ a biscuit *in* milk ビスケットを牛乳にちょっと浸す. ~ a brush *into* paint はけをペンキにちょっとつける. ~ one's toes *into* ..を試しにやってみる.

2〔衣料〕を浸して染める; (溶かしたろうに芯(しん)を繰り返し浸して)〔ろうそく〕を作る; 〔消毒のため羊〕を消毒[殺虫]液に浸して洗う; をメッキする. ~ a sweater セーターを染料に浸して染める. hand-~*ped* candles 手作りのろうそく.

3【ひょいとすくい取る】〔手, スプーンなど〕を(何かをすくい出すために)突っ込む 〈*in*, *into* ..に〉; (ひしゃく, スプーン, 茶碗(わん)などで)をすくい出す, 汲(く)み取る, 〈*out*, *up*/*out of* ..から〉. ~ one's hand *into* one's pocket for small change 小銭を取り出そうとポケットに手を突っ込む. ~ *out* soup *with* a ladle しゃくしでスープをすくう.

4 を(少し)下げる, 下へ向ける; 〖英・オース〗(減光するため)〔ヘッドライト〕を下向きにする (〖米〗dim). ~ one's head 頭をひょいと下げる.

5 (a) (手旗信号などで)〔旗〕をちょっと下げてまた上げる. The battleship ~*ped* its flag in salute. 軍艦は旗をちょっと下げて敬意を示した. **(b)**〔飛行機〕を下降させる.

── 自 **1 ちょっと浸る** 〈*in*, *into* ..〔水など〕に〉. ~ *in* the ocean 海にちょっと潜る. **2**〔太陽が〕(少し)沈む. The sun ~*ped* behind the hills. 太陽が山の向こうに沈んだ. **3**〔道路などが〕下り坂になる, 急に下がる. The path climbs and ~*s* (through the forest). 小道は(森の中を)上ったり下ったりしている. **4**〔株価, 利益などが〕下がる. **5**〖空〗急降下した後上昇する; 〔鳥が〕急降下する.

dip ín (1) 自分の分け前[分]を取る. *Dip in*, everybody. さあ, どうぞお取り下さい. (2) (水などにさっと)手[足]を入れる; (液の中の物を取るために)スプーンを入れる┐

dip /../ in を浸す. └[突っ込む].

díp into .. (1) ..にちょっと浸る, つかる. (2) ..をざっと調べる; ..を拾い読みする; ..を'かじる'. ~ *into* a financial report 財務報告書をちょっと調べてみる. ~ *into* Hemingway ヘミングウェイをちょっと読んでみる. (3)〔ポケットなど〕に手を突っ込む. (4)〔基金など〕から使い込む, 〔貯金など〕に手をつける.

dìp into one's púrse [pócket, sávings] 財布の紐(ひも)を緩める, 身銭を切る, 自腹を切る.

dìp into the fúture 将来(の形勢)をうかがう.

── 名 **1** C 浸す[浸る]こと; 〖話〗ひと浴び[泳ぎ]. have [take] a ~ *in* the ocean 海水浴をする. go for a ~ 泳ぎに行く. **2** C ひと汲(く)み[すくい]; ひとのぞき, ざっとした調査. **3** U 浸液; UC (羊の)消毒[殺虫]液 (sheep dip). **4** C (土地, 道路の)傾斜, くぼみ, 下り; (地層の)傾斜; (値段の)下落, (利益の)減少. a ~ in prices 物価の(一時的)下落. **5** C (糸心)ろうそく. **6** C (頭などを)ひょいと下げること; 〖空〗(上昇前の)急降下. **7** U ディップ《クラッカーや野菜などを浸して食べるクリーム状のソース》. **8** C 〖俗〗すり (pickpocket). **9**〖米俗〗ばか, いやなやつ. [<古期英語]

diph·the·ri·a /difθí(ə)riə, dip-/ 名 U 〖医〗ジフテリア. [<ギリシア語「革」; のどの粘膜の形状から]

diph·ther·ic, diph·the·rit·ic /difθérik, dip-/,

/dìfθərítik, dìp-/ 形 ジフテリアの.

diph·thong /dífθɔːŋ, díp-|-θɔŋ/ 名 C 1〘音声〙2重母音《/ai, au, ɔi, ou, ei, uə/など》. 2〘印〙= ligature 3; digraph. [<ギリシア語 di-¹+「音」] ▷ **diph·thong·al** /difθɔ́ːŋgəl, dip-|dífθɔŋgəl, díp-/ 形 2重母音の.

***di·plo·ma** /diplóumə/ 名 (複 ~s /-z/) C 1 (大学などの)**卒業[終了]証書**,〘米〙(高校の)卒業証書; 試験合格証; 免許証; (→certificate). get one's ~ 免状をもらう, 卒業する. a teaching ~ 教員免許状. a master's ~〘米〙修士終了証書《学位記》. have a ~ *in* nursing 看護婦免状を持っている. 2 公文書. [ギリシア語「2つに折った(紙)」]

***di·plo·ma·cy** /diplóuməsi/ 名 U 1 (国家間の)**外交**. abolish secret ~ 秘密外交を廃する. by a fine stroke of ~ みごとな外交手段によって. 2 外交的手腕, 駆け引き, (tact). use ~ *in* dealing with people 人を扱うのに駆け引きを用いる. ◇形 diplomatic

diplóma mìll 名 C〘米話〙'卒業証書製作所'《マスプロ大学》.

***dip·lo·mat** /dípləmæ̀t/ 名 (複 ~s /-ts/) C 1 **外交官**. a career ~ (登用された民間人などでない)職業外交官. 2 =diplomatist 1.

***dip·lo·mat·ic** /dìpləmǽtik ®/ 形 ©〈2 は m〉 1〈限定〉**外交(上)の**, 外交関係の. enter into [break] ~ relations 外交関係[国交]を結ぶ[断つ]. 2 外交手腕のある; 人扱いの上手な, 人の感情を害さない, (↔undiplomatic). The girl gave him a ~ brush-off. その娘は彼にやんわりと肘鉄(ひじてつ)を食わした. You are just being ~. あなたはただ外交辞令を言っているんですね. 3〈限定〉原典研究の, 古文書学の, (→diplomatics). ◇名 diplomacy [<ラテン語 *diplōma*「証書, 公文書」(→diploma); -ic]

dip·lo·mat·i·cal·ly /dìpləmǽtik(ə)li/ 副 1 外交上; 外交的に. 2 如才なく, そつなく.

dìplomatic bág [póuch] 名 C 外交用郵袋.

diplomátic còrps 名 U〈普通 the ~; 単複両扱い〉外交団.

dìplomatic immúnity 名 U 外交特権《外交官に対する逮捕, 税金などの免除》.

dìplomatic relátions 名〈複数扱い〉外交関係〈*with* ..との〉. break off ~ 外交関係を断つ.

dìp·lo·mát·ics 名〈単数扱い〉古文書学.

diplomátic sèrvice 名〈the ~〉外交官勤務, 大[公]使館員《全員》;〈the D- S-〉(英国の)外交部.

di·plo·ma·tist /diplóumətist/ 名 C 1 外交家, 外交的手腕のある人. 2 =diplomat 1.

díp·per 名 C 1 ひしゃく. 2〈the D-〉〘米〙北斗七星 (the Big Dipper); 小北斗七星 (the Little Dipper). 3 水中にもぐる鳥類《カワガラス, ヒメハジロなど》. 4〘英〙=dipswitch.

dip·py /dípi/ 形 e〘米話〙気が狂(ふ)れた.

dip·shit /dípʃìt/ 名 C〘米俗〙あほたれ.

dip·so /dípsou/ 名 (複 ~s) C〘話〙=dipsomaniac.

dip·so·ma·nia /dìpsəméiniə/ 名 U 渇酒症, アルコール依存症. [ギリシア語 *dípsa*「渇き」, -mania]

dip·so·ma·ni·ac /dìpsəméiniæ̀k/ 名 C アルコール依存症患者.

díp·stìck 名 C 1 計量棒《タンクなどの中の油の深さを測る金属の棒, 特に自動車エンジンのオイルゲージ》. 2〘英話〙ばか, あほ.

díp·swìtch 名 C〘英〙(自動車の)ヘッドライトを下↑「向きにするスウィッチ.

dip·ter·ous /díptərəs/ 形 1〘虫〙双翅(し)目の. 2〘植〙〔種子などが〕双翼の.

dip·tych /díptik/ 名 C 2つ折りの絵《祭壇の背後に立てる; 3つ折りのは triptych》.

†**dire** /daiər/ 形 1〘章〙〈限定〉恐ろしい; 悲惨な, 陰惨な. a ~ warning of some disaster 何かの惨事の恐ろしい前兆. 2 緊急の; 極度の. The patient is in ~ need of an operation. 病人は至急に手術が必要である. in ~ (financial) straits ひどく金に困って. 3〘話〙ひどい. [<ラテン語「不吉な, 恐ろしい」]

‡**di·rect** /dərékt, dai-/ 動 (~s /-ts/|過 過分 ~·ed /-əd/|~·ing) 他 【向ける】1 (a) VOA〔目, 注意, 努力, 方針など〕を**向ける** (turn)〈*to, toward* ..に〉;〔怒り, 批判など〕を向ける, ぶつける,〈*at, against* ..に〉. Please ~ your attention *to* what I'm going to say. 私がこれから言うことに注意をしてください. That remark was ~*ed at* you. あの言葉は君に向けて言われたのだ. All his efforts were ~*ed toward* (realizing) world peace. 彼の努力はすべて世界平和(の実現)に向けられた. I didn't know where to ~ my steps. 私はどこへ足を向けたらよいか分からなかった. ~ criticism *at* [*against*] .. 批判を..に向ける. ~ anger [frustration] *at* one's family 怒り[欲求不満]を家族にぶつける. Their envy was ~*ed against* her beauty. 彼女らのねたみは彼女の美しさに向けられた. (b) VOA〘章〙〔広告など〕の対象を..にする〈*at, to* ..向けに〉. ~ advertizing [the book] *at* children 広告[その本]の対象を子供にすえる. ~ remarks *to* young people 青年を対象に話す. (c) VOA〔管などが〕を送る〈*to* ..へ〉.

2 VOA (~ X *to*..) ..宛にX(手紙, 小包など)を送る. Please ~ these orders *to* the following address. これらの注文の品を下記住所宛にお送りください.

3〔人〕に道を教える〈*to* ..への〉. Please ~ me *to* the station. 駅へ行く道を教えてください.

【正しい方向に向ける】4 (a) を指導する; を指図する; を監督する;〔会社, 事業など〕を管理する (control, manage). Prof. Smith ~*ed* my studies. スミス教授が私の研究を指導してくれた. as ~*ed* 指図通りに. ~ a company [business] 会社の取締役をする. ~ (the) traffic 交通整理をする.

(b)〘章〙VO (~ *that* 節/*wh* 節) **..するように/..すべきかを指図する, 命令する**; VOO (~ X *to do*) X に **..するように指図する, 命令する**, 指揮する; (類語 命令の意味は order より弱く, 組織的かつ具体的説明を伴う). The general ~*ed that* his men (should) retreat. =The general ~*ed* his men *to* retreat. 将軍は部下に退却を命じた. When a crisis comes, I will ~ *how* you should act. 危なくなったら, どう行動すべきか, 私が指示します.

5〔劇〕を**演出する**,〔映画〕を**監督する**;〔管弦楽, 合唱〕を**指揮する**. ~ an orchestra オーケストラを指揮する.

— 自 指導する; 指図する; (音楽の)指揮をする, (映画などの)監督[演出]をする. ◇名 direction

— 形 m, e (★3, 5 は ©) 【回り道しない】1 **まっすぐな**, 一直線の; 直行の. in a ~ line まっすぐに, 一直線に. a ~ flight from Tokyo to New York 東京からニューヨークへの直行便. He took the ~ route from there to town. 彼はそこから町へ直行した.

2 **直接の**, じかの, (immediate). a ~ election 直接選挙. the ~ rays of the sun 直射日光. in [out of] ~ sunshine 直射日光の下で[の当たらない所で]. as a ~ result [consequence] of ..の直接の結果として. I'm in ~ contact with the base by radio. 私は無線によって基地と直接に連絡を取っている. The medicine had a ~ effect on the disease. その薬はその病気に直接に効いた. have a ~ bearing on ..と直接関係がある.

3〈限定〉直系の〔親族など〕. a ~ descendant 直系の子孫, 直系卑属.

【妥協のない】4 **単刀直入の**, 率直な, あからさまの. ask ~, brief questions 単刀直入かつ手短に尋ねる. Give me [Let me ask you] a ~ answer. 率直に答えてください. a ~ insult あからさまな侮辱.

5 〈限定〉絶対の, 全くの. His opinion is the ～ opposite of mine. 彼の意見は私の意見と正反対である. ◇↔indirect

── 副 1 まっすぐに, 直行して, 直線的に, (directly). This plane flies ～ to Tokyo. この飛行機は東京へ直行します. Look at me ～. まっすぐ私を見なさい. 2 直接(に), じかに, (directly).
[＜ラテン語「まっすぐにされた」(＜dis-＋*regere*「導く, 支配する」)] 「動.

D

dirèct áction 名 U (暴力やストライキなどの)直接行↑

dirèct cúrrent 名 U 〖電〗直流《略 DC, dc; ↔ alternating current》.

dirèct débit 名 UC (銀行の)口座引き落とし.

dirèct depósit 名 U 〖米〗(給料)銀行振込み.

dirèct díal 名 U 〖電話〗直通方式《大きなビルなどの中で交換手を通さず外部に直接つながる》.

dirèct díscourse 名 U 〖米〗直接話法 (direct speech).

dirèct évidence 名 U 〖法〗直接証拠 (→circumstantial evidence).

dirèct free kíck 名 C 〖サッカー〗直接フリーキック.

dirèct gránt schòol 名 UC 〖英教育〗直接補助学校《地方自治体でなく政府から直接資金補助を受け↓る》.

dirèct hít 名 C (爆弾などの)直撃.

‡**di·rec·tion** /dərékʃ(ə)n, dai-/ 名 (複 **～s** /-z/)
〖方向〗 1 (a) C **方向**, 方角. He took the opposite ～.＝He went *in* the opposite ～. 彼は反対方向へ行った. I followed the ～ of his eyes. 私は彼の視線を追った. glance in my ～ 私の方を見る. *in* the ～ of London ロンドンの方へ向かって[方向に]. from every ～ 四方八方から. *in* all ～*s* 四方八方に. have a poor [bad] sense of ～ 方向音痴である.

連結 the same [the right; the wrong; a specified; a clockwise; an anticlockwise, a counterclockwise; a northerly, a southerly, an easterly, a westerly] ～ // change ～

(b) U (行動, 政策などの)方向. a step in the right ～ 正しい方向への一歩. a government with a clear sense of ～ はっきりとした方針を持った政府. change ～ 方向を転換する. He seems to lack ～ in his life. 彼は生きる目標を持っていないようだ. (c) UC 傾向; 方面, 領域. a new ～ in linguistics 言語学における新傾向[領域].
〖正しい方向に向けること〗 2 U **指導**, 管理; (音楽の)**指揮**, (映画, 演劇の)**監督**, **演出**. stage ～ 演出. under the ～ of a person＝under a person's ～ 人の指揮[指導, 監督]のもとに.
3 C 〈普通 ～s〉**指図**, 命令, 指揮; (薬, 機械などの)使用法, 注意書き. stage ～*s* (脚本の)ト書き. obey ～*s* 命令に従う. follow a person's ～*s* 人の指図に従う. ～*s for* the use of medicine 薬の使用注意書き. A policeman gave him ～*s* to Hyde Park. 警官が彼にハイドパークへの道を教えてくれた. 「与える.
pùt a person in the rìght diréction 人に助言を↑

di·rec·tion·al /dərékʃ(ə)nəl, dai-/ 形 方向の; 〖無電〗指向性の, 方向探知の. the ～ signals of an automobile 自動車の方向指示器.

dirèctional anténna [〖英〗 **áerial**] 名 C 指向性アンテナ《特定の方向に対して受信するもの》.

diréction fìnder 名 C 〖無電〗方向探知器, 方位測定器. 「器.

diréction ìndicator 名 C (自動車の)方向指示↑

di·réc·tion·less 形 (はっきりとした)目標[計画]がない.

di·rec·tive /dəréktiv, dai-/ 形 指導する, 指揮する, 指令する, 〈*of* ..を〉. ── 名 C (政府, 部隊, 会社幹部などの)指令, 命令, 指図. follow a ～ 指令に従う.

‡**di·rect·ly** /dəréktli, dai-/ 副 1 m まっすぐに, 直行して, (direct). He looked ～ before [ahead of] him. 彼はまっすぐ前方を見た.
2 m **直接(的)**に, じかに, (↔indirectly); 面と向かって; 単刀直入に; (語法 動詞を修飾する場合は direct 副 を用いても同じ意味). You're ～ responsible for this accident. あなたはこの事故に直接責任があります. speak [ask, answer] ～ 単刀直入に物を言う[尋ねる, 答える].
3 ⓒ まさに, 全く, 絶対に. The post office is ～ opposite the station. 郵便局は駅の真向かいにあります. Your action is ～ contrary to my wish. 君のした事は僕の望むのと全く逆だ.
4 ⓒ 〖英旧話〗すぐ(に) (注意 この意味では /dərékli/ とも発音する). I always answer a letter ～. 私は手紙の返事はすぐ書くことにしている. 5 ⓒ 〖旧話〗まもなく, やがて. Summer will be here ～. もうまもなく夏だ.
── 接 〖主に英話〗**..するとすぐ(に)**, するやいなや, (as soon as) (注意 この意味では /dərékli/ とも発音する). *Directly* he saw me, he came up to me. 彼は私を見るとすぐ近寄って来た.

dirèct máil 名 U ダイレクトメール (→junk mail).

dirèct méthod 名 aU (外国語の)直接教授法《母国語を用いないで行う》.

dirèct narrátion 名 U 〖文法〗直接話法 (→narration 文法).

di·réct·ness 名 U まっすぐなこと; 直接(性); 率直さ. speak with ～ 率直に話す. 「ject 6).

dirèct óbject 名 C 〖文法〗直接目的語 (→ob-↑

‡**di·rec·tor** /dəréktər, dai-/ 名 (複 **～s** /-z/) C 1 **指揮者**, 指導者. 2 (管弦楽, 合唱の)指揮者 (conductor); 〖劇〗演出家; 〖映〗監督 (film director); (テレビ, ラジオの)製作責任者. 3 (会社の)**取締役**, 重役; 理事; (研究所などの)所長; (官庁の)局長, 長官. →board of directors, managing director.

di·rec·to·rate /dərékt(ə)rət, dai-/ 名 1 UC 理事[取締役]などの職[地位]. 2 C 〈単数形で複数扱いもある〉理事会, 役員会.

†**dirèctor géneral, D- G-** 名 C 〈the ～〉(複 **director generals, directors general**) 総裁, 長官, 会長《略 DG》. the ～ of the BBC 英国放送協会会長. 「導]上の; director (として)の.

dir·ec·to·ri·al /dərèktɔ́:riəl, dàirek-/ 形 指揮[指↑

Dirèctor of Stúdies 名 C 〖英〗(大学, 語学学校などの)教務部長.

Dirèctor of Pùblic Prosecútions 名 〈the ～〉〖英〗公訴局長官. 「[取締役]の職[任期].

di·rec·tor·ship /dəréktərʃip, dai-/ 名 UC 理事↑

†**di·rec·to·ry** /dərékt(ə)ri, dai-/ 名 (複 **-ries**) C 1 住所録, 人名簿; 電話帳. →a telephone directory. 2 (教会礼拝用などの)訓令集; 規則集. 3 〖電算〗(ファイル管理システムの)ディレクトリー, 登録簿. 4 〈the D-〉〖フランス史〗執政政府 (1795–99). [direct, -ory]

dirèctory assístance 〖米〗 [**inquíries** 〖英〗] 名 U (電話局の)電話番号案内.

dirèct prímary 名 C 〖米〗直接予備選挙《政党候補者を選挙民が直接選ぶ》.

dirèct propórtion 名 U 〖数〗正比例 (↔inverse proportion).

di·rec·trix /dəréktriks, dai-/ 名 (複 **～·es, di·rec·tri·ces** /-trəsi:z/) C 〖数〗準線, 指導線. [ラテン語; director の女性形]

dirèct rúle 名 U 直接統治《特に〖英〗で 1972 年以後の英国議会による北アイルランドの統治》.

dirèct spéech 名 ＝direct narration.

dirèct táx 名 C 直接税 (↔indirect tax).

dire·ful /dáiərf(ə)l/ 形 〖雅〗恐ろしい, 凄(せい)惨な; 悲惨な. ▷**～·ly** 副

dirge /dəːrdʒ/ 名 C 葬送歌, 挽(ばん)歌, 哀悼歌; 〈けなして〉 悲しい歌. ［ラテン語「(主よ)導き給え」(*dirigere* 'direct' の命令形); 葬儀の歌の出だし］

dir·i·gi·ble /dírədʒəb(ə)l, dərídʒ-/ 形 〖空〗操縦できる. ── 名 C 飛行船 (airship). 「いたもの」.

dirk /dəːrk/ 名 C 短剣《昔スコットランド高地人の用↑

dirn·dl /dɔ́ːrndl/ 名 C ダーンドル《アルプス地方の農家の婦人服》; ダーンドル風のスカート (**dírndl skìrt**).

‡**dirt** /dəːrt/ 名 U **1** 泥; ほこり, ちり; 汚れ. wash the ~ off one's boots ブーツの泥を洗い落とす. **2** 汚物, 糞(ふん)便, 不潔な物. dog ~ 犬の糞. **3** 〖主に米・オース〗(固まっていない)土. **4** 無価値なもの. **5** 不潔[不純]な行為[状態]; 不潔な書き物[話]; スキャンダル(の種); 猥褻(わいせつ), 猥談. **6** 〖話〗悪口, (悪意のある)うわさ話. spread ~ 悪口を言いふらす.

(*as*) ***chèap as dírt*** (1)〔特に女性が〕下品な, 低級な. (2) ただみたいに安い.

dìg the dírt (人の)スキャンダルを探し出す.

dìg up some [***the***] ***dírt*** (人の)スキャンダルを探し出す.

dìsh the dírt 〖俗〗よくない[悪(あ)しざまに]うわさをする 〈*on*.. 人に対して〉.

dò *a person* ***dírt*** 人に不当な仕打ちをする.

èat dírt 〖話〗屈辱に甘んじる, 侮辱を我慢する.

flìng [***thròw***] ***dírt at..*** ..の悪口を言う, ..を中傷する.

hìt the dírt (1)(砲弾などをよけるために)地面に伏せる. (2)〖野球〗滑り込む.

trèat *a pèrson* ***like dírt*** 人をごみのように扱う.

［＜古期北欧語「大便」］

dírt bìke 名 C トレールバイク. 「の[で].

dìrt-chéap /⑧/ 形, 副 〖話〗ばか安の[で], 二束三文↑

dírt fàrmer 名 C 〖米話〗自営農《自分で耕作する; →gentleman farmer》.

dirt·i·ly /dɔ́ːrtili/ 副 不潔に; 卑劣に.

dirt·i·ness /dɔ́ːrtinəs/ 名 U 不潔; 下品; 卑劣.

dìrt-póor /⑧/ 形 〖米話〗ひどく貧乏な.

dírt ròad 名 C 〖米〗未舗装道路 (→pavement).

dírt tràck 名 C 土[石炭殻など]の競走路《オートバイレース・競馬の平地競走用》.

‡**dirt·y** /dɔ́ːrti/ 形 e (**dirt·i·er** | **dirt·i·est**)

【きたない】 **1** 〔道が〕ぬかるみの, 泥だらけの, (muddy).

2 (**a**) よごれた, きたない, 不潔な, (↔clean; 類語「汚い」を表す一般的な語; →filthy, foul, sordid, unclean). Wash your ~ hands. よごれた手を洗いなさい. The park was ~ *with* litter. 公園はごみだらけできたなかった. (**b**)〔核兵器などが〕放射性↓汚染物質[降下物]を多く出す. a ~ bomb 'きたない' 爆弾. (**c**)〔仕事, 作業などが〕よごれやすい, 不潔になる. a ~ job よごれ仕事. (**d**) ひどい《強意》. You're a ~ liar. 大うそつきめ!

3 卑劣な〔計略など〕; きたない〔試合ぶりなど〕; 不正の〔金など〕. ~ tricks (政治的な)謀略. You ~ coward! この卑劣漢め. ~ gains 不正の利益.

4 猥褻(わいせつ)な, みだらな, 〔言葉, 話など〕. ~ talk 猥談. a ~ word [joke] 猥褻な[いやらしい]言葉[冗談]. a ~ mind いやらしい心(の持ち主). a ~ weekend 不倫の週末.

【好ましくない】 **5** 嫌な, 不快な; 残念な. "Loss" is a ~ word to our team.「敗戦」は我がチームにとっては禁句だ. be in a ~ temper 機嫌が悪い.

6 〔色などが〕濁った, 〔声などが〕調子外れの.

7 〖話〗〔天候などが〕荒れ模様の. ~ weather (特に航海中に遭遇する)荒天. ◇名 dirt

aìr [***wàsh***] *one's* ***dìrty línen in públic*** [***at hóme***] →linen. 「..を裏切る.

dò the dírty on.. 〖英話〗..に卑劣な仕打ちをする,↑

dòwn and dírty →down 形.

gèt *one's* ***hánds dìrty*** ＝DIRTY one's hands.

gìve *a pèrson* ***a dìrty lóok*** 〖話〗人に怒り[非難, 嫌悪]の目を向ける, 人に嫌な顔をする.

── 動 (**dirt·ies** | 過 過分 **dirt·ied** | **~·ing**) 他 をよごす; をけがす. ── 自 よごれる. White socks ~ easily. 白い靴下はすぐよごれる.

dìrty *one's* ***hánds*** 手をよごす. The scholar hates to ~ his *hands* with commercialism. その学者は商業主義で手をよごすのを嫌う.

dìrty /../ úp ..をよごす.

── 副 **1** きたないやり方で. play ~ 卑劣に振るまう. **2** 卑猥に. talk ~ 猥談をする. **3** 〖俗〗ものすごく, とてつもなく, 〔大きいなど〕. a ~ great pearl 超特大の真珠.

dírty grèat [***bìg***] 〖英話〗ものすごく大きな. a ~ *great* rotten trick ひどく卑劣なやり方. ［dirt, -y[1]］

dìrty òld mán 名 C 〖話〗ひひおやじ, 助平野郎[おやじ], 《必ずしも老人ではない; 普通, 中年》. 「やり口.

dìrty póol 名 U 〖米〗不正な行為; 卑劣な[きたない]↑

dìrty tríck 名 C **1** 卑劣な仕打ち. play a ~ on a person 人に卑劣な仕打ちをする. **2** 〈~s〉(政敵に対する)選挙妨害(工作), 謀略.

dìrty wórk 名 U **1** よごれ(る)仕事; 人の嫌がる仕事. I always do the manager's ~ for him, such as dealing with the customers' complaints. 私はいつも支配人の嫌な仕事, 例えば顧客の苦情の処理などをしている. **2** 〖話〗卑怯(きょう)なまね; 不正(行為).

dis /dis/ 動 ＝diss.

dis- /dis/ 接頭「不.., 非.., 無.., 反対, 分離, 除去など」の意味を表したり, 否定の強調に用いられる. **1** 〈動詞に付けて〉 *dis*charge, *dis*cover, *dis*like. **2** 〈よい意味を持つ名詞に付けて〉 *dis*comfort, *dis*content, *dis*honor. **3** 〈よい意味を持つ形容詞に付けて〉 *dis*contented, *dis*graceful, *dis*honest. ［ラテン語 *dis-* 'apart'］

†**dis·a·bil·i·ty** /dìsəbíləti/ 名 (複 **-ties**) **1** UC (身体の)障害; 体(の一部)がいうことをきかないこと. a ~ pension 傷病年金. in spite of one's *disabilities* 障害があるにもかかわらず. change attitudes to ~ 障害に対する考え方を変える. a chronic shoulder ~ 慢性的な肩の故障. **2** UC 無力, 無能, 〈*for* ..の/*of* doing, *to* do ..する〉; U 〖法〗無能力, 無資格. He is always complaining of his ~ *to* walk. 彼は歩けないことでいつも愚痴をこぼしている. ◇↔ability

***dis·a·ble** /diséib(ə)l/ 動 (**~s** /-z/ | 過 過分 **~d** /-d/ | **-bling**) 他 **1** を役に立たなくする, 無能にする, 〈*from* ..に対して〉; 〔人〕の体を不自由にする; 〈しばしば受け身で〉 (↔enable). The loss of his arm *~d* him *from* working. 彼は片腕を失って働けなくなった. an airplane *~d* in the fight 戦闘で故障した飛行機. My uncle was *~d* in the war. おじは戦争で体が不自由になった. **2** 〔機械など〕を作動しないようにする. **3** 〖法・章〗を無能力[無資格]にする 〈*from* ..に対して〉. ▷ **~·ment** 名 UC 無能(力)にすること; 体の不自由; 障害.

†**dis·á·bled** 形 障害の, 障害を持つ; 欠陥のある; (参考 crippled, defective, handicapped は差別語で, 今は disabled が普通; differently abled, physically challenged も PC 語として使われる). physically [mentally] ~ 身体[精神]障害の. a ~ toilet [entrance] 障害者用トイレ[入り口]. ── 名 〈the ~; 複数扱い〉 障害者たち; 傷病者[兵]たち. ★今は disabled people の方が好まれる. 「[に偏見を持つ].

dis·a·blist /diséiblist/ 形 身体障害者↓を差別する↑

dis·a·buse /dìsəbjúːz/ 動 他 〖章〗の迷いを解く, に悟らせる 〈*of* ..〔誤りなど〕を〉. ~ him *of* his silly notion 彼に彼の考えがばかげていることを悟らせる.

dis·ac·cord /dìsəkɔ́ːrd/ 名 U 不一致, 不調和. ── 動 自 一致[調和]しない 〈*with* ..と〉.

‡**dis·ad·van·tage** /dìsədvǽntidʒ | -váːn-/ 名 (複

-tag·es /-əz/) 1 [C] 不利, 不利益; 不利な立場[境遇], 障害. the ～s of being blind 盲目であることの種々のハンディキャップ. It is a ～ for him to be unable to speak English. 英語を話せないことは彼にとって不利だ.

[連結] a great [an immense; a decided, a marked, an obvious] ～ // overcome [offset] a ～

2 [U] 損害, 損失. ◇↔advantage
at a disadvántage 不利な立場に[の]. be *at a* big ～ 大変不利である. His poor health put him *at a* ～ in his office. 彼は健康がすぐれないため勤務先では不利だった.
to a pèrson's disadvántage 人の不利になるように[ような]. a rumor *to* his ～ 彼に不利な[都合の悪い]うわさ. work *to a person's* ～ 〔事が〕人の不利に働く.
── [動] [他] を不利にする. [dis-, advantage]

‡**dìs·ad·ván·taged** [形] 恵まれない境遇の《しばしば poor の婉曲語》. a ～ family (経済的に)恵まれない家庭. the ～ 恵まれない人々.

dis·ad·van·ta·geous /disædvəntéidʒəs | dìsædvɑːn-/ [形] 不利な; 都合の悪い; 損害[損失]になる; 〈*to* ..にとって〉(↔advantageous). a settlement ～ *to* him 彼にとって不利な解決. ▷ **～·ly** [副]

dis·af·fect /dìsəfékt/ [動] [他] に不満[不平]を抱かせる; を疎遠にする.

‡**dìs·af·féct·ed** /-əd [米]/ [形] 不満を抱く, 不平のある, 謀反心のある, 〈*to, toward* ..に〉. ▷ **～·ly** [副]

dis·af·fec·tion /dìsəfékʃ(ə)n/ [名] [U] 不満, 不平, 反逆心, 〈*to, toward* ..〔政府など〕への〉.

dis·af·fil·i·ate /disəfílièit/ [動] [他] 〔組織, 連盟などが〕を脱退させる, 除名する; 〈～ oneself で〉脱退する; 〈*from* ..から〉. ── [自] 脱退する, 絶縁する, 〈*from* ..から, と〉.

dis·af·for·est /dìsəfɔ́ːrəst | -fɔ́r-/ [動] [他] 〖英〗 1 ＝ deforest. 2 〖法〗 を廃林する《森林法の適用を外して普通地にする》. ▷ **dìs·af·fòr·es·tá·tion** [名]

‡**dis·a·gree** /dìsəgríː/ [動] (～s /-z/ | [過] [過分] ～d /-d/ | ～·ing) [自] 1 〔説明などが〕一致しない, 符合しない, 相違する, 〈*with* ..と〉. Your story ～s *with* what he says. あなたの話は彼の言っている事と一致しない.
2 意見を異にする (differ); 仲が悪い, 争う; 〈*with* ..と/*on, about, over* ..について〉. I'm sorry, but I absolutely ～. 残念ながら私は全く意見が違います. You're always ～*ing with* your boss. あなたはしょっちゅう上司とけんかしている. Scholars ～ *about* [*on*] the origin of language. 学者の間では言語の起源について意見が一致していない.
3 [VA] (～ *with*..) 〔食物, 風土などが〕..に適さない, 合わない, ..の害になる. Fish ～s *with* me. 私は魚を食べるとあたる. A damp climate ～s *with* gout. 湿っぽい気候は痛風にはよくない.
── [他] [VO] (～ *that* 節/*wh* 節・句) ..ということに/..かで意見を異にする. He ～s *that* we should act immediately. すぐ行動することに彼は賛成ではない ([語法] disagree that 節は「that 以下ということに反対する」の意で, object that 節の「that 以下の理由で反対する」と意味が異なる). ◇↔agree [名] disagreement
agrèe to disagrée →agree. [dis-, agree]

***dis·a·gree·a·ble** /dìsəgríːəb(ə)l | -əgríə-/ [形] [m] 1 不愉快な, 気にくわない. Work and effort are ～ *to* him. 仕事とか努力するとかいう事を彼は好かない. a ～ taste [smell] 嫌な味[におい]. 2 気難しい, 付き合いにくい. a ～ fellow to deal with 扱いにくいやつ. ◇↔agreeable ▷**-bly** [副] **～·ness** [名]

***dis·a·gree·ment** /dìsəgríːmənt/ [名] ([複] ～s /-ts/) 1 [U] (意見, 内容などの)不一致, 相違; [C] 相違点, 意見の食い違い; 争い, 口論; 〈*about, over, as to* ..に関しての/*among* ..〔人〕の間の/*between* ..〔人, 意見など〕の間の〉. ～*s between* husbands and wives 夫婦間にみられる意見の違い.

[連結] (a) serious [(a) bitter, (a) fierce; (a) marked; (a) slight] ～ // cause [resolve, settle] a ～; express [voice] (one's) ～ // a ～ arises [breaks out]

2 [U] (気候, 食物などが体に)合わないこと, 不適合, 中毒. ◇↔agreement [動] disagree
be in disagréement with.. ..と意見が合わない; 〔食物, 風土などが〕..に合わない. I *am in* total ～ *with* my wife about our son's education. 息子の教育のことで妻と全く意見が合わない.
in disagréement 意見不一致に〔終わるなど〕.

‡**dis·al·low** /dìsəláu/ [動] [他] 〖章〗 を許さない, 禁止する; を承認しない, 却下する. ～ a claim 要求を却下する. ◇↔allow

dis·al·low·ance /dìsəláuəns/ [名] [U] 〖章〗 不認可, 不承認, 却下.

dis·am·big·u·ate /dìsæmbígjueit/ [動] [他] 〔文(の記述)など〕の曖昧さを除く, を明確にする.

‡**dis·ap·pear** /dìsəpíər/ [動] (～s /-z/ | [過] [過分] ～ed /-d/ | ～·ing /-riŋ/) [自] 1 見えなくなる, 姿を消す, 行方不明になる, ([類語] disappear は単に見えなくなることを意味する; →fade, vanish). I watched the car ～*ing* slowly around the corner. 私は車がゆっくり角を曲がって見えなくなるのを見守った. When the maid ～*ed* behind the door, he began to speak. メイドの姿が戸の陰に消えると彼は話し始めた. ～ from view [sight] 見えなくなる. 2 なくなる, 紛失する; 立ち去る; 消滅する; 使われなくなる. The money in her purse had ～*ed* before she knew. 彼女が知らない間にハンドバッグの金がなくなっていた. Many words used by Shakespeare have now ～*ed* from popular vocabulary. シェークスピアの使った多くの語が今では民衆の語彙(ｲ)から消えてしまった. ◇↔appear
disappèar into thìn áir 〔金などが〕あっと言う間になくなる.
dò a disappèaring áct (必要な時に)姿をくらます. [dis-, appear]

†**dis·ap·pear·ance** /dìsəpí(ə)rəns/ [名] [UC] 見えなくなること, 行方不明, 失踪(ｿｳ); 消失, 消滅. A bride on a honeymoon made a sudden ～. 新婚旅行中の花嫁が突然姿を消した.

[連結] a mysterious [a baffling, a perplexing, a puzzling; an inexplicable, an unaccountable] ～

‡**dis·ap·point** /dìsəpɔ́int/ [動] (～s /-ts/ | [過] [過分] ～·ed /-əd/ | ～·ing) [他] 1 を失望させる, がっかりさせる; の期待に背く. The actress ～*ed* her fans *by* sudden retirement. その女優は突然引退してファンをがっかりさせた. 2 〔希望, 目的, 計画など〕の実現を妨げる, を挫折(ｻﾞｯ)させる. His illness ～*ed* all his hopes. 病気のため彼の希望はすべて挫折した. ～ a person's expectations 人の期待をくじく. ◇[名] disappointment [dis-, appoint]

***dis·ap·point·ed** /dìsəpɔ́intəd/ [形] [m] 1 失望した, がっかりした, 〈*about, at, in, with* ..に/*that* 節 ..であることに/*at* [*about*] doing, *to* do ..して〉. the ～ mother がっかりした母親. be ～ *in* love 失恋する. The parents are ～ *in* [*with*] their son. 両親は息子に失望している. I'm ～ *at* the result [*with* the offer]. 私はその結果[申し出]にがっかりしている. We were deeply ～ ⌞*at* hearing [*to* hear, when we heard] the news. 私たちはそのニュースを聞いて心の底からがっかりした. I'm very ～ *that* such a talent died young. 私はあれ程の才能の持ち主が若死にしたことにひどくがっかりしています.
2 〔計画, 希望などが〕実現しなかった, 挫折(ｻﾞｯ)した. a ～ hope 実現しなかった希望.

▷**～·ly** 副 失望して; 当てが外れて.

*__dis·ap·point·ing__ /dìsəpɔ́intiŋ/ 形 m **失望させる**(ような), 期待外れの, つまらない. The results were ～. その結果はがっかりだった. *Disappointing* sales left the company short of cash. 売上げが思わしくないので会社は現金不足になった. It is ～ that ..なのにはがっかりする. ▷**～·ly** 副 がっかりするほど; がっかりしたことには.

*__dis·ap·point·ment__ /dìsəpɔ́intmənt/ 名 (複 **～s** /-ts/) **1** UC **失望**, 落胆, 当て外れ. His daughter's death caused the father grievous ～. 娘に死なれて父親は悲嘆に暮れた. His heart sank with ～. 失望して彼の心は沈み込んだ. the ～ he felt in his daughters 彼の娘たちへの失望. (a) ～ in love 失恋.

連結 bitter [great, keen, profound; slight] ～ // feel [experience, taste] ～; express [show, voice] one's ～

2 C **失望させるもの**[事, 人], 期待外れのもの[人], 〈*to* ..にとっての〉. He had always been a ～ *to* his parents. 彼は両親にとって常に失望の種だった. I found the novel a ～. 読んでみたらその小説はつまらなかった.

to a pèrson's disappóintment 人ががっかりしたことには. *To* the mother's ～, her child grew up to be a lazy man. 母親ががっかりしたことには子供は大きくなって怠け者になった.

dis·ap·pro·ba·tion /dìsæprəbéiʃ(ə)n/ 名 〖章〗 ＝disapproval.

*__dis·ap·prov·al__ /dìsəprúːv(ə)l/ 名 (複 **～s** /-z/) U **不承知**, 不認可, 不賛成; 非難; (↔approval). The teacher shook his head in ～. 先生は不賛成だと首を横に振った. my ～ of her marriage 彼女の結婚に対する私の反対. with ～ とがめるように. to a person's ～ 人の認められないことに.

連結 strong [emphatic, vehement; mild; open] ～ // cause [arouse] ～; show [voice] (one's) ～

*__dis·ap·prove__ /dìsəprúːv/ 動 (**～s** /-z/|過 過分 **～d** /-d/|**-prov·ing**) 他 **をいけないと言う**, 不可であるとする; を非難する; を認めない; (→deprecate). The committee ～*d* the project. 委員会はその計画を認可しなかった.

── 自 **非とする**, 賛成しない; VA (**～ *of* (*do*)*ing*..**) ..に賛成しない, ..を認めない. The majority of people ～ *of* the government's foreign policy. 大多数の人が政府の対外政策を非としている. He ～*d of* his daughter marry*ing* the youth. 彼は娘がその若者と結婚するのに賛成しなかった. ◇↔approve 名 disapproval

†**dìs·ap·próv·ing** 形 非難するような, 非難がましい. his ～ look 彼のとがめるようなまなざし. ▷**～·ly** 副 非難して, とがめるように.

†**dis·arm** /disáːrm/ 動 他 **1** を武装解除する; から取り上げる 〈*of* ..〔武器〕を〉. The victors ～*ed* the defeated (*of* their weapons). 勝者は敗者の武器を取り上げた. **2** 〔爆弾, ミサイルなど〕を(安全なように)処理する. **3** 〔疑惑, 怒りなど〕を和らげる, 静める, 〔敵意など〕を取り去る; を無害にする; 〔人〕の気持ちを和らげる. The hostess's amiability ～*ed* the guest's fury [the guest]. 女主人が愛想よくもてなしたので客の激しい怒りも治まった[客の気持ちは和らいだ]. a smile that ～*s* criticism とがめだてする気をなくさせるような微笑.

── 自 **1** 武器を捨てる, 軍備を解く. **2** 軍備を撤廃[縮小]する. Peace will never come till all countries ～ completely. あらゆる国が軍備を完全撤廃するまで平和は決して来ないだろう.

*__dis·ar·ma·ment__ /disáːrməmənt/ 名 U 武装解除; **軍備の縮小[撤廃]**, 軍縮. nuclear ～ talks 核兵器削減[撤廃]に関する会談.

dis·árm·er 名 C 軍縮論者《特に核兵器の》. a nuclear ～ 核(兵器)軍縮論者.

dis·árm·ing 形 敵意[疑惑など]を取り去るような, 警戒心を解かせるような. a ～ smile 相手から警戒心[敵意]を取り去るような人なつっこい微笑. ▷**～·ly** 副 人を安心させるように, 愛想よく.

dis·ar·range /dìsəréindʒ/ 動 他 を乱雑にする; を混乱させる. ～*d* hair-do 乱れた髪. ▷**～·ment** 名 U 混乱, かき乱すこと.

‡**dis·ar·ray** /dìsəréi/ 名 U 無秩序, 乱雑; だらしない服装. in ～ 混乱して; 〔部屋などが〕ちらかって; 〔髪が〕ぐしゃぐしゃで. throw his plans into ～ 彼の計画を狂わす. ── 動 (**～s**|過 過分 **～ed**|**～·ing**) 他 を混乱させる; を乱雑にする.

dis·as·sem·ble /dìsəsémb(ə)l/ 動 他 〔機械など〕を分解する. ～ a clock 時計を分解する.

dis·as·so·ci·ate /dìsəsóuʃièit/ 動 ＝dissociate.

dìs·as·sò·ci·á·tion 名 ＝dissociation.

‡**dis·as·ter** /dizǽstər|-záːs-/ 名 (複 **～s** /-z/) **1** UC **(大)災害**, 惨事; 災難, 不幸; (類語 disaster は個人的又は社会的な不慮の「災難」を表す一般的な語で, 生命, 財産を奪うようなものを言う; →calamity, catastrophe). an air [a traffic] ～ 航空[交通](事故)の大惨事. a natural ～ 天災. a crop ～ 潰(かい)滅的な凶作. *Disaster* struck yesterday. 災難が昨日起こった.

連結 a great [a major; a terrible; an impending; a natural] ～ // cause [invite; suffer; face; escape] (a) ～; court ～

2 UC 〖戯〗大きな被害; 大失敗; C 失敗作. His performance as Hamlet was a ～. 彼のハムレット役の演技は見ていられなかった. Though great as a general, he proved a ～ as President. 彼は将軍としては偉かったが大統領としてはひどかった. The exploration ended in ～. 遠征は大失敗に終わった. ◇形 disastrous

a rècipe for disáster 起こりそうな悪い事.

[＜イタリア語「悪い星回り」(＜ラテン語 dis-＋*astrum* 'star')]

disáster àrea 名 C **1** 被災(指定)地域《政府の援助の対象となる》. **2** 〖話〗〈普通 a ～〉散らかし放題(の所), しっちゃかめっちゃか; だめな人.

*__dis·as·trous__ /dizǽstrəs|-záːs-/ 形 m **災害の**; 災害を引き起こす; 悲惨な, みじめな; 損害の大きい 〈*for* ..にとって〉. a ～ fire 大火災. a ～ marriage みじめな結婚. make a ～ mistake 致命的な誤りをする. ▷**～·ly** 副 悲惨に; 破滅的に.

dis·a·vow /dìsəváu/ 動 他 〖章〗 を否認[否定]する. ～ any intention to steal 盗む意図は全くなかったと言う. ▷**～·al** /-əl/ 名 UC 否認, 拒否.

‡**dis·band** /disbǽnd/ 動 他 〔軍隊など〕を解散する.

── 自 解散する. The committee has ～*ed*. 委員会は解散した. ▷**～·ment** 名 U 解散, 解除.

dis·bar /disbáːr/ 動 (**～s**|**-rr-**) 他 **1** から弁護士の資格を剝(は)奪する 〈*for* ..で〉〈しばしば受け身で〉. **2** VOA (**～ X *from* (*doing*)..**) Xを..(すること)から除外する〈普通, 受け身で〉.

▷**～·ment** 名

‡**dis·be·lief** /dìsbəlíːf/ 名 U 信じ(ようとし)ないこと; 不信, 疑惑, 〈*in* ..に対する〉; 不信仰; (類語 普通, 宗教以外のことに関して, 偽り又は信頼できないとして積極的に, 時には軽蔑の念を伴って信じないことを言う; →unbelief). show one's ～ 不信の念を表す. ～ *in* medicine 薬(の効果)への不信. She listened to the story in ～. 彼女は怪しいと思いながら話を聞いた. suspend ～ (劇などを見ている間は)本当のことと思う.

dis·be·lieve /dìsbəlíːv/ 動 他 VO (**～ X/*that* 節**) Xは/..ということは信じない; の言うことは信じられない. ～ a person 人(の言うこと)は信じられない. ── 自 VA (**～ *in***

..) ..の真実性を疑う. ～ *in* (the existence of) ghosts 幽霊の存在を疑う. 語法 disbelieve は単に「信じない」だけでなく強い不信を表す; 単に「信じない」は do [does] not believe. ▷**dis·be·liev·er** 名 C 信じない人; 不信心者. **dis·be·liev·ing** 形 信じない〔顔つきなど〕.

dis·bur·den /disbə́ːrdn/ 動 他 **1** の荷物を降ろす; 〔荷物〕を降ろす. ～ a horse 馬の荷物を降ろす. ～ goods 荷を降ろす. **2** 〔心〕の重荷を降ろす 〈*of* ..について〉; 〔秘密など〕を打ち明ける 〈*to* ..〔人〕に〉. ～ oneself *of* the secret [debts] 秘密を打ち明けて[借金を払って]ほっとする.

D

dis·burse /disbə́ːrs/ 動 他, 自 〖章〗(貯金, 出し合った資金の中から)(金を)支出する. [＜古期フランス語「金を得る」(＜後期ラテン語 dis-＋*bursa* 'purse')] ▷～·**ment** 名 U 支払い, 支出; C 支払い金, 出費.

†**disc** /disk/ 名 ＝disk (★disc の複合語も同じ).

†**dis·card** /diskɑ́ːrd/ 動 他 **1** 〔不用の物, 古い衣服など〕を捨てる, 処分する; 〔習慣, 意見, 旧友など〕を捨てる. ～ worn-out clothes 着古した衣服を捨てる. ～ the traditional approach as being out-dated 従来の研究方法を時代遅れであるとして捨てる. **2** 〖トランプ〗〔不用の札〕を(場に)捨てる《これが原義》.
── 自 〖トランプ〗不用の札を捨てる.
── /⌐-⌐/ 名 C 捨てられたもの; 〖トランプ〗捨て札.

***dis·cern** /disə́ːrn, -zə́ːrn/ 動 (～s /-z/|過 過分 ～ed /-d/|～·ing) 他 **1** 〖章〗(**a**) 〔普通, 遠い物, かすかな物〕**が見て分かる**. We ～*ed* through the darkness a red light in the distance. 我々は闇(やみ)を通して赤い光を遠くに認めた. (**b**) VO (～ *that* 節/*wh* 節) **..ということを/..かを認める**, 見極める. I soon ～*ed* (*that*) the man was lying. 私はその男が嘘(うそ)をついているのがすぐに分かった. You could hardly ～ *which* of these is a genuine Renoir. この中でどちらが本物のルノワールかまず分かるまい. **2** 〖英では古〗〔2者〕を見分ける, 識別する. ～ good *and* [*from*] evil 善悪を識別する.
── 自 〖英では古〗見分ける, 識別する, (distinguish) 〈*between* ..を〉. ～ *between* truth and falsehood 真偽を識別する. [＜ラテン語「選別する」(＜dis-＋*cernere*「ふるいにかける」)]

‡**dis·cérn·i·ble** 形 見分けられる, 識別できる. The writing is hardly ～. その筆跡はほとんど識別できない. ▷**-bly** 副 はっきりと, 明瞭(りょう)に.

‡**dis·cérn·ing** 形 識別力のある, 眼識のある, 洞察力のある; 明敏な. Rolex: the watch for ～ people. ロレックス: 違いの分かる人のための時計《広告》. the less ～ drinker who prefers quantity to quality 質より量の酒の味の分からない飲み助.

dis·cérn·ment 名 U 識別(力), 眼識; 認識.

***dis·charge** /distʃɑ́ːrdʒ/ 動 (-charg·es /-z/|過 過分 ～d /-d/|-charg·ing) 他
【放出する】 **1** から**荷揚げする** 〈*of* ..を〉, 〔貨物など〕を降ろす 〈*from* ..〔船, 貨車〕から〉. ～ a ship *of* its cargo ＝～ a cargo *from* a ship 船から荷を降ろす.
2 〔乗り物が〕〔乗客など〕を降ろす. The airplane ～*d* its passengers. 飛行機は乗客を降ろした.
3 〔銃など〕を**発射する**, 〔矢〕を放つ, 〈*at, into* ..に〉. ～ a rifle ライフルを発砲する.
4 (**a**) 〔煙突が〕〔煙〕を出す, 吐く; 〔廃棄物〕を出す; 〔おできが膿(うみ)〕を出す; VOA 〔川が〕〔流れなど〕を注ぐ; 〔汚染物など〕を流す; 〈*into, in* ..に〉. The pipe ～*s* waste *into* the river. そのパイプから廃物が川に流れ出る. (**b**) VOA 〔不満など〕をぶちまける 〈*on* [*upon*] ..に〉. ～ one's discontent *upon* a person 人に不満をぶちまける. **5** 〖電〗〔蓄電池〕を放電させる.
【束縛から解放する】 **6** (義務, 束縛などから)を**解放する**; 〔囚人〕を釈放する; を退院させる; 〖法〗を免除する; を**解雇**〔**免職**〕する; 〔軍人〕を除隊させる. ～ political prisoners 政治犯を釈放する. be conditionally ～*d* 条件付きで釈放される. be ～*d from* payment of taxes 税金の支払いを免除される. The maid was ～*d* for theft. メイドは盗みをしたために首になった. ～ a soldier honorably 軍人を名誉の除隊にする《懲戒などによらない普通の除隊を指す》. ～ oneself *from* hospital 退院する.
7 〖章〗〔義務, 誓約など〕を果たす; 〔借金〕を返済する; (類語 義務などからの解放感, 安堵感を暗示する; →perform). fully ～ one's duty 義務を完全に果たす. ～ one's debt 借金を払い終わる.
── 自 **1** 〔船や貨車が〕貨物を降ろす. **2** 〔人が〕発砲する. **3** VA 〔水が〕流れ出る, 〔川が〕注ぐ 〈*into* ..に〉. The Danube ～*s into* the Black Sea. ドナウ川は黒海に注ぐ. **4** 〔傷などが〕膿を出す. **5** 放電する.
── /⌐-, -⌐/ 名 (複 **-charg·es** /-əz/) **1** UC **荷揚げ**, 荷降ろし. a ～ of a cargo 荷揚げ. **2** UC 発砲, 発射. the ～ of a revolver 拳(けん)銃を発砲すること. **3** UC (義務などからの)**解放**, 免除; (囚人の)釈放; 除隊; 退院; 解雇, 解任; C 解任状, 除隊証明書. ～ from hospital [the army] 退院[除隊]. get an honorable ～ (無事に勤めて)名誉除隊になる. a ～ *from* one's debt 債務の免除. **4** UC 流出, 排出; C 排出物; 廃棄物; 流出量. nasal ～ 鼻汁. vaginal ～ (子宮からの)おりもの. industrial ～*s* 産業廃棄物. **5** UC (義務の)遂行, 履行; (借金の)返済. a full ～ *of* one's duty 義務の完全遂行. a ～ *of* a debt 借金の返済. **6** UC 〖電〗放電.

dischárged bànkrupt 名 C 免責された倒産債務者.

dísc hàrrow 名 C 円板馬鍬(まぐわ)《トラクターで引かれ, 回転する円板で土を砕く》.

***dis·ci·ple** /disáip(ə)l/ 名 (複 ～s /-z/) C **1 弟子**; 門弟. **2** 〈しばしば D-〉キリストの十二使徒 (the Apostles) の1人. [＜ラテン語「学ぶ者」(＜*discere* 'learn')]

discíple·shìp 名 UC 弟子の身分; C 弟子の期間.

dis·ci·pli·nar·i·an /dìsəplənέ(ə)riən/ 形 規律励行の, 厳格な. ── 名 C (生徒, 部下などに)規律を厳格に守らせる人; (自ら規律に)厳格な人.

‡**dis·ci·pli·nar·y** /dísəplənèri|-nəri, dìsəplínəri/ 形 **1** 訓練の; 規律の. a ～ offense 規律違反. a ～ committee 懲罰委員会. **2** 懲戒的な. take ～ action 懲罰を行う. **3** 学問の; 学科の.

***dis·ci·pline** /dísəplən/ 名 (複 ～s /-z/) **1** U **訓練**; C 訓練[学習]法. a Spartan ～ スパルタ式訓練(法). **2** U **規律**, しつけ, 風紀; 抑制, 自制; 戒律. military ～ 軍紀. keep school ～ 学校の規律を守る. keep one's emotions under ～ 感情を抑える. maintain classroom ～ 〔先生が〕クラスの生徒に言うことを聞かせ続ける.

連結 strict [harsh, iron, rigid, tough; lax, slack] ～ // impose [enforce] ～

3 U 〖宗〗修業. **4** U 懲罰, 懲戒. Your son needs ～. 君の息子さんは少し懲らしめる必要がある. **5** C (大学の)学科, (学問の)分野. scholars from various ～*s* いろいろな学問分野の学者たち.
── 動 (～s /-z/|過 過分 ～**d** /-d/|**-plin·ing**) 他 **1** を訓練する, 鍛練する; VOC (～ *oneself to do*) ..するように自分を鍛える. be strict in *disciplining* one's children 子供のしつけに厳しい. ～ oneself きちんと振る舞う. I ～ my*self to* exercise every day. 私は毎日運動して鍛えている. **2** を懲罰する 〈*for* ..に対して〉. The lawyer was ～*d for* defrauding his client of money. その弁護士は依頼人から金をだまし取ったため懲罰を受けた. [＜ラテン語「(弟子を)教えること」(→disciple)]

dis·ci·plined 形 規律正しい.

dísc jòckey 名 C 〖放送〗ディスクジョッキー《人》.

dis·claim /diskléim/ 動 他 〖章〗 **1** を拒絶する; VO

(～ X/*that* 節) Xを/..した[である]ことを否認する. ～ any intention of running for election 選挙に出る意志は全くないと言う. He ～*ed* responsibility for the accident. 彼はその事故に対して責任はないと言った. **2** 〖法〗に対する権利を放棄する.

dis·cláim·er 名 C 〖章〗 **1** 否認[放棄]者. **2** 否認; (責任, 関係などの)否認[放棄]声明書; 放棄.

*__dis·close__ /disklóuz/ 動 (-clos·es /-əz/|過 過分 ～d /-d/|-clos·ing) 他 **1** 〖Ⅳ〗(～ X/*that* 節/*wh* 節) X(秘密など)を/..ということを/..かを暴く, 打ち明ける. ～ a state secret 国家の機密を漏らす. The man's identity has not been ～*d* yet. その男の正体はまだ分かっていない. ～ his name *to* the press 彼の名前をジャーナリズムに明かす. He was forced to ～ *that* he had been a spy. 彼はスパイであったことを白状させられた. No one could ～ *who* had made the mistake. だれがその誤りを犯したのかだれも明らかにできなかった.

2 〔蓋(ふた)などを取って中身〕を見せる, 現す; を露出させる. He opened the safe, *disclosing* piles and piles of 100-dollar bills. 彼は金庫を開けて山また山の 100 ドル札を見せた. He ～*d* his arms. 彼は腕をまくって見せた.

†**dis·clo·sure** /disklóuʒər/ 名 U 暴露, 露見; C 露見した[暴露された]事実, 打ち明け話. threaten a person with ～ of his illegal act 不法行為を暴露すると言って人を脅迫する.

Dísc·man /-mən/ 名 (複 ～s) C 〖商標〗ディスクマン《携帯用小型 CD プレーヤー》.

*__dis·co__[1] /dískou/ 名 (複 ～s /-z/) 〖話〗ディスコ(パーティー). ── 動 自 ディスコに行く, ディスコで踊る. [＜*disco*theque]

dis·co[2] 名 (複 ～s) C (イングランド・ウェールズの)電力配給会社 (→genco)《1989 年 9 会社が設立された》. [＜*dis*tribution *co*mpany]

dísco dàncing 名 U ディスコ・ダンス.

dis·cog·ra·phy /diskágrəfi|-kɔ́-/ 名 C ディスコグラフィ《作曲家, ミュージシャンなどの全作品[仕事](目録)》.

dis·col·or 〖米〗, **-our** 〖英〗 /diskʌ́lər/ 動 他 を変色[退色]させる (類語「を脱色する」は decolorize). ── 自 変色[退色]する; 色あせる.

dis·col·or·a·tion 〖米〗, **-our-** 〖英〗 /diskʌ̀ləréiʃ(ə)n/ 名 **1** U 変色; 退色. **2** C 汚染の跡, 染み.

dis·com·bob·u·late /dìskəmbábjəlèit|-bɔ́b-/ 動 他 〖米話〗の頭を混乱させる.

dis·com·fit /diskʌ́mfət/ 動 他 〖章〗 **1** 〔計画, 期待など〕を打ち砕く, くじく. **2** を狼狽(ろうばい)させる, 困惑させる〈普通, 受け身で〉. **3** 〖古〗を打ち負かす; を敗走させる. [＜古期フランス語「壊す」(＜ラテン語 dis-＋*conficere* 'produce')] ▷ **～·ed** /-əd/ 形 困惑した.

dis·com·fi·ture /diskʌ́mfətʃər/ 名 U **1** (計画などの)挫折(ざせつ). **2** 狼狽(ろうばい), 当惑. **3** 敗北.

†**dis·com·fort** /diskʌ́mfərt/ 名 **1** U 不安, 不快, 不自由. The thought of the operation caused him much ～. 手術のことを考えると彼は不安でならなかった. **2** C 不快[嫌]なこと[症状], 苦痛; 〈～s〉不便, 不自由. the intolerable ～*s* in an overcrowded train すし詰め列車での耐えられない不快さの数々. ◇↔comfort 形 uncomfortable ── 動 他 を不快[不安]にする.

discómfort ìndex 名 C 不快指数.

dis·com·mode /dìskəmóud/ 動 他 〖章〗 **1** に不便をかける, を不自由にする. **2** を困らす, 悩ます.

dis·com·pose /dìskəmpóuz/ 動 他 〖章〗の平静を失わせる, 心を動揺させる, を不安にする, (↔compose).

dis·com·po·sure /dìskəmpóuʒər/ 名 U 〖章〗心の動揺; 不安; 狼狽(ろうばい). ◇↔composure

dis·con·cert /dìskənsə́ːrt/ 動 他 **1** を狼狽(ろうばい)させる, どぎまぎ[当惑]させる, 〈しばしば受け身で〉. He was ～*ed* to see that she wore such a low-cut neckline. 彼は彼女がひどく襟ぐりの深い服を着ているのを見てどぎまぎした. **2** 〔計画など〕をくつがえす, 狂わせる. ▷ **～·ing** 形 不安に[狼狽]させる, 混乱させる. **～·ing·ly** 副 どぎまぎ[当惑]させるほどに.

†**dis·con·nect** /dìskənékt/ 動 他 **1** の関係を断つ, を分離する, 切断する, 〈*from* ..から〉. I've ～*ed* myself *from* him now. これで彼と手が切れた. ～ a stereo *from* the electricity supply ステレオをコンセントからはずす. **2** 〔電気, 電話, ガス, 水道など〕を止める〈普通, 受け身で〉; の電源を切る; 〔電話〕を切る. ～ the water [power] 給水[送電]を止める. Our phone has been ～*ed*. ＝We have been ～*ed*. 電話が切れてしまった.

dìs·con·néct·ed /-əd ⑧/ 形 前後の脈絡のない, とぎれとぎれの, 〔話など〕. ▷ **～·ly** 副

dìs·con·néc·tion 名 UC **1** (連絡, 関係などの)切断, 断絶; 絶縁; 〈*from* ..からの〉. **2** (思想, 発言などの)支離滅裂. **3** (電気, 水道, ガス, 電話などの)供給を切ること.

dis·con·so·late /diskáns(ə)lət|-kɔ́n-/ 形 悲しみに沈んだ, しょんぼりした; わびしい. The widow was ～ *about* [*at*, *over*] the death of her husband. その未亡人は夫を亡くして悲嘆に暮れていた. ▷ **～·ly** 副

*__dis·con·tent__ /dìskəntént/ 名 (複 ～s /-ts/) U 不満, 不平, 〈*with*, *at*, *about*, *over* ..への〉; C 〈普通 ～s〉不満[不平]の原因. youths' ～ *with* the establishment 体制に対する若者の不満. ── 形 〈叙述〉不満な; 不満[不平]を抱いている〈*with* ..に〉. ── 動 他 に不満[不平]を抱かせる. Is there anything to ～ you? 何かご不満がおありですか. ◇↔content 名 discontentment

dìs·con·tént·ed /-əd ⑧/ 形 不満な, 不満[不平]を抱いている〈*with* ..に〉, (↔contented). a ～ look 不満げな顔つき. *Discontented with* the way he was treated, he resigned. 待遇に不満で彼は辞職した. a young man ～ *with* his job 自分の仕事に不満を抱いている青年. ▷ **～·ly** 副 **～·ness** 名

dìs·con·tént·ment 名 U 不満, 不平.

dis·con·tin·u·ance /dìskəntínjuəns/ 名 U 停止[中止, 廃止](する[される]こと).

dis·con·tin·u·a·tion /dìskəntinjuéiʃ(ə)n/ 名 ＝ discontinuance.

†**dis·con·tin·ue** /dìskəntínjuː/ 動 〖章〗 他 **1** 〖Ⅳ〗(～ X/*doing*) X(続いていること)を/..することをやめる, 中止する; を(一時)休止する; (↔continue; 類語 定期的・習慣的に, 又は長期間続いていた事を中止する[が中止になる]場合に用いる; →stop). ～ correspondence with a pen pal ペンフレンドとの文通をやめる. ～ search*ing* for the missing man 行方不明の男の捜索を打ち切る. **2** 〔製品〕を生産中止にする. a ～*d* line 生産中止[ディスコン]の製品. ── 自 中止になる; 休止する. The local paper ～*d* three years ago. その地元紙は 3 年前に廃刊[休刊]になった.

dis·con·ti·nu·i·ty /diskɑ̀ntən(j)úːəti|-kɔ̀n-/ 名 (複 -ties) **1** U 断絶, 中断, 不連続(性), (↔continuity). **2** C 〖章〗切れ目, 裂け目, 透き間, 〈*between* ..の間の〉.

dis·con·tin·u·ous /dìskəntínjuəs/ 形 続かない, 途切れる; 断続する; (↔continuous). ▷ **～·ly** 副

dis·co·phile /dískəfàil/ 名 C レコード収集家.

*__dis·cord__ /dískɔːrd/ 名 (複 ～s /-dz/) **1** U 不一致, 不調和, (↔concord). **2** UC 不和, 仲たがい; 意見の相違. domestic strife and ～ 家庭内のごたごた. **3** 〖楽〗 U 不協和; C 不協和音; (↔harmony). **4** C 騒音, 雑音. create ～*s* 騒音を立てる.

be in díscord 調和しない; 不仲である; 〈*with* ..と〉.

── /diskɔ́ːrd/ 動 自 一致しない〈*with* ..と〉. [＜ラテン語「不一致の」(＜dis-＋*cors* 'heart')]

dis·cord·ance /diskɔ́ːrd(ə)ns/ 名 U **1** 不一致, 不調和; 不和. **2** 〖楽〗不協和.

dis·cord·ant /diskɔ́ːrd(ə)nt/ 形 **1**〔意見, 派閥などが〕一致しない, 衝突する. Our views are ～ *to* [*from*] each other. 我々の意見は互いに相反する. his ～ behavior (グループの)一致を乱すような彼の行動. **2**〔音が〕調和しない, 不協和の; 耳障りな. strike [sound] a ～ note 不協和音を奏(かな)でる. emit a shrill, ～ note かん高い嫌な音を発する. ▷ **～·ly** 副 一致せずに; 耳障りに.

dis·co·theque, -thèque /dískətèk, ⌐-⌐/ 名 C ディスコ (〖話〗 disco). [フランス語(<*disque*「レコード」+biblio*thèque*「図書館」)]

D

***dis·count** /dískaunt/ 名 (複 **～s** /-ts/) C (品物, 手形などの)**割引**, 割引額[率]. sell at a 5 percent ～ off the list price 定価の 5% 引で売る. We give [make] ⌞a ～ of 10 percent [(a) 10 percent ～] *on* cash purchases. 現金買いは 1 割引にします. Will you give me a ～ for quantity [cash]? 大量に[現金で]買うと割引してくれますか. a ～ price [fare] 割引価格[運賃].

at a díscount (1) 割引価格で[の]. (2) 額面以下で[の]. (3)〖章〗(以前より)軽んじられて[られた]; 不人気で[な]. Platonic love is *at a* ～ these days. プラトニックラブなんて最近ははやらない.

── /⌐-, -⌐/ 動 (**～s** /-ts/|過 過分 **～·ed** /-əd/|**～·ing**) 他 **1** を**割引する**, 差し引く;〔品物, 手形など〕を割り引いて買う[売る]. ～ 10 percent *for* cash 現金払いの場合は 1 割引く. ～ shoes *at* 5% *off* the fixed price 靴を定価の 5% 引で売る. **2** を**割引して聞く[考える]**. The public ～*s* statements by the Government. 大衆は政府の言うことを割引して聞く. You must not ～ the possibility of a worldwide depression. 世界的な不景気が起こる可能性を軽く見てはいけない.

díscount bròker 名 C 〖商〗(手形)割引業者.

dis·coun·te·nance /diskáuntənəns/ 動 他 〖章〗に反対する, けちをつける.

dís·count·er 名 C 安売り(量販)店.

díscount hòuse 名 ＝discount store.

díscount ràte 名 C 〖米〗〖経〗公定歩合;〖商〗手形割引率.

díscount stòre [**shòp**] 名 C 廉売店, ディスカウント店.

‡**dis·cour·age** /diskə́ːridʒ|-kʌ́r-/ 動 (**-ag·es** /-əz/|過 過分 **～d** /-d/|**-ag·ing**) 他 **1** を**落胆させる**, がっかりさせる. Don't let that ～ you. そんなことぐらいでがっかりするな. We were ～*d at* the news. その知らせを聞いて私たちは落胆した. get ～*d* がっくりする. **2**〔試み, 悪習慣など〕をやめるように仕向ける, 抑える; VOA (～ X *from doing*..) ..することを X (人)に思いとどまらせる. ～ smoking 喫煙をやめるように仕向ける. Her parents ～*d* her *from going* out with him. 彼女の両親は彼女に彼と付き合うのをやめさせた. The bad weather ～*d* the party *from going* any farther. 悪天候のため一行はそれ以上進むことを断念した. The rain didn't ～ him *from going* out yesterday. きのうは雨だったが彼は外出をあきらめなかった (★外出したことを含意). ◇↔encourage [dis-, courage] ▷ **dis·cour·aged** 形 がっかりした.

†**dis·cóur·age·ment** 名 **1** U 落胆(させる[する]こと); 断念; C 落胆させるもの. **2** U 妨害[抑止](する[されること); C 妨害[抑止]するもの. the ～ of war 戦争抑止. ◇↔encouragement

†**dis·cóur·ag·ing** 形 **1** 落胆させる(ような); 勇気をくじく. ～ remarks 気落ちさせるような言葉. **2** 阻止する(ような). ◇↔encouraging ▷ **～·ly** 副

†**dis·course** /dískɔːrs, -⌐/ 名 〖章〗 **1** C 講演, 説教, (類語 ある特定のテーマについて周到かつ十分に論じること; →speech); 論文, ..論; 〈*on* [*upon*] ..についての〉. He gave us a long ～ *on*... 彼は..について長時間にわたって私たちに講演した. **2** U (ある特定の話題についてのまじめな[深刻な])会談, 談話, 会話. hold ～ with a person 人と会談する. **3** U 〖文法〗話法;〖言〗談話, ディスコース.

── /-⌐/ 動 自 〖章〗 VA (～ *on* [*upon*]..) ..について長々⌞と論じる[演説する]; (～ *with*..) ..と話す. [<ラテン語「あちこち走ること>議論」(<dis-+*currere* 'run')]

díscourse anàlysis 名 C 〖言〗談話分析.

díscourse màrker 名 C 〖言〗談話標識《話題の移行を示すために用いる well, now など》.

dis·cour·te·ous /diskə́ːrtiəs/ 形 〖章〗失礼な, 無作法な, (↔courteous). It is ～ of you to say such a thing. そんなことを言うとは君は失礼だ. ▷ **～·ly** 副 **～·ness** 名

dis·cour·te·sy /diskə́ːrtəsi/ 名 (複 **-sies**) 〖章〗 U 無礼, 無作法; C 失礼な言動.

‡**dis·cov·er** /diskʌ́vər/ 動 (**～s** /-z/|過 過分 **～ed** /-d/|**～·ing** /-riŋ/) 他 **1 (a)**〔未知のもの〕を**発見する**, 見つける, (類語「発見する」を表す一般的な語で, 存在はしているが知られていないものを(偶然)見つけること; →detect, invent). ～ a new scientific law 科学の新しい法則を発見する. Radium was ～*ed* in 1898. ラジウムは 1898 年に発見された. **(b)** VOC (～ X *doing*) X が..しているのを見つける. I ～*ed* Sam and Sue get*ting* in a taxi. サムとスーがタクシーに乗るところを見かけた.

2 (a) (..の存在)に気がつく; VO (～ X/*that* 節/*wh* 節・句) X が/..ということが/..か(どうか)が分かる[を悟る]. ～ human weaknesses in a great man 偉人にも人間的欠点があることを知る. I just can't ～ the reasons for his anger. 彼が怒っている理由が私にはまったく思い当たらない. It was never ～*ed who* had done it. それをやったのはだれだったのかは遂に分からなかった. The boy ～*ed how* to solve the problem at last. 少年はとうとうその問題の解き方が分かった. **(b)** VOC (～ X *to be* Y) X が Y であると分かる (語法 この文型は〖章〗, that 節の方が一般的). When I opened the box, I ～*ed* it *to be* empty [I ～*ed* (*that*) it was empty]. その箱を開けてみたら空(から)であった. The island was ～*ed to be* uninhabited. その島は無人島であることが分かった.

3〔タレントなど〕を発掘する, 掘り出す, 見出す. Who ～*ed* the Beatles? だれがビートルズを見出したのか.

4〔楽しみなど〕を見つける. Last summer she ～*ed* the joys of climbing. 昨年の夏に彼女は登山の楽しさを知った. **5**〖古〗＝reveal.

◇名 discovery [<古期フランス語「覆いをとる, 明かす」(<ラテン語 dis-+*cooperīre* 'cover')]

***dis·cov·er·er** /diskʌ́vərər/ 名 (複 **～s** /-z/) C 発見者.

‡**dis·cov·er·y** /diskʌ́v(ə)ri/ 名 (複 **-er·ies** /-z/) **1** UC (新)**発見**; 発覚, 見つける[見つかる]こと. make a ～ 発見する. man's ～ *of* fire 人類による火の発見. the ～ of America アメリカの発見. He was shocked at the ～ *that* he had been deceived. 彼はだまされていたと気づいて愕(がく)然とした. The fugitive was afraid of ～. 逃亡者は見つかることを恐れていた. **2** C 発見した[された]もの; (有望な)新人《タレントなどの》. an archaeological ～ 考古学上の発見(物).

連結 a dramatic [an epoch-making, an exciting, an important, a momentous, a remarkable, a spectacular, a startling; a trivial] ～

Discóvery Dày 名 〖米〗＝Columbus Day.

dísc pàrking 名 U 〖英〗ディスク・パーキング《特別のディスクを購入して提示した車のみが駐車できる》.

†**dis·cred·it** /diskrédət/ 名 **1** U 不信; 疑惑. fall into ～ 信用を失墜する. This fact throws ～ *on* his story. この事実は彼の話を疑わしいものにする.

2 U 不名誉, 恥辱; aU 不名誉になる事柄[人物]; 〈*to* ..にとって〉. Such conduct would bring ～ *on* [*upon*] the governor. そんな事をしたら知事はその名誉

を汚すことになろう. The boy is a ～ *to* his family. 少年は家族の面汚しだ. We know nothing to his ～. 彼の評価にマイナスになるようなことは我々は何も知らない.

── 動 他 **1** を信用しない, 疑う; を信用[信頼]できないものとする. The hypothesis is ～*ed* by many scientists. その仮説は多くの科学者によって疑いが持たれている. You had better ～ what he says. 彼の言うことは信用しない方がいい. **2** の信用を害する, 評判を落とす, 〈*with* ..に対して〉. Darwinism ～*ed* the Bible. ダーウィンの進化論は聖書の権威を落とした. The behavior greatly ～*ed* the mayor *with* the citizens. その行動で市長は市民に対して評判をひどく落とした.
▷ **～·ed** /-əd/ 形 信用されない.

dis·créd·it·a·ble 形 〔行動, 態度が〕信用を傷つける(ような), 評判を落とす(ような), 〈*to* ..の〉; 不名誉な, 恥ずべき. ▷ **-bly** 副

*__dis·creet__ /diskríːt/ 形 m **1** 〔態度, 行動などが〕**用心[思慮]深い**, 慎重な, (→careful 類語); 口の堅い. make ～ inquiries into ..を慎重に調査する. be ～ *in* the choice of [*in* choosing] friends 友人を選ぶのに慎重である. It was ～ of you to keep it a secret from him. 彼にそのことを秘密にしておいたのは君も用心深かった. **2** 控え目な, 目立たない. a ～ street of the town 町のあまり人目を引かない通り.
◇↔indiscreet 名 discretion [＜古期フランス語(＜ラテン語「選別された」); discern と同源] ▷ **～·ly** 副

†**dis·crep·an·cy** /diskrépənsi/ 名 (複 **-cies**) UC 〖章〗差異, 食い違い, 矛盾, 〈*in, between* ..間の〉. ～ *between* word and deed in some politicians ある政治家たちの言行の不一致. the *discrepancies in* the four Gospels 4 福音書中の食い違い.

dis·crep·ant /diskrépənt/ 形 食い違う, 矛盾する.

dis·crete /diskríːt/ 形 〖章〗分離した, (はっきり)区別された, 個別的な; 不連続の. [＜ラテン語; discreet と同源] ▷ **～·ly** 副 **～·ness** 名

*__dis·cre·tion__ /diskréʃ(ə)n/ 名 U **1** (行動, 発言などの)**慎重さ**, 分別, 思慮, 口の堅さ, (↔indiscretion). show [use] ～ in choosing one's friends 友人を選ぶのに当たって慎重にする. as one's ～ dictates 分別(の命ずるところ)に従って. with ～ 慎重に. He is the soul of ～. 彼はぺらぺらしゃべるような男ではない (→soul 6). *Discretion* is the better part of valor. 〖諺〗慎重さが勇気の大半; 君子危きに近寄らず.
2 判断[選択, 行動]の自由, 自由裁量. at ～ 随意に, 自分の好きなように. use one's own ～ 自由裁量で取り計らう. The choice of courses is left to students' ～. 課程の選択は学生の判断に任されている. ◇形 discreet
at a pèrson's discrétion*＝*at the discrètion of a pèrson 人の考え次第で, 人の意のままに.
the àge [yèars] of discrétion 分別年齢《英米では普通 14 歳とされる》.
thròw discrétion to the wìnds 分別を投げ捨てる[失う]. [discreet, -ion]

dis·cre·tion·ar·y /diskréʃ(ə)nèri|-ʃən(ə)ri/ 形 〖章〗自由裁量の; 無条件の. ～ income 自由裁量所得《衣食住などの最低経費を除いて自由に使える所得》.

†**dis·crim·i·nate** /diskrímənèit/ 動 他 を識別する, の差異を認める; VOA (～ X *from* ..) X を..から区別する; (類語 鋭い知覚で微小な相違も区別する, の意味; →distinguish). ～ synonyms 類義語の意味を区別する. Quality is what ～*s* our product *from* all the rest. 品質こそ我が社の製品をすべての他社の製品と区別するものである.
── 自 **1** 識別する, 区別する. ～ *between* good and bad 善と悪を区別する. **2** 差別(待遇)する〈*against* ..を(不利に)〉(★特に, 人種, 性, 年齢での差別に使う). ～ *against* minorities 少数派を差別(待遇)する[冷遇する]. ～ *on* grounds of sex [age, race] 性[年齢, 人種]によって差別する. ～ *in* favor of ..を優遇する, えこひいきする. ◇名 discrimination [＜ラテン語「区別する」; discern と同源]

dis·crím·i·nàt·ing 形 **1** 識別する, 識別に役立つ; 識別力のある, 目[舌]の肥えた, 目の利く〔鑑賞家など〕. ～ characteristics [features] 識別に役立つ特徴. He has ～ taste in music. 彼は音楽の好みにはうるさい. the ～ 通の人(たち), 目[舌]の肥えた人たち. **2** ＝discriminatory. ▷ **～·ly** 副

†**dis·crìm·i·ná·tion** 名 **1** U 差別(待遇)〈*against* ..に対する〉, えこひいき, 特別待遇, 〈*in favor of* ..に対する〉. racial ～ in jobs 人種による職業上の差別. sex [sexual] ～ 性差別. reverse [positive] ～ 逆[積極的]差別《男性や白人に対する》. without ～ 無差別に. **2** U 識別力, 眼識. show ～ in one's choice of books 本の選択に目を利かせる. **3** UC 識別, 区別. ～ *between* similar colors [right and wrong] 類似の色の識別[善悪の区別].

dis·crim·i·na·tive /diskrímənèitiv, -nətiv/ 形 ＝discriminating.

dis·crim·i·na·tor /diskrímənèitər/ 名 C **1** 識別[区別, 差別]する人. **2** 〖電〗(周波数, 位相などの)弁別装置.

‡**dis·crim·i·na·to·ry** /diskrímənətɔ̀ːri|-t(ə)ri/ 形 〈限定〉〖しばしば軽蔑〗(特に, 人種間の偏見による)差別的な〔待遇, 料金; 輸入関税率など〕.

dis·cur·sive /diskə́ːrsiv/ 形 **1** 〔文章, 談話などが〕散漫な, とりとめのない **2** 推論的な.
[discourse, -ive] ▷ **～·ly** 副 **～·ness** 名

dis·cus /dískəs/ 名 (複 **～·es, dis·ci** /dískai/) **1** C (競技用)円盤. **2** 〈the ～〉＝discus throw. [＜ギリシア語「円盤」(＜「投げる」)]

‡**dis·cuss** /diskʌ́s/ 動 (**～·es** /-əz/|過 過分 **～ed** /-t/|**～·ing**) 他 **1** VO (～ X/*doing*/*wh* 節・句) X **について/..することで/..かどうかを話し合う**, 議論する, 討議する, 〈*with* ..と〉. I ～*ed* my hopes at length *with* my father. 私は父と私の希望についてじっくり話し合った. The President's proposals are ～*ed* in the editorial. 社説に大統領の提案が論じられている. ～ buy*ing* a house 家を買うことについて話し合う. ～ *when* to depart [*when* we should depart] いつ出発すべきか話し合う. **2** 〔ある題目〕について論ずる《文章を含む》. His new book ～*es* the financial problems of our country. 彼の新しい本は我が国の財政問題を論じている. ◇名 discussion

> 語法 他動詞であるから discuss *about* a subject は不可. 類語 discuss はある問題, 題目について種々の意見を出し合い, 普通, 友好的に話し合うこと; →argue, debate, dispute.

[＜ラテン語「(振って)粉々にする」(＜dis-＋*quatere* 'shake')]

dis·cus·sant /diskʌ́s(ə)nt/ 名 C (シンポジウムなどの)討論参加者《普通あらかじめ準備してリポーターの報告にコメントなどをする》.

dis·cúss·er 名 C 討論者.

‡**dis·cus·sion** /diskʌ́ʃ(ə)n/ 名 (複 **～s** /-z/) UC **話し合い**, 論議, 審議, 討議, 〈*about, on, as to* ..についての〉; 議論, 論考, 〈*on, of* ..に関する〉. They had a two-hour ～ *about* the problem. 彼らはその問題について 2 時間話し合った. have [hold] a family ～ *as to* where to go next summer 今度の夏にどこへ行くかを家族一同話し合う. the question under ～ 論議[審議]中の問題. be up for ～ 議論の対象となる. come up for ～ 〔問題などが〕議題に上る. a stimulating ～ *on* global warming 地球の温暖化に関する刺激的な議論.

D

連結 (a) long [(an) animated, (an) earnest, (a) heated, (a) lively; (a) candid, (a) frank; (a) fruitful] ～ // create [invite, stir up] (a) ～; begin [enter into, start; break off, close] a ～

◇動 discuss [discuss, -ion]

dís·cus thròw 名 〈the ～〉円盤投げ.

*__dis·dain__ /disdéin/ 名 U **軽蔑**, 侮蔑〈*for* ..に対する〉; 尊大さ. have ～ *for* a rude person 無作法な人間を軽蔑する. treat people with (lordly) ～ (君主のように)尊大に人々を扱う.

── 動 (～s /-z/|過 過分 ～**ed** /-d/|～**·ing**) 他 〈普通, 進行形不可〉 **1** を**軽蔑する**, さげすむ, (類語 優越感を抱いて尊大な態度で軽蔑すること; →despise). He ～*ed* the offer of a bribe. 彼は賄賂(わいろ)の申し出をはねつけた. **2** VO (～ *to do/doing*) 〖章〗..することを潔しとしない, 恥じて..しない. He ～*ed to* tell [tell*ing*] a lie. 彼は偽りを言うのを潔しとしなかった.

[＜ラテン語「(価値がないとして)退ける」(dis-＋*dignārī* 'deign')]

dis·dain·ful /disdéinf(ə)l/ 形 軽蔑的な, 尊大な, 〈*toward* ..に対して〉; 軽蔑[無視]する[して]〈*of* ..を〉. a ～ smile 軽蔑の微笑. Don't be ～ *of* your enemy. 敵を侮るな. ▷～**·ly** 副 尊大に, 軽蔑して.

‡**dis·ease** /dizí:z/ 名 (複 **-eas·es** /-əz/) UC (特定の)**病気** (類語 癌(がん), 脳出血など特定の病名のある病気, 疾患を意味する; ただし illness が disease と同じ意味に用いられることもある); (社会などの)不健全(な状態), 病弊. suffer from a ～ of the stomach 胃の病気にかかっている. die of a heart [kidney] ～ 心臓[腎臓]病で死ぬ. cause an infectious [a contagious] ～ 伝染病を引き起こす. a mental ～ 心の病気. ～*s* of society 社会的病弊. have foot-in-mouth ～ 失言癖がある《put one's FOOT in one's mouth, foot-and-mouth disease をふまえた表現》.

連結 a serious [a dangerous; a deadly, a fatal; a mild; an incurable; a chronic, a lingering; an acute] ～ // catch [contract, develop; treat; cure] a ～

[dis-, ease]

‡**dis·éased** 形 病気にかかった, 病的な. the ～ part 患部. ～ leaves 病葉(わくらば). a ～ mind 病的な精神. a ～ society 不健全な社会.

dis·em·bark /dìsəmbá:rk/ 動 他 を陸揚げする; を上陸させる; を降ろす〈*from* ..〔船, 飛行機など〕から〉.
── 自 降りる〈*from* ..〔船, 飛行機など〕から〉.

dis·em·bar·ka·tion /disèmbɑ:rkéiʃ(ə)n/ 名 U 陸揚げ; 上陸; 下車, 下船, 降機.

dis·em·bar·rass /dìsəmbǽrəs/ 動 他 〖章〗 **1** VOA (～ X ***of***..) X を〔心配, 重荷, 困惑, 不安など〕から解放する; (～ *oneself of* [*from*]..) ..から脱け出す. ～ *oneself of* a burden 重荷を降ろす, ほっとする. **2** の当惑を取り除く. ▷～**·ment** 名 U 解放; 離脱(させること).

dis·em·bod·ied /dìsəmbádid|-bɔ́d-/ 形 〈限定〉 **1** 肉体から離れた〔霊魂など〕; 現実離れした〔考え, 理論など〕. a ～ spirit 肉体から離れた魂, 幽霊. **2** 〔声などが〕だれからか分からない.

dis·em·bow·el /dìsəmbáuəl/ 動 (～s|〖英〗-ll-) 他 **1** 〔動物など〕の内臓を抜き出す. **2** の中身を取り出す.
▷～**·ment** 名

dis·em·broil /dìsəmbrɔ́il/ 動 他 〖章〗を解放する〈*from* ..〔混乱, もつれなど〕から〉.

‡**dis·en·chant** /dìsəntʃǽnt|-tʃá:nt/ 動 他 を迷夢から覚ます; に幻滅を感じさせる; 〈しばしば受け身で〉.
▷～**·ment** 名 U (迷妄, 呪(じゅ)縛などからの)覚醒(せい); 幻滅〈*with* ..への〉.

dis·en·chánt·ed /-əd/ 形 幻滅を感じる〈*with* ..に〉. be ～ *with* one's husband 自分の夫に幻滅を感じる.

dis·en·cum·ber /dìsənkʌ́mbər/ 動 他 〖章〗から取り除く〈*of, from* ..〔じゃま(物), 重荷〕を〉, を解放する, 〈*of, from* ..〔じゃま物〕から〉(↔encumber). ～ him *of* [*from*] his burden 彼の重荷を取り除いてやる.

dis·en·fran·chise /dìsənfrǽntʃaiz/ 動 ＝disfranchise. ▷**dis·en·fran·chised** 形 ～**·ment** 名

dis·en·gage /dìsəngéidʒ/ 動 他 **1** を自由にする, 解放する, 〈*from* ..〔義務, 束縛など〕から〉. I quietly ～*d* myself *from* the discussion. 話し合いの場からそっと席を外した. **2** を解く, 離す, 外す, 〈*from* ..から〉. She ～*d* herself *from* his embrace. 彼女は彼の抱擁から身をほどいた. ～ the clutch [gears] クラッチを切る[ギヤを抜く]. **3** 〖軍〗〔軍隊〕を交戦から撤退させる.
── 自 **1** 解かれる; 分かれる, 離れる; 〈*from* ..から〉. **2** 〖軍〗戦闘を中止する.

dìs·en·gáged 形 〖章〗〈叙述〉自由な, 暇な, (↔engaged).

dìs·en·gáge·ment 名 U (婚約の)解消; 解放, 離脱; (軍隊の)撤退; 自由; 〈*from* ..からの〉.

dis·en·tan·gle /dìsəntǽŋg(ə)l/ 動 他 **1** 〔ロープ, 髪の毛など〕のもつれを解く, をほどく; VOA (～ X ***from***..) X (からませた指など)を..からほどく. **2** 〔混乱〕を解決する, 〔紛糾〕をさばく; VOA (～ X ***from***..) X を〔紛糾, 混乱など〕から解き放つ, 離脱させる; X (本物など)を..から選び出す. ～ oneself *from* politics [the past] 政治から身を引く[過去と訣(けつ)別する]. ～ the real one *from* all these fake pearls この模造真珠の中から本物を 1 つ取り出す.
── 自 〔もつれが〕ほどける, ほぐれる; 〔紛糾が〕決着する.
▷～**·ment** 名

dis·e·qui·lib·ri·um /dìsi:kwəlíbriəm|dìsek-/ 名 UC 〖章〗(経済などの)不均衡, 不安定.

dis·es·tab·lish /dìsəstǽbliʃ/ 動 他 〔設立されたもの〕を廃止する; 〔教会, 宗派〕の国教扱い[国家援助]をやめる. ▷～**·ment** 名 U 国教(扱いの)廃止.

dis·es·teem /dìsəstí:m/ 動 他 を軽視する; をひどく嫌う. ── 名 U 軽蔑, 軽視.

dis·fa·vor 〖米〗, **-vour** 〖英〗 /disféivər/ 名 〖章〗 **1** U 嫌うこと, 不快の念; 冷遇. The father looked with ～ upon his daughter's lover. 父親は娘の恋人が気に入らなかった. **2** U 不人気, 人望のなさ, 〈*with* ..に対しての〉. be in ～ (*with*..) (..に)受けがよくない. hold..in ～ を嫌う. fall into ～ *with*.. ..に人気がなくなる. **3** C 不親切な行為, ひどい仕打ち. ── 動 他 を疎んじる.

‡**dis·fig·ure** /disfígjər|-fígə/ 動 他 の美観を傷つける, を醜くする, 不格好にする. a face ～*d* by a scar 傷のため醜くなった顔. ▷**dis·fig·ured** 形 醜くなった, 傷ついた. ～**·ment** 名 U 醜くする[される]こと; C 美観を傷つける[損なう]もの; (身体の醜い)傷, 欠点.

dis·fo·rest /disfɔ́:rəst, -fár-|-fɔ́r-/ 動 ＝deforest.

dis·fran·chise /disfrǽntʃaiz/ 動 他 〔個人〕から公民権[選挙権]を奪う (↔enfranchise); 〔人〕の既得権を奪う. ▷～**·ment** 名 U 公民権[選挙権]剝(はく)奪.

dis·frock /disfrák|-frɔ́k/ 動 ＝unfrock.

dis·gorge /disgɔ́:rdʒ/ 動 他 **1** 〔煙, 水など〕を吐き出す, 〔食べた物〕を吐く, 吐き出す; 〔川が水〕を注ぐ; 〈*into* ..〔海など〕に/*at* ..で〉. The chimneys are *disgorging* black smoke *into* the sky. 煙突が黒い煙を空に向かって吐き出している. **2** 〖話〗〔盗品, 借金など〕をしぶしぶ返す, '吐き出す'. **3** 〔建物, 乗り物などが〕〔人, 物〕を吐き出す〈*from* ..から/*into* ..に〉. ── 自 VA 〔川が〕注ぐ〈*into* ..に〉. ～ *into* the Pacific 太平洋に注ぐ.

*__dis·grace__ /disgréis/ 名 **1** U **恥辱, 不名誉**. bring ～ on ..に不名誉をもたらす, ..の不面目になる. There is no ～ in asking questions. 質問するのは恥ではない. **2** Ⓒ〈単数形で〉不名誉をもたらす物事[人], 面汚し, 〈*to* ..に(とっての)〉. The prodigal son is a ～ *to* the family. その放蕩(とう)息子は一家の名折れである. an absolute [utter] ～ 全くひどいこと. **3** Ⓤ 不人気, 不評.

fàll into disgráce with.. ..の機嫌を損じる.

in disgráce 面目を失って;〖話〗不興を被って, ひんしゅくを買って, 〈*with* ..の〉. Nixon left office *in* ～ in 1974. ニクソン(大統領)は1974年不名誉な辞職をした. The naughty boy is *in* ～ *with* his parents. そのいたずらっ子は両親に愛想を尽かされている.

── 動 他 **1** に恥辱を与える. be publicly ～*d* 人前で恥をかく. ～ oneself 恥をかく, 醜態を演じる. **2**〔人〕を失脚させる, 地位から退ける, 〈普通, 受け身で〉.

[dis-, grace]

dis·gráced /-t/ 形 不面目な; 恥じる, 信任を失った.

dis·grace·ful /disgréisf(ə)l/ 形 恥ずべき, 不面目な. in a ～ mess 恥ずかしいほどの散らかり方で. ▷ **～·ly** 副 恥ずかしいほど; 不面目[不名誉, 卑劣]にも. **～·ness** 名

‡**dis·grun·tled** /disgrʌ́ntld/ 形 不満な; 機嫌の悪い; 〈*at*..〔物事〕に/*with*..〔人〕に〉. the ～〈集合的〉不満分子. with a ～ expression 不満そうな表情で.

[dis-(強意),〖廃〗*gruntle*「不平を言う」]

*__dis·guise__ /disgáiz/ 名 (複 **-guis·es** /-əz/) **1** Ⓤ **変装**, 仮装; Ⓒ 仮装服. a man in a woman's ～ 女装の男. throw off one's ～ 仮面を脱ぐ, 正体を現す. wear a ～ 変装をしている. His ～ didn't fool anyone. 彼の変装ではだれもだませなかった. as a ～ 変装として. **2** Ⓤ 見せかけ, ごまかし; Ⓒ 口実. make no ～ *of* one's feelings 感情をあらわに示す.

in disgúise 変装して[した], 仮装して[した]; 他のものに見せかけた. Some of them were detectives *in* ～. 彼らの中には変装した刑事が何人かいた. a blessing *in* ～ →blessing (成句).

in* [*under*] *the disgúise of.. (1)..に変装して. *in the* ～ *of* a beggar 乞食(こじき)に身をやつして. (2)..を口実に, ..と偽って. He made money *under the* ～ *of* charity. 慈善と偽って彼は金もうけをした.

── 動 (**-guis·es** /-əz/|過 過分 **～d** /-d/|**-guis·ing**) 他 **1** を**仮装[変装]させる**; を偽装させる, (他のものに)見せかける; 〈*with* ..をつけて/*in* ..を着て〉; VOA (～ X *as*..) X を..に変装させる, 見せかける. ～ one's voice 作り声を出す. Portia ～*d* herself *as* a judge. ポーシャは裁判官に変装した. **2**〔感情, 意図など〕を隠す, 偽る. There is no *disguising* the fact that the president is ill. 社長が病気だという事実は隠しようがない[明らかである]. ～ one's true intentions in vague talk あいまいなことを言って真の意図を隠す. [dis-, guise]

dis·gúised 形 **1** 変装をした. **2** 姿[見掛け]を変えた. a thinly ～ account ちょっとはカモフラージュした話.

*__dis·gust__ /disgʌ́st/ 名 Ⓤ **(ひどい)いや気**, (ぞっとするほどの)嫌悪, 不快感, 〈*at, for, with* ..に対する〉. She felt ～ *at* his conduct. 彼のふるまいを見て彼女はぞっとした. He resigned his office *in* ～. 彼はいや気がさして辞職した. look at a person *with* ～ 人を嫌悪の目で見る. Much to my ～, I failed to get a raise. 全く不愉快なことに私は昇給し損なった

── 動 (**～s** /-ts/|過 過分 **～·ed** /-əd/|**～·ing**) 他 を嫌にならせる, うんざりさせる, 〈しばしば受け身で〉〈進行形不可〉. Sam's flattery ～*ed* his boss. サムのへつらいに上司はうんざりした.

[＜古期フランス語「不快(にする)」(＜ラテン語 dis-＋*gustus* 'taste')]

†**dis·gúst·ed** /-əd/ 形 愛想を尽かした, うんざりした, 〈*at, by, with* ..に〉. feel ～ 愛想が尽きる, うんざりする. a ～ look 愛想を尽かしたような顔つき. I was ～ *at* [*with*] her mother. 彼女のお母さんには全く不愉快な思いをした. We were ～ *by* her poor performance. 彼女のへたな演技にはうんざりした. Yet many a time after such pleasures I was ～ *with* myself *for* my weakness. しかしそのような快楽のあといくたびも, 私は自分の弱さに自己嫌悪に陥った. ▷ **～·ly** 副 すっかり不快になって, むかむかして.

dis·gust·ful /disgʌ́stf(ə)l/ 形 ＝disgusting. ▷ **～·ly** 副

*__dis·gust·ing__ /disgʌ́stiŋ/ 形 m **むかむかさせる(ような), 実に嫌な**. a ～ smell むっとする悪臭. You are ～! おまえにはむかつく. ▷ **～·ly** 副 むかむかするほど, 実に嫌らしく.

‡**dish** /diʃ/ 名 (複 **dísh·es** /-əz/) Ⓒ **1 深皿, 盛り皿** (類語 料理を盛る大きな(深)皿; →plate (取り皿), platter, saucer);〖米〗〈一般に〉皿; 〈the ～es〉(食卓用)皿類, 食器類. wash [do,〖英〗wash up] the ～*es* 食器を洗う. Put the potatoes in [on] that ～. ジャガイモをあの皿に盛って下さい. **2 皿に盛った料理**, ひと皿(の料理); (個々の)料理, 食品. a ～ of apples リンゴひと皿. the main ～ 主菜. a cold ～ (ハムなどのような)冷たい料理. What's your favorite ～? あなたの好きな料理は何ですか. This is an easy ～ to make. この料理は作りやすい. **3 皿形(の物)**, くぼみ; パラボラアンテナ. **4**〖話〗魅力的な女[男], いい女[男], (★女性には不快な表現). Wow! She's really a ～. おー, 本当にいい女だ.

one's dìsh of téa ＝one's cup of TEA.

── 動 他 **1** を皿に盛る. **2**〖主に英話〗〔希望など〕をくじく, だめにする. The accident ～*ed* his hopes [chances] of taking part in the Olympic Games. その事故で彼のオリンピック出場の希望[見込み]が打ち砕かれた.

dìsh it óut〖米俗〗しかる; いじめる; 批判する. He can really ～ *it out*, but can he take it? [he can't take it.] 彼は人は批判するが, 自分では(批判を)受けられるだろうか[自分では受け入れられない].

dìsh /../ óut (1)〖話〗..を皿に取り分ける; ..を配る;〔宿題など〕をどっさり出す. (2)〔助言など〕を押し付ける,〔批判など〕をする. ～ *out* unwanted advice いらぬ助言をする.

dìsh úp 料理を皿に盛りつける.

dìsh /../ úp (1)〔料理〕を皿に盛りつける. (2)〖話〗〔口実など〕を持ち出す[作り上げる]. He ～*ed up* the old story in a new form. 彼は例の古い話を装いを新しくして持ち出した.

[＜古期英語「皿」(＜ギリシア語 *dískos* 'discus'); disk と同源]

dis·ha·bille /dìsəbí:l|dìsæ-, dìsə-/ 名 Ⓤ だらしない服装〈普通, 次の句で〉. in ～〔特に女性が〕しどけない服装で, 半ば裸のようなかっこうで.

[フランス語 'undressed']

dísh antènna [**àerial**] 名 Ⓒ パラボラアンテナ.

dis·har·mo·ni·ous /dìshɑ:rmóuniəs ⑧/ 形 不調和な; 不協和な.

dis·har·mo·ny /dishɑ́:rməni/ 名 Ⓤ 不調和, 不一致; 不協和, 調子外れ.

dísh·clòth 名 (複 →cloth) Ⓒ 皿洗い[皿ふき]ふきん.

dìshcloth góurd 名 Ⓒ〖植〗ヘチマ.

dis·heart·en /dishɑ́:rtn/ 動 他 を落胆させる, がっかりさせる, (discourage). Don't be ～*ed* at the result of the exam. 試験結果にがっかりするな. ▷ **～ed** 形 がっかりした.

dis·héart·en·ing 形 がっかりさせる(ような). a ～ piece of news がっかりさせるような知らせ. ▷ **～·ly** 副

dis·héart·en·ment 名 ⓊⒸ 落胆.

di·shev·eled〖米〗, **-elled**〖英〗/diʃév(ə)ld/ 形〔髪が〕乱れた; 髪を乱した;〔服装が〕だらしない. [＜古期フランス語「髪 (*chevel*) が乱された」]

dish·ful /díʃfùl/ 名 Ⓒ ひと皿; 皿1杯(の分量). two ～*s* of potatoes ジャガイモふた皿.

*__dis·hon·est__ /disɑ́nəst|-ɔ́n-/ 形 m **不正直な, 不誠**

実な; ごまかしの, 不正の. a ～ answer 不正直な答え. ～ money 不正に得た金. It was ～ of you not to tell the truth to them. 彼らに本当のことを言わなかったとは君は不誠実だった. She has been ～ *with* her past. 彼女は自分の過去をごまかしてきた. [dis-, honest] ▷～·ly 副 不正直に; 不正に.

†**dis·hon·es·ty** /disɑ́nəsti|-ɔ́n-/ 名 (複 -ties) U 不正直, 不誠実; 不正; C 不正行為. downright ～ 全くの不正直.

*__dis·hon·or__ 〖米〗, **-our** 〖英〗 /disɑ́nər|-ɔ́n-/ 名 **1** U **不名誉**, 不面目; 恥辱, 侮辱. live in ～ 屈辱の生活をする. prefer death to ～ 恥よりは死を選ぶ. Bill brought ～ on [upon] his father. ビルは父親の面汚しになった. **2** aU 不名誉[恥辱]になるもの 〈*to* ..にとって〉. That rascal is a ～ *to* our family. あのごろつきはわが一門の名折れだ. **3** U (手形・小切手の)不渡り.
── 動 (～s /-z/|過 過分 ～ed|～·ing /-riŋ/) 他 **1** に恥辱を与える, の名を汚す. **2** 〔銀行が手形〕の支払い[引受け]を拒絶する. a ～*ed* bill 不渡り手形.
[dis-, honor]

†**dis·hon·or·a·ble** 〖米〗, **-our-** 〖英〗 /disɑ́n(ə)rəb(ə)l|-ɔ́n-/ 形 〔行為などが〕恥ずべき, 浅ましい; 〔人が〕恥を知らない, 卑しい. live a ～ life 浅ましい生活をする. ▷ **-bly** 副 不名誉に, 卑劣に; 不名誉なことに, 浅ましくも.

dishònorable díscharge 名 UC 不名誉除隊.

dísh·pàn 名 C 〖米〗皿洗い用のおけ. ～ hands (炊事などで)荒れた手.

dísh·ràg 名 〖米〗 =dishcloth.

dísh tòwel 名 C 〖米〗ふきん (〖英〗 tea towel).

dísh·wàsher 名 C 皿洗い人[機].

dísh·washing lìquid 名 U 〖米〗食器用洗剤 (〖英〗 washing-up liquid).

‡**dísh·wàter** 名 U (食器を洗った)汚れ水. This coffee [tea] tastes like ～. このコーヒー[お茶]は薄くて飲めたものではない. ***dùll as díshwater*** →dull.

dìshwater blónd 名 U 〖米旧話〗くすんだブロンド.

dish·y /díʃi/ 形 〖英俗〗〔人が〕(性的に)魅力的な.

‡**dis·il·lu·sion** /dìsəlúːʒ(ə)n/ 名 U 迷いを覚ます[覚まされる]こと, 覚醒(ｶｸｾｲ); 幻滅. ～ *with* politics 政治に対する幻滅. ── 動 他 〔人〕の迷いを覚ます, を覚醒させる; に幻滅を感じさせる; 〈しばしば受け身で〉. I hate to ～ you. (本当のことを言って)君をがっかりさせたくない.
▷～·ment 名 =disillusion.

‡**dìs·il·lú·sioned** /⊛/ 形 幻滅を感じた[感じて]. be ～ *at* [*about, with*] ..に幻滅を感じる.

dis·in·cen·tive /dìsinséntiv/ 名 C 行動を抑制するもの 〈*to* ..の〉《特に, 経済的行為を阻止するもの》.

dis·in·cli·na·tion /disìnklənéiʃ(ə)n/ 名 aU 〖章〗気乗り薄, いや気, 〈*for, to, toward, to* do ..(すること)に対する〉. have a ～ *for* [*to*] work 仕事を嫌がる. your ～ *to* working 君の仕事嫌い.

dis·in·cline /dìsinkláin/ 動 他 にいや気を起こさせる; VOC (～ X *to do*) X に..する気をなくさせる; 〈普通, 受け身で〉. →disinclined.

dìs·in·clíned 形 〈叙述〉 ..する気がない 〈*to* do〉 (unwilling). feel ～ for any exertion 動くのも嫌だ. He is ～ *to* accept our offer. 彼は我々の申し出を受け入れる気がないのだ.

dis·in·fect /dìsinfékt/ 動 他 を消毒する.

dis·in·fect·ant /dìsinféktənt/ 形 消毒の, 殺菌の.
── 名 UC 消毒剤, 殺菌剤.

dìs·in·féc·tion 名 U 消毒.

dis·in·fest /dìsinfést/ 動 他 〔家など〕から害虫[ネズミ]を駆除する.

dis·in·fla·tion /dìsinfléiʃ(ə)n/ 名 U 〖経〗ディスインフレーション《徐々にインフレの進行を止める政策》.
▷**dìs·in·flá·tion·àr·y** /-nèri|-nəri/ 形

dis·in·for·ma·tion /dìsinfərméiʃ(ə)n/ 名 U (相手を欺くための)偽りの情報.

dis·in·gen·u·ous /dìsindʒénjuəs/ 形 不誠実な; 率直でない, 裏表のある. ▷～·ly 副 ～·ness 名

dis·in·her·it /dìsinhérət/ 動 他 の相続権を奪う; を廃嫡する, 勘当する. ▷～·ance /-əns/ 名

†**dis·in·te·grate** /disíntəgrèit/ 動 他 をばらばらにする, 分解する; を崩す. ── 自 ばらばらになる, 分解する; 〈比喩的〉〔計画などが〕だめになる; 〔精神, 物質が〕崩れる; 崩壊する 〈*into* ..に〉. The Roman Empire was now *disintegrating*. ローマ帝国は今や崩壊し始めていた.

dis·ìn·te·grá·tion 名 U **1** 分解, 崩壊, 分散. the ～ of society [a family] 社会[家族]の崩壊.
2 〖物理〗(放射性元素の)崩壊; 〖地〗風化作用.

dis·in·ter /dìsintə́ːr/ 動 (～s|-rr-) 他 〖章〗〔埋もれていたもの〕を掘り出す, 明るみに出す; (墓を暴いて)を取り出す; 〈しばしば受け身で〉. ▷～·ment 名

dis·in·ter·est /disínt(ə)rəst/ 名 U 利害関係のないこと; 公平無私; 無関心.

*__dis·in·ter·est·ed__ /disínt(ə)rəstəd/ 形 m **1 私利私欲のない**; 公平無私な. A ～ judge is uninterested in public reaction. 公平な裁判官は世間の反応に関心を示さない. **2** 興味がない 〈*in* ..に〉 (↔interested; 類語 この意味では uninterested の方が普通).
▷～·ly 副 公平に. ～·ness 名 U 公平無私.

dis·in·vest·ment /dìsinvéstmənt/ 名 U 〖英〗〖経〗負の投資《資本の食いつぶし, 投資の引き揚げなど》(〖米〗 divestment).

dìs·in·víte 動 他 の招待を取り消す.

dis·join /disdʒɔ́in/ 動 他, 自 (を)分離する.

dis·joint /disdʒɔ́int/ 動 他 **1** 〖章〗〔料理用の鳥など〕の関節をばらばらにする (joint). **2** 〔秩序など〕を混乱させる; 〔話など〕を支離滅裂にさせる.

dis·jóint·ed /-əd/ 形 **1** 〔話などが〕支離滅裂な, つじつまの合わない. a rather ～ account of the accident その出来事についてのかなりつじつまの合わない話. **2** 分裂した〔社会など〕. ▷～·ly 副 ばらばらに(なって); とりとめなく. ～·ness 名

dis·junc·tion /disdʒʌ́ŋ(k)ʃ(ə)n/ 名 UC 分離, 分裂.

dis·junc·tive /disdʒʌ́ŋ(k)tiv/ 形 **1** 分離的な.
2 〖文法〗離接的な. a ～ conjunction 離接的接続詞《二者(以上)のうちからの選択を意味する; or など》.

*__disk__ /disk/ 名 (複 ～s /-s/) C (★〖英〗ではしばしば disc とつづる; 2, 3は〖米〗でも disc が普通) **1 円盤**; 平円盤状のもの; レコード. a flying ～ 空飛ぶ円盤. **2** =compact disc. **3** (地球から見た太陽などの)円形の表面. the sun's ～ 太陽の表面. **4** 〖解剖〗椎(ﾂｲ)間板. a slipped ～ 椎間板ヘルニア. **5** 〖電算〗ディスク《コンピュータの磁気記憶装置; →floppy disk, hard disk》. [＜ギリシア語 *dískos* 'discus'; dish と同源]

dísk bràke 名 C 〈普通 ～s〉(自動車などの)ディスクブレーキ《車輪の軸に付けた円板を締め付けて止める; →drum brake》.

dísk drìve 名 C 〖電算〗ディスクドライヴ《ディスクを回転させて情報を読み取ったり, 記入したりする装置》.

disk·ette /diskét/ 名 C 〖電算〗ディスケット (floppy disk).

dìsk óperating sỳstem 名 →DOS.

‡**dis·like** /disláik/ 動 (～s /-s/|過 過分 ～d /-t/|-lik·ing) 他 VO (～ X/*doing*/ 〖まれ〗 X *to do*) X を/..することを嫌う, 嫌がる, 憎む; VO (～ X('s) *doing*) X が..するのを嫌う. (↔like; 類語 「嫌う」の意味の最も一般的な語; 大体 dislike, hate, detest, abhor, loathe, abominate の順に嫌悪の度合が強くなる). I ～ hot weather. 私は暑い気候が嫌いだ. She ～s be*ing* disturbed while working. 彼女は仕事中じゃまされるのが嫌いだ. I ～ people tell*ing* me what to think. 人に何を考えるべきかを言われるのは嫌いだ.

── 名 (複 ~s /-s/) UC **嫌悪**, 反感, 〈*for, of* ..への〉 (類語 人, 物に対する「嫌悪」を表す一般的な語; →antipathy, aversion, distaste). his ~ of computers 彼のコンピュータ嫌い. She gave me a quick glance of ~. 彼女は私にちらりと嫌悪の視線を投げた. She has [feels] a ~ *for* [*of*] snakes. 彼女は蛇が嫌いだ. be full of likes and *díslikes* 好き嫌いが多い (★likes と対照されて強勢が変わる).

> 連結 (a) deep [(an) intense, (a) hearty, (a) strong, (a) violent; (an) irrational; (a) personal] ~ ∥ express [show; conceal] (a [one's]) ~

tàke a dislíke to.. ..を嫌いになる. She *took an* instant [immediate] ~ *to* him. 彼女はすぐに彼が嫌いになった. [dis-, like¹]

‡**dis·lo·cate** /dísloukèit/ 動 他 **1** の関節を外す, を脱臼(きゅう)させる. ~ one's shoulder 肩を脱臼する. **2** 〔交通, 計画, 機械など〕を狂わせる, 混乱させる. Traffic was badly ~*d* by the heavy snowfall. 大雪のため交通がひどく混乱した. **3** を移動させる (displace).

dìs·lo·cá·tion 名 UC **1** 脱臼(きゅう). **2** 混乱.

‡**dis·lodge** /dislάdʒ|-lɔ́dʒ/ 動 他 を追い払う; を(むりやり)移動させる; 〔はさまっているものなど〕を外す, 取り除く; 〈*from* ..から〉. ~ a fox *from* its den キツネを巣穴から追い出す. The gale has ~*d* several tiles on the roof. 大風が吹いて屋根の瓦が数枚ずれた.
▷ **dis·lodg(e)·ment** 名

†**dis·loy·al** /dislɔ́iəl/ 形 忠実でない, 不実な, 不忠な, 〈*to* ..に〉. a wife ~ *to* her husband 夫に不実な妻.

dis·lóy·al·ly 副 不忠実に(も), 不実に(も).

dis·loy·al·ty /dislɔ́iəlti/ 名 (複 **-ties**) U 不実, 不忠, 不信義; C 不忠実[不信義]な行為; 〈*to* ..への〉.

***dis·mal** /dízm(ə)l/ 形 m, e **1 陰気な**, 憂うつな; 気のめいるような; (類語 語源の「不吉な」の意味を連想させる; →dreary). a dark and ~ day 暗くて陰気な日. a ~ smile 憂うつそうな微笑. the ~ science (経済学を評して)憂うつな科学 《Carlyle の言葉》. **2** 〖話〗 惨めな, お粗末な. a ~ performance [failure] さんざんな演技[失敗]. ── 名 〈the ~s〉 憂鬱(うつ). [<中世ラテン語 *diēs malī* 'ill-omened days'; 中世の暦の毎月 2 回の厄日から] ▷ **~·ly** 副

‡**dis·man·tle** /dismǽntl/ 動 他 **1** 〔家, 部屋〕から取り外す; 〔要塞(さい), 軍艦〕から取り去る; 〈*of* ..〔家具, 防備など〕を〉. The house was ~*d of* its furnishings and fixtures. 家から家具や備品が取り去られた. **2** 〔機械など〕を分解する, 解体する; 〈比喩的に〉 を廃止する. ~ an engine エンジンを解体する. ~ apartheid アパルトヘイトを廃止する. ── 自 分解できる. ▷ **~·ment** 名

dis·mast /dismǽst|-mά:st/ 動 他 〔暴風などが船〕の帆柱をなぎ倒す.

***dis·may** /disméi/ 名 U **うろたえ**, 狼狽(ろうばい); 失望. We heard the news of the General's death *in* [*with*] ~. 将軍の死のニュースを聞いて我々は愕(がく)然とした. fill a person with ~ 人に肝を失わせる. Much to my ~, the decision was no. 全く驚いたことに, 決定は「ノー」であった. ── 動 (~s /-z/|過 過分 ~ed /-d/|~·ing) 他 **をうろたえさせる**; をがっかりさせる; 〈しばしば受け身で〉. I was ~*ed at* [*by*] the sight. 私はその光景を見てひどく慌てた[がっかりした]. I was ~*ed* to find I had run out of money. 金を使い果たしたと知ってうろたえた. [<古期フランス語「無力にする」]

dis·mem·ber /dismémbər/ 動 他 **1** の手足を切り離す[もぎ取る]. ~ a body 死体をばらばらにする. **2** 〔国, 土地など〕を分割する. 「2 国土の分割.

dis·mém·ber·ment 名 U **1** 手足を切断すること.↑

‡**dis·miss** /dismís/ 動 (~·es /-əz/|過 過分 ~ed /-t/|~·ing) 他 【去らせる】 **1 を立ち去らせる**, に出て行くこと[退出]を許す, 〈*from* ..から〉; 〔集会, 隊列など〕を解散させる. The maid was ~*ed* for the night. メイドは下がって寝てもいいと言われた. The teacher ~*ed* the class early. 先生は早く授業を終わらせた. You are ~*ed*. 解散《号令》.

【追い払う】 **2** 〖章〗 を**解雇する**, 免職する; 追放する; 〈*from* ..から/*for* ..の理由で〉 (類語 「解雇する」の意味の一般的な語; →fire 7, LAY /../ off). The secretary was ~*ed* (*from* her job as incompetent). 秘書は(無能であるとして)解雇された. **3** 〔考えなど〕を(念頭から)追い払う, 忘れてしまう, 捨て去る. His name was ~*ed from* memory. 彼の名前は忘れられてしまった.

【退ける】 **4** 〔討論中の問題など〕を切り上げる, 退ける, さっさと片付ける; VOA (~ X *as*..) X を..だと(あっさり)片付ける[一蹴する, こきおろす]. His complaints were ~*ed* at once. 彼の苦情はさっさと却下された. They ~*ed* my suggestion *as* (being) ridiculous. 彼らは私の提案をばからしいとして退けた. ~..out of hand ..を全く退ける. **5** 〖法〗 を却下する, 棄却する. The case was ~*ed* for lack of evidence. その訴訟は証拠不十分で却下された. **6** 〖クリケット〗〔チーム・打者〕をアウトにする. [<ラテン語「送り出す」(<dis-+*mittere* 'send')]

***dis·mis·sal** /dismís(ə)l/ 名 (複 ~s /-z/) UC **1 解散**, 退去. **2** 免職, **解雇**(通告), 追放, 放校. unfair ~ 不当解雇. **3** 〖法〗 却下, 棄却.

‡**dis·mis·sive** /dismísiv/ 形 見下げるような, 無視するような, 〈*of* ..を〉; 向こうへ行け[話はこれで終わりだ]というような〔身振りなど〕. ▷ **~·ly** 副 無視する[ばかにする]ように, もう用はないと言わんばかりに.

‡**dis·mount** /dismáunt/ 動 他 **1** を落馬させる, を馬などから降ろす. **2** 〔大砲など〕を(台座などから)取り外す, 降ろす. ~ a cannon 大砲を取り外す. **3** 〔機械など〕を分解する, 解体する, (dismantle). ── 自 降りる 〈*from* ..〔馬, 自転車など〕から〉. ◇↔mount

Dis·ney /dízni/ 名 **Walt(er)** ~ ディズニー (1901–66) 《米国の漫画・動物映画制作者》.

Dis·ney·land /díznilænd/ 名 ディズニーランド 《米国 Los Angeles 近郊にある遊園地; W. Disney が設立した; 1971 年 Florida 州 Orlando 市郊外に (**Wált**) **Dísney Wòrld** が開園》.

†**dis·o·be·di·ence** /dìsəbí:diəns/ 名 U 不従順, 反抗; 不孝; 違反; 〈*to* ..への〉. ~ *to* the law 法律違反.

***dis·o·be·di·ent** /dìsəbí:diənt/ 形 m 〔特に子供が〕**従順でない**; 違反する; 〈*to* ..に〉. be ~ *to* one's parents 親の言うことをきかない. ▷ **~·ly** 副 逆らって, 服従せずに.

***dis·o·bey** /dìsəbéi/ 動 (~s /-z/|過 過分 ~ed /-d/|~·ing) 他 〔親など〕の**言うことをきかない**; 〔規則など〕に**従わない**, 背く. ~ orders 命令に従わない. ── 自 言いつけに従わない; 違反する. [dis-, obey]

dis·o·blige /dìsəbláidʒ/ 動 他 〖章〗 の希望に背く, 意思に従わない; に迷惑をかける. I am afraid I'll ~ you. ご希望に添えない[ご迷惑になる]のではないかと思いますが.

dìs·o·blíg·ing 形 〖章〗 迷惑をかける(ような); 不親切な. It was ~ of you to refuse his request. 彼の依頼を断るなんて君は不親切だった. ▷ **~·ly** 副

***dis·or·der** /disɔ́:rdər/ 名 (複 ~s /-z/) **1** U **混乱**, 乱雑, (類語 単にものの順序・配置などが乱れていることを表す; →chaos, confusion, mess). His room was *in* ~. 彼の部屋は散らかっていた. retreat *in* ~ 算を乱して退却する. **2** U **無秩序**; C **騒動**, 暴動. social ~ 社会的無秩序. a civil [public] ~ 騒乱. **3** UC (心身の)不調, (軽い)病気. (a) stomach ~ 胃の不調. (a) mental ~ 精神障害.
── 動 他 **1** を混乱させる. **2** 〔心身〕の調子を狂わす, を病気にする. [dis-, order]

dis·ór·dered 形 **1** 混乱した, 乱れた. **2** 病気の, 調

子の狂った. a ～ brain 狂った頭. mentally ～ 精神的に障害のある.

dis·ór·der·ly 形 **1** 無秩序な, 乱雑な. a ～ room 散らかった部屋. **2** 無法な, 乱暴な. a ～ mob 暴徒. **3** 〖法〗安寧を害する, 風紀[治安]紊(びん)乱の. ▷**dis·or·der·li·ness** 名

disòrderly cónduct 名 U 〖法〗治安紊(びん)乱行「為.

disòrderly hóuse 名 C 〖法·古〗売春宿 (brothel); 賭博(とばく)宿.

dis·òr·gan·i·zá·tion 名 U **1** (組織の)崩壊, 解「体. **2** 混乱.

†**dis·or·gan·ize** /disɔ́ːrgənàiz/ 動 他 の組織を崩壊させる; の秩序を乱す, を混乱させる, 狂わせる.

‡**dis·ór·ga·nìzed** 形 組織[秩序]の乱れた; 狂った; だらしない, へたで. a ～ household 崩壊した家庭. My wife is ～ about money. 妻は金銭に関しては無計画だ.

‡**dis·o·ri·ent** /disɔ́ːriènt/ 動 他 〖米〗に方向[位置, 時間]感覚を失わせる; の頭を混乱させる; 〈普通, 受け身で〉.

dis·o·ri·en·tate /disɔ́ːriəntèit/ 動 〖英〗＝disorient.

dis·ó·ri·en·tàt·ed /-əd/ 形 頭が混乱した; 方向感「覚を失った.

dis·ò·ri·en·tá·tion 名 U 方向[位置, 時間]感覚の喪失.

dis·own /disóun/ 動 他 〖章〗を自分の物と認めない; に関係[責任]がないと言う, と縁を切る; を否定する; 〈進行形不可〉. ～ one's son 息子を勘当する. He ～*ed* his membership in the group. 彼はそのグループの1員であることを否定した.

dis·par·age /dispǽridʒ/ 動 他 をけなす, 悪く言う; を軽んじる, 見くびる. ～ literature 文学をけなす. [＜古期フランス語「身分の低い相手と結婚する」]

dis·pár·age·ment 名 UC 非難, 悪口; 見くびり.

dis·pár·ag·ing 形 見くびった; けなす(ような).

dis·pár·ag·ing·ly 副 〖章〗見くびって, さげすんで; けなして. speak ～ of a person 人を悪く言う.

‡**dis·par·ate** /díspərət/ 形 〖章〗(比較できないほど)本質的に相違する(要素から成る). the two ～ thoughts 全く異なる2つの思想. ▷**～·ly** 副

‡**dis·par·i·ty** /dispǽrəti/ 名 (複 **-ties**) UC 〖章〗不同, 不等, 差異,〈*between* ..の間の〉; 不一致, 不釣り合い,〈*in, of* ..における〉. (a) ～ *between* word and deed 言行の不一致. ～ *in* age 年齢の不釣り合い[違い].

dis·pas·sion·ate /dispǽʃ(ə)nət/ 形 **1** 〔人, 行動が〕感情に動かされない, 冷静な. **2** 〔評価などが〕公平な. ▷**～·ly** 副 **～·ness** 名

***dis·patch** /dispǽtʃ/ 動 (**～·es** /-əz/| 過 過分 **～ed** /-t/| **～·ing**) 他 **1** 〖章〗〔通信, 文書など〕を送る; 〔使者など〕を派遣する, 急派する; 〈*to* ..に〉. ～ a telegram 電報を打つ. A squad of policemen was ～*ed to* the troubled area. 騒動の起きた地域に警官隊が急派された. **2** 〖旧〗〔仕事〕を手早く処理する, さっさと片付ける; 〖話〗〔食事〕をさっさとすます. **3** 〖旧·婉曲〗〔人, 動物〕を殺す, '片付ける', 処刑する.

── 名 (複 **～·es** /-əz/) **1** U 発送, 急送; 派遣, 特派, 急派. **2** C (公式)報告書; 至急便; (新聞[通信]社特派員などの)至急報; 〈～es〉(政府への)戦況報告(書). **3** U 〖章〗素早さ; C 手早い処理. **4** UC 〖旧·婉曲〗殺害, (死刑の)執行, '引導'を渡すこと.

be mèntioned in dispátches 〖英〗〔軍人が〕勲功により公式報告書に名前を載せられる.

with dispátch 〖章〗至急に, 早急に, 手早く, てきぱ「きと.

[＜イタリア語「急送する」(＜dis-＋*impacciare* 'impede')]

Dispátch Bòx 名 〈the ～〉英国下院議会の中央テーブル上の箱《その隣で大臣が演説·答弁を行う》.

dispátch bòx [càse] 名 C (公文書の)送達箱.

dis·pátch·er 名 C **1** (使者などを)派遣する人. **2** (列車, バスなどの)発車係, 配車係.

dispátch rìder 名 C (オートバイや馬で軍の至急便を運ぶ)至急伝令, 至急送達員.

***dis·pel** /dispél/ 動 (**～s** /-z/| 過 過分 **～led** /-d/| **～·ling**) 他 **1** を追い払う; 〔恐怖心, 疑いなど〕を払いのける, 晴らす. ～ one's worries with jokes 冗談で心配を紛らす. ～ rumors about a scandal スキャンダルについてのうわさを一掃する. His good appetite ～*led* any fears that I previously had about his health. 彼の旺盛な食欲を見て, 以前の彼の健康への心配はすべて吹き飛んだ. **2** 〔闇(やみ), 霧など〕を消散させる, 晴らす. [＜ラテン語「追い散らす」(＜dis-＋*pellere* 'drive')]

dis·pen·sa·ble /dispénsəb(ə)l/ 形 なくてもすむ, それほど必要ではない, (↔indispensable).

dis·pen·sa·ry /dispéns(ə)ri/ 名 (複 **-ries**) C **1** (病院などの)薬局 (→pharmacy 類語). **2** (学校, 工場などの)医務室; 診療所.

dis·pen·sa·tion /dìspənséiʃ(ə)n/ 名 **1** U 〖章〗施すこと, 分配. the ～ of charity 慈善を施すこと. the ～ of justice 正義の執行. **2**【神の施し】C (天の)配剤, (神の)摂理. The death of the tyrant was a wonderful ～ to his people. 暴君の死は人民にとってすばらしい天の配剤であった. **3** UC 体制, 制度. the government under the new ～ 新体制の(もとに作られた)政府. **4** UC 〖カトリック〗特免(状) (**spècial dispensátion**).

***dis·pense** /dispéns/ 動 (**-pens·es** /-əz/| 過 過分 **～d** /-t/| **-pens·ing**) 他 **1** を分配する, 分与する, 施す,〈*to* ..に〉. ～ food *to* the poor 貧しい人々に食物を施す. This machine ～*s* paper towels. この機械からは紙タオルが取り出せる. **2** を投与する, 調剤する. ～ a prescription 処方箋(せん)通り調剤する. **3** 〔法〕を実施する, 執行する. ～ justice 裁判を行う. **4** 〔人〕を免ずる〈*from* ..〔義務など〕から〉.

── 自 VA (**～ *with*..**) 〈受け身可〉**1** ..をなしですます; ..を免除する. We can ～ *with* this typewriter. このタイプはなくてもいい. Let's ～ *with* formalities. 堅苦しい事は抜きにしよう. **2** ..を不要にする. This device ～*s with* manual labor. この装置があれば手仕事が省ける. ～ *with* the need for ..は必要ない. **3** 〖法〗..の適用を免除する.

dispènse with a person's sérvices 〔人〕を解雇する. [＜ラテン語「秤り分ける」(＜dis-＋*pendere*「吊るす, 目方を秤る」)]

‡**dis·pén·ser** 名 C **1** 薬剤師, 調剤師. **2** ディスペンサー《紙タオル, 紙コップ, 石けん液などを必要量だけ取り出せる容器》; (コーヒーなどの)自動販売機. 「も行う》.

dispén·sing chèmist 名 C 〖英〗薬剤師《販売「

dis·per·sal /dispə́ːrs(ə)l/ 名 U 散布; 解散.

dis·per·sant /dispə́ːrsənt/ 名 C 分散剤.

***dis·perse** /dispə́ːrs/ 動 (**-pers·es** /-əz/| 過 過分 **～d** /-t/| **-pers·ing**) 他 **1** を追い散らす; 〔集会〕を解散させる; (類語 scatter よりも広く徹底的に散らすこと). The police ～*d* the demonstrators. 警官隊はデモ隊を追い散らした[解散させた]. **2** を分散させる, 分散して配置する, 〈*among* ..に〉. **3** を散布する; 〔雲, 霧など〕を消散させる; 〖物理〗〔光, 電磁波〕を分散させる. **4** を伝播(ぱ)させる, 広める. ～ gossip ゴシップを広める. ── 自 散らばる, 四散する; 解散する; 〔雲, 霧などが〕消散する.

── 形 分散した. ◇名 dispersal, dispersion [＜ラテン語「まき散らす」(＜dis-＋*spargere* 'sprinkle')] ▷**dis·persed** /-t/ 形

dis·per·sion /dispə́ːrʒ(ə)n, -ʃ(ə)n|-ʃ(ə)n/ 名 U **1** 散乱; 四散; 分散; 解散. **2** 散布; 伝播(ぱ); 〖物理〗(光, 電磁波の)分散. **3** 〈the D-〉＝Diaspora 1. **4** 〖統計〗ばらつき, 散らばり.

dis·per·sive /dispə́ːrsiv/ 形 散布的な, 分散的な. ▷**～·ly** 副

dis·pir·it /dispírət/ 動 他 〘章〙を落胆させる. ▷ **～·ed** /-əd/ 形 元気がない, 気落ちした. **～·ed·ly** /-ədli/ 副 がっかりして, 落胆して. **～·ing** 形 がっかりさせる(ほどの).

***dis·place** /displéis/ 動 (**-plac·es** /-əz/|過 過分 **～d** /-t/|**-plac·ing**) 他 **1** (本来の場所から強制的に)を**移動**[**移住**]させる, 立ち退かせる, 置き換える. Many people were ～*d* by the flood. 洪水で多くの人が立ち退かされた. **2** に**取って代わる**; を解任する, やめさせる; 〈*as* ..として, の地位から〉. The army leader has ～*d* the King. 軍の指導者が国王に取って代わった. Word processors have ～*d* typewriters. ワープロはタイプライターに取って代わった. [dis-, place]

displàced pérson 名 C (戦争, 迫害, 災害によって居住地を離れた)難民, 亡命者, 《略 DP》.

dis·pláce·ment 名 **1** U 移動, 移住, 置換; 解職; 取って代わる[られる]こと. **2** aU 〘船〙排水量[トン]; 〘機〙排気量. a ship of 5,000 tons ～ 5千排水トンの船.

displácement actìvity 名 UC 〘心理〙転位行動.

‡dis·play /displéi/ 動 (**～s** /-z/|過 過分 **～ed** /-d/|**～·ing**) 他 【**はっきり見せる**】 **1** を**展示する**, 〔商品など〕を陳列する, (exhibit); を見せびらかす, 誇示する. ～ Oriental antiques 東洋の古美術品を陳列する. proudly ～ one's mink coat ミンクのコートを見せびらかす. ～ one's wound to.. 傷を..に見せる.
2 〘電算〙を(ディスプレーに)表示する. ～ information clearly 情報をはっきりと表示する.
3 〔翼, 新聞など〕を広げる. ～ a map 地図を広げる.
4 〔感情〕を**表す**, 表面に出す; 〔能力など〕を発揮する, 〔知識など〕をひけらかす; 〔弱点など〕を露呈する. He does not ～ much emotion in public. 彼は人前であまり感情を出さない. ～ doubts 疑惑の色を示す. ～ courage 勇気を発揮する. ～ one's immaturity 未熟さをさらけ出す.
―― 名 (複 **～s** /-z/) UC **1 展示**, **陳列**; (技術などの)実演; 見せびらかし, 誇示; 〘動〙(縄張りの防衛, 求愛などのための)誇示(行為); C 〈集合的〉展示品. be *on* ～ 展示されている. put the students' paintings on ～ 学生たちの絵画を展示する. a fireworks 〘米〙[〘英〙firework] ～ 花火大会[の打ち上げ]. a ～ window 陳列窓. a ～ of friendship うわべだけの友情を示すこと.

> 連結 a spectacular [a breathtaking, a dazzling, a stunning; a lavish; an ostentatious, a pretentious; a tasteless, a vulgar] ～ // put on [give] a ～

2 UC (感情の)**表れ**; (能力などの)発揮; (弱点などの)露呈. a ～ of courage 勇気の発揮.
3 C 〘電算〙ディスプレー; U (ディスプレーに表れた)情報; C (その具体的な)語, 図など.
4 UC ディスプレー《鳥などの雄の雌に対する求愛行動》.
màke a displáy of.. ..を見せびらかす. She *made a* public ～ *of* compassion. 彼女は同情を(わざとらしく)公然と示した.
[＜ラテン語「(たたんだものを)拡げる」(＜dis-＋*plicāre* 'fold')]

displáy càse [càbinet] 名 C 展示用ケース.

***dis·please** /displí:z/ 動 (**-pleas·es** /-əz/|過 過分 **～d** /-d/|**-pleas·ing**) 他 を**不快にする**; の感情を害する, を怒らす. His carelessness ～*d* the professor. 彼はそそっかしいので教授の不興を招いた.

***dis·pleased** /displí:zd/ 形 m **不機嫌**な, 怒っている, 〈*with, at, by* ..に対して〉. I was ～ *at* his rudeness. 私は彼の無礼なのに腹が立った. She is ～ *with* you. 彼女は君に腹を立てている.

dis·pléas·ing 形 人を不愉快にさせるような, 不愉快な〈*to* ..にとって〉. ▷ **～·ly** 副

†dis·pleas·ure /displéʒər/ 名 U 不快; 不満; 立腹; 〈*with, at* ..に対する〉. feel ～ 不快を感じる. He incurred her ～ by forgetting her birthday. 彼は彼女の誕生日を忘れて機嫌を損ねた.

dis·port /dispɔ́:rt/ 動 他, 自 〘章〙を楽しませる; 楽しむ. ***dispórt onesèlf*** 遊ぶ, 楽しむ.

‡dis·pós·a·ble 形 **1** 処分できる; 使い捨ての. ～ diapers [paper cups] 使い捨てのおしめ[紙コップ]. **2** 利用可能な; 自由に使ってよい. ～ income (税などを支払った残りの)可処分所得. ―― 名 C 〈普通 ～s〉使い捨て用品.

†dis·pos·al /dispóuz(ə)l/ 名 **1** U (**a**) (不用物などの)処分, 処理; (財産などの)処分. the ～ of property by sale 売却による財産の処分. (**b**) 処分の自由, 処分権.
2 U (事柄の)解決, 処理. the ～ of business affairs 事務処理. **3** ＝disposition 3. **4** C 〘米〙ディスポーザー《台所の流しに取り付けて野菜ごみなどを粉砕して流す》.
at* [*in*] *a pèrson's dispósal 人が随意[自由]に使用できるように[な]. I'll leave [put] the money *at* your ～. その金(の使い方)はあなたに一任しましょう. I'm entirely *at* your ～. 何でもおっしゃる通りにいたします.

dispósal bàg 名 C (ホテル, 飛行機などの)汚物処理袋.

***dis·pose** /dispóuz/ 動 (**-pos·es** /-əz/|過 過分 **～d** /-d/|**-pos·ing**) 他 【**(思いどおりに)置く**】 **1** 〘章〙を**配置する**, 配列する; を整理する. ～ troops in a line 部隊を1列に配置する.
【**方向うける**】 **2** 〘章〙VOA (～ X *for* [*to, toward*]..)・VOC (～ X *to do*) X に**..の状態になりたい**[**..したい**]**気持ちにさせる**. Having a lot of money often ～*s* people *to* idleness [*to* be idle]. 金がたくさんあると人は怠けたい気になることが多い. His rudeness didn't ～ me very kindly *to* [*toward*] him. 彼の失礼な態度で私は彼にあまり好意を持たなかった. **3** VOA (～ X *to*..) X を..に影響されやすくする. Polluted air ～*s* you *to* various diseases. 空気が汚れるといろいろな病気にかかりやすくなる. be ～*d to* colds 風邪を引きやすい.
―― 自 物事を処理する. Man proposes, God ～*s*. 〘諺〙計画は人に, 成否は神にある. ◇名 disposal, disposition
dispóse of.. 〈受け身可〉(1) 〔物〕**を処理する**; 〔議題など〕を処理する; (売却, 譲渡などによって)..を処分する. ～ *of* the garbage ごみを処理する. ～ *of* one's old house and buy a new one 古い家を処分し新しい家を買う. (2) (殺す, 食べる, 論破するなどによって) 〔人, 食物, 論敵など〕を片付ける, 始末する; ..を一蹴(しゅう)する. ～ *of* three hamburgers at one sitting 一度にハンバーグを3個平らげる. ～ *of* one's opponent in the debate 議論で相手をやっつける.
[＜ラテン語「別に置く」(＜dis-＋*pōnere* 'place')]

‡dis·pósed 形 〈叙述〉 **1** 心が向いている〈*for* ..に〉, 気持ちがある〈*for* ..の〉; 〘章〙..したい(気がする)〈*to* do〉. I feel ～ *for* a walk. 散歩がしたい気分だ. Mary wasn't ～ *to* dance that night. メリーはその晩は踊る気になれなかった. be ill [well, favorably, kindly] ～ to [toward] ..に悪意を持っている[に好意を持っている, 好意的である] (★この場合, 単独では用いられず, 必ず例のような様態の副詞に修飾される). **2** 〘章〙傾向がある〈*to* ..の/*to* do ..する〉.

dis·pós·er 名 C **1** 処分[処理]する人[物]. **2** ＝disposal 4.

***dis·po·si·tion** /dìspəzíʃ(ə)n/ 名 (複 **～s** /-z/) 【**心の向き**】 **1** aU (ある人の全体的な)**性質**, 気質, 性向, 傾向, 〈*to* ..になりやすい/*to* do ..する〉 (類語 生まれつきの性質が中心的意味だが, character と違って一時的な傾向を意味することもある). He is of [He has] a pleasant [cheerful, sunny] ～. 彼は愛想のいい[陽気な]たちだ. Man has a natural ～ *to* avoid pain. 人は生まれつき

苦痛を避けようとする性向がある. I have a ～ *to* catch cold. 僕は風邪を引きやすい体質だ.

> 連結 a cheerful [a sanguine; a sweet; a friendly; a kindly; a bland, a quiet, a placid; an irritable, a moody; an unpleasant] ～

2 aU (..したい)気持ち, 意向. feel a ～ *for* a drink [*to* drink] 一杯飲みたい気がする. show no ～ to do ..する気配がない.

D

【配置＞処理】 **3** C **配置**(する[される]こと), 配列; 〈～s〉準備, 手配. the ～ of soldiers in a line 兵を1列に配置すること. make one's ～*s* 手配する, 手を打つ.

4 ＝disposal 1. ◇動 dispose

at a pèrson's dispositíon 〔人〕の意のままに.

dis·pos·sess /dìspəzés/ 動 他 【章】〔人〕の財産を奪う; VOA (～ X *of*..) X(人)から〔財産など〕を奪う, 取り上げる; 〔土地など〕から X(人)を追い立てる. They were ～*ed of* all they had. 彼らは持っているもの全部を取り上げられてしまった. ▷ **dìs·pos·sés·sion** /-ʃ(ə)n/ 名

dìs·pos·séssed /-t/ 形 【章】土地, 家などを奪われた. the ～ 財産を取り上げられた人々.

dis·praise /dispréiz/ 動 他 を非難する, 悪く言う. ── 名 UC 非難, けなすこと.

dis·proof /disprúːf/ 名 (複 ～s) U 反証(すること); C 反証になるもの[事].

dis·pro·por·tion /dìsprəpɔ́ːrʃ(ə)n/ 名 U 不均衡, 不釣合い; C 不釣合いな点; 〈*between*..の間の〉.

dis·pro·por·tion·al /dìsprəpɔ́ːrʃ(ə)nəl/ 形 ＝disproportionate. ▷ **～·ly** 副

‡**dis·pro·por·tion·ate** /dìsprəpɔ́ːrʃ(ə)nət/ 形 不釣合いな, 不相応な, 〈*to*..に〉; 過度な. ▷ **～·ly** 副

†**dis·prove** /disprúːv/ 動 他 の誤りを証明する, 反証をあげる.

dis·pu·ta·ble /dispjúːtəb(ə)l, díspjə-/ 形 議論の余地がある; 疑わしい; (↔indisputable). ▷ **-bly** 副

dis·pu·tant /dispjúːt(ə)nt, díspjə-/ 名 C 【章】論争者; 【法】係争者.

dis·pu·ta·tion /dìspjətéiʃ(ə)n/ 名 【章】U 論争[討論]すること; 論駁(ばく)すること; C 論争, 討論.

dis·pu·ta·tious /dìspjətéiʃəs/ 形 【章】議論好きな, 論争を好む. ▷ **～·ly** 副

‡**dis·pute** /dispjúːt/ 動 (～s /-ts/|過 過分 **-put·ed** /-əd/|**-put·ing**) 自 **論争する**, 議論する, 〈*about, on, over*..のことで/*with*..と〉(類語 感情的な激しい議論を意味する; →discuss). ～ *with* [*against*] one's boss *about* [*on, over*] the project 上司とその企画のことで議論する.

── 他【論争する】 **1** VO (～ X/*wh* 節・句) X を/..かを**論じる**, 議論する. a fiercely [hotly] ～*d* question 激しく論じられた問題. They ～*d what* course to take. 彼らはどの道を取るべきか論争した.

2 VO (～ X/*that* 節) X に/..ということに異論を唱える, 疑義を挟む. ～ (the truth of) his statement 彼の言う事(の信憑(ぴょう)性)に疑義を差し挟む. ～ a will 遺言(の正当性)に異を唱える. be hotly ～*d* 激しく論争が交わされている. Nobody ～*s that* he's a genius in a way. 彼がある種の天才であることに反対する者はいない. There is no *disputing that*.. ..であることに議論の余地はない. (★*that* 節は否定文中で)

【争う】 **3** に抵抗する, を阻止しようとする. ～ the enemy's seizure of one's land 敵に国土を占領させまいと戦う. **4** (相手と争って)を得よう[守ろう]とする. ～ (the) first place 1位を争う. ～ every inch of ground ひとかけらの土地も失うまいと奮戦する.

── /-ˊ, ˊ-/ 名 (複 **～s** /-ts/) UC **論争**; 紛争, 議論, 口論, 〈*with*..との/*about, over, on*..についての〉. a political [religious] ～ 政治[宗教]論争. an international ～ 国際的紛争. have a ～ (*over*..) (..のことで)論争[けんか]する. resolve [settle] a ～ 紛争を解決する. be open to ～ 議論の余地がある.

> 連結 an angry [a bitter, a fierce, a heated, a violent] ～ // cause [enter into; resolve, settle] a ～ // a ～ arises [breaks out]

****beyond*** [***past, without***] (***àll***) ***dispúte*** (全く)議論の余地がない[なく]; (絶対に)疑いない[なく]. You are, *beyond* ～, the brightest of us all. 間違いなく君が我々の中でいちばん頭がいい.

in dispúte (1) 論争[係争]中で[の] 〈*with*..と〉. (2) 未解決で[の], 合意を得られない. the point *in* ～. 争点.

under dispúte ＝in DISPUTE (2).

[＜ラテン語「計算する＞議論する」(＜dis-＋*putāre* 'think')]

dispùted térritory 名 UC (領有をめぐる)係争の地.

dis·qual·i·fi·ca·tion /diskwɑ̀ləfəkéiʃ(ə)n|-kwɔ̀l-/ 名 **1** UC (資格の)剝(はく)奪, 喪失; 不合格, 失格[出場停止]処分. **2** C 失格の理由 〈*for*..の〉.

‡**dis·qual·i·fy** /diskwɑ́ləfài|-kwɔ́l-/ 動 (**-fies**|過 過分 **-fied**|**～·ing**) 他 から資格を剝(はく)奪する; を失格[出場停止]させる; から機会を奪う; を不適格[不可能]にする; 〈*for*..について/*from* (do*ing*)..(すること)から〉. His poor health *disqualified* him *for* [*from* tak*ing*] the post. 健康がすぐれないため彼はその地位に就けなかった. The hurdler was *disqualified* for taking drugs. そのハードル選手は薬物使用のため出場資格を剝奪された.

‡**dis·qui·et** /diskwáiət/ 【章】動 他 〔物事が〕〔人〕を不安にする; を心配させる, 動揺させる. ── 名 U (心の)不安, 胸騒ぎ; (社会的)不安状態, 不穏; 〈*about, over*..についての〉. ▷ **～·ing** 形 (人を)不安にする, 心配な. **～·ing·ly** 副

dis·qui·e·tude /diskwáiət(j)ùːd/ 名 U 【章】(心の)不安; (社会的)不穏.

dis·qui·si·tion /dìskwəzíʃ(ə)n/ 名 C 【章】(長ったらしい)論文, 論考; (堅苦しい)講演, 長広舌, 長談義; 〈*on, about*..についての〉.

Dis·rae·li /dizréili, dis-/ 名 **Benjamin** ～ ディズレーリ (1804-81) 《英国の政治家・首相 (1868, 1874-80)・小説家》.

***dis·re·gard** /dìsrigɑ́ːrd/ 動 (**～s** /-dz/|過 過分 **～·ed** /-əd/|**～·ing**) 他 **を無視する**; を軽視する; を構わない, に無頓(とん)着である; (類語 ignore の方が強意的). ～ a warning [the doctor's advice] 警告[医師の忠告]を無視する. ── 名 aU **無視**, 軽視; 無頓着, 放任; 〈*for, of*..に対する〉. have a complete [blatant] ～ *for* others' feelings 他人の気持ちを全く無視する. in total ～ *of* one's own interests 自分の利害を全く度外視して.

dis·rel·ish /disréliʃ/ 【章】動 他 をひどく嫌う, 嫌悪する, (dislike). ── 名 aU 嫌悪. have a ～ for ..が大嫌いである.

dis·re·pair /dìsripéər/ 名 U 【章】破損(状態), (建物などの)荒廃, 傷み. fall into ～ 〔建物などが〕傷む, 荒廃する. be in ～ 荒れるままになっている.

dis·rep·u·ta·ble /disrépjətəb(ə)l/ 形 **1** 評判の悪い; いかがわしい, たちの悪い. a ～ district (売春宿などの多い)いかがわしい地区. **2** みすぼらしい. in ～ clothes みすぼらしい服装をして. ▷ **～·ness** 名 **-bly** 副

†**dis·re·pute** /dìsripjúːt/ 名 U 不評, 悪評, 不人気. fall into [be in] ～ 評判が悪くなる[悪い]. The president's scandal brought the company into ～. 社長のスキャンダルで会社の評判が悪くなった.

†**dìs·respéct** 名 U 失礼, 無礼. no ～ (to..), but.. (〔人〕に)失礼なことを言うつもりではないが...

dis·re·spect·ful /dìsrispéktf(ə)l/ 形 失礼な 〈*of*..に〉. ▷ **～·ly** 副

dis·robe /disróub/ 動〘章・戯〙他 の衣服を脱がす. ── 自 衣服(特に官服など)を脱ぐ.

†**dis·rupt** /disrʌ́pt/ 動 他 **1** 〔制度, 国家, 党など〕を分裂させる; を崩壊させる. a ～*ed* party 分裂した政党. **2** 〔物事の正常な運行[推移]〕を乱す; 〔交通, 通信など〕を混乱させる, 遮断する. [＜ラテン語「粉々に壊す」]

‡**dis·rúp·tion** 名 UC **1** (国家, 党などの)分裂, 崩壊. environmental ～ 環境破壊. **2** (交通・通信などの)混乱. a ～ of railway service 鉄道輸送の途絶.

‡**dis·rup·tive** /disrʌ́ptiv/ 形 分裂させる(ような), 崩壊させる〈*to* ..を〉. ～ pupils of the class 学級で破壊的活動をする生徒. ▷ **～·ly** 副

diss /dis/ 動 他 〘主に米話〙(軽蔑的な言葉や行為で)〔人〕をばかにする, 侮辱する, こき下ろす. ── 名 U 軽蔑. [＜*dis*respect]

†**dis·sat·is·fac·tion** /di(s)sæ̀təsfǽkʃ(ə)n/ 名 U 不満, 不平, 〈*with, at* ..に対する〉; 不満〈*that* 節 ..という〉. mother's ～ ⌊*that* I come home late [*at* my coming home late] 私の帰宅が遅いことへの母の不満.

> 連結 deep [bitter, keen; widespread] ～ ∥ arouse [cause, excite; feel; show; voice] ～

dis·sat·is·fac·to·ry /di(s)sæ̀təsfǽkt(ə)ri/ 形 不満の種となる; 不満足な (unsatisfactory); 〈*to* ..にとって〉.

†**dis·sat·is·fied** /di(s)sǽtəsfàid/ 形 不満な〈*with, at* ..に〉; 不満そうな. a ～ look 不満そうな顔つき. I am very ～ *with* [*at*] the idea. 私はその考えに大いに不満である.

†**dis·sat·is·fy** /di(s)sǽtəsfài/ 動 (**-fies**|過 過分 **-fied**|**～·ing**) 他 を満足させない, 不満にさせる.

‡**dis·sect** /disékt/ 動 他 **1** 〔人(の体), 動植物〕を解剖する, 切開する. **2** を細かに分析する, 〔文章など〕を解剖する.

dis·séct·ed /-əd/ 形 **1** 解剖[切開]した. **2** 〘植〙〔葉などが〕先が深く裂けた.

dis·séc·tion 名 **1** U 解剖, 切開; C 解剖体. **2** U 精密な分析[吟味].

dis·sec·tor /diséktər/ 名 C 解剖(学)者; 解剖器具.

dis·sem·ble /disémb(ə)l/ 動〘章〙他 〔感情など〕を隠す, 偽る. ～ fear by smiling 笑って怖さを隠す. ── 自 本心を隠す; しらばくれる. ▷ **dis·sem·bled** 形 装った. **dis·sem·bler** 名 C 猫かぶり《人》.

‡**dis·sem·i·nate** /disémənèit/ 動 他 〘章〙を広める, 普及させる. ～ information [dangerous ideas] 知識[危険な思想]を広める. [＜ラテン語「種(*sēmen*)をまく」]

dis·sèm·i·ná·tion 名 U 〘章〙(思想, 教養などを)広めること, 普及, 宣伝.

dis·sem·i·na·tor /disémənèitər/ 名 C 広める[普及させる]人.

dis·sen·sion /disénʃ(ə)n/ 名 UC 意見の相違; 不和; 〈～s〉紛争; 〈*between, among* ..間の〉. family ～ 家庭内の不和.

†**dis·sent** /disént/ 動 自 〘章〙 **1** 意見を異にする, 異議を唱える, 〈*from* .. 〔特に大多数〕と, に〉(↔assent, consent). I ～ *from* your conclusion. 私はあなたの結論に異議があります. **2** 英国国教の教義に従わない. ── 名 **1** U 不同意, 異議, (↔assent). a chorus of ～ 反対の大合唱. **2** U 〘旧〙英国国教背反 (nonconformity). **3** C 〘米法〙(判事の)少数意見. [＜ラテン語「意見を異にする」(＜dis-＋*sentire* 'feel')]

dis·sént·er 名 C **1** 反対者, 異議を唱える人. **2** 〈しばしば D-〉非英国国教徒《今は Nonconformist と呼ばれることが多い》.

dis·sen·ti·ent /disénʃ(i)ənt/ 形 大多数の意見とは異なる. ── 名 C 大多数とは意見の異なる人.

dis·sént·ing 形 **1** 異議のある, 意見の異なる. without a ～ voice 1人の異議もなく. a ～ opinion 反対[少数]意見. **2** 英国国教に反対する.

dis·ser·ta·tion /dìsərtéiʃ(ə)n/ 名 C 論考, 論文, 学位論文《特に博士論文 (doctoral dissertation)》, 〈*on* ..についての〉(→thesis). [＜ラテン語「論じること」]

dis·ser·vice /di(s)sə́ːrvəs/ 名 aU 〘章〙ひどい仕打ち, 不親切な行為; 損害(を与えること); 〈*to* ..への〉. do a person a ～ 人に害を与える.

dis·sev·er /disévər/ 動 他 〘章〙を分離[分割]する.

dis·sev·er·ance /disévərəns/ 名 U 分離, 分割.

dis·si·dence /dísəd(ə)ns/ 名 U 意見の相違; 異議《特に既成の体制, 支配的意見への異論》.

‡**dis·si·dent** /dísəd(ə)nt/ 形 意見が違う; 反体制の. ── 名 C 意見を異にする人; 反体制者. political ～*s* in Myanmar ミャンマーの政治的反体制者. [＜ラテン語「離れて座る」]

dis·sim·i·lar /di(s)símələr/ 形 〈しばしば否定文で〉異なる, 同じでない, 〈*to, from* ..と〉. be not ～ *from* ..と似ていないということはない; よく似ている. ▷ **～·ly** 副

dis·sim·i·lar·i·ty /di(s)sìməlǽrəti/ 名 (複 **-ties**) U 似ていないこと; 相違; C 相違点; 〈*between* ..の間の〉.

dis·si·mil·i·tude /dì(s)səmílət(j)ùːd/ 名 ＝dissimilarity.

dis·sim·u·late /disímjəlèit/ 動 〘章〙＝dissemble.

dis·sìm·u·lá·tion 名 UC (感情, 意図を)偽ること, 偽装; しらばくれること.

‡**dis·si·pate** /dísəpèit/ 動〘章〙他 **1** 〔雲, 霧など〕を散らす; 〔熱など〕を逃がす; 〔恐怖, 心配など〕を消す, 吹き飛ばす. The wind ～*d* the fog. 風が霧を吹き散らした. The story ～*d* my suspicion against him. その話は私が彼に抱いていた疑念を吹き飛ばした. **2** 〔時間, 金など〕を浪費する (waste); 〔財産, 金など〕を使い果たす. He ～*d* his fortune. 彼は財産を使い果たした. ── 自 **1** 〔雲, 霧, 煙, 熱などが〕消散する. **2** 放蕩(とう)する, 浪費生活をする. [＜ラテン語「投げ散らす」]

dís·si·pàt·ed /-əd/ 形 〘章〙道楽三昧(ざんまい)の, 放蕩(とう)の. lead a ～ life 放埒(らつ)な生活を送る.

dìs·si·pá·tion 名 U 〘章〙 **1** 放蕩(とう); 浪費, 蕩尽. **2** (雲, 霧, 煙などが)散ること, 消失.

dis·so·ci·ate /disóuʃièit, -si-/ 動 他 〘章〙 **1** 〔2つの物など〕を分離する; VOA (～ X *from* Y) X と Y を分離する; X を Y と切り離して考える. ～ one's working life *from* one's family life 仕事を家庭から切り離す. **2** VOA (～ *oneself from* ..) ..と関係を絶つ. I wish to ～ my*self from* those men. できればあの男たちとは関係を絶ちたい. I ～ my*self from* their views. 彼らの意見には賛成しない. ◇↔associate

dis·so·ci·a·tion /disòusiéiʃ(ə)n, -sòuʃi-/ 名 U 〘章〙分離する[される]こと.

dis·so·ci·a·tive /disóusièitiv, -sóuʃət-/ 形 分離的な; 分裂性の.

dis·sol·u·ble /disáljəb(ə)l|-sɔ́l-/ 形 **1** 溶解[分解]しうる. **2** 〔契約などが〕解消[解除]しうる. ▷ **dis·sòl·u·bíl·i·ty** 名

dis·so·lute /dísəlùːt/ 形 放埒(らつ)な; 身持ちの悪い. ▷ **～·ly** 副 **～·ness** 名

†**dis·so·lu·tion** /dìsəlúːʃ(ə)n/ 名 **1** U 溶解; 分解. **2** U (契約, 法的関係などの)解消, 解除, 取消し; (議会などの)解散; C 離婚. the ～ of marriage 婚姻の解消. **3** U 崩壊(する[させる]こと); 死滅, 消滅. the ～ of the Roman Empire ローマ帝国の崩壊. the *Dissolution* of the Monasteries 〘英史〙修道院の解体《Henry 8世が 1539年ローマカトリック教会からの独立を宣言して強行》. ◇動 dissolve

***dis·solve** /dizálv|-zɔ́lv/ 動 (**～s** /-z/|過 過分 **～d** /-d/|**-solv·ing**) 他 **1** を溶かす, 溶解させる, 〈*in* ..に〉(類語 加熱せずに溶けること; →melt). Water ～*s* sugar. 水は砂糖を溶かす. ～ sugar in water 砂糖を水に溶かす.

D

2〔議会など〕を解散する; 〔組織, 団体など〕を解体する. Parliament was ～*d* and a general election was held. 国会は解散して総選挙が行われた.
3〔契約, 結婚など〕を解消する, 取り消す; 〔感情など〕を消滅させる. Her smile ～*d* all his bitter feelings. 彼女の微笑で彼の悪感情のすべてが消えた.
4〘映・テレビ〙〔画面〕をディゾルブさせる《画面が暗くなるのに重なって次画面が現れてくるように画面を転換させる; fade-out と fade-in が同時に行われる》.
── 自 **1**〔固体が〕溶ける, 溶解する, ⟨*in* ..に⟩; VA (～ *into*..) 溶けて..になる. The medicine will ～ *in* water. その薬は水に溶けます. Ice ～*s into* water. 氷は溶けて水になる. **2**〔議会などが〕解散する. **3**〔関係などが〕消滅する; 〔力, 反対, 緊張などが〕だんだん弱くな(って消え)る. **4**〔幻影などが〕(次第に)消えうせる; 〘映・テレビ〙ディゾルブする. His figure ～*d* in the dark. 彼の姿はやみの中に消えて行った. ◇名 dissolution
***dissólve in* [*into*]..** 〔感情〕に身を任せる, (感情が抑えきれなくなって)..し始める. ～ *in* tears 泣きくずれる. ～ *in* laughter 笑いこける.
── 名 U 〘映・テレビ〙ディゾルブ (→動 他 4).
[<ラテン語「解放する」(<dis-+*solvere* 'loosen')]
dis·so·nance /dísənəns/ 名 **1** UC 〘楽〙不協和(音). **2** U (音の)不協和; 不調和, 不一致. ◇↔consonance
dis·so·nant /dísənənt/ 形 **1**〘楽〙不協和(音)の. **2** 不調和な, 不一致の. ▷**～·ly** 副
†**dis·suade** /diswéid/ 動 他 〘章〙に思いとどまらせる ⟨*from* (doing) ..(すること)を⟩ (↔persuade). Father ～*d* his daughter *from* keep*ing* company with him. 父親は娘に説いて彼と付き合うのをやめさせた.
[<ラテン語「反対して説得する」]
dis·sua·sion /disweíʒ(ə)n/ 名 U 〘章〙思いとどまらせること (↔persuasion).
dis·sua·sive /diswéisiv/ 形 思いとどまらせる(ための).
dis·syl·lab·ic /dìsilǽbik, dài-/ 形 =disyllabic.
dis·syl·la·ble /dísəlǝb(ə)l, disíl-, dai-/ 名 =disyllable.
dist. distance; distant; distinguish(ed); district.
dis·taff /dístæf|-tɑːf/ 名 (複 **～s**) C 糸巻き[糸取り]棒《昔, 女性が糸繰りに用いた》. ── 形 〘時に軽蔑〙女性(特有)の; 女性の; 母方の. a ～ jockey 女性騎手. [<古期英語]
dístaff sìde 名 ⟨the ～⟩ 母方, 母系, (↔spear side). a cousin on *the* ～ 母方のいとこ.
dis·tal /dístl/ 形 〘解剖・植〙末梢(しょう)の, 末端の.
‡**dis·tance** /dístəns/ 名 (複 **-tanc·es** /-əz/)
【距離】 **1** UC **距離**, 道のり, ⟨*from* ..から/*to* ..への/*between* ..の間の⟩. a short [long] ～ 短い[長い]距離. What's the ～ ⌞*from* L.A. *to* Las Vegas [*between* L.A. *and* Las Vegas]? ロサンゼルスからラスベガスまでどのくらいの距離ですか. keep a safe ～ *between* cars 安全な車間距離を保つ. at a ～ of 10 miles 10 マイル離れて. The Prime Minister was a short ～ *from* the site where the bomb exploded. 首相は爆弾が破裂した所からちょっと離れていた. The hospital is some ～ away. その病院はかなり遠い. *Distance* lends enchantment to the view. 〘諺〙遠くで見ると美しく[よく]見える.

> 連結 a great [a long, a considerable, a good; the maximum; the minimum] ～ // travel [cover] a ～; increase [decrease] the ～

2 aU **遠距離**, 遠方; 遠いこと, 遠隔; 〘絵画〙遠景. The sound came from a considerable ～. その音は相当遠方から聞こえて来た. He works quite a ～ from home. 彼の職場は家から大変遠い. look into the ～ 遠くを見る. The car sped off into the ～. 車はすごいスピードで遠くへすっとんで行った.
【隔たり】 **3** UC 相違, 隔たり. ⟨*between* ..の間の⟩. There was a great ～ *between* the two men. 2 人の男の間には大きな(考え方の)隔たりがあった.
4 aU (心理的)隔たり, 疎遠, 遠慮. treat everybody with a certain ～ of manner だれにもある程度のよそよそしさで接する.
5【時間の隔たり】 UC (年月の)経過; 長い年月. At this ～ (in time) [At a ～ of 30 years] it's hard to remember anything clearly. こんなに年月がたっては[30 年もたっては]何事につけはっきり思い出すのは難しい.
****at* [*from*] *a dístance*** ある距離を置いて; やや離れた所で[に]. You'd see it better *at a* ～. 少し離れた方がそれはよく見えます. follow a person *at a* ～ ちょっと離れて人を付ける.
gàin dístance on.. (追いかけて)..との距離を詰める.
gò the* (*fùll*) *dístance 最後までやり抜く《特にスポーツで》. *go the* ～ with a project 計画を完徹する.
****in the dístance*** **遠方に**, はるかかなたに. I saw a flash of lightning *in the* ～. 遠くで稲妻が光るのが見えた.
kèep a pèrson at a dístance 人を近づけない, 人によそよそしくする. be *kept at a* ～ 煙たがられる.
kèep one's dístance 近づかない, 距離を置く; なれなれしくしない; ⟨*from* ..に⟩.
***within .. dìstance of* X́** X から..な所に. *within* easy walking [driving] ～ *of* my house 私の家から⌞歩いて[車で]楽に行ける距離に. *within* spitting ～ *of* the station 〘話〙駅のすぐ近くに《<つばを吐いてもそれが届く距離》.
within stríking dìstance →strike.
── 動 他 **1** (競走などで)を引き離す (outdistance); を追い抜く (outstrip). **2** に(精神的に)距離を置く ⟨*from* ..から⟩; VOA (～ *oneself from*..) ..から離れる, ..に距離を置く. He tried to ～ him*self from* students' political activities. 彼は学生運動から離れていようとした. [distant, -ance]
dístance lèarning 名 U 〘主に英〙(テレビなどを利用する)通信教育.
‡**dis·tant** /dístənt/ 形 m 【隔たった】 **1 遠い**, 遠方からの[への]; 離れた; (↔near) (類語 物理的隔たりを表す一般的な語; far も「遠い」を意味するが, 具体的に数詞を伴うときは遠近にかかわらず distant を用いる; →第 2 例; → far, remote). I heard the ～ report of a gun. 遠くから 1 発の銃声が聞こえた. The town is ⌞nine miles ～ [not far] *from* London. その町はロンドンから⌞9 マイル離れている[あまり遠く離れていない]. **2** 隔たった, **遠い**, 離れた. in the (dim and) ～ past 遠い昔(に). ～ ancestors 遠い祖先. **3** 遠くを見るような〔目つきなど〕.
4【心理的に遠い】 **よそよそしい**, 冷たい ⟨*with, to* ..に⟩. take a ～ attitude 冷たい態度をとる. She is cool and ～ *with* [*to*] me. 彼女は私に対して冷淡でよそよそしい.
【関係が遠い>薄い】 **5** ⟨限定⟩ 遠縁の. one's ～ relatives 遠い親戚(せき). **6**〔類似などが〕おぼろげな, かすかな. She bears a ～ resemblance *to* her grandmother. 彼女は彼女の祖母にかすかに似ている. ◇名 distance
in the nòt too distant fúture 遠からず. [<ラテン語「離れて立っている」(<dis-+*stāre* 'stand')]
dìstant èarly wárning 名 U 〘軍〙遠距離早期警報《敵機やミサイルの侵入に備えるレーダー網; 略 DEW》.
†**dís·tant·ly** 副 **1**〘章〙遠くに, 離れて. **2** かすかに, おぼろげに. be ～ related 遠縁に当たる; 関係が薄い. **3** よそよそしく, 冷淡に; 遠回しに.
‡**dis·taste** /distéist/ 名 aU 嫌う気持ち ⟨*for* ..〔事物〕を⟩ (類語 dislike より弱い嫌悪感を表す). have a ～ *for* celery セロリが嫌いである. in ～ 嫌って.

‡**dis·taste·ful** /distéistf(ə)l/ 形 **1**〔事物が〕不愉快な, 嫌な, 〈*to* ..〔人〕にとって〉. a job ~ *to* me 私にとって嫌な仕事. **2** (味が)まずい. ▷ **~·ly** 副 **~·ness** 名

dis·tem·per[1] /distémpər/ 名 U ジステンパー《犬, ウサギなどの伝染病の一種》.

dis·tém·per[2] 名 U 〖主に英〗泥絵の具; (壁や天井用の)水性塗料. ── 動 他 を泥絵の具で描く; 〔壁など〕を水性塗料で塗る.

dis·tém·pered 形 〖雅〗狂気の.

dis·tend /disténd/ 動 〖章〗他 (内圧で)〔胃, 腸, 血管など〕を膨らませる, 膨張させる. ── 自 膨らむ, 膨張する. ▷ **~·ed** /-əd/ 形

dis·ten·si·ble /disténsəb(ə)l/ 形 膨張性のある.

dis·ten·sion, -tion 〖主に米〗 /distén∫(ə)n/ 名 U 〖章〗膨張.

†**dis·til** /distíl/ 動 (~s|-ll-) 〖英〗 =distill.

†**dis·till** /distíl/ 動 〖米〗 他 **1** (**a**) を蒸留する; 〔ウイスキー, 香水など〕を蒸留して作る 〈*from* ..から〉; VOA (~ X *into* ..) X を蒸留して..を作る; (参考 「醸造する」は brew). *~ed* water 蒸留水. ~ sea water *into* fresh water (=~ fresh water *from* sea water) 海水を蒸留して真水にする. (**b**) VOA (~/X/*off, out*) 蒸留して X (不純物など)を取り除く. **2** をしたたらせる. The cold *~ed* a dew over the fields. 冷えたので野原一面に露が降りた. **3** を抜粋する, 抽出する, 〈*from* ..から〉; VOA (~ X *into* ..) X を..にする, 要約する. ~ a moral *from* a story 物語から教訓を引き出す. ── 自 **1** 蒸留される. **2** したたり落ちる. [<ラテン語「しずく (*stilla*) を落とす」]

dis·til·late /dístələt, -lèit/ 名 UC 蒸留物[液]; 真髄, エッセンス.

dis·til·la·tion /dìstəléi∫(ə)n/ 名 **1** U 蒸留; 蒸留法. **2** UC 蒸留物[液]; 粋(すい), エッセンス, 精髄.

dis·till·er 名 C 蒸留酒製造業者[会社]; 蒸留器.

‡**dis·till·er·y** /distíləri/ 名 (複 **-er·ies**) C (ウイスキーなどの)蒸留酒製造場 (参考 醸造所は brewery).

‡**dis·tinct** /distíŋ(k)t/ 形 e, m 【区別のはっきりした】 **1** 別個の, 全く違う, 〈*from* ..とは〉(類語 「紛れようもないほど明確に区別される」という意味; →different). German and Dutch are two ~ languages. ドイツ語とオランダ語は別個の言語である. Reading a book is quite ~ *from* glancing at it. 本を読むのと眺めるのとでは全く違う. **2** 明瞭(りょう)な, 鮮明な; 歴然とした; (類語 輪郭の明確さ, 他の物との相違が際立っているということに重点がある; →clear 3). a ~ outline はっきりした輪郭. speak English with a ~ French accent 紛れもないフランス語なまりで英語を話す. have a ~ advantage 明らかに有利である[利点がある]. **3** 注目すべき, 比類のない; 卓越した. a ~ honor 類(たぐい)なき名誉. ◇↔indistinct 動 distinguish

as distinct from .. ..とは違った[て]. the study of language *as* ~ *from* literature 文学と区別されたものとしての言語の研究.

[<ラテン語 ('distinguish' の過去分詞)]

‡**dis·tinc·tion** /distíŋ(k)∫(ə)n/ 名 (複 **~s** /-z/)

【区別】 **1** UC 区別, 差別, (類語 difference は物と物との具体的な違い, distinction はその違いの認識を言う). draw [make] a ~ *between* knowledge and wisdom 知識と知恵を区別する. make [draw] no ~ *between* good and evil 善悪のけじめをつけない. without ~ of sex 性別を考慮せずに.

> 連結 a clear-cut [a sharp; a delicate, a fine, a minute, a nice; a trifling; a dubious] ~ // grasp [blur] a ~

2 UC **差異**, 相違(点), (difference); (区別となる)特質. a fine ~ 微細な区別. What is the ~ *between* hares and rabbits? 野ウサギと家ウサギの違いはどこか. have the ~ of being the oldest church in the state 州で最も古い教会という特質がある.

【他から抜きん出ていること】 **3** U **優秀性**, 卓越; **高貴**, (風姿の)上品さ; 著名. He has an air of ~ about him. 彼にはどことなく気品がある. a scholar of (great) ~ (大変)優れた学者. a man of literary ~ 文学者として高名な[卓越した]人. achieve ~ as a statesman 政治家として頭角を現す[名声を得る]. He plays cricket without ~. 彼はクリケットをやるが余りうまくない.

4 C (叙勲などの)栄誉のしるし. Many *~s* were conferred upon him for his work. その業績に対して数々の賞が彼に授けられた. **5** C 〈単数形で〉栄誉 〈*of* ..という〉. have the ~ *of* graduat*ing* first in one's class 名誉なことに主席で卒業する. enjoy the dubious ~ *of* .. というありがたくない名誉をちょうだいする.

◇動 distinguish 形 distinct, distinctive

a distinction without a difference (両者の間に)違いはないのにわざわざ区別すること, 無用[名目上]の区別だて.

with distinction (1) 栄誉をもって. receive a person *with* great ~ 人を大歓迎する. (2) 手柄を立てて; 立派な成績で. graduate *with* ~ 優秀な成績で卒業する. (3) 見事に; 品よく. She dresses *with* ~. 彼女は着こなしが見事だ. [distinct, -ion]

***dis·tinc·tive** /distíŋ(k)tiv/ 形 m (他との)**違いを示す**(ような), 弁別的[示差的]な; 特徴を示す 〈*of* ..の〉; 独特な. What is ~ about your missing dog? あなたのいなくなった犬の特徴は何ですか. ~ features 弁別[示差]的特徴. Black and white stripes are ~ *of* zebras. 黒白のしま模様はシマウマの特徴である.

▷ **~·ly** 副 **~·ness** 名

***dis·tinct·ly** /distíŋ(k)tli/ 副 m **1 明瞭**(りょう)に, 明確に. pronounce ~ 明瞭に発音する. He is ~ of Latin origin. 彼は紛れもなくラテン系である. **2** 〈文飾節〉紛れもなく, 疑いなく. **3** 〖話〗本当に, 実に.

dis·tínct·ness 名 U はっきり異なっていること; 明瞭(りょう)さ, 明確さ.

‡**dis·tin·guish** /distíŋgwi∫/ 動 (~·es /-əz/|過 過分 ~ed /-t/|~·ing) 他 【区別をつける】 **1** を**区別する**; を識別する; 〈*from* ..から〉(類語 知性, 判断力で対象間の紛らわしさを区別するという意味; →discriminate). Many Europeans find it hard to ~ the Japanese *from* the Chinese. 多くのヨーロッパ人は日本人と中国人を見分けるのがむずかしい. parental love as *~ed from* general human affection 一般の人間の愛情と区別されたものとしての親の愛.

2 〈普通 can を伴って〉が**はっきり見える**[聞こえる]〈進行形不可〉. She could not ~ her father in the crowd. 彼女は父を群衆の中で見つけ出すことができなかった. **3** の**区別になる**, を特徴づける, 〈進行形不可〉. the industriousness that *~es* the people その国民の特徴である勤勉さ. A long tail *~es* monkeys *from* apes. 長い尾(の有ること)がサルを類人猿から区別する.

4 を目立たせる; を有名にする.

── 自 VA (~ *between* ..) ..の間の区別をする, 識別をする. The dog cannot ~ *between* colors. 犬は色の区別がつかない. ~ *between* right and wrong 善悪の区別をする. a *~ing* feature [mark] 顕著な特色[特徴].

◇名 distinction

distínguish onesèlf 名をあげる. ~ one*self* in chemical research [as a scholar] 化学上の研究で[学者として]名をあげる.

[<ラテン語「突いて分ける」(< dis-+*stinguere* 'prick')]

dis·tín·guish·a·ble 形 区別できる, 見分けがつく, 〈*from* ..と〉, (↔indistinguishable). Your dog is not ~ *from* mine at a glance. 君の犬はひと目見ただけ

D

では私のと見分けがつかない. ▷**-bly** 副

***dis·tin·guished** /distíŋgwiʃt/ 形 m **1** (他に抜きん出て)**優れた, 有名な**, 〈*for, by, in* ..で/*as* ..として〉(類語 有名さより際立って優れていることに重点がある; →famous; ↔undistinguished). a writer ～ *for* his wit 機知で知られた作家. **2** 優れた, 抜群の. ～ services 抜群の働き[殊勲]. **3** 高貴な, 上品な, 品のいい. a woman with a ～ air 上品な雰囲気を持った女性.

D

***dis·tort** /distɔ́:rt/ 動 (～s /-ts/|過 過分 ～·ed /-əd/|～·ing) 他 **1** をゆがめる, ねじる;〔音, 画像など〕をひずませる. a face ～*ed* by [with] anger 怒りでゆがんだ顔. His mind is ～*ed* by ill-treatment. 彼の心は虐待されてねじくれている. A curved mirror ～*s* your image. 反った鏡は姿をゆがめる. **2**〔事実など〕を曲げる, 歪(わい)曲する. ～ historical facts 歴史上の事実を曲げ(て記述す)る. The news reporter deliberately ～*ed* my argument. その新聞記者は私の論旨を故意に曲げて報道した. [＜ラテン語「ねじ曲げる」(＜dis-＋*torquēre* 'twist')] ▷**～·ed** 形 ゆがんだ, ひずんだ〔音など〕. a ～*ed* view (of ..) (..についての)偏見.

‡**dis·tór·tion** 名 **1** U ゆがめる[ねじる]こと; C ゆがんだ[ねじれた]もの. **2** U (事実などを)曲げること, 曲げて伝えること; C ゆがめられた話. **3** C (音, 画像などの)ひずみ.

***dis·tract** /distrǽkt/ 動 (～s /-ts/|過 過分 ～·ed /-əd/|～·ing) 他 **1**〔心, 注意など〕を**そらす**, 紛らす, 〈*from* ..から〉(↔attract). Don't ～ me when I'm trying to work! 勉強しようとしている時に気をそらさないでくれ. Reading ～*s* the mind *from* grief. 読書は悲しみを紛らす. **2** を動転させる, 取り乱させる; の気を狂わせる;〈普通, 受け身で〉. She was ～*ed by* grief [*with* worry]. 彼女は悲しみに[心配で]心を取り乱した. [＜ラテン語「引き離す」(＜dis-＋*trahere* 'draw')]

‡**dis·tráct·ed** /-əd/ 形 取り乱した, 気が狂ったような〈*with* ..で〉. a ～ look 取り乱した顔つき. drive a person ～ 人を狂わんばかりにする. ▷**～·ly** 副 取り乱して, 狂気のように. 「▷**～·ly** 副

dis·tráct·ing 形 人の気を散らす[そらす]; 心を乱す.↑

†**dis·trác·tion** 名 **1** U 気を散らすこと; 気の散ること; C 気を散らすもの, 注意[集中]をそらすもの, 〈*from* ..から〉. a quiet place free of ～*s* 気を散らすものがない静かな場所. **2** U 精神錯乱, 狂気. **3** UC 気晴らし, 娯楽. A large city has many kinds of ～*s*. 大都市には多くの種類の娯楽がある. need ～ 気晴らしが必要である.

to distráction 気が狂ったように; 異常なほど. The woman loves her child *to* ～. その女性は我が子を異常なほどかわいがる. My son's follies often drive me *to* ～. 息子の愚行には頭が変になることがよくある.

dis·trác·tor 名 C 人の気をそらす物[人]; (多項選択方式の設問の)誤選択肢.

dis·train /distréin/ 動〖法〗他 を差し押さえる.
── 自 差し押さえる〈*upon* ..を〉.

dis·traint /distréint/ 名 U〖法〗動産の差し押さえ.

dis·trait /distréi/ 形 (心配などのために気を取られて)上の空の, ぼんやりした. [フランス語 'distracted']

‡**dis·traught** /distrɔ́:t/ 形〖章〗心を取り乱した, 狂わんばかりの, 〈*with, at* ..で〉.

***dis·tress** /distrés/ 名 **1** U **苦痛, 心痛, 苦悩**. The news caused him much ～. そのニュースを聞いて彼は大変心を痛めた. The patient showed signs of ～. 患者は苦痛の色を見せた. To our ～, the patient's condition has not improved. 心配なことに, 患者の病状は好転していない. be in (great) ～ (大変)苦しんでいる.

連結 great [acute; deep; minor] ～ // suffer [ease, relieve] ～

2 aU 悩み[頭痛]の種 〈*to* ..にとっての〉. Tom is a ～ *to* his mother. トムは彼の母の悩みの種だ.

3 U 貧苦, 困窮; (船, 飛行機などの)遭難. be *in* ～ for money 金に困っている. a ship *in* ～ 遭難した船.

── 動 (～·es /-əz/|過 過分 ～ed /-t/|～·ing) 他 **1** の**心を痛ませる**, を悲しませる,〈しばしば受け身で〉. He was deeply ～*ed* ⌞*at* my failure [to hear that I had failed]. 私の失敗に彼は深く心を痛めた. **2** を困らせる, 苦しめる. After the bankruptcy poverty ～*ed* him. 倒産後貧乏が彼を苦しめた.

distréss onesèlf 心を痛める. Don't ～ your*self* about the result. その結果のことでくよくよするな.

[＜ラテン語「引き離す, 拷問する」(＜dis-＋*stringere* 'strain'); district と同源]

dis·tréssed /-t/ 形 **1** 苦悩している. deeply ～ 大変心を痛めている. **2** 困窮している, 零落した; 不況の. the ～ 困窮している人々. **3** 年代物に見せた[家具など].

distrèssed área 名 C **1**〖米〗(自然災害の)被災地域. **2**〖英〗不況地域《失業者が多い》.

dis·tress·ful /distrésf(ə)l/ 形 ＝distressing. ▷**～·ly** 副

dis·tréss·ing 形 苦悩を与える(ような), 悲惨な, 痛ましい. ～ news 痛ましい知らせ. ▷**～·ly** 副

distréss sàle 名 C (換金のための)出血投げ売り.

distréss sìgnal 名 C〖海〗遭難信号《SOS など》.

dis·trib·u·tar·y /distríbjətèri|-t(ə)ri/ 名 (複 **-tar·ies**) C (本流から分かれる)支流 (★本流に合流する支流は tributary).

‡**dis·trib·ute** /distríbju:t/ 動 (～s /-ts/|過 過分 **-ut·ed** /-əd/|**-ut·ing**) 他 **1 (a)** を**分配する**, 配給する; を**配送する**; を**配布する**;〈*to, among* ..に〉; 分散させる. ～ money and food *to* the poor 貧しい人々にお金と食べ物を配る. ～ the test papers *to* the students 答案を学生に配る. ～ taxes equitably *among* the various groups さまざまな企業グループに税を公平に配分する. **(b)**〔商品〕を供給する, 流通させる.
2 を散布する, ふりかける, 〈*over* ..に〉;〔動植物など〕を分布させる. Seeds were evenly ～*d over* the field. 種はむらなく畑に播(ま)かれた. a widely ～*d* species of moss 広く分布している種類の苔(こけ). **3** を区分する, 分類する, 〈*into* ..に〉. [＜ラテン語「分配する」(＜dis-＋*tribuere* 'give, assign')]

***dis·tri·bu·tion** /dìstrəbjú:ʃ(ə)n/ 名 (複 ～s /-z/) **1** UC **分配**, 配給; **配送**; (新聞などの)配達, 配布; C 配給品, 支給品. the ～ of food and clothes to the disaster areas 被災地域への食物と衣類の配布. **2** U 散布; 配置. **3** U〖経〗(富の)分配; (商品の)流通; aU (株の)配当. the even [fair, equitable] ～ of wealth 富の公平な分配. the ～ system [network] 流通機構[販売網]. a ～ channel 流通[配給]経路. **4** aU (生物, 言語などの)**分布**;〖統計〗分布. population ～ 人口分布. Snakes have a wide ～. ヘビは(世界に)広く分布している. a normal ～ 正常分布. ▷**～·al** /-(ə)nəl/ 形 分配の, 配送の; 分布の.

dis·trib·u·tive /distríbjətiv/ 形〈限定〉**1** 分配の; 配送の; (商品の)流通の. ～ trades 流通運送業. **2**〖文法〗配分的な(意味を表す)《once *a* week の *a* などの働きを指す》. a ～ numeral 配分数詞《each, every, either など》. ▷**～·ly** 副

‡**dis·trib·u·tor** /distríbjətər/ 名 C **1** 配布者, 配達人, 配送人. **2**〖経〗配送業者, 卸し売り業者, (→dealer). **3**〖機〗(エンジンの)配電器.

***dis·trict** /dístrikt/ 名 (複 ～s /-ts/) C **1** (ある特徴・働きを持った)**地方**, 地域, ..街, (類語 普通 region よりは狭い, 主に国, 町などの行政上の境界による地域を言う; →area). the shopping ～ of a town 町の商店街. agricultural [residential] ～*s* 農業地帯[住宅地区].

連結 a fashionable [a middle-class; a working-

class; a poor; a rough; a run-down, a squalid; a remote; a business; a financial; a residential; a red-light; a rural; an urban] ～

2 〈the ～〉＝District of Columbia. **3** (地勢上, 又やや漫然と)**地方**. the Kanto ～ 関東地方.
4 (行政上, 司法上などの目的で区分した)地区, ..区; 〘英〙(county を分けた)郡. a judicial ～〘米〙裁判区《全国を約 90 の区に分割したもの》. a police ～ 警察管区. a school ～ 学区. a congressional ～〘米〙下院議員選挙区. a postal ～ 郵便区.
── 動 他 〘米〙を地区に分ける.
[＜ラテン語「引き離された(地域)」; distress と同源]

dìstrict attórney 名 C 〘米〙 **1** 地区(首席)検事《大統領より各 judicial district に 1 人ずつ任命される, その区の検察活動の責任者; 略 DA》. **2** (州の)地区(首席)検事《選挙制の州が多い; 略 DA》.

dìstrict cóuncil 名 C 〘英〙郡議会.

dìstrict cóurt 名 C 〘米〙地方裁判所《最下級の連邦裁判所; 全国に約 90 ある》. 「問看護婦.

dìstrict núrse 名 C 〘英〙(地方自治体の)家庭訪↑

Dìstrict of Colúmbia 名 〈the ～〉コロンビア特別地区《米国の議会直轄地で, この土地が首都 Washington でもある; 略 DC》.

dìstrict vísitor 名 C 〘英〙訪問看護者《教会に所属し病人家庭を世話する》.

†**dis·trust** /distrʌ́st/ 名 aU 信用しないこと 〈*of* ..を〉; 不信, 疑惑. The people have a ～ *of* the Government's tax policies. 国民は政府の税金政策に不信を抱いている. deepen ～ in.. ..への不信を深める. ── 動 他 を信用しない; を疑う; (類語 mistrust より不信の程度が強い). ～ one's own eyes (信じられなくて)我が目を疑う.

dis·trust·ful /distrʌ́stf(ə)l/ 形 信用しない, 疑う, 〈*of* ..を〉. ▷ **～·ly** 副 **～·ness** 名

‡**dis·turb** /distə́ːrb/ 動 (**～s** /-z/|過 過分 **～ed** /-d/|**～·ing**) 他 **【正常な状態を混乱させる】** **1** 〔静かな状態〕を**乱す**, 〔仕事中などの人〕を妨害する, じゃまする. ～ the peace 治安を乱す. The child ～*ed* its mother *at* her kitchen work. 子供は母親の台所仕事をじゃました. Sorry to ～ you, but can I have a word with you? じゃまをしてすまないが, ちょっと話したいことがあるのだが. Don't ～ yourself. どうぞそのまま(私に構わずに仕事などを続けてください).
2 〔心, 信念など〕を動揺させる; を不安にする, 心配させる. →disturbed. **3** 〔整頓(え)してあるものなど〕を乱雑にする, 動かす; 〔静かな水面など〕をかき乱す. Who's been ～*ing* the papers on the desk? 机の上の書類をかき回したのはだれだ.
── 自 (安静, 睡眠, 仕事などを)妨げる, 妨害する. a 'Do Not *Disturb*' sign (ホテルの部屋の入り口に下げる)「起こさないでください」という札.
[＜ラテン語「混乱させる」(＜dis- (強意)＋*turbāre* 'confuse')]

*__dis·turb·ance__ /distə́ːrb(ə)ns/ 名 (**-anc·es** /-əz/) **1** UC **騒ぎ**, 暴動, (社会的な)騒乱; 妨害; 迷惑; (正常な進行の)乱れ. cause [raise] a ～ 騒動を起こす. apologize for the ～ one made 起こした騒ぎをわびる. be arrested for ～ of the peace 治安妨害で逮捕される.
2 UC (心の)騒ぎ, 不安; C 心配の種. **3** UC 〘医〙(身体, 神経などの)障害. (a) digestive ～ 胃腸障害.

†**dis·túrbed** 形 **1** かき乱された; 動揺した. **2** 騒然たる. She was ～ to hear the news. その知らせを聞いて彼女の心は動揺した. **3** 精神障害のある. be mentally ～ 精神的に障害がある. the ～ 精神障害者たち.

†**dis·túrb·ing** 形 不安にさせる, 気になる; 不穏な. a ～ report 心配な報告.

di·sul·fide 〘米〙, **-phide** 〘英〙 /daisʌ́lfaid/ 名 C 〘化〙二硫化物. 「統一. **3** 不和.

dis·un·ion /disjúːnjən/ 名 U **1** 分裂, 分離. **2** 不↑

dis·u·nite /dìsjuːnáit/ 動 他 を分裂[分離]させる.
── 自 分裂[分離]する. ▷ **dis·u·nit·ed** /-əd/ 形

dis·u·ni·ty /disjúːnəti/ 名 ＝disunion.

†**dis·use** /disjúːz/ 動 他 の使用をやめる, を廃止する.
── /disjúːs/ 名 U 使用をやめる[使用されなくなる]こと, 不使用, 廃止. fall into ～ 使用されなくなる.

‡**dis·used** /dìsjúːzd ㊞/ 形 もはや使われていない, 廃止された; 廃れた. a ～ warehouse 使われていない倉庫.

di·syl·lab·ic /dàisilǽbik, dì- ㊞/ 形 2 音節の.

di·syl·la·ble /daisíləb(ə)l, disíl-/ 名 C 2 音節語.

*__ditch__ /ditʃ/ 名 (複 **dítch·es** /-əz/) C **溝**, どぶ, 堀, 《排水などのための》; (天然の)水路. →last ditch.
dìe in a dítch のたれ死にする.
── 動 他 **1** に溝[堀]を掘る; を溝[堀]で囲む. **2** 〘話〙〔不用になった物など〕を捨てる; 〔不用の人など〕をやめさせる, '切る'; 〔窮地にある友人など〕を見捨てる, 〔恋人など〕を捨てる, 捨てて逃げる; 〔車など〕を乗り捨てる. **3** 〔車など〕を溝へ落とす; 〘米〙〔列車など〕を脱線させる (derail). **4** 〔飛行機〕を水上に不時着させる. ── 自 〔飛行機が〕水上に不時着する. [＜古期英語; dike[1] と同源]

dítch·wàter 名 U 溝のたまり水.
(as) dùll as dítchwater →dull.

dith·er /díðər/ 名 〘話〙〈a ～; 〘主に英〙the ～s〉(心の)動揺, 迷い, うろたえ. be ⌞all of [in] a ～＝〘主に英〙have the ～*s* おろおろしている, ためらう. ── 動 自 〘話〙(決断できず)おろおろする 〈*about* ..について〉; ぐらぐら迷う 〈*between* ..の間で〉. 「(動詞).

dì·tránsitive /dài-/ 形, 名 C 2 つの目的語を取る↑

dit·to /dítou/ 名 (複 **～s**) **1** U 同上, 同前, (the same) (参考 同一語句の省略に用いる; 略 do; 表などでは **dítto màrk** 《〃》で表す). **2** C 写し, コピー.
sày dítto to .. 〘戯〙(賛成, 同意を表して) 〔人〕に「右に同じ」と言う.
── 副 同様に. One shirt at £3; ～ at £3.50. シャツ 1 枚 3 ポンドで; 同じく(もう 1 枚) 3 ポンド半で(買うなど). Miss Brown is absent—～ Miss Smith. ブラウンさんは欠勤—同じくスミスさん. "I'm sick of him." "*Ditto*." 「彼にはうんざりだ」「私も(同じ)です」
── 動 他, 自 (を)コピーする; (〔人〕と)同じことを(反復して)言う[する]; 同意する.
[イタリア語 'said' (過去分詞)]

dit·ty /díti/ 名 (複 **-ties**) C 小(歌)曲.

ditz /dits/ 名 C 〘米話〙ばか, 無責任男.

di·u·ret·ic /dàijurétik/ 形 〔薬が〕利尿の, 排尿促進の. ── 名 UC 利尿剤.

di·ur·nal /daiə́ːrn(ə)l/ 形 〘章〙 **1** 毎日の (daily); 一日(中)の; 〘天〙日周の. the ～ variation of temperature 気温の日変化《1 日の間での変化》. **2** 昼間の, 日中の; 〔花が〕昼間開く; 〔動物が〕昼行性の; (↔nocturnal). [＜後期ラテン語; journal と同源] ▷ **～·ly** 副

div. divide(d); dividend; divine; division.

di·va /díːvə/ 名 C (オペラの)プリマドンナ, 主役女性歌手. [ラテン語 '女神']

di·van /divǽn, dáivæn|divǽn/ 名 C **1** 長いす, ソファー, 《普通, 壁際に置き, 背もたれ, ひじ掛けはない》; ＝divan bed. **2** 〘史〙〈しばしば D-〉(トルコなどの)国政会議(室). [＜ペルシア語]

divàn béd 名 C (divan 1 に似た)ソファーベッド.

‡**dive** /daiv/ 動 (**～s** /-z/|過 **～d** /-d/, 〘米〙 **dove** /douv/ |過分 **～d**|**dív·ing**) 自 **1** (頭から水中へ)**飛び込む** 〈*into* ..へ/*off, from* ..から〉; 〔潜水夫, 潜水艦が〕潜る, 潜水する; VA (**～ *for* ..**) ..を取りに潜る. ～ in 飛び込む. ～ *off* the bridge *into* the river 橋から川に飛び込む. ～ *for* pearls 真珠を採りに潜る.

2 (**a**) 🅅🄰 (逃げ隠れするために) 突進する, 駆け込む, 〈*into* ..に〉; (急に)姿を消す. The fox ～*d into* its hole. キツネは穴に逃げ込んだ. (**b**) 🅅🄰 飛び込む, 突進する, 〈*after* ..をめがけて/*into* ..〔建物など〕に/*toward* ..の方へ〉. ～ in (建物などに)飛び込む. ～ *out* 飛び出す. ～ *after* a ball ボールめがけて飛び込む.

3 🅅🄰 (～ ***into***..)〔ポケット, バッグなど〕に手を突っ込む. ～ *into* one's pocket for some change 小銭を取り出そうと手をポケットに突っ込む.

D

4 🅅🄰 (～ ***into***..) ..に没頭する, 専念する. He ～*d into* his new work with enthusiasm. 彼は新しい仕事に熱心に打ち込んだ.

5〔飛行機・鳥が〕急降下する. The hawk ～*d* steeply and caught its prey. タカは急降下して獲物を捕えた.

dive ín (1) →自 1, 2(b). (2) もりもり食べ始める; 精力的に(事に)取りかかる. *Dive in!* さあ食べて下さい.

── 名 Ⓒ **1** 飛び込むこと 〈*into* ..へ〉; 飛び込み, ダイヴィング; 潜水; 突進; 〖空〗急降下. make a ～ for a ball ボールめがけて飛び込む[突進する]. make a quick ～ *into* ..へ素早く飛び込む[逃げ込む]. **2**〖話〗(特に地階の)いかがわしいたまり場[酒場, 博打(ばくち)場].

tàke a díve (1)〖俗〗(ボクシングで相手[レフリー]をだますために)倒れたふりをする, (特にボクシングの八百長試合で)わざと(ノックアウトされて)負ける. (2)〔株価などが〕急落する, 〔業績などが〕落ち込む.

[<古期英語; deep, dip と同根]

díve·bòmb 動 他, 自 (を)急降下爆撃する. ▷～**·er** 名 Ⓒ 急降下爆撃機.

†**div·er** /dáivər/ 名 Ⓒ 飛び込む人; 〖水泳〗ダイヴィング選手; 潜る人, 潜水夫[業者], 海女(あま); 水に潜って餌(えさ)を捕る鳥《loon など》.

†**di·verge** /dəvə́ːrdʒ, dai-/ 動 自 **1**〔線, 道路などが〕分かれる, 分岐する **2** 🅅🄰 (～ ***from***..)〔本題, 常態など〕からそれる, 脱線する; 逸脱する. ～ *from* the main topic 本題から外れる. ～ *from* the beaten track 常道を外れる. **3**〔意見などが〕分かれる, 異なる, 〈*from* ..と〉. **4**〖数〗発散する. ◇↔converge [<中世ラテン語(<ラテン語 dis-＋*vergere* 'bend, turn')]

di·ver·gence, -gen·cy /dəvə́ːrdʒ(ə)ns, dai-/, /-dʒənsi/ 名 (複 **-gen·ces, -cies**) **1** ⓊⒸ (道路などの)分岐; 逸脱 〈*from* ..〔常態〕からの〉. **2** ⓊⒸ 相違 〈*between, of* ..〔意見など〕の〉. **3** Ⓤ 〖数〗発散.

†**di·ver·gent** /dəvə́ːrdʒ(ə)nt, dai-/ 形 **1**〔道路などが〕分岐する(↔convergent). **2** 相いれない, 異なる, 〈*from* ..と〉; 種々の. **3**〖数〗発散の. ▷～**·ly** 副

divèrging léns 名 Ⓒ 〖光学〗発散レンズ《凹レンズ》.

di·vers /dáivərz/ 形 〈限定〉〖古・戯〗いくつかの(違った). There are ～ ways of bribing. 賄賂(わいろ)にもいろいろやり方がある.

***di·verse** /dəvə́ːrs, dáivəːrs/ 形 ⓜ **1 種々の**, さまざまな, いろいろな, 多様な. people of ～ backgrounds 多様な背景を持った人たち. Responses were ～. 反響はさまざまであった. **2** 異なった, 違う, 〈*from* ..とは〉. a sense ～ *from* the original meaning もとの意味とは違った意味. ◇名 diversity [<ラテン語 ('divert' の過去分詞)] ▷～**·ly** 副 さまざまに.

di·ver·si·fi·ca·tion /dəvə̀ːrsəfəkéiʃ(ə)n, dai-/ 名 **1** Ⓤ 多様化, 雑多(の状態). **2** ⓊⒸ 変化, 多角経営.

†**di·ver·si·fy** /dəvə́ːrsəfài, dai-/ 動 (**-fies**|過 過分 **-fied**|～**·ing**) 他 を多様化する; に種々の変化をつける. ～ business 経営を多角化する.

── 自 多様[多角]化する 〈*into* ..に, へと〉. Our firm will ～ *into* the software market. 我が社はソフトウェア市場への多角化を図る予定だ.

†**di·ver·sion** /dəvə́ːrʒ(ə)n, -ʃ(ə)n, dai-|-ʃ(ə)n/ 名 ⓊⒸ **1** (わきへ)そらすこと, (方向)転換; (資金の)流用, 転用, 転換. the ～ of a stream 水路の変更. the ～ of funds away from military spending 軍事費からの資金の流用. **2** (注意などを)そらすこと[もの]; 〖軍〗牽(けん)制行動. cry out and create a ～ 叫び声を上げて人の注意をそらす. **3** 気晴らし(になるもの), 娯楽. You need some ～. 君は気晴らしが必要だ. **4** (交通の)迂(う)回 (detour). ◇動 divert

di·ver·sion·ar·y /dəvə́ːrʒ(ə)nèri, dai-|-ʃ(ə)nəri/ 形 〖軍〗牽(けん)制の; 注意, 関心などをそらせる.

***di·ver·si·ty** /dəvə́ːrsəti, dai-/ 名 (複 **-ties** /-z/) Ⓤ **相違**; 多様(性), 種々, (variety); Ⓒ 相違点; Ⓒ 〈普通, 単数形で〉 多様, 雑多, さまざま. the cultural ～ of America アメリカの文化の多様性. a ～ of opinions 雑多な意見. [diverse, -ity]

***di·vert** /dəvə́ːrt, dai-/ 動 (～**s** /-ts/|過 過分 ～**·ed** /-əd/|～**·ing**) 他 【方向を変える】 **1**〔水路など〕**をそらす**, の向きを変える; 〔交通〕を迂(う)回させる; 〔資金など〕を流用[転用]する; 〈*from* ..から/*to, into* ..に〉. The course of the river has been ～*ed* by the flood. 洪水のため川の流れが変わった. be ～*ed from* one's plans 計画の変更を余儀なくされる. ～ traffic 交通を迂回させる. **2**〔注意, 批判など〕を(わきへ)そらす 〈*from* ..から〉. My attention [I] was ～*ed from* work by the noise. その騒ぎのために私の注意が仕事からそれた.

3〔電話など〕を回す 〈*to* ..へ〉.

4【心の方向を変える】 **の気を晴らす**, を楽しませる, (類語 気晴らしに重点がある; →amuse). ～ oneself *with* (playing) golf 気晴らしにゴルフを楽しむ.

── 自 進路を転じる 〈*from* ..から/*to* ..へ〉.

◇名 diversion [<ラテン語「わきへ向ける」(<dis-＋*vertere* 'turn')]

di·ver·ti·men·to /divə̀ːrtəméntou/ 名 (複 **di·ver·ti·men·ti** /-tiː/, ～s) Ⓒ 〖楽〗ディヴェルティメント, 喜遊曲. [イタリア語 'diversion']

‡**di·vért·ing** 形 気晴らしになる; おもしろい, 楽しい, (amusing). ▷～**·ly** 副

di·ver·tisse·ment /divə́ːrtəsmənt/ 名 Ⓒ **1** (芝居, オペラなどの)幕間(まくあい)の短いバレエなど. **2** 娯楽, 気晴らし. [フランス語 'diversion']

Di·ves /dáiviːz/ 名 Ⓒ (大)金持ち《聖書から》.

di·vest /daivést, də-/ 動 他 〖章〗 **1** 🅅🄾🄰 (～ X ***of***..) ..を X からはぎ取る; 〖旧・戯〗 X の〔着物など〕を脱がせる. The robbers ～*ed* the traveler *of* his clothes. 強盗たちは旅人を身ぐるみはいだ. **2** 🅅🄾🄰 (～ X ***of***..) X から〔地位, 権利, 栄誉など〕を剝(は)奪する, 奪う. The officer was ～*ed of* his rank. その将校は地位を剝奪された.

3〔子会社, 株など〕を売却する; 〔投資など〕をやめる.

divést onesèlf of.. (1) ..を脱ぐ, 外す; 〔手にしたバッグなど〕を下に置く. (2) ..を捨てる, 放棄する, 手放す. ～ *oneself of* pride 自尊心を捨てる.

[<ラテン語(<dis-＋*vestire* 'clothe')]

divést·ment 名 〖米〗＝disinvestment.

‡**di·vide** /dəváid/ 動 (～**s** /-dz/|過 過分 **-vid·ed** /-əd/|**-vid·ing**) 他 **1** (**a**) **を分割する** 〈*up*〉〈*in, into* ..に〉 (類語 普通, 一体となっているものを分割する場合に用いるが, その結果生じた部分に重点があり, 時にその部分間の対立, 抗争を暗示する; →separate). A wall used to ～ Berlin *into* two sections. 以前は壁がベルリンを二分していた. ～ a cake *in* half [two] ケーキを半分[2 つ]に分ける (★この場合は in half, in two 慣用). (**b**) (領土として)を分割する. ～ Poland ポーランドを分割する.

2 (**a**) 🅅🄾🄰 (～ X ***from***..) (地理的に) **..から X を分ける**. A narrow strait ～*s* Britain *from* the Continent. 狭い海峡が英国を大陸から隔てている. (**b**) 🅅🄾🄰 (～ X ***from***..) ..から X を(引き)離す, 隔離する. ～ a mother *from* her baby 母親を子供から引き離す. **3** を分類する, 類別する. ～ books according to subject matter 本

を内容別に分類する.
4 を**分配する**, 分ける, 〈*up*, *out*/*between*, *among* ..〔複数の人, 物〕の間で〉; を分け合う〈with ..と〉;〔時間など〕を配分する, 割り当てる. ~ profits *among* shareholders 株主間で利益を分ける. ~ one's time *between* ⌞study and play [New York and Tokyo] 仕事と遊びに時間を振り分ける[ニューヨークで過ごしたり東京で過ごしたりする]. The robbers ~*d up* the money *among* themselves. 強盗たちは金を山分けした. She ~*d* the cake *with* her sister. 彼女は妹とそのケーキを分け合った. **5**〔..の意見など〕を**分裂させる**〈*over*, *on*, *about* ..のことで〉; を仲たがいさせる;〔心〕を迷わせる. The committee is ~*d* in opinion. 委員会は意見が分かれている. We are ~*d on* the issue. その問題で私たちは意見が分かれている.
6〖数〗VOA (~ X ***by*..**) X を..で割る; (~ X ***into*..**) ..を X で割る; (↔multiply). ~ 16 *by* 4 = ~ 4 *into* 16 16 を 4 で割る. 6 ~*d by* 2 is [equals] 3. 6 割る 2 は 3. 2 ~*s* 6. 6 は 2 で割り切れる. ~ a bill of £30. 35 five ways 30 ポンド 35 ペンスの勘定を 5 等分する.
7〔定規など〕に目盛りをつける.
—— 自 **1** 分かれる〈*into* ..に〉. ~ *into* two parts 2 つの部分に分かれる. Let's ~ up *into* three groups. 3 つのグループに分かれましょう. **2**〖数〗VA (**~ *by*..**) ..で割れる; (**~ *into*..**) ..を割り切(れ)る. 40 does not ~ *by* 7. 40 は 7 で割れない. Does 3 ~ *into* 11? 11 は 3 で割り切れるか. 2 ~*s into* 10 five times. 10 割る 2 は 5.
3 割り算をする. **4** 意見が分かれる, 対立する, 〈*on*, *over* ..に関して〉. The party ~*d on* [*over*] its platform. その党は綱領を巡って意見が分かれた. ~ equally [evenly] *for* and *against* ..を巡って賛否両論真っ二つである. **5**〖英〗〔議会などが〕採決する〈*on* ..を〉《賛否別々の場所に分かれる》. The House ~*d on* the issue. 下院はその問題の賛否を採決した.
divìde and rúle 分割統治する.
divíded against itsèlf 内部分裂した〔家, 国家, 党派など〕《聖書から》. a house ~*ed against itself* 内輪もめをしている(一)家.
divìde /../ óff 〔物などが〕を仕切る, 隔てる.
—— 名 C **1** 分割, 分裂; 不一致, '溝', 〈*between* ..の間の〉. **2**〖米〗分水嶺. →the Great Divide. **3** 境界線. ***divìde and cónquer*** [***góvernment, rúle***] 分割統治. [<ラテン語 *dīvidere*「割る, 分離する」]
di·víd·ed /-əd/ 形 **1** 分かれた, 分割された, 分離した; 分裂した. ~ succession 分割相続. ~ payment 分割払い. **2**〖植〗〔葉が〕深く裂けた.
divìded híghway 名 C〖米〗中央分離帯付き高速道路.
divíded skìrt 名 C キュロットスカート.
‡**div·i·dend** /dívədènd/ 名 C **1** (株式の)配当(金). declare a ~ 配当を発表する. **2** 分け前; 恩恵. **3**〖英〗(トトカルチョの)賞金. **4**〖数〗被除数 (↔divisor).
pày dívidends (1)〔会社が〕配当を出す. (2) 好結果を生む; (将来)役に立つ, 実を結ぶ. Work harder now, and you'll find it *pays* ~*s*. 今もっと勉強しておきなさい. いまに役に立つことが分かるから.
[<ラテン語「割られるもの」]
di·víd·er 名 C **1** 分ける人[もの]; つい立て, 間仕切り(用家具) **2**〈~s〉ディヴァイダー, 割りコンパス. a pair of ~*s* ディヴァイダー 1 丁.
divíding lìne 名 C 境界線〈*beween* ..の間の〉.
div·i·na·tion /dìvənéiʃ(ə)n/ 名 **1** U 占い. **2** C (直感による)予言; 予測.
***di·vine** /dəváin/ 形 ©(★5 は e)(-**vin·er**|-**vin·est**)
1 神の; 神性の. the ~ will 神意. ~ help [intervention] 天[神]の助け, 天祐. **2** 天与の; 天来の. ~ inspiration 天来の霊感. **3** 神にささげた; 神聖な (holy); 神々しい. ~ purity 神々しい純粋さ. a woman of ~ beauty 神々しい美しさを持った女性. **4** 神業のような; 非凡な. **5**〖旧話〗すばらしい, すてきな, (★特に女性が用いる). What ~ weather! 何てすばらしいお天気. ◇↔ human
—— 名 C **1**〖まれ〗聖職者, 牧師; 神学者. **2**〈the D-〉神.
—— 動 他 VO (~ X/***that*** 節/***wh*** 節・句) **1** (占いや直感で) X を/..ということを/..かを予言[予知]する. ~ the future from the stars 星を見て未来を占う.
2 X (真相など)を/..ということを/..かを見抜く, 言い当てる. ~ the truth 真相を見抜く. I ~*d* from his accent *that* he came from the South. 言葉の訛(なま)りで彼が南部の出身であることを見抜いた.
—— 自 **1** 占い[予言]をする. **2** 占い棒 (divining rod) で捜し求める〈*for*..〔水脈, 鉱脈など〕を〉.
◇名 divinity, divination [<ラテン語「神 (*dīvus*) の」]
Divìne Béing 名〈the ~〉神 (God).
Divìne Cómedy 名〈the ~〉『神曲』《Dante 作》.
di·víne·ly 副 神の力で;〖話〗すばらしく. You dance ~. あなたのダンスはすばらしい.
Divìne Óffice 名〈the ~〉〖カトリック〗聖務日課《司祭が日々ささげる一定形式の祈り》.
di·vín·er 名 C 占い師, 易者; 水脈[鉱脈]の探知者.
divìne ríght 名 **1**〈the ~〉王権神授(説)《the **divìne rìght of kíngs** とも言う》. **2** C〖話〗好き勝手にする権利〈*to* do ..する〉.
divìne sérvice 名 U 礼拝(式).
‡**di·ving** /dáiviŋ/ 名 U 潜水; 飛び込むこと;〖水泳〗飛び込み.
díving bèll 名 C 鐘型潜水装置《昔の水中作業用》.
díving bòard 名 C 飛び板.
díving sùit 名 C 潜水服.
divíning ròd 名 C 占い棒《水脈, 鉱脈などの探知に用いた Y 字型の棒》.
†**di·vin·i·ty** /dəvínəti/ 名 (複 **-ties**) **1** U 神性, 神格. Jesus' ~ イエスの神性. **2** C 神;〈the D-〉(キリスト教の)神 (God). **3** U 神学 (theology). a Doctor of *Divinity* 神学博士. ◇形 divine
divínity schòol 名 UC〖米〗神学校.
di·vis·i·ble /dəvízəb(ə)l/ 形 分割できる;〖数〗割り切れる〈*by* ..で〉; (↔indivisible). 21 is ~ *by* 7. 21 は 7 で割り切れる. ▷**-bly** 副
‡**di·vi·sion** /dəvíʒ(ə)n/ 名 (複 **~s** /-z/)
【**分ける[られる]こと**】**1** UC **分割**, **区分**, 〈*into* ..への/*between* ..との間の〉; **分配**. ~ of powers 権力の分立, 三権分立. the ~ of power *between* church and state 政教分離. the ~ of an hour *into* sixty minutes 1 時間を 60 分に分けること. The partners made a fair ~ of the profits. 共同出資者は利益を公平に分配した.
2 aU〖数〗割り算, 除法. do ~ 割り算をする.
3 C **(a) 部門**; (官庁, 会社などの)部, 部局, 課, (→department);〖米〗(大学の)学部. the sales ~ of a company 会社の販売部. the administrative ~ of the government 政府の行政部. the ~ of humanities and sciences 文理学部. **(b)**〈単数形で複数扱いもある〉〖軍〗(陸軍)師団 (→company 6 参考), (海軍の)分艦隊, (空軍の)航空師団. **(c)** (スポーツの)グループ, 部, クラス, 級.
4 C〖植〗門 (→classification 参考).
【**分けるもの**】**5** C 仕切り, 隔壁, 境界(線), 〈*between* ..の間の〉. A stream forms a ~ *between* his farm *and* mine. 小川が彼の農場と私のとの境界になっている.
【**分かれること**】**6** UC **分裂**; 不一致; 対立; 〈*between* ..の間の〉. a ~ of opinions 意見の不一致. cause ~ *between* good friends 親友同士を仲たがいさせる.
7 C〖英〗(議会での)採決 (→divide 自 5). force a ~

採決を強いる. ◇動 divide

di·vi·sion·al /dɪvíʒ(ə)nəl/ 形 **1** 分割[区分]上の; 部分的な; 部(門)の. **2** 〖軍〗師団の.

divísion bèll 名 C 〖英〗(議会の)採決開始のベル.

divísion lòbby 名 C 〖英〗採決ロビー《英国議会で採決の際, 賛否両派がそれぞれに分かれて集まるロビー》.

divìsion of lábor 名 UC 分業.

divísion sìgn [màrk] 名 C 割り算記号《÷》; 分数を示す斜線《/; 例: 3/4 (4 分の 3) など》.

D

‡**di·vi·sive** /dɪváisɪv/ 形 意見の不一致を起こす, 分裂的な. ▷ **~·ly** 副 **~·ness** 名

di·vi·sor /dəváizər/ 名 C 〖数〗除数 (↔dividend); 約数. the greatest common ~ 最大公約数.

‡**di·vorce** /dəvɔ́ːrs/ 名 (複 **-vorc·es** /-əz/) **1** UC 離婚, 離縁. ask [sue] for a ~ 離婚訴訟を起こす. get [obtain] a ~ *from* one's wife 妻との離婚を認められる. ~ proceedings 離婚訴訟(の手続き). the ~ rate 離婚率.

> 連結 an uncontested [a no-fault; an amicable; an acrimonious] ~ // seek [file [sue] for; grant] a ~; be granted a ~

2 C (完全な)分離, 絶縁, 〈*between* ..の間の〉. be accused of a ~ *between* word and deed 言行不一致で責められる.

── 動 (**-vorc·es** /-əz/|過 過分 **~d** /-t/|**-vorc·ing**) 他 **1** 〔配偶者〕を**離婚する**; 〔夫婦〕を**離婚させる**. get ~*d* 離婚する. She ~*d* her husband. 彼女は夫と離婚した. The court ~*d* the couple. 裁判所はその夫婦の離婚を認めた. **2** を(完全に)分離する, 絶縁させる, 〈*from* ..から〉. You cannot ~ pity and love. 哀れみと愛情とを分離することはできない. ~ oneself *from* worldly troubles 世間のいざこざから離れる. ── 自 離婚する. Mary and Tom ~*d*. メリーとトムとは離婚した.

[＜ラテン語「別離」(＜'divert' の異形)]

di·vor·cé /dəvɔ̀ːrséi/ 名 C 離婚した男性.

†**divórced** /-t/ 形 **1** 離婚した. a ~ woman 離婚した女性 (→divorcee). **2** 大変違って 〈*from* ..と〉. **3** 遊離した 〈*from* ..から〉. be ~*d* from reality 現実離れしている.

di·vor·cee, -cée /dəvɔ̀ːrséi|-síː/ 名 C 離婚した女性.

div·ot /dívət/ 名 C 〖ゴルフ〗ディヴォット, ターフ, 《打球の際削り取られた芝生》.

‡**di·vulge** /dəvʌ́ldʒ, dai-/ 動 他 〖章〗VO (~ X/*that* 節/*wh* 節) X を/..ということを/..かを漏らす, 暴露する, 明らかにする, 〈*to* ..〔人〕に〉. ~ one's sources 出所を明らかにする. ~ secrets *to* a foreign agent 機密を外国のスパイに漏らす.

di·vul·gence /dəvʌ́ldʒ(ə)ns/ 名 UC 暴露, 口外.

div·vy[1] /dívi/ 動 (**-vies**|過 過分 **-vied**|**~·ing**) 他 〖話〗VOA (~/X/*up*) を山分けする, 分配する. ── 名 (複 **-vies**) UC 分け前; 分配; 配当. [＜*div*idend, -y[3]]

div·vy[2] 名 C (複 **-vies**)〖英俗〗ばか.

Di·wa·li /diwáːli/ 名〖ヒンドゥー教〗ディワーリ《秋に行われる重要な祭》.

Dix·ie /díksi/ 名 米国南部諸州《特に南北戦争中に南部同盟に加わった州; Dixie という南軍の行進歌に由来》. ***whìstle Díxie*** (1)〖米〗ありえない空想にふける; 無駄な時間を過ごす. (2)(人の苦労をよそに)のんきなものである.

Díxie·lànd 名 **1** U デキシー(ランド) (**Dìxieland jázz**)《New Orleans で起こったジャズ音楽の一種》. **2** ＝Dixie.

DIY 名 U 〖主に英〗日曜[素人]大工《仕事》(do-it-yourself). ── 形 日曜大工の. a ~ store [shop] 日曜大工用品店.

***diz·zy** /dízi/ 形 e (**-zi·er**|**-zi·est**) **1** めまいがする, 頭がくらくらする. a ~ spell 一瞬のめまい. She felt ~. 彼女はめまいがした. **2** 〈限定〉〔高さ, 速さなどが〕目もくらむような. a ~ height [peak] 目がくらむような高い場所[頂]. the ~ heights 〖しばしば戯〗(お)えらい地位[さん]; 頂点. the ~ pace of change in urban life 都会生活の目まぐるしい変化. **3** 〈叙述〉浮き浮きして, 宙を飛ぶようで, 〈*with* ..で〉. **4** 〖話〗注意散漫な, そわそわした; ばかげた (silly); 頭は弱いが魅力的な[女].

── 動 他 (**-zies**|過 過分 **-zied**|**~·ing**) にめまいをおこさせる; の頭を混乱させる. at a ~*ing* pace 頭がくらくらするような速さで.

[＜古期英語「ばかな」] ▷ **diz·zi·ly** 副 **diz·zi·ness** 名 U めまい.

‡**DJ**[1] /díːdʒéi/ 名 (複 **DJs**) C ディスクジョッキー, ディージェイ (disc jockey), 《人》. ── 動 自 ディスクジョッキーをする.

DJ[2] 名 ＝dinner jacket.

Dja·kar·ta /dʒəkáːrtə/ 名 ジャカルタ《インドネシア共和国の首都; Jakarta ともつづる》.

Dji·bou·ti /dʒəbúːti/ 名 ジブチ **1** Aden 湾に臨むアフリカ東部の共和国; Jibouti ともつづる. **2** その首都.

djinn /dʒɪn/ 名 ＝jinn.

dl. deciliter(s).

D. Lit(t). Doctor of Letters (文学博士) (＜ラテン語:Doctor Lit(t)erarum).

DM deutsche mark.

dm decimeter(s).

DMV 〖米〗Department of Motor Vehicles (自動車管理局)《各州にあり自動車税や運転免許を扱う》.

DMZ demilitarized zone.

d—n /diːn, dæm/ →damn.

***DNA** deoxyribonucleic acid.

DNA fíngerprinting 名 ＝genetic fingerprinting.

DNA prófiling 名 U DNA 鑑定法《DNA による個人識別法; **DNA prófile** とも言う》.

Dnie·per /níːpər, dníː-/ 名 〈the ~〉ドニエプル川《ベラルーシ, ウクライナを流れ, 黒海に注ぐヨーロッパ第 3 の川》.

D-nòtice 名 C 〖英〗D 通告《機密情報の報道を禁ずる政府通告; ＜*Defence notice*》.

‡**do**[1] /du, də, 強 duː/ 助 (**does** /dəz, 強 dʌz/|過 **did** /did/) (★〖古〗としての変化形:2人称・単数・直説法・現在形 **dost**; 2人称・単数・直説法・過去形 **didst**; 3人称・単数・直説法・現在形 **doth**; not との短縮形:don't; doesn't; didn't.)

1 〈一般動詞の原形と共に用いて; 疑問文, 否定文を作る〉 "*Do* you speak Japanese?" "No, I [we] don't." 「あなた[あなたがた]は日本語を話しますか」「いいえ, 話しません」 "*Does* your father know it?" "No, he doesn't." 「おとうさんはそれを知っていますか」「いいえ, 知りません」 "*Did* Cathy go, too?" "Yes, she did." 「キャシーも行きましたか」「はい, 行きました」(★以上 3 例の答えの中の don't, doesn't, did は代動詞). I *did*n't see him yesterday. 昨日彼に会わなかった. How *did* you solve the problem? どうやってその問題を解いたのか.

> 語法 (1) 疑問詞が主語になった場合, 肯定疑問文では, (強調を表す時以外は) do を用いない: What happened? (何が起こったのか) What *did* happen? (実際何が起こったのか)《強調》. (2)〖英〗では, 疑問文, 否定文中で「所有, 状態」の意味を表す have と共には用いない; それ以外の意味の have には, 〖英〗〖米〗共に do が必要 (→have 語法): Why *did* you not [*did*n't you] have lunch? (なぜお昼を食べなかったのですか) (3) 否定疑問文では be 動詞も do をとることがある: Why *don't* you be a good boy? (よい子にしていなさい)

2 〈don't として; 否定命令文を作る〉 ..するな. *Don't*

move. 動くな(★*Don't* you move. はより強い命令を表し, You *don't* move! はまれ; Do [do] not は使えない). *Don't* be silly! ばかなことを言うな[するな] (★Be not silly. は〖古〗). *Don't* ⌞let's [let them] go out. 外出はしない[彼らを外へ出さない]ことにしよう.

[語法] don't の代わりに do not を用いることもできるが堅い表現; (呼びかけの)主語を伴う場合は do not は使えない.

3 〈動詞の原形と共に用いて; 強調を示す〉(★do を強く発音する) He *did* come. 彼はほんとにきた(★さらに強調したのは Come he *did*.). I *do* want it. それがぜひ欲しい. He *did* see it. 彼は確かにそれを見たのです. *Do* come! ぜひおいで下さい. He thinks I don't smoke, but I *do* smoke. 彼は私がたばこを吸わないと思っているが, (実際は)吸いますよ. *Do* be quiet! 静かにしろったら. Go out, *do*. 出て行け, さあ. [語法] be 動詞の強調に命令文では用いるが平叙文では用いない. また, 他の助動詞がある場合にも用いない.

4 〖主に章〗〈倒置構文で〉(**a**) 〈(否定の)副詞(句)や目的語などの後に〉Never *did* I dream of seeing him in America. 彼にアメリカで会うなんて夢にも思わなかった. Not only *did* he agree, but he offered help. 彼は承諾したばかりでなく援助しようと申し出た. I wasn't able to go, nor [neither] *did* I want to. 行くことができなかったし, その気もなかった. Well *do* I remember the scene. 覚えていますともその光景は. Not a single word *did* she say. 彼女は一言もしゃべらなかった. (**b**) 〈強調・感嘆を表す〉*Do* I like beer! ビールが好きのなんのって.

Don't ‥ me! 〖話〗‥なんて言い方[‥呼ばわり]はやめてくれ. *Don't* 'Liz' *me*!「リズ」などと(親しげに)呼ばないで!

── /duː/ 〈代動詞として〉(**does**|[過] **did**|[過分] **done**|**dó·ing**)

> [語法] be 動詞以外の動詞の反復を避けるのに用いる; ただし〖英〗では have が「所有, 状態」を意味する時は have を用いる; 又〖英〗では助動詞の後にも用いることがある: "Come and stay with us." "I may (*do*), if I have the time."「私たちのところに来て泊まらないか」「時間があったらそうするかも知れない」

1 〈同一の動詞及びそれを含む語群の反復を避ける〉Her sister works as hard as she *does* (＝works). 彼女の妹も彼女と同じくらいよく働く. He went to bed early as he had always *done* (＝gone to bed). 彼はいつものように早く床に就いた.

> [語法] (**1**) 同じ文中でなく問いに対する答えの場合もある: "Did you buy the book?" "Yes, I *did* (＝bought it). [No, I *didn*'t (＝did not buy it).]"「君はその本を買いましたか」「ええ買いました[いいえ, 買いませんでした]」(**2**) 相手の言葉に対する(軽い)相うちや驚きの表現にも用いられる: "Eliza got married." "Oh, *did* she?"「イライザは結婚しましたよ」「へえ, そうですか」(**3**) 相手の言葉を肯定する会話表現にも用いられる: "You love dogs." "So I *do* (＝love dogs)."「あなたは犬が好きですね」「ええ好きですよ」(→so [副] 4) (**4**) 相手の言葉に対して何かを付け加える慣用表現にも用いられる; 上の (3) の例文との語順の違いに注意: "I like apples very much." "So *do* I."「僕はリンゴが大好きだ」「僕もだ」(→so [副] 4) "I did not go there yesterday." "Neither *did* I."「私は昨日そこへ行かなかった」「私も行きませんでした」(→neither [副]) (**5**) 述べた事をさらに強調する場合にも用いられる. He likes this whiskey, he *does*. 彼はこのウイスキーが好きだ, 本当に. She speaks good Chinese, *does* Ms. Clark. クラークさん中国語がうまいね, 実にうまいね.

2 〈付加疑問文を作る〉You know Bob, *don't* you? ボブを知っているでしょうね. Ben did not come to the meeting, *did* he? ベンは会に来なかったんだね. [語法] 付加疑問文での肯定・否定については→tag question [文法].

── /duː/ [動] (**does** /dəz, 強 dʌz/|[過] **did** /did/|[過分] **done** /dʌn/|**dó·ing**) ★〖古〗としての変化形: 2 人称・単数・直説法・現在形 **do·est** /dúːəst/; 2 人称・単数・直説法・過去形 **didst** /didst/; 3 人称・単数・直説法・現在形 **do·eth** /dúːəθ/.

── [他] 【行う, 果たす】 **1** (**a**) をする, 行う, ([類語] perform などより日常的な語); 〔任務など〕を遂行する (carry out), 果たす. Don't *do* things by halves. 物事を中途半端にやってはいけない. All you have to *do* is (to) wait. 君はただ待っていさえすればよいのだ. What can I *do* for you? 何を差し上げましょうか《店員の言葉》; で用件は; 何かお困りですか. *Do* what you will. したい事をしなさい. There is nothing to be *done* [to *do*] about it. そのことにはなすべきすべが何もない. "What do you *do*?" "I am a plumber."「お仕事は?」「鉛管工です」(★What *are* you ～*ing*? は「何を(ぐずぐず)しているんだ」の意味) *do* one's duty 義務を果たす. (**b**) [VO] (～ (***the, one's, some, etc.***) ***doing***) 〔ある(反復的又は日常的)行為〕をする. ～ teach*ing* 教師をする. *do* the wash*ing* [clean*ing*] 洗濯[掃除]をする. *do* one's shop*ping* 買い物をする. The boy *does* too much talk*ing* in class. その少年は授業中おしゃべりをし過ぎる.

2 を終える, 済ます, (finish) 〈普通, 完了形又は受け身で〉. Get your homework *done* before you go to bed. 寝る前に宿題をやってしまいなさい. The secretary has already *done* the typing. 秘書はもうそのタイプを終えた. The construction will be *done* within a month. 建築はひと月以内に完了するだろう. What's *done* cannot be undone. (→undo 2). I haven't [I'm not 〖米〗] *done* reading the book yet. まだその本を読み終えていません.

【作業を行う】 **3** の手入れ[掃除など]をする(★ある物を適宜処理することで, 目的語によりさまざまな訳になる). *do* the garden [roof] 庭の手入れ[屋根の修理]をする. After dinner, Father helps Mother *do* the dishes. 夕食後, 父は母の皿洗いを手伝う. *do* the rooms 部屋の掃除をする. *do* one's hair 髪の手入れをする[髪を整える]. *do* one's teeth 歯を磨く. ～ a bow tie ちょうネクタイを結ぶ.

4 〔商売, 研究など〕をする; 〔問題など〕を解く; 〖主に米〗〔食事〕をする, 食べる; を飲む. *do* business 商売をする. *do* research 研究を行う. *do* chemistry 化学を専攻する. The child can *do* sums already. その子はもう計算ができる. *do* crosswords クロスワードパズルを解く.

5 [VOA] 〔言語など〕を翻訳[翻案, 脚色]する〈*into* ‥に〉. The novel was *done into* Spanish. その小説はスペイン語に訳された.

6 〈普通, 過去分詞で〉を料理する, 煮焼きする, (→done 2). The beef was *done* to a turn. 牛肉はちょうどよく焼けた.

7 【作業して作る】〔作品など〕を作る, 作製する; を用意する, 供する; [VOO] (～ X Y)・[VOA] (～ Y ***for*** X) X に Y を作ってやる; X に Y (食事など)を出す. *do* a painting 絵を描く. *do* an English translation of the story その物語を英語に翻訳する. The pub never *does* lunches. そのパブでは昼食は出さない. Will you ～ me ten copies of this letter? この手紙を 10 部コピーしてくれるかい.

【移動(作業)を行う】 **8** 〖話〗を見物する, 見て回る. *do* the British Museum 大英博物館を見学する. *do* (the sights of) New York ニューヨーク見物をする.

9 〔ある距離, 行程〕を走破する (cover); の速力で走る; 〔ある時間〕を過ごす. *do* the journey in one hour 1 時間でその行程を進む. We have already *done* 20 miles. 我々はもう 20 マイル前進した. The car can *do* ⌞120 miles an hour [25 miles to a gallon]. その車は

時速 120 マイル出る[ガロン当たり 25 マイル走る]. *do* three years in Spain スペインで 3 年を過ごす.
【役をする】 **10** (**a**)〔俳優が..の役〕を演じる;〔劇団などが芝居, 歌劇など〕を上演する;〔の役割〕を務める. *do* Hamlet ハムレット役を演じる. She *did* the hostess very well. 彼女は女主人役を見事に務めた. (**b**) のしぐさをする, の(ような)まねをする. ～ Harrison Ford very well＝～ a superb Harrison Ford ハリソン・フォードの物まねがとてもうまい. ～ a Bill ビルのような(ばかななど)まねをする.

D

11 を引き受けてやる. My girl *does* all the cooking in the house. うちの娘はうちの料理をみんなやります.
【人に対して行う】 **12** VOO (～ X Y)・VOA (～ Y *for* [*to*] X) X に Y を与える, もたらす, 示す; X に Y をしてやる. A few day's rest will *do* me good. 数日間休養すればよくなるでしょう. Worry has *done* harm *to* his health. 心配のため彼は健康を害した. He once *did* a great favor *for* me. 彼は昔私にとても親切にしてくれた. *do* a person a kindness 人に親切なことをする.
13〔奇跡など〕を起こす, もたらす. Money *does* miracles. 〖諺〗地獄の沙汰(さた)も金次第《<金は奇跡を起こす》. **14**〔物が〕〔人〕を満足させる(★しばしば will とともに用いられる; →will 助 2 (f)). Will this dictionary *do* you? この辞書は君の役に立つか.
15 VOA 〈A は様態の副詞〉〖話〗をもてなす. I've *done* you handsomely [well] in my report. 報告書に君のことよく言っておいたよ. The host and hostess *did* me handsomely [well] at their house. 主人と女主人は私を家に招いて歓待してくれた. ～ oneself well (美食などして)ぜいたくに暮らす.
16〔人〕にサービスを提供する, 応対する; を扱う, 売る. The barber *did* me first. 床屋は私を最初にやってくれた.
【ひどい仕打ちをする】 **17**〖話〗をだます, ぺてんにかける; から巻き上げる〈*for* ..を〉. The jeweler *did* me over a diamond. 宝石商はダイヤで私に一杯食わせた. We've been *done!* おれたちはまんまとやられた.
18〖話〗をやっつける; をへとへとにする; を殺す. The boxer *did* his challenger in two rounds. そのボクサーは挑戦者を 2 ラウンドで片付けた.
19〖俗〗(**a**) に強盗[泥棒]に入る. *do* a supermarket スーパーマーケットに泥棒に入る. (**b**) を逮捕する; を有罪とする. get *done* for speeding スピード違反でぱくられる. (**c**)〔刑期〕を勤める. ～ time [life] 臭い飯を食う[終身刑に服する].
20〖話〗〔麻薬など〕をやる, 常用する. **21**〖俗・卑〗と(性交)する, やる. **22**〖オース・ニュー話〗〔金〕を使い果たす.
― 自 【行う】 **1** (行動[活動])する, やる, 働く; VA 〈A は様態の副詞〉(あるやり方で)**行動する**, ふるまう. up and *doing* →up 副 (成句). *Do* as you ˪like [are told]. 好きなように[言われた通りに]しなさい. You've *done* wisely in breaking off with him. 君が彼と手を切ったのは賢明だった.
2 VA 〈A は様態の副詞〉(あるやり方で)やって行く, 暮らす, (get along); 繁栄する; 健康である[になる];〔植物が〕成長する, 繁茂する. John is *doing* well at school. ジョンは学業がうまく行っている. *How*'s your family *doing*? ご家族はいかがお過ごしですか. *How* do you *do*? →how (成句). His business is *doing* well. 彼の事業はうまく行っている. After the operation, the patient is *doing* quite *nicely*. 手術のあと病人は元気にやっている. Is your garden *doing well* in this nasty weather? このひどい天気でもお庭は大丈夫ですか.
3 終える, 済ます, 〈完了形で用いる〉. be [have] *done* with.. →done (成句). Have *done* (with it)! 〖古〗やめよ.
4【なされる】〖話〗行われる (be done), 起こる (happen). What is to *do?* 何が起こっているのか; どうしたのか. What's *doing* at the party tonight? 今夜の会で何が行われるのか.
【役目を果たす】 **5** 十分に間に合う, 役に立つ, (→他 14; 成句 do for..). That will *do* for now. 今のところそれでけっこう[もうたくさん]. Twenty dollars won't *do*. 20 ドルでは足りない. There's nothing but a can of tuna; will that *do?* マグロの缶詰 1 つしかないが, 間に合いますか. It doesn't *do* to complain. 愚痴をこぼしても始まらない.
6 規則[礼儀など]にかなう. That will never *do*! そんなことはいけません. It will not *do* to talk business at dinner. 食事中に仕事の話をするのは困ります.
***dò awáy with..** (1)〔法律, 規則, 慣行など〕を**廃止する**, やめる. In the U.S. the dry law was *done away with* in 1933. 米国では禁酒法は 1933 年に廃止になった. (2) ..を殺す.
***dó by..** 〖話〗**..を扱う**, 遇する, (→by 前 11). Do (to others) as you would be *done by*. (→golden rule). *do* well [badly] *by* one's friends 友人を大切にする[ぞんざいに扱う]. be hard *done by* →hard (成句).
***dò /../ dówn** 〖英話〗(1) **..を**だます (cheat). (2) ..をこき下ろす, ..の陰口を言う. He has a tendency to *do* people *down*. 彼は人をこき下ろす癖がある.
***dó for..** (1) **..の代わり** ˪をする[になる], ..の役に立つ. This can will *do for* an ashtray. この缶は灰皿の代わりになる. (2)〖話〗〔必需品など〕を手に入れる, 工面する, (★what や how による疑問文で, 又は well などを伴って). What do you *do for* petrol in the wintertime? 冬場はガソリンはどうしてますか. *do* well [badly] *for* ..が十分である, ..をたくさんもらう[..が不十分である, ..をあまりもらえない]. (3)〖話〗..を殺す; ..を滅ぼす, だめにする. The boxer was *done for* again. そのボクサーはまた負けた. The scandal has *done for* the statesman. その醜聞がその政治家の命取りになった. *done for* →done (成句). (4)〖話〗〔人〕のために家事をする.
***dó* [*sòmething, mùch, etc.*] *for* [*to*]..** ..に影響を与える, ..を一層引き立てる, 興奮[動揺など]させる. That hairdo really *does something for* her. あの髪型だと彼女は本当に見栄えがする. This therapy has *done nothing for* me. この療法は何の効果もなかった. Beth really *does something to* me. ベスは実にセクシーだ.
dò /../ ín (1)〖話〗を殺す, やっつける;〔物など〕をだめにする. *do* oneself *in* 自殺(行為を)する. I *did* my hip *in* last year. 私は去年腰を痛めた. (2)〖話〗をへとへとにする〈普通, 受け身で〉(tire out) (類語 ほぼ exhaust の意味; →tire). You look absolutely *done in*. 君はひどく疲れた顔をしているよ. (3)〖話〗をだます. (4)〖オース・ニュー話〗＝ 他 22.
dó it (1) うまくいく. It's dogged that *does it*. →dogged. (2)〖話〗性交する; 小[大]便をする. (3)〈完了形で〉しくじる.
dò it áll 〖米俗〗(1) 何でもこなせる, 器用である. (2) 終身刑を食らう.
dò or díe 〖章〗のるかそるかやってみる. 「する.
dò /../ óut 〖話〗〔部屋など〕を改装する; をすっかり掃除↑
dó a pèrson out of 〔his móney〕〖話〗人をだまして〔金〕を巻き上げる, 人から〔金〕をだまし取る.
***dò /../ óver** (1) を**修繕する**,〔壁など〕を塗りかえる. have one's room *done over* 部屋を改装する. (2)〖主に米話〗..を作り直す, やり直す. You had better *do* your homework *over* and get rid of all the errors. 君は宿題をやり直して間違いをみんななくした方がいい. (3)〖主に米話〗..を繰り返す. (4)〖話〗..を襲ってけがをさせる;〖俗〗を誘惑する; を犯す. (5)〖英話〗〔場所〕をしらみつぶしに調べる;〔人〕をボディーチェックする. (6)〖俗〗をだます.

dó to.. (1) =DO by... (2) ..に害を与える. You don't know what smoking *does to* you. 君には喫煙が体に悪いということが分かっていない.

*****dò /../ úp*** (1) **..を包む** (wrap); 〖米〗を貯蔵する, かん詰めにする. (2)〔靴ひもなど〕を結ぶ; 〔服〕のボタンをかける. ★自 用法もある: Where does this dress *do up*? この服はどこでボタンを留めるの. (3) **..を着飾らす**, ..におめかしをさせる. be *done up* [*do* oneself *up*] in silks and fur 絹の服と毛皮で着飾る. (4) ..を修繕する, 改装する. My house has been *done up* and looks entirely new. 私の家は改装されて全く新築同然に見える. (5)〔髪〕**を結う**, 整える; を片付ける; を洗濯(してプレス)する. (6)〖話〗..をくたくたにする; を打ちのめす; をだめにする. I'm really *done up*. 全くへばった. (7)〖米俗〗〈do it up で〉うまくやる[決める]. (8)〖俗〗〔麻薬など〕をやる.

dò wéll out of.. ..でもうけている.

*****dó with..*** (1) **..を処置[処理]する**; ..を扱う. We discussed what to *do with* the problem. 私たちはその問題をどう処理すべきか協議した. What did you *do with* my bag? 僕のかばんをどうしたんだ. What are you *doing with* my purse? どうして君が私の財布を持っているのか. I didn't know what to *do with* myself. 私はどうやって時間を過ごしたらいいか分からなかった. You know what you can *do with*..〖俗〗..なんてくそ食らえだ. (2)〈to do with ..として〉**..と関係がある**. Is it anything *to do with* me? それは私に何か関係のある事ですか. (3)〈can [could] do with ..で〉..が欲しい, 必要である; ..があればありがたい. I think you *can do with* a rest. 君には休息が必要だと思う. (4)〈普通, 否定文で〉..を[に]我慢する. I *can't do* [*can't be doing*] *with* his snobbishness. 彼の紳士気取りには我慢ならない.

*****dó without(..)*** (..)なしで済ます[やって行く]. If you can't afford a TV, you'll just have to *do without* (one). テレビが買えなければ, なしで済ますほかないでしょうね. I can *do without*...〈皮肉〉..なんか結構です.

*****hàve (..) to dó with*** X (1) Xと..の**関係がある**[かかわりを持つ] (★have と to do の間に something [anything; nothing; a great deal など]を挿入して, 「関係が少しある[なにかある; 全然ない; 大いにある]など」の意味を表す). I *have* nothing *to do with* the matter. 私はその事とは全然関係ありません. Climate and soil *have* much *to do with* agriculture. 気候と土壌とは農業に大いに関係がある. (2)〈have の目的語を省略して〉Xを取り扱う, Xと関係がある, (deal with). This book *has to do with* cowboy life. この本はカウボーイ生活を扱っている.

màke..dó=màke dó with [on].. →make.

nòthing dóing →nothing.

Thàt dóes it! 〖話〗もう十分だ, もうたくさん; これでよし.

Thàt's dóne it. 〖話〗しまった, まずい(ことになった); うまくいったぞ.

Thàt will [Thàt'll] dó. (1) それで十分だ (→自 5). (2) そこまでだ, もうやめろ.

What is X doing [here]? なぜXが〔ここに〕ある[いる]のか《非難・驚きなどを表す》.

── 名 (複 **dos, do's**) C **1**〖英話〗ぺてん (cheat). **2**〖主に英話〗大宴会, パーティー, (party). **3**〖米〗髪型. **4**〖俗〗うんち, くそ. **5**〖英俗〗戦い; 〖方〗騒ぎ.

dòs and dón'ts すべきこととしてはならないこと《ふるまい, 言葉遣いなどの規則》. the *dos and don'ts* of table manners 食事の時の礼儀作法.

Fàir dó [dós, dó's]! 〖英俗〗そりゃ不公平だ, 公平にやろうぜ.

màke a dó of.. 〖オース・ニュー話〗..をうまくやる, 成功させる. [<古期英語; 語根は「置く」]

do[2] /dou/ 名 (複 **dos**) UC 〖楽〗ド《ドレミ音階の第1音; →sol-fa》. [イタリア語]

do[3] ditto.

DOA dead on arrival.

do·a·ble /dúːəb(ə)l/ 形 する[行う]ことができる.

d.o.b. date of birth.

dob /dɑb|dɔb/ 〖オース話〗動 (**~s**|**-bb-**) 他 密告する, 告げ口をする, ちくる, 〈*in*〉〈*to* ..へ〉. ▷**dób·ber** 名 C 密告者.

dob·bin /dɑ́bən|dɔ́b-/ 名 C 〖雅〗労役馬, 農耕馬, 《多く愛称として用いる》. [<*Dobbin* (Robert の愛称)]

Do·ber·man(n) (pinscher) /dòubərmən(-pínʃər)/ 名 C ドーベルマン《ドイツ原産の大型番犬・警察犬》.

doc[1] /dɑk|dɔk/ 名 〖話〗=doctor〈しばしば(特に医師に対する)呼びかけとして〉.

doc[2] documentary.

do·cent /dóus(ə)nt, dousént/ 名 C 〖米〗 **1** (美術館などの)案内人, ガイド. **2** (大学の)講師.

‡**doc·ile** /dɑ́s(ə)l|dóusail/ 形 素直な, 御しやすい; 馴(な)らしやすい. [<ラテン語 *docēre*「教える」] ▷**~·ly** /-səli|-sai(l)li/ 副 素直に.

do·cil·i·ty /dɑsíləti|dou-/ 名 U 御しやすさ, 従順さ; 馴(な)らしやすさ.

*****dock**[1] /dɑk|dɔk/ 名 (複 **~s** /-s/) C **1** (船舶の建造・修理, 船荷の積み降ろし用の)ドック, 船渠(きょ); 〈しばしば~s〉港湾施設, 造船所, (dockyard). **2** =dry dock. **3**〖米〗波止場; 埠(ふ)頭, 〖米〗桟橋; (個人用の)舟着き場; (→pier, quay, wharf). **4**〖米〗船の積み降ろしプラットホーム《トラックなどの荷物の》.

in dóck (1)〔船が〕ドックに入って. (2)〖話〗修理中で[の]; 入院して(いる).

── 動 他 **1**〔船〕をドックに入れる[入れておく]. **2**〔宇宙船〕をドッキングさせる. ── 自 **1**〔船が〕ドックに入る. **2**〔宇宙船が〕ドッキングする〈*with* ..と〉. [<中期オランダ語]

dock[2] 名 C 〈普通 the ~〉(刑事法廷の)被告席.

in the dóck 被告席に着いて, 裁判にかけられて; 批判を受けて, 困ったことになって.

dock[3] 名 UC 〖植〗ギシギシ, ヒメスイバなど, 《路傍の雑草》.

dock[4] 動 他 **1**〔動物の尾, 毛髪など〕を短く切る. **2** (a)〔費用, 食料など〕を切り詰める, 減額する; を節約する. (b) を減らす〈*from, off* ..から〉; VOA (~ X *of* ..) X (人)から..を奪う, 減らす; VOO (~ X Y)〖スポーツ〗XからY(点)を減点する. ~ a person's pay [wages] by 10%=~ 10% *from* a person's pay [wages] 人の給料を1割減らす. The president ~*ed* his secretary *off* her wages. 社長は秘書の給料を減額した. Twenty dollars were ~*ed from* [*off*] his pay. 彼の給料から20ドル差し引かれた. He was ~*ed* a penalty point. 彼はペナルティで減点された.

dock·age /dɑ́kidʒ|dɔ́k-/ 名 U **1** ドック設備; ドック入り. **2** ドック使用料.

dock·er /dɑ́kər|dɔ́kə/ 名 C ドック作業員, 港湾労働者, (〖米〗longshoreman).

dock·et /dɑ́kət|dɔ́k-/ 名 C **1**〖主に英〗(荷物, 商品などに付ける)荷札, 説明書. **2**〖法〗事件要録. **3**〖米〗(裁判所で, ある開廷期の)審理予定事件表, 要録(書), 事件記録; 〈一般に〉予定表. ── 動 他 **1** に荷札[説明書]を付ける. **2**〖米〗を訴訟事件一覧表に記入する.

dóck·lànd 名 C 〖主に英〗波止場地域; 〈Docklands〉ドックランズ《ロンドン東部の旧ドック地帯; かつては貧民街であったが再開発により, 英国で最も高い the Canary Wharf Tower が建設されるなど, 面目を一新した》.

dóck·sìde 名 C 波止場.

dóck·wòrker 名 =docker.

dóck·yàrd 名 C **1** 造船所. **2**〖英〗海軍造船所 (〖米〗navy yard).

‡**doc·tor** /dɑ́ktər|dɔ́k-/ 名 (複 **~s** /-z/) C **1 医者**, 医師, (類語「医者」を表す一般的な語で, 〖米〗では歯科医 (dentist), 獣医 (vet) などにも用いる; →physician,

surgeon); 先生《呼びかけ; →doc》. Go and see a ～ at once. すぐ医者に見てもらいなさい. go to the ～('s)=visit the ～ 医者の治療[診察]を受けに行く. call [send for] a ～ 医者を呼ぶ[呼びにやる]. I feel better today, ～. 先生, 今日は気分がいいです. It's ～'s orders!〖戯〗医者に言われてね.

2 博士, 博士号,《略 Dr.; 称号として用いる; →bachelor, master》. a ～'s degree 博士号, 学位.

3〖古〗学者, 識者, '先生'. **4**〖話〗..の修理屋. a radio ～ ラジオの修理屋. **5**〖俗〗(船などの)コック.

just whàt the dòctor órdered 〖話〗まさにおあつらえ(願ったりかなったり)のもの.

under the dóctor 〖英話〗医者にかかって〈*for* ..で〉.

Yòu're the dóctor. 君の言う通りにしよう.

―― [動] [他]〖話〗**1**〔人, 病気〕を治療する, の手当てをする. ～ small wounds at home うちでかすり傷の手当てをする. ～ oneself 自分で手当てをする. **2**〔飲食物〕に混ぜ物をする〈*up*〉. He ～*ed* (*up*) her wine with brandy to make her drunk. 彼は酔わせようと彼女のワインにブランデーを混ぜた. **3**〔文書など〕に(勝手に)手を加える; を'いじる'; 〈*up*〉. He ～*ed* (*up*) the accounts to make them show profits. 彼は利益があるように見せるため帳簿をいじった. **4**〔動物〕を去勢する. ―― [自] 医者として働く. [＜ラテン語「教師」(＜*docēre* 'teach')]

doc·tor·al /dáktərəl|dɔ́k-/ [形]〈限定〉博士の, 博士号の. a ～ dissertation 博士論文.

dòctor-assisted súicide [名] ＝assisted SUICIDE.

‡**doc·tor·ate** /dákt(ə)rət|dɔ́k-/ [名] [C] 博士号 (doctor's degree). take one's ～ in law 法学で学位を取る.

Dòctor of Philósophy [名] [C] 哲学博士;〖米〗博士《博士課程修了後, 論文審査を通過した者に与えられる一般的な称号; 略 Ph. D., D. Ph(il).》; 博士号を持っている人.

doc·tri·naire /dàktrənéər|dɔ̀k-/〖軽蔑〗[名] [C] 空論家; 純理論家. ―― [形] 空論的な; 純理論的な; 現実に即さない.

doc·tri·nal /dáktrən(ə)l|dɔktráin(ə)l, dɔ́ktrə-/ [形]〈限定〉教義(上)の; 教理(上)の. a ～ argument 教義上の議論. ◇[名] doctrine

***doc·trine** /dáktrən|dɔ́k-/ [名] ([複] ～s /-z/) [UC] **1** 教義, 教理, ([類語] 信じている者には少なくとも証明済みであると考えられる教義を言う; →dogma). the Christian ～ キリスト教の教義. **2** (政治上の)主義; (政党などの)信条; (科学, 哲学の)学説; 〈*that* 節..という〉. →Monroe Doctrine. ◇[形] doctrinal [＜ラテン語「教え」; doctor, -ine[1]]

doc·u·dra·ma /dákjədrà:mɑ, -dræ̀mə|dɔ́kjədrà:mə/ [名] [C] ドキュメンタリードラマ. [＜*docu*mentary *drama*]

‡**doc·u·ment** /dákjəmənt|dɔ́k-/ [名] ([複] ～s /-ts/) [C] (公)文書《証拠書類, 公的記録, 証書, 写真など》. official ～*s* 公文書. a confidential ～ 秘密書類. draw up [write out] a ～ 書類を作成する. fill up [sign] a ～ 文書に記入[署名]する. ―― /-mènt/ [動] [他] を文書で証明する;〔陳述, 主張など〕を文書(引用)で裏付ける; を記録[録画]する. a well-～*ed* book 十分な資料の裏付けのある本. [＜ラテン語「実例, 教訓」(＜*docēre* 'teach')]

doc·u·men·tal /dàkjəmént(ə)l|dɔ̀k-/ [形] ＝documentary 1.

***doc·u·men·ta·ry** /dàkjəmént(ə)ri|dɔ̀k-/ [形] [C]〈限定〉**1** (公)文書の; (公)文書による. ～ evidence 証拠書類, 書証. **2**〔映画, 文学, 新聞記事などが〕事実を記録した. a ～ film 記録映画. ―― [名] ([複] -ries /-z/) [C] (ラジオ・テレビなどの)記録番組, ドキュメンタリー, 記録映画, 実録作品, 〈*on*, *about* ..の〉. a (TV) ～ *on* [*about*] child abuse 児童虐待に関する(テレビ)ドキュメンタリー.

‡**doc·u·men·ta·tion** /dàkjəməntéiʃ(ə)n, -men-|dɔ̀k-/ [名] [U] **1** 文書による証明; 文献による裏付け. His claim was supported by full ～. 彼の主張は完全な文書によって裏付けられていた. **2** (証拠としての)文書, 証拠書類.

dod·der /dádər|dɔ́də/ [動] [自]〖話〗(老齢などで)よろよろする, よろめきながら歩く; 震える. ▷～·**er** /-rər/ [名] [C] よろよろ歩く人.

dod·der·ing /dád(ə)riŋ|dɔ́d-/ [形] ＝doddery. ▷～·**ly** [副] よたよたと.

dod·der·y /dád(ə)ri|dɔ́d-/ [形] [e]〖話〗〔人が〕(老齢などで)よろよろした.

dod·dle /dádl|dɔ́dl/ [名] [C]〖主に英話〗〈普通, 単数形で〉簡単にできること[仕事], 'お茶の子'.

do·dec·a·gon /doudékəgɑ̀n|-gən/ [名] [C] 12辺[角]形. ▷**do·de·cag·o·nal** /dòudekǽgən(ə)l/ [形]

***dodge** /dɑdʒ|dɔdʒ/ [動] (**dódg·es** /-əz/|[過] [過分] ～**d** /-d/|**dódg·ing**) [他] **1** をさっとかわす, ひらりとよける. The boxer ～*d* the blow. ボクサーは相手の一撃をさっとかわした. The rabbit ～*d* the hounds. ウサギは猟犬たちをうまくかわした. **2**〖話〗〔困難, 問題など〕からうまく逃げる, 〔質問など〕を巧みに言い抜ける; [VO] (～ *doing*) ..することを逃れる. ～ the issue 問題を回避する. I ～*d* his questions. 私は彼の質問をうまくはぐらかした. ～ the law 法の網を巧みにくぐる. ～ tax＝～ pay*ing* taxes 脱税する. ～ wash*ing* the dishes 皿洗いをうまく免れる.

―― [自] **1** (打撃などを避けるために)ひらりと身をかわす〈*out of* ..から/*behind* ..の陰に〉, (追っ手をまくために)さっと脇(わき)道へよける, 人目を避ける. **2** 巧みに言い逃れる, ごまかす.

―― [名] [C] **1** 身をかわすこと. make a ～ 身をかわす. **2**〖話〗言い抜け, ごまかし; 巧みな方便, 妙案. a tax ～ 脱税. He's always pulling the same old ～. あいつはいつも変わらぬ言い逃れをする. [＜?]

dódge bàll [名] [U]〖競技〗ドッジボール.

Dòdge Cíty /dɑ̀dʒ-|dɔ̀dʒ-/ [名] ダッジシティ《米国 Kansas 州南西部の都市; 19 世紀には無法者の町として有名》.

dod·gem /dádʒəm|dɔ́dʒ-/ [名]〖英話〗**1** [C] ドジェム《遊園地などでぶつけ合う小型電気自動車 (**dódgem càr**)》. **2**〈the ～s; 複数扱い〉ドジェム遊び. [商標名; ＜*dodge*＋*'em*]

dodg·er /dádʒər|dɔ́dʒə/ [名] [C] 身をかわす人;〖話〗ごまかしのうまい人, ごまかし屋. a tax [draft] ～ 脱税者[徴兵忌避者]. a fare ～ 'キセル'をする人.

dodg·y /dádʒi|dɔ́dʒi/ [形] [e] **1**〖主に英話〗〔計画などが〕危なっかしい; 〔器具などが〕危ない, 危険な. **2**〔人が〕信頼できない, ずるい.

do·do /dóudou/ [名] ([複] ～(e)s) [C] ドードー《Mauritius 島に 17 世紀末まで生息していた大形の飛べない鳥》.

(***as***) ***dèad as a*** [***the***] ***dódo***〖話〗→dead.

Doe /dou/ [名] →John Doe, Jane Doe.

doe /dou/ [名] [C] (シカ, ウサギ, ヒツジ, ヤギ, トナカイなどの)雌 (↔buck[1]; →deer [参考]).

do·er /dú:ər/ [名] [C] **1** 行う人〈*of* ..を〉. a ～ *of* evil deeds 悪事をする人. **2** 行動する人, 行動家, 実行家 (★しばしば thinker, watcher, talker などと対比して使われる); やり手.

does /dəz, 強 dʌz/ [動], [助] do[1] の 3 人称・単数・直説法・現在形.

dóe·skìn [名] **1** [UC] 雌ジカの皮; それをなめした皮革. **2** [U] ドスキン《雌ジカの皮に似せたラシャ; 日本でモーニングの生地に用いている》.

does·n't /dʌ́z(ə)nt/ does not の短縮形.

do·est /dú:əst/ [動]〖古〗do[1] の 2 人称・単数・直説法・現在形.

do·eth /dú:əθ/ [動]〖古〗do[1] の 3 人称・単数・直説法・現在形.

doff /dɑf, dɔ:f|dɔf/ [動] [他]〖古〗〈誇大的〉(あいさつに

軽く)〔帽子〕を取る;〔服〕を脱ぐ(↔don).[<*do off*]

‡**dog** /dɔ:g|dɔg/ 名 (複 **~s** /-z/) C **1** 犬; 雄犬; (語法 親しみを込めて又は擬人化して, it の代わりに he で受けることが多い); イヌ科の動物(特に雄)《wolf, fox, coyote など》. A ~ is often called man's best friend. 犬はしばしば人間の親友と呼ばれる. Every ~ has his day. →day 8. Barking ~s do not [seldom] bite.〖諺〗ほえる犬はかまない[めったにかまない]《大言壮語する人は怖くない》. Give a ~ a bad name (and hang him).〖諺〗一度悪評が立つと一巻の終わり[名誉は取り戻せない]《<犬に汚名を着せて殺してしまえ》.

連結 a fierce [a vicious; a mad, a rabid; a stray; a wild; a friendly; a housebroken; a guard, a guide, a police] ~ // keep [leash; muzzle; walk] a ~

参考「雌犬」は bitch, female dog, she-dog と言う;「子犬」は puppy, pup;「吠(ほ)える」は bark;「うなる」は growl, snarl;「遠吠えする」は howl;「ワンワン吠える」は bowwow;「くんくん鳴く」は whine;「きゃんきゃん鳴く」は yelp. ◇形 canine

2〖英話〗〈the ~s〉犬のレース,〈特に〉グレイハウンドレース. **3** (**a**)〖話〗くだらない[卑劣な]男, 見下げたやつ. (**b**)〖話〗〈形容詞を付けて〉..なやつ (fellow). a dirty [sly] ~ 卑劣な[ずるい]男. a lucky ~ 運のいいやつ. (**c**)〖米・オース俗〗密告者, 裏切り者. (**d**)〖俗〗扱いにくい馬. **4**〖米俗〗ひどい代物(しろもの), 大失敗;〖軽蔑〗'ブス', 醜女(★普通, 男同士で使う). The new singer is a ~. あの新人歌手はだめだ. She's a real ~. 彼女は本当にブスだ. **5** (氷などの)つかみ道具, 鉄鉤(かぎ). **6**〈~s〉=andiron. **7**〈the D-〉大犬座; 小犬座. **8**〖米〗ホットドッグ (hot dog). **9**〈~s〉〖俗・戯〗足 (feet).

a dòg in the mánger (自分に不要のものでも人に与えない)意地悪者《イソップ物語から》.

a dòg's áge〖米話〗ずいぶん長い間.

a dóg's chànce〖話〗わずかのチャンス[見込み]〈否定形でのみ〉. You don't have [stand] *a ~'s chance* to win. 君が勝つ見込みは全然ない.

a dóg's lìfe 惨めな生活. lead *a ~'s life* 苦労の多い生活をする. lead a person *a ~'s life* 人に惨めな生活をさせる.

(as) sìck as a dóg ひどく具合が悪い, ひどく吐き気がする.

càll the dògs óff 追跡[脅迫]をやめる.

dìe like a dóg 惨めな[哀れな]死に方をする.

dògs of wár (1)〈the ~〉戦争の惨禍. (2)傭兵.

drèssed [dòne, gòt] úp lìke a dòg's dínner〖英話〗派手に着飾る《他人の目にはこっけいに見える》.

gò to the dógs〖話〗破滅する, 落ちぶれる; だめになる, 堕落する. After the president's resignation the firm *went to the ~s*. 社長の辞任後その会社は落ちぶれた.

kèep a dóg and bàrk oneséIf〖話〗(地位の低い)人の仕事を自分でやる.

Let slèeping dògs líe. 《<寝ている犬を寝かしておけ》(変えようとすると面倒な事になるから)現状をそっとしておけ.

Lèt the dóg sèe the rábbit! 場所をあけてくれ.

lìke a dóg with two táils すごく喜んで.

pùt on the dóg〖俗〗もったいぶる, 偉そうに[金がありそうに]見せる, 上品ぶる.

sèe a mán about a dóg ちょっと失礼する《トイレに行くときや, 一杯飲むときに用いる》.

Thère's lífe in the òld dóg yèt.〖戯〗年は取ってもまだまだ元気だ《他人にも自分にも用いる》.

thròw [gìve] .. to the dógs (無用なものとして)..を捨てる; ..を自分の犠牲にする.

trèat a pèrson like a dóg〖話〗人を粗末に扱う.

You cannot tèach an òld dóg nèw trícks.〖諺〗旧弊な人[老人]は新しい事になじまない《<老犬に新しい芸は仕込めない》.

—— 動 (**~s**|**-gg-**) 他 (犬のように)を尾行する, に付きまとう;〔特に災難, 不幸などが人〕にどこまでもついてまわる〈しばしば受け身で〉. ~ a person's steps 人のあとをつける. Ill-health *~ged* him from the start. 彼には最初から病弱がついてまわった. At twenty I was *~ged* by a sense of failure. 20 歳で私は(人生の)失敗者という感覚に付きまとわれた.

dòg ít (1)力を抜く. (2)ゆっくり行く. (3)逃げ出す. (4)上品ぶる. [<古期英語]

dòg-and-póny shòw 名 C〖米〗派手な宣伝[セール].

dóg·bàne 名 C〖植〗バシクルモン《キョウチクトウ科; 犬に有毒と思われた; バシクルモンはアイヌ語から》.

dóg bìscuit 名 C 犬用ビスケット.

dóg·bòx 名 C〖オース〗(列車の通路のない)個室.

in the dógbox 嫌われて.

dóg·càrt 名 C **1** 無蓋(がい)の軽 2 輪馬車《座席が背中合わせになっている; 元来は犬を乗せる場所が付いていたことから》. **2** 大型犬に引かせる小型の 2 輪車.

dóg·càtcher 名 C〖米〗野犬捕獲[監視]員(〖主に英〗dog warden).

dóg còllar 名 C **1** 犬の首輪. **2**〖戯〗(牧師などの)首輪式カラー《後ろ留め》.

dóg dàys 名〈the ~〉**1** 暑中, 盛夏,《北半球ではしばしば 7 月 3 日から 8 月 11 日とされる; the Dog Star が太陽とともに昇る時期》. **2** 停滞の時期.

doge /doudʒ/ 名 C ドージェ《昔の Venice, Genoa 両共和国の総督》.

dóg·èar 名 C 本のページの隅折れ. —— 動 他〔本〕のページの隅を折る.

dóg·èared 形〔本, 書類などが〕ページの隅が折れた.

dòg-eat-dóg /⸗/ 形〈限定〉食うか食われるかの; 私欲にかられた. have a ~ life 食うか食われるかの生き方をする. —— 名 U 食うか食われるか(の闘い), 熾(し)烈な競争.

dóg·ènd 名 C〖主に英話〗(たばこの)吸いがら; 残りくず.

dóg·fìght 名 C **1** 犬の(ような猛然とした)けんか; 乱闘. **2** (戦闘機同士の)空中戦.

dóg·fìsh 名 (複 →fish) C〖魚〗ツノザメ, メジロザメなど,《小型のサメ》.

dóg fòx 名 C〖動〗雄ギツネ.

‡**dóg·ged** /-əd/ 形 頑固な; 断固とした; 不屈の; 執念深い. with ~ determination 不退転の決意で. It's ~ as [that] does it.〖諺〗事の成否は頑張りひとつ.

▷ **~·ly** 副 頑固に; 執念深く. **~·ness** 名

Dòg·ger Bánk /dɔ:gər-|dɔgə-/〈the ~〉ドッガーバンク《イングランド北部沖 100 キロ辺りから広がる深さ 20 メートル前後の水域で世界有数の漁場》.

dog·ger·el /dɔ́:g(ə)rəl|dɔ́g-/ 名 U つまらない詩; 韻律の整わない[整い過ぎた]詩《へぼ詩》.

dog·gie /dɔ́:gi|dɔ́g-/ 名 C 小犬;〖幼〗わんわん.

dóggie bàg 名 C 持ち帰り袋《レストランで食べ残しを入れる袋; 犬にやるというのが建前; 最近では犬に失礼だというので people bag と書くことが多い》.

dog·go /dɔ́:gou|dɔ́g-/ 副〖英旧俗〗〈次の用法で〉

lìe dóggo じっと隠れている, じっとして待つ.

dog·gone /dɑ́:ggɑ̀n|dɔ́ggɔ̀n/〖米話〗形 いまいましい. —— 副 まったく, とてつもなく. —— 動 他 を呪(のろ)う. *Doggone* it! ちくしょう. [<*Dog on* it. (Damn it. の婉曲表現)]

dóg·gòned 形 =doggone.

dog·gy /dɔ́:gi|dɔ́gi/ 名 (複 **-gies**) =doggie.

—— 形 e〈限定〉**1** 犬の(ような). ~ style [fashion] 後背位(のセックス)《dog style [fashion] とも言う》. **2**〖話〗犬好きの.

dóggy bàg 名 =doggie bag.

dóg hàndler 名 C 警察犬係警官.

dóg·hòuse 名 (複 →house) C〖米〗犬小屋

(kennel). ***in the dóghouse*** 〖話〗ご機嫌を損ねて〈*with* ..の〉; へまをやって.

do·gie /dóugi:/ 名 C 〖米西部〗(群れの中で)母親のいない迷い牛.

dóg·lèg 名 C (道路や競走場の)くの字型(急)カーブ; (ゴルフコースの)ドッグレッグ; 《犬の後脚に形が似ている》.

dóg-lìke 形 (犬のように)忠実な, ひたむきな.

***dog·ma** /dɔ́:gmə|dɔ́g-/ 名 (複 **~s, dog·ma·ta** /-tə/) **1** UC **教義**, 教理, (類語 dogma, doctrine, creed はいずれも「教会の定めた教義, 教理」を言うが, dogma は「証明の有無にかかわらず, 信徒が絶対受け入れなければならない真理」を意味する; →creed, doctrine). **2** U 独断的な考え[説]. political ~ 政治的独断. [ギリシア語 'opinion']

†dog·mat·ic /dɔ:gmǽtik|dɔg-/ 形 **1** 教義(上)の, 教理の. **2** 〔人, 意見などが〕独断的な; 押し付けがましい. hold a ~ view 独断的な考えを持つ.
▷**dog·mat·i·cal·ly** /-k(ə)li/ 副

dog·mát·ics 名 〈単数扱い〉教義[教理]学.

dog·ma·tism /dɔ́:gmətiz(ə)m|dɔ́g-/ 名 U **1** 独断; 独断的態度. **2** 教条主義.

dog·ma·tist /dɔ́:gmətist|dɔ́g-/ 名 C **1** 独断論者, 独断家. **2** 教条主義者.

dog·ma·tize /dɔ́:gmətàiz|dɔ́g-/ 動 自 独断的な主張をする〈*about* ..について〉.

do-good·er /dú:gùdər/ 名 C 〖普通, 軽蔑〗(善意はあるが有能でなく, 時に迷惑な)善行家.

do-good·ism /dú:gùdiz(ə)m/ 名 U 〖話〗善行家のする事[考え].

dóg [dóggie] pàddle 名 U 〖話〗犬かき《泳ぎ方》.

dóg ròse 名 C 〖植〗イヌバラ《生垣などに用いる》.

dógs·bòdy 名 (複 **-bodies**) C 〖英話〗(不愉快な雑用をやらされる)下っぱ, 下働き, (drudge).

dòg's bréakfast [dínner] 名 C 〖英話〗ひどい出来具合, めちゃくちゃ(な状態).
drèssed like a dòg's dínner (服装が)おかしな格好で.
màke a dòg's bréakfast [dínner] of .. ..をめちゃくちゃにする.

dóg slèd 名 C 犬ぞり.

Dóg Stàr 名 〈the ~〉〖天〗シリウス (Sirius).

dóg tàg 名 C **1** 犬の鑑札. **2** 〖話〗(兵士が首にかける)認識(番号)票.

dòg-tíred /㊐/ 形 〖話〗疲れ切った, へとへとになった, (tired out).

dóg·tòoth 名 (複 **-teeth** /-tì:θ/) C **1** 犬歯, 糸切り歯, (canine tooth). **2** 〖建〗犬歯飾り《13 世紀英国建築の装飾の一種》.

dóg·tròt 名 C 〈普通, 単数形で〉小走り.

dóg wàrden 名 〖主に英〗=dogcatcher.

dóg·wàtch 名 C 〖海〗折半直《午後 4-6 時および 6-8 時の 2 時間交代の当直》.

dóg·wòod 名 C 〖植〗ハナミズキ《北米原産; 苞(ほう)が花のように見えるミズキ科の落葉高木》.

doh /dou/ 名 =do².

DOHC double overhead camshaft (2 頭上カム軸).

doi·ly /dɔ́ili/ 名 (複 **-lies**) C ドイリー《レース, 紙などで作り, 食器などの下に敷く小型装飾ナプキン》.

do·ing /dú:iŋ/ 名 **1** UC やったこと, 仕業. This must be his ~. これは彼の仕業に違いない. **2** C 〖俗〗(人に対してのひどい)仕打ち. give a person a good ~ 人にひどいことをする. **3** 〖話〗〈~s〉行い, 行動; 出来事; 活動, 催し. sayings and ~*s* 言行. **4** 〖英話〗〈~s; 単複両扱い〉例のもの, あれ《名前を思い出せない[知らない]が入用なもの》. Where's the ~*s* to cut this with? これを切るあれはどこにある.
tàke [wànt] sòme [a lòt of] dóing 〖話〗〔仕事などが〕かなりの[大変な]努力が要る.

‡dò-it-yoursélf /㊐/ 形 〈限定〉〖話〗素人でやる(方式の), 日曜大工(用)の, 《略 DIY》. a ~ kit 素人[日曜大工]用道具一式. ── 名 U 素人細工, 日曜大工.
▷**~·er** 名

dol. dollar.

Dol·by /dɔ́:lbi, dóul-|dɔ́l-/ 名 U 〖商標〗ドルビー《録音[再生]時の雑音を減らすシステム》.

dol·ce /dáltʃi|dɔ́l-/ 形, 副 〖楽〗甘い[く]. [イタリア語 'sweet']

dol·drums /dáldrəmz, dóul-|dɔ́l-/ 名 〈複数扱い〉 **1** 〖海〗〈the ~〉(赤道付近の海上の)無風帯《帆船は進めない》. **2** ふさぎ込み, 意気消沈; 停滞状態.
in the dóldrums 〖話〗(1) ふさぎ込んで. (2) 〔景気などが〕沈滞して, 活気なく.

‡dole /doul/ 名 C **1** (困窮者などへ少量ずつ与える)施し物, 支給品, 《金銭, 食物, 衣類など》. **2** 〖英話〗〈the ~〉失業手当. be [go] on the ~ 失業手当を受けている[受ける]. ── 動 他 VOA (~/X/*out*) X (金, 食物など)を少しずつ施す[与える]. [＜古期英語「分け前」; deal² と同根]

dole·ful /dóulf(ə)l/ 形 物悲しい; わびしい; 陰うつな.
▷**~·ly** 副 **~·ness** 名

dóle quèue 名 C 〖英話〗**1** 失業手当をもらう人の行列. **2** 失業者総数.

†doll /dɑl|dɔl/ 名 C **1** 人形 (★普通, 女の子のためのものであるが, 軍服を着た Action Man などをも含む). **2** 〖話〗きれいだが頭のよくない若い女. **3** 〖俗〗かわいこちゃん, かっこいい人; 〖米俗〗恋人, 愛人; 《男性にも言う》. **4** 〖米話〗いい人, 親切な人. ── 動 他 VOA (~ /X/ *up*) 〖話〗X の身なりを飾る〈*in* ..で/*for* ..用に〉〈しばしば受け身で〉. be ~*ed up*＝~ oneself *up* めかす.
gèt (all) dòlled úp (1) 着飾る. (2) 粉飾する.
[＜*Doll* (Dorothy の愛称)]

‡dol·lar /dálər|dɔ́lə/ 名 (複 **~s** /-z/) C **1** ドル《米国, カナダ, オーストラリアなどの通貨単位; 100 cents に相当; 記号 $, $; 略 dol.》; 1 ドル硬[銀]貨[紙幣]. $10＝ten ~*s* 10 ドル. **2** 〈the ~; 単数扱い〉米ドル相場. The ~ is falling. 米ドルは下がってきている.
bèt one's bòttom dóllar on [that ..] →bet.
dòllar for dóllar 〈副詞句〉この値段では (★しばしば広告文で). *Dollar for* ~, you cannot buy a better computer. このお値段で, これ以上のコンピュータは買えません.
dòllars and cénts 〖米〗金銭. a matter of ~*s and cents* 金銭上の問題.
dòllars to dóughnuts 確かで. It is ~*s to doughnuts* that she will be arrested. きっと彼女は逮捕される.
fèel like a mìllion dóllars 〖話〗気分爽(そう)快である, いい気分である, すばらしく見える.
lòok like a mìllion dóllars とても元気そうである, すてきに見える.
the álmighty dòllar 金力.
[＜ドイツ語 (*Joachims*)*taler*; ボヘミアの Joachimstal (ヨアヒムの谷)で採掘した銀で鋳造されたドイツの銀貨]

dóllar àrea 名 C ドル地域.

dòllar-denóminated /㊐/ 形 ドル建ての.

dóllar diplòmacy 名 U ドル外交《経済力で外国に対する影響力を強めようとする政策》.

dóllar gàp 名 C ドル不足.

dòllars-and-cénts /㊐/ 形 〖米〗金銭上の[的な], 金銭面からの, 実際的な.

dóllar sìgn 名 C ドル記号 ($).

dóll·hòuse 名 (複 →house) C 〖米〗 **1** 人形の家《小さな人形や家具を入れた模型の家》. **2** おもちゃのような(小さい)家.

dol·lop /dáləp|dɔ́l-/ 名 C 〖話〗(食品, 粘土など柔らかい物の, 小さな)ひとかたまり; (目分量での)ひと盛り, スプーン 1 杯; ちょっぴり. a ~ of mashed potato マッシュポテトのひとかたまり. ── 動 他 VOA 〔柔らかい食物の塊など〕を載せる, 入れる, 〈*onto, into* ..に〉.

dóll's hòuse 名 〖英〗=dollhouse.
Dol·ly /dάli|dɔ́li/ 名 **1** Dorothy の愛称. **2** (クローン羊の)ドリー《**Dòlly the shéep** とも言う》.
dol·ly /dάli|dɔ́li/ 名 (複 **-lies**) Ⓒ **1** 〖幼〗お人形ちゃん. **2** 〖米〗(荷物運搬用の)台車. **3** 〖映・テレビ〗移動式撮影機台, ドリー. **4** =dollybird.
dólly·bìrd 名 Ⓒ 〖英旧話〗(頭はよくないが)見目うるわしい人, かわいこちゃん.
dol·man /dάlmən, dóul-|dɔ́l-/ 名 (複 ~**s**) Ⓒ ドルマン《ゆったりした袖 (**dòlman sléeve**) が付いた外套(ɡɑ̃)》.
dol·men /dάlmən|dɔ́l-/ 名 Ⓒ ドルメン, 支石墓, 《直立した数個の自然石の上に扁(ɡ)平な巨石を乗せたもの; 英仏に見られる先史文化の遺跡》.
do·lo·mite /dóuləmàit, dάl-|dɔ́l-/ 名 Ⓤ 〖鉱〗白雲石, ドロマイト.
Do·lo·mites /dóuləmàits, dάl-|dɔ́l-/ 名 〈the ~〉 ドロミテアルプス《イタリア北東部の山脈; アルプスの一部》.
do·lor 〖米〗, **-lour** 〖英〗 /dóulər|dɔ́lə/ 名 Ⓤ 〖詩〗悲嘆, 傷心, (grief).
do·lor·ous /dóulərəs|dɔ́l-/ 形 〖章〗悲痛な, 痛ましい, (sad). ▷ ~**·ly** 副
†**dol·phin** /dάlfən|dɔ́l-/ 名 Ⓒ **1** 〖動〗(鼻先がとがっている)イルカ (★雄[雌, 子]は a bull [cow, calf] ~; →porpoise). **2** 〖魚〗シイラ (**dólphinfish**). [<ギリシア語]
dol·phi·na·ri·um /dὰlfənéəriəm|dɔ̀l-/ 名 Ⓒ イルカ水族館.
dolt /doult/ 名 Ⓒ 〖旧〗ばか, 間抜け, のろま.
dolt·ish /dóultiʃ/ 形 間抜けな, のろまな. ▷ ~**·ly** 副
dom. domain; domestic; dominion.
-dom /dəm/ 接尾 **1** 「地位, 領地, 国」の意味を持つ名詞を作る. duke*dom*. king*dom*. **2** 「..の状態」の意味の名詞を作る. free*dom*. wis*dom*. **3** 「..社会, ..界」の意味の名詞を作る. official*dom*. [古期英語]
†**do·main** /douméin, də-/ 名 **1** Ⓒ (**a**) 領地, 領土; 勢力範囲. aerial ~*s* 領空. →the public domain. (**b**) (江戸時代の日本の)藩. **2** Ⓒ (知識, 思想, 興味, 活動などの)分野, 領域. the ~ of medicine 医学の分野. That is a problem outside [in] my ~. それは私の専門外[専門領域]の問題だ. **3** 〖法〗 Ⓤ 土地所有権. ~ of use 地上権. **4** 〖電算〗ドメイン. [<ラテン語「領有, 支配」]
***dome** /doum/ 名 (複 ~**s** /-z/) Ⓒ **1** (半球状の)**丸屋根**, ドーム; 丸天井 (vault). the ~ of a church 教会のドーム. **2** 丸屋根状[半球形]のもの; (山などの)円い頂. the (blue) ~ of the sky 大空, 青天井. **3** 〖古・詩〗壮麗な建物, 館(やかた). **4** 〖俗〗(はげ)頭. **5** 〖米〗ドーム球場. [<イタリア語「大聖堂」(<ラテン語 *domus* 'house')]
domed 形 ドームを持った, 丸屋根の; ドーム形の. a ~ forehead 丸く盛り上がった額.
Dómes·day Bòok /dú:mzdei-/ 名 〈the ~〉 (中世英国の)土地台帳《William 1世の命により1086年に作成》.
‡**do·mes·tic** /dəméstik/ 形 **1** Ⓒ **家庭(内)の**; 家事の; 家庭用の. ~ life 家庭生活. ~ bliss 家庭の幸福. ~ violence 家庭内暴力. a ~ help [worker] お手伝いさん. ~ appliances (家庭)電気製品《冷蔵庫, 洗濯機, 皿洗い機など》. **2** ⓜ **家庭的な**, 家事の好きな[に熱心な]. A ~ woman will make a good housewife. 家庭的な女性はよい主婦になる. a ~ sort of person 家庭的な人. **3** Ⓒ **国内の** (interior); 国産の, 自家製の; (↔foreign). ~ news 国内ニュース. ~ trade 国内取引. the ~ market 国内市場. ~ and foreign affairs 内外事情. a ~ car [wine] 国産車[ワイン]. ~ products 国産品. a ~ flight 国内便. ~ airlines 国内線航空会社. **4** Ⓒ 〔動物が〕**人に飼われている**, 飼いならされた, (domesticated; ↔wild).
── 名 **1** Ⓒ (家庭の, 特に女性の)使用人, 召し使い. **2** 〖米〗〈~s〉 国産品.
[<ラテン語「家 (*domus*) の」] ▷ **do·mes·ti·cal·ly** /-k(ə)li/ 副
domèstic ánimal 名 Ⓒ 家畜.
†**do·mes·ti·cate** /dəméstəkèit/ 動 他 **1** 〔動物〕を家畜化する, 飼いならす, (類語 通俗には tame と同義とされるが, 厳密には domesticate は種としての動物に用い(犬は ~d animal), 個々の動物には tame を用いる(象を捕まえてならしたのは tamed animal)).
2 を家事になじませる, 家庭的にする. Marriage has ~*d* the tomboy. 結婚したらおてんば娘が家庭的になった.
3 〔外来種の動植物〕を土地になじませる[馴(じゅん)化させる].
do·més·ti·càt·ed /-əd/ 形 家庭的な.
do·mès·ti·cá·tion 名 Ⓤ 慣らすこと; 飼育; 順応.
do·mes·tic·i·ty /dòumestísəti/ 名 (複 **-ties**) **1** Ⓤ 家庭的なこと; 家庭への愛着. **2** Ⓤ 家庭生活. **3** Ⓒ 〈普通 -ties〉 家事, 家庭内の雑用. **4** Ⓤ 馴(じゅん)化(の状況).
domèstic science 名 Ⓤ 〖旧〗家政学 (home economics), (学校の)家庭科.
domèstic sérvice 名 Ⓤ お手伝いさんの仕事.
dom·i·cile /dάməsàil, -s(ə)l|dɔ́m-/ 名 Ⓒ **1** 〖章〗住所; 住居, 住まい. **2** 〖法〗住所, 本居. a ~ of origin 出生によるドミサイル[住所, 本居]. ── 動 他 〖章・法〗 VOA をある場所に定住させる 〈*in*, *at* ..に〉.
domiciled 形 〈叙述〉〖法〗居住して 〈*in*, *at* ..に〉. be ~ [~ oneself] *in* [*at*] ..に住所を定める.
dom·i·cil·i·a·ry /dὰməsílièri|dɔ̀məsíliəri/ 形 〖章・法〗家宅の, 家庭の. a ~ visit 家宅捜索; 〖英〗(医者の)往診; (牧師などの)家庭訪問.
†**dom·i·nance** /dάmənəns|dɔ́m-/ 名 Ⓤ 優勢, 優越; 支配(力); 権勢. male ~ over females 男性の女性支配.
***dom·i·nant** /dάmənənt|dɔ́m-/ 形 ⓜ **1 支配的な**; (最も)有力な, 優勢な; 主要な. the ~ public opinion 優勢な世論. the ~ (political) party 第一党, 多数派. the ~ crop 主要な作物. a ~ issue at the next election 次の選挙の主な争点. a ~ hand 利き腕. Christianity has achieved a ~ place in Western thought. キリスト教は西洋思想の中で有力な地位を占めている. **2** 卓越した, 目立つ; 〔山の峰などが〕(群を抜いて)そそり立つ. a ~ peak 主峰. in a ~ position 目立つ場所に. **3** 〖生物〗(遺伝形質が)優性の (↔recessive); 〖生態〗優占(種)の.
── 名 **1** 〖楽〗〈the ~〉 (音階の)第5音. **2** Ⓒ 〖遺伝〗優性(形質); 〖生態〗優占種《群集の中の最も豊富な種》.
***dom·i·nate** /dάmənèit|dɔ́m-/ 動 (~**s** /-ts/|過 過分 **-nat·ed** /-əd/|**-nat·ing**) 他 **1** を(力ずくで)**支配する**, 威圧する; の首位[優位]を占める, を左右する. ~ other people 他人に服従を強いる. Africa used to be ~*d* by white people. アフリカはかつて白人の支配下にあった. The day is past when the company ~*d* the computer market. その会社がコンピュータ市場を支配した時代は過ぎた. Fear ~*d* her mind. 彼女の心は恐怖に圧倒された. The bribery scandal ~*d* the election. その贈収賄事件が選挙を左右した. ~ the conversation (人が)会話を一人占めする. The issue of gun control ~*d* the discussion throughout. 討議は銃規制問題に終始した.
2 〔山, 塔などが〕の上にそびえ[そそり]立つ, を見下ろす. Nelson's statue ~*s* the square. ネルソンの像がその広場を見下ろしている.
── 自 **1** 支配する, 圧倒する, 優位に立つ 〈*over* ..を, より〉. The gang ~*d over* the townspeople. 暴力団が町民を支配した. The *dominating* interest of my boyhood was baseball. 私の少年時代の支配的な興味は野球だった. **2** そびえ[そそり]立つ 〈*over* ..の上に〉. [<ラテン語「主人 (*dominus*) として支配する」]

D

dóm·i·nàt·ing 形 支配的な, 最も強い影響力を持つ.

†**dòm·i·ná·tion** 名 **1** U 支配(する[される]こと), 統治, 君臨, (rule). a nation under the ～ of a foreign army 外国軍隊の制圧下にある国家.
2 U 優勢, 優位, 優越. overturn male ～ 男性優位を覆す. **3** 〈～s〉 主天使 (→angel).

dom·i·na·tor /dámənèitər|dɔ́m-/ 名 C 支配者.

dom·i·neer /dàməníər|dɔ̀m-/ 動 自 横暴な態度を取る, 威張り散らす, 〈*over* ..に対して〉. [＜オランダ語; dominate と同源]

dòm·i·néer·ing /-ní(ə)riŋ/ 形 横暴な; 圧制的な. a ～ master 横暴な主人. ▷ **～·ly** 副 横暴に.

Dom·i·nic /dámənik|dɔ́m-/ 名 **1 Saint ～** 聖ドミニクス (1170–1221) 《(カトリック教)ドミニコ修道会を創立したスペインの僧侶》. **2** 男子の名.

Dom·i·ni·ca /dàməní:kə|dɔ̀m-/ 名 **1** ドミニカ《西インド諸島の共和国; 英連邦の1員; 正式名 the Commonwealth of Dominica; 首都 Roseau》.
2 女子の名.

Do·min·i·can /dəmínikən/ 形 **1** (カトリック教)ドミニコ(修道)会の. **2** ドミニカ共和国の. ── 名 C **1** ドミニコ会(修道)士. **2** ドミニカ共和国民.

Domìnican Repúblic 名 〈the ～〉 ドミニカ共和国《西インド諸島中のイスパニオラ島の東側の国; 首都 Santo Domingo》.

‡**do·min·ion** /dəmínjən/ 名 **1** U 〖主に雅〗 統治権, 支配, 〈*over* ..に対する〉. hold ～ *over* a large area 広大な領土を支配している. **2** C 領土 (territory); 領地. **3** C 〖史〗〈しばしば D-〉 自治領《かつての英帝国内の地域(カナダ, オーストラリア, ニュージーランドなど)に与えられていた名称》.

Domínion Dày 名 (カナダの)自治記念日《7月1日; 法定休日; 今では Canada Day と言う》.

‡**dom·i·no** /dámənòu|dɔ́m-/ 名 (複 **～es**) C **1** ドミノの牌(はい) 《プラスチック, 木, 骨製の長方形の札》. fall (down) like *～es* 将棋倒しになる. **2** 〈～es; 単数扱い〉 ドミノ《28 枚の牌で行うゲーム》. **3** ドミノ仮装衣《仮装舞踏会用の小仮面付きマント》. [＜ラテン語「主人に」]

dómino effèct 名 〈the ～〉 ドミノ効果《ドミノ倒し的連鎖反応効果; 主に政治的な事柄について言う》.

dómino thèory 名 U ドミノ理論《一国が共産化すると周辺の国も連鎖的に共産化するという理論; また波及現象一般についても言う》.

Don[1] /dɑn|dɔn/ 名 Donald の愛称.

Don[2] 名 〈the ～〉 ドン川《ロシア南部 Azov 海に注ぐ》.

don[1] /dɑn|dɔn/ 名 **1** 〈D-〉 ..さん, ..様, 《スペイン語圏で男子の Christian name の前に付ける敬称; →Don Juan, Don Quixote》. **2** C スペイン紳士; スペイン人. **3** C 〖英〗 (特に Oxford, Cambridge 両大学で学寮 (college) の)学監; 個人指導教員 (tutor), 特別研究員 (fellow); 〈一般に〉 大学教員. [スペイン語 'master']

don[2] 動 (**～s**|**-nn-**) 他 〈大げさに〉 を装う, 身に付ける, (↔doff). ～ a Santa Claus costume サンタの服を着る. [＜*do on*]

Do·ña /dóunjə/ 名 **1** ..夫人《スペイン語圏で貴婦人の洗礼名の前に付ける敬称; Madam に当たる》. **2** 〈d-〉 C スペイン語圏の貴婦人. [don[1] 1 の女性]

Don·ald /dán(ə)ld|dɔ́n-/ 名 男子の名《愛称 Don》.

Dònald Dúck 名 ドナルドダック《Walt Disney の漫画映画に登場するアヒル》.

†**do·nate** /dóuneit, ─ ́/ 動 他 **1** を寄贈する, 寄付する, 〈*to* ..に〉 (類語 contribute 1 と同義であるが, 慈善行為に重点がある). ～ $10,000 *to* a charity 慈善事業に1万ドル寄付する. **2** 〔血液, 臓器など〕を提供する. ── 自 寄贈をする, 寄付をする, 〈*to* ..に〉. ～ *to* the Red Cross 赤十字に寄付をする. [＜*donation*]

†**do·ná·tion** 名 **1** UC 寄付, 寄贈. make a generous ～ of $100,000 to the orphanage 孤児院へ10万ドルの多額の寄付をする. **2** UC 献血, (臓器などの)提供. **3** C 寄贈物; 寄付[義捐(えん)]金. ask for [invite] *～s* 寄付を募る. [＜ラテン語「与えること」(＜*dōnum* 'gift')]

Do·nau /dóunau, dɔ́:-/ 名 ＝Danube.

Don·cas·ter /dáŋkæstər|dɔ́ŋkə-/ 名 ドンカスター《英国サウスヨークシャ州の工業都市; 競馬 (the Saint Leger) で有名》.

‡**done** /dʌn/ 動 do[1] の過去分詞. 語法 (1)〖米俗〗では did の代わりに用いられることがある: Who ～ it? だれがやった (→whodunit). (2)〖米方〗では 助 的用法で完了を表すことがある: He ～ eat(en) his supper. やつは夕飯をもう済ませちまったよ.
── 形 ⓒ 【仕上がった】 **1** 〈叙述〉〔人, 仕事が〕**終了した, 済んだ**; 使い切った; 〖話〗 疲れ切った. When you are ～, come home at once. 済んだらすぐ帰ってきなさい. Well ～! でかした. **2** 〔食物が〕調理された〈普通, 複合要素〉. I want my steak well-～. 私のステーキはよく焼いてください. **3** (礼儀, 社会慣習などに)かなった, ふさわしい; 〖俗〗 流行の. the ～ thing 礼儀[慣習]にかなったこと. That isn't ～. そういうことはよくない[礼儀に反する]. **4** 〖話〗 だまされた; ぱくられた; 死んで.
be (all) dòne and dústed すっかり準備できている.
be [have] dóne with .. ..を済ませ(ている); ..と関係が切れ(ている); ..を終える; ..をやめる; ..と手を切る. *Have* [*Are*] you *done with* the magazine? その雑誌はもうお済みですか. I'*m* not *done with* my homework yet. 宿題をまだ終えていない. It'd be better for you to *have done with* such a man. あんな男とは絶交した方が身のためですよ.
Dóne! よろしい; 承知した, よし決まった; 《同意を表す》.
dóne for (1)〖話〗 へとへと[くたくた]で. (2)〖話〗 死にかけて; 死んで; 絶望的で.
dòne ín (1) ＝DONE for (1). (2)〖俗〗 殺されて; 台無しで.
dòne óver 〖俗〗 不利になって, 負けて.
dòne to the wíde [wórld] 〖話〗 くたくたで; 完敗で.
dòne úp (1) ＝DONE for (1). (2)〖俗〗 故障して.
òver and dóne with →over.

dòne déal 名 C 〖主に米〗 決着のついた取引, けりの付いたこと.

do·nee /dòuní:/ 名 C 受贈者 (↔donor).

Don·e·gal /dànigɔ́:l|dɔ̀n-/ 名 ドネゴール《アイルランド北西部の州》.

don·jon /dʌ́ndʒ(ə)n, dán-|dɔ́n-, dʌ́n-/ 名 C 〖史〗 (中世の城の)天守閣, 本丸, 《dungeon の古いつづりが残ったもの》.

Dòn Júan /-dʒú:ən, -(h)wɑ́:n/ **1** ドン・ファン《スペインの伝説上の貴族で典型的プレイボーイ》.
2 プレイボーイ, 女たらし, (lady-killer).

***don·key** /dáŋki|dɔ́ŋ-/ 名 (複 **～s** /-z/) C **1** 〖動〗 ロバ (→ass[1] 類語) 《米国民主党の象徴; →elephant》. have a ～ ride ロバに乗る. **2** ばか(者); 強情な人. Don't be such a ～! そんなばかなことを言うな[するな].
dónkey's yèars 〖英話〗 とても長い間《長いのが定評のロバの耳 (ears) にかけた》. I haven't seen you for *～'s years*. 随分長くお会いしなかったですね.
tàlk the hínd lègs off a dónkey 〖話〗 休みなくしゃべりまくる(ことができる). [?＜*dun*[2]＋mon*key*]

dónkey dèrby 名 C ロバレース《お祭りなどにする》.

dónkey èngine 名 C (船に積んでおく小型の)補助エンジン《帆上げなどに用いる》.

dónkey jàcket 名 C 〖英〗 (厚手で防水の)作業着.

dónkey·wòrk 名 U 〖主に英話〗 退屈な骨折り仕事. do (all) the ～ 退屈でつらい仕事をする.

don·na /dánə|dɔ́nə/ 名 **1** 〈D-〉 ..夫人, ..様, 《イタリアの既婚婦人の Christian name の前に付ける敬称; Madam に当たる》. **2** C (イタリアの)貴婦人. [イタリア

語 'lady']

Donne /dʌn/ 名 **John** ～ ダン(1573-1631)《英国の形而上派詩人・説教者》.

don·nish /dɑ́niʃ|dɔ́n-/ 形〖主に英〗大学教員(don)のような, 学者ぶった; 世事に疎い.

don·ny·brook /dɑ́nibrùk|dɔ́n-/ 名 C 乱闘騒ぎ, つかみ合いのけんか,《アイルランドの Dublin 州の Donnybrook で毎年開かれた市(いち)でけんかが多かったことから》.

†**do·nor** /dóunər/ 名 C **1** 寄贈者, 寄付者, (↔donee). a ～ country 供与国. **2**〖医〗(臓器などの)提供者, ドナー,〈特に〉献血者(blood donor). a ～ organ 提供された臓器. **3**〖物理〗ドナー, 電子供与体,《半導体の本体に余分な電子を与える不純物; ↔acceptor》.

dónor càrd 名 C ドナーカード《臓器提供承諾者が携行する》.

dó·nòthing 形, 名 C 何もしない(人), 無為無策の(人),《特に政治家について言う》.

Dòn Qui·xóte /-kwíksət, -ki(h)óuti/ **1** ドンキホーテ《スペインの作家 Cervantes の風刺小説; その主人公》. **2** 現実無視の空想家. ◇形 quixotic

‡**don't** /dount/〖話〗do[1] not の短縮形. 語法 don't を doesn't の代わりに用いるのは, 普通, 無教養な言い方とされるが,〖米〗ではかなり一般化している.

── 名 (複 **don'ts**) C〈普通 ～s〉してはいけないこと.

dòs and dón'ts →do 名.

dòn't knów 名 C (アンケートなどの)態度保留者; 浮動票投票者.

do·nut /dóunʌ̀t/ 名〖米〗=doughnut.

doo·dad /dú:dæ̀d/ 名 C〖米話〗**1** 何とか言うもの《名前を知らない[忘れた]小さな物について》. **2** 小さな[ささいな]装飾品.

doo·dah /dú:dɑ̀:/ 名〖英話〗=doodad 1.

all of a dóodah 興奮して; 動揺した.

doo·dle /dú:dl/ 動 自 (考え事や他の事をしながら)いたずら書きをする. ～ while phoning 電話しながらいたずら書きをする. ── 名 C (考え事などをしながらの)いたずら書き.

dóodle·bùg 名 C〖虫〗アリジゴクの幼虫.

doo-doo /dú:dù:/ 名 U〖幼・話〗うんち. in deep ～ えらいことになって. ── 動 自 うんちをする.

doo·fer, doo·fah /dú:fər/, /-fə/ 名 C〖話〗何だっけ, あれ.《名前を思い出せないものを指す》.

doo·fus /dú:fəs/ 名 C〖米話〗ばか, 阿呆.

doo·hick·ey /dú:hiki/ 名 C〖米話〗あの何とか言うもの《特に, 機械の部品》.

doo·lal·ly /dú:læ̀li/ 形〖話〗(一時的に)頭のおかしい.

*__doom__ /du:m/ 名 U **1** (普通, 悪い又は恐ろしい)**運命**, 宿命, (→fortune 類語); 破滅; 死. send a person to his [her] ～ 人を殺す[破滅させる]. **2** (特に有罪の)判決, (厳刑の)宣告. **3** (神の下す)最後の審判 (the Last Judgment). the day of ～ =Doomsday.

(be all) dòom and glóom [glòom and dóom] 暗い将来[景気]の見通し(である).

mèet [gò to] one's dóom 滅びる; 死ぬ.

pronòunce a pèrson's dóom 人に刑罰[不幸]の宣告をする.

spèll dóom for .. ..を運命うける, ..にとっては厄介なことになる.

the cràck of dóom 最後の審判の日の始まりを告げる雷鳴; 世の終わり.

── 動 (～s /-z/|過 過分 ～ed /-d/|dóom·ing) 他 **1** の**運命を定める**, (不幸な結末に)を運命うける, をだめにする; VOA (～ X *to* ..)・VOC (～ X *to do*) X を..になる[..する]ように**運命づける**;〈主に受け身で; →doomed 2〉. That careless action of yours has ～*ed* us! 君があんな不注意なことをしたおかげで我々の命運が尽きたのだ. We were ～*ed to* failure. 我々は失敗するように運命うけられていた. **2** VOA (～ X *to* ..) X に〔刑〕を宣告する (condemn). be ～*ed to* death 死刑を宣告される.

[＜古期英語「判決」]

‡**doomed** 形 **1**〈限定〉運の尽きた, 不運の; 失敗するに決まっている. a ～ airplane (墜落寸前などで)運の尽きた飛行機. **2**〈叙述〉運命うけられている〈*to* do ..するように〉. He was ～ *to* die young. 彼は若死にする運命だった.

dóom·sàyer 名 C〖米〗災厄を予言する人.

dooms·day /dú:mzdèi/ 名 U **1**〈しばしば D-〉最後の審判の日, この世の終わり(の日), (the Judgment Day). **2** 運命の日. ***till [until] dóomsday***〖話〗永久に, いつまでも.

Dóomsday Bòok 名〈the ～〉=Domesday Book.

doom·ster /dú:mstər/ 名 C 失敗を予言する人.

dóom·wàtch 名 U 環境破壊監視. ▷**～·er** 名

‡**door** /dɔ:r/ 名 (複 **～s** /-z/) C **1** **戸**, 扉, ドア. knock at [on] the ～ 戸をたたく. go in by the front ～ 正面玄関のドアから入る. open a car ～ 車のドアを開ける. hang a ～ (蝶番(ちょうつがい)で)ドアを取り付ける. Shut the ～ behind [after] you. (出入りの後は)ドアを閉めておきなさい. This ～ is jammed. このドアは動かない. A ～ must be either shut or open.〖諺〗扉は閉まっているか開いているかのいずれかであるべきである《どちらかを選ばなければいけないの意》. As one ～ closes, another ～ opens.〖諺〗1つのドアが閉じても, 別のドアが開くものだ《失敗してもチャンスはまた来る》.

> 連結 open [close, slam; bolt, lock; unlock; force] a ～ // a ～ creaks [slams (shut), swings open]

2〈普通, 単数形で〉**戸口**, (出)入り口, 玄関, (doorway). There's someone at the ～. 玄関にだれか来ています. answer the ～ (訪問者の)応対に(玄関まで)出る. show [see] a person to the ～ 戸口まで人を見送る. There's the ～! 出口はあっちだ[さっさと出て行け].

3 1軒, 1戸, (マンションなどの) 1室. He lives two ～*s* off [away, down, up] from us. 彼の家はうちから2軒先です. **4** 門戸, 関門, 道〈*to* ..への〉. a ～ *to* success 成功への道. Einstein's theory opened the ～ *to* the nuclear age. アインシュタインの理論は核時代への道を開いた.

a fòot in the dóor →foot.

at dèath's dóor〖章・戯〗瀕(ひん)死の状態で[の].

at a person's dóor (人)のすぐ近くに, 迫って.

behìnd clòsed dóors 秘密に, こっそりと.

be knòcking at [on] the dóor of .. ..に加入しようとしている.

be on the dóor〖話〗(受付や入場券のもぎりなどの)入り口業務を務める, 入場係をする.

by [through] the bàck dóor =by the BACKDOOR.

clòse its dóors 〔店が〕店をたたむ.

clòse [bàr, shùt] the dóor on [to] .. ..に対して門を閉ざす; ..を拒否する, 不可能にする. The government's rash act *shut the* ～ *to* peace talks. 政府の軽率な行為は和平会談への道を閉ざした.

dàrken a pèrson's dóor →darken.

(from) dòor to dóor (1) 戸口から戸口まで; (旅行などで)出発してから到着するまで, 空港[駅など]からホテル[自宅など]まで(★又はその逆). The journey will take at least three hours, ～ *to* ～. そこへ行くには家を出てから着くまでで少なくとも3時間はかかるだろう. a price *from* ～ *to* ～ 配達料込みの値段. (2) 軒並みに, 1軒ごとに. sell books (*from*) ～ *to* ～ 1軒1軒本を売って歩く.

gèt [hàve] one's fóot [tóe] in the dóor きっかけをつかむ, 入るチャンスをつかむ〈*of* ..の, に/*to* do ..する〉.

lày .. at a pèrson's dóor 〔罪, 責任など〕を人に負わせる; ..を人のせいにする. *lay* the blame for the accident

at the driver's ～ 事故の責任を運転手に負わせる.
lèave the dóor òpen (議論, 交渉などの)余地[可能性]を残しておく.
lìe at a pèrson's dóor 〔責任が〕人にある; 〔失敗などが〕人の責任である. The responsibility for the consequences *lies at* my ～. 結果の責任は私が負います.
òpen its dóors 〔店が〕開業する, 商売を始める.
òpen the dóor(s) to [for].. ..への道を開く, を可能にする.

out of dóors 戸外[野外]に[で, へ] (outdoors; →outdoor; ↔indoors). The wind is cold *out of* ～*s*. 外は風が冷たい.
shòw a pèrson the dóor (怒って)人にドアを指して「帰ってくれ」と言う; 人を追い出す.
shùt [slàm] the dóor in a pèrson's fáce (1)(その面前で戸を閉めて)人を中に入れない, 人を門前払いする. (2) 人の計画を遂行させない.
shùt [clòse ↑] the dóor to [on]..
within dóors 〖章〗屋内に[で] (indoors).
[<古期英語]

*__door·bell__ /dɔ́ːrbèl/ [名] ([複] ～s /-z/) [C] 戸口[玄関]のベル[ブザー], 呼び鈴.

dóor·càse [名] ＝doorframe.

dò-or-díe /[移]/ [形] 必死の, 命がけの; 一か八(ばち)かの, のるかそるかの. a ～ attempt 必死の試み.

dóor·fràme [名] [C] 戸の枠, かまち.

dóor·jàmb [名] ＝doorpost.

dóor·kèeper [名] [C] 門番, 門衛.

dóor·knòb [名] [C] ドアの取っ手[引き手].

dóor·knòcker [名] [C] (戸口の)ノッカー.

dóor·màn /-mæ̀n, -mən/ [名] ([複] **-men** /-mèn, -mən/) [C] (ホテル, デパートなどの)制服姿のボーイ, 送迎係, 《戸を開閉したり, タクシーを呼んだりする》.

dóor·màt [名] [C] **1** (玄関前に置く)靴ふき, ドアマット. **2** 〖話〗踏みにじられても黙っている人.

dóor·nàil [名] [C] 鋲(びょう)くぎ《昔ノッカー受けなどとしてドアに打ち付けた大型のもの》.
(as) dèad as [dèader than] a dóornail (疑いなく)死んで; 〈比喩的〉〔バッテリーなどが〕切れて.

dóor·plàte [名] [C] (戸口の)標札《真鍮(しんちゅう)製など》.

dóor·pòst [名] [C] (扉の)側柱.
(as) dèaf as a dóorpost 全く耳の聞こえない.

dóor prìze [名] [C] 〖米〗(パーティーなどで入り口でもらった券で当たった)福引賞品.

dóor·scràper [名] [C] 泥落とし《門口などに置いてある靴から泥をこすり落とす金属製の道具》.

dóor·sìll [名] [C] ドアの敷居.

*__dóor·stèp__ [名] ([複] ～s /-s/) [C] **1** 戸口の踏み段. **2** 〖英話〗厚切りの食パン. ***at [on] one's [the] dóorstep*** (家の)すぐ近くに, 近所に; 人のせいに.
── [動] [自] 戸別訪問をする《物を売ったり, 選挙の支持を依頼したりするために》. ── [他] 〔記者などが〕〔いやがる人〕に押しかける, 張り込みをする.

dóor·stèp·ping [名] [U], [形] (プライバシー取材の)張り込み(をする).

dóor·stòp [名] ＝doorstopper.

dóor·stòpper [名] [C] **1** あおり止め《戸を開けたまま固定したり, 激しく閉まらないようにする装置》. **2** 戸当たり《ドアを勢いよく開けた時壁に傷がつかないように床や壁に付ける装置; 普通, 先端にゴムが付いている》.

dòor-to-dóor /[移]/ [形] 〈限定〉軒並みの, 戸別の; 宅配の. a ～ salesman 戸別訪問のセールスマン. ── [副] ＝(from) DOOR to door.

‡__door·way__ /dɔ́ːrwèi/ [名] ([複] ～s /-z/) [C] **1** 戸口, 門口, 出入り口. The door opened and there she was, standing in the ～. ドアが開くと, 戸口に彼女が立っていた. **2** 道 〈*to* ..への〉. Keeping early hours is a ～ *to* health. 早寝早起きは健康の秘訣(けつ).

dóor·yàrd [名] [C] 〖米〗玄関前[家の回り]の庭.

doo·zy, doo·zie /dúːzi/ [名] ([複] **-zies**) [C] 〖米話〗とてつもないもの.

‡**dope** /doup/ [名] **1** [U] 〖話〗麻薬, 薬(やく), 《特にマリファナ》; 興奮剤《競走馬, スポーツ選手などが違法に使用した》. take [smoke] ～ 薬(やく)をやる. **2** [C] 〖米俗〗麻薬常用者. **3** [U] 〖旧俗〗〈普通 the ～〉(秘密)情報, 予想〈*on* ..についての〉. **4** [C] 〖話〗ばか者. **5** [U] (機械用の)潤滑剤; ガソリンの添加剤《アンチノック剤など》; (ダイナマイトの)吸収剤. **6** [U] ドープ塗料《布などの防水, 強化用》.
── [動] [他] **1** 〖話〗に麻薬[興奮剤, 薬]を飲ませる[混ぜる]〈*up*〉. be ～*d up* with marijuana マリファナですっかりラリっている. **2** にドープ塗料を塗る.
dòpe /../ óut 〖旧・話〗(1) ..を考え出す, 突き止める. (2) 〔スポーツなどの結果〕を予想する.
dòpe úp 〖米俗〗薬(やく)を打つ; 薬を仕入れる.
[<オランダ語「ソース」]

doped /-t/ [形] 薬(やく)が効いている 〈*up*〉.

dópe·hèad [名] [C] 〖話〗麻薬常用者.

dope·ster /dóupstər/ [名] [C] 〖米話〗(政治やスポーツなどの)予想屋.

dópe tèst [名] [C] ドーピング・テスト[チェック]. fail a ～ ドーピング・テストにひっかかる.

do·pey, do·py /dóupi/ [形] [e] 〖話〗 **1** 麻薬にやられた(ような); 意識がもうろうとした. **2** ばかげた, くだらない.

dop·ing /dóupiŋ/ [名] [U] ドーピング《競走馬, スポーツ選手などに興奮剤を与えること》.

dop·pel·gäng·er /dɔ́ːpəlgèŋər|dɔ́pəlgæ̀ŋə/ [名] [C] 生霊(いきりょう); 分身. [ドイツ語 'double-goer']

Dóp·pler effèct /dɑ́plər-|dɔ́p-/ [名] 〈the ～〉〖物理〗ドップラー効果《波源と観測者が移動するとき, お互いに遠ざかると波長が長くなり, 近づくと短くなる現象; <オーストリアの物理学者 C. *Doppler* (1803–53)》.

Do·ra /dɔ́ːrə/ [名] Dorothy, Theodora の愛称.

Dor·chester /dɔ́ːrtʃəstər/ [名] ドーチェスター《英国南部 Dorset 州の州都》.

Do·ri·an /dɔ́ːriən/ [形] (古代ギリシアの)ドリス(人)の.

Dòrian Gráy ドリアン・グレイ《Oscar Wilde の小説の主人公で, 快楽にふける美青年》.

Dor·ic /dɔ́ːrik|dɔ́r-/ [形] 〖建〗ドリス式の (→capital 図). the ～ order ドリス様式. ── [名] [U] **1** 田舎英語; 〈特に〉スコットランド英語. **2** 〖建〗ドリス様式. **3** (古代ギリシアの)ドリス方言.

Dor·is /dɑ́ris|dɔ́r-/ [名] 女子の名.

dork /dɔːrk/ [名] [C] 〖米〗 **1** 〖俗〗ばか, 間抜け; ださいやつ. **2** 〖卑〗ペニス (penis).

dorm /dɔːrm/ [名] 〖話〗＝dormitory.

dor·man·cy /dɔ́ːrmənsi/ [名] [U] (活動)休止; 休眠.

†**dor·mant** /dɔ́ːrmənt/ [形] **1** (一時)活動休止中の; 〔動物が〕冬眠中の; 〔植物が〕休眠中の. lie ～ 活動していない, 手つかずである. **2** 〔才能などが〕未発達の. **3** 〔権利などが〕未発動の. **4** 〔資産などが〕遊んで[寝て]いる. **5** 〖紋章〗〈名詞の後に置いて〉(獣が)頭を前足に載せて伏せた姿勢で (→couchant, rampant). a lion ～ 休眠姿勢のライオン《図柄》. [<ラテン語「眠る」]

dòrmant volcáno [名] [C] 休火山.

dor·mer /dɔ́ːrmər/ [名] [C] 〖建〗屋根窓 (**dórmer wìndow**).

[dormer]

dor·mice /dɔ́ːrmàis/ [名] dormouse の複数形.

†**dor·mi·to·ry** /dɔ́ːrmətɔ̀ːri|-t(ə)ri/ [名] ([複] **-ries**) [C] **1** 〖米〗(大学の)寮, 寄宿舎, 《普通 2 人で 1 室》. **2** (数人用の)共同寝室. [<ラテン語「眠る場所」]

dórmitory tòwn [sùburb] [名] [C] 〖主に英〗(郊外の)ベッドタウン.

dor·mo·bile /dɔ́ːrməbìːl/ 名 C 〘英・商標〙(キャンプ用)大型トレーラー《内部に生活用設備がある》.

dor·mouse /dɔ́ːrmàus/ 名 (複 →mouse) C 〘動〙ヤマネ《リスに似た小動物; 冬眠する》.

Dor·o·thy /dɔ́ːrəθi|dɔ́r-/ 名 女子の名《愛称は Dolly など》. [ギリシア語 'gift of God']

dor·sal /dɔ́ːrs(ə)l/ 形 〘動〙背の, 背部[背側]の. a ～ fin (魚の)背びれ. ▷ **～·ly** 副

Dor·set /dɔ́ːrsət/ 名 ドーセット《イングランド南部の州; 略 Dors.; 州都 Dorchester》.

Dor·set·shire /dɔ́ːrsətʃìər|-ʃə/ 名 ＝Dorset.

do·ry[1] /dɔ́ːri/ 名 (複 **-ries**) C 平底船《舷(げん)側が高い; 北米東海岸地方の小型漁船》.

do·ry[2] 名 (複 **-ries**) C 〘魚〙ニシマトウダイ《食用; **Jòhn Dóry** とも言う》.

DOS /dɔːs, dɑs|dɔs/ 名 U 〘電算〙ドス《ディスクの情報を操作するためのプログラム; ＜*d*isk *o*perating *s*ystem》.

dos·age /dóusidʒ/ 名 **1** C 〈普通, 単数形で〉(薬の)服用量, 投薬量; (X 線などの)放射線量, 適用量. **2** U 投薬; 調剤.

*__dose__ /dous/ 名 (複 **dós·es** /-əz/) C **1** (薬, 特に水薬の) 1 服; (薬の) **1 回の服用量**. take three ～*s* a day 1 日 3 回服用する. **2** 〘医〙(1 回に照射される)放射線量. receive a heavy ～ of radiation 一度に大量の放射線を浴びる. **3** 〘話〙(刑罰, 不運などの)ある程度, 少し. The teacher gave the lazy boy a fair ～ of hard words. 教師はその怠惰な男子生徒にきつい言葉をたっぷり浴びせた. I came down with a ～ of flu. 私はちょっとした流感で寝込んだ. **4** 〈a ～〉〘俗〙性病. have a ～ 性病にかかっている.

a dóse of his [her] òwn médicine →medicine.

in smàll dóses 少しの間(なら).

── 動 他 **1** に投与する, 服用させる, 〈*up/with* ..〔ある分量の薬〕を〉. He was ～*d with* aspirin for three days. 彼はアスピリンを 3 日分投薬してもらった. **2** 〔薬〕を1 回分ずつに分ける.

dòse /../ úp 〔人〕に薬を多量に服用させる〈*with* ..を〉. ～ oneself *up with* vitamins ビタミン剤を飲む.

[＜ギリシア語「与えること」]

dosh /dɑʃ|dɔʃ/ 名 U 〘英俗〙金(かね).

Dos Pas·sos /dous-pǽsous, dəs-pǽsəs|dɔ̀s-pǽsɔs/ 名 **John (Roderigo)** ～ ドスパソス(1896–1970)《米国の小説家》.

doss /dɑs|dɔs/ 〘主に英俗〙 動 自 VA (～ *in* ..) 〘主に英・オース〙〔空家, 戸口など〕で寝る.

dòss aróund [abóut] 〘英話〙ぶらぶらする.

dòss dówn (間に合わせの所で)寝る.

── 名 C 眠り. have a ～ ちょっと眠る.

▷ **dóss·er** 名 C 安宿に泊まる人; 放浪者.

dóss·hòuse 名 (複 →house) C 〘英俗〙木賃宿, 安宿, (〘米〙flophouse).

‡**dos·si·er** /dɑ́sièi|dɔ́s-/ 名 C (個人, 事件などに関する)調査資料, 一件書類. the ～ on the criminal 犯人に関する書類. [フランス語「(背にラベルをはった)文書の束」(＜*dos* 'back')]

dost /dəst, 強 dʌst/ 助 〘古〙do[1] の 2 人称単数 thou に用いる直説法・現在形.

Dos·to·ev·ski, -sky /dɑ̀stəjéfski, dɔ̀ːs-|dɔ̀s-/ 名 **Feodor Mikhailovich** ～ ドストエフスキー(1821–81)《ロシアの小説家》.

*__dot__ /dɑt|dɔt/ 名 (複 **～s** /-ts/) C **1 点**, ぽつ, 《i, j の点もこう呼ぶ》; しみ, 斑(はん)点; 点《遠くはるかにある物, 人物》; (布地の)水玉(模様). the ～ over "i" i の上の点. a white blouse with red ～*s* 赤い水玉模様の白いブラウス. The ship looked like a ～ on the horizon. その船は水平線上の点のように小さく見えた. **2** 省略符号《「...」を three dots と呼び, 引用文の初め, 中間に用い, 末尾を省略する時にはこれに終止符, 疑問符または感嘆符を加える》. **3** (モールス信号の)短音, トン, (↔dash). **4** 〘楽〙符点. **5** (点のように)小さいもの; 少量.

*__*òn the dót*__ 〘話〙**時間通りに**; きちんと決まった場所に. The train arrived ⌞*on the* ～ of six o'clock [at six o'clock *on the* ～]. 列車は定刻通り 6 時に到着した.

the yèar dót 〘英俗・しばしば軽蔑〙大昔. in [since] *the year* ～ 大昔に[から].

── 動 (**～s** /-ts/|過 過分 **dót·ted** /-əd/|**dót·ting**) 他 **1** に点を打つ; 〔雨粒などが〕にぽつぽつと当たる. **2** に点在する; VOA を点在させる〈*with* ..で/*about* ..〔場所など〕に〉, 〈しばしば受け身で〉. Black birds ～*ted* the snow. 雪の上に点々と黒い鳥がいた. The beach was ～*ted with* sun bathers. 渚(なぎさ)には日光浴の人々が点々としていた. **3** 〘英俗〙を力一杯殴る. ～ a person on the nose 人の鼻を殴りつける.

dòt one's [(all) the] i's /áiz/ ***and cròss one's [(all) the] t's*** /tíːz/ ＝CROSS one's [the] t's (and dot one's [the] i's). [＜古期英語「吹出物の頭」]

dot·age /dóutidʒ/ 名 U もうろく, 老いぼれ.

in one's dótage もうろくして(いる).

dot·ard /dóutərd/ 名 C もうろくした人, 老いぼれ.

dót còm /-kɑ̀m|-kɔ̀m/ 名 (インターネットの)ドット・コム《＜.com》.

‡**dote** /dout/ 動 自 VA (～ ***on*** [***upon***] ***..***) ..を溺(でき)愛する. [＜中期英語(＜?)]

doth /dəθ, 強 dʌθ/ 助 〘古〙do[1] の 3 人称単数・直説法・現在形.

dot·ing /dóutiŋ/ 形 〈限定〉 溺(でき)愛する. a ～ mother 子を溺愛する母親. ▷ **～·ly** 副

dòt matrix prínter 名 C 〘電算〙ドットプリンター《点を組み合わせて文字を表す印刷装置》.

dót·ted /-əd/ 形 点の付いた, 点で描いた. a ～ scarf 水玉模様のスカーフ. a ～ note 〘楽〙付点音符.

dòtted líne 名 C 点線《......; →broken line》. cut along the ～ 点線に沿って切る.

sìgn on the dòtted líne 〘話〙契約書などに署名(して正式に同意)する《署名欄には点線が引いてある》.

dot·ty /dɑ́ti|dɔ́ti/ 形 e **1** 〘話〙頭の弱い, ばかな; 気の変な. **2** 〈叙述〉夢中になって, のぼせあがって, 〈*about* ..に〉. 「昔のつうりは **Douay**」.

Dou·ai /duːéi|⌐–/ 名 ドゥエー《フランス北部の都市;

Dòuay Bíble 名 〈the ～〉ドゥエー聖書《ローマカトリック教徒による Vulgate からの英訳聖書; 新約は 1582 年に Reims で, 旧約は 1609–10 年に Douay で刊行》.

‡**dou·ble** /dʌ́b(ə)l/ 形 ⓒ 【**2 倍の**】 **1** (**a**) **2 倍の**, 倍の, (→single, triple). do ～ work (人の)倍働く. a ～-page advertisement 見開き広告. (**b**) 〈定冠詞または one's の付く名詞, 基数, 所有代名詞, 名詞節の前に用いて〉 **..の 2 倍**. pay ～ the price 倍額を支払う. Twenty is ～ ten. 20 は 10 の 2 倍である. Prices are ～ what they were then. 物価は当時の 2 倍である.

2 **2 人用の** 〔ベッド, 部屋など〕, 二つの物のための. a ～ seat 2 人掛けの座席. play a ～ role 1 人 2 役を演じる. a ～ garage 2 台用の車庫.

【**2 重の**】 **3** **2 重の**. a ～ lock 2 重錠. a ～ window 2 重窓. a gun with a ～ barrel＝a ～-barreled gun 2 連銃. commit a ～ blunder 過失を 2 つ重ねる. for a ～ purpose 2 重の目的で. We received a ～ blow when the catcher got injured and the pitcher was ejected. 捕手がけがをし, 投手が退場させられて我々は 2 重の打撃を受けた. **4** 2 つ折りの. a ～ sheet of letter paper 2 つ折りの便箋(せん)1 枚.

5 【重なった】〘植〙八重咲きの〔花, 植物〕. a ～ daffodil 八重(咲き)の水仙.

【**両様の**】 **6** 〔人, 生活などが〕**裏表**[**二心**]**のある**, 不誠実な. a man with a ～ character 二重人格者. lead a ～ life (善と悪などの)二重生活をする《例えば, 別宅に愛

人を住まわせる》. **7**〔意味が〕二様にとれる, あいまいな, (ambiguous). There was a ~ meaning in his words. 彼の言葉は二様の意味に取れた.

── 副 Ⓒ **2倍**(だけ); 2重に, 二様に; 2人で; 2つ折りになって. fold a scarf ~ スカーフを2つに折りたたむ. ride ~ on a bicycle 自転車に相乗りする. bend ~ 体を深く折り曲げる. be bent ~ with age 老齢で腰が大変曲がっている.

sèe dóuble 物が2重に見える.

── 名(複 **~s** /-z/)【2倍, 2重】 **1** UC **2倍**(の数量, 大きさ, 価値, 額など); (ウイスキーなどの)ダブル. pay ~ 倍額支払う(→形 1(b)). Twelve is the ~ of six. 12は6の2倍である. I'll have a martini; make it a ~. マティーニをもらおう, ダブルに[ジンを2倍に]してくれ.

2 Ⓒ 〖野球〗2塁打(→single, triple). Tom's ~ off Ned ネッド(投手)から奪ったトムの2塁打.

3 〖ブリッジ〗(点の)倍加, ダブル. **4** 〖競馬〗(馬券の)複式. **5** 〖ダーツ〗ダブル《的の外側の2円の間に投げること; 得点が2倍になる》. **6** 〖スポーツ〗〈the ~; 単数扱い〉(同類の競技会での)2連勝.

7 〈~s; 単数扱い〉(テニスなどの)ダブルス(→single 名 2, mixed doubles). play (a) ~*s* ダブルスを行う.

8 Ⓒ【同じもの2つ】生き写し(の人), そっくりの人; (映画, テレビ, 劇の)代役 (stand-in). Frances is ⌊the ~ of her aunt [her aunt's ~]. フランシスは叔母さんと生き写しだ.

9 Ⓒ【2つ折り】(追われた獣などの)急転回; (川の流れなど)の)急角度の湾曲(部).

at the dóuble (1)(特に兵隊が)急速歩で《駆け足と歩行の中間》. (2)〖英〗=on the DOUBLE.

dòuble or nóthing 〖米〗[***quíts*** 〖英〗] 一か八(ばち)かの勝負《さいころを投げて思った目が出れば賭(か)け金の倍額を得, 出なければ賭け金全部を失う》.

on the dóuble 〖米話〗大急ぎで. Get these orders out *on the* ~. 至急この命令を出してくれ.

── 動 (**~s** /-z/|過 過分 **~d** /-d/|**-bling**) 他 **1** を**2倍にする**, 倍加する; の2倍ある. Her boss has ~*d* her salary. 社長は彼女の給料を2倍にした. His deposit ~*s* mine. 彼の預金は私の2倍ある.

2 を2重にする; を2つに折る. ~ a sheet of paper 紙を2つに折る. **3** 〖海〗〔船・船員が岬など〕を回る, 回航する.

4 〖米〗〔こぶし〕を握る (clench). The man ~*d* his fists in anger. 男は怒って両手のこぶしを握りしめた《殴りかかろうとして》. **5** 〔俳優が2役〕を務める; の代役をする; 〔仕事など〕を兼務する. ~ the two parts of the prince and the beggar 王子と乞食(こじき)の2役を演じる. **6** 〖楽〗〔楽器〕の伴奏に合わせて歌う, 〔楽器が歌〕の伴奏をする. The piano ~*d* the tenors. ピアノがテノールの伴奏をした. **7** 〖ブリッジ〗〔相手の競り高〕の得点・失点数を2倍にする.

── 自 **1** **2倍になる**, 倍増する. Production of this model of car will ~ to 20,000 next year. この型の自動車の生産は来年は倍増して2万台となるだろう. **2** 〖野球〗2塁打を打つ. **3** ぎゅっと折り曲がる; かがみこむ. **4** くるりと向きを変える, 急に折り返す, 〈*back*〉. **5** VA (~ *for*..) ..の代わりをする; (~ ***as***..) ..として1人2役を務める, 〔物〕が..を兼ねる. This large box will ~ *as* a writing desk. この大きな箱は机の代わりになるでしょう.

6 〖ブリッジ〗相手の競り高を2倍にする.

dòuble báck 来た道を戻る; 後戻りする〈*on*.. 追っ手などをまいて〉. The deer ~*d back on* us. シカは逆戻りして私たちから逃れた.

dòuble /../ báck =DOUBLE /../ over (1).

dòuble in bráss 2役をこなす.

dòuble óver =DOUBLE up (1).

dòuble /../ óver (1)..を2つに折る. ~ a leaf of a book *over* 本のページを折り曲げる. (2)=DOUBLE /../ up (2).

dòuble úp (1)(激痛, 大笑いなどで)体を折り曲げる, かがむ. (2)寝室を共にする〈*with* ..と〉. I ~*d up with* my brother when we were children. 子供のころ兄と一緒の部屋で寝ていた.

dòuble /../ úp (1)=DOUBLE /../ over (1). (2)〔痛み, 笑いなどが〕..の体を折り曲げさせる, ..をかがみこませる. be ~*d up* in pain 痛くてかがみこむ.

[<ラテン語 *duplus*「2つ折りの」(<*duo* 'two')]

dóuble àct 名 Ⓒ (芸人[コメディアン]の)コンビ; その芸.

dóuble àgent 名 Ⓒ 2重スパイ.

dóuble bàr 名 Ⓒ 〖楽〗複縦線.

dòuble-bárreled 〖米〗, **-relled** 〖英〗/㊕/ 形 **1** 〔銃が〕2連の《銃身が2つある》. **2** 〔発言などが〕2重の目的を持った, どちらにも取れる. **3** 〖英話〗2重姓の《ハイフンで結ぶ; 例 Brooks-Smith; 夫婦が両家の姓を残したいときに作る》. **4** 〖米話〗強烈な.

dòuble báss 名 Ⓒ ダブルベース, コントラバス.

dòuble béd 名 Ⓒ ダブルベッド (→twin bed).

dòuble-bédded /-əd ㊕/ 形 〔部屋が〕ダブルベッドの[シングルベッドが2つ]ある.

dòuble bíll 名 Ⓒ (映画, 芝居などの)2本立て.

dòuble bínd 名 Ⓒ 板挟み (dilemma).

dòuble-blínd /㊕/ 形 二重盲の〔実験など〕《実験者にも被験者にも内容を知らせないで行う》.

dòuble blúff 名 UC 裏の裏をかくこと.

dóuble bògey 名 Ⓒ 〖ゴルフ〗ダブルボギー.

dòuble bóiler 名 Ⓒ 〖米・カナダ〗2重なべ《外側のなべの沸騰した湯で内側のなべの材料を熱する》.

dòuble-bóok 動 他 〔ホテル, 航空会社などが〕〔部屋, 席など〕を2重に予約を受ける, 〔人〕の部屋[席など]の予約を2重に受ける, 《キャンセルに備えて》. ── 自 2重に予約を受ける.

dòuble-bréasted /-əd ㊕/ 形 〔コートや上着が〕両前の, ダブルの, (→single-breasted).

dòuble-chéck 動 他, 自 (を)再確認する, 再点検する.

── 名 Ⓒ 再確認, 再点検.

dòuble chín 名 Ⓒ 2重あご.

dòuble créam 名 Ⓤ 〖英〗特別濃いクリーム.

dòuble-cróss 動 他 〖話〗〔味方〕を裏切る, '売る'. ⌊▷ **~·er** 名

dòuble cróss 名 Ⓒ 裏切り.

dòuble dágger 名 Ⓒ 〖印〗2重短剣符《‡》.

dòuble-dáte 動 自 〖主に米話〗〔2組の男女が〕合同でデートする.

dòuble dáte 名 Ⓒ 〖主に米話〗(2組の男女の)合同「デート, ダブルデート.

dòuble-déaler 名 Ⓒ 2枚舌を使う人, 裏表のある人, 不誠実な人.

dòuble-déaling 形, 名 Ⓤ 2枚舌を使う(こと), 不「誠実な(こと).

dòuble-décker 名 Ⓒ **1** 2階建てのバス[電車]. **2** 2重サンドイッチ《パンを3枚使った》.

dòuble-dígit 形 〔インフレ, 失業率などが〕2桁(けた)の.

dòuble-díp 名 Ⓒ 〖米〗アイスクリームのダブル. ── 動 自 (給料などを)2重取りする.

dòuble Dútch 名 Ⓤ **1** 〖英話〗ちんぷんかんぷん. It's all ~ to me. 私には全く分かりません. **2** 〖米〗ダブルダッチ《同時に内回しにする2本の縄を跳ぶ》.

dòuble dúty 名 Ⓤ 2重の機能, 2役. do ~ 2役をこなす.

dòuble-dýed /㊕/ 形 〖主に雅〗全くの, 徹底した, 根っからの, 〔悪党など〕《<染まりきった<二度染めの》.

dòuble éagle 名 Ⓒ 〖米〗米国の旧20ドル金貨.

dòuble-édged /㊕/ 形 =two-edged.

dou·ble en·ten·dre /dù:bl-ɑ:ntɑ́:ndrə/ 名 UC 2通りの意味にとれる語句《一方が卑猥(ひわい)な意味であることが多い》. [フランス語(廃語) 'double meaning']

dòuble éntry 名 Ⓤ 〖簿記〗複式記帳法.

dòuble expósure 名 Ⓤ 〖写〗2重露出.

dòuble-fáced /-t ㊕/ 形 二面性の, 二心ある; 偽善的な.

dóuble fàult [名][C] (テニスなどの)ダブルフォールト《サーヴを 2 回連続して失敗すること》.
dòuble féature [名][C] 〘映〙2 本立て(番組).
dòuble fígures [名] 〈複数扱い〉2 桁(けた)の数《10 から 99 まで》.
dòuble fírst [名][C] 〘英大学〙2 学科最優秀学士「(号).
dòuble-gláze [動][他] 〔窓など〕を2 重ガラスにする.
dòuble glázing [名][U] (窓を) 2 重ガラス(にすること).
dòuble-héader [名][C] 〘米〙(野球の)ダブルヘッダー《同じ 2 チームが同じ日に続けて行う 2 試合》.
dòuble hélix [名][C] (DNA の) 2 重らせん.
dòuble indémnity [名][U] 〘米法〙事故死倍額支払《保険契約の特別条項に入れることがある》.
dòuble jéopardy [名][U] 〘法〙2 重の危険《同一犯罪で被告を再度裁判にかけること; 違法とされる》.
dòuble-jóinted /-əd [移]/ [形] 〔人, 動物が〕(指などの)関節を通常の反対側などに自由自在に曲げられる.
dòuble négative [negátion] [名][C] 〘文法〙2 重否定《(1) 標準用法: I did*n't* say I was*n't* going. (行かないとは言わなかった)のように否定語を二度繰り返すことによって肯定を表すこと. (2) 非標準用法: I do*n't* know *nothing*. (私は何も知らない)のように 1 個の否定で済むのに 2 個の否定語を使うこと; 無教育な人の語法とされる》.
dòuble níckel [名][U], [副] 〘米俗〙時速 55 マイル(で).
dòuble-párk [動][他] 〔車〕を(他の車に並べて) 2 重駐車させる《駐車違反》; 〈人を主語として受け身で〉2 重駐車している. He's ~*ed*. 彼は 2 重駐車している.
— [自] 2 重駐車する.
dòuble pláy [名][C] 〘野球〙併殺, ダブルプレー.
dòuble pneumónia [名][U] 〘医〙両側肺炎.
dòuble-quíck /[移]/ [形], [副] 大急ぎの[で]. in ~ time 大急ぎで.
dòuble quótes [名] 〈複数扱い〉二重引用符《" "》.
dòuble róom [名][C] (ホテルなどで)ベッドが 2 つまたはダブルベッドがある 2 人部屋.
dòuble sáucepan [名] 〘英〙=double boiler.
dòuble-spáce [動][他] (タイプで)をダブルスペースで打つ《間の 1 行をとばす》.「虫色の表現.
dóuble·spèak [名][U] (故意の)あいまいな言い方, 玉↑
dòuble stándard [名][C] **1** 2 重基準《特に性行動に関して, 女性より男性に多くの自由を与える道徳基準》. apply ~*s* 2 重基準を適用する. **2** 〘経〙=bimetallism.「つに見える 2 つの星》.
dòuble stár [名][C] 2 重星《同じ方向にあるために 1↑
dòuble stéal [名][C] 〘野球〙ダブルスチール, 重盗.
dòuble-stóp [動] (~s|-pp-) 〘楽〙[自] (ヴァイオリンなどで)重音で演奏する《2 つ(以上)の音を同時に出す》. — [他] を重音で弾く.
dou·blet /dʌ́blət/ [名][C] **1** 〘史〙ダブレット《体に密着した男子の上着, 下には hose をはく; 15–17 世紀ごろのもの》. **2** 〘言〙2 重語, 姉妹語,《語源が同じで意味, 語形が異なる語: secure と sure, fragile と frail など》. **3** (対[似たもの]の)片一方. **4** 〈Doublets〉ダブレッツ《同じ字数から成る 2 つの単語を決め, 最初の語を 1 度に 1 字ずつ変えて最も少ない回数で 2 つ目の語にすることを競うゲーム; 例: hand→legs の場合 *l*and-le*n*d-len*s*-leg*s*》.
dòuble táke [名][C] 〘話〙遅れた反応. do a ~ 初めは平然としていて次にはっと気が付いたように驚いたりする《しばしば喜劇の演技に用いられる》.
dóuble-tàlk [動][自] 調子はよいが中身のないことを言う; 表裏のある話し方をする. — [名] =double talk.
▷ **~·er** [名]
dóuble tàlk [名][U] **1** 意味のない発音を混じえた早口のおしゃべり; わけの分からぬ話. **2** 故意に分かりにくくした話し方.
Dòuble Tén(th) [名] 〈the ~〉双十節《中華民国の建国記念日・辛亥革命記念日; 10 月 10 日》.
dóuble·thìnk [名][U] 二重思考《2 つの矛盾する考え[視点]を同時に受け入れること; George Orwell が *Nineteen Eighty-Four* で用いた造語》.
dóuble-tìme [動][自], [他] (に)駆け足する[させる].
dóuble tìme [名][U] **1** 〘米軍〙駆け足《早駆け (run) に次ぐ行進速度》. **2** (週末や休日の特別出勤に対する)倍額給与.
dòuble vísion [名][U] 〘医〙複視《物が 2 重に見えること》.
dòuble whámmy [名][C] (悪いことなどの)'ダブルパンチ'.「ングルの倍で約 60ml》.
dòuble whísky [名][C] ウイスキーのダブル (1 杯)《シ↑
dòuble whóle nòte [名][C] 〘米〙〘楽〙2 全音符.
dòuble yellow línes [名] 2 重黄線《車道の縁に引き, 駐車禁止を表す; →single yellow line》.
dou·bloon /dʌblúːn/ [名][C] 〘史〙ダブルーン金貨《昔スペインとスペイン系南米諸国で用いられた》.
†**dóu·bly** [副] **1** 2 倍(に); 2 倍だけ. Make ~ sure that everything is ready. 万事準備が整ったかどうか念には念を入れてくれ. **2** 2 重に; 二様に. The couple are ~ blessed because of their silver wedding and the husband's election to the Diet. その夫婦は銀婚式と夫の代議士当選とで二重の喜びに恵まれている.
‡**doubt** /daut/ [名] ([複] **~s** /-ts/) [UC] 〈しばしば ~s〉**疑い**, 疑念; 懐疑; 不信; 〈*about, as to, of* ..についての/*that* 節..という/*wh* 節..かどうかの〉(★that 節については下の[語法]を見よ; ↔belief; [類語] doubt は漠然とした根拠のない疑念; suspicion は何か証拠があって怪しいと考えること). There is no room for ~. 疑いの余地はない. There is some ~ (*about, as to*) *whether* she will recover from her illness.=There is some ~ *of* her recovering from her illness. 彼女が病気から回復するかどうかは疑わしい. have one's [no] ~*s* (*about* ..) (..について)疑いを持つ[持たない]. There is [I have] no ~ ⌞*that* he is innocent [*of* his innocence]. 彼が無実であることになんの疑いもない[持っていない]. The footprints left no ~ *that* the party had gone into the forest. 足跡からして一行が森へ入って行ったことは明らかだった ([語法] doubt は否定語に続く場合は後に that 節をとることができる). His statement admits of no ~. 彼の陳述には疑念をさし挟む余地がない. I have my ~*s* *about* his innocence. 彼の潔白には疑いを持っている. The effect of this medicine is open to ~. この薬の効果はまだはっきりしていない. The new fact ⌞cast [threw] ~(*s*) on [raised ~*s* about] the statesman's story. 新事実はその政治家の話に疑いを投げかけた. an element of ~ 多少の疑い.

> [連結] strong [great, serious] ~(*s*); little [not the least] ~; a slight ~ // feel [entertain, harbor; express; dispel, remove] (a) ~

beyond* (*a* [*àny, àll*]) *dóubt 〘章〙全く疑いなく[のない]. There is, *beyond* ~, more to the story. 確かにその話には裏がある.「shadow of a DOUBT.
beyònd rèasonable dóubt →beyond the↑
beyònd the shàdow of a dóubt 疑う余地もなく.
give a pèrson the bénefit of the dóubt → benefit.
if* [*whèn*] *in dóubt 疑わしい場合[時]は.
****in dóubt*** (1)〔人が〕**不確かで**; 疑って; 迷って; 〈*about, as to* ..のことで〉. I am *in* ~ (about) what to do with this affair. この件をどう処理しようかと迷っている. (2)〔物事が〕不確かで, 不明で. The outcome is still *in* (some) ~. 成り行きはまだはっきりしない.
****nò dóubt*** (1)〈副詞的〉**確かに**; なるほど. Your idea is interesting, *no* ~, but it is impracticable. なるほ

ど君の考えは面白いが, 実行不可能だ (★no doubt.., but ..の相関関係). (2)〘話〙たぶん (probably); きっと, さだめし. You have, *no* ～, some reason for being here? 君がここにいるのはさだめし何か訳があるんだろう.

***without* (*a*) *dóubt*〘章〙**疑いなく**, きっと, 確かに, (certainly). Jack will *without* ～ deliver this message to her. 間違いなくジャックはこの伝言を彼女のもとに届けますよ.

D

── 動 (～s /-ts/|過 過分 **dóubt·ed** /-əd/|**dóubt·ing**) 他 をを**疑う**, に疑いを持つ, を**信用しない**, **疑わしく思う**; を危ぶむ; VO (～ *that* 節/*wh* 節) **..ということを/..かどうかを疑う**; 〈普通, 進行形不可〉 (→suspect 2 語法).

> 語法 (1) 肯定文の中では whether 節, if 節も用いるが if 節の方は談話体. that 節を用いると, 疑いより強い不信を表す. (2) 否定文・疑問文の中では that 節, 〘旧〙but 節, 〘旧〙but that 節が用いられる

～ the truth of a statement 陳述の真実性を疑問視する. I (very much) ～ *whether* [*if*] he is sane. 彼ははたして正気なのだろうか. I don't ～ *that* he will help us. 彼が私たちを助けてくれることは間違いない. He sounds honest, but I ～ him. 彼の話を聞くと正直そうだが, 私は彼を信用していない. The policeman ～*ed* his story [word]. 警官は彼の話を信用しなかった. "Do you think she will agree?" "I ～ it."「彼女が同意すると思いますか」「どうかね」I ～ that. 本当かね. I ～ *if* he is still alive. 彼がまだ生きているとは思えない. I ～ (*that*) you can finish it in time. 君がそれを期限までに仕上げられるとはとても思えない.

── 自 疑う; 怪しいと思う; 危ぶむ; 〈*about*, *of* ..を〉 (↔ believe). Do you still ～, despite what you have seen? 君は目で見たのにまだ疑うのか. I've never ～*ed of* your faithfulness. 私はあなたの貞節を疑ったことはない. [＜ラテン語「2 つの物から 1 つを選ばなければならない＞ためらう」] ▷ **dóubt·er** 名

‡**doubt·ful** /dáutf(ə)l/ 形 m **1** 〈叙述〉 (**a**) 〔人が〕**疑いを持っている** 〈*of*, *about* ..について/*if*, *whether* ..かどうか〉. be [feel] ～ *of* success 成功を危ぶむ. Mrs. Harris is very ～ *about* her son's future. ハリス夫人は息子の将来をとても案じている. (**b**) 〔人が〕**自信がない**, 迷っている, 〈*as to*, *about* ..について/*wh* 節・句..かどうか〉. He was ～ *which* way ⌞to take [he should take]. 彼はどっちの道を取ろうか迷っていた. He is ～ *about* passing the examination. 彼は試験に合格する自信がない.

2 〔物事が〕**疑わしい**, 不確かな, 〔結果などが〕不明な. make a ～ reply どっちつかずの返事をする. be of ～ value あまり価値がありそうでない. The outcome of the election is ～. 選挙の結果はなんとも言えない. It is very ～ whether [if] we'll arrive in time. 我々が間に合うように着けるかどうか大変疑わしい. It is ～ that the President said so personally. 大統領自身がそう言ったというのは怪しい.

3 〔人柄, 行為などが〕**信用できない**; いかがわしい, 怪しげな. a ～ character [look] いかがわしい人物[顔つき].

4 〘ジャーナリズム〙出場が危ぶまれる.

◇動, 名 doubt ▷ **～·ness** 名

dóubt·ful·ly 副 **1** 疑って, 疑わしげに; 自信なしに[なさそうに]; あいまいに. Of his life we know nothing beyond what may be ～ inferred from the texts. 彼の生涯について我々はテクストからおぼろに推測される以上の何ものも知らない. **2** 〈文修飾〉疑わしい(と思われる)が. Watercress is ～ native, but is very common around here. クレソンが在来種かは疑わしいが, この辺りではいっぱいある.

dòubting Thómas 名 C 〘戯〙疑ぐり深い人《聖書『ヨハネによる福音書』20:24-29; トマスはキリストの復活を容易に信じなかった》.

***doubt·less** /dáutləs/ 副 ⓒ **1** **おそらく** (probably). *Doubtless* you have heard the news. たぶん君はその知らせを聞いているだろう. **2** 間違いなく, 確かに, (certainly). Dora is ～ the most diligent student in this class. このクラス中でドーラがいちばん良く勉強するのは確かだ. 類語 doubtless, no doubt, undoubtedly, without doubt の順に確信の度合が強くなる. ▷ **～·ness** 名

dóubt·less·ly 副 ＝doubtless.

douche /duːʃ/ 名 U 灌(かん)水シャワー, 注水, 《洗浄, 医療などのための》; C 灌水器, 注水器. [フランス語'shower bath']

Doug /dʌg/ 名 Douglas の愛称.

†**dough** /dou/ 名 U **1** パン生地, 生練り粉; (陶土などの)練った塊. **2** 〘話〙お金, 現なま. [＜古期英語]

dóugh·bòy 名 (複 **～s**) C 〘米話〙第 1 次大戦従軍の米国陸軍兵士.

†**dóugh·nùt** 名 C **1** ドーナツ《リング型とボール型とがある》. **2** 〘米〙ドーナツ状の物. ★donut ともつづる.

dò dóughnuts 〘米話〙車をスピンさせる.

── 動 他 〘英〙(国会のテレビ中継のとき)〔議員が〕〔演説者〕を取り囲む《演説者が多くの人に支持されている印象を与えるため》. ── 自 取り囲む. ▷ **～·ting** 名

dough·ty /dáuti/ 形 e 〘古・戯〙勇敢な, 雄々しい.

dough·y /dóui/ 形 e **1** パン生地のような. **2** 〔パン, ケーキなどが〕生焼けの; 柔らかい, 柔らかすぎる. **3** 〘話〙〔肌の色が〕青白い.

Doug·las /dʌ́gləs/ 名 **1** 男子の名《愛称 Doug》. **2** ダグラス社《米国の航空機メーカー; 正式名 Douglas Aircraft Co.》. [ゲール語 'dark blue']

Dòuglas sprúce [fír, píne, hémlock] 名 C ベイマツ《米国北西部産の常緑樹; クリスマスツリー用》.

dour /dauər, duər|duə/ 形 〔態度, 性質などが〕むっつりした, 気難しい, 厳しい; 陰気な. ▷ **dóur·ly** 副

douse /daus/ 動 他 **1** を突っ込む 〈*in* ..〔水など〕に〉. **2** に水をかける; VOA (～ X *in*, *with*..) 〔水など〕を X にかける[撒く]. The sprinkler ～*d* the furniture *with* water. スプリンクラーが家具を水浸しにした. **3** 〘話〙〔灯火〕を消す (put out). *Douse* the lights! 消灯.

‡**dove**[1] /dʌv/ 名 (複 **～s** /-z/) C **1** ハト《pigeon よりも小型のもの; 平和などの象徴》. The ～ is often a symbol of peace. ハトはしばしば平和の象徴となる. **2** かわいい人 (→darling 類語); おとなしい人, 無邪気な人. My ～! ねえ, おまえ. **3** 穏健[ハト]派(の人) (↔hawk).

(***as***) ***gèntle as a dóve*** 非常に柔和な[優しい].
[＜古期英語]

dove[2] /douv/ 動 〘米〙dive の過去形.

dóve·còte, dóve·còt 名 C ハト小屋.

flùtter the dóvecotes ＝ ***càuse a flùtter among the dóvecotes*** 〘戯〙〈大げさに〉人の平穏をかき乱す.

Do·ver /dóuvər/ 名 **1 the Strait of ～** ドーヴァー海峡. **2** ドーヴァー《英国南東部の海港; 対岸 Calais までは英仏間の最短距離》. the white cliffs of ～ ドーヴァーの白亜の崖. **3** ドーヴァー《米国 Delaware 州の州都》.

dóve·tàil 名 C 〘建〙あり継ぎ; あり継ぎ手; 《ほぞがハトの尾に似ていることから》. ── 動 他 〔2 枚の板など〕をあり継ぎで接合する 〈*together*〉. ── 自 **1** あり継ぎにする. **2** 〔2 つ以上の物事が〕ぴったり符合する, しっくり調和する, 〈*into*, *with* ..に〉. Your idea ～*s into* [*with*] mine. 君の考えと私のとはぴったり合う.

dov·ish /dʌ́viʃ/ 形 ハトのような; ハト派の, 穏健な (↔ hawkish).

Dow /dau/ 名 〈the ～〉 ＝Dow-Jones average.

dow·a·ger /dáuədʒər/ 名 C **1** 亡夫から財産[爵位]

を継承した未亡人. →a queen dowager, an empress dowager. **2**〖話〗(威厳のある, 金持ちの)中年女性.

dow·dy /dáudi/ 形 ⓔ 〔女性の服装, 家具などが〕流行遅れの, やぼったい, 〔女性が〕やぼったい[みすぼらしい]身なりの. ▷**dow·di·ly** 副 **dow·di·ness** 名

dow·el /dáuəl/ 名 Ⓒ 〖建〗合いくぎ, だぼ, 《2 つの部分を接続するために穴に打ち込む頭のない金属製または木製のくぎ》.

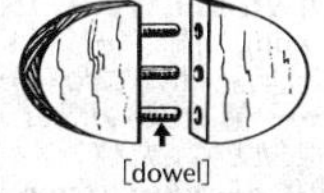
[dowel]

dow·er /dáuər/ 名 **1** ⓊⒸ 〖法〗寡(か)婦産《亡夫の財産のうち未亡人の相続分》. **2**〖雅〗=dowry 1. **3** Ⓒ〖雅〗天賦の才能. the ~ of a clear head 生まれつきの頭脳明晰(せき). ── 動 他 **1** に寡婦産を与える. **2** に賦与する〈*with* ..〔才能など〕を〉(endow). [<ラテン語「贈り物, 持参金」]

dówer hòuse 名 Ⓒ 未亡人の家《普通, 亡夫の敷地内》.

Dòw-Jónes àverage [ìndex] /dàudʒóunz-/ 名 〈the ~〉〖株式〗ダウ平均[指数]《米国の経済出版社 Dow Jones 社が発表する》.

Down 名 ダウン《北アイルランド南東の郡》.

‡**down**[1] /daun/ 副 ⓒ **【下(の方)へ】 1 (a)** (上から)**下へ, 下の方へ; 下の方に[で]**; 下がって, 降りて; (↔up). come ~ 降りて来る. look ~ 見下ろす. This medicine goes ~ easily. この薬は楽に飲み下せる. The sun has gone ~. 日が沈んでしまった. pull the blinds ~ ブラインドを降ろす. *Down!* 〔間投詞的〕すわれ; 伏せろ; 〈犬に対して〉おすわり, 降りろ. **(b)** (階上から)階下へ. Father is already ~. お父さんはもう起きて下にいる《普通 2 階建ての家では寝室は 2 階にあるので》.

2【倒れて】横になって, 横たわって; (地上に)**倒れて**; (床上に)**伏して**. knock a person ~ 人を殴り倒す. lie ~ on the bed ベッドに横になる[なっている]. Many trees fell ~. 木がたくさん倒れた. Keep ~, or you'll be shot. 伏せたままでいろ, でないと撃たれるぞ.

3 (a) 下流へ[に]. The river flows ~ to the sea. その川は流れて海に注ぐ. **(b)**〖海〗風下へ. *Down* (with the) helm! 下手舵(しもてかじ).
(c)【地図の下方へ】(北から)南へ. go ~ south 南へ行く. **(d)**〖クロスワードパズル〗縦に (→across). I cannot do two ~. 縦の鍵の 2 番が解けない.

4【時間の流れを下って】(前代から)**後世へ**. the treasures passed ~ in the family その一家に伝わる宝物類. ~ to the present day (過去から)今日まで(ずっと).

【下の方へ>周辺へ】 5 (話し手から)**離れて, 向こうへ[に]**, 去って; 家からよそへ[に]. Will you walk ~ to the school with me? 学校までいっしょに歩いてくれませんか.

6 (都会から)地方へ; (内陸から)海岸へ; 〖英〗(大学を)離れて《卒業, 退学, 帰省で; →COME [GO] down》. go ~ to the country [seaside] for the summer 避暑に田舎[海岸]へ行く.

7 =downstage.

【低下して】 8 (地位などが)下がって, 落ちぶれて, 下は(..に至るまで); (価格が)下落して; (質, 評判などが)落ちて. go [come] ~ in the world 零落する. from the king ~ to the cobbler 国王から下は靴直しに至るまで. Prices are ~. 物価が下がった.

9 (勢いなどが)落ちて; (健康が)衰えて; (病気で)倒れて; 〖電算〗故障して. The car slowed ~. 車はスピードを落とした. The wind is ~. 風がやんだ. The tide is ~. 潮が引いた. The swelling is ~. 腫(は)れが引いた. be ~ with a bad dose of influenza ひどいインフルエンザで寝込んでいる.

10【減少して】(数, 量, 大きさが)縮小して, 減って, 縮まって; (一連の人[物]の中で, ..人[個]まで)済んで[進んで]; (金を)使って, 失って. count from 10 ~ to zero 10 から(小さい方へ) 0 まで数える. cut ~ the expenses 費用を切り詰める. get a three-volume work ~ to one volume 3 巻本を 1 巻に纏(まと)める. That's fifty ~, another fifty exam papers to mark yet. これで 50 済んだ, あと採点する答案はもう 50 枚だ. When I checked out of the hotel, I found myself $200 ~. ホテルをチェックアウトした時財布は 200 ドル減っていた. **11**〖スポーツ〗(..点)負けて; 〖野球〗アウトになって (out); 〖アメフト〗〔ボールが〕ダウンになって. We were three goals ~. 我がチームは 3 点負けていた. two ~ 2 死で, ツーダウンで.

【最低の位置まで>限度まで】 12 徹底的に, ぎりぎりまで; 容赦なく. The house has been burnt ~. その家は焼け落ちた. hunt the fox ~ キツネを狩って追い詰める. shout ~ (相手が)沈黙するまで叫び続ける, (相手を)やじり倒す.

13 押さえつけて, 抑圧して. The tyrant kept ~ the people. 専制君主は人民を弾圧した.

14 固く締めて, しっかりと. be bound ~ by the rules 規則で縛りつけられる.

【しっかりと(固定して)】 15 文書にして; 書き留められて; 加えて; 予定表に載って; 〖米俗〗準備ができて〈*for* ..の〉; ちゃんと覚えて. take ~ a lecture 講義のノートを取る. put his address ~ 彼の住所を書き留める. get a person ~ for the team 人をチームの一員に加える. Bob is ~ *for* the coming tennis competition. ボブは今度のテニス大会に出場の予定である. I've got their names ~ (cold). 彼らの名前はすっかり頭に入っている.

16 現金で, 即金で; 頭金[手付金]として. I paid fifty percent ~ for the car. 車に現金で半額支払った.

17〖米俗〗仲がいい; 仲間で; 〈*with* ..と, の〉; 申し分なくて.

be dówn on .. (1)〖話〗..に好意を持っていない, ..を嫌っている; につらく当たる. She's ~ *on* anyone who doesn't support the idea of sexual equality. 彼女は男女平等の考えを支持しない人はだれでも嫌いだ. (2) ..より減っている. The full-year profits will *be* well ~ *on* last year's $ 100 million. 通年の利益は昨年の 1 億ドルをはるかに下回るだろう. (3)〖古〗..が分かっている.

be dówn to .. (1)〔人〕にかかっている, の責任で, のせいである. It's ~ *to* you whether your family will be happy or not. 君の家族が幸福になるかどうかは君次第だ. (2) (金などが) ..しか残っていない. We're ~ *to* our last dollar. 我々には最後の 1 ドルしかない.

dòwn alóng〖英話・方〗イングランド西部で[へ].

dòwn and óut (1) 零落して, 食い詰めて. (2)〖ボクシング〗ノックアウトされて.

dòwn belów →below.

dòwn to the gróund →ground[1].

Dówn with ..! ..はいらない, やめてしまえ; 〔政府など〕を打倒せよ. *Down with* corrupt politicians! 汚職政治家を追放せよ.

gèt dówn on ..〖オース・ニュー話〗..を確保する; ..せしめる, を盗む.

gèt dówn to .. →get.

── 前 **1 ..を下って; ..の下の方に; ..の下流へ[に]**, ..の下手へ[に]; (↔up). go ~ the stairs 階段を下りる. My uncle lives just ~ the street. おじはこの通りをちょっと下った所に住んでいる (★「ちょっと行った所に」の意味にもなる →2). row ~ the river 川下(しも)に向かって漕(こ)ぐ. **2**〔道路など〕を通って, 向こうの方へ. walk ~ the street 通りを向こうへ歩いて行く.

3〔時代〕を下って. ~ the ages 昔から(ずっと).

4〖英話〗..へ, で, (to, at). go ~ the pub パブに行く.

── 形 ⓒ **1**〈限定〉**下への, 下方への**; 下降する. a ~ slope 下り坂. the ~ escalator 下りのエスカレーター. The business took a ~ trend. 景気は下り坂になった.

2〈限定〉〔列車, プラットホームなどが〕下りの. a ~ train 下り列車. 参考 down (下り)は〖米〗では「南へ向かう」,

「商業地区へ向かう」, 〖英〗 では「大都市から離れる」の意. →up.
3 〈限定〉即金[現金]での; 頭金の. put a ～ payment of $100 on an motorcycle オートバイの頭金に 100 ドル支払う. money [cash] ～ 現金, 即金.
4 〈叙述〉〖話〗(気持ちが)沈んだ, 意気消沈した, (downhearted). He's been completely ～ since his wife died. 彼は妻に死なれてからすっかり落ち込んでいる.
5 〈叙述〉〖俗〗すてきな, いかす. His singing was real ～. 彼の歌はすごくいかした.
dòwn and dírty 〖主に米話〗熾烈(しれつ)な, 卑劣な; ありのままの; がさつな, 泥臭い; みだらな; うすぎたない; 元気のない.
── 動 他 1 〔ボクシングの相手など〕を打ち倒す; 〔飛行機など〕を撃墜する. 2 を負かす, やっつける. The measure was ～*ed* by the Conservative majority. その議案は多数党である保守党がつぶした. 3 を(素早く)飲み干す, 飲み込む. ～ (..) in one 〖英話〗(..を)一気に飲み干す. 4 〖アメフト〗〔ボール〕をダウンする. 5 〖ゴルフ〗〔パット〕で球をホールに沈める. 6 〖米俗〗をこき下ろす, にけちをつける, 〈*for* ..のことで〉.
── 自 降りる; 墜落する.
dòwn tóols 〖英〗仕事をやめる, 道具をほうり出す, 〔労働者が〕ストライキに入る.
── 名 C 1 (道路などの)下り, 下り坂; 下降; (descent). 2 〈普通 ～s〉不運, 逆境. the ups and ～*s* of life 人生の浮き沈み. 3 〖アメフト〗ダウン《1 回の攻撃権に与えられる 4 度の攻撃の 1 つ》. 4 〖主に米俗〗〈多く ～s で〉鎮静剤.
hàve a dówn on.. 〖話〗..を嫌う; ..をよく思っていない.
[＜古期英語 *adūne*「丘から下りて」(＜*of* 'from'＋*dūn* 'hill'); のちに *a-* が消失; →downs]

down[2] 名 U 1 (鳥の)綿毛, ダウン, 《まくら, 羽根布団などに詰める》. 2 (頰(ほお)などの)うぶ毛. 3 〖植〗(桃などの)軟毛, (タンポポなどの)冠毛.

down- 〈複合要素〉 1「下へ」を表す. *down*stream, *down*stairs. 2 重要さなどを下げることを表す. *down*grade; *down*play; *down*-market.

dòwn-and-dírty /移/ 形 〖主に米話〗 1 競争心むき出しの, 破廉恥な. 2 みだらな.

dòwn-and-óut /移/ 形 零落した, 食い詰めた. ── 名 C 落ちぶれた人, 零落した人, 浮浪者. ▷ ～·**er** 名 C 一文無し.

dòwn-at-(the)-héel, dòwn-at-the-héels /移/ 形 〔靴が〕かかとのすり減った; みすぼらしい身なりの, 尾羽打ちからした.

dówn·bèat 名 C 〖楽〗小節の第 1 拍; それを表す指揮者のバトンの振りおろし. ── 形 〖話〗 1 憂うつな, 悲観的な. 2 くつろいだ, 穏やかな.

dówn·bùrst 名 C 下降突風.

dówn·càst 形 1 〔人が〕意気消沈した, しおれた, (→dejected 類語). 2 下に向けた〔目など〕, うつむいた〔顔など〕. with ～ eyes 視線を落として.

dówn-còurt 形, 副 〖バスケ〗相手コート端の[へ].

dówn·dràft 〖米〗, **-dràught** 〖英〗 名 C (特に煙突から室内への)吹きおろし; 下降気流.

Dòwn Éast 名 〖米話〗米国 New England (特に Maine 州). ★又は down east; 副詞的, 形容詞的にも用いる.

dówn·er 名 1 U 〖話〗鎮静剤. 2 C がっかりさせる事[人]. be on a ～ 〖英話〗落ち込んでいる.
hàve a dówner on.. ..を嫌う.

†**dówn·fàll** 名 C 1 (突然の)失脚, 没落, 滅亡; 〈a person's ～〉〔人の〕没落の原因. the ～ of the Roman Empire ローマ帝国の崩壊. Gambling was *his* ～. 賭(か)け事が彼の破滅のもとだった. 2 (雨, 雪の突然の)大降り.

dówn·fàllen 形 落ちた; 没落[破滅]した.

dówn·gràde /⌐⌐, ⌐⌐/ 動 他 1 を格下げする〈*to* ..へ〉(↔upgrade). 2 〖米〗を軽視する, けなす.
── 名 C 下り坂; 落ち目.
on the dówngrade 〔評判などが〕落ち目になって, 下がって.

dòwn·héarted /-əd 移/ 形 落胆した[して], 気落ちした[して]. ▷ ～·**ly** 副

†**dòwn·híll** /移/ 形 1 〈限定〉下り坂の; 落ち目の. ～ skiing 滑降スキー《cross-country skiing に対して》. 2 〖話〗(それまでに比べて)楽な, たやすい.
── 副 (山の)ふもとへ; 下の方へ; 落ち目になって, 下降線をたどって; 衰えて.
àll dównhill (from hére) ＝***dòwnhill all the wáy from nòw ón*** (1) 後は楽で. (2) 後は悪くなる一方で.
gò dównhill 落ち目になる, (後は)だめになる; 〔健康などが〕衰える.
── 名 C 〖スキー〗滑降.

dówn·hòme 形 (価値感などが)いなかの(人の).

Dówn·ing Strèet /dáuniŋ-/ 1 ダウニング街《ロンドンの街路名; 首相官邸・諸官庁がある》. No 10 ～ ダウニング街 10 番地《英国首相官邸の所在地》. 2 英国政府[内閣].

dówn-lìghter 名 C ダウンライト.

dòwn·lóad 動 他 〖電算〗 1 (オンライン・サービスやネットワークサーバーから)〔データファイル〕を手許のコンピュータへコピーする, ダウンロードする. 2 (プリンターに)〔フォント〕をインストールする. ↔upload.

dòwn-márket /移/ 形 低所得者向けの, 安っぽい, (↔upmarket).

dòwn páyment 名 C (分割払いの)頭金. make a ～ (on..) (..に)頭金を払う.

dówn·plày 動 (～s|過 過分 ～ed|～·ing) 他 を控え目に言う[行う]; を軽く見る[扱う] (→PLAY /../ down).

‡**dówn·pòur** 名 C 土砂降り, 大雨.

†**dówn·rìght** 〖話〗形 〈限定〉1 全くの, 底抜けの, (★特に悪い物事について言う; 副詞の場合も同様). a ～ lie 真っ赤な嘘(うそ). a ～ fool 大ばか者. 2 率直な〔答えなど〕, あけすけの, ずばずば言う. a ～ answer 率直な答え.
── 副 断然, すっかり, 全く, (thoroughly). The job is ～ difficult. その仕事は全く難しい. ▷ ～·**ness** 名

dòwn·ríver /移/ 形, 副 ＝downstream.

downs /daunz/ 名 〈the ～; 複数扱い〉丘陵地帯, ダウンズ, 《英国南部の白亜層の高原地帯》. →the South [North] *Downs*. [＜古期英語 *dūn*「丘」]

dówn·shìft 動 自 1 〖米〗(車のギヤを)シフトダウンする. 2 仕事を減らして余暇を楽しむ. ── 名 C シフトダウン. ▷ ～·**ing** 名 U ゆとりのある生活, あくせくしない生活.

‡**dówn·sìde** 形 〔商売などが〕下降気味の, 思わしくない.
── 名 aU 下降気味; 好ましくない点.

dówn·sìze 動 他 〔車など〕を小型化する; 〔人員, 企業規模, 予算など〕を削減する, リストラする. ── 自 小型化する; リストラする. ▷**dówn·sìzing** 名 U 小型化; リストラ.

dówn-spòut 名 C (屋根からの)雨樋 (〖英〗 downpipe).

Dòwn's sýndrome /dàunz-, 〖英〗⌐ ⌐⌐/ 名 U 〖医〗ダウン症候群《精神薄弱の一種; ＜19 世紀の英国の医師 J. L. H. *Down*》.

dówn·stàge 形, 副, 名 C 舞台の前方(の[へ]) (↔upstage).

*‡**dòwn·stáirs** /移/ 副 Ⓒ 階下に, 1 階に, 階下へ. run ～ 階下[1 階]に駆け下りる. The kitchen is ～. 台所は 1 階にある. ── 形 〈限定〉階下の, 下の階の, 1 階の. a ～ room 階下の部屋. ── 名 C 〈the ～; 単数扱い〉階下, 1 階, 下の階. The ～ is cooler than the upstairs. 1 階の方が 2 階より涼しい. ◇↔upstairs

dówn·stàte 名 U (米国の)州の南部.
── /⌐⌐ 移/ 形, 副 州の南部の[へ].

†**dòwn·stréam** /移/ 形, 副 下流の[に]. ～ *of* [*from*] the bridge その橋より下流に. ◇↔upstream

dówn·tìme 名 U **1** (修理などのため, 機械の)運転休止期間; 〘電算〙故障時間. **2** 〘米〙休養時間, のんびりする時間.

dòwn-to-éarth /-tu-/ 移 形 足が地についた, 実際的な, 現実的な, (practical).

*__down·town__ /dàuntáun/ 〘主に米〙 副 ¢ **商業地区に[へ], 繁華街に[へ],** (町の)中心に[へ]. Let's go ～ to see the movies. 中心街へ出て映画を見よう. eat ～ 繁華街で食事する. take a bus ～ バスで繁華街へ行く.
── /⌐⌐/ 移 形 〈限定〉商業地区の, 繁華街の, (町の)中心の. his ～ office 繁華街にある彼の事務所. ～ Manhattan マンハッタンのダウンタウン《南部》.
── /⌐⌐/ 名 (複 **～s** /-z/) UC 商業地区, 繁華街, (町の)中心, 《普通, 町の発祥の地で, 市役所, 銀行, 商店, 図書館などが集中している》. ◊↔uptown

dówn·trènd 名 C 〈単数形で〉(景気, 物価などの)下降傾向.

dówn·tròdden 形 圧迫された, 虐げられた.

‡**dówn·tùrn** 名 C (景気, 物価などの)下降, 沈滞 〈*in* ..の〉. a ～ *in* the real estate market 不動産市場の低迷. ◊↔upturn

dòwn únder 副 〘話・戯〙オーストラリアへ[で], ニュージーランドへ[で], 《<(英国から見て)地球の裏側へ, 地図の下の方へ》. ── 名 U オーストラリア, ニュージーランド.

‡**down·ward** /dáunwərd/ 形 ¢ 〈限定〉**1 下方への,** 下降する. a ～ slope 下り坂. **2** '下り坂の', 落ち目の. His fortune has continued on a ～ slide since the failure. その失敗以後彼の運はずっと下り坂だ. on a ～ path 下り坂で.
── 副 ¢ 〘主に米〙**1 下方へ,** 下へ向いて; 地上[床]に向いて. look ～ in silence 黙って下を向く. lie face ～ うつ伏せに横たわる. lay a card face ～ on the table テーブルの上にカードを裏返しに置く. **2** 落ち目になって; 減って. My bank balance went slowly ～. 私の預金残高はだんだん減っていった. **3** 〈*from*.. ～で〉..以来, この方; 以前から; 上位の者以下下位の者まで. *from* the Renaissance ～ ルネッサンス以来(ずっと). everyone *from* the manager ～ 支配人以下下の者まで皆. ◊↔upward

dówn·ward·ly 副 下へ. ～ mobile 下降移動して「いる《貧しくなっていく》.

dówn·wards /-z/ 副 〘英〙=downward.

dòwn·wínd /移/ 副, 形 風下へ[向かうなど]; 風下の. Unfortunately my house was ～ of the fire. 不運にも私の家は火事の風下にあった. approach a deer from ～ 風下からシカに近づく.

down·y /dáuni/ 形 **1** 綿毛[うぶ毛]の; 綿毛[うぶ毛]で覆われた. **2** 綿毛のような; 柔らかな.

dow·ry /dáu(ə)ri/ 名 (複 **-ries**) C **1** (新婦の)結婚持参金[財産]. **2** 天賦の才能.

dowse[1] /daus/ 動 =douse.

dowse[2] /dauz/ 動 自 占い棒 (divining [dowsing] rod) で探る 〈*for* ..〔水脈, 鉱脈〕を〉. ▷**dóws·er** 名

dówsing ròd 名 =divining rod.

dox·ol·o·gy /dɑksɑ́lədʒi|dɔksɔ́l-/ 名 (複 **-gies**) 〘キリスト教〙頌(しょう)栄(歌)《神をたたえる賛美歌 (hymn)》. →great(er) doxology, lesser doxology. [ギリシア語 *dóxa*「栄誉」, -ology]

doy·en /dɔ́iən/ 名 C (団体, 同業者, 外交団などの中の)古参者, 長老, 筆頭者. the ～ of French fashion, Pierre Cardin フランスのファッション界の大御所ピエール・カルダン. [フランス語; dean と同源]

doy·enne /dɔién/ 名 C doyen の女性形.

Doyle /dɔil/ 名 **Sir Arthur Co·nan** /kóunən/ ～ ドイル (1859–1930) 《英国の医師・小説家; Sherlock Holmes が活躍する探偵小説の作者》.

doy·ley /dɔ́ili/ 名 (複 **～s**) =doily.

doy·ly /dɔ́ili/ 名 (複 **-lies**) =doily.

doz. dozen(s).

†**doze** /douz/ 動 自 居眠りする, うとうとする. ── 他 VOA 〔時間〕をうとうとして過ごす 〈*away, out*〉. ～ *away* one's time うとうとしている間に時間が過ぎる.
dòze óff (思わず)うとうとする.
── 名 aU 〘主に英〙居眠り, うたた寝. have a ～ うたた寝する. fall into a ～ うとうとする.

‡**doz·en** /dʌ́z(ə)n/ 名 (複 **～s** /-z/, ～) C **1 ダース,** 12「個.

> 語法 (1) 数詞に続く場合は単複同形. (2) 名詞を伴うとしばしば of を省略し, 形容詞的に用いられる. ただし, 特定数のうちの一部についていう場合と, 不特定多数を意味する dozens の後では of は省略しない. a ～ of these apples (このリンゴ 1 ダース). →dozens (and dozens) of (成句). (3)「およそ 10 または 12, 3」の意味で用いられることがある.

three ～ golf balls ゴルフボール 3 ダース. half a [a half] ～ apples リンゴ半ダース. How many ～ eggs shall we buy? 卵を何ダース買いましょうか. These eggs are two dollars a ～. この卵は 1 ダース 2 ドルです. some ～*s* of pencils 何ダースかの鉛筆. some ～ (of) pencils 鉛筆約 10 本 (★some は about の意味).

*__*by the dózen*__ (1) **ダース単位で.** sell eggs *by the* ～ 卵をダース単位で売る. (2) 大量に. eat peanuts *by the* ～ ピーナツをうんと食べる.

*__*dózens (and dózens) of ..*__ (1) **何ダースもの...** (2) 〘話〙何十もの..; とてもたくさんの.. (lots of) (★強調表現; ..は複数名詞). I have ～*s of* letters to write. 何十通という手紙を書かなくてはならない.

*__*in dózens*__ **ダースずつ,** ダースごと(に). Pack these eggs *in* ～*s*. この卵を 1 ダースずつ詰めてください.

tàlk níneteen [twénty, fórty] to the dòzen 〘英話〙(早口で)のべつ幕なしにしゃべる.
[<ラテン語 *duodecim*「12」]

doz·enth /dʌ́z(ə)nθ/ 形 第 12 番目の (twelfth).

doz·y /dóuzi/ 形 e **1** 眠そうな, 眠気を誘う, (sleepy). **2** 〘英話〙愚かな, 頭が悪い.

DP data processing; displaced person.

D.Ph(il). Doctor of Philosophy (→Ph.D.).

DPP the Director of Public Prosecutions.

dpt department.

‡**Dr.**[1], 〘主に英〙 **Dr** Doctor.

Dr.[2] debit; debtor; Drive《街路名に》.

dr. drachma(s); dram(s).

†**drab**[1] /dræb/ 形 **1** 単調な, 退屈な, 面白味のない, (dull). a ～ street 殺風景な街路. **2** くすんだ淡褐色の, トビ色の. ── 名 U トビ色. [<古期フランス語「布」; まだ染めてない布の色から] ▷**dráb·ly** 副 **dráb·ness** 名

drab[2] 名 C 〘古〙だらしのない女; 売春婦.

Drab·ble /dræbl/ 名 **Margaret** ～ ドラブル (1939–)《英国の女流小説家》.

drabs /dræbz/ 名 →in DRIBS and drabs.

drachm /dræm/ 名 **1** =drachma. **2** =dram.

drach·ma /drǽkmə/ 名 (複 **～s, drach·mae** /-mi:/) C ドラクマ銀貨《古代ギリシアの貨幣》; ドラクマ《現代ギリシアの通貨単位》. [<ギリシア語「一握り分の貨幣」]

Dra·co·ni·an, -con·ic /dreikóuniən/, /-kɑ́nik|-kɔ́n-/ 形 〈しばしば d-〉〔法律, 対策などが〕非常に厳しい《厳しい法律を制定したアテネの執政官 *Draco* から》.

Drac·u·la /drǽkjulə/ 名 ドラキュラ《吸血鬼; アイルランド人 B.A. Stoker (1847–1912) の小説の主人公》.

*__draft, draught__ /dræft|drɑːft/ 名 (複 **～s** /-ts/) (★以下, 特に注記がなければ～は〘米〙draft, 〘英〙draught) **【引くこと】 1** U (牛, 馬などが車を)引くこと, (牛馬の引く)荷物の量; C (網などを)引くこと; ひと網の魚獲量.
【(線を引いて)書かれたもの】 2 C **下絵,** デッサン; **設計**

略図 (plan). a ～ of the house 家の設計略図.
3 〈〖英〗でも draft〉 Ⓒ **草稿**, 草案. a ～ of one's thesis 論文の草稿. make (out) a ～ of a speech 演説の原稿を作る. a plan in ～ (form) 起草中の計画. the first [last] ～ 最初の[最終]草稿.
【引き抜き】 **4** (**a**) Ⓒ 選抜(隊), 分遣(隊); Ⓤ 〖米〗〈the ～〉(兵の)徴集 (〖英〗 conscription), 〈集合的〉徴集兵. dodge [evade] the ～ 徴兵を免れる. (**b**) Ⓒ 〖スポーツ〗ドラフト. a fourth-round ～ choice ドラフト4位.

【引き出し】 **5** Ⓤ (ビールなどをたるなどから他の容器へ)くみ出すこと. on ～ →成句.
6 Ⓒ ひと飲み(の量); (水薬などの) 1 回分. at a ～ ひと飲みに, 一気に, 〔飲み干すなど〕. have a (long) ～ of water 水を(ぐーっと)ひと飲みする.
7 〖主に英〗 Ⓒ **為替手形, 小切手**; ⓊⒸ その振り出し. a ～ *for* $100 *on* Chase-Manhattan チェースマンハッタン銀行払いの 100 ドルの為替手形. by ～ 為替で.
【引き込み】 **8** ⓊⒸ **すき間風**, 通風; Ⓒ 通風装置[孔]. I feel a ～ (of air) coming from somewhere. どこからか風がすうすう入ってくるようだ.
9 Ⓤ 〖海〗(船の)喫水《水中に沈み込む部分》.
10 〈形容詞的〉 (**a**) 〔牛馬などが〕牽(ケン)引用の. ～ animals 荷車用の牛[馬など]. (**b**) (瓶詰でない)たる抜きの〔ビールなど〕. →draft beer. (**c**) 起草された, 草案の. a ～ treaty 条約草案. a ～ proposal 草案.
fèel the dráft 〖話〗経済的に[金に]困っている《<すきま風が入ってくる》.
on dráught 〖英〗(ビールなどが瓶詰めでなく)たる出しの, 生の. We have beer *on* ～ at this bar. このバーには生ビールを置いてます.
── 動 他 〈〖米〗,〖英〗共に draft〉 **1** を起草する, 立案する. ～ a speech 演説の草稿を作る. ～ a bill 法案の草案を作る. **2** の下絵を書く; をデザインする; の設計図を引く. **3** を選抜する, 派遣する; 〔動物〕を選び出す; 〖米〗を徴集する 〈*into* ..〔軍隊など〕に〉; VOC (～ X *to do*) ..するように X を選抜する. ～ young men *into* the army 若者を兵役に就かせる. We were ～*ed to* help him. 彼を助けるように私たちは選ばれた.
dràft /../ ín (特定の期間)人を手伝いに派遣する.
[<中期英語「引くこと」(draw の名詞形); draft は draught の表音的綴り.]

dráft bèer 名 Ⓤ 生ビール.
dráft bòard 名 Ⓒ 〖米〗徴兵委員会.
dráft dòdger 名 Ⓒ 〖米〗徴兵忌避者.
draft·ee /dræftíː|drɑːftíː/ 名 Ⓒ 〖米〗徴集兵.
dráft·er 名 =draftsman.
dráfts·man /-mən/ 名 (複 **-men** /-mən/) Ⓒ **1** (法案などの)起草者. **2** 製図者[工]; デッサンを得意とする画家.
drafts·man·ship /drǽftsmənʃìp|dráːfts-/ 名 Ⓤ 起草者[製図者]の技能[技量].
draft·y 〖米〗, **draught·y** 〖英〗 /drǽfti|dráːfti/ 形 ⓔ すき間風の入る. a ～ old house すき間風の入る古い家.
***drag** /dræg/ 動 (～**s** /-z/|過 過分 ～**ged** /-d/|**drág·ging**) 他 【引きずる】 **1** (地面, 床に接して)〔重い物, 足, 尾など〕を**引く**, 引っ張る, 引きずる, (→pull 類語). The old horse ～*ged* a heavy cart along (the road). その老いた馬は重い荷車を引っ張って(道を)歩いた. The child was ～*ging* a toy behind him. 子供はおもちゃを引いて歩いていた. ～ one's wounded leg 傷を負った脚を引きずって歩く.
2 (**a**) VOA を(むりやり)引っ張って行く[来る] 〈*along, out/to, into* ..へ〉; を引きずり込む 〈*in, into* ..〔困難, 争いなど〕に〉; (必要もないのに)を..に持ち込む. The daughter ～*ged* her father (*out*) *to* a disco. 娘は父親をむりにディスコに連れて行った. ～ irrelevant topics *into* a conversation 関係のない話を会話に持ち込む. Don't ～ me *into* your quarrels. 僕を君たちのけんかに引き入れないでくれたまえ. She ～*ged* her son *into* seeing the dentist. 彼女は息子をむりやり歯医者に見てもらいに引っ張って行った. (**b**) VOA を引きずり出す 〈*out of, from* ..から〉. ～ them *out of* the car 彼らを車から引きずり出す. (**c**) VOA を(無理に)引き離す 〈*away/from* ..から〉. ～ one's eyes *away from* a charming girl 魅力的な女を見るのをしぶしぶやめる. ～ oneself *away from* a party パーティをしぶしぶ去る. (**d**) VOA 〈再帰形で〉(体を引きずるように)やっとの思いで..する 〈*up, along* (..)〉. The tired hikers ～*ged* them*selves along*. 疲れたハイカーたちはのろのろ歩いて行った. ～ one*self* ⌞*out of* [*up to*] bed やっとの思いでベッドから這(ハ)い出る[へたどり着く].
3 〔錨(イカリ)〕を引きずる. **4** 〖電算〗をドラッグする《カーソルを対象に合わせて, マウスなどのボタンを押したまま引っ張っていく[移動させる]》.
【表面を引きずる】 **5** 〔水底〕を(網などで)探る, さらう, 〈*for* ..を捜して〉 (dredge). The police ～*ged* the lake *for* the body. 警察は死体を捜して湖水をさらった.
6 〔畑など〕を鋤(ス)く, まぐわでならす.
── 自 **1 引きずる**[られる] 〈*along*〉. The bride walked down the aisle with her dress ～*ging*. 花嫁はドレスのすそを引いて通路を進んだ.
【引きずられるように動く】 **2** だらだら[のろのろ]進む; 遅れる; 足をひきずって歩く. ～ (*along*) *behind* (others) (他の人より遅れて)ついて歩く. walk with ～*ging* feet 足を引きずって歩く.
3 〔時間が〕のろのろ経(タ)つ; 〔物事が〕長びく, だらだらと続く; 〈*on*〉. Time ～*ged on*. 時間はのろのろと経過した. The sermon ～*ged on* so long that I fell asleep. 説教はだらだらと長引いたので眠り込んでしまった.
4 VA (～ ***on***..) 〖話〗〔たばこなど〕を吸う.
drág at.. (1) 〔たばこなど〕を吸う. (2) ..を(つかんで)引っ張る.
dràg bý 〔時が〕のろのろと過ぎる.
dràg /../ dówn (1) ..を引きずり下ろす[倒す]. (2) 〔病気などが〕..を弱らせる, 意気消沈させる. The rainy season always ～*s* me *down*. 雨季にはいつも気分がすぐれない. (3) ..を落ちぶれさせる. Tom ～*ged* me *down* to his level. 〖戯〗トムのせいで同じようにひどくなっちゃった.
dràg one's féet [***héels***] 〖話〗(仕事などを)いやいや[わざとのろのろ]やる; (優柔不断で)ぐずぐずする. I want to move to the city, but my wife is ～*ging* her *feet*. 都会へ引っ越したいのだが妻はぐずぐずと決断を遅らせている.
dràg /../ ín 〔不必要な話題など〕を持ち出す.
dràg /../ óff ..を引きずって行く 〈*to*..へ〉.
dràg óut 長引く. His report ～*ged out* another hour. 彼の報告は更に 1 時間だらだらと続いた.
dràg /../ óut (1) ..を引っ張り出す 〈*from* ..から〉. (2) 〔会合, 議論など〕を長引かせる, 引き延ばす. Let's not ～ *out* the meeting with long arguments. 長い議論をして会議を長引かせないようにしよう.
drág X ***out of*** Y (1) →他 2(b). (2) Y (人)から X (事実など)をむりに引き[聞き]出す. ～ a confession *out of* the suspect 容疑者から自白を引き出す.
dràg /../ úp (1) 〖話〗〔不愉快な事など〕をむし返す, ほじくり出す. The manager often ～*s up* the accounting error I made years ago. 支配人は私が何年も前に犯した会計上の間違いのことをしばしばむし返す. (2) ..を引っ張ってくる; 〖英〗〔子供〕を手荒く[しつけを教えずに]育てる.
── 名 (複 ～**s** /-z/) **1** ⓊⒸ 引っ張る[られる]こと[もの]; Ⓒ まぐわ (harrow); (荷物運搬用の)そり; (水底をさらう)

引き網 (dragnet), 錨(いかり). walk with a ～ 足を引きずって歩く. 2 Ⓒ 障害(物), じゃま(もの), 足手まとい, 〈*on* [*upon*] ..の〉. The baby will be a ～ *on* the widow. 赤ん坊は未亡人の足手まといになるだろう. 3 Ⓒ 〖話〗たばこの煙を吸い込むこと, 1服. take a deep ～ ⌊on a cigarette [on one's pipe] たばこ[パイプ]を深く吸い込む. 4 Ⓒ 〖話〗〈単数形で〉退屈な人[もの]; わずらわしいこと; 〖英話〗(長い)退屈な旅. Don't be such a ～! そんなつまらないこと言うのはよせよ. 5 Ⓤ 〖俗〗(ゲイが着る)女性の服. a man in ～ 女装の男性. 6 aU 風圧; 〖空〗(航空機に対する空気の)抗力. 7 Ⓒ 〖米俗〗道路, 街路. the main ～ 大通り.
a dràg on the márket 市場にだぶついている品.
── 形 〖俗〗女装[男装]の.
[<中期英語; draw と同源]

dràg búnt 名 Ⓒ 〖野球〗ドラッグバント《守備側の不意をついて安打になるのを狙ったバント; →sacrifice bunt》.

drag·gle /drǽgl/ 動 他 (泥などの中で)を引きずって汚す[ぬらす]. ── 自 1 すそを引きずる; 引きずられて汚れる[ぬれる]. 2 のろのろとついて行く.

drag·gy /drǽgi/ 形 〖話〗退屈な; 不快な.

drág·nèt 名 1 Ⓒ 地引き網. 2 Ⓒ (犯人逮捕のためなどの)捜査網.

drag·o·man /drǽgəmən/ 名 (複 ～s, -men /-mən/) Ⓒ (中近東の)通訳兼ガイド. [<アラビア語]

***drag·on** /drǽgən/ 名 (複 ～s /-z/) Ⓒ 1 竜《翼があり火を吐く伝説上の怪獣; 英国では St. George の竜退治が知られる》. 2 〖話〗若い女性を厳しく監督する中年の婦人; 〖話〗〈けなして〉気性の激しい女性[おばさん]. 3 アジアの新興工業国《シンガポール, 韓国など》. [<ギリシア語「大蛇」]

†**drágon·flỳ** 名 (複 -flies) Ⓒ 〖虫〗トンボ.

drágon làdy 名 Ⓒ 猛女.

drágon's tèeth 名 〈複数扱い〉紛争の種. sow [plant] ～ 争いの種をまく.

dra·goon /drəgúːn/ 名 Ⓒ 1 〖史〗竜騎兵《騎兵銃を持った騎兵》. 2 荒くれ者, 乱暴者. ── 動 他 VOA (～ X *into* (*doing*)..) X を強制して..させる. I was ～*ed into* admit*ting* my guilt. 私はむりやり罪を認めさせられた. [<フランス語「(火を吹く)竜」]

drág quèen 名 Ⓒ 女装のゲイ.

drág ràce 名 Ⓒ 〖米〗ドラッグレース《1/4 マイルの短い直線コース (**drág strìp**) で停止状態からスタートして最も速く加速した者が勝ちになる自動車競技》.

dragster /drǽgstər/ 名 Ⓒ ドラッグレース用の車.

drág strìp 名 Ⓒ ドラッグストリップ《ドラッグレースを行う場所》.

‡**drain** /drein/ 動 (～s /-z/|過 過分 ～ed /-d/|dráin·ing) 他 【排出する】 1 〔水, 液体〕を流出させる〈*away, off, out*〉〈*from*.. から〉. ～ all the water *out from* a pool プールから水をすっかり排出する. pipes for ～*ing off* rainwater 雨水を流すためのパイプ. a well [poorly] ～*ed* soil 水はけのいい[悪い]土[土地].
2 から水[液体]を排出する, 排水する, を乾かす; を干拓する. ～ the flooded areas 冠水した地域の水を排出する. ～ swamps (*dry*) 沼を干拓する (→成句 drain .. dry (3)). The reservoir is ～*ed* once every three years. 貯水池は3年に1回放水される.
3 に排水[下水]設備を施す. the badly-～*ed* parts of the city 市の下水設備の悪い地区.
4【空にする】〔容器〕から飲み干す, 空ける, 〈*of* ..〔中身〕を〉; を飲み干す. ～ one's glass (*dry*) 飲み物を飲み干す (→成句). ～ a tank *of* oil＝～ oil *from* a tank タンクから油を抜き取る.
【減らして行く】 5 (徐々に)を消耗させる, 使い果たす; に消耗させる, 枯渇させる, 〈*of* ..〔財産, 体力など〕を〉. The work has ～*ed* me [my strength]. その仕事で私は疲れ切って[へとへとになって]しまった. The battery was ～*ed* (*of* all its power). 乾電池は電気が切れた. Her face was ～*ed of* blood. 彼女の顔から血の気が失せていた.
6 VOA (～ X *of*..) 〔人材など〕を X (国)から流出させる. Inflation in the country ～*ed* it *of* its best scholars. 国内のインフレで国の最も優秀な学者たちが(外国へ)流出した.
── 自 1 (a) VA 〔水が〕したたり落ちる (trickle), 流れ出る[去る], 切れる, 〈*off, away*〉〈*through* ..を通って〉; 注ぐ〈*into* ..に〉. The rainwater ～*s off* [*away*] *through* the ditch. 雨水は排水溝を通って流れてゆく. Several streams ～ *into* this lake. 数本の川がこの湖水に注いでいる. (b) VA 〔血(の気)が〕引く〈*away*〉〈*from* ..〔顔など〕から〉; 〔顔などから〕引く〈*of* ..〔血(の気)が〕〉. The color ～*ed from* her face.＝Her face ～*ed of* the color. 彼女の顔から血の気が引いた.
2 〔土地が〕排水される; 干上がる, 乾く, 水が切れる: VA (～ *into*..) 〔土地の水が..に〕注ぐ[はける]. Let the shrimp ～ thoroughly before cooking. 小エビは料理の前に十分水を切っておきなさい. This plain ～*s into* the ocean. この平野の水は海へ流れ込む.
3 VA 〔財産, 体力などが〕しだいに減っていく〈*away*〉〈*out of*.. から〉. His strength was ～*ing away* as he grew older. 年を取るにつれて彼はだんだん衰えていった.
dràin drý 乾く.
dràin ..drý (1) 〔水のついたもの〕を乾かす, ..の水を切る. (2) ..を飲み干す (→他 4). (3) ..を干拓する (→他 2).
dràin /../ óff ..を流し出す.
── 名 Ⓒ 1 排水路, 下水溝; (屋内の)排水(管), 〖米〗(浴槽の)排水栓の穴(〖英〗 plughole); 〈～s〉排水[下水]設備; (類語 建物から下水を排出させるものを drainpipe, 屋外の設備(地下の排水管, 排水溝など)を drain と言う). block a ～ 下水を詰まらせる.
2 漸減[消耗, 枯渇, 流出] (させること[もの]) 〈*on* ..〔財産, 体力など〕の〉. →a brain drain. a (heavy) ～ *on* one's purse (多額の)出費. Taking care of the boy is a great ～ *on* her energies. その男の子の世話で彼女は非常に精力を消耗する.
gò down the dráin 〖話〗(下水に流すように)むだになる, 水の泡となる; なくなる; 悪くなる, おかしくなる. All that time and effort *went down the* ～. あの時間と努力は全部むだになった.
làugh like a dráin 〖英話〗高笑いする, 大声で笑う.
[<古期英語「(液体を)濾(こ)す」]

†**drain·age** /dréinidʒ/ 名 Ⓤ 1 排水, 水はけ; 排水法. 2 排水[下水]設備[装置]. 3 排出される水, 汚水.

dráinage bàsin 名 Ⓒ (河川の)流域.

dráin·bòard 名 Ⓒ 〖米〗(台所の)水切り板.

drained 形 疲れ切った. I sank into a chair, ～. 私はへとへとになっていすに座り込んだ.

dráin·ing 形 へとへとにさせる.

dráining-bòard 名 〖英〗＝drainboard.

dráin·pìpe 名 Ⓒ 1 (屋外の)下水管, 排水管. 2 雨樋《縦樋》.

dràinpipe tróusers 名 〖英旧話〗ぴったりした細いズボン.

Drake /dreik/ 名 **Sir Francis ～** ドレーク(1540?–96)《英国の航海者; 1588 年スペインの無敵艦隊を撃破した司令官》.

drake /dreik/ 名 Ⓒ 雄のカモ[アヒル] (→duck[1]).

DRAM /díːræm/ 名 Ⓤ 〖電算〗(記憶保持動作を必要とする)随時書き込み・読み出しメモリー《<*d*ynamic *r*andom *a*ccess *m*emory》.

dram /dræm/ 名 Ⓒ 1 ドラム《重量の単位; 常衡では16分の1オンス (1.772 グラム); 薬局衡では8分の1オ

ンス(約 3.888 グラム)》. **2** =fluid dram. **3**〘話〙(ウイスキーなどの)ひと口; 少量. Would you like a wee ~? ちょっと一杯いかがですか. [<ギリシア語; drachma と同源]

‡dra·ma /drɑ́ːmə, drǽmə|drɑ́ː-/ 名 (複 **~s** /-z/)
1 U 〈時に the ~〉**劇文学, 演劇**, 舞台芸術. a student of (the) ~ 演劇研究家. Greek ~ ギリシア劇. a ~ school 演劇学校.
2 C 戯曲, 脚本, ドラマ, (play). a TV [radio] ~ テレビ[ラジオ]ドラマ. a ~ documentary ドキュメンタリードラマ. a five-act ~ 5 幕物の戯曲. stage a ~ 劇を上演する. a human ~ 人間ドラマ. the ~ of politics 政治の(世界の)ドラマ.
3 C 劇的事件; 緊急事態; U 劇的効果. His life was a ~ itself. 彼の一生はまさに劇的であった. It was a moment of high ~. 劇的高潮の一瞬だった.
◇形 dramatic
màke a dráma out of .. 〘話〙大げさに..をする.
[ギリシア語「行為」]

Dram·a·mine /drǽməmìːn/ 名 U 〘商標〙ドラマミン《米国製の乗り物酔い防止薬》.

***dra·mat·ic** /drəmǽtik/ 形 **1** Ⓒ **劇の**, 戯曲の; 芝居の. a ~ critic 劇評家. ~ poetry 劇詩. He has no ~ talent. 彼に戯曲の才能はない. **2** m **劇的な**, 目覚ましい, 印象的な;〘軽蔑〙芝居がかった. a ~ change 劇的変化. The Soviet premier paid a ~ visit to the US. ソ連の首相が米国を訪問したことは劇的な事件であった. Please don't be so ~! そんなに大げさに騒がないでください. **3**〔歌手が〕ドラマティックな《力強くオペラ向きの声を持つ; →lyric》. a ~ tenor ドラマティックテナー.

†dra·mat·i·cal·ly /drəmǽtik(ə)li/ 副 劇的に; 目覚ましく; 芝居がかったしぐさで. His life was ~ changed. 彼の人生は劇的変化を遂げた.

dramàtic írony 名 U 劇的アイロニー《観客は知っているが登場人物は気づかない皮肉》.

dra·mát·ics 名 **1** 〈普通, 単数扱い〉演技術; 演出法. **2** 〈複数扱い〉(特に素人による)演劇 (amateur dramatics); 芝居がかった(大げさな)しぐさ.

dram·a·tis per·so·nae /drǽmətəs-pərsóuniː|drɑ̀ːmətəs-pəːsóunai/ 名〘劇〙〈普通 the ~〉〈複数扱い〉登場人物; 〈単数扱い〉登場人物一覧表. [ラテン語 'persons of drama']

†dram·a·tist /drǽmətist/ 名 C 劇作家.

dràm·a·ti·zá·tion 名 U (事実, 小説などの)劇化, 脚色; C 劇化[脚色]した作品.

†dram·a·tize /drǽmətàiz/ 動 他 **1**〔事実, 小説など〕を劇化[脚色]する. **2** を芝居がかった調子で(大げさに)言う[示す], 劇的に示す. The drought ~*d* Africa's severe living conditions. 干魃(ばつ)でアフリカの厳しい生活状態が浮き彫りにされた. ── 自 **1**〔小説などが〕劇化ᴗされる[するのに適している]. **2** 大げさに話す.

dram·a·tur·gy /drǽmətə̀ːrdʒi/ 名 U 劇作法, ドラマツルギー; 演出法.

drank /dræŋk/ 動 drink の過去形.

†drape /dreip/ 動 他 **1 (a)** VOA (~ X ***with, in..***)〔布, 旗など〕で X を覆う, 飾る, 〈しばしば受け身で〉. The front of the building was ~*d* *with* a national flag. その建物の正面は国旗で飾られていた. **(b)** VOA〔布, 衣類など〕を(ゆったりと)掛ける 〈*around, over, across* ..に〉. A blanket was ~*d* *over* [*around*] his shoulders. 毛布が彼の肩に掛けられていた.
2 VOA〔手, 足, 身体など〕をゆったりと伸ばす, もたせかける, 〈*over, around* ..の周り[上]に〉. He ~*d* an arm *over* my shoulders and whispered. 彼は私の両肩に腕を回してささやいた. He ~*d* himself *on* the sofa. 彼はゆったりとソファーに寝そべった.
── 名 C **1**〘米〙〈普通 ~s〉(厚地の)カーテン. **2**〈普通, 単数形で〉(カーテン, スカートなどの)ひだ, 垂れ具合.

drap·er /dréipər/ 名 C 〘主に英〙服地商, 生地商. a ~'s (shop) 服地店.

†dra·per·y /dréip(ə)ri/ 名 (複 **-per·ies**) **1** U 〘英〙生地(類) (〘米〙dry goods); 生地販売業.
2 UC ひだ付きの優美な織物; 〈しばしば -ries〉ひだが優美に付けられた掛け布; 〘米〙(特に厚い生地の)カーテン. **3** U 着衣[織物]のひだ(取り). **4** U 〘美〙衣文(えもん)《絵画, 彫刻で着衣のひだを描く技法》. [<古期フランス語「布」]

†dras·tic /drǽstik/ 形 **1** 強烈な, 激烈な, 急激な, 思い切った. The employer made a ~ cut in wages. 雇い主は賃金を大幅にカットした. take ~ measures 抜本的対策を講ずる. **2** (大変)深刻な, 重大な. a ~ shortage of water 深刻な水不足.
[<ギリシア語「活動的な」]
▷**dras·ti·cal·ly** /-k(ə)li/ 副 急激に, 思い切って.

drat /dræt/ 動 (**~s**|**-tt-**) 他 〘旧話〙をのろう (★damn の婉曲語). *Drat* it! 畜生, あきれたもんだ. *Drat* you! You're behind time again! この野郎, また遅れやがって.
── 間 畜生. [<God *rot*]

drat·ted /drǽtəd/ 形 〘俗〙いまいましい.

draught /dræft|drɑːft/ 名, 動〘英〙=draft.

dráught·bòard 名 C 〘英〙チェッカー盤 (〘米〙checkerboard).

draughts /dræfts|drɑːfts/ 名 〈単数扱い〉〘英〙チェッカー (〘米〙checkers).

dráughts·man /-mən/ 名 (複 **-men** /-mən/) C 〘英〙**1** =draftsman. **2** チェッカーのこま(〘米〙checker).

draught·y /drǽfti|drɑ́ːfti/ 形 e 〘英〙=drafty.

Dra·vid·i·an /drəvídiən/ 形 ドラヴィダ人[語]の.
── 名 C ドラヴィダ人《インド南部・スリランカに住む》; U ドラヴィダ語.

‡draw /drɔː/ 動 (**~s** /-z/|過 **drew** /druː/|過分 **drawn** /drɔːn/|**dráw·ing**) 他 **【引く】 1 (a)** を引く, 引っ張る, (類語 drag は「重い物を引きずる」の意味; draw は「滑らかにゆっくり引く」の意味に多く用いる; →pull 類語). ~ a cart 荷車を引く. ~ curtain(s) →curtain 1. ~ a bow 弓を引きしぼる. **(b)** VOA を引きᴗ寄せる[上げる, 離すなど]. ~ a boat *on to* the beach 浜にボートを引き上げる. ~ a comb *through* one's hair くしで髪をすく. George *drew* her *to* him and embraced her. ジョージは彼女を引き寄せて抱き締めた. They *drew* the chairs *around* the fire. 彼らは暖炉の周囲にいすを引き寄せた.
2〔くじなど〕を**引く**; 〔くじ引きで賞金など〕を当てる; 〘トランプ〙〔札〕を引き抜く, 〔相手の手札〕を出させる. ~ lots くじを引く. ~ an ace エースを引く. ~ a prize 賞品を引き当てる. ~ England in the semi-final 準決勝戦の相手にイングランドを引き当てる.
【線を引く>かく】 3 (a)〔線〕を**引く**; 〔人, 物など〕を(鉛筆, ペンなどで)**絵にかく** (★絵の具を使ってかくのは paint); を(言葉で)描写する. ~ a straight line with a pencil 鉛筆で直線を引く. The skates *drew* a lot of lines over the ice. スケートで氷上にたくさん筋がついた. ~ (a picture of) a dog 犬(の絵)をかく. The hero is the best ~*n* character in this novel. この小説の人物では主人公が一番よく書けている. **(b)**〔書類〕を**作成する**. ~ a contract [the necessary documents] 契約書[必要書類]を作成する; VOO (~ X Y)・VOA (~ Y ***for*** X) X (人)に Y をかいてやる. She *drew* me a map of the city center. 彼女は市の中心部の地図をかいてくれた.
【引き寄せる】 4〔生地など〕を縮ませる; 〔顔など〕を引きつらす. ~ one's eyebrows 眉(まゆ)をひそめる.
5〔人, 人の注意[興味, 関心など]〕を**引き付ける**, 引く, (attract) 〈*to* ..に〉. The baseball game *drew* a large crowd. その野球の試合には大群衆が集まった.

Honey ～*s* bees. 蜜(み)はハチを引き寄せる. I feel somewhat ～*n to* him. 彼に幾分心を引かれる. The event *drew* people's attention *to* politics. その事件で人々の関心が政治へ向いた.

【引き出す】 **6**〔水など〕を汲(く)む;〔液体〕を出す; 〈*from* ..〔井戸, 容器など〕から〉; の排水をする. ～ water *from* a well 井戸から水を汲む. ～ (a) beer *from* a barrel たるからビール (1 杯分)を出す. The stone hit him and *drew* blood *from* his face. 石は彼に当たり顔から血が出た. The nurse *drew* blood *from* my arm. 看護婦は私の腕から採血した. ～ a pond 池から水を抜く.

7〔手形, 小切手〕を振り出す, 組む, 〈*on* ..あてに〉. ～ a draft *on* a bank 銀行あてに手形を振り出す. ～ a check for $100 100 ドルの小切手を振り出す.

8〔金〕を**引き出す**, 降ろす, 〈*from*, *out of* ..〔銀行など〕から〉;〔給料など〕を取る, もらう, (earn);〔利子〕を生む, がつく. ～ £100 *from* one's bank [account] 銀行[口座]から 100 ポンドを引き出す. I *drew out* $500. 500 ドル降ろした. Bill ～*s* a large salary. ビルは高給取りだ. ～ an old age pension 老齢年金を受ける.

9〔茶など〕を煎(せん)じる, 出す. ～ tea 茶を入れる.

10〘狩〙〔穴のキツネなど〕を狩り出す;〔隠れ場〕を探し回る〔*for*.. を求めて〕;〘医〙〔はれ物〕の膿(うみ)を出させる, を排膿(のう)させる.

11〔結論, 教訓など〕を**引き出す** 〈*from* ..から〉;〔比較・区別〕をする, 設ける. ～ a final conclusion 最終的結論を出す. ～ the moral *from* a fable 寓(ぐう)話から教訓をくみ取る. ～ a comparison [distinction] →comparison [distinction]

12 (**a**) VOA (～ X ***from*..**) ..から X (霊感, 支持など)を得る; ..から X (情報など)を引き[聞き]出す; ..から X (人員など)を選び出す. I've ～*n* encouragement *from* the great man's biography. その偉大な人の伝記に勇気うけられた. I could ～ no further information *from* him. 私はそれ以上のことは彼から聞き出せなかった. (**b**) 〈普通, 受け身で〉 から聞き出す 〈*on*, *about* ..について〉. The reporters asked about her marriage plans, but she refused to be ～*n* (*on* that). レポーターたちは彼女の結婚予定について質問したが, 彼女は(その件に関しては)コメントを拒んだ. **13**〘俗〙〔刑〕を食らう.

14〔涙, 笑い, 拍手, 非難など〕を**引き起こす**, 生ぜしめる, 〈*from* ..から〉. His speech *drew* tears *from* the audience. 彼の話は聴衆に涙を催させた.

15【抜く】〔刀, ピストルなど〕を**引き抜く**, 取り出す,〔くぎ, コルクなど〕を抜く, 〈*from* ..から〉;〔金属[プラスチック]線〕を引き抜き加工する;〔鳥など〕の臓物を抜く. ～ a sword *from* [out of] the sheath さやから刀身を抜く. ～ a cork コルク栓を抜く. I had a decayed tooth ～*n* by the dentist. 私は虫歯を歯医者に抜いてもらった. ～ a turkey 七面鳥のはらわたを抜く.

【引き入れる】 **16** (**a**)〔息〕を**吸い込む**,〔ため息〕をつく;〔液体・気体〕を吸い上げる, 吸引する;〘英俗〙〔たばこなど〕を吸う. ～ a deep breath 深く息を吸い込む. ～ a long sigh 深いため息をつく. He *drew* his last [first] breath. 彼は息を引き取った[産声を上げた]. The motor ～*s* oil along the pipe. モーターは管を通してオイルを吸引する. (**b**)〔ふろ〕に水を張る. I'll ～ you a hot bath. 熱いふろを入れてあげます (★ここは VOO).

17 VOA (～ X ***into*** (*doing*)..) X を〔悪事など〕(をすること)に引き込む; VOC (～ X ***to*** *do*) X を引き込んで〔悪事などを〕させる. He didn't want to be ～*n into* the argument. 彼は議論に引き込まれたくなかった. The gang *drew* the youth *into* steal*ing* [*to* steal]. 暴力団はその若者を引き込んで盗みをさせた.

18〔船が水深..〕の喫水である. The new yacht ～*s* ⌊ little water [6 feet (of water)]. 新しいヨットは喫水が浅い [6 フィートの喫水である].

19〘ビリヤード〙〔手球〕を突く《手前にはね返るように》;〘カーリング〙〔石〕をそっとすべらせる;〘ゴルフ〙〔ボール〕にドローをかける《弱くフックするように打つ》(→hook (他) 6, fade (他) 2).

【引き分ける】 **20**〔試合など〕を引き分けにする. The match was ～*n* three all. 試合は 3 対 3 で引き分けになった. England were ～*n against* New Zealand. イングランドはニュージーランドと引き分けた.

―― (自) 【引く, 引かれる】 **1** 引く, 引っ張る; 引っ張られる. ～ off (→成句).

2 くじ[トランプの札など]を引く 〈*for* ..を決めるために〉. ～ for ⌊ first play [partners] ゲームをだれから始めるか[だれとだれが組むのか]カードを引いて決める.

3【線を引く】 文字[絵]をかく; 製図する. The child ～*s* well. その子は絵が上手だ.

4【引き付ける】 人を引き付ける;〘話〙 呼び物になる. The opera *drew* (well) in New York. そのオペラはニューヨークで大入りだった.

5【(引かれるように)動く】 VA **来る, 行く**; 動く. ～ *apart* [*back*, *up* など] (→成句). The train *drew into* [*in*] the station. 列車は駅へ入って来た. His days are ～*ing to* their close. 彼は余命いくばくもない. ～ *around* the table テーブルの周りに集まる.

6【(引かれて)延びる】 VA 長引く, 延びる. The weeks *drew into* months, but he didn't come. 数週間が数か月になったが彼は来なかった.

【引き出す, 引き出される】 **7** 刀[ピストルなど]を抜く. They were ready to ～ and fight. 彼らは今にも刀を抜いて戦わんばかりであった.

8〔歯, コルクなどが〕抜かれる, 抜ける.

9 VA 〈A は様態の副詞〉〔煙突などの煙が〕抜ける, 通る. This chimney ～*s badly*. この煙突は通りが悪い.

10〔茶などが〕出る. Give the tea a few minutes to ～. お茶がよく出るまで少し待ちなさい.

11〘海〙〔帆が〕風をはらむ. **12**〘狩〙〔臭跡を頼りに〕猟犬が獲物を追う[に近うく]. **13**〘医〙 水ぶくれなどができる;〔膿(うみ)などが〕一点に集まる. **14**〘英俗〙 マリファナを吸う.

【引き分ける】 **15** (競技で)引き分けになる 〈*with*, *against* ..と〉. Japan and Korea have ～*n* (5–5). 日本と韓国は (5 対 5 の)引き分けになった.

dràw* (*a*) *blánk →blank.

***dràw and quárter*..** (1)〘史〙 の手足を 4 頭の馬に引かせて四つ裂きにする, の内臓を抜き切り刻む. (2) 〈大げさに〉 をこっぴどい目に遭わせる.

dràw apárt 離れる 〈*from* ..から〉, (互いに)遠ざかる. The two families are ～*ing apart*. その 2 家族の仲は疎遠になってきている.

****dràw* /../ *asíde*** ..を脇(わき)へ引っ張って行く. He *drew* his friend *aside* and whispered in his ear. 彼は友人を脇へ引っ張って行って耳元でささやいた.

***dráw at*..** 〔たばこ, パイプなど〕を吸う.

****dràw awáy*** (1) (急に)**離れる** 〈*from* ..から〉; 追い抜いて行く, 引き離す, 〈*from* ..を〉. The ship was ～*ing away from* the pier. 船は桟橋を離れかけていた. Tom *drew away from* the other runners. トムは他の走者を引き離した. (2) さがる, 退く, 〈*from* ..から〉.

****dràw* /../ *awáy*** (1) ..を引っ込める. (2)〔注意など〕を脇へそらせる. Our attention was often ～*n away* by the noise outside. 外の騒音のために我々の注意は度々そらされた.

****dràw báck*** 体を引く, 尻(しり)ごみする; 手を引く; さがる; 〈*from* ..から〉. The horse *drew back* in fear. 馬は怖がって後ずさりした. We *drew back from* the agreement. 我々はその協定から手を引いた.

****dràw* /../ *báck*** ..を引き戻す.

dràw blóod (肉体的又は精神的に)人を傷つける (→(他) 6).

dràw clóse [***néar*** ↓]

D

dràw /../ dówn〔拍手, 非難など〕を浴びる, 招く. ～ *down* punishment *on* oneself 罰を被る.

dràw ín* (1)〔日が〕短くなる** (↔draw out);〔1日が〕暮れる;〔夜(の到来)が〕早くなる. The days [nights] ～ *in* as winter approaches. 冬が近づくにつれ日がどんどん短く[夜になるのがどんどん早く]なる. (2)〔列車, 車など〕到着する;〔自動車などが〕道路の片側に寄る. Cheers arose as the train *drew in* at the station. 列車が駅に入ると歓声が沸き上がった.

dràw /../ ín* (1) **..を引き入れる; ..を誘い込む. The sparkling lights *drew* shoppers *in*. きらきらした照明に買い物客は店に誘い込まれた. (2)〔息〕を吸い込む.

dràw in one's hórns →horn.

dràw it míld〖話〗控え目に言う[やる].

dràw néar* (1) **近づく, 近寄る. *Draw nearer* (to me), you all. 皆さんもっとこっちへお寄りなさい. (2)〔時が〕近づく. Christmas is ～*ing near*. もうすぐクリスマスだ.

dráw near ..* (1)〔目的地など〕に近づく**. (2)〔時間が〕**..に近づく**.

dràw óff*〔軍隊などが〕引き揚げる**, 去る.

**dràw /../ óff* (1)〖章〗〔靴下など〕を脱ぐ (↔draw /../ on). ～ one's gloves *off* 手袋を脱ぐ. (2)〔水, ワインなど〕を抜く, 流し出す.

dràw ón*〔時などが〕近づく**. The wedding day *drew on*. 結婚式の日が迫ってきた.

dráw on ..* (1)〔人, 預金〕から金を引き出す**. ～ *on* one's savings 自分の貯金を引き出す. (2)〈又は ～ upon で〉..に頼る〈*for* ..を〉; ..を利用する. ～ *on* the Bible *for* authority 聖書に権威を求める. ～ *on* one's imagination 想像力を働かせる. (3) 刀[ピストルなど]を抜いて..を脅す[..に向けて構える]. The burglars *drew on* the night watchmen. 強盗たちは武器を突きつけて夜警を脅した. (4) ＝DRAW at...

dràw /../ ón* (1)〖章〗..を身につける**, 着る, 履く, (↔draw /../ off). (2)〔災難など〕を招き寄せる; ..を引き寄せる. (3) ..を励ます; ..を励まして[そそのかして]..させる〈*to* do〉. She was ～*n on to* buy the expensive cosmetics. 彼女はついつられて高価な化粧品を買わされてしまった.

dràw onesèlf úp* **体をしゃんとする; 反(そ)り身になる. ～ one*self* (*up*) to one's full height 直立する; 居丈高になる.

dràw óut (1)〔日が〕延びる, 長くなる, (↔draw in). (2)〔列車などが〕出発する, 駅を出る.

dràw /../ óut* (1) **..を(引き)伸ばす. (2)〔物事〕を長々と続ける. a long ～*n-out* speech 長ったらしい演説. (3) ..を抜き取る[出す], 引き出す; →他 15. She *drew out* a handkerchief from her purse. 彼女はハンドバッグからハンカチを取り出した. (4)(誘いかけなどして)..にしゃべらせる; ..を聞き出す. I tried to ～ him *out*, but he was tight-lipped. 彼にしゃべらせようとしたが, 口が固かった. (5) ＝DRAW /../ up (5). (6)〔才能など〕を引き出す, 発揮させる. ～ *out* a person's talents 人の才能を発揮させる.

dràw togéther まとまる, 結合[結束]する.

dràw /../ togéther を(一致)団結させる, 一丸とならせる.

dràw úp (1)〔乗り物が〕止まる, 停止する. The train *drew up* at a desolate station. 汽車は寂れた駅に止まった. (2)〖米方〗〔洗濯して, 衣類が〕縮む.

dràw /../ úp* (1) **..を(引っ張り)上げる. (2) **..を引き寄せる**. He *drew* a chair *up* near the fire. 彼は暖炉のそばにいすを引き寄せた. (3)〔乗り物〕を止める. (4)〔軍隊など〕を整列させる〈普通, 受け身で〉. (5)〔文書, 草案など〕を作成する, 起草する. The teacher *drew up* the examination schedule. 教師は試験の日程を作成した. ～ a person *up* a will〔弁護士などが〕人に遺書を作成してやる.

── 名 (★9 以外は Ⓒ) **1** 引くこと;(刀, ピストルなどを)引き抜くこと. **2** くじ引き; 引いたくじ. the luck of the ～ くじ運. win a TV in the ～ くじ引きでテレビを当てる. **3** 人気のあるもの[人], 呼び物; 大当たり. This play is a sure ～. この芝居はきっと大当たりする. **4** (たばこ, パイプなどを)吸うこと. take a ～ *on* one's pipe パイプを1服吸う. **5** (試合などの)引き分け; 引き分け試合;〖クリ〗〔時間切れによる〕中止試合. The match was [ended in] a ～. 試合は引き分けになった. **6**〖米〗引き出し. **7**〖米〗〔はね橋の〕開閉部. **8**〈the ～〉優位, 強み,〈*on* ..に対する〉. **9** Ⓤ〖英話〗マリファナ. **10**〖米〗〔自然にできた〕排水溝(こう);〖米方〗深い峡谷. **11**〖古俗〗探り(を入れる相手), 'かま'.

bèat a person to the dráw [*púnch*] →punch[1].

be quìck [*fàst*] *on the dráw* (1) ピストルなどを抜くのが速い. (2)〖話〗理解[返答]が速い. ★反対の意味は be slow ... [＜古期英語; drag と同源]

†**dráw·bàck** 名 Ⓒ (他のものと比較しての) 欠点, 弱点, 不利(な点), (disadvantage; →fault 類語); 障害;〈*of* ..という/*to* do*ing* ..することの〉. He has the ～ *of* be*ing* short-tempered. 彼には短気という欠点がある.

dráw·brìdge 名 Ⓒ 跳ね橋;(城の堀の)つり上げ橋.

[drawbridge]

draw·ee /drɔːíː/ 名 Ⓒ〖商〗(手形, 小切手などの)名あて人 (↔drawer).

***draw·er** /drɔ́ːər; 3, 4 では drɔːr/ 名 (複 ～s /-z/) Ⓒ **1** 製図士. **2** (手形, 小切手などの)振出人 (↔drawee). **3** (机, たんす, 食器棚などの)**引き出し**. **4**〖旧・戯〗〈～s〉ズロース; 下ばき, ズボン下.

be òut of the tòp dráwer /drɔːr/〖話〗生まれが良い.

***draw·ing** /drɔ́ːiŋ/ 名 (複 ～s /-z/) **1** Ⓤ **製図**; Ⓒ 線画; 図形, 図面. **2** Ⓒ **素描**, デッサン,《特に木炭画, 単色の鉛筆[クレヨン]画など; 絵の具を用いる painting と区別して言う》. **3** Ⓒ くじ引き, 抽選(会).

dráwing bòard 名 Ⓒ 画板; 製図板.

gò back to the dráwing bòard〖話〗最初からやり直す.

on the dráwing bòard 立案中で.

dráwing càrd 名 Ⓒ〖米〗人気番組, 呼び物; 人気のある芸能人.

dráwing pìn 名 Ⓒ〖英〗画鋲(びょう) (〖米〗thumbtack).

dráwing ròom 名 Ⓒ **1**〖旧〗(特に客が集まる時に使える広い)居間, 応接間, 客間. **2**〖米鉄道〗準個室《3人分の寝台とトイレ付き》.

dráw·knìfe 名 (複 →knife) Ⓒ (両端の取っ手を手前に引いて削る)引きかんな《一般のかんな (plane) は押して削る》.

‡**drawl** /drɔːl/ 動 自 (母音を延ばして)ゆっくり話す, のろのろしゃべる,〈*on*〉. ── 他 Ⅵ (～ X/"引用") X を/「..」とゆっくり話す, のろのろ言う,〈*out*〉. ～ *out* a reply のろのろと答える. ── 名 ⓊⒸ のろのろした話しぶり; のろのろした言葉. the Southern ～ 南部訛(なま)り《米国南部人特有の母音を引き伸ばしたゆっくりした話しぶり》.

‡**drawn** /drɔːn/ 動 draw の過去分詞.

── 形 **1**〔試合が〕引き分けの. a ～ game 引き分け試合, ドロンゲーム. **2**〔カーテン, ブラインドなどが〕閉められた, 下ろされた. **3** (苦痛, 恐怖, 悲嘆などで)引きつった, ゆがんだ〔顔など〕.

dràwn bútter 名 Ⓤ 溶かしバター《香辛料を入れて

ソースとして用いる》.

dràwn-óut /[移]/ [形] 長びく, 長びいた.

dráw·strìng [名][C] 〈しばしば ～s〉 通しひも《袋の口などを締める》.

dray /dreɪ/ [名] ([複] ～s) [C] 低い幅の広い荷車《主にビヤ樽(だる)を運ぶためのもの; 普通, 脇(わき)板がない》.

***dread** /dred/ [動] (～s /-dz/|[過] [過分] **dréad·ed** /-əd/| **dréad·ing**) [他] [VO] (～ X/*doing*/*to do*) Xを/..することをひどく ⌞恐れる[怖がる, 嫌がる]; [VO] (～ *that* 節) ..ではないかと心配する. Cats ～ water. 猫は水を怖がる. She ～*s* driv*ing* in heavy traffic. 彼女は車の多い所の運転を怖がる. ～ *to* learn the results 結果を知ることを恐れる. I ～ *to* think what will happen if a nuclear war breaks out. 核戦争が起きたらどんな事が起こるかと考えるとぞっとする. We ～*ed that* he might say rude things in company. 私たちは彼が人前で失礼な事を言いはしないかと心配した.

── [名] [aU] 恐怖; 不安, 懸念; 〈*of* ..の/*that* 節 ..という〉; [C] 〈普通, 単数形で〉 恐怖の種; ([類語] 危険, 又は不快な事柄を予期する漠然とした恐れを言う; →fear). have a ～ of death 死にはしないかと恐れる. be [live] in ～ of.. しないかといつもびくびくしている. with ～ 恐怖の念をもって; 懸念して. fill a person with ～ 人をぞっとさせる.

── [形] 〈限定〉 **1** 〖旧〗 恐るべき, 恐ろしい; 畏怖させる, おそれ多い. **2** 〖話〗 いやな. [＜古期英語]

dréad·ed /-əd/ [形] 〈限定〉 **1** 恐ろしい. a ～ disease 怖い病気. **2** 〖話〗 いやな.

***dread·ful** /drédf(ə)l/ [形] [m] **1** 恐ろしい, 怖い, ものすごい, (→horrible [類語]). a ～ traffic accident 悲惨な交通事故. a ～ fate 恐ろしい運命. **2** (**a**) うるさい, 嫌な, ひどい. ～ weather 嫌な天気. have a ～ headache ひどい頭痛がする. It's so ～ to be poor! 貧乏ってほんとに嫌だ. (**b**) (体の)具合いが悪い. You look ～. 具合い悪そうですね. **3** 〖話〗 てんで面白くない, つまらない; ひどい, とてつもない. It was a ～ play. じつにひどい芝居だった. make a ～ mistake ひどい間違いを犯す. ▷ **～·ness** [名]

***dread·ful·ly** /drédf(ə)li/ [副] **1** [C] 〖話〗 すごく, とても, (very). I'm ～ sorry to be late. 遅刻してほんとにすみません. I miss you ～. あなたがいなくてすごくさみしい. **2** [m] 恐れを抱いて, 怖そうに. **3** [C] 怖いほど; ひどく(悪く). He was ～ injured. 彼は見るも怖いほどにけがをしていた. a ～ typed letter ひどく下手にタイプした手紙.

dréad·lòcks [名] 〈複数扱い〉 ドレッドロックス《縮らせて細く編んだ多くの髪束を四方八方に垂らす; Rastafarian が好んでする髪型》.

dréad·nòught [名][C] 〖史〗 ドレッドノート型戦艦《戦前は「弩(ど)級艦」と呼んだ; ＜大艦巨砲主義時代を開いた英国の画期的戦艦 *Dreadnought* (「恐れを知らぬ者」の意; 1906 年進水)より》.

‡dream /driːm/ [名] ([複] ～s /-z/) [C] **1** (睡眠中に見る) **夢**. have a strange [bad] ～ 不思議な[悪い]夢を見る. Sweet ～*s*. おやすみ《子供などに》. Think of me in your ～*s*. 夢で私を思い出してくださいね.

[連結] a pleasant [a happy; a bad, a terrible] ～ // awake from [fall into; interpret, read] a ～

2 (心に描く)**夢** 〈*of doing* ..したいという〉, 理想; 空想, 白日夢 (daydream). realize one's ～*s* 夢を現実のものにする. have a ～ *of going* to Tahiti タヒチ島へ行きたいという夢を持っている.

3 〈普通, 単数形で〉 夢うつつ, 夢見心地. live [go about] in a ～ 夢うつつのうちに日を送る[夢見心地でうろつく]. **4** 〈a ～〉 〖話〗 (夢のように)すばらしい[美しい]もの[人], '最高'. It's been a ～ of a trip. 今度の旅は夢のように楽しかった. He's a ～ to work with. 彼は一緒にやるには最高の人だ.

5 〈形容詞的〉 夢に見るような, 夢のような, 理想的な. a ～ house [car] 最高の家[車].

be* [*seem*] *like a dréam 夢のように思える.

beyond one's wildest dréams 夢にも思わない. a salary *beyond* my *wildest* ～*s* 私の夢にも思わない給料. be successful *beyond* our *wildest* ～*s* 我々の期待をはるかに越えて大成功である.

In your dréams. 〖話〗 夢の中でね, 無理ですね. "I wanna marry a millionaire." "*In your* ～*s*." 「私, 百万長者と結婚したい」「夢の中でね(夢のようなことだね)」

lìke a dréam (1) 〖話〗 容易に, たやすく. (2) 完全に, 申し分なく. work [go, run] *like a* ～ 〔計画などが〕大変うまくいく.

(*like*) *a drèam come trúe* 夢のかなったようなことで,「夢のような話で.

not* [*never*] *in my wildest dréams 決して..ない. *Never in my wildest* ～*s* did I ever imagine winning this much. これほど勝てるとは夢にも思わなかった.

the.. of a person's dréams 〔人〕の理想の... *the* man [house, job] *of* my ～*s* 私の理想の人[理想的な家, 仕事].

── [動] (～s /-z/|[過] [過分] **～ed** /dremt, driːmd/, **dreamt** /dremt/|**dréam·ing**) (★〖英〗では過去形・過去分詞として dreamed, dreamt のどちらも用いる; 〖米〗では dreamed を多く用いる) [自] **1 夢を見る** 〈*of*, *about* ..の〉. She ～*s of* her dead child every night. 彼女は毎晩死んだ子供の夢を見る. sleep without ～*ing* 夢も見ず熟睡する. I ～*ed about* her. 彼女の夢を見た. You must be ～*ing*! (そんな途方もないことを考えるなんて)君は夢を見ているんじゃないのか.

2 夢みる, 空想する, 〈*of*, *about* ..を〉; 思う 〈*of* do*ing* ..しようかと〉; 〈主に否定文で〉. I wouldn't ～ *of* it. 夢にもそんなことはしません. ～ *of* mak*ing* a fortune at a stroke 一攫(かく)千金を夢見る. I would never ～ *of* do*ing* any harm to you. あなたに被害を及ぼそうなどとは夢にも思いません.

── [他] **1** を夢に[で]見る; [VO] (～ *that* 節) ..という夢を見る. ～ a horrible dream 恐ろしい夢を見る (★同族目的語を取る用法). Was it real or did I ～ *it*? あれは本当のことだったろうか, 夢だろうか. The girl ～*ed* (*that*) she was a daughter of a billionaire. 少女は自分が億万長者の娘になった夢を見た. Who would have ～*ed* it? そんなことだれが考えられただろう. **2** [VO] (～ *that* 節) ..がありうると思う 〈主に否定文で〉. I never *dreamt that* such a thing could happen in this town. この町でそんな事が起きるとは夢にも思わなかった.

drèam /../ awáy 〔時間〕を何もせずにぼんやりと過ごす. ～ time [one's whole life] *away* うかうかと時を[一生を夢うつつのうちに(怠惰に)]過ごす.

Drèam ón! 〖話〗 そんなことありえないね, 夢ではね.

drèam /../ úp 〖俗・軽蔑〗 〔異常な[ばかげた]こと〕を思いつく, 考え出す. He's always ～*ing up* strange ideas. 彼はいつも奇妙な案を考え出している.

[＜古期英語「歌, 喜び」; 「夢」の意味は古期北欧語の影響か]

dréam·bòat [名][C] 〖旧話〗 **1** とても魅力的な人《異性》; 理想的なもの. **2** 〖英〗 自分でも魅力的と思っている人.

dréam·er [名][C] 夢を見(てい)る人; 夢想家; (ぼんやりして)白日夢にふける人.

dréam·ing [名][U] (オーストラリア先住民の神話で)夢[至福]の時代.

drèaming spíres [名] 〈複数扱い〉 夢みる尖(せん)塔《Oxford の美しさを称える言葉; Matthew Arnold の詩句から》.

dréam·lànd [名][UC] **1** 理想郷, ユートピア. **2** 〖戯・雅〗 夢の国《人は眠っている間そこにいると言われる》.

dréam·less [形] 夢のない, 夢を見ない; 穏やかな. have a quiet, ～ nap 夢も見ないで穏やかにまどろむ.

▷～·ly 副
dréam·lìke 形 夢のような; 非現実的な; ぼんやりした.
dreamt /dremt/ 動 dream の過去形・過去分詞.
dréam tìcket 名 C 〈単数形で〉 **1** 理想的な二人の組合わせ《特に選挙で大統領・副大統領のコンビなど》. **2** またとない好機 〈*to*..の〉.
dréam·tìme 名 ＝dreaming.
dréam wòrld 名 C 夢の世界, 空想の世界. be (living) in a ～ おめでたい.
D
†**dream·y** /drí:mi/ 形 e **1**〔風景などが〕夢のような; ぼんやりした (vague). **2**〔表情などが〕夢見心地の;〔人が〕非現実的な. a ～ expression 夢を見ているような表情. **3**〔音楽などが〕夢見心地にする. soft lights and ～ music 柔らかい照明と夢見るような音楽. **4**〖俗〗(夢の中のように)すごく楽しい, すばらしい, (wonderful) (★若い女性がよく用いる). I think the Beatles are just ～, don't you? ビートルズってすてきよね. ▷**dream·i·ly** 副 夢見るように, 夢見心地で. **dream·i·ness** 名 U 夢見心地.
drear /driər/ 形〖詩〗＝dreary.
*__drear·y__ /drí(ə)ri/ 形 e (**drear·i·er**|**drear·i·est**) **1** 陰気な, 陰うつな, (類語 気分よりも, わびしい雰囲気に重点がある; →dismal). a long and ～ winter of England イングランドの長く陰うつな冬. **2**〖話〗退屈な, 面白くない, (dull). a long and ～ trip 長い退屈な旅行.
▷**drear·i·ly** 副 **drear·i·ness** 名
†**dredge**[1] /dredʒ/ 名 ＝dredger 1.
── 動 他〔川, 湖, 港など〕を浚渫(しゅんせつ)する;〔泥, 砂など〕をさらう 〈*for*..を捜して〉. ── 自 浚渫機でさらう 〈*for*..を捜して〉.
drèdge /../ úp (1)〖話〗〔不快な事実など〕を明るみに出す, 持ち出す, ほじくり返す. (2)..をさらい上げる.
‡**dredge**[2] 動 他 VOA〔小麦粉など〕をふりかける 〈*over*..〔料理の材料など〕に〉;〔料理の材料〕にまぶす 〈*with*..〔小麦粉など〕を〉. ～ flour *over* meat＝～ meat *with* flour 肉に小麦粉をまぶす.
dredg·er[1] /drédʒər/ 名 C **1** 浚渫(しゅんせつ)船[機]《水底の泥, 異物などをさらう》. **2** 浚渫する人, 浚渫人夫.
dredg·er[2] 名 C (砂糖, 小麦粉などの)ふりかけ器.
Drèd Scótt Càse /drèd-/ 名 〈the ～〉〖米史〗ドレッドスコット事件《黒人 Dred Scott が訴えた事件で, 黒人には米国市民権なしと 1857 年最高裁判所で判決された; 奴隷廃止論者を憤激させ南北戦争の原因の 1 つとなった》.
dregs /dregz/ 名 〈複数扱い〉 **1** (水, 飲み物などの底に沈んだ)かす, おり. drink .. to the ～ ..を(かすだけ残して)最後まで飲む; 味わいつくす. **2** 最下等のもの, 屑(くず). the ～ of society [humanity] 社会[人間]の屑.
Drei·ser /dráisər, -zər/ 名 **Theodore** ～ ドライサー (1871–1945)《米国の小説家》.
†**drench** /drentʃ/ 動 他 **1** をずぶ濡(ぬ)れにする 〈*with*..で〉〈しばしば受け身で〉. →drenched. **2** にたっぷり付ける[塗る] 〈*in, with*..〔液体〕を〉. She ～*ed* herself *in* cheap perfume. 彼女は安物の香水をたっぷり付けた.
[＜古期英語「飲ませる」]
drenched /-t/ 形 **1** ずぶ濡(ぬ)れになって, びしょ濡れで 〈*in, with*..で〉. be ～ to the skin [through] ずぶ濡れになる. get ～ *in* a heavy rain 大雨に遭ってびしょ濡れになる. **2** たっぷり付けた 〈*in*..〔香水など〕を〉; 浸った 〈*with*..〔日の光など〕に〉. The garden was ～ *with* the afternoon sun. 庭は午後の日差しにどっぷりと浸っていた.
drénch·ing 名 aU ずぶ濡(ぬ)れ, びしょ濡れ. get *a* ～ ずぶ濡れになる.
Dres·den /drézd(ə)n/ 名 **1** ドレスデン《エルベ川に臨むドイツの都市》. **2** U マイセン焼き《**Drèsden chína**, 又は Meissen とも言う》.
‡**dress** /dres/ 動 (**dréss·es** /-əz/|過 過分 **～ed** /-t/,〖古〗**drest** /drest/|**dréss·ing**) 他
【外観を整える】 **1** (a) に服[着物]を着せる (clothe). ～ a baby 赤ん坊に服を着せる. (b) 〈～ *oneself* で〉(自分で)服を着る (★特に, 子供や着るのに骨を折る状態の人に用いる). Susie can already ～ her*self*. スージーはもう自分で服を着れる. **2**〔人〕のために服を作る[選ぶ]. The actress was ～*ed* by a world-famous designer. その女優は世界的に有名なデザイナーの服を着ていた.
3 を(美しく)飾る (decorate). **4**〔軍隊〕を整列させる.
5〔髪〕の手入れをする, を整える;〔馬〕の毛をすく. She ～*ed* her hair nicely. 彼女はきれいに髪を整えた. ～ a hedge 生け垣の手入れをする.
6【手入れする＞手当てする】〔傷〕の手当てをする, に包帯する. ～ a wound 傷を消毒し包帯を巻く.
【あらかじめ整えておく】 **7**〔皮〕をなめす. ～ leather [wood] 皮をなめす[材木を加工して仕上げる].
8〔鳥, カニなど〕を(調理する[食べる]ために)下ごしらえする;〔サラダ〕にドレッシングをかける;〔土地〕を(植えつけのために)肥やしておく. ～ a chicken 鶏の下ごしらえをする.
── 自 **1** (a) **服を着る**. I was ～*ing* when the doorbell rang. 玄関のブザーが鳴った時, 私は着換えの最中だった. (b) VA **..の服装をする**, 身なりをする, 〈*in*..〔晴れ着など〕の/*for*..〔防寒などの仕事〕用の/*as*..のような〉; 〈A は様態の副詞〉着こなす. 語法 この意味では be ～ed の方が普通; →dressed 2. ～ *in* black 黒い服装をする. ～ *for* work 仕事のための服装をする. *Dress* warmly; it's very cold today. 暖かい服装をしなさい, 今日は寒いから. ～ casually くだけた服装をする. ～ well [badly] 着こなしが上手[下手]だ. **2** VA (～ ***for***..) ..のために着る, 夜会服を着る, **正装する**. ～ *for* dinner 晩餐(さん)会に出るために正装する. **3**〔軍隊が〕整列する.
drèss dówn 目立たない[くだけた]服装をする. movie stars ～*ing down* in blue jeans ジーンズを着てラフな姿の映画スターたち.
drèss /../ dówn (1)〔皮革〕を仕上げる. (2)〖話〗〔人〕をしかる, ..の油を絞る.
*__*drèss úp*__* (1) **盛装する**, 着飾る. (2) 仮装する 〈*as*..の〉. ～ *up as* a Frankenstein *for* Halloween ハロウィーンにフランケンシュタインの仮装をする.
drèss /../ úp (1)..を盛装させる; ..を仮装させる; 〈be dressed up で〉(劇の)登場人物の服装を身につける. ～ oneself *up* 盛装する. He ～*ed* himself *up* as Santa Claus. 彼はサンタクロースに扮(ふん)装した. (2)..を飾り立てる; ..を粉飾する; ..の見栄え[聞こえ]をよくする. You'd better ～ *up* the facts a little. 事実に少し色を付けた方がいい.
── 名 (複 **dréss·es** /-əz/) **1** C ドレス《婦人, 子供用のワンピース》. **2** U 衣服; 服装, 衣装; (類語 時, 場所柄に合った服装を表し, 特に服の種類 (例えば evening [morning, full, wedding] dress) を強調する; →clothing). Men are generally careless about ～. 男性は概して服装には気を遣わないものだ. formal [informal] ～ 正装[平服]. battle ～ 戦闘服. national [period] ～ 民族服[(ある)過去の時代の服装]. **3** U 正装 (full dress). "No ～." 「平服でご出席ください」《招待状のことわり書き》. **4** 〈形容詞的〉衣服の; 正装(用)の; 礼服着用の. have a good ～ sense 着る物のセンスがよい. ～ material 服の生地.
[＜古期フランス語「整える, 用意する」(＜ラテン語 *dīrectus* 'direct')]
dres·sage /drəsɑ́:ʒ|drésɑ:ʒ/ 名 U〖馬術〗馬場馬術, ドレサージュ, 《騎手のわずかな動きにより馬に複雑な演技をさせる》. [フランス語 'training']
drèss círcle 名 〈the ～〉(劇場などの) 2 階正面席《特等席で, ここで見る観客は夜会服 (evening dress) を着る習慣があった;〖米〗balcony》.
dréss còde 名 C 服装規定.
drèss-down Fríday 名 C ドレスダウン・フライデイ

《カジュアルな服装で出勤する金曜日》.

***dressed** /drest/ 形 ⓒ **1** (服を)**着た**, 着ている. I get ～ quickly in the mornings. 私は朝素早く服を着る. Aren't you ～ yet? まだ着ていないのかい. fully ～ すっかり着て. **2** (ある)**服装をしている**. a woman ～ in black 黒い服[喪服]を着た女性. be ～ in a suit スーツを着ている. a well [neatly] ～ man 身なりのいい[きちんとした]男. **3 美しく飾られて** (decorated). The shop windows were ～ for the Christmas season. クリスマスの時期に備えて店のショーウィンドーは飾られていた. **4** ⓒ すぐ食べられるようになった, 盛りつけられた, 〔カニなど〕.

àll drèssed úp with nó plàce 〖米〗 [***and nòwhere***] ***to gó*** 〖戯〗 行くとこないのにおめかしして.

drèssed óverall 〔船が〕満艦飾で.

drèssed to (***fít***) ***kíll*** 〖話〗 セクシーな[人の目を引く, はでな]服装をして.

drèssed úp (1) ドレス・アップして, 正装して. get ～ *up* for the wedding 結婚式用の正装をする. She had her hair all ～ *up* in ribbons. 彼女は髪をリボンで飾り立てた. (2) 飾り立てて, 格好をつけて, 〈*as* ..のように〉.

drèssed (***úp***) ***to the nínes*** 〖話〗 一張羅(ら)を着て, めかし込んで, 《おそらく 9 という数が完璧(ぺき)を意味する神秘数であることから》.

†**dress·er**[1] /drésər/ 名 Ⓒ **1** (劇場などの)着つけ係. **2** 〈形容詞を伴って〉 服装[着こなし]が..な人. You're a smart ～. 君は着こなしがいいねえ. the best ～s of this year 今年のベスト・ドレッサー. **3** 手術助手.

dress·er[2] 名 Ⓒ **1** 〖英〗 食器戸棚. **2** 〖米〗 (しばしば鏡付きの)化粧だんす, ドレッサー.

†**dréss·ing** 名 **1** Ⓤ 着物を着ること, 着付け; 着替えること. **2** Ⓤ 化粧; (頭髪などの)手入れ. **3** Ⓤ 飾り付け. **4** ⓊⒸ 仕上げ, 加工. **5** ⓊⒸ (サラダ, 魚, 肉などにかける)ソース, ドレッシング. a salad ～ サラダ用ドレッシング. **6** ⓊⒸ 〖米〗 (鳥料理などの)詰め物 (stuffing). **7** Ⓤ (傷の)手当て; Ⓒ 膏(こう)薬, ガーゼなど. apply a ～ to a wound 傷に膏薬をはる.

drèssing-dówn 名 Ⓒ 〖話〗 しかりつける[つけられる]こと. I've given him a good ～. 彼をたっぷりしかってやった.

dréssing gòwn 名 Ⓒ 化粧着, 部屋着, 《寝巻きの上に羽織る; 〖米〗 では普通 bathrobe》.

dréssing ròom 名 Ⓒ 化粧室; (劇場の)楽屋; (体育施設などの)更衣室.

dréssing tàble 名 Ⓒ (寝室に置く)化粧台, 鏡台.

drèssing-úp 名 Ⓤ 仮装ゲーム.

†**dréss·màker** 名 Ⓒ 婦人服の洋裁師《普通, 女性; ↑「→tailor」》.

dréss·màking 名 Ⓤ 婦人服仕立て(業); 洋裁(業).

dréss rehèarsal 名 ⓊⒸ (衣装を付けての)舞台稽古.

dréss sènse 名 Ⓤ 服装のセンス.

drèss shírt 名 Ⓒ 礼装用のワイシャツ.

drèss súit 名 Ⓒ (男性用の)夜会服.

drèss úniform 名 ⓊⒸ 〖軍〗 礼装, 礼服.

dress·y /drési/ 形 ⓔ **1** 〔服装が〕正装向きの, 改まった. clothes too ～ to wear at home うちで着るには改まりすぎた衣装. **2** 〔人が〕服装に凝る, おしゃれな; 派手な, 派手好みの.

drest /drest/ 動 〖古〗 dress の過去形・過去分詞.

drew /druː/ 動 draw の過去形.

Drey·fus /dréifəs/ 名 **Alfred ～** ドレフュス (1859–1935) 《フランスの軍人; 1894 年スパイ容疑で逮捕され, その有罪無罪をめぐって国論を二分するほどの社会的波乱を起こしたが, 結局 1906 年無罪となった》.

Dréyfus affàir 名 〈the ～〉 ドレフュス事件.

‡**drib·ble** /dríb(ə)l/ 動 自 **1** Ⓥ ぽたぽた垂れる, 滴る, 〈*away, down, out*〉〈*from*..から〉. a *dribbling* tap 水の垂れている蛇口. **2** 〔赤ん坊などが〕よだれを垂らす. **3** 〔金銭などが〕少しずつ出て行く 〈*away*〉. The fund is *dribbling away* as prices go up. 物価の上昇につれて資金は少しずつ減って行く. **4** 〖球技〗 ドリブルする.

── 他 **1** をぽたぽた垂らす. **2** 〖球技〗 〔球〕をドリブルする.

── 名 Ⓒ **1** 滴り, しずく; よだれ; わずかな量 (bit). a ～ of.. 少しの... **2** 〖球技〗 ドリブル. [drip の異形, -le[1]]

drib·(b)let /dríblət/ 名 Ⓒ 少量, ほんの少し(の額); 滴り, しずく. by [in] ～*s* ほんの少しずつ.

dribs /dribz/ 名 〈次の成句のみ〉

in drìbs and drábs 〖話〗 ほんの少しずつ.

dried /draid/ 動 dry の過去形・過去分詞.

── 形 乾燥した, 干した. ～ fish 魚の干物. ～ milk 粉ミルク. ～ fruit(s) 乾燥果物.

cùt and dríed →cut.

drìed-úp /⑧/ 形 干上がった, 干からびた, しなびた. a ～ marriage 愛情の涸(か)れた結婚生活.

dri·er[1] /dráiər/ 形 dry の比較級.

†**dri·er**[2] 名 Ⓒ **1** 乾かす人. **2** 乾かすもの; 脱水機 (spin-drier), (ヘア)ドライヤー (hair-drier); (ペンキなどに混ぜる)乾燥剤.

dries /draiz/ 動 dry の 3 人称・単数・現在形.

dri·est /dráiəst/ 形 dry の最上級.

***drift** /drift/ 名 (複 **～s** /-ts/)

【**漂流**】 **1** Ⓤ 押し[吹き]流されること, **漂うこと**, 漂流; (人の)移動 〈*toward* ..への〉. the ～ of an iceberg 氷山の漂流. the ～ of population *toward* urban centers 都心部への人口の流入.

2 ⓊⒸ (風, 潮などの緩やかな)**流れ**[**動き**]; 流れ[動き]の方向[速度]. the ～ of the air [the tide] 空気[潮]の流れ.

3 Ⓒ **漂流物**; (雪, 土砂などの)**吹き寄せ**, 吹きだまり; (氷河, 流水などに運ばれてきた)堆積物《岩石など》. snow ～*s* 雪の吹きだまり.

【**おおよその流れ**】 **4** ⓊⒸ 大勢, 時流, 傾向, 成り行き. a policy of ～ 大勢順応主義. There was a gradual [general, broad] ～ toward war in public opinion. 世論は少しずつ[おおむね]開戦の方向に傾いていた.

5 Ⓤ 趣旨, 大意. get [catch] the ～ (of a treatise) (論文の)趣旨が分かる. (Do you) get my ～? 私の言うこと分かる? **6** =driftage 1.

── 動 (**～s** /-ts/|過 過分 **dríft·ed** /-əd/|**dríft·ing**) 自 **1** (**a**) **漂う**, 漂流する; 押し[吹き]流される; 〈*down, along* (..を)〉. ～*ing* clouds 流れ雲. ～ *down* the Mississippi on a raft いかだに乗ってミシシッピ川を流れ下る. The voices of several people ～*ed down* the passage. 数人の話し声が通路をこちらへ伝わってきた. ～ *with* the tide 大勢に順応する. ～ back 〔舟などが〕戻る; 〔人が〕(元の恋人などに)戻る. (**b**) Ⓥ 〔人が〕ゆっくりと動く[行く], だんだんと去って行く, 〈*away, out*〉〈*from* ..から/～ *toward, into* ..へ〉. ～ *away from* ..からしだいに離れる. (**c**) 〔事態が〕流れる. let things [the matter] ～ (状況を)なるがままにする.

2 吹きだまりを作る 〈*against* ..に〉. The snow ～*ed against* the wall. 雪は壁のところで吹きだまりになった.

3 Ⓥ あてもなく動いて行く, 放浪する 〈*around, along*〉; 職[住所]を転々とする 〈*from* ..から/*to* ..へ〉; (**～ *into* ..**) いつの間にか..の状態に引き込まれる, いつの間にか..になる. ～ *through* life 人生を漫然と過ごす. ～ *from* job *to* job 職を転々と変える. ～ *into* war ずるずると戦争に引き込まれる.

── 他 **1** を漂流させる; を押し[吹き]流す. The boat was ～*ed* downstream. 小船は下流へ押し流されて行った. **2** ⓋⓄⒶ を流し[吹き]寄せる; の吹きだまりを作る. The snow was ～*ed against* the front door. 雪が玄関の扉の前に吹きだまりを作っていた. be ～*ed onto* the beach 海岸へ打ち上げられる.

drìft apárt 離ればなれになる; (特別の理由なしに)だんだん疎遠になる.

drìft óff (1) ゆっくりと離れる. (2) うとうと眠る.
[<古期北欧語「雪の吹きだまり」(drive の名詞形)]

drift·age /dríftidʒ/ 名 **1** Ⓤ (船の)偏流, 流程. **2** Ⓒ 〈集合的〉 漂流[漂着]物.

dríft·er 名 Ⓒ **1** 漂流者; 漂流物. **2** 流れ者, 渡り者; 浮浪者. **3** 流し網漁船.

dríft ìce 名 Ⓤ 流氷.

dríft nèt 名 Ⓒ 流し網.

dríft·wòod 名 Ⓤ 流木.

D

:drill[1] /dril/ 名 (複 **~s** /-z/) 【錐(きり)】 **1** Ⓒ **錐**, 穿(せん)孔機; ドリル. a dentist's ~ 歯科医の使うドリル. an electric ~ 電気ドリル.
【錐でねじ込むような訓練】 **2** ⓊⒸ (軍隊の)**教練**; (厳しい)訓練, 反復練習, ドリル; (類語 教え込むため繰り返される厳しい(しばしば集団の)訓練を指す; →practice). ~*s* in English sentence patterns 英語文型の反復練習. a pronunciation ~ 発声練習. a fire ~ 防火訓練.
3 Ⓤ 〖英旧話〗〈the ~〉(物事をやる)うまい手順, 方法. Do you know the ~ for doing this? これをうまくやる方法を知っていますか.
── 動 (~s /-z/|過 過分 **~ed** /-d/|**dríll·ing**) 他
1 (ドリルなどで)に**穴を開ける**, を掘る; 〔穴〕を開ける 〈*in*, *into* ..に〉; 〔錐など〕を突き通す. She ~*ed* the wood to make holes.=She ~*ed* holes *in* the wood. 彼女は木に穴を開けた. ~ an oil well 油井を掘る.
2 を(**厳しく**)**訓練する**, 教練する, 〈*in*, *on* ..を〉; VOC (~ X *to do*) X(人)に..するように教え込む. The teacher ~*ed* us *in* English pronunciation. 先生は我々に英語の発音を反復練習させた.
3 VOA (~ X ***into*** ..) 〔人〕に X (知識, 思想など)をたたき込む; (~/X/*in*) X をたたき込む. ~ liberal thought *into* young people 自由思想を若い人々の頭にたたき込む.
4 〔人〕に弾丸をぶち込む.
── 自 **1** ドリルで穴を開ける 〈*into* ..に〉. ~ *for* oil 石油を求めて試掘する. **2** 教練[訓練]を受ける, 反復練習する. [<オランダ語「穴をあける」]

drill[2] 名 Ⓒ **1** 種まき機《溝掘り, 種まき, 土かけなどを行う》. **2** 種まき溝; ひと畝(うね)の作物.
── 動 他, 自 (種を)種まき機でまく.

drill[3] 名 Ⓤ 綾(あや)木綿, 雲斉(うんさい)織り.

drill[4] 名 Ⓒ 〖動〗ドリル《西アフリカ産の小型ヒヒ》.

dríll bòok 名 Ⓒ 練習帳.

drílling plàtform 名 Ⓒ 掘削用プラットフォーム《海底油田用の》.

dríll·màster 名 Ⓒ (軍事訓練などの)指導教官; 厳しい[しごく]指導員.

dríll prèss 名 Ⓒ ボール盤《鉄板に穴を開ける機械》.

†dri·ly /dráili/ 副 =dryly.

:drink /driŋk/ 動 (**~s** /-s/|過 **drank** /dræŋk/|過分 **drunk** /drʌŋk/|**drínk·ing**) 他 **1** 〔液体〕を**飲む**, 〔気体〕を吸う, (類語 液体を「飲む」という意味の最も一般的な語; →imbibe, quaff, sip, sup[2], swig. 注意「(スプーンで)スープを飲む」には eat,「薬を飲む」には take を用いる). ~ water [beer] 水[ビール]を飲む. What are you ~*ing*? 何をお飲みですか《酒をおごるときなどに言う》.
2 〔水分など〕を吸う, 吸収する, 〈*in*, *up*〉. A sponge ~*s* water. スポンジは水分を吸収する.
3 〔容器〕の中身を飲み干す 〈*up*〉; VOC (~ X Y) X を飲んで Y の状態にする, X を Y の状態で飲む; VOC (~ *oneself* ..)・VOA (~ *oneself **to, into*** ..) 酒を飲んで..の状態になる. ~ a glass (of beer) at a gulp コップ 1 杯(のビール)を一気に飲む. ~ a cup dry 杯を飲み干す. ~ coffee black コーヒーをブラックで飲む. ~ one*self* sick 飲みすぎて気持ちが悪くなる. ~ one*self* *to* death [*into* a stupor] *on* absinth アブサンを飲みすぎて死ぬ[前後不覚になる].
4 〔給料, 財産など〕を酒に費やす 〈*away*〉. Dan ~*s* all his wages. ダンは給料を全部飲んでしまう.
5 を祈って[祝して]乾杯する 〈*to* ..〔人〕のために〉. Let's ~ success *to* Tom. トムの成功を祈って乾杯しましょう. ~ a health *to* a person →health (成句).
── 自 **1 飲む**; (常習的に, または多量に)**酒を飲む**. We eat and ~ to live. 我々は生きるために飲みかつ食べる. ~ from [out of] ..〔瓶など〕から(飲み物を)飲む. ~ of .. (の一部分)を飲む. He ~*s* hard. 彼は酒が強い. If you ~, don't drive. 酒を飲んだら運転はするな. *Drink* up and let's leave. 飲み干してここを出よう. ~ like a fish →fish (成句).
2 VA (~ ***to*** ..) ..に[を祈って]乾杯する. Let us ~ *to* freedom. 自由のために乾杯しよう.
3 VA 〈A は様態の副詞〉..に飲める, 飲むと..の味がする. ~ deliciously [beautifully] 〔ワインなどが〕おいしく飲める.

drìnk /../ awáy (1) ..を酒のために使い果たす; 〔時間〕を酒を飲んで過ごす. (2) 〔悲しみなど〕を酒に紛らす.
drìnk déep (***of*** ..) (1) (..を)たっぷり飲む; 大酒を飲む. (2) 〈比喩的〉(..を)たっぷり味わう, 十分に吸収する.
****drìnk /../ dówn*** (1) **..を 1 度に飲み干す**. (2) = DRINK /../ away (2). (3) 〔相手〕を酔いつぶす.
drìnk /../ ín ..を心を込めて聞く[眺める]. ~ *in* the beauty of the landscape 景色の美しさに見とれる. ~ *in* his tale 彼の話に聞きほれる.
drìnk /../ óff [〖方〗***óut***] =DRINK /../ down (1).
drínk a pèrson under the táble →table.
drìnk /../ úp ..を飲み干す, 残さず飲む.
drìnk with the flíes 〖オース話〗1 人で(酒を)飲む.
I'll drínk to thàt. 〖話〗賛成だ, その通り, それはいいね.

── 名 (複 **~s** /-s/) **1** ⓊⒸ **飲み物**. food and ~ 飲食物. **2** Ⓒ **ひと飲み, 1 杯**. have [take] a ~ of water [milk] 水[牛乳]を 1 杯飲む. **3** Ⓤ アルコール飲料, **酒類**; 飲酒, 酒浸り; Ⓒ (酒類の) 1 杯. The loss of his wife drove him to ~. 妻を失って彼は酒を飲むようになった. in ~ 酔って. take to ~ 飲み癖がつく. have a ~ problem 〖主に英〗アル中である. nurse a ~ 酒をちびりちびり飲む. Sue's had one ~ too many. スーはほろ酔い機嫌だ.

> 連結 a strong [a stiff; a weak] ~ // have [take; fix, make, mix; pour; serve; sip; gulp down, swallow, toss off] a ~

4 〖英〗〈~s〉(酒の出る)パーティー, 宴会. **5** 〖話〗〈the ~〉海.

(***be***) ***the wòrse for drínk*** ぐでんぐでんに酔って(いる).
dò a drínk 〖英俗〗一杯やる.
dò the drínk thìng 〖米俗〗大酒を食らう.
on the drínk 〖話〗酒浸りで.
tàke a drínk 〖野球俗〗三振する. [<古期英語]

drínk·a·ble 形 飲める, 飲用に適する; うまい〔酒など〕.

drìnk dríver 名 〖英〗=drunk driver.

drìnk dríving 名 〖英〗=drunk driving.

†drínk·er 名 Ⓒ **1** (大)酒飲み. a hard [heavy] ~ 酒豪. **2** (特定の飲み物を)よく飲む人. I'm a coffee [wine] ~. 私はコーヒー[ワイン]をよく飲む.

drínk·ing 名 **1** Ⓤ 飲むこと, 飲用. Good for ~. 〖掲示〗飲めます. **2** Ⓤ 飲酒. He is fond of ~. 彼は酒が好きだ. **3** 〈形容詞的〉飲酒の; 飲用の. a ~ pal 飲み友達. a ~ party 宴会, 飲み会.

drínking fòuntain 名 Ⓒ (主に公共の場所の)噴水式水飲み器.

drínking-sòng 名 Ⓒ 酒盛りの歌, 酒をたたえる歌.

drìnking-úp tìme 名 Ⓤ 〖英〗飲み干し(猶予)時間《パブでグラスの中の酒を飲むための延長時間》.

drínking wàter 名 Ⓤ 飲料水.

drínks machìne 名 Ⓒ 飲み物自動販売機.

drínks pàrty 名 C 〘英〙カクテルパーティー (〘米〙 cocktail party).

***drip** /drip/ 動 (~s /-s/ | 過 過分 **~ped** /-t/ | **dríp·ping**) 自 **1** ぽたぽた落ちる, 滴る, 〈*down*〉〈*from, off* ..から/ *into* ..へと〉. Sweat *~ped from* his face. 彼の顔から汗が滴り落ちた. The rain was *~ping through* a leak in the roof. 雨が屋根のすき間からぽたぽた落ちていた. The faucet [tap] is *~ping*. 蛇口から水がぽたぽた漏れている.
2 しずくを垂らす; 濡(ぬ)れる 〈*with* ..〔しずくなど〕で〉. His clothes were *~ping*. 彼の服からしずくが垂れていた. The roof was *~ping*. 屋根は雨漏りしていた.
3 〘戯〙 VA (**~ *with* ..**) ..でいっぱいである, あふれている. I'm *~ping with* sweat. 汗びっしょりだ. She is *~ping with* gold. 彼女は金ぴかに飾り立てている.
── 他 〔水など〕を滴らす. The eaves are *~ping* rainwater. ひさしから雨水が滴り落ちている. His finger was *~ping* blood. 彼の指から血がぽたぽたと垂れていた (★ dripping with blood も可).
drip /../ ín ..を少しずつ入れる.
dríp X *into* Y X を少しずつ Y に入れる.
── 名 (複 **~s** /-s/) **1** C しずく. *~s* from the faucet [tap] 蛇口から落ちるしずく. **2** U 〈しばしば the ~〉 滴り, 滴下; 滴り[ぽたぽた]落ちる音. The constant ~ of the rain kept me awake all night. 絶え間なく落ちる雨のしずくの音でひと晩中眠れなかった. **3** C 〘俗〙面白味のない人. **4** C 〘医〙点滴(装置). be put on a ~ 点滴を受ける.
[<古期英語 (drop の動詞形)]

dríp còffee 名 U ドリップコーヒー《ドリップ式でいれたコーヒー》.

dríp-drỳ 動 (**-dries** | 過 過分 **-dried** | **~·ing**) 他, 自 (合成繊維製品などを)絞らずに吊(つ)るして乾かす; 絞らずに吊るしておくと乾く.
── /ニニ ㊕/ 形 吊るしておくと乾く〔衣類〕《絞ったり, アイロン掛けが不要》.

dríp-fèed 名 U 点滴. ── 動 (→feed) 他 を点滴する; 〔人〕に点滴を行う.

dríp·ping 名 **1** U 滴ること; 滴る音. **2** C 〈普通 ~s〉 滴り, しずく. the *~s* of paint ペンキの滴り. **3** 〈〘米〙 ~s, 〘英〙 U〉 (肉, 魚などを焼く時に溶け出る)脂肪, あぶら.
── 形 しずくの垂れる; びしょ濡(ぬ)れの. ── 副 しずくの垂れるほど. ~ wet ずぶ濡れの.

drípping pàn 名 C (焼肉用の)肉汁受け.

drip·py /drípi/ 形 e めそめそする, センチな.

‡**drive** /draiv/ 動 (~s /-z/ | 過 **drove** /drouv/ | 過分 **driv·en** /drív(ə)n/ | **drív·ing**) 他
【追いやる, 駆り立てる】 **1** VOA を追いやる; 〔牛馬など〕を追う, 駆る, (chase); 〔鳥, 獣など〕を駆り立てる. a cowboy *driving* cattle *to* the pasture 牧草地へ牛を追ってゆくカウボーイ.
2 VOA 〔風が雲, 雨, 雪など〕を吹きやる; 〔水, 波などが〕を押し流す, 運ぶ. The rain was *driven* full *into* my face by the gust. 雨は突風にあおられて私の顔にまともに吹きつけた. The waves *drove* the boat *onto* the rocks. 波で小舟は岩礁に乗り上げた.
3 〔人〕を追い立てる, 酷使する. Our boss is always *driving* us hard. 我々の上司はいつも我々をこき使う. ~ oneself too hard 働き過ぎる.
4 〔人〕を**追い込む**, **駆り立てる**, 〈*into, to* ..に〉; VOC (**~ X Y/~ X *to do***) **X を強いて Y の状態に追いやる**/X を..するように強いる. Poverty *drove* her *into* crime [*to* steal*ing*]. 彼女は貧困から罪[盗み]を犯した. The sad news *drove* the poor mother mad [*out of* her mind]. その悲報に打たれて哀れな母親は気が狂った. Despair *drove* him *to* (commit) suicide. 絶望が彼を自殺に追いやった. ~ a person *to* drink 人を(心配[不満]で)大酒を飲まずにはいられなくする; 人をいらつかせる.
【動かす】 **5** 〔蒸気, ガソリンなどが〕〔エンジンなど〕を作動させる 〈普通, 受け身で〉. a pump *driven* by a gasoline engine ガソリンエンジンで動くポンプ. a diesel-*driven* ship ディーゼルエンジン船.
6 〔自動車〕を**運転する**; を車で送る[運ぶ]; 〔馬車〕を駆る. ~ a car 車を運転する. He *~s* a Ford. 彼はフォード車に乗っている《所有している》. He *~s* a taxi. 彼はタクシーの運転手をしている. I'll ~ you home. 車で家まで送ります. She *~s* herself to work. 彼女は車で出勤する. ★ 参考 自転車に「乗る」は ride, 船を「操縦する」は steer, 飛行機を「操縦する」は fly または pilot.
7 〘米〙〔材木〕を川面に浮かべて流す.
【せっせと動かす】 **8** を駆使する. ~ a pen [quill] ペンを走らせる. **9** 〔商売〕を盛んにやる. ~ trade away 商売を盛大にやる. ~ a good bargain 有利な取引をする.
【追いやる＞打ち込む】 **10** (**a**) VOA 〔くぎ, 杭(くい)など〕を打ち込む; 〔穴など〕を開ける; を穴を開けて作る; 〔井戸など〕を掘る. ~ a nail *into* a board 板にくぎを打ち込む. ~ a hole *through* steel 鋼鉄に穴を開ける. ~ a tunnel *through* a mountain 山にトンネルを通す. ~ a wedge *between*.. →wedge 名 2. (**b**) 〔提案など〕を押し通す; 〔道路, 鉄道など〕を敷設する. ~ a new railway *across* the desert 砂漠に新しい鉄道を開く. (**c**) VOA (**~ X *into* ..**) X を〔人の頭〕にたたき込む. The lesson was *driven into* my head. その教訓は私の頭にたたき込まれた.
11 〘ゴルフ〙(tee から遠くへ)〔ボール〕を打ち出す; 〘テニス・クリケット〙〔ボール〕を強打する; 〘サッカー〙〔ボール〕を強く蹴(け)る.
── 自 **1** (**a**) **車を運転する**[乗り回す]; VA 車を運転して行く, 車で旅行する, ドライブする. *Drive* slowly. スピードを落とせ. ~ *around* the United States アメリカ中を車で回る. (**b**) VA 〈A は様態の副詞〉 運転される[できる]. This car *~s easily*. この車は運転が楽だ. **2** 〔船, 車などが〕疾走する. **3** VA 〔雨, 風が〕激しく降りしきる, 吹き[打ち]つける, (dash, rush). The rain *drove against* the windowpanes. 雨は窓ガラスを激しく打った. **4** せっせと励む 〈(*away*) *at* ..に〉. **5** 〘ゴルフ〙(tee から)ボールをドライバー (driver) で打つ; 〘テニス・クリケット〙ボールを強打する; 〘サッカー〙ボールを強く蹴(け)る. **6** 〘話〙強烈なリズムで演奏する.
drìve /../ awáy ＝DRIVE /../ off.
drìve a person báck on .. 〔資源, 方法など〕を人にいやでもまた使わせる, 人を不本意ながら..に立ち帰らせる. His wife's death *drove* him *back on* his old habit of drinking. 彼は妻に死なれてまた昔の飲酒癖に浸った.
drìve /../ hóme (1) 〔くぎなど〕をしっかり打ち込む. (2) 〔意味, 要点など〕をがみがみ言って十分わからせる 〈*to* ..に〉. The teacher tried to ~ his points *home to* them. 先生は彼らにうるさく言って要点をのみ込ませようとした. That incident *drove home* (*to* me) the importance of punctuality. その出来事は時間を守ることの大切さを(私に)痛感させた.
drìve /../ ín (1) ..を追い込む. be *driven in* on oneself 深く考え込まされる. (2) 〔くぎ, 杭(くい)など〕を打ち込む. (3) ..を教え込む, たたき込む. (4) 〘野球〙〔ヒットを打って走者〕をホームにかえす.
drìve óff (1) 〘ゴルフ〙ゲームの最初のティーショットをする. (2) 車で出かける.
****drive /../ óff*** (1) **..を追い払う**, 追い返す; ..を負かす. (2) ..を車で連れ去る.
drìve /../ óut ..を追い出す. ~ *out* evil spirits 悪霊を追い払う.
drìve the gréen 〘ゴルフ〙球をティーからグリーンに打つ.
drìve úp 車でやってくる.
drìve /../ úp 〔値段, 価格など〕をつり上げる.
lèt drìve at .. ..をねらって殴る[投げる, 発砲する]; ..を攻撃[非難]する.
****Whàt is a person dríving at?*** 〘話〙〔人〕は何を言

おう[しよう]としているのか. Just exactly *what are* you *driving at?* はっきりいって一体何を言いたいんですか. We had no idea *what* he *was driving at*. 彼が何を言おう[しよう]としているのか分からなかった.

── 名 (複 ~s /-z/) **1** Ⓒ **自動車旅行**, ドライブ; 馬車を駆ること; 自動車での道のり. go for a ~ ドライブに出かける. have [take] a ~ around the city 車で市内を1周する. The sea is just a 20-minute ~ from here. 海はここからほんの20分もドライブすれば行ける.

D

2 Ⓒ (公園内の)自動車道路; (邸宅に通じる)私有車道 (driveway); 〈D-〉..ドライブ《通りの名の一部として》. "HIDDEN *DRIVE*"「私有車道あり」《一般道路との合流点がカーブなどで見にくい場合の交通標識》. Rodeo *Drive* ロデオドライブ《Beverly Hills の有名な通り》.

3 Ⓒ (家畜, 敵などを)追い立てること, 駆り集め. a cattle ~ 牛追い.

4 Ⓒ (ある目的のための)運動, 宣伝活動, キャンペーン; (一連の)軍事行動[攻撃]. launch a new sales ~ 新しい販売拡張活動を始める.

5 ⓊⒸ 精力, 活力 (vigor); 〖心〗衝動, 動因; 原動力. creative ~*s* 創作意欲. (a) sexual ~ 性衝動. Hunger is one of the strongest human ~*s*. 飢餓は人間を駆り立てる最も強い衝動の1つである.

6 ⓊⒸ 〖球技〗強打, ドライブ; (球の)飛距離; 〖話〗〈一般に〉強打. The left fielder caught a ~. 左翼手は痛烈な当たりを捕った.

7 ⓊⒸ 〖機〗伝動[駆動](装置); (オートマチック車のギアの)ドライブ位置; 〖電算〗=disk drive. a right-hand ~ car 右ハンドルの車. My car has (a) four-wheel ~. 私の車は4輪駆動車だ. put a car in ~ 車のギアをドライブに入れる. **8** Ⓒ 〖英〗(ブリッジ, ホイストなどの)競技会. **9** ⓊⒸ 〖米俗〗(麻薬などによる)快感, 興奮.

fùll dríve 〖まれ〗全速力で. [<古期英語]

dríve·a·wày, dríve-a·way càr 名 Ⓒ 〖米〗(所定の場所へ)配送してもらう車《**dríveaway còmpa·ny** に依頼する》.

dríve-bỳ 形 〈限定〉, 名 (複 ~s) Ⓒ 〖米〗走行中の車からの(発砲)《犯罪; **drìve-by shóoting** とも言う》.

dríve-ìn 名 〖米〗**1** Ⓒ ドライブイン《車に乗ったままで用が足せる映画館, 食堂, 銀行など》. **2** 〈形容詞的〉ドライブイン式の. a ~ theater ドライブイン式映画館.

driv·el /drív(ə)l/ 動 (~s|〖英〗-ll-) 自 **1** よだれを垂らす. **2** ばかげたことを言う〈*on*〉〈*about* ..について〉.

── 名 Ⓤ **1** たわ言, むだ口. **2** よだれ.

drív·el·(l)er 名 Ⓒ **1** よだれを垂らす人. **2** ばかげたことを言う人.

driv·en /drív(ə)n/ 動 drive の過去分詞. ── 形 意欲に満ちた[燃えた].

‡driv·er /dráivər/ 名 (複 ~s /-z/) Ⓒ **1** (乗り物を)**運転する人**, 〈特に〉自動車の運転者, ドライバー; (バス, タクシーの)運転手; (列車の)運転士; (飛行機の)操縦士; (馬車の)御者など. a bus [taxi] ~ バス[タクシー]の運転手. Don is a good [bad] ~. ドンは運転が上手[下手]だ.

連結 a careful [a cautious; a safe; an experienced; an expert; a reckless; a drunk; a hit-and-run] ~

2 (牛, 馬, 羊などを)駆る人. **3** 部下をこき使う人. **4** 〖機〗(自動車などの動力)伝動装置, 駆動輪. **5** 〖ゴルフ〗ドライバー, 1番ウッド, 《ボールを遠くへ飛ばすためのクラブ》. **6** 〖電算〗ドライバー《外部機器をコンピュータに接続して使うためのプログラム》.

driver's educátion 名 Ⓤ (普通, 学校での)自動車教習コース.

driver's lìcense 名 Ⓒ 〖米〗運転免許証 (〖英〗↑driving licence).

dríver's sèat 名 Ⓒ **1** 運転(手)席. **2** 〈the ~〉指導的[支配的]立場. be in the ⌞~ [driving seat] 権力を握っている, 支配している.

dríve shàft 名 Ⓒ 〖機〗駆動軸.

drive-through /dràivθrúː/ 名 Ⓒ **1** ドライブスルー式レストラン. **2** 形 〈形容詞的〉ドライブスルー式の.

drìve-up wíndow 名 Ⓒ 〖米〗(ドライブスルー式のレストラン, 銀行などの)自動車運転者用窓口.

†dríve·wày 名 (複 ~s) Ⓒ 私有車道《一般道路から邸宅, 車庫などへ通じる; drive とも言う》.

[driveway]

‡driv·ing /dráiviŋ/ 名 Ⓤ **1** (車の)運転. **2** 推進; 駆動. ── 形 〈限定〉**1** 推進する; 駆動する. ~ force 推進力, 推進する人物. **2** 力強い; 精力的な, 元気な. **3** 吹き降りの〔雨, 雪など〕; 疾駆する. a ~ rain 横殴りの雨.

be in the dríving sèat 〖英〗→driver's seat.

dríving bàn 名 Ⓒ (罰としての, 車の)運転免許停止.

dríving lìcence 名 〖英〗=driver's license.

dríving rànge 名 Ⓒ (屋外の)ゴルフ練習場《ドライバー用の》.

dríving schòol 名 ⓊⒸ 自動車教習所.

dríving tèst 名 Ⓒ 運転免許試験.

drìving under the ínfluence 名 Ⓤ 〖米〗(自動車の)飲酒運転.

dríving whèel 名 Ⓒ 駆動輪.

‡driz·zle /dríz(ə)l/ 動 自 〈普通 it を主語にして〉霧雨が降る〈*down*〉〈*on* ..に〉. A light rain ~*d down* all day. 小雨が1日中しとしと降った. ── 名 ⓊⒸ ぬか雨, 霧雨. Much of the rain in Britain comes in long, steady ~*s*. 英国の雨の多くは長くしとしと降るぬか雨の形でやって来る.

driz·zly /drízli/ 形 しとしと降る〔雨〕, 霧雨の降る〔天候など〕. a ~ day ぬか雨の降る1日.

drogue /droug/ 名 Ⓒ **1** 吹き流し《風向きを調べたり, 飛行機射撃の目標にする》. **2** =drogue parachute.

drògue párachute 名 Ⓒ 補助用小型パラシュート《減速用又は主パラシュートを引き出す》.

droid /drɔid/ 名 =android.

droll /droul/ 形 〔人, しぐさなどが〕こっけいな, おどけた. a ~ expression にやりと笑った表情. [<フランス語]
▷**drol·ly** /dróu(l)li/ 副 おどけて, こっけいに. **dróll·ness** 名

droll·er·y /dróuləri/ 名 (複 -er·ies) 〖旧〗**1** Ⓤ おどけ, こっけい. **2** Ⓒ おどけたしぐさ[言葉].

drom·e·dar·y /drάmədèri|drʌ́məd(ə)ri/ 名 (複 -dar·ies) Ⓒ 〖動〗ヒトコブラクダ (Arabian camel) 《アラビア産の乗用ラクダ; 足が速い; →Bactrian camel》.

‡drone /droun/ 名 **1** Ⓒ 〖虫〗(ミツバチの)雄バチ. **2** Ⓒ 怠け者《他人の働きに頼る》. **3** Ⓤ (ハチなどの)ぶーんという音; 低いけだるい[単調な]音; 低い持続音(を出す管)《特にバグパイプの》. **4** Ⓒ 物憂く単調な話しぶり[説教, 話し手など]. **5** Ⓒ (遠隔操縦の)無人飛行物体.

── 動 自 **1** 〔ハチ, 飛行機などが〕ぶーんとうなる[言う]; VA ぶーんと音をたてて進む[行く, 飛ぶ]. ~ *along* 〔車などが〕ぶーんと行く. **2** VA (~ *on*) 物憂げに[一本調子で]言う[話す, 読む]〈*about* ..について〉. The speaker ~*d on* (and *on*). 講演者は同じ調子で延々と話し続けた.

── 他 を物憂げに[一本調子で]言う[話す, 読む]〈*out*〉. [<古期英語]

drongo /drάŋgou|drɔ́-/ 名 Ⓒ **1** 〖鳥〗オウチュウ. **2** 〖主にオース・ニュー話〗ばか, だめ人間.

drool /druːl/ 動 自 **1** (おいしそうな物を見たり, その匂い

で)よだれを垂らす. **2**〔ファンなどが〕熱狂ぶりを示す〈*over, about* ..に対して〉.

***droop** /dru:p/ 動 (**〜s** /-s/|過 過分 **〜ed** /-t/|**dróop·ing**) 自 **1**〔頭などが〕**垂れる**,〔肩が〕落ちる, うつむく;〔房などが〕だらりと垂れ下がる;〔目が〕伏し目になる. a dog with a *〜ing* tail 尾の垂れた犬. **2**〔植物が〕しおれる; 元気がなくなる;〔人が〕しょんぼりする;〔体が〕ぐったりする. The flowers were *〜ing* in the hot sun. 暑い日差しの中で花はしおれていた. The hiker was *〜ing* after his long walk. ハイカーは長い間歩いたので元気がなかった.
3〖詩〗〔太陽が〕沈む.
— 他 〔頭などを〕を垂れる, うつむける;〔目〕を伏し目にする. He was standing with his head *〜ed*. 彼はうなだれて立っていた.
— 名 U **1** 垂れ下がり; 皮膚のたるみ; うつむき. **2** しおれること; 意気消沈. brewer's [drinker's] 〜〖戯〗飲みすぎによる勃起不能. [＜古期北欧語「頭を垂れる」]

dróop·ing·ly 副 うなだれて, 意気消沈して.

droop·y /drú:pi/ 形 e **1** 垂れ下がる. **2** しおれた, ふさいだ.

drop /drɑp|drɔp/ 名 (複 **〜s** /-s/) C
〖しずく〗 **1** しずく, したたり, ひとたらし. a 〜 of water 1 滴の水. a tear 〜 ひとしずくの涙. to the last 〜 最後の一滴まで〔飲むなど〕. The rain is falling in large *〜s*. 大粒の雨が降っている.
2 〈〜s〉 点滴薬《目薬など》. eye *〜s* 点眼薬.
3【ひとしずく】〈a 〜〉 わずか, 少し, 〈*of* ..の〉;〖話〗少量の酒. I like my tea with a 〜 *of* brandy. 私は紅茶にブランデーを少し落としたのがよい. take a 〜 1 杯やる. How about a 〜 *of* something before dinner? 食事の前になにか 1 杯いかがですか. He does not have a 〜 *of* courage. 彼には勇気のひとかけらもない. I have had a 〜 too much. わたしはちょっぴり飲み過ぎた.
〖しずく状のもの〗 **4** (イヤリング, 宝石などの)ペンダント, 玉飾り. **5** あめ玉, ドロップ. lemon *〜s* レモンドロップ. cough *〜s* 咳(せき)止めドロップ.
〖落ちること[もの]〗 **6** (液体の)したたり; 落下(物), 投下(物), 降下; 墜落; 絞首台;〖劇〗＝drop curtain. a sudden 〜 in altitude 急降下. a 〜 from the tenth story window 10 階の窓からの墜落.
7 〈単数形で〉(温度などの)降下, 低下; (価格などの)下落; 落下距離, 落差;〖話〗〈the 〜〉(スポーツチームの下位リーグへの)格下げ. a sharp 〜 in prices 物価の急落. a 100-meter slope with a (vertical) 〜 of 5 meters 標高差 5 メートルで長さ 100 メートルの坂.
8〖オース俗〗(クリケットで)打者アウトとなること.
9 ＝dropkick. **10**〖俗〗心付け, チップ; わいろ.
11〖米俗〗タクシーの客[基本料金].
〖落とす場所〗 **12** (**a**)〖主に米〗差し入れ口《郵便物などの》. a mail [letter] 〜 郵便受け入れ口. (**b**)〖話〗配達. make a 〜 配る.
13〖俗〗(禁制品などの)交換[隠匿]所; 故買者; 盗品.
***a dròp in* ⌞*the* [*a*] *búcket* [*the ócean*]** 大海の一滴, 何の足しにもならないわずかな量.
at the dròp of a hát 〖話〗突然 (suddenly); 即座に (promptly), 大した理由もないのにすぐ, 待ってましたとばかりに. He would burst into anger *at the 〜 of a hat*. 彼はよく突如として怒り出したものだ.
gèt* [*hàve*] *the dróp on .. 〖話〗(1)〔相手〕より早くピストルを抜く. (2) ..の機先を制する.
hàve a dróp in one's èye ほろ酔い加減である.
— 動 (**〜s** /-s/|過 過分 **〜ped** /-t/|**dróp·ping**) 他
〖垂らす〗 **1** (**a**)〔液体〕を**垂らす**, こぼす. 〜 eye lotion into one's eyes 目に目薬をさす. 〜 tears 涙をこぼす. (**b**)〖話〗〔麻薬〕を飲む. 〜 some acid LSD をやる.
2【しずくを垂らす＞ちょっぴり知らせる】をそれとなく言う, ほのめかす; をうっかりしゃべる; VOO (〜 X Y)・VOA (〜 Y *for* X) X に Y をそれとなく言う. He *〜ped* (me) a hint. 彼は(私に)ヒントを与えてくれた. 〜 names →namedrop.
3〖話〗〔短い手紙〕を書き送る; VOO (〜 X Y)・VOA (〜 Y *to* X) X に Y を書き送る. *Drop* me a line [note] when you get there. 向こうへ着いたら一筆知らせてくれ.
〖落とす〗 **4**〔物〕を**落とす**, 落下させる, 投下する;〖空〗＝airdrop;〖電算〗〔drag してきたもの〕をドロップする《マウスなどで押さえていたボタンを離して '落とす'》. One of the guests *〜ped* a glass on the floor. 客の 1 人がグラスを床に落とした. She *〜ped* a dime in the phone. 彼女は電話に 10 セント貨を入れた. **5**〔動物が〕〔子〕を産み落とす;〔卵〕を産む;〖料理〗〔卵〕を落とし卵にする (poach).
6 を**墜落させる**; を射落とす;〖話〗を殴り倒す;〖米俗〗をぱくる, しょっ引く;〖俗〗を仕留める, 殺す. 〜 a bird 鳥を射落とす. 〜 the thief with one blow こそどろを一撃で倒す. **7** ＝drop-kick; dropkick で〔点〕を入れる.
8【振り落とす】〖海〗を引き離す, が見えないところまで進む. **9**〖俗〗(カーレースで)〔車〕をスピンさせ(て脱落させ)る.
10〖俗〗〔にせ金〕をばらまく, 流通させる.
〖下げる〗 **11** (**a**) を**下げる**, 垂らす,〔幕など〕を下ろす;〔ズボンなど〕をずり下げる《人前で冗談に》;〔視線〕を下方へ向ける. 〜 one's head in regret 後悔してうなだれる. The girl shyly *〜ped* her eyes. 少女は恥ずかしそうに目を伏せた. (**b**) VOA〔人など〕を(乗り物から)降ろす. Please 〜 me (*off*) *in front of* that shop. あの店の前で降ろしてください. (**c**) VOA を置(いてい)く. Just 〜 it *in* the garage. それはガレージに置いといてくれればいいよ.
12〔地位など〕を下げる;〔勢い, 声など〕を**弱める**, **低める**; (lower). *Drop* the speed! スピードを落とせ. He *〜ped* his voice so that no one else could hear. ほかの人に聞こえないように彼は声を落とした.
〖落とす＞なくす〗 **13**〔習慣, 議論, 計画など〕をやめる, 断念する;〔履修科目など〕を'捨てる';〔訴訟など〕を取り下げる; との交際をやめる, と別れる. *Drop* it! もうやめろ. Let us 〜 the subject. その問題は打ち切りにしよう. *Drop* everything and rush home. 何はさておき急いで家に帰れ. I've *〜ped* the charge [case] against him. 私は彼に対する告訴を取り下げた. Jack had a quarrel with Jill and *〜ped* her. ジャックはジルとけんかして絶交した.
14〔人名など〕を外す, 除く, 〈*from* ..〔リスト, 会員など〕から〉;〔文字, 音声など〕を省く, 落とす, 〈*from* ..〔語など〕から〉;〖俗〗を解雇する, 放校処分にする. John was *〜ped from* the team. ジョンはチームから外された. 〜 one's h's →h (成句). Many obscene words were *〜ped from* the dictionary. 多くの猥褻(わいせつ)な語がその辞書から除かれた.
15〖話〗〔金〕を使う; (博打(ばくち)などで)〔金〕をする (lose);〖スポーツ〗〔試合〕を落とす, に負ける.
— 自 〖落ちる〗 **1** したたる, ぽたぽた垂れる, こぼれる. Sweat *〜ped* from his forehead. 汗が彼の額からしたたり落ちた.
2 (急に)**落ちる**, 落下[転落]する; 飛び降りる. The paratroops *〜ped from* [*out of*] the sky. 落下傘部隊が空から降下してきた. The ocean floor *〜s* sharply one hundred yards. その海底は 100 ヤード急勾配で下がっている.
3 VA (疲労などで) (ばったり)**倒れる**, くずおれる; 死ぬ; (獲物を見て)〔犬が〕うずくまる. The runner *〜ped* (*on*) *to* his knees after the hard race. 激しい競走のあとその走者はがっくり膝(ひざ)をついた. 〜 *into* a chair いすにどすんと座る. **4**〔動物が〕生まれる, 子を産む. **5**〔言葉が〕口からもれる. **6**〖話〗薬(やく)をやる. **7**〖俗〗ぱくられる, しょっ引かれる.
8【落ちる＞陥る】 VA (〜 ***into*** **..**)〔ある状態〕に突然陥る;〔ある行動〕を急に起こす; VC (〜 X) X (の状態)に陥る[なる]. Emma often *〜s into* a reverie lately. 最近エマはよく夢見心地に陥る. 〜 asleep 寝入る. 〜 short (of ..) (..が)不足する.

【下がる】 **9** 下方へ向く，下がる，(lower). He was dozing with his head ～*ping* forward onto his breast. 彼は(胸につくほど)頭を低く垂れて居眠りをしていた. The sun had now ～*ped* from sight. 日はもう落ちて見えなくなっていた.
10〔物価などが〕下がる，下落する;〔温度などが〕下降する，低下する;〔勢いなどが〕弱まる;〔声などが〕低くなる. Prices are ～*ping*. 物価が下がってきている. The water level has ～*ped*. 水位が下がった. Her voice ～*ped* to a whisper. 彼女の声は低くなってささやきに変わった.

D

11 VA (～ *away, back/behind*(..)) 落伍(ご)する，後退する，下がる/(..に)遅れる，追い抜かれる. The runner ～*ped* far *behind* the others. その走者は他の選手たちにはるかに引き離された.
【落ちる＞なくなる】 **12**〔事件などが〕立ち消えになる，終わりを告げる;〔人が〕姿を消す. The scandal will ～ and be forgotten before long. そのスキャンダルもうやむやになりやがて忘れられてしまうだろう.
13〖俗〗金を使う[無くす]; チップをやる.
dròp awáy (1)〔土地が〕(急勾配に)下がる. (2) →自 11. (3) ＝DROP off (1).
dròp bý [*óver, aróund*] ＝DROP in.
****dróp by*** **..** ..に立ち寄る. ～ *by* the pharmacy on the way 途中薬局に寄る.
dròp déad 倒れて死ぬ. The old man might ～ *dead* in the street any day. その老人は通りでいつばったりいってもおかしくない. *Drop dead!*〖俗〗死んじまえ《ののしりの言葉》.
***dròp* (*dówn*) *to* [*onto*]..**〖俗〗..に気[勘]づく.
****dròp ín*** 不意に訪れる〈*on* ..を〉，立ち寄る〈*at* ..に〉. *Drop in* anytime. いつでも訪ねてくれたまえ. He ～*ped in on* me [*at* my house]. 彼はひょっこり私を[私の家へ]訪ねて来た.
***dróp in*..**〖話〗..に立ち寄る. Let's ～ *in* John's home. ジョンの家に寄っていかないか. 「かける.
dròp a person ín it〖英話〗〔人〕に(さんざん)迷惑を↑
***dróp into*..** (1)＝自 8. (2)＝DROP by...
Dróp it! もうやめろ;〖俗〗いいから，気にするな (Forget it).
***dróp.. like a hòt potáto* [*cóal*]**〖話〗〔嫌な物〕を慌てて手から離す，急いでほうり出す.
dròp óff (1) 減る，衰える. Production has ～*ped off* because of the oil shortage. 石油不足で生産量は落ち込んだ. (2)〖話〗知らないうちに寝込む，うとうとする. ～ *off* to sleep いつの間にか寝込む.
dròp /../ óff〖話〗..を(乗り物から)降ろす. Please ～ me *off* at my office. 事務所のところで降ろして下さい.
***dróp on*..**〖主に英〗..を叱(しか)りつける; ..を窮地に追い込む. be ～*ped on* (from a (very) great height)↓
dróp òne〖主に英俗〗屁(へ)をこく. 　⌊'おめだま'を食う.
***dróp out* (*of*..)** (..から)こぼれ落ちる; (..から)離れ去る; (..から)脱落する; (..を)中途退学する (drop out of school); 社会から脱落する;〖俗〗'くたばる' (die). ～ *out of* usage〔語，表現などが〕使われなくなる. After the scandal he quietly ～*ped out of* politics. そのスキャンダルの後彼はそっと政界から去った.
***dróp thèm* [*'èm*]**〖主に英俗〗〔女が〕相手かまわずセックスする《＜them (パンティー)を落ろす》.
fit* [*rèady*] *to dróp〖話〗(疲れて)くたくたで，へとへと↓
lèt .. dróp →let[1]. 　⌊で.
[＜古期英語 *dropa*「しずく」; →drip]
dróp·clòth 名 C 〖米〗ほこりよけカバー (〖英〗dust sheet). 　「幕.
dróp cùrtain 名 C (舞台の前に上げ下げする)垂れ↑
dróp-dèad〖話〗形 目を見はるような，飛び切りすごい，あっと驚く. ── 副 目を見はるほど，はっとするほど.
dròp-dead górgeous 形〖話〗はっとするほどハンサムな[美しい].
dróp gòal 名 C 〖ラグビー〗ドロップゴール《dropkick による得点; 3 点》. 　「《鍛造用》.
dróp hàmmer [**prèss**] 名 C 　ドロップハンマー↑
dróp-ìn 名 C **1** ふいに[ぶらりと]来る人. **2** ふいに[ちょっこり]寄る所; 気が向いたら行く集まり. **3**〖電算〗ドロップイン《電送中のデータに誤ってまぎれ込んだ文字又はデータ》.
dróp-in cènter 名 C (気楽に立ち寄れる)相談センター《福祉団体などが経営し相談，援助を行う》.
dróp·kìck 名 C 〖フットボール〗ドロップキック《地面にボールを落とし，弾んだところを蹴(け)る; →place-kick, punt[2]》.
dróp-kìck 動 他，自 (ボールを)ドロップキックする.
‡**dróp·let** /-lət/ 名 C ごく小さなしずく，小滴.
dróp-ôff 名 C 断崖; 減少，下落; 落差.
‡**dróp·òut** 名 C **1** 中途退学者; (社会からの)脱落者，落ちこぼれ. **2**〖ラグビー〗ドロップアウト《防御側に認められた自陣の 25 ヤードラインから行うドロップキック》. **3**〖電算〗ドロップアウト《電送中のデータから誤って欠落した文字又はそのデータ》. **4** ドロップアウト《オーディオテープ，ディスクなどの音の消えた部分》.
dróp·per 名 C **1** 落とす人. **2** スポイト《少量の液体を測ったり，移しかえたりする》; (目薬などの)点眼器 (〖米〗eyedropper). 　「や動物の)糞(ふん).
dróp·ping 名 **1** U したたること; 落下. **2**〈～s〉(鳥↑
dróp-scòne 名 C ドロップスコーン《パンケーキの一種》.
dróp shòt 名 C 〖テニス・バドミントン〗ドロップショット《ネットを越えてから急に落ちる打球》.
drop·si·cal /drɑ́psikəl|drɔ́p-/ 形 水腫(しゅ)の(ような).
drop·sy /drɑ́psi|drɔ́p-/ 名 U 〖医〗水腫(しゅ).
dross /drɔːs|drɔs/ 名 U **1** (溶けた金属の表面に出来る)浮きかす，金くそ. **2** くず，かす.
***drought** /draut/ 名 (複 ～s /-ts/) UC **1 長期の日照り**，旱魃(かんばつ). a ～ of two months 2 か月にわたる旱魃.
2 欠乏. The team is now suffering a four-game goal ～. チームは目下 4 試合ゴールなしだ. [＜古期英語 (dry の名詞形)]
drought·y /dráuti/ 形 旱魃(かんばつ)の.
drouth /drauθ/ 名〖英詩・米〗＝drought.
drove[1] /drouv/ 動 drive の過去形.
‡**drove**[2] 名 C **1** (隊を成して移動する羊，牛などの)群れ. **2**〈～s〉集団で移動[行動]する人の群れ. in ～*s* 群れを成して，ぞろぞろと，大挙して，続々と，多数. [＜古期英語「(駆り立てられる)群れ」]
dro·ver /dróuvər/ 名 C 家畜の群れを(市場へ)追い立てて行く人; 家畜販売業者.
‡**drown** /draun/ 動 (～s /-z/|過 過分 ～ed /-d/|**drówn·ing**) 他【おぼれさせる】 **1** をおぼれさせる，溺(でき)死[水死]させる，(注意 (1) 自 も含めて「死に至る」ことを意味する. (2)〖米〗では，「溺死する」には drown，「溺死させられる」には be drowned と使い分ける.〖英〗では，「溺死する」に be drowned も用いられる). She was ～*ed* in her bath. 彼女は湯船につけられて殺された.
2 を十分に濡(ぬ)らす〈*with* ..で〉; を浸す〈*in* ..に〉.
3〔家，町，道路など〕を浸水[冠水]させる;〔食べ物〕を浸す〈*with, in* ..に〉. The flooding river has ～*ed* the entire village. 氾濫(はんらん)した川は全村を浸水させた. ～ one's roast beef *in* [*with*] gravy ローストビーフが浸るほど肉汁ソースをかける.
4 VOA (～ *oneself in*..)〔人〕が夢中になる，おぼれる. He ～*ed* him*self* [was ～*ed*] *in* business. 彼は商売に没頭した.
【上にかぶさって消す】 **5**〔騒音などが〕を聞こえなくする，〔他の弱い音など〕をかき消す，〈*out*〉. The actor's voice was ～*ed* (*out*) by a deafening sound of applause.

俳優の声は耳を聾(ろう)せんばかりの拍手にかき消された. **6**〔悲しみ, 心配など〕を紛らす, 忘れさせる, 〈*in* ..で〉.

— 自 **1** おぼれる, 溺死[水死]する. The child ~*ed* in the river. その子供は川でおぼれ死んだ. A ~*ing* man will catch at a straw. 〖諺〗おぼれる者はわらをもつかむ. **2** VA (~ *in*..) 〈進行形で〉..が一杯ある. We *are* ~*ing in* data. データは一杯ある.

dròwn /../ óut (1) →他 5. (2)〔洪水が〕〔人〕を家から退去させる; 〔人〕の家を失わせる; 〔畑〕を流す.

***dròwn one's sórrow(s)* [*tróubles*] (*in drínk*)** やけ酒を飲んでうさばらしをする.

[<中期英語(?<古期英語 *drincan* 'drink')]

drowse /drauz/ 動 自 **1** うとうと[とろとろ]する, 居眠りする, 〈*off*〉(doze). **2** 何もしないでいる. — 他〔時間〕をうとうとして過ごす〈*away*〉. — 名 aU うたたね, 居眠り. fall into a ~ 居眠りする.

***drow·sy** /dráuzi/ 形 e (-si·er|-si·est) **1** 眠い, うとうとしている. feel ~ 眠くなる. **2** 眠けを誘う, 眠くなるような; 活気のない, のどかな, 〔村里など〕. [<古期英語「けだるさを感じる」] ▷**drow·si·ly** 副 **drow·si·ness** 名

drub /drʌb/ 動 (~s|-bb-) 他 〖話〗 **1** を殴りつける〈*with* ..〔棒など〕で〉. **2** をやっつける, 負かす.

drúb·bing 名 UC (棒などで)殴ること; やっつけること. give .. a good ~ ..をこてんこてんにやっつける.

drudge /drʌdʒ/ 動 自 こつこつと精を出す〈*at* ..〔単調でつらい仕事など〕に〉. — 名 C こつこつ働く人. a harmless ~ あくせく働く無害な男《Samuel Johnson が辞書編集者について自嘲(ちょう)的に言った言葉》.

‡**drudg·er·y** /drʌ́dʒ(ə)ri/ 名 U 退屈な骨折り仕事.

‡**drug** /drʌg/ 名 (複 ~s /-z/) C **1** 薬, 薬品, 薬剤 (→ medicine 類語). a sleeping ~ 催眠剤. put a person on ~*s* 人に薬を処方する.

> 連結 a powerful [a potent; a dangerous; an addictive; a mild; an effective; an over-the-counter; a prescription] ~ // prescribe [take] a ~ // a ~ works

2 〈普通 ~s〉 **麻薬**, 麻酔剤, 《cocaine, heroin, opium, morphine, LSD などの総称》; (麻薬のように)中毒を起こすもの, 熱中させるもの. →hard drug, soft drug. use ~*s* 麻薬を常用する. be on [doing, taking] ~*s* 麻薬をやっている[中毒にかかっている]. be wanted by the police on a ~*s* case 麻薬事件で警察のお尋ね者になっている. ~ use 麻薬の常用.

a drùg on the márket 〖話〗だぶついている品, たなざらし品. Right now, personal computers are *a* ~ *on the market*. いまのところパソコンは在庫がだぶついている.

— 動 (~s|-gg-) 他 **1**〔飲食物〕に麻酔薬[麻薬, 毒薬など]を混ぜる. **2**〔患者など〕に麻酔薬を与える. a ~*ged* sleep 麻酔剤による睡眠.

be drùgged (úp) to the éyeballs 麻薬にどっぷりつかっている.

[<古期フランス語(?<中期オランダ語「乾いた(たるの中身)」)]

drúg abùse 名 U 麻薬の乱用 (drug misuse).

drug àddict 名 C 麻薬常用者.

drúg bàron 名 C 麻薬密売組織のボス.

drúg czàr 名 C 麻薬取締官.

drúg dèaler [pùsher] 名 C 麻薬の密売人.

Drùg Enfórcement Administràtion 名 〈the ~〉〖米〗麻薬取締局《略 DEA》.

drug·get /drʌ́gət/ 名 U ドラゲット《インド産の敷物用の粗い織物》; C ドラゲットじゅうたん.

drug·gie, drug·gy /drʌ́gi/ 名 (複 -gies) C 麻薬常用者.

†**drug·gist** /drʌ́gist/ 名 C **1** 〖米〗薬剤師 (pharmacist; 〖英〗 chemist). **2** ドラッグストア (drugstore) の経営者.

drúg misùse 名 〖英〗=drug abuse.

drúg rèhab 名 〖米〗=drug rehabilitation.

drúg rehabilitàtion 名 U 麻薬中毒からのリハビリ.

drùg rehabilitátion cènter 名 C 麻薬中毒患者リハビリセンター.

***drug·store** /drʌ́gstɔ̀ːr/ 名 (複 ~s /-z/) C 〖米〗薬品店, ドラッグストア, 《薬・たばこ・化粧品・文房具・雑誌なども売り, 喫茶・軽食の設備のある店; →pharmacy 類語》.

Dru·id, dru·id /drúːəd/ 名 C 〖史〗ドルイド僧《古代ケルト民族の間に行われたドルイド教の僧》.

dru·id·ic, -i·cal /drùːídik/, /-ik(ə)l/ 形 ドルイド教の.

dru·id·ism /drúːədìz(ə)m/ 名 U 〖史〗ドルイド教.

‡**drum** /drʌm/ 名 (複 ~s /-z/) C **1 太鼓**, ドラム; 〈しばしば the ~s〉(ジャズバンドなどの)打楽器部, ドラムス; ドラム奏者. **2** 〈普通, 単数形で〉太鼓の(ような)音. the ~ of his fingers on the desk 机をとんとんたたく彼の指の音. **3** ドラム状のもの; 円筒形容器; (ワイヤーを巻いておく)鼓胴; (洗濯機の)洗濯漕; (コンピュータの)磁気ドラム (**magnètic drúm**). an oil ~ ドラム缶. **4** 〖建〗円筒形石材; ドラム. **5** 〖解剖〗鼓膜 (eardrum). **6** 〖魚〗ニベ科の魚の総称《太鼓のような音を出す; **drúmfìsh** とも言う》. **7** 〖英俗〗家; ナイトクラブ; 売春宿.

bèat* [*bàng*] *the drúm 〖話〗鳴り物入りで宣伝する, 熱烈に支持する, 〈*for, of* ..を〉.

màrch to a dìfferent drúm 〖英〗=march to a different DRUMMER.

— 動 (~s|-mm-) 自 **1** 太鼓をたたく; ドラムを演奏する. **2**〔人が〕(指, 足などで)とんとん[どんどん]たたく; 〔雨が〕たたく, たたきつける; 〈*on, against* ..を, に〉; 〔昆虫, 鳥などが〕(羽ばたきなどで)太鼓のような音を立てる. He ~*med on* the floor with his feet. 彼は足で床をどんどんと鳴らした.

— 他〔指, 足など〕でどんどんたたく〈*on* ..を〉. ~ one's fingers *on* the table テーブルを指でとんとんたたく.

drùm /../ ín ..をたたき込む.

***drúm* X *into* Y** X(思想, 知識など)を Y(人)にたたき込む. The teacher ~*med* Latin *into* his pupils [pupils' heads]. 教師はラテン語を生徒たち[生徒たちの頭]にたたき込んだ.

***drúm* X *out of* Y** X を Y(軍隊など)から(屈辱を与えて)追放する[(正式に)除名する]; X を Y の地位から追い出す. The officer got [was] ~*med out of* the army. その将校は軍隊から追放された.

drùm /../ úp 〖話〗 (1) ..を(太鼓を鳴ら(すように)して)呼び集める[召集する]. (2) (盛んな宣伝で)〔取引など〕を獲得する, ..の売り上げを伸ばす; 〔支持など〕を躍起になって得る; 〔興奮など〕をかきたてる. ~ some business *up* 売り上げを伸ばそうとする. try to ~ *up* support 支持を取りつけようとする. (3)〔名案など〕をひねり出す. ~ *up* an excuse 口実を考え出す.

[<中期英語(<ゲルマン語); 擬音語]

drúm·bèat 名 C 太鼓の音.

drúm bràke 名 C (自動車などの)ドラムブレーキ《パッドを車輪の内面に押し付けて止める; →disk brake》.

drúm·fìre 名 U 〈the ~〉連続集中砲火《轟(ごう)音の類似から》; (質問, 批判などの)集中砲火.

drúm·hèad 名 C 太鼓の皮; 〖海〗車地(しゃち) (capstan) の頭.

drùmhead court-mártial 名 C 〖軍〗戦地臨時軍法会議《太鼓をテーブル替わりにしたことから》.

drúm màjor 名 C (連隊の)鼓手長; 〖米〗(軍)楽隊長.

drúm majorètte 名 C 〖米〗(楽隊を率いる)バトンガール (baton twirler; 注意 「バトンガール」は和製英語).

†**drúm·mer** 名 C **1** (特に軍楽隊の)鼓手; (楽団の)太

鼓奏者, ドラマー. **2**〖米話〗セールスマン, 外交員, (traveling salesman).

màrch to (the bèat of) a dìfferent drúmmer 同調しない, 人と違ったことをする.

drúm·stìck 名 C **1** 太鼓のばち. **2**〖話〗(特に, 料理した)鶏などの脚の下部《太鼓のばちに似ている》.

‡**drunk** /drʌŋk/ 動 drink の過去分詞.

── 形 e 〈主に叙述; →drunken〉 **1** 酔った[て] (↔sober) (類語 drunk は一時的, drunken は常習的な意味を持つ;「一時的に酔った」の意味では drunk は限定的にも用いられる: There were a lot of ～ men at the party. (パーティーには酔っ払った男がたくさんいた)). get ～ *on* [*with*] beer ビールで酔っ払う. blind [dead] ～〖話〗へべれけに酔って. **2** 酔いしれて, 我を忘れて, 〈*with* .. 〔喜びなど〕に〉. be ～ with happiness [success, power] 幸福[成功, 権力]に酔いしれている.

(as) drùnk as a lórd [skúnk, fíddler]〖話〗泥酔した[して].

drùnk and disórderly〖法〗泥酔した《英米では軽犯罪になる; 一般には drunk and incapable とも言う》.

fàlling-down [ròaring] drúnk 泥酔して.

── 名 C **1** (常習的な)酔っ払い. **2**〖話〗大酒盛り.

†**drunk·ard** /drʌ́ŋkərd/ 名 C 大酒飲み; 酔っ払い.

drùnk dríver 名 C 飲酒運転者.

drùnk dríving 名 U 酔っ払い運転.

***drunk·en** /drʌ́ŋkən/ 形 m 〈普通, 限定; →drunk〉 **1** (常習的に)酔っ払った; 飲んだくれの. a ～ man 酔っ払い[飲んだくれ]. **2** 酔いの; 酔った上での. a ～ quarrel 酒の上のけんか. ～ driving〖英〗酔っ払い運転. ▷ **～·ly** 副 酔っ払って. **～·ness** 名

drunk·om·e·ter /drʌŋkɑ́mətər|-kɔ́m-/ 名 C〖米〗酒気検知器 (breathalyzer). 「する》.

drúnk tànk 名 C〖米話〗'とら箱'《泥酔者を収容↑

drupe /druːp/ 名 C 核果, 多肉果, 《桃, アンズなどのように堅い種子 (stone) のある果実》.

Drù·ry Láne /drù(ə)ri-/ ドルリーレーン《ロンドンのウェストエンドにある通り; 17-8 世紀に栄えた劇場街》.

druth·ers /drʌ́ðərz/ 名 〈複数扱い〉〖米話〗(自分の)好み, やり方.

hàve one's drúthers 好きなように出来る, 選べる. If I *had* my ～, I'd go to Dublin first. 好きなようにしていいならば, ダブリンにまず行くでしょう. [＜*I'd rather*]

‡**dry** /drai/ 形 e (**dri·er**|**dri·est**)

【水気のない】 **1** 乾いた, 乾燥した, (↔wet). ～ grass [leaves] 枯れ草[葉]. a ～ towel 乾いたタオル. ～ skin かさかさした肌. The paint on the bench is not yet ～. ベンチに塗ったペンキはまだ乾いていない. The kettle boiled ～. やかんは沸騰して空になった. wipe [rub, shake] a thing ～ 物を拭いて[擦って, 振って]乾かす.

2 水の涸(か)れた, 干上がった; 干からびた. The river went [ran] ～. 川は涸れた. You never miss the water till the well runs ～. なくなってみないと物のありがたみは分からないものだ.

3 日照りの, 雨の降らない[少ない], (↔wet). the ～ season 乾季. ～ weather 降雨のない[少ない]天候.

4 乳[涙, 痰(たん)など]の出ない. a ～ cow 乳の出ない雌牛. a ～ cough (痰の出ない)から咳(せき). My mouth went ～ in fear. 恐怖で口がからからになった. This pen has run ～. この万年筆はインクが切れた. There was not a ～ eye in the house. 劇[映画]を見ている人で泣いていない人はなかった.

5〖話〗のどが渇いた (thirsty); のどを渇かす(ような). feel ～ after a long walk in the sun ひなたを長歩きしてのどが渇く. ～ work のどの渇く仕事.

6 水を用いない. a ～ shaver 電気かみそり.→dry battery. **7** 液体でない, 固体の. ～ foods 固形食品. → dry goods. **8**〖米〗酒の出ない; 酒を飲まない; 禁酒制の; (↔wet). a ～ party 酒抜きのパーティー. a ～ state 禁酒法施行の州.

【うるおいのない, 飾り気のない】 **9** 冷淡な, そっけない, ドライな, (↔wet). a ～ manner 冷たい態度. give a ～ answer そっけない返事をする. ～ thanks 通り一遍のお礼. a ～ voice そっけない声《感情を伴わない》.

10 面白味のない, 無味乾燥な, (dull). a very ～ book まるでつまらない本. Life is ～ in this small town. この小さな町では生活は退屈だ.

11 赤裸々な, 露骨な, (bare); 飾らない (plain). a ～ fact ありのままの事実. He has a ～ way of speaking. 彼は率直な物の言い方をする.

12〔冗談などが〕さりげない(が辛辣(らつ)な), 何食わぬ[まじめくさった]顔で言った. ～ humor さりげないが面白い冗談.

13 甘ったるくない, 辛口の〔ワインなど〕, (↔sweet). ～ sherry 辛口のシェリー酒. ～ martini ドライマティーニ《vermouth の量が極めて少ない》.

14〔音が〕耳障りな, ぎーぎーいう.

15〔パンなどが〕バターなどを塗っていない. eat toast ～ トーストを何も付けずに食べる.

16〖英話〗保守党右派の. 「dry.

(as) drỳ as a bóne〖話〗からからに乾いた. →bone-↑

(as) drỳ as dúst〖話〗無味乾燥な; のどがからからになった. His lecture was *as* ～ *as dust*. 彼の講義はまったく無味乾燥だった.

còme up drý〖米〗失敗する.

not [hardly] drỳ behind the éars 経験を積んでいない, 未熟な.

── 名 (複 **dries** /-z/) **1** 〈the ～〉乾燥した場所;〖オース〗砂漠地帯. **2** 〈the ～〉〖オース〗乾期. **3** C〖米〗禁酒主義者, 禁酒賛成論者. **4** C 〈普通 dries〉〖英〗保守党右派.

── 動 (**dries** /-z/|過 過分 **dried** /-d/|**drý·ing**) 他

1 を乾かす, 乾燥させる; を干す. ～ wet clothes by the fire 濡(ぬ)れた着物を火のそばで乾かす.

2 の水気を取る, を拭(ふ)く, 拭き取る. ～ the dishes (洗った)皿を拭く. ～ oneself with [on] a towel タオルで体をぬぐう. Now ～ your eyes [tears]. さあ涙を拭いて. **3**〔沼, 川など〕を涸(か)らす, 干上がらす.

4〔食品など〕を乾燥保存する. →dried.

── 自 **1** 乾く. We'll have to wait until the paint *dries*. ペンキが乾くまで待たねばなるまい. **2**〔井戸, 川などが〕干上がる, 涸れる.

drỳ /../ óff〔足など〕を拭く;〔人〕の体を拭く. ～ oneself *off* with a towel タオルで体を拭く.

drỳ óut (1) 乾き切る, すっかり乾く. (2) アルコールが身体から抜ける[出る];〔アルコール中毒患者が〕禁断療法を受ける, アルコールを断つ. (3)〔牛が〕乳が出なくなる.

drỳ /../ óut (1) ..を十分に乾かす[干す, 拭き取る], 乾燥させる. (2)〔アルコール中毒患者〕に禁断療法を施す.

drỳ úp (1) からからになる. (2) 干上がる;〔井戸などが〕涸れる. The river has *dried up* in this drought. この日照りで川は干上がった. (3)〔供給, 援助などが〕尽きる, なくなる;〔才能などが〕枯渇する. New forms of energy must be developed before oil *dries up*. 石油が底をつく前に新しい形態のエネルギーを開発しなければならない. (4)〖話〗話をやめる〈普通, 命令形で〉. *Dry up!* だまれ, やめろ. (5)〖話〗〔俳優などが〕せりふを忘れる;〈一般に〉話につまる.

drỳ /../ úp (1) ＝DRY /../ out (1). (2) ..を涸らす, 干上がらせる. (3)〔洗った食器〕を拭く. (4)〔吹出物など〕を乾燥させる. [＜古期英語]

dry·ad /dráiəd/ 名 C〖ギ神話〗森の精.

drý·as·dùst /-əz-/ 形 無味乾燥な.

── 名 C 学術的で退屈な作家[講演者].

drý bàttery [cèll] 名 C 乾電池.

drý-cléan 動 他 をドライクリーニングする.

drỳ cléaner [名] [C] **1** ドライクリーニング業(者). a ～'s ドライクリーニング店. **2** ドライクリーニング剤.
drỳ cléaning [名] [U] ドライクリーニング.
drỳ cóugh [名] [C] から咳《痰(たん)を伴わない》.
Dry·den /dráidn/ [名] **John ～** ドライデン(1631–1700)《英国の詩人・劇作家・批評家》.
drý dòck [名] [C] 乾ドック《排水して船の修理をする》.
†**drý·er** [名] ＝drier².
drỳ-éyed /[移]/ [形] 〔人が〕涙を浮かべていない, 泣いていない.
drỳ fárming [名] [U] 〖米〗乾地農業《乾燥地帯での農耕作法》.
drỳ gínger [名] [U] ドライジンジャー.
drý gòods [名] 〈複数扱い〉 **1** 〖米〗(食料, 雑貨に対して)生地(類) (〖英〗drapery). **2** 〖英〗穀物, 果物.
drỳ íce [名] [U] ドライアイス.
drý·ing [名] [U] 乾燥(させること). ── [形] 乾燥させる〔風など〕; 速乾性の.
drỳ lánd [名] [U] 陸地《海などに対して》.
†**drý·ly** [副] **1** 冷淡に, そっけなく; 皮肉に. "I won't help them," he said ～.「彼らを助けるつもりはない」と彼はそっけなく言った. **2** 無味乾燥に, つまらなさそうに. **3** 冷静に.
drỳ martíni [名] [UC] ドライマティーニ.
drỳ méasure [名] [C] 乾量《穀物など乾物を測る単位; pint, quart, bushel など; →liquid measure》.
drỳ mílk [名] [U] 〖米〗粉ミルク (〖英〗dried milk).
drý·ness [名] [U] **1** 乾燥(状態). **2** 無味乾燥. **3** 冷淡. **4** (ワインなどの)辛口であること.
drý nùrse [名] [C] (授乳しない)乳母, 育児婦, (↔wet nurse).
drý·pòint [名] 〖美〗[U] ドライポイント《酸を使用せずに鋭い針で描刻する銅版画法》; [C] その針; ドライポイント銅版画.
drỳ rót [名] [U] 乾腐病《風通しの悪い所で起こる木材の腐敗》; (表面には表れない)精神的腐敗.
drỳ rún [名] [C] 〖話〗予行演習, 空砲による射撃訓練; 下(した)稽古, リハーサル.
drỳ shampóo [名] [U] ドライシャンプー.
drỳ sháve [名] [C] 水を使わないひげそり《例えば電気カミソリを使う》.
drỳ·shód [形] 〈叙述〉, [副] 足[靴]を濡(ぬ)らさないで.
drỳ wáll [名] [C] **1** 〖米〗(モルタルを使わない)石垣 (〖主に英〗**drỳ-stone wáll**). **2** [U] ＝plasterboard.
DS Doctor of Science.
DSC Distinguished Service Cross (殊勲十字章)《米軍・英海軍の戦功章の1つ》.
DSc Doctor of Science.
DSM Distinguished Service Medal (殊勲賞)《米軍・英海軍の戦功章の1つ, DSC より低い》.
DST Daylight Saving Time.
DTP desktop publishing.
DT's, dt's /dì:tí:z/ [名] 〈the ～〉〈複数扱い〉 delirium tremens.
Du Duke; Dutch.
†**du·al** /d(j)ú:əl/ [形] 〈限定〉 2重の, 2重性の, (double); 2つの部分から成る. ～ ownership 2人の共有. ～ personality 2重人格. ～ income 共稼ぎの収入. the ～ role of X and Y X と Y との2重の役割. [＜ラテン語 *duo*「2」]
dùal cárriageway [名] [UC] 〖英〗中央分離帯式道路 (〖米〗divided highway).
dùal cítizenship [nationálity] [名] [U] 二重国籍.
dùal contról [名] [C] (飛行機, 自動車の)複式操縦装置《どちらの席からも操縦可能》.
dùal híghway [名] 〖米〗＝divided highway.
dú·al·ism [名] [U] 〖哲〗2元論; ＝duality.
du·al·is·tic /d(j)ù:əlístik/ [形] 2元論的な, 2元論の. ▷**du·al·is·ti·cal·ly** [副]
du·al·i·ty /d(j)u:ǽləti/ [名] [U] 2重性; 2元性.
dùal-púrpose [形] 2重目的の〔道具など〕.
Dub. Dublin.
dub¹ /dʌb/ [動] (～s|-bb-) [他] **1** 〖古・雅〗[VOC] (～ X Y) 〔王[女王]が〕X に Y (ナイト爵)を授ける (→accolade) ([参考] (女)王がひざまずいた相手の肩を抜いた剣で軽くたたいた後, "Rise, Sir. ." (. .にはその人の名が入る)と言うと新しい騎士が誕生する). The king ～*bed* him *a knight*. 王は彼にナイト爵を与えた.
2 〖戯又は新聞用語〗[VOC] (～ X Y)・[VOA] (～ X *as* Y) X を Y と名付ける, 呼ぶ; X を Y とあだ名で呼ぶ. She was fondly ～*bed* "Princess" by her father. 彼女は父親から愛情を込めて「王女さま」と呼ばれた.
†**dub**² [動] (～s|-bb-) [他] 〖映画・放送〗 **1** 〔フィルム〕に新しい録音を加える; 〔映画〕の会話を吹き替える 〈*into* . .〔他国語〕に〉; 〔映画, ラジオ, テレビ放送〕に音響効果を加える. The movie was ～*bed into* Japanese. その映画のせりふは日本語で吹き替えられた.
2 [VOA] (～/X/ *in*) X を追加録音する. The theme music will be ～*bed in* after the photography is completed. テーマ音楽は撮影完了後追加録音されます.
3 をダビングする, 〔録音したもの〕を再録音[複製]する.
── [自] **1** ダビングする. **2** [VA] (～ *over*. .) . .を(前の録音に代えて)録音する. [＜*double*]
dub³ [名] [U] ダブ《レゲエの一種; ドラム, ベースなどを際立たせる》.
Du·bai /du:bái/ [名] ドバイ《UAE 構成国の1つ; またその首都》.
dub·bin /dʌ́bin/ [名] [U] ダビン油《革を柔らかくし防水処理するためのオイル》.
du·bi·e·ty /d(j)u:báiəti/ [名] ([複] -ties) 〖章〗[U] 疑わしさ, 疑念; [C] 疑わしい事.
†**du·bi·ous** /d(j)ú:biəs/ [形] **1** 〔成り行き, 結果などが〕疑わしい, 不確かな; 〔意味, 価値などが〕はっきりしない, あいまいな. This word is of ～ origin. この語は語源が不明だ. a ～ battle 勝敗の予測しがたい戦闘. give a ～ reply あいまいな返事をする. **2** 〈叙述〉〔人が〕疑って, 半信半疑で, 〈*of, about* . .を, について/*that* 節 . .であることについて/*wh* 節・句 . .かについて〉. My parents are ～ *of* my success in the new enterprise. 両親は私が新しい事業に成功するかどうか危ぶんでいる. **3** 〔人, 行為などが〕信頼できない, いかがわしい, (questionable). a ～ character いかがわしい人物. lead a ～ life 怪しげな生活を送る. a ～ distinction ありがたくない栄誉.
[＜ラテン語 *dubium* 'doubt'] ▷ **～·ly** [副] **～·ness** [名]
Dub·lin /dʌ́blən/ [名] ダブリン《アイルランド東海岸にあり, アイルランド共和国の首都》.
du·cal /d(j)ú:k(ə)l/ [形] **1** 公爵の, 公爵らしい. **2** 公爵領の, 公国の. ◇[名] duke, duchy
duc·at /dʌ́kət/ [名] [C] ダカット金[銀]貨《中世ヨーロッパの数国で使用された》.
†**duch·ess** /dʌ́tʃəs/ [名] [C] **1** 〈しばしば D-〉公爵夫人[未亡人]; 女公爵, 〈特に〉公国の女性元首. **2** 〖英話〗おかみさん. ◇[男] duke
du·chèsse potátoes /d(j)u:ʃès-/ [名] 〈複数扱い〉マッシュポテトの一種. [フランス語 'duchess', potatoes]
duch·y /dʌ́tʃi/ [名] ([複] **duch·ies**) [C] **1** 〈しばしば D-〉公爵領, 公国. **2** 〈しばしば the D-〉英国王族公領. The *Duchy* of Cornwall コーンワル公領《Duke of Cornwall として英国皇太子の所領であるが実際は名義上のもの》.
***duck**¹ /dʌk/ [名] ([複] ～s /-s/, ～) [C] **1** カモ, アヒル; 雌のカモ[アヒル] ([参考] 雄は drake, 子は duckling). a domestic ～ アヒル. a wild ～ カモ. **2** [U] カモ[アヒル]の肉. **3** 〖主に英話〗〈～s; 単数扱い〉〈呼びかけ〉いい子, かわいい人, (darling) (★特に子供や女性に用いる); 〈修飾語を伴って〉 . .な人[やつ]. Yes, ～*s*. (子供に)そうですよ. Be a ～ and post this letter. いい子だからこの手紙を出しておくれ. Johnnie is a perfect ～. ジョニーはほんと

にかわいいやつだ. **4**〘クリケット〙(打者の)零点. make a ～＝be out for a ～ 零点でアウトになる.

brèak one's dúck〘クリケット〙最初の 1 点を取る.

gèt* [*hàve*] *one's dúcks in a ròw〘米〙準備が出来る, 用意万端整える.

like wáter off a dùck's báck〘話〙なんの効果もなく, 'かえるの面(つら)に水' で.

Lòvely wéather for the dúcks! (1) あいにくの雨ですね. (2) 雨も人によっては悪くないものだ.

táke to .. like a dùck to wáter〘話〙..にすぐ慣れる, ..を楽に覚える, 《アヒルが水に対するように》. She *took to* living in English society *like a* ～ *to water*. 彼女は英国社会での生活にすぐ慣れた.

[＜古期英語; 原義は「水に潜る (duck²) 者」]

duck² 動 自 **1** ひょいと水に潜る. The diver rose to the surface and then ～*ed* under again. ダイバーは水面に上がってきたが, またひょいと潜った. **2** (打たれないように)頭[体]をひょいと下げる. **3** VA〘話〙急いで隠れる, 逃げる, 〈*into* ..の中へ/behind ..の後に〉. The boy ～*ed behind* a tree. 少年は木のかげにひょいと隠れた.

── 他 **1**〔頭〕をひょいと引っ込める;〔頭, 体〕をひょいとかがめる〈*down*〉. **2**〔人, 頭など〕をひょいと水に突っ込む. **3**〔危険, 責任, 質問など〕をかわす, 逃げる, 避ける. Women usually ～ a question of that kind. 女性は普通その種の質問をはぐらかすものだ.

dùck óut そっと抜け出す.

***dúck out of* (*dóing*) ..**〘話〙〔責任(を果たす)など〕かˆらうまく逃げる.

── 名 C **1** ひょいと水に潜る[潜らす]こと. **2** 頭[体]をひょいとかわすこと. [＜中期英語]

duck³ 名 **1** U ズック《水兵服, テント, 帆などを作る》. **2** 〈～s〉(白い)ズック製のズボン.

dúck·bìll 名 C〘動〙カモノハシ ((duck-billed) platypus)《オーストラリア産》.

dúck-billed 形 アヒルのようなくちばしを持った.

dùck-billed plátypus 名 ＝duckbill.

dúck·bòards 名〈複数扱い〉〘英〙(沼地, ぬかるみ, 塹壕(ざんごう)内などの)渡り板.

dúck·ing 名 UC ひょいと水に潜ること; ひょいと頭を下げる[体をかがめる]こと. get a ～ ずぶ濡(ぬ)れになる.

dúcking stòol 名 C 水責めいす《昔長い棒の先に付けたいすに身持ちの悪い女性やうそつきな商人などをくくりつけ水に浸して懲らしめるのに用いた刑具》.

duck·ling /dʌ́kliŋ/ 名 C アヒルの子; 子ガモ; U 子ガモの肉; (→duck¹).→ugly duckling. [duck¹, -ling]

dùcks and drákes 名 U 水切り遊び.

màke dùcks and drákes of ..*＝*plày* (*at*) *dùcks and drákes with .. (1)〔特に, 金〕を湯水のように使う, ..を浪費する. (2) ..をめちゃくちゃにする.

dùck shóot 名 C〘米〙いともたやすいこと.

dùck sóup 名 U〘米話〙たやすいこと; いいカモ, ちょろい人. as easy as ～ すごく易しい.

dúck·wèed 名 U〘植〙アオウキクサ《淡水の水面に浮いて育ついろいろな草》.

duck·y /dʌ́ki/ 名 (複 **duck·ies**) C〘主に英話〙〈呼びかけ〉かわいい人 (→duck¹ 3). ★主に女性語. ── 形〘主に米旧話〙完全な, 十分な; かわいい, 楽しい.

‡**duct** /dʌkt/ 名 C **1** (ガス, 液体などの)導管; (エアコンの)ダクト. **2**〘解剖〙管, 脈管. **3**〘電〙線渠(きょ)《電線, ケーブルを通すパイプ》. [＜ラテン語 *dūcere*「導く」]

duc·tile /dʌ́ktl|-tail/ 形 **1**〔金属が〕引き延ばしやすい, 延性がある. **2**〔プラスチックなどが〕形が楽に変えられる, 可塑性の. **3**〘雅〙〔人, 態度が〕影響されやすい; 素直な.

duc·til·i·ty /dʌktíləti/ 名 U (金属の)延性; 変形しˇやすいこと, 可塑性.

dúct·less 形 (導)管のない.

dùctless glánd 名 C〘解剖〙内分泌腺(せん) (endocrine gland).

dud /dʌd/ 名 C〘俗〙**1** 役立たずの人[物]; だめな人〈*at* ..が〉; 不発弾, 不発の花火. **2**〈普通 ～s〉着物 (clothes). ── 形 役に立たない; 偽の.

dùd chéque 名 C 偽造[不渡り]小切手.

dude /d(j)uːd/ 名 C〘米俗〙**1** しゃれ男, 気取り屋, (dandy). **2** (西部へ観光旅行に来ている)東部の都会人. **3** やつ (fellow);〈呼びかけ〉きみ, あんた. [?＜ドイツ語「ばか」]

dúde rànch 名 C 観光牧場《米国西部の》.

dudg·eon /dʌ́dʒən/ 名 U 立腹; 不機嫌.

in hìgh dúdgeon〘章〙大変な立腹で.

‡**due** /d(j)uː/ 形 ⓒ **【当然な】** **1** (**a**)〈叙述〉〔負債, 義務などが〕**当然支払われる[履行される]べき(で)**〈*to* ..に対して/*from* ..によって〉. the money that is ～ (*to*) him 彼に支払うべき金, 彼への借金, (★to を省くのは主に〘米〙). How much is ～ *from* that retailer? あの小売商からいくら入金があることになっているのか. He's still ～ two weeks' holidays. 彼はまだ 2 週間の休暇が取れる. (**b**) 期限になった[て], 満期の[で]. The bill [rent] is ～ today. 手形[家賃]は今日が期限だ. Your income taxes are ～ by the 15th of March. 君の所得税は 3 月 15 日が納入期限です. →due date.

2〈叙述〉〔尊敬, 名誉, 感謝などが〕**当然払われるべき**, 当然与えられるはずの, 〈*to* ..に〉. Respect is ～ *to* old people. 老人を尊敬するのは当然のことである.

3〈限定〉〘章〙正当な; **適当な** (proper); 十分な (sufficient); 当然の, しかるべき. ～ reward 正当な報酬. drive with ～ care (and attention) 十分注意して運転する. accept the offer after ～ consideration 十分考慮したあげく申し出に応じる.

4 (**a**) **原因を帰せられるべき**; 責任がある; 〈*to* ..に〉. What is his failure ～ *to?* 彼の失敗の原因はなんですか. His premature death was ～ *to* his reckless driving. 彼の早死には無謀運転が原因だった. failure ～ *to* laziness 怠惰が原因の失敗. (**b**) お蔭である〈*to* ..の〉. It is ～ *to* you that he is alive today. 彼が今生きているのはあなたのお蔭です.

5【当然来るべき】〈叙述〉(**a**)〔人, 乗り物などが〕**到着の予定で**, 予定されて〈*to* do ..する〉. The plane is ～ (*to* arrive)⌞at 5 p.m [in twenty minutes]. 飛行機は午後 5 時着の[20 分後に着く]予定だ. The book is ～ out on Sept. 30. その本は 9 月 30 日に出る予定である. The baby is ～ in May. 赤ちゃんは 5 月に生まれる予定です. (**b**) 手筈(はず)の[で]〈*to* do ..する〉. The report is ～ *to* go to you tomorrow. その報告は明日お届けすることになっています. I was ～ *to* spend a week's holiday in Scotland. スコットランドで 1 週間の休暇を過ごすことになっていた. (**c**)〔人が〕受けることになっている〈*for* ..〔昇進[昇給]など〕を〉. He was ～ *for* a promotion. 彼は昇進の時期が来ていた. ◇副 duly

dúe to ..〈前置詞的〉..の原因によって, ..のために. He died prematurely, ～ *to* his reckless driving. 無謀運転をしたために彼は早死にをした. Canceled ～ *to* illness. 病気により中止《掲示》. 語法 この用法を不可として, 代わりに because of, owing to を使うか, 4 に示した構文にすべきだと考える人もいるが, 今では標準英語.

fàll* [*becòme*] *dúe 〔手形などが〕支払い期日が来る, 満期になる.

in dùe cóurse* [*tíme*]＝*at the dùe tíme 適当な時期に, そのうちに. Everything will work out *in* ～ *course*. 時が来れば万事解決するだろう.

with* (*àll*) *dùe respéct 失礼ながら, はばかりながら.

── 副 正確に (語法 方角を示す副詞(句)の前に付ける). ～ west of the island 島の真西に.

── 名 C **1**〈普通, 単数形で〉当然支払われるべきもの; 当然の報い. **2**〈～s〉会費, 組合費; 料金. the monthly ～*s* of the club クラブの月会費. pay one's ～*s* 会費を払う; 経験を積む;〘米話〙やるべきことはやる,

(地位などに値するように)それだけのことはしてくる.
give a pèrson his [*her*] ***dúe*** 〘章〙(好悪にかかわらず)人を正当に扱う[評価する]. To *give* him his ～, he has been a great help to us. 公平に言うと, 彼は我々にとって大きな助けだった.
give the dèvil his dúe →devil.
[＜ラテン語 *dēbēre*「借りがある」; debt と同源]

dúe dàte 名C (手形などの)満期日, (支払いの)期日; (本などの)返却日; (出産の)予定日.

†**du·el** /d(j)úːəl/ 名C **1** 決闘, 果たし合い, 《立会人のもとで剣やピストルで行う》. fight a ～ 決闘をする. **2** (2人の対抗者間の)闘争, 争い, 競争, 腕比べ. a ～ of wits 知恵比べ. ── 動 (～s|〘英〙-ll-) 自 決闘する; 争う; 〈*with* ..と〉. The sisters ～*ed with* each other verbally. 姉妹はやっきになって言い争った. ── 他 と決闘する; と(一対一で)争う, 競争する.
[＜中世ラテン語「2人の戦い」(＜ラテン語「戦争」)]

dú·el·(l)er 名 ＝duelist.

dú·el·ist 〘米〙, **dú·el·list** 〘英〙 名C 決闘者.

du·en·na /d(j)uːénə/ 名C **1** しつけ役《昔, 特にスペイン, ポルトガルの家庭に住み込んで少女のしつけをした中年の女性》. **2** ＝chaperon(e); governess.

dùe prócess (of láw) 名U 〘法〙法の適正手続き, 正当な法の手続き, 《米国憲法の基本的概念の1つ》.

‡**du·et** /d(j)uét/ 名C 〘楽〙2重唱[奏](曲)(→solo, trio, quartet, quintet). [イタリア語]

duff[1] /dʌf/ 〘英俗〙 形 役に立たない, くだらない.
── 動 他 **1** 〘ゴルフ〙〔ショット, ボール〕を打ち損ねる, ダフる. **2** VOA (～ /X/ *up, in*) をぶん殴る, ぶちのめす.

duff[2] 名UC 蒸しプディング《布袋に詰めてゆでた[蒸した]小麦粉の固いプディング》.
up the dúff 〘英話〙 お腹が大きい, 妊娠して. get a person *up the* ～人を孕(はら)ませる.

duff[3] 名C 〘米話〙尻.

duf·fel, duf·fle /dʌ́f(ə)l/, /dʌ́fl/ 名U **1** 粗ラシャの一種《＜産地であるベルギーの町名》. **2** 〘米〙キャンプ[スポーツ]用品一式.

dúffel bàg 名C 用品袋《丈夫な布で出来た筒状の大袋; 衣類, 旅行用品などを入れて持ち歩く》.

dúffel [dúffle] còat 名C ダッフルコート《粗ラシャ製で, 普通フードの付いた短いオーバー; toggles で留める》.

duf·fer /dʌ́fər/ 名C 〘旧話〙のろま, 下手な人〈*at* ..〔特にスポーツなど〕が〉.

dug[1] /dʌg/ 動 dig の過去形・過去分詞.

dug[2] 名C (牛, ヤギなどの)乳房; 乳首.

du·gong /dúːgɑŋ, -gɔːŋ|-gɔŋ/ 名C ジュゴン《太平洋・インド洋産の海洋哺(ほ)乳動物》. [＜マレー語]

dúg·òut 名C **1** (山腹又は平地に掘った)防空[退避]壕(ごう). **2** 丸木舟. **3** 〘野球〙ダッグアウト.

DUI driving under the influence.

＊**duke** /d(j)uːk/ 名 (複 ～s /-s/) C **1** 〈しばしば D-〉〘英〙公爵 (女 duchess)《英国の最高爵位; →prince 3; 尊称は your grace》. a royal ～ 王族の公爵. the *Duke* of Norfolk ノーフォーク公. 参考 duke 以下の貴族は marquess (侯爵)(女 marchioness)(★英国以外は marquis (女 marquise)), earl (伯爵)(女 countess), viscount (子爵)(女 viscountess), baron (男爵)(女 baroness); →baronet, knight; lord, sir. **2** (ヨーロッパ大陸の)公国 (duchy) の元首, 公国王; 大公. **3** 〘旧俗〙〈～s〉こぶし, げんこつ, (fists). **4** サクランボの一種 (**dúke chèrry**). ── 動 他 〘米話〙をげんこつでなぐる.
dùke it óut (げんこつでなぐって)けんかをする.
◇形 ducal [＜ラテン語「指導者」(＜*dūcere* 'lead')]

duke·dom /d(j)úːkdəm/ 名 **1** C 公国, 公爵領, (duchy). **2** U 公爵[公国王]の位.

Dùke of Édinburgh 名 〈the ～〉エディンバラ公 (1921–)《英国女王 Elizabeth 2世の夫君でギリシア王家の血筋を引く Prince Philip の称号》.

dul·cet /dʌ́lsət/ 形 〘雅・戯〙〔特に音, 声が〕優しい, 快い, (sweet). ～ tones 〘戯〙美声. [＜ラテン語「甘い」]

dul·ci·mer /dʌ́lsəmər/ 名C ダルシマー **1** 2本の小さいハンマーで金属弦を打ち鳴らす楽器. **2** 3弦あるいは4弦のアメリカの民俗楽器; **dulcimore** /dʌ́lsəmɔːr/ とも言う. [＜ラテン語「甘いメロディー」]

Dul·cin·e·a /dʌ̀lsəníːə, dʌlsíniə/ 名 ドルシネア《Don Quixote があこがれた田舎娘》; C 〈d-〉(理想の)恋人.

⁑**dull** /dʌl/ 形 e 【鋭くない】 **1** 〔刃物などが〕よく切れない, なまくらの, 〔鉛筆などが〕先が尖(とが)っていない, (↔sharp). a ～ knife 切れ味の悪いナイフ.
2 頭の切れない, 鈍い, 知能の低い, (↔bright). All work and no play makes Jack a ～ boy. 〘諺〙勉強ばかりして遊ばない子供はばかになる. have a ～ mind 頭が鈍い. **3** 〔感覚などが〕鈍い, 鈍感な, 〈*to* ..に〉. ～ of hearing 耳が遠い. He is really ～ *to* hardship. 彼は本当に苦労を感じない.
4 〔痛みなどが〕鈍い (↔sharp). a ～ pain 鈍痛.
【さえない】 **5** 〔色, 光, 音などが〕ぼんやりした, さえない, くすんだ, (↔vivid, bright, clear). a ～ yellow さえない黄色. a ～ luster 鈍い光沢. a ～ sound 鈍い音.
6 〔空, 天気が〕どんよりした, 曇った; 暗い. ～ weather 曇天. The sky is ～; it looks like rain. どんよりした空だ, 雨になりそうだ.
【鈍重な＞生気に乏しい】 **7** 〔人, 動物が〕動きの鈍い, のろのろした; 活気のない; 〔商売などが〕振るわない. a ～ street on Sunday 日曜日の活気のない街路. This is the ～ season for automobiles. 今は自動車の売れない時期だ.
8 面白くない, 退屈な. a ～ conversation [joke] つまらない会話[冗談]. a ～ teacher (授業の)面白くない教師. There was never a ～ moment while I was watching the match. その試合を見ている間中わくわくしどおしだった.
(*as*) ***dùll as dítchwater*** [〘米〙***díshwater***] まった↑「く退屈な[つまらない].
── 動 (～s /-z/|過 過分 ～ed /-d/|**dúll·ing**) 他 **1** を鈍くする, 切れなくする. **2** 〔痛みなど〕を和らげる. This medicine will ～ the pain. この薬を飲めば痛みが和らぐでしょう. ～ the edge of.. 〔悲しみなど〕を和らげる. **3** を曇らせる. **4** を不活発にする. ── 自 **1** 鈍くなる. **2** 不活発になる. [＜古期英語「ばかな」]

dull·ard /dʌ́lərd/ 名C 鈍い人, のろま.

Dul·les /dʌ́ləs/ 名 **John Foster** ～ ダレス (1888–1959)《米国の政治家; 国務長官 (1953–59)》.

dull·ish /dʌ́liʃ/ 形 鈍い, さえない; 薄のろの.

dul·ly /dʌ́l(l)i/ 副 **1** 鈍く; のろのろと. **2** ぼんやりと, くすんで. **3** 退屈させるように. **4** 不活発に.

dul(l)·ness /dʌ́lnəs/ 名U **1** 鈍さ, 鈍感; のろさ. **2** 退屈. **3** 不活発; 不景気.

†**du·ly** /d(j)úːli/ 副 **1** 正当に, 相応に, 当然, しかるべく. He was ～ punished for his misconduct. 彼は不義をしたことで正当な罰を受けた. **2** 適切に, ふさわしく; 十分に. The matter was ～ noted. その事は十分に注意した. **3** 時間[期限]通りに. His debt was ～ paid. 彼の借財は期限をたがわず支払われた.

Duma, Douma /dúːmə/ 名 〈the ～〉(ロシアの)国会. [ロシア語「考え」]

Du·mas /d(j)uːmɑ́ː|⌐⌐/ 名 **Alexandre** ～ デュマ **1** (1802–70)《フランスの小説家・劇作家; 俗に Dumas père /-peər/ (大デュマ)》. **2** (1824–95)《小説家・劇作家; 1の息子; 俗に Dumas fils /-fiːs/ (小デュマ)》.

Du Mau·ri·er /də-mɔ́ːrièi|duː-/ 名 **Daphne** ～ デュモーリエ(1907–89)《英国の小説家; *Rebecca* の著者》.

＊**dumb** /dʌm/ 形 **1** ¢ 口のきけない (★人間に使うのは

D

軽蔑的表現と見なす人もいる; speech-impaired が好まれる). the deaf and ～ 聾唖(ろうあ)者. ～ animals [beasts] 口のきけない動物.
2 叙 (驚きなどで)ものも言えない(ほどの) (speechless). *Dumb with* terror, the children neither moved nor cried out. 恐怖のあまり子供たちは身動きもできず大声も上げられなかった. I was struck ～ *with* surprise. 私は驚きのあまり口がきけなかった.
3 〈普通, 叙述〉無言の, 無口の. He remained ～. 彼は黙ったままだった.
4 音[声]を出さない. a ～ rage 言葉に出さない怒り.
5 ⓔ〖話〗ばかな (stupid). the ～*est* mistake この上ないばかげた誤り. That was a ～ thing to do. そんなことをするのはばかだった. play ～ ばかなふりをする. How ～ do you think I am? 私[俺]をそんな間抜けだと思っているの(か). **6**〖電算〗データ処理のできない.
── 動 他 を黙らせる.
dùmb dówn 易しくする, レベルを下げる.
dùmb /../ dówn〖米俗〗〔テキストなど〕を易しく書き直す, のレベルを下げる. [＜古期英語] ▷**dúmb·ly** 副 黙って. **dúmb·ness** 名

dúmb·bèll 名 Ⓒ **1**〈普通 ～s〉亜鈴(あれい), ダンベル. **2**〖主に米話〗ばか者.
dùmb blónde 名 Ⓒ〖軽蔑〗美しいが頭の弱い金髪女性.
dùmb búnny 名 Ⓒ〖話〗ばか.
dùmb·fóund 動 ＝dumfound.
dumb·found·ed 形 ＝dumfounded.
dùmbing dówn 名 Ⓤ (テレビ番組, 新聞などの)程度[内容]を下げて易しくすること, 平易化.
dum·bo /dʌ́mbou/ 名 (複 **～s**) Ⓒ〖話〗ばか, 間抜け, 薄のろ.
dùmb piáno 名 Ⓒ 無音ピアノ《運指練習のための「携帯用鍵盤」》.
dúmb shòw 名 ⓊⒸ **1** だんまり芝居, パントマイム. **2** 無言の身ぶり[手まね]. in ～ 身ぶり(手ぶり)で.
dúmb·strùck 形 驚きのあまり口もきけない.
dùmb·wáiter 名 Ⓒ **1** (レストランなどの)小型エレベーター《料理, 食器などを運搬する》. **2**〖英〗回転食品台《食卓中央に置く;〖米〗lazy Susan》.
dum·dum /dʌ́mdʌ̀m/ 名 Ⓒ ダムダム弾《命中すると傷を大きくする; **dúmdum bùllet** とも言う》.
dùm·fóund 動 他 (驚き, 恐怖などで)をものも言えなくする, びっくり仰天させる, 〈しばしば受け身で〉(類語 astound とほぼ同義だが,「唖(あ)然とさせる」という意味合いが強い; →surprise).
dùm·fóund·ed /-əd/ 形 唖(あ)然とした, あきれ果てた. I was ～ *at* [*by*] his lack of common sense. 彼の常識のなさに私はあきれ果てた.
Dum·fries and Gal·lo·way /dʌmfrì:s-ən(d)-gǽləwèi/ 名 ダムフリースアンドギャロウェイ《スコットランド南西部の州; 州都 Dumfries》.
†**dum·my** /dʌ́mi/ 名 (複 **-mies**) Ⓒ **1** 模造品, まがいもの. **2** (洋品店などの衣装展示用などの)人台(じんだい), マネキン人形; (腹話術師の使う)人形. a tailor's ～ 洋服屋用人台. **3**〖英〗(赤ん坊用の)ゴム乳首, おしゃぶり, (〖米〗pacifier). **4** 傀儡(かいらい), ロボット, 《名義だけで実質上は他人に操られる》;〖主に米話〗ばか, 間抜け, 阿呆. **5**〖軽蔑〗口のきけない人; 無口な人, だんまり屋. **6**〖印〗束(つか)見本《本がどういう体裁になるかを示す》. **7**〖トランプ〗ダミー《ブリッジで宣言者の相棒; 自分の札をさらし, ゲームの進行を見守るだけ; **dúmmy hànd** とも言う》.
sèll a person a dúmmy〖ラグビー・サッカー〗パスをすると思わせて〔人〕をだます.
── 形 **1**〈限定〉模造の; 模型の; 偽の (sham). ～ foods (陳列用の)料理見本. a ～ rifle 模造ライフル. **2** 見せかけだけの, 有名無実の. a ～ company ダミー会社《別会社に見せて, 企業が設立する幽霊会社》.
── 動 (**～s**|過 過分 **-mied**|**～·ing**) 他 の束(つか)見本を作る. ── 自〖フットボール〗パスをすると見せかける.
dùmmy úp〖米俗〗黙りこくる, 口を割らない, '吐かない'. [dumb, -y[1]]
dùmmy rún 名 Ⓒ 試走; リハーサル, 予行練[演]習.
*__dump__ /dʌmp/ 動 (**～s** /-s/|過 過分 **～ed** /-t/|**dúmp·ing**) 他 **1** VOA〔ごみなど〕をまとめて投げ降ろす[捨てる]; をどさっと落とす[置く];〔入れ物の中身〕を空ける〈*in, into* ..の中へ/*on* ..の上へ〉. ～ rubbish *in* the river ごみを川へ捨てる. ～ a pile of papers *on* the desk 机の上に書類の山をどさっと置く. *Dump* that box *over here*. その箱の中身をこっちへ空けなさい.
2〖話〗(**a**) をさっさと厄介払いする, (見)捨てる. ～ one's family [girlfriend] 家族[ガールフレンド]を捨てる.
(**b**) VOA (～ X ***with, on ..***) X (子供など)を..に預ける. ～ a child *with* his grandmother 子供を祖母に預ける. ～ oneself *on* .. 〔人〕の家に押しかけて泊まる.
(**c**) VOA (～ X ***on ..***) X (責任, 厄介な事など)を..に押しつける, 転嫁する. He ～*ed* all the work *on* me. 彼はその仕事全体を私に押しつけた.
3〖話〗〔政策など〕をやめる;〔試合など〕を'捨てる'. **4**〖商〗〔商品〕を投げ売り[ダンピング]する〈*on* ..〔海外市場〕で〉. **5**〖電算〗〔情報など〕をダンプする《記憶装置の一部から他の一部に移す; ディスクから磁気テープへなど》. **6**〖米話〗をたたきのめす.
── 自 **1** どさっと落ちる; ごみ[荷物など]をどさっと落とす[捨てる]. No *Dumping*〖掲示〗ごみ捨てるな. **2**〖商〗投げ売り[ダンピング]する.
dùmp on ..〖米話〗(1) ..をこきおろす. (2)〔人〕に悩み事を聞かせる[聞いてもらう].
── 名 (複 **～s** /-s/) Ⓒ **1** ごみ捨て場; ごみの山. **2**〖俗〗汚い場所. What a ～ this bedroom is! この寝室はまるでごみ捨て場だ. **3**〖軍〗(前線の)軍需品集積場(の物資の量). **4**〖電算〗ダンプ.
[＜中期英語(?＜古期北欧語「突然落ちる」)]
dúmp·er 名 Ⓒ **1**〖英〗ダンプカー (**dúmper trùck**). **2**〖米話〗ひどい状態.
dúmp·ing 名 Ⓤ **1** (ごみなどを)投げ捨てること; 放射[有毒]性廃棄物の投棄. **2** ダンピング, 投げ売り.
dúmping gròund 名 Ⓒ (ごみ)捨て場.
dump·ling /dʌ́mpliŋ/ 名 Ⓒ **1** ゆで団子《練り粉を丸めてゆで, 肉を添えて出す》; 果物入り焼き団子. **2**〖話〗丸ぽちゃの(好)人物; ころっと丸っこい動物. [?＜lump[1]＋-ling]
dumps /dʌmps/ 名〈次の成句のみ〉
(***dòwn***) ***in the dúmps***〖話〗(1) ふさぎ込んで, しょげて, 気がめいって. (2) 景気が悪い.
dump·ster /dʌ́mpstər/ 名 Ⓒ〖主に米〗〖商標〗大きいごみ入れ (trash dumpster).
dúmp trùck 名 Ⓒ〖米〗ダンプカー.
dump·y /dʌ́mpi/ 形 ⓔ〖話〗ずんぐりして太った. ▷**dump·i·ness** 名
dun[1] /dʌn/ 動 (**～s**|**-nn-**) 他 にしつこく催促する〈*for* ..〔借金などの支払い〕を〉;〈一般に〉をしつこく悩ませる.
dun[2] 形 灰褐色の. ── 名 Ⓤ 灰褐色; Ⓒ 灰褐色の馬《たてがみや尾は黒い》.
Dun·can /dʌ́ŋkən/ 名 **1** 男子の名. **2 Is·a·do·ra** /ìzədɔ́:rə/ ～ ダンカン (1878–1927)《米国の舞踊家, モダンダンスの先駆者》. **3** ダンカン《Shakespeare 作 *Macbeth* のスコットランド王; Macbeth に殺される》.
dunce /dʌns/ 名 Ⓒ 物覚えの悪い人, 愚かな人; だめな人〈*at* ..は〉. [＜John *Duns* Scotus《中世の神学者》]
dúnce('s) càp 名 Ⓒ ばか帽子《昔できの悪い生徒に罰としてかぶせた円錐形の帽子》.
Dundée càke /dʌndí:-/ 名 ⓊⒸ ダンディーケーキ《フルーツケーキの一種; 上にアーモンドの薄片を載せる》.
dun·der·head /dʌ́ndərhèd/ 名 Ⓒ 愚か者.
dune /d(j)u:n/ 名 Ⓒ (特に海辺の)砂丘.
dúne bùggy 名 Ⓒ〖米〗砂地用自動車, サンドバ

ギー,《タイヤが太い》.

dung /dʌŋ/ 名U (牛, 馬などの)糞(ふん); 肥やし (→ manure). ― 動自 糞をする.

dun·ga·ree /dʌ̀ŋgəríː/ 名 **1** U ダンガリー, デニム,《太織り木綿の一種》. **2**〖英〗〈~s〉1 で作ったズボン[胸当てズボン式の作業衣] (〖米〗overalls); オーバーオール《胸当てズボン式》;〖米〗ブルージーンズ. [<ヒンディー語]

Dùn·ge·ness cráb /dʌ̀ndʒənəs-/ 名UC アメリカイチョウガニ《サンフランシスコ名物のカニ; <漁村の名》.

‡**dun·geon** /dʌ́ndʒən/ 名C〖史〗**1** 土牢(ろう), 地下牢,《中世の城内にあった》. **2** =donjon.

dúng·hìll 名C **1** (農場の)糞(ふん)[肥やし]の山. **2** (道徳的に)腐敗したもの[状態].

dunk /dʌŋk/ 動他〖話〗**1**〔食事中にパンなど〕を浸す〈*in* ..〔ミルクなど〕に〉. **2** をちょいと水中にくぐらす[つける] (duck²). ~ for apples →apple. **3**〖バスケット〗〔ボール〕をダンクシュートする《リングの上から押し込む》.

Dun·kirk /dʌ́nkəːrk|-⁻́, ⁻́-/ 名 **1** ダンケルク《ドーヴァー海峡に臨むフランスの港; 1940 年, ドイツ軍に追い詰められた英仏軍がここから奇跡的に英本土へ撤退した; フランス語名は Dunkerque》. **2** C 切羽詰まった事態, 危急存亡の時.

Dùnkirk spírit 名U〈the ~〉(不撓(とう)不屈の)ダンケルク精神.

dúnk shòt 名C〖バスケット〗ダンクシュート.

dun·nage /dʌ́nidʒ/ 名U **1**〖海〗荷敷き《積み荷を破損や水濡(ぬ)れから保護する詰め物》. **2** 手荷物.

dun·no /dənóu/〖話〗=(I) don't know.

‡**du·o** /d(j)úːou/ 名 (複 ~s) C **1** =duet. **2**〈単数形で複数扱いもある〉2 人組の演奏家[芸人]. **3**〖話〗2 人 1 組 (pair). [ラテン語「2」]

du·o·dec·i·mal /d(j)ùːədésəm(ə)l/ 形 12 の; 12 を単位とする, 12 進法の; (→decimal). [<ラテン語「12」(<*duo*「2」+*decem*「10」)]

duodècimal sýstem 名〈the ~〉12 進法.

du·o·dec·i·mo /d(j)ùːədésəmòu/ 名 (複 ~s) U 12 折り判《本の大きさを表す》; C 12 折り判の本; (twelvemo).

du·o·de·nal /d(j)ùːədíːn(ə)l/ 形 十二指腸の. a ~ ulcer〖医〗十二指腸潰瘍(かいよう).

du·o·de·num /d(j)ùːədíːnəm/ 名 (**du·o·de·na** /-nə/, ~s) C〖解剖〗十二指腸.

du·o·logue /d(j)úːəlɔ̀ːg|-lɔ̀g/ 名C (2 人の)対話.

du·op·o·ly /d(j)uːάpəli|-ɔ́pə-/ 名C **1** 売手複占《2 社による市場の独占》. **2** 二国覇権. [<ラテン語 *duo*「2」+mono*poly*]

du·o·tone /d(j)úːətòun/ 形 2 色刷りの.
― 名C 2 色図版.

dupe /d(j)uːp/ 名C だまされやすい人, お人よし, '食いもの'〈*of* ..の〉. become the ~ *of* a swindler 詐欺師の食いものになる. ― 動他 をだます; VOA (~ X *into doing*) X をだまして..させる〈しばしば受け身で〉. The old man was ~*d into* believ*ing* the salesman. 老人はだまされてセールスマンの言葉を信じてしまった. [<古期フランス語 *de huppe*「hoopoe の」; ヤツガシラはばかな鳥と考えられていた]

du·ple /d(j)úːp(ə)l/ 形 =double.

dúple tìme 名U〖楽〗2 拍子.

du·plex /d(j)úːpleks/ 形 2 重の, 2 倍の; 2 つの部分から成る. ― 名〖米〗=duplex apartment; duplex house.

dùplex apártment 名C〖米〗複式アパート《高級で, 1 世帯につき上下 2 階に部屋がある》.

dùplex hóuse 名C〖米〗複式住宅《2 家族用に上下又は左右に分かれている 2 階建ての家; →SEMIDETACHED house》.

†**du·pli·cate** /d(j)úːpləkət/ 形 **1**〈限定〉複製の, 複写の; (別のものと)同一の, 写しの, 副の. a ~ copy (絵画などの)複製; (正本に対する)副本. a ~ key 合いかぎ. **2** 正副 2 通りの. ~ keys 本かぎと合いかぎ.
― 名C **1** (絵画, 写真などの)複製. **2** (書類などの)謄本; 複写, 写し; 控え; 合いかぎ. **3** そっくり同じ物. You look like his exact ~. あなたは彼と瓜(うり)二つだ.
in dúplicate (正副) 2 通り. a document done [made] *in* ~ 正副 2 通作成された文書.
― /d(j)úːpləkèit/ 動他 **1** の写しを取る, を複写[複製]する, コピーする;〔文書など〕を 2 通作成する. a *duplicating* machine 複写機. **2** を(むだに) 2 度繰り返す. ~ the same error 同じ誤りを 2 度繰り返す. **3** を 2 重[2 倍]にする. [<ラテン語「2 つに折る」]

du·pli·ca·tion /d(j)ùːpləkéiʃ(ə)n/ 名 **1** U 複製[複写]する[される]こと; C 複製[複写]物 (duplicate). make a ~ of the letter その手紙のコピーを作る. I need two ~*s* of these papers. この書類の写しが 2 部必要だ. **2** U 2 重(手間)になること, ダブること.

du·pli·ca·tor /d(j)úːpləkèitər/ 名C 複写機.

du·plic·i·ty /d(j)uːplísəti/ 名U 言動に表裏あること, ふた心, 偽り.

dù·ra·bíl·i·ty 名U 持ちのよさ, 耐久力; 永続性.

†**du·ra·ble** /d(j)ú(ə)rəb(ə)l/ 形 **1**〔品物が〕持ちのよい, 丈夫な; 耐久性のある. This coat is of very ~ material. この上着は非常に丈夫な生地でできている. **2** 永続する, いつまでも変わらない. a ~ friendship 長く変わらない友情. ― 名〈~s〉=durable goods. [<ラテン語「続く」; -able] ▷**-bly** 副 **~·ness** 名

dùrable góods 名〈複数扱い〉耐久消費材 (consumer durables)《自動車, 冷蔵庫など》.

dùrable préss 名 =permanent press.

du·ral·u·min /d(j)u(ə)rǽljumin/ 名U〖商標〗ジュラルミン《航空機材などに用いるアルミニウムの強い軽合金》.
[ドイツ語(<*Dür*en (最初の製造地)+*alumin*ium)]

du·ra ma·ter /d(j)ù(ə)rə-mάːtər|-méitər/ 名〈the ~〉〖解剖〗硬膜《脳・脊(せき)髄の外膜; →pia mater》.
[ラテン語 'hard mother'(アラビア語からの翻訳)]

dur·ance /d(j)ú(ə)rəns/ 名U〖古〗禁固, 監禁,〈普通, 次の成句で〉. *in dùrance víle* 不当に監禁されて.

†**du·ra·tion** /d(j)u(ə)réiʃ(ə)n/ 名U 持続[継続](期間), 期間. the natural ~ of life 寿命. after a silence of five minutes' ~ 5 分間の沈黙の後で. be of short ~ 長続きしない. Please be quiet for the ~ of the discussion. 討議継続中は静粛にしてください.
for the durátion (1) 戦争が終わるまでは. (2)〖話〗長い間, 当分は. [<ラテン語「続くこと」]

du·ress /d(j)u(ə)rés/ 名U **1** 脅迫. make a confession under ~ 脅迫されて白状する. **2** 不法監禁. [<ラテン語「堅さ, 厳しさ」]

dur·ex /d(j)ú(ə)reks/ 名C〖商標〗〈しばしば D-〉デュレックス **1**〖英〗コンドーム. **2**〖オース〗セロテープ.

Dur·ham /dɔ́ːrəm|dʌ́rəm/ 名 **1** ダラム《イングランド北東部の州, 又その州都》. **2** C ダラム種の食用牛 (shorthorn)《角が短く曲がっている》.

du·ri·an /dú(ə)riən/ 名C ドリアン《悪臭があるが美味な東南アジア産の果実》; ドリアンの木. [マレー語(<「とげ」)]

‡**dur·ing** /d(j)ú(ə)riŋ/ 前 **1** ..の間中(ずっと), を通じて. Mary remained silent ~ dinner. 食事の間メリーは黙り通した. ~ the 1990s 1990 年代の間.
2 (特定の期間)の間に. A friend came to see me ~ my absence. 私の留守の間に友人が会いに来た. She visited her mother three times ~ the summer. その夏彼女は母親を 3 回訪ねた. He lost three pounds ~ the week. 彼はその週に 3 ポンド減量した. *During* my recent tour I got acquainted with many celebrities. 最近旅行した時私は多くの有名人と知り合

いになった.

> 語法 (1) during は「特定の期間を通じて[の間に]」の意味であり, for は「不特定の期間」について用いる. 例えば stay *for* a month は一般的に 1 か月の長さを指すだけだが, stay *during* the month はその月 1 か月を言う; また, 次の質問に対する返答に注意: "*When* did you get a driver's license?" "*During* the summer vacation."「車の免許いつ取ったの」「夏休みに」/"*How long* did you stay in Oregon?" "*For* two months."「オレゴンにはどれくらい滞在したの」「2 か月だ」(2) 一時点における行為に言及するような場合は in も可能 (2 の最初の 2 例も同様): She called on me ~ [in] the night. (彼女は夜訪ねてきた). ただし, (一定期間持続する)活動を表す名詞 (conversation, interval, meal, stay, visitなど)の場合は during が普通: Drinks will be served ~ the *meeting*. (会議中に飲み物が出ます) (3) 古くは 接 用法もあったが, 今は〖廃〗. 節を続ける場合, 現代英語では while を用いる.

[〖古〗 *dure*「続く」(<ラテン語 *dūrāre* 'last') の現在分詞]

Dur·rell /dɚ́:rəl|dʌ́r-/ 名 **Lawrence** ~ ダレル (1912–90) 《英国の詩人・小説家》.

durst /dəːrst/ 動, 助 〖古〗 dare の過去形.

du·rum /d(j)ú(ə)rəm/ 名 U デュラム小麦 (**dúrum whèat**) 《マカロニ, スパゲッティなどの原料》.

†**dusk** /dʌsk/ 名 U **1** 夕闇(ゆうやみ), たそがれ, (類語 twilight (夕暮の薄明かり) のうち, 比較的暗い方の時間帯). at ~ 夕暮れに. *Dusk* fell. 夕暮れになった. *Dusk* was rapidly fading into darkness. 薄暗がりは急速に闇になりかかっていた. **2** 薄暗がり. in the ~ of the pine wood 松林の薄暗がりで. [<古期英語「暗い, 黒っぽい」]

dusk·y /dʌ́ski/ 形 e **1** 〔色が〕黒ずんだ. a ~ complexion 浅黒い肌色. **2** 薄暗い (shadowy); ぼんやりした. a ~ sky どんよりした空. ~ light 薄暗い光. ▷ **dusk·i·ly** 副 **dusk·i·ness** 名

Düs·sel·dorf /d(j)úsəldɔ̀ːrf/ 名 デュッセルドルフ《ドイツ西部, Rhine 川に臨む港市》.

‡**dust** /dʌst/ 名 【ちり】 **1** (**a**) U ちり, ほこり. a windowsill thick [white] with ~ ほこりが厚く[白く]積もった窓枠. wipe the ~ off the desk 机のほこりを拭(ふ)き取る. *Dust* collected [lay] on the table. テーブルの上にほこりがたまっていた. turn to ~〔紙などが〕ぼろぼろになる;〔約束, 夢などが〕無に帰する. *Dust* thou art and unto ~ shalt thou return. 汝(なんじ)は塵(ちり)なれば塵に帰るべし《〖聖書〗『創世紀』3:19》. (**b**) aU ちりを払うこと. give one's bedroom a quick ~ さっと寝室のほこりを払う.

2 aU 砂ぼこり, 舞い上がる土ぼこり. The car that sped by raised a (cloud of) ~. 疾走して通り過ぎた自動車は(もうもうと)ほこりを舞い上がらせた. The shower laid [settled] the ~. にわか雨でほこりが立たなくなった.

3 aU 騒ぎ, 混乱.

4 【ちり>粉】 U 花粉 (pollen); 粉末 (powder). tea ~ 碾(ひ)き茶. gold ~ 砂金. coal ~ 炭塵(じん).

5 U (ちりのような)つまらぬもの[事].

【肉体が戻るちり】 **6** U 〖雅〗〈the ~〉なきがら, しかばね, (remains); (ちりに戻るべき)肉体《聖書の人間観から; →1(a) 最後の例》. from ~ to ~ ちりからちりへ, 生から死へ.

7 U 〈the ~〉(埋葬する場所としての)土. ◇形 dusty

àllow the dúst to séttle =let the DUST to settle.

(as) drỳ as dúst →dry.

bìte [lìck, kìss] the dúst 〖話〗(1) 落馬する; (特に, 戦いで倒れて)死ぬ; (病気で)倒れる, 寝込む. (2) こてんこてんにやられる; 失敗に終わる. (3)〔提案などが〕葬られる;〔機械などが〕だめになる.

dùst and áshes 値打ちのないもの, 塵芥(ちりあくた); 失望[がっかり]させるもの.

èat a person's dúst 〖米話〗(競争などで)人にはるかに遅れる[離される].

gàther [còllect] dúst (1) ほこりがたまる. A television set easily *gathers* ~. テレビにはすぐほこりがたまる. (2)〈普通, 進行形で〉利用されないでいる, 無視されている.

in the dúst 死んで; 屈辱を受けて.

kick up a dúst 〖米〗=raise a DUST.

lèave .. in the dúst ..をやすやすと越える[負かす].

lèt the dúst to séttle 事態[状況]の落ち着くのを待つ.

màke the dùst flý →fly[1].

not sèe a person for dúst 〖英〗〔人が〕すぐいなくなる, そそくさと姿を消す.

ràise [màke, kick ùp] a dúst 〖話〗やかましく騒ぎ立てる〈*about, over* ..のことを〉.

shàke the dúst off [from] one's féet 〖英話〗憤然として立ち去る.

thròw dúst in a pèrson's éyes 〖話〗人をだます[迷わす]《<目つぶしに土を投げる》.

wàit for the dúst to séttle =let the DUST to settle.

when [after, once] the dùst séttles [has séttled] 〖話〗騒ぎ[混乱]が治まると[治まってから].

── 動 (~s /-ts/|過 過分 **dúst·ed** /-əd/|**dúst·ing**) 他 **1** のちりを払う, にはたき[ぞうきんなど]をかける. ~ furniture 家具を掃除する. **2** にふりまく〈*with* ..を〉, をふりかける[ふりまく]〈*over, on* [*onto*] ..に〉. ~ the crops *with* chemicals [chemicals *over* the crops] 作物に農薬を散布する. ~ a car for fingerprints 車に粉末をふりかけて指紋を調べる. ── 自 **1** ちりを払う, はたきなどをかける. **2** 〖古〗〔鳥が〕砂浴びをする.

dùst /../ dówn (1) ..のほこりを払う[落とす], ..を(払い)落とす. ~ *down* an old suit 古い背広のほこりを払う[を着てみる]. (2)〖話〗..をしかる, ..に痛いことを言う.

dùst /../ óff (1) ..のほこりを払う. (2)〔忘れかけている技能, 外国語など〕を再び学び始める[使う], をまた使う. (3) 〖米話〗〖野球〗..にビーンボールを投げる. (4) ..を殺す;〔相手チームなど〕をやっつける. (5) ..をたたきのめす.

dùst oneself dówn [óff] (自分の)体のほこりを払う; (挫折などから)立ち直る, 再起する.

dùst /../ óut ..の中のほこりを払う, ..の中をきれいにする. ~ the cabinet *out* 戸棚を掃除する.

dùst /../ úp 〖米話〗..をたたきのめす; ..を殺す.

[<古期英語]

‡**dúst·bìn** 名 C 〖英〗(生)ごみ入れ (〖米〗 ashcan, garbage can, trash can). be condemned to the ~ of history〈比喩的に〉歴史のごみ箱入りになる運命にある(>忘れ去られる定めにある).

dústbin màn 名 =dustman.

dúst bòwl 名 C (砂あらしの激しい)乾燥地帯;〈the D- B-〉《1930 年代の Oklahoma, Arkansas, Texas などのプレーリー地帯》.

dúst càrt 名 C 〖英〗ごみ収集車, 清掃車, (〖米〗 garbage truck).

dúst·còat 名 〖英〗=duster 4.

dúst còver 名 C **1** (機器, 備品などの)ほこりよけカバー. **2** =dustsheet. **3** 〖米〗=dust jacket.

dùst dévil 名 C (ほこりを巻き上げる)つむじ風.

dúst·er 名 C **1** ちりを払う人. **2** はたき; ぞうきん. **3** ちりよけ着《女性が室内で衣服の上に着る》. **4** 〖米〗ダスターコート. **5** 〖米話〗=dust storm.

dúst jàcket 名 C 本の(紙)カバー《単に jacket とも言う》.

dúst·less 形 ほこりのない, ほこりのでない[立たない].

dúst·man /-mən/ 名 (複 **-men** /-mən/) C 〖英〗ごみ収集員, 清掃員, (〖米〗 garbage collector). 類語 scavenger より一般的.

dúst·pàn 名 C ちり[ごみ]取り.
dúst·shèet 名 C ちり[ほこり]よけ《家具, 商品などの上にかける大形の布》.
dúst stòrm 名 C 砂あらし.
dúst·ùp 名 C 〖英俗〗けんか, 格闘.
dúst wràpper 名 C =dust jacket.
*__dust·y__ /dʌ́sti/ 形 e (-ti·er|-ti·est) **1** ほこりだらけの; ちりまみれの. a ～ room ほこりだらけの部屋. It's ～ today, isn't it? 今日はほこりっぽいね. **2** (色が)つやのない, 灰色がかった. ～ blue くすんだ青. **3** ごみのような; 粉末状の. **4** 元気のない; 無味乾燥な.
nòt so dústy 〖英旧話〗まんざら悪くもない, まあまあのところで, (fairly good).
▷**dust·i·ly** 副 **dust·i·ness** 名
dùsty ánswer 名 C 聞き手が満足しそうもない返事.
dùsty míller 名 C 〖植〗シロタエギクの類; シロヨモギの類; 《葉が灰白色又は白色の綿毛で覆われている》.
*__Dutch__ /dʌtʃ/ 形 ⓒ **1** オランダの; オランダ人[語]の; オランダ風の; オランダ産[製]の; (→Holland, the Netherlands; 注意 オランダはかつてイギリスの政治上, 経済上の敵であったことから, この語はしばしば, 軽蔑的に用いられる). *Dutch* cheese [beer] オランダ産のチーズ[ビール]. **2** 〖主に米〗Pennsylvania Dutch の. **3** 〖米古俗〗ドイツの; 〖古〗ドイツ(とオランダ)の.
gò Dútch (自分の費用は各自が払う, 又は均等割りの)割り勘にする 〈*with* ..と〉. Let's *go* ～. 割り勘にしよう. *go* ～ *with* him 彼と割り勘にする.
tálk (to a pèrson) like a Dùtch úncle (人を)厳しく(しかし善意で)しかる.
── 名 **1** U **オランダ語**. **2** 〈the ～; 複数扱い〉 **オランダ人[国民]** (参考 個人は a Dutchman [Dutchwoman], a Hollander); 〖主に米〗 =Pennsylvania Dutch. **3** U 〖古〗ドイツ・オランダ語.
bèat the Dútch 〖米話〗驚異的な[人をあっと言わせるような]事をする.
in Dútch 〖俗〗(1) 機嫌を損じて 〈*with* ..の〉. (2) 窮地に陥って, 困って; やっかいなことになって 〈*with* ..と〉. His careless words got him *in* ～. 彼は不用意なことを言って苦しい立場に立ってしまった.
[＜中期オランダ語; もと「ドイツの」の意味がオランダ独立後「オランダの」の意味に変化した]
dutch /dʌtʃ/ 名 C 〖英話〗かみさん. ★特にコックニーが使う. my old ～ うちのかみさん.
Dùtch áuction 名 C 逆競り, 競り下げ; 《競売での》.
Dùtch bárgain 名 C 酒席での契約.
Dùtch bárn 名 C 壁なしの納屋《柱を立てて屋根で覆うだけ》.
Dùtch cáp 名 C ペッサリー《避妊具》.
Dùtch cóurage 名 U 〖英・オース話〗酒の上の空(から)元気 (〖米〗liquid courage).
Dútch dòor 名 C オランダ扉《上半分と下半分が別々に開閉できる》.
Dùtch élm disèase 名 U ニレ立枯れ病.
†**Dútch·man** /-mən/ 名 (複 **-men** /-mən/) C **1** オランダ人 (Hollander); オランダ人男性. **2** 〖米俗〗ドイツ人. **3** オランダ船 (→Flying Dutchman).
I'm a Dútchman! (1) 首を賭(か)けてもいい《if 節を伴うか, or の後に用いて強い(否定的)断言を表す》. If she is under forty [She is over forty, or], *I'm a Dutchman!* もし彼女が 40 前だったら首をやるよ. (2) 〖英話〗とうてい[全く]信じられない.

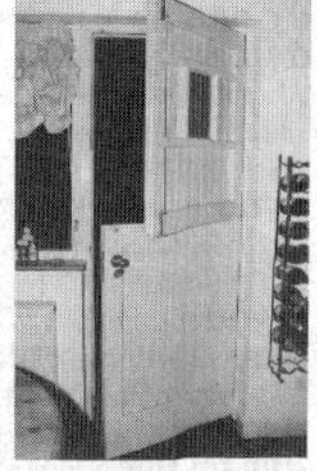
[Dutch door]

Dùtchman's bréeches 名 (複 ～) コマクサ属の多年草《北米産》.
Dùtch óven 名 C **1** 鉄製の圧力なべ. **2** れんがオーブン《あらかじめ壁面を熱しその放射熱で料理する》. **3** (開いた面を火に向けて用いる)焼き肉器.
Dùtch Refòrmed Chúrch 名 〈the ～〉 オランダ新教教会《南アフリカの Afrikaner の間に信徒が多い》.
Dùtch róll 名 C ダッチロール《飛行機の蛇行の一種》.
Dùtch rúsh 名 C 〖植〗トクサ.
Dùtch tréat 名 UC 割り勘の会(食)[旅行など]《大げさな言い方; →go DUTCH》.
Dútch wìfe 名 C (中国の)竹(ちく)夫人《寝るとき使う「と涼しい; 竹[籐(とう)]製》.
Dútch·wòman 名 (複 **-women**) C オランダ人女性.
du·te·ous /d(j)ú:tiəs/ 形 〖章〗=dutiful. ▷**～·ly** 副 **～·ness** 名
du·ti·a·ble /d(j)ú:tiəb(ə)l/ 形 〔輸入品などが〕関税がかかる, 有税の, (↔duty-free).
†**du·ti·ful** /d(j)ú:tif(ə)l/ 形 **1** 義務に忠実な, 本分を守る. a ～ servant 忠実な召し使い. **2** 目上を尊敬する, 従順な. a ～ son 孝行息子. ▷**～·ly** 副 忠実に; 従順に; 義務的に, お義理に. **～·ness** 名
‡**du·ty** /d(j)ú:ti/ 名 (複 **-ties** /-z/) 【務め】 **1** UC (道徳上, 法律上の)**義務**; 本分; 義理 (obligation); 〈*to* ..に対する/*to* do ..する〉. a ～ *to* pay one's taxes 納税の義務. their civic ～ 彼らの市民としての義務. do one's ～ 義務を果たす, 本分を尽くす. a strong sense of ～ 強い義務感. act out of ～ 義務感から行う[やる]. It is our ～ to obey the law. 法に従うのは我々の義務だ. I have a ～ *to* him. 私は彼に義理がある. report for ～ 出勤する. *Duty* calls. →成句.
2 UC 〈しばしば -ties〉 **任務, 職務**, 仕事. It is the first ～ of the police to protect citizens. 市民を守るのが警察の第一の務めである. housewives' domestic *duties* 主婦の家庭での務め. on night ～ →on DUTY (成句).

> 連結 an important [a pressing; an irksome, a tiresome; a public; an official; one's principal] ～ // perform [carry out, discharge, fulfill; fail in, neglect, shirk] one's ～

3 【長上への務め】 U (目上に対する)従順さ, 敬意. one's filial ～ 親孝行. **4** U 軍務, 兵役. begin one's ～ 兵役に服し始める. on active ～ 現役の[で].
5 U 〈又は -ties〉 礼拝式の務め.
【義務として支払う金】 **6** UC 〈しばしば -ties〉 税(金), 〈特に〉 関税 (tariff). impose [lay] a ～ *on* imports 輸入品に課税する. customs *duties* 関税.

> 連結 (a) heavy [(a) prohibitive]～; (an) export ～ // raise [lower] the ～

【仕事】 **7** U 〖機〗(燃料消費に対するエンジンなどの)効率, 能率; (一定の条件の下での機械の)仕事量. **8** 〖幼〗うんち.
abòve and beyond the càll of dúty 仕事の範囲を越えて.
dò dúty for [as] .. ..の代用になる. This box *does* ～ *for* a chair. この箱がいすの代わりになる.
Dùty cálls. やらなければならない仕事がある.
(in) dùty bóund to dó 義務として..せざるをえない (→duty-bound).
*__òff dúty__ 〔特に兵士, 看護婦が〕**非番で**. be [come, go] *off* ～ 非番である[になる].
*__òn dúty__ **当番で, 勤務中で**. be [come, go] *on* night ～ 夜間当直[夜勤]である[になる]. I'm *on* ～ from 8 a.m. to noon. 午前 8 時から正午までが私の当番です.

dùty-bóund 形 〈叙述〉義務がある〈*to* do ..する〉. A doctor is ～ *to* save the lives of people. 医者は人々の命を救う義務がある.

dùty-frée /⑱/ 形 無[免]税の (↔dutiable). ～ goods 免税品. ── 副 免税で, 無税で. ── 名 C 免税品.

dúty vìsit 名 C 義理の訪問.

‡**du·vet** /d(j)u:véi|⌐-/ 名 C (毛布とシーツの代わりに上掛けにする)羽根布団 (continental quilt).

D

DVD digital versatile disc [videodisc]《高画質・大容量の記録媒体》.

DVLC〖英〗Driver and Vehicle Licensing Centre (自動車交通局)《道路税の徴収, 運転免許証の発行などをする》.

Dvo·řák /(d)vɔ́:rʒɑ:k|dvɔ́:-/ 名 **Antonín ～** ドヴォルザーク (1841–1904)《旧チェコスロヴァキアの作曲家》.

***dwarf** /dwɔ:rf/ 名 (複 **～s** /-s/,〖まれ〗**dwarves** /-vz/) **1** C 小人(こびと) (★これを差別語として, a person of restricted growth を使う人もいる); (北欧・ゲルマン神話などの魔力を持つ)小人. **2** C 矮(わい)小動物[植物]. **3** 〈形容詞的〉矮小な; 萎(い)縮した. a ～ tree 矮小な樹木, 盆栽. **4** C〖天〗矮星 (**dwàrf stár**). ◇↔giant

── 動 他 **1** を矮小にする; 〔発育, 知能など〕を萎縮させる. ～*ed* trees 盆栽. **2** を(比較上)小さく見せる. I was ～*ed* by his gigantic frame. 彼の巨大な体格に僕は自分が小さく思えた. [<古期英語]

dwarf·ish /dwɔ́:rfiʃ/ 形 小人(こびと)のような; 矮(わい)小な.

dweeb /dwi:b/ 名 C〖米俗〗ばか, 薄のろ, 変わり者.

***dwell** /dwel/ 動 (**～s** /-z/|過 過分 **dwelt** /dwelt/, **～ed** /-d/|**dwéll·ing**) 自〖章〗VA **住む**, 居住する, 〈*in, at, on* ..に〉(類語 日常語としては live などを用いる). ～ *in* a city 都会に住む. ～ *on* a lonely island 孤島に住む.

****dwéll on [upon]..*** (1)〔特に, 不愉快なこと〕**をいつまでも考える**; ..をつくづく[じっくり]思案する. Don't ～ *on* this so much; you'll become ill. この事をそんなにくよくよ考えてはいけない, 病気になる. (2) ..を長々と論じる[書く]. The book ～*s on* the horrors of nuclear war. その本は核戦争の恐ろしさを詳しく述べている.

[<中期英語「ぐずぐずする, 滞在する」(<古期英語「迷わせる, 妨げる」)]

†**dwéll·er** 名 C **1** 居住者, 住民. **2** 〈合成語を作る〉. city [town](-)～*s* 都市生活者. cave ～*s* 穴居人.

***dwell·ing** /dwéliŋ/ 名 (複 **～s** /-z/) **1** C〖章〗**住居**, 家, (類語 社会学や建築学の論文にふさわしい語; →house). **2** U 居住.

dwélling hòuse 名 C 住宅,〖主に法〗住居, 私宅, 《事業所, 店舗などと区別して》.

dwélling plàce 名 C〖章〗住居; 住所.

dwelt /dwelt/ 動 dwell の過去形・過去分詞.

DWI driving while intoxicated (酔っ払い運転).

†**dwin·dle** /dwíndl/ 動 自 小さくなる, 縮小する; 減る, やせ細る; 〈*away/to* ..に〉(類語 みるみる減る[小さくなる]ことに重点があり, 結果的な消失を暗示する; →decrease). The airplane ～*d* into the distance. 飛行機は遠ざかり小さくなった. His estate is *dwindling away*. 彼の財産は尽きかけている. [〖古〗*dwine*「やつれる」, -le[1]]

dye** /dai/ 名 (複 **～s** /-z/) UC **1** 染料. **2** 染め色, 色合い. ***of the dèepest [blàckest] dýe 極端な; 〔犯罪(者)などが〕極悪の, 最も悪質の.

── 動 (**～s** /-z/|過 過分 **～d** /-d/|**dýe·ing**) 他 〔布, 髪など〕を染める; を着色する; VOC (～ X Y) X を Y (色)に染め(変え)る, 着色する. ～ one's hair brown 茶髪にする.

── 自 染まる. Will this cloth ～ (well)? この生地は(よく)染まりますか. [<古期英語]

dỳed-in-the-wóol /dàidnðə-⑱/ 形 生っ粋の, 徹底した, 《<織る前に染められた;「考え方を変えられない」という意味で, 時に軽蔑的》. a ～ communist 徹底した共産主義者.

dýe·ing 名 U 染色(法); 染め物業.

dy·er /dáiər/ 名 C 染め物屋, 染め物師.

dýe·stùff 名 (複 **～s**) C 染料.

dýe·wòrks 名 (複 **～**) C 染め物工場; 染料工場.

Dyf·ed /dʌ́vəd/ 名 ダヴェッド《ウェールズ南西部の州》.

****dy·ing** /dáiiŋ/ 動 die[1] の現在分詞.

── 形 ⓒ **1 死にかかっている**, 瀕(ひん)死の, 臨終の, いまわの際の; 〔植物が〕枯れかけている. a ～ man 死にかかっている人. the ～ 死にかけている[瀕死の]人たち. to [till] one's ～ day 死ぬ日まで(ずっと). lie on a ～ bed 臨終の床に横たわる. one's ～ wish [words] 死に臨んでの願い, 辞世の言葉. a ～ message 死に際しての伝言.

2 滅びかけている; 弱ってゆく; 消えかけている; 暮れかかった. a ～ civilization 滅亡に瀕した文明. ～ embers 消えかかっている残り火. the ～ moon 沈みかけている月. a ～ year 暮れてゆく年. in the ～ days of ..の末期に.

── 名 U 死ぬこと, 死. face ～ with dignity 威厳をもって死に臨む.

†**dyke**[1] /daik/ 名, 動 =dike.

dyke[2] 名 C〖俗〗レスビアンの女性《特に男役》.

†**dy·nam·ic, -i·cal** /dainǽmik/, /-ik(ə)l/ 形 **1** 〔人が〕精力的な, 元気旺(おう)盛な, (energetic). a most ～ man 大変な精力家. **2** 動的な, 変動する, (↔static). Language is a ～, living thing. 言語は動的で生きているものである. **3**〖物理〗動力の; (動)力学 (dynamics) の (↔static). **4**〖文法〗〔動詞が〕(状態ではなく)動作を表す (↔stative). **5**〖医〗機能の. a ～ disease 機能疾患. ── 名 aU (原)動力. [<ギリシア語「強力な」] ▷**dy·nam·i·cal·ly** 副

dy·nám·ics 名 **1**〖物理〗〈単数扱い〉力学, 動力学, (↔statics). **2 (a)** 〈複数扱い〉(物的又は心的な)原動力. the ～ of human behavior 人間の行動の原動力. group ～ 集団力学. **(b)** U 変遷[発達]の型. population ～ 人口の変化の型. **3**〖楽〗〈複数扱い〉(音の)強弱(法).

‡**dy·na·mism** /dáinəmìz(ə)m/ 名 U **1**〖哲〗力本説, 力動説. **2** 活発さ, 活力, 迫力.

***dy·na·mite** /dáinəmàit/ 名 U **1** ダイナマイト. **2**〖話〗(あっと驚かせるような)人[物事]. **3** (潜在的に)危険な物[人]. ── 動 他 をダイナマイトで爆破する. ～ a building 建物をダイナマイトで爆破する. [ギリシア語「力」, -ite]

dy·na·mize /dáinəmàiz/ 動 他 **1** 〔経済など〕を活性化する. **2**〖英〗〔年金〕をインフレを考慮して増額する.

†**dy·na·mo** /dáinəmòu/ 名 (複 **～s**) C **1** 発電機, ダイナモ. **2**〖話〗精力家, 元気旺(おう)盛な人. an all-round ～ 八面六臂(ろっぴ)の活動家. [<ギリシア語 *dúnamis*「力」]

dy·na·mom·e·ter /dàinəmɑ́mətər|-mɔ́m-/ 名 C 動力計.

dy·na·mo·tor /dáinəmòutər/ 名 C 発電動機《電流を直流から交流へ変えたり, 電圧を変える》.

dy·nas·tic /dainǽstik|di-/ 形 王朝[王家]の.

†**dy·nas·ty** /dáinəsti|dín-/ 名 (複 **-ties**) C **1** 王朝; ..王朝時代. the Stuart ～ ステュアート王朝. **2** 〈比喩的に巨大財閥などを指して〉..王国, 財閥. the Krupp ～ (ドイツの)クルップ王国. [<ギリシア語「権力, 主権」]

dyne /dain/ 名 C〖物理〗ダイン《力の単位; 質量 1 グラムの物体に毎秒 1cm の加速度を生じさせる力》. [<ギリシア語「力」]

d'you /dju, dʒə/〖話〗=do you.

dys- /dis/ 〈複合要素〉「悪化」,「不良」などの意味を表す. *dys*pepsia, *dys*function. [ギリシア語 'bad, hard']

dys·cra·sia /diskréiʒiə/ 名 UC 障害, 疾患.

dys·en·ter·y /dís(ə)ntèri|-t(ə)ri/ 名 U〖医〗赤痢.

dys·func·tion /disfʌ́ŋkʃən/ 名 U (身体の)機能障

害. ▷~·al 形

dys·lex·i·a /disléksiə/ 名 U 〘医〙失読症, 読字不能,《中枢神経障害で字が読めなくなる病気; **wórd blìndness** とも言う; →alexia》.［dys-, ギリシア語 *lexis* 'reading'］

dys·lex·ic /disléksik/ 形 失読症の. ── 名 C 失読症患者.

dys·pep·si·a /dispépʃə, -siə|-siə/ 名 U 〘医〙消化不良 (indigestion).［dys-, ギリシア語 *pépsis* 'digestion'］

dys·pep·tic /dispéptik/ 形 **1** 消化不良の, 胃弱の. **2** 陰うつな; いらいらする. ── 名 C 消化不良[胃弱]の人.

dys·phe·mism /dísfəmìz(ə)m/ 名 **1** U 偽悪語法. **2** 偽悪的な言い回し[語句]〈*for* ..の〉. ↔euphemism.

dys·to·pia /distóupiə/ 名 C (utopia に対して)反理想郷《J.S.Mill の造語; ＜*dys-*＋*utopia*》.

dys·tro·phi·a /distróufiə/ 名 ＝dystrophy.

dys·tro·phy /dístrəfi/ 名 U 〘医〙異栄養症. muscular ～ 筋ジストロフィー症.［dys-, ギリシア語 *trophḗ*「食物」］

dz. dozen(s).

E

E

E, e /iː/ 名 (複 **E's, Es, e's** /-z/) **1** UC イー《英語アルファベットの第5字; 英語アルファベット中もっとも頻繁に用いられる》. **2** C E字形のもの.
3 U 〖楽〗ホ音; ホ調; (→A, a 4). *E* flat 変ホ調. a symphony in *E* major ホ長調の交響曲.
4 C 〖米〗(学業成績の)条件付きの可《再試験が必要; →A, a 5》. ★2, 3, 4 では大文字を用いる.
E[1] Earl; Easter; English; 〖物理〗energy.
e, E[2] east(ern); 〖野球〗error; excellent.
ea. each.
‡each /iːtʃ/ 形 ¢ 〈限定; 単数可算名詞を伴って〉 めいめいの, おのおのの, 各...

> 語法 (1) each は個別化する力が強い; →every 語法. (2) each の前にさらに修飾語句は付けられない. the members' ～ seat は不可で, これは ～ member's seat か ～ of the members' seats にする. (3) →代 語法.

Each country has its own flag. どの国もそれぞれの旗を持っている. There were trees on ～ [either] side (=both sides) of the river. 川のどちら側にも木があった. ～ one of us 我々各自. on ～ occasion その度ごとに. *Each* day the colt grew taller and stronger. 日一日と子馬は背が高くたくましくなった.
between éach.. (各)..ごとに, の合間(合間)に. *between* ～ villa 各別荘間に(★厳密には between ～ villa and the next にすべきという見方もある).
èach and évery 1人1人全員の, 1つ1つすべての, のどれもこれも, (★2語を重ねた強調表現).
èach tíme (1) 〈副詞的〉 そのたびごとに. (2) 〈接続詞的〉 ..するたびに. *Each time* she came, Jane brought me a nice book. ジェーンは来るたびに, すてきな本を私に持ってきてくれた.
── 代 **1** めいめい, おのおの, 各自. *Each* of the students [The students ～] gave a speech at the party. 学生はそのパーティーで1人1人スピーチをした(=*Each* student..party.). "Does he have brothers and sisters?" "One of ～, both more than ten years older than him." 「彼に兄弟はいるの」「男, 女1人ずつ, 2人とも彼より10歳以上年上だよ」

> 語法 (1) →many 代 語法. (2) 単数扱いが原則だが, each of＋複数名詞は複数扱いされることもある: *Each* of the children has *his* [have *their*] own books. (子供たちはめいめい自分の本を持っている) (3) 否定語と共には使わない. *Each* did *not* fail. とは言わないで *Neither* [*No one*] failed. (どちらも[だれも]失敗しなかった)と言う. (4) each を受ける代名詞は従来は his で両性を表していたが, 厳密には法律文などでするように his or her とすべきで, 女性だけが問題の時は her でよい; くだけた文章では their になる: *Each* wants to have *his* [*his or her, their*] own home. (おのおの自分の家を持ちたいと思う) ★ (1)-(4) は 形 (each student [book など]) についても当てはまる. (5) each が複数(代)名詞と同格の場合, 動詞は複数形. *We* ～ *have our* own opinion. (我々にはそれぞれの意見がある) (6) 直接目的語とは同格にならない: 「彼ら[子供たち]1人1人にキスをした」は I kissed *them* [*the kids*] ～. とは言わず, I kissed ～ of them [the kids]. などとなる; ただし間接目的語の場合は可能: The college gave *us* ～ a personal computer. (大学側は我々1人1人にパソコンをくれた)

2 〈非標準; each's として〉 それぞれの, 互いの.
èach and áll だれもかれも, どれもこれも, (★all and each は〖古〗).
*__*èach óther*__ お互い(を, に); 次々に. They hate ～ *other*. 彼らは互いに憎み合っている (=*Each* hates *the other(s)*.) In towns incidents succeed ～ *other*. 町では事件が次々に起こる.

> 語法 (1) 他動詞・前置詞の目的語として, 又は所有格 (each other's) として用いる. They looked at ～ *other* for a while. (彼らはしばらくお互いに見つめ合った). Tom and Sue introduced ～ *other's* father(s). (トムとスーは互いに父親を紹介し合った); 「我々はお互いに考えていることが分かった」を We knew what ～ *other* was thinking. におけるような主語用法は標準的でなく, We ～ [*Each* of us] knew what *the other* was thinking. とするのが正しい. (2) each other は2者に, one another は3者以上に用いるという区別は実際にはほとんどない: The *four* sisters helped ～ *other*. (その4人姉妹は互いに助け合った) などと言える. (3) each other を「お互いに」と副詞的に取って, 「彼らはお互いに友達だ」を They are friends ～ *other*. とするのは誤りで, ..*with* ～ other とすべきである. このように each other は常に前置詞か他動詞の目的語として用いる.

〔equal〕 ***èach to éach*** それぞれ互いに〔等しい〕.
èach to 〖英〗 [〖米〗 ***to èach***] ***his*** [***her, their***] ***ówn*** 人それぞれ(好みが違うもの)です.
── 副 1個[1人]につき, めいめいに; それぞれ, おのおの. The books are ten pounds ～. この本は1冊10ポンドだ. The teacher gave his pupils a CD ～. 先生は生徒たちにCDを1枚ずつ与えた.
èach wáy →way.
[<古期英語 *ǣlc* (<*ā* 'ever'+*gelīc* 'like')]
‡ea·ger /íːgər/ 形 m **1** 〈叙述〉 (**a**) **熱望して** 〈*for, about* ..を〉. a man too ～ *for* success 功を焦る男. be ～ *for* the match to begin 試合の始まるのを今や遅しと待つ. I'm ～ *for* you to win. 君にぜひ勝って欲しい. (**b**) **しきりに..したがって** 〈*to* do〉. Tom is ～ ⌞*to* go abroad [*to* please]. トムはしきりに⌞外国に行き[人の役に立ち]たがっている. (**c**) 熱望して 〈*that* 節 ..するように〉. Bill's mother is ～ *that* he should at least finish high school. ビルの母親はビルが少なくとも高校を卒業するように熱望している. 類語 何かを⌞求めて[したくて]熱心なという意味で, 熱意のあまりじれる気持ちが強い; →anxious 3, ardent, enthusiastic, fervent, fervid, keen 4, passionate, zealous.
2 〔人が〕熱心な, 熱意のある; 熱意のこもった, 熱中した, 〔表情, 行為など〕; 激しい〔欲望など〕. Don't be so ～. そうむきになるな. He is ～ *in* his studies. 彼は勉学に熱心だ. an ～ follower 熱烈な信奉者. an ～ question [look] 熱心な質問[まなざし]. an ～ appetite *for* knowledge 激しい知識欲.
[<古期フランス語(<ラテン語 *ācer* 「鋭い」)]
èager béaver 名 C 〖話〗頑張り屋, 張り切り屋.

*ea·ger·ly /íːgərli/ [副] [m] **熱心に**, しきりに. The dog wagged its tail ～. 犬は盛んに尾を振った.

*ea·ger·ness /íːgərnəs/ [名] (複 ～·es /-əz/) **1** [UC] **切望, 意欲,** 〈*for* ..に対する/*to* do ..したいという〉. his ～ *for* wealth 彼の富に対する欲望. Ken, in his ～ *to* learn English, approaches foreigners to practice it. 健は, 英語を勉強したさのあまり, 練習のため外国人に近づく. **2** [U] 熱心さ, はやる気持ち. control one's ～ はやる気持ちを抑える.

‡**ea·gle** /íːg(ə)l/ [名] (複 **～s** /-z/) [C] **1** 〚鳥〛 ワシ(鷲). An ～ is soaring in the sky. ワシが空を舞っている. **2** ワシ印《米国などの国章; →spread eagle》; 〚米〛 イーグル金貨《10ドル; 1934年廃止》; 〚米軍〛 イーグル章《大佐(colo- nel)の肩章》. **3** 〚ゴルフ〛 イーグル《par より2打少なくホールに入れること; →par [参考]》.

èagle éye [名] [C] **1** 鋭い目; 〈普通, 単数形で〉炯(けい)眼. **2** 目の鋭い[炯眼の]人.

èagle-éyed /[移]/ [形] 眼光の鋭い; 観察力のある, 細事を見逃さない.

éagle scòut [名] [C] 〚米〛 イーグルスカウト《boy scout の最高クラス》.

ea·glet /íːglət/ [名] [C] 〚鳥〛 ワシ(鷲)の子, 子ワシ.

-e·an /íːən, iən/ [接尾] -an の異形. Europ*ean*, Chile*an*. [→-an]

‡**ear**¹ /iər/ [名] (複 **～s** /-z/)

【耳】 **1** [C] **耳**. put [cup] one's hand behind one's ～ 耳の後ろに手を当てる《よく聞くため》. stop (up) one's ～*s* 耳に栓をする. the outer [middle, inner] ～ 外[中, 内]耳. My ～*s* are ringing. 耳鳴りがする. an ～, nose and throat doctor 耳鼻咽喉(いんこう)科医.

2 【聴覚器官としての耳】 [C] **(a)** 耳. can't believe one's ～*s* 我が耳を疑う《聞いたことが信じられない》. keep one's ～*s* open 耳を澄ます. reach [come to] a person's ～*s* 〔うわさなどが〕人の耳に入る. have good ～*s* 耳がいい. **(b)** 〈普通, 単数形で〉(熱心に)聞く耳, 傾聴, 留意. He's always got an ～ for my complaints. 彼はいつも私の愚痴を聞いてくれる. He has gained [lost] the ～ of his boss. 彼は上役の信頼を得て[失って](意見などに)耳を傾けてもらえた[なくなった].

3 【聞く能力】 [aU] 耳, 聴覚; 音感. a sound sweet [harsh] to the ～ 耳に快い[耳障りな]音. have a quick ～ 耳が鋭い[早い]. have a musical ～ 音楽の分かる耳を持つ.

【耳状のもの】 **4** [C] (水差しの)取っ手, (鐘の)つり手.

be àll éars 〚話〛 全身を耳にする, 熱心に聞き入る.

clòse [***shùt*** ↓] *one's* ***éars to ..***

a pèrson's ***èars are búrning*** 〚話〛(うわさされて)耳がかゆい. I feel *my ears burning*. →feel.

a person's ***èars are flápping*** 〚英話〛 人が(個人的な会話などに)聞き耳を立てる.

èasy on the éye [***éar***] →easy.

fàll on dèaf éars →deaf.

from èar to éar 〚話〛 口を(左右に)大きく開けて. smile *from* ～ *to* ～ 満面にえみをたたえる.

gèt [***gìve*** *a pèrson*] ***a thìck éar*** →thick.

*__gìve__ (__an__) __éar to ..__ ..に耳を傾ける.

gìve *one's* ***éars*** どんな犠牲でも払う〈*for* ..〔ある事〕のためなら/*to* do ..するためなら/*if* 節 もし..なら〉.

go in (***at***) ***one éar and òut*** (***at***) ***the óther*** 〚話〛〔言われた事が〕右の耳から入って左の耳へ抜ける, 頭の中を素通りする.

have an [***nò***] ***éar for*** 〔music〕〔音楽〕が分かる[分からない] (→have an EYE for..).

hàve [***kèep, hòld***] ***an*** [*one's*] ***éar to the gróund*** 世間[周囲]の動きに気を配る《<耳を地面にくっつける; こうすると遠くの動きが振動で分かる》.

hàve ..còming out of *one's* ***éars*** 〚話〛〔金など〕が(耳からあふれ出るほど)たんまりある.

hàve [***gèt, wìn***] *a pèrson's* ***éar*** = ***hàve*** [***gèt, wìn***] ***the èar of*** *a pérson* 人に本気で聞いてもらう; 人から目をつけられる《よい意味で》. A young man of great ability, he *has* the president's ～. 才能豊かな青年なので彼は社長から目をかけられている.

hèad over éars →over head and EARS.

lènd an [*one's*] ***éar to ..*** ..に耳を貸す. *lend an* open [a willing] *ear to* children who seek their help 助けを求めている子供たちに率直に[心よく]耳を傾ける.

mùsic to *a pèrson's* ***éars*** 人にとってうれしい知らせ,「福音」.

òut on *one's* ***éar*** 〚話〛 突然首になって.

*__over hèad and éars__ (__in ..__) (恋愛などに)おぼれて, 夢中になって, (仕事に)熱中して; (借金で)首が回らなくなって.

plày (***..***) ***by éar*** (..を)楽譜なしで演奏する.

plày it by éar 〚話〛 臨機応変にやる. You'll have to *play it by* ～ at the interview. 面接では君は臨機応変に答えなくてはならないでしょう.

prìck up its [***òne's***] ***éars*** →prick.

rìng in *a pèrson's* ***éars*** →ring².

sèt ..by the éars 〔人々〕を仲たがいさせる.

shùt *one's* ***éars to ..*** 〔人(の話), 悪い知らせなど〕に耳を閉ざす, を聞き入れようとしない.

tùrn a dèaf éar to .. →deaf.

ùp to *one's* [***the***] ***éars*** =over head and EARS.

wèt behind the éars →wet.

with (***ònly***) ***hàlf an éar*** 耳を半分(だけ)開いて, いい加減に,〔聞く〕. [<古期英語]

ear² [名] [C] (麦などの)穂, (とうもろこしの)実 (1本).

be in (***the***) ***éar*** 穂が出て(いる).

ear·ache /í(ə)rèik/ [名] [UC] 耳痛.

éar·dròp [名] [C] **1** (特にペンダント付きの)イヤリング. **2** 〈普通 ～s〉点耳薬.

éar·drùm [名] [C] 鼓膜《外耳と中耳の間にある》.

eared [形] 耳付きの〔水差しなど〕; 穂の出た〔小麦など〕.

-eared 〈複合要素〉(..な)耳のある; (..な)穂の出た[ある]. long-*eared* (耳の長い).

èared séal [名] [C] アシカ類《アシカ, オットセイなど; 外耳がある; →earless seal》.

éar·flàp [名] [C] 〈普通 ～s〉(防寒用の)耳覆い《帽子に付いていて上げ下げができる》.

ear·ful /íərfùl/ [名] [aU] 〚話〛 **1** うんざりするほど口汚い話, 聞きたくもない(うわさ)話. **2** (耳の痛い)お小言, 大目玉. He got an ～ from the manager. 彼は監督から大目玉を食らった. give a person an ～ 人を叱(しか)りつける.

†**earl** /əːrl/ [名] [C] 〚英〛 伯爵《英国以外の国では count と言う; 夫人は countess; →duke [参考]》.

éar·làp [名] **1** =earflap. **2** 〚まれ〛 =earlobe.

earl·dom /ə́ːrldəm/ [名] [C] **1** 伯爵(夫人)の地位[身分]. **2** 伯爵(夫人)領.

éar·less [形] 耳のない.

èarless séal [名] [C] アザラシ類《外耳がない; →eared seal》.

Èarl Gréy [名] 〚商標〛 アールグレイ《英国 Twinings 社製の紅茶》.

ear·li·ness /ə́ːrlinəs/ [名] [U] (時間, 時期が)早いこと.

Èarl Márshal [名] 〚英〛 英国紋章院 (College of Arms) 総裁《紋章や王室の儀式などを司(つかさど)る》.

éar·lòbe [名] [C] 耳たぶ《単に lobe とも言う》.

Èarl's Cóurt [名] アールズコート《ロンドン西部にある大展示場; その周辺の地区で簡易アパートが多く, オーストラリア人が多い》.

‡**ear·ly** /ə́ːrli/ [形] [e] (**-li·er**|**-li·est**) (↔late)

【時刻, 時期, 時節が早い】 **1 早い**; 〈限定〉初期の; 幼時の; 大昔の. in the ～ hours of the morning 朝早い時間に. make an ～ start 朝早くに出発する[始める]. ～ spring 早春. It's too ～ *in* the year *for* cherry blossoms to be out. 桜が咲くには季節が早すぎる. in the ～ part of this century 今世紀の初期に. in

one's ～ days 幼時に. The girl learned to play chess at the ～ age of five. 少女はたった 5 歳でチェスを習い覚えた. He is in his ～ thirties. 彼は 30 代の初めだ. the *earliest* civilization 最古の文明.
2 早めの, 早い. The bus was two minutes ⌊～ [*earlier* than usual]. バス(の到着)は[いつもより] 2 分早かった. ～ habits 早寝早起きの習慣. an ～ riser 早起きの人. have an ～ lunch いつもより早く昼食を食べる.
3 〈限定〉 早生(わせ)の. ～ flowers 早咲きの花.
4 〈限定〉 近い将来の. at an ～ date 近いうちに. make an ～ reply to the letter 手紙に早く返事をする. at your *earliest* convenience 〘章・主に商〙 ご都合つき次第すぐに.
5 〈限定〉 初め[前]の方の. We have discussed these problems in *earlier* chapters. これらの問題は前の方の章で論じた.
at the éarliest 最も早くて, 早くとも. on Monday *at the* ～ 一番早くても月曜日に.
it's èarly dáys (yét) 〘主に英話〙 (見極めるには)時期尚早だ.
kèep èarly hóurs 早寝早起きする.
── 副 e (**-li·er**|**-li·est**) **1** (朝)早く; 早めに. get up ～ (in the morning) 朝早く起きる. The party left ～. 一行は早めに出発した. **2** 初期に; 幼時に. as ～ as the fifth century 早くも 5 世紀に. ～ in life 幼い時に. **3** 大昔に. Man learned ～ to use tools. 人間は大昔に道具の使用を覚えた. **4** 初め[前]の方に. Her name appears ～ in the list. 彼女の名前はリストの初めの方に出てくる. As, I said *earlier*, our dictionaries sell in many countries. 前述したように我々の辞書は多くの国で売れている. **5** 早生で. ～ flowering roses 早咲きのバラ. 類語 ある期間や一連の出来事の「初めのころ」を意味する (→soon; ↔late).
èarlier ón (もっと)早い時期に.
èarly ón 早い時期に, (仕事, 試合などが)始まったばかりで. 語法 上の earlier on と同様 later on に影響された表現に過ぎず, early on の on には全く意味がない.
èarly or láte 遅かれ早かれ (sooner or later).
èarly to béd, èarly to ríse 早寝早起き《Early to bed, early to rise makes a man healthy, wealthy and wise. (早寝早起きは人を健康で裕福で賢くする)という Franklin の言葉》.
[＜古期英語 *ǣr* 'ere'＋*-lić(e)* '-ly']

Èarly Américan 形, 名 U 初期アメリカ風(の)《植民地時代の建築, 家具などの様式》.

èarly bírd 名 C 〘話〙 早起きの人; (魂胆があって)早目に来る人.
The èarly bírd càtches [gèts] the wórm 〘諺〙 早起きは三文の得《早起き[早く来た]鳥は虫を捕える》.

èarly clósing (dày) 名 U 〘英〙 (商店などの)早じまい(日)《英国では水曜か木曜を半日営業にする店が多い》.

Èarly Énglish 形, 名 U 初期英国風(の)《12 世紀後半から 13 世紀後半のゴシック建築様式》.

Èarly Mòdern Énglish 名 U 初期近代英語《1500–1700 年頃の英語; →Modern English》.

èarly retírement 名 UC (定年前の)早期退職.

èarly wárning sỳstem 名 C 早期警戒方式《レーダーによる敵襲予知》.

éar·màrk 名 C **1** 耳じるし《持ち主を示すために羊, 牛など家畜の耳に付ける》; 所有者のしるし. **2** 〈しばしば ～s〉 目じるし; 特徴.
── 動 他 **1** 〔家畜〕に耳じるしを付ける, しるしを付ける. **2** 〔資金, 人材など〕を当てる, とっておく, (set aside) 〈*for* ..のために/*to* do ..するために〉. ～ enough money *for* [*to* go to] research work 研究費に十分金をとっておく. **3** を選び出す, 指定する, 〈普通, 受け身で〉 〈*for* ..〔閉鎖, 処分など〕の対象に/*as* ..として〉 the site ～*ed as* a new airport 新空港に選定された用地.

éar·mùff 名 (複 ～s) C 〈普通 ～s〉 耳覆い《防寒, 防音用など》.

***earn** /əːrn/ 動 (～s /-z/|過 過分 ～ed /-d/|earn·ing) 他 【獲得する】 **1** を働いて得る, 稼ぐ. ～ one's living [livelihood] by teaching 教師をして生計を立てる. ～ a good salary [$100,000 a year] いい給料[年に 10 万ドル]をもらっている.
2 〔賞賛, 称号, 報いなど〕を得る, (当然の結果として)受ける, (→well-earned). ～ a doctoral degree 博士号を得る. You've worked hard for months and have certainly ～*ed* a holiday. 君は何か月もよく働いたのだから休暇をもらったのは当然だ. ～ a reputation as a slugger 強打者としての名声を得る. He was 17 when he ～*ed* his first conviction. 最初に有罪判決を受けた時彼は 17 歳だった (★earn の目的語は常に好ましい物とは限らない; →earned run).
3 をもらうだけの働きをする; を受けるだけの理由がある. He has ～*ed* more than the George Cross he was awarded. 彼はジョージ十字章を受けたが, それ以上の働きをしている. He has ～*ed* his fate. 彼は自分の運命を自ら招いたようなものだった.
【当然の結果としてもたらす】 **4** VOO (～ X Y)・VOA (～ Y *for* X) X(人)に Y をもたらす. His diligence ～*ed* ⌊him success [success *for* him]. 勤勉のおかげで彼は成功した. His arrogant attitude ～*ed* him a bad reputation. 傲慢な態度で彼は悪評を買った.
5 〔利息, 配当など〕を生ずる; VOO (～ X Y) X(人)に Y(利息など)を得させる. My investments ～ (me) about 10 percent a year. 私の投資は年 10 パーセントほどの配当になる.
── 自 稼ぐ, 働く. Her sons are both ～*ing* now. 彼女の息子は今 2 人とも働いている.
èarn one's kéep (寮, 下宿先などの雑用をして)生活費を稼ぐ; かかる費用に見合うだけの仕事[生産など]をする. Jane lives with her niece's family and more than ～s her *keep* by cooking, looking after the baby and so on. ジェーンは姪の家族と同居して, 料理, 赤ん坊の世話などで生活費以上の働きをしている.
[＜古期英語; 原義は「(農作物を)収穫する」]

èarned íncome 名 UC 勤労所得 (↔unearned income).

éarned rùn 名 C 〘野球〙 自責点《略 ER》.

éarned rùn àverage 名 C 〘野球〙 防御率《略 ERA》.

éarn·er 名 C (何かを)稼ぐ人, 稼ぎ手; 〘英話〙 もうかる仕事[もの, 行為]. a high [low] wage ～ 高額[低額]賃金所得者. Her boutique is a nice little ～. 〘英話〙 彼女のブティックはよくもうかる.

***ear·nest**[1] /ə́ːrnəst/ 形 m 【まじめな】 **1** (意図, 努力などの点で) 〔人が〕**真剣な, 熱心な**, 真摯(しんし)な; ばかまじめな. Sam is ～ about [in, over] his work. サムは仕事熱心だ. a terribly ～ man まじめ人間. **2** 〔感情, 考えなどが〕**本気の**, 心からの. an ～ desire [apology] 心からの願い[わび].
【真剣に対処すべき】 **3** 〔物事が〕重大な, 厳粛な. Life is ～. 人生は厳粛なものだ.
── 名 U まじめさ, 本気, 〈次の用法で〉.
in (rèal, dèad, dèadly, complète) éarnest まじめに[な], 本気で[の]; 本格的に[な]. Are you *in* (*real*) ～ in saying so? 君は本気でそう言うのか. get down to business *in* ～ 本格的に仕事にかかる.
[＜古期英語] ▷ **～·ness** 名 U まじめさ, 熱心, 本気. speak in all ～ 大まじめに話す.

ear·nest[2] 名 aU **1** 前触れ; 証拠, 保証; 〈*of* ..の〉. **2** 〘法〙 (契約の)手付け金, 証拠金, 保証金, (**éarnest mòney**).

***ear·nest·ly** /ə́ːrnəstli/ 副 m まじめに, **熱心に**, 真剣に, 本気で; ばかまじめに. believe [hope] ～ 本気で信じる

[願う].

*__earn·ings__ /ə́ːrniŋz/ 名 〈複数扱い〉**所得**, 賃金, 収入, 稼ぎ高; (商売, 投資などによる)利益, もうけ; (企業の)事業所得. hard-won ~ 懸命に働いて得た収入.

__èarnings-reláted__ /㊀/ 形 〔年金など〕所得(額)に連動する.

__éar·phòne__ 名 C **1** イヤホーン; 〈~s〉 =headphones, headset. have (a pair of) ~*s* over one's head 頭にヘッドホンをかけている. **2** 補聴器.

__éar·pìece__ 名 **1** C 受話器; (同時通訳などを聞く)イヤピース. **2** C 〈普通 ~s〉 (帽子の)防寒用の耳覆い. **3** 〈普通 ~s〉 (眼鏡の)つる《耳にかける部分》.

__éar-pìercing__ 形 耳をつんざくような〔音〕. ── 名 U (ピアスの)穴を耳たぶに開けること.

__éar·plùg__ 名 C 〈普通 ~s〉 耳栓《騒音, 水の浸入などを防ぐための》.

*__ear·ring__ /í(ə)riŋ/ 名 (複 ~s /-z/) C 〈しばしば ~s〉 **イヤリング**, 耳飾り. wear ~*s* in one's pierced ears 耳にピアスをしている.

__éar·shòt__ 名 U 聞こえる範囲, 声の届く距離. ***within*** [***out of***] ***éarshot*** 聞こえる[聞こえない]所に 〈*of* ..が〉.

__éar·splìtting__ 形 耳をつんざくばかりの〔轟(ごう)音など〕.

__éar-stùd__ 名 C (ピアス式の)飾りボタン風イヤリング.

‡__earth__ /əːrθ/ 名 (複 ~s /-s/) 【地球】 **1** C 〈普通 the ~ 又は the E-〉 (人類の住む場所としての)**地球** (語法 天体の 1 つとしての地球は普通 Earth). return from the moon to the ~ 月から地球に戻る. *Earth* goes around the sun between Venus and Mars. 地球は金星と火星の間で太陽を回る. 類語 惑星の 1 つとしての「地球」に重点がある; →globe, world. **2** 〈the ~〉 地球上の人々. The whole ~ was shocked. 全世界の人が衝撃を受けた. **3** 〈the ~〉〖英話〗大量, 巨額; 何もかも. cost (a person) the ~ →成句.

【地表>地, 土】 **4** U (空に対し)**地面** (ground), 地上. A bird fell to (the) ~. 1 羽の鳥が地面に落ちた. a post planted in the ~ 地面に埋めて立てた柱.

5 U (海に対し)**陸** (land). where the ~ ends and the sea begins 陸が尽き海の始まる所.

6 UC (岩石に対して)**土**, 土壌. a soft ~ 柔らかな土. different ~*s* いろいろな土. cover the bulbs with ~ 球根を土で覆う.

> 連結 fertile [rich; barren; sandy; stony] ~; the face [surface] of the ~ ∥ cultivate [plow, till] the ~

7 C 〈普通, 単数形で〉 (キツネなどの)巣穴. **8** C 〖化〗土類. alkaline ~*s* アルカリ土類. **9** C 〖英〗〖電〗接地, アース, (〖米〗ground).

10 【地上界】 U (天国, 地獄に対して)この世; 俗界.

◇形 earthen, earthly, earthy

bring /../ bàck [***dòwn***] ***to éarth*** (***with a báng*** [***búmp***]) ..を夢から現実に戻す, ..に現実を直視させる.

come bàck [***dòwn***] ***to éarth*** (***with a báng*** [***búmp***]) 夢想から覚めて現実に戻る, 現実を直視する.

còst [***chàrge, pày***] (***a pèrson***) ***the éarth*** 〖話〗(人に)大金(たいきん)がかかる[を請求する, を支払う]《<地球が丸ごと買えるほど》.

dòwn to éarth 率直な[に]; 現実的な[で].

gò [***rùn*** ↓] ***to éarth***

lòok [***fèel***] ***like nóthing on éarth*** 〖話〗みすぼらしく[ひどく不健康]に見える[感じる].

mòve hèaven and éarth →move.

*__*on éarth*__ (1) 地球上に[の], この世に[の], (in the world). while he was *on* ~ 彼の在世中. (2)〖話〗〈強意語〉 (in the world). (**a**) 〈形容詞の最上級を伴う名詞のあとで〉 **世界中で**. the happiest man *on* ~ 世界一幸せな男. (**b**) 〈疑問詞のあとで〉 いったいぜんたい. What *on* ~ do you mean? いったいどういうつもりなのだ. (**c**) 〈否定語のあとで〉 全然, 少しも. It's no use *on* ~! からっきし役に立たない.

rùn to éarth 〔キツネなどが〕穴に逃げこむ; (追っ手から)「身を隠す.

rùn ..to éarth 〔キツネなど〕を穴に追いつめる; 〔人, 物〕をやっと捜し当てる. The police *ran* him *to* ~ in Detroit. 警察は彼をデトロイトで捜し出した.

wìpe ..off the fàce of the éarth ..を地球上から抹殺する, 完全に破壊する.

── 動 他 **1** を土の中に埋める; 〔木の根など〕に土をかぶせる 〈*up*〉. **2** 〖英〗〖電〗を接地する (〖米〗ground) 〈主に受け身で〉. [<古期英語]

__éarth·bòrn__ 形 **1** 〖神話〗大地から生まれた. **2** 死すべき (mortal); 世俗的な.

__éarth·bòund__[1] 形 **1** 地上[地球]から離れられない, 地上にある, (→bound[3]). ~ insects 飛べない昆虫. **2** 現世的な, 世俗的な; 現実的な, 想像力のない.

__éarth·bòund__[2] 形 〔宇宙船などが〕地球に向かっている (→bound[4]).

__éarth clòset__ 名 C 〖英〗土砂散布式便所.

__Earth Dày__ 名 〖米〗地球の日《地球を環境汚染から守る日; 4 月 22 日》.

__earth·en__ /ə́ːrθən|ə́ːθən, -ðən/ 形 〈限定〉 土(製)の〔床など〕; 陶製の.

__éarthen·wàre__ 名 U 土器・陶器の総称《低温で焼き, きめが粗く不透明; →ceramics ★》. ── 形 〈限定〉 土器[陶器]製の. an ~ pot 陶製のつぼ[鉢].

__èarth-fríendly__ 形 地球環境を破壊しない, '地球に優しい', (eco-friendly).

__earth·i·ness__ /ə́ːrθinəs/ 名 U **1** 土質. **2** 粗野, 低俗(なこと). **3** 率直, 素朴.

__earth·ling__ /ə́ːrθliŋ/ 名 C **1** (SF 小説で宇宙人から見た)地球人. **2** 俗人, 俗物.

*__earth·ly__ /ə́ːrθli/ 形 ⓒ 〈限定〉 **1 地球上の**, 地上の; **現世の**, 世俗の; (類語 heavenly に対する語で, 「現世の」という意味; →worldly). ~ affairs 俗事. the ~ paradise 地上の楽園.

2 物質的な; 肉体的な〔欲望など〕; (↔spiritual).

3 〖話〗〈否定, 疑問を強調して〉 全然(..がない), 少しでも. be (of) no ~ use 全然役に立たない. What ~ reason can you have for refusing her offer. 彼女の申し出を断る一体どんな理由があるんだ.

not hàve [***stànd***] ***an éarthly*** 〖英話〗てんで見込みがない《後に chance, hope などを略した言い方》; 全く分からない《後に idea を略した言い方》.

__éarth mòther__ 名 C **1** 〈擬人化して〉 母なる大地; 地母神. **2** 〖話〗官能的[母性的]な女.

__éarth·mòver__ 名 C 土砂運搬機《ブルドーザーなど》.

__éarth·nùt__ 名 C 〖植〗**1** アースナッツ《森林地帯に自生するセリ科植物; その塊茎は食用》. **2** 〖主に英〗= peanut.

‡__earth·quake__ /ə́ːrθkwèik/ 名 (複 ~s /-s/) C **1 地震** (〖話〗quake). A severe ~ occurred in western Japan today. 今日西日本にひどい地震があった. a slight ~ 微震.

> 連結 a strong [a huge, a major, a powerful; a small] ~ ∥ an ~ devastates..[rocks.., shakes.., strikes..]

2 (社会的な)激動. a political ~ 政治的大変動.

__éarth scìence__ 名 C 〈普通 ~s〉 地球科学《geology, oceanography, meteorology など; →life science》.

__éarth·shàking__ 形 大地を揺り動かすような; 極めて重大な, 驚天動地の. ▷ **~·ly** 副

__éarth·shàttering__ 形 =earthshaking.

__éarth stàtion__ 名 C 地球ステーション, 地上局,

(ground station)《通信衛星などと交信する》.

Éarth Sùmmit 名〈the ～〉地球サミット(国連会議)《1992年リオデジャネイロで環境と開発問題を議するため開いた》.

earth·ward /ɔ́:rθwərd/ 副, 形 (宇宙から)地球の方へ(向いた).

earth·wards /ɔ́:rθwərdz/ 副 ＝earthward.

éarth·wòrk 名 U 土木工事; C〖軍〗〈普通 ～s〉土塁.

†**éarth·wòrm** 名 C〖虫〗ミミズ.

earth·y /ɔ́:rθi/ 形 **1** 土の(ような), 土質の. an ～ smell 土くさいにおい. **2** 実際的な; 率直な; 素朴な. **3** 粗野な, 低俗な, あけすけな. an ～ song [joke] 低俗な歌[冗談].

E

éar trùmpet 名 C (昔の)らっぱ型補聴器.

éar·wàx 名 U 耳あか, 耳くそ.

éar·wìg 名 C〖虫〗ハサミムシ.

‡**ease** /i:z/ 名 U **【安楽】 1** (心身の)**楽なこと**, くつろぎ; 気楽, 安心; (痛みなどの)軽減. ～ from pain [care] 痛み[心配]の薄らぎ. **2** (様子などが)打ち解けていること, 気軽さ; 落ち着き. the ～ of his manner 彼の何気なくふるまう態度. **3** (経済的な)**安楽**. live a life of ～ and comfort 安楽な生活を送る.

4【楽にできること】 容易さ (↔difficulty). for ～ of reference [use] 参照し[使い]やすいように.

* ***at*** (*one's*) ***éase*** 気楽に, くつろいで; 安心して; 落ち着いて, 心安らかで. live *at* (one's) ～ 気楽な生活をする. feel *at* ～ 安心する, 落ち着く. We can't remain *at* ～ knowing that so many people are suffering from hunger. こんなにも多くの人が飢えで苦しんでいるのを知って心安らかではいられない.

ill at éase 不安で, 落ち着かないで. She looked *ill at* ～ in her showy dress. 彼女は派手なドレスを着て落ち着かない様子だった.

pùt [***sèt***] ***a pérson at his*** [***her***] ***éase*** 人を安心させる.

(***Stànd***) ***at éase!***〖軍〗休め《号令》.

tàke one's éase 休む, くつろぐ.

wèll at éase 安心して, のんびりして.

* ***with éase*** 容易に, 楽々と, (easily). He solved the puzzle *with* ～. 彼はパズルを楽々と解いた.

── 動 (**éas·es** /-əz/|過 過分 **～d** /-d/|**éas·ing**) 他 **【楽にする】 1** を**楽にする**; を安心させる;〈*of* ..を取り除いて〉. ～ oneself 気を楽にする. ～ a person's mind 人を安心させる. He ～*d* me *of* my pain. 彼は私の苦痛を取り除いてくれた.

2〔痛みなど〕を**和らげる**;〔緊張など〕を緩和する;〔綱, ベルトなど〕を緩める,〔衣服など〕にゆとりを持たせる;〔速度など〕を落とす. The chairman's joke ～*d* the tension. 議長の冗談で緊張が和らいだ. ～ one's grip 握った手を緩める. ～ a door 戸を開けたてしやすくする. ～ down (the speed of) the car 車のスピードをゆっくり落とす.

【楽に行う＞ゆっくりやる】 3 (**a**) VOA をそっと動かす[入れる, 置くなど]; をゆっくり進む. She helped him ～ the load *to* the ground. 彼女は彼が荷物をそっと地面に降ろすのを手伝った. The candidate ～*d* himself [his way] *through* the crowd onto the stage. 候補者は群衆の中をゆっくり壇上へと進んだ. ～ the car into motion 車をそっと発車させる. (**b**) VOC (～ X Y) X をそっと動かして Y の状態にする. ～ a door open 戸をそっと開ける.

── 自 **1**〔苦痛, 緊張などが〕和らぐ;〔事態, 関係などが〕緩和する;〔雨や風が〕弱まる;〈*off*, *up*〉. the rain has ～*d* to drizzle. 雨は弱まって霧雨になった. **2**〔相場が〕緩む;〔金利などが〕下がる;〈*off*〉. **3** VA そっと動く[入るなど]; ゆっくり進む. ～ slowly *toward* the door 入口へゆっくり向かう. ～ back *into* an armchair ひじかけいすにゆったり深く腰掛ける. The boat ～*d away from* the pier. 船はゆっくり桟(さん)橋を離れた. ◇形 easy

èase báck on .. ..をゆっくり[慎重に]戻す;〔車のスロットル, 音量のつまみなど〕を絞る.

éase into .. 徐々に〔仕事など〕に慣れる[を習い覚える].

èase óff (1) ＝EASE up. (2) ゆっくり離れる (→自 3). (3) →自 1, 2.

èase oneself [*a person*] ***into ..*** (1) ..へと自分[人]をくつろがせる. ～ one*self* into a bathtub ゆっくり浴槽に浸る. (2)〔新しい仕事など〕に慣れる[人を慣れさせる].

èase /../ óut (***of ..***) (1) ..を(..から)慎重に運び出す[動かす]. The rescue party ～*d* the injured people *out of* the wrecked bus. 救助隊は破損したバスから負傷者を救出した. (2)〔人〕を巧みに(仕事, 地位などから)追い出す, 辞任させる.

èase úp (1) →自 1. (2) (仕事などを減らして)楽をする, ゆっくりやる; 力を抜く, 努力を怠る; (乗物の)スピードを落とす. (3) 厳しさ[圧力]を緩める; 優しくする; 慎重に扱う〈*on* ..に対して〉. You should ～ *up on* your drinking. 酒を少し控えなさい. *Ease up on* her. She is very nervous. 彼女にはもっと優しくして.とても神経質だから.

[＜古期フランス語「利便, 快適」(＜ラテン語「近隣の」); adjacent と同源]

ea·sel /í:z(ə)l/ 名 C 画架, イーゼル; 黒板掛け.

‡**eas·i·ly** /í:zili/ 副 m **【楽に】 1 気楽に**, のんきに. live ～ 安楽に暮らす.

2 容易に; (努力せずに)すぐに, 簡単に; 調子よく. You can ～ find the bank. その銀行はすぐ見つかります. The work progressed ～. 仕事はすらすらと運んだ. Recently I began to tire ～. 近ごろ私は疲れやすくなった.

3【難なく】〈比較級, 最上級などを強めて〉間違いなく, 確かに;〈数量表現を伴って〉優に, らくらく. Miss Baker is ～ the best singer. ベーカー嬢は断然最優秀の歌手である. The river is ～ half a mile across. 川幅は優に半マイルはある.

4【ほぼ確実に】〈普通 may, might, can, could と共に〉十中八九 (very likely). The plane may ～ be late. 飛行機が遅れることはまず間違いない. Inactivity can make your bones weaker all too ～. 動かないでいると骨はいとも簡単に弱くなる.

eas·i·ness /í:zinəs/ 名 U **1** 容易さ; (文章などの)平易さ. **2** 気軽さ; 気楽さ; 落ち着き.

‡**east** /i:st/ (★方位に共通の語法を示す用例など→north) 名 U **1**〈普通 the ～〉**東**, 東方,《略 E, e; →north 参考》. The sun rises in the ～ and sets in the west. 太陽は東に昇り西に沈む.

2〈the ～ 又は the E-〉**東部(地方)**;〖米〗〈the E-〉米国東部地方《New England 諸州を指す場合と, Mississippi 川以東, Maryland 州と Ohio 州以北を指す場合とがある》. He is from the *East* of France. 彼はフランス東部の出身だ. **3**〈the E-〉**東洋** (the Orient). the Far [Middle, Near] *East* 極[中, 近]東.

4〖史〗〈しばしば the E-〉東欧, 東側(陣営),《旧ソ連を中心とする共産圏諸国; ↔the West》. *East*-West relations (国際政治での)東西関係. ◇形 eastern, easterly

Dòwn Éast →**down**.

in the éast (***of ..***) (..の)東部に. The family lives *in the* ～ *of* London. その一家はロンドンの東部に住んでいる.

on the éast 東(側)は. The hotel adjoins a lake *on the* ～. そのホテルは東側は湖に接している.

to the éast (***of ..***) (..の)東方に(当たって). Manchester lies *to the* ～ *of* Liverpool. マンチェスターはリヴァプールの東方にある.

── 形 ⓒ **1 東の, 東方の**; **東への**; **東に**; 東寄りの; 東向きの. the ～ side [coast] 東側[東海岸]. the area ～ of the river その川の東側の地域.

2 東からの〔風〕. a piercing ～ wind 刺すような東風《英国では東風は寒く冬の始まり, 西風は暖かく春の始まり; →west 形 2》. **3** 東部の.

── 副 Ⓒ **1 東へ[に]**, 東方へ[に]. sail due ~ 真東(まひがし)に航行する. The window faces ~. その窓は東向きだ. The business area lies ~ and west. その商業地域は東西に伸びている. The wind is blowing ~. 風は東へ吹いている (→north★).
2 東に〈*of* ..の〉. lie (two miles) ~ *of* the Rhine ライン川の東 (2 マイル)にある.
bàck Éast 〖米〗(西部から)東部地方へ; 東部では.
[<古期英語]

Èast Ánglia 名 イーストアングリア **1** イングランドの Norfolk, Suffolk, および Essex と Cambridgeshire の一部を含む地域. **2** Norfolk と Suffolk から成る 6 世紀にあった Anglo-Saxon の王国の 1 つ.

Èast Ásia 名 東アジア (→Far East).

Èast Berlín 名 東ベルリン (→Berlin).

éast·bòund 形 〈限定〉東へ向かう〔船, 列車, 道路など〕.

èast by nórth 名 Ⓤ, 形 副 東微北(の, へ, に)《略 EbN》.

èast by sóuth 名 Ⓤ, 形 副 東微南(の, へ, に)《略 EbS》.

Èast Chìna Séa 名 〈the ~〉東シナ海.

Èast Cóast 名 〈the ~〉〖米〗東海岸地域《特に Washington D.C. 以北の大西洋沿岸諸州》.

Èast Énd 名 〈the ~〉〖英〗イーストエンド《ロンドン市の東部; ドックや工場が多く, かつてはスラム街だったが, 近年再開発がなされ面目を一新しつつある; →the West End》.

Èast Énder 名 Ⓒ 〖英〗イーストエンド (the East End) の住民.

‡Eas·ter /íːstər/ 名 〖キリスト教〗 **1 復活祭[節]**, イースター, 《キリスト復活を記念する; 春分の日が満月ならそれに次ぐ日曜日, そうでなければ以後最初の満月に次ぐ日曜日に行う; この日曜日 (Easter Day) をはさんで Good Friday から Easter Monday の間を言うこともある》. **2** =Easter Day [Sunday]. **3** 〈形容詞的〉復活祭[イースター]の. the ~ holidays 〖主に英〗復活祭休暇(〖米〗~ vacation). [<古期英語; ゲルマン神話の春の女神の名から]

Éaster bàsket 名 Ⓒ 復活祭のバスケット《親が復活祭の朝子供に発見させるために隠しておき, 子供は Easter Bunny が持って来たと言って喜ぶ Easter egg などの入ったかご》.

Èaster Búnny 名 復活祭のウサギ《復活祭の贈り物を持ってくるとされている; →Easter basket》.

Èaster Dáy 名 復活祭の日 (→Easter 1).

Éaster ègg 名 Ⓒ 復活祭の卵《彩色したゆで卵や, 卵形の(多くはチョコレート)菓子; 復活祭の贈り物や飾りにする》.

Èaster Éve 名 イースター[復活祭]前夜.

Èaster Ísland 名 イースター島《南太平洋上のチリ領の孤島; 巨人像(モアイ)の群立で有名; <1722 年の Easter Day に発見されたことから》.

éast·er·ly 形 **1** 東の, 東方の; 東への, 東方への. travel in an ~ direction 東方向に旅をする.
2 〔風が〕東からの. We have an ~ wind today. 今日は東風だ. ── 副 東へ, 東方へ; 東から〔風が吹く〕.
── 名 (複 -lies) Ⓒ 東風.

Èaster Mónday 名 復活祭の翌日《英連邦諸国などでは法定休日》.

‡east·ern /íːstərn/ 形 Ⓒ 〈限定〉 **1 東の**; 東への, 東向きの; 東からの〔風など〕; (↔western; →north 形 語法). The ~ sky was getting light. 東の空が白み始めていた. **2** 〈しばしば E-〉東部の; 〖米〗〈E-〉東部(諸州)の. the *Eastern* States (米国の)東部諸州. **3** 〈E-〉東洋(風)の (Oriental). ~ philosophy 東洋哲学. **4** 〖史〗〈しばしば E-〉東欧の, 東側(陣営)の.

Èastern Blóc 名 〈the ~〉〖史〗東側陣営[諸国].

Èastern Chúrch 名 〈the ~〉=Orthodox Church.

Èastern Dáylight Tìme 名 〖米〗東部夏時間《夏期 Eastern Standard Time に代わる》.

éast·ern·er 名 Ⓒ 〈普通 E-〉(特に米国の)東部諸州の住民[出身者].

Èastern Éurope 名 東ヨーロッパ, 東欧, 《Eastern Bloc の占める地域》.

Èastern Hémisphere 名 〈the ~〉東半球.

éastern·mòst 形 〈限定〉〖章〗最も東方の.

Èastern (Ròman) Émpire 名 〈the ~〉東ローマ帝国 (395–1453).

Èastern Stándard Tìme 名 (米国の)東部標準時 (→standard time).

Èaster paráde 名 Ⓒ 復活祭パレード《流行の服を「宣伝する」》.

Èaster Rísing 名 〖英史〗イースター蜂(ほう)起《1916 年アイルランド独立を図って蜂起したが失敗》.

Èaster Súnday 名 =Easter Day.

Éaster·tìde 名 Ⓤ 復活祭の時期.

Èaster wéek 名 Ⓤ 復活祭週間《Easter Day に始まる 1 週間》.

†Èast Gérmany 名 〖史〗東ドイツ《旧ドイツ民主共和国の通称; →West Germany》.

Èast Índia Còmpany 名 〈the ~〉東インド会社《1600–1874; 東インドとの貿易を目的に設立され, 東南アジアでの英国勢力拡大の中心になった》.

Èast Índies 名 〈the ~〉 **1** 東インド諸島《マライ群島と Indonesia の諸島》. **2** 東インド《インド・インドシナ・東インド諸島を含むアジア南東部地域の旧称》.

East·man /-mən/ 名 **George ~** イーストマン (1854–1932)《米国人; Kodak 社の創立者》.

èast-nòrth·éast 名 Ⓤ 〈普通 the ~〉東北東《略 ENE》. ── 形 東北東(へ)の; 〔風が〕東北東(から)の.
── 副 東北東へ[に]; 東北東から〔風が吹くなど〕.

Èast Pákistan 名 〖史〗東パキスタン《Bangladesh の 1971 年までの旧称》.

Èast Ríver 名 〈the ~〉イーストリヴァー《米国 Manhattan 島と Long Island との間の水路》.

Èast Síde 名 〈the ~〉〖米〗イーストサイド《New York 市 Manhattan 区の南東部; 貧しい移民者が多く住む》.

Èast Síder 名 Ⓒ 〖米〗イーストサイド (the East Side) の住民.

èast-sòuth·éast 名 Ⓤ 〈普通 the ~〉東南東《略 ESE》. ── 形 東南東(へ)の; 〔風が〕東南東(から)の.
── 副 東南東へ[に]; 東南東から〔風が吹くなど〕.

Èast Tímor 名 東チモール《Timor 島の東半分; 1976 年ポルトガル領から独立したがインドネシアが実効支配, 独立革命戦線との紛争が続いている》.

***east·ward** /íːstwərd/ 副 Ⓒ **東方に[へ]**. travel ~ 東方に旅をする. ── 形 東方(へ)の. ── 名 Ⓤ 〈the ~〉東方.

éast·ward·ly 形, 副 東の[へ].

east·wards /íːstwərdz/ 副 =eastward.

‡eas·y /íːzi/ 形 ⓔ (**eas·i·er** | **eas·i·est**)
【容易な】 **1** 〔物事が〕**楽な**, 骨の折れない, (↔difficult, hard). an ~ task [problem] 楽な仕事[問題]. an ~ exam 易しい試験. The *easiest* thing (to do) is to sell your car. (やれる中で)いちばん簡単なのは君の車を売ることだ. It's no ~ matter to be [being] a parent. 親であるのは楽なことではない.
2 〈人, 物について〉 **(a) 容易な** 〈*of* ..するのが〉(↔difficult, hard). ~ *of* access 近うき[入り]やすい, アクセスが楽で. This word processor is ~ *of* handling. このワープロは扱いやすい. **(b)** 易しい 〈*to* do ..するのが〉. Spanish is ~ (for a Frenchman) *to* learn. =It is ~ (for a Frenchman) *to* learn Spanish. (フランス人には)スペイン語は覚えやすい (語法 It is ~ that a Frenchman ..のように that 節を使って書き換えはできない). He's ~ [an ~ man] *to* get along with. =It's ~ *to* get along with him. 彼はつき合いやすい人だ.
3 〈限定〉〔犠牲, 餌食(えじき)など〕になりやすい, 卸しやすい,

(→easy game, easy mark). an ～ target for criticism 批判の的(まと)になりやすい人[もの].
【気楽な】 **4** **気楽な**, 安楽な, (↔uneasy). He went away ⌊～ in [with an ～] mind. 彼は心残りなく立ち去った. live an ～ life 安楽な生活を送る. Make yourself ～. 安心しなさい. I don't feel ～ *about* leaving my old mother all alone in the house. 老母を家にたった1人で残すのは気がかりだ.
5 〈限定〉 くつろいだ, 固くならない, 〔態度など〕. an ～ manner 打ち解けた態度.
【ゆったりした】 **6** ゆったりした〔衣服など〕(↔tight). an ～ coat ゆったりした上着. **7** 滑らかな, すらすらした, 〔文体など〕. **8** ゆっくりした〔歩調など〕. walk at an ～ pace ゆっくりと(した歩調で)歩く. **9** 緩やかな〔坂道など〕. an ～ flight of stairs 緩やかな階段.
【緩んだ】 **10** (性的に)だらしのない. a man ～ in his morals 品行がよくない男. a woman of ～ virtue 〖旧〗浮気女. **11** 厳しくない, 甘い, 〔教師, 規則など〕. **12** 〖商〗(供給過剰で)緩んだ〔相場, 金融など〕(↔tight).
◇名 ease, easiness

as èasy as píe [***ánything, ÀBĆ, wínking, fàlling off a lóg***] 〖話〗とても容易な[に].
by [***in***] ***èasy stáges*** →stage.
èasy on the éye [***éar***] 〖話〗見て[聞いて]快い.
get òff éasy 〖話〗軽い罰ですむ.→GET off (4).
hàve an eàsy tíme (***of it***) →time.
I'm éasy. 〖主に英話〗どっちでも結構です《返事》.
on éasy strèet [***Éasy Strèet***] 〖米話〗裕福な[で].
on èasy térms (1)〖英〗楽な条件で; 分割払いで; (ローンが)低金利で. (2) 親しい間柄で 〈*with*..と〉.
── 副 ⓔ (**eas·i·er**|**eas·i·est**) 〖話〗たやすく; 気楽に; ゆっくり.
brèathe [***rèst***] ***éasy***
Èasier sáid than dóne. 〖諺〗言うのは易しいが行うのは難しい.
Éasy! そうっと, 気をつけて, 〔動けなど〕.
Èasy cóme [***gót***], ***èasy gó*** [***spént***]. 〖諺〗入りやすいものは出やすい, 悪銭身につかず.
Èasy dóes it! 〖話〗ゆっくりやれ, 焦るな.
gò éasy 仕事をのんびりやる.
gò éasy on.. 〖話〗(1)〔物〕を控え目に使う, ..を控える. *Go* ～ *on* the candy and do plenty of walking. キャンディーを控えてたくさん歩きなさい. (2)〔人〕を優しく扱う, お手柔らかにやる. *Go* ～ *on* her—she's only a child. 彼女には優しくしなさい. まだ子供なんだから.
gò éasy with.. ＝go EASY on.. (1).
rèst [***brèathe***] ***éasy*** 心配しない, 安心している.
Stànd éasy! 〖軍〗休め《号令; Stand at ease! より楽な姿勢》.
****tàke it*** [***thìngs***] ***éasy*** (1) のんきに構える; 焦らずにやる. *Take it* ～! そうかっかとしないで, 気楽にいけ. (2)〖米話〗〈命令形で〉さよなら, じゃあまたね.
[＜古期フランス語(「楽にする」の過去分詞)]

éasy chàir 名 Ⓒ 安楽いす.
èasy gáme 名 Ⓒ 〖英話〗だまされやすい人, お人よし.
èasy·góing /㊙/ 形 **1** のんびりした, 鷹揚(おうよう)な; こせこせしない; (注意 普通, 日本語の「イージーゴーイング」のような悪い意味はない). an ～ teacher 鷹揚な教師. **2** 〔馬の〕歩調がゆったりした.
èasy lístening 名 Ⓤ イージーリスニング《中年層に「受ける気楽な軽音楽》.
èasy márk 名 〖米話〗＝easy game.
èasy méat 名 Ⓒ たやすいこと; だまされやすい人.
èasy móney 名 Ⓒ **1** 悪銭, あぶく銭; 楽に手に入れた金. **2** 低金利で利用できる金.
èasy-péasy /-pí:zi ㊙/ 形 〖英話〗らくらくできる, へっちゃらな[で], 《主に, 子供が使う》.
èasy tóuch 名 Ⓒ 〖俗〗たかられやすい人, 'いいかも'.
*****eat** /i:t/ 動 (**～s** /-ts/|過 **ate** /eit|et, eit/|過分 **éat·en** /í:tn/|**éat·ing**) ㊥
【食べる】 **1** (**a**) を**食べる**, 〔スープ〕を(スプーンで)飲む (★スプーンを用いずカップから直接飲む場合は drink; →drink 類語); 〔食事〕をする; を常食とする. ～ bread [lunch] パン[昼食]を食べる. This is good to ～. これは食べられる[おいしい]. I could ～ a horse. 〖話〗(馬でも一頭食べられそうに)腹ぺこだ. I couldn't ～ another thing. (満腹で)これ以上食べられません. Pandas ～ bamboo leaves. パンダはササの葉を常食とする. (**b**) VOC (～ X Y) X を Y の状態で食べる. ～ potatoes hot with butter 熱いうちにバターを付けてジャガイモを食べる.
【食ってだめにする】 **2** (**a**)〔害虫などが〕を食い荒らす, 食って〔穴〕を開ける. The moths have ～*en* holes in my dress. 虫が(食って)私のドレスに穴を開けた. (**b**) VOC (～ X Y) X を食い荒らして Y の状態にする. Locusts *ate* the farm bare. イナゴが農場を食い荒らして裸にした.
3 を破壊する; 〔酸が金属など〕を腐食する; 〔波などが〕を浸食する; 〔病気などが〕を消耗させる. The forest was ～*en* (*up*) by fire. その森は火になめ尽くされた. Acids ～ metals. 酸は金属類を腐食する.
4 〖話〗をいらいら[くよくよ]させる, 悩ませる. What's ～*ing* you? 何を気に病んでいるのか.
【食い尽くす＞消費する】 **5** を大量に消費する 〈*up*〉. This old car ～*s* (*up*) gas. この古い車はガソリンを食う.
6 〖米話〗〔費用, 損失など〕をかぶる, 引き受ける.
── ㊀ **1** 食べる; 食事をする. ～ and drink 飲食する (★この語順が普通). ～ up (出された物を)全部食べてしまう, 食べ終える. ～ right 〖米〗(健康的に)正しい食事をする. My son ～*s* well. 息子はよく食べる. ～ greedily [sparingly] がつがつ[少なめに]食べる. You shouldn't ～ (right) out of the pan. なべから直接食べるのはよくない. Have you ～*en* yet? 食事はもう済みましたか.
2 VA 食い込む; 食って[腐食, 浸食などで]穴を開ける. Mice have ～*en through* our grain sacks. ネズミが穀物袋を食い破った. →EAT (away) at.., EAT into...
èat a pèrson alíve 〖話〗(1)〔虫などが〕人を散々食う[刺す]〈しばしば受け身で〉. (2) 人をやっつける; 人を言いなりにさせる; 〔特に女性が〕人(男性)を食いものにする.
èat /../ awáy ..に食い込む, ..を浸食する; ..を腐食する. ～ one's fortune *away* 財産を食いつぶす.
èat (***away***) ***at..*** (1) ＝EAT /../ away. (2)〔人〕をしつこく悩ます. (3) ..をがつがつと食う.
èat a pèrson for bréakfast ＝EAT a person alive (2).
èat one's héad òff →head.
èat one's héart òut →heart.
èat ín (1) 家で食事をする(↔EAT out); 店に入って食べる. "*Eat in*?" 「家で食べるの; ここに入って食べようか」. (2)〔酸などが〕物を腐食する.
éat into.. ..を腐食する; 〔蓄えなど〕に食い込む. Rust had ～*en into* the blade of the old knife. 古いナイフの刃はさびて中まで腐食していた.
èat oneself sick (***on..***) 〖話〗(..を)食べすぎて病気に[気分が悪く]なる.
èat óut 外で食事をする, 外食する.
èat /../ óut (1) ..を食い尽くす. (2) ..を外食で食べる. (3) ..の中を食い荒らす.
èat out of a pèrson's hánd →hand.
èat a pérson out of hòuse and hóme 〖話・主に戯〗人(親など)が破産しそうなほど大食する.
****èat /../ úp*** (1) ..を(たちまち)食い尽くす, (残さず)全部食べる; ..を使い果たす. You must ～ *up* all your dinner! 夕食は残さずに全部食べなくてはいけない. Medical expenses ～ *up* most of my income. 収入の大部分を医療費に持って行かれる. (2) ..を夢中にさせる, ..の心をいっぱいにさせる, 〈*with*..で〉〈受け身で〉; ..に夢中になる, ..を存分に楽しむ. be ～*en up with* pride [jealousy] 慢心しきって[嫉妬(しっと)のとりこになって]いる. The audience *ate up* the villains in the drama. 観客は

劇中の悪党どもを堪能(たんのう)した. (3) ..を大量に消費する(→他 5);〚話〛〔道, 距離〕を一気に進む. The car *ate up* the ten miles. 車は一気に 10 マイルを走った. (4) ..を盲信する, 鵜呑(うの)みにする, 真に受ける. His followers *ate up* his words. 弟子たちは彼の言葉を鵜呑みにした.
[＜古期英語]

éat·a·ble 形 (どうにか, おいしく)食べられる(類語 単に edible というのでなく, ある程度おいしいの意味).
── 名 C 〈普通 ～s〉(料理してない)食べ物《料理してあるものは eats》.

eat·en /íːtn/ 動 eat の過去分詞.

‡**éat·er** 名 C **1** 〈普通, 形容詞・名詞を伴って〉(..に[を])食べる人[動物]. a big [heavy] ～ 大食い. a small [light] ～ 少食の人[動物]. a plant ～ 草食動物. a fussy ～ 食物にうるさい人. **2** 生食用果物《リンゴなど; ↔cooker》.

eat·er·y /íːt(ə)ri/ 名 (複 **-er·ies**) C 〚話〛軽食堂.

éat·ing 名 U 食べること; 食物. This fish makes excellent ～. この魚は上等(な食べ物)だ.

éating àpple 名 C 生食用リンゴ(★料理用のリンゴは cooking apple).

éating hòuse [plàce] 名 C 飲食店, 〈時に〉安食堂.

eats /iːts/ 名 〈複数扱い〉〚話〛(料理した)食べ物 (→eatable).

èau de Colόgne /òu-də- ㊖/ 名 U 〈しばしば eau de c-〉オーデコロン《香水の一種; 単に cologne とも言う》.
[フランス語 'water of Cologne'; Cologne はドイツの原産地名 Köln のフランス名]

eau de vie /òu-də-víː/ 名 U 蒸留酒, 〈特に〉ブランデー. [フランス語 'water of life']

***eaves** /iːvz/ 名 〈複数扱い〉(屋根の)軒(のき), ひさし.

‡**éaves·dròp** 動 (～s|-pp-) 自 立ち聞きする, 盗み聞きする, 〈*on* ..〔人(の話)〕を〉. I didn't mean to ～, but I did overhear you. 立ち聞きする気はなかったが, ついあなたたちの話が聞こえてしまった. [＜古期英語「軒下に垂れる水滴」] ▷ **～·per** 名 C 立ち聞き[盗み聞き]する人.

***ebb** /eb/ 名 **1** U 〈普通, the ～〉**引き潮**, 下げ潮, (↔flood, flow). the ～ and flow of the sea 潮の干満. The tide is on the ～. 潮が引いている.
2【引き潮＞衰退】aU **衰退(期)**, 不振. the ～ and flow of life 人生の盛衰. The birthrate this year has sunk to its lowest ebb. 今年の出生率は最低の水準に落ち込んだ.
at a lòw [one's lòwest] ébb 衰退して[最低に落ち込んで]. My spirits were *at a low* ～. 私の気力は衰えていた.
on the ébb (1) 次第に減って[衰えて]. (2) →1.
── 動 自 **1** 〔潮が〕引く〈*away*〉(↔flow). **2** 〔力などが〕衰える, 減退する, 〔家業などが〕傾く, 〈*away*〉. The patient's strength is ～*ing away*. 病人の体力はだんだん衰えていっている.
[＜古期英語]

èbb tíde 名 **1** 引き潮, 下げ潮. **2** 退潮, 衰退. ◇↔flood tide.

EBCDIC /ébsədik/ 名 U 〚電算〛エビシディック《情報交換用コード; *e*xtended *b*inary-*c*oded *d*ecimal-*i*nterchange *c*ode (拡張 2 進化 10 進コード)》.

EbN east by north.

E·bon·ics /ibániks|ibɔ́n-/ 名 U エボニックス (black English).

eb·on·ite /ébənàit/ 名 U エボナイト, 硬化ゴム.

eb·on·y /ébəni/ 名 (複 **-on·ies**) **1** U 黒檀(こくたん)《熱帯産の高級家具材; ピアノの黒鍵(けん)にも使う》. **2** C 黒檀の木. ── 形 漆黒の〔髪など〕, 黒檀色[材]の.

EbS east by south.

e·bul·lience /ibʌ́ljəns/ 名 U 〚章〛 **1** 沸騰. **2** (感情などの)ほとばしり, 熱狂; 元気旺(おう)盛.

‡**e·bul·lient** /ibʌ́ljənt/ 形 〚章〛 **1** 沸騰している (boiling). **2** 熱狂した; 元気旺(おう)盛な. ▷ **～·ly** 副

EBV Epstein-Barr virus.

EC East Central《ロンドンの郵便区の 1 つ, シティを含む辺り》; European Community.

ec·ce ho·mo /èksi-hóumou, èkei-/ 名 C 〈E- H-〉エッケ ホモ《絵画, 彫刻などでイバラの冠をつけたキリストの図像》. [ラテン語 'Behold the man' (見よ, この人なり); Pontius Pilate が十字架を背負うキリストを指して民衆に言った言葉にちなむ]

***ec·cen·tric** /ikséntrik, ek-/ 形 m **1** 〔人, 行為などが〕**普通でない**, 常軌を逸した, 一風変わった. Some artists have the reputation of being ～. 世間で変人呼ばわりされている画家もいる. **2** 〚数〛〔2 つの円などが〕中心を異にする, 同心でない, (↔concentric); 偏心の. **3** 〚天〛〔軌道が〕真円でない.
── 名 C **1** 変わり者, 変人. **2** 〚機〛偏心輪, 偏心器《円運動を往復直線運動に変える装置》. [＜ギリシア語「中心から外れた」] ▷ **ec·cen·tri·cal·ly** /-k(ə)li/ 副

‡**ec·cen·tric·i·ty** /èksentrísəti/ 名 (複 **-ties**) **1** U 風変わり, 奇抜. **2** C 〈普通 -ties〉突飛な言動, 奇行, 奇癖.

Eccl(es). Ecclesiastes.

Éccles càke /éklz-/ 名 UC エクルズケーキ《中に干しぶどうなどが詰まっている》.

Ec·cle·si·as·tes /iklìːziǽstiːz/ 名 『伝道の書』《旧約聖書中の一書; 人間のする事の空しさを説く》.

ec·cle·si·as·tic /iklìːziǽstik/ 名 C (キリスト教の)聖職者, 牧師. ── 形 ＝ecclesiastical.

‡**ec·cle·si·as·ti·cal** /iklìːziǽstik(ə)l ㊖/ 形 キリスト教会(制度)の; 聖職者の; (↔civil). the ～ calendar 教会暦. [＜ギリシア語 *ekklesia*「教会」] ▷ **～·ly** 副

ec·cle·si·as·ti·cism /iklìːziǽstəsìz(ə)m/ 名 U (キリスト教の)教会の信条[慣行]; 教会偏重.

Ec·cle·si·as·ti·cus /iklìːziǽstikəs/ 名 『集会書』《旧約聖書外典 (Apocrypha) 中の一書》.

ECG electrocardiograph; electrocardiogram (〚米〛 EKG).

ech·e·lon /éʃəlàn|-lɔ̀n/ 名 **1** UC 〚軍〛梯(てい)列, 梯陣; (飛行機の)梯形編隊. fly in ～ 梯形編隊で飛行する. **2** C 〈普通 ～s〉(命令系統, 事務組織などの)段階, 階級; 社会階層. the upper ～*s* of society 社会の上層部. [フランス語「はしごの横木」; scale¹ と同源]

e·chid·na /ikídnə/ 名 C 〚動〛ハリモグラ《長い鼻でアリを捕食; オーストラリア・タスマニア・ニューギニア産》.

e·chi·no·derm /ikáinədə̀ːrm/ 名 C 〚動〛棘(きょく)皮動物《ヒトデ, ウニなど》.

e·chi·nus /ikáinəs/ 名 (複 **e·chi·ni** /-nai/) C **1** 〚動〛ウニ (sea urchin). **2** 〚建〛エキナス《ドリス式建築様式の柱頭板 (abacus) の下の逆まんじゅう形をした繰形(くりかた) (molding)》.

Ech·o /ékou/ 名 〚ギ神話〛エコー《Narcissus に失恋し嘆き衰えて声だけ残りやまびことなった森の精》.

‡**ech·o** /ékou/ 名 (複 **～es** /-z/) C 【反響】 **1** こだま, **反響**; やまびこ; 反響音, エコー. **2** 〚電〛(レーダーなどの)反射波. **3** (他人の意見, 言葉などの)**繰り返し**, **模倣**; (事物の)反映, 影響; ほうふつさせるもの 〈*of* ..を〉. an ～ of Gogh ゴッホの模倣. an ～ from Greek philosophy ギリシア哲学の投影. The site of the great fire has ～*es of* past burned ruins. 大火の跡は, 過去の焼け野原を思い起こさせる.
【追従】 **4** 模倣者. The new principal is just an ～ of his predecessor. 新しい校長は前任者通りにやっているだけだ. **5** 共鳴; 共感; 付和雷同(する人). His opinion does not arouse any ～ in [find any ～ with] his colleagues. 彼の意見は同僚の間でなんの共感も呼ばない.
to the écho 〚古〛反響するほど, 大声で.
── 動 (～es /-z/|過 過分 ～ed /-d/|～·ing) 自 **1**

〔場所が〕**反響する**, こだまする, 〈*to, with* ..で〉; 〔音が〕**鳴り響く**. The valley ~*ed with* [*to*] his call.＝His call ~*ed* through [in] the valley. 谷は彼の呼び声でこだました. Gun shots ~*ed* off the walls around. 銃声が回りの壁に当たって反響した. **2** 〔思想などが〕反響を呼ぶ, 影響を与える. The ideas of Aristotle have ~*d* down [through] the centuries. アリストテレスの思想は今世紀まで影響を及ぼし続けてきた.
— [他] **1** 〔場所が〕を反響させる 〈*back*〉. The cave ~*ed* (*back*) the cry. 洞窟(どうくつ)は叫び声を反響させた. **2** 〔人の言葉など〕を(おうむ返しに)繰り返す; に雷同する. ~ his opinion 彼の意見に雷同する. **3** を模倣する, 忠実に写す; をほうふつさせる. The tower ~*s* the Eiffel Tower. その塔はエッフェル塔を模倣している.
ècho báck to .. 〔物事が〕..を思い起こさせる.
[<ギリシア語「音, こだま」]

ècho·cárdiogràph [名] [C] 〘医〙超音波心臓検査装置, 心臓エコー診断器.

écho chàmber [名] [C] 反響室 《共鳴壁により, こだまと同じ音響効果をもたらす; 放送, 録音など用》. 「査法.

e·chog·ra·phy /ekágrəfi|ekɔ́g-/ [名] [U] 超音波検↑

e·cho·ic /ekóuik/ [形] **1** こだまの(ような), 反響性の. **2** 〘言〙擬声の, 擬音的な, (onomatopoeic).

ech·o·lo·ca·tion /èkouloukéiʃ(ə)n/ [名] [U] 〘生物〙反響定位 《コウモリやイルカなどが超音波を出して物体の位置を知ること》.

écho-sòunder [名] [C] 音響測深機.

é·clair /eikléər|(e)ikléə, éikleə/ [名] [C] エクレア (**chocolate éclair** /ˌ----ˊ/) 《シュークリームの一種》. [フランス語; 原義は「稲妻」]

é·clat /eiklɑ́ː|ˊ-/ [名] [U] 華々しい成功; 大喝采(かっさい). perform [be received] with great ~ 大喝采を受けて見事に演じる[で迎えられる]. [フランス語]

‡**ec·lec·tic** /ekléktik/ [形] 〘章〙取捨選択的な; 折衷的な, 折衷主義の; 多岐にわたる〔収集など〕. — [名] [C] 折衷主義者; (哲学, 美術などの)折衷派の人.
▷ **ec·lec·ti·cal·ly** /-k(ə)li/ [副]

ec·lec·ti·cism /ekléktəsìz(ə)m/ [名] [U] 折衷主義.

***e·clipse** /iklíps/ [名] ([複] **e·clips·es** /-əz/) **1** [C] 〘天〙(太陽, 月の)食. a solar [lunar] ~＝an ~ of the sun [moon] 日食[月食]. a partial ~ 部分食. a total ~ 皆既食 (→annular eclipse).
2 [UC] (名声, 栄光などの)失墜. His fame was in [suffered an] ~. 彼の名声は失墜した.
— [動] [他] **1** 〔天体が他の天体〕を食する. The moon will be ~*d* tonight. 今夜月食がある. **2** を顔負けさせる, の影を薄くさせる. The actress is ~*d* by her daughter, who won a gold medal at the Olympic Games. その女優は娘がオリンピックで金メダルを取ったので影が薄くなっている. **3** の光を奪う; 〔灯台の光など〕を遮る; 〔幸福など〕に影を落とす. The scandal ~*d* his reputation. そのスキャンダルは彼の名声に翳(かげ)りをもたらした.

e·clip·tic /iklíptik/ 〘天〙 [名] 〈the ~〉黄道.
— [形] **1** 黄道の. **2** 食 (eclipse) の.

ec·logue /éklɔːg|-lɔg/ [名] [C] 牧歌, 田園詩.

ECM (European) Common Market.

e·co /íːkou/ [名] ＝ecology.

e·co- /íːkou, -kə, ékou, -kə|íːkou, ék-/ 〈複合要素〉「生態(学), 環境」の意味. *eco*cide. *eco*system. [ギリシア語「家」] 「破壊.

e·co·cide /íːkəsaid, ékə-|-ou-/ [名] [U] 環境[生態系]↑

èco-fríendly [形] 環境を破壊しない, '環境に優しい'.

***ec·o·log·i·cal** /ìːkəlɑ́dʒik(ə)l|-lɔ́dʒ- [移]/ [形] **1** [m] (社会)**生態学(的)の**; 生態(上)の. the ~ effects of acid rain 酸性雨の生態系に及ぼす影響. **2** [¢] 環境保護の[に熱心な]. ▷ **~·ly** [副]

‡**e·col·o·gist** /i(ː)kɑ́lədʒist|-kɔ́l-/ [名] [C] **1** (社会)生態学者. **2** 環境保護論者.

***e·col·o·gy** /i(ː)kɑ́lədʒi|-kɔ́l-/ [名] [U] **1 生態** 《生物と環境の関係》. **2** 生態学, エコロジー; 人間生態学 (human ecology), 社会生態学. **3** 環境保護(運動).

econ. economic(s); economist; economy.

e·con·o·met·rics /ikɑ̀nəmétriks|ikɔ̀-/ [名] 〈単数扱い〉計量経済学. ▷ **e·con·o·met·ric** [形]

‡**e·co·nom·ic** /ìːkənɑ́mik, èk-|ìːkənɔ́mik [移], èk-/ [形] **1** [¢] 〈限定〉**経済(上)の**, 財政の. an ~ policy [problem] 経済政策[問題]. leave school for ~ reasons 経済的な理由で学校をやめる. ~ growth (rate) 経済成長(率). **2** [¢] 〈限定〉経済学の. ~ theory 経済学説. **3** [m] 健全経済の; 実益のある (profitable). an ~ rent (家主にとって)採算の取れる家賃.

‡**e·co·nom·i·cal** /ìːkənɑ́mik(ə)l, èk-|-nɔ́m-/ [形] [m]
1 〔人が〕**倹約する**, つましい. an ~ person 倹約家.
2 〔物が〕経済的な, むだのない, 徳用の. an ~ purchase 安い買い物. an ~ car 経済的な車 《あまりガソリンを食わない》. an ~ use of words むだのない言葉遣い.
3 節約する 〈*with*, 〘章〙 *of* ..を〉. be ~ *with* one's time [money] 時間[金]をむだにしない. Nancy is ~ *of* her smiles. ナンシーはなかなか笑顔を見せない.
[類語] 目的を定めた節約を言う; →frugal, saving, sparing, thrifty. ◇↔wasteful [名] economy
be económical with the trúth 〘戯・婉曲〙うそをついている, 真実を隠している, 《<真実を出し惜しむ》.

è·co·nóm·i·cal·ly [副] **1** 経済(学)的に(言えば). **2** 節約して, 安上がりに.

económic geógraphy [名] [U] 経済地理学.

económic mígrant [名] [C] 経済的移住者 《生活の向上を求めて移住する人》.

económic refugée [名] [C] 経済難民.

‡**e·co·nom·ics** /ìːkənɑ́miks, èk-|-nɔ́m-/ [名] **1** 〈単数扱い〉**経済学**. **2** 〈単数扱い〉(特定社会, 業種などの)経済(機構); 〈複数扱い〉経済状態; 経済問題[性]. the ~ of fishing 漁業経済. the ~ of developing countries 発展途上国の経済情勢. consider the ~ of opening a new store 新店オープンの経済性を考える.

económic sánctions [名] 〈複数扱い〉(国際的な)経済制裁.

económic wáters [名] 〈複数扱い〉経済水域 《漁業資源などに沿岸国の管理権が及ぶ 200 海里水域》.

económic zóne [名] [C] ＝economic waters.

***e·con·o·mist** /i(ː)kɑ́nəmist|-kɔ́n-/ [名] ([複] ~s /-ts/) **1** [C] **経済学者**; 経済専門家. **2** [C] 〘古〙倹約家, しまり屋. **3** 〈the E-〉『エコノミスト』《英国の政治・経済週刊誌》.

e·con·o·mize /i(ː)kɑ́nəmàiz|-kɔ́n-/ [動] [他] を節約する, 倹約する. — [自] 節約をする, 出費を切り詰める, 〈*on* ..の〉. ~ *on* light and fuel 光熱費を節約する. ▷ **e·con·o·miz·er** [名] [C] 倹約家; (燃料などの)節約装置.

‡**e·con·o·my** /i(ː)kɑ́nəmi|-kɔ́n-/ [名] ([複] **-mies** /-z/)
1 [U] **節約**, 倹約; 経済性. have no concept of ~ 経済観念がない. a man of ~ 節約家.
2 [C] 節約行為[手段]. make [practice] various little *economies* あれこれ細かい倹約をする. *economies* of scale 大量生産などによる(コストの)節約手段. It's a false ~ to buy a used car—it eats gas. 中古車を買うのはかえって不経済だ—ガソリンを食うから.
3 [C] (時間, 労力, 言葉などの)効率のよい使用. an ~ of words むだのない言葉遣い.
4 〈形容詞的〉徳用の, 安上がりの; 節約の. have an ~ drive 経費節減に努める[運動をする]. an ~ car＝an ECONOMICAL car. an ~ pack [size] 徳用(大型)パック[サイズ].
5 [C] 〈しばしば the ~〉(世帯, 企業, 国家などの)**経済**, 理財. the household ~ 家庭経済. The country's ~ is

going wrong. 国家経済が悪化している. **6** [C] 経済機構, 経済組織. a capitalist ～ 資本主義経済機構.

> [連結] a prosperous [a flourishing, a healthy, a vigorous; a depressed, a slow, a stagnant; a free-market; a Marxist, a socialist] ～ ‖ expand [develop; deregulate; revive; stimulate] the ～

7 [U] ＝economy class.
◇[形] economic, economical [動] economize [＜ギリシア語「家の管理」]

ecónomy clàss [名] [U] エコノミークラス《特に旅客機に言う; tourist class とも言う》; 〈副詞的に〉エコノミークラスで. travel [fly] ～ エコノミークラスで空の旅をする.

économy-sìze(d) [形] 〈限定〉徳用サイズの.

éco·sphère [名] [C] 生態圏《宇宙, 特に地球上の生物生存圏》.

‡**éco·sỳstem** [名] [C] 〖生態〗生態系.

éco·tòne [名] [C] (異なった生態系間の)移行[推移]帯.

éco·tòurism [名] [U] 環境観光, エコツーリズム《旅を通じて, 環境[自然]保護を訴える》.

éco·tỳpe [名] [C] 生態型《同じ種 (species) が, 異なる環境に適応して別々の型に分化したもの》.

éc·ru, ec·ru /éikru:, ék-|éi-/ [名] [U], [形] 淡黄褐色[亜麻色](の)《漂白していない麻の色》. [フランス語]

***ec·sta·sy** /ékstəsi/ [名] (複 **-sies** /-z/) **1** [UC] **有頂天**, 恍惚(こうこつ); 狂喜. listen with ～ うっとりして聞き入る. **2** [UC] 激情, 忘我. in an ～ of joy [jealousy] 狂喜して[嫉妬(しっと)に狂って]. **3** [UC] (詩人などの)入神の境地; 法悦, 神がかり. **4** 〈普通 E-〉 [U] 〖俗〗エクスタシー《LSD に似た幻覚剤の 1 種》.
gò [gèt, be thròwn] into écstasies over .. ..に有頂天になる, 我を忘れる.
[＜ギリシア語「困惑, 茫然自失」]

ec·stat·ic /ekstǽtik, ik-/ [形] **1** 有頂天の[になった] 〈*at, about, over* ..で〉; 熱狂的な〔賞賛, 拍手など〕. receive an ～ welcome 熱狂的な歓迎を受ける.
▷**ec·stat·i·cal·ly** /-k(ə)li/ [副] 有頂天になって; 熱狂的に; うっとりした[て].

ECT electroconvulsive therapy.

ec·to- /éktou, -tə|éktou/ 〈複合要素〉「外の, 外部の」の意味 (↔endo). [ギリシア語 'outside']

ec·to·derm /éktədə̀:rm/ [名] [C] 〖生物〗外胚(はい)葉 (→endoderm, mesoderm).

-ec·to·my /éktəmi/ 〈複合要素〉〖医〗「(手術による)切除」の意味. append*ectomy*.

ec·to·plasm /éktəplæ̀z(ə)m/ [名] **1** [U] 〖心霊術〗(霊媒から発するという)心霊体, エクトプラズム. **2** [C] 〖生物〗外部原形質 (→endoplasm). [ギリシア語 *ektos*「外」]

ECU, ecu /eikjú:|ékju:, éi-/ [名] (複 **～s**) [C] エキュー《＜*E*uropean *C*urrency *U*nit (欧州通貨単位); 1998 まで EU の公式通貨単位; →Euro 3》.

Ec·ua·dor /ékwədɔ̀:r|ˌ-ˌ-ˊ, ˌ-ˌ-ˊ/ [名] エクアドル《南米の共和国; 首都 Quito》. [equator と同源]

Ec·ua·do·ri·an, -re·an /èkwədɔ́:riən [移]/ [形], [名] [C] エクアドル(人)の; エクアドル人.

ec·u·men·i·cal /èkjəménik(ə)l|ì:kju- [移]/ [形] **1** 全キリスト教会の. **2** 全キリスト教宗派の統一を目指す, 世界教会的. the ～ movement 世界教会運動.
▷**～·ly** [副]

ec·u·men·i·cism /èkjəménəsiz(ə)m|i:kju-/ [名] [U] 全キリスト教統一[世界教会]主義.

ec·u·men·ism /ekjú:məniz(ə)m|i(:)kjú:-/ [名] ＝ecumenicism.

ec·ze·ma /éksəmə, égzə-, igzí:-|éksəmə/ [名] [U] 〖医〗湿疹(しっしん).

Ed /ed/ [名] Edgar, Edmund, Edward, Edwin の愛称 (→Eddie, Eddy).

ed edited (by); edition; editor; education.

‡**-ed** /d (/d/ 以外の有声音の後); t (/t/ 以外の無声音の後); əd (/d/, /t/ の後)/ [接尾]
1 規則動詞の過去形・過去分詞を作る. call＞call*ed* /kɔ:ld/. walk＞walk*ed* /wɔ:kt/. mend＞mend*ed* /méndəd/. wait＞wait*ed* /wéitəd/.
2 名詞に付けて「..のある, ..を持った」の意味の形容詞を作る. beard*ed*.
3「形容詞＋名詞」の結合に付けて「..を持った, ..が..な」の意味を表す. gray-head*ed*. one-ey*ed*. large-heart*ed*.

> [語法] 上掲 3 の造語法は新しい形がかなり自由に作れるので, 英語の中で重要な造語法である. 形の上からは gray に headed が付いたように見えるが, 実は (gray＋head)＋-ed と分析すべきものである. 辞書に載っていなくても例えば husky voice (しわがれ声)から husky-voiced, red roof (赤い屋根)から red-roofed を作ることができる. この際 four-footed のように第 2 要素は原則として単数形を使うことに注意.

E·dam /í:dæm/ [名] [UC] 赤玉チーズ《球形で表面を蠟(ろう)で赤く塗ったオランダ北西部の Edam 産チーズ》.

Ed·da /édə/ [名] 〈the ～〉エッダ《古アイスランド語で書かれた古典; 北欧伝説を歌った詩集の古エッダ (the Elder [Poetic] Edda) と, アイスランド詩の手引書として 13 世紀に編纂(さん)された新エッダ (the Younger [Prose] Edda) の 2 書から成る》.

Ed·die, -dy /édi/ [名] ＝Ed.

ed·dy /édi/ [名] (複 **-dies**) [C] 渦; 小旋風; (霧, 煙, ほこりなどの)渦巻き《普通 whirlpool, whirlwind より小さい》. His boat was caught in the ～. 彼の舟は渦に巻き込まれた. ── [動] (**-dies**|[過] [過分] **-died**|**～·ing**) [自] 〔水, 煙, 風などが〕渦を巻く, 〔ほこりなどが〕舞い上がる.

e·del·weiss /éidlvàis, -wàis|-vàis/ [名] [UC] エーデルワイス《キク科ウスユキソウ属の類の高山植物; アルプスの名花》. [ドイツ語 'noble white']

e·de·ma /i:dí:mə/ [名] (複 **～s, e·dema·ta** /-tə/) 〖医〗 [UC] 浮腫(ふしゅ), 水腫.

E·den[1] /í:dn/ [名] **1** 〖聖書〗エデンの園 (the Garden of Eden)《神が人類の始祖 Adam と Eve を最初住まわせた楽園》. **2** [C] (地上の)楽園, 至福の場所 (paradise). [ヘブライ語「喜びの場所」]

E·den[2] [名] **Sir** (**Robert**) **Anthony** ～ イーデン (1897–1977)《英国の保守党政治家; 首相 (1955–57); スエズ問題の処理に失敗し晩年は振るわなかった》.

e·den·tate /i:dénteit/ 〖生物〗 [形] 歯のない; 貧歯類の. ── [名] [C] 貧歯目の動物《アリクイ, アルマジロなど歯又は門歯のない動物》.

Ed·gar /édgər/ [名] 男子の名《愛称は Ed, Eddie, Eddy, Ned》. [古期英語 'richness-spear']

‡**edge** /edʒ/ [名] (複 **edg·es** /édʒəz/) [C]
【刃】 **1** (刃物の)刃. a sword with two ～*s* 両刃(もろは)の刀. a sharp [blunt] ～ 鋭い[鈍い]刃. put an ～ on a knife ナイフに刃を付ける.
【刃のようなもの】 **2** (特に, 薄く平らな物の)端, へり; (崖(がけ), 岸などの)縁, 際(きわ); (→brim, brink, rim). on the ～ of a table テーブルの端に. gilt ～*s* (本などの)金縁. the water's ～ 水際.
3 (屋根の)棟(むね); (山の)尾根; 〖数〗稜(りょう); (岩などの)角. A cube has twelve ～*s*. 立方体には 12 稜ある.
4 【縁＞端】 外れ. at the ～ of a village 村外れに.
5 〈the ～〉 瀬戸際, 危機. bring [drive] a country to the ～ of war 国を戦争の危機に至らせる[追いやる].
【(刃の)鋭さ】 **6** 〈単数形で〉(刃の)鋭利さ, 切れ味のよさ. a chisel with no ～ 切れないのみ.
7 〈単数形で〉(欲望, 感情, 言葉などの)鋭さ, 激しさ; (作品, 演技などの)鋭い切れ味, 迫力. give an ～ to the appetite 食欲をそそる. the keen ～ of sorrow 痛切な

E

悲しみ. an ～ of sarcasm 痛烈な皮肉. have an ～ to [in] one's voice 声に角(かど)がある. The drama has an ～ of realism. その芝居にはリアリズムの迫力がある.
8 〈単数形で〉優位(性); 強さ[強味]. maintain [gain] a competitive ～ in these industries これらの産業で競争力の優位性を保つ[得る]. →have [get] the [an] ～ on [over]..(成句).
give a pèrson the (shàrp, ròugh) édge of one's tóngue 〖話〗人をがみがみ叱(しか)る.
hàve [gèt] the [an] édge on [over] .. 〖話〗..より(少し)優秀[有利]である. He *has the* ～ *on* me when it comes to playing chess. チェスをするとなると彼の方が私より一枚上だ.
on édge (1) 縦に(して). set a book *on* (its) ～ 本を立てる. (2) 〔人, 神経が〕いらだって. be *on* ～ いらいらしている. get [set] a person *on* ～ 人をいらいらさせる. (3) しきりに..したがって 〈*to* do〉.
on the édge 〖主に米話〗気が変になりそうで.
on the édge of .. (1) ..の縁に. (2) まさに..しようとして. *on the* ～ *of* death 死にかかって, 死に瀕(ひん)して.
on the èdge of one's séat [cháir] 座席[椅子]の縁に; 〔観客などが〕身を乗り出して, わくわくして.
sèt a pèrson's téeth on édge 〔酸っぱいもの, 不快な音などが〕人に歯の浮くような感じを与える; 〔お世辞などが〕人を不快にする.
tàke the édge off .. ..の刃先を鈍らせる; ..の気勢を「そぐ, ..を和らげる.
—— 動 他 **1** 〔刃物〕に刃を付ける; を鋭くする (sharpen). ～ a knife ナイフを研ぐ. ～ one's voice 語気を荒くする. **2** (**a**) 〈普通, 受け身で〉にへりを付ける, を縁取る, 〈*with* ..で〉. The collar is ～*d with* lace. 襟にはレースの縁飾りがある. (**b**) の縁を切り[刈り]揃える. **3** VOA を斜めに[じりじり]動かす. ～ one's way *along* the wall 壁沿いに体を横にしてじりじりと進む. ～ oneself *into* the crowd 群衆の中へ割り込む. ～ the piano *into* a corner ピアノを隅の方へそろそろ動かす. **4** ＝EDGE /../ out.
—— 自 VA 斜めに進む, じりじり動く; 〔物価などが〕じわじわ変動する. ～ *toward* closer the speaker 話し手の方へにじり寄る. ～ *away* (*from*..) (..から)じりじりと離れる. The dollar is beginning to ～ *up* [*down*]. ドルがじりじり値上がり[下がり]始めている.
èdge ín (狭い場所などに)じりじりと入り込む.
èdge /../ ín 〔言葉など〕を挟む.
èdge /../ ón ..を励ます.
èdge óut (用心して)じりじりと出る.
èdge /../ óut ..に小差で勝つ; ..を徐々に追い落とす[押しのける]. The president was ～*d out* by his opponents. 社長は彼の敵に追い出された.
édge X òut of Y Y(地位など)からX(人)を追い出す.
[＜古期英語]

edged 形 鋭利な〔刃物〕; 辛辣(しんらつ)な〔言葉など〕.

-edged 〈複合要素〉 **1** ..刃の; ..の縁(取り)がある. a single[double]-*edged* blade 片[両]刃. a lace-[green]*edged* tablecloth レース[緑色]に縁取られたテーブル掛け. **2** ..の鋭さ[迫力]のある. a razor*edged* remark かみそりのように鋭い評言.

édge tòol 名 C 刃物.

édge·wàys, -wìse 副 **1** 刃[端, へり]を先[上]に向けて; 斜めに, 横(向き)に. **2** (2つの物が)端と端を接して.
gèt a wórd in édgeways 〖話〗(長話に)何とか口を挟む 〈主に否定文で〉. Bob talked so fast that no other boy could *get a word in* ～. ボブはあまりにも早口で話したのでほかの少年は1人も口を挟めなかった.

edg·ing /édʒiŋ/ 名 **1** U 縁を付けること, 縁取り. **2** UC (衣類の)縁飾り; (花壇の)へり.

édging shèars 名 〈複数扱い〉(芝のへりを刈りそろえる)芝刈りばさみ[機].

edg·y /édʒi/ 形 **1** 〖話〗いらいらした (nervous; →on edge). **2** 〔絵画などの〕輪郭が鮮明すぎる; 〔リズムなどが〕なめらかでない. ◇名 edge ▷**edg·i·ly** 副

†ed·i·ble /édəb(ə)l/ 形 食用に適する, 食用の, (類語 有毒有害でないから食用に適すること; →eatable). an ～ frog [snail] 食用ガエル[カタツムリ].
—— 名 C 〈普通 ～s〉食べ物 (→eatable).

‡e·dict /íːdikt/ 名 C **1** 〖章〗勅令, 布告; 命令. Henry IV issued the *Edict* of Nantes. アンリ4世がナントの勅令(〖フランス史〗1598年公布, 新教徒の自由を認めた)を発した. **2** 〖主に戯〗命令, 指令.

ed·i·fi·ca·tion /èdəfəkéiʃ(ə)n/ 名 U 〖章・戯〗(精神的, 道徳的な)啓発, 教化. ◇動 edify

‡ed·i·fice /édəfəs/ 名 C 〖章〗**1** (壮麗で大きな)建築物 (宮殿や教会など). **2** (複雑な)体系, 組織. [＜ラテン語「建築物」]

ed·i·fy /édəfài/ 動 (-fies|過 過分 -fied|～·ing) 他 〖章〗を教化する, (道徳的に)啓発する, (enlighten).

éd·i·fỳ·ing 形 **1** 〖章〗教化的な, 啓発的な, (instructive). an ～ book 啓発的な書物. **2** 〖戯〗〈否定文で〉ありがたい, ためになる; 愉快な. Getting stuck in a traffic jam is not an ～ experience. 交通渋滞で立ち往生するのはいただけない経験だ.

Ed·in·burgh /éd(ə)nbəːrə, -rou|-b(ə)rə/ 名 **1** エディンバラ(スコットランドの首都). **2** →Duke of Edinburgh.

Èdinburgh Cástle 名 エディンバラ城(エディンバラ中央部の丘の上にある古城).

Èdinburgh (Internàtional) Féstival 名 〈the ～〉エディンバラ祭(1947年以来毎年夏3週間続く国際音楽・演劇祭).

Ed·i·son /édəs(ə)n/ 名 **Thomas Al·va** /ǽlvə/ ～ エディソン (1847-1931) (米国の発明家).

†ed·it /édət/ 動 他 **1** 〔書物, 新聞, 雑誌, 映画, 録音テープなど〕を編集(発行)する; の編集責任者[主幹]を務める; (類語 他人の書いたものを新聞, 雑誌などのために編集すること; →compile). ～ a dictionary [textbook] 辞書[教科書]を編集する. **2** 〔原稿〕に手を入れる; 〔本文〕を校訂する. **3** 〖電算〗〔データやその形式〕を整理する (コンピュータの処理過程).
èdit /../ óut (編集段階で)〔語句, せりふ, 場面など〕を削除する 〈*of* ..から〉. ～ *out* all four-letter words before printing 印刷する前に四文字語を全部削除する.
—— 名 C 〖話〗編集(作業); (編集段階での)手直し.
[＜*editor*]

edit. edited; edition; editor.

E·dith /íːdəθ/ 名 女子の名.

***ed·i·tion** /idíʃ(ə)n/ 名 (複 ～s /-z/) C **1** (本, 新聞などの)版 (同一の版全体). a revised and enlarged ～ 改訂増補版. go through five ～s 5版を重ねる. the Sunday ～ of a newspaper 新聞の日曜版. The first ～ of this book consisted of 1,000 copies. この本の初版は1,000部だった. 参考 同一版に基づいて1回に刷る総部数は impression, printing: the second *impression* of the first ～ 初版の第2刷.

> 連結 a new [an authoritative, a definitive; an abridged; an annoted; a collected; a limited] ～ // bring out [issue, publish] an ～

2 〈修飾語を伴って〉(特別仕様の)版. a cheap ～ 廉価版. an ～ de luxe 豪華版.

> 連結 a popular [a library; a paperback; a hardback, a hardbound, a hardcover; a leatherbound; a pocket] ～

3 (テレビ・ラジオ番組の)提供形式; (続き番組の) 1回; 〖米〗(恒例行事などの) 1回の開催. the 81st ～ of the

Indy 500 第81回インディ500マイルレース. **4** そっくりの人[物], ‘コピー’, 〈*of* ..の〉. Jim is a miniature ～ of his father. ジムは父親のミニ版だ《そっくり小さくしたように似ている》. [＜ラテン語「出版(物)」]

‡ed·i·tor /édətər/ [名] ([複] **～s** /-z/) [C] **1 編集者**; 校訂者. **2** 編集主幹, (新聞, 雑誌の)主筆; 論説委員. a sports [feature] ～ スポーツ[特集]欄主任. a general ～ (双書などの)監修者. **3** (フィルム, テープなどの)編集者; 編集機. **4** (テレビ, ラジオの)解説者, (ニュース)キャスター. **5**〖電算〗エディター《データの編集プログラム》. [ラテン語 *ēdere*「出版する」(＜ex-¹＋*dāre* ‘give’); -or¹]

†ed·i·to·ri·al /èdətɔ́:riəl [移]/ [形] 〈限定〉**1** 編集者の; 編集長[主任]の, 主筆の. an ～ chair 編集主任(の職). **2** 編集(上)の. an ～ office 編集室. the ～ staff〈集合的〉編集部員. **3** 社説の, 論説の. an ～ article 社説. ***èditorial ‘wé’*** 筆者の「我々」《科学論文の筆者などが自我を強く出すのを避けて I の代わりに用いる: As *we* showed above.. (上に示したように); 編集者が部を代表して we と言うのは普通の we の用法》.

── [名] [C] (新聞, 雑誌の)社説(〖英〗では leading article, leader も用いる).

▷ **～·ly** [副] 〈特に〉社説として[において]; 編集の面で.

èd·i·tó·ri·al·ìze [動] [自] 〖米〗**1** 社説を書く〈*on, about* ..について〉. **2**〖軽蔑〗事実のみ報道すべきところに意見を混入する. 「主幹.

èditor in chíef [名] ([複] **～s in chief**) [C] 編集長,↑

ed·i·tor·ship /édətərʃìp/ [名] [U] editor の地位[職]; 編集(方針).

Ed·mon·ton /édməntən/ [名] エドモントン《カナダ南西部の Alberta 州の州都》.

Ed·mund, Ed·mond /édmənd/ [名] 男子の名《愛称 Ed, Eddie, Eddy, Ned など》.

EDP electronic data processing.

EDT〖米〗Eastern Daylight Time.

ed·u·ca·ble /édʒəkəb(ə)l|édju-/ [形] 教育されうる; ものを覚える能力のある.

‡ed·u·cate /édʒəkèit|édju-/ [動] (**～s** /-ts/|[過] [過分] **-cat·ed** /-əd/|**-cat·ing**) [他] **1 を教育する**〈*for* ..になるように〉; に(学校)教育を受けさせる; 〈普通, 受け身で〉([類語] 普通, 正規の学校で教えること; →teach). be ～*d* in literature at Harvard ハーヴァード大学で文学を学ぶ. be ～*d for* (the) law 法律家になる教育を受ける. ～ oneself 修養[独学]する.

2 (a) (趣味, 特殊能力などに関して)を養う, 訓練する. ～ one's taste in music 音楽の鑑賞力を養う. ～ the eye to painting 絵画に対する目を肥やす.

(b) [VOC] (～ X *to do*) X を..するように訓練する, 仕込む. ～ a dog *to* sit up and beg 犬にちんちんを仕込む.

3 (情報などを与えて)に助言する, 教える, 〈*on, about* ..について〉. ～ young people *on* the harmful effects of smoking 喫煙の害について若い人たちに教える.

◇[名] education [＜ラテン語 *ēducāre*「子供を(心身ともに)育てる」(＜ex-¹＋*dūcere*「引き出す」)]

†éd·u·càt·ed /-əd/ [形] **1 (a)** 教育[教養]のある (↔uneducated). a poorly [badly] ～ man ろくな教育を受けていない人. ～ speech 教養ある人の話し言葉[方]. **(b)** 〈複合要素として〉..な[に, で]教育を受けた《副詞・形容詞・名詞を伴って形容詞を作る》. a well-*educated* man 十分な教育を受けた人. a French-*educated* painter フランスで教育を受けた画家. He is Oxford-*educated*. 彼はケンブリッジで教育を受けた. **2** 〈限定〉知識[経験]に基ういた. an ～ guess 根拠のある推測.

‡ed·u·ca·tion /èdʒəkéiʃ(ə)n|èdju-/ [名] **1** [aU] **教育**(する[される]こと). *Education* starts at home. 教育は家庭に始まる. get [give] a good ～ 立派な教育を受ける[与える].

2 [aU] (学校)教育の課程[種類]; ..教育. compulsory ～ 義務教育. intellectual [moral, physical] ～ 知育[徳育, 体育]. receive [get] a college ～ 大学教育を受ける. consumer ～ 消費者教育.

> 1, 2 の [連結] elementary [primary; secondary; advanced, higher; academic; liberal; adult; professional; vocational] ～

3 [aU] 学識, 教養. a man of [with] little ～ 教育のあまりない人. a girl with a musical ～ 音楽の素養のある少女. **4** [U] 教育学, 教授法. **5** [aU]〖話〗ためになる経験, いい勉強. The camping trip was an ～ for me. そのキャンプ旅行は, 私にはいい体験だった. ◇[動] educate

†ed·u·ca·tion·al /èdʒəkéiʃ(ə)nəl|èdju(:)- [移]/ [形] **1** 教育(上)の, 教育に関する. one's ～ background 学歴. ～ expenses 教育費. **2** 教育的な; ためになる. an ～ film 教育映画. ～ television 教育テレビ(番組).

▷ **～·ist** [名] ＝educationist. **～·ly** [副] 教育上, 教育的に.

èd·u·cá·tion·ist [名] [C] **1**〖主に英〗教育者, 教師. **2** 教育学者, 教育行政家, (〖主に米〗educator).

ed·u·ca·tive /édʒəkèitiv|édju(:)kə-, -kèi-/ [形]〖章〗教育(上)の; 教育に役立つ. the ～ importance of literature 文学の教育上の重要性.

‡ed·u·ca·tor /édʒəkèitər|édju(:)-/ [名] [C] **1** 教育者, 教師, (teacher). **2**〖主に米〗＝educationist 2.

e·duce /id(j)ú:s|i(:)-/ [動] [他]〖章〗**1** 〔潜在的な能力など〕を引き出す. **2** を推断する, 演繹(えき)する.

ed·u·tain·ment /èdʒətéinmənt/ [名] [U] 教育遊具《コンピュータゲームなど; ＜*edu*cation＋enter*tainment*》.

Ed·ward /édwərd/ [名] **1** 男子の名《愛称は Ed, Eddie, Eddy, Ned, Neddy, Ted, Teddy》.

2 ～ VII /ðə-sévnθ/ エドワード7世 (1841–1910)《Victoria 女王の第2子; 英国の国王 (1901–10)》.

3 ～ VIII /ði-éitθ/ エドワード8世 (1894–1972)《英国の国王 (1936); 結婚問題から1年未満で退位, Duke of Windsor となる; エリザベス2世の伯父》. **4 ～ the Confessor** 証聖(しょうせい)王エドワード (1004?–66)《英国の国王 (1042–66); 信仰があつかったために列聖された; Westminster Abbey を建立》. **5 ～ the Black Prince** 黒太子エドワード. →Black Prince. **6 ～, Prince** エドワード王子《現英国女王エリザベス2世の末子; 3男》. [古期英語 ‘richness-friend’]

Ed·ward·i·an /edwɑ́:rdiən, -wɔ́:r-|-wɔ́:-/ [名] [C] エドワード7世時代の人.

── [形] エドワード王時代の; 〈特に〉エドワード7世時代(風)の《ほっそりしたシルエットの服装など》. ～ architecture エドワード7世時代様式の建築.

Ed·win /édwin/ [名] 男子の名《愛称は Ed, Ned》.

-ee¹ /i:/ [接尾] **1**「..される人」の意味の名詞を作る. employ*ee*. pay*ee*. **2**「..する人, ..と関係のある人[物]」の意味の名詞を作る. refug*ee*. absent*ee*. goat*ee*. [フランス語の過去分詞語尾]

-ee² [接尾]「..の小さいもの」の意味の名詞を作る. boot*ee*. coat*ee*. [-y³, -ie の変形か]

EEC European Economic Community.

EEG electroencephalogram; electroencephalograph. 「で使う》.

eek /i:k/ [間] きゃーっ, ひゃー, 《驚き, 悲鳴などの声; 漫画↑

***eel** /i:l/ [名] ([複] **～s** /-z/, **～**) [C] **1**〖魚〗ウナギ; ウナギに似た魚《アナゴ, ハモ, ウツボなど》. **2** ぬるぬるして捕まえにくいもの; 捕まえどころのない人.

(as) slippery as an éel ぬるぬるして捕まえにくい; (のらりくらりと)とらえどころがない.

[＜古期英語]

éel·gràss [名] [U]〖植〗アマモ《浅瀬に生育する海草》.

e'en /i:n/ [副], [名]〖詩〗＝even¹˒²

ee·nie, mee·nie, mi·nie, moe /ì:ni:-mì:ni:-

màini:-móu/ 'だれ[どれ]にしようかな神様の言う通り' ((鬼ごっこの鬼などを選んだりするときに唱える文句)).

EEOC Equal Employment Opportunity Commission.

e'er /eər/ 副 〖古・詩〗＝ever.

-eer /iər/ 接尾 「関係者, 取扱い者など」の意味の名詞を作る. mountain*eer*. engin*eer*. ★軽蔑的な意味を持つ語が多い: profit*eer*. racket*eer*. [フランス語(<ラテン語 *-ārius* '-ary')]

‡**ee·rie, ee·ry** /í(ə)ri/ 形 e 薄気味の悪い; 得体の知れない. ▷**ee·ri·ly** 副 気味悪く. **ee·ri·ness** 名 U 気味の悪さ.

ef- 接頭 ex-[1] の異形 〈f の前に用いる; →ex-[1]〉. *ef*face. *ef*fort.

eff /ef/ 動 自 〖英俗・婉曲〗＝fuck ((<*f*uck の /ef/)).
èff and blínd (汚ない[卑わいな]言葉で)悪態をつく. →blimey.
èff óff ＝FUCK off.

ef·face /iféis/ 動 他 〖章〗を消し[ぬぐい]去る, (wipe out); を削除する. His name inscribed on the wall was almost ～*d*. 壁に刻まれた彼の名前は消えかかっていた. try to ～ the memory of one's failure 失敗の記憶を忘れようとする.
effáce onesèlf 目立たない[表立たない]ようにする.
[<フランス語「顔を消す」] ▷**～·ment** 名 U 抹消; 削除.

‡**ef·fect** /ifékt/ 名 (～s /-ts/)
【結果】 **1** UC 〈一般に〉 **結果**, 結末, (↔cause; 類語 原因から直接又は即刻生じてくる結果; →result). trace from ～ to cause 結果から原因にさかのぼる. Fever is an ～ of disease. 熱は病気のせいだ.
【結果を生む力】 **2** (a) UC **効果**, **効力**; **影響**; 〈*on, upon* ..への〉. the ～*s* of light *on* plants 植物に与える光の影響. lack dramatic ～ 劇的効果を欠く. an adverse ～ 逆効果. with [without] ～ 有効に[効果なく]. The news will have [achieve] the ～ of heightening the government's popularity. そのニュースは政府の人気を高める効果があるだろう. →greenhouse effect, ripple effect, side effect. (b) 〖物理〗〈the ～; 普通, 発見者の名を伴って〉..効果, 現象. the Faraday ～ ファラデー効果. →Doppler effect.

> 連結 a beneficial [a harmful; a powerful, a strong; a positive; a far-reaching; an immediate; a lasting; a negligible; a desired; an unexpected] ～ // produce an [some] ～

3 (a) U 外見, 体裁. for ～ (→成句). (b) 〈～s〉 (映画製作などでの)効果 ((特殊な色彩, 音響などを出すための技術)). Tom is in charge of lighting ～*s*. トムは照明効果を担当している. →sound effects, special effects.
4 【心理的効果】 UC 感じ, 印象. the general [overall] ～ of this picture この絵の全体的な印象. reproduce rustic ～*s* 田園の趣を再現する.
【法的効力】 **5** U (法律などの)効力; 実施, 施行. The law is still [remains] in ～. その法律はまだ効力がある.
6 〖章・法〗〈～s〉 所有物, 財産. personal ～*s* 私財; 身の回り品 ((衣類, 化粧品など)). no ～*s* 預金なし ((銀行で不渡り小切手に記入する文句; 略 N/E)).
7 【実効】 U 趣旨, (基本的)意味. to the ～ that.., to this [that, the same] ～, (→成句).
brìng [càrry, pùt].. into efféct ..を実行[遂行]する; 〔法律など〕を施行する. *bring* a new plan *into* ～ 新しい計画を実行する.
còme [gò] into efféct* 〔法律などが〕施行される**.
for efféct 効果をねらって; 体裁上. Her tears were merely *for* ～. 彼女の涙はお体裁に流しただけだ.
give efféct to.. ..を実行[実施]する.
**hàve an efféct on..* ..に影響[効果]を及ぼす. Oceans *have a* major ～ *on* the climate. 海は気候に大きな影響を及ぼす. The medicine *had a* good ～ *on* him. その薬は彼によく効いた.
in efféct* (1) 〈副詞的に〉 **実際には, 事実上; 要するに. He is, *in* ～, the leader of the group. (名目はとにかく)事実上彼がその一団の指導者だ. (2) 〔法律などが〕施行されて(いる), 効力がある, (→5).
of nò efféct 無効の; 無益な[で]. The peace negotiations were *of no* ～. 和平交渉はむだだった.
pùt [brìng↑].. into efféct
tàke efféct* (1) **効を奏する, 〔薬が〕効き目を現す. The medicine *took* ～ at once. その薬はすぐに効いた. (2) 〔法律が〕**発効する**. The new rule will *take* ～ on the 1st of next month. 新しい規則は来月 1 日に発効する.
to gòod [lìttle, nò] efféct 有効に[ほとんど効果なく, 全然効果なく]. I tried to persuade them, but *to no* ～. 彼らを説き伏せようとしたが全く効果がなかった.
to the efféct that..* **..という意味[趣旨]の[で]. He said something *to the* ～ *that* he would quit. 彼は辞めたいという意味のことを言った.
to thìs [thát, the sáme] effèct この[その, 同じ]趣旨の[で]. He said he was in despair, or words *to that* ～. 彼は絶望しているとか, そういった意味の言葉を吐いた.
with efféct from..[immèdiate efféct] 〖英章〗 ..から[今から]有効で, 適用されて. The bus fare is going up *with* ～ *from* 10 May. 5 月 10 日からバス料金が値上がりする.
── 動 他 〖章〗(結果として)をもたらす, 生じさせる; 〔目的など〕を成就する, 達成する, (accomplish). ～ a change in policy 政策に変化をもたらす. ～ a cure 全治させる.
[<ラテン語「実行, 成就」(<ex-[1]＋*facere* 'do')]

‡**ef·fec·tive** /iféktiv/ 形 m (★3, 4, 5 は ©) **1 効果[効力]のある**, 効果的な; 実力のある; (↔ineffective; 類語 効果をもたらす力を強調する; →effectual). take ～ measures 有効な手段を講ずる. ～ support 有力な支持.
2 感銘の強い, 印象的な; 目覚ましい. an ～ speech [speaker] 感銘を与える演説[講演者]. an ～ contrast はっとするような対照.
3 (a) 〈叙述〉 〔法律などが〕(..から)実施[施行]される; 実施中で. The agreement will be ～ as from April 1. その協定は 4 月 1 日に発効する. (b) 〈副詞的に〉 (法律の発効などが..の日時)付けで, をもって. *Effective* at midnight June 30, 1997, Britain's rule of Hong Kong came to an end. 1997 年 6 月 30 日夜 12 時をもって英国の香港支配は終結した.
4 〈限定〉 (名目上でなく)実際の, 実質的な, 現存[現行]の, (actual). the ～ membership of the club そのクラブの実員数.
5 〈限定〉 (すぐ役立つよう)整備された; 直ちに動員できる〔軍隊など〕.
── 名 C 〖軍〗〈普通 ～s〉 動員された[直ちに動員しうる]兵員[兵力].

effèctive demánd 名 U 〖経〗 有効需要 ((ただ欲しいというだけでなく購買力を伴った需要)).

‡**ef·féc·tive·ly** 副 **1** 有効に, 効果的に, 効率よく. **2** 事実上, 実際には, (in effect). *Effectively* he has no chance of being elected. 事実上彼が当選する見込みはない.

ef·féc·tive·ness 名 U 有効(性), 効果的なこと.

ef·fec·tu·al /iféktʃuəl/ 形 **1** 〖章〗(目的達成のために) 〔物事が〕有効な, 適切な, 十分な, (↔ineffectual; 類語 結果としての有効性を強調する; →effective). Lacking ～ leadership, the organization fell apart. 十分な統率力に欠けていたためその組織は解体した. take ～ measures 適切な措置を講じる. **2** (法律的に)有効な.

ef·féc·tu·al·ly 副 〖章〗 **1** 効果的に; 十分な成果を収めて. **2** 事実上, 実際のところ.

ef·fec·tu·ate /ifékt∫uèit/ 動 他 〖章〗 を引き起こす; を実行する; 〔目的など〕を成し遂げる, 達成する.

ef·fèc·tu·á·tion 名 U 達成, 成就.

ef·fem·i·na·cy /ifémənəsi/ 名 U 女々しさ; 軟弱.

ef·fem·i·nate /ifémənət/ 形 〖軽蔑〗〔男(の声, 身振りなど)が〕女々しい; 〔文体などが〕軟弱な. ▷ **～·ly** 副 **～·ness** 名

ef·fen·di /iféndi|e-/ 名 C **1** 教育[地位]のある人《中近東諸国で》. **2** エフェンディ《トルコでの敬称; Sir, Mr. などに相当》.

ef·fer·ent /éfərənt/ 形 〖生理〗〔血管などが〕導出の; 〔神経などが〕遠心の; (↔afferent).

ef·fer·vesce /èfərvés/ 動 自 **1** 〔炭酸水などが〕泡立つ; 沸騰する; 〔ガスが〕泡になって出る. **2** 〖章〗〔人が〕陽気になる, 活気づく; 興奮する; 〈*with* ..で〉. [＜ラテン語「沸き立つ」]

ef·fer·ves·cence /èfərvés(ə)ns/ 名 U **1** 泡立ち, 発泡; 沸騰. **2** 活気, 陽気; 興奮(状態), 高揚.

ef·fer·ves·cent /èfərvés(ə)nt ㊕/ 形 **1** 泡立つ, 発泡性の; 沸騰する. **2** 〔人が〕活気のある, 行動的な, 陽気な; 興奮[高揚]した. ▷ **～·ly** 副

ef·fete /efí:t, i-/ 形 〖章〗 **1** 〔人, 国, 文明などが〕(盛りを過ぎて)活力を失った, 力尽きた; 退廃した. an ～ civilization 衰弱した文明. **2** 〔男が〕女々しい, 女性的な. **3** 〔動植物が〕繁殖力を失って[た]. ▷ **～·ness** 名

ef·fi·ca·cious /èfəkéi∫əs ㊕/ 形 〖章〗 (目的達成に)有効な, 〔特に薬, 治療が〕効き目のある, (effective). an ～ medicine for the cold 風邪に効く薬.
▷ **～·ly** 副 有効に, 効果的に.

‡ef·fi·ca·cy /éfəkəsi/ 名 U 〖章〗 効力, (薬, 治療などの)効能.

***ef·fi·cien·cy** /ifí∫(ə)nsi/ 名 (複 **-cies** /-z/) **1** U **能力**, 有能さ, 能率のよさ; 効力. He works with ～. 彼は能率よく働く. **2** U 又は 〈～s〉 (労働などの)**能率**; (機械などの)効率, 仕事率. promote [develop] the ～ of labor 労働の能率を上げる. of high ～ 能率の高い. thermal [energy] ～ 熱[エネルギー]効率. **3** C 〖米〗 ＝efficiency apartment.

effíciency apàrtment 名 C 〖米〗 簡易アパート(の1戸分)《普通, 台所・浴室付きの1室》.

effíciency engineèr 名 ＝efficiency expert.

effíciency èxpert 名 C 〖米〗 能率専門家[技師]《産業の生産性の向上を図る》.

‡ef·fi·cient /ifí∫(ə)nt/ 形 m **1** 〔人が〕**有能な**, 技量のある, 〈*in, at* ..に〉. an ～ secretary [teacher] 有能な秘書[教師]. She is ～ *in* [*at*] her job. 彼女は仕事に有能である. **2 能率的な**, 効果的な; 効率のよい〔機械など〕. the most ～ way to handle the problem その問題を扱う最も能率的な方法. [＜ラテン語「活動的な, 実行する」; effect と同源] ▷ **～·ly** 副 有能に; 能率的に, 効果的に.

ef·fi·gy /éfədʒi/ 名 (複 **-gies** /-z/) C **1** 像, 〈特に〉彫像, 肖像. **2** (憎い人を呪(のろ)うための)人形(ひとがた).
bùrn* [*hàng*] *a pèrson in éffigy 人の人形を作って焼く[縛り首にする]《本人の代わりに》.
[＜ラテン語「模造する」]

ef·fing /éfiŋ/ 副, 形 〈限定〉〖英俗・婉曲〗＝fucking (→eff).

ef·flo·resce /èflərés|-lɔː-/ 動 自 〖章〗 **1** 開花する; 〔文芸などが〕花開く, 栄える. **2** 〖化〗 (**a**) 風解[風化]する. (**b**) 〔岩の表面などが〕白華(はっか)を生じる, 塩を吹く; 〔塩分などが〕結晶化する; 《水分を失って》. [＜ラテン語「花が咲き始める」]

ef·flo·res·cence /èflərés(ə)ns/ 名 U **1** 〖章〗 開花(期); (文芸などの)開花, 全盛期. **2** 〖化〗 風解, 風化; 風化物. **3** 〖医〗 発疹.

ef·flo·res·cent /èflərés(ə)nt ㊕/ 形 **1** 〖章〗 開花している. **2** 〖化〗 風解[風化]性の.

ef·flu·ence /éfluəns/ 名 U (液体, 光, 電気, 磁気などの)放出, 流出; C 放出[流出]物.

ef·flu·ent /éfluənt/ 名 C (湖, 本流などからの)水流; UC (下水溜(だ)め, 工場などから出る)廃水, 廃液, 汚水.
── 形 流出[放出]する. [＜ラテン語「流れ出す」]

ef·flux /éflʌks/ 名 ＝effluence.

‡ef·fort /éfərt/ 名 (複 **～s** /-ts/) **1** UC 〈しばしば ～s〉 **努力**, 骨折り, 〈*to* do ..しようとする/*at* ..に対する〉 (類語 努力を表す一般的な語; →endeavor, exertion). He made every ～ *to* attain the goal. 彼は目標達成にあらゆる努力を傾けた. ～*s at* improvement 改善の努力. This work will take patient ～. この仕事は辛抱強い努力が必要だろう. I jog every morning to lose weight. It's (well) worth the ～. 減量のため毎日走っているが, (結構)努力のかいがある. It was only by an ～ of will that she could get over the shock of losing her child. 彼女が子供を失ったショックを克服できたのは, そう努める意志があってこそだ.

> 連結 a great [an all-out, a desperate, a frantic; an earnest, an honest, a serious, a sincere; a concerted; a fruitless, a vain, a wasted] ～; ceaseless [constant] ～(*s*) // exert [use; demand, require] (an) ～

2 C (困難な)試み, 企て. That was quite an ～ for a child. それは子供にはかなり骨の折れる事だった[子供にしては上出来だった (→3)].
3 C 力作, 労作. This book is his best ～ to date. この本は現在までのところ彼の最高の労作だ. a bad [poor] ～ 芳しくない成果.
in an éffort to dò ..しようと努力して. John works hard *in an* ～ *to* increase his income. ジョンは収入を増やそうと一生懸命働く.
******màke an éffort＝màke éfforts*** **努力する**, 骨を折る, 〈*to* do ..しようと〉. I *made an* ～ [～*s*] to read Kant, but in vain. カントを読もうと努力したがむだだった.
màke the éffort 励む, 精を出す, 〈*to* do ..するのに〉 *make the* ～ *to* save money 貯金を励行する.
pùt* ⌞*a lòt of* [*some, more etc.*] *éffort into .. ..に⌞懸命な[多少の, もっとなど]努力をする.
******with* (*an*) *éffort*** **骨を折って**. The old man rose *with* some ～. 老人はなんとか立ち上がった.
without éffort 骨を折らずに, 楽々と. pass the exam *without* ～ 楽々と試験に合格する.
[＜古期フランス語「がんばる」(＜ラテン語 *fortis*「強い」)]

‡éf·fort·less 形 骨の折れない, 容易な (easy); (努力をしていないように)楽に見える, ごく自然な〔動作など〕. ～ charm たくまざる魅力.
▷ **～·ly** 副 楽々と, 苦もなく. **～·ness** 名

ef·fron·ter·y /ifrʌ́nt(ə)ri/ 名 (複 **-ter·ies**) **1** U 鉄面皮, ずうずうしさ; 大胆不敵. have the ～ to ask for money 厚かましくも金を要求する. **2** C 〈しばしば -teries〉 厚かましい行為.

ef·ful·gence /ifʌ́ldʒ(ə)ns, e-/ 名 aU 〖雅〗 光輝, 光彩, (brilliance).

ef·ful·gent /ifʌ́ldʒ(ə)nt, e-/ 形 〖雅〗 輝きわたる, まばゆいばかりの, (brilliant). ▷ **～·ly** 副

ef·fuse /ifjú:z, e-/ 動 〖章〗 他 〔気体, 液体など〕を流出[噴出]させる; 〔光, においなど〕を発散する; 〔ある雰囲気など〕をみなぎらせる. ── 自 **1** 流出[噴出]する; 発散する. **2** 大仰に[滔(とう)々と]しゃべる. [＜ラテン語「勢よく流れ出る」]

ef·fu·sion /ifjú:ʒ(ə)n/ 名 UC **1** (**a**) 〖章〗 (気体, 液

体などの)流出, 噴出; 流出物. (**b**)〘医〙滲(しん)出《体内で血液, リンパ液などが管外へ流出すること》; 滲出物. **2**〘軽蔑〙(心情の)吐露; 心情の誇大表現. poetical ~*s* (情緒過度の)大げさな詩的表現.

ef·fu·sive /ifjúːsiv/ [形]〘しばしば軽蔑〙(感情が)あふれんばかりの, (話などが)感情をむき出しにした, (特に, 感謝, 喜び, 賞賛などの)言葉[態度]が(人を当惑させるほど)大げさな. *Effusive* praise seldom seems sincere. 大げさな褒め言葉が真実と思われることはまれ. ▷ **~·ly** [副] あふれんばかりに, 滔(とう)々と; 大げさに. **~·ness** [名]

EFL /íːèfél, éf(ə)l/ [名] [U] 外国語としての英語《< *E*nglish as a *f*oreign *l*anguage; →ESL》.

È-frée [形] 食品添加物を含まない (→E number).

eft /eft/ [名] [C]〘動〙イモリ (newt).

EFTA /éftə/ European Free Trade Association.

EFTPOS /éftpɑ̀s|-pɔ̀s/ Electronic Funds Transfer at Point of Sale (販売時点電子式振替決済)《買い物の際クレジットカードで電子的に預金から引き落とす方法; →EFTS》.

EFTS Electronic Funds Transfer System (電子式振替決済[資金移動]システム). →EFTPOS.

***e.g.** /ìːdʒíː/ (★普通 /fərigzǽmpl|-záːm-/ (for example) と読む) **例えば**《<ラテン語 *exempli gratia* 'for example' の頭文字》. winter sports, *e.g.* skiing, skating, etc. 冬季スポーツ, 例えばスキー, スケートなど.

‡**e·gal·i·tar·i·an** /igæ̀lətéːə)riən/ [形] (政治的, 社会的に)平等主義の. —— [名] [C] 平等主義者. [equalitarian にフランス語の *égal* 'equal' が影響したもの] ▷ **~·ism** /-ìz(ə)m/ [名] [U] 平等主義.

‡**egg**[1] /eg/ [名] (複 **~s** /-z/)

【卵】 **1** [C] 卵; 〈特に〉 鶏卵, ([参考] 卵の白身は white, 黄身は yolk, yellow, 殻は shell). Fish and birds come from ~*s*. 魚と鳥は卵生だ. a duck ~ アヒルの卵. A hen sits on ~*s*. 雌鶏が卵を抱く. hatch an ~ 卵をかえす. a new-laid ~ 産みたての卵.

2【食品としての卵】 [UC] (**..**)卵. a raw [boiled] ~ 生[ゆで]卵. boil an ~ hard [soft] 卵を堅ゆで[半熟]にする. I got ~ on my blouse. 私のブラウスに卵が付いてしまった. I like my ~s sunny-side up. 卵は目玉焼きがいい.

> [連結] a fried [a poached; a fresh; an addled, a rotten] ~; scrambled ~(*s*) // break [open; beat (up), whip] an ~

3 [C]〘生物〙卵細胞.

【卵>(ひよこ)野郎】 **4** [C]〘俗〙やつ, 男, (fellow; →bad egg). a good ~ 頼もしい男.

as sùre as èggs is [are] éggs 〘話〙きっと, 間違いなく.

hàve [gèt, be lèft with] ègg on [àll over] one's fáce 〘話〙(へまをして)決まりの悪い思いをする, 間が抜ける.

in the égg (卵の段階で>) 未然に; 初期のうちに. check a plot *in the* ~ 陰謀を未然に阻止する.

làу an égg (1)〔鳥が〕卵を産む. (2)〘米話〙〔役者などが〕どじを踏む, (まだ卵段階の)まずいでき栄えである.

pùt [hàve] àll one's éggs in [into] one básket 〘話〙すべてを1つ(の事業など)に賭(か)ける.

tèach one's grándmother to sùck éggs 〘話〙'釈迦(しゃか)に説法する'《<卵の吸い方を祖母に教える》.

wàlk on éggs (卵の上を歩く思いで)細心の注意を払う.

[<古期北欧語]

egg[2] /eg/ [動] [他] 〈次の成句で〉

ègg /../ ón (to do) (..するように)..を扇動する, そそのかす, けしかける. ~ the crowd *on to* raise a riot 群衆を暴動を起こすように扇動する.

ègg and spóon ràce [名] [C] スプーンレース.

égg·bèater [名] [C] 卵泡立て器.

égg cèll [名] [C] =egg[1] 3.

égg·cùp [名] [C] エッグカップ, ゆで卵立て.

égg·hèad [名] [C]〘普通, 軽蔑〙インテリ(ぶる人); 理屈屋; (highbrow).

egg·nog /égnɑ̀g|-nɔ̀g/ [名] [UC]〘米〙卵酒, エッグノグ, 《卵・牛乳・砂糖を混ぜウイスキー, ラム, ワインなどを加えたもの》.

égg·plànt [名]〘主に米〙[C]〘植〙ナス; [UC] ナス(の実); (→aubergine).

égg ròll [名] [C]〘米〙(卵が皮に入った)春巻(はるまき) (〘英〙 spring roll)《米国風の中国料理》.

égg·shèll [名] [C] 卵の殻; 壊れやすいもの.

èggshell chína [名] [C] ごく薄手の磁器.

èggshell páint [名] [U] 半つや消しペンキ.

égg tìmer [名] [C] エッグタイマー《ゆで卵用の砂時計》.

égg whìsk [名]〘主に英〙=eggbeater.

e·gis /íːdʒəs/ [名] =aegis.

eg·lan·tine /égləntàin/ [名] =sweetbrier.

***e·go** /íːgou, ég-/ [名] (複 **~s** /-z/) [UC] **1** 自己(意識), 我; 自尊心; うぬぼれ, 自負. boost [bruise] a person's ~ 人の自尊心をあおる[傷つける]. have a large [an enormous] ~ うぬぼれが強い. **2**〘精神分析〙自我《人格を構成する3つの心的領域の1つ; 本能的衝動のエネルギー源であるイド (id) と, 無意識的良心ともいうべき超自我 (superego) を調整し, 自己を外界に適応させるもの》. **3**〘哲〙自我《対象, 他者から区別される主体としての自己》. [ラテン語 'I']

e·go·cen·tric /ìːgouséntrik, èg- [移]/ [形] 自己中心(主義)の; 利己的な. —— [名] [C] 自己中心(主義)の人; 利己的な人. ▷**e·go·cen·tri·cal·ly** /-k(ə)li/ [副]

e·go·cen·tric·i·ty /ìːgousentrísəti, eg-/ [名] [U] 自己中心.

é·go·ìsm [名] [U] **1**〈普通, 非難して〉利己心, 自己本位. **2**〘倫〙利己主義《あらゆる問題を自分自身と関連づけて見る; ↔altruism》. **3** =egotism. [<フランス語; ego, -ism]

é·go·ist [名] [C] **1**〈普通, 非難して〉自己本位の人. **2**〘倫〙利己主義者. **3** =egotist.

e·go·is·tic, -ti·cal /ìːgouístik, èg- [移]/, /-k(ə)l [移]/ [形] 自己本位の; 利己主義の; =egotistic.
▷**e·go·is·ti·cal·ly** [副] 利己的に.

e·go·ma·ni·a /ìːgouméiniə, èg-/ [名] [U] 自我狂《病的なほどの egotism》.

è·go·má·ni·ac /-æk/ [名] [C] 自我狂《人》, 病的利己主義者.

†**e·go·tism** /íːgətìz(ə)m|ég-/ [名] [U] 〈普通, 非難して〉 **1** 自分のことばかり考える[話す, 書く]こと, 自己中心癖, 《I, my, me の使いすぎ》. **2** うぬぼれ. **3** 自分勝手, わがまま. [ego, -ism; despo*tism*, nepo*tism* にならって -t- が入った]

†**e·go·tist** /íːgətist, ég-/ [名] [C] 〈非難して〉 **1** 自己中心癖の人. **2** うぬぼれ屋. **3** 自分勝手[わがまま]な人.

è·go·tís·tic, -ti·cal /-tik [移]/, /-k(ə)l [移]/ [形] 自己中心癖の; うぬぼれの強い; わがままな.
▷**e·go·tis·ti·cal·ly** [副] 自分勝手に.

égo trìp [名] [C] (世間に誇示して自己満足を得るためだけの)勝手な振舞い. He's on one of his ~*s* again. あいつは又勝手なことをやっていやがる.

e·gre·gious /igríːdʒəs/ [形]〘章〙〈普通, 限定〉実にひどい〔誤りなど〕, 途方もない〔愚行, 愚者など〕. ▷ **~·ly** [副]

e·gress /íːgres/ [名] **1** [U]〘章〙(建物, 囲いなどから)外へ出る[出てくる]こと; 外へ出る自由[権利]. **2** [C]〘章〙出口 (exit), はけ口. **3** =emersion 2. ◇↔ingress

e·gret /íːgrət, ég-|-gret/ [名] [C] **1**〘鳥〙シラサギ(の類). **2** (婦人帽などの)羽飾り.

†**E·gypt** /íːdʒipt/ [名] エジプト《公式名 the Arab Republic of Egypt; 首都 Cairo; 公用語はアラビア語》.

E·gyp·tian /idʒípʃ(ə)n/ [形] エジプト(人, 語, 文化)の. —— [名] **1** [C] エジプト人. **2** [U] 古代エジプト語.

Egyptian cótton [名] [U] エジプト綿《繊維が長く良質; 主にエジプト産》.

E·gyp·tol·o·gy /ì:dʒiptálədʒi|-tɔ́l-/ [名] [U] エジプト学. ▷**E·gyp·tól·o·gist** [名] [C] エジプト学者.

eh /ei, e|ei/ [間] 〖話〗〈上昇調で〉えっ(なんだって), なに, 《繰り返しを求める問い, 疑い, 驚きなどを表す; 又は答えをうながしたり同意を求める》. *Eh*? She's gone where? えっ. 彼女がどこへ行ったって. Isn't it wonderful, *eh*? どうだ, すばらしいだろう.

ei·der /áidər/ [名] **1** ＝eider duck. **2** ＝eiderdown 1. [ドイツ語]

éider·dòwn [名] **1** [U] 雌のケワタガモの胸部の綿毛. an ～ jacket 綿毛を詰めた上着. **2** [C] ケワタガモの綿毛を詰めた羽根ぶとん; ＝comforter 4. **3** [U] 〖米〗ウール状に起毛した綿布.

éider dùck [名] [C] 〖鳥〗ケワタガモ《北極地方産の大「ガモ」》.

Eif·fel Tówer /àifəl-/ [名] 〈the ～〉エッフェル塔《<設計者 A.A. *Eiffel*; 1889 年のパリ万国博のために建てられた; 高さ 321m》.

Ei·ger /áigər/ [名] 〈the ～〉アイガー《スイス中央部の山; 標高 3,970m, その北壁はほとんど垂直》.

‡**eight** /eit/ (★用法 →five) [名] (複 **～s** /-ts/) **1** [U] (基数の) 8, 八. **2** [U] **(a)** 8 時; 8 歳; 8 ドル[ポンドなど]; 《何の量かは前後関係によって決まる》. **(b)** 8 分; 8 インチ; 8 セント[ペンスなど]; 《(a) より低い単位の量を示す》. **3** 〈複数扱い〉8 人; 8 つ, 8 個. **4** [C] 8 人 [8 つ] 1 組のもの; エイト《8 人から成るボートのクルー》. **5** [C] (文字としての) 8, 8 の数字[活字]. **6** [C] ＝figure of eight. **7** [C] (トランプの) 8 の札. **8** 〖英〗〈the Eights〉オックスフォード・ケンブリッジ大学対抗ボートレース《毎春テムズ川下流で行う》.

behind the éight bàll 〖米俗〗運が悪い; とても困って; (→eightball).

be [have hàd] òne over the éight 〖話〗酔っ払っている《8 杯を超すと飲み過ぎ》.

── [形] **1** 8 人の; 8 つの, 8 個の. **2** 〈叙述〉8 歳で. [<古期英語]

éight·bàll [名] [C] 〖米〗〖玉突き〗8 と書いた黒球《それを pocket に落とすと負ける》.

‡**eight·een** /èití:n [移]/ [名] **1** [U] (基数の)18. **2** [U] **(a)** 18 時《午後 6 時》; 18 歳; 18 ドル[ポンドなど]. **(b)** 18 分; 18 セント[ペンスなど]; 《(a) より低い単位の量を示す》. **3** 〈複数扱い〉18 個[人]. **4** 〈18 と書く〉〖英〗「18 歳未満お断り」《映画の観客指定で, 昔の X に相当; → film rating》.

── [形] 18 の; 18 個[人]の; 〈叙述〉18 歳で. [<古期英語]

‡**eight·eenth** /èití:nθ [移]/ 〈18th とも書く〉[形] **1** 〈普通 the ～〉第 18 の, 18 番目の. the ～ century 18 世紀. **2** 18 分の 1 の.

── [名] (複 **～s** /-s/) [C] **1** 〈普通 the ～〉第 **18** 番目(の人, 物). **2** 〈普通 the ～〉(月の) 18 日. the ～ of May 5 月 18 日. **3** 18 分の 1. five ～*s* 18 分の 5.

èighteen[18]-whéeler [名] [C] 〖米〗18 輪の tractor-trailer.

éight·fòld [形], [副] 8 倍の[に], 8 重の[に].

‡**eighth** /eitθ/ 〈8th とも書く〉(★用法 →fifth) [形] **1** 〈普通 the ～〉第 8 の, 8 番目の. **2** 8 分の 1 の.

── [名] (複 **～s** /-s/) [C] **1** 〈普通 the ～〉第 **8** 番目(の人, 物). **2** 〈普通 the ～〉(月の) **8** 日. **3** 〖楽〗8 度(音程) (octave), 第 8 音. **4** 8 分の 1.

éighth nòte [名] [C] 〖米〗〖楽〗8 分音符 (〖英〗「quaver」).

‡**eight·i·eth** /éitiəθ/ 〈80th とも書く〉[形] **1** 〈普通 the ～〉第 80 の, 80 番目の. **2** 80 分の 1 の.

── [名] (複 **～s** /-s/) [C] **1** 〈普通 the ～〉第 **80** 番目(の人, 物). **2** 80 分の 1.

eight·some /éitsəm/ [名] [UC] 〖スコ〗8 人 1 組の速い舞踏 (**èightsome réel**); その 1 組の踊り手.

‡**eight·y** /éiti/ [名] (複 **eight·ies**) **1** [U] (基数の)80. **2** [U] 80 歳; 80 ドル[ポンドなど]. **3** 〈複数扱い〉80 個[人]. **4** 〈-ties〉(世紀の) 80 年代; 80 歳代; (気温の華氏) 80 度代. the eighteen-*eighties* 1880 年代. She is in her *eighties*. 彼女は 80 歳代だ.

── [形] **1** 80 の; 80 個[人]の. **2** 〈叙述〉80 歳で.

Ein·stein /áinstain/ [名] **Albert ～** アインシュタイン (1879–1955)《ドイツ生まれの米国の物理学者; 相対性原理の提唱者》. ▷**Ein·stéin·i·an** [形]

ein·stein·i·um /ainstáiniəm/ [名] [U] 〖化〗アインスタイニウム《放射性元素; 記号 Es》.

Eir·e /é(ə)rə/ [名] エール《アイルランドのゲール語名; アイルランド共和国の旧称 (1937–49); →Ireland》.

Ei·sen·how·er /áiz(ə)nhàuər/ [名] **Dwight** /dwait/ **David ～** アイゼンハワー (1890–1969)《米国の第 34 代大統領 (1953–61); もと軍人で第 2 次大戦中のヨーロッパの連合軍総司令官》.

eis·tedd·fod /eistéðvɑ:d|aistéðvɔd, -fəd/ [名] (複 **～s, eis·tedd·fod·au** /èisteðvɑ́:dai|àisteðvɔ́dai, -fɔ́d-/) [C] (英国 Wales の)民族芸術祭, アイステズボド, 《詩人・歌手・音楽家の毎年開かれるコンクール》. [<ウェールズ語 'session']

‡**ei·ther** /í:ðər|ái-/ (↔neither) [形] [C] 〈限定; 単数名詞に付く〉【2 つのうち一方の】 **1 (a)** どちらかの, いずれか一方の, (one or the other). Put the lamp at ～ end. どちらかの端にそのスタンドを置きなさい.

> [語法] (1) 3 つ以上の中から選ぶ場合は any を用いる. (2) either に他の限定詞は先行できない; his ～ hand は不可で, either (代名詞) of his hands と言う.

(b) どちらでも一方の. I'm not sure whether he will come or not, but in ～ case I'm going to the station. 彼が来るかどうかははっきりしないが, どちらにしても駅へ行くつもりだ. I can write with ～ hand. 私はどっちの手でも書ける. *Either* plan will do. どちらの案でも結構です.

【2 つのいずれも】 **2 (a)** どちらもの, おのおのの, (one and the other). At ～ end was a lamp. どちらの端にもスタンドが 1 つずつあった (★1 の意味に解される恐れがあるので each end 又は both ends とするほうが普通). on ～ side of the river 川のどちら側にも. [語法] (1)「both＋複数名詞」にしてもよいが, either は個別性を強調する. (2) 主に end, hand, side などとともに用いる.

(b) 〈否定語に伴って〉どちらの(..も..ない)〈全体否定〉. I do*n't* like ～ tie. (＝I like *neither* tie.) どちらのネクタイも気に入らない. [語法] (1) 部分否定は I don't like *both* (the) ties. (両方のネクタイを気に入っているわけではない) (2)「either＋名詞」を主語にして, 動詞部を否定形にすることはしない.「どちらの側も間違っていない」は *Either* side is*n't* in the wrong. ではなく, *Neither* side is in the wrong. などとする.

èither wáy 〈副詞的〉どちらに(して)も. *Either way*, I don't care. どっちみち私はかまわない. There was no answer ～ *way*. (肯定・否定の)どちらとも返事はなかった.

── [代] **1** いずれか一方, どちらでも 1 つ. Choose ～. どっちか 1 つ選びなさい. *Either* of you is lying. 君ら (2 人)のうちどちらかが嘘(うそ)をついているのだ.

> [語法] (1) この意味を強調する場合には普通 either one になる: Bring me ～ one. (どっちでもいいから持ってきてください) (2) 次の 2 (a) の意味と混同される恐れがあるのであまり使われず 1 の第 2 例も *One* of you is lying. の方が普通. (3) 3 つ以上の中から選ぶ場合は any (one) を用いる. Any (one) of these books will do. (これらの本のうちどれでもよい)

2 (a) どちらでも. *Either* will serve the purpose. どち

らも目的にかなう. *Either* of you is right. 君ら(2人)のどちらも正しい. (**b**)〈否定語に伴って〉どちらも(..ない). I do*n't* know ～ of them.＝I know neither of them. 私は彼らのどちらも知らない(→形 2 (b)). "Which book did you read?" "I didn't read ～."「どちらの本を読みましたか」「どちらも読みませんでした」

> 語法 either は単数扱いが正用; ただし "either of＋複数(代)名詞" は談話体, 特に疑問文, 否定文では複数動詞で受けることがある: if ～ *of you are* ready (君たちのどちらでも用意ができたら)

── 接〈～ X or Y の形で〉X か又は Y か(↔neither X nor Y);〈否定語を伴って〉X も Y も(..しない); (語法 X, Y の部分には文法的に同じ要素が来る). *Either* you tell her *or* I will. 君が彼女に話すか又は私が話す. He is ～ drunk *or* mad. 彼は酔っているか頭がおかしいかだ. I don't like ～ math *or* physics.＝I like *neither* math *nor* physics. 数学も物理学も好きではない.

> 語法 (1) either X or Y が主語になる場合, 動詞の人称と数(すう)は Y に一致させる: *Either* he *or I am* to blame. (彼か私かどちらかが悪いのだ); しかし多くは, *Either you are* to blame *or I am*. *Either* you *or* I *must* be to blame. などとしてこれを避ける;〖話〗では複数扱いされることが多い. If *either* Bill *or* his sister *come(s)*, *they*'ll be a great help. (もしビルか彼の妹が来てくれるととても助かるのだが) (★この場合 they でなく he or she とするのが正確だが固苦しい文になる) (2) either X or Y or Z と3要素に関係する場合もある.

── 副 ⓒ〈否定語に伴って〉**1**〈否定文[節]に後続して〉..も又(..しない) (★肯定の場合の too, also に対応する). *If you don't go*, I shall *not* ～. (＝If you don't go, *neither* shall I.) 君が行かないなら僕も行かない.

> 語法 (1) この either は常に節尾に用いるが, neither は節頭に来て倒置を起こす. (2) 仮定法その他で意味上否定の含みがある場合にも, この either は可能: If Tom had told me so, or John ～, I would have believed it. (もしトムが私にそう言ったか, あるいはジョンでもそう言ったのなら, それを信じたでしょう)

2〖話〗〈and (not)..either の形で〉それにしても(..ない), (..)と言っても(..でない); その上(..ない). She is very pretty, *and not* proud ～. 彼女は大変美しいが, と言って高慢ではない.

Mè éither.〖主に米話〗〈否定の発言を受けて〉私もです. "I don't smoke." "*Me* ～."「たばこはやりません」「僕もだ」(★Me neither. とも言う).

[＜古期英語 'each of two']

èither-ór 形〈限定〉二者択一の, あれかこれかの. an ～ situation 二者択一を迫られた状況.

── 名 (複 ～s) Ⓒ 二者択一(の選択).

‡**e·jac·u·late** /idʒǽkjəlèit/ 動 他 **1**〖生理〗〔特に精液〕を射出する. **2**〖旧〗〔祈りや感情的な言葉など〕を不意に叫び出す. ── 自 射精する. ── /lət/ 名 Ⓤ (射出された)精液 (semen).

[＜ラテン語「投げつける」(＜「投槍」)]

e·jàc·u·lá·tion 名 ⓊⒸ **1**〖生理〗射出,〈特に〉射精. **2**〖旧〗不意に言い出すこと; 突然の叫び.

e·jac·u·la·to·ry /idʒǽkjələtɔ̀:ri|-lət(ə)ri/ 形 **1** 絶叫的な. **2** 射精の, 射出の.

†**e·ject** /idʒékt/ 動 他 **1**〖章〗を噴出[発射, 排出]する〈*from* ..から〉. The volcano ～*ed* lava and ashes. 火山は溶岩と灰を噴出した. Press this button, and the cassette will be ～ed. このボタンを押せばカセットは出てくる. **2**〔家賃不払いの借家人など〕を立ち退かせる; を放逐する, 追い出す;〈*from* ..から〉. ── 自〔パイロットなどが〕飛行機から緊急脱出する. [＜ラテン語「外へ投げる」]「て, 放逐.

e·jéc·tion 名 ⓊⒸ **1** 放出(物), 噴出(物). **2** 追い立↑

ejéction sèat 名 Ⓒ〖主に米〗〖空〗(航空機, 宇宙船などの)射出座席(〖主に英〗ejector seat)《緊急脱出用》.

e·jéct·ment 名 ⓊⒸ **1** 噴出. **2** 放逐. **3**〖法・旧〗不動産回復訴訟.

e·jec·tor /idʒéktər/ 名 Ⓒ **1** 放逐する人. **2** 排出器[管]; (銃砲の)薬莢(やっきょう)排出装置.

ejéctor sèat 名〖主に英〗＝ejection seat.

eke /i:k/ 動 他 VOA (～ /X/ *out*) **1**〔乏しいもの〕をやりくりして補う. ～ *out* one's income by working on the side 副業をして収入の足しにする. **2** 何とかして〔暮らし〕を立てる. ～ *out* a living [an existence] 何とかして暮らしを立てて行く.

EKG〖米〗＝ECG.「railroad.

el /el/ 名 Ⓒ〈普通, 単数形で〉〖主に米話〗＝elevated↑

‡**e·lab·o·rate** /ilǽbərèit/ 動 (～s /-ts/|過 過分 **-rat·ed** /-əd/|**-rat·ing**)〖章〗他 を**念入りに仕上げる**;〔文案など〕を練る, 推敲(すいこう)する. ～ a theory 理論を緻(ち)密に組み立てる. ～ the plot of a novel 小説の構想を練る. ── 自 さらに詳しく述べる, 敷衍(ふえん)する,〈*on, upon* ..について〉.

── /ilǽb(ə)rət/ 形 ⓜ **1 念入りな**, 手の込んだ; 精巧な, 精緻(ち)な; 精密な. an ～ preparation 念入りな準備. an ～ description of ..の精緻な描写. an ～ excuse 念の入った[手の込んだ]言い訳. **2** (手が込み過ぎて)複雑な, 凝った. an ～ network of roads 複雑な道路網. ～ calculation 複雑な計算. an ～ blouse (デザインなどが)凝ったブラウス.

[＜ラテン語「骨折る」(＜ex-¹＋*labōrāre* 'labor')] ▷ **～·ly** /-rət-/ 副 念入りに, 苦心して, 精巧に. **～·ness** /-rət-/ 名 Ⓤ 精巧さ; 精密さ.

e·lab·o·ra·tion /ilæ̀bəréiʃ(ə)n/ 名 **1** Ⓤ 念入りに仕上げる[仕上げられる]こと; 推敲(すいこう); 精巧さ; 手の込んでいること. with great ～ 大変念を入れて. **2** Ⓒ 苦心の作品. **3** Ⓒ 敷衍(ふえん)された部分, 追加した詳細.

El Al·a·mein /el-à:lɑ:méin|-ǽləmèin/ 名 エルアラメイン《エジプト北海岸の村; 1942年英独軍がここで戦い, 英軍の勝利がアフリカ戦線の転機となった》.

é·lan /eilɑ́:ŋ/ 名 Ⓤ 活気; 熱意; 躍動. play Othello with ～ オセロを熱演する. [フランス語「跳躍, 突進」]

e·land /í:lənd/ 名 (複 ～, ～s) Ⓒ〖動〗エランド, オオレイヨウ《antelope の一種; アフリカ東部・南部産》.

élan vi·tal /eilɑ̀:ŋ -vi:tɑ́:l/ 名 Ⓤ 生の躍動《ベルグソン哲学の根本思想の1つ》. [フランス語 'vital impetus']「(by)).

†**e·lapse** /ilǽps/ 動 自〖章〗〔時が〕経過する (pass↑

elàpsed tíme 名 Ⓒ 経過時間《レーシングカー[ボート]がコースを回るのに要した時間》.

***e·las·tic** /ilǽstik/ 形 ⓜ **1 弾力のある**, 弾性の; 伸縮自在な. an ～ cord [string] 伸縮性のあるひも《ゴムひもなど》. **2** 柔軟な〔政策, 企画など〕; 融通性[順応性]のある (flexible). an ～ regulation 融通の利く規則. an ～ character 順応性のある性格. ── 名 **1** Ⓤ ゴムひも; ゴム入り生地《靴下留め, ズボンつりなどに使う》. a piece of ～ ゴムひも1本. **2** Ⓒ〖米〗＝rubber band.

[＜ギリシア語「推進力のある」] ▷ **e·las·ti·cal·ly** /-k(ə)li/ 副 弾力的に, 伸縮自在に; 柔軟に.

e·las·ti·cat·ed /ilǽstəkèitəd/ 形〔織物, 衣服などが〕ゴムを織り込んで伸縮性を持たせた.

elàstic bánd 名 Ⓒ〖英〗＝rubber band.

e·las·tic·i·ty /i(:)læstísəti/ 名 Ⓤ **1** 弾力(性), 弾性, 伸縮性. **2** 融通性, 順応性.

E·las·to·plast /ilǽstəplæ̀st|-plɑ̀:st/ 名 ⓊⒸ〖英〗〖商標〗イラストプラスト《切り傷用ばんそうこう》.

e·late /iléit/ 動 他 を意気揚々とさせる, 得意にさせる; を元気づける; (★普通, 受け身的に用いる; →elated).

†**e·lát·ed** /-əd/ 形 意気揚々とした, 得意満面の, 〈*at* ..で/*to* do ..して/*that* 節..ということで〉. an ～ team (勝って)得意満面のチーム. be ～*d at* [*by*] one's success 成功して得意になる. ▷ **～·ly** 副 **～·ness** 名

e·lá·tion 名 U 意気揚々, 大得意, 高揚, 大喜び.

El·ba /élbə/ 名 エルバ島《イタリア半島西方の小島; ナポレオン1世が最初に流刑され脱出した所 (1814-15)》.

El·be /élbə, elb|elb/ 名 〈the ～〉エルベ川《チェコ北部に発し, ドイツを貫流して Hamburg で北海に注ぐ》.

‡**el·bow** /élbou/ 名 (複 **～s** /-z/) C **1** (腕の)ひじ; (衣服の)ひじ(の部分). rest one's ～*s* on the desk 机に両ひじをつく. **2** ひじ管, ひじ継ぎ手, 《煙突, 鉄管などの湾曲部に使う》; (道路, 川などの)急な屈曲.

at a pèrson's élbow (必要があれば手伝おうと)人のすぐそばに. The book is always *at* his ～. それは彼の座右の書だ.

gèt the élbow 〖話〗(人に)縁を切られる, ひじ鉄を食らう.

give a pèrson the élbow 〖話〗〔人〕と縁を切る, にひじ鉄を食らわす.

lìft [*bènd*] *one's élbow* 〖話〗酒を飲む.

òut at (*the*) *élbow*(*s*) (1)〔上着などの〕ひじに穴が開いて. (2)〔人が〕ひどい身なりで; 貧乏して.

rùb élbows with .. 〖米〗=RUB shoulders with .. (2).

ùp to the [*one's*] *élbows* 〖話〗没頭して〈*in*, *with* ..に〉.

── 動 他 **1** (a) をひじで押す[突く]. ～ a person (*in* the face) 人(の顔)にひじ打ちを食わせる. (b) VOA を(ひじで)押しのける, 退ける, 〈*aside*, *off*, *out* (*of* ..から)〉. ～ a person *out of* the way 人を(行く手から)押しのける. **2** 〖話〗=give a person the ～ (→名 成句). ── 自 押し進む〈*through* ..を分けて〉.

èlbow one's wáy [*oneself*] ひじで押し分け(るようにし)て通る; (成功などのために)強引に押し進む; 〈*through* ..の間を/*into*, *to* ..(の中)へと〉. ～ one's way *through* the crowd 人込みの中をひじでかき分けて進む.

[<古期英語; ell[1], bow[1]]

élbow grèase 名 U 〖話〗激しい手仕事《特に, こすったり磨いたりする》.

élbow·ròom 名 U **1** (ひじを動かせる)十分なゆとり. **2** 自由に活動できる余地.

‡**eld·er**[1] /éldər/ 形 〈old の比較級の1つ; 限定〉

【長上の】 **1** (a) **年上の**, 年長の, (↔younger). one's ～ brother [sister] 兄[姉] (★〖話〗ではこの場合も older を用いることが多い). Which is the ～ (of the two)? (2人のきょうだいのうち)どちらが年上か.

(b) 〖章〗〈the Elder [～]〉(人名の前[後]に用いて)大..《同名の人と区別して「親[兄など]の方の」の意味》. the *Elder* Pitt=Pitt the *Elder* 大ピット《父親の方》.

2 先輩の, 古参の; 上位の (senior). an ～ educator 古参[先輩]教師.

── 名 C **1** (2人のうちの)年長者. He is my ～ by two years. 彼は私より2歳年上だ. **2** 〈one's ～s〉年上の人々, 先輩たち. Respect your ～*s*. 年長者を敬え. **3** (部族, 社会などの)元老, 古老. a village ～ 村の古老. **4** 〖キリスト教〗=presbyter.

[<古期英語 (*eald* 'old' の比較級)]

el·der[2] 名 C 〖植〗ニワトコ《スイカズラ科の落葉低木; 黒又は赤い実がなる》.

élder·bèrry 名 (複 **-ries**) C **1** ニワトコの実. **2** =elder[2].

élder(**berry**) **wìne** 名 U ニワトコ酒《ニワトコの実から作る》.

***éld·er·ly** 形 m **1** (a) **中年を過ぎた**, 初老の, 年配の, 《middle-aged よりやや老年; しばしば old の婉曲語》. (b) 〈the ～〉〈集合名詞的に; 複数扱い〉(かなり)年配の人々. **2** 〖しばしば戯〗〔物が〕古びた, 旧式な.

èlder státesman 名 C (普通, 引退後も影響力のある政界, 時に企業, 組織などの)長老.

‡**eld·est** /éldəst/ 形 〈old の最上級の1つ; 限定〉**最も年上の**, 最年長の, (↔youngest). one's ～ daughter [son] 長女[長男]. one's ～ brother [sister] 長兄[長姉]. ★〖話〗ではこれらの場合も oldest が普通.

── 名 C 〈the ～/one's ～〉最年長者.

El Do·ra·do /èl-dərá:dou/ 名 (複 **～s**) **1** エルドラド《南米アマゾン川流域の奥地にあると想像された黄金郷》. **2** C 〈一般に〉宝の山 (**èldorádo**). [スペイン語 'the gilded (place)']

El·ea·nor /élinər/ 名 女子の名《愛称は Nell, Nellie, Nelly, Nora》.

elec., elect. electric(al); electricity.

‡**e·lect** /ilékt/ 動 (**～s** /-ts/|過 過分 **～·ed** /-əd/|**～·ing**) 他 【選び出す】 **1** (a) 〔役職者など〕を**選出する**; 〔人〕を**選挙する**〈*as* ..として/*to* ..に〉(類語 特に, 投票による選出を言う; →choose). ～ a chairman [mayor] 議長[市長]を選出する. We ～*ed* him *as* our Representative. 我々は彼を下院議員に選出した. ～ a person *to* the chair [governorship] 人を議長職[知事職]に選出する. (b) VOC (～ X (*to be*) Y/X *to do*) X を Y (役職者など)に/X を..するように選挙する (★Y は普通, 無冠詞). We ～*ed* John (*to be*) president of [*to* represent] our student body. 我々はジョンを生徒会の会長[代表者]に選んだ.

【方針を選ぶ】 **2** 〖章〗VO (～ *to do*) ..する方を選ぶ[選択する]. The mayor ～*ed to* resign. 市長は辞任することに決めた. **3** 〖米〗〔履修科目〕を選択する.

── 形 **1** 選ばれた; 当選したが未就任の; (★名詞の後に置く; →designate 形). a bride ～ 花嫁として選ばれた人《結婚前のいいなずけ》. the Governor ～ 当選知事. **2** (神に)選別された; えりすぐった.

── 名 〈the ～; 複数扱い〉**1** 〖神学〗神の選民《永遠の生命を与えられるように神によって選ばれた人たち》. **2** 〖章〗選ばれた人々, 特権[エリート]階級.

[<ラテン語「精選する」(<ex-[1]+*legere* 'choose')]

‡**e·lec·tion** /ilékʃ(ə)n/ 名 (複 **～s** /-z/) **1** UC 選ぶ[選ばれる]こと, **選挙**, 選出, 選任; 当選. one's ～ *to* [*as*] chairman 議長に選ばれること. become a member on [by] ～ 選挙により会員になる. an ～ campaign 選挙運動. carry the ～ by a small margin 小差で当選する. →general election, special election.

> 連結 a local [a national; a presidential] ～ // call [conduct, hold; campaign for; run [stand] in; win; lose] an ～

2 U 〖神学〗神の選別. **3** UC 〖章〗〈一般に〉選択. make an ～ to major in history 歴史を専攻することに決める.

eléction bòard 名 C 〖米〗選挙管理委員会.

eléction dày 名 **1** C 〈一般に〉選挙日. **2** 〖米〗〈E- D-〉国民選挙日《11月第1月曜日の翌日で, 偶数年には合衆国下院議員全員と上院の3分の1, 4で割り切れる年には大統領及び副大統領の選挙人を選ぶ日》.

e·lec·tion·eer /ilèkʃəníər/ 動 自 (候補者, 党などのために)選挙運動をする (→canvass). ── 名 C 選挙運動員. ▷ **～·ing** /-ní(ə)riŋ/ 名 U 選挙運動.

eléction retùrns 名 〈複数扱い〉選挙の開票結果.

e·lec·tive /iléktiv/ 形 **1** 〖章〗選挙の; 選挙による, 選任の; (↔appointive). an ～ office 選挙による役職. **2** 選挙権のある. an ～ body 選挙母体. **3** 〖主に米〗〔科目が〕選択の (optional; ↔required). an ～ subject 選択科目. **4** 〔手術などが〕急を要しない《美容整形手術など》. ── 名 C 〖米〗選択科目. ▷ **～·ly** 副

e·lec·tor /iléktər/ 名 C **1** 選挙人, 有権者, (voter). **2** 〖米〗大統領選挙人《州ごとに所定の数が一般投票で選ばれ正副大統領を選挙する; electoral college の一

員》. **3** 〈E-〉〖史〗(神聖ローマ帝国の)選挙[選帝]侯《皇帝を選ぶ権利を持つ》.

†e·lec·tor·al /iléktərəl/ 形 〈限定〉選挙(人)の. an ~ district 選挙区. ▷ **~·ly** 副 選挙上は, 選挙をすれば.

elèctoral cóllege 名 C **1** 〈しばしば E- C-; the ~〉〖米〗大統領選挙人団《大統領選挙人 (→elector 2)で構成する; 全国総数 538 名》. **2** (党や組合などを代表する)選挙人団.

elèctoral róll [régister] 名 C 〈普通 the ~〉「有権者名簿.

†e·lec·tor·ate /iléktərət/ 名 C **1** 〈普通 the ~; 単数形で複数扱いもある〉(一選挙区, 国全体などの)選挙民(全体), 有権者. **2** 選挙区. **3**〖史〗選帝侯 (→elector 3)の地位[領土].

E

E·lec·tra /iléktrə/ 名 〖ギ神話〗エレクトラ《Agamemnon と Clytemnestra の娘; 弟 Orestes に父を殺害した母とその情夫を殺させ, 父のかたきを討った》.

E·léc·tra còmplex 名 C 〈普通, 単数形〉〖精神分析〗エレクトラコンプレックス《娘の父親に対する潜在的な性的思慕; ↔Oedipus complex; ギリシア神話から》.

‡e·lec·tric /iléktrik/ 形 ℂ (★3 は ⓜ) **1** 〈限定〉**電気の**; 電気を起こす; 発電[送電]する. ~ power 電力. an ~ battery [cell] 電池. an ~ wire 電線. **2** 電気で作動する. an ~ fan [washing machine] 扇風機[電気洗濯機]. Is this clock ~? この時計は電動ですか. **3** (電撃のように)衝撃的な; 感動的な, 火花を散らすような. ~ effect 電撃的効果. an ~ situation 緊張した情勢.
── 名 **1** C〖話〗電車, 電気自動車; 電灯, 電機器具, 電動玩具(がんぐ)など. **2** U〖英話〗(家庭などの)電力. **3** 〈~s〉〖英話〗(家, 車, 機械などの)電気回路[装置, 設備]. [<ギリシア語「琥珀(こはく)」; 琥珀をこすると帯電することから]

‡e·lec·tri·cal /iléktrik(ə)l/ 形 **1** ℂ〈限定〉**電気に関する**, 電気関係の. an ~ engineer 電気技師. ~ engineering 電気工学[工事]. an ~ store 電気器具店. an ~ appliance 電気器具. **2** ⓜ =electric 3.

e·léc·tri·cal·ly 副 **1** 電気(の作用)で; 電気に関して. an ~ powered saw 電動のこ(ぎり). **2** 電撃的に.

elèctrical stórm 名 =electric storm.

elèctric blánket 名 C 電気毛布.

elèctric blúe 形, 名 U 鋼青色(の)《冷たくさえた淡「青色》.

elèctric cháir 名 C (死刑用の)電気いす; 〈the ~〉電気処刑.

elèctric chárge 名 UC 〖物理〗電荷.

elèctric córd 名 C 〖米〗電気コード (〖英〗flex).

elèctric cúrrent 名 C 電流.

elèctric éel 名 C 〖魚〗電気ウナギ.

elèctric éye 名 C 〖話〗光電池 (photoelectric「cell).

elèctric fénce 名 C 電気柵《家畜の囲いに使う》.

elèctric fíeld 名 C 電場(でんば), 電界.

elèctric fíre 名 C 〖英話〗電気ストーブ.

elèctric guitár 名 C エレキ(ギター), 電気ギター.

elèctric háre 名 C 電動ウサギ《ドッグレースで犬を走らせるおとりに使う》.

e·lec·tri·cian /ilèktríʃ(ə)n, ì:lek-/ 名 C **1** 電気工; 電気係. **2** 電気学者; 電気技師.

‡e·lec·tric·i·ty /ilèktrísəti, ì:lek-/ 名 U **1 電気**, 電力. frictional ~ 摩擦電気. static ~ 静電気. The engine is worked [run, driven] by ~. そのエンジンは電気で動く. **2** (供給される)電気; 電流. turn on [turn off, cut off] the ~ 電気を入れる[切る]. ~ supply 電気の供給. **3** (電撃を受けたような)強い感動[興奮]《特に, 集団に広がる》. **4** 電気学. ◇形 electric(al)

elèctric lámp 名 C 電灯.

elèctric líght 名 C 電光; =electric lamp.

elèctric ráy 名 C 〖魚〗シビレエイ《放電力がある》.

elèctric rázor 名 C 電気かみそり.

elèctric sháver 名 =electric razor.

elèctric shóck 名 C 電撃, 電気ショック, 感電.

elèctric shóck thèrapy 名 UC 〖医〗電気ショック療法《精神病用》.

elèctric stórm 名 C 激しい雷雨.

elèctric tórch 名 C 〖英〗懐中電灯 (〖米〗flashlight).

e·lec·tri·fi·ca·tion /ilèktrəfəkéiʃ(ə)n/ 名 U **1** 帯電, 充電; 感電. **2** (鉄道, 家庭などの)電化. **3** 強い感動[興奮].

‡e·lec·tri·fy /iléktrəfài/ 動 (**-fies**|過 過分 **-fied**|**~·ing**) 他 **1** に電気を通す; に充電する; 〔人など〕を感電させる. ~ a fence フェンスに電気を通す《侵入者を防ぐため》. **2** に電力を供給する; 〔鉄道, 家庭など〕を電化する; 〈普通, 受け身で〉. The area is only now becoming *electrified*. その地域は今ようやく電化し始めている. **3** (感電したように)をびくっとさせる, に衝撃を与える; をはっと(緊張)させる, 感動させる. All those present were *electrified* by his speech. 出席者一同は彼の話で大きな衝撃[感動]を受けた.
▷ **~·ing** 形 衝撃的な[で]; 感動を与える〔演技など〕.

e·lec·tro /iléktrou/ 名 (複 **~s** /-z/) **1** =electroplate. **2** =electrotype.

e·lec·tro- /iléktrou/ 〈複合要素〉「電気」の意味. *electro*magnet 電磁石. [ギリシア語 'amber']

elèctro·cárdiogràm 名 C 〖医〗心電図《略 ECG, EKG》.

elèctro·cárdiogràph 名 C 〖医〗心電計《略「ECG, EKG》.

elèctro·chémical /㊥/ 形 電気化学の. ▷ **~·ly** 副

elèctro·chémistry 名 U 電気化学.

elèctro·convùlsive thérapy 名 UC 電気ショック療法《略 ECT; electric shock therapy とも言う》.

e·lec·tro·cute /iléktrəkjù:t/ 動 他 〔人〕を電気いすで死刑にする; を電撃で殺す, 感電死させる. [<*electro-*+*execute*]

e·lèc·tro·cú·tion 名 UC 電気処刑; 感電死.

e·lec·trode /iléktroud/ 名 C 〈しばしば ~s〉電極 (→anode, cathode).

elèctro·dynámic 形 電気力学の.

elèctro·dynámics 名 U 〈単数扱い〉電気力学.

e·lèc·tro·en·ceph·a·lo·gram /-enséfələgræ̀m/ 名 C 〖医〗脳波図《略 EEG》.

e·lèc·tro·en·ceph·a·lo·graph /-enséfələgræ̀f|-grɑ̀:f/ 名 C 〖医〗脳波計《略 EEG》.

e·lec·trol·y·sis /ilèktrɑ́ləsəs, i:lèk-|-trɔ́l-/ 名 U **1** 〖化〗電気分解, 電解. **2** 〖医〗電気分解療法《電気針で毛根を破壊しむだ毛を除く方法など》.

e·lec·tro·lyte /iléktrəlàit/ 名 C 〖化〗電解質, 電解液; 電解物.

e·lec·tro·lyt·ic /ilèktrəlítik ㊥/ 形 電解(質)の.

e·lec·tro·lyze /iléktrəlàiz/ 動 他 を電気分解する.

elèctro·mágnet 名 C 電磁石.

elèctro·magnétic /㊥/ 形 電磁気の; 電磁石の.

elèctromagnetic wáve 名 C 電磁波.

elèctro·mágnetìsm 名 U 電磁気; 電磁気学.

e·lec·trom·e·ter /ilèktrɑ́mətər|-trɔ́m-/ 名 C 電位計.

elèctromótive /㊥/ 形 起電の.

elèctromotive fórce 名 U 〖物理〗起電力.

***e·lec·tron** /iléktrɑn|-trɔn/ 名 (複 **~s** /-z/) C 〖物理〗**電子**, エレクトロン, 《素粒子 (elementary particle) の一種; →nucleus 2》. [<*electric*+*ion*]

elèctro·négative 形 陰電気を帯びた; 〖化〗(電気)陰性の.

eléctron gùn 名 C 電子銃《テレビのブラウン管など「に使用》.

***e·lec·tron·ic** /ilèktrɑ́nik|-trɔ́n- 〖英〗は ㊥/ 形 **1** 電子[エレクトロン]の. **2** 電子工学の[による]. **3** 電子の

働きによって音を出す〔楽器など〕. **4** 機械可読の; そのままコンピュータで処理できる.
▷**e·lèc·trón·i·cal·ly** /-k(ə)li/ [副] 電子的に.

electrònic bánking [名] [U] 電子銀行取引《パソコンにより取引銀行のサービスを利用する》.

electrònic bráin [名] [C] 〖話〗電子頭脳《電子計算機のこと》.

electrònic búlletin bòard [名] [C] 〖電算〗電子掲示板 《ホスト・コンピュータに保持されるメッセージのリスト》.

electrònic dáta pròcessing [名] [U] 電子的情報処理《略 EDP》.

electrònic flásh [名] [C] 〖写〗ストロボ.

electrònic fúnds trànsfer [名] ＝EFTPOS.

electrònic gáme [名] ＝video game.

electrònic kéyboard [名] [C] 電子鍵(けん)盤楽器.

electrònic máil [名] [U] 電子郵便, E メール《普通 e-mail, email と言う》.

electrònic máilbox [名] [C] (コンピュータの)電子メールボックス.

electrònic músic [名] [U] 電子音楽.

electrònic públishing [名] [U] 電子出版《CD やテープの形での図書出版》.

*__e·lec·tron·ics__ /ilèktrɑ́niks|-trɔ́n-/ [名] **1** 〈単数扱い〉 **電子工学**; 電子産業. **2** 〈複数扱い〉電子回路[装置, 機器]. [electron, -ics]

electrònic shópping [名] [U] 電子ショッピング《インターネットなどを利用して行う物品購入》.

electrònic tágging [名] [U] (所在を把握できるよう, 保釈中の被告や商品などに)電子標識装置を付けること.

eléctron mìcroscope [名] [C] 電子顕微鏡.

eléctron òptics [名] 〈単数扱い〉電子光学.

eléctron tùbe [名] [C] 電子管《例えば真空管》.

eléctron·vòlt [名] [C] 〖物理〗電子ボルト《エネルギーの単位》.

eléctro·plàte [動] [他] に電気めっきをする《銀, クロームで》〈普通, 受け身で〉. ── [名] [U] 〈集合的〉電気めっき製品 (electro).

elèctro·pósitive [形] 陽電気を帯びた; 〖化〗(電気)陽性の.

e·lec·tro·scope /iléktrəskòup/ [名] [C] 検電器.

eléctro·shòck [名] 〖医〗 **1** [C] 電気ショック《精神病の治療に用いる》. **2** [U] 電気ショック療法 (**elèctro-shock thérapy** [**tréatment**]).

elèctro·státic /[移]/ [形] 静電気の; 静電気学の.

elèctro·státics [名] 〈単数扱い〉静電気学.

elèctro·thérapy [名] [U] 〖医〗電気治療.

e·lec·tro·type /iléktrətàip/ [名] [UC] 〖印〗電気版; 電気版印刷物; (electro). ── [動] [他] 〔印刷物など〕を電気版にする[取る].

el·ee·mos·y·nar·y /èləmɑ́sənèri|èlii:mɔ́sən(ə)ri/ [形] 慈善(的)の, 施しの; 慈善に頼る. [＜ギリシア語「慈悲」; alms と同源]

†**el·e·gance** /éligəns/ [名] **1** [U] 優雅さ, 気品, 上品; 優美さ. **2** [C] 優雅[優美]なもの, 上品な態度[言葉遣い]. She has many ～*s* of her own. 彼女には彼女ならではの上品な点がたくさんある. **3** [U] (解決法などの)手際のよさ, 簡潔さ. ◇[形] elegant

*__el·e·gant__ /éligənt/ [形] [m] **1** (洗練されて)**優雅な**, 上品な, 〔人, 態度, 文体など〕([類語] 洗練された趣味に重点を置く; →graceful). ～ taste 上品な趣味. ～ in manners 態度が優雅で[な]. an ～ style of speaking 上品な話しぶり. **2 優美な**, あか抜けした, 〔服装, 生活様式など〕. an ～ dress [table] 優美な服[テーブル]. **3** 手際のよい, スマートな, 〔証明法など〕. ～ reasoning 簡潔適確な推理. [＜ラテン語「慎重に選ぶ」(＜「精選する」; →elect)] ▷**～·ly** [副] 優雅に; 手際よく.

el·e·gi·ac /èlədʒáiək, ilí:dʒiæk|èlədʒáiək [移]/ [形] **1** 挽(ばん)歌(形式)の, 哀歌(調)の. **2** 〖章〗(過去を思い)綿々とした, 哀愁に満ちた. ── [名] 〈～s〉挽歌形式の詩[歌].

èl·e·gí·a·cal·ly [副] 挽(ばん)歌形式で, 哀歌調に.

el·e·gize /élədʒàiz/ [動] [他] 〔哀歌・挽(ばん)歌〕を作る; の哀歌[挽歌]を作る. ── [自] 哀歌[挽歌]を作る 〈*upon* ..の〉; 哀歌調で書く.

el·e·gy /élədʒi/ [名] ([複] **-gies**) [C] 悲歌, 哀歌, 挽(ばん)歌, エレジー; 挽歌調の詩. [＜ギリシア語]

elem. element(s); elementary.

‡**el·e·ment** /éləmənt/ [名] ([複] **～s** /-ts/) [C]
【構成要素】 **1 要素**, 成分. a key ～ in the reform 改革の鍵を握る要素. Cells are ～*s* of living bodies. 細胞は生体の構成要素である.

[連結] a basic [an essential, a necessary, a vital; the principal] ～

2 (**a**) **小部分**; 〈しばしば ～s〉(特に政治的活動をする)少数分子. discontented ～*s* 不平分子. (**b**) 気味, 幾許(いくばく)か, 〈*of* ..の〉. There is an ～ *of* doubt in his story. 彼の話には幾分疑わしい点がある.
3 (電気器具の)電熱部.
【物質の要素】 **4** 〖化〗 **元素**. Gold, silver and copper are ～*s*. 金, 銀, 銅は元素である.
5 〖古〗四大(しだい) (**the** (**fòur**) **élements**) の 1 つ《昔, 自然界は地 (earth), 水 (water), 火 (fire), 風 (air) の 4 要素から成るとされた》.
6 〈the ～s〉(天候に現れる)自然の力; 〈特に〉 暴風雨《四大の働きによると考えられた》. exposed to the ～*s* 風雨にさらされて. a war of the ～*s* 大暴風雨.
7 〈one's ～〉(生物の)固有の環境《鳥には空気, 魚には水のような》; (人の)本領, 活動領域, 持ち前. Adventure is his natural ～. 冒険は彼の本領だ.
【要素＞基本】 **8** 〈the ～s〉(学問の)原理; (知識, 技芸の)初歩. I don't even know the ～*s* of statistics. 私は統計学の‘いろは’も知らない.
in one's élement (水を得た魚のように)自分の本領内[得意の境地]に, 気楽で. As an athlete he's *in* his ～. 運動選手が彼の本領である.
out of one's élement (陸(おか)に上がった魚のように)本領外で, 畑違いで, 不得意で. Mr. Brown was a good teacher, but as a principal he's *out of* his ～. ブラウン氏はよい教師だったが, 校長としては場違いだ.
[＜ラテン語「要素」]

el·e·men·tal /èləméntl [移]/ [形] **1** 基本的な, 本質的な. ～ factors 本質的な要素. **2** 要素の; 〖化〗元素の. **3** 〖古〗四大(しだい)の (→element 5). **4** 〖章〗自然力の(ような), すさまじい. ～ forces 自然力. the ～ power of the storm あらしの猛威. **5** 自然のままの; 素朴な. Love is an ～ human emotion. 愛は人間の自然な感情だ.

el·e·men·ta·ri·ly /èləmentérəli|-mént(ə)-/ [副] 初歩的に(は), 基本的に.

‡**el·e·men·ta·ry** /èləmént(ə)ri [移]/ [形] [m] **1** 〈限定〉 **初歩の**, 基礎の; 基本的な〔人権など〕; (basic). ～ education 初等教育. an ～ course in Russian ロシア語の初級コース. ～ physics 基礎物理. **2** 初歩的な; 単純な, 簡単な. make an ～ mistake 初歩的な間違いをする. That's ～, Watson. そんなこと初歩的だよ, ワトソン君. **3** 〖化〗元素の. ▷**el·e·men·ta·ri·ness** [名]

èlementary párticle [名] [C] 〖物理〗素粒子《electron, positron, proton, neutron など》.

eleméntary schòol [名] [C] 〖米〗小学校《英国では primary school の旧称》(→school 表).

‡**el·e·phant** /éləfənt/ [名] ([複] **～s** /-ts/, **～**) [C] **象**《米国共和党の象徴に用いられる; →donkey》. *Elephants never forget.* 〖諺〗象はいつまでも忘れない《記憶力がよいという言い伝えがある》. [参考] 雄は bull (～), 雌は cow (～), 子供は calf (～), 牙(きば)は tusk, 鼻は trunk, 象牙(げ)は ivory, ほえ声, ほえるは trumpet. →pink ele-

phant, white elephant. [<ギリシア語]

el·e·phan·ti·a·sis /èləfəntáiəsis/ 名 U 〘医〙象皮病《足や陰のうなどが異常にはれる》.

el·e·phan·tine /èləfǽnti:n|-tain ⑱/ 形 **1** 象の(ような). **2** 〘しばしば戯〙巨大な; のっそりした; ぶざまな.

***el·e·vate** /éləvèit/ 動 (~s /-ts/|過 過分 -vat·ed /-əd/|-vat·ing) 他 【上げる】〘章〙 **1** を上げる; を持ち上げる; を掲げる; (類語 上昇させることに重点がある; →raise). ~ one's eyes 視線を上に向ける. **2** 〔圧力, 温度など〕を高くする; 〔声など〕を張り上げる (raise). ~ blood pressure 血圧を上げる.

【高める】〘章〙 **3** の地位を高める; を昇進させる; 〈*to* ..に〉. ~ a person *to* the peerage 人を貴族にする.

4 を高尚にする, 向上させる; の士気を高める, を鼓舞する. Reading books ~*s* your mind. 読書は知性を高める. an *elevating* sermon 心を高めるような説教.

[<ラテン語「上げる, 軽くする」(<ex-¹+*levis*「軽い」)]

él·e·vàt·ed /-əd/ 形 **1** 〔地位などが〕高い; 〔土地, 建物などが〕(周りより)高い. an ~ rank 高位. **2** 〔思想, 文体などが〕高尚な, 高邁(まい)な. an ~ literary taste 高尚な文学趣味.

èlevated ráilroad [ráilway] 名 C 〘主に米〙高架鉄道 (→el, L; 〘英〙overhead railway).

el·e·va·tion /èləvéiʃ(ə)n/ 名 **1** aU 高さ, 高度, 海抜, (altitude) (類語 特に海抜を指す; →height). The hill is 320 meters in ~. その丘は320メートルの高さだ. The jet reached an ~ of 30,000 feet. ジェット機は高度30,000フィートに達した.

2 aU 〘章〙持ち上げること; (血圧などの)上昇; (意気の)高揚; 昇進, 昇任. a sudden ~ of one's spirits 急に元気[陽気, 高揚した気持ち]になること. his ~ to the presidency 彼の社長への昇進.

3 U 〘章〙高尚さ, 高邁(まい)さ, 崇高. the ~ of the writer's style その作家の文体の格調の高さ.

4 C 〘章〙高み, 高い場所, (eminence); 丘 (hill). a small ~ 小高い所. **5** C 〘建〙立面図, 正面図, (→plan). **6** aU (砲の)照準角; 〘測量〙仰角.

‡el·e·va·tor /éləvèitər/ 名 (複 ~s /-z/) C **1** 〘米〙エレベーター (〘英〙lift). operate an ~ エレベーターを運転する. go up and down ⌞by ~ [in an ~] エレベーターで昇降する. I took the ~ to the 10th floor. 10階までエレベーターに乗った. **2** 物を揚げる装置《揚穀機, 揚水[土]機など》; (飛行機の)昇降舵(だ). **3** (揚穀機を備えた)穀物倉庫.

‡e·lev·en /ilév(ə)n/ (★用法 →five) 名 (複 ~s /-z/) **1** U (基数の)11. **2** U 11時[分]; 11歳; 11ドル[ポンドなど]. **3** 〈複数扱い〉11個[人]. **4** C 〈時に複数扱い〉11個ひと組のもの; 11人⌞組[のチーム]《サッカー, クリケットなどの》, イレヴン. **5** C 11を示す字. ── 形 11の; 11個[人]の; 〈叙述〉11歳で. [<古期英語; 原義は「(10かぞえて)1余り」; →twelve]

elèven-plús 名 U 〈the ~〉〘英〙11歳試験《大戦後, 進学コース決定のため行われたが現在は廃止》.

e·lev·en·ses /ilév(ə)nzəz/ 名 〈普通, 単数扱い〉〘英話〙'お十時'《午前11時ごろの間食; 飲物にクッキーなど》.

‡e·lev·enth /ilév(ə)nθ/ 〈11th とも書く〉(★用法 →fifth) 形 **1** 〈普通 the ~〉第11の, 11番目の.

2 11分の1の. ── 名 (複 ~s /-s/) C **1** 〈普通 the ~〉第11番目(の人, 物), (月の)11日. **2** 11分の1.

at the elèventh hóur 終わり間際に, ぎりぎりのところで, 土壇場で. The child was saved from drowning *at the* ~ *hour*. 子供は際どいところで溺死(でき)するところを救われた.

elf /elf/ 名 (複 **elves**) C **1** 小妖(よう)精《fairy の一種; しばしばいたずら好きで意地悪》. **2** ちびっ子; いたずら小僧. play the ~ 悪さをする. [<古期英語]

elf·in /élfən/ 形 小妖(よう)精の(ような); ちっぽけな; いたずらな. ~ dances 小妖精の踊り.

elf·ish /élfiʃ/ 形 小妖(よう)精のような; いたずらな. ▷ ~·ly 副 ~·ness 名

El Gî·za /el-gí:zə/ 名 =Giza.

El Gre·co /el-grékou/ 名 エル・グレコ (1541-1614) 《Crete 生まれのスペインの画家; 'The Greek' の意味》.

el·hi /èlhái ⑱/ 形 小・中・高(向け)の, 小学校から高校までの. [<*el*ementary (school)+*hi*gh (school)]

E·li·as /iláiəs/ 名 =Elijah《Douay Bible での綴り》.

‡e·lic·it /ilísət/ 動 他 〘章〙〔真相, 情報など〕を引き出す; 〔返事, 笑いなど〕を(なんとか)誘い出す; 〔批判, 抗議など〕をまねく, 誘発する; 〈*from* ..から〉. It's difficult to ~ a laugh *from* him. 彼から笑いを誘い出す[彼を笑わせる]のは難しい. [<ラテン語「おびき出す」]

▷ **e·lic·i·ta·tion** /ilìsətéiʃ(ə)n/ 名

e·lide /iláid/ 動 他 **1** 〘言〙を省略して発音する, 脱落させる; を縮約形で書く (contract) 《I have を I've のように》. (→elision). **2** 〘章〙〔相違, 区別など〕を無視する, 見落とす.

èl·i·gi·bíl·i·ty 名 U 被選挙資格; 適任, 適格(性).

†el·i·gi·ble /élədʒəb(ə)l/ 形 **1** 選ばれる資格のある, 適格な, 〈*for* ..に〉; 資格のある 〈*to* do ..する〉. ~ *for* membership 会員になる資格がある. I'm not ~ *to* enter the contest. 競技に参加する資格がない. **2** 適任の; (結婚相手として)望ましい, 適当な. [<後期ラテン語「選ばれうる」(<「精選する」; →elect)] ▷ **-bly** 副

E·li·jah /iláidʒə/ 名 〘聖書〙エリヤ《紀元前9世紀のヘブライの預言者》.

***e·lim·i·nate** /ilímənèit/ 動 (~s /-ts/|過 過分 -nat·ed /-əd/|-nat·ing) 他 **1** を削除する, 取り除く, 除外する, 〈*from* ..から〉; を排泄(せつ)する; (類語 すでに入っているものを「削除する」; →exclude). ~ unnecessary arguments *from* the essay 論文から不必要な議論を削る. **2** 〔競技者〕を失格させる, ふるい落とす, 敗退させる, 〈*from* ..から〉〈しばしば受け身で〉. **3** を(不適当として)考慮に入れない, 無視する. **4** 〘話・婉曲・戯〙を'消す', 殺す. [<ラテン語「家から追い出す」(<ex-¹+*līmen*「敷居」)]

e·lìm·i·ná·tion 名 UC **1** 取り除くこと, 排除, 削除; 排泄(せつ). **2** (競技者を)ふるい落とす[落とされる]こと, (トーナメントでの)敗退. ~ matches 予選試合.

El·i·ot /éliət, éljət/ 名 エリオット **1** 男子の名. **2** George ~ (1819-80) 《英国の女流小説家; 本名 Mary Ann Evans》. **3** Thomas Stearns /stə:rnz/ ~ (1888-1965) 《米国生まれの英国の詩人・評論家・詩劇作家》.

e·li·sion /ilíʒ(ə)n/ 名 UC 〘言〙(音の)省略, 脱落; (語句の)縮約; 《例 I am>I'm; let us>let's》.

†e·lite, é·lite /eilí:t, i-/ 名 **1** C 〈しばしば the ~; 単数形で複数扱いもある〉選り抜きの人々, エリート層[集団]; 〈しばしば非難して〉. the ~ of the army 軍隊の精鋭. an intellectual ~ 知的エリート層. the ruling ~ 支配的地位にあるエリート集団. **2** U エリート《タイプライターの活字の大きさ; 1インチに12文字; →pica》.

── 形 〈限定〉選り抜きの; エリートの[にふさわしい]. an ~ college 名門カレッジ.

[フランス語「選り抜きの(部分)」]

e·lit·ism /eilí:tiz(ə)m, i-/ 名 U 〈しばしば非難して〉 **1** 精鋭主義, エリート尊重主義. **2** エリート支配[主導].

‡e·lit·ist /eilí:tist, i-/ 〈しばしば非難して〉名 C, 形 エリート尊重の(人); エリートをもって任ずる(人). an ~ school エリート校.

e·lix·ir /ilíksər/ 名 C **1** 〘雅〙〘錬金術〙=philosopher's stone. **2** 〘雅〙万能薬; =elixir of life. **3** 〘薬〙エリキシル剤《薬を混ぜるための甘いアルコール溶液》; 〘戯〙酒. [<アラビア語]

elìxir of lífe 名 C 〈the ~〉〘雅〙不老長寿の霊薬.

Eliz. Elizabeth; Elizabethan.
E·li·za /iláizə/ [名] Elizabeth の愛称.
E·liz·a·beth /ilízəbəθ/ [名] **1** 女子の名《愛称は Bess(ie), Bessy, Beth, Betsy, Betty, Eliza, Lizzie, Lizzy など》. **2** ～ **I** /ðə-fə́:rst/ エリザベス 1 世 (1533–1603)《英国の女王 (1558–1603), 英国王中の名君と言われる》. **3** ～ **II** /ðə-sékənd/ エリザベス 2 世 (1926–)《英国の現女王 (1952–)》. [ヘブライ語「神は誓いなり」]
E·liz·a·be·than /ilìzəbí:θən [移]/ [形] エリザベス朝の《特にエリザベス 1 世時代の》; エリザベス女王の. ～ dramatists エリザベス朝の劇作家たち.
— [名] [C] エリザベス朝の人[文人].
elk /elk/ [名] ([複] ～, ～s) [C] 〖動〗 **1** ヘラジカ《北欧・アジアで最大のシカ》 **2** ＝wapiti.
ell[1] /el/ [名] [C] エル《昔の尺度; 英国では 45 インチ》. Give him an inch and he'll take an ～.〖諺〗'寸を与えれば尺を望む'《少し譲ればすぐ付け上がる》. [＜古期英語「前腕(の長さ)」]
ell[2] [名] [C] **1** L [l] の字. **2** L 字形のもの. **3** 〖米〗(全体が L の字になるように)母屋に直角に付けた付属建物.
El·len /élən/ [名] 女子の名《Helen の異形》.
El·ling·ton /éliŋtən/ [名] **Duke ～** エリントン (1899–1974)《米国のジャズ音楽家・指揮者》.
el·lipse /ilíps/ [名] [C] 〖数〗長円, 楕(だ)円.
el·lip·sis /ilípsəs/ [名] ([複] **el·lip·ses** /-si:z/) **1** [UC] 省略(部分)《例: St. Paul's＜St. Paul's Cathedral》.
2 [UC] 〖文法〗省略《文法構造上それがなくても意味の変わらない語(句)の省略; 例えば One of my brothers is in America and the other (is) in France. の( )内の語を省くこと》. **3** [C] 〖印〗省略記号《—, . . ., *** など; 例: d—, d—n＝damn》. [＜ギリシア語]
el·lip·tic, -ti·cal /ilíptik/, /-tik(ə)l/ [形] **1** 長円(形)の, 楕(だ)円(形)の. **2** 〖文法〗省略の; 省略した; 〖章〗〔話などが〕省略して分かりにくい. ◇1 の [名] ellipse, 2 の [名] ellipsis
el·líp·ti·cal·ly [副] 長円[楕(だ)円]形に; 省略して(分かりにくく).
Èl·lis Ísland /èləs-/ [名] エリス島《New York 湾の小島; 1892–1943 年間ヨーロッパ方面からの移民はまずここに上陸して手続きをした; 今は記念館がある》.
‡**elm** /elm/ [名] **1** [C] ニレ(の木)《落葉高木; ニレ科》.
2 [U] ニレ材.
élm trèe [名] ＝elm 1.
El Niño /el-ní:njou/ [名] 〖気象〗エルニーニョ(現象)《数年ごとに南米ペルー海岸の海水温度が上昇すること; 気象異常と anchovy の大量死を引き起こす》. [スペイン語 'the Child' (神の子キリスト); クリスマス頃に発生することから]
el·o·cu·tion /èləkjú:ʃ(ə)n/ [名] [U] 演説法, 弁論術; 朗読法. ▷**～·ist** [名] [C] 演説[朗読]法の専門家[教師]; (詩などの)朗詠家.
el·o·cu·tion·ar·y /èləkjú:ʃənèri|-ʃ(ə)nəri [移]/ [形] 演説法の; 朗読法の.
e·lon·gate /ilɔ́:ŋgeit|í:lɔŋgèit/ [動] [他] を長くする, 延ばす, 延長する, ([類語] lengthen より形式ばった語で, 普通, 時間には用いない). — [自] 〖主に生物〗〔枝などが〕伸びる. — [形] 〖生物〗〔葉などが〕細長い (elongated).
e·lon·gat·ed /-əd/ [形] 細長い; 長く伸びた. an ～ face 細長い顔.
e·lon·ga·tion /ilɔ̀:ŋgéiʃ(ə)n|ì:lɔŋ-/ [名] [U] 伸長, 延長; [C] 伸長部, 延長線.
e·lope /ilóup/ [動] [自] **1** 〔恋人同士が〕駆け落ちする; [VA] (**～ *with* ..**)〔特に, 女性が〕..と駆け落ちする. **2** 家出する, 出奔する. ▷**～·ment** [名] [UC] 駆け落ち; 出奔.
*__el·o·quence__ /éləkwəns/ [名] [U] **1** (**a**) 雄弁, 能弁; 雄弁術. speak with great ～ たいへん雄弁に語る. fiery ～ 熱弁. (**b**) (雄弁に物語る)表情の豊かさ (→eloquent 2).

> [連結] passionate [persuasive; simple] ～ // show [display] ～

2 流暢(ちょう)な談話, 達意の文章.
*__el·o·quent__ /éləkwənt/ [形] [m] **1** 〔人, 話, 文章などが〕雄弁な, 達意の. an ～ speaker 雄弁家. an ～ passage 達意の文章. **2** 表情豊かな; 雄弁に物語る 〈*of* ..を〉. Eyes are more ～ than lips.〖諺〗'目は口ほどに物を言う'. Her trembling hands were ～ *of* her anxiety. 彼女の震える手は彼女の心配をよく物語っていた. [＜ラテン語「雄弁な」(＜ex-[1]＋*loquī* 'speak')]
▷**～·ly** [副] 雄弁に; 表情豊かに.
El Pas·o /el-pǽsou/ [名] エルパソ《米国 Texas 州西端の都市; Rio Grande に臨む》.
El Sal·va·dor /el-sǽlvədɔ̀:r/ [名] エルサルバドル《中米の太平洋に面した国; 首都 San Salvador》. ◇[形], [名] Salvador(i)an [スペイン語 *Salvador* 'Savior']
‡**else** /els/ [副] 〈不定代名詞, 疑問詞, no-, any-, some- の付く副詞の後で〉そのほかに, 別に, 代わりに. Was *anybody* ～ absent? ほかにだれか休んでいたか ([語法] else は修飾する先行の語と分離しないのが原則; 特に, このような不定代名詞の場合に Was anybody absent ～? とはできない). You'd better go to bed, if there's nothing ～ to do. 他にやる事がないなら寝た方がいい. I have, if nothing ～, a strong body. 何はなくとも, 私には丈夫な体がある. I just apologized to her. What ～ could I do? 私はただ彼女に謝った. 他に何ができたというのか. ([語法] このような疑問代名詞の場合は, 時に What could I do ～? も可能). Besides a taxi, *how* ～ could I get there? タクシー以外ほかのどんな方法でそこに行きつけるか. He does *little* ～ *than* read books. 彼は本を読むほかはほとんど何もしない. The dog must be *somewhere* ～. その犬はどこかほかの所にいるに違いない.

> [語法] (1) somebody ～ の所有格は somebody ～'*s* (hat) が今は普通. (2) who ～ の所有格は who ～'*s*, 又は whose ～ とする: *Who* ～'*s* book [*Whose* ～] should it be? (それはほかのだれの本[だれのもの]だというのか)

or élse (1) 〈普通, 命令文又は must, have to などを含む文に続けて〉 さもなければ (★文頭に来ることもある). Make haste, *or* ～ you will be late. 急がないと遅れますよ. (2) 〖話〗 そうしないと(ひどい目に遭うぞ) 《脅し文句》. You behave yourself, *or* ～! 行儀よくしなさい, そうでないと. [＜古期英語 'otherwise']
‡**else·where** /éls(h)wèər|ニ-/ [副] ¢ 〖章〗よそに[へ], どこかほかの所に[へ], (somewhere else). seek support ～ 他に助力を求める.
El·sie /élsi/ [名] Alice, Elizabeth などの愛称.
ELT /ì:eltí:/ English Language Teaching (英語教育)《英語を母語としない学習者への》.
e·lu·ci·date /ilú:sədèit/ [動] 〖章〗 [他] 〔難解な点など〕を明らかにする, 解明する; 〔理由など〕を説明する (explain).
— [自] 説明する; 明らかにする.
[＜ラテン語「明るくする」] ▷**e·lu·ci·da·tor** /-tər/ [名] [C] 説明[解明]者. **e·lu·ci·da·to·ry** /-dətɔ̀:ri|-dèitəri/ [形]
e·lù·ci·dá·tion [名] [UC] 〖章〗解明, 説明.
‡**e·lude** /ilú:d/ [動] [他] **1** 〔危険, 追跡, 打撃など〕をうまく避ける; 〔法律, 義務など〕を逃れる, 免れる. ～ one's pursuers 追っ手をまく. **2** 〔成功など(望むもの)が〕の手に入らない, から逃げる. The fourth gold medal ～*d* Smith. スミスに 4 個目の金メダル獲得はならなかった. **3** 〔物事が人〕に理解[想起, 認知]できない. The meaning of his remarks ～*s* me. 彼の言葉の意味が私はつかめない.

E

The proprietor's name ～s me. 所有者の名前が思い出せない. [＜ラテン語「だます」(＜ex-¹ ＋lūdere)「遊ぶ」]

e·lu·sion /ilúːʒ(ə)n/ 名 U 〖章〗逃避, 回避.

‡**e·lu·sive** /ilúːsiv/ 形 **1** 捕らえにくい; (策を用いて)うまく逃げる. an ～ criminal うまく逃げ回る犯人. **2** 〔成功などが〕手中に収めにくい, 達成困難な[で]. **3** つかまえどころのない; 理解[表現, 記憶]しにくい. an ～ idea きちっとつかめない考え. ◇動 elude ▷ **～·ly** 副 **～·ness** 名

e·lu·so·ry /ilúːsəri/ 形 ＝elusive.

el·ver /élvər/ 名 C ウナギ (eel) の幼魚.

elves /elvz/ 名 elf の複数形.

El·vis /élvəs/ 名 男子の名《→Presley》.

elv·ish /élviʃ/ 形 ＝elfish.

E·ly /íːli/ 名 イーリー《英国 Cambridgeshire の都市, 大聖堂で有名》.

E·ly·sée Pálace /èiliːzèi-|eilìːzei-/ 名 〈the ～〉エリゼー宮《パリにあるフランス大統領官邸》; 〈普通 the ～〉フランス政府[大統領と側近グループ].

E·ly·si·an /ilíʒ(i)ən|-ziən/ 形 〖ギ神話〗Elysium の(ような); この上なく幸福な (heavenly).

Elỳsian fíelds 名 〈the ～〉＝Elysium 1.

E·ly·si·um /ilíʒiəm|-ziəm/ 名 **1** 〖ギ神話〗エーリュシオン《英雄, 善人が死後に住む楽土》. **2** C 理想郷, 楽土, (paradise). **3** U 至上の幸福.

EM electromagnetic; enlisted man.

em /em/ 名 C **1** M[m] の字. **2** 〖印〗全角《パイカ M 1 字分のスペース》.

'em /(ə)m/ 代 〖話〗 ＝them. [＜古期英語 *hem* '彼らを']

em- /im, əm, em/ 接頭 en- の異形 〈p-, b-, m- の前で〉.

e·ma·ci·ate /iméiʃièit/ 動 他 をやせ衰えさせる, 衰弱させる; 〈普通, 受け身で〉. The patient was terribly ～*d*. 病人はひどくやせ衰えていた.

e·má·ci·àt·ed /-əd/ 形 やせ衰えた, 衰弱した. an ～ child やせ細った子供.

e·mà·ci·á·tion 名 U やせ衰え, 憔悴(しょうすい).

e-mail, E- /íːmèil/ 名 U ＝electronic mail. ── 動 他 に E メール[電子郵便]を送る; を E メールで送る. ★**email** ともつづる.

em·a·nate /émənèit/ 動 〖章〗自 **1** VA (～ *from..*) 〔条例, 提案などが〕..から発する. This new idea ～*d from* a certain group of citizens. この新趣向は元来市民のある団体から出たものだ. **2** VA (～ *from..*) 〔光, 熱, ガスなどが〕..から出る, 発する, 発散する. ── 他 〔精力, 感情など〕を発散する. [＜ラテン語「流れ出る」]

èm·a·ná·tion 名 **1** U 発散, 放射, 感化[影響]力. **2** C 発散[放射]するもの《香気, 光など》.

†**e·man·ci·pate** /imǽnsəpèit/ 動 他 〖章〗を解放する (liberate) 〈*from* ..〔束縛, 権力, 因習など〕から〉. ～ oneself *from* drink 酒を断つ. ～ slaves 奴隷を解放する. [＜ラテン語「権限を移譲する」]

e·mán·ci·pàt·ed 形 **1** (社会的, 政治的, 法的に)自由な[で]. **2** 〔女性が〕因習にとらわれていない, 解放された[て].

e·màn·ci·pá·tion 名 U **1** 解放 〈*of* ..〔奴隷など〕の〉. the ～ *of* women 婦人解放, 男女同権. **2** 解放する[される]こと 〈*from* ..〔束縛, 因習など〕から〉.

Emancipàtion Proclamátion 名 〈the ～〉〖米史〗奴隷解放令《1863 年 1 月 1 日 Lincoln 大統領が発した》.

e·man·ci·pa·tor /imǽnsəpèitər/ 名 C 解放する人. the Great *Emancipator* 偉大なる解放者《Abraham Lincoln のこと》.

e·mas·cu·late /imǽskjəlèit/ 〖章〗動 他 〈しばしば受け身で〉 **1** を去勢する (castrate). **2** を女々しくする, 軟弱にする; (削除, 修正などで)〔文学作品, 法案など〕を骨抜きにする. ── /-lət/ 形 去勢された(ような), 活力を失った, 軟弱な.

e·màs·cu·lá·tion 名 U 〖章〗去勢; 軟弱化; 骨抜き.

em·balm /imbɑ́ːm/ 動 他 **1** 〔死体〕に防腐処置を施す《昔は香料・香油を詰めた》. **2** を長く記憶に留める. **3** 〖古・詩〗に芳香を満たす (→balm). ▷ **～·er** 名 C (死体の)防腐処置者. **～·ment** 名 U (死体の)防腐処置.

em·bank /imbǽŋk/ 動 他 〔川など〕に堤防[土手]を築く.

em·bánk·ment 名 **1** C (**a**) (川などの)堤防, 土手. (**b**) (低地に鉄道や道路を走らせる)堤状の盛り土; 盛り土の斜面. **2** U 堤防[土手]を築くこと, 築堤. **3** 〈the E-〉テムズ河岸通り《ロンドン市の中心部 Thames 川の北岸 2 キロにわたる》.

†**em·bar·go** /imbɑ́ːrgou, em-/ 名 (複 **～es** /-z/) C **1** 通商禁止命令; 禁輸; 〈*on* ..に関する/*against* ..に対する〉. put [place] an ～ *on* arms exports 武器の輸出禁止命令を出す. impose [enforce] an oil ～ *against* the country その国に対し石油取り引きの停止を実施する. **2** (報道などの)制限, 禁止. **3** 〖史〗(商船の)出入港禁止令《特に開戦直前の外国船に対する》.

***lìft* [*ràise, remòve*] *an embárgo from* [*on*]..** 〖史〗〔貿易など〕を解禁する; 〔商船〕の出入港禁止を解く.

── 動 他 **1** 〔特定国〕との通商禁止令を発動する; 〔輸出[入], 通商など〕を禁じる; 〔特定品目〕の輸出[入]を禁止する 〈普通, 受け身で〉. Heroin is ～*ed* [*under* an ～]. ヘロインは禁制品になっている. **2** 〖古〗〔船舶, 貨物など〕を没収[押収]する. [スペイン語(＜「制限する」)]

***em·bark** /imbɑ́ːrk/ 動 (～s /-s/|～ed /-t/|～·ing) 自 **1** 乗船する; 搭乗(とうじょう)する, 〈*on* ..に〉; 船出する 〈*at*..から/*for* ..に向けて〉; (↔disembark). ～ *on* a steamer *at* Cape Town *for* New York 汽船に乗ってケープタウンからニューヨークに向かう. **2** VA (～ *on* [*upon*]..) 〔困難な事業など〕に乗り出す, 着手する. leave business and ～ *on* a political career 事業をやめて政治生活に乗り出す. ～ *on* matrimony 結婚生活を始める.

── 他 **1** を船[飛行機]に乗せる. They ～*ed* the contraband goods under cover of night. 彼らは禁制品を夜陰に紛れて船積みした. **2** VOA (～ X *on* [*upon*]..) X (人)を〔事業など〕に乗り出させる; (～ X *in*..) X (金など)を..に投資する. ～ a lot of money *in* a new project 大金を新事業に投入する.

[＜フランス語「船に乗る」; en-, bark³]

em·bar·ka·tion /èmbɑːrkéiʃ(ə)n/ 名 **1** UC 乗船; 飛行機への搭乗. **2** UC 貨物の積み込み; C 搭載物, 積み荷. **3** U 着手 〈*on, upon* ..〔困難な事業など〕への〉.

embarkátion càrd 名 C 出国カード.

***em·bar·rass** /imbǽrəs/ 動 (～·es /-əz/|過 過分 ～ed /-t/|～·ing) 他 **1** をまごつかせる, 当惑させる; をきまりの悪い[恥ずかしい]思いをさせる; (類語 不安感やきまりの悪さに重点がある; →puzzle). I was ～*ed* for words. 私は言葉が出なくてまごついた. ～ a person with [by asking] silly questions ばかげた質問をして人を困らせる. She felt slightly ～*ed about* her loud dress [*at* being loudly dressed]. 彼女は派手な服装を少しきまり悪く思った.

2 〔政治家, 政府など〕を苦境に陥らせる; (財政的に)を窮迫させる, に借金を負わせる; 〈普通, 受け身で〉. Lend me some money. I'm financially ～*ed*. 〖戯〗少し金を貸してくれ. 財政困難なんだ. **3** 〔動きや進行など〕を妨げる, じゃまする. The snow ～*ed* their advance. 雪が彼らの行く手を阻んだ. **4** 〔事態など〕を面倒にする, こじらせる. ～ the problem rather than solve it 問題を解決するどころかかえってこじらす. ◇名 embarrassment

[＜フランス語「妨げる」(＜イタリア語「檻に閉じこめる」)]

em·bár·rassed /-t/ 形 まごついた, 当惑した; きまりの悪い; 気まずい. ～ silence 気まずい沈黙. ▷ **～·ly** 副 まごついて; きまり悪そうに.

***em·bár·rass·ing** [形] [m] 人を困らせるような, きまり悪がらせる; 厄介な. an ～ question どうもまずい質問.
em·bár·rass·ing·ly [副] 困らせるように, とまどうほどに. be ～ polite 面食らうほど丁重である. behave ～ はた迷惑にふるまう.
***em·bár·rass·ment** [名] ([複] **～s** /-ts/) **1** [U] **当惑**(させる[させられる]こと); きまり悪い思い(をさせること). blush in ～ *at* one's blunder へまをしてきまり悪くて赤くなる. without ～ どぎまぎしないで, 平然と, 恥ずかしい思いをしないで. Much to her ～, her child behaved rudely towards her guest. 大変恥ずかしいことに, 子供が彼女の客に不作法なふるまいをした.

[連結] acute [intense] ～ // cause [feel; suffer] ～; hide one's ～

2 [C] 当惑の原因; 持て余しもの, 厄介者. The son is an ～ to his family. その息子は家族の持て余し者だ.
3 [C] 〈普通 ～s〉 金に困ること. financial ～*s* 財政困難.
an embàrrassment of ríches いい物[事]が困るほどたくさんあること; あり余るほどの豊かさ[富, 財産].
***em·bas·sy** /émbəsi/ [名] ([複] **-sies** /-z/) **1** [C] **大使館**. He is attached to the British *Embassy*. 彼は英国大使館付きである. [参考] ambassador (大使); legation (公使館), consulate (領事館). **2** [C] 〈集合的〉 大使館員. call a meeting of the ～ 大使館員の会合を召集する. **3** [UC] 大使の任務[職]; (使節としての)使命. go [be sent] on an ～ 使節として行く[派遣される]. **4** [C] 使節団 《特に大使を団長とする》. [＜中期フランス語(＜ゲルマン語)]
em·bat·tle /imbǽtl/ [動] [他] 〖古〗 **1** 〔軍隊〕に戦闘隊形を取らせる, を布陣する. **2** 〔都市など〕を要塞(さい)化する; 〔建物〕に銃眼付きの胸壁 (battlement) を備える.
em·bát·tled [形] **1** 敵に囲まれた; 〔人が〕(難問などに)常に悩まされている. **2** 布陣した, 戦闘隊形を敷いた. **3** 要塞(さい)化された, 守りを固めた; 〔建物, 城壁が〕銃眼付きの胸壁を備えた.
‡em·bed /imbéd/ [動] (**～s** /-z/|**-dd-**) [他] 〈普通, 受け身で〉 **1** を埋め込む 〈*in* ..の中に〉; にはめ込む 〈*with* ..〔宝石など〕を〉. tiles ～*ded in* cement セメントにはめ込まれたタイル. One of the bullets ～*ded* itself *in* his thigh. 弾丸の 1 発が彼のももに入り込んだ. **2** を深く留める 〈*in* ..〔記憶など〕に〉. The incident was (deeply) ～*ded in* her mind. その事件は深く彼女の心に刻まれた.
‡em·bel·lish /imbéliʃ/ [動] [他] **1** を美しくする, 飾る, 〈*with* ..で〉 ([類語] 不必要な(時には派手すぎる) もので飾ること; →decorate). a dress ～*ed with* embroidery 刺繍(ししゅう)で飾られたドレス. **2** 〔物語など〕を尾ひれを付けて面白くする, 潤色する, 〈*with* ..で〉. [＜中期フランス語「美しくする」] ▷**～·ment** [名] [U] 装飾[潤色]すること; [C] 装飾物.
em·ber /émbər/ [名] [C] 〈普通 ～s〉 燃えさし, (炎は落ちたがまだ真っ赤な)残り火, おき, (→cinder); 〈比喩的〉'残り火', 余韻. There were dying ～*s* in the fireplace. 暖炉には消えかかった残り火があった. She felt ～*s* of passion in her heart burst into flame. 彼女は胸の内で情熱の残り火が燃え上がるのを感じた. [＜古期英語]
émber dàys [名] 〖キリスト教〗 四季斎日 《年 4 回, 3 日間の断食と祈禱(きとう)をする》.
‡em·bez·zle /imbéz(ə)l/ [動] [他], [自] (委託金などを)使い込む, 着服する, 横領する. [＜古期フランス語「持ち逃げする」] ▷**～·ment** [名] [UC] 使い込み, 委託金費消(罪), 横領(罪). **em·bez·zler** [名] [C] 横領者.
em·bit·ter /imbítər/ [動] [他] 〈普通, 受け身で〉 **1** 〔人生など〕をつらくする; につらい思いをさせる. He was ～*ed* by the failure of his plans. 彼は自分の計画が失敗してつらい思いをした. **2** を憤激させる, に遺恨を抱かせる. ▷**～·ment** [名]
em·bit·tered [形] 失意の; 恨み[憎しみ, 怒りなど]に満ちた〔人, 関係など〕.
em·bla·zon /imbléiz(ə)n/ [動] [他] **1** [VOA] (～ X *with* ..) X(盾, 旗など)を〔紋章〕で飾る; (～ X *with* ../ X *on* ..) X(模様, 文字など)を〔派手な色彩など〕で/..に飾る, 表示する. The car had the company's name ～*ed on* its side. その自動車には横腹に会社名が大きく書いてあった. **2** を褒めたたえる; の名声を広める. ▷**～·ment** [名]
‡em·blem /émbləm/ [名] [C] **1** 象徴 (symbol). The dove is the ～ of peace. ハトは平和の象徴である. **2** 記章 (badge), 標章; 紋章. the ～ of a school 校章. a national ～ 国章. [＜ギリシア語「はめ込まれたもの」]
em·blem·at·ic, -i·cal /èmbləmǽtik [移]/, /-k(ə)l [移]/ [形] 〖章〗 象徴の, 象徴的な; しるしになる, 象徴する, 〈*of* ..の, を〉. A balance is ～ *of* justice. はかりは正義を象徴する.
▷**em·blem·at·i·cal·ly** [副] 象徴的に; 標章によって.
em·bod·i·ment /imbɑ́dimənt|-bɔ́d-/ [名] **1** [U] 形を与える[与えられる]こと, 形象化; 具現, 体現. **2** [C] 〈普通 the ～〉 具体的表現; 権化, 化身; 〈*of* ..の〉. Audrey was the ～ *of* beauty, grace and intelligence. オードリーは, 美と優雅さと知性を身をもって実現した女性だ. the ～ of evil 悪の権化.
‡em·bod·y /imbɑ́di|-bɔ́di/ [動] (**-bod·ies** /-z/|[過] [過分] **-bod·ied** /-d/|**～·ing**) [他] **1** を具体化する, (具体的に)表現する, 〈*in* ..〔言葉, 行動など〕に〉. Equality between the sexes should be *embodied in* the Constitution. 両性の平等は憲法に明記されるべきだ. **2** 〔精神〕に形を与える, を体現する; を肉体化する. Maria Theresa *embodies* the Christian virtues. マリア・テレサはキリスト教の美徳を体現している. **3** 〖章〗 を集めて一体にする; を包括する, 〔構想など〕を盛り込む. This book *embodies* the latest findings in biology. この本は生物学の最新の発見を盛り込んでいる. [en-, body]
em·bold·en /imbóuld(ə)n/ [動] [他] 〖章〗 〔人〕を大胆にする, 勇気づける; [VOC] (～ X *to do*) X に..するよう勇気づける (encourage).
em·bo·lism /émbəlìz(ə)m/ [名] [C] 〖医〗 塞栓(そくせん) 《血栓, 気泡などによる血管の閉塞》.
em·bo·lus /émbələs/ [名] ([複] **em·bo·li** /-lài/) [C] 〖医〗 栓(せん)子, 塞(そく)栓物, 《血液中の異物で embolism の原因となる》.
em·bon·point /ɑ̀:mbɔ:mpwǽŋ|ɔ̀:m-/ [名] [U] 肉づきのよさ, 豊満さ, 《特に肥満した女性について婉曲に言う》. [フランス語 'in good point [condition]']
em·bos·om /imbúz(ə)m/ [動] [他] **1** 〖詩〗 を囲んで保護する 〈普通, 受け身で〉. a temple ～*ed* in [with] trees 樹木に囲まれた神殿. **2** 〖古〗 を胸に抱きしめる; を大切にする.
em·boss /imbɑ́s, -bɔ́:s|-bɔ́s/ [動] [他] 〈普通, 受け身で〉 〔模様, 文字など〕を浮き彫り[打ち出し]にする 〈*on* ..〔金属, 紙など〕に〉; 〔金属, 紙など〕に浮き彫り[打ち出し]を施す 〈*with* ..〔模様, 文字など〕の〉. The Queen's head was ～*ed on* the coin. ＝The coin was ～*ed with* the Queen's head. その硬貨には女王の頭像が打ち出されていた. ▷**～·ment** [名]
em·bossed /-t/ 浮き彫り[打ち出し]を施した; 浮き彫りの〔模様など〕. ～*ed* work 浮き彫り細工; 浮き出し模様.
em·bow·er /imbáuər/ [動] [他] 〖詩・雅〗 を樹木で覆う, 木の間に隠す; を取り囲む 〈*in*, *with* ..で〉; 〈普通, 受け身で〉 (→bower).
***em·brace** /imbréis/ [動] (**em·brac·es** /-əz/|[過] [過分] **～d** /-t/|**em·brac·ing**) [他]
【しっかり抱く】 **1** を**抱擁する**, 抱き締める. Mother ～*d* me tenderly and wept. 母は私を優しく抱き締めて泣いた. Mother and I ～*d* each other tightly. 母と私はしっかりと抱き合った. **2** **【抱いて離さない】** 〖章〗 〔申し

E

出, 主義, 意見など)を進んで受け入れる, 採用する; 〔機会〕に乗じる; 〔職業など〕に進んで就く. ～ Buddhism with unquestioning eagerness 仏教に盲目的に帰依する. ～ a farmer's life 進んで農夫の生活に入る. ～ misfortune 不幸に甘んじる. ～ an opportunity 機会をつかんで逃さない.

【(抱くように)包む】 **3** 《章》 を含む, 包括[包含]する, (include). The book ～s the whole history of the English language. その本は英語史全体にわたっている. **4** を取り巻く, 囲む. a village ～d by hills 丘に囲まれた村.

── 自 (2人で)抱き合う.

── 名 C 抱擁. hold a baby in a tight ～ 赤ん坊を固く抱き締める.

連結 a firm [a fond, a loving, a warm; a passionate; a welcoming] ～

[＜古期フランス語「(両腕に)抱きしめる」; en-, brace]

em·bra·sure /imbréiʒər/ 名 C **1** 《築城》 (朝顔形の)狭間(はざま), 銃眼, 《外側に開き, 銃の射程範囲が広い》. **2** 《建》 斜間(はすま) 《特に城の戸口や窓が内側へ朝顔状に広がっている部分》.

em·bro·ca·tion /èmbrəkéiʃ(ə)n/ 名 UC (筋肉痛や肩凝りなどの)塗り薬.

‡**em·broi·der** /imbrɔ́idər/ 動 他 **1** に刺繍(ししゅう)する 〈*with* ..〔模様など〕を〉; 〔模様など〕を縫い取りする 〈*on* ..に〉. ～ a cushion *with* flowers [～ flowers *on* a cushion] *in* silk thread 絹糸でクッションに花を刺繍する. **2** 〔話など〕に尾ひれを付ける; を潤色する. ── 自 **1** 刺繍する. **2** 潤色する 〈*on* ..を〉. [＜中期フランス語]

†**em·broi·der·y** /imbrɔ́id(ə)ri/ 名 (複 **-der·ies** /-z/) **1** UC 刺繍(ししゅう), 縫い取り; 刺繍細工(作品). **2** U 粉飾, 潤色.

em·broil /imbrɔ́il/ 動 他 **1** を巻き添えにする, 巻き込む 〈*in* ..〔事件など〕に〉; を反目[対立]させる 〈*with* ..〔人〕と〉; 〈しばしば受け身で〉. ～ oneself [get ～*ed*] *in* a quarrel けんかに巻き込まれる. **2** 〔事件など〕を紛糾させる.

▷ **～·ment** 名 UC 混乱; 紛糾.

†**em·bry·o** /émbriòu/ 名 (複 **～s** /-z/) C **1** 《植・動》 胚(はい), 胚芽; 胎児 《人間では妊娠3か月まで; →fetus》. **2** 萌(ほう)芽; 発達の初期; 〈形容詞的に〉 初期段階の. an ～ idea 熟していない考え.

in émbryo 発達初期の[で], まだ熟さない(で). a criminal *in* ～ 犯罪者の卵. Our project is still *in* ～. 我々の計画はまだ胎児の段階だ 《熟してない》. [＜ギリシア語(＜「ふくらむ」)]

em·bry·ol·o·gy /èmbriɑ́lədʒi|-ɔ́l-/ 名 U 発生学; 胎生学. ▷ **em·bry·ol·o·gist** 名 C 発生学者.

em·bry·on·ic /èmbriɑ́nik|-ɔ́n- ⑧/ 形 **1** 胚(はい)の, 胚芽の; 胎児の. **2** 未成熟の, 成長初期の.

em·cee /émsi:/ 《話》 名 C 司会者 (MC; →Master of Ceremonies 1). ── 動 他, 自 (を)司会する.

e·mend /i(:)ménd/ 動 他 を校訂する; (本文校訂で)を訂正する. Dr. Wilson ～*ed solid* in *Hamlet* to *sullied*. ウィルソン博士は『ハムレット』の(古版にある) solid を(誤植と考えて) sullied に訂正した. [＜ラテン語「訂正する」(＜ex-[1]＋*menda*「誤り」)]

e·men·date /í:mendèit/ 動 ＝emend.

è·men·dá·tion 名 U 校訂, 本文訂正; C 〈しばしば ～s〉 校訂箇所.

†**em·er·ald** /ém(ə)rəld/ 名 **1** C エメラルド 《鮮緑色の宝石; →birthstone ★》. **2** U エメラルド色 (emerald green). ── 形 エメラルド(色)の. [＜ギリシア語]

èmerald gréen 形, 名 U 鮮緑色(の).

Èmerald Ísle 名 〈the ～〉 エメラルド島 《アイルランドの別名; 芝草の緑にちなんで付けた名称》.

*__e·merge__ /imə́:rdʒ/ 動 (**e·merg·es** /-əz/|**～d** /-d/|**e·merg·ing**) 自 **1 現れる**; 姿を現す; 〈*from, out of* ..〔水中など〕から〉 (↔submerge) (類語 隠れていたものが出てくること; →appear). Two sailing ships ～*d out of* the mist. 2隻の帆船が霧の中から姿を現した. He has ～*d* as a strong rival to the Secretary of State. 彼は国務長官の強敵として登場した.

2 〔事実などが〕判明する, 明るみに出る, 〈*from* ..〔調査など〕から〉. New evidence ～*d from* the investigation. 調査の結果新たな証拠が出て来た. It ～*d* that he had accepted the bribe. 彼が賄賂(わいろ)を受け取っていたことが判明した. **3** 抜け出す 〈*from* ..〔好ましくない状態〕から〉. ～ *from* poverty 貧乏から抜け出す.

[＜ラテン語「(水中から)出て来る」(＜ex-[1]＋*mergere*「沈む」)]

†**e·mer·gence** /imə́:rdʒ(ə)ns/ 名 U 《章》 出現; 脱出; 発生.

*__e·mer·gen·cy__ /imə́:rdʒ(ə)nsi/ 名 (複 **-cies** /-z/) UC **1 緊急時**, 非常の事態, 急場; (病人の)緊急状態, 急患. a national ～ 国家の非常時. in an ～＝in case of ～ 非常の場合に, まさかの時には. be ready for *emergencies* 非常の場合の用意がある. declare a state of ～ 非常事態宣言を発する.

連結 a desperate [a grave, a serious] ～ // face [meet] an ～ // an ～ arises [occurs]

2 〈形容詞的〉 非常事態用の. an ～ box [case] 救急箱. ～ measures 応急対策. make an ～ landing 緊急着陸をする. an ～ ward 救急病棟.

[emerge, -ency]

emérgency bràke 名 C 非常ブレーキ.

emérgency còrd 名 C 《米》 (列車内の)緊急停止索 《乗客が引っ張ることができる》.

emérgency dòor 名 C 非常口.

emérgency èxit 名 ＝emergency door.

emérgency ròom 名 C 《米》 (病院の)救急処置室 《略 ER; 《英》 casualty》.

emérgency sèrvices 名 〈the ～; 複数扱い〉 《英》 緊急出動[救助]隊 《警察, 消防, 救急など》.

e·mer·gent /imə́:rdʒ(ə)nt/ 形 〈限定〉 **1** 出現しつつある, 徐々に現れている. a field of study of ～ importance 徐々にその重要性が増して来ている学問分野. **2** 新生の; 独立したばかりの, 新興の, 〔国など〕. the ～ countries in the Third World 第3世界の新興諸国家.

e·mer·i·tus /imérətəs/ 形 〈限定; しばしば E-〉 名誉.. 《退職時の役職に付け辞任後の称号とする》. an ～ professor＝a professor ～ 名誉教授. *Emeritus* Professor Morris モリス名誉教授.

e·mer·sion /imə́:rʒ(ə)n|-ʃ(ə)n/ 名 U **1** ＝emergence. **2** 《天》 (天体の)再現, 出現, 《日食, 月食などの後の》 (↔immersion).

Em·er·son /émərs(ə)n/ 名 **Ralph Wal·do** /wɔ́:ldou/ ～ エマソン (1803–82) 《米国の思想家・詩人》.

em·er·y /ém(ə)ri/ 名 U 金剛砂 《研磨用》.

émery bòard 名 C (マニキュア用の)爪(つめ)やすり.

émery clòth 名 U 布やすり.

émery pàper 名 U (金剛砂を用いた)紙やすり 《主に金属や石を磨く》.

émery whèel 名 C 回転砥(と), 砥石車.

e·met·ic /imétik/ 《医》 形 催吐性の. ── 名 UC 催吐剤, 吐剤.

EMF electromotive force; European Monetary Fund.

*__em·i·grant__ /émigrənt/ 名 (複 **～s** /-ts/) C **移民**, 移住民, 〈*from* ..〔1国〕から/*to* ..〔他国〕への〉 (↔immigrant). He left his country as an ～. 彼は移民として母国を後にした. ── 形 (他国に)移住する; 移民の.

†**em·i·grate** /éməgrèit/ 動 自 移住する 〈*from* ..〔1国〕から/*to* ..〔他国〕へ〉 (↔immigrate; 類語 市民権を取り永住のために移住することで, 出国側から見た語; emigrant, emigration も同様; →migrate). ～ *from* Japan *to* the United States 日本から米国へ移住する.

[<ラテン語「外へ移住する」; ex-¹, migrate]

èm·i·grá·tion 名 UC **1** (他国への)移住, 移民, (↔immigration). **2** 移民団; 〈集合的〉移民.

é·mi·gré /émәgrèi/ 名 C **1** 移民. **2** 亡命者; 〖仏史〗亡命王党員; (革命後の)亡命ロシア人. [フランス語 'emigrated']

Em·i·ly /ém(ә)li/ 名 女子の名.

‡**em·i·nence** /émәnәns/ 名 **1** U (身分, 地位の)高いこと, 顕職; 卓越, 傑出; 著名. rise to a position of ～ 出世して高位に就く. a man of ～ 名士. achieve [win] ～ in music 音楽で名声を博す. **2** C 〖旧章〗高い場所, 高み; 目立つ場所. **3** C 〈E-〉猊下(げいか) 《カトリック教会の枢機卿(けい) (cardinal) の尊称; His [Your] *Eminence* のように用いる》.

é·mi·nence grise /eminɑ̀ːŋs-gríːz/ 名 (複 **éminences grises** /同/) C 黒幕, 陰の実力者. [フランス語 'gray eminence']

***em·i·nent** /émәnәnt/ 形 m **1** 著名な, 高名な, 〈*for* ..で /*as* ..として〉; 地位[身分]の高い; (類語 その世界での権威であるために著名な, の意味; →famous). an ～ novelist 著名な小説家. a man ～ *for* his learning 学識で名高い人. be ～ *as* a pianist ピアニストとして名高い. **2** 〈普通, 限定〉優れた, 抜群の; 〔資質などが〕顕著な. a man of ～ bravery 際立って勇敢な人. [<ラテン語「突出した, 傑出した」]

èminent domáin 名 U 〖法〗土地[財産]収用権.

†**ém·i·nent·ly** 副 著しく, 特に. an ～ useful book 極めて有益な本. ★強意度は very と extremely の間.

e·mir /emíәr/ 名 C 〈しばしば E-〉(イスラム教国の)首長, 族長, 土侯, 王族. [<アラビア語「指揮官」]

e·mir·ate /imírәt, -eit|émәr-, emíәr-/ 名 C emir の地位[管轄権, 管轄領]; 首長国. the United Arab *Emirates* アラブ首長国連邦.

em·is·sar·y /émәsèri|-s(ә)ri/ 名 (複 **-sar·ies**) C 使者; 〈特に〉密使.

†**e·mis·sion** /imíʃ(ә)n/ 名 **1** 〖章〗UC 放射, 放出, 発散, 〈*of* ..〔光, 熱, 音, 香気など〕の〉; (ガスなどの)排出, 排気. the tolerable ～ standards for cars 自動車の排気ガス許容基準. **2** C 放射[放出]物, 排出物. **3** C 射精; U (射精した)精液. ◇動 emit

e·mis·sive /imísiv/ 形 放射[排出]する; 放射性の.

†**e·mit** /imít/ 動 (～s /-ts/|-tt-) 他 **1** 〔光, 熱など〕を放射する, 〔煙, ガス, 臭(にお)いなど〕を発する; 〔溶岩など〕を噴出する. **2** 〖章〗〔音, 声〕を発する, 出す; 〔言葉など〕を吐く. ～ a scream 金切り声を出す. [<ラテン語「送り出す」(<ex-¹+*mittere* 'send')] ▷ **～·ter** 名

Em·ma /émә/ 名 女子の名《愛称 Emmie, Emmy》.

Em·man·u·el /imǽnjuәl/ 名 =Immanuel.

Em·men·t(h)al(·er) /éməntɑ̀ːl(әr)/ 名 U エメンタールチーズ (Swiss cheese).

Em·mie, Em·my¹ /émi/ 名 Emma の愛称.

Em·my² 名 (複 **～s**) C エミー賞《米国で毎年優秀なテレビ番組・演技に対して彫像を与える》.

e·mol·li·ent /imáljәnt|imɔ́l-/ 〖章〗形 **1** (皮膚などを)柔らかに[しなやかに]する〔医薬品など〕. **2** (反感, 怒りなどを)なだめる[柔らげる]ような〔言葉, 調子など〕; (対立を避け)友好的な〔立場など〕. ★しばしば口先だけの政治家などの形容に使われる.

—— 名 UC 〖医〗皮膚軟化剤; 和らげるもの.

e·mol·u·ment /imáljәmәnt|imɔ́l-/ 名 C 〖章〗〈普通 ～s〉給料, 手当, 報酬, (→pay).

e·mote /imóut/ 動 自 〖話〗(大げさに又は芝居がかって)感情[気分]を表現する. [<*emotion*]

‡**e·mo·tion** /imóuʃ(ә)n/ 名 (複 **～s** /-z/) **1** C (喜怒哀楽の)感情; 〖心〗情動; (類語 愛憎, 喜怒哀楽など心の動揺, 興奮を伴い人を行動に駆り立てる一時的な感情; →feeling). a man of strong ～s 感情の激しい人. Her ～ was too strong for words. 彼女は感情が激して言葉が出なかった.

> 連結 a deep [an intense, an overwhelming, a violent; an uncontrollable; a pent-up] ～; conflicting [mixed] ～*s* // excite [stir up] ～(*s*); betray [conceal; stifle, suppress] one's ～(*s*)

2 U 感激, 感動. weep with ～ 感極まって泣く. be overcome *with* [*by*] ～ 感動に圧倒される, 感極まる. The prisoner heard the verdict without ～. 被告は平然と(陪審員の)評決を聞いた.

[<ラテン語「揺り動かす」(<ex-¹+*movēre* 'move')]

***e·mo·tion·al** /imóuʃ(ә)nәl/ 形 m **1** 〔人, 気質などが〕感情的な, 情にもろい; 感情をあらわにした, 興奮した. get ～ at one's wedding 自分の結婚式で感極まる. **2** 感情に訴える, 感動的な. an ～ scene 感動的な場面. **3** 〔判断, 決定などが〕感情に基づく, 心情的な. Your thinking is ～ rather than rational. あなたの考え方は理性的というより感情的だ. **4** 〈限定〉感情[情緒]の. an ～ expression 感情の表出, 表情. an ～ support dog 精神的介護犬.

emótional crìpple 名 C 〖話〗情緒障害者.

e·mó·tion·al·ìsm 名 U 感激性, 多情多感; 主情主義.

e·mó·tion·al·ly 副 **1** 感情[情緒]的に; 感情に訴えて, 感情を込めて. Prof. Smith rarely got ～ involved with a girl student. スミス教授は女子学生に情緒的に係わる[心を惹(ひ)かれる]ことはまれだった. be ～ unstable 情緒不安定である. **2** 気持ちから言うと. ～ speaking 心情的に言えば.

e·mó·tion·less 形 感情がない, 無感動の. ▷ **～·ly** 副 **～·ness** 名

e·mo·tive /imóutiv/ 形 **1** 感情[情緒]の, 感情的な. Organ donation is an ～ issue. 臓器提供は情のからむ問題だ. **2** 〔言葉などが〕感情に訴える. the ～ use of language 感情に訴える言葉遣い. ▷ **～·ly** 副

em·pan·el /impǽnl/ 動 (～s /-z/|〖英〗-ll-) 〖章〗=impanel.

em·pa·thize /émpәθàiz/ 動 自 感情移入する.

‡**em·pa·thy** /émpәθi/ 名 aU 〖心〗感情移入; 共感. have [feel] ～ with.. ..に共感する. [<ギリシア語 'passion']

***em·per·or** /émp(ә)rәr/ 名 (複 **～s** /-z/) C **皇帝**《empire の元首》, (日本の)**天皇**, 《女帝, 皇后は empress》. the Holy Roman *Emperor* 神聖ローマ皇帝. His Majesty [H.M.] the *Emperor* 皇帝[天皇]陛下. the *Emperor* Meiji 明治天皇. ◇形 imperial [<ラテン語「総司令官」]

èmperor pénguin 名 C 〖鳥〗皇帝ペンギン《最も大きい種類》.

em·pha·ses /émfәsìːz/ 名 emphasis の複数形.

‡**em·pha·sis** /émfәsәs/ 名 (複 **-ses** /-sìːz/) UC **1** 強調, 力説, 重視, 〈*on, upon* ..の〉; 強調[力説]された[される]点. This point deserves (a) special ～. この点は特に強調する価値がある. That college puts [lays, places] too much ～ *on* athletics. あの大学は運動競技に重きを置きすぎる. Duty was the ～ of his speech. 義務が彼のスピーチで強調された点だった.

> 連結 strong [heavy, marked; undue] ～

2 (表現などの)力強さ, 迫力; (形, 輪郭などの)はっきりしていること. **3** (音節, 語, 句の)強調, 強勢. Where do you give the ～ in the word *democracy*? democracy (民主主義)という単語では, どこに強勢を置くか. ◇動 emphasize 形 emphatic

with émphasis 力を入れて, 強調して, 〔話すなど〕; 目立って, くっきりと. trees standing out *with* ～ against the snow 雪を背景にくっきり立っている木々.

[ギリシア語「含意, 強調」]

em·pha·sise /émfəsàiz/ 動 《英》 =emphasize.

‡**em·pha·size** /émfəsàiz/ 動 (**-siz·es** /-əz/|過 過分 **~d** /-d/|**-siz·ing**) 他 **1 (a)** を**強調する**, 力説する. ~ the importance of cautious driving [the value of reading] 安全運転の重要性[読書の価値]を強調する. **(b)** VO (~ *that* 節/"引用"/*wh* 節) ..であると/「..」と/..かを力説[強調]する. ~ *how* effectively the medicine works その薬がどんなに効くかを力説する. I wish to ~ *that* this is only a personal opinion. これは個人的意見にすぎないことを強調しておきたい.
2 〔言葉〕に力を入れる. ~ the word 'peace' 「平和」という 1 語に力を入れて言う.
3 〔形, 色など〕を目立たせる. ~ one's eyes with eye shadow アイシャドーで目を引き立たせる.

†**em·phat·ic** /imfǽtik/ 形 **1** 〔語, 音節などが〕強勢のある; 〔表現などが〕強意の. an ~ word 強勢のある語. an ~ construction 強調構文.
2 (a) きっぱりした, 確固たる; 力を入れた; 力説する 〈*about* ..を〉. his ~ belief 彼の固い信念. an ~ denial 強い否認. Father is ~ *about* cleanliness. 父は清潔のことをやかましく言う. **(b)** 強調[力説]して 〈*that* 節 ..ということを〉. The doctor was ~ *that* I should take some rest. 医者は私に少し休むようにと強く言った.
3 著しい, 目立つ; はっきりした, 疑いようもない. an ~ defeat 明らかな敗北. an ~ contrast 際立った対照.
◇名 emphasis

†**em·phát·i·cal·ly** /-k(ə)li/ 副 **1** 力強く, 断固として, きっぱりと. deny ~ 断固否定する. **2** 全く, 断然, (most certainly). make the point ~ clear その点を徹底的に明らかにする.

em·phy·se·ma /èmfəsíːmə/ 名 U 《医》 気腫(しゅ).

‡**em·pire** /émpaiər/ 名 (複 **~s** /-z/)
1 C 〈しばしば E-〉 **帝国** 《特に数国, 数領土を統轄する宗主国; 元首は emperor》.
2 U 《章》(皇帝の)主権; (帝王の)統治; C 帝政時代.
3 C '王国' 《巨大な企業系列》. the Rothschild ~ ロスチャイルド王国 《Rothschild 家は有名な銀行家》.
4 〈the E-〉 神聖ローマ帝国 (the Holy Roman Empire); 大英帝国 (the British Empire).
5 〈形容詞的〉 〈E-〉 フランス第 1 次帝政時代風の〔家具, 衣類など〕.
[<ラテン語「統治, 権力」(<*imperāre*「命令する」)]

émpire bùilder 名 C 《しばしば軽蔑》 領土[勢力, 権力]の拡張を図る人.

émpire bùilding 名 U 《しばしば軽蔑》 領土[勢力, 権力]の拡張を図る過程.

Émpire Cìty 名 〈the ~〉 New York City の俗称.

Émpire Dày 名 《英》 帝国記念日 《1902-58 年 Victoria 女王の誕生日 5 月 24 日に祝われた; 今は Commonwealth Day と言う》.

Émpire Stàte 名 〈the ~〉 米国 New York 州の俗称 《Empire State Building の名はこれにちなむ》.

Èmpire Stàte Bùilding 名 〈the ~〉 エンパイア・ステート・ビル 《New York 市にある摩天楼; 地上 102 階; 一時は世界一高い建物であった》.

em·pir·ic /empírik/ 形 =empirical.

‡**em·pir·i·cal** /empírik(ə)l/ 形 **1** 経験主義の, 経験論の. **2** 〔知識, 方法が〕(理論よりも)実験・観察を重んじる, 経験的な, (↔theoretical). an ~ conclusion 経験から引き出した結論. ~ evidence 経験による証拠.
[<ギリシア語「経験を積んだ」] ▷ **~·ly** 副 経験的に.

empìrical fórmula 名 C 《化》 実験式 《化合物の元素の種類と, 相対的比率だけを示す化学式; 例えばエタン (ethane) の分子式は C_2H_6, 実験式は CH_3》.

em·pir·i·cism /empírəsiz(ə)m/ 名 U **1** 経験主義. **2** 《哲》 経験論 《英国の Locke, Berkeley, Hume がその代表者》.

em·pir·i·cist /empírəsist/ 名 C **1** 経験主義者. 「**2** 《哲》 経験論者.

em·place·ment /impléismənt/ 名 **1** C 《軍》 砲座, 砲床, 銃座. **2** U 据え付け, 定置.

em·plane /impléin/ 動 《英章》 =enplane.

‡**em·ploy** /implɔ́i/ 動 (**~s** /-z/|過 過分 **~ed** /-d/|**~·ing**) 他 【人を使う】 **1 (a)** 〔人, 会社などが〕を**雇う**, 雇い入れる, 使う, 〈*as* ..として〉 (↔dismiss; 類語 ある程度長期間にわたる正式雇用; →engage, hire 1, take /../ on (1)). Mr. Green is ~*ed* *in* a bank [*on* "The Times"]. グリーン氏は銀行に[タイムズ紙に]勤めている. He wants to be ~*ed* by the firm. 彼はその会社に入社したいと思っている. ~ (him *as*) a full-time teacher 専任教員(として彼)を雇う. **(b)** VOC (~ X *to do*) X を雇って..させる. I ~ a girl student *to* babysit my child. 私は女子学生を雇って留守中子供の世話をしてもらう.
2 VOA 《章》 を従事させる, せっせと働かせる, 〈*in, on* ..〔仕事など〕に〉 〈しばしば受け身で〉. Thirty men were ~*ed in* the loading. 積み込みには 30 人の男が携わった. The office girl ~*ed* herself (*in*) copying letters. 女事務員は手紙を複写する仕事をしていた. You would be better ~*ed* preparing for the exam. (そんな事をするよりも)試験の準備をするほうが君のためだ.
【ものを使う】 **3** 《章》 を**用いる**, 使用する, 〈*as* ..として〉 (類語 use より形式ばった語, しばしば利用していなかったものの活用を意味する). ~ a vacant lot *as* a playground 空き地を運動場として使う. A lever was ~*ed* to move [*for* mov*ing*] the rock. その岩を動かすのに梃子(て)が使われた. The police ~*ed* force to disperse the demonstrators. 警官はデモ隊を追い散らすために実力行使を行った.
4 《章》 〔時間, 精力など〕を費やす 〈*in, on, for* ..に〉; 〔仕事などが〕〔時間など〕を取る, ふさぐ. He ~*s* most of his time *in* reading. =Reading ~*s* most of his time. 彼の時間の大半は読書に費やされる. ◇名 employment
── 名 U 《章》 雇用 (employment).
in the emplóy of a pèrson*=*in a pèrson's emplóy 人に雇われて. I have been *in* his ~ for just twenty years. 彼のところでちょうど 20 年勤続した.
[<ラテン語「巻き込む, 従事させる」]

em·plóy·a·ble 形 〔人が〕採用にふさわしい, 雇用に適当な, (↔unemployable). ── 名 C 雇用適格者.

em·plóyed 形 職がある, 働いている, (↔unemployed). the ~=the employees 〈集合的〉 従業員, 被雇用者.

***em·ploy·ee** /implɔ̀iíː, -plɔ́iiː, èmplɔiíː/ 名 (複 **~s** /-z/) C **従業員**, 使用人, (↔employer). *Employees* only 《掲示》 従業員専用.

> 連結 a full-time [a part-time] ~ // hire [take on; dismiss, fire, let go, sack; lay off] an ~

***em·plóy·er** 名 (複 **~s** /-z/) C **雇い主**, 雇用者, (★会社など団体についても言う); 《章》 使用[利用]する人 (user). My ~ has unfairly dismissed me. 私の雇い主は不当に私を解雇した.

***em·ploy·ment** /implɔ́imənt/ 名 (複 **~s** /-ts/)
1 U **雇用**, 雇い入れ(られること), (↔unemployment). full-time ~ 常勤. part-time ~ 非常勤. in the ~ of Mr. Smith スミス氏に雇われて(いる). aim at full ~ 完全雇用を目指す.
2 《章》 U **使用**, 利用, 〈*of* ..の〉. the ~ *of* every means to an end ある目的の達成にあらゆる手段を講ずること.
3 UC **職**, 職業, (類語 雇われて働くこと; →occupation). get [lose] ~ 就職[失業]する. have (a) regular ~ 定職に就いている. obtain ~ with a firm 会社に就職する. be in public ~ 公職に就いている.

[連結] profitable [lucrative, well-paid; desirable; permanent; casual, temporary] ～ // apply for [seek; find; provide] ～

4 [UC] 〖章〗(時間を費す)仕事, 活動. Gardening is a pleasant ～ for my leisure time. 園芸は私が余暇にする楽しい仕事だ.
in [out of] emplóyment 就職[失業]して. throw a person *out of* ～ 人を解雇する.

Emplóyment Àct [名] 〈the ～〉〖英〗雇用法《1989 年施行された男女の雇用均等を目指した一連の法律》. 「設》.

emplóyment àgency [名] [C] 職業紹介所《私↑

emplóyment exchànge [名] [C] 〖英〗employment office の旧称.

emplóyment òffice [名] [C] 職業安定所《公設; →job centre》.

Emplóyment Tràining [名] [U] 職業訓練《6 か月以上の失業者の就職を援助する英国政府の計画; 略 ET》.

em·po·ri·um /empɔ́ːriəm/ [名] ([複] **～s** /-z/, **em·po·ri·a** /-riə/) [C] 〖章〗**1** (多種類の商品を売る)大商店. **2** 商業の中心地; 市場. [＜ギリシア語]

‡**em·pow·er** /impáuər/ [動] [他] **1** 〖章〗[VOC] (**～** X ***to do***) X に..する権能[権力, 権利]を与える〈しばしば受け身で〉. The delegation is *～ed to* sign the treaty. 使節団はその条約に調印する権限を与えられている. **2** 〔人〕の能力[地位など]を高める. ▷**～·ment** [名] [U] 権限の強化; 能力[地位など]の向上.

***em·press** /émprəs/ [名] ([複] **～·es** /-əz/) [C] **女帝**, 女皇; 皇后; (→emperor). Her Majesty the *Empress*＝H.M. the *Empress* 女王陛下; 皇后陛下. an ～ dowager 皇太后.

emp·ti·ly /ém(p)tili/ [副] 空虚に, 空しく; 無意味に.

‡**emp·ti·ness** /ém(p)tinəs/ [名] **1** [U] から; 空虚; 無意味; はかなさ; ばかばかしさ. **2** [C] 〖雅〗空漠たる場所.

‡**emp·ty** /ém(p)ti/ [形] [e] (**-ti·er**|**-ti·est**) **1** からの, 中身のない; 人のいない; (↔full; [類語] 中に全く何も入っていないこと; →unoccupied, vacant). an ～ box 空き箱. an ～ table 何も載っていない食卓. an ～ street 人通りのない街路. an ～ house (留守などで)人けのない家; 空き家; 家具の入っていない家. His hands were ～. 彼は手に何も持っていなかった. **2** 空虚な, むなしい; むだな, 実質のない; 無意味の. an ～ dream むなしい夢. ～ talk むだ話. ～ promises [threats] 口先だけの約束[脅し].
3 ない, 欠けている, 〈*of* ..が〉. The room was ～ *of* furniture. 部屋には家具が入っていなかった. words ～ *of* meaning 意味のない言葉.
fèel émpty 〖話〗腹がぺこぺこだ; むなしい感じがする.
on an èmpty stómach すき腹をかかえて; 空腹時に. Never take aspirin *on an* ～ *stomach*. 空腹時には絶対にアスピリンを服用してはいけない.
── [動] (**-ties** /-z/|[過] [過分] **-tied** /-d/|**～·ing**) [他] **1** 〔容器〕をからにする; 〔入れ物〕を空けてからにする〈*of* ..〔中の物〕を〉. He *emptied* the glass in one gulp. 彼は一気にグラスを飲み干した. ～ a briefcase *of* its papers 書類かばんから書類を出してからにする. **2** 〔中身〕を空ける〈*out*〉〈*into* ..の中へ/*onto* ..の上へ〉. ～ the milk *from* [*out of*] a carton *into* a pan ミルクをパックからなべに空ける. The police *emptied* their revolvers *into* the rioters. 警察は暴徒めがけてピストルの弾を全部撃ち込んだ. The dump truck *emptied* the sand *onto* the ground. ダンプカーは地面に砂を空けた. ◇↔fill
── [自] からになる; [VA] (**～ *into* ..**) 〔川が〕..に注ぐ〈*out*〉.
── [名] ([複] **-ties**) [C] 〈普通 -ties〉からの入れ物[乗り物]《空き瓶, 空き箱, 空車, から袋など》.
[＜古期英語「仕事のない, ひまな」]

èmpty-hánded /-əd [移]/ [形] 〈叙述〉から手で; 手ぶらで; 何の収穫もなく. send a person away ～ 何もやらずに人を追い返す. flee ～ 無一文で逃げる. 「かな.

‡**èmpty-héaded** /-əd [移]/ [形] 〖話〗頭のからっぽな, ば↑

èmpty nèst sýndrome [名] [C] 〖米〗空(ᵃ)の巣症候群 (→empty nester).

èmpty néster [名] [C] 〖米話〗子供が巣立った後に取り残された親. 「色になる.

em·pur·ple /impə́ːrpl/ [動] [他], [自] を紫色にする; 紫↑

em·pyr·e·al /empíriəl, èmpairíːəl [移]/ [形] 〈限定〉〖雅〗最高天の, 天上界の; 浄火から成る; 大空の. [＜ギリシア語「火の」]

em·pyr·e·an /empíriən, èmpairíːən/ [名] [C] 〖雅〗**1** 〈しばしば the E-〉最高天《昔, 神と天使の住居で浄火があると信じられた》. **2** 大空, 蒼穹(そうきゅう).

EMS European Monetary System ((EC の)欧州通貨制度)《ECU を単位とする》. 「の)経済通貨連合).

EMU Economic and Monetary Union ((EC 内↑

e·mu /íːmjuː/ [名] [C] エミュー《ダチョウに似た飛べない大形の鳥; オーストラリア産》.

‡**em·u·late** /émjəlèit/ [動] [他] **1** 〖章〗に負けまいと[勝とうと]努力する, と張り合う, 〈*at* ..で〉; を熱心に見習う. **2** 〖電算〗をエミュレートする, 模倣する. [＜ラテン語「競争する」]

èm·u·lá·tion [名] [U] **1** 〖章〗競争(意識), 張り合うこと; 見習うこと. **2** 〖電算〗エミュレーション, 模倣.

em·u·la·tor /émjəlèitər/ [名] [C] **1** 競争者; 見習う人. **2** 〖電算〗エミュレータ《ある機種用のプログラムを別の機種に解読・実行させるためのハードウェアやソフトウェア》.

em·u·lous /émjələs/ [形] 〔人が〕負けまいと懸命になって(いる) 〈*of* ..に〉; 〔行動などが〕競争心に駆られた.

e·mul·si·fi·ca·tion /imʌ̀lsəfəkéiʃ(ə)n/ [名] [U] 乳化(作用). 「など》.

e·mul·si·fi·er /imʌ́lsəfàiər/ [名] [C] 乳化剤《石けん↑

e·mul·si·fy /imʌ́lsəfài/ [動] (**-fies**|[過] [過分] **-fied**|**～·ing**) [他] を乳剤にする, 乳化する. ── [自] 乳化する.

e·mul·sion /imʌ́lʃ(ə)n/ [名] [UC] **1** 〖化・薬〗乳剤, 乳濁液. **2** 〖写〗感光乳剤. ── [動] [他] 〖英話〗にエマルジョンペンキ (emulsion paint) を塗る.

emúlsion pàint [名] [U] エマルジョンペンキ《乾くとつや消しになる; →enamel 2》.

EN 〖英〗Enrolled Nurse.

en /en/ [名] [C] **1** N[n] の字. **2** 〖印〗半角《全角 (em) の半分のスペース》.

en- /in, ən, en/ [接頭] 〈p-, ph-, b-, m- の前では em-〉 **1** 名詞に付けて次の意味の動詞を作る. (**a**)「..の中に入れる, ..の上に置く」*em*body. *en*shrine. *en*throne. (**b**)「..で囲む, 覆う」*en*circle. **2** 名詞又は形容詞に付けて「..にする」の意味の動詞を作る. *en*able. *en*slave. **3** 動詞に付けて「中に, ..のうちに」, あるいは強調の意味を添える. *en*fold. *en*liven. [古期フランス語(＜ラテン語 *in-*)]

-en /ən, (ə)n/ [接尾] **1** 形容詞又は名詞に付けて「..にする, ..になる」の意味の動詞を作る. deep*en*. strength*en*. **2** 物質名詞に付けて「..の, ..製の」の意味の形容詞を作る. wood*en*. wool*en*. **3** 不規則動詞の過去分詞語尾. tak*en*. brok*en*. **4** 少数の名詞の複数語尾. ox*en*. childr*en*.
[古期英語 (1 *-nian*; 2, 3 *-en*; 4 *-an*)]

‡**en·a·ble** /inéib(ə)l/ [動] (**～s** /-z/|[過] [過分] **～d** /-d/|**-bling**) [他] **1** [VOC] (**～** X ***to do***) X に**..することができるようにする**; X に..する権限[権利, 手段]を与える; (↔disable). His good health *～d* him *to* work hard. 健康のおかげで彼は一生懸命励むことができた. a law that *～s* the Government *to* prohibit all gambling 賭博(とばく)をすべて禁じる権限を政府に与える法律.

E

2 を可能にする, 容易にする. Computers ~ very complicated calculations in a short time. コンピュータのおかげで非常に複雑な計算が短時間でできる.
3 を認可する, 許す. a law *enabling* the import of fish 魚の輸入を許可する法律. **4**〖電算〗〔装置〕にスイッチを入れる, を作動させる.

enábling legislàtion 名 U 〖法〗権能賦与法,「授権法.

†**en·act** /inǽkt/ 動 他 〖章〗 **1** 〈しばしば受け身で〉(**a**)〔法案 (bill)〕を法律にする;〔法律, 法令〕を制定する. The bill will be ~*ed* in the next session. その法案は次の会期で立法化されるだろう. (**b**) 5 (~ *that* 節) ..であると法律で規定する〈しばしば It is ~*ed that* ..で〉. It was ~*ed that* no wheat should be imported. 小麦の輸入禁止が法律で規定された.
2〔俳優が〕の役を演ずる,〔劇, 物語など〕を演じる;〔祭礼など〕を舞台劇のように執り行う;〈普通, 受け身で〉. **3**〔出来事, 場面など〕を繰り返し引き起こす〈普通, 受け身で〉.

‡**en·áct·ment** 名 **1** U (法律, 法令の)制定. **2** C 法律; 法令, 条例. **3** UC 上演.

‡**en·am·el** /inǽm(ə)l/ 名 U **1** ほうろう; (陶器の)釉(ゆう)薬. **2** (塗料としての)エナメル (**enámel pàint**; つや消しのは emulsion paint); (マニキュアなどの)エナメル剤. **3** (歯の)ほうろう質.
── 動 (~s|〖英〗-ll-) 他 をほうろう引きにする; に釉薬を掛ける; にエナメル塗料を塗る; にエナメル光沢を付ける. ~*ed* leather エナメル革. [<古期フランス語]

enámel·wàre 名 U ほうろう鉄器.

en·am·ored〖米〗, **-oured**〖英〗/inǽmərd/ 形 〈叙述〉 **1**〖章〗惚(ほ)れ込んで, 夢中になって,〈*of, with* ..〔もの〕に〉. The man is ~ *of* his own ideas. 男は自分の着想のよさに悦に入っている. **2**〖雅〗惚れて, 恋して,〈*of* ..〔人〕に〉.

en bloc /ɑːŋ-blɑ́k|-blɔ́k/ 副 全体として, ひとまとめにして. [フランス語 'in a lump']

enc. =encl.

en·cage /inkéidʒ/ 動 他〖雅〗=cage.

en·camp /inkǽmp/ 動 自 野営する; 布陣する. ── 他〔軍隊など〕を野営させる〈普通, 受け身で〉.
be encámped at [*on, in*].. ..に野営している.
▷~·**ment** 名 U 野営(すること); C 野営地, 陣地.

‡**en·cap·su·late** /inkǽpsəlèit|-sju-/ 動 他 **1** をカプセルに入れる; を内部に閉じ込める. **2**〔事実, 情報など〕を圧縮する, 要約する; まとめる〈*in* ..〔本など〕に〉. The main points of his speech are ~*d* in a handout. 彼の講演の要点は配布資料にまとめられている.
▷**en·càp·su·lá·tion** 名 UC

‡**en·case** /inkéis/ 動 他〈しばしば受け身で〉 **1** をケースに入れる; を納める;〈*in* ..〔容器, さやなど〕に〉. a doll ~*d in* glass ガラスケース入りの人形. **2** を(保護するために)包む, くるむ,〈*in* ..に〉. His broken arm is ~*d in* plaster. 彼は骨折した腕にギプスをしている.

en·cash /inkǽʃ/ 動 他〖英章〗〔小切手, 債券など〕を「換金する.

en·caus·tic /inkɔ́ːstik/ 形 ろう焼き付けの; ろう画法の. ── 名 U ろう画法; C ろう画法で描かれた絵.

-ence /əns/ 接尾 -ent で終わる形容詞に対応する名詞語尾;「性質, 状態, 行為など」を表す. eloqu*ence*. depend*ence*. abs*ence*. refer*ence*. [古期フランス語(<ラテン語 *-entia* (<-ent))]

en·ceph·a·li·tis /ensèfəláitəs, ènsef-|ènkef-, -sef-/ 名 U〖医〗脳炎.

en·ceph·a·lon /enséfəlɑ̀n|-kéfəlɔ̀n, -sé-/ 名 (複 **en·ceph·a·la** /-lə/) C〖解剖〗脳髄.

en·ceph·a·lop·a·thy /ensèfəlɑ́pəθi|-lɔ́p-/ 名 U〖医〗脳症.

en·chain /intʃéin/ 動 他 **1** を鎖で縛る; を束縛する, 拘束する. **2**〔心など〕を捕らえて[引きつけて]離さない.

‡**en·chant** /intʃǽnt|-tʃɑ́ːnt/ 動 他 **1** を魅了する, うっとりさせる,〈*by, with* ..で〉〈しばしば受け身で〉(類語 特に強い喜びや賛嘆の気持ちを起こさせること; →charm). The tourists were ~*ed* by the scenery. 観光客はその景色にうっとりした. **2**〖雅〗に魔法をかける. [<ラテン語「まじないの歌を歌う」]

en·chánt·ed /-əd/ 形 **1** 喜びに満ちた; うっとりする〔光景, 日和など〕. her ~ face 彼女の喜びいっぱいの顔. **2** 魔法のかかった. an ~ castle 魔法の(かかった)城《童話などに出てくる》.

en·chánt·er 名 C **1** 魅力のある人. **2** 魔法使い.

†**en·chánt·ing** 形 うっとりさせる, 惚(ほ)れぼれさせる, じつにかわいらしい. ▷~·**ly** 副 魅惑するように.

en·chánt·ment 名 **1** U 魅了(されること), 恍惚(こうこつ)状態. His ~ with music goes back to his childhood. 彼が音楽のとりこになったのは子供時代にさかのぼる. **2** C 魅惑するもの, 魅力. the ~*s* of a big city 大都会の魅力. **3** UC 魔法(をかける[られる]こと).

en·chant·ress /intʃǽntrəs|-tʃɑ́ːnt-/ 名 C **1** 妖艶(ようえん)な女性. **2** 魔法使いの女, 魔女.

en·chase /intʃéis/ 動 他 **1**〔宝石など〕をちりばめる〈*in* ..に〉; にちりばめる〈*with* ..〔宝石など〕を〉. **2** =chase 2.

en·chi·la·da /èntʃəlɑ́ːdə/ 名 C エンチラーダ《チリソースなどで味付けした肉やチーズを詰めたトルティーヤ (tortilla); メキシコ料理》.

en·ci·pher /insáifər/ 動 他 を暗号文にする (↔deci-「pher).

‡**en·cir·cle** /insə́ːrk(ə)l/ 動 他 **1** を輪で囲む; を取り巻く, 囲む;〈*by, with* ..で〉(類語 丸く取り囲む, という意味; →surround). The army ~*d* the town. 軍隊が町を包囲した. a village ~*d by* [*with*] hills 丘に囲まれた村. **2** を囲むように抱く〈*in* ..〔腕など〕で〉. **3** の周りを回る, を1周する. ▷~·**ment** 名 U 包囲; 1周(すること).

encl. enclosed; enclosure.

en clair /ɑːŋ-kléər/ 形 副〔外交文書, 電文などが〕(暗号でなく)平文(ひらぶん)の[で] [フランス語 'in clear'].

‡**en·clave** /énkleiv/ 名 C 飛び地, 包領,《ある国の中に包まれている他国の領土》; 小孤立民族集団[文化圏]. [<古期フランス語「囲い込む」]

‡**en·close** /inklóuz/ 動 (-**clos·es** /-əz/|過 過分 ~**d** /-d/|-**clos·ing**) 他【囲む】 **1** (**a**) を囲む, 取り巻く,〈*by, with* ..で〉; を入れる, 納める,〈*in* ..〔容器など〕に〉. ~ a word *with* a circle [brackets] 語を丸[かっこ]で囲む. ~ a vegetable garden *with* a picket fence 菜園に杭で柵を巡らす. The ancient urn was exhibited ~*d* in a glass case. その古代のつぼはガラスケースに納めて展示されていた. (**b**)〔塀などが〕を取り囲む. High walls ~*d* the prison. 高い塀が刑務所を取り囲んでいた.
【囲みの中に入れる】 **2** を封入する, 同封する,〈*with* ..〔手紙など〕に〉. I ~ a check herewith [*with* this letter]. この手紙に小切手を同封します. Please find ~*d* a check for 10 pounds.《主に商用文》10 ポンドの小切手を同封いたしますから御査収ください.
3〔手紙などが〕を同封してある. The letter ~*d* $10 in cash. 手紙には現金 10 ドルが同封してあった.
[<古期フランス語「閉じ込める」; include と同源]

en·clo·sure /inklóuʒər/ 名 **1** U 囲いをすること;〖英史〗囲い込み《16-18 世紀英国で土地所有者が従来認めていた共同利用地などを囲って私有地であることを明示したこと》. **2** C 囲い《柵(さく), 塀, 垣根など》.
3 C 囲い地; 構内, 境内. **4** C 封入[同封]物, 中身.

‡**en·code** /inkóud/ 動 他 を符号化する;〔通信など〕を暗号[信号]にする; (↔decode).

en·cód·er 名 C〖通信・電算〗符号器, エンコーダ, 「(↔decoder).

en·co·mi·um /enkóumiəm/ 名 (複 ~**s**, **en·co·mi·a** /-miə/) C〖章〗大賛辞, 褒めちぎる言葉.

‡**en·com·pass** /inkʌ́mpəs/ 動 他 **1**〖章〗(防御又は攻撃のために)の周囲を取り巻く, を囲む; を包囲する; (surround). **2**〖章〗を含む, 包括する. **3**〖古〗〔破滅など〕を招く, もたらす.

‡en·core /á:ŋkɔ:r|ɔŋkɔ́:/ 間 アンコール!
—— 名 C **1**「アンコール!」の叫び,(拍手などによる)アンコール演奏の要求. call for an ～ アンコールを求める. get [receive] an ～ アンコールを受ける. **2** アンコール演奏; アンコール曲. The pianist played two ～*s*. そのピアニストはアンコールに応えて 2 曲弾いた.
—— 動 他〔演奏者〕にアンコールを求める;〔歌など〕をアンコールする.
[フランス語 'again'; 音楽演奏に関して使うのは英語での用法]

***en·coun·ter** /inkáuntər/ 動 (～s /-z/|過 過分 ～ed /-d/|～·ing /-t(ə)riŋ/) 他【章】**1** に出くわす, ぱったり会う, (come upon). ～ a former classmate unexpectedly 昔の級友と思いがけず出会う. **2**〔困難, 危険など〕に出遭う. ～ obstacles 障害に直面する. ～ resistance 抵抗に遭う. **3**〔敵〕に遭遇する, と交戦する;〔競争相手〕と対抗する.

連結 a memorable [a historic; an awkward; a casual; a face-to-face; a romantic; a sexual] ～ // have an ～ with . .

—— 名 U **1** 交戦, 対戦; 遭遇戦. **2** 偶然の出会い. A chance ～ changed our lives. 偶然の出会いが我々の人生を変えた.
[＜古期フランス語(＜ラテン語 in-¹＋*contrā* 'against')]

‡en·cour·age /inkɔ́:ridʒ|-kʌ́r-/ 動 (-ag·es /-əz/|過 過分 ～d /-d/|-ag·ing) 他 (↔discourage)
1 (a)〔人〕を**勇気[元気]づける**, 激励する; をその気にさせる. ～ students *with* praise 学生を褒めて元気づける. She was ～*d* by the news. 彼女はその知らせに力を得た. The professor ～*d* me *in* my studies. 教授は私の研究を励ましてくれた.
(b) VOC (～ X *to do*)·VOA (～ X *to . .*) X(人)をしてするよう[. . へと]励ます, 勧める, 促す; X を. . する気にさせる. ～ a child *to* behave himself [*to* good manners] 子供に行儀よくするよう促す. This small success ～*d* him *to* go ahead with his experiment. この小さな成功に力を得て彼は実験をさらに進めた.
2〔事, 活動〕を奨励する; を助長する. Tom's mother ～*d* my visits. トムのお母さんは私に遊びに来るように勧めてくれた. Warm weather ～*s* the growth of plants. 温暖な気象は植物の生長を促進する. Don't ～ selfishness in children. 子供たちのわがままを助長していけない.
[＜古期フランス語; en-, courage]

en·cóur·aged 形〈叙述〉元気づけられて; 励まされる〈*to* do . .して/*that* 節. . ということで〉. I am very ～*d* (*to* learn) *that* a lot of volunteers have joined our campaign. たくさんのボランティアが我々の運動に参加したことしを知って[で]大変心強く思う.

***en·cour·age·ment** /inkɔ́:ridʒmənt|-kʌ́r-/ 名 (複 ～s /-ts/) **1** U **勇気づける[られる]こと**, 激励; 奨励; 促進. receive [take] much ～ from one's teacher 先生から大いに激励される. give him ～ to try 彼にやってみるよう勧める. She gave him no ～. 彼女は彼に気を持たせるような事は何も言わなかった. **2** C 激励[奨励]になるもの, 刺激. an ～ *to* young people 若い人たちの励みになるもの.

†en·cóur·ag·ing 形 元気づける, 励みになる, 心強い; 奨励になる. an ～ review 励ましになる書評. It is ～ to see the students working so hard. 学生がそんなに勉強しているのを見ると頼もしい. ◇↔discouraging
▷ **～·ly** 副 励ますように, 励まして.

‡en·croach /inkróutʃ/ 動 自 **1** (徐々に)侵入する, (いつの間にか)勢力範囲を拡大する, 〈*on, upon* . .〔他の領土, 領域など〕に〉; 侵害する〈*on, upon* . .〔他人の権利, 時間など〕を〉(→intrude 類語). ～ *on* a neighbor's privacy 隣人の私生活を侵す. ～ *upon* a neighboring country 隣国に少しずつ侵入する. the threat of ～*ing* land development 徐々に拡大する土地開発の脅威. **2**〔海, 川などが〕浸食する〈*on, upon* . .〔陸地〕を〉. [＜古期フランス語「鉤(かぎ)でつかまえる」] ▷ **～·ment** 名 UC 侵害, 侵犯, 浸食,〈*on, upon* . .に対する〉; C 浸食地.

en·crust /inkrʌ́st/ 動 他〔表面など〕を覆う〈*with* . .〔外皮など〕で〉; にちりばめる〈*with* . .〔宝石など〕を〉〈普通, 受け身で〉. boots ～*ed with* dirt 泥だらけの長靴. a bracelet ～*ed with* diamonds ダイヤをちりばめた腕輪.
▷ **en·crus·ta·tion** /inkrʌstéiʃ(ə)n/ 名

en·crúst·ed /-əd/ 形 堅い外皮に覆われた, 表面が堅い; (宝石などを)ちりばめた. ～ snow 表面の堅くなった雪. a blood-～ cut 血の固まった切り傷.

en·crypt /inkrípt/ 動 他〔情報〕を暗号化する.
▷ **en·cryp·tion** 名

en·cum·ber /inkʌ́mbər/ 動 他〈普通, 受け身で〉**1** をじゃまする, の足手まといになる, (hinder);〔身動きなど〕を妨げる〈*with, by* . .で〉; (↔disencumber). Her long skirt ～*ed* her movements. 彼女はロングスカートで身動きがままならなかった. The refugees were ～*ed with* small children. 避難民は小さな子供たちが足手まといになっていた. **2**〔場所〕をふさぐ〈*with* . .〔不用品など〕で〉. a room ～*ed with* old furniture 古い家具でふさがれた部屋. **3**〔人〕に負わせる〈*with* . .〔負債など〕を〉,〔土地〕につける〈*with* . .〔抵当など〕を〉. ～ an estate *with* a mortgage 土地を抵当に入れる.
[＜古期フランス語(＜en-＋*combre*「障害物」)]

en·cum·brance /inkʌ́mbrəns/ 名 C じゃま物; 厄介者; 重荷, (負債などの)負担. To some people children are ～*s*. 子供を厄介者と見る人もある.

-en·cy /ənsi/ 接尾 -ent で終わる形容詞に対応する名詞語尾で, 性質や状態を表す (→-ence). depend*ency*. frequ*ency*. [-ence の異形]

en·cyc·li·cal /ensíklik(ə)l/ 名 C【カトリック】(ローマ教皇の)回勅《大司教, 司教全員に配布する》.

***en·cy·clo·p(a)e·di·a** /insàikləpí:diə/ 名 (複 ～s /-z/) C **百科事典**, 百科全書; (1 分野の)専門事典. [現代ラテン語(＜ギリシア語「全般的な」＋「教育」)]

Encyclopàedia Británnica 名〈the ～〉ブリタニカ百科事典《最古の英語百科事典; 初版 1768–71 年》.

en·cy·clo·p(a)e·dic, -di·cal /insàikləpí:dik 形/, /-dik(ə)l 形/ 形〔知識などが〕百科全書的な, 広範な.

Encyclopèdia Americána 名〈the ～〉アメリカーナ百科事典《1829 年初版; アメリカで最も権威ある百科事典》.

‡end /end/ 名 (複 ～s /-dz/) C
【終わり】**1** (期間, 出来事, 物語などの)**終わり**, 結末; (本などの)末尾; (↔beginning; 類語 終了そのものに重点がある; →finish). at [by] the ～ of the year その年末に[までに]. one's journey's ～ 旅路の果て. His life had an unhappy ～. 彼の人生は不幸な末路だった. the ～ of a story 物語の結末. from beginning to ～ →beginning (成句). **2** (混乱, 危機などの)終結, 終息; 消滅. There's no ～ in sight to the present depression. 現在の不況の終息は先が見えない.
3〈普通, 単数形で〉【婉曲】**死**, 最期, (death); 破滅. near one's ～ 死期が迫っている. He met his ～ with dignity. 彼は泰然として死に臨んだ.

連結 a calm [a peaceful; a painful; an unfortunate; an untimely] ～

4 結果, 成行き, (result, outcome). secure the desired ～ 望み通りの結果を得る.
【際限】**5 限界**, 果て; 中心から離れた地域, 外れ. the west ～ of the town 町の西外れ. →East End, West End.

6 (量, 力などの)**限度**, 際限; 〖英話〗〈the ～〉ひどいもの[人]《穏やかな非難》. We were at the ～ of our food. 食糧が底をついた. Her manner is the ～. 彼女の態度はずいぶんひどい《＜これが我慢できる限度だ》. This is the (absolute) ～—I'll never help him again. これが限界だ. 二度と彼を助けてやらない. There is no ～ to refugees trying to head for the United States by boat. 舟でアメリカをめざす難民はあとをたたない.
【究極の目標】 **7 目的**, 目当て, ねらい; 存在理由[目的]; (purpose, aim). For him collecting books is an ～ in itself. 彼にとって本の収集それ自体が目的である. for [to] this [that] ～ この[その](目的の)ために. To what ～ did you do that? 何のためにあんな事をしたのですか. The ～ justifies the means. 〖諺〗目的のためには手段を選ばず《＜目的は手段を正当化する》. a means to an ～ 目的のための手段. With this ～ in view they held a charity concert. この目標を達成するために, 彼らは慈善音楽会を催した. the ～ for which men exist 人間の存在理由. This invention is sure to serve a useful ～. この発明は有用な目的に適(かな)うことは確かだ.

連結 accomplish [achieve, attain, fulfill, gain, win] one's ～

8【目的による区分】〖話〗(仕事などの)分担, 役割; (..の)側; (建物, 地区などの)部分, 方面. the advertizing ～ of a business 事業の宣伝部門. There's no problem at my ～. 私の方では問題はない. How is the weather at your ～? そっちの天気はどうですか. the fashionable ～ of a city 市の繁華街.
【末端】 **9 (a)** (細長いものの)端, 末端; 先端, 先, (tip); (街路などの)外れ, 突き当たり. both ～*s* of a rod 棒の両端. look through the wrong ～ of a telescope 望遠鏡を逆さにのぞく. the blunt [pointed] ～ of a knife ナイフのなまった[尖(とが)った]刃先. the ～ of a pencil 鉛筆の先. walk to the ～ of a street 通りの端まで歩く. join the ～ of a line of people 人の列の端に加わる. sit at the far ～ of a table テーブルのいちばん端に座る. from one ～ of the town to the other 町の端から端まで. **(b)** 〈the other ～ として〉向こうの端; あちら側《電話先, 宛先, 旅先など》. the other ～ of the bridge 橋の向こう端. the person on [at] the other ～ of the line 電話の相手方. Grandpa is going to meet me at the other ～. (旅先の)向こうでおじいちゃんが出迎えてくれる. →dead end, split end. **(c)** 〈形容詞的〉端の, 末端の. the ～ building 端にある建物. an ～ car (列車の)最後部車両.
10 〈しばしば ～s〉使い残しの端, くず. a cigarette ～ たばこの吸い殻. odds and ～*s* →見出し語.
11 〖アメフト〗前衛線の両端の競技者; (一般のスポーツでの攻撃・守備の)サイド.
àll ènds úp すっかり, 徹底的に.
at a lòose énd 〖英〗＝at loose ENDS (2).
****at an énd*** 尽きて; 終わって; 限度に達して (→名 6). The strike is *at an* ～. ストライキは終わった. My patience is *at an* ～. 私の我慢は限度に来ている.
at lòose énds (1) 定まらない状態で, 混乱して. be *at loose* ～*s* what to do どうしてよいか分からない. (2) 〖米〗(職がなくて)ぶらぶらして; 暇で.
at the dèep énd (仕事などの)一番難しい所で[に]. throw a person in *at the deep* ～ 人に難しい仕事を急にやらせる.
at the ènd of *one's* ***téther*** →tether.
at the ènd of the dáy 〖主に英話〗煎(せん)じつめると, 結局.
begin [***stàrt***] ***at the wròng énd*** 始め方を誤る, やり損なう.
brìng..to an énd ..を終わらせる.
còme to a bàd [***stìcky***] ***énd*** ひどい目に遭う, 破産する; 不幸な死に方をする.
****còme to an énd*** 尽きる; 終わる. The fight *came to a* speedy ～. けんかはたちまち終わった.
còme to the énd of.. ..が尽きる. We *came to the* ～ *of* our funds. 我々の資金は尽きた.
dràw [***còme***↑] ***to an énd***
ènd of stóry 〖話〗話は終わり, これ以上言う[する]ことはない, 《発言内容に対する確信を強調して》. He is in no way to blame — ～ *of story*. 彼に非は全くない—言わずもがな.
ènd ón 端と端とが接して[ぶつかって]〔衝突するなど〕《正面衝突にも追突にも用いる》.
ènd to énd 端と端とが縦に接して, 縦に1列に.
****from ènd to énd*** 端から端まで.
gèt [***hàve***] *one's* ***énd awày*** 〖英俗〗〔男が〕(女と)セックスする.
gèt the dírty ènd of the stíck →stick.
gèt the wróng ènd of the stíck →stick.
go òff (***at***) ***the dèep énd*** →deep.
hàve..at *one's* ***fìngers' énds*** ＝have.. at one's FINGERTIPS.
****in the énd*** 最後に(なって); 結局, とうとう. I tried and failed to fix my car several times; *in the* ～ I called in a mechanic. 何度か自分の車を修理してみようとしたがだめだったので結局修理工を呼んだ.
kèep [***hòld***] *one's* ***énd ùp*** 自分の役割をしっかり果たす; 〖英話〗(困難に出遭っても)ひるまない.
màke an énd of.. 〖章〗..を終わらせる, やめる.
****màke*** (***bòth***) ***ènds méet*** 収支をつぐなわせる; 収入の範囲内で生活する. It's difficult to *make* ～*s meet* on my husband's small salary. 夫の安い給料の範囲内で生活するのは難しい.
never [***not***] ***hèar the énd of..*** ..のことを際限なく聞かされる. If he hits a home run, we'll *never hear the* ～ *of* it. もし彼がホームランを打てば果てしなくその話を聞かされるだろう.
nò énd 〖話〗どっさり; ひどく, とても, (very much). The film is praised *no* ～. その映画はとても評判がいい.
nò énd of.. 〖話〗たくさんの..; 途方もない.., 大した... have *no* ～ *of* trouble 苦労が果てしなくある. He's *no* ～ *of* a fool. やつは途方もないばか者だ.
****on énd*** (1) 縦に, まっすぐに立って. His hair stood *on* ～. 彼は髪の毛が逆立った《恐怖などで》. put a thing *on* ～ 物を立てる. (2) 引き続いて. walk hours *on* ～ 何時間も歩き続ける.
****pùt an énd to..*** ..を終わらせる, やめる; ..の再発を防ぐ. Mankind must *put an* ～ *to* war or war will *put an* ～ *to* mankind. 人類が戦争を絶やさなければ戦争が人類を絶やすであろう. *put an* ～ *to* ⌞oneself [it all] 〖話〗自殺する (＝～ it all→動 成句).
rèach the ènd of the líne [***róad***] →line.
the ènd of the wórld (1) この世の終わり; 地の果て. (2) 〖話〗〈否定文で〉重大事. We know that this game is not *the* ～ *of the world*. 我々はこの試合が決定的なほど重大ではないことを知っている.
the ènds of the éarth 地球の果て, 遠い土地.
to nò énd いたずらに, むだに. I often tell my students not to chatter in class, but *to no* ～. 私は学生に教室でおしゃべりするなと言うのだが, むだだ.
****to the*** (***bìtter, vèry***) ***énd*** 最後(の最後)まで, どこまでも. The strikers were determined to fight *to the bitter* ～. ストの連中はとことん戦う覚悟だった.
to [***till, until***] ***the ènd of tíme*** 〖雅〗永遠に, いつまでも, (forever).
without énd 果てしのない; いつまでも, 永久に. We pledged to love each other *without* ～. 我々はいつま

でも愛し合うことを誓った.
── 動 (~s /-dz/|énd·ed /-dəd/|énd·ing) 他 **1** (**a**) 〔期間, 人生など〕を終える, の終わりを迎える, 〈*in, on* ..で〉. ~ one's days *in* happiness 幸福な晩年を送る. The markets ~*ed* the year *on* a strongnote. 市場は強含みでその年を終えた.
(**b**) VOA 〔書き物, スピーチ, 会合など〕を**終わらせる**, 結ぶ, 〈*with, on* .. で/*by* do*ing* .. して〉(→finish 類語). ~ the party *with* [*by* sing*ing*] *Auld Lang Syne*「ほたるの光」で[を歌って]パーティーをお開きにする. **2** 〔物事, 行為など〕を**やめる**, 終結させる; 〔関係など〕を終わりにする. Let's ~ this discussion at once. 今すぐこの討論をやめよう. I decided to ~ my relationship with Jim. 私はジムとの関係を終わらせる決心をした. **3** 〔物事が〕の終わりになる, を締めくくる. His speech ~*ed* the meeting. 彼の話で会は終わった.
── 自 **1** 〔期間などが〕終わる 〈*with* ..で〉; VA (~ *with* ..) 〔物(の先端)が〕..で終る. The evening ~*ed with* fireworks. その夕べは花火で終わった. Her fingers ~ *with* long silver nails. 彼女の指先には, 長い銀色の爪がある. **2** VA 〔物事, 行為, 人などが〕..で[に]終わる; 落着する. ~ *by* doing, ~ *in* .., ~ (up) *with* .., (→成句). The story ~*s* happily. その物語はハッピーエンドである. ◇↔begin, commence

an X̀ to ènd all X́s 〖話〗すべての X$_L$ に勝る[を上回る] X 《同類の中で最高のもの》. This is *an* opera *to* ~ *all* operas. これはすべてのオペラを凌ぐオペラだ.

ènd by dóing 結局..する, ..して終わる, ついには..する. He will ~ *by* marry*ing* her. 結局彼は彼女と結婚することになるだろう.

****énd in..*** ..に**終わる**, 結局..になる; ..で終わる. The game ~*ed in* our 3–2 victory. 試合は3対2で我々の勝利に終わった. adverbs ~*ing in* -wise 'wise' で終わる副詞. ~ *in* failure 失敗に終わる.

ènd it (áll)=***ènd one's lífe*** 〖話〗自殺する.

ènd óff 途切れる.

ènd /../ óff ..を完結する, 〔演説など〕を結ぶ, 〈*by* do*ing* ..して/with ..で〉. ~ *off* one's speech *with* a hope for the future 演説を将来への希望で終わる.

ènd úp 最後には〔..に〕なる 〈*as* ..に〉; (入って)終わる 〈in ..に〉. He ~*ed up* (*as*) ruler of his party. 彼は結局は党の支配者になった. ~ *up in* the hospital 最後には(病気などになって)入院する羽目になる. ~ *up* bankrupt 挙げ句の果てに破産する. The besieged held on for three months but they ~*ed up* surrendering. 籠(ろう)城軍は3か月頑張ったがとうとう降伏した.

ènd (úp) with.. ..で終わる. The dinner ~*ed* (*up*) *with* some very nice cheese. 食事はとてもおいしいチーズが出て終わった. Bush ~*ed up with* a very poor record of economic growth. ブッシュ大統領は経済成長では非常に悪い成績で終わった. [<古期英語]

ènd and áim 名 C 目的.

†**en·dan·ger** /indéindʒər/ 動 他 を危うくする, 危険に陥れる. ~ one's life 命を危うくする.

endàngered spécies 名 C 絶滅危惧(ぐ)種《絶滅寸前の生物》.

énd consùmer 名 =end user.

en·dear /indíər/ 動 他 〖章〗VOA (~ X *to*..) X を..に親しまれるようにする, 愛されるようにする; (~ *oneself to* ..) ..に慕われる[愛される]. Her kindness$_L$ ~*s* her [makes her dear] *to* everyone. 彼女は親切なのでだれからも慕われる. The young teacher ~*ed* him*self to* his pupils. 若い先生は生徒に慕われた.

‡**en·déar·ing** /-(ə)riŋ/ 形 愛情を起こさせるような, かわいらしい. an ~ character 親しみやすい[みんなに好かれる]性格. ▷ **~·ly** 副 人なつこく, かわいらしく.

en·déar·ment 名 **1** U 愛情を示すこと; 愛されていること; いとしさ. a term of ~ 愛情表現の呼びかけ語 (→2). He lavished kisses of ~ on his daughter. 彼は娘がかわいくてやたらとキスした. **2** C 愛情表現 《darling, my dear などの言葉や愛撫(ぶ)》.

***en·deav·or** 〖米〗, **-our** 〖英〗 /indévər/ 〖章〗 動 (~s /-z/|過 過分 ~ed /-d/|~·ing /-riŋ/) 自 **努力する** 〈*to* do ..しようと〉, 努める, (類語 try より努力の要素が強く, try hard に相当). ~ *to* persuade her 彼女を説得しようと努力する. ~ to the best of one's ability 能力の限りを尽くして努力する.
── 名 (複 ~s /-z/) UC **努力** (類語 effort より文章体の語であるほか, 特に真剣で継続的な努力を言う). make every ~ *to* establish [*at* establish*ing*] peace 平和を確立しようとあらゆる努力をする. a new field of human ~ 人類が力を尽くす新しい分野.
[<中期英語 (<en-+*dever* 'duty')]

‡**en·dem·ic** /endémik/ 形 固有の 〈*to, in* ..〔ある地方, 民族, 集団など〕に〉; 風土的な〔病気など〕. ~ plants 特産植物. injuries ~ *to* athletes 運動選手に特有なけが. the violent crime ~ *in* the city 都会特有の暴力犯罪. ── 名 C 特産植物[動物]; 風土病, 地方病, (→epidemic, pandemic).
[<ギリシア語「土着の」(<'in'+'people')]

énd·gàme 名 C (チェス, ブリッジなどの)終盤, 大詰め; 〈一般に〉最終段階, (外交交渉などの)大詰め.

énd·ing 名 C **1** 結末; 終末, 末尾. A good beginning makes a good ~. 〖諺〗物事は初めが肝心. a happy ~ ハッピーエンド, 大団円. (★a happy end は誤り). **2** 〖文法〗(活用)語尾 《boys の s, looked の ed など》.

en·dive /éndaiv|-div/ 名 C **1** 〖植〗キクヂシャ, エンダイヴ, 《サラダ用》. **2** 〖米〗=chicory.

***end·less** /éndləs/ 形 **1 果てしのない**, 際限のない, (類語 時間的・空間的に終わりのないことを意味する; →eternal). ~ chatter いつ終わるともしれないおしゃべり. **2** 絶え間ない, 不断の. ~ complaints ひっきりなしの苦情. **3** 〖話〗無数の, 数え切れない. on ~ occasions 何度も何度も数えきれないほど(しばしば). **4** 〖機〗循環の, 継ぎ目なしの. ▷ **~·ness** 名

èndless bélt 名 C 〖機〗継ぎ目なしベルト.

†**énd·less·ly** 副 果てしなく; 絶え間なく. an ~ dull story だらだら続く退屈な長話.

èndless tápe 名 C エンドレステープ.

énd lìne 名 C 〖スポーツ〗エンドライン《コートなどの縦の境界線; 〖アメフト〗ではゴールラインの9メートル後方 (→end zone); ↔sideline》.

énd màn 名 C 〖米〗エンドマン《(minstrel show の)列の端にいる道化役》.

end·most /én(d)mòust/ 形 最後方[末端]の.

en·do- /éndou/ 〈結合辞〉(★母音の前では end- となる)「内の, 内部の」の意味 (↔exo-). [ギリシア語 *éndon* 'within']

en·do·car·di·um /èndəkáːrdiəm/ 名 (複 **en·do·car·di·a** /-diə/) C 〖解剖〗心内膜.

en·do·carp /éndəkàːrp/ 名 C 〖植〗内果皮《ミカンの袋状の皮, サクランボの種の周囲の皮など; ↔exocarp》.

en·do·cen·tric /èndouséntrik/ 形 〖言〗内心構造の《the very clever boy の語群のように, 全体が中心語(この場合 boy)と同じ文法機能を持つ構造; ↔exocentric》.

en·do·crine /éndəkrən, -kràin/ 〖生理〗 形 内分泌の (↔exocrine). ── 名 C **1** =endocrine gland. **2** 内分泌物, ホルモン.

éndocrine glànd 名 C 〖生理〗内分泌腺(せん).

en·do·cri·nol·o·gy /èndəkrənálədʒi|-nɔ́l-/ 名 U 〖医〗内分泌学.

en·do·derm /éndədəːrm/ 名 C 〖生物〗内胚(はい)葉

《多細胞生物の発生中にみられる胚葉の 1 つ》.

en·dog·a·mous /endágəməs|-dɔ́g-/ 形 同族結婚の. 「(↔exogamy).

en·dog·a·my /endágəmi|-dɔ́g-/ 名 U 同族結婚↑

en·dog·e·nous /endádʒənəs|-dɔ́dʒ-/ 形 〖生物〗内生の; 〖生化・医〗内生的な, 内因性の; (↔exogenous).

en·do·plasm /éndəplæ̀zm/ 名 U 〖生物〗(アメーバなど原生動物の細胞の)内部原形質, 内質.

en·dórs·a·ble 形 裏書きできる; 保証できる.

‡**en·dorse** /indɔ́:rs/ 動 他 **1** 〔小切手, 手形など〕に裏書きする; 〔書類(の裏)〕に書き込みを入れる. ～ a check 小切手に裏書きする. **2** 〖主に英〗〔自動車運転免許証の裏面〕に違反行為を記載する 〈普通, 受け身で〉. have one's license ～*d* for speeding 免許証にスピード違反を書き込まれる. **3** 〖章〗〔意見など〕に賛成する, を支持する, (類語 approve にさらに積極的な支持の意味が加わる). I can't ～ violence. 私には暴力を是認できない. **4** (宣伝で)〔製品, 商品など〕を推奨する. [＜古期フランス語「裏に書く」] ▷**-dors·er** 名 C 裏書き人. **～·ment** 名 UC 裏書き; 賛成, 支持; (商品の)推奨; 〖英〗(免許証に記入された)交通違反事項. 「人.

en·dors·ee /indɔ̀:rsí:/ 名 C 被裏書き人, 譲り受け↑

endo·skel·e·ton /èndouskélətn/ 名 C 〖動〗(脊椎動物などの)内骨格 (↔exoskeleton).

***en·dow** /indáu/ 動 (～s /-z/|過 過分 ～ed /-d/|～·ing) 他 **1** 〔人, 公共施設など〕に**資産を贈与する**; に寄付する〈*with* ..〔基金〕を〉; 〔基金, 施設など〕を寄付する. ～ a hospital *with* a large sum of money 病院に多額の寄付をする. an ～*ed* school 財団法人組織の学校.
2 〖章〗VOA (～ X ***with..***) X に〔能力, 資質など〕を**授ける**, 与える, 〈普通, 受け身で〉. She is well ～*ed* [Nature has ～*ed* her] *with* a good sense of humor. 彼女はすぐれたユーモア感覚に恵まれている. [＜古期フランス語(＜en-＋*doner* 'bestow')]

‡**en·dów·ment** 名 **1** U (基金の)寄付. **2** C 〈普通 ～s〉基本財産, 基金. **3** C 〖章〗〈普通 ～s〉生来の特質《精神的, 肉体的な》; 生まれつきの才能.

endówment assùrance 名 〖英〗＝endowment insurance.

endówment insùrance 名 U 養老保険.

endówment mòrtgage 名 UC 〖英〗養老保険抵当《債務者は利子だけを抵当権者に払い, 別に養老保険をかけて, それで終局的に元金を支払う》.

endówment pòlicy 名 C 養老保険(証券).

énd·pàper 名 C 〖製本〗〈普通 ～s〉見返し (→flyleaf).

énd pròduct 名 C 最終結果; 最終生産物 (→by-product). 「結果; 結末.

ènd resúlt 名 C 〈普通 the ～〉(ある活動の)最終↑

énd rùn 名 C **1** 〖アメフト〗エンドラン《ボールを持った選手が, エンド (→end 名 11)の外側から, 防御陣の後方に回り込むプレー》. **2** 〖米〗回避策

énd tàble 名 C (ソファーなどの横に置く)脇(わき)テーブル.

en·due /ind(j)ú:/ 動 他 〖詩・雅〗＝endow 2.

en·dur·a·ble /ind(j)ú(ə)rəb(ə)l/ 形 耐えられる, 我慢できる. ▷**-bly** 副

***en·dur·ance** /ind(j)ú(ə)rəns/ 名 U **忍耐力**; 耐久力; **忍耐**, 我慢; (類語 永続的な困難を力強く耐え忍ぶという意味; →patience). A marathon race calls for great ～. マラソン競走には大変な耐久力が要求される.
beyond [***past***] ***endúrance*** 耐えがたいほどに[の, で].

endúrance tèst 名 C 耐久[持久]力テスト.

‡**en·dure** /ind(j)úər/ 動 (～s /-z/|過 過分 ～d /-d/|-dur·ing /-d(j)u(ə)riŋ/) 他 **1** 〔苦痛, 困難など〕を(屈せずに)**耐え抜く**, 耐え忍ぶ, (類語 普通, 長期間の我慢に用いる; →bear[1]). The pioneers ～*d* many hardships. 先駆者たちは多くの困難を切り抜けた.
2 をこらえる, 我慢する; VO (*doing*/～ *to do*/*that* 節) ..するのに/..ということに耐える; 〈しばしば否定文で〉. I can't ～ boredom [that man]. 退屈さ[あの男]には我慢ができない. I can't ～ listen*ing* [*to* listen] to this poor music any longer. このつまらない音楽をこれ以上聴いてはいられない. We can't ～ *that* he should continue to have his own way. 我々は彼がわがままを通し続けることに我慢できない.
— 自 **1** 〖章〗**持ちこたえる**, 長続きする, (last); 〔生命が〕保たれる, 持つ. His works will ～ for centuries. 彼の作品は何世紀間も残るだろう. **2** 忍耐する, 我慢する. ～ to the end [last] 最後まで頑張る.
◇名 endurance 形 endurable, enduring [＜ラテン語「固くする」(＜*dūrus*「固い」)]

en·dúr·ing /ind(j)ú(ə)riŋ/ 形 長持ちする; 永続的な; (類語 耐久性を強調; →permanent). He swore ～ love. 彼は変わらぬ愛を誓った. ～ peace 永久の平和.
▷**～·ly** 副 永続的に. 「長距離耐久レース.

en·du·ro /indú(ə)rou/ 名 C (自動車, オートバイの)↑

ènd úser 名 C (製品の)末端消費者, 最終利用者; 〖電算〗エンドユーザー《一般のコンピュータ利用者》.

end·ways, end·wise /éndwèiz/, /-wàiz/ 副 **1** 縦に. **2** 端を前にして. **3** 端と端を接して. put the sofas together ～ ソファーを端と端をつけて並べる.

En·dym·i·on /endímiən/ 名 〖ギ神話〗エンディミオン《月の女神 (Selene) が愛した少年羊飼い》.

énd zòne 名 C 〖アメフト〗エンドゾーン《ゴールラインとエンドラインの間の地域; ここにボールを持ち込むとタッチダ↓ウンになる》.

ENE east-northeast.

en·e·ma /énəmə/ 名 C 〖医〗浣(かん)腸; 浣腸剤[器].

‡**en·e·my** /énəmi/ 名 (複 **-mies** /-z/) **1** C **敵**, かたき; 反対者; (類語 friend に対する語; →opponent). They were our friends, but now they are *enemies*. 彼らはかつては味方だったが今は敵である. one's mortal ～ 不倶戴天(ふぐたいてん)の敵. They are sworn *enemies*. 彼らはお互いに許すことのできない敵同士である. an ～ to reform 改革の敵.
2 (**a**) C 〈the ～; 単数形で複数扱いもある〉敵軍, 敵艦隊など. The ～ was [were] defeated and retreated. 敵は敗れて退却した. (**b**) C 敵国(人). (**c**) 〈形容詞的〉敵の. an ～ ship 敵艦. ～ forces 敵勢.

> 連結 a formidable [a powerful; a deadly; an avowed] ～ // fight (against) [confront, face; conquer, overcome; drive away, rout] the ～

3 C 危害を与えるもの, 有害なもの. Disease is the ～ of mankind. 病気は人類の敵である.
4 〈the E-〉悪魔 (the Devil).
be an énemy to.. ..に敵対する, ..を敵視する.
màke an énemy of.. ..を敵にまわす, ..の恨みを買う.
one's òwn wòrst énemy (愚かにも)我が身を害する人; 不運の原因. 《＜自分が自分自身の最大の敵》
[＜ラテン語「敵(の)」(＜in-[2]＋*amīcus* 'friend')]

***en·er·get·ic** /ènərdʒétik/ 形 m **精力のある**, 元気旺(おう)盛な; 活動的な, **エネルギッシュな**《エネルギッシュはドイツ語から》. a very ～ worker 大変精力的な働き者. ◇名 energy ▷**en·er·get·i·cal·ly** /-k(ə)li/ 副 精力的に; 活動的に.

en·er·gize /énərdʒàiz/ 動 他 **1** に精力を与える; に活気をつける. **2** 〔電気器具など〕に電気を通じる〈普通, 受け身で〉.

‡**en·er·gy** /énərdʒi/ 名 (複 **-gies** /-z/) **1** (**a**) U **精力**, 気力, 元気; (言葉, 動作などの)力, 勢い. feel full of ～ (体内に)気力がいっぱいの感じがする. intellectual [mental] ～ 知力[精神力]. speak with ～ 勢いよく話

す. (**b**)〈しばしば -gies〉**活動力**, 行動力, 能力. All his *energies* were devoted [applied] to the experiments. 彼の全精力はその実験に捧(ささ)げ[傾け]られた.

連結 boundless [unflagging, untiring] ～ // exert [exhaust; waste] one's ～; gather [rouse, summon (up)] all one's ～ [*energies*]

2 Ⓤ 〖物理〗 エネルギー; エネルギー資源 《燃料など》. latent ～ 潜在エネルギー. ～ consumption エネルギー(資源)の消費. [<ギリシア語「活動」]

en·er·vate /énərvèit/ 動 他 〖章〗〔気候, 病気などが〕から元気を奪う; 〔怠惰, ぜいたくなどが〕の力を弱める; 〈しばしば受け身で〉. an *enervating* illness 体力を消耗させる病気. I was utterly ～*d* by the heat. 私は暑さですっかり消耗していた. [<ラテン語「元気を奪う」(<ex-¹ + *nervus* 'nerve')]

èn·er·vá·tion 名 Ⓤ 元気を奪う[奪われる]こと.

en fa·mille /ɑ̀:n-fəmí:, -mí:jə|ɑ̀:n-fæ-/ 家庭で, 家族と一緒に. [フランス語 'in (the) family']

en·fant ter·ri·ble /ɑ:ŋfɑ̀:ŋ-terí:bl(ə)/ (複 **enfants terribles** /同/) 恐るべき子供 《大人が当惑するようなことを言ったり尋ねたりするませたおしゃべりな子供》; (仲間の迷惑を顧みない)とっぴな行動をする面白い人. [フランス語 'terrible infant']

en·fee·ble /infí:b(ə)l/ 動 他 〖章〗(病気などで)〔人〕を弱くする, 弱める, 〈しばしば受け身で〉. ▷ **～·ment** 名

en·fi·lade /énfəlèid, -lɑ̀:d/ 動 他 に縦射を浴びせる.
— 名 aU 縦射. [フランス語「ひと続き」]

en·fold /infóuld/ 動 他 〖章〗 **1** を包む, くるむ, 〈*in, with* ..で〉. **2** を抱く, 抱擁する, (embrace).

***en·force** /infɔ́:rs/ 動 (**-forc·es** /-əz/|過 過分 **～d** /-t/|**-forc·ing**) 他 **1** 〔法律など〕を**実施する**, 施行する, 〈*on, against* ..に対し〉. ～ economic sanctions *on* [*against*] a country 国に経済制裁を実施する. **2** を**強いる**, **強制する**; を押しつける; 〈*on, upon* ..〔人〕に〉. Strict discipline was ～*d on* [*upon*] all the students. 全学生に厳しい規律が強制された. ～ obedience 服従を強いる. live in ～*d* solitude 強いられて[やむを得ず]孤独の生活をする. **3** 〔論拠など〕を強める, 強化する, (reinforce). ～ one's argument with statistical evidence 統計的な証拠で自説を固める.
[<古期フランス語「強化する」; en-, force] ▷ **～·a·ble** 形 実施[施行]できる; 強制し得る.

‡en·fórce·ment 名 Ⓤ (法律などの)実施, 施行, 執行; 強制, 強要; 強調.

en·fran·chise /infrǽntʃaiz/ 動 他 〖章〗 **1** に選挙権[公民権]を与える; 〔都市〕に自治権を与える; (↔disfranchise). **2** 〔奴隷など〕を解放する, 自由にする, (set free).

en·frán·chise·ment 名 Ⓤ **1** 選挙権の付与. **2** (奴隷などの)解放.

ENG electronic news gathering (電子機器によるニュース取材) 《携帯用ビデオ装置で取材したテレビニュースを短時間で編集・放映できる装置》.

Eng. England; English.

eng. engine; engineer(ing); engraving.

‡en·gage /ingéidʒ/ 動 (**-gag·es** /-əz/|過 過分 **～d** /-d/| **-gag·ing**) 他 【拘束する＞活動に引き込む】 **1** 〖章〗 を**従事させる**. ～ (oneself) in .. (→成句).
2 〖章〗〔時間など〕を占める, ふさぐ. Tennis ～*s* all his spare time. 彼は暇があればいつもテニスをしている.
3 〖章〗〔人〕を引き込む 〈*in* ..〔会話など〕に〉; 〔注意, 関心など〕をとらえる. get ～*ed in* an argument 議論に引き込まれる. What ～*d* my attention was the quantity of toys lying around. 私の関心をとらえたのは散らばっているたくさんのおもちゃだった.
4 〖章〗 を交戦させる; と交戦する. ～ the enemy (in battle) 敵と交戦する. **5** 〔掛け金など〕を掛ける; 〔歯車など〕をかみ合わす. ～ the gears (変速機の)ギアを入れる.
【約束で拘束する】 **6** 〖章〗 (**a**) 〔人〕を**雇う**; VOC (～ X *to do*) X を..するようにと雇う; (類語 専門職を一時的に雇う場合が多い; →employ 1). ～ a lawyer 弁護士を雇う. ～ her (*to* work) *as* a typist 彼女をタイピストとして雇う. (**b**) 〔乗り物など〕を雇う, 頼む, (★hire の方が普通). ～ a carriage by the hour 時間ぎめで馬車を雇う. (**c**) 〔席など〕を予約する (★reserve の方が普通). ～ a hotel room ホテルの部屋を1つ予約する.
7 〖旧章〗 (**a**) VO (～ *to do*)・VOC (～ *oneself to do*) ..することを約束する. I ～ *to* be there on time. 間違いなく時間に参ります. (**b**) VO (～ *that* 節) ..ということを保証する. I ～ *that* he will come to court tomorrow. 彼が明日出廷することは私が請け合う.
8 を婚約させる. ～ oneself to .. (→成句).
— 自 **1** 従事する; 参加する. ～ in .. (→成句). **2** 戦いを始める, 交戦する, 〈*with* ..と〉. **3** 〔掛け金などが〕掛かる 〈*with* ..に〉; 〔歯車などが〕かみ合う 〈*with* ..と〉. The two wheels ～. =One wheel ～*s with* the other. 2つの歯車が[1つの歯車がもう1つのと]かみ合う. **4** 〖古〗 VA (～ *for* ..) ..を請け合う.
***engáge* (*onesèlf*) *in* ..** 〖章〗 (1) ..に従事する, 関係する; ..に勤める. ～ *in* teaching 教職に就く. ～ *in* fruitless effort むだ骨を折る. (2) ..に参加する; ..に精を出す. ～ *in* a contest 競技に参加する. ～ *in* politics 政治に携わる.
***engáge onesèlf to* ..** ..と婚約する. Mary ～*d herself to* Tom. メリーはトムと婚約した.
***engáge upon* ..** 〖章〗〔新しい職業などを〕始める.
[<古期フランス語「約束する」(<en-＋*gage*「誓約」)]

en·ga·gé /ɑ̀:ŋgɑ:ʒéi|ɔ̀ŋgæʒéi/ 形 政治や社会の動きに参加[コミット]している 《文学(者)などに言う》. [フランス語 'engaged']

‡en·gaged /ingéidʒd/ 形 Ⓒ **1** 〈叙述〉 **従事している** 〈*in, on* ..に〉; 忙しい, 暇がない. be ～ *in* a discussion [washing the car] 討論に参加している[車を洗っている]. He is now ～ *on* AIDS research. 彼は今エイズの研究に携っている. Father is ～ today. 父は今日は忙しい.
2 〈叙述〉(時間が)ふさがっている 〈*with* ..で〉. He is ～ *with* a visitor. 彼は来客で手がふさがっている. My time is fully ～ *with* homework. 私の時間は宿題で手一杯です. I can't come to the meeting. I'm otherwise ～. その会合には行けません. 他の事でふさがっていますので.
3 (**a**) 〔便所などが〕使用中の (occupied; ↔vacant); 〖英〗〔電話が〕話し中の (〖米〗 busy; →line 名 7). Hey, taxi! Are you ～? おおい, タクシー, 空いてますか. (**b**) 〔座席, テーブルなどが〕予約されて.
4 婚約中の; 〈普通, 叙述〉 **婚約して** 〈*to* ..と〉. an ～ couple 婚約中の男女. Tom and Mary are [have got] ～. トムとメリーは婚約している[した]. Jill is ～ *to* Jack. ジルはジャックと婚約している.

engáged sìgnal [**tòne**] 名 Ⓒ 〖英〗(電話の)話し中の信号音 (〖米〗 busy signal).

‡en·gage·ment /ingéidʒmənt/ 名 (複 **～s** /-ts/) **1** Ⓒ **誓約**; 契約; (会合などの)約束 (appointment); 予約; 取り決め. a theater's ～*s with* actors 劇場と俳優との契約. a previous [prior] ～ 先約. make a luncheon ～ *with* ..と昼食をとる約束をする.

連結 a pressing [an urgent] ～ // offer [accept; fulfill; break (off), cancel] an ～

2 〖商〗〈～s〉 債務. meet one's ～*s* 債務を弁済する.
3 Ⓒ **婚約** 〈*to* ..との〉. announce the ～ of .. の婚約を発表する. **4** UC 雇用(期間); 雇われ口. seek permanent ～ 定職を求める. a short-term ～ 短期間の雇用[雇われ口]. **5** UC 〖章〗 交戦, 戦い, (類語 battle より形

式ばった語; →fight). a naval ～ 海戦. avoid (a) military ～ 軍事衝突を避ける. **6** Ⓤ (機械, 器具の部分の)かみ合い. **7** ⓐⓤ 取り組む[かかわる]こと 〈*with*..〔問題など〕と〉.

engágement pàrty 名 Ⓒ 婚約披露パーティー.

engágement rìng 名 Ⓒ 婚約指輪, エンゲージリング.

‡**en·gág·ing** 形 人の心を引きつける, 魅力のある, 愛嬌(きょう)のある, (attractive).

▷ **～·ly** 副 魅力的に, 愛想よく.

En·gels /éŋ(g)əls/ 名 **Friedrich ～** エンゲルス (1820–95) 《ドイツ生まれで英国に長く住んだ社会主義者; Marx の協力者, 経済的にも助けた》.

‡**en·gen·der** /indʒéndər/ 動 他 〖章〗〔ある状態など〕を生じさせる, 引き起こす, (cause). Poverty often ～*s* crime. 貧困はしばしば犯罪の原因となる.

‡**en·gine** /éndʒən/ 名 (複 **～s** /-z/) Ⓒ **1 エンジン**, 機関, 発動機. an internal-combustion ～ 内燃機関. a gasoline ～ ガソリンエンジン 《他に diesel ～, steam ～ などがある》. leave the ～ running (自動車の)エンジンをかけたままにしておく.

> 連結 start [switch off; oil; repair] an ～ // an ～ hums [purrs, roars, throbs; sputters; dies, stalls, stops; idles]

2 機関車 (locomotive); '牽引(けんいん)車' 〈*of*..〔改革などの〕〉. **3** ＝fire engine. **4** 〖古〗機械, 道具, 《特に大砲など昔の兵器》.

[＜ラテン語 *ingenium*「天性, 才能, 創意工夫」]

-en·gined 〈複合要素〉 エンジンが..の. a twin-engined airplane 双発機. a dieselengined train ディーゼル車.

éngine drìver 名 Ⓒ 〖英〗〖鉄道〗機関士 (〖米〗engineer).

‡**en·gi·neer** /èndʒəníər/ 名 (複 **～s** /-z/) Ⓒ **1 技師**, 技術者, 工学者. a civil ～ 土木技師[工学者]. an electrical ～ 電気技師[工学者]. the chief ～ 技師長, 機関長. a well-trained ～ 熟練した技師. **2** 〖英〗(電気器具, 機械などの)修理工. **3** 〖軍〗工兵. the Royal *Engineers* 英国工兵隊. **4** (汽船の)機関士; 〖米〗(鉄道の)機関士 (〖英〗engine driver). a first ～ 一等機関士. **5** 巧妙な処理者, 手腕家.

── 動 他 **1** 〔工事など〕を設計[監督]する 〈しばしば受け身で〉. a well ～*ed* bridge 工学的によくできた橋. Airplanes are ～*ed* to be hit by lightning and still stay in the air. 飛行機は雷に打たれてもなお飛んでいられるように設計されている.

2 の(裏面)工作をする, をたくらむ, (工作して)を確保[達成]する. ～ a person's re-election [downfall] 人の再選[失脚]を画策する. The bombing was ～*ed* by the IRA. 爆破は IRA によって工作された.

[＜古期フランス語「(武器, 道具などの)考案者」; engine, -eer]

*__en·gi·neer·ing__ /èndʒəní(ə)riŋ/ 名 Ⓤ **1 工学**; 工学技術. civil [electrical, electronic, mechanical] ～ 土木[電気, 電子, 機械]工学. **2** (土木, 建築などの)工事. **3** 裏工作; 策略.

éngine ròom 名 Ⓒ (船などの)機関室.

‡**Eng·land** /íŋglənd/ 名 **1 イングランド** 《Great Britain から Scotland と Wales を除いた部分; 首都 London; 略 Eng.》. **2** 〈通俗に外国人が用いて〉 英国, イギリス, 《Great Britain 又は the United Kingdom を指す》. [＜古期英語 *Engla land* 'land of the Angles']

‡**Eng·lish** /íŋgliʃ/ 形 ⓒ (★4 は ⓜ) **1 イングランドの**; 〈通俗に〉 **イギリスの**, 英国の. ～ weather is better than that in Scotland. イングランドの天候はスコットランドよりよい. the ～ language 英語 (→language 語法).

2 イングランド人の; 〈通俗に〉 イギリス人の, 英国人の. She is ～. 彼女はイギリス人です. Mr. Hill is an Ènglish téacher. ヒル氏は英国人教師です (注意「英語の先生」は an Énglish tèacher).

3 英語の; 英語による〔翻訳など〕. ～ poetry 英詩. ～ (language) education 英語教育.

4 英国的な; 英国人らしい.

── 名 **1** (**a**) Ⓤ **英語**; (科目としての)英語(英文学); 英語の表現. speak in ～ 英語で話す. Put it into ～. それを英訳せよ. British [American] ～ イギリス[アメリカ]英語. Elizabethan ～＝the ～ of the Elizabethan Age エリザベス朝の英語. spoken [written] ～ 話し言葉[書き言葉]の英語. It's not ～. それは正しい英語の表現ではない. Why can't he even speak proper ～? どうして彼はまともな言葉が話せないのだろう. What is the ～ for 'sakura'? 「サクラ」に当たる英語は何ですか (語法 このように特定の語(句)を指す場合は the が必要). →Middle [Modern, Old, Queen's [King's], Standard] English.

> 連結 correct [proper; flawless, impeccable, perfect; fluent; understandable; bad, broken, poor; stiff; clear; plain; elegant; formal; standard] ～

(**b**) 〈～es /-əz/〉 英語のいろいろな変種. *World ～es* 世界の英語様々《雑誌名》.

2 〈the ～; 複数扱い〉 **イングランド人**; 英軍; (参考 個人は an Englishman [Englishwoman]; the Scots, the Welsh, the Irish を含めて「英国人」,「イギリス人」の意味で用いられることもあるが正式ではない). Generally, the ～ are a practical people. 一般的に言ってイングランド人[英国人]は実際的な国民である.

in plàin Énglish (英語で)はっきり[ひらたく]言えば.

[＜古期英語 *Englisċ* 'of the Angles']

Ènglish bréakfast 名 ⓊⒸ 英国風朝食 《普通, シリアルとベーコンエッグなどにコーヒーか紅茶とマーマレードを付けたトースト; 近年, より軽い continental breakfast を食べることが多くなってきている》.

Ènglish Chánnel 名 〈the ～〉 イギリス海峡 《英国南岸とフランス北岸の間; その東端が Dover 海峡; the Channel とも言う》.

Énglish disèase 名 ＝English sickness.

Ènglish Héritage 名 〖英〗史跡保存局.

Ènglish hórn 名 Ⓒ イングリッシュホルン 《低音の oboe; 木管楽器; →French horn》.

‡**Eng·lish·man** /íŋgliʃmən/ 名 (複 **-men** /-mən/) Ⓒ **1 イングランド人の男性** 《Welshman, Scotchman [Scot], Irishman と区別して; →English 名 2, England》. **2** 〈通俗に〉 **イギリス人の男性**, 英国人の男性. ◇女 Englishwoman. ★国民全体は the English.

Ènglish múffin 名 Ⓒ 英国風マフィン (→muffin).

Ènglish mústard 名 Ⓤ 〖英〗練りがらし 《水で練る; →French mustard》.

Ènglish Náture 名 〖英〗野生生物保護局.

Ènglish Revolútion 名 〈the ～〉 〖英史〗イギリス革命 (1688–89) 《James 2 世を追放し, 娘 Mary とその夫 William を王位に迎えた; Glorious [Bloodless] Revolution とも言う》.

Ènglish róse 名 Ⓒ 英国産のバラ; '英国のばら' 《金髪で色白の美しい英国女性》.

Ènglish sétter 名 Ⓒ イングリッシュセッター 《白と「黒の毛の猟犬》.

Ènglish sìckness [disèase] 名 Ⓤ 〈the ～〉 英国病 《労働意欲の減退, 設備投資の過少などから来る経済の沈滞現象》.

Ènglish-spéaking /移/ 形 英語を話す. the ～

world (世界の)英語圏.

***Eng·lish·wom·an** /íŋgliʃwùmən/ 名 (複 **-wom·en** /-wìmən/) C イングランド人の女性; 〈通俗に〉イギリス[英国]人の女性; (男 Englishman).

en·gorge /ingɔ́ːrdʒ/ 動 他 **1** をがつがつ食べる. **2** 〘医〙を充血させる〈普通, 受け身で〉. ── 自 **1** むさぼり食う. **2** 〘医〙充血する.

en·graft /ingrǽft|-gráːft/ 動 他 **1** ＝graft[1] 1. **2** 〔思想, 習慣など〕を植えつける〈*in* ..に〉.

en·grained /ingréind/ 形 ＝ingrained.

***en·grave** /ingréiv/ 動 (**~s** /-z/|過 過分 **~d** /-d/|**-grav·ing**) 他 **1** VOA (～ X *with* Y)・(～ Y *on* X) X (木, 石, 金属など)に Y (文字, 図案など)を**彫り込む, 彫刻する**. The lovers ～*d* ⌊their initials *on* a tree trunk [a tree trunk *with* their initials]. 恋人たちは自分たちの頭文字を木の幹に刻んだ.

2 (印刷の版下(はんした)として) 〔銅版, 版木(はんぎ)など〕を彫る, (彫った銅版, 木版などから) 〔版画, 紙幣など〕を印刷する. send out ～*d* invitations 木版刷り[銅版刷りなど]の招待状を送る.

3 VOA (～ X *on*, *in* ..) X を 〔心, 記憶〕に刻みつける, 銘記する, 〈普通, 受け身で〉. This scene will be ～*d on* [*in*] my memory. この光景は私の記憶に刻みつけられるだろう. [en-, grave[3]]

en·gráv·er 名 C 彫刻師; 彫版工.

en·gráv·ing 名 **1** U 彫版術. **2** C 彫刻された文字[意匠など]; 彫版《木版 (→wood engraving), 銅版など》. **3** C (彫版から印刷された)版画, 印刷物.

en·gross /ingróus/ 動 他 **1** 〔人〕を没頭[夢中に]させる〈*in* ..に〉. His passionate speech ～*ed* me. 彼の熱のこもった演説は私の心を奪った. The boy ～*ed* himself *in* the television program. 少年はテレビ番組に夢中に⌊なっていた[なった]. **2** 〘法〙〔公文書など〕を一定の方式[大きな文字]で書く. [1＜古期フランス語「大量に獲得する」; 2＜中世ラテン語「大きな字で書く」]

▷ **～·ment** 名 U 没頭, 専心; (公文書などの)清書.

en·grόssed /-t/ 形 〈普通, 叙述〉没頭して, 夢中になって, 〈*in*, *with* ..に〉. be deeply [completely] ～ *in* a book 本にすっかり没頭している.

en·grόss·ing 形 人の心[注意]を奪う(ような), 夢中にさせるような. an ～ detective story 面白くてたまらない探偵小説. ▷ **～·ly** 副

‡**en·gulf** /ingʌ́lf/ 動 他 **1** 〔海, 炎などが〕を飲み込む; 〔戦争などが国〕を巻き込む. The little boat was ～*ed* by [in] the waves. 小さなボートは波に飲まれた. **2** 〔痛み, 恐怖などが〕を襲う, 圧倒する.

†**en·hance** /inhǽns|-háːns/ 動 他 〔質, 価値, 魅力など〕を高める, 増す. This spice will ～ the natural flavor of the meat. このスパイスは肉の自然の風味を引き立てる.

en·hánc·er 名 C (質, 価値などを)高める[増進する]もの. an image ～ イメージをよくするもの.

en·hánce·ment 名 U 高めること; 増進, C 高める「もの.

‡**e·nig·ma** /inígmə/ 名 C **1** 謎(なぞ). **2** 不可解なもの[人, 物事]. [＜ギリシア語]

‡**en·ig·mat·ic, -i·cal** /ènigmǽtik 形, -tik(ə)l 形/ 形 謎(なぞ)の(ような), 不可解な; 〔人物などが〕得体の知れない. ▷**en·ig·mat·i·cal·ly** 副

en·join /indʒɔ́in/ 動 他 **1** 〘章〙 (**a**) を命令する, 課する, 〈*on*, *upon* .. 〔人〕に〉 (類語 order より形式ばって, 権威をにおわせる). ～ diligence *on* pupils＝～ pupils *to* be diligent (→(b)) 勉強するよう生徒に命じる. (**b**) VOO (～ X *to do*) X に..するように命じる, 申し渡す (→(a)の例文). They were ～*ed to* obey the rules. 彼らは規則に従うように命じられた. (**c**) VO (～ *that* 節) ..するように要求する. Christianity ～*s that* we (should) love our enemies. キリスト教は我々に敵を愛するよう求める.

2 〘法〙 VOA (～ X *from* (*doing*) ..) X に..しないよう禁止令を出す (類語 enjoin は禁止令を出して禁止する場合の法律用語; →forbid). The accused was ～*ed* by the court *from* leav*ing* the town. 被告は裁判所に町から出ることを禁じられた.

◇名 injunction [＜古期フランス語「命じる」(＜ラテン語「..に付加する」)]

‡**en·joy** /indʒɔ́i/ 動 (**～s** /-z/|過 過分 **～ed** /-d/|**～·ing**) 他 **1** (**a**) を**楽しむ**, 楽しみ味わう, 享楽する. ～ conversation 会話を楽しむ. How did you ～ your vacation? 休暇はいかがでしたか. ～ a person＝～ a person's company 人と(話し合ったりして)一緒に居るのを楽しむ. (**b**) VO (～ *doing*) 楽しく..する. ～ read*ing* books 読書を楽しむ.

2 〔長所, 特権など〕を**持っている**, を享受する, (類語 幸運にも(普通, よいものに)恵まれている, の意味; →have). ～ a good income 収入が十分ある. ～ a good climate よい気候に恵まれている. He ～*ed* great success as a song writer. 彼は作詞家として大成功を収めた.

── 自 〘米話〙〈Enjoy! の形で〉(飲食などをすすめて)どうぞ, 楽しくやってくれ; (別れの挨拶などで)じゃ, お元気で.

enjóy onesèlf* **愉快に過ごす, 楽しむ. Did you ～ your*self* at the theater? 芝居は面白かったですか.

[＜古期フランス語「..を楽しむ」(＜en-＋*joir* 'rejoice')]

‡**en·jóy·a·ble** 形 m **楽しい**, 楽しめる, 面白い, 愉快な, (類語 満足できたという実感に重点がある; →pleasant). It was really a very ～ evening. Thank you so much. ほんとにとても楽しい晩でした, どうもありがとう《辞去する招待客の挨拶》. ▷**-bly** 副 楽しく, 愉快に.

‡**en·joy·ment** /indʒɔ́imənt/ 名 (複 **～s** /-ts/) **1** U **楽しむこと**; 愉快さ; 喜び; (類語 delight, joy より穏やかな喜びで, それに伴う行動に重点がある; →pleasure). I find much ～ in fishing. 私は釣りが大きな楽しみだ. with ～ 喜んで.

> 連結 enormous [immense; intense, keen] ～ // give [afford, furnish, provide; indulge in, pursue] ～; get [derive] ～ from..

2 C **楽しみ**, 喜びを与えるもの. Housework is an ～ for her. 彼女には家事が楽しみです. various ～*s* in life 人生における種々の楽しみ.

3 U 〘章〙 (**a**) 〈しばしば the ～〉**持つこと, 受けていること**, 〈*of* .. 〔よい物事〕を〉. His ～ *of* a high reputation was short-lived. 彼が高い評判を得ていたのも束(つか)の間だった. (**b**) 享有, 享受, 〈*of* ..の〉. the ～ *of* equal rights 平等の権利の享受.

en·kin·dle /inkíndl/ 動 他 〘雅〙 **1** に火をつける. **2** 〔感情, 欲望など〕を燃え立たせる, あおる.

en·lace /inléis/ 動 他 **1** にひもを巻きつける. **2** をからみ合わせる. ▷**～·ment** 名

***en·large** /inláːrdʒ/ 動 (**en·larg·es** /-əz/|過 過分 **～d** /-d/|**en·larg·ing**) 他 **1** を**大きくする**; を増す, 拡大する. ～ the roadway to make four traffic lanes 4 車線にするため道を広げる. an ～*d* heart 肥大した心臓, 心臓肥大. **2** 〔写真〕を**引き伸ばす** (→develop, print). I had the photograph ～*d*. その写真を引き伸ばしてもらった. **3** 〔書物など〕を増補する. a revised and ～*d* edition 改訂増補版.

── 自 **1** 広がる, 大きくなる. **2** 〘写〙引き伸ばしがきく, 伸びる. This print will ～ well. この印画はうまく引き伸ばせるだろう. **3** VA (**～ *on* [*upon*] ..**) ..について詳しく述べる, 敷衍(ふえん)する. ～ *on* a plan ある計画について詳しく述べる. [＜古期フランス語; en-, large].

en·lárge·ment 名 **1** U 大きくする[される]こと, 増大, 拡大; (写真の)引き伸ばし, (本の)増補. **2** C 拡大[増大]された物, 引き伸ばし写真.

E

en·lárg·er 名 C 〘写〙引き伸ばし機.

†**en·light·en** /inláitn/ 動 他 〘章〙に教えて分からせる, の目を開けてやる, 〈*on, about, as to* ..について〉; を啓発[啓蒙(もう)]する; を教化する. Hearn greatly ~*ed* the Japanese *as to* the beauty of their own culture. ハーンは日本人を彼ら自身の文化の美しさについて大いに啓発した. ~ the heathen 異教徒を教化する.

en·líght·ened 形 **1** 啓発された; 教化された, 文明開化した. in those ~ days 当時の文明開化の時代に. **2** (問題を)よく理解した, 賢明な, 〔判断など〕; 精通している 〈*on* ..に〉. an ~ policy 賢明な政策[方針]. We need the help of someone fully ~ *upon* this question. 我々にはこの問題に十分明るい人の助力が必要だ.

en·líght·en·ing 形 啓発的な; (問題点などを)はっきりさせる. That's an ~ remark. そう言われるとよく分かる.

en·líght·en·ment 名 **1** U 〘章〙啓発, 教化; 文明開化; 〘仏教・ヒンドゥー教〙悟り; 精通. **2** 〈the E-〉啓蒙(もう)運動[思潮]《18 世紀ヨーロッパに起こった理性主義的思想に基づく運動》.

en·list /inlíst/ 動 自 **1** (兵籍に)入る. ~ *in* the army [*as* a soldier] 陸軍に[兵士として]入隊する. **2** 進んで参加する, 協力する, 〈*in* .. 〔主義, 運動など〕に〉. ~ *in* the cause of liberty 自由の擁護運動に参加する.

— 他 **1** を兵籍に入れる. ~ recruits for the army 陸軍に新兵を徴集する. **2** 〔人の援助, 同情など〕を得る; の協力[支持]を得る; 〈*in* .. 〔主義, 運動などの〕ために/*in* do*ing*, *to* do ..するのに〉. I tried to ~ his aid *in* (collect*ing* money for) this project. この計画(の資金集め)に彼の援助を求めた. ~ housewives *to* fill out the questionnaire 主婦にアンケート記入の協力を求める.

enlísted màn 名 C 〘米〙下士官兵《略 EM》.

enlísted wòman 名 C 〘米〙女性下士官兵《略 EW》.

en·líst·ment 名 **1** UC 兵籍編入(期間); 募兵; 応召, 入隊. **2** U 協力[支持, 同情など]を得ること.

‡**en·liv·en** /inláiv(ə)n/ 動 他 〔人〕を元気づける; 〔物事〕を活気づける; をにぎやかにする. the ~*ing* music of the brass band ブラスバンドの陽気な音楽.

en masse /ɑːŋ-mǽs/ 副 一緒に; ひとまとめに. [フランス語 'in (a) mass']

en·mesh /inméʃ/ 動 他 を(網で)捕らえる; を陥らせる〈*in* .. 〔困難など〕に〉; 〈普通, 受け身で〉. They were ~*ed in* turmoil. 彼らは騒動に巻き込まれた.

†**en·mi·ty** /énməti/ 名 (複 -ties) UC 憎しみ, 敵意; 不和, 反目; (↔amity). feel ~ against [toward] a person 人に敵意を感じる. The husband and wife are at ~ (with each other). その夫婦は(互いに)反目し合っている.

> 連結 deep [bitter, intense] ~ // arouse [stir up; display] ~

[<古期フランス語 'hostility' (<ラテン語 *inamicus* 「敵」)]

en·no·ble /inóub(ə)l/ 動 他 〘章〙 **1** を高尚にする. **2** を貴族に列する. ▷ **~·ment** 名

en·nui /ɑːnwíː/ 名 U 〘雅〙倦(けん)怠, 退屈さ, アンニュイ, 物憂さ. [フランス語]

E·noch /íːnək|-nɔk/ 名 **1** 男子の名. **2** 〘聖書〙エノク《(**a**) Cain の長男. (**b**) Methuselah の父》.

E·nò·la Gáy /enóulə-/ 名 エノラ・ゲイ(号)《最初の原子爆弾を広島に落した米国の爆撃機 B29》.

e·nor·mi·ty /inɔ́ːrməti/ 名 (複 -ties) **1** U 〘章〙無法, 極悪. the ~ of the offense その犯罪の凶悪性. **2** C 〘章〙〈普通 -ties〉無法行為, 極悪犯罪. **3** U 〘話〙(困難な仕事などの)膨大さ. the ~ of the task of compiling a dictionary 辞書を編集するという膨大な仕事.

***e·nor·mous** /inɔ́ːrməs/ 形 m **巨大な**, 並外れて大きい; 莫(ばく)大な; (類語 釣合いのとれないほどの異常な大きさを強調する; →large). an ~ building 巨大な建物. commit an ~ blunder 大失敗をする. ~ profits 莫大な利益. [<ラテン語「並外れた, 巨大な」(< ex-[1] + *norma*「標準」)] ▷ **~·ness** 名

e·nór·mous·ly 副 非常に; 途方もなく; 莫(ばく)大に.

‡**e·nough** /inʌ́f/ 形 ¢ **1 十分な**, ちょうど必要なだけの.

> 類語 分量などが必要かつ十分なことを表す一般的な語; →adequate, ample, sufficient.
> 語法 (1) 名詞の前後いずれの位置も可能であるが, 前置が普通 (enòugh tíme), 後置の場合 (tíme enòugh, time enóugh) は〘章〙又は強調的.
> (2) *my* ~ money など他の限定詞類とは並列できない.
> (3) C 名詞の複数形又は U 名詞とのみ用いる.
> (4) 補語用法は普通, 主語が代名詞や数量表現(1 の最後の例)の場合に限られる. 例えば The information is ~. ではなく There's ~ information. (情報は十分にある)などとする.

I have ~ time [time ~]. 時間は十分ある. Take ~ care of yourself. からだを十分大事にしなさい. Ten men are ~. 10 人で十分だ.

2 十分な 〈*for*..に/*to* do..するのに〉. We didn't have ~ milk [〘章〙 milk ~] *for* all the children. 子供たちみんなに(与えるのに)は十分なミルクがなかった. Are there ~ chairs [〘章〙 chairs ~] *for* everyone *to* sit on? 全員座れるだけのいすがありますか. He was fool ~ *to* trust her. 彼は愚かにも彼女を信用した (★この fool のように, C 名詞の単数形でも形容詞的な性格(≒foolish)が強いものの場合, He was a fool ~ [an ~ fool] to do .. とはできない; ただし, He was ~ *of a* fool to do の形式は可能).

—— 名 U **十分(な数[量])**, 必要なだけ, 〈*for* ..に/*to* do ..するのに〉; 多すぎ (too much). I've had ~. もう十分いただきました; もううんざりだ. *Enough* has been said. 言うだけのことは十分言った. There isn't ~ *for* everybody. みんなに渡るほどはありません. Not ~ has been done to help the homeless. ホームレスへの援助は十分ではなかった (★*Enough* has*n't* been ..とは言わない). Are you ~ of a man *to* do so?＝Are you man [manly] ~ *to* do so? 君にはそうするだけの度胸があるか (→形 2 ★). *Enough* (*of* this folly)! (こんなばかなまねは)もうたくさんだ. *Enough* already! 〘主に米〙もううんざりだ. That's ~. ＝*Enough* is ~. (→成句).

crỳ enóugh 「降参」と言う.

enòugh and to spáre あり余るほど(の). He has ~ *and to spare* of money. ＝He has money ~ *and to spare*. 彼はあり余るほどの金を持っている.

Enóugh is as gòod as a féast. 〘諺〙満腹はごちそうも同然, '過ぎたるは及ばざるが如(ごと)し'.

Enòugh is enóugh. そこまで言えば十分だ, もうやめにしよう; もうこれでたくさん《いやになった》.

have enóugh to dò to dó ..するのがやっとである. I *had* ~ *to do to* look after my own children. 自分の子供の世話で精一杯だった.

have hàd enóugh of .. ..はもうたくさんだ, あきあきした. I've *had* ~ *of* being bossed around by Sue. スーにあごで使われるのはもうたくさんだ.

****mòre than enóugh*** 必要以上(に); 十二分(に). He's done *more than* ~ for his wife. 彼は妻に十二分に尽くした.

—— 副 ¢ 〈普通, 修飾する形容詞, 副詞, 動詞の後に用いて〉(★〘米〙では, 比較級やalike, different などと結合するときは前に来ることも多い) **1 十分に**, 必要なだけ, 不足なく, 〈*for* ..にとって/*to* do ..するほど, ..できるだ

け);〖主に米話〗..するほど(十分)〈*that* 節〉. She is old ～ *to* know better. 彼女はもっと分別があってよい年ごろだ. He is a good ～ authority on jazz. 彼はジャズに関しては十分信頼できる権威者だ. Is this bed large ～ *for* you *to* sleep in? このベッドは君が寝るのに十分な大きさですか. Bill didn't work hard ～ and so he failed. ビルは勉強が足りなかった, だから失敗した. She hated Bob ～ *to* want to kill him. 彼女は殺したいほどボブを憎んでいた. He was young ～ *that* he could be expected to complete the task in one week. 彼は若かったのでその仕事を1週間で完成できる期待が十分持てた (★..～ *so that* ..などになることもある).

2〈被修飾語の意味を弱めて〉それはまあ, 少々, どうやら, (rather). Naturally ～, he declined the offer. 当然と言えば当然だが, 彼は申し出を拒絶した. She's honest ～, but can you really trust her? 彼女はまあ正直だが, 本当に信用できますか.

3 相当に, かなり, いかにも, 全く. The situation was certainly difficult ～, but he cut his way through. 状況は確かに相当きつかったが, 彼はそれを切り抜けた. interestingly ～ 面白いことに(は) (★curiously [funnily, oddly, strangely] ～ などは各項目参照).

****be kínd* [*góod*] *enòugh to dó*** 親切にも..する《非常に丁寧な依頼》. Be good ～ *to* shut the door. 恐れ入りますが戸を閉めてください.

cannòt dò enóugh いくら..しても足りない. I *cannot* thank you ～. お礼の申しようもありません《いくらお礼を言ってもまだ言い足りない, の意味》.

Fàir enóugh. →fair.

nèar enóugh〖英話〗ほとんど, ほぼ.

sùre* [*wèll*] *enóugh →sure [well].

[<古期英語]

en pas·sant /ɑːŋ-pǽsɑːŋ/ 副〖章〗ついでに, ちなみに, (by the way). [フランス語 'in passing']

en·plane /inpléin/ 動〖主に米章〗自 飛行機に乗る (〖英〗emplane; ↔deplane).

en·quire /inkwáiər/ 動 =inquire.

en·quir·y /inkwái(ə)ri, ˊ--|-ˊ-/ 名 =inquiry.

‡**en·rage** /inréidʒ/ 動 他 を激怒させる〈普通, 受け身で〉. be ～*d by* [*at*] his impertinent remarks 彼の生意気な言葉に憤慨する. Uncle was ～*d with* me. おじは私にひどく腹を立てた. His misbehavior ～*d* her. 彼の無作法が彼女を怒らせた.

▷**en·raged** 形 怒った, 腹を立てた.

en·rapt /inrǽpt/ 形 うっとりした; 有頂天になった.

en·rap·ture /inrǽptʃər/ 動 他〖章〗を恍惚(こうこつ)とさせる, うっとりさせる; を有頂天にする;〈*by, at* ..で〉〈普通, 受け身で〉. We were ～*d by* the grandeur of the Alps. 我々はアルプスの壮大さにうっとりした.

***en·rich** /inrítʃ/ 動 (～·**es** /-əz/|過 過分 ～**ed** /-t/|～·**ing**) 他 **1 を富ませる**, 裕福にする. Foreign trade has ～*ed* the country. 外国貿易がその国を富ませた.

2〔心, 生活など〕を豊かにする,〔収集品, 蔵書など〕を豊富にする. Experience ～*es* understanding. 経験は理解を深める. **3**〔土地〕を肥沃(よく)にする;〔色, 味など〕を濃くする; (ビタミンなどを加えて)〔食品〕の栄養価を高める. vitamin-～*ed* flour ビタミン強化小麦粉. soil ～*ed with* nitrates 硝酸カリウム肥料で肥えた土壌.

[<古期フランス語; en-, rich]

▷～·**ment** 名 U 豊かにする[される]こと; 強化.

‡**en·rol(l)** /inróul/ 動 (～**s**|-**ll**-) 他 **1** を名簿に載せる; を登録する. ～ a person *on* the voters' list 人を有権者名簿に登録する. **2** を入会させる, 会員にする,〈*in, on* ..〔学校, 団体など〕に〉; を列する〈*among* ..の中に/*as* ..として〉. ～ oneself *in* the army 陸軍に入る. I'd like to ～ you *as* a member of our club. あなたを我々のクラブの会員にしたい. He is ～*ed among* the historical figures. 彼は歴史上の人物に列せられている.

── 自 **1** 登録する[してある]. **2** 所属する, 入会する; 入学する; 入隊する. He was not allowed to ～ *in* college [*at* Harvard]. 彼は大学に[ハーヴァード大学に]入学を許されなかった.

Enròlled Núrse 名 =State Enrolled Nurse.

en·roll·ee /inroulíː/ 名 C〖主に米〗(クラス, 学校などの)登録者.

en·ról(l)·ment 名 **1** U 登録; 入学, 入隊, 入会. **2** C 登録者数; 在籍者数.

en route /ɑːŋ-rúːt/ 副 途中で〈*from* ..からの/*to, for* ..への〉. [フランス語 'on (the) route']

en·sconce /inskɑ́ns|-skɔ́ns/ 動 他〖章・戯〗VOA〔人〕の身を落ち着ける; の身を隠す[ひそめる];〈*at, by, in* ..に〉. He ～*d* himself [was ～*d*] *in* his favorite chair. 彼は気に入りのいすにゆったり座った[座っていた]. be safely ～*d in* a mountain village 山村に(身を隠して)安住する.

‡**en·sem·ble** /ɑːnsɑ́ːmb(ə)l/ 名 C **1** (部分が有機的に調和した)総体; 全体的効果 (tout ensemble とも言う). **2** (特に女性用の調和した)衣服のひとそろい《帽子, 靴なども含む》, アンサンブル; (家具, 道具などの)一式. a camping ～ キャンプ用品一式. **3**〖楽〗アンサンブル《小人数の合唱[合奏]; その曲; そのグループ》. **4** (舞台の)助演者団;〈特に〉群舞をする踊り子団. [<古期フランス語「一緒に」(<ラテン語 *insimil*「同時に」)]

‡**en·shrine** /inʃráin/ 動 他〖章〗**1** を祭る, 安置する,〈*in* ..〔神殿など〕に〉. **2** を大切に納める, 秘蔵する; を秘める;〈*in* ..〔心, 記憶など〕に〉. The casket ～*s* his relics. その手箱は彼の遺品を納めている. His advice is ～*d in* my memory. 彼の忠告は私の記憶の中に秘められている. **3** を明記して守る〈*in* ..〔憲法, 法律など〕に〉. Human rights are ～*d in* our Constitution. 人権は我々の憲法に(明文化されて)大切に納められている.

en·shroud /inʃráud/ 動 他〖章〗を完全に覆う, 隠す, 包み込む,〈普通, 受け身で〉. The mountain top was ～*ed in* mist. 山頂は霧に包まれていた. an event ～*ed in* mystery なぞに包まれた出来事.

en·sign /énsain, -sən/ 名 C **1** 旗; 国旗;〈特に〉船旗, 艦旗. **2** /énsn/〖米〗海軍少尉. **3** (地位, 官職を示す)記章, 標章. **4**〖英史〗(陸軍の)旗手. [<古期フランス語; insignia と同源]

en·si·lage /éns(ə)lidʒ/ 名 U 生(なま)牧草の貯蔵法《サイロ (silo) による》; 貯蔵された生牧草. 「する.

en·sile /ensáil/ 動 他〔家畜用の牧草〕をサイロに貯蔵↑

en·slave /insléiv/ 動 他 **1** を奴隷にする; を隷属させる. **2**〖章〗をとりこにする〈*to* ..の〉. be ～*d to* jealousy 嫉妬(しっと)のとりこになっている. ▷～·**ment** 名

en·snare /insnéər/ 動 他〖章〗**1**〔動物や人〕をわなにかける; を落とす〈*in, into* ..〔落とし穴〕に〉. **2** を誘惑する, 陥れる,〈しばしば受け身で〉.

‡**en·sue** /ins(j)úː/ 動 自〖章〗(必然的に)続いて起こる; 結果として起こる〈*from* ..の〉. The train was derailed, and panic ～*d*. 列車が脱線すると, たちまちパニック状態になった. the evils that ～ *from* war 戦争から生じる諸悪. [<古期フランス語 (<ラテン語 in-[1]+*sequī* 'follow')]

‡**en·sú·ing** 形〖章〗〈限定〉次の, 続いての, (following); 続いて起こる, 結果として続く. the ～ year=the year ～ その翌年.

en suite /ɑ̀ːn-swíːt|ɔ̀n-㊙/ 形 ひと続きの;〈特に〉〔バスルームが〕(寝室と)ひと続きの[で]; バスルーム付きの〔寝室〕. a bedroom with an ～ bathroom=an ～ bedroom バスルーム付きの寝室. ── 名 C バスルーム付き寝室. [フランス語 'in sequence']

***en·sure** /inʃúər|inʃɔ́ː/ 動 (～**s** /-z/|過 過分 ～**d** /-d/|-**sur·ing** /-riŋ/) 他 **1** VO (～ X/*that* 節) X を/..という

ことを保証する, 請け合う; ..であることを確認する; 確実に..となるようにする. I can't ～ *that* you will pass the examination. 君が試験に通るかどうか保証できない. *Ensure that* you eat plenty of fresh fruit and vegetables. 必ず新鮮な果物と野菜を食べるようにしなさい. **2** (**a**) を確実にする. This kind of weather ～*s* a good harvest. こういう天候なら豊作は確実だ. (**b**) VOO (～ X Y)・VOA (～ Y *for* [*to*] X) X に Y を確保する, 保証する. I can ～ you a job. = I can ～ a job *for* [*to*] you. 私はあなたに仕事を確保できる. **3** を安全にする, 守る, (secure) 〈*against, from* ..〔危害など〕から〉. We must ～ ourselves *against* accidents. 我々は事故から身を守らなければならない.
[<アングロ・フランス語「保証する」; assure と同源]

ENT ear, nose, and throat (耳鼻咽喉(いんこう)科).

-ent /ənt/ 接尾 **1** 動詞に付けて形容詞を作る. depend*ent*. suffici*ent*. **2** 動詞に付けて行為者を表す. resi*dent*. stud*ent*. [ラテン語 *-ent-*, *-ēns*, (現在分詞の語尾)]

en·tab·la·ture /entǽblətʃər/ 名 C エンタブレチュア《古代建築で柱に渡した水平部分; architrave, frieze, cornice から成る》.

‡**en·tail** /intéil/ 動 他 〖章〗 **1** (**a**) を必然的に伴う; を必要とする. Her success as an actress ～*ed* long separations from her daughter. 彼女が女優として成功すると必然的に長期間娘と別れて住むことが多くなった. (**b**) VO (～ *doing*/X(*'s*) *doing*) (X が)..することを必要とする. The success of business ～*s* do*ing* market research. ビジネスの成功には市場調査が必要だ. **2** を負わせる, 課する, 〈*on, upon* ..〔人〕に〉. The task will ～ great expense *on* you. その仕事はあなたに多額の出費を負わせるでしょう. **3** 〖法〗〔不動産〕の相続人を限定する〈*on* ..に〉.
── 名 U 〖法〗(不動産の)限嗣(げんし)相続; C 限嗣相続財産. [<中期英語 (<en-+*taille*「限定」)]

†**en·tan·gle** /intǽŋg(ə)l/ 動 他 〈しばしば受け身で〉 **1** VOA (～ X *in*..) X を〔困難など〕に巻き込む, 陥れる; (～ X *with*..) X (人)を〔人〕と掛かり合いにする. ～ a person *in* a plot 人を陰謀に巻き込む[策略にかける]. Don't ～ yourself [Don't get ～*d*] *with* those shady people. そのいかがわしい人たちと掛かり合いになるな.
2 〔糸など〕をもつれさす; を絡ませる 〈*among, in, with* ..〔糸状のもの〕に〉. The swimmer got his foot ～*d in* seaweed. 泳ぎ手は海草に片足を取られた.
3 を紛糾させる, 混乱させる. a too ～*d* argument あまりに混乱した(訳の分からない)議論.

en·tán·gle·ment 名 **1** U 絡ます[絡まれる]こと, もつれ; 掛かり合い. **2** C 〈しばしば ～s〉 紛糾, 混乱; '恋のもつれ'; 足手まとい. political ～*s* 政治的紛糾.
3 C 〖軍〗〈しばしば ～s〉 防壁《鉄条網, 防材など》.

en·tente /ɑːntɑ́ːnt/ 名 **1** ＝entente cordiale. **2** U 〈単複両扱い; 時に the E-〉 協商国. [フランス語 'understanding']

entènte cor·di·ále /kɔːrdiɑ́ːl/ 名 UC (国家間の)協約, 和親協商, (類語 alliance (同盟) ほど強い拘束力はない); 〈the E- C-〉 英仏和親協商《1904 締結》. [フランス語 'cordial understanding']

‡**en·ter** /éntər/ 動 (～s /-z/|過 過分 ～ed /-d/|～·ing /-t(ə)riŋ/) 他 【入る】 **1** に入る; 〔弾丸などが体内など〕に入り込む, 突き刺さる. The thief ～*ed* the house *at* the back door [*by* an open window]. 賊は裏口[開いた窓]から入った. ★具体的な場所へ入る場合 enter into the house などとはしない; →enter into.. (成句).
2 〔世代, 時代など〕に入る. ～ one's twenties 20 代に入る. ～ a new phase 新段階に入る.
3 【状況, 領域などに入る】〔紛争, 戦争など〕の状態に入る; 〔領域など〕に着手する, の議論を始める; 〔会話など〕を始める. ～ a debate on US foreign policy アメリカの外交政策について討論を始める.
4 【心に入る】〔考えなどが心〕に浮かぶ. That idea has never ～*ed* my head [mind]. そう考えついたことは一度もなかった. **5** に入学する; に入会[加入]する; 〔競技など〕に参加する. ～ a college 大学に入る. ～ a political campaign 政治運動に参加する.
6 〔ある社会〕に入る, 〔職業〕に就く. ～ the Army 軍人になる. ～ the Church 牧師になる. ～ the medical profession 医師の職業に就く.
7 【入って変える】〔特質などが〕に(突然)入り込む, 入って変える.
【入れる】 **8** を入学させる; を入会[加入]させる; を参加させる 〈*for, in* ..〔競技など〕に〉. ～ one's child *in* school [*at* Eton] 子供を学校に[イートン校に]入れる. She ～*ed* her terrier *for* [*in*] a dog show. 彼女は自分のテリヤ犬をドッグショーに出した.
9 【書き入れる】 (**a**) 〔名前, 細目など〕を記入する, 記録する; を載せる; 〔参加者〕の登録をする; を登記する. ～ details *in* the books 帳簿に明細を記入する. ～ a name *on* the list 名簿に名前を載せる. (**b**) 〖電算〗〔情報など〕を入力する 〈*into* ..に〉.
10 〖章〗〔抗議など〕を申し入れる; 〖法〗〔訴訟〕を起こす. ～ a plea of not guilty 無罪の申し立てをする. ～ an action against him 彼を相手取って訴訟を起こす.
── 自 **1** 入る; 入り込む. May I ～? 入ってもよろしいですか. The bullet ～*ed* above the knee. 弾はひざの上に入った. **2** 入学する; 入会[加入]する; 参加(の申し込みを)する 〈*for, in* ..〔競技など〕に〉. **3** 〖劇〗(舞台に)登場する (↔exit², exeunt). *Enter* Hamlet, reading. 読みながらハムレット登場《脚本のト書き; 3 人称命令形 (＝Let Hamlet ～)》. ◇名 entrance¹, entry

***énter into..** (1)〔交渉, 調査など〕を始める; ..に携わる; ..に加わる; 〖章〗〔協定, 契約など〕を結ぶ; ～ *into* conversation with a person 人と話を始める. ～ *into* military service 軍務に服する. ～ *into* an agreement *with* a person 人と協定を結ぶ. (2)〔問題など〕に立ち入る, 論及する. We can't ～ *into* details now. 今は詳細に立ち入ることはできない. (3)〔..の面白味など〕が分かる; 〔人の気持ちなど〕を察する, 思いやる. ～ *into* the spirit of a poem 詩の精神を理解する. (4)〔勘定, 計画など〕の中に入る; ..の(肝要な)部分を成す; ..に関係を持つ. Reason does not ～ *into* the problem of love. 愛の問題に理屈は入り込めない.

***énter on* [*upon*] ..** (1)〖章〗〔新生活, 新時代など〕に入る, 乗り出す; 〔仕事など〕に取りかかる; 〔問題など〕を取り上げる. ～ *on* a diplomatic career 外交官としての第一歩を踏み出す. (2) ..の所有権を取得する.

énter* (*onesèlf*) *for.. ..に参加の申込みをする. ～ (*oneself*) *for* a contest コンテストに応募する.

ènter /../ úp 〔必要事項〕を正式に記録する.
[<古期フランス語(<ラテン語「中へ(*intrā*)行く」)]

en·ter·ic /entérik/ 形 腸(内)の. ～ fever 腸チフス (typhoid fever).

en·ter·i·tis /èntəráitəs/ 名 U 〖医〗腸炎.

***en·ter·prise** /éntərpràiz/ 名 (複 **-pris·es** /-əz/)
【大胆な企て】 **1** C **事業**; 大仕事; 企画. start a new ～ 新しい事業を始める. A voyage round the world used to be a dangerous ～. 昔世界一周旅行は危険な企てだった.

> 連結 a bold [a daring; a commercial; an industrial] ～ // undertake an ～

2 U 冒険心, 進取の気性. a man of great ～ 進取の気性に富んでいる男. display business ～ 企業心を発揮する. **3** 【企てを行う組織】 U 企業形態, 企業; C 企業体, 会社. private ～ 民間企業. [<古期フランス語

「手に取る＞企てる」(*entre-* 'inter-'＋*prendre* 'take')]

énterprise allòwance 名 C 〖英〗起業手当《失業後新たに事業を始めた人に政府が与える》.

énterprise cùlture 名 UC 〖主に英〗企業文化(社会)《特に, 自由な企業活動が奨励された Thatcher 首相時代に言われた》.

én·ter·prìs·er 名 C 企業家, 事業主.

énterprise zòne 名 C 〖英〗(政府援助による)産業振興地帯.

‡**én·ter·prìs·ing** 形 進取的な, 意欲的な, 冒険心に富む. It's ～ of him to start up a venture business. ベンチャー企業を始めるとは彼は進取の気性に富んでいる. ▷**～·ly** 副 進取的に, 冒険的に.

*__en·ter·tain__ /èntərtéin/ 動 (**～s** /-z/|過 過分 **～ed** /-d/|**～·ing**) 他

【喜ばせる】 **1** を楽しませる, 喜ばせる, 〈*with, by* ..で〉 (類語 普通, 構想を練って知的な喜びを与えること; →amuse). Now let me ～ you *with* music. それでは音楽でお楽しみください. The audience was very much *～ed by* the show. そのショーで観客は大いに楽しんだ.

2 (客として)をもてなす, 歓待する, 〈*at* [〖英〗 *to*] ..に招いて〉. We're *～ing* guests tonight. 今夜はお客様をお呼びする. be *～ed at* [*to*] dinner 食事に呼ばれる.

【もてなす＞受け入れる】 **3** 〖章〗〔希望, 愛情, 疑いなど〕を心に抱く; 〔申し出など〕を(断らないで)一応考慮してみる. He *～ed* a belief that such prosperity would not last long. 彼はこの繁栄は長く続かないと信じていた. I cannot ～ such a request. こんな要求は考慮の余地がありません.

── 自 客を呼ぶ, 歓待する. She likes to ～. 彼女は客を招くのが好きだ.

[＜古期フランス語「維持する」(＜*entre-* 'inter-'＋*tenir* 'hold')]

‡**èn·ter·táin·er** 名 C もてなす人; 芸能人, エンターテイナー.

‡**èn·ter·táin·ing** 形 愉快な, 面白い. an ～ TV show 面白いテレビのショー. Anna is very ～ to talk to. アンナは話をするととても面白い. ▷**～·ly** 副

‡**en·ter·tain·ment** /èntərtéinmənt/ 名 (複 **～s** /-ts/) **1** U 娯楽, 楽しみ, 慰み. watch television for ～ 娯楽にテレビを見る. Matt mimicked Chaplin much to our ～. マットはチャップリンのまねをして我々を大いに笑わせた. **2** C 催しもの, **余興**; **興行**. Tokyo offers a lot of *～s*. 東京にはたくさんの娯楽がある. a musical ～ 音楽会; 音楽の余興.

3 U 歓待(する[される]こと), もてなし; C 宴会. the roast turkey for Christmas ～ クリスマスのもてなし用の焼いた七面鳥. a farewell ～ 送別会.

‡**en·thral(l)** /inθrɔ́ːl/ 動 (**～s**|**-ll-**) 他 を魅惑する, うっとりさせる; の心をとりこにする; 〈しばしば受け身で〉. be *～ed* by Mozart's music モーツァルトの音楽に魅せられる. He was *～ed* by her beauty. 彼は彼女の美しさのとりこになった. ▷**～·ment** 名

en·thráll·ing 形 魅惑的な, 人をとりこにする. the ～ strains of the trumpet トランペットの魅惑的な調べ. ▷**～·ly** 副

en·throne /inθróun/ 動 他 〖章〗 **1** を王座[王位]に就ける, 即位させる; 〖キリスト教〗を司教 (bishop) などに任ずる; 〈普通, 受け身で〉. **2** をあがめる, 敬愛する. ▷**～·ment** 名 UC 即位(式); 聖職就任(式).

en·thuse /inθ(j)úːz/ 動 〖話〗 他 **1** を熱狂[熱中]させる. **2** VO (～ *that* 節/"引用") ..ということを/「..」と熱っぽく語る. ── 自 熱狂[熱中]する, 乗ってくる, 熱っぽく語る, 〈*about, over* ..に, を〉. [＜*enthus*iasm]

*__en·thu·si·asm__ /inθ(j)úːziæ̀z(ə)m/ 名 (複 **～s** /-z/) **1** aU **熱狂**, 熱中, 熱意, 〈*for, about* ..に対する〉. He has [shows] great ～ *for* golf. 彼はゴルフに熱中している. arouse a real ～ *in* a person 人の心に真の熱意を喚起する. with ～ 熱狂[熱中]して.

> 連結 excite [kindle; chill, dampen] (a person's) ～; display [radiate] ～ ∥ ～ rises [grows; cools, flags, subsides, wanes; dies]

2 C 熱中させるもの. His ～ is stamp collecting. 彼が熱中しているのは切手収集だ.

[＜ギリシア語「神(*theós*)がかりの状態」]

‡**en·thu·si·ast** /inθ(j)úːziæ̀st/ 名 C 熱中している人〈*about, for* ..に〉; 熱狂者, ..狂. an ～ *about* music 音楽狂. a baseball ～ 野球狂.

*__en·thu·si·as·tic__ /inθ(j)ùːziǽstik ®/ 形 m **熱狂的な**, 熱心な, 〈*about, for, over* ..に〉 (類語 高い評価, 賛美などを含意し, eager のように「何かを求めて熱心な」の意味には用いない). an ～ football fan 熱烈なフットボールファン. She became ～ *about* [*over*] modern drama. 彼女は近代演劇に熱中するようになった. ▷**en·thu·si·as·ti·cal·ly** /-k(ə)li/ 副 熱狂的に, 熱心に.

†**en·tice** /intáis/ 動 他 **1** を誘う, 誘惑する, 〈(*away*) *from* ..から/*into* ..へ〉 (類語 唆す際の相手を喜ばせる巧妙な手口を強調する; →tempt). Bad friends *～d* him *away from* school. 悪友たちが彼を学校からおびき出した. The smell *～d* the bees *into* the pot. そのにおいはミツバチをつぼの中に誘い込んだ. **2** VOC (～ X *to do*)・VOA (～ X *into doing*) X を唆して..させる. She *～d* her husband *into* buy*ing* [*to* buy] her a diamond ring. 彼女は夫を唆してダイヤの指輪を買わせた.

[＜古期フランス語「煽る, けしかける」(＜ラテン語 in-＋*titiō*「燃えているたきぎ」)]

en·tíce·ment 名 **1** U 誘惑する[される]こと; (悪への)誘い. **2** C 〈しばしば ～s〉 誘惑物, 誘惑のえさ. *～s to* evil 人を悪に誘うもの.

‡**en·tíc·ing** 形 誘惑的な, 心を惹(ひ)く. ▷**～·ly** 副

‡**en·tire** /intáiər/ 形 © **1** 〈限定〉 **全体の** (類語「部分が全部そろっていて欠けたものが無い」という意味で, whole より強い). the ～ class クラス全員. I slept away the ～ day. まる 1 日眠りに眠った.

2 〔ひと組のものが〕**全部そろっている**, 完全な; 元のままの, 無傷の, 満足な. an ～ set of dishes 完全にそろっているひと組の食器. He's trying to keep the collection ～. 彼はコレクションをそっくり保存しようと努めている. The ship was still ～ after the storm. 暴風雨に遭っても船は無傷だった.

3 〈限定〉 全くの, 徹底的な. I was in ～ ignorance of the conspiracy. 私はその陰謀を全然知らなかった.

[＜古期フランス語「完全な」(＜ラテン語 *integer* 'untouched')] ▷**～·ness** 名

‡**en·tire·ly** /intáiərli/ 副 © **1** 全く, 完全に, すっかり. That's ～ wrong. それはまるで間違っている. He is not ～ to blame. 彼が全面的に悪いわけではない (★not entirely は部分否定). **2** もっぱら, ひたすら. give up one's life ～ to the study of English history 人生をひたすら英国史研究に捧(ささ)げる.

‡**en·tire·ty** /intáiərti/ 名 U 完全さ, そっくりそのままの状態; 〈the ～〉 全部, 全体, 〈*of* ..の〉.

in its entírety 完全な状態で; そっくりそのまま. The old manuscript has been handed down *in its* ～. その古い原稿は完全な形で伝わって来た.

*__en·ti·tle__ /intáitl/ 動 (**～s** /-z/|過 過分 **～d** /-d/|**-tling**) 他 〈しばしば受け身で〉 **1** VOC (～ X Y) X (本など)に Y と標題を付ける. a magazine *～d* "Helicon"『ヘリコン』という名の雑誌.

2 (a) VOA (～ X *to ..*) X に..の **権利[資格]を与える**. This ticket *～s* you *to* a free meal. 君はこの券で無料で食事が出来る. Everyone is *～d to* his own opinion. だれでも自分の意見を持つ権利がある. **(b)** VOC (～ X *to do*) X に..する権利[資格]を与える. What *～s* you *to* doubt his innocence? 君はどんな資格で彼の無実を疑うのか. [＜古期フランス語; en-, title]

‡**en·tí·tle·ment** [名] [UC] 権利[資格]を与える[与えられる]こと; 権利(があること)〈*to* ..に対して〉; 〈特に〉社会保障に対する権利. such ～*s* as Medicare and veterans benefits 高齢者健康保険や復員者特典のような特典制度.

†**en·ti·ty** /éntəti/ [名] ([複] **-ties**) 〖章〗 **1** [C] 実在物, 実体, 独自の存在. a public ～ 公共団体. **2** [U] 実在(すること), 存在. [＜中世ラテン語「実在(する物)」(＜ラテン語 *esse* 'be' の現在分詞形)]

en·tomb /intúːm/ [動] [他] 〖章〗 **1** を墓に入れる, 埋葬する, 〈しばしば受け身で〉. **2** 〔場所などが〕の墓になる; を埋める, 閉じ込める, 〈*in*..〔溶岩, 瓦礫(がれき)など〕の下に〉, 〈普通, 受け身で〉. Pompeii was ～*ed in* lava. ポンペイは溶岩に埋没していた. ▷ ～·**ment** [名] [UC] 埋葬; 埋没.

en·to·mo·log·i·cal /èntəməlɑ́dʒik(ə)l|-lɔ́dʒ- [移]/ [形] 昆虫学の. ▷ ～·**ly** [副]

èn·to·mól·o·gist [名] [C] 昆虫学者.

en·to·mol·o·gy /èntəmɑ́lədʒi|-mɔ́l-/ [名] [U] 昆虫学. [ギリシア語 *éntomon*「昆虫」, -logy]

en·tou·rage /ɑ̀ːnturɑ́ːʒ|ɔ̀n-/ [名] [C] **1** 〈単数形で複数扱いもある〉側近の人々, 取り巻き; 随員団. **2** (建物などの)周囲, 外回り. [フランス語「取り巻き」]

En-Tout-Cas /ɑ̀ːntuːkɑ́ː/ [名] 〖商標〗アンツーカー《全天候型のテニスコート, 陸上競技用トラックなどの素材》. [フランス語 'in all cases']

en·tr'acte /ɑːntrǽkt|ɔ́ntrækt/ [名] [C] **1** 幕間(まく), 中入り. **2** 幕間中の音楽[舞踊など]. [フランス語 'between-act']

en·trails /éntreilz, -trəlz|-treilz/ [名] 〈複数扱い〉 **1** 内臓; 腸. **2** (地球などの)最深部.

en·train /intréin/ [動] [他] 〔軍隊など〕を列車に乗せる. ── [自] 〔特に軍隊などが〕列車に乗る. ▷ ～·**ment** [名]

‡**en·trance**[1] /éntrəns/ [名] ([複] **-tranc·es** /-əz/) **1** [UC] (ある場所に)**入ること, 入場**; 入場料; (俳優の)登場; (↔exit[1]; [類語] entry より一般的な語). try to force an ～ into a house 家に押し入ろうとする. No ～. 〖掲示〗入場お断り. *Entrance* free. 入場無料[自由].
2 [UC] (団体などに)入ること; 入学; 入社; 入会. ～ into school [a port] 入学[入港].
3 [UC] (新生活などの)開始, 着手; 就業, 就任. ～ into matrimony 結婚生活に入ること.
4 [C] **入り口** 〈*to* ..への〉 (↔exit[1]); 玄関. at the ～ *to* a park 公園の入り口で. the front [back] ～ *of* a school 学校の正面玄関[裏口]. [語法] ～ to ..は通路を, ～ of.. は入り口が建物などの一部であることを意味する.
5 [U] 入学許可; 入場権. apply for ～ *to* Oxford オックスフォード大学入学を志願する. ◇[動] enter
gàin éntrance to.. (1)〔学校, 会社など〕に(学生, 社員などとして)入る. (2) ..に入り込む.
màke one's [an] éntrance (1)〔俳優が〕登場する〈*onto*..〔舞台〕に〉. (2)(注目を集めて)入場する, 登場する, 〈*into*..に〉. He *made his* ～ *into* political circles in 1980. 彼は 1980 年に政界入りした.
[＜古期フランス語; enter, -ance]

en·trance[2] /intrǽns|-trɑ́ːns/ [動] [他] を恍惚(こうこつ)とさせる, うっとりさせる; を有頂天にさせる, 狂喜させる; 〈普通, 受け身で〉. The girl was ～*d* by her own reflection in the mirror. 少女は鏡に写った自分の姿に見とれていた. He was ～*d* with joy. 彼は喜びで有頂天だった. [en-, trance] ▷ ～·**ment** [名] [U] 恍惚状態; 有頂天.

éntrance examinàtion [名] [C] 入学[入社など]試験 〈*for, of, to* ..への〉.

éntrance fèe [名] [C] 入場料; 入会金; 入学金.

éntrance hàll [名] [C] (ホテル, 大邸宅などの)玄関広間, ロビー.

en·tránc·ing [形] 魅惑的な, うっとりさせる(ような). an ～ scene うっとりさせるような光景. ▷ ～·**ly** [副]

‡**en·trant** /éntrənt/ [名] [C] **1** (競争)参加し者[動物] 〈*for, in* ..〔競技など〕の〉. There were more than twenty ～*s for* the oratorical contest. 弁論大会には 20 名以上の参加者があった. **2** 新入者, 新加入者, 〈*to* ..への〉. women ～*s to* the army (軍隊への)女性入隊者. **3** 入る人. an illegal ～ 不法入国者.

en·trap /intrǽp/ [動] (～**s**|-**pp**-) [他] 〖章〗〔人〕をわなにかける, 陥れる; をだまし込む 〈*into* (*doing*) ..するように〉. ～ a person *into* (mak*ing* a) confession 人をだまして告白させる. ▷ ～·**ment** [名]

***en·treat** /intríːt/ [動] (～**s** /-ts/|[過] [過分] ～·**ed** /-əd/|～·**ing**) [他] 〖章〗 **1** に**懇願する** 〈*for* ..を〉 ([類語] beg より強意的で形式ばった語; →ask). ～ a person *for* mercy 人に慈悲を乞(こ)う. Don't say that, I ～ you. お願いだからそう言わないで. **2** (**a**) を乞い求める 〈*of* ..〔人〕に〉. Can I ～ a favor *of* you? ひとつお願いがあるんですが. (**b**) [VOO] (～ X *to do*) X に..してくれとしきりに頼む. I ～ you *to* go and see him. お願いだから彼に会いに行ってください. (**c**) [VO] (～ *that* 節/"引用") ..ということを/「..」と言って懇願する. He earnestly ～*ed that* she would forgive his thoughtless remark. 彼は彼女に自分の心ない言葉を許して欲しいと真剣に懇願した. [＜古期フランス語; en-, treat] ▷ ～·**ing·ly** [副] 懇願するように, 切望して.

en·treat·y /intríːti/ [名] ([複] **-treat·ies**) [UC] 〖章〗懇願, 切望. reject [grant] their *entreaties* 彼らの嘆願を退ける[かなえてやる]. a look of ～ 懇願のまなざし.

en·trée, en·tree /ɑ́ːntrei|ɔ́n-/ [名] **1** [C] 主要料理; 〖英〗アントレー《魚と肉の間に出す軽い料理》. **2** [UC] 入場許可; 入場権; 〈*into, to* ..への〉. give her an [the] ～ *into* upper-class society 彼女に上流社会への出入りを許す. [フランス語 'entry']

‡**en·trench** /intréntʃ/ [動] [他] 〈普通, 受け身で〉 **1** に塹壕(ざんごう)を巡らす, を塹壕で守る. The enemy *were* ～*ed* all around the capital. 敵軍は首都の周囲を塹壕で固めていた. **2** 〖時に軽蔑〗〔意見, 主張など〕を堅く守る; 〔習慣など〕を確立する. Christianity is deeply ～*ed* in the Western consciousness. キリスト教は西洋人の意識の中に深く根を下ろしている.
entrénch onesèlf (1) 塹壕(ざんごう)で自分を守る. (2) 安全な場所に身を置く; 自分の立場を固める.

en·trénched /-t/ [形] 確立した; こり固まった, かたくなな, 〔態度, 考えなど〕. the ～*ed* customs 確立した習慣.

en·trénch·ment [名] **1** [C] 塹壕(ざんごう). **2** [U] 塹壕作り; (塹壕による)守りの固さ, 身の安全.

en·tre nous /ɑ̀ːntrə-núː|ɔ̀ntrə-/ [副] ここだけの話だが. [フランス語 'between ourselves']

en·tre·pôt /ɑ́ːntrəpòu|ɔ́n-/ [名] [C] (一時的な保管用の)倉庫; 貨物集散地[集配所]. [フランス語 (＜*entre-* 'inter-'＋*poser*「置く」)]

†**en·tre·pre·neur** /ɑ̀ːntrəprənə́ːr|ɔ̀n-/ [名] [C] **1** 企業家, 事業主. **2** (演劇, 音楽会などの)興行師[主], 座元. **3** 仲介業者. [フランス語 (＜*entreprendre* 'enterprise')] ▷ ～·**i·al** /-riəl/ [形] ～·**ship** [名] [U] 企業家であること; 企業家活動, 起業.

en·tre·sol /éntərsɑ̀l|ɔ́ntrəsɔ̀l/ [名] [C] 〖建〗中 2 階 (mezzanine).

en·tro·py /éntrəpi/ [名] [U] **1** エントロピー《(**a**)〖物理〗熱力学的な量の 1 つ; (**b**)〖情報理論〗情報の不正確さを表す単位》. **2** 〖章〗(組織の)緩慢な一様化; (秩序の)崩壊. [en-, ギリシア語 *tropē*「転回, 変化」]

†**en·trust** /intrʌ́st/ [動] [他] [VOA] (～ X *to*..) X の管理[世話]を〔人〕に任せる; (～ X *with*..) X に..を委託する, 委任する. I ～*ed* him *with* my property. ＝I ～*ed* my property *to* him. 私は彼に財産管理を任せた. [en-,

trust]

:en·try /éntri/ 名 (複 -tries /-z/)
【入る[入れる]こと】 **1** UC 入ること, 入場; 入国; 〘劇〙登場; (類語 entrance[1] より儀式ばった入場に使うことが多い). make a solemn [triumphal] ～ *into* a town 町に堂々と入る[凱旋(がいせん)する].
2 UC 参加; 加入; 入学, 入会; 〈*to, into* ..への〉. *Entry to* the contest is restricted to those over the age of 18. コンテストへの参加は, 18 歳以上の人に限られます. an ～ form [fee] 参加(申入)用紙[料金]. British ～ *into* the EC 英国の EC 加入.

1, 2 の 連結 deny [refuse; forbid; permit; limit, restrict; seek; gain] ～

3 C 入り口 〈*to* ..への〉 (entrance); 玄関ホール, ロビー; 〘英〙 (建物の間の)通路. **4** UC 入場許可, 入場権, (entrance). "No *Entry*" 〘掲示〙 立ち入り禁止, 通行止め. **5** UC **記入**; 登録; 〘電算〙 (データの)入力. ～ of a word in a dictionary ある単語を辞書に採録すること. **6** C 記入[登録, 入力]された事項; (辞書の)見出し(項目).
7 C (競技などへの)参加者 (entrant), 出品物; 〈普通, 単数形〉 参加者ᴸ名簿[数]. Thereᴸwere a large number of *entries* [was a large ～] *for* the race. その競技にたくさんの参加ᴸ者[人数]があった. ◇動 enter
gàin éntry (1) (不法)侵入する; 首尾よく入場する; 入場権を得る; 〈*to* ..へ〉. *gain* ～ *to* the house through [by] an open window 開いた窓から家に侵入する. *gain* ～ *to* the courtroom 法廷に入る許可を得る. (2) 参加を果たす, 加入する, 〈*to*..〔組織, 仕事など〕に〉.
màke an éntry of.. ..を記入[登録]する.
[＜古期フランス語 (*entrer* 'enter' の過去分詞)]

éntry blànk 名 ＝entry form.

éntry fòrm 名 C (競技などへの)参加応募用紙.

en·try·ism /éntriìz(ə)m/ 名 U 〘普通, 軽蔑〙 政党への潜入《内側からその政策などを変える目的での》.

éntry-lèvel 形 (未経験者などが)手始めにする, 下級の, 〔仕事〕; 初心者向きの 〔パソコンなど〕.

éntry pèrmit 名 C 入国許可証.

en·try·phone /éntrifòun/ 名 C 〘英〙〘商標〙 (マンションなど来客用の)玄関口インターホン.

éntry vìsa 名 C 入国査証.

éntry·wày 名 (複 ～s) C 〘米〙 入り口用通路.

en·twine /intwáin/ 動 他 **1** (a) に巻きつく, 絡みつく. (b) VOA (～ X *with*..) X に..を巻きつける, 絡ませる; (～ X *about* [*around, in*]..) X を..に巻きつける, 絡ませる. ～ a post *with* a rope＝～ a rope *around* a post 柱にロープを巻きつける. Ivy has ～*d* itself [is ～*d*] *around* the tree. その木にはツタが巻きついていた[いる]. **2** を編み[綯(な)]り, 絡み]合わせる 〈*together*〉; を編んで作る. They were seated with their fingers ～*d*. 彼らは指を絡み合わせて座っていた. ── 自 巻き[絡み]つく; 絡み合う.

en·twined 形 絡み合った[て]; 密接に関連する. the ～ fates of the two nations 2 国の深く係り合った運命.

É nùmber 名 C 〘英〙 **1** E コード番号《E で始まり数字が続く; 食品添加物を表す EC が規定した番号; ＜*Eu*rope(an) *number*》. **2** 〘話〙 食品添加物.

†e·nu·mer·ate /in(j)úːmərèit/ 動 他 〘章〙 **1** を数え上げる, 列挙する. He ～*d* the reasons for his leaving the party. 彼は離党の理由をいくつも並べた. **2** の数を数える. [＜ラテン語「数え上げる」]

e·nù·mer·á·tion 名 **1** U 数え上げること, 列挙. **2** C 一覧表, 目録.

e·nu·mer·a·tive /in(j)úːmərèitiv, -rət-/ 形 列挙の, 枚挙の; 列挙する.

e·nun·ci·ate /inʌ́nsièit/ 動 他 **1** を(はっきり)発音する (pronounce). ～ one's words distinctly 言葉をはっきり発音する. **2** 〘章〙 〔意見, 学説など〕を明言する; 〔主義, 提案など〕を宣言する. ── 自 はっきり発音する. [＜ラテン語「はっきり言う」]

e·nùn·ci·á·tion 名 **1** U (はっきりした)発音(の仕方)《単なる pronunciation ではなく, 母国語として話す人の発音の仕方を評価する場合に言う》. **2** C 〘章〙 (意見などの)宣言, 表明.

†en·vel·op /invéləp/ 動 他 を包む, 包み込む, 〈*in* ..に〉; を覆い隠す. ～ oneself *in* a blanket 毛布にくるまる. His movements were ～*ed in* mystery. 彼の動静は謎(なぞ)に包まれていた. [＜古期フランス語(＜en-＋*veloper*「包む」)]

:en·ve·lope /énvəlòup/ 名 (複 ～s /-s/) C **1 封筒**. address an ～ 封筒にあて名を書く. **2** 包み; 覆い. **3** 〘空〙 (気球, 飛行船などの)気嚢(のう).
on the bàck of an énvelope 封筒の裏の[に]; (計算, メモなどを封筒の裏に走り書きするように)大急ぎで.
pùsh (the èdge of) the énvelope 〘話〙 可能性の限界ᴸに迫る[を広げる]《「(飛行技術が許容する)安全圏の限界に挑む」意の航空用語から》.
[＜フランス語「包むもの」]

en·vél·op·ment 名 **1** U 包む[包まれる]こと; 包囲. **2** C 包むもの, 包み紙, 覆い.

en·ven·om /invénəm/ 動 他 **1** 〘章〙 に毒を入れる[塗る]. **2** 〔言葉, 感情など〕に悪意[恨み]を込める. ～*ed* words 毒舌. His mind is ～*ed* with jealousy. 彼の心は嫉妬(しっと)に毒されている.

:en·vi·a·ble /énviəb(ə)l/ 形 うらやましい, うらやまれる, (注意 「envy を人に感じさせるような」 で, envious は 「envy を感じている」 ことを表す). an ～ woman うらやましい(ほど幸せな)女性. an ～ reputation うらやましい評判. ▷**-bly** 副 うらやましいほどに.

***en·vi·ous** /énviəs/ 形 m **1** うらやましそうな; ねたましそうな; (→enviable 注意). an ～ glance うらやましそうな[ねたましそうな]視線. **2** うらやんで, ねたんで, 〈*of* ..を〉 (類語 人の持っているものを「欲しがる」が中心的意味; → jealous). She is ～ *of* my good fortune. 彼女は私の幸運をうらやんでいる.
◇名, 動 envy ▷ **～·ly** 副 **～·ness** 名

en·vi·ron /inváı(ə)rən, -váirn|-váiərən/ 動 他 〘章〙 を取り巻く, 囲む, 包囲する, 〈*by, with* ..で〉 〈普通, 受け身で〉. a cottage ～*ed by* thickets 茂みに囲まれた田舎家. [＜古期フランス語「取り囲む」(＜*en viron* 'in circle, around')]

***en·vi·ron·ment** /inváı(ə)rənmənt, -váirn-|-váiərən-/ 名 (複 ～s /-ts/) **1** 〈the ～〉 (人間を取り巻く)**自然環境**. Some factories pollute the ～. 環境を汚染する工場がある. the Department of the *Environment* 〘英〙 環境省《1971 年設置》. **2** UC 周囲(の情況). a poor home ～ 貧しい家庭環境. adjust oneself to changes in ～ 環境の変化に順応する. 類語 人の思想・感情などへの影響という点から見た環境; →milieu, surrounding.

連結 a peaceful [a safe; a stable; a healthy; a stimulating; a hostile, an inhospitable] ～

***en·vi·ron·men·tal** /invàı(ə)rənméntl, -vàirn-|-vàiərən- 形/ 形 **環境の**; 環境保護の, 環境を破壊しない; 周囲の. ～ science 環境科学. ～ pollution 環境汚染. an ～ group 環境保護団体.
▷ **～·ism** /-təlìz(ə)m/ 名 U 環境保護(主義). **～·ist** 名 C 環境保護論者.

environmèntal engineéring 名 U 環境工学.

Envìronmental Héalth Sèrvice 名 〘英〙 環境衛生事業《地方自治体当局が責任を持つ》.

en·vì·ron·mén·tal·ly 副 環境上; 環境保護の点ᴸで[から言えば]. ～ friendly ＝environment-friendly.

Envìronmental Protéction Àgency [名] 〈the ～〉〖米〗環境保護局《略 EPA》.

envìronment-fríendly /[移]/ [形] 環境に優しい, 環境をあまり汚さない.

en·vi·rons /inváɪ(ə)rənz, -váɪrnz|-váɪərənz/ [名] 〈複数扱い〉〖章〗周辺地域, (都市の)近郊, 郊外. Boston and its ～ ボストンとその近郊.

†**en·vis·age** /invízɪdʒ/ [動] [他] **1** (**a**) を心に描く, 思い浮かべる. ～ an entirely new system of government 全く新しい政治組織を思い描く. (**b**) [VO] (～ *that* 節/*wh* 節/(X(*'s*)) *doing*)..ということを/..かを/(X が)..するのを心に描く. It is clearly ～*d that* petroleum must soon give place to some other fuel. 石油は間もなく何か他の燃料に代わられなければならないのは目に見えている. Can you ～ (Tom) work*ing* in a garage? (トムが)自動車修理工場で働くのを想像できますか. **2** を予想する. Do you ～ a rise in taxes before long? 近く税金が上がると思いますか. [＜フランス語「顔(*visage*)をのぞき込む」]

E

‡**en·vi·sion** /invíʒ(ə)n/ [動] [他] 〖米〗＝envisage.

‡**en·voy**[1] /énvɔɪ/ [名] ([複] ～s) [C] **1** (外交)使節. ★しばしば大使や公使を指して用いる. a special ～ 特使. dispatch a cultural ～ 文化使節を派遣する. **2** 特命全権公使《envoy extraordinary とも言う; 大使 (ambassador) の下》. [＜古期フランス語「送られた」]

en·voy[2], **-voi** /énvɔɪ/ [名] ([複] ～s) [C] 〖韻律学〗詩の末尾連《特に ballade の》.

*__en·vy__ /énvi/ [名] [U] **1** うらやみ, ねたみ, 羨(せん)望, そねみ, 〈*at, of* ..に対する〉. out of ～ ねたみから. in ～ *of* the wealthy family 裕福な家族をうらやんで. feel ～ *at* [*of*] a person's success 人の成功をうらやむ. be green with ～ ひどくねたんでいる. His ～ *of* his brother soon turned to hatred. 彼の兄[弟]に対するねたみはやがて憎しみに変わった. **2** 〈the ～〉ねたみの種; 羨望の的; 〈*of* ..の〉. Helen is the ～ *of* all her friends. ヘレンは友人みんなの羨望の的である. ◇[形] enviable, envious

── [動] (**-vies** /-z/|[過] [過分] **-vied** /-d/|**～·ing**) [他] をうらやむ; ねたむ; [VOO] (～ X Y) X (人)の Y (物事)をうらやむ; [VO] (～ X(*'s*) *doing*) X が..するのをうらやむ. I really ～ you! なんてうらやましい. I ～ (him) his trip to America. 彼のアメリカ旅行がうらやましい. I don't ～ ⌞Tom his [Tom('s) hav*ing* a] delinquent son. トムは素行の悪い息子を持って気の毒だ. 「'see')]

[＜ラテン語「横目で(悪意を持って)見る」(in-[1]＋*vidēre*↑

en·wrap /inrǽp/ [動] (～s|-pp-) [他] ＝wrap.

En·zed /ènzéd/ [名] 〖オース・ニュー話〗＝New Zealand, New Zealander.

†**en·zyme** /énzaɪm/ [名] [C] 〖化〗酵素.

E·o·cene /íːəsìːn/ 〖地〗 [形] (第 3 紀の)始新世の.

── [名] 〈the ～〉始新世《新生代 (the Cenozoic Era) 第 3 紀地質時代の 2 番目の時代》.

e.o.m. 〖商〗end of the month (月末).

e·on /íːən/ [名] [C] 無限に長い時代; 永久.

E·os /íːɑs|-ɔs/ [名] 〖ギ神話〗エーオース《あけぼのの女神; →Aurora》.

e·o·sin /íːəsin/ [名] [U] 〖化〗エオシン《赤色染料の一種》.

EP /ìːpíː/ [名] ([複] **EP's, EPs**) [C] EP 盤レコード, ドーナツ盤,《毎分 45 回転; →LP; ＜*e*xtended *p*lay (record)》.

EPA Environmental Protection Agency.

ep·au·let(te) /épəlèt/ [名] [C] (特に将校の)肩章.

é·pée /épeɪ, éɪ-, ─ˊ/ [名] [C] 〖フェンシング〗エペ《foil[2] より重く硬い, 男性用; →fencing》. [フランス語 'sword']

Eph., Ephes. Ephesians.

e·phed·rine /ifédrən, éfədrìːn/ [名] [U] 〖薬〗エフェドリン《喘(ぜん)息, 低血圧などの薬》.

e·phem·er·a /ifémərə/ [名] ([複] **～s, e·phem·er·ae** /-rìː/) **1** [C] 〖虫〗カゲロウ. **2** 〈複数扱い〉短命なもの, その場限りのもの,《切符, ポスター, パンフレットの類》.

e·phem·er·al /ifém(ə)rəl/ [形] **1** 短命な, はかない. ～ popularity つかの間の人気. Man's life is ～ indeed. 人生は実にはかないものだ. **2** 1 日限りの, 2, 3 日しか生きない,〔昆虫, 植物など〕. [＜ギリシア語「1 日限りの」]
▷ **～·ly** [副]

E·phe·sians /ifíːʒ(ə)nz|-ʒiənz/ [名] 〈単数扱い〉『エフェソの信徒への手紙』《新約聖書中の一書》.

Eph·e·sus /éfəsəs/ [名] エフェソス, エペソ,《小アジア西岸の古代ギリシアの貿易都市》.

ep·i- /épi, épə/ [接頭] 「..の上に, 外に, 中へ」の意味. *epi*dermis. *epi*demic. *epi*sode. [ギリシア語 *epí* 'on, beside, after, near']

†**ep·ic** /épik/ [名] [C] **1** 叙事詩, 史詩, (→lyric). **2** 叙事詩的な(超)大作《小説, 映画など》. **3** 〖話・戯〗大仕事, 壮絶なドラマ. ── [形] **1** 叙事詩の, 史詩の. an ～ poem 叙事詩. **2** 叙事詩的な; 雄壮な, 壮大な. [＜ギリシア語「言葉, 歌」] ▷ **ep·i·cal·ly** /-k(ə)li/ [副] 叙事詩ふうに.

ep·i·carp /épəkɑ̀ːrp/ [名] [C] 〖植〗外果皮《果皮の最外層; →endocarp》.

ep·i·cene /épisiːn/ [形] 〖章〗男女両性の; 中性的な; 異性の特徴を持った.

ep·i·cen·ter 〖米〗, **-tre** 〖英〗 /épisèntər/ [名] [C] 〖地〗震央《震源 (focus) の真上の地表点》. ▷ **-cén·tral** [形]

ep·i·cure /épikjùər/ [名] [C] 食通, 美食家, (gourmet); (文学などに)洗練した趣味を持つ人.

ep·i·cu·re·an /èpikjuríːən/ [形] **1** 快楽主義の; 美食家の. an ～ meal 食通向きの食事. **2** 〈E-〉Epicurus の[を信奉する]. ── [名] [C] **1** 美食家, 快楽主義者. **2** 〈E-〉Epicurus の信奉者. 「エピクロス主義.

èp·i·cu·ré·an·ìsm [名] [U] 快楽主義; 食道楽; 〈E-〉↑

ep·i·cur·ism /épikjurɪ̀z(ə)m/ [名] ＝epicureanism.

Ep·i·cu·rus /èpikjú(ə)rəs/ [名] エピクロス (341?–270 B.C.)《ギリシアの哲学者; 洗練された快楽に基づく心の平安を人生の最高善とした》.

†**ep·i·dem·ic** /èpədémik [移]/ [名] [C] **1** (病気の)流行. There is an ～ of cholera reported. コレラの流行が報道されている. **2** 流行病, 伝染病, (→endemic).
3 (思想, 風俗などの)流行, 伝播(ぱ); (事件などの)続出. an ～ of traffic accidents 交通事故の頻発.
── [形]〔病気が〕流行性の; 〈一般に〉はやりの. Unemployment is now reaching ～ proportions. 失業が今や大変な割合で広がっている.
[＜ギリシア語 (＜'among'＋'people')]

ep·i·de·mi·ol·o·gy /èpədìːmiɑ́lədʒi|-ɔ́l-/ [名] [U] 疫学, 流行病学.

ep·i·der·mal, -mic /èpədə́ːrməl [移]/, /-mik [移]/ [形] 〖解剖〗表皮の, 上皮の. 「上皮.

ep·i·der·mis /èpədə́ːrməs/ [名] [UC] 〖解剖〗表皮,↑

ep·i·di·a·scope /èpədáɪəskòup/ [名] [C] エピディアスコープ《不透明体(絵はがきなど)・透明体(ポジフィルムなど)のどちらでも映写できるプロジェクター》.

ep·i·dur·al /èpid(j)ú(ə)rəl [移]/ [形] **1** 〖解剖〗硬膜外の. **2** 〖医〗〔麻酔が〕エピドラルの《脊(せき)柱神経の周りに注射する; 出産時などの下半身麻酔に用いる》.
── [名] [C] 〖医〗エピドラル注射.

ep·i·glot·tis /èpəglɑ́təs|-glɔ́t-/ [名] [C] 〖解剖〗喉頭蓋(こうとうがい), 会厭(えん)《飲食物が気管に入るのを防ぐ》.

ep·i·gone /épəgòun/ [名] [C] 追従者; (芸術や哲学の)亜流, エピゴーネン. [＜ギリシア語「後に生まれた人々」]

ep·i·gram /épəgræ̀m/ [名] [C] **1** 警句(風の表現)《例: Experience is the name everyone gives to his mistakes. 経験とは人が自らの誤ちを呼ぶ名である》

(類語 ぴりっとした機知に富むもの; →aphorism).
2 風刺詩. [<ギリシア語「碑文」]

ep·i·gram·mat·ic /èpəgrəmǽtik ⑧/ 形 **1** 警句の; 風刺詩の; 〔表現などが〕警句風な. **2** 〔人が〕警句好きな. ▷**ep·i·gram·mat·i·cal·ly** /-k(ə)li/ 副 警句風に.

ep·i·grám·ma·tist 名 C 警句家; 風刺詩人.

ep·i·graph /épigræ̀f|-grɑ̀:f/ 名 C **1** (墓碑, 彫像などの)碑文, 碑銘. **2** (本, 章などの冒頭の)題辞, エピグラフ《普通, 他からの引用句で, 内容を暗示する》.

‡**ep·i·lep·sy** /épəlèpsi/ 名 U 〖医〗てんかん. [<ギリシア語「掴(つか)むこと」]

ep·i·lep·tic /èpəléptik ⑧/ 形 てんかん(性)の; てんかん持ちの. —— 名 C てんかん患者.

ep·i·logue, 〖米〗**-log** /épəlɔ̀:g|-lɔ̀g/ 名 C **1** 〖劇〗納め口上, エピローグ, (↔prolog(ue)). **2** (文芸作品の)結びの言葉, 結語. **3** 〖英〗(テレビ, ラジオ放送の 1 日の)締めくくりの短い宗教番組. **4** 〖雅〗(事件などの)結末.

E·piph·a·ny /ipífəni/ 名 (複 **-nies**) **1** 〖キリスト教〗〈the ~〉主顕祭, 公現祭, 《キリスト生誕の時東方の 3 博士 (Magi) が訪れたことをキリストの神性の顕現として祝う; 1 月 6 日; クリスマス後 12 日目のため別名を Twelfth Day と言う》. **2** 〈e-〉〖雅〗UC 突然の啓示; (重大な事柄についての)直観的理解, 悟り, (の瞬間).

ep·i·phyte /épəfàit/ 名 C 〖植〗着生植物《苔(こけ), 地衣など》.

Epis. Episcopal(ian), Epistle.

e·pis·co·pa·cy /ipískəpəsi/ 名 U 〖キリスト教〗 **1** 監督制度《例えば英国国教会のように bishop, priest, deacon の 3 位階に分かれた僧職者が教会を運営する制度; →Presbyterianism》. **2** 監督[司教, 主教]の職[地位, 任期]. **3** 〈the ~; 単複両扱い〉監督[司教, 主教]団.

e·pis·co·pal /ipískəp(ə)l/ 形 〖キリスト教〗〈普通, 限定〉 **1** 監督 (bishop) の; 〔教会が〕監督制度の. **2** 〈E-〉英国国教会系の, 聖公会の, 《略 Epis(c).》. [<ギリシア語「監督」]

Epìscopal Chúrch 名 〈the ~〉聖公会《主に Scotland と米国の英国国教会系教会》.

e·pis·co·pa·lian /ipìskəpéiljən, -liən ⑧/ 〖キリスト教〗形 監督制教会の; 〈E-〉聖公会の. —— 名 C 監督制教会員, 監督制度支持者; 〈E-〉聖公会員. 「2, 3.

e·pis·co·pate /ipískəpət, -pèit/ 名 =episcopacy

ep·i·si·ot·o·my /ipìziátəmi|-ɔ́t-/ 名 U 〖医〗会陰(えいん)切開《出産を容易にするために行う》.

†**ep·i·sode** /épəsòud/ 名 C **1** 挿話的な事件, エピソード. an amusing ~ in history 歴史上の面白いエピソード. **2** (劇, 小説中などの)挿話; (連続小説, 連続テレビ[ラジオ]ドラマなどの)一編. The next ~ will follow next week. 続きはまた来週. **3** 〖楽〗(主題部の間に入る)挿入部; 〖史〗(ギリシア悲劇の 2 つの合唱の間に入る)対話部. **4** 〖医〗(持病などの)病状の出現[発作]. [<ギリシア語「他に入って来るもの」]

ep·i·sod·ic /èpəsádik|-sɔ́d- ⑧/ 形 〖章〗 **1** 挿話的な; 挿話から成る, まとまりの悪い. **2** 散発的な, 時たまの. ▷**ep·i·sod·i·cal·ly** /-k(ə)li/ 副

ep·i·ste·mic /èpəstí:mik, -stém-/ 形 〖哲〗認識(上)の.

e·pis·te·mol·o·gy /ipìstəmálədʒi|-mɔ́l-/ 名 U 〖哲〗認識論. ▷**e·pis·te·mo·log·i·cal** /ipìstəməládʒik(ə)l|-lɔ́dʒ- ⑧/ 形 **-gist** 名 C 認識論者.

e·pis·tle /ipísl/ 名 C **1** 〖章・戯〗書簡; 書簡体の文学作品; (類語 letter より形式ばった語, 特に正式の, 又教訓的で長いもの). **2** 〈E-〉(新約聖書中の)使徒書簡; 使徒書簡からの抜粋 《聖餐(さん)式などで読み上げる》. the *Epistle* to the Romans『ローマの信徒への手紙』. [<ギリシア語「伝言, 手紙」]

e·pis·to·lar·y /ipístəlèri|-ləri/ 形 〖章〗〈限定〉 **1** 手紙[文通]による. an ~ friendship 文通による交友. **2** 書簡(体)の〔小説など〕.

ep·i·taph /épətæ̀f|-tɑ̀:f/ 名 C 墓碑銘, 碑文, 《故人の略伝などを記す》; 碑文風の詩文. [<ギリシア語「墓の上に(書くもの)」]

ep·i·tha·la·mi·um /èpəθəléimiəm/ 名 (複 **-ums, -mi·a** /-miə/) C 祝婚詩[歌].

ep·i·the·li·um /èpəθí:liəm/ 名 (複 **~s, ep·i·the·li·a** /-liə/) C 〖生物〗上皮; 上覆細胞.

ep·i·thet /épəθèt/ 名 C **1** (性質を端的に表す)形容語句; あだ名, 添え名; 《例 *Merry* England (楽しきイングランド), William *the Conqueror* (ウィリアム征服王)》. **2** 悪口[ののしり]的形容語句; 悪口, ののしり. [<ギリシア語「付け加えられた(語句)」]

‡**e·pit·o·me** /ipítəmi/ 名 C **1** 縮図. **2** 典型. She is the ~ of motherhood. 彼女は母性の典型である. **3** 概略, 要約. [<ギリシア語「切り詰められたもの」]

‡**e·pit·o·mize** /ipítəmàiz/ 動 他 を要約する; の典型である. He ~*s* the spirit of the English upper classes. 彼は英国の上流階級の精神を体現している.

e plu·ri·bus u·num /ì:-plù(ə)rəbəs-jú:nəm/ '多をもって一を成す'《アメリカ合衆国の標語; シールや硬貨に記されている》. [ラテン語 'one out of many']

EPNS electro-plated nickel silver《銀メッキ製品であることを示す》.

***ep·och** /épək|í:pɔk/ 名 (複 **~s** /-s/) C **1 時期**, 時代, 《特別の事件に特徴づけられた》(類語 厳密には era の初めの時期; →period). the ~ of mass communication マスコミの時代. **2 新紀元**, 新時代. The oral method made [marked] an ~ in English teaching. オーラルメソッドは英語教育に一時期を画した. **3** (個人にとって)記念すべき日(時). an ~ in one's life 生涯記念すべき[忘れられない]時. **4** 〖地〗世(せ)《地質時代の「紀」(period) の下位区分》. [<ギリシア語「停止」]

ep·och·al /épək(ə)l|í:pɔk(ə)l/ 形 新時代の, 新紀元の; 画期的な (epoch-making).

épոch-màking 形 新時代を開く; 画期的な. an ~ event 画期的な出来事.

ep·o·nym /épənìm/ 名 C 名祖(なおや)《国, 市, 時代などの名の起源である人; 米国 Pennsylvania 州にとっての William Penn (<*Penn*+*sylvania* (<*sylva* 森))など》. [<ギリシア語「(自分の)名を(他に)与える」]

e·pon·y·mous /ipánəməs|ipɔ́n-/ 形 名祖(なおや)の[となった]. a ~ word 名祖語《考案者 Earl of Sandwich (1718–92) に由来する sandwich など》.

EPOS electronic point of sale (電子式販売時点情報管理).

e·pox·y /epáksi|-pɔ́k-/ 名 (複 **-ies**) UC 〖化〗エポキシ樹脂《接着剤, 塗料などに用いる》. —— 動 他 〖米話〗をエポキシ樹脂で接着する.

epóxy rèsin 名 =epoxy.

Épping Fòrest /épiŋ-/ 名 エピングの森《ロンドン北方の森, 昔は王室用猟場》.

ep·si·lon /épsəlàn, -lən|epsáilən/ 名 UC エプシロン《ギリシア語アルファベットの第 5 字; E, ε》.

Ep·som /épsəm/ 名 エプソム《英国 Surrey 州の町; Epsom Downs (競馬場)があり, そこで毎年ダービー (Derby), オークス (Oaks) が行われる》.

Épsom sàlts 名 〈単複両扱い〉シャリ塩《硫酸マグネシウム; 下剤などに使用; Epsom の鉱泉から最初に採れた》.

Ep·stein-Barr vi·rus /èpstainbá:rvài(ə)rəs/ 名 U エプスタインバーウイルス《リンパ腺の腫(は)れ・発熱を伴う感染症の原因となるヘルペスウイルスの 1 種; 2 人の発見者の名から; 略 EBV》.

eq. equal; equation; equator; equivalent.

èq·ua·bíl·i·ty 名 U 均一性, 一様性; (心などの)落ち着き, 平静.

eq·ua·ble /ékwəb(ə)l, í:k-/ 形 **1** 〔気温などが〕安定した, むらのない. an ~ climate (安定した)温和な気候. **2** 〔人, 気質が〕平静な, 動揺しない; 穏やかな.

éq·ua·bly 副 均一に, 一様に; 平静に.

‡**e·qual** /íːkwəl/ 形 m (★3のみ)【同等の】 **1** C (**a**)〔数量, 程度, 価値などが〕**等しい**, 同等な;〔人, ものが〕同等の〈*in* ..において〉; (類語 数量, 程度, 価値などが等しいことを表す一般的な語; →equivalent, tantamount). The two balls are ⌞of ~ weight [~ *in* weight]. その2個の球は重さが同じだ. divide an area into three ~ parts ある面積を3等分する.
(**b**) 等しい, 同じである; 匹敵する, 相当する;〈*to* ..に〉. Twice two is ~ *to* four. 2の2倍は4. This article is not ~ *to* the sample. この商品は見本と同じでない. Mary is not ~ *to* her mother in cooking. メリーはお料理では母親に及ばない.
2 C **平等の**; 対等の;〈*with* ..と〉. Woman is ~ *with* man before the law. 法の前では女性は男性と平等である. Every employer should guarantee ~ rights for women. どの雇用者も女性に平等の権利を保証すべきだ.
【対等の】 **3** m〈叙述〉**耐えうる**〈*to* ..に〉, **力量**[資格]**がある**〈*to* ..の〉. He is ~ *to* the honor. 彼はその栄誉に値する. I don't feel ~ *to* do*ing* the work. 私にはその仕事はできそうにない (★~ *to do* the work は不可).
4 C〔戦いなどが〕五分五分の, 互角の; 均衡のとれた;〔分配などが〕公平な. My chances to win are ~. 勝つ見込みは五分五分だ. ◇名 equality
be èqual to the occásion →occasion.
on èqual térms (***with..***) (..と)対等(の条件)で.
òther [***àll***] ***thìngs being équal*** 他の条件が同じならば. *Other things being* ~, the shortest answer is the best. 他の条件が同じなら一番短い答えが一番よい.
—— 名 (複 **~s** /-z/) C **対等**[**同格**]**の人**, 同輩; 同等のもの, 匹敵する[互角の]もの. You are my ~; not my inferior or superior. あなたは私と対等で, 下でも上でもない.
without (***an***) ***équal*** 匹敵する者がない. Cicero ⌞was *without* (*an*) ~ [had no ~] *in* eloquence. 雄弁でキケロに及ぶ者はなかった.
—— 動 (~s |〖英〗-ll-) 他 **1** に等しい (be equal to). Two plus three ~*s* five. 2足す3は5.
2 に劣らない, 匹敵する; と同等の基準に達する. John ~*s* Henry *in* strength [*as* a golfer]. 腕力[ゴルフの腕前]ではジョンはヘンリーに負けない. ~ the world record in the 100 meters 100メートル競走で世界記録に並ぶ.
3〔それ相当の成果など〕を生む, に結びつく. A high position in a company ~*s* a high salary. 会社での高い地位は高給につながる. 「様な」)]
[<ラテン語 *aequālis*「等しい」(<*aequus*「平らな, 同↑

Èqual Emplòyment Opportúnity Commìssion 名〈the ~〉〖米〗平等雇用推進委員会.

e·qual·i·tar·i·an /ikwɑ̀lətɛ́(ə)riən|ikwɔ̀l- 形/ 形, 名 =egalitarian.

***e·qual·i·ty** /i(ː)kwɑ́ləti|iːkwɔ́l-/ 名 U **1 等しいこと**; 同等; 同一性. ~ of size 大きさが等しいこと.
2 平等, 均等, 一様性. claim racial [sexual] ~ 人種[性]の平等を主張する. ~ of opportunity 機会均等. ◇↔inequality 形 equal
on an equálity (***with..***) (..と)対等[同等]に[で].

Equàlity Státe 名〈the ~〉米国 Wyoming 州の俗称《婦人参政権を最初に認めたことから》.

è·qual·i·zá·tion 名 U 等しくする[される]こと; 平等化; 均等化.

‡**e·qual·ize** /íːkwəlàiz/ 動 他 **1** を等しくする, 同等[同様]にする,〈*to, with* ..と〉. **2** を平等にする; を均等化する, 一様にする. —— 自 〖主に英〗(競技で)同点になる〈*with* ..〔相手〕と〉.

é·qual·ìz·er 名 C **1**〖主に英〗同点になる得点, 同点打, 同点ゴールなど. **2** 平等[同等]にする物.

***e·qual·ly** /íːkwəli/ 副 m (★2のみ) **1** C 同じ程度に; 同様に. The two brothers are ~ bright. 2人の兄弟は同じくらい利発である. He is wrong, and you are ~ wrong. 彼も間違っているがあなたも同様に間違っている.
2 m **平等に**; 均一に. The property was divided ~ among the heirs. 財産は相続人たちの間で平等に分けられた. **3** C 同様にまた (also). Industrialization brought us great material comfort and, ~, great environmental pollution. 工業化は我々に大いなる物質的安楽をもたらしたが, 同様にまた大いなる環境汚染ももたらした.

Èqual Opportúnities Commìssion 名〈the ~〉〖英〗(雇用, 教育などでの)男女同権推進委員会.

èqual opportúnity 名 UC 平等[公正]雇用《人種·年齢·性·宗派などで雇用の際差別しないこと》.

èqual páy 名 U (特に男女)同一賃金.

Èqual Ríghts Amèndment 名〖米〗男女同権修正法案《議会は通ったが州レベルでは未承認; 略 ERA》.

équal(s) màrk 名 =equal(s) sign.

équal(s) sìgn 名 C 等号《=》.

èqual tíme 名 U〖米〗同等放送時間《政見放送などで対立する候補者に与えられる》.

e·qua·nim·i·ty /ìːkwənímәti, èk-/ 名 U〖章〗落ち着き, 冷静さ, 平静さ. with ~ 平然として.

‡**e·quate** /ikwéit/ 動 他 **1** を等しいと考える, 同等視する,〈*with* ..と〉. ~ religion *with* church-going 信仰即教会に行くことだと考える. Can we ~ theft and robbery? 窃盗と強盗を同等に考えられるか. **2**〖数〗が同等であることを示す; を等式にする;〈*to, with* ..と〉. —— 自 VA (**~ *to..***) ..と同等である, に相当する; (**~ *with..***) ..と一致する. The room rent ~*s to* about 30% of my income. 部屋代は私の収入のほぼ30%に相当する. [<ラテン語「等しくする」]

‡**e·qua·tion** /ikwéiʒ(ə)n, -ʃ(ə)n/ 名 **1** C (**a**)〖数·化〗等式, 方程式. solve an ~ 方程式を解く. a chemical ~ 化学方程式. (**b**)〈普通, 単数形で〉(多要素がからむ)難しい問題[状況]. Money ⌞entered (into) [was part of] the ~, too. 金もまた厄介な問題⌞となった[だった].
2 U 等しくする[される]こと; 均一(化); 均衡(化). the ~ of supply and demand 需要と供給の均衡(化).
3 U 同等視, 同一視. the ~ *of* wealth *with* [*and*] happiness 富すなわち幸福と見ること. ▷ **~·al** /-nəl/ 形 方程式の; 均一の, 等しい.

***e·qua·tor** /ikwéitər/ 名〈the ~; しばしば E-〉**赤道**;〖天〗天球赤道. [<中期ラテン語 'equalizer (of day and night)']

e·qua·to·ri·al /ìːkwətɔ́ːriəl, èk- 形/ 形 **1** 赤道(付近)の. **2** 赤道直下の(ような)〔気候, 植物など〕; 酷熱の.

Equatòrial Guínea 名 赤道ギニア《西アフリカの共和国; 首都 Malabo》.

eq·uer·ry /ékwəri/ 名 (複 **-ries**) C (英国王室の)侍従武官《もと馬匹(ばっ)係の意味から》.

e·ques·tri·an /ikwéstriən/ 形〈普通, 限定〉馬術の, 乗馬(用)の; 騎馬の, 馬上の; 馬上姿の. an ~ statue 騎馬像. —— 名 C 騎乗者; 馬術家; 曲馬師. [<ラテン語「騎手の」] ▷ **~·ism** 名 U 馬術.

e·ques·tri·enne /ikwèstrién/ 名 C 女性騎手; 女性曲馬師.

e·qui- /íːkwi, ek-, -wə/〈複合要素〉「等しい, 同じ」の意味. [ラテン語 *aequus* 'equal']

e·qui·an·gu·lar /ìːkwəǽŋgjulər/ 形〔図形〕が等角の, すべての角が等しい.

e·qui·dis·tant /ìːkwədíst(ə)nt 形/ 形〈叙述〉等距離で〈*from* ..から〉. ▷ **~·ly** 副

e·qui·lat·er·al /ìːkwəlǽt(ə)rəl 形/ 形 (すべての辺

が)等しい, 等辺の. an ～ triangle 正三角形.

e·quil·i·brate /ikwíləbrèit|iːkwiláibreit/ 動 他 を平衡させる, 釣り合わす, 〈*with* ..と〉. ── 自 平衡する, 釣り合う.

e·quil·i·bra·tion /ikwìləbréiʃ(ə)n|iːkwilai-/ 名 U 平衡, 釣り合い.

‡**e·qui·lib·ri·um** /iːkwəlíbriəm/ 名 (複 **～s, e·qui·lib·ri·a** /-riə/) UC 平衡状態, 均衡; 精神[身体]の安定. keep the two Powers in (an) ～ その2大国の勢力均衡を保つ. lose one's ～ 体のバランスを失う; 心が動揺する. [＜ラテン語「等しい秤 (*libra*)」]

e·quine /íːkwain/ 形 〖章〗馬の(ような). [＜ラテン語 *equus*「馬」]

e·qui·noc·tial /iːkwənɑ́kʃ(ə)l|-nɔ́k-/ ⑱/ 形 〈限定〉昼夜平分の; 春分[秋分]の; 彼岸ごろの. the ～ line 〖天〗昼夜平分線 《別名 celestial equator》. an ～ gale 彼岸あらし《彼岸前後に吹く強風》. ◇名 equinox

e·qui·nox /íːkwənɑ̀ks|-nɔ̀ks/ 名 C 昼夜平分時《春分, 秋分》. the autumn(al) [vernal, spring] ～ 秋[春]分. [＜ラテン語「等しい夜 (*nox*)」]

***e·quip** /ikwíp/ 動 (**～s** /-s/|過 過分 **～ped** /-t/|**～·ping**) 他 **1** (**a**) 〔人〕に**備えてやる**, 〔物〕に**備え付ける**, 〈*with* ..〔必要物〕を〉; に支度させる, 装わせる, を装備する, 〈*for* ..のために〉; (類語 主に器具, 装置などを整えること; →furnish 2, outfit). It costs a huge amount of money to ～ a spacecraft. 宇宙船の装備には巨額の費用がかかる. soldiers ～*ped with* new guns 新しい銃で装備した兵隊. ～ a car *with* snow tires 車にスノータイヤを付ける. factories ～*ped for* mass production 大量生産の設備が整った工場. (**b**) VOC (～ X *to do*) X を..するように設備[装備]する. ～ schools *to* admit disabled students 体の不自由な学生を受け入れられるように学校を整備する.

2 VOA (～ X *with*..) 〔知識など〕を X の身に付けさせる; (～ X *for* (*doing*)..)・VOC (～ X *to do*) X に..(するため)の能力を養わせる. ～ one's son *with* learning 自分の息子に学問を身に付けさせる. He felt well ～*ped for* [*to* handle] the task. 彼は自分にその仕事をやってゆく力が十分あると思った. You must ～ yourself *for* obtaining a good job. よい仕事を手に入れるためには自分に力をつけておかなくてはならない. ◇名 equipment [＜古期フランス語「船を装備する, 乗船させる」(＜ゲルマン語)]

eq·ui·page /ékwəpidʒ/ 名 C **1** 馬車と供まわり一式《昔の資産家の持っていた》. **2** (軍隊, 船などの)装備; 必要品一式.

‡**e·quip·ment** /ikwípmənt/ 名 U **1** (軍隊, 船などの) **装備**, 設備; 備品; (必要な)知識 [技術, 経験など]. a piece of ～ 備品1点. office [sports] ～ 事務[スポーツ]用品. The hikers carried too much ～. そのハイカーたちは装備が多すぎた. install fire protection ～ 防火設備を取り付ける. the basic ～ to make a fine teacher 立派な教師になるための基礎的な素養.

> 連結 up-to-date [state-of-the-art; high-tech; complex; dependable; obsolete; defective, faulty] ～ // set up [operate] ～

2 整備する[される]こと; 準備, 支度. the ～ of all cars *with* pollution-control devices すべての車に大気汚染防止装置を取り付けること.

e·qui·poise /ékwəpɔ̀iz, íːk-/ 名 **1** U 〖章〗(2つの力の)平衡(状態), 釣り合い. **2** C 釣り合いをとるもの; 平衡おもり.

‡**eq·ui·ta·ble** /ékwətəb(ə)l/ 形 **1** 〖章〗公正な (just); 公平な (fair); 正当な. **2** 〖法〗衡平法 (equity) の, 衡平法上有効な. ▷**-bly** 副

‡**eq·ui·ty** /ékwəti/ 名 (複 **-ties**) **1** U 〖章〗公平; 公正; 正当性. **2** U 〖法〗衡平裁定《正義の原則による裁定》; 衡平法《慣習法 (common law) と制定法 (statute law) の不備を公平と正義の原則で補う英米の法律》. **3** U (財産物件の)純資産額《諸経費, 負債などを引いた残り》. **4** U (企業資本に対する)出資者[株主]持ち分; 〖株式〗〈-ties〉(固定金利の付かない)普通株. The *equities* market has dropped sharply. 株式相場が急落した. **5** 〈E-〉〖英〗俳優組合 (〖米〗Actor's Equity Association). [＜ラテン語「同等」]

équity càpital 名 U 株主資本, 自己資本.

e·quiv·a·lence, -len·cy /ikwív(ə)ləns, -si/ 名 **1** U 等しいこと; 等価; 等量; 同意義. **2** C 同等物.

***e·quiv·a·lent** /ikwív(ə)lənt/ 形 ⓒ **等しい**; 同等の〔価値など〕; 同意義の; 相当する, 匹敵する; 〈*to* ..と, に〉; (類語 特に, 機能, 効果, 意味など物理的に測定できない性質が等しいことを表す; →equal). What is a pound ～ *to* in Japanese yen now? 今1ポンドは日本円でいくらですか. These two diamonds are ～ in value. この2つのダイヤモンドは同じ価値がある. His request was ～ *to* an order. 彼の依頼は(断れないので)命令に等しかった.

── 名 (複 **～s** /-ts/) C **同等物**, 等価物, 等量物; **同義語句**, 相当語句. the ～ *of* a college education 大学教育と同程度のもの. We cannot find a precise English ～ *for* the Japanese 'giri'. 正確に日本語の「義理」に相当する英語は見つからない. a noun ～ 名詞相当語(句).

[＜ラテン語「等しい価値がある」] ▷**～·ly** 副

e·quiv·o·cal /ikwívək(ə)l/ 形 〖章〗**1** 〔語句が〕どうにでも解釈できる, あいまいな, (類語 ambiguous より文語的で, 意図的な含みを持つ). an ～ reply (わざとする)あいまいな返事. **2** 〔性格, 評判などが〕いかがわしい; 〔行動が〕怪しげな. **3** 〔結果が〕不確実な; 〔態度などが〕はっきりしない; 〔価値が〕疑わしい. [＜ラテン語「同じ声 (*vōx*) の」] ▷**～·ly** 副

e·quiv·o·cate /ikwívəkèit/ 動 自 〖章〗(わざと)あいまいな言葉を使う; 言い紛らす; 言い逃れる.

e·quiv·o·cá·tion 名 UC あいまいな言葉(を使うこと); 言い逃れ, 逃げ口上.

e·quív·o·cà·tor 名 C あいまいな言葉を使う人.

ER earned run; Elizabeth Regina (→Regina); emergency room.

Er erbium.

er /ʌː, əː, ɑ(ː)/ 間 えーと, あのー, そのー, 《言葉をためらう時の発声; →uh》. It was—*er*—10 years ago. それは—えーと—10年前でした.

-er[1] /ər/ 接尾 〈種々の意味の名詞を作る〉

1「..する人, 物」の意味 《動詞に付ける》. learn*er*. heat*er*. ★時には「..される物」の意味ともなる: fry*er* (フライの料理人, フライ鍋(なべ); フライ用食品). →-ee[1]. **2**「..の居住者, に所属する人」の意味. New York*er* (ニューヨーク市民). villag*er*. third-grad*er* 〖米〗[-form*er* 〖英〗](小学3年生). **3**「..の製作者, 専門家, 関係者」の意味. hatt*er*. astronom*er*. photograph*er*. bank*er*. **4**「..(の特徴)を持つ人, 物」の意味. six-foot*er* (身長6フィートの人). three-mast*er* (3本マストの船). newcom*er*. **5** 元の語を変形[短縮]してくだけた語を作る. rugg*er* (＝rugby). socc*er* (Association football). [古期英語 *-ere*]

-er[2] 接尾 〈次の形容詞, 副詞に付けて比較級を作る〉**1** 普通, 単音節又は -y, -ly, -le, -er, -ow などで終わる2音節の形容詞に付ける. great*er*. pretti*er*. likeli*er*. nobl*er*. clever*er*. narrow*er*. **2** 1音節あるいは接尾辞 -ly で終わっていない少数の2音節の副詞に付ける. soon*er*. oft*en*er. [古期英語 (形 *-ra, -re*; 副 *-or*)]

-er[3] 接尾 動詞, 擬音語に付けて「反復」を表す動詞を作る. clatt*er*. glimm*er*. patt*er*[1]. wav*er*. [古期英語 *-(e)rian*]

ERA earned run average; Equal Rights Amendment.

***e·ra** /í(ə)rə/ 名 (複 **~s** /-z/) Ⓒ **1** (特定の時[事件]から始まる)**時代**, 年代; 時期; (類語 際立った事件や新体制を出発点とする歴史上の 1 時代; →period). the Showa ~ 昭和時代. The year 1945 marked the beginning of a new ~ in our history. 1945 年は我が国の歴史に新時代の始まりを印した. the ~ of space development 宇宙開発の時代.

連結 a bygone [a passing; an eventful, a tumultuous, a turbulent] ~ // enter [introduce, open (up), usher in] an ~

2 紀元. the Christian ~ 西暦紀元.
3 〚地〛代 《era, period, epoch の順に短くなる》.
[<ラテン語 *aera*「(計算用の)銅貨」; 意味は「計算の基準」>「紀元」と変化した]

e·rad·i·ca·ble /irǽdəkəbl/ 形 根絶できる.

†**e·rad·i·cate** /irǽdəkèit/ 動 他 〔犯罪, 病気など〕を根絶する, 一掃する; を根こそぎにする. ~ weeds 除草する. [<ラテン語「根こそぎにする」(<ex-[1]+*rādix* 'root')]
▷**e·ràd·i·cá·tion** 名 Ⓤ 根絶, 撲滅.

e·rad·i·ca·tor /irǽdəkèitər/ 名 Ⓤ インク消し; Ⓒ 根絶する人[物].

†**e·rase** /iréis|-z/ 動 他 **1** 〔文字など〕を消す, ふき[こすり]取る; 〔名前など〕を削除する, 抹殺する, 〈*from* ..から〉. ~ one's fingerprints 指紋を消す. **2** 〔録音したテープなど〕を消す; 〚主に米〛〔書かれた黒板など〕をふく. **3** 〔記憶など〕をぬぐい去る. Time has not ~*d* my memories of the great earthquake. 時がたっても私の震災の記憶は消え去っていない. **4** 〚章〛〔収益, 損益など〕を帳消しにする; を跡形もなく消滅させる. **5** 〚俗〛を'消す', 殺す. [<ラテン語「こそぎ取る」(<ex-[1]+*rādere* 'scrape')]

***e·ras·er** /iréisər|-zə/ 名 (複 **~s** /-z/) Ⓒ 〚主に米〛〚英章〛 消しゴム, インク消し, 黒板ふきなど, (★〚英〛では rubber とも言う).

eràser héad 名 Ⓒ 消磁ヘッド《カセット[ビデオ]テープの音[画像]を消す》.

E·ras·mus /irǽzməs/ 名 **Desiderius** ~ エラスムス (1466?–1536) 《オランダの人文主義者・文芸復興運動の先覚者; しばしば英国に滞在》.

e·ra·sure /iréiʃər|-ʒə/ 名 〚章〛 **1** Ⓤ 消し取ること; 削除. **2** Ⓒ 削除箇所[語句]; 消し跡.

Er·a·to /érətòu/ 名 〚ギ神話〛エラト《叙情詩・恋愛詩をつかさどる女神; the Nine Muses の 1 人》.

er·bi·um /ə́ːrbiəm/ 名 Ⓤ 〚化〛エルビウム《希土類元素の 1 つ; 記号 Er》.

ere /eər/ 〚古·詩〛 前 ..の前に, に先立って, (before). *ere lóng* やがて, ほどなく. ── 接 **1** ..する前に, ..しないうちに. **2** ..よりはむしろ (rather than).

Er·e·bus /érəbəs/ 名 〚ギ神話〛エレボス《この世と冥(めい)土 (Hades) との間にある暗黒界, またその擬人化》.

‡**e·rect** /irékt/ 形 m **1** **直立の**, まっすぐな; 〔頭髪などが〕逆立った. stand ~ 直立する. with hair ~ 髪を逆立てて. **2** 〚生理〛〔ペニスが〕勃起(ぼっき)した.
── 動 (~s /-ts/|過 過分 ~·ed /-əd/|~·ing) 他 **1** 〚章〛を**建てる**, 建設する; 〔障壁など〕を築く; (類語 build より垂直の高さを強調する). ~ a skyscraper [monument] 超高層ビル[記念碑]を建てる.
2 を直立させる, 立てる, 上げる, (raise). The dog ~*ed* his ears. 犬が耳を立てた. ~ oneself 体をまっすぐに起こす. ~ a tent テントを張る. ~ a flag 旗を立てる.
3 〔組織など〕を設立する (establish). ~ a new dynasty 新王朝を樹立する. [<ラテン語「立てる」]
▷**~·ly** 副 まっすぐに. **~·ness** 名 Ⓤ 直立.

e·rec·tile /irékt(ə)l|-tail/ 形 〚医〛〔組織などが〕勃起(ぼっき)性の.

†**e·réc·tion** 名 **1** Ⓤ 立て(られ)ること; 直立. **2** Ⓤ 〚章〛建設; 設立. **3** Ⓒ 〚章〛建造物. **4** ⓊⒸ 〚生理〛勃起(ぼっき).

erg /əːrg/ 名 Ⓒ 〚物理〛エルグ《エネルギーの単位》. [<ギリシア語 *érgon*「仕事」]

er·go /ə́ːrgou/ 副, 接 〚章·主に戯〛それ故に. →cogito ergo sum [ラテン語 'therefore']

er·go·nom·ic /əːrgənɑ́mik|-nɔ́m-/ 形 人間工学の.

er·go·nom·ics /-s/ 名 〈単数扱い〉 人間工学 (human engineering) 《使用者の疲労を少なくする機械・道具のデザインなどを研究する》. [ギリシア語 *érgon*「仕事」, eco*nomics*]

Er·ie /í(ə)ri/ 名 **1 Lake ~** エリー湖《北米 5 大湖の 1 つ》. **2** エリー湖畔の港市.

Èrie Canál 名 エリー運河《Hudson 川と Erie 湖を結ぶ》.

Er·in /érən, í(ə)r-|íər-/ 名 〚詩〛エリン《アイルランド (Ireland) の古名》.

Er·i·tre·a /èritréiə, -tríːə/ 名 エリトリア《紅海に面する北アフリカの国; 1993 年 4 月エチオピアから独立; 首都 Asmara》.

ERM (European) Exchange Rate Mechanism.

er·mine /ə́ːrmən/ 名 (複 **~, ~s**) **1** Ⓒ エゾイタチ, アーミン, シロテン, 《褐色の毛が冬期には尾の先だけ黒く全身純白になる; →stoat》. **2** Ⓤ アーミンの白毛皮《英国の貴族の正装や判事の法服の装飾用など》; 〈the ~〉 裁判官の職[身分, 地位], 貴族の身分[地位]. **3** Ⓒ 〚紋章〛アーミン《黒い斑(はん)点のある白い毛皮模様》. [<中世ラテン語 'Armenian (mouse)']

Er·nest /ə́ːrnist/ 名 男子の名.

†**e·rode** /iróud/ 動 他 **1** 〔酸などが金属など〕を腐食する; 〔風雨などが土地, 岩石など〕を浸食する; 〔病などが〕をむしばむ. Cancer has ~*d* the bone. 癌(がん)が骨を侵した. **2** 浸食して〔峡谷など〕を作る. **3** 〔資産など〕をなしくずしに減らす; 〚章〛〔権威, 信頼など〕を徐々に失わせる. Inflation ~*s* your funds in the bank. インフレになると銀行預金が目減りする. ── 自 **1** 浸食される; 腐食される. **2** 〔資産などが〕目減りする; 〚章〛 徐々に失われる. ◇名 erosion [<ラテン語「かじり取る」(<ex-[1]+*rōdere* 'gnaw')]

e·rog·e·nous /irɑ́dʒənəs|irɔ́dʒ-/ 形 性的刺激に敏感な. an ~ zone 性感帯.

E·ros /éras, í(ə)r-|íərəs, érəs/ 名 **1** 〚ギ神話〛エロス《Aphrodite の子で恋愛の神; ローマ神話の Cupid に当たる》. **2** 〈e-〉 Ⓤ 性愛, 性欲, (↔agape). [ギリシア語「欲望, (性)愛」]

†**e·ro·sion** /iróuʒ(ə)n/ 名 Ⓤ **1** 浸食する[される]こと, 浸食(作用); (金属などの)腐食; (病気などの)むしばみ. the ~ of rocks by running water 流水による岩石の浸食. **2** (権威, 信用などが)徐々に失墜すること; (支持, 価値などの)目減り, 漸減. resist the ~ of freedom with civil disobedience 市民的不服従で自由のなしくずしに抵抗する. ◇動 erode

e·ro·sive /iróusiv/ 形 浸食(性)の; 腐食性の.

†**e·rot·ic** /irɑ́tik|irɔ́t-/ 形 〔芸術作品などが〕性愛の; 色情挑発的な, 好色の, エロティックな. an ~ painting 性愛画, 春画. [<ギリシア語「eros の」] ▷**e·rot·i·cal·ly** 副

e·rot·i·ca /irɑ́tikə|irɔ́t-/ 名 Ⓤ 〈単複両扱い〉 エロ本, 好色本; 性愛画.

e·rot·i·cism /irɑ́təsiz(ə)m|irɔ́t-/ 名 Ⓤ **1** エロティシズム, (芸術作品などの)好色的傾向[性質], 色好み. **2** (異常な)性的興奮; 色情.

†**err** /əːr/ 動 自 〚章〛 **1** 間違う, 誤る; 間違いを犯す 〈*in* ..で/*in doing* ..するという〉. ~ seriously *in* one's judgment 判断に重大な誤りをする. I ~*ed in* believ*ing* him. 彼を信用したのは間違いだった.
2 (道徳的な)過ちを犯す; 外れる 〈*from* .. 〔真理など〕から〉. ~ *from* the right path 正道を踏み外す. To ~ is human, to forgive divine. 〚諺〛 過つは人, 許すは神

《詩人 Pope の言葉》. ◇名 error 形 erroneous

èrr on the síde of . . . . に失する, . . であり過ぎる,《普通「良い事をし過ぎる」の意味に用いる》. We would rather ～ *on the side of* caution than take a risk. 危険を冒すより用心するに越したことはなかろう.

[＜ラテン語 *errāre*「さまよう」]

***er·rand** /érənd/ 名 (複 **～s** /-dz/) C **1 使い**, 用足し. Tom went [was sent] *on* an ～ to the store. トムはその店に使いに行った[やらされた]. **2** 用向き, 用事. tell one's ～ 用向きを話す. have an ～ to do in town 町でする用事がある.

èrrand of mércy 〖雅〗救難の旅.

gò on [rùn] érrands for** a **pérson 人のために走り使いをする. [＜古期英語「伝言」]

er·rant /érənt/ 形〈限定〉〖章〗**1** 正道から外れた, 踏み迷った. an ～ wife 不貞の妻. his ～ conduct 彼の道に外れた行為. **2**〖古〗(冒険を求めて)遍歴する, 武者修業をする,〔騎士など〕(→knight-errant).

er·ra·ta /erɑ́:tə, iréi-/ 名 **1** erratum の複数形. **2** 正誤表.

‡**er·rat·ic** /irǽtik/ 形 **1**〔行動, 意見などが〕気まぐれな, 変わりやすい. **2**〔機械の作動などが〕不規則な (irregular); 不安定な. an ～ typhoon 迷走台風.

▷**er·rat·i·cal·ly** /-k(ə)li/ 副 気まぐれに; 不規則に.

er·ra·tum /erɑ́:təm, iréit-/ 名 (複 **errata**) C **1** 誤字, 誤植, 誤写. **2** ＝errata 2.

†**er·ro·ne·ous** /iróuniəs/ 形〖章〗間違った (mistaken), 正しくない (incorrect). ～ ideas about religion 宗教に関する間違った考え.

◇名 error 動 err ▷**～·ly** 副 間違って.

‡**er·ror** /érər/ 名 (複 **～s** /-z/) **1** C **誤り**, 間違い; 過失; (類語 規準・規範からの逸脱に重点がある; →mistake). an ～ of judgment 判断の誤り. a computer ～ コンピュータの誤作動. make [commit] an ～ *in* calculation 計算違いをする. printer's ～*s* (印刷物の)誤植. admit [avoid] an ～ 過失を認める[避ける].

> 連結 a common [a minor, a slight, a trifling; a grave, a gross, a serious; a fatal; a glaring] ～ ∥ correct [point out] an ～ ∥ ～s creep in

2 U 間違っていること; 思い違い, 誤信. lead a person *into* ～ 人を思い違いさせる. fall into ～ 間違う; 考え違いをする. **3** UC (計算などの)誤差. allow a margin of ～ of 3 percent 3 パーセントの誤差(の余地)を見越す. **4** C〖野球〗エラー, 失策. **5** C (宗教, 道徳上の)過ち, 不正, 罪, (★mistake はこの意味の過失には用いない). make amends for one's ～ 罪を償う.

◇動 err 形 erroneous

in érror 間違って(いる). I wrote my own address on the envelope *in* ～. 私は間違って自分の住所を封筒(の表)に書いた.

sèe [rèalize] the érror of one's wáys 前非を悔いる. [＜ラテン語「さまようこと＞逸脱＞誤り」]

er·satz /éərzɑ:ts|-zæts/ 形〈普通, 限定〉〖軽蔑〗代用の; 模造の, 合成の. ～ flour (ジャガイモなどから作る)代用小麦粉. ── 名 C 代用品 (substitute); 模造品. [ドイツ語「代用」]

Erse /ə:rs/ 名 U, 形 アイルランドのゲール語(の); スコットランドのゲール語(の).

erst·while /ə́:rst(h)wàil/ 形〖章〗〈限定〉以前の, 昔の, かつての, (former). his ～ student 昔の教え子. ── 副〖古〗以前に, 昔に, (formerly).

e·ruct /irʌ́kt/ 動 自 げっぷをする (belch).

e·ruc·ta·tion /i:rʌktéiʃ(ə)n, irʌ̀k-/ 名 UC〖章〗げっぷ.

er·u·dite /érədàit/ 形〖章〗博学な, 学識のある, (learned);〔書物などが〕学識の深さを示す. ▷**～·ly** 副

er·u·di·tion /èrədíʃ(ə)n/ 名 U〖章〗博学, 博識; 学識. a man of ～ 博学の人.

***e·rupt** /irʌ́pt/ 動 (**～s** /-ts/|過 過分 **～·ed** /-əd/|**～·ing**) 自 **1**〔火山が〕**爆発する**;〔間欠泉などが〕噴き上がる;〔溶岩, 蒸気などが〕噴出する〈*from* . .から〉. **2**〔抑えられていた感情, 事態などが〕激発する, 吹き出す;〔病気が〕突然発生する. War ～*ed* on the border. 国境で戦争が勃(ぼっ)発した. **3** 発疹(しん)する, 吹き出る;〔歯が〕生える. His face has ～*ed* in pimples. 彼の顔にはにきびが吹き出ている.

erúpt ínto . . 急激に. .に悪化する; 突然. .し始める. The quarrel ～*ed into* a fight. 口論はたちまちなぐり合いになった. ～ *into* laughter 突然笑い出す.

[＜ラテン語「爆発する」(＜ex-[1] ＋*rumpere* 'burst')]

†**e·rúp·tion** 名 UC **1** (火山の)噴火; (溶岩などの)噴出; 噴出物. Mt. Aso went into violent ～ again. 阿蘇(そ)山がまた猛烈な噴火をした. **2** (戦争, 暴力などの)突発 (outbreak); (病気の)発生; (感情などの)激発, 爆発. an ～ of cholera コレラの発生. **3**〖医〗発疹(しん), 吹き出物; 歯が生えること.

e·rup·tive /irʌ́ptiv/ 形 **1** 爆発性の; 突発的な. **2**〔岩石が〕噴出性の. ～ rocks 火成[噴出]岩. **3**〖医〗発疹(しん)性の.

-ery /(ə)ri/ 接尾 →-ry.

er·y·sip·e·las /èrəsíp(ə)ləs/ 名 U〖医〗丹毒.

Es einsteinium.

-es 接尾 /(/s, z, ʃ, ʒ, tʃ, dʒ/ の後で) əz, (o で終わる語や, 子音字 t, y で終わる語(この場合, y は i に変わる)の後で) z/ -s の異形〈名詞, 動詞の変化形語尾; 語末に黙字 -e がある場合は, これを取り -es を付ける〉.

1 名詞の複数形語尾. box*es*. bridg*es*. brush*es*. hero*es*. **2** 動詞の 3 人称・単数・現在形語尾. go*es*. los*es*. miss*es*. [古期英語(1 *-as*; 2 北部方言 *-es*)]

ESA /í:sə/ European Space Agency (欧州宇宙機関)《欧州 10 か国が参加する非軍事的宇宙開発の共同研究体; 1975 年設立》.

E·sau /í:sɔ:/ 名〖聖書〗エサウ《Isaac の長男; 1 杯の汁のために相続権を弟 Jacob に売った》.

†**es·ca·late** /éskəlèit/ 動 自, 他 (を)段階的に拡大[増大, 上昇]する. The skirmish ～*d into* a war. 小競り合いが戦争にエスカレートした. Inflation ～*s* living costs. インフレは生活費を次第に増大させる. [＜*escalator*]

ès·ca·lá·tion 名 UC 段階的拡大[増大, 上昇], エスカレーション, 〈*in, of* . .の〉.

es·ca·la·tor /éskəlèitər/ 名 C **1** エスカレーター (moving staircase). take an up [a down] ～ 上り[下り]のエスカレーターを使う. **2** ＝escalator clause. [商標名; フランス語 *escala*de 'climbing', eleva*tor*]

éscalator clàuse 名 C〖法〗エスカレーター条項《例えば契約の中で, 生活費の変動に賃金を連動させるというような条項》.

es·cal·lop /iskɑ́ləp|-kǽl-/ 名, 動 ＝scallop.

es·ca·lope /iskɑ́:ləp|éskəlɔp/ 名 UC〖主に英〗エスカロプ《薄切りにした子牛肉などのフライ》.

es·ca·pade /éskəpèid, ⌣⌣⌣/ 名 C (人の迷惑になるような)とっぴな行為; 脱線; いたずら.

‡**es·cape** /iskéip, es-/ 動 (**～s** /-s/|過 過分 **～d** /-t/|**-cap·ing**) 自 **1 逃げる**, 脱出する, 逃亡する,〈*from, out of* . .〔束縛, 幽閉など〕から〉. ～ *from* prison 脱獄する. **2 逃れる**, 免れる,〈*from, out of* . .〔災難, 危険など〕を〉. We barely managed to ～ *from* the sinking ship. 我々はかろうじてなんとか沈みかけている船から脱出した. ～ by hiding in a cellar 地下室に隠れて助かる.

3 (被害, 罰などが軽くて)すむ, 助かる,〈*with* . .で〉; VC (～ X) X の状態で助かる. The driver of the wrecked car ～*d* ⌞*with* a slight injury [unhurt]. 大破した車の運転者は軽傷で[無傷で]助かった. **4**〔液体, 気体などが〕'逃げる', 漏れる,〈*from, out of* . .から〉.

── 他 **1** (先手を打って)〔追跡, 捕縛など〕**を逃れる**;〔災

難, 病気など〕を免れる; [V0] (～ *doing*) ..をすることを免れる; ([語法] 受け身には用いない; しばしば受け身の動名詞が目的語になる. [類語] 災難などを運よく無事に切り抜けること; →avoid). ～ (going to) prison 刑務所入りを免れる. He narrowly ～*d* death. 彼は危うく死ぬところだった. ～ punishment [being punished] 処罰されないですむ. **2** 〔人の目〕を逃れる; 〔人の記憶〕に残らない. Nothing ～*s* his notice [attention]. 彼の目は何一つ見逃さない. His name ～*s* me. 彼の名が思い出せない.
3 〔言葉, ため息などが〕から思わず出る, 漏れる. A lament ～*d* him [his lips]. 思わず嘆声が彼の口から漏れた.
There's nó escàping (the fàct) that .. ..ということは免れようもない(事実だ). There's no *escaping that* you are almost bankrupt. 君がほとんど破産状態にあることはまぎれもない.
── 名 (複 ～**s** /-s/) **1** (**a**) [UC] **脱出**, 逃亡; 免れること. Many ～*s* have been tried in vain. 何度も脱出が企てられたが成功しなかった. seek ～ *from* the heat of the town 都会の炎熱を避けようとする. make (good) one's ～ (まんまと)逃げおおせる. (**b**) 〈形容詞的に〉 脱出の, 逃亡用の. an ～ route 逃げ路; 危機から脱出する方法. an ～ car 逃走用の車. **2** [C] 逃げ道, 逃げる手段, 避難設備. have one's ～ cut off 逃げ道を断たれる. There was no ～ from her miserable life. 彼女のみじめな生活から脱する道はなかった. →fire escape.
3 [aU] 現実逃避; [C] 現実逃避の手段. literature of ～ 逃避文学. find an ～ *from* worry *through* music 音楽に心配事を紛らす. Science fiction is his ～ *from* reality. 空想科学小説は彼の現実逃避の手段である.
4 [C] (水, 秘密などの)漏れ. an ～ of gas ガス漏れ.
5 [C] 〖電算〗 ＝escape key.
hàve a nàrrow [hàirbreadth] escápe きわどいところで助かる, 九死に一生を得る.
[＜古期北部フランス語「脱出する」(＜後期ラテン語「マントを脱ぐ＞自由の身になる」)]

escápe àrtist 名 [C] 脱獄名人; 〖主に米〗 ＝escapologist.

escápe clàuse 名 [C] 〖法〗 免責[例外]条項 《契約や協定の適用の際, 例外的に責任回避ができる場合を示した条項; 例えば貿易協定で, 国内産業に損害のある場合は緊急輸入制限を可能にする条項など》.

es·ca·pee /iskèipíː, èskei-/ 名 [C] 逃亡者 《特に脱獄囚》.

escápe hàtch 名 [C] (船, 飛行機などの)非常口.

escápe kèy 名 [C] 〖電算〗 エスケープキー 《主に, 実行中のプログラムを中断し, 別の命令操作を始めるためのキー; 略 ESC》.

escápe mèchanism 名 [C] 〖心〗 逃避機制 《不快なものや責任から逃れる方法》.

es·cápe·ment 名 [C] **1** エスケープ(メント), 脱進機, 《時計のつめ車に制止と送進の両作用を与え回転速度を一定に保つ》. **2** (タイプライターの)文字送り装置.

escápe pìpe 名 [C] 排気[排水]管.

escápe ròad 名 [C] 〖主に英〗 緊急避難用道路 《急カーブを曲がりきれないレースカーなどが, 避難し急停車できるよう先端に砂が盛り上げてある》.

escápe velòcity 名 [UC] (ロケットなどが地球などの重力圏脱出に必要な)(最低)脱出速度.

es·cap·ism /iskéipiz(ə)m/ 名 [U] 現実逃避(主義).

es·cap·ist /iskéipist/ 名 [C], 形 逃避主義者[の].

es·ca·pol·o·gy /iskeipɑ́lədʒi|-pɔ́l-/ 名 [C] 脱出曲芸 《なわ抜けなど》. ▷**es·ca·pol·o·gist** 名 [C] 脱出曲芸師.

es·car·got /èskɑːrgóu/ 名 [C] エスカルゴ 《食用のカタツムリ; 特に料理されたもの》. [フランス語]

es·ca·role /éskəròul/ 名 ＝endive 1.

es·carp·ment /iskɑ́ːrpmənt/ 名 [C] **1** (浸食や断層による)絶壁, 断崖(がい). **2** (城壁外側の)急斜面.

es·cha·tol·o·gy /èskətɑ́lədʒi|-tɔ́l-/ 名 [U] 終末論 《世界・人間の終末を扱う神学の部門》. [ギリシア語「最後の」, -logy]

‡**es·chew** /istʃúː, es-/ 動 他 〖章〗 〔(よくない)行動, 食物など〕を避ける, 慎む[慎んでいる], ([類語] 節制に重点がある; →avoid). ～ religious discussion 宗教に関する論議を避ける.

***es·cort** /éskɔːrt|-kɔːt/ 名 (複 ～**s** /-ts/) **1** [C] 〈単数形で複数扱いもある〉 **護衛者(団)**, (囚人などの)護送者(団); 護衛艦[機](隊)など. an ～ ship 護衛船. A large ～ accompanied the premier. 大勢の護衛が首相に随行した. **2** [C] 〖旧〗 男性の同伴者 《パーティーなどへ女性に付き添って行く》, デートする相手の男性. Jim will be my ～ at the dance. ジムがそのダンスパーティーで付き添ってくれます. **3** [C] (団体旅行などの)ガイド, 添乗員.
4 [U] 護衛; 護送; 付添; 案内. travel without ～ 案内なしで旅行する.
under éscort 護衛[護送]されて. *under* police ～ 警官の護送のもとに.
── /iskɔ́ːrt/ 動 他 を護衛[護送]する; に付き添う, 〔特に女性〕に同伴する, をエスコートする; 〈*to* ..へ〉. ～ a girlfriend home ガールフレンドを家まで送る. The curator ～*ed* the princess *around* the museum. 館長が王女に付き添って博物館を案内してまわった.
[＜イタリア語「導く」(＜ラテン語 ex-[1] ＋*corrigere* 'correct')]

es·cri·toire /èskrətwɑ́ːr/ 名 [C] (古風な)書き物机 《便箋(せん)や封筒などを入れる小引出しなど付き》. [フランス語]

es·crow /éskrou/ 名 [U] 〖法〗 (条件付き)第三者預託 《売買契約などで, 合意条件が満たされるまで, 金銭, 証書などを第三者が預かること》.

es·cu·do /isk(j)úːdou/ 名 (複 ～**s**) [C] エスクード 《ポルトガルなどの通貨単位; ＝100 centavos》.

es·cutch·eon /iskʌ́tʃ(ə)n/ 名 [C] 紋章の付いた盾; 盾形の紋地. ***a blòt on the [a pèrson's] escútcheon*** 汚名, 不名誉. [＜ラテン語「盾」]

ESE east-southeast.

-ese /iːz/ [接尾] 〈地名, 人名などに付けて次の意味の名詞, 形容詞を作る〉 **1** 「..国[地方]の」, 「..人(の)」, 「..語(の)」の意味. Japan*ese*. **2** 〈普通, 非難して〉「..風(の)」「..特有な文体[用語](の)」の意味. Johnson*ese* (ジョンソン風の文体[語法]). journal*ese*. [ラテン語 *-ensis*]

Es·ki·mo /éskəmòu/ 名 (複 ～**s**, ～) [C] エスキモー人; [U] エスキモー語; (→Inuit). ── 形 エスキモー人[語]の. [北米先住民語; 「生肉を食べる人々」か?]

Éskimo dòg 名 [C] エスキモー犬.

ESL English as a second language (第 2 言語としての英語) 《インドでのように, 母語の補助として日常の社会生活に用いられる英語; →EFL, TESL》.

ESOL /íːsɔːl|íːsɔl/ English for speakers of other languages (他言語話者のための英語; →TESOL).

e·soph·a·gus 〖米〗, **oe·s-** 〖英〗 /i(ː)sɑ́fəgəs|-sɔ́f-/ 名 (複 **e·soph·a·gi** /-gài/) [C] 〖解剖〗 食道 (gullet).

es·o·ter·ic /èsətérik/ 形 〖章〗 **1** 限られた少数者にしか理解できない; 難解な, 深遠な; (↔exoteric). an ～ theory 一般には理解されない(難解な)理論. ～ Buddhism 密教. **2** 秘密の, 内密の, (secret). [＜ギリシア語「より内側[奥]の」] ▷**es·o·ter·i·cal·ly** /-k(ə)li/ 副 分かりにくく; 内密に.

ESP extrasensory perception; English for special [specific] purposes (特別な目的のための英語; ビジネス・旅行用英語など).

esp. especially.

es·pa·drille /éspədril|espədríl, és-/ 名 [C] エスパドリーユ 《縄底の軽いズック靴》. [フランス語]

es·pal·ier /ispǽljər, es-/ 名 C 〖園芸〗 **1** 果樹垣など《果樹や観賞用植物の枝を上方へ平らに這(は)わせたもの》. **2** 垣根仕立ての果樹など. [フランス語「格子垣」(<イタリア語「支柱」)]

Es·pa·ña /espɑ́:njɑ:/ 名 エスパーニャ《Spain のスペイン語名》.

es·pe·cial /ispéʃ(ə)l, es-/ 形 〖章〗〈限定〉格別な, 特別な; 特殊の; 特有の, 固有の; (類語 程度の高さを特に強調する場合に用いるが一般には special が好まれる). Tom is my ～ friend. トムは私の特別親しい友人です. for her ～ benefit 特に彼女に有利になるように. a problem of ～ importance 特に重要な問題. [<古期フランス語; special と同源]

‡es·pe·cial·ly /ispéʃ(ə)li, es-/ 副 m **特に, 格別に; とりわけ, ことに**; (類語「他に比べて特に」の意味が強く, これに対し specially は多くの場合「1 つの目的だけのために」の意味で, 又文頭に来ることはまれ:He came *specially* to see my mother. (彼はうちの母に会うために特にやって来た)). ～ cold 格別に寒い. at an ～ critical moment 特に危機一髪という瞬間に. I ordered this wine ～ for you. 特にあなたのためにこのワインを注文しました. I like traveling, ～ by plane. 私は旅行が, 特に空の旅が好きです. The lake is beautiful, ～ when the sun is sinking. その湖は特に太陽の沈んでいく時が美しい. 'Are you interested in golf?' 'Not ～, no.' (<No, I'm not ～ interested in golf.)「ゴルフには興味がありますか」「いや, 格別には(興味)ないです」All my family like tofu. My father, ～, eats it almost every day. 家中みんな豆腐好きです. 特に父はほとんど毎日食べてます (★*Especially* my father ..は不可).

Es·pe·ran·tist /èspərǽntist/ 名 C エスペラント使用者[主義者].

Es·pe·ran·to /èspərǽntou, -rɑ́:n-/ 名 U エスペラント語《Zamenhof 考案の国際語; <エスペラント語「希望を持つ人」》.

‡es·pi·o·nage /éspiənɑ̀:ʒ, -nidʒ/ 名 U スパイ活動; スパイの使用. industrial ～ 産業スパイ活動. an ～ network スパイ網.

es·pla·nade /èsplənéid/ 名 C 遊歩道《特に海岸や湖畔の》.

ESPN Entertainment and Sports Programming Network《米国のスポーツ専門の有線放送会社》.

es·pous·al /ispáuz(ə)l/ 名 **1** UC 〖章〗(主義, 学説などの)支持, 採用. **2** C 〖古〗〈しばしば ～s〉婚約(式); 結婚(式).

‡es·pouse /ispáuz/ 動 他 **1** 〖章〗(主義, 説など)を支持する, 採用する. **2** 〖古〗を妻にする; を嫁がせる〈*to* ..に〉.

es·pres·so /esprésou/ 名 (複 ～s) U エスプレッソ《粉末に蒸気を通して出す濃いコーヒー》; C (1 杯の)エスプレッソ(コーヒー). [イタリア語「搾り出された(コーヒー)」]

es·prit /esprí:|ˊ-ˊ/ 名 U 才気, 機知, エスプリ; 精神. [フランス語 'spirit']

esprìt de córps /-də-kɔ́:r/ 名 U 〖章〗団体精神, 団結心. [フランス語 'spirit of corps']

es·py /ispái/ 動 (-pies|過 過分 -pied|～·ing) 他 〖章·旧〗(偶然, 又は遠方や見えにくい所に)を見つける, 発見する.

Esq., Esqr. Esquire.

-esque /esk/ 接尾「..風の, ..の様式の」の意味の形容詞を作る. Dant*esque* (ダンテ風の). pictur*esque*. [フランス語(<イタリア語 *-esco*)]

Es·quire /éskwaiər|iskwáiə/ 名 **1** C 〖主に英〗様, 殿, (語法 Mr. より改まった敬称; 特に手紙で Esq(r). と略して氏名のあとに添える; 米国でも弁護士などに限って用いることがある). John Williams, *Esq*. ジョン・ウィリアムズ様[殿] (語法 この場合姓だけでなく名も書く; 名は頭文字だけでもよい; 他の称号が必要な場合は Esq(r). のあとに加える:J. Williams, *Esq*., M.A.). **2** 〈e-〉 C 〖英史〗騎士の従者《騎士の見習い修業をする》; 王[貴族]に仕える役人; 郷(ごう)士, 大地主, (squire). [<後期ラテン語「盾を持つ人」]

ess /es/ 名 C S [s] の字; S 字形の物.

-ess 接尾 女性形名詞を作る. (★女性差別語とされ, 使用がはばかられるようになりつつある) heir*ess*. lion*ess*. [古期フランス語 *-esse* (<ギリシア語 *-issa*)]

‡es·say /ései, ési/ 名 (複 ～s /-z/) C **1 試論**, 小論; **随筆**, エッセイ. a contest [prize(-winning)] ～ 懸賞[入選]論文. write a critical ～ *on* the novel その小説に関する評論を書く. **2** /ései, eséi|ˊ-/ 〖旧章〗試み, 企て, (attempt) 〈*at*, *in* ..の/*to* do ..する〉. make an ～ *to* skate [*at* skat*ing*] スケートをやってみる.

── /eséi/ 動 (～s|過 過分 ～ed|～·ing) 他 〖旧章〗を試みる, 企てる; VO (～ *to do*) ..しようと試みる; (類語 try, attempt より形式ばった語で古風). ～ a difficult task 難しい仕事を試みる. ～ *to* escape 脱出を企てる. [<古期フランス語「試み」(<後期ラテン語「重さを量る」)]

†es·say·ist /éseiist/ 名 C 随筆家, エッセイスト.

éssay quèstion 名 C 論文式(テスト)問題.

‡es·sence /és(ə)ns/ 名 (複 **-senc·es** /-əz/) **1** U **本質**; 真髄, 基本的要素. absorb the ～ of Oriental art 東洋美術の粋を吸収する. He is the ～ of kindliness. 彼は心から優しい. **2** UC エッセンス, エキス; 精油; 香水. meat ～ 食肉エキス.

be of the éssence 非常に重要 (essential) である. Time [Speed] *is of the* ～ in extinguishing a fire. 消火には時[迅速さ]が第一だ.

in éssence 本質的に; (見掛けはとにかく)本当は. He is, *in* ～, a careful man. 彼は根は注意深い人だ.

[<ラテン語「存在すること, 本質」(<*esse* 'be')]

‡es·sen·tial /isénʃ(ə)l/ 形 m **1 本質的な**, 本質の; 根本的な, 基本的な. an ～ difference 本質的な相違. Selfishness is an ～ part of his character. 彼の性格には根本的に自分本位のところがある.

2 絶対必要の, 不可欠な; 極めて重要な; 〈*to*, *for* ..にとって〉 (類語 本質的に不可欠という意味; →necessary). The sun is ～ *to* [*for*] life. 太陽は生命に不可欠である. A knowledge of English is ～ *to* the successful applicant. 志望者が合格するには英語の知識が必須である. It's ～ *for* you *to* finish the job today. =It's ～ *that* you (should) finish the job today. 君が今日その仕事を終えるのが絶対必要だ.

3 〈限定〉エキスの(ような); 粋を集めた. ◇名 essence

── 名 C 〈普通 ～s〉絶対必要なもの; 要点, 本質的要素. the ～*s* of English grammar 英文法の必須事項.

†es·sén·tial·ly 副 **1** 本質的に(は); 本来; 本当は. It is ～ a problem of economics. それは本質的には経済の問題である. **2** ぜひとも (necessarily). "Must I go?" "Not ～."「私が行かなければなりませんか」「どうしてもというわけではありません」

essèntial óil 名 U (植物性)精油, 芳香油, 《香水, 香味料などの原料》.

Es·sex /ésiks/ 名 **1** エセックス《イングランド南東部の州》. **2 Earl of ～, Robert Devereux** /dévərə, -ru:/ エセックス伯 (1566–1601)《英国の軍人, 宮廷人; Elizabeth 1 世の愛顧を受けたが, 後反逆罪で処刑》.

Éssex gìrl 名 C 〖英話〗エセックス女《冗談半分に, エセックス方面に多いとされる, 柄が悪く, 貞操観念の薄い女》.

Éssex màn 名 C 〖英話〗エセックス男《冗談半分に, エセックス方面に多いとされる, 柄が悪く, 右翼的な考えの男》.

EST Eastern Standard Time.

est. established; estate; estimate(d).

-est /əst/ 接尾 **1** 形容詞, 副詞に付けて最上級を作る《その種類については →-er²》. fast*est*. great*est*. earli*est*. pretti*est*. **2** 〖古〗thou (2 人称・単数・主格

代名詞)がとる直説法・現在形の動詞語尾. thou gett*est* (＝you get). [古期英語(1 *-est*, *-ost*; 2 *-est*, *-ast*)]

estab. established.

‡es·tab·lish /istǽbliʃ, es-/ 動 (**~·es** /-əz/|過 過分 **~ed** /-t/|**~·ing**) 他 【しっかりさせる】 **1** 〔施設, 事業など〕を**設立する**; 〔国家, 政府など〕を樹立する; 〔関係など〕を打ち立てる; 〔法律, 制度など〕を制定する; (類語 創立した上で永続できるように確立すること; →found²). ~ a new school 新しい学校を設立する. a restaurant *~ed* in 1890 1890年創業のレストラン. Israel *~ed* friendly relations with Jordan in 1994. 1994年イスラエルはヨルダンと友好関係を樹立した.

E

2 〔人〕を**落ち着かせる** 〈*as* ..として/*in* ..〔職業, 場所など〕に〉. He *~ed* his son *in* politics. 彼は息子を政界に入れた. The money was enough to ~ him *in* business. 資金は彼が商売で身を立てるのに十分だった. Now that we are *~ed in* [*at*] our new house, we are going to receive visitors. 我々は新しい家に落ち着いたので喜んで客を迎えます. He *~ed* himself *as* a conductor in New York. 彼は指揮者としてニューヨークで一家をなした. He began a new job but it will take time to get *~ed*. 彼は新しい仕事を始めたが落ち着くには時間がかかるだろう.

【確かなものにする】 **3** 〔習慣, 信念など〕を**確立する**; 〔先例など〕を一般に承認させる. The success at the concert *~ed* her reputation as a singer. 音楽会での成功で彼女の歌手としての名声は固まった.

4 〔事実など〕を**確証**[**立証**]する; VO (~ ***that*** 節/***wh*** 節) ..ということを/..かを証明する. ~ one's alibi 自分のアリバイを証明する. He tried to ~ *that* he was innocent. 彼は自分が無罪であることを証明しようとした. A link has been *~ed* between smoking and lung cancer. 喫煙と肺癌(がん)の関係は立証されてきた.

5 【体制を確立する】〔教会〕を国教会にする. [＜ラテン語「しっかりしたものにする」(＜*stabilis* 'stable¹')]

†es·táb·lished /-t/ 形 〈限定〉 **1** 確立した; 確証された. well ~ customs すっかり確立した慣習. an ~ fact 動かしがたい事実. an ~ invalid 治らない病人. **2** 国定の.

estàblished chúrch 名 〈the ~〉 国教会《イングランドの the Church of England (宗派は Anglican), スコットランドの the Church of Scotland (宗派は Presbyterian) がその例》.

***es·tab·lish·ment** /istǽbliʃmənt, es-/ 名 (複 **~s** /-ts/)

【立てること】 **1** U **設立**, 創設; 樹立; 制定. the ~ of a hospital 病院の設立. the ~ of the constitution 憲法の制定. **2** U 確立; 確証; (身分の)安定. the ~ of a new theory 新理論の確立. seek ~ in business 実業で身を立てようとする.

【設立されたもの】 **3** C 〈単数形で〉 世帯, 家庭, (household); (家財, 土地などを含む)住居. keep a large ~ (多数の使用人を使って)大世帯を張っている.

4 C 【章】(社会的な)施設《学校, 病院, 会社, 事業所, 店舗など》; 〈集合的; 単数形で複数扱いもある〉 施設の構成員. maintain a branch ~ in London ロンドンに支店を開いている. a private ~ 個人企業. an educational ~ 教育施設. a separate ~ 別館.

【確立したもの】 **5** U 〈the E-; 単複両扱い〉【英】支配階級《国教会, 王家, 貴族, 富裕階級から成る》; 〈普通 the E-〉 (既成の)体制(側), エスタブリッシュメント. the literary *Establishment* 既成文壇. **6** 〈the E-〉 英国国教会. **7** UC (軍隊, 官庁などの)常備編成[人員].

es·tab·lish·men·tar·i·an 形, 名 C 体制派の(人); 英国国教主義の(人).

es·ta·mi·net /estæminéi|ˊ-ˊ--/ 名 C (小さな, フランス風の)喫茶店, バー, 軽食堂.

***es·tate** /istéit, es-/ 名 (複 **~s** /-ts/)

【状態】 **1** U 【旧章】(人生の)時期; 状態, 身分, 地位. come to man's ~ 成年に達する. the holy ~ of matrimony 結婚している身分.

2 【(社会的)状態＞階級】【旧章】 C 社会階級. → third estate, fourth estate.

【(経済的)状態＞財産】 **3** C (**a**) **地所**; 所有地《特に地方の広大な家屋敷》. sell one's ancestral ~ 父祖伝来の家屋敷を売る. (**b**) (栽培用の)地所. a tea [rubber] ~ 茶[ゴム]園. (**c**) 【英】 開発団地. a housing [an industrial] ~ 住宅[工業]団地.

4 U 【法】財産, 資産; 遺産. a man of small ~ 財産のあまりない男. real [personal] ~ 不動[動]産.

5 C 【英話】＝estate car.

the thrèe estátes (1) (中世ヨーロッパの)聖職者・貴族・庶民の3階級. (2)【英】〈T- E-〉上院の聖職者議員 (Lords Spiritual) と貴族議員 (Lords Temporal) および下院議員 (Commons).

[＜古期フランス語 (＜ラテン語 *status*「地位」)]

†estáte àgent 名 C 【英】 不動産業者 (【米】 realtor, real estate agent).

estáte càr 名 C 【英】 ＝station wagon.

estáte dùty 名 UC 【英史】 遺産税《capital transfer tax を経て現在は inheritance tax》.

estáte tàx 名 UC 【米】 遺産税《遺産が分配される前に課せられる; さらに相続分に対し相続者に課されるのが inheritance tax》.

***es·teem** /istíːm, es-/ 動 (**~s** /-s/|過 過分 **~ed** /-d/|**~·ing**) 他 【章】 **1** を**尊重する**, 重んじる; を尊敬する; (類語 respect より敬愛の気持ちが強い). I greatly ~ your advice. あなたのご忠告を大いに尊重いたします. The professor was highly *~ed* for his erudition. 教授は深い学問で大変尊敬されていた. our *~ed* leader 我らの敬愛する指導者. your *~ed* letter お手紙, 貴簡.

2 VOC (~ X (***to be***) Y)・VOA (~ X ***as*** Y) X を Y と見なす, 思う, (consider, regard). ~ the chairmanship (*as*) an honor 議長職を光栄と思う. I ~ it a privilege to address this audience. 皆様にお話できることを名誉に思います. I ~ my secretary reliable. 【旧】私の秘書は信頼できると私は思っている.

── 名 U 【章】尊重, 尊敬; 評価. hold a person in (high [great]) ~ 人を尊敬する. This is a token of my ~ for you. これはあなたへの私の尊敬のしるしです.

[＜古期フランス語 (＜ラテン語「評価する」); estimate と同源]

es·ter /éstər/ 名 U 【化】エステル《酸とアルコールの化合物の総称; 芳香を持つものは食料品の香料用》.

Esth. Esther.

Es·ther /éstər/ 名 【聖書】 **1** エステル《ユダヤ人でペルシア王妃; 自国民を虐殺の陰謀から救った》. **2** 『エステル記』《上記の物語を記した旧約聖書中の一書》.

es·thete /ésθiːt|íːs-/ 名 【米】 ＝aesthete.

es·thet·ic /esθétik|iːs-/ 形 【米】 ＝aesthetic.

es·thét·ics 名 【米】 ＝aesthetics.

es·ti·ma·ble /éstəməb(ə)l/ 形 **1** 尊重[尊敬]に値する, 尊重[尊敬]すべき. **2** 見積もり[評価]できる.

‡es·ti·mate /éstəmèit/ 動 (**~s** /-ts/|過 過分 **-mat·ed** /-əd/|**-mat·ing**) 他 **1** を**概算する**; 〔費用など〕を見積もる, 算定する, 〈*at* ..と〉; VOC (~ X ***to be*** Y) X が Y であると見積もる[算定する]; (類語 おおざっぱな印象的判断に基づく評価; →evaluate). ~ the size of a room 部屋の大きさを目算する. ~ the cost [losses] ˪*at* [*to be*] £1,000 費用[損失]を千ポンドと見積もる.

2 (**a**) を推定する, 判断する, 〈*at* ..と〉. He *~d* his chances *at* only fifty-fifty. 彼は自分の見込みはせいぜい五分五分と見た. an *~d* 1,000 guerrillas 推定1,000人のゲリラ (★an の用法は →a 1 (c)). (**b**) VOC (~ X ***to do***) X が..すると推定[判断]する. The work is *~d* *to* take a week. =It is ~*d* (*that*) the work will take a week. (→2 (c)). その仕事は1週間かかると見られている. (**c**) 他 (~ *that* 節/*wh* 節) ..であると/..かと見当をつける, 判断する, 《数量, 質, 事態などについて》. They ~ [It is ~*d*] (*that*) the work will take a week. その仕事は1週間かかるとᴸ彼らは見ている[見られている]. ~ *how* many students will take part in the demonstration デモに何人学生が参加するか推計する. **3** を評価する. He is highly ~*d* among his friends. 彼は友人間で高く評価されている.

── 自 見積もりをする〈*for* ..の〉. ~ *for* the repair of the house 家の修繕費を見積もる.

── /éstəmət/ 名 (複 ~**s** /-ts/) C **1 概算(書)**, 見積(書); 見積額. make a rough ~ ᴸof the expenses [between 100 and 150] 経費の[100から150の間という]大ざっぱな見積もりをする. at a moderate ~ 内輪に見積もって. by ~ 概算で. We got ~*s* from three builders and accepted the cheapest. 3人の建築業者から見積書を取って, 1番安いのに応じた.

> 連結 an accurate [an exact, a precise; an approximate; a cautious, a conservative; a long-range; a preliminary; a reliable] ~ // give [submit] an ~

2 評価, 評定, 判定. form a correct ~ of the novel その小説を正しく評価する. in the ~ of the world 世間の評価では. **3** 〈the Estimates〉〖英〗歳出入予算案《大蔵大臣が議会に出す》.

[<ラテン語 *aestimāre*「評価する」; esteem と同源]

és·ti·màt·ed /-əd/ 形 概算の, だいたいの; 見積もりの.

ès·ti·má·tion 名 **1** U〖章〗評価; 判定; 意見. In my ~, he is an honest man. 私の見たところでは彼は正直者です. He's gone up [down] in his boss's ~. 上司による彼の評価が上がった[下がった]. **2** aU 見積もり, 概算. **3** U 尊敬; 尊重.

es·ti·ma·tor /éstəmèitər/ 名 C 見積もる[評価する]人, 算定者.

es·ti·vate /éstəvèit|í:s-/ 動 自 **1**〖動〗〔ある種の蛇などが〕夏眠する (↔hibernate). **2**〖章〗夏を過ごす.

Es·to·ni·a /estóuniə, -njə/ 名 エストニア《バルト海沿岸の共和国; 1939年ソ連に併合されたが1991年再び独立; 首都 Tallinn》.

Es·to·ni·an /estóuniən/ 形 エストニア(人)の.

── 名 C エストニア人; U エストニア語.

es·trange /istréindʒ/ 動 他 **1** の仲を悪くさせる, を仲たがいさせる〈*from* ..と〉. A quarrel ~*d* those two boys [~*d* one boy *from* the other]. 2人の少年は口論がもとでつき合わなくなった. **2** を遠ざける, 疎遠にする, 〈*from* ..から〉. ~ oneself *from* politics 政治から遠ざかる. ▷ **~·ment** 名 UC 仲たがい; 疎遠.

es·tránged 形 **1** 疎遠になった, 仲たがいしている; 〔夫, 妻が〕別居している; 〈*from* ..と〉. his ~ wife 彼の別居中の妻. **2**〖章〗〈叙述〉遠ざかって〈*from* ..〔仕事, 社会など〕から〉.

es·tro·gen /éstrədʒən/ 名 U〖生化〗エストロゲン《女性ホルモンの一種》.

ès·trous cýcle /èstrəs-/ 名 C〖動〗発情周期《(雌の)発情期から次の発情期まで》.

es·trus /éstrəs/ 名 U〖動〗(雌の)発情期.

‡**es·tu·ar·y** /éstʃuèri|-əri/ 名 (複 **-ar·ies**) C (潮のさす)広い河口, 河口水域; 入り江. the Thames ~ テムズ河口.

Èstuary Énglish 名 U〖英〗河口(域)英語《ロンドンなまり (Cockney) と RP の中間的なもので, テムズ川の河口から他の地域に広がり始めている英語; 語中の位置により t, l 音が変化し, h が発音されない》.

ET Eastern Time; Employment Training; extraterrestrial.

-et /ət/ 接尾「小さい」の意味を名詞に添える (→-ette). eaglet. islet. [古期フランス語 *-et(e)*]

ETA estimated time of arrival (到着予定時刻) (↔ETD).

e·ta /éitə, í:tə|í:tə/ 名 UC イータ《ギリシア語アルファベットの第7字 *H*, *η*; ローマ字の E, e に当たる》.

†**et al.** /et-ǽl, -ɔ́:l, -á:l/ **1** およびその他の物《<ラテン語 *et al*ia ('and other things') の略》. **2** およびその他の者たち《<ラテン語 *et al*ii ('and others') の略; 著者名, 法律文書などに使用》. George White *et al.* eds., *A History of the United States*. ジョージ・ホワイト他編『アメリカ合衆国史』.

***etc.** et cetera の略.

> 語法 (1) 普通, 読み方は et cetera に同じ. (2) 英国では etc とピリオドを略す傾向がある. (3) 主に商業文, 参考書などで列挙した物の後に使用; 一般には and so forth [on], and the like などの方が好まれる; 人について用いると軽蔑感を伴うことがある. (4) etc. の前にコンマを打つ:beef, pork, mutton, etc. (ただし beef etc. のように列挙しない場合は不要) (5) etc., etc., etc., と重ねて用いることがあるが,「以下省略」の意味.

et cet·er·a /it-sét(ə)rə, et-/ 副 その他, ..など, (and so forth [on], and the like)《普通 etc., &c. と略して用いる》. [ラテン語 'and others']

et·cet·eras /itsét(ə)rəz, et-/ 名〈複数扱い〉〖話〗余分な物[人], その他ᴸたくさん[大勢].

‡**etch** /etʃ/ 動 他 **1**〔金属板など〕にエッチングする, 食刻する, 〈*with* ..〔模様など〕を〉; 〔絵など〕をエッチングで描く〈*in*, *into*, *on*, *onto* ..に〉(→etching). The lid is ~*ed with* a geometric design. ふたには幾何学模様がエッチングで描かれている. a beautiful girl with a sharply ~*ed* face like a perfect cameo 完璧なカメオ細工のような彫りの深い顔立ちの美少女. **2**〖雅〗を刻む, 銘記する, 〈*in*, *on* ..〔心など〕に〉. The incident was ~*ed in* [*on*] his memory. その出来事は彼の記憶に刻み込まれた. **3** 〈一般に〉〔線, 模様など〕をくっきり描く; 〖雅〗〈普通, 受け身で〉〔感情〕を刻む; 〈*into*, *on* ..に〉; 〔顔〕に刻む〈*with* ..〔感情〕を〉. Grief is ~*ed on* her face. 彼女の顔には悲しみが刻まれている. ── 自 エッチングをする.

[<ドイツ語「浸食する」] ▷ **étch·er** 名 C エッチング彫版家.

‡**étch·ing** 名 U エッチング技法, 食刻法, 《蠟(ろう)を塗った銅板に下絵を刻みその部分を酸などで腐食させ版を作る》; C エッチング(版画).

ETD estimated time of departure (出発予定時刻) (↔ETA).

***e·ter·nal** /itə́:rn(ə)l/ 形 ℂ **1** (**a**) **永遠の**, 永久の; 不滅の; (↔temporary). the ~ God 永遠なる神. ~ life 永遠の生命. the ~ universe 無窮の宇宙. (**b**) 〈名詞的〉〈the ~〉永遠なもの; 〈the E-〉永遠者《神 (God)》. **2** 〈限定〉〖話〗絶え間ない; きりのない. ~ chatter ひっきりなしのおしゃべり. **3** 永久不変の. ~ truths 不変の真理. swear ~ love 変わらぬ愛を誓う. 類語 eternal は始まりも終わりもないこと; →endless, everlasting, interminable, perpetual, timeless, unending. ◇名 eternity [<ラテン語「永遠の」(<*aevum* 'age')]

Etèrnal Cíty 名〈the ~〉永遠の都《ローマのこと》.

†**e·tér·nal·ly** 副 **1** 永遠に, 永久に. **2**〖話〗いつも (always); 絶え間なく; しょっちゅう.

etèrnal tríangle 名 C〈普通, 単数形〉(男女の)三角関係.

†**e·ter·ni·ty** /itə́:rnəti/ 名 (複 **-ties**) **1** U〖章〗永遠, 無窮; 不滅; 永遠性. preserve a historical monument for (all) ~ 史的記念物を永久に保存する. **2** U〖章〗(死後の)永遠, 来世. send a person to ~ 人をあの世に送る《「殺す」の婉曲表現》. **3** aU〖話〗うんざりするほど長い時間. an ~ of raining 果てしなく続く長雨. ◇形 eternal

etérnity rìng 名 C エタニティリング《輪全体に宝石をはめ込んだ指輪; 永遠を象徴する》.

-eth /əθ/ 接尾 **1** -th² の異形〈y で終わる基数から序数

詞を作る; y は i となる〉. thirti*eth*. **2**〘古〙3人称・単数・直説法・現在形の動詞語尾. go*eth* /góuəθ/ (＝goes). ask*eth* /-əθ/ (＝asks). [古期英語 (1 →-th²; 2 -(*e*)*th*)]

eth·ane /éθein/ [名] [U] 〘化〙エタン《天然ガス, 石炭ガスなどに含まれる燃料用ガス》.

eth·a·nol /éθənɔ̀ːl, -nòul|-nɔ̀l, íː-/ [名] [U] 〘化〙エタノール《(ethyl) alcohol に同じ》.

e·ther /íːθər/ [名] [U] **1**〘化〙エーテル《無色揮発性の可燃液体; 溶媒, (以前は)麻酔剤などに使用》. **2**〈the ～〉〘古・詩〙大気の上層, 天空; (そこにみなぎると考えられた)霊気. ★aether ともつづる. **3** エーテル《古い物理学で光, 熱などの媒体とされた仮説上の物質》. [<ギリシア語「上層の空気」]

E

‡**e·the·re·al** /iθí(ə)riəl/ [形] **1**〘章〙この世のものとは思えない; 極めて軽やかな; 絶妙な. ～ beauty この世のものとも思えない美しさ. ～ music 妙(たえ)なる楽の音. **2**〘詩〙天空の, 天界の. ▷ **～·ly** [副]

e·ther·ize /íːθəràiz/ [動] [他] **1**〘化〙をエーテル化する. **2**〘医〙〘旧〙にエーテル麻酔をかける.

eth·ic /éθik/ [名] [C] (特定の文化, 集団の)価値体系, 道徳律; (個人の)倫理; (→ethics). the Quaker ～ クエーカー教の道徳律.

*__eth·i·cal__ /éθik(ə)l/ [形] [m] **1 倫理の**, 道徳の; 倫理学(上)の. an ～ theory 道徳論. **2**〈普通, 否定文・疑問文などで〉道徳的な; 道義にかなう; (特に職業)倫理にかなう; (↔unethical). It is not ～ for a doctor to reveal confidences. 医師が(患者の)秘密を漏らすのは職業倫理にもとる. **3**〔薬が〕売買に医師の処方を要する. [<ギリシア語「道徳の」(<「慣習」)]
▷ **～·ly** [副] 倫理(学)的に; 道徳的に; 倫理的には.

*__eth·ics__ /éθiks/ [名] **1**〈複数扱い〉**倫理**, 道徳; 倫理観; ([類語] ethics は道徳の原理に関して用いる; →moral). ～ of the medical profession 医の倫理. professional ～ (特定)専門職の職業倫理. His ～ are extraordinary. 彼の倫理観は普通でない. **2**〈単数扱い〉**倫理学**, 道徳論. ◇[形] ethical

E·thi·o·pi·a /ìːθióupiə, -pjə/ [名] エチオピア《アフリカ北東部の国家; 首都 Addis Ababa》.

E·thi·o·pi·an /ìːθióupiən, -pjən/ [形] エチオピア(人)の. ── [名] [C] エチオピア人.

E·thi·op·ic /ìːθiápik|-ɔ́p- [移]/ [名] [U], [形] 古代エチオピア語(の)《セム語族に属する》.

*__eth·nic, -ni·cal__ /éθnik/, /-nik(ə)l/ [形] **1 民族の**, 人種的の; (ある国家の中の)少数民族の, エスニックの; ([類語] racial よりも, 言語, 宗教, 文化などの同一性を強調する). ～ pride 民族的誇り. ～ unrest 民族間の不穏な情勢. ～ Japanese in Los Angeles ロサンゼルスの日本人少数グループ. **2** ある民族に特有な; 〘音楽〙(アジア, アフリカなどの)民族音楽をとり入れた, エスニック調の, 〔ロック, ポップスなど〕. ～ food エスニック食品. ～ music [clothes] 民族音楽[衣装]. **3** 民族学(上)の (ethnologic(al)). ── [名] [C] 少数民族の人. [<ギリシア語「民族の」]
▷ **eth·ni·cal·ly** [副] 民族(学)的に(は).

èthnic cléansing [名] [U] 〘婉曲〙民族浄化《少数異民族を追放, 殺害などして同種族が結束しようとする排他主義(政策)》.

eth·nic·i·ty /eθnísəti/ [名] ([複] -ties) 民族性; (特定)民族の人であること.

èthnic minórity [名] [C] 〘文化人類学〙(国家の中の)少数民族集団《例えば New York 市中のアイルランド人, ドイツ人, ユダヤ人, イタリア人の各グループ》.

eth·no- /éθnou/ 〈複合要素〉「民族, 人種」の意味. [ギリシア語 *éthnos* 'race']

èthno·céntric /[移]/ [形] 自民族中心主義の.

èthno·céntrism [名] [U] 自民族中心主義.

eth·nog·ra·pher /eθnágrəfər|-nɔ́g-/ [名] [C] 民族誌学者; 民族誌記録者.

eth·nog·ra·phy /eθnágrəfi|-nɔ́g-/ [名] [U] 民族誌(学). ▷ **èthno·gráphic** /[移]/ [形]

èthno·lógic, -i·cal /[移]/ [形] 民族学(上)の.
▷ **eth·no·log·i·cal·ly** [副]

eth·nol·o·gist /eθnálədʒist|-nɔ́l-/ [名] [C] 民族学者.

‡**eth·nol·o·gy** /eθnálədʒi|-nɔ́l-/ [名] [U] 民族学.

e·thol·o·gy /iːθálədʒi|-θɔ́l-/ [名] [U] 動物行動学.

†**e·thos** /íːθɑs|-θɔs/ [名] [U] **1** (慣習, 道徳, 思想などに表れた)民族精神, (社会の)気風, 価値観, 時代精神; (集団, 個人などの)特質, 気質. the Greek ～ ギリシア精神. **2** (芸術作品の持つ)知的[倫理的]特質, エトス, (→pathos). [ギリシア語「慣習, 特質」]

eth·yl /éθ(ə)l/ [名] [U] 〘化〙エチル; (自動車エンジン用の)アンチノック剤.

èthyl álcohol [名] [U] 〘化〙＝alcohol 1.

eth·yl·ene /éθəlìːn/ [名] [U] 〘化〙エチレン.

e·ti·o·late /íːtiəlèit/ [動] [他] **1** (光を当てずに)〔植物〕を白くする, 軟白にする. **2**〘章〙〔人〕を青白く[弱々しく]する. [<フランス語「ワラのようにする>青白くする」]
▷ **è·ti·o·lá·tion** [名]

é·ti·o·làt·ed /-əd/ [形] **1**〔植物が〕軟白化した. **2**〘章〙〔人が〕青白い, 弱々しい.

e·ti·o·log·i·cal /ìːtiəládʒik(ə)l|-lɔ́dʒ-/ [形] 原因論の; 病因(学)の. ▷ **～·ly** [副]

e·ti·ol·o·gy /ìːtiálədʒi|-ɔ́l-/ [名] ([複] **-gies**) [U] 原因論; 〘医〙病因学; [C] 病因. [ギリシア語 *aitíā*「原因」, -logy]

*__et·i·quette__ /étikət, -kèt|étikèt, ⌐‐⌐/ [名] [U] **1 礼儀作法**, エチケット. It is against ～ to call on a person late at night. 夜遅く人を訪問するのは礼儀に反する. a breach of ～ 無作法. **2** (専門職間の)礼儀, 倫理, 道義, 不文律. medical ～ 医師倫理. [<フランス語「小さな札」(ticket と同源);「礼儀作法」の意味は礼式の次第を小さな札にメモしたことからか]

Et·na /étnə/ [名] **Mount ～** エトナ山《Sicily 島の活火山》.

Èton cóllar [名] [C] イートンカラー《上着の襟に掛ける幅の広いカラー》.

Èton Cóllege [名] イートン校《英国 Berkshire 南部の Eton にある public school の名門》.

Èton cróp [名] [C] イートンカット《女性の短いヘアスタイル》.

E·to·ni·an /i(ː)tóuniən/ [名] [C] イートン校の生徒[卒業生]. ── [形] イートン校の.

Èton jácket [名] [C] イートンコート.

E·tru·ri·a /itrú(ə)riə/ [名] エトルリア《イタリア中央部西側にあった古代都市》.

E·trus·can /itrʌ́skən/ [形] エトルリアの; エトルリア人[語]の. ── [名] [C] エトルリア人; [U] エトルリア語.

et seq(q)., **et sq(q).** et sequens [sequentia] (本のページ, 行などを示す数字に続けて「..以下参照」). [ラテン語 'and the following']

-ette /et/ [接尾] 〈次の意味の名詞を作る〉**1**「小さい」の意味. cigar*ette*. **2**「女性の」の意味. usher*ette*. **3**「..まがいの」の意味. leather*ette*. [フランス語 *-et* の女性形]

é·tude /éit(j)uːd|‐⌐/ [名] [C] 〘楽〙練習曲, エチュード. [フランス語 'study']

ETV educational television.

etymol. etymological; etymology.

et·y·mo·log·i·cal /ètəməládʒik(ə)l|-lɔ́dʒ- [移]/ [形] 語源(上)の; 語源学(上)の. ▷ **～·ly** [副]

et·y·mol·o·gist /ètəmálədʒist|-mɔ́l-/ [名] [C] 語源学者[研究家].

†**et·y·mol·o·gy** /ètəmálədʒi|-mɔ́l-/ [名] ([複] **-gies**) **1** [U] 語源学, 語源研究. **2** [C] 語源; 語源の記述. [ギリシア語 *étumon*「本当の意味」, -logy]

EU European Union.

Eu europium.
eu- /ju(:)/ 〈複合要素〉「よい, 美しい, 優れている」などの意味を表す (↔caco-). *eu*genics. *eu*phony. [ギリシア語 *eús* 'good']
eu·ca·lyp·tus /jù:kəlíptəs/ 名 (複 ~·es, **eu·ca·lyp·ti** /-tai/) **1** C ユーカリ樹《オーストラリアなどを原産地とする葉に芳香がある常緑の高木; 良材となり, ゴム, 油の原料; コアラがこの葉や樹皮を食べる》. **2** =eucalyptus oil. [eu-, ギリシア語 *kaluptós*「覆われた」; 開花前の花に覆いがあることから]
eucalýptus òil 名 U ユーカリ油《ユーカリ樹の葉から採る; 芳香があり防腐剤, 風邪薬の原料など》.
Eu·cha·rist /jú:kərist/ 名 U 【キリスト教】〈the ~〉 **1** (カトリックの)聖体(拝領), (プロテスタントの)聖餐(さん)(式), 《sacrament の1つ; キリストの体と血の象徴として信者がパンとワインを分け与えられる(儀式); 最後の晩餐 (the Last Supper) にちなむ; (Holy) Communion, the Lord's Supper とも言う》. **2** 聖餐[聖体拝領]用のパン(とワイン). [<ギリシア語 'thanksgiving']
▷**Eu·cha·ris·tic** /jù:kərístik ®/ 形
Eu·clid /jú:kləd/ 名 **1** ユークリッド《紀元前3世紀のギリシアの数学者, 幾何学の祖》. **2** =Euclidean geometry.
Eu·clid·e·an /ju:klídiən/ 形 ユークリッドの.
Euclìdean geómetry 名 U ユークリッド幾何学.
Eu·gene /judʒí:n|jú:(d)ʒi:n, -ˊ-/ 名 男子の名.
eu·gen·ic /ju(:)dʒénik/ 形 優生学の; 優生学上優れた〔結婚など〕. [<ギリシア語「生まれの良い」] ▷**eu·gen·i·cal·ly** /-k(ə)li/ 副
eu·gén·ics 名 〈単数扱い〉優生学.
eu·gen·ist /jú(:)dʒenist/ 名 C 優生学者.
eu·lo·gist /jú:lədʒist/ 名 C 称賛者.
eu·lo·gis·tic /jù:lədʒístik ®/ 形 称賛の, ほめたたえる. ▷**eu·lo·gis·ti·cal·ly** /-k(ə)li/ 副
eu·lo·gize /jú:lədʒàiz/ 動 他 【章】を称賛する, ほめたたえる, に賛辞を呈する.
eu·lo·gy /jú:lədʒi/ 名 (複 **-gies**) **1** C 賛辞; (特に故人の)徳[功績]をたたえる言葉[文]; 【米】弔辞; 〈*of, on* ..についての〉. pronounce a ~ *on* a person 人に賛辞を呈する. **2** U 称賛, 称揚. [<ギリシア語「称賛」]
eu·nuch /jú:nək/ 名 C **1** 去勢された男子; 宦官(かんがん)《東洋諸国の後宮に奉仕した去勢された廷臣》. **2** 【話】無能な男. [<ギリシア語「寝室の従者」]
‡**eu·phe·mism** /jú:fəmiz(ə)m/ 名 【修辞学】 **1** U 婉曲(えんきょく)語法. **2** C 婉曲な言い回し, 婉曲語句, 〈*for* ..の〉《die の代わりの pass away, sexual intercourse の代わりの intimacy など》. [ギリシア語「良い話し振り」, -ism]
eu·phe·mis·tic /jù:fəmístik ®/ 形 婉曲語法の, 遠回しの, 〔表現など〕. ▷**eu·phe·mis·ti·cal·ly** /-k(ə)li/ 副 婉曲語法で, 遠回しに.
eu·phon·ic /ju:fánik|-fɔ́n-/ 形 音便の[に関する]; =euphonious. ▷**eu·phon·i·cal·ly** /-k(ə)li/ 副
eu·pho·ni·ous /ju:fóuniəs/ 形 響きのよい, 耳に快い, 〔音声, 言葉など〕. ▷~**·ly** 副 耳に快く.
eu·pho·ni·um /ju:fóuniəm/ 名 C ユーフォニアム《チューバ (tuba) に似た大形の低音金管楽器》.
eu·pho·ny /jú:fəni/ 名 (複 **-nies**) **1** U 響きのよさ, 快音調, (↔cacophony); UC 響きのよい音. **2** UC 【音声】音便《発音を容易にするため語音を変える傾向; extraordinary /èkstrɔ̀ːdinəri/ が /ikstrɔ́:dnri/ になるなど》. [<ギリシア語「良い音[声]」]
‡**eu·pho·ri·a** /ju:fɔ́:riə/ 名 U 【心】多幸症《幸福感の病的高揚》; 幸福感; (株式市場などの)お祭り気分. [<ギリシア語「容易に運べる>健康な」]
eu·phor·ic /ju:fɔ́:rik|-fɔ́r-/ 形 多幸症の; 幸福感に満ちた. ▷**eu·phor·i·cal·ly** /-k(ə)li/ 副

Eu·phra·tes /ju:fréiti:z/ 名 〈the ~〉ユーフラテス川《Mesopotamia 地方を流れチグリス川 (the Tigris) と合流してペルシア湾に注ぐ》.
eu·phu·ism /jú:fju(:)iz(ə)m/ 名 U 【修辞学】ユーフュイズム《16, 7世紀に英国作家に流行した誇飾体; <16世紀の散文物語 *Euphues* (J.Lyly 作)》.
Eur. Europe; European.
Eur·a·sia /ju(ə)réiʒə|-ʃə/ 名 ユーラシア, 欧亜大陸, 《<*Europe*+*Asia*》.
Eur·a·sian /ju(ə)réiʒ(ə)n|-ʃ(ə)n/ 形 ユーラシアの, 欧亜(大陸)の; 欧亜混血の. ── 名 C 欧亜混血児.
Eur·at·om /ju(ə)rǽtəm/ 名 ヨーロッパ原子力共同体《<*Eur*opean *Atom*ic Energy Community; 1958年発足》.
eu·re·ka /ju(ə)rí:kə/ 間 【戯】見つけたぞ, しめた, 《Archimedes が比重の原理を発見した時に発したと言われる》. [ギリシア語 'I have found it']
eu·rhyth·mics /ju(ə)ríðmiks/ 名 =eurythmics.
▷**eu·rhyth·mic** 形 =eurythmic.
Eu·rip·i·des /ju(ə)rípədi:z/ 名 エウリピデス (480?–406B.C.) 《ギリシアの悲劇詩人》.
Eu·ro /jú(ə)rou/ 名 (複 ~**s**) C 【経】 **1** =Eurobond. **2** =Eurodollar. **3** 〈e-〉ユーロ《1999年1月から EU が導入した単一通貨単位; EC の ECU に代わった》. ── 形 =European《特に EU 関係のものに言う》.
Eu·ro- /jú(ə)rou/ 〈複合要素〉「(西)ヨーロッパの; EU「の」の意味. [<*Europe*]
Éuro·bònd 名 C 【経】ユーロ債《欧州市場で発行される欧州以外の国の国債》.
Éuro·céntric 形 ヨーロッパ(人)中心の[至上主義の].
Éuro·chèque 名 C 【商標】ユーロチェック《ヨーロッパ諸国で使えるクレジットカード》.
Èuro·cómmunìsm 名 U ユーロコミュニズム《西ヨーロッパの共産主義; 旧ソ連・中国とは異なる立場を取る》. ▷**Èu·ro·cóm·mu·nist** 名
Eu·ro·crat /jú(ə)rəkræ̀t/ 名 C 〈しばしば非難して〉ヨーロッパ連合 (EU) の事務局員, EU 官僚. [<*Euro-*+bureau*crat*]
Éuro·cùrrency 名 U 【経】 **1** ユーロ通貨《国外の銀行に預けられ, ヨーロッパ市場で取引される各国通貨の総称》. **2** EU の単一通貨.
Éuro·dìsney 名 【商標】ヨーロッパ・ディズニーランド《パリ郊外にある; →Disneyland》.
Éuro·dòllar 名 C ユーロダラー《ヨーロッパの銀行に預金されヨーロッパ金融市場で流通する米ドル》.
Éuro-elèction 名 C European Parliament の議員選挙.
Éuro-MṔ Member of the European Parliament (ヨーロッパ議会議員).
Eu·ro·pa /ju(ə)róupə/ 名 【ギ神話】エウロペ《Zeus が愛した Phoenicia の王女》.
Éuro·pàrliament 名 =European Parliament.
‡**Eu·rope** /jú(ə)rəp/ 名 **1** ヨーロッパ, 欧州, 《略 Eur.》(★英国人は, 英国を除いて言うことが多い; 米国人は英国も含める; European についても同様). **2** =European Union. go into ~ (英国が) EU に参加する. [<Europa]
‡**Eu·ro·pe·an** /jù(ə)rəpí:ən|-pí(:)ən ®/ 形 **1** ヨーロッパ(人)の; 全ヨーロッパ的な. ~ countries ヨーロッパ諸国. a violinist of ~ reputation ヨーロッパ全土に名声を馳(は)せたヴァイオリニスト. **2** ヨーロッパ連合 (European Union) の. ── 名 (複 ~**s** /-z/) C **1** ヨーロッパ人; 全ヨーロッパ的な立場に立つ人. **2** 【英】ヨーロッパ連合支持者.
Europèan Còal and Stéel Commùnity 名 〈the ~〉ヨーロッパ石炭鉄鋼共同体《基幹産業のヨーロッパ共同市場を目指し, 加盟6か国(ベルギー, フランス, イタリア, ルクセンブルグ, オランダ, 西ドイツ)で1952年

発足; 略 ECSC》.

Europèan Commíssion 名 〈the ～〉 EC 委員会 《加盟各国より出された 17 名の委員より成る EC の執行機関》.

Europèan Commúnity 名 〈the ～〉 ヨーロッパ共同体 《EEC, Euratom, ECSC を統合し 1967 年に発足; 原加盟国はフランス・(西)ドイツ・オランダ・イタリア・ベルギー・ルクセンブルグの 6 か国に 73 年英国, アイルランド, デンマークが, 81 年にギリシア, 86 年には, スペイン, ポルトガルが加わり 12 か国となる; 93 年には European Union として新発足; 略 EC》.

E

Europèan Còurt of Jústice 名 〈the ～〉 ヨーロッパ共同体裁判所 《本部はパリ》.

Èuropean Cúp 名 〈the ～〉〘サッカー〙 ヨーロッパカップ 《各国の選抜ナショナルチーム間で競われる》.

Èuropean Cúpwinners' Cùp 名 〈the ～〉〘サッカー〙 ヨーロッパ選手権大会 《各国の国内大会の優勝クラブチーム間で競われる》.

Europèan Cúrrency Ùnit 名 ヨーロッパ通貨単位 《EU 加盟国共通の通貨単位; 1999 年 1 月より euro, それ以前は ECU》.

Europèan Económic Commúnity 名 〈the ～〉 ヨーロッパ経済共同体 《俗称 the Common Market; 経済協力を目標に 1958 年に発足, 67 年 EC に統合; 略 EEC》.

Europèan Exchánge Rate Mèchanism 名 〈the ～〉 ヨーロッパ為替レート機構(略 ERM).

Europèan Frèe Tráde Associàtion 名 〈the ～〉 ヨーロッパ自由貿易連合 《EEC に対抗して 1960 年に発足; 略 EFTA》. 「パ風にする.

Eu·ro·pe·an·ize /jù(ə)rəpíːənàiz/ 動 他 をヨーロッ↑

Europèan Mónetary Fùnd 名 〈the ～〉 欧州通貨基金 《略 EMF》.

Europèan Mónetary Sỳstem 名 〈the ～〉 ヨーロッパ通貨制度 《EC 加盟国通貨の ECU に対する為替レートの変動を調整するため 1979 年に発足した制度; 略 EMS》.

Europèan Párliament 名 〈the ～〉 ヨーロッパ議会 《EU 加盟国から選出された議員より成る》.

Européan plàn 名 〈the ～〉〘米〙 ヨーロッパ式勘定 《ホテルで食事代は別勘定とし, 室代・サービス料だけを宿泊費とする方式; →American plan》.

Eùropean Únion 名 〈the ～〉 ヨーロッパ[欧州]連合 《1993 年 11 月, 経済統合の一層の強化を目指すヨーロッパ連合条約の発効を機に, EC を改称したもの; EC の 12 加盟国に, 95 年フィンランド, スウェーデン, オーストリアが加わり, 15 か国で構成; 略 EU》.

Éuro·phìle 名 C 〘英〙 EU 推進派の政治家.

eu·ro·pi·um /ju(ə)róupiəm/ 名 U 〘化〙 ユーロピウム 《希土類元素の 1 つ; 原子番号 63; 記号 Eu》.

Éuro·pòrt 名 ユーロポート 《オランダ Rotterdam 近くの港; 主に石油を取り扱う》.

Éuro·scèptic 形, 名 C 〘英〙 EU に批判的な保守派の政治家(の).

Éuro·stàr 名 ユーロスター 《Eurotunnel を通って, ロンドンとパリなどヨーロッパ諸都市を結ぶ高速鉄道》.

Éuro·tùnnel 名 **1** ユーロトンネル社 《Channel Tunnel 建設のため英仏の会社が提携したもの》. **2** ＝Channel Tunnel.

Éuro·vìsion 名 U 全欧テレビ網 《西ヨーロッパ諸国のテレビ[ラジオ]番組を交換・中継する国際機構》.

Eu·ryd·i·ce /ju(ə)rídəsiː/ 名 〘ギ神話〙 エウリディケ 《Orpheus の妻》.

eu·ryth·mics /ju(ə)ríðmiks/ 名 〈単複両扱い〉 リズム体操. ▷**eu·ryth·mic** 形

Eu·stá·chi·an tùbe /juːstéiʃ(i)ən-/ 〘解剖〙 〈時に e-〉 エウスタキオ管 《中耳と咽喉(いんこう)を連絡する; ＜16 世紀のイタリアの解剖学者 *Eustachio*》.

Eus·ton /júːstən/ 名 ユーストン(駅) 《ロンドンの主要駅の 1 つで, 北西部方向への列車の起点》.

Eu·ter·pe /juːtə́ːrpi/ 名 〘ギ神話〙 エウテルペ 《音楽と叙情詩の女神; the Nine Muses の 1 人》.

‡**eu·tha·na·si·a** /jùːθənéiʒ(i)ə|-zjə/ 名 U 安楽死(の処置), ユータナジー, (mercy killing); 安らかな死. [eu-, ギリシア語 *thánatos*「死」]

eu·then·ics /juːθéniks/ 名 〈単数扱い〉 環境改善学 《人間生活改善のための》. [＜ギリシア語「栄える」]

EVA extravehicular activity.

E·va /íːvə/ 名 女子の名.

†**e·vac·u·ate** /ivǽkjuèit/ 動 他 **1** 〔家など〕を明け渡す, 引き払う; 〔危険地帯など〕から避難する, 撤退[撤兵]する. The whole building was ～*d*. 建物はすっかり明け渡された. **2** 〔軍隊〕を撤退させる; 〔住民など〕を立ち退かせる, 避難[疎開]させる; 〈*from* ..から/*to* ..へ〉. ～ children *from* town *to* the country 子供たちを都会から田舎に疎開させる. **3** 〔容器など〕から空ける〈*of* ..を〉. ～ a container *of* air 容器を真空にする. **4** 〘章〙〘生理〙〔便など〕を排泄(せつ)する; 〔胃, 腸など〕を空(から)にする. [＜ラテン語「空にする」(＜ex-[1]+*vacuus* 'empty')]

‡**e·vàc·u·á·tion** 名 UC **1** 明け渡す[渡される]こと; 撤退, 撤兵; 避難, 疎開, 立ち退き. **2** (容器などを)空(から)にする[空ける]こと. **3** 排泄(せつ); 排泄物. 「疎開者.

e·vac·u·ee /ivæ̀kjuíː, -ˊ-ˋ-|-ˋ-ˋ-ˊ/ 名 C 避難民,↑

***e·vade** /ivéid/ 動 (～s /-dz/|過 過分 **-vad·ed** /-əd/|**-vad·ing**) 他 **1** VO (～ X/ *doing*) X を/..することを巧みに避ける[逃れる]; 〔人, 攻撃など〕をそらす; (類語 escape (危険などから脱する)と avoid (危険などに近寄らない)の両方の意味を持つが, 特に策を用いて巧みにやること; → avoid). ～ arrest うまく逮捕を免れる. ～ meet*ing* one's debtors 債権者に会うのを避ける.

2 〔法網など〕をくぐる; 〔責任など〕を回避する, 〔義務など〕を怠る. ～ (pay*ing*) taxes 脱税する. (→1 の文型)

3 〔詰問など〕を言い抜ける. ～ (answer*ing*) a question 質問をはぐらかす, まともに答えない. (→1 の文型)

4 〘章〙〔成功, 幸せなどが〕〔人〕に寄りつかない, から逃げる; 〔人〕に理解[解決]できない. Love has ～*d* her again. また彼女の恋は実らなかった. The problem ～*s* me. その問題は私の手に余る. ◇名 evasion 形 evasive [＜ラテン語「逃れる」(＜ex-[1]＋*vādere* 'go')]

†**e·val·u·ate** /ivǽljuèit/ 動 他 の価値[数量, 質, 程度など]を見極める, を評価する, 検討する, (類語 綿密で慎重な検討に基づく評価を表し, 普通, 金銭的評価には用いない; →appraise, assess, estimate, rate, value). ～ a student's ability 学生の能力を評定する. ～ evidence 証拠物件を検討する. [＜*evaluation*]

e·vàl·u·á·tion 名 UC 評価[判定](する[される]こと) (★「品物の金銭的評価」は主に valuation). He made a careful [an objective] ～ of the situation. 彼は事態を慎重[客観的]に検討評価した. [＜フランス語 (＜*évaluer*「評価する」＋-ation)]

ev·a·nesce /èvənés|ìːv-/ 動 自 〘章〙 次第に消えてゆく. [＜ラテン語「消える」]

ev·a·nes·cence /èvənés(ə)ns|ìːv-/ 名 U 〘章〙 次第に消えてゆくこと, 消散; 消えやすさ; はかなさ.

ev·a·nes·cent /èvənés(ə)nt|ìːv- 移/ 形 〘章〙 (次第に)消えてゆく; 〔印象などが〕消えやすい, (急速に)薄れる; 〔幸せなどが〕つかの間の. dewdrops ～ in the morning sun 朝日にたちまち消える露の玉.

e·van·gel /ivǽndʒəl|-dʒel/ 名 C **1** 〘キリスト教〙 福音 (gospel); 〈E-〉 (新約聖書の)福音書 (Gospel) 《Matthew, Mark, Luke, John による 4 書がある》. **2** ＝evangelist. [＜ギリシア語「良い知らせ」]

‡**e·van·gel·i·cal** /ìːvændʒélik(ə)l, èvən- 移/ 形 〈しばしば E-〉 **1** 福音書の[による]; 福音伝道の. **2** 福音主

義の《特に新約聖書を絶対の権威とし, 教会の儀式などを重んじないなど; 広義には新教的性格を指すが, 特に Methodist 派に著しい》; 福音(教会)派の. **3** ＝evangelistic 2. with ～ zeal 福音伝道者のような熱心さで.

── [名] [C] 福音主義者, 福音(教会)派の人.

è·van·gél·i·cal·ìsm [名] ＝evangelism 2.

e·ván·ge·lìsm [名] [U] **1** 福音伝道. **2** 福音主義 (→evangelical [形] 2).

‡**e·ván·ge·list** [名] [C] **1** (特に熱狂的な)福音伝道者《例えば米国人 Billy Graham; テレビを利用する televangelist もある》. **2** 〈E-〉 福音書の作者《Matthew, Mark, Luke, John の 4 人の 1 人》.

e·van·ge·lis·tic /ivæ̀ndʒəlístik [移]/ [形] **1** 福音伝道者の; 福音書作者の. **2** 福音伝道者的な《信念を広めようとする熱心さが特徴》, 狂熱的な.

e·van·ge·lize /ivǽndʒəlàiz/ [動] [他] [自] **1** (に)福音を説く. **2** (を)説いてキリスト教徒に(改宗)させる.

*__e·vap·o·rate__ /ivǽpərèit/ [動] (～s /-ts/|[過] [過分] -rat·ed /-əd/|-rat·ing) [自] **1** 〔液体, 固体が〕**蒸気** (vapor) **になる, 蒸発する**; 水分が抜ける. Let the soup simmer until it has ～*d* to half its volume. 量が半分になるまでスープを煮つめなさい. **2** 〔希望, 感情などが〕(蒸気のように)消え失せる, なくなる. My passion soon ～*d*. 私の情熱はまもなく霧消した.

── [他] を蒸発させる; を乾燥させる, の水分をとる. Heating ～*s* water. 加熱すると水は蒸発する.

[＜ラテン語「蒸気 (*vapor*) となって発散する」]

evàporated mílk [名] [U] エバミルク, 無糖練乳.

†**e·vàp·o·rá·tion** [名] [U] **1** 蒸発(作用); 水分をとること. **2** (希望などの)消滅.

e·vap·o·ra·tor /ivǽpərèitər/ [名] [C] 蒸発[乾燥]装置; (冷凍機, 冷蔵庫などの)蒸発器.

†**e·va·sion** /ivéiʒ(ə)n/ [名] **1** [UC] うまく逃れること, 逃避; (責任などの)回避; 言い逃れ. an ～ of one's duties 職務怠慢. tax ～ 脱税. **2** [C] 逃避[回避]の手段; 逃げ口上. employ ～*s* 逃げ口上を使う. ◇[動] evade

‡**e·va·sive** /ivéisiv/ [形] 回避的な; 責任逃れの; 言い逃れの. ～ eyes 直視を避けるずるそうな目. an ～ answer 逃げ口上の[あいまいな]返事. an ～ person つかまえどころのない[言を左右にする]人. ◇[動] evade

tàke evàsive áction (敵の砲火などから)回避行動をとる; 〖戯〗(会いたくない人から)逃げ隠れする.

▷ **～·ly** [副] 回避的に; あいまいに, うやむやに. **～·ness** [名] [U] 責任逃れ; あいまいさ.

Eve /iːv/ [名] 〖聖書〗イヴ, エヴァ, 《Adam の妻; 神が創造した最初の女性》. daughters of ～ 女性《Eve の弱点である好奇心の強さを強調して言う》. [ヘブライ語;「生命」の意か]

*__eve__ /iːv/ [名] ([複] **～s** /-z/) [C] **1** 〈普通 E-〉 (祭日などの)**前日, 前夜**; 前夜祭. Christmas *Eve* クリスマス前夜[前日]. on the ～ of.. ..の前夜に. **2** 〈普通 the ～〉 (重要事件などの)直前, 間際. on the ～ of the general election 総選挙の直前に. **3** 〖古・詩〗＝evening. [＜*even*²]

Eve·lyn /évlən, íːv-/ [名] 女子[男子]の名.

‡**e·ven**¹ /íːv(ə)n/ [形] [m], [e] (★9, 11 は [C])

【起伏のない, 一様な】 **1** 〔地面などが〕**平らな**, 平坦(たん)な; なめらかな, 水平な, 〔表面など〕; (↔uneven). an ～ ridge 平坦な尾根. The floor wasn't ～. 床(ゆか)は水平ではなかった. **2** 規則正しい (regular); 〔速度, 温度などが〕安定した, 変化しない (steady). an ～ pulse 規則正しい脈拍. Prices stay ～. 物価は安定している.

3 均一の; むらのない〔色など〕; 単調な〔音など〕. an ～ tone of voice 一本調子の声.

4 むら気でない, 平静な, 〔気質など〕. an ～ temper 落ち着いた気性.

【同じ】 **5** 〈叙述〉 **同じ高さで**, 同一平面に; 一直線上に; 平行で; 〈*with* ..と〉. The tree stands ～ *with* the roof. その木は屋根と同じ高さです. The highway is ～ *with* the railroad. そのハイウエーは鉄道と同じ高さである. **6** 同数[量]の (equal). two sticks ～ in length 長さが同じ 2 本の棒. an ～ score 同点.

7 〈普通, 限定〉 公平な〔交換, 取引など〕(equal). an ～ distribution 公平な分配. **8** (間隔, 大きさなどが)そろった, 均衡のとれた; 整った〔目鼻立ちなど〕. ～ teeth きれいにそろった歯. **9** 互角の; 五分五分の 〔見込みなど〕; (equal). an ～ fight 互角の戦い. We each won three, so we're ～ now. 3 回ずつ勝って我々は今同点だ. ～ chances [odds, money] (賭(か)け事に勝つ)五分五分のチャンス; 〈一般に〉 五分五分の見込み.

【半端のない】 **10** 〈普通, 限定〉 **偶数の** (↔odd); 端数のない; きっかりの. an ～ number 偶数. the ～ pages of a book 本の偶数ページ. an ～ mile ちょうど 1 マイル. an ～ month 小の月《偶数の月》.

11 〖話〗〈叙述〉 貸し借りのない 〈*with* ..との間に〉, 清算済みの. If I pay you 10 dollars, we'll be ～. 私があなたに 10 ドル払えば貸し借りなしだ.

be [gèt] éven with.. 〖話〗 (1) ..と互角[対等]である[になる], ..に貸し借りがない[なくなる]. (2) 〔人〕に仕返しをする.

brèak éven 〖話〗 損も得もしない. We have to sell 5,000 copies of the book to *break* ～. 収支がとんとんになるにはその本を 5 千部売らなくてはならない.

have an èven chánce (of doing) (..する)五分五分の見込みがある.

It's èven chánces that... 〖話〗 ..の見込みは五分五分だ.

of èven dáte 〖法・章〗 同日[本日]付けの〔証書など〕.

on an èven kéel (1) 〔船や飛行機が〕傾かずに. (2) 〔計画などが〕問題なく, 順調で; 〔人が〕心を乱さずに, 平静で. She could hardly get back *on an* ～ *keel* after her boy's sudden death. 彼女は息子の急死の後なかなか平静さを取り戻せなかった.

── [動] [他] **1** 〔地面など〕を平らにする, ならす, (*out, off*); [VOA] (～ /X/ *out*) X (仕事など)を平均化する, 平等[均一]にする; X (格差など)をなくす 〈*between* ..間の〉. ～ the road (*out*) 道をならす. **2** [VOA] (～/X/ *up*) X を同等にする, そろえる; X を貸借なし[帳消し]にする, 清算する. ～ *up* the ends of a person's hair 人の髪の毛先をそろえる.

── [自] [VA] (～ *out*) 平らになる, 規則的になる; 互角[五分五分]になる; 〔物価などが〕安定する. Land prices are beginning to ～ *out*. 地価は安定し始めている.

èven the scóre (1) (試合で)同点になる 〈*out, up*〉. (2) (仕返しなどして)五分五分になる, 雪辱を果たす.

── [副] [C] **1** **..さえ**, ..でも, ..すら, ([語法] 普通, 修飾する語の直前に置く; even に修飾される語は強く発音される). *Even* Homer sometimes nods. 〖諺〗 弘法にも筆の誤り 《大詩人ホメロスでも居眠りしながら書いたような凡句がある》 (★この例の even は名詞 Homer を修飾している). She didn't ～ look at the letter. 彼女はその手紙を(読むどころか)見ることさえしなかった.

2 〈比較級を強めて〉 **さらに**, なおさら, (still). It's very cold today, but it'll be ～ colder tomorrow. 今日はとても寒いが明日はさらにもっと寒くなるだろう. an ～ worse failure さらにひどい失敗.

3 **それどころか**, 実際, (indeed). She is pretty, ～ beautiful [beautiful ～]. 彼女はきれいだ, いやそれどころか, 美人だ.

éven as.. 〖章〗 ちょうど..のように[通りに]; ちょうど..の時に. Things developed ～ *as* he said they would. 事態はまさに彼が言った通りに展開した. He went away ～ *as* you came. ちょうど君が来た時に彼は出て行った.

*__èven if..__ (1) **たとえ..だとしても**. I have to go ～ *if* it rains cats and dogs. たとえどしゃ降りでも行かなければならない. (2) ＝EVEN though .. (1)

E

èven nów (1)(こうなった)今でも，それでも．Tom deceived her, but ～ *now* she loves him. トムにだまされたのに今でもまだ彼女は彼を愛している．(2)〘章〙〈進行形とともに用いて〉今まさに (★しばしば be 動詞と現在分詞の間に置く)．They are ～ *now* preparing for the battle. 彼らは今まさに戦いの準備をしているところだ．

èven só (1)たとえそうでも，にもかかわらず．She has a lot of faults; ～ *so*, she is liked by everybody. 彼女には欠点が多いが，それでも皆から好かれている．(2)まさにその通り．It was ～ *so*. まさにその通りだった．

èven thén (1)その時でさえ，それでも．I apologized, but ～ *then* she wouldn't speak to me. 謝ったのだがそれでも彼女は私に口をきこうとしなかった．(2)〘章〙〈進行形とともに用いて〉まさにその時．

èven thóugh .. (1)..の事実にもかかわらず，..であるが，〈though より強意的〉．*Even though* he is over eighty, he can walk pretty quickly. 彼は 80 歳を越えているがかなり速く歩ける．(2)＝EVEN if ..(1)〈節中の動詞に may などを付けることにより仮定の意味が加わる〉．*Even though* you may fail this time, you can try again. 仮に今度失敗してももう 1 度試みたらよい．

[＜古期英語「平らな」]

e·ven[2] [名] [U] 〘詩〙夕べ (evening).

[＜古期英語「夕方」]

èven·hánded /-əd ⑱/ [形] 片手落ちでない，公平な，無私な．▷ **～·ly** [副]

‡eve·ning /íːvniŋ/ [名] ([複] **～s** /-z/) **1 (a)** [UC] **夕方**，日暮れ，宵(よい)；晩，夜分；(★日没又は 1 日の仕事の終了時から就寝時まで；人間が活動している時間帯の区分で，morning, afternoon に対する)．come home at nine *in the* ～ 夜の 9 時に帰宅する．early [late] *in the* ～ 夕方早く[夜分遅く]．enjoy swimming by day and dancing *in the* ～ 昼は水泳を夜はダンスをして楽しむ．leave for Paris *this* [*tomorrow*] ～ 今夜[明晩]パリに出発する ([語法] この他 yesterday, last などの前では前置詞は不要)．*on* a wet ～ 雨降りの晩に．*on* Monday ～ 月曜日の晩に．The accident occurred *on the* ～ *of* last Friday [the 10th]. その事故はこの前の金曜日[10 日]の夕刻に起こった ([語法] 特定の日を示す語句を伴う場合の前置詞は *on*；ただし *last* Saturday evening なら前置詞は不要)．have [pass, spend] a pleasant ～ 楽しい晩を過ごす．three ～*s* ago 3 日前の晩．It will soon be ～. もうすぐ日が暮れる．

> [連結] a balmy [a mild; a cool; a chilly; a calm, a serene] ～

(b) 〈形容詞的〉夕暮れの，夕方の；夜の．an ～ meal 夕飯．the ～ sky 夕暮れの空．

2 [UC] 〘章〙晩年；衰退期；末期．spend the ～ of one's life on hobbies 晩年を趣味で過ごす．in the ～ of one's life 晩年に．**3** [C] 夜会，(..の)夕べ．a musical ～ 音楽の夕べ．**4** [UC] 〘米方〙午後《正午から日没まで》．

Good evening! →good.

of an évening (よく)夕方に (→of 2 (c)).

── [間] 〘話〙＝Good evening!

[＜古期英語「夕方 (even[2]) に近づきつつあること」]

évening clàss [名] [C] (成人用の)夜間クラス．

évening drèss [名] [UC] 夜会服《特に，女性用は evening gown, 男性用は dress suit; →morning dress, afternoon dress》．

évening gòwn [名] [C] 女性の夜会服《普通スカートの裾(すそ)が床に届く》．

évening pàper [名] [C] 夕刊紙《夕刊だけ発行する(普通，大衆的な)新聞》．

Èvening Práyer [名] ＝evensong 1.

èvening prímrose [名] [U] 〘植〙マツヨイグサ《アカバナ科》．

éve·nings [副] 〘米話〙よく夕方に；毎晩．

évening schòol [名] [UC] 夜間学校，夜学，(night school).

Èvening Stándard [名] 〈the ～〉『イヴニング・スタンダード』《英国の夕刊新聞の 1 つ》．

èvening stár [名] 〈the ～〉宵(よい)の明星《日没後，西の空に見える金星 (Venus); →morning star》．

†é·ven·ly [副] **1** 平らに，一様に，均一に，むらなく．**2** 平等に，公平に；均等に．**3** 平静に，落着いて．**4** 互角に，対等に．

é·ven·ness [名] [U] **1** 平ら[一様，均一]なこと．**2** 平等，公平さ，均等．**3** 平静さ，落着き．**4** 互角．

e·vens /íːvnz/ [形] 〘英話〙〈叙述〉五分五分で．

éven·sòng [名] [UC] 〈しばしば E-〉**1** 〘英国国教会〙晩禱(とう)，夕べの祈り．**2** 〘カトリック〙晩課 (vespers).

‡e·vent /ivént/ [名] ([複] **～s** /-ts/) [C]

【出て来た事】 **1 (a)** **出来事**，事件；大事件；行事；([類語] 特に重要な出来事；→accident)．Going to the theater is (quite) an ～ for us. 芝居見物に出かけるのは我々には(けっこう)大事件なのです．a series [chain] of ～*s* 一連の出来事．the chief ～*s* of 1992 1992 年の主な出来事．an annual ～ 年中行事．**(b)** 〈～s〉事態，情勢．a [the] turn of ～*s* (事の)成り行き．current ～*s* 時事．

> [連結] a fortunate [a happy; a tragic; a fateful; a historic; a memorable] ～ // an ～ occurs [takes place]

2 (事の)成り行き，結果；場合．It is easy to be wise after the ～. 〘諺〙'愚者のあと知恵'《事の結果を見て賢くなるのは易しい》．as the ～ has shown 結果から見ると．My apprehensions were justified by the ～. (私の心配は事の成り行きで正当化された＞)事態は私の心配した通りになった．

3【行事】〘競技〙種目，(番組中の) 1 試合，1 勝負．track and field ～*s* 陸上競技．main ～*s* for the day 当日の主要種目[試合]，本日のメインイベント．

◇[形] eventful, eventual

at áll evènts とにかく，いずれにせよ；(将来)どんなことがあっても．*At all* ～*s*, be sure to get there on time. とにかく時間通り向こうに着くようにしなさい．

in ány evènt ＝at all EVENTS.

in éither evènt (2 つのうちの)いずれにしても．

in thát evènt その場合には，そういう事になったら．

in the evént (1)〘主に英〙結局，ついに，結果的には．I felt ill and was admitted to hospital, but *in the* ～ it was nothing serious. 気分が悪くて入院したが結果的には大したことはなかった．(2)〘章〙場合には〈*of* ..の〉；もしも..という時には，..という場合に備えて，〈*that* 節..である〉．*in the* ～ *of* rain 雨天の際は．*in the* ～ *of* my father's death＝*in the* ～ (*that*) my father dies もし父が死んだら．

in the nàtural [***nòrmal, òrdinary, etc.***] ***cóurse of evénts*** →course.

[＜ラテン語「出来事」(＜ex-[1]＋*venire* 'come')]

èven-témpered /⑱/ [形] 落ち着いた，冷静な．

†e·vent·ful /ivéntf(ə)l/ [形] **1** 出来事の多い；〔人生などが〕波乱の多い．an ～ year 多事な年．**2** 重大な(結果をもたらす)〔会談など〕．▷ **～·ly** [副]

éven·tìde [名] [U] 〘詩〙夕べ (→even[2]).

†e·ven·tu·al /ivéntʃuəl/ [形] 〈限定〉**1** 終局の，結局の．Her ～ success is assured. 彼女が最終的に成功するのは確実だ．his ～ wife 結局彼の妻になった女性．**2** (成り行き次第で)起こり得る．◇[名] event

‡e·ven·tu·al·i·ty /ivèntʃuǽləti/ [名] ([複] **-ties**) [C] 〘章〙起こるかもしれない(不快な)事柄．But this ～ is still remote. 事態がそうなるにしても大分先のことだ．provide for every ～ あらゆる不測の事態に備える．

†e·vén·tu·al·ly 副 **1** (いろいろあったとしても)最後には, 結局は, (in the end). Don't worry; he'll come back home ～. 心配しなくていい, 結局彼は家に戻ってくる. **2** 最終的に, ゆくゆくは, (ultimately).

e·ven·tu·ate /ivéntʃuèit|-tju-/ 動 自 〖章〗〈又は大げさに〉 VA 結局..になる, ..の結果に終わる. ～ well 好結果に終わる. ～ *in* war 結局戦争になる.

‡ev·er /évər/ 副 Ⓒ

【いまだかつて】 **1** (**a**) 〈疑問文で〉**いつか**; **かつて**, これまでに; 〈否定文で〉決して[いつも](..ない); 〈条件節で〉いつか, いずれ, とにかく. "Do you ～ go to the movies?" "No, never [Yes, sometimes]."「映画を見に行くことがありますか」「いいえ, 全くありません[ええ, 時々]」Shall we ～ meet again? またいつかお会いすることがありましょうか. Have you ～ (seen anything like it)? そんなのって見たことある; 驚いたね (→Did you EVER!. Nobody ～ comes to see us in this out-of-the-way village. だれもこんな辺鄙(へんぴ)な村に我々を訪ねて来ない. Don't ～ do [Never do] that kind of thing again. 二度とこんなことをするな. If you're ～ [If ～ you're] in Tokyo, be sure to stay with us. 東京に来られることがあったら, ぜひ我が家にお泊まりください.

> 語法 (1) 過去の事実を述べる場合, 肯定の平叙文では once を用いる:I *once* saw Naples. Have you ～ been there? (私はナポリを見たことがあります. あなたは行ったことがありますか)に対する答えは Yes, I have. Yes (, *once*). No, *never*. など. (2)「ナポリを見たことがありますか」は Have you ～ seen Naples? とも Did you ～ see Naples? とも言うが, while you were in Europe (ヨーロッパ滞在中)のように過去の一定時期を言外に含む場合, 又は「まさか見たことはあるまい」という反語的な意味では後者しか用いられない; →Did you ～! (→成句).

(**b**) 〈比較構文で〉**今まで(に)** (★しばしば誇張的に用いる; →3 (a)). work *harder than* ～ 今まで以上に励む. the *greatest* pianist that ～ lived (かつて生きていた＞)今までのうちで最大のピアニスト. She has *as* fine a figure *as* I have ～ seen. 彼女は私が今まで見たこともないほど見事なスタイルをしている.

【いつでも】 **2** (**a**) 〖古・詩〗常に, いつも (★今は always などを用いる); 絶えず; ますます. China has ～ been a land of inspiration to Japanese artists. 中国は日本の芸術家にとって常に創造的刺激を与えてくれる国であった. Men were deceivers ～. 男はうそつきなもの《Shakespeare 作 *Much Ado About Nothing* から》. the ～ louder voices of protest ますます高まる抗議の声. ★ever after [since], ever the same, yours ever などの成句では普通の用法.

(**b**) 〈複合要素; 形容詞・分詞の前に用いて〉常に, いつも. the ～-increasing costs of living 増える一方の生活費. (**c**) 〈形容詞・名詞の前で〉いつも..であるように, いつもながらの..で. *Ever* optimistic, he thinks he will pass the exam. いつものように楽観的で彼は試験に合格するものと考えている.

3 〖話〗〈強意語として〉かりにも, どうでも; 一体.

(**a**) 〈比較の強調〉*as* .. *as* ～ X can (→成句). *more than* ～ before かつてないほど多く. her *best* performance ～ 彼女のかつてないほどの出来栄え. the *first* woman ～ to teach at Harvard ハーヴァード大学で教べんを取ったまさに最初の女性. the *last* picture ～ taken of Meg まさに最後に撮ったメグの写真.

(**b**) 〈疑問詞の強調〉*How* ～ did you find it? 一体どうやってそれを見つけたのですか. *Who* ～ is that gentleman? 一体あの男の方はだれですか. ★however, whoever などのように 1 語にしてもよいが, why の場合は why ever と離すのが普通.

(**c**) 〖米話〗〈疑問文の語順の感嘆文で〉Was she ～ mad at Jim! 彼女はジムのことを怒ったのなんのって. "You remember Sue?" "Do I ～!"「スーのこと覚えてる」「覚えてるとも」

(**d**) 〈怒りの気持ちを強めて〉I was a fool ～ to make such a mistake. あんな誤りを犯すなんて私は腹の立つほどばかだった.

Áll one èver does is .. いつも..してばかりいる. *All he ～ does* is grumble about his boss. 彼は口を開けば上司の不満だ. ★Work hard!—that's *all she* ～ says. (勉強頑張るのよ, が彼女の口癖です)のような形式もある.

as ..as èver X cán 〖旧話〗X ができるだけ... I studied *as* hard *as* ～ I *could*. 私としてはできる限り懸命に勉強した.

as éver 相変わらず; いつものように. On that evening, the children, *as* ～, were playing in the living room. その晩子供たちはいつものように居間で遊んでいた. The boy behaved as badly *as* ～. その男の子は相変わらず行儀が悪かった.

Did you éver! 〖話〗こりゃぁ驚いた, それほんとかね, (＝Did you ～ hear [see] the like?); 信じられる?

èver áfter その後ずっと. They lived happily ～ *after*. 彼らはその後ずっと幸せに暮らしましたとさ《しばしばおとぎ話の結びの文》.

èver and agáin [〖古・雅〗***anón***] 時折.

éver more 〖章〗ますます, だんだん. The old man grew ～ *more* feeble. 老人はますます衰弱した.

****èver sínce*** (1) 〈副詞的〉(その時から)ずっと. I've known him ～ *since*. その時以来ずっと彼を知っている. (2) /⌐–⌐–/ 〈前置詞・接続詞的〉(..して)からずっと(今まで). She has been ill ～ *since* ⌊the end of last year [I saw her last]. 彼女は昨年の末[この前私が会って]からずっと病気です.

éver so [***such***] 〖主に英話〗実に, とっても, 《感情を込めて》. ～ *so* long years ago ずっとずっと昔に. He is ～ *such* a nice boy. 彼はとってもいい少年だ.

èver the sáme いつも同じ(の).

Èver yóurs, ＝YOURS ever,.

for éver ＝forever 1.

for èver and éver ＝FOREVER and ever.

****hàrdly*** [***scàrcely***] ***éver*** めったに..(し)ない, ほとんど..(し)ない. John *hardly* ～ reads books. ジョンはめったに本を読まない.

if èver there wás one 〖話〗疑いなく, 確かに, 《＜いなかったのならともかく, 1 人でもいたとすれば》. He was a superstar *if* ～ *there was one*. 彼は紛れもなく大スターだった.

never ever .. →never.

séldom, if èver (あるにしても)きわめてまれに.

Yòurs éver, →yours. [＜古期英語]

Ev·er·est /évərəst/ 名 **Mount ～** エヴェレスト山《ヒマラヤ山脈中の世界最高峰; 8,848 メートル; →Chomolungma》.

éver·glàde 名 Ⓒ **1** 〖米〗湿原, 沼沢地. **2** 〈the Everglades〉エヴァグレーズ湿原《米国 Florida 州南部の大沼沢地》.

†éver·grèen 形 常緑の〔樹木〕(↔deciduous).
—— 名 Ⓒ 常緑植物, ときわ木; 〈～s〉(装飾用の)常緑樹の枝.

***ev·er·last·ing** /èvərlǽstiŋ|-lɑ́:st- ⑱/ 形 Ⓒ **1 永遠の**, 不朽の, 恒久の, (類語 未来に果てしなく続くことを強調; →eternal). ～ truths 永遠の真理. ～ glory 不滅の栄光. life ～ 永遠の生.
2 永続する (perpetual); 耐久性のある (enduring). ～ snow 万年雪. ～ cloth 耐久性のある布. ～ flowers 永久花《乾燥させると形や色が変わらない花》.
3 〈限定〉〖話〗果てしのない; 相も変わらぬ; ひっきりなしの.

his ～ stupidity 彼のいつもながらの愚かさ. her ～ complaints 彼女のきりのない愚痴.

── 名 U 1 永久, 永遠. from ～ 永遠の過去から(の). 2【雅】〈the E-〉永遠なるもの《神》.

▷～·ly 副 永久に, 果てしなく; ひっきりなしに.

èver·móre 副【雅】常に, 将来も変わることなく; 永久に. swear to love one's newly wedded wife (for) ～ 新婚の妻に永遠の愛を誓う.

‡**ev·ery** /évri/ 形〈限定〉【どれもみな, あらゆる】 1〈単数可算名詞を伴って〉(3 つ以上の個体からなる集団中)どの..もみな, ことごとくの, あらゆる, (→any 形 3 語法). *Every* pupil in the class likes Miss Smith. クラスの生徒はみなスミス先生が好きです (＝All pupils in the class like Miss Smith.). We received letters of condolence from ～ part of the world. 我々は世界のあらゆる所から悔み状をいただいた.

E

> 語法 (1) all はある集合の全体をひとまとめに, each は集合の成員を個別的に, every は成員を個別的に扱うと同時に全体を考える. (2) 不特定多数の成員については, each (おのおの)より個別性の弱い every (あらゆる)が用いられる. したがって「国内のどの大学も」は *every* college in the country と言うのが普通. (3) 否定詞を伴うと, every は all の場合と同様, 普通, 部分否定になる. *Not* ～ bird can sing. (鳥はみなさえずるわけではない) (4) every は all と同様 almost などの副詞に先行されるが, each にはそれができない. *almost* ～ morning (ほとんど毎朝) (5) every は(代)名詞の所有格に先行されるが, all, each はできない. *her* ～ dress (彼女のドレスはどれも); all, each の場合はそれぞれ *all her* dresses, *each* of *her* dresses になる. (6) every の付く単数名詞, 特に男女両性の名詞は複数代名詞で受けることがある. *Every* citizen respects *their* mayor. (どの市民も市長を尊敬している); 堅苦しく言えば *his or her* mayor となる. (7) every の後に名詞が 2 つ以上並んでも単数扱い. *Every* man and woman *was* happy at the news. 男も女もみなその知らせを聞いて喜んだ. (8) all, each と違い 代 用法がないので, *every* of ..のような言い方はできない (→成句 every one).

2〈しばしば数詞(基数詞, 序数詞), few などを伴って〉..ごとに, 毎.... ～ hour [day] 毎時間[毎日]. The Olympic games are held (once) ～ four years [fourth year]. オリンピック大会は 4 年ごとに行われる. *Every* third family has an encyclopedia. 3 軒に 1 軒は百科事典を持っている. (once) ～ few weeks 2, 3 週間ごとに. Two *out of* ～ three students already own a cellular phone in our school. 我が校では生徒 3 人に 2 人がすでに携帯電話を持っている. about one *in* ～ fifty Japanese 50 名の日本人中約 1 名.

3〈抽象名詞の前に用いて〉可能な限りの, 十分な, (as much..as possible). I wish you ～ success. どこまでも成功されますよう. You have ～ reason to complain. あなたが不平を言うのは至極もっともです. 参考 その他の主な抽象名詞として chance, confidence, expectation, hope, indication, likelihood, possibility, prospect, right などがある.

(at) èvery móment 刻々; 今か今かと. The stock prices change ～ *moment*. 株価は時々刻々と変わる. We're expecting him ～ *moment*. 彼が今来るかと待っているところだ.

between every.. ＝between EACH...

each and every.. →each.

èvery bít →bit[1].

èvery ínch →inch.

èvery làst [sìngle].. ありとあらゆる.., 最後の..まで, (..の)ことごとくすべて. need ～ (*single*) bit of help できる限りの援助を必要とする. He spent ～ *last* penny he had. 彼はあり金を全部使った. ～ *last* man of us【旧】我々のだれも彼も.

****èvery nòw and agáin [thén]*** 時々, 折にふれて, (occasionally, from time to time).

every one (1) /⌐-⌐/ どの 1 つ[1 人]も〈*of*..の〉; どれもこれも(すべて). *Every one of* the stamps is rare. どの切手もみな珍しいものだ. Get out of here, ～ *one of* you. おまえたちは 1 人残らず出て行け. (2) /⌐-⌐/ ＝everyone.

****èvery óther..*** (1) 他のあらゆる... Tom was late, but ～ *other* boy was in time. トムは遅れたが他の少年はみんな間に合った. (2) 1 つ置きの... ～ *other* day 1 日置きに, 隔日に. on ～ *other* line 1 行置きに.

èvery sécond.. ＝EVERY other (2).

èvery so óften ＝EVERY now and again.

****èvery tíme*** (1)【話】毎回, 毎度, いつも. win ～ *time* いつも勝つ. (2)〈接続詞的〉..するたびに (whenever). *Every time (that)* I call on you, you're out. いつ訪ねてもあなたは留守だ. ～ *time* one turns around [round]【話】しょっちゅう, 始終. (3) ＝any DAY (2).

évery whìch wày【話】(1) 四方八方に[から]; 乱雑に. (2) あらゆる手を尽くして. ～ *which way* (one can) ありとあらゆる手段で.

(in) évery wày どの点から見ても. He is *in* ～ *way* a gentleman. 彼はあらゆる点で紳士だ.

[＜古期英語 *æfre ælc* 'ever each']

‡**ev·ery·bod·y** /évribàdi|-bɔ̀di/ 代〈単数扱い〉だれでも(みな), だれもかれも. *Everybody*'s business is nobody's business.【諺】共同責任は(なすり合いになって)無責任と同じ. Not ～ succeeds in life. だれでもみな人生で成功するわけではない〈部分否定〉(★全体否定の「だれも..ない」の意味は Nobody.. で表す).

> 語法 (1) everyone よりもくだけた語. (2)【話】では they [their, them] で受ける (→every 語法 (6)): *Everybody* made up *their* minds. (だれもみな決心した); 厳密には his or her mind であるが, これは堅苦しい言い方. (3) everybody は集団の個々の成員を挙げて結局全員を指し A and B and C.. の関係であるが, anybody はどの 1 人の成員でもよいという意味で A or B or C.. の関係. everything と anything の相違も同様.

‡**ev·ery·day** /évridèi, ⌐-⌐/ 形〈限定〉1 毎日の, 日々の, (★副詞として「毎日」の意味では every day と 2 語にする). her ～ routine 彼女の日課.
2 平日の, ふだんの. change from one's ～ clothes to one's Sunday best ふだん着を晴れ着に着替える.
3 ありふれた, 平凡な. an ～ event 日常茶飯事.

Évery·màn 名 (擬人化して) 普通の人, 《時に everyman として普通名詞扱い; ＜15 世紀英国の道徳劇の寓意的登場人物名から》.

‡**ev·ery·one** /évriwʌ̀n, -wən/ 代 ＝everybody. a condition of war of ～ against ～ 万人が万人を敵とする戦争状態《Hobbes の言》. ★everybody よりやや堅い語; every one ともつづるが *every one* of them を everyone とするのは誤り.

évery·plàce 副【主に米話】＝everywhere.

‡**ev·ery·thing** /évriθìŋ/ 代〈単数扱い〉1 何でもみな, 何もかも, 万事. *Everything*'s all right now. 今は万事うまくいっている. They sell ～ at that store. あの店では何でも売っている. If I do so, I have ～ to gain and nothing to lose. そうすれば私は得をするばかりで損することは何もない. You must finish the homework before ～ else. 何よりもまず宿題を終えなければいけない. He went out with just a small bag, leaving ～ else in the hotel room. 彼はホテルの部屋に一切合財

置いたまま小さなかばんを一つ持って出掛けた.

> 語法 (1) 否定語を伴うと部分否定になる. You can't buy ~. (何もかもは買えない); 全体否定の「何も買えない」は You can't buy *anything*. (2) 修飾する形容詞は後に置く. ~ important (重要なものすべて). (3) anything との相違は →everybody 語法 (3).

2 〈補語, 目的語としてのみ〉 何より大切なもの 〈*to* ..にとって〉. The grandchild is [means] ~ *to* the old man. その老人には孫が何より大切だ. Money isn't ~ in life. 金銭が人生におけるすべてではない (→something 3).

and éverything 〖話〗その他何やかや. He can repair a car *and* ~. 彼は車の修理やその他いろいろできる.

‡**ev·ery·where** /évri(h)wèər/ 副 Ⓒ **どこにも, 至る所**(へ); 〖話〗方々に[へ]. You can't find this article ~. この品物はどこにでもあるというものではない 〈部分否定〉. *Everywhere* seems to be crowded. どこもかしこも人が混んでいるようだ 〈代名詞的用法〉. *Everywhere* (= Wherever) you go, people are much the same. どこへ行っても人は大体同じだ 〈接続詞的用法〉.

‡**e·vict** /i(:)víkt/ 動 他 (法的手段で)〔借家人など〕を立ち退かせる 〈*from* ..から〉. ~ a tenant *from* the land (地代の滞納などを理由に)借地人を追い立てる.

e·víc·tion 名 UC 〖章〗追い立て; 立ち退き.

evíction òrder 名 Ⓒ 立ち退き命令.

*__ev·i·dence__ /évəd(ə)ns/ 名 (複 **-denc·es** /-əz/)
1 Ⓤ (**a**) **信ずべき根拠**, 証拠, 〈*of, for* ..の〉; 〖法〗**証拠**(物件); 証言; (類語 事実関係を裏付ける具体的な証拠物件(証言, 文書も含む); →proof, testimony). a piece of ~ 1つの証拠. These data afford no ~ *for* the theory. これらの資料はその理論の何の裏付けにもならない. The man was convicted *on* circumstantial ~. 男は状況証拠で有罪の宣告を受けた. There was no [not a shred of] ~ ⌊*against* him [in his favor] on the spot. 現場には彼に不利[有利]な証拠品は何も[何ひとつ]なかった. give false ~ 偽証する. All the ~ pointed to her guilt. すべての証拠は彼女の有罪を示していた. (**b**) 証拠, 根拠, 〈*that* 節 ..という(ことの)/*to* do ..する〉. The attorney has strong ~ ⌊*that* she is innocent [*of* her being innocent]. 弁護士は彼女が潔白だという有力な証拠を握っている. a new piece of ~ *to* prove his innocence 彼の潔白を証明する新しい証拠.

> 連結 ample [sufficient; clear, convincing, conclusive; slight] ~ // collect [gather; furnish, provide; present] ~

2 UC しるし, 徴候; 形跡, 痕(え)跡; 〈*of* ..の/*that* 節 ..という〉. Her silence is ~ ⌊*of* her anger [*that* she is angry]. 彼女がだまっているのは怒っているしるしだ. discover many ~*s of* ancient life 古代生活の痕跡を多数発見する.

gìve [bèar, shòw] évidence of.. ..の形跡[徴候]を示す. The barometer *gives* ~ *of* an approaching storm. 気圧計はあらしの近づく徴候を示している.

in évidence (1)〈形容詞的〉見当たる, 目に付く; 目立って. His wife was nowhere *in* ~. 彼の妻の姿はどこにも見えなかった. She likes to be much *in* ~. 彼女は大いに目立つのが好きだ. (2)〈副詞的〉証拠[証人]として. produce a knife *in* ~ 証拠としてナイフを提出する. The court called him *in* ~. 裁判所は彼を証人として召喚した.

on the évidence of.. ..を根拠[証拠]に(すれば); 〔人〕の証言に基づいて. *On the* ~ *of* his record, he will win the race. 彼の自己記録からするとそのレースに勝つだろう.

tùrn Kìng's [Quèen's] évidence 〖英〗= 〖米〗 ***tùrn stàte's évidence*** (減刑を受けるために)共犯者に不利な証言をする (→KING's [Queen's] evidence).

── 動 他 〖章〗を立証する; の証拠になる; を明示する; 〈普通, 受け身で〉. The economy is recovering, as ~*d* by the active stock market. 活況の株式市場に明らかのように経済は回復しつつある.

*__ev·i·dent__ /évəd(ə)nt/ 形 ⓜ **明白な**, 明らかな; 歴然とした; (類語 外面上の状況や証拠から明らかな, の意味; → clear 4). make an ~ mistake 明白な誤りを犯す. It is ~ (to everybody) that he is satisfied with the result. 彼がその結果に満足しているのは(だれの目にも)明らかだ (★この文を It is ~ for him to be satisfied with .. とはできない). with ~ pride いかにも誇らしげに.
[＜ラテン語「明白な」(＜ex-[1]＋*vidēre* 'see')]

ev·i·den·tial /èvədénʃ(ə)l ㊜/ 形 証拠の[になる]; 証拠に基づいた. ▷**~·ly** 副

*__ev·i·dent·ly__ /évəd(ə)ntli, 特に 2 では èvədéntli/ 副 Ⓒ **1 明らかに**, 明白に, (clearly). You are ~ in the wrong. =*Evidently* you are in the wrong. 明らかにあなたは間違っている. ★この場合は It is evident that you are in the wrong. と書き換えられる; 次の2の場合はそれができない.
2 〈意味が弱まって〉 どうも..らしい (seemingly). We have ~ lost our way. 我々はどうも道に迷ったらしい.
3 〈発言の前置きとして〉 (次に述べることは)間違いないと思うが.

‡**e·vil** /íːv(ə)l/ 形 ⓜ, ⓔ (〖米〗**~·er**, 〖英〗**~·ler**|〖米〗 **~·est**, 〖英〗**~·lest**) 〖章〗**1** (道徳的に)**悪い**, よこしまな; 芳しくない 〔評判など〕; (類語 bad より強いが wicked ほどでない). An ~ man is full of wicked thoughts. 邪悪な男は邪念でいっぱいである.
2 悪意の[に満ちた], 敵意をこめた. an ~ tongue 毒舌; 中傷する人. with an ~ gleam in the eye 目つきに敵意をこめて. **3** 有害な, 不快な. an ~ custom 悪習. an ~ smell 悪臭. **4** 不運な; 不吉な. an ~ hour [day] 不運な時期. an ~ prophecy 不吉な予言.

fàll on èvil dáys 〖章〗不幸な目に遭う《特に, 貧乏, 病気など》.

pùt óff the èvil dáy [hóur] いやな事を先へ延ばす.

── 名 (複 **~s** /-z/) 〖章〗**1** Ⓤ **罪悪**, 悪, 邪悪. ideas of good and ~ 善悪の観念. do ~ 悪事を働く. return ~ for good 恩をあだで返す.
2 Ⓒ **害悪**; 弊害. Poverty brings many ~*s*. 貧乏は多くの害悪をもたらす. the ~*s* of drugs 麻薬の害.

> 連結 a grave [a serious] ~ // remove [uproot] an ~

3 Ⓤ 不運, 不幸; 災厄. wish a person ~ 人に災いあれと願う.

chòose the lésser (of twò) évils 2つの害悪のうち「の小さい方を選ぶ.

spèak évil of.. ..の悪口を言う (speak ill of).
[＜古期英語; 原義は「(適)度を越した」]

evil·doer /⌐−⌐−, ⌐−⌐−/ 名 〖旧〗Ⓒ 悪事を働く人, 悪人.

evil·doing /⌐−⌐−−, ⌐−⌐−−/ 名 Ⓤ 悪事, 悪業.

èvil éye 名 Ⓒ 〈the ~〉凶眼《それに睨(にら)まれると災難がふりかかるという迷信がある》; 憎悪[敵意]のこもった目つき.

e·vil·ly /íːv(ə)l(l)i/ 副 よこしまに; 悪意[敵意]を持って.

èvil-mínded /-əd ㊜/ 形 悪心のある, 腹黒い, 意地悪な. ▷**~·ly** 副 **~·ness** 名

Évil Òne 名 〈the ~〉〖旧〗悪魔 (Devil).

èvil-témpered /㊜/ 不機嫌な, 怒りっぽい.

e·vince /ivíns/ 動 他 〖章〗〔感情など〕をはっきり表す; 〔特質, 能力など(のあること)〕を明らかに示す. ~ displeasure 不快をあらわにする.

e·vis·cer·ate /ivísərèit/ 動 他 〖章〗**1** 〔ニワトリなど〕

の内臓を抜く. **2** から重要な部分を取り除く, を骨抜きにする.

ev·o·ca·tion /èvəkéiʃ(ə)n, ìːvou-/ 名 UC (記憶, 感情などの)喚起. ◇動 evoke

e·voc·a·tive /ivákətiv | ivɔ́k-/ 形 呼び起こす, 喚起する, 〈*of* ..〔思い出, 感情など〕を〉. a place ~ *of* one's childhood 子供のころを思い出させる場所.

***e·voke** /ivóuk/ 動 (~s /-s/ | 過 過分 ~d /-t/ | e·vok·ing) 他 〖章〗 **1**〔記憶, 感情など〕を**呼び起こす**;〔霊魂など〕を呼び出す; 〈*from* ..から〉. The story ~*s* old memories. その物語は古い記憶を呼びさます.

2〖章〗〔返事, 笑いなど〕を引き出す, 誘い出す. Her question ~*d* an angry answer *from* him. 彼女の質問に彼の怒った返答が返ってきた.

[<ラテン語「呼び出す」(<ex-¹+*vocāre* 'call')]

***ev·o·lu·tion** /èvəlúːʃ(ə)n, ìːvə-/ 名 (複 ~s /-z/) **1** U (自然な段階的)**発達, 発展**; 展開; C 発達[展開]したもの. the ~ of democracy 民主主義の発達. the ~ of events 事件の展開. **2** U 〖生物〗**進化**(論); C 進化したもの. the theory of ~ 進化論. **3** C 〖章〗〈しばしば ~s〉(舞踊, 球技, 軍隊, 艦船などの)展開動作[運動].
◇動 evolve ▷ **~·al** /-nəl/ 形 =evolutionary.

ev·o·lu·tion·ar·y /èvəlúːʃənèri, ìːvə- | -ʃ(ə)nəri/ 形 発展の, 展開の; 進化(論)の.

èv·o·lú·tion·ism 名 U 〖生物〗進化論.

èv·o·lú·tion·ist 名 C 進化論者.

†**e·volve** /iválv | ivɔ́lv/ 動 他 **1**〖章〗〔理論, 計画など〕を(徐々に)発展させる;〔小説の筋など〕を展開させる;〔方法など〕を引き出す. ~ a new system for running the company 会社運営の新しい方式を案出する.
2〖生物〗を進化させる. **3**〔光, 熱など〕を発する, 放出する.
— 自 (徐々に)発展する, 展開する;〖生物〗進化する; 〈*from*, *out of* ..から/*into* ..へ〉. The situation has ~*d into* a more complex problem. 事態はさらに複雑な問題に進展した. Man ~*d from* the ape. 人間は類人猿から進化した. ◇名 evolution [<ラテン語「巻物を開く」(<ex-¹+*volvere* 'roll')]

EW enlisted woman.

ewe /juː/ 名 C (成長した)雌羊 (→sheep 参考).

éwe làmb 名 C 雌の子羊. one's ~ 一番大切にしているもの, 'とらの子', 《聖書から》.

ew·er /júː(ː)ər/ 名 C 広口の水差し《昔特に水道設備のない寝室などに洗面器 (basin) と一緒に備えてあったもの; →washstand》.

Ex. Exodus.

ex¹ /eks/ 前 **1** ..から (from). **2**〖金融〗..なしの, を含まない. *ex* interest 無利子で[の]; 利落ち《略 ex int.》. **3**〖商〗..渡しで. *ex* ship [warehouse] 着船[倉庫]渡し《その場所までの費用は売り主が, その先の費用は買い主が負担する》. [ラテン語 'out of, from']

ex² 名 (複 ~·es, ~'s) C 〖話〗(離婚した)先妻, 先夫; 別れた男[女]; (→ex-²).

ex. examination; examined; example; except(ed); exception; exchange; excursion; executive; express; extra.

ex-¹ /eks, iks, əks/ 接頭 **1**「..から(外へ), 外へ」の意味. *ex*clude. *ex*port. **2**「全く」の意味. *ex*terminate. ★後に来る文字によって ef- (*ef*face), e- (*e*levate, *e*mit, *e*volve), ec- (*ec*centric, *ec*stasy) と変形する. [ex¹]

ex-² 接頭 〈普通, ハイフンを付けて〉「前の, 前.., (former)」の意味. *ex*-president (前大統領). *ex*-wife (先妻). [ex-¹]

‡**ex·ac·er·bate** /igzǽsərbèit, eksǽs-/ 動 他 〖章〗 **1**〔苦痛, 病気, 事態など〕を悪化させる, つのらせる, (make worse). **2** を怒らせる, 憤激させる.

ex·àc·er·bá·tion 名 U 〖章〗(感情, 病気, 事態などの)悪化; 憤激.

‡**ex·act** /igzǽkt/ 形 m, e **1 正確な**, きっかりの; 寸分たがわぬ, ぴったりの; (類語 標準や事実に厳密に一致することを強調; →correct). What is the ~ time? 正確な時間は何時ですか. repeat the ~ words 言葉をそっくり繰り返す. ~ to the life 実物そのままの. at the ~ moment that I entered 私が中に入ったちょうどその時. an ~ copy [replica] of a Gucci handbag グッチのバッグの寸分たがわぬ模造品. The novel is the ~ opposite of what I expected. その小説は, 私が思っていたのとは正反対のものだ. This is the ~ type of car I'd like to drive. これはまさに運転したいタイプの車だ. *Exact* fare (requested).〖掲示〗運賃は釣り銭の要らないように願います.

2 精密な〔測定など〕; 綿密な注意を必要とする〔仕事など〕. a man of ~ mind 綿密な頭脳の人.

3〔規則などが〕厳しい; 厳格な, きちょうめんな〔性格など〕. Our dormitory superintendent is ~ in enforcing the rules. うちの舎監は厳格に規則を守らせる.
◇名 exactness, exactitude

to be exáct 厳密に言うと. within a matter of weeks—25 days, *to be* ~ 何週間か—正確に言えば25日以内に.

— 動 他 〖章〗 **1** (a) VOA (~ X ***from*** ..) (権力などによって) X (金銭など)を..から厳しく取り立てる; (~ X ***from*** ../***for*** ..) X (服従, 犠牲など)を..に/..のために強いる. She will ~ a high price *from* her husband *for* agreement to their divorce. 彼女が離婚に同意するには夫に高い代償を強要するだろう. (b)〔復讐(しゅう)〕を果たす〈*on* ..〔人〕に/*for* ..〔仕打ちなど〕に対し〉. **2**〔物事, 状況などが〕を強く求める, 緊急に必要とする. This problem ~*ed* a great effort to solve it. この問題は解決するのにたいへんな努力を要した.
◇名 exaction [<ラテン語「正確な, 完全な」<*exigere*「追出す, 要求する」(<ex-¹+*agere* 'drive')]

ex·áct·ing 形 **1** (要求が)厳しい, 過酷な,〔教師など〕. set ~ standards of safety 厳しい安全基準を設定する. **2** 熟練[正確, 集中力]を要する, 厳しい, つらい,〔仕事など〕. ▷ **~·ly** 副

ex·ác·tion 名 〖章〗 **1** U 強要; 強制的取り立て〈*of* ..〔金銭など〕の〉. **2** C 不当な要求; 過酷な税金; 強制取立金.

ex·ac·ti·tude /igzǽktət(j)ùːd/ 名 U 〖章〗正確さ, 精密さ; きちょうめんさ, 厳正さ. a man of great ~ 大変きちょうめんな人. with scientific ~ 科学的な正確さで.

‡**ex·act·ly** /igzǽk(t)li/ 副 m **1 正確に**, 厳密に, (precisely). Follow his directions ~. 彼の指示通りにしなさい. Tell me ~ where she lives in France. 彼女がフランスのどこに住んでいるのか正確に教えてください. What ~ [*Exactly* what] do you mean? いったい君は何を言いたいんだ. "What is he aiming at?" "I don't know ~ [~ know]."〖話〗「彼の狙いは何だ」「私にはよく分からない」

2 きっかり, ちょうど, (just); 全く. at ~ six o'clock きっかり6時に. come ~ on time ちょうど定刻に来る. This clock chimes ~ the same as the one in Westminster Abbey. この時計はウエストミンスター寺院とまったく同じチャイムを鳴らす. That's ~ what my mother always says to me. それはまさに母からしょっちゅう言われていることだ.

3 〈返答を強めて〉全くその通り (quite so). "Did you decide not to take the entrance examination?" "*Exactly*."「君は入試を受けないことにしたのか」「その通りです」

nòt exáctly 〖話〗 (1) 必ずしも..ない; 本当は..ない (not really). Sally did*n't* ~ agree with Bill, but she supported him. サリーは必ずしもビルと同意見では

なかったが，ビルを支持した．(2)〈皮肉に〉正確に..のわけじゃない《「けっして..ない」の意味で》. I *don't* ～ enjoy doing this, you know! こんな事を喜んでやってると言っちゃあ正確じゃない《本当はいやなんだ》.

ex·áct·ness /-(t)-/ 名 ＝exactitude.

exàct scíence 名 U 精密科学《化学，物理学など》.

*__ex·ag·ger·ate__ /igzǽdʒərèit/ 動 (～s /-ts/|過 過分 -at·ed /-əd/|-at·ing) 他 **1** を誇張する，大げさに言う；を過大に視[評価]する. You are *exaggerating* the matter. 君は問題をオーバーに言い[考え]すぎているよ. It is impossible to ～ the importance of education. 教育の重要性はいくら強調してもし過ぎることはない. The casualties are reported to exceed 10,000, but I think the number is greatly ～*d*. 死傷者は1万を越すと報告されているがその数は相当誇張したものと思う.

2 を(実際より)大きく[よく，悪くなど]見せる. Mary's makeup ～*s* her natural paleness. メリーのメーキャップは生来の顔色の悪さをかえって目立たせている.

── 自 誇張する，大げさにものを言う[考える]. Don't ～; tell only the truth. 誇張しないで本当の事だけ話せ.

[＜ラテン語「積み上げる」]

†**ex·ág·ger·àt·ed** /-əd/ 形 誇張された，大げさな；過大視された；不自然な，偽りの. an ～ advertisement 誇大広告. have an ～ idea as to the future of this nation この国の将来について誇大妄想している.

▷ **～·ly** 副 誇張して，大げさに.

†**ex·àg·ger·á·tion** 名 **1** U 誇張；過大視，過大評価. speak without ～ 誇張しないで話す. **2** C 誇張的表現. a gross ～ ひどい誇張. make an ～ of ..を誇張する. It is no ～ [not an ～] to say that she is an angel. 彼女を天使と言っても過言ではない.

†**ex·alt** /igzɔ́:lt/ 動 他 〖章〗 **1** 〔人〕の地位[権力]を高める，を昇進させる (promote)；の品位を高める. The official was ～*ed* to the highest rank. その役人は最高の階級まで昇進した. **2** をほめたたえる，賞揚する，〈*as* ..として〉. The medieval Church despised the body and ～*ed* the spirit. 中世の(キリスト)教会は肉体を軽んじ精神をたたえた. She was ～*ed as* a great singer. 彼女は大歌手とほめそやされた.

exàlt a pérson to the skíes 人をほめちぎる.

[＜ラテン語「上げる」(＜ex-[1]＋*altus* 'high')]

ex·al·ta·tion /ègzɔ:ltéiʃ(ə)n/ 名 U **1** (精神的)高揚，意気揚々. **2** (名誉，地位などを)高める[られる]こと；昇進 (promotion).

‡**ex·ált·ed** /-əd/ 形 〖章〗 **1** 高貴の〔地位など〕，高位の〔人など〕. **2** 高尚な，高遠な〔目的など〕. an ～ literary style 格調高い雅文体. **3** 得意満面の. in ～ spirits 意気揚々として. ▷ **～·ly** 副 意気揚々と，高尚に.

*__ex·am__ /igzǽm/ 名 C (複 **～s** /-z/) 〖話〗＝examination 1.

‡**ex·am·i·na·tion** /igzæ̀mənéiʃ(ə)n/ 名 (複 **～s** /-z/)

1 C **試験** 〈*in, on* ..の〉. an entrance [a graduation] ～ 入学[卒業]試験. pass [fail (in)] an ～ 試験に及第[落第]する. have an ～ *in* history 歴史の試験がある. take [〖主に英〗 sit for] an ～ 試験を受ける，受験する. an oral ～ 口頭試問. a written ～ 筆記試験.

> 連結 give [administer, conduct, hold; make (up), set; flunk] an ～

2 UC **調査**(する[される]こと)，検査，審査；検討，吟味. The detective made a thorough ～ of the room. 刑事は部屋を徹底的に調べた. an ～ copy 試読用献本《新刊書などの》. Further ～ is needed to find out what the cause is of your bad headache. あなたの激しい頭痛の原因を突き止めるにはさらに検査が必要だ.

> 連結 a careful [a meticulous; a close, a detailed, a minute; a methodical, a systematic; a cursory, a perfunctory, a superficial] ～ // do [conduct, perform; be subjected to] an ～

3 UC (医師の)診察，検診. undergo [have] a medical ～ 検診を受ける.

4 UC 〖法〗(特に，法廷弁護士の)証人尋問；審理.

on (clòser) examinátion (さらに詳しく)調べてみると；(より綿密な)調査[試験]の上で.

under examinátion 調査[検査，審理]中で[の].

examinátion pàper 名 C 試験問題；答案(用紙).

‡**ex·am·ine** /igzǽmən/ 動 (～s /-z/|過 過分 ～d /-d/|-in·ing) 他 **1 (a)** を**調べる**，検査する，〈*for* ..がないかと〉；を検討[吟味]する，審査する；(類語「調査する」の意味の最も一般的な語；→inspect, investigate, look into.., research, scrutinize). The police ～*d* the room thoroughly *for* clues to the murder. 警察は殺人事件の手掛かりがないかと部屋を徹底的に調べた. The new plan is being closely ～*d*. 新計画は詳しく検討中だ.

(b) VO (～ *wh* 節) ..かどうかを調べる，検討する. ～ *whether* it is possible or not 可能かどうか調べる.

2 〖章〗に**試験をする** 〈*in, on* ..の〉. ～ pupils *in* English 生徒に英語の試験をする(語法 小部門，特殊[専門]部門には on を用いる:～ a class *on* American history (学級にアメリカ史の試験をする)). ～ students *for* the bachelor's degree 学生に学士号取得のための試験をする. **3** を診察する，検診する. You should [need to] have your head ～*d*. 君は頭を診察してもらうべきだ；〖話〗おまえは頭がおかしいんじゃないの.

4 〖法〗〔普通，弁護士が証人〕を尋問する (→cross-examine).

── 自 試験[審査]を行う；診察する；調査する〈*into* ..を〉. ～ *into* details 詳細を調査する.

[＜ラテン語「重さを計る」(＜*exāmen*「秤の指針」)]

ex·am·i·nee /igzæ̀məní:/ 名 C 〖章〗受験者，審理[検査]を受ける人. ◇↔examiner

ex·ám·in·er 名 C 調べる人，検査官，審査員；試験官；〖法〗証人尋問者.

exám pàper 名 〖話〗＝examination paper.

‡**ex·am·ple** /igzǽmp(ə)l|-zá:m-/ 名 (複 **～s** /-z/) C

【例】 **1 例**，実例，用例，(類語「実例」の意味の最も一般的な語で多くの中から選んだ例；→illustration, instance, sample, specimen). give a typical ～ 典型的な例を挙げる. *Example* is better than precept. 〖諺〗論より証拠《＜実例は教訓にまさる》.

> 連結 an illustrative [a notable, a striking; a concrete; a classic] ～ // afford [furnish, provide] an ～; take [cite]..as an ～

【代表的な例】 **2 見本**，標本；(数学などの)例題. a good ～ of Picasso's painting ピカソらしさのよくでている絵画. an arithmetic book full of ～*s* 例題の豊富な算数の本. **3** 【良い見本】 **模範**，手本，〈*of* ..の〉. lead by ～ 率先垂範する. Children will follow the ～ *of* their parents. 子供は両親を見習うものだ.

4 【悪い見本】 見せしめ，戒め. His failure should be an ～ to you. 彼の失敗を君の戒めとすべきだ.

__for exámple__ たとえば (for instance)《略語としては e.g. を用いる》. There are a lot of domestic animals on the farm—cows, horses and pigs, *for* ～. その農園には多くの家畜がいる，たとえば乳牛，馬，豚など.

màke an exámple of.. ..を見せしめにする. It's not fair to *make an* ～ *of* him and not punish the others. 彼を見せしめにして他の者を罰しないのは公平でない.

sèt an [a gòod] exámple to .. ..に模範を示す. He *set an* ～ *to* her. =He *set* her *an* ～. 彼は彼女に手本を示した.

tàke exámple by .. ..を手本にする, ..の例にならう.

without exámple 他に例がない; 先例のない, 空前の. The play was a hit *without* ～. その芝居は空前の大当たりだった.

[＜ラテン語「取り出したもの＞型」(＜*eximere*「取り出す」); →sample]

†**ex·as·per·ate** /igzǽspərèit|-zɑ́ːs-/ 動 他 を怒らせる, に腹を立てさせる. Her husband's slowness often ～*s* her. 彼女は夫の動作の緩慢さにしばしば腹を立てる. I was ～*d by* [*at*] my own stupidity. 私は自分の愚かさに腹が立った. [＜ラテン語「乱暴にする」]

ex·ás·per·àt·ed /-əd/ 形 腹を立てた[て], 憤激した. give an ～ sigh いら立ちのため息をもらす. I was ～ that he would not cooperate. 私は彼が協力しようとしないことに憤慨した. ▷**ex·as·per·at·ed·ly** /-ədli/ 副 腹を立てて, 腹立たしそうに.

ex·ás·per·àt·ing 形 腹立たしい, しゃくにさわる. ▷**～·ly** 副 腹が立つほど. ～*ly* poor bus service 腹が立つほど悪いバスの便.

ex·às·per·á·tion 名 U 憤激(させる[する]こと), 腹立ち. He slammed the door in ～ behind him. 彼は怒って出ていってドアをばたんと閉めた.

Ex·cal·i·bur /ekskǽləbər/ 名 エクスキャリバー《伝説の Arthur 王の剣》.

ex ca·the·dra /èks-kəθíːdrə/ 権威をもって(の); 権威をもって語られた. [ラテン語 'from the chair (of authority)']

†**ex·ca·vate** /ékskəvèit/ 動 他 **1** 〔穴など〕を掘る; 〔地面など〕を掘る, に穴を掘る. ～ the side of a hill 丘の斜面に穴を掘る. **2** 〔埋(う)もれたものなど〕を掘り出す; 〘考古〙を発掘する. ～ the ruins of an ancient city 古代都市の遺跡を発掘する. ── 自 穴を掘る, 発掘する. [＜ラテン語「うつろにする」(＜ex-[1]＋*cavus* 'hollow')]

èx·ca·vá·tion 名 **1** UC 掘る[られる]こと, 掘削; 掘り出す[される]こと; 〘考古〙発掘. **2** C (掘られた)穴; 切り通し. **3** C 〘考古〙〈普通 ～s〉発掘された遺跡.

ex·ca·va·tor /ékskəvèitər/ 名 C 穴を掘る[掘り出す]人, 発掘者; 掘り出す機械, 〈特に〉掘削機, パワーショベル, (〘米〙 steam shovel).

***ex·ceed** /iksíːd/ 動 (～s /-dz/|過 過分 ～ed /-əd/|～·ing) 他 **1** より多い[大きいなど], を上回る, 〈*by* ..だけ〉; に勝る, をしのぐ, 〈*in* ..の点で〉; (類語 ある一定の水準, 限度を超えることに重点がある; →surpass). My expenses this month have ～*ed* my income *by* fifty dollars. 私の今月の支出は収入を 50 ドル上回った. results ～*ing* (all) (my) expectations (全く)(私の)予想以上の結果. He will ～ his father *in* height. 彼は父親より背が高くなるだろう.

2 の限度を超える; を超過する. The car is ～*ing* the speed limit. その車は制限速度を超えている. The work ～*s* my ability. その仕事は私の力に余る. ～ one's authority 越権行為をする.

── 自 勝る, 卓越する, 〈*in* ..において〉.

◇名 excess [＜ラテン語「出て行く」(＜ex-[1]＋*cēdere* 'go')]

ex·céed·ing 形 非常な, 並外れた, この上ない. the ～ disorder of the room その部屋のひどい乱雑さ.

†**ex·ceed·ing·ly** /iksíːdiŋli/ 副 非常に, はなはだしく. an ～ difficult situation きわめて難しい情勢. get up ～ early とても早起きする.

***ex·cel** /iksél/ 動 (～s /-z/|過 過分 ～led /-d/|～·ling) 〈進行形不可〉 他 より勝る, 秀でる, を凌(しの)ぐ, 〈*at, in* ..で〉 (類語 surpass の方が日常語). Joe ～*s* Tom *at* swimming [*in* prudence]. ジョーはトムより水泳がうまい[慎重さで勝る] (★行為には at の方が好まれる).

── 自 **秀でる**, 抜きん出る, 卓越する, 〈*in, at* ..に〉. ～ *in* music 音楽に秀でる. He ～*s* as a sculptor. 彼は彫刻家として優れている.

excél onesèlf 以前[いつも]より出来がよい. Your stew is always good, but you've ～*led yourself* today. 君のシチューはいつもおいしいがきょうは格別だ.

[＜ラテン語「突き出る, そびえる」]

***ex·cel·lence** /éks(ə)ləns/ 名 (複 **-lenc·es** /-əz/) **1** U **優秀さ**, 卓越, 傑作, 〈*in, at* ..における〉. reach high ～ *in* [*at*] tennis テニスで名手の域に達する. get a prize for academic ～ 学業優秀で賞をとる. his ～ as a scholar 学者としての彼の優秀さ. **2** C 〘章〙優れている点, 長所. ◇動 excel 形 excellent

‡**Ex·cel·len·cy** /éks(ə)lənsi/ 名 (複 **-cies**) C 閣下《大臣, 総督, 大使, 高位の聖職者とそれらの夫人, 〘米〙では大統領, 州知事などに対する敬称; His, Her など人称代名詞の所有格と共に用いる; →majesty 2》. His ～ the Italian Ambassador will see you now. 今イタリア大使閣下がお会いになります. Your ～ 閣下(夫人) (★直接の呼びかけ; ただし動詞は 3 人称単数形になる:Does your ～ mean to go by plane? (閣下は飛行機でおいでになるつもりですか)). Your [Their] *Excellencies* 閣下(夫人)《複数の人の場合》.

***ex·cel·lent** /éks(ə)lənt/ 形 Ⓒ **優れた**, 優秀な, 卓越した, すばらしい; (成績評点の)優の, A の, 《普通 90 点以上; →grade 名 4》. ～ health 上々の健康. She is ～ *in* composition. 彼女は作文が優秀だ. *Excellent!* 見事だ; 結構だ, よろしい, 《同意を表す》. ◇動 excel 名 excellence

†**éx·cel·lent·ly** 副 すばらしく, 見事に, 立派に.

ex·cel·si·or /iksélsiɔ̀ːr, ek-/ 間 より高く!《「向上を目指せ」の意味; 米国 New York 州の標語》. ── /-siər|-siɔ̀ː, -siə/ 名 U 〘米〙木毛(もくもう)《細長く柔らかいかんなくず; 割れ物の梱(こん)包用の詰め物に用いる》. [ラテン語 'higher']

‡**ex·cept** /iksépt/ 前 **..を除いて(は)**, のほか(は).

> 語法 (1) but 前 と比較すると except は除外されるものを強調する;「ジョン以外は全員来た」は Everybody *but* John came. とも Everybody *except* John came. とも言えるが, 前者は「皆が来たこと」に, 後者は「ジョンが来なかったこと」に重点がある →save[2] ★. (2) except の後には(不定詞)句, 節なども置かれる.

I walk to school ～⌞on rainy days [when it rains]. 雨の日以外は歩いて学校へ行きます. There was nothing they could do ～ soothe her. 彼女をなだめる以外なすすべがなかった (語法 前に do があると except の次の不定詞は普通, 原形不定詞で, He does nothing ～ *watch* TV all day. (彼は 1 日中テレビばかり見ている) なども同じ).

****excépt for ..*** (1) ..(の点[部分])を除けば; ..を別にすれば (apart from);

> 語法 (1) X except Y は X と Y が同種の場合に用い, X except for Y は X と Y が異なる種類(又は Y が X の一部)の場合に用いる. つまり, X という陳述に対してただし書きを加えるという形式である. (2) 最後の例のように (特に文頭にある場合), except の代わりに用いることがある. (3) except for の代わりに except を用いるのは避けられる.

The dog was black, ～ *for* the legs. 足を除けばその犬は黒かった. We enjoyed the excursion ～ *for* the cold weather. 寒かったのを別にすれば我々の遠足はじつに楽しかった. The room was empty ～ *for* a shabby bed. =There was *nothing* in the room ～ a shabby bed. その部屋には使い古したベッドのほか何もな

かった (語法 このように except for.. の構文はしばしば「否定語＋except」で書き換え得る). *Except for* Bill, they were all in time. ビル以外は皆間に合った.
(2) ..がなければ, なかったら. I would go ～ *for* my headache. 頭痛さえなければ行くのだが. ★without や but for を用いるのがより一般的.
***excépt that..** (★that を省くとコンマが必要, except は接続詞になる) (1) **..ということがなければ** (except for the fact that); ..という点を別にすれば; ただし (only). This wouldn't have happened ～ *that* we were all too tired. 我々みんなが疲れ切っていなかったらこんな事にはならなかっただろう. I'd like to buy the car, ～ (*that*) it's too expensive. その車は買いたいのだが高すぎる. (2) ..ということを除いて. Nothing was decided ～ *that* some step had to be taken at once. すぐに何か手を打たなければならないという以外に何も決まらなかった.
―― 動 他 〖章〗を除く, 除外する, 〈*from* ..から〉. I can ～ no one *from* this list of invitations. この招待リストからはだれも外せない. They were all tired to death, Tom ⌞～*ed* [*not* ～*ed*]. みんなへとへとになっていた, トムのほかは[トムも例外でなく]. ―― 自 〖まれ〗異議を唱える 〈*to*, *against* ..に〉. ◇名 exception
prèsent còmpany excépted →present[1].
―― 接 1 〖話〗＝except that... 2 〖古〗..でなければ (unless).
[＜ラテン語「取り出された」(＜ex-[1]＋*capere* 'take')]
†ex·cépt·ing 前 ＝EXCEPT (語法 文頭または次の成句で用いることが多い). *Excepting* Tom and me, everyone voted yes. トムと私以外は全員が賛成投票をした.
àlways excépting.. ＝EXCEPT for...
not [without] excépting.. ..も含めて. The whole college came to cheer their team, *not* ～ the president. 大学全体がチームの応援に来た, 学長も含めて.
***ex·cep·tion** /iksépʃ(ə)n/ 名 (複 **～s** /-z/) **1** U **除外**(する[される]こと), 例外とする[される]こと. **2** C **例外**, 除外例; 特例, 異例. I'll make an ～ of [in] this case. この場合は特例としよう. Japan is no ～ on that score. その点については日本も例外ではない. This is [forms] a minor ～ to the rule. これは規則に対する小さな例外だ. The ～ proves the rule. 〖諺〗例外は原則のある証拠.
3 U 異議, 不服; 〖法〗異議申し立て. liable [open, subject] to ～ 反対する余地のある, 異議申し立てができる. ◇動 except 「しない 〈*of* ..を〉.
màke nò excéption(s) 例外を設けない; 特別扱いは↑
tàke excéption (to..) (1) (..に)反対する, 異議を唱える. (2) (..に)腹を立てる. I *took* great ～ *to* his remark that I was incompetent. 私は無能だと言った彼の言葉には無性に腹が立った.
without excéption 例外なしに.
with the excéption of.. [that..] ..を[..ということを]除いては.
ex·cép·tion·a·ble 形 〖章〗反対する余地のある, 異議を唱えうる; 好ましくない.
***ex·cep·tion·al** /iksépʃ(ə)nəl/ 形 m **1 例外の**; 例外的な, 異常な. The border conflict occurred in ～ circumstances. その国境紛争は異常な状況下で起こった. **2** 特にすぐれた, 非凡な. an ～ mathematician 非凡な数学者.
ex·cép·tion·al·ly 副 例外的に; 並はずれて; 非常に. *Exceptionally*, I got up early. 私はいつになく早起きした. an ～ warm day 異常に暖かい日.
†ex·cerpt /éksəːrpt/ 名 C (書物, 講演, 楽譜などからの)抜粋. ～*s* from Plato プラトンからの抜粋. ―― 動 他 を抜粋する; を引用する; 〈*from* ..から〉〈普通, 受け身で〉.
[＜ラテン語「選び出したもの」]
***ex·cess** /iksés/ 名 (複 **～·es** /-əz/)
【多過ぎること】 **1** aU **過多**, 過剰; **超過**; 〈*of* ..の/ *over* ..に対する〉. an ～ of production 生産過剰. the ～ of expenditure *over* income 収入に対する支出の超過(額). **2** aU 余分; 超過量[額]. a 5% ～ of imports 5% の輸入超過額.
【適度を超えること】 **3** (a) aU **過度**, やりすぎ, 行きすぎ; 不節制. An ～ of grief made her crazy. あまりの悲しみに彼女は気が変になった. ～ at table 食事の不節制. (b) C 〖章〗〈普通 ～es〉行きすぎた行為; 暴飲暴食; 乱暴, 乱行. commit ～*es* 乱暴を働く, 行きすぎた行為をする. refrain from ～*es* 暴飲暴食[行きすぎ]を慎む.
4 U 〖主に英〗(保険の)自己負担金額《契約で加入者が負担する分》. ◇動 exceed 形 excessive
in excéss of.. ..を超過して; ..より以上に[で] (more than); 過度の..で. This is *in* ～ *of* what we ⌞need [imagined]. これは我々の⌞必要の度[想像]を超えている. cities having a population *in* ～ *of* 1,000,000 百万を超す人口を持つ都市.
to excéss 過度に, 極端に. go [run] *to* ～ やりすぎる, 極端に走る. drink *to* ～ 飲みすぎる.
―― /ékses/ 形 〈限定〉超過した, 余分の. ～ baggage [luggage] (列車, 航空機などでの)制限超過手荷物. an ～ fare 乗越し料金; (上級客車などへの乗り替えの)差額料金. ～ postage 郵便不足料金. ～ profits tax [duty] (特に戦時などの)超過利得税.
[＜古期フランス語 (＜ラテン語「出発」; →exceed)]
***ex·ces·sive** /iksésiv/ 形 m **過度の**, 極端な, 法外の, (↔reasonable, moderate). ～ demands 不当な要求. It was a rare book, but the price was ～. それは希書ではあったが法外な値段だった. ▷ **～·ly** 副 過度に, 極端に, 法外に, はなはだしく.
****ex·change** /ikstʃéindʒ/ 動 (**-chang·es** /-əz/|過 過分 **～d** /-d/|**-chang·ing**) 他
【やりとりする】 **1** 〔同種の物〕を**交換し合う**, 取り交わす, 〈*with* ..〔人〕と〉(★目的語は普通, 複数形). Tom ～*d* seats *with* John. ＝Tom and John ～*d* (their) seats. トムはジョンと席を取り替えっこした. They ～*d* addresses and phone numbers (*with* each other). 彼らは(互いに)住所と電話番号を教え合った. They parted without *exchanging* a word. 彼らはひと言もかわさずに別れた. ～ letters [gifts] *with* a friend 友人と手紙[贈物]のやりとりをする. ～ greetings [glances] あいさつ[視線]を交わす. ～ blows [(angry) words] 殴り合う[口論する]. ～ information [opinions] 情報[意見]を交換し合う.
【取り替える】 **2** (a) を**交換する**, 取り替える, 〈*for* ..〔別の物〕と〉; 〔買った品物など〕の取り替えをする; (類語 交換の意味の最も一般的な語; →barter, swap, trade). ～ a bottle of whiskey *for* canned goods ウイスキー 1 瓶を缶詰と交換する. (b) を交易する (barter) 〈*with* ..と〉.
3 〔通貨〕を両替する 〈*for* ..〔別の通貨〕と〉. ～ dollars *for* marks ドルをマルクに両替する. ～ francs at 22 yen 1 フラン 22 円で両替する. **4** VOA (～ X **for ..**) X を捨てて..を代わりに取る. ～ music *for* love 音楽を捨てて恋に生きる. **5** 〖チェス〗〔相手の駒(こま)〕を(取られた駒の)引き換えに取る.
―― 自 **1** 交換[交替]をする 〈*with* ..と〉. **2** 〔通貨が〕両替できる 〈*for* ..と/*at* ..で〉. a currency that ～*s* at par 額面価格で両替できる通貨.
exchànge cóntracts 〖主に英〗(署名して, 家, 土地などの)売買契約を結ぶ.
exchànge hóuses 家を交換する; 家を交換して(休暇などを)過ごす; 〈*with* ..と〉.
―― 名 (複 **-chang·es** /-əz/) **1** UC **交換**, 取り替え; **取り交わし**; 置き換え; 交易. the ～ of wool *for* silk 羊毛と絹との交換. the ～ of prisoners of war 捕虜の交

換. a friendly ～ of opinions 友好的な意見の交換. *Exchange* [A fair ～] is no robbery.〖諺〗交換は強奪ではない《不公平な交換を強要する時の弁解》.
2〖知的交換〗Ⓒ (国家間の人, 文化などの)交流, 交換(制度) a cultural ～ 文化交流. Our college does an ～ *with* a famous college in Canada. 我々の大学はカナダの有名大学との交換制度がある.
3 (**a**) Ⓒ (短い)会話 (conversation); (議論の)応酬; 口論. have a terrible ～ *with* a policeman 警官とひどい口論をする. There was a heated ～ (of sharp words) *between* the two. 2人の間には激しい言葉の応酬があった. (**b**) UC 交戦. ～ of (gun)fire 砲火を交えること.
4 (**a**) Ⓤ 外国通貨の交換; 両替; 為替. The ～ is against the country. 為替がその国には不利な状態だ. the rate of ～ 為替相場. (**b**) Ⓒ ＝exchange rate.
5 Ⓒ 〖チェス〗駒(ミ)の交換 (→動 他 5).
6 Ⓤ 〖理〗(粒子間の位置などの)交換.
7 Ⓒ 交換物, 取替え品. This camera is a fair [poor] ～ *for* your watch. このカメラは君の腕時計の交換品としては妥当[不十分]です.
8 〈しばしば E-〉 Ⓒ 取引所. a wool ～ 羊毛取引所. a stock ～ 株式取引所. the Corn *Exchange* 穀物取引所.
9 Ⓒ 電話交換局 (telephone exchange).
**in exchánge* 引き替えに〈*for* ..と〉; 代わりに. deliver goods *in* ～ *for* money 代金引き替えで品物を渡す. I helped him with his homework and he washed my car *in* ～. ぼくは彼の宿題を手伝ってやり, 代わりに彼はぼくの車を洗った. 「'barter')]
[＜アングロフランス語 (＜ラテン語 ex-¹＋*combire* 「'barter')]

ex·chánge·a·ble 形 交換できる, 取り替えられる〈*for* ..と〉. ～ value 交換価値.
exchánge contròl 名 Ⓤ 為替管理.
exchánge màrket 名 Ⓒ 為替市場.
exchánge ràte 名 〈the ～〉外国為替相場. at the ～ of ¥110 to the dollar 1ドル対110円の為替相場で.
†**exchánge rate mèchanism** 名 **1** Ⓤ (2国間の)為替レート機構. **2** 〈the E- R- M-〉＝European Exchange Rate Mechanism.
exchánge stùdent 名 Ⓒ (国家間の)交換学生.
ex·cheq·uer /ékstʃekər, ikstʃék-|ikstʃékə/ 名 **1** aU 国庫, 公庫. **2** Ⓤ 〈the E-; 単複両扱い〉〖英〗大蔵省. **3** aU 〖戯〗(個人, 団体などの)資力, 'ふところ'.
ex·ci·mer /éksəmər/ 名 Ⓤ 〖物理〗エキシマー, 励起二量体. 「《高出力のレーザーの1つ》.
éxcimer làser 名 Ⓒ 〖物理〗エキシマー・レーザー 「《高出力のレーザーの1つ》.
‡**ex·cise**¹ /éksaiz/ 名 UC **1** 国内消費税, 物品税, (→custom 4). the ～ *on* gasoline [liquor] ガソリン[酒]税. **2** (娯楽業などに対する)免許税. **3**〖英史〗〈the E-〉間接税務局《今は the Board of Customs and Excise と言う》. [＜ラテン語 (＜ad-＋*census*「税」)]
ex·cise² /iksáiz, ek-/ 動 他 〖章〗〔語句など〕を削除する; 〔病巣, 臓器など〕を切除する, 〈*from* ..から〉. [＜ラテン語「切り取る」]
éxcise·màn 名 (複 **-men** /mən/) Ⓒ 〖英史〗物品税収税吏.
éxcise tàx 名 UC ＝excise¹ 1.
ex·ci·sion /eksíʒ(ə)n/ 名 〖章〗Ⓤ 削除; 切除; Ⓒ 削除[切除]したもの.
ex·cìt·a·bíl·i·ty 名 Ⓤ 激しやすい性質, 怒りっぽさ.
†**ex·cít·a·ble** 形 興奮しやすい; 情緒不安定の; 怒りっぽい; 刺激に敏感な.
ex·ci·ta·tion /èksaitéiʃən|-si-/ 名 Ⓤ **1**〖章〗刺激(されること), 興奮. **2**〖物理〗励起.
‡**ex·cite** /iksáit/ 動 (～s /-ts/|過 過分 **-cit·ed** /-əd/|**-cit·ing**) 他
【刺激する】 **1** (**a**) を興奮させる. The last five minutes of the match ～*d* all the spectators. 試合の最後の5分間に観客はみな興奮した. Don't ～ yourself! 落ち着け. (**b**) VOA (～ X *to*..) X を刺激して..の状態にする; VOC (～ X *to do*) X を刺激して..するようにさせる. ～ a person *to* anger [*to* get angry] 人を怒らせる.
2 〔感情など〕を**起こさせる**; 〔想像力など〕をかき立てる; 〈*in*, *among* ..の〉. Her hat ～*d* envy *in* her friends. 彼女の帽子は友人たちをうらやましがらせた. ～ interest *among* scientists 科学者たちの興味をそそる.
3〖章〗(**a**) 〔反乱など〕を扇動する, 引き起こす; 〔うわさなど〕をあおる. The prince's divorce problem was exciting more comment. 皇太子の離婚問題はさらに物議をかもしていた. (**b**) VOA (～ X *to*..) X をそそのかして..の状態にする; VOC (～ X *to do*) X をそそのかして..するようにさせる. ～ citizens *to* resistance against [*to* resist] the oppression 市民を扇動して弾圧に抵抗させる.
4 を性的に興奮させる, に性欲を起こさせる. **5**〖生理〗〔身体の器官など〕を刺激する (stimulate). **6**〖物理〗〔原子など〕を励起する, 高エネルギー状態にする;〖電〗〔発電機など〕を励磁する, に電流を通して磁場を発生させる.
[＜ラテン語「刺激する」(＜ex-¹＋*ciēre* 'call')]
***ex·cit·ed** /iksáitəd/ 形 m 〔人が〕**興奮した**, わくわくした, やっきになった, 〈*at*, *about*, *over* ..に〉; 性的に興奮した[刺激された]; (→exciting). an ～ mob 興奮した群衆. wildly ～ 激しく興奮して. All the country was ～ *at* [*over*] the news of victory. 勝利のニュースに国中が沸きかえっていた. The new film is nothing to get ～ *about*.〖話〗その新作映画はたいした[興奮を招くほどの]ものではない. ▷ **～·ly** 副 興奮して, やっきになって.
‡**ex·cite·ment** /iksáitmənt/ 名 (複 **～s** /-ts/) **1** Ⓤ **興奮**(状態), (心の)動揺; 熱中. cause great ～ in many quarters 多方面に大きな興奮を引き起こす. cry *in* ～ 興奮して叫ぶ. She was speechless *with* ～. 彼女は興奮して口がきけなかった.

> 連結 intense [frantic; confused] ～ ‖ arouse [create, produce; lack] ～ ‖ ～ grows [builds (up), mounts; prevails; dies down]

2 Ⓒ 刺激(物); 興奮させるもの[事件]. lead a life without ～*s* 刺激のない生活を送る.
ex·cít·er 名 Ⓒ **1** 刺激する人[もの]; 刺激剤. **2**〖電気〗励磁機.
‡**ex·cit·ing** /iksáitiŋ/ 形 m **興奮させる**(ような); 刺激的な; スリルのある, わくわくさせる; 熱中させるような; (→excited). an ～ story of adventure スリルのある冒険談. an ～ game 手に汗を握る試合. ▷ **～·ly** 副
excl. exclamation; excluding; exclusive.
‡**ex·claim** /ikskléim/ 動 (～s /-z/|過 過分 **～ed** /-d/|**～·ing**) 自 **突然叫ぶ**[言い出す] 〈*in*, *with*..〔驚き, 苦痛など〕で〉; 叫ぶ〈*at* ..を見て[聞いて]/*over* ..について〉; (類語 形式ばった語で, 必ずしも cry のような大声でなくてもよい). ～ *in* [*with*] delight 喜びで叫ぶ. ～ *at* the beautiful scene その美しい光景に感嘆の声をあげる. ～ against the government's corruptions 政府の腐敗を声を大にして非難する.
── 他 の叫びをあげる; VO (～ *that* 節/*wh* 節/"引用") ..だと/何と..なことかと/「..」と叫ぶ. He ～*ed* his horror at the news. 彼はそれを知らされて恐怖の叫びをあげた. Tom ～*ed that* he had won.「勝った」とトムは叫んだ. "Help (me)!" ～*ed* the boy.「助けて」と少年は叫んだ. My daughter ～*ed how* handsome he was. 娘は彼は何とハンサムなんでしょうと感嘆の声をあげた.
◇名 exclamation 形 exclamatory [＜ラテン語「大声で叫ぶ」(＜ex-¹＋*clamāre* 'shout')]
***ex·cla·ma·tion** /èkskləméiʃ(ə)n/ 名 (複 **～s** /-z/) **1** Ⓤ (驚き, 賞賛, 怒りなどで)叫ぶこと, **感嘆**; Ⓒ **叫び**, 感嘆の言葉. give an ～ of surprise 驚きの声をあげる.

2 Ⓒ 〖文法〗感嘆文; 感嘆詞, 間投詞; 感嘆符《!》.

exclamátion màrk 图 Ⓒ 感嘆符《!》.

exclamátion pòint 图 Ⓒ 〖米〗 =exclamation mark.

ex·clam·a·to·ry /iksklǽmətɔ̀:ri|-t(ə)ri/ 形 (よく)大声で叫ぶ[言う]; 感嘆の. 「(→sentence 文法).

exclàmatory séntence 图 Ⓒ 〖文法〗感嘆文↑

ex·clave /ékskleiv/ 图 Ⓒ 飛び地, 包領, 《主権国からみて他国の中に包まれている領土; →enclave》. [<*ex*-[1] +en*clave*]

***ex·clude** /iksklú:d/ 動 (~s /-dz/|過 過分 **-clud·ed** /-əd/|**-clud·ing**) 他 **1** を締め出す, 入れない; 〔光, 音など〕を遮断する; 〈*from* ..から, に〉(類語 まだ入っていないものが入るのを拒むこと; →eliminate). Reporters were ~*d from* the conference. 報道陣はその会議から締め出された. Shutters ~ sound. シャッターは音を遮断する.

2 (**a**) を除外する 〈*from* .. 〔特権など〕から〉; 〔可能性など〕を考慮に入れない 〈*as* ..としての〉; 〔疑いなど〕の余地を与えない. The rules of the club ~ women *from* ⌞membership [being regular members]. そのクラブの規則は女性⌞の会員権[が正会員になること]を認めない. First we can ~ the possibility of cancer. まず第一に癌(がん)の可能性は除外できる. The police have ~*d* drunker driving *as* the cause of the accident. 警察はその事故原因として酔っ払い運転の可能性はないとした. (**b**) を含まない, 除く. The price ~*s* tax. 価格は税金を含んでいない. The supermarket is open every day, the third Tuesdays ~*d*. そのスーパーは第3火曜日以外は毎日営業している.

3 を仲間に入れない, 疎外する. Many aged people feel ~*d*. 老人の多くが疎外感を味わっている.

4 を追い出す, 除名する; を省く. He was ~*d from* the club for improper behavior. 彼は不品行でクラブから除名された. ◇↔include 图 exclusion 形 exclusive [<ラテン語「閉め出す」(<ex-[1] +*claudere* 'close[1]')]

***ex·clud·ing** /iksklú:diŋ/ 前 **..を除いて**. The book has 500 pages *excluding* the appendix. その本は付録を除いて500ページある.

***ex·clu·sion** /iksklú:ʒ(ə)n/ 图 Ⓤ **1** 締め出す[される]こと, **除外**; 追放, 排除; 削除. ~ of the handicapped from certain jobs ある職種から身障者を締め出すこと.

2 Ⓒ 除外[排除]された人[もの]. There are several ~*s* from the guest list. 来賓名簿から何人か除外されている. ◇↔inclusion 動 exclude 形 exclusive

to the exclúsion of .. ..を除外するように; ..を排除して(しまうほど). Mary is keen on music *to the* ~ *of* all else. メリーは他のものが一切眼中にないほど音楽に夢中だ. 「排他的な, 除外する.

ex·clu·sion·ar·y /iksklú:ʒənèri|-(ə)ri/ 形 〖章〗↑

ex·clú·sion·ist 形 〔政策などが〕排他的な, 排除主義の. ── 图 Ⓒ 排他主義の人.

exclúsion zòne 图 Ⓒ (保安上の)立入り禁止区域.

***ex·clu·sive** /iksklú:siv/ 形 m

【他を除外する】 **1** (**a**) 〔団体, 組織などが〕**排他的な**, 閉鎖的な. Ann is ~ in her choice of friends. アンは友人をえり好みする 《特に下の階級との交友を嫌う》. a village ~ against foreigners よそ者を閉め出す村. an ~ school (一般の子弟を入れない)上流校. an ~ club 会員制の高級クラブ. (**b**) お高くとまった, つんとした.

2 (**a**) 計算に入れない. The hotel rate is usually ~ *of* meals. ホテルの料金には普通食事は含まれない. (**b**) 〈副詞的〉(数などの最初と最後を)除いて. *from* 20 *to* 31 ~ 20から31まで, ただし両端は除いて.

3 矛盾する, 相容れない. The two ideas are mutually ~. その2つの考えは互いに相容れない.

【他にはない】 **4** 〔品物などが〕よそでは見られない, 高級な; 高級品を扱う〔商店など〕; 高価な. an ~ restaurant 高級レストラン.

5 独占的な, 専有的な〈*to* ..に〉; 〔新聞記事が〕特種の, スクープの. ~ rights 独占権, 専売権. enjoy the ~ use of a car 車を1台専用にしている. an ~ agent 独占[一手販売]代理店. The extraordinary interview with Princess Diana in November 1995 was ~ *to* the BBC. 1995年11月に行われたダイアナ妃の特別インタヴューはBBCの独占だった.

6 唯一の; 専一の. his ~ devotion to study 彼の研究への専念. Money seems to be his ~ interest. 金銭だけが彼の関心事のようだ.

◇↔inclusive 图 exclusion 動 exclude

exclúsive of .. 〈前置詞的〉 ..を除いて, 入れないで, (→2 (a)). *Exclusive of* a few minor errors, the paper was perfect. 2,3の小さな誤りを除けばその答案は完全だった.

── 图 Ⓒ **1** (新聞・雑誌の)独占記事.

2 (特定商店などの)専売商品.

▷ **ex·clu·siv·i·ty** /èksklu:sívəti/, **~·ness** 图 Ⓤ 除外; 排他(性); 独占; 高級さ.

†**ex·clú·sive·ly** 副 〔..に〕限って, もっぱら; 排他的に; 独占的に. I shop at supermarkets ~. 私はもっぱらスーパーで買い物をする.

ex·cog·i·tate /ekskɑ́dʒətèit|-kɔ́dʒ-/ 動 他 〖章〗〔計画, 構想など〕を考え出す, 案出する.

ex·còg·i·tá·tion 图 Ⓤ 〖章〗(計画などの)案出.

ex·com·mu·ni·cate /èkskəmjú:nəkèit/ 動 他 〖カトリック〗を破門する. ▷ **-ca·tor** 图 Ⓒ 破門(宣告)する人.

èx·com·mù·ni·cá·tion 图 〖カトリック〗 Ⓤ 破門; Ⓒ 破門宣告(書).

èx·cón /ekskɑ́n|-kɔ́n/ 图 Ⓒ 〖俗〗前科者 [*ex*-[1] + *con*vict]

ex·co·ri·ate /ekskɔ́:rièit/ 動 他 〖章〗 **1** の皮膚をすりむく; 〔皮膚〕をすりむく. **2** を激しく非難する; 〔本, 演技など〕を酷評する. ~ a person *for* his mistakes 犯した誤りのため人を痛罵(ば)する.

▷ **ex·cò·ri·á·tion** 图 Ⓒ すり傷; Ⓤ 酷評.

ex·cre·ment /ékskrəmənt/ 图 Ⓤ 〖章〗排泄(せつ)物, 〈特に〉大便, (feces). ▷ **èx·cre·mén·tal** 形

ex·cres·cence /ikskrés(ə)ns/ 图 Ⓒ 〖章〗(動植物, 人体の)異常なできもの《こぶ, いぼなど》; (建物などへの)醜い付け足し.

ex·cres·cent /ikskrés(ə)nt/ 形 〖章〗〔こぶ, いぼなどが〕異常に⌞ふくれ上がった[変形した].

ex·cre·ta /ikskrí:tə/ 图 〖章〗〈複数扱い〉排泄(せつ)物, 分泌物, 《尿, 汗, 大便など》.

‡**ex·crete** /ikskrí:t/ 動 他 〖章〗を排泄(せつ)[分泌]する. ── 自 排泄する. [<ラテン語「ふるい分ける」]

ex·cré·tion 图 〖章〗 Ⓤ 排泄(せつ)(作用); ⓊⒸ 〈普通 ~s〉排泄物, 分泌物.

ex·cre·to·ry /ékskrətɔ̀:ri|ekskrí:t(ə)ri/ 形 排泄(せつ)する; 排泄の. an ~ organ 排泄器官.

‡**ex·cru·ci·at·ing** /ikskrú:ʃièitiŋ/ 形 (肉体的・精神的に)ひどく苦しい, 耐えがたい; 〖話〗やりきれない, 何とも言いようのない(ほどまずい), 〔駄じゃれ, 演技など〕. ~ pain 耐えがたい苦痛. an ~ bore うんざりするほど退屈な人[もの].

[<ラテン語「拷問する」(<ex-[1] +*cruciāre* 'crucify')]

▷ **~·ly** 副 たまらないほど, ひどく. ~*ly* funny 〖話〗腹の皮が痛くなるほどおかしい.

ex·cul·pate /ékskʌlpèit/ 動 他 〖章〗〔人〕の無罪を弁明[証明]する; 〔人〕の疑いを晴らす 〈*from* .. 〔罪など〕から〉. ~ oneself 身のあかしを立てる.

èx·cul·pá·tion 图 Ⓤ 無罪の証明.

†**ex·cur·sion** /ikskə́:rʒ(ə)n|-ʃ(ə)n/ 图 Ⓒ **1** 遠足; (特定の目的でする)小旅行; 観光旅行; 割引周遊旅行;

E

(類語 特に団体による小旅行; →travel). a business ～ 商用旅行. make a day ～ 日帰り旅行をする. That family went *on* [*for*] an ～ into the country. その家族は田舎の旅に出かけた. a family ～ to the theater 一家で芝居見物に出かけること. **2** 脱線, 脇道へそれること. The speaker made a needless ～ into politics. 講演者は政治の話に不必要な脱線をした. **3**〖章〗新しい試み, 挑戦, 〈*into* ..への〉. His ～ *into* writing TV dramas was a success. 彼のテレビドラマを書く新しい試みは成功だった. [＜ラテン語「走り出ること」(＜ex-¹＋*currere* 'run')]

ex·cúr·sion·ist 名 Ⓒ 遠足する人; 観光客; 周遊旅行者.

excúrsion tìcket 名 Ⓒ (割引)周遊券.

excúrsion tràin 名 Ⓒ 遊覧列車.

ex·cur·sive /ikskə́ːrsiv/ 形 本題からそれた; 散漫な.

ex·cur·sus /ekskə́ːrsəs/ 名 (複 ～·es, ～) Ⓒ〖章〗**1** (書物の巻末の)付記, 補説. **2** 余談.

ex·cús·a·ble 形〔行為などが〕申し訳のたつ; 許せる; (↔inexcusable). an ～ delay 無理もない遅刻.

ex·cús·a·bly 副 申し訳のたつように; 〔..は〕許せる, 無理もない. Bill was ～ late. ビルが遅れたのは許せる.

‡**ex·cuse** /ikskjúːz/ 動 (-cus·es /-əz/|過 過分 ～d /-d/|-cus·ing) 他【許す】 **1** を勘弁する, 大目にみる; VO (～ X's *doing*)・VOA (～ X *for doing*) X(人)が..するのを許す; 〔人〕に許す〈*for* ..を〉; (類語 forgive に比べて小さな過失を見逃すこと; →pardon). I ～*d* his mistake. ＝I ～*d* him *for* his mistake. 私は彼の誤りをとがめなかった. *Excuse* my [me *for*] interrupt*ing* you. (仕事[話し]中の人に向かって)おじゃまします. She can be ～*d for* regard*ing* Ben as eccentric. 彼女がベンを変人と思ったのも無理はない《＜..したのは許せる》.

2 (**a**)〔義務, 処罰など〕を免除する; 〔人〕に中座[退室など]を許す; 〈普通, 受け身で〉. an ～*d* absence (届け出などで)断ってある欠席. We will ～ your attendance. 君は出席しなくてよい. (**b**) VOO (～ X Y)・VOA (～ X *from* Y) X に Y(義務など)を免ずる. We will ～ you (*from*) attendance. ＝We will ～ your attendance (→(a)). Can I be ～*d* (*from*) today's lesson? 今日の勉強は勘弁していただけますか. ～ an acquaintance (*from* paying) the fee 知り合いは料金を払わなくてもよいことにする.

3【許す理由になる】〔物事が〕の言い訳になる, を正当化する, 〈普通, 疑問文・否定文で〉. Nothing can ～ her rudeness. 彼女の無作法は弁解の余地なしだ《＜何事も彼女の無作法の言い訳にはならない》.

be excúsed (1)〈多く婉曲的〉席をはずす, 失礼する. May [Can, Could] I *be* ～*d*? 中座して[席を離れて]いいですか《特に, (子供が)トイレに立つ[食卓を離れる]時の表現》. (2)〈You're excused. で〉いいですよ, 構いませんよ, 《May I be ～*d*? や *Excuse* me. などに対する返答》; もう(出て)行きなさい《叱責などした後で言う》. Judge Blake said, "You're ～*d*." ブレーク判事は「下がってよろしい」と言った.

****Excúse me*** 参考 特に〖話〗では, 'Scuse me. /skjúːz mi/ や *Excuse*, please. となることがある. (1) 失礼します, ごめんなさい, 《中座したり, 道を開けてもらう時などの儀礼的な言葉; 2 人以上が失礼する時は *Excuse* us. を用いる; 返答は Sure(ly). など》. (2)〖主に米〗失礼しました, ごめんなさい, 《小さな非礼をわびる言葉で Pardon me. よりくだけた言い方; (I'm) sorry. と言うこともある; 返答は That's all right. や *Excuse mé*. など》. (3)〖米〗〈上昇調で発音する〉何と言われました (＝Pardon (me);〖英〗Sorry); 何だって《聞き捨てならぬことなどに対して》. (4)〈but などを続けて〉失礼[です(が..)], 申し訳ありません(が..), 〈見知らぬ人に話しかけたり, 相手の言葉をさえぎる場合など〉. *Excuse me*, (but) would you tell me the way to the park? すみませんが公園へはどう行けばよろしいですか. "If you'll ～ me," she said, and left the room. 「ちょっと失礼します」と言って彼女は部屋を出た.

***Exùse me* ⌊*àll too héll* [*for líving*]!** 〈多く皮肉で〉悪かったね, ご迷惑様でした.

****excúse onesèlf*** (1) 言い訳する, 弁解する; わびる; 〈*for* (*doing*) ..(したこと)を〉. I ～*d* my*self for* arriv*ing* so late. 着くのが大変遅れたことの弁解をした. (2)「失礼します」と言って席を立つ; 「失礼しました」と言ってあやまる. He sneezed and ～*d* him*self*. 彼はくしゃみをして「失礼」と言った. I ～*d* my*self* hastily and went to the bedroom to lie down. 私は急いで失礼して横になるために寝室へ行った. (3) 免除してもらう〈*from* ..を〉, 断る. I ～*d* my*self from* the meeting. 私は会合を欠席させてもらった.

―― /ikskjúːs/ 名 (複 -cus·es /-əz/) UC **1** 言い訳, 弁解〈*for* ..の; *that* 節..という〉; 〈～s〉(しばしば第 3 者を介しての)わび; (類語 自分の非を知りながら, それを正当化又は軽くするために持ち出す理由; →apology). I have nothing to say in ～. 申し訳の言葉もありません. There is no ～ *for* his selfishness. 彼のわがままは弁解の余地なしだ. Please make [give] my ～*s* to Anne, and tell her I am sorry to miss her tea party. アンにおわびして, 残念ながらお茶の会に出られませんと申し上げてください.

2 (許しを請う)理由, 弁明の根拠; 口実 (pretext). That is a mere ～ *for* ⌊idleness [be*ing* idle]. それは怠ける口実にすぎない. Does he have any ～ *to* stay away from school? 彼には学校を欠席してよいという理由があるのか. **3**〖米〗＝sick note.

> 連結 a good [an adequate; a reasonable; a plausible; a feeble, a flimsy, a lame; a silly] ～ // offer [invent, make up] an ～

a pòor* [*bàd*, *etc.*] *excúse for .. ..のまずい言い訳; 〖話〗..の申し訳程度のもの. She is *a poor* ～ *for* a singer. 彼女は歌手と言ってもお粗末なものだ.

in excúse of .. ..の弁解として, 言い訳に. He offered no explanation *in* ～ *of* his absence. 彼は欠席の言い訳に何の説明もしなかった.

without excúse〖章〗理由なしに, 断りなしに.

[＜ラテン語「告発から解放する」(＜ex-¹＋*causa*「訴訟, 告発」)]

ex-di·rec·to·ry /èksdərékt(ə)ri, -dai-/ 形〖英〗〔電話番号が〕電話帳に載っていない (〖米〗unlisted). go ～ (自分の)電話番号を電話帳⌊に載せない[から削除してもらう].

ex div. ex dividend.

èx dívidend /èks-/ 形, 副〖株式〗配当落ちの[で]《略 ex div., x.d.; ↔cum dividend》.

ex·ec /igzék/ 名 Ⓒ〖話〗＝executive.

exec. executive; executor.

ex·e·cra·ble /éksəkrəb(ə)l/ 形 **1**〔犯罪などが〕忌まわしい, 憎むべき. **2** 実にひどい (very bad). her ～ taste 彼女のひどく悪い趣味. ～ weather ひどい天候.
▷**-bly** 副

ex·e·crate /éksəkrèit/ 動 他〖章〗**1** を忌み嫌う, 憎悪する. **2** がひどくいやだと言う[思う], をのろう. [＜ラテン語「のろう」]

èx·e·crá·tion 名 **1** Ⓤ 忌み嫌うこと, 憎悪; ののしること. **2** Ⓒ のろいの言葉, 悪口. **3** Ⓒ 忌まわしい物事, 憎むべき人.

ex·ec·u·tant /igzékjətənt/〖章〗形, 名 Ⓒ 実行者(の), 執行者(の); 〈特に〉演奏者(の), 演奏家(の).

***ex·e·cute** /éksəkjùːt/ 動 (～s /-ts/|過 過分 -cut·ed /-əd/|-cut·ing) 他
1〖章〗〔計画, 命令など〕を実行する; 〔職務, 約束など〕を果たす; (類語 要求[計画]どおりに忠実に実行すること; →perform). ～ a plan thoroughly 計画を完全に実行する. ～ an order promptly 注文にすみやかに応じる.

2 の死刑を執行する, を処刑する.
3 〖法〗〔法律, 判決, 遺言状など〕を実施する, 執行する.
4 〖章〗(設計, 構想などに従って)〔絵画, 彫刻など〕を制作する; 〔劇, 役割〕を演じる; 〔楽曲〕を演奏する; 〔ダンスのステップ〕を踏む. ~ a piano concerto ピアノ協奏曲を演奏する. 5 〖法〗〔証書など〕を法的に完備する.
6 〖電算〗〔プログラムの指示〕を実行する.
[＜ラテン語「追求する」(＜ex-[1]＋*sequī* 'follow')]

†ex·e·cu·tion /èksəkjúːʃ(ə)n/ 图 **1** Ⓤ 〖章〗(計画, 命令などの)実行, 遂行; (約束などの)履行. the ~ of a plan 計画の実行. **2** ⓊⒸ 死刑執行, 処刑. a place of ~ 処刑場. **3** Ⓤ (法律, 判決などの)実施, 執行; 〈特に〉強制執行, 差押え. **4** Ⓤ 〖章〗(絵画, 彫刻などの)制作; 演技; 演奏(ぶり); 出来栄え. His ~ of the piano solo was marvelous. 彼のピアノ独奏の出来はすばらしかった. **5** Ⓤ 〖法〗(証書などの正式な)作成. **6** Ⓤ (武器などの)破壊的な威力, 効果. One atomic bomb did great ~. 1発の原子爆弾が大きな威力を発揮した. **7** Ⓤ 〖電算〗(プログラム指示の)実行. an ~ error 実行時エラー. ◇動 execute

èx·e·cú·tion·er 图 Ⓒ 死刑執行人.

†ex·ec·u·tive /igzékjətiv/ 形 〈限定〉 **1** 実行(上)の; 執行力のある; 経営の. a man of ~ talent 実務の才のある人. an ~ position in the company 会社の役員[管理]職. the ~ body of a political party 政党の執行部. **2** 行政(上)の; 〖米〗大統領の; (→图 2). the ~ branch of the government 政府の行政部門; 〈the E-〉〖米〗大統領府.

—— 图 Ⓒ **1 (a)** 〈単数形で複数扱いもある〉 経営者[陣]; (組合, 政党などの)執行部. **(b)** (企業, 団体の)重役, 役員, 管理職(者); (労働組合などの)幹部. He is our chief ~. 彼が我々の社長です. **2** 行政官; 〈the ~〉 行政部 《三権分立制下で the legislature, the judiciary と並ぶ》. →chief executive. **3** 〈形容詞的〉〖話〗管理職[高級社員]向きの[用の] 《高級な品物などについて言う》. an ~ car 高級社員向き(の豪華な)自動車. an ~ house 豪邸. an ~ jet 個人用ジェット機. an ~ suite 管理職用執務室 《続きの間付き》.

exécutive clàss 图 ＝business class.

exècutive diréctor 图 Ⓒ 常務取締役 (普通, 会社の一部門を担当し, finance [marketing, production] director などと呼ばれる; 特定の担当部門を持たない顧問的な場合 *nonexecutive* director と言う).

Exècutive Mánsion 图 〈the ~〉〖米〗大統領官邸 (the White House); 州知事官邸.

exécutive òfficer 图 Ⓒ 副隊長, 副官.

exècutive órder 图 〈しばしば E- O-〉 Ⓒ 〖米〗(大統領の)行政命令.

exècutive prívilege 图 ⓊⒸ 〖米〗(守秘事項に関する)大統領特権 《限界があると最高裁で判定された》.

exècutive séssion 图 Ⓒ 〖米〗(上院などの)機密会議.

‡ex·ec·u·tor /igzékjətər, 〖米〗1ではまた éksəkjùːtər/ 图 Ⓒ **1** 遂行者, 執行者. **2** 〖法〗指定遺言執行人.

ex·ec·u·trix /igzékjətriks/ 图 (複 **ex·ec·u·tri·ces** /igzèkjətráisiːz/, **~·es**) Ⓒ 〖法〗女子指定遺言執行人.

ex·e·ge·sis /èksədʒíːsəs/ 图 (複 **ex·e·ge·ses** /-siːz/) ⓊⒸ 評釈, 解釈; (聖書の)釈義(学).

ex·em·plar /igzémplɑːr, -plər|-plə/ 图 Ⓒ **1** 模範, 手本. **2** 原型; 典型(的な例).

‡ex·em·pla·ry /igzémpləri/ 形 **1** 模範的な, 立派な. an ~ record at school 立派な学業成績. **2** 〈限定〉見せしめの. an ~ punishment 見せしめのための処罰.

ex·em·pli·fi·ca·tion /igzèmpləfəkéiʃ(ə)n/ 图 Ⓤ 例証[例示]すること; Ⓒ 実例(になるもの); 適例.

‡ex·em·pli·fy /igzémpləfài/ 動 (**-fies**|過 過分 **-fied**|**~·ing**) 他 〖章〗 **1** を例で示す; を例証する. Byron's passion is best *exemplified* in this poem. バイロンの熱情はもっともよくこの詩に例証されている. **2** のよい例になる. The story well *exemplifies* the writer's style. その物語には作者の文体が典型的に表れている.

†ex·empt /igzém(p)t/ 動 他 に免除する 〈*from* ..〔義務など〕を〉; に免れさせる 〈*from* ..〔危険, 非難など〕を〉. ~ the poor *from* taxes 貧困者に税金を免除する.

—— 形 〈叙述〉 免除された; 免れた; 〈*from* ..を〉. Cultural assets are ~ *from* real estate taxes. 文化財は固定資産税免除である. [＜ラテン語「取り出す」]

ex·emp·tion /igzém(p)ʃ(ə)n/ 图 ⓊⒸ 免除する[される]こと; 〈特に〉 所得税の課税控除(対象項目). ~ *from* military service 兵役免除.

‡ex·er·cise /éksərsàiz/ 图 (複 **-cis·es** /-əz/)

【働かせること】 **1 (a)** Ⓤ (体の)**運動**. Running is good ~. 走るのはよい運動です. want of ~ 運動不足. I was advised to do [take] more ~. もっと運動をした方がいいと言われた. "You are slightly overweight. Do you get any ~?" the doctor asked. 「少し太りすぎです. 何か運動してますか」と医者は聞いた. **(b)** Ⓒ 体操. gymnastic ~*s* 体操, 体育.

> 連結 regular [exhausting, grueling, hard, heavy, strenuous, vigorous; gentle; healthy] ~ // engage in [go in for] ~

2 Ⓤ **働かせること** 〈*of* ..〔精神, 能力など〕を〉; 行使, 使用, 〈*of* ..〔権利など〕の〉. the ~ *of* judgment 判断力の発揮. by the ~ *of* one's skill 自分の技量を働かせて. the ~ *of* presidential power 大統領の職権行使.

3 Ⓒ **練習**; 練習問題; **訓練**; 〖軍〗〈しばしば ~s〉 演習; (類語 現在の技量などをさらに強化, 発達させるための規則的練習; →practice). do ~*s in* French フランス語の練習問題をやる. an ~ of memory 記憶力の訓練.

4 Ⓒ 〈単数形で〉 活動, 行為, 〈*in* ..の(結果になる)〉. Zen meditation is an ~ *in* self-control. 座禅は自制心を養う行為だ. His attempt to rescue the boy has been ⌞a futile ~ [an ~ *in* futility]. その少年を救助しようとした彼の試みは無駄な行為に終わった.

【修練】 **5** Ⓒ 礼拝, 勤行. **6** Ⓒ 〖米〗〈普通 ~s〉 式, 儀式. graduation ~*s* 卒業式.

—— 動 (**-cis·es** /-əz/|過 過分 **~d** /-d/|**-cis·ing**) 他

【働かせる】 **1** 〔手足など〕を**動かす**, 働かせる; 〔犬など〕を運動させる. ~ one's leg muscles to restore their function 機能回復のために脚の筋肉を動かす.

2 を**訓練する**; を練習させる. ~ sailors 海員[水兵]を訓練する. ~ oneself *in* riding 乗馬の練習をする.

3 〖章〗〔意志, 注意力など〕を**働かせる**, 発揮する; 〔権力など〕を行使する; 〔影響など〕を及ぼす. ~ will power and stop smoking 意志の力でたばこをやめる. ~ one's rights as a citizen 市民としての権利を行使する. Buddhism has ~*d* a great influence *on* the Japanese people. 仏教は日本人に大きな影響を与えてきた.

> 連結 ~ control [care, prudence; restraint; tolerance, patience; authority]

4 【精神を働かせる】〖章〗 を悩ます, 煩わせる, 〈*about*, *by*, *over* ..のことで〉〈しばしば受け身で〉. This problem has long ~*d* our minds. この問題は長いこと我々の頭を悩ませてきた. ~ oneself *over* the labor disputes 労働争議で悩む. be much ~*d about* one's health ひどく健康を気にする.

—— 自 **練習をする**; 運動[体操]をする. How many hours a day do you ~? 一日に何時間練習しますか.

[＜ラテン語「閉じ込めた囲いから外に出す＞働かせる」(＜ex-[1]＋*arcēre*「囲い込む」)]

E

éxercise bìke 名 C 〈屋内設置式〉トレーニング用自転車.
éxercise bòok 名 C 練習帳.
ex·er·cy·cle /éksərsàikl/ 名 C エクササイクル《足で踏むだけの室内運動用具; <商標》. [<*exercise*+*bicycle*]
†**ex·ert** /igzə́:rt/ 動 他 〔力, 技能など〕を発揮する, 働かせる; 〔影響など〕を及ぼす 〈*on*, *upon* ..に〉. ~ efforts to help a person 力を尽くして人に協力する. ~ strong pressure *on* a committee 委員会に強い圧力をかける.
exért onesèlf 努力する 〈*to* do ..するために〉. The student ~*ed* him*self to* get good grades. 学生はいい成績を得るために努力した. [<ラテン語「押し出す」(<ex-[1]+*serere* 'join')]
†**ex·ér·tion** 名 **1** UC (心身の)激しい活動; 努力; (類語 effort より骨の折れる努力). be out of breath from ~ 激しく動いて息が切れる. make one's best ~*s* 全力を尽くす. **2** U 発揮, 行使, 〈*of* ..〔力, 技能など〕の〉. ~ *of* authority 権力の行使. by the ~ *of* one's will 意志の力を働かせて.
Ex·e·ter /éksətər/ 名 エクセター《イングランド南西部 Devon 州の州都》.
ex·e·unt /éksiənt, -ʌnt/ 動 自 【劇】〔2 人以上が〕退場する《脚本のト書きで; ↔enter; →exit[2]》. *Exeunt* Anthony and Cleopatra アントニーとクレオパトラ退場. [ラテン語 '(they) go out']
ex gra·ti·a /èks-gréiʃiə/ 〔支払いなどが〕道義的な《法的に強制されない》. [ラテン語 'out of kindness']
ex·ha·la·tion /èks(h)əléiʃ(ə)n, ègzə-/ 名 **1** UC 息を吐くこと (↔inhalation); 発散; 蒸発. **2** C 呼気; 発散物; 蒸発気体.
‡**ex·hale** /ekshéil, egzéil/ 動 他 〔息, 煙など〕を吐き出す (↔inhale); 〔ガス, においなど〕を発散する. ~ a deep breath 深いため息をつく; 深く息を吐く. ── 自 息を吐く; 吐き出される; 発散する; 蒸発する. An unpleasant odor ~*s from* the sewage farm. 下水処理場からいやなにおいが発散する. [<ラテン語「吐き出す」(<ex-[1]+*hālāre* 'breathe')]
*__ex·haust__ /igzɔ́:st/ 動 (~s /-ts/|過 過分 ~ed /-əd/|~·ing) 他
【使い切る】 **1** 〔体力など〕を**疲れ切らす**, 消耗する; 〔国力など〕を疲弊させる; (類語「疲れさせる」の意味で最も強い語, 体力を完全に消耗して動けなくすること; →tire). be ~*ed* from sawing wood のこぎりで木をひいてへとへとになる. The marathon runner tried not to ~ himself. マラソン走者は体力を消耗しないよう努めた.
2 〔資源など〕を**使い尽くす**, 枯渇させる; 〔土地〕を不毛にする; 〈しばしば受け身で〉. Our supply of food is ~*ed*. 我々の糧食は底をついた. The child ~*ed* its mother's patience. その子には母親の忍耐も尽きてしまった.
【何も残さない】 **3** 〔容器など〕から抜く, からにする, 〈*of* ..を〉; 〔ガスなど〕を抜く 〈*from* ..から〉. ~ a tube *of* air =~ air *from* a tube 管から空気を抜く.
4 を研究し[論じ]尽くす; を全部挙げる. The book raises a lot of questions but does not ~ them. その本は多くの問題を提起しているが十分に論じていない. But this does not ~ his achievements. しかしこれが彼の業績のすべてではない.
── 名 【機】 **1** U 排気ガス. car ~ 車の排気ガス. **2** C =exhaust pipe; =exhaust system. **3** U 排気, 排出.
[<ラテン語「(水を抜いて)空(から)にする」(<ex-[1]+*haurīre* 'draw out')]
†**ex·háust·ed** /-əd/ 形 **1** 疲れ果てた[て]. an ~ climber 疲労困憊(ぱい)の登山者. look ~ 疲れ切った顔をしている. **2** 使い尽くされた; 掘り尽くされた〔炭坑など〕, 枯渇した〔井戸など〕. ~ soil (連作などで)やせた土壌. ▷ ~·ly 副
ex·háust·i·ble 形 枯渇されうる; 使い尽くしうる.
ex·háust·ing 形 心身を疲れさせる(ような). an ~ sport 消耗の激しいスポーツ.
*__ex·haus·tion__ /igzɔ́:stʃ(ə)n/ 名 U **1 激しい疲労**, 疲労困憊(こんぱい). fall down *with* [*from*] ~ 疲れ切って倒れる. **2 消耗**(する[される]こと), (資源などの)枯渇. the ~ of natural resources 自然資源の枯渇.
*__ex·haus·tive__ /igzɔ́:stiv/ 形 C **余すところのない**, 徹底的な, (thorough). make an ~ investigation 徹底的な調査を行う. ▷ ~·ly 副 余すところなく, 徹底的に. ~·ness 名
ex·háust·less 形 【古】無尽蔵の; 疲れを知らない.
exháust pìpe 名 C 【機】(車などの)排気管(【米】tail pipe).
exháust sỳstem 名 C 【機】排気装置.
*__ex·hib·it__ /igzíbət/ 動 (~s /-ts/|過 過分 ~ed /-əd/|~·ing) 他 【外部に示す】 **1** を**展示する**, 陳列する; を出品する; 〈*at*, *in* ..に〉. ~ paintings *in* a gallery 画廊に絵画を展示する.
2 【章】〔感情など〕を**表す**, 〔徴候など〕を示す, (show); を誇示する; を発揮する. ~ fear 恐怖の色を表す. ~ the signs of a cold 風邪の徴候を示す. ~ a talent [self-control] 能力[自制心]を発揮する.
3 【法】を(証拠として)提示する, 提出する. ~ a document in a court 裁判所に書類を提出する.
── 自 展覧[展示]会を催す; 展示する.
── 名 C **1** 〈単数形で複数扱いもある〉展示[陳列]品; 出品物. His ~ won the prize. 彼の出品作が受賞した. **2** 【米】 =exhibition 2. **3** 【法】証拠書類[物件].
on exhíbit =on EXHIBITION.
[<ラテン語「差し出す」(<ex-[1]+*habēre* 'have, hold')]
*__ex·hi·bi·tion__ /èksəbíʃ(ə)n/ 名 (複 ~s /-z/) **1** aU **表示**; **展示**; 公開; 提示; 発揮; 〈*of* ..の〉. an ~ *of* temper かんしゃくを破裂させること. an ~ *of* one's abilities 才能の発揮.
2 C **展覧会**, 展示会; 品評会; 公演会, 公開演技, 実演; 練習試合, オープン戦. have [hold] an ~ of van Gogh's paintings ゴッホの絵画展を開く. give an ~ of acrobatics 軽業の公演を行う. play an ~ (game) 練習試合[オープン戦]をする.
3 C 【英】奨学金《学校の基金による》.
màke an exhibítion of onesèlf 自分の恥をさらす, 物笑いになる.
on exhibítion 展示[陳列]中で[の].
èx·hi·bí·tion·er 名 C 【英】奨学生.
èx·hi·bí·tion·ìsm 名 U **1** 自己顕示癖; 奇行癖. **2** 【医】露出症.
èx·hi·bí·tion·ist 名 C **1** 自己顕示癖のある人; 奇行癖のある人. **2** 【医】露出症患者, 露出狂.
ex·hib·i·tor, ex·hib·it·er /igzíbitər/ 名 C (展覧会などへの)出品者.
†**ex·hil·a·rate** /igzílərèit/ 動 他 を陽気にする; の心を引き立てる, を元気づける; 〈普通, 受け身で〉. [<ラテン語「陽気にする」]
‡**ex·híl·a·ràt·ing** 形 【章】陽気にする(ような); 気持ちを引き立てる, うきうきさせる(ような). an ~ experience 爽(そう)快な体験. ▷ ~·ly 副
ex·hìl·a·rá·tion 名 U **1** 気持ちを引き立たせる[元気づける]こと. **2** うきうきした[爽(そう)快な]気分.
‡**ex·hort** /igzɔ́:rt/ 動 他 【章】 VOO (~ X *to* do/"引用") X に..するように勧める, 訓戒する; VO (~ "引用")「..」と勧める; VOA に勧める 〈*to* ..を〉. The doctor ~*ed* Tom *to* quit smoking[, "Quit smoking."]. 医者はトムに禁煙を[「禁煙しなさい」と]勧めた. ~ people *to* good deeds 人々に善行を行うように説き勧める. [<ラテン語「促す, 励ます」]
ex·hor·ta·tion /ègzɔ:rtéiʃ(ə)n, èksɔ:r-/ 名 UC 熱

心な勧告; 訓戒. 「する]; 奨励の.
ex·hor·ta·tive /igzɔ́ːrtətiv/ 形 熱心に勧める[説得↑
ex·hor·ta·to·ry /igzɔ́ːrtətɔ̀ːri|-tət(ə)ri/ 形 =exhortative. 「(死体などの)発掘.
ex·hu·ma·tion /èks(h)juːméiʃ(ə)n/ 名 UC 〖章〗↑
ex·hume /igz(j)úːm|ekshjúːm, igzjúːm/ 動 他 〖章〗 **1** (特に, 墓をあばいて)〔死体〕を掘り出す (unearth). **2** 〔隠れていた事実など〕を掘り起こす, あばく. [<ラテン語「土(*humus*)の中から掘り出す」]
ex·i·gence /éksədʒ(ə)ns/ 名 =exigency.
ex·i·gen·cy /éksədʒ(ə)nsi/ 名 (複 **-cies**) 〖章〗 **1** UC 緊急(事態), 危急(の状況). in this ~ この危急の場合に. **2** C 〈普通 -cies〉 差し迫った要件[必要], 急務.
ex·i·gent /éksədʒ(ə)nt/ 形 〖章〗 **1** 緊急の, 危急の. **2** 〈非難して〉 要求しすぎる 〈*of* ..を〉; しつこく要求する. [<ラテン語「要求している」]
ex·ig·u·ous /igzígjuəs/ 形 〖章〗 非常に少ない, わずかばかりの. ▷ **~·ly** 副 **~·ness** 名
***ex·ile** /égzail, éksail/ 名 (複 **~s** /-z/) **1** aU **(a)** (自国, 故郷からの)**追放**, 流刑; 異国生活; 海外放浪; 亡命. be sent [go] into ~ 追放される[の身となる]. in ~ 追放されて; 亡命して. after an ~ of twenty years 20 年間の流刑[異国生活]の後. **(b)** 〈一般に〉 追われること 〈*from* ..から〉 (→動 2). **2** C 追放された者; 異国生活者; 海外放浪者; 亡命者. a tax ~ '税金亡命者' 《所得税率の低い国に移り住む金持ち》. a political ~ 政治亡命者.
── 動 他 **1** を追放する 〈*from* ..から/*to* ..へ〉; を流刑にする. ~ oneself 他国を流浪する; 亡命する. Napoleon was ~*d to* St. Helena. ナポレオンはセントヘレナ島へ流された. **2** を追い出す, はずす, 〈*from* ..から〉. be ~*d from* the first team (野球などの) 1 軍からはずされる. [<ラテン語「追放」]
‡ex·ist /igzíst/ 動 (~s /-ts/|過 過分 ~·ed /-əd/|~·ing) 自 **1 存在する, 実在する**. Unicorns do not ~. 一角獣は実在しない.
2 生存する 《特に悪い条件のもとで》; (かろうじて)生命を維持する 〈*on* ..で〉. ~ *on* ⌊bread and water [one's pension] パンと水で命をつなぐ[年金暮らしをする]. He did not really live; he just ~*ed*. 彼は本当の意味で生きていたとは言えない, ただ命をつないでいただけだ.
3 〔事情, 状況などが〕見いだされる, 起こる, 〈*in* ..に〉 (occur). Such things ~ only *in* cities. こういう事は都会だけに起こる.
[<ラテン語「出て来る」(<ex-¹+*sistere*「立たせる」)]
‡ex·ist·ence /igzístəns/ 名 **1** U **存在**, 実在. believe in the ~ of fairies 妖(よう)精の存在を信じる. have no ~ in history 史上に存在しない. She never seems to notice my ~. 彼女は僕の存在にまるで気がつかないみたいだ.
2 U **生存** (life); aU (悪い条件のもとでの)**生活ぶり**, 暮らし. the struggle for ~ 生存競争. during my whole ~ 私の全生涯を通じて. eke out a bare ~ やっと暮らしを立てて行く. lead a hand-to-mouth ~ その日暮らしをする. His life was a mere ~. 彼の人生はただ生きたというだけだった. lead a quiet ~ 静かな生活を送る.

連結 a peaceful [a solitary; a carefree; an idle; a dull, a monotonous; a miserable, a wretched; a harsh; a frugal] ~

3 U 存在するすべてのもの, 万物.
**còme into exístence* 生まれる; 成立する. Israel *came into* ~ after World War II. イスラエルは第 2 次世界大戦の後に生まれた.
in exístence 存在して(いる); 現存の. The temple has been *in* ~ for 500 years. この寺院は 500 年前から存在している. the oldest wooden statue *in* ~ 現存する最古の木像.
out of exístence 無くなって; 無くなるように. go *out of* ~ 滅びる, 無くなる. bomb a village *out of* ~ 村を爆撃で抹殺する.
ex·ist·ent /igzístənt/ 形 〖章〗 存在している, 現存の; 現在の; 現行の, 目下の. the only ~ problem 現在ただ 1 つ存在している問題. 「る]; 実存(主義)の.
ex·is·ten·tial /ègzistén∫(ə)l ⑱/ 形 存在の[に関す↑
èx·is·tén·tial·ìsm 名 U 実存主義.
èx·is·tén·tial·ist 名 C 実存主義者. ── 形 実存主義(者)の.
***ex·íst·ing** 形 〈限定〉 **現存の**, 既存の; (特に未来に予想されるものとの対比において)現在の, 現下[目下]の, (present). the ~ government 現政府.
‡ex·it¹ /égzət, éksət/ 名 (複 **~s** /-ts/) C **1** (公共の建物などの)**出口** (way out); (高速道路の)出口. an ~ *from* a railroad station 駅の出口. an emergency ~ 非常口. **2** 〈普通, 単数形で〉 出て行くこと; 退出; 〖劇〗 (俳優の)退場; 〖雅〗 死去. make a hasty [swift] ~ そそくさと[素早く]出て行く. make one's ~ 退出する; 退場する. **3** 〈普通, 単数形で〉 〖章〗 (競技チームなどの)敗退; (政治家などの)退陣; 〈*from* ..からの〉. ◇↔entrance
── 動 自 **1** 出て行く; 退場する; 〖雅〗 この世を去る. **2** 〖電算〗 (プログラムを)終了する, 抜け出す. ── 他 **1** から出て行く, 立ち去る. **2** 〖電算〗 〔プログラムなど〕を終了する, から抜ける.
[<ラテン語「出て行くこと」(<ex-¹+*ire* 'go')]
ex·it² 動 自 〖劇〗 〔1 人が〕退場する 《脚本のト書きで; ↔enter; →exeunt》. *Exit* Macbeth. マクベス退場. 語法 3 人称・単数の名詞の前に用い exits とはしない. [ラテン語 'he [she, it] goes out']
éxit pèrmit 名 C 出国許可(証).
éxit pòll 名 C 出口調査 《投票所の出口でだれに投票したか尋ねる世論調査》.
éxit vìsa 名 C 出国ビザ
ex li·bris /èks-líːbrəs, -láib-/ 前 ..の蔵書(からの) 《個人[図書館]名の前に置く; 略 ex lib.》. ~ John Smith ジョンスミス蔵書.
── 名 (複 ~) C 蔵書票. [ラテン語 'from the library (of..)']

[ex libris]

Ex·moor /éksmùər/ 名 エクスムア 《英国南西部 Devon 州と Somerset 州とにまたがる原野・森林地帯で国立公園》.
ex·o- /éksou/ 〈複合要素〉 「外..」の意味 (↔endo-). [ギリシア語 *éxō* 'outside']
ex·o·bi·ol·o·gy /èksoubaiɑ́lədʒi|-ɔ́l-/ 名 U 地球外[宇宙]生物学.
ex·o·carp /éksoukɑːrp/ 名 =epicarp.
ex·o·cen·tric /èksouséntrik/ 形 〖言〗 外心構造の 《John is clever. の語群のように全体の機能がどの構成要素とも異なる構造; ↔endocentric》.
‡Ex·o·cet /éksouset/ 名 〖商標〗 エグゾセ 《フランス製対艦ミサイル》. [フランス語「トビウオ」]
ex·o·crine /éksəkrən, -krain/ 〖生理〗 形 外分泌の (↔endocrine). ── 名 =exocrine gland.
èxocrine glánd 名 C 〖生理〗 外分泌腺(せん).
Exod. Exodus.
ex·o·dus /éksədəs/ 名 **1** aU 〖しばしば戯〗 (一時に)大勢の人が出て行くこと, 集団移動; (移民団などの)出国. a mass ~ of people 人の大集団移動. a great summer ~ *from* the cities to the country 都会から田舎への夏季の人口大移動. **2** 〈E-〉 『出エジプト記』 《旧約聖書

中の一書》; 〈the E-〉(そこに描かれたイスラエル人の)エジプト脱出. [<ギリシア語「外へ出て行くこと」]

ex o·ffi·ci·o /èks-əfíʃiou/ 副, 形 職権により[よる]. [ラテン語 'from office']

ex·og·a·mous /eksάgəməs|-sɔ́g-/ 形 異族結婚の.

ex·og·a·my /eksάgəmi|-sɔ́g-/ 名 U 異族結婚 (↔endogamy). [exo-, -gamy]

ex·og·e·nous /eksάdʒənəs|-sɔ́dʒ-/ 形 〖生物〗外生の; 〖生化·医〗外生的な, 外因性の; (↔endogenous).

ex·on·er·ate /igzάnərèit|-zɔ́n-/ 動 他 **1** の疑いを晴らす 〈*from*, *of* ..〔罪など〕から〉; を無実であると証明[言明]する. The trial ~*d* him *from* all suspicion. 裁判で彼の容疑はすっかり晴れた. **2** を解放する 〈*from* ..〔義務, 責任など〕から〉. [<ラテン語「荷物(*onus*)を下ろす」]
▷**ex·òn·er·á·tion** 名

ex·or·bi·tance /igzɔ́:rbət(ə)ns/ 名 U (価格, 要求などの)過大さ, 法外さ.

ex·or·bi·tant /igzɔ́:rbət(ə)nt/ 形 〔価格, 要求などが〕過大な, 法外な, 途方もない. have to pay an ~ rent 法外な賃貸料を払わされる. [<ラテン語「わだち (*orbita*) から外れている」] ▷**~·ly** 副

ex·or·cise, -cize /éksɔ:rsàiz/ 動 他 **1** (祈禱(きとう)などによって)〔悪魔〕を追い払う 〈*from*, *out of* ..から〉; 〔人, 場所など〕を祓(はら)い清める 〈*of* ..〔悪霊など〕から〉. **2** 〔いやな記憶など〕を追い払う. ~ the memory of the accident その事故の記憶を一掃する. [<ギリシア語「誓いを立てて追い払う」]

ex·or·cism /éksɔ:rsìz(ə)m/ 名 U 魔よけ, 悪魔払い, 厄払い; C 魔よけの祈禱(きとう)[儀式].

éx·or·cist 名 C 魔よけを行う人, 祈禱(きとう)師.

ex·or·di·um /egzɔ́:rdiəm, eks-|eksɔ́:-/ 名 (複 **~s, -di·a**) C 〖章〗(講演, 論文などの)序論, 前置き.

ex·o·skel·e·ton /èksouskélətn/ 名 C 〖動〗(節足動物などの)外骨格 (↔endoskeleton).

ex·o·sphere /éksəsfìər/ 名 U 〖気象〗外気圏《大気の最も外側の部分; 地球から約 500-1,000km》.

ex·o·ter·ic /èksətérik ⑱/ 形 局外者にも理解できる (↔esoteric); 通俗的な. [<ギリシア語「さらに外側の」]

†**ex·ot·ic** /igzάtik|-zɔ́t-/ 形 **1** 〔動植物, 言葉などが〕外来の, 外国産の, (foreign). **2** 異国風な, エキゾティックな; 風変わりで面白い. ~ cooking 異国風の料理. [<ギリシア語「外国の」]
▷**ex·ot·i·cal·ly** /-k(ə)li/ 副 異国風に, 風変わりに.

ex·ot·i·ca /igzάtikə|-zɔ́t-/ 名 〈複数扱い〉異国的なもの.

exòtic dáncer 名 C ストリッパー (striptease↑dancer).

ex·ot·i·cism /igzάtəsìz(ə)m|-zɔ́t-/ 名 U 異国風[趣味]; 外国語風の表現, 外来語(法).

exp. expense(s); expired; export(ed); exporter; exportation; express.

***ex·pand** /ikspǽnd/ 動 (~s /-dz/|過 過分 ~·ed /-əd/|~·ing) 他 【広げる】 **1** をふくらます, 膨張させる, (↔contract). Heat ~*s* most bodies. 熱はたいていの物体を膨張させる. **2** を**拡大する**, 拡張する; を発展させる. ~ one's business 事業を拡張する.
3 〔たたんだもの〕を広げる, 伸ばす. The peacock ~*ed* its tail. クジャクが(尾の)羽を広げた. **4** 〔議論など〕を展開する, 敷衍(ふえん)する; の内容を充実させる; 〈*into* ..に〉. ~ an essay *into* a book 論文の内容を充実させて本にする.
5 〖数〗〔式など〕を展開する.
── 自 **1 膨張する**. Metal ~*s* when heated. 加熱すると金属は膨張する. **2 拡大[拡張]する**; 〔経済などが〕発展する; 〈*into* ..に〉. Los Angeles has ~*ed into* a large city. ロサンゼルスは大きな都市に発展した.
3 〔つぼみ, 芽などが〕ふくらむ, 開く, 伸びる. The buds have not yet ~*ed*. つぼみはまだふくらんでいない. His face ~*ed* in a broad smile. 彼は破顔一笑した.
4 VA (~ *on* [*upon*] ..) ..をさらに詳述する. ~ *on* one's idea 考えを詳しく話す.
5 〔人が〕打ち解ける, 陽気になる. ◇名 expansion
[<ラテン語「外に広がる」(<ex-[1]+*pandere* 'spread')]

ex·pánd·a·ble 形 =expansible.

ex·pánd·er 名 C expand する人[もの]; 〈特に〉エキスパンダー《筋肉鍛練用》.

***ex·panse** /ikspǽns/ 名 (複 **-pans·es** /-əz/) C 〈しばしば ~s〉 **大きな広がり** 〈*of* ..〔海, 大地など〕の〉 (→extent 類語). a vast ~ *of* snow 広漠とした雪原. the blue ~*s of* heaven 広大な青空.

ex·pán·si·ble 形 拡大[拡張]できる; 膨張性の.

ex·pan·sile /ikspǽns(ə)l|-sail/ 形 膨張[拡張]の; 膨張しうる, 広げられる.

***ex·pan·sion** /ikspǽnʃ(ə)n/ 名 (複 **~s** /-z/) **1** U **膨張**(する[させる]こと). Heating causes the ~ of the gas. 熱すると気体は膨張する. **2** UC **拡大, 拡張**; 発展, 展開. a rapid ~ of trade 貿易の急速な発展. the ~ of a building 増築. **3** C 拡大[拡張]されたもの; 拡大[拡張]部分; 発展した物事. This novel is an ~ of a folk tale. この小説は民話をふくらませたものだ.
4 C 〖数〗展開(式). ◇動 expand

ex·pan·sion·ar·y /ikspǽnʃ(ə)nèri|-əri/ 形 膨張しする[主義の]〔経済など〕; (領土の)拡張主義〔政策など〕.

ex·pan·sion·ism /ikspǽnʃ(ə)nìz(ə)m/ 名 U (特に領土の)拡張政策, 膨張主義.

ex·pan·sion·ist /ikspǽnʃ(ə)nist/ 名 C (領土)拡[膨]張論者. ── 形 拡[膨]張主義論の.

‡**ex·pan·sive** /ikspǽnsiv/ 形 **1** 膨張力のある, 伸張性の; (腕などを)広げた. a swimming suit made of ~ material 伸縮性のある材料で作られた水着. with an ~ gesture 両腕を広げて(人を迎えるなど).
2 広々とした; 広範囲の. an ~ plain 広大な平原. an ~ knowledge of music 音楽の広範な知識.
3 〔人, 性格, 言葉などが〕きさくな, 陽気な, 開けっ広げの; 大仰な身振りをする. ▷**~·ly** 副 **~·ness** 名

ex par·te /èks-pά:rti/ 〖法〗副, 形 〔証言などが〕一方的に[な]. [ラテン語 'from one party']

ex·pat /ekspǽt/ 名 C 〖話〗=expatriate.

ex·pa·ti·ate /ekspéiʃièit/ 動 自 〖章〗VA (~ *on* [*upon*] ..) ..について詳しく説明する, 敷衍(ふえん)する.

ex·pà·ti·á·tion 名 U 詳しい説明, 敷衍(ふえん).

ex·pa·tri·ate /ekspéitrièit|-pǽt-, -péit-/ 動 他 を国外に追放する.
expátriate onesèlf 海外に移住する; 国籍を捨てる.
── /-triət/ 名 C 海外移住者; 国外追放者; 国籍離脱者. ── 形 国外に追放された; 外国在住の.
[<ラテン語「母国 (*patria*) を離れる」]

ex·pà·tri·á·tion 名 U 国外追放.

‡**ex·pect** /ikspékt/ 動 (~s /-ts/|過 過分 ~·ed /-əd/|~·ing) 他 【予想する】 **1** (**a**) を**予期する**; 〔人〕が来るはずと思う, 〔物事〕が起こるはずと思う. I ~ rain. どうやら雨になりそうだ. I ~ all the guests before six. お客さんはみな6時前に来るものと思う. When do you ~ John back? ジョンはいつ戻ってくることになっていますか. I shall not ~ you till I see you. 当てにしないでお待ちします《都合のよい時においでください》. The work is not proceeding as ~*ed*. 仕事は思い通りには進んでいない.
(**b**) VO (~ *to do*) ..すると思っている; ..するつもりである (intend). I half [fully] ~*ed to* see Bill at the party. その会合でもしかしたら[必ず]ビルに会えると思った. I ~ *to* leave tomorrow. 明日出発するつもりです.
(**c**) VO (~ *that* 節) ..だと予想する; VOC (~ X *to do*) Xが..するだろうと思う. I ~ (*that*) you will succeed. = I ~ you *to* succeed. 君は成功すると私は思っている. "Will Helen come too?" "I ~ *so*."「ヘレンも来るかし

ら」「来ると思う」(★so は *that* she will come に相当する;「来ないと思う」は "I don't ～ so." 又は "I ～ not.").
We ～ our Grandma *to* die before long. 祖母はもう長くないと案じています.

【期待する】 **2**〈しばしば進行形で〉を**心待ちする**, 期待する. I'm ～*ing* a letter from you. あなたからの手紙を心待ちにしています.

3 (**a**) を**期待する**, 求める,〈*from*, *of* ..〔人〕に〉(類語 (★1, 2 の語義にも共通)期待・予想の意味の一般的な語で, よい事の期待にも, 悪い事の予想にも使う; →anticipate, look forward to). Don't ～ too much *of* [*from*] him. 彼に期待しすぎるな. The result is just what I ～*ed from* her. 結果は彼女に望んだ通りだ.

(**b**) VO (**～ *to do***) ..することを期待する, ..するはずである. I ～ *to* be paid on the first of next month. 来月の 1 日に支払っていただきたい. We ～ *to* arrive at Miami at 6:40. 当機はマイアミに 6 時 40 分に到着の予定です.

(**c**) VO (**～ *that*** 節) ..ということを当然と思う; VOC (**～X *to do***) X が..するのを当然と思う, X に..することを要求する. We ～ ⌊you *to* [*that* you will] be more careful. 君はもっと慎重にして欲しい. Students are ～*ed to* work hard. 学生は懸命に勉強するのが当然だ. You are not ～*ed* to pay for it now. 代金を今支払わなくて結構です.

【推測する】 **4**〖主に英話〗VO (**～ *that*** 節) ..と思う, (think), たぶん..だろう (suppose). I ～ you've forgotten my name. 私の名前をお忘れのようですね.

◇名 expectation, expectancy

as mìght ⌊***be*** [***hàve been***] ***expécted*** 当然予想されてよい事だ[だった]が, 案の定; さすが〈*of* ..だけあって〉. *As might have been ～ed*, he got angry with his son. 当然予想しておくべき事だったが彼は息子に腹を立てた. *as might be ～ed of* a scholar さすが学者だけあって.

be expècting (***a báby***) 妊娠している; 出産予定である; (★〖話〗では a baby を略す): She *is* ～*ing* in March. 彼女の出産予定は 3 月です.

(***ònly***) ***to be expécted*** 予想どおりで, 当然で. The accident was *only to be ～ed* because of his reckless driving. 彼の無謀運転から見ればあの事故が起きたのは当然だ.

Whàt (***èlse***) ***can*** [***do***] ***you expéct?*** 〖話〗(悪くても)今さら驚くことはない, あたりまえさ, 《<(他に)何を期待できる[する]のか, 何も期待できない》.

[<ラテン語「..を見張る, 待つ」(<ex-¹ + *spectāre* 'look at')]

ex·pec·tance /ikspékt(ə)ns/ 名 =expectancy.

†**ex·pect·an·cy** /ikspékt(ə)nsi/ 名 (複 **-cies**)
1 U 期待, 予期, (類語 expectation より緊迫した期待感を意味する). with a look of ～ 期待している顔つきで.
2 UC (特に統計資料に基づいて)期待[予期]されるもの; 見込み〈*of* ..の〉. **3** U =life expectancy.

†**ex·pect·ant** /ikspékt(ə)nt/ 形 **1** 期待している; 待ち受ける, 予期する,〈*of* ..を〉. with an ～ look 待ちわびた顔で. be ～ *of* a bride's arrival 花嫁の到着を待ち受ける. **2** (所有などの)見込みがある. the ～ heir 推定相続人. **3**〈限定〉出産を待つ; 妊娠中の. an ～ mother 妊婦. ── 名 C **1** 期待[予期]する人. **2**〖古〗(官職などへの)志願者. ▷**～·ly** 副 予期[期待]して, 待ち受けて.

*__ex·pec·ta·tion__ /èkspektéiʃ(ə)n/ 名 (複 **～s** /-z/) **1** UC〈しばしば ～s〉**期待**; 予期, 予想; 見込み, 可能性;〈*of* ..の/*that* 節..という〉. There is little ～ ⌊*of* a good harvest [*that* he will win the race]. 豊作は[彼がレースに勝つことは]ほとんど期待できない. He has every ～ *of* being elected chairman. 彼には議長に選出される見込みが十分ある. Mary's parents have great ～*s* for her future. メリーの両親は彼女の将来に大きな期待を寄せている. live in ～ (何かを)期待しながら生きる. The result ⌊exceeded [confounded] the ～*s* of many people. 結果は大方の予想を ⌊上回った[裏切った]. come [live] up to my ～*s* 私の期待に添う.

連結 high [eager, earnest] ～ // answer [fulfill, meet; surpass; fall short of] (a person's) ～(*s*); realize one's ～(*s*)

2〈～s〉〖古〗将来の見込み《特に遺産相続の》. have great ～*s* from a rich uncle 金持ちのおじから莫(ばく)大な財産を相続する当てがある. **3** =expected value.

◇動 expect 形 expectant

against àll [***còntrary to*** (***àll***)] ***expectátion***(***s***) 予期に反して. 「想外に[で].

beyond (***àll***) ***expectátion***(***s***) 予想以上に[で], 予↑

in expectátion of.. ..を期待[予想]して; ..を見越して. He thought of buying a house *in* ～ *of* inheriting a large fortune. 彼は大財産を相続するのを見越して家を買うことを考えた.

expectàtion of lífe 名〈the ～〉=life expectancy.

ex·péct·ed /-əd/ 形〈限定〉予期[予想]される〔もの〕; 来るはずの〔人〕. The ～ typhoon didn't hit Honshu. 予想された台風は本州を直撃しなかった. ▷**～·ly** 副

expècted válue 名 C〖統計〗期待値《確率計算による予測数値》.

ex·pec·to·rant /ikspéktərənt/ 名 U 去痰(きょたん)薬《痰を出やすくする》.

ex·pec·to·rate /ikspéktərèit/ 動〖婉曲〗他〔痰(たん), 血など〕をせきをして出す, 吐き出す. ── 自 痰[血]を吐き出す; つばを吐く. [<ラテン語「胸(*pectus*)から吐き出す」]

ex·pèc·to·rá·tion 名 U (痰(たん), 血などを)吐くこと; C (吐いた)痰, 血など.

ex·pe·di·ence /ikspíːdiəns/ 名 =expediency.

ex·pe·di·en·cy /ikspíːdiənsi/ 名 (複 **-cies**) **1** U (手段などの)適切さ, 好都合, 便宜; 得策. He didn't tell the truth from ～. 彼は便宜上本当のことを言わなかった. **2** U 便宜主義; 私利. *Expediency* is the rule of a practical man. 便宜主義が実際家の尺度である.
3 C =expedient.

†**ex·pe·di·ent** /ikspíːdiənt/ 形〈普通, 叙述〉**1** 好都合で; 適切で. It will be more ～ to go on foot than by car. 車より歩く方が都合がよいだろう.
2 (主義などには反するが)得策で, 便宜的で; 応急の, 臨機の. The proposal is only ～, not striking at the root of the matter. この提案は単に便宜的なもので問題の根本を突くものではない.
── 名 C 有利[適切]な手段; 臨機の処置. use a temporary ～ 一時しのぎの便法を用いる.
[<ラテン語「解放してくれる」; →expedite]
▷**～·ly** 副 便宜上; 方便として.

ex·pe·dite /ékspədàit/ 動 他〖章〗**1**〔計画など〕をはかどらす, 促進する. **2**〔仕事など〕を手早く片付ける. [<ラテン語「(足かせから)足を解放する」(<ex-¹ + *pēs* 'foot')]

*__ex·pe·di·tion__ /èkspədíʃ(ə)n/ 名 (複 **～s** /-z/) **1** C **遠征**; 探検旅行; (特定の目的を持つ長い)旅行; 小旅行, ちょっと出かけること, 'お出かけ'. make [go on] an ～ to the moon 月の探検に行く. go on a shopping ～〖戯〗買い物(の探検)に出かける. **2** C **遠征隊**; 探検隊. send an ～ to the South Pole 南極点に探検隊を送る. **3** U〖章〗手早いこと, 迅速さ, (動 expedite). with ～ 手早く, 迅速に. [expedite, -ion]

ex·pe·di·tion·ar·y /èkspədíʃ(ə)nèri|-n(ə)ri 形/ 形 遠征の; 探検の. an ～ force 遠征軍.

ex·pe·di·tious /èkspədíʃəs 形/ 形〖章〗手早い, 迅速な; 能率のよい. the most ～ means possible できる

限り手っ取り早い手段. ▷ ～·**ly** 副 ～·**ness** 名

ex·pel /ikspél/ 動 (～s /-z/|過 過分 ～led /-d/|～·ling) 他 **1** を**追い出す**; を追放する, 放逐する, 〈*from* ..から/*for* ..のために〉. ～ the enemy *from* a village 村から敵を追い払う. The student was ～*led* (*from* school). その学生は放校処分になった. **2** 〔水, ガスなど〕を排出する, 吐き出す; 〔弾丸〕を発射する. ～ one's breath in a long sigh ほうっと深いため息をつく. ◇名 expulsion [＜ラテン語「追い出す」(＜ex-¹＋*pellere* 'drive')]

†**ex·pend** /ikspénd/ 動 他 〖章〗 **1** 〔時間, 労力, 金銭など〕を費やす 〈*on, upon* ..に/*in doing* ..することに〉 (類語 spend より形式ばった語). ～ much money *in* buy*ing* rare books 希書を買うのに金をたくさん使う.
2 を使い果たす (use up). ～ all one's energies 全精力を使い果たす.
◇名 expense, expenditure 形 expensive [＜ラテン語「計り分ける＞支払う」(＜ex-¹＋*pendere* 'weigh')]

ex·pénd·a·ble 形 〖章〗(目的達成のために)費消してよい; 使い捨ての; 保存に値しない, 重要ではない; 〖軍〗(作戦上)消耗してよい 〔物資〕, 犠牲にしてよい 〔兵員など〕. The soldiers were regarded as ～. 兵士たちは消耗品として考えられた.
── 名 C 〈普通 ～s〉 消耗品(扱いの人[兵]).

ex·pend·i·ture /ikspénditʃər/ 名 (複 ～s /-z/)
1 aU **支出**(すること); 消費, 消耗, 〈*of* ..〔時間, 労力など〕の/*on* ..への〉. revenue and ～ (国家の)歳入と歳出. avoid a wasteful ～ *of* money *on* trifles 金をつまらない物にむだ遣いしない. with a great ～ *of* time and effort 多くの時間と労力を費やして.
2 UC 支出額, 経費, 費用; 消費高[量]. annual ～ 歳出, 年間支出額. His income equals his ～*s*. 彼の収入は支出と見合っている. ◇動 expend

‡**ex·pense** /ikspéns/ 名 (複 **-pens·es** /-əz/)
【出費】 **1** aU **出費**, 費用, (cost). at little [almost no] ～ ほとんど費用がかからないで. at an ～ of about £200 約 200 ポンドかけて. spare no ～ for [to buy] books 本代を惜しまない. go to a lot of [great] ～ to remodel a house 家の改装に大金をかける.

> 連結 enormous [great, immense; slight] ～ ∥ at the least [minimum] ～ ∥ incur [entail, involve] ～; be able to afford the ～ (to do..)

2 〈～s〉 (**必要**)**経費**, ..費; (給料以外で業務上の)所要経費 《交際費, 出張費など》. cut down [curb, reduce] ～*s* 経費を切り詰める. living [medical] ～*s* 生活[医療]費. school ～*s* 学費. unforeseen ～*s* 不意の出費. Come on, order any item on the menu. It's all on ～*s*. さあ, メニューから何でも注文してくれ, 払いは会社持ちだ.
3 C 出費を要するもの[事]. Food and clothing are my chief ～*s*. 食物と衣服が私の支出の主なものです.
【過大な出費】 **4** U 損失; 迷惑, 犠牲. a victory won at great ～ 大きな犠牲を払って得た勝利. ◇形 expend
(all) expènses páid 会社の経費で, 費用は会社[向こう, 招待者]持ちで. He made a trip to Detroit, *all* ～*s paid*. 彼は会社の経費でデトロイトへ行った.
at àny expénse どんなに費用がかかっても; どんな犠牲を払っても (at any cost).
at grèat expénse 大金をかけて.
at lìttle [nò] expénse ほとんど[全然]金をかけないで.
at the expénse of a pèrson＝at a pèrson's expénse (1) 人の費用で. live *at* one's father's ～ 父に養ってもらっている. He studied abroad *at* his own ～. 彼は自費で留学した. (2) 人に迷惑[損失]をかけて, 人を犠牲にして. They had a good laugh *at* my ～. 私をだしにして彼らは大笑いをした.
at the expénse of.. (1) ..を**犠牲にして**. achieve a terrific speed *at the* ～ *of* safety 安全性を犠牲にして猛烈な速度を出す. (2) ..という犠牲を払って. He continued to send money to the orphans *at the* ～ *of* bankruptcy. 彼は破産という犠牲を払って孤児たちに金を送り続けた.
gò [pùt a pérson] to the expénse of dòing 費用を出して[人に費用を出させて]..する.
no expènse(s) spáred 経費にかまわず, いくら費用がかかっても. He intended to buy a house in Hampstead, *no* ～(*s*) *spared*. 彼はいくら金がかかってもハムステッドに家を買うつもりだった.
[＜後期ラテン語「支払われた(金)」; →expend]

expénse accòunt 名 C (給料以外に雇い主が支払う諸経費の)実費勘定(書); 必要経費. dine on an ～ (会社の)経費で食事する.

‡**ex·pen·sive** /ikspénsiv/ 形 m **高価な**, 費用のかかる, (↔cheap, inexpensive; →price 1 語法; 類語 その物の価値や買い手の購買力に比べて高いこと; →costly, dear). a prohibitively [ridiculously] ～ camera とても手が出ない[ばかばかしい]ほど高価なカメラ. The book is too ～ for me. その本は高くて私には買えない. an ～ wife 金のかかる妻. an ～ house to maintain in good condition 良好な状態に保つのに金のかかる家. the most ～ city in the world 世界中で最も物価が高い都市. Buying the stock was an ～ mistake; the price has plunged and I've lost heavily. その株を買ったのは高くつく誤りだった. 株価が急落し私は大損した.
◇動 expend ▷ ～·**ly** 副 多くの費用をかけて; 高い値段で. ～·**ness** 名

‡**ex·pe·ri·ence** /ikspí(ə)riəns/ 名 (複 **-enc·es** /-əz/)
1 U (**a**) **体験**(すること), **経験**(の全体); (経験による)知識[技能, 習慣など]. learn by [from] ～ 経験から学ぶ. I know from personal ～ that he can't keep a secret. 私は自分で体験したから分かるが, 彼は秘密を守らないだろう. I'm speaking from ～. 私は(自分の)体験から話しているのだ. *Experience* teaches fools. 経験は愚者をも教える. *Experience* shows that it's no use worrying about the past. 経験が教える通り, 過ぎたことをくよくよしても仕方がない. a man who has practical ～ *in* teaching at college 実際に大学で教えた経験のある男. He is a worthy opponent, but I have ～ on my side. 彼は好敵手だが, 私には経験の強みがある. He has had years of ～ writing children's stories. 彼には童話を書いた経験が数年ある.

> 連結 a lot of [considerable, wide, long; direct, first-hand; little, slight; bitter, painful] ～ ∥ have [acquire, gain, get; accumulate; be lacking in, lack] ～

(**b**) 〈the ～〉 (社会的, 人種的などに共通の)経験. the black [female] ～ 黒人[女性](に共通)の経験.
(**c**) 〈the ～〉 経験 〈*of*..〔感情, 感覚など〕の〉. *the* ～ *of* color [fear] 色彩感覚[恐怖感].
2 C **経験**(した事柄, など). have a personal ～ of a fire 火事を実際に体験している. relate his ～*s* while in the United States 米国滞在中の体験談を語る. Traveling alone was a new ～ for me. 1 人旅は私には新しい経験だった. That was quite an ～! それは大した経験だった.
── 動 (**-enc·es** /-əz/|過 過分 ～**d** /-t/|**-enc·ing**) 他
1 〔事柄〕を**経験**[**体験**]する. She ～*d* love for the first time. 彼女は初めて恋を経験した. ～ hardships 困難に出会う. **2** 〔感情, 感覚〕を経験する, 味わう. ～ pleasure [pain] 喜び[苦痛]を経験する.
[＜ラテン語「試み＞知識」(＜*experīrī*「試みる」); -ence]

†ex·pé·ri·enced /-t/ 形 経験を積んだ; 老練な, 熟練した. Mr. Smith is well ~ *in* hunting. スミス氏は狩猟のベテランだ. an ~ driver 熟練した運転者. ◇↔inexperienced 「基づく; 経験的な.

ex·pe·ri·en·tial /ikspì(ə)rién∫(ə)l ⑱/ 形 経験に↑

‡ex·per·i·ment /ikspérəmənt/ 名 (複 ~s /-ts/) **1** Ⓒ (科学上の)実験; (実験的な)試み; (類語 理論などの実証や未知のものの発見を目的とする; →test, trial). perform a chemical ~ [an ~ *in* chemistry] 化学の実験をする. make ~*s on* living animals 動物の生体実験をする. make an ~ *with* a new method 新しい方法で[の]実験をしてみる.

連結 conduct [carry out, do] an ~

2 Ⓤ 実験すること. prove a theory by ~ 実験により理論を証明する.

— /ikspérəmènt/ 動 自 実験[試験]する 〈*on, upon, with* ..で〉; 試みる. ~ *with* plants [*on* dogs] 植物[犬]で実験する. ~ *with* a new medicine 新薬を試用する. [<ラテン語「試み」(→experience); -ment] ▷ ~·**er** 名 Ⓒ 実験者.

***ex·per·i·men·tal** /ikspèrəméntl ⑱/ 形 **1** Ⓒ 実験の, 実験に基づく. ~ psychology 実験心理学. ~ proof 実験による証明. **2** Ⓒ 実験用の. an ~ farm 実験農場. ~ mice 実験用ハツカネズミ. **3** ⓜ 試験的な (tentative); 革新的な, 斬(ざん)新な. an ~ flight 試験飛行. a ~ novel 斬新な(実験)小説. ▷ ~·**ly** 副 実験的に.

ex·per·i·men·tal·ism /ikspèrəméntəlìz(ə)m/ 名 Ⓤ 実験主義; 経験主義.

ex·per·i·men·tal·ist /ikspèrəméntəlist/ 名 Ⓒ 実験論(主義)者; 経験論(主義)者.

experimèntal psychólogy 名 Ⓤ 実験心理学.

ex·per·i·men·ta·tion /ikspèrəmàntéi∫(ə)n, -men-/ 名 Ⓤ 実験すること, 実験作業.

‡ex·pert /ékspəːrt/ 名 (複 ~s /-ts/) Ⓒ **熟練者**, 達人, '名人'; 専門家, くろうと; 〈*at, in, on* ..の〉 (↔amateur). an ~ *at* [*in*] cooking 料理の名人. a financial ~ 財政[財務]通. an ~ *on* foreign trade 外国貿易に通じた人. an ~ with a rifle ライフル射撃の名手.

— /ékspəːrt, ikspə́ːrt | ékspəːt/ 形 **1** ⓜ **熟達した**, 老練な; 熟達している; 〈*at, in, on* ..に〉. an ~ golfer ゴルフの名人. be ~ *at* [*in*] skating スケートがとてもうまい. become ~ *in* [*at*] chess チェスに熟達する. **2** Ⓒ 専門家の, くろうとの; 専門家による. an ~ historian 歴史の専門家. ~ opinions [advice] 専門家の意見[助言]. [<ラテン語「試みられた>経験を積んだ」; →experience] ▷ ~·**ly** 副 老練に; 専門家的に. ~·**ness** 名 Ⓤ 熟達, 老練; 専門家の技量.

†ex·pert·ise /èkspəːrtíːz/ 名 **1** Ⓤ 専門的知識[技術]. **2** Ⓒ 〖主に英〗 専門家の報告. [<フランス語(<ラテン語; →expert)]

èxpert sýstem 名 Ⓒ 〖電算〗 専門家システム 《特定分野の専門的知識をコンピュータ化したもの》.

ex·pi·ate /ékspièit/ 動 他 〖章〗 (刑に服したり, 補償などとして) 〔自分の罪など〕を償う, あがなう.

èx·pi·á·tion 名 Ⓤ 〖章〗 罪滅ぼし.

ex·pi·a·tor /ékspièitər/ 名 Ⓒ 〖章〗 罪を償う[あがなう]人. 「しの.

ex·pi·a·to·ry /ékspiətɔ̀ːri | -t(ə)ri/ 形 〖章〗 罪滅ぼ↑

ex·pi·ra·tion /èkspəréi∫(ə)n/ 名 Ⓤ 〖章〗 **1** 終結, 満了, 〈*of* ..〔契約期限など〕の〉. at [on] the ~ *of* a treaty 条約期限が切れて. **2** 息を吐き出すこと (↔inspiration). **3** 〖まれ〗 息を引き取ること, 死, (death).

ex·pi·ra·to·ry /ikspái(ə)rətɔ̀ːri | -t(ə)ri/ 形 呼気の, 息を吐く(時の).

***ex·pire** /ikspáiər/ 動 (~s /-z/ | 過 過分 ~d /-d/ | -pir·ing /-pái(ə)riŋ/) 自 **1** 〔法律, 免許, 休戦などの〕**期限が切れる**; 〔任期などが〕満了する, 終わる. The guarantee on this cleaner ~*s* in a year. この掃除機の保証は1年で切れる. **2** 〖主に医〗 息を吐き出す (↔inspire). **3** 〖雅〗 息を引き取る, みまかる, (類語 die[1] の雅語). [<ラテン語「(息を)吐き出す」(<ex-[1]+*spīrāre* 'breathe')]

ex·pi·ry /ikspái(ə)ri, ékspəri | ikspáiəri/ 名 =expiration 1, 3.

‡ex·plain /ikspléin/ 動 (~s /-z/ | 過 過分 ~ed /-d/ | ~·ing) 他 **1** (a) Ⓦ (~ X/*wh* 節・句) Xを/..かを説明する, 解説する, 〈*to* ..に〉. Please ~ the rules of soccer *to* me. サッカーのルールを説明してください (★~ *me* the rules は不可). ~ *how* to work a machine 機械の動かし方を説明する. Let me ~ *what* I meant. どういう意味で言ったか説明させてください. The guidebook ~*s where* to visit and *what* to see. 案内書はどこを訪れ何を見るべきかを解説している.

(b) Ⓦ (~ *that* 節) ..であると説明する 〈*to* ..に〉. I ~*ed* to the host *that* I had been delayed by a traffic jam. 私は交通渋滞で遅れたと招待主に説明した.

2 Ⓦ (~ X/*wh* 節) 〔人が〕Xを/..かを**釈明する**, 弁明する, 〈*to* ..に〉; 〔物事が〕の理由[弁解]になる (account for). Can you ~ your conduct (*to* me)? あなたの行為を(私に)釈明できますか. That ~*s* her absence. = That ~*s why* she was absent. それが彼女の欠席した理由です.

— 自 **1** 説明する. He ~*ed to* the teacher *about* his absence. 彼は先生に休んだわけを説明した. **2** 弁明する.

explàin /../ awáy (1) 〔自分の失言, 失策など〕を言い抜ける. (2) 〔不安, 不都合など〕を(なんでもないと)説明して片付ける. ~ *away* the rise in prices (これまでの)物価上昇は大したものでないと言ってあっさり片付ける. (3) 〔難問など〕を説き明かす.

expláin onesèlf (1) 自分の(行為, 動機などの)弁明[釈明]をする. (2) 自分の言う意味を明らかにする.

[<ラテン語「明らかにする」(<ex-[1]+*plānus* 'plain')] ▷ ~·**a·ble** 形 説明できる; 解釈できる. ~·**er** 名 Ⓒ 説明する人.

‡ex·pla·na·tion /èksplənéi∫(ə)n/ 名 (複 ~s /-z/) **1** Ⓤ **説明**(する[される]こと); 弁解[釈明]する[される]こと. without (further) ~ (それ以上の)説明なしに. by way of ~ 説明として. This plan needs much ~. この計画は大いに説明を要する. **2** Ⓒ 説明(の言葉), 説明(となる事実), 解説; 解釈; 弁解[釈明](の根拠); 〈*of, for* ..についての〉. Various ~*s* have been offered on the subject. その問題についていろいろな説明[解釈]が出された. give a plausible ~ *for* [*of*] one's misconduct 自分の不品行についてもっともらしい弁解をする.

連結 a clear [a lucid; a convincing, a persuasive; a possible, a likely; a reasonable; an adequate, a full, a satisfactory; a detailed; a simple; a superficial] ~ // demand [call for, require; find; come up with, provide] an ~

in explanátion of .. ..の説明[弁明]として(の). We have nothing to say *in* ~ *of* our error. 我々の失策を弁解する余地は全くありません.

†ex·plan·a·to·ry /iksplǽnətɔ̀ːri | -t(ə)ri/ 形 説明の(ための), 説明的な; 説明になる 〈*of* ..の〉. an ~ footnote (説明のための)脚注. ▷ **ex·plan·a·to·ri·ly** 副

ex·ple·tive /éksplətiv | ekspliː́tiv/ 名 Ⓒ **1** 〖章〗 (誓言や強調のための無意味な)感嘆詞[語句] 《Goodness gracious!, Dear me! など》; 罵(ののし)り言葉 《damn, bloody, fuck など》. **2** 〖文法〗 虚辞 《構文上必要であるが一定の意味を欠く語句; たとえば There is a tree. の there》 — 形 虚辞的な; 付け足しの. [<ラテン語「埋め草用の」]

ex·pli·ca·ble /éksplikəb(ə)l, iksplík-/ [形] 〖章〗説明可能な (↔inexplicable). This sharp fall in stock prices is not ～. 株価の急落は(なぜなのか)説明できない. ▷**-bly** [副]

ex·pli·cate /éksplәkèit/ [動] [他] 〖章〗を詳説する; 〔文学作品など〕を解説[解釈]する, 説明する, (explain). [＜ラテン語「(折りたたんだものを)開く」]

èx·pli·cá·tion [名] [UC] 詳しい説明; 解説.

ex·pli·ca·tive /éksplәkèitiv, eksplíkətiv/ [形] 説明[解説]的な.

ex·pli·ca·to·ry /éksplәkətɔ̀:ri, iksplíkə-|ikspli-kət(ə)ri, éksplәkèi-/ [形] ＝explicative.

†**ex·plic·it** /iksplísət/ [形] はっきりした, 十分意を尽くした, 〔陳述など〕; 詳細な, 露骨な〔描写など〕; 〔人が〕腹蔵のない; (↔implicit). ～ instructions 明確な指示. TV's portrayal of war is often too ～ for us. テレビの戦争報道はしばしば我々にとってあからさまに過ぎる. He was ～ about what he thought of her. 彼は彼女をどう思っているかをはっきり述べた. be ～ *that*.. とはっきり述べる. [＜ラテン語 'unfolded'; explicate と同源] ▷**～·ly** [副] 明白に, はっきりと. **～·ness** [名]

***ex·plode** /iksplóud/ [動] (**～s** /-dz/|[過] [過分] **-plod·ed** /-əd/|**-plod·ing**) [自] **1** 〔火薬, ガスなどが〕**爆発する**; 〔ボイラーなどが〕破裂する. The bomb ～*d* 爆弾は爆発した. **2** 爆発させる〈*with, in, into* ..〔感情など〕を〉; 〔感情が〕激発する. Father ～*d with* [*in*] rage. 父は激怒した. Her pent-up anger finally ～*d* at her son's retort. 息子の口答えに彼女の我慢してきた怒りが遂に爆発した. ～ *into* laughter 爆笑する.
3 一挙に達する[高まる] 〈*into* ..に〉. The citizens' anger ～*d into* a riot. 市民の怒りは一挙に暴動になった. The market has ～*d into* life. 市場がにわかに活気づいた. **4** 〔人口などが〕急増する. **5** 〔雷鳴, 笑い声などが〕とどろく, 鳴り響く.
── [他] **1** を**爆発させる**, 破裂させる; を爆破する. ～ dynamite ダイナマイトを爆発させる. **2** 〔学説, 思想など〕を論破する; 〔迷信など〕を打破する. The theory was ～*d* by new discoveries. その学説は新発見によって完全にくつがえされた. **3** 〖音声〗〔閉鎖音〕を破裂させて発音する (→explosive [名] 2). ◇[名] explosion [形] explosive
[＜ラテン語「拍手して(下手な俳優を舞台から)追い出す」(＜ex-[1]＋*plaudere* 'clap')]

ex·plód·ed /-əd/ [形] (機械などの)組立て構造が分解して示された〔図, 模型など〕. an ～ view [diagram] 分解(組立て)図.

ex·plód·er [名] [C] **1** 爆発物; 爆破装置. **2** (学説などを)論破する人.

†**ex·ploit** /éksplɔit/ [名] [C] 英雄的な行為; 殊勲, 手柄. military ～*s* 軍功.
── /iksplɔ́it/ [動] [他] **1** を不当に利用する, につけこむ; 〔労働者, 植民地など〕を搾取する. ～ cheap labor 安い労働力で私腹を肥やす. **2** 〔資源, 鉱山など〕を開発する; を利用する. ～ natural resources 天然資源を利用する.
[＜古期フランス語「成しとげる」; explicit と同源]
▷**～·er** [名] [C] 搾取者.

ex·plóit·a·ble /iks-/ [形] 〔資源などが〕開発できる, 利用できる; 〔労働者などが〕搾取される.

†**ex·ploi·ta·tion** /èksplɔitéiʃ(ə)n/ [名] [U] **1** 開発する[される]こと; (経済的)利用. ～ of mines and water power 鉱山や水力の開発. **2** 利己的に利用する[される]こと; 搾取.

ex·ploit·a·tive /iksplɔ́itətiv/ [形] 資源開発の; 搾取的な.

†**ex·plo·ra·tion** /èksplәréiʃ(ə)n, -plɔ:-/ [名] [UC] **1** 探検, 実地踏査. go on a voyage of ～ 探検の航海に出る. make an ～ of the moon 月の探検をする. **2** 調査, 研究. This matter needs some ～. この問題は少し調査が必要だ. **3** 〖医〗(傷などの)触診; (外科的な)検査, 探査. ◇[動] explore

ex·plor·a·tive /iksplɔ́:rətiv/ [形] ＝exploratory.

‡**ex·plor·a·to·ry** /iksplɔ́:rətɔ̀:ri|-t(ə)ri/ [形] 探検[調査]の(ための); 試験的な; 予備の. an ～ expedition 実地踏査の遠征隊. ～ talks with the leaders of the union 組合の指導者たちとの予備折衝.

‡**ex·plore** /iksplɔ́:r/ [動] (**～s** /-z/|[過] [過分] **～d** /-d/|**-plor·ing** /-riŋ/) [他] **1** を**探検する**, 実地踏査する, 〈*for* ..を求めて〉. The jungle has never been fully ～*d*. そのジャングルの探検はまだ十分になされたことがない. ～ an area *for* oil 石油を探して地域を実地踏査する. **2** を調査[探究]する; を詮索(せんさく)する; 〔可能性など〕を探る. ～ the causes of an accident 事故の原因を究明する. ～ all possible ways of cutting expenditures 支出を削減するあらゆる可能な方法を探る. **3** 〔医師が傷など〕を細かく調べる, 診察する; を探る; 〈*with*..〔指, 手など〕で〉. ── [自] 探検する〈*for* ..を求めて〉.
◇[名] exploration [＜ラテン語「(狩人が, 獲物だと)大声で叫ぶ＞探索する」(＜ex-[1]＋*plōrāre*「叫ぶ」)]

***ex·plor·er** /iksplɔ́:rər/ [名] ([複] **～s** /-z/) [C] **1 探検家**, 探検者; 調査者. **2** 〖米〗エクスプローラー《ボーイスカウトの年長隊員; →boy scout》. **3** 〈E-〉エクスプローラー《米国の初期の人工衛星》. **4** 探査装置[器具]; (虫歯, 傷などの)探針.

‡**ex·plo·sion** /iksplóuʒ(ə)n/ [名] ([複] **～s** /-z/) **1** [UC] **爆発**, 破裂; 爆破; 爆発音. a nuclear ～ 核爆発. The ～ blew up the bridge. 爆発で橋は吹き飛んだ. **2** [C] (感情の)激発; (抗議, 暴力などの)突発. an ～ of anger 突然の激怒. **3** [C] (人口などの)爆発的増加, 急増; (物価などの)急騰. the population ～ in Africa アフリカでの人口爆発. **4** [C] (突然の)大音響. an ～ of laughter 爆笑. an ～ of applause 爆発的な拍手喝采(かっさい). **5** [UC] 〖音声〗(閉鎖音の)破裂. ◇[動] explode

†**ex·plo·sive** /iksplóusiv/ [形] **1** 爆発の; 爆発性の. an ～ substance 爆発物. **2** (爆発寸前の)危険な, 一触即発の; 議論の紛糾する〔問題など〕. an ～ situation 険悪な事態. **3** 激情的な. **4** 爆発的な; 急激な, 〔増加など〕. increase at an ～ rate 急激な割合で増える. **5** 耳をつんざくような; 〖音声〗破裂音の.
── [名] **1** [UC] 爆発物, 爆薬. high ～ 高性能爆薬. **2** [C] 〖音声〗破裂音《/p, b, t, d, k, g/; stop (閉鎖音)とも言う》. ◇[動] explode
▷**～·ly** [副] 爆発的に. **～·ness** [名]

explòsive devíce [名] ＝device 5.

ex·po /ékspou/ [名] ([複] **～s**) [C] 〈しばしば E-〉万国博(覧会) (world exposition). *Expo* 70 in Osaka 1970 年の大阪万国博. [＜*expo*sition]

‡**ex·po·nent** /ikspóunənt/ [名] [C] **1** 説明者, 解説者; 説明するもの〈*of* ..を〉. He is the foremost ～ *of* Hegel's philosophy. 彼はヘーゲル哲学についての一流の解説者だ. **2** (思想などの)主唱者, 支持者; 代表的人物; 典型. a leading ～ of agricultural reform 農業改革の主唱者. **3** 名人, 達人. a famous ～ of yodeling 有名なヨーデルの達人. **4** 〖数〗(累乗の)指数. [＜ラテン語「説明者」; →expound, -ent]

ex·po·nen·tial /èkspounénʃ(ə)l [移]/ [形] **1** 〖数〗指数の. **2** 急激な〔増加など〕. ～ growth 急成長, 急増. ▷**～·ly** [副] 急激に.

‡**ex·port** /ekspɔ́:rt/ [動] (**～s** /-ts/|[過] [過分] **～·ed** /-əd/|**～·ing**) [他] **1** を**輸出する**〈*to* ..へ〉. ～ computers *to* Western countries コンピュータを西洋諸国へ輸出する. **2** 〔思想, 制度など〕を外国へ伝える. **3** 〖電算〗〔ファイル, データなど〕をエクスポート[移出]する《他のデータ処理システム用に変換して取り出すこと; ↔import》.
── [自] **輸出する**.
── /ékspɔ:rt/ [名] ([複] **～s** /-ts/) **1** (**a**) [U] **輸出**. cotton for ～ 輸出用の綿. (**b**) 〈形容詞的〉輸出の. an ～ bill 輸出手形. the ～ trade [market] 輸出業[市

場]. **2** Ⓒ **輸出品**; 〈普通 ～s〉 輸出額. Coffee is an important ～ of Brazil. コーヒーはブラジルの重要な輸出品である.
◇↔import [＜ラテン語「外へ運び出す」(＜ex-¹＋*portāre* 'carry')]

ex·pórt·a·ble 形 輸出できる, 輸出向きの.

èx·por·tá·tion 名 Ⓤ 輸出; Ⓒ 輸出品. ◇↔importation

‡**ex·pórt·er** 名 Ⓒ 輸出業者, 輸出商; 輸出国.

***ex·pose** /ikspóuz/ 動 (-pos·es /-əz/|過 過分 ～d /-d/|-pos·ing) 他 【さらす】 **1** をさらす 〈*to* ..に〉. Don't ～ the plant *to* direct sunlight. その植物は直射日光に当ててはいけない.
2 VOA (～ X *to..*) X(人)を〔危険, 影響力など〕にさらす; Xを〔思想, 感情など〕に触れさせる. be ～*d to* gunfire [cholera] 砲火[コレラ感染の危険]にさらされる. My parents were both musicians, and I was ～*d to* music very early. 両親が音楽家だったので私は早くから音楽になじんでいた. They were ～*d to* the Copernican theory. 彼らは地動説を初めて知らされた.
3 〖写〗〔フィルムなど〕を感光させる. All my stock of film is ～*d*. 手持ちのフィルムは全部露出済みです.
【人目にさらす】 **4** 〔商品など〕を陳列する (display). ～ wares for sale in a shopwindow ウインドーに商品を並べる. **5** 〔肉体など〕を露出する; 〔感情など〕をさらけ出す. remove the bandage to ～ the wound 傷を見せるために包帯を取る.
6 〔秘密, 密計など〕を**明かす**; 〔悪事など〕を**暴露する**, あばく; 〔犯人など〕を摘発する; の正体をあばく〈*as* ..としての〉. ～ a conspiracy to the newspapers 陰謀計画を新聞にばらす. ～ (him *as*) a spy (彼から)スパイの仮面をはぐ.
◇名 exposure
expóse onesèlf (1) 〔露出症の人が〕(性器を)露出する. (2) 我が身をさらす; 受ける; 〈*to*.. 〔危険など〕に, を〉. ～ oneself *to* ridicule 散々あざけりを受ける.
[＜ラテン語 *expōnere*「外に置く」(＜ex-¹＋*pōnere* 'put')]

ex·po·sé /èkspouzéi|-⌐-⌐/ 名 Ⓒ (醜い事実などの)暴露, すっぱ抜き(記事); (短い)解説. [フランス語 'exposed']

‡**ex·posed** /ikspóuzd/ 形 **1** 風雨, 攻撃などにさらされた. **2** 〔電線などが〕むき出しの. **3** 〔家などが〕向いた〈*to* ..〔方向〕に〉. a house ～ *to* the east 東向きの家.

‡**ex·po·si·tion** /èkspəzíʃ(ə)n/ 名 〖章〗 **1** ⓊⒸ 説明, 解説, 〈*of*, *on* ..についての〉. a clear ～ 明快な説明. give a full ～ of the project 計画を十分に説明する. ◇動 expound **2** Ⓒ 博覧会, 展覧会, 《大規模な exhibition; →expo》. **3** Ⓒ 〖楽〗 (ソナタ, フーガなどの主題の)提示部 《冒頭の部分》. ◇動 expose

ex·pos·i·tor /ikspázətər|-póz-/ 名 Ⓒ 〖章〗 解説者, 説明者.

ex·pos·i·to·ry /ikspázətɔ̀:ri|-pózət(ə)ri/ 形 説明の, 解説の; 説明[解説]的な.

ex post fac·to /èks-pòust-fǽktou/ 形, 副 事後の[に]; 〔法律が〕過去にさかのぼった[て], 遡(そ)及力のある. an ～ law 遡及法. [ラテン語 'from (what is) afterward done']

ex·pos·tu·late /ikspástʃəlèit|-pós-/ 動 自 〖章〗 さとす, 訓戒する, 〈*with* ..を〉; 忠告する, 説き聞かせる, 〈*on*, *about* ..について〉. ～ *with* a boy *about* [*on*] his rude behavior 無礼なふるまいを少年に注意する. [＜ラテン語「要求する」]

ex·pòs·tu·lá·tion 名 〖章〗 Ⓤ さとすこと; Ⓒ 忠告, 「説諭(の言葉).

***ex·po·sure** /ikspóuʒər/ 名 (複 ～s /-z/) **1** ⓊⒸ (日光, 風雨, 危険などに)さらす[さらされる]こと. die of ～ 野ざらしになって(凍えて)死ぬ. The color has faded from long ～ *to* the sun. 長い間日にさらされて色があせた. people's ～ to pesticide residues in food 食物中の残留殺虫剤に人間がさらされること.
2 ⓊⒸ **暴露**, 摘発; 発覚, 露顕; 〈*of* ..の〉. threaten a person with public ～ (秘密などを)公にすると言って人をおどす. I was annoyed at the repeated ～*s of* my private life. 私はたびたび私生活を暴露されて迷惑した.
3 Ⓤ (人前に体(の部分)を)露出すること; (感情などを)さらけ出すこと. **4** Ⓤ (テレビ, 新聞などで)取り上げられること. have a lot of ～ on television テレビによく出る.
5 Ⓒ 〖写〗 露光[露出]時間; (フィルムの) 1 こま, 1 枚; 写真. set the ～ to one-twentieth of a second 露出時間を 20 分の 1 秒にする. This film has 36 ～*s*. このフィルムは 36 枚撮りです. take [make] three ～*s* 写真を 3 枚撮る. **6** ⓐⓊ (家などの)向き (→exposed 3). a room with an eastern ～ 東向きの部屋. ◇動 expose

expósure mèter 名 Ⓒ 〖写〗 露出計 (light meter).

‡**ex·pound** /ikspáund/ 動 〖章〗 他 〔理論, 信条など〕を詳述する; 〔特に経典〕を解釈する (interpret), 説明する (explain), 解説する. ── 自 詳述する 〈*on* ..について〉. ◇名 exposition [＜ラテン語 *expōnere*「外に置く＞説明する」; →expose]

‡**ex·press** /iksprés/ 動 (～·es /-əz/|過 過分 ～ed /-t/|～·ing) 他 【外に押し出す】 **1** VO (～ X/*wh* 節) 〔人, 言葉, 表情, 行動などが〕X(思考, 感情など)を/..かを**表現する**, 表す, 〈*to* ..〔人〕に〉. I [Words] cannot ～ *how* grateful I am for your kindness. あなたのご親切にどんなに感謝しているか言葉に表せません. Her eyes ～*ed* her sympathy. 彼女の目には同情の色が表れていた. The work ～*es* the artist's love for life. その作品には作者の人生への愛が表現されている.
2 (**a**) 〔芸術作品などが〕を(象徴して)表す, 示す. The statue ～*es* freedom. その像は自由の象徴である. (**b**) 〖数〗 VOA を表す 〈*as* ..のように/*in* ..で〉〈主に受け身で〉. Three fifths can be ～*ed as* a decimal. 3/5 は小数で表せる.
3 〖章〗 〔油, 果汁など〕を搾り出す (press) 〈*from*, *out of* ..から〉. ～ the juice *from* a lemon レモンの汁を搾る.
【急いで出す】 **4** 〖英〗 を速達便[至急便]で送る (→形 4 (a)); 〖米〗 を運送会社便で送る.
◇名 expression 形 expressive
expréss itsèlf 〔感情などが〕外に出る, 〔無形のものが〕具体化する. His confidence ～*ed itself* in his gesture. 彼の自信は身振りに現れた.
expréss onesèlf 自分の考え[気持ち]を言葉に表す; (芸術などで)自己を表現する. I can't ～ my*self* correctly in French. 私は自分の考えをフランス語で正確に表現できない.
── 形 ⓒ 〈限定〉 【明白な】 **1** 〖章〗 **明白な**, はっきりした, 〔願いなど〕; 明確に述べられた. act against the master's ～ orders 主人がはっきり言った命令に背く. an ～ provision (法律の)明文. She entered the law school at her father's ～ wish. 彼女は父のたっての希望で法学部に入った.
2 〖古〗 そっくりの, そのままの. She is the ～ image of her mother. 彼女は母親にそっくりだ.
【目的の明白な】 **3** 〖章〗 特別の; 特定の. I went to Aomori for the ～ purpose of meeting my grandfather. 私は特に祖父に会う目的があって青森へ行った.
4 (**a**) 〖英〗 速達(郵便)の; 至急便の; 〖米〗 運送会社便の, 宅配便の. ～ mail [post] 〖英〗 速達. (**b**) 急行(列車, バスなど)の; 高速用の. an ～ ticket 急行券. an ～ highway 高速道路. an ～ elevator 〖米〗 (〖英〗 lift) 直行エレベーター.
── 名 (複 ～·es /-əz/) **1** Ⓒ **急行**(列車, バスなど) (↔local). I took the 7:00 a.m. ～ to Chicago. シカゴ行き午前 7 時の急行に乗った. **2** Ⓤ 〖英〗 速達便, 至急便, (〖米〗 special delivery); ⓊⒸ 〖米〗 運送会社便,

宅配便, (の貨物など). **3** [C] 〘米〙(急送)通運会社, 運送店, 《貨物の急送, 送金業務などを行う》.
4 〈E-; 新聞名に用いて〉 エキスプレス. the Daily *Express*『デーリーエキスプレス』《英国の日刊紙》.
by expréss (1) 急行(列車)で. (2) 〘英〙 速達[至急]便で; 〘米〙 運送会社便[宅配便]で. send a letter *by* ～ 手紙を速達で出す.
── [副] **1** 急行(列車など)で. travel ～ 急行で行く. **2** 〘英〙 速達[至急]便で; 〘米〙 運送会社便[宅配便]で. send [deliver] a parcel ～ 小包を速達で送る[配達する]. [＜ラテン語「外に押し出す」(＜ex-[1]＋*primere* 'press[1]')]

E

ex·press·age /iksprésidʒ/ [名] [U] 〘米〙 宅配便; 宅配便料金.
expréss cȯmpany [名] [C] (宅配便を扱う)運送会社.
ex·préss·i·ble [形] **1** 表現できる. **2** 〔果汁などが〕搾り出せる.
‡ex·pres·sion /ikspréʃ(ə)n/ [名] ([複] **～s** /-z/)
【表現】 **1** [UC] (思想, 感情の)**表現**, 表示. the free ～ of ideas 思想の自由な表現. offer an ～ of regret 遺憾の意を表明する. He gave ～ to his discontent by handing in his resignation. 彼は辞表を出して不満を表明した.
【表現の手段】 **2** [C] **言い回し**, 表現; 語句; (感情などを)表示するもの[手段]. learn correct English ～*s* 正しい英語の表現を学ぶ. an idiomatic ～ 慣用表現. This gift is an ～ of thanks. この贈り物は感謝のしるしです. The room was a rubbish heap, if you'll pardon [forgive, excuse] the ～. 失礼ながらそう言ってよければ, 部屋はごみの山だった.

[連結] an apt [a happy, a suitable; a favorite, a pet; a hackneyed, a trite; a formal; a colloquial; a polite; a rude] ～

3 [C] 〘数〙 式. a mathematical ～ 数式.
【感情の表現】 **4** [UC] **表情**; (声の)調子. Her face lacks ～. 彼女の顔には表情がない. speak with ～ 表情豊かに話す. wear a joyful [worried] ～ うれし[心配]そうな顔をしている. an ～ of anger 怒りの表情.

[連結] a calm [an agitated; an angry; a deadpan; a grave, a serious; a happy; a pained; a puzzled; a thoughtful] ～

5 [U] 表現力; 感情の表出. Put more ～ into your singing! 歌にもっと感情をこめなさい. ◇[動] express [形] expressive
beyond* [*past*] *expréssion 言い表せない(ほどに[の]), 筆舌に尽くしがたい. The princess was beautiful *beyond* ～. 王女は言いようのないほど美しかった.
find expréssion 表れる, 表現される, 〈*in* ..に〉. The poet's grief *found* ～ *in* a touching poem. 詩人の悲しみは痛切な一編の詩に表現された.
ex·prés·sion·ìsm [名] [U] 〈しばしば E-〉 表現主義, 表現派, 《客観的描写でなく主観的表現を追求する芸術上の立場; 20 世紀の初めにドイツで始まった》.
ex·prés·sion·ist [形], [名] [C] 表現派の(人). an ～ painter 表現派画家.
ex·prés·sion·less [形] 〔顔, 声などが〕無表情な, 表情の乏しい. an ～ face 無表情な顔. ▷ **～·ly** [副]
†ex·pres·sive /iksprésiv/ [形] **1** 〈叙述〉 表現する, 表している, 〈*of* ..を〉. some words ～ *of* gratitude 感謝の念をこめた言葉. **2** 表情[表現力]豊かな; 意味深長な. ～ eyes 表情豊かな目, 意味ありげな目. with an ～ nod 意味ありげにうなずいて. **3** 表現(上)の; 伝達(上)の. develop one's ～ powers 表現力を発達させる.
▷ **～·ly** [副] 表情[表現]豊かに; 意味ありげに. **～·ness** [名] [U] 表情[表現]の豊かさ.

expréss làne [名] 〘米〙 ＝fast lane.
†ex·préss·ly [副] 〘章〙 **1** 明白に, はっきりと. I ～ told him to leave. 私は彼に立ち去るようはっきり命じた. **2** 特別に; ことさらに, 意図的に. a book ～ written for beginners 特に初心者用として書かれた本.
ex·press·man /iksprésmæ̀n, -mən/ [名] ([複] **-men** /-mèn, -mən/) [C] 〘米〙 (宅配便を扱う)運送会社の従業員, (特にトラックによる)荷物集配人.
ex·pres·so /eksprésou/ [名] ＝espresso.
expréss tràin [名] [C] 急行列車.
†expréss·wày [名] ([複] **～s**) [C] 〘米〙 高速道路 (〘英〙 motorway).
ex·pro·pri·ate /ekspróuprièit/ [動] [他] 〘章〙 〔土地, 財産など〕を(公用のために)取り上げる, 収用する; 所有権を奪う 〈*from* ..から〉; 〔人〕から収用する 〈*of* ..〔土地, 財産など〕を〉. ～ land *from* a person＝～ a person *of* his land 人から土地(所有権)を奪う.
ex·prò·pri·á·tion [名] [UC] 〘章〙 (土地などの)収用; (所有権の)没収.
ex·prò·pri·á·tor [名] [C] 〘章〙 (土地, 所有権などの)没収者.
†ex·pul·sion /ikspʌ́lʃ(ə)n/ [名] [U] 追放[除名]する[される]こと; (容器や体の中から物を)出すこと; [UC] 追放[除名]処分. his ～ *from* school 彼の放校(処分). ◇[動] expel [＜ラテン語「追放」(＜*expellere* 'expel')]
expúlsion òrder [名] [C] 国外退去命令.
ex·pul·sive /ikspʌ́lsiv/ [形] 追放[除去]する.
ex·punge /ikspʌ́ndʒ/ [動] [他] 〘章〙 〔字句, 姓名など〕を削除する, 抹(まっ)消する, 〈*from* ..から〉.
ex·pur·gate /ékspərgèit/ [動] [他] 〔書物, 劇など〕から不穏当[猥褻(わいせつ)]な箇所を削除する. an ～*d* edition of a book 本の削除版. ▷ **èx·pur·gá·tion** [名]
***ex·qui·site** /ékskwizət, ikskwízət/ [形] [m]
1 極めて美しい, 絶妙な; 精巧な, 凝(こ)った〔細工など〕; ([類語] 洗練された美しさに重点がある; →delicate). a sunset of ～ beauty 得も言われぬ美しさの入り日. ～ carvings 精巧を極めた彫り物. **2** 〘章〙 鋭敏な〔感覚など〕; 洗練された〔趣味など〕. an ～ palate 鋭敏な味覚. a person of ～ taste 洗練された趣味の人. **3** 〘雅〙 強烈な, 激しい, 〔苦痛, 快感など〕. ～ pain 激痛. an hour of ～ happiness 最高に幸福な 1 時間. [＜ラテン語「捜し出された」(＜ex-[1]＋*quaerere* 'search')]
▷ **～·ly** [副] 絶妙に; 精巧に; 強烈に. **～·ness** [名]
èx-sérvice /èks- [移]/ [形] 〈限定〉 〘主に英〙 退役の〔軍人〕; 軍払い下げの.
èx-sérvice·man /-mən/ [名] ([複] **-men** /-mən/) [C] 〘主に英〙 退役軍人 (〘米〙 veteran).
èx-sérvice·woman [名] ([複] →woman) [C] 〘主に英〙 女性退役軍人.
ext. exterior; external; extension 3.
ex·tant /ékstənt, ekstǽnt/ [形] 〘章〙 現存する, 残存する, 〔文書, 絵画など〕.
ex·tem·po·ra·ne·ous /ekstèmpəréiniəs [移]/ [形] 即席の, 原稿なしの, 〔演説など〕, (offhand).
▷ **～·ly** [副] 即席に, 準備なしで. **～·ness** [名]
ex·tem·po·rar·y /ikstémpərèri|-p(ə)rəri/ [形] ＝ extemporaneous.
▷ **ex·tem·po·rar·i·ly** /ikstèmpərérili|-témp(ə)rə-/ [副] 即席に, 準備なしで.
ex·tem·po·re /ekstémp(ə)ri/ [副], [形] 即席に[の], 即興的に[な], 準備なしに[の], (offhand, impromptu). speak ～ 即席に話す. [＜ラテン語 'out of the time＞instantaneously']
ex·tèm·po·ri·zá·tion [名] [UC] 〘章〙 即興; 即興の演説[演奏].
ex·tem·po·rize /ikstémpəràiz/ [動] [他], [自] 〘章〙 〔演説, 演奏などを〕即席[即興]でやる.
‡ex·tend /ikstérnd/ [動] ([複] **～s** /-dz/|[過] [過分] **～·ed** /-əd/|**～·ing**) [他] 【のばす】 **1** 〔手足, 翼など〕を伸ばす;

〔綱など〕を張り渡す; (類語 物の長さ, 幅, 時間について使うことができる; →lengthen). ～ one's legs 両脚を伸ばす《歩き疲れた後などに》. lie ～*ed* 大の字に寝そべる.
2 〔時間, 距離など〕を**延長する**; 〔債務〕の支払いを延期する. The railroad will be ～*ed* to the next city. 鉄道は隣の町まで延長されるだろう. I'll ～ my visit for a few days. 私は2, 3日滞在を延ばそう. ～ credit 債務の支払いを延期する.
3【のばす＞広げる】を**拡張する**; 〔勢力など〕を拡大する. ～ a building 増築する. ～ one's business 事業を拡張する. ～ influence into neighboring districts 近隣の地区に勢力を広げる.
4【力をのばす】〔競走馬など〕に全力を出させる〈普通, 受け身又は再帰形で〉. He would have won if he had ～*ed* himself fully. 彼はもし全力で走ったなら勝っただろう. The horse wasn't fully ～*ed*. 馬は全力では走らなかった.
【(のばして)差し出す】**5** 〔手など〕を差し出す. Tom ～*ed* his hand in friendship. トムは親しみをこめて(握手しようと)手を差し出した.
6〖章〗VOA (～ X *to*..) ..にX(援助, 恩恵など)を与える, 施す; ..にX(挨拶(あいさつ), 感謝, 招待など)をする, 送る. ～ one's sympathy *to* a bereaved family 遺族に同情を寄せる. ～ a warm welcome *to* her 彼女を暖かく歓迎する(★まれに ～ her a warm welcome と VOO にもなる).
── 自 **1** VA (時間的, 距離的に)**延びる**, 続く; 達する, 届く. The road ～*ed* straight *to* the horizon. 道路は地平線までまっすぐに続いていた. The forest ～*s* (*for*) many miles [*as far as* the lake]. 森林は何マイルも[湖まで]続いている. The railroad ～*s through* several countries. その鉄道は何か国も通って延びている. There were a lot of books on the shelves ～*ing from* the wall. 壁から突き出た棚にはたくさんの本がのっていた. My visit ～*ed into* the dinner hour. 私の訪問は食事どきまで延びてしまった. **2** VA (範囲が)広がる, 及ぶ, わたる. His popularity ～*s* all *over* the world. 彼の人気は世界中に広がっている. His learning ～*s* far *beyond* mine. 彼の学識は私のよりはるかに広い.
◇名 extension, extent 形 extensive
[＜ラテン語 *extendere*「外にのびる」(＜ex-[1]＋*tendere* 'stretch')]

ex·ténd·a·ble, -i·ble 形 延ばせる; 広げられる, 拡張できる.

†**ex·ténd·ed** /-əd/ 形 **1** 長期にわたる; 長びいた, 延長の. The play had an ～ run. その芝居は長期興行になった. take an ～ holiday 長期休暇をとる. an ～ game 延長戦. **2** 広範囲の; 拡大した. ～ knowledge 広範な知識. **3** 広げた; 延ばした.

extènded fámily 名 C 〈単数形で複数扱いもある〉(拡)大家族《親子のほか祖父母などまでを含んで1家族をなすもの; ↔nuclear family》.

extènded pláy 名 C (45回転の)ドーナツ盤レコード《略 EP》.

extènded-pláy 形 〈限定〉EP盤の〔レコード〕.

ex·ténd·er 名 C **1** 伸ばすもの; (塗料などの)薄め液; (食品などの)増量剤, まぜもの. **2** (大学の)公開講座講師 (→extension course).

ex·ten·si·ble /iksténsəb(ə)l/ 形 伸ばせる, 拡大できる.

*__ex·ten·sion__ /iksténʃ(ə)n/ 名 (複 ～s /-z/)
【延長】**1** U **延長**(する[される]こと); 〖医〗(手足などの)伸張. the ～ of a highway 幹線道路の延長. at full ～ (手足などが)伸張した状態で.
2 C **延長部分**; 拡張[増築]部分; 付加物. The ～ was opened for traffic. 道路の延長部分が開通した. add an ～ to one's house 家を増築する.
3 C **内線**(電話); (親子電話の)付属電話機. Call me at 203-4305, ～ 118. 203局4305番の内線118にお電話ください《略 ext.》. **4** C **延期**, 日延べ; 猶予期間. ask for an ～ on a loan ローン支払いの延期を申し出る. a three-day ～ 3日の猶予期間[日延べ].
【拡張】**5** (a) U **拡張**(する[される]こと), 拡大. the ～ of one's territory 領土の拡張. the ～ of medical knowledge among the public 大衆の中での医学知識の拡大. (b) UC 広がり, 範囲; (★この意味では extent のほうが普通). a vast ～ of forest 森林の果てしない広がり. **6**〖論〗外延 (↔intension). ◇動 extend
by exténsion 拡大解釈すれば, 意味を広げて.

ex·tén·sion·al 形 外延的な (→extension 6).

exténsion còrd 名 C 〖米〗(屋内配線の)延長用コード.

exténsion còurse 名 C (大学の)公開講座.

exténsion lèad 名 C 〖英〗＝extension cord.

*__ex·ten·sive__ /iksténsiv/ 形 m **1** 広い, 広大な. an ～ campus 広大な学校構内. **2 広範囲の**; 多方面にわたる; 〔農業が〕粗放の; (↔intensive). an ～ search 広範囲の捜索. ～ reading 広範囲の読書. ～ farming 粗放農業. **3** 莫(ばく)大な, 大量の. have an ～ income 莫大な収入がある. suffer ～ damage 多大な損害をこうむる.
◇動 extend
▷ **～·ly** 副 広く; 広範囲にわたって. **～·ness** 名

ex·ten·sor /iksténsər/ 名 C 〖解剖〗伸筋 (↔flexor).

*__ex·tent__ /ikstént/ 名 (複 ～s /-ts/) **1** U **広さ**; 大きさ; 長さ; C 広大な地域, 広がり; (類語 extent は直線的な, expanse は面積的な広さに重点がある). an estate of large ～ 広大な地所. a mile in ～ 1マイルの長さ. a vast ～ of sand 広漠とした砂地. From the top of the hill we can see the full ～ of the town. 丘の頂上から町全体の広がりが見える.
2 aU **程度**; 範囲; 限度, 限界. The ～ of the damage is inestimable. 損失の程度は計り知れない. the limited ～ of human knowledge 人知の限られた範囲. He was drunk to a considerable ～. 彼はかなり酔っていた. to some [a certain] ～ ある程度まで. to the same ～ as ..と同程度に. I am, to a great [large] ～, satisfied with the present government. 私は今の政府に大体において満足している. to a greater or lesser ～ 多かれ少なかれ. to the full ～ 極度に. To what ～ can he speak English? 彼はどの程度英語が話せるのか.
◇動 extend
to sùch an extént that.. ＝to the EXTENT that .. (1).
to the extént of.. ..の限度[限界]まで. *to the* ～ *of* one's ability 能力の限度まで, できる限り. He is in debt *to the* ～ *of* $10,000. 彼は限度いっぱいの1万ドルを借金している.
to the extént that.. (1) ..するほど, それほど..なので. The man wasted money *to the* ～ *that* he went bankrupt. その男はあまり浪費したので破産した. (2) ..という点で, ..する程度に応じて. (★かなり自由に使われ, if で置き換えてもよい場合がある). *To the* ～ *that* you can arouse in your students a will to study further, you are a success as a teacher. 君が学生の中にさらに研究を続けようという意欲を起こさせることができれば君は教師として成功したのだ.
[＜ラテン語 *extentus* (*extendere* 'extend' の過去分詞)]

ex·ten·u·ate /iksténjuèit/ 動 他 〖章〗(情状を酌量などして)〔罪, 過失など〕を軽く見る; 〔事情が罪など〕に酌量の余地を与える. Nothing can ～ his offense. 彼の罪は酌量の余地が全くない. *extenuating* circumstances 酌量すべき情状. [＜ラテン語「薄くする」]

ex·ten·u·a·tion /ikstènjuéiʃ(ə)n/ 名 U 〖章〗情状酌量, (罪の)軽減; C 酌量すべき事情[情状]. say nothing in ～ of one's offence 罪を大目に見てもらうための釈明を何もしない.

E

***ex·te·ri·or** /ekstí(ə)riər/ 形 Ⓒ 〈普通, 限定〉 **1** 外(側)の (outer); 外面の; 外にある 〈*to* ..の〉; (↔interior) (類語 物の「外側」の意味が中心; →external). the ～ wall 外壁. the ～ surface 外面. His library is ～ *to* the house. 彼の書庫は家の外にある. **2** 外部用の. ～ paint 外装用塗料. **3** 外観(上)の. the ～ features of a house 家の外見. **4** 外部からの; 海外の. ～ influences 外部からの影響.

── 名 (複 **～s** /-z/) UC **1** 外側, 外面, 表面. The door opens to the ～. その戸は外開きだ. **2** 外観, 外形. He has a cool ～ [is cool on the ～] but is really a very nervous man. 彼は見た目冷静だが実は大変神経質な男だ. **3** (劇, 絵画などの)屋外風景[場面]. [ラテン語「より外(側)の」(*exter* 'outer' の比較級)]

extèrior ángle 名 Ⓒ 〖数〗 外角.

ex·te·ri·or·ize /ekstí(ə)riəràiz/ 動 他 **1** ＝externalize. **2** 〖医〗〔臓器など〕を(手術のために)摘出する.

†**ex·ter·mi·nate** /ikstə́ːrmənèit/ 動 他 〔種(族), 病気, 害悪など〕を絶滅[撲滅]する, 〔害虫など〕を退治[駆除]する; 〔思想, 信仰など〕を根絶する. ▷**ex·tèr·mi·ná·tion** 名 Ⓤ 根絶, 絶滅, 駆除. **ex·tèr·mi·ná·tor** 名 Ⓒ 〈特に〉(ネズミなどの)駆除業者[係].
[＜ラテン語「境界 (*terminus*) のかなたへ追放する」]

‡**ex·ter·nal** /ekstə́ːrn(ə)l/ 形 Ⓒ **1** 外部の; 外的な; (↔ internal; 類語「外壁」は the ～ wall,「外面」は the ～ surface とも言え, しばしば exterior と交換できるが, external は物から離れた「外部」が中心的意味; → exterior). ～ injuries 外傷. ～ evidence 外的証拠. the ～ world 〖哲〗 外界, 現象界.
2 〖医〗 外用の. This medicine is for ～ use only. この薬は外用専用である.
3 外部からの; 〖主に英〗 学外[社外]からの; 学外生のための 〔試験など〕 (→external student). an ～ force [pressure] 外からの力[外圧]. an ～ accountant 社外会計士. an ～ degree 学外生の取得する学位.
4 表面上の, うわべだけの; 本質的でない. an ～ expression of sympathy 見せかけの同情.
5 外国の; 対外的な. (an) ～ policy 対外政策.
── 名 **1** 〖章〗〈～s〉 外観, 外見; 外的事情; 本質的でないもの. Don't judge people by ～*s*. 人を外観で判断してはいけない. **2** Ⓒ 〖話〗 学外試験官.
[＜ラテン語 *externus*「外側の」] ▷**～·ly** 副 外部に[で]; 外部から; 外見上.

extèrnal éar 名 Ⓒ 〖解剖〗 外耳.

extèrnal exáminer 名 Ⓒ 学外試験官《公平を期するため》.

ex·ter·nal·ize /ekstə́ːrnəlàiz/ 動 他 **1** 〖章〗〔思考, 感情など〕を(言葉などによって)具体化する. **2** 〖心〗〔失敗, 困難など〕を外(在)的原因に帰する.

extèrnal stúdent 名 Ⓒ 〖主に英〗(大学の)学外生《在籍していない大学で試験を受けて学位を取得する》.

ex·tern(e) /ékstəːrn/ 名 Ⓒ 〖米〗(病院の)通勤医師[医学研修生].

ex·ter·ri·to·ri·al /èksterətɔ́ːriəl ⑱/ 形 ＝extra-territorial.

†**ex·tinct** /ikstíŋ(k)t/ 形 **1** 絶滅した, 死滅した, 〔生物など〕; すたれた 〔家系, 生活様式 など〕. The dodo has long been ～. ドードーが絶滅して久しい. **2** 〔火, 生命, 希望などが〕消えた; 〔信念, 熱情などが〕失われた. My passion for politics is ～. 私の政治に対する情熱は消えた. ◇動 extinguish [＜ラテン語「消された」]

†**ex·tínc·tion** 名 Ⓤ **1** (生物などの)絶滅, 死滅; (家系などの)廃絶, 断絶; (生活様式などが)廃(すた)れること. Many species are on the edge [point, verge] of ～. ＝ Many species are faced [threatened] with ～. 多くの種(しゅ)が絶滅の危機に瀕している. **2** 〖章〗(光, 火などを)消すこと, 消えること; (希望, 情熱などの)消滅.

extìnct volcáno 名 Ⓒ 死火山 (→volcano).

†**ex·tin·guish** /ikstíŋgwiʃ/ 動 他 〖章〗 **1** 〔光など〕を消す (put out). ～ a candle ろうそくの火を消す. **2** 〔希望, 熱情など〕を失わせる; 〔生命, 才能など〕を断つ, 絶やす. His passion for her was ～*ed* by her continued indifference to him. いつまでも彼女が彼に無関心なので彼の彼女に対する熱情はさめてしまった. **3** 〔借金〕を完済する. ◇名 extinction 形 extinct [＜ラテン語「消す」(＜ex-[1]＋*stinguere* 'quench')] ▷**～·a·ble** 形

ex·tín·guish·er 名 Ⓒ 火を消す人[物]; 消火器 (fire extinguisher).

ex·tir·pate /ékstəːrpèit/ 動 他 〖章〗 **1** 〔悪習, 迷信など〕を根絶する, 絶滅させる. strive to ～ social evils 社会悪を一掃しようと努める. **2** 〔雑草など〕を根こぎにする (uproot). **3** 〖医〗 を摘出[切除]する. [＜ラテン語「根こそぎにする」(＜ex-[1]＋*stirps*「根, 株」)]

èx·tir·pá·tion 名 UC 〖章〗 根絶, 絶滅; Ⓤ 〖医〗 摘出[切除].

extol, 〖米〗 **extoll** /ikstóul/ 動 (～s|-ll-) 他 〖章〗 をほめたたえる, 賞揚する. ～ a winner as a hero 勝者を英雄としてたたえる. Her virtues were ～*led* to the skies. 彼女の美徳は激賞された. ▷**～·ment** 名

ex·tort /ikstɔ́ːrt/ 動 他 **1** 〔金銭など〕をゆすり取る; 〔自白, 情報など〕を無理に出させる, 強要する; 〈*from* ..から〉. ～ a bribe *from* contractors 土建業者にわいろを強要する. **2** 〔意味, 結論など〕を無理に引き出す 〈*from* ..から〉. [＜ラテン語「ねじり取る」(＜ex-[1] ＋ *torquēre* 'wrench')]

‡**ex·tór·tion** 名 **1** Ⓤ 強要; 強奪; 不当価格の請求; 金品強要(罪). **2** Ⓒ 強要[強奪]行為[したもの]; 不当な掛け値. ▷**～·er, ～·ist** 名 Ⓒ 強要する人; ゆすり《人》.

ex·tor·tion·ate /ikstɔ́ːrʃ(ə)nət/ 形 不当な, 法外な, 〔値段, 要求など〕. ▷**～·ly** 副 不当に.

‡**ex·tra** /ékstrə/ 形 Ⓒ **余分の**, 追加の, 特別の, 割増しの, (additional); 臨時の. Please stay overnight, we have an ～ bed. どうぞお泊まりください, 空いたベッドがありますから. take ～ care 特別の注意を払う. demand ～ pay [an ～ 500 dollars] for working overtime 超過勤務に対し割り増し手当[追加の 500 ドル]を要求する. an ～ edition of a newspaper 新聞の臨時版. Price $4.50, postage ～. 郵送料別で代価 4 ドル 50 セント. A 10% service charge is ～. 10 パーセントのサービス料が追加される. an ～ bus 臨時バス. go into ～ innings 〖野球〗 延長戦に入る.

── 名 Ⓒ **1** 余分なもの; 追加[別途]料金(の必要なもの). With all the ～*s*, this computer costs 2 thousand pounds. 付属品を全部入れるとこのコンピュータは 2,000 ポンドになる. Alice learned French and music as (optional) ～*s* at school. 学校の(選択)課外授業でアリスはフランス語と音楽を勉強した. The dinner cost £30, drinks and service charge being ～*s*. 食事代は飲み物・サービス料別で 30 ポンドだった. **2** (無料の)サービス, 'おまけ'. The secretary does a lot of ～*s* for her boss that her duties don't include. 秘書は上司のために職務には含まれていない奉仕をたくさんしている. **3** (新聞の)臨時版, (雑誌の)臨時増刊号. a late night ～ 夕刊の最終臨時版. **4** 臨時雇い, 〖映〗 エキストラ. **5** 〖クリケット〗 エキストラ《打球以外による得点》.

── 副 **1** 余分に; 別料金で. pay (2 dollars) ～ for coffee コーヒー代を(2 ドル)別に払う. **2** 特別に (unusually). ～ fine silk 特別上等の絹.
[＜*extra*ordinary]

ex·tra- /ékstrə/ 接頭 〈形容詞に付けて〉 **1** 「..外の, 範囲外の, 以外の」の意味 (→intra-). *extra*marital. *extra*terrestrial. **2** 〖話〗「特別に, 非常に」の意味. *extra*-thin (極薄の). *extra*-large (特大の). [1 ラテン語 *extrā* 'outside (of), without' 2 ＜*extra*ordinarily]

èxtra-báse hìt 名 Ⓒ 〖野球〗 長打《2 塁打以上》.

*ex·tract /ikstrǽkt/ 動 (~s /-ts/|過 過分 ~·ed /-əd/|~·ing) 他【引き出す】 1 を抜き取る,〔栓など〕を引き抜く; を(慎重に)取り出す;〈from ..から〉. have a tooth ~ed 歯を抜いてもらう. 2〔情報, 金銭など〕を無理に引き出す;〈from ..から〉. ~ a secret from a person 人から秘密を無理やり聞き出す. 3 (蒸留, 圧搾などして)を抽出する;〔果汁など〕を搾り出す;〈from ..から〉. ~ gold from ore 鉱石から金を採取する. 4〔楽しみなど〕を引き出す, 努めて見いだす;〈from ..から〉. ~ pleasure from daily routine 毎日のきまった仕事に喜びを見いだす.
5【一部を引き出す】を書き抜く, 抜粋する; を引用する;〈from ..から〉. ~ a passage from the President's speech 大統領の演説から一節を抜粋する.
── /ékstrækt/ 名 1 UC 抽出物; エキス, 精, (essence). lemon [beef] ~ レモン[牛肉]エキス. 2 C 抜粋, 抜き書き. quote an ~ from the Bible 聖書からの抜粋を引用する.
[<ラテン語「引き出す」(<ex-[1]+*trahere* 'draw')] ▷ ~·a·ble 形 引き出せる; 抽出できる.

ex·trác·tion 名 1 UC 引き抜く[かれる]こと;〈特に〉抜歯; (情報などを)引き出すこと. go to a dentist for an ~ 歯を抜きに歯医者に行く. ~ of money from a person 人に金銭を強要すること. 2 U 抽出; (果汁などを)搾り出すこと. 3〖章〗U 血統, 生まれ. an American of Japanese ~ 日系の米国人.

ex·trac·tive /ikstrǽktiv/ 形 抜き取る[引き出す]ことができる; 抜粋の. ── 名 C 抽出物, 搾り汁, エキス.

ex·trac·tor /ikstrǽktər/ 名 C 1 抽出[抜粋]者; 抽出器, ジューサー. 2 =extractor fan.

extráctor fàn 名 C 換気扇.

èxtra·currícular /⊛/ 形 正規の学課 (curriculum) 以外の. ~ activities 課外活動.

‡ex·tra·dite /ékstrədàit/ 動 他〔外国からの逃亡犯人〕を引き渡す, 送還する,〈to ..〔本国〕に〉;〔逃亡犯人〕の引き渡しを受ける. ▷ éx·tra·dì·ta·ble 形 ex·tra·di·tion /èkstrədíʃ(ə)n/ 名

èxtra·galáctic 形〖天〗銀河系外の.

èxtra·judícial /⊛/ 形 法の管轄外の; 法廷外の.

èxtra·légal /⊛/ 形 法規制を受けない, 法律外の.

èxtra·márital /⊛/ 形〈限定〉(結)婚外の〔性的交渉など〕. have ~ relations with a woman 女性と婚外交渉を持つ.

èxtra·múral /⊛/ 形〈限定〉1 学外の〔活動など〕;〖米〗校外対抗の〔スポーツ試合〕. ~ students (通信教育などの)学外生. 2〖主に英〗学外者対象の. ~ lectures (大学の)公開講座. 3 都市(の城壁)[組織]外の. 4 本務以外の, アルバイトの,〔仕事など〕. ◇↔intramural

ex·tra·ne·ous /ekstréiniəs/ 形 1 (本質的に)無関係の, 異質の,〈to ..と〉. data ~ *to* the subject 本題に関係のない資料. 2 外部からの, 外来の. ~ influence 外部からの影響. ▷ ~·ly 副 ~·ness 名

†ex·traor·di·nar·i·ly /ikstrɔ̀ːrd(ə)nérili|ikstrɔ́ːd(ə)n(ə)rəli/ 副 異常に, 並はずれて, 非常に. an ~ awkward situation とても具合の悪い立場.

*ex·traor·di·nar·y /ikstrɔ́ːrd(ə)nèri, èkstrəɔ́ːr-|-n(ə)ri/ 形 m 1 異常な, 普通でない. a most ~ experience きわめて異常な体験. ~ weather 異常な天候. ~ clothes 突飛な服装. 2 並はずれた; 非常な, 著しい, 驚くべき. a man of ~ strength 並はずれた力持ち. have an ~ facility with English 英語が際立って達者である. It was quite [most] ~ that no one reported the accident to the police. だれもその事故を警察に通報しなかったのは実に変だ. What an ~ thing to say [do]! なんて妙なことを言う[する]もんだ. 3〈普通, 名詞の後に付けて〉〖章〗〔役人などが〕特に任命された, 特派の. an envoy ~ →envoy. 4〈限定〉臨時の. an ~ session (of the Diet) 臨時国会. [extra-, ordinary] ▷ -nar·i·ness 名

ex·trap·o·late /ikstrǽpəlèit/ 動 他 1〖数〗〔既知量〕を外挿する;〔未知量〕を外挿によって求める. 2〔未知のものを推定するために既知のもの〕を用いる;〔既知のことから未知のこと〕を推定する. [<*extra*-+inter*polate*]

ex·tràp·o·lá·tion 名 UC〖数〗外挿法; 推定.

èxtra·sénsory /⊛/ 形 正常感覚外の, 超感覚の.

èxtrasensory percéption 名 U〖心〗超感覚的知覚, 超能力, 第六感,《略 ESP》.

èxtra·terréstrial /⊛/ 形 地球[大気圏]外の, 宇宙からの. ── 名 C 宇宙人, 異星人,《略 ET》.

èxtra·tèrritórial /⊛/ 形〈限定〉治外法権の. ~ rights 治外法権.

èxtra·tèr·ri·to·ri·ál·i·ty /-tèrətɔ̀ːriǽləti/ 名 U 治外法権.

èxtra tíme 名 U (試合の)延長時間《サッカーなら (1) 規定の時間内で引き分けの場合の 30 分延長. (2) 負傷などによるロスタイムを補う延長》.

èxtra·úterine /⊛/ 形〔妊娠などが〕子宮外の. ~ pregnancy 子宮外妊娠.

†ex·trav·a·gance /ikstrǽvəgəns/ 名〈非難して〉1 U (金銭などの)浪費, 乱費. eat up one's fortune through ~ 浪費で財産を食いつぶす.
2 C むだ遣い《個々の行為又は品物》. In rural districts, a car is a necessity, not an ~. 田舎の地では車は必需品でぜいたく品ではない.
3 U 過度; 法外さ, 突飛さ; C 突飛な言葉[行為など].

*ex·trav·a·gant /ikstrǽvəgənt/ 形 m〈非難して〉
1 浪費する, 金遣いの荒い, (wasteful); ぜいたくな, 高価な. have ~ habits 浪費癖がある. an ~ present ぜいたくな贈り物. It's ~ of you to stay at such a first-class hotel. こんな高級ホテルに泊まるなんてぜいたくだ.
2 豪華な, ぜいを尽くした,〔パーティ, デザインなど〕.
3 過度の;〔価格などが〕法外な;〔言動, 考え方などが〕突飛な. ~ claims 過度の要求. be ~ in the use of adjectives 形容詞を使い過ぎる. be ~ with sugar 砂糖をやたらに使う. an ~ price 法外な値段.
[<ラテン語「境界のかなたへさまよう」(<extra-+*vagārī* 'wander')] ▷ ~·ly 副 浪費して; 過度に, 法外に.

ex·trav·a·gan·za /ikstræ̀vəgǽnzə/ 名 C 1 突飛な趣向を凝らした作品,〈特に〉狂想劇, 狂想音楽; 豪華なショー. 2 狂気じみた言葉[態度]. [イタリア語 'extravagance']

èxtra·váscular 形 血管外の.

èxtra·vehícular /⊛/ 形〔活動などが〕宇宙船外での[で起こる]. ~ activity 宇宙船外活動《略 EVA》.

ex·tra·vert /ékstrəvə̀ːrt/ 名 =extrovert.

‡ex·treme /ikstríːm/ 形 e (-trem·er|-trem·est), m
1 ₵〈限定〉末端の; 究極の, 最後の. the ~ ends of a rod 棒の両端. the ~ north of a town 町の北端. the ~ hour of life 臨終.
2 ₵〈普通, 限定〉極度の, はなはだしい. ~ poverty 極貧. ~ pain ひどい苦痛. handle with ~ care 極めて大切に扱う.
3 極端な; 過激な; (↔moderate). ~ political views 過激な政治思想. an ~ example [case] 極端な例[場合]. take ~ measures 非常手段に訴える. Don't be so ~. そんな極端なことを言うな[するな]. the ~ Left 極左(派). ◇名 extremity
── 名 (複 ~s /-z/) C 1 末端(のもの). at the furthest ~ of the island 島の最先端に.
2〈~s〉両極端; 正反対(の 2 つのもの). *Extremes* meet.〖諺〗両極端は相通ずる. waver between the ~s of love and hate 愛と憎しみの両極端をふらふらする.
3 極端; 極度; 極端な行動[手段, 状態など]. avoid ~s 極端を避ける. grieve to such an ~ こんなにもひどく悲しむ. the ~ of despair 失望の極み. go to the other [opposite] ~ 反対の極端に走る. At one ~ there are

E

areas where heavy rains cause floods while at the other (〜) there are those afflicted by severe drought. 一方の極には大雨で洪水になる地域があり, 他方の極にはひどい旱魃(かんばつ)に苦しむところがある.
càrry* [*tàke*] *..to extrémes 〔政策など〕を極端に推し進める. 「激な」手段に訴える.
gò* [*be drìven*] *to extrémes 極端に走る; 非常[過↑
in the extréme 《章》極端に, きわめて, (extremely). His political ideas are radical *in the* 〜. 彼の政治上の考えはきわめて急進的だ.
[<ラテン語 *extrēmus* (*exterus*「外側の」の最上級)]

‡ex·treme·ly /ikstríːmli/ 副 ⓒ **極端に**; きわめて, 非常に, (very). His speech was 〜 well-done. 彼の演説はこの上ない出来だった. an 〜 cold wind とても冷たい風.

extrème únction 名 Ⓤ 《カトリック》終油の秘跡《臨終の時聖油を塗ること》. ▷ **〜·ness** 名

‡ex·trem·ism /ikstríːmiz(ə)m/ 名 Ⓤ (政治上の)過激主義, 極端論.

†ex·trem·ist /ikstríːmist/ 名 Ⓒ 過激主義の人, 極端論者. —— 形 極端論(者)の, 過激派の.

ex·trem·i·ty /ikstréməti/ 名 (複 **-ties**)
1 Ⓒ 《章》先端, 末端; 端, 果て. at the western 〜 of the country その国の西端に.
2 Ⓒ 〈-ties〉 四肢, 手足, 《特に指》. feel the cold in one's *extremities* 手足の先が冷たい. the upper [lower] *extremities* 上[下]肢.
3 ⓊⒸ 極端; 極度. The 〜 of his opinions astounded me. 彼の極端な意見にはびっくり仰天した. the *extremities* [〜] of grief 極度の悲しみ.
4 ⓊⒸ 苦境, 窮地. I called for help in (my) 〜. 切羽詰まって助けを求めた.
5 Ⓒ 《古》〈普通 -ties〉 極端な方策, 非常手段《暴力行為など》. ◇形 extreme
to the làst extrémity いよいよ最後というところまで; 死に至るまで. be driven *to the last* 〜 窮地に追い込まれる, 絶体絶命になる.

ex·tri·ca·ble /ikstríkəb(ə)l, ékstrik-|ékstrik-/ 形 脱出させられる, 解放できる.

ex·tri·cate /ékstrəkèit/ 動 他 **1** を脱出させる, 解放する, 〈*from*.. 〔紛糾, 困難など〕から〉. The singer could not 〜 herself *from* the crowd of fans. 歌手はファンの群れから脱け出せなかった. 〜 a person *from* debt 人を借金から解放する. **2** 《章》を放出する 〈*from* .. 〔閉じ込められた場所など〕から〉. 〜 a child *from* a collapsed house 倒壊した家から子供を救出する. [<ラテン語「もつれをほどく」(<ex-¹+*trīcae* 'hindrances')] ▷ **èx·tri·cá·tion** 名

ex·trin·sic /ekstrínsik/ 形 《章》 **1** 本質的でない, 付帯的な, 〈*to* ..にとって〉 (↔intrinsic). questions 〜 *to* the argument 議論の本質からはずれた質問.
2 外部(から)の, 外的な, 〔要因など〕.
▷ **ex·trín·si·cal·ly** /-k(ə)li/ 副 「(↔introrse).

ex·trorse /ekstrɔ́ːrs/ 形 《植》〔葯(やく)が〕外向きの↑

ex·tro·ver·sion /èkstrəvə́ːrʒ(ə)n|-ʃ(ə)n/ 名 Ⓤ 《心》外向(性) (↔introversion).

‡ex·tro·vert /ékstrəvə̀ːrt/ 名 Ⓒ 《心》外向的な人 (↔introvert); 陽気で社交的な人. —— 形 外向的な; 社交的な.

éx·tro·vèrt·ed /-əd/ 形 ＝extrovert.

ex·trude /ikstrúːd/ 動 他 《章》〔人, 物〕を押し出す, 突き出す, 〈*from* ..から〉; 〔金属, プラスチックなど〕を型から押し出して成型する. ▷ **-trúd·er** 名

ex·tru·sion /ikstrúːʒ(ə)n/ 名 《章》ⓊⒸ 押し出すこと, (プラスチックなどの)成型.

ex·tru·sive /ikstrúːsiv/ 形 《章》 **1** 押し出されて成型された. **2** (火山などの)噴出で作られた.

ex·u·ber·ance /igz(j)úːb(ə)rəns/ 名 **1** ⓐⓊ 繁茂; 豊富さ, 満ちあふれること; 〈*of* ..の〉. an 〜 *of* ferns 生い茂ったシダ類. an 〜 *of* good spirits あふれる元気. **2** Ⓤ あふれんばかりの熱意[元気, 喜びなど]. The old man greeted us with jolly 〜. 老人はあふれんばかりの好意を表して我々を迎えてくれた.

ex·u·ber·ant /igz(j)úːb(ə)rənt/ 形 **1** 〔植物が〕生い茂った. an 〜 growth of weeds 生い茂った雑草. **2** 元気いっぱいの; あふれんばかりの〔喜び, 熱意など〕; はち切れそうな〔健康など〕. be 〜 at the news その知らせに有頂天になる. **3** 豊富な; 大げさな〔賞賛など〕; 飾りたてた〔文体など〕. an 〜 imagination 豊かな想像力.
[<ラテン語「豊かにある」(<ex-¹+*ūber* 'fertile')] ▷ **〜·ly** 副 繁茂して; 豊かに.

ex·u·date /éksjudèit/ 名 ＝exudation 2.

ex·u·da·tion /èksjudéiʃ(ə)n/ 名 **1** Ⓤ 滲(し)出[発散]すること. **2** Ⓒ 滲出[発散]する物《汗, においなど》.

ex·ude /igz(j)úːd/ 動 他 **1** 〔汗など〕を滲(し)み出させる; 〔においなど〕を発散する; 〈*from, through* ..から〉. **2** 〔自信など〕をみなぎらせる, あふれさす. 〜 charm 魅力をあたりに振りまく. 〜 confidence 自信たっぷりである. —— 自 滲み出る; 発散する; 〈*from, through* ..から〉.

‡ex·ult /igzʌ́lt/ 動 自 《章》 **1** 大喜びする 〈*at, in, over* ..に〉; 歓喜する 〈*to* do ..して〉; (類語 rejoice より強意的, しばしば勝利の結果の喜び). 〜 *in* [*at*] one's victory 勝利に喜び勇む. 〜 *over* (winning) the grand prize グランプリを獲得して有頂天になる. 〜 *to* hear the news of his success 彼の成功の知らせを聞いて大喜びする.
2 勝ち誇る 〈*over* .. 〔人〕に〉 (triumph).
[<ラテン語「跳び上って喜ぶ」(<ex-¹+*salīre* 'leap')]

ex·ult·ant /igzʌ́lt(ə)nt/ 《章》 形 大喜びの, 有頂天の; 勝ち誇った 〈*at* ..に〉. ▷ **〜·ly** 副 大喜びで; 得々として; 高揚して, 声高らかに〔叫ぶなど〕.

ex·ul·ta·tion /ègzʌltéiʃ(ə)n, èks-/ 名 Ⓤ 《章》大喜び 〈*at* ..に対する〉; 勝ち誇ること 〈*over* .. 〔人〕に〉.

ex·últ·ing·ly 副 《章》大喜びで, 歓喜して.

ex·urb /éksəːrb, égz-/ 名 Ⓒ 《米》郊外周辺住宅地区, 準郊外, 《suburb の外側で裕福な人々が住む》.

ex·ur·ban·ite /eksə́ːrbənàit, egz-/ 名 Ⓒ 《米》準郊外地区居住者.

ex·urb·i·a /eksə́ːrbiə, egz-/ 名 Ⓤ 《米》〈集合的↓に〉 準郊外地区.

-ey 接尾 ＝-y¹.

‡eye /ai/ 名 (複 **〜s** /-z/)
【目】 **1** Ⓒ 目《ひとみ (pupil), 虹彩(こうさい)(iris), 目の周囲も含めて》; 目つき, 目差(まなざ)し. Jane has lovely [large blue] 〜*s*. ジェーンはかわいい目(元)[大きな青い目]をしている. out of the corner of one's 〜 ちらっと横目で. look a person in the 〜(*s*) 人の目をじっと[まともに]見る.

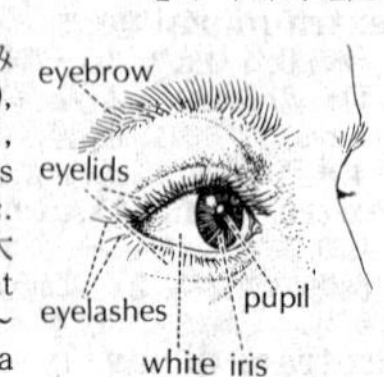

[eye 1]

lift (up) one's 〜*s* 見上げる. drop [lower] one's 〜*s* (恥じらいなどで)目を伏せる. She was afraid to meet his 〜. 彼女は彼と目を合わせるのを恐れた. with an anxious [a suspicious] 〜 心配そうな[疑わしげな]目つきで.
2 【見る器官としての目】 Ⓒ 目; 視覚; (★両眼(の視覚)を指して単数形も用いる; →3). I can't believe my 〜*s*. 我が目を疑う《意外な場面などを見て》. invisible to the naked 〜 肉眼では見えない. have sharp [weak] 〜*s* 目が鋭い[視力が弱い]. have 〜*s* like a hawk (どんな小さなことも見逃さない鋭い)タカのような目をしている. Knitting looks quite simple but there's (a lot) more to it than meets the 〜. 編み物は至極簡単そうだが実際は外見より(ずっと)複雑だ.

1, 2の 連結 deep-set [protruding; slanting; bloodshot; swollen; clear; dull; cunning, shifty; shrewd; long-sighted; short-sighted] ~*s* // avert [blink; raise; roll; rub; screw up; strain] one's ~*s* // a person's ~*s* flash [sparkle, twinkle]

3【見る能力】Ⓒ〈普通, 単数形で〉目; 視力. as far as the ~ can reach [see] 目の届く[見渡す]限り.
4【ものの見方】Ⓒ〈しばしば ~*s*〉意見, 判断. in my ~*s* 私の見るところでは. to my amateur ~ 私の素人判断では[目には]. The man is innocent in the ~(*s*) of the law. その人は(道義的にはともかく)法に照らして見て無実だ. the English countryside as seen through a poet's ~(*s*) 詩人の目を通して見た英国の田園風景.
【目に似たもの】 **5** Ⓒ (ジャガイモなどの)芽; (クジャクの羽などの)尾紋; (針の)めど; (ホックの)留め穴; (ロープの端の)環; 標的の黒星; (眼鏡の)玉; (カメラの)レンズの目.
6 Ⓒ 〖気象〗(台風, 竜巻などの)目; 風の(吹いてくる)方角. the wind's ~ 風上. in the ~ of the wind 風に向かって. the ~ of a typhoon 台風の目.

all mỳ éye 〖旧話〗〈次の形で〉That's *all my* ~ (and Betty Martin). へえとんでもない, そんな事あるものか.
an èye for an éye '目には目を', された通りの仕返し, 《〖旧約聖書〗「出エジプト記」21:24 から》.
be àll éyes (目を皿のようにして)一心に見つめる. She *was all* ~*s* as he opened the jewelry box. 彼が宝石箱を開けると彼女は目を見張った.
before [under ↓, in front of] a pèrson's (vèry) éyes
blàck a pèrson's éye 人を殴って目の周りを黒くあざにする.
by (the) éye 目分量で〔計るなど〕.
càst [rùn ↓] an éye [one's éye(s)] over ..
càtch a pèrson's éye 人の注意を引く; 人の目に留まる; 人の目を捉える; 人と視線が合う.
clàp éyes on .. 〖話〗→clap.
clòse one's éyes (1) 目を閉じる; 死ぬ (die). (2) 大目に見る, 目をつぶる; 無視する; 〈*to* ..を, に〉.
crỳ one's éyes òut →cry.
dò a pérson in the éye 〖英話〗人をだます.
èasy on the éye →easy.
A person's éyes are bigger than [tòo bíg for] his [her] stómach. 食べきれないほどに欲張る.
Èyes frónt! 〖軍〗頭(かしら)中(なか), 直れ, 《号令》.
Èyes ríght [léft]! 〖軍〗頭右[左]《号令》.
for a person's èyes ónly (特定の)人だけが見るように(丸秘で)[の親展扱いで]. The report was marked "For the manager's ~*s* only." 報告書には「支配人殿親展」と印(しる)してあった.
gèt [kèep] one's éye in 〖主に英〗(球技で)ボール(の動き)に目を慣らす.
gèt the (glàd) éye 〖話〗色目を使われる.
gìve an éye to .. ..に注目する; ..に気をつける.
gìve a pèrson the (glàd) éye =***gìve the (glàd) éye to a pérson*** 〖話〗人をほれぼれと見る; 人に色目を使う.
glànce one's éye down [over, through] .. 〖話〗..にさっと目を通す.
hàve an éye for .. ..に目が利く, ..を見る目がある. *have a* (good, keen, sharp) ~ *for* pictures 絵に目が利く.
hàve an éye for [on, to] the màin chánce 抜け目なく(金もうけの)機会をうかがっている.
hàve an éye to [on] .. (1) ..に目をつけている, 注意する. (2) ..を目当てにする. Tim always *has an* ~ *to* profit. ティムはいつも金に目ざとい.
hàve óne eye [hàlf an éye] on .. ..を盗み見する[ちらりと見る].
hàve one's éye on .. (1) (まずいことが起こらないように)..を監視する, 観察する. (2) ..に目をつけている, ..を欲しがっている.
hàve èyes in the bàck of one's héad (頭の後ろに目がある) 抜け目がない.
have éyes (ònly) for .. ..に(だけ)関心[興味, 愛情]をもつ. ★only の位置は have の前でも可.
hàve one's éyes on stálks = ***hàve one's éyes pòpping out of one's héad*** うっとりと[びっくりして]見つめる《ザリガニの目のように(柄(え)がついて)飛び出している, という表現》.
hìt a pèrson in the éye (1) 人の目のあたりを殴る. (2) 人にとって一目瞭(りょう)然である.
if you had hàlf an éye 君に少し目があれば, 君が少し注意すれば.
in a pìg's éye! 〖米話〗まさか, (そんなの)聞いてあきれる.
in frònt of [before, under ↓] a person's (vèry) éyes
in one's mìnd's éye 想像で; 記憶の中で.
****in the éyes of ..*** ..の目から見れば, 考えでは, (→4). *in the* ~*s of* the world 世間[世界]の目から見れば.
in the pùblic éye よく人目にふれて; (新聞, テレビなどで)名の知れた; 世間から見れば.
kèep a clòse éye on .. ..をよく見張る[見守る].
kèep an [one's] éye on .. ..から目を離さない《世話をしたり見張ったりするために》, の番をする.
kèep an éye òut [òpen] = ***kèep one's éyes òpen [pèeled, 〖英〗 skinned]*** 〖話〗油断なく警戒して[見張って]いる〈*for* ..が現れないかと〉. Please *keep your* ~*s open* for misprints. 誤植がないかよく見てください.
kèep one's éye in =get one's EYE in.
lày éyes on .. 〖話〗=set EYES on ...
lòok a person in the éye(s) →look.
màke a pérson òpen his [her] éyes 人を驚かす.
màke (shèep's) éyes at .. 〔異性〕に色目を使う.
mèet a person's éye(s) 〔物が〕人の目に入る[目につく].
mèet the éye 見られる. Various kinds of flowers *met the* ~. いろいろな種類の花が見えた.
Mìnd your éye! 〖英話〗気をつけろ.
mỳ éye! 〖英話〗おや, まさか, 〔..だなんて〕聞いてあきれる. You didn't know about it, *my* ~! (相手が「知らない」と言ったのに対して)君がそれを知らなかったなんてとんでもない. Pretty *my* ~! (あの女はきれいだ, と人が言ったのに対し) 'きれいだ' があきれるよ《とんでもない》.
òne in the éye for .. 〖英話〗..の(誇りなどを傷つける)痛烈な打撃, 痛棒, 《one は one blow (1 発)》.
òpen a pèrson's éyes 人の目を開かす, 人を啓発する, 〈*to* ..に対して〉. Reading the Koran *opened* my ~*s to* the Islamic world. コーランを読んで私はイスラムの世界への目が開かれた.
òpen one's éyes 驚いて目を見張る.
rùn [càst] an éye [one's éye(s)] over .. ..に(ざっと)目を走らせる.
sèe èye to éye with .. 〈しばしば, 否定文で〉..と意見が完全に一致する〈*on, over, about* ..について〉.
sèt éyes on .. 〖話〗..を見かける, が目にとまる.
shùt one's éyes =close one's EYES.
tàke one's éyes òff .. 〈しばしば, 否定文で〉..から目を離す. She was so beautiful I couldn't *take* my ~*s off* her. 彼女は大変な美人だったので彼女に目がくぎづけになった.
There is móre to [in] .. than mèets the éye ..は見た目[初め考えてみた]より複雑だ[興味深いなど] (→2).
to the éye 見たところでは, うわべは.
tùrn a blìnd éye (to ..) →blind.
under a pèrson's (vèry) éyes 人の眼前で; 公然と, 見る見る. The building collapsed *under* our *very*

~s. その建物は我々が見ている前でくずれ落ちた.
under the (***wàtchful***) ***éye of*** *a person* 人に(注意深く)見守られて.
ùp to the [*one's*] ***éyes*** 〔*in* work; *in* debt〕《話》〔仕事に〕忙殺されて; 〔借金に〕はまりこんで.
with an èye for [***on, to***] ***the màin chánce*** 抜け目なく(金もうけの)機会をうかがって.
with an éye to (*doing*).. (..すること)を目指して, もくろんで. *with an* ~ *to* (gain*ing*) profit 利益を得る目的で.
with *one's* ***éyes òpen*** 目を開けたまま; それと知りながら, 覚悟の上で. It's certainly a hard job, but I took it *with* my ~*s open*. 確かに難しい仕事ではあるがそれを重々承知の上で引き受けた.
with *one's* ***éyes shùt*** [***clòsed***] 目を閉じたまま; それとは知らず[気づかずに]; (目を閉じていてもできるほど)楽々と.
with hàlf an éye 《話》ひと目で, ちょっと見ただけで.
── 動 (~s /-z/|過 過分 ~d /-d/|**ey·ing, ~·ing**) 他 を見る, 見つめる; をじろじろ見る; (類語 ある特別な気持ちで(不審げに, 物欲しげになど)見ること; →see). ~ a stranger from top to toe 初めて会った人を頭からつま先までじろじろ見る.
èye /../ úp 《話》〔人〕をほれぼれと見つめる, いやらしい目つきで見る.
[<古期英語]

†**éye·bàll** 名 C 眼球, 目玉.
èyeball to éyeball 《話》(1) 顔と顔を突き合わせて(face to face) 〈*with* ..と〉. (2) 正面切っての. an ~ to ~ confrontation 正面切っての対峙(たいじ).
ùp to the éyeballs 《話》はまり込んで〈*in*..〔借金など〕に〉. be drugged up to the ~*s* 麻薬にはまり込んでいる. ── 動 他 《話》を(鋭い視線で)じっと見る, 見詰める.
éye bànk 名 C 眼球銀行, アイバンク.
éye·bàth 名 (複 →bath) 《英》=eyecup.
*__eye·brow__ /áibràu/ 名 (複 ~s /-z/) C まゆ, まゆ毛. shaggy [thick, heavy, bushy] ~*s* もじゃもじゃした[濃い]まゆ. knit one's ~*s* まゆをしかめる.
ràise *one's* ***éyebrows*** [***an eyebrow***] (***at, over..***) (驚き, 疑い, 非難などで) (..に対して, ..のことで)まゆを(つり)上げる. He looked at her raising his ~*s* [with his ~*s raised*] disapprovingly. 彼はとがめるようにまゆをつり上げて彼女を見た.
ùp to the [*one's*] ***éyebrows*** =up to the [one's] EYES.
éyebrow pèncil 名 C (鉛筆形の)まゆずみ.
éye-càtcher 名 C 《話》人目を引くもの.
éye-càtching 形 〔物が〕人目を引く. ▷**~·ly** 副
éye chàrt 名 C 視力検査表.
éye còntact 名 U 視線を合わせること. make [avoid] ~ with .. ..と視線を合わせる[合わせるのを避ける].
éye·cùp 名 C 《米》洗眼用コップ(《英》eyebath).
-eyed /aid/ 〈複合要素〉..の目をした. one-~. black-~. sad-~.
éye dòctor 名 C 眼科医, 目医者.
éye·dròp·per 名 C 《米》(目薬などの)点眼器.
éye dròps 名 〈複数扱い〉点眼薬.
eye·ful /áifùl/ 名 aU **1** 目にいっぱい(の量) 〈*of* ..〔涙, ちりなど〕の〉. **2** 《話》たっぷり見ること. **3** 《話》(人目を引く)すてきなもの[人], 〈特に〉美人.
gèt [***hàve***] ***an éyeful of..*** 《話》めずらしいものなどをたっぷり見る.
†**eye·glass** /áiglæ̀s|-glɑ̀ːs/ 名 C **1** 片眼鏡; 《米・英では旧》〈~es〉眼鏡 (glasses). **2** =eyepiece.
éye·hòle 名 C **1** のぞき穴 (peephole). **2** (ロープなどの)通し穴, めど. **3** =eye socket.
*__éye·làsh__ 名 (複 ~·es /-əz/) C (1本の)まつ毛; 〈the ~es〉まつ毛(全体). false ~*es* つけまつ毛. flutter one's ~*es* →flutter 他 1.
éye·less 形 目のない; 盲目の.

eye·let /áilət/ 名 C **1** (靴などの)ひも穴, (帆, テントなどの)めど, はと目穴; (刺繍(ししゅう)の)飾り穴. **2** はと目金《はと目穴補強用の》.
éye lèvel 名 U 目の高さ(の位置). hang a picture at ~ 絵を目の高さに掛ける.
éye-lèvel 形 〈普通, 限定〉目の高さの.
*__eye·lid__ /áilìd/ 名 (複 ~s /-dz/) C まぶた. heavy ~*s* はれぼったいまぶた. the upper [lower] ~ 上[下]まぶた. single [double] ~*s* 一重[二重]まぶた.
not bàt an éyelid →bat[3].
éye·lìft 名 C アイリフト《目尻などのしわを伸ばす美容整形》.
éye·lìner 名 UC (鉛筆状の)アイライナー《アイラインを引くのに用いる化粧品》.
éye màsk 名 C アイマスク《眠りやすくするために目を覆うもの》.
èye-mínded 形 視覚型の, 思考を視覚的に行うタイプの.
éye-òpener 名 C 《話》目を見張らせる[啓発されるような]物事. His remark was an ~ to me. 私は彼の言葉で目が開かれた.
éye-òpening 形 目を見張らせるような, 啓発的な.
éye·pàtch 名 C 眼帯.
éye pèncil 名 =eyeliner.
éye·pìece 名 C (望遠鏡, 顕微鏡などの)接眼レンズ (↔ object glass).
éye-pòpping 形 《話》目の玉が飛び出すほどの, ぎょっとするような.
éye·prìnt 名 C 眼紋《網膜上の血管のパターン; 人の識別に用いられる; →fingerprint》.
éye rhỳme 名 U 視覚韻《形は押韻して見えるが, 発音が異なるもの; 例 dore と more, barn と warn; → rhyme》.
éye·shàde 名 C まびさし《強い光から目を保護するために額に着用する》.
éye shàdow 名 UC アイシャドー《化粧品》. apply [put on] ~ アイシャドーを塗る.
éye·shòt 名 U 目の届く範囲, 視界, (→earshot). go beyond [out of] ~ 見えなくなる. in [within] ~ 目の届くところに.
*__eye·sight__ /áisàit/ 名 U **視力**, 視覚. have good [bad, poor] ~ 目が良い[悪い].
éye sòcket 名 C 《解剖》眼窩(か).
èyes-ónly 形 マル秘の〔書類, 報告書など〕. →for a person's eyes only (eye の成句).
éye·sòre 名 C 〈普通, 単数形〉(多くの人の)目に触れて不愉快なもの, 目障り(なもの), 《特に異様な建築物など》.
éye·stràin 名 U 疲れ目, 眼精疲労.
Eye·tie /áitai/ 形, 名 C 《英・軽蔑》イタリア(人)(の). [*Italian* をふざけて崩した発音]
éye·tòoth 名 (複 →tooth) C (特に上顎(あご)の)犬歯, 糸切り歯, 《目頭の真下にあるから》.
cùt *one's* ***éyeteeth*** 世間的分別がつく《'糸切り歯が生えて大人になる'の意味から》.
gìve *one's* ***éyeteeth*** なんとしても欲しい 〈*for* ..が〉; すべてを投げ出してもいい 〈*to* do ..できれば〉.
éye·wàsh 名 U **1** 目薬, 洗眼ローション. **2** 《話》ぺてん; ごまかし, でたらめ, 戯言(たわごと), (nonsense).
éye·wèar 名 U 〈集合的〉眼鏡類《コンタクトレンズ, ゴーグルなども含む》.
éye·wìtness 名 C 目撃者; 現場証人. an ~ *to* the crime その犯罪の目撃者. an ~ account 目撃者の話[証言].
ey·ot /éiət, eit/ 名 《英》(特に, 川の中の)小島.
ey·rie, ey·ry /é(ə)ri, í(ə)ri|áiəri, éəri/ 名 =aerie.
Ezek. Ezekiel.
E·ze·ki·el /izíːkiəl, -kjəl/ 名 《聖書》エゼキエル《紀元前6世紀のヘブライの預言者》; 『エゼキエル書』《旧約聖書中の一書》.
Ez·ra /ézrə/ 名 《聖書》エズラ《紀元前5世紀のヘブライの預言者》; 『エズラ記』《旧約聖書中の一書》.

F

F, f /ef/ 名 (複 **F's, Fs, f's** /-s/) **1** UC エフ《英語アルファベットの第 6 字》. **2** C F 字形のもの. **3** U 〘楽〙ヘ音; ヘ調. *F* flat 変ヘ調. a waltz in *F* major ヘ長調のワルツ. **4** C (学業成績の)不可《failure の頭文字》. ★ 2, 3, 4 では大文字を用いる.

F Fahrenheit (↔C); 〘理〙 farad(s); February; Fellow; 〘遺伝〙 filial; fine《鉛筆の細書き用; →fine[1] 4》; 〘化〙 fluorine; 〘理〙 force; France; franc(s); French; Friday.

f fathom(s); feet; female; feminine; folio; following (→ff.); foot; 〘楽〙 forte; 〘スポーツ〙 foul; franc; 〘理〙 frequency; 〘数〙 function.

FA 〘軍〙 field artillery; 〘英〙 Football Association (サッカー協会).

fa /fɑː/ 名 UC 〘楽〙 ファ《ドレミ音階の第 4 音》.

FAA 〘米〙 Federal Aviation Administration (連邦航空局).

fab /fæb/ 形 〘英話〙 ＝fabulous.

Fa·bi·an /féibiən/ 形 **1** じらし戦術の, 持久戦法の, 《古代ローマの将軍 Fabius /féibiəs/ の用いた戦術から》. ～ tactics 持久策. **2** 〔政策, 改革などが〕漸進的な. **3** フェビアン協会の. —— 名 C フェビアン協会員.

Fa·bi·an·ism /féibiənìz(ə)m/ 名 U フェビアン主義; 漸進主義.

Fàbian Socíety 名 〈the ～〉 フェビアン協会《1884 年 Webb /web/ 夫妻, Bernard Shaw らがロンドンに設立した漸進的社会主義団体》.

*__fa·ble__ /féib(ə)l/ 名 (複 **～s** /-z/) **1** C **寓話**(ぐうわ) (類語 動物などを擬人化した短い教訓物語; →allegory, parable). Æsop's *Fables* イソップ寓話集. **2** C 神話 (myth), 伝説 (legend); U 〈集合的〉 神話, 伝説. **3** C 作り話. His story of his adventures in Africa is just a big ～. 彼のアフリカでの冒険談は全くのでっち上げだ. ◇形 fabulous [＜ラテン語 *fabula*「物語」]

fá·bled 形 **1** 伝説[寓話(ぐうわ)]で有名な, 神話[伝説]中の. **2** 架空の, 作り話の.

fab·li·au /fǽbliòu/ 名 (複 **～x** /-z/) C ファブリオ《特に 12–13 世紀にフランスで流行したこっけいで卑わいな韻文の物語》. [フランス語 (＜「小さな fable」)]

Fa·bre /fɑ́ːbr(ə)/ 名 **Jean Henri ～** ファーブル (1823–1915)《フランスの昆虫学者》.

*__fab·ric__ /fǽbrik/ 名 (複 **～s** /-s/) **1** UC **織物**, 織布. a blue ～ 青い布. woolen [cotton, silk] ～*s* 毛[綿, 絹]織物. **2** U (建築物, 社会などの)構造, 組織; 基盤. Freedom of speech is woven into the ～ of modern democracies. 言論の自由は近代民主主義国家の構造に組み込まれている. [＜ラテン語「作業場＞念入りに作られた物」]

†**fab·ri·cate** /fǽbrikèit/ 動 他 **1** (部分, 材料を組み合わせて)を作る, 組み立てる. **2** 〔口実など〕を作り上げる, でっち上げる; 〔文書〕を偽造する. ～ a story [will] 話を捏(ねつ)造する[遺書を偽造する].

fàb·ri·cá·tion 名 **1** U 製作, 組み立て. **2** U 捏(ねつ)造, 偽造; C 作り話; 偽造物[文書].

fab·ri·ca·tor /fǽbrikèitər/ 名 C **1** 製作者. **2** 偽造者, うそつき.

fábric conditioner 〘英〙 [**sòftener** 〘米〙] 名 UC (繊維品の)柔軟仕上げ剤.

fab·u·list /fǽbjəlist/ 名 C 寓(ぐう)話作家; うそつき.

†**fab·u·lous** /fǽbjələs/ 形 **1** 〈普通, 限定〉 信じられない(ような), 驚くべき; 法外な, あきれるほどの. ～ wealth 莫(ばく)大な富. a ～ price 途方もない値段; 夢のような安値《広告などで》. **2** 〘話〙 (信じられないほど)すばらしい. Mary is a ～ dancer. メリーは踊りがすばらしくうまい. **3** 〈限定〉 伝説上の, 伝説[神話]に出てくる; 架空の. ◇名 fable ▷**～·ness** 名

fáb·u·lous·ly 副 信じられないほど; 途方もなく; ひどく. ～ rich とてつもなく金持ちの.

fa·çade, fa·cade /fəsɑ́ːd/ 名 C **1** (建物の)正面, 前面, 《特に堂々とした装飾的なもの》. **2** 〈普通, 単数〉 (偽りの)外観, 外見; 見せかけ. maintain a ～ of contentment 満ち足りたふりをし続ける. [フランス語]

[façade 1]

‡**face** /feis/ 名 (複 **fác·es** /-əz/)

【人の顔】 **1** C **顔**, 顔面; 人《顔の持ち主としての》. a scar on the ～ 顔の傷跡. with averted ～ 顔を背けて (★この場合の冠詞省略に注意; with one's ～ averted の方が普通). a new ～ 新顔, 新入り. look a person in the ～ → look (成句). I knew only two ～*s* in the group. その集団の中に 2 人しか顔見知りがいなかった.

2 C 顔立ち, 顔かたち. a lovely [plain] ～ 愛らしい[不器量な]顔. Her profile is better than her full ～. 彼女の顔は正面よりも横からの方が美しい.

3 C 表情, 顔つき; 〈しばしば ～s〉 しかめっ面. a happy [sunny] ～ 楽しそうな[晴れやかな]顔. keep a straight ～ →straight (成句). Her ～ fell at the news. その知らせに彼女は(がっかりして)顔を曇らせた.

> 1, 2, 3 の 連結 a round [a chubby, an oval; a lean, a long, a thin; a pale, a ruddy; a clean, an unshaven; a bright, a cheerful, a melancholy, a sad] ～ // raise [lower] one's ～ // one's ～ brightens [beams, glows; goes [turns] pale]

4 U 〘話〙 〈普通 the ～〉 面(つら)の皮(の厚さ), ずうずうしさ, (impudence). have the ～ to ask $100 厚かましくも 100 ドル請求する. It takes a lot of ～ to carry that off. それをやってのけるにはよほどの面の皮の厚さが必要だ.

5 U 面子(めんつ), 面目. lose ～, save ～ (→成句).

【物の面】 **6** C **表面**, 外面; (建物などの)正面; 〘幾何〙 面; (がけ, 山などの)垂直な面, 急斜面. the ～ of the earth 地球の表面. A cube has six square ～*s*. 立方体は 6 つの正方形面を持つ. the north ～ of the Eiger アイガー北壁. **7** C (時計などの)文字盤; (貨幣, トランプ札などの)表(おもて). lay the cards ～ up [down] トランプの札を表[裏]にして置く. **8** C (炭鉱の)切羽(きりは); (ハンマー, クリケットのバットなどの)打つ面. **9** C 〘印〙 活字面《大きさと書体》(typeface). **10** C 外観, うわべ; 様相. put a new ～ on ..の外観を一新する. change the political ～ of Asia アジアの政治的局面を一変する. ◇形 facial

fàce dówn [***úp***] 顔を下[上]に向けて; うつぶせ[仰向け]

になって〔横たわるなど〕; 裏[表]にして〔カードを置くなど〕.
*__*fàce to fáce*__ 差し向かいで, 直面して, 〈*with* ..と〉. They stood ～ *to* ～. 彼らは向かい合って立った. come ～ *to* ～ *with* poverty 貧困に直面する.
__*flỳ in the fáce of ..*__ 〔権威など〕にまともに反抗する.
__*grìnd the fáces of the póor*__ →grind.
__*hàve* one's *fàce lífted*__ (顔のしわを取る)美容整形を受ける.
__*hàve twò fáces*__ 〔人が〕表裏がある, 二心を抱く; 〔言葉などが〕二つの意味に解せる.
__*in a pèrson's fáce*__ 人の面前で, 人に面と向かって. She shut the door *in* his ～. 彼女は彼の鼻先で戸を閉めた.
__*in* one's *fáce*__ まともに. He ran with the wind *in* his ～. 彼は風をまともに受けて走った.
*__*in* (*the*) *fáce of ..*__ (1) *..*を前にして; ..に直面して. He hesitated *in* (*the*) ～ *of* danger. 危機に直面して彼はためらった. abandon a policy *in* (*the*) ～ *of* public opposition 世論に反対されて政策を取りやめる. (2) ..にもかかわらず, に逆らって. go one's own way *in* (*the*) ～ *of* the world 世間が何と言おうと我が道を行く.
__*lòok ..in the fáce*__ →look.
__*lòse fáce*__ 面子(めんつ)をなくす, 顔がつぶれる.
__*màke* [*pùll*] *fáces* [*a fáce*]__ しかめっ面をする; (からかって)おかしな[失礼な]顔をする; 〈*at* ..〔人〕に〉. 「る).
__*nòt jùst a prètty fáce*__ 見かけだけじゃない(能力もあ↑
__*off the fàce of the éarth*__ 地上から全く〔消えるなど〕. The boys have disappeared *off the* ～ *of the earth*. 少年たちは姿を消して行方不明だ. wipe starvation *off the* ～ *of the earth* 地上から飢えを全くなくする.
*__*on* one's *fáce*__ うつ伏せに. fall *on* one's ～ うつ伏せに倒れる; 完全に失敗する.
__*on the fáce of it*__ 〖話〗一見したところ.
__*pùll a lòng fáce*__ →pull. 「対して平静を装う.
__*pùt a bòld* [*bràve, gòod*] *fáce on ..*__ 〔困難など〕に↑
__*pùt* one's *fáce òn*__ 〖話〗化粧する.
__*sàve* (*a pèrson's* [*one's*]) *fáce*__ (人[自分]の)体面[面目]を保つ, 顔を立てる.
__*sèt* one's *fáce against ..*__ ..に断固反対する; ..に顔を背ける. Scarlett *set* her ～ *against* the past; she wouldn't look back. スカーレットは過去に顔を背け, 振り返ろうとしなかった.
__*shòw* one's *fáce*__ 〔人が〕顔を出す, 現れる. Recently he has not *shown* his ～. 最近彼は顔を見せない.
__*Shùt your fáce!*__ 〖話〗黙れ.
__*thròw ..*(*báck*) *in a pèrson's fáce*__ ＝cast ..in a person's teeth (tooth の成句).
__*to a pèrson's fáce*__ 人に面と向かって; 率直に. Tell him so *to* his ～. 彼にはっきりそう言え.
── 動 (**fác·es** /-əz/|過 過分 **～d** /-t/|**fác·ing**) 他
【顔を向ける】 **1** に向かう, 面する. They sat *facing* each other. 彼らは向かい合って座った. The hotel ～*s* the lake. ホテルは湖に面している. the picture *facing* p. 25 25 ページの対ページにある写真[絵].
2 (**a**) 〔困難, 危険など〕に立ち向かう; 〔不快な事実など〕を直視する, 率直に認める. ～ the enemy boldly 勇敢に敵に立ち向かう. ～ (the) facts (目をそらさずに)現実を直視する. ～ (the fact) that ..(..という事実)に直面する (★ the fact はときに省略されることがある). (**b**) VO (～ X/*doing*) X(問題など)に対処する/..する気になる〈否定文で〉. I can't ～ (solv*ing*) the problem. 私はその問題(を解決するよう)に対処する気にならない.
3 〔告発, 懲罰など〕を受ける, に対する. go to court to ～ manslaughter charges 殺人の告発に対するために法廷に行く. If found guilty, she could ～ a sentence of 10 years. もし有罪となると彼女は 10 年の刑を受けるかもしれない.
4 〔困難などが〕に生じる, 差し迫る. A new problem ～*d* us. 新しい問題が我々に出て来た (→6 の第 2 例).
5 VOA を向ける, 向かわせる, 〈*to* ..に〉. ～ a mirror *to* the sun 鏡を太陽の方向へ向ける.
6 VOA (～ X *with ..*) X を..に直面させる. ～ a person *with* the truth 人を真実に直面させる. We were ～*d with* a new problem. 我々は新たな問題に直面した. species ～*d with* extinction 絶滅に瀕(ひん)した(生物の)種属.
【表面を仕上げる】 **7** VOA (～ X *with, in ..*) X の表面を..で覆う, X を..で上張り[上塗り, 化粧張り]する. The wall is ～*d with* tiles. 壁はタイル張りである.
8 VOA (～ X *with ..*) X の縁取りを..でする. ～ a dress *with* embroidery ドレスに刺繍(しゅう)の縁取りをする.
── 自 **1** VA 面している, 向いている, 〈*to, toward, on* ..に〉. The house ～*s to* [*toward*] the east.＝The house ～*s* east. 家は東向きだ. a hotel *facing on* the sea 海を臨むホテル. **2** 顔を向ける, 向く; 〖軍〗転回する.
__*Abòut* [*Lèft, Rìght*] *fáce!*__ 〖米〗回れ右[左向け左, 右向け右]《軍隊の号令; 〖英〗 About [Left, Right] turn!》.
__*fàce /../ dówn*__ (1)〔人〕を威圧する, やっつける. (2)〔反対など〕を押し切る, 抑えつける. 「通す.
__*fàce it óut*__ 大胆に物事を押し通す, 最後まで頑張り↑
__*fàce óff*__ (ホッケーなどを)開始[再開]する. 「..と対決する.
__*fàce /../ óff*＝*fàce óff with* [*against*] ..__ 〖米〗↑
__*fàce /../ óut*__ 〔危険など〕を大胆[強引]に切り抜ける.
__*fàce the músic*__ 〖話〗臆(おく)せずに(困った)事態などに立ち向かう; 甘んじて責任を取る.
__*fàce úp to ..*__ 〔敵, 難局など〕に大胆に立ち向かう; 〔嫌な事実など〕を直視する, 率直に認める.
__*lèt's fáce it*__ 〖話〗実のところ, 認めざるをえないことだが. *Let's* ～ *it*, we have no chance of winning. 正直な話, 我々には勝つ見込みが全くない.
[＜古期フランス語 (＜ラテン語 *faciēs*「形, 姿」＜*facere*「作る」)]

fáce·àche 名 〖英〗 **1** U 顔面神経痛. **2** C 〖俗〗浮かない顔をした人. 「card).
fáce càrd 名 C 〖米〗(トランプの)絵札 (〖英〗 court↑
fáce·clòth 名 (複 →cloth) C 〖英〗小型タオル《正方形で手や顔を洗うのに用いる》(〖米〗 washcloth).
fáce crèam 名 UC (主に女性用)美顔クリーム.
-faced /-t/ 〈複合要素〉「..の顔をした」の意味の形容詞を作る. brazen*faced*. red-*faced* (赤い顔をした).
fáce flànnel 名 〖英〗＝facecloth.
fáce·less 形 **1** 顔[文字盤など]のない. **2** 匿名の; 無名の. **3** 特徴のない, '顔のない'. ▷**～·ness** 名
fáce-lìft 名 C **1** (顔のしわを取る)美容整形. **2** 〈普通, 単数形〉(建物, 部屋などの)化粧直し.
── 動 他 **1** 〔人〕に美容整形を施す. **2** 〔建物, 部屋など〕を化粧直しする.
fáce-lìfting 名 UC 美容整形[化粧直し](をすること).
fáce màsk 名 C (野球の捕手, アイスホッケーのゴールキーパーなどの)マスク.
fáce-òff 名 (複 **～s**) C **1** (ホッケーなどの)試合開始[再開]. **2** 〖米〗対決 〈*with* ..との〉.
fáce pàck 名 C (美顔用)パック.
fáce pòwder 名 U おしろい.
fac·er /féisər/ 名 C **1** 化粧仕上げをする人[道具]. **2** 〖英話〗顔面パンチ; 面食らう出来事, 予期せぬ失敗.
fáce-sàver 名 C 顔を立てる[面子(めんつ)を保つ]事柄.
fáce-sàving 形 〈限定〉(相手の)顔を立てる, (自分の)面子(めんつ)を保とうとする.
‡**fac·et** /fǽsət/ 名 C **1** (多面体, 特に宝石の)小面, 切り子面. a diamond with fifty ～*s* 50 面カットのダイヤモンド. **2** (複雑な物事の)側面, 様相, (aspect). **3** 〖虫〗個眼《複眼を構成する》. ── 動 他 〔宝石など〕に小面を

刻む. [<フランス語「小さな面(*face*)」]

-faceted /-əd/ 〈複合要素〉「..の小面[様相]を持つ」の意味の形容詞を作る. many-*faceted* (多くの小面[様相]を持つ).

fa·ce·tious /fəsíːʃəs/ 形 〔言葉, 人などが〕こっけいな, ふざけた, (類語 軽薄, 不まじめ, 場違いなどの意味を含む; →funny). ▷**~·ly** 副 **~·ness** 名

fàce-to-fáce /-tə-/ ⊛ 形 〈限定〉向かい合っての, じかに直面しての. a ~ interview 面談, 対談.

face value /⌐ ⌐⌐|⌐ ⌐⌐/ (★'額面'の意味では〖米〗でも /⌐ ⌐⌐/) 名 UC (貨幣, 切手, 証券などの)額面価格; U '額面'. take his promise at (its) ~ 彼の約束を額面通りに受け取る.

fa·ci·a /féiʃə/ 名 =fascia.

†**fa·cial** /féiʃ(ə)l/ 形 顔の, 顔面の; 顔に使う《クリームなど》. a ~ expression 顔の表情. the ~ nerve 顔面神経. ~ neuralgia 顔面神経痛. ── 名 UC 美顔術(による手入れ). ▷**~·ly** 副 顔に関する限り.

fac·ile /fǽs(ə)l|-sail/ 形 **1** 〈限定〉〖章〗(物足りないほど)たやすい, 楽にできる. a ~ victory 楽勝. a ~ task たやすい仕事. **2** 〖しばしば軽蔑〗上滑りの, 浅薄な, 皮相な; 安易な. ~ tears (すぐこぼす)安っぽい涙. ~ compromise 安易な妥協. **3** 達者な; 器用な. a ~ writer 筆達者な作家. ~ fingers 器用な指先. ◇名 facility 動 facilitate ▷**~·ly** 副 **~·ness** 名

†**fa·cil·i·tate** /fəsílətèit/ 動 他 〖章〗〔物事が〕〔仕事など〕を容易にする; 〔活動など〕を助長する, 促進する. The police held back the crowds to ~ the work of the firemen. 消火活動を容易にするために警察は群衆を押しとどめた. This computer has ~*d* my task. このコンピュータのおかげで私の仕事は楽になった.
◇形 facile 名 facility

fa·cìl·i·tá·tion 名 U 容易にすること; 助長, 促進.

fa·ci·li·ta·tor /fəsílətèitər/ 名 C 〖章〗(活動などを)容易にする人[物]; 促進[後援]者.

‡**fa·cil·i·ty** /fəsíləti/ 名 (複 **-ties** /-z/)
【容易なこと】 **1** U (仕事などの)容易さ, 行いやすさ. the ~ of the task その仕事の容易さ.
2 【容易に行う能力】〖章〗 U **達者な腕前**, 手際, 器用さ; aU 能力, 才能, 適性. write with ~ すらすらと書く. show ~ *in* learning 物覚え[のみこみ]が早い. have a ~ *for* asking pertinent questions 的を射た質問をする能力がある.
【容易さをもたらすもの】 **3** C **便宜**; (機械などに付属の)機能; 〈-ties〉 **施設**, 設備. afford [give] every ~ for the students 学生のためにあらゆる便宜を図る. *facilities* of civilization 文明の利器. *facilities for* study 研究の便宜[設備]. public [medical] *facilities* 公共[医療]施設. **4** 〈-ties〉 トイレ《toilet の婉曲語》.
◇形 facile 動 facilitate [<ラテン語 *facilis*「行いやすい」(<*facere* 'do')]

fac·ing /féisiŋ/ 名 **1** U (壁などの)仕上げ面, 化粧張り. a house with brick ~ 化粧れんが張りの家. **2** U (衣服の)へり取り, へり打ち. **3** 〈~s〉 色付きの縁飾り; (軍服の)襟章, 袖(そで)章, 《兵種を示す色付きの縁飾り》.

†**fac·sim·i·le** /fæksíməli/ 名 **1** C (絵や書物などの原物通りの)複写, 複製. **2** 〖章〗 UC ファクシミリ; 写真電送; 電送写真《略 fax.》. **3** 〈形容詞的〉 複写[複製]の.
in facsímile 複写で[の]; そっくりに[の].
── 動 他 を複写[複製]する.
[<ラテン語 *fac simile!* 'make something like it!']

‡**fact** /fækt/ 名 (複 **~s** /-ts/) **1** (a) C **事実** 〈*about* ..についての〉; 現実; 実際にあったこと. an obvious ~ 明白な事実. I know it for a ~. それをほんとうだと知っている. The ~s speak for themselves. 事実が(そうであると)物語っている. keep [stick] to the ~s 事実だけを話す. Tell me nothing but ~s. 実際にあったことだけを話しなさい. (b) 〈the ~〉 **事実** 〈*that* 節; *of* ..という〉. the ~ *that* it is a translation=the ~ *of* its being a translation それが翻訳であるという事実. given [in view of] the ~ *that*.. ..という事実にかんがみ[を考えれば]. due [owing] to the ~ *that*.. ..であるために (because). despite [apart from] the ~ *that*.. ..であるにもかかわらず[ことは別として].

> 連結 a basic [an essential, a fundamental; an important; an established, a hard, an unquestionable] ~ ‖ ascertain [check, confirm; face] a ~ ‖ a ~ becomes known [comes to light]

2 U (理論, 空想などでない)**現実**, 実際, 真相, (↔fiction). a novel based on ~ 実話小説. *Fact* is stranger than fiction. 〖諺〗事実は小説より奇なり.
3 C 申し立て(られた事実). His ~*s* are doubtful. 彼の申し立ては疑わしい.
4 〖法〗〈the ~〉 犯罪事実, 犯行. be caught in the ~ 現行犯で捕まる. after [before] the ~ 犯行後[前]に[の]. ◇形 factual
(..and) thàt's a fáct 〖話〗〈文尾に付けて〉(それは)本当だ, 事実なのだ. He is a Jekyll and Hyde *and that's a* ~. 彼は二重人格だ, 本当にそうなのだ.
****as a màtter of fáct*** **実のところ**, 実を言うと, (語法 前言の訂正や弁解の意味を含むことが多い; 〖話〗では時に as a を省略). *As a matter* [*Matter*] *of* ~, I didn't say that. 実はそんなことは言わなかったのだ.
fàct of lífe (1) 人生の厳しい実情[現実]. Old age is a ~ *of life*. 老年は人生の避けて通れない現実である. (2) 〖婉曲〗〈the ~s of life〉 性(の知識).
fàcts and fígures 事実と数字; 〖話〗正確な情報.
****in (àctual) fáct*** (1) **実際に**. I don't drink alcohol —not only *in* ~, but on principle. 私はアルコールを飲まない—実際に飲まないだけでなく, 主義としてもだ. (2) **事実上**, 実際; 全くのところ (indeed); それどころか. I did, *in* ~, tell him so. 僕は本当に彼にそう言ったんだ. He's a good student, *in* ~ he's at the top of the class. 彼はいい学生だ, 実際クラスのトップだ. (3) (見かけ, 約束などと違って)**実際には**; ところが実は. She said she was alone. *In* ~ there was someone else there, too. 彼女は1人だと言った. ところが実はだれかがほかにもいたんだ. (4) 〈文頭で; 前言を要約し〉 要するに; つまり (in short).
in pòint of fáct =in FACT (★in fact より強調的).
The fáct (of the mátter) is (that).. 実は[実を言えば]..である (★〖話〗では the や that を省略することがある). *The* ~ (*of the matter*) *is that* we were not invited. 実のところ我々は招待されなかった. *Fact is*, I'm hard up. 実は金に困っているんだ.
The fàct remáins that.. ..という事実は依然として残っている, それでも..という事実はやはり変わらない.
[<ラテン語「なされたこと」(<*facere* 'do, make'); feat と同源]

fáct finder 名 C (労使紛争などの)実情調査委員.

fáct-fìnding 形 〈限定〉 実情調査の. a ~ committee 実情調査委員会.

†**fac·tion**[1] /fǽkʃ(ə)n/ 名 **1** C (政党内部などの)派閥, 分派; 不満グループ. split into ~s 派閥に分裂する.

> 連結 a moderate [a hard-line; an extremist, a radical; a breakaway, a rebel, a splinter; a political] ~; rival [warring] ~s ‖ a ~ emerges [forms]

2 U 派閥抗争, 内紛. [<ラテン語「作ること, 党派」; fashion と同源]

fac·tion[2] 名 C 実話小説, 実録映画. [<*fact*+*fiction*].

‡**fac·tion·al** /fǽkʃ(ə)nəl/ 形 〈普通, 限定〉 派閥[徒党]の.

fác·tion·al·ìsm 名 U 派閥主義; 派閥争い.

fac·tious /fǽkʃəs/ 形 派閥の, 派閥的な; 党派心の強い, 派閥抗争を好む. ▷ **~·ly** 副 **~·ness** 名

fac·ti·tious /fæktíʃəs/ 形 〖章〗 **1** 人為的な, 不自然な. **2** 故意の; 見せかけの. ▷ **~·ly** 副 **~·ness** 名

fac·ti·tive /fǽktətiv/ 形 〖文法〗 作為の. ~ verbs 作為動詞 《「何々を何々にする」の意味を持つ動詞で, VOC に用いる make, choose, paint など》.

fact·oid /fǽktɔid/ 名 C '事実もどき' 《実際は根拠がないがマスコミに報道されたために事実として通用している事; Norman Mailer の造語》.

‡**fac·tor** /fǽktər/ 名 (複 **~s** /-z/) C **1** **要因**, 要素, 〈*in* ..という結果をもたらす〉. Poverty is a chief ~ *in* crime. 貧困は犯罪の主な要因である. a deciding ~ *in* the formation of one's character 性格形成上の決定的要素.

> 連結 a decisive [a crucial, a critical; a dominant, an influential, a major, a significant; an essential, a fundamental; a contributory] ~

2 〖数〗 因数, 因子; 〖機〗 係数, 率; 〖生物〗 (遺伝)因子 (gene). a common ~ 共通因数. **3** (売買)代理人, 代理店, (agent); 問屋. **4** 〖スコ〗 土地管理人.

by a fàctor of tén [*fíve, etc.*] 10[5など]倍だけ.

── 動 他 〖米〗〖数〗 を因数分解する. ── 自 代理業を営む. ***fàctor /../ ín*** [*óut*] 〖主に米〗 ..を要素として計算に入れる[含めない].

[<ラテン語「作る者, 行為者」]

fac·tor·age /fǽktəridʒ/ 名 U 代理業; 仲買手数料.

fàctor éight [**VIII**] 名 U 〖生化〗 抗血友病因子 《血液の凝固に必要な物質; 血友病患者の血液には無い》.

fac·to·ri·al /fæktɔ́:riəl/ 〖数〗 名 C 階乗.

── 形 階乗の; 因数の.

fac·tor·ize /fǽktəràiz/ 動 他 を因数分解する (factor). ▷ **fàc·tor·i·zá·tion** 名

‡**fac·to·ry** /fǽkt(ə)ri/ 名 (複 **-ries** /-z/) C **工場**, 製造所, (類語 工場を表す一般的な語; →mill, plant, workshop). work at [in] an auto ~ 自動車工場で働く. a ~ worker [hand] 工員, 職工.

[<後期ラテン語「搾油機」(<factor)]

fáctory fàrm 名 C 〖英〗 工場式畜産場 《もっぱら高能率を求める》 (★普通, 非難して用いる).

fáctory fàrming 名 U 〖英〗 工場方式の酪農.

fáctory flòor 名 〈the ~〉 工場の作業場; 一般工員たち.

fáctory gate prìce 名 C 〖英・商〗 工場渡し価格.

fáctory òutlet 名 C 〖主に米〗 工場直売店.

fáctory shìp 名 C 工船 《魚, カニなどをその場で処理・冷凍する》.

fáctory shòp 名 〖英〗 =factory outlet.

fac·to·tum /fæktóutəm/ 名 C 〖章・しばしば戯〗 雑役夫[婦], 雑用係, よろず屋.

fáct shèet 名 C 〖英〗 (放送番組などの概要を記した)内容報告書, 要約.

†**fac·tu·al** /fǽktʃuəl/ 形 事実の; 事実に基づく. ~ accuracy 事実に関する正確さ. ▷ **~·ly** 副

‡**fac·ul·ty** /fǽk(ə)lti/ 名 (複 **-ties** /-z/) C

【能力】 **1** (身体諸器官, 精神の)**機能**, **能力**. the ~ of hearing [sight] 聴覚[視覚]. the digestive ~ 消化機能. In his eightieth year, he is still in full possession of his *faculties*. 80 歳で彼はまだかくしゃくとしている.

2 **才能**, 能力; 技能, 手腕; 〈*for* ..の/*of* [*for*] do*ing*, *to* do ..する〉; (類語 特定の分野における生得的又は後天的な能力; →ability). have a ~ *for* languages 語学の才がある. He had a great ~ *of* mak*ing* people laugh. 彼は人を笑わせるのが非常にうまかった.

【能力養成の場】 **3** 〈しばしば F-〉 (大学の)**学部**. the ~ of letters [medicine, science] 文[医, 理]学部.

4 〈集合的; 単数形で複数扱いもある〉 (学部)**教員**, 教授陣; 〖米〗 (大学, 高校の)全教職員.

> 語法 (1) 大学学部の教育関係職員全体を指す. 〖米〗ではさらに用法が広く, 1 大学, 1 学科の教員全体, また高校教職員についても言う. (2) 個々の構成員は a faculty member (=a member of (the) faculty). 複数形 faculties はいくつかの教員集団を表す.

an excellent technological ~ 優秀な工学部教授陣. The ~ are meeting now. 教授会[職員会議]が開かれている. [<ラテン語「実行力」(<*facilis* 'easy')]

fàculty devélopment 名 U ファカルティー・ディベロップメント 《大学教員による授業改善・向上のための組織的取り組み》.

†**fad** /fæd/ 名 C **1** (一時的な)流行; 気まぐれ, 物好き; (→fashion 類語). a passing ~ いっときの気まぐれ. Playing video games is the latest ~ among youngsters. テレビゲームが若者の間で最新の流行だ. **2** 〖英〗 (食べ物などの)好き嫌い. have ~*s* about food 食べ物に好き嫌いがある. [?<fiddle-*fad*dle]

fad·dish /fǽdiʃ/ 形 (一時的な)流行[気まぐれ]の; 流行を追う; 〖英〗 好き嫌いのひどい. ▷ **~·ly** 副

fad·dist /fǽdist/ 名 C 流行を追いかける人; 〖英〗 食べ物に好き嫌いの激しい人.

fad·dy /fǽdi/ 形 〖英話〗 (食べ物に)好き嫌いの激しい.

‡**fade** /feid/ 動 (**~s** /-dz/|過 過分 **fád·ed** /-əd/|**fád·ing**) 自 【色あせる】 **1** **色あせる**. The shirt ~*d* when it was washed. シャツは洗ったら色がさめた.

2 〔花などが〕しぼむ, しおれる; 〔容色, 若さ, 名声などが〕**衰える**; 〔病人などが〕衰弱する; 〈*away*〉. The flowers ~*d* in the summer heat. 夏の暑さで花がしおれた. The queen was *fading* (*away*) fast when she learned the news. 女王はその知らせを知った時ほどなく死を迎えようとしていた.

【次第に消えて行く】 **3** 〔色などが〕さめる, あせる, ぼける; 〔光が〕かすかになる; 〔音が〕消えて行く; 〈*away*〉; VA (~ *into ..*) ぼけて[弱まって]..になる, ..と渾然一体となる[見分けがつかなくなる]. The red sweater ~*d* in the sun. 赤いセーターは日に当たって色あせた. ~ in importance 重要さが薄れる. The sounds of the train ~*d* (*away*) into the distance. 列車の響きは遠のいてかすかになった. The red sky ~*d into* pink. 真紅の空の色が薄れてピンクになった.

4 〔記憶, 感情などが〕さめる, 薄らぐ, 〈*away*〉. His rage gradually ~*d* (*away*). 彼の怒りは次第に薄らいだ.

5 (いつのまにか)姿を消す, 見えなくなる, 消える, 〈*away*, *out*〉 (類語 段々と薄れてやがて見えなくなること; →disappear). ~ from view [sight] (遠のいて)見えなくなる. ~ from the scene [picture] (活動の場などから)いつのまにか姿を消す. The stars ~*d out*. 星が見えなくなった. Old soldiers never die, they only ~ *away*. 老兵は死せずただ消え行くのみ 《軍人精神は退役しても完全になくなることはない》. **6** 〔車のブレーキが〕段々効かなくなる.

── 他 **1** をしぼませる, 衰えさせる; (..の色)をあせさせる. The sun ~*d* (the color of) the curtains. 日光でカーテンの色があせた. **2** 〖ゴルフ〗 〔ボール〕にフェードをかける 《弱くスライスするように打つ; →draw》.

fàde ín [*úp*] 〈特に〉 フェードインする (→fade-in).

fàde /../ ín ..をフェードインさせる (→fade-in).

fàde óut 〈特に〉 フェードアウトする (→fade-out).

fàde /../ óut ..をフェードアウトさせる (→fade-out).

── 名 C 〖映・テレビ〗 画像の漸移 《スクリーン上の 1 つの画像がゆっくり消えること》.

[<古期フランス語「気の抜けた, 味気ない」(?<ラテン語 *fatuus* 'silly'+*vapidus* 'vapid')]

fad·ed /féidəd/ 形 しおれた, 衰えた; 色あせた. a ~ green ぼけた緑色.

fáde-ìn [名] [U] 〖映・テレビ〗フェードイン, 溶明, 《映像が次第にはっきりする(ようにする)こと》; 〖ラジオ〗フェードイン, 漸高, 《音声が次第に高くなる(ようにする)こと》.
◇↔fade-out

fáde·less [形] しぼむことのない, 衰えない; 色あせない.

fáde-òut [名] [U] 〖映・テレビ〗フェードアウト, 溶暗, 《映像が次第に消えて行く(ようにする)こと》; 〖ラジオ〗フェードアウト, 漸低, 《音声が次第に低くなる(ようにする)こと》.
◇↔fade-in

fae·cal /fíːk(ə)l/ [形] 〖英〗=fecal.

fae·ces /fíːsiːz/ [名] 〖英〗=feces.

faer·ie, faer·y /fé(ə)ri/ [名] ([複] **-ries**) [C] 〖古・詩〗 **1** 妖(よう)精の国, お伽(とぎ)話の世界, (fairyland). **2** 妖精 (fairy). [E.Spenser の用いた fairy の異形]

Fáe·roe Ìslands /fé(ə)rou-/ [名] 〈the 〜〉フェロー諸島《デンマーク領; 英国とアイスランドの中間にある》.

faff /fæf/ [動] [自] 〖英話〗 [VA] (**〜*about, around***) もたもたする, おろおろする.

fag[1] /fæg/ [動] (**〜s**|**-gg-**) [他] 〖英話〗を(骨の折れる仕事で[が])疲れさせる, へとへとにする, 〈*out*〉〈普通, 受け身で〉([類語] 疲れ果てて実際にうつむき加減になるなどの姿勢を暗示する; →tire). I was 〜*ged out* after running five miles. 私は5マイル走ってへとへとになった. I can't be 〜*ged* to do... 〖英話〗..する気などない《<..してへとへとになるのは御免だ》.

— [自] **1** 〖英話〗(骨折って)せっせと働く, せっせとやる〈*at* ..を〉. He 〜*ged* (*away*) *at* his homework. 彼はせっせと宿題に励んだ. **2** 〖英旧〗〔public school の下級生が〕雑用[小間使い]をする〈*for*..〔上級生〕の〉.

— [名] **1** [C] 〖英旧〗(public school で)上級生にこき使われる下級生. **2** [aU] 〖主に英話〗嫌な疲れ仕事, 苦しい仕事; 疲労, 衰弱. What a 〜! 何て嫌な仕事だ. brain 〜 精神的疲労, 神経衰弱.

fag[2] [名] [C] 〖英話〗紙巻きたばこ《<*fag* end》.

fag[3] [名] 〖米俗〗=fagot 3.

fàg énd [名] [C] **1** (織物の)織り端; (綱の)よりはし. **2** 〖英話〗残りくず, 切れはし; たばこの吸い殻. **3** 〖英話〗最後(の部分)〈*of* ..の〉.

fag·ot, 〖英〗 **fag·got** /fǽgət/ [名] [C] **1** たきぎ束, 粗朶(そだ)束. **2** 〖英〗肉団子《刻んだ豚のもつなどを, ほぐしたパンと混ぜて焼いて食べる》. **3** 〖米俗・軽蔑〗(男の)同性愛者, ホモ(野郎). **—** [動] [他] を束ねる.
[<イタリア語「束」]

Fah(**r**). Fahrenheit.

†**Fahr·en·heit** /fǽrənhàit, fáː-/ [形] 華氏の《<ドイツの物理学者 Gabriel Daniel *Fahrenheit* (1686–1736); 略 F, Fah., Fahr.; 75°F (華氏75度)は seventy-five degrees Fahrenheit と読む; 英米では日常生活には主に華氏を用いるが, 摂氏の使用も増えつつある; 摂氏温度への換算式は C=(F−32)×5/9; →centigrade》. **—** [名] [U] 華氏(温度). The temperature is given in 〜. 温度は華氏で示してある.

Fàhrenheit thermómeter [名] [C] 華氏温度計《氷点を32度, 沸点を212度とする目盛り》.

fai·ence /faiάːns, fei-/ [名] [U] ファイアンス焼き《彩色陶器の一種》. [フランス語; <Faenza (イタリアの産地名)]

*‡***fail** /feil/ [動] (**〜s** /-z/|[過] [過分] **〜ed** /-d/|**〜·ing**) [自]
【不足する】 **1** [VA] (**〜*in..***)〔素質など〕が欠けている, 足りない;〔義務, 責任など〕を怠る. He 〜*s in* sincerity. 彼は誠実さが足りない. 〜 *in* one's duty 義務を果たさない.
2〔供給, 収穫などが〕**十分でない**, 不足する, 欠乏する; 尽きる, なくなる. The crop has 〜*ed* this year. 今年の作柄は不作であった. The food supplies of the besieged army were going to 〜. 籠(ろう)城軍の食糧は尽きかけていた.
【力が欠けてくる】 **3**〔人, 健康, 力などが〕**衰える**, 弱る. Her sight has 〜*ed*. 彼女は視力が弱った. His health is 〜*ing*. =He is 〜*ing in* health. 彼の健康は衰えてきている.
4〔機械などが〕動かなくなる,〔器官などが〕機能しない. The brakes 〜*ed*. ブレーキが効かなくなった. His heart 〜*ed*. 彼は心臓麻痺(まひ)を起こした.
5〔企業などが〕破産する, 倒産する.
【力不足である>失敗する】 **6 失敗する**, しくじる; **落第する**; 〈*in* ..に〉; 達成し損なう〈*of* ..を〉; (↔succeed). 〜 as an artist 芸術家として失敗する. 〜 *in* an examination 試験に落第する(★[他] 3の用法の方が普通). 〜 *in* get*ting* a job 仕事にあぶれる. The experiment 〜*ed* completely [utterly]. 実験は完全に失敗した. if all else 〜*s* どれもうまく行かなければ, どうにも仕方がなければ. The bill 〜*ed of* passage. 法案は通過しなかった.

— [他] **【力が不足する>働かない】** **1**〔いざという時に, 人〕の**役に立たない**, 期待を裏切る; を見捨てる;〔期待〕に背く. His courage 〜*ed* him. 彼は出るはずの勇気が出なかった. Words 〜*ed* me. 言うべき言葉が出なかった. My limbs 〜*ed* me. 手足の自由が利かなかった. My friend 〜*ed* me at the last minute. 友人は土壇場で私を見殺しにした. He rarely 〜*s* his promise. 彼はめったに約束をたがえない.
【失敗する】 **2** [VO] (**〜 *to do***) **..し損なう**, (すべきなのに)..しない, ..できない. He 〜*ed to* do his duty. 彼は(果たすべき)義務を怠った. She 〜*ed to* appear. (来ることになっていたが)彼女はついにやって来なかった. I 〜 *to* see [understand] what you mean. おっしゃることの意味が分かりかねます.
3〔試験など〕に落第する,〔学科〕を落とす, (→[自] 6). He 〜*ed* Latin. ラテン語を落とした. The player 〜*ed* a doping test. その選手はドーピングテストにひっかかった.
4【失敗させる】〔学生〕を落第させる, に落第点をつける; を不合格にする. He was 〜*ed* for cheating. 彼はカンニングをして落第させられた. ◇[名] failure

never* [*nòt*] *fáil to dó* **必ず..する** (→[他] 2). Frank *never* 〜*s to* come on Sunday. フランクは日曜にはきまってやって来る. Do*n't* 〜 *to* answer letters quickly. 手紙には必ず早く返事を出しなさい.

— [名] [C] (試験などの)失敗, 落第.

without fáil **必ず**, きっと, 間違いなく. Come tomorrow *without* 〜. 明日必ず来なさい.
[<ラテン語 *fallere*「だます, 失望させる」]

failed [形] 〈限定〉失敗[落第]した; 破産した. a 〜 coup 失敗したクーデター. 〜 lessons 生かされなかった教訓. a 〜 credit union 倒産した信用金庫.

‡**fáil·ing** [名] [C] 短所, 欠点; 失敗; ([類語] 自分では気づかないような, 普通小さな欠点; →fault). I overlooked his 〜*s*. 私は彼の欠点を大目に見た. **—** [形] 衰えつつある〔視力, 健康など〕; 弱まって行く〔光など〕.

— [前] ..がない[だめな]場合は; ..がないので, がだめなので. *Failing* an answer, we shall assume you are unable to come. お返事がない場合はお越しいただけないものと考えます.

fàil-sáfe /[移]/ [形] 〈限定〉 **1** 多重安全の《故障の際は自動的に働く安全装置が組み込まれている》. **2** 絶対安全な. [原義「安全な方へ故障する」]

*‡***fail·ure** /féiljər/ [名] ([複] **〜s** /-z/) **1** [UC] 不足, 欠乏, 〈*of* ..の〉. the recent 〜 *of* water 近ごろの水不足. The crop 〜*s* started a famine. 不作で飢饉(きん)が始まった. **2** [UC] 衰え, 減退, 〈*of, in* ..の〉. the 〜 *of* his memory 彼の記憶力の減退. a 〜 *in* health 健康の衰え. **3** [UC] 機能停止, (機械などの)故障. die of heart 〜 心臓麻痺(まひ)で死ぬ. engine 〜*s* エンジン故障.
4 [C] 破産, 倒産.
5 [U] **失敗**(すること), 不成功; 落第; 〈*in* ..における〉(↔success). Their enterprise ended in 〜. 彼らの企て

は失敗に終わった. ～ *in* an examination 試験での不合格. **6** Ⓒ 失敗(した企て), 失敗作; 失敗者, 落第生. Several ～*s* did not discourage him. 何度かの失敗にも彼はくじけなかった. Sister's cake was a miserable ～. 姉さんの作ったケーキはひどい失敗作だった. a social ～ 社会の落伍(ご)者. He was a ～ as a painter. 彼は画家としては落第だった.

> 5, 6 の 連結 a complete [an abject, a dismal, an outright] ～ // experience [be doomed to; avert, avoid] ～ // ～ impends [looms]

7 Ⓒ 〖米〗落第点, 不可, 《F で表す; →grade 名 4》. **8** UC 不履行 〈*in* ..の/*to* do ..することの〉. a ～ *in* duty 職務怠慢. Her ～ *to* answer my letter worried me. 彼女が手紙の返事をくれないので心配した.
◇動 fail

F

fain /fein/ 〖古〗副 〈would ～〉 **1** 喜んで (gladly). I *would* ～ go [have gone] with you. 喜んでお供いたしたい[いたしたかった]のですが. **2** むしろ(..したい) (rather).
―― 形 〈叙述〉 **1** 喜んで..する 〈*to* do〉《ある状況下で》. **2** ..せざるを得ない (obliged) 〈*to* do〉. She was ～ *to* be content with this small sum for her reward. 彼女は謝礼としてこんな少額で満足せざるを得なかった.

:faint /feint/ 形 ⓔ 【あるかないかぐらいの】 **1** 〔光, 色, 音などが〕かすかな, ぼんやりした, 弱い. a ～ light [odor, sound] かすかな光[におい, 音]. A ～ blush crept over her face. 彼女の顔にほんのり赤みが差した.
2 〔考えなどが〕ぼんやりした, おぼろげな, (↔clear); 〔望みなどが〕かすかな, わずかな. I haven't the ～*est* idea (of) what you're talking about. 君が何を言っているのか全く見当もつかない. There was only a ～ chance of success. 成功の見込みはほんのわずかだった.
【勢いのない】 **3** 〔体の機能などが〕弱々しい, 弱った, 力ない. His pulse became ～. 彼の脈搏(みゃくはく)が弱ってきた. ～ breathing 虫の息.
4 〔行動などが〕無気力な, 気乗りしない. She made a ～ attempt to resist. 彼女は形ばかりの抵抗を試みた.
5 臆(おく)病な, 意気地のない, (★普通 ～ heart という結合で用いる). *Faint* heart never won fair lady. 〖諺〗弱気で美人を得たためしはない.
6 〈叙述〉 ふらふら(めまいが)する, 気が遠くなりそうな, 〈*with, from, for* ..で〉. feel ～ くらくらする, 卒倒しそうになる. be ～ *with* fatigue 疲労でふらふらだ.
―― 名 Ⓒ 気絶, 失神. fall down [go off] in a (dead) ～ 卒倒する, 気絶する.
―― 動 (～s /-ts/| 過 過分 **fáint·ed** /-əd/| **fáint·ing**) 自 **1** (めまいがして)気が遠くなる, 卒倒[気絶]する, 〈*away*〉〈*from, with* ..で〉. At the news the girl ～*ed from* shock. その知らせを聞いてその女の子はショックの余り気絶した. ～ *away* 卒倒する. **2** 〖古〗〔光, 色, 音などが〕かすかになる, 弱まる.
[＜古期フランス語「偽の, 臆病な」(*feindre* 'feign'の過去分詞)]

fáint·hèart 名 Ⓒ 臆(おく)病者, 意気地なし.
fàint·héarted /-əd ㊙/ 形 意気地のない, 臆病な.
▷～·**ly** 副 ～·**ness** 名

·faint·ly /féintli/ 副 ⓜ **1** かすかに, ほのかに, ぼんやりと. I ～ remember meeting him once. 彼にかつて会ったのをおぼろげに覚えている. **2** 弱々しく, 元気なく; おずおずと. He sighed ～. 彼は力なくため息をついた.

fáint·ness 名 Ⓤ **1** かすかなこと, 微弱; 弱々しさ; 意気地のなさ. **2** めまい, 失神.

:fair[1] /feər/ 形 ⓔ (～·**er** /fé(ə)rər/|～·**est** /fé(ə)rəst/) (★7, 8, 9 は ⓒ) 【美しい】 **1** 〖古〗(特に, 女性が)うるわしい. a ～ lady 麗人. a ～ visitor 美しい訪問者《婦人客のこと》. the ～ readers 女性の読者. A ～ face is half a fortune. 〖諺〗美貌(ぼう)は半ば財産.
2 〔肌が〕色白の, 〔髪が〕金色の; 〔人が〕金髪で色白の; (→dark). ～ hair 金髪. a ～ complexion 白い肌の色.
3 【美しく見せかけた】〈限定〉〔言葉, 約束などが〕まことしやかな, 口先だけの. ～ words 甘言. a ～ promise 口先だけの約束.
【好ましい, 良い】 **4** 晴れた, 晴天の; 荒天でない; (↔foul; 類語 気象用語の「晴」に当たり, 半曇り程度までの晴天; →fine). a ～ day 天気のよい日. a ～ sky 晴れた空. The weather was ～, but not fine. 天気は良かったが快晴ではなかった. The weather is set ～. 天気は当分晴れが続きそうだ.
5 〔風が〕追い風の, 順風の.
6 見込みのある, 有望な. His prospects of future wealth are exceedingly ～. 彼が将来財を成す見込みは極めて大きい.
【正しい】 **7** 公平な, 公正な, 正当な, 〈*to, on, with* ..に対して〉(↔unfair); 適切な, 正当な. a ～ judge 公正な判事. a ～ decision [deal] 公平な決定[取引]. a ～ price 適正な価格. a ～ question (答えにくいが)妥当な質問. A chairman should be ～ *to* each member. 議長は各議員に公平でなければいけない. He was ～ *with* his students. 彼は学生たちに公平だった. a ～ share 正当な分け前. Give him a ～ hearing. 彼に公平な弁明の機会を与えなさい. All is ～ in love and war. 恋愛と戦争は手段を選ばない《＜すべてが正当である》. It is ～ to say that.. ..というのが至当である, どう見ても..である. It is not ～ ⌞(*on* him) to keep him [that he should be kept] in the dark about this. このことを彼に知らせないでおくのはフェアではない.
8 〖スポーツ〗規則にかなった, フェアな; 〖野球〗フェアの; (↔foul). a ～ blow フェアブロー《反則でないパンチ》.
【悪くない】 **9** まずまずの, 可もなく不可もない, (参考 成績評価では普通 excellent, good に次ぐ; →grade 名 4). Her English was just ～―not good but not bad either. 彼女の英語はまずまずといったところ―可もなし不可もなしだった. The patient is only in ～ condition. 患者の病状はまあまあというところだ.
10 〖話〗〈限定〉かなりの, 相当の. a ～ amount of money かなり多額の金. He has a ～ chance of winning the prize. 彼が賞を得るチャンスは十分ある.
【汚れのない】 **11** 〔印刷, 筆跡などが〕きれいな, はっきりした. write a ～ hand きれいな字を書く. Please make a ～ copy of the letter. 手紙を清書してください.
12 〔性格, 評判などが〕(道徳的に)汚点のない, 清い. a ～ name 名声, 令名.

be in a fàir wáy to ⌞*dó* [*dóing*] ..する見込みが十分ある. He *is in a* ～ *way to* succeed [succeed*ing*]. 彼は成功の見込み十分だ.
by fàir mèans or fóul →means.
by one's òwn fàir hánd 〖戯〗自分で, 独力で, (by oneself).
Fàir dó [dós, dó's]! →do 名 成句.
Fàir enóugh. 〖話〗もっともです, 結構です, 分かりました, 《行動, 意見, 申し出などに賛成して》.
Fàir's fáir! 〖話〗フェア[公平]にやろう.
fàir to míddling 〖話〗まあまあの, まずまずの.
through fàir (wèather) and fóul →foul.
to be fáir 〈文修飾〉公平を期すために言えば (★批判をしたあとの付言に用いる).

―― 副 ⓔ **1** 〈慣用的に特定の動詞 (play, fight, act) に付く; その他の場合は fairly を用いる〉**公明正大に**; 規則を守って. fight ～ 正々堂々と戦う.
2 丁寧に. speak to a person ～ 人に丁寧にものを言う.
3 好都合に, 有望に. Events promise ～. 局面は有望だ. **4** きれいに, はっきり. copy a letter ～ 手紙を清書する. **5** まともに, ものの見事に. The ball hit the batter

〜 on the head. 球は打者の頭にまともに当たった.
bid fair to do 〖雅〗..する見込みが十分ある, どうも..しそうである, 《悪い見通しについても用いる》. The plan *bids* 〜 *to* succeed. 計画は成功の見込み十分である.
fàir and squáre (1) 公明正大に, 正々堂々と. (2) まともに; きちんと, ちゃんと. strike 〜 *and square* 真っ向から殴りつける. sit down 〜 *and square* きちんと座る.
plày fáir (1) 正々堂々と勝負する[戦う]. (2) 正々堂々とふるまう, 公正な態度をとる. He didn't *play* 〜 with me. 彼は私に対して公正な態度をとらなかった.
── 動 他 〔船, 飛行機〕を流線形にする, の表面を滑らかにする. [<古期英語「美しい, 好ましい」]
‡**fair**[2] /feər/ 名 (複 〜s /-z/) Ⓒ **1** 〖英〗**定期市**(いち), 縁日, 《聖人祭日などに定期的に立ち, 特に家畜・農産物などを売買する; 回転木馬・各種のゲーム場・露店などが並んで遊園地の観を呈することが多いが, これは次の 2, 3 でも同様》. **2** 〖米〗**品評会**, 共進会, 《家畜, 農産物などのコンテスト》. an agricultural 〜 農作物品評会. a county [state] 〜 郡[州]共進会. **3 博覧会**, 見本市. a book 〜 書籍見本市. an international trade 〜 国際見本市. **4** 慈善市, バザー. a church 〜 教会のバザー. **5** = funfair.
a dày after the fáir=a dáy too làte for the fáir 'あとの祭り', 手おくれ. He arrived *a day too late for the* 〜. 彼の到着は遅すぎて間に合わなかった.
[<ラテン語「祭日」]
fàir báll 名 Ⓒ 〖野球〗フェア(ボール) (↔foul ball).
fàir cátch 名 Ⓒ 〖アメフト・ラグビー〗フェアキャッチ.
fàir cóp 名 aU 〖英俗〗合法的な逮捕《普通, 現行犯の》. It's a 〜. 観念するしかないな《現行犯の逮捕時の犯人の言葉》.
fàir dínkum 〖オース話〗形 本当の, 公正な. ── 副 ほんとに, 正直なところ.
fáir·er sèx /féərər-/ 名 =fair sex.
fàir gáme 名 Ⓤ **1** 狩猟を許可されている動物. **2** (批評, 攻撃などの)格好の的, いい'かも'.
fáir·gròund 名 Ⓒ 〈しばしば 〜s〉 市(いち)の立つ場所; 遊園地; 博覧会場, (語法 〜s の形で時に単数扱い: a nice spot for a 〜*s* (博覧会場に適した場所)).
fàir-háired /移/ 形 **1** 金髪の. **2** 〖主に米話〗お気に入りの.
fáir-hàired bóy 名 Ⓒ 〖米話〗(目上の者の)お気に入り.
fair·ing /fé(ə)riŋ/ 名 Ⓒ (航空機や船舶の)流線形の構造部[表面].
‡**fair·ly** /féərli/ 副 ⓜ **1 公平に**, 公明正大に, (↔unfairly). act 〜 公平にふるまう. She didn't treat us 〜. 彼女は我々を正当に扱わなかった. It may 〜 be said that... と言って差し支えあるまい. 〜 and squarely = FAIR[1] and square.
2 かなり, 相当に, なかなか, (類語「適度に」の含みがあり, 良い意味の語句の修飾に用いる; →pretty). a 〜 good dictionary かなり良い辞書. She cooks 〜 well. 彼女は料理がかなりうまい. It is 〜 warm. まずまずの暖かさだ.
3 全く, すっかり, (★強意語で強く発音する; 受け身と共に使うことが多い). be 〜 caught まんまと捕まる. He was 〜 exhausted after a swim in the pool. プールで泳いだ後彼はへとへとになった.
fàir-mínded /-əd 移/ 形 公正な, 公平な. ▷**〜·ly** 副 **〜·ness** 名
†**fáir·ness** 名 Ⓤ **1** 公平, 公正. in all 〜 公平に言って. In 〜 *to* him, he didn't mean to take the bribe. 彼について公平に言えば, 彼は賄賂(わいろ)を受け取るつもりはなかった. **2** (肌の)白さ, 金髪; 美しさ.
fàir pláy 名 Ⓤ フェアプレー, 公明正大な行為[態度].
fàir séx 名 〈the 〜〉〖旧〗〈集合的〉女性.
fàir sháke 名 Ⓒ 〖主に米話〗公平なチャンス, 公平な取扱い.
fàir-spóken /移/ 形 (言葉遣いの)丁寧な; 丁重な.
fàir tráde 名 Ⓤ 〖経〗公正取引.
fàir-tráde /移/ 〖経〗形 公正取引の. a 〜 agreement 公正取引協定. ── 動 他 を公正取引で売る.
fàir tréat 名 Ⓒ 〖話〗楽しい[魅力的な]物[人].
fáir·wày 名 (複 〜s) Ⓒ **1** 〖ゴルフ〗フェアウェー《tee と putting green との間の芝を刈り込んだ区域》. **2** 航路筋, みお, 《河川, 港湾などで水深が十分で障害物のない航行路》.
fáir-wèather 形 〈限定〉**1** 好天の, 好天に適した. a 〜 voyage 好天の航海. **2** 都合のいい時だけの. a 〜 friend こちらが羽振りがいい時だけ近づいて来る友人.
*__fair·y__ /fé(ə)ri/ 名 Ⓒ (複 **-ries** /-z/) **1** (a) **妖**(よう)**精**, 小仙女(せんにょ), 《おとぎ話に出てきて, 人間に恵みや災いをもたらす》. (b) 〈形容詞的〉妖精の; 妖精のような, 魔力のある. a 〜 man [woman] 男[女]の妖精. with 〜 steps 優美で軽やかな足取りで. **2** 〖話〗男の同性愛者, ホモ, 《特に女役》. [<ラテン語 *Fāta*「運命の女神たち」]
fáiry càke 名 Ⓒ 〖英〗小形スポンジケーキ.
fáiry cỳcle 名 Ⓒ 幼児用自転車.
fàiry gódmother 名 Ⓒ (困っている人を助ける)親切な人[女性].
fáiry làmps [lìghts] 名 〖英〗色付きの豆電球《クリスマスツリーなどの装飾用》.
‡**fáiry·lànd** 名 **1** Ⓤ 妖(よう)精の国, おとぎの国. **2** Ⓒ「夢の国, 桃源郷.
fáiry rìng 名 Ⓒ 妖精の輪《菌類の発生によって芝生にできる暗緑色の輪; 妖精たちが夜中に輪を描いて踊った跡と信じられたことから》.
fáiry stòry [tàle] 名 Ⓒ おとぎ話, 童話; ありそうもない話, 作り話.
fáiry-tàle 形 〈限定〉おとぎ話のような; (おとぎ話のように)すばらしい[美しい].
fait ac·com·pli /fèit-əkɑmplíː|-əkɔ́mpliː/ (複 **faits accomplis** /fèiz-əkɑmplíː(z)|-əkɔ́mpliː(z)/) 既成事実. [フランス語 'accomplished fact']
‡**faith** /feiθ/ 名 (複 〜s /-s/)
【信じること】**1** Ⓤ **信頼**, 信用, 〈*in* ..への〉(類語 理屈抜きに心情的に信じること; →belief). blind 〜 盲信. lose 〜 *in*.. への信頼を失う. I haven't much 〜 *in* his ability. 彼の能力を大して信用していない. put 〜 *in* one's secretary 秘書を信用[信頼]する. take everything *on* 〜 何でもうのみにする.
2 Ⓤ **信仰**(すること), 信心; 信念, 確信; 〈*in* ..への/*that* 節..という〉. have [lose] 〜 *in* Christianity キリスト教を信じている[信じなくなる]. a man of strong 〜 信仰のあつい[信念の強い]男. his unshaken 〜 *that* good will triumph over evil 善は悪に勝つという彼の揺るがぬ信念.

1, 2の 連結 abiding [enduring; deep, strong; blind, unquestioning] 〜 ‖ shake a person's 〜

3 Ⓒ 教義, 信条; 宗教. the Christian [Jewish] 〜 キリスト[ユダヤ]教(の教義). He belongs to the Catholic 〜. 彼はカトリック教徒だ.
【信頼にこたえること】**4** Ⓤ 信義, 誠実, 忠実. an act of good [bad] 〜 誠実[不実]な行為.
5 Ⓤ **約束**, 誓約. give [pledge, plight] one's 〜 to a person 人に約束する, 誓約する. ◇形 faithful
brèak fáith with.. ..に対する信念[信義]に反する; ..との約束を破る. Don't *break* 〜 *with* your principles for this. このことで君の主義に反しないようにしなさい. He *broke* 〜 *with* his friend. 彼は友人との約束を破った.
in bàd fáith 不誠実に. act *in bad* 〜 裏切り行為をする.
in gòod fáith 誠意をもって, まじめに; 本気で信じて. perform one's duties *in good* 〜 誠実に職務を果たす.
kèep fáith with.. ..に対する信念[信義]を守る; ..との約束を守る. The country did not *keep* 〜 *with* her

ally. その国は同盟国に対する信義を守らなかった. [<ラテン語 *fidēs*「信頼」]

fáith cùre 名 C 信仰治療《信心や祈禱(きとう)による治療》.

***faith·ful** /féiθf(ə)l/ 形 m **1 忠実な**, 誠実な, 〈*to* ..に対して/*in* ..〔行動など〕において〉; 信義にあつい, 約束を守る. a ~ friend [servant] 誠実な友人[忠実な召使い]. He is ~ *to* his promises. 彼は約束を誠実に守る. be ~ *in* service 勤務に忠実である.
2 貞淑な, 貞操堅固な, 〈*to* ..〔配偶者など〕に対して〉. Ulysses' wife remained ~ during his long absence. ユリシーズの長い不在中妻は貞淑に身を守った.
3 忠実な, **正確**な, 寸分違わない, 〈*to* ..〔事実, 原本など〕に〉. a ~ copy 正確な写し. a translation ~ *to* the original 原典に忠実な翻訳. a ~ account ありのままの記述.
── 名 **1** 〈the ~; 複数扱い〉(特定宗教の)篤信者たち. **2** C (主義などの)熱心な信奉者[支持者].

***faith·ful·ly** /féiθfəli/ 副 m **1 忠実に**, 誠実に. He followed the instructions ~. 彼は指図に忠実に従った. **2 正確に**, ありのままに. This model ship is ~ reproduced from the original. この模型船は実物を忠実に複製したものである.
Yòurs fáithfully 〖英〗 =***Fàithfully yóurs*** 〖英旧〗 敬具 (〖米〗 Sincerely yours) 《Dear Sir [Madam] で始まる他人行儀な又事務的な手紙の結び; →yours 参考》.

†**fáith·ful·ness** 名 U 忠実[誠実] (であること); 貞淑; 正確さ.

fáith hèaler 名 C 信仰治療師.

fáith hèaling 名 U 信仰療法(を施すこと). →faith cure.

fáith·less 形 **1** 信義を守らない, 不誠実な. a husband ~ *to* his wife 妻に対して不実な夫. **2** 無信仰の, 神を信じない. **3** 頼りに出来ない, 当てにならない. a ~ colleague 信頼のおけない同僚. ▷ **~·ly** 副 **~·ness** 名

†**fake** /feik/ 名 C 偽物, まやかし物; 模造品; 偽者. I thought it was genuine, but it was a ~. 本物だと思ったが偽物[模造品]だった.
── 形 〈限定〉偽の, いかさまの; 模造の. a ~ silver brooch 偽物[模造]の銀ブローチ. ~ fur 人造毛皮.
── 動 他 **1** を偽造[変造]する, 捏(ねつ)造する; 〔話など〕をでっち上げる. ~ (*up*) a picture 絵を偽造する.
2 〖話〗 のふりをする, を装う. ~ illness 仮病を使う.
3 〖スポーツ〗 にフェイントをかける.
── 自 **1** 偽造[変造]を行う. **2** 〖話〗 ふりをする. He's not ill; he's just *faking*. 彼は病気じゃない, そのふりをしているだけだ. **3** 〖スポーツ〗 フェイントをかける.
fàke /../ óut 〖米俗〗 ..をだます, ぺてんにかける.

fak·er /féikər/ 名 C いかさま師.

fak·er·y /féikəri/ 名 (複 **-ries**) UC いかさま, ごまかし.

fa·kir /fəkíər, féikər|féikiə/ 名 C (イスラム教・ヒンドゥー教の)行者, 托鉢(たくはつ)僧. [<アラビア語「貧者」]

fa·la·fel /fəlɑ́:f(ə)l|-lǽf-/ 名 =felafel.

fal·chion /fɔ́:l(t)ʃ(ə)n/ 名 C (中世の)偃月(えんげつ)刀《幅の広い湾曲した短い刀》. [<ラテン語「鎌」]

fal·con /fǽlkən, fɔ́:(l)-|fɔ́:(l)-/ 名 C 〖鳥〗 ハヤブサ《猛禽(もうきん)》; (タカ狩り用の)タカ《特にハヤブサの雌鳥が使われる》. [?<ラテン語「鎌」]

fál·con·er 名 C タカ使い《人》, 鷹匠(たかじょう).

fal·con·ry /fǽlkənri, fɔ́:(l)-|fɔ́:(l)-/ 名 U **1** タカ狩り. **2** タカ使いの術; タカの訓練.

fal·de·ral /fǽldərǽl|-rəl/ 名 =folderol.

Fâlk·land Íslands /fɔ̀:klənd-|fɔ̀:(l)k-/ 〈the ~〉フォークランド諸島《南米大陸南端の北東沖にある英国植民地; 1982 年に領有権を主張するアルゼンチンと英国の間で軍事紛争 (the Falklands War) があった; **the Falklands** とも言う》.

‡**fall** /fɔ:l/ 動 (**~s** /-z/|過 **fell** /-fel/|過分 **~·en** /fɔ́:l(ə)n/|**fáll·ing**) 自 【落下する】 **1 落ちる**; 〔雨などが〕降る; 〔葉などが〕散る. ~ from [off] the horse 落馬する. ~ off one's chair (びっくりして)いすから転げ落ちる. ~ overboard (船から)水中に落ちる. ~ to one's death off a bridge 橋から落ちて死ぬ. The rain was ~*ing* steadily. 雨が絶え間なく降っていた. The curtain ~*s* at 10 p.m. 午後 10 時に幕が下りる[終演である].
2【落ちるようにやって来る】〔夜, 季節が〕来る; 〔静寂が〕訪れる, 〔恐怖, 眠りなどが〕襲って来る; 〈*on*, *upon*, *over* ..に〉. Dusk began to ~. 夕闇(やみ)が迫り始めた. A dead silence *fell upon* the class. クラスの一同はしーんと静まり返った.
3【こぼれ落ちる】 VA (**~ *from* ..**)〔言葉, ため息などが〕..から(思わず)出る, 漏れる, 〔言葉などが〕(思わず)出る. Words of regret *fell from* his lips. 後悔の言葉が彼の口をついて出た.
【落ちかかる>当たる】 **4** VA 〔矢, 弾が〕当たる; 〔光, 影が〕落ちる; 〔視線が〕向く, 注がれる; 〔声, 音が〕聞こえる; 〔アクセントが〕ある; 〈*on* ..に〉. The shell *fell* wide of its mark. 砲弾は目標を大きくそれた. My eye chanced to ~ *on* the book. ふとその本が目にとまった. The accent of 'separate' ~*s on* the first syllable. 'separate'のアクセントは最初の音節にある.
5 VA 〔特定の日が〕やってくる; 〔行事が〕ある; 〔記念日などが〕当たる 〈*on* ..に〉. Easter *fell* early that year. その年は復活祭が早く来た. My birthday ~*s on* a Sunday this year. 今年は僕の誕生日は日曜だ.
6 VA (**~ *on, to* ..**)〔くじなどが〕..に当たる; 〔遺産などが〕..に渡る; 〔責任などが〕..にかかってくる; 〔容疑などが〕..にふりかかる. The lot *fell on* her. 彼女がくじに当たった. The responsibility *fell to* him. 責任は彼の肩にかかった. It *fell on* [*upon*, *to*] him to break the bad news. その悪い知らせを伝える役が彼に回った.
【落ち込む】 **7** (類語 否定的な状態になる場合に使うことが多い; →become) (**a**) VA (ある状態に) **陥る**, なる. ~ *into* .. (→成句). ~ *to* .. (→成句). ~ *in* love (with ..) →love (成句). ~ *out of* work 失業する. ~ *among* thieves 盗賊たちに襲われる; 盗賊の手に落ちる. (**b**) VC (~ X) X の状態になる. ~ ill [sick] 病気になる. ~ asleep 寝入る. The audience *fell* silent. 聴衆は静かになった. The post *fell* vacant. その地位は空席になった. It *fell* dark. 暗くなった. The book *fell* open at page 10. その本はたまたま 10 ページが開いた. ~ heir to ..を相続する. ~ (a) victim [prey] to .. (→victim [prey] の成句).
8【入る】 VA 分けられる; (分類されてある部類に)入る, 属する; 〈*into*, *under* ..に〉. ~ *into* .. (→成句 (4)). ~ *under* .. (→成句 (1)) That topic ~*s within* [*outside*] the scope of the present study. その論題は現在の研究の範囲に入る[入らない].
【低下する, 下向きになる】 **9** 〔温度, 物価, 水位などが〕**下がる**, 低くなる; 〔勢いなどが〕衰える, 弱まる; 〔潮が〕引く; (↔rise). The temperature *fell* ten degrees [to 10°F]. 温度は 10 度[華氏 10 度に]下がった. Her voice *fell* to a whisper. 彼女は声を落としてささやき声になった. He *fell* lower and lower in his class. 彼はクラスの席次がどんどん下がった. The number of the unemployed has ~*en* greatly. 失業者数が大幅に減少した. The wind is ~*ing*. 風は収まりつつある. a ~*ing* market 下向きの市況. the ~*ing* tide 引き潮, 退潮. The river ~*s* in winter. 冬は川の水位が下がる. Her spirits *fell* at the news. その知らせを聞いて彼女は気を落とした.
10 VA 〔髪, 衣服などが〕**垂れる**, 垂れ下がる. the white beard ~*ing to* his chest 胸まで垂れ下がった彼の白いあごひげ. Her shawl *fell over* her knees. 彼女の肩掛けは

ひざに垂れかかっていた.

11〔目が〕下を向く, 伏し目になる;〔顔が〕悲しい[失望した, 恥ずかしい]表情になる. Her eyes *fell* before my gaze. 私に見つめられて彼女は目を伏せた.

12 VA〔土地が〕傾斜している, 下り坂になっている, 〈*away, off*〉〈*to, toward*..の方に〉;〔川が〕注ぐ, 流れ込む, 〈*into*..に〉. The land ~*s away to* the lake [*to* the south]. 土地は湖に向かって低くなっている[南下がりである].

【下向きになる＞倒れる】 **13 倒れる**, 転ぶ;〔建物などが〕倒壊する, 崩れ落ちる. stumble and ~ つまずいて転ぶ. ~ to the ground 地面に倒れる. ~ on one's back [face] あお向けに[うつ伏せに]倒れる. The girl *fell* into her mother's arms. 少女は母親の腕の中に倒れ込んだ. The man *fell* down dead. 男は倒れて死んだ. The building *fell* in the recent earthquake. その建物は最近の地震で倒壊した. Three wickets *fell*. 〖クリケット〗打者が3人アウトになった《3柱門に載せた bail³ が3回落ちたこと》.

14〖雅〗傷ついて倒れる, 死ぬ. ~ in battle 戦死する. Thousands *fell* at Waterloo. ワーテルローでは数千人が戦死した. A tiger *fell to* his rifle. 1頭のトラが彼にライフル銃で撃たれて死んだ.

15〔政府などが〕倒れる; 失脚する. The party [dictator] *fell* from power. その政党[独裁者]は政権の座から転落した.

【陥落する】 **16**〔要塞(さい)などが〕**陥落する**, 落ちる,〔軍隊などが〕降伏する. The castle *fell* without a struggle. 城は抵抗せずに陥落した. The enemy *fell to* our army's attack. 敵は我が軍の攻撃に屈した.

17〖旧〗(誘惑に負けて)堕落する, 罪を犯す;〖古〗〔女性が〕貞操を失う. Eve *fell* when she was tempted. イブは誘惑されるとそれに負けた. **18**〖俗〗ぱくられる; 刑務所行きになる.

── ㊍〖米・オース・ニュー〗〔木〕を伐採する (fell).

fàll about (***láughing*** [***with láughter***])〖話〗笑い転げる.

fàll a-dóing〖古〗..し始める (→a- 2).

fàll all óver.. (1) ..にお世辞を言う, こびる. (2)〈~ all over oneself で〉＝fall over oneself (2).

fàll apárt (1) ばらばらになる, 解体する. (2) 失敗に終わる, 破綻(はたん)する. After Jim's wife died, his (whole) world *fell apart*. 奥さんが死んでから, ジムの生活はめちゃくちゃになってしまった.

fàll awáy (1)(見捨てて)離れ去る〈*from*..から〉. All his old friends *fell away from* him. 旧友は皆彼から離れて行った. (2) 衰える, 弱る; やせる, 減じる. At that time foreign trade *fell away*. 当時外国貿易は振るわなくなった. (3)〔疑い, 危険などが〕消える, なくなる. All my doubts *fell away* when I read his letter. 彼の手紙を読んで疑いはすべて消えた. (4) →㊀ 12.

fàll báck〔軍隊などが〕退却する, 後退する; 落伍(ご)する. The Giants have ~*en back* to third place. ジャイアンツは3位に落ちた.

****fàll báck on*** [***upon***]**..** **..を(最後の)拠(よ)り所にする**, (退いて)..に頼る. I had saved a little to ~ *back on* in case anything happened. 不時の備えに少々貯金をしておいた.

****fàll behínd*** (1) **遅れる**, 落伍(ご)する, 〈*in*..で〉. He *fell behind in* his studies. 彼は勉強で遅れを取った. (2) 遅れる〈*with, in*..〔支払いなどが〕〉. He often ~*s behind with* the rent. 彼はよく家賃(の払い)が遅れる.

fàll behínd.. ..に遅れを取る〈*in*..で〉. ~ *behind* the others *in* English 英語でほかの人に遅れる.

****fàll dówn*** (1) **地に倒れる**; 平伏する; (→13);〈進行形で〉〔建物が〕老朽化している. (2)〖話〗しくじる, 果たさない, 〈*on*..〔仕事, 約束など〕を〉. Don't ~ *down on* your promise. 約束を破らないでくれ. He'll ~ *down on* it [the job]. 〖話〗(その仕事は)彼にはこなせないだろう. (3)〔計画などが〕失敗する, つぶれる.

fàll flát →flat¹.

fáll for..〖話〗(1)〔人〕に(突然)惚(ほ)れ込む. She *fell for* the pop singer. 彼女はその流行歌手にひと目惚れした. (2)〔話など〕にだまされる. ~ *for* a trick completely まんまと計略にひっかかる.

fáll for it〖英俗〗妊娠する, '出来てしまう'.

fàll fóul [***afóul***] ***of..*** →foul.

fáll from..〖古〗..への忠誠を破る.

****fàll ín*** (1)〔屋根, 壁などが〕**落ち込む**, 崩れ落ちる. The ceiling *fell in*. 天井が落ちた. (2)〖軍〗〔全員が〕整列する,〔個人が〕列に加わる;〖米俗〗着く. The men *fell in* for roll call. 兵士たちは点呼のために整列した. (3)〔借用期限が〕切れる. (4) 同意する; 調和する; (→FALL in with.. (3)). When he speaks, they usually ~ *in*. 彼が話すと普段彼らは同意する. (5)〖オース・ニュー〗ミスをする; ひどい目に遭う. (6)〖ニュー〗妊娠する. (7)〖俗〗寝る.

****fáll into..*** (1)〔わななど〕**に落ち込む**, はまる. ~ *into* a pit [trick] 落とし穴[わな]にはまる. ~ *into* the hands [clutches] of a person 人の手中に陥る. ~ *into* temptation 誘惑に負ける. (2)〔ある状態〕に陥る, なる. ~ *into* (an) error ふと誤りを犯す. ~ *into* bad habits 悪い癖がつく. ~ *into* a deep sleep 深い眠りに陥る. ~ *into* disuse 使われなくなる. ~ *into* decay 衰える; 朽ちる. (3)(突然)..し出す; ..を始める. ~ *into* a rage 急にかんかんに怒り出す. ~ *into* conversation with a person 人と会話を始める. (4) ..に分類[区分]される. The history of English ~*s into* three main periods. 英語史は3つの主な時代に分けられる.

fàll ín with.. (1) ..に偶然出会う[知り合う]. I *fell in with* him on the train. 電車の中でばったり彼に会った. (2) ..に加わる. ~ *in with* a group of ruffians 悪党の仲間に加わる. (3) ..に同意する; ..に一致する. They all *fell in with* my proposal. 彼らはみな私の提案に賛成した. The measure ~*s in with* popular demand. その処置は大衆の要求にかなっている.

fàll óff (1) 減少する, 衰える;〔質が〕低下する. Business has ~*en off* recently. 事業は最近不振になってきた. Attendance *fell off*. 出席者数が減った. (2) →㊀ 12;〖海〗航路を風下にそらす.

****fáll on*** [***upon***]**..** (1) →㊀ 2, 4, 5, 6. (2) **..に襲いかかる**, ..を急襲する, ..に殺到する; ..をがつがつ食い始める. The traveler was ~*en upon* by robbers. 旅行者は盗賊に襲われた. (3)〔不運, 災難など〕に出会う. The country has ~*en upon* hard times. 国家は困難な事態に立ち至った.

fàll óut (1) 口げんかする〈*with*..と/*over*..のことで〉. He *fell out with* his wife *over* their child's education. 彼は妻と子供の教育のことでけんかした. (2)〔物事が〕起こる, (..なように)運ぶ. Everything *fell out* well. 万事うまく行った. (3)〈It falls out that... の構文で〉..という結果になる, たまたま..になる. *It* may ~ *out that* you will see him there. ひょっとしたら彼にそこで会うことになるかも知れない. (4)〖軍〗列を離れる; 落伍(ご)する;〖米俗〗立ち去る, 帰る. *Fall out*, men. 全体, 解散. (5)〔歯, 毛髪が〕抜け(落ち)る. (6)〖米俗〗どっと笑い出す. (7)〖米俗〗(麻薬などで)ぼうっとする, 眠り込む.

fàll óver (1) 転ぶ, 倒れる. (2)〖スコ〗寝入る. (3)〖話〗〔コンピュータが〕(突然)故障する.

****fáll over..*** **..につまずく** (stumble). ~ *over* a rock 石につまずいて転ぶ.

fàll over báckward(***s***) ＝FALL over oneself (2).

fàll over onesèlf〖話〗(1) 不器用である. (2) やっきになる, 懸命に努力する, 〈*to* do ..しようと〉.

fàll shórt, fàll shórt of.. →short.

fàll thróugh 失敗する, だめになる. The plan *fell through* because of lack of funds. 計画は資金不足でお流れになった.

fàll tó 食べ始める; 仕事[攻撃]に取りかかる. They *fell to* with a good appetite. 彼らはもりもり食べ出した.

****fáll to ..*** (1) **..を始める,** やり出す; 〖章〗 ..し始める 〈*doing*〉. ~ *to* work [blows] 仕事[殴り合い]を始める. ~ *to* eat*ing* 食べ始める. (2) 〔ある状態〕に陥る. ~ *to* sleep 寝入る. ~ *to* pieces ばらばらになる. (3) 〈it を主語にして〉 →自 6.

****fáll under ..*** (1) **..(の部類)に入る.** The two works ~ *under* different categories. この2つの作品は別々の種類に入る. (2) ..の影響を受ける. ~ *under* a spell 魔法にかかる, 魅了される.

lèt .. dróp [fáll] →let[1].

── 名 (複 **~s** /-z/) **1** UC 〖米〗**秋** (autumn) 《<木の葉の落ちる(fall)季節》; 〈形容詞的〉 秋の. in ~ 秋に. in the ~ of 1980 1980年の秋に. in the ~ of life 晩年に. the ~ semester 秋学期 《2学期制の前期; 9月から1月》.

2 〈~s〉 **滝** (類語 しばしば固有名詞中に用いる; →waterfall). The ~*s* are 300 feet high. 滝の高さは300フィートある. (The) Niagara *Falls* is one of the grandest spectacles in the U.S. ナイアガラ瀑(ばく)布は合衆国で最も壮大な景観の1つである (★固有名詞として用いる時は普通, 単数扱い).

3 C **落下,** 墜落; 〈普通, 単数形で〉 落下距離; 落差; (↔rise). He had a ~ from his horse. 彼は落馬した. the ~ of a meteor 隕(いん)石の落下. a dam with a ~ of 500 feet 落差500フィートのダム.

4 C 降雨[雪]; 降雨[雪]量; 木の伐採(量). a six-inch ~ of snow 6インチの積雪(量). We had many heavy ~*s* of rain this year. 今年は何度も大雨に見舞われた.

5 U 到来 〈*of* ..〔夜, 闇(やみ)など〕の〉.

6 U 垂れ下がること; 下向きになること; C 垂れ下がる物. the ~ of her hair 彼女の髪の垂れ具合.

7 C 傾斜, 勾(こう)配.

8 C **下落**; 減少; 衰退, 減退; (↔rise) 〈*in, of* ..〔価格, 数量など〕の〉. a sudden ~ *in* [*of*] temperature 温度の急激な低下. the steady ~ *in* purchasing power 購買力の継続的な低下. a ~ *in* the wind なぎ.

9 C **転倒**; 倒壊. He broke his leg in the ~. 彼は転んで脚を折った. get a bad ~ ひどい転び方をする. the ~ of an old tower 古い塔の倒壊.

10 aU 陥落; 崩壊, 失脚, 没落; C 〖俗〗逮捕. the ~ of Constantinople コンスタンチノープル陥落.

11 aU 堕落. the *Fall* (of Man) 人間の堕落 《アダムとイブの原罪》. **12** C 〖レスリング〗フォール; ひと勝負. **13** UC 〖スコ〗運. **14** UC (羊などの)出産; 一腹の子. **15** C 〖海・機〗(davit などで用いる)引き綱. **16** C 〖美容〗入れ髪. **17** UC 〖楽〗終止法. **18** 〖狩〗 =deadfall 1.

ride for a fáll →ride.

tàke a fáll 〖米俗〗ぱくられる; =take a DIVE.

tàke the fáll 〖米話〗 =take the RAP[1].

[<古期英語]

fal·la·cious /fəléiʃəs/ 形 〖章〗 **1** 誤った推論に基づく, 誤った. a ~ conclusion 誤った結論. **2** 人を惑わせる, 当てにならない; 虚偽の. ~ hopes 当てにならない希望. ▷ **~·ly** 副 **~·ness** 名

†**fal·la·cy** /fǽləsi/ 名 (複 **-cies**) **1** U 〖章〗(推論の)誤り; 〖論〗虚偽, 誤謬(ごびゅう). the ~ of his argument 彼の議論の誤り. the ~ of begging the question 論点先取りの誤り (→BEG the question). **2** C 〖章〗誤った考え[意見, 信念など], 誤信. **3** U 当てにならないこと, 頼りのなさ. [<ラテン語「欺瞞(まん)」]

fáll·bàck 名 (いざという時の)頼みの綱. ── 形 〈限定〉 いざという時にᴸ頼みとなる[代替する].

***fall·en** /fɔ́ːl(ə)n/ 動 fall の過去分詞.

── 形 Ⓒ **1 落ちた; 倒れた;** 降った. ~ petals 散った花びら. ~ snow 積雪. **2** 倒れた; (戦争で)死んだ; 〈the ~; 集合的〉 〖章〗戦死者. **3** 陥落した; 滅びた. a ~ city 陥落した都市. **4** 堕落した; 落ちぶれた. a ~ angel 〖旧〗(天国を追われた)堕天使. a ~ woman 〖旧〗身を落とした女性 《売春婦》.

fàllen árches 名 〈複数扱い〉 扁平足.

fáll gùy 〖話〗 名 C **1** だまされやすい人, いいカモ. **2** (他人の)罪をかぶせられる人 (scapegoat).

fàl·li·bíl·i·ty 名 U 〖章〗誤りやすさ.

fal·li·ble /fǽləb(ə)l/ 形 〖章〗誤りをᴸ犯しやすい[免れ得ない] (↔infallible). ▷ **-bly** 副

fàlling-óff 名 C 〈単数のみ〉 衰退 〈*of, in* ..の〉.

fàlling-óut 名 (複 **fallings-out, ~s**) C 不和, けんか.

fàlling stár 名 C 流星. He wished for two things on a ~. 彼は流れ星に2つの願いごとをした.

fáll lìne 名 C **1** 瀑(ばく)布線, 滝線, 《台地と平地の境界線で, 川がここを横切る所に滝や急流ができる》. **2** 〖スキー〗フォールライン, 最大傾斜線.

fàll-óff 名 =falling-off.

Fal·ló·pi·an tùbe /fəlóupiən-/ 名 C 〖解剖〗輸卵管, らっぱ管. [<発見者のイタリアの解剖学者 Gabriello *Fallopio* (1523–62)]

‡**fáll-òut** 名 U **1** (核爆発に伴う)放射性降下物質, 死の灰. a ~ shelter 核シェルター 《地下壕》. **2** 予期せぬ結果, '副産物', (happenstance); (事件などの)余波 (aftermath).

fal·low[1] /fǽlou/ 形 〔畑などが〕休閑中の; 〔才能, 能力などが〕活用されていない; 〔活動が〕休眠中の, 不作の. lie ~ 休閑[眠]中である. ── 名 U 休閑地; 休閑, 休眠.

fal·low[2] 名 C 〖動〗(ヨーロッパ産の)ダマジカ (**fállow dèer**) 《黄褐色で, 夏には白い斑(はん)点のできる小形のシカ》. ── 形 淡黄褐色の.

‡**false** /fɔːls/ 形 ⓔ (**fáls·er** | **fáls·est**)

【誤った】 **1 間違った,** 事実に反する, 正しくない. a ~ argument [notion] 間違った議論[考え]. a true-~ test 正否テスト 《答えの正誤を判定させる》.

2 誤解に基ういた, いわれのない. ~ pride 愚かな自負心. a ~ sense of security 錯覚による安心感.

【偽った】 **3** うその, うそを言う. a ~ witness 虚偽の申し立てをする証人. a ~ charge 〖法〗誣告(ぶこく). under a ~ name 偽名を用いて.

4 不誠実な 〈*to* ..に〉. a ~ lover 不実な恋人. a ~ friend 不実な友; 惑わし語 《自国語の単語と類似していて意味を誤解しやすい外国語の単語》. be ~ *to* one's promise [word] 約束を守らない. be ~ *to* his country 祖国を裏切る.

5 見せかけの, 取り繕った; 人を迷わす, 見かけだけの. ~ modesty 心にもない謙遜(そん). with ~ air of indifference 無関心を装って. ~ tears そら涙. a ~ economy (結局は高くつく)見かけ上の節約, 倹約にならない倹約.

【本物でない】 **6 人造の.** a ~ eye [tooth] 義眼[歯]. wear ~ eyelashes 付けまつげをしている.

7 偽の, まがいものの; 偽造の. a ~ coin にせがね. a ~ diamond 偽の[模造]ダイヤ. ~ dice いかさまな[細工をした]さいころ. a ~ god 邪神.

8 〈特に植物名に付けて〉 ニセ.., ..モドキ. ~ foxglove ニセジギタリス. ◇↔true; genuine, real

give [gèt, hàve] a fàlse impréssion of .. ..についてて誤った印象をᴸ与える[得る, 持っている].

in a fàlse posítion 誤解を受ける立場で[に], 自分の主義に反する事をする羽目に. You are putting yourself *in a ~ position* by not making a clean breast of all you know. 君は何か隠し立てしているのでかえって

妙な立場に立たされるのだ.
màke a* [*one*] *fàlse móve へまをする; 禁止されていることをする. *Make one* ～ *move* and you are a dead man. ちょっとでもおかしなまねをすると死ぬぞ. 「まをやる.
màke* [*tàke*] *a fàlse stép つまずく; 一歩を誤る, へ↑
── [副] 不誠実に (★play と共に用いる). He *played* me ～.＝He *played* ～ *with* me. 彼はぼくをだました.
[＜ラテン語「詐欺の」(＜*fallere* 'deceive')]

fàlse acácia [名][C] 〖植〗ニセアカシア (→acacia 2).

fàlse alárm [名][C] **1** 誤り[うそ]の(火災)警報. **2** (人騒がせな)虚報, デマ. 「下に物を隠す).

fàlse bóttom [名][C] (箱などの二重底の)うわ底《その↑

fàlse dáwn [名] **1** [UC] (夜明けかと思わせる)東天の薄明かり《夜明け前に起こる黄道光; →zodiacal light》. **2** [C] 人に期待させながら落胆させるもの.

fàlse-héarted /-əd [移]/ [形] 不誠実な.

†**false·hood** /fɔ́ːlshùd/ [名]〖章〗**1** [C] うそ, 偽り; [U] うそをつくこと, 偽ること; ([類語] lie² より形式ばった語で, 必ずしも悪意を伴わない). tell a ～ うそをつく. **2** [U] 虚偽, 誤り; [C] (個々の)誤り. Truth exaggerated may be ～. 真理も誇張すれば虚偽となり得る.

fàlse imprísonment [名][U]〖法〗不法監禁.

fálse·ly [副] **1** 誤って; 不正[不当]にも. **2** 偽って. **3** 不実にも. 「性. **3** 不実, 裏切り.

fálse·ness [名][U] **1** 誤り; 不当さ. **2** 虚偽, 欺瞞(ぎまん)↑

fàlse prégnancy [名][U] 想像妊娠.

fàlse stárt [名][C] **1**〖競技〗フライング. **2** 誤った第一歩[着手], 出だしのつまずき. after many ～*s* 何度も出だしをやり直して.

fal·set·to /fɔːlsétou/ [名] ([複] ～s) **1** [UC] (男性の)裏声《かん高い作り声》;〖楽〗仮声, ファルセット. **2** [C] 裏声を使う人;〖楽〗仮声歌手. ── [形], [副] 裏声[ファルセット]の[で]. [イタリア語 (*falso* 'false' の指小語)]

fals·ies /fɔ́ːlsiz/ [名]〖話〗〈複数扱い〉胸パッド《胸を豊かに見せるための》.

fal·si·fi·ca·tion /fɔ̀ːlsəfəkéiʃ(ə)n/ [名][UC] **1** (書類などの)偽造, 変造. **2** (事実などの)歪(わい)曲; 誤伝. **3** 虚偽の立証, 論破.

†**fal·si·fy** /fɔ́ːlsəfài/ [動] (**-fies**|[過] [過分] **-fied**|～**·ing**) [他] **1** 〔書類など〕を偽造する, 変造する. ～ a will 遺言書を偽造する. **2** 〔事実など〕を偽る, 曲げる. ～ the truth 事実を歪(わい)曲して描く. **3** 〔理論など〕の誤りを立証する, が真実でないことを示す, (↔verify). **4** 〔期待, 信仰など〕を覆す. Our fears have been *falsified* by the result. 結果から見ると我々の懸念は杞憂(きゆう)であった.
── [自] 偽る, うそをつく.

fal·si·ty /fɔ́ːlsəti/ [名] ([複] **-ties**) **1** [U] 事実に反すること, 虚偽, 誤り. **2** [U] 不実, 背信. **3** [C] うそ; 背信行為.

Fal·staff /fɔ́ːlstæf|-stɑːf/ [名] **Sir John** ～ フォールスタフ《Shakespeare の *Henry IV* などに登場する太ったほら吹きの騎士で喜劇的人物》.
▷**Fal·staff·i·an** /fɔːlstǽfiən|-ɑ́ː-/ [形]

falt·boat /fɔ́ːltbòut/ [名][C] (kayak に似た)折り畳み式ボート.

***fal·ter** /fɔ́ːltər/ [動] (～**s** /-z/|[過] [過分] ～**ed** /-d/|～**·ing** /-t(ə)riŋ/) [自] 【勢いを失う】 **1** 〔活動などが〕**不調になる**, 下火になる; 〔商売などが〕様子がおかしくなる; 〔人気, 関心などが〕**衰える**, しぼむ. The bubble exploded and the economy began to show signs of ～*ing*. バブルがはじけ, 経済にかげりが見え始めた. At his entrance the conversation ～*ed* for a moment. 彼が入ってくると一瞬会話がやんだ.
2 〔勇気, 決心などが〕くじける, にぶる; **ためらう**, ひるむ. My faith in him never ～*ed*. 私の彼に対する信頼は決して揺るがなかった. ～ in one's resolve 決心がぐらつく.
【ぐらつく】 **3** 〔病人, 幼児などが〕足どりがおぼつかない, よろける, ふらつく. She took a few ～*ing* steps. 彼女はよろけながら 2, 3 歩歩いた.
4 口ごもる; しどろもどろに[たどたどしく]話す; どもる; 〔声が〕震える. He ～*ed* and seemed to grope for words. 彼は口ごもり, (適当な)言葉を探している様子だった. make ～*ing* attempts to speak in French たどたどしいながらもフランス語で話そうと試みる.
── [他] [VO] (～ X/"引用") X を/「..」と口ごもり[どもり]ながら言う〈*out*〉. ～ *out* an excuse しどろもどろに言い訳をする.
── [名][C] **1** ためらい; よろめき. **2** 口ごもり(の声).
[?＜古期北欧語]

fál·ter·ing·ly /-təriŋ-/ [副] よろけながら; ためらいがちに; 口ごもりながら, しどろもどろに.

‡**fame** /feim/ [名][U] **1 名声**, 高名. win ～ 名声を得る. come [rise] to ～ 有名になる. a musician of worldwide ～ 世界的名声を持つ音楽家. his ～ as a doctor 医師としての彼の名声.

> [連結] great [immortal, lasting; instant; international] ～ // achieve [acquire, earn, gain; enjoy] ～; establish one's ～

2 評判, 世評. good [fair] ～ 良い評判, 名声. ill ～ 悪評, 汚名. ◇[形] famous [＜ラテン語 *fāma*「話, うわさ」(＜*fārī* 'speak')]

‡**famed** [形] 有名な, 名高い, 〈*for*..で〉([類語] famous の意味で新聞などでよく用いる; 一般には叙述的用法が普通). the ～ Nobel prize winner 高名なノーベル賞受賞者. This man is ～ *for* his magic tricks. この男は奇術で有名だ.

fa·mil·ial /fəmíljəl, -liəl/ [形] 〈限定〉〖章〗家族の; 〔病気などが〕家族特有の. [family, -al]

‡**fa·mil·iar** /fəmíljər/ [形] [m]
【なじみが深い】 **1 よく知られた**, おなじみの, 見[聞き]慣れた; 見[聞き]おぼえのある; 〈*to* ..に〉; ありふれた, 普通の. ～ legends だれでも知ってる言い伝え. The word processor is a ～ article now. ワープロは今ではありふれた品物だ. The name is not ～ *to* us.＝We are not ～ *with* the name (→2). 我々にはその名前は聞き慣れない. His face seemed vaguely ～, but I could not recollect who he was. 彼の顔は何となく見おぼえはあったが, だれだか思い出せなかった.
2 〈叙述〉**精通している**〈*with* ..に〉. My brother is ～ *with* rugby. 兄はラグビーのことをよく知っている.
【親密な】 **3 親しい**, 親密な, 懇意な, 〈*with* ..と〉([類語] 旧知の関係などからくる気安さに重点がある; →close, intimate). old ～ faces 昔なじみの顔[人々]. a ～ friend 親友. He was ～ *with* many famous men. 彼は多くの名士と親しかった.
4 〔動物が〕飼い馴らされた.
5【親しげな】くつろいだ, くだけた, 四角張らない. a ～ greeting [letter] 略式のあいさつ[手紙]. write in a ～ style くだけた文体で書く.
6 なれなれしい, 無遠慮な, 〈*with* ..に〉(★too, over などと共に用いることが多い). He was too ～ *with* me. 彼はいやになれなれしかった.
◇[名] familiarity [動] familiarize
be on famíliar térms with.. 〔人〕と心安い間柄である. 「る, 詳しくなる.
màke onesèlf famíliar with.. 〔物事〕に精通す↑
── [名][C]〖旧〗**1** 親友. **2** (魔女などに仕える)妖(よう)精, 使い魔, 《猫, 鳥などの姿をしている; **famìliar spírit** とも言う》. [family, -ar]

‡**fa·mil·i·ar·i·ty** /fəmìliǽrəti/ [名] ([複] **-ties** /-z/) **1** [U] **熟知**, 精通, 〈*with* ..についての〉; 周知. His ～ *with* their customs was helpful. 彼が彼らの習慣に精通していたことが役に立った. ～ *with* poverty 貧乏を知り抜いていること. He is proud of the ～ of his name. 彼は

自分の名前が知れ渡っていることを誇りにしている.
2 Ⓤ **親しさ**, 親交, 〈*with* ..との〉. I'm on terms of ~ *with* the doctor. 私はその医師と親しい仲である. Their ~ was based on a long friendship. 彼らの親交は長い間の友情の上に築かれていた.
3 Ⓤ 心安さ, 親しみ; なれなれしさ, 無遠慮. He likes the ~ of his friend's home. 彼は友人の家の打ち解けた雰囲気が気に入っている. *Familiarity* breeds contempt. 〘諺〙なれ過ぎは軽蔑のもと, 親しき中にも礼儀あり.
4 Ⓒ 〈普通 -ties〉 なれなれしい[無遠慮な]言動 《特に女性に対する》. ◇形 familiar

fa·mil·iar·i·zá·tion 名 Ⓤ 習熟[普及]させること.

†fa·mil·iar·ize /fəmíljəràiz/ 動 他 **1** VOA (~ X *with*..) X を..に習熟させる, 親しませる; (~ *oneself with*..) ..に習熟する. ~ the workmen *with* the use of a new machine 工員たちを新しい機械の使い方に慣れさせる. *Familiarize* your*self with* their customs. 彼らのしきたりをよく知っておきなさい. **2** を広める, 普及させる, 〈*to* ..〔世間など〕に〉. ~ the name of a product *to* consumers 消費者に製品の名を広める.

†fa·míl·iar·ly 副 **1** 親しく; 打ち解けて; なれなれしく, 無遠慮に. call a person ~ by his first name 人を親しく[なれなれしく] (姓でなく)名で呼ぶ.
2 日常的には, 通俗的に. The abdomen is ~ called the belly. 腹部のことを俗におなかと呼ぶ.

‡fam·i·ly /fǽm(ə)li|-mi-/ 名 (複 **-lies** /-z/)
1 Ⓒ 〈単数形で複数扱いもある〉(家庭を構成している)**家族**, 一家. (**a**) 家族(全員) 《両親と子供; 使用人を含めることもある》. We are a ~ of seven in all. 家族は皆で7人だ. The ~ has just moved out. その一家は引っ越して行ったばかりだ. the Smith ~ スミスさん一家. His ~ *is* large. 彼の所は大家族だ. My ~ *are* all well. 私の一家はみんな元気だ. 語法 家族の全員を1つの集合体として見る時は単数扱い, 個々の人を念頭に置く時は複数扱い. この傾向は〘英〙のほうが強く, 〘米〙ではいずれの場合もしばしば単数扱い.

> 連結 a wealthy [a middle-income; a low-income, a poor; a double-income, a dual-income; a nuclear; an extended; a one-parent, a single-parent] ~

(**b**) (本人以外の)家族, 家の者たち. I'm taking my ~ to the seaside. 家族を海岸へ連れて行くつもりだ.

> 連結 raise [support; clothe; feed; rule] a ~

(**c**) (一家の)**子供たち**, 子女. the youngest of a ~ of five 5人きょうだいの末っ子. his wife and ~ 彼の妻子. cannot afford a ~ (経済的に)子供を作れない.
2 Ⓒ (**a**) (社会の構成単位としての)家族, **世帯**, 家庭. Five *families* live in the building. その建物には5世帯が住んでいる. a poor ~ 貧困家庭. a nuclear ~ 核家族. (**b**) 〘主に米〙(マフィアなど犯罪組織の)ファミリー, 組, '一家'.
3 Ⓒ 〈単数形で複数扱いもある〉**一族**, 一門. an old ~ of the town 町の旧家. the royal *families* of Europe ヨーロッパの諸王家.
4 Ⓤ **家柄**, 家系; 〘主に英〙名門. a man of (good) ~ 名門の男. a man of no special ~ これといった家柄の出ではない男.
5 Ⓒ (分類上の)同族, 類, 系統; 〘言〙語族; 〘生物〙科 (→classification 参考). the Teutonic ~ of peoples チュートン人種. animals of the cat ~ ネコ科の動物.
6 〈形容詞的〉 家族の, 一家の, 家庭の; 家族向きの. a ~ affair 家庭内の問題. a ~ car (家族で使う)自家用車. a ~ pack (家庭全員で使うほどの量の)徳用袋[包み]. Stubbornness is a ~ trait with them. 強情さがあの一族に共通の性質だ.
in the* [*a* 〘米〙] *fámily wày 〘旧話・婉曲〙妊娠して(pregnant). 「ている.
rùn in the fámily 〔特徴, 病気などが〕一家に遺伝し↑
stàrt a fámily 最初の子供を持つ.
[＜ラテン語「(一家の)召使いたち」(＜*famulus* 'servant')]

fàmily allówance 名 Ⓤ 〘英〙児童手当《国家が支給する; child benefit の旧称》.

fàmily Bíble 名 Ⓒ 家庭用聖書《家族の誕生, 結婚, 死亡などを記入するページがある大型のもの》.

fàmily círcle 名 Ⓒ **1** 内輪の人たち. **2** 〘米〙(劇場の)家族席《立見を除けば一番安い》.

fámily còurt 名 Ⓒ 〘米〙家庭裁判所.

fàmily crédit 名 Ⓤ 〘英〙低所得世帯貸与金.

fàmily dóctor 名 〘話〙＝general practitioner.

fàmily íncome sùpplement 名 Ⓤ 〘英〙低所得世帯補助金《国家が支給する; family credit の旧称》. 「る)失業世帯補助金.

fàmily íncome suppòrt 名 Ⓤ 〘英〙(子供のあ↑

fàmily léave 名 aⓊ 家庭事情による休暇.

fámily màn 名 Ⓒ **1** 妻子のある男, 所帯持ちの男. **2** マイホーム主義の男.

fámily nàme 名 Ⓒ 姓, 名字, (surname).

fàmily plánning 名 Ⓤ 家族計画, 産児制限.

fàmily práctice 名 Ⓤ 〘米〙家庭医療, 一般診療, 《家庭との人間的つながりを重視しつつ専門医による対応までは要しない医療サービスや総合的な保健指導に当たる; general practice よりやや高度な医療部門》.

fàmily practítioner 名 Ⓒ 〘米〙家庭医, 一般医, 《family practice に従事する》.

fámily ròom 名 Ⓒ **1** 〘米〙家族部屋《一家団欒(だんらん)用で広い》. **2** 〘英〙(パブの)ファミリールーム《子供も入れる》. 「庭内の秘密.

fàmily skéleton 名 Ⓒ (他人に知られたくない)家↑

fámily stỳle 形, 副 〘米〙(食事が)家庭式の[で]《大皿を回して各自が取って食べる方式》. a ~ dinner 家庭式のディナー.

fàmily thérapy 名 Ⓤ 家族療法《患者の家族も参加する心理療法》.

fàmily trée 名 Ⓒ 家系図, 系譜.

fàmily válues 名 (伝統的な)家族中心の価値観.

***fam·ine** /fǽmən/ 名 (複 ~s /-z/) **1** ⓊⒸ **飢饉**(ききん). The country is suffering from ~. その国は飢饉に苦しんでいる. ~ relief 飢饉救済. **2** aⓊ 欠乏, 払底, 品不足. a water ~ 水不足. a ~ of good workmen 腕利きの職人の払底. ~ prices 飢饉相場《品不足による高価格》. [＜ラテン語 *fames*「飢え」]

fam·ish /fǽmiʃ/ 動 他 〈普通 be ~ed〉を飢えさす; 〘古〙を飢死させる. ── 自 飢える; 〘古〙飢死する. I'm ~*ing*. 腹がぺこぺこだ.

fám·ished /-t/ 形 〘話〙〈叙述〉腹がぺこぺこで[な].

‡fa·mous /féiməs/ 形 ⓜ **1** (いい意味で)**有名な**, 名高い, 〈*for* ..で/*as* ..として〉(類語 良い意味で「有名な」を表す最も一般的な語; →celebrated, distinguished, eminent, famed, illustrious, noted, renowned. 悪い意味で「有名な」のは infamous, notorious. ただ「有名な」のは well-known). a ~ work of art 有名な芸術作品. Kyoto is ~ *for* its old temples and shrines. 京都は古い神社仏閣で有名だ. Brighton is ~ *as* a summer resort. ブライトンは夏の行楽地として名高い.
2 〘旧話〙すてきな, すばらしい, (excellent). a ~ dinner [appetite] すごい食事[食欲]. That's ~! すばらしい, お見事. ◇名 fame
fàmous làst wórds 〘話〙(有名な臨終の言葉＞)そんな事よく言えたものだ《自信たっぷりの相手の言葉に対して》. [fame, -ous]

fá·mous·ly 副 **1** 〘旧話〙すばらしく, 見事に, 立派に.

The pianist performed ～. ピアニストはすばらしい演奏をした. He is getting on [along] ～ with his new colleagues. 彼は新しい職場仲間と実にうまくいっている.
2 名高く, 有名に. He is a mathematician and philosopher but most ～ a linguist. 彼は数学者であり哲学者であるが言語学者として最も有名だ.

‡fan[1] /fæn/ [名] ([複] **～s** /-z/) [C] **1** **扇**, うちわ. a folding ～ 扇子. **2** **扇風機**, 送風機; (自動車のラジエーターを冷却する)ファン. an electric ～ (電気)扇風機. a ventilating ～＝an extractor ～ 換気扇. **3** 扇状の物《クジャクが広げた尾羽など》; (風車の)扇状翼; 〖俗〗(飛行機の)プロペラ; 〖地〗 扇状地. **4** 〖農〗(穀物を吹き分ける)唐箕(とうみ).
── [動] (**～s** /-z/|[過] [過分] **～ned** /-d/|**fán·ning**) [他] **1** (**a**) をあおぐ; 〔火など〕をかき立てる; 〔恐怖, 憎悪, 情熱など〕をあおり立てる, 扇動する. He ～*ned* the fire with his hat. 彼は帽子で火をあおいだ. ～ oneself busily せわしく扇子を使う. ～ a quarrel けんかをあおる. ～ the flames (of..) (激情, 恋慕の念, 動乱などの)炎をあおり立てる (→flame [名] 3). (**b**) [VOA] あおいで[あおり立てて]..にする. ～ the embers *into* a blaze 残り火をあおいで燃え上がらせる. ～ the flies *away* ハエを(あおいで)追い払う. ～ oneself *into* a rage かんかんに腹を立てる.
2 〔そよ風が〕に吹きつける. The cool breeze ～*ned* his face. 涼しいそよ風が彼の顔をなでた.
3 [VOA] (～ /X/ ***out***) (トランプの札など)を扇形に広げる. The peacock ～*ned out* his tail. クジャクが尾羽を広げた. 「せる 〈*out*〉.
4 〔穀物〕を箕で吹き分ける. **5** 〖野球〗〔打者〕を三振さ↑
── [自] **1** [VA] (～ ***out***) 扇形に広がる; 〖軍〗 扇形に展開する. The police ～*ned out* and searched the woods for the boy. 警官たちは扇形に広がって森で少年を捜した. **2** 〖野球〗 三振する 〈*out*〉.
[＜ラテン語 *vannus*「箕(み)」]

‡fan[2] /fæn/ [名] ([複] **～s** /-z/) [C] (スポーツ, 映画, スター, 有名人などの)**ファン**. baseball [movie] ～*s* 野球[映画]ファン. [＜*fan*atic]

> [連結] a big [an avid, an enthusiastic, a passionate; a devoted, a loyal; a hysterical] ～

fàn-assísted /-əd [移]/ [形] (熱をむらなく伝えるための)ファン付きの〔オーブンなど〕.

†fa·nat·ic /fənǽtik/ [名] [C] 狂信者; 熱狂者; マニア. a religious ～ 狂信者. a model gun ～ モデルガンのマニア. He is a ～ about punctuality. 彼は度を越して時間厳守にうるさい. ── [形] ＝fanatical. [＜ラテン語「神殿(*fānum*)の, 神がかった」]

fa·nat·i·cal /-k(ə)l/ [形] 狂信的な; 熱狂的な; 〈*about* ..について〉. ▷ **～·ly** [副]

fa·nat·i·cism /fənǽtəsìz(ə)m/ [名] **1** [U] 狂信, 熱狂. **2** [C] 狂信的行為[思想, 性格]. 「を回す》.

fán bèlt [名] [C] ファンベルト《ラジエーターの冷却ファン↑

fan·cied /fǽnsid/ [形] **1** 想像上の, 架空の. **2** 勝ち[成功し]そうな〔馬, チーム, 選手など〕.

fan·ci·er /fǽnsiər/ [名] [C] (動植物の)愛好家 (★普通, 複合語で用いる). a bird ～ 愛鳥家. a rose ～ バラ道楽(の人).

†fan·ci·ful /fǽnsif(ə)l/ [形] **1** 空想の, 架空の; 非現実的な, 意外な. a ～ tale 夢のような話. **2** 意匠を凝らした, 奇抜な. ～ costumes for the ball 舞踏会用の凝った衣装. **3** 〔芸術家などが〕空想にふける, 気まぐれな, 風変わりな. ▷ **～·ly** [副] **～·ness** [名]

fán clùb [名] [C] (芸能人などの)後援会.

‡fan·cy /fǽnsi/ [名] ([複] **-cies** /-z/)
【空想】 **1** [aU] (自由奔放な)**空想**, 想像(力), ([類語] 普通, 気まぐれに想像をめぐらす意味を含む; →imagination). a story based on ～ 空想に基づいた話. The Chimera is a product of ～. キマイラは空想の産物だ. He has a lively ～. 彼は想像力が豊かだ.
【空想の産物】 **2** [C] (空想から生まれる)**幻想**, 奇想. the *fancies* of a poet 詩人の幻想.
3 [C] (根拠のない)**考え**; (直感的な)感じ, 思いつき; 〈*that* 節 ..という〉. a mere idle ～ 愚にもつかない考え. a passing ～ 一時の気まぐれ. "I think I heard his voice." "That's only your ～."「彼の声が聞こえたようだが」「気のせいだよ」 I have a ～ *that* she will be absent. 彼女は欠席するような気がする.
4 【気まぐれな好み】 [C] 〈普通, 単数形で〉 **好み**, 愛好, (liking). follow one's ～ 自分のやりたいことをやる. please [suit] a person's ～ 人の好みに合う.
5 [C] 〈普通 fancies〉〖英〗＝fancy cake.
after [***to***] ***a pèrson's fáncy*** 人の気に入った. We have found a house *after* our ～. 我々は気に入った家が見つかった.
càtch [***tàke, strìke***] ***a pèrson's fáncy*** [***the fáncy of a pèrson***] 人の気に入る. His latest play has *caught the* ～ *of* the public. 彼の新作劇は一般の人たちに受けている.
****hàve a fáncy for..*** ..を好む, ..が好きである[欲しい]. She *has a* ～ *for* cats. 彼女は猫が好きだ.
****tàke a fáncy to..*** ..が好きになる, 気に入る. She has *taken* quite *a* ～ *to* her English teacher. 彼女は英語の先生が大好きになった.
── [形] [e] (**-ci·er**|**-ci·est**) **1** **意匠を凝らした**, 装飾的な, 手の込んだ. a ～ tie 凝ったネクタイ. ～ embroidery 手の込んだ刺繍(しゅう). The pattern is too ～ for a living room. その柄は居間には凝りすぎている. **2** 〈限定〉〔商品が〕**極上の**, 特選の; 〔店が〕特選品を扱う. ～ fruits and vegetables 特選の果物・野菜. a ～ restaurant 高級レストラン. **3** 〈限定〉 特別な, 変わり種の; 〔動植物が〕珍種の. a ～ carnation 変わり咲きのカーネーション. **4** 〈限定〉〔金額が〕法外な. draw a ～ salary とんでもない高給を取る. ～ prices 法外な値段. **5** 空想的な, とっぴな. **6** 〈限定〉 離れ業の(ような), 高等技術の. a ～ dive 曲技飛び込み.
── [動] (**-cies** /-z/|[過] [過分] **-cied** /-d/|**～·ing**) [他] **1** (**a**) を**想像する**, 空想する, 心に描く; [VOC] (～ X (***to be***) Y)・[VOA] (～ X ***as*** Y) X が Y であると想像する; [VO] (～ X(***'s***) *doing*) X が..するのを想像する. ～ a life without electricity 電気なしの生活を想像する. I could not ～ her *as* a painter. 彼女が画家だとは想像できなかった. I sometimes ～ myself *to be* the king of a small country. 自分が小さな国の王様になった姿を時々空想する. I cannot ～ their [them] speak*ing* ill of me. 彼らが私の悪口を言うなんてとても考えられない.
(**b**) 〈命令形で〉を**考えてもみなさい**(驚くではないですか); [VO] (～ ***doing***/X(***'s***) ***doing***) ..するなんて/X が..するなんて; (★驚きを表す感嘆的表現). *Fancy* that! これは驚いた, そんなことがあるなんて. Just ～! まあ考えてもみなさい《おかしいじゃないか》(★この用法は [自] と考えてもよい). *Fancy* meet*ing* you here! こんな所で君に会うとは.
2 [VO] (～ ***that*** 節) ..であると(なんとなく)**思う**, 感じる, ..(の)ような気がする; [VOC] (～ X (***to be***) Y)・[VOA] (～ X ***as*** Y) X が Y であると思う; ([語法] (1) 根拠のない想像を意味する. (2) 単に think, suppose と同じ意味で用いられることがある). I *fancied* (*that*) I heard a knock at the door. ドアをノックする音がしたように思った. She *fancied* Ned (*to be*) faithful to her. 彼女はネッドが彼女には忠実だと思い込んでいた. "Will he come?" "I ～ not [I ～ so]."「彼は来るかね」「来ないと思うね[来ると思うよ]」
3 〖英話〗が(なんとなく)好きである, に(性的に)惹(ひ)かれる; [VO] (～ X/*doing*) X を/..をやりたい. You may select anything you ～ from the menu. メニューの中でなんでも好きなものを選んでいい. I rather ～ his sister. 彼の

妹にちょっと惚(ほ)れている. I_L～ a drink [don't ～ *going* out]. 一杯やりたい[外出したくはない].

4 〖英〗〔人, チームなど〕が成功する[勝つ]と思う. I ～ this horse (*to* win) in the next race. 次のレースはこの馬が勝つと思う.

fáncy oneself 〖話〗 (1) うぬぼれる, 自分を高く買う. (2) (うぬぼれて)..だと思い込む. He *fancies* him*self* (*as*) a critic. 彼はいっぱしの批評家気取りでいる.
[＜中期英語; ＜*fantasy*]

fàncy báll 名 ＝FANCY-DRESS ball.

fàncy cáke 名 C デコレーションケーキ.

fàncy dréss 名 U 仮装服《fancy ball で着る》. a ～-*dress* ball 仮装舞踏会.

fàncy-frée /⑱/ 形 恋(や結婚)の悩みと無縁の, 恋煩いのない; 自由奔放な, 勝手気ままな, 気楽な. be foot-loose and ～ (独身で)自由に好きな所へ行き好きなことができる.

fàncy góods 名 小間物, 装身具, アクセサリー.

fáncy màn 名 C 〖旧話〗 愛人《男》; 'ひも'.

fáncy wòman 名 C 〖旧話〗 愛人, 情婦; 売春婦.

fáncy·wòrk 名 U 手芸(品), 刺繍(しゅう), 《手の込んだ縫い物, 編み物など》.

fan·dan·go /fændǽŋgou/ 名 (複 ～s, ～es) C **1** ファンダンゴ(の曲) 《スペイン・南米の陽気な 4 分の 3 拍子の踊り》. **2** 愚行, ナンセンス. [スペイン語]

fan·fare /fǽnfèər/ 名 **1** C ファンファーレ《トランペットなどの華やかな吹奏》. **2** UC 派手な騒ぎ《歓迎, 祝賀などの際の》. with [without] much ～ 鳴り物入りで[大して騒がれずに]. [フランス語(?＜擬音語)]

‡fang /fæŋ/ 名 C **1** (犬, オオカミなどの)牙(きば); (蛇の)毒牙(が); (→tusk); 〖英話〗 歯 (tooth). **2** 牙に似たとがったもの. [＜古期北欧語「捕獲」]

fán hèater 名 C ファンヒーター《送風式》.

fán·jèt 名 C 〖空〗 ファンジェットエンジン(機)《ファンによる送風で推進力を高めてある》.

fán lèttter 名 C (1 通の)ファンレター.

fán·lìght 名 C 扇窓《ドアや窓の上の扇形の明かり取り》; 〖英〗 ＝transom 3.

fán màil 名 U 〈集合的〉 ファンレター.

Fan·nie, Fan·ny /fǽni/ 名 Frances の愛称.

fan·ny /fǽni/ 名 (複 -nies) C 〈普通 one's ～〉 〖米俗〗 けつ (buttocks); 〖英卑〗 女性の性器.

Fànny Ádams 名 U 〖英俗〗〖主に海〗 缶詰の(羊)肉; シチュー (stew).

(*swèet*) *Fànny Ádams* 何もないこと (nothing at all) 《時に fuck-all の婉曲表現》. He knows *sweet* ～ about taxes. 彼は税金のことは何も知らない.

fánny bàg [pàck] 名 C 〖米〗 (ベルトにつける)ポーチ《waist bag とも言う; 〖英〗 bum bag》.

fán·tàil 名 C **1** 扇状の尾[端]. **2** 〖鳥〗 クジャクバト; 〖魚〗 リュウキン (**fàntail góldfish**). **3** 〖米〗 扇状船尾. **4** (ストーブなどの)扇状火口.

fan·ta·sia /fæntéiʒə, -ziə/ 名 C 〖楽〗 幻想曲, ファンタジア; (有名なメロディーを集めた)接続曲. [イタリア語 'fantasy']

‡fan·tas·ize /fǽntəsàiz/ 動 自 空想[夢想]する 〈*about* [*about* doing]〉..の[する]ことを〉. ── 他 W (～ *that* 節) ..ということを空想する.

***fan·tas·tic** /fæntǽstik/ 形 m **1** 風変わりな, 異様な, 怪奇な, (odd, grotesque). a ～ costume 異様な服装. **2** 空想的な; 非現実的な; 根拠のない, ばかげた. a ～(*al*) plan 実現できそうもない計画.
3 〖話〗 すばらしい, すてきな, (wonderful); 〈間投詞的に〉 (それは)すばらしい, すてきだ, よかった. This is the most ～ show I've ever seen. こんなすばらしいショーは見たことがない. a ～ car すばらしい車.
4 〈限定〉〖話〗 途方もない, べらぼうな. a ～ price 法外な値段. ～ progress in medical science 信じられないような医学の進歩.

fan·tás·ti·cal /-k(ə)l/ 形 ＝fantastic (★主に 2 の「意味で用いる).

fan·tás·ti·cal·ly 副 異様に; 空想的に; 信じがたいほど(すばらしく); 途方もなく.

***fan·ta·sy** /fǽntəsi, -zi/ 名 (複 -sies /-z/) **1** U (とりとめのない)**空想**, 幻想, 夢想, 妄想, (類語 非現実的な空想; →imagination). a world of ～ 幻想の世界.
2 C 空想の産物; 幻覚; 幻想的作品; 〖楽〗 幻想曲 (fantasia); 〖心〗 白日夢. a ～ novel 幻想的小説.
[＜ギリシア語「出現, 想像＞幻覚」; fancy と同源]

fan·zine /fǽnzìːn/ 名 C ファン雑誌《特に SF 小説やポピュラー歌手(グループ)の; ＜*fan* mag*azine*》.

FAO Food and Agriculture Organization (of the United Nations) (国連食糧農業機関).

FAQ frequently asked questions ('Q & A' 集).

‡far /fɑːr/ 副 (**far·ther** /fɑ́ːrðər/, **fur·ther** /fə́ːrðər/ | **far·thest** /fɑ́ːrðəst/, **fur·thest** /fə́ːrðəst/)
【空間的に隔たって】 **1** 遠くに, 遠くへ, はるかに, (↔near). My home town is not ～ from Liverpool. 私の郷里の町はリヴァプールから遠くない. I'd like to live as ～ away from a large city as possible. 大都会からできる限り遠くに住みたい. ～ away [off] 遠方に[の]. ～ out at sea 海上はるか遠くに[へ, の].

> 語法 (1) 単独で場所の副詞に用いるのは普通, 否定文・疑問文の中に限る: With my leg as it is, I can't walk ～. (この足では遠くまで歩けない) (2) 肯定平叙文では普通, 他の場所の副詞(句)とともに用いる: ～ away [off, out, back, into] など. (3) 肯定平叙文では far の代わりに a long way (off) などを用いる: He walked *a long way*. (彼は遠くまで歩いた) (4) 数を示す語を伴う時は, away や distant を用いて five miles away [distant] のようになる.

【時間的に隔たって】 **2** 遠く, はるかに. look ～ into the future はるか将来のことを考える. The festival continued ～ into the night. 祭りは夜が更けるまで延々と続いた. That lies ～ back in the mists of prehistory. それは遠い昔の先史時代の霧の中にある.
【程度が隔たって】 **3** はるかに, 大いに, ずっと.

> 語法 (1) 比較級, 最上級を強めるほか,「分離, 差異」を意味する形容詞, 副詞(句), too とともに用いる. (2) by far や far and away はこの強調形.

This car is ～ better than that. この車はあれよりはるかに良い. This car is (by) ～ the best. この車は最高級だ (→成句 by FAR). be ～ different 大いに違う. The book is ～ beyond my comprehension. その本は私の理解をはるかに超えている. This sack of potatoes is ～ short of weight. このジャガイモの袋は目方がひどく足りない. She is ～ too shy to be a teacher. 彼女は教師になるには大分内気すぎる.
4 限界を越えて (★too, a bit, enough などに修飾される). go too ～ (→go 成句). carry [take] a joke too ～ 冗談の度を越す.
5 〈名詞的〉 遠方. come from ～ 遠くから来る. from ～ and near (遠近を問わず)至る所から (→成句 FAR and near).

***as [so] fár as..** 〈(1), (2), (3) の肯定文では as far as〉 (1) 〔ある場所〕まで. We walked *as* ～ *as* the station. 駅まで歩いた. We did not walk *so* [*as*] ～ *as* the station. 駅までは歩かなかった. (2) ..ほど遠くまで, と同じ距離まで. I ran *as* ～ *as* I could. できるだけ遠くまで走った. We did not walk *so* [*as*] ～ *as* that. そんな遠くまでは歩かなかった. (3) ..の程度まで, ..限り, ..だけ. *as* ～ *as* you like 君の好きなだけ. *as* ～ *as* the eye can see 目の届く限り. I'll help you *as* ～ *as* (is) possible. できる限りはお手伝いしましょう. I've got *as* ～ *as* collecting the specimens but I haven't classified them yet. 標本を集めるところまでは終わったがまだ分類していない. (4) **..する限りでは, ..限り.** *as* [*so*] ～ *as* I am concerned 私に関する限り. Father hasn't been here *as* ～ *as* I know. 私の知る限りでは父はここに来ていない.

as fàr as .. gó →go.

as fàr as in me líes →lie[1].

****by fár*** はるかに, 断然, 大いに, (★最上級, 比較級などを強める). Nancy is *by* ～ the best student in the class. ナンシーはクラスで飛び抜けて優秀な学生だ. Ned is *by* ～ the stronger of the two. 2人のうちではネッドが断然強い. Australia is larger than Japan *by* ～. オーストラリアは日本よりはるかに大きい.

fàr and awáy ＝by FAR. He is ～ *and away* the fastest runner in our class. 彼はクラスではずば抜けて足が速い.

****fàr and néar*** [***wíde***] **至る所(に, を), 広い範囲にわたって.** People came from ～ *and near* to see the circus. サーカスを見にあらゆる所から人々がやって来た. travel ～ *and wide* 広く方々を旅行する. The rescue party searched for him ～ *and wide*. 救援隊は彼をくまなく捜索した.

fár be it from mè to dó 〘話〙..しようなどという考えは少しもない (★be は仮定法現在: しばしば but で続けて干渉や批評の前置きにする). *Far be it from me to* object (, *but* we should be careful in carrying it out). 反対するつもりなど毛頭ない(が, その実行には慎重を期すべきだ).

****fár from..*** (1) 〔場所〕**から遠く**[**遠い**]; 〔状態〕**からほど遠く**[**遠い**]. The child strayed ～ *from* home. その子は迷って家から遠い所まで行った. The building is ～ *from* completion. その建物は完成にはほど遠い. (2) **少しも..ではない, ..どころではない,** (not at all) (★名詞・動名詞・形容詞・副詞を後に伴う). His son is ～ *from* a fool. 彼の息子はとてもばかなどではない. ～ *from* perfect 完全とは程遠い. be ～ *from* (being) pleased with one's salary 自分の給料に到底満足などしていない. (3) 〈動名詞を伴って〉..するどころか. (So) ～ *from* weeping, the girl burst into laughter. 泣くどころか, その女の子は吹き出した.

fàr fróm it 〘話〙〈前文(の一部)を受けて〉そんなことは断じてない, とんでもない. He is not kind; ～ *from it*. 彼は親切じゃない, 断じて《＜親切からほど遠い》.

gò fár (1) 〔金が〕多くの物が買える; 〔食料, 支給品などが〕十分である, 足りる. One hundred dollars doesn't *go* ～ nowadays. 今日100ドルでは大して買い物はできない. (2) ＝GO a long way.

gò so fàr as to dó →go.

gò tòo fár →go.

****hòw fár*** (距離, 程度が)**どれくらい, どこまで.** *How* ～ can you swim? 君はどのくらい泳げますか. *How* ～ is it from here to the station? ここから駅までどのくらいありますか. I don't know *how* ～ to trust the man. その人をどの程度信用していいか分からない.

in so fár as ＝INSOFAR as.

not fàr óff [***óut, wróng, shórt***] 〘話〙(ほとんど)正しい, 当たっている. Your guess is*n't* ～ *out*. 君の推測は当たっている.

not gò fàr wróng ひどく間違うことはない, うまくいく. You can*not go* ～ *wrong* if you follow my advice. 君は僕の忠告を守ればまず間違いはないよ.

****só fàr*** (1) **これまでのところ, 今までは.** We haven't received her answer *so* ～. これまでのところは彼女の返事を受け取っていない. (2) 〘話〙 そこまで《場所, 程度》. *So* ～ this week. 今週はここまで(でおしまい).

so fár as ＝as FAR as.

sò fár from dóing ..するどころか (★FAR from (2), (3) の強調形).

Só fàr(,) sò góod. 今までのところはうまく行っている(が先行きは分からない); そこまでは良かった(が, しかし..).

tàke..too fár ＝CARRY..too far.

thús fàr ＝SO FAR (1).

── 形 (★比較変化は 副 と同じ) 〈普通, 限定〉 **1** 〘主に雅・詩〙(時間的, 空間的に)**遠い,** はるかな, 遠くへの, (↔near; 類語 漠然と遠さを表す; →distant). a ～ country 遠い国. go on a ～ journey 長い旅に出る. the ～ future 遠い将来. at ～ intervals 大変長い間をおいて. **2** (2つのうちで)遠い方の, 向こうの. the ～ end of the bridge 橋の向こう端. He was talking with a girl in a ～ corner of the room. 彼は部屋の向こうの隅で女の子と話していた. **3** (政治的に)極端な〔左[右]翼〕. He's on the ～ left. 彼は極左だ.

a fàr crý (1) 遠距離. It is *a* ～ *cry* from here to Paris. ここからパリまでは遠い. (2) 大きな隔たり, 非常な相違, 〈*from* ..とは〉. This is *a* ～ *cry from* the truth. これは事実とはほど遠い. [＜古期英語]

far·ad /fǽrəd, -æd/ 名 C 〘電〙ファラッド《電気容量の実用単位; ＜Michael *Faraday*》.

far·a·da·ic /færədéiik/ 形 ＝faradic.

Far·a·day /fǽrədi, -dèi/ 名 **Michael** ～ ファラデー (1791–1867)《英国の物理・化学者》.

far·a·day /fǽrədi, -dèi/ 名 (複 **～s**) C 〘電〙ファラデー《電気分解に要する電気量の単位》.

fa·rad·ic /fərǽdik/ 形 〘電〙誘導[感応]電流の.

†**fàr·awáy** /-rə- ㊥/ 形 〈限定〉 **1** 遠方の; 遠い昔の. a ～ place 遠隔の地. in the ～ future はるか先の将来に. **2** 〔顔つきなどが〕ぼんやりとした, 夢見るような. a ～ look ぼんやりと遠くを見ているような顔つき.

‡**farce** /fɑːrs/ 名 **1** C 笑劇, 道化芝居; U (文学の一部門としての)笑劇, ファース; こっけい. **2** C 茶番じみた(出来)事, ばかげたこと. Trials under Stalin's rule were nothing but a ～. スターリン治下の裁判は茶番にすぎなかった.

far·ci·cal /fɑ́ːrsək(ə)l/ 形 笑劇の, 笑劇風の; こっけい極まる, ばかげた, 茶番じみた. ▷ **～·ly** 副

‡**fare** /feər/ 名 (複 **～s** /-z/) 【行くこと】 **1** C (乗り物の)**料金, 運賃.** a bus [taxi] ～ バス[タクシー]料金. a railroad ～ 鉄道運賃. a single ～ 片道料金. a return ～ 〘英〙往復料金. the first-class ～ 1等運賃. the ～ adjustment office 運賃精算所.

> 参考 地代, 家賃, 部屋代などは rent; 公共料金, 医療費などは charge; ホテル代, 郵便料金, 駐車料などは rate; 授業料, 免許料, 医師・弁護士などへの謝礼などは fee; 通行料, 渡船料などは toll.

2 C (タクシーなどの)乗客. Cabs cruise the streets in search of ～*s*. タクシーは客を求めて町を流す.

【暮らして行くこと＞食事】 **3** U 飲食物, 献立. good [dainty] ～ ごちそう. simple [poor, coarse] ～ 粗食. a bill of ～ 献立表, メニュー.

4 【メニュー】 U (娯楽用の)出し物, 番組. the daily TV ～ テレビで日常放映される番組[報道内容など].

── 動 (**～s** /-z/|過 過分 **～d** /-d/|**fár·ing** /fé(ə)riŋ/) 自 【行く, 成り行く】〘章〙 **1** VA 〈A は様態の副詞〉〔人が〕**暮らす,** やってゆく. ～ well うまくやってゆく; 結果が上首尾である. ～ ill [badly] うまくいかない; 結果が思わしくない. *How* did you ～ in your journey? 旅行はいかがでしたか. **2** VA 〈A は様態の副詞; 非人称の it などを主語として〉〔物事が〕**運ぶ,** 成り行く. It will ～ hard with them. 彼らはひどい目に遭うだろう. *How* are things *faring* in that part of the world? 世界のその地域ではどんな状況だろう.

You may gò fárther and fàre wórse. 〘諺〙やり過ぎは不運のもと《＜進むほど情況が悪くなることもある》. [＜古期英語 *faran*「行く」]

Fàr East 图 〈the ～〉極東(地域)《英国から見てインド以東の日本, 中国, 朝鮮など; →Middle East, Near East》. ▷**Fàr Éastern** 形

fáre-stàge 图 Ⓒ 〘英〙(バスの)一定料金区間; 一定料金区間最後の停留所.

‡**fare·well** /fèərwél/ 間 〘章〙ごきげんよう (類語 good-by よりも形式ばった語; 相当長期間の別れの意味を含む). *Farewell to* arms! 武器よさらば《戦争はもうたくさん; Hemingway の小説の題名になった》.

── 图 (複 **～s** /-z/) **1** 〘旧章〙UC いとまごい, 別れ; Ⓒ 別れの言葉[あいさつ]. exchange ～*s* with the students 学生たちと別れのあいさつを交わす.

連結 a tearful [an emotional; a painful, a sad; a fond, a warm] ～ // take one's ～; make one's ～*s*

2 /移/ 〈形容詞的〉a ～ meeting [party] 送別会. make a ～ speech 送別の辞を述べる.

bìd [sày]..farewéll＝bìd [sày] farewéll to.. ..に別れを告げる, いとまごいをする. He *bade* ～ *to* her.＝He *bade* her ～. 彼は彼女に別れを告げた.

[＜*fare well* 'go well'(命令形)]

fàr-fámed /移/ 形 広く知れ渡った, 有名な.

fàr·fétched /-t 移/ 形 〔たとえ, 比較などが〕無理な, こじつけた, 不自然な; 〔話などが〕ありそうもない, 荒唐無稽(けい)な, まゆつばの. The etymologies Webster gave were often very ～. ウェブスターが示した語源はしばしば無理にこじつけたものであった.

fàr-flúng /移/ 形 **1** 広がった, 広範囲にわたる. The recession forced the company to reduce its ～ activities. 不景気のためその会社は拡大した事業を縮小せざるをえなくなった. **2** 遠く離れた, 辺境の.

fàr-góne 形 〘話〙〈叙述〉〔病状などが〕かなり進んだ; 気の変な; ひどく酔った; 重い借金を負った; 〔着物などが〕すっかりくたびれた.

fa·ri·na /fəríːnə/ 图 Ⓤ (プディングやシリアル用の)穀粉 (flour); でんぷん. [ラテン語「穀物 (*far*) の粉」]

far·i·na·ceous /fæ̀rənéiʃəs 移/ 形 穀粉の(ような); でんぷんを含む, でんぷん質の.

‡**farm** /fɑːrm/ 图 (複 **～s** /-z/) Ⓒ **1 農場**, 農園, (類語 農場を表す一般的な語で, field のほかに住宅や付属建造物を含む; →plantation, ranch). run a ～ 農場を経営する. work on a ～ (雇われて)農場で働く. a dairy [milk] ～ 酪農場. a ～ laborer 農場労働者.

2 農家《farmhouse とその付属建造物》.

3 飼育場, 養殖場. a chicken [poultry] ～ 養鶏場. a pearl ～ 真珠養殖場. ～ animals 飼育動物.

4 託児所 (baby farm). **5** ＝farm team.

── 動 (**～s** /-z/|過 過分 **～ed** /-d/|**fárm·ing**) 他 **1** 〔土地〕を**耕作する**; 〔家畜など〕を飼育する. **2** を飼育場として使用する. **3** 〔幼児など〕を(普通, 料金を取って)預かる, 世話をする. ── 自 **農業を営む**, 農場を経営する.

fàrm /../ óut (1) 〔農地〕を小作に出す; 〔仕事〕を下請けに出す. (2) 〘野球〙〔選手〕を二軍に移す. (3) 〔幼児, 犬, 猫など〕を預ける〈*on, to, with* ..に〉. ～ *out* the pets *with* a neighbor 隣家にペットを預ける.

[＜中世ラテン語「定額の支払い＞小作料」(＜ラテン語「確かなものにする」); firm[1] と同源]

fárm bèlt 图 Ⓒ 農業地帯《米国中西部の平野のような》.

‡**farm·er** /fɑ́ːrmər/ 图 (複 **～s** /-z/) Ⓒ **1 農場経営者**, 農場主; 農夫, 農民, 《自作又は小作の; →peasant》. a dairy ～ 酪農家. a wheat ～ 麦作農家. a landed [tenant] ～ 自作[小作]農. **2** ＝baby farmer.

fárm·hànd 图 Ⓒ (雇われた)農場労働者, 作男(さくおとこ).

*__farm·house__ /fɑ́ːrmhàus/ 图 (複 →house) **1** Ⓒ (農場内の)**農場主の住居**, 農家. **2** 〈形容詞的〉〔酪農製品などが〕農場で作られた, 自家製の. ～ cheese 自家製チーズ.

†**farm·ing** /fɑ́ːrmiŋ/ 图 Ⓤ 農業, 農場経営; 飼育, 養殖; 幼児保育; 〈形容詞的〉農業(用)の; 農場の. pig ～ 養豚. be engaged in ～ 農業に従事している. a ～ country 農業国.

‡**fárm·lànd** 图 Ⓤ 農(耕)地.

fárm·stèad 图 Ⓒ 農場, 農園, 《建物も含む》.

fárm tèam 图 Ⓒ 〘野球〙ファームチーム《米国大リーグチーム所属で 2 軍 (3A), 3 軍 (2A), 4 軍 (1A) とある》.

*__fárm·yàrd__ 图 (**～s** /-dz/) Ⓒ **農家[農場]の庭**《中庭又は家の周囲の庭; →barnyard》.

fa·ro /fé(ə)rou/ 图 Ⓤ 銀行《賭(か)けトランプの一種》.

Fa·roes /fé(ə)rouz/ 图 〈the ～〉＝Faeroe Islands.

far-off /fɑ̀ːrɔ́(ː)f 移/ 形 遠方の; はるか昔の. old, happy, ～ things 昔の楽しかった遠い国の事ども.

far-out /fɑ̀ːráut 移/ 形 〘話〙**1** (世間一般と)ひどくかけ離れた, 変わった, 進んでいる, (uncommon).

2 〘旧〙とてもいい, すばらしい.

far·rag·i·nous /fərǽdʒənəs/ 形 ごた混ぜの.

far·ra·go /fərɑ́ːgou, -réi-/ 图 (複 〘米〙 **～es,** 〘英〙 **～s**) Ⓒ ごた混ぜ, 寄せ集め. [ラテン語 'mixed fodder']

‡**fàr-réaching** /移/ 形 〔影響, 効果などが〕遠くまで及ぶ, 広範囲の.

far·ri·er /fǽriər/ 图 Ⓒ 〘主に英〙蹄(てい)鉄工; (馬の)獣医.

far·row /fǽrou/ 图 Ⓒ ひと腹の子豚; (豚の)分娩(べん).

── 動 自 〔豚が〕子を産む. ── 他 〔豚が〕〔子〕を産む.

fàr·séeing /移/ 形 先見の明がある, 遠い先が見える.

Far·si /fɑ́ːrsi/ 图 Ⓤ 近代ペルシア語.

fàr·síghted /-əd 移/ 形 **1** 〘主に米〙遠目の利く; 遠視(眼)の (long-sighted; ↔nearsighted). **2** 先見の明のある (farseeing). ▷**～·ly** 副 **～·ness** 图

‡**fart** /fɑːrt/ 〘卑〙動 自 屁(へ)をひる. ***fàrt abóut [aróund]*** 〘俗〙ばかなことをする.

── 图 Ⓒ **1** 屁, おなら. **2** 鼻持ちならないやつ.

‡**far·ther** /fɑ́ːrðər/ 〈far の比較級の 1 つ; →farthest〉 副 **1** (距離が)もっと遠く; さらに進んで, なお先に.

語法 距離についての意味では further も同等に用いられ, 他の意味では further の方が好まれる. 2 の意味では further が普通. 形 についてはこの傾向がより強い. またこのように further の方を好む傾向は〘英〙の方が強い.

go ～ into the jungle ジャングルのさらに奥深くへ入る. They are ～ ahead than we are. 彼らは我々よりもっと先へ進んでいる. I can walk no ～.＝I can't walk any ～. もうこれ以上は歩けない.

2 その上に, さらに, なお, (besides, moreover).

fàrther ón 先の方に; もっと後で. Mr. Barker lives ～ *on*. バーカーさんのうちはもっと先の方です. I will explain this ～ *on*. これはもっと先へ行って[後になって]から説明しよう.

Nò fárther! もうたくさん, もう分かった.

nòthing is fàrther from a pèrson's mínd [thóughts] than.. 人には..のような考えは少しもない (→FAR from). *Nothing is* ～ *from* my *mind than* to accept his offer. 彼の申し出を受ける気など毛頭ない.

── 形 **1 もっと遠い**; なお先の; (2 つのうちの)遠い方の; (→副 語法). The lake was ～ than we had thought. 湖は思ったより遠かった. on the ～ side of the river 川の向こう側に (→far 形 2).

2 その上の; なおその他の; 一層の.

fárther·mòst 形 最も遠い (farthest).

‡**far·thest** /fɑ́ːrðəst/ 〈far の最上級の 1 つ; →farther〉 副 **1 いちばん遠くに[遠くまで]** (★farthest と furthest の用法は farther と further の用法に準じる

(→farther 副 語法)). He sat ~ from the fireplace. 彼は暖炉からいちばん離れた場所に座った. Bill's ball went (the) ~ today. 今日はビルのボールがいちばん遠くまで飛んだ. **2** (程度が)いちばん, 最大に. What state lies the ~ east? 一番東に位置する州は何[どこ]ですか.
—— 形 **いちばん遠い.**

at (the) fárthest どんなに遠くても; どんなに遅くとも; せいぜい (at most). It's ten miles *at the* ~. たかだか 10 マイルだ.

the fárthest X from .. ..からいちばん遠い[違った] X (事柄など) (→FAR from). This is *the* ~ thing *from* my mind. こんな事は全く私の念頭にない.

far·thing /fáːrðiŋ/ 名 C **1** ファージング青銅貨《英国の旧貨幣で最小額のもの, 旧ペニーの 4 分の 1; 1961 年廃貨》. **2** 〈a ~; 否定構文で〉 少しも, ごくわずかも. It is *not* worth a (brass) ~. 一文(もん)の値打ちもない. I do*n't* care a (brass) ~. ちっともかまわない.

far·thin·gale /fáːrðiŋgèil/ 名 C ファージンゲール, 張り輪, 《16, 17 世紀に婦人服のスカートを広げるのに用いた》; ファージンゲール入りスカート.

fas·ces /fǽsiːz/ 名 (単 **fas·cis** /fǽsis/) 〈単複両扱い〉 (古代ローマの)束桿(そっかん) 《斧(おの)を巻いて縛った棒の束; 執政官の権標(けんぴょう)として先導する従者が捧(ほう)持した》. [ラテン語「(まきの)束」]

fas·ci·a /féiʃə, 3 は fǽʃiə/ 名 (複 **fas·ci·ae** /-ʃiiː/, **~s**) C **1** 帯状の物, バンド, 帯; (店(主)名を書いて入り口の上に付けた)帯状の看板. **2** 《英旧》 =dashboard 1. **3** 《解剖》 筋膜, 靭(じん)帯. [ラテン語 'band']

fas·ci·cle /fǽsik(ə)l/ 名 C **1** 小束. **2** (書物の)分冊. **3** 《植》 叢(そう)生; 《解剖》 (神経の)繊維束.

***fas·ci·nate** /fǽsənèit/ 動 (**~s** /-ts/|過 過分 **-nat·ed** /-əd/|**-nat·ing**) 他 **1** を**魅惑する**, うっとりさせる, (類語 呪文(じゅもん)か催眠術でもかけるように, 相手をとりこにするという感じが強い; →charm). The music ~*d* everyone in the hall. その音楽にホール中の人たちは皆うっとりした. He was ~*d* by [with] the girl's beautiful eyes. 彼はその娘の美しい目に魅了された. **2** をにらんですくませる 《蛇がカエルにするように》, (強い光を当てて)を動けなくする. [<ラテン語「魔法 (*fascinus*) にかける」]

***fas·ci·nat·ing** /fǽsənèitiŋ/ 形 m **魅惑的な**, うっとりさせる; とても美しい[面白い]. ~ jewels 実に美しい宝石. a ~ adventure story 我を忘れさせるような(面白い)冒険物語. ▷ **~·ly** 副 魅惑的に, うっとりさせるほど.

†**fàs·ci·ná·tion** 名 **1** U 魅惑(する[される]こと), うっとりさせる[する]こと; UC 魅力, 魅力的な点. They listened to him in ~. 彼らはうっとりして彼の言葉に聞き入った. He has a ~ *for* baroque music. =Baroque music has a ~ *for* him. 彼はバロック音楽にはとても魅力を感じている. his ~ *with* horror fiction 彼が怪奇小説に夢中になっていること. the ~*s* of the circus サーカスの(さまざまの)魅力. **2** U すくむ[すくませる]こと.

fas·ci·na·tor /fǽsənèitər/ 名 C 魅惑する物[人].

fas·cis /fǽsis/ 名 fasces の単数形.

†**fas·cism** /fǽʃiz(ə)m/ 名 U 〈しばしば F-〉 ファシズム, 極右国粋的独裁主義, 《イタリアで 1919 年に Mussolini が主唱; →Nazism》. [<イタリア語 *fascio*「束, 集団」; -ism]

†**fas·cist** /fǽʃist/ 名 C ファシズム信奉者, ファシスト; 〈F-〉 (イタリアの)ファシスト党員 (Blackshirt). —— 形 ファシズムの[を信奉する]; 〈F-〉 ファシスト党(員)の.

‡**fash·ion** /fǽʃ(ə)n/ 名 (複 **~s** /-z/)
【仕方】 **1** aU 《章》 (物事の)**やり方**, 流儀, (類語 文章語で, しばしば流行を暗示する「方法」; →way 9). The boy has an odd ~ of speaking. その少年は妙な話し方をする. He did the job after [in] his own ~. 彼はその仕事を自己流でやった. We relished tea served in the Japanese ~. 日本風に出されたお茶を賞味した.
2 C 作り, 様式, 型, (style, form). a building in a Gothic ~ ゴシック風の建物.
【人気のある仕方】 **3** UC **流行**, はやり; ファッション, (特に女性の)流行の服装; 世間の風潮, 時流; (類語 流行の意味の最も一般的な語; →craze, fad, mode, style, vogue). in [out of] ~ 流行している[廃れている]. come into ~ はやり出す. bring the miniskirt into ~ ミニスカートをはやらせる. go out of ~ 流行遅れになる, 廃れる. follow (the) ~ 流行を追う. set [lead] a ~ 流行を作り出す[の先駆けをする]. the latest ~(*s*) in bathing suits 水着の最新流行型. a display of spring ~*s* 春のファッションの展示. It is the ~ to wear a leather jacket this year. 今年は革の上着を着るのがはやりだ.
4 〈普通 the ~; 単複両扱い〉 流行を追う人たち, 上流社会, 社交界. all the ~ of the city 市の社交界.

after [in] a fáshion (不十分ながら)まあどうにかこうにか(の), 一応は[の]. My sister can play the piano *after a* ~. 妹は何とかピアノが弾ける.

after [in] the fáshion of .. 《章》 ..にならって, ..流[風]に.

be àll the fáshion 〔服装, 行動などが〕大流行である.

—— 動 他 《章》 **1** VOA (~ X *from* [*out of*] *..*) (主に手仕事で) X を..から(形)作る; (~ X *into ..*) X を細工して..を作る. ~ fish hooks *out of* [*from*] pins =~ pins *into* fish hooks ピンから釣り針を作る. **2** VOA (~ X *into ..*) X (人, 性格など)を..に形成する. The war ~*ed* him *into* a pacifist. その戦争が彼を平和主義者にした.
◇形 fashionable [<ラテン語「作ること, 行うこと」(< *facere* 'make, do'); faction[1] と同源]

-fashion 〈複合要素〉「..流に, ..風に」の意味の副詞を作る. sit Japanese-*fashion* (日本流に座る). walk crab-*fashion* (カニのように(横に)歩く).

***fash·ion·a·ble** /fǽʃ(ə)nəb(ə)l/ 形 m **1 流行の**, 現代風の, スマートな; 流行を追う. a ~ hairdo 流行のヘアスタイル. a very ~ wedding とても先端的な結婚式. **2** 社交界の; 〔店などが〕上流向きの, 高級な. the ~ world 社交界. a ~ dressmaker in Paris パリの高級婦人服店. a ~ restaurant 高級レストラン.
—— 名 C 流行を追う人. ◇名 fashion

†**fásh·ion·a·bly** 副 流行を追って, スマートに. ~ dressed 流行の服装をした.

fáshion-cònscious 形 流行を気にする[に敏感な].

fáshion desìgner 名 C ファッションデザイナー.

fáshion hòuse 名 C ファッションハウス《流行衣服のデザイン, 製作, 販売を行う》.

fáshion mòdel 名 C ファッションモデル.

fáshion paràde 名 C (ファッションショーでの)新作披露パレード《モデルが次々と登場する》.

fáshion plàte 名 C ファッションプレート《最新型服装図, スタイル画》; 《話》 最新流行の服を着た人.

fáshion shòw 名 C ファッションショー.

fáshion vìctim 名 C 《英話》 流行のとりこ《似合う似合わないに関係なく, 流行に手を出さずにいられない》.

‡**fast**[1] /fæst|fɑːst/ 形 e (★3, 4 は ©)
【揺るぎのない(速さの)>速い】 **1 速い**; すみやかな, 素早い; (↔slow) (類語「速い」の意味の最も一般的な語だが, 運動・動作そのものより, する人や物に重点が置かれる; →fleet[2], quick, rapid, speedy, swift). a ~ horse 速い馬. a ~ speaker 早口にしゃべる人. a ~ train 急行列車 (★a *fast*-moving train なら「速い列車」). a ~ lunch 手早くすませる昼食. a ~ trip 急ぎの旅行. make a ~ retreat 素早く退却する.
2 〈叙述〉 〔時計が〕**進んだ** (↔slow; →gain). This watch is (five minutes) ~. この時計は (5 分)進んでいる. **3** 〈普通, 限定〉 〔道路などが〕高速に適した; 《スポーツ》 〔走路などが〕速い《堅く乾いているなど》. a ~ highway 高速道路. That's a very ~ court. あれは球足が非常に速いテニスコートだ.

4 〖写〗〔フィルムが〕高感度の; 〔レンズが〕高速撮影用の.
5【精力を早く消費する】〖旧〗放蕩(ほう)な, ふしだらな, 遊楽にふける. lead a ～ life 放蕩生活を送る. a ～ woman 身持ちの悪い女. belong to a ～ set 遊蕩仲間に入っている.
【揺るぎのない＞しっかりした】 6 固定した, 固着した; 動かない; 安定した; (↔loose; 動 fasten). take a ～ grip on a rope ロープをしっかり握る. The car is ～ in the mud. 車はぬかるみにはまって動かない. hard and ～ → hard 副 (成句). 7 心の変わらない, 誠実な. a ～ friendship 変わらぬ友情. 8 〔色が〕変わらない, あせない. ～ colors あせない色. →colorfast. 9 〔眠りが〕覚めない, 深い. fall into a ～ sleep 深い眠りに入る.
fàst and fúrious 〔試合, パーティー, ショーなどが〕白熱した[て], 盛り上がった[て]; 波乱と激動の[で].
màke ..fást 〔ボート, ロープなど〕をしっかり固定する 〈*to* ..に〉; 〔戸, 門など〕をしっかり閉じる; (fasten).
pùll a fást òne 〖話〗ぺてんを働く 〈*on* ..〔人〕に〉.
―― 副 e 1 速く, 急速に, (quickly). Light travels much ～*er* than sound. 光は音よりずっと速く伝わる. His health was breaking ～. 彼の健康は急速に悪化していた.
2 放蕩(とう)して, ふしだらに. live ～ 放蕩にふける.
3 しっかりと, 動かないように, 堅く. Hold ～ to my hand. 私の手にしっかりつかまりなさい. The door was stuck ～. ドアは堅く閉じていた. The ship was held ～ on the rocks. 船は暗礁に乗り上げて動けなかった. hold ～ to one's principle 自分の主義を固く守る.
4 間(ま)を置かずに, ひっきりなしに, 間断なく. The snow is falling (thick and) ～. 雪がひっきりなしに降っている.
5 ぐっすり〔眠る〕. He is ～ asleep. 彼はぐっすり眠っている.
plày fàst and lóose with .. ..に対して煮えきらない態度を取る; 〔女性の愛情など〕をもてあそぶ.
stànd fást しっかり立つ; 後に引かない.
stìck fást (1) ＝stand FAST. (2) 止まったまま前へ出られない, 二進(にっち)も三進(さっち)もゆかない.
[＜古期英語「しっかりと(した)」]

fast[2] 動 自 (特に宗教上の理由で)断食する; 絶食する; 特定の物しか食べない. Many Christians ～ during Lent. キリスト教徒の多くは四旬節に断食をする (参考 fast の仕方は宗教により異なるが, 例えばカトリックでは四旬節の断食といっても, 1 日に 1 食は普通の食事をする). ～ on bread and water パンと水だけで精進生活をする.
―― 名 C 1 (特に宗教上の)断食; 絶食, 〖カトリック〗大斎(たいさい); 精進. 2 断食日, 断食期間. a ～ of seven days 7 日間の断食.
brèak one's fást (1) 断食をやめる. (2) 〖雅〗朝食を食べる (→breakfast). [＜古期英語]

fást·bàck 名 C ファーストバック《ルーフから後ろのバンパーまで連続的にカーブしている乗用車の屋根》; ファーストバックの乗用車.
fást·bàll 名 C 〖野球〗速球.
fàst bréak 名 C 〖バスケ〗速攻.
fàst-bréak 動 自 〖バスケ〗速攻する.
fàst bréeder (reàctor) 名 C 〖物理〗高速増殖炉.
fást dày 名 C (宗教上の)断食日, 精進日, 〖カトリック〗大斎日.
***fas·ten** /fǽs(ə)n|fɑ́ː-/ 動 (～s /-z/|過 過分 ～ed /-d/|～·ing) 他 【しっかり固定する】 1 VOA を固定する, 縛る, 結びつける, 〈*together*〉〈*to, on, upon* ..に〉 (↔unfasten; 類語 一般的な語で, 結んだり, ぐるりと巻いて縛ったりするほか, のりで付けたり, 釘(くぎ), ピンやクリップで留めたりして, 一つの物を別の物にくっつける時に用いる; → attach, bind, stick[2], tie). ～ the dog *to* a leash 犬を革ひもにつなぐ. ～ a new phone *on* the wall 新しい電話器を壁に取り付ける. ～ the ends of a rope together 綱の両端を結び合わせる.
2 〔ドア(の掛け金), ベルトなど〕をしっかり締める; 〔ボタンなど〕を留める, 掛ける; (↔unfasten). ～ the buttons of one's shirt シャツのボタンを掛ける. Make sure your seat belt is ～*ed* before you begin to drive. 運転を始める前にシートベルトを必ず締めるように.
3 VOA (～X *on*[*upon*]..) X(目, 注意, 考えなど)を..にじっと注ぐ, 集中する. His attention was ～*ed on* the suspicious man. 彼の注意はその怪しい男に釘(くぎ)付けになった.
【固定する＞押し付ける】 4 VOA (～ X *on* [*upon*]..) X(罪, 恥辱など)を..に負わせる, かぶせる. ～ a nickname *on* a person 人にあだ名をつける.
―― 自 1 〔ドアなどが〕閉まる, 〔錠などが〕掛かる, 留まる. This door will not ～. このドア(の錠)はどうしても閉まらない. This blouse ～*s* (up) at the back. このブラウスは背中で留める. 2 VA (～ *on, onto, upon* ..) ..をしっかりつかむ, ..にしがみつく; 〔目, 注意などが〕..に注がれる, 集中する. The little girl ～*ed on* her mother's arm. 少女は母親の腕にしがみついた. 3 VA (～ *on, onto, upon* ..) 〔人など〕にたかる, まといつく; 〔考えなど〕に固執する, 取りつかれる. Fleas ～ *on* animals. ノミは動物にたかる. The manager ～*ed upon* the new idea. 部長は新案に飛び付いた.
fàsten /../ dówn (1) 〔箱のふたなど〕を(釘などで)厳重に留める. (2) 〔意味など〕を明確に知る. (3) 〔人〕を決心させる 〈*to* ..するように〉.
fàsten úp しっかり締まる[閉まる, 留まる].
fàsten /../ úp ..をしっかりと縛る[締める, 留める]. ～ *up* a box 箱を厳重に閉じる《釘(くぎ)付けなどして》. ～ *up* one's coat 上着のボタンをきちんと掛ける.

†**fás·ten·er** 名 C 1 締める[留める]人[もの]. 2 (衣服, 紙などの)ファスナー, 締め金具, 留め具, 《チャック, スナップ, クリップなど》. do up the ～(*s*) of a dress ドレスのファスナーを締める.
fás·ten·ing 名 1 U 締める[閉める, 留める]こと. 2 C 締め具, 留め具, 《ボルト, かんぬき, 掛け金, ボタン, ホックなど》.
fàst fóod 名 U ファーストフード《手早く料理を出すレストランで食べたり持ち帰るハンバーガー, フライドチキンなど》.
fàst-fóod /⑧/ 形 〈限定〉ファーストフード (fast food) の. a ～ restaurant ファーストフードレストラン.
fàst-fórward 名 U (テープレコーダーなどの)早送り. put the tape *on* ～ テープを早送りする. ―― 動 他 〔テープなど〕を早送りする.
‡**fas·tid·i·ous** /fæstídiəs, fəs-/ 形 1 厳格な, やかましい, 〈*about, in* ..に〉. Grandma is ～ *about* table manners. おばあちゃんはテーブルマナーに厳しい. 2 (選り好みをし過ぎて)気難しい; 好みのうるさい; 〈*about, in* ..に〉; 潔癖すぎる. ～ readers 気難しい読者. Mary is ～ *in* dress [*about* her food]. メリーは服装[食べ物]にうるさい. [＜ラテン語「嫌悪」; -ous] ▷ **～·ly** 副 厳格に, 潔癖すぎるほど. **～·ness** 名
fàst láne 名 C 1 (高速道路の)追い越し車線. 2 〈the ～〉(リスクに満ちた)成功への最短ルート. life in the ～ 派手で享楽的な生活.
fàst línk 名 C 高速連絡路[鉄道].
fást·ness 名 1 U (色, 染料などの)固定, 定着; 堅固, 不動. 2 C 要塞(さい), とりで. a mountain ～ 山塞. 3 U 迅速.
fást-tàlk 動 他 〖主に米話〗〔人〕を早口で言いくるめる 〈*into* ..するよう〉. ▷ **～·er** 名
fást tìme 名 〖米話〗＝daylight saving time.
fàst tráck 名 C 1 ＝fast lane 1. 2 出世コース[の道].
fàst wórker 名 C 〖話〗(異性に対して)手の早い人, 口説き上手.
‡**fat** /fæt/ 形 e (**fát·ter**|**fát·test**)
【太った】 1 (まるまると)太った, 肥えた, (↔lean, thin)

([類語]「太っている」の意味の最も一般的かつ直接的な語で，しばしば軽蔑的; →chubby, corpulent, obese, overweight, plump¹, portly, stout, strong, tubby). grow [get] ～ 太る，肥満する. ～ fingers ずんぐりした指. a ～ pig 太った豚《特に食肉用に太らせた》.
2 脂肪の多い，あぶらっこい，〔食品など〕(↔lean). ～ meat あぶら肉.
3 肉太の; 部厚い，膨れた. a ～ type 肉太の活字. a ～ slice 部厚い肉切れ. a ～ wallet たんまり入った財布. a ～ lip (殴られて)腫れ上がった唇.
4【動きが鈍い】〖話〗愚鈍な，間抜けな. Get this into your ～ head. このことをお前のばかな頭にたたき込んでおけ.
|【中身が多い】| **5** 肥沃(よく)な. ～ soil 肥えた土壌. **6**〔木材が〕樹脂の多い;〔石灰などが〕高純度の;〔ワインなどが〕こくのある.
7〖話〗多い，豊富な. a ～ income 高収入. a spell of ～ years for crops 一連の豊作続き.
8【実入りのいい】〖話〗有利な，もうかる. a nice ～ job おいしいもうけ仕事.
a fàt lót 〖話〗〈皮肉〉ずいぶん，たっぷり，〈*of* ..の〉(★実質上の意味は「全然，ちっとも(..でない)」(not at all)となる). You were *a ～ lot* of help [good, use] to us. 君は随分役に立ってくれたね《全く役に立たなかった》. *A ～ lot* I care! ひどく気にするだなんて《全然気になんかするものか》. *A ～ lot* they practiced! やつらは全くよく練習したよ《ろくに練習しなかった》. [語法] 最後の2例のように副詞的に用いる場合は普通，文頭に置かれる.
gròw fát on.. ..で腹を肥やす，..を食いものにしてもうける.
hàve (a) fàt chánce of.. 〖話〗全然..の見込みがない.
in fàt cíty 〖米俗〗(金が入って)ご機嫌[ほくほく]で.
—— [名] ([複] **～s** /-ts/) [UC] **1 脂肪**; あぶら身[肉] (↔lean); (料理用)油，ヘット. animal [vegetable] ～ 動物[植物]性油.
2 皮下脂肪; 肥満. put on ～ (体に)脂肪がつく，太る. incline to ～ 太り気味になる.
lìve on [off] the fát of the lánd 贅沢(ぜいたく)ざんまいに暮らす.
rùn to fát 太りぎみだ (→RUN to.. (3)).
The fàt is in the fíre. 〖話〗大変な[取り返しがつかない]ことになってしまった，今に面倒なことになるぞ，《<料理中に脂肉が火中に落ちてしまった》.
[<古期英語] ▷**fát·ness** [名]

*__fa·tal__ /féitl/ [形] [m] **1 致命的な**，生命にかかわる，〈*to* ..にとって〉(deadly, mortal). a ～ wound 致命傷. a ～ accident 死亡事故. The blow proved ～ *to* him. その一撃が彼の命取りになった.
2 取り返しのつかない，破滅をもたらす，〈*to* ..にとって〉. a ～ error 取り返しのつかない失策. The scandal was ～ *to* his reputation. そのスキャンダルは彼の名声にとって致命的であった.
3 運命を左右する，重大な，決定的な; 宿命的な，避けがたい. the ～ hour 運命の時. take the last ～ step 命運を賭(か)けた最後の手段を取る. ◇[名] fate

fa·tal·ism /féitəliz(ə)m/ [名] [U] 宿命論，運命論; 宿命の甘受.

fa·tal·ist /féitəlist/ [名] [C] 宿命[運命]論者; 宿命に逆らわない人.

fa·tal·is·tic /fèitəlístik [形]/ [形] 宿命論の; 運命に甘んじる. ▷**fa·tal·is·ti·cal·ly** /-k(ə)li/ [副]

‡**fa·tal·i·ty** /feitǽləti, fə-/ [名] ([複] **-ties**)
1 [aU] 宿命，因縁. A sad ～ attended her family. 悲しい宿命が彼女の家族に付きまとった.
2 [U] (病気などが)致命的なこと，不治，致死性; 死亡率. a ～ rate 死亡率. reduce the ～ of these diseases これらの病気の死亡率を減らす.
3 [C] (特に洪水，地震，台風など死者を伴う)災害，不幸; 事故. a series of *fatalities* 打ち続いた災難.
4 [C] 〖章〗(災害，戦争などによる)死，死者. traffic *fatalities* 交通事故の死亡者.

†**fá·tal·ly** [副] **1** 宿命的に; 不可避的に. **2** 致命的に; 取り返しのつかないように. be ～ shot [wounded] 射殺される[致命傷を負う]. **3** きわめて不運なことには. The writer, ～, got on that afternoon flight. 作家は不幸なことにその午後の便に搭乗した.

fa·ta mor·ga·na /fɑ̀ːtə-mɔːrgɑ́ːnə/ [名] ([複] **～s**) [C] 妖(よう)女モルガナのお化け，蜃気楼(しんきろう)，(mirage)《特にイタリアの Sicily 島沖の Messina 海峡付近で見られるもの; 昔，妖女モルガン (Morgan le Fay) の仕業と考えられていた》. [イタリア語 'fairy Morgan']

fát·bàck [名] [U] (普通，塩を付けて干した)豚の背肉《脂肪分が多い》.

fàt cát [名] [C] **1** 金持ち; 有力者，大物. **2** 無気力で「自己満足している人.

‡**fate** /feit/ [名] ([複] **～s** /-ts/) **1** [U] **運命**(の力)，宿命，(★時に Fate として擬人化され，「運命の女神」の意味になる; →4) ([類語] 運命の気まぐれや死，破滅を暗示する; →fortune). the irony of ～ 運命の皮肉. as ～ would have it 運命の定めで. All the survivors felt that *Fate* had smiled on them. 生き残った人々はみな自分たちに運命の女神がほほえんでくれたのだと思った. We'll let ～ decide. 運命の決するに任せよう.
2 [UC] 〈普通 one's ～〉(ふりかかる)**運命**，定め; (人などの)運. decide [seal] one's ～ 人の運命を決定する. leave my son to his ～ 息子を運命に任せる. He is the master of his ～. 彼は自分で運を切り開く男だ.

> [連結] a bitter [a cruel, a hard] ～ // accept [submit to; meet] one's ～

3 [C] 行く末; (物事の)成り行き，結末; [U] **死**，最期; 破滅. the ～ of a bill 法案の成り行き[成否]. go to one's ～ 最期を遂げる; 破滅する. He met his ～ bravely. 彼は勇敢に最期を遂げた.
4〖ギ・ロ神話〗〈the Fates〉運命の3女神《人間の生命の糸を紡ぐ Clotho，その糸の長さを決める Lachesis，その糸を断ち切る Atropos の3姉妹》. ◇[形] fatal
a fàte wòrse than déath 〖戯〗(死よりもっと)恐ろしい[つらい]事; (特に婚前に)処女を奪われること.
(as) sùre as fáte 必ず(そうなる)，絶対確実に[な].
tèmpt fáte →tempt.
[<ラテン語「(神により)話されたこと」(<*fārī* 'speak')]

‡**fat·ed** /féitəd/ [形] **1** 〈叙述〉運命の定まった; 運命づけられた〈*to* do ..するように〉. a project ～ *to* fail [*for* failure] 失敗する運命の計画. The writer was ～ *to* a premature death. その作家は早死にする運命であった. It was ～ that she (should) marry the man. 彼女はその男と結婚する運命にあった. **2** 命数の尽きた. a ～ city 滅びる(運命を持った)都市.

‡**fate·ful** /féitf(ə)l/ [形] 〈普通，限定〉**1** 運命を決する，死活にかかわる，極めて重大な. a ～ battle 運命を決する戦闘. **2** 宿命的な. **3** 予言的な，未来を予言する. **4** 致命的な，破滅的な. ▷**～·ly** [副]

fát fàrm [名] [C] 〖米話〗減量教室《やせたい人が通う》.

fàt-frée /[形]/ [形] 無脂肪の〔食品〕.

fát·hèad [名] [C] 〖話〗間抜け，薄のろ.
▷**fàt·héad·ed** /-əd [形]/ [形]

‡**fa·ther** /fɑ́ːðər/ [名] ([複] **～s** /-z/)
|【父親】| **1** [C] **父**，父親，([参考] (1) 広義では義父，継父，養父を含む. (2) 特に家庭内では無冠詞で固有名詞扱いとなる. (3)〖話〗では dad, daddy, pa などがある). a loving ～ 愛情豊かな父親. take after one's ～ 父親に似る. She married a man old enough to be her ～. 彼女は父親ぐらいの年の男と結婚した. I'll tell ～ about this. お父さんにこのことを話そう. Like ～, like son. →LIKE master, like man.

2 〈the ～〉父の情, 父性(愛). The ～ in him awoke. 彼の父性愛が目覚めた.
3 Ⓒ 父のような人, 親代わり(の人). He is (a) ～ *to* these orphans. 彼はこのみなしごたちの父親代わりだ.
【父祖】 4 Ⓒ 〈普通 ～s〉 **先祖**, 父祖, (forefather). My mother sleeps with her ～*s*. 母は祖先とともに地下に眠っている.
5 Ⓒ **生みの親**, 創始者, 開祖; 本源, 始まり; 〈*of*, *to* ..の〉. the *Father of* History 歴史の父《Herodotus のこと》. the *Father* of English Poetry 英詩の父《Chaucer のこと》. the founding ～*s* of the country 建国の父祖たち. the *Father* of his Country 〖米〗国父《George Washington のこと》. the *Father* of waters 〖米〗諸川の父《Mississippi のこと》. the *Fathers* (of the Church) 教会の父祖たち《キリスト教初期の教父たち》. The child is ～ *of* [*to*] the man. 〖諺〗(子供は大人の父だ>)三つ子の魂百まで《William Wordsworth の詩から》. The wish is ～ *to* the thought. 〖諺〗願いは考えの親《願っているうちに, それが実現するように思い込む》. 6 Ⓒ 〈普通 ～s〉(市町村, 議会などの)長老, 古参者. ～*s* of the town 町の長老たち.
【父のような存在】 7 〈F-〉(父なる)神 (God). the [our] *Father* in heaven 天にいますわれらの父《神》.
8 〖カトリック〗 Ⓒ 教父; 神父 《特にカトリックの司祭 (priest) への尊称また呼びかけとして用いる》, ..師, ..神父. *Father* Brown ブラウン神父. the Holy *Father* ローマ教皇.
9 〈形容詞的〉父の, 父のような関係にある; 父らしい.
◇形 paternal
a bìt of hòw's your fáther 〖英話〗例のㇾなに[あのこと]《おおっぴらに口に出せない性行為, 悪事などを指していう》.
be gàthered to one's fáthers →gather.
── 動 他 1 の父になる; に父親のようにふるまう, の保護者になる. He ～*ed* three children with his second wife. 彼は2度目の妻との間に3児をもうけた. ～ an orphan (保護者として)孤児の面倒を見る. 2 〔計画, 構想, 発明など〕を始める, 創始する, 案出する. 3 を(自分の子であると)認知する; を自作であると認める. 4 VOA (～ X *on* [*upon*] Y) 〖主に英〗XがY(人)によるものだと言う. ～ the plays *on* Bacon その戯曲の作者をベーコンだとする. He tried to ～ the plot *on* me. 彼は私をその陰謀の張本人に仕立て上げようとした. [<古期英語]
Fàther Chrístmas 名 〖主に英〗＝Santa Claus.
fáther fìgure 名 Ⓒ 1 父親代わりの人《頼りにする年長者》. 2 ＝father image.
fáther·hòod /-hùd/ 名 Ⓤ 父であること; 父の資格, 父性; 父権. He is looking forward to his ～. 彼は父親になるのが待ち遠しい.
fáther ìmage 名 Ⓒ 理想の父親像.
†**fáther-in-làw** /-rin-/ 名 Ⓒ (複 **fathers-**, また〖英〗 ～s) 義父《夫[妻]の父》, しゅうと.
fáther·lànd 名 Ⓒ 故国, 祖国, 《自分, 又は祖先の生国》. ★特にドイツについて用いる; 普通は mother country と言う. [ドイツ語 *Vaterland* の英訳]
fáther·less 形 父親のない, 父をなくした; 父親の知れない, 庶子の.
fáther·lìke 形 父親のような[らしい].
†**fá·ther·ly** 形 1 (父親のように)優しい, 慈愛に満ちた. The schoolmaster gave the girl a ～ pat on the head. 校長は少女の頭を優しくぽんとたたいた. ～ advice 父親のするような助言. 2 父親の, 父としての, (★paternal よりも情緒的で「慈父」の含意がある).
▷ **fa·ther·li·ness** 名
Fáther's Dày 名 父の日《6月の第3日曜日; →「Mother's Day」》.
Fàther Tíme 名 時の翁(おきな)《時間の擬人化; 普通, 砂時計と大鎌(かま)を持っている》.
fàther-to-bé 名 (複 **fathers-**) Ⓒ (近く)父となる人.
‡**fath·om** /fǽð(ə)m/ 名 (複 ～s; 数詞が付く場合〖英〗では ～のことがある) Ⓒ ファゾム《両腕を広げた長さ; 水深を測る単位; 6フィート (約1.83m)》(参考 日本語の「尋(ひろ)」がこれに相当するが, 長さは江戸時代には5尺(約1.52m)または6尺(約1.82m), 明治以降は6尺であり, fathom と同じではない). We found a sunken ship about twenty ～*s* [〖英〗 ～] down. 水深約20ファゾムのところに沈没船が見つかった.
── 動 他 1 〔水〕の深さを(測鉛などで)測る (sound).
2 〔言葉の意味, 人の心など〕を見抜く, 推測する, 〈*out*〉〈普通, 否定文で〉. His disciples could not ～ his mind. 弟子たちには彼の心が見抜けなかった.
[<古期英語「広げた両腕(の長さ)」]
fath·om·a·ble /fǽðəməb(ə)l/ 形 測ることのできる; 推測できる.
fáthom·less 形 〖雅〗(深くて)底の知れない; 測り難い, 不可解な, (unfathomable). the ～ mystery of the universe 宇宙の底知れぬ神秘.
***fa·tigue** /fətíːg/ 名 (複 **～s** /-z/) 1 Ⓤ (心身の)**疲労**, 疲れ. mental ～ 気疲れ. sleep off ～ 眠って疲れを取る.
2 Ⓒ 骨折り仕事, 労苦. the ～ of driving all night 徹夜で運転するというきつい仕事.
3 〖軍〗 Ⓒ (特に, 罰として課される)雑役 (**fatígue dùty**); 〖米〗〈～s〉作業服 (**fatígue ùniform**).
4 Ⓤ 〖機〗(金属材料の)疲労 (**mètal fatígue**).
── 動 他 〖章〗〔人, 金属〕を疲労させる (類語 tire よりも形式ばった語で, 強度の疲れを意味する). be ～*d* with [from] work 仕事で疲れる. *fatiguing* questions 疲れさせる質問. [<ラテン語「疲れさせる」]
fát·less 形 〔食物が〕脂肪のない; 〔食肉が〕赤身の.
fat·ling /fǽtliŋ/ 名 Ⓒ (食肉用)肥畜《子豚, 子羊など》.
fát·so /fǽtsou/ 名 Ⓒ 〖話・軽蔑〗でぶ.
fát·stòck 名 Ⓤ 〈集合的〉(食肉用)肥畜.
fát·ted /-əd/ 形 〈限定〉〖雅〗〔家畜が〕(食用のため)太らされた. ***kill the fàtted cálf*** →calf[1].
fat·ten /fǽtn/ 動 他 〔家畜〕を(食肉用に)太らせる; 〔土地〕を肥沃(よく)にする; 〈*up*〉. pigs ～*ed* (*up*) for market 市場用に太らせた豚. ── 自 1 太る; 肥沃になる; 〈*up*〉.
2 富む, 裕福になる, 〈*on* ..で〉.
fát·ti·ness 名 Ⓤ (食物が)脂肪が多いこと.
fat·tish /fǽtiʃ/ 形 やや太った, 太り気味の.
fat·tism /fǽtiz(ə)m/ 名 Ⓤ 肥満体差別[蔑(べつ)視].
†**fat·ty** /fǽti/ 形 ⓔ 脂肪の, 脂肪質の; 〖医〗脂肪過多の; 脂肪の多い, 油っこい. ── 名 (複 **-ties**) Ⓒ 〖話・軽蔑〗でぶちゃん, 太っちょ. The children teased the plump girl by calling her *Fatty*. 子供たちは太った少女を'でぶ'と呼んでいじめた.
fàtty ácid 名 Ⓒ 〖化〗脂肪酸.
fa·tu·i·ty /fət(j)úːəti/ 名 (複 **-ties**) 〖章〗 Ⓤ (独り善がりの)愚かさ, 愚鈍; Ⓒ 愚かな言動.
fat·u·ous /fǽtʃuəs/ 形 〖章〗(独り善がりで)愚かな, 間抜けの. a ～ remark 愚かな言葉.
▷ **～·ly** 副 **～·ness** 名
fat·wa(h) /fǽtwə/ 名 ⓊⒸ ファトワ《イスラム教の指導者が出す法令》.
fàt wéek 名 Ⓒ (週刊誌の)特大号.
***fau·cet** /fɔ́ːsət/ 名 (複 **～s** /-ts/) Ⓒ (たるなどの)飲み口; 〖米〗(水道などの)**蛇口** (〖主に英〗 tap). turn on [off] the ～ 蛇口をひねって水を出す[止める]. leave a ～ on 蛇口を開けたまま[水を流しっぱなし]にする. [<古期フランス語「(たるの)栓」]
faugh /fɔː/ 間 ちぇっ, へっ, 《軽蔑や不快感を表す》.
Faulk·ner /fɔ́ːknər/ 名 **William** ～ フォークナー (1897–1962) 《米国の小説家, 多く南部を舞台とした; 1950年ノーベル文学賞受賞》.
‡**fault** /fɔːlt/ 名 (複 **～s** /-ts/)
【欠点】 1 Ⓒ **欠点**, 短所; 欠陥, 傷; 〈*in* ..の〉 (↔ merit, virtue; 類語 性格などの欠点を表す一般的な語, 必ずしも非難を含まない; →defect, demerit, drawback, failing, foible, shortcoming, weakness). a

～ *in* the chinaware 陶器の傷. No one is free from ～*s*. だれにも欠点はあるものだ.
2 Ⓒ 〖地〗断層. an active ～ 活断層.
【失敗】 **3** Ⓒ **誤り**, しくじり, 過失. a serious [gross, grave] ～ 重大な過失. commit a ～ 誤りを犯す. I found several ～*s* of grammar in his composition. 私は彼の作文にいくつか文法上の誤りを見つけた.
4 Ⓤ (過失の)**責任**, 咎(とが). It isn't my ～ that we were late. 僕たちが遅刻したのは僕のせいじゃない. The ～ lies with the administration. その責任は政府にある. **5** Ⓒ 〖テニス〗フォールト《サーブの失敗》. →double fault. **6** Ⓒ 〖電〗(回路の)故障, 障害; 漏電.
7 Ⓤ 〖狩猟〗(猟犬の)失跡《臭跡を失うこと》.
at fáult (1) 悪い, 間違って; 〔機械などが〕故障して. You are *at* ～ in thinking I did it for money. 私が金欲しさにやったと君が思うのは間違っている. (2) 責任がある, 非難されるべき, 〈*for, in* ..について〉. He was *at* ～ *for* the accident. その事故では彼が悪かった. (3) 途方に暮れて; 〔猟犬が〕臭跡を失って.
find fáult with.. ..について文句をつける, ..をとがめだてする, ..の粗探しをする. She is constantly *finding* ～ *with* her husband. 彼女はいつも夫の粗探しばかりしている. We have no ～ to *find with* the hotel service. そのホテルのサービスには文句のつけようがない.
to a fáult (欠点と言っていいほど)過度に, 極端に. He is honest *to a* ～. 彼はばか正直だ.
── 動 他 **1** の欠点を探す, にけちをつける, を非難する, 〈*for, on* ..について〉〈しばしば, 疑問文・否定文で〉. His performance was hard to ～. 彼の演奏はけちのつけようがなかった. He was ～*ed for* neglecting [neglect of] his duty. 彼は職務怠慢だと非難された. I couldn't ～ (them *on*) their logic. 彼らの論理に文句をつけられなかった. **2** 〖地〗に断層を生じさせる.
── 自 〖地〗〔岩石が〕断層を生じる.
[＜ラテン語「だまされること」(＜*fallere* 'deceive')]

fáult·fìnder 名 Ⓒ 粗探しばかりする人, やかまし屋.
fáult·fìnding 名 Ⓤ 粗探し, とがめだて. ── 形 粗探しばかりする, うるさい.
fault·i·ly /fɔ́:ltili/ 副 誤って; 不完全に.
†**fáult·less** 形 申し分のない; 過失[失点]のない.
▷ **～·ly** 副 申し分なく, 完璧(ぺき)に. **～·ness** 名 Ⓤ 完全無欠.
fáult lìne 名 Ⓒ 〖地〗断層線; (政党, 社会などの)内部分裂, 亀裂.
‡**fault·y** /fɔ́:lti/ 形 **1** ⓔ 〔機械, 器具などが〕欠点[欠陥]のある. **2** 不完全な, 誤った. ～ reasoning 誤った推論.
faun /fɔ:n/ 名 Ⓒ 〖ロ神話〗ファウヌス《半人半ヤギの姿をした林野・牧畜の神; 群れを成して酒神 Bacchus につき従う; ギリシア神話の satyr に当たる》. [＜ラテン語 *Faunus*]
‡**fau·na** /fɔ́:nə/ 名 (複 **～s, fau·nae** /-ni:/) ⓊⒸ 〈普通 the ～〉(一地方又は一時代の)動物群, 動物相; Ⓒ 動物誌; (→flora). My knowledge of the British ～ is very poor. 英国の動物についての私の知識は非常に貧弱です. [＜ラテン語 *Fauna* (ファウヌスの姉妹神)]
Faunt·le·roy /fɔ́:ntlərɔ̀i/ 名 →Little Lord Fauntleroy.
Faust /faust/ 名 〖ドイツ伝説〗ファウスト《魂を悪魔 Mephistopheles に売った錬金術師; 彼を主人公にした Goethe 作の同名の悲劇がある》.
Fauve /fouv/ 名 Ⓒ 〖美〗フォーヴィスムの画家.
Fau·vism /fóuviz(ə)m/ 名 Ⓤ 〖美〗フォーヴィスム, 野獣派, 《20 世紀初頭にフランスで起こった; 鮮明な色彩と大胆なデザインが特徴; Matisse, Braque などが代表的》. [＜フランス語 *fauve*「野獣」]
Fau·vist /fóuvist/ 名 Ⓒ, 形 フォーヴィスムの(画家).
faux pas /fòu-pá:/ (複 ～ /-z/) (特に社交上の)過失, 非礼, (→mistake 類語). [フランス語 'false step']
fá·va (bèan) /fá:və(-)/ 名 Ⓒ 〖米〗ソラマメ (broad bean). [イタリア語 'bean']
fave /feiv/ 〖話〗名 Ⓒ, 形 お気に入り(の) (favorite).
‡**fa·vor** 〖米〗, **-vour** 〖英〗 /féivər/ 名 (複 **～s** /-z/)
【好意】 **1** Ⓤ **好意**, 親切. show ～ to a foreigner 外国人に親切にする. He looked with ～ on our plan. 彼は我々の計画に好意的だった.
【特別な好意】 **2** Ⓤ 愛顧, 引き立て(られること); 寵(ちょう)愛, ひいき; (↔disfavor). win a person's ～ 人に気に入られる, 人にかわいがられる. He lost the queen's ～. 彼は女王の寵愛を失った.
3 Ⓤ 偏愛, えこひいき, 不公平. administer justice without ～ 公平な裁きを行う.
【好意的な反応】 **4** Ⓤ **支持**(する[される]こと); 是認, 賛成, 支援; 人気, 好評. All those in ～ raised their hands. 賛成の人々はみな手を挙げた. The singer survives in popular ～. その歌手はまだ人気が落ちていない.
【好意の表れ】 **5** Ⓒ **親切な行為**, 世話, 恩恵; (相手の好意に訴える)願いごと. return a ～ (親切にされた)お返しをする. May I ask a ～ of you?＝Will you do me a ～?＝I have a ～ to ask (of) you. お願いがあるのですが. Would you do me a ～ and switch off the TV? テレビを消してくださいませんか. Please come as a ～ to me. ぜひお越しくださいますよう. I don't owe him any ～*s*. 彼には少しも世話になっていない. I ask you the ～ of an early reply. お早くご返事をいただきたく存じます.
6 Ⓒ 〖主に英古〗ご懇書, 貴簡, 《商用文の中で相手方の手紙を指す丁重な言い方》. your ～ of the 7th inst. 今月 7 日付けのご書面《inst. は instant 形 3》.
7 Ⓒ (好意, 愛情のしるしの)贈り物; 記念品, 引き出物, 《招待客に出す》; 会員章, 記念章, バッジ, 《参列者や会員が着ける》.
8 〈one's ～s〉 (女が男に)身を許すこと, 情交の同意. Ann bestowed her ～*s* on him. アンは彼に身を任せた. She gave [sold] her sexual ～*s* for money. 彼女は金のために体を売った.
dò a pèrson a fávor＝dò a fávor for a pérson 人の頼み[願いごと]を聞き入れる.
Dò me [us] a fávor! 〖英話〗 (1) 〈命令文を後に続けて〉 頼むから(..してくれ). (2) 〈愚問[愚行]に対して〉 なんとばかなことを言う[する]のか, とんでもないことだ.
find fávor ⌊in a pèrson's éyes [with a pérson] 人に気に入られる, 人に目をかけられる. *find* ～ *with* the public 世間の受けが良い.
****in a pèrson's fávor*** (1) **人に好意を持たれて(いる)**, 人に気に入られて(いる). The secretary stands high *in* his ～. その秘書は彼に大層気に入られている. (2) 人に有利で, 人に利益となるように. His family background was *in* his ～. 彼は家柄の良さで得をした. The score is 4 to 1 *in* our ～. 得点は 4 対 1 で我が方がリードしている.
****in fávor of..*** (1) **..を支持の**[して], ..に賛成の[して], (↔against). Fifty votes were *in* ～ *of* the bill and three were against it. その議案に賛成が 50 票, 反対が 3 票だった. We were *in* ～ *of* letting our son do it himself. 我々は息子に自分でやらせるのに賛成だった. (2) ..の有利[利益]になるように[な]. decide [rule] in ～ of.. ..に有利な決定[裁決]を下す. The president resigned *in* ～ *of* his juniors. 会長は後進のために辞任した. discard old ideas *in* ～ *of* new 古い観念を捨てて新しい考えを採用する. (3) ..に支払うために, ..を受取人として. draw a check *in* ～ *of* Mr. Smith スミス氏を受取人として小切手を振り出す.
in fávor (with..) (1) (..に)気に入られた[て], 目をかけられた[て]. He tried to get *in* ～ *with* his boss. 彼は上役に取り入ろうとした. (2) (..に)人気がある, 流行の[し

て]. (3)(..に)賛成して. vote *in* ～ 賛成票を入れる.
lòse fávor ⌊***in a pèrson's éyes*** [***with a pérson***] 人に見放される, 人の寵(ちょう)愛を失う.
out of fávor (***with*** ..) (1)(..に)嫌われた[て], (..の)寵愛を失った[て]. (2)(..に)人気がない, 廃れた[て].
── 動 (～**s** /-z/|過 過分 ～**ed** /-d/|～**·ing** /-riŋ/) 他 【好意的である】 **1** に**好意を示す**, 親切にする. Fortune ～*s* the brave. 〖諺〗運は勇者に味方する.
2 を**支持する**, に**賛成する**, を支援する. He ～*s* equal rights. 彼は男女同権論者だ.
3〔情勢, 天候などが〕に有利である, を容易[可能]にする. The stormy night ～*ed* our escape. あらしの夜だったことが脱出に幸いした.
4〔体の一部〕をいたわる, かばう. He walked ～*ing* his injured leg. 彼はけがをした足をかばいながら歩いた.
5【好意で与える】〖章〗に(**恵み**)**与える** 〈*with* ..〔有り難い物, 事〕を〉, に恩恵を与える, 願いごとをかなえてやる, 〈*with* ..という〉. The country is scarcely ～*ed* by nature. その国は自然の恵みをほとんど受けていない. Would you please ～ us *with* your presence? ご出席いただけませんでしょうか. He did not even ～ me *with* a glance. 彼は私の方をちらりとも見てくれなかった.
【ひいきする】 **6** を**偏愛する**, えこひいきする;〔衣服など〕を好んで着用する. ～ one side over the other 片方ばかりひいきする. The parents ～ the youngest daughter. 両親は末娘ばかりかわいがる. Long hair was ～*ed* among young people in those days. 当時は長髪が若者たちに人気があった.
7 を本命[優勝候補](favorite)と考える. He is ～*ed* to win in the next election. 彼は次の選挙で勝つとの呼び声が高い.
8〖話〗〔親〕に顔つきが似る. The baby ～*s* its father. 赤ん坊は父親似である.
[<ラテン語 *favor*「好意」(<*favēre*「好意的である」)]

‡fa·vor·a·ble〖米〗, **-vour-**〖英〗/féiv(ə)rəb(ə)l/ 形 m **1 好意のある**, 賛成の, 〈*to* ..に〉; 承諾の. a ～ opinion 好意的意見. a ～ answer 色よい返事. He is ～ *to* the plan. 彼は計画に賛成だ.
2〔状況などが〕**都合のいい**, 有利な, 好適な, 〈*to, for* ..に〉; 有望な, 順調な. a ～ wind 順風. a ～ opportunity 好機. a ～ prospect 有望な前途. a ～ day *for* a picnic 遠足日和. a ～ balance of payments 黒字の国際収支. **3** (人の)好意を得るような, 気に入られそうな, (pleasing). make a ～ impression on a person 人に好感を与える. ◇↔unfavorable

†fá·vor·a·bly〖米〗, **-vour-**〖英〗副 **1** 好意的に; 賛成[承諾]して. impress a person ～ 人に好感を与える. He spoke ～ of you. 彼が君を褒めていた. answer ～ 承諾の返事をする. **2** 都合よく, 有利に; 順調に. In terms of efficiency, this system compares ～ with the other. 能率の点でこの方式はもう一方の方式より優れている.

fá·vored〖米〗, **-voured**〖英〗形 **1** 好意を持たれた; 特に好かれている. a ～ child かわいがられている子供. **2** (特権, 才能, 容貌(ぼう)などに)恵まれた. the ～ classes 恵まれた(富裕な)階級. be ～ *with* a talent for languages 語学の才能に恵まれている.

-favored〖米〗, **-favoured**〖英〗〈複合要素〉..な顔立ちの. well-*favored* (器量の良い).

‡fa·vor·ite〖米〗, **-vour-**〖英〗/féiv(ə)rət/ 名 (複 ～**s** /-ts/) C **1 お気に入り**《人, 物》; 人気者; 大好きな物; 〈*of, with* ..〔人〕の〉; 〈非難して〉(国王, 高官などの)気に入り. The poodle was a great ～ *with* my aunt [a great ～ *of* my aunt's]. そのプードル犬はおばの大のお気に入りだった. (a) fortune's ～ 運命の寵(ちょう)児, 幸運児. a film ～ 映画の人気俳優.
2 (競馬の)本命, (競技, 試合の)優勝候補. the ～ to succeed to the post その地位の後継者の本命.
── 形 ℂ 〈限定〉**気に入りの**, 大好きな, ひいきの; 得意の. my ～ food [book] 私の大好きな食べ物[愛読書]. his ～ son 彼の気に入りの息子.
[<イタリア語「好意を持たれた」(<ラテン語 *favēre* 'favor')]

fàvorite són 名 C 〖米〗(出身州の支持を背景に大統領候補指名大会に出馬する)郷党派候補; 地方の名士.

fá·vor·it·ìsm〖米〗, **-vour-**〖英〗名 U えこひいき, 偏愛; 情実.

fa·vour /féivər/ 名, 形 〖英〗=favor.

Fawkes /fɔːks/ 名 →Guy Fawkes.

fawn[1] /fɔːn/ 名 **1** C 子ジカ《1 歳未満の; →deer 参考》. **2** U 子ジカ色《淡黄褐色》; 〈形容詞的〉子ジカ色の.

fawn[2] 動 自 VA (～ ***on, over, around*** ..)〔主に, 犬が〕〔人〕にじゃれつく, 甘える; ..にへつらう, ご機嫌取りをする. ～ *on* one's superiors 上司におもねる.

fáwn·ing 形 こびる, へつらう.

†fax[1] /fæks/ 名 U ファックス; C ファックス機 (**fáx machìne**); C ファックス(で送られた)コピー. ── 動 他 をファックスで送る; VOO (～ X Y)・VOA (～ Y *to* X) X (人)に Y をファックスで送る. I ～*ed* him the details [the details *to* him]. 私は彼に詳細をファックスで送った.
[<*fac*simile]

fax[2] 名 〈複数扱い〉〖話〗事実, 真相, 情報,《facts が時に/fæks/と発音されることから》.

fay /fei/ 名 (複 ～**s**) C 〖詩〗妖(よう)精 (fairy).

faze /feiz/ 動 他 〖主に米話〗を慌てさせる, 動揺させる, 〈普通, 否定文, また *unfazed* として〉. She slapped him, but he wasn't ～*d*. 彼女が平手打ちを食らわしても彼は平気だった.

FBA 〖英〗Fellow of the British Academy (英国学士院会員).

†FBI 〖米〗Federal Bureau of Investigation.

FC Football Club.

FCC 〖米〗Federal Communications Commission.

F clèf 名 C 〖楽〗ヘ音記号《低音部記号; 𝄢; bass clef ともいう》.

FCO 〖英〗Foreign and Commonwealth Office (外務省).

FDA 〖米〗Food and Drug Administration.

FDR Franklin Delano Roosevelt.

FE 〖英〗further education.

Fe 〖化〗ferrum (鉄). [ラテン語 'iron'].

fe·al·ty /fíː(ə)lti/ 名 U **1**〖英史〗(領主に対する臣下の)忠誠, 忠順. swear [take an oath of] ～ to one's lord 主君に忠誠を誓う. **2** 忠誠, 信義.

‡fear /fiər/ 名 (複 ～**s** /-z/) **1** aU **恐れ**, 恐怖(心), 〈*of* ..に対する〉(類語 恐れを表す最も一般的な語; →alarm, awe, dread, fright, funk, horror, panic, terror, trepidation). He turned pale with ～. 彼は恐怖で真っ青になった. cry from ～ 怖がって泣く. draw back in ～ 怖がって尻(しり)込みする. Beth couldn't speak for ～. ベスは恐ろしくて口がきけなかった. A sudden ～ made him act rashly. 突然恐怖の念に襲われて彼は粗忽(そこつ)なことをした. He has an intense ～ *of* heights. 彼はひどい高所恐怖症だ.

> 連結 feel [harbor; express, show, voice] ～; shake [shiver, tremble] with ～; allay [dispel; overcome; arouse] (a) ～

2 UC 〈しばしば ～s〉**不安**, 心配; U (悪いことが起こる)可能性, 懸念; 〈*for* ..についての/*of* (do*ing*) ..(する)という/*that* 節 ..という〉; C 心配事, 不安[恐怖]の種; (↔hope). his ～*s for* the future 将来についての彼の不安. Your ～ [～*s*] ⌊*of* your dismissal [*that* you will be dismissed] is [are] unnecessary. 解雇されるという君

の心配は無用だ. The result of his blood test confirmed our worst ～*s*. 彼の血液検査の結果で我々の恐れていた最悪の事が確認された. Her ～*s* were unfounded. 彼女の懸念は根拠のないものであった. the ～ *of* los*ing* one's friends 友達を失う懸念. There is no ～ *of* his deceiv*ing* us. 彼が我々をだます心配はない. To have much money is a ～. 金がたくさんあるのも不安の種. A widow with a family to support has too many ～*s*. 扶養する家族のある寡婦には気苦労が多過ぎる. **3** Ⓤ 畏(い)怖, 畏敬, 〈*of* ..に対する〉. the ～ *of* God 神を畏(おそ)れる心.

****for féar of..*** **..が怖くて**, 恐ろしくて. The child could not enter *for* ～ *of* the large dog. 子供はその大きな犬が怖くて入れなかった.

****for féar of dòing*＝*for féar that* [*lest*]..** **..する**ことのないように; ..するといけないから; (★that は省略可; lest は〖雅〗). He obeyed the boss *for* ～ *of* los*ing* his job. 彼は職を失うのを恐れて上司の言う通りにした. I did not tell it to her *for* ～ (*that*) she would be upset. 彼女がショックを受けるといけないのでそのことを話さないでおいた.

hòld no féars for.. 〔人〕を怖がらせない.

in fèar and trémbling 恐れおののいて, びくびくしながら, 《聖書から》.

****in féar of..*** (1) **..を心配して**. The fugitive was *in* ～ *of* discovery. 逃亡者は見つかりはしないかと案じていた. (2)〔生命など〕の安全を気づかって. be [stand] *in* ～ *of* one's life 生命の危険を感じている.

Nò féar! 〖英話〗〈提案などに〉とんでもない, まっぴらだ; 〈懸念に答えて〉そんなことするものか.

pùt the fèar of Gód into.. 〖話〗..をおったまげさせる, ..の度胆を抜く.

without fèar or fávor 〖章〗公平に, 厳正に.

── 動 (～**s** /-z/|過 過分 ～**ed** /-d/|**féar·ing** /fí(ə)riŋ/) (★普通, 進行形不可) 他 **1** (**a**) **を恐れる**; Ⓥ (～ *to do*/ *doing*) ..することが怖い. The child ～*s* the dark. その子は暗闇(やみ)を怖がる. Brave soldiers do not ～ death [*to* die, dy*ing*]. 勇敢な兵士は死を恐れない. (**b**) Ⓥ (～ *to do*) 〖章〗..することが怖くて出来ない, ..することをためらう. He ～*ed to* break the sad news to his wife. 彼はその悲報を妻に知らせるのをためらった. Fools rush in where angels ～ *to* tread. 天使が恐れて踏み込まない所へ愚か者は飛び込む《「ばか者の怖い物知らず」; A. Pope の詩行から》.

2 〖章〗(**a**) **を心配する**; Ⓥ (～ ***that*** 節/〖章〗***lest*** 節) ..ということを/ではないかと懸念する, 気づかう. I ～ (*that* ..) (→成句). I ～*ed* the worst. 最悪の事態を心配した. They ～*ed* (*that*) it would rain before they reached home. 彼らは家へ着かないうちに雨が降りはしないかと心配した. It is ～*ed that* a violent hurricane will hit the district. 強烈なハリケーンがその地方を襲うだろうと案じられている. (**b**) ⓋⓄⒸ (～ X Y/X *to do*) X が Y の状態であると/..すると案じる〈受け身で〉. Five persons are ～*ed* (*to* be) *dead*. 5 人死亡したのではないかと心配されている.

3 〖古〗〔神など〕を畏(い)敬する. ～ God 神を畏(おそ)れる.

── 自 恐れる, 怖がる; 心配する, 気づかう, 〈*for* ..を〉. Never ～! 心配無用. ～ *for* his life [health] 彼の生命[健康]を気づかう.

I féar (that..) (..ではなかろうか)と思う (★心配, 懸念を表す言い方で, I am afraid よりも堅い調子; ↔I hope). *I* ～ (*that*) I said something to hurt you. 君が気を悪くすることを言ったようだね. It's too late, *I* ～. 遅れたのではないかしら (★このように挿入節として文中, 文尾に用いることも可能). "Will he fail the exam?" "*I* ～ so."「彼は試験に落ちるだろうか」「(落ちる)だろうね」"Will he pass the exam?" "*I* ～ not."「彼は試験に合格するだろうか」「だめだろうね」 [＜古期英語「災難, 危険」]

***fear·ful** /fíərf(ə)l/ 形 ⓜ **1** **恐ろしい**, ぞっとするような, ものすごい, (類語「恐怖 (fear) を起こさせる」の意味で最も一般的な語; →awful, dreadful, horrible, terrible). a ～ accident 恐ろしい事故. a ～ night 恐怖の一夜. **2** (恐怖に)おびえた, びくびくした. a ～ look おびえたまなざし. The young man acts shy and ～ in public. その青年は人前でおどおどと恥ずかしそうにふるまう.

3 〈叙述〉〖章〗(**a**) **恐れて**, 怖がって, 〈*of* (do*ing*) ..(すること)を〉. I am ～ *of* offend*ing* him. 彼を怒らせるのが怖い. (**b**) 怖くて..できない 〈*to* do〉. Father was so angry that I was ～ *to* speak to him. 父はとても怒っていたので私は怖くて話しかけられなかった.

4 〈叙述〉〖章〗**心配して**, 気づかって, 〈*that* 節 ..ということを/〖章〗*lest* 節 ..ではないかと〉. The guide said he was ～ *that* it might rain. ガイドは雨が降りはしないかと心配だと言った.

5 〖旧話〗**ひどい**, 大変な. The boys are making a ～ noise in the room. 少年たちは部屋でひどく騒いでいる. What a ～ mistake! なんてひどい間違いだ.

▷ **～·ness** 名 Ⓤ 恐ろしさ, 怖がること; ひどさ.

†**féar·ful·ly** 副 **1** 怖そうに, 恐る恐る. **2** 〖旧話〗ひどく. The train was ～ crowded. 列車はひどく混雑していた.

***fear·less** /fíərləs/ 形 ⓜ **恐れ知らずの**, 大胆な, 勇敢な; 恐れない 〈*of* ..を〉. a ～ soldier 勇敢な兵士. He is a man ～ *of* danger. 彼は危険を物ともしない男だ.

▷ **～·ly** 副 **～·ness** 名

‡**fear·some** /fíərs(ə)m/ 形 ⓜ 〖章・戯〗〔顔つきなどが〕恐ろしい, 怖い; おじけがつくほど骨の折れる〔仕事など〕. wear a ～ mask on Halloween 万聖節に怖い仮面を着ける. look ～ おっかない顔をする. ▷ **～·ly** 副

fèa·si·bíl·i·ty 名 Ⓤ 実行できる可能性. a ～ study (計画などの)実行可能性調査.

†**fea·si·ble** /fí:zəb(ə)l/ 形 **1** 実行可能な (practicable); ありうる, 考えうる, (possible). Your plan sounds ～. 君の計画は実行できそうだ. It is quite ～ ⌞that the country will be [for the country to be] isolated from the world because of its acts of terrorism. テロ行為を行うことで, その国は世界で孤立することが十分考えられる. **2** 利用できる, 適した, (suitable) 〈*for* ..に〉. a ～ site *for* a cottage 別荘を建てるのに格好な場所. **3** もっともらしい, ありそうな. a ～ excuse もっともらしい言い訳. [＜古期フランス語「実行できる」(＜ラテン語 *facere* 'do')] ▷ **-bly** 副

‡**feast** /fi:st/ 名 (複 **～s** /-ts/) Ⓒ **1** (主に宗教上の)祝祭日, 祭礼, (**féast dày**); **祝日**, 祭日. Thanksgiving is one of the most important ～*s* to Americans. 感謝祭はアメリカ人にとって最も重要な祝日の 1 つだ. →immovable [movable] feast.

2 饗(きょう)**宴**, 祝宴, 宴会, (類語 豊富な酒食の出る楽しい宴会; →banquet). The billionaire gave a gorgeous wedding ～ for his daughter. その億万長者は娘のために豪華な結婚の祝宴を催した.

3 **ごちそう**, 豪勢な食事; 'ごちそう', 非常な楽しみ, 〈*for* ..〔目, 耳など〕にとっての〉. a delicious ～ おいしいごちそう. What a ～ of scents! 何とすばらしい香りでしょう. a ～ *for* their inquisitive minds 彼らの旺(おう)盛な知識欲[好奇心]を満たしてくれるもの.

── 動 (～**s** /-ts/|過 過分 **féast·ed** /-əd/|**féast·ing**) 他 **1** を(大いに)もてなす, にごちそうする, 〈*on, upon* ..で〉. ～ oneself ごちそうを腹いっぱい食べる.

2 〔心や耳目〕を楽しませる 〈*on, upon, with* ..で〉. ～ one's eyes *on* a beautiful scene 美しい眺めを見て大いに楽しむ. ～ one's ears *with* music 音楽を聴いて楽しむ. ── 自 **1** 祝宴に列する, もてなしにあずかる. **2** 食べる, 楽しむ, 〈*on, upon* ..を〉. ～ *on* masterpieces of

F

landscape 風景画の傑作を眺めて楽しむ.
[<ラテン語 *festa*「祝祭」(<*fēstus*「楽しい」)]

*__feat__ /fi:t/ 名 (複 ~s /-ts/) C **1** (特に勇気を要する)目覚ましい行為, 功績, 手柄. do [achieve, accomplish] a ~ 手柄を立てる. a ~ of arms [valor] 武勲.
2 妙技, (難しい)芸当, 離れ業. a ~ of strength 力業. perform many daring ~*s* 思い切った離れ業をいくつも演ずる. Composing a symphony in three days was no mean ~. 交響曲を三日で作曲したのは並みの芸当ではなかった. [<ラテン語「なされたこと」; fact と同源]

‡__feath·er__ /féðər/ 名 (複 ~s /-z/) **1** C (鳥の1枚の)羽 (★wing と混同しないこと); U 〈集合的〉(鳥の全体の)羽毛 (plumage); C 羽飾り; C 矢羽根. (as) light as a ~ 非常に軽い. pluck ~*s* 羽をむしる. a head dress of eagle ~*s* ワシの羽の頭飾り. Fine ~*s* make fine birds. 〖諺〗馬子(まご)にも衣装《<羽が美しければ鳥も美しくなる》. Birds of a ~ flock together. 〖諺〗類は友を呼ぶ《<同じ羽毛の鳥は集まる; →a 2》.
2 C 〈普通 ~s〉(人の身を飾る)衣装. show off one's fine ~*s* 立派な装いを見せびらかす.
3 U 〈集合的〉(猟)鳥類. fin, fur, and ~ →fin (成句). **4** C (羽のように)軽いもの; つまらないもの; (★否定文でしばしば「少しも(..ない)」の意味に用いる). You could have knocked me down [over] with a ~. 私はびっくりして倒れんばかりだった《<羽のような軽いもので打っても倒せただろう》. I don't care a ~. 少しもかまわない.
5 U 〖ボート〗フェザー《ストロークのあとでオールを水平に返すこと》.

a fèather in one's cáp 誇りになるもの; 自慢の種; 褒美.
in hìgh [fìne, gòod] féather 元気いっぱいで[の]; 上機嫌で[の].
màke the fèathers flý →fly[1].
rùffle a pèrson's féathers 〖話〗人を悩ます[煩わせる].
shòw the white féather →white feather.
smòoth a pèrson's rùffled féathers 人をなだめる.

—— 動 他 **1** 〔帽子など〕に羽飾りをつける 〈*with* ..の〉; 〔矢〕に矢羽根を付ける. **2** 〖ボート〗〔オール〕を水平に返す.
—— 自 **1** 羽毛が生える. **2** オールを水平に返す.
fèather one's nést (特に地位などを利用して)金をため る, 私腹を肥やす, 《<鳥が羽を敷いて巣を快適にする》.
[<古期英語]

__féather·bèd__ 動 (~s|-dd-) 他 **1** (特に経済的援助を与えすぎて)を甘やかす. **2** 〖米〗〔事業など〕に水増し雇用をする《失業対策として》, を補助金で保護する. ▷ ~·**ding** 名 U (組合による)水増し雇用[生産制限]の要求.

__fèather béd__ 名 C 羽毛入りマットレス(を敷いたベッド).

__fèather bóa__ 名 =boa 2.

__féather·bràin__ 名 C ばか者, 低能. ▷ ~**ed** 形

__fèather dúster__ 名 C 羽[毛]ばたき《ほこりを払う》.

__féath·ered__ 形 **1** 羽(毛)のある; 羽の形をした. our ~ friends 羽のある友《鳥のこと》. **2** (鳥のように)速い.

__féather·èdge__ /-rèdʒ/ 名 C (板や刃物などの)非常に薄くなっている端.

__féather·wèight__ 名 C **1** 〖ボクシング・レスリング〗フェザー級選手. **2** 非常に軽い人[物]; つまらない人[物].

__feath·er·y__ /féðəri/ 形 **1** 羽毛のある; 羽毛で覆われた[飾られた]. **2** 羽(毛)のような; 軽くふわふわした. ~ snow ふわふわした雪.

*__fea·ture__ /fí:tʃər/ 名 (複 ~s /-z/) C
【顔のつくり】 **1** 顔の造作(の1つ)《目, 鼻, 口, 耳など》; 〈~s〉顔だち, 目鼻だち, 容貌(ぼう). Every ~ of her face was attractive. 彼女の顔の造作の1つ1つが魅力的だった. a man with finely chiseled ~*s* 端整に彫りの深い顔だちの男.
【物事の'顔'>目を引くもの】 **2** (著しい)特徴; 特色; 主眼点. a common ~ 共通する特徴. a striking [an outstanding] ~ 特に目立つ点, 顕著な特色. the essential ~*s* of the project その計画の骨子. the natural ~*s* of the district その地方の自然の特徴.

連結 a distinctive [a distinguishing, a dominant, a prominent, a salient; a unique] ~

3 (演芸などの)呼び物, 目玉; (新聞, 雑誌の)特集記事 (**féature àrticle [stòry]**), (テレビの)特集番組 (**féature prògram**), 〈*on* ..についての〉; (映画の)長編もの (**féature fìlm**)《普通90分以上の創作映画》. a great ~ of tonight's program 今夜の番組の大きな呼び物. several ~*s* in a bargain sale 特売のいくつかの目玉商品. make a ~ of an auction 競り売りを呼び物にする. That movie house is showing a double ~ this week. あの映画館では今週は2本立てで上映している.

—— 動 (~s /-z/| 過 過分 ~d /-d/|-tur·ing /-tʃ(ə)riŋ/) 他 **1** の特色である, を特徴づける. Our age is ~*d* by great technological progress. 我々の時代の特徴は偉大な技術的進歩である. **2** を呼び物にする; 〔新聞などが〕を大きく取り上げる; 〔映画などが〕を主演[特別出演]させる. a film *featuring* Monroe モンロー主演の映画.
—— 自 VA (~ *in*..) ..で主役[重要な役割]を演ずる. Meat ~*s* largely *in* our daily food. 肉は我々の食生活に大きな位置を占める.
[<ラテン語「作られたもの」(<*facere* 'make'); -ure]

__féa·tured__ 形 **1** 呼び物の; 主演の〔俳優など〕. **2** 〈複合要素〉..の顔だちをした. hard-~ いかつい顔の.

__féature-lèngth__ 形 長編の〔映画など〕. a ~ documentary 長編記録映画.

__féa·ture·less__ 形 特色のない; 面白味のない.

__Feb.__ February.

__feb·ri·fuge__ /fébrəfjù:dʒ/ 名 C 解熱剤, 熱さまし.
—— 形 解熱の.

__fe·brile__ /fí:brəl, féb-, -rail|fí:brail/ 形 〖章〗〖医〗熱病の; 熱病にかかった; 熱に浮かされた.

‡__Feb·ru·ary__ /fébruèri|-ruəri/ 名 2月《略 Feb.》.
[<ラテン語「清めの祭(*februa*)の(月)」]

__fe·cal__ /fí:k(ə)l/ 形 〖米・章〗糞(ふん)便の (〖英〗faecal).

__fe·ces__ /fí:si:z/ 名 〈複数扱い〉〖米・章〗糞(ふん)便 (〖英〗faeces).

__feck·less__ /fékləs/ 形 〔努力などが〕無益な, 効果のない; 〔人が〕無能な, 無責任な. ▷ ~·**ly** 副 ~·**ness** 名

__fe·cund__ /fí:kənd, fék-/ 形 〖章〗多産な; 生産的な; 〔土地が〕肥沃(よく)な; 〔人が〕発想力豊かな.

__fe·cun·date__ /fí:kəndèit, fék-/ 動 他 〖章〗を多産にする, 肥沃(よく)にする; 〖生物〗を受精[受胎]させる.

__fe·cun·di·ty__ /fikʌ́ndəti/ 名 U 〖章〗多産; 肥沃(よく); (発想力の)豊かさ.

__Fed__[1] /fed/ 名 〖米話〗〈the ~〉=Federal Reserve Bank [Board, System].

__Fed__[2], __fed__[1] 名 C 〖米話〗FBI の捜査員.
[<*Fed*eral]

__fed__[2] 動 feed の過去形・過去分詞. —— 形 〈普通 ~ up; 叙述〉→fed up.

__Fed.__ Federal; Federated; Federation.

*__fed·er·al__ /féd(ə)rəl/ 形 © **1** 連邦制の, 連邦の. a ~ republic 連邦制共和国. the ~ system of government 連邦制政治. 参考 連邦制とは国家を構成する諸州 (states 又は provinces) が統治権を中央政府と分有する制度を言う; アメリカ合衆国, カナダ, オーストラリア, スイス, ドイツ, ロシア, インド, ブラジルなど. **2** 〈F-〉(米国などで州政府に対して)連邦政府の, 中央政府の; 《State (州の)に対し国家機関の名に冠して用いる》. the *Federal* Court (米国)連邦裁判所. ~ laws 連邦法.
3 〖米〗〈F-〉(南北戦争時代の)北部連邦同盟 (the Union) の (↔Confederate); (独立戦争後の)連邦党の. the *Federal* army 北軍.

── [名][C] **1** 連邦主義者. **2**〘米史〙〈F-〉北部連邦支持者 (↔Confederate); 北軍兵.
[＜ラテン語 *foedus*「同盟, 契約」]
▷ **～·ly** [副] 連邦制によって; 連邦政府」によって[の手で].

Fèderal Aviátion Administràtion [名]〈the ～〉〘米〙連邦航空局.

Fèderal Bùreau of Investigátion [名]〈the ～〉米国連邦捜査局《略 FBI》.

Fèderal Communicátions Commìssion [名]〈the ～〉〘米〙連邦通信委員会《放送事業などを監督する》.

Fèderal Dístrict [名]〈the ～〉連邦区《連邦政府のある行政特別区; 米国の the District of Columbia など》.

Fèderal Góvernment [名]〈the ～〉連邦政府.

‡**féd·er·al·ìsm** [名][U] **1** 連邦主義[制度]. **2**〘米史〙〈F-〉連邦党の主義.

féd·er·al·ist [名][C], [形] **1** 連邦主義者(の). **2**〘米史〙〈F-〉連邦党員[支持者](の).

Féderalist Pàrty [名]〈the ～〉〘米史〙連邦党《独立後米国憲法の採択と強力な中央政府の設置を主張した政党 (1789–1816); 中心人物は Alexander Hamilton》.

féd·er·al·ìze [動][他] **1** を連邦化する. **2** を連邦政府「の支配下に置く.

Féderal Pàrty [名]〈the ～〉＝Federalist Party.

Fèderal Repùblic of Gérmany [名]〈the ～〉ドイツ連邦共和国《ドイツの正式名; 1945–90 は西ドイツの正式名; 略 FRG》.

Fèderal Resérve Sỳstem [名]〈the ～〉(米国)連邦準備制度《全国 12 の各区に **Fèderal Resérve Bànk** (連邦準備銀行)を持ち, 全体を統括するのが我が国の日本銀行に相当する **Fèderal Resérve Bòard** (連邦準備局); 略 FRS》.

Fèderal Tráde Commìssion [名]〈the ～〉〘米〙連邦取引委員会.

fed·er·ate /fédərèit/ [動][他] を連邦にする, 連合させる.
── [自] 連邦になる, 連合する.
── /fédərət/ [形] 連合の; 連邦制の.

†**fed·er·a·tion** /fèdəréiʃ(ə)n/ [名] **1** [U] 連合(する[させる]こと); 連邦化; 連邦制. **2** [C] 連邦(政府); 連合体, 連盟, 同盟. a ～ of labor unions 労働組合(総)連合.

fed·er·a·tive /fédərèitiv, -rət-/ [形] 連合の; 連邦の.

fe·do·ra /fidɔ́:rə/ [名][C] フェドーラ《フェルト製の中折れ帽; 米国で 20 世紀前半に流行; ＜芝居の題名から》.

fèd úp [形]〈叙述〉〘話〙飽き飽きした, うんざりした, 〈*with* [*about*] (*doing*) ..(すること)に〉(★with [about] の代わりに of の使用も見られるが, 誤用と考える人が多い). look ～ うんざりした[浮かない]顔をしている. ～ [fed] to the (back) teeth すっかりうんざりして. I'm ～ *with* his complaints. あいつの愚痴はもうたくさんだ. The student is ～ *with* [*about*] walk*ing* about looking for a job without success day after day. その学生は毎日歩き回っても職が見つからずうんざりしている.

‡**fee** /fi:/ [名] ([複] **～s** /-z/) **1** [C] **(a)**〈しばしば ～s〉(医師, 弁護士, 調査士, 家庭教師など知的職業人に払う)**謝礼**, 報酬; (学校, 協会の)**納付金**. a ～ for a person's treatment 人の治療費. school ～s 授業料. a membership ～ 会費. **(b)** (特権, 便宜に対する)**料金**. an admission ～ 入場料.

> [連結] an exorbitant [a steep; a fat, a handsome, a hefty, a large; a moderate, a reasonable; an entrance; a registration] ～ // charge [waive] a ～

2 [U] (封建時代に領主から受ける)領地, 封土.
3 [U]〘法〙相続財産《特に土地》; 相続不動産権. hold land in ～ (simple) 土地を相続財産として所有する.
[＜中期英語「地所, 財産」(＜中世ラテン語 *feudum*「封土」); ゲルマン語起源で原義は「家畜, 財産」]

‡**fee·ble** /fí:b(ə)l/ [形] [e] (**～r**|**～st**) **1** (体が)**弱い**, か弱い; 壊れやすい (frail); ([類語] weak より強意的で, 哀れみや軽蔑を含む). The sick old man grew ～*r* every day. 病気の老人は日ましに衰弱した.
2 力のない, 効果のない; 微弱な, 薄弱な, (faint). give a ～ cry 弱々しい泣き声を上げる. make a ～ excuse 説得力の弱い言い訳をする. a ～ joke 毒にならない冗談.
3〔性格の〕弱い,〔知能の〕低い. a ～ mind 精神の薄弱な人. [＜ラテン語 *flēbilis*「嘆かわしい」(＜*flēre* 'weep')] ▷ **～·ness** [名]

fèeble-mínded /-əd [移]/ [形] 精神薄弱の, 低能の; 〔行為などが〕愚かな, ばかげた. ▷ **～·ness** [名][U]

†**fee·bly** /fí:bli/ [副] [m] 弱々しく, 力なく; かすかに. call ～ for help か細い声で助けを求める.

‡**feed** /fi:d/ [動] (**～s** /-dz/|[過] [過分] **fed** /fed/|**féed·ing**) [他]【食物を与える】**1 (a)** に**食物を与える**, 餌(え)をやる, 〔植物〕に肥料をやる;〔赤ん坊〕に授乳する,〔病人など〕に食物を口に入れてやる; に食事を作ってやる. He *fed* the bird out of his hand. 彼は鳥に手ずから餌を与えた. ～ oneself (→成句). **(b)** [VOO] (～ X Y)・[VOA] (～ Y *to* X) X に Y を(食物・餌として)与える ([語法] (1)「一時的に食物として与える」の意味; ただし〘米〙では「常食として与える」の意味にも用いる; →2. (2) [VOO] は〘主に米〙). We *fed* the leftovers *to* the cat. 我々は残り物を猫にやった. They ～ their dog only meat.＝They ～ only meat *to* their dog. 彼らは犬に肉しか食べさせない.
(c) の食物[餌]となる. The grass in this meadow ～*s* the cows amply. この牧場の草であの牛たちにはたっぷり食糧がある.
2〔家族など〕を養う;〔精神など〕を育てる, はぐくむ;〔ペットなど〕を飼う, 育てる,〈*on* ..で〉; ([語法]「常食として与える」の意味で on を用いるのは〘英〙). ～ cattle *on* oats＝〘米〙～ oats *to* cattle カラス麦を飼料に牛を飼う. What do you ～ your bird *on*? 君は鳥にどんな餌をやっているのか. look for what will ～ the mind 心の糧となるものを求める.
【必要なものを与える】**3 (a)** に原料[燃料, 資料など]を供給する, 補給する,〔水槽など〕に給水する. ～ a stove ストーブに燃料を補給する. **(b)** [VOA] (～ X *with* Y/Y *into* [*to*] X) X に Y (資料など)を供給する, 入れる. ～ a computer *with* data＝～ data *into* a computer コンピュータにデータを入れる. The doctor *fed* a tube *into* the patient's throat. 医師は患者ののどに管を入れた. **(c)**〘話〙[VOO] (～ X Y)・[VOA] (～ Y *to* X) X に Y (情報など)を与える. ～ an industrial spy top-secret information 産業スパイに極秘情報を与える.
4〔虚栄心など〕を満足させる;〔怒り, 嫉妬(しっと)など〕をあおる;〔耳目〕を楽します〈*with*, *on* ..で〉. Their insult *fed* his anger. 彼らに侮辱されて彼の怒りは募った. The tourist *fed* his eyes *on* [*with*] the scenery. 旅行者は景色を眺めて楽しんだ.
5〔川が〕〔大きな川や湖〕に流れ込む. Several streams ～ this lake. 何本かの小川がこの湖に流れ込んでいる.
6〘サッカー〙〔味方の選手〕にパスを送る.
7〘劇〙〔役者〕にせりふのきっかけを与える.
── [自] **1**〔動物, 幼児が〕**物を食べる**, 餌(え)を食べる; 食べる〈*on*, *off* ..を〉. a herd of cows ～*ing* in the pasture 牧草地で草を食(は)む牛の群れ. ～ *on* [*off*].. (→成句). **2**〘話・戯〙〔人が〕食事をする, めしを食う.

fèed /../ báck 〔情報, 考えなど〕を戻す,〘電算〙〔出力〕を(前段階に)戻す,〈*to*, *into* に〉.

fèed one's fáce 〘話・軽蔑〙大食いする. You're always ～*ing* your *face*. 君はいつも食ってばかりいる.

féed off .. (1)〔動物が〕..を餌にする. Crows *fed off* the crops in our vegetable garden. カラスがうちの菜

園の作物を食べた. (2) ..を食いものにする, タネにしてもうける. The tabloids *fed off* gossip and scandal, often violating people's privacy. タブロイド紙はしばしば人のプライバシーを侵害し, ゴシップやスキャンダルを食い物にした.

féed on.. (1)〔動物が〕..を食べて生きている, 常食とする. Cattle ～ *on* grass. 牛は草を常食とする. (2)〔感情などが〕..によって助長[増強]される. Jealousy ～*s on* suspicion. 嫉妬(しっと)は猜(さい)疑心を餌にしてますます強まる. (3) ＝FEED off.. (2).

féed oneself (人手を借りずに)自分で食べる. The patient can't ～ him*self* yet. 病人はまだ独りでは食事ができない.

fèed /../ úp (1)〖英〗..にたっぷり食べさせて太らせる[健康にする]. (2)〈fed up〉→fed up (見出し語).

F

── 名 (複 ～s /-dz/) **1** Ⓤ **飼料**, かいば, 餌(えさ). ～ for cattle 牛の飼料. **2** Ⓒ 1回分の飼料, (赤ん坊の)1食分. **3** Ⓒ〈単数形で〉〖話・戯〗おまんま, めし. have a good ～ たらふく詰め込む. **4**〖機〗Ⓒ 送り, (材料の)給送装置; Ⓤ (送り込まれる)材料[燃料, 水など]. **5** Ⓒ〖英〗〖劇〗(相手役の)ジョークのきっかけを作る役者. ◇名 food

off one's feed〖俗〗食欲がなくて; (体の)加減が悪くて. [＜古期英語]

†**féed·bàck** 名 Ⓤ **1** 帰還, フィードバック, (〖電〗出力 (output) の一部が体系へ戻り出力に影響を及ぼすこと; 〖電算〗修正, 制御などのために出力の一部を入力側に戻すこと); フィードバック音 (電気機器が発する甲高いぴーという雑音). **2** 反応, '声', 〈*from* ..〔消費者, 視聴者など〕からの〉. **3**〖生物〗フィードバック (ある反応の結果によって次の反応を制御すること).

féed bàg 名 Ⓒ 〖米〗かいば袋 (馬の首にかける) (nosebag). ***put òn the féed bag***〖米俗〗めしを食う(支度をする).

féed·er 名 Ⓒ **1** 養う人, 飼育者. **2**〈形容詞を付けて〉..に食べる人[動物, 植物]. a gross [heavy] ～ 大食いの人[動物]; 肥料がたくさん要る植物. a quick ～ 早食いの人. **3** かいばおけ, 餌(えさ)入れ; 〖英〗哺(ほ)乳瓶 (feeding bottle). **4**〖英〗よだれかけ (bib). **5** (川の)支流; (鉄道, 航空路の)支線 (**féeder lìne**), (幹線道路に通ずる)バイパス(道路)(**féeder ròad**). **6**〖米〗＝feed 5. **7** (機械の)供給装置; 〖電〗給電線, フィーダー線.

féeder schòol 名 Ⓒ 〖英〗生徒供給校 (生徒の大部分が地域の特定の上級学校へ進む).

féed·ing 名 Ⓤ 食べさせること, 給餌(じ).

féeding bòttle 名 Ⓒ 哺(ほ)乳瓶.

féeding gròund 名 Ⓒ 餌場(えさば). 「の)肥育場.

féed·lòt 名 Ⓒ 〖米〗(屠(と)殺前に家畜を太らせるため↑

‡**feel** /fi:l/ 動 (～s /-z/|過 過分 **felt** /felt/|**féel·ing**) (★文字通り「手で触る」の意味以外では, 普通, 進行形にしない) 他【手で触れて感じる】 **1** に**触る**, 触ってみる, を触って調べる, が触って分かる; VO (～ *wh* 節) ..か(どうか)を触って知る. The doctor *felt* her pulse. 医者は彼女の脈をとった. ～ the difference in the fabrics 触って織物の違いを調べる. Just ～ *how* smooth the cloth is. 布がどんなにすべすべしているかちょっと触ってごらん.

【体・心で感じる】 **2** (**a**) を**感じる**, 知覚する, 〔感覚, 感情〕を覚える. He *felt* the rain on his face. 彼は顔に雨が当たるのを感じた. ～ pain [hunger, sorrow, interest] 痛み[飢え, 悲しみ, 興味]を覚える. ～ a sudden desire to cry out 突然叫びたい気持ちになる. I *felt* her eyes on my back. 彼女の視線を背中に感じた. (**b**) VOC (～ X *do*/X *doing*/X *done*) Xが..する/..している/..されるのを感じる. We *felt* the house *shake*. 我々は家が揺れるのを感じた (語法 受け身文は to 付き不定詞を用いる: The house was felt *to* shake.). I *felt* my heart beat*ing* violently. 私は心臓が激しく打っているのを感じた. *Feeling* himself *insulted*, he got out of the room. 侮辱されたと感じて彼は部屋を出た.

3 (**a**) を**痛切に感じる**, 思い知る; が(体に)こたえる. ～ the uncertainty of life 人生の無常をしみじみ感じる. I ～ the cold very much. 私には寒さがひどくこたえる. (**b**) 〔物事が〕の影響を受ける. Agriculture has *felt* the rapid advances of biotechnology. 農業は生物工学の急速な進歩の影響を受けてきた.

4【感じがする】 (**a**) VO (～ ***that*** 節) **..と思う**; ..と感じる[分かる]; (★理屈ではなく, なんとなく思う[分かる]という意味). I ～ (*that*) we shall win. 我々が勝ちそうな気がする. He will become a good doctor, I ～. 彼はいい医者になるような気がする. (**b**) VOC (～ X (*to be*) Y) XがYであると思う[感じる] (★2 (b) と比較). I ～ the work (*to be*) too difficult. ＝I ～ (*that*) the work is too difficult. その仕事は難し過ぎるように思う. He *felt* it his duty to help her. 彼女を助けるのが義務であるように彼は感じた.

── 自 【触れて感じる】 **1** VA **手探りする**, (手, 足, 杖(つえ)などで)触ってみる; (**～ *for, after..***) ..を手探りで捜す. ～ *along* the wall *for* the exit 壁を手探りして出口を捜す. ～ (*around*) *after* the switch in the dark 暗がりでスイッチを手探りで捜す. **2** 感覚がある, 感じる. Can plants ～? 植物には感覚がありますか. My toes don't ～ at all. 足指の感覚が全くない.

3 VC (～ X)〔物が〕(触って) **X な感じがする**, 手触り[感触]がXである. The linoleum *felt* cool and smooth against his soles. リノリウムは彼の足の裏に冷たくすべすべした感触だった. How do your new shoes ～? 新しい靴の履き心地はどう. The air ～*s* cold. 空気が冷たく感じられる.

【心で感じる】 **4** (**a**) VC (～ X) (自分が) **X と感じる**, Xな気分である, (★進行形でもほぼ同じ意味). I ～ cold [sleepy, sad, happy]. 寒い[眠い, 悲しい, 楽しい]. (**b**) VA (..の) 気分がする. ～ ill *at* ease 居心地が悪い, 落ち着けない. ～ *at* home くつろいだ気分である. I *felt* (*like*) a complete fool. 我ながら全くばかだと思った. ～ *like* oneself＝FEEL (quite) oneself. *How* ⌞do you ～ [are you ～*ing*] today? 今日はご気分はいかがですか. I know (just) *how* you ～. お気持ちお察しします.

5 (**a**) VC (～ X) **X と思う**, Xらしく感じる; VA (..な)意見[考え]を持つ 〈*about, on, toward* ..について〉. I ～ certain (that) he will agree. きっと彼は同意すると思います. I ～ sure [certain] of her recovery. 彼女の回復を確信している. *How* do you ～ *about* the sales tax? 売上税についてどう思いますか. I ～ differently *about* the plan. 私はその計画について違った意見を持っている. (**b**) VC (～ X)〔物が〕**X と感じられる**, X な感じを与える. His distant attitude *felt* strange. 彼のよそよそしい態度は変な感じだった. How does it ～ [What does it ～ like] to have finished your work? 仕事を終えてどんな気分ですか.

fèel aróund [***abóut***] 捜し回る (→自 1).

féel as ìf [***thòugh***]***..*** (まるで)..のような気[感じ]がする, ..な感触である, (★節内の時制については AS if.. の語法 参照). I *felt as if* I had become an astronaut. 宇宙飛行士になったような気分だった. This cloth ～*s as if* it were [is] silk. この布はまるで絹のような手触りだ.

féel for.. (1) →自 1. (2) ..に同情する. I really ～ *for* you. 本当にお気の毒に思います.

fèel frée〖話〗〈しばしば命令文で〉遠慮しない; 自由に..する 〈*to* do〉. "May I use your car?" "*Feel free.*" 「車を使っていいですか」「ご自由に」 *Feel free to* express your opinion. 遠慮なく意見を述べてくれ.

fèel góod 気分がいい; 〖米話〗ほろ酔い機嫌である.

****féel like..*** (1) **..が欲しい**; ..したい気がする 〈*doing*〉. I ～ *like* a glass of cold water. 冷たい水を1杯飲みた

い. I don't ～ much *like* talk*ing* right now. 今は余り話をしたい気分ではない. Let's go out if you ～ *like* it. よかったら外出しませんか. (**2**) ..のような手触りである(→自 3);〔物事が〕..のような感じがする. This ～*s* (to me) *like* real leather. (私には)これは本物の革のような手触りがする. It ～*s like* rain. 雨になりそうだ. (**3**) ..のような気[感じ]がする(→自 4). I *felt like* I was ignored. 無視されたような気持ちだった. It ～*s like*.. な感じがする.

fèel one's éars bùrning 耳がかゆい《うわさをされている証拠》(→a person's EARS are burning).

féel of.. 〖米〗..を触ってみる.

fèel /../ óut 〔人〕の意向を探る;〔状況など〕に探りを入れる. Let's ～ him *out* on the problem. その問題について彼の意向を打診しよう.

fèel* (*quìte*) *onesélf いつものように元気である; いつもと変わらない;〈主に否定文で〉. 「まわす.

fèel /../ úp 〖話〗〔女性(の性器)〕に'お触り'する, をなで↑

***fèel úp to* (*dóing*)..** ..(すること)に耐えられそうに思う〈普通, 否定・条件文で〉. I don't ～ *up to* see*ing* anyone today. 今日は人に会うのは気が進まない.

*fèel one's wáy (**1**) **手探りしながら進む** (→way[1] 2 語法). ～ one's *way* along the dark corridor 暗い廊下を手探りで進む. (**2**) 注意深く行動する. I'm new in this country so I'm still ～*ing* my *way*. 私はこの国に来て間もないのでまだ手探りで動いているようだ.

féel with.. ＝FEEL for.. (2). 「一目(いちもく)置かせる.

màke onesèlf félt 自分の存在を印象づける, 自分に↑

── 名 C 〈単数形で〉 **1** 手触り, 感触; 触れること;〖俗〗〔女性(の体)への〕'お触り'. be rough to the ～＝have a rough ～ 手触りが粗い. I like the ～ of silk against my skin. 絹の肌触りが好きです. Is this really gold? Let me have a ～. これ本当に金なの. ちょっと触らせて. **2** 感じ, 雰囲気. I don't like the ～ of this place. ここの雰囲気が気に入らない.

3 〖話〗勘. have a ～ *for* music 音楽に対するセンスがある. get back the ～ again 勘を取り戻す.

còp a féel 〖俗〗'お触り'する〈*on*〔女性(の体)〕に〉.

***gèt the* [*a*] *féel of* [*for*] (*dóing*)..** 〖話〗..(すること)に慣れてこつを覚える. [＜古期英語]

féel·er 名 C **1** 〖動〗〈普通 ～s〉触角, 触手, 触毛. **2** 〖話〗探り《人の意向を探るための質問, 提案など》. **3** 触ってみる人.

pùt òut féelers 〖話〗探りを入れる, 打診する. I'll *put out* a few ～*s* on the subject. その問題について少しばかり探りを入れてみよう.

féeler gàuge 名 C 隙(すき)間ゲージ.

féel-gòod 形 〈限定〉人を幸せ[満足]な気分にする, 人生をバラ色(であるかのよう)に思わせる,〔映画, 音楽など〕.

féel-good fàctor 名 U 〖主に英〗楽観的要因《一般人の間の, 現実を肯定し将来を楽観する気分の存在》.

‡**feel·ing** /fíːliŋ/ 名 (複 **～s** /-z/) **1** U **感覚** (sensation), 触感. lose all ～ in the arms 両腕の感覚を全くなくす. There was [He had] no ～ in his left leg. 彼の左足は感覚がなかった.

2 C 〈単数形で〉**感じ**, ..感, 意識, 気持ち,〈*of* ..の〉. a ～ *of* cold [hunger, happiness] 冷たい感じ[空腹感, 幸福感]. a guilty ～ 罪の意識.

> 連結 a deep [an intense, a strong; a pleasant; an excited; a frightened; an uncomfortable, an uneasy; an eerie, a strange] ～ // arouse [evoke, excite] a ～

3 C 〈単数形で〉(漠然と抱く)**考え**, 感じ, 印象, 予感,〈*that* 節 ..という〉. It is my ～ [My ～ is] *that* something is wrong with him. 彼はどこか具合が悪いんだと思います. People have a ～ *that* a silent man is dangerous. 人は黙っている男は危険だという感じを持つものだ.

4 aU (人に与える)**印象**, (感じ取れる)雰囲気, 空気; 気配. A great city has a ～ of strain and hurry. 大都会には緊張と慌ただしさが感じられる. What is the general ～ about this affair? この事件についての一般の空気[世論]はどうかね.

5 UC 〈普通 ～s〉 **感情**, 気持ち, (類語 理性や判断力と対立する概念としての感情を表す一般的な語; →emotion, passion, sentiment). hurt [trample on] a person's ～*s* 人の感情を害する[踏みにじる]. enter into a person's ～*s* 人の身になってみる. control one's own ～*s* 自分の感情を抑える. have mixed ～*s* →mixed 1. I know the ～. 〖話〗お気持ちはよくわかります《同情, なぐさめの言葉》. No hard ～*s*! 〖話〗悪く思わないでくれ.

6 U (人に対する)**感情**; 同情(心), 思いやり,〈*for* ..への〉. my ～ toward this young man この青年に対する私の感情. He did not show much ～ *for* his wife. 彼は妻に余り思いやりを示さなかった. good ～ 好感情. bad [ill] ～ 悪感情, 反感.

7 U 興奮, 感動, 激情; 反感, 敵意. speak with ～ 怒りを込めて話す. His words stirred up strong ～ on both sides. 彼の言葉は双方に強い反感を沸き立たせた. *Feeling*(*s*) over the tax increase ran high. 増税に対する人々の怒りが高まった.

8 aU 感受性, センス, 鑑賞力,〈*for* ..に対する〉. He has a nice ～ *for* paintings [words]. 彼は絵画に対して鋭いセンスがある[語感が鋭い].

── 形 **1** 感じやすい; 同情心のある. a ～ heart 思いやりのある心(の持ち主). **2** 〈限定〉感情のこもった, 感動させるような. engage an audience with ～ language 感動的な言葉で聴衆を引き付ける.

féel·ing·ly 副 感情を込めて, 切々と, 感動して; 同情して. speak ～ しみじみと話す.

fée-pàying 形 〈限定〉〖英〗授業料を払う〔学生など〕; 授業料を徴収する〔学校など〕.

fèe símple 名 U 〖法〗非限嗣相続財産(権)《entail でなく, 無条件に相続できる》.

feet /fiːt/ 名 foot の複数形.

†**feign** /fein/ 動 他 〖章〗 **1** を装う, と見せかける; VO (～ *that* 節) ..であるように装う; VOC (～ *oneself* (*to be*) X) X であるふりをする; (pretend). He ～*ed* madness. ＝He ～*ed that* he was mad. ＝He ～*ed* him*self* (*to be*) mad. 彼は狂気を装った. **2** 〖古〗〔口実, うそなど〕をでっち上げる. ── 自 ふりをする, 偽る. ◇名 feint [＜ラテン語 *fingere*「作り上げる」]

feigned 形 〖章〗うその, 偽りの; 架空の. a ～ illness 仮病. a ～ name 偽名. a ～ voice 作り声.

▷**feign·ed·ly** /féinədli/ 副 偽って.

feint[1] /feint/ 名 C **1** 〖スポーツ〗フェイント; 〖軍〗陽動作戦. **2** 見せかけ, ふり. make a ～ of working hard 懸命に勉強しているふりをする. ◇動 feign

── 動 自 フェイントをかける〈*at, on, upon, against* ..に〉.

feint[2] 形, 名 U 薄い罫(けい)線の入った(紙).

feist·y /fáisti/ 形 e 〖米話〗 **1** 生きのいい, 元気な; けんか早い. **2** やっかいな. a ～ problem 難問.

fe·la·fel /fəláːf(ə)l, -lǽf-/ 名 UC フェラフェル《ヒヨコマメをすりつぶし香料を加えて揚げたコロッケ; 中東料理》.

feld·spar /fél(d)spàːr/ 名 U 〖鉱〗長石.

fe·lic·i·tate /fəlísətèit/ 動 他 〖章〗〔人〕に祝意を表す, 祝辞を述べる,〈*on, upon* ..のことで〉(類語 congratulate よりも形式ばった語). ～ a friend *upon* his success 友人の成功を祝す. [＜後期ラテン語「幸せにする」]

fe·lìc·i·tá·tion 名 UC 〖章〗〈普通 ～s〉祝賀, 祝辞,〈*on, upon* ..に対する〉.

fe·lic·i·tous /fəlísətəs/ 形 〖章〗〔表現などが〕巧妙な, 適切な;〔人が〕言葉遣いの巧みな. a ～ reply 適切な返答. ▷**～·ly** 副 **～·ness** 名

F

fe·lic·i·ty /fəlísəti/ 名 (複 **-ties**)〘章〙 **1** U 非常な幸福, 至福; C 幸福な物事, 慶事. **2** U (表現などの)巧妙さ, 適切さ; C 適切な表現, 名言. [<ラテン語「幸福」(<*fēlix* 'happy')]

fe·line /fí:lain/ 形 **1**〘動〙ネコ(科)の. **2** 猫のような; 〔動作などが〕軽快で優美な; 陰険な. walk with a ~ grace 猫のようにしなやかに歩く. ── 名 C ネコ科の動物《猫, ライオン, ヒョウなど》. [<ラテン語「猫 (*fēlēs*)の」]

Fe·lix /fí:liks/ 名 男子の名.

Fèlix the Cát 名 猫のフェリックス《漫画の主人公》.

fell[1] /fel/ 動 fall の過去形.

fell[2] 動 他 **1**〔樹木〕を切り倒す, 伐採する. **2**〘章〙〔人, 動物〕を打ち倒す (knock down). ── 名 C〘米〙(1 シーズンの)伐採量.

F

fell[3] 形〈限定〉〘雅〙残忍な; 恐ろしい; すさまじい.
at* [*in, with*] *òne fèll swóop ひとたまりもなく, 一挙に, 〔打ち倒すなど〕. He accomplished both his goals *with one ~ swoop*. 彼は 2 つの目標を一挙に成し遂げた.

fell[4] 名 C〘章〙(毛のついたままの)獣皮, 毛皮.

fell[5] 名 C〘北英〙〈しばしば ~s〉岩山; 荒れた丘, 高原の荒野.

fel·la /félə/ 名〘話〙=fellow 1, 5.

fel·la·ti·o /fəléiʃiòu, -lá:ti-/ 名 U〘章〙フェラチオ《唇と舌での男性性器の愛撫(ぶ); →cunnilingus》.

fel·ler /félər/ 名〘話〙=fellow 1, 5.

fel·loe /félou/ 名 C (車輪の)外縁.

‡**fel·low** /félou/ 名 (複 **~s** /-z/) C (★1 と 5 は〘話〙では fella, feller ともつづる) **1**〘話〙(**a**)〈普通, 形容詞を伴って〉(..な)**やつ**, 男.

> 語法 (1) 親愛の情, 軽蔑の気持ちを込めて用いる. (2) man, boy に代わる語で, 女性には用いない. (3) しばしば親しい又はぞんざいな呼びかけに用いる.

He is a jolly good ~. 彼はほんとにいいやつだ. What a ~! なんて(ひどい)やつだ. He was killed in the war, poor ~. かわいそうに, あいつは戦死した. my dear [good] ~, old ~ おい君《親しい呼びかけ》. I think one of them was a ~. そのうちの 1 人は男だったと思います. (**b**)〈a ~; 一般に〉人 (★(1) one と同様に用いる. (2) 婉曲に自分のことを指すこともある). He doesn't give a ~ anything. 彼はおよそ人に物をくれたりしない. What can a ~ do in such a case? こんな場合(私に)何ができるというのか.
2 (**a**)〈普通 ~s〉**仲間**(たち), 同僚, 同類, 《同国, 同業, 同身分など, 境遇, 利害, 運命などを共にする者》. ~*s* at school 同窓仲間. a ~ in crime 共犯者. (**b**)〈形容詞的〉**仲間の**, 同僚の, 同志の. a ~ countryman 同国人. a ~ worker 職場の仲間. a ~ student 学友. one's ~ prisoners 囚人仲間たち.
3〘章〙(一対の)片方《手袋, 靴, 靴下について言う》. the ~ to this glove この手袋の片方.
4 匹敵する者, 相手. He is a scholar without (a) ~ in this field. この専門領域で彼にかなう学者はない.
5〘話〙ボーイフレンド, 彼氏.
6〘英大学〙フェロー, 特別研究員, 《college に属する》; (卒業生から選ばれる)評議員. Professor of English Literature in the University of Oxford and *Fellow* of Trinity College オックスフォード大学英文学教授兼トリニティ学寮特別研究員《英国の大学の一般的な肩書きの形式》. 「学院生や研究員」.
7〘米〙フェロー《fellowship 5 の給費を受けている大学院生や研究員》.
8 (学会の)特別会員, 会友, (★普通会員は member). a *Fellow* of the Royal Society 英国学士院特別会員. [<古期北欧語「共同事業の出資者」]

fèllow créature 名 C 同じ人間, 人間同士; 同類(の動物). 「連帯感, 〈*with* ..との〉.

fèllow féeling 名 U 同情; 相互理解; 仲間意識, 連帯感, 〈*with* ..との〉.

fèllow·mán /-mǽn/ 名 (複 **-men** /-mén/) C 人間同士, 同胞.

***fel·low·ship** /félouʃìp/ 名 (複 **~s** /-s/) **1** U **仲間であること**; 共にすること〈*in*..〔苦楽など〕を〉. their ~ *in* crime 彼らが共犯であること. **2** U **友情**, 親交, 親睦(ぼく), 〈*with* ..との〉. enjoy [have] good ~ *with* the neighbors 近所の人々と親しく交わる. **3** C (信仰, 趣味, 利害関係などによる)グループ, 団体, 組合; U グループなどの成員の資格[身分]. **4** C〘主に英〙fellow 6 の地位; fellow 7, 8 の地位. **5** C〘米〙特別奨学金《大学院生, 研究員への》. on a ~ 特別奨学金をもらって.

fèllow tráveler 名 C **1** 旅の道連れ. **2** (特に共産党の)同調者, シンパ.

fel·ly /féli/ 名 =felloe.

fel·on /félən/ 名 C〘法〙重罪犯人 (→felony).

fe·lo·ni·ous /fəlóuniəs/ 形〘法〙重罪の.

‡**fel·o·ny** /féləni/ 名 (複 **-nies**) UC〘法〙重罪《殺人, 放火, 強盗など; →misdemeanor》.

fel·spar /félspɑ̀:r/ 名〘主に英〙=feldspar.

felt[1] /felt/ 動 feel の過去形・過去分詞.

felt[2] 名 U フェルト, 毛氈(せん); C フェルト製品;〈形容詞的〉フェルト(製)の. a ~ hat フェルト帽.

félt-tìp 名 C フェルトペン (**fèlt-tip(ped) pén**).

fe·luc·ca /fəlʌ́kə, fe-/ 名 C フェラッカ船《地中海・紅海で用いる快速船; 大三角帆・オールで進む》.

fem. female; feminine.

‡**fe·male** /fí:meil/ 形 ⓒ **1 女性の**; 女性(特有)の, 女性的な; (→feminine 類語). the ~ sex 女性. ~ clothing 婦人服. a ~ doctor=a woman doctor 女医. ~ suffrage 婦人参政権. ~ charm 女性の魅力. **2**〔動植物が〕**雌の**, 雌性の;〘機〙雌の. a ~ bird [flower] 雌鳥[雌花]. a ~ screw 雌ねじ.
── 名 (複 **~s** /-z/) C **1** (**a**) **女性**, 婦人, 《特に統計上のあるいは科学的用語として》. The committee consists of 3 males and 2 ~*s*. その委員会は男性 3 名, 女性 2 名から成る. (**b**)〘しばしば軽蔑・戯〙女. Are you the ~ who's trying to steal my husband? あんたがうちの人を取ろうとしている女でしょう. **2** (動植物の)**雌**.
◇↔male [<ラテン語 *fēmella*「若い女性」; male の連想で綴りが fe*male* に変わった] ▷**~·ness** 名 U 女性であること.

fèmale impérsonator 名 C 女役を演ずる男「優, 女形.

***fem·i·nine** /fémənən/ 形 **1** m **女性の**, 女の, (類語 female と違い, 人間についてのみ用いる; また性別を表すだけではなく, 「女らしさ」の意味を強調することが多い; →womanly). ~ beauty 女性美. ~ readers 女性読者. **2** m **女性的な**, 女らしい; 優しい; 〔男が〕女のような, 女々しい. a ~ voice 女性の(ような)声. ~ virtues 女性(固有)の美徳. have a ~ atmosphere 女性らしい雰囲気がある. **3** ⓒ〘文法〙女性の〔名詞, 形容詞など〕;〘詩〙女性韻 (feminine rhyme) の.
── 名〘文法〙〈the ~〉女性 (**fèminine génder**); C 女性形(の語); 女性名詞《ドイツ語の die *Zeit* (=time), フランス語の la *cause* (=cause) など》.
◇↔masculine [<ラテン語「女性 (*fēmina*)の」]

fèminine rhýme 名 C 女性韻《強勢のある音節に弱音節が続き, 全体が押韻する; 例えば rhyme 名 1 に挙げた詩の morning と warning》.

‡**fem·i·nin·i·ty** /fèmənínəti/ 名 U **1** 女性らしさ; 女っぽさ; 女々しさ; 女性であること. **2**〈集合的〉女性.

***fem·i·nism** /fémənìz(ə)m/ 名 U **男女同権主義**, 女権拡張論[運動], フェミニズム.

***fém·i·nist** 名 (複 **~s** /-ts/) C **男女同権主義者[の運動家]**, フェミニスト. ★「女性に優しい男」(日本語のフェミニスト)という意味はない. ── 形 男女同権主義(者)の.

> 連結 an ardent [an avowed, a committed, a dedicated; a moderate; a militant, a radical; an

active; a prominent] ～

femme /fem/ 名 C 〘米俗〙女; (同性愛の)女役. [フランス語 'woman']

femme fa·tale /fèm-fətǽl, fæ̀m-, -tɑ́ːl/ (複 **femmes fa·tales** /-z, 同/) 妖(よう)婦, 妖艶(ようえん)な女. [フランス語 'fatal woman']

fem·o·ral /fémərəl/ 形 〘解剖〙大腿(たい)骨の.

fe·mur /fíːmər/ 名 (複 **～s, fem·o·ra** /fémərə/) C 〘解剖〙大腿(たい)骨.

FEN Far East Network (米軍極東ラジオ放送網)《今は AFN (American Forces Network)》.

fen /fen/ 名 C 沼沢地, 湿地帯,《特に, イングランド東部の Ouse 川流域のを **the Fens** と言い, これは長年の干拓工事により今は良い農作地帯となった》.

‡fence /fens/ 名 (複 **fénc·es** /-əz/) **1** C **囲い**, 柵(さく), 垣, フェンス; (馬術の)障害物; (類語 fence は木材や金属などで造ったもので, 生け垣は hedge). a barbed-wire ～ 有刺鉄線の柵. a picket ～ 棒ぐいの囲い《棒の先端がとがっている》. a snow ～ 雪囲い. **2** U 剣術, フェンシング; 弁論の巧みさ, 巧みな受け流し. a master of ～ 剣の達人; 巧妙な論客. **3** C 〘話〙盗品売買人, 故買人.

còme dówn on óne side of the fénce or the óther (議論などで)どちらか一方を支持する.

còme dówn on the rìght síde of the fénce 勝ちそうな側に味方する.

mènd (one's) fénces 仲直り[関係修復]をする 〈*with* ..と〉; 〘米〙〔議員が〕選挙区の地盤固めをする.

sìt [be] on the fénce 〘話〙(どっちに付いたら得か)日和見(ひより)する.

── 動 (**fénc·es** /-əz/|過 過分 **～d** /-t/|**fénc·ing**) 他 **1** を柵(さく)[塀など]で囲む, に囲いを巡らす; を柵[塀など]で仕切る[守る]; 〈*about, around, up*〉〈*with* ..で〉. The building was ～*d (about) with* olive trees. 建物はオリーヴの木立に囲まれていた. **2** 〘話〙〔盗品〕を故買人に売る.

── 自 **1** フェンシングをする. **2** 受け流す 〈*with* ..〔議論, 質問など〕を〉, 言い逃れをする 〈*with* ..〔人〕に対して〉. Stop *fencing* (*with* me). のらりくらりとごまかすな. **3** 〘話〙盗品売買を行う.

fènce /../ ín 〔場所, 家畜など〕を囲い込む; 〔人〕を封じ込める, 制御する. She sometimes feels ～*d in* by her infants. 彼女は子供らに縛られているような気がすることがある.

fènce /../ óff (1) ..を(入れないように)柵(さく)[塀など]で仕切る. The pond was ～*d off*. 池には囲いがしてあった. (2) ..を払いのける, 〔質問など〕を受け流す.

[＜中期英語; ＜de*fence*]

fénce·less 形 囲い[フェンス]のない.

fénce-mènding 名 U, 形 関係修復(の); 〘米〙(議員の)地盤固め(の).

fénc·er 名 C フェンシング選手, 剣士.

fénce-sìtter 名 C 日和見(ひより)主義者.

fénce-sìtting 名 U, 形 日和見(の), 模様眺め(の).

†fenc·ing /fénsiŋ/ 名 U **1** フェンシング, 剣術, (★使用する剣は foil², épée, saber). **2** 〈集合的〉囲い, 柵(さく); 柵[塀など]の材料《木材, 金属など》.

‡fend /fend/ 動 他 VOA (～ /X/ *off, away*) X (攻撃, 質問など)をかわす, 防ぐ, 受け流す. ～ *off* a blow 打ってくるのをかわす. ── 自 VA (～ *for onesèlf*) 自活する, 自力でやって行く. [＜中期英語; ＜de*fend*]

†fénd·er 名 C **1** 〘米〙(自動車, 自転車などの)泥よけ, フェンダー, (〘英〙 wing, →bicycle 図, car 図). **2** (暖炉の)前囲い《薪(まき)が転げ出るのを防ぐ》. **3** (機関車, 電車の前面の)排障器; 〘主に米〙(車の)バンパー (bumper). **4** 〘海〙(船の)防舷(げん)材《他船, 桟橋などとの激突を防ぐため船側につるす古タイヤ, ロープ束など》.

fénder bènder 名 C 〘米話〙ささいな自動車事故.

fen·es·tra·tion /fènəstréiʃ(ə)n/ 名 U **1** 〘建〙窓割り《どんな窓をどこに付けるかなど》. **2** 〘医〙開窓術《難聴治療のため聴骨に穴を開けること》.

Fe·ni·an /fíːniən/ 名 C **1** フェニアン《19 世紀にアイルランドの独立を目的としたアイルランド人及びアイルランド系米国人の秘密結社の団員》. **2** (2-3 世紀アイルランドの)フェニア戦士団員.

fen·nel /fén(ə)l/ 名 C ウイキョウ《セリ科の草本》; ウイキョウの種子《芳香があり薬用, 料理用》.

fen·ny /féni/ 形 沼地の; 沼地に生える[住む].

feoff /fef, fiːf/ 名 ＝fief.

fe·ral /fí(ə)rəl/ 形 〘章〙 **1** 野生の(ままの), (いったん飼われた後)野生に戻った. **2** 狂暴な, 野蛮な.

Fer·di·nand /fə́ːrdənæ̀nd|-nənd/ 名 男子の名.

Fer·man·agh /fərmǽnə/ 名 ファマナー《北アイルランド南西部の州》.

†fer·ment /fə́ːrment/ 名 **1** C 酵母, 酵素; U 発酵. **2** aU (沸き返るような)騒ぎ, 興奮, (精神, 社会の)動揺. a developing country in (a) political ～ 政情きわめて不安定な開発途上国.

── /fə(ː)rmént/ 動 他 **1** を発酵させる. **2** 〔興奮など〕を沸き立たせる; を興奮に陥れる, に大騒ぎさせる. ～ a riot 暴動の気運をあおる. ── 自 **1** 発酵する. **2** 大騒ぎする, 沸き返る, 興奮[動揺]する. [＜ラテン語「酵母」(＜*fervēre* 'boil')]

fer·ment·a·ble /fə(ː)rméntəb(ə)l/ 形 発酵性の.

fer·men·ta·tion /fə̀ːrmentéiʃ(ə)n, -men-/ 名 U **1** 発酵(作用). **2** 興奮, 激動; (人心の)動揺.

Fer·mi /fə́ːrmi/ 名 **Enrico** ～ フェルミ (1901-54)《イタリア生まれのアメリカで活躍した核物理学者; ノーベル物理学賞受賞 (1938)》.

fer·mi·um /féərmiəm, fə́ːr-/ 名 U フェルミウム《放射性元素; 記号 Fm; ＜発見者 Enrico *Fermi*》.

†fern /fəːrn/ 名 UC 〘植〙シダ(類). [＜古期英語]

fern·er·y /fə́ːrnəri/ 名 (複 **-ries**) C シダの群生[栽培]地; シダの群生.

fern·y /fə́ːrni/ 形 e シダの茂った; シダのような.

†fe·ro·cious /fəróuʃəs/ 形 **1** 獰(どう)猛な, 凶暴な, 残忍な. **2** 〘話〙猛烈な, 激しい, ひどい. a ～ thirst [cold wave] ひどい渇き[寒波]. [＜ラテン語 *ferōx*「大胆な」] ▷ **～·ly** 副 **～·ness** 名

‡fe·roc·i·ty /fərɑ́səti|-rɔ́s-/ 名 (複 **-ties**) **1** U 獰(どう)猛さ, 残忍性. **2** C 狂暴な行為.

‡fer·ret /férət/ 名 C 〘動〙シロイタチ《ネズミ退治, ウサギ狩りなどに使う》. ── 動 他 **1** 〔ウサギなど〕をシロイタチを使って狩り出す 〈*out*〉. **2** 〘話〙〔犯人など〕を捜し出す, 〔秘密など〕を暴き出す, 〈*out*〉. ── 自 **1** シロイタチを使って狩りをする. go ～*ing* シロイタチの狩りに行く. **2** VA 〘話〙捜し回る 〈*about, around*〉〈*for* ..を〉. ～ (*about* [*around*]) *for* missing papers なくなった書類を捜し回る. [＜ラテン語「小さな泥棒 (*fūr*)」]

fer·ric /férik/ 形 **1** ＝ferrous. **2** 〘化〙第二鉄の. ～ oxide 酸化第二鉄《染料, 研磨剤》.

Fér·ris whèel /férəs-/ 名 C (遊園地の)大観覧車《＜発明者 G.W.G. *Ferris*》.

fer·rite /férait/ 名 UC 〘化〙フェライト, 亜鉄酸塩.

fer·ro- /férou/ 〈複合要素〉「鉄の」の意味を表す. [ラテン語 *ferrum* 'iron']

fèrro·cóncrete 名 U 鉄筋コンクリート.

fèrro-magnétic 形 〘物理〙強磁性の.

fèrro-mágnetism 名 U 〘物理〙強磁性.

férro·tỳpe /férə-/ 〘写〙名 U フェロタイプ《印画紙のつや出し仕上げ》; C つや出しした写真. ── 動 他 をつや出し仕上げする.

fer·rous /férəs/ 形 **1** 鉄の, 鉄分を含む. ～ [non ～] metals 鉄[非鉄]金属. **2** 〘化〙第一鉄の.

F

fer·rule /férəl, -ru:l/ 名 C (ステッキ, こうもり傘などの)石突き, (のみの柄などの)金(かな)輪; (鉄管などの接合部を補強する)はばき金(がね); (ボイラー管の)口輪.
── 動 他 〔ステッキなど〕に石突きを付ける.

‡fer·ry /féri/ 名 (複 **-ries** /-z/) C **1 渡し船**, 連絡船, フェリー(ボート). **2 渡し場**, 渡船場. **3** (新造の飛行機の)自力現場輸送.
── 動 (**-ries**|過 過分 **-ried**|**~·ing**) 他 **1** 〔乗客, 自動車など〕を船で渡す; 〔人や貨物〕を船[飛行機, 自動車など]で運ぶ; 〔新造の飛行機〕を就航地へ自力輸送する. A school bus *ferries* students between the station and the campus. スクールバスが学生を駅から大学構内まで運ぶ. **2** 〔川など〕を渡し船で渡る.
── 自 渡し船で川などを渡る. [<古期英語「運ぶ」]

†férry·bòat 名 =ferry 名 1.

férry·man /-mən/ 名 (複 **-men** /-mən/) C 渡し守り, フェリーの乗組員; 渡船業者, フェリーの船主.

‡fer·tile /fə́:rt(ə)l|-tail/ 形 m **1** 〔土地が〕**肥沃(よく)**な, 肥えた; 多く産する 〈*of* ..を〉; 豊穣(じょう)をもたらす. ~ rain 実りをもたらす雨. a ~ writer 多作な作家. The district is ~ *of* oranges. その地方はオレンジがたくさんできる. **2** 生殖[繁殖, 結実]力のある; 〖生物〗〔卵子などが〕受精した. ~ seeds 繁殖力の強い種. **3** 〔人, 心が〕富んだ 〈*in* ..〔創造力など〕に〉, 豊かな. a mind ~ *in* wit 機知に富んだ心. She has a ~ imagination. 彼女は想像力が豊かだ. ◇↔barren, sterile [<ラテン語「実り多い」(<*ferre* 'bear[1]')]

Fèrtile Créscent 名 〈the ~〉 肥沃な三日月地帯《地中海東岸からペルシア湾北岸に及ぶ古代文明発祥の地》.

†fer·til·i·ty /fə:rtíləti/ 名 U 肥沃(よく)さ; 多産; (創造力などの)豊かさ; 〖生物〗 生殖力; 出生率 (birthrate; ↔ mortality).

fèr·til·i·zá·tion 名 U 肥沃(よく)化; 施肥; 〖生物〗 受精[受胎](作用).

†fer·ti·lize /fə́:rtəlàiz/ 動 他 **1** 〔土地〕を肥やす; に肥料を施す. **2** 〖生物〗 を受精[受胎]させる. **3** 〔精神など〕を豊かにする.

†fér·ti·liz·er 名 **1** UC 肥料 《主として化学[無機]肥料; →manure》. **2** C 受精[授粉]媒介者[物] 《ハチなど》.

fer·ule /férəl|-ru:l/ 名 C 木べら《昔, 教師が体罰として生徒の手のひらを打つのに用いた物差し状のもの; 厳しい教育のシンボル》. ── 動 他 をむちなどで懲らす.

fer·ven·cy /fə́:rvənsi/ 名 U 熱烈(さ), 熱情.

‡fer·vent /fə́:rvənt/ 形 **1** 熱烈な, 熱心な, (類語 ardent に近いが, しばしば内に秘められた熱情を表す; → eager). a ~ desire [admirer] 強烈な欲望[賛美者]. **2** 〖古・詩〗 熱い, 白熱した. ▷ **~·ly** 副 熱烈に.

fer·vid /fə́:rvəd/ 形 〖章〗 熱烈な, 熱情的な, (類語 fervent より形式ばった語; →eager). ▷ **~·ly** 副 熱烈に.

†fer·vor 〖米〗, **-vour** 〖英〗 /fə́:rvər/ 名 U 〖章〗 熱情, 熱烈(さ); 白熱(状態). religious ~ 宗教的熱情. [<ラテン語「沸騰」]

fess /fes/ 動 自 〖米話〗 〈普通 ~ up として〉 = confess.

-fest /fest/ 〈複合要素〉 〖米話〗「集まり, 祭など」の意味を表す. song*fest*. [<ドイツ語 *Fest* 'feast']

fes·tal /féstl/ 形 〖章〗 **1** 休日の, 祭日の; 祝祭の. **2** 陽気な, 楽しい. ▷ **~·ly** 副

fes·ter /féstər/ 動 自 **1** 〔傷口などが〕うむ, ただれる; 腐敗する. **2** 〔感情などが〕うずく, 後まで残る. His insults ~*ed* in my mind. 彼の侮辱的な言葉は私の心に後まで残った. ── 他 をうませる, ただれさせる; をうずかせる.
── 名 C ただれ, 潰瘍(かいよう).

‡fes·ti·val /féstəv(ə)l/ 名 (複 **~s** /-z/) **1** C **祝日**, **祭日**; (定期的な)**祝祭**, 祝典, 記念祭. church ~*s* 教会の祝日《Christmas や Easter など》. hold a ~ 祝祭[祝宴]を催す. **2** C 〈しばしば F-〉 (定期的に開かれる)文化的催し, フェスティヴァル, ..祭. a music ~ 音楽祭. a *Festival* of Roses バラ祭り. **3** UC (祝祭の)祝宴, お祭り騒ぎ, (festivity). [festive, -al]

Fèstival Háll 名 〈the ~〉 フェスティヴァルホール《ロンドンの Thames 川南岸にあるコンサートホール; 正式名は **the Ròyal Fèstival Háll**》.

‡fes·tive /féstiv/ 形 **1** 祝祭の; 祝宴の. a ~ occasion めでたい日《誕生日など》. a ~ season めでたい季節《特に Christmas》. **2** 陽気な. in a ~ mood お祭り気分で. [<ラテン語「楽しい」(<*festa* 'feast')] ▷ **~·ly** 副 お祭り気分で, 陽気に.

‡fes·tiv·i·ty /festívəti/ 名 (複 **-ties**) **1** U 祝賀, お祭り気分. **2** C 〈-ties〉 お祭り騒ぎ, 祝いの行事. the Christmas *festivities* クリスマスの祝い. join in the *festivities* 祝いの行事に参加する.

fes·toon /festú:n/ 名 C 花綱《花, 葉, リボンなどを半円状に長く連ねて両端で留めた装飾》; 花綱飾り《家具, 陶器などの意匠》. ── 動 他 を花綱に作る; VOA (~ X *with* ..) X を..で花綱飾りにする. ~ the walls *with* paper flowers 壁を紙の花綱で飾る.

Fest·schrift /féstʃrift/ 名 (複 **~·en** /-ən/, **~s**) C (同僚, 弟子などによる)献呈記念論文集. [ドイツ語 'celebration writing']

fet·a /fétə/ 名 U フェタチーズ《羊又はヤギの乳より作る》.

fe·tal /fí:tl/ 形 胎児の (→fetus). a ~ position (背を丸めた)胎児の姿勢.

‡fetch[1] /fetʃ/ 動 (**fétch·es** /-əz/|過 過分 **~ed** /-t/|**fétch·ing**) 他 【持ってくる】 **1** (**a**) (行って)**を取って来る**, 連れて来る, 呼んで来る, 〈*from* ..から〉; VOO (~ X Y)・VOA (~ Y *for* X) X に Y を取ってきてやる; (語法 本来 fetch だけで go and get [bring] の意味であるが, 〖話〗では go and fetch と言うこともある; →bring). (go and) ~ a doctor 医者を呼んで来る. Please ~ me a piece of paper. = Please ~ a piece of paper *for* me. 紙を 1 枚持って来てください. Please ~ the clothes in. 洗濯物を取り込んで来て下さい. (**b**) を取りに[連れに, 呼びに]来る (★come and get [take] の意味). The child waited for her mother to ~ her. 女の子は母親が連れに来るのを待った.
2 【利益をもたらす】 〖話〗 〔商品が, ..の値〕で売れる; VOO (~ X Y) X に Y の収入をもたらす. ~ a good price よい値で売れる. His ideas never ~*ed* him a nickel. 彼の思いつきは一文にもなったことはない.
3 〖話〗 VOO (~ X Y) X (人)に Y (一撃など)を食らわす, かませる. She ~*ed* him a clout [slap] on the cheek. 彼女は彼の横つらを 1 発張った.
【持ってくる>引き出す】 **4** 〖旧〗 〔涙, 笑いなど〕を引き出す, 誘う, 〈*from* ..から〉. The pitiful tale ~*ed* tears ⌊*from* the girl [*to* her eyes]. その哀れな話を聞いて少女は涙を浮かべた. ~ a pump (呼び水をして)ポンプから水を出す. ~ out colors (磨いて)色を出す.
5 〖旧〗 〔うめき声, ため息など〕を発する, もらす. ~ a deep sigh of relief 深い安堵(ど)のため息をつく.
6 【関心を引き出す】 〖話〗 〔人〕を魅了する, ひきつける.
【苦労して持ってくる>たどり着く】 **7** 〔船が〕(風や潮流に逆らって)に到着する.
── 自 **1** (行って)ものを取って来る; 〔猟犬が〕獲物を取って来る. **2** VA 〔船が〕(..へ)進む, 針路を取る[転じる].

fètch and cárry 使い走りをする, 雑用をする, 〈*for* ..〔人〕のために〉.

fètch úp (1) 〖話〗 (意外にも)..に到着する, 終わる 〈*at*, *in*〉. ~ *up in* jail 最後は刑務所入りとなる. (2) 〖海〗 〔船が〕(座礁などして)急に止まる. (3) 〖英話〗 食べものを吐

く, もどす.
fètch /../ úp 〘英話〙〔食べたもの〕を吐く, もどす.
── [名][C] **1** 取って[連れて]来ること. **2** 策略, 計略.
[＜古期英語]
fetch² [名][C] 生き霊.
fétch·ing [形] 〘旧話〙(よく似合って)〔人や衣装が〕かわいらしい (charming). That's a ~ dress you're wearing. なんてお似合いの服をお召しだこと. ▷**~·ly** [副]
‡**fete, fête** /feit/ [名][C] **1** 祝祭, 祭り; 祭日. **2** (特に戸外で募金のためなどに催す)祝宴, 饗(きょう)宴. ── [動][他] 〈普通 be ~d〉〔人〕のために宴を設けて祝う. [フランス語 'feast']
fe·ti·cide /fíːtəsàid/ [名][U] 胎児殺し; 中絶.
fet·id /fétəd, fíːt-/ [形] 〘章〙悪臭を放つ, 臭い.
‡**fet·ish** /fétiʃ, fíːt-/ [名][C] **1** 呪物(じゅぶつ), 物神(ぶっしん), 《魔力を持つとして未開人が神聖視する木片, 動物など》. **2** 盲目的崇拝の対象. make a ~ of sports [a new fur coat] スポーツを万能視[新しい毛皮のコートを後生(ごしょう)大事に]する. **3** 〘心〙フェティッシュ《フェティシズムの対象となる異常に性的興奮をもたらす物[事]; 異性の下着, 毛髪など》.
[＜ポルトガル語「魔術」(＜ラテン語「人工の」)]
fét·ish·ìsm [名][U] **1** 呪物(じゅぶつ)崇拝, 物神(ぶっしん)信仰; 盲目的崇拝. **2** 〘心〙フェティシズム, 拝物性愛, (→fetish 3).
fét·ish·ist [名][C] 物神崇拝者. ▷**fèt·i·shís·tic** [形]
fet·lock /fétlɑ̀k|-lɔ̀k/ [名][C] (馬の)けづめ毛《ひづめの上方後部の》; 球節《けづめ毛の生える部分》.
‡**fet·ter** /fétər/ [名][C] **1** 〈普通 ~s〉(罪人の足にはめる)足枷(かせ), 足鎖, (→manacle). **2** 〈~s〉束縛, 拘束(物).
in fétters 足枷をかけられて; 束縛されて.
── [動][他] に足枷をかける; を束縛[拘束]する. *~ed* by tradition 因襲に縛られて. [＜古期英語; foot と同根]
fet·tle /fétl/ [名][U] 〘話〙(心身の)調子[状態].
in gòod [fíne] féttle 元気いっぱいで.
†**fe·tus** /fíːtəs/ [名][C] 胎児《人間では受精後 3 か月間を embryo, それ以後が fetus》. [ラテン語「妊娠」]
‡**feud**¹ /fjuːd/ [名] **1** [UC] (長期にわたる 2 つの部族, 家族間の)宿怨(えん), 確執; (長期間の)不和, 反目. a long-standing ~ between the two families 両家間の長年の不和. **2** [C] 口論, いさかい.
at féud with .. ..と不和で, 反目して.
── [動][自] 争う, 反目する 〈*with* ..と/*over* ..のことで〉. [＜古期高地ドイツ語「敵意」]
feud² [名] ＝fief.
***feu·dal** /fjúːdl/ [形][C] (★3 は [m]) **1** **封建制の**. the ~ system [age] 封建制度[時代]. **2** 領地の, 封土の. **3** 〔態度, 対人関係などが〕封建的な. [＜中世ラテン語「封土(*feudum*)の」]
†**feu·dal·ism** /fjúːd(ə)lìz(ə)m/ [名][U] 封建制度 (feudal system); 封建主義.
feu·dal·is·tic /fjùːd(ə)lístik [移]/ [形] 封建制度の, 封建主義の; 封建的な.
feu·dal·i·ty /fjuːdǽləti/ [名] **1** [U] 封建制度. **2** [C]↑「領土, 封土.
feu·da·to·ry /fjúːdətɔ̀ːri|-t(ə)ri/ [形] 仕えている 〈*to* ..〔領主〕に〉; 封土を受けている.
── [名] ([複] **-ries**) [C] **1** (領主の)家臣. **2** 領土, 封土.
‡**fe·ver** /fíːvər/ [名] **1** [aU] (平常の体温より高い)**熱**, 発熱. run [have] a ~ 熱を出す[がある]. have a slight ~ 微熱がある. ~ heat (37℃を越す病的な)熱.

> [連結] a high [a hectic; an intermittent; a recurrent; a chronic] ~ // develop [bring down, relieve] a ~

2 [U] **熱病**. scarlet [typhoid, yellow] ~ 猩(しょう)紅熱[腸チフス, 黄熱病].
3 [aU] **熱狂**, 興奮. in a ~ of excitement (熱に浮かされたように)興奮して. He seems to have a gambling ~. 彼はギャンブル熱にかかったみたいだ.
at [to] féver pìtch [pòint, hèat] 〔群衆などが〕異常に熱狂して[熱狂するほど]. [＜ラテン語 *febris*「熱」]
féver blìster [sòre] [名] 〘米〙＝cold sore.
fé·vered [形] 〈限定〉〘章〙 **1** 熱のある, 発熱した. **2** 熱狂した, 興奮した. a ~ imagination 妄想. **3** 強烈な, 異常な.
***fe·ver·ish** /fíːv(ə)riʃ/ [形][m] **1** (微)**熱のある**, 熱っぽい. Your face looks ~. あなたは熱がありそうな顔色だ. **2** 熱に浮かされたような, **熱狂した**, 無我夢中の. a ~ endeavor 熱烈な努力. ~ plans for escape 懸命な脱出計画. **3** 熱病の, 熱による. have a ~ dream 熱に浮かされて夢を見る. **4** 〔土地, 気候などが〕熱病を起こしやすい. ▷**~·ly** [副] 熱に浮かされたように, 無我夢中で〔働くなど〕. **~·ness** [名]
‡**few** /fjuː/ [形] [e] (**féw·er**|**féw·est**)

> [語法] (1) 複数形の名詞とともに用いて「数」を表す; →little 7,8,9; 本来 fewer を用いるべき場合に,〘話〙では less にすることがある:There were *less* people at the rally than I expected. (大会に集まった人は思ったより少なかった). (2) 不定冠詞が付けば「少しはある」という肯定的意味, 無冠詞の時は「少ししかない」という否定的意味になる; いずれの場合も実際には「少数」を表すが, それを肯定的にとらえるか否定的にとらえるかは話し手の見方の違いによる.

1 [C] 〈a ~〉 **少数の**, 2,3 の, 少しはある, 〈肯定的用法〉(↔none; →several [類語]). I have *a* ~ friends in England. 僕は英国に友人が少しはある. *a* ~ days after his arrival 彼の到着の 2,3 日後. one of *the* ~ books he has written 彼が書いた数少ない本の 1 つ (★特定の物事や人を指す場合は a が the や one's に変わる).
2 〈a を付けないで〉 **少ししかない**, ほとんどない, 〈否定的用法〉(↔many). I have ~ friends. 僕は友人がほとんどいない[少ししかいない]. a man of ~ words 言葉数の少ない男. Very ~ people know it. この事を知っている人はごく少ない. The passengers were *~er* than usual. 乗客はふだんより少なかった. precious ~ (..) →precious [副].
a gòod [〘英〙 fàir] féw ＝quite a FEW.
as féw as .. ..しか《数の少ないことを強調する》. He hit *as* ~ *as* seven home runs last year. 彼は昨年ホームランを 7 本しか打たなかった.
èvery fèw [mínutes, hóurs, dáys, etc.] 2,3 〔分, 時間, 日など〕ごとに. *every* ~ hundred yards 数百ヤードごとに.
(fèw and) fár betwéen ごくたまにしかない, 永い間(ま)をおいて起こる. Such kind people are ~ *and far between*. そんな親切な人々はめったにいないものだ.
fèw or nó あるかないかの, ほとんど無に等しい.
nò féwer than .. ..(ほど)も《数が思ったより多いことを強調する; →not FEWer than ..》. *No ~er than* fifty students were present. 50 人もの学生が出席した.
****nòt a féw*** 〘章〙**少なからぬ**, かなり多くの. make *not a* ~ mistakes 少なからぬ誤りを犯す.
nòt féwer than .. ..より少なくはない, 少なくとも..だけの (at least), (→no FEWer than ..). *Not ~er than* fifty students were present. 少なくとも 50 人の学生が出席した.
ònly a féw ほんの少しだけの, ごくわずかな, (few). We have *only a* ~ minutes left. 我々に残り時間は数分しかない.
****quìte a féw*** かなりたくさんの (★quite *few* は「非常に少ない」). *Quite a* ~ houses were burnt down. かなりたくさんの家が全焼した.
sòme féw →some.

F

── 代 〈複数扱い〉 **1 少数**, 少数の人[物], (語法 不定冠詞の有無による意味の違いは 形 の場合と同じ). We expected many visitors, but ～ [only *a* ～] came. たくさん来ると思ったが少数の人しか来なかった. We didn't expect any visitors, but *a* ～ came. だれも来ないと思ったが何人か来た. *Few* [Not *a* ～] of the crew survived. 乗員中で生存者は少数しかいなかった[少なからずいた].
2 〈the ～〉 少数者, 少数の限られた人々[特権階級], (↔the many); 〖英〗〈the F-〉 the Battle of Britain に参加した英空軍(のパイロット). one of the chosen ～ 選ばれた少数者の 1 人.
3 〈a ～; 副詞的〉 少々. *a* ～ too many mistakes やや多過ぎる誤り.
have hàd a féw (tòo mány) 〖話〗 酔うほど飲んでいる, いささか聞こしめしている.
in féw 〖古〗 二言三言で, 手短かに.
quìte a féw かなりたくさん(の人[物]). *Quite a* ～ (of them) agreed. (彼らのうち)かなりの人たちが同意した.
sòme féw →some.
to nàme (but) a féw →name 動.
Wín a fèw, lóse a fèw. (人生)成功する[勝つ]ときもあれば, 失敗する[負ける]ときもある. [＜古期英語]

féw·ness 名 U 少ないこと, わずか.

fey /fei/ 形 **1** 〖軽蔑〗 〔人, 行動が〕夢想的な, 現実離れした. **2** 将来を見通せる, 千里眼の. **3** 〖スコ〗 死にかけている, 死ぬ運命の; 災難を予測できる. ▷ **～·ness** 名

fez /fez/ (複 **～·(z)es**) C トルコ帽 《フェルト製; 普通, 赤色で黒ふさ付き; 昔トルコで, 今はエジプトなど北アフリカ諸国で着用; ＜モロッコの都市 Fez》.

[fez]

ff 〖楽〗 fortissimo.

ff. and the following (pages, sections, *etc.*) (★see p.39ff. (39 頁以下を見よ)のように用いる); folios.

FG Federal Government; 〖英〗 Foot Guards.

†**fi·an·cé** /fìːɑːnséi|fiɑ́ːnsei/ 名 C (女性から見た)婚約者. [フランス語 'betrothed']

†**fi·an·cée** /fìːɑːnséi|fiɑ́ːnsei/ 名 C (男性から見た)婚約者. [フランス語(fiancé の女性形)]

‡**fi·as·co** /fiǽskou/ 名 (複 〖米〗 ～(e)s, 〖英〗 ～s) UC (物笑いになるような)大失敗, 散々なしくじり. [イタリア語 *far asco*「びんを作る」(「演技などに失敗する」の意の成句)]

fi·at /fáiæt, fíːæt/ 名 C 〖章〗 (権威者からの)命令; 認可. [ラテン語 'let it be done']

fíat mòney 名 U 〖米〗 法定不換紙幣 《現在一般に各国で通用している種のもの》.

fib /fib/ 名 C 〖話〗 (罪のない軽い)うそ (→lie 類語).
── 動 自 (～s|-bb-) ちょっとしたうそをつく.
▷ **fíb·ber** 名 C うそつき.

*__fi·ber__ 〖米〗, **-bre** 〖英〗 /fáibər/ 名 (複 **～s** /-z/) **1** C (動植物・鉱物の)**繊維**(の 1 本); U 繊維質, 繊維組織; 食物繊維. nerve ～*s* 神経繊維. take plenty of ～ in one's diet 食事に食物繊維を多く食べる.
2 UC (織物の材料としての)**繊維**; U (布の)生地. cotton ～ 綿繊維. synthetic ～ 合成繊維.
3 U 〖章〗 (人の)性質, 素質; 性格の強さ. men of weak moral ～ 精神力の弱い人. a man of coarse [fine] ～ 粗野[繊細]な性質の持ち主.
with èvery [to the vèry] fíber of *one's* ***béing*** 〖雅〗 心の底から, 衷心(ちゅうしん)から, 〔欲する, 感ずるなど〕.
[＜ラテン語 *fibra*「繊維」]

fíber·bòard 〖米〗, **-bre-** 〖英〗 名 U 繊維板 《新建材の一種》.

fíber·glàss 〖米〗, **-bre-** 〖英〗 名 U 繊維ガラス, グラスファイバー, 《ガラス繊維と樹脂から作る; 保温材や車, ボートなどの車体用》.

fìber óptics 名 U **1** 〈単数扱い〉 ファイバー光学 《光ファイバー (optical fiber) による情報伝達の研究》; 光ファイバーの利用[使用]. **2** 〈複数扱い〉 (内視鏡などに用いられる)光ファイバー(の束).

fíber·scòpe 〖米〗, **-bre-** 〖英〗 名 C ファイバースコープ 《optical fiber を利用する各種の内視鏡》.

fi·bre /fáibər/ 名 〖英〗 ＝fiber.

fi·bril /fáibrəl/ 名 C 微小繊維; 〖植〗 ひげ根.

fi·brin /fáibrən/ 名 U 〖生理〗 フィブリン 《凝血の際に作られる繊維状の蛋(たん)白質》.

fi·broid /fáibrɔid/ 形 繊維からなる; 繊維状の. ── 名 C 〈普通 ～s〉 〖医〗 子宮筋腫 (uterine ～).

fi·bro·sis /faibróusəs/ 名 U 〖医〗 線維症.

fi·bro·si·tis /fàibrəsáitəs/ 名 U 〖医〗 結合組織炎.

fi·brous /fáibrəs/ 形 繊維の, 繊維状[質]の.

fib·u·la /fíbjələ/ 名 (複 **fib·u·lae** /-liː/, **～s**) C **1** 〖解剖〗 腓(ひ)骨. **2** (古代ギリシア・ローマの衣服の)装飾留めピン.

-fic /fik/ 接尾 「..にする; ..化する」の意味の形容詞を作る. terri*fic*. honori*fic*. [ラテン語 (＜*facere* 'make')]

FICA /fáikə/ 〖米〗 Federal Insurance Contributions Act (連邦保険掛金法) 《社会保険のための給料天引を規定する》.

-fi·ca·tion /fəkéiʃ(ə)n/ 接尾 -fy で終わる動詞の -fy と置き換えて「..化(すること)」の意味の名詞を作る. identi*fication*. classi*fication*. [ラテン語; -fy, -ation]

fiche /fiːʃ, fiʃ/ 名 ＝microfiche.

Fich·te /fíçtə, fík-/ 名 **Johann Gottlieb ～** フィヒテ (1762–1814) 《ドイツの観念論哲学者》.

fich·u /fíʃuː|fíː-/ 名 C フィシュー 《モスリン, レースなどの三角形の女性用肩掛け》.

‡**fick·le** /fík(ə)l/ 形 〔天気などが〕変わりやすい; 〔人が〕気まぐれな, 移り気な. a ～ girl 移り気な娘. [＜古期英語「だます」] ▷ **～·ness** 名

‡**fic·tion** /fíkʃ(ə)n/ 名 (複 **～s** /-z/) **1** U (文芸の一部門としての)**小説**, 創作; C (個々の)小説, 物語; (↔nonfiction) (参考 fiction は散文の創作 (short story, novel, romance など) の総称). a writer of ～ 小説家. a (work of) ～ (一編の)小説. Fact [Truth] is stranger than ～. 〖諺〗 事実は小説(＝作り事)より奇なり.
2 UC **作り事**, 作り話, 虚構, (↔fact). a polite ～ 社交辞令. A ghost is a ～ of the mind. 幽霊は心が作り出すものだ. **3** C 〖法〗 擬制 《本質の異なるものに同じ法的効果を与えること; corporation (法人)を person (人)とみなすなど》.
[＜ラテン語「作り上げられたもの」(＜*fingere* 'contrive')]

†**fic·tion·al** /fíkʃ(ə)nəl/ 形 **1** 作り事の. **2** 小説の; 物語的な. ▷ **～·ly** 副

fíc·tion·al·ìze 動 他 〔歴史上の事実など〕を物語[小説]化する. ▷ **fìc·tion·al·i·zá·tion** 名

‡**fic·ti·tious** /fiktíʃəs/ 形 **1** 実在しない, 架空の, 想像上の. a ～ kingdom 架空の王国. **2** にせの, 偽りの. a ～ report 虚偽の報告. under a ～ name 偽名を用いて. **3** 〖法〗 擬制の. ▷ **～·ly** 副 **～·ness** 名

†**fid·dle** /fídl/ 名 C 〖話〗 **1** 〈ふざけて〉 ヴァイオリン (violin). **2** 〖主に英〗 詐欺, ごまかし, ぺてん. tax ～*s* 脱税. be on the ～ 不正[不正直]なことをして(金もうけをして)いる. **3** 〈単数のみ〉 〖主に英〗 (指先を細かく使う)面倒な仕事. It's a bit of a ～ for old people to thread a needle. 老人は針に糸を通すのに苦労する.
a fáce as lòng as a fíddle 〖戯〗 情けなさそうな顔 (→long face).
(as) fìt as a fíddle すごく元気で, ぴんぴんして.

plày sècond fíddle 脇(わき)役を務める, 下の役をする, 〈*to* ..の〉,《<第2ヴァイオリンを弾く》. I'm tired of *playing second* ～ *to* that man. あの男の脇役を務めるのはもううんざりだ.

―― 動 自 **1**〖話〗ヴァイオリンを弾く. **2** 手遊(すさ)びをする《退屈した子供などが無意識に指先をもぞもぞさせる》. **3** (指で)いじくる, もてあそぶ; (機械など)をいじる《修理, 調整などのため》; (出来上がっているもの)をいじくり回す, に手を加える; (他人の物など)を勝手にいじる; 〈*about, around*〉〈*with* ..を〉. Stop *fiddling* (*with* your hair)! (髪の毛を)いじくるのはよしなさい. I like *fiddling* (*about*) *with* old clocks. 私は古時計をいじって再生させるのが好きだ. **4** VA (～ ***around, about***)〖英〗ぶらぶら[のらくら]過ごす.

―― 他 **1**〖話〗〔曲〕をヴァイオリンで弾く. **2**〔時間〕を無駄に過ごす〈*away*〉. ～ the evening *away* ぶらぶらして夜の時間を過ごす. **3**〖話〗〔数字, 帳簿など〕をごまかす, (不正)操作する.

fíddle while Ròme búrns 大事をよそに安逸に過ごす《ローマの街が燃えるのを楽しんだとされる Nero の故事から》. [<古期英語]

fid·dle-de(e)-dee /fìdldidíː/ 間〖まれ〗ばかばかしい, くだらん.

fid·dle-fad·dle /fídlfæ̀dl/〖旧話〗名 U ばからしいこと. ―― 間 ばかな, くだらない.

fíd·dler 名 C〖話〗**1** ヴァイオリン弾き. **2** ぺてん師.

fíddler cràb 名 C〖動〗シオマネキ《スナガニの一種》.

fíddle·stìck 名 C ヴァイオリンの弓. ―― 〈～s〉 間〖旧話〗ばかな, くだらん.

fíd·dling 形〖話〗〈限定〉くだらない; ちっぽけな.

fid·dly /fídli/ 形〖英話〗〔仕事, 物などが〕(こまごまとして)扱いにくい, 厄介な.

‡**fi·del·i·ty** /fidéləti, fai-/ 名 U **1** 忠実さ, 誠実, 忠義; 貞節, 節操; 〈*to* ..に対する〉(類語 厳格な義務感に重点がある; →loyalty). ～ *to* one's friends 友人に対する信義. **2** 忠実さ〈*to* ..〔事実など〕に対する〉; 正確さ, 真に迫ること. with strict ～ *to* historical facts 忠実に史実にのっとって. **3**〖通信〗(再生音声, 映像の)忠実度 (→hi-fi). [<ラテン語「忠実」(<*fidēs* 'faith')]

fidg·et /fídʒət/ 動 自 **1** (気が落ち着かないで)そわそわする, いらいらする, もじもじする, 〈*around, about*〉. maintain a ～*ing* silence そわそわしながら無言でいる. **2** いじくり回す〈*with* ..を〉. Stop ～*ing with* your knife and fork. ナイフとフォークをいじり回すのはやめなさい.

―― 他 をそわそわさせる, やきもきさせる.

―― 名 C〖話〗**1**〈しばしば the ～s〉そわそわ[もじもじ]すること, 落ち着きのなさ. in a ～ そわそわして. have [get] the ～*s* そわそわする. **2** 落ち着きのない人[子].

fidg·et·y /fídʒəti/ 形〖話〗そわそわ[もじもじ]する, 落ち着きのない.

Fi·do /fáidou/ 名 ファイドー《犬の名; 昔流行した》.

fi·du·ci·ar·y /fid(j)úːʃièri|-ʃ(i)əri/ 形 **1** 信託[信用]を受けた; 信託[信用]した. **2** 受託者の. **3**〔紙幣などが〕信用発行の. ―― 名 (複 **-ries**) C 受託者.

fie /fai/ 間〖古・戯〗これ, なんですか,《軽くたしなめたり非難したりする時に用いる》. *Fie*, for shame! これ, みっともないよ《子供をしかる時など》. *Fie* (up)on you! あら, いやだね(おまえったら).

fief /fiːf/ 名 (複 **～s**) C (封建制の)封土, 領地.

‡**field** /fiːld/ 名 (複 **～s** /-dz/) C

【広大な土地】 **1** (立ち木のない)**野原**. an open ～ 広々とした野原. ～ flowers 野の花. **2** (雪, 氷などの)広々とした一面の広がり, (..の)原, 〈*of*; また複合語で〉. a ～ *of* snow [a snow ～] 雪原. the ～*s of* air 大空.

【用途のある広い土地】 **3** (普通, 生け垣, 溝などで囲んだ)**畑**, 田; 牧草地, 草原; 〈～s; 一般に〉田畑, 田園; (類語 区画された田畑; →farm). a ～ of barley [a barley ～] 大麦畑. work out in the ～*s* 野良仕事をする.

> 連結 a green [a grassy; a stubby; a fallow; a barren; a rolling] ～ // cultivate [plow, till; plant, sow] a ～

4〈普通, 複合語で〉(天然資源の)埋蔵地, 産出地. an oil ～ 油田. a gold ～ 金鉱.

5〈普通, 複合語で〉用地, ..場. a flying ～ 飛行場. a ～ ground 訓練場.

6 (旗などの)地(じ)《柄(がら)に対して》, 地色.

【活動の場】 **7 試合場**. a football [baseball] ～ フットボール競技場[野球場].

8 (陸上競技の)競技場, フィールド, 《track の内側》; 〈the ～; 集合的〉フィールド競技.

9〖野球〗〈the ～〉〈広義に〉内外野《infield と outfield》, 〈狭義に〉外野;〖野球・クリケット〗〈the ～; 単数形で複数扱いもある〉守備側. the team in the ～ 守備側のチーム. take to the ～ 守備につく.

10〈the ～; 単数形で複数扱いもある〉競技参加者全員, 全出走馬; 優勝候補以外の⌞出場者全員[全出走馬]. lead [be ahead of] the ～ 先頭を切る. finish ten yards ahead of the ～ 2着以下に10ヤードの差をつけてゴールインする.

11 (a)〈the ～〉現場, 実地の場, (→in the FIELD (3)). **(b)**〈形容詞的〉現場の, 実地の. a ～ study 実地研究. →field test.

12 戦場, 戦地, (battlefield); 戦闘. win [lose] the ～ 戦いに勝つ[敗れる]. fall in the ～ 戦死する. take to the ～ 出陣する.

【活動のおよぶ範囲】 **13** (研究, 活動, 取引などの)**領域**, 分野, 方面. American history ⌞isn't [is outside] my ～. 米国史は私の専門ではない. open up a new ～ for journalism 報道界に新生面を開く.

14 (望遠鏡, カメラなどの)視界, 視野. the ～ of vision 視界, 視野.

15〖物理〗場(ば). a magnetic ～ 磁場, 磁界. the ～ of force 力の場.

16〖電算〗欄, フィールド,《特定分野の情報に当てられるスペース》; カードフィールド《パンチカードの一連の桁》.

hòld [***kèep***] ***the fíeld*** 陣地を固守する, (戦闘, 試合などで)一歩も引かない; 優勢を保つ; 〈*against* ..に対して〉.

in the fíeld (1) 出征[従軍]中で, 戦場で. (2) 競技に参加して; 守備について. (3) 現地で, 現場で; 実地に. test a product *in the* ～ 製品を実地に試験する.

plày the fíeld (1) いろいろな仕事に手を出す. (2)〖主に米話〗いろんな相手と交際する.

tàke the fíeld 戦闘[競技]を開始する.

―― 動 他 **1**〔野手が〕〔打球〕をさばく; 〔質問など〕をうまくさばく. **2**〔選手, チーム〕を守備につける. **3**〔軍隊〕を出動させる. **4** (選挙で)を候補に立てる, 出馬させる.

―― 自 (野手として)守備する. [<古期英語]

fíeld artìllery 名 U〖軍〗〈集合的〉野砲《戦闘部隊と共に移動できる》; 野戦砲兵.

fíeld còrn 名 U〖米〗飼料用トウモロコシ.

fíeld dày 名 C **1**〖軍〗野外演習日. **2**〖主に米〗運動会の日; (生物学などの)野外⌞研究[採集]日. **3** (喜びで)わくわくする時; (批判などをするのに, めったにない)好機. have a ～ 大喜び[大騒ぎ]する.

fíeld·er 名 C **1**〖野球〗野手, 〈特に〉外野手. a left ～ 左翼手. a ～'*s* choice 野手選択, 野選. **2** = fieldsman.

fíeld evènt 名 C フィールド競技[種目]《跳躍, 投てき など; →track event》.

fíeld glàsses 名 (野外用)双眼鏡.

fíeld gòal 名 C フィールドゴール《アメリカンフットボールではドロップキックまたはプレースキックで決まったゴール (3点); バスケットボールではフリースロー以外のゴール (2点または3点)》.

fíeld guìde 名 C 野外携帯用図鑑.

F

fíeld gùn 名 C 野砲.
fíeld hànd 名 C 〘米〙農場労働者.
fíeld hòckey 名 U 〘米〙ホッケー.
fíeld hòspital 名 C 野戦病院.
fíeld hòuse 名 C 〘米〙競技場付属の建物.
Fiel·ding /fíːldiŋ/ 名 **Henry** ～ フィールディング (1707–54)《英国の小説家; *Tom Jones* 他; 治安判事として警察制度の整備に功績があった》.
fíeld·ing 名 U 〘野球〙フィールディング, 守備.
fíeld màrshal 名 C 〘英〙陸軍元帥 (〘米〙 general of the army).
fíeld mòuse 名 C 〘動〙野ネズミ, 畑ネズミ.
fíeld òfficer 名 C 〘陸軍〙佐官《colonel, lieutenant colonel, major》.
fields·man /fíːldzmən/ 名 (複 **-men** /-mən/) C 〘クリケット〙野手.
fíeld spòrts 名 野外スポーツ《狩猟, 魚釣りなど》.
Fíelds Prìze 名 〈the ～〉フィールズ賞《数学で世界最高の賞と言われる; カナダの数学者 J.C. *Fields* (1863–1932) が創設》.
fíeld·stòne 名 UC 〘建〙自然石.
fíeld tèst 名 C 実地試験.
fíeld-tèst 動 他 を実地に⌞試験する[ためす].
fíeld trìp 名 C (実地)見学旅行, 野外調査旅行.
fíeld·wòrk 名 U **1** (学問の)野外⌞研究[作業], 実地調査, フィールドワーク. **2** 〘軍〙応急土塁. ▷ **～·er** 名
fiend /fiːnd/ 名 C **1** 悪魔, 悪鬼, (demon); (悪魔のように)残忍酷薄な人; いたずら[迷惑]者; 〈しばしば呼びかけ〉. **2** 〘話〙凝り屋, ..狂; 大の愛好家 〈*for* ..の〉; 達人 〈*at* ..の〉. a golf ～ ゴルフ狂. a dope ～ 麻薬中毒者. a ～ *for* chocolate チョコレート⌞に目がない[が大好きな]人. a ～ *at* chess チェスの達人. **3** 〈the F-〉魔王, サタン. [＜古期英語「憎んでいる(者)>敵」; →friend]
fiend·ish /fíːndiʃ/ 形 **1** 悪魔のような; 残忍な. **2** 〘話〙人間わざとは思えない, 実に巧妙な〔計画など〕. **3** 〘話〙とてもひどい〔困難など〕, 難しい. ～ weather ひどい天候. a ～ task とてもきつい仕事. ▷ **～·ly** 副 〘話〙とてもひどく (very). be ～*ly* complex ひどく複雑である. **～·ness** 名
***fierce** /fiərs/ 形 e (**fíerc·er**|**fíerc·est**) **1** 凶暴な, 獰(どう)猛な. a ～ animal 猛獣. look ～ ものすごい顔つきをする. **2** 〔風雨, 感情などが〕激しい, すさまじい. a ～ storm 猛烈なあらし. ～ hatred 激しい憎悪. a ～ fight 激闘. meet with ～ opposition 猛反対に遭う. **3** 〘話〙不快極まる, ひどい, いやな.
sòmething fíerce 〘米話〙えらく, やけに, すごく, (very much).
[＜ラテン語 *ferus*「馴(な)れない」] ▷ **fíerce·ness** 名
†**fíerce·ly** 副 獰(どう)猛に; 猛烈に, 激しく.
***fi·er·y** /fái(ə)ri/ 形 m, e (**fíer·i·er**|**fíer·i·est**) **1** 火の, 炎の; 燃えている. a ～ furnace 燃えさかる炉.
2 火のような, 燃えるように熱い[赤い]; 〔食物が〕ぴりぴりする, 辛い. a ～ taste 舌を焼くような(辛い)味. ～ eyes (怒りに)ぎらぎら光る目. ～ red 火のように赤い.
3 〔感情, 人, 性格, 言葉などが〕激しい, 激しやすい, 熱烈な; 元気いっぱいの, かんの強い〔馬など〕. a ～ nature 激しやすい性質. a ～ speech 激越な演説. **4** 炎症を起こした. **5** 〔ガスなどが〕引火しやすい, 〔鉱山などが〕ガス爆発を起こしやすい. ◇名 fire
fi·es·ta /fiéstə/ 名 C (スペイン, 中南米の)祭礼, 聖日; 〈一般に〉休日, 祝祭. [スペイン語 'feast']
FIFA /fíːfə/ International Football Association (国際サッカー連盟)《フランス語 *F*éderation *I*nternationale de *F*ootball *A*ssociation の略; World Cup を主催する》.
Fife /faif/ 名 ファイフ《Scotland 南東部の州》.
fife /faif/ 名 (複 ～s) C (軍楽隊の)横笛. ── 動 自 横笛を吹く. [＜ドイツ語 *Pfeife* 'pipe'] ▷ **fíf·er** 名 C (横)笛吹き.

‡**fif·teen** /fìftíːn/ 名 (複 **～s** /-z/) **1** U (基数の)15. **2** U (**a**) 15時; 15歳; 15ドル[ポンドなど]. (**b**) 15分; 15セント[ペンスなど]. **3** 〈複数扱い〉15個[人]. **4** C 〘ラグビー〙(15人の)チーム, フィフティーン. **5** U 〘テニス〙(ゲームの)1点目 (→forty 3). ── /移/ 形 **15の**; 15個[人]の; 〈叙述〉15歳で. ～ boys 15人の少年. He is ～. 彼は15です. [five, -teen]
‡**fif·teenth** /fìftíːnθ 移/ 〈15th とも書く〉形 **1** 〈普通 the ～〉**第15の**, 15番目の. **2** 15分の1の. ── 名 (複 **～s** /-s/) C **1** 〈普通 the ～〉第15番目(の人, 物). **2** 15分の1. **3** 〈普通 the ～〉(月の)15日.
‡**fifth** /fifθ/ 〈5th とも書く〉形 **1** 〈普通 the ～〉**第5の**, 5番目の. the ～ year of Heisei 平成5年. the ～ man from the left 左から5人目の男. come in ～ in a race 競走で5着になる.
2 5分の1の. a ～ part of a pound 5分の1ポンド.
── 名 (複 **～s** /-s/) C **1** 〈普通 the ～〉**第5番目**(の人, 物). Beethoven's *Fifth* (Symphony) ベートーヴェンの第5(交響曲). Henry the *Fifth* ヘンリー5世《Henry V とも書く》. **2** 〈普通 the ～〉(月の)5日(いつか). the ～ [5th] of March 3月5日. ★March 5, 1982 と書くのは主として米国式, 5 March 1982 は英国式; それぞれ March (the) fifth.., the fifth of March..と読む (→date 参考). **3** **5分の1**. a [one] ～ 5分の1. three ～*s* 5分の3. This is about a ～ (of) my dog's size. これは私の犬の5分の1くらいの大きさだ. **4** 〘楽〙5度(音程).
tàke [plèad] the fífth 〘米話〙(1) 黙秘(権を行使)する(→Fifth Amendment). (2) 〈一般に〉ノーコメントである, 〈*on* ..について〉. [five, -th^2]
Fìfth Améndment 名 〈the ～〉米国憲法修正第5条《自分に不利な証言をすることを拒否する権利など5つの重要な権利を保障する》.
Fìfth Ávenue 名 五番街《New York 市 Manhattan の繁華街》.
fìfth cólumn 名 C 第5列《外部の敵と呼応して内部攪(かく)乱を計る》.
fìfth cólumnist 名 C 第5列隊員.
fìfth-generátion /移/ 形 〔コンピュータが〕第5世代の《自ら判断し決定する人工知能を備えたコンピュータにいう; 超LSIによる第4世代に続くと期待される》.
fífth·ly 副 5番目に, 第5に.
Fìfth Repúblic 名 〈the ～〉第5共和制《1958年に憲法改正によって成立した現在のフランスの政体》.
fìfth whéel 名 C **1** (四輪の車の)予備車輪; (四輪馬車の前車軸上部の)転向輪. **2** 〘話〙無用の長物, よけいな人間.
***fif·ti·eth** /fíftiəθ/ 〈50th とも書く〉形 **1** 〈普通 the ～〉**第50の**, 50番目の. **2** 50分の1の.
── 名 (複 **～s** /-s/) C **1** 〈普通 the ～〉第50番目(の人, 物). **2** 50分の1.
‡**fif·ty** /fífti/ 名 (複 **-ties** /-z/) **1** U (基数の) **50**《ローマ数字では L》. **2** U **50歳**; 50度[分, ドル, セントなど]. a man of ～ 50歳の人. **3** 〈複数扱い〉50人, 50個. **4** (**a**) 〈one's fifties〉(年齢の) 50代. a man *in* his *fifties* 50代の男. (**b**) 〈the fifties〉(世紀の) 50年代; (温度の) 50度台. the nineteen *fifties* 1950年代. It was in the (high, low) *fifties*. 気温は(華氏) 50度台(後半, 前半)だった. ── 形 **1** **50の**, 50人[個]の. **2** 〈叙述〉50歳で. I'm ～. 私は50歳だ. [five, -ty^2]
fìfty-fífty /移/ 〘話〙形 五分五分の, 半々の. a ～ chance 五分五分の見込み. on a ～ basis 半々で. ── 副 半々に. go ～ with one's partner 相棒と折半する. Let's divide the money up ～. 金を折半しよう.
†**fig**^{1} /fig/ 名 C **1** イチジクの実; イチジクの木 (**fíg trèe**). **2** (親指を⌞人差指と中指の間[上歯の下]に差し込む)下

品な軽蔑のしぐさ. **3**〖旧話〗〈a ～〉少し, わずか(な量), (語法 否定文で副詞的に「少しも(..ない)」の意味で用いる). I don't care [give] a ～ (*for*) what he says. 彼の言うことなんかなんとも思わない. The book is not worth a ～. その本は三文の値打ちもない.

A fíg for..! ..がなんだ, ..なんてどうでもいい. *A* ～ *for* fame! 名声なんかくそくらえだ.
[＜ラテン語 *fīcus*「イチジクの木」]

fig[2] 〖話〗名 U **1** 着物, 服装. in full ～ 着飾って. **2** 体調, 健康状態. ── 動 他 (～s|-gg-) VOA (～ /X/ *up, out*) Xを飾り立てる, 盛装させる.

fig. figurative(ly); figure(s).

‡**fight** /fait/ 動 (～s /-ts/|過 過分 **fought** /fɔːt/|**fíght·ing**) 自
1 戦う, 戦闘[戦争]する, 〈*against, with* ..と〉; (力ずくで)争う, 殴り合う, 〈*with* ..と/*over, about* ..のことで〉(★前置詞の使い分けに注意; fight with の場合,「に味方して戦う」の意味になることもある). Germany *fought* with Italy *against* the Allies. ドイツはイタリアとともに連合軍と戦った. Two dogs are ～*ing* fiercely *over* a bone. 2匹の犬が1本の骨を取り合って猛然とけんかしている. ～ *for* one's country 祖国のために戦う.
2 (口)げんかする; (論争などで)争う; 競う, 競争する; 〈*with* ..と/*over, about* ..のことで〉.
3 (病気, 貧困などと)戦う〈*against* ..と〉.
4 奮闘[苦闘]する, 懸命に努力する, 〈*for* ..を求めて[のために]/*to* do ..するために〉. ～ desperately *for* survival 生き残るために必死になって戦う. ～ harder *to* combat cancer 癌(がん)との闘いに一層の努力をする.
5 ボクシング(の試合)をする.
── 他 **1** 〔敵, 病気, 悪天候, 感情, 衝動など〕と戦う. The ship *fought* the gale. 船は強風と戦った. ～ a fire 火事を消そうとする. ～ the desire to laugh 笑いたいのを懸命にこらえる. **2** (ボクシングで)と対戦する.
3 〔賞など〕を(得ようと)争う, 競う. ～ a prize 賞を争う.
4 〔戦い, 競争など〕をする. ～ a good fight 善戦[健闘]する. The race was very closely *fought*. 競走は大接戦だった. ～ a duel 決闘をする. ～ an election 選挙を戦う. **5** 〔訴訟など〕を争う. ～ a case 事件を争う.
6 〔鶏, 犬など〕を闘わせる, けんかさせる.
7 〔軍〕を指揮する, 〔大砲, 艦船〕を操る. ～ a gun 砲撃を指揮する.

fight a lòsing báttle 負け戦を戦う; 勝つ見込みのない闘争をする.
fight báck 反撃する; やり返す, 抵抗する.
fight /../ báck [dówn] 〔感情など〕を抑える. ～ *back* the tears 涙をこらえる.
fight it óut 最後まで戦う; 戦いで決着をつける.
fight /../ óff ..を撃退する, 寄せつけない. ～ *off* the barking dogs [a bad cold] ほえる犬を撃退[ひどい風邪を克服]する.
fight ón 戦い続ける.
fight shý of.. →shy.
fight to the [a] fínish →finish 名.
fight one's wáy 戦いながら[苦労しながら]進む (→way[1] 2 語法). The party *fought* their *way* up. 一行は苦労して登っていった. ～ one's *way* to the Presidency 苦戦して大統領になる.
── 名 (複 ～s /-ts/) **1** C **戦い**, 戦闘; (殴り合いの)けんか, 格闘; ボクシング試合; (類語 戦い, 争いを表す一般的な語で個人間から国家間の争いまでを含む; →action 8, battle, combat, conflict, engagement, fighting, skirmish, war, warfare). give [make] a ～ 一戦を交える. a free ～ (敵味方の区別もつかない)乱戦. a sham ～ 模擬戦. **2** C (目的達成のための)**争い**, 闘争; 論争; 競争. a ～ *against* crime 防犯運動. a ～ *for* existence 生存のための闘争.

> 1, 2の 連結 a brave [a heroic, a valiant; a desperate, a fierce, a hard; a clean; a dirty] ～ ‖ cause [pick, provoke, start; carry on, wage] a ～ ‖ a ～ breaks out [begins; ensues]

3 U 闘志, 戦意, ファイト; 戦闘力. We are full of ～. 我々は闘志満々である.
pick a fight with.. ..に(殴り合いの)けんかをふっかける.
pùt úp a gòod [pòor] fight 善戦する[気のない戦いぶりをする].
shòw fight 闘志[戦意]を示す; なかなか屈しない.
[＜古期英語]

fight·bàck 名 C 〈単数のみ〉〖英〗反撃, 反攻.

†**fight·er** 名 C **1** 戦士, 闘士. a ～ *for* freedom 自由の戦士. **2** プロボクサー (prizefighter). **3** 戦闘機 (**fighter plàne**).

fighter-bómber 名 C 〖軍〗戦闘爆撃機.

†**fight·ing**[1] 名 **1** U 戦い, 戦闘, 闘争, (注意 fight は C, fighting は U). street ～ 市街戦.
2 〈形容詞的〉戦闘(用)の. a ～ force 戦闘部隊.

fight·ing[2] 形 戦う. ～ spirit 闘志. ～ words 挑発[挑戦]的な言葉.

fìghting cháir 名 C 〖米〗(大物釣り用の)船上の固定いす.

fìghting chánce 名 C 〈単数のみ〉(困難だが)努力しだいで勝てる[成功する]見込み. We have a ～ ⌊to win [that we will win] the race. 我々は頑張ればレースに勝つ見込みがある.

fìghting cóck 名 ＝gamecock.

fìghting fít 形 〈叙述〉〖英〗大そう健康な, 体調のよい.

fíg lèaf 名 C **1** イチジクの葉; (男性の彫像の, 又一般に)恥部を隠すもの《Adam と Eve がそのように用いたことから》. **2** (不正, 恥などの)隠蔽(いんぺい)物, 隠れみの.

fig·ment /fígmənt/ 名 C 架空のこと, 作り事, 想像の産物.

fig·u·ra·tion /fìgjəréiʃ(ə)n/ 名 **1** U 形作ること, 形成; C 形, 形態. **2** UC 比喩的な表現. **3** UC (図案などでの)装飾; 〖楽〗(音, 旋律の)修飾.

*__fig·u·ra·tive__ /fígjərətiv/ 形 m (★4は ©) **1 比喩的な**; 転意の, 転用の; (↔literal). in the ～ sense of the word その語の比喩的な意味で. **2** 比喩の多い, 文飾に富む. **3** 象徴的な, 象徴する〈*of* ..を〉. a design ～ *of* peace 平和を象徴する図案. **4** 造形による. ～ arts 造形美術. ▷ ～·**ly** 副 比喩的に (↔literally). ～·**ness** 名

‡**fig·ure** /fígjər|-gə/ 名 (複 ～s /-z/) C
【かたち】 **1 (a)** (輪郭から分かる, 物の)形, 外形, 姿, (form, shape). the ～ of the earth 地球の形状. **(b)** (人の)姿, 人影; 体型, 格好; 容姿, 風采(さい). I could not make out the ～ in the dark. 暗やみでその人影がだれか分からなかった. Susan has a good ～. スーザンはスタイルがよい (→style 4 注意). a fine ～ of a man りっぱな風采の人. She has no ～. 彼女はスタイルが悪い.

> 連結 a graceful [a slender, a trim; a gaunt, a thin; a lanky; an ample, a full, a plump; a lithe; a manly, a muscular; a feminine] ～

2 〈普通, 形容詞を伴って〉**人物**; 大立て者, 名士. the great ～*s* of the age その時代の重要人物たち. a prominent political ～ 傑出した政治家. a central ～ 中心人物. a ～ of fun 物笑いの種(にされる人).

> 連結 a major [a leading; a key; an influential, a powerful; a distinguished, a well-known; a public] ～

【かたちの表現】 **3** (絵画, 彫刻の)人物, 像, 肖像. the ～ of the queen on the coin 貨幣に刻印された女王像.
4 〖数〗**図形**; デザイン, 図案, 柄. a geometrical ～ 幾何学的図形. embroider beautiful ～*s* on velvet ビ

ロードに美しい模様の縫い取りをする.
5 図, 図解, 挿絵. See ～ [Fig.] 3. 第3図を見よ.
6〘ダンス・スケート〙フィギュア《1単位を成す連続運動》; (フィギュアスケートで)氷上に描く図形.
7 比喩 (figure of speech);〘楽〙音型《テーマなどを構成する特徴的な音符や和音のパターン》.
8 象徴, シンボル; (理想化された)..像, (精神的に)..の役割をする人. a mother ～ 理想的母親像; 母親代わりの[としてしたう]人. →father figure.
【数の表現】 9 数字, 数; (数字の)位, けた. Arabic ～s アラビア数字. Your ～ nine looks like the letter P. 君の数字の9は文字のPに見える. single [double, two] ～s 1[2]けた(の数字). The president's salary is in seven ～s. 社長の給料は7けた台だ《100万(ドル, ポンド)以上だ》.
10 (量, 額を示す)数字, **数値**; **価格**. I sold the picture for a large [small] ～. 私はその絵を高[安]値で売った.
11 〈～s〉〘話〙**計算**, 算術. He is poor at [has no head for] ～s. 彼は数字に弱い《計算が苦手だ》.
cùt a..fígure ..の姿に見える, ..な印象を与える; ..の姿で目立つ. *cut a* poor [sorry] ～ みすぼらしい様子に見える. She *cut a* graceful ～ amidst the crowd. 群衆の中で彼女の上品さはひときわ目立っていた. *cut a* brilliant [conspicuous, fine] ～ 異彩を放つ, 頭角を現す. *cut* no ～ 少しも目立たない, 物の数に入らない.
kèep* [*lòse*] *one's fígure 体型をスマートに保つ[体型がくずれる], 太らないようにする[太る].
pùt a fígure on.. ..の数[価格]を正確に言う.
── 動 (～s /-z/|過 過分 ～d /-d/|-ur·ing /-riŋ/) 他
【心中で形に表す】 1 (a) を心に描く, 想像する;〘話〙VO (～ *that* 節) ..と思う, 考える, (think); VOC (～ X (*to be*) Y) XがYであると思う. The teacher ～d (*that*) John was asleep.＝The teacher ～d John *to be* asleep. 先生はジョンが眠っていると思った. **(b)** VO (～ *wh* 節・句)〘話〙..かを理解する (→成句 ～ /../ out (2)). I can't ～ (out) *how* to use this computer. 私はこのコンピュータの使い方が分からない.
2 を図[絵など]で表す. **3** を模様で飾る. walls ～d with arabesque patterns 唐草模様で飾った壁.
【数字に表す】 4 を計算する, 見積もる.
── 自 **1 (a)** VA (～ *as..*) ..として通る, ..としての役割をする. ～ *as* a great statesman 偉大な政治家として通る. **(b)** VA (～ *in..*) ..で目立つ, 頭角を現す; ..の中に含まれる[出てくる], 〔作品など〕に登場する. The general ～d prominently *in* the last war. その将軍はこの前の戦争で大いに名を挙げた. Her name did not ～ *in* the list. 彼女の名はリストにない. The detective ～s *in* many of his novels. その探偵は彼の小説の多くに登場する. **2** 計算をする. **3** 計算が合う; 話が分かる. That ～s! それは分かる; 予想通りだ. It ～s that... ということ[計算]になる.
fìgure /../ ín〘米〙..を計算[考慮]に入れる.
fígure on..〘主に米〙..を計画に入れる; ..を当てにする. ～ *on* him (coming) 彼(が来るの)を当てにする.
****fìgure /../ óut*** (1)〔合計など〕を**計算して出す**, 見積もる. ～ *out* how much the honeymoon will cost 新婚旅行にいくらかかるかを見積もる. (2)〘話〙..を理解する, ..が分かる; ..を(考えた末)解決する. I can't ～ *out* why Jane cut me on the street. なぜジェーンが通りで僕に知らない顔をしたのか見当がつかない.
fìgure óut at.. (合計が)..になる. His income ～s *out at* twice mine. 彼の収入は僕の2倍になる.
[＜ラテン語 *figūra*「形」(＜*fingere* 'form, contrive')]
fíg·ured 形 〈限定〉模様のある; 図(形)で示された.
fìgure éight 名 (複 ～s) ＝figure eight knot;〘米〙＝figure of eight.
fìgure eìght knót 名 C 8字形結び.
‡**fígure·hèad** 名 C **1** 船首像《昔帆船の船首につけた像》. **2** 名目だけの指導者[会長, 総裁など]. In Tokugawa Japan, the Emperor was a mere ～. 徳川時代の日本では天皇は単なる飾りであった.

[figurehead 1]

fìgure of éight 名 (複 figures-) C〘主に英〙8の字型;〘スケート〙8の字型滑走《規定課題の1つ》.
fìgure of spéech 名 C 文彩, ことばのあや.
fígure skàter 名 C フィギュアスケートをする人[選手].
fígure skàting 名 U フィギュアスケート.
fig·u·rine /fìgjərí:n|fígərì:n, ⌐-⌐/ 名 C (陶土, 石などで作った)小像.
Fi·ji /fí:dʒi:/ 名 フィジー《ニュージーランド北方, 南太平洋上の英連邦構成国の1つ; 首都 Suva》.
Fi·ji·an /fí:dʒi(:)ən|fi:dʒí:-/ 形 フィジーの, フィジー人[語]の. ── 名 C フィジー人; U フィジー語.
Fìji Íslands 名 〈the ～〉フィジー諸島.
fil·a·ment /fíləmənt/ 名 C **1** (1本の)繊維《staple 3より長い》; 細糸, クモの糸など. **2** (電球の)フィラメント. **3**〘植〙(雄しべの)花糸. [＜ラテン語 *filum*「糸」]
fi·lar·i·a /filé(ə)riə/ 名 (複 **fi·lar·i·ae** /-riì:/) C〘医・獣医〙フィラリア, 糸状虫,《蚊などが媒介する寄生虫》.
fil·a·ture /fílətʃər/ 名 U (繭(まゆ)からの)糸繰り; C 糸繰り機; 製糸工場.
fil·bert /fílbə(:)rt/ 名 C 〘主に米〙セイヨウハシバミ (hazel)《ヨーロッパ産の低木; 実 (hazelnut) は食用になる》.
filch /filtʃ/ 動 他〘話〙をこっそり盗む, くすねる, (類語 つまらない物を盗む場合に使うくだけた語; →steal).
‡**file**[1] /fail/ 名 (複 ～s /-z/) C **1** (書類などの)**整理箱**, とじ込み帳, ファイル. **2** (書類, 新聞などの)とじ込み〈*on* ..に関する〉. a ～ of receipts 領収書のとじ込み[つづり]. have [keep] a ～ *on* the UN 国際連合に関するとじ込みを保存しておく. **3**〘電算〙ファイル《1つの名前 (file name) のもとに整理された情報の集まり》.

連結 a master [backup] ～ // open [create; copy; delete, erase; print] a ～

on file とじ込まれて[た]; 整理されて[た].
── 動 (～s /-z/|過 過分 ～d /-d/|**fíl·ing**) 他 **1**〔書類など〕を**とじ込みにする**; VOA (～ /X/ *away*) Xを分類整理する. ～*away* research data 研究資料を整理する.
2〘章〙〔申し込み, 願書など〕を提出する〈*for* ..の〉;〘法〙〔訴状など〕を提出する〈*for* ..の/*against* ..に反対する/*with* ..に〉. ～ an application *for* admittance to a school 入学願書を提出する. **3**〔記事など〕を(電信などで)送る.
── 自〘米〙VA (～ *for* ..) ..を申し込む, 申請する,〈*with* ..〔役所など〕に〉. ～ *for* a driving license 運転免許証を申請する. ～ *for* bankruptcy 破産の申告をする. [＜ラテン語 *fīlum*「糸」]
***file**[2] /fail/ 名 (複 ～s /-z/) C **縦列**, 縦隊, 列; (チェス盤の)縦の筋, 縦列; (→rank[1] 1).
in file 縦隊で.
(in) sìngle* [*Índian*] *fíle 〈副詞的〉1列縦隊で.
── 動 自 VA 縦列で行進する. The pupils ～d *in* [*out*]. 生徒たちがぞろぞろ入って[出て]来た.
[＜フランス語「ひも」(＜file[1])]
file[3] 名 C やすり. ── 動 他 にやすりをかける, をやすりで削る[切る, 磨く]〈*away, down*〉; VOC (～X Y) Xにやすりをかけて Yの状態にする. ～ a barrel *down* やすりをかけて銃身を(少し)短くする. ～ one's fingernails smooth 爪(つめ)をやすりで滑らかにする. [＜古期英語]

fíle càbinet 名 C 〖米〗書類(整理)キャビネット.

fíle càrd 名 C ファイルカード《とじ込み整理用のカード; 3×5 又は 4×5 インチのもの》.

fíle clèrk 名 C 〖米〗書類整理係.

fíle fòotage 名 UC 〖米〗(放送局に保管してある)資料フィルム(〖英〗library pictures).

fil·et /filéi, ⌐–/ 名 **1** U フィレレース (**filét làce**)《網地に模様を刺繍(ししゅう)したレース》. **2** 〖米〗=fillet 2. [フランス語 'net']

fìlet mi·gnón /-mi:njɑ́n|-mí:njɔn/ 名 (複 **filets mignons** /-z/) UC フィレミニョン《テンダーロインの端から取った小さな厚い牛の高級ヒレ肉》. [フランス語 'dainty fillet']

fil·i·al /fíliəl/ 形 〈普通, 限定〉 **1** 〖章〗子の, 子として(当然)の. ～ affection for one's parents 親に対する子供の愛情. **2** 〖遺伝〗雑種(世代)の. ～ generation 後代(こうだい)《交雑によって生じる子孫の世代》. [＜ラテン語 *filius*「息子」, *filia*「娘」]

fil·i·bus·ter /fíləbʌ̀stər/ 名 **1** UC 〖主に米〗(長時間の演説などによる)議事妨害; C 議事妨害者. **2** C (外国に潜入して内乱, 革命などをあおる)不法戦士, 不正規兵; 海賊. ── 動 自 **1** 〖主に米〗議事の進行を妨害する. ── 他 〖主に米〗〔法案〕の通過を妨害する. [＜スペイン語「海賊, 略奪者」] ▷ **～·er** /-rər/ 名 C 〖主に米〗議事妨害議員.

fil·i·gree /fíləgrì:/ 名 U 金[銀]線細工.

fil·ing /fáiliŋ/ 名 U (書類の)とじ込み, 書類整理.

fíling càbinet 名 〖英〗=file cabinet.

fíling clèrk 名 〖英〗=file clerk.

fil·ings /fáiliŋz/ 名 〈複数扱い〉やすりの削りくず.

Fil·i·pi·na /fìləpí:nə/ 名 C Filipino の女性形.

Fil·i·pi·no /fìləpí:nou/ 名 (複 **～s**) C フィリピン人(の男); U =Pilipino. ── /形/ 形 =Philippine.

‡**fill** /fil/ 動 (**～s** /-z/|過 過分 **～ed** /-d/|**fíll·ing**) 他 【いっぱいにする】 **1** (**a**) 〔容器など〕を満たす; を満たす, に満たす, 〈*with* ..で, を〉(↔empty). a glass *～ed* to the brim なみなみとつがれたコップ. ～ a small room *with* furniture 狭い部屋を家具でいっぱいにする. (**b**) VOC (～ X Y) X を Y の状態に満たす. Take care not to ～ the bath too full. 風呂に湯[水]をいっぱいにしすぎないよう気を付けなさい.

2 (**a**) を1 杯分つぐ〈*into* ..に〉. ～ coal *into* a bucket バケツに石炭を 1 杯入れる. (**b**) VOO (～ X Y)・VOA (～ Y *for* X) X (人)に Y (飲み物など)を1 杯ついでやる(★VOA 型の方が一般的). He *～ed* a glass of water *for* me. 彼は水をコップに満たしてくれた.

3 〔感情などが〕〔人(の心), 頭など〕を満たす; VOA (～ X *with* ..) X (人(の心)など)を〔感情, 考えなど〕で満たす. Sorrow *～ed* her heart. 彼女の胸は悲しみでいっぱいになった. The story *～ed* him *with* terror. その話を聞いて彼は恐怖でいっぱいになった.

4 〔人, 物事などが〕〔容器, 場所, 時間など〕を**埋めつくす**, にいっぱいになる; に広まる, 充満する. The crowd *～ed* the street. 群衆が通りを埋めつくした. Smoke *～ed* the kitchen. 台所に煙が立ち込めた.

【空所を埋める】 **5** 〔穴, すきまなど〕をふさぐ, 埋める, 〈*with* ..で〉; 〔虫歯〕を詰める, 充塡(てん)する, (〖英〗stop). ～ holes *with* cement 穴をセメントでふさぐ. **6** 〔空席〕を補充する, 〔地位〕を占める, 〔役〕を務める. **7** 〔要求, 必要〕を満たす; 〖主に米〗〔注文品〕を調達する; 〔処方〕を調剤する. ～ an order 注文に応じる. ～ a prescription 処方の薬を調剤する. **8** 〔食物が〕の空腹を満たす. The cookies *～ed* me (*up*). 私はクッキーで腹を満たした. **9** 〔風が帆〕をふくらませる. **10** 〖ポーカー〗〔フルハウスなど〕を作る《必要なカードを引いて》.

── 自 **1** いっぱいになる, 充満する, 〈*with* ..で〉. Her eyes *～ed with* tears. 彼女の目には涙がいっぱいたまった. The hall soon *～ed* to overflowing. 会場はすぐあふれるくらいに人でいっぱいになった. The bath is *～ing*. 浴槽に湯[水]を入れているところだ. **2** ふくらむ; 〔帆が〕風をはらむ.

fill ín (1) 時間を埋める[つなぐ]. play a record to ～ *in* 時間つなぎにレコードをかける. (2) (臨時の)代理をする, ピンチヒッターになる, 〈*for* ..の〉. I'll ～ *in for* him if he's sick. 彼が病気なら代わってやろう.

****fill /../ ín*** (1) 〔穴など〕をふさぐ〈*with* ..で〉. ～ *in* a crack *with* cement 割れ目をセメントでふさぐ. (2) 〔書類など〕に**書き込む**; 〔事項〕を記入する; 〔枠内など〕を塗りつぶす. ～ *in* the blanks 空所を埋める. ～ *in* the names 名前を書き込む. (3) 〔時間〕を埋める, つぶす, 〈*doing* ..して〉. ～ *in* the afternoon read*ing* magazines 雑誌を読んで午後をつぶす. (4) 〖英話〗..をぶちのめす.

fill a pèrson ín 人に詳しく話す〈*on* ..について〉. I asked him to ～ me *in on* the details. 僕は詳しいことを聞かせてくれと彼に頼んだ.

fill óut 〔顔, 体などが〕ふくらむ, 太る.

fill /../ óut (1) ..を大きくする, ふくらませる. (2) 〔酒など〕をなみなみとつぐ. (3) 〔書類など〕に書き込む (FILL /../ in (2)). (4) 〖米〗〔時間の空白〕を埋める.

fill úp (1) いっぱいになる; 〔溝などが〕埋まる. (2) 〖話〗満腹になる〈*with, on* ..で〉; (車のガソリンを)満タンにする.

****fill /../ úp*** (1) 〔空所, 容器, 場所〕を**満たす**, いっぱいにする; を補う. *Fill* her *up with* regular. レギュラー満タンね《ガソリンスタンドでの表現》. *Fill* 'em *up* again. もう一杯くれ《酒場などで》. (2) →他 8; 〈再帰形で〉満腹になる〈*with, on* ..で〉. (3) 〖主に英〗=FILL /../ out (3).

── 名 **1** 〈one's ～〉(欲求を満たすだけ)十分; (それ以上は入らないほどの)満腹, 存分. drink [eat] one's ～ 腹いっぱい飲む[食べる]. have had one's ～ *of* ..を堪(たん)能した, 存分に楽しんだ; ..に飽き飽きした, 食傷した.

2 C 詰めもの; 詰まるだけの量; 1 杯(の量), 1 服. a ～ of tobacco (パイプ)たばこ 1 服.

◇形 full [＜古期英語「full にする」]

fìlled góld 名 〖米〗=rolled gold.

fíll·er 名 **1** C 詰める人[物]; 詰め込む道具《スポイトなど》. **2** aU (すきまなどをふさぐ)詰め物; (ルーズリーフノートの)替え紙. **3** aU (新聞, 雑誌の)埋め草; (放送などの)つなぎ番組. **4** C つなぎことば《'you know' とか,「あのー」とか会話の中にはさむ意味のない語句》. **5** C 〖話〗(..を一杯にする)呼び物, 客寄せ. a stadium ～ 観客動員力のあるショー[試合など].

fíller càp 名 C 〖英〗(自動車の)給油口のふた.

‡**fil·let** /fílət, filéi|fílət/ (★名, 動とも 2 は〖米〗で filet ともつづる) 名 **1** C (髪を結ぶ)飾りリボン, ヘアバンド. **2** UC 〖料理〗ヒレ肉《最上肉》, ヒレステーキ (**fíllet stèak**); (肉, 魚の骨のない)切り身. ── 動 他 **1** 〔髪〕をリボン[バンド]で結ぶ[飾る]. **2** 〖料理〗を切り身にする, 〔魚〕をおろす. [＜古期フランス語「小さなひも(*fil*)」; file², -et]

fíll-ìn 名 C 〖話〗 **1** (臨時の)代行者, 代役. **2** 〖米〗「概要(報告).

‡**fíll·ing** 名 **1** U 満たすこと. **2** U 〖医〗充塡(てん); C (歯の)充塡材. **3** C 詰め物; (パイ, サンドイッチなどの)中身. ── 形 満腹させる, こくのある, 〔食事など〕.

fílling stàtion 名 C ガソリンスタンド, 給油所, (service station)《修理もする; gas station〖米〗, petrol station〖英〗とも言う》.

fil·lip /fíləp/ 名 C **1** 指先ではじくこと. make a ～ 1 回指ではじく. **2** 〈普通, 単数形で〉刺激, 励まし, 〈*to* ..に対する〉. give a ～ *to* my appetite [memory] 私の食欲を促進する[記憶を呼び起こす]. ── 動 他 **1** を指先ではじく, はじいて動かす. **2** を刺激する, 元気づける.

Fill·more /fílmɔ:r/ 名 **Millard** /mílərd/ ～ フィルモア (1800–74)《米国第 13 代大統領 (1850–53)》.

fil·ly /fíli/ 名 (複 **-lies**) C 雌の子馬《普通 4 歳未満;

雄は colt[1]; →horse 参考》. [<古期北欧語]

‡film /fílm/ 名 (複 ~s /-z/) **1** aU **薄皮**, 薄膜. plastic ~ (食品を包む)ラップ. a ~ of ice over the pond 池に張った薄氷. A ~ of dust covered the desk. 机はうっすらとほこりをかぶっていた. **2** C (目の)くもり, かすみ; 薄がすみ, もや. **3** C (クモの巣などの)細い糸(の網).
4 UC 〖写〗**フィルム**, 乾[感光]板. a roll [spool] of ~ フィルム 1 本. color [black and white] ~ カラー[白黒]フィルム. develop (a) ~ フィルムを現像する.
5 (a) C 〖主に英〗**映画**(作品); UC 映画フィルム. a silent ~ 無声映画. a documentary ~ 記録映画. make a ~ 映画を製作する. go to see a ~ 映画を見に行く (→movie 1★). **(b)** 〈the ~s; 集合的〉**映画**, 映画界[産業]. work [be] in ~*s* 映画業界で働く[働いている]. **6** 〈形容詞的〉映画の. a ~ fan 映画ファン. a ~ library フィルム・ライブラリー《映画フィルム・スライドなどを保存する図書館》. a ~ studio 撮影所.
── 動 他 **1** を薄皮[薄膜]で覆う; 〔目〕を(涙で)かすませる; 〈*with* ..で〉. **2** の映画を製作[撮影]する; 〔小説など〕を映画化する. ── 自 **1** VA (~ *over*) 薄皮で覆われる; かすむ; 〈*with*..で〉. Her eyes ~*ed over* (*with* tears). 彼女の目は(涙で)くもった. **2** 映画を製作する; VA 〈A は様態の副詞〉映画化が..である. This novel will ~ easily. この小説は映画化が容易だ. [<古期英語「膜」]

fílm·a·ble 形 映画化できる, 映画向きの.

fílm dirèctor 名 C 映画監督.

fílm·dom /-dəm/ 名 U 映画界[産業].

fílm fèstival 名 C 映画祭《Venice, Cannes のものが有名》.

fílm·gòer 名 C 〖英〗映画ファン (moviegoer).

fílm pàck 名 C フィルムパック《枠に入れた数枚の写真用フィルム; 一枚撮るたびにフィルムを入れ替える》.

fílm première 名 C (新作映画の)上映初日.

fílm ràting 名 U (映画の)観客指定. ★〖米〗G, NC-17, PG, PG-13, R, X, 〖英〗U, PG, 15, 18 の順に制限が強まる.

fílm stàr 名 C 映画スター (〖米〗movie star).

fílm stòck 名 UC 未使用の映画フィルム.

fílm·strìp 名 UC 映写スライド《視聴覚教材》.

fílm tèst 名 C (映画俳優志願者の)写真審査.

film·y /fílmi/ 形 e 〈普通, 限定〉**1** 薄皮[薄膜]の(ような); 薄くて透けて見える〔布地など〕. **2** かすんだ, ぼんやりした. ▷**film·i·ly** 副 **film·i·ness** 名

fi·lo /fí:lou/ 名 U 〖料理〗フィロ (**filo pástry**)《薄片状のパイ皮を重ねたもの; 中東の料理》.

Fi·lo·fax /fáiloufæks/ 名 C 〖商標〗ファイロファックス《英国製のルーズリーフ式手帳》.

***fil·ter** /fíltər/ 名 (複 ~s /-z/) C **1 濾(ろ)過器**, フィルター; 〖写〗フィルター; 〖電〗濾波器. an air ~ 空気の濾過装置. a ~ cigarette フィルター付きたばこ. ~ coffee (インスタントでなく)フィルターで濾(こ)したコーヒー.
2 濾過用の材料《フェルト, 紙, 砂, 木炭など》. **3** 〖英〗(交通信号機に付いている)左[右]折専用の緑色の矢印.
── 動 (~s /-z/|過 過分 ~**ed** /-d/|~·**ing** /-riŋ/) 他 を**濾過する**; 〔汚れなど〕を濾過して除く 〈*out*〉. ~ water through charcoal 木炭で水を濾過する. ~ *out* the dirt 汚れを濾過して除く.
── 自 **1** VA **浸透する**, しみ通る, 〈*through* ..を〉; 〔思想などが〕浸透する 〈*into* ..に〉; 〔光, 音などが〕もれる 〈*in, into*..の中へ/*through*..を通して〉; 〔ニュース, 情報などが〕もれる, 徐々に伝わる, 〈*in, down, out* (*of*..から)〉〈*through* (*to*)..の間に〉. Sunlight ~*ed through* the thick leaves. 茂った木の葉を通して陽光が差し込んだ. The news slowly ~*ed through* (*to*) the townspeople. その知らせは町の人々に徐々に知られていった.
2 VA 〔集団が〕ゆっくり移動する. The crowds came ~*ing out* of the stadium. 群衆がスタジアムからぞろぞろと出てきた. **3** 〖英〗(交通信号の)矢印に従って左[右]折する (→名 3). [<中世ラテン語「(濾過用の)フェルト」]

fíl·ter·a·ble /-rəb(ə)l/ 形 濾(ろ)過できる.

fílter bèd 名 C (下水などの)濾(ろ)過池; (濾過池の底に敷く)砂[小石]の層.

fílter pàper 名 U 濾(ろ)紙, こし紙. 「の)フィルター.

fílter tìp 名 C フィルター付き巻きたばこ; (巻きたばこ↑

fìlter-típped /-t ⓢ/ 形 〔たばこが〕フィルター付きの.

†filth /filθ/ 名 U **1** 汚物, 不潔な物; 不潔. **2** 失礼[下品]な言葉; 猥褻(わいせつ)な言葉[読み物]. **3** 〈the ~〉〖英俗・軽蔑〗'さつ'(のやつら) (police). [<古期英語; foul, -th[1]]

†filth·y /fílθi/ 形 **1** 不潔な, 汚い, (類語 dirty よりも強意的, 不快感が強い). His clothes were ~. 彼の着物は不潔だった. **2** 卑猥(ひわい)な. use ~ language 下品な言葉を使う. **3** 〖旧話〗不快極まりない, いやな, ひどい. ~ weather 実にいやな天気. **4** 〈叙述〉〖米俗〗腐るほどある〈*with* ..〔金〕が〉. ── 副 ひどく〔汚いなど〕; 〖話〗非常に. ~ rich 大金持ちの.
▷**filth·i·ly** 副 **filth·i·ness** 名

fìlthy lúcre 名 U 〖軽蔑・戯〗悪銭, (不正に得た)金.

fil·tra·ble /fíltrəb(ə)l/ 形 =filterable.

fil·trate /fíltreit/ 動 =filter.
── /-treit|-trət/ 名 U 濾(ろ)過液, 濾過水.

fil·trá·tion 名 U 濾(ろ)過(作用).

†fin[1] /fin/ 名 C **1** (魚の)ひれ; (アザラシなどの)ひれ状器官. **2** (飛行機, ロケットなどの)垂直安定板; (自動車の)走行安定板; (潜水艦などの)水平舵(だ). **3** 〖米〗(潜水用のゴム製の)足ひれ (flipper). ***fin, fùr, and féather(s)*** 魚類・獣類・鳥類. [<古期英語]

fin[2] 名 C 〖米旧俗〗5 ドル札. [<イディッシュ語 *finf*「5」]

Fin. Finland; Finnish.

fin. finance; financial; finis; finished.

fin·a·ble /fáinəb(ə)l/ 形 =fineable.

fi·na·gle /finéigl/ 動 〖話〗他 をだます; をだまし取る.
── 自 ぺてんを行う, だます.

‡fi·nal /fáin(ə)l/ 形 ¢ **1** 〈限定〉**最終の**, 最後の, (類語 ある過程の決着・完結の意味が強い; →last[1]). the ~ chapter of a book 本の最終章.
2 最終的な, 決定的な, 究極的な; この上なく厳しい[苛烈な, 痛烈な]. the ~ aim 究極の目的. the ~ ballot 決選投票. This decision is ~. この決定は最終的だ(変更を許さない). We refuse your offer, and that's ~. 君の申し出は断る―もうこの件は終わり[問答無用]だ. the ~ irony 痛烈極まる皮肉, 皮肉の決定版.
3 〖文法〗目的を表す. a ~ clause 目的節《「..するために」の意味を表し, 例えば so that で始まる副詞節》.
── 名 (複 ~s /-z/) C **1** 最終[最後]のもの. **2** 〈しばしば ~s〉(競技の)**決勝戦**. Our team reached the ~*s* of the tournament. 我がチームはトーナメントの決勝に進出した. **3** 〈しばしば ~s〉最終[期末]試験. take [〖主に英〗sit (for)] one's ~*s* 期末試験を受ける. the chemistry ~ 化学の最終試験. **4** (日刊新聞の)最終版.
[<ラテン語 *finis*「終わり」; -al]

‡fi·na·le /finæli, -ná:-|-ná:-/ 名 C **1** 〖楽〗終楽章, 終曲, フィナーレ; 〖劇〗最後の幕, 大詰め. **2** (劇的事件の)終局, 大団円. [イタリア語 'final']

‡fí·nal·ist 名 C 決勝戦出場者[チーム].

‡fi·nal·i·ty /fainǽləti, fi-/ 名 U 最終的[決定的]であること; 結末, 決着. He shook his head with an air of ~. 彼はきっぱりした様子で首を横に振った.

‡fí·nal·ìze 動 他 〔計画など〕を終了[完了]させる, に結末[結着]をつける; 〔条約など〕を締結する; を決定的にする.

‡fi·nal·ly /fáin(ə)li/ 副 ¢ **1 最後に**, 終わりに当たって. And, ~, I should like to thank you all. そして, 終わりに当たり, 諸君に感謝したい.
2 ついに, とうとう (類語「とうとう」の意味では finally は

一般的な語で, たいていの場合に用いられる; after all は予想どおりの結果が得られなかった場合に(普通, 文[節]尾に)用いる; at last は多くの失敗や困難があったが最後にはうまくゆくことを表し, 否定文には用いない). The boy ～ admitted he was wrong. 少年はとうとう自分が間違っていたと認めた. **3** 最終的に, 決定的に. settle a matter ～ 問題を最終的に解決する.

Fìnal Solútion 名 〈the ～〉「究極的解決」《ユダヤ人抹殺を Hitler がこう呼んだ》.

fìnal stráw 名 ＝last straw.

*__fi·nance__ /fənǽns, fáinæns|fainǽns, fə-/ 名
1 U **財政**, 財務; 財政学. public ～ 国家財政. the Minister [Ministry] of *Finance* (日本などの)大蔵大臣[大蔵省].
2 U 融資(金); 金融. **3** 〈～s〉(特に, 政府, 企業の)**財政状態**, 収支; **財源**; 収入, 歳入. His (personal) ～*s* are low. 彼は金回りが良くない.
── 動 (**-nanc·es** /-əz/|過 過分 **～d** /-t/|**-nanc·ing**) 他 の**資金を調達する**[賄う], に資金を供給する, 融資する; 〔ある金額〕を融資する. ～ the state 国の財政を賄う. ～ a new house 新しい家のための資金を調達する. His grandfather ～*d* his education. 祖父が彼の学資を出してくれた. The researches are to be ～*d* by the Department of Education. その研究は文部省から費用が出ることになっている.
[＜古期フランス語「けりをつけること, 借金の弁済」]

fínance còmpany 名 C 金融会社.

fínance dirèctor 名 C 〖主に英〗財務担当重役.

fínance hòuse 名 〖英〗＝finance company.

‡**fi·nan·cial** /fənǽnʃ(ə)l, fai-/ 形 ⓒ **財政の**, 財務の; 金融の; 財界の. ～ ability 財力. a ～ book 会計簿. ～ circles [the ～ world] 財界. a ～ institution 金融機関. ～ markets 金融市場. for [because of] ～ reasons 財政上の[経済的な]理由で.
▷**～·ly** 副 財政的に(は), 財政上(は).

Finàncial Tímes 名 〈the ～〉『ファイナンシャルタイムズ』《英国の最も権威あるとされる経済新聞》.

finàncial yéar 名 C 〖英〗会計年度 (〖米〗fiscal year) 《英国政府では 4 月 6 日から 1 年間》.

†**fin·an·cier** /fìnənsíər, fài-|fainǽnsiə, fi-/ 名 C 財政家, 資本家; (大)投資家, 金融業者. [フランス語]

fín·bàck 名 C 〖動〗ナガスクジラ.

finch /fintʃ/ 名 C 〖鳥〗アトリ(科の鳥の総称). →bullfinch, chaffinch, goldfinch.

‡**find** /faind/ 動 (**～s** /-dz/|過 過分 **found** /faund/|**find·ing**) 他
【(偶然)見つける】 **1** (たまたま)を**見つける**, に(ふと)出会う; VOC (～ X Y/*doing*/*done*) X が Y である/..している/..されているのを見つける. I *found* a coin on the sidewalk. 歩道にコインが落ちていた. She *found* the man dead [dy*ing*, *injured* in the head]. 彼女はその男が死んで[死にかけて, 頭にけがをして]いるのを見つけた.
2 〖雅〗VOC (～ X Y/*doing*) 〔特定の時代, 出来事などが〕X (人)が Y であるのを/..しているのを見いだす; 〔手紙が〕〔相手〕を見いだす. Sunday afternoon *found* him read*ing* a magazine in the garden. 日曜日の午後彼は庭で雑誌を読んでいた. I hope this letter ～*s* you in good health. お元気のことと思います《健康状態, 近況などに関する丁寧な手紙の表現》.
3【自然に見つける】 **(a)** VO (～ *that* 節) (経験, 調査などによって)と**分かる**, 知る; と思う, 感じる. I *found* (*that*) I was wrong. 私は自分が間違っていることが分かった. **(b)** VOC (～ X (*to be*) Y) X が Y であると分かる, 思う. I *found* the book (*to be*) tedious. ＝I *found that* the book was tedious. (読んでみたら)その本は退屈だった. *How* do you ～ your new car? 新車の乗り心地はどうですか (★この文型は VOA). You will ～ it hard to solve the problem. その問題を解くのは難しいことが分かるでしょう. We ～ it surprising that they lost the game. 彼らが試合に負けたことに我々は驚いている (★最後 2 例は形式目的語構文).
【見つかる】 **4** (捜せば)が見つかる (★進行形不可; 捜す努力の意味が弱く, 日本語の「ある」,「いる」に相当することが多い). You ～ koalas [Koalas are *found*] only in Australia. コアラはオーストラリアにしかいない. You'll ～ a church across the street. 通りの向こう側に教会があります.
5 〔好評など〕を受ける. His speech *found* deep sympathy. 彼の演説は深い共感を得た.
6 【到達点が見つかる】〔目標など〕に届く, 達する, (reach). The arrow *found* its mark. 矢が的に当たった.
【見つけ出す】 **7** **(a)** (捜して)を**見つけ出す**, 発見する; (求めて)を手に入れる; 〔時間, 費用など〕を工面する, 捻(ねん)出する. ～ the missing key 紛失した鍵(かぎ)を見つける. Where will I ～ you? どこでお会いしましょうか《待ち合わせ場所の確認などで》. ～ a good job よい職を得る. The ring was nowhere to be *found*. その指輪はどこにも見つからなかった. I can't ～ time to read the book again. その本を読み返す暇が見つからない. ～ the courage to tell the truth 本当のことを言う勇気を奮い起こす. **(b)** 〖英俗・婉曲〗を盗む, '失敬する'.
8 VOO (～ X Y)・VOA (～ Y *for* X) X に Y **を見つけてやる**. Please ～ me an opening. ＝Please ～ an opening *for* me. 就職口を見つけてください.
9【答を見つけ出す】〔解決策など〕を見つける, 考え出す, 〔答え〕を算出する. ～ the solution to a problem 問題の解決策を考え出す. ～ the area of a triangle 三角形の面積を求める.
10 〖法〗VOC (～ X Y) X が Y であると判定[認定, 評決]する; VO (～ *that* 節) ..であると判定する. The jury *found* the defendant guilty. 陪審は被告を有罪と評決した.
【見つけてやる＞与える】 **11** を供給する, 支給する, 〈*for* ..〔人〕に〉; VOA (～ X *in*..) X に..を支給する. This hotel does not ～ meals. このホテルは食事を出さない. He *found* his employees *in* clothes. 彼は雇い人に着物を支給した.
12 〖米方〗〔家畜が〕〔子〕を産む.
── 自 **1** 〖法〗VA 〔陪審が〕評決をする 〈*for*..に有利に/*against* ..に不利に〉. The jury *found for* the plaintiff. 陪審は原告に有利な評決をした. **2** 〖英〗(狩りで)獲物を見つける.

àll fóund 〖英〗(雇用の条件として, 給料外に)食事・宿所など付きで (→他 11). get $200 a week and *all* ～ 食住など付きで週 200 ドルもらう.

fìnd one's féet [***légs***] (1) 〔幼児などが〕立って歩けるようになる. (2) 社会的に独り立ちする.

****fìnd X in Y*** (1) Y に X を見いだす; Y が X であると分かる. ～ consolation *in* the bottle 酒に慰めを見いだす, 酒を飲んで気を紛らす. I *found* a good friend *in* him. (交際してみたら)彼はよい友達だった. (2) →他 11.

fìnd it in oneséelf [***one's héart***] ***to dò*** →heart.

****fìnd onesèlf ..*** (1) (気がついてみると)**自分が..にいる**[である]; (気がつくと)..している 〈*doing*〉; ..な気分である, と感じる. He awoke to ～ him*self* in hospital. 気がついたら彼は病院にいた. How do you ～ your*self* today? 今日はご気分いかがですか. (2) **自己の天分[力量]を悟る**; 自分の進むべき道を知る. Most people don't begin to ～ them*selves* until they work in society. ほとんどの人は社会に出て就職するまで自分自身(の能力)が分からない. (3) 〖英〗自弁する 〈*in* ..〔衣食〕を〉.

fìnd óut 探し出す; 分かる; 〈*about* ..について〉. I *found out about* the plot by chance. たまたまその陰謀

を知った.

***fìnd /../ óut** (1) ..を見つけ出す;〔解答〕を出す,〔犯人〕を探り出す,〔人の正体, 悪事など〕を見破る. ~ *out* an easier method もっと楽な方法を考え出す. I thought you were honest; now I have *found* you *out*. 君は正直な人かと思っていたが, 今やっと正体が分かったよ. (2) (注意, 調査などによって)を発見する, 知る, 〈*that* 節 ..ということ/*wh* 節・句 ..か/*if* 節..かどうか〉. The teacher has *found out* (*that*) Tom smokes. 先生はトムがたばこを吸うことを知った. ~ *out why* he is always late なぜ彼がいつも遅れるのかが分かる.

find sómething 〖英俗〗仕事[職]を見つける.

***fìnd *one's* wáy** (1) 骨折って進む; たどりつく, やっと到着する, 〈*to* ..へ〉(→way[1] 2 語法). The boy could not ~ his *way* out of the woods. 少年は森からどうしても出られなかった. (2)〈無生物が主語〉〔目標〕に(自然に)届く, 到達する. Rivers ~ their *way to* the sea. 川は海へ注ぐ.

── 名 C 発見; 発見物; '拾い物'. make a great ~ すばらしい掘り出し物を見つける. [<古期英語]

†fínd·er 名 C **1** 発見者, 拾得者. **2** ファインダー (**a**) カメラの付属装置. (**b**) 対象物の位置確認のために大望遠鏡に付ける小型望遠鏡. 「拾った人が言う言葉》.

Fìnders kéepers. 拾った物は自分の物《他人の物を↑

fin de sie·cle /fæ̀n-də-sjékl/ 名 〈the ~〉世紀末《特に 19 世紀末》. ── 形 〈限定〉世紀末の. [フランス語 'end of (the) century']

†fínd·ing 名 **1** U 発見; C〈普通 ~s〉発見物, 拾得物. **2** C〈普通 ~s〉〖法〗認定, 決定, (陪審員の)評決の答申. **3** C〈普通 ~s〉所見, (委員会などの)調査結果[報告]. **4** 〈~s〉〖米〗(職人が用いる)小道具類.

Fìnding's kéeping. =FINDERS keepers.

‡fine[1] /fain/ 形 e (★9 は ¢) (**fín·er**|**fín·est**)

【仕上がった】〈普通, 限定〉 **1** 上質の, 精製した;〔金, 銀などが〕純度の高い. ~ sugar 精製糖. ~ gold 純金. ~ chemicals 精製化学薬品.

2 優秀な, すぐれた; 巧みな. a ~ musician すぐれた音楽家. **3** 洗練された, 上品な, 高潔な; お上品ぶった, 気取った. She has ~ manners. 彼女は立ち居振舞が洗練されている.

【粗さのない>細かい】〈普通, 限定〉 **4** (粒の)細かい (↔coarse);〔糸などが〕細い,〔織物などが〕目の細かい;〔気体などが〕希薄な;〔刃などが〕先のとがった, 鋭い. ~ powder 細かい粉. ~ rain ぬか雨. a ~ pen 細字用のペン(先).

5〔感覚などが〕敏感な, 繊細な;〔区別などが〕微妙な, 細かい. an artist of ~ sensibilities 繊細な感受性を持つ芸術家. the ~ distinction between the two sounds 2つの音の微妙な差異.

【申し分のない】 **6**〖話〗(**a**)〈普通, 限定〉見事な, すばらしい;〈反語的〉ご立派な, ひどい. ~ potatoes (大きくて)見事なジャガイモ. a man of ~ presence 風采(さい)の立派な男. have a ~ time 実に楽しい時を過ごす. say ~ things うまいことを言う, お世辞を言う. That's a ~ excuse! いやはやご立派な言い訳だね. Here's a ~ end to it all. 全くお見事な結末だな, これは. (**b**)〈叙述〉十分な, 満足できる, 結構な, (all right, satisfactory). The flat is ~ *for* a childless couple. そのアパートは子供のいない夫婦には向いている. That's ~ *by* [*with*] me. 私はそれで結構だ. "Have some coffee?" "*Fine*."「コーヒー飲むかい」「いいな(ごちそうになろう)」.

7〈普通, 限定〉美しい, きれいな; 美貌(ぼう)の. her ~ little hands 彼女のきれいなかわいい手.

8〔天気が〕晴れた;〈広義では〉雨の降っていない;〔気候などが〕快い; (類語「晴れた」の意味の一般的な語; →clear, fair[1] 4). a spell of ~ weather 晴天続き. on a ~ day 晴れた日に.

9 ¢ 〈叙述〉元気な, 気分がいい. "How are you?" "*Fine*, thank you."「いかがですか」「ありがとう, 元気です」

fíne and 〈副詞的〉ひどく, とても, (→and 6). I was ~ *and* startled. 本当にびっくりした.

gèt..dówn* [*óff*] *to a fìne árt 〖話〗〔技術など〕を完全に学びとる[自分のものにする]. 「に言えば.

nòt to pùt too fìne a póint on it 率直[あけすけ]↑

***òne fìne dáy* [*mórning*]** ある日[朝]のこと, いつか(思いがけなく), 《物語などで過去にも未来にも用いる; fine に特別な意味はない》.

òne of thèse fìne dáys いつかそのうちに.

── 副 **1**〖話〗うまく, 具合よく. Maggie is doing ~ in school. マギーは学校で立派にやっている. That job suited me ~. その仕事は私にぴったりだった. **2** 細かく, 細く. cut a carrot ~ ニンジンを細かく切る.

cùt* [*rùn*] *it fíne 時間の余裕なしで行動する, ぎりぎりのところで実行する.

── 動 他 **1** を(だんだん)細かく[細く, スリムに]する〈*away, down*〉. **2** を精製する;〔ワイン, ビール〕を清澄する《製造中におりを除く》. ── 自 **1** (だんだん)細かく[細く, スリムに]なる〈*away, down*〉. **2**〔ワインなどが〕澄む. [<ラテン語「究極の, 完成された」(< *fīnis* 'end, limit')]

***fine**[2] /fain/ 名 (複 **~s** /-z/) C **罰金**, 科料. a heavy [maximum] ~ 重い[最高額の]罰金. library ~*s* 図書借出期限超過の罰金. pay a ~ for illegal parking 駐車違反で罰金を払う. ── 動 他 に罰金を科する; VOO (~XY) XにY(罰金)を科する〈*for* ..のかどで〉. He was ~*d* fifty dollars *for* speeding. 彼はスピード違反で50ドルの罰金をとられた. [<ラテン語 *fīnis*「終り, 結着」]

fíne·a·ble 形 罰金を科せられる〔行為など〕.

fìne árts 名 〈the ~〉美術《特に絵画, 彫刻; 時として建築, 音楽, 詩, 舞踊, 工芸を含める; 抽象的に言う場合は **fìne árt**》. 「別などが〕微妙な.

fìne-dráwn /㊥/ 形 **1** 細長く引き伸ばした. **2**〔区↑

fìne-gráined /㊥/ 形 きめの細かい.

†fine·ly /fáinli/ 副 **1** 立派に, 見事に, きれいに. a ~ dressed woman 盛装した女性. **2** 細かく〔刻むなど〕; 精巧に. ~-ground pepper 細かくひいたコショウ.

†fíne·ness 名 U **1** 立派さ, 見事さ, 美しさ. **2** 良質; 純度; 洗練, 上品さ, 優雅さ. **3** 細かさ, 細さ; 鋭敏, 繊細; 微妙.

fìne prínt 名 U 〈普通 the ~〉細字部分, (約定の)細目, 《契約書などで他より小さい活字で書いてある; 見うらいので一般の人はとかく読まない》.

fin·er·y /fáinəri/ 名 U 〖章〗華美な衣装《装飾品を含めて》. The young man was dressed in all his ~. 若者はすっかりめかし込んでいた.

fines herbes /fìːn(z)éərb/ 名 U 〈複数扱い〉〖料理〗フィーヌゼルブ《細かく刻んだパセリ, チャービルなどの香草; 料理に振りかけて風味を添える》. [フランス語 'fine herbs']

fìne·spún /㊥/ 形 **1** ごく細く紡いだ[伸ばした]. **2** 大変微妙な.

fi·nesse /fənés/ 名 U **1** すぐれた技巧, 手練; 手腕. with ~ 手際よく. show ~ in handling angry customers 怒った客の取扱いに腕の良さを見せる. **2** 策略, 計略. **3**〖トランプ〗フィネッス《ブリッジなどで低い点のカードで勝てると予測して手持ちの最高点の札を保留すること》. ── 動 他 **1** を(術策を用いたりして)見事に[巧みに]やってのける[処理する]. **2**〖トランプ〗〔手持ちの最高点の札〕をフィネッスする. [フランス語 'fineness']

fìne-tòoth(ed) cómb /-θ(t)-/ 名 C **1** 目の細かいくし. **2** 念を入れた調査. go over [through] a document with a ~ 文書を入念に調査する.

fìne-túne 動 他 を微調整する. ▷**fine-tuning** 名

Fìn·gal's Cáve /fíŋgəlz-/ 名 フィンガルの洞窟(くつ)

《スコットランド西部 Hebrides 諸島の Staffa 島にある; 六角柱の岩がある》.

‡**fin·ger** /fíŋɡər/ 名 (複 ~s /-z/) Ⓒ **1** (手の)指 (★特に親指 (thumb) 以外の指を言う; 足の指は toe). the index [first] ~ 人差し指 (★親指から数える場合は人差し指は second finger となり, 以下 1 つずつずれる). the middle [long, second] ~ 中指. the ring [third] ~ 薬指 (★the ring finger は普通左手の薬指を指す). the little [fourth] ~ 小指 (《米話》 pinkie). He pointed his ~ at her. 彼は彼女を指差した. She ran her ~*s* through her hair. 彼女は指で髪をすいた. He ran his ~*s* along her bare back. 彼は彼女のむき出しの背中に指を走らせた. hold a thing between ~ and thumb 親指ともう 1 本の指で物をつまむ. ~ marks on the wall 壁についた指の跡. ~-lickin' good 指(に付いたの)をなめるほどおいしい《Kentucky Fried Chicken の広告で有名になった; lickin' は licking》.

2 指状のもの; (手袋の)指, (時計などの)指針; 〈普通 a ~ of ..で〉(指のように)細長いもの. a ~ of cake 細長いケーキ. **3** (液体を量る目盛りとしての)指の幅. two ~*s* of gin (グラスの底から)指幅 2 つ分のジン. 「THUMBS.

be all fingers and thúmbs 《英話》 =be all↑

bùrn one's fíngers (余計な手出しをして)ひどい目にあう, 'やけどする'.

cròss one's fíngers = ***kèep one's fíngers cròssed*** 《話》 指を組み合わせる《中指を人差し指の上に重ねて十字形を作る; 願いがかなえられることを祈るしぐさ》. We all kept our ~*s crossed* as the plane made an emergency landing. 飛行機が不時着した時みんな(祈るような気持ちで)指を組み合わせた. 「自由に動かない.

one's fíngers are àll thúmbs 不器用である, 指が↑

one's fìngers ítch 指がむずむずする 〈*to* do ..したくて〉. 「FINGERS.

gèt [hàve] one's fíngers bùrnt =burn one's↑

give a pèrson the fínger 《米話》(手の甲を相手に向けて)中指を立ててみせる《怒り, 侮辱のしるし》.

hàve a fínger in èvery píe 《話》 あらゆる[いろんな]物事[事件]に首を突っ込む. 「FINGERTIPS.

hàve ..at one's fíngers' énds =have..at one's↑

lày a fínger on .. ..に指 1 本[ちょっと]でも触れる 〈疑問文・否定文・条件文で〉. If you *lay a* ~ *on* me, I'll sue you. 私に指 1 本でも触れたらあなたを訴えますよ.

lày [pùt] one's fínger on .. 〔間違いなど〕を的確に指摘する, ずばりと言い当てる. I can't quite *put* my ~ *on* the cause of the trouble. その故障の原因をずばりと指摘することはできない. 「HAND.

lìft [ràise, stìr] a fínger =lift [raise, stir] a↑

pòint the [a] fínger at .. 《話》 ..を公然と非難する.

pùll [tàke, gèt] one's fínger òut 《英話》(怠けていたのをあらためて)一生懸命に働き出す. 「'たれ込む'.

pùt the fínger on .. 《俗》 ..を(警察などに)密告する,↑

pùt two fíngers ùp at a pérson 《英話》 =give a person the FINGER 《《英》 では(手の甲を相手に向けて)人差し指と中指の 2 本を立てる》.

slìp through a pèrson's fíngers (指の間から抜け落ちるように)なくなる; 逃げる. Money *slips through* my ~*s* somehow. 私はどうも金が残らない. I can't let the opportunity *slip through* my ~*s*. その機会を逃すわ↓

snàp one's fíngers at .. →snap. ⌊けにはいかない.

stìck to a pèrson's fíngers →stick².

twìst [wìnd, wràp] a pèrson around [róund] one's lìttle fínger 《話》 人を思いのままに操る.

wòrk one's fíngers to the bóne 身を粉(こ)にして働く.

── 動 他 **1** を指でさわる, いじる, まさぐる. **2** 〔楽器〕を(指で)弾く. **3** 《俗》〔容疑者〕を 'サツ' に売る《特に, 仲間が密告する》. [<古期英語]

fínger àlphabet 名 Ⓒ (聾唖(ろうあ)者用の)指文字 (manual alphabet).

fínger·bòard 名 Ⓒ (ヴァイオリンなどの)指板(ばん).

fínger bòwl 名 Ⓒ (食卓に出す)指洗い鉢, フィンガーボール.

fín·gered 形 **1** 〈普通, 複合語で〉(..な)指をした; 指が..の; (..本の)指を使った. **2** 指状の, 指状に分かれた.

fínger fòod 名 Ⓤ 指でつまめる食べ物. 「ヤルの穴.

fínger hòle 名 Ⓒ (管楽器の)指穴; (電話器の)ダイ↑

fín·ger·ing /fíŋ(ɡ)əriŋ/ 名 Ⓤ **1** 指でいじること. **2** 《楽》(ピアノなどの)運指法; (楽器の)つまぐり; (タイプライターの)指使い.

fin·ger·ling /fíŋɡərliŋ/ 名 Ⓒ (サケ・マスなどの)幼魚; 〈一般に〉非常に小さいもの, 小物.

fínger·màrk 名 Ⓒ (汚れた)指の跡.

†**fínger·nàil** 名 Ⓒ (手)指のつめ.

hàng (ón) by one's fíngernails (勝算[成功の見込み]は少ないが)何とか頑張っている〈しばしば進行形で〉.

fínger-pàint 動 他, 自 (を)指頭画法で画く (→finger painting). 「指で描く; 特に子供がする》.

fínger pàinting 名 Ⓤ 指頭画(法)《筆の代わりに↑

fínger·plàte 名 Ⓒ 指板《ドアのハンドルの周囲の金属や陶器の板; 指跡の汚れを防ぐ》.

fínger-pòinting 名 Ⓤ 非難(の応酬).

fínger·pòst 名 Ⓒ 道標《人差し指で方向を示した絵》; 指針 〈*to* ..の〉.

†**fínger·prìnt** 名 Ⓒ 指紋. take the suspect's ~*s* 容疑者の指紋を取る. ── 動 他 〔人〕の指紋を取る, 〔場所, 物など〕から指紋を採取する.

fínger·stàll 名 Ⓒ 《英》 指サック.

†**fínger·tìp** 名 **1** Ⓒ 指先. **2** 指サック. **3** 〈形容詞的〉すぐ手に入る[使える]. 「..に精通している.

hàve ..at one's fíngertips ..を即座に利用できる;↑

to one's [the] fíngertips 徹底的に, 完全に. He is a pacifist *to* his ~*s*. 彼は徹底した平和主義者だ.

fin·i·cal /fínik(ə)l/ 形 =finicky.

fín·i·cal·ly 副 ひどく気にして.

fin·ick·ing /fínikiŋ/ 形 =finicky.

fin·ick·y /fíniki/ 形 **1** 好みがうるさい, ひどく気にする, 〈*about* ..〔服装など〕について〉. **2** 〔作業などが〕細かい注意を要する, 手が込んでややこしい.

fi·nis /fínəs, fái-/ 名 Ⓒ 〈単数形で〉終わり, 結び, (the end). [ラテン語]

‡**fin·ish** /fíniʃ/ 動 (~·es /-əz/|過 過分 ~ed /-t/|~·ing) 他 **1** (a) VO (~ X/*doing*) X を/..することを終える, 済ます; を完成する, 完了する; 〈*off, up*〉(★不定詞を目的語としない) (類語 ある過程の最終段階の仕上げを強調する; →close 6, conclude, end). Have you ~*ed* your homework? 宿題は済みましたか. ~ a book 本を読み[書き]終える. ~ (writ*ing*) a letter 手紙を書き終える. The schoolhouse will soon be ~*ed*. 校舎は近いうちに落成するでしょう. (b) VOA を終わりにする, 終える, 〈*with* ..で/*by* doing ..して〉. We ~*ed* the party *with* a dance [*by* sing*ing Auld Lang Syne* in chorus]. 最後は踊って[「ほたるの光」を合唱して]パーティーをおひらきにした.

2 に(最後の)仕上げを施す, を磨き上げる, 〈*off*〉; 〔人〕に仕上げの教育をする, 〔若い女性〕に花嫁修業させる. ~ an iron frame with a file 鉄の枠をやすりで仕上げる.

3 を食べ[飲み]終える, 〔たばこなど〕を吸い終える, 〔品物〕を使いきる, 〈*up, off*〉. ~ a spool of thread 糸をひと巻き使いきる. ~ *off* the beer at one gulp ビールを一気に飲んでしまう.

4 《話》 (a) をへとへとに疲れさせる, 参らせる; を台無しにする; 〈*off*〉. The long drive ~*ed* me *off*. 長いドライブでくたくたになった. (b) に(手早く)けりをつける; にとどめを刺す, を殺す, 〈*off*〉. I could ~ him (*off*) with a single

F

blow. あいつなんか 1 発でのしてやれるんだが.

—— 自 **1**〔人が〕(仕事などを)**終わる**, 済ませる. He ~*ed* before anyone else. 彼は真っ先に(仕事が)終わった.

2 VA 〔物事が〕終わる, 結着する, 〈*with* ..で〉; 〔人が〕(物事を)終わりにする, 締めくくる, 〈*up*〉〈*with* ..で / *by* do*ing* ..して〉. The story ~*es with* the couple's marriage. その物語は 2 人の結婚で終わる. The pianist ~*ed* (*up*) *with* [*by* play*ing*] a sonata. そのピアニストはソナタで[を弾いて]最後を締めくくった. **3** VA (競走で) ..着でゴールインする (★A は序数). His horse will ~ third, at best. 彼の馬はせいぜい 3 着だろう.

fìnish úp 最後は..で終わる[になる] (end up). ~ *up* bankrupt [as a criminal] あげくの果てに破産する[犯罪者になる]. He ~*ed up* in jail. 彼は行きつく所は刑務所だった.

F

fínish with.. (1)〔人が〕..を用済みにする. Have [Are] you ~*ed with* the paper? 新聞はお済みになりましたか. (2) ..と関係を絶つ, 手を切る, (★普通, 完了形で用いる). I've ~*ed with* Tim. ティムとは手を切った. My son has ~*ed with* gambling. 息子は賭(か)け事をやめた. ◇↔begin, commence

—— 名 (複 **~·es** /-əz/) **1** C 〈単数形で〉**終わり**, 終結, 終局. from start to ~ 初めから終わりまで. The race had a close ~. そのレースのゴール際は大接戦だった. cross the ~ (line) ゴールインする.

2 aU 仕上げ(の仕様), 磨き; U 仕上げ材. The car had a shiny ~. 車はぴかぴかに仕上げられていた.

be in at the fínish (キツネ狩りで)最後の場にいる; (競技などで)最後まで残る; (事件などの)最後の場面を見届ける.

fìght to a [the] fínish 完全に決着がつくまで戦う《このような戦いを a fight to the finish と言う》.

[<古期フランス語「終える」(<ラテン語 *fīnīre* 'end'); -ish²]

fín·ished /-t/ 形 **1**〖話〗〈叙述〉〔人が〕(仕事などを)終わって; 縁が切れて 〈*with* ..と〉; 〔物事が〕終わって, 済んで. The carpenter was ~ by five o'clock. 大工は 5 時までに仕事を終わりにした. be ~ do*ing*〖米〗〔人が〕..するのが済んでいる, ..し終えている. **2**〈普通, 限定〉仕上がった, 完成した, (↔unfinished). ~ goods 完成品. **3**〈普通, 限定〉(教養, 技量などの点で)申し分のない; 洗練された. a ~ gentleman 立派な紳士. ~ manners 上品な態度. **4**〈叙述〉破滅した, もはやだめな. My company has gone bankrupt. I'm ~. 会社が倒産した. もうだめだ.

fín·ish·er 名 C **1** 完成者, (レースの)完走者. **2** 仕上げ工. **3** 物事の帰趨(きすう)を決する一事, とどめの一撃.

fín·ish·ing 形 最後の; 仕上げの. put the ~ touches to [〖米〗on] a painting 絵画に仕上げの筆を入れる. **——** 名 U 仕上げ.

fínishing lìne 名〖英〗=finish line.

fínishing schòol 名 C (若い女性が社交界に出るための教養を身につける)仕上げ学校, 花嫁学校.

fínish lìne 名 C〖米〗(競走の)決勝線.

‡**fi·nite** /fáinait/ 形 **1** 限りある, 有限の;〖数〗有限の; (↔infinite). **2**〖文法〗定形の (→下段 文法; ↔non-finite). ▷ **~·ly** 副 **~·ness** 名

> 文法 **finite form** と non-finite form: 動詞の形のうち主語について何かを述べる述語動詞となって人称・数・時制・法によって限定されているのを定形 (finite form) と呼ぶ. 例えば He *plays* baseball. の *plays* は 3 人称・単数・現在・直説法の定形である. これに対し述語動詞でなく, 特定の主語と結びつかない形を非定形 (non-finite form) と呼び, これには不定詞 (infinitive), 分詞《現在分詞・過去分詞》(participle), 動名詞 (gerund) の 3 種がある.

fìnite vérb 名 C〖文法〗定(形)動詞《定形をした動詞》.

fink /fiŋk/ 名 C〖米話〗**1** (警察への)密告者. **2** スト破り《人》. **3** いやなやつ, ろくでなし. **——** 動 自〖米俗〗密告する, ちくる, たれこむ, 〈*on* ..を〉.

fìnk óut〖米俗〗足抜けをする, ずっこける, 〈*on* ..〔約束した事など〕から, ..(の仲間)から〉.

Fin·land /fínlənd/ 名 フィンランド《北欧の共和国, 原語名 Suomi; 首都は Helsinki》.

Finn¹ /fin/ 名 C **1** フィンランド人. **2** フィン族(の人)《ウラル付近を原住地としたアジア系民族; のちフィンランドを中心に北欧に移住》.

Finn² 名 →Huckleberry Finn.

Finn. Finnish.

fin·nan (had·die) /fìnən(-hǽdi)/ 名 C 燻(くん)製のタラ (**fìnnan háddock**).

Finn·ish /fíniʃ/ 形 フィンランドの; フィンランド人[語]の; フィン族の. **——** 名 U フィンランド語.

Fìn·no-Úgric /fìnou-/ 名 U, 形〖言〗フィンウゴル語(の)《Ural-Altaic の下位区分; ハンガリー, ラップ, フィンランド, エストニアなどの諸言語を含む》.

fin·ny /fíni/ 形 **1** ひれのある; ひれ状の. **2**〖詩〗魚に満ちた.

fín whàle 名 =finback.

fiord /fjɔːrd/ 名 C フィヨルド, 峡湾. [<古期北欧語]

†**fir** /fəːr/ 名 C〖植〗モミ(の木) (**fír trèe**)《クリスマスツリーに用いる》; U モミ材.

‡**fire** /faiər/ 名 (複 **~s** /-z/)

【火】 **1** U **火**; 炎 (flame). Beware of ~.〖掲示〗火の用心. *Fire* is one of the four elements. 火は四大(しだい)《地水火風》の 1 つである. There is no smoke without ~.〖諺〗火のない所に煙は立たぬ.

2 C (暖房用, 炊事用の)**火**, 炉火; たき火;〖英〗暖房器. build a ~ 火を起こす. light a ~ 火をつける. extinguish a ~ 火を消す. People ran out leaving ~*s* burning. 人々は火をつけっぱなしにして飛び出した. feed the ~ with wood 火に薪(まき)をくべる. an electric [a gas] ~〖英〗電気[ガス]ストーブ.

> 連結 make [kindle, set, start; put out] a ~ // stir [stoke (up)] a ~ // a ~ roars [rages; glows; crackles; smolders; dies down; goes out]

3 UC **火事**, 出火, 火災. a forest ~ 山火事. A ~ broke out. 火事が起こった. There were several ~*s* last night. 昨夜数件の火事があった. fight a ~ 消火活動をする. look out for ~ 火の用心をする. insure a house against ~ 家に火災保険を掛ける.

4【砲火】 U 射撃, 発砲, 砲火; aU (言葉による)攻撃, 非難. exchange ~ with the enemy 敵と砲火を交える. return his ~ 彼に向かって撃ち返す. receive a ~ of criticism 激しい非難を受ける.

【火に似たもの】 **5** U (火のような)輝き, きらめき; (宝石などの)輝き. the ~ of the sunset 燃えるような夕焼け.

6 U (燃えるような)熱情, 興奮; 活気; 旺(おう)盛な想像力. the ~ of love 恋の炎. The candidate's speech lacked ~. 立候補者の演説は熱を欠いていた. She is filled with poetic ~. 彼女は詩的霊感に満ちている.

7 U 発熱, 炎症. the ~ of disease 病気の発熱.

8 UC 苦難, 試練.

between twò fíres 2 方向から砲火を受けて; 板ばさみになって.

càtch fíre 火がつく. Dry dead leaves *catch* ~ easily. 乾いた枯れ葉は火がつきやすい.

cèase fíre 砲撃をやめる; 戦闘を中止する; (↔open fire (1)). *Cease* ~! 撃ち方やめ《号令》.

dràw a pèrson's fíre*=*dràw the fíre of a pèrson (他人を助けるために)敵の攻撃を自分に引きつける; 怒り[非難など]を自分に向けさせる.

fire and brímstone (神の怒りにふれた)地獄の責め苦, 天罰, 《聖書より》.

fìre and swórd 〘章〙兵火と殺戮(さつりく), 戦争の惨禍.
gò through fìre and wáter 水火を辞さない, あらゆる危険を冒す〈*for* ..のために〉.
hàng fíre →hang.
hòld** one's **fíre (敵の所在を知るまで)むだ撃ちをせずに待つ; (時が来るまで)非難しないでおく.
in the (dirèct) lìne of fíre 弾がまともに当たる場所に, 弾道に身をさらして. (→line of fire)
lày a fíre (暖炉の中などに紙や薪(まき)を置いて)火をたく準備をする.
mìss fíre 〔鉄砲が〕不発に終わる; しくじる.
*****on fíre*** (1) **燃えて(いる), 火災を起こして(いる).** His house is *on* ～. 彼の家が火事だ. (2) 熱中して(いる). (3)〔身体の一部が〕ひりひり痛んで. My tongue is *on* ～. 舌がひりひりする.
òpen fíre (1) 砲撃を開始する, 発射し始める, (↔cease fire). The enemy *opened* ～ on us. 敵は我が軍に砲撃を始めた. (2) (物事の)火ぶたを切る, 始める.
plày with fíre 火遊びをする, 危険なことに手を出す.
pùll..out of the fíre →pull.
sèt fíre to.. ..に火をつける, 放火する.
sèt..on fíre (1) ＝set FIRE to.. (2)〔感情など〕をかき立てる, 興奮させる. The idea of going on a world trip *set* him *on* ～. 世界旅行をする考えは彼を興奮させた.
sèt the wórld [〘英〙***the Thámes***] ***on fíre*** (世間を驚かすような華々しいことをして)名声を得る〈普通, 否定文・疑問文・条件文で〉. Mike is a good pitcher, but he has never *set the world on* ～. マイクは優秀な投手だが, 華々しい名声を博したことは一度もない.
strìke fíre (マッチ, 火打ち石などで)火(花)を出す.
tàke fíre (1) ＝catch FIRE. (2) 興奮する, 熱中する.
under fíre (1) 砲火にさらされて. (2) 非難[批判]を受けて. His policies came *under* ～ from all quarters. 彼の政策は四方八方から批判を浴びた.
── 動 (**～s**|過|過分 **～d**|**fír·ing** /fái(ə)riŋ/) 他
【燃やす】 **1** に**火をつける**, を燃やす; 〔口火など〕に点火する, 〔爆薬など〕を爆発させる; を爆破する. ～ a house 家に火をつける. ～ dynamite ダイナマイトを爆発させる.
2〔暖炉, ボイラー, エンジンなど〕に燃料を補給する.
3【燃え立たす】〔感情など〕をあおる; 〔人〕を興奮させる; 熱中させる. Her dancing *～d* his imagination to compose a sonnet. 彼女の踊りは彼の想像力をかき立ててソネットを作らせた. He is *～d* with the desire to go to Paris. 彼はパリに行きたい気持ちで燃え盛っている. Anthony's speech *～d* the crowd into action. アントニーの演説は群衆をたきつけて行動に移らせた.
【熱して作る】 **4**〔れんが, 陶器など〕を焼いて作る; 〔茶の(葉)など〕をゆっくり加熱して乾かす, 焙(ほう)じる.
【発砲する】 **5**〔銃, 弾丸など〕を**発射する**〈*at, on* ..に向けて〉; 〔非難, 質問など〕を浴びせかける〈*at* ..に〉. ～ a shot 1 発撃つ. ～ a gun [an arrow] 発砲する[矢を射る]. The man *～d* his rifle *at* the statesman [*on* the crowd]. 男は, その政治家めがけて[群衆に向かって]ライフルを発射した. He *～d* insults *at* me. 彼は私に侮辱的な言葉を浴びせかけた.
6〘話〙を力いっぱい[いきなり]投げる. The shortstop *～d* the ball to first base. ショートは 1 塁に矢のような送球をした.
7【発砲する＞追い払う】〘話〙を'**首にする**', に暇をやる. He got *～d* (from his job). 彼は(仕事を)首になった.
── 自 **1** 火がつく, 燃える; 〔エンジンなどが〕点火する. The engine wouldn't ～. エンジンはどうしてもかからなかった.
2 興奮する, 怒る; 熱中する. He *～d* at the suggestion. その提案を聞いて彼は激昂(こう)した.
3 発砲する〈*at, on* ..に向けて〉; 〔銃が〕発射される. ～ *at* the enemy 敵めがけて発砲する. *Fire!* 撃て《号令》. The pistol failed to ～. ピストルは不発だった. **4** 熱くなる; 赤くなる, 輝く.
fìre awáy (1) 撃ちまくる〈*at* ..〔敵など〕を〉. (2)〘話〙どんどん始める[続ける]〈*with* ..〔質問, 非難など〕を〉. The reporters began to ～ *away with* sharp questions. 記者たちは鋭い質問を矢継ぎ早に浴びせ始めた. Well ～ *away*. (質問などを)さあ始めてくれ.
fìre /../ óff 〔弾丸など〕を発射する; 〔質問など〕を浴びせる.
fìre úp かっとなる, 興奮する.
fìre /../ úp 〔ボイラーなど〕の火をたく; 〔エンジン〕をかける.
[＜古期英語]

fíre alàrm 名 C 火災警報; 火災報知器.
†**fíre·àrm** /fái(ə)r-/ 名 C 〈普通 ～s〉(携帯できる小型の)銃砲, 小火器, 《rifle, pistol などの総称》.
fíre·bàll 名 C **1** 大流星; (核爆発で生ずる)火球. **2**〘話〙元気いっぱいの人, 張り切り屋. **3**〘野球〙速球, '火の玉'. ▷**～·er** 名 C 〘野球〙豪速球投手.
fíre blànket 名 C 消火毛布《火にかぶせて消す》.
fíre·bòat 名 C 消防艇.
fíre·bomb 名 C 焼夷(い)弾; 火炎びん (Molotov cocktail). ── 動 他 を焼夷弾[火炎びん]で攻撃する.
fíre·bòx 名 C (蒸気機関, ボイラーなどの)火室.
fíre·brànd 名 C **1** 燃えているたきぎ. **2** (騒ぎの)火つけ役, 扇動者.
fíre·brèak 名 C (森林, 草原の)防火帯《延焼防止のため草木を切り払った所》.
fíre·brìck 名 UC 耐火れんが.
fíre brigàde 名 C 〈普通 the ～〉**1**〘英〙(消防署の)消防隊 (〘米〙fire department). **2**〘米〙(私設の)消火隊, 消防団.
fíre·bùg 名 C 〘話〙放火魔 (arsonist).
fíre chìef 名 C 消防部長.
fíre·clày 名 U (れんが用の)耐火粘土.
fíre còmpany 名 C **1**〘米〙消防隊. **2**〘英〙火災保険会社.
fíre·cràcker 名 C 爆竹, かんしゃく玉.
fíre crèw 名 C 消防隊.
-fired 〈複合要素〉..を燃料とする. a coal-～ power station 火力発電所.
fíre·dàmp 名 U (炭坑内の)爆発性メタンガス.
fíre depàrtment 名 C 〈普通 the ～〉〘米〙(都市の)消防署; 消防隊.
fíre·dòg 名 ＝andiron.
fíre dòor 名 C 防火扉.
fíre drìll 名 UC 消防演習; (学校などの)火災避難訓練.
fíre-èater /fái(ə)r-/ 名 C **1** 火を食う奇術師《実際は口に含んだガソリンなどを火に吹きかける》. **2** けんか早い人, 短気者.
fíre èngine 名 C 消防(自動)車.
fíre escàpe 名 C 火災避難設備《非常口, 非常階段, 避難ばしごなど》.
fíre extìnguisher 名 C 消火器.
fíre·fìght 名 C (短い)銃撃戦, 撃ち合い.
fíre·fìghter 名 C 消防士 (fireman), 森林消防隊員.
fíre·fìghting 名 U 消防, 消火活動.
†**fíre·flỳ** 名 C (複 **-flies**)〘虫〙ホタル (→glowworm).
fíre·gùard 名 C **1**〘主に英〙＝firescreen. **2**〘米〙＝firebreak. **3**〘米〙火災監視員; 消防隊員.
†**fíre·hòuse** 名 (複 →house) C 〘米〙＝fire station.
fíre hỳdrant 名〘英〙＝fireplug.
fíre insùrance 名 U 火災保険.
fíre ìrons 名〈複数扱い〉暖炉道具《火ばし, 火かき棒, 十能など》.
fíre·less 形 火のない.
fíre·lìght 名 U (暖炉の)火明かり.
fíre·lìghter 名 UC 焚(た)きつけ.
*****fíre·man*** /fáiərmən/ 名 (複 **-men** /-mən/) C **1 消防士**, 消防団員. **2** (機関の)火夫, (鉄道の)機関助手; 〘米〙(海軍の)機関兵. **3**〘俗〙〘野球〙救援投手, '火消し役', (relief pitcher).

fíre màrshal 名 C 〘米〙消防監察官; 消防隊長.
‡**fire·place** /fáiərplèis/ 名 (複 **-plac·es** /-əz/) C (壁に取り付けた)暖炉, 壁炉.
fíre·plùg 名 C 〘主に米〙消火栓.
‡**fíre·pòwer** 名 U 〘軍〙(軍隊, 軍艦, 戦車などの)火力.
fíre pràctice 名 =fire drill.
†**fíre·pròof** 形 耐火(性)の, 不燃性の. ── 動 他 を耐火[不燃](性)にする.
fíre·ràiser 名 C 〘英〙放火犯人 (arsonist).
fíre-ràising 名 U 〘英〙放火(罪) (arson).
fíre-re·tàr·dant /-ritɑ̀ːrd(ə)nt/ 形 引火しにくい, 難燃性の; 引火を遅らせる〔薬剤など〕.
fíre sàle 名 C (火事の)焼け残り品(と言って売る)特売.
fíre·scrèen 名 C 〘米〙(暖炉の前に置く)火熱よけ衝立(ついたて).
fíre sèrvice 名 〘英〙=fire department.
*__fire·side__ /fáiərsàid/ 名 (複 **~s** /-dz/) C **1** 〈the ~〉炉端, 炉辺, 《家庭の団欒(らん)の場》. gather by [around] the ~ 炉辺に集う.
2 (団欒の場である)家庭; 〈the ~〉家庭生活, 一家団欒. The English fought bravely for their ~*s*. 英国人は楽しき我が家を守るため勇敢に戦った.
3 〈形容詞的〉炉ばたの; くつろいだ, 一家団欒の. a ~ chat 炉ばたの歓談; '炉辺談話'《F.D. Roosevelt が放送向けにしたような》. ~ language くつろいだ言葉遣い.
fíre stàtion 名 C 消防署, 消防詰め所.
fíre·stòrm 名 C **1** (爆弾などによる大火災が起こす)火事あらし《大規模な上昇気流》. **2** 〘米〙(非難, 抗議などの)激発, 'あらし'. a ~ of controversy ごうごうたる論争.
fíre tòwer 名 C 〘米〙(森林中の)火の見やぐら.
fíre·tràp 名 C (火災のとき燃えやすい, 又は逃げ口のない)危険建造物.
fíre trùck 名 〘米〙=fire engine.
fíre wàlking 名 U 火渡り《宗教儀式などの》.
fíre wàll 名 C 防火壁.
fíre wàrden 名 C 〘米〙(森林, キャンプ場などの)火災監視官.
fíre-wàtcher 名 C 〘英〙(空襲時などの)火災監視員.
fíre·wàter 名 C 〘話・戯〙火酒《特にウイスキーなどの蒸留酒》.
†**fíre·wòod** 名 U まき, たきぎ.
†**fíre·wòrk** 名 C **1** 〈普通 ~s〉花火; 〈~s〉花火大会. **2** 〈~s〉怒りの激発; 機知のひらめき; 見事な演技(を見せること).
fir·ing /fái(ə)riŋ/ 名 **1** U (銃砲の)発射, 発砲; 点火. **2** UC (陶器などを)焼くこと.
fíring lìne 名 C 〈普通 the ~〉〘軍〙火線《攻撃の最前線》; (一般に活動の)最前線, 先頭. be in the ~ of ..〔攻撃, 非難など〕の先頭[矢面]に立っている.
fíring pàrty 名 =firing squad.
fíring pìn 名 C (銃砲の)撃針.
fíring squàd 名 C 銃殺隊; (軍隊葬の)弔銃発射隊.
fir·kin /fə́ːrkin/ 名 C **1** ファーキン《英国の容量の単位; 4分の1バレル (barrel)=約41リットル》. **2** (バター, 魚などを入れる)木製の小さなおけ.
‡**firm**[1] /fəːrm/ 形 e
【堅くしまった】**1** 堅い, 〔筋肉などが〕引き締まった, (類語 圧力に耐えて復元する柔軟さを伴う堅さを表す; →hard, rigid, solid, stiff, tough). ~ ground 堅い地面; (海に対して)大地. a ~ fruit (果肉の)堅い果実.
【しっかりした】**2** しっかり(固定)した, ぐらつかない, 安定した. a ~ concrete base しっかりしたコンクリートの土台. a ~ handshake 堅い握手.
3 〔信念などが〕堅固な, ゆるがない; 〔決定などが〕確定した, 不変の; 〈人が〉確固とした〈*in* ..の点で〉. a ~ friendship 変わらぬ友情. ~ evidence 確固たる証拠. a ~ date for the next meeting 次の会議の確定した日取り. She is ~ *in* her faith. 彼女は信仰が堅い.
4 断固とした, 毅(き)然とした, 厳格な, 〈*with* ..に対して〉. He is not ~ *with* his children. 彼は子供に甘い. He said in a ~ voice, "No." 彼はきっぱりと(した声で)「だめだ」と言った. **5** 〈普通, 叙述〉〘商〙〔価格などが〕下げしぶって(いる), 底堅い, 堅調の, 〈*against* ..に対して〉. The yen remained ~ *against* the dollar. 円はドルに対し て堅調のままだった.
(as) fìrm as a róck →rock[1].
be on fìrm gróund 事実の確実な裏付けがある; 確固たる論拠に基づいている.
── 副 e しっかりと, 堅く, (firmly) (★普通 hold, stand とともに用いる). hold ~ to ..にしっかりつかまる; ..を固守する. hold ~ to one's beliefs 信仰が堅い. stand ~ しっかりと立つ; 断固として譲らない.
── 動 他 を固める; を安定させる; 〔筋肉など〕を鍛え上げる; 〈*up*〉. I want to ~ *up* this brick wall. このれんが塀をもっと丈夫なものにしたい. ── 自 固まる; 安定する; 〈*up*〉. [＜ラテン語 *firmus*「強固な」]
*__firm__[2] /fəːrm/ 名 (複 **~s** /-z/) C **商会**, 商店, 会社, 《厳密には, 2人以上の合資で経営され法人組織になっていない事業所》(★〘英〙では単数形で複数扱いもある). a ~ of accountants 会計事務所. [＜後期ラテン語「(署名によって)確固たるものにする」]
fir·ma·ment /fə́ːrməmənt/ 名 C 〘雅・古〙〈普通 the ~〉大空, 蒼穹(そうきゅう).
*__firm·ly__ /fə́ːrmli/ 副 m **1 堅固に**, しっかりと. The door was ~ closed. 戸は固く閉ざされていた.
2 断固として, きっぱりと. resist temptation ~ 誘惑をがんとして拒む.
†**fírm·ness** 名 U 堅固さ; しっかりしていること; 断固[毅(き)然]とした態度.
fírm·wàre 名 U 〘電算〙ファームウェア《ROM に書き込んでハードウェア化されたソフトウェア》.
‡**first** /fəːrst/ 形 ¢
【最初の】**1** 〈普通 the ~〉**第1の**, 1番目の, 初代の; **最初の**, 初めの, 真っ先の; (↔last[1]) (★one に対応する序数詞) (語法 叙述形容詞としての用法では the を伴わない場合もある. His horse was ~ in the race. (彼の馬は1着だった)). twenty-~ 21番目の. one hundred and ~ 101番目の. the ~ week of the month 月の第1週. read the ~ two [few] pages 始めの2[2,3]ページを読む (語法 数詞が小さな数の時は, the two first pages のような語順をとることもある). the ~ and last chance for me 私にとって最初にして最後のチャンス. the ~ train 1番列車. his ~ novel 彼の最初の小説. at the ~ opportunity 機会があり次第. Is this your ~ visit to our country? 我が国へおいでになるのはこれが初めてですか. Tom was the ~ student ˪to finish [who finished] all the questions. 問題を真っ先に終えた学生はトムだった (→名 1). Who is ~ in strength here? ここにいる人の中でだれが1番の力持ちですか.
【第1順位の】**2** (階級が) 1等の; 〘楽〙最高音部の, 第1の, 首位の. a ~ officer 1等航海士. sing ~ tenor 第1テノールを歌う. the ~ violins (オーケストラの)第1ヴァイオリン.
3 最も重要な, 主要な, 基本的な; 首位の; 最上の, 一流の. a problem of the ~ importance 最重要問題. win ~ prize in a contest 競技で1等賞を得る (★無冠詞に注意). He was the ~ pianist of the era. 彼はその時代の最高のピアニストだった.
【ほんの最初の】**4** 〈the ~〉かりそめの, ほんの少しの, (slightest) 〈否定文・疑問文・条件文で〉. He does not know the ~ thing about driving. 彼は運転のイロハも知らない. We hadn't the ~ idea who would win the race. 我々はだれが優勝するか皆目見当がつかなかった.
at fìrst hánd (伝聞でなく)直接に, じかに, (→at SECOND hand).
at fìrst líght 夜明けに.

*__at fìrst síght__ →sight.
__fìrst thíng__ 〈副詞的〉〖話〗何をおいても，まず第一に，いの一番に. I'll call him ~ *thing* in the morning. あすの朝一番に彼に電話しよう.
__fìrst things fírst__ 大切[必要]な事をまず第一に(やる). Let's discuss ~ *things* ~. まず一番大事なことを討議しよう.
__for the fìrst tíme__ 初めて. I went to the British Museum *for the* ~ *time* ⌊in my life [in years]. 生まれて初めて[何年ぶりかで]大英博物館に行った.
__in the fìrst pláce__ (1) まず第一に《列挙する場合に用いる》. (2) そもそも. He has something to tell, or he wouldn't be here *in the* ~ *place*. 彼は言いたいことがあるのだ. そうでなければそもそも彼はここに来ないだろう.
__the fírst..but óne__ [__twó__] (最初から) 2番目[3番目]の...
── 副 ¢ **1** 1番目に, 1位で, (↔last[1]). stand ~ 第1位を占める. *First* come, ~ served. 〖諺〗早い者[先着]順に《えこひいき無し》. Up to 20 applicants will be accepted on a ~-come, ~-served basis. 申し込みは先着順に20名まで受けつける.
2 (何よりもまず)第一に，真っ先に，最初に; まず; (↔last[1]). I will read ~ and then you follow me. 私が最初に読みます，そのあと私について読んでください. Safety ~. 安全第一《標語》. Ladies ~. レディーファースト. I must ~ ask my mother before I go. 行く前にまず母に聞いてみなければ. He married her for two reasons: ~ she was beautiful and second(ly) she was a good cook. 彼は2つの理由で彼女と結婚した. まず彼女は美人だということ, 次に料理が上手だということだった.
3 初めて (for the first time). When I ~ saw you, I thought you were older. あなたに初めて会ったとき，もっと年上かと思った. You were more affectionate when we were ~ married. 私たちが結婚した当初はあなたはもっと優しかった.
4 むしろ，いっそのこと. I'll see you hanged [damned] ~. (まず先にお前の首がくくられるのを見てからだ>)だれがそんなことするものか《強い拒否の決まり文句》.
5 1等車で (first-class). travel ~ 1等で旅行する.
__còme fírst__ (1) 最も重要である. My family *comes* ~, my work second. 家族が第一で仕事は二の次だ. (2) (競走などで) 1等になる.
__fìrst and fóremost__ 真っ先に，まず第一に.
__fìrst and lást__ 全部で; 首尾一貫して，あらゆる点で. He is an educator ~ *and last*. 彼は全ての点で教育者だ.
*__fìrst of áll__ **まず第一に**, 何よりもまず. I am ~ *of all* a man. 私は何よりも先に人間である.
__fìrst óff__ 〖話〗まず第一に. He headed for the hotel ~ *off*. 彼はまずホテルに向かった.
__pùt..fírst__ ..を最優先する. *put* one's children ~ 自分の子供をまず第一に考える.
── 名 (複 **~s** /-ts/) **1** Ⓒ 〈普通 the ~; 単数形で複数扱いもある〉**最初の人[もの, 出来事]** 〈*to* do ..する〉; 〈the F-〉第1世. Tom was the ~ *to* help me. トムが真っ先に僕を助けてくれた. She was among the ~ who arrived. 彼女は最初に着いた人たちの中にいた. Elizabeth *the First* エリザベス1世 (★普通 Elizabeth I と書く).
2 Ⓒ 〈普通 the ~〉(月の)**第1日**, ついたち, 《略 1st》. the ~ of May＝May (the) ~ 5月1日 (★日付としては May 1 [1st] のように書く; 〖英〗では 1 [1st] May と書くことが多い).
3 Ⓤ 〈普通 the ~〉初め, 始まり. the ~ of the year 年の初め. **4** Ⓒ (競技などの) 1位, 1等賞; 優勝者; 〖英〗(大学の試験の)第1級 〈*in* ..〔科目〕の〉. get a ~ *in* philosophy 哲学の1級を取る. **5** 〈~s〉〖商〗一級品. **6** Ⓒ 〖話〗かつてない偉業[出来事]. score a real ~ 前代未聞の偉業を達成する. **7** Ⓤ (自動車の)第1速, ローギア. **8** Ⓤ ＝first base.
*__at fírst__ 初めのうちは, 最初は, (↔at last). I didn't believe him *at* ~. 最初は彼の言うことを信じなかった (★but later [then] などが続くのが普通).
__from fìrst to lást__ 初めから終わりまで, 終始.
__from the (vèry) fírst__ (まさに)最初から. I hated this job *from the* ~. 最初からこの仕事が嫌いだった.
[<古期英語「一番前の>最初の」]

fìrst-áid 形 応急の, 救急の. a ~ kit [box] 救急箱.
fìrst áid 名 Ⓤ 応急手当て. give ~ to the injured 負傷者に応急手当てをする.
fìrst áid·er /-éidər/ 名 Ⓒ 〖英〗応急手当てができる人.
Fìrst Améndment 名 〈the ~〉米国憲法修正第1条《合衆国政府に, 国教の樹立, 宗教の自由の抑圧, 言論・出版・報道の自由の制限など5項目を禁じる》.
fìrst báse 名 Ⓤ (★the をつけない)〖野球〗1塁; 1塁手の守備位置. get to ~ 1塁に出塁する; 〖主に米話〗〈普通, 否定文で〉(計画などで)第一歩を踏み出す.
fìrst báseman 名 Ⓒ 〖野球〗1塁手.
fírst-bòrn 形 〈限定〉最初に生まれた. ── 名 Ⓒ 長子《長男, 長女》, 初生児.
fìrst cáuse 名 **1** Ⓒ 第一原因; 原動力. **2** 〈the F- C-〉(万物の根源としての)神, 造物主.
fìrst cláss 名 Ⓤ **1** (汽車, 客船などの) 1等, 〔旅客機の〕ファーストクラス. **2** 〖米〗(郵便物の)第1種《手紙, 葉書など》; 〖英〗速達. ── 副 ＝first-class.
*__first-class__ /fə̀ːrstklǽs|-klάːs ⑱/ 形 ¢ **1 一流の**, 最高級の; 最上の, 優秀な. a ~ hotel [work] 一流ホテル[作品]. a ~ degree 〖英〗(大学の試験の)第1級 (first)《最優秀成績》. **2** (乗り物などが) 1等の, ファーストクラスの. a ~ ticket [passenger] 1等切符[乗客]. **3** 〖米〗(郵便が)第1種の; 〖英〗速達の.
── 副 1等[ファーストクラス]で; 〖米〗第1種(郵便)で; 〖英〗速達で. travel ~ 1等で旅行する.
fìrst cóusin 名 Ⓒ いとこ (→cousin).
fìrst-day cóver 名 Ⓒ 〖郵趣〗初日カバー《切手にその発行日の消印が押してある封筒; 収集の対象となる》.
fìrst degrée 名 Ⓤ **1** (やけどの)第1度《3段階中最も軽症》. **2** (殺人の)第1級《〖米〗では最も重く, 〖英〗では最も軽い; →degree》.
fìrst-degrée /⑱/ 形 〈限定〉〔やけどが〕第1度の; 〔殺人が〕第1級の.
fìrst dówn 名 Ⓒ 〖アメフト〗ファーストダウン《4回の連続攻撃で得る10ヤード》.
fìrst-éver /⑱/ 形 〈限定〉かつて無い, 空前の.
fìrst fámily 名 〈the ~〉〖米〗大統領一家.
fìrst flóor 名 〈the ~〉〖米〗1階 (〖英〗ground floor); 〖英〗2階.
fìrst-fóoting 名 Ⓤ 〖英〗(スコットランド・北英の習慣で)年明け早々の訪問《初客 (**fírst-fòot(er)**) がどんな人かでその年の家運が決まるとされる》.
fìrst frúit(s) 名 〈the ~〉最初の成果; 初物(はつもの), 「初穂.
fìrst géar 名 Ⓤ (車の)最低速ギア, ローギア (〖英〗bottom gear; →low gear).
fìrst generátion 名 〈the ~〉**1** 第1世代《特に移民の子供たち》. **2** (コンピュータなど次々と段階的に発達するものの)第1世代.
*__first·hand__ /fə̀ːrsthǽnd ⑱/ 形, 副 ¢ (伝聞でなく)**直接の[に]**. ~ knowledge 直接得た知識.
fìrst lády 名 〈the ~〉**1** 〈F- L-〉米国大統領[州知事]夫人. **2** 〈普通, 単数形で〉(ある職域, 分野の)女性第一人者, トップレディー.
fìrst lánguage 名 Ⓒ 第1言語, 母語, (mother tongue).
fìrst lieuténant 名 Ⓒ 〖米陸・空軍〗中尉.
fìrst líght 名 Ⓤ 曙光, 夜明け.
first·ling /fə́ːrstliŋ/ 名 Ⓒ 〖章〗**1** 初物; 最初の成果.

2 (家畜の)初児.

†**fírst·ly** 副 第 1 に, 最初に, (★first 2 と同様, 列挙する時に用いる; secondly, ..lastlyなどと続く).

fìrst máte 名 =first officer.

fìrst merídian 名 〈the ～〉本初子午線《0°の経線; 英国 Greenwich を通る》.

fírst nàme 名 C (姓に対して)名《3 つ以上続く時は姓を除いた名全部を意味することもある; →Christian name 語法》. be on ⌊*first-name* terms [《米》a *first-name* basis] with.. と(名で呼び合うほど)親しい仲である.

Fìrst Nátion 名 C ファーストネーション, カナダ先住民, 《従来 Indian と呼ばれたが, 現在はこの方が好まれる; →Native American》.

fìrst níght 名 C (芝居, ショーなどの公演)初日.

fìrst-níghter 名 C (芝居などの)初日の常連.

fìrst offénder 名 C 初犯者.

fìrst ófficer 名 C 《海》1 等航海士.

fìrst pápers 名 《米》第一書類《帰化を申請する書類》.

fìrst past the póst 名 U 《主に英》比較多数得票者当選制 (→proportional representation).

fìrst pérson 名 〈the ～〉《文法》(第) 1 人称《→person 5》. write a novel in the ～ 一人称で小説を書く.

*__first-rate__ /fə̀ːrstréit ⑱/ 形 ⓒ **1 最高の**, 第 1 級の, 一流の. a ～ hotel 一流のホテル. **2** 《話》すばらしい, すてきな, (excellent). He did a ～ job on the deal. 彼はその取引をすばらしくうまくやってのけた.

── 副 《話》すばらしく, 見事に.

fìrst-rát·er 名 C 一流の人, 一級品.

fìrst refúsal 名 U 《英》(家屋, 品物などの)第一先買権《他者より先に買うか否かを決められる》.

fírst schòol 名 UC 《英》初等学校《5 歳から 8 又は 9 歳までの子供が入る》.

fìrst sérgeant 名 C 《米軍》曹長.

fìrst stríke 名 C (核戦争での)第一撃, 先制攻撃, 《敵の核兵器の破壊をねらう》.

fìrst stríng 名 〈the ～〉《米話》《競技》一軍, レギュラー.

Fìrst Wórld 名 〈the ～〉第一世界《欧米のように高度に工業化された世界》.

Fìrst Wòrld Wár 名 〈the ～〉《主に英》= World War I.

firth /fəːrθ/ 名 C 《主にスコ》峡湾, (河口の)入り江. [＜古期北欧語; fiord と同源]

fír trèe 名 =fir.

†**fis·cal** /físk(ə)l/ 形 国庫の; 財政の, 会計の. ～ policies 財政政策. in ～ 1998 1998 会計年度に.

── 名 C **1** 収入印紙. **2** 《英話》=procurator fiscal. [＜ラテン語「さいふ (*fiscus*)の」] ▷**～·ly** 副 財政的に.

fìscal yéar 名 C 《米》会計年度 (《英》financial year)《米国政府の場合 10 月 1 日から 1 年間》.

‡**fish** /fiʃ/ 名 (複 **～, físh·es** /-əz/) (語法 普通, 複数形は ～; 特に 1 匹 1 匹を問題にする場合, また種類を問題にする場合は ～es となる)

1 C **魚**; 〈特に〉食用魚. A whale is not a ～. 鯨は魚ではない. catch a lot of ～ 魚をたくさん捕まえる. a shoal of ～ 魚の群れ. The ～(*es*) in this lake are of many varieties. この湖の魚は種類が多い. There's as good ～ in the sea as ever came out of it.=There are ⌊plenty more [other] ～ in the sea. 《諺》機会はまだまだある, 〈失恋した人に〉男[女]は他にもいっぱいいる, 《＜魚は海にいくらでもいる》. All is ～ that comes to my [his, her] net. 《諺》(私[彼, 彼女]は)転んでもただでは起きない《＜網にかかるものはなんでも獲物》. The best ～ smell when they are three days old. 《諺》どんな珍客も 3 日たてば鼻につく《＜どんな良い魚も 3 日たてば臭くなる》. The best ～ swim near the bottom. 《諺》最善のものを得るには苦労が必要だ《＜最良の魚は底の方を泳ぐ》.

2 U **魚肉**. fresh [dried] ～ 鮮魚[魚の干物]. The Japanese eat ～ raw. 日本人は魚をなまで食べる. Some people eat ～ on Friday. 金曜日には(肉をやめて)魚を食べる人たちがいる《カトリック教徒やユダヤ教徒》.

3 C 〈主に複合要素として〉水棲(せい)動物, 魚介, 《イルカ, クラゲ, イカなど魚類以外のものも指す》. star*fish* ヒトデ. shell*fish* 貝.

4 C 《話》..なやつ〈普通 cold, odd, queer などの形容詞を伴って〉. an odd [a queer] ～ 変なやつ.

5 〈the Fishes〉《天》魚座.

a bìg físh in a lìttle pónd 'お山の大将'.

a prètty [fìne, nìce] kèttle of físh →kettle.

drìnk like a físh 《話》大酒を飲む.

have óther [bígger] físh to frý ほかにもっと大事な仕事がある.

like a fìsh out of wáter (陸(おか)に上がった魚のように)勝手が違って.

nèither físh (, flésh,) nor fówl = ***nèither físh, flésh, nor gòod rèd hérring*** 得体の知れないもの.

plày a físh 魚を'遊ばせる'《釣り針にかけてから弱らせるためにしばらく泳がせる》.

── 動 (**físh·es** /-əz/|過 過分 **～ed** /-t/|**físh·ing**) 他

1 〔川, 湖など〕で魚を取る[釣る]. I've never ～*ed* this lake. この湖で釣りをしたことはない. **2** VOA を(手探りで)たぐり出す, 取り出す, 〈*out from, out of* ..から〉.

── 自 **1 魚釣りをする**, 漁をする; 釣る〈*for* ..を〉. go ～*ing* 釣りに出かける. ～ *for* trout マスを釣る. ～ off the rocks 磯(いそ)釣りをする.

2 VA 《話》(手探りで)探す〈*around, about*〉〈*for* ..を〉. ～ (*around*) *in* the toolbox *for* a long nail 道具箱をかき回して長い釘を探す.

3 VA (～ *for*..) (**a**) 〔情報など〕を探り出そうとする. ～ *for* a secret 秘密を探り出そうとする. (**b**) 《話》〔賞賛など〕を得ようとする. ～ *for* compliments →compliment (成句).

físh in tròubled wáters どさくさまぎれにうまいことをしようとする, 漁夫の利を得ようとする.

físh or cùt báit 《米話》自分でやるのか人に任せるのかはっきりさせる.

físh /../ óut (1) 〔池など〕の魚を取り尽くす. (2) (捜して)..を引っ張り出す, 取り出す. He ～*ed out* a bunch of keys from his rear pocket. 彼は後ろのポケットから鍵(かぎ)束を取り出した.

físh /../ úp ..を引っ張り[引き]上げる.

[＜古期英語「魚」だけでなく水生生物全般を指した)]

fìsh and ['n'] chíps 名 U 〈単数扱い〉《英》フィッシュアンドチップス 《フライドポテトを添えた白身魚(タラやヒラメなど)のフライ; それを売る店が **fìsh and chíp shòp**》.

físh bàll 名 C (丸い)魚肉の揚げだんご《特にタラとマッシュポテトで作る》.

físh·bòwl 名 C **1** 金魚鉢. **2** (プライヴァシーのない)ガラス張りの生活, 衆人環視の場所[状況]. live in a ～ ガラス張りの生活をする.

físh càke 名 C (平たい)魚肉の揚げだんご《形以外は fish ball と同じ》.

físh·er 名 C **1** 漁師 (fisherman). **2** 魚を取る動物; 《動》フィッシャーテン《北米産のテンの一種》.

*__fish·er·man__ /fíʃərmən/ 名 (複 **-men** /-mən/) C **漁師**, 漁民; 釣り師; (類語 angler より意味が広い).

†**fish·er·y** /fíʃəri/ 名 (複 **-ries**) **1** U 漁業, 水産業. **2** C 水産会社. **3** C 〈普通 -ries〉 漁場; 養魚場. coastal *fisheries* 沿岸漁場. **4** U 漁業権. **5** 〈-ries〉 水産技術.

fìsh-eye léns 名 C 魚眼レンズ《180°近く見える》.

físh fàrm 名 C 養魚場.

físh fàrming 名 U 魚の養殖.

físh fínger 名 《英》=fish stick.

físh hàwk 名〖鳥〗=osprey.
físh·hòok 名Ⓒ 釣り針.
‡**fish·ing** /fíʃiŋ/ 名 (複 **~s** /-z/) **1** Ⓤ **魚釣り**; 漁業. live by ~ 漁業で生活する. surf ~ 磯釣り. No ~.〖掲示〗魚釣り禁止. a ~ village 漁村. a ~ boat 釣り船. **2** Ⓒ 漁場, 釣り場. **3** Ⓤ 漁業権.
gò on a físhing expedìtion 〖米話〗(情報を聞き出そうと)しきりに探りを入れる.
físhing lìne 名〖英〗=fishline.
físhing pòle 名Ⓒ〖米〗釣りざお.
físhing ròd 名〖英〗=fishing pole.
físhing tàckle 名Ⓤ 〈集合的〉釣り道具.
físh kèttle 名Ⓒ 魚料理用のなべ《長円形で深い》.
físh knìfe 名Ⓒ 魚肉用ナイフ《食卓用》.
físh làdder 名Ⓒ 魚はしご《魚がダムなどを上れるように作ったはしご状の水路》.
físh·lìne 名Ⓒ〖米〗釣り糸.
físh màrket 名Ⓒ 魚市場.
fìsh méal 名Ⓤ 魚粉《肥料・飼料用》.
fish·monger /fíʃmʌ̀ŋgər/ 名Ⓒ 〖主に英〗魚屋《人; 店は fishmonger's》.
físh·nèt 名 **1** Ⓒ 魚網. **2** Ⓤ 細かい網目状の布《ストッキングなどに用いる》.
físh·plàte 名Ⓒ (レールなどの)継ぎ目板.
físh·pònd 名Ⓒ 養魚池, いけす.
físh slìce 名Ⓒ〖英〗フライ返し (〖米〗slotted spatula).
físh stìck 名Ⓒ〖主に米〗フィッシュスティック《細長く切った魚肉にパン粉をまぶしたもの; それをフライにしたもの》.
físh stòry 名Ⓒ〖米話〗大げさな話, ほら話.
físh·tàil 形 魚の尾に似た. ── 動 自〔航空機が〕(着陸後に減速のため)尾翼を左右に素速く振る;〔自動車が〕(スリップして)尻(しり)を振る.
físh·wày 名Ⓒ〖米〗魚道; =fish ladder.
físh·wìfe 名 (複 →wife) Ⓒ **1** 女の魚売り《乱暴な言葉遣いをすると言われる》. **2** 口汚い女.
fish·y /fíʃi/ 形 ⓔ **1**〔形, におい, 味が〕魚のような; なまぐさい. **2**〔川, 池などが〕魚の多い. **3**〔目が〕どんよりした, 無表情の;〔光が〕鈍い. a ~ stare ぼんやりした目つき. **4**〖話〗〔話などが〕まゆつばの; いんちきくさい. There is something ~ about the story. その話はどこかいんちきくさい.
fis·sile /fís(ə)l|-sail/ 形〖章〗**1** 裂けやすい. ~ wood 割れやすい木材. **2** =fissionable.
fis·sion /fíʃ(ə)n/ 名Ⓤ **1** 分裂, 裂開. **2**〖生物〗分裂, 分体. **3**〖物理〗核分裂 (**nùclear físsion**).
fís·sion·a·ble 形〖物理〗核分裂性の.
físsion bòmb 名Ⓒ 原子爆弾 (atomic bomb).
‡**fis·sure** /fíʃər/ 名Ⓒ (岩, 地面などの)裂け目, 割れ目, 亀(き)裂. ── 動 自 割れ目ができる. ── 他 に割れ目を作る. [<ラテン語 *findere*「割れる」]
***fist** /fist/ 名 (複 **~s** /-ts/) Ⓒ **1** こぶし, げんこつ. shake one's ~ at a person 人に向かってげんこつを振り回す. clench one's ~ こぶしを握りしめる. with a coin in his ~ 貨幣を1枚握りしめて. **2** Ⓒ〖印〗指じるし (index).
hànd over físt →hand.
màke a gòod [***bàd***] ***físt of..*** 〖英話〗..をうまく[まずく]やる.
── 動 他 をこぶしで殴る. [<古期英語]
fist·ful /fístfùl/ 名Ⓒ ひと握り, ひとつかみ, 〈*of* ..の〉. a ~ *of* ten-dollar bills ひとつかみの10ドル札.
fist·i·cuffs /fístikʌ̀fs/ 名〖古・戯〗〈複数扱い〉殴り合い, 乱闘. come to ~ 殴り合いになる.
fis·tu·la /fístʃulə|-tju-/ 名 (複 **~s, fis·tu·lae** /-lìː/) Ⓒ〖医〗瘻(ろう)(孔), フィステル,《組織深部の膿瘍(のうよう)から皮膚面などに通じている穴》.
‡**fit**[1] /fit/ 形 ⓔ (**fít·ter**|**fít·test**) **1** (**a**) **適した**, **ふさわしい**, 〈*for* ..に〉(類語 意味が広く一般的な語; →appropriate, apt, fitting, proper, suitable). stories ~ *for* children 子供向きの物語. not ~ *for* human consumption [habitation] 食用[居住]に適さない.
(**b**) 適した〈*to* do ..するのに〉. water not ~ *to* drink 飲めない水. a seaside town ~ *for* old people *to* live in 老人が住むのに適した海辺の町. Change your clothes—you're not ~ *to* be seen. 着替えなさい, それでは人前に出られないよ.
2〖章〗〔行為などが〕当を得た, 至当な, 適切な. It is not ~ ⌊that you should [*for* you *to*] make so much noise at table. 食事中にそんなに音を立てるのはよくない.
3 (**a**) **適任の**, ふさわしい, 〈*for* ..に〉. He is not ~ *for* such a job. 彼はこのような仕事には向かない. a man ~ *for* nothing 役立たずの男.
(**b**) 資格[能力]がある〈*to* do ..する〉. Is she ~ *to* do the job? 彼女にその仕事がうまくできるか.
4 (**a**) 用意[準備]ができた〈*for* ..の/*to* do ..する〉. the fields ~ *to* be planted 種まきを待つばかりの畑.
(**b**)〖話〗今にも..しそうな;〈副詞的〉..しそうなぐらいに;〈*to* do〉. She seemed ~ *to* burst into tears. 彼女は今にもわっと泣き出しそうだった. We laughed ~ *to* kill ourselves. 我々は死にそうなほど笑った.
5〔運動選手などが〕コンディションのいい; **健康な**, 元気な; (類語 特に, 規則的な運動などで体調が良いこと; →healthy). The team was ~ *for* the game. チームは試合に臨んで上々の調子だった. Are you feeling [keeping] ~? お元気ですか. be in no ~ state to do.. とても..できる状態ではない.
6〖英話〗セクシーな; ルックスのいい.
(*as*) ***fit as a fíddle*** →fiddle.
fìghting fít 〖英〗極めて元気な(<闘志十分の).
fìt to be tíed 〖話〗憤慨して.
fìt to dróp →drop.
sèe [***thìnk***] ***fít*** (***to do..***) (..するのが)適当と考える; (..することに)決める. Do as you *think* ~. いいと思うようにやりなさい. He *saw* ~ *to* go to the ball without his fiancée. 彼は婚約者を同伴しないでその舞踏会に行くことに決めた.
── 動 (**~s** /-ts/|過 過分 **fít·ted** /-əd/|**fít·ting**) (★〖米〗では時に 過 過分 に fit も用いる) 他
【**適合する**】 **1**〈進行形不可〉に**合う**; にふさわしい. This coat does not ~ me any more. この上着はもう私の体に合わない (★「似合う」は become 又は suit). Her dress did not ~ the occasion. 彼女のドレスはその席に不似合いだった. Does this key ~ the lock? この鍵(かぎ)はその錠に合いますか. The theory doesn't ~ the facts. その理論は事実に適合しない.
【**適合させる**】 **2**〈進行形不可〉(**a**) VOA を**合わせる**, 適合させる, 〈*to* ..に/*over* ..にかぶさるように〉; (~ X *on* (..)) Xを(..に)着てみる, 着せてみせる. I'll ~ my schedule *to* yours. 私の予定をあなたに合わせましょう. ~ the cover *over* the typewriter タイプライターにカバーをきちんとかぶせる. ~ a coat *on* (oneself) 上着を試着してみる.
(**b**)〔服〕の仮縫いをする,〔人〕の衣服の仮縫いをする, 〈主に受け身で〉. go to the tailor's to be ~*ted* 仮縫いのために洋服屋へ行く.
3 VOA (~ X ***into, in..***) Xを..に(ぴったりと)はめる, 納める. ~ a cork *into* a bottle 瓶にコルク栓をする. ~ twelve appointments *into* one day 12の面会の予約を1日にはめ込む.
【**備えさせる**】 **4** VOC (~ X ***to do***)・VOA (~ X ***for doing..***) Xが..(することが)できるようにする; Xに..の[..する]能力[資格]をつける; Xに〔大学など〕への(進学)準備をさせる. Hard training has ~*ted* them *for* [*to* make] a space trip. 激しい訓練で彼らは宇宙旅行に耐えられるようになった. He isn't ~*ted for* teach*ing* Japanese. 彼は日本語を教えるように訓練を受けていない.
5 (**a**) を**取りつける**, 装備する, 〈*to, on* ..に〉. ~ a new tire (*to* one's car) (自動車に)新しいタイヤを取りつける.

F

(**b**) VOA (～ X *with* ..) Xに..を取りつける; (～ X *together*) X(部品など)を組み立てる. The gun was ～*ted with* a silencer. 銃は消音装置がついていた. ～ the parts of a model plane *together* 模型飛行機の部品を組み立てる.

── 自 〈進行形不可〉合う, 適合する; 調和する; ぴったり納まる. The door ～*s* badly. ドアがぴったりと閉まらない. This sink doesn't ～ in our kitchen. この流し台はうちの台所にぴったり納まらない. A trip to the Louvre did not ～ *into* my schedule. ルーヴル見学は私の日程に納まらなかった. Some people cannot ～ *into* society. 社会に適合できない人もいる. If the cap ～*s*, wear it. →cap (成句).

fit ín 適合する, 調和する, うまくやっていく, 〈*with* ..と〉. His ideas ～*ted in* perfectly *with* ours. 彼の考えは我々のと完全に一致した.

****fit /../ ín*** ..を適合させる; ..を(うまく)はめ込む; ..のために時間[場所など]の都合をつける; 〔予定など〕を合わせる〈*with* ..と〉. ～ *in* a lens レンズをはめる. I can ～ you *in* next Tuesday. 来週の火曜日ならお会いできます.

fit like a glóve →glove.

fit /../ óut ..に装備する〈*with* ..〔必要なもの〕を/*for* ..のために〉. ～ *out* a ship (*for* a voyage) (航海のために)船を艤(ぎ)装する. The explorers were ～*ted out with* all the necessary supplies. 探検家たちは必要な補給品はすべて備えていた.

fit /../ úp (1) ..を備えつける; ..に装備する, 備えつける, 〈*with* ..を〉. a factory ～*ted up with* every labor-saving device 省力装置の完備した工場. (2) 〔人〕のために用意する〈*with* ..を〉. (3) 〖英話〗..にぬれぎぬを着せる〈*for, on,* ..の, で〉.

── 名 aU 〈形容詞を伴って〉(衣服などの)合い具合. This jacket is a perfect [tight] ～. この上着はぴったり[窮屈]だ. The shoes were a bad ～ and hurt his feet. その靴は彼の足に合わず靴ずれができた.
[＜中期英語(＜?)]

***fit**[2] /fit/ 名 (複 ～**s** /-ts/) C 〈しばしば a ～〉 **1 発作** 〈*of* ..〔病気〕の〉; ひきつけ, 卒倒, 気絶, 人事不省. an epileptic ～＝a ～ *of* epilepsy てんかんの発作. have a ～ *of* coughing 急にせきこむ. go into ～*s* 卒倒する.
2 激発 〈*of* ..〔感情〕の〉; (一時の)気まぐれ, 気分, 衝動. burst into a ～ *of* laughter [weeping] わっと笑い[泣き]出す. He has ～*s of* depression now and then. 彼は時折急に憂うつになる.

by [***in***] ***fits and stárts*** 時々思い出したように〔始めるなど〕, 断続的に〔続くなど〕.

gìve a pèrson a fít 〖話〗人をぎょっと[ぞっと, どきっと]させる.

hàve [***thròw***] ***a fít*** 〖話〗ぎょっと[ぞっと, どきっと]する; かっとなる. [＜古期英語「争い」]

fitch /fitʃ/ 名 C 〖動〗ケナガイタチ (polecat); U ケナガイタチの毛皮《コートなどに用いる》.

‡**fit·ful** /fítf(ə)l/ 形 発作的な; 断続的な; 気まぐれな, 変わりやすい. My sleep was ～ that night. その夜は何度も目が覚めた. ▷ **～·ly** 副 **～·ness** 名

fít·ly 副 適切に(も); 都合よく.

fít·ment 名 C 〈しばしば ～s〉〖主に英〗(部屋の)備品, 備えつけの家具. bathroom ～*s* 浴室の備品類.

†**fít·ness** 名 U **1** 適当[適切](であること)〈*for* ..に〉; 適性〈*for* ..への/*to* do ..することに対する〉. his ～ *for* the post [*to* do the job] 彼のその地位[仕事]に対する適性. **2** 健康(であること). physical ～ (体の)健康. improve one's ～ 健康を増進する.

fítness frèak 名 C 健康法マニア.

‡**fit·ted** /fítəd/ 形 **1** 備えた, 付いた, 〈*with* ..を, の〉. a car ～ *with* a phone 電話付きの車. **2** 〈限定〉〔カーペット, シーツ, 家具などが〕ぴったり合うように作った, 作りつけの. a ～ sheet マットレスにぴったりかぶるように角を縫ったシーツ. ～ bookshelves 作り付けの本棚. **3** 〔部屋が〕家具を備え付けた (furnished).

fit·ter /fítər/ 名 C **1** (仮縫いの)試着係, 着付け係. **2** (機械などの)取付[組立]工.

***fit·ting** /fítiŋ/ 形 m **1** 〖章〗**適当な**, 似合いの, 〈*for* ..に〉(類語 情感, 雰囲気などに「調和している」の意味; →fit[1] 1). a ～ end to the episode そのエピソードにふさわしい結末. It is not ～ that a girl should go to a dance hall alone. 女の子が1人でダンスホールへ行くのは感心したことでない. **2** 〈複合要素; 形容詞, 副詞につけて〉〔衣服などが〕体に対して..な. loose-～ pajamas だぶだぶのパジャマ. the close-～ cork of a wine bottle ワインボトルの固いコルク栓.

── 名 C **1** 仮縫い, 試着. a ～ for a suit スーツの仮縫い. **2** (機械の)付属品, 部品. **3** 〈普通 ～s〉〖主に英〗(部屋などの)備品(類), 器具類, 設備, 《移動可能; →fixture》. gas ～*s* ガスの設備. **4** 〖英〗(服や靴の)サイズ. ▷ **～·ness** 名

fít·ting·ly 副 適切に, ふさわしく; 適切にも. When a stranger asked her to a cup of tea, she very ～ refused. 知らない人にお茶に誘われた時, 彼女は断ったが全く適切な事だった.

fítting ròom 名 C 試着室.

Fitz- /fits/ 接頭 洗礼名につけて「..の息子」の意味を表す《ノルマン系アイルランド人の姓になっている; Fitzwilliam, Fitzgerald など》. [フランス語 *fils* 'son' の異形]

Fitz·ger·ald /fitsdʒérəld/ 名 フィッツジェラルド
1 Edward ～ (1809-83) 《英国の詩人; *The Rubáiyát* の翻訳で有名; 普通 Fitz Gerald》.
2 Francis Scott (**Key**) ～ (1896-1940) 《米国の小説家; *The Great Gatsby* 他》.

‡**five** /faiv/ 名 (複 ～**s** /-z/) **1** U (基数の)5, 五. *Five* and four are [make, equal] nine.＝*Five* plus four is [makes, equals] nine. 5足す4は9. *Five* from seven [Seven minus ～] leaves two. 7引く5は2. Six times ～ is 30. 6掛ける5は30. Ten divided by ～ gives two. 10割る5は2. Chapter *Five* 第5章. Act *Five* 第5幕 (the fifth act). ～ and twenty 〖古〗＝twenty-five 25.
2 U (**a**) **5時**; **5歳**; 5ドル[ポンドなど]; (★何の量かは前後関係で決まる). get up at ～ (o'clock) 5時に起きる. a child of ～ 5歳の子供. The thermometer stands at ～ (degrees). 温度計は5度になっている (★ →Fahrenheit).
(**b**) 5分; 5インチ; 5セント[ペンスなど]; (★下位の単位の量を示す). ～ past [to] two 2時5分過ぎ[前] (語法 five および ten [twenty(-five)] past two は普通だが, それ以外は three *minutes* past two のように minutes を略さない). six (feet) ～ 6フィート5インチ (語法 身長について言う場合は feet を略してもよい, ただし six five は場合により「6時5分過ぎ」,「6ドル5セント」などの意味にもなる). one pound ～ (英貨で) 1ポンド5ペンス《旧制度ならば1ポンド5シリング》.
3 〈複数扱い〉**5人**; **5つ**, **5個**. *Five* (of the students) are absent. (学生のうち) 5人欠席です. There were ～ of us. 我々は5人いた. The ～ of them passed the exam. 彼ら5人は試験に合格した (★the が無ければ「彼らのうち5人」). a mother of ～ 5児の母. Choose one from among these ～. この5つの中から1つ選びなさい.
4 C 5人[5つ]ひと組のもの; 〈特に〉バスケットボールチーム. **5** C (文字としての) 5, 5の数字[活字]. Your ～*s* look like threes. 君の5は3に見える.
6 C (トランプの) 5の札; (さいころの) 5の目.
7 C 〖米話〗5ドル札.
8 aU 〖米話〗手《＜5本指》.→high-five.

give a person five 〖主に米話〗(1) 〔人に〕手を貸す, 〔人を〕手伝う. (2) 〔人と〕手のひらをたたき合わせる《喜び

などの仕草》.
Gìve me* [*Gìmme*] *fíve! 〖主に米話〗手を出せ《あいさつや喜びの仕草で, 相手の開いた手のひらを平手でたたくため》.
slìp a person fíve 〖主に米話〗〔人と〕握手する. *Slip* me ～! 手を出せ《あいさつや喜びの表現として握手するため》.
tàke fíve 〖話〗仕事を小休止する《<5分間休む》.
── [形] **1** 5人の; 5つの, 5個の. ～ children 5人の子供. ～ apples リンゴ5つ. a number of ～ figures =a ～-figure number 5けたの数.
2 〈叙述〉5歳で(★限定的に用いるには a *five*-year-old boy などとする). I was ～ then. そのとき私は5歳だった.
[<古期英語]

fìve-and-tén [名] [C] 〖米〗(安い物を売る)日用雑貨店 (dime store) (**fìve-and-tén-cent stòre, fìve-and-díme (stòre)**).

fìve-day wéek [名] 〈a ～〉週5日制《土曜・日曜が休み》.

fíve·fòld [形], [副] 5重の[に], 5倍の[に].

fìve o'clòck shádow [名] [C] 〈普通 a ～〉〖話〗(朝そったが午後5時ごろに)薄く見えてきたひげ.

five·pence /fáivpèns, -pəns|fáifpəns, fáiv-/ [名] 〖英〗 **1** [U] 5ペンス(の金額). **2** [C] 5ペンス貨《1971年の10進法化の際に新たに発行された青銅貨幣; 1ポンドの20分の1》.

fíve·pènny [形] 〖英〗5ペンスの.

fiv·er /fáivər/ [名] [C] 〖米話〗5ドル札; 〖英話〗5ポンド札; (→tenner).

fives /faivz/ [名] 〈単数扱い〉〖英〗ファイヴズ《3方の壁に手又はバットでボールを当てる球技》.

fíve-spòt [名] [C] 〖米古俗〗5ドル紙幣.

fíve-stàr /[移]/ [形] 〈限定〉〔ホテルなどが〕5つ星の, 最高級の, 《ホテルの等級は最下級の one-star から five-star まである》.

fìve-star géneral [名] [C] 〖米話〗5つ星将軍《元帥 (General of the Army)》.

‡**fix** /fiks/ [動] (**fíx·es** /-əz/|[過] [過分] **～ed** /-t/, 〖主に詩〗**～t**, /-t/|**fíx·ing**) [他]
【動かないように固定する】 **1** [VOA] を据え(付け)る, 取り付ける. ～ a tent *by* means of pegs 木くぎを用いてテントを固定する. ～ a shelf *to* the wall 壁に棚を取り付ける. ～ a badge *on* the lapel 襟にバッジを付ける. ～ oneself *at* a writing desk きちんと書き物机に向かう.
2 〔表情など〕をこわばらす. ～ one's features 顔つきをこわばらせる.
3 [VOA] (～ X *on* [*upon*]..) X(視線, 注意, 気持ちなど)を..にじっと注ぐ; 〖章〗(～ X *with*..) X(人)を〔..の目つき〕で見据える; (～ X *on*..) X(銃など)を..に向ける. Children cannot ～ their attention *on* anything for long. 子供は長い間1つの事に注意を集中できない. She ～*ed* her eyes *upon* the film star. 彼女はその映画スターをじっと見た. My sister ～*ed* me *with* an angry stare. 姉は怒った目で僕をにらみつけた.
4 〔目, 注意など〕を引き付けて離さない. The unusual sight ～*ed* the attention of those present. その異様な光景は居合わせた人々の注意をくぎ付けにした.
5 〔考え, 制度など〕を**固定化する**, 定着させる; [VOA] (～ X *in*..) Xを..に留める, 銘記する, 焼き付ける. Carlyle ～*ed* his residence at Chelsea. カーライルは住居をチェルシーに定めた. an attempt to ～ English spelling (乱れている)英語のつづりを固定[統一]する試み. *Fix* these words *in* your mind [memory]. この言葉をしっかりと心[記憶]に留めなさい.
【定める】 **6** 〔日時, 場所, 価格など〕を**定める**; を(事実として)確定する, 特定する; [VO] (～ *to do*/*wh* 句) ..することを/どう..すべきかを決定する. Let's ～ a day *for* the next meeting. 次の会合の日取りを決めよう. The price of the used car was ～*ed at* 3,000 dollars. その中古車の値段は3千ドルに決まった. The newly-discovered documents may ～ the place of the nobleman's death. 新しく発見された文書によってその貴族の死んだ場所がはっきりするかもしれない. We've ～*ed when to* leave. 我々は出発の日時を定めた.
7 [VOA] (～ X *on*..) X(犯罪, 責任など)を..に帰する, 負わせる. The blame was ～*ed on* him. 罪は彼にかぶせられた.
8 【定着させる】〔染料〕を色止めする; 〖写〗〔フィルム〕を定着させる; 〖化〗〔液体〕を凝固させる; 〔揮発性物質〕を不揮発性にする; 〖細胞学〗〔標本用に, 組織など〕を固定(保存)する.
【本来の状態にする】 **9** 〔機械など〕を**修理する**, 調整する; のかたをつける; 〖米話〗を治す, 回復させる. ～ a flat tire パンクしたタイヤを修理する. get the television ～*ed* テレビを直してもらう. You can't ～ the wrong you've done. 君のした悪事は取り返しがつかない. Wait till I ～ my job. この仕事を片付けるまで待ちなさい. ～ the economy 経済を立て直す.
10 (**a**) 〖主に米話〗を**整える**; を整頓(とん)する 〈*up*〉. ～ one's hair [face] before going out 外出の前に髪を整える[化粧を直す]. *Fix* (*up*) your room before you go out. 出かける前に部屋を片付けなさい. (**b**) を取り計らう, の手はずを整える; [VO] (～ *that* 節/*to do*) ..のように/..するよう手配する. Leave the arrangement to me. I'll ～ it. 準備は私に任せてくれ. 手はずを整えてやろう. ～ (for her) *to* date Bob (彼女が)ボブとデートできるよう手配する. (**c**) [VOA] (～ X *with*..) Xに..を手配する, あてがう. ～ him *with* a job 彼に仕事の世話をしてやる.
11 【借りを返す】〖話〗をやっつける[殺す], 懲らしめる; に仕返しをする.
【調整する>おぜん立てをする】 **12** 〖主に米〗〔料理, 飲み物〕を調理する, 作る; [VOO] (～ X Y)・[VOA] (～ Y *for* X) Xに Y(食事など)を**用意する**. ～ breakfast (*for* oneself) (自分で)朝食の支度をする. Please ～ me a cocktail. カクテルを1杯作ってください.
13 〖話〗を買収する, 〔試合〕を八百長に仕立てる, 〈主に受け身で〉. The jury could not be ～*ed*. 陪審員たちは買収できなかった. ～ a race 八百長レースを仕組む. ～ an election 選挙で買収行為をする.
14 〖話〗〔動物〕を去勢する. I had my cat ～*ed*. (ペットの)猫を去勢してもらった.
15 〖話〗〔麻薬〕の注射をする, を打つ.
── [自] **1** (**a**) 固定する, 定着する; 固まる, 凝固する. (**b**) [VA] (～ *on*..) 〔目, 視線が〕..にじっと向けられる, 注がれる. **2** 〔目, 表情などが〕こわばる. **3** 〖話〗麻薬を注射する.
be fìxing to dó 〖米話〗..するところである, ..しそうである; ..するつもりである. We're ～*ing to* leave Tokyo soon. 我々は近く東京を離れるつもりだ.
fìx it úp 〖話〗うまく処理する[事を運ぶ].
***fíx on* [*upon*]..** ..を決める, 選ぶ; ..に決める. ～ *on* a date for the recital リサイタルの日取りを決める. ～ *on* John as the captain キャプテンにジョンを選ぶ. We've ～*ed on* starting next Sunday. 我々は次の日曜に出発することに決めた.
fìx /../ óver ..を作り直す, 改装する.
fìx thìngs* [*it* ↑] *úp
fìx úp (1) 〖米話〗盛装する (dress up). (2) 〖英〗..する手はずを整える.
fìx /../ úp 〖話〗(1) →[他] 10 (a); ..を修理する, 直す; ..を急造する. ～ him *up* a desk 彼のために机を急ごしらえする. (2) ..を解決してやる; ..を手配する, ..の手はずを整える. ～ (them) *up* a meeting (彼らのために)会合の段取りをつける. (3) ..に整えてやる, 用意してやる, あてがう, 〈*with* ..を〉; ..に'彼[彼女]'を紹介[世話]する. Jim ～*ed up* his son *with* a car. ジムは息子に車をあてがった. (4) 〔日取りなど〕を取り決める; 〔人〕に取り決めてやる 〈*with* ..を〉. Let me ～ you *up with* a date for the

next meeting. 次の会合の日取りを決めさせてください. (5)〖米〗〈再帰形又は受け身で〉盛装する. (6)〖オース〗..に借金を返す. (7)〖アイル〗..を殺す, 'ばらす'.

── 名C 1〖話〗〈普通 a ～〉厄介な羽目, ピンチ. I'm in a (real) ～. (本当に)にっちもさっちも行かない. get oneself into a ～ 窮地に立つ. 2 (船舶, 航空機などの)位置(決定);〖話〗〈a ～〉理解, 認識. get a ～ on one's position [the situation] 自分の乗っている飛行機などの位置を知る[状況を把握する]. 3〖話〗〈a ～〉不正工作[行為], 買収; 賄賂(わいろ). I smell a ～. 八百長くさいな. 4〖主に米〗(応急的)措置, 解決策;〖電算〗修正. 5〖話〗(麻薬の)注射, 1服分.

in a fíx →1;〖米古俗〗妊娠して.

[<ラテン語 *fixus*「固定された」(<*figere* 'fasten')]

F

fix·ate /fíkseit/ 動 他 1 を固定する, 固着[定着]させる. 2 を凝視する. 3〖心・精神医〗〔人〕を固着させる〈*on, upon* ..に〉〈普通, 受け身で〉. television-～*d* schoolchildren テレビ漬けの学童たち. 「神医〗固着した.

fíx·at·ed /-əd/ 形 (異常に)執着する〈*on* ..に〉;〖精↑

fix·á·tion 名C 1 固定(する[される]こと), 固着, 定着; 据え付け. 2 (染料の)色止め;〖写〗定着. 3〖心・精神医〗固着《本能, 情緒の発達がある段階で停滞すること》;〈一般に〉病的な執着〈*on, about, with* ..への〉. 4〖化〗凝固, 不揮発性化.

fix·a·tive /fíksətiv/ 名UC (入れ歯を安定させたり, 髪をまとめたりする)粘着剤; 色止め剤;〖写〗定着剤.

***fixed** /fikst/ 形 m 1 **固定された**, 据え付けの. a ～ seat 据え付けの座席. 2 決まっている, 一定の〔金額, 利率など〕. Bonds, unlike shares of stock, carry a ～ rate of interest. 株式と異なり債券は確定利率が付いている. ～ property 固定資産. 3〔視線などが〕じっとして動かない, こわばった. with ～ teeth 歯を食いしばって. a ～ gaze 凝視. 4〔決意などが〕確固とした, ゆるがない;〔考え, 願望などが〕断固とした, 柔軟性に欠ける. work a ～ purpose 不動の目的を持って働く. 5〖米話〗あらかじめ(不正に)工作した. a ～ race 八百長レース. 6〈叙述; 副詞を伴って〉〖話〗準備がある〈*for* ..の〉. How are you ～ *for* money [time]? 金[時間]はどのくらいあるのかね. We were not ～ too well *for* food [money]. 我々は食料[金]の用意が万全ではなかった. 7〖化〗凝固した, 不揮発性の. a ～ oil 不揮発油.

of no fìxed addréss [*abóde*]〖法〗住所不定の[で].

▷**fix·ed·ness** /fíksədnəs/ 名

fìxed ássets 名 固定資産.

fìxed cápital 名U 固定資本.

fìxed chárge 名C 固定料金.

fìxed cósts 名 固定費用《仕事量に関係なく一定》.

fìxed idéa 名C 固定観念. 「債券などからの》.

fìxed íncome 名C 固定収入《年金や固定利率の↑

fix·ed·ly /fíksədli/ 副 しっかりと; 確固として; じっと〔見つめるなど〕. 「floating-point).

fìxed-póint /⑧/ 形〖電算〗固定小数点(式)の(↔↑

fìxed sátellite 名C 固定[静止]衛星.

fìxed stár 名C〖天〗恒星(→planet).

fíx·er 名C 1 固定する[取りつける]人[物]. 2 黒幕, フィクサー,《裏取引き, 買収などで事件をもみ消し, 私腹を肥やす》; 調停者, まとめ役. 3〖写〗定着剤.

fíx·ing 名 1U 固定, 定着; 取り[据え]つけ;〖写〗定着. 2U〖米〗修理; 整理. 3〈～s〉〖米〗(料理の)添え物, つま《野菜, プディングなど》.

Fix·it /fíksit/ 名〖話〗〈Mr. ～ として〉何でも屋さん, 便利屋さん,《<ミュージカルの登場人物の名; →fix 他 9, 10》. 「(性).

fix·i·ty /fíksəti/ 名U〖章〗固定していること; 不変↑

***fix·ture** /fíkstʃər/ 名 (複 ～s /-z/) C 1〈普通 ～s〉(家屋, 部屋に付属した)**備品**, 付帯工事部分,《たとえば浴槽, 洗面台, 作りつけの衣装戸棚など; →fitting; ↔ movable》. lighting ～s 照明器具. bathroom ～s 浴室[トイレ]の諸設備. ～s and fittings〖英〗(家の値段に含まれる)設備・調度. 2〖英〗(日程の決まった)試合[競技会]; 試合[競技]日程. 3〖話〗(1つの職, 地位に)居ついた人, '主(ぬし)'; (1つの場所に)'根が生えた物', 不可欠な物; '定番'. a permanent ～ in the office 職場の'主'. a ～ on TV テレビの定番. The credit card has become as much a ～ in our wallet as the driver's license. クレジットカードは運転免許証と同じく我々の財布の中に欠かせない物となった.

‡**fizz** /fiz/ 名 1 aU しゅーという音; U 発泡性, '気'. The beer has lost its ～. ビールの気が抜けた. 2U〖話〗発泡飲料《シャンペン, ソーダ水など》;〖米〗フィーズ《アルコール飲料・ソーダ水・香味をミックスした冷たい飲み物》. gin ～ ジンフィーズ. 3U 活気, 元気. put ～ into ..に活を入れる. ── 動 自 1 しゅーという(音を立てる); しゅーと泡立つ. 2 活気を示す, 勇み立つ,〈*with* ..で〉.

[擬声語]

fiz·zle /fíz(ə)l/ 動 自 1 かすかにしゅーという(音を立てる). 2 VA (～ *out*) 竜頭蛇尾に終わる, 先細りになる. The political reform soon ～*d out*. 政治改革は間もなく立ち消えになった. ── 名C 1 しゅーという音. 2〖話〗大失敗, しくじり. [fizz, -le[1]]

fiz·zy /fízi/ 形 e しゅーしゅーいう, 発泡性の. a ～ drink 発泡性清涼飲料.

f jord /fjɔːrd/ 名 ＝fiord.

FL〖郵〗Florida; foreign language.

Fl Flanders; Flemish.

fl. floor; florin(s); flourished; fluid.

Fla. Florida.

flab /flæb/ 名U〖話・軽蔑〗(体の)たるみ, 贅(ぜい)肉.

flab·ber·gast /flǽbərgæst|-gɑ̀ːst/ 動 他〖話〗をびっくり仰天させる〈普通, 受け身で〉. be ～*ed* at [by] his follies 彼の愚行にあっけにとられる.

flab·bi·ly /flǽbili/ 副 (筋肉などが)たるんで; 気力なく.

flab·bi·ness /flǽbinəs/ 名U (筋肉などの)たるみ; 無気力.

flab·by /flǽbi/ 形 e 1〔筋肉などが〕たるんだ, 締まりのない. ～ muscles たるんだ筋肉. 2 元気のない, 無気力な; 頼りない, 弱々しい.

flac·cid /flǽ(k)səd/ 形〖章〗〔筋肉などが〕弛緩(しかん)した, 軟弱な; 力のない, 弱々しい.

▷**flac·cid·i·ty** /flæ(k)sídəti/ 名 ～**·ly** 副

flack /flæk/ 名 ＝flak.

fla·con /flǽkən/ 名C (香水などの)栓付きの小瓶.

‡**flag**[1] /flæg/ 名 (複 ～s /-z/) C 1 **旗**《時に愛国心の象徴》(類語 国旗から市販の小旗にいたる旗の総称; → banner, color(s), ensign, jack, pennant, standard; →black [red, white] flag). hoist a ～ 旗を揭げる. lower a ～ 旗を降ろす. wave a ～ 旗を振る; 愛国心[愛社心など]を高揚させる. The national ～ went up the pole. 国旗がポールに揚がった. a ～ ⌞flying on the mast [hanging at half-mast] マストに揭げられた[半旗でかかった]旗.

> 連結 a colorful [a military; a national; a rectangular, a square, a triangular] ～ // fly [display, hang out, put up, raise; unfurl] a ～ // a ～ flutters (in the breeze)

2 旗状のもの; (セッター犬などの)ふさふさした尾, (シカの)尾. 3〖英〗タクシーの空車表示板('For Hire' と記してある). 4 付箋(ふせん), 目印.

flỳ the flág ＝show the FLAG (2).

kèep the flág flýing (1) 戦い続ける, 降参しない. (2) 自分の主義[信念]を曲げない; (外国にいて)自分の国のやり方を貫く.

lòwer [***strìke***] ***one's flág*** (敬礼, 降伏のしるしとして)

旗を降ろす; (議論などで)降参する. 「お祝いをする.
put òut the flágs, pùt the flàgs óut (勝利などの)↑
shòw the flág (1)(会合などに)申し訳に顔を出す. (2) 自分の国[党]に支持[忠誠]を示す; (政治的・軍事的に)自国の力を知らしめる. 「庇(ひ)護されて).
under the flág of . . . .の旗の下に (馳(は)せ参じて,↑
wàve the flág =show the FLAG (2).
—— 動 他 (~s|-gg-) **1** に旗を立てる, を旗で飾る. The square was ~*ged* to celebrate the victory. 広場は勝利を祝って旗で飾られていた. **2** に(他の同様のものと区別するため)特別な印を付ける. **3** VOA (~ X *down*) X(タクシー, 自動車(の運転者), 列車など)を(旗, 腕などで)合図して止める. A policeman ~*ged down* the taxi on the highway. 警官が幹線道路でタクシーに旗で合図して停車を命じた. **4** 〔通信など〕を旗[手旗信号]で送る; VO (~ *that* 節) . .ということを旗で合図して知らせる.
[?<〖廃〗*flag*「垂れ下った」]

flag[2] 名 C 板石 (flagstone); 〈~s〉 板石舗装歩道.
—— 動 (~s|-gg-) 他 に板石を敷く, 〔道路〕を板石舗装する. ▷ **~ged** /-d/ 形 板石を敷いた.

flag[3] 名 C 〖植〗 アイリス(属の諸種の植物) 《アヤメ科, 長い剣状の葉を持つ》.

flag[4] 動 自 (~s|-gg-) **1** 〔植物などが〕しおれる, だらりと垂れる. **2** 〔気力が〕衰える, 弱る; 〔興味, 熱意などが〕薄↓ らぐ, 冷める.

flág càptain 名 C 〖英〗 旗艦艦長.

flág càrrier 名 C (国の)代表的航空会社.

Flág Dày 名 **1** U 〖米〗 国旗記念日 《6月14日; 1777年のこの日に星条旗が制定された》. **2** C 〖英〗 〈f-d-〉 旗の日 《慈善のため街頭で小旗を売る; →tag day》.

flag·el·lant /flǽdʒələnt/ 名 C 〖章〗 自分[他人]をむち打つ人 《特に宗教上の悔悟[刑罰]として》; (性的刺激を得るために)むち打つ[打たれる]人.

flag·el·late /flǽdʒəlèit/ 動 他 〖章〗 (宗教的悔悟, 又は性的満足のために)をむちで打つ. —— /flǽdʒələt, -lèit/ 形 **1** 鞭(べん)毛状の. **2** 〖生物〗 鞭毛を生じる, 鞭毛のある; 〖植〗 匍匐(ほふく)枝のある. [<ラテン語「むち」]
▷ **flàg·el·lá·tion** 名

fla·gel·lum /flədʒéləm/ 名 (複 **fla·gel·la** /-lə/, ~) C **1** 〖生物〗 鞭(べん)毛; 〖植〗 匍匐(ほふく)枝. **2** むち (whip).

flag·eo·let /flæ̀dʒəlét/ 名 C フラジオレット 《6穴の縦笛》. [<古期フランス語「小さなフルート (*flageol*)」]

flág fòotball 名 U フラッグフットボール 《アメリカンフットボールの一変種; 相手の腰につけた旗の一つを奪うと試合が中断する》.

flág·ging[1] 名 **1** U 敷石舗装; 〈集合的〉 (舗装用)板石. **2** C 敷石舗道. 「て]行く, 下降線をたどる.

flág·ging[2] 形 **1** しおれた, 垂れた. **2** 衰えて[弱まっ↑

flág·man /-mən/ 名 (複 **-men** /-mən/) C (競技などの)旗振り, 旗手; (鉄道踏切などの)信号手.

flàg of convénience 名 C 便宜置籍国の旗 《税金や法的規制を逃れるために船舶を登録した他国の国旗》. 「に将旗を掲げることができる》.

flág òfficer 名 C 海軍将官 《艦長より上位; 乗艦↑

flag·on /flǽgən/ 名 C **1** (食卓用の)大型酒瓶 《ふた, 注ぎ口, 取っ手付きの》; その1杯分の量. **2** (特にワイン販売用の)平たい大型酒瓶(に1杯の分量) 《並型瓶の約↓ 2倍の量》.

flág·pòle 名 C 旗ざお.

fla·grance, -gran·cy /fléigrəns/, /-si/ 名 U 凶悪さ, 極悪非道.

‡**fla·grant** /fléigrənt/ 形 〔悪人などが〕極めつきの, 名うての; 〔犯罪などが〕凶悪な; 〔過失, 欠点などが〕ひどい, 目に余る. a ~ violation of the regulations 悪質な規則違反. a ~ coward 途方もない臆(おく)病者. [<ラテン語「燃えている」] ▷ **~·ly** 副 ずうずうしく; ひどく.

flág·shìp 名 C **1** 旗艦 《司令官が乗っている》. **2** (同種の物の中の)最も重要な[すぐれた]もの; 〈形容詞的〉 最重要の, 主要な. the ~ of our chain stores 我がチェーンストアの中で最も重要な店. a ~ product 主力製品.

flág·stàff 名 (複 **~s**) =flagpole.

flág·stòne 名 C 板石, 敷石.

flág stòp 名 〖米〗 =request stop.

flág-wàving 名 U (過剰な)愛国心の誇示.

flail /fleil/ 名 C 殻竿(からさお) 《昔, 麦などの脱穀に用いた》.
—— 動 他 **1** 〔穀物〕を殻竿で打つ; を(続けざまに)打つ. **2** 〔手足など〕をやたらに振り回す. —— 自 **1** 殻竿で打つ. **2** VA やたら動き回る; (手足などを)振り回す; 〔手足などが〕振り回される; 〈*about*, *around* (. .)〉.

‡**flair** /fleər/ 名 **1** aU 直感力, 勘, (生まれつきの)才能, 〈*for* . .に対する〉. have a ~ *for* music 天賦の音楽の才がある. **2** U センスのよさ, スマートさ. [フランス語「臭気」]

flak /flæk/ 名 U **1** 〖軍〗 〈集合的〉 対空砲, 対空砲火. **2** 〖話〗 非難の一斉射撃, '袋だたき'. get [take, run into, come in for] a lot of ~ 大いに非難される.
[<ドイツ語「対空砲」の略]

***flake** /fleik/ 名 (複 **~s** /-s/) C **1** (雪などの)1片, ひとひら; (はがれ落ちた塗料などの)薄片. ~*s* of snow 雪片. The paint came [peeled] off in ~*s*. 塗装がぽろぽろとはげ落ちた. **2** フレーク 《薄片状の食品》. corn ~*s* コーンフレーク. **3** 〖米俗〗 変人 (screwball).
—— 動 自 **1** (薄片になって)はがれ落ちる 〈*off*, *away*〉; 〔雪などが〕ちらちら降る. **2** 〔魚の身などが〕フレーク状になる.
—— 他 をフレーク状にする.
flàke óut 〖話〗 (1) 気が遠くなる. (2) 疲れて眠りこける, 参る. [<?]

flák jàcket 名 C 防弾チョッキ.

flak·y /fléiki/ 形 e **1** 薄片(状)の; 薄くはがれる[はがれやすい]. ~ pastry 薄片を重ねて焼いたペーストリー. **2** 〖米俗〗 奇妙な, 変な. ▷ **flak·i·ness** 名

flam·bé /flɑːmbéi|flɔ́mbei/ 動 他 〔料理〕をフランベする 《ブランデーなどをかけて短時間燃やす》. —— 形 〈名詞の後に置いて〉 フランベした. [フランス語 'singed']

flam·beau /flǽmbou/ 名 (複 **~s, ~x** /-z/) C **1** (夜間の行列などに用いる)たいまつ. **2** (装飾のある)大燭(しょく)台. [フランス語「小さな炎」]

flam·boy·ance, -an·cy /flæmbɔ́iəns/, /-si/ 名 U 華麗さ; けばけばしさ.

‡**flam·boy·ant** /flæmbɔ́iənt/ 形 **1** 燃えるような, 華麗な. a ~ sunset 絢爛(けんらん)たる夕焼け. **2** 目立った, けばけばしい, 派手過ぎる. a ~ costume けばけばしい衣装. **3** 〔人, 態度が〕水際立っている; 派手な, 見えを張る. with a ~ gesture 派手な身振りで.
[フランス語 'flaming'] ▷ **~·ly** 副

‡**flame** /fleim/ 名 (複 **~s** /-z/) **1** UC 〈しばしば ~s〉 炎, 火炎(の舌), (類語 炎を表す一般的な語; →blaze[1], flare). Sulphur burns with a blue ~. 硫黄は青い炎を上げて燃える. The forest was *in* ~*s* for three days. 森は3日間炎を上げて燃えていた. a naked ~ 裸火. go up in ~*s* 焼失する. cook over a low ~ 弱火で[火を小さくして]料理する. burst into ~(*s*) 急にぱっと燃え上がる. add fuel to the ~*s* →fuel (成句).

> 連結 kindle [extinguish, put out] a ~ // a ~ flickers [goes out]

2 C 燃えるような色[輝き]. the ~*s* of sunset 燃えるような夕焼け. A ~ came into her cheeks. 彼女はほおを真っ赤に染めた. **3** C 〖雅〗 激情, 情熱, (特に, 恋の) '炎'. ~*s* of anger 烈火のような怒り. Reading the letter fanned the ~*s* of her jealousy. 手紙を読んで彼女の嫉妬(しっと)心はあおられた. **4** C 〖話〗 〈普通 old [former] ~ で〉 昔の恋人. Mary's old ~ メリーの昔の'彼'.
—— 動 (~s /-z/|過 過分 ~d /-d/|**flám·ing**) 自 **1** 炎を出して燃える, 燃え上がる, 〈*out*, *up*〉. The fire ~*d*

(*up*) brightly. 火はあかあかと燃え上がった.
2 炎のように輝く; 〔顔などが〕ぱっと赤らむ. The girl's cheeks ~*d* (red). 少女のほおがぱっと赤らんだ (★red があれば文型は VC).
3 〔情熱の火が〕燃え上がる; かっと怒る; 〈*out, up*〉. Jim ~*d up* with rage. ジムは怒りで燃え上がった.
flàme óut (1) →自 1, 3. (2) 〔ジェットエンジンが〕(飛行中に)突然停止する; 〔ジェットエンジン〕を突然停止させる. [<ラテン語 *flamma*「炎」]

fláme gùn 名 C 除草バーナー《雑草を焼き払う小型火炎放射器》.

‡**fla·men·co** /fləméŋkou/ 名 (複 ~s) U フラメンコ《スペインのアンダルシア地方のジプシーの踊り》; C フラメンコの曲[歌]. [スペイン語「フランダース人, ジプシー」]

fláme·òut 名 **1** UC フレームアウト《飛行中のジェットエンジンの突然の停止》. **2** C 突然の挫折[失脚]; 失脚者.

fláme·pròof 形 耐炎性の, 難燃性の.

fláme-re·tàr·dant /-ritɑ̀ːrd(ə)nt/ 形 ＝fire-retardant.

fláme tèst 名 C 〘化〙炎色試験.

fláme·thròwer 名 C 火炎放射器《軍用, 原野「焼却用」》.

flam·ing /fléimiŋ/ 形 〈限定〉 **1** 炎を上げて燃える; 灼(しゃく)熱の. **2** 〔色などが〕燃えるような; 熱烈な. ~ red hair 燃えるような赤毛. **3** 〘英俗〙激しい, ひどい; いまいましい, とんでもない; (★bloody, damned など野卑な言葉の婉曲語). You ~ liar! このうそつき野郎. his ~ desire for wealth 富に対する彼の激しい欲望.

fla·min·go /fləmíŋgou/ 名 (複 ~(e)s) C 〘鳥〙フラミンゴ, ベニヅル. [<ポルトガル語 (<ラテン語「炎」)]

flam·ma·ble /flǽməb(ə)l/ 形 燃えやすい, 可燃性の, (↔nonflammable) (類語 普通は商工業専門用語, 又〘米〙では同義の inflammable より好まれる).

flan /flæn/ 名 **1** UC 〘料理〙〘英〙フラン《ジャム, チーズ, 果実などを入れたタルト (tart) の一種》; 〘米〙(カラメルを上に塗った)カスタード. **2** C (コイン製造用の円型の)地金.

Flan·ders /flǽndərz|flɑ́ːn-/ 名 フランドル, フランダース, 《ベルギー西部, オランダ南西部, フランス北部を含む地方; 形 Flemish》.

flange /flændʒ/ 名 C フランジ, (車輪の)輪縁(わぶち)《脱輪防止のための》, (レールの)出縁.

†**flank** /flæŋk/ 名 C **1** (特に動物の)横腹, 脇(わき)腹; 脇腹肉の切り身. **2** (山, 建物などの)側面. **3** 〘軍〙(進撃中の部隊, 艦隊などの)側面, 翼(よく). attack the enemy on the right ~ 敵の右翼を攻撃する.
── 動 他 **1** 〔人, 物が〕の(両)側面に位置する[配置される]〈普通, 受け身で〉. a road ~*ed with* sycamores 両側にスズカケの木のある並木道. The suspect emerged, ~*ed* by two policemen. 容疑者は 2 人の警官にはさまれて現れた. **2** 〘軍〙を側面から攻撃する.
[<古期英語]

flánk·er 名 C 〘スポーツ〙フランカー《ラグビーではスクラムの際第 2 列の両側に位置し, 側面の攻撃・防御を行う; アメリカンフットボールではパスレシーヴをする攻撃側の選手》.

‡**flan·nel** /flǽnl/ 名 **1** U フランネル, フラノ, 《毛織物の一種》. **2** 〘主に米〙＝flannelette (**còtton flánnel**). **3** 〈~s〉 フランネル製品 《特にクリケットなどの競技用ズボン》; 〘米〙ネルの下着. **4** C 〘英〙フラノ地などの小型布《洗顔, あかすりなどに用いる》(〘米〙 washcloth); (床磨き用)ぞうきん. **5** U 〘英話〙巧みな言い逃れ; おべっか.
── 動 (~s|〘英〙 -ll-) 他 **1** をフランネルで包む[くるむ]; をフランネルの布で拭く[こする, 磨く]. **2** 〘英話〙(巧みな言い逃れで)をだます; におべっかを使う. [?<ウェールズ語 '毛織物'「風の綿織物」].

flan·nel·et(te) /flæ̀nəlét/ 名 U 綿ネル《フランネル風の綿織物》.

*__flap__ /flæp/ 動 (~s /-s/|過 過分 ~**ped** /-t/|**fláp·ping**) 他 **1** をぱたぱた動かす; をぱたぱたいわせる, はためかす. The bird ~*ped* its wings madly. 鳥は狂ったようにはばたきをした. The wind was ~*ping* the curtains. 風がカーテンをはためかせていた. **2** (平たく柔らかい物で)をたたく, ぴしゃりと打つ; 〔平たい物〕をぱたぱたさせる; 〈*at* ..に向かって〉. ~ a newspaper *at* a fly 新聞紙でハエを(ねらって)打つ.
── 自 **1** ぱたぱた動く; 〔鳥が〕はばたきする; はためく. The flag was ~*ping* in the breeze. 旗が風ではためいていた. **2** ぴしゃりと打つ〈*at* ..をめがけて〉. ~ *at* a moth with a newspaper 新聞紙で蛾(が)を(めがけて)打つ. **3** 〔鳥が〕ゆっくり飛んでゆく〈*off*〉. **4** 〘話〙(不安, 期待で)はらはらする, やきもきする, あわてふためく.
── 名 (複 ~s /-s/) C **1** ぱたぱた(する音[動き]); はばたき(の音), (旗, 帆布などの)はためき. the ~ of a sail against a mast 帆柱にぱたぱた当たる帆(の音).
2 (平たいものでの)軽いひと打ち(する音); 平手打ち(のぴしゃりという音); (slap).
3 (ひらひら)垂れ下がったもの《封筒, 本のカバーの折り返し, ポケットの垂れ蓋(ふた), 帽子の広く柔らかいつば, 防寒用の耳おおい, テーブルの垂れ板など》.
4 〘空〙(航空機の)下げ翼, フラップ.
5 〘話〙〈a ~〉動揺, うろたえ. be in a ~ はらはら[やきもき]している. get in(to) a ~ over .. であわてふためく, 気が動転する. [<中期英語; 擬音語]

fláp·dòodle 名 U 〘話〙くだらないこと; でたらめ.

fláp·jàck 名 C **1** 〘米〙＝pancake. **2** 〘英〙カラスムギなどを混ぜた甘いケーキ.

fláp·per 名 C **1** ぴしゃりと打つ物《ハエたたき (flyflap) など》. **2** (魚の)幅広の鰭(ひれ), (アザラシ, カメなどの)鰭状の足 (flipper). **3** (飛べないで羽をばたばた動かすだけの)ひな鳥. **4** 〘旧話〙生意気な小娘, おてんば娘, フラッパー, 《1920 年代の流行語》.

*__flare__ /fleər/ 動 (~s /-z/|過 過分 ~**d** /-d/|**flár·ing** /-riŋ/) 自 **1** (一瞬ぱっと)燃え輝く, ゆらめく, 〈*up*〉. The bonfire was *flaring* in the wind. かがり火が風にゆらめいていた. **2** 〔人が〕かっとなる; 〔感情などが〕激発する; 〈*up*〉. Terrorism ~*d* (*up*) again in that region. その地域ではテロが再発した. **3** 〔グラスなどが〕朝顔形に開いている; 〔ズボンが〕すそ広がりである, 〔スカートが〕フレアーになっている; 〈*out*〉.
── 他 **1** 〔風などが〕の炎をゆらめかせる. **2** をことさらに見せびらかす. **3** 〔ズボンなど〕をすそ広がりにする; 〔鼻の穴〕をふくらませる《不満, 怒りなどで》.
flàre óut at ..〘米〙..をいきなりどなりつける.
── 名 **1** aU (つかの間の)炎の輝き, ゆらめき; (ぱっと燃え上がる)炎, 閃(せん)光; (類語 瞬間的に広がる炎; →flame). There was a sudden ~ as she struck a match. 彼女がマッチをするとぱっと炎が燃え上がった.
2 C 閃光信号; 照明弾. **3** C (怒りなどの)激発. the sudden ~ of a trumpet 突如鳴り響くらっぱの音.
4 C (グラスなどの)朝顔型の開き; (ズボンの)すそ広がり, (スカートの)フレアー; 〘話〙〈~s〉らっぱ[ベルボトムの]ズボン.
5 UC 〘写〙光斑(はん), フレアー, 《レンズの反射で映像が部分的にぼけること》. [<?]

flared 形 〔ズボン, スカートなどが〕フレアーの, 先端の方が広くなっている.

fláre-pàth 名 C 〘英〙(飛行機の離着陸用)照明路.

flare-up /flé(ə)rʌ̀p/ 名 C **1** ぱっと燃え上がること. **2** 激怒; (暴動, 病気などの)激発, 再燃, 再発.

flar·ing /flé(ə)riŋ/ 形 **1** 燃え上がっている. **2** けばけばしい. **3** 朝顔形に開いた, 〔スカートなどが〕フレアーの.
▷ **~·ly** 副

‡**flash** /flæʃ/ 動 (**flásh·es** /-əz/|過 過分 ~**ed** /-t/|**flásh·ing**) 自 **1** ひらめく, ぴかっと光る; 〔目, 刀などが〕ぎらりと光る; 〔明かりが〕ぴかっとともる[つく]〈*on*〉; (類語 突然また瞬間的に光ること; →shine). Lightning ~*ed* in

the night sky. 夜空に稲妻が走った. All the lights in the house ~*ed on* together. 家中の明かりが一斉についた. The warning lights ~*ed* on and off. 警告灯が点滅した.

2 🅥🅐 (~ *on, onto* ..)〔映像, メッセージなどが〕〔(コンピュータ, テレビなどの)画面〕にぱっと(繰り返し)映る〈*up*〉.

3 🅥🅐〔考えなどが〕ぱっと浮かぶ, ひらめく; ぱっと現れる[見えてくる]; 〈*into, through* ..に〉. An idea ~*ed into* [*across*] his mind. ある考えが彼の心にさっとひらめいた.

4 🅥🅐 (閃(せん)光のように)さっと過ぎる, ぱっと現れる. A car ~*ed by* [*past*]. 自動車がさっと通り過ぎた.

5〖話〗〔露出狂が〕性器をちらっと見せる.

── ㊍ **1**〔火, 光など〕をきらめかす, ぱっと向ける; 〔照明など〕をぱっとつける; 〔目, 刀など〕をぎらつかせる. The lighthouse ~*ed* its beams through the fog. 霧の中を灯台の光がきらめいた. *Flash* your light over here. 明かりをこっちへ向けてくれ.

2〔視線など〕をちらりと送る; 〔目が〕〔感情など〕をちらりと表す. He ~*ed* a smile at the girl. 彼はその女の子ににこっとしてみせた. **3**〖話〗〔カード, 札束など〕をちらりと見せる, ちらつかせる. ~ a knife ナイフをちらつかせる.

4 (**a**) 🅥🅞🅞 (~ XY)・🅥🅞🅐 (~ Y *at, toward* X) Y (合図など)を X に閃(せん)光[点滅信号]で送る; Y (ライトなど)で X に合図を送る. Red lights are ~*ing* us a warning [a warning *at* us]. 赤いライトが(点滅して)我々に警告を発している. (**b**) 🅥🅞🅐〔ニュース〕を急送する〈*around, over* ..に〉. The news was ~*ed over* the land. その報道はまたたく間に全国に伝えられた.

5 (**a**) 🅥🅞🅐 (~ X *on, onto* ..) X (文字, 映像など)を〔(コンピュータ, テレビなどの)画面〕にぱっと(繰り返し)映し出す〈*up*〉. (**b**)〔画面が〕〔メッセージなど〕をぱっと映す.

flàsh /../ aróund [***abóut***] ..を見せびらかす. Amy ~*es* her diamonds *around*. エミーは自分のダイヤモンドを見せびらかして回る.

flàsh báck〔記憶などが〕突然戻る〈*to* ..〔過去の事柄など〕に〉(→flashback). My mind ~*ed back to* my school days. 突然学生時代の記憶がよみがえった.

flàsh fórward (先取りして)飛ぶ〈*to* ..〔未来の場面など〕に〉《映画, 小説などで; flashback の逆》. ~ *forward to* a century later 100 年先の世界を(映画に)取り入れる.

── 名 (複 **flásh·es** /-əz/) **1** Ⓒ **閃(せん)光**, ひらめき〈*of* ..の〉. a ~ *of* lightning 電光のひらめき, 稲妻. run like a ~ 稲妻のように速く走る. **2** Ⓒ ひらめき, 一瞬の輝き, 〈*of* ..〔感情, 機知など〕の〉. I saw a ~ *of* hope on his face. 彼の顔にちらっと希望の光を認めた. a ~ *of* intuition 直観のひらめき. **3** Ⓒ 瞬間, ごくわずかの時間. in [like] a ~ (→成句). **4** Ⓒ (ラジオ, テレビの)ニュース速報. **5** Ⓒ〖映〗瞬間場面, フラッシュ; ⓊⒸ〖写〗フラッシュ(装置, 撮影). **6**〖米話〗Ⓒ 懐中電灯 (flash light). **7** ⓐⓊ 見せびらかし, 虚飾. **8** Ⓒ〈普通, 単数形で〉〖話〗性器の露出. **9** Ⓒ〖英軍〗(色分けした布製の)部隊標識.

a flàsh in the pán 一時的な成功(を収める人), '線香花火', 《火打ち石銃が火皿の中で発火するが空発に終わる場合のたとえから》.

(***as***) ***quick as a flásh*** 間髪を入れずに〔言い返すなど〕.

in [***like***] ***a flásh*** またたく間に, たちまち. The robber disappeared *in a* ~ when he saw a policeman. 強盗は警官を見るとあっと言う間にいなくなった.

── 形 ⓔ **1**〈限定〉瞬間的な, 急激な. **2**〖話〗けばけばしい, 見せびらかしの; しゃれた. a very ~ car いやにけばけばしい車. **3**〈限定〉犯罪者仲間の, アウトロー社会の.

[<中期英語「水をはね掛ける」; ?<擬声語]

flásh·bàck 名 Ⓤ フラッシュバック《映画, 小説などでの過去の事件への場面の切り返し》; Ⓒ フラッシュバックのシーン, 回想場面.

flásh·bùlb 名 Ⓒ〖写〗閃(せん)光電球, フラッシュバルブ.

flásh bùrn 名 Ⓒ (原爆などによる)閃光火傷.

flásh càrd 名 Ⓒ フラッシュカード《単語などを瞬時に識別させるドリル用カード》.

flásh·cùbe 名 Ⓒ〖写〗フラッシュキューブ《小型のフラッシュ装置; 4 個の閃(せん)光電球を連続で使える》.

flásh·er 名 Ⓒ **1** 自動点滅装置; 点滅信号; (車の)方向指示器. **2**〖話〗露出狂の人.

flàsh flóod 名 Ⓒ (集中豪雨による)鉄砲水.

flásh-fòrward 名 ⓊⒸ フラッシュフォワード(のシーン)《映画, 小説などで未来の場面を挿入すること》.

flàsh-fréeze 動〖米〗=quick-freeze.

flásh·gùn 名 Ⓒ〖写〗フラッシュガン《フラッシュの発光装置》.

flash·i·ly /flǽʃili/ 副 けばけばしく.

flash·i·ness /flǽʃinəs/ 名 Ⓤ けばけばしさ.

flásh·ing 名 ⓊⒸ〖建〗水切り《屋根と壁の継ぎ目を覆う雨漏り防止用の金属板》.

flásh làmp 名 =flashbulb.

***flash·light** /flǽʃlàit/ 名 (複 ~**s** /-ts/) Ⓒ **1**〖主に米〗**懐中電灯** (〖英〗torch). **2**〖写〗フラッシュ, 閃(せん)光装置. **3** (灯台などの)閃光; 回転灯.

flásh mèmory 名 Ⓤ〖電算〗フラッシュメモリ《電源を切っても保存されるメモリ》.

flásh pòint 名 Ⓒ **1**〈普通, 単数形で〉〖化〗引火点. **2** (暴動, 怒りなどが勃(ぼっ)発する)(地)点.

flásh·tùbe 名 Ⓒ〖写〗閃(せん)光放電管, ストロボ.

flash·y /flǽʃi/ 形 ⓔ **1**〖話〗けばけばしい, 見かけ倒しの; 見せびらかしの. a cheap ~ dress 安物のけばけばしいドレス. **2** 一時的にぱっと輝く, 線香花火のような; 短時間の.

†**flask** /flæsk|flɑːsk/ 名 Ⓒ **1** (実験用の)フラスコ; フラスコ 1 杯分の量; (ワイン, 油などを入れる)首細瓶; その 1 杯分の量. **2** (ウイスキーなどの)携帯瓶, 懐中瓶, (hipflask)《金属又はガラス製で扁平; 普通革のケース入り》. **3**〖英〗魔法瓶, ジャー, (thermos [vacuum] flask).

[flask 2]

‡**flat**[1] /flæt/ 形 ⓔ (**flát·ter**|**flát·test**)

【平たい】**1 平らな**, 平たい; 〔土地などが〕平坦(たん)な; 〔顔などが〕のっぺりした; 〔足が〕扁(へん)平な. a ~ cake 平たいケーキ. a ~ floor 平らな床. a ~ roof 陸屋根. ~ feet 扁平足. **2**〔皿などが〕平たい; **浅い**; 〔靴などが〕かかとの低い. Coins are mostly round and ~. 貨幣はたいてい丸くて平べったい. **3**〖音声〗平唇音の. the ~ a 平唇の a 《/æ/; →broad 5 (b)》.

4【上昇が少ない】(**a**) ⓒ〖楽〗〈記号の後に置いて〉半音低い, 半音下げた[下がった], 変音の, 《記号 ♭; ↔ sharp》. B ~ 変ロ調. (**b**) 音程が(狂って)下がった. The baritone's singing was always a little ~. そのバリトン歌手はいつも音程が下がり気味だった.

【平たくなった】**5** ⓒ〈叙述〉**平伏した**, (地面, 壁面に)ぺったり平らな; べったり横になって, ばったり倒れて. lie ~ on the floor 床にべったり伏せる. He stood with his back ~ against the wall. 彼は壁にぴったり背をつけて立った. fall ~ (→成句) **6**〔タイヤが〕空気の抜けた, パンクした; 〔バッテリーが〕あがった, 〔電池が〕切れた. One of the tires went ~. タイヤの 1 つがパンクした. Unfortunately I got a ~ tire. 不運にもタイヤがパンクした.

【変化がない】**7** (**a**) ⓒ〔価格, 料金などが〕均一の, 一律の, 変動のない. a ~ price 均一料金. (**b**)〔市場などが〕活気のない, 不活発な, 元気がない. Sales are ~. 売れ行きは不振だ. (**c**)〈限定〉〔彩色が〕一様な, 単調な. a ~ gray color 灰色一色.

8 単調な, 平板な; 退屈な; 〔ペンキ, 写真などが〕つや消しの; 〔ビール, 炭酸飲料などが〕気の抜けた. a ~ picture 深みのない絵. a ～ joke 面白くない冗談. This beer tastes ～. このビールは気が抜けている. feel ～ 退屈する; 気がめいる.

9 Ⓒ〈限定〉**そっけない, きっぱりした**; あからさまの; 全くの. a ～ refusal にべもない拒絶. a ～ lie [contradiction] 全くのうそ[矛盾]. a ～ failure 完全な失敗.

..and thàt's flát 〈and に先行する部分を受けて〉そう決めた(もう変わらない). I won't see him again, *and that's* ～. 彼にはもう会わない, そう決めたんだ.

fàll flát (1) ばったり倒れる. *fall* ～ on one's face ばったりうつ伏せに倒れる. (2) 完全な失敗に終わる; 全く効果がない. His piano performance *fell* ～. 彼のピアノ演奏は(聴衆に)全然受けなかった.

── 副 Ⓒ **1** 平らに, 平たく. The air raid laid the city ～. 空襲で(壊滅して)その市は平らになった.

2〖楽〗音程が低く(狂って). sing [play] slightly ～ 下がり気味の音程で歌う[演奏する].

3 **きっぱりと, はっきり.** The mayor turned down the offer ～. 市長はその申し出をきっぱりはねつけた.

4 ちょうど, きっかり. run the 100 meters in ten seconds ～ 100メートルを10秒フラットで走る. **5**〖話〗全く, すっかり. He was ～ broke. 彼は一文無しになった.

flàt óut〖話〗(1) 全速力で; 全力を上げて, 知恵をふり絞って. The machines were running ～ *out*. 機械はフル回転していた. (2) ずけずけ〔物を言うなど〕. (3)〖英〗疲れ果てて.

── 名 (複 **～s** /-ts/) Ⓒ **1 平面**; 平たい部分. strike with the ～ of one's hand 手のひらで打つ. on the ～ 平地[平面]に. **2**〈普通 ～s〉(低い)平地; (川辺の)低地, 沼地; 浅瀬, 州(す). **3** 平たい物; ＝flatboat;〖米〗＝flatcar;〖建〗陸屋根 (flat roof);〈～s〉かかとの低い靴. **4**〖主に米話〗空気の抜けた[パンクした]タイヤ (flat tire). Shit! I've got a ～. ちくしょう. パンクだ. **5**〖楽〗変音; 変記号 (♭). **6**〖劇〗枠張り物《舞台で背景などに用いる大道具》.

── 動 (～s|-tt-)〖米〗他 **1** ＝flatten. **2**〖楽〗を半音下げて歌う[演奏する]. ── 自 半音下げて歌う[演奏する]. [＜古期北欧語]

‡flat[2] /flæt/ 名 (複 **～s** /-ts/) Ⓒ〖主に英〗**1 フラット**, アパート, (〖米〗apartment)《1世帯が専用する同じ階の数室》. **2**〈～s〉(フラット式の)共同住宅, アパート. a block of ～*s* アパート, マンション, 《共同住宅の建物全体;〖米〗an apartment house [building]》. [＜古期英語「床, 家」]

flàt ádverb 名 Ⓒ〖文法〗無添辞[単純形]副詞《Drive *slow*. のように, -ly が付かず形容詞と同形の副詞》.

flát·bèd 名 Ⓒ, 形 平台型の(トラック[トレーラー]).

flát·bòat 名 Ⓒ (大型の)平底船《運河, 川など浅い水域での運搬用》.

flàt-bóttomed /⑱/ 形〔船が〕平底の.

flàt cáp 名 ＝cloth cap.

flát·càr 名 Ⓒ〖米〗長物車《側板のない無蓋(がい)貨車》, 台車.

flàt-chést·ed /-əd ⑱/ 形 胸の平らな[薄い].

flàt fíle 名 Ⓒ〖電算〗フラットファイル《内部データに構造を持たないファイル》.

flát·fìsh 名 (複 →fish) Ⓒ ヒラメ・カレイの類の総称.

flát·fòot 名 Ⓒ **1** (複 →foot) 扁(へん)平足. **2** (複 **-feet** /-fiːt/, **～s**)〖俗〗(巡回して歩く)警官, おまわり, (patrolman).

flàt-fóoted /-əd ⑱/ 形 **1** 扁(へん)平足の. **2**〖話〗固い〔決心など〕, きっぱりした〔拒絶など〕. **3**〖米話〗油断をした. be caught ～ すきをつかれる. **4**〖話〗のろまな, へたな, 鈍い. ▷ **～·ly** 副

flát·ìron 名 Ⓒ 火のし, (昔の)アイロン, 《中に石炭を入れたり火で熱して使う》.

flát·lànd 名 Ⓒ 平(坦)地.

flat·let /flǽtlət/ 名 Ⓒ〖英〗小フラット (→flat[2]).

***flat·ly** /flǽtli/ 副 ⓜ **1 きっぱりと, にべもなく,**〔断るなど〕. turn down an offer ～ 申し出をきっぱり断る. **2** 平たく (★この意味では flat が普通). **3** 単調に; 元気なく.

flát·màte 名 Ⓒ〖英〗フラットの同居人 (roommate).

flát·ness 名 Ⓤ **1** 平らなこと. **2** 単調さ; 平板さ, つまらなさ; 元気のなさ. **3** きっぱりした態度, そっけなさ.

flát pàck 名 Ⓒ〖英〗(組み立て式家具の)キット《材料一式, 止め具類, 組立説明書などが梱包されたもの》.

flát ràcing 名 Ⓤ〖競馬〗平地競走 (→steeplechase).

flàt ráte 名 Ⓒ 均一料金[税率]. a ～ of 3% 一律3%の税率.

flát shàre [shàring] 名 Ⓤ フラットの共同使用《数人の独身の若い人がする》.

flát sìlver 名 Ⓤ〖米〗銀製食器類 (cutlery)《ナイフ, フォーク, スプーンなど》.

flát spìn 名 Ⓒ〖空〗水平きりもみ状態;〖話〗あわてふためき. be in [go into] a ～ 錯乱している[する].

***flat·ten** /flǽtn/ 動 (**～s** /-z/|過 過分 **～ed** /-d/|**～·ing**) 他 **1 を平らにする** 〈*out*〉;〔タイヤ〕をパンクさせる. The horse ～*ed* its ears. 馬は耳をぺたんと伏せた《反抗のジェスチャー》. He ～*ed* himself against the wall to let a car pass. 車を通すため彼は壁にぴったり身を寄せた. **2** をなぎ倒す, ぺちゃんこにする. The hurricane ～*ed* all the buildings. ハリケーンのために建物はすべて崩壊した. **3** を殴り倒す; (議論などで)をやっつける, やりこめる. **4**〖楽〗〔音〕を半音下げる (〖米〗flat). ── 自 **1** 平らになる;〔飛行機が〕水平飛行に戻る;〈*out*〉. The land ～*s* (*out*) as we near the city. 市に近づくにつれて土地が平坦になる. **2** うつ伏せになる[倒れる].

***flat·ter** /flǽtər/ 動 (**～s** /-z/|過 過分 **～ed** /-d/|**～·ing** /-t(ə)riŋ/) 他 **1** にへつらう, おもねる; に心にもないお世辞を言う, おだてる, 〈*about*, *on* ..について〉. My husband ～*ed* me *about* [*on*] my housekeeping. 夫は家事が上手だと私にお世辞を言った. "What a beautiful voice!" "Oh, you are ～*ing* me."「なんて美しい声だこと!」「まあ, お世辞がお上手ね」

2 (**a**) をうれしがらせる, 得意がらせる, 《軽い意味で言う》〈しばしば受け身で〉. He felt ～*ed* *to* be invited [*that* they invited him] to the party. 彼はパーティーに招かれてうれしく思った. They were highly ～*ed by* the President's presence. 大統領が出席したので彼らは大そう得意であった. "May I ask your advice?" "I'm ～*ed*."「お知恵を拝借したいのですが」「光栄に存じます」(**b**) VOA (**～ X *into doing***) X をおだてて..するようし向ける. He was ～*ed into running* in the election. 彼はおだてられて選挙に立候補した.

3〔肖像, 写真などが〕を実際以上に良く見せる. This portrait ～*s* the general. この肖像画は将軍を実物以上によく画いている. This dress doesn't ～ you. このドレスはあなたには似合わない. ◇名 flattery

flátter onesèlf うぬぼれる, いい気になる, (心ひそかに)思う, 〈*that* 節..だと〉. I ～ my*self that* I played the sonata very well. 思い上がりかも知れないがソナタはうまく弾けたと思う.

[＜古期フランス語「なめらかにする＞やさしくなでる」]

flát·ter·er /-t(ə)rər/ 名 Ⓒ へつらう人, おべっか使い.

†flát·ter·ing /-t(ə)riŋ/ 形 **1**〔肖像, 写真など〕実物以上によく見せる(ような). This picture is a little too ～. この写真は少しよく撮れすぎている. **2**〔人を〕うれしがらせる(ような); 快い〈*to* ..〔目, 耳など〕に〉; 有望な. ～ remarks お世辞. The father listened to his son with a ～

interest. 父親は息子を喜ばせようと興味深げに話を聞いた.

▷ **～·ly** 副 へつらって, お世辞に; 実物以上に(よく).

***flat·ter·y** /flǽt(ə)ri/ 名 (複 **-ries** /-z/) U へつらい, おべっか(を使うこと); C へつらい(の言葉), **お世辞**. *Flattery* will get you nowhere. お世辞なんか言ってもむだだ.

flat·ties /flǽtiz/ 名 〖話〗かかとの低い靴 (flats).

flat·tish /flǽtiʃ/ 形 やや平らな; やや単調な.

flát·tòp 名 C 〖米話〗**1** =crew cut. **2** 空母, 航空母艦.

flat·u·lence /flǽtʃələns|-tju-/ 名 U **1** 〖医〗鼓腸 《胃や腸にガスがたまること》; 鼓腸による不快感. **2** 〖章〗うぬぼれ, 虚勢.

flat·u·lent /flǽtʃələnt|-tju-/ 形 **1** 鼓腸の, (ガスがたまって)腹の張った; 〔食品などが〕鼓腸のもとになる, ガスを発生させやすい. **2** 〖章〗うぬぼれた; 大げさな.

fla·tus /fléitəs/ 名 UC 腸内ガス; 放屁. [ラテン語「吹くこと」]

flát·wàre 名 U **1** 〈集合的〉平皿類 (↔hollowware). **2** 〖米〗=flat silver.

flát·wàys 副 平らに; 平面を前[上]に, 平面を接して.

flát·wìse 副 〖米〗=flatways.

flát·wòrk 名 U 〈集合的〉平たい洗濯物《シーツ, タオルなど機械でプレスできるもの》.

flát·wòrm 名 C 扁(へん)虫《サナダムシなど》.

Flau·bert /floubéər/ 名 **Gustave ～** フローベール (1821–80)《フランスの小説家》.

‡**flaunt** /flɔːnt/ 動 自 **1** 〖軽蔑〗これ見よがしにふるまう, (身なりなどを見せつけるために)得々と練り歩く. **2** 〔旗が〕へんぽんと翻る. ── 他 **1** 〖軽蔑〗を見せびらかす, 誇示する. ～ one's wealth 自分の富を誇示する. ～ oneself 肉体美などを見せつける. **2** 〔規則など〕をことさら無視する (★ flout との混同によるもので, 正しくないとする人もある).

flau·tist /flɔ́ːtist/ 名 〖英〗=flutist.

‡**fla·vor** 〖米〗, **-vour** 〖英〗 /fléivər/ 名 (複 **～s** /-z/) **1** UC (独特の)**味**, 風味; C 香味(料). This soup is lacking in ～. このスープは風味がない. have a strong ～ of garlic ニンニクの強烈な味がする. We have three ～*s* of ice cream—vanilla, chocolate and strawberry. アイスクリームは(風味の違いによる) 3 種類置いております—ヴァニラ, チョコレートそれにイチゴです.

2 aU 趣, 味わい, 感じ; 気味, 気配; 〈*of* ..の〉. a novel with an exotic ～ 異国情緒のある小説. His speech had an unpleasant ～. 彼の話にはどこか不愉快な響きがあった.

***flàvor of the wéek* [*mónth, yéar*]** 今週[月, 年]の主役《大いに人気を呼んだ[衆目を集めた]人, 物, 事》. Ted hit four home runs last week and became the ～ *of the week*. テッドは先週ホームランを 4 本打って週間最優秀選手になった. His account gives us a ～ *of* life in prewar Japan. 彼の話を聞くと戦前の日本の生活のおおよその感じが伝わってくる.

── 動 (～s /-z/|過 過分 ～ed /-d/|～·ing /-v(ə)riŋ/) 他 に**風味をつける**; に趣をそえる; 〈*with* ..で〉. ～ a drink *with* lemon 飲み物にレモンの風味をつける. ～ a conversation *with* wit 会話にウイットを利かせる.

[<古期フランス語(<ラテン語 *flātus* 'blowing' + *foetor* 'stench')]

flá·vored 〖米〗, **-voured** 〖英〗 /-d/ 形 **1** 風味をつけた 〈*with* ..の〉. **2** 〈複合要素〉..の風味をつけた. a cinnamon-～ cake シナモンの香りをつけたケーキ.

flá·vor·ful 〖米〗, **-vour-** 〖英〗 /-fəl/ 形 味わいのある, 風味に富む.

flá·vor·ing 〖米〗, **-vour-** 〖英〗 /-v(ə)riŋ/ 名 UC 調味料, 薬味; U 味つけ, 調味, 風味.

flá·vor·less 〖米〗, **-vour-** 〖英〗 形 風味[風趣]のない.

flávor·some 〖米〗, **-vour-** 〖英〗 /-s(ə)m/ 形 = flavorful.

fla·vour /fléivər/ 名, 動 〖英〗=flavor.

†**flaw** /flɔː/ 名 C **1** ひび, きず, 〈*in* ..〔宝石, 陶器など〕の〉. A ～ *in* a gem lowers its value. 宝石はきずがあると価値が落ちる. **2** 欠陥, 欠点; (書類, 契約などの)不備な点; 〈*in* ..の〉. a fatal ～ *in* his character 彼の性格の致命的な欠陥. Your argument is full of ～*s*. 君の議論は欠点だらけだ.

> 1, 2 の 連結 a major [a serious; a glaring, an obvious; a minor] ～

── 動 他 〈普通, 受け身で〉にひびを入れる; を台無しにする. [<中期英語「雪片>破片>欠陥」]

flawed /-d/ 形 きずのある, 欠陥のある. a ～ pot ひびの入ったつぼ.

†**fláw·less** 形 ⊄ 無きずの; 完璧(ぺき)な. speak ～ English 完璧な英語を話す. ▷ **～·ly** 副

flax /flæks/ 名 U アマ(亜麻)《夏, 青い小花をつける 1 年草; 繊維から糸, 織物を作り, 種子からアマニ油を取る》; アマの繊維《リンネルを作る》.

flax·en /flǽks(ə)n/ 形 **1** 〖雅〗〔頭髪などが〕アマ(亜麻)色の, 淡黄色の. **2** アマの, アマ製の.

flay /flei/ 動 (～s|過 過分 ～ed|fláy·ing) 他 **1** 〔動物〕の皮をはぐ; 〔獣皮, 樹皮〕をはぐ. **2** を酷評する; をひどくしかりつける. **3** 〖章〗〔人〕を激しくむち打つ.

†**flea** /fliː/ 名 C 〖虫〗ノミ. I was bitten by a ～. ノミに食われた. ***with a fléa in one's éar*** しかられて[はねつけられて]すごすご〔引き下がるなど〕. I should have sent him off *with a* ～ *in* his *ear*. 彼をしかって追い払ってやるべきだった.

fléa·bàg 名 C 〖俗〗**1** 〖主に米〗汚らしい安宿. **2** 〖英〗汚らしい生き物, 汚い[不愉快な]やつ.

fléa·bìte 名 C **1** ノミに食われた跡. **2** ほんのわずかな苦痛[面倒, 不便など].

fléa-bìtten 形 **1** ノミに食われた, ノミだらけの. **2** 〔馬が〕白[灰]色の地に赤茶色のぶちのある. **3** 〖英話〗みすぼらしい, 汚らしい.

fléa còllar 名 C (ペット用)ノミよけ首輪.

fléa màrket 名 C ノミの市《こまごまとした中古品の青空市場》.

fléa·pìt 名 C 〖英旧話〗安くて汚い映画館[劇場など].

fleck /flek/ 名 C **1** (光, 色などの)斑(はん)点, しみ; そばかす. **2** (固体の)つぶ, 小片, (液体の)小滴, (speck). ～*s* of dust 細かいちり. a ～ of milk on the chin あごについた牛乳の一滴.

── 動 他 に斑点をつける, をまだらにする, 〈*with* ..で〉〈しばしば受け身で〉. black marble ～*ed with* yellow 黄色い斑紋のある黒大理石. [?<古期北欧語]

flecked /-t/ 形 斑点のある, まだらの.

flec·tion /flékʃ(ə)n/ 名 **1** U 屈曲; C 屈曲部. **2** = inflection 2.

fled /fled/ 動 flee, fly[1] (自 4, 他 2) の過去形・過去分詞.

fledge /fledʒ/ 動 他 **1** (飛べるようになるまで)〔ひな〕を育てる. **2** 〔矢など〕に羽をつける; を羽毛で覆う. ── 自 〔ひなが〕(飛べるようになるまで)羽が伸びる. [<古期英語]

fledged /fledʒd/ 形 **1** 羽が生えそろった〔ひな鳥〕, すぐにも飛べる. **2** 一人前の, 成長した, (full-fledged).

‡**fledg(e)·ling** /flédʒliŋ/ 名 C **1** 羽の生えたばかりのひな鳥. **2** 無経験な若い者, 駆け出し. **3** 〈形容詞的〉経験不足の, 駆け出しの; 〔組織などが〕できたばかりの. a ～ firm 新興企業.

***flee** /fliː/ 動 (～s /-z/|過 過分 **fled** /fled/|**flée·ing**; ★〖英話〗では普通 flee, fleeing の代わりに fly, flying を用いる) 自 **1 逃げる**, 避難する, 逃れ去る, 〈*from* ..から/*to, into* ..へ〉. He *fled* in terror. 彼は恐怖にとりつかれて逃げた. ～ before the enemy 敵に追われて逃げる. ～

from responsibility 責任を回避する. **2** (たちまち)消えうせる;〔時間などが〕過ぎ去る. The smile *fled* from her face. 微笑が彼女の顔から消えた. ── 他 から逃げる, 逃れる; を避ける. ～ the heat 避暑をする. ◇名 flight[2]
flèe the cóuntry 外国へ逃亡[避難]する.
[＜古期英語]

†**fleece** /fli:s/ 名 **1** Ⓒ (羊などの体を覆っている)羊毛, 毛皮; 刈り取った1頭分の羊毛. **2** ⓊⒸ 羊毛に似たもの《白雲, 白雪, 豊かな白髪など》. a ～ of snow on the ground 地面を覆う一面の雪. ── 動 他 **1**〔羊〕の毛を刈る. **2**〖話〗から巻き上げる, ふんだくる, 〈*of* ..を〉. They ～*d* him (out) *of* all his possessions. 彼らは彼の持ち物をすっかり巻き上げた. [＜古期英語]

fleec·y /flí:si/ 形 ⓔ 羊毛製の; 羊毛で覆われた; 羊毛に似た〔織物など〕, ふわふわした〔雲, 頭髪など〕.

fle·er[1] /flí:ər/ 名 Ⓒ 逃亡者.

fleer[2] /fliər/ 動 自 あざ笑う〈*at* ..を〉. ── 他 をあざ笑う ── 名 Ⓒ あざ笑い, あざけり.

***fleet**[1] /fli:t/ 名 (複 **～s** /-ts/) Ⓒ 〈単数形で複数扱いもある〉**1** (1人の司令官の指揮下の)**艦隊**; 〈the ～〉(一国の)全艦隊; 〈the ～〉海軍. the British ～ 英国海軍. **2** 船団; (飛行機, 自動車などの)集団. a ～ of buses (1つの会社の)バス全部. [＜古期英語「船」(＜「浮かぶ」)]

fleet[2] 形〖詩・雅〗快足の, 速い, (類語 多く動物の足の速さに用いる; →fast[1]). ～ of foot 足が速い. Deer are very ～ animals. シカは非常に足の速い動物だ.
── 動 自〖古〗〔時間などが〕飛ぶように過ぎ去る〈*away*〉.
▷ **fléet·ly** 副 すばやく. **fléet·ness** 名 Ⓤ すばやさ.

fléet àdmiral 名 Ⓒ〖米〗海軍元帥(〖英〗admiral of the fleet).

Flèet Áir Àrm 名 〈the ～〉〖史〗英国海軍航空隊.

flèet-fóoted /-əd/ 形 足の速い, 快足の.

‡**fléet·ing** 形 ⓜ〔時間が〕飛ぶように過ぎ去る; つかの間の, はかない. ～ happiness つかの間の幸せ. a ～ pain すぐにとれる痛み. ▷ **～·ly** 副 またたく間に, 一瞬に.

Fléet Strèet 名 フリート街《ロンドンの新聞社街》;↓Ⓤ 英国新聞界.

Flem. Flemish.

Flem·ing[1] /flémiŋ/ 名 Ⓒ フランドル[フランダース](地方の)人; フラマン人《フランドル[フラマン]語を話す北部ベルギー人》.

Flem·ing[2] 名 フレミング **1 Sir Alexander ～** (1881–1955)《スコットランドの細菌学者; ペニシリンの発見者》. **2 Ian (Lancaster) ～** (1908–64)《英国のスパイ小説家; 主人公の James Bond が有名》.

Flem·ish /flémiʃ/ 形 フランドルの, フランダースの; フラマン人[語]の;〖美〗フランドル派の. ◇名 Flanders
── 名 **1** 〈the ～; 複数扱い〉フランドル[フラマン]人. **2** Ⓤ フランドル[フラマン]語《ベルギーの公用語の1つ; オランダ語に近い》.

‡**flesh** /fleʃ/ 名 Ⓤ **1** (人間, 動物の)肉 (muscle と fat より成る; →bone, skin); 食肉, 獣肉, 《魚肉, 鳥肉と区別して》(★「食肉」の意味では普通 meat を用いる); (植物の食用になる)果肉, 葉肉. a ～-eating animal 肉食動物. fish, ～ and fowl 魚・獣・鳥肉. The ～ of pigs is called pork. ブタの肉はポークと言う.
2 肉づき, 太り方, (→weight 1). lose [gain, put on] ～ 肉が落ちる[付く], やせる[太る].
3 (人間の)皮膚, 肌; ＝flesh color. a woman of fair [dark] ～ 肌の白い[浅黒い]女性.
4 〈the ～〉**肉体**《霊魂, 精神に対して; ↔soul, spirit》. The spirit is willing but the ～ is weak. 心は逸(はや)るが, 体はついていかない《聖書から》.
5 〈the ～〉(人間が肉体を有することに伴う)獣性, (人間としての)性(さが); 肉欲, 情欲. the desires [sins] of the ～ 肉の欲望[肉欲の罪]. mortify the ～ 肉欲を制する.
6 Ⓤ 〈集合的〉人類; 生き物. all ～ 生きとし生けるもの, 全人類. **7** 〈one's (own) ～〉肉親 (→FLESH and blood (2)). ◇形 fleshly, fleshy
àdd flésh to .. ＝put FLESH on...
a pòund of flésh →pound[1].
flèsh and blóod (1)(生きた)肉体; (生身の)人間; 人間性. We are only ～ *and blood*; we can't work like machines. 生身の人間なんだから機械みたいには働けない. The sufferings of refugees were more than ～ *and blood* could bear [stand]. 難民たちの苦難は人間にはとても耐えられないほどだった. (2)〈one's (own) ～ and blood として〉肉親, 骨肉.
gò the wáy of àll flésh 万人の道を行く, 他界する, 《die の婉曲表現; 聖書から》.
in the flésh (1)肉体の形で, 生きて. (2)実物で[の], 本人で[の]. I've heard him over the phone, but I've never seen him *in the* ～. 電話で声は聞いたが直接本人に会ったことはない.
màke a pèrson's flésh crèep [***cràwl***] 人に身の毛がよだつような思いをさせる.
òne flésh 一心同体《夫婦のあるべき姿; 聖書から》.
pùt flésh on .. ..にもっと詳しい情報を加える, ..を肉付けする.
── 動 他 **1**〔猟犬など〕に獲物の肉の味を覚えさせる《狩猟本能を刺激するため》. **2**〔獣の皮など〕から肉を取り除く.
── 自 VA (～ *out*)〔人, 動物が〕肉がつく, 太る.
flèsh /../ óut (1)〔動物〕に肉をつけさせる, を太らせる. (2)〔構想など〕に肉付けをする, ..をより充実させる, 〈*with* ..で〉. ～ *out* the points *with* more detail 要点をもっと詳細に肉付けして話す. [＜古期英語]

flésh còlor〖米〗, **-our**〖英〗名 Ⓤ 肉色, 肌色, 《ピンクがかった淡黄色》.

flésh-còlored〖米〗, **-oured**〖英〗形 肉色の,↑「肌色の.

flésh·ings 名 〈複数扱い〉肌色のタイツ《バレエを踊る時に着る》.

flésh·ly 形 〈限定〉〖雅〗**1** 肉体の〔欲望など〕. **2** 肉欲の[にふける], 官能的な. **3** 世俗的な, 現世的な.

flésh·pòt 名 Ⓒ 〈the ～s〉美食, ごちそう, ぜいたくな生活(を提供する所); 〈普通 ～s〉歓楽街; 売春宿街.

flésh wòund 名 Ⓒ (骨, 内臓に達しない)軽傷, 浅手.

flesh·y /fléʃi/ 形 ⓔ **1** 肉付きのいい, よく太った. She is, if anything, on the ～ side. 彼女はどちらかといえば太目だ. **2** 肉のような, 肉質の. **3**〔植物, 果物などが〕多肉質の. a ～ fruit 多肉果. ▷ **flesh·i·ness** 名

fleur-de-lis /flə̀:rdəlí:/ 名 (複 **fleurs-** /flə̀:rdəlí:(z)/) Ⓒ **1** アヤメ属の植物《アヤメ, イチハツなど》; その花. **2** イチハツの紋, 'ユリ紋'; 〈又は fleurs-〉フランス王家のユリの紋章. [フランス語 'flower of (the) lily']

flew /flu:/ 動 fly[1] の過去形.

‡**flex**[1] /fleks/ 動 他 〔腕, 膝(ひざ)など〕を曲げる (bend);〔筋肉など〕を動かす;〔手足など〕を屈伸する《準備運動として》. ～ one's muscles →muscle (成句).

flex[2] 名 ⓊⒸ〖主に英〗(電気の)コード (〖米〗cord).

flèx·i·bíl·i·ty 名 Ⓤ **1** 曲げやすさ, しなやかさ; 柔軟性, 適応性. **2** 素直さ, 従順なこと.

***flex·i·ble** /fléksəb(ə)l/ 形 ⓜ **1 曲げやすい, 曲がりやすい**, しなやかな. the giraffe's ～ neck キリンの自在に曲がる首. **2** 柔軟な, 融通のきく, 〈*about* ..について〉; 順応性のある. a ～ policy 柔軟な政策. This plan is ～. この計画は変更可能だ. **3** 素直な, 人の言いなりになる. [＜ラテン語 *flectere*「曲げる」] ▷ **-bly** 副

flèxible fríend 名 Ⓒ〖英話〗'融通性のある友人'《クレジットカードのこと》.

flex·ion /flékʃ(ə)n/ 名〖主に英〗＝flection.

flex·i·time /fléksətàim/ 名〖英〗＝flextime.

flex·or /fléksər/ 名 Ⓒ〖解剖〗屈筋 (↔extensor).

flex·time /flékstàim/ 名 Ⓤ〖米〗フレックスタイム《労働時間の合計は定まっているが, 働く時間帯は労働者があ

る程度自由に選べる制度; →core time》.
flex·ure /flékʃər/ 名 U 屈曲; C 湾曲, たわみ, ひだ.
flib·ber·ti·gib·bet /flìbərtədʒìbət/ 名 C うわさ好きで軽薄な人《特に女性》.
†**flick**[1] /flik/ 名 C 〈普通, 単数形で〉 **1** (むち, 指などで)ぱちっと打つこと, 軽いひと打ち; (手首などを)ひょいと動かすこと; ぱちっ[ぴちっ](という音). **2**〖話〗さっと目を通すこと, すばやい拾い読み.
── 動 他 **1** (**a**) をぱちっと打つ, はじく, 〈*with* ..〔むち, 指など〕で〉; 〔むち〕をぱちっと当てる 〈*at* ..〔馬など〕に〉. ～ a horse *with* a whip＝～ a whip *at* a horse 馬にぱちっとむちを入れる. (**b**)〔スイッチ〕をぱちっと入れる; 〔装置〕のスイッチを入れる[ボタンをぽんと押す]. ～ the light switch (on [off]) 電気のスイッチをぱちっと入れる[切る]. ～ a compact open コンパクトをぱちっと開く (★この例は VOC). (**c**) をひょいと[ぴくっと]動かす; をさっと振る. The cat ～*ed* her tail watchfully. 猫は警戒して尾をぴくっと動かした. He ～*ed* up his wrist to look at his watch. 彼は時計を見るために手首をひょいと上げた.
2 VOA 〔ちり, ハエなど〕を軽く払う 〈*away*, *off*〉〈*from*, *off* ..から/*with* ..〔手, ハンカチなど〕で〉. The little girl ～*ed* the crumbs *off* her skirt. 少女はスカートについたパンくずを軽く払った. **3** 〔ページ〕をぱらぱらめくる 〈*over*〉.
── 自 **1** VA さっと[ひょいと]動く. The fish's tail ～*ed* up and down. 魚の尾は上下にぴくぴく動いた. **2** 指をぱちんと鳴らす.
flíck through .. 〔本など〕をぱらぱらめくく(って拾い読みす)る, にさっと目を通す; 〔テレビのチャンネル〕をぱちぱち変える.
[?＜*flick*er]
flick[2] 名 C〖旧話〗映画; 〈the ～s〉 映画館. go to the ～*s* 映画を見に行く.
*__flick·er__ /flíkər/ 動 (～**s** /-z/|過 過分 ～**ed** /-d/|～·**ing** /flík(ə)riŋ/) 自 **1** (**a**) 〔光などが〕**揺らめく**, 明滅する; 〔テレビの画面などが〕ちらつく; 〔希望などが〕ちらちらする, 消えかかっては又燃える. The light ～*ed out* in the wind. 明かりは風に揺らめいてやがて消えた. A hope that her missing son might be found still ～*ed* within her. 行方不明の息子が発見されるかもしれないという希望がいまだに彼女の心に去来した. (**b**) VA〖章〗〔感情, 表情が〕一瞬ちらつく. A puzzled smile ～*ed across* his face. 彼の顔に一瞬当惑したような微笑が浮かんだ.
2 〔木の葉などが〕ちらちら動く, 細かく震える; 〔旗などが〕翻る. ～*ing* shadows ちらちら動く影.
3〖章〗VA 〔眼が〕ちらっと走る 〈*towards* ..の方へ〉. Her eyes ～*ed towards* the gun [*over* his face]. 彼女は銃[彼の顔]にちらっと視線を走らせた.
── 名 (複 ～**s** /-z/) C **1** 〈普通, 単数形で〉 (光の)**揺らめき**, 明滅; (テレビ画面などの)ちらつき; ちらちらする光[炎など]; (木の葉の)そよぎ; 細かい震え. the ～ of an eyelid ぱちぱちまばたきすること.
2 〈a ～〉 ちらつき 〈*of* ..〔希望, 恐怖など〕の〉. A ～ *of* recognition crossed his face. 見覚えがあるという表情がちらっと彼の顔に浮かんだ. [＜古期英語]
flíck·er·ing·ly /-k(ə)riŋli/ 副 ゆらゆら[ちらちら]して.
flíck knìfe 名〖英〗＝switchblade.
flied /flaid/ 動 fly[1] 自 7 の過去形・過去分詞.
†**fli·er** /fláiər/ (★flyer ともつづる) 名 C **1** 飛ぶもの《鳥, 昆虫など》. The eagle is a high ～. ワシは空高く飛ぶ. **2** 飛行家, パイロット; 飛行機利用者; (模型飛行機などを)飛ばす人. frequent ～*s* 飛行機をひんぱんに利用する人. a kite ～ たこ揚げする人. **3** 急行列車, 急行バス; 快速艇[船, 車, 馬など]. **4**〖米〗ちらし, ビラ. **5**〖米話〗(商売上の)賭(か)け, 投機. take a ～ 一か八か賭けてみる. **6**〖話〗＝flying start (2).
flies /flaiz/ 動 fly[1] の 3 人称・単数・現在形.
── 名 fly[1,2] の複数形.
‡**flight**[1] /flait/ 名 (複 ～**s** /-ts/)
【飛ぶこと】 **1** (**a**) U **飛行**, 飛翔(しょう); 飛行能力; 飛び方. the ～ of a bat コウモリの飛行[飛び方]. Hawks are fast in ～. タカは速く飛ぶ. (**b**) C (1 回の)飛行, 飛翔; 飛行[飛翔]距離; (航空機の)航続距離. make a nonstop ～ across the Atlantic 大西洋横断無着陸飛行をする. (**c**) C **飛行機旅行**. Have a nice ～! よい空の旅を《見送りのことば; 機長の乗客へのあいさつ》. Did you enjoy your ～? 空の旅はどうでしたか.

連結 a smooth [a bumpy, a rough] ～

2 C (航空機の)**便**(びん), フライト. take [board, catch] a ～ to Paris パリ行きの飛行機に乗る[乗り込む, 間に合う]. call a ～ 便の出発を知らせる《乗客に搭乗をうながすアナウンス》. All ～*s* were grounded because of fog. 霧のため全便が離陸不能になった.

連結 a direct [a nonstop; a domestic; an international; an intercontinental; a northbound, a southbound, an eastbound, a westbound] ～ // catch [board] a ～

3 C (飛ぶ鳥などの)**群れ**, 1 団; (矢などの)一斉発射;〖英空軍〗飛行小隊;〖米空軍〗飛行中隊. a ～ of wild geese 飛んで行くガンの群れ.
【飛ぶような動き】 **4** U **速い経過**, 速い動き. the ～ of years 歳月の流れの速さ. **5** C 飛躍, 高揚. a ～ of fancy 空想の飛躍. a ～ of ambition 天を衝(つ)くほどの野心.
【飛行距離＞昇降距離】 **6** C (踊り場と踊り場の間の)**階段**, (階段の)ひと続き, 《中間に踊り場がある場合は two flights 上って階上に達する》. a ～ of stairs (ひと続きの)階段. My room is two ～*s* up. 私の部屋は階段を 2 つ上ったところです. ◇動 fly[1]
in the fìrst [tòp] flíght 〖主に英〗指導的地位にあって[ある], 先頭に立って(いる); 一流の, (最)高級の.
[＜古期英語「fly[1] すること」]
*__flight__[2] /flait/ 名 (複 ～**s** /-ts/) **1** UC **逃走**, 敗走; (危険地からの)脱出. a thief in ～ 逃走中の盗賊. **2** C〖経〗売り 〈*from* ..〔不安な通貨〕の〉; 資本の逃避《金融危機を避けて通貨を外国へ避難させておくこと》. a continuous ～ *from* the dollar 続くドル売り. ◇動 flee
pùt..to flíght 〖旧〗〔敵など〕を逃走[敗走]させる.
tàke (to) flíght 逃走する.
the Flíght into Égypt 〖聖書〗エジプトへの脱出《幼児イエスとその両親がヘロデ王の幼児虐殺を避けてエジプトに逃れたこと》.
[＜中期英語 (?＜古期英語「flee すること」)]
flíght attèndant 名 C (旅客機の)客室乗務員《性別を示す stewardess, air hostess などに代わる語》.
flíght bàg 名 C 航空旅行用かばん.
flíght contròl 名 **1** U 航空管制; C 航空管制所. **2** C 〈普通 ～s〉 (航空機)操縦装置.
flíght crèw 名 C 〈単複両扱い〉 航空機乗(務)員.
flíght dèck 名 C **1** (航空母艦の)発着甲板. **2** (航空機の)操縦室.
flíght engineèr 名 C 航空機関士《飛行機の機械系統や燃料などを受け持つ乗組員》.
flíght fèather 名 C (鳥の翼又は尾の)飛び羽, 風切り羽.
flíght·less 形 〔鳥が〕飛べない《ダチョウなど》.
flìght lieuténant 名 C〖英空軍〗大尉.
flíght òfficer 名 C〖米〗空軍准尉.
flíght pàth 名 C (航空機などの)(予定)飛行径路.
flíght recòrder 名 C 飛行記録装置, フライトレコーダー, (black box).
flíght sèrgeant 名 C 空軍軍曹.
flíght sìmulator 名 C 模擬飛行訓練装置.
flíght-tèst 動 他 〔飛行機〕の飛行試験をする.

flight·y /fláiti/ 形 **1**〔特に, 女性が〕気まぐれな; うわついた. a ～ girl 移り気な娘. **2** 頭のおかしい.
▷**flight·i·ly** 副 **flight·i·ness** 名

flim·flam /flímflæ̀m/ 〖話〗名 UC ばかげたこと; でたらめ, いんちき. ── 形 いんちきな. ── 動 (～s|-mm-) 他 をだます.

‡**flim·sy** /flímzi/ 形 e **1**〔布などが〕薄くて軽い, 薄っぺらな. **2** 壊れやすい, もろい. a ～ hut 吹けば飛びそうな小屋. **3**〔口実, 論拠などが〕強固でない, 薄弱な, 説得力のない. a ～ excuse 見え透いた弁解.
── 名 (複 -sies) C 〖主に英〗 **1** (薄い)複写紙, 敷写し用紙, 《タイプライターでカーボン紙を使ってコピーを取る時などに使う》. **2**〖俗〗紙幣.
[?<film] ▷**flim·si·ly** 副 **flim·si·ness** 名

F

†**flinch** /flintʃ/ 動 自 ひるむ, たじろぐ, 〈*at* ..〔危険, 困難, 苦痛など〕に〉; しりごみする 〈*from* ..〔仕事など〕から〉. grapple with the assassin without ～*ing* ひるむことなく刺客と格闘する. ～ *from* one's duty 職務の遂行にしりごみする. He ～*ed from* telling his father the truth. 彼は父親に真相を告げる勇気がなかった. ── 名 C しりごみ, たじろぎ. [<古期フランス語「わきによける」]

flin·ders /flíndərz/ 名 〈複数扱い〉破片, 細片. fly into ～ こなごなに壊れる, こっぱみじんになる.

***fling** /fliŋ/ 動 (～s /-z/|過 過分 **flung** /flʌŋ/|**fling·ing**) 他【ほうり投げる】 **1** (a) VOA を力いっぱい[乱暴に]投げる, ほうりつける; をたたきつける; (類語 乱暴な投げ方で, しばしば 敵意などの感情的な要素を含む; →throw). ～ the papers *on* the desk 机に書類をどさっとほうり出す. ～ a stone *at* the window 窓めがけて石を投げる. The horse *flung* its rider *to* the ground. 馬は乗り手を地面に振り落とした. (b) VOA を(投げるように)乱暴に[勢いよく, 思い切って]..する. ～ a person *into* prison 人を刑務所にほうり込む. ～ *down* a proposal 提案をはねつける.
2 VOA (～ X/"引用" *at*..) X(視線, 言葉など)を/「..」という言葉を..に投げかける. He *flung* stinging words *at* her. 彼は彼女に辛辣(らつ)な言葉を浴びせかけた.
【急に動かす】 **3** (a) VOA〔腕, 頭など〕を急に動かす; 〈～ oneself として〉身を投げ出す. The boy *flung* his arms *around* my neck. 少年は勢いよく私の首に抱きついて来た. ～ one's head *back* 頭をぐいと後ろに反らす《怒り, 笑いなどの仕草》. ～ oneself *at* a robber 強盗に体当たりする. ～ oneself into.. →成句.
(b) VOA〔軍隊など〕を急派する, 差し向ける, 〈*into* ..に〉. ～ troops *into* the front 最前線に兵力を投入する.
【急にある状態におく】 **4** (a) VOA (～ X *into*..) X を〔ある状態〕に陥れる. His son's retort *flung* him *into* a passion. 息子の口答えに彼はかんしゃくを起こした. (b) VOC (～ X Y) (急いで, 勢いよく, 乱暴に) X を Y の状態にする. ～ the door open = ～ open the door 乱暴にドアを開ける.
── 自 **1** VA 勢いよく[荒々しく]動く, 突進する. ～ *out of* the room in a rage かっとなって部屋から飛び出す. **2** VA〔馬などが〕後肢をけり上げる, 暴れる, 〈*out*〉.
3 VC (～ X) 荒々しく X の状態になる. The door *flung* shut. ドアがばたんと閉まった.
flìng awáy 怒って[荒々しく]立ち去る.
flìng /../ awáy ..を投げ捨てる, 振り飛ばす; 〔機会など〕を棒に振る.
flìng óff 怒って[荒々しく]立ち去る.
flìng /../ óff ..を投げ捨てる, 振り捨てる, 脱ぎ捨てる; 〔好ましくないもの〕をかなぐり捨てる.
flìng /../ ón 〔衣服〕を急いで着る, ひっかける. ～ *on* a bathrobe バスローブを無造作にひっかける.
flíng oneSèlf ìnto.. (1)〔水中など〕に飛び込む; 〔ソファーなど〕にどさっと腰をおろす; 〔人の腕の中〕に身を投げかける[しなだれかかる]. (2)〔職務, 政治運動など〕に熱心に取りかかる, 身を投じる. He *flung* him*self into* his work. 彼は仕事に熱心に取りかかった. (3)〔衣服〕を急いで着る. ～ one*self into* one's clothes 急いで服を着る.
flìng /../ óut (1)〔不用品など〕をほうり出す, 捨てる; 〔両腕〕をさっと広げる. (2)〔暴言など〕を浴びせる, 吐く.
flìng..to the wínds →wind.
flìng /../ úp ..をほうり上げる. ～ *up* one's arms [hands] in horror 恐怖のあまり思わず両腕[手]を上に上げる.
── 名 (複 ～s /-z/) C **1** (勢いよく)投げること, ひと投げ. give the ball a ～ そのボールを投げる. **2** (手足などを)振り回すこと. **3** =Highland fling. **4**〖話〗(一時的な)勝手なふるまい, したい放題; (一時的な)異性との性関係, 不倫. a final [last] ～ 遊び納め. have one's [a] ～ 羽目をはずして遊ぶ, したい放題にする. She had a brief ～ with her boss before her marriage. 彼女は結婚前に短期間上司と不倫関係にあった.
(at) fùll flíng 全速力で.
hàve [tàke] a flíng at.. ..をちょっとやってみる. *have a* ～ *at* the stock market 株に手を出してみる.
[<古期北欧語]

†**flint** /flint/ 名 **1** U 燧(ひ)石《石英の一種で非常に堅い; 先史時代の石器の材料》. **2** U きわめて堅いもの. have a heart like ～ 非情な心を持っている. **3** C 火打ち石; ライターの石. (as) hard as a ～ 石のように堅い[頑固で, 頑固な]. a ～ and steel 火打ち石と打ち金, 火打ち道具.
[<古期英語]

flínt còrn 名 U 〖米〗フリントコーン《硬粒種のトウモロコシ》.

flínt glàss 名 U フリントガラス, 鉛ガラス, 《レンズなどに用いる高級ガラス; もと火打ち石を材料にした》.

flínt·lòck 名 C (昔の)火打ち石銃(の発火装置).

flint·y /flínti/ 形 e **1** 火打ち石の(ような); きわめて堅い. **2** 冷酷な, 無情な; 頑固な.

†**flip**[1] /flip/ 動 (～s|-pp-) 他 **1** をつめ[指]ではじく; をぽいと投げる; を軽くたたく. ～ a coin 硬貨を指ではじく. ～ the ash off a cigar 葉巻の灰を指ではたき落とす. **2** (a)〔器具(のスイッチ)〕をひょいと動かす 〈*on, off*〉. ～ the switch [lights] *on* [*off*] スイッチ[明かりのスイッチ]をぱちっと入れる[切る]. (b) VOC (～ X Y) X をひょいと動かして Y の状態にする. ～ the door shut 戸をばたんと閉める.
── 自 **1** ひょい[ぴくっ]と動く; (指, むちなどで)ぽんと軽くたたく 〈*at* ..を〉. **2**〖俗〗かっとなる, 我を忘れる, 〈*out*〉; 夢中になる 〈*out*〉〈*over* ..に〉. Ted ～*ped* (*out*) *over* his new car. テッドは新しい車に夢中になった. **3**〖俗〗気が変になる 〈*out*〉.
flìp one's líd 〖話〗自制心を失う; かっとなる, 気が狂う.
flìp óver 裏返しにひっくり返る.
flìp /../ óver ..を裏返しにする; 〔ページなど〕をぱらぱらめくる. ～ an egg *over* (フライパンの)卵をひょいと返す.
flíp through.. 〔本のページなど〕をぱらぱらめくる.
── 名 **1** C 指ではじくこと; 軽いひと打ち; ひょいと動かすこと. give a coin a ～ コインをはじく. **2** UC フリップ《ビール, 蒸留酒などに砂糖・卵を加えたカクテルの一種》. **3** C 宙返り. ── 間〖英話〗えーっ, なにー, 《驚きなどを表す》.
[?<*fillip*]

flip[2] 形 〖話〗=flippant.

flíp chàrt 名 C フリップチャート《講演などで使う 1 枚ずつ上にめくる図表カード》.

flíp-flòp 名 **1** aU (旗, サンダルなどの)ぱたぱたいう音. **2** C〖英〗〈普通 ～s〉鼻緒のついたサンダル《普通, ゴム製; 〖米〗thong》. **3** C〖米話〗心変わり. **4** C 後方倒立転回, 'バック転'. ── 動 (～s|-pp-) 自〖米話〗心変わりする 〈*on* ..のことで〉.

flip·pan·cy /flípənsi/ 名 (複 -cies) U 軽薄さ, 浮薄, 生意気; C 軽薄[生意気]な行為[言葉など].

flip·pant /flípənt/ 形 軽薄な; 〔態度, 返事などが〕生意

気な，小憎らしい；(大事なことについて)軽々しい，軽率な．▷～·ly 副 軽薄に；生意気に．

flíp·per 名 C **1** (アザラシ，カメ，ペンギンなどの)ひれ状の足．**2** (潜水用の)足ひれ《ゴム，プラスチック製》．

flíp·ping 形，副 〖英話〗べらぼうな[に]，ひどい[ひどく]，《bloody の婉曲語》．

flíp sìde 名 〈the ～〉〖話〗レコードの B 面；(人，事の，普通好ましくない)裏の面．

flíp-tòp 形 〈限定〉 (ふたが)指で(軽く引いて[押して])開けられる．

‡**flirt** /flə:rt/ 動 自 **1** たわむれの恋をする；たわむれる，いちゃつく，〈*with* ..〔異性〕と〉．**2** VA (**～ *with* ..**)〔考えなど〕をもてあそぶ；(面白半分に)ちょっかいを出す．Jim *～ed with* the idea of retiring into the countryside. ジムは田舎にひっこもうかなと考えた．～ *with* danger 軽々しく危険なことをする．**3** ぴくぴく動く，ひらひら飛ぶ．**──** 他〔尾など〕をぴくぴく動かす，〔扇など〕をぱたぱた動かす．

── 名 C 浮気者《特に女性》． [?＜擬音語]

flir·ta·tion /flə:rtéiʃ(ə)n/ 名 **1** UC いちゃつき，恋愛遊戯，〈*with* ..との〉；ちょっかいを出すこと〈*with* ..に〉．have [carry on] a ～ *with* one's secretary 自分の秘書と浮気する．**2** C 表面的な興味[関心]〈*with* ..への〉．after a brief ～ as an English teacher in Japan 日本で英語の教師を(軽い気持ちで)ちょっとした後で．

flir·ta·tious /flə:rtéiʃəs/ 形 浮気(の好き)な；(性的に)誘うような〔素振りなど〕．▷～·ly 副 ～·ness 名

flirt·y /flə́:rti/ 形 e 〖英話〗＝flirtatious.

‡**flit** /flit/ 動 (～s|-tt-) 自 **1** VA〔鳥などが〕軽く[速く]飛ぶ，すいと飛ぶ；軽く[すい]と動く；〈*about, by*〉．Two butterflies *～ted from* flower *to* flower. 2 匹のチョウが花から花へとひらひら飛んだ．A cloud *～ted across* the moon. 一片の雲が月の面(おもて)を横切って行った．～ *about* in a new car 新しい車であちこち飛び回る．

2 VA〔表情が〕よぎる〈*across* ..〔顔〕を〉；〔考えなどが〕よぎる〈*through* ..〔心〕を〉．A terrible idea *～ted through* her mind. 恐ろしい考えが彼女の心をよぎった．

3 VA〔人(の興味など)が〕すぐに変わる，移る，〈*from* ..から/*to* ..へ〉．He *～s from* one hobby *to* another. 彼は(すぐに飽きて)次々と趣味が変わる．**4**〖主に北英〗転々と引っ越しをする；こっそり引っ越す《家賃などを踏み倒して》．

── 名 C〖主に北英〗夜逃げ．do a (moonlight) ～ 夜逃げをする． [＜古期北欧語「運ぶ」]

flitch /flitʃ/ 名 C 豚のわき腹肉のベーコン．

flit·ter /flítər/ 動 自，他 ＝flutter.

fliv·ver /flívər/ 名 C〖米話〗(小型で古い)安自動車．

‡**float** /flout/ 動 (～s /-ts/|過 過分 **flóat·ed** /-əd/|**flóat·ing**) 自【浮かぶ】**1** 浮く；VA 浮かぶ〈*in, on* ..〔水面，水中など〕に〉；(↔sink). I cannot swim, but I can ～ for a minute or two. 私は泳げないが 1, 2 分は浮いていられる．white clouds *～ing in* the sky 空に浮ぶ白雲．**2** VA〔考えなどが〕(心に)浮かぶ．

【浮いて流れる】**3** VA 漂う，浮動する；流れるように[むりなく]行動する．A fragrance *～ed on* the night air across the lawn. 芳香が夜風に乗って芝生の向こうから漂ってきた．Susan *～ed down* the stairs. スーザンはゆったりと階段を降りてきた．

4 VA 〈主に進行形で〉(**a**)〔うわさなどが〕広まる〈*about, around*〉．(**b**)〖話〗〔物が〕そこらにある〈*about, around*〉．Have you seen my watch *～ing about?* 私の時計をそこらで見なかったか．

5 VA 流れ[渡り]歩く；あてもなくさまよう；(何もせずに)ぶらぶらする；〈*about, around*〉．～ *from* job *to* job 仕事を転々と変わる．**6**〖経〗〔通貨が〕変動相場制をとる．

── 他 **1** (**a**) を浮かせる；〔沈没船など〕を浮上させる．(**b**) VOA を漂わせる，浮動[浮流，浮遊]させる．～ a paper boat *on* the stream 紙の舟を流れに浮かべる．**2**〔計画，企画など〕を提示する．**3**〔株式，公債など〕を発行する；〔会社など〕を起こす；〖経〗〔通貨〕を変動相場制にする．

── 名 C **1** 〈一般に〉浮くもの；いかだ；(釣り糸や魚網の)浮き；(魚の)浮き袋；救命袋；浮き子《水槽の水量の自動調節に使う》．**2** (パレードの)山車(だし)；＝milk float. **3** フロート《アイスクリームを浮かした飲み物》．**4** (水上飛行機の)フロート．**5** 〈しばしば ～s〉(劇場の)フットライト．**6** (左官の)仕上げごて．**7** (1 日の経費や釣り銭用の)手持ち金．**8**〖経〗変動為替相場，フロート．[＜古期英語]

flóat·a·ble 形 **1** 水に浮く(ことができる)．**2**〔河川が〕船[いかだなど]を浮かべられる．

float·age /flóutidʒ/ 名 ＝flotage.

float·a·tion /floutéiʃ(ə)n/ 名 ＝flotation.

flóat·er 名 C **1** 浮く[浮かぶ]もの[人]．**2**〖米話〗住所[職業]を転々と変える人，流れ者；渡り労働者．**3** (事業所の)臨時雇員．**4**〖米〗二重投票者．**5**〖米保険〗包括的保険証券《絵画，宝石などに対する，盗難などの事故発生の場所を特定しない保険》．

flóat glàss 名 U フロートガラス《溶かした金属の上にガラス素(き)地を流して作る高級板ガラス》．

flóat·ing 形 **1** 浮かんでいる．**2** 浮動する，定着しない；〖商〗流動する，変動する．a ～ kidney〖医〗遊走腎(じん)．～ population 流動人口．the ～ exchange rate system〖経〗変動為替相場制．

flòating brídge 名 C 浮き橋．

flòating cápital 名 U〖経〗浮動資本．

flòating débt 名 UC〖商〗一時借入金，流動負債．

flòating dóck 名 C 浮きドック．

flòating ísland 名 C 浮き島；フローティングアイランド《カスタードの上に焼いたメレンゲや泡立てたクリームが浮き島のように置かれたデザート》．

flòating-póint /⑧/ 形 〖電算〗浮動小数点(式)の《例えば 184.3 を 1.843×10^2 のように表す》(↔fixed-point).

flòating pólicy 名 ＝floater 5.

flòating ríb 名 C〖解剖〗浮動肋(ろっ)骨《胸骨でなく脊椎(せきつい)骨だけに連結する》．

flóating vòte 名 C (選挙の)浮動票；〈the ～；集合的〉浮動票(数)，浮動層．

flóating vòter 名 C 浮動投票者．

floc·cu·lent /flákjələnt|flɔ́k-/ 形〖章〗**1** 毛ぶさのような；毛ぶさでできた．**2** 綿毛で覆われた．

‡**flock**[1] /flɑk|flɔk/ 名 (複 **～s** /-s/) C 〈単数形で複数扱いもある〉**1** 群れ〈*of* ..〔動物，鳥など特に羊〕の〉(類語 他に人間以外の群れを表す語は bevy (小鳥)，drove (移動中の羊，牛)，flight (飛んでいる鳥)，gaggle (ガチョウ)，herd (牛，馬)，pack (オオカミ，猟犬)，pride (ライオン)，school[2] (魚)，shoal[1] (魚)，swarm (虫)，troop (動物))．a ～ *of* wild geese ガンの群れ．a shepherd tending his ～ 羊の世話をする羊飼い．

2〖話〗(人の)群れ，一群，大勢，〈*of* ..の〉．A ～ *of* fans encircled him. たくさんのファンが彼を取り巻いた．*～s of* people 大勢の人々．come in *～s* 大挙して来る．

3〖章・戯〗〈集合的〉(1 教会の牧師に対して)信者，会衆；(1 家の父母に対して)子女，(1 校の教師に対して)生徒．The priest spoke to his ～. 牧師は会衆に向かって話した．

── 動 (**～s** /-s/|過 過分 **～ed** /-t/|**flóck·ing**) 自 VA (**～ *together***) 群がる，集まる；(**～ *around* ..**) ..の周囲に集まる；(**～ *to, into* ../*to* do**) ..に/..しに集まる，大挙して行く[来る]．Birds of a feather ～ *together*.〖諺〗類は友を呼ぶ《＜同じ羽の鳥は一緒に集まる》．Young people ～ *to* large cities. 若い人たちは大都会に殺到する． [＜古期英語「(人の)群れ」]

flock[2] 名 **1** C 羊毛[綿]のふさ，毛ぶさ；〈普通 ～s〉羊毛[綿]くず《クッションなどに詰める》．**2** U (クッションに詰めたり，壁紙などに用いて装飾模様を出す)柔らかい[微粉状の]材料．[＜ラテン語「羊毛」]

floe /flou/ 名 C 〈しばしば ～s〉大流氷．

†**flog** /flɑg, flɔːg|flɔg/ 動 (~s|-gg-) 他 **1** (**a**) をむち[棒など]で打つ, 打って懲らしめる. The boy was *~ged* for stealing some apples. その少年はリンゴを盗んだことでむち打ちされた. (**b**) VOA (~ X *into* (*doing*) ..) (むちで打って) X に..を教え込む; (むちで打って) X を..という状態にさせる. The criminal was *~ged into* confess*ing* [confession]. 罪人はむちで打たれて白状した. (**c**) VOA (~ X *out of* ..) ..から X (悪癖など)をたたき出す. He tried to ~ laziness *out of* his son. 彼は体罰を加えて息子の怠け癖を直そうとした.
2〖英話〗〔安物, 盗品など〕を売りつける〈*to* ..〔人〕に〉. ~ a broken watch 壊れた腕時計を売りつける.
flòg a dèad hórse →horse.
flòg ..into the gróund〖英話〗＝FLOG..to death (3).
flòg ..to déath (1) むち打ちして..を殺す. (2)〖英話〗〔同じ話, 要求など〕をうんざりするほど繰り返す. (3)〖英話〗〔自分, 車など〕を酷使してぼろぼろにする. [?＜*flag*ellate]

flóg·ging 名 UC (体罰としての)むち打ち.

‡**flood** /flʌd/ 名 (複 ~s /-dz/) C **1 洪水**; 〈the F-〉〖聖書〗ノアの大洪水 (→Noah). Several houses were carried away by the great ~. その大洪水で家が数軒流された. **2** 〈a ~ 又は ~s〉 **氾濫**(はんらん), 殺到, 大量, 充満, 〈*of* ..の〉. a ~ *of* light いっぱいに射(さ)す光. a ~ *of* fan mail ファンレターの殺到. weep ~*s of* tears とめどなく涙を流して泣く. **3** 上げ潮. ebb and ~ 潮の干満. The tide is now at the ~. 潮は今上げ潮です. **4**〖話〗＝floodlight.
befòre the Flóod〖旧話・戯〗大昔に《＜ノアの大洪水より前に》.
in flóod 〔川が〕氾濫して(いる), 満ちあふれて.
── 動 (~s /-dz/|過 過分 ~·ed /-əd/|**flóod·ing**) 他
1 〔川など〕を**氾濫させる**; 〔場所〕を水浸しにする 〈*with* ..で〉. rivers *~ed* by the heavy rain 豪雨で氾濫した川. The doctor *~ed* the wound *with* antiseptic. 医者は傷口を消毒液で浸した.
2 (**a**) 〔光, 音, 色などが〕に**あふれる**; 〔商品などが〕〔市場〕にあふれ出る. Sunlight *~ed* (*into*) the room. 部屋には日光がいっぱいに射し込んでいた. a flush *~ed* (*into*) her face. 紅潮が彼女の顔いっぱいに広がった (★into があれば 自 2). (**b**) VOA (~ X *with* ..) X を..であふれさす; X (エンジン(のキャブレター))に〔燃料〕を供給しすぎる 《エンジンがかからなくなる》. Election campaigners *~ed* the streets *with* posters. 選挙運動員たちが通りにポスターを氾濫させた. The market was *~ed with* cheap clothes. 市場は安物の衣類であふれていた.
3 〔手紙などが〕に**殺到する**, 押し寄せる; に殺到させる 〈*with* ..〔手紙など〕を〉. Inquiries have *~ed* our office. ＝Our office has been *~ed with* inquiries. 当事務所には問い合せが殺到した.
4〖章〗〔感情, 記憶などが〕の心[頭]に(急に)あふれる.
── 自 **1** 〔川が〕氾濫する; 〔場所が〕水浸しになる; 〔潮が〕差す. **2** VA 〔光などが〕あふれる 〈*in*〉〈*into* ..に〉; 〔顔(いっぱい)に〕広がる 〈*with*..〔赤みなど〕が〉; 〔赤みなどが〕広がる 〈*into*..〔顔など〕に〉. (→他 2). **3** VA (~ ***in/into*** ..) (..に)殺到する, 押し寄せる; (~ ***out/out of*** ..) (..から)どっと出て来る[行く]; 〈*from* ..から/*to* ..へ〉. Marriage proposals *~ed in*. 結婚の申し込みが殺到した.
4 VA〖章〗(~ ***over*** ..) 〔感情, 考えなどが〕..の心[頭]にあふれ出る; (~ ***back***) 〔記憶が〕どっとよみがえる. Memories of my happy past *~ed back* when I saw the photo. その写真を見た時楽しかった過去の思い出がどっとよみがえった.
be flòoded óut 洪水で家[土地など]を追われる. Most of the villagers were *~ed out*. 村民のほとんどは洪水で家を追われた. [＜古期英語「(水の)流れ」]

flóod contròl 名 U (ダム, 水路などによる)洪水調節, 治水.

flóod·gàte 名 C 〈しばしば ~s〉 **1** 水門; 防潮門. **2** (感情, 思想などの)はけ口. open the ~*s* of anger (抑えていた)怒りを一気に吐き出す.

flóod·ing 名 U (大雨, 洪水による)冠水, 水没.

flóod·lìght 名 UC 〈しばしば ~s〉 投光照明(灯), フラッドライト, 《建物, 競技場, 舞台などを照らすのに用いる》.
── 動 (~s|過 過分 ~·ed, -lit /-lìt/|~·ing) 他 を投光照明で照らす.

flóod plàin 名 C 氾濫(はんらん)原《洪水時に水没する》.

flóod tìde 名 C 上げ潮, 差し潮; 最高潮, 全盛期; (↔ebb tide).

flóod·wàter 名 U 洪水の水.

‡**floor** /flɔːr/ 名 (複 ~s /-z/) C **1 床**(ゆか); (台所などの)板の間. a bare ~ (敷物の敷いてない)裸のままの床. stamp on the ~ 床を踏み鳴らす《演説などを妨害して》.

> 連結 mop [wipe; scour, scrub; polish, wax; sweep] a ~

2 〈普通, 単数形で〉 (ある目的のための)フロア. the dance ~ (ナイトクラブなどの)ダンスフロア. the factory ~ 工場の作業フロア.
3 (建物の)**階**; 〈集合的; 単複両扱い〉その階の住人[労働者]. His office is on the third ~. 彼の事務所は 3 階[〖英〗4 階]にある. the top ~ 最上階. This is my ~.〖話〗この階で降ります《エレベーターの奥の方にいる人が言う言葉》. 類語 story は普通, a building of ten stories (10 階建てのビル) のように建物全体の階数を示すのに用いるのに対し, floor は建物内部の特定の階を示す.

★〖米〗,〖英〗の建物の階の呼び方の違い

	〖米〗	〖英〗
3 階	the third floor	the second floor
2 階	the second floor	the first floor
1 階	the first floor the ground floor	the ground floor
地下 1 階	the first basement	
地下 2 階	the second basement	

4 (海, 洞穴などの)床(とこ), 底, (bottom). the ~ of the cave 洞窟(くつ)の床. the ocean ~ 海洋底.
5 (価格, 賃金などの)最低限, 底値(そこね), (↔ceiling). a wage ~ 最低賃金. go through the ~ 〔価格が〕底を割る. **6** 〈the ~〉 (**a**) 議場, 議員席《演壇・傍聴席に対して》; (大会などの)一般参加者(席), フロア. questions from the ~ フロアからの質問. (**b**) (議場での)発言権. be on the ~ 発言[審議]中である. give a person the ~ 人に発言権を与える.
hòld the flóor (長時間一方的に)演説する.
tàke the flóor (1) 発言する, 討議に加わる. (2) (ダンスパーティー, ディスコなどで)ダンスに加わる, 踊り始める.
wàlk the flóor〖米話〗(待っている間にじれて)室内などを歩き回る.
wìpe the flóor with ..〖話〗..をこてんこてんにやっつける《スポーツ, 格闘, 議論などで》.
── 動 他 **1** に床板を張る; の床張りをする, に敷きつめる, 〈*with* ..で, を〉. ~ a house 家の床を張る. The approach is *~ed with* bricks. 玄関への通路には煉瓦(れんが)が敷きつめてある. **2** を床[地上]に打ち倒す;〖話〗を参らせる, やりこめる. ~ the opponent at one blow 一撃で相手を倒す. He was *~ed* by the student's question. 彼はその学生の質問には参ってしまった. **3** 〔アクセルなど〕を(床まで)踏み込む; 〔車〕を急加速する.
[＜古期英語]

‡**flóor·bòard** 名 C 床板; 〖米〗(自動車の)床.

flóor·clòth 名 C (キャンバス地などの)床敷物《カーペットの代用》; 〖英〗床雑巾(ぞうきん).

flóor èxercise 名 U 〖体操〗床運動.

flóor·ing /flɔ́ːriŋ/ 名 U 床張り; C 床; UC 床材.

flóor làmp 名 C 〖米〗フロアスタンド(〖英〗stand-

ard lamp)《床に置く背の高い電気スタンド》.
flóor lèader [名][C]〘米〙(政党の)院内総務.
flóor mànager [名][C] **1** (デパートなどの)売り場監督(〘英〙shopwalker). **2** (テレビ番組製作の)舞台監督. **3**〘米〙(政党大会などの)議場指導者.
flóor plàn [名][C] (建築物の)間取り図, 平面図.
flóor sàmple [名][C] (電気器具などの)店内展示品《後で値引きして売られる》. 「えレバーがある》.
flóor·shìft 名[C] (車の)フロアシフト《床にギア切り替↑
flóor shòw [名][C] フロアショー《ナイトクラブ, キャバレーなどの舞台ではなくフロアでの歌やダンス》.
flóor·wàlker [名]〘米旧〙=floor manager 1.
floo·zie, floo·zy, floo·sie, floo·sy /flúːzi/ [名] ([複] **-zies, -sies**) [C]〘旧話〙いかがわしい女性, 商売女.
†**flop** /flɑp|flɔp/ [動] (**~s**|**-pp-**) [自] **1** [VA] ばたばた動く, ぶらぶら揺れる ⟨*around, along*(..)⟩; 〔髪などが〕だらしなく垂れる ⟨*over*..〔目など〕の上に⟩. The brim of my straw hat ~*ped in* the wind. 私の麦わら帽子の縁(ふち)が風でばたばた上下した. **2** [VA] ばたり[どさり]と倒れる[落ちる], どさりと座る, ⟨*down, back*⟩⟨*into* ..の中に/*on, onto* ..の上に⟩. ~ (*down*) *into* a chair いすにどっかと座る. ~ *over on* one's back ごろりとあお向けに寝る. **3**〘話〙〔出版, 興行などが〕失敗する, はずれる. **4**〔態度などが〕急変する, 変節する.
── [他] [VOA] をばたばた動かす; をばたりと投げる[倒す], 〔重い袋など〕をどさりと落とす ⟨*down*⟩⟨*on, onto* ..の上に⟩.
── [名][C] **1** ⟨単数形で⟩ ばたばたすること, ばたばた(という音); ばさり[どさり]と落とす[倒れる]こと[音]. The old man fell with a ~ on the sidewalk. 老人は歩道にばったりと倒れた. **2**〘話〙大しくじり, 大失敗作.
── [副] ばたりと, どしんと, どぶんと. fall ~ ばたり[どしん]と落ちる[倒れる]. go ~ ぐったり倒れる. [flap の変形]
flóp·hòuse [名] ([複] →house) [C]〘米俗〙(労働者などの)安宿, ‘どや’, (〘英俗〙dosshouse).
flóp·òver [名][C]〘テレビ〙フロップオーバー《画像の枠が上下に流れること》.
‡**flop·py** /flɑ́pi|flɔ́pi/ [形][e] **1** しまりのない; 〔生地などが〕だらりと垂れ下がる. a ~ hat (縁が)だらりと垂れる帽子. **2**〘話〙弱い (weak). ── [名] =floppy disk (★〘英〙では ~ disc ともつづる).
▷**flop·pi·ly** [副] **flop·pi·ness** [名]
flòppy dísk [名][C]〘電算〙フロッピーディスク《円盤形磁気記憶装置; →diskette》. 「《花・庭園の女神》.
Flo·ra /flɔ́ːrə/ [名] **1** 女子の名. **2**〘ロ神話〙フローラ↑
‡**flo·ra** /flɔ́ːrə/ [名] ([複] **~s, flo·rae** /-riː/) [UC] ⟨普通 the ~⟩ (1 地方, 又は 1 時代の)植物群, 植物相; [C] 植物誌; (→fauna). the ~ of Caucasia コーカサスの植物(相). [<ラテン語 *flōs*「花」]
‡**flo·ral** /flɔ́ːrəl/ [形][C] ⟨普通, 限定⟩ **1** 花の(ような); 植物(群)の. a ~ tribute (葬式の)供花, 献花. **2** 花を飾った[描いた]. a ~ design 花模様. a ~ clock 花時計. [<ラテン語「花(*flōs*)の」] ▷**~·ly** [副] 花のように, 花模様に.
flòral émblem [名][C] (国, 州, 都市などの)代表花《イングランドの rose, Mississippi 州の magnolia など》.
Flor·ence /flɔ́ːrəns|flɔ́r-/ [名] **1** フィレンツェ, フローレンス, 《イタリア中部の都市; イタリア名 Firenze》. **2** 女子の名.
Flor·en·tine /flɔ́ːrəntìːn|flɔ́rəntàin/ [形] **1** フィレンツェ[フローレンス](人)の. **2** ⟨f-⟩ ほうれん草を使った[添えた] (★料理名の後に置く). eggs ~ 卵のほうれん草添え.
── [名][C] フィレンツェ[フローレンス]人.
flo·res·cence /flɔːrésns/ [名][U] **1** 開花; 開花(期). **2** 全盛(期).
flo·res·cent /flɔːrésnt/ [形] 開花した; 盛りの.
flo·ret /flɔ́ːrət/ [名][C] **1** 小さい花. **2**〘植〙筒花《頭状花(タンポポ, クローヴァーなど)を構成する個々の小さな花》.
flo·ri·cul·tur·al /flɔ̀ːrəkʌ́ltʃ(ə)rəl [移]/ [形] 草花栽培(法)の.
flo·ri·cul·ture /flɔ́ːrəkʌ̀ltʃər/ [名][U] (特に温室の)草花栽培(法), 花作り. ▷**flò·ri·cúl·tur·ist** /-(ə)rist/ [名]
flor·id /flɔ́ːrəd|flɔ́r-/ [形] **1**〔文章などが〕派手な, 華やかな; けばけばしい. a ~ room けばけばしく飾りたてた部屋. [参考] *florid* style (美文調の文体)の例: The last golden streaks of sunset were vanishing over the western hills. 黄金色なす夕陽の最後の光芒(ぼう)が西の山々のかなたにまさに消えなんとしていた. **2**〔顔色などが〕赤味のさした, 血色のいい. [<ラテン語「花の咲いた」]
▷**~·ly** [副] **~·ness** [名]
Flor·i·da /flɔ́ːrədə|flɔ́r-/ [名] フロリダ《米国大西洋岸東南端の州; 州都 Tallahassee; 略 FL〘郵〙, Fla.》. [<スペイン語「花の(祭典)」]
Flòrida Kéys [名] ⟨the ~⟩ フロリダキーズ《米国フロリダ半島南端の小島とサンゴ礁(しょう)の連なり; 観光地》.
Flór·i·dan, Flo·rid·i·an /-n/, /flɔːrídiən|flɔ-/ [形] フロリダ州の(住民の). ── [名][C] フロリダの住民.
flo·rid·i·ty /flɔːrídəti|flɔ-/ [名][U] **1** 華やかさ; けばけばしさ. **2** (顔の)赤らみ, 血色のよさ.
flor·in /flɔ́ːrən|flɔ́r-/ [名][C] フロリン貨《英国の旧 2 シリング銀貨; 1971 年の新制度実施後 10 ペンス貨として通用》.
†**flo·rist** /flɔ́ːrist|flɔ́r-/ [名][C] 花屋《人》; 草花栽培業者. a ~*'s* 花屋(の店) (flower shop).
floss /flɔːs, flɑs|flɔs/ [名][U] **1** 繭綿(まゆわた)《繭のけば》; 真綿《繭綿から作る》; かま糸 (**flòss sílk**)《刺繍(ししゅう)などに使う撚(よ)りをかけてない絹糸》. **2** =dental floss.
── [動][他]〘米〙〔歯〕を糸ようじ (floss 2) できれいにする.
floss·y /flɔ́ːsi, flɑ́si|flɔ́si/ [形][e] **1** けばの; 真綿のような, ふわふわした. **2**〘米話〙(一見したところ)しゃれた; 飾りたてた. ▷**floss·i·ly** [副]
flo·tage /flóutidʒ/ [名] **1** [U] 浮くこと, 浮揚; 浮力. **2** [C] 浮遊物, 漂流物.
flo·ta·tion /floutéiʃ(ə)n/ [名] **1** [U] 浮く[浮かべる]こと; 浮揚. ~ gear (飛行機の不時着水用などの)浮揚装置. **2** [UC] (会社の)設立; 証券の発行[募集].
flo·til·la /floutílə/ [名][C] 小艦隊; 小型艦隊《駆逐艦など小型軍艦の集団》.
flot·sam /flɑ́tsəm|flɔ́t-/ [名][U] (難破船の)破片, 浮き荷, 漂流貨物 (→jetsam).
flòtsam and jétsam [名][U] **1** 浮き荷と投げ荷, 漂流貨物. **2** 不要品, がらくた. **3** ⟨複数扱い⟩ 浮浪者たち.
flounce[1] /flauns/ [名][C] (スカート, 袖(そで)口などに付ける)襞(ひだ)飾り, フラウンス. ── [動][他] に襞飾りを付ける. a ~*d* skirt 襞飾りのついたスカート.
flounce[2] [動][自] **1** [VA] (興奮して) 急に動く ⟨*about, around, down, up* (..)⟩; (怒って)ぷいと立ち去る ⟨*off, out, away*⟩⟨*out of* ..から⟩, 荒々しく入る ⟨*in*⟩⟨*into* ..へ⟩. ~ *down* on a seat 席に荒々しく座る. ~ *out of* the room ぷいと部屋を去る. **2** (人の注意を引くために)大げさな動きをする, 人目を意識して気取って歩く. The wrestler ~*d* about the ring. レスラーはリング中を大げさに動き回った. **3** もがく, あがく, のたうつ, ⟨*about, around*⟩ (flounder).
── [名][C] ⟨普通, 単数形で⟩ 急な動き, 体の急なひねり; もがき, あがき. [?<*flap*+*bounce*]
†**floun·der**[1] /fláundər/ [動][自] **1** (水, 泥などの中で)もがく, あがく, ⟨*about, around*⟩; [VA] もがきながら進む. ~ (*about*) in the swamps 湿地の中でもがく. ~ *through* the deep snow 深い雪の中をもがき進む. **2** まごつく, どぎまぎする, もたつく; [VA] (~ ***through*** ..) ..をもたつきながら終える. The pupil ~*ed through* his explanation. 生徒はしどろもどろに説明を終えた. **3** 四苦八苦する, どん底状態にある. The economy is ~*ing*. 経済は破綻の瀬

F

戸際にある. ── 名 C もがき; まごつき. [?<*founder*² +b*l*under] 「類).

flóun·der² 名 (複 ~s, ~) C 〖魚〗カレイ・ヒラメ(の↑

‡**flour** /flauər/ 名 U **1 小麦粉**, メリケン粉, (→meal²). a cup of sifted ~ ふるいにかけた小麦粉カップ1杯. **2** 粉, 粉末. ── 動 他 **1** に(小麦)粉を振りかける(まぶす). **2** 〔小麦など〕を粉にひく. [<中期英語「(小麦の)最良の部分」; flower の異形が, 19 世紀に完全に別語になった]

***flour·ish** /flə́:riʃ|flʌ́r-/ 動 (~·es /-əz/|過 過分 ~ed /-t/|~·ing) 自 **1** 〔動植物などが〕**よく育つ**; 〔植物が〕繁茂する. Grass-eating animals ~ in this region. この地域では草食動物がよく育つ.

2 栄える, 繁栄[繁盛]する; 〔人が〕活躍する; 在世する; (類語 全盛を極めることを強調するが, 同時に未来での衰微をも暗示する; →prosper). Sculpture ~*ed* in ancient Greece. 彫刻は古代ギリシアで隆盛を極めた. Aristotle ~*ed* in the fourth century B.C. アリストテレスは紀元前4世紀に活躍した. **3** 〖しばしば戯〗〔人が〕元気でいる. "How's your grandfather?" "He's ~*ing*."「お祖父さんはいかがお過ごしですか」「しゃんしゃんしています」 **4** 腕などを大げさに振り回す. **5** 文字を飾り書きする.

── 他 **1** 〔武器, 腕など〕を(大げさに)振り回す. ~ a sword 刀を振り回す. He greeted the crowd by ~*ing* his hat. 彼は帽子を高々と振って群衆にあいさつした. **2** を見せびらかす, 誇示する. **3** 〔文章など〕を美辞麗句で飾る.

── 名 C **1** 〔武器, 腕などを〕振り回すこと. **2** 派手な動作, 見せびらかし. with a ~ (→成句). **3** 華やかな飾り; (文字などの)飾り書き; 華やかな表現. His sentences are full of ~*es*. 彼の文章は美辞麗句を連ねてある. **4** 〖楽〗装飾楽句; (らっぱの)華やかな吹奏, ファンファーレ.

with a flóurish 飾り立てて, 麗々しく; 大げさな身振りで. The doorman opened the door *with a* ~. ボーイは大げさな身振りでドアを開けた.

[<古期フランス語 (<ラテン語 *flōrāre*「花が咲く」); -ish²]

flóur·ish·ing 形 繁茂[繁栄, 繁盛]している; 盛大な; 元気な. ▷ ~·**ly** 副

flóur mìll 名 C 製粉機; 製粉工場.

flour·y /fláu(ə)ri/ 形 e (小麦)粉の(ような); 粉のようにふわふわした; 粉まみれの. ~ potatoes (ゆでた)粉ふきジャガイモ.

‡**flout** /flaut/ 動 他 〔規則, しきたり, 命令など〕をあざける, 愚弄(ろう)する, 茶化す, 無視する. ~ a person's orders 人の命令に従わない. ── 自 あざける, ばかにする, 〈*at* ..を〉. ── 名 C あざけり, 愚弄.

‡**flow** /flou/ 動 (~s /-z/|過 過分 ~ed /-d/|**flów·ing**) 自 〖流れる〗 **1 (a) 流れる**, 流れ出る. The Thames ~*s* east *into* the North Sea. テムズ川は東に流れて北海に注ぐ. Oil ~*ed out of* the new oil well. 石油が新しい油井(ゆせい)から流れ出た. Tears ~*ed down* her cheeks. 涙が彼女のほおを伝って流れた. **(b)** 〔血液, 電気, 金銭などが〕流れる, めぐる, 循環する. Blue blood ~*s* in her vein. 彼女は貴族の血を引いている.

〖流れるように動く〗 **2** VA 〔人, 車などが〕ぞろぞろ通る, どっと流れる; (~ ***in/into..***) 〔注文などが〕(..に)殺到する, どっと舞い込む. The crowd ~*ed by*. 群衆がぞろぞろ通って行った. Contributions ~*ed in* from all over the country. 全国から寄付が殺到した.

> 連結 ~ quickly [rapidly; calmly, quietly; lazily, slowly; smoothly, steadily]

3 VA (~ ***away***) 〔年月が〕(流れるように)過ぎ去る.

4 VA 〖雅〗〔衣服, 髪などが〕ふわりと垂れ下がる; (風に)なびく. her jet black hair ~*ing down* her back ふさふさと背中に垂れた彼女の漆黒の髪.

〖流れ出る〗 **5 (a)** 〔言葉, 考えなどが〕すらすらと出る 〈*on*〉. The talk ~*ed on* for hours. 話はそれやこれやと何時間も続いた. Words seemed to ~ from his pen. 言葉が彼のペン先からすらすら流れ出るかのようだった.
(b) VA (~ ***from..***) 〔命令, 情報などが〕..から流れる, 発する; 〔原因, 動機など〕から生じる, 起こる. His actions ~*ed from* the very purest of motives. 彼の行動はこの上なく純粋な動機から発したものだった.

〖流れてあふれる〗 **6** 〔潮が〕差す, 満ちてくる, (↔ebb). The tide ~*s* twice a day. 潮は日に2回差す.

7 (a) 氾濫(はんらん)する, 充満する. Water ~*ed over* the banks. 水は堤を越えて氾濫した. **(b)** 〔酒などが〕豊富である, ふんだんに振るまわれる. The wine ~*ed* freely at the party. パーティーではワインが飲み放題だった. **(c)** VA 満ちあふれる, 豊かである, 〈*with* ..〔感情〕で, が〉; 〔感情が〕あふれる 〈*through, across, into* ..に〉. Her heart was ~*ing with* pity for the poor. 彼女の心は貧しい人々への同情であふれていた.

── 名 (複 ~s /-z/) **1** C 〈普通, 単数形で〉**流れ**, 流出, 噴出, 湧出, 流入, 流動, 〈*of* ..の〉; 流出[流入]量. There was a steady ~ *of* water from the spring. 泉からはこんこんと水が湧(わ)き出ていた. a ~ *of* 1,000 gallons per hour 毎時千ガロンの噴出量.

2 C 〈普通, 単数形で〉流れるような動き 〈*of* ..の〉; (言葉, 考えなどが)すらすら出ること, 流暢(ちょう)さ; (衣服などの)流れるような線. stem the ~ *of* population into towns 都会への人口流入を抑止する. a rapid ~ *of* speech よどみない弁舌. **3** U 〈the ~〉差し潮, 上げ潮, (↔ebb). The tide is on the ~. 今は上げ潮だ. **4** U 洪水, 氾濫.

gò [mòve] against the flów 時代の流れに逆らう.

gò [mòve] with the flów 時代の流れに従う.

in fùll flów (1) 〔人が〕とうとうと話して. He was *in full* ~ when I arrived there. 私が着いた時彼はとうとうと語っているところだった. (2) 〔活動が〕たけなわで.

[<古期英語]

flów·chàrt 名 C 流れ作業図, フローチャート, 《一連の作業工程を順に従って表した図》. ── 動 他 を流れ(作業)図化する, フローチャートで示す.

flów dìagram 名 =flowchart.

‡**flow·er** /fláuər/ 名 (複 ~s /-z/) **1** C **花**; 草花, 花のために作られる草木; (類語 一般に「花」; →bloom, blossom). *Flowers* were out after the warm spell. 暖かい日が続いて花が咲いた. arrange ~*s* 花を生ける. pick ~*s* in the field 野で花を摘む. The rose is the national ~ of England. バラはイングランドの国花である. No ~*s* (by request). 弔花ご辞退いたします《死亡広告文の中で》.

> 連結 grow [plant; water; gather, pluck] ~*s* ‖ ~*s* bloom [fade, wilt, wither]

2 U **開花**, 満開; 開花期. The poppies are in ~ now. ケシの花が咲いている. come into ~ (草木が)開花する. a garden in full ~ 花盛りの庭園.

3 U 〖雅〗〈普通 the ~〉精華, 粋(すい). the ~ *of* chivalry 騎士道の華, 騎士の鑑(かがみ). **4** U 〖雅〗真っ盛り, 最盛期; 青春. die in the ~ *of* (one's) youth 若い盛りに死ぬ. **5** 〈~s〉詞華《美しく飾って表現された言葉》. ~*s* of speech 言葉の綾(あや).

6 〈~s〉〖化〗華(か)《昇華でできた粉末状のもの》. ~*s* of sulfur 硫黄華. ◇形 flowery, floral

── 動 自 **1** 花が咲く. **2** 〔才能などが〕開花する; 栄える. As a poet he ~*ed* in his twenties. 詩人としての彼は20代が花盛りだった. ── 他 を花で飾る[覆う].

[<ラテン語 *flōs*「花」; →flour]

flówer arràngement [arrànging] 名 U ↓生け花, 華道.

flówer·bèd 名 C 花壇.

flówer bùd 名 C つぼみ, 花芽.

flówer chìldren 名 〈複数扱い〉(愛と平和を訴えて花を持ったり配ったりした1960年代の)ヒッピーたち.

flów·ered 形 〈普通, 限定〉 **1** 花の咲いた, 花で覆われた; 花模様の. a ~ dress 花模様の服. **2** 〈複合要素〉(..の)花を付けた, (..)咲きの. single [double]-~ 一重[八重]咲きの.

flow·er·er /fláu(ə)rə(r)/ 名 C 〈修飾語を伴って〉(ある時期に)花の咲く植物. an early [a late] ~ 早咲き[遅咲き]の植物.

flow·er·et /fláu(ə)rət/ 名 =floret.

flówer gìrl 名 C 花売り娘; 〖主に米〗(結婚式で花嫁の前を進む)花持ちの幼女.

‡**flów·er·ing** /-(ə)riŋ/ 形 ⓒ 花の咲いている; 花の咲く, 顕花の. a ~ plant 花の咲く植物, 顕花植物.

── 名 C 〈普通, 単数形で〉 開花(期); 全盛(期). the ~ of Impressionism 印象派の全盛期.

flòwering dógwood 名 =dogwood.

flówer·less 形 花の咲かない, 花のない. ~ plants 隠花植物.

flówer pèople 名 =flower children.

flówer·pòt 名 C (植木や花を植える)鉢.

flówer pòwer 名 U flower children の信念[理念].

flówer shòp 名 C 花屋.

flówer shòw 名 C 花の品評会.

†**flow·er·y** /fláu(ə)ri/ 形 m 〈普通, 限定〉 **1** 花で覆われた; 花のような; 花で飾った, 花模様の. ~ fields 花一面の野原. a ~ design 花模様. **2** 〖普通, 軽蔑〗〔言葉が〕華やか過ぎる, 飾り立てた, (→florid). ~ language 美辞麗句. ▷ **flów·er·i·ness** 名

flów·ing 形 〈限定〉 **1** 流れる. ~ water 流水. **2** 流れるような; 流暢(ちょう)な; 〔髪, 衣装などが〕ふわり[ふさふさ]と垂れた. write a ~ hand 流麗な字を書く. ~ locks ふわりと垂れた前髪. **3** 〔潮が〕満ちて来る, 差す. the ~ tide 上げ潮. ▷ **~·ly** 副 流れるように.

flown /floun/ 動 fly[1] の過去分詞.

flów shèet 名 =flowchart.

fl. oz. fluid ounce.

Flt Lt Flight Lieutenant.

***flu** /flu:/ 名 U 〖話〗〈〖米〗は普通 the ~〉 **流感**, インフルエンザ, (<in*flu*enza). have (the) ~ 流感にかかっている.

flub /flʌb/ 〖米話〗 動 (~s|-bb-) 他, 自 (を)台無しにする, しくじる. ── 名 C へま, しくじり.

†**fluc·tu·ate** /flʌ́ktʃuèit/ 動 自 **1** 〔相場などが〕変動する; 〔人が〕動揺する, ぐらつく; 〈*between* ..の間で〉. Prices continued to ~ wildly. 物価は激しく変動し続けた. ~ *between* hopes and fears 一喜一憂する. **2** 波動する. [<ラテン語「波 (*fluctus*)のように動く」]

flùc·tu·á·tion 名 UC 変動; 動揺; 波動. ~*s* in temperature 温度の変動. ~ of the pound ポンドの乱高下.

flue /flu:/ 名 C **1** (煙突内部の)煙道. **2** 導管, ダクト; (ボイラーの水に熱を送る)炎管. **3** (パイプオルガンなど管楽器の)唇管 (**flúe pìpe**).

flu·en·cy /flú:ənsi/ 名 U (弁舌, 文章などの)なだらかさ, 流暢(ちょう). speak with ~ 流暢に話す.

***flu·ent** /flú:ənt/ 形 m **1 流暢**(ちょう)な, よどみのない, 〈*in* ..〔言葉など〕が〉; 〔人が〕能弁な, 堪(たん)能な, 〈*in* ..に〉. He speaks ~ English.=He is a ~ speaker of English.=He is ~ *in* English. 彼は流暢な英語を話す. a ~ liar うそがすらすら出る人. **2** 〔動きなどが〕なめらかな; 〔曲線などが〕なだらかな. [<ラテン語 *fluere*「流れる」]

†**flú·ent·ly** 副 流暢(ちょう)に, すらすらと.

‡**fluff** /flʌf/ 名 (複 ~s) **1** U (毛布などの)けば, 綿毛; (動物の)ふんわりした毛, 羽毛; 〖主に英〗綿ぼこり; C ふわりとしたかたまり. a ~ of fair hair ふわりとした金髪. **2** C 〖話〗しくじり; (役者の)とちり, (試合, 放送, 演奏などでの)ミス. ***a bìt* [*pìece*] *of flúff*** 〖英俗・軽蔑〗=a bit of STUFF.

── 動 他 **1** をけば立てる; を(振ったりたたいたりして)ふわりとふくらませる 〈*out, up*〉. ~ *out* [*up*] a pillow 枕をふくらませる. **2** 〖話〗をしくじる; 〔せりふ〕をとちる, 〔プレー〕をミスする. ~ one's lines せりふを間違える. ── 自 **1** けば立つ. **2** 〖話〗(せりふ, 競技などで)へまをする.

†**fluff·y** /flʌ́fi/ 形 e けばの(ような), 綿毛の(ような); けば立った; 〔ケーキ, 頭髪などが〕ふんわりした.

▷ **fluff·i·ness** 名

flu·gel·horn /flú:g(ə)lhɔ̀:rn/ 名 C 〖楽〗フリューゲルホルン 《コルネットに似た金管楽器》. [ドイツ語 'wing horn']

***flu·id** /flú:əd/ 名 (複 ~s /-dz/) UC **流体** 《液体(liquid)と気体(gas)の総称だが実際には液体を指すことが多い; ↔solid》; 体液, 分泌液; 流動物.

── 形 m **1 流動する**; 流体の; (↔solid). ~ substances 流動性物質 《液体と気体》. **2** 〔状況などが〕流動的な, 不安定な; 〔意見などが〕変わりやすい. a ~ situation 流動的な状況. **3** 〔動作などが〕ゆったりと上品な, 流れるような. **4** 〔資産などが〕現金に換えやすい (liquid). ~ assets 流動資産. [<ラテン語「流れる」] ▷ **~·ly** 副

flùid drám 名 C 液量ドラム 《fluid ounce の $^{1}/_{8}$》.

flu·id·ics /flu:ídiks/ 名 U 〈単数扱い〉 流体工学.

flu·id·i·ty /flu:ídəti/ 名 U 流動性; 変わりやすさ.

flùid óunce 名 C 液量オンス (→ounce 2).

fluke[1] /flu:k/ 名 C 〈しばしば ~s〉 錨爪(いかりづめ) 《錨の先端の三角形の部分》; (やり, もり, 釣り針などの)かかり; 〈~s〉 (鯨の)尾びれ.

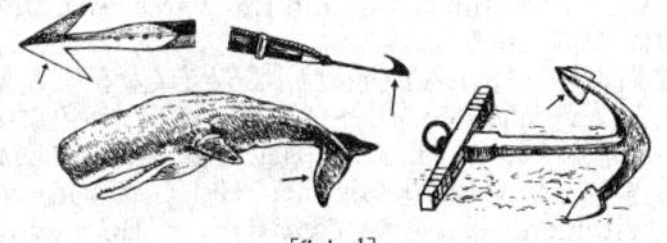

[fluke[1]]

‡**fluke**[2] 名 C 〈単数形で〉〖話〗まぐれ当たり, フロック; (玉突きの)フロック 《球のまぐれ当たり》. He won only by a ~. 彼は全くのまぐれで勝った.

fluke[3] 名 C **1** ヒラメ・カレイの類の魚 (flatfish). **2** 吸虫 《ヒツジの肝臓などに寄生する》.

fluk·(e)y /flú:ki/ 形 e 〖話〗 **1** まぐれ当たりの. **2** 〔天気, 風などが〕気まぐれな, 変わりやすい.

flume /flu:m/ 名 C **1** (木材運搬, 灌漑(かんがい), 水力発電用などの)用水路; かけひ, とい. **2** 峡谷.

flum·mer·y /flʌ́məri/ 名 (複 **-ries**) UC **1** フラメリー 《カスタードプディングに類するもの》. **2** 〖話〗 おべっか; たわごと.

flum·mox /flʌ́məks/ 動 他 〖話〗 をまごつかせる, 面食らわす, 〈主に受け身で〉.

flump /flʌmp/ 動 自 VA どすんと落ちる 〈*down*〉. ── 他 VOA をどすんと落とす 〈*down*〉. ── 名 C どすん(という音). with a ~ どすん[どさり]と. [擬音語]

flung /flʌŋ/ 動 fling の過去形・過去分詞.

flunk /flʌŋk/ 〖主に米話〗 動 他 **1** 〔試験, 科目〕に失敗する, の落第点をとる. ~ a test [an exam] 試験に落第する. ~ math 数学を落とす. **2** 〔学生〕に落第点をつける, を落第させる, 〈*in* ..〔科目〕で〉.

── 自 落第する, 失敗する, 〈*in* ..に〉.

flùnk óut (成績不良で)退学する 〈*of* ..から〉. He ~*ed out of* Yale for failing several subjects. 彼はいくつも科目を落としたためにイェールを退学になった.

flùnk /../ óut ..を退学させる 〈*of* ..から〉.

── 名 C 落第, 失敗. [?<*fl*inch+f*unk*]

flun·key /flʌ́ŋki/ 名 (複 ~s) =flunky.

flun·ky /flʌ́ŋki/ 名 (複 **-kies**) C 〖話・軽蔑〗 **1** (制服を着た)下男, 小使い. **2** おべっか使い, 卑屈者, 言いな

りになる人. **3**〘主に米〙下働き, 雑用係.

flu·o·resce /flùːərés|flùə-/ 動 自 蛍光を発する.

flu·o·res·cence /flùːərés(ə)ns|flùə-/ 名 U 蛍光発光; 蛍光; 蛍光性. [<*fluor*spar+opal*escence*]

‡**flu·o·res·cent** /flùːərés(ə)nt|flùə-/ 形 蛍光性の, 蛍光を放つ.

fluorèscent lámp [líght] 名 C 蛍光灯.

flu·o·ri·date /flú(ə)rədèit/ 動 他 〔飲料水など〕にフッ化物を添加する《虫歯予防》. ▷**flù·o·ri·dá·tion** 名

‡**flu·o·ride** /flú(ə)ràid/ 名 UC 〘化〙フッ化物.

flu·o·rine /flú(ə)rìːn/ 名 U 〘化〙フッ素《非金属元素; 記号 F》.

flu·o·rite /flú(ə)ràit/ 名 UC 〘鉱〙ホタル石.

flu·o·ro·car·bon /flù(ə)roukɑ́ːrbən/ 名 U 〘化〙フルオロカーボン《工業に多用されるがオゾン層破壊の原因として問題化されている; →CFC》.

flu·o·ro·scope /flú(ə)rəskòup/ 名 C (X 線)蛍光透視鏡.

flu·o·ros·co·py /flù(ə)rɑ́skəpi|-rɔ́s-/ 名 U 蛍光透視法[検査].

flu·or·spar /flúərspɑ̀ːr/ 名 =fluorite.

flur·ry /flə́ːri|flʌ́ri/ 名 (複 **-ries**) C **1** (一陣の)突風(gust); (風を伴う)にわか雪[雨]. A ~ of leaves struck the window. ぱらぱらと葉が窓に吹きつけられた. **2** 混乱, 騒動; うろたえ, (心の)動揺; 〘商〙(株式市場の)小波乱. in a ~ あわてて, うろたえて.

── 動 (**-ries**|過 過分 **-ried**|~·**ing**) 他 をうろたえさせる, 狼狽(ろうばい)させる, 〈普通, 受け身で〉.

***flush**[1] /flʌʃ/ 動 (**flúsh·es** /-əz/|過 過分 **~ed** /-t/|**flúsh·ing**) 自 【ほとばしる】 **1** 〔水などが〕**どっと流れる**, ほとばしる. Pull the chain, and the water ~*es*. 鎖を引けば水が流れ出る.

2【血がさっと流れる】〔顔などが〕**ぱっと赤くなる**, 紅潮する, 〔人が〕赤面する; VC (~ X) 〔顔などが〕X (赤色)になる, 〔人が〕顔を X (赤色)にする; (類語 興奮, 怒りなどで顔が紅潮すること; →blush). His face [He] ~*ed* (red) with excitement. 彼は興奮して顔が紅潮した. He ~*ed* into a rage. 彼は顔を真っ赤にして怒った.

3【勢いよく出る】〔草木が〕急に芽を吹く.

── 他 【ほとばしらせる】 **1** 〔場所, 管など〕にどっと水を流す[流して洗う] 〈*out*〉; VOA 〔汚物など〕を水で洗い流す〈*away, down, out*〉; VOA (~ X ***down, through..***) 水をどっと出して X を〔排水管など〕に流す. ~ (*out*) a drainpipe 水を流して下水管を掃除する. ~ the deck with water 甲板に水を流して洗う. ~ a thing *down* the toilet 物を(処置に困って)トイレに流す.

2 〔顔, ほお〕を**ぱっと赤らめる**, 紅潮させる, 赤く染める; 〔人〕を赤面させる, の顔を紅潮させる, 〈*with* ..で〉; 〈しばしば受け身で〉. The setting sun ~*ed* the western sky. 夕日は西の空を赤く染めた. They were ~*ed with* anger [fever, wine]. 彼らは怒って[熱を出して, ワインを飲んで]顔を赤くしていた.

3【勢いをよくする】を得意がらせる, 元気づける, 〈*with* ..で〉〈普通, 受け身で〉. Our team was ~*ed with* victory. 我がチームは勝って意気揚々であった.

── 名 (複 **flúsh·es** /-əz/) **1** C 〈普通, 単数形で〉(**a**) (水などの)ほとばしり; (急激な)出水, 増水. The dam gave way and sent a great ~ of water down the valley. ダムが切れて流域に大水が押し寄せた.

(**b**) 水をどっと流すこと; 水で洗い流すこと; (便所の)水洗設備. give a drainpipe a good ~ 下水管に勢いよく水を流す.

2 C 〈普通, 単数形で〉(顔, ほおなどの)**紅潮**, (急な)赤らみ; ほてり; 上気. His pale face showed a ~ of excitement. 青白い彼の顔が興奮で赤らんだ.

3 C 〈普通, 単数形で〉得意, 意気軒昂(こう); 興奮, 感激. in the full ~ of hope 希望にすっかり上気して.

4 U (若葉, 新芽が)急に萌(も)え出ること. the general ~ of grass in April 4 月に一斉に萌え出る若草.

5 U はつらつさ; (勢いの)盛り. Those boys are in the (first) ~ of youth. あの少年たちは青春真っ盛りだ.

── 形 C (★1, 3 は e) **1** 〔川などが〕満々と水をたたえた, あふれるばかりの. **2** 同じ高さの, 同一平面の, 平らな, 〈*with* ..〔周囲の物〕と〉. The flooding river was ~ *with* its banks. 増水した川は水位が土手すれすれになっていた. **3** 〈叙述〉〘話〙たんまりある〈*with* ..〔金〕が〉; 気前がいい, 惜しげなく使う〈*with* ..を〉. Tom is ~ *with* money since he got paid today. トムは今日給料をもらったので懐があったかい. Bob is a little too ~ *with* his money. ボブはちょっと金離れがよすぎる. **4** 〔物が〕直接くっついた〈*against* ..と〉. The desk is ~ *against* the wall. その机は壁に直接くっついている.

── 副 **1** 同じ高さに〈*with* ..と〉; 隣接して, 直接, 〈*against* ..に〉. set the table ~ *against* the wall テーブルを壁にくっつけて置く. **2**〘話〙じかに, まともに. The blow landed ~ on his chin. その一撃はまともに彼のあご先に当たった.

[<flush[2]; flash, blush の影響が加わったものか]

†**flush**[2] 動 他 VOA (~ X ***from, out of..***) X (鳥など)を(びっくりさせて)..から飛び立たせる; X (犯人, 動物など)を..から追い出す. ~ a criminal *out of* his lair 犯人を隠れ家から追い出す. ── 自 〔鳥などが〕急に飛び立つ.

flùsh /../ óut 〔犯人など〕を追い出す; 〔秘密など〕を暴く. [<中期英語]

flush[3] 名 C 〘トランプ〙フラッシュ, 手ぞろい, 《ポーカーで同種の札がそろうこと; →straight flush, royal flush, four flush》. [<ラテン語 *fluxus*「流れ」]

flúsh tòilet 名 C 水洗便所《flush 名 1 より》.

flus·ter /flʌ́stər/ 動 他 をあわてさせる, まごつかせる, 〈主に受け身で〉. ── 名 aU あわてること, 狼狽(ろうばい), 混乱. in a ~ あわてて[た], そわそわ[まごまごして][た].

***flute** /fluːt/ 名 (複 **~s** /-ts/) C **1** **フルート**, 横笛. play a tune on the ~ 曲をフルートで吹く. **2** (円柱の細い丸みのある)縦みぞ. **3** 細長いワイングラス. **4** (婦人服などの)丸みぞひだ.

── 動 自 フルートを吹く; フルートのような音[声]を出す.

── 他 **1** をフルートで演奏する; を笛のような声で歌う[話す]. **2** に縦みぞを作る. [<プロヴァンス語]

flut·ed /flúːtəd/ 形 **1** 〔円柱などが〕縦みぞ彫りの. **2** = fluty.

flut·ing /flúːtiŋ/ 名 UC **1** フルートを吹くこと. **2** 〈しばしば ~s〉〈集合的〉(円柱などの)縦みぞ飾り. **3** (婦人服などの)丸みぞひだ飾り. ── 形 〔声が〕フルートのような《かん高くて抑揚の激しい》.

flut·ist /flúːtist/ 名 C 〘米〙フルート奏者 (flautist).

***flut·ter** /flʌ́tər/ 動 (**~s** /-z/|過 過分 **~ed** /-d/|**~·ing** /-t(ə)riŋ/) 自 **1** 〔旗などが〕**ひらひらする**, ぱたぱた翻る; 〔花びらなどが〕ひらひら舞う. The sails ~*ed* in the wind. 帆が風にはためいた.

2 〔鳥などが〕**羽ばたきする**, ぱたぱたと飛ぶ. A butterfly was ~*ing* from flower to flower. チョウが花から花へと舞っていた. **3** 〔脈搏(はく)などが〕不規則に打つ; 〔心臓が〕どきどきする, ときめく; 〔まぶたなどが〕ぴくぴくする; 〔エンジンなどが〕不規則に動く. Her heart ~*ed* with fear. 彼女の心臓は恐怖でどきどきした. **4** VA 〔人が〕そわそわ[ばたばた]動き回る, うろうろする〈*about, around* (..)〉.

── 他 **1** 〔旗など〕をひらひらさせる; 〔羽など〕をばたばた動かす; 〔まぶたなど〕をぴくぴく動かす. ~ the pages of a book 本のページをぱらぱらめくる. She ~*ed* her eyelashes at me. 彼女は私に向かってまつ毛をぱちぱちさせた《男に物事を頼む色っぽいしぐさ》. **2** 〔胸〕をどきどき[わくわく]させる; 〔人〕をそわそわ[はらはら]させる.

── 名 (複 **~s** /-z/) **1** C 〈単数形で〉**羽ばたき**; はためき; 脈搏(はく), (心臓の)動悸(き). the ~ of a curtain カーテンのはためき. a loud ~ of birds' wings ばたばたという

鳥の大きな羽ばたきの音. **2** 〈a 〜〉(心の)動揺, うろたえ; (世間の)騒ぎ. fall into a 〜 どぎまぎする. make [cause] a great 〜 世間を騒がす. in a 〜 どぎまぎして, うろたえて. all of a 〜 大あわてで. **3** Ⓤ (レコード, テープの)再生むら, フラッター; 〖空〗フラッター《翼などの不安定な振動》. **4** Ⓒ 〈普通, 単数形で〉〖主に英話〗(ちょっとした)賭(か)け. have a 〜 on a horse 馬に賭ける.
pùt* [*thròw*] *a person in a flútter 人をどぎまぎさせる, あわてさせる.
[<古期英語「波に揺れる」; float, -er³]

flut·y /flúːti/ 形 ⓔ フルート(の音)のような; 柔らかく澄んだ.
flu·vi·al /flúːviəl/ 形 川の; 川に住む; 河川による.
‡**flux** /flʌks/ 名 **1** Ⓒ 〈単数形で〉(よどみない)流れ, 流動. a 〜 of words 能弁, 多弁. **2** Ⓤ 上げ潮. **3** Ⓤ 不断の変化, 変遷, 流転. be in a state of 〜 絶えず変化している. Language is subject to constant 〜. 言語は常に変化を免れない. **4** Ⓤ 〖化〗融剤, フラックス,《金属を溶かしたり接合しやすくするために加える》.
[<ラテン語 *fluxus*「流れ」]

‡**fly**¹ /flai/ 動 (**flies** /-z/|過 **flew** /fluː/|過分 **flown** /floun/|**flý·ing**) (★過去形・過去分詞に 自 4, 他 2 では **fled** /fled/ を, 自 7 では **flied** /-d/ を用いる) 自
【飛ぶ】 **1 (a)** 〔鳥, 昆虫, 飛行機, 弾丸などが〕飛ぶ. Crows are 〜*ing* about in the sky. カラスが空を飛び回っている. A baseball came 〜*ing* through the window. 野球のボールが窓から飛び込んできた. **(b)** 〔操縦士が〕飛行機を操縦する, 飛行する. **(c)** VA 〔人(乗客)が〕飛行する, 飛行機で行く. The party *flew* nonstop *from* New York *to* Paris. 一行はニューヨークからパリへ直行した.
【飛ぶように動く】 **2 (a)** VA 飛ぶように走る, 大急ぎで[飛んで]行く. The boy *flew down* the steps to meet us. 少年は私たちを迎えに階段を飛ぶように降りて来た. *Fly* for a doctor! 〖旧〗急いで医者を呼びに行け. **(b)** 〖話〗大急ぎで出かける. It's 7:00 now—I must 〜. もう7時だ. 大急ぎで行かなくては. **(c)** 〔時間が〕飛ぶように過ぎる 〈*by, past*〉; 〔金が〕羽が生えたように消える. Time *flies*. 〖諺〗光陰矢の如し. Fall has *flown by*. 秋はあっという間に過ぎ去った. make the money 〜 (→成句).
3 〔旗, 毛髪, 衣服などが〕翻(ひるがえ)る, 風に舞う, そよぐ, 〈*about*〉; 〔凧(たこ), 気球などが〕空中に浮かぶ. The Union Jack was 〜*ing* on the mast. マストに英国国旗が翻っていた.
【急激に動く】 **4** (過 過分 fled) 逃げる, のがれる, (★flee の代用). 〜 for one's life 命からがら逃げる. 〜 *from* the heat of the town 都会の炎暑を避ける.
5 VA (〜 ***into***..)・VC (〜 X) 急に..[Xの状態]になる. 〜 *into* a ⌊passion [rage, temper] かっと怒る. The door *flew* open. ドアがさっと開いた.
6 VA (〜 ***at, on, upon***..) 〔タカなどが〕..にさっと飛びかかる, ..を襲う. 〜 at (→成句).
【ボールを飛ばす】 **7** (過 過分 flied) VA 〖野球〗フライを打つ 〈*out*〉〈*to, into*..へ〉. 〜 *out* フライを打ってアウトになる.
—— 他 **1** を飛ぶ, 飛行する; を飛び越える. 〜 a very long distance 非常に長い距離を飛ぶ. 〜 the Pacific 太平洋を飛行機で横断する.
2 (過 過分 fled) から逃げる, のがれる, (flee). 〜 the country 国外へのがれる, 亡命する.
3 (a) を飛ばす; 〔凧(たこ)など〕を揚げる, 〔旗〕を掲げる; 〔鳥〕を放つ. The children are 〜*ing* paper planes. 子供たちは紙飛行機を飛ばしている. **(b)** 〔飛行機〕を操縦する. **(c)** VOA 〔貨物, 乗客〕を飛行機で運ぶ, 空輸する. 〜 the soldiers *over to* the front 戦線に兵士を空輸する. **(d)** 〔特定の航空会社〕を利用する. ◇名 flight
flý at.. ..に襲いかかる, (怒って)飛びかかる.
flỳ blínd 〖空〗(計器だけで)無視界飛行をする.
flỳ hígh 大望を抱く; 盛大にやっている.
flỳ in the fáce of.. ..に(真っ向から)反抗する.
flỳ into píeces 粉みじんに飛び散る.
flỳ off the hándle →handle.
flỳ the cóop →coop.
lèt flý (1) 撃つ; 物を投げつける; 〈*at* ..をめがけて〉. (2) 猛烈に非難する 〈*at* ..を〉; 浴びせかける 〈*at* ..に/*with* ..を〉. He *let* 〜 *at* me *with* a string of oaths. 彼は私に対して次から次と雑言を浴びせた.
lèt /../ flý 〔弾丸など〕を飛ばす, 〔悪口など〕を浴びせる, 〈*at* ..をめがけて〉. Tell calmly *let* the arrow 〜 *at* the apple. テルは落ち着いてリンゴめがけて矢を放った.
màke the dùst* [*fèathers, fùr, spàrks*] *flý けんか[取っ組み合い]を引き起こす. The unfair treatment of the workers *made the sparks* 〜. 労働者を不公平に扱ったためにけんかになった.
màke the mòney flý 札びらをきる, 乱費する.
—— 名 (複 **flies** /-z/) Ⓒ **1** 飛ぶこと. **2** 〈しばしば flies〉ズボンの前(のボタン[チャック](隠し)). unzip one's 〜 ズボンのチャックを開ける. Your 〜 is [*flies* are] undone. ズボンの前が開いてるよ. **3** 〖野球〗フライ, 飛球, (fly ball). *flies* and grounders フライとゴロ. **4** 旗の横幅; (旗ざおから遠い方の)旗の端. **5** (テントの入り口の)垂れ幕. **6** = flyleaf. **7** =flywheel. **8** 〈flies〉(劇場の)舞台の天井裏《照明などの操作をする所》. **9** (複 普通 〜s) 〖英史〗1頭立ての貸し馬車.
on the flý 〔球が〕地上に落ちないうちに; 急いで, 手を休めずに. catch a ball *on the* 〜 球をダイレクトに捕る.
[<古期英語]

‡**fly**² /flai/ 名 (複 **flies** /-z/) Ⓒ **1** ハエ; 〈一般に〉飛ぶ昆虫《蚊, ブヨ, トンボ, カゲロウなど》(★しばしば複合要素として用いる: butter*fly*, dragon*fly*, fire*fly*, horse*fly*). swat a 〜 ハエをたたく. A swarm of *flies* buzzed around his head. ハエの群れが彼の頭の回りをぶんぶん飛んでいた. **2** (魚釣りの)蚊針, 毛針, (→fly-fishing).
a flỳ on the wáll 人に気うかれずに観察している人.
a* [*the*] *flỳ in the óintment 玉にきず; (楽しみの)ぶちこわし; 《聖書から》.
drìnk with the flíes →drink.
like flíes 〖話〗大多数で, 大勢で, 〔死ぬ, 倒れるなど〕.
not hàrm* [*hùrt*] *a flý ハエも殺せない(ほど気がやさしい), 虫も殺さない.
There are nò flíes on.. 〖話〗..は簡単にはだまされない人間だ, ばかどころではない.
[<古期英語「飛ぶもの」]

fly³ 形 〖主に英旧話〗抜け目のない, 利口な.
flý·awày 形 〈限定〉 **1** 〔衣服, 髪などが〕風になびく; ゆったりと垂れた. **2** 気まぐれな, うわついた; 軽薄な. **3** 〔飛行機が〕いつでも飛べる; 〔物資などが〕いつでも空輸できる.
flỳ báll 名 Ⓒ 〖野球〗フライ.
flý·blòwn 形 **1** ハエが卵を産みつけた〔肉など〕, 蛆(うじ)のわいた. **2** 汚れた, 不潔な; 使い古した, 古くさい.
flý·bòat 名 Ⓒ (小型の)高速艇.
flý·bòy 名 (複 〜s) Ⓒ 〖米話〗飛行機乗り《特に軍の》.
flý·bỳ 名 (複 〜s) **1** 〖米〗=flyover 1. **2** (宇宙船の)接近通過《目標の間近を通る》.
flý-by-nìght 〖話〗名 Ⓒ 目先の利益だけ追う人[会社]; 夜逃げするような人[会社]. —— 形 〈限定〉目先の利益だけを追う, 長続きしない; 信頼できない; 〔人, 会社〕.
flý càsting 名 Ⓤ 蚊針釣り(競技).
flý·càtcher 名 Ⓒ **1** ヒタキ科の鳥. **2** 〖植〗ハエトリソウ, ハエジゴク.
†**flý·er** 名 =flier.
flý-fìshing 名 Ⓤ 蚊針釣り.
flý·flàp 名 Ⓒ ハエたたき.
flý hàlf 名 Ⓒ 〖ラグビー〗フライハーフ (stand-off half).
‡**flý·ing** 形 〈限定〉 **1** 飛ぶ; 空中に浮かぶ, 翻る. **2** 飛ぶ

ように速い; 機敏に行動する. **3** 〖主に英〗〈限定〉大急ぎの, あわただしい; 一時の, 急ごしらえの. a ～ visit あわただしい訪問. a ～ bridge 急ごしらえの橋.
with flŷing cólors →color.
── 名 U 飛ぶ[飛ばす]こと, 飛行. nonstop ～ (途中)無着陸飛行. ～ clothes 飛行服.
flŷing bòat 名 C 飛行艇.
flŷing bòmb 名 =robot bomb.
flŷing búttress 名 C 〖建〗飛び控え(壁), 飛梁(ひりょう).

[flying buttress]

flŷing còlumn 名 C 〖軍〗遊撃隊.
flŷing dóctor 名 C (オーストラリアなどの, 飛行機で遠隔地へ行く)往診医師.

Flŷing Dútchman 名 〈the ～〉 **1** さまよえるオランダ船《喜望峰付近に現れるとされる伝説上の幽霊船》. **2** さまよえるオランダ人《1の船長で, 最後の審判の日まで, 海をさまよう運命にあるとされる》.
flŷing fìsh 名 C 〖魚〗トビウオ.
flŷing fóx 名 C 〖動〗オオコウモリ.
flŷing jíb 名 C 〖海〗フライングジブ《先斜檣(しょう)に張る小さな三角帆》.
flŷing júmp [léap] 名 C 走り(幅)跳び (★正式競技名は long [〖米〗broad] jump).
flŷing lémur 名 C 〖動〗ヒヨケザル, コウモリザル,《東南アジア・東インド諸島産; 皮翼目》.
flŷing òfficer 名 C 〖英〗空軍中尉.
flŷing pícket 名 C (他会社の労働者に参加を促す)スト参加者(たち).
flŷing sáucer 名 C 空飛ぶ円盤 (→UFO).
flŷing squàd 名 C 〖英〗(警察の)緊急出動隊.
flŷing squírrel 名 C 〖動〗ムササビ, モモンガの類.
flŷing stárt 名 C 〈単数形で〉 **1** 〖競技〗助走スタート《自動車レースなどで出発の合図の前にスタートラインの手前から切るスタート》. **2** 〖競技〗フライング(スタート)《合図より前にスタートすること; 反則》. **3** 好調な出だし. get off to a ～ 好調な出足を見せる.
flŷing táckle 名 C (ラグビーなどの)フライングタックル《相手めがけて空中を飛ぶタックル》.
flŷing wíng 名 C 〖空〗全翼機《胴体, 尾翼のない, 全体が翼状の飛行機》.
flý·lèaf 名 (複 →leaf) C 〖製本〗遊び紙《見返し(endpaper) の次の白紙(最近はこれの無い本が多い); 通俗には, 見返しで表紙にのり付けされていない方》.
flý·òver 名 C **1** 〖米〗(祝賀会などの際の)低空儀礼飛行 (〖英〗flypast). **2** 〖英〗(立体交差のための)高架道路, 陸橋, (〖米〗overpass).
flý·pàper 名 U ハエ取り紙.
flý·pàst 名 〖英〗=flyover 1.
flý·shèet 名 C **1** テントにかける雨覆い. **2** (薄い)パンフレット.
flý·spèck 名 C **1** ハエのふんの跡. **2** 小さい跡[しみ].
── 動 他 に小さい跡[しみ]をつける. ▷ **～ed** /t/ 形
flý·swàtter 名 C ハエたたき.
flý-tìpping 名 U 〖英〗ごみの不法投棄.
flý·tràp 名 C **1** 食虫植物《サラセニア, ハエジゴクなど》. **2** ハエ取り器.
flý·wày 名 (複 ～s) C 渡り鳥の飛ぶ経路.
flý·wèight 名 C 〖ボクシング・レスリング〗フライ級選手.
flý·whèel 名 C 〖機〗はずみ車《機械の速度を一定に保つ作用をする重い車》.
flý·whìsk 名 C ハエ払い《馬の毛の束に取っ手をつけたほうき状のもの》.
‡**FM** frequency modulation; Field Marshal.
Fm fermium.
fm. fathom(s); from.
fn footnote.
fnarr /fnɑːr/ 間 〖英話・戯〗うひゃー, ひえー,《相手が意図せずに性的な意味にもとれることを言った時に発する》.
f-nùmber /éf-/ 名 C 〖写〗f 数《カメラのレンズの明るさを示す》.
FO 〖英〗Foreign Office; 〖英〗flying officer.
fo. folio.
‡**foal** /foul/ 名 C 馬[ロバ, ラバなど]の子, 子馬,《特に1歳未満》. be in [with] ～ (馬が)子をはらんでいる (★慣用的に無冠詞). ── 動 自 〔馬などが〕子を産む.
***foam** /foum/ 名 U **1 泡** (類語 bubble の集まったもの; →froth). gather ～ 泡が立つ. I don't like so much ～ on my beer. ビールにこんなに泡が立つのは好きじゃない. **2** (口からふく)泡つばき; (馬などの)泡汗. **3** (消火器から放出される)消火泡. a ～ extinguisher 泡消火器. **4** 〖話〗=foam rubber. **5** 〈the ～〉〖詩〗海.
── 動 (**～s** /-z/|過 過分 **～ed** /-d/|**fóam·ing**) 自 **泡立つ**; VA 泡になって流れる; (病気や怒りで)泡をふく. ～ *away* [*off*] 泡となって消える. The soda *～ed over* the top of the glass. コップからソーダ水が泡を立ててあふれた. ～ with anger 激怒する.
fòam at the móuth 〔狂犬などが〕口から泡をふく; (口から泡を飛ばして)かんかんに怒る. [<古期英語]
fòam polystýrene 名 U 発泡スチロール.
fòam rúbber 名 U フォームラバー, 気泡ゴム.
foam·y /fóumi/ 形 e 泡だらけの; 泡立つ〔波など〕; 泡の(ような). ▷ **foam·i·ness** 名
FOB, f.o.b. free on board.
fob[1] /fɑb|fɔb/ 名 C **1** 懐中時計を入れるポケット; 懐中時計の小鎖 (**fób chàin**)《時計入れポケットから垂らす》. **2** (懐中時計の鎖やキーホルダーに付ける)飾り.
fob[2] 動 (**～s**|**-bb-**) 他 をだます, ごまかす, (★次の成句以外は〖古〗).
fòb /../ óff 〔人(の要求, 提案など)〕を無視する, はぐらかす.
fòb .. óff on [***onto***] ***a pèrson*** 人に〔不良品, 偽物など〕をつかませる.
fòb a pèrson óff with .. 人を〔口先だけの約束など〕ではぐらかす[まるめ込む]; 人に〔不良品, 偽物など〕をつかませる.
fób wàtch 名 C 懐中時計.
‡**fo·cal** /fóuk(ə)l/ 形 〈限定〉 **1** 焦点の. **2** 中心的な, 中枢の. the ～ figure of the drama 劇の中心人物. ～ awareness 意識の中心. ◇名 focus
fo·cal·ize /fóukəlàiz/ 動 他 **1** =focus. **2** 〔病気など〕を局部的に食い止める.
fòcal léngth [dístance] 名 C 焦点距離.
fócal plàne 名 C 〖光学〗(レンズ, 鏡などの)焦平面《焦点を通る光軸に垂直》.
fócal pòint 名 C **1** 焦点. **2** (活動, 関心などの)中心.
fo·ci /fóusai|-sai, -kiː/ 名 focus の複数形.
fo'c'sle, fo'c's'le /fóuks(ə)l/ 名 =forecastle.
‡**fo·cus** /fóukəs/ 名 (複 **～·es** /-əz/, **fo·ci** /fóusai|-sai, -kiː/) **1** C 〖物理・数〗**焦点**; 焦点距離; (カメラの)ピント(合わせ). take the ～ 焦点を合わせる. The hyperbola has two *foci*. 双曲線には焦点が 2 つある.
2 C 〈普通, 単数形で〉(興味, 注意などの)**中心**, 集中点〈*of* ..の〉; 重視, 力説, 強調, 〈*on* ..の〉. The conference is now the ～ of world attention. その会議は今世界の関心を集めている. The ～ of his speech is *on* the environmental crisis. 彼の演説は環境危機を強調するものである.
3 C 〈普通, 単数形で〉(地震の)震源; 〖医〗病巣.
brìng ..into fócus 〔カメラなど〕の焦点を合わせる, 〔被写体〕に焦点を合わせる; ..を明確にする. The atrocious crime has *brought* the problem of juvenile delinquency *into* sharp ～. その凶悪犯罪は少年非行の問題をはっきりと浮かび上がらせた.

còme into fócus 焦点が合う; 明確になる.
in fócus 焦点が合って[た]; はっきりして[た]. keep the procession *in* ～ 行列にずっとピントを合わせている. *in* sharp-edged ～ 焦点がぴったり合って.
out of fócus 焦点がずれて[た], ピンぼけの; ぼんやりして[た]. go *out of* ～ 焦点がずれる; 〔問題などが〕ぼやける, あいまいになる. My memory of this period is somewhat *out of* ～. この時期の私の記憶はややぼやけている.

── 動 (～·es /-əz/|過 過分 ～**ed** /-t/, 〖主に英〗**-sed** /-t/|～·**ing**, 〖主に英〗～·**sing**) 他
1 〔カメラなど〕の**焦点を合わせる** 〈*on* ..に〉; 〔被写体〕に焦点を合わせる; 〔光線など〕を焦点に集める. ～ one's binoculars *on* a yacht in the distance 双眼鏡の焦点を遠くのヨットに合わせる. ～ the sun's rays through a convex lens 凸レンズを通して日光を焦点に集める. The drunken man couldn't ～ his eyes. 酔っ払った男は目の焦点を合わせられなかった. **2** 〔関心, 注意など〕を**集中する** 〈*on* ..に〉. Tom tried to ～ his attention *on* reading. トムは読書に注意を集中しようとした.

── 自 **1** 〔カメラなどが〕焦点が合う, 〔光線などが〕焦点に集まる; (カメラなどの)焦点を合わせる 〈*on* ..に〉. **2** 〔関心, 注意などが〕集中する; 〔人が〕注意を集中する, 特別の関心を持つ; 〈*on* ..に〉. The author ～*es on* a young Jew's life in London. 著者はロンドンでのあるユダヤ人青年の生活に焦点を当てている.
◇形 focal [ラテン語「暖炉>火>焦点」]

fo·cused 形 目的意識の強い, ぜひともやり抜こうとする.

fócus gròup 名 C フォーカスグループ《商品開発や政党の政策決定に有用な情報を得るための, いろいろな階層から抽出された人々から成る少人数のグループ》.

‡**fod·der** /fɑ́dər|fɔ́də/ 名 U **1** (家畜の)飼料, まぐさ, 《干し草, わら, トウモロコシの茎など》. **2** 〖軽蔑〗材料, 需要次第で使われる人たち[物], '餌(え)', 〈*for* ..の〉. → cannon fodder. factory ～ かき集めた工場労働者. good ～ *for* cartoonists 風刺漫画家のかっこうな餌.
── 動 他 〔家畜〕に飼料を与える. [<古期英語]

FoE Friends of the Earth.

*__foe__ /fou/ 名 (複 ～**s** /-z/) C 〖章〗**敵**, かたき; (競争などの)敵手; 反対者; (類語 enemy よりも強意的で, 多く「決して相いれない敵」という感じを伴う; →opponent). a political ～ 政敵. [<古期英語「敵対する」]

foehn /fein|fəːn/ 名 C 〖気象〗フェーン《山越えに吹きおろす乾燥した熱い風》. [ドイツ語]

fóe·man /-mən/ 名 (複 **-men** /-mən/) C 〖古〗敵兵; 敵手.

foe·tal /fíːtl/ 形 =fetal.

foe·tus /fíːtəs/ 名 =fetus.

‡**fog** /fɔːg, fɑg|fɔg/ 名 (複 ～**s** /-z/) UC **1** **霧**; (建物, 部屋などに立ち込めた)煙, ほこり; (類語 前が見えなくなるほど濃度が高い; →haze, mist, smog). dense ～ 濃霧. The ～ began to clear [lift]. 霧が晴れ始めた. London used to be known as the city of ～. ロンドンは霧の都として知られていた. We often have bad ～*s* in winter. 当地では冬にしばしばひどい霧が立ち込める. The room was filled with a ～ of cigarette smoke. 部屋にはたばこの煙が充満していた.

> 連結 thick [heavy; patchy] ～ // ～ descends [rolls in; clears, disperses, lifts]; be enveloped in ～

2 混迷, 混乱, 困惑. in a ～ 五里霧中で[の], 途方に暮れて[た]. I'm in a complete ～ about information theory. 情報理論には真っ暗だ.
3 〖写〗(印画, 原板の)かぶり, 曇り.

── 動 (～s|-gg-) 他 **1** を霧[もや]で包む; 〔鏡など〕を曇らせる; 〈*up*〉. The windows were ～*ged* (*up*) with steam. 窓は湯気で曇っていた. ～*ged*-in streets 霧に包まれた通り. **2** 〖話〗〔人, 頭〕を混乱させる, 困惑させる; 〔問題など〕をぼやかす. ～ the issue with jokes 冗談で問題点をうやむやにする. **3** 〖写〗〔ネガ〕をかぶらせる.

── 自 **1** 霧がかかる; 曇る; 〈*up, over*〉. My glasses have ～*ged up* in the bathroom. 浴室で眼鏡が曇った. **2** 〖写〗〔ネガが〕かぶる. [?<北欧語]

fóg bànk 名 C 霧峰《海上にかかる濃霧の団塊》.

fóg·bòund 形 濃霧に閉ざされた; 〔船, 飛行機などが〕霧で動けない.

fóg·bòw /-bòu/ 名 C 霧虹(きりにじ).

fo·gey /fóugi/ 名 (複 ～**s**) =fogy.

†**fog·gy** /fɔ́ːgi, fɑ́gi|fɔ́gi/ 形 e **1** 霧の立ち込めた, 霧の深い; 霧の多い〔気候など〕. It was a ～ morning. 霧の深い朝だった. **2** 〔考えなどが〕ぼんやりとした, もうろうとした. a ～ memory あいまいな記憶. ～ with sleep 眠ったあとで(頭が)ぼーっとした. I hadn't the *foggiest* (idea). 〖話〗てんで見当が付かなかった. **3** 〖写〗〔ネガが〕かぶった. ◇名 fog ▷**fog·gi·ly** 副 **fog·gi·ness** 名

Fóggy Bòttom 名 フォギーボトム《「霧の底」とは米国国務省の異名, 低地に建っていることから》.

fóg·hòrn 名 C (船の)霧笛; 〖話〗どら声.

fóg làmp [lìght] 名 C (自動車の)フォグランプ, 霧灯.

fóg sìgnal 名 C 〖英〗濃霧信号《鉄道のレール上に「爆鳴装置を置く」》.

fo·gy /fóugi/ 名 (複 **-gies**) C 〖軽蔑〗時代遅れの人, 旧弊な頑固者. ★普通 old fogy として用いる.

fo·gy·ish /fóugiiʃ/ 形 時代遅れの, 古くて頑固な.

fo·gy·ism /fóugiìz(ə)m/ 名 U 時代遅れ, 頑固.

föhn /fein|fəːn/ 名 =foehn.

foi·ble /fɔ́ib(ə)l/ 名 C **1** (性格上の, ささいな)弱点, 欠点; うぬぼれている点; (類語 大目に見られる程度の, 性格上のささいな欠点; →fault). **2** 〖フェンシング〗フェブル《剣の弱い部分; 刀身中央から切っ先まで; ↔forte》. [feeble と同源]

foie gras /fwɑ̀ː-grɑ́ː/ 名 U フォアグラ《pâté de foie gras の略称》. [フランス語 'goose liver']

†**foil**[1] /fɔil/ 名 **1** U 箔(はく), 《ホイル, 金属の薄片; →leaf 3》; (紙に箔を張った)ホイル《たばこ, 食品などを包む》; (鏡の)裏箔; (宝石の色, 輝きを引き立たすための)下敷き箔. gold [silver, tin] ～ 金[銀, 錫(すず)]箔. aluminum ～ アルミホイル. **2** C 引き立て役《人, 物》〈*to, for* ..の〉. Her black dress was the perfect ～ *for* her blond hair. 彼女の黒いドレスは金髪を見事に引き立てていた. **3** C 〖建〗(ゴシック建築などの)葉形飾り.
── 動 他 **1** に箔を着せる[で裏打ちする]. **2** (対照して)を引き立たせる. **3** 〖建〗〔窓など〕を葉形飾りで飾る. [<ラテン語 *folium*「葉」]

[foil[1] 3]

foil[2] 名 C フルーレ, フォイル, 《先留(さきどめ)の付いたフェンシング用の剣の一種; →fencing》; 〈～s〉 フルーレ《フェンシングの種目》.

foil[3] 動 他 〔人, 計画など〕を失敗させる, の裏をかく, 〈しばしば受け身で〉. The prisoner's attempt to escape was ～*ed*. 囚人の脱獄の企てはくじかれた. He was ～*ed in* the plot. 彼は陰謀を企てて失敗した.

foist /fɔist/ 動 他 **1** VOA (～ X ***on*** [***upon***]..) X を..に強要する; X (偽物など)を..に押しつける, つかませる. ～ (off) some bad goods *on* customers お客に不良品を押しつける. **2** VOA (～ X ***in, into***..) X (人, 不正な書き入れなど)を..にこっそり加える, 紛れ込ませる.

fol. folio; followed; following.

‡**fold**[1] /fould/ 動 (～**s** /-dz/|過 過分 **fóld·ed** /-əd/|

fóld·ing) ⊛ 【重ね合わせる】 **1** を**折り畳む**, 折り重ねる; を折り曲げる〈*down*〉, を折り返す〈*back*〉. ～ a piece of paper into four 紙を 4 つ折りにする. ～ *down* (the corner of) a page ページ(の端)を折る. ～ one's legs under oneself 正座する. ～ *back* the shirt sleeves ワイシャツのそでを折り返す. The eagle ～*ed* its wings. ワシは翼を畳んだ.
2〔腕〕を**組む**,〔手〕を組み合わせる; を(両腕で)抱き締める. He listened to my story with his arms ～*ed* [with ～*ed* arms]. 彼は腕組みをして私の話を聞いた. ～ one's hands 手を組み合わせる《祈る時など》. The mother ～*ed* her child ⌊to her breast [in her arms]. 母親は我が子を胸に[両腕に]抱き締めた.
【巻いて包む】 **3** VOA (～ X *about, around..*) X を..の周りに巻き付ける. ～ a neckerchief *about* one's neck 首にネッカチーフを巻く. **4** VOA (～ X *in..*) X を..に包む, くるむ. ～ a glass *in* paper＝～ paper *around* a glass (→3) コップを紙でくるむ. hills ～*ed in* mist 霧に包まれた山々.
── ⊜ **1** VA 折り重なる, 畳める, (→成句 ～ up); VC (～ X) X の状態に畳める. Cardboard does not ～ easily. ボール紙を折り畳むのは楽ではない. This garden chair ～s flat. この庭いすは平たく畳める. **2**【話】＝FOLD up (2). **3**【米話】妥協する, '折れる'.
fòld /../ ín 〔卵など〕を(粉に)少しずつ混ぜ合わせる.
***fóld* X *into* Y** X を Y に少しずつ混ぜ合わせる. Gently ～ beaten egg *into* batter. かき混ぜた卵を練った小麦粉に静かに混ぜなさい.
fòld úp (1) 畳める. (2)【話】〔興行などが〕(失敗で)打ち切りになる,〔会社や事業が〕つぶれる,〔商店が〕店を畳む. (3)(苦痛で)体を折り曲げる; 笑いこける.
fòld /../ úp ..をきちんと畳む. ～ *up* a shirt neatly シャツをきちんと畳む.
── 名 (複 ～s /-dz/) C **1 折り目**, ひだ; 折り畳み[返し]の部分. hide in the ～s of the curtain カーテンのひだの中に隠れる. **2**【主に英】(山や丘の)くぼみ, 谷間. **3** (地層の)褶(しゅう)曲. [＜古期英語]

fold[2] 名 C **1** (特に羊を入れておく)囲い, 羊小屋, (→pen[2]); 〈the ～; 単数形で複数扱いもある〉(小屋の中の)羊(の群れ). **2**〈the ～; 単数形で複数扱いもある〉(1 教会の)信者たち, 会衆; (信仰, 主義, 利害, 目的などを同じくする)集団, 組織. bring the country back to the ～ of the international community その国を国際社会に復帰させる.
retùrn to the fóld 【章】もとの集団(家族, 宗教団体, 政治団体など)に復帰する; 古巣に戻る.
── 動 ⊛ 〔羊〕を囲い⌊に入れる[の中で飼う]. [＜古期英語]

-fold 接尾 〈数詞, 数量を示す形容詞に付けて形容詞, 副詞を作る〉「..倍の[に], ..重の[に]」の意味. three*fold*. mani*fold*.

fóld·awày 形 〈限定〉折り畳み式の〔ベッドなど〕.

fóld·bòat 名 ＝faltboat.

†**fóld·er** 名 C **1** 折り畳む人[器具]. **2** 書類挟み《厚紙を 2 つ折りにした》. **3** 折り畳み印刷物《1 枚刷りの地図, 時刻表, 広告など》. **4**【電算】フォルダ.

fol·de·rol /fɑ́lдərɑ̀l|fɔ́ldərɔ̀l/ 名 C **1** くだらないこと, たわごと. **2** 安物の装飾品[アクセサリー].

fóld·ing 形 〈限定〉折り畳み式の. a ～ chair 折り畳みいす.

fòlding dóor 名 C 〈しばしば ～s で〉折り戸, アコーディオンドア.

fòlding móney 名 U 【主に米話】紙幣.

fóld·òut 名 C (本, 雑誌などの)折り込みページ《写真, 地図などの》. ── 形 〈限定〉折り込みの.

†**fo·li·age** /fóuliidʒ/ 名 U **1**〈集合的〉木の葉 (類語 1 本の木や草が付けている葉全体; →leaf). The dense ～ above screened off the hot sun. 頭上のこんもりした茂みが暑い日光を遮ってくれた. **2**【建】葉形飾り (→foil[1] 3). [＜ラテン語 *folium*「葉」]

fòliage plánt 名 C 観葉植物.

fo·li·ate /fóulièit/ 動 ⊛ **1** を箔(はく)状にする. **2**〔(稿)本など〕に丁(ちょう)付けする (→page). **3**【建】を葉形飾りで飾る. ── ⊜ **1** 葉を出す. **2** 箔状になる.
── 形 /-liət/ **1**〈しばしば複合語で〉(..枚の)葉のある. tri*foliate* 3 つ葉の. **2** 葉状の; 葉で覆われた.

fò·li·á·tion 名 U **1** 葉形飾りを施すこと. **2** (本の)丁(ちょう)付け. **3** 葉を出すこと. **4** 製箔(はく).

fò·lic ácid /fòulik-/ 名 U 【生化】葉酸《ビタミン B の複合体の 1 つ; 貧血症に効く》.

fo·li·o /fóuliòu/ 名 (複 ～s) **1** U 2 つ折り判, フォリオ判, 《最も大形の判型; 高さ 40 センチ前後のものが多い》; C 2 つ折り判の本[紙]《略 f, ff., fo.》. in ～ 2 つ折りの[で]. a ～ edition 2 つ折り判.

> 参考 本の大きさは印刷される全紙の大きさと, それを折る回数によって決まる. 紙の大きさには crown, demy, foolscap などがあり, 折る回数は folio をもう 1 度折れば 4 つ折り (quarto), さらに折れば 8 つ折り (octavo) となる. 伝統的な判型の示し方は crown octavo のように全紙の大きさと折る回数で示す.

2 C【印】(刊本の)ノンブル (page number). **3** C (原稿・本の, 第 1 面にだけ番号を付けた) 1 葉, 1 枚.

‡**folk** /fouk/ 名 (複 ～, ～s /-s/) **1**〈複数扱い〉〈【米】ではしばしば ～s〉(類語 今日では people のほうが普通) **(a)** (一般の)**人々**. Some ～ believe in ghosts. 幽霊がいると信じている人もいる. **(b)**〈修飾語を伴って〉〔..な〕**人々**, 連中, (★親しさ, 時に軽蔑的な響きを持つ). young [old] ～(*s*) 若者[老人]たち. country [town] ～ 田舎[都会]の人たち. They're just (plain) ～*s*.【話】彼らは気取らない人たちだ.
2〈～s〉【話】**家族**; 身内, 親類; (★特に【米】では両親を指す場合が多い). my ～*s* うちの者(たち). the old ～*s* at home 故郷の親兄弟[なつかしい縁者たち]. How are your ～*s?* お宅の皆さんはいかがですか.
3 C【古】部族, 民族. **4** U【話】＝folk music.
5【話】〈～s〉 みんな《親しい呼びかけ》. Now, (you) ～*s*, let's go on. さあ, みんな, 先へ進もう.
6〈形容詞的〉民衆の, 民間の; 民俗の; 民族音楽[フォーク]の. [＜古期英語]

fólk dànce 名 C 民族舞踊, フォークダンス; フォークダンス曲.

fólk dàncer 名 C 民族舞踊家.

fòlk etymólogy 名 UC 通俗[民間]語源(説)《asparagus の語源を sparrow＋grass とするたぐい》.

fólk hèro 名 C 民衆的英雄《社会地位は高くないが英雄的行為で知られる人, 例えば Casey Jones》.

†**fólk·lòre** 名 U 民間伝承《古くから民間に伝わってきた伝説, 習俗など》; 民俗学.

folk·lor·ist /fóuklɔ̀ːrist/ 名 C 民俗学者.

fólk màss 名 UC フォークミサ《伝統的音楽の代わりにフォークを用いる「なもの」》; 民間療法.

fólk mèdicine 名 U 民間薬《薬草から製したようなもの》; 民間療法.

fòlk mémory 名 C 一民族[集団]が共有する記憶.

fólk mùsic 名 U 民俗音楽; フォーク(ミュージック).

fólk-ròck 名 U フォークロック《フォークソングにロックのリズムを加えた音楽》.

fólk sìnger 名 C 民謡歌手; フォーク歌手.

fólk sòng 名 C 民謡; フォークソング.

folk·sy /fóuksi/ 形 e【話】**1** 打ち解けた, 気取らない, 素朴な. **2** 素朴めかした, (過度に)民芸風の. a ～ teapot 民芸風のティーポット.

fólk·tàle 名 C 民話.

fólk·wày 名 (複 ～s) C〈普通 ～s〉(ある社会集団の)習俗, 風習, しきたり.

foll. followed; following.

fol·li·cle /fɑ́lik(ə)l|fɔ́l-/ 名 C **1**【解剖】小嚢(のう), 毛

嚢. **2**〖植〗袋果(たいか)《さやの一種》.

‡fol·low /fάlou|fɔ́l-/ 動 (~s /-z/|過 過分 ~ed /-d/|~·ing) 他 【後に来る】 **1** (**a**) (順序として)の**次に来る**, に続く; の後に続かせる〈*with*, *by* ..を〉. Monday ~*s* Sunday. 月曜日は日曜日の次に来る. He usually ~*s* dinner *with* coffee. 彼はたいてい夕食の後にコーヒーを飲む. The car crash was ~*ed by* [*with*] a fire. 車の衝突事故の後に火災が起きた. Our main product is wheat, ~*ed by* corn and potatoes. 我々の主な産物は小麦で, 次いでトウモロコシとジャガイモである. (**b**) の結果として起こる; の跡を継ぐ, 後任になる. A great famine ~*ed* the drought. ひでり続きの後大飢饉(ききん)が起きた. He will ~ his father as a physician. 彼は医者として父の跡を継ぐだろう. Strange incidents ~*ed* each other. 奇妙な事が次々に起こった (★自を用いて ~*ed* one after another とするほうが論理的).

【つき従う】 **2** の後について来る[行く], に従う, 〈*in*〉〈*into* ..の中へと〉; VOA (~ /X/ *about*, *around*) Xに付きまとう. The boy ~*ed* me in [into the garden]. その子は私について中に[庭に]入って来た. He was taking a walk ~*ed* by his dog. 彼は犬を連れて散歩中だった. Tom ~*ed* his family to Paris. トムは家族の後を追ってパリへ行った. **3** 〔指示など〕に**従う**, 〔規則など〕を守る; 〔教えなど〕を信奉する. I ~*ed* his example. 彼の例に従った. ~ Kant カントの説を奉じる. We all ~*ed* her advice and failed. 我々はみな彼女の忠告通りにしたら失敗した.

【たどって行く】 **4** (**a**) 〔道など〕を**たどる**, ..うたいに行く. ~ the footmarks in the snow 雪上の足跡を付けて行く. (**b**) 〔発達の経路, 段階など〕をたどる.

5 〔話, 議論など〕に**ついて行く**, 〔人〕の言う事を理解する, 〔話の筋など〕が分かる. I don't ~ you [your reasoning]. 君の⌞言う事[議論の筋道]が分からない. I don't ~ football. フットボール(のルール)はちっとも分からない.

6 〔職業〕に**従事する**, 携わる. ~ the profession of teaching 教職に従事する. ~ the law [stage, sea] 弁護士[俳優, 船乗り]を職業とする.

7 (**a**) 〔細長い形など〕をしている. The islands ~ a strange pattern. その列島は奇妙な形で連なっている. (**b**) 〔端が〕の境になっている, に沿っている. The state boundary ~*s* the Hudson. 州境はハドソン川である.

【追い求める】 **8** (**a**) を追いかける, の後を付ける; を追い求める. Stop ~*ing* me! 僕の後を付けるのはよしてくれ. ~ a criminal 犯人を尾行する. ~ fame 名声を求める. (**b**) 〔物語, 映画などが〕の出来事を追う. The story ~*s* a boxer. その物語はあるボクサーの生涯をたどったものである.

9 を(ずーっと)目で追う, から目を離さない; 〔朗読中のテキスト, 演奏中の楽譜など〕を目で追う[読む]; 〔成り行きなど〕を関心を持って追う, に注意[関心]を傾ける. He ~*ed* my movements with intense concentration. 彼は私の一挙一動を一心に見守った. Most Americans ~ the World Series. ほとんどのアメリカ人がワールドシリーズの成り行きに注意を払う.

── 自 **1** 次に[続いて]起こる. His death ~*ed* soon after his hospitalization. 彼は入院後まもなく死んだ. What is the dish to ~? 次に出る料理は何か. to ~ (→成句). I think you will be interested in what ~*s*. あなたはこれから話すことに興味があると思います.

2 〈しばしば it を主語として〉(当然の帰結として)なる〈*that* 節 ..ということに〉; 当然の帰結として生ずる〈*from* ..から〉. It ~*s from* this *that* he was aware of the fact. このことから彼がその事実を知っていたということに当然なる. True he's rich, but it doesn't necessarily ~ *that* he's happy. なるほど彼は金持ちだが必ずしも幸福ということにはならない. **3** 付いて行く[来る]. The leader went first, and the others ~*ed*. リーダーが先頭に立ち, 他の者が続いた.

4 理解する, 分かる. I don't ~. 君の言う事が分からない.

as fóllows 次の通りで[に]. His arguments are [He argued] *as* ~*s*: ... 彼の主張は次の通り: ... (語法 この成句の follows は文の主語の単数・複数, 動詞の時制に関係なく一定).

fòllow in a pèrson's stéps [***fóotsteps***] →step.

fòllow ón (1) どんどん追う; (間をおいて)後に続く. The second half of the entertainments will ~ *on* in 20 minutes' time. 演芸の後半は 20 分休憩を置いて始まります. (2)〖クリケット〗〔打撃側が〕続行第 2 イニングの攻撃側になる《第 1 イニングに必要な得点をあげられなかった場合, 続いて次のイニングも攻撃をする》.

fóllow on.. (1) ..に少し遅れてついて行く, ..の後に続いて起こる. His death ~*ed on* his failure in business. 彼は事業に失敗して間もなく死んだ. (2) ..が原因となる, ..から起こる. His illness ~*ed on* his father's sudden death. 彼の病気は父親の急死が原因だった.

fòllow /../ óut =FOLLOW /../ through.

fòllow thróugh (1)(テニス・野球・ゴルフなどで打球後)ラケット[バット, クラブ]を振り抜く. (2) 最後までやり遂げる〈*on*, *with* ..を〉.

fòllow /../ thróugh ..を最後までやり遂げる.

fòllow úp どこまでも追って行く; 最後までやり抜く.

****fòllow /../ úp*** (1) **..をどこまでも追って行く**; ..を最後までやり通す; ..を綿密に調べる. The police ~*ed up* the clue and found the criminal. 警察は手がかりを追って犯人を見つけ出した. (2) ..を更に押し進める. ~ *up* a victory 勝ちに乗じて更に進む. (3) ..に追い打ちをかける〈*with* ..で〉. ~ *up* a phone call *with* a letter 電話をかけた後にさらに手紙を出す.

to fóllow 次の料理として. *To* ~, we'll have some sorbet, please. 次(の料理)にシャーベットをお願いします《レストランなどでの注文》. [＜古期英語]

***fol·low·er** /fάlouər|fɔ́l-/ 名 (複 ~s /-z/) C **1** (主義, 学説などの)**信奉者**, 追随者, 門弟. a ~ *of* socialism 社会主義信奉者. **2** 追う人[もの]; 従事する人〈*of* ..に〉. **3** 従者, 随員; 家来, 手下. **4** (スポーツなどの)ファン (fan²); (流行のファッションなどを)追いかける人.

‡fol·low·ing /fάlouiŋ|fɔ́l-/ 形 ©〈限定〉

1〈the ~〉**次の**, 続く, 続いての, (↔preceding, previous). in the ~ year [in the year ~] その翌年. He told me that he would come back the ~ day [month]. =He said to me, "I will come back tomorrow [next month]". 彼は私に明日[来月]帰ると言った (語法 直接話法での tomorrow [next month] は間接話法では the following day [month] に変わる).

2〈the ~〉以下の, 次に述べる, 下記の, (↔foregoing). the ~ quotation 下記の引用文.

3〖海〗追い風の, 順風の; 〔潮流が〕順潮の. sail with a ~ breeze 順風を受けて航海する.

── 名 **1** U〈the ~; 単複両扱い〉**次に述べるもの[こと, 人]**, 下記のもの[こと, 人]. The ~ ⌞is what he said [are his words]. 次に述べるのが彼の言葉である. Read the ~ carefully. 以下をよく読みなさい.

2 aU〈集合的〉従者たち; 門下; 追随者[支持者]たち; 取り巻き連. The singer has a large ~. その歌手にはたくさんのファンがいる.

── 前 ..に引き続いて, の後に, (after). *Following* the dinner, there'll be a dance. 晩餐(さん)の後でダンスパーティーがあります.

fóllow-òn 名 **1**〖クリケット〗〈the ~〉(第 1 イニングの後の)続行第 2 イニング (→FOLLOW on (2)). **2** 続編, 上級課程, 〈*to* ..の〉.

fòllow-the-léader 〖米〗, **-my-léader** /-mə-/ 〖英〗名 U 大将ごっこ《交互に大将になり他の者がそのまねをする子供の遊戯》.

fóllow-thròugh 名 UC **1** (テニス, 野球, ゴルフなどの)フォロースルー《球に当てた後のラケット, バット, クラブの振り抜き》. **2** (物事を)やり抜くこと.

‡**fóllow-ùp** 名 aU 追求; 追跡調査; (ニュースなどの)続報《既報記事への追加報道》.
── 形〈限定〉**1** 引き続いての. a ～ letter 重ねての勧誘状《見込みのありそうな人に出す》. **2** 追跡の. a ～ story 追跡記事.

†**fol·ly** /fáli|fɔ́li/ 名 (複 **-lies**) **1** U 愚かさ (foolishness). an act [a piece] of ～ 愚行. It is ～ to believe that. それを信ずるのは愚かである. **2** C〈しばしば -lies〉**愚行**, 愚かな考え[計画など]; 〖古〗不品行, 不正. commit a ～ ばかなことをする. **3** C 大金をかけた無用の建築. **4**〈-lies〉レヴュー (revue) (の踊り子たち). [＜古期フランス語 *fol*「ばか」]

fo·ment /foumént, ˊ-/ 動 他 **1**〖章〗〔紛争, 反乱など〕を助長する, 誘発する. **2**〔患部〕に温湿布する.

fo·men·ta·tion /fòumentéiʃ(ə)n/ 名 **1** U (紛争, 反乱などの)助長, 誘発. **2** U 温湿布; C 温湿布薬.

‡**fond** /fand|fɔnd/ 形 e **1**〈叙述〉**好きで**〈*of* ..が; *of doing* ..するのが〉; 悪い癖がある〈*of doing* ..する〉. He is very ～ *of* ⌊dogs [play*ing* the violin]. 彼は犬[ヴァイオリンを弾くこと]が大好きだ. Meg was becoming ～ *of* him in spite of herself. メグはそうなるまいとしたが彼が好きになりかかっていた. He is ～ *of* speak*ing* ill of others. 彼は他人の悪口ばかり言っている《困ったものだ》.
2〈限定〉**愛情のある**, 優しい. He had a ～ feeling for his parents. 彼は両親に優しい愛情を抱いていた. ～ words [caresses] 愛情のこもった言葉[抱擁]. with ～ eyes 優しい目で.
3〈限定〉(愛情の度を越して)**甘い**, 盲目的にかわいがる. a ～ mother 子を溺(でき)愛する母親. **4**〈限定〉なつかしい, 甘い, 〔思い出〕. have ～ memories of one's childhood 子供の頃のことをなつかしく思い出す.
5〈限定〉〔望みなどが〕浅はかな, 愚かな, 虫のいい, たわいもない. his ～ hope of success 彼が成功にかける虫のいい望み. She has a ～ belief that Brian still loves her. 彼女はブライアンがまだ自分を愛していると浅はかにも信じている. [＜中期英語「ばかな」(＜*fon* 'fool')]

fon·dant /fándənt|fɔ́n-/ 名 U フォンダン《砂糖をかき混ぜながら煮つめた白いクリーム状の物》; C フォンダン(キャンディー)《口の中ですぐ溶ける》. [フランス語 'melting']

fon·dle /fándl|fɔ́n-/ 動 他 〔赤ん坊, ペットなど〕を(優しくなでたりして)かわいがる, 愛撫(ぶ)する.

†**fónd·ly** 副 **1** 愛情を込めて, 優しく. She looked at the baby ～. 彼女は赤ん坊をいとおしげに眺めた. **2** 愚かにも, 浅はかにも. Sue ～ believed he still loved her. スーは愚かにも彼がまだ愛してくれていると信じていた.

†**fónd·ness** 名 **1** aU 好むこと〈*for* ..を〉. He had a ～ *for* chocolate. 彼はチョコレート好きだった. **2** U 愛情; 溺(でき)愛; 〈*for* ..に対する〉.

fon·du(e) /fandú:|fɔ́ndju:/ 名 UC **1** フォンデュ《なべを熱しながら溶かしたチーズ・ワインなどで作ったスープにパンの小片をちょっと浸して食べるスイス料理》. **2** フォンデュ《小さく切った肉, 魚などを熱いソースなどに浸して食べる料理》. fish ～ 魚のフォンデュ. [フランス語 'melted']

F1 /èf-wʌ́n/ Formula One.

font[1] /fant|fɔnt/ 名 C **1**〖キリスト教〗洗礼盤, 聖水入れ. **2**〖詩・雅〗泉 (fount[1]); 〖主に米〗源, 源泉. a ～ of information 情報源. [＜ラテン語 *fōns*「泉」]

[font[1] 1]

font[2] 名 C〖印〗フォント《同一種類の活字のひとそろい; 〖英〗fount[2]》.

Fon·taine·bleau /fánt(ə)nblòu|fɔ́n-/ 名 フォンテーヌブロー《パリ南東の町; フランス諸王が住んだ王宮(現在は博物館)と広大な森で有名》.

fon·ta·nel(le) /fàntənél|fɔ̀n-/ 名 C〖解剖〗泉門, ひよめき, 《胎児[乳児]の頭蓋(ずがい)骨の(頭頂部の)膜でおおわれた部分》.

‡**food** /fu:d/ 名 (複 **～s** /-dz/) **1** U **食物**, 食料; (飲み物に対して)食べ物; (動植物のための)栄養物, 飼料, 肥料. a morsel of ～ ひと口の食物. an article of ～ 食品. liquid [solid] ～ 流動[固形]食. vegetable ～ 菜食. natural ～ 自然食品. ～ and drink 飲食物. ～, clothing, and shelter 衣食住 (★順が日本語とは異なる). dog ～ 犬のえさ. ～ aid 食糧援助. She is off her ～. 彼女は(病気で)食欲がない.

> 連結 good [healthful, nourishing, wholesome; appetizing, delicious, tasty; bad, coarse, poor; heavy; light; rich; plain, simple] ～ // cook [heat, prepare; serve] ～

2 C 食品 (★個々の[いろいろな]種類を言う場合). canned [〖英〗tinned] ～*s* 缶詰食品. frozen ～*s* 冷凍食品. Rice is the staple ～ of the Japanese. 米は日本人の主食だ.
3 U 糧(かて), 〔思考, 反省の〕材料, 〈*for* ..の〉. mental ～ 心の糧. ～ *for* thought 考える材料. ～ *for* reflection 反省の種. **4** U えさ, 餌食(えじき), 〈*for* ..の〉. be ～ *for* fishes [worms] 魚[虫]の餌食になる, 水死する[死ぬ]. ◇動 feed [＜古期英語]

fóod àdditive 名 C 食品添加物.

Fòod and Ágriculture Organizàtion 名〈the ～〉(国連)食糧農業機関《略 FAO》.

Fòod and Drúg Administràtion 名〈the ～〉〖米〗食品医薬品局《食品添加物や薬の安全性などを検査する; 略 FDA》.

fóod bànk 名 C〖米〗(貧困者への)食糧給付所.

fóod chàin 名 C〖生態〗食物連鎖《一般に, 小さい生物がより大きい生物のえさになるという連鎖》.

fóod cỳcle 名 C〖生態〗食物環《生物群集内の食物連鎖を総合したもの; →food chain》.

food·ie /fú:di/ 名 (複 **-dies**) C〖話〗料理好きの人; 食通, グルメ, (gourmet).

fóod làbeling 名 U (法的に義務化されている缶詰などの)内容表示《賞味期限なども付す》.

fóod pòisoning 名 U 食中毒. get ～ 食中毒を起こす.

fóod prò cessor 名 C フードプロセッサー《肉, 野菜などをいろいろに切ったり混ぜたりする電気器具》.

fóod stàmp 名 C〖米〗(貧困者に給付する)食糧切符.

†**fóod·stùff** 名 (複 **～s**) C **1**〈しばしば ～s〉食料(品). ★総称的に食物・食品原料品を言う. **2** 栄養素《蛋(たん)白質, 炭水化物など》.

fóod vàlue 名 UC (食品の)栄養価.

fóod wèb 名 C〖生態〗食物網(もう)《food cycle の別称》.

food·y /fú:di/ 名 ＝foodie.

‡**fool**[1] /fu:l/ 名 (複 **～s** /-z/) C **1 ばか者**; ばかにされる人. She is a ～ to say so. そんなこと言うなんて彼女はばかだ. He is not such a ～ as to do it. ＝He is not ～ enough to do it. 彼はそんなことをするほどのばかではない (★enough を用いた用例では fool は無冠詞). Stop that, you ～s! やめろ, このばかども. He's done it again, that born ～! またやらかしやがった, あの大ばかめが. Don't be a ～! ばかなことをするな[言うな]. Any ～ can see that. 〖話〗そんなことぐらいだれでも分かる. A ～'s bolt is soon shot. 〖諺〗愚者はすぐに奥の手を出してしまう《＜愚者の矢はすぐ放たれる》. There's no ～ like an old ～. 〖諺〗年寄りのばかほど始末の悪いものはない《老いらくの恋などについて言う》. *Fools* will still be ～*s*. 〖諺〗ばかに付ける薬はない (★still は「常に」). A ～ and his money are soon parted. 〖諺〗愚か者は有り金すべてを

すぐ使ってしまう.
2 (中世の王侯貴族にかかえられた) 道化師.
3 〘米話〙 ..マニア, ..に目のない人, (★普通, 動名詞を添えるか, for を伴う). a swim*ming* ～ 大の水泳好き. a ～ *for* cars カーマニア. ◇形 foolish
àct the fóol ＝play the FOOL.
be a fóol for one's páins 骨折り損のくたびれもうけをする.
be a fóol to onesèlf 〘英〙 (特に他人に親切を尽くして)骨折り損をする.
be nò [nòbody's] fóol ばかどころではない, なかなかどうして抜け目がない; 簡単にはだまされない.
*****màke a fóol of a pèrson*** 人をばか[笑いもの]にする, だます. I don't like being *made a* ～ *of*. 人をばかにしないでもらいたい. 「笑いものになる.
màke a fóol of onesèlf ばかな事をする, (その結果)
plày the fóol (わざと)ばかげたまねをする, おどける.
suffer fòols gládly →suffer.
(the) mòre fool yóu [hím, etc.] おまえ[彼など]はばかなことをしたものだ《<それだけひどいばか者だ》. "I've decided to marry her." "*More* ～ *you*. Do you know what she did to your parents?"「彼女と結婚することにしたよ」「ばかなことをしたものだ. 彼女が君の両親にしたことを知っているのか」
—— 形 〈限定〉 〘主に米話〙 ＝foolish. do a ～ thing ばかげた事をする.
—— 動 他 **1** をばかにする; をだます. She was ～*ed* by his flattering words. 彼女は彼のお世辞にだまされた.
2 VOA (～ X *out of*..) X をだまして..を奪う; (～ X *into doing*) X をだまして..させる. The boy was ～*ed* *into* los*ing* [*out of*] all his money. 少年はだまされて金を全部巻き上げられた.
—— 自 **1** ばかなまねをする. **2** おどける, ふざける, 冗談を言う, (joke). He's just ～*ing*. 彼は冗談を言って[ふざけて]いるだけだ. **3** VA (～ *with*..) 〔人〕をからかう; 〔物〕をもてあそぶ, いじくる.
fòol alóng 〘米〙 ゆるゆると進む.
fòol aróund [abóut] (1) ばかな事をする; あてもなくぶらつく; ぶらぶら[ばか騒ぎ]して過ごす. (2) もてあそぶ, いじくり回す, 軽々しく扱う, 〈*with* ..〔危険物など〕を〉. (3) いちゃつく, (不倫の)火遊びを楽しむ, 〈*with* ..と〉.
fòol /../ awáy 〔時, 金など〕をむだに使う.
fóol onesèlf ばかげた事をする; 考え違いをする.
You còuld have fòoled mé. 〘話〙 うっそう, まじ, 《そんなことはとても信じられない》.
[<ラテン語 *follis*「ふいご, 袋>頭が空の人」]
fool[2] 名 UC 〈しばしば複合語で〉〘英〙 フール《煮て裏ごしした果物を泡立てたクリームやカスタードに混ぜ合わせたデザート》. (a) strawberry ～ いちごのフール.
fool·er·y /fúːləri/ 名 (複 **-ries**) (★〘英〙では〘旧〙) U 愚かなふるまい, 愚かさ; C 〈普通 -ries〉 愚かな行為[考え], ナンセンス.
fool·har·dy /fúːlhɑ̀ːrdi/ 形 向こう見ずな, 無鉄砲な.
▷**fool·har·di·ly** 副 **fool·har·di·ness** 名 U 向こう見ず, 無鉄砲.
‡**fool·ish** /fúːliʃ/ 形 m **1** 愚かな, ばかな, (類語「愚かな」を表す一般的な語で, 単に非常識な人や行為に用い, 非難の気持は強くない; →fatuous, idiotic, silly, stupid). It was ～ of me [I was ～] to count on his help. 彼の助けを当てにしていたのはばかだった. He is being ～ again. 彼はまたばかなことをしている. Don't be ～! ばかなことを言うな[するな]. **2** ばかばかしい, こっけいな, 間の抜けた. a ～ idea ばかばかしい考え. look ～ 間の抜けた顔つきをしている. **3** 〈普通, 叙述〉 きまり[ばつ]が悪く(て), ばかみたいで[な]. I felt ～ when I made an error in calculation. 計算間違いをしてばつが悪かった.
◇↔wise 名 fool, foolishness, folly [fool[1], -ish[1]]
*****fool·ish·ly*** /fúːliʃli/ 副 m ばかのように, 間の抜けた様子で; 愚かにも, ばかなことに. You're acting ～. 君ばばかな事をしているよ. She ～ fell in love with a married man. 彼女は愚かにも妻のある男に恋した.
fóol·ish·ness 名 U 愚かさ; 愚行.
fóol·pròof 形 **1** 〔器具などが〕極めて簡単に操作できる《<ばかが使っても大丈夫な》. a ～ camera だれにでも(簡単に)写せるカメラ. **2** 〔方法や計画などが〕間違えようのない, 非常に簡単な.
fools·cap /fúːlzkæ̀p|-s-, 2 では -z-/ 名 **1** U フールスキャップ《大判洋紙; 〘米〙では 13×16 インチ, 〘英〙では 13.5×17 インチ; もと fool's cap の透かしが入っていた》.
2 C ＝fool's cap.
fóol's càp 名 C **1** 道化師帽《先端に鈴が付いている》. **2** ＝dunce('s) cap.
fòol's érrand 名 C 〈普通, 単数形で〉 むだ足, 骨折り損. go [be sent] on a ～ むだ足を踏む[踏まされる].
fòol's góld 名 U (色が)金に似た鉱物《黄銅鉱, 黄鉄鉱など》; 糠(ぬか)喜びさせるもの.
fòol's páradise 名 C 〈普通, 単数形で〉 '愚者の楽園', そら頼み. live [be] in a ～ はかない幸福を夢みて暮らす[糠(ぬか)喜びにひたっている].
‡**foot** /fut/ 名 (複 **feet** /fiːt/)
【足】 **1** C (人間, 動物の)足《足首より下の部分; →leg 参考》; 〈形容詞的〉 足の, 足で操作する. stand [hop] on one ～ 片足で立つ[跳ぶ]. Ducks have webbed *feet*. アヒルの足には水かきがある. walk about in one's bare *feet* はだしで歩き回る. He could hardly put one ～ in front of the other. 彼は(へとへとで)歩けなかった. from head to ～ →head (成句). a ～ injury 足のけが. a ～ pump 足踏み式のポンプ.
【足の動き】 **2** U 歩行, 徒歩. at a ～'s pace, on ～, (→成句). by ～ 徒歩で.
3 UC 〘古〙 **足取り**, 歩み, 歩調. He is sure [swift] *of* ～. 彼は足取りが確かだ[足が速い]. have a light ～ 足取りが軽快である. walk with heavy *feet* 重い足取りで歩く. **4** 〈複数扱い〉 〘英古〙 歩兵. ～ and horse 歩兵と騎兵. three thousand ～ 歩兵 3 千人.
【単位としての足】 **5** C フィート《＝12 インチ, 1/3 ヤード; 30.48 センチメートル; 略 ft.》. He is six *feet* tall.＝He stands six *feet*. 彼は身長が 6 フィートある. a cubic [square] ～ 1 立方[平方]フィート. four *feet* [～] nine and a half 4 フィート 9 インチ半 (★数詞を後にも伴う場合, 〘話〙では feet の代わりに foot を用いることがある). a two-～ rule 2 フィートの物差し. fly at 20,000 *feet* 高度 2 万フィートを飛行する.
6 【足で取った拍子】 C 〘韻律〙 詩脚《詩を構成する一定の強弱のリズムを持った単位; 英詩ではこれが何回か繰り返されて 1 行になる; →iamb, trochee, anapest, dactyl など》.
【足のような部分】 **7** C (物の)**足部**; (テーブルなどの)脚の下部, (靴下などの)足の部分. the ～ of a boot 長靴の足の部分. a hole in the ～ 靴下の穴.
8 C 〈普通 the ～〉 (物の)**最下部**, 基部; (山などの)ふもと, すそ, (ベッド, 墓などの)すそ; (ページの)下の部分. the ～ of a ladder はしごの最下部. They met at the ～ of the bridge. 彼らは橋のたもとで会った. notes at the ～ of a page 脚注《ページの下部の注; →footnote》.
9 【最下位】 C 〈the ～〉 末席; 最後尾, 最下位; (↔head). He took his place at the ～ of the table. 彼はテーブルの末席についた. a pupil at the ～ of the class クラスで席次が最下位の生徒.
a fòot in the dóor (成功, 完遂などの)きっかけ, 端緒. Finally he got *a* ～ *in the door* in the show business. 彼はとうとう芸能界入りのきっかけをつかんだ.
at a fòot's páce 普通の歩調で, 並み足で.
at the féet of.. ..の元(もと)で〔研究するなど〕.
be on one's féet (1) 立って[歩いて]いる. (2) (発表する

ために)立ち上がっている. (3)(病気が回復して)歩き回れる.
cátch** a pèrson **on the wròng fóot →wrong.
dràg** one's **féet →drag.
fàll on** one's **féet うまく[運よく](病気, 失敗など)の難をのがれる[からすぐに立ち直る]《猫が落ちてもうまく立つことから》.
fìnd** one's **féet →find.
gèt [hàve] còld féet 〖話〗おじけがつく〈*about* ..について〉.
gèt** one's **féet wèt 〖米話〗初めてやってみる[参加する], 手を染める, 《＜渡河の際に足を水に踏み入れる》.
gèt óff on the rìght [wròng] fóot ＝start off on the right [wrong] FOOT.
hàve a fóot in bòth cámps 両方の陣営に片足ずつ入れている, (態度を鮮明にしないで)二叉(ﾏﾀ)をかける.
hàve** one's **[bòth] féet on the gróund ＝keep one's feet (on the ground) (2).
hàve féet of cláy 何か本質的な欠陥がある《聖書から》.
hàve one fóot in the gráve 〖話・戯〗棺おけに片足を突っ込んでいる.
have twò lèft féet →left[1].
kèep** one's **féet (on the gróund) (1)(倒れずに)まっすぐ[しっかり]立っている. (2)しっかりと根をおろしている; 慎重に[分別をわきまえて]行動する.
lànd on** one's **féet ＝fall on one's feet.
my fóot! 〖英旧話〗＝my EYE!
off** one's **féet 寝て, 横になって, 休んで; 夢中で. stay *off* one's *feet* 横になって[休んで]いる. sweep a person *off* his *feet* →sweep (成句).
on** one's **féet (1)立って, 立ち上がって, (→to one's FEET). I can't stay *on* my *feet* any longer. もう立っていられない. (2)(人の)足元が, 足取りが. be unsteady *on* one's *feet* 足元がよろよろしている. be light *on* one's *feet* 足取りが軽い. (3)(経済的に)独り立ちして, 独立して; (病気が治って)元気になって; 〔事業などが〕(危機, 不振などから)立ち直って. stand *on* one's own (two) *feet* 独立する, 自立する. set a person *on* his *feet* 人を一本立ちさせてやる[再起させる]. get back *on* one's *feet* 病気が治り床離れする. put the company back *on* its *feet* 会社を立ち直らせる.
****on fóot*** (1)徒歩で, 歩いて. go to school *on* ～ 徒歩通学する. (2)〔計画などが〕着手されて, 動き出して, 進行中で. There is a conspiracy *on* ～. 陰謀が企てられている. set a campaign *on* ～ 運動を起こす.
pùt a fòot wróng 〖英〗足を踏みそこなう; まずい事をする[言う]; 〈主に否定文で〉. He has never *put a* ～ *wrong* since he entered the company. 彼は入社以来へまは1度もしていない.
pùt** one's **bèst fóot fòrward →best.
pùt** one's **féet ùp 〖話〗両足を(平らになるように)何かに載せる《腰掛けてくつろぐ姿勢》.
pùt** one's **fóot dòwn (1)足を踏みしめて立つ. (2)断固とした態度をとる, 強硬に反対する. (3)〖英〗(アクセルを踏み込んで)車を飛ばす.
pùt** one's **fóot in** one's **móuth 〖主に米話〗＝***pùt** one's **fóot in it*** 〖主に英話〗ばかなことを言う, へまをやる, どじを踏む.
pùt** one's **fóot to the flóor 〖米〗＝put one's FOOT down (3).
sèt a fòot wróng ＝put a FOOT wrong.
sèt [pùt] fóot in [on].. ..に足を踏み入れる, ..を訪れる; ..に到着する. I'll never *set* ～ *in* this house again. 二度と再びこの家の敷居はまたがないぞ.
sìt at** a person's **féet →sit.
stàrt óff on the rìght [wròng] fóot 〖話〗(人間関係などで)出だしがうまく行く[を失敗する]《＜正しい[まずい]方の足を第1歩にして踏み出す》.
swèep** a pérson **off** his [her] **féet →sweep.
tèn feet táll (背の高さ10フィート＞)自分がよほど偉いと思って, うぬぼれて, (★be などの補語として).
to** one's **féet 立っている状態へ(→on one's FEET (1)). get [rise] *to* one's *feet* 立ち上がる. spring [struggle] *to* one's *feet* すっくと[やっと]立ち上がる. bring [drag] a person *to* his *feet* 人を立ち上がらせる.
under** a pèrson's **féet 人の邪魔になって. My sons were *under my feet* all the morning. 息子たちが午前中ずっと私の邪魔をした.
under fóot 足元が, 足元に; 地面が. There was wet grass *under* ～. 足元はぬれた芝だった.
wàlk** a pérson **off** his **féet ＝walk a person off his LEGS.

── 動 他 **1**〔靴下など〕の足の部分を編む. **2**〖話〗〔勘定〕を払う.
fóot it 〖話〗歩く, 歩いて行く, 'てくる'.
fòot the bíll →bill[1].
[＜古期英語]

foot·age /fútidʒ/ 名 UC **1** (フィート表示の)長さ, 距離. **2** (映画フィルムの)フィート単位の長さ; (ある長さの)撮影済みフィルム; (映画の)場面. Millions of TV viewers saw the actual ～ of a mass murder. 何百万というテレビ視聴者は大量殺人の現場フィルムを見せられた.

fòot-and-móuth disèase 名 U 口蹄(ﾃｲ)疫《牛, 羊の口, ひづめの伝染病》.

‡**foot·ball** /fútbɔːl/ 名 (複 ～s /-z/) **1** U フットボール. ★〖米〗では American football を指し, 〖英〗では association football (＝soccer), 又は rugby football を指す. **2** C フットボール用のボール. **3** C 乱暴に扱われる[たらい回しにされる]人[物事]; (議論などの)たたき台. a political ～ 政治的かけひき[政争]の具《政党間で攻撃や自己主張に持ち出されて盛んに論議される解決困難な問題》. ▷ **～·er** 名 C フットボール選手.

fóotball pòols 名 〈the ～〉〖英〗サッカー賭博(ﾄﾊﾞｸ) (the pools).

fóot·bàth 名 (複 →bath) C **1** 足浴, 足湯. **2** 足湯用のおけ[たらい].

fóot·bòard 名 C **1** (ベッドの)すそ板(→headboard 図). **2** 足載せ台. **3** (電車乗降用などの)ステップ.

fóot bràke 名 C (自動車などの)足[フット]ブレーキ(→hand brake).

fóot·brìdge 名 C 歩行者専用橋; 歩道橋, 跨(ｺ)線橋.

fóot-dràgging 名 U (意図的な)遅延, 拱手(ｷｮｳｼｭ)傍観(ﾎﾞｳｶﾝ).

fóot·ed /-əd/ 形 足のある, 足付きの〔酒杯など〕.

-foot·ed 〈複合要素〉「..足の」,「足が..の」の意味. four-*footed*. fleet-*footed* (足の速い).

-foot·er /fútər/ 〈複合要素〉「..フィートの人[物]」の意味. a six-*footer* (身長6フィートの人).

fóot·fàll 名 C 〖章〗足音; 足取り.

fóot fàult 名 C 〖テニスなど〗フットフォールト《サーブの時ラインを踏み越す反則》.

fóot-fàult 動 自 〖テニスなど〗フットフォールトを犯す.

fóot·gèar 名 U 〈集合的〉履物 (footwear).

Fóot Gùards 名 〈the ～〉〖英〗近衛歩兵連隊.

‡**fóot·hìll** 名 C 〈普通 ～s〉山[山脈]のふもとの小丘. the Alpine ～*s* アルプスのふもとを成す丘の連なり.

‡**fóot·hòld** 名 C 足場, 足掛かり; 〈普通 a ～〉堅固な立場, よりどころ. get [gain, establish] a ～ *in*.. ..に足掛かりを得る.

†**fóot·ing** 名 aU **1** 足場, 足掛かり; 足元. miss [lose] one's ～ 足を滑らす. **2** 立脚地, 立場; 地歩, 地位. Their enterprise was on a firm ～. 彼らの企業は基盤がしっかりしていた. on the ～ of a friend 友人としての立場で. get [gain, obtain] a ～ in the firm 会社で地歩を築く. **3** 関係, 間柄, 〈*with* ..との〉. on an equal [a friendly] ～ *with* him 彼と対等の資格[友好的な間柄]で. **4** 〖軍〗編制, 体制. on a peace [war] ～ 平時[戦時]編制で.

foo·tle /fúːtl, fútl/ 動 自 〖話〗むだに時間を過ごす; ばかなことをする[言う]. ～ about [around] ぶらぶらしている.

fóot·less 形 1 足のない. 2 支えのない, 足が地に着かない, ふらふらして; 実体のない. 3〖話〗ぶざまな; 無能な.

fóot·lìghts 名 〈複数扱い〉 1 脚光, フットライト. behind the ～s 舞台の上で. 2〈the ～〉俳優業; 舞台. succumb to the glamor of the ～ 舞台(の仕事)の魅力のとりことなる.

foot·ling /fúːtliŋ/ 形〖話〗ばかげた, 取るに足らない.

fóot lòcker 名 C 〖米〗(兵営内にある)私物ロッカー《ベッドの足の方に置く》.

fóot·lòose 形 好きな所へ行ける; 居所の定まらない, 束縛されない. a ～ bachelor 身軽な独身男. ～ and fancy-free 身軽で恋わずらいもない, 自由気ままな.

fóot·man /-mən/ 名 (複 **-men** /-mən/) C 1 従僕, 給仕,《制服を着て来客の案内, 食卓の給仕などをする》. 2〖古〗歩行者; 歩兵.

fóot·màrk 名 C (土の付いた)足跡.

†**fóot·nòte** 名 C 1 (書物の)脚注. 2 補足説明; 付け足し. 3 (それほど重要でない)付随的事柄[事件]. ── 動 他 に脚注[補足説明]を付ける.

fóot·pàce 名 C 1 並み足《普通に歩く速さ》. 2「演壇; 祭壇の上段」.

fóot·pàd[1] 名 C 〖古〗(馬に乗っていない)追いはぎ (→ highwayman).

fóot·pàd[2] 名 C フットパッド《軟着陸用に平たくした「宇宙船の脚部」》.

†**fóot·pàth** 名 C 1 (野原, 林間などの)小道《歩行者用》; 自然遊歩道. 2〖英〗歩道.

fóot·plàte 名 C 〖主に英〗(機関車の)踏み板《機関士, 機関助手の立つ場所》.

fòot-póund 名 C 〖物理〗フィートポンド《1 ポンドの重量を 1 フィート上げるのに要する仕事量》.

†**fóot·prìnt** 名 C 1 足跡. 2 (宇宙船の)着水[陸]予定区域; (通信衛星の信号の)受信可能地域; (航空機騒音の)影響範囲. 3 (タイヤの)接地面;〖電算〗(コンピュータなどの)設置[占有]面積.

fóot·ràce 名 C 駆けっこ, 徒競走.

fóot·rèst 名 C 足(載せ)台.

fóot rùle 名 C 〖英〗1 フィート尺《物差し》.

foot·sie /fútsi/ 名〈次の成句のみ〉***plày fóotsie***〖話〗(いちゃついて)テーブルの下で足を触れ合う;〖米俗〗馴(な)れ合う, 野合する;〈*with* ..と〉. [〖戯〗「あんよ」(foot の指小語)]

fóot·slòg 動 (～s|-gg-) 自〖話〗(長い距離, ぬかるみなどを)苦労して歩く[進む]. ▷ **foot·slog·ging** 名

fóot sòldier 名 C 歩兵.

fóot·sòre 形 足を痛めた, 靴ずれのできた.

‡**foot·step** /fútstèp/ 名 (複 ～s /-s/) C 1 **足取り**, 足の運び, 歩み; 歩幅, 1 歩の距離. watch the girl's graceful ～s 少女の優雅な足取りをじっと見る. 2 **足音**. I heard ～s coming down the stairs. 階段を下りてくる足音が聞こえた. 3 足跡. follow the ～s in the snow 雪の中の足跡をたどる. 4 踏み段, ステップ.

fòllow* [*trèad*] *in a pèrson's fóotsteps 人の後について行く; 人の手本にならう. By becoming a doctor, he *followed in* his father's ～s. 医者になって彼は父の志を継いだ.

fóot·stòol 名 C (いすの前に置く)足載せ台.

fóot wàrmer 名 C 足温器.

fóot·wày 名 C (歩行者専用の)小道, 歩道.

‡**fóot·wèar** 名 U 〖商〗〈集合的〉履物.

fóot·wòrk 名 U 1〖スポーツ・ダンス〗フットワーク, 足さばき. 2 (危険, 機会などへの)素早い対応能力.

fóot·wòrn 形 1 ＝footsore. 2 踏み減らされた. the ～ stone steps of the cathedral 大聖堂の踏み減らされた石段.

foot·y /fúti/ 名 U 〖英俗〗＝football.

foo·zle /fúːzl/〖ゴルフ〗動 他 (球を)打ち損なう. ── 名 C (球の)打ち損ない.

fop /fɑp|fɔp/ 名 C 〖軽蔑〗おしゃれな男, めかし屋.

fop·per·y /fɑ́pəri|fɔ́p-/ 名 U (男の服装などの)おしゃれ; きざ.

fop·pish /fɑ́piʃ|fɔ́p-/ 形〖旧・軽蔑〗(男, 服装が)おしゃれの, いやにめかした. ▷ ～**·ly** 副 ～**·ness** 名

FOR, f.o.r. free on rail.

‡**for** /fər, 強 fɔːr/ 前

【目的, 目標】 1 **..のために[の]**. play golf ～ exercise [recreation] 運動[気晴らし]のためにゴルフをする. a knife ～ cutting cheese チーズ切り用ナイフ. a house ～ rent 貸家. What is this money ～? この金は何に使うのか. That's what doctors are ～. そのために医者がいるのです; そんなこと医者であれば当然です.

2 **..を求めて(の)**, ..を得ようとして[する]. go out ～ some fresh air 新鮮な空気を吸いに外へ出る. a strong desire ～ fame 強い名声欲. *For* more information, click here. さらに詳しい情報はここをクリック. A beggar asked me ～ some money. 乞食(こじき)は私に金をくれと言った. They came ～ our aid. 彼らは我々の助力を求めに来た (★came *to* our aid は「我々を助けに来た」).

3 **..に備えて(の)**, ..の(準備の)ために[の]. prepare ～ a wedding 結婚式の準備をする. Are you ready ～ (taking) the test? テストの[を受ける]準備ができていますか. store up firewood ～ the winter 冬に備えてまきを蓄える.

【目標＞方向】 4 (ある場所)**に向かって**, ..行きの. start ～ Boston ボストンに向けて出発する. Ann has already left ～ school. アンはもう学校へ出かけました. I'm ～ bed [home].〖英〗もう寝ます[家に帰ります]. a train (bound) ～ Brighton ブライトン行きの列車. a ticket ～ Paris パリまでの切符.

5 (人)**あての**. Here is a letter ～ you. あなたあての手紙が来ています. Bob, there's a call ～ you. ボブ, 君に電話がかかっている.

6 **..に対して(の)**. his propensity ～ heavy drinking 彼の大酒癖. My brother has no ear ～ music. 私の兄は音楽を聴く耳がない.

7 **..に適した**, ..向きの; ..(する)にもってこいの;〖話〗..の好み[趣味]に合った. These books are not fit ～ juvenile readers. こういう本は少年少女向きでない. a good spot ～ angling 絶好の釣り場.

8 ..(する)には (★too, enough を伴った形容詞[副詞]とともに用いる). The scene is *too* beautiful ～ words. その光景は言葉では尽くせないほど美しい. This problem is important *enough* ～ separate treatment. この問題は重大だから別に扱う.

【利益】 9 **..にとって**. It is good ～ your health to keep early hours. 早寝早起きは健康によい. This map is very useful ～ [*to*] tourists. この地図は観光客にとても役立つ (★この例のように to で置き換えられる場合もある). Fortunately ～ me... 私にとって運がよかったことには.

10 (a) **..の(利益の)ために[の]**; ..の社員として, ..に雇われて(いる). government ～ the people 人民のための政治. seats reserved ～ the old 老人のために取ってある席. What can I do ～ you? 何かお役に立つことはありませんか; 何にいたしましょうか《店員などの言葉》. She works ～ a bank. 彼女は銀行員です. (b) ..(のため)に (★buy1, cook1, find10 など多くの VOO 型動詞の間接目的語を示す). Let me fix a drink ～ you [you a drink]. 飲み物を作ってあげよう.

11 **..に賛成**[味方, 支持など]して, ..のために, (↔ against). There was no argument ～ or against the proposal. 提案には賛成論も反対論もなかった. She was (all) ～ traveling. 彼女は旅行することに大賛成であった.

語法 動詞 vote などの後では副詞的に用いることがある: 120 Representatives voted ～, and only 27

F

against. (120 名の代議士が賛成投票で, 反対はわずか 27 票であった) (★against もここでは副詞的)

12 ..に敬意を払って, ..を記念して, ..のために. A reception was given ～ the Japanese foreign minister. 日本の外相のためにレセプションが開かれた.

13 〖米〗..の名をもらって, ..に因(ちな)んで, (after). I was named ～ my grandfather. 私は祖父の名をもらって名付けられた.

【代用, 交換】 **14** **..の代わりに[の]**, ..のシンボルとして(の); ..を[の]代表して[として]. write a letter ～ a person 人に代わって手紙を書く. use a box ～ a chair 箱をいす代わりにする. He paid the money ～ me. 彼は私に代わって払ってくれた (★to me とすれば「私に払う」の意味になる). exchange oil ～ missiles 石油を(提供して)ミサイルと交換する. N stands ～ 'north.' N は北を表す. What's the French (word) ～ 'garden'? garden はフランス語で何といいますか. the MP ～ Canterbury カンタベリー選出の議員.

15 **..と引き換えに**, ..に対して; ..の金額で. I did the work ～ nothing. 私は無償でその仕事をした. give [pay] ten dollars ～ the book＝buy the book ～ ten dollars その本を 10 ドルで買う. draw a bill ～ $10,000 1 万ドルの手形を振り出す.

16 **..に対して**, ..の報いとして. be awarded a prize ～ one's service 奉仕に対して表彰を受ける. an eye ～ an eye →eye (成句). Thank you very much ～ your kindness. ご親切本当にありがとう.

【同等, 割合】 **17** **..として**, ..(である)と. nominate him ～ one's successor 彼を後継者として指名する. I know it ～ a fact. 私はそれを事実として知っている. He was mistaken ～ a foreigner. 彼は外国人と間違えられた. I gave him up ～ lost. 彼は亡くなったものとあきらめた (★この例のように for の次に形容詞や分詞がくることもある). eat some toast ～ breakfast 朝食にトーストを食べる.

18 〔数量〕**に対して**, ..につき, (★every, each, 数詞とともに用いる). *For* (*every*) three who passed, there were two who failed. 合格 3 人に対して不合格 2 人の割合だった.

19 **..の割には**, ..としては. Jim looks old ～ his age. ジムは年の割にふけて見える. It's rather cold ～ October. 10 月としては少々寒い. *For* an Italian, he speaks English remarkably well. イタリア人にしては彼は英語を実にうまく話す.

【範囲, 限定】 **20** 〔ある期間〕**の間**(ずっと), ..だけ; ..に限って; 〔ある距離〕の間, ..の区間, ..にわたって; (語法 (状態を表す)動詞の直後ではしばしば省略される; →during 語法). stay (～) a month 1 か月滞在する. We have known each other ～ ten years. 我々は 10 年来の知り合いだ. walk ～ two blocks 2 ブロック歩く. Meadows extended ～ miles and miles. 何マイルも何マイルも牧場が続いていた. This winter has been the coldest ～〖主に英〗[*in*〖主に米〗] several years. この冬はここ数年で最も寒い冬だった.

21 〔一定の日時〕に[の]; 〔ある時節など〕(のため)に, ..の際に. I've made an appointment with him ～ 2 o'clock. 彼と 2 時に会う約束をした. come home ～ Christmas クリスマスに帰省する.

22 (他のことはいざ知らず)**..に関しては**, ..については, ..の点では. He is all right ～ money. 彼はお金は大丈夫[十分持っている]. So much ～ this evening. 今夜はこれでおしまい. He had no equal ～ swimming. 水泳にかけては彼に並ぶ者はいなかった.

23 〈意味上の主語を導く〉 (***for*** X ***to do***) X が **..する** (★for の後の(代)名詞が, それに続く不定詞の意味上の主語になる). It will be difficult ～ you to read this book. この本を読むのは君には難しいだろう. This book is too difficult ～ you *to* read. この本は君が読むには難しすぎる. There is no need ～ you *to* obey him. 君が彼に従う必要はない. Nothing would please me more than ～ you *to* pass the exam. 君が試験に合格する以上に私を喜ばせることはないだろう. *For* him *to* be so upset, something must have happened. 彼があんなにうろたえているからには何かあったに違いない.

語法 like, love, want, hate など主に好悪を表す動詞の VO (～ X ***to do***) 型が, 特に〖米〗では I want *for* you to see him. (彼に会って欲しい)のようになることがあるが, 本来は不要.

【原因, 理由】 **24** **..によって**, ..のために, せいで; 〈比較級に続いて〉..だからますます (→the 副 2). jump ～ joy うれしくて小躍りする. He is sorry ～ his error. 彼は失敗を悔んでいる. ～ this reason このような訳で. Rome is famous ～ its historic spots. ローマは史跡で有名である. be praised ～ one's good deeds よいことをして褒められる. blame a person ～ being late 遅刻したことで人をとがめる. She loves her husband all the better ～ his faults. 彼女はその欠点があるのでいっそう夫が好きである.

(***as***) ***for mé*** 私としては, 私なら. ★文頭に置く.

be fór it ＝ ***be ín for it*** 〖話〗面倒な[困った]ことになりそうだ, ひどい目に遭いそうだ. If you're found out, you'll *be for it*. 見つかったらひどい目に遭うぞ.

****for áll..*** (1) **..があっても**, ..があるにもかかわらず. (2) 〈接続詞的〉 **..にもかかわらず**. *For all* (that) he has lots of money, he's far from being happy. 金はたんまり持っているが彼は幸福どころではない. (3) ..が少なかったことを考えると. I might as well not have spoken ～ *all* the effect it had upon the hearers. 聞く人たちにあまり効果が無かったところをみるとしゃべらなかったほうが良かったかもしれない.

for àll one cáres →care.

for àll I knów →know.

fòr to dó.. 〖古・方〗..するために (★for は冗語).

It is for X̀ to dó.. ..するのは X の責任[権利など]である, X が..すべきである. *It's* not ～ me *to* organize the party. パーティーの計画は私の役目じゃない.

nów for.. →now.

Óh for..! →oh.

Thát's [***Thére's***] ***..fòr you!*** 〈しばしば皮肉〉いかにも..らしい; これこそ..というものだ; ..はまあこんな程度だろう. He gave everything to charities. *That's* Ben ～ *you*. 彼は全部慈善施設に寄付した. まったくベンらしいね. *There's* a fine rose ～ *you!* こりゃ見事なバラだなあ. That's gratitude ～ *you!* それが感謝とは(あきれた).

── 接〖章〗というのは, なぜかといえば(..だから), (★for 以下の節は前の発言の根拠を補足的に述べる; →because 類語). You must be ill, ～ you look so pale. 君は具合が悪いに違いない, そんなに顔色が悪いんだから. One day John ― ～ such was the boy's name ― went to the forest. ある日ジョン―というのが少年の名前だったが―は森へ行った. [＜古期英語]

for. foreign; forestry.

for- 接頭 「禁止, 拒否, 過度」などの意味を表す; *for*bid, *for*bear, *for*go, *for*lorn. [＜古期英語]

fo·ra /fɔ́ːrə/ 名 forum の複数形.

for·age /fɔ́ːridʒ, fɑ́r-|fɔ́r-/ 名 **1** U (牛馬などの)飼料, かいば. **2** aU 飼料[食料]を捜し回ること, 飼料[食料]徴発. **3** UC 〖軍〗襲撃. ── 動 自 **1** 飼料[食料]を捜し回る. **2** 〖話〗 VA (～ ***for..***) ..を引っかき回して捜す 〈*about*〉. **3** 〖軍〗襲撃を行う. ── 他 **1** 〔食料など〕をあさる; 〔ある地方など〕から食料を集めて回る. **2** 〔牛馬〕に飼料を与える. [＜古期フランス語「わら」]

fórage càp 名 C (歩兵の)略帽.

fórage cròps 名 (牛馬の)飼料用作物.

fór·ag·er 名 C 飼料[食料]を徴発する人[係].

for·as·much /fɔːrəzmʌ́tʃ, fər-/ 接 〖古〗〈次の用法のみ〉 ***forasmúch as*** 〖聖書・法〗 ..であるのを見れば (seeing that); ..であるから (since).

‡**for·ay** /fɔ́ːrei, fɑ́r-|fɔ́r-/ 名 (複 **~s**) C **1** (略奪を目的とする少人数の)侵入, 侵略. go on a ~ *into* the neighboring tribe's territory 隣の部族の領地へ侵入する. **2** 手出し, 初進出,〈*into* ..〔慣れないことなど〕への〉. make a ~ *into* politics 政治に手を出す. **3** 〖話〗ちょっと出掛けてくること, 小旅行,〈*into*, *to* ..〔ある場所〕へ(の)〉. make a shopping ~ *to* town 街に買い出しに出る. **——** 動 自 VA 侵略する〈*in*, *into* ..へ〉. [<古期フランス語 *forrier* 'forager']

for·bade, -bad /fərbǽd, -béid/, /-bǽd/ 動 forbid の過去形.

‡**for·bear**[1] /fɔːrbéər/ 動 (**~s** /-z/|過 **-bore** /-bɔ́ːr/|過分 **-borne** /-bɔ́ːrn/|**~·ing** /-bé(ə)riŋ/) 〖章〗 自 **1** 差し控える, 慎む,〈*from doing* ..することを〉(類語 自制を働かせて, 又は寛大にも, ある(当然の)行為を控えること; →refrain). ~ *from* inquir*ing* into the matter further それ以上問題を究明するのを差し控える. **2** 我慢する, こらえる,〈*with* ..を/*from doing* ..することを〉. I cannot ~ *with* his insolence. 彼の非礼は我慢ならない.

—— 他 VO (~ *doing*/*to do*) ..することを差し控える, 慎む;〔感情〕を抑える; を我慢する. ~ *to* cry out 泣き出したいのをじっとこらえる. [<古期英語]

fór·bèar[2] 名 =forebear.

‡**for·bear·ance** /fɔːrbé(ə)rəns/ 名 U 〖章〗差し控えること, 忍耐, 自制; 寛容さ. treat a person with ~ 人を寛大に扱う.

for·béar·ing /-bé(ə)riŋ/ 形 〖章〗我慢強い; 寛容な.

‡**for·bid** /fərbíd, fɔːr-/ 動 (**~s** /-dz/|過 **-bade** /-béid, -bǽd/, **-bad** /-bǽd/|過分 **~·den** /-dn/, ~|**~·ding**) 他 **1** (**a**) VO (~ X/*doing*) **Xを/..することを禁じる**, 禁止する, 許さない; (類語 禁止の意味で最も普通の語; 主語は親・雇主・医師が多く, その禁止が守られるのが当然と期待される; →ban, prohibit). The law ~*s* hunt*ing* [It is ~*den* by the law to hunt] animals in this forest. この森では動物の狩猟は法律で禁じられている.
(**b**) VOC (~ X *to do*)・VOA (~ X *from doing*)・VO (~ X (*'s*) *doing*) Xが..するのを禁じる, 許さない. I ~ you *to* smoke. 君はたばこを吸ってはいけない. My father *forbade* my [me (*from*)] us*ing* his car.=My father forbade me the use of his car (→(c)). 父は私に父の車の使用を禁じた.
(**c**) VOO (~ X Y) X(人)にYを禁じる. I ~ you my house. 君にはうちへの出入りを差し止める.
2 〖章〗を妨げる, ができないようにする; VOC (~ X *to do*) Xが..するのを妨げる. The typhoon ~*s* air travel. 台風で飛行機旅行はできない. Lack of money *forbad* him *to* continue his studies. 学資不足で彼は学業を続けられなかった.
***Gòd* [*Hèaven*] *forbíd* (*that..*)!** そんなことは断じてないように[あってたまるか], ..のようなことにならないよう祈る, (★forbid は仮定法現在). *God* ~ *that* any further misfortune should visit my family. 我が一家にこれ以上不幸が降りかかってきませんように.
[<古期英語; for-, bid]

†**for·bid·den** /fərbídn, fɔːr-/ 動 forbid の過去分詞.
—— 形 〈限定〉 禁じられた, 禁制の, 禁断の. a ~ subject 禁物[タブー]の話題.

Forbìdden Cíty 名 〈the ~〉(北京の)紫禁城《今は公開されている》.

forbìdden degrées 名 禁婚親等《たとえば兄と妹など》.

forbìdden frúit 名 〈the ~〉〖聖書〗'禁断の木の実'《Adam と Eve が神意に逆らって食べた》; UC 不義の快楽.

forbìdden gróund 名 U 立入り禁止の場所; 禁物の話題.

for·bíd·ding 形 〔場所, 天候, 態度などが〕近うきがたい; 険悪な, 怖い. ~ cliffs (怖いようで)近うきがたい絶壁. a ~ look 怖い顔つき. ▷ **~·ly** 副

for·bore /fɔːrbɔ́ːr/ 動 forbear[1] の過去形.

for·borne /fɔːrbɔ́ːrn/ 動 forbear[1] の過去分詞.

‡**force** /fɔːrs/ 名 (複 **fórc·es** /-əz/)
【物理的な力】 **1** (**a**) U (自然の)**力**; 勢い. the ~ of gravity 重力. The ~ of the wind broke the windows. 風の勢いで窓が壊れた. (**b**) C (自然現象の)力;〈普通, 単数形で〉風力《風力を表す数字の前に用いる》. the ~*s* of nature 自然力《洪水, 地震, 暴風など自然の猛威》. a ~ 9 gale 風力9の強風. (**c**) U (身体の)力, 体力, 腕力. He used brute ~ to make his child obey. 彼は暴力うくで子供に言うことを聞かせた. He pulled the cord with all his ~. 彼は力一杯ひもを引いた.
2 U **暴力**; 武力, 軍事力; 圧力. use [employ] ~ on a person 人に暴力をふるう. resort to ~ 暴力[武力]に訴える. The police used ~ to scatter the crowd. 警察は実力行使で群衆を追い散らした.
【力を持つ集団】 **3** C 〈しばしば ~s〉 **軍隊**, 軍; 部隊. the U.S. Air *Force* 米国空軍. the (armed) ~*s* 全軍, 三軍, 《陸・海・空軍の総称》. the allied ~*s* 連合軍. a guerrilla ~ ゲリラ部隊. peace-keeping ~*s* 平和維持軍.
4 C 〈〖英〗では単数形で複数扱いもある〉(共同の目的で行動する) 1隊, 総勢;〈the ~〉全警官隊, 警察, (the police force). an exploration ~ 探検隊. a sales [labor] ~ 全販売[労働]要員.
【精神的な力】 **5** U **気力**, 気迫; たくましさ. his ~ of mind 彼の精神力. by sheer ~ of will まさに意志の力で. a man of ~ and determination 気力と決断力のある男.
【他に及ぶ力】 **6** U **影響力**, 効果. the powerful ~ of public opinion 世論の強い力. owing to the ~ of circumstances 事情に迫られて(やむを得ず). from [out of, by] ~ of habit 習慣の惰性で.
7 C (影響を及ぼす)**勢力**, 権力; (社会的に)勢力のある人[もの]. a ~ to be reckoned with 無視できない[強大な]勢力. a ~ in financial circles 財界の有力者. a ~ for peace 平和の推進者. driving ~*s* behind the reform 改革の推進力. the two ~*s* of the world 世界の2大勢力.
8 U 説得力, 迫力; (言葉, 文章の)人に訴える箇所; 真意, 趣旨. His argument had great ~. 彼の議論は大変説得力があった. My opponent didn't see the ~ of my statement. 反対論者は私の言ったことの真意が分からなかった.
9 U 〖法〗拘束力, 効力. The new law will come into ~ next month. 新法は来月から効力を発する.
brèak the fórce of.. ..の衝撃を緩和する.
brìng..into fórce =put..into FORCE.
by fórce 力ずくで; 無理やり, 強制的に. take a bag from a woman *by* ~ 女性から無理やりバッグを奪い取る.
by màin fórce →main.
in fórce (1) 大勢で. come *in* great [full] ~ 大挙して[総勢で]やって来る. (2)〔法律などが〕有効な[で], 施行中の[で]. The law remains *in* ~. その法律はまだ有効である.
jòin fórces 力を合わせる, 協力する,〈*with* ..と〉. *join* ~*s with* the neighboring country to prevent river pollution 河川の汚染を防ぐために隣国と協力する.
pùt..into fórce 〔法律など〕を施行する.

F

── [動] (**fórc·es** /-əz/|[過] [過分] **~d** /-t/|**fórc·ing**) [他] 【力で押す, 強いる】 **1 (a)** [VOC] (~ X *to do*)・[VOA] (~ X *into doing*) X に無理やり..させる ([類語] 強制する力は force, compel, oblige の順に弱くなる). He ~*d* us *to* submit [*into* submit*ting*] to his orders. 彼は無理やり我々を命令に従わせた. You may urge the child to eat, but you must not ~ him (*to*). その子に食べろというのは結構だが無理強いはいけない. I ~*d* myself *to* look at the dead body. (いやいやながら)無理にその死体を見た. *Force* yourself. (だまされたと思って)食べて[やって]ごらん.
(b) [VOA] に..を強いる; を無理に入れる[通すなど]. ~ books *into* a bag 本をかばんに押し込む. ~ him *into* submission 彼を無理やり従わせる. ~ a bill *through* Parliament 法案を無理やり議会を通過させる.
2 を押して[力ずくで]壊す, こじ開ける; [VOA] を力ずくで..の状態にする; [VOC] (~ X Y) X (ドアなど)を力ずくで Y の状態にする (★Y は普通 open). The safe was ~*d*, and the money stolen. 金庫が破られ金は盗まれた. Prices were ~*d down* by overproduction. 生産過剰で物価が押し下げられた. ~ the champion *to* the ropes (ボクシングで)チャンピオンをロープに追い詰める. ~ (open) a door = ~ a door open ドアを押し開ける.
3 を無理に手に入れる; [VOA] (~ X ***from, out of..***) X を..から奪い[もぎ]取る; 〈~ one's way で〉押し進む 〈*in, out*〉〈*through, into* ..の中を[へ]〉. ~ an entry (*into* a house) (家に)押し入る. ~ a confession *from* [*out of*] the suspect 容疑者に無理やり自白させる. He ~*d* his way *through* the crowd. 彼は群衆の中を押し進んだ (→way[1] 2 [語法]). The robbers ~*d* their way *into* the bank. 強盗は銀行に押し入った.
4 〔笑顔など〕を無理に作る. ~ a smile 無理に笑顔を作る. ~ (out) one's voice 声を振り絞る.
5 を押しつける, 押し売りする, 〈*on, upon* ..に〉. The passage ~*d* itself *upon* our attention. その 1 節はいや応なしに我々の注意を引きつけた. Love cannot be ~*d*. 【諺】愛は強制できない.
6 【野球】 **(a)** 〔走者〕をフォースアウトにする, 封殺する, 〈*out*〉. **(b)** 〔押し出し点〕を与える; 〔走者〕を押し出す; 〈*in*〉. ~ (*in*) the third runner (満塁での四死球で) 3 塁走者を押し出す.
7 〔植物〕を促成栽培する; 〔生徒〕に早期教育を施す.
fòrce /../ báck 〔感情, 欲望など〕をなんとかして抑える. ~ *back* the desire to embrace her 彼女を抱き締めたい気持ちを抑える.
fòrce /../ dówn (1) 〔いやな食べ物・飲み物〕を飲み込む. (2) 〔飛行機〕を強制的に着陸させる.
fòrce a pèrson's hánd →hand.
fòrce the íssue 決着を強いる[迫る].
[<ラテン語 *fortis*「強い」]

‡**forced** /-t/ [形] 無理強いの, 強制的な; 無理に作った, 不自然な. ~ evacuation [repatriation] 強制疎開[送還]. a ~ smile 作り笑い. ▷ **~·ly** /fɔ́ːrsədli/ [副] 無理に, 強制的に.
fòrced lábor [名] [U] 強制労働.
fòrced lánding [名] [C] 【空】不時着陸.
fòrced márch [名] [C] 【軍】強行軍.
fòrce-féed [動] (→feed) [他] 〔人, 動物など〕に無理に食べ物を食べさせる; 〔人〕に無理に詰め込む 〈*with* ..〔知識など〕を〉, を無理に詰め込む 〈*to* ..に〉.
†**force·ful** /fɔ́ːrsf(ə)l/ [形] 〔人, 言葉, 文体などが〕力強い; 激しい; 効果的な. make a ~ speech 力のこもった演説をする. ▷ **~·ly** [副] 力強く. **~·ness** [名]
fòrce-lánd [動] [自] 〔飛行機が〕不時着する. ── [他] 〔飛行機〕を不時着させる.
force ma·jeure /fɔ̀ːrs-mɑːʒə́ːr|-mæʒə́ː/ [名] [U] 不可抗力. [フランス語 'superior strength']
fórce·mèat [名] [U] (ローストチキンなどに詰める)香辛料で味付けした刻み肉.
fórce-òut [名] [C] 【野球】フォースアウト, 封殺.
fórce plày [名] [C] 【野球】フォースプレー《封殺》. hit into a ~ 封殺打を打つ.
for·ceps /fɔ́ːrsəps/ [名] 〈複数扱い〉(外科・歯科用)ピンセット, 鉗子(かんし). a pair of ~ 鉗子 1 丁. a ~ delivery 鉗子分娩(べん).
fórce pùmp [名] [C] 押し上げポンプ.
†**for·ci·ble** /fɔ́ːrsəb(ə)l/ [形] 〈限定〉 **1** 無理強いの, 力ずくの. make a ~ entry into an apartment アパートに力ずくで入る. **2** 〔人, 言葉が〕説得力のある; 力のこもった. a ~ argument 説得力のある議論.
†**for·ci·bly** /fɔ́ːrsəbli/ [副] **1** 力ずくで; 無理やりに, 強制的に. **2** 説得力を持って. **3** 力強く; 強烈に.
Ford /fɔːrd/ [名] フォード **1 Gerald Rudolph ~** (1913–)《米国の政治家; 第 38 代大統領 (1974–77)》. **2 Henry ~** (1863–1947)《米国の自動車製造業者; 大量生産の方法を導入した》. **3 John ~** (1895–1973)《米国の映画監督》. **4** [C] フォード(社製の)車.
‡**ford** /fɔːrd/ [名] [C] (徒歩, 乗馬などで渡れる, 川の)浅瀬. ── [動] [他] 〔川〕の浅瀬を渡る.
fórd·a·ble [形] 〔川などが〕徒歩[馬, 車など]で渡れる.
***fore** /fɔːr/ [形] [©] 〈限定〉(時間的, 空間的に)前の; (特に乗り物の)前部[前面, 前方]の; (↔back, hind[1]). the ~ part of a ship [plane] 船[飛行機]の前部.
── [副] 前に, 前方に; 船首[機首](の方)に.
fòre and áft 【海】船首から船尾まで, 船内くまなく; 船首と船尾に, 前部も後部も; 〔帆が〕(船首から船尾へ)縦に張られて.
── [名] 〈the ~〉前部, 前面; 【海】船首.
to the fóre (1) 前面に; 目立つ場所[地位]に. come *to the* ~ as a political leader 政界の指導者として頭角を現す, 世人の注目を集める. (2) 〔人, 金銭などが〕手近に; すぐ間に合って.
── [間] 【ゴルフ】球が行くぞ, 危ないよー, 《打球の方向にいる人に注意する掛け声》. [<古期英語]
fore- 〈複合要素〉「前部の, 先行の; 前もっての」の意味. *fore*arm. *fore*runner. *fore*see. [<古期英語 'before']
fòre-and-áft /fɔ̀ːrənǽft|-ɑ́ːft [移]/ [形] 【海】船首から船尾への, 縦の. a ~ rig 縦帆装.
†**fóre·àrm**[1] /-rɑ̀ːrm/ [名] [C] 前腕, 前膊(はく), 《ひじから手首まで; →upper arm》.
fòre·árm[2] [動] [他] を前もって武装させる; を備えさせる 〈*against* ..〔万一のこと〕に〉; 〈普通, 受け身で〉(→forewarn).
fóre·bèar [名] [C] 【章】〈普通 ~s〉 先祖, 祖先, (〔類語〕 ancestor より堅い語).
fore·bóde [動] [他] 【章】 **1** 〔災害など〕の前兆になる, を予告する, ([類語] 主に不吉な事の前兆・予感に用いる; →predict). His looks ~ a quarrel. 彼の顔色からして口論になりそうだ. **2** [VO] (~ X/*that* 節) X を予感する/..という予感がする. She ~*d* her husband's death [*that* her husband would die]. 彼女は夫の死を予感した.
fore·bód·ing [名] [UC] (不吉な)予感, 虫の知らせ, (凶事の)前兆; 予感; 〈*that* 節 ..という〉. a grim sense of ~ 不吉な予感, 胸さわぎ. I had a ~ *that* I might fail math. 私は数学を落とすような予感がした.
fore·cast** /fɔ́ːrkæ̀st|-kɑ̀ːst/ [動] (**~s** /-ts/|[過] [過分] **~, ~·ed** /-əd/|**~·ing**) [他] **1** [VO] (~ X/that*** 節/***wh*** 節) (気象観測に基づいて) X (天候)を/**天候が..であると/天候が..かどうかを予報する**. ~ *that* the weather will be fine tomorrow 明日は天気がよくなると予報する. Rain is ~ for this evening. 今夜の予報は雨だ.
2 (根拠があって)を予想[予測]する ([類語] 普通, 広範囲に影響する事柄(例えば天気予報)に用いる; →predict). ~ a crushing defeat of the ruling party 与党の惨敗を予測する. **3** を予告する, の前触れとなる. Such events

〜 an outbreak of war. このような事件は戦争の前触れだ.

── 名 (複 〜s /-ts/) Ⓒ (天気の)予報; 予告; 予想[予測]〈that 節 ..という〉. the weather 〜 天気予報.

fóre·càst·er 名 Ⓒ 天気予報官[係]; 予想[予測]する人.

fore·cas·tle /fóuks(ə)l/ 名 Ⓒ **1**〖船〗船首楼. a 〜 deck 船首楼甲板. **2** (船首楼下の)水夫部屋. ★発音通りに fo'c'sle, fo'c's'le ともつづる.

fore·clóse 動 他 **1**〖法〗〔抵当権設定者〕に抵当物件受け戻し権を失わせる; 〔抵当物件〕に抵当権を行使する, を抵当[質]流れにする. The bank 〜*d* (*on*) the mortgage. 銀行はその抵当物件に抵当権を行使した. **2** を排除する, 締め出す, 〈*from, out of* ..から〉. ── 自〖法〗抵当権を行使する〈*on* ..〔抵当物件〕に〉. →他 1.

fore·clósure 名 UC〖法〗(抵当物件の)受け戻し権喪失, 抵当流れ.

fóre·còurt 名 Ⓒ **1** (建物の)前庭. **2**〖テニス〗フォアコート《ネットとサーヴィスラインの間の部分; ↔back-court》.

fóre·dèck 名 Ⓒ〖船〗前部甲板.

fore·dóom 動 他〖章〗の運命をあらかじめ定める〈*to* ..と〉〈普通, 受け身で〉. a project that was 〜*ed to* failure 始めから失敗する運命にあった企画.

*__fore·father__ /fɔ́:rfɑ̀:ðər/ 名 (複 〜s /-z/) Ⓒ〈普通 〜s〉祖先, 父祖; (国家, 種族などの)先祖, 始祖. 類語 特に男性の ancestor を言う. ◇↔descendant

Fórefathers' Dày 名〖米〗始祖の日《普通 12 月 22 日; Pilgrim Fathers の上陸は 1620 年 12 月 21 日》.

†**fóre·fìnger** 名 Ⓒ 人差し指 (first [index] finger).

fóre·fòot 名 (複 →foot) Ⓒ (四足獣の)前足.

‡**fóre·frònt** 名〈the 〜〉**1** 最前部; (戦闘などの)最前線; (関心, 注意などの)最前面. Finding a better job was *at* the 〜 of his mind. もっと良い職を見つけたい気持ちで彼は頭が一杯だった. **2** 指導的地位. be in [at] the 〜 of one's time 時代の最先端を行く.

fore·gáther 動 =forgather.

†**fore·gó** 動 =forgo.

*__fore·going__ /fɔ:rgóuiŋ/〖章〗形 ©〈限定〉〈the 〜〉前述の, 上記の, (preceding). in the 〜 paragraph 前のパラグラフで. ── 名 U〈the 〜; 単複両扱い〉前述[上記]のこと[もの]. ◇↔following

‡**fore·góne** 動 forego の過去分詞. ── /-⌐, ⌐⌐/ 形 以前の, 過ぎ去った; 既知の. in a 〜 age 過去の時代に[の].

foregòne conclúsion 名 Ⓒ〈単数形で〉必然的結論[結果], 既定の事実.

‡**fóre·gròund** 名〈the 〜〉**1** (絵画, 写真, 風景などの)前景 (↔background). **2** 最も目立つ位置[立場], 最前面. try to keep oneself in the 〜 自分をいつも目立たせておこうとする. ── 動 他〖章〗を前景に置く; を前面に打ち出す, を特に重要視する.

fóre·hànd 形〈限定〉, 副 (テニスなどで)フォア(ハンド)の[で]. ── 名 Ⓒ フォア(打ち). ◇↔backhand

fòre·hánded /-əd 移/ 形 **1**〖米〗将来に備えた; 慎重な. **2** =forehand.

*__fore·head__ /fɔ́:rəd, fɑ́r-, fɔ́:rhèd|fɔ́rəd/ 名 (複 〜s /-dz/) Ⓒ **額**, 前額. a high [broad, wide] 〜 広い額《伝統的に広い額は英知を表すとされる》.

⁑**for·eign** /fɔ́:rən, fɑ́r-|fɔ́r-/ 形 © **1 外国の**; 外来の; 対外の; 在外の; (↔domestic, home). a 〜 language 外国語. 〜 goods 外国(製)品. a 〜 policy 対外[外交]政策. 〜 aid 対外援助. 〜 mail 外国郵便. 〜 service (外交官などの)外地勤務. 〜 trade 外国貿易. live in exile on 〜 soil〖雅〗異郷の地で亡命生活を送る.
2〖章〗〈叙述〉固有でない〈*to* ..に〉; 異質の, 無縁の; 相いれない; 〈*to* ..と〉. Risky joking is 〜 *to* my nature. きわどい冗談は私の柄(がら)ではない.
3〖章〗〈限定〉外部から入って来た[持ち込まれた]; 有害な. remove a 〜 body [object, substance] from the eye 目から異物を取り除く. [<ラテン語 *foris*「外で」]

fòreign affáirs 名 外交問題, 外務.

Fòreign and Cómmonwealth Òffice 名〈the 〜〉〖英〗外務(連邦)省 (→department).

fòreign-bórn /移/ 形 外国生まれの.

fòreign correspóndent 名 Ⓒ 外国特派員.

⁑**for·eign·er** /fɔ́:rənər, fɑ́r-|fɔ́r-/ 名 (複 〜s /-z/) Ⓒ **1 外国人** (類語 一般語だが, alien や stranger にはないやや軽蔑的な響きがある). **2** よそ者, 部外者.

fòreign exchánge 名 U 外国為替.

fòreign légion 名 Ⓒ 外人部隊.

fòreign mínister 名 Ⓒ (英国以外の)外務大臣「《略称》.

Fóreign Òffice 名〈the 〜〉〖英〗(以前の)外務省《略称》.

Fòreign Relátions Commìttee 名〖米〗上院外交委員会.

Fòreign Sécretary 名〈the 〜〉〖英〗外務大臣《略称》.

fòre·knów 動 (→know) 他 を前もって知る, 予知する, 《特に超能力で》.

fore·knowledge /⌐⌐-|-⌐-/ 名 U〖章〗予知, 予見.

fóre·làdy 名〖米〗=forewoman.

fore·land /fɔ́:rlænd|-lənd/ 名 Ⓒ 岬 (cape).

fóre·lèg 名 Ⓒ (四足獣の)前脚.

fóre·lòck 名 Ⓒ 前髪, 額髪.
tàke [sèize] tíme by the fórelock 好機を逃さず利用する《擬人化された「時」(Father Time) はひと房の前髪を残して禿(は)げているという言い伝えから, これをつかまえるしかないという意味》.
tòuch [tùg (at)] one's fórelock〖英〗尊敬の[へりくだった]態度を示す〈*to* ..目上の人に〉《昔, 帽子をかぶっていない時に目上の人へのあいさつとして前髪に手をあてたことから》.

fore·man /fɔ́:rmən/ 名 (複 -men /-mən/) Ⓒ **1** (工員などの)職長, 班長. **2**〖法〗陪審員長. ◇女 forewoman

fore·mast /fɔ́:rmæst, -məst|fɔ́:mɑ̀:st/ 名 Ⓒ〖船〗前檣(しょう)《船首に一番近いマスト》.

*__fore·most__ /fɔ́:rmòust/ 形 © **1**〈限定〉〈the 〜〉**真っ先の**, 先頭の. the 〜 troops of an army 軍の先頭部隊. **2** (地位, 重要性などで)**第一の**; 第一流の, 主要な. the 〜 statesman of our time 当代随一の政治家. The problem was 〜 in his mind. 彼の頭の中はその問題のことでいっぱいだった.
── 副 真っ先に, 第一番に. He was 〜 an artist. 彼は何よりもまず芸術家であった. head 〜 頭を先にして, 真っ逆様に〔水中に飛び込むなど〕.
first and fóremost →first.

fóre·nàme 名 Ⓒ〖章〗(姓に対して)名 (first [Christian] name).

fóre·nàmed 形〈限定〉前記の, 前述の.

fóre·nòon 名 Ⓒ〖旧章〗午前, 昼前, (morning).

‡**fo·ren·sic** /fərénsik, -zik/ 形 **1** 法廷の[に関する]; 法廷で用いられる. **2** 法廷弁論の; 弁論の, 討論の. 〜 skill 弁論術. [<ラテン語「広場 (*forum*) の」]

forènsic évidence 名 U 法医学的証拠《血液型や指紋など》.

forènsic médicine 名 U 法医学.「鑑識室[部].

forénsics /-s/ 名 U **1** 弁論術. **2** 法医学;〖話〗

forènsic scíence 名 U (警察の)科学捜査法.

fòre·ordáin /fɔ̀:rɔ:r-/ 動 他〖章〗〔運命〕をあらかじめ決定する〈*to* ..のように〉; VO (〜 ***that*** 節) ..するよう運命づける; VOC (〜 X ***to do***) X が..するようにあらかじめ定める; 〈しばしば受け身で〉.

fóre·pàrt 名 Ⓒ 前部; 最初(の方)の部分.

fóre·pàw 名 Ⓒ (犬, 猫などの)前足 (→paw).

fóre·plày 名 U (性交の)前戯.

†fore·run·ner /⌐–⌐–, –⌐–|⌐–⌐–/ 名 C **1** 先駆者; 先人; 祖先. **2** 先駆け, 前触れ, 〔病気などの〕前兆. snowdrops, the ~*s of* spring 春の前触れであるスノードロップの花.

fore·sail /fɔ́ːrsèil,〘海〙-s(ə)l/ 名 C 〘船〙前檣(しょう)大帆.

fore·saw /fɔːrsɔ́ː/ 動 foresee の過去形.

***fore·see** /fɔːrsíː/ 動 (~s /-z/|過 -saw /-sɔ́ː/|過分 -seen /-síːn/|~·ing) 他 VO (~ X/*that* 節/*wh* 節) X を/..ということを/..かを予見する, 予知[予測]する, 見越す. His resignation couldn't be *foreseen*. 彼の辞職は予見できなかった. Nobody can ~ *how* things will turn out. どんなふうに事態が成り行くかだれにも予見できない. ◇名 foresight

F

†fore·sée·a·ble 形 予見[予知]し得る. in [for] the ~ future (何が起こるか予知できるくらい)近い将来に[当分の間は]. a ~ accident 起こるのが分かっていた事故.

fore·seen /fɔːrsíːn/ 動 foresee の過去分詞.

fore·shádow 動 他 〔物事が〕〔将来の出来事〕の前兆となる, を予示する. Young people's fashions often ~ social changes. 若者のファッションはしばしば社会の変化の前触れになる.

fóre·shòre 名 C 〈the ~〉波打ち際; 前浜(まえはま)《満潮線と干潮線の間》; (波打ち際と耕地, 宅地などの間の)浜辺.

fore·shórten 動 他 **1** 〘絵画〙〔物〕の奥行を縮めて描く《遠近法によって》. **2** を縮小する, 短縮する.

fòre·shów 動 (→show) 他 の前兆を示す; を予示する.

***fore·sight** /fɔ́ːrsàit/ 名 U **1 先見(の明)**, (将来に対する)見通し, (→hindsight). lack of ~ 目先がきかないこと. have the ~ to do ..するだけの先見の明がある. **2** (見通しに基づいた)周到な準備; 慎重さ. ◇動 foresee

fóre·sìght·ed /-əd/ 形 先見の明のある; 用心深い. ▷ **~·ly** 副 **~·ness** 名

fóre·skìn 名 C 〘解剖〙(陰茎・陰核の)包皮.

‡for·est /fɔ́ːrəst, fɑ́r-|fɔ́r-/ 名 (複 ~s /-ts/) **1** C (人里離れた大きな)**森林**, 山林; U 森林地帯; (類語 wood よりも大規模). primeval ~*s* 原生林. a vast tract of thick ~ 広大な密林地域.

> 連結 a dense [a luxuriant; an impenetrable; a deep; a dark; a virgin] ~ // clear [conserve; plant] a ~

2 〈形容詞的〉森の; 森に住む. a ~ fire 山火事. **3** C 〈普通 a ~ [~s] of+複数名詞で〉林立するもの. a ~ *of* chimneys 林のように立ち並ぶ煙突. **4** C 〘英史〙王室御猟場.

cànnot sèe the fórest for the trées 〘米〙= cannot see the WOOD for the trees.

── 動 他 に植林する, を森林で覆う, 森林にする. [<後期ラテン語「外側の(森)」(<ラテン語 *foris* 'outside')]

†fore·stáll 動 他 **1** 〔人〕の機先を制する, を出し抜く, の出鼻をくじく; 〔計画など〕を先回りしてじゃまする. ~ a rival in love 恋敵を出し抜く. use ambiguous words to ~ criticism 批判の先手を打ってあいまいな言葉を使う. **2** 〔商品〕を買占める.

for·est·a·tion /fɔ̀ːrəstéiʃ(ə)n|fɔ̀r-/ 名 U 造林, 植林.

fór·est·ed /-əd/ 形 森林に覆われた.

†fór·est·er 名 C **1** 森林管理官, 林務官. **2** 樵(きこり); 林業労務者. **3** 森に住む人[動物, 鳥].

fórest·lànd 名 U 森林地.

fórest rànger 名 C 〘米〙山林巡視員.

‡for·est·ry /fɔ́ːrəstri, fɑ́r-|fɔ́r-/ 名 U **1** 林学; 営林. **2** 森林地.

Fórestry Commìssion 名 〈the ~〉〘英〙営林局.

fore·swéar 動 =forswear.

fóre·tàste 名 aU 前もって味わうこと〈*of* ..を〉; 前触れ〈*of* ..の〉. Yesterday's date with her fiancé gave her a ~ *of* their married life. 婚約者との昨日のデートで彼女は結婚生活を前もって少し味わえた.

***fore·tell** /fɔːrtél/ 動 (~s /-z/|過 過分 -told /-tóuld/|~·ing) 他 〘章〙VO (~ X/*that* 節/*wh* 節) 〔人が〕X を/..ということを/..かを予告する, 予言する; 〔物事が〕の前兆となる; (類語 超自然的予言能力の含みがある; → predict). The fortune-teller *foretold* her success [*that* she would succeed]. 占い師は彼女の成功を予言した.

fóre·thòught 名 U 将来への配慮, 深慮, 用心; 先見.

fóre·tòken 名 C 前兆. ── /⌐–⌐/ 動 他 の前兆になる; を予示する.

fore·tóld 動 foretell の過去形・過去分詞.

fóre·tòp 名 C **1** (馬などの)前髪. **2** /fɔ́ːrtəp/ 〘船〙前檣(しょう)楼.

‡for·ev·er /fərévər/ 副 ¢ (★1, 2 では〘英〙では for ever ともつづる) **1 永久に**, いつまでも. He decided to live there ~. 彼はそこに永住することにした. The Stars and Stripes *Forever*『星条旗よ永遠なれ』《曲名》. **2** 長時間にわたって. walk ~ 長時間歩く. **3** 〘話〙 (**a**) 〈普通, 進行形を伴って〉絶えず, いつも(..ばかりしている). That fellow is ~ forgetting his umbrella. あいつはしょっちゅう傘を置き忘れている. (**b**) 〈形容詞の前で〉いつも, 常に. She is ~ pleasant. 彼女はいつも感じがよい.

forèver and éver = ***forèver and a dáy*** 永久に, いつまでもいつまでも.

tàke(..)foréver 〘話〙(に)非常に長い時間がかかる.

for·èver·móre 副 〘雅〙とわに, 永遠無窮に, 《forever の強調形》.

fore·wárn 動 他 にあらかじめ警告する〈*of*, *about*, *against* ..について〉; VOO (~ X *that* 節) X に..と前もって警告する. *Forewarned* (is) forearmed. 〘諺〙警戒は武装と同じ, 備えあれば憂い無し.

fore·wént 動 forego の過去形.

fóre·wòman 名 (複 -women) C **1** (女性の)職長, 班長. **2** (女性の)陪審員長. ◇男 foreman

fóre·wòrd 名 C (特に著者以外の人の)前書き, 序文, (→preface, afterword).

†for·feit /fɔ́ːrfət/ 動 他 (犯罪, 過失, 不履行などによって)〔地位, 財産, 権利など〕を喪失する, 没収される; (自発的に)を放棄する. He ~*ed* his license by his reckless driving. 彼は無謀運転で免許を取り消された. The building was ~*ed* to the Government. その建物は政府に没収された.

── 名 **1** UC 〈the ~〉罰として失う[失った]もの, 代償, 〈*of* ..〔罪, 怠惰, 違約など〕の〉; 罰金, 科料. His health was the ~ *of* heavy drinking. 大酒を飲んだ報いで彼は健康を害した. **2** 〈~s; 単数扱い〉(失敗すると品物を取られる)罰金遊び; C 罰として取られる品物.

── 形 〈叙述〉〘章〙喪失した; 没収された〈*to* ..に〉.

for·fei·ture /fɔ́ːrfətʃər/ 名 U 喪失, 没収(すること[されること]), 〈*of* ..〔地位, 財産, 権利など〕の〉; C 没収物. [<古期フランス語「犯罪」(<ラテン語 *foris* 'outside (what is lawful)'+*facere* 'do')]

for·fend /fɔːrfénd/ 動 他 〘米〙を守る; を防ぐ.

for·gath·er /fɔːrgǽðər/ 動 自 〘章〙**1** (親しく)集い合う, 集まる. **2** 親しくつきあう〈*with* ..と〉. **3** 〘主に米〙偶然出会う.

for·gave /fərgéiv/ 動 forgive の過去形.

†forge[1] /fɔːrdʒ/ 名 C **1** (鍛冶(かじ)屋の)炉. **2** 鍛冶場, 鉄工所.

── 動 他 **1** 〔鉄〕を鍛える; を鍛えて作る. **2** 〔思想, 計画など〕を(苦労して)作り上げる, 〔関係など〕を築き上げる. The graduates ~*d* a circle of strong friendship. 卒業生たちは強い友情のきずなを作り上げた. **3** 〔文書, 署名, 貨幣など〕を偽造する. ～ a check [passport] 小切手[旅券]を偽造する. ── 自 1 鍛冶屋をする. 2 偽造する. [<ラテン語「仕事場」]

†**forge**² 動 自 1 VA 〔船などが〕徐々に着実に進む[動く]. 2 VA (～ *ahead*) ピッチを急速に上げる, (先頭に)進み出る, 〈*with* ..〔発展, 計画など〕の〉. [?<force]

forg·er /fɔ́ːrdʒər/ 名 C 1 偽造者. 2 鍛(た)鉄工.

†**for·ger·y** /fɔ́ːrdʒ(ə)ri/ 名 (複 **-ries**) 1 U (文書, 貨幣, 芸術品などの)偽造; 〖法〗(文書)偽造罪. 2 C 偽造物, 偽作, 偽造文書.

‡**for·get** /fərgét/ 動 (～s /-ts/|過 **-got** /-gɑ́t|-gɔ́t/|過分 **-got·ten** /-gɑ́tn|-gɔ́tn/, 〖米·英古〗 **-got**|～·ting) 他 1 VO (～ X/*that* 節/*wh* 節·句) Xを/..ということを/..かを忘れる, 忘れている; VO (～ *doing*) ..したことを忘れる 〈普通, 否定文の未来形で〉; (↔remember) (語法 過去の記憶について言う. この場合, 不定詞は用いない; →2). I ～ [have *forgotten*] his name. 彼の名前を忘れた (★この場合「忘れた」は forgot (過去形)とはしない; 現在形は「今覚えていない, 思い出せない」ことを表す). He *forgot* (*that*) it was his wife's birthday. 彼は妻の誕生日だということを忘れていた. I have *forgotten how* to play poker. ポーカーのやり方を忘れてしまった. I shall never ～ hear*ing* the pianist play Beethoven. あのピアニストがベートーヴェンを弾くのを聴いたことを決して忘れはしないだろう. This is my car and it's very expensive, and don't you ～ it! これは僕の車だ, それにえらく高い車だ. そのことを忘れるなよ 《注意して使えよ》.

2 を怠る; VO (～ *to do*) ..することを忘れる, 怠る; (語法 これからすべき行為について言う. この場合動名詞は用いない; →1). Don't ～ your duty. 義務をゆるがせにするな. Don't ～ *to* come tomorrow. 明日必ず来てくれたまえ. I've *forgotten to* bring my camera. カメラを持ってくるのを忘れた.

3 を持って来る[行く]のを忘れる, 置き忘れる. I *forgot* my umbrella. 傘を忘れた. 語法 場所の表示を伴う時は leave を用いる: I *left* my hat in the train. (電車の中に帽子を忘れた)

4 (意識[努力]して)を忘れる, 考えないことにする; を省みない, 無視する. Unpleasant experiences are best *forgotten*. 不愉快な経験は忘れてしまうのが一番だ. Don't ～ the bell boy. ボーイを忘れないで(チップをおやりなさい)《ホテルで》.

── 自 忘れる; 気にしない; 〈*about* ..のことを〉. He *forgot* all *about* the party. 彼はパーティーの(ある)ことをすっかり忘れていた. Now ～ *about* yourself and go to sleep. さあ自分の(心配事の)ことなんか気にしないで寝なさい. forgive and ～ →forgive (成句).

Forgét* (*about*) *it! (1) もう気にするな, 構わないよ, どういたしまして, 《礼や言い訳は無用》. (2) 絶対にしだめ[いや]だ《提案に対する強い拒否》.

forgét onesèlf (1) 我を忘れる, 自制力を失う, かっとなる; (自制力を失って)ばかなことをする[言う]; 身のほどを忘れる. She *forgot herself* and slapped him in the face. 彼女はかっとなって彼の顔をぴしゃりとたたいた. (2) (自分の事を忘れて)人のために尽くす.

nòt forgétting.. ..を含めて, ..のことを忘れないで. You must invite Sam and Tom, *not* ～*ting* Mike. サムとトム, それにマイクも忘れずに招待しなくてはいけない.

[<古期英語]

*__for·get·ful__ /fərgétf(ə)l/ 形 m 1 〔人が〕忘れっぽい; 〈叙述〉忘れて[た] 〈*of* ..を〉. He jumped with joy, ～ *of* all his cares. 彼は苦労を一切忘れて小躍りして喜んだ. 2 〈叙述〉なおざりにする, 怠りがちな, 〈*of* ..を〉. Don't be ～ *of* others. 他人のことを忘れてはいけない. ▷ **～·ly** 副 うっかり忘れて, うかつに(も).

for·gét·ful·ness 名 U 忘れっぽさ, 健忘症; なおざり(な性分), うかつさ.

forgét-me-nòt 名 C ワスレナグサ(の花)《ムラサキ科の多年草; 信実の象徴》.

for·get·ta·ble /-əb(ə)l/ 形 忘れてもよい, 特にどうと言うことのない. a ～ movie つまらない映画.

forg·ing /fɔ́ːrdʒiŋ/ 名 U 鍛(た)造; C 鍛造品[物].

for·gív·a·ble 形 〔過失などが〕許すことのできる, 見逃してよい. ▷**-bly** 副

‡**for·give** /fərgív/ 動 (～s /-z/|過 **-gave** /-géiv/|過分 **～n** /-gív(ə)n/|**-gív·ing**) 他 1 (a) 〔人, 罪など〕を**許す**, 大目に見る, (類語 excuse の場合より重い過失を許し, 当然の仕返し, 怒りなどを忘れること; →pardon). ～ a sinner 罪人を許す. *Forgive* me. お許しください. Please ～ the wrongs he has done you. 彼があなたにしたひどい仕打ちをどうか許してやってください.

(b) 〔人〕を許す 〈*for* do*ing* ..した[する]ことに対して〉; VOO (～ X Y) XのY(罪など)を許す. Please ～ me *for* say*ing* such a terrible thing. こんなひどいことを言ってご勘弁願います. *Forgive* me (*for* saying so), but I don't agree with you. 失礼ながら, 君の意見には賛成しかねる. We could be ～*n for* thinking he is out of his mind. 彼は頭が変だと思ってもむりはあるまい. We all want to be ～*n* our sins. 我々はすべて己の罪が許されることを望む. I *forgave* him his rudeness. 私は彼の無作法を許してやった (語法 間接目的語 him を前置詞付きの副詞句として直接目的語の後に置くことはできない).

2 〔負債など〕を免除する; VOO (～ X Y) XにY(負債など)を免除する. I *forgave* (him) his debt. 彼に借金を免除してやった. ── 自 許す. He doesn't ～ easily. 彼は簡単には(人を)許さない.

forgìve and forgét (恨みなどを)水に流す.

[<古期英語]

for·giv·en /fərgív(ə)n/ 動 forgive の過去分詞.

‡**for·gíve·ness** 名 U (罪などを)許す[される]こと; 容赦; 寛大さ. He asked ～ for his wrong-doing. 彼は自分が行った悪事に対する許しを求めた.

for·gív·ing 形 寛大な, とがめ立てしない, 〔性質など〕. ▷ **～·ly** 副 寛大に.

†**for·gó** 動 (→go) 他 〖章·戯〗〔楽しみなど〕をなしで済ませる (do without); を見合わせる, 断念する, (give up), (★過去形で用いるのはまれ). ～ one's holiday (あきらめて)休日を返上する. I would like to ～ his company. 彼とのご一緒はごめんこうむりたい.

for·got /fərgɑ́t|-gɔ́t/ 動 forget の過去形; 〖米〗 forget の過去分詞.

for·got·ten /fərgɑ́tn|-gɔ́tn/ 動 forget の過去分詞.

‡**fork** /fɔːrk/ 名 (複 **～s** /-s/) C

【フォーク】 1 (食卓用の)フォーク. eat with (a) knife and ～ ナイフとフォークで食べる.

【フォーク状のもの】 2 (農業用の)フォーク, またぐわ.

3 分岐したもの; (道路の)分岐点, (川の)合流点; 分岐した道, 支流; (木, 枝の)また; 〖楽〗 音叉(さ) (tuning fork). I took the right ～ of the road. 私は分かれ道を右手に行った. 4 〈普通 ～s〉(自転車, オートバイなどの)前輪懸架装置, フォーク, 《前輪を挟む二またのバー》.

── 動 他 1 VOA 〔食物〕をフォークで持ち上げる[運ぶ, 動かすなど]. ～ some meat *into* one's mouth フォークで肉を口に運ぶ. 2 をまたぐわで掘り起こす 〈*over*〉; をまたぐわで埋め込む 〈*in*〉. ～ hay into a wagon フォークで干し草を荷車に積む.

── 自 〔道路などが〕分岐する; 〔木の枝が〕(二またに)分かれる; VA 〔人が〕右[左]手に分岐した道を行く. The river ～*s* just below the town. 川はちょうど町の下手で2つに分かれる. *Fork* left after the railroad crossing. 踏切りを渡ったら, 分かれた道を左に進みなさい.

***fòrk óut* [*úp*]** 〖話〗 金を払う 〈*on, for* ..に〉. Come on, ～ *up*! さあ, 金を払いなさい.

***fòrk /../ óut* [*óver, úp*]** 〖話〗 ..を(いやいや)引き渡す,

〔金〕を(しぶしぶ)払う, 〈*on, for* ..に〉. ～ *out* $100 *for* speeding スピード違反でしかたなく 100 ドル払う.
［＜ラテン語 *furca*「熊手」］

fórk·bàll 名 Ⓒ 〖野球〗フォークボール.

forked /-t/ 形 〈普通, 限定〉分岐した, (二)またに分かれた. a ～ road 二またに分かれた道. a three-～ socket 三またソケット. speak with a ～ tongue 二枚舌を使う.

fòrked líghtning 名 Ⓤ 叉(さ)状雷光.

fórk·lìft 名 Ⓒ **1** フォークリフト《荷揚げ用クレーン》. **2** フォークリフト車 (**fórklift trùck**).

‡**for·lorn** /fɔːrlɔ́ːrn/ 形 **1** 孤独な, 見捨てられた; みじめな, 絶望した. a ～ look みじめな顔つき. **2** 荒涼とした, 荒れ果てた. **3** 〈叙述〉奪われて; 見捨てられて; 〈*of* ..を, に〉. ［＜古期英語 *forloren*「堕落した」(*forlēosan*「失う」の過去分詞)］ ▷ **～·ly** 副 **～·ness** 名

F

forlòrn hópe 名 Ⓒ 〈単数形で〉成功の見込みの無い企て, 無謀な行動; はかない望み. ［＜オランダ語 *verloren hoop* 'lost group'］

‡**form** /fɔːrm/ 名 (複 **～s** /-z/) 【外形】 **1** ⓊⒸ **形**, 形状, 外形; 姿, 外観. The ～ of the earth is nearly round. 地球の形はほぼ球形だ. a fiend in human ～ 人間の姿をした悪魔. The god assumed the ～ of a bull. その神は牛の姿に化けた.
2 Ⓒ 人影, 物影. Jane has a very lovely ～. ジェーンはスタイルがとてもよい. He saw strange ～*s* in the fog. 彼は霧の中に異様な物影を見た.
3 Ⓒ **形態**, 様態; 種類. Steam is a ～ of water. 蒸気は水の一形態である. Democracy was then a completely new ～ of government. 当時民主主義は全く新しい政治形態であった. Their discontent took the ～ of a riot. 彼らの不満は暴動という形になって現れた.
【内容に対しての形式】 **4** ⓊⒸ 型 (pattern), (芸術などの)表現形式, 様式 (style), (↔content[1]). literary ～ 文学形式. a stereotyped ～ of excuse 紋切り型の言い訳. The novel has no ～. その小説は体裁を成していない. This essay is excellent both in content and ～. この論文は内容も形式もすばらしい.
5 Ⓒ (書込み用)**用紙** (blank); 書式, ひな型. a registration [an order] ～ 登録[発注]用紙. fill in [out] an application ～ 申込書に記入する.
6 〖文法〗 Ⓤ **形式**; Ⓒ 語形, 形態. The two plural ～*s* of "genius" are different not only in ～ but in meaning. "genius" の 2 つの複数形は形だけでなく意味も異なる.
7 Ⓒ (物を作るための)型. wooden ～*s* to pour concrete into コンクリートを流し込む木枠の型.
【手本となる型】 **8** ⓊⒸ **儀礼**, しきたり, 作法; Ⓤ 〖旧〗(良い, 悪い)行儀. the ancient ～*s* observed in the church 教会で行われる古来の儀式. It is bad ～ to criticize other people's tastes. 他人の好みを批判するのは失礼なことだ.
9 aⓊ (運動選手の)**フォーム**. She has (a) beautiful running ～. 彼女は美しいフォームで走る.
10 【型の良し悪し＞調子】 Ⓤ (運動選手, 競走馬などの)調子, コンディション; 過去の成績; 好調, 元気. be in [on] (good [top]) ～ 調子がよい[最高である]. be ⌞out of [off]⌟ ～ 調子が悪い. The old man spoke in [on] great ～. 老人は元気いっぱいに話をした.
【調子＞進み具合】 **11** Ⓒ (英国の public school, grammar school, 米国のいくつかの私立学校での)**学年**, 年級, (〖米〗 grade)《普通 the first form (1 年級)から the sixth form (6 年級)まである》. be in the second ～ 2 年生である. **12** Ⓒ 〖英〗(学校, 教会で使う背もたれのない)ベンチ. **13** Ⓤ 〖英俗〗前科(記録).
14 Ⓒ 野ウサギの巣. ◇形 formal

as a màtter of fórm 形式上(の事として). I must ask for your name and address *as a matter of* ～. (疑うわけではないが)形式上お名前と住所をお聞かせください.

for fórm's sàke 形式を整えるために.

in [***under***] ***the fórm of*..** ..の形(態)をして[した], ..の姿で[の]. Churches are often built *in the* ～ *of* a cross. 教会はしばしば十字架の形に建てられる. Water *in the* ～ *of* vapor is a great enemy of books. 水蒸気の形の水(＝湿気)は本の大敵である.

on présent fòrm これまで[現在]の行動[経過]から判断すると (→form 10). He is not likely to win *on present* ～. 今までの経過からすると彼は勝てそうもない.

tàke fórm 〔漠然とした物事が〕形を取る, 輪郭が見えてくる; 具体化する. The island gradually *took* ～ in the fog. 島は霧の中にゆっくり輪郭を現し出した. A new plan began to *take* ～ in my mind. 私の頭の中で新しい案が形を取り始めた.

trùe to fórm いつものように, 予想どおり. *True to* ～, Mike came late. 例によってマイクは遅れて来た.

── 動 (**～s** /-z/|過 過分 **～ed** /-d/|**fórm·ing**) 他
1 を**形作る** 〈*from, out of* ..から〉; VOA (～X *into* ..) X (材料など)を..に形作る. ～ G badly G の字を下手に書く. The island was ～*ed* by a volcanic eruption. その島は火山爆発によってできた. The girl ～*ed* the clay *into* a doll. ＝The girl ～*ed* a doll *from* [*out of*] clay. 少女は粘土で人形を作った.
2 〖文法〗〔語形, 文〕を(文法に従って)作る. Some English verbs ～ the past tense by vowel change. 英語の動詞には母音を変えることで過去時制を作るものがある.
3 〔行列, 隊形など〕を作る; を整列させる 〈*up*〉; VOA (～X *into* ..) X (人など)を〔列, グループなど〕に編成する. ～ the pupils *into* a line 生徒を 1 列に並ばせる. ～ the students *into* small groups for discussion practice 討論練習のために学生を小グループに分ける.
4 〔性格, 習慣など〕を**作り上げる**, 形成する. ～ good habits while young 若いうちによい習慣をつける.
5 を新たにこしらえる, を**組織する**, 結成する. ～ a committee 委員会を組織する. endeavor to ～ a better society より良い社会を作ろうと努める. The two countries ～*ed* a friendly relationship. 両国は友好関係を築いた.
6 を**成す**, 構成する, になる. This essay will ～ one chapter of my book. この試論は私の著書の 1 章になるだろう. Twelve citizens ～ a jury. 12 名の市民が陪審を構成する.
7 〔計画, アイディアなど〕を考え出す, 思いつく, 〔印象, 意見など〕を心に抱く. ～ an opinion 意見を形成する. ～ a judgment on the problem その問題について判断を下す. I ～*ed* the impression that he was telling the truth. 彼は本当の事を言っているという印象を私は受けた. The plan of the crime ～*ed* itself in his head. その犯罪計画は彼の頭の中にでき上がっていった.

── 自 **1 形を成す**[になる]. A thick sheet of ice has ～*ed* over the pond. 池に厚い氷が張った. Pus has ～*ed* in the wound. 傷にうみが生じた.
2 〔考えなどが〕でき上がる, 生じる. A new idea began to ～ in my mind. 新しい考えが私の心に浮かんできた.
3 整列する 〈*up*〉. ～ (*up*) into two rows 2 列に並ぶ.
◇名 formation ［＜ラテン語 *fōrma*「形, 型」］

-form 〈複合要素〉 ..の形をした, ..の形を持った. multi*form*. uni*form*.

‡**for·mal** /fɔ́ːrməl/ 形 ⓜ **1 正式の**, 公式の; 形式にかなった[を重んじる], 儀礼的な; (↔informal). a ～ invitation 正式の招待状. ～ dress 正装. ～ education 正規の(学校)教育. pay a ～ call on the King 国王を表敬訪問する.
2 〔人, 態度, 言葉などが〕**形式張った**, **堅苦しい**, 改まった, よそゆきの, (↔casual, informal). ～ expressions 改

まった言葉遣い. Don't be so ～! そう改まらずに《もっと打ち解けて》. The party last night was too ～ and stuffy. ゆうべのパーティーは堅苦しくて息が詰まりそうだった. **3** (内容に対して)**形式の**, 形式上の; 外形の; 形式的な, 形だけの. ～ logic 形式論理学. bear a ～ resemblance 外形上類似している. mere ～ courtesy ほんの形だけの丁重さ.
4 〔意匠などが〕幾何学的な, 規則正しい形をした. a ～ garden 幾何学的設計の庭園.
── [名] [C] 〖米〗 **1** (夜会服着用の)正式舞踏会, (正装して出席する)行事. **2** 夜会服 (evening dress).
◇[名] form, formality [＜ラテン語「形 (*fōrma*) の」]

form·al·de·hyde /fɔːrmǽldəhàid/ [名] [U] 〖化〗 ホルムアルデヒド《消毒剤・防腐剤》.

for·ma·lin /fɔ́ːrmələn/ [名] [U] ホルマリン《ホルムアルデヒドの水溶液; もと商標》. [＜*formal*dehyde＋*-in*[2]]

fór·mal·ism [名] [U] **1** (特に芸術, 宗教上の)形式主義《伝統, 因習の偏重》. **2** 〖軽蔑〗 形式にこだわること, 虚礼.

fór·mal·ist [名] [C] 形式主義者, 形式論者.

for·mal·is·tic /fɔ̀ːrməlístik [移]/ [形] 形式主義(者)の.

*__for·mal·i·ty__ /fɔːrmǽləti/ [名] ([複] **-ties** /-z/) **1** [U] **形式[儀礼]の尊重**, 礼法にかなうこと; 形式張ること, 堅苦しさ. treat a person with ～ 人を丁重に扱う.
2 [C] 法律[慣習]にのっとった行為; 正式な手続き, 儀礼. go through a few legal *formalities* 二, 三の法律上の手続きを踏む. **3** [C] 単に形式に過ぎない(無意味な)物事. The inspection was a mere ～. 検査は単に形だけ(で簡単)だった. ◇[形] formal

‡**for·mal·ize** /fɔ́ːrməlàiz/ [動] [他] 〔特に法律的に契約など〕を正式なものにする《文書にするなどして》, の形式を整える; を形式化する. ▷ **fòr·mal·i·zá·tion** [名]

†**fór·mal·ly** [副] **1** 形式上, 形式に関して. You have to fill in this form ～. 形式上この用紙に記入しなくてはいけない. **2** 正式に. be ～ invited 正式の招待を受ける. **3** 堅苦しく; 形式的に. He thanked me ～. 彼は私に形ばかりの礼を言った.

†**for·mat** /fɔ́ːrmæt/ [名] [C] **1** (特に本, 雑誌などの)体裁, 判型. **2** (テレビ番組, 政治運動などの)構成, プラン. **3** 録音(記録)形式 《CD かカセットテープかなど》. **4** 〖電算〗 フォーマット《データを処理・記録・表示する時の形式》.
── [動] (～s|-tt-) [他] **1** 〔本, 雑誌など〕の体裁を整える. **2** 〖電算〗 〔ディスクなどの記録媒体〕をフォーマットする, 初期化する, 《コンピュータ上で読み書きできるように設定する》. [＜ラテン語「..の型に作られた(本)」]

†**for·ma·tion** /fɔːrméiʃ(ə)n/ [名] **1** [U] 形成, 編成, 構成, 設立, 組織. the ～ of character 人格形成. the ～ of an athletic society 運動競技協会の新設. **2** [UC] (軍隊などの)隊形, 編成, (軍用機の)編隊; 〖アメフト〗 フォーメーション. battle ～ 戦闘隊形. fly in ～ 編隊飛行をする. **3** [C] 組成物; 〖地〗 累層. new word ～*s* 新造語. [＜ラテン語 *fōrmāre*「形づくる」]

‡**form·a·tive** /fɔ́ːrmətiv/ [形] 〈限定〉 **1** 形成的な; 成長を助ける, 発達を促す; 造形の. He spent his ～ years in London. 彼は人格形成期をロンドンで過ごした. the ～ arts 造形美術. **2** 〖文法〗 語形成に用いられる.
── [名] [C] 〖文法〗 語形成要素《接頭辞, 接尾辞など》.
▷ **～·ly** [副]

‡**for·mer**[1] /fɔ́ːrmər/ [形] [¢] 〈限定〉 **1** **前の**, 以前の, 昔の; 元の. in ～ times [days] 以前は, 昔は. the [a] ～ prime minister 前[元]首相. my ～ flame →flame 5.
2 〈the ～〉 ((今述べた) 2 者のうち)**初めの**, 前者の; 〈代名詞的〉 **前者** (★複数名詞を指す場合は複数扱い); (↔the latter). I prefer the ～ plan to the latter. (2 つのうち)初めの計画の方が後のよりよいと思う. Japan and California are much the same in area, but the ～ has a population five times as large as the latter. 日本とカリフォルニアは面積は大体同じだが, 前者は後者の 5 倍の人口がある. The rich possess much more than the poor, but the ～ are not always happier than the latter. 富者は貧者よりはるかに多くの物を所有するが, 前者は必ずしも後者より幸福とはかぎらない.
[＜中期英語 (*forme* 'first' の比較級)]

fórm·er[2] [名] [C] **1** 形成[構成]する人[もの]. **2** 〖英〗 〈複合語の第 2 要素として〉 ..(学)年生(〖米〗 grader). a second-～ 2 年生.

‡**for·mer·ly** /fɔ́ːrmərli/ [副] [¢] **以前(は)**, 昔(は), もと, (↔latterly). *Formerly* it took 30 days to go from Tokyo to London. かつては東京からロンドンへ行くのに 30 日もかかった.

fórm-fitting [形] 〔衣服が〕体とぴったりした.

for·mic /fɔ́ːrmik/ [形] アリの; 蟻(ぎ)酸の.

For·mi·ca /fɔːrmáikə/ [名] [U] 〈しばしば f-〉 〖商標〗 フォーマイカ《家具などの表面に塗る合成樹脂》.

fòr·mic ácid /fɔ̀ːrmik-/ 〖化〗 蟻(ぎ)酸.

†**for·mi·da·ble** /fɔ́ːrmədəb(ə)l|fɔ́ːmədəb(ə)l, fəmí-/ [形] **1** 〔敵などが〕恐るべき, 手ごわい; 〔仕事などが〕手に負えそうもない, きわめて困難な. a ～ political opponent 手ごわい政敵. a ～ obstacle 越え難い障害.
2 恐ろしい; 恐ろしく多い[大きい]; 桁はずれの; 抜群の, すばらしい. a ～ look [voice] 恐ろしい顔つき[声]. a ～ amount of literature 膨大な量の文献. ～ tension 大変な緊張. a ～ runner すばらしいランナー. [＜ラテン語 *formīdāre*「恐れる」] ▷ **-bly** [副] **～·ness** [名]

fórm·less [形] **1** 形のない; 形の不明確な; 実体のない; 形の整わない[くずれた], ぶかっこうな. a ～ creature devised for the movie その映画のために考案された形のよく分からない生き物. **2** 〈普通, 非難して〉 組織だっていない, 雑然とした; 〔考え, 感情などが〕あいまいな. a ～ idea あいまいな考え. ▷ **～·ly** [副] **～·ness** [名]

fórm lètter [名] [C] (印刷などした)同文の手紙.

fòrm of addréss [名] [C] 肩書き, 敬称, 《話しかけ, また手紙を書く時の相手の正しい肩書き, 敬称; 例:Mr., Dr., Reverend, Lord など》.

For·mo·sa /fɔːrmóusə/ [名] ＝Taiwan《旧称》.

For·mó·san /-n/ [形], [名] ＝Taiwanese.

fórm ròom [名] 〖英〗 ＝homeroom.

fórm tèacher [名] [C] 〖英〗 クラス担任(教師).

*__for·mu·la__ /fɔ́ːrmjələ/ [名] ([複] **～s** /-z/, 3 は普通 **for·mu·lae** /-lìː/) **1** [C] (ある事を行う)**決まったやり方**, 常道; 一定の方式; 〈*for* ..のための〉. There is no ～ *for* success in literature. 文学で成功するための決まった方法はない. **2** [C] (あいさつなどの)**決まり文句** 《初対面の "How do you do?" や手紙の結びの "Sincerely yours" など》; 空疎な決まり文句; (新鮮味のない)決まりきったやり方[手順]. a magic ～ 呪文(じゅもん).
3 [C] 〖数〗 **公式**; 〖化〗 **式**. The molecular ～ for water is H_2O. 水の分子式は H_2O である.
4 [C] 処方, 調製[調合]法, 〈*for* ..〔薬剤, 飲料など〕の〉; [U] 〖米〗 乳児用調乳《牛乳, 砂糖, 水などが規定の割合で含まれている; 水を加える粉末のものもある》.
5 [C] 解決策, 処理法, 〈*for* ..〔問題など〕の〉. work out a ～ *for* solving labor disputes 労使紛争の解決のための方式を考え出す. **6** [U] (レーシングカーの)フォーミュラ規格. [ラテン語 (*fōrma* 'form' の指小語)]

for·mu·la·ic /fɔ̀ːrmjəléiik [移]/ [形] 〔詩, 表現などが〕紋切り型の, 言い古された, 決まり文句から成る.

Fòrmula Óne [名] [U] エフワン(規格)《略 F1; 単座席のレーシングカー中最大, グランプリレースはこの型の車で行なう; 以下 F2, F3 と小さくなる》.

for·mu·lar·y /fɔ́ːrmjəlèri|-ləri/ [名] ([複] **-ries**) [C] **1** (祈禱(とう)などの決まり文句の)式文集[書]. **2** (薬剤の)処方書. ── [形] 公式[定式]の; 儀式の.

†**for·mu·late** /fɔ́ːrmjəlèit/ [動] [他] **1** 〔主義, 問題点

F

など〕を明確に[系統立てて]述べる. **2**〔計画など〕を案出する, 整備する. **3** を公式で表す; を処方[調製]する.

‡**fòr·mu·lá·tion** 名 **1** U 明確[系統的]に述べること; 案出; 公式化. **2** C 系統立った明確な記述.

for·ni·cate /fɔ́ːrnəkèit/ 動 自 〖章〗〔夫婦以外の男女が〕情交する, 私通する. 「私通.

fòr·ni·cá·tion 名 U 〖章〗(夫婦間以外の)情交,↑

for·rad·der /fάrədər|fɔ́r-/ 副 〖英話〗もっと先へ (★forward の比較級).

‡**for·sake** /fərséik/ 動 (~s /-s/|過 -sook /-súk/|過分 ~n /-séikən/|-sak·ing) 他 〖章〗 **1**〔友人, 家族, 土地など〕を見捨てる (類語 相手との密接な関係を断ち切る, の意味を含む; →abandon). **2**〔信仰, 思想など〕を放棄する, 〔悪習など〕をやめる. ~ one's ideal for money-making 理想を捨てて金もうけに走る.

F

for·sak·en /fərséikən/ 動 forsake の過去分詞. ── 形 見捨てられた, 孤独な; わびしい. a ~ farm-house 人が住まなくなった農家.

for·sook /fərsúk/ 動 forsake の過去形.

for·sooth /fərsúːθ/ 副 〖古〗まことに, げに, いかにも, (indeed) (★現在では普通, 皮肉又は嘲(ちょう)笑的). A kind gentleman, ~! ご親切なお方だな, 全く.

For·ster /fɔ́ːrstər/ 名 **Edward Morgan** ~ フォースター (1879–1970)《英国の小説家》.

for·swear /fɔːrswéər/ 動 (~s|過 -swore|過分 -sworn|~·ing /-riŋ/) 他 〖章〗 VO (~ X/*doing*) X(悪習など)を/..することを誓ってやめる; を誓って[頑強に]否定[否認]する. ~ smoking 禁煙すると誓う.

forswéar onesèlf 偽証する.

for·swore /fɔːrswɔ́ːr/ 動 forswear の過去形.

for·sworn /fɔːrswɔ́ːrn/ 動 forswear の過去分詞.

for·syth·i·a /fɔːrsíθiə|-sái-/ 名 U レンギョウ《モクセイ科の落葉低木; 春, 黄色い花を開く》.

***fort** /fɔːrt/ 名 (複 ~s /-ts/) C **1** とりで, **要塞**(さい), 堡塁(ほうるい), (→fortress). **2**〖米〗常設の陸軍駐屯地.

hòld the fórt とりでを固守する; 〖話〗(人の)留守を守る; 臨時に代理を務める. [<ラテン語 *fortis*「強い」]

forte[1] /fɔːrt|fɔ́ːtei/ 名 C **1**〈普通 one's ~〉長所, 得意(の分野), (strong point). **2**〖フェンシング〗フォルト《剣の強い部分; 柄(つか)から刀身中央まで; ↔foible》. [フランス語 'strong']

for·te[2] /fɔ́ːrtei, -ti|fɔ́ːtei/ 〖楽〗形 強声[音]の, フォルテの. ── 副 強く, フォルテで, 《略 f》. ── 名 C 強く演奏する楽句. ◇↔piano[2] [イタリア語 'strong, loud']

fòrte·piáno 名 (複 ~s) C フォルテピアノ《18 世紀後半のピアノの前身》. [イタリア語 'loud-soft']

***forth** /fɔːrθ/ 副 C **1**〖雅〗**前へ**, 前方へ. The boy stretched ~ his arms. 少年は両腕を差し出した. look ~ 前方を見渡す. come ~ 前へ出てくる; 現れてくる (→2). **2** (隠れたり潜在していたのが)**外へ**, 出て, 現れて. The tree will put ~ leaves in a week or two. 1, 2 週間で木は葉を出すだろう. bring ~ an idea 提案する.
3〖雅〗(時間的に)**先へ**, ..以後[以降], (onward). from that day ~ その日以後(ずっと).
4〖古〗(故郷, 自国などから)外へ出て, 外国へ.
and só fòrth →and.
bàck and fórth →back.
[<古期英語; →further]

†**forth·com·ing** /fɔ̀ːrθkʌ́miŋ/ 形 **1** やがて来るはずの, 近く起こるはずの; この次の, 今度の. a catalog of ~ books 近刊書目録. The assistance was still ~. 援助はまだ始まっていなかった. in the ~ week 次の週に.
2〈叙述; しばしば否定文で〉(必要な時に)間に合って, 手近にある. The promised money was not ~. 約束の金は間に合わなかった. I expected his reply, and it was ~. 彼の返答を期待したらすぐに来た.
3〖話〗進んで気持ちを打ち明ける, 積極的な, 協力的な, 〈*about* ..について〉. The old man asked for help but none of them were ~. 老人は助けを求めたがだれも手助けしようとしなかった.

‡**fórth·rìght** 形〔態度, 言葉などが〕率直な, ためらわない, 単刀直入の, 忌憚(たん)のない. ~ criticism 歯に衣(きぬ)着せぬ批評. ── 副 まっすぐ前へ; すぐに, 直ちに.
▷ ~·ly 副 ~·ness 名

fòrth·wíth /-wíθ, -wíð/ 副 〖章〗直ちに (at once).

***for·ti·eth** /fɔ́ːrtiəθ/〈40th とも書く〉形 **1**〈普通 the ~〉第 40 の, 40 番目の. **2** 40 分の 1 の. ── 名 (複 ~s /-s/) C **1**〈普通 the ~〉**第 40 番目**(の人, 物). **2** 40 分の 1.

for·ti·fi·a·ble /-əb(ə)l/ 形 要塞化できる.

for·ti·fi·ca·tion /fɔ̀ːrtəfəkéiʃ(ə)n/ 名 **1** U とりでで固めること, 要塞(さい)化; 防御. **2** C〈普通 ~s〉防御設備《やぐら, 塀, 堀など》. **3** U 強化, 補強; (栄養価・アルコール分の)強化.

†**for·ti·fy** /fɔ́ːrtəfài/ 動 (-fies|過 過分 -fied|~·ing) 他 **1**〔都市〕を要塞(さい)化する, 〔ダムなど〕に防御工事を施す. ~ the city against a raid 襲撃に備えて町の防備を固める. **2**〖章〗(精神的, 肉体的に)を強化する, 〔勇気など〕を鼓舞する, 〔人〕を元気づける, 励ます. They tried to ~ their flagging spirits with singing. 彼らは歌うことによって沈みがちな気分を奮い立たせようとした. **3**〔構造など〕を補強する; 〔食品〕の栄養を強化する《ビタミンなどを加えて》. ~ concrete with steel rods 鉄筋でコンクリートを強化する. *fortified* wine 強化ワイン《ブランデーなどを加えて強くしたもの; シェリー酒など》. ── 自 要塞を築く.
◇名 fortification [<後期ラテン語「強くする」]

for·tis·si·mo /fɔːrtísəmou/ 〖楽〗形 最強声[音]の, フォルティシモの. ── 副 最も強く, フォルティシモで, 《略 ff》. ── 名 (複 ~s) C 最も強く演奏する楽句. [イタリア語 (*forte*「強い」の最上級)]

for·ti·tude /fɔ́ːrtət(j)ùːd/ 名 U 〖章〗(苦痛, 苦難, 逆境などに耐える)しんの強さ, 堅忍不抜, 不屈の精神. meet a calamity with great ~ 毅(き)然として災難に対処する.

Fòrt Knóx /-nάks|-nɔ́ks/ 名 フォートノックス《米国 Kentucky 州北部の軍用地; 連邦金塊貯蔵所がある》.

***fort·night** /fɔ́ːrtnàit/ 名 (複 ~s /-ts/) C 〖主に英〗〈普通, 単数形で〉**2 週間**, 14 日. within a ~ 2 週間以内に. Monday ~ 先々週[再来週]の月曜日. [<古期英語 'fourteen nights']

fórt·nìght·ly 〖主に英〗形 2 週間に 1 回の; 隔週発行の〔雑誌など〕. ── 副 隔週に, 2 週間に 1 回. ── 名 C 隔週刊行物.

FORTRAN /fɔ́ːrtræn/ 名 U 〖電算〗フォートラン《主に科学技術計算用のプログラム言語の 1 つ; <*For*mula *Tran*slation》.

***for·tress** /fɔ́ːrtrəs/ 名 (複 ~·es /-əz/) C (大規模で永久的な)**要塞**(さい), 要塞都市, 《普通, 都市で守備隊を駐屯できる; →fort》; 堅固な場所[建物]. capture a ~ 要塞を攻略する. [<古期フランス語 'strong place']

for·tu·i·tous /fɔːrt(j)úːətəs/ 形 **1**〖章〗〔出会いなどが〕思いがけない, 偶然の, (accidental). **2** 幸運な, 僥倖(ぎょうこう)の, (lucky). ★2 は非標準的な用法. ▷ ~·ly 副 ~·ness 名 「けない出来事.

for·tu·i·ty /fɔːrt(j)úːəti/ 名 U 偶然(性); C 思いが↑

‡**for·tu·nate** /fɔ́ːrtʃ(ə)nət/ 形 m **1**〔人が〕**幸運な**, 幸せな, 〈*in* ..という点で/*in doing*, *to do* ..することで〉; (↔unfortunate; 類語 lucky と違い永続性が強調され, また運命を暗示する; →happy). a ~ man 幸運な男. the ~ 幸運な人たち. Mrs. Morris is ~ *in having* [~ (enough) *to have*] a house like this. モリス夫人はこんな家を持っていて幸運だ.
2〔物事が〕**幸運な**〈*for* ..にとって〉; 〈it is ~ that 節〉

. . ということは幸運である. It is ～ *for* the country *that* it has rich natural resources. 豊富な天然資源を持っていてその国は幸運だ (★この文は The country is ～ *in* hav*ing* [～ (enough) *to* have] rich natural resources. と書き換えられる; →1).

3 〔物事が〕**幸運をもたらす**, 幸(さい)先のよい. a ～ event 幸運な出来事. a ～ omen 吉兆.

[＜ラテン語「運 (*fortūna*)に恵まれた」]

‡for·tu·nate·ly /fɔ́ːrtʃ(ə)nətli/ 副 m **幸運にも**, 運よく, 幸いなことには; 裕福に; (↔unfortunately). *Fortunately* for us, the weather cleared up. 我々にとって幸運なことに天気は晴れ上がった. The girl jumped out of the way just in time, ～. 少女は危ないところで飛びのいた, 運のいいことに. be ～ circumstanced 裕福な境遇である.

For·tune /fɔ́ːrtʃ(ə)n/ 名 『フォーチュン』《米国 Time 社刊行の隔週ビジネス誌; 毎年米国の有力企業 500 社のランキングを the *Fortune* 500 として発表, また国外の有力企業 500 社も発表する》.

‡for·tune /fɔ́ːrtʃ(ə)n/ 名 (複 **～s** /-z/)

【運】 **1** U **運** (類語 運命的な力で人生などに重大な影響を及ぼすもの; →luck); 〈～s〉 (運の)盛衰, 浮沈. a stroke of good ～ 幸運(な事). by good [bad] ～ 幸運[不運]にも. I had the good ～ to be chosen. 私は運良く選ばれた. try one's ～ 運試しをする. the ～(*s*) of war 武運. share a person's ～*s* 人と人生の浮沈を共にする.

2 〈F-〉 **運命の女神**. *Fortune* favors the brave. 〖諺〗運命の女神は勇者に味方する. *Fortune* smiled on me at last. とうとう運命の女神は私にほほえんだ.

3 C (将来の)運勢 (類語 →destiny, doom, fate, lot[1], portion, predestination). tell a person his ～ 人の運勢を占う. tell ～*s* 占いをする; 占い師である. tell ～*s* with cards トランプ占いをする.

【運の良さ】 **4** U **幸運** (↔misfortune), 果報; 成功, 繁栄 (prosperity). have ～ on one's side 幸運を味方に持つ, (運が)ついている. He had the (good) ～ to survive the crash. 彼は幸いにもその衝突事故で死を免れた.

5 【幸運がもたらすもの】 UC **財産**, 富. a man of ～ 財産家. make a [one's] ～ 財産を作る, 金持ちになる. inherit [come into] a large ～ 莫(ばく)大な財産を相続する. cost a ～ 大金が必要である. ◇形 fortunate

連結 an enormous [an immense, a vast] ～ ‖ accumulate [amass, build (up); come into; squander] a ～

a smàll fórtune 〖話〗(財産としては小さいが)相当な大金, 一財産. pay *a small* ～ 大金を払う.

sèek** one's **fórtune 立身出世の[金持ちになる]道を求める. [＜ラテン語 *fortūna*「運, 幸運」]

fórtune còokie 名 C 〖米〗占いクッキー《格言, 占いなどを書いた紙を畳み込んである; 中華料理店で出す》.

fórtune hùnter 名 C 財産目当ての結婚希望者《特に男子》.

fórtune-tèller 名 C 占い師, 易者.

fórtune-tèlling 名 U 占い, 運勢判断.

Fòrt Wórth 名 フォートワース《米国 Texas 州北部の都市; 航空機・エレクトロニクス産業が盛ん》.

‡for·ty /fɔ́ːrti/ 名 (複 **-ties** /-z/) **1** U (基数の) 40.

2 U **40 歳**; 40 分; 40 ドル[ポンド, セント, ペンスなど]. The express leaves at two-～ p.m. 急行は午後 2 時 40 分発だ. **3** U 〖テニス〗(ゲームの) 3 点目. *Forty* fifteen. フォーティーフィフティーン《3 対 1》. **4** 〈複数扱い〉 40 人; 40 個. There are ～ in all. 全部で 40 人[個]いる[ある]. **5** 〈one's forties〉 (年齢の) 40 代. He was in his *forties* when he married. 彼は結婚した時 40 代だった. **6** 〈the forties〉 (世紀の) 40 年代; (温度の) 40 度台. the eighteen *forties* 1840 年代. in the early *forties* (19)40 年代初めに.

── 形 **40 の**; 40 個[人]の; 〈叙述〉 40 歳で.

[＜古期英語; four, -ty[2]]

fòrty-fíve 名 **1** U (基数の) 45. **2** C 45 口径のピストル《口径が 0.45 インチ; 普通.45 と書く》. **3** 45 回転のレコード《普通 45 と書く》.

fòrty-níner /-náinər/ 名 C 〖米史〗'49 年者'《1849 年の金鉱熱で California へ殺到した人》.

Fòrty-Sécond Strèet 名 (ニューヨーク市の) 42 番街《劇場街; また 42nd street》.

fòrty wínks 名 〖話〗〈単複両扱い〉 (短時間の)昼寝, うたた寝. take [have] ～ 昼寝する.

†fo·rum /fɔ́ːrəm/ 名 (複 **～s, fora** /fɔːrə/) C **1** (古代ローマの都市の)大広場, フォーラム, 《商業の市場であり, また裁判, 政治などの公的集会が行われた》. **2** 公開討論の場《新聞の投書欄, テレビの公開討論会なども含めて》〈*for* . . 〔目的など〕のための/*on* . . についての〉. The newspaper offers a ～ *for* public discussion. その新聞は公開討論の場を提供している. **3** 裁判所, 法廷; (世論, 良心などの)裁き. [ラテン語「戸外にあるもの＞広場」]

‡for·ward /fɔ́ːrwərd/ 副 e (★最上級はまれ) **1 前方へ**[に]; 先へ[に], 進んで; (↔backward) (→forwards). go ～ 前進する. step ～ 前へ進み出る. lean ～ 前かがみになる. help the movement ～ その運動を促す力となる. be placed ～ *of* . . より前方に置かれる.

2 (a) (時間的に)**先へ**, 将来に向かって. from this time ～ この時以後, 今後. put the clock ～ 時計(の針)を進ませる. **(b)** (日付などを)繰り上げて, 早めて. bring /../ ～ →bring (成句).

3 よい方向に向かって[進んで] (★しばしば further などで比較を表す). We are not getting any further ～ with the plan. その計画は全く進んでいない.

4 外へ, 表面へ, 目につくように. bring ～ a difficult problem 難問を持ち出す. come ～ →come (成句). put /../ ～ →put (成句).

5 〖海〗(★〖英〗/fɔ́rəd/ とも発音する) (船の)前部へ.

lòok fórward [〖主に英〗***fórwards***] 前方を見る; 将来を考える.

lòok fórward to . . →look.

── 形 m e (★1 と 7 は ©) **1** 〈限定〉 **前方の**[にある]; 前方への; 〖球技〗ゴールに向かっての〔パス〕; (船, 列車などの)前部の; (↔backward). in the ～ part of [～ of] a train 列車の前部に. a ～ movement 前進; 促進運動.

2 〔考えなどが〕**進んでいる**, 進歩的な. a ～ opinion 進歩的な意見. The country is ～ in industry. その国は工業が進んでいる. **3** 〈叙述〉 はかどっている, 完成に近い, 〈*with, in* . . が〉. I am not very far ～ *with* my work. 私は仕事がそんなにはかどっていない.

4 普通より早い; 〔植物などが〕早く成長[開花など]した; 〔人が〕早熟の, ませた. a ～ summer 例年より早い夏. a ～ child ませた子供.

5 〔特に若い人が〕**出しゃばりの**, ずうずうしい, 〈*with* . . 〔人〕に対して〉. Is Tom going to marry such a ～ girl? トムはあんな擦れっ枯らしの娘と結婚する気か. It is ～ of him [He is ～] to speak that way. あんな口のきき方をするなんて彼は生意気だ.

6 〈叙述〉 **進んで . . する** 〈*to* do . . することを/*with* . . を〉 (ready, eager). He was always ～ *to* help [*with* help]. 彼はいつも進んで協力してくれた.

7 〈限定〉 将来に向けての; 〖商〗先物(さきもの)の, 先渡し[払い]の. ～ planning 将来計画. a ～ market 先物市場.

── 名 C 〖球技〗 前衛 [フォワード] (の選手) 《略 fwd.》.

── 動 (**～s** /-dz/|過 過分 **～·ed** /-əd/|**～·ing**) 他 **1** 〔郵便物など〕を**転送する** 〈*to* . . へ/*from* . . から〉. He

asked to have his mail ～*ed to* his new address. 彼は郵便物を新しい住所へ転送するよう依頼した. Please ～. 転送を請う《手紙などに表記する》.
2 〖章〗〔商品など〕を発送する; [VOO] (～ X Y)・[VOA] (～ Y ***to*** X) X (人)に Y を発送する (dispatch). We will soon ～ you our brochure. すぐに当社のパンフレットをお送りします. **3** 〔計画など〕を**進める**, はかどらせる; 〔成長など〕を促す. ～ the cause of peace 平和運動を推進する. ～ the plants 植物の成長を促進する. ── [自] (郵便物などを)転送する. [＜古期英語; fore, -ward]

fór·ward·er [名] [C] 運送業者.

fór·ward·ing [名] [U] 発送; 運送(業).

fórwarding addrèss [名] [C] 転送先(宛(あ)て名).

fórwarding àgent [名] [C] 運送業者[会社].

fòrward-lóoking /[移]/ [形] **1** 将来を見通す, 先見の明がある. **2** 前向きの, 積極的な. ↔ backward-looking.

fór·ward·ly [副] 出しゃばって, ずうずうしく(も).

fór·ward·ness [名] [U] **1** ずうずうしさ. **2** (季節などの)早さ, (人の)早熟さ.

fòrward páss [名] [C] フォワードパス《敵のゴール方向にパスすること; ラグビーでは反則》.

fòrward róll [名] [C] 〖体操〗前転.

fór·wards [副] 〖主に英〗＝forward 1.

for·went /fɔːrwént/ [動] forgo の過去形.

Fós·bur·y flòp /fázbəri-|fɔ́z-/ [名] [C] 〖陸上〗(走り高跳びの)背面跳び. [＜Dick *Fosbury* (米国人選手)]

fos·sa /fásə|fɔ́sə/ [名] ([複] **fos·sae** /-siː/) [C] 〖解剖〗(骨などの)窩(か)《鼻などのくぼみ》. [ラテン語 'ditch']

foss(e) /fas|fɔs/ [名] [C] 溝; (城, 要塞(さい)の)堀.

†**fos·sil** /fás(ə)l|fɔ́s-/ [名] [C] **1** 化石. **2** 〖話・軽蔑〗〈普通 old ～ として〉時代遅れの人, 古くさい物事[考え].
── [形] 〈限定〉**1** 化石化した, 化石の. ～ shells 貝殻の化石. **2** 時代遅れの, 旧弊な. [＜ラテン語「発掘された」(＜*fodere* 'dig')]

fóssil fùel [名] [UC] 化石燃料《石炭, 石油, 天然ガス》.

fòs·sil·i·zá·tion [名] [U] 化石化; 旧弊化.

fos·sil·ize /fásəlàiz|fɔ́s-/ [動] [他] **1** 〈普通, 受け身で〉を化石にする. **2** を時代遅れにする. ── [自] **1** 化石化する. **2** 固定化する, 時代遅れになる.

Fos·ter /fɔ́ːstər|fɔ́s-/ [名] **Stephen Collins ～** フォスター (1826–64)《米国の歌曲作家》.

***fos·ter** /fɔ́ːstər|fɔ́s-/ [動] (～**s** /-z/|[過] [過分] ～**ed** /-d/|～**·ing** /-t(ə)riŋ/) [他] 【**はぐくむ**】 **1** を**助長する**, 促進する, 奨励する; 〔環境, 事情などが〕をはぐくむ, 育てる. Dirty hands ～ disease. 汚い手は病気のもとだ. ～ literary sensibility 文学的感受性を養う. **2** 〔希望, 思想, 野心など〕を心に抱く. ～ an interest in music 音楽に興味を抱く. **3** 〔実子ではない子〕を**養育する**; 〔人や動物の子など〕の世話をする. ～ an orphan 孤児を養育する. ～ the sick 病人の面倒を見る.
── [形] 〈限定〉(親子関係でなく)養育した; 里親の, 里子の. a ～ brother [sister] 乳兄弟[姉妹]. a ～ child 里子, 養い子. a ～ daughter [son] 養女[養子]. a ～ father [mother] 育ての父[母], 養父[養母]. a ～ parent 育ての親, 里親.
[＜古期英語「食物 (*fōstor*) を与える」]

fóster hòme [名] [C] 里子を預かる家庭, 養家.

fos·ter·ling /fɔ́ːstərliŋ|fɔ́s-/ [名] [C] 里子 (foster child).

Fou·cault /fuːkóu|⌐-/ [名] フーコー **1 Jean Bernard Léon ～** (1819–68)《フランスの物理学者; Foucault's Pendulum (フーコーの振り子)で地球の自転を証明》. **2 Michel ～** (1926–84)《フランスの哲学者》.

fought /fɔːt/ [動] fight の過去形・過去分詞.

‡**foul** /faul/ [形] [e] (★4, 6 (b), 7 は [C])
【**汚い**】 **1** 汚い, 不潔な; 〔におい, 味などが〕臭い, むかつくような; 〔空気, 水などが〕よごれた; (↔clean; [類語] 胸の悪くなるようなよごれや悪臭に用い, filthy より強い不快感を表す; →dirty). a ～ pigpen 不潔な豚小屋. ～ linen (洗濯に出す)よごれ物. ～ copy 直しが多くて汚い原稿. His breath is ～. 彼は息が臭い. ～-smelling[-tasting] いやなにおい[味]のする.
2 〈限定〉〔言葉などが〕みだらな, 口汚い. ～ talk 猥(わい)談.
【**やり方が汚い**】 **3** よこしまな, 非道な; 不正な; 卑劣な; (↔fair¹). a ～ deed けしからん行為. a ～ murder 非道な殺人, だまし討ち.
4 [C] (**a**) 〈限定〉〖スポーツ〗**反則の**, ルール違反の, (↔ fair¹). play a ～ game 汚い試合をする. a ～ blow (ボクシングの)反則打. (**b**) 〖野球〗ファウルの (↔fair¹). a ～ fly [liner, grounder] ファウルフライ[ライナー, ゴロ].
5 〖話〗**不快極まる**, とんでもない, 実にひどい; 〔気分, 機嫌が〕大そう悪い. We had a ～ time at the picnic. ピクニックでは散々な目に遭った. a ～ meal ひどい食事. be in a ～ mood [temper] ひどく機嫌が悪い.
【**具合の悪い**】 **6** (**a**) 〔天候などが〕**悪い**, 険悪な, (↔ fair¹); 〔海岸などが〕(暗礁で)危険な. ～ weather 荒天. (**b**) [C] 〈限定〉〖海〗〔風が〕逆の. a ～ wind 逆風.
7 [C] 〔道路が〕ぬかるんだ; 〖海〗〔綱などが〕もつれた, 絡んだ; 〈限定〉〔パイプ, 煙突などが〕(ごみ, すすなどで)詰まった. The road was too ～ to pass. 道はひどいぬかるみで通れなかった.
by fàir mèans or fóul →means.
fàll [***rùn***] ***fóul of ..*** 〔船が〕..と衝突する; 〔人が〕..とけんかする, 〔政府, 警察など〕と悶着(もんちゃく)を起こす; 〔法律〕に触れる.
── [副] [e] 不正に, 規則に反して; 〖野球〗ファウルになるように. hit ～ (ボクシングで)不正な打ち方をする; 汚いやり方をする. The ball went ～. 打球はファウルになった.
── [名] ([複] ～**s** /-z/) [C] 〖競技〗**反則** 〈*against, on* ..に対する〉; 〖野球〗ファウル(ボール). commit a ～ 反則を犯す.
through fàir (***wèather***) ***and fóul*** どんな事があっても, 運不運にかかわらず.
── [動] [他] **1** をよごす, 汚染する; 〔名誉など〕をけがす; 〈*up*〉. water ～*ed with* oil 油でよごれた水. Do not let your dogs ～ the lawn. 芝生で犬に糞(ふん)をさせるな. His reputation was ～*ed* by the scandal. そのスキャンダルで彼の名声はけがされた. **2** 〖競技〗〔相手選手〕に反則をする; 〖野球〗〔球〕をファウルする. **3** 〔異物がパイプなど〕を詰まらせる; 〔道路, 交通など〕をふさぐ, じゃまする; 〔綱など〕をもつれさせる, 〔綱などが〕に絡みつく, 〈*up*〉.
── [自] **1** よごれる. **2** 〖競技〗反則を犯す 〈*against, on* ..に対して〉; 〖野球〗ファウルを打つ. **3** 詰まる; もつれる, 絡まる, 〈*up*〉.
fòul óut (1) 〖競技〗(規定数以上の)ファウルで退場させられる. (2) 〖野球〗ファウルフライでアウトになる.
fòul one's (***òwn***) ***nést*** 自分の家族[職業, 国など]に不名誉をもたらす.
fòul úp へまをやる, しくじる.
fòul /../ úp 〖話〗を台無しにする, めちゃめちゃにする. The storm ～*ed up* our plans. あらしのために我々の計画は台無しになった. [＜古期英語]

fou·lard /fuːláːrd/ [名] [U] フーラード, フラール, 《絹, レーヨン, 綿などでできた柔らかい生地》; [C] フーラードのネッカチーフ[ハンカチなど]. [フランス語]

fòul báll [名] [C] 〖野球〗ファウル(ボール) (↔fair ball).

fóul lìne [名] [C] 〖競技〗ファウルライン.

foul·ly /fául(l)i/ [副] 汚く; けがらわしく; 口汚く; 凶悪に, 卑劣に, 不正に.

fòul-móuthed /-θt|-ðd [移]/ [形] 〈非難して〉口汚い; みだらなことを言う.

fóul·ness [名] **1** [U] 不潔, けがらわしさ; 卑劣; (天候の)険悪さ. **2** [UC] 汚い物.

fòul pláy [名] [U] **1** (競技の)反則, 不正行為, (↔fair play). **2** 凶悪犯罪, 殺人.

fóul pòle [名] [C] 〖野球〗ファウルポール《ファウルラインと

外野のフェンスが交わる地点に立てられたポール》.
fóul shòt [名]〘バスケ〙=free throw.
fòul-spóken /[移]/ [形] =foul-mouthed.
fòul típ [名][C]〘野球〙ファウルチップ.
fóul-ùp [名][C]〘話〙(へま, 手落ちによる)すったもんだ; (機械などの)故障.
found¹ /faund/ [動] find の過去形・過去分詞.
‡**found**² /faund/ [動](~s /-dz/|[過][過分] **fóund·ed** /-əd/|**fóund·ing**) [他] **1** (普通, 基金をもって)を**創立する**, 創設する, 創始する, ([類語] establish の持つ永続性の意味合いはない). ~ a school 学校を創立する. **2** [VOA] (~ X ***on*** [***upon***] ..) ..(の上)に X の基礎を据える, X を建設する. a building *~ed on* solid ground 固い地盤の上に建てられた建物. **3** [VOA] (~ X ***on***[***upon***] ..) **..に X の根拠を置く**〈普通, 受け身で〉. a novel *~ed on* facts 事実に基づいた小説. [<ラテン語「基礎(*fundus*)を置く」]
found³ [動][他]〔金属〕を鋳る;〔製品〕を鋳造する, 作る. [<ラテン語「溶かす, 注ぐ」]
‡**foun·da·tion** /faundéiʃ(ə)n/ [名](複 ~s /-z/)
【基礎】 **1** [C]〈しばしば ~s〉(建物の)**土台**, 基礎(工事). a concrete ~ コンクリートの土台. A dump truck shook the *~s* of our house. ダンプカーが我が家の土台を揺るがした. **2** [C]〈しばしば ~s〉(物事の)**基礎**, 基盤, 根底. Agriculture is the ~ on which the country rests. 農業はその国の基盤である.
3 [aU] **根拠**, よりどころ. His story has a considerable ~ in fact. 彼の話は事実に基づいている所がかなりある. The rumor is not without some ~. そのうわさは多少の根拠が無いわけではない.

1,2,3 の [連結] a firm [a secure, a solid, a sound, a strong; an unstable, a weak] ~ // undermine the ~

4 =foundation garment; =foundation cream. 【創設】 **5** [U] **創立**, 建設, 創設(する[される]こと), 《普通, 寄付基金によって》. the ~ of a hospital 病院の創立. **6** [C] (基金で設立された)施設《学校, 病院など》. a research ~ 研究施設. **7** [C] 基金; 奨学資金;〈しばしば F-〉財団. the Rockefeller *Foundation* ロックフェラー財団. on the ~〘英〙(基金から)給費を受けて.
lày the foundátion(s) of .. 〔建物, 学問など〕の基礎を築く.
shàke [ròck] the foundátions of .. =***shàke [ròck] .. to its [their etc.] foundátions*** (1)〔建物, 体制など〕の基盤を[を根底から]揺るがす. (2)〔人〕にひどいショックを与える. [found², -ation]
foundátion còurse [名][C]〘英〙(大学初年級などの)基礎(教養)コース.
foundátion crèam [名][U] 化粧下クリーム, ファンデーション.
foundátion gàrment [名][C] ファンデーション《女性の体形を整えるための下着; ガードル, コルセットなど》.
foundátion schòol [名][C] 財団法人組織の学校.
foundátion stòne [名][C] 基石《記念の銘を刻んで定礎式の時に据える》; 礎石, 土台石.
†**found·er**¹ /fáundər/ [名][C] 創立者, 創設者; 基金寄付者; 開祖.
fóund·er² [動][自] **1**〔船が〕浸水して沈没する. **2**〔馬が〕(疲労で)倒れる. **3**〔計画, 事業などが〕失敗する〈*on, upon* ..のせいで〉. The plan *~ed upon* his objection. その計画は彼の反対でつぶれた. —— [他] **1**〔馬〕を(疲労で)倒れさせる. **2**〔船〕を浸水沈没させる. [<古期フランス語「底に沈める」(<ラテン語 *fundus*「土台, 底」)]
fóund·er³ [名][C] 鋳造者; 鋳物師.
fóunder mèmber [名]〘英〙=founding member.
fòunding fáther [名][C]〘雅〙〈しばしば ~ing fathers〉創設者, 創始者, 創立者;〈F-F-〉〘米史〙'建国の父'《1787 年の憲法制定会議の参加者》.
fòunding mémber [名][C] 創立会員.
found·ling /fáundliŋ/ [名][C]〘旧〙拾い子, 捨て子.
found·ry /fáundri/ [名](複 **-ries**) **1** [C] 鋳造所, 鋳物[ガラス]工場. **2** [U] 鋳造;〈集合的〉鋳物類.
fount¹ /faunt/ [名][C]〘詩〙泉; 源, 根源.
fount² [名]〘英〙=font².
‡**foun·tain** /fáuntən/ [名](複 ~s /-z/) [C] **1** (**a**) (人工の)**噴水**. The ~ is playing. 噴水が出ている. (**b**) (空中への)噴出, 噴射,〈*of* ..の〉(jet). A ~ *of* water gushed from the fracture in the hose. ホースの裂け目から水が勢いよく噴き出した. **2** (主に公設の)噴水式水飲み器 (drinking fountain). **3**〘詩〙**泉**; 水源. the *Fountain* of Youth '青春の泉'《それを飲めば若さを永遠に保つという伝説上の泉》. **4**〘章〙**源泉**, 源, 根源. The man was a ~ *of* knowledge. その男は知識の泉ともいうべき人だった. **5**〘米〙=soda fountain. [<ラテン語「泉(*fōns*)の」]
fóuntain·hèad [名][C] 水源《川の始まりのわき水》; 源泉, 根源.
fóuntain pèn [名][C] 万年筆.
‡**four** /fɔːr/ (★用法 →five) [名](複 ~s /-z/) **1** [U] (基数の) 4, 四. **2** [U] (**a**) **4 時**; **4 歳**; 4 ドル[ポンドなど]《何の量かは前後関係で決まる》. (**b**) 4 分; 4 インチ; 4 セント[ペンスなど]; 《より低い単位の量を示す》. **3**〈複数扱い〉**4 人**; **4 つ**, 4 個. **4** [C] 4 人[4 つ]ひと組のもの;〘ボート〙フォア《4 人で漕(こ)ぐボート; その 4 人の漕ぎ手》; [U] 4 頭の馬. make up a ~ for bridge ブリッジをやるために 4 人を揃(そろ)える. a coach [carriage] and ~ 4 頭立ての馬車. **5** [C] (文字としての) 4, 4 の数字[活字]. **6** [C] (トランプの) 4 の札; (さいころの) 4 の目. the ~ of spades スペードの4.
dròp to àll fóurs 四つんばいになる.
****on àll fóurs*** **四つんばいになって**; 四つ足をついて. Our baby has begun to crawl *on all ~s*. うちの赤ん坊ははい始めた.
—— [形] **1** **4 人の**; **4 つの**, 4 個の. the ~ seasons 四季. **2**〈叙述〉4 歳で.
the fòur córners of the wórld [***éarth***] 世界のすみずみ.
to the fòur wínds →wind¹.
[<古期英語]
fòur bíts [名]〘米俗〙50 セント (→bit¹ 4).
fóur·èyes [名][C]〘話・戯〙4 つ目《眼鏡使用者》.
4-F /fɔ̀ːréf/ [名][C]〘米〙兵役免除者《病気や同性愛での》.
fóur flùsh [名][C] フォーフラッシュ《ポーカーで 5 枚のうち 4 枚が同種札の手》.
fóur·flùsher [名][C]〘話〙虚勢を張る人, はったり屋.
fóur·fòld [形], [副] 4 重の[に]; 4 倍の[に].
fòur-fóoted /-əd [移]/ [形] 四つ足の.
fòur·hánded /-əd [移]/ [形]〔ゲームなどが〕4 人で行う;〘楽〙〔ピアノ演奏が〕連弾の.
Fòur-H́ [4-H] Clùb /fɔ̀ːréitʃ-/ [名][C]〘米〙4H クラブ《農村青年に農業技術と家庭経済を仕込むための組織; 米国農務省が後援; <*h*ead, *h*eart, *h*ands, *h*ealth》.
fòur húndred [名]〈the ~〉〘米〙〈又は F- H-〉(ある地域の)上流階級《元来は 1890 年当時の New York 市の》.
fóur-in-hànd /fɔ́ːrin-/ [名][C] **1**〘米〙引き結び[普通の結び方]で締めたネクタイ (→bow tie).
2 (御者 1 人の) 4 頭立ての馬車; 4 頭ひと組の馬.
fòur-leaf clóver, -leaved clóver [名][C] 四つ葉のクローバー《発見者に幸運をもたらすとされる》.
fòur-letter wórd [名][C] 四文字語《排泄(せつ), 性に関するもので, 人前で言うのをはばかる語; piss, shit, fuck, cunt など》.
fòur-on-the-flóor [名][U] 4 速フロアシフト; [C] 4 速フロアシフト(マニュアル)車.
401K /fòːrouwʌ́nkéi/ [名][U]〘米〙確定拠出型企業年金《401K は国税庁のコード記号》.

fóur-pàrt 形 〈限定〉〖楽〗4 部(合唱)の.

four-penny /fɔ́ːrp(ə)ni, -pèni|-p(ə)ni/ 形 〈限定〉4 ペンス(の価格)の.

fóur-penny òne 名 C 〖英話〗一撃, 打撃.

fóur-plỳ 形 〔毛糸, ロープなどが〕4 本よりの; 〔合板などが〕4 層の.

fòur-póster 名 C 4 柱式大型ベッド (**four-pòster béd**).

fòur·scóre /㊏/〖雅〗形, 名 U 80 (の).

four·some /fɔ́ːrsəm/ 名 C 4 人連れ, 4 人組; 〖ゴルフ〗フォーサム《4 人が 2 組に分かれて各組が 1 つのボールを交互に打つ競技; →single》. make (up) a ～ 4 人ひと組になる. in a ～ 4 人組になって. ── 形 4 人で行う.

fòur·squáre /㊏/ 形 **1** 〔建物などが〕正方形の; 堅固な. **2** 率直な, 正直な; しっかりした, 揺るがない.
── 副 率直に; しっかりと. stand ～ behind a person 人をしっかりと支える[バックアップする].

fóur-stàr 形 〈限定〉〖米軍〗4 つ星の; 〔ホテル, レストランなどが〕一流の, 高級の, 《最高級の five-star に次ぐ》. a ～ general 陸軍大将.

fóur-stròke 形 〈限定〉4 ストロークの〔エンジンなど〕.

‡**four·teen** /fɔ̀ːrtíːn ㊏/ 名 **1** U (基数の) 14, 十四. **2** U 14 歳; 14 ドル[ポンドなど]; 14 時; 〈複数扱い〉14 人, 14 個. ── 形 **14** の; 14 個[人]の; 〈叙述〉14 歳で.
[＜古期英語; four, -teen]

‡**four·teenth** /fɔ̀ːrtíːnθ ㊏/ 〈14th とも書く〉形 **1** 〈普通 the ～〉第 **14** の, 14 番目の. **2** 14 分の 1 の.
── 名 (複 ～s /-s/) C **1** 〈普通 the ～〉第 **14** 番目 (の人, 物). **2** 〈普通 the ～〉(月の) 14 日. **3** 14 分の 1.

Fòurteenth Améndment 名 〈the ～〉(米国憲法の)修正第 14 条《奴隷解放などを規定》.

‡**fourth** /fɔːrθ/ 〈4th とも書く〉(★用法 →fifth) 形 **1** 〈普通 the ～〉第 **4** の, 4 番目の. **2** 4 分の 1 の. ── 名 (複 ～s /-s/) C **1** 〈普通 the ～〉第 **4** 番目(の人, 物). Edward the *Fourth* エドワード 4 世 《Edward IV とも書く》. **2** 〈普通 the ～〉(月の) 4 日(よっか). **3** 4 分の 1 (→quarter). [＜古期英語; four, -th²] ▷ **～·ly** 副 4 番目に, 第 4 に.

fòurth cláss 名 U 〖米〗第 4 種(郵便)《1 ポンド以上の商品, 8 オンス以上の開封郵便物など》.

fòurth diménsion 名 〈the ～〉第 4 次元《立体の次の次元, すなわち時間のこと》.

fòurth estáte 名 〈the ～; しばしば F- E-〉第 4 階級 《特に政治的な影響力という観点から見た新聞・雑誌界, ジャーナリストなどのこと》.

Fòurth (of Julý) 名 〈the ～〉米国独立記念日《7 月 4 日; 正式には Independence Day と言う》.

Fòurth Wórld 名 〈the ～〉第四世界《第三世界の中で最も開発の遅れている地方》.

fóur-whèel 形 〈限定〉＝four-wheeled.

fòur-wheel dríve 名 U 4 輪駆動(方式)《略 4WD》.

fòur-whéeled /㊏/ 形 4 輪式の; 4 輪駆動の.

fòur·whéel·er 名 C 4 輪車; (1 頭立て) 4 輪馬車.

***fowl** /faul/ 名 (複 ～s /-z/, ～) **1** C 鶏; 家禽(かきん); 食用鳥《野鳥をも含む; カモ, 七面鳥, キジなど》. keep ～*s* 鶏[家禽]を飼う. **2** U 鶏肉; 鳥肉. **3** C (**a**)〖古・詩〗〈一般に〉鳥 (bird). the ～*s* of the air 空飛ぶ鳥《聖書から》. (**b**)〈修飾語を伴って〉〈集合的〉..鳥. water～ 水鳥. ── 動 自 野鳥を捕らえる[撃つ]. go ～*ing* 鳥を捕らえに[撃ちに]行く. [＜古期英語「鳥」]

fówl·ing 名 U 野鳥狩り.

fówling pìece 名 C (鳥や小動物を射つ)猟銃, 散弾銃.

fówl pèst 名 U 鶏ペスト.

Fox /fɑks|fɔks/ 名 フォックス **1 Charles James ～** (1749–1806)《奴隷制度に反対した英国の政治家》. **2 George ～** (1624–91)《英国の宗教家; フレンド会の創立者》.

‡**fox** /fɑks|fɔks/ 名 (複 **fóx·es** /-əz/) **1** C キツネ; 雄ギツネ (雌は vixen). as sly [cunning, wily] as a ～ (キツネのように)とても悪賢い. *Foxes* yelp [bark]. キツネが鳴く[ほえる]. **2** U キツネの毛皮. **3** C 〖話〗悪賢いやつ, こすいやつ. an old ～ ずるいやつ; '古狸(だぬき)'. **4** C 〖米俗〗色っぽい女, すごい美女.
── 動〖話〗他 **1** 〔人〕に'一杯食わせる', をまんまとだます; VOA (～ X *into doing*) X をだまして..させる. ～ the police by wearing a disguise 変装して警察をだます. He ～*ed* us *into* believ*ing* that he was a lawyer. 彼は我々をだまして弁護士だと信じ込ませた. **2** 〔人〕を迷わす, 困惑させる; 〔人〕に難しくて理解できない. His question ～*ed* me. 彼の質問は難しすぎて私には答えられなかった. **3** 〔本のページなど〕を変色させる〈普通, 受け身で〉.
── 自 ずるく立ち回る; 騙(だま)りを働く.
[＜古期英語]

foxed /-t/ 形 褐色に変色した[の染みができた]《本のページなどに言う》.

fóx·glòve 名 C 〖植〗ジギタリス《葉から強心剤を採る》; 〈特に〉キツネノテブクロ.

fóx·hòle 名 C 〖軍〗'たこつぼ'《2, 3 人しか入れない小さな塹壕(ざんごう)》.

fóx·hòund 名 C フォックスハウンド《キツネ狩り用に訓練された嗅覚の鋭い猟犬》.

fóx·hùnt 名 C キツネ狩り《猟犬を使ってキツネを追い, 馬で追いかける英国古来の貴族的スポーツ》. ▷ **～·er** 名 C キツネ狩りをする人. **～·ing** 名 U キツネ狩り.

fóx·tàil 名 C **1** キツネの尾. **2** 〖植〗エノコログサ, スズメノテッポウ.

fòx térrier 名 C フォックステリア《もとはキツネ狩りに使った小形犬; 今は愛玩(がん)用》.

fóx·tròt 名 C フォックストロット《4 拍子の社交ダンスの一種》; フォックストロットの曲.
── 動 (～s|-tt-) 自 フォックストロットを踊る.

fox·y /fɑ́ksi|fɔ́k-/ 形 e **1** キツネのような; ずるい, 悪賢い. **2** 〖米俗〗〔女性が〕色っぽい, セクシーな. **3** ＝foxed.
▷ **fox·i·ly** 副 **fox·i·ness** 名

‡**foy·er** /fɔ́iər, fɔ́iei|fɔ́iei/ 名 C (劇場, ホテルなどの)休憩所, ロビー, ホワイエ; 〖米〗(私宅の)玄関の広間. [フランス語「暖炉」(＜ラテン語 *focus* 'focus')]

FPA 〖英〗Family Planning Association; Foreign Press Association (外国人記者協会).

fpm foot [feet] per minute (毎分..フィート).

FPO 〖米〗Fleet Post Office (艦隊郵便局).

fps feet per second (毎秒..フィート).

Fr. Father; France; French; Friday; 〖化〗francium; Friar.

fr. franc(s); from.

Fra /frɑː/ 名 ..師《イタリアの修道士の称号; 名の前につける》. [＜イタリア語 *fra(te)* 'brother']

fra·cas /fréikəs|frǽkɑː/ 名 (複 〖米〗～·es, 〖英〗～ /frǽkɑːz/) C (殴り合いの)大げんか. [＜イタリア語「大騒ぎ」]

frac·tal /frǽktl/ 名 C 〖数〗フラクタル《どんなに細分しても, その一片が全体と同型であるような, 複雑な不規則型》. [＜ラテン語 *fractus* 'broken'; -al]

***frac·tion** /frǽkʃ(ə)n/ 名 (複 ～s /-z/) C **1** (**a**) 小部分, わずか; 破片, 断片. The accident happened in a ～ *of* a second. 事故はあっという間に起こった. a tiny [small] ～ *of* the crimes 犯罪のごく一部分. The boy wasn't shaken by a ～. 少年は少しも動揺しなかった. (**b**)〈a ～; 副詞的〉ほんの少し, わずか. Speak a ～ louder. もう少し大きな声で話してくれ. **2** 〖数〗分数, 小数, 端数, (→common ～, improper ～, proper ～, vulgar ～). a decimal ～ 小数. **3** 〖化〗(蒸留の)留分. [＜(教会)ラテン語「(パンを)裂くこと」(＜*frangere* 'break')]

‡**frac·tion·al** /frǽkʃ(ə)nəl/ 形 **1** ごくわずかな, ささいな; 端数の. **2**〘数〙分数の, 小数の. **3**〘化〙分留の.

fràctional cúrrency 名 U 小額通貨.

fràctional distillátion 名 U 分留.

frác·tion·al·ly 副 ごくわずかに, ほんの少し(でも). My watch is always ～ fast. 私の時計はいつもごくわずか進んでいる.

frac·tious /frǽkʃəs/ 形〔子供, 病人などが〕気難しい, すねた;〔動物が〕(反抗的で)扱いにくい. ▷～·ly 副

†**frac·ture** /frǽktʃər/ 名〘章〙**1** U (固いものが)砕けること; UC 〘医〙骨折, 挫(ざ)傷. a compound [simple] ～ 複雑[単純]骨折. have a hairline ～ of the ankle かかとの骨にひびが入っている. **2** C 割れ目, 裂け目; 亀裂.
—— 動〘章〙他 を割る, こわす,〔骨〕を折る,〔腕など〕を骨折する;〔名声など〕を傷つける. —— 自 割れる, 砕ける; 折れる, 骨折する. [<ラテン語「壊すこと」]

***frag·ile** /frǽdʒ(ə)l|-dʒail/ 形 m **1** (**a**)〔物が〕**こわれやすい**, もろい; 脆(ぜ)弱な. a ～ teacup こわれやすい紅茶茶わん. The parcel was labeled "*Fragile*". 小包には「ワレモノ」の札が張ってあった.
(**b**) 長続きしない, もろい, はかない. ～ happiness はかない[束の間の]幸福. a ～ relationship 長続きしない関係.
2 (体質的に)弱い, 虚弱な, ひ弱な;〘話〙(酔って)気分が悪い; (類語 frail よりさらにきゃしゃで弱い; →weak). I'm feeling a bit ～ this morning. 今朝は少し気分が悪い《昨夜の酒が残っていてなど》.
[<ラテン語 *fragilis*「壊れやすい」; frail と同源]

fra·gil·i·ty /frədʒíləti/ 名 U こわれやすさ; もろさ, 脆(ぜ)弱性; 虚弱.

***frag·ment** /frǽgmənt/ 名 (複 ～s /-ts/) C **1 破片**, 断片, かけら. The vase broke into ～*s*. 花瓶は粉々に砕けた. There wasn't a ～ of truth in his statement. 彼の述べたことに真実はひとかけらもなかった. **2** 未完成作品の一部《特に美術品の》; 断章.
—— /frǽgment|-ˊ-/ 動 自 砕ける. —— 他 を砕く; をばらばらにする, 分解する. [<ラテン語 *frangere*「壊す」]

frag·men·tal /frægméntl/ 形 ＝fragmentary.

frag·men·tar·i·ly /frǽgməntérəli, ˊ-ˋ--|frǽgməntərəli/ 副 断片的に; とぎれとぎれに.

frag·men·tar·y /frǽgməntèri|-t(ə)ri/ 形 破片[断片]の[から成る]; 断片的な,〔会話などが〕とぎれとぎれの. ～ clues 断片的な手がかり.

frag·men·ta·tion /frægməntéiʃ(ə)n/ 名 U (爆弾, 岩石などの)破砕; 分裂.

fragmentátion bòmb 名 C 破砕爆弾《破裂する時に多数の破片が飛び散る殺傷兵器》.

frag·ment·ed /frægméntəd/ 形 ばらばらになった; 「断片的な.

***fra·grance** /fréigrəns/ 名 (複 **-granc·es** /-əz/)
1 UC **芳香**, 香り; U 香りのよさ, 芳香性; (類語 特に花などの発散する甘い香り; →smell). the ～ of the spring air 春の外気のかぐわしさ. **2** C 香水, 香料.
—— 動 他 に芳香を与える, を香り良くする.

***fra·grant** /fréigrənt/ 形 m **香りのいい**, 芳香のある. ～ flowers いい香りの花. The room was ～ *with* the smell of roses. 部屋はバラの香りがかぐわしかった.
[<ラテン語 *frāgrāre*「良い香りがする」] ▷～·ly 副

***frail** /freil/ 形 e **1** もろい, こわれやすい, きゃしゃな, (fragile). a ～ chair 今にもこわれそうないす. **2** (体が)か弱い, 虚弱な, (類語 生来の虚弱体質, またはきゃしゃな体つきを強調; →weak). a ～, sickly child ひ弱な病身の子供. a ～ constitution 虚弱体質. **3**〔希望などが〕はかない; 道徳的に弱い;〔根拠などが〕薄弱な. a ～ excuse 根拠薄弱な言い訳. [<ラテン語 *fragilis*; →fragile]

†**frail·ty** /fréilti/ 名 (複 **-ties**) **1** U もろさ; はかなさ. **2** U 虚弱; 意志の弱さ, 誘惑に対するもろさ. *Frailty*, thy name is woman. もろき者よ汝(なんじ)の名は女なり《Shakespeare 作 *Hamlet* 中の言葉》. **3** UC (道徳的な)弱点, 欠点. human ～ 人間の(道徳的な)弱さ.

‡**frame** /freim/ 名 (複 ～s /-z/)
【骨組み】 **1** C (建造物, 機械などの)**骨組み**, フレーム. the ～ of a bicycle [house, plane] 自転車のフレーム[家, 飛行機の骨組み].
2 UC 〈普通, 単数形で〉(人間, 動物の)**体格**, 骨格. She has a slender ～. 彼女はほっそりした体つきだ. a man of commanding ～ 堂々とした体格の男.
3 C 構造, 組織, 体制, 機構, (★この意味では普通 framework). the ～ of society 社会の構造.
【枠組み】 **4** C (窓, 戸などの)**枠**, 縁; 額縁, 鏡の縁; 〈～s〉(眼鏡の)枠, フレーム,《1丁分の》. a window ～ 窓枠. a portrait set in a ～ 額縁に入れた肖像.
5 C (園芸用の)フレーム (cold frame); (枠型の)製作台《刺繍(しゅう)台など》.
6 C 〈単数形で〉背景, 環境. The trees make a fine ～ to the villa. 樹木がその別荘の見事な背景になっている. **7** C〘映〙(フィルムの)ひとこま;〘テレビ〙映像のひとこま, フレーム; (漫画の)ひとこま. **8** C〘ボウリング〙フレーム《10 フレームで 1 ゲーム》;〘野球〙イニング, 回. **9** C〘電算〙フレーム《スクリーン上に一度に表示される情報》. **10**〘俗〙＝frame-up.
a fràme of mínd 〈修飾語を伴って〉(一時的な)気分, 気持ち. *a* merry ～ *of mind* 陽気な気分. I'm in no ～ *of mind* to talk. 僕はとても話などする気分ではない.
—— 動 (～s /-z/|過 過分 ～d /-d/|**frám·ing**) 他
【枠にはめる】 **1** を**枠にはめる**, に枠を付ける, を縁取る. ～ a picture 絵を額縁に入れる. Her face was ～*d* with pretty blonde hair. 彼女の顔はきれいな金髪で縁取られていた. stand ～*d* in the doorway 戸口にすっぽり収まるように立つ. **2** (**a**) VOA (～ X *for*..) X を..に適合させる, 合うように作る. He is not ～*d for* hard work. 彼はきつい仕事に向かない. (**b**) VOC (～ X *to do*) X を..するように作る. ～ a shelter *to* resist a storm あらしに耐えるように避難所を作る.
【作り出す】 **3** を**組み立てる**, こしらえ上げる. ～ the settings on the stage 舞台に装置を組み立てる.
4〔計画など〕を**案出する**, 考え出す;〔考えなど〕をまとめ上げる. ～ a plot 謀反をたくらむ. **5**〔言葉〕を発する; を言葉に表す, 表現する. His lips could not ～ the words. 彼は言葉が口から出なかった. ～ thoughts into sentences 考えを文章の形に組み立てる.
6【でっち上げる】〘話〙〔無実の人〕にぬれぎぬを着せる, を'はめる',〈*for* .. で〉《偽の証拠をでっち上げるなどして》. Do you think Mike was ～*d?* マイクがぬれぎぬを着せられたと思っているのか. ～ a person *for* murder 人に殺人のぬれぎぬを着せる.
[<古期英語「役に立つ」(>中期英語「使えるよう(木材を)準備する>木の骨組みを作る」)]

fráme antènna [〘英〙**àerial**] 名 C 枠型アンテナ.

fráme hòuse 名 C 木造家屋.

fràme of réference 名 C 準拠[基準]枠《人が知覚判断する時に基準とする過去の体験などを踏まえた枠組み》;〘数〙座標系.

frám·er 名 C 枠組[額縁など]制作者; 考案[立案]者.

fráme-ùp 名 C〘話〙(人にぬれぎぬを着せるための)でっち上げ; 八百長.

***frame·work** /fréimwə̀ːrk/ 名 (複 ～s /-s/) C **1** 枠組み; **骨組み**, (建造物, 動物などの)骨格. the ～ of a ship 船の骨組み. within the ～ of the law 法の枠内で. **2 組織**, 機構, 体制. the ～ of society 社会機構. **3** ＝frame of reference.

fram·ing /fréimiŋ/ 名 U 組立て, 構成; C 骨組み, 枠組み.

†**franc** /fræŋk/ 名 C フラン《フランス, ベルギー, スイスなどの貨幣単位; 略 fr(s)., f》; 1 フラン貨[札]. [<中世ラテン

語 *Franc(ōrum rex)*「フランク族の王」(14 世紀に発行された最初のフラン金貨に打刻された銘)]

‡**France**[1] /fræns|frɑːns/ 名 フランス《ヨーロッパの共和国; 首都 Paris》. ◇形 French [<後期ラテン語「フランク族の国」]

France[2] 名 **Anatole ～** フランス(1844–1924)《フランスの小説家・批評家; ノーベル文学賞 (1921)》.

Fran·ces /frǽnsəs|frɑ́ːn-/ 名 女子の名《愛称 Frannie, Franny; 男 Francis》.

†**fran·chise** /frǽntʃaiz/ 名 **1** U 〈普通 the ～〉選挙権, 参政権, 公民権. universal ～ 普通選挙権. **2** C 〖主に米〗(官庁, 自治体などが会社, 個人などに与える)免許, 特権; (会社などが個人, グループに与えるある地域における製品の)販売[専売]権. a government ～ 政府の認可. grant [withdraw] a ～ 販売権を与える[取り消す]. **3** C (プロ野球などの)フランチャイズ, 本拠地占有権, 《独占興行[放送]権》. ── 動 他 に販売[専売]権を与える. [<古期フランス語「自由」]

fràn·chis·ée /-íː/ 名 C 専売権を与えられた者[会社].

frán·chis·er /-ər/ 名 C 専売権を与える者[会社].

Fran·cis /frǽnsəs|frɑ́ːn-/ 名 **1** 男子の名《愛称 Frank, Frankie; 女 Frances》. **2 St. ～ (of As·si·si** /əsíːzi/) (アッシジの)聖フランシスコ (1181?–1226)《イタリアの僧; →Franciscan order》.

Fran·cis·can /frænsískən/ 形 聖フランシスコの; フランシスコ会の. ── 名 C フランシスコ会(修道)士 (Gray Friar)《清貧と愛を旨とする》.

Francìscan órder 名 〈the ～〉フランシスコ(修道)会《聖フランシスコが創立したカトリックの修道会》.

fran·ci·um /frǽnsiəm/ 名 U 〖化〗フランシウム《放射性元素; 記号 Fr》.

Fran·co /frǽŋkou/ 名 **Francisco ～** フランコ (1892–1975)《スペインの軍人; 内戦で共和国政府を倒し親ナチの独裁的元首となる (1939–75)》.

Fran·co- /frǽŋkou, frɑ́ːŋ-/ 〈複合要素〉「フランス(の)」の意味. *Franco*-German (仏独の). *Franco*phile (親仏家). [中世ラテン語 'Frank[1]']

Fran·co·phone /frǽŋkəfòun/ 〈しばしば f-〉 形, 名 C フランス語を(母国語あるいは第二言語として)話す(人).

fran·gi·ble /frǽndʒəb(ə)l/ 形 こわれやすい, もろい.

Fran·glais /frɑ̀ːŋgléi|frɔ́ŋglei/ 名 U フラングレ《英語からの借入語を多くまじえたフランス語》. [フランス語 (<*fran(çais)* 'French'+*(an)glais* 'English')]

Frank[1] /fræŋk/ 名 **1** Francis, Franklin の愛称. **2** C フランク(族の)人; 〈the ～s〉フランク族《ゴール人を征服してフランス国を建てたゲルマン民族の一部族》.

Frank[2] 名 **Anne ～** フランク (1929–45)《ドイツ系ユダヤ人少女で『アンネの日記』の著者, ナチの収容所で死ぬ》.

‡**frank**[1] /fræŋk/ 形 e, 時に m 率直な, 淡白な, 包み隠しのない; あからさまな, 大っぴらな; 〈*with* ..〔人〕に対して/*about* ..〔物事〕について〉. a ～ countenance (隠し立てなどしない)正直な顔つき. Let me hear your ～ opinion. 率直なご意見を聞かせてください. The newcomer didn't want to be ～ *with* us *about* his past. 新来者は過去について我々に大っぴらに話したがらなかった. ～ enmity あからさまの敵意.

**to be fránk with you* (あなたに対して)率直に[打ち明けて]言うと.

[<中世ラテン語「自由な」(<*Francus* 'Frank[1]'); フランク族はガリア地方で唯一の自由民だったことから]

frank[2] 動 他 **1** 〔郵便物〕に料金別納証を印刷する. ～*ed* envelopes 料金別納証印付きの封筒. **2** 〔郵便物〕を無料で送る, に無料郵送の署名をする, 《昔の英国貴族・国会議員に許された特権》.

── 名 C 郵送無料の署名[郵便物, 特権].

frank[3] 名 〖米話〗=frankfurter.

Frank·en·stein /frǽŋkənstàin/ 名 **1** フランケンシュタイン《Mary Shelley の同名小説 (1818) の主人公; 自分の作った怪物に破滅させられた》. **2** C フランケンシュタイン(の怪物), 作った人に危険を及ぼすもの, 《正しくは **Fránkenstein's mònster** だが, 製作者と怪物が混同された》.

Frank·fort /frǽŋkfərt/ 名 フランクフォート《米国「Kentucky 州の州都」》.

Frank·furt /frǽŋkfəːrt/ 名 フランクフルト **1 ～ am Main** 《ドイツ中西部の Main 川沿いの主要都市》. **2 ～ an der Oder** 《ドイツ東部の Oder 川沿いの都市; もとハンザ同盟の一員》.

frank·furt(·er), -fort(·er) /frǽŋkfəːrt(ər)/ 名 C フランクフルトソーセージ.

Fran·kie /frǽŋki|frɑ́ːŋ-/ 名 Frances, Francis の「愛称.」

frank·in·cense /frǽŋkənsèns/ 名 U 乳香《東アフリカ・アラビア産の樹脂; 焚(た)いて宗教的儀式などに用いる香》.

fránking machìne 名 C 〖英〗郵便料金メーター (〖米〗postage meter)《大口の郵便物に切手を張る代わりに料金別納のスタンプを押して手間を省く機械》.

Frank·ish /frǽŋkiʃ/ 形 フランク族の; フランク語の. ── 名 U フランク語《古高ドイツ語 (Old High German) の一方言; →Frank[1]》.

Frank·lin /frǽŋklən/ 名 **1** 男子の名《愛称 Frank》. **2 Benjamin ～** フランクリン (1706–90)《米国の政治家・著述家・発明家》.

frank·lin /frǽŋklən/ 名 C 〖英史〗(14, 15 世紀の)郷士《gentry に次ぐ階級》.

‡**frank·ly** /frǽŋkli/ 副 m **1** 率直に, あからさまに. Mary admitted her mistake ～. メリーは失敗を率直に認めた. **2** =frankly speaking.

**fràankly spéaking* 率直に言えば. *Frankly (speaking)*, you have small chance to be re-elected. 率直に言ってあなたは再選される見込みは少ない.

†**fránk·ness** 名 U 率直(さ), 隠し立てのなさ.

Fran·nie, -ny /frǽni/ 名 Frances の愛称.

*__fran·tic__ /frǽntik/ 形 m **1** 半狂乱の, 取り乱した, 〈*with* ..〔苦痛, 怒りなど〕で〉; 気違いじみた, 熱狂した. She was ～ *with* grief. 彼女は悲しみで気も狂わんばかりだった. **2** 〖話〗死に物狂いの; 大慌ての. a ～ endeavor to escape 脱出しようとする必死の努力. [<ギリシア語「精神錯乱の」]

fran·ti·cal·ly /frǽntik(ə)li/ 副 半狂乱になって[なるほど]; 熱狂して; 死に物狂いに. ～ busy ものすごく忙しい. cry ～ for help 助けを求めて必死に叫ぶ.

frap·pé /fræpéi|frǽpei/ 形 〈叙述又は名詞の後で〉〔飲み物, 特にワインが〕(氷で)冷やした. ── 名 UC フラッペ《(1) かき氷にリキュールなどをかけたもの. (2) 果汁を半ば凍らせたもの. (3) 〖米〗濃いミルクセーキ》. [フランス語 'struck>iced']

frat /fræt/ 名 〖米話〗=fraternity.

†**fra·ter·nal** /frətə́ːrn(ə)l/ 形 **1** 〈限定〉兄弟の; 兄弟らしい. ～ love 兄弟(のような)愛. **2** 友愛の; 〖米〗友愛組合の. **3** 〔双子が〕二卵性の. [<ラテン語「兄弟 (*frāter*) の」] ▷**～·ly** 副 兄弟のように, 友愛を持って.

fratèrnal twíns 名 二卵性双生児.

†**fra·ter·ni·ty** /frətə́ːrnəti/ 名 (複 **-ties**) **1** C 〖米〗フラターニティー《主に社交を目的とする大学の男子学生クラブ; →sorority》. **2** U 〖章〗兄弟関係, 兄弟の間柄; 兄弟愛; 友愛. **3** C 〈修飾語を伴って〉団体; 結社; 〈普通 the ～; 単数形で複数扱いもある〉同業仲間. the legal ～ 弁護士仲間, 法曹界. the television ～ テレビ業界.

fratérnity hòuse 名 C 〖米〗フラターニティー会「館《寮を兼ねる》.」

frat·er·nize /frǽtərnàiz/ 動 自 **1** (兄弟のように)親しく交わる 〈*with* ..と〉. **2** (軍規に反して)親しくする 〈*with* ..〔敵, 被占領国民〕と〉.

▷**fràt·er·ni·zá·tion** 名

frat·ri·cid·al /frætrəsáid(ə)l, frèit-/ [形] 兄弟[姉妹]殺しの; 同胞[仲間]が殺し合う〔戦争など〕.

frat·ri·cide /frǽtrəsàid, fréit-/ [名] 〖章・法〗 **1** [U] 兄弟[姉妹]殺し; 同胞殺し; 《行為》. **2** [C] 兄弟[姉妹]殺し《犯人》. [＜ラテン語 *frāter* 'brother'; -cide]

Frau /frau/ [名] ([複] **~s, Frau·en** /fráuən/) **1** ..夫人《既婚のドイツ女性への敬称; 英語の Mrs. に相当する; 「奥さん」という呼びかけとしても用いる; 略 Fr.》. **2** [C] ドイツ女性. [ドイツ語 'woman, wife']

***fraud** /frɔːd/ [名] ([複] **~s** /-dz/) **1** [U] **詐欺**, 欺瞞(まん); [C] 詐欺行為, 不正手段. be accused of ~ 詐欺で訴えられる. commit a number of ~*s* 何度も詐欺を働く. **2** [C] 詐欺師; 偽物, 食わせ物. [＜ラテン語「詐欺」]

Fráud Squàd [名] 〈the ~〉(ロンドンの警視庁とシティー警察共同の)経済犯罪取締班.

fraud·ster /frɔ́ːdstər/ [名] [C] 〖英〗(特に, 商取引で不正を働く)詐欺師, ぺてん師.

fraud·u·lence /frɔ́ːdʒələns|-djə-/ [名] [U] 詐欺, 不正.

†**fraud·u·lent** /frɔ́ːdʒələnt|-djə-/ [形] 詐欺(的)の, 不正な; 欺瞞(まん)的な; 詐欺によって得た. [＜ラテン語] ▷ **~·ly** [副] 不正に.

‡**fraught** /frɔːt/ [形] **1** 〈叙述〉 満ちた 〈*with* ..〔危険, 困難, 問題など〕に〉. an event ~ *with* important consequences 重大な結果をはらんでいる事件. a look ~ *with* meaning 万感に満ちたまなざし. **2** 〖話〗 心配な, 気がかりな; 困った. Don't be so ~. そんなに心配するな. at this ~ moment in Russian politics ロシア政治のこの緊急時に. [＜中期英語「荷を積まれた」(＜中期オランダ語「freight を積む」)]

Fräu·lein /frɔ́ilain/ [名] ([複] **~s, ~**) **1** ..嬢《未婚のドイツ女性への敬称; 英語の Miss に相当する; 呼びかけとしても用いる》. **2** [C] ドイツ娘. [ドイツ語 (Frau の指小語)]

‡**fray**[1] /frei/ [動] (**~s**|[過] [過分] **~ed**|**fráy·ing**) [他] **1** 〔布, 縄など〕の端をほつれさす, を擦り切れさせる. ~*ed* pants 擦り切れたズボン. **2** 〔神経〕をすり減らす. Her nerves got ~*ed* taking care of her sick child. 病気の子供の世話で彼女の神経はすり減った. ── [自] 端がほつれる; 擦り切れる, 〔神経が〕すり減る. [＜ラテン語 *fricāre*「こする」]

fray[2] [名] 〈the ~〉 いさかい, 争い; 乱闘; 論争, 口論. enter [join] the ~ 争いに加わる. [＜*af*fray]

Fra·zer /fréizər/ [名] **Sir James George ~** フレーザー (1854–1941) 《スコットランドの人類学者; *The Golden Bough* の著者》.

fraz·zle /frǽz(ə)l/ 〖話〗 [名] [C] 〈単数形で〉 ぼろぼろ[めちゃめちゃ]の状態; へとへとの疲労.

to a frázzle くたくたになるまで; 徹底的に. He's worn *to a* ~. 彼は疲労困憊(ぱい)している. be burnt *to a* ~ 何も残さずに焼ける.

── [動] [他] **1** 〔布など〕を擦り切れさせる. **2** をへとへとに疲れさせる. ── [自] **1** 〔布などが〕擦り切れる. **2** へとへとに疲れる. [＜*fray*[1]＋〖廃〗 fazle「ほつれる」]

FRB 〖米〗 Federal Reserve Bank; Federal Reserve Board.

†**freak**[1] /friːk/ [名] [C] **1** 奇形の人[動物, 植物]. **2** 〖話〗 異例の事件; 変わり者, 変人. **3** 気まぐれ. **4** 〖話〗 〈修飾語を伴って〉 ..狂, ファン; 麻薬中毒者. a film ~ 映画マニア.

a frèak of náture 造化の戯れ《奇形の人・動物・植物のこと》.

── [形] 〈限定〉 異常な, 奇妙な. a ~ event 奇妙な事件.

── [動] [自] 〖話〗 興奮する; [VA] (~ *out*) 〖話〗 自制心を失う, 気が狂う; (麻薬などで)幻覚を起こす. ── [他] 〖話〗 を興奮させる; [VOA] (~ /X/ *out*) X を不安にさせる; (麻薬などで) X に幻覚を起こさせる. [＜?]

freak[2] [名] [C] (色の)筋, 縞, 斑(はん)点. ── [動] [他] に筋[縞, 斑点]をつける.

freak·ish /fríːkiʃ/ [形] 気まぐれな; 風変わりな, 異常[異例]な; 奇形の. ▷ **~·ly** [副] **~·ness** [名]

fréak-òut [名] 〖俗〗 **1** [U] (麻薬などによる)幻覚状態, 異常な行動. **2** [C] 幻覚状態の人.

†**freck·le** /frék(ə)l/ [名] [C] 〈しばしば ~s〉 そばかす, しみ. ── [動] [他] にそばかすを生じさせる. ── [自] そばかすを生じる. [＜古期北欧語]

fréck·led [形] そばかす[しみ]のある. a ~ face そばかすのできた顔.

Fred /fred/ [名] Frederic(k), Alfred の愛称.

Fred·dy /frédi/ [名] Frederic(k) の愛称.

Fred·er·ic(k) /fréd(ə)rik/ [名] **1** 男子の名《ドイツ語名 Friedrich の英語形としても用いる; 愛称 Fred, Freddy》. **2 Frederick the Great** フリードリヒ大王 (1712–86)《プロイセンの国王 (1740–86)》.

‡**free** /friː/ [形] [e] (**fré·er**|**fré·est**)

【束縛されない】 **1** 〔物が〕**つないでない**, 固定してない; 〔動物が〕つないでない, 檻(おり)に入れてない. the ~ end of a string ひもの縛ってない端. Our dog is usually ~. うちの犬はたいていつないでない.

2 自由な, 自主独立の; 自由に行動できる. a ~ country 自由な国, 自由主義の国. ~ people 〖史〗 (奴隷ではない)自由民. Prisoners wish to be ~. 囚人は自由の身になりたいと願う. the ~ world (共産圏に対して)自由世界.

3 (**a**) **自主的な**, 自発的な; 随意の. a ~ offer of services 奉仕の自発的申し出. I give you ~ choice of these books. この本の中から自由に選んでいい. →free will. (**b**) 〈叙述〉 **自由にできる** 〈*to* do ..することが〉. You are ~ *to* go or stay. 出かけるも出かけないもご自由です. Please feel ~ *to* ask questions. どうぞ自由に質問してください.

4 無遠慮な, ずうずうしい, なれなれしい, 〈*with* ..に対して〉. use ~ expressions 慎みの足りない[とてもくだけた]言い方をする. Her manner is rather ~. ＝She is rather ~ in her manner. 彼女の態度はいささかずうずうしい. make ~ *with*.. (→成句).

5 形式[規則, 慣例など]にこだわらない, のびのびした; 〔文体などが〕自由奔放な. ~ spirit 自由な精神. give a person ~ access to one's library 人に書斎を自由に使わせる. a ~ translation (逐語訳でない)自由訳, 意訳, (↔literal translation). He gave ~ play to his imagination. 彼は自由奔放に想像をはせた.

6 〔態度, 動作などが〕のびのびした, くつろいだ. be ~ and open 気楽に打ち解けている. her ~ movement in dancing ダンスの時の彼女の自然な身のこなし.

7 【仕事に束縛されない】 **暇な**, 用事のない, (↔busy). I am ~ this evening. 今晩は暇です. have little ~ time 自由な時間がほとんどない. Are you ~ *for* lunch? It's on me. お昼の時間はありますか, ごちそうしますよ.

8 【金銭に束縛されない】 **大まかな**, 気前のいい, 〈*with* ..〔金銭など〕に〉; 豊富な, 潤沢な. He is ~ *with* his money. 彼は金遣いが荒い. He is rather ~ *with* his advice, isn't he? あの人はちょっと人に忠告をし過ぎるんじゃありませんか. a ~ flow of water 滔々(とうとう)と流れる水.

9 無料の, ただの; 無税の. a ~ ticket 無料入場[乗車]券. a ~ sample 無料試供品. a ~ school 授業料のいらない学校. ~ imports 免税輸入品. Admission is ~. 入場は無料です. postage [rent] ~ 送料[賃貸料]なしで. There is no such thing as a ~ lunch. 〖諺〗 ただより高い物はない.

【解放された】 **10** 使っていない; 〔部屋, 席などが〕ふさがっていない, 空いている. push the button with one's ~ hand 空いている方の手でボタンを押す. He waited for the bathroom to be ~. 彼はトイレが空くのを待った.

11 障害のない, 自由に通行できる; (出入り, 使用, 参加などの)自由な, 開放された. The way was ~ for our advance. 我々は何の障害もなく前進した. The gallery is ~ to all. その画廊はだれでも入場できる. a ~ fight 乱闘. ~ of.. (→成句 (3)).

12 〈叙述〉ない 〈*from, of* ..の〉. ~ from.. (→成句). ~ of.. (→成句 (1)). **13** 〖化〗遊離した. ~ oxygen 遊離酸素. ~ radical 遊離基, ラジカル. ◇名 freedom

for frée 〖話〗無料で (for nothing).

frèe and éasy 屈託のない; のんびりした. lead a ~ *and easy* life のんびりと暮らす.

****frée from..*** 〔嫌なもの〕のない, ..を免れた; ..の憂いのない. ~ *from* care 心配がない. a day ~ *from* wind 風のない日. a harbor ~ *from* ice 不凍港.

****frée of..*** (1)〔じゃま物〕がなくなった[て], 除かれた[て]; ..を免除された. ~ *of* charge 無料で. ~ *of* taxes 免税で, 無税で. get ~ *of* debt 借金から脱け出す. The harbor is now ~ *of* ice. その港は今は氷が解けている. (2) ..を離れて, ..の外に. The boat was ~ *of* the pier. 船は桟橋を離れた. (3) ..に自由に出入りできる, ..を自由に使用できる. My teacher made me ~ *of* his library. 先生は書斎を私に自由に使わせてくれた.

hàve one's hànds frée (1) 手が空いている, 用事がない. When you *have* your *hands* ~, help me with washing the car. 手が空いたら車を洗うのを手伝ってくれ. (2) 好き勝手なことができる.

màke frée with.. (1) ..を我が物顔に[自由勝手に]使う. He accused me of *making* ~ *with* his car. 車を勝手に使ったことで彼は私を責めた. (2) ..になれなれしくする.

****sèt..frée*** ..を釈放する, 解放する, 〈*from* ..から〉. *set* a prisoner ~ 囚人を釈放する.

―― 副 **1** 自由に; 緩く. run ~ on the playground 運動場を自由に走り回る. **2** 無料で. be admitted ~ 無料で入場させてもらう.

―― 動 (~s /-z/|過 過分 ~d /-d/|**frée·ing**) 他 **1** (a) を自由にする, 解放[釈放]する; 〔人〕を暇にする; 〈*from* ..から〉. ~ a colony 植民地を解放する. ~ the people *from* bondage 束縛から人々を自由にする. birds ~*d out of* the cage かごから放たれた鳥. (b) VOC (~ X *to do*) 〔物事が〕X(人)に自由に..できるようにする. Resigning his post would ~ him *to* write novels. 彼は辞職すれば小説を書く時間ができるだろう.

2 〔人, 物〕を動けるようにする; を外す, ほどく. ~ a hare *from* the trap 野ウサギをわなから解放する. She tried to ~ her dress *from* the rose bush. 彼女はバラの木から(引っ掛かった)着物を外そうとした.

3 VOA (~ X ***from, of*** ..) Xを〔嫌な事など〕から逃れさせる, 免れさせる, (rid). ~ oneself *from* anxiety [*of* a foolish idea] 心配[ばかな考え]から抜け出す. ~ the world *from* poverty 世界から貧困を無くする.

4 〔制限を解いて, 物〕を利用できるようにする 〈*for* ..のために〉. ~ funds *for* the construction of a new school 新しい学校の建設のために資金を向けるのを認める.

frèe /../ úp (使えるように)〔時間, 手など〕を空ける.

[<古期英語「愛する>自由な」; friend と同源]

-free 〈複合要素〉名詞に付けて「無い」の意味を表す形容詞を作る. duty-*free*. trouble-*free*.

frèe ágent 名 C **1** 自由意志で行動できる人. **2** (プロスポーツの)自由契約選手《所属チームとの契約を解除された選手》.

frèe associátion 名 U 〖精神分析〗自由連想.

frée·bàse 〖俗〗名 U フリーベース《エーテルとともに熱して純度を高めたコカイン; 蒸気を吸入する麻薬》. ―― 動 自 フリーベースを吸う.

free·bie, -bee /fríːbi/ 名 C 〖話〗ただ[無料]の物《劇場, 野球場などの入場券, 試供品など》. ―― 形 ただで提供される. [<〖廃〗*freeby*「ただで」]

frée·bòard 名 UC 〖船〗乾舷(げん)《満載喫水線 (Plimsoll line) から上甲板の上面までの垂直距離》.

frée·bòot 動 自 海賊[略奪]行為をする.

frée·bòot·er /-ər/ 名 C 海賊; 略奪者.

frèe·bórn /⑧/ 形 (奴隷でなく)自由の身に生まれた; 自由民の[にふさわしい].

Frèe Chúrch 名 C 〖英〗独立教会《国教に制約されない》; 〈the Free Churches〉(総称的に)非国教派諸教会 (→nonconformist 2). the ~ of Scotland スコットランド自由教会《高地地方の新教の一派で安息日を厳守する》.

frèe clímbing 名 U 〖登山〗フリークライミング《落下防止のロープだけでハーケン (piton) の類は用いない》.

frèe collective bárgaining 名 U 〖英〗(賃金や労働条件についての)労使間交渉.

freed·man /fríːdmən/ 名 (複 **-men** /-mən/) C (奴隷の身分から解放された)自由民.

‡**free·dom** /fríːdəm/ 名 (複 **~s** /-z/)

【束縛のなさ】 **1** U **解放**; 免除; 〈*from* ..(から)の〉; 無いこと 〈*from* ..が〉. ~ *from* hunger [pain] 飢え[痛み]からの解放. ~ *from* prejudice 偏見のないこと.

【自由】 **2** UC **自由**; 自由な身分, 自主独立; 自由 〈*to do* ..する〉; (類語 束縛のない状態; →liberty). academic ~ 学問の自由. He had little ~ of action. 彼は行動の自由がほとんどなかった. the ~ *to* choose one's occupation 職業選択の自由.

3 U 〈the ~〉 (a) 自由, 権利, 〈*of* ..に出入りする, を使う〉. I have the ~ *of* my friend's library. 友人の書斎を自由に利用できる. (b) (名誉)市民権 〈*of* ..の〉.

> 2, 3 の 連結 complete [perfect, unbounded; comparative, limited] ~ // achieve [gain, secure, win; grant] ~; lose [give up, surrender] one's ~

4 【拘束のなさ】 U のびのびとしていること, 自由奔放; 自由自在; 無遠慮, なれなれしさ; C なれなれしい行為. He laughed with the utmost ~. 彼はなんの遠慮もなく笑った. take [use] ~*s* with a person 人になれなれしくする. ◇形 free

give a person his [her] fréedom (法的に異議を申し立てずに)人の離婚の求めに応じる.

[<古期英語; free, -dom]

fréedom fìghter 名 C (専制政府と戦う)自由の「戦士.

Frèedom of Informátion Àct 名 〈the ~〉 〖米法〗情報公開法 (1966 年制定).

frèedom of the cíty 名 U 名誉市民権《その都市を訪れた名士に贈る》. be given the ~ 名誉市民に推される.

frèedom of the séas 名 〈the ~〉〖国際法〗「公海航行の自由.

Fréedom Rìde 名 C 〖米史〗'自由の搭乗'《1960 年代に黒人差別撤廃のため南部諸州を大挙してバスで回った示威行動》. ▷ **Fréedom Rìd·er** 名

frèe énterprise 名 U 自由企業(主義)《企業活動の自由を認めることで, 資本主義の中核をなす》.

frèe fáll 名 UC **1** 自由落下《重力以外に妨げる外力がない場合》; 落下傘が開く前の降下. **2** (株価, 物価などの)(底なしの)暴落, 急落; (名声などの)急失墜.

frèe fíght 名 C 乱闘.

frèe flíght 名 U (推力を失ったあとのロケットなどの)自由[無誘導]飛行.

frèe·flóating /⑧/ 形 (考え, 目的などに)縛られない; 「漠然とした.

frée·fòne /-fòun/ 名 U 〈また F-〉〖英〗フリーダイヤル《商店などが注文者へのサービスにする通話料受信人払い制; もと商標名》.

frée-for-àll /-fərɔ̀ːl/ 名 C 〖話〗飛び入り自由の論争[格闘, 競技など]; (全員入り乱れての)乱闘, 乱戦.

―― /⌐-⌐/ 形 参加[飛び入り]自由の. ~ competition

in the information business 情報産業における自由競争.「(描いた).

frée·hànd [形], [副] (定規やコンパスを使わずに)手だけで↑

frèe hánd [名] 〈a ～〉行動の自由; 自由裁量. give [allow] him a ～ in deciding which college to enter 彼にどの大学へ入るかを自由に決めさせる. have a ～ 自由に行動する[できる].

frèe·hánded /-əd [移]/ [形] 物惜しみしない, 気前のいい. ▷～**·ly** [副] ～**·ness** [名]

frèe-héarted /-əd [移]/ [形] 率直な; 寛大な. ▷～**·ly** [副] ～**·ness** [名]

frée·hòld [名] [U] (不動産などの)自由保有(権)《終身又は世襲の権利; →leasehold, copyhold》; [C] 自由保有不動産. —— [形], [副] 自由保有の[で].
▷～**·er** [名] [C] 自由保有(権)者.

frée hòuse [名] [C] 《英》非特約酒場《特定の酒造会社に依存しない; ↔tied house》.

frèe kíck [名] [C] 《サッカー・ラグビー》フリーキック.

‡**frée·lànce** [名] [C] **1** 専属契約のないジャーナリスト[作家, 俳優など], フリーランサー. **2** 組織に属さない政治家[運動家]. **3** 《史》(ヨーロッパ中世の)傭兵《特定の主君を持たない騎士》. —— [形] 専属でない, フリーの.
—— [動] [自] 非専属[無所属]で活動する.

frée lànce [名] =freelance [名].

frée·lànc·er [名] =freelance 1, 2.

frèe-líver [名] [C] したい放題の人; 食い道楽の人.

frèe-líving /[移]/ [形] したい放題に暮らす; 〈特に〉食い道楽の, 美酒美食にふける.

frée·lòad [動] [自] 《話》(他人に)飲食, 金などをたかる, 居候する, 〈*on, off* ..に〉. ▷～**·er** [名] [C] たかり屋.

frèe lóve [名] [U] 《旧》自由恋愛, フリーセックス.

frèe lúnch [名] [UC] ただで手に入る(が結局高くつく)もの, 'ただ飯'. There's no such thing as ～. ただより高いものはない.

‡**free·ly** /fríːli/ [副] [m] **1 自由に**; 好きなように, 勝手に. The cattle are roaming the pasture ～. 牛は牧場を自由に歩き回っている. Guns are ～ available in some states. ある州では銃は簡単に入手できる.
2 〔器具が〕故障なく, 円滑に, 〔作動するなど〕.
3 率直に, 遠慮なく. laugh ～ 遠慮せずに笑う. Please speak to me ～. どうぞ率直にお話し下さい.
4 進んで, 喜んで, (readily).
5 惜しげもなく; 大量に. give one's money away ～ 金を気前よく人に与える. sweat ～ 汗がとめどなく流れる.

frée·man /-mən/ [名] ([複] **-men** /-mən/) [C] **1** (奴隷や農奴でない)自由民 (→freedman); 公民. **2** 《英》名誉市民.

frèe márket [名] [C] (統制のない)自由市場. ～ economy 自由市場経済.

Free·ma·son /fríːmèis(ə)n, ⌐⌐-/ [名] [C] フリーメーソン《相互扶助と友愛を目的とする秘密結社 Free and Accepted Masons (フリーメーソン団)の一員》.

Free·ma·son·ry /fríːmèis(ə)nri/ [名] [U] **1** フリーメーソン団の主義[制度]; 〈集合的〉フリーメーソンたち. **2** 〈f-〉(興味などを同じくする人々の間の)連帯感.

frèe on bóard [形], [副] 《商》本船(積み込み)渡しの[で]《略 FOB, f.o.b.》.「for.》.

frèe on ráil [形], [副] 《商》貨車渡しの[で]《略 FOR,↑

frèe páper [名] [C] 無料新聞《タウン紙で広告が多い》.

frèe párdon [名] [C] 《法》恩赦, 特赦.

frèe páss [名] [C] 自由通行証, 無料パス.

frèe périod [名] [C] (時間割で授業のない)空き時間,↓ 自由時間.

frée·phòne [名] =freefone.

frèe pórt [名] [C] 自由港.

frée·pòst [名] [U] 《英》(郵便の)料金受取人払い[別納](方式)《受取人は会社, 協会など》.

frèe préss [名] [U] 出版報道の自由; (政府などの検閲のない)自由出版物.

frèe rádical [名] [C] 《化》遊離基.

frèe-ránge /[移]/ [形] 《英》〔ニワトリが〕放し飼いの, 地飼いの, (↔battery). ～ eggs 放し飼いで産ませた卵.

frèe réin [名] [U] 行動[決定]の自由.

free·si·a /fríːʒ(i)ə, -ziə/ [名] [C] 《植》フリージア《アヤメ科の球根植物; 花に芳香がある; ＜19 世紀ドイツの植物学者 F. *Freese*》.

frèe sóil [名] [U] 《米》自由地域《南北戦争以前に奴隷制度を認めなかった地域》.

frèe spéech [名] [U] 言論の自由.

frèe-spóken /[移]/ [形] 率直に[腹蔵なく]物を言う.

frèe·stánding /[移]/ [形] 〔彫刻, 建築物などが〕支えなしに立っている; 自主独立の.

Frèe Státe [名] [C] 《米》自由州《南北戦争以前に奴隷制度を禁止していた州》.

frée·stòne [名] **1** [U] (きめが細かく)どんな方向にも切れる岩石《砂岩, 石灰岩など》. **2** [C] 種離れのよい果実《モモなど》; その種.

frée·stỳle [名] [U] 《水泳》フリースタイル[自由型](レース); 《レスリング》フリースタイル. the men's 100 meters ～ 男子百メートル自由型. —— [形], [副] フリースタイルの[で]. swim ～ 自由型で泳ぐ.

frèe·thínker [名] [C] 自由思想家《特に宗教に関して伝統・権威に拘束されない》.

frèe·thínking /[移]/ [形] 自由思想の.

frèe thóught [名] [U] (特に宗教上の)自由思想《普通, キリスト教の権威を認めないものを指す》.

frèe thrów [名] [C] 《バスケ》フリースロー.

frèe tráde [名] [U] 自由貿易(制度).

frèe univérsity [名] [UC] 自由大学《学生自治により大学内に設けられる非公式なもの; 自主的に選んだ問題などを議論する》; (学生の)自主講座.

frèe vérse [名] [U] 自由詩《伝統的な定形を持たない》.

frèe vóte [名] [C] 《英》(党の決定に縛られない)自由投票.「されるソフト》.

frée·wàre [名] [U] 《電算》フリーウェア《無料で配布↑

frée·wày [名] ([複] ～s) [C] 《米》(多車線の)高速自動車道路 (expressway, 《英》motorway); 無料の幹線道路.

frèe·whéel [動] [自] **1** 自転車[自動車]を惰性で走らせる《下り坂などで》. **2** 自由奔放に行動する. —— [名] [C] (自転車・自動車の)フリーホイール《自由回転装置》.

frèe·whéeling /[移]/ [形] 〈普通, 限定〉**1** 自転[自動]車が惰性走行する. **2** 《話》自由奔放な〔生活態度など〕.

frèe·wíll /[移]/ [形] 〈限定〉自由意志による〔決定など〕; 自発的な〔申し出など〕.

frèe wíll [名] [U] 自由意志, 自由選択. I chose to go of my own ～. 自ら進んで行くことにした.

frèe wórld [名] 〈しばしば F-W-; the ～〉(共産圏に対する)自由主義諸国, 自由世界.

‡**freeze** /friːz/ [動] (**fréez·es** /-əz/|[過] **froze** /frouz/|[過分] **fro·zen** /fróuz(ə)n/|**fréez·ing**) [自] **1 (a) 凍る**; 凍りつく〈*to* ..に〉, 凍結する〈*up*〉; [VA] (～ *over*)〔湖などが〕氷結する. Water ～*s* at 32°F. 水は華氏 32 度で氷になる. The plank *froze to* the ground. 板は地面に凍りついた. The pipes have *frozen* (*up*). 水道管が凍ってしまった. The pond *froze over*. 池は一面に氷が張った. **(b)** [VC] (～ X) 凍って X の状態になる. Wet clothes will ～ solid in the cold if you hang them out. ぬれた洗濯物を外に干したら, この寒さでばりばりに凍るだろう.
2 〈it を主語として〉**氷が張る(ほど気温が下がる)**, 凍るほど寒い. It *froze* hard last night. ゆうべはひどく冷えた.
3 [VA] 〈A は well など様態の副詞〉〔食品が〕冷凍できる. Strawberries don't ～ well. イチゴは冷凍するとまずい.
4 〔人が〕**こごえる**, 寒さが身にしみる; 〔植物などが〕霜で枯れる〈*out*〉. I'm *freezing*. 寒くてこごえそうだ. ～ to death

F

凍死する.
5 VA (〜 *up*)〔人が〕冷たくなる, 冷淡になる.
6 (**a**) 動けなくなる, 身がすくむ, 〈*with*, *in* ..〔恐怖, ショックなど〕で〉;〔体が〕こわばる〈*up*〉. Jane *froze* at the sight of a snake. ジェーンは蛇を見て身がすくんだ.
(**b**) 身動きをやめる. *Freeze* or I'll shoot you. 動くな, さもないと撃つぞ.
7〔機械などが〕凍って動かなくなる; (さびなどのために)動かなくなる;〈*up*〉. The lock has *frozen up*. 錠が凍りついてしまった.
── 他 **1** を凍らせる, 凍りつかせる, 〈*up*〉; VOA (〜 X *over*) X(池など)を氷結させる〈普通, 受け身で〉. The north wind *froze* (*up*) the water pipes. 北風のために水道管が凍った. The pond was *frozen over*. 池一面に氷が張っていた.
2〔人〕をこごえさせる, 凍傷にする; を凍死させる,〔植物〕を霜で枯らす;〈受け身で〉. The poor match-girl was *frozen* to death [dead]. かわいそうにマッチ売りの少女はこごえ死んだ.
3〔食品など〕を(保存のため)**冷凍する** (→chill). 〜 meat in the freezer 冷凍庫で肉を冷凍する.
4〔恐怖, ショックなどが〕をすくませる, ぞっとさせる;〔表情など〕をこわばらせる;〈*up*〉. His gaze *froze* me *up*. 彼に凝視されてぞっとした. He stood *frozen with* terror. 彼は恐怖のあまり立ちすくんだ.
5〔賃金, 物価など〕を(一定水準に)凍結する;〔預金〕を封鎖する;〔外国資産〕を凍結する. *frozen* assets 凍結資産. **6**〔機械など〕を凍って[凍ったように]動かなくする〈*up*〉. The cold has *frozen up* the lock. 寒さで錠が動かなくなった. **7**〔画面〕をこま止めする (freeze-frame).
frèeze a pèrson's blóod＝***màke a pèrson's blòod fréeze*** 人の肝を冷やす, 人をぞっとさせる.
frèeze 〔a ship〕 ***ín*** 〔船〕を氷で閉じ込める〈普通, 受け身で〉.
fréeze (on) to .. 〘話〙..にしがみつく, ..を放さない.
frèeze /../ óut (1)〘話〙を無理やり追い払う, 締め出す. The villagers tried to 〜 us *out*. 村人たちは我々を仲間に入れまいとした. (2)〘米〙〔催しなど〕を寒さのため行えなくする〈普通, 受け身で〉.
frèeze X̀ out of Ý XをYから締め出す[仲間はずれにする].
── 名 aU **1** 氷結; 厳寒期. a late 〜 時期遅れの寒さ. **2** (物価などの)凍結〈*on* ..の〉. a price [wage] 〜＝a 〜 *on* prices [wages] 物価[賃金]凍結.
[<古期英語]
frèeze-drý 動 (-**dries**|過 過分 -**dried**|〜·**ing**) 他 を冷凍乾燥する.
fréeze-fràme 名 C **1**〘映〙ひとこまの映像. **2** (ビデオの)こま止め装置. ── 動 他〔画面〕をこま止めする.
fréeze-òut 名 C〘話〙締め出し, 仲間はずれ.
†**freez·er** /fríːzər/ 名 C **1** 冷凍庫 (deep freeze); ＝freezing compartment. **2** アイスクリーム製造器.
fréeze-ùp 名 UC 厳寒期; (機械などの)凍りつき, (川などの)氷結.
freez·ing /fríːziŋ/ 形 **1** 凍結する, (凍るように)寒い[冷たい]. It's 〜 cold in this room. この部屋はひどく寒い (★副詞的用法). **2** 冷淡な, '冷たい'. ── 名 U 冷凍(すること), 凍結; ＝freezing point.
fréezing compàrtment 名 C (冷蔵庫内の)冷凍室.
fréezing pòint 名 **1** U (水の)氷点 (↔boiling point). 5℃ above [below] 〜 摂氏プラス[マイナス, 氷点下]5度. **2** C〘理・化〙凝固点; 氷点.
‡**freight** /freit/ 名 (複 〜**s** /-ts/) **1** U **貨物運送**, 貨物便. send goods by 〜 品物を貨物便で送る. by air [sea] 〜 航空[船]便で. 参考 (1)〘英〙では陸上輸送には用いない. (2)〘米〙では通例「普通便」の意味で, express (至急便)に対する.
2 U 貨物《海上, 航空, 鉄道による》(→load 類語).
3 U 貨物運賃, 運送料. 参考〘英〙では主に船便又は空輸の貨物運賃; それ以外の運賃は carriage. 〜 prepaid 運賃前払い. **4** C〘米〙貨物列車 (freight train).
── 動 他 **1** を運送する. **2** に積む〈*with* ..を〉. 〜 a ship (*with* coal) (石炭を)船積みする.
[<中期オランダ語「(船の)積荷」]
freight·age /fréitidʒ/ 名 U 貨物運送; 貨物運送料; 運送貨物.
fréight càr 名 C〘米〙貨車 (〘英〙goods wagon).
fréight·er 名 C 貨物船; 貨物輸送機; (貨物)運送業者.
fréight·lìner 名 C〘英〙コンテナ貨物列車 (**líner tràin** とも言う).
fréight tràin 名 C〘米〙貨物列車 (〘英〙goods train).
‡**French** /frentʃ/ 形 ¢ **フランスの**; フランス人の; フランス語の; m フランス風の. speak English with a 〜 accent 英語をフランス語訛(なま)りで話す. ◇名 France
── 名 **1** U **フランス語**. a teacher of 〜＝a *Frénch tèacher* フランス語の先生 (→English 形 2 注意).
2〈the 〜; 複数扱い〉**フランス人**, フランス国民,《全体》. ★個々のフランス人は French(wo)man.
Pàrdon [***Excùse***] ***my Frénch.*** 〘話〙汚い言葉を使って申し訳ない. *Pardon my* 〜, but he told a damned lie. 汚い言葉で申し訳ないが彼は糞(くそ)いまいましいうそをついた《damned を使ったことの言い訳》.
── 動 自〈f-〉〘米話〙フレンチキスをする.
Frènch and Ìndian Wár 名〈the 〜〉〘米史〙フランス・インディアン戦争《1754-1763; フランスと北米先住民の連合軍対英国の戦争; the Seven Years' War の一部》.
Frénch bèan 名 C〘主に英〙サヤインゲン.
Frènch bréad 名 U フランスパン《丸い棒状》.
Frènch Canádian 名 C フランス系カナダ人.
Frènch-Canádian 形 フランス系カナダ人の.
Frènch chálk 名 U (裁縫用の)チャコ.
Frènch Commúnity 名〈the 〜〉フランス共同体《本国と旧植民地などから成る; 1958年に結成》.
Frènch cúff 名 C (ワイシャツの)ダブルカフス《折り返す型の》.
Frènch dóors 名〘主に米〙＝French windows.
Frènch dréssing 名 U フレンチドレッシング《酢と油が主材料; 米国ではマヨネーズ, ケチャップなどから成る濃いものも指す》.
Frènch Fòreign Légion 名〈the 〜〉フランス外人部隊《特にもと北アフリカのフランス植民地に駐屯した傭(よう)兵部隊》.
Frènch fríes 名〘米〙フライドポテト《細切りにしたジャガイモの空揚げ;〘英〙chips》.
Frénch frỳ 動 他 を(たっぷりした油で)キツネ色にかりっと揚げる. *French fried* potatoes＝French fries.
Frènch hórn 名 C (フレンチ)ホルン《金管楽器》.
Frènch kíss 名 C フレンチキス《舌をからませる濃厚なキス》.
Frènch léave 名 U〘旧〙無断で[主人にあいさつせずに]帰ること. take 〜 無断で中途退席する; 義務や仕事を勝手に放棄する.
Frènch létter 名 C〘主に旧英話〙コンドーム (condom).
Frènch lóaf 名 C〘英〙細長いフランスパン.
‡**French·man** /fréntʃmən/ 名 (複 -**men** /-mən/) C **フランス人の男性**, フランスの男.
Frènch mústard 名 U〘英〙フレンチマスタード《酢で練る》.
Frènch pólish 名 U フランスワニス《家具などの仕上塗り用のニス》.
Frènch-pólish 動 他 にフランスワニスを塗る.
Frènch Repúblic 名〈the 〜〉フランス共和国《France の正式名》.

Frènch Revolútion 图 〈the ～〉 フランス革命 (1789-99).
Frènch séam 图 C 袋縫い.
Frènch tóast 图 U フレンチトースト《卵と牛乳に浸しフライパンで焼いたパン》.
Frènch wíndows 图 フランス窓《両開きでドア兼用の窓; 庭園, バルコニーに通じる》.

[French windows]

†**Frénch·wòman** 图 (複 -**women**) C フランス人の女性, フランスの婦人.
fre·net·ic /frənétik/ 形 異常に興奮した, 熱狂した; 逆上した. [frantic と同源]
▷**fre·net·i·cal·ly** /-k(ə)li/ 副 逆上して.
‡**fren·zied** /frénzid/ 形 〈普通, 限定〉 熱狂した; 狂乱した.
▷**～·ly** 副
†**fren·zy** /frénzi/ 图 aU 熱狂, 興奮; 逆上, 狂乱; 激昂(こう). a ～ of despair 絶望による狂乱. in a ～ 逆上して[た]. work oneself up into a ～ 興奮が募ってついに逆上する. [＜ギリシア語「精神錯乱」; frantic と同源]
Fre·on /fríːɑn|-ɔn/ 图 U 〖商標〗フレオン(ガス), フロン, 《冷蔵庫の冷凍剤, ヘアスプレーなどに用いるがオゾン層を破壊するため廃止を迫られている; →CFC》.
freq. frequent(ly); frequentative.
‡**fre·quen·cy** /fríːkwənsi/ 图 (複 -**cies** /-z/) **1** U 頻繁(さ), しばしば起こること, 頻発. with ～ 頻繁に. The ～ of his phone calls annoys me. あの男のように度々電話をかけてこられてはやりきれない. **2** C 頻度(数), 回数; 〖統計〗度数. ～ distribution 度数分布. **3** C 〖物理〗振動数; 〖電〗周波数; →VHF, UHF. a high [low] ～ 〖電〗高[低]周波.
frèquency modulátion 图 U 〖電〗周波数変調(放送), FM, 《略 FM; →AM[1]》.
‡**fre·quent** /fríːkwənt/ 形 m **1** 頻繁な, しばしば起こる, (↔infrequent). He makes ～ trips to Europe. 彼はしばしばヨーロッパ旅行をする. Railway accidents are ～ of late. 鉄道事故が近ごろ頻発する. **2** 常習的な; しょっちゅう出入りする. a ～ visitor at a club クラブの常連.
―― /frikwént/ 動 他 〖章〗〔場所〕をしばしば訪れる, にいつも出入りする; にいつも集まる. Ann ～*s* movie theaters. アンはよく映画館へ行く.
[＜ラテン語「込み合った」]
▷**fre·quént·er** 图 C 常連(客).
fre·quen·ta·tion /frìːkwəntéiʃ(ə)n/ 图 U 頻繁に訪れること, いつも出入りすること.
fre·quen·ta·tive /fri(ː)kwéntətiv/ 〖言〗 形 動作の反復を表す. a ～ verb 反復動詞《flicker, patter, sparkle (それぞれ＜flick, pat, spark)など》. ―― 图 C (動詞の)反復相; 反復動詞 (～ verb).
***fre·quent·ly** /fríːkwəntli/ 副 m しばしば, 頻繁に, (↔infrequently; 類語 often より形式ばった語で, 特に短い間隔, 又は規則正しく繰り返される場合に多く用いられる). He ～ phoned me last week. 彼は先週何度も電話をかけてきた.
fres·co /fréskou/ 图 (複 ～(e)s) **1** U フレスコ画法《塗り立てのしっくいの上に水彩で描く》. **2** C フレスコ壁画. ―― 動 他 〔題材, 図案〕をフレスコ画(法)で描く. [イタリア語 'fresh']
‡**fresh** /freʃ/ 形 e 【生きがいい】 **1** (**a**) e 新鮮な, 生きがいい; でき立ての, とれ立ての, (↔stale); (類語 時間の経過に関係なく本来の性質を保っていることを強調, 7 の語義参照; →new 8). ～ vegetables 取り立ての野菜. ～ eggs 産み立ての卵. ～ footprints in the snow 雪の上の新しい足跡. (**b**) ¢ 〈叙述〉 取り[作り]立ての 〈*from* ..から〉. bread ～ *from* the oven 焼き立てのパン.
2 ¢ 〈限定〉〔ニュースなどが〕新しい, 最新の; 〔計画などが〕新規の; 〔衣服などが〕真新しい; (前とは)違った, 別の. ～ news 新情報. a ～ approach to the problem その問題の新しい取り上げ方. ～ clothes 新しい[着替えの]着物. Give me a ～ sheet of paper. 新しい紙を下さい.
3 e 〔色などが〕鮮やかな, みずみずしい; 〔出来事などが〕鮮明な, 生々しい, 〈*in* ..〔印象, 記憶など〕に〉. His tragic death is still ～ *in* our memory [mind]. 彼の痛ましい死はまだ我々の記憶に新しい.
4 e 元気のいい, はつらつとした; 〔気分などが〕爽(そう)快な, すがすがしい; 元気を回復した. a ～ complexion いきいきした顔つき. look ～ 元気そうに見える. I felt ～ after a short nap. ちょっと昼寝したら気分がすっきりした.
【爽快な】 **5** e 〔空気などが〕さわやかな, (戸外の)新鮮な; (味, 口当たりが)さわやかな, さっぱりした. Go out and get a breath of ～ air. 外へ出て新鮮な空気を吸いなさい. a ～ morning さわやかな朝. in the ～ air 新鮮な空気の中に[で]; 戸外[野外]に[で]. ～-tasting wine さわやかな口当たりのワイン.
6 (**a**) e 〈叙述〉〖話〗〔天気が〕風があってひんやり[ぴりり]とする. the ～ autumn weather 清涼な秋の気候. (**b**) ¢ 〈限定〉〖気象〗風が強い. (a) ～ breeze [gale] 疾風[強風].
【自然のままの】 **7** ¢ 〈限定〉〔食品が〕生鮮の《塩漬け, 缶詰, 冷凍, 乾燥などの保存加工を施してない》. ～ meat [fish] 生肉[鮮魚].
8 ¢ 〔食品が〕塩分のない; 〔水が〕淡水の; (↔salt). ～ butter 無塩バター. ～ water 真水, 淡水.
【経験の浅い】 **9** (**a**) e 新参の; 未熟な. green and ～ 青二才の. (**b**) ¢ 〈叙述〉 出て来たばかりの 〈*from, out of* ..から〉. a teacher ～ *from* college 大学を出たての教師.
10 e 〖話〗ずうずうしい, 生意気な, 〈*with* ..に対して〉; 〈叙述〉 なれなれしい 〈*with* ..〔特に異性〕に対して〉. a ～ kid 生意気な若造. get ～ *with* a woman 女性になれなれしくする. **11** e 〖主に米俗〗すばらしい, かっこいい.
a brèath of frèsh áir →breath.
(as) frèsh as páint [a dáisy, a róse] 元気はつらつとした.
brèak frèsh gróund →ground[1].
frèsh blóod →blood.
Frèsh Páint 〖英〗〖掲示〗 ペンキ塗り立て (Wet Paint).
màke [gèt] a frèsh stárt 新たに出直す, 新規まき直しにやる.
―― 副 〈主に複合要素として〉 新たに, 新規に, ..したばかりで; 〖主に米話〗〔店などが〕切らして 〈*out of* ..〔商品〕を〉. *fresh*-baked bread 焼き立てのパン. We're ～ *out of* coffee. ただ今コーヒーを切らしています.
―― 图 **1** U 〈the ～〉 (1日, 1年などの)初め. in the ～ of the morning 早朝に. **2** ＝freshet.
[＜古期英語「(塩分がなく)飲用に適した」]
fresh·en /fréʃ(ə)n/ 動 自 〔風が〕強くなる, 涼しさを増す. ―― 他 **1** を新鮮にする, さっぱりとさせる, 〔外見など〕を一新させる, 〈*up*〉. New wallpaper ～*ed up* the living room. 新しい壁紙で居間の様子が一新した. **2** 〖主に米〗〔酒など〕につぎ足す. Can I ～ your drink? 酒をつぎ足しましょうか.
frèshen onesèlf úp＝frèshen úp (入浴, 着替えなどして)さっぱりした気分になる.
frésh·er 图 〖英話〗＝freshman.
fresh·et /fréʃət/ 图 C **1** (降雨, 雪解けなどによる)出水, 洪水; (手紙, 訪問者などの)洪水, 殺到. **2** (海に注ぐ)淡水の流れ.
†**frésh·ly** 副 **1** 〈過去分詞の前に置いて〉 新しく..したばかりで. ～ baked cookies 焼き立てのクッキー. a person ～ arrived from abroad 外国から来たばかりの人. **2** 新鮮に; さわやかに; 元気よく; 〖話〗ずうずうしく, 生意気

F

に.

*fresh·man /fréʃmən/ 名 (複 -men /-mən/) C 1 (大学の)1年生, 新入生. the ~ class 1年のクラス. 参考 (1) 女子学生についても用いる. (2)〖米〗では高等学校の生徒にも言う. →senior. 2 '1年生', 新人; 初心者.

*fresh·ness /fréʃnəs/ 名 U 新しさ; 新鮮さ; さわやかさ; 元気のよさ;〖話〗ずうずうしさ.

frésh·wàter 形 〈限定〉 1 真水の, 淡水の; 淡水に住む; (↔saltwater). ~ fish 淡水魚. 2 〔船員が〕川や湖の航行にだけ慣れた《海には慣れていない》; 不慣れな, 未熟な. 3〖米〗田舎の, 小さな, 無名の.

†fret[1] /fret/ 動 (~s|-tt-) 自 1 いらだつ, じれる, 気をもむ, 〈about, at, for, over ..のことで〉; 〔赤ん坊が〕むずかる. ~ over [about] trifles つまらないことに気をもむ. ~ and fume [fuss] やきもきして腹を立てる.
2 〔さび, 水などが〕腐食[侵蝕]する〈into, at ..を〉; 〔物が〕腐食する, すり減る. 3 〔水面が〕波立つ, 騒ぐ.
— 他 1 (a) 〔人〕をいらだたせる, の気をもませる; VOA 〔時など〕をやきもきして過ごす[暮らす]〈away, out〉. ~ oneself to death 死ぬほど気をもむ. ~out one's life 一生やきもきして暮らす. (b) (~ that 節) ..ということに気をもむ. She is ~ting that she hasn't heard from her son for ages. 長いこと息子から便りがなくて彼女は気がもめている. 2 〔さび, 水などが〕を腐食する; をすり減らす; VOA (~ X into ..) Xをすり減らして..を作る. a ~ted rope すり減った綱. Their clothing was ~ted into rags. 彼らの着物は擦り切れてぼろぼろになった. 3 〔風などが水面〕を波立たせる, 乱す.
— 名 C 〈普通, 単数形で〉〖話〗いらだち, やきもき, 焦燥. in a ~ やきもきして, じれて.
[<古期英語「食べ尽くす」]

fret[2] 名 C 雷文(らいもん) (模様)《縁飾りなどに用いられる》.
— 動 (~s|-tt-) 他 を雷文模様で飾る.

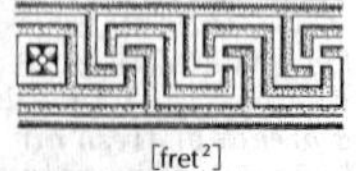
[fret[2]]

fret[3] 名 C フレット《ギターなど弦楽器の指板上の金属[木]製の細長い突起》.

fret·ful /frétf(ə)l/ 形 いらいらした; 気難しい, 怒りっぽい. ▷~·ly 副 ~·ness 名

frét·sàw 名 C 引き回しのこ, 糸のこ.

frét·wòrk 名 U 雷文(らいもん)飾り; 透かし彫り; C 〈普通, 単数形で〉 雷文模様〈of ..の〉.

Freud /frɔid/ 名 Sigmund ~ フロイト(1856-1939)《オーストリアの医師で精神分析学の創始者》.

Freud·i·an /frɔ́idiən/ 形 フロイトの, フロイト学説[学派]の. — 名 C フロイト学派の人, フロイト主義者. ▷~·ism 名

Frèudian slíp 名 C〖話〗フロイト的失言《思わず口をすべらせて真意を暴露すること》.

FRG Federal Republic of Germany.

Fri. Friday.

fri·a·ble /fráiəb(ə)l/ 形 砕け[粉末になり]やすい〔岩石, 土など〕. ▷frì·a·bíl·i·ty 名

fri·ar /fráiər/ 名 C 托鉢(たくはつ)修道士 (類語 monk と異なり, 喜捨を求め広く歩きながら教えを説く). [<ラテン語 frāter 'brother'] ▷~·ly 形

fri·ar·y /frái(ə)ri/ 名 (複 -ries) C 托鉢(たくはつ)修道士の僧院.

fric·as·see /frìkəsí:, ⌐-⌐/ 名 UC〖料理〗フリカッセ《ひと口大に切った肉や野菜を煮込みホワイトソースであえる》. — 動 他 〔肉〕をフリカッセにする. [<フランス語]

fric·a·tive /fríkətiv/〖音声〗形 摩擦の[による].
— 名 C 摩擦音《/f, θ, v, z/ などの子音》.

*fric·tion /fríkʃ(ə)n/ 名 (複 ~s /-z/) 1 U 摩擦(すること);〖物理〗摩擦(の力). The ~ against the wheel wore it down. 摩擦で車輪はすり減った. 2 UC 不和, 軋轢(あつれき). ~ between the two families 両家の不和.
[<ラテン語 fricāre「こする」]

fric·tion·al /fríkʃ(ə)nəl/ 形 摩擦の; 摩擦によって生じる. ▷~·ly 副

fríction tàpe 名 C 電線絶縁用テープ.

‡Fri·day /fráidi, -dei/ 名 (複 ~s /-z/) (用法は → Sunday 注意) 1 C 〈しばしば無冠詞〉 金曜日《略 Fri.》. ~ the thirteenth 13日の金曜日, 不吉な日, 厄日,《キリストの受難から》. Thank God it's ~. →TGIF. →a girl [man] ~, Good ~. 2 〈形容詞的〉 金曜日の. 3 〈副詞的〉〖話〗金曜に; 〈~s〉 金曜にはいつも.
[<古期英語「Frigg(a) (北欧神話の女神)の日」]

‡fridge /fridʒ/ 名 C〖話〗(家庭の)冷蔵庫《<refrigerator》. a ~-freezer〖英〗冷凍冷蔵庫.

frídge màgnet 名 C 冷蔵庫の扉などに紙を留める磁石.

fried /fraid/ 動 fry[1] の過去形・過去分詞.
— 形 油で焼いた[いためた, 揚げた], フライにした. ~ eggs 目玉焼き《両面焼く場合もある》.

Frie·dan /fri:dǽn/ 名 Betty ~ フリーダン(1921-)《米国の女権拡張論者》.

fríed·càke 名 UC〖米〗揚げ菓子《特にドーナッツ》.

‡friend /frend/ 名 (複 ~s /-dz/) C 1 友達, 友人, (→companion 類語). He has many acquaintances but few ~s. 彼は知り合いは多いが友人はほとんどいない. my ~ 私の友人《だれであるか明白な特定の友人》. a ~ of mine (ある)私の友人. an old ~ of my father's 父の古くからの友人. one of my ~s 私の友人の中の1人. our mutual ~ 我々に共通の友人. A ~ in need is a ~ indeed.〖諺〗まさかの時の友こそ真の友《これを踏まえて a ~ in need だけで「真の友人」の意になる》. What are ~s for? 友達じゃないか(気にしなくていいよ)《<友人は何のためにあるか》. Tom's not my boyfriend; we're just (good) ~s. トムはボーイフレンドじゃないわ. 私達ただのよいお友達よ《性的関係などはない》. With ~s like you, who needs enemies? 友達にしてはひどい仕打ちじゃないか.

連結 a good [a bosom, a close, an intimate; a lifelong; a sworn; a constant, a faithful, a true; an old; a false] ~

2 知り合い, 知人, (→acquaintance). a ~ at court〖旧〗有力なコネ《<宮廷の知人》. have ~s in high places 有力者たちと知り合いである.
3 味方, 同志, (↔enemy, foe); 支持者, 後援者, 〈of, to ..の〉. a ~ of the truth 真理の味方. He is no ~ to me. 彼は私の味方ではない. Christ teaches that we must love all men, ~ or foe. 我々は敵も味方もすべての人を愛さなくてはならないとキリストは教える.
4 同僚, 仲間; 連れ. dumb ~s 物言わぬ友《犬, 馬, 鳥など》. business ~s 商売仲間.
5〖章〗 助けになる物[事]. His natural caution proved to be his great ~. 生まれつきの警戒心が彼にたいそう幸いした.
6〖キリスト教〗〈F-〉 フレンド会 (the Society of Friends) の一員, クエーカー教徒.
7 (a)〖章〗〈呼びかけなど〉 君, あなた; '我が[我らが]友'; (語法 しばしば my, our などを伴い, 親しい相手, 時に顔見知りの人に対して用いる). Good morning, my [good] ~. やあ, おはよう. my honourable ~ (我が)友《英国の国会での議員間の呼びかけ》. my learned ~ (我が)友《英国の法廷での弁護士間の呼びかけ》.
(b)〖戯又は皮肉〗〈our (old) ~〉 例の..のやつ. The fortune fell to our ~ Mike. その財産はたまたま(例の)マイクのやつのものになった. ◇形 friendly

*be fríends with .. ..と仲良しである. Tom is ~s with John. トムはジョンと仲がいい. ★主語が単数でも friends と複数形にする.

*màke fríends 友達ができる; 友人になる, 親しくなる,

〈*with* ..と〉. John *made* ～*s with* Peter again. ジョンはピーターと仲直りした.
[＜古期英語「愛してくれる(人)＞友」(＜*frēon* 'love, free'); free と同源; -nd は現在分詞語尾 (→fiend)]

fríend·less 形 友達[味方]のない. ▷～**·ness** 名

fríend·li·ness /fréndlinəs/ 名 U 友情; 親切; 親善.

‡**friend·ly** /fréndli/ 形 e (**-li·er**|**-li·est**) **1 親しい**, 仲がいい, 友人関係の; 〖話〗(性的に)親密な; 〈*with* ..と〉. Jane is very ～ *with* Mary. ジェーンはメリーとたいそう仲がいい. be on ～ terms *with* a person 人と仲がいい.
2 友好的な, 親切な, 優しい, 〈*to* ..に対して〉; 人なつっこい. a ～ atmosphere 友好的な雰囲気. Our dog is too ～ ˪to be a watch dog [*to* strangers]. うちの犬は人なつっこすぎて番犬向きでない[知らない人になつっこすぎる].
3 味方の; 好意的な; 〈*to* ..に(とって)〉(↔hostile). a ～ nation 友好国. ～ fire [bombing] 味方からの(誤射による)砲撃[爆撃].
4 (**a**) 好都合な, 役に立つ, 〈*to* ..にとって〉. a ～ rain 恵みの雨. (**b**) 〔場所や物が〕安心させるような, ありがたい. a ～ restaurant くつろげるレストラン. a ～ breeze 気持ちのいいそよ風. (**c**) 役に立つ, 優しい, 〈*to* ..に〉(→-friendly). be safe and ～ *to* the environment 安全で環境に優しい.
── 名 〖英〗=friendly match. [friend, -ly²]

-friendly 〈複合要素〉「..のために役立つ[優しい]」の意味. user-*friendly*. ozone-*friendly*. earth-*friendly*. a family-*friendly* employer 家庭(を持つこと)に理解のある雇い主.

frìendly mátch 名 C 〖主に英〗(親善)練習試合.

frìendly socíety 〈しばしば F- S-〉 名 C 〖英〗共済組合 (〖米〗benefit association [society]).

frìend of the cóurt 名 C 〖法〗裁判所の友 《係争中の事件の(当事者ではないが)かかわりのある第三者として裁判所に意見を述べることのできる人》.

‡**friend·ship** /frén(d)ʃip/ 名 (複 ～**s** /-s/) **1** U **友情**, 友愛. ～ between us 我々の間の友情. **2** C (個々の)友情, 親しい交際; 友好関係. a ～ agreement 友好協定. strike up a ～ with her 彼女と友達になる.

> 連結 form a ～; continue [keep (up), maintain] a ～; lose [break (off)] a ～

Frìends of the Éarth 名 〈the ～〉'地球の友' 《国際的な環境保護団体》.

fri·er /fráiər/ 名 =fryer.

fries /fraiz/ 動 fry¹ の 3 人称・単数・現在形.
── 名 fry¹ の複数形.

Frie·sian /fríːʒən|-ziən/ 名 〖主に英〗=Holstein.

frieze /friːz/ 名 C **1** 〖建〗フリーズ 《古代建築で柱の上のなげしに相当する部分》.
2 壁などの上部の帯状装飾.

[frieze 2]

frig¹ /frig/ 動 (～**s**|**-gg-**) 〖卑〗 自 **1** オナニーをする; セックスをする. **2** 〖英〗 VA (～ *about, around*) ぶらぶら時を過ごす. ── 他 VOA (～ /X/ *about, around*) X を手荒く扱う.

frig² /fridʒ/ 名 =fridge. ★旧式綴り.

frig·ate /frígət/ 名 C **1** フリゲート艦 (〖米〗では巡洋艦と駆逐艦の間; 〖英〗では駆逐艦より小型の護衛艦). **2** 〖史〗フリゲート艦 《1750–1850 年ごろの, 大砲を備えた快速の帆走軍艦》. [＜イタリア語]

frígate bìrd 名 C 〖鳥〗グンカンドリ 《熱帯産の大きな海鳥; **màn-of-wár bìrd** とも言う》.

fríg·ging 形, 副 〖卑〗糞(ᶜ)いまいましい[く], ひでえ(ぐあいに), (damned, fucking).

***fright** /frait/ 名 **1** U (急激な)**恐怖**, 驚愕(ᵍᵃᵏᵘ); C 〈普通, 単数形で〉恐怖の体験, ショック; (類語 突然の, 又一時の恐れ; →fear). get [have] a ～ びっくり仰天する. take ～ at a peal of thunder 雷鳴におびえる, ぎょっとする. give a person a ～ 人をびっくりさせる. I got [had] the ～ of my life when something exploded behind me. 後ろで何かが爆発した時心臓が止まるほど驚いた. **2** C 〈単数形で〉〖話〗ひどく醜い[嫌な, こっけいな]人[もの]. Her hair looked a ～. 彼女の髪ときたらひどいものだった. ◇動 frighten
── 動 他 〖雅〗=frighten. [＜古期英語]

‡**fright·en** /fráitn/ 動 (～**s** /-z/|過 過分 ～**ed** /-d/|～**·ing**) 他 **1 を怖がらせる**, ぎょっとさせる, (類語「怖がらせる」の意味の最も一般的な語; 普通急激で一時的な恐怖や驚きを与える場合に用いる; →alarm, scare, terrify). The explosion ～*ed* the villagers. 爆発の音に村人たちは仰天した. be ～*ed* →frightened.
2 VOA (～ X *away, off*) X を脅かして追い払う; (～ X *into/out of* (*doing*) ..) X を脅かして..させる/させない. The report of a gun ～*ed* the villagers *away*. 銃声に驚いて村人たちは逃げ去った. ～ him *into* submission [*out of* going to the police] 彼を脅して屈服させる[警察に行くのをやめさせる].
frìghten a pèrson to déath [***out of his wíts***] = ***frìghten the lífe*** [***dáylight, wíts***] ***out of a pérson*** 人を恐怖でおののかせる; 人をびっくり仰天させる.

‡**fright·ened** /fráitnd/ 形 m **おびえている**, おびえた, 〈*of, at, by* ..に/*that* 節 ..であると〉. a ～ child おびえた子供. She is ～ *of* snakes. 彼女は蛇を怖がる. The president is ～ *of* losing power. 大統領は権力を失うのを恐れている. (語法 上の 2 例は習慣的な意味を表し, frightened=afraid). She was ～ ˪*at* the sight of it [to see it]. 彼女はその光景を[それを見て]恐ろしがった《一時的》. The girl was ～ *that* she might be left alone in the dark. 少女は暗やみの中で一人ぼっちにされるのではないかとおびえた.

fríght·en·er 名 C 〖英俗〗〈～s; 普通, 次の成句で〉. ***pùt the fríghteners on*** .. ..に脅しをかける.

†**fríght·en·ing** 形 恐ろしい, 怖い. It is ～ just to think of that air crash. あの飛行機事故のことは考えるだけで恐ろしい. ▷～**·ly** 副 恐ろしいほど.

†**fright·ful** /fráitf(ə)l/ 形 **1** 〖旧話〗(**a**) 嫌な, とても不快な; 妙な. (**b**) 〈限定〉ひどい, すごい. a ～ bore 退屈極まる人物. a ～ amount of work とてつもなく多くの仕事. **2** 恐ろしい, ぎょっと[ぞっと]するような; 非常に醜い. a ～ groan ぞっとするようなうなり声. ▷～**·ness** 名

fríght·ful·ly 副 **1** 〖主に英旧話〗ひどく, とても, (very). I'm ～ sorry to have kept you waiting. お待たせして大変申し訳ない. **2** 恐ろしく, ぞっとするほど.

†**frig·id** /frídʒəd/ 形 **1** 凍えるほど寒い, 極寒の; 寒帯の. a ～ area 極寒の地域. **2** 〔態度, 応対などが〕冷淡な, そっけない; 堅苦しい. a ～ greeting [look] 冷淡なあいさつ[表情]. **3** 〔女性が〕性的不感症の. [＜ラテン語「冷たい」] ▷～**·ly** 副 冷淡に. ～**·ness** 名 =frigidity

fri·gid·i·ty /fridʒídəti/ 名 U 極寒; 冷淡さ; (女性の)不感症.

Frígid Zòne 名 〈the ～〉寒帯.

fri·jol /fríːhoul, -ˊ/ 名 (複 ～**es** /-z, -iːz, -eis/) C フリホール 《米国南西部および中南米産のインゲンマメ》.

†**frill** /fril/ 名 **1** C (衣装, カーテンなどの)ひだの付いた縁飾り, フリル. **2** 〈普通 ～s〉無用の飾り; 気取り, 見え. a car without [with no] ～*s* 余計な装飾のない車. put on (one's) ～*s* 見えを張る. **3** (鳥獣の)えり毛, 羽毛.

frilled 形 フリルの付いた; フリル状の〔紙のふさなど〕.

frìlled lízard 名C エリマキトカゲ《オーストラリア産》.
frill·y /fríli/ 形 **1** ひだ飾りのたくさん付いた; 装飾的な. **2** 無駄な; 冗長な〔文体など〕. ▷**frill·i·ness** 名
*****fringe** /frindʒ/ 名 (複 **fríng·es** /-əz/) C **1** (テーブル掛け, ショールなどのへりの)ふさ飾り; 周りを飾るもの. a ～ of trees around [on] the pond 池の周りを取り巻いている木々. **2** へり, 縁; (中心から離れた)外縁, 周辺; 2次的なもの[事]. the ～*s* of a subject 問題の周辺. **3** (政治などの)反主流派(の人); 過激派(の人). →lunatic fringe. **4** (動植物の)ふさ毛; 〖主に英〗(女性の額に下ろした)切り下げ髪(〖米〗bang). **5** 〈形容詞的〉周辺的な, 添え物の; 反主流の. a ～ candidate 泡沫(ほうまつ)候補. a ～ group 反[非]主流派, 過激派.
── 動 他 に縁[ふさ]飾りを付ける; を縁取る〈*with* ..で〉. Flowering bushes ～*d* the roadside. 花の咲いた低木が道路を縁取っていた. [＜ラテン語「縁」]
frínge àrea 名C (テレビなどの)受信[受像]不良地域.
frínge bènefit 名C 〈普通 ～s〉付加給付《給料以外の特典; 健康保険, 有給休暇, 年金など》; 余得, おまけ. 「周辺的な所にある」.
frínge thèater 名U 〖英〗実験劇場《興行街の↑
frip·per·y /frípəri/ 名 (複 **-ries**) **1** U (服飾品の)安っぽくけばけばしい飾り; C 〈しばしば -ries〉安くてけばけばしい服[品物]. **2** U (言葉, 態度などの)てらい, 見栄.
Fris·bee /frízbi/ 名C 〈しばしば f-〉〖商標〗フリスビー《プラスチック製の薄い円板, これを投げ合って遊ぶ; ＜米国の製パン会社の名》.
Fris·co /frískou/ 名 〖米話〗＝San Francisco.
Fri·sian /frí(:)ʒən|fríziən/ 形 **1** フリースラント(Friesland)《オランダ北部の州》の; フリージア諸島(Frisian Islands)の. **2** フリジア人[語]の.
── 名C フリジア人; U フリジア語.
frisk /frisk/ 動 自 〔動物, 子供などが〕跳ね回る, はしゃぎ回る,〈*around, about* (..を)〉; (とび跳ねて)じゃれる. ── 他 〖話〗〔人〕の身体検査[ボディーチェック]をする《衣服の上から両手で体に触って凶器などの有無を調べる》〈*down*〉. ～ a person for a gun 銃を持っていないかと人を身体検査する. ── 名C **1** 〈単数形で〉跳ね回り. **2** 〖話〗(衣服の上からの)身体検査, ボディーチェック. [＜古期フランス語「活発な」]
frisk·y /fríski/ 形 e 跳ね回る; 快活な, 元気のいい; じゃれる, ふざける. ▷**frisk·i·ly** 副 **frisk·i·ness** 名
fris·son /fri:sóun|frí:sɔn/ 名C (わくわくする)スリル, 戦慄(りつ). [フランス語 'shiver']
frit /frit/ 形 〖英方〗＝frightened.
frith /friθ/ 名 ＝firth.
frit·ter[1] /frítər/ 動 他 VOA (～/X/*away*) X(時間, 金, 精力など)を少しずつ無駄遣いする〈*away*〉〈*on* ..に〉.
frit·ter[2] 名C フリッター《果実, 肉, 野菜などの薄切りに衣を付けて油で揚げた料理》. 「故障して.
fritz /frits/ 名 〈次の成句で〉. ***on the frítz*** 〖米俗〗↑
friv·ol /frív(ə)l/ 動 自 軽薄に振舞う. ── 他 〔時間, 金など〕を軽薄に[むだに]使う〈*away*〉. ▷～·(l)**er** 名
‡**fri·vol·i·ty** /friválәti|-vɔ́l-/ 名 (複 **-ties**) **1** U 軽薄さ, 浅薄さ. youthful ～ 若者(特有)の軽薄さ. **2** C 〈普通 -ties〉軽薄な行為[考え, 言葉]; たわいのない娯楽.
‡**friv·o·lous** /frívələs/ 形 **1** 軽薄な, 浮ついた, ふまじめな. a ～ girl 浮ついた娘. **2** 下らない, 取るに足りない. [＜ラテン語「くだらない」] ▷**～·ly** 副 軽薄に(も), 軽々しく. **～·ness** 名U 軽薄, 浅薄.
frizz /friz/ 〖話〗名C 〈単数形で〉(細かい)縮れ髪, 縮れ毛. ── 動 他 〔髪〕を縮らす〈*up*〉. ── 自 〔髪が〕↓
friz·zle[1] /fríz(ə)l/ 動, 名 ＝frizz. 〔縮れる〈*up*〉.
friz·zle[2] 動 他 〖話〗〔肉など〕をじゅーじゅー油で揚げる, かりかりにする; 〔料理など〕を焦がす. ── 自 〔熱した油, 揚げ物などが〕じゅーじゅー音を立てる; 〔料理などが〕焦げつく〈*up*〉. [＜*fry*[1]＋*sizzle*]
friz·zly /frízli/ 形 ＝frizzy.
friz·zy /frízi/ 形 e 〖話〗〔髪が〕細かく縮れた. naturally ～ hair 生まれつきの縮れ髪, 天然パーマ.
fro /frou/ 副 〈次の成句のみ〉.
*****tò and fró*** (2点間を)あちらへこちらへ, 行ったり来たりして; 前後に; 左右に. The pendulum swings *to and* ～. 振り子は左右に揺れる. [＜古期北欧語 'from']
†**frock** /frɑk|frɔk/ 名C **1** 〖旧〗(婦人, 女の子供用の)ワンピース, フロック. **2** (キリスト教聖職者, 托鉢(たく)僧などの)長上着, 僧衣. **3** (昔の農夫, 労働者などの)仕事着, 上っ張り. **4** ＝frock coat. [＜古期フランス語]
fróck còat 名C フロックコート《19世紀に用いられたひざまでの長さの男子服; 今は礼服》.
*****frog** /frɔ:g, frɑg|frɔg/ 名 (複 **～s** /-z/) C **1** 〖動〗カエル(類語 frog は主に水中に, toad は産卵時以外は陸上に生息する; →tadpole). *Frogs* croak. カエルがげろげろ鳴く. **2** フロッグ《軍服, 中国服, パジャマの上着などの飾り留めボタン》. **3** 〖動〗蹄叉(ていさ)《馬の足裏の三角形の堅い部分》; 〖鉄道〗轍叉(てつさ), フロッグ《カエルの後足状》. **4** 〈F-〉〖英話・軽蔑〗フランス人《カエルをよく食べると言われることから》. **5** (ベルトに付けた)剣差し.
hàve a fróg in the [*one's*] ***thróat*** 〖話〗(のどを痛めたりして)声がしわがれている. [＜古期英語]
frogged 形 フロッグ[飾り留めボタン]の付いた.
Frog·gy /frɔ́:gi, frɑ́gi|frɔ́gi/ 名 (複 **-gies**) ＝frog 4. 「ク》.
fróg kìck 名C 〖水泳〗フロッグキック《平泳ぎのキッ↑
frog·man /frɔ́:gmæn, frɑ́g-, -mən|frɔ́gmən/ 名 (複 **-men** /-mèn, -mən|-mən/) C 潜水作業員, フロッグマン; (陸海軍の)潜水工作員.
fróg·màrch 動 他 VOA 〔反抗する人など〕をうつ伏せにして4人で手足を持って運ぶ; を後手(うしろで)にとって歩かせる; 〈*away, off*〉〈*from* ..から/*into, to*.. へ〉.
fróg·spàwn 名U カエルの卵.
‡**frol·ic** /frɑ́lik|frɔ́l-/ 動 (～s|過 過分 **-icked**|**-ick·ing**) 自 浮かれ騒ぐ; ふざけ回る; 〈*about*〉.
── 名 UC 浮かれ騒ぎ; 浮かれ騒ぐパーティー[ゲーム]. fun and ～(*s*) 陽気な騒ぎ. The children were having a ～ in the garden. 子供たちは庭でふざけ回っていた. [＜オランダ語「陽気な」]
frol·ic·some /frɑ́liks(ə)m|frɔ́l-/ 形 〖章〗陽気に騒ぐ, 浮かれ気分の.
‡**from** /frəm, 強 frʌm, frɑm|frəm, 強 frɔm/ 前 (★～ *afar* [*way back*] (遠方[昔]から)など慣用的に場所, 時を表す副詞(句)を従える場合がある; 前置詞句全体を目的語にしている例は1, 2, 10を参照)
【基点, 出発点】(↔to) **1** ..から. fly ～ London to Paris ロンドンからパリまで飛ぶ. The town is 3 miles ～ the place. 町はその場所から3マイルのところにある. rise ～ the chair いすから立ち上がる. hang ～ the ceiling 天井からぶら下がる. The dog appeared ～ behind the curtain. 犬はカーテンの陰から現れた. The signal was not visible ～ where I stood. 信号は私の立っている所からは見えなかった. A stone fell ～ above. 上から石が落ちてきた.
2 〔現在, 過去, 未来のある時〕から (→since 語法). ～ Monday to [through] Friday 月曜から金曜まで (→through 7; inclusive 3). The library is open ～ nine *till* [*to*] six o'clock. 図書館は9時から6時まで開いている. three years ～ now 今から3年後. ～ birth 生まれた時から. I know him [He's been like that] ～ his childhood. 私は彼を子供のころから知っている[彼は子供のころからああなんです]. ～ before breakfast until after dark 朝食前から日没後まで. my friends ～ university days 大学時代(から)の友人.

3〔ある物, 状態〕から. a development ~ friendship *into* love 友情から恋愛への発展. pass ~ one job *to* another 1つの仕事から他の仕事に移る. translate ~ English *into* French 英語からフランス語へ翻訳する.
4 **..から(始めて)**. count ~ one *to* ten 1から10まで数える. see ~ the first *to* the last scene 最初の場面から最後の場面まで見る. (~) 10 *to* 20 people 10名から20名ぐらいの人々 (語法 このような from..to の限定用法では, from がしばしば省略される). These bags are ~ 3 dollars. この種のかばんは(最低価格が) 3ドルからです.
【根源】 5〔由来, 出所〕**..から(出た)**. a gift ~ my uncle おじさんからの贈り物. quotations ~ the Bible 聖書からの引用. have a call ~ Bill ビルから電話をもらう. a man ~ the bank 銀行から派遣された男. heat ~ the sun 太陽熱. oranges ~ that village その村で取れたオレンジ. speak ~ memory [experience] 記憶を頼りに[経験に基ついて]話す. Where ⌊do you come [are you] ~? ご出身はどちらですか (★この表現は「出身地」だけではなく, 現在の「本拠地(として住んでいる町, 市など)」を聞く場合にも用いられる). That is leftover stew ~ last night それ, 夕べの残りのシチューだよ.
6〔原料, 材料〕から, ..で. Beer is made ~ barley. ビールは大麦で作る (★be made of との相違については → MAKE X from Y). paint ~ nature [life] 写生する. an adaptation ~ Ibsen's drama イプセン劇の翻案.
7〔原因, 動機, 根拠, 観点〕から, **..のために**, ..がもとで; ..から(見て). die ~ drinking too much 酒を飲み過ぎて死ぬ (★die of との相違については →die¹ 1 (a)). act ~ a sense of duty 責任感から行動する. ~ necessity 必要上. *From* [Judging ~] his expression, we suspected him of lying. 表情から判断して, 我々は彼がうそを言っていると疑った. ~ a student's point of view 学生の観点から(見て).
8【出どころ】..に. beg money ~ a person 人に金を恵んでくれと言う. request help ~ a person 人に援助を求める. order several books ~ the bookstore 書店に本を数冊注文する.
【分離】 9 **..から(離れて)**. stay away ~ home 家を留守にする. Keep away ~ the dog! 犬に近寄るな. be absent ~ school 学校を休んでいる.
10 **..から(区別して)**, ..と(違って). My opinion ⌊differs [is different] ~ yours. 私の意見はあなたと違う. know good ~ evil 善悪の区別がつく. tell a wolf ~ a dog オオカミと犬を見分ける.
11 **..から(除去[免除, 選択]して)**. 4 ~ 10 leaves 6. 10引く4は6. steal money ~ a bank 銀行から金を盗む. separate cream ~ milk クリームをミルクから分離する. Death has released him ~ his suffering. 死によって彼は苦しみから解放された. free ~ work 仕事に煩わされない. Eliminate unnecessary words ~ the sentence. 文から不要な語を削除しなさい. Take one ~ among these apples. このリンゴの中から1つ取りなさい.
12【防止, 保護】**..から**. Illness prevented me ~ attending the party. 病気でパーティーに出られなかった. defend one's child ~ danger 我が子を危険から守る. A big tree gave us shelter ~ the rain. 我々は大きな木の下で雨宿りした.
as from →as.
far from.. →far.
from X̀ ón Xから[以後]ずっと. ~ now *on* 今後は. ~ that day *on* その日以降. ★on の代わりに forward や onward なども用いる.
from X to Y (1)〈X, Yは別の名詞〉XからYまで, XからYへ, (→1-4). ~ head *to* foot 頭のてっぺんからつま先まで, 全身. ~ rags *to* riches →rag (成句). (2)〈from X to X で〉XからXへ, Xごとに. ~ end *to* end 端から端へ. Bees are flying ~ flower *to* flower. ミツバチが花から花へと飛んでいる. Customs differ ~ country *to* country. 慣習は国によって異なる. 語法 この形式では名詞が本来 Ⓒ であっても無冠詞になる; アクセントは from X̀ to Ý.
[<古期英語「前方へ>..から離れて」; fro と同源]

fro·mage frais /frəmɑ̀:ʒ-fréi|frɔ̀-/ 图 Ⓤ 非熟成チーズ《低脂肪の柔らかいチーズ》. [フランス語; 'fresh cheese']

Fromm /frɑm|frɔm/ 图 **Erich ~** フロム (1900-80)《ドイツ生まれの米国の精神分析学者》.

frond /frɑnd|frɔnd/ 图 Ⓒ (シダ, シュロなどの)葉; (海草などの)葉状体. [<ラテン語 *frōns*「葉のついた枝」]

‡**front** /frʌnt/ 图 (複 **~s** /-ts/)
【前部】 1 Ⓒ〈普通 the ~〉(物の)**前部, 前面**, (↔back, rear); (建物などの)正面, (入り口のある)側面; (用紙, 貨幣などの)表(おもて); (新聞の)第一面, (書物などの)最初の部分, 冒頭. The ~ *of* the car was dented. 車の前部がへこんでいた. the west ~ of a church 教会の西側. the ~ *of* an envelope 封筒の表. the ~ of a book 本の扉.
2【前の位置】Ⓒ **前方**(の場所) (→成句 in FRONT of ..). the ~ of a line 行列の前の方. a seat in the ~ of the bus バスの前部座席.
3 Ⓒ (服, シャツの)前部; (礼装用ワイシャツ (dress shirt) の)胸の部分. the ~ of a dress ドレスの前部.
4【人, 体の前部】Ⓒ **(a)** (体の)正面, 前部. lay a baby on its ~ 赤ん坊をうつぶせに寝せる. **(b)** (人の)顔; 〖詩〗額 (forehead). 5 **(a)** Ⓒ〈普通, 単数形で; 修飾語を伴って〉(..な)顔つき, 態度. a genial ~ 優しい顔つき. with a brazen [smiling] ~ 厚かましい[にこやかな]態度で. put on [show] a brave ~ 度胸があるふりをする. **(b)** Ⓤ ずうずうしさ, 厚かましさ. have the ~ to say so 厚かましくもそのように言う.
【前面】 6 Ⓒ〈普通 the ~〉街路[川など]に面した[沿った]土地; 地先(じさき)《建物の前面と街路などとの間の土地》; 〖英〗海岸の[湖に面した] (遊歩)道路. a house on the (water) ~ 海[湖]に面した家.
7 Ⓒ 〖話〗表看板; (名ばかりの)代表者, '隠れみの' 〈*for* ..の〉. The bar is a ~ *for* trafficking in drugs. そのバーは麻薬の密売買の隠れみのになっている.
【活動の前面】 8 Ⓒ 〖軍〗(最)**前線**, 戦線, 戦地; 〈一般に〉最前線, 第一線. go to the ~ 前線へ出る. →Western *Front*.
9 Ⓒ〈普通, 修飾語を伴って〉(思想, 政治, 社会の)戦線, 活動; (活動の)分野, 領域, 方面. the labor ~ 労働戦線. the popular [people's] ~ 人民戦線. present a united ~ 共同戦線を張る. on the economical ~ 経済面で.
10 Ⓒ 〖気象〗前線. a cold [warm] ~ 寒冷[温暖]前線.
at the frónt (1) 正面[前部]に; 先頭に(立って); 〈*of* ..の〉. The land question is *at the* ~ today in Japan. 土地問題は今日日本の最大関心事である. (2) 表立って.
còme to the frónt 前面に現れてくる; 目立ってくる, 有名になる.
in frónt 先に[の]; 前部で[に]; リードして. walk *in* ~ 先に立って歩く.
****in frónt of..*** (1) **..の前に**[で, の], 正面に[で, の]; ..の前方に[の]; (↔at the back of..). There was a car parked *in* ~ *of* my house. 私の家の前に車が駐車してあった. This adjective is used only *in* ~ *of* a noun. この形容詞は名詞の前にのみ用いられる. ★「目上の人(など)の前で」は before で表す. He was brought *before* the King. 彼は王の前に連れて来られた. stand *before* the court 法廷(の前)に立つ. (2)〔人〕の面前で, いる所で. You mustn't use such words *in* ~ *of* ladies. 婦人の前でそんな言葉を使ってはいけない.
òut frónt (1) (建物の)表へ[に]. I walked *out* ~ to

get a cab. タクシーをつかまえようと表に出た. (2) 前面に出て; (ほかより)抜け出して, リードして. His yacht was 100 yards *out* ～. 彼のヨットは 100 ヤードほど引き離して先頭を切っていた. (3)〖話〗観客に混じって.

put ùp a (gòod) frónt〖話〗本当の気持ちを隠す, きれい事を言う, さりげない様子を見せる.

shòw [presènt, put òn] a bòld frónt 大胆な態度を取る〈*on* ..〔状態など〕に対して〉.

ùp frónt →up 副.

── 形 〈限定〉**1** (最)前部の; 正面の; 表の. the ～ row 前列, 正面最前列. ～ teeth 前歯. a ～ seat 前方の席. **2**〖話〗表看板の, '隠れみの'の. **3**〖音声〗前舌の. a ～ vowel 前(舌)母音. **4**〖ゴルフ〗(18 ホールのうちの)前半 (9 ホール)の (↔back).

── 動 他 **1**〔建物が〕に面する, 向かい合う. The hotel ～*s* the lake. ホテルは湖に面している. **2** の正面に付ける, 正面を飾る,〈*with, by* ..を, で〉〈普通, 受け身で〉. a store ～*ed with* glass 正面がガラス張りの店. **3**〖英〗〔組織, 団体など〕の指導者[代表]を務める, を率いる;〔ボーカルグループなど〕を主宰する. **4**〖話〗〔テレビ[ラジオ]番組〕を提供する, の司会者をする. **5** と立ち向かう, に直面する, (confront) (★〖英〗では〖古〗).

── 自 **1** VA 面する, 向く,〈*on, upon, onto, to, toward* ..に〉. My room ～*s on* the street [～*s* (*toward* the) west]. 私の部屋は通りに面している[西向きだ]. **2** VA (～ *for..*)〖話〗〔いかがわしい団体など〕の名ばかりの代表者になる. [＜ラテン語 *frōns*「額(ひたい)」]

front·age /frʌ́ntidʒ/ 名 C〖章〗(建物, 地所の)正面(の長さ), 間口(まぐち); (建物の)向き; (道路, 河川などに面する)空地, 地所. a building with a road ～ of 300 yards 道路に面する間口が 300 ヤードの建物.

fróntage ròad 名 C〖米〗(近くの私有地などから高速道路へ通じる)側道 (service road).

‡**fron·tal** /frʌ́ntl/ 形 〈限定〉**1** 前面の, 正面(から)の; 正面を向いた〔裸体(画)など〕. a ～ attack〖軍〗正面攻撃. full ～ nudity 正面向きの全裸体. **2**〖解剖〗額の, 前額部の. the ～ bone 前額骨. the ～ lobes 前頭葉. **3**〖気象〗前線の. a cold ～ system 寒冷前線(系).

── 名 C **1** (祭壇の)前飾り. **2** (建物の)正面, 前面. **3**〖解剖〗前額骨.

frònt-and-cénter /㊥/ 形 重大な関心事である.

frònt·bénch 名 〈the ～; 単複両扱い〉〖英〗最前列席《下院で大臣や野党幹部が座る; ↔backbench》; 大臣, 野党幹部. ▷ **～·er** 名 C〖英〗(下院の)最前列席着席者《大臣または野党幹部》.

frónt bùrner 名 〈the ～〉(ガスレンジの)前列のバーナー (↔back burner).

on the frónt bùrner〖話〗最優先事項[課題]で.

frònt désk 名 〈the ～〉(ホテルの)フロント.

frònt dóor 名 C 正面玄関(の戸).

frónt-ènd 形 **1**〖米話〗当初の[に必要な]. **2**〖電算〗前置の.

frònt-end compúter 名 C 前置型コンピュータ《通信回線網と中央処理装置との中間にあって中間的なデータ処理をする》.

frònt-énding 名 U (新聞の)電子編集方式《活字製版せずコンピュータで編集する》.

‡**fron·tier** /frʌntíər|ˊ－/ 名 (複 **～s** /-z/) C **1**〖米〗〈the ～〉(開拓時代の西部の)**辺境**, フロンティア,《未開地に接する開拓地の境界地方》. **2 国境**, 国境地方,〈*between* ..間の/*with* ..との〉(border). the ～ *between* China and Vietnam 中国とヴェトナムの国境. Music knows no ～*s*. 音楽に国境はない. **3**〈しばしば ～s〉(知識, 学問などの)最先端(の領域). work in the ～*s* of medicine 医学の最前線で研究する. push back the ～*s* of medicine 医学上の新発見をする《＜最前線を押し下げる》. [＜古期フランス語; front, -ier]

fron·tiers·man /frʌntíərzmən|ˊ－－/ 名 (複 **-men** /-mən/) C 辺境開拓者; 辺境[国境地方]の住民.

frontìer spírit 名 〈the ～〉〖米〗開拓者精神.

fron·tis·piece /frʌ́ntəspìːs/ 名 C **1** (本の)口絵. **2** (建物の)正面; (戸, 窓などの上の)装飾壁.

front·let /frʌ́ntlət/ 名 C **1** (額の)飾りバンド. **2** (動物の)額.

frònt-líne /㊥/ 形 最前線の. the ～ states〖史〗南アフリカを取り囲む (apartheid 反対の)諸国.

frònt líne 名 〈the ～〉(戦闘, 社会活動などの)最前線. in *the* ～ of computer science コンピュータ科学の最前線に.

frónt màn 名 C **1** (組織の)代表者;〖俗〗(不法行為などをカムフラージュする)隠れみの的人物. **2** テレビ[ラジオ]番組の提供者. **3** (ボーカルグループなどの)リーダー.

frónt màtter 名 U (本の)前付け《標題紙, 序文, 目次などを含む; ↔back matter》.

frónt mòney 名 U 前金.

frònt óffice 名 C〖米〗(会社などの)首脳部, フロント陣.「業務, 表方(おもてかた)」.

frònt of hóuse 名 U (劇場の)観客席; 観客担当↑

frònt-páge /㊥/ 形 〖話〗〈限定〉〔ニュースなどが〕(新聞の) 1 面向きの, 重大な. ── 動 他 〔記事〕を第 1 面に載せる.

frònt páge 名 C (新聞の)第 1 面. make the ～ (重大ニュースとして)新聞の第 1 面に出る.

frònt ránk 名 〈the ～〉最前線; 指導的立場.

frònt-ránk /㊥/ 形 〈限定〉一流の.

frònt róom 名 C 居間 (living room).

frònt rúnner 名 C **1** 先頭走者[馬]; 先駆者; 勝算十分な人[馬]. **2** 先行逃げ切り型の人[馬].

frònt-wheel dríve (自動車の)前輪駆動方式.

frosh /frɑʃ|frɔʃ/ 名〖米話〗＝freshman.

Frost /frɔːst|frɔst/ 名 **Robert** (**Lee**) ～ フロスト (1874–1963)《米国の詩人》.

‡**frost** /frɔːst|frɔst/ 名 (複 **～s** /-ts/) **1** U **霜**; C 霜が降りる天候[時期], 降霜. The ground was covered with ～. 地面は霜で覆われていた. We had a severe ～ this morning. 今朝はひどく霜が降りていた. early ～*s* (秋の)早霜. late ～*s* (春の)晩霜(ばんそう).

連結 a hard [a heavy; a light, a slight] ～

2 U (霜が降りるほどの)寒気, 寒冷; 氷結; 氷点下の温度. The ～ is keen. 寒さが厳しい. There was 10 degrees of ～ last night.〖英|日〗昨晩は氷点下(摂氏) 10 度の寒さだった《普通は摂氏による表現; 華氏では氷点が 32°F だから 22°F》. **3** U〖話〗(態度の)冷たさ, 冷淡さ. **4** C〖話〗失敗; 当て外れの催し[計画など].

── 動 他 **1** を霜で覆う〈*over, up*〉;〔植物など〕を霜で傷める[枯らす]. **2**〔金属, ガラスなど〕をつや消しにする. **3**〖米〗〔菓子など〕に白い衣 (frosting) をかける.

── 自 VA (**～*over, up***) 霜で覆われる. ◇形 frosty [＜古期英語; 本来 freeze の名詞形]

fróst·bite 名 U 凍傷 (→chilblain). suffer from ～ 凍傷にかかる.

fróst·bìtten 形 凍傷にかかった;〔植物が〕霜害を受↓

fróst·bòund 形 霜で凍(い)てついた〔地面など〕. ⌊けた.

fróst·ed /-əd/ 形 **1** 霜で覆われた; 凍結した. **2** すりガラスの. **3**〖米〗〔菓子などが〕frosting 2 をかけた.

fróst·ing 名 U **1** (ガラス, 金属などの)つや消し. **2**〖米〗(菓子の)衣 (icing)《砂糖, バターなどで作る》.

fróst·wòrk 名 U (窓ガラスなどにできる)霜の模様; 霜模様の装飾.

†**frost·y** /frɔ́ːsti|frɔ́sti/ 形 e **1** 霜の降りる; 凍えるような寒さの. a ～ morning 霜の降りた[凍えるような]朝. **2** 霜に覆われた(ような);〔頭髪などが〕白い, 白髪の. **3** 冷たい, すげない. a ～ atmosphere 白けた雰囲気.

▷**frost·i·ly** 副 **frost·i·ness** 名
†**froth** /frɔːθ|frɔθ/ 名 **1** aU (ビールなどの)泡; (馬, 狂犬などが口から吹く)あぶく; (類語 foam の方が一般的で意味の範囲が広い). **2** U 〘軽蔑〙下らないもの; むだ話, 空論, ばか騒ぎ. —— 動 他 〔卵, 石けんなど〕を泡立てる 〈*up*〉. —— 自 泡立つ 〈*up*〉; 泡を吹く. ～ at the mouth 口から泡を吹く; 〘話〙 かんかんに怒る. [＜古期北欧語]
froth·y /frɔ́ːθi|frɔ́θi/ 形 **1** 〔ビールなどが〕泡立った, 泡の多い, 泡だらけの. **2** 〘軽蔑〙(内容が)たわいのない, 下らない. **3** 〔服, 布地が〕軽くて薄い.
▷**froth·i·ly** 副 **froth·i·ness** 名
frou·frou /frúːfrùː/ 名 C **1** (絹のドレスなどの)さらさらという音. **2** (特に女性服の)縁飾り, フリル. [フランス語]
fro·ward /fróu(w)ərd/ 形 頑固な, 強情な, つむじ曲りの. [＜中期英語「離れた方へ」; fro, -ward] ▷～**·ly** 副 ～**·ness** 名
***frown** /fraun/ 動 (～s /-z/|過 過分 ～ed /-d/|**frówn·ing**) 自 **1** まゆをひそめる《不機嫌, 困惑, 思案の表情》, しかめ面をする 〈*at* ..に〉; VA (～ *on, upon* ..) ..に難色を示す, 嫌な顔をする, 〈受け身可〉. Don't ～ *at* me. 私に難しい顔をしないでください. He ～*s on* his wife wasting money. 彼は妻の無駄遣いに渋い顔をする. His impertinence is ～*ed upon*. 彼の厚かましさはひんしゅくを買っている. **2** 〔高い絶壁などが下方から見て〕威圧的に見える.
—— 他 **1** 渋い顔をして〔不賛成, 不機嫌など〕を示す.
2 VOA しかめ面をして[人]を..にする[[人]に..させる]. ～ a person *down* [*into* silence] 苦々しい顔をして人を黙らせる. The rude maid was ～*ed away* [*off*] by her mistress. その無礼なメイドは女主人に怖い顔をされて引き下がった.
—— 名 (複 ～s /-z/) C **しかめ面**; 渋面, 不機嫌[不賛成]な表情, 考え込んだ顔つき. with a ～ 顔をしかめて, 不機嫌な顔で; 思案に暮れて. The young girl had [wore] a worried ～ on her brow. 少女は心配そうにまゆをひそめていた.
[＜古期フランス語「しかめ面(をする)」]
frówn·ing·ly 副 まゆをひそめて, 渋い顔をして; 威圧的に.
frowst·y /fráusti/ 形 〘英話〙＝frowzy 2.
frow·zy, -sy /fráuzi/ 形 e 〘英話〙 **1** 〔人, 衣類などが〕汚らしい, むさ苦しい; だらしがない. **2** 〔家, 部屋などが〕かび臭い, むっとする.
froze /frouz/ 動 freeze の過去形.
‡**fro·zen** /fróuz(ə)n/ 動 freeze の過去分詞.
—— 形 m **1** 凍った; 凍えるように寒い. a ～ pond 氷結した池. the ～ Arctic 極寒の北極地方.
2 凍えた; 霜害にあった. ～ limbs 凍えた手足. I'm ～ (stiff). すっかり冷えきってしまった.
3 〔食品が〕冷凍の. thaw ～ meat 冷凍肉を解凍する.
4 冷淡な, 無情な; すくんだ, こわばった, 〈*with* ..〔恐怖など〕で〉. The girl was ～ *with* [*in*] terror. 少女は恐ろしくてすくんだ. a ～ look こわばった表情.
5 〔資産, 価格などが〕凍結された. ～ wages 凍結された賃金. ▷～**·ly** 副
FRS 〘米〙Federal Reserve System; 〘英〙Fellow of the Royal Society (英国学士院会員).
frs. francs.
frt. freight.
fruc·ti·fi·ca·tion /frʌ̀ktəfəkéiʃ(ə)n/ 名 U 〘章〙(植物の)結実; 〈集合的〉果実; (努力などの)結実.
fruc·ti·fy /frʌ́ktəfài/ 動 (-fies|過 過分 -fied|～·ing) 〘章〙 自 〔植物が〕実を結ぶ; 〔努力などが〕結実する. —— 他 に実を結ばせる; を結実させる. [＜ラテン語 *frūctus*「果物」]
fruc·tose /frʌ́ktous/ 名 U 〘化〙果糖.
***fru·gal** /frúːg(ə)l/ 形 m **1** (生活ぶりが)**質素な**, 倹約する; 節約する 〈*with, of* ..を〉; (↔wasteful; 類語 必要には関係なく節度ある倹約をする; →economical). lead a ～ life 質素に暮らす. be ～ *of* one's expenses 支出を節約する. **2** 〔食事などが〕金をかけない, つましい, 簡素な. [＜ラテン語「慎重な, 倹約する」] ▷～**·ly** 副 質素に, 倹約して.
fru·gal·i·ty /fruːgǽləti/ 名 (複 **-ties**) U 質素, 倹約; C 〈普通 -ties〉質素な生活ぶり.
‡**fruit** /fruːt/ 名 (複 ～s /-ts/) **1** UC **果物** (語法 普通 U として集合的に用いるが, 個々の果物や種類を言うときは C). fresh ～ 新鮮な果物. dried ～ 干し果物. canned [〘英〙 tinned] ～ 缶詰の果物. My father does not eat much ～. 父はあまり果物を食べません. We can grow most ～*s* in this climate. この気候ではたいていの果物は栽培できる.

連結 ripe [unripe, young; firm; juicy; sweet; sour; wild; rotten; canned; frozen] ～ // produce ～

2 UC (一般に植物の)実; 〈～s; 総称的〉作物, 産物. bear ～ (→成句). a tree in ～ 実のなっている木. harvest the ～*s* of the earth 〘雅〙大地の実り[農産物]を収穫する.
3 C 〈しばしば the ～(s)〉成果, (良い, 悪い)結果; 報償, 報い. the ～(*s*) of one's labor 勤労の成果.
4 C 〘米俗〙男の同性愛者, ホモ; 〈old ～〉〘英旧俗〙おまえ《男の友達に対する呼びかけ》.
***bèar frúit** 〔植物が〕**実を結ぶ**; 〔努力などが〕実を結ぶ, 成果を上げる. This plant *bears* good ～. この植物には良い実がなる.
—— 動 自 〔植物が〕実を結ぶ. ◇形 fruitful, fruity
[＜ラテン語「収穫(の楽しみ)」(＜*fruī*「楽しむ」)]
fruit·age /frúːtidʒ/ 名 U **1** (果物の)結実; 〈集合的〉果実. **2** 成果.
frúit bàt 名 C 〘動〙オオコウモリ《果実を好む; (亜)熱帯産》(flying fox).
frúit·càke 名 **1** UC フルーツケーキ《干し果物, クルミ, レモンの皮などを入れ, しばしばワインやブランデーを加えたケーキ》. **2** C 〘英話〙頭の変な人.
as nùtty as a frúitcake 〘英話〙気が変な, ばかげた, 《nutty の「ナッツの入った」と「気が変な」とをかけた》.
frúit còcktail 名 UC フルーツカクテル《細かく切った幾種類もの果物を混ぜ合わせたもの; 前菜, デザート用》.
frúit cùp 名 UC フルーツカップ《前菜, デザート用; 数種の果物片をカップかグラスに盛ったもの》.
fruit·er·er /frúːtərər/ 名 C 〘英旧〙(店を構えた)果物商, 水菓子屋.
frúit flỳ 名 C 〘虫〙ミバエ《果実の害虫》.
***fruit·ful** /frúːtf(ə)l/ 形 m **1** (内容的に)**実りの多い**; 有益な, 有利な; 生む 〈*of* ..〔好結果など〕を〉. ～ labors 実り多い労働. a ～ lecture 有益な講義. **2** たくさん実のなる; 多産な. a ～ harvest 豊かな収穫. **3** 〔土などが〕肥沃(ﾖｸ)な; 〔気候が〕豊作をもたらす. ◇↔fruitless
▷～**·ly** 副 実り多く, 有益に, 有利に. ～**·ness** 名
‡**fru·i·tion** /fruːíʃ(ə)n/ 名 U **1** (目標などの)達成, 実現; (努力などの)成果, 結実. come to ～ 成就する. bring one's hopes to ～ 希望を実現させる[結実させる]. **2** (植物の)結実.
frúit knìfe 名 C 果物ナイフ.
***fruit·less** /frúːtləs/ 形 m **1** 効果のない, 無益な. ～ efforts 無駄な努力. a ～ discussion 実りのない討論. **2** 〔植物が〕実のならない, 〔土地が〕不毛の. ◇↔fruitful
▷～**·ly** 副 無駄に. ～**·ness** 名 U 効果のないこと.
frúit machìne 名 C 〘英〙フルーツマシーン《絵柄に果物の絵を用いているスロットマシーン》(〘米〙 slot machine).
frùit sálad 名 UC フルーツサラダ《〘英〙では数種の果物を細かく切って混ぜ合わせたもの; 〘米〙ではこれをゼリーで

固めたものを言う; デザートに食べる》.

frúit sùgar 名 U 果糖.

frúit trèe 名 C 果樹.

‡**fruit·y** /frú:ti/ 形 e **1** 果物の味[香り]のする, 果物のような. **2**〖話〗〔声が〕豊かな. **3**〖英話〗〔話が〕(性などについて)あけすけな, 際どい. **4**〖米俗〗ホモの.

frump /frʌmp/ 名 C やぼったい[流行遅れの]身なりの人《特に女性》. ▷**frúmp·ish, frúmp·y** 形 薄ぎたない, やぼったい.

***frus·trate** /frʌ́streit|-ˊ-, ˊ-ˊ/ 動 (~s /-ts/|過 過分 **-trat·ed** /-əd/|**-trat·ing**) 他 **1**〔計画など〕を失敗させる, 挫折(ざせつ)させる;〔人〕を失敗させる〈*in* ..〔企てなど〕に〉. ~ the terrorists *in* their attempt テロリストたちの企てを失敗させる. a ~*d* lover 恋に破れた人. **2**〔人〕に挫折感を持たせる, を欲求不満にする. He was ~*d* by the dismissal notice. 彼は解雇通知を受けて挫折感を味わった. [<ラテン語「失望させる」(<*frustrā*「無益に」)]

frus·trat·ed /frʌ́streitəd|-ˊ-, ˊ-ˊ/ 形 **1**〈限定〉挫折(ざせつ)[失敗]した. a ~ writer 挫折した作家. **2**〈叙述〉落胆した; 不満の;〈*at*, *with* .. に〉. **3** (性的に)欲求不満の.

frus·trat·ing /ˊ-ˊ-|-ˊ-, ˊ-ˊ-/ 形 腹立たしい; がっかり[やる気をなく]させるような. the ~ reaction of the audience (講演者などを)がっかりさせるような聴衆の反応.

frus·trá·tion 名 UC **1** 失敗(させる[させられる]こと), 挫折(ざせつ)(させる[させられる]こと). **2** 欲求不満, 挫折感;〈普通 ~s〉欲求不満の種.

frus·tum /frʌ́stəm/ 名 (複 **~s, -ta** /-tə/) C **1**〖幾何〗円錐台, 切頭体. **2**〖建〗(積み上げて円柱を作る)柱筒.

‡**fry**[1] /frai/ 動 (**fries** /-z/|過 過分 **fried** /-d/|**frý·ing**) 他 **1** を油で揚げる[焼く, いためる], フライにする, (→pan-fry, deep-fry, stir-fry). *fried* eggs →fried. ~ up cold food 冷めた食物をいためて暖める. **2**〖米俗〗を電気いすで処刑する.

── 自 **1** 揚げ物[フライ, いため物]になる, 揚がる. Rice is ~*ing* in the pan. フライパンで米がいためられている. **2**〖話〗日焼けする. **3**〖米俗〗電気いすで処刑される.

have óther [bígger] físh to frý →fish.

── 名 (複 **fries** /-z/) C **1** 揚げ物[いため物](料理). **2**〖米〗(普通, 戸外での)揚げ物パーティー.

[<ラテン語 *frigere* 'roast']

fry[2] 名 (複 ~) C **1** 幼魚, 稚(ち)魚; (カエルなどの)子. **2**〖話〗ちっぽけなもの (→small fry). [<古期北欧語「種子」]

frý·er 名 C **1**〖主に米〗フライ向きのひな鳥. **2** フライ鍋(なべ)《深いもの》. 「う》.

frý·ing pàn 名 C フライパン《〖米〗skillet とも言

lèap [jùmp] out of the frýing pàn into the fíre 小難を免れようとして大難に遭う.

frý pàn 名〖米〗=frying pan.

frý-ùp 名 C〖英話〗**1** (食物を)油で揚げる[いためる]こと. **2** フライ, 油いため(料理).

FS〖英〗Foreign Service (〖米〗外務職員局).

FSLIC〖米〗Federal Savings and Loan Insurance Corporation (連邦貯蓄金融保証公社)《Savings and Loan Association の預金者を保護する》.

f-stòp /éf-/ 名 C〖写〗f ストップ《f 数 (f-number) で示されるカメラレンズの絞り》.

FT〖英〗Financial Times.

ft. feet; foot; fort; fortification.

FTC〖米〗Federal Trade Commission.

fth., fthm. fathom.

ft-lb foot-pound.

fuch·sia /fjú:ʃə/ 名 **1** C フクシア《花が鐘のように垂れる観賞用低木; 熱帯アメリカ原産; アカバナ科; <L. *Fuchs* (16 世紀ドイツの植物学者)》. **2** U 紫紅色.

†**fuck** /fʌk/〖卑〗動 他 **1**〔主に男が, 女〕と性交する. **2**〈命令形で間投詞的に目的語に対する怒り, 不満などを表す〉*Fuck* you! くたばれ, くそ食らえ. *Fuck* it! ちくしょう, ばかな! *Fuck* this car! It won't start. なんてひでえ車だ, 動きゃしねえ. ── 自 性交する.

fùck aróund [abóut〖主に英〗***]*** ばかなまねをして回る, 遊びほうける. 「..をこき使う.

fùck..aróund [abóut〖主に英〗***]*** ..を虐待する;

fùck óff (1)〈普通, 命令形で〉とっとと消えうせろ; じゃまするな. (2)〖米〗=FUCK around.

fùck /../ óff ..をかんかんに怒らせる.

fùck úp 大へまをやらかす.

fùck /../ úp ..をめちゃくちゃ[台無し]にする.

── 名 **1** C 性交; 性交の相手《特に女性》. **2**〈the ~〉一体全体《強意語》. What the ~ are you doing in my room? おれの部屋で一体何をしていやがるんだ.

nòt càre [gìve] a fúck 屁(へ)とも思わぬ〈*about* ..のことなんか〉. [原義は「打つ」か]

fuck-all /ˊˊ, ˊˊ/ 名 U〖英卑〗無 (nothing at all), 何も..ない. The lazy swine's done ~ this morning. この怠け野郎は今朝何もしてないぞ.

fúck·er 名 C〖卑〗性交する人; ばか, 間抜け.

fúck·hèad 名 C〖米話〗ばか野郎; むかつくやつ.

†**fúck·ing**〖卑〗形, 副〈ほとんど意味のない怒りの気持ちを含めた強調語〉I couldn't understand a ~ word of it. その話てんから分からなかった. It's so ~ ridiculous. あほらしいったらない. 「た.

fùcking Á /-éi/〈間投詞的に〉〖米話〗へえ, ぶったまげ

fúcking wèll 絶対に, 必ず, 《怒りの気持ちを含めた命令を表す》. You're ~ *well* going to pay me back. おまえは絶対に金を返すんだ. 「どじ.

fúck-ùp 名 C〖卑〗混乱; 大失敗, へま; へまなやつ,

fud·dle /fʌ́dl/ 動 他〔飲酒などが人, 頭〕をぼーっとさせる. ── 名 aU 頭がぼーっとしている状態. in a ~〖話〗もうろうとして.

fud·dy-dud·dy /fʌ́didʌ̀di/ 形, 名 (複 **-dies**) C〖俗〗時代遅れの(人), ださい人.

fudge /fʌdʒ/ 名 **1** U ファッジ《チョコレート・バター・ミルク・砂糖などで作る柔らかで甘い菓子》. **2** C 下らない話; ばかげたこと; ごまかし. **3**〖旧話〗〈間投詞的; 女性語〉あほらしい, やあね. ── 動〖話〗他 **1** をでっち上げる〈*up*〉. ~ *up* an excuse for being late 遅刻した口実をでっち上げる. **2**〔問題点など〕をいい加減に扱う; を誤って伝える; をはぐらかす. ── 自 煮え切らない態度を取る; ごまかしをやる;〈*on* ..について〉.

Fueh·rer /fjú(ə)rər/ 名 =Führer.

‡**fu·el** /fjú:əl|fjú(:)əl/ 名 (複 **~s** /-z/) **1** UC **燃料**《まき, 石炭, ガス, 石油など》; (原子炉用)核燃料. Coal is used as [for] ~. 石炭は燃料に用いられる. **2** U (激情を)あおる物事. The boy's excuse was ~ *to* his father's rage. 少年の言い訳が一層父の怒りをあおった.

àdd fúel to.. ..に燃料を補給する. *add* ~ *to* the fire [flames] 火に油を注ぐ, 激情をあおり立てる. *add* ~ *to* the controversy 議論を盛り上げる.

── 動 (~s|〖英〗**-ll-**) 他 **1** に燃料を補給する; を動かす〈*by* ..〔燃料など〕で〉. ~ ships at sea 船舶に海上で燃料補給をする. **2**〈感情など〉をあおり立てる, たきつける; を促進する, 助長する, 勢いづかせる. ── 自 燃料補給をする〈*up*〉. [<ラテン語 *focus*「暖炉」]

fúel cèll 名 C 燃料電池.

fúel injèction 名 U〖機〗(エンジンへの直接の)燃料噴射《この装置を付けると自動車の加速力が増す》.

fúel òil 名 U 燃料油.

fúel ròd 名 C (原子炉の)核燃料棒.

fúel tànk 名 C 燃料タンク.

fug /fʌg/ 名 aU〖主に英話〗(人が詰め込まれた部屋などの)むっとした空気[状態]. I cannot stand the ~ of

cigarette smoke here. こうたばこの煙が立ちこめてたのじゃたまらない.
「むっとする.
fug·gy /fʌ́gi/ 形 e 《主に英話》〔部屋, 空気などが〕↑
†**fu·gi·tive** /fjúːdʒətiv/ 形 〈限定〉 **1** 逃亡した, 逃亡中の, 脱走した. a ～ criminal 逃亡犯人. **2** 《雅》 うつろいやすい, はかない; その時限りの. a ～ color さめやすい色.
── 名 C 逃亡者; 亡命者, 避難民; 〈*from* ..からの〉. a ～ *from* justice 逃亡犯人. ～*s from* the front 前線からの逃亡兵. [＜ラテン語 *fugere*「逃げる」]
fugue /fjuːg/ 名 《楽》 U フーガ(形式); C フーガ(の曲), 遁走(とんそう)曲, 《主題を別の声部で追いかけて繰り返す》.
[フランス語 'flight']
Füh·rer /fjú(ə)rər/ 名 **1** 〈der /deər/ ～ 又は the ～〉総統 《Hitler の称号》. **2** C 〈f-〉 指導者, 独裁者.
[ドイツ語 'leader']
-ful 接尾 (★1, 2 は /-f(ə)l/, 3 は /-fùl/と発音) **1** 〈名詞に付けて形容詞を作る〉「..の性質を持つ, ..に満ちた」の意味. beauti*ful*. care*ful*. **2** 〈動詞に付けて形容詞を作る〉「..しがちの」の意味. forget*ful*. wake*ful*. **3** 〈名詞に付けて名詞を作る〉「..1 杯の量」の意味. cup*ful*. hand*ful*. ★複数形は -fuls (まれに -sful):two spoonfuls of milk (2 さじのミルク). [full[1]]
Ful·bright /fúlbràit/ 名 (**James**) **William** ～ フルブライト (1905–95) 《米国の政治家, 上院議員; 海外との学生交換を推進する **Fúlbright Schòlarship** (フルブライト奨学金)の創設に貢献》.
ful·crum /fúlkrəm, fʌ́l-/ 名 (複 **～s, ful·cra** /-krə/) C (てこの)支点, てこ台; 〈普通, 単数形〉 (活動などの)中心点, かなめ. [ラテン語「寝台の支柱」]
ful·fil /fulfíl/ 動 (**～s**|**-ll-**) 《主に英》 ＝fulfill.
‡**ful·fill** /fulfíl/ 動 (**～s** /-z/|過 過分 **～ed** /-d/|**～·ing**) 他 《主に米》 **1** 〔約束, 義務, 命令など〕を**果たす**, 実行する; 〔仕事など〕を成し遂げる, 完遂する. ～ a promise [one's mission] 約束[使命]を果たす.
2 〔目的など〕にかなう; 〔要求, 条件など〕を満たす, 充足させる; 〔命令, 法律など〕に完全に従う. ～ the entrance requirements 入学の要件を満たす. **3** 〔希望, 予言など〕を実現させる, かなえる, 〈普通, 受け身で〉. The prophecy was not ～*ed*. その予言は実現しなかった.
fulfíll onesèlf 自分の能力を十分に発揮する.
[＜古期英語; full[1], fill]
ful·fílled 形 満足した, 充足した.
ful·fíll·ing 形 充足感を与える.
†**ful·fíll·ment** 《米》, **-fíl-** 《主に英》 名 UC **1** 実行(する[される]こと), 遂行, 成就, 実現. **2** (成功した後の)充足感.
Ful·ham /fúləm/ 名 フラム 《ロンドン西部の 1 地区》.
‡**full**[1] /ful/ 形 e
【満ちた】 **1** (**a**) 〔容器などが〕**いっぱいな**, **満ちた**, 〈*up*〉 〈*of* ..で〉. (↔empty) a ～ cup of coffee カップになみなみと入っているコーヒー. a bucket ～ *of* water 水のいっぱい入ったバケツ. The oil tank is ～ *up*. 燃料タンクは満杯だ. Don't speak with your mouth ～. 口を食べ物でいっぱいにしてしゃべってはいけない. His glass was ～ to the brim. 彼のグラスはなみなみとつがれていた. (**b**) 〔場所などが〕いっぱいな, 満員の, 大入りの, 〈*up*〉 〈*of* ..〔人など〕で〉. The stadium was ～ to bursting. 《英》 スタジアムは超満員だった. a train ～ *of* passengers 乗客で満員の列車. a lake ～ *of* fish 魚がいっぱいいる湖. a composition ～ *of* errors 間違いだらけの作文.
2 (**a**) 腹がいっぱいな, 満腹した, 〈*up*〉. eat till one is ～ 腹いっぱい食べる. on a ～ stomach 満腹(状態)で.
(**b**) 〈叙述〉 〔胸, 頭が〕いっぱいになった, 夢中になっている, 〈*of* ..で, に〉. My heart is too ～ for words. 胸がいっぱいで言葉が出ません. The farmers are ～ *of* complaints. 農夫たちは不満でいっぱいだ. He is ～ *of* his own importance. 彼は自分は偉いと思っている.
(**c**) 《英話》 酔っぱらった.
【不足の無い】 **3** 〈限定〉 (**a**) **完全な**, 全部の; 最大限度の; 充足した〔生活など〕. The roses are in ～ bloom. バラが満開だ. ～ tide 満潮. the ～ text 全文. insult a person in ～ view of the company 満座の中で人に恥をかかせる. tell a ～ and detailed story 一部始終事細かに話す. rise [draw oneself up] to one's ～ height すっくと立ち上がる. lead a ～ life 充足した生活をする. (**b**) (資格が)完全な, 最高位の, 正... a ～ member 正会員. a ～ professor 《米》 正教授 《普通 associate professor 以下の professor と区別する必要がある時に用いる》.
4 〈限定〉 〈数量を表す語を伴って〉 まるまる, 満..., (→fully). a ～ mile たっぷり 1 マイル. five ～ years＝a ～ five years まる 5 年間.
【たっぷりした】 **5** (**a**) **十分な**, 豊かな. a ～ meal たっぷりした食事. Santa Claus has a ～ beard. サンタクロースにはふさふさしたあごひげがある. (**b**) 詳しい 〈*on* ..に〉. His report was very ～ *on* the financial aspects. 彼の報告は財政面に詳しいものだった.
6 〈普通, 限定〉 〔顔などが〕ふっくらした, 丸々とした. a ～ face 丸顔. a ～ figure よい格幅 《婉曲に肥満体のこと》.
7 〔衣服が布を十分使って〕ゆったりした, ひだを多く取った, (↔tight). a ～ skirt ゆったりしたスカート.
8 〈限定〉 〔声が〕朗々とした, 〔音が〕豊かな, 〔色, 香りなどが〕濃い; 〔ワインなどが〕こくのある; (rich). ◇動 fill 副 fully
(***at***) ***fùll spéed*** [***pélt, tílt***] 全速力で〔走るなど〕.
fúll of onesèlf うぬぼれた[て], 自己中心の[で].
fùll of yèars and hónors 《雅》 天寿を全うし功成り名遂げて〔死ぬなど〕.
to the fúllest ＝to the FULL.
── 名 U 〈普通 the ～〉 十分さ, 完全さ; 全部; 全盛. I cannot tell you the ～ of it. すっかりお話しするわけにはいきません.
at the fúll 頂点に達して[達した], 〔花などが〕真っ盛りで[の]; 〔月が〕満月で[の]; 〔潮が〕満潮で[の].
****in fúll*** **省略せずに**; 全部, 全額. Write your name *in* ～. 名前を略さずに[フルネームで]書きなさい.
****to the fúll*** **限度まで**; 十分に. enjoy oneself *to the* ～ 心ゆくまで楽しむ.
── 副 **1** 真っ向から (straight), まともに, じかに. The ball hit the boy ～ in the face. ボールは少年の顔にまともに当たった. **2** 非常に (very) (★～ well (成句) 以外は 《詩・古》); 十分に (fully).
fùll óut 《まれ》 全力を挙げて; 全速力で.
fùll wéll 十分よく. He knew ～ *well* his own shortcomings. 彼は自身の欠点をよく知っていた.
── 動 自 〔月が〕満ちる. ── 他 〔衣服など〕を(タックなどをつけて)ゆったりに作る.
[＜古期英語]
full[2] 動 他 (洗ったり蒸したりして) 〔布地〕を密にする, 縮絨(じゅう)する.
fùll áge 名 U 成年, 丁年.
fúll·bàck 名 C (サッカー, ラグビー, アメリカンフットボール, ホッケーなどの)フルバック, 後衛.
fùll béam 名 《英》 ＝high beam.
fùll blóod 名 **1** U (血統の)純粋さ, 純血; C 純血種の動物[人]. **2** U 全血血族関係 《同じ両親の子同士; →half blood》; C 両親を同じくする人.
fùll-blóoded /-əd 移/ 形 〈限定〉 **1** 純血(種)の.
2 多血質の, 情熱的な; 血気盛んな; 精力的な.
‡**fùll-blówn** /移/ 形 **1** 〔花が〕満開の. **2** 完全に発達[成熟]した; 本格的な〔戦争, 成功など〕.
fùll bóard 名 U 《主に英》 (ホテルなどの) 3 食付き宿泊.
fùll-bód·ied /-bádid|-bɔ́did 移/ 形 **1** 〔ワインなどが〕こくのある. **2** 〔人が〕体の大きい.
fùll bróther 名 C 両親が同一の兄弟.
fùll-dréss /移/ 形 〈限定〉 **1** 正装の; 礼服着用の, 正式の. a ～ uniform 正装軍服. **2** 本格的な, 徹底的な.

a ～ debate 本格的な討論.

fùll dréss 名 U 正装, 礼装.

fùll emplóyment 名 U 完全雇用.

full·er /fúlər/ 名 C 布さらし工[業者]. [＜full²]

fùller's éarth 名 U フラー土《布地の縮絨(じゅう), 濾(ろ)過用などに用いる》.

fùll fáce 名 C 正面向きの顔; 丸顔. ―― 形, 副 ＝full-face.

fùll-fáce /⊛/ 形, 副 〔肖像などが〕正面を向いた[て].

fùll-fáshioned /⊛/ 形 《主に米》フルファッションの, 体形にぴったりするように編んだ, 〔靴下など〕.

fùll-fát /⊛/ 形 脱脂しない〔牛乳など〕.

fùll-flédged /⊛/ 形 《主に米》 1 〔鳥が〕羽の生えそろった《飛べる》. 2 (修業を終えて)一人前の; 本格的な.

fùll-fróntal /⊛/ 形 〈普通, 限定〉 1 正面まる見えの〔ヌード写真など〕. 2 あけすけの〔批評など〕.

fùll-grówn /⊛/ 形 《主に米》〔特に動植物が〕十分に成長[成熟]した.

fùll hánd 名 ＝full house 2.

fùll-héarted /-əd ⊛/ 形 ＝whole-hearted.

fùll hóuse 名 C 〈普通, 単数形で〉 1 満員, 大入り. 2 《トランプ》フルハウス《ポーカーで同点の札 3 枚と 2 枚のそろい》.

‡**fùll-léngth** /⊛/ 形 〈限定〉 1 〔写真, 絵画などが〕全身の; 〔鏡などが〕全身を写す; 〔衣類が〕足元までとどく. 2 〔小説, 戯曲などが〕特に短くない, 標準の長さの. ―― 副 (体を伸ばして)長々と. lie ～ on the floor 床に長々と伸びる.

fùll lóck 副 《英》(車のハンドルを)一杯に切って.

fùll márks 名 《英》(試験の)満点; 《主に英》申し分のない評価. He gets ～ for industry. 彼は勤勉さは申し分ない.

fùll móon 名 UC 満月(の時)《伝説では狂気の原因とされた》.

fùll náme 名 C (略さない)氏名《例えば T. S. Eliot としないで Thomas Stearns Eliot とする》.

fùll nélson 名 C 《レスリング》フルネルソン《後から相手の両腕を羽交い締めにする技; →half nelson》.

***full·ness** /fúlnəs/ 名 U **1 満ちること, いっぱいであること**; 完全; 十分, 豊富; 満足. a feeling of ～ 充足感; 満腹感. 2 (体の)ふくよかさ, 丸み. 3 (音, 香りなどの)豊かさ.

in the fùllness of tíme [***yéars***] 《雅》時満ちて, 予定の時に; いつかは (eventually).

fùll-páge /⊛/ 形 〈限定〉(特に新聞の)全面の, 全ページの〔広告など〕.

fùll páy 名 U (減額のない)全給.

fùll póint 名 ＝full stop.

‡**fùll-scále** /⊛/ 形 〈限定〉 1 〔絵画, 図面, 模型などが〕原寸の, 実物大の. 2 全面的な, 全力を挙げての; 本格的な〔著述など〕.

fùll scóre 名 C 《楽》総譜.

fùll síster 名 C 両親が同一の姉妹.

fùll-síze(d) /⊛/ 形 実物[原寸]大の.

fùll stóp 名 1 《英》 C 終止符, ピリオド, (《主に米》period); 完結; U 〈発話の終わりを強調して間投詞的に〉以上, 終わり. come to a ～ 完全に終わる. 2 C 〈単数形で〉(車などが)完全停止(の状態).

fùll-térm /⊛/ 形 〈限定〉月満ちて生まれた〔赤ん坊〕.

fùll-thróated /-əd ⊛/ 形 大声の, 張り裂けんばかりの〔声など〕.

fùll tíme 名 U 1 全時間制(勤務) (↔part time). 2 (サッカーなどの)規定時間終了. ―― 副 ＝full-time.

***fùll-tíme** /⊛/ 形 ⓒ 全時間(制)の; **常勤の, 専任の**; (↔part-time). a ～ teacher 専任教員. a ～ job 常勤の仕事; 《話》休む暇もない(ほど忙しい)仕事. ―― 副 全時間(制)で; **専任で**.

▷**full-tim·er** 名 C 常勤者, 専任従業員.

‡**ful·ly** /fúli/ 副 1 ⓜ **十分に**; 完全に, すっかり. be ～ satisfied 十分に満足している. The captain never ～ trusted his men. 隊長は部下を決して完全には信用しなかった. 2 ⓒ たっぷり, 少なくとも. walk ～ ten miles たっぷり 10 マイルは歩く.

fùlly-fáshioned /⊛/ 形 《英》＝full-fashioned.

fùlly-flédged /⊛/ 形 《英》＝full-fledged.

fùlly-grówn /⊛/ 形 《英》＝full-grown.

ful·mar /fúlmɑːr/ 名 C フルマカモメ《北国産》.

ful·mi·nate /fʌ́lmənèit, fúl-|fʌ́l-/ 動 自 《章》 1 猛烈に反対[非難]する〈*against, at* ..に, を〉. 2 大音響とともに爆発する. ―― 名 U 《化》雷酸塩, 〈特に〉雷酸水銀. [＜ラテン語「稲妻 (*fulmen*)に打たれた」]

fùl·mi·ná·tion 名 UC 怒号, 猛烈な非難; 大爆発.

ful·ness /fúlnəs/ 名 ＝fullness.

ful·some /fúlsəm/ 形 1 〔お世辞などが〕度の過ぎた. 2 豊富な (★誤用と考える人も多い). [full¹, -some] ▷**～·ly** 副 **～·ness** 名

Ful·ton /fúltən/ 名 **Robert ～** フルトン(1765–1815)《米国の技術者・発明家; 蒸気船の設計者》.

fu·ma·role /fjúːməròul/ 名 C (火山ガスの)噴気口.

†**fum·ble** /fʌ́mb(ə)l/ 動 自 1 (a) VA (不器用に)手探りで捜す〈*about, around*〉〈*for, after* ..を〉. The child ～*d* (*about*) in the drawer *for* a red pencil. 子供は赤鉛筆がないかと引き出しの中を手探りした. (b) しどろもどろに話す〈*for* ..〔言葉など〕を捜して〉. 2 VA (～ ***with, at***..) ..を(おぼつかない手つきで)いじくる, (なんということなく)ひねくり回す. ～ *at* the lock 錠を(開けようと)いじくり回す. The girl blushed and ～*d with* her handkerchief. 少女は顔を赤らめハンカチをいじくった. 3 へまをやる; 《野球など》ファンブルする, 'お手玉をする'. ―― 他 1 を不器用に扱う; をいじくり回す. 2 VOA を手探りで入れる[取り出すなど]〈*into* .. へ/*from* .. から〉; VO (～ X/*to do*) X(試みなど)を/..しようと模索する. I ～*d* the key ⌊*into* the keyhole [*from* my bag]. 私は手探りで鍵を⌊鍵穴に入れた[バッグから取り出した]. ～ (an attempt) *to* rescue the survivors of the air accident 航空機事故の生存者救助(の試み)を模索する. 3 でへまをやる; 《野球など》〔球〕をファンブルする.

fùmble one's wáy 手探り[まごまご]しながら進んでゆく (→way¹ 2 語法).

―― 名 C やり損ない; 《野球など》ファンブル. [＜オランダ語] ▷**fum·bler** 名

†**fume** /fjuːm/ 名 C 1 〈普通 ～s〉強い刺激性の悪臭; (有害な, 又は刺激臭のある)蒸気, ガス, 煙. the strong ～*s* of acid 酸の強烈な臭気. 2 〈単数形で〉《まれ》激怒, いら立ち. in a ～ かんかんに怒って. ―― 動 他 (薄黒くするために)〔木材など〕をいぶす. ～*d* beech (アンモニアガスで)いぶしたブナ材. ―― 自 1 煙る, いぶる. 2 ひどく腹を立てる, ぷりぷり怒る, 〈*at, about, over* ..で〉(★普通, 何も言わずに怒っている). [＜ラテン語 *fūmum*「煙」]

fu·mi·gate /fjúːməgèit/ 動 他 〔部屋など〕を燻(くん)蒸消毒する. ▷**fù·mi·gá·tion** 名 **fú·mi·gà·tor** 名

‡**fun** /fʌn/ 名 U 1 **戯れ**, なぐさみ, 冗談. Uncle Sam is full of ～. サムおじさんは冗談ばかり言う. a figure of ～ 笑いもの(にされる人). 2 **面白さ**, 楽しみ. We had lots of ～ at Tom's house. トムの家でとても楽しかった. What ～! こりゃ面白い. 3 **面白い事[物, 人]**. George is good ～ at parties. ジョージはパーティーではとても面白いやつだ. It is great ～ playing golf with you. 君とゴルフをするのは実に愉快だ. 4 《主に米》〈形容詞的〉面白い, 愉快な. a ～ gathering とても愉快な会合. a ～ person (一緒にいるのが)楽しい人. ◇形 funny

****for fún*** (1) **楽しみに**. I play the violin just *for* ～. 私はほんの楽しみにヴァイオリンを弾きます. (2) **冗談に**, 面白半分に. He said it just *for* ～. 彼は冗談で言っただけだ.

for the fún of it [***the thìng***] ＝for FUN.

fùn and gámes 《話》大騒動; いたずら.

in fún =for FUN (2).
like fún 〖話〗(1) 断じて..でない (not at all). She a beauty? *Like* ～ (she is)! 彼女が美人だって, とんでもない. (2) 面白いように, どんどん, 〔売れるなど〕; 猛烈に.
****màke fún of..＝pòke fún at..*** ..をからかう, ばかにする. It's not nice to *make* ～ *of* others. 他人を笑いものにするのはよくない.
[＜〖廃〗*fon*「だます, ばかにする」]
fún crìme 名 C 愉快犯《行為》.
‡**func·tion** /fʌ́ŋkʃ(ə)n/ 名 (複 **～s** /-z/) C **1 機能**, 働き, (本来の)作用; 〖文法〗機能《構造 (structure) に対立する》. the ～ of the brain 脳の機能.
2 (人, 物事の)**役目**, 役割; 任務, 職務. the ～ of the university 大学の任務. discharge several ～*s* 数種の役目を果たす. **3** (公式の)儀式, 式典, 行事; (公式の)社交的会合. court ～*s* 宮廷の儀式.
4 〖数〗関数《比喩的にも用いる》. Success in language learning is largely a ～ of motivation. 言語習得の成功は動機の強さいかんによることが大きい.
── 動 自 **1** 作用する; 〔機械などが〕動く. The motor is not ～*ing* properly. モーターがちゃんと動いていない.
2 VA (～ *as*..) ..として機能する, ..としての役目を果たす. The missionary ～*ed as* an ambassador. その宣教師は大使の役目を果たした.
[＜ラテン語「実行」(＜*fungī* 'perform')]
‡**func·tion·al** /fʌ́ŋkʃ(ə)nəl/ 形 **1** 機能(上)の. a ～ disease [disorder] 〖医〗機能的疾患《器官自体ではなくその作用に関する疾患; →organic》. **2** 機能本位の; 実用的な; 重宝な; (★時に, うるおいやゆとりの無いことを暗示する). **3** 職務上の, 職掌上の. **4** 〈叙述〉作動する[できる]; 働ける. **5** 〖数〗関数の. ▷**～·ly** 副
fùnctional illíterate 名 C 準非識字者《全くの文盲ではないが日常生活に支障がある》.
fúnc·tion·al·ìsm 名 U 機能主義《建築物, 器具などの外見よりも使用目的への適合を重視する》.
▷**fúnc·tion·al·ist** 名
func·tion·ar·y /fʌ́ŋkʃ(ə)nèri|-n(ə)ri/ 名 (複 **-ries**) C 〖章·軽蔑〗官吏; 小(こ)役人.
fúnction kèy 名 C 〖電算〗ファンクションキー《文字コードが割り当てられておらず, 走らせるプログラムで任意に機能設定できるキー》.
fúnction wòrd 名 C 〖文法〗機能語《意味そのものよりも構文上の機能が主要である語; 前置詞, 接続詞, 助動詞など; ↔content word》.
‡**fund** /fʌnd/ 名 (複 **～s** /-dz/) C
1 資金, 基金, 〈*for*..のための〉; 積立金. found [establish] a ～ 基金を設ける. raise a ～ *for* the relief of the poor 貧民救済のために資金を募る.
2 〈～s〉財源, 手持ち現金; 〖英〗〈the ～s〉国債, 公債. be in [out of, short of] ～*s* 今金を持って[切らして]いる. My ～*s* are running low. 蓄えが底をつきそうだ. 'No ～*s*' 〖銀行〗「預金なし」《小切手振出し人への通知》. **3** 〈普通, 単数形で〉**蓄積** (store). a ～ of information [experiences] 蓄積された情報[経験]. Grandfather has a ～ of amusing old tales. 祖父は面白い昔話をたくさん知っている.
── 動 他 **1** 〔活動, 組織など〕に資金助成をする. **2** 〖経〗〔短期借入金〕を長期負債に借り換える.
[＜ラテン語 *fundus*「底, 基礎」]
***fun·da·men·tal** /fʌ̀ndəméntl ㊥/ 形 m **1 基礎の**, 根本の, 基本的な, (basic). take a ～ course in mathematics 数学の基礎コースを受講する. a ～ change 根本的変化[変革]. **2 肝要な**, 必須の, 重要な, 〈*to*..にとって〉(essential). This book is ～ *to* a true understanding of Christianity. この本はキリスト教を真に理解するのに必要不可決である.
── 名 C **1** 〈しばしば ～s〉基礎, 根本, 原理. the ～*s* of baseball 野球の基本. **2** 〖楽〗(和音の)根音, 基音. **3** 〖物理〗基本波.
[＜ラテン語「基礎」(＜*fundāre* 'found'); -al]
‡**fun·da·men·tal·ism** /fʌ̀ndəméntəlìz(ə)m/ 名 U **1** 根本主義, ファンダメンタリズム, 《キリスト教で, 聖書を字句通りに信じ, 進化論に反対する米国プロテスタントの諸派の主義; 広義には, 折衷を排し教義の純粋を保とうとする主義》. **2** (イスラム)原理主義《コーランの教えを厳密に守る》.
fun·da·men·tal·ist /fʌ̀ndəméntəlist/ 名 C, 形 根本主義⌊者[の]; 原理主義⌊者[の].
†**fun·da·men·tal·ly** /fʌ̀ndəmént(ə)li/ 副 根本的に, 本質的に, 〔正しい, 誤っている, など〕.
fund·ie /fʌ́ndi/ 名 C 〖話〗**1** ＝fundamentalist. **2** 〈F-〉(ドイツの緑の党の)過激派の人 《**fún·di**ともつづる》; 〈一般に〉過激な環境保護論者.
[＜ドイツ語 *Funda*mentalist「根本主義者」]
‡**fúnd·ing** 名 U 基金助成; 助成金.
fúnd mànager 名 C (保険会社などの)投資担当者.
fúnd-ràiser 名 C (福祉事業や立候補者のための)資金調達者; そのための催し.
fúnd-ràising 名 U 募金.
fund·y /fʌ́ndi/ 名 (複 **fund·ies**) ＝fundie.
‡**fu·ner·al** /fjúːn(ə)rəl/ 名 (複 **～s** /-z/) C **1 葬式**, 葬儀; 〈普通, 単数形で〉葬列. attend a ～ 葬儀に参列する. Beethoven was given a state ～. ベートーヴェンは国葬になった. **2** 〈形容詞的〉葬式[葬儀]の. a ～ service 葬式. ～ rites 葬儀. a ～ procession 葬列. a ～ march 葬送行進曲.
It* [*That*] *is a pèrson's* (*òwn*) *fúneral. 〖話〗その人だけにかかわる事だ(他人には無関係).
[＜ラテン語 *fūnus*「死, 死体, 埋葬」; -al]
fúneral dirèctor 名 C 葬儀屋《人》(undertaker).
fúneral hòme 〖米〗 [**pàrlour** 〖英〗] 名 C 遺体安置所, 葬儀場.
fu·ner·ar·y /fjúːnərèri|-rəri/ 形 〈限定〉葬式の, 「埋葬の.
fu·ne·re·al /fjuːníəriəl/ 形 葬式の(ような), 陰気な, もの悲しい. a ～ atmosphere 憂うつな雰囲気.
fún·fàir 名 C 〖主に英〗移動遊園地 (〖米〗carnival) 《ゲーム, 回転木馬などの娯楽がたくさんあり, 普通, サーカスのように町から町へと移動する》.
fun·gal /fʌ́ŋgl/ 形 **1** キノコの(ような); 菌類によって生じる. **2** 急に生じてはびこる.
fun·gi /fʌ́ndʒai, fʌ́ŋgai/ 名 fungus の複数形の1つ.
fun·gi·cide /fʌ́ndʒəsàid/ 名 UC 防かび剤, 殺菌剤.
▷**fùn·gi·cíd·al** 形
fun·go /fʌ́ŋgou/ 名 (複 **～es**) C 〖野球〗**1** ノックしたボール[フライ]. hit ～*es* ボールをノックする. **2** ノックバット (**fúngo bàt**).
fun·goid /fʌ́ŋgɔid/ 形 キノコのような; 菌状の.
fun·gous /fʌ́ŋgəs/ 形 ＝fungal.
†**fun·gus** /fʌ́ŋgəs/ 名 (複 **fun·gi, ～·es**) C 〖植〗**1** キノコ《mushroom, toadstool, mold[2], mildew など》; U 菌類(が引き起こす病気). **2** (キノコのように)急に発生するもの. [ラテン語「キノコ」]
fún hòuse 名 C 〖米〗(遊園地の)びっくりハウス.
fu·nic·u·lar /fjuːníkjələr/ 名 C ケーブル鉄道[カー] (**funìcular ráilway**). [＜ラテン語 *fūnis*「索」]
‡**funk** /fʌŋk/ 名 C **1** 〖旧話〗〈単数形で〉怖がり, しりごみ, (→fear 類語); 臆(おく)病者. **2** U ファンク《黒人ジャズや霊歌を取り入れたブルース調の音楽; funky からの逆成》.
in a* (*blùe*) *fúnk 〖旧〗ひどくおじけづいて.
── 動 他 VO (～ X/*doing*) X から/..することから逃げようとする. ── 自 おじけづく, しりごみする.
funk·y /fʌ́ŋki/ 形 **1** 〖米〗悪臭のする. **2** 〖話〗〔ジャズ

が)(素朴な)ブルース調の. **3**〖話〗流行の; 格好いい, すばらしい; セクシーな.

†fun·nel /fʌ́n(ə)l/ 名 C **1** (汽船, 機関車などの)煙突. **2** じょうご, 漏斗; じょうご状のもの.

── 動 (~s|〖英〗-ll-) 他 **1** VOA を押し通す[流す]〈*through*, *into* ..〔(じょうごのような)狭い所〕に/*down* (..を下って)〉. A crowd of people *~ed out of* the emergency exit. 大勢の人々が非常口から出てきた. **2** VOA〔資金など〕を注ぎ込む, 流す,〈*from* .. から/*into*, *to* .. へ〉. ~ $ 4 billion in loans *to* Russia ロシアへ借款として 40 億ドル注ぎ込む. ── 自 VA 押し通る〈*through*, *into* .. を, へ/*down*(..を下って)〉

[<ラテン語 (*in*)*fundere*「注ぎ込む」]

fun·ni·ly /fʌ́nili/ 副 こっけいに, 面白おかしく; 奇妙に. ~ enough 奇妙なことには.

‡fun·ny /fʌ́ni/ 形 e (-ni·er|-ni·est) **1** おかしい, こっけいな, 面白い, (類語 こっけいな面白さを表す一般的な語; →amusing, facetious, humorous, jocular). ~ stories こっけいな話. Don't be ~. ふざけるな, まじめにやれ. What's so ~? 何がそんなに面白いのか. He is a ~ old man. あいつは愉快なやつだ. 語法 2 の意味と区別するため〖英話〗ではこれを funny ha-ha とすることがある.

2〖話〗妙な, おかしな, 変な, 不思議な, (strange). It's ~ he didn't know that. 彼がそれを知らなかったとは変だ. 語法 1 の意味と区別するため〖英話〗ではこれを funny peculiar とすることがある.

3〖話〗〔行動などが〕怪しい, 変な, 不審な. There was something ~ about the man. その男にはどこか怪しいところがあった.

4〖話〗〈叙述〉〔体の調子が〕おかしい, 少し具合が悪い;〖婉曲〗〔頭が〕ちょっとおかしい. I felt quite ~ yesterday. 昨日はとても気分が悪かった. The television suddenly went ~.〖英〗急にテレビの調子がおかしくなった.

gèt fúnny with .. 〖米話〗..に生意気な態度を取る, 変なまねをする.

── 名 (複 -nies) **1** C〖話〗おかしな話, 冗談. **2**〖主に米話〗〈-nies〉連続漫画 (comic strips)《普通 4 コマ》; (新聞の)漫画欄. [fun, -y[1]] ▷**fun·ni·ness** 名

fúnny bòne 名 C〖話〗(ひじの)尺骨の端《ひどく打つとびりっと響く箇所》. 「まかし.

fúnny bùsiness 名 U〖話〗変なまね; いんちき, ご↑

fúnny fàrm 名 C〖主に米戯〗精神病院.

fùnny ha-há 形〖英話〗=funny 1.

fúnny pàper 名 C〖米話〗(新聞の)漫画欄. See you in the ~s. さよなら.

fùnny pecúliar 形〖英話〗=funny 2.

fún rùn 名 C '楽しみマラソン'《楽しみや慈善募金のための長距離競走》.

‡fur /fəːr/ 名 (複 ~s /-z/) **1** U (猫, ウサギなどの体を覆う)ふさふさした柔らかい毛;〈集合的〉柔らかい毛皮の動物, 毛皮獣. the lion's beautiful golden ~ そのライオンの美しい金色の体毛. ~ and feather →成句.

2 C (ミンク, キツネ, アザラシなどの 1 頭分の)**毛皮** (→leather 参考);〈~s〉**毛皮製品**《襟巻き, 肩掛け, コート, 敷物など》; U 模造毛皮. a lady in ~s 毛皮のコートを着た婦人. a fine fox ~ みごとなキツネの毛皮. Indians traded ~s for guns. インディアンは毛皮を鉄砲と交換した. fake ~ 人造毛皮. **3**〈形容詞的〉**毛皮(製)の**. a ~ coat 毛皮のコート. a ~ stole 毛皮のストール. **4** U (病気の時舌にできる)舌苔(ぜったい);〖英〗(やかんの注ぎ口, 内側などに付く)湯あか, 水あか, (〖米〗scale). ◇形 furry

fùr and féather 〖章〗獣類と鳥類, 鳥獣.

màke the fùr flý けんか[取っ組み合い]になる《fur を主語にすれば ***the fùr begins*** [***starts***] ***to flý***》.

── 動 (~s|-rr-) 他 **1** を毛皮で覆う; に毛皮の裏を付ける. **2**〔舌〕に舌苔を生じさせる; に湯あかを付ける;〖英〗〔コレステロールなどが〕〔血管〕に付着する, を詰まらせる;〈*up*〉.

── 自〔舌が〕舌苔を生じる;〔やかんなどが〕湯あかが付く;〖英〗〔血管が〕詰まる;〈*up*〉.

[<古期フランス語「(衣服に)裏をつける」]

fur. furlong(s).

fur·be·low /fə́ːrbəlòu/ 名 C〈普通 ~s〉(婦人服の)けばけばしい無駄な飾り. frills and ~*s* ごてごてした装飾.

fur·bish /fə́ːrbiʃ/ 動 他 **1**〔普通, 長く使っていなかった物〕を磨き上げる, に手入れをする,〈*up*〉. ~ (*up*) a rusted sword さびた剣を磨く. **2**〔知識など〕に磨きをかける (brush up).

fur·cate /fə́ːrkeit/ 動 自 2 つに分岐する. ── /-keit, -kət/ 形 フォーク状の, 2 つに分かれた.

Fu·ries /fjú(ə)riz/ 名〖ギ・ロ神話〗〈the ~; 複数扱い〉復讐(しゅう)の 3 女神 (→fury 3).

***fu·ri·ous** /fjú(ə)riəs/ 形 m **1 激怒した**, 怒り狂った,〈*with*, *at* ..に対して/*to* do ..して〉. The boss got ~ *with* me [*at* what I had done; *to* know what I had done]. 上司は私に[私のしたことに; 私のしたことを知って]かんかんに腹を立てた.

2〔暴風雨などが〕**激しい**, すさまじい;〔行動, スピードなどが〕猛烈な. a ~ storm 激しいあらし. the enemy's ~ attack 敵の猛攻撃. with ~ violence すごい力で, ひどく乱暴に. drive at a ~ speed 猛スピードで突っ走る. ◇名 fury

†fú·ri·ous·ly 副 暴れ狂って; すごい勢いで. work ~ 猛烈に働く[勉強する]. scream at him ~ 金切り声で彼をしかりつける.

furl /fəːrl/ 動 他〔帆, 旗など〕を巻いてしばる《帆桁(けた), 旗竿(ざお)などに》;〔傘, 扇など〕を畳む, 閉じる.

── 自 巻ける; 畳まる.

fur·long /fə́ːrlɔːŋ|-lɔŋ/ 名 C ファーロング, ハロン,《今では主に競馬に用いる長さの単位; 1 マイルの 8 分の 1; 約 201 メートル》. [<古期英語 'furrow-long']

fur·lough /fə́ːrlou/ 名 UC **1** (特に在外公務員, 軍人などの)賜暇, 休暇. go home on ~ 賜暇で帰国する. **2**〖米〗レイオフ, 一時帰休 (layoff). ── 動 他〖米〗**1** に賜暇[休暇]を与える. **2**〔従業員〕を一時帰休させる.

[<オランダ語「休暇」]

†fur·nace /fə́ːrnəs/ 名 C **1** 炉, かまど, 溶鉱炉; (普通, 地下室にある)暖房炉. The room was like a ~. 部屋はまるで溶鉱炉のような暑さだった. **2** 灼熱(しゃくねつ)した場所; 厳しい試練. The novice was tried in the ~. 新米は厳しく鍛えられた. [<ラテン語 *fornus*「かまど」]

‡fur·nish /fə́ːrniʃ/ 動 (~·es /-əz/|過 過分 ~ed /-t/|~·ing) 他 **1**〖章〗(**a**)〔必要なもの〕を**供給する**, 与える, 備える, (類語 provide, supply より形式ばった語). The school ~*es* all the textbooks. 学校が教科書をすべて用意する. (**b**) VOA (~ X ***with*** Y/~ Y ***to*** X) X に Y を供給する, 備える. ~ a person *with* necessary information=~ necessary information *to* a person 人に必要な情報を提供する (語法〖米〗では VOO で用いることがある; Let me ~ you a bit of advice. (あなたに 1 つ助言をしてあげましょう)). She ~*ed* herself *with* a toilet set. 彼女は化粧道具一式を用意した. ~ the kitchen *with* a dishwasher 台所に皿洗い機を備える.

2〈しばしば受け身で〉〔家, 部屋〕に**家具を備え付ける** (類語 家具や調度品を整えること; →equip). The house is poorly ~*ed*. その家は家具の備えが貧弱だ. ~*ed* rooms to let 家具付き貸間.

[<古期フランス語「完成させる>供給する」]

▷**~·er** 名 C 家具商; 家具取付け職人.

fúr·nish·ings 名〈複数扱い〉**1** 家具・建具, 設備. 参考 furniture よりも範囲が広く, カーテン・カーペット・室内装飾・壁の絵・浴室・水道・ガス・電話などの設備も含む. **2**〖米〗服飾品, 衣料.

‡fur·ni·ture /fə́ːrnitʃər/ 名 U (住宅, 部屋の)**家具**, 調度, (事務所などの)備品, (★集合的にいい, 個々の家具

を指すのではない). a piece [an article, an item] of ～ 家具 1 点. a suite [set] of ～ 家具ひとそろい. We don't have much ～. うちには大して家具はない.

連結 expensive [cheap; shabby; simple, plain; attractive; ugly; comfortable; sturdy, well-made; rickety; household; garden; office] ～ // arrange [move] ～

pàrt of the fúrniture 〖話〗(家具のようにいつもそばにある)当然の物, 当たり前の事, 目立たない人.
[<フランス語「furnish すること」;「家具」の意味は英語独自の発達]

‡**fu·ror** /fjú(ə)rɔːr/ 〖米〗, **fu·ro·re** /fju(ə)rɔ́ːri/ 〖英〗 名 aU **1** (突発的な)強い興奮[怒り]. **2** 熱狂的流行[賞賛]. make [create] a ～ 熱狂的な賞賛を受ける. [ラテン語 'raging']

furred /fəːrd/ 形 **1** 柔らかい毛の生えた; 毛皮製の, 毛皮の付いた. **2** 湯あかの付いた; 舌苔(ぜったい)の生じた.

fur·ri·er /fə́ːriər|fʌ́riə/ 名 C 毛皮商[職人].

fúr·ri·er·y /-ri/ 名 U 毛皮販売[製造]業; 〈集合的〉毛皮製品.

†**fur·row** /fə́ːrou|fʌ́r-/ 名 C **1** (畑の畝と畝との間の)溝 (→ridge); (車の)わだち. **2** (顔, 特に額の)深いしわ.
── 動 他 を耕す, に畝[溝]を作る; 〔顔〕にしわを寄せる. ～ one's brow 額にしわを寄せる. a neatly ～*ed* field きちんと畝が付けられた畑. ── 自 溝がつく; しわが寄る.
[<古期英語]

‡**fur·ry** /fə́ːri/ 形 e **1** 柔らかい毛の[をした], 毛のように柔らかい; 毛皮(製)の. a ～ kitten 毛がむくむくした子猫. **2** 湯あかの付いた; 舌苔(ぜったい)の生じた. ◇名 fur

fúr sèal 名 C 〖動〗オットセイ.

‡**fur·ther** /fə́ːrðər/ 副 (far の比較級の 1 つ; 最上級は furthest) **1** (時間, 距離などが)もっと遠く, 一層はるかに, 〈*from, than* ..から〉(→farther 語法). I can walk no ～. もう 1 歩も歩けない. A mile ～, and we shall be at our journey's end. あと 1 マイルで我々の旅が終わる. ～ back *than* the 16th century 16 世紀よりもっと以前に. Nothing is ～ *from* my thoughts. それは私の思いも寄らないことだ. A big earthquake was never ～ from my mind *than* when it happened. 地震が起きるまでそんなに大きなものになるとは思ってもみなかった.
2 それ以上に, さらに深く, さらに続けて. inquire ～ into the affair 事件をさらに調査する.
3 さらに, その上, (類語 furthermore の方が普通; →moreover).
fùrther ón もっと先へ, 先へ先へと; もっと先で. Let's deal with the matter ～ *on*. もっと後でこの件を取り上げることにしよう.
fúrther to.. 〖章〗(商業文で)..に付言すると, にさらに付け加えると.
gò fúrther これ[それ]以上に..する[言うなど]. I'll give you a few suggestions, but I can't *go* any ～. 二, 三示唆を与えてあげるがそれ以上のことはできない. What I've just said mustn't *go* any ～. 私が今言ったことは他言は無用だ.
sèe a pèrson fúrther (fírst) 〖話〗(そんなことは)まっぴらごめんだ《<それをするより先におまえが地獄に落ちるのを見届けよう; further は「あの世で」》. Lend you £1,000? I'll *see* you ～ *first*. おまえに千ポンド貸すだって. まっぴらだ.
── 形 (far の比較級の 1 つ)〈限定〉**1** さらに遠い, 遠い方の, (語法 この意味では farther が使われるべきものとされているが, 実際には further の使用が多い). on the ～ side of the road 道の向こう側に[で]. **2** それ以上の, さらに進んだ. Don't ask for ～ details. これ以上詳しい説明は求めないでくれ. For ～ information, call us. さらに詳しい情報が必要ならお電話ください.
till fùrther nótice 追って通知があるまで(は現状のまま).
── 動 他 を助成する, 促進する, 推進する. ～ public welfare 公共の福祉を推進する.
[<古期英語; forth の比較級]

fur·ther·ance /fə́ːrð(ə)rəns/ 名 U 〖章〗助成, 促進, 推進, 〈*of* ..の〉. in ～ *of* ..の促進のために.

fùrther educátion 名 U 〖英〗継続教育《義務教育後, 正規の大学に行かない人を対象とする; 主として further education college で行われる》.

***fur·ther·more** /fə́ːrðərmɔ̀ːr|⌐-⌐/ 副 〖章〗なおその上に, さらに, のみならず, (moreover; →further 3). He is handsome and ～ rich. 彼はハンサムな上に金持ちである.

fúrther·mòst 形 最も遠い, いちばん遠くの, 〈*from* ..から〉, (furthest).

†**fur·thest** /fə́ːrðəst/ 副, 形 (far の最上級の 1 つ; 比較級は further) =farthest. 参考 〖話〗では farthest より furthest が好まれる傾向がある.

‡**fur·tive** /fə́ːrtiv/ 形 ひそかな, 人目を忍ぶ; 〔人, 行動が〕こそこそした. Barbara gave [cast] a ～ glance at her husband. バーバラは夫の顔をちらっと盗み見した.
[<ラテン語「盗まれた」(<*fūrtum* 'theft')]
▷～**·ly** 副 人目を忍んで, こっそりと. ～**·ness** 名

Furt·wäng·ler /fúərtvèŋlər/ 名 **Wilhelm** ～ フルトヴェングラー(1886–1954)《ドイツの指揮者》.

***fu·ry** /fjú(ə)ri/ 名 (複 **-ries** /-z/) **1** UC 〈普通, 単数形で〉**激怒**, 憤激, (類語 狂気に近いほどの怒り; →anger). in a ～ 激怒して. fly into a ～ 烈火のごとく怒り出す. Jane is in one of her *furies*. ジェーンはいつもの癇癪(かんしゃく)を起こしている. **2** aU 激情, (感情の)激発; (天候などの)激しさ, 猛烈さ, 大荒れ. in a ～ of excitement 非常に興奮して. the ～ of desire 強烈な欲望. The storm raged in all its ～. あらしは猛威をふるった. **3** C 〖ギ・ロ神話〗〈F-〉復讐(しゅう)の 3 女神の 1 人 (→Furies). **4** C 〖話〗怒って暴れる[気性の激しい]人《特に女性》. ◇形 furious
like fúry 〖話〗猛烈に, すごい勢いで, (furiously). run *like* ～ 気が狂ったように突っ走る.
[<ラテン語 *furere*「激怒する」]

furze /fəːrz/ 名 U ハリエニシダ (gorse)《ヨーロッパの荒野に自生するマメ科の低木; 黄色い花が咲く》.

***fuse**[1] /fjuːz/ 名 (複 **fús·es** /-əz/) C (爆弾などの)**信管**, 導火線. ── 動 他 に信管[導火線]を取り付ける.
[<ラテン語「錘(つむ)」]

***fuse**[2] /fjuːz/ 名 (複 **fús·es** /-əz/) C 〖電〗**ヒューズ**. The ～ has blown [exploded]. ヒューズが飛んだ.
be on a shòrt fúse すぐかっとなる.
blòw a fúse (1) ヒューズを飛ばす. (2) 〖話〗かっとなる.
── 動 他 **1** にヒューズを取り付ける. **2** (ヒューズを飛ばして)〔電気[照明]器具など〕を使えなくする. **3** 〔金属など〕を(熱で)溶かす; を融合させる〈*together*〉; (類語 特に金属を高熱で溶かすこと; →melt). **4** 〔会社, 政党など〕を合同[合併]させる. ── 自 **1** 〔電気器具などの〕ヒューズが飛ぶ. **2** (熱で)溶ける. **3** 融合する, 合同する.
[<ラテン語 *fundere* 'found[3]']

fúse bòx 名 C ヒューズボックス.

fused 形 〔電気器具などが〕ヒューズの付いた.

fu·see /fjuːzíː/ 名 C **1** 耐風マッチ棒《点火すると容易には消えない》. **2** 〖米〗赤[緑]色閃(せん)光信号《鉄道員, トラック運転手などの用いる信号》. **3** =fuse[1].

‡**fu·se·lage** /fjúːsəlàːdʒ, -lidʒ, -zə-|-zə-/ 名 C (飛行機の)胴体. [<フランス語「紡錘状に作られた」]

fu·si·ble /fjúːzəb(ə)l/ 形 溶けやすい, 可融性の.

fu·sil·ier /fjùːzəlíər/ 名 C **1** (昔, 軽マスケット銃で武装していた)フュージリア兵; 〈the Fusiliers〉フュージリア連隊. **2** 歩兵連隊 (又 **fùsiléer** 〖米〗). [フランス語]

fu·sil·lade /fjúːsəlèid|fjùːzəléid/ 名 C **1** 一斉射撃, 連続射撃. **2** (質問, 批判などの)連発, 集中(砲火).

meet a ～ of questions 質問攻めにあう. a ～ of heavy rain 集中豪雨. [フランス語「射つ」, -ade]

†**fu·sion** /fjúːʒ(ə)n/ 名 **1** Ｕ(金属などの)溶解, 融合; Ｃ溶解物. two types of metal in ～ 融解している2種の金属. **2** Ｕ〖物理〗核融合 (**nùclear fúsion** とも言う; →fission 3). **3** ＵＣ〈一般に〉融合, (政党などの)合同, 合併. a ～ of two different kinds of music 2つの違う種類の音楽が融合したもの, フュージョン. **4** ＝crossover 2 ◇動 fuse²

fúsion bòmb 名Ｃ 核融合爆弾 (hydrogen bomb).

fú·sion·ism 名Ｕ (政党などの)連合主義. ▷**fú·sion·ist** 名

*__fuss__ /fʌs/ 名 aU **1** 大騒ぎ, やきもきすること,〈*about, over* ..〔ささいな事など〕での〉. make much [a great] ～ *about* [*over*] trifles 小さな事に大騒ぎする. get into a ～ やきもきする. **2** ひと騒動, 悶着(もんちゃく). have a ～ with one's colleagues 同僚たちともめる. **3** 強い抗議, 苦情.

màke [kick ùp] a fúss 〖話〗(被害などについて)苦情を言う, さわぎ立てる〈*about, over* ..のことで〉.

màke a fúss of [〖米〗***over***]**..** 〔人〕をちやほやする.

―― 動 自 (ささいな事に)大騒ぎする〈*about, around*〉; 大騒ぎする, やきもきする, やたら構い付ける,〈*about, over* ..(のこと)で, を〉. My parents don't ～ *about* [*over*] my grades. 両親は私の成績のことでうるさく言わない. She ～*es over* her grandchildren. 彼女はむやみに孫を構い付ける. ―― 他 〔人〕をやきもき[せかせか]させる.

not be fússed 〖英話〗大して気にしない, どうでもいい,〈*about* ..のことは〉. [<?]

fuss·budget 名〖米〗＝fusspot.

fuss·i·ly /fʌ́sili/ 副 こうるさく, せかせかして; ごてごてと〔飾り立てるなど〕.

fúss·pòt 名Ｃ〖話〗すぐ騒ぎ立てる人; こうるさい人.

†**fuss·y** /fʌ́si/ 形 ｅ〖軽蔑〗 **1** 大騒ぎする, こうるさい,〈*about* ..〔ささいな事〕に〉; 〔性質, 動作などが〕せかせかした. a ～ old lady こうるさいおばあさん. Frances is too ～ *about* clothing. フランセスは服装を気にし過ぎる. **2** 〔衣装, 家具などが〕飾りの多すぎる, ごてごてした. **3** 〖米〗〔仕事などが〕面倒な. ▷**fuss·i·ness** 名

fus·tian /fʌ́stʃən|-tiən/ 名Ｕ **1** ファスチャン織り《部厚い綾(あや)織りの綿布; コールテン, ビロードの類; <カイロ郊外の産地名》. **2** 〖旧〗大げさな言葉, 大言壮語. **3** 〈形容詞的〉ファスチャン織りの; 〖旧〗(言葉, 文章などが)仰々しい.

fus·ti·ness /fʌ́stinəs/ 名Ｕ かび臭さ; 古くささ.

fust·y /fʌ́sti/ 形 ｅ **1** かび臭い, 息の詰まるような. **2** 古くさい, 時代遅れの. ▷**fust·i·ly** 副

fut. future.

†**fu·tile** /fjúːt(ə)l|-tail/ 形 **1** 〔行為が〕無駄な, 無益な, (useless). The prisoner made a ～ attempt to escape. 囚人は脱走を試みたが無駄だった. **2** 〔人が〕つまらない, 取るに足りない, 無能の, (worthless); 無意味な, ばかげた. a ～ sort of man 下らない[軽薄な]男. [<ラテン語「もれ流れる」] ▷**～·ly** 副 **～·ness** 名

fu·til·i·ty /fjuːtíləti/ 名 (複 **-ties**) **1** Ｕ 無駄(であること), 無益. **2** Ｃ〈しばしば -ties〉無駄な行為[言葉], 下らない物事; 軽薄な言動.

fu·ton /fúːtɑn|-tɔn/ 名Ｃ 布団. [日本語]

‡**fu·ture** /fjúːtʃər/ 名 (複 **～s** /-z/)

【未来】 **1** Ｕ〈the ～〉**未来**, 将来; 未来の事, 将来起こる事. Who can foretell the ～? 未来を予言できる人がいるだろうか. look far ahead into the ～ 遠い将来に目を注ぐ. I wonder what the ～ holds for our children. 子供たちの将来はいったいどうなるのだろうか.

> 連結 the immediate [the foreseeable; the distant, the remote] ～

2 ＵＣ〖文法〗〈the ～〉未来時制 (future tense).

【将来の見通し】 **3** Ｃ **前途**, 将来性, (prospect); Ｕ成功の見込み. a young man with a ～ 将来のある[前途有望な]青年. There's no ～ in that business. あの事業には先の見込みがない. in the near [distant] ～ 近い[遠い]未来に. in the not too distant ～ 遠からず.

> 連結 a bright [a great, a promising, a rosy; a bleak, a gloomy] ～

4 〖商〗〈～s〉先物(契約). deal in ～*s* 先物取引をする. the ～*s* market 先物市場.

for the fúture (1)将来を考えて(の). (2)＝in FUTURE.

in fúture 将来は, これからは(ずっと). I'll be more careful *in* ～. 今後はもっと気をつけます.

*__*in the fúture*__* (1)**未来に**, 将来(ある時に), いつかは. I'll buy a larger house *in the* ～. 将来もっと大きな家を買おう. (2)〖主に米〗＝in FUTURE.

―― 形 Ⓒ〈限定〉**1 未来の**, 将来の, 今後の; 来世の, 死後の. in ～ ages 後世に. your ～ wife あなたの奥さんになる人. **2** 〖文法〗未来(時制)の. the ～ tense 未来時制 (→tense). the ～ perfect tense 未来完了時制 (→perfect tense).

[<ラテン語 *futūrus*「(これから)起ころうとして」(<*esse* 'be')]

fú·ture·less 形 未来のない, 将来に望みのない.

fùture lífe 名〈the ～〉来世 (afterlife).

fúture shòck 名Ｕ 未来衝撃《社会の急激な変化に適応できないために起こる精神的混乱》.

fu·tur·ism /fjúːtʃərìz(ə)m/ 名Ｕ〈しばしば F-〉未来派《伝統的技法を打破しようとして20世紀初めにイタリアに起こった芸術運動》.

fu·tur·ist /fjúːtʃərist/ 名Ｃ **1** 未来派芸術家. **2** 未来学者. ―― 形 未来派の.

‡**fu·tur·is·tic** /fjùːtʃərístik ⑱/ 形 **1** 未来派(ふう)の. **2** 〖話〗奇をてらった, 得体の知れない.

fu·tu·ri·ty /fjuːt(j)ú(ə)rəti/ 名 (複 **-ties**) 〖章〗 **1** Ｕ未来; 後世(の人々). **2** Ｃ〈しばしば -ties〉未来の出来事[存在].

fu·tu·rol·o·gy /fjùːtʃərɑ́lədʒi|-rɔ́l-/ 名Ｕ 未来学. ▷**fù·tu·ról·o·gist** 名Ｃ 未来学者.

futz /fʌtz/ 動 自 〖米話〗くだらないことで時間をむだにする〈*around*〉.

fuze /fjuːz/ 名 〖米〗＝fuse¹.

fu·zee /fjuːzíː/ 名 〖米〗＝fusee.

fuzz /fʌz/ 名 **1** 〖話〗Ｕ けば, 綿毛, ふわふわしたもの, (fluff); aU うっすら生えた毛[あごひげなど]. **2** 〈the ～; 単複両扱い〉〖旧俗〗'さつ'《警察》; Ｃ 'ポリ'《警官》.

fúzz·wòrd 名Ｃ (故意に遠回し[不正確]にした)あいまい語《<*fuzzy word*》.

‡**fuzz·y** /fʌ́zi/ 形 **1** けば立った; うぶ毛のある[のような]. a ～ blanket ふわふわの毛布. **2** (輪郭の)ぼやけた, ぼんやりした; 明晰(めいせき)を欠く. a ～ photo ぼやけた写真. the ～ thinkers in Congress 国会にいる頭の悪い人たち. ▷**fuzz·i·ly** 副 **fuzz·i·ness** 名

fùzzy lógic 名Ｕ ファジー理論《人間のあいまいな思考をまねたコンピュータ理論》.

FWD four-wheel drive; front wheel drive.

fwd forward.

f-wòrd /éf-/ 名Ｃ〈the ～〉fuck という単語.

Fwy freeway.

FX 〖軍〗fighter experimental (次期戦闘機); foreign exchange; 〖映・テレビ〗special effects.

FY 〖米〗fiscal year.

-fy /fai/ 接尾 〈名詞, 形容詞に付けて動詞を作る; 直前に -i- を入れる〉「..にする, ..化する; ..になる」の意味. beauti*fy*. intensi*fy*. puri*fy*. [フランス語]

FYI for your information.

G

G, g /dʒiː/ 名 (複 **G's, Gs, g's** /-z/) **1** [UC] ジー《英語アルファベットの第7字》. **2** [C] 〈大文字で〉G字形(のもの). **3** [U] 〈大文字で〉〘楽〙ト音; ト調. *G* flat 変ト調. a symphony in *G* minor ト短調の交響曲. **4** 〘物理〙 (**a**) [U] 〈大文字で〉重力定数. (**b**) [C] 重力加速度. **5** [C] 〘米俗〙千ドル《<grand》.

G /dʒiː/ 形, 名 [C] 〘米〙一般向きの(映画)《すべての年齢層に適当な(映画); <general; →film rating》.

G German; Germany; Gulf.

g gallon(s); game; gauge; gender; genitive; good; gram(s); gramme(s).

GA General Agent (総代理人[店]); General American; General Assembly; 〘郵〙Georgia 1.

Ga 〘化〙 gallium.

Ga. Georgia 1.

GaAs gallium arsenide.

gab /gæb/ 〘話〙 名 [U] おしゃべり, むだ口. ***hàve the gìft of (the) gáb*** 〘時に軽蔑〙口が達者である.
── 動 (~s|-bb-) 自 むだ話をする, おしゃべりをする, 〈*on, away*〉〈*about* ..について〉.

†**gab·ar·dine** /gæbərdìːn, ⁻⁻ˊ/ 名 **1** [U] ギャバジン《worsted, cotton などのあや織り服地の一種》. **2** [C] ギャバジンの衣服《特に, レインコートなど》. [<古期フランス語「巡礼者の上着」]

gab·ble /gǽb(ə)l/ 動 自 **1** (訳の分からないほど)早口にしゃべりまくる[読む]〈*away, on*〉. **2** 〔ガチョウなどが〕ガーガー鳴く. ── 他 を(訳の分からないほど)早口でしゃべる[読む]〈*out*〉. The old man ~*d* (*out*) the story. 老人はその話を早口でしゃべった. ── 名 [U] 早口のおしゃべり; (早口なため[いくつかの声が重なって])聞きとれない言葉; (人の話をさまたげる)騒々しい声[音].

gab·by /gǽbi/ 形 〘話〙おしゃべりな (talkative).

gab·er·dine /gǽbərdìːn, ⁻⁻ˊ/ 名 **1** =gabardine. **2** 〘史〙[C] 長いゆったりしたガウン[上着]《特に中世にユダヤ人が着用した》.

gab·fest /gǽbfèst/ 名 [C] 〘米話〙雑談会, 懇談会; 長々とした雑談, だべり.

ga·ble /géib(ə)l/ 名 [C] 〘建〙破風(はふ)(に囲まれた三角形の部分); 切妻壁.

gá·bled 形 破風(はふ)造りの. a ~ house 切妻屋根[壁]の家.

gáble ròof 名 [C] 切妻屋根.

gàble wíndow 名 [C] 切妻窓.

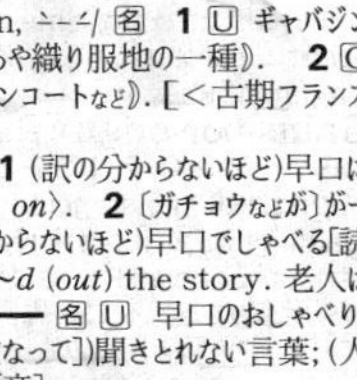

[gable]

Ga·bon /gæbɔ́ːŋ/ 名 ガボン《アフリカ南西部のギニア湾沿いの共和国; 首都 Libreville》.

Gab·o·nese /gæbəníːz/ 形 ガボン(人)の.
── 名 (複 ~) [C] ガボン人.

Gab·o·ro·ne /gɑ̀ːrbəróuni|gæb-/ 名 ガボローネ《ボツワナ (Botswana) の首都》.

Ga·bri·el /géibriəl/ 名 **1** 男子の名. **2** 〘聖書〙ガブリエル《大天使 (archangels) の1人; 聖母マリアにキリスト懐胎を告げた; →Annunciation》.

gad[1] /gæd/ 動 (~s|-dd-) 自 [VA] 〘話〙(楽しみを求めて)ぶらつく, ほっつき歩く, 〈*about, around*(..を)〉. She ~*s about* (town) every weekend. 彼女は毎週末(町を)ほっつき歩く.

gad[2] 名 [C] **1** 〘鉱山〙突きがね《鉱石の掘り起こしなどに用いる》. **2** (家畜を追う)突き棒 (goad).
── 動 (~s|-dd-) 他 **1** 〔岩石〕を突きがねで掘り起こす[砕く]. **2** 〔家畜〕を突き棒で追う.

gad[3], **Gad** /gæd/ 間 〈又は By Gad! [g-]!〉まあ, とんでもない. [God の変形]

gád·abòut 名 [C] 〘話〙ぶらつき回る人, 遊び歩く人.

Gad·da·fi /gədɑ́ːfi/ 名 **Moamar al ~** カダフィ (1942–)《リビアの軍人・政治家; 国家元首 (1969–); Muammar al Qaddafi ともつづる》.

gád·flỳ 名 (複 **-flies**) [C] **1** (牛, 馬にたかる)ウシアブ. **2** (しつこく批判, 要求, 注文などをして)小うるさいやつ, うるさ型.

†**gadg·et** /gǽdʒət/ 名 [C] 〘話・時に軽蔑〙(便利で気の利いた)小道具, ちょっとした(思いつきの, 時に実用性が疑われるような)機械[装置]. At the store I bought a knife, a peeler, and some other kitchen ~*s*. その店で包丁, 皮むき器, そのほか台所道具をいくつか買った. [? <フランス語「(鍵の)止め金」]

gadg·et·ry /gǽdʒətri/ 名 [U] 〘話・時に軽蔑〙〈集合的〉小道具類, (小規模の)機械類.

gad·o·lin·i·um /gæ̀dəlíniəm/ 名 [U] 〘化〙ガドリニウム《希土類の金属元素; 記号 Gd》.

Gae·a /dʒíːə/ 名 〘ギ神話〙ガイア《大地の女神; Gaia ともつづる》.

Gael /geil/ 名 [C] ゲール人《スコットランド高地, アイルランド及びマン島のケルト人 (Celt)》.

Gael·ic /géilik/ 形 ゲール人[語]の. ── 名 [U] ゲール語《ケルト語派諸語の1つ; Irish ~, Scottish ~, Manx に分かれるが, 狭義には Scottish ~ を指し, スコットランド高地のゲール人が用いる; →Irish, Celt》.

Gàelic cóffee 名 =Irish coffee.

Gàelic fóotball 名 [U] ゲーリックフットボール《1チーム15名で, 手足でボールを運ぶ; アイルランドと米国の一部で行われている》.

gaff[1] /gæf/ 名 (複 ~s) [C] 魚鉤(かぎ), ギャフ, 《針にかかった大物を水から上げる時に使う鉤の付いた竿(さお)》.
stànd the gáff 〘米俗〙(嘲笑・困難などに)じっと耐える.
── 動 他 〔魚〕を魚鉤で引き上げる.

gaff[2] 名 〈次の成句で〉***blòw the gáff*** 〘英話〙秘密[陰謀など]をばらす, 密告する.

gaffe /gæf/ 名 (複 ~s) [C] (特に社交上の)失態, 失言. commit [make] a ~ 失態を演ずる, 失言をする.

gaf·fer /gǽfər/ 名 [C] 〈呼びかけも可〉**1** おやじさん, 田舎のじいさん. **2** 〘英話〙(職長, (工事)現場監督, 親方, 飲み屋の亭主などを指して)'おやじ'. [godfather の変形]

gag /gæg/ 名 [C] **1** さるぐつわ. **2** 〘医〙開口器《患者の口を開けておく》. **3** 口止め, 言論抑圧. **4** ギャグ《劇のせりふ中に筋と関係なく挿入されただじゃれや冗談》. just for a ~ ほんの冗談に.
── 動 (~s|-gg-) 他 **1** にさるぐつわをはめる. **2** を無理やり黙らせる, の(自由な)発言を抑える. ~ the press 言論を封じる. ── 自 **1** (食物などを飲み込めないで)吐きそうになる, げぇーっとなる, 〈*on* ..で〉. The boy ~*ged on* the capsule. 少年はカプセルをのどにつまらせてげぇーといった. **2** 〔俳優, コメディアンが〕ギャグを入れる. [擬音語]

ga·ga /gɑ́ːgɑː/ 形 〈普通, 叙述〉〘話〙**1** (年取って)ぼけた, '恍惚(こうこつ)の'; 頭の変な; (dotty). go ~ ぼける. **2**

熱を上げた, のぼせた, 夢中になった, 〈*about, over* ..に〉.

Ga·ga·rin /gəgáːrin/ 名 **Yuri** ～ ガガーリン (1934–68)《人類最初の宇宙飛行を行った旧ソ連の軍人》.

gage[1] /geidʒ/ 名 C **1** 質ぐさ, 抵当, 抵当物. **2**〖古〗挑戦のしるし《中世の騎士が投げた手袋 (gauntlet) 又は帽子》; 挑戦. throw down the ～ 手袋を投げる, 挑戦する. ── 動 他 〖古〗を抵当に入れる; を保証とする.

gage[2] 名, 動 〖米〗=gauge.

gag·gle /gǽg(ə)l/ 名 C 〈単数形で複数扱いもある〉 **1** ガチョウの群れ. **2**〖話・軽蔑〗騒々しい人々の群れ[一団]〈*of* ..の〉.

gág òrder 名 C 〖米〗報道禁止令; 緘(かん)口令.

Gai·a /gáiɑ, géiə/ 名 **1**〖話・軽蔑〗=Gaea. **2** ガイア《自己制御機能を持つ一個の生命体としてみた地球》.

***gai·e·ty, gay-** /géiəti/ 名 (複 **-ties** /-z/) 〖旧〗 **1** U 陽気, 快活. The ～ of the party cheered me up. パーティーの陽気さで元気が出た. with an air of ～ 楽しそうに. the ～ of nations〖英〗大衆の楽しみ. **2** aU 華やかさ, 華美, 派手. I prefer a certain ～ of dress. 服装はある程度派手なのが私は好きだ. **3** UC 〈普通 -ties〉お祭り騒ぎ. the *gaieties* of the bicentenary 二百年記念祭の浮かれ騒ぎ. ◇形 gay

***gai·ly, gay·ly** /géili/ 副 m **陽気に**; 華やかに, 派手に. laugh ～ 陽気に笑う. ～ colored clothes 派手な色の着物.

‡**gain** /gein/ 動 (～**s** /-z/|過 過分 ～**ed** /-d/|**gáin·ing**) 他 【好ましいものを得る】 **1**〖章〗**を手に入れる**, 獲得する, 〈*by, from* (*doing*) ..(すること)で〉(類語 価値あるものを人と争って獲得することを強調; →get). ～ information 情報を入手する. The thief ～*ed* entry through an unlocked window. どろぼうは鍵(かぎ)のかかっていない窓から侵入した. We have nothing to ～ [There is nothing to be ～*ed*] *by* delay*ing* our departure. 我々は出発を遅らせても何の得るところもない.

2 を勝ち得る, に勝つ, (↔lose). ～ the first prize 1等賞を獲得する. ～ a battle 戦いに勝つ.

3【人に得させる】 VOO (～ X Y) **X に Y を得させる**. Good nature ～*s* you many friends. 気だてがいいと多くの友人ができる.

4 をもうける, 稼ぐ, (↔lose). ～ one's living 生活費を稼ぐ. I ～*ed* a thousand dollars on the deal. その取引で千ドルもうけた.

【余分に得る】 **5**〔力, 重さなど〕を(..だけ)**増す**; 〔人が〕〔能力, 経験など〕を増す; (↔lose). ～ experience 経験を積む. I have ～*ed* four kilograms in weight. 体重が4キロ増えた. The car ～*ed* speed. 車はスピードを増した. The plane ～*ed* height. 飛行機は高度を上げた.

6〔時計が〕だけ**進む** (↔lose). My watch ～*s* (by) two minutes a day. 僕の時計は1日に2分進む (★by が入れば自動詞で VA の文型となる).

【獲得する>目標に着く】 **7**〖章〗(努力して)に**到達する**. ～ the summit of a mountain 山頂に達する.

── 自 **1 利益を得る**, 得をする, 〈*by, from* (*doing*) ..(すること)で〉. Neither country ～*ed by* the war. どちらの国もその戦争で得るところはなかった.

2 増加する, 増進する; さらによくなる; 〈*in* ..が〉. The sick man is ～*ing* (*in* health) daily. 病人は日増しによくなってきている. ～ *in* favor 人の受けがよくなる.

3〔時計が〕**進む** 〈*by*..だけ〉(→他 6).

4 VA (～**on** [**upon**] ..)〔前方のもの〕に追い迫る; 〔追ってくるもの〕を引き離す. The car behind was ～*ing on* us. 後ろの車が私たちに迫ってきた. The leading runner continued to ～*on* the other competitors. 先頭の走者は他の競走相手を引き離し続けた.

5 VA (～**on** [**upon**] ..)〔海が〕〔陸地など〕を浸食する; ..に食い込む. The days are ～*ing on* the nights. 昼が長くなってきている《<昼が夜に食い込んできている》.

gàin gróund →ground[1].

gàin /../ óver (説得などして)..を味方につける. My persuasive arguments ～*ed* him *over* to our side. 私の説得で彼は我々の味方になった.

gàin tíme →time.

── 名 (複 ～**s** /-z/) **1** aU もうけ, 利得, 利益, (↔loss). be eager for ～ もうけることにきゅうきゅうとしている. get a net ～ of $10,000 1万ドルの純益を上げる.

連結 considerable [substantial; tangible; material; little; small; modest; personal] ～ // seek～

2 C 〈普通 ～*s*〉稼ぎ高, もうけ(た金額), 収益(金). ill-gotten ～*s* 不正利得. the ～*s* from one's business 商売の収益. No ～*s* without pains.〖諺〗苦なければ楽なし. **3** UC 増加, 増大, (increase). a ～ of ten pounds *in* weight 10ポンドの体重の増加. a ～ *to* knowledge 知識の増大. ◇形 gainful

for gáin もうけ[利殖]目当てで. buy art *for* financial ～ 利殖目当てで美術品を買う. [<古期フランス語]

gáin·er 名 C **1** 獲得者, 勝利者, 得をする者, (↔loser). **2**〖水泳〗逆宙返り(飛込み).

gain·ful /géinf(ə)l/ 形 〖章〗 **1** 利益のある, もうかる. **2** 収入のある, 有給の, 高給の, 〔職業など〕. ▷ ～**·ly** 副〖章〗もうかるように, 有利に; 有給[高給]で.

gain·say /gèinséi/ 動 (～**s** /-séiz, -séz/|過 過分 **gain·said** /-séid, -séd/, ～**ed** /-séid/|～**·ing**) 他 〖雅・古〗 VO (～ X/*that* 節) Xを/..ということを否定する, Xに/..ということに反駁(ばく)する, 〈否定文・疑問文で〉. There is no ～*ing* ⌞his innocence [*that* he is innocent]. 彼が無実であることは否定できない. [<〖廃〗*gain* 'against'+say]

Gains·bor·ough /géinzbəːrou|-bərə/ 名 **Thomas** ～ ゲインズバラ (1727–88)《英国の肖像・風景画家》.

(')gainst /genst, geinst/ 前 〖古・詩〗=against.

‡**gait** /geit/ 名 C 〈普通, 単数形で〉 **1 歩きぶり**, 足取り. an awkward ～ ぎこちない足取り. increase one's ～ 足取りを速める. **2** (馬・走者・車の)足並み, 歩き[走り]方, (参考 馬の足並みは walk, amble, trot, canter, gallop の順に速くなる). ***gò one's òwn gáit*** 自分のやり方でやる. [<古期北欧語「(垣根の間の)小道」]

gáit·ed /-əd/ 形 **1** 〈複合要素〉..な歩きぶり[足取り]の. slow-～ ゆっくりした足取りの. **2**〔馬が〕足並みを訓練された.

gai·ter /géitər/ 名 C 〈普通 ～*s*〉 **1** 脚絆(きゃはん), ゲートル, 《布製, 革製など; 膝(ひざ)下から踝(くるぶし)までで, 巻くのではなく片側をボタンでとめる》. a pair of leather ～*s* 革のゲートル1足. **2** =spat[2]. **3** (ゴアサイドの)アンクルブーツ.

Gal.〖聖書〗Galatians.

gal[1] /gæl/ 名 〖話・戯〗=girl《<girl の方言発音》.

gal[2] 名 C ガル《加速度の cgs 単位. 1gal=1cm/sec[2]》.

gal. gallon(s).

‡**ga·la** /géilə, gǽ-|gáː-, géi-/ 名 C **1** 祭り, 祝祭; お祭り騒ぎ. **2**〖英〗運動競技会. a swimming ～ 水泳大会. ── 形 祭りの; お祭り騒ぎの. a ～ day 祝日, 祭日. a ～ ball 舞踏祭. a ～ night (劇場の)特別興行の夕べ. a ～ occasion [affair] にぎやかな催し物のある祝祭. in ～ (dress) 晴れ着を着て. [<古期フランス語「お祭騒ぎ」]

ga·lac·tic /gəlǽktik/ 形 〈限定〉 **1**〖天〗銀河(系)の; 星雲の; (→galaxy). **2**〖医〗乳 (milk) の.

ga·lac·tose /gəlǽktous/ 名 U 〖化〗ガラクトース《単糖類の一種》.

Gal·a·had /gǽləhæd/ 名 **1** ガラハッド《Arthur 王伝説中の円卓騎士の1人; 最も高潔な騎士》. **2** C 高潔の士.

gal·an·tine /gǽləntiːn/ 名 U ガランティン《鳥の骨や臓物を取り除き, 牛[豚]肉のひき肉を詰めて蒸し焼きまたは蒸し煮した料理》.

Ga·lá·pa·gos Islands /gəlɑ́:pəgous-àiləndz | -lǽpəgəs-/ 名 〈the ～〉ガラパゴス諸島《南米エクアドル領; 本土西方の太平洋上の諸島; 特異な動物が生息する》.

Gal·a·te·a /gæ̀lətí:ə/ 名 〚ギ神話〛ガラテイア《Pygmalion が彫って恋をした女性像; Aphrodite が生命を与えた》.

Ga·la·tia /gəléiʃə/ 名 ガラテア《古代小アジアの国》.

Ga·la·tian /gəléiʃ(i)ən/ 名 **1** C ガラテア (Galatia) 人. **2** 〈～s; 単数扱い〉『ガラテアの信徒への手紙』《新約聖書中の一書; 略 Gal.》. ── 形 ガラテア(人)の.

***gal·ax·y** /gǽləksi/ 名 (複 **-ax·ies** /-z/) **1** C (銀河系外の)星雲, 小宇宙. **2** 〈the G-〉銀河, 天の川, (the Milky Way); 銀河系. **3** C 〈普通 a ～〉すばらしい人[物]の群れ; (美人, 有名人などの)華やかな集まり; (array). a ～ of film stars きら星のように並んだ映画スターたち. [<ギリシア語「ミルクの」]

Gal·braith /gǽlbreiθ/ 名 **John Kenneth ～** ガルブレイス (1908–)《カナダ生まれの米国の経済学者・外交官》.

***gale** /geil/ 名 (複 **～s** /-z/) C **1** (普通, 何時間も続く)**強風**, 疾風, (→wind[1] 類語). It is blowing a ～. 強風が吹いている. The roof was torn off by the ～. 屋根は強風に吹き飛ばされた. **2** 〚気象〛強風《時速 51–101 キロメートルで, breeze より強く storm より弱い; → Beaufort scale》. **3** 〈普通 ～s〉(感情, 笑いなどの)爆発. ～*s* [*a* ～] of laughter どっという笑い声. [?<古期北欧語「荒れ狂う」]

gále-fòrce 形 〈限定〉〔風が〕強風級の.

ga·le·na /gəlí:nə/ 名 U 〚鉱〛方鉛鉱.

Gal·i·le·an[1] /gæ̀ləlí:ən/ 名 C **1** ガリラヤ人. **2** キリスト教徒. **3** 〈the ～〉ガリラヤびと《異教徒たちがキリストをこう呼んだ》. ── 形 ガリラヤ(人)の, キリスト教徒の.

Gal·i·le·an[2] /移/ 形 ガリレオ (Galileo) の.

Gal·i·lee /gǽləlì:/ 名 **1** ガリラヤ《パレスティナ北部地方; キリストが伝道をした土地; 聖母マリアの生地でキリストが育ったナザレ (Nazareth) もここにある》. **2** 〈the Sea of ～〉ガリラヤ湖《イスラエル北東部にあり, ヨルダン川が貫流する; 新約聖書に多く登場する》.

Gal·i·le·o /gæ̀ləlí:ou, -léi-/ 名 ～ **Galilei** ガリレオ (1564–1642)《イタリアの天文学者・数学者・物理学者; 地動説が正しいことを証明した》.

gall[1] /gɔ:l/ 名 U **1** 〚話〛厚かましさ, 鉄面皮, (nerve). have the ～ to do 厚かましくも..する. Of all the ～! 何たるずうずうしさだ《<すべてのずうずうしさのうちで(これが 1 番だ)》. **2** 〚雅〛(積年の)恨み, 遺恨. **3** 〚雅〛非常に苦いもの[こと]. the ～ of repentance 悔恨の苦さ. **4** 〚古〛胆汁 (bile).

gàll and wórmwood ひどく不快なこと, 嫌でたまらないもの, 〈*to, for* ..にとって〉《聖書から》.

write [dìp one's pèn] in gáll 〈批評などで〉辛辣(らつ)な筆を揮(ふる)う. [<古期英語「胆汁」]

gall[2] 名 C **1** (動物, 特に馬の背にできる)すり傷, くらずれ. **2** 悩み(の種), 心痛. ── 動 他 **1** をすりむく. **2** の心を傷つける, をくやしがらせる; をいらだたせる; (vex).

gall[3] 名 C 虫こぶ, 菌こぶ, 《昆虫, 菌類, 細菌の働きで木の葉などにできるこぶ; タンニンを含み染料・インクなどに用いる》.

gall. gallon(s).

†**gal·lant** /gǽlənt, 4 ではまた gəlǽnt/ 形 **1** 〚章〛勇ましい, 勇敢な, (brave); 果敢な (valiant); (類語 高潔な犠牲的精神を暗示する; →brave). a ～ soldier 勇敢な兵士. **2** 〔物が〕立派な, 堂々とした, 壮麗な. a ～ ship 立派な船. **3** 〚古〛〔服装などが〕きらびやかな, 派手な. **4** 〚雅〛〔男性が〕女性に対して丁重な (courteous) (→polite 類語). ── /gəlǽnt, gǽlənt/ 名 C **1** 〚古〛粋(いき)な男, しゃれ者. **2** 女性に丁重な男; 色男; 情人. [<古期フランス語「楽しく騒ぐ」]

gal·lant·ly /gǽləntli; 3 ではまた gəlǽntli/ 副 **1** 〚章〛勇敢に; 果敢に. **2** 立派に, 堂々と. **3** 〚雅〛女性に優しく[丁重に, 慇懃(いんぎん)に].

gal·lant·ry /gǽləntri; 2 ではまた gəlǽntri/ 名 (複 **-ries**) UC 〚雅〛**1** 勇ましさ; 勇敢な行為. **2** 女性に対する丁重さ; (女性に対する)求愛の言葉[行為].

gáll·blàdder 名 C 胆嚢(のう).

gal·le·on /gǽliən/ 名 C ガリオン船《15–18 世紀ごろのスペインの甲板が 3 層 [4 層]の大帆船; 軍船または商船》.

***gal·ler·y** /gǽləri/ 名 (複 **-ler·ies** /-z/) C **1 画廊; 美術館**, 美術品陳列室; 〈集合的〉(所蔵)美術品. **2** 階上席, 回廊, 《教会, 講堂などの壁面から突き出た別席》. **3** 〈the ～〉**天井桟敷(さじき)**, 大向こう, 《劇場, 音楽堂などの最上階の一番安い席》. **4** 〈the ～〉〈単数形で複数扱いもある〉天井桟敷の観客[聴衆], (ゴルフ, テニスなどの)見物人, ギャラリー; (好みが通俗的[低俗]な)一般大衆. **5** 〈the ～〉(議場などの)傍聴席; 〈単数形で複数扱いもある〉傍聴人. the press ～ (議場の)新聞記者席; 記者団. **6 廊下**, 回廊, 《片側, 時には両側が開いている》; 柱廊 (colonnade); バルコニー, 露台. **7** 細長い部屋. a shooting ～ 射撃練習所. **8** 〚鉱〛横坑道 (↔shaft); 地下道, 通路, 《ウサギ, モグラなど小動物の掘った; 又は自然の洞窟をつなぐ; 城などの; 排水などのための》.

[gallery 3]

plày to the gállery 大向こうを目当てに演技する; 大衆の好みに迎合する, '受け'狙いの行動をする. [<中世ラテン語 *galeria* 'Galilee'; 教会の外の回廊を僻地ガリラヤにたとえたものか]

gal·ley /gǽli/ 名 (複 **～s**) C **1** ガレー船《オールと帆で進む古代・中世の大型船; 奴隷や囚人に漕(こ)がせた》; 古代ギリシア・ローマの軍艦. **2** (船, 飛行機内の)調理室. **3** (艦長用の)大型ボート. **4** 〚印〛ゲラ, 組盆, 《活字の組版を入れる長方形の浅い箱》; =galley proof.

gálley pròof 名 C 〚印〛ゲラ刷り, 校正刷り.

gálley slàve 名 C ガレー船奴隷《漕ぎ手として使われた》; こき使われる人 (drudge).

gáll·flỳ 名 (複 **-flies**) C 〚虫〛タマバチ《gall[3] を作る数種のハチ》.

Gal·lic /gǽlik/ 形 **1** ガリア (Gaul) の; ガリア人の. **2** 〚しばしば戯〛フランス(人)の (French). ～ wit フランス人特有の(軽妙な)機知.

gal·li·cism, G- /gǽləsìz(ə)m/ 名 UC **1** フランス語法, ガリシスム《(他言語中の)フランス語的表現・語法》. **2** フランス的風習[思考].

gáll·ing 形 〈普通, 叙述〉腹立たしい, くやしい, 業腹(ごうはら)な. It is ～ to do [doing] ..することは腹立たしい.

Gal·lip·o·li /gəlípəli/ 名 ゲリボル《トルコ北西部の港湾都市; Dardanelles 海峡の北岸 Gallipoli 半島にある; 第 1 次大戦中ここの上陸作戦で英国軍が大敗した; トルコ名 Gelibolu》.

gal·li·um /gǽliəm/ 名 U 〚化〛ガリウム《金属元素; 記号 Ga》.

gàllium ár·se·nide /-ɑ́:rsənaid/ 名 U 〚化〛砒(ひ)化ガリウム《半導体の材料; 記号 GaAs》.

gal·li·vant /gǽləvæ̀nt | ╌╌/ 動 自 〚話・戯〛〈普通 be [go] ～ing で〉(特に異性と一緒に)遊び歩く〈*about, around* (..を)〉.

gáll·nùt 名 C 木の実状の虫こぶ (→gall[3]).

*‡***gal·lon** /gǽlən/ 名 (複 **～s** /-z/) C **1** ガロン《液量の単位で 4 quarts (8 pints) に相当; 〚米〛では 3.785 リット

ル,〖英〗では4.546リットル》. the price of gasoline per ～ ガソリン1ガロンの値段. a five-～ tank 5ガロンタンク. **2** ガロン《穀類・果実などを量る単位で, 8分の1 bushel (約4.5リットル)に相当》. **3**〖話〗〈～s〉大量, どっさり,〈*of* ..の〉. drink ～*s of* beer ビールを浴びるほど飲む. [＜古期北部フランス語]

***gal·lop** /gǽləp/ 名 (複 **～s** /-s/) Ⓒ 〈普通, 単数形で〉 **1** ギャロップ, 襲歩,《馬などの最も速い走り方; 4つの脚が同時に地面から離れている瞬間がある; →gait 2》. **2** (馬などを)ギャロップで駆けさせること. go for a ～ はや駆けに出かける. have a ～ across the field 馬を飛ばして野原を駆ける. **3** 非常な速さ; 大急ぎ.

at a gállop*＝(*at*) *fúll gállop 全速力で, 大急ぎで.

── 動 自 **1**〔馬, 乗り手が〕ギャロップで駆ける. **2** VA 大急ぎで行動する, 急ぐ〈*along, across, through* (..)〉; さっさと片付ける, 大急ぎで話す[読む],〈*over, through* ..を〉;〔事, 時などが〕急速に進む, 迫る,〈*toward* ..に〉. ～ *through* [*over*] a book 本を読みとばす. ── 他〔馬〕をギャロップで駆けさせる. [＜古期フランス語]

gál·lop·ing 形〈限定〉〔病気などが〕急速に進行する. ～ consumption〖医〗奔馬性肺結核. ～ inflation 急激なインフレ.

†**gal·lows** /gǽlouz/ 名 (複 ～, ～·es) Ⓒ 絞首台; 〈the ～〉絞首刑. come [be sent] to the ～ 絞首刑になる. send a person to the ～ 人を絞首刑に処する. [＜古期英語]

gállows bìrd 名 Ⓒ〖話〗(絞首刑ものの)極悪人.

gállows hùmor 名 ＝black humor.

gáll·stòne 名 Ⓒ〖医〗胆石.

Gál·lup pòll /gǽləp-/ 名 ギャラップ(世論)調査《米国の統計学者 George H. *Gallup* (1901–84) が設立した世論調査機関が行う》.

gal·op /gǽləp/ 名 Ⓒ ギャロップ《快活な2拍子のダンス》; ギャロップ(の曲)《4分の2拍子》.

‡**ga·lore** /gəlɔ́ːr/ 形〈名詞の後に置く〉たくさんの, ふんだんの,《一般に好ましい物に用いる》. On her 80th birthday there were presents ～. 彼女の80歳の誕生日にはたくさんの贈り物があった. [＜アイルランド語 'to sufficiency']

ga·losh /gəlɑ́ʃ|-lɔ́ʃ/ 名 Ⓒ〈普通 ～es〉オーバーシューズ《ゴムやプラスチック製で, 雨や雪の時, 靴の上に履く》.

gals. gallons.

Gals·wor·thy /gɔ́ːlzwə̀ːrði/ 名 **John ～** ゴールズワージー(1867–1933)《英国の小説家・劇作家; 代表作品に *The Forsyte Saga* など》.

ga·lumph /gəlʌ́mf/ 動 自〖話〗**1** VA ぶざまに[ぎこちなく, どしんどしんと]歩く. ～ *around* どしんどしん歩き回る. **2** 意気揚々と歩く[進む]. ～ *back* 意気揚々と戻る. [＜*gal*lop＋tri*umph*; Lewis Carroll の造語]

gal·van·ic /gælvǽnik/ 形 **1** (直)流電気の《特に電池で生じる》. a ～ cell〖物理〗ガルヴァーニ電池. **2** (電気ショックを受けたように)はっと[びくっと]させる; 引きつったような, 発作的な,〔笑い, 動作など〕. a ～ effect 衝撃的効果. **3** 力に溢れた, エネルギッシュな. [＜Luigi *Galvani* (1737–98)《イタリアの生理学者》] ▷**gal·van·i·cal·ly** /-k(ə)li/ 副 びくっとして, 発作的に.

gal·va·nism /gǽlvənìz(ə)m/ 名 Ⓤ **1** 流電気《化学作用で起こる直流電気》, 直流電気. **2** (流電気による)電気療法.

gal·va·nize /gǽlvənàiz/ 動 他 **1**〔鉄など〕に亜鉛めっきする. **2**〔人など〕を刺激する, に活を入れる,〈*into* (doing) ..(するよう)にと〉. His father's sudden death ～*d* the idle boy *into* action. 突然父に死なれて, のらくら息子は(電気ショックを受けたかのように)急に活動しだした. ▷**gàl·va·ni·zá·tion** 名

gál·va·nìzed 形 亜鉛めっきした. ～ iron 亜鉛びき鉄板, トタン板.

gal·va·nom·e·ter /gæ̀lvənɑ́mətər|-nɔ́m-/ 名 Ⓒ〖電〗(微小電流を検出する)検流計.

Ga·ma /gǽmə/ 名 **Vasco da ～** (ヴァスコ・ダ・)ガマ(1469?–1524)《ポルトガルの航海者; 喜望峰回りのインド航路を発見》.

Gam·bi·a /gǽmbiə/ 名〈the ～〉ガンビア《アフリカ西部の共和国; 英連邦の1員; 首都 Banjul》. ▷**～n** /-n/ 形, 名 Ⓒ ガンビア(人)の; ガンビア人.

gam·bit /gǽmbət/ 名 Ⓒ **1**〖チェス〗序盤作戦《pawn などを捨て駒(ごま)にしても局面を有利に展開しようとする》. **2** (議論, 事業などの)手始め, 先制, (会話の)切り出し, (**òpening gámbit**). **3** 策略, 戦略, (tactic).

gam·ble** /gǽmb(ə)l/ 動 (**～s** /-z/|過 過分 **～d** /-d/| **-bling**) 自 **1** 賭(か)け事[賭博(とばく)]をする; VA (**～*on (*doing*), ***at*** ..) ..(すること)に金銭[希望]を賭ける, ..で賭け事をする; (類語 習慣的行為としての賭け事を暗示する; →bet). ～ *at* cards 賭けトランプをする. ～ heavily *on* the horses (競馬で)馬に大金を賭ける. Don't ～ *on* his com*ing* in time. 彼が遅れずに来ると当てにするな. **2** VA (**～*on, in*** ..) ..に投機をする; で一か八かの冒険をする; (**～*with*** ..) ..の危険を冒して賭けをする. ～ *on* the stock exchange 株式に投機する. ～ *in* oil (stocks) 石油(株)に投機をする (★特定の株の場合は in). Who wants to ～ *with* his own life? 誰が自分の生命を賭けて危険を冒そうか.

── 他 **1**〔金など〕を賭ける〈*on* ..に〉. **2** VO (**～ *that* 節**) ..ということに賭ける. He ～*d that* the people would follow him. 彼は大衆が彼について来ると賭けた[期待して行動した].

gàmble /../ awáy ..を賭けで失う.

── 名 (複 **～s** /-z/) Ⓒ **1** 賭け事, 博打(ばくち). **2** 〈単数形で〉投機; 冒険, '賭け'. take a big ～ on .. 一か八か..に賭ける. They took a risky ～ (in) buy*ing* those shares. 彼らは一か八かでその株を買った. [＜〖廃〗*gamel*「ゲームをする」]

†**gám·bler** 名 Ⓒ 賭(か)け事をする人, 博打(ばくち)打ち, 賭博師; 相場師.

***gám·bling** 名 Ⓤ 賭(か)け事, 賭博(とばく).

gámbling dèn 名 Ⓒ (違法の)賭博場.

gam·boge /gæmbóuʒ, -búːʒ/ 名 Ⓤ ガンボージ《濃黄色の染料, 絵の具; 下剤の原料》.

gam·bol /gǽmb(ə)l/ 名 Ⓒ〈普通 ～s〉(子羊, 子供などの)跳ね回り, 大はしゃぎ. ── 動 (**～s**|〖英〗**-ll-**) 自 跳ね回る, はしゃぎ回る,〈*about, around* (..を)〉.

gam·brel /gǽmbrəl/ 名 Ⓒ **1** (馬などの後脚の)ひざ関節, 飛節. **2** (肉屋が用いる)肉つりかぎ (**gámbrel stick**)《馬の後脚の形をしている》. **3**〖建〗腰折れ屋根 (**gámbrel ròof**).

‡**game**[1] /geim/ 名 (複 **～s** /-z/)

【遊び】 **1** Ⓒ (子供の)**遊戯**; **娯楽**; 楽しみ; 面白いこと; (類語 単なる遊びではなく, ルールのある遊びの形態を言う; →play). Poker is a card ～. ポーカーはトランプ遊び(の一種)だ. indoor ～*s* 室内遊戯. What a ～! これは面白い.

2 UC 冗談, からかい, 'お遊び'. speak *in* ～ 冗談に言う. This is a mere ～. これはほんの冗談だ.

3 Ⓒ 遊び道具. toys and ～*s* おもちゃや遊具.

【遊びとしての狩猟】 **4** Ⓤ〈集合的〉**狩猟[釣り]の獲物**[対象]; 追求[攻撃]の的. We shot twenty head of ～. 我々は20頭の獲物を仕留めた.

5 Ⓤ 猟鳥[猟獣]の肉.

【勝ち負けを競う遊び】 **6** (a) Ⓒ **競技**, 試合, 勝負; (テニス, ブリッジなどの) 1ゲーム《テニスでは game が集まって set, set が集まって match (試合)になる》; (類語 ボールを使う競技に用いることが多い; →match[2]). play [have] a ～ of basketball バスケットボールの試合をする. watch a baseball ～ on TV テレビで野球の試合を見る. no ～〖野球〗無効試合. win [lose] a ～ at [of] chess チェスに勝つ[負ける]. play a fair ～ 正々堂々と勝負する.

play a good [poor] ～ at ..の勝負がうまい[下手だ]. the ～ of life 人生という勝負.

連結 a close [a seesaw; a losing, a one-sided; a drawn; an exciting, a heated; a perfect] ～

(**b**)〈～s〉**競技会**. The Olympic *Games* are held every four years. オリンピック大会は4年ごとに開かれる. (**c**)〈～s〉〖英〗(教科としての)体育の競技, スポーツ.
7 UC 勝負の形勢; 勝利; (勝利に必要な[試合の中間の])得点. How [What] is the ～? 勝負の形勢はどうか. The ～ is yours. 君の勝ちだ. The ～ is 4 to 3. 得点は4対3だ. He won six ～*s* to love in the first set. 彼は1セット目6対0で勝った.
8【勝負としての仕事】C〖話〗職業, 稼業, 仕事. the acting ～ 役者稼業. I'm new to this ～. 私はこの仕事は初めてです.
【勝つための方策】 **9** C **策略**, 計画, やり口; (政治, 外交の)**駆け引き**. the ～ of politics 政略. I saw through his little ～. 彼のけちなやり口を見破った. None of your ～*s*! その手は食わないぞ. The ～ is up. 計画は失敗に終わった, 万事休すだ. What's the [your] ～?〖話〗一体目当ては何だ《普通, 怪しい者などに》.
bèat [***plày***] *a pèrson* ***at his òwn gáme*** 相手をその得意とする手で逆にやっつける[出し抜く]; 相手の上を行く.「[良い].
be off [***on***] *one's* ***gáme*** (競技で)〔人が〕調子が悪い
be on the gáme〖英俗〗売春[どろぼう]をやっている.
gàme and gáme=***gàme áll*** 1対1(の同点).
gàme, sèt, and mátch to 〔Smith〕〖テニス〗〔スミス〕の勝ち.
gìve the gáme awày 〔人が〕秘密[意図など]を漏らす[ばらす]; 〔顔などが〕感情[内心]を表に出す.
hàve a gáme with .. ..をごまかす, だます.
hàve the gáme in *one's* ***hánds*** 勝利をほとんど手中に収めている.
màke gáme of .. ..をからかう, ばかにする, (make fun of ..).
plày *a pèrson's* ***gáme***=***plày the gàme of*** *a pérson* 知らずに相手の利益になるような事をする.
plày (***sìlly***) ***gámes*** (1) 遊び半分でやる. Stop *playing* ～*s*! もっとまじめにやれ. (2) 虚仮(こ)にする〈*with* ..〔人〕を〉. Don't *play* ～*s with* me! 私を馬鹿にするな.
plày the gáme 〈普通, 命令文・否定文で〉規則通りにやる; 正々堂々とふるまう.
── 形 **1** 勇敢な, くじけない. a ～ little boy 度胸のある男の子. **2**〈叙述〉気力が十分ある〈*for* ..〔新しい[冒険的な]ことなど〕への/*to* do ..する〉. be ～ *for* any adventure どんな冒険でもする勇気がある. Do you want to try? —Yeah, I'm certainly ～ (*to* try). やってみたいか.─うん, ほんとにやってみる気はあるよ.
dìe gáme 最後まで奮闘する, 倒れて後已(や)む.
── 動 自〖章〗勝負事をする, 賭(か)け事をする. [<古期英語「楽しみ, 遊び」]
▷**gáme·ly** 副 勇敢に, くじけずに, 決然として. **gáme·ness** 名 U 勇敢さ.
game[2] 形〖英旧話〗〔特に脚が〕不自由な.
gáme bìrd 名 C 猟鳥《狩猟法で捕獲を認められた鳥》.
gáme·còck 名 C 闘鶏(の雄).
gáme fìsh 名 C 釣りの対象魚.
gáme fòwl 名 C 闘鶏; =game bird.
gáme·kèeper 名 C 狩猟場管理人《私有地の猟鳥を育成保護する》.
gam·e·lan /gǽməlæ̀n/ 名 C ガムラン《インドネシアの打楽器; その合奏》.
gáme làw 名 UC 狩猟法.
gàme of chánce 名 C 運次第の遊戯《技量より偶然で勝負が決まるルーレットなど》.
gàme of skíll 名 C 技量の遊戯《偶然よりも技量で勝負が決まるチェス, ゴルフなど》.
gáme pàrk 名 C (特にアフリカの)動物保護区域.
gáme plàn 名 C〖アメフト〗ゲームプラン, 作戦計画; (一般に, 目的達成のための)戦略, 作戦.
gáme pòint 名 UC ゲームポイント《テニスなどで各ゲームの勝負を決める最後の1球; →match point; →game 名 6(a)》.
gáme resèrve [**presèrve**] 名 C 禁猟区.
gáme shòw 名 C (賞品を競うテレビやラジオの)ゲーム[クイズ]番組.
games·man·ship /géimzmənʃìp/ 名 U (反則すれすれの)揺さぶり戦術《技術よりは心理作戦などを用いる》.
game·some /géimsəm/ 形 ふざけるのが好きな, 茶目な, 陽気な. ▷**～·ly** 副 **～·ness** 名
gáme(s) thèory 名〈the ～〉ゲーム理論《戦争・経済・遊戯の分析に数学を応用した, 最小の損失で最大の利益を得ようとする理論; **thèory of gámes**とも言う》.
gam·ete /gǽmiːt, gəmíːt/ 名 C〖生物〗配偶子, 生殖細胞.
gáme wàrden 名 C 猟区管理官.
game·y /géimi/ 形 =gamy.
gam·in /gǽmən|-mæŋ/ 名 C 浮浪児; いたずら小僧.
ga·mine /gǽmiːn, -⌐/ 名 C 浮浪少女; おてんば娘.
── 形〈ほめて〉男(の子)っぽい(boyish).
gam·ing /géimiŋ/ 名 U 賭(か)け事, 賭博(とく).
gáming hòuse 名 C 賭博場.
gáming tàble 名 C 賭博台;〈～s〉賭博場.
gam·ma /gǽmə/ 名 UC **1** ガンマ《ギリシア語アルファベットの3番目の文字; Γ, γ; ローマ字のG, gに当たる》. **2** 3番目(のもの). **3**〈G-〉〖天〗ガンマ星《星座の中で3番目に明るい星》. **4**〖主に英〗(学業成績が)第3級, 可,《合格最低点》.
gàmma glóbulin 名 U〖生化〗ガンマグロブリン《血清グロブリンの一種; 多くの抗体を含む》.
gámma radiàtion 名 U ガンマ線放射; ガンマ放射線(gamma rays).
gámma ràys 名〈複数扱い〉〖物理〗ガンマ線.
gam·mer /gǽmər/ 名 C〖古〗(田舎の)ばあさん. [godmother の変形]
gam·mon /gǽmən/ 名〖主に英〗**1** C ガモン《後ろ脚の部分も含んだ豚のわき腹肉の下部》. **2** U ハム.
gam·my /gǽmi/ 形〖英話〗=game[2].
gamp /gæmp/ 名 C〖英話・戯〗(だらしなく巻いた)大きなこうもり傘《<Dickens 作, *Martin Chuzzlewit* の登場人物 Sarah *Gamp* の持っているこうもり傘》.
gam·ut /gǽmət/ 名 C〈普通 the ～〉**1**〖楽〗全音階; 長音階; (声, 楽器の)全音域. **2** 全範囲, 全域.
rùn the (***whole***) ***gámut of ..*** 〔人, 物事が〕すべてをカバーする[含む, 表す, 経験するなど]〈*of* ..の/*from* ..から/*to* ..までを〉. During that short time we *ran the whole* [*entire*] ～ *of* moods from despair to ecstasy. その短時間に我々は絶望から有頂天までのあらゆる気分を体験した. His writing *ran the* ～ *from* sacrilegious, erotic, and proletarian *to* apocalyptic. 彼の著作は冒瀆涜的なもの, エロチックなもの, プロレタリア的なものから黙示的なものまで, すべてをカバーしていた. [<中世ラテン語 *gamma ut*; 中世の音階で最高音(*gamma*)と最低音(*ut*)]
gam·y /géimi/ 形 **1**〔鳥獣の肉が〕(傷みかけて)におい[味]が強い. **2** 勇敢な, くじけない, 決然たる. **3**〖米〗扇情的な, 下品な. ▷**gam·i·ly** 副 **gam·i·ness** 名
-ga·my /-gəmi/ 〈複合要素〉「結婚」の意味. biga*my*. monoga*my*. polyga*my*. [ギリシア語 'marriage']
gan·der /gǽndər/ 名 C **1** ガチョウ[ガン]の雄(→goose 参考). **2**〖話〗〈a ～〉ちらっと見ること. **3**〖話〗ばか, まぬけ.
tàke [***hàve***] ***a gánder***〖話〗ちらっと見る〈*at* ..を〉.

G

Gan·dhi /gǽndi:, gɑ́:n-/ 名 ガンディー **1 Indira** ～ (1917–84)《インドの政治家・首相; Nehru の娘》. **2 Mohandas Karamchand** ～ (1869–1948)《英国に対して非暴力による抵抗を行ったインド独立運動の指導者で暗殺された; 通称 Mahatma Gandhi》. **3 Rajiv** ～ (1944–91)《インドの政治家; 首相 (1984–89); 1 の息子; 暗殺された》. ▷ **～·an** 形, 名 C ガンディーの, ガンディー主義(者)の; ガンディー主義者. **～·ism** 名 U ガンディー主義《無抵抗不服従主義》.

***gang** /gæŋ/ 名 (複 **～s** /-z/) C 〈単数形で複数扱いもある〉 **1** (悪漢などの)**一味**, 一隊; 暴力団, ギャング団; (★その 1 人は a gangster と言う); 非行少年グループ. a ～ of thieves 窃盗団. be attacked by a ～ of youths 非行少年グループに襲われる.
2 (一緒に作業する労働者, 奴隷, 囚人などの)**一群**, 一団. A ～ of roadmen are repairing the road. 道路工夫の一団が道路を修理している.
3〖話〗〈悪い意味でなく〉(青少年の)遊び仲間, 連中;〖主に米話〗〈呼びかけ〉おい, みんな. The whole ～ of us went to the swimming pool. みんなでプールへ行った. Boys need ～ life. 少年たちは集団生活が必要だ.
4 (道具, 機械の)一式.
── 動 自 VA (**～ *up***) 集団を作る〈*with* ..と/*to* do ..しようと〉; (**～ *together***) 一団になって行動する.
── 他 **1**〖米話〗を集団で襲う. **2**〔道具など〕をそろえる.
gàng úp against [***on***] ***..***〖話〗..に集団で反対[対立]する, ..を集団で襲う. [＜古期英語「行くこと, 旅」]

Gan·ga /gɑ́ŋgə, gɑ́:ŋ-/ 名 〈the ～〉 ガンガー川《ガンジス川 (Ganges) のヒンディー語名》.

gáng-bàng〖俗〗名 C '合い乗り', 'まわし', 《集団暴行, 輪姦》. ── 動 他, 自 (を)'合い乗りする', 'まわす'.

gáng·bùster 名 C〖米話〗暴力団取締り係. like ～*s* ものすごい勢いで, すごく熱心に.

gang·er /gǽŋər/ 名 C〖主に英〗工夫長, 職長.

Gan·ges /gǽndʒi:z/ 名 〈the ～ (River)〉 ガンジス川《ベンガル湾に注ぐインド北東部の大河; ヒンドゥー教徒が最も神聖な川としている; →Ganga》.

gáng·lànd 名 UC 暗黒街《ギャングの世界》.

gang·ling /gǽŋgliŋ/ 形 〈限定〉〔特に若い男性が〕やせてひょろ長い(体の).

gan·gli·on /gǽŋgliən/ 名 (複 **gan·gli·a** /-gliə/, **～s**) C **1**〖解剖〗神経節. **2**〖医〗ガングリオン, 結節腫(しゅ).
3 (力, 活動, 関心などの)中心.

gan·gly /gǽŋgli/ 形 ＝gangling.

Gàng of Fóur 名 〈the ～〉(1965 年から起こった中国の文化大革命時に活躍した江青, 王洪文, 姚文元, 張春橋の)四人組.

gáng·plànk 名 C〖船〗タラップ《船の舷(げん)門 (gangway) から桟橋へ渡す橋板; ＝gangway》.

gan·grene /gǽŋgri:n/ 名 U〖医〗壊疽(えそ), 脱疽(だつそ). ── 動 自 壊疽[脱疽]にかかる. ── 他 に壊疽[脱疽]を生じさせる. [＜ギリシア語]
▷ **gán·gre·nous** /-grənəs/ 形 壊疽[脱疽]にかかった.

†gang·ster /gǽŋstər/ 名 C ギャング《gang の 1 人》, 暴力団員. a ～ movie ギャング映画. [gang, -ster]

‡gáng·wày 名 (複 **～s**) C **1**〖船〗舷(げん)門《船の横腹の出入り口》; ＝gangplank; 船内通路. **2** (狭い)通路;〖英〗(劇場などの)座席の列の間の通路 (aisle); 人垣を分けて通る通り道; (下院の)幹部議員席と平議員席の間の通路. members above [below] the ～ 幹部[平]議員.
── 間 どいたどいた. *Gangway*, please! 道をあけてください.

gan·ja /gɑ́:ndʒə, gǽn-/ 名 U (強い)マリファナ (marijuana)《cannabis の一種》.

gan·net /gǽnət/ 名 C **1** カツオドリ科の諸種の海鳥《大形で北大西洋岸に群生する》. **2**〖話・軽蔑〗食いしん坊, 欲張り.

gant·let[1] /gɔ́:ntlət, gǽnt-/ 名 C〖鉄道〗交差線, 搾(さ)線, 《平行する 2 本の軌道が狭い地形の所で, 内側のレールを共用したり, 上下に交差する区間》.

gant·let[2] 名 ＝gauntlet[1].

gant·let[3] 名〖主に米〗＝gauntlet[2].

gan·try /gǽntri/ 名 (複 **-tries**) C **1** ガントリークレーン, 移動起重機; (その)構台《移動起重機を動かすための鉄の枠》. **2**〖鉄道〗跨(こ)線信号台《数個の信号機を載せた鋼鉄製の陸橋》. **3** ロケットの移動整備発射台. **4** 樽台. [＜ギリシア語「荷役用のロバ」]

Gan·y·mede /gǽnəmi:d/ 名〖ギ神話〗ガニュメーデース《神々のために酒の酌(しゃく)をしたトロイの美少年》.

†gaol /dʒeil/ 名, 動〖英〗＝jail (語法〖英〗では gaol が公式だが, 一般には jail が普通; →prison).

gáol·bìrd 名〖英〗＝jailbird.

gáol·brèak 名〖英〗＝jailbreak.

gáol·er 名〖英〗＝jailer.

‡gap /gæp/ 名 (複 **～s** /-s/) C
【透き間】 **1 割れ目**, 穴 (hole), 破れ目 (break); 透き間, 空所, (opening) 〈*in*, *between* ..〔壁, 塀, カーテンなど〕の〉. see through a ～ *in* a wall 塀の透き間からのぞく. She has a ～ *between* her two front teeth. 彼女は 2 本の前歯の間に透き間がある. **2**〖主に米〗山あいの道, 峠; 峡谷 (ravine), 谷間.
3 隔たり, 間隙, 〈*of* ..〔時間, 空間〕の〉. a ～ *of* five meters [years] 5 メートル[年, 歳]の隔たり.
4 相違, 不一致, ギャップ, 〈*between* ..〔意見, 性格, 身分など〕の〉. a wide ～ *between* their views 彼らの意見の大きな食い違い. the generation ～ 世代間の断絶.

3,4 の 連結 a great [a huge, an immense, a vast; a profound; a conspicuous] ～

【途切れ】 **5 途切れ**, 休止, 切れ目, 空白(期間・箇所), 空隙. a ～ *in* a conversation 会話の途切れ. a ～ *in* one's memory 記憶の空白箇所.
6 欠落, 欠陥, 不備; 〈*in* ..〔活動など〕の〉. There were a few ～*s* in the minutes. 議事録にはいくつか記録洩れがあった.
brìdge the gáp (***between ..***) (..の間の)ギャップをうめる.
fìll [***brìdge, clòse, stòp***] ***a gáp*** (***in ..***) (1) (..の)穴[透き間]をふさぐ. (2) (..の)欠陥[欠落, 不備]を補う. [＜古期北欧語「(口を開けた)割れ目」]

‡gape /geip/ 動 自 **1** VA (**～*at* ..**) (驚き, 好奇心などのため)ぽかんと口を開けて ..に見とれる. The child ～*d at* me as though he were seeing a ghost. 子供は幽霊を見ているかのように私を呆(ぼう)然と見詰めた. **2** 口を大きく開ける; あくびをする (yawn). **3** 大きく割れる, 裂ける (split); 〔地面などが〕ひび割れる, ぽっかり口を開けている. a *gaping* wound [chasm] ぱっくり開いている傷口[割れ目].
── 名 C **1** ぽっかり開いた裂け目[割れ目], 透き間 (gap). **2** ぽかんと口を開けて[驚きのあまり]見とれること.
3 あくび (yawn). **4** 〈the ～s; 単数扱い〉 **(a)** (鳥の)張嘴(し)病《くちばしを大きく開けて死ぬ》. **(b)**〖戯〗あくびの連発. [＜古期北欧語「口を開ける」]

gáp-fìll 名 C, 形 穴埋め[空所補充](テスト)(の). a ～ test 空所補充テスト (cloze test).

gáp-tòothed /-θt, -ðd/ 形 歯の間に透き間のある.

gar /gɑ:r/ 名 (複 **～s, ～**) C〖魚〗ガー《米国産硬鱗(こうりん)魚; 淡水に住み, 鋭い歯のある細長いあごで他の魚を食い荒らす; garpike とも言う》.

***ga·rage** /gərɑ́:ʒ, -dʒ | gǽrɑ:ʒ, -ridʒ/ 名 (複 **-rag·es** /-əz/) C **1** (自動車の)**車庫**, ガレージ. a separate ～ 独立した車庫. a built-in ～ 建物の一部をなす車庫. **2**〖米〗自動車修理工場. **3**〖英〗(修理設備もある)給油所, ガソリンスタンド (service station). ── 動 他 〔自動車〕を車庫[修理場]に入れる. [フランス語「(車を)避難させる場所」]

garáge[〖英〗 **gárage**] **sàle** 名 C ガレージセール《自宅の車庫などを利用して不用品を販売する》.

garb /gɑːrb/ 〖章・雅〗 名 U (ある職業, 時代, 民族に特有な)服装, 衣装; 身なり. a man in the ~ of a priest 牧師の服装をした男. in eye-catching ~ 人目を惹(ひ)く服装で. ── 動 他 VOA (~X *in, as* ..) Xに..の衣服を着せる〈普通, 受け身又は再帰形で〉. ~ oneself *as* a sailor 船乗りの服装をする. The youth was ~*ed in* a leather jacket and blue jeans. その若者はレザージャケットにブルージーンズといういで立ちだった. [＜イタリア語「優雅さ」]

***gar·bage** /gɑ́ːrbidʒ/ 名 U **1** 〖主に米〗(台所の)**生ごみ**, 食べかす, (類語 主に台所から出る生ごみ; 〖英〗では普通 rubbish; →litter, refuse[2], rubbish, trash, waste). They collect our ~ on Friday. 金曜日がごみ集めの日だ. **2** 〖話〗がらくた, くず; 下らないもの[言葉, 考えなど]. The hack writer wrote only ~. そのへぼ作家は下らないものばかり書いた. **3** 〖電算〗不要[不正確な]データ.

Gàrbage ín, gàrbage óut. 〖諺〗不完全なプログラムでは不完全な結果しか出ない《＜ごみを入れれば, ごみが出てくる; もとコンピュータに関して; →GIGO》.
[＜中期英語「臓物, くず肉」(＜?)]

gárbage càn 名 C 〖米〗(生)ごみ入れ《普通, 大型で円筒形の缶; 〖英〗 dustbin》.

gárbage collèction 名 UC ごみ収集; 〖電算〗(記憶装置内の)不要データ整理.

gárbage collèctor 名 C 〖米〗ごみ収集員, 清掃員, (〖英〗 dustman).

gárbage dispòsal [**dispòser**] 名 C (流しの排水口に取り付ける)生ごみ処理器, ディスポーザー, 《生ごみを粉砕して下水に流せるようにする》.

gárbage trùck 名 C 〖米〗ごみ収集トラック, 清掃車, (〖英〗 dust cart).

gar·ble /gɑ́ːrb(ə)l/ 動 他 **1** 〔報告, 談話, 著作など〕を(故意に)ゆがめる, に勝手に手を入れる. **2** (知らずに)を誤って伝える. The boy ~*d* the message I gave him. 少年は私の伝言を間違って伝えた. [＜アラビア語「ふるいにかける」]

gár·bled 形 〔説明などが〕しどろもどろの, 要領を得ない, 誤解を招くような. a ~ account しどろもどろの説明.

Gar·bo /gɑ́ːrbou/ 名 **Greta** ~ ガルボ (1905–90)《スウェーデン生まれの米国の映画女優》.

Gar·cí·a Már·quez /gɑːrsìːə-mɑ́ːrkes/ 名 **Gabriel** ~ ガルシア＝マルケス(1928–)《コロンビアの作家; 1982年ノーベル賞受賞; 『百年の孤独』他の作品がある》.

gar·çon /gɑːrsɔ́ːŋ|⌐⌐/ 名 C **1** (ホテル, レストランなどの)給仕, ボーイ, (waiter). **2** 少年, 未婚の若い男性. [フランス語 'boy']

****gar·den** /gɑ́ːrdn/ 名 (複 ~s /-z/) **1** UC **庭, 庭園**; 花園, 菜園, 果樹園. a back ~ 裏庭. a kitchen ~ 菜園. a roof ~ 屋上庭園. 語法 広さを言う時などは U 扱い: Do you have much ~? (君の家の庭は広いのか) 類語 普通, 草花・果物・野菜を植えた囲いのある土地; 〖米〗では yard とも言う; →backyard, court, courtyard, yard[1].

> 連結 a spacious [a well-kept; a neglected, an overgrown; a front; a flower, a herb, a vegetable] ~ // tend [dig; water; weed] a ~

2 C 〈しばしば ~s〉 **公園**, 遊園地; ..園. a botanical [zoological] ~ 植[動]物園. Kensington *Gardens* (ロンドンの)ケンジントン公園.
3 C 〈しばしば Gardens〉 ..ガーデンズ (語法 前に固有名詞などを付けて街路や広場の名に用いる; 略 Gdns.). My address is 34 Riverside *Gardens*. 私の住所はリバーサイドガーデンズ34番地です.
4 C 屋外の軽飲食施設. a beer ~ ビアガーデン.
5 C 〖雅・章〗肥沃(よく)な土地. →Garden of England.
6 〈the G-〉 (ギリシアの)エピクロス学派(の哲学)《エピクロスは庭で弟子たちに哲学を教えたことから》.
7 〈形容詞的〉庭園(用)の (↔wild). ~ plants 園芸植物. ~ flowers 園芸種の花.

Éverything in the gàrden is lóvely. 〖英話〗すべて申し分ない, 万事順調だ.

lèad a pèrson up [***down***] ***the gàrden*** (***páth***) 〖話〗人を誤った方向に導く[迷わせる, 惑わせる].

── 動 自 (趣味で)園芸をやる, 庭いじりをする. [＜古期北部フランス語(＜古期フランス語 *jardin*「庭」)]

gàrden apártment 〖米〗 [**flát** 〖英〗] 名 C 庭付きマンション《マンションの専用庭付きの1階; 又は, 住人専用の庭のあるマンション》.

gárden bàlsam 名 C 〖植〗ホウセンカ.

gárden cènter 名 C 園芸用品店.

gàrden cíty 名 C 〖英〗田園都市.

***gar·den·er** /gɑ́ːrd(ə)nər/ 名 (複 ~s /-z/) C **庭師, 植木屋**; 造園業者; (趣味の)園芸家.

gárden fràme 名 ＝frame 5.

gar·de·nia /gɑːrdíːnjə, -niə/ 名 C クチナシ《クチナシ属の植物の総称》; その花. [＜18世紀米国の博物学者 A. *Garden*]

gar·den·ing /gɑ́ːrd(ə)niŋ/ 名 U 庭造り, 園芸, 庭いじり; 造園(術).

Gàrden of Éden 名 〈the ~〉 →Eden.

Gàrden of Éngland 名 〈the ~〉 イングランドの花園《Kent 州など肥沃(よく)な地方を指す》.

gárden pàrty 名 C 園遊会.

Gàrden Státe 名 〈the ~〉 米国 New Jersey 州の俗称.

gárden sùburb 名 C 〖英〗田園住宅地《田園都市形式の郊外》.

gárden-varìety 形 〖米〗普通の, ありふれた, (〖英話〗 common-or-garden) 《＜庭にあるような》.

gárden wèdding 名 C 〖米〗庭で行う結婚式.

Gard·ner /gɑ́ːrdnər/ 名 **Erle** /əːrl/ **Stanley** ~ ガードナー (1889–1970)《米国の推理小説家; Perry Mason もので有名》.

Gar·field /gɑ́ːrfìːld/ 名 ガーフィールド **1 James Abram** ~ (1831–81)《米国第20代大統領; 任期中に暗殺》. **2** 《Jim Davis 作の人気漫画中の猫》.

gár·fìsh 名 (複 →fish) **1** ＝gar. **2** ＝needlefish.

Gar·gan·tu·a /gɑːrgǽntʃuə/ 名 ガルガンチュア《フランスの作家 Rabelais の風刺小説『ガルガンチュア物語』の主人公の王; 大食漢の巨人》.

Gar·gan·tu·an /gɑːrgǽntʃuən/ 形 ガルガンチュアの(ような); 〈又は g-〉巨大な (gigantic). a man of a ~ appetite 大食漢.

gar·gle /gɑ́ːrg(ə)l/ 動 自 **1** うがいをする 〈*with* ..で〉. **2** がらがら声でものを言う. ── 他 **1** 〔喉, 口〕をうがいする. **2** をがらがら声で言う.
── 名 **1** aU うがい; C うがいをする(ような)音. **2** UC うがい薬. **3** C 〖俗〗(酒の)1杯.

gar·goyle /gɑ́ːrgɔil/ 名 C ガーゴイル《(屋根の雨樋(とい)の)雨水落とし; 怪奇な人(の顔), 動物の形をしており, 特にゴシック建築の教会に多い》. [＜古期フランス語「のど」]

Gar·i·bal·di /gæ̀rəbɔ́ːldi/ 名 **1 Giuseppe** ~ ガリバルディ (1807–82)《イタリア統一運動 (Risorgimento) に功労のあった将軍》. **2** 〈g-〉 C 〖英〗(干しブドウ入りの)ビスケット.

gar·ish /gé(ə)riʃ, gǽr-/ 形 **1** まぶし過ぎる, ぎらぎらする. **2** 派手な, けばけばしい; やたらに飾り立てた; (gaudy). ▷ **~·ly** 副 けばけばしく; 飾り立てて. **~·ness** 名

gar·land /gɑ́ːrlənd/ 名 C **1** 花輪, 花冠, 花飾り, 《花, 葉, 枝で編み, 普通, 頭に乗せ又は首に掛けるなどする》. wear a ~ on one's head 頭に花冠を着けている. deck a grave with a ~ (of flowers) 墓を花輪で飾る.

2 (勝利, 名誉の)栄冠, 賞. carry away [gain, win] the ～ 勝利の栄冠を得る. 3 詩歌選 (anthology), 名句集. 4 〚海〛索環(つな).
―― 動 他 〔人〕の頭に花冠を載せる; を花輪で飾る. ～ a girl *with* flowers 女の子を花輪で飾る.

†**gar·lic** /gɑ́:rlik/ 名 U 〚植〛ニンニク《ユリ科; その球根は香辛料》; (料理用の)ガーリック. a clove of ～ ニンニクの 1 片 (★球根全体は bulb). ～ sauce ガーリックソース. [＜古期英語 'spear-leek']

gar·lick·y /gɑ́:rliki/ 形 ニンニク臭い; ニンニクの風味がする. ～ breath ニンニク臭い息.

*__gar·ment__ /gɑ́:rmənt/ 名 (複 ～s /-ts/) C 〚章〛 1 衣服(の 1 品); 〈～s〉 (着ているひとそろいの)服, 着物; 〈～s〉衣類, 衣料品; (類語 clothes より優雅な響きを持つ; →clothing). throw off one's ～*s* 着ているものを脱ぎ捨てる. specialize in ladies ～*s* 婦人服を専門に扱う. a ～ district 衣料品商店街. 2 覆いもの, 装い; 外見. Manners and morals are the ～*s* of our souls. 礼節は我々の心の衣である.
―― 動 他 〚章〛に衣服を着せる; を覆う; 〈普通, 受け身で〉. [＜古期フランス語「装備」(＜*garnir* 'garnish')]

gárment bàg 名 C 〚米〛(スーツなどを二つ折りにして運ぶ)衣装バッグ (suit bag).

gar·ner /gɑ́:rnər/ 〚章〛 動 他 1 (穀物などに)を集める; を蓄える, 貯蔵する, 〈*up, in*〉. 2 〔情報など〕を集める, 蓄積する. ～ information 情報を収集する. 3 を(努力して)獲得する. He's trying to ～ publicity. 彼は有名になろうと努めている. ―― 名 C 1 穀倉 (granary). 2 蓄積(したもの), 蓄え. [granary と同源]

gar·net /gɑ́:rnət/ 名 1 C ざくろ石, ガーネット, 《赤, 黄, 緑のものがあり, 赤い種類は宝石として用いる; 1 月の誕生石; →birthstone 参考》. 2 U 深紅色. [＜古期フランス語「(ザクロのように)赤い」(＜(*pome*) *grenate*「ザクロ」)]

‡**gar·nish** /gɑ́:rniʃ/ 動 他 1 〔料理〕に添える, あしらう, 〈*with* ..を〉. The cook ～*ed* the meat *with* parsley. コックは肉にパセリを添えた. 2 を飾る, 装飾する, 〈*with* ..で〉. a room ～*ed with* roses バラで飾られた部屋. 3 ＝garnishee.
類語 主に料理用語 (→1) だが, 仕上げの飾り付けという感じが強い; →decorate.
―― 名 UC 1 (料理の)飾り, つま, 付け合わせ. 2 装飾. [＜古期フランス語「備える」]

gar·nish·ee /gɑ̀:rniʃí:/ 動 他 1 〔給料など〕を差し押さえる. 2 〔人〕に差し押さえを通告する. ―― 名 C 〚法〛債権差し押さえ通告を受けた人, 第三債務者.

gár·nish·ment 名 1 UC 装飾. 2 C 〚法〛差し押さえ通告(書).

gar·ni·ture /gɑ́:rnətʃər/ 名 UC 飾り, 装飾(品).

gár·pìke 名 ＝gar.

gar·ret /gǽrət/ 名 C 〚章〛最上階の部屋, (特に小さくて暗い)屋根裏部屋 (attic). [＜古期フランス語「見張り塔」]

Gar·rick /gǽrik/ 名 **David** ～ ギャリック (1717–79) 《英国の俳優・Drury Lane 劇場の共同主宰者; シェイクスピア悲劇の演出者, 俳優として有名》.

‡**gar·ri·son** /gǽrəs(ə)n/ 名 C 1 〈単数形で複数扱いもある〉守備隊, 駐屯軍. 2 (守備隊の)駐屯地, 要塞(さい). a ～ town (守備隊の)常駐都市. ―― 動 他 1 〔要塞, 町など〕に守備隊を置く. 2 〔軍隊〕を駐留させる; 〔軍隊が〕に駐留する. [＜古期フランス語「守備」]

gar·rote, gar·rotte /gərɑ́t, -róut|-rɔ́t/, /gərɑ́t|-rɔ́t/ 名 C 1 〚史〛〈the ～〉スペイン式絞首刑《鉄の輪で首を絞めて殺す》; その鉄の輪. 2 〈the ～〉(特に通行人を襲う強盗の行う)絞首; 首を絞める針金〔ピアノ線など〕.
―― 動 他 1 をスペイン式絞首刑にする. 2 の首を絞める《強盗目的で》.

gar·ru·li·ty /gərú:ləti, gæ-/ 名 U 〚章〛多弁.

gar·ru·lous /gǽrələs/ 形 〚章〛(特に下らないことを)ぺらぺらしゃべる, 多弁な. ▷ ～**·ly** 副 ～**·ness** 名

‡**gar·ter** /gɑ́:rtər/ 名 1 C (**a**) (伸縮素材の輪状)靴下留め, ガーター. a pair of ～*s* 靴下留め(左右)ひと組. (**b**) 〈普通 ～s〉ガーター《ガーターベルトの 4 本のストラップの 1 つ》(〚英〛suspender). 2 C ワイシャツのそでを留めるバンド. 3 〈the G-〉ガーター勲位 (the Order of the Garter) 《英国のナイトの最高勲位》; ガーター勲章《ガーター, 首飾り, 星章から成り, ガーターは男は左膝下, 女は左腕に着用; 伯爵夫人が落としたのを Edward III が拾い上げて自分の脚につけた故事が由来であると言われている》. a Knight of the *Garter* ガーター勲爵士《ガーター勲位を授けられた人; 略 KG》.
―― 動 他 〔靴下〕をガーターで留める.
[＜古期フランス語「ふくらはぎ」]

gárter bèlt 名 C 〚米〛ガーターベルト《ウエストに着ける幅広の婦人用靴下留め; 〚英〛suspender belt》.

gárter snàke 名 C 〚動〛ガータースネーク《米国産の無毒の黄色の縦縞のあるヘビ》.

gárter stìtch 名 C ガーター編み《表目と裏目とを 1 つおきに配列した, 伸縮性のある編み方》.

‡**gas** /gæs/ 名 (複 ～**·es**, ～**·ses** /-əz/) 1 UC **気体**, ガス, (→liquid 参考). Oxygen is a colorless ～. 酸素は無色の気体である. a mass of ～ enclosed in a cylinder 円筒内に閉じ込められたある質量の気体.

連結 (a) poison(ous) [(a) noxious, (a) toxic; (a) dangerous; (a) deadly, (a) lethal; (a) dense; (a) thin; (an) odorless; (a) flammable] ～ // (a) ～ leaks

2 U (燃料用)**ガス**. turn on [off, out] the ～ (栓をひねって)ガスをつける[止める]. turn down [up] the ～ ガス(の火)を弱く[強く]する. natural ～ 天然ガス. coal ～ 石炭ガス. cook on a low ～ ガスレンジを「低」にして[弱火にして]料理する.
3 U 〚米話〛**ガソリン** (〚英〛petrol) 《＜*gas*oline》.
4 U (軍事用などの)毒ガス (poison gas); 催涙ガス (tear gas); 麻酔用ガス (anesthetic gas); 〚鉱〛爆発ガス (fire-damp); 笑気 (laughing gas); 〚米話〛(腸内にたまった)ガス (flatus), おなら(〚英〛wind). a ～ attack 毒ガス攻撃. 5 U 〚話〛むだ話, ほら話.
6 C 〚俗〛〈普通 a ～〉(**a**) すごく楽しいこと[人, 物]. (**b**) 強い影響力のある人[物]. ◇形 gaseous, gassy
stèp [tràmp, trèad] on the gás (1) 〚話〛(自動車の)アクセルを踏む, スピードを上げる. (2) 急ぐ. *Step on the* ～, or we'll be late. さあ急げ, さもないと遅れるぞ.
―― 動 (～**·es**|**-ss-**) 他 1 にガスを供給する; 〚米話〛〔車, 飛行機など〕に給油する. 2 をガス中毒(死)させる; (戦争などで)を毒ガスで攻撃する.
―― 自 1 ガスを出す. 2 〚話〛むだ話をする.
gàs úp 〚米話〛(自動車に)ガソリンを満タンにする.
gàs /../ úp 〚米話〛〔自動車〕にガソリンを満タンにする.
[＜オランダ語 *gas*; ギリシア語 *kháos* 'chaos'にならった造語]

gás·bàg 名 C 1 (気球, 飛行船の)ガス袋, 気嚢(のう). 2 〚話〛おしゃべり屋, むだ口屋.

gás bràcket 名 C (壁付けの)ガス灯受け.

gás bùrner 名 C ガスバーナー.

gás chàmber 名 C ガス(処刑)室《第 2 次大戦中ナチスが設けたのに始まる》.

gàs chromatógraphy 名 U 〚化〛ガス[気相]「色層分析.

gás còoker 名 C 〚英〛＝gas range.

gás èngine 名 C ガス内燃機関.

†**gas·e·ous** /gǽsiəs, géi-/ 形 1 気体の; ガスの; ガス状の. 2 空(くう)の; 実体のない.

gàs fíre 名 C ガスストーブ.

gàs-fíred /㊇/ 形 ガスを燃料とする.
gás fìtter 名 C ガス工事人; ガス器具取り付け業者.
gás fìttings 名 〈複数扱い〉ガス器具.
gás gùzzler 名 C 〖米話〗(効率の悪い)ガソリン食いの(大型)自動車.
gàs-gúzzling 形 〖米話〗〔車が〕ガソリンを食う.
†**gash** /gæʃ/ 名 C 長く深い(切り)傷, 深手, 〈*in*, *on* ..に負った〉; (地面などの)割れ目, 裂け目. He had a ~ *in* his head. 彼は頭部に深い傷を負っていた. ── 動 他 を深く長く傷つける, に切り込む, 〈*on*, *with* ..で〉. ~ one's foot *on* a piece of broken glass ガラスの破片で足をざっくり切る. [＜古期フランス語]
gás·hòlder 名 C ガスタンク (gasometer).
gas·i·fi·ca·tion /gæsəfəkéiʃ(ə)n/ 名 U ガス化, 気化.
gas·i·fy /gǽsəfài/ 動 (-fies|過 過分 -fied|~·ing) 他 をガス[気体]にする. ── 自 ガスになる, 気化する.
gás jèt 名 C ガス火口; ガスの炎.
gas·ket /gǽskət/ 名 C **1** ガスケット《パイプの継ぎ目, エンジンなどのガス[オイル]漏れなどを防ぐゴム, 金属, アスベストなどのパッキング》. **2** 〖海〗〈普通 ~s〉束帆索《畳んだ帆を帆桁(ほげた)にくくりつけるロープ》.
blòw a gásket 〖俗〗怒りを爆発させる, かんしゃくを起こす.
gás·lìght 名 **1** U ガス灯の明かり. **2** C ガス灯; ガスの火口.
gás lìghter 名 C ガス点火用ライター; (たばこ用)ライター.
gás-lìt 形 ガス灯の光で照らされた.
gás màin 名 C (道路に埋設した)ガスの本管.
gas·man /gǽsmæ̀n/ 名 (複 -men /-mèn/) C **1** ガス会社の検針員[集金人]. **2** ＝gas fitter.
gás màsk 名 C 防毒[ガス]マスク.
gás mèter 名 C ガス量計.
gás mòtor 名 ＝gas engine.
gas·o·hol /gǽsəhɔ̀(:)l/ 名 U ガソホール《無鉛ガソリン 90%, アルコール 10% の混合燃料》.
*‡***gas·o·line, -lene** /gæ̀səlí:n, ⌐⌐⌐|⌐⌐⌐/ 名 U 〖米〗ガソリン, 揮発油, (〖英〗petro; 〖米話〗では略して gas とも言う). a ~ engine ガソリンエンジン (→engine). [gas, -ol('oil' の意味), -ine²]
gas·om·e·ter /gæsɑ́mətər|-sɔ́m-/ 名 C **1** ガス計量容器《実験室用》. **2** ＝gasholder.
gás òven 名 C ガスオーブン; ＝gas chamber.
***gasp** /gæsp|gɑ:sp/ 動 (~s /-s/|過 過分 ~ed /-t/|**gásp·ing**) 自 **1 息をのむ**, 息がつまる, 〈*with*, *in*, *at*..〔驚き, 怒りなど〕で〉(類語 特に驚き, 怒り, 恐怖などで「息を詰める」が中心的意味; →pant). The spectators *~ed with* [*in*] horror when the performer fell. 曲芸師が転落したとき観客ははっと息を詰めた. The tourists all *~ed at* the splendor of the scenery. 観光客はみなその風景の壮麗さに息をのんだ. **2 息を切らす**, あえぐ, 苦しそうに呼吸する, 〈*for* ..を求めて〉. The swimmer raised his head and *~ed for* breath [air]. 泳ぎ手は頭を上げて, はあはあと息を吸った.
── 他 VO (~ X/"引用") Xを/「..」とあえぎながら言う〈*out*, *forth*〉. Running home, the boy *~ed out* the news to his parents. 家へ走って行って少年は息を切らせながら両親にそのことを知らせた. "Give me a drink of water," he *~ed*.「水を1杯くれ」と彼はあえぎながら言った.
be gásping for.. 〖話〗〔飲み物, たばこなど〕をひどく欲しがっている.
── 名 (複 ~s /-s/) C **1 息切れ**, あえぎ; はっと息をのむ[吐く]こと[音]. give a ~ of horror 恐ろしさに息をのむ. in short *~s* はあはあ息を切らしながら〔話すなど〕. with a ~ of relief ほっと安堵(ど)の息をついて. **2** あえぎながら言う短い言葉.
làst gásp 死; 最後(の瞬間, 行動, 出来事など). to the [one's] *last* ~ 死に際まで, 最後の最後まで. He confessed the crime at his [the] *last* ~. 彼はいまわの際に犯行を自白した. Towards evening we were all at the *last* ~. 夕方には私たちはみんな疲れ果てていた.
[＜古期北欧語「あくびをする」]
gás pèdal 名 C 〖米話〗アクセル (accelerator).
gasp·er /gǽspər|gɑ́:spə/ 名 C **1** あえぐ人. **2** 〖英俗〗安物の紙巻きたばこ.
gàs-permeable léns /gæ̀spə:rmiəb(ə)l-/ 名 C 酸素通過性コンタクトレンズ.
gásp·ing 形 〈叙述〉〖英話〗のどがからからで.
gásp·ing·ly 副 あえぎあえぎ.
gás rànge 名 C 〖米〗(調理用の)ガスレンジ.
gás rìng 名 C ガスこんろ(の円形の火口[バーナー]).
gas·ser /gǽsər/ 名 C **1** 天然ガス井(せい). **2** 〖俗〗すごく楽しいこと[冗談, 人]. **3** おしゃべり屋, ほら吹き.
gas·sing /gǽsiŋ/ 名 UC ガス処理; 毒ガス攻撃; ガスの発生.
gás stàtion 名 C 〖米〗ガソリンスタンド, 給油所, (〖英〗filling station; 注意「ガソリンスタンド」は和製英語).
gás stòve 名 ＝gas range.
gas·sy /gǽsi/ 形 **1** ガス(状)の. **2** ガスが充満した; ガスを含んだ, 発泡性の. **3** 〖話〗ほら吹きの.
▷**gas·si·ness** 名
gás tànk 名 C 〖米〗ガソリン用の fuel tank.
‡**gas·tric** /gǽstrik/ 形 〖医〗〈限定〉胃の. [＜ギリシア語 *gastḗr* 'stomach']
gàstric júice 名 U 〖生理〗胃液.
gàstric úlcer 名 U 〖医〗胃潰瘍(かいよう).
gas·tri·tis /gæstráitəs/ 名 U 〖医〗胃炎.
gas·tro·cam·er·a /gæ̀stroukǽmərə/ 名 C 〖医〗胃カメラ (gastroscope).
gas·tro·en·ter·i·tis /gæ̀strouèntəráitəs/ 名 U 〖医〗胃腸炎.
gas·tro·en·te·rol·o·gy /gæ̀strouèntərɑ́lədʒi|-rɔ́l-/ 名 U 〖医〗胃腸[消化器]病学.
gas·tro·in·tes·ti·nal /gæ̀strouintéstənl/ 形 胃腸の.
gas·trol·o·gy /gæstrɑ́lədʒi|-trɔ́l-/ 名 〖医〗＝gastroenterology.
gas·tro·nome, gas·tron·o·mer /gǽstrənòum/, /gæstrɑ́nəmər|-trɔ́n-/ 名 ＝gastronomist.
gas·tro·nom·ic /gæ̀strənɑ́mik|-nɔ́m-/ 形 〈限定〉美食の, 食通の. ▷**gas·tro·nom·i·cal·ly** /-k(ə)li/ 副
gas·tron·o·mist /gæstrɑ́nəmist|-trɔ́n-/ 名 C 美食家, 食通, グルメ (gourmet).
gas·tron·o·my /gæstrɑ́nəmi|-trɔ́n-/ 名 U 美食術, 法).
gas·tro·pod /gǽstrəpɑ̀d|-pɔ̀d/ 名 C 腹足類の動物《カタツムリ, ナメクジ, ウミウシ, 巻き貝などの類》. ── 形 腹足類の.
gas·tro·scope /gǽstrəskòup/ 名 C 〖医〗胃(内視)鏡《俗にいう胃カメラ (gastrocamera)》.
gàs túrbine 名 C 〖機〗ガスタービン.
gás wèll 名 C (天然)ガス井(せい).
gás·wòrks 名 (複 ~) C ガス(製造)工場.
gat¹ /gæt/ 動 〖古〗get の過去形.
gat² 名 C 〖俗〗ピストル, ガン, 'はじき'.
*‡***gate** /geit/ 名 (複 ~s /-ts/) C **1 門**, 出入り口, (《壁, フェンスで囲まれた都市, 城などの関門, 城門, 通用門, 木戸; 公園, 一般に建物の敷地などの扉のある出入り口の総称》). the main ~ 正門. the front [back] ~ 表[裏]門. enter *at* [*through*] a ~ 門から入る. The ~ was left open. 出入り口は開けたままになっていた.
2 (門の)**扉**, 門扉, 《木製, 鉄製の柵(さく), 格子戸, 蝶番(ちょうつがい)戸, 横開き, 落とし戸などを含む; →gateway》. 注意 2枚以上でできている扉は gates と複数にする. push open a ~ 扉を押し開ける.
3 ＝gateway 2, 3.
4 (空港の)ゲート《航空機に乗るための待合室からの出口; 番号がついている》. BA Flight 205 now boarding at *Gate* 5. BA205 便は5番ゲートで搭乗中です《構成アナ

G

ウンス》.
5 (運河, ダムなどの)水門 (floodgate, water gate); (有料道路などの)料金徴収所, ゲート.
6 (競技会, 展覧会などの) 入場料総額 (**gáte mòney** Ⓤ); 入場者総数. There was a ～ of more than fifty thousand at the soccer stadium. そのサッカー場の入場者は5万人を超えた.
gèt the gáte 〘米俗〙 首になる; ふられる.
gìve a pèrson the gáte 〘米俗〙 人を首にする; 人[愛人など]を捨てる, ふる.
── 動 他 〘英〙〔寮生〕に外出禁止を命じる. [＜古期英語]

-gate /geit/ 〈複合要素〉「(政・財界の)..スキャンダル, 疑獄」の意味《Watergate 事件にならったもの》. Motor*gate* (GM 疑惑). Contra*gate* (イラン・コントラ疑惑).

ga·teau, gâ- /gætóu | gǽtou/ 名 (複 **～s, ～x** /-z/) ⓊⒸ 大型のデコレーションケーキ. [フランス語 'cake']

G

gáte·cràsh 動 他, 自 〘話〙(パーティーなどに)招待されないのに押しかける. ▷**～·er** 名 Ⓒ 押しかけ客.

gáte·hòuse 名 (複 →house) Ⓒ **1** (城や公園入り口の)門衛詰め所. **2** (ダムなどの)水門小屋.

gáte·kèeper 名 Ⓒ 門衛, 門番.

gàte·leg(ged) táble /-leg(d)-/ 名 Ⓒ ゲートレッグテーブル《脚が外側へ開いて, 折り畳み式の上板を支える》.

[gateleg(ged) table]

gáte·pòst 名 Ⓒ 門柱.
between yòu and mè and the gátepost ＝ BETWEEN ourselves.

Gates /géits/ 名 **William** ～ ゲイツ (1955–) 《米国の Microsoft 社の創立者; 愛称ビル・ゲイツの名で知られる》.

***gate·way** /géitwèi/ 名 (複 **～s** /-z/) Ⓒ **1** (門 (gate) のある)出入り口, (アーチ型)通路. **2** 入り口, 門戸, 〈*to* ..への〉. Narita Airport is now the main ～ *to* Japan. 成田空港は今や日本の表玄関である.
3 道, 方法, 手段, 〈*to* ..への〉. a ～ to success 成功への道. The Akutagawa Prize is often called the ～ *to* the literary world. 芥川賞はしばしば文壇への登竜門と呼ばれる. **4** 〘電〙 ゲートウェイ《通信手順の異なるネットワークなどの間を接続する装置》.

‡**gath·er** /gǽðər/ 動 (**～s** /-z/ | 過 過分 **～ed** /-d/ | **～·ing** /-riŋ/) 他 【集める】 **1** を集める, 寄せ集める, かき集める, 〈*together, up* (→成句 GATHER /../ up (1))〉; 〔情報, 証拠など〕を収集する; (類語「一箇所に, 又は一群に集める[集まる]」の意味で最も一般的な語; →assemble, collect[1], congregate, glean, muster). The child ～*ed* his toys *together* and put them in the box. その男の子はおもちゃをかき集めて箱に入れた. ～ all the necessary information 必要なあらゆる情報を集める. ～ material *from* all sources available 入手できる限りの資料を集める. ～ taxes 税金を徴収する.
2 〔花, 果実など〕を摘む, 収穫する, 拾い集める, 〈*up, in*〉. ～ nuts 木の実を拾い集める. ～ honey (from the hives) (ミツバチの巣箱から)蜜(みつ)を集める. ～ (*in*) crops 作物を取り入れる.
【集めて増やす】 **3** をためる, 蓄える. ～ wealth 富を蓄える. **4** を次第に増す, 加える, (gain). ～ strength 力を蓄える; 〔病人が〕体力を回復する. ～ speed 速度を上げる. ～ force [momentum] 力を増す[はずみが付く]. ～ flesh 肉がつく. The guitar is ～*ing* dust in the attic. そのギターは屋根裏部屋でほこりが積もっている《使われないで放(ほう)ってある》. A rolling stone ～*s* no moss. 〘諺〙 転石苔(こけ)を生ぜず (→rolling stone).
【一点に集める】 **5** 〔精力, 知恵, 思考など〕を集中する; 〔勇気〕を奮い起こす; 〈*up*〉. He ～*ed* all his energies to move the stone. 彼はその石を動かそうと精一杯の力を出した. ～ (*up*) one's courage 勇気を奮い起こす.
6 【情報を集約する】 VO (～ X/*that* 節) X を/..ということを推測[推断]する, ..だと思う, 〈*from* ..〔集めた情報〕から〉 (★間接的な情報源から推測して,「..を知る, ..と思う, ..が分かる」). ～ his meaning 彼の言う意味が分かる. from what [as far as] I can ～ 推測するところでは. I ～ *from* what he said *that* he'll support us. 彼の言葉から彼は私たちを支持してくれると推測する. She is French, I ～. 彼女はフランス人だと思う.
【中心に引き寄せる】 **7** VOA (～X *around* ..) X (衣類など)を〔体など〕にかき寄せる. He ～*ed* the blanket *around* his legs [him]. 彼は毛布を両脚[身体]に巻きつけた. **8** VOA をしっかりと抱き寄せる[上げる] 〈*in, to* ..に〉. ～ a crying baby in one's arms 泣いている赤ちゃんを抱き上げる. Jim ～*ed* the girl *to* himself. ジムは少女を抱き寄せた.
9 【縮める】 を縮める, 収縮させる, (contract); 〔手足, 体〕を縮める; にしわをよせる, 〔眉(まゆ)〕をひそめる; 〔生地, スカートなど〕にひだ[ギャザー]をつける 〈*up*〉. ～ one's brows 眉をひそめる. ～ (*up*) a skirt at the waist スカートのウエストにギャザーをとる.
── 自 **1** 集まる. People ～*ed* in crowds to hear his speech. 彼の演説を聞くために人々が群れを成して集まった. **2** 次第に増す, 募る; 強まる; たまる. the ～*ing* danger [cold] 次第に強まる危険[寒さ]. the ～*ing* dusk 深まる夕闇. Dust ～*ed* on the books. 本の上にちりがたまった. The tears began to ～ in her eyes. 彼女の目に涙がたまってきた. **3** 〔腫(は)れ物が〕膿(う)む, 化膿(のう)する, (come to a head). **4** 縮まる, 収縮する; しわがよる.
be gàthered to one's fáthers 〘雅〙 みまかる, 他界する.
gàther héad 〔あらしなどが〕勢いを増す; 〔腫れ物が〕膿む.
gàther onesèlf úp 立ち上がる (stand up).
gàther onesèlf úp [togéther] 気を取り直す; 勇気を奮い起こす.
****gàther /../ úp*** (1) 〔ばらばらのもの[人]〕をまとめる; ..を寄せ[拾い]集める. *Gather* up your things [your things *together*]; we're leaving. 持ち物をまとめなさい, おいとまするんだから. (2) →他 5, 9.
gàther wáy →way[1].
── 名 Ⓒ 〈普通 ～s〉(衣服の)ギャザー, ひだ. [＜古期英語; *to*gether も同根]

gáth·er·er /-rər/ 名 Ⓒ 収集者, (拾い)集める人.

***gath·er·ing** /gǽð(ə)riŋ/ 名 (複 **～s** /-z/) **1** Ⓒ 集まり, 会合, 集会, (類語 gathering は主に非公式な打ち解けた集まり; →meeting). organize a social ～ 懇親会のお膳(ぜん)立てをする. **2** Ⓤ 集めること, 収集, 採集; Ⓒ 集められたもの, 集積. **3** Ⓤ 腫(は)れ; Ⓒ 腫れ物. **4** Ⓒ (衣服の)ギャザー, ひだ.

Gát·ling gùn /gǽtliŋ-/ 名 Ⓒ ガットリング機関銃《数本の回転銃身を持つ初期の機関銃; ＜考案者の名》.

ga·tor, 'gator /géitər/ 名 〘米話〙 ＝alligator.

GATT, Gatt /gæt/ 名 ガット《＜*G*eneral *A*greement on *T*ariffs and *T*rade (関税と貿易に関する一般協定); 1995 年に WTO となった》.

Gàt·wick Áirport /gǽtwik-/ 名 ガトウィック空港《ロンドンの南にある空港; 主に国内及びヨーロッパ向け》.

gauche /gouʃ/ 形 社交に慣れない, 気の利かない; 不器用な, 〔文体など〕生硬な. [フランス語「左利きの」]

gau·che·rie /gòuʃərí: | ˊ-ˊ-/ 名 **1** Ⓤ 気の利かなさ; 不器用さ. **2** Ⓒ へまな[不器用な]行動. [フランス語]

gau·cho /gáutʃou/ 名 (複 **～s**) Ⓒ ガウチョ《南米のパンパ(大草原)に住むカウボーイ; 一般にスペイン人とインディオの混血が多い》. [南米先住民語]

gaud /gɔ:d/ 名 C **1** 安っぽい装飾品; 安ぴか物. **2** 〈普通 ～s〉 派手な儀式.

gaud·y /gɔ́:di/ 形 〔服装, 文体などが〕けばけばしい, 派手で安っぽい. ～ colors けばけばしい彩り. ▷**gaud·i·ly** 副 けばけばしく. **gaud·i·ness** 名 U けばけばしさ.

***gauge,** 〖米〗 **gage** /geidʒ/ 名 (複 **gaug·es, gag·es** /-əz/) C **1 標準寸法**, 規格, 《弾丸の直径, 針金の太さ, 鋼板の厚みなどの》; (散弾銃の)ゲージ, 口径値, 《散弾ではこの数が小さいほど caliber は大きい》. a 12-～ shotgun 12 番ゲージの散弾銃. **2 計器**. a pressure [rain, wind] ～ 圧力[雨量, 風速]計.
3 〈普通, 単数形で〉 **評価[判断]の尺度**, 基準, 〈*of* ..の〉. The number of fan letters is a ～ of an actor's popularity. ファンレターの数は俳優の人気の尺度である.
4 〖鉄道〗 ゲージ, 軌間, 《レールの間隔》; (車両の)両輪間の距離. the broad [narrow] ～ railroad 広軌[狭軌]の鉄道. the standard ～ 標準軌間 《1.435 メートル; 英米の鉄道の軌間》.
***hàve the wèather* [*lèe*] *gáuge of* ..** (1) 〖海〗〔他の船〕の風上[風下]にある. (2) 〔人〕よりも有利[不利]である.
***tàke the gáuge of* ..** ..を計る; ..を判断評価する.
── 動 他 **1** (正確に)を測定する, の速度[強度, 距離など]を測定する. A hygrometer ～*s* the humidity of the air. 湿度計は大気中の湿度を測定する. ～ the wind at over 20m/s 風を秒速 20 メートルと測定する.
2 を評価する (estimate); を(秤(はかり)にかけて)判定[判断]する (judge, assess). ～ the effect of comics on children 漫画の子供たちへの影響を判断する. **3** 〔形, 大きさなど〕を規格に合わせる.
[＜古期フランス語「計測用の棒」]

Gau·guin /gougǽŋ/ 名 **Paul** ～ ゴーギャン (1848–1903) 《フランスの画家; 中年からタヒチ島に住んだ》.

Gaul /gɔ:l/ 名 **1** ガリア, ゴール, 《古代ローマ帝国の属州; 現在のイタリア北部, フランス, ベルギー, オランダ, スイス, ドイツにまたがった地方》. **2** C ガリア人, ゴール人; 〖戯〗フランス人. ◇形 Gallic

Gaul·ish /gɔ́:liʃ/ 名 U ガリア語 《5, 6 世紀に死滅したケルト語》. ── 形 ガリアの, ガリア人[語]の.

Gaulle /goul, gɔ:l|goul/ 名 →de Gaulle.

Gaull·ism /góulìzm, gɔ́:l-|góul-/ 名 U ドゴール主義 《フランスの保守・国粋主義》. ▷**Gaull·ist** 名, 形

‡**gaunt** /gɔ:nt/ 形 **1** 〔人が〕げっそりとやせた, やつれた, (類語 骨張ってごつごつした様子; →slim). a ～ old man やせこけた老人. The refugees looked ～ and starving. 難民たちはやせ衰えて飢えている様子だった. **2** 〔場所, 土地が〕荒涼とした, ものすごい. [?＜北欧語]
▷**gáunt·ly** 副 **gáunt·ness** 名

gaunt·let[1] /gɔ́:ntlət/ 名 C **1** 籠手(こて) 《中世騎士の武装の一部; 普通, 革製で表面を鉄板などで覆ったもの》. **2** (丈夫な)長手袋 《作業用, 運転用, 乗馬用, フェンシング用, クリケット用など》; (長手袋の)手首.
take* [*pick*] *ùp the gáuntlet (1) 挑戦に応じる. (2) (人, 意見などを)擁護する.
throw* [*fling*] *dòwn the gáuntlet 挑戦する 〈*to* ..に〉 《昔, 籠手を投げ捨てて挑戦の意志を示したことから》. [＜古期フランス語「小さな手袋」]

[gauntlet[1] 1]

gaunt·let[2] 名 C **1** むち打ち刑 《主に昔の軍隊で行われた刑罰; 2 列に並んだ人々の間を走らせて両側からむち・棒などで打つ》. **2** 困難, 試練.
rùn the gáuntlet (1) むち打ちの刑を受ける. (2) 続けざまに厳しく批判[非難]される[困難に遭う]. The minister *ran the* ～ of public criticism. その大臣は世論の袋だたきにあった.

gaunt·let[3] 名 ＝gantlet[1].

gauss /gaus/ 名 C 〖理〗 ガウス 《磁束密度 (magnetic flux density) の cgs 電磁単位》.

Gau·ta·ma /gáutəmə/ 名 釈迦牟尼(しゃかむに), ゴータマ, (the Buddha, Gautama Buddha).

†**gauze** /gɔ:z/ 名 U **1** 紗(しゃ), 絽(ろ), (医療用の)ガーゼ. as fine as ～ 紗のように薄い. a ～ mask ガーゼのマスク. strain the orange juice through a piece of ～ オレンジジュースを紗で濾(こ)す. **2** (細い線の)金網 (wire gauze). **3** 〖章〗 薄もや[かすみ]. [＜アラビア語「生糸」]

gauz·y /gɔ́:zi/ 形 〈限定〉 紗(しゃ)[絽(ろ)]のような, 薄くて透き通った.

ga·vage /gəvá:ʒ, gǽva:ʒ/ 名 U (病人への)チューブによる栄養補給, 家禽(かきん)などにチューブによって強制的に飼料を与えること.

gave /geiv/ 動 give の過去形.

gav·el /gǽv(ə)l/ 名 C **1** (裁判官, 議長, 競売人などが用いる)小槌(こづち). **2** 石工(いしく)が使う金槌.

ga·votte /gəvát|-vɔ́t/ 名 C ガボット 《18 世紀フランスの活発な 4 分の 4 拍子の舞踏》; その曲. [＜プロヴァンス語「Gavot (アルプスの山岳民族)の踊り」]

gawd /gɔ́:d/ 名, 間 〖話〗 ＝god.

gawk /gɔ:k/ 名 C のろま, とんま; ぶこつ者, はにかみ屋.
── 動 自 〖話〗 ぽかんとして見詰める 〈*at* ..を〉.
▷**gáwk·er** 名 C 口をぽかんと開けている人; 野次馬.

gawk·y /gɔ́:ki/ 形 e (のっぽで)不器用な, 気の利かない, 不格好な. ▷**gawk·i·ly** 副 **gawk·i·ness** 名

gawp /gɔ:p/ 動 〖英話〗 ＝gawk.

‡**gay** /gei/ 形 e (★1 は C) **1** 〖話〗 **同性愛の**, ゲイ[レズビアン]の, (homosexual; ↔straight) (★今日最も優勢な語義; 軽蔑的な含みはない). a ～ bar ゲイバー.
2 〖旧〗 **陽気な**, 快活な, 明るい, 楽しい, (↔grave, sober; 類語 楽しさや気楽さが強調される; →merry). the ～ voices of children 子供たちの陽気な声. ～ music 陽気な音楽.
3 〖旧〗 **派手な**, 華やかな, (showy). ～ colors 派手な彩り. This dress is too ～ for Jane. ジェーンにはこの服は派手すぎる. **4** 〖旧〗 **放埓(らつ)**な, 不道徳な, 浮気な. lead a ～ life 放埒な生活を送る.
── 名 (複 ～s) C 〖話〗 同性愛者, ゲイ, レズビアン, (★男性を指すことが多い; →lesbian).
◇名 gayness, gaiety 副 gaily
[＜古期フランス語(＜?)]

gày commúnity 名 〈the ～〉 同性愛者の集団[社会].

gay·e·ty /géiəti/ 名 ＝gaiety.

gày líb [liberátion] 名 U ゲイ解放(運動).

gáy·ly 副 ＝gaily.

gáy·ness 名 U 同性愛, 同性愛者であること, 同性が好きだという気持ち. (→gaiety)

gáy plàgue 名 U 〖俗・軽蔑〗 エイズ (AIDS).

gày ríghts 名 〈複数扱い〉 同性愛者の(法的)権利.

gaz. gazette; gazetteer.

Ga·za /gá:zə/ 名 ガザ 《Gaza Strip にある港市》.

ga·za·ni·a /gəzéiniə/ 名 C 〖植〗 ガザニア 《南アフリカ産; 華やかな赤やオレンジ色の花をつける草》.

Gàza Stríp 名 〈the ～〉 ガザ地区 《パレスティナ南西部の地中海沿岸区域; 1967 年以降イスラエルが占領》.

***gaze** /geiz/ 動 (**gaz·es** /-əz/| 過 過分 **～d** /-d/| **gáz·ing**) 自 VA **じっと見詰める**, 凝視する, (stare), 〈*at, into, on, upon* ..を〉 (類語 普通, 驚き, 喜び, 賞賛, 興味などをもって熱心に見詰め続けることであるが, 他のことを考えながらじっと視線だけ向けている時にも使う; →see). ～ *on* the mess in bewilderment 途方に暮れて乱雑な有り様をじっと見詰める. What are you *gazing at?* 何を見

詰めているのか.

連結 ～ fixedly [earnestly, intently; inquiringly, searchingly; blankly, vacantly]

── 名 C 〈普通, 単数形で〉**凝視**, じっと見詰めること. look with a fixed ～ まじまじと見詰める. He could hardly meet her ～ for shame. 彼は恥ずかしさの余り彼女の視線をまともに受け止められなかった. be in the public ～ 世間の注目を浴びている. [?＜古期北欧語]
▷**gáz·er** 名

ga·ze·bo /gəzéibou, -zí; -|-zí:-/ 名 (複 ～(e)s) C (見晴らしのいい)あずまや; 見晴らし台, 望楼. [＜*gaze*＋ラテン語 (*vidē*)*bō* 'I shall see']

ga·zelle /gəzél/ 名 (複 ～, ～s) C ガゼル《アフリカ・西アジア産の小型のレイヨウ (antelope)》. [＜アラビア語]

ga·zette /gəzét/ 名 C **1** 〈主に新聞名として〉..新聞. the Westminster *Gazette*『ウェストミンスター紙』. **2** 〖英〗〈G-〉 官報 (official gazette)《London, Edinburgh, Belfast の3市で週2回発行される》; 公報; 学報《the Oxford University *Gazette* など》.
── 動 他 〖主に英〗 **1** (**a**) 〔任命, 昇進など〕を官報に告示[公示]する. (**b**) VOA (～ X *to* ..) X (人)が〔職など〕に就いたと官報に掲載する. He was ～*d to* the curator of the museum. 彼はその博物館の館長に任命されたと官報に報ぜられた. **2** VOC (～ X Y) X が Y であると公示する〈普通, 受け身で〉. Brown and Co. were ～*d* bankrupt. ブラウン商会は破産したと官報に公示された.
[＜イタリア語(ヴェネチア方言) *gazeta*「値段が 1 gazet (少額銅貨の名)の新聞」]

gaz·et·teer /gæ̀zətíər/ 名 C 地名辞典; (地図帳 (atlas) などの)地名索引.

gaz·pach·o /gəspá:tʃou|gæzpǽtʃ-/ 名 U ガスパッチョ《トマト, ピーマン, キュウリ, タマネギなどで作るスペインの冷たいスープ》. [スペイン語]

ga·zump /gəzʌ́mp/ 動 他, 自 〖英話〗〔(家の)売り手が〕(〔買い手〕(に))初めの約束よりも値をつり上げる, (買い手に)売るのを断ってもっと高く買う他者に売る; だます.

ga·zun·der, gaz·welch /gəzʌ́ndər/, /gəzwéltʃ/ 動 他, 自 〖英話〗〔(家の)買い手が〕(〔売り手〕(に))契約直前に値を下げさせる.

GB Great Britain; gigabyte.

GBH grievous bodily harm.

GC 〖英〗 George Cross.

GCD greatest common divisor.

GCE 〖英〗 General Certificate of Education (一般教育証明 書[試験])《全国的に行われる試験で, S level, A level とそれより低い O level があったが, O level は1988年廃止; 大学入学の資格を認定する》.

GCF greatest common factor.

G clèf 名 C 〖楽〗ト音記号《高音部記号; 𝄞》; treble clef とも言う.

GCM greatest common measure.

GCSE 〖英〗 General Certificate of Secondary Education (中等教育一般証明 書[試験])《従来あった Certificate of Secondary Education と GCE の O level を一本化したもの; これを受けて実社会に出る者と, 進んで A level を取る者とに分かれる》.

Gd 〖化〗 gadolinium.

Gdańsk /gədá:nsk, -dǽnsk/ 名 グダニスク《ポーランドの都市; ドイツ名 Danzig》.

g'day /gədéi/ 間 〖オース〗 ＝GOOD day! (成句).

Gdn(s) Garden(s).

†**GDP** gross domestic product.

GDR German Democratic Republic.

gds goods.

GE General Electric (Company).

Ge 〖化〗 germanium.

‡**gear** /giər/ 名 (複 ～s /-z/) **1** UC ギア, (歯車のかみ合わせによる)伝動装置; C **歯車**. high [low] ～ 高[低]速ギア. top [〖米〗 low, 〖英〗 bottom] ～ 最高[最低]速ギア. four forward ～*s* and one reverse ～ 前進4段後進1段ギア. a car with five ～*s* 5段ギアの車. shift [change, switch] ～*s* ギアを切り替える, 変速する; (活動, 物事への対応などの)調子[方法]を変える.
2 C **装置** 《一定の目的のための車輪, てこなどの組み合せ》. the steering ～ of a ship 船の舵(かじ)取り装置. an aircraft's landing ～ 航空機の着陸装置.
3 U 装具, 装備, 道具一式, (equipment); (ある目的の)服装; 〖話〗(若者向きの流行の)服装. fishing [hunting] ～ 魚釣り[狩猟]用具ひと組. police in riot ～ 暴動鎮圧用の装備をつけた警官隊. in trendy ～ トレンディな服装で. **4** U 〖話〗 麻薬 《特に heroin, cannabis》.
in géar ギアがかかって[た]; うまく行って(いる), 順調で[な]. put the car *in* ～ 車のギアを入れる.
in hìgh [lòw] géar 高速[低速]で[の]; 調子が最高[最低]で[の]. Business is still *in low* ～. 景気はまだ低迷している.
out of géar ギアが外れて[た]; 調子が狂って[た], 不調で[の].
── 動 他 **1** 〔機械〕のギアを入れる《作動させるために》; VOA (～ X *to* ..) X を..に連動させる. ～ the machine 機械のギアを入れる. ～ a motor *to* the wheels モーターを車輪に連動させる. **2** VOA (～ X ***to, towards, for*** ..) X を..に適合させる. ～ production *to* demand 生産を需要に合わせる. a Russian course ～*ed for* beginners 初心者向きにしたロシア語コース.
── 自 **1** VA (～ ***into*** ..) 〔歯車が〕..とかみ合う; (～ ***with*** ..) 〔機械が〕..と連動する. **2** VA (～ ***with*** ..) ..と適合する.
gèar dówn 車のギアを低速にする.
gèar /../ dówn 〔車〕を低速にする; 〔程度, レベルなど〕を下げる 〈*to* ..まで〉.
gèar úp (1) 車のギアを高速にする; 能率を上げる 〈*for, to* ..のために〉. I want our men to ～ *up for* increased production. うちの職員たちにもっと増産するよう頑張ってもらいたい. (2) 準備をする 〈*for, to* ..の/*to* do ..する〉.
gèar /../ úp (1) 〔車〕を高速にする; ..を速める; ..の調子を上げる. (2) ..に(心の)準備をさせる 〈*for, to* ..の/*to* do ..する〉〈しばしば受け身で〉. Britain was not ～*ed up for* war then. 当時英国は戦争の準備ができていなかった. He is busy ～*ing* himself *up for* the screening examination. 彼はその資格試験の準備で忙しい.
[＜古期北欧語「装備, 装置」]

‡**géar·bòx** 名 C (自動車の)変速装置.

gear·ing /gí(ə)riŋ/ 名 U **1** 伝動装置. **2** 〖経〗 ギアリング. 「car 図).

géar·lèver 名 C 〖英〗(自動車の)変速レバー (→car 図).

géar·shìft 名 C 〖米〗(自動車の)変速レバー (→car 図).

géar·stìck 名 〖英〗 ＝gearlever.

géar·whèel 名 C 〖機〗(1つの)歯車, はめば歯車 (cogwheel).

geck·o /gékou/ 名 (複 ～(e)s) C 〖動〗ヤモリ《(亜)熱帯地域に生息; ヤモリ科》.

gee[1] /dʒi:/ 間 はいどう, しっ, 〈*up*〉《馬などに対して「前へ, 急げ, 右へ行け」と命じるかけ声; →haw[3]》.
── 動 他 〖話〗を督励する, にはっぱをかける, 〈*up*〉.

‡**gee**[2] 間 〖米話〗おやおや, これはこれは, まあ, ひゃー, (gee whiz) 《驚き, 賞賛などを表す; ＜*Jesus*; 婉曲語》.

gee[3] 名 ＝gee-gee.

gee-gee /dʒí:dʒì:/ 名 C 〖英〗〖戯・幼〗お馬.

geek /gi:k/ 名 C 〖俗〗 **1** 〖米〗 '食いちぎり師' 《生きたヘビなどの首を食いちぎる異常な見世物師》. **2** 変態, 異常者; ばか.

geese /gi:s/ 名 goose の複数形.

gèe-úp 間 ＝gee[1].

gèe-whíz 形 〖主に米話〗〈限定〉(新式で)すばらしい, 驚くべき. a ～ invention 見事な発明品.
gèe whíz 間 ＝gee². 「(fellow).
gee·zer /gíːzər/ 名 C 〖俗〗(変わり者の)じいさん; やつ
Ge·hen·na /gihénə/ 名 **1** 〖聖〗**(a)** ゲヘナ《Jerusalem 近くのヒンノム (Hinnom) の谷; ここで Moloch のため子供がいけにえにされた》. **(b)** U 地獄. **2** C 苦難の地.
Geh·rig /gérig/ 名 **Lou** /luː/ ～ ゲーリッグ (1903–41)《米国の大リーグの強打者》.
Géi·ger cóunter /gáigər-/ 名 C ガイガー計数管《放射能測定器; その改良型が **Gèiger-Müller** /-m(j)úlər/ **cóunter**》.
gei·sha /géiʃə/ 名 (複 ～, ～s) C 芸者 (**géisha gìrl**). [日本語]
‡**gel** /dʒel/ 名 UC **1** ゲル, 膠(こう)化体,《コロイド溶液がゼリー状に固まったもの; 寒天, ゼラチンなど; →sol》. **2** ジェル《ゼリー状の整髪料, シャンプーなど》. **3** 〖劇・話〗＝gelatin 3. ── 動 (～s|-ll-) ＝jell. [＜*gel*atin]
‡**gel·a·tin, gel·a·tine** /dʒélət(ə)n, dʒélət(ə)n|dʒélətiːn/ 名 U **1** ゼラチン《獣皮, 獣骨などを煮て得られた抽出液を濃縮し乾燥したタンパク質の一種》. **2** ゼラチンを主成分とする製品: にかわ,〖写〗感光乳剤, 寒天, ゼリー (jelly)など. **3** 〖劇〗照明用ゼラチン《ゼラチンスライド (gelatin slide) とも言う; →gel》. [ラテン語「凍る」, -in²]
ge·lat·i·nous /dʒəlǽtənəs/ 形 ゼラチン状[質]の, にかわ質の.
geld /geld/ 動 (～s|過 過分 **géld·ed** /-əd/ **gelt** /gelt/|**géld·ing**) 他 〔牛, 豚, 馬など〕を去勢する.
géld·ing 名 C 去勢された動物,〈特に〉去勢馬 (→horse 参考).
gel·id /dʒélid/ 形 氷のように冷たい; 凍結した.
gel·ig·nite /dʒélignàit/ 名 U ゼリグナイト《爆薬の一種》.
gelt[1] /gelt/ 動 geld の過去形・過去分詞.
gelt[2] /gelt/ 名 U 〖米俗〗金, 銭.
***gem** /dʒem/ 名 (複 ～s /-z/) C **1 宝石** (類語 precious stone を加工して磨いたもの). **2** (宝石のように)貴重なもの, 珠玉(のように美しい物[人]), 逸品; 精粋;〈*of* ..の〉. ～*s of* English poetry 英詩中の珠玉. a ～ *of* a boy 玉のような(かわいい)男の子. **3** 〖印〗ジェム《4 ポイント活字》.
── 動 他 (～s|-mm-) に宝石をちりばめる; を(宝石を使ったかのように)美しく飾り立てる.
[＜ラテン語 *gemma*「つぼみ, 宝石」]
gem·i·nate /dʒémənèit/ 動 他 を 2 倍[2 重]にする, 重ねる; を対に並べる. ── 自 2 倍[2 重]になる; 対に並ぶ. ── /-nət, -nèit/ 形 〖植・動〗双生の, 対になった.
Gem·i·ni /dʒémənài, -ni/ 名 **1** 〖天〗双子座 (the Twins; ゼウスの双子の息子カストルとポラックスを表すという; →Castor and Pollux);〖占星〗双子宮 (12 宮の 3 番目; →zodiac ★); C 双子宮生まれの人《5 月 21 日から 6 月 20 日に生まれた人》. **2** C (米国の)ジェミニ宇宙船. ▷**Gem·i·ni·an** /-náiən/ 名, 形
Gémini prògram 名 ジェミニ計画《米国の 1960 年代のランデヴーとドッキング技術の改良をめざした宇宙計画》.
gem·ol·o·gy, gem·mol·o·gy /dʒemálədʒi|-mɔ́l-/ 名 U 宝石学. ▷**gem·(m)ol·o·gist** 名
gems·bok /gémzbɑ̀k|-bɔ̀k/ 名 C 〖動〗ゲムズボック《南西アフリカ産の大形のレイヨウ》.
Gém Stàte 名〈the ～〉米国 Idaho 州の俗称.
gém·stòne 名 C (加工前の)宝石, 原石.
Gen. General; Genesis.
gen /dʒen/ 〖英旧話〗名 U〈普通 the ～〉情報〈*on* ..についての〉《もと軍隊俗語》.
── 動 (～s|-nn-) 自 VA (～ *up*) 十分に情報を得る〈*on* ..について〉. ── 他 VOA (～/X/*up*) X に十分な情報を与える〈*on*, *about* ..について〉.
[＜〖俗〗*gen*eral information]
gen. gender; general; genitive; genus.
-gen /dʒən/〈複合要素〉「..を生じるもの, 生じたもの」の意味. aller*gen*. hydro*gen*. [ギリシア語 'born, produced']
gen·co /dʒénkou/ 名 (複 ～s) C (イングランド・ウェールズの)発電会社. [＜power-*gen*erating *co*mpany]
gen·darme /ʒɑ́ːndɑːrm/ 名 C (特にフランス(語圏)の)憲兵; 武装警官. [フランス語 *gens d'armes* 'men of arms'の単数化]
***gen·der** /dʒéndər/ 名 (複 ～s /-z/) UC **1** 性差, 性別, ジェンダー,《生物学的な性別 (sex) とは違い, 社会的・文化的に作られた性または性別概念》. ～ identity ジェンダー・アイデンティティ, 社会的性同一性《社会的意味で自分で「男[女]である」ことを自認すること》. ～ role 性別役割(分担).《普通の役割分担ではなく, 文化・社会が作ったもの》.
2 〖文法〗((代)名詞, 形容詞などの)性. the masculine [feminine, neuter, common] ～ 男[女, 中, 通]性.
[＜古期フランス語 (＜ラテン語 *genus*「種類」)]
génder-bènder 名 C 〖話〗男女の区別の付かない[男女を逆にした]服装や行動をする人.
Gene /dʒiːn/ 名 Eugene の愛称.
***gene** /dʒiːn/ 名 (複 ～s /-z/) C 〖生物〗遺伝(因)子, ジーン, ゲン《遺伝情報を伝える最小の単位で, その実体はデオキシリボ核酸 (DNA) 又はリボ核酸 (RNA) であることが分かっている》. [＜ドイツ語 (*Pan*)*gen*「遺伝子」(＜ギリシア語 'all'＋'race')]
ge·ne·a·log·i·cal /dʒìːniəlɑ́dʒik(ə)l|-lɔ́dʒ- ⑧/ 形〈限定〉家系の; 系図の; 系統の.
▷～**·ly** 副 系図上; 系統的に.
genealògical trée 名 C 系統樹, (樹枝状の)(家)系図.
ge·ne·al·o·gy /dʒìːniǽlədʒi/ 名 (複 **-gies**) **1** U 系図学, 系譜学; (動植物, 言語などの)系統研究. **2** C (人の)家系, 血統; 家系図 (family tree); (動植物, 言語などの)系統. ▷**gè·ne·ál·o·gist** 名 C 系図学者.
géne bànk 名 C 遺伝子銀行.
géne pòol 名 C 遺伝子供給源[プール]《ある生物種集団を構成する全個体が持っている遺伝子全体》.
gen·er·a /dʒénərə/ 名 genus の複数形.
‡**gen·er·al** /dʒén(ə)rəl/ 形 ⓒ (★3 は m) **1 一般の**, 全般の, (↔special, particular; 類語「大部分に当てはまる」ことを表し, 一般性の度合いは common より高く universal より低い); 全体的な; 世間一般の, 広く行きわたっている; 公衆の. ～ principles 一般原則. a ～ meeting 総会. for the ～ good 公益のために. in ～ use 広く使われて(いる). the ～ opinion on the present Cabinet 現内閣についての世論. the ～ public〈単数形で複数扱いもある〉一般大衆. the ～ reader 一般読者. The hot weather has been ～. 全国的に暑気に見舞われている.
2 (専門的, 特殊でなく)**一般的な**, ある部門[分野]に限定されない, (↔special, technical); 一般向きの; 雑多な. a ～ magazine 総合雑誌. ～ knowledge 一般的[幅広い]知識; 周知のこと. a ～ worker [laborer] (専門的ではなく, 雑多な仕事をする)一般労働者.
3 概略の, 概括的な, 大まかな, (↔specific, detailed); 漠然とした. a ～ plan 大体の計画. He gave me a ～ idea of the duties of an air traffic controller. 彼は航空管制官の仕事のおよその見当を私に教えてくれた. ～ outlines 概要. speak in ～ terms 大ざっぱな言い方をする.
4〈官職名に付けて〉..長(官), 総... a governor ～ 総督. Secretary-*General* 事務総長. a ～ manager 総支配人.
****as a gèneral rúle*** 一般に, 概して; 通例は. *As a* ～ *rule*, Japanese tourists like to act together. 一般に

日本人観光客は団体で行動するのが好きだ.
in a gèneral wáy 一般的に, 普通には, 概して.
── [名] ([複] ~s /-z/) [C] **1** **陸軍**〖〖米〗空軍, 海兵隊〗**大将**; 陸軍将官 (general officer); 将軍 (《略》 gen., Gen.》; (★海軍大将は admiral). a lieutenant ~ 陸軍中将. a major ~ 陸軍少将. a full ~ 陸軍大将. a four-star ~ 4つ星の将軍 《a full ~ を指す》.
2 〈G-; 呼びかけ〉将軍; 〈名前の前に付ける肩書きとして〉..将軍; (★どの位の将官にも用いる). *General* MacArthur マッカーサー将軍. **3** 〖キリスト教〗修道会の長.
****in géneral*** (1) **一般に**, 概して, たいてい, 通例は, (usually; ↔in particular). They were, *in* ~, kind to newcomers. 彼らは概して新参者に親切であった. (2) 〈名詞に後置して〉(部分でなく)全体の, 全般の. be unpopular with the students *in* ~ and freshmen in particular 学生全般特に新入生に評判が悪い.
[<ラテン語「その種類(genus)全体の」]

Gèneral Accóunting Òffice [名] 〈the ~〉〖米〗会計検査院.
Gèneral Américan [名] [U] 一般アメリカ英語 《米国の New England と南部を除く地域で広く使われている, 地方的特徴の少ない, 標準的な英語; 略 GA; →RP》.
Gèneral Assémbly [名] 〈the ~〉 **1** 国連総会. **2** 〖米〗州議会. 「ゼネコン」.
gèneral contráctor [名] [C] 建築請負師[会社],↑
Gèneral Cóurt [名] 〈the ~〉 **1** (New Hampshire 又は Massachusetts 州の)州議会. **2** (植民地時代の New England の, 立法権, 司法権を持っていた)地方集会.
gèneral delívery [名] [C] 〖米〗局留め(郵便); 局留め郵便係; (〖英〗 poste restante).
gèneral éditor [名] [C] 編集長, 編集主幹, 監修者.
gèneral educátion [名] [U] (専門教育に対する)一般教育.
gèneral eléction [名] [C] 〖米〗全国[全州]規模の選挙; (予備選挙 (primary election) の後に行われる)本選挙; 〖英〗(下院議員を選ぶ)総選挙; (↔by-election).
Gèneral Eléction Dày [名] 〖米〗本[国民]選挙日 (Election Day).
Gèneral Eléctric [名] ゼネラルエレクトリック(社) 《米国の世界最大の総合電機メーカー; 略 GE; 英国にも同名の会社がある》. 「品会社; 略 GF》.
Gèneral Fóods [名] ゼネラルフーズ 《米国の大手食↑
gèneral héadquarters [名] 〈普通, 複数扱い〉総司令部 《略 GHQ》.
gèneral hóspital [名] [C] 総合病院.
gén·er·al·ise /-làiz/ [動] 〖英〗 =generalize.
gen·er·al·is·si·mo /dʒèn(ə)rəlísəmòu/ [名] ([複] ~s) [C] (陸・海・空3軍全体の)大元帥, 総統, 総司令官, 《英・米以外の》. [<イタリア語「最高権限を持つ」]
gen·er·al·ist /dʒén(ə)rəlist/ [名] [C] 万能型の人間, 何でも屋, (↔specialist).
gen·er·al·i·ty /dʒènərǽləti/ [名] ([複] -ties) **1** [C] 〈しばしば -ties〉一般原理; 一般法則; 漠然とした表現; 概論, 一般論. talk in *generalities* (細目にわたらず)概括的なことを言う. **2** 〖章〗〈複数扱い〉〈普通 the ~〉大部分, 大半, 大多数, 〈*of* ..の〉(majority). Such attempts end in failure in the ~ *of* cases. このような試みはたいていの場合失敗に終わる. **3** [U] 一般的[一般論]であること, 一般性, 普遍性.
gèn·er·al·i·zá·tion [名] **1** [C] (必ずしも全てには当てはまらない)一般論; 概括的推論[論断], 十把一からげの議論, 帰納的結論. You make too many sweeping ~*s*. 君は大ざっぱな概括論をやりすぎる. make a ~ of .. を概括する, ..の一般論をする. **2** [U] 一般化; 概括論をすること; 帰納. Don't be so hasty in ~. そう急いで概括論をやってはいけない.
***gen·er·al·ize,** 〖英〗 **-ise** /dʒén(ə)rəlàiz/ [動] (**-iz[s]·es** /-əz/|[過] [過分] **~d** /-d/|**-iz[s]·ing**) [自] **1** (限られた事実などから)**一般論を述べる**, 一般化を行う, 〈*about* ..について〉. It's dangerous to ~ *about* the national character of any country. どんな国であれ, その国民性について一般論を述べるのは危険だ.
2 (詳細に触れず)漠然とした陳述をする. **3** 一般法則を引き出す, 帰納する, 〈*from* ..〔個々の事例〕から〉.
── [他] **1** 〔限られた事実, 考え, 概念など〕を一般化する; を概括的に述べる. **2** 〔一般法則など〕を引き出す, 帰納する, 〈*from* ..〔個々の事例〕から〉. Can we ~ anything *from* these data? 我々はこれらのデータから何か引き出せるか. **3** を普及させる. [general, -ize]
gén·er·al·ized [形] 一般化された; 一般に広まった, 蔓(え)延した〔腐敗など〕; 全般に及ぶ; 全身に及んだ〔疾病など〕.
:gen·er·al·ly /dʒén(ə)rəli/ [副] **1** **普通(は)**, 通例, たいてい, (usually). Father ~ goes to bed before 11 o'clock. 父はたいてい11時前に床に就く. I ~ don't work after five. 私は5時以後は普通は働かない (★I don't ~ work.. としても同じ意味). His idea is ~ accepted by his co-workers. 彼のアイデアは, ほとんどの場合, 同僚に受け入れられる.
2 世間一般に, 広く, だれに対しても. The theory is ~ accepted. その理論は広く承認されている. It is ~ believed that... ということが一般に信じられている. You're too ~ agreeable. 君はあまりに八方美人的だ. make oneself ~ useful 万事に重宝がられる.
3 概して, 大体において, 一般論[総論]として, (on the whole). His opinion is ~ correct. 彼の意見は大体において正しい. Let's first discuss this development project ~. まずこの開発事業を全般的に検討しましょう.
4 =GENERALLY speaking.
****gènerally spéaking*** = ***spèaking génerally*** **一般的に言って**. *Generally speaking*, women are better linguists than men. 概して女性の方が男性より語学が得意だ.
Gèneral Mótors [名] ゼネラルモーターズ 《米国の大手自動車会社; 略 GM》.
gèneral ófficer [名] [C] 将官.
gèneral of the áir fòrce [名] [C] 〖米〗空軍元帥.
gèneral of the ármy [名] [C] 〖米〗陸軍元帥 (〖英〗 field marshal).
Gèneral Póst Òffice [名] 〈the ~〉〖英〗(ロンドンなどの)中央郵便局 《略 GPO》; 〖史〗英国郵政省.
gèneral práctice [名] 〖主に英〗 **1** [U] (特に何科と限らない一地域の)一般診療. **2** [C] 一般診療所.
gèneral practítioner [名] [C] (特に何科と限らない)一般(開業)医 《略 GP》. 「用の.
gèneral-púrpose /[形]/ [形] 〈限定〉用途の広い, 汎↑
gèneral sécretary [名] [C] (共産党の)書記長.
gen·er·al·ship /dʒén(ə)rəlʃìp/ [名] **1** [U] 将官としての能力, 用兵の才; 統率力 (leadership). **2** [UC] 将官の地位[職, 任期].
gèneral stáff [名] 〈the ~; 集合的; 単数形で複数扱いもある〉〖軍〗参謀幕僚.
gèneral stóre [名] [C] 雑貨店 (→store [類語]).
gèneral stríke [名] [C] ゼネスト.
Gèneral Sýnod [名] 〈the ~〉英国国教会総会 《bishop を主とする最高機関》.
***gen·er·ate** /dʒénərèit/ [動] (~s /-ts/|[過] [過分] **-at·ed** /-əd/|**-at·ing**) [他] **1** 〔電気, 熱, 光, 摩擦など〕**を生じる**, 発生させる, 起こす, 生み出す, (produce); 〖章〗〔結果, 状態, 行動, 気持ちなど〕をもたらす, 招く. ~ electricity by nuclear power 原子力で発電する. Friction ~*s* heat. 摩擦は熱を生じる. a strong antipathy ~*d* by

the minister's speech 大臣の談話が招いた強い反感.
2〘数〙を生成する; (点, 線, 面が移動して)〔線, 面, 図形, 立体〕を描く, 作る;〘言〙(規則の適用により)〔文など〕を生成する. [<ラテン語 *generāre*「生み出す」(<*genus* 'kind, offspring')]

‡gen·er·a·tion /dʒènəréiʃ(ə)n/ 名 (複 **~s** /-z/)
【生み出すこと】 **1** U 発生(する[させる]こと), 生成; 生殖. the ~ of electricity by atomic energy 原子力による発電. the ~ of hatred by racial prejudice 人種間偏見による憎悪の生起.
【代々の生成】 **2** C (家族の)**代**. second-~ Americans 2世のアメリカ人. His family has lived in this city for three ~*s*. 彼の一家はこの都市に(親, 子, 孫の)3代にわたって住んでいる.
3 C **世代**, 1代, 《1世代の出生から次の世代の出生までの期間; 約30年》. a ~ ago 1世代前, 約30年前. from ~ to ~ 世代から世代へ.
4 C 〈集合的; 時に単数形で複数扱い〉**同世代[時代]の人々**, 世代. the young [rising] ~ 若い世代. the older ~ that has [have] experienced war 戦争体験のある年輩層の人々.
5 C '世代'《同時ₗ代[期]に同じひな型から作られた器具の総体》. the fourth ~ of computers コンピュータの第4世代. [generate, -ion]

gen·er·a·tion·al /dʒènəréiʃ(ə)nəl/ 形 世代(特有)の; 世代間の.

generátion gàp 名 C 世代間の断絶.

Generàtion X 名 X世代《1960–1970中頃に生まれた世代; しらけていて無目的とされる》.

gen·er·a·tive /dʒénərətiv, -rèi-|-rə-/ 形 産出力[生成力]のある (productive); 生殖の. ~ organs 生殖器官.

gènerative grámmar 名 U 〘言〙生成文法《文法的に正しい文を作る規則の体系》.

†gen·er·a·tor /dʒénərèitər/ 名 C **1** 発電機 (dynamo). **2** ガス[蒸気]発生装置. **3** 創始者, 生み出す人[もの]〈*of* ..を〉.

†ge·ner·ic /dʒənérik/ 形 〈限定〉 **1** 一定の属[類, 群]全体に共通の; (ある種のものの)典型的な, 原型的な, (archetypal); 一般的な; (↔specific). 'Stationery' is the ~ term for paper, pens, etc.「文房具」は紙, ペンなどを指す一般的名称である. the ~ cold climate of Alaska アラスカに典型的な寒い気候. **2**〘生物〙属 (genus)の. **3**〔薬, 食品などが〕商標登録されてない, ノーブランドの(安い).
── 名 C ノーブランド商品. [<ラテン語「genus の」]
▷**ge·ner·i·cal·ly** /-k(ə)li/ 副 一般[総称]的に(は).

genèric pérson 名 UC 〘文法〙総称人称《一般的に「ひと」を表す one (代 1), you (代 3), we (代 2), they (代 2 (a))を言う》.

genèric síngular 名 UC 〘文法〙総称単数《The dog is a faithful animal. の dog などのようにその属する種族全体を指す単数形》.

‡gen·er·os·i·ty /dʒènərɑ́səti|-rɔ́s-/ 名 (複 **-ties** /-z/)
1 U **気前のよさ**. Thanks to the ~ of Mr. Smith the building was reconstructed. スミス氏のご厚意《多額の寄付を指す》により建物は改築された. **2** U 寛大; 高潔. treat the POWs with ~ 捕虜を寛大に扱う.

> 1,2の 連結 great [lavish; unbounded; excessive, inordinate; unselfish] ~ // show [display] ~; abuse a person's ~

3 C 〈普通 -ties〉気前のよい[寛大な]行為.

‡gen·er·ous /dʒén(ə)rəs/ 形 m **1 気前のよい**, けちけちしない, (liberal); 大まかな; 〈*with* ..〔金, 援助, 時間を割くことなど〕に/*in* (*doing*)..(すること)に/*to*, *toward* ..人に対して〉. She was ~ *in* giv*ing* help to the poor. 彼女は貧困者に惜しみなく援助した. He is ~ *with* his money. 彼は金離れがいい.
2 寛大な, 寛容な, 〈*to* ..〔人など〕に〉(↔ungenerous); 高潔な (noble-minded). a ~ nature 寛大な性質. It is very ~ of you [You are very ~] to forgive me. お許しくださるとはあなたは本当に寛大な方です.
3 豊富な, (必要[普通]以上に)たくさんの, たっぷりとある; 大きな. a ~ table ごちそう山盛りの食卓. a ~ harvest 豊作. of ~ proportions 大きな図体(ずうたい)の.
4〔土地が〕肥えた (fertile);〔ワインが〕こくのある (rich). ~ soil 肥沃(よく)な土.
◇名 generosity [<ラテン語「高貴な生まれの>寛大な」(<*genus*「出自, 生まれ」)] ▷**~·ness** 名

†gén·er·ous·ly 副 **1** 気前よく. give ~ to charity 慈善事業に気前よく寄付する. **2** 寛大に(も). *Generously*, he forgave me. 寛大にも彼は私を許してくれた. **3** 豊富に, 十分に, たっぷり. a ~ illustrated book 挿絵の豊富な本.

†gen·e·sis /dʒénəsəs/ 名 (複 **gen·e·ses** /-sì:z/)
1 UC 〘章〙起源 (origin); 発生 (generation); 〈*of* ..の〉. the ~ *of* the British Parliament 英国議会の起源. the ~ *of* cancer ガンの発症. **2** 〈G-〉『創世記』《旧約聖書の第一書; 略 Gen.》. [ギリシア語]

géne splìcing 名 U 遺伝子の組み替え.

géne thèrapy 名 U 遺伝子治療.

†ge·net·ic /dʒənétik/ 形 **1** 遺伝子の[による]. **2** 遺伝学(上)の; 遺伝学的な[で]. **3** 発生の, 起源の. [genesis, -ic]

ge·net·i·cal·ly /dʒənétik(ə)li/ 副 遺伝(学)的に. ~ modified [engineered] foods 遺伝子組み換え食品.

genètic códe 名 〈the ~〉〘生物〙遺伝暗号[情報]《DNA [RNA] 分子中の化学的基礎物質の配列》.

genètic engineéring 名 U 遺伝子工学.

genètic évidence 名 U 遺伝子鑑定に基づく証拠.

genètic fíngerprinting 名 U 遺伝子指紋法《DNA 分析で犯人などを特定する; 指紋照合よりも高精度》.

ge·net·i·cist /dʒənétəsist/ 名 C 遺伝学者.

†ge·net·ics /dʒənétiks/ 名 **1** 〈単数扱い〉遺伝学. **2** 〈単複両扱い〉遺伝的特徴[性質].

Ge·ne·va /dʒəní:və/ 名 **1** ジュネーヴ《スイス南西部, ジュネーヴ湖畔の都市; 国際赤十字社, ILO, WHO などの本部がある》. **2 Làke ~** ジュネーヴ湖《スイス南西部の湖; フランス語名は Lac Léman (レマン湖)》.

Genèva Convéntions 名 〈the ~〉ジュネーヴ協定《戦時中の傷病兵, 捕虜などの扱いを決めた一連の国際協定; 第1回は1864年に Geneva で採択》.

Ge·ne·van /dʒəní:vən/, **Gen·e·vese** /dʒènəví:z/ 形 ジュネーヴ(の人)の; カルヴァン派[主義]の. ── 名 (複 **-vans, -vese**) C ジュネーヴ生まれの人[住民]; カルヴァン派の人[主義者] (Calvinist).

Gen·ghis Khan /dʒèŋgis-kɑ́:n, gèŋ-/ 名 ジンギスカン, チンギスハーン(成吉思汗) (1162?–1227)《アジアの大部分とヨーロッパ東部を征服したモンゴル帝国の始祖》.

‡ge·ni·al /dʒí:niəl/ 形 **1**〔人や態度などが〕明るくて愛想のいい; 親切な, 優しく穏やかな (friendly); 元気づけるような, 励ましになる. a ~ smile 優しいほほえみ. a ~ welcome 温かい歓迎. **2**〔気候, 天候が〕温和な, 温暖な, (mild). a ~ climate 温暖な気候. [<ラテン語「守護神 (*genius*) に捧げた, 楽しい」] ▷**~·ly** 副 愛想よく; 温和に.

ge·ni·al·i·ty /dʒì:niǽləti/ 名 (複 **-ties**) **1** U 愛想のよさ, 親切さ, 穏やかさ. **2** C 〈普通 -ties〉穏やかな表情[行為, 言葉など].

gen·ic /dʒénik, dʒí:-/ 形 遺伝子 (gene) の.

-gén·ic 〈複合要素〉 **1**「..を生成する」,「..によって生成される」の意味. carcino*genic*. **2**「..に適した」の意

味. photo*genic*. [-gen, -ic]

ge·nie /dʒíːni/ [名] ([複] **~s, ge·ni·i** /dʒíːniai/) [C] **1** (アラビア, ペルシアなどのイスラム神話に出てくる)魔神, 妖(よう)鬼, (jinn(i)). **2** (童話に出てくる)魔法使いの召使い《ランプやびんの中にいて, 主人がこすると姿を現し, 望み事をかなえる; →Aladdin's lamp》.

the gènie is òut of the bóttle (人が望んだことが実現して)元には戻れない[取り返しのつかない]状況になってしまっている. [<アラビア語]

ge·ni·i /dʒíːniai/ [名] genie, genius 4 の複数形.

gen·i·tal /dʒénətl/ [形] 〈限定〉**1** 生殖(器)の. the ~ organs (外)生殖器. **2**〖精神分析〗性器(愛)期の (→ anal, oral, phallic). ── [名] 〈~s〉 =genitalia. ▷ **~·ly** [副]

gen·i·ta·lia /dʒènətéiljə, -liə/ [名] 〈複数扱い〉外性器, 外陰部, 《男性の testicles, penis; 女性の labia, clitoris, vagina を指す》.

gen·i·tive /dʒénətiv/ 〖文法〗[形] 属格の.
── [名] [U] 属格; [C] 属格の語.

gènitive cáse [名] 〈the ~〉〖文法〗属格《学校英文法で所有格 (possessive case) と呼ぶもの》.

***gen·ius** /dʒíːnjəs, -iəs/ [名] ([複] **~·es** /-əz/, 4 では **ge·ni·i** /dʒíːniai/) **【固有の資質】1** [U] **天才** (→talent); [aU] 天分; (優れた)素質, (特殊な)才能, 特技; 〈*for* (do*ing*)..(すること)の〉. a man of ~ 天才(の持ち主). She has a real ~ *for* music. 彼女は本当に音楽の天分がある. He has a ~ *for* making friends. 彼は友人を作るのが天才的にうまい.

> [連結] great [true; creative; many-sided, versatile; artistic, literary, mathematical, scientific] ~ // show [display] ~

2 [C] 天才《人》〈*in* (do*ing*), *at* (do*ing*), with..(すること)の〉; 天才知の人《知能指数 140 以上》. Einstein was a ~ *in* mathematics. アインシュタインは数学の天才であった.

【固有の精神】3 [U] 〈普通 the ~〉(ある民族, 時代などの)**風潮**, 気風; (制度, 言語などの)特質; 傾向. the ~ of the Elizabethan age エリザベス朝の風潮[時代精神]. the ~ of Christianity キリスト教の真髄. the ~ of the French language フランス語の精神[本質].

4【精神の守護者】[C]〖章〗守り神, 守護神; (善悪を問わず)影響力の強い人. one's evil [good] ~ 人についている悪霊[守護神]; 悪い[良い]感化を与える人.
[ラテン語「守護神」]

gènius lóci /-lóusai/ [名] 〈普通 the ~〉**1** (土地の)気風, 雰囲気. **2** (土地の)守護神. [ラテン語 'spirit of the place']

Gen·o·a /dʒénouə, dʒənóuə/ [名] ジェノア《イタリア北西部の海港都市; イタリア名 Genova (ジェノヴァ)》.

gen·o·cid·al /dʒènəsáidl [移]/ [形] 〈普通, 限定〉民族[集団]大虐殺の. a ~ war 皆殺しの戦い.

‡**gen·o·cide** /dʒénəsàid/ [名] [U] 民族[集団]大虐殺《第 2 次大戦中のナチスによるユダヤ人虐殺など; →homicide [類語]》. [ギリシア語 *génos* 'race', -cide]

Gen·o·ese /dʒènouíːz [移]/, **Gen·o·vese** /dʒènəvíːz [移]/ [形] ジェノア(人)の. ── [名] ([複] ~) [C] ジェノア人.

ge·nome /dʒíːnoum/ [名] [C]〖生物〗ゲノム《細胞核 (nucleus) や生殖細胞 (gamete) を形成するのに必要最低限の染色体 (chromosome) の組み合わせ》.

gen·o·type /dʒénətàip/ [名] [C]〖生物〗遺伝子型, 因子型; 共通の遺伝形質を有する個体群; (→phenotype).

†**gen·re** /ʒáːnrə/ [名] **1** [C] 種類, 類型 (type); (美術, 音楽, 文学などの)形式, ジャンル, 《詩, 劇, 小説などの区別》. **2** [UC] 風俗画(というジャンル) (genre painting). a ~ artist 風俗画家. [フランス語 'kind²']

génre pàinting [名] [UC] 風俗画(というジャンル).

gens /dʒenz/ [名] ([複] **gen·tes** /dʒéntiːz/) [C] **1**〖古代ローマ〗氏族, ゲンス, 《共通の先祖と同じ名前や宗教儀式を受け継いでいる》. **2**〖人類学〗父系部族[氏族]. [ラテン語]

‡**gent** /dʒent/ [名] [C] **1**〖話・戯〗紳士; 男. **2** 〈the ~s, ~s', Gents, Gents'〉〖英話〗〈単数扱い〉(公共の場の)男子用トイレ (〖米〗 men's room; ↔the Ladies(')). [<*gent*leman]

gen·teel /dʒentíːl/ [形] [m], [e] **1** 上品ぶった[て], 上流気取りの[で]. live in ~ poverty 貧乏なのに見栄(みえ)を張った生活をする. **2**〖旧・時に皮肉〗上流社会の; 育ちのいい; 洗練された; 〔場所などが〕乙(おつ)にすました, 上流風の. ◇[名] gentility [<フランス語; gentle と同源]
▷ **~·ism** [名] [UC] お上品ぶり; 上品語(法). **~·ly** /-tíːlli/ [副] 上品ぶって.

gen·tes /dʒéntiːz/ [名] gens の複数形.

gen·tian /dʒénʃ(ə)n/ [名] [UC] リンドウ《リンドウ属の多年草; 種類が多く, 根は胃腸薬(ゲンチアナ)の原料》.

gèntian víolet [名] [U]〖化・薬〗メチルヴァイオレット《緑色がかった結晶物質で水溶液は紫色となる; 試薬, 消毒, やけど治療などに用いる》.

gen·tile, G- /dʒéntail/ [名] [C] **1** (ユダヤ人から見た)異邦人 (goy); 〈特に〉キリスト教徒. **2**〖米〗(モルモン教徒から見た)非モルモン教徒. **3** 〈一般に〉異教徒.
── [形] **1** ユダヤ人でない. **2**〖米〗非モルモン教徒の[で]. **3** 異教徒の[で]. (→heathen, pagan) [<ラテン語「同じ民族(*gens*)の」; gentle と同源]

gen·til·i·ty /dʒentíləti/ [名] [U]〖旧〗**1** 上品ぶること, 上流気取り. **2** 上流階級であること, 育ちのよさ; 格式のある洗練. **3** 上流階級(の人々), 貴顕(きけん)(の紳士淑女).
◇[形] genteel

‡**gen·tle** /dʒéntl/ [形] [e] (**~r** /-ər/|**~st** /-əst/)
【優しい】1〔性質, 人柄などが〕**優しい**, 親切な, 人当たりのいい; 〔言動などが〕優しい, 穏やかな, 乱暴でない, 気配りした; ([類語] 普通, 意識的で自発的な優しさを表す; → mild). a ~ reproof やんわりとした叱責の言葉. say in a ~ voice 優しい声で言う. Be ~ *with* that cat. その猫に優しくしてやりなさい.
2〔気象, 自然条件などが〕**穏やかな**, 激しくない, 静かな; 〔動きなどが〕急変しない; 〔坂などが〕緩やかな; (料理の火加減が)弱い, 弱火の. a ~ wind 穏やかな風《moderate より弱い》. The English landscape is characterized by ~ hills. イングランドの風景はなだらかな丘がその特徴だ. ~ to the stomach 〔薬が〕胃にやさしい《あまり副作用が無い》. cook over a ~ heat 弱火で調理する.
3〔馬, 犬などが〕**おとなしい**, なれた, (docile). (as) ~ as a lamb 非常におとなしい.
【優しい>育ちの良い】4〖旧〗〈限定〉家柄のいい, 生まれのいい. a youth of ~ birth [blood] 生まれのいい青年. **5**〖旧〗上品な; 礼儀正しい; 高貴な. ~ manners 上品な礼儀作法.
── [動] [他]〔馬など〕をならす, 〔人〕をなだめる.
── [名] [C] (釣り餌の)ウジ. [<古期フランス語「高貴な生まれの」<ラテン語「同じ民族 (*gens*) の」; genteel, gentile は同源]

gèntle bréeze [名] [C] 軟風《毎秒 1.6~3.3 メートルの Beaufort scale の 3 番目の強さの風》.

géntle·fòlk(s) [名]〖旧〗〈複数扱い〉良家の人々.

‡**gen·tle·man** /dʒéntlmən/ [名] ([複] **-men** /-mən/) [C] **1 紳士** 《教養があり礼節・信義・名誉を重んじ思いやりがある; [反] lady》. a fine ~ 立派な紳士. Behave like a ~! 紳士らしくふるまいなさい. He's no ~! あの男は卑劣だ[信用ならない]. Mr. Barron is a true English ~ in every way. あらゆる点でバロン氏は真の英国紳士です.
2 男の方(かた) 《名前の分からない男子に言及する丁寧な言

い方; 図 lady》. Who is that ～? あの男の方はどなたですか. This ～ wishes to see you. こちらの方があなたにお会いになりたいそうです.
3 〈-men〉 皆さん 《男性だけの集団全体への呼びかけ》; 〈Gentlemen〉 拝啓, 各位, 《個人でなく会社などへの手紙の書き出し; →sir 2 ★》. Ladies and *gentlemen!* 紳士淑女諸君, 皆さん, 《男女の集団への呼び掛け》.
4 〖英〗〈the Gentlemen('s), the gentlemen('s)〉〈単数扱い〉 男子用公衆便所 《→gent 2; 掲示では単に Gentlemen 又は Men; ↔the Ladies(')》.
5 〈主に gentleman's ～ として〉〖古・戯〗(名門の出で王室[貴族]に仕える)小姓, 従僕, (valet).
6 (貴族のような)身分のある男子, 生まれ育ちのよい男子; 〖旧〗有閑階級の男子, 遊んで生活できる人. a country ～ 田舎の大地主.
7 〈the ～〉議員 〈*from*〖米〗, *for*〖英〗..選出の〉. the ～ *from* South Dakota〖米〗サウスダコタ州選出の議員. the Honourable ～ *for* Canterbury〖英〗カンタベリー選出の議員 (→honorable 5).
8 〖英史〗準貴族 《貴族の下で yeoman (郷士)より上の階級の人》.
[＜中期英語 *gentil man*(古期フランス語 *gentilz hom* 'gentle man'の翻訳)]

gèntleman-at-árms 名 (複 **gentlemen-**) Ⓒ (英国の)近衛儀仗(ぎじょう)兵 《儀式の際に国王[女王]の身辺を警護する》.

gèntleman fármer 名 (複 **gentlemen farmers**) Ⓒ 豪農, 大地主, 《自ら農業に従事して生計を立てる必要はない名士; →dirt farmer》.

gén·tle·man·ly 形 紳士的な; 紳士としての.

gèntleman's[gèntlemen's] agréement 名 Ⓒ 紳士協定 《法律的制約はないが名誉にかけて守るべき協定; 当事者が女性の場合にも使う》.

géntleman's clùb 名 Ⓒ 紳士クラブ 《上級階級の男性用社交クラブ; 図書室, バー, レストランなどがある》.

gèntleman's géntleman 名 ＝gentleman 5.

***gen·tle·ness** /dʒéntlnəs/ 名 Ⓤ 優しさ, 親切.

gèntle[gèntler] séx 名 〈the ～; 集合的; 単数形で複数扱いもある〉〖旧〗女性 (fair sex) 《今は性差別的表現ととられる》.

géntle·wòman 名 (複 **-wò·men** /-wìmən/) Ⓒ 〖古〗**1** 上流婦人. **2** (王室の)女官, (貴族の)侍女.

***gen·tly** /dʒéntli/ 副 ⓜ **1** 優しく. She smiled very ～ at her grandchild. 彼女は孫に大変優しく微笑みかけた. **2** 穏やかに, 静かに, そっと; 緩やかに; 徐々に. Lift the vase ～. 花瓶をそっと持ち上げなさい. *Gently*, now. さあ, 静かに(行きなさいなど). a ～ sloping hill 傾斜のなだらかな丘. **3** 身分高く, 育ちがよく. ～ born [bred] よい家柄[育ち]の. **4** 弱火で, とろとろと, 〔調理するなど〕. Cook the meat ～ for about 20 minutes. 肉を20分ほど弱火にかける.
Gèntly dóes it. 〖話〗ゆっくり慎重にやるのが肝要.

gen·tri·fi·ca·tion /dʒèntrəfəkéiʃ(ə)n/ 〖英話〗名 Ⓤ (再開発による地域の)高級化.

gen·tri·fy /dʒéntrəfài/ 動 他 〖英話〗〔地域など〕を再開発して高級化する.

gen·try /dʒéntri/ 名 〈普通 the ～; 複数扱い〉 **1** 上流階級の人々; 良家の人々. the landed ～ 大地主階級. **2** 〖英史〗準貴族階級 《nobility (貴族階級)の下で yeomanry (郷士階級)より上位; 中流上層階級》. **3** 〖皮肉又は軽蔑〗(ある地域, 階級, 職業などの)連中, 'やから'. those ～ ああいうやから.

gents('), Gents(') /dʒents/ 名 →gent 2.

gen·u·flect /dʒénjuflèkt/ 動 自 **1** 〖章〗(礼拝のため)片[両]膝(ひざ)を曲げる. **2** 〖軽蔑〗屈する, 拝跪(はいき)する, 〈*to*..の前に〉. ▷**gèn·u·fléc·tion, -fléx·ion** 名

***gen·u·ine** /dʒénjuən/ 形 **1** Ⓒ 本物の, 真正の; にせ物[人造]でない; (↔fake, false; 類語 人造や偽造でないことを強調する; →real). ～ Persian carpets 本物のペルシアじゅうたん. a ～ (picture by) Constable 本物のカンスタブル(の絵).
2 ⓜ 〔感情, 行動などが〕見せかけでない, 本当の, 心からの; 〔人が〕正直な, 誠実な; (sincere; ↔false). a very ～ person たいそう誠実な人. Victoria's laugh was never ～ after that. ヴィクトリアはその後心の底から笑うことはなかった.
3 Ⓒ 純血(種)の; (血統などが)純粋の, 生粋の. [＜ラテン語「ひざ(*genū*)の上に置かれた＞純粋の, 真正の」; 父親が赤ん坊をひざの上に置いて認知した習慣から]

gén·u·ine·ly 副 純粋に; 本当に, 心から. get ～ angry 本気で怒る.

gén·u·ine·ness 名 Ⓤ 正直なこと, 誠実; 本気; 本物であること.

†**ge·nus** /dʒí:nəs/ 名 (複 **gen·e·ra** /dʒénərə/, ～·es) Ⓒ **1** 〖生物〗(分類上の)属 (→classification 参考). ★例えば Homo sapiens で *Homo* が genus, *sapiens* が species (種)を示す. **2** 〈一般に〉種類. **3** 〖論〗類, 類概念. ◇形 generic [ラテン語 'birth, race, kind']

ge·o- /dʒí:ou/ 〈複合要素〉「地球, 土地」の意味. [ギリシア語 'earth']

gèo·céntric /㊗/ 形 **1** 地球の中心から見た[測った]. **2** 地球を中心として考えた (↔heliocentric). Ptolemy's ～ theory of the universe プトレマイオスの天動説.

gèo·chémistry 名 Ⓤ 地球化学.

gèo·chronólogy 名 Ⓤ 地球[地質]年代学.

ge·o·des·ic /dʒì:ədésik ㊗/ 形 **1** 測地学の. **2** 測地線の. ── 名 Ⓒ 測地線 (**gèodesic líne**) 《曲面上の2点の最短距離》. [＜ギリシア語 geo-＋「分割する」]

gèodesic dóme 名 Ⓒ 〖建〗フラードーム 《米国の建築家 R.B.Fuller によって開発された軽量の支柱のない大ドーム》.

ge·od·e·sy /dʒi:ɑ́dəsi|-ɔ́d-/ 名 Ⓤ 測地学 《地球およびその表面の地物の位置・形状を測定する学問》.

ge·o·det·ic /dʒi:ədétik/, **-i·cal** /-ik(ə)l/ 形 **1** 測地(学)の. **2** ＝geodesic.

Geof·frey /dʒéfri/ 名 男子の名.

geog. geographer; geographic(al); geography.

†**ge·og·ra·pher** /dʒi:ɑ́grəfər|dʒiɔ́g-/ 名 Ⓒ 地理学者.

ge·o·graph·ic /dʒì:əgrǽfik|dʒiə- ㊗/ 形 ＝geographical.

†**ge·o·graph·i·cal** /dʒì:əgrǽfik(ə)l|dʒiə- ㊗/ 形 地理学(上)の; 地理(学)的な. ～ features 地勢, 地形. He has a good ～ knowledge of the town. 彼はその町の地理に詳しい[土地勘がある]. ▷**～·ly** 副 地理学上, 地理(学)的に.

gèographical míle 名 Ⓒ 地理マイル 《nautical mile の旧称》.

***ge·og·ra·phy** /dʒi:ɑ́grəfi|dʒiɔ́g-/ 名 (複 **-phies** /-z/) **1** Ⓤ **地理学**. human [physical] ～ 人文[自然]地理学. **2** Ⓒ (ある地域の)地理, 地勢, 地形. the ～ of New Zealand ニュージーランドの地勢. **3** Ⓒ 〖話〗(ある地域内での建物などの)配置, (家の)間取り; 〖婉曲〗トイレ(のありか). Will you show me the ～ (of the house)? 〖旧〗手洗いはどちらでしょうか. **4** Ⓒ 地理学書. [geo-, -graphy]

geol. geologic(al); geologist; geology.

ge·o·log·ic /dʒì:əlɑ́dʒik|dʒiəlɔ́dʒ- ㊗/ 形 ＝geological.

†**ge·o·log·i·cal** /dʒì:əlɑ́dʒik(ə)l|dʒiəlɔ́dʒ- ㊗/ 形 地質学(上)の; 地質の. ▷**～·ly** 副 地質学上, 地質(学)的に.

†**ge·ol·o·gist** /dʒi:ɑ́lədʒist|dʒiɔ́l-/ 名 Ⓒ 地質学者.

***ge·ol·o·gy** /dʒi:ɑ́lədʒi|dʒiɔ́l-/ 名 **1** Ⓤ **地質学**. **2** Ⓤ (ある地域の)地質. **3** Ⓒ 地質学書. [geo-, -logy]

geom. geometric(al); geometry.

G

gè·o·mág·net·ìsm 名 U **1** 地磁気. **2** 地球磁気学.

ge·om·e·ter /dʒiːámətər|dʒióm-/ 名 ＝geometrician.

‡**ge·o·met·ric, -ri·cal** /dʒìːəmétrik|dʒiə-/, /-k(ə)l 移/ 形 **1** 幾何学(上)の, 幾何学的な. **2** 幾何学的図形の. a ～ pattern [design] 幾何学模様. ▷**ge·o·mét·ri·cal·ly** 副

ge·om·e·tri·cian /dʒiːàmətríʃ(ə)n|dʒiòm-/ 名 C 幾何学者.

geomètric(al) progréssion 名 C 等比数列 (→arithmetic progression).

geomètric(al) séries 名 C 等比[幾何]級数; ＝geometric(al) progression.

*__ge·om·e·try__ /dʒiːámətri|dʒióm-/ 名 (複 **-tries** /-z/) **1** U **幾何学**. Euclidean [plane] ～ ユークリッド[平面]幾何学. **2** C (平面・立体の)形状, 幾何学的配列, デザイン. **3** C 幾何学書. [geo-, -metry]

G

gèo·morphólogy 名 U 地形学.

gèo·phýsical /移/ 形 地球物理学(上)の.

gèo·phýsicist 名 C 地球物理学者.

gèo·phýsics 名 〈単数扱い〉 地球物理学.

gèo·polítical /移/ 形 地政学(上)の.

gèo·pólitics 名 **1** 〈単数扱い〉 地政学《政治に対する地理の影響の研究》. **2** 〈複数扱い〉 (ある国, 地域に及ぼす)地理的政治的諸要因.

Geor·die /dʒɔ́ːrdi/ 名 〘英〙 C (イングランド北東部の) Tyneside 出身者; U タインサイド方言.

George /dʒɔːrdʒ/ 名 **1** 男子の名. **2** ～ **I** /ðə-fɔ́ːrst/ ジョージ 1 世 (1660–1727)《英国王 (1714–27); Hanover 王家の始祖》. **3** ～ **II** /ðə-sékənd/ ジョージ 2 世 (1683–1760)《英国王 (1727–60)》. **4** ～ **III** /ðə-θə́ːrd/ ジョージ 3 世 (1738–1820)《英国王 (1760–1820); 治世中に米国独立; 晩年発狂したので摂政が置かれた (→regency 2)》. **5** ～ **IV** /ðə-fɔ́ːrθ/ ジョージ 4 世 (1762–1830)《英国王 (1820–30); 摂政 (1811–20)》. **6** ～ **V** /ðə-fífθ/ ジョージ 5 世 (1865–1936)《英国王 (1910–36)》. **7** ～ **VI** /ðə-síksθ/ ジョージ 6 世 (1895–1952)《英国王 (1936–52); エリザベス 2 世の父君》. **8 Saint** ～ 聖ジョージ《England の守護聖人; 303 年ごろ殉教した; →Andrew, Patrick》. **9 David Lloyd** ～ →Lloyd George.

by Géorge あれっ, そうとも, 《驚き, 決意, 賛成などを表す; by God の婉曲表現》. [ギリシア語 'land-worker']

Gèorge Cróss 名 C 〘英〙 ジョージ勲章《主として民間人の勇敢な行為に与えられる; 1940 年に George 6 世が制定》.

Gèorge Médal 名 C 〘英〙 ジョージ功労章《同時に制定された George Cross に次ぐもの》.

George·town /dʒɔ́ːrdʒtàun/ 名 ジョージタウン **1** Guyana の首都. **2** Malaysia 北西部の港湾都市《Penang の旧称; **Géorge Tòwn**とも呼ばれた》. **3** 米国 Washington, D.C. の居住区.

geor·gette /dʒɔːrdʒét/ 名 U ジョーゼット(**georgètt crépe**)《薄地の(特に)絹のクレープ; 婦人服地; ＜フランスの裁縫師の名》.

Geor·gia /dʒɔ́ːrdʒə|-dʒiə/ 名 **1** ジョージア《米国南部の州(＜英国王 *George* II); 州都 Atlanta; 略 Ga., 〘郵〙 GA》. **2** グルジア《黒海東岸, トルコの北にある共和国; 旧ソ連構成共和国の 1 つ; 首都 Tbilisi》.

Geor·gian /dʒɔ́ːrdʒən|-dʒjən/ 形 **1** (英国の)ジョージ王朝の. (**a**) George I から George IV までの時代 (1714–1830), この時代を the four Georges と言う. (**b**) George V から George VI までの時代 (1910–52). **2** ジョージ王朝風の. ～ architecture ジョージ王朝風建築. **3** 〔英国の詩が〕ジョージ 5 世時代の《特に 1910–20 年間の》. ～ poets ジョージ 5 世時代の詩人. **4** (米国)ジョージア州の. **5** グルジア共和国の.

―― 名 C **1** 米国ジョージア州の人. **2** グルジアの人. **3** ジョージ王時代の人[作家, 詩人].

geo·stationary /dʒìːoustéiʃ(ə)nèri|-n(ə)ri/ 形 〘宇宙工学〙〔人工衛星が〕地球から見て静止している. a ～ satellite 静止衛星. a ～ orbit 静止軌道.

geo·synchronous /dʒìːousíŋkrənəs/ 形 ＝geostationary.

geo·thermal /dʒìːouθə́ːrm(ə)l 移/ 形 地熱の. ～ power 地熱発電による電力.

geo·thermic /dʒìːouθə́rmik 移/ 形 ＝geothermal.

ge·ot·ro·pism /dʒiːátrəpìz(ə)m|-ɔ́t-/ 名 U 〘植〙 屈地性 《植物の茎などの重力に対する反応》. positive [negative] ～ 向[背]地性.

Ger. German; Germany.

ger. gerund; gerundive.

Ger·ald /dʒérəld/ 名 男子の名《愛称 Jerry》.

Ger·al·dine /dʒérəldìːn/ 名 女子の名《愛称 Jerry》.

‡**ge·ra·ni·um** /dʒəréiniəm/ 名 **1** C ゼラニウム《テンジクアオイの類の多年生園芸植物; 赤や白の花が咲く; 鉢植えにして, よく窓辺に置かれる》. **2** U 鮮やかな赤色, (濃い)ピンク. [＜ギリシア語「小さな鶴」]

Ge·rard /dʒərάːrd|⌐⌐/ 名 男子の名《愛称 Jerry》.

ger·be·ra /gə́ːrbərə, dʒə́ːr-|dʒə́ːbərə, gəː-/ 名 C ガーベラ《キク科の多年草; 南アフリカ原産; 赤・黄, オレンジ色などの花をつける》.

ger·bil(le) /dʒə́ːrbəl/ 名 C 〘動〙 アレチネズミ.

‡**ger·i·at·ric** /dʒèriǽtrik 移/ 形 〈限定〉 老人病(科)の; 〘軽蔑〙〔人, 機械など〕老いぼれた, 使い古した. ～ care 老人医療. ―― 名 C 老人病患者; 〘軽蔑〙 ぼけ老人, 老いぼれ. [＜ギリシア語 *gêras*「老齢」]

ger·i·at·ri·cian /dʒèriətríʃ(ə)n/ 名 C 老人病医.

‡**gèr·i·át·rics** 名 〈単数扱い〉 老人病学[医学] (→gerontology). ▷**ger·i·at·rist** /dʒèriǽtrist/ 名 ＝geriatrician.

*__germ__ /dʒəːrm/ 名 (複 ～**s** /-z/) C 【物事の萌(ほう)芽】 **1 細菌**, 病原菌, (→bacillus, bacteria, microbe). cold ～*s* 風邪の細菌. disease ～*s* 病菌. This milk is free from ～*s*. この牛乳は殺菌してある.

連結 carry [be crawling with; spread; destroy] ～*s* ‖ ～*s* multiply

2 〘生物〙 **胚(はい)種**, 胚, 幼芽; ＝germ cell.

3 〈普通 the ～(s)〉 (ある事物の)萌(ほう)芽; 兆し, 前触れ; 初期形態, 起源. the ～ of an idea [a project] ある考え[計画]の芽生え. sow the ～*s* of future strife 将来の紛争の種をまく.

in gérm 芽生えの状態で[の], まだ発達しない(で). [＜ラテン語 *germen*「芽」]

‡**Ger·man** /dʒə́ːrmən/ 形 **1** Ⓒ ドイツの; ドイツ人[語]の. **2** Ⓜ ドイツ的な. He speaks English with a broad ～ accent. 彼は強いドイツ訛(なま)りで英語を話す. ◇名 Germany ―― 名 (複 ～**s** /-z/) C **1 ドイツ人**. the ～*s* ドイツ国民. **2** U **ドイツ語**. →High [Low] ～. [＜ラテン語 *Germānus*]

ger·man /dʒə́ːrmən/ 形 (★普通, 名詞の後に置き, ハイフンでつなぐ) **1** 同一父母の. a brother-～ 同父母兄[弟] (full brother). **2** 同一祖父母の. a cousin-～ 実のいとこ. [＜ラテン語「芽 (*germen*) の, 兄弟姉妹の」]

Gèrman Democràtic Repúblic 名 〈the ～〉 〘史〙 ドイツ民主共和国《東ドイツ; 首都 East Berlin; →Germany》.

ger·mane /dʒəːrméin/ 形 〘章〙 〈普通, 叙述〉〔考え, 言葉などが〕密接に関連して, 適切で, (relevant) 〈*to* ..〔ある問題など〕に〉. [german の変形]

Ger·man·ic /dʒəːrmǽnik/ 形 **1** ドイツ(人)風の〔様式, 風采(さい)など〕, ドイツ(人)的な. **2** ゲルマン民族の; ゲルマ

ン語派の. ── 名 U ゲルマン語派《インドヨーロッパ語族の一語派; 英語, ドイツ語, オランダ語, ノルウェー語, スウェーデン語, デンマーク語などを含む; 略 Gmc》.

ger·ma·ni·um /dʒəːrméiniəm/ 名 U 〘化〙ゲルマニウム《希金属元素; 記号 Ge》.

Ger·man·ize, 〘特に英〙 **-ise** /dʒə́ːrmənaiz/ 動 他, 自 (を)ドイツ化する, ドイツ風にする[なる].

Gèrman méasles 名 U 風疹(ふうしん) (rubella).

Gèrman shépherd (dòg) 名 C 〘米〙ドイツ種シェパード犬《警察犬, 盲導犬に用いる; 日本では単にシェパードと言う; 〘英〙 Alsatian》.

Gèrman sílver 名 U 洋銀《亜鉛・ニッケル・銅の白色合金; nickel silver とも言う》.

Gèrman Unificátion 名 U (1990 年の)東西ドイツの統一.

‡**Ger·ma·ny** /dʒə́ːrməni/ 名 ドイツ《第 2 次世界大戦後東ドイツ (East Germany) と西ドイツ (West Germany) とに分割されたが, 1990 年 10 月統合; 略 G; 首都 Berlin》. ◇形 German, Germanic [<ラテン語 *Germānia*]

gérm cèll 名 C 〘生物〙生殖細胞 (gamete).

ger·mi·cid·al /dʒəːrməsáid(ə)l ⑱/ 形 殺菌力のある.

ger·mi·cide /dʒə́ːrməsàid/ 名 UC 殺菌剤.

ger·mi·nal /dʒə́ːrmən(ə)l/ 形 **1** 胚(はい)種の, 幼芽の. **2** 未発達の, 始まったばかりの.

ger·mi·nate /dʒə́ːrmənèit/ 動 自 〔種子が〕発芽する; 生育し始める; 〔考え, 感情などが〕育(はぐく)まれる, 膨らむ. ── 他 〔種子〕を発芽させる; を生育させる; を育てる.

ger·mi·na·tion /dʒəːrmənéiʃ(ə)n/ 名 U 発芽; 発生; 育成, 発達.

gérm plàsm 名 U 〘生物〙生殖(細胞)質; C 〈集合的〉(一組織体の)生殖細胞.

gérm wàrfare 名 U 細菌戦 (biological warfare).

Ge·ron·i·mo /dʒərɑ́nimòu|-rɔ́n-/ 名 ジェロニモ (1829–1909)《Apache の族長; 米国政府の先住民対策に抵抗した》.

ge·ron·to·log·i·cal /dʒərɑ̀ntəlɑ́dʒik(ə)l|-rɔ́ntəlɔ́dʒ- ⑱/ 形 老年学の.

ger·on·tol·o·gist /dʒèrəntɑ́lədʒist|-rɔntɔ́l-/ 名 C 老年学者.

ger·on·tol·o·gy /dʒèrəntɑ́lədʒi|-rɔntɔ́l-/ 名 U 老年学《geriatrics よりも広く, 生理的老化現象のほか老人の社会的問題も扱う》. [<ギリシア語 *gérōn*「老人」]

ger·ry·man·der /dʒérimæ̀ndər, gér-/ 名 C ゲリマンダー《党利党略のための地区[選挙区]改変》.

── 動 他 **1** (ある党派[政党]が選挙に有利になるように)〔地区[選挙区]〕を改変する. **2** (自分が有利になるように)を細工する, いじる. [<*Gerry*＋sala*mander*; 米国マサチューセッツ州知事 Elbridge Gerry が改変した同州の選挙区の形が salamander (火トカゲ)に似ていたため]

Gersh·win /gə́ːrʃwən/ 名 **George** ～ ガーシュイン (1898–1937)《米国の作曲家》.

Ger·trude /gə́ːrtruːd/ 名 女子の名.

***ger·und** /dʒérənd/ 名 C 〘文法〙**1** 動名詞. **2** 〘ラテン文法〙 動詞状中性名詞. [<ラテン語「為されるべきこと」] ▷**ge·run·di·al** /dʒərʌ́ndiəl/ 形

ge·run·dive /dʒərʌ́ndiv/ 形 動名詞の. ── 名 C 〘ラテン文法〙動詞状形容詞. ▷ **ger·un·di·val** /dʒèrəndáiv(ə)l/ 形

Ges·talt, g- /gəʃtɑ́ːlt/ 名 UC 〘心理〙形態, ゲシュタルト,《単に部分が寄り集まったというのでなく, 全体としてのまとまった構造》. [ドイツ語「形, 姿」]

Gestàlt psychólogy 名 U 形態[ゲシュタルト]心理学.

Ge·sta·po /gəstɑ́ːpou|ges-/ 名 〈the ～; 単複両扱い〉 ゲシュタポ《ナチスドイツの秘密国家警察》. [<ドイツ語 *Ge*heime *Sta*ats *po*lizei「秘密国家警察」]

ges·ta·tion /dʒestéiʃ(ə)n/ 名 **1** U 妊娠. **2** U (計画, 考えなどの)熟成, 形成. **3** C 〈単数形で〉妊娠期間; 熟成[形成]期間(gestátion pèriod).

ges·tic·u·late /dʒestíkjəlèit/ 動 自 〘章〙(話しながら, 又は話す代わりに)手ぶり[身ぶり, 手まね]をする.

ges·tìc·u·lá·tion 名 UC 〘章〙身ぶり, 手ぶり, 手まね,《興奮のあまり, 又は適当な言葉が出てこなくて》.

ges·tur·al /dʒéstʃərəl/ 形 〈限定〉〘章〙身ぶりの[に関する].

***ges·ture** /dʒéstʃər/ 名 (複 **～s** /-z/) **1** UC (言葉を伴った, 又は伴わない)**身ぶり**, 手ぶり; 手まね, しぐさ. make a ～ of assent [dissent] 賛成[不賛成]の身ぶりをする. express impatience by ～ じれったさを身ぶりで示す. with expansive ～*s* 大げさなしぐさで.

2 C (気持ちが自然に表れた)言動, 意思表示; (気持ちとは裏腹の)そぶり, ジェスチャー. As [In] a ～ of apology he bought some flowers for her. おわびの印に彼は彼女のために花を買った. The refusal was a mere ～. その拒絶はジェスチャーにすぎなかった.

1, 2 の 連結 an appealing [a conciliatory; a friendly, a kind; an insulting; a despairing; a goodwill; a theatrical] ～

── 動 自 身ぶり[手まね]をする 〈*to, for* ..〔人〕に/*to* do..するように〉 (gesticulate); 手ぶりで示す 〈*at, to, toward(s)* ..(の方)を〉. ～ *at* the desk その机を手ぶりで示す. The chairman ～*d to* [*for*] me to be quiet. 議長は身ぶりで私に静かにするようにと知らせた.

── 他 VOA 〔人〕に手ぶりで示す 〈*at, to, toward* ..(の方)を〉; VO (～ X/***that*** 節) X (賛意など)を/..ということを身ぶり[手まね]で示す; VOC (～X ***to do***) X (人)に..するよう身ぶりで示す. He ～*d* me *toward* a chair. 彼は私にいすに座るように合図した. He ～*d* his disapproval. 彼は不賛成だと身ぶりで示した. She ～*d* (*to* me) *that* she was sleepy. 彼女は(私に)眠くなったというジェスチャーをした. She ～*d* her son *to* hurry. 彼女は息子に急ぐようにと合図した. [<中世ラテン語 *gestūra*(<ラテン語 *gerere*「運ぶ, 行う」の過去分詞)]

ge·sund·heit /gəzúnthait/ 間 **1** お大事に《人がくしゃみをした時に言う; ドイツ語 で 'health' の意味》. **2** (健康を祈って)乾杯!

‡**get** /get/ 動 (**～s** /-ts/|過 **got** /gɑt|gɔt/|過分 **got,** 〘米〙 **got·ten** /gɑtn|gɔtn/|**gét·ting**) 他

【得る】 **1** を得る, 手に入れる, 獲得する, (類語「得る」の意味の最も一般的で平易な語; →acquire, come by, gain, obtain, procure, secure); を(代価と交換に)得る, 買う; 〔ある感情, 印象など〕を持つ(ようになる). ～ a new ball-point pen 新しいボールペンを手に入れる[買う]. ～ some sleep いくらか眠る. ～ experience 経験を得る. ～ information 情報を得る. Subtract two from six and you ～ four. 6 から 2 を引けば 4 になる. Where did you ～ that idea? どこからそんな考えを思いついたのか. ～ a shock [thrill] ショックを受ける[スリルを感じる]. ～ a lot of pleasure out of skiing スキーを大いに楽しむ.

2【得てやる】(a) VOO (～ XY)・VOA (～ Y ***for*** X) X に(人) Y を**手に入れて[買って]やる**. Helen *got* him a tie. ＝Helen *got* a tie *for* him. ヘレンは彼にネクタイを買ってやった. ～ him a job with the bank 彼にその銀行に就職を世話してやる. **(b)** を取って[持って, 連れてなど]くる (fetch); VOO (～ XY)・VOA (～ Y ***for*** X) X に(人) Y を**取って[連れてなど]きてやる**. Please ～ me the French dictionary on that shelf. あの棚の上にあるフランス語の辞書を取ってください. Shall I ～ you some more coffee?＝Shall I ～ some more coffee *for* you? もう少しコーヒーを持ってきましょうか.

3 (a) を受け取る, 受ける, (receive); をもらう; (類語 receive より談話体). ～ a letter 手紙を受け取る. ～ an

G

[no] answer 返事をもらう[返事がない]. Did you ~ your salary? 給料をもらいましたか. ~ permission to go home 帰宅の許可をもらう. ~ consent 同意を得る. **(b)**【定期的に受け取る】〔放送など〕を受信する;〔新聞など〕を定期講読する (take). I used to ~ 'The Times'. 以前は『タイムズ』を取っていました.
4 (a) を稼ぐ, もうける, (earn); を勝ち取る (win); を達成する (attain). ~ money 金をもうける. ~ a living 生活費を稼ぐ. ~ one's end 目的を達する. ~ first prize 1等賞を取る. ~ an A in math 数学でAを取る.
(b)【利益を得る】〔物が〕の値で売れる (fetch). My car *got* $3,000. 私の自動車は3,000ドルで売れた.
5【意味, 知識, 技能などを得る】〖話〗**(a)** [VO] (~X/*wh* 節・句) Xが/..かが分かる, Xを/..かを理解する, (understand); (学んで)Xを/..かを覚える; Xに/..かに熟達する (master); Xを/..かを聞き取る. I ~ your point. 言いたいことは分かりました. *Get* it? 分かったかい《Do you の省略》. You *got* it. その通り. I didn't ~ your last name. あなたの名字の方を聞き漏らしました. I didn't ~ *what* the two Americans were talking about. 2人のアメリカ人が何を話しているのか私には分からなかった. **(b)** [VOC] (~X Y) XがYの状態だと理解する. Don't ~ me wrong. 僕(の言うこと)を誤解しないでくれ.
6【得るための準備をする】**(a)** を用意する;〔食事など〕の支度をする (prepare); を食べる, 飲む. Mary is busy ~*ting* lunch. メリーは昼食の支度に忙しい. ~ lunch at home 家で昼食をとる. **(b)**〔席など〕を予約する (book). ~ a flight tonight 今晩の飛行便を予約する.
7【自然から得る】〔雨, 雪, 日光など〕に恵まれる, 見舞われる. Chicago *got* a lot of snow that winter. その冬シカゴには大雪が降った. ~ very little sunshine〔部屋などが〕日当たりが悪い.
【嫌な物を得る】 **8**〔病気〕にかかる, を'もらう'〈*from*, *off*..から〉;〔異物〕が入る〈*in*..に〉. I think I'm ~*ting* a cold. 風邪を引きそうだ. ~ measles *from* my brother 兄からはしかをうつされる. Ouch! I've *got* a speck of dust *in* my eye. 痛っ, 目にゴミが入ったよ.
9〔刑罰など〕を受ける. ~ a blow on the head 頭を殴られる. He *got* ten years for his crime. 彼は罪のため10年の刑を受けた.
【得る>つかまえる】 **10** を捕まえる, 逮捕する. ~ a pickpocket by the hand すりの手を捕まえる. The police *got* the robber. 警察はその強盗を逮捕した.
11【相手をつかまえる】**(a)** と連絡がつく; を呼び出す〈*on*..〔電話など〕に〉; [VOO] (~X Y) XをYにつなぐ, XにYを呼び出してやる. Did you ~ Paris? パリは出ましたか. Try to ~ Frank *on* the phone. フランクを電話に呼び出してくれ. *Get* me Ted, will you? テッドをお願いします. **(b)**〔電話, 玄関(のベル)〕に応対する. →GET it.
12【乗り物をつかまえる】〔列車など〕に間に合わせる, 乗る. I'll ~ the 8:30 train for Tokyo. 8時30分の東京行き列車に乗ろう.
13〔弾丸, 打撃などが〕に当たる〈*in*..に〉. The blow *got* him *in* the eye. その一撃は彼の目に当たった.
14〖話〗をむしゃくしゃさせる; を感動させる; を困らせる, 悩ませる. His conceit *got* me. 彼のうぬぼれには腹が立った. The melancholy music *got* me. もの悲しい音楽にほろりとさせられた. This problem really *got* me. この問題には本当に参った.
15〖俗〗をさんざんにやっつける; に報復をする〈*for*..の〉; を殺す;〖野球〗をアウトにする. I'll ~ you ⌞yet [*for* that]. 今に仕返しをしてやるからな[そのお返しはきっとしてやるぞ].
【ある状態を得る】 **16** [VOC] (~X *done*) **(a)**〈使役〉Xを..させる[してもらう]. I *got* my watch *repaired* [*fixed*]. 時計を直させた. I *got* my room *cleaned* by the maid. 部屋をメイドに掃除してもらった. **(b)**〈受け身〉Xが..される. We *got* the windowpanes *broken*. 窓ガラスが壊された. He always ~*s* himself talked about. 彼はいつもうわさの種になっている. **(c)** (自主的に) Xを..してしまう. I will ~ the work *done* in a week. 1週間でその仕事をやってしまおう. [語法] get の代わりに have を用いることができるが, 談話体では get の方が多い. なお, 原則として (a) の意味の時には get に強勢があり, (b), (c) の時は done に強勢がある. (c) では *do* the work としても意味はほぼ同じ; →have 15.
17 (a) [VOC] (~X Y/~X *doing*) **XをYの状態に/Xが..するように⌞させる[する]**. Tom *got* his hands dirty. トムは手を汚した. ~ one's feet wet 足を濡(ぬ)らす. ~ everything right again すべてをまたきちんとさせる. ~ supper ready 夕食の用意をする. ~ her pregnant 彼女を妊娠させる. ~ the machine run*ning* 機械を始動させる. **(b)** [VOA] を((多少苦労して)ある状態, 位置, 場所に)至らせる, 動かす; を(..へ)持って[連れてなど]行く. ~ a baby *to* bed 赤ん坊を寝かせる. *Get* these books *upstairs*. ここの本は全部2階に運んでくれ.
18 [VOC] (~X ***to do***) **Xに..させる, してもらう**; Xが..するようにする. I *got* him *to* repair my watch. 彼に時計を直させた (→16 (a)). I couldn't ~ the car *to* go faster. 車をもっと速く走らすことはできなかった ([語法] have を使えば to は不要: *have* the car *go*..).
19【得る>持つ】〖話〗〈have got の形で〉**(a)** を持っている. I *haven*'t *got* much time to play. 私は遊ぶ時間があまりない. *Has* Tom *got* a sister? トムは女のきょうだいがいますか. Jane's *got* blonde hair. ジェーンはブロンドの髪の毛をしている. She's *got* hemophilia. 彼女は血友病だ.
(b)〈to *do* を伴って〉..しなければならない; ..するに違いない. You'*ve got to* finish your homework quickly. おまえは宿題を急いで終えなければならない. You *haven*'t *got to* hurry. 急がなくていい. You'*ve got to* be joking. (君は冗談を言っているに違いない>)ご冗談でしょう.

> [語法] (1) have got はある事を'する'の意味では用いない: *have* a bath (入浴する)の have の代わりに have got は使えない. (2) この「所有」を表す have got, 「必要, 推測」を表す have got to では〖米〗でも普通 gotten は使わない. (3) 助動詞と共に用いない; 例えば He might *have got* the prize. (彼は賞を得られたかもしれない)の have got は get の完了形不定詞で, 「所有」の意味(=have) ではない. (4) 不定詞[分詞, 動名詞]形では用いない. (5) 命令文では使わない. (6)〖話・卑〗では have got, have got to の have は(時に you も)省略されることがある. その際は got = have となる: You got [*Got*] a match? (マッチあるかい) I *got to* go now. (もう行かなくちゃ) (7) had got (to do) はまれである.

20〖古〗=beget.
── ⓐ
【達する】 **1** [VA] (ある場所, 位置, 状態に) **達する**, 至る, (arrive) (→GET to ..(成句)). When did you ~ *there*? いつそこに着きましたか. ~ *home* 帰宅する. It *got to* (after) three a.m. 午前3時(過ぎ)になった. We *got* as *far* as we could ~ in the meeting. 会議で我々は行けるところまで行った.
【ある状態に達する】 **2** [VC] (~X) **Xの状態になる**, なってくる, (become) (★Xは形容詞, 又は形容詞化した過去分詞で, 名詞は用いられない). Things are ~*ting* worse (and worse). 事態は(ますます)悪化している. ~ quite well 全快する. ~ drunk 酔う. ~ tired 疲れる. He *got* angry at the news. 彼はその知らせを聞いて怒った. ~ tired 疲れる.
3〖話〗[VC] (~ *done*) ..される, ..されてしまう. ~ *scolded* for mischief いたずらして叱(しか)られる. ~ *caught* in the rain (途中で)雨に降られる. ~ *killed* [*invited*] 殺害

[招待]される. 語法 be done は動作・状態の受け身を表すが, get done は動作の受け身のみを表す. また get は be とは異なり疑問文・否定文では一般動詞扱いで, Did he get killed ?, He didn't get killed. のようになる.

4〖話〗VC (〜 *doing*) ..し始める. 〜 talk*ing* about the affair 事件について話し始める. Come on, let's 〜 go*ing*. さあ, 出かけよう.

5〖話〗すぐに立ち去る; 行ってしまう. Tell him to 〜. 彼に行ってしまえと言え.

as .. as you can gét (it) 非常に[この上なく]..な; できる限り..な.

gèt abóut (1) あちこち動き回る, 歩き回る; (病後に)歩き始める. I used to 〜 *about* more than I do now. 以前は今よりよく歩き回ったものだ. (2)〔うわさなどが〕知れわたる, 広まる. News 〜*s about* very quickly in a small town. 小さな町ではニュースはたちまちのうちに広まる. (3) 社交的に飛び回る.

gèt abóve oneself うぬぼれる.

*****gèt acróss*** (1)(川, 橋, 国境などを)**渡る**, 越す. The current was so rapid that we could not 〜 *across* on foot. 流れは急すぎて徒歩では渡れなかった. (2)〖話〗〔話などが〕伝わる, 通じる, 理解される, 〈*to* ..に〉. Your speech won't 〜 *across to* the audience. 君の話は聴衆に分かってもらえないだろう.

gét across.. (1)〔川, 橋, 道路など〕**を渡る**, 横切る, 〔国境など〕を越える. 〜 *across* a road 道路を横切る. (2)〖主に英俗〗..を怒らせる (annoy), いらいらさせる; ..と仲違(たが)いする.

gèt /../ acróss (1)〖話〗..を渡らせる. (2)〖話〗..を分からせる, 理解させる, 〈*to* ..に〉. 〜 one's point *across* (*to* one's superiors) 自分の言うことを(上司に)分からせる.

***gét* X *across* Y** XにY(川, 道など)を渡らせる, 越えさせる. 〜 the troops *across* the river 軍隊に川を越えさせる.

gét after..〖話〗(1)〔犯人など〕を追いかける. (2) ..にしつこく迫る〈*to* do ..するように〉; ..を叱(しか)る.

gèt ahéad (1) 進む, 進歩する. (2) 成功する. 〜 *ahead* in the world 出世する, 頭角を現す.

gèt ahéad of.. ..を追い越す, 追い抜く. 〜 *ahead of* the other students 他の学生を追い越す.

*****gèt alóng*** (1) **行ってしまう**, 立ち去る. I have to be 〜*ting along* now. もう帰ら[行か]なくてはなりません. *Get along* (with you)! ＝get away with you! (2) **なんとかやっていく**; 暮らしていく; (get on, go along). He's 〜*ting along* well ⌊in his new job [without help]. 彼は新しい仕事を[人の助けなしで]なんとかうまくやっている. How are you 〜*ting along?* いかがお過ごしですか. (3) **仲よくやる**, うまく折り合う, (get on) 〈*with* ..と〉. Bruce 〜*s along with* the boss rather well. ブルースは社長とどうやらうまくやっている. They are 〜*ting along* well together. 彼らは一緒に仲よくやっている. (4) 進む, はかどる, 〈*with* ..〔仕事など〕が〉 (*get on*). How are you 〜*ting along with* your English? 英語の進み具合はどうですか. (5) ＝GET on (6).

gèt /../ alóng ..を送る, 届ける.

gét among.. ..の仲間入りをする, ..に加わる.

gèt (..) ánywhere →anywhere.

gèt aróund [〖英〗***róund***] ＝GET about.

*****gét around*** [〖英〗***round***]***..*** (1) **..を説き伏せる**; ..をくどき落とす. Ted knows how to 〜 *around* his mother. テッドは母親を説き伏せるすべを知っている. (2)〔法律, 規則など〕を上手に避ける, うまく逃れる; 〔人〕を出し抜く; 〔困難など〕を克服する, 回避する. He tried to 〜 *around* the rule, but failed. 彼は規則の裏をかこうとしたがだめだった.

gèt /../ aróund [〖英〗***róund***] ..を正気うかせる, ..の意識[健康]を回復させる.

gèt aróund [〖英〗***róund***] ***to*** (do*ing*) やっと..に手が回る, ようやく..する余裕ができる. After a long delay I *got around to* writ*ing* to my parents. 随分遅れたがやっと両親に手紙を書く暇ができた.

*****gét at..*** (1) **..に手が届く**, 接近する, (reach); 〔仕事〕に取りかかる. Put that knife where the children can't 〜 *at* it. そのナイフを子供の手の届かないところに置きなさい. I couldn't 〜 *at* you at the party. パーティーではあなたのそばに行けませんでした《混雑などで》. (2)〔事実など〕を見つける, 突き止める. 〜 *at* the bare facts 赤裸々な事実を突き止める. (3)〖話〗〈進行形で〉..をそれとなく言う (imply). What are you 〜*ting at?* 君は何を言おうとしているのか. (4)〖話〗..に意地悪[邪険]なことを言う, 難癖をつける, しつこくいやがらせをする. She's always 〜*ting at* her colleagues. 彼女はいつも同僚に突っかかっている. (5)〖話〗..を抱き込む, ..に賄賂(わいろ)を使う, (bribe). Somebody must have *got at* the witness before he could testify. だれかが証人を手なずけて証言できなくしたに違いない.

*****gèt awáy*** (1) **立ち去る**; 出発する. *Get away!* あっちへ行け. (2)(捕まらずに)まんまと逃げ去る; 逃れる〈*from* ..から〉; 休みを取る. Can you 〜 *away from* the meeting for a few minutes? 数分間会議から抜け出せますか. 〜 *away from* it all〖話〗何もかも置いて体を休める[休暇に出かける]. (3) やめる〈*from* ..〔習慣〕を〉; 目を逸(そ)らす〈*from* ..〔現実など〕から〉〈普通, 否定文で〉. There's no 〜*ting away from* the fact that.... ..という事実は否定できない.

gèt /../ awáy ..を立ち去らせる; ..を逃れさせる; 〔不用なもの〕を取り除く; ..を奪い取る. 〜 the children *away* from the fire 子供たちを火から遠ざける.

gèt awáy with.. (1)〔盗賊などが〕..を持って逃げる. The robbers *got away with* three Turners. 強盗たちはターナーの絵を3点持ち去った. (2) とがめられることなく[しっぽをつかまれないで]..をやってのける; 〔微罪など〕で済む. The accused lied and hoped to 〜 *away with* it. 被告はうそを言って, それで押し通せると思った. 〜 *away with* murder →murder (成句).

Gèt awáy with you!〖話〗(1) あっちへ行け, さっさと出て行け. (2) ご冗談でしょう, でたらめを言わないで下さい.

*****gèt báck*** (1) **戻る**, 帰る, (return); 戻る, 復帰する, 〈*to, into* ..〔元の状態, 職場, 話題など〕に〉. When did you 〜 *back* from your trip? いつ旅行から帰ったのですか. 〜 *back to* normal〔事態などが〕常態に戻る. 〜 *back to* work again 仕事に復帰する. (2) 後ろへさがる. *Get back*; it might explode! さがりなさい. 爆発するかもしれないよ. (3)(いったん失った権力, 勢力などを)挽(ばん)回する, 政権の座に戻る. The Conservatives hope to 〜 *back* at the next election. 保守党は次期選挙で勢力を挽回したいと望んでいる. (4)〖話〗仕返しをする〈*at* ..〔人〕に/*for* ..の〉. (5) あとで[後日]返事をする〈*to* ..〔人〕に〉《電話又は手紙で》. I'll 〜 *back to* you on this as soon as I can. このことについてはできるだけ早い機会に連絡[返事を]します.

*****gèt /../ báck*** **..を取り戻す**; ..を(元の場所に)戻す, 返す.

gèt behínd 遅れる. I'm 〜*ting behind* in [with] my work. 仕事が遅れている.

gét behind.. (1) ..の後ろにさがる. (2) ..を支持[後援]する. (3) ..の裏を見抜く.

gèt bý (1) 通り抜ける. Please let me 〜 *by*. 通してください. (2)〖話〗とがめられずに通る; どうにか切り抜ける[やってゆく]. How can I 〜 *by* on such a small income? こんな少ない収入でどうしてやってゆけようか. (3) まあまあの出来である.

*****gét by..*** **..(のわき)を通り過ぎる**, 通り抜ける; ..にとが

められずに済む, 認められる. Such careless work won't ～ *by* me. そんなぞんざいな仕事を通すわけにはいかないよ.
gèt dóne with .. 〖話〗..を済ます, 片付ける.
*__gèt dówn__ (1) **降りる** 〈*from* ..から〉; かがむ, しゃがむ. *Get down from* there right now. そこからすぐ降りなさい. ～ *down* on one's knees ひざまずく. *Get down!* 伏せろ. (2)〔子供が〕(食後に椅子を降りて)食卓を離れる.
gét down .. ..を降りる. ～ *down* the steep stairs 急な階段を降りる.
gèt /../ dówn (1)..を降ろす〈*from* ..から〉. (2)..を書き取る(write down). ～ *down* a message 伝言を書き留める. (3)..を(やっと)飲み込む. (4)〖話〗..をくさくささせる. This endless rain ～*s* everybody *down*. この長雨にはみんなうんざりする.
gèt dówn to .. ..に本気に取り組む; ..に取りかかる. Now, let's ～ *down to* work [business]. さあ, 仕事にかかろう. ～ *down to* brass tacks →brass tacks.

G

Gét him! →GET you!
gèt hís [**hérs,** *etc.*] 〖俗〗殺される.
gèt hóme (1) 帰宅する(→自 1). (2) 通じる, 分かってもらえる, 〈*to* ..〔人〕に〉. My remark about Bob *got home to* him. ボブについて私の言ったことは彼の胸にこたえた.
gèt /../ hóme 〔人〕を帰宅させる.
*__gèt ín__ (1)(家, 部屋などに)**入る**. (2)〔列車などが〕入ってくる, 到着する; 帰宅する. When does our bus ～ *in?* 私たちのバスはいつ着くのか. (3)(代議士として)選ばれる, 当選する. (4) 入学する. (5) 親しくなる〈*with* ..と〉. (6) 参加する〈*at, on* ..に〉.
*__gét in ..__ (1)〔タクシー, 乗用車など〕**に乗る**, 乗り込む(→GET on.. 語法). (2)〔異物が〕..に入る.
*__gèt /../ ín__ (1) **..を中に入れる**. (2)〔人〕を(外部から)呼ぶ. *Get* the doctor *in*. 医者を呼んでくれ. (3)..を買い入れる. ～ *in* some kerosene for the winter 冬の用意に灯油を買い込む. (4)〔言葉など〕を差し挟む; 〔仕事など〕を(予定に)割り込ませる, 入れる. ～ a word *in* ひと言口出しする. try and ～ *in* a workout before breakfast 朝食前にトレーニングの時間をなんとか取る. (5)〔金銭など〕を集める; 〔作物〕を取り入れる. (6)..を入学させる.
*__gét into ..__ (1) **..(の中)に入る**; 〔乗り物など〕に乗り込む. ～ *into* a car [boat] 自動車[ボート]に乗り込む. (2)〔学校など〕へ入る; 〔職務など〕に就く. ～ *into* office 就任する. She had the luck to ～ *into* Harvard. 彼女は運よくハーヴァード大学に入れた. (3)〔ある状態〕に入る, なる; ..し始める, 〔習慣など〕がつく, ..を覚える. ～ *into* trouble →trouble (成句). ～ *into* a rage かっとなる. ～ *into* a habit 習慣がつく. (4)〖話〗〔着物〕を着る; 〔靴など〕を履く. ～ *into* one's boots 長靴を履く. (5)〖話〗〔ある感情が〕〔人〕に入り込む, とりつく. I don't know what's *got into* her. 彼女は一体どうしちゃったのかしら.
gét X **into** Y (1) X を Y に入れる. ～ a horse *into* the stable 馬をうまやに入れる. (2) X を Y の状態に入らせる, ならせる. ～ oneself *into* debt 借金をしょい込む. ～ them *into* trouble 彼らに迷惑をかける. (3) X (人(の身体))に Y (衣服, 靴など)を身につけさせる. She *got* her head [her child] *into* the new hat. 彼女は新しい帽子をかぶった[子供にかぶせた](★ her head の代わりに herself でもよい).
gét it 〖話〗(1) 理解する(understand)(→他 5). (2) お目玉を食う, 厳しい罰を受ける(→get it in the NECK). (3)(電話, 玄関のベルなどに)出る. I'll ～ *it*. 私が出ます.
gèt (..) nówhere →nowhere.
*__gèt óff__ (1)(乗り物から)**降りる**, 下車する, 出る, (↔get on). I ～ *off* at the next station. 次の駅で降ります. (2) 出発する, 立ち去る, 旅に出る; (レースなどで)スタートする; 〔郵便などが〕発送される. ～ *off* to a good [bad] start (物事などの)出足がいい[悪い]. (3) のく, よける; (仕事などから)離れる. ～ *off* early and go to the dentist 早い時間に退社して歯医者に行く. (4)(罪などから)逃れる; 免れる, 済む, 〈*with* ..〔軽い罪など〕で〉. ～ *off with* a small fine わずかの罰金で済む. ～ *off* easy [light(ly)] 〖話〗軽い罰で済む. (5) 寝つく. ～ *off* (to sleep) 寝入る. (6)〖話〗〈tell X where to ～ off [where X ～s off] の形で〉X (人)を叱(しか)りつける, の生意気などをたしなめる. (7)〖話〗ずうずうしく..する〈doing〉(★普通, 次の形で). Where does she ～ *off* tell*ing* me what to do? 僕に指図するなんて厚かましいにも程がある. (8)〖俗〗夢中になる〈*on* ..に〉.
*__gét off ..__ (1)〔乗り物〕**から降りる** (↔get on..). ～ *off* the bicycle 自転車から降りる. 語法 get off は馬, 自転車, 列車, バスなど乗り物すべてについて用いるが, get out of は特に〖米〗では自動車, 列車から「降りる」意味に用いる. (2)..から離れる, 外れる. ～ *off* the track 脱線する. (3)..から立ち去る, 退去する; ..を出発する. (4)〔仕事など〕から離れる, をやめる. ～ *off* drugs 麻薬(使用)をやめる. ～ *off* the phone 電話を切る. (5)〔面倒な事など〕を免れる.
*__gèt /../ óff__ (1)..を送る, 送り出す; ..を郵便で送る. I have to ～ the children *off* every morning. 毎朝子供たちを送り出さなければならない. ～ *off* a telegram [letter] 電報を打つ[手紙を書き送る]. (2) **..を取り除く**, 外す, 脱ぐ. ～ *off* one's overcoat = ～ one's overcoat *off* 外套(とう)を脱ぐ. (3)..を逃れさせる; ..を免れさせる〈*with* ..で/*without* ..なしで〉. The lawyer *got* his client *off with* a light sentence. 弁護士のおかげで依頼者は軽い判決で助かった. (4)〖米俗〗..を言う. ～ *off* a joke 冗談を言う. (5)を寝つかせる. ～ the baby *off* (to sleep) 赤ん坊を寝かしつける.
gét X **off** Y (1) X を Y (乗り物)から降ろす; X を Y から取り外す[取り除く]. Please ～ all the passengers *off* the bus. 乗客を全員バスから降ろしてください. ～..*off* one's chest →chest (成句). (2) X (人)を Y (罪など)から免れさせる.
gèt óff with .. 〖主に英話〗〔異性〕と仲良くなる《性的関係も含意する》. Ed *got off with* my secretary before I was aware of it. エドは私の気がつかないうちに私の秘書とねんごろになった.
gèt *a person* óff with .. 人を〔異性〕と仲良くさせる.
*__gèt ón__ (1) **乗る** (↔get off). (2) 暮らしていく, やっていく, (get along). He seems to be ～*ting on* quite well in the company. 彼は会社でうまくやっているらしい. How is your father ～*ting on?* お父さんはいかがお過ごしですか. (3) 進歩する, はかどる, (get along); 成功する. ～ *on* in the world 立身出世する. How did you ～ *on* in your exam? 試験はどうだった. (4) 仲良くする, 折り合う, 〈*with* ..と〉(get along). The new typist ～*s on* very well *with* everyone at the office. 新しいタイピストは職場の皆ととてもうまくやっている. (5)(中断した後で)また続ける〈*with* ..を〉. ～ *on with* the business at hand 今手がけている商売を続ける. (6) 年を取る; 時がたつ[遅くなる]; 〈進行形で〉. I'm ～*ting on* (in years). 私も年を取ってきました.
*__gét on ..__ (1)〔乗り物, 馬など〕**に乗る** (↔get off.., get out of..). ～ *on* the bus [train] バス[列車]に乗る. 語法 get on は普通, 馬や自転車「の上に乗る」, また旅客機, 船, 列車, バスなど多数の乗客を運ぶ公共の乗り物「に乗る」; get in はタクシー, 乗用車など 1 人または数人を運ぶ乗り物「に乗る」の意味. (2)〔チームなど〕に加わる, 入る.
gèt /../ ón ..を着る(put on). *Get* your coat *on*. 上着を着なさい.
gèt óne's →GET his.
gèt oneself togéther 〖話〗心を引き締める, 気を静め

る, (pull oneself together).

gèt ón for .. 〖主に英〗〔時間, 年齢など〕に近づく〈普通, 進行形で〉. My grandma is ~*ting on for* ninety. 祖母は(もうじき) 90 歳に手が届く. It's ~*ting on for* lunch. そろそろお昼時(どき)だ.

***gèt ón to* [*ónto*] ..** (1)〖話〗..に連絡を取る. I'll ~ *on to* the head office at once. すぐに本社に連絡を取ります. (2)〖話〗..を理解する; ..が犯人だと突き止める, ..(の不正など)を見破る, ..に気付く. The manager finally *got on to* her when he discovered a lot of money in her desk. 支配人は彼女の机の中に多額の金を見つけた時とうとう彼女の不正を見破った. (3)〔乗り物〕に乗る (get on..). (4)〔新しいこと〕に取りかかる, について話し始める. Let's ~ *on to* the next topic. 次の話題を始めよう. (5)..に選出される, 任命される. (6)..にしつこく要求する〈*to* do ..してくれと〉.

Gèt ón with you! =GET away with you! (2).

*__gèt óut__ (1)**外へ出る**, 出て行く; 出発する; 逃げ出す. *Get out!* 出て行け; なにをばかな. (2)〔秘密などが〕外部に知れる. The secret *got out*. 秘密が漏れた.

gèt /../ óut (1)..を取り出す,〔預金など〕を引き出す; ..を外に出す;〔本〕を帯出する. It's time to ~ our winter clothes *out*. もう冬着を出しておくころだ. (2)..を公にする; ..を出版する. (3)〔言葉〕をやっと口から出す. I was so angry I couldn't ~ any words *out*. あまり腹が立ったので言葉が出なかった. (4)〔問題など〕を解く,〔答えなど〕を出す;〔書類など〕を提出する. (5)〔染みなど〕を抜く, 落とす. Fruit stains are difficult to ~ *out*. 果物の染みは抜きにくい.

*__gèt óut of ..__ (1)〔場所〕**から出る**, 出て行く;〖主に米〗〔乗り物〕から降りる (→GET off.. 語法). ~ *out of* the room 部屋から出て行く. ~ *out of* the car 自動車から降りる. (2)〔危険, 困難, 義務など〕から逃れる;〔悪癖など〕から抜け出す. ~ *out of* difficulty 困難から逃れる. ~ *out of* the habit of gambling 賭(か)け事から手を引く. He always tries to ~ *out of* (doing) his duty. 彼はいつも自分の義務から逃れようとする. (3)..の範囲外に出る. ~ *out of* sight [reach] 見えなくなる[届かなくなる]. *Get out of* the way! さあ, じゃまだ, じゃまだ.

***gét* X *out of* Y** (1) Y (危険, 困難, 義務など)から X を逃れさせる; Y (習慣など)を X にやめさせる; Y から X を取り除く. ~ him *out of* trouble [the burning house] 彼を難儀から逃れさせる[燃え盛る家から救い出す]. ~ the young man *out of* taking drugs 青年に麻薬をやめさせる. ~ a large stone *out of* the way じゃまにならないように大きな石をどける. (2) X を Y (範囲など)から出す. I can't ~ my work *out of* my mind for a moment. 仕事のことが片時も忘れられない. (3) Y から X を聞き出す; Y から X を引き出す; Y から X (利益など)を得る. The police could not ~ anything *out of* him. 警察は彼から何も聞き出せなかった. What did you ~ *out of* your tour? 君は旅行から何か得るところがあったかい.

gèt outsíde of .. 〖英話〗..をたらふく食う[飲む].

*__gèt óver__ **越える**, 渡る.

*__gét over ..__ (1)..**を越える**. ~ *over* the wall 塀を乗り越える. ~ *over* the river 川を越す. (2)〔病気など〕**から回復する**;〔人〕への思いを断ち切る, のことを忘れる. I *got over* my cold. 風邪が治った. He still hasn't *got over* the shock of his wife's death. 彼は妻を失ったショックからまだ立ち直っていない. (3)..に打ち勝つ, を克服する. ~ *over* difficulties 困難を切り抜ける. ~ *over* one's sorrow [shyness] 悲しみ[内気な性格]に打ち勝つ. (4)〖話〗〈can't get over.. として〉〔すばらしさ, 人のふるまい, 厚かましさなど〕にはまったく驚いた, 信じられない. I *can't* ~ *over* her decision to quit her job and become a nun. 仕事を辞めて修道女になるという彼女の決心を聞いたがまだとても信じられない. (5)〔距離〕を行く (cover).

*__gèt /../ óver__ (1)〔面倒な事〕**をやり終える**, 片付ける. Let's ~ this work *over*. この仕事を片付けよう. (2)..を分からせる, 理解させる,〈*to* ..〔人〕に〉(get /../ across). (3)**を越えさせる**, 渡らせる.

***gét* X *over* Y** X に Y (柵(さく), 川など)を越えさせる, 渡らせる. ~ a person *over* the fence 人に柵を越えさせる.

gèt .. óver* [*òver and dóne*] *with 〖話〗〔嫌な仕事など〕を片付ける.

gèt one's ówn bàck on .. →own.

gèt róund 〖英〗=GET around.

gét round .. 〖英〗=GET around...

gèt róund to (*doing*)〖英〗=GET around to (doing).

gèt sómewhere →somewhere.

gèt thére →there.

*__gèt thróugh__ (1)**通り抜ける**; (試験に)パスする. (2)〔法案などが〕(議会などを)通過する. The bill *got through*. 法案は(議会を)通過した. (3)**終える**, 終わる; 何とかやってゆく; 乗り切る. (4)達する, 届く; (電話などで)連絡がつく, (自分の言うことを)分からせる;〈*to* ..に〉. I can't ~ *through to* Ben. ベンには(何を言っても)分かってもらえないようだ. We *got through to* Boston finally. やっとボストンに(電話が)通じた. (5)〖スポーツ〗勝ち進む〈to..まで〉.

*__gét through ..__ (1)..**を通り抜ける**;〔試験〕にパスする. (2)〔法案などが〕〔議会〕を通過する. The bill *got through* Congress. 法案は議会を通過した. (3)〔仕事など〕を終える, 完了する;〔金銭など〕を使い果たす;〔食物〕を平らげる; ..をどうにかやってゆく, 切り抜ける. ~ *through* winter ひと冬を越す. ~ *through* a book 本を読み終える.

gèt /../ thróugh (1)..を通り抜けさせる. (2)〔法案など〕を通過させる;〔人〕を(試験などに)パスさせる. (3)..を通じさせる, 分からせる,〈*to* ..に〉. Can't I ~ this *through to* you? この事を君に分かってもらえないかな. I can't ~ (it) *through to* her that I don't want to work with her. 彼女とは一緒に仕事をしたくないということを彼女に理解してもらえない.

***gét* X *through* Y** (1) X に Y を通り抜けさせる[通過させる]. (2) X (人)に Y (試験など)をパスさせる.

*__gèt thróugh with ..__ (1)..**を終える**, 済ませる. Give me a call when you ~ *through with* your work. 仕事が済んだらお電話ください. (2)..が用済みになる, いらなくなる. (3)〖話〗..を(言葉, 暴力で)こらしめる, 罰する.

gètting ón for .. 〖英話〗ほとんど.., ほぼ.., (nearly) (★句前置詞とも考えられる; →GET on for ..). ~*ting on for* three months ほぼ 3 か月の間.

*__gét to ..__ (1)..**に到着する**;〔小説などのある場面, 箇所など〕に来る. ~ *to* the station 駅に着く. ~ *to* the most exciting part of the thriller そのスリラーの一番の山場に来る. (2)..に取りかかる, ..を始める. ~ *to* work [talking] 仕事にかかる[話しだす]. *Get to* the point. (さっさと)肝心な点を述べなさい. (3)..と連絡する. (4)〖話〗..の身に染みる, ..に感銘を与える, ..に(話が)通じる; ..をいらいらさせる. None of my hints ~ *to* him. 私のほのめかしは 1 つも彼に通じない. She's really beginning to ~ *to* us. 我々は本当に彼女には腹が立ってきた. (5)〖米話〗..を籠絡(ろうらく)する, 抱き込む, 《賄賂(わいろ)などで》.

gèt tó do ..**するようになる**;〖米〗..**できる(ようになる)**; ..する機会に恵まれる. ~ *to* like one's work (だんだん)自分の仕事が好きになる. ~ *to* be friends with him 彼と(だんだん)親しくなる. How did you ~ *to* see the President? 君はどうして社長に会わせてもらえたんだ.

*__gèt togéther__ (1)(会合, 社交などで)**集まる**. (2)(討議の結果)意見が一致する; 団結[協力]して..する〈*to* do〉. ~ *together to* raise a fund 団結して資金を集める. We

G

finally *got together* on that point. 我々はその点でついに意見が一致した.

gèt /../ together (1) ..を集める. (2)〖話〗〈get it together の形で〉(実力を発揮して)事に当たる, 事を(うまく)処理する, 冷静にふるまう. I have to ~ *it together*. しっかりしなくちゃ.

gèt /../ únder 〔火事, 反乱など〕を鎮める (subdue); ..を支配する. The fire was *got under* in an hour. 火事は1時間で鎮められた.

gèt úp* (1) **起床する, 起きる; (病後に)床を離れる. Mother ~*s up* earlier than I. 母は私より早起きです. (2) **立ち上がる** (stand up). ~ *up* from the chair いすから立ち上がる. (3) 登る; 上がる. (4) 〔風, 波などが〕勢いを増す, つのる. (5) おしゃれをする. (6) 寄る, 群がる, 〈*against* ..の近くに〉; 対立する, 不仲になる, 〈*against* ..と〉.

gét up.. (1) **..に登る**. (2) 〔馬など〕に乗る.

G **gèt /../ úp* (1) **..を起床[離床]させる**; ..を持ち上げる, 起こす, 立てる, 建てる. Go and ~ him *up*, or he'll be late for school. 行って彼を起こしてきて. でないと学校に遅れてしまうから. Can you ~ *up* this pole? この竿(さお)を起こせますか. ~ it *up* 〖話〗勃起(ぼっき)する. (2) **..を準備する**, 〔パーティー, 展覧会など〕を主催する; ..を仕上げる. ~ *up* a party for their 20th wedding anniversary 彼らの結婚20周年記念パーティーの準備をする. His new book is well *got up*. 彼の今度の本はよい仕上げだ《印刷, 装丁などが》. (3)〖英〗..を特に勉強する; ..を勉強し直す; 暗記する. I have to ~ *up* my German for the exam. 試験のためにドイツ語を特に勉強しなくてはならない. (4) ..におしゃれをさせる; ..に扮(ふん)装させる 〈*as* ..の〉. ~ oneself *up as* a gypsy ジプシーの扮装をする. (5) 〔ある感情〕を掻(か)き立てる, 引き起こす. ~ *up* one's courage 勇気を奮い起こす.

gèt úp to.. (1) ..まで進む; ..に追いつく. We *got up to* page 94 last time. この前は94ページまで行きました. (2)〖話〗〔いたずらなど〕をたくらむ.

Gèt yóu [hím, etc.]! 〖話〗見た[聞いた]かよ(, えらそうになど). *Get you*, talking about marrying a billionaire! よく言うぜ, 億万長者と結婚するだなんて.

have gót (to do) →他 19 (a) (b).

Hòw .. can you gét? 〖話〗どこまで..なんだ(, すごいね)[あきれたねなど].

It gèts só (that) .. 〖米話〗(結局)..ということになる. *It got so that* I had to leave the town. その町を立ち退かなければならない事態になった.

You [We] gét.. 〖話〗..がある[いる](there is [are] ..). *You get* a lot of homeless in the park here. ここの公園にはホームレスがたくさんいるよ.

—— 名 C **1**〖テニスなど〗ゲット《むずかしい球を巧みに返すこと》. **2**〖英俗〗ばか, 間抜け. **3** (種馬などの)子の生みつけ; 〈集合的にも〉(動物の)子.

dò [màke] a gét 〖オース・ニュー俗〗逃げる, ずらかる.

[<古期北欧語]

get·at·a·ble /getǽtəb(ə)l, ⸗⸗⸗⸗/ 形〖話〗〈普通, 叙述〉〔場所などが〕到達できる (accessible); 〔書物などが〕入手できる; 〔人が〕近づきやすい.

‡gét·a·wày 名〖話〗**1** aU 逃亡, 逃走. make one's [a] ~ 逃亡する. **2** aU (競走, 自動車の)スタート, 加速. **3** 短期休暇, 息抜き; (短期休暇用の)保養地. **4** 〈形容詞的〉逃走の. a ~ car 逃走用の車.

Geth·sem·a·ne /geθséməni/ 名 **1**〖聖書〗ゲッセマネ《Jerusalem 東方の丘にある庭園; キリストがユダに裏切られ, 捕われた, 苦悩の場所;『マタイによる福音書』26:36》. **2** C 〈g-〉苦悩・苦難の場所[時]; 苦悩.

gét-òut 名 U〖話〗脱出の手段, 逃げ道.

as [for, like] àll gét-out 〖話〗ものすごく, 猛烈に.

gét-togèther 名 C〖話〗(友達などの打ち解けた)集まり, 懇親会, (→meeting 類語).

Get·tys·burg /gétizbə̀ːrg/ 名 ゲティスバーグ《米国 Pennsylvania 州南部の町; 南北戦争の重要な戦場》.

Gèttysburg Addréss 名〈the ~〉ゲティスバーグ演説《1863年リンカーン大統領が Gettysburg の国立墓地開設式で行った演説; "government of the people, by the people, (and) for the people" (人民の, 人民による, 人民のための政治)という文句で有名》.

gét·ùp 名 C〖話〗**1** (一風変わった, 凝った)身なり, 服装, いでたち. **2** 外観; (本などの)作り, 体裁.

gèt-up-and-gó /-ən-/ 名 U〖話〗やる気, 積極性.

gew·gaw /gjúːgɔː/ 名 C 安ぴか物. —— 形 安ぴかの.

gey·ser /gáizər|gíː-/ 名 C **1** 間欠泉. **2**〖英〗(ガス)瞬間湯沸かし器. [<アイスランド語]

G5 名 (★Conference of Ministers and Governors of) the Group of Five (先進5か国蔵相会議)《IMF 加盟国のうち米・英・仏・独・日の蔵相と中央銀行総裁による非公式会議》.

G fòrce 名 C 重力加速度.

Gha·na /gáːnə/ 名 ガーナ《アフリカ西部ギニア湾沿いの共和国; 英連邦の一員; 首都 Accra; 独立前は the Gold Coast と呼んだ》.

Gha·nai·an /gáːniən, gɑːnéi-|gɑːnéi-/ 形 ガーナ(人)の. —— 名 C ガーナ人.

***ghast·ly** /gǽstli|gáːst-/ 形 e (**-li·er**|**-li·est**), m **1** 恐ろしい, ぞっとするような, 胸くその悪くなるような, (horrible). It was a ~ sight, and I had to look away. すさまじい光景だったので私は正視できなかった. **2**〖章〗青ざめた (pale); 幽霊のような. a ~ look 死人のような青ざめた表情. **3**〖話〗とてもひどい (awful); 大変いやな, 非常に不快な; 《強い嫌悪感を表す》. the ~ blunder of his attorney 彼の弁護士のひどいへま. have a ~ pain in the back 背中が激しく痛む. What ~ weather today! 今日は何といやな天気なんだ. **4** 〈普通, 叙述〉気分の悪い, 気が動転した. feel ~ 気分が悪い, 気が動転している. look ~ 非常に気分が悪[悲し]そうだ.

—— 副 ぞっとするほど; 幽霊のように. He looked ~ pale. 彼は死人のように青ざめた顔色だった.

[<中期英語「おびえた」]

▷**ghast·li·ness** 名 U 恐ろしさ; 青白さ.

ghat, ghaut /gɔːt|gɑːt, gɔːt/ 名 C **1** (インドの)峠, 狭い山道; 〈普通 ~s〉山. **2** (インドの)川[湖]岸に降りる階段. **3** 〈普通 ~s〉(2の降り口にある)ヒンドゥー教徒の火葬場 (**bùrning ghá(u)t**). [ヒンディ語]

ghee, ghi /giː/ 名 U ギー《インド料理で用いる牛・水牛の乳で作る液状バター》. [ヒンディ語]

gher·kin /gə́ːrkən/ 名 C (若い又は小型の)キュウリ《ピクルスに用いる》. [<ギリシア語]

†ghet·to /gétou/ 名 (複 **~(e)s**) C ゲットー. **1** 少数民族, 同じ社会階級[階層], 同じ宗教を持つ人々などの居住地区《特に社会的差別を受ける人々, 又は貧困者が住むスラム街を言うことが多い》. **2** (もとヨーロッパの都市にあった)ユダヤ人街. [イタリア語(<?)]

ghétto blàster 名 C〖主に英話〗(街頭などで大音量で鳴らす)大型ポータブルカセットプレーヤー[ラジカセ](〖米話〗boom box).

ghet·to·ize /gétouàiz/ 動 他 **1** 〔場所〕をゲットー化する. **2** をゲットーに閉じ込める, の活動範囲などを制限する; を疎外する.

***ghost** /goust/ 名 (複 **~s** /-ts/) C **1 幽霊**, 亡霊, (類語「幽霊」を表す一般的な語で, 死者が生前の形をして現れたもの; →apparition, phantom, specter, spook, wraith). Do you believe in ~*s*? 君は幽霊(の存在)を信じるか. a ~ story 幽霊物語, 怪談. lay a ~ 悪霊を追い払う; (ショックなどから)完全に立ち直る, ふっ切れる. The castle is haunted by a ~. その城は幽霊が

出る.

連結 a restless [an uneasy] ～ // see [drive out, exorcise] a ～ // a ～ appears [walks; vanishes]

2 〈単数形で〉おぼろげな輪郭[痕跡], 影(のようなもの); ごくわずか(な可能性); 〈*of* ..の〉. give a ～ *of* a smile かすかな微笑を浮かべる. Our team didn't have [stand] the ～ *of* a chance of winning. 私たちのチームは勝てる見込みは影ほどもなかった. He's the mere ～ *of* his former self. 彼は(衰弱などして)昔の面影は全くない. **3** ゴースト, 二重像, 《テレビ, 写真, 光学機器に現れる二次像》. **4** 〖話〗=ghost-writer.

give ùp the ghóst 〖話・戯〗死ぬ; 〔機械などが〕だめになる, 'いかれる'; やる気をなくす〈*on* ..を〉.

── 動 =ghostwrite. [<古期英語「霊魂」]

ghóst·like 形 幽霊のような; 気味の悪い.

†**ghóst·ly** 形 **1** 幽霊の(ような); ぼんやりした. The old man looked ～ in the darkness. 老人は暗やみの中で幽霊のように見えた. a ～ paleness 幽霊のような青白さ. **2** 〖古〗〈限定〉霊的な; 精神的な〔慰め, 助言など〕. **3** 代作(者)の. [ghost, -ly²] ▷**ghost·li·ness** 名

ghóst stòry 名 C 怪談; 作り話.

ghóst tòwn 名 C 幽霊都市, ゴーストタウン, 《住民がいなくなってしまった町; 特に米国西部の鉱山閉鎖によるもの》.

ghóst·wrìte 動 (→write) 他, 自 (〔著作など〕を)代作する〈*for* ..〔人〕の代わりに〉(★単に ghost とも言う).

ghóst-wrìter 名 C 代作者, ゴーストライター.

ghoul /gu:l/ 名 C **1** グール《中近東諸国の伝説で, 墓を暴き死体の肉を食う悪鬼》; 墓場荒らし. **2** 悪鬼を思わせる人, 残忍猟奇を好む人. [<アラビア語]

ghoul·ish /gú:liʃ/ 形 悪鬼のような, 残忍猟奇的な. ～ interest 猟奇的な興味. ▷**～·ly** 副 **～·ness** 名

GHQ General Headquarters.

ghyll /gil/ =gill³.

GHz gigahertz.

GI /dʒi:ái/ 名 (複 **GI's, GIs**) 〖話〗 **1** C 米兵, ジーアイ, 《特に第 2 次大戦中の米陸軍兵士; <*g*overnment [general] *i*ssue (政府支給)》. **2** 〈形容詞的〉ジーアイの; 政府支給の; 軍規を厳守する, 軍規にかなった. *GI* shoes (官給の)兵隊靴. a *GI* haircut ジーアイ刈り. a *GI* bride 戦争花嫁《特に第 2 次大戦中に米軍兵士と結婚した外国女性》.

***gi·ant** /dʒáiənt/ 名 (複 **～s** /-ts/) C **1 巨人**, 大男, 《もと伝説, 物語, 神話に出てくる》; 〈しばしば G-〉〖ギ神〗ギガス《Uranus と Gaea の子孫である巨人族の 1 人》. The Cyclops was a huge, one-eyed ～. キュクロープスは 1 つ目の巨人であった. **2** '巨人'; **非凡な人[物]**; 特大の動[植]物; 巨大企業など. ～*s* in the business world 財界の巨頭たち. an intellectual ～ 知能抜群の人. Japan's two auto ～*s* 日本の自動車業界の 2 大企業. **3** 〈形容詞的〉巨大な; 巨人のような; 特大の. ～ size 特大サイズ. a man of ～ strength 大力無双の男.

◇形 gigantic [<ギリシア語 *gigās*「巨人」]

gi·ant·ess /dʒáiəntəs/ 名 C 女巨人, 大女.

gíant kìller 名 C 大物食い《実力的にはるかに上の相手を倒す[した]人, チームなど》.

gìant pánda 名 C 〖動〗オオパンダ, シロクログマ, 《日本語で言うパンダはこれに当たる; →panda》.

giant sequóia 名 C 〖植〗マンモスノキ (big tree; →sequoia).

gìant stár 名 C 〖天〗巨星《光度・質量の大きな恒星》.

giaour /dʒauər/ 名 C 不信心者, 異教徒, 《イスラム教徒が特にキリスト教徒に対して用いる》.

Gib. Gibraltar.

gib·ber /dʒíbər, gíb-/ 動 自 **1** (驚いたり興奮して)意味の取れないことを早口にしゃべる, ただぺちゃくちゃと口を動かす, 〈*away, on*〉. a ～*ing* idiot ばか, あほう. **2** 〔サルなどが〕きゃっきゃっという.

gib·ber·ish /dʒíbəriʃ, gíb-/ 名 U 訳の分からないおしゃべり; ちんぷんかんぷん.

gib·bet /dʒíbət/ 名 C **1** 〈the～〉絞首刑. **2** 〖史〗絞首台 (gallows) 《処刑後も受刑者をつるして見せしめにする》.

Gib·bon /gíbən/ 名 **Edward ～** ギボン (1737–94) 《英国の歴史家; 『ローマ帝国衰亡史』の著者》.

gib·bon /gíbən/ 名 C テナガザル《手が長く, 尾がない; 類人猿中最小; 東南アジア産; →ape》.

gib·bous /gíbəs, dʒíb-/ 形 **1** 〈限定〉〔月, 惑星などが〕凸円の, 凸状の. the ～ moon 凸月《半月と満月の中間の月》. **2** せむしの.

gibe /dʒaib/ 動 自 VA ひやかす, からかう, あざける, 〈*at, about* ..を/*for* .. のことで〉. ── 名 C ひやかし, からかい, あざけり. make a ～ *at* [*about*] a person 人をからかう. (★ jibe ともつづる)

GÍ Bìll 名 〈the～〉(米国の)復員兵援護法《大学教育, 住宅購入などの資金給付を定めている》.

gib·lets /dʒíbləts/ 名 〈複数扱い〉(鶏, カモ, ガチョウなどの, 食用にする)臓物, もつ.

Gi·bral·tar /dʒibrɔ́:ltər/ 名 **1 the City of ～** ジブラルタル《スペイン南端の小半島で英領; 海軍・空軍基地がある; 略 Gib.》. **2 the Rock of ～** ジブラルタルの岩《ジブラルタル海峡東端の岩山; ジブラルタルのほぼ全域を占める; →the Pillars of Hercules》. **3 the Strait of ～** ジブラルタル海峡《地中海の入り口, Spain と Morocco の間の海峡》.

Gib·son /gíbs(ə)n/ 名 UC ギブソン《ジンに少量のヴェルモットを加え, 酢漬けの小粒のタマネギを添えたカクテル》.

‡**gid·dy** /gídi/ 形 **1** めまいがする, 目がくらむ, (dizzy). feel ～ めまいがする. **2** めまいを起こさせるような. a ～ precipice [height] 目のくらむような絶壁[高所]. **3** 〖英旧話・米話〗遊び好きの, 浮ついた. a ～ young girl ふまじめな娘. **4** 有頂天な, (うれしくて)興奮している. [<古期英語「神がかった>正気でない」]

▷**gid·di·ly** 副 目が回るほど; めまいがして, ふらふらして. **gid·di·ness** 名 U めまい; 軽薄さ.

Gide /ʒi:d/ 名 **André ～** ジッド (1869–1951) 《フランスの小説家・批評家》.

Gid·e·on /gídiən/ 名 **1** 〖聖〗ギデオン《イスラエルの士師》. **2** C 国際ギデオン協会 (the Gideons International) の会員. **3** 男子の名.

Gìd·e·on Bíble /gìdiən-/ 名 C ギデオン聖書《国際ギデオン協会 (the Gideons International) が寄贈してホテルの各部屋, 病院の病室などに置く》.

Giel·gud /gí:lgud, gíl-/ 名 **(Arthur) John ～** ギールグッド (1904–2000) 《英国の俳優・ディレクター; シェイクスピア劇で有名》.

GIF /dʒif, gif/ 名 〖電算〗 U ジフ画像保存フォーマット; C その画像《<*G*raphics *I*nterchange *F*ormat》.

***gift** /gift/ 名 (複 **～s** /-ts/)

【与えられたもの】 **1** C **贈り物**, 寄贈品[物], (類語 文章体で, 上品な感じを持つ語; →present²). make a ～ of ..を贈呈[贈与, 寄贈]する. be showered with birthday ～*s* 誕生日の贈り物をどっさりもらう.

連結 an expensive [a costly, a generous, a handsome; an extravagant; a small; a kind; a thoughtful; a monetary] ～ // give [present] a ～

2 【天の贈り物】 C **天賦の才**, 才能, 〈*for, of* ..の〉 (類語 talent よりも「天から与えられた」の意味が強く, 努力して得られるものではない; →ability). the ～ *of* tongues 語学の才. a person of many ～*s* 多芸多才の人. Tom has a ～ *for* painting. トムは絵の才能がある.

3 Ⓒ〖英話〗楽に⌞できること[手に入る物], ただもうけ, 棚ぼた. The test was an absolute ～. 試験はばかみたいに易しかった.
4 Ⓤ 贈与; 贈与権. by free ～ ただで. The position is in his ～. その地位を授ける権限は彼にある.
a gìft from ⌞the góds [Gód] (思いがけない)幸運, 天からの授かり物, 棚からぼたもち.
at a gíft 〖古〗＝***as a gíft*** たとえただでも. I wouldn't have it *as a* ～. そんなものはくれると言っても欲しくない.
lòok a gíft hòrse in the móuth 〈普通, 否定命令文で〉〖諺〗もらい物にけちをつける《馬は歯を見ると年齢が分かることから》.
── 動 他 1 を贈与する〈普通, 受け身で〉. These books were ～*ed* by the retired president. この図書は退任した社長の寄贈である. 2 VOA (～ X *with* ..) X に〔才能, 性質など〕を授ける. a man ～*ed with* great talents 偉大な才能に恵まれた男. [＜古期北欧語]

gíft certìficate 名 Ⓒ〖米〗商品券.

gíft cOupon 名 Ⓒ〖英〗景品引替券《所定の枚数で品物がもらえる》.

***gift·ed** /gíftəd/ 形 ⓜ (生まれつき)**才能のある** (talented)〈*with, at, in* ..の〉;〔子供が〕優秀な, 大層賢い. a ～ painter [child] 天分豊かな画家[子供].

gíft shòp 名 Ⓒ みやげ物店.

gíft tòken [vòucher] 名 〖英〗＝gift certificate.

gíft-wràp 動 (～s|-pp-) 他 〔品物〕を贈り物用に包装する〈普通, 受け身で〉. a ～*ped* present きれいな包装の贈り物.

gig[1] /gig/ 名 Ⓒ 1 1 頭立ての軽 2 輪無蓋馬車. 2 (船に積んである)小型ボート《主に船長用》.

gig[2]〖話〗名 Ⓒ (ジャズなどの)演奏, 出演; ライブ; (1 回限り[短期契約]の)出演契約. ── 動 (～s|-gg-) 自 1 回限り演奏する.

gig[3] 名 Ⓒ (魚を突く)やす (fishgig). ── 動 (～s|-gg-) 他〔魚〕をやすで突く.

gi·ga- /gígə, gáigə, dʒígə/〈複合要素〉10 億倍の. [ギリシア語 'giant']

gíga·bit 名 Ⓒ〖電算〗ギガビット《10 億ビットに相当する情報単位》.

gíga·bỳte 名 Ⓒ〖電算〗ギガバイト, 10 億バイト[1024 megabytes].

gíga·hèrtz 名 Ⓒ〖電〗ギガヘルツ《周波数の単位; 10 億ヘルツ; 略 GHz》.

***gi·gan·tic** /dʒaigǽntik/ 形 ⓜ **巨人のような; 巨大な; 並外れて大きい; 莫(ばく)大な**; (類語 サイズ, 量, 程度などの巨大さを表す誇張的な語; →huge). a ～ building 巨大な建物. a ～ tree 巨木. This will be a ～ problem. これは大問題となろう. ◇名 giant

gi·gan·ti·cal·ly /dʒaigǽntik(ə)li/ 副 巨大に; 並外れて, 途方もなく.

†**gig·gle** /gíg(ə)l/ 動 自〔子供や若い女性などが〕くっくっと[けらけら]笑う〈*at* ..を〉. The young girls were *giggling* among themselves. 女の子たちはくっくっと笑い合っていた. ── 他 けらけら笑って..を表す. She ～*d* her amusement at my joke. 私の軽口に彼女は面白がってくっくっと笑った.
── 名 Ⓒ 1 けらけら笑い (→laugh 類語). give a little ～ くすくす笑う. have [get] (a fit of) the ～*s* けらけら笑い出して止まらない. 2〖英話〗面白さ, 冗談, ふざけ; 面白いもの[人]. for [as] a ～ 面白半分に[おふざけとして]. [擬音語]

gig·gly /gígli/ 形 ⓔ (やたらに)くっくっと笑う.

GIGO /gáigou/ 名 Ⓤ〖電算・俗〗不完全なデータをインプットして不完全な答えを得ること《＜*G*arbage *i*n, *g*arbage *o*ut. の頭文字; →garbage》.

gig·o·lo /dʒígəlòu/ 名 (複 ～s) Ⓒ 1 (男の)職業ダンサー. 2 ジゴロ, 男めかけ,《金持ちの年上女性の愛人になって金をもらう》. [フランス語 (*gigolette*「踊り子, 売春婦」の短縮)]

GI Jáne [Jóe] 名 Ⓒ〖米話〗米軍女性[男性]兵士.

Gil /gil/ 名 Gilbert の愛称.

Gì·la mónster /hìːlə-/ ドクトカゲ《米国南西部, メキシコ北部の砂漠地方に住む有毒の大トカゲ》.

Gil·bert /gílbərt/ 名 ギルバート 1 男子の名《愛称 Bert, Gil》. 2 **Sir William Schwenck** /ʃweŋk/ ～ (1836-1911)《英国の劇作家, ユーモア詩人; 作曲家 Arthur Sullivan とのコンビで多数のオペレッタを作った》.

Gìlbert Íslands 名〈the～〉ギルバート諸島《西太平洋の群島; 1975 年まで英領; 今は Kiribati の一部》.

***gild**[1] /gild/ 動 (～s /-dz/|過 過分 ～·ed /-əd/, **gilt** /gilt/; **gíld·ing**) 他 1 に**金箔(ぱく)を着せる**; を金めっきする, に金泥を塗る. 2 を金色に飾る[染める], ぴかぴかさせる. The setting sun ～*s* the western sky. 夕日が西の空を金色にする.
gìld the líly (もともと美しいものを)飾り立てて台無しにする, 余計な手を加える.
gìld the píll →pill.
[＜古期英語「gold をめっきする」]

gild[2] 名 ＝guild.

gild·ed /-əd/ 形 1 金箔(ぱく)を着せた; 金めっきした. a ～ coach 金塗りの馬車. 2 金色の; 金ぴかの. 3〈限定〉金持ちの, 上流階級の.

Gìlded Áge 名〈the ～〉(南北戦争後約 30 年間にわたる米国の)金ぴか時代, 好況時代.

gìlded yóuth 名〈集合的; 複数扱い〉金持ちで粋(いき)な若者たち.

gíld·er 名 Ⓒ 金箔(ぱく)師, めっき師.

gíld·ing 名 Ⓤ 1 金めっき(する[される]こと). 2 金めっきの材料《金, 金粉など》.

gill[1] /gil/ 名 Ⓒ〈普通 ～s〉1 (魚などの)えら. 2 (キノコのかさの)ひだ. 3〖話・戯〗(人の)あご[耳]の下, 首の回り. 4 (鶏, 七面鳥などののどの下の)肉垂(にくすい)(wattle).
grèen [pàle, white] about the gílls〖話・戯〗(恐怖・病気などで)顔が青い, 元気がなさそうな.
ròsy about the gílls 元気がよさそうな.
to the gílls (のどまで)満腹で; 全く, すっかり.
── 動 他 1〔魚〕のはらわたをとる;〔キノコ〕のかさのひだを切りとる. 2〔魚〕を刺し網で取る. [＜古期北欧語]

gill[2] /dʒil/ 名 Ⓒ ジル《液量の単位; 4 分の 1 パイント (pint);〖米〗約 0.12 リットル,〖英〗約 0.14 リットル》.

gill[3] 名 Ⓒ〖北西イング〗渓谷; 渓流; (ghyll, gorge).

gil·lie, gil·ly /gíli/ 名 (複 -lies) Ⓒ (スコットランド高地地方の)狩猟者[釣り師]を案内する人.

gil·ly·flow·er /dʒíliflàuər/ 名 Ⓒ ニオイアラセイトウ, ストックなど,《アブラナ科; いずれも芳香がある》.

***gilt**[1] /gilt/ 動 gild[1] の過去形・過去分詞の 1 つ.
── 形 ＝gilded. ── 名 1 Ⓤ 金箔(ぱく), 金粉, 金泥, 金色の塗料. 2 Ⓒ〈～s〉〖主に英〗優良証券.
tàke the gílt off the gíngerbread〖英話〗興をそぐ, 魅力を損なう.

gilt[2] 名 Ⓒ (特に, 出産経験のない)若い雌豚.

gílt-èdged /⌒/ 形 1 金縁の. 2 (投資して安全な)最優良の〔証券など〕. ～ shares 優良株. ～ stocks [securities] 優良証券《例えば国債など》. 3〔本が〕天金[三方金]の.

gim·bals /dʒímb(ə)lz, gím-/ 名〖海〗〈単数扱い〉ジンバル《羅針儀などを水平に保つ装置; **gímbal rìng** とも言う》.

gim·crack /dʒímkræk/〖話〗名 Ⓒ 安ぴか物, 見かけ倒しの物. ── 形 見かけ倒しの, 安物の; 下らない.

gim·crack·er·y /dʒímkrækəri/ 名 Ⓤ〈集合的〉安ぴか物.

gim·let /gímlət/ 名 1 Ⓒ 取っ手付きの小さなねじ錐(きり) (→auger). 2 Ⓤ ギムレット《ジン[ウォッカ]とライムジュースを使ったカクテルの一種》. ── 形〈限定〉鋭い, 力強い, 〔目など〕.

gímlet-èyed 形 (すべてを見透かすように)目つきの鋭い.

gim·me /gími/ give me の非標準的な表現.

‡**gim·mick** /gímik/ 名 C **1** (手品師の)種, 仕掛け. **2** 〖話〗〈けなして〉(人気を得るため又は注意を引くための)からくり, 工夫, 手口, 戦術, 《服飾品, 宣伝文句など》. **3** 気のきいた小道具 (gadget). [*magic* の綴り変えからの造語か]

gim·mick·ry /gímikri/ 名 U 〖話〗〈けなして〉**1** 〈集合的〉からくり, 仕掛け. **2** からくりの使用.

gim·mick·y /gímiki/ 形 〖話〗小細工でごまかした, 人目を引くためだけの.

†**gin**[1] /dʒin/ 名 U ジン《主にライ麦を原料とし, トショウ (juniper) の実で香りをつけた蒸留酒》; C 一杯のジン. [< *Gen*eva]

gin[2] 名 C **1** 綿繰り機 (cotton gin). **2** わな《けもの, 鳥を捕る; **gín tràp** とも言う》. ── 動 (~s|-nn-) 他 **1** 〔綿〕の種を綿繰り器で取る. **2** をわなで捕える. **3** 三脚の起重機[巻き上げ機]. [< en*gin*e]

gìn and tónic 名 UC ジントニック《ジンにトニックウォーターを混ぜ, ライムかレモンの 1 片を浮かべた飲み物》.

*__gin·ger__ /dʒíndʒər/ 名 U **1** ショウガ《ショウガ科の多年草》. **2** (香辛料, 薬用などの)ジンジャー《ショウガの根の粉末》. **3** 〖話〗精力, 元気, (liveliness). **4** ショウガ色《赤[黄]褐色》. **5** 〈形容詞的〉ショウガ味の; ショウガ色の〔髪など〕. ── 動 他 **1** にショウガの風味をつける, をぴりっとさせる. **2** VOA (~/X/ *up*) X を活気づける; X を突き上げる. ~ *up* the team with new recruits そのチームに新人を入れて活気づける. [< 古期英語 (< 中世ラテン語); ドラヴィダ語起源]

gìnger ále 名 UC ジンジャーエール《ショウガで味をつけた炭酸飲料》.

gìnger béer 名 UC ジンジャービール《炭酸飲料; ginger ale と異なりアルコールが少し入っている》.

†**gínger·brèad** 名 U **1** ショウガで香りをつけた糖蜜(とうみつ)入りのケーキ[クッキー]. **2** (家具などの)けばけばしい装飾. ── 形 けばけばしい.

gínger gròup 名 C 〖英〗(政党などの内部の)積極派, 強硬派, 《幹部を突き上げる》.

†**gin·ger·ly** /dʒíndʒərli/ 形 非常に用心深い. ── 副 用心深く, こわごわ. The child ~ picked up the frog. 子供は恐る恐るカエルをつまみ上げた.

gínger nùt 名 〖主に英〗= gingersnap.

gínger·snàp 名 C 〖主に米〗ショウガで香りをつけた糖蜜(とうみつ)入りの平たいクッキー.

gìnger wíne 名 UC ジンジャーワイン《ショウガと砂糖をまぜて発酵させた飲料》.

gin·ger·y /dʒíndʒəri/ 形 **1** ショウガのような; ぴりっと辛い. **2** 〔髪などが〕ショウガ色の, 黄褐色の. **3** 元気のいい.

ging·ham /gíŋəm/ 名 U ギンガム《棒じま[弁慶じま]又は格子柄の綿布; 少女服, テーブルクロスなどに用いる》.

gin·gi·vi·tis /dʒìndʒəváitəs/ 名 U 〖医〗歯肉炎, 歯齦(しぎん)炎. [ラテン語 *gingīva*「歯肉」, -itis]

ging·ko, gink·go /gíŋkou/ 名 (複 ~(e)s) C 〖植〗イチョウ (maidenhair tree). a ~ nut ぎんなん. [< 日本語「銀杏(ぎんきょう)」]

gín mìll 名 C 〖米俗〗(安)酒場.

gi·nor·mous /dʒainɔ́ːrməs/ 形 〖英話〗とてつもなく大きい《< *gi*ant[*gi*gantic] + e*normous*》.

gin rúmmy 名 U ジンラミー《2 人で行うトランプ遊びの一種; 〖話〗では単に gin; →rummy[2]》.

Gins·berg /gínzbəːrg/ 名 **Allen** ~ ギンズバーグ (1926–) 《ビート世代を代表する米国の詩人》.

gin·seng /dʒínseŋ/ 名 **1** C チョウセンニンジン《中国・朝鮮に産する; ウコギ科の多年草》. **2** C チョウセンニンジンの根; U その根から作った強壮剤. [< 中国語「人参」]

gìn slíng 名 U ジンスリング《ジンに水, 砂糖, 果汁などを加えた飲み物》.

Gio·con·da /dʒoukɑ́ndə|-kɔ́n-/ 名 **La** ~ ラジョコンダ《Mona Lisa の別称》.

Giot·to /dʒɑ́tou|dʒɔ́t-/ 名 ジョット (1266?–1337) 《ルネッサンス初期のイタリアの画家・建築家》.

gip·py /dʒípi/ 名 (複 **gip·pies**) C 〖俗〗〈しばしば G-〉 **1** エジプト人 (Egyptian), エジプト人兵士; エジプト産たばこ. **2** ジプシー (Gypsy).

gìppy túmmy 名 U 〖話〗(特に, 熱帯地方への旅行者がかかる)下痢.

Gip·sy, g- /dʒípsi/ 名 〖英〗= Gypsy.

gi·raffe /dʒərǽf|dʒirɑ́ːf, -rǽf/ 名 (複 ~, ~s) **1** C 〖動〗キリン, ジラフ. **2** 〈the G-〉〖天〗きりん座. [< アラビア語]

gird /gəːrd/ 動 (~s /-dz/ 過 過分 ~·ed /əd/, **girt** /gəːrt/|**gírd·ing**) 他 〖古・雅〗**1** VOA に巻く〈*with* ..帯を〉; を締める[しっかり固定する]〈*on, up*〉〈*with, by* ..で〉; を巻く〈*around* ..に〉. ~ oneself (*with* a belt) 帯を締める. ~ the waist *with* a girdle 腰にガードルを着ける. ~ the box *with* a cord = ~ a cord *around* the box 箱をひもで縛る. ~ *on* one's sword *with* [*by*] a belt ベルトで剣を身に着ける. ~ *up* one's clothes *with* a belt 服を着て帯を締める. **2** を取り巻く, 囲む, 〈*with, by* ..で〉. ~ the garden *with* a fence 庭に塀を巡らす. a sea-*girt* country 四面海に囲まれた国. Our troops were ~*ed by* the enemy. 我が軍は敵に包囲された.

***gírd onesèlf for* [*to do*] ..** ..の覚悟をして[..するために]身構える[準備する]; 〖戯〗褌(ふんどし)を締めて..にかかる. The soldiers ~*ed* them*selves for* the [*to* go into] battle. 兵士たちは戦闘をする用意を整えた.

gìrd úp 〖主に雅〗衣服を腰までまくる[まくって帯で留める].

gìrd* (*ùp*) *one's lóins →loin. [< 古期英語]

gird·er /gə́ːrdər/ 名 C 〖土木・建〗桁(けた); (普通, 鋼鉄製の)大梁(おおはり)《橋, 床などを支える; 日本語の「ガード」はこの語の訛(なま)ったもの》.

†**gir·dle** /gə́ːrdl/ 名 C **1** 帯, 腰帯, ベルト. **2** ガードル《女性用の下着; 腰の回りに着けて体を締める》. **3** (周囲を取り巻く)帯状のもの; 輪; 宝石の縁. a ~ of flower beds around the pond 池を取り巻く花壇の輪. **4** (木や枝を枯死させるために)樹皮を輪状に剝(は)ぎ取った跡. **5** 〖解剖〗帯(たい)《骨または神経繊維の帯状の集まり》.

hàve* [*hòld*] *.. under one's gírdle ..を支配する, 服従させる.

── 動 他 **1** を(帯やベルトで)巻く. **2** を(帯状のもので)囲む, 包囲する, 〈*about, around*〉. a playground ~*d with* trees 木立に囲まれた遊び場. **3** (結実をよくするため)〔樹皮〕を輪状に剝ぐ. [< 古期英語]

‡**girl** /gəːrl/ 名 (複 ~s /-z/) C 【若い(未婚)女性】 **1** 女の子; 少女; 若い女, 娘; 《生まれてから成人するまでの女性を指すが, 10 代の女の子を指すことが多い; →boy》. a cute ~ かわいい女の子. a ~s' school 女学校. a ~ in her late teens 10 代の終わりごろの娘.

> 連結 a beautiful [an attractive, a pretty; a cute, a charming; a clever; a delicate; a sensitive; an adolescent, a teenage] ~

2 〈しばしば one's ~〉〖話〗娘 (daughter; ↔boy). How old is your ~? (あなたの)娘さんはおいくつですか.

3 【雇われている女性】女店員, 女事務員; 女子工員; お手伝い. office ~*s* 女事務員. a flower ~ 花売り娘. a shop ~ 女店員. (★これらの用法は失礼になることが多い)

4 〖話〗〈普通 one's ~〉女友達, 恋人 (sweetheart).

5 〖話〗女の人, 女性, 女の子, 《年齢, 既婚・未婚を問わず用いられる. 女性が親しい, または知り合いの女性を指して使う時や呼び掛けとして使う場合は親しみの表現, 又はおどけた表現にもなるが, 男性が女性に対する呼び掛けとして使うと, 普通は失礼になる》. I told the story to the ~*s* at the club and they all laughed. その話をクラブの女の人たちに話したらみんな笑った. a Minnesota ~ ミネソタ州出身の女性. She says she will go out with the ~s tomorrow night. 彼女は明晩仲間と出かけると言っている.
6〈形容詞的〉女の; 少女の; 娘のような. a ~ baby 女の赤ちゃん. a ~ student 女子学生.
［＜中期英語「(性別に関係なく)若者」］

gìrl Fríday 名 (複 ~s) C【米】お手伝い, 女性の助手[秘書], (→man Friday).

gírl·frìend 名 C **1**〈普通 one's ~〉(親密な)ガールフレンド, (女の)恋人, (↔boyfriend). **2** 女友達.

gìrl guíde 名 C【英】Girl Guides の団員.

Gìrl Guídes 名〈the ~〉【英】ガールガイド《1910 年創設; ガールスカウトの母体となった; →Boy Scouts》.

girl·hood /gə́ːrlhùd/ 名 **1** U 少女時代; 少女であること. **2**〈複数扱い〉少女たち.

girl·ie /gə́ːrli/ 形【話】〈限定〉若い女のヌード(写真)を売り物にした〔雑誌, ショーなど〕. a ~ calendar ヌードカレンダー. ── 名【話】娘さん《しばしば親しみを込めた呼び掛けとして》.

†girl·ish /gə́ːrliʃ/ 形 **1** 女の子らしい; 〔男の子が〕女々しい. **2** 女の子の, 少女時代の. **3** 女の子にふさわしい. ◇↔boyish ▷ **~·ly** 副 **~·ness** 名 U

gírl scòut 名 C【米】Girl Scouts の団員.

Gírl Scòuts 名〈the ~〉【米】ガールスカウト《1912 年創設; →Boy Scouts》.

gi·ro, Gi·ro /dʒái(ə)rou/ 名 (複 ~s)【英】**1** U (郵便局[銀行]の)預金振替制度(**Nàtional Gíro**). **2** C ＝giro cheque. ［イタリア語 'circulation (of money)'］

gìro chéque 名 C【英】郵便振替小切手《特に政府発行の社会保障給付金の》.

girt /gəːrt/ 動 gird の過去形・過去分詞の 1 つ.

girth /gəːrθ/ 名 **1** UC 周囲(の寸法); 胴回り(の寸法). the ~ of a tree 木の幹の周囲の寸法. The column is 18 feet *in* ~. 円柱は周囲 18 フィートある. My ~ has been increasing lately. 近ごろ胴回りが太くなってきた. **2** C (馬などの)腹帯 (→harness 図). ── 動 他〔鞍・荷物など〕を腹帯[ひも]で締める, 〔馬など〕に腹帯を締める; を囲む, 取り巻く. ── 自 VC 胴回り[周囲]が..ある.

gis·mo /gízmou/ 名 (複 ~s) ＝gizmo.

Gis·sing /gísiŋ/ 名 **George Robert ~** ギッシング (1857–1903)《英国の小説家》.

gist /dʒist/ 名 C **1**〈the ~〉要点, 要旨,〈*of* ..の〉. Tell me the ~ *of* what the chairman said. 議長が言ったことの要点を話してください. **2**【法】訴訟の動機, 訴因. ［＜古期フランス語「(理由は)..にある」(*gésir* 'lie[1]' の 3 人称単数現在形)］

git /git/ 名 C【英俗】卑劣な奴; 嫌な奴; ばか者.

gîte /ʒiːt/ 名 C (フランスの田園地域の)貸し別荘.

*****give** /giv/ 動 (~s /-z/|過 **gave** /geiv/|過分 **giv·en** /gív(ə)n/|**gív·ing**) 他

【与える】 **1** を与える; VOO (~ X Y)・VOA (~ Y *to* X) X に Y を **与える**; (類語「与える」の意味の最も一般的な語; →accord, bestow, confer, contribute, donate, grant, present[3], vouchsafe). Father *gave* a fountain pen as a present. 父はプレゼントに万年筆を贈った. The little boy *gave* his friend a present [*gave* a present *to* his friend]. その少年は友人に贈り物をした. My uncle *gave* me this album. おじは私にこのアルバムをくれた. What did he ~ (*to*) Beth? 彼はベスに何をあげたの. ~ $500 *to* the church 教会に 500 ドルの寄付をする. ~ blood 献血する. ~ her a sedative 彼女に鎮静剤を投与する.

> 語法 (1) 受け身には普通 2 通りある: I was ~*n* this album by my uncle. と This album was ~*n* (*to*) me by my uncle. 代名詞 me のように目的格であることが明らかな時は to は省略できる.
> (2) it が直接目的語のとき普通 it は最後には置かない: I *gave* it him. 又は I *gave* it *to* him. ただし【米】では普通, 後者を用いる.
> (3) 間接目的語が疑問詞の時は to が必要; *Who(m)* did you give the tie *to*? または【章】*To whom* did you give the tie? とは言えるが, *Who(m)* did you give the tie? とは普通言わない.

2 を授ける, 〔助言など〕を与える; VOO (~ X Y)・VOA (~ Y *to* X) X に Y (名称, 名誉, 地位など)を**授ける**, 贈る, 与える, X に Y(好意, 助言, 祝福, 挨拶(あいさつ)など)を与える. John was ~*n* first prize. ジョンは 1 等賞をもらった. ~ (him) a hint [a piece of advice] (彼に)ちょっとヒントを与える[忠告する]. Let's ~ her a big hand. 彼女に盛大な拍手をお願いします. *Give* my love *to* Meg. メグによろしく.

3 (a) VOO (~ X Y) X に Y (機会, 便宜, 許可, 権利など)を**与える**, もたせる; X に(一時的に) Y を提供する, 使わせる. Please ~ me another chance. もう一度機会を与えてください. I'll ~ you a ride [lift] downtown. 町まで(車で)お送りしましょう. ~ them license to enter the building 彼らにその建物に入ることを許可する. Being my boss doesn't ~ you the right to speak to me like that. 私の上司であるからといって私にそのような話し方をする権利はありません. I *gave* him the car for a week. 彼に 1 週間車を貸し与えた. Please ~ my best wishes to your family. ご家族の皆様によろしくお伝え下さい. **(b)** VOO (~ X Y) X に Y (時間(の猶予))を認める. ~ him a week('s grace) to get it done それをやるのに彼に 1 週間の猶予を与える. *Give* yourself a couple of hours to get there. そこに行くのには 2, 3 時間見ておきなさい. I ~ her diet a month at the most.【話】彼女のダイエットはせいぜい続いて 1 か月だろう.

4 〔命令, 同意, 約束, 刑罰など〕を与える, する; 〔判決, 判定など〕を下す, 宣する; VOO (~ X Y) X に Y を与える, する. ~ orders 命令する. ~ the class a test in English クラスに英語のテストをする. ~ a person one's word [promise] 人に約束をする. The judge *gave* the case against the plaintiff. 裁判官はその事件について原告に不利な判決をした. The linesman didn't ~ the ball out. ラインズマンはボールがアウトだとは判定しなかった. He was ~*n* three years [a life sentence]. 彼は 3 年の刑[終身刑]を宣告された.

5【分け与える】VOO (~ X Y)・VOA (~ Y *to* X) X に Y を配分する, 割り当てる; X に Y を課する. I was ~*n* the contract for this work. この仕事の契約をもらった. ~ an actor a role＝~ a role *to* an actor 俳優に役を割り当てる.

6【集中的に与える】VOO (~ X Y)・VOA (~ Y *to* [*for*] X) X に Y (時間など)を**当てる**, X に Y (生命, 精力, 注意など)をささげる, 注ぐ. *Give* your health more attention.＝*Give* more attention *to* your health. 自分の健康にもっと留意しなさい. He *gave* himself *to* his work. 彼は仕事に専念した. His father *gave* his entire life *to* [*for*] the discovery of submarine oil fields. 彼の父は海底油田発見に全生涯をささげた.

7【交換に与える】**(a)** を売る (sell); VOO (~ X Y)・VOA (~ Y *to* X) X に Y を**売り渡す**;〈*for* ..(の価格)で〉. The storekeeper *gave* the camera (*to* Mr. Yamada) *for* thirty thousand yen. 店主は(山田氏に)カメラを 3 万円で売った. **(b)**〔金〕を払う (pay); VOO (~ X Y)・VOA (~ Y *to* X) X に Y を**支払う**;〈*for* ..の代価として〉(pay). Dave *gave* (Sally) twenty dollars *for* the work. デイヴはその仕事の代金として(サリーに) 20 ドル払った. **(c)** を渡す; VOO (~ X Y)・VOA (~ Y *to* X) X に Y を譲り渡す;〈*for* ..のためなら/*to do* ..するためなら〉. I would ~ anything *for* [*to* know] the truth. ＝ What

would'nt I ～ *for* [*to* know] the truth? 真相を知るためならどんな犠牲でも払う.
【差し出す】 **8** VOO (～ X Y)・VOA (～ Y *to* X) X に Y を**預ける**, 任せる; X に Y を手渡す, 引き渡す. *Give* the porter your bag to carry. 赤帽にかばんを渡して運んでもらいなさい. I'd like to ～ the responsibility *to* someone else. この責任をだれかほかの人に任せたい.
9 (a) VOO (～ X Y)・VOA (～ Y *to* X) X に Y(腕など)を差し出す. Ann *gave* him her cheek to kiss. アンはキスを受けるため彼に頬(ほお)を向けた. He *gave* his hand *to* the visitors. 彼は(握手のため)客に手を差し出した. ～ oneself to.. 〔女性が〕..に体[肌]を許す.
(b) VOO (～ X Y) X(人)のために Y(人)を電話に出す, Y(場所, 番号)に電話をつなぐ. Please ～ me Mr. Jones [the police station]. ジョーンズさんを(電話に)出してください[警察へつないでください].
10【差し出す＞譲る】〔地歩など〕を譲る; VOO (～ X Y)・VOA (～ Y *to* X) X に Y を譲歩する (concede). ～ ground 退却する. ～ place *to* ..に場所を譲る. I ～ you that point in this argument. この議論ではその点は君の言い分を認める. It's very difficult, I [I'll] ～ you that, but it's not impossible. それが非常に難しいことは認めるが, 不可能なことではない.
【結果として与える＞もたらす】 **11 (a)** を**出す**, 発する, 生産する (produce); VOO (～ X Y) X に Y を供給する (supply); X との間に Y(子供)をもうける. The sun ～*s* (out) light and heat. 太陽は光と熱を出す. My cows have stopped *giving* milk. うちの牛は乳を出さなくなった. Sue *gave* him two daughters. スーと彼の間には 2 人の娘が生まれた.
(b) (計算などの結果)となる; VOO (～ X Y)・VOA (～ Y *to* X) (結果として) X に Y を**生じさせる**, 引き起こす, もたらす; X に Y(病気など)をうつす. Three multiplied by itself ～*s* nine. 3 の 2 乗は 9 になる. Music ～*s* us pleasure. 音楽は私たちを楽しませる. I'm sorry to ～ you all this trouble. いろいろお手数をかけて申し訳ない. ～ offense *to* a person 人を怒らせる. The legend *gave* the name *to* the place. その地名は伝説に由来する. Take care not to ～ the children your cold. 子供たちに風邪をうつさないでくれ.
(c) 〔印象など〕を与える; VOO (～ (X) Y) (X に) Y(考え, 印象など)を起こさせる, もたせる. He ～*s* the impression of being intelligent. 彼は(人に)聡明な印象を与える. What *gave* you that (idea)? なぜそのように思ったのか.
【形を与える＞実行する】 **12** (★(直接)目的語は普通, 動詞から派生した, 動詞と同形のもの; 普通, 主語の意図的な行為ではない) **(a)** 〔ある行為〕をする. ～ a jump (驚き, 恐怖などで)跳び上がる (★take a jump は普通, 意図的な行為). ～ a cry of joy 喜びの叫びを上げる. ～ a cough [sigh, smile] せきをする[ため息をつく, ほほえむ]. Please ～ a quick look at this letter. この手紙をちょっと見てください. ～ three cheers 万歳を三唱する.
(b) VOO (～ X Y) X **に対して** Y(ある行為)**をする**. ～ him a kick in the shin 彼の向こうずねを蹴(け)る. ～ the door a push [pull] 扉をひと押し[引き]する. ～ him a blow on the head 彼の頭にひと打ち食らわす. *Give* me a ring when you're off duty. 当番が終わったら私に電話を下さい. ～ the machine a complete overhaul 機械を完全に分解整備する. I'll ～ it a try. やってみよう. ～ him a scolding 彼をしかりつける. 語法 以上の諸例では普通 give a kick *to* him のように(～ Y *to* X) の型で表現することは少ない.
13 〔会など〕を**催す**, 設ける; 〔劇, 演奏, 講演など〕を演じる, する; VOO (～ X Y)・VOA (～ Y *for* X) X のために Y を催す. ～ a vocal recital 独唱会を催す. ～ a lecture 講演[講義]をする. The opera was ～*n* again in 1975. そのオペラは 1975 年に再演された. ～ Mary a garden party ＝～ a garden party *for* Mary メリーのために園遊会を催す.
【与え示す】 **14 (a)** を示す; 〔意見など〕を述べる; VOO (～ X Y)・VOA (～ Y *to* X) X に Y **を提示する**, 示す; X に Y(考えなど)を伝える, 述べる, 表明する; 〔新聞・本などが〕(記事など)を載せる. ～ the signal to fire 発砲[発射]の合図をする. ～ an example 例を挙げる. ～ evidence 証拠を示す. ～ an account of the incident 事件を説明する. ～ one's opinion 意見を述べる. ～ signs of an illness 病気の兆候を示す. The thermometer ～*s* 33° [33 degrees]. 温度計は 33 度を示している. ～ (them) the facts (彼らに)事実を伝える. Can you ～ me the time? 何時か教えてくれますか. Bob *gave* his name *to* the receptionist. ボブは受付に名前を告げた.
(b) VOO (～ X Y) X(聴衆など)に Y(講演者など)を紹介する; X に Y のための乾杯を呼びかける. Ladies and gentlemen, I ～ you His Imperial Majesty. さあ皆さん, 陛下のために乾杯しましょう.
15【示して分からせる】〖章〗 VOC (～ X *to do*) X(人)に〔分かるようになど〕させる〈しばしば受け身で〉. ～ a person *to* understand [know, believe, imagine] that .. (→成句).
── 自【与える】 **1** VA **寄付をする**, 寄贈をする; 施しをする; 〈*to* ..に〉. She ～*s* (generously) *to* some charity every month. 毎月彼女は何かの慈善事業に(気前よく)寄付をする.
【与える＞負ける】 **2** (圧力などのために)曲がる, へこむ; 沈む; 崩れる; 壊れる; 割れる. The railing *gave* under his weight. 手すりが彼の重みで崩れた. The lock *gave* when they pushed the door open. 彼らがドアを押し開けた時錠が壊れた.
3【へこむ】弾力性がある. This cushion ～*s* a great deal. このクッションはとてもふわふわしている.
4 譲歩する; 降参する, 屈服する. To reach an agreement each of you has to ～ a little. 同意に達するためには君たちのめいめいが少しずつ譲歩しなくてはならない. The enemy *gave* at last. 敵はとうとう降参した.
【負ける＞弱まる】 **5** 〔気候が〕ゆるむ; 〔雪, 霜が〕解ける. It's very cold now, but it will soon begin to ～. 今はとても寒いが気候は間もなく和らいでくるでしょう. The snow has not yet ～*n*. 雪はまだ解けていない.
【接近, 見晴らしなどを与える】 **6 (a)** VA 〔窓などが〕面する, 向いている, (face). 〈*on, upon, onto* ..に〉; 見晴らす〈*on, upon, onto* ..を〉. His study ～*s on* the park. 彼の書斎は公園に面している. **(b)** VA 〔通路などが〕通じる〈*into* ..に〉. A narrow corridor *gave into* a wide hall. 狭い廊下が広間に通じていた.
7〖話〗〈命令文で〉(知っていることを)言え. What's up? Come on, ～! どうしたの. さあ, 話してよ.
Dòn't give me thát.〖話〗そんなことは信じられない, その手は食わないよ.
gìve and táke (1) (同等の条件で)譲り合う, 妥協する. (2) 意見交換をする, 話し合う.
gìve as gòod as one géts (議論などで)互角に戦う[渡り合う], 巧みに応酬[応戦]する.
****gìve /../ awáy*** (1) 〔金銭, 所有物など〕を**与える**, (ただで)やってしまう. The old man *gave* his entire fortune *away*. その老人は財産を全部やってしまった. (2) 〔賞など〕を渡す. (3) 〔秘密など〕を(うっかり)**漏らす**, 暴露する, 暴く. Harold *gave away* the secret by laughing. ハロルドが笑ったのでその秘密がばれてしまった. Don't ～ me *away*. 私の素性を人に明かさないでくれ. ～ oneself *away* 馬脚を現す. (4) 〔機会など〕をふいにする, 逃がす. (5) (結婚式で)〔普通, 父親が花嫁〕を花婿に引渡す. (6)〖オース〗 ..をやめる, ..への興味[信念]を失う. ～ *away* the town [the job] その町を去る[その仕事をやめる].
gìve /../ báck (1) ..を返す, 戻す; 〈give (X) back Y/

give X Y back/give Y back (to X) などの形で〉(X に) Y を返す[取り戻す]. Be sure and [to] ～ this book *back* (*to* me) when you're through. 終わったら必ずこの本を(私に)返してください. The long vacation will ～ him *back* his health. 長い休暇で彼は健康を取り戻すだろう. ～*back* a slight with interest 侮辱におまけをつけて応酬する. (2)〔音〕を反響する,〔光〕を反射する.

gìve bírth to . . →birth.

gìve /../ fórth ＝GIVE. .off; GIVE. .out (2), (3).

***gìve ín** 屈服する, 降参する,〈*to* . .〔圧力, 要請, 感情, 人など〕に〉. The hijackers showed no sign of *giving in*. 乗っ取り犯人たちは降服する気配を見せなかった. He finally *gave in to* my views. とうとう彼は折れて私の意見に従った.

gìve /../ ín〔書類など〕を提出する〈*to* . .に〉. ～ *in* one's examination papers 試験の答案を提出する.

gíve it (**to**) *a pèrson* (**hót** [**stráight**])〖話〗人をしかり飛ばす.

Gíve me . . (**ány dày** [**tíme**])〈命令形で〉私は. .の方がいい (I prefer). *Give me* the good old times! 昔の方がずっとよかったなあ. *Give me* Mozart any day. モーツァルトがいつでも断然一番だ.

gíve of . .〖章〗〔金銭, 時間など〕を(惜しみなく)与える[使う]. Mr. Hoover ～*s* generously *of* his money to help the homeless. フーヴァー氏は家のない人たちを救済するために金を惜しみなく出す. ～ freely *of* one's time (to do) (. .するために)時間を惜しみなく割く. ～ *of* one's best 最善を尽くす.

***gìve /../ óff** (1)〔煙, においなど〕を出す, 発する, 発散する. This chemical ～*s off* an unpleasant smell when it burns. この化学薬品は燃えると不快なにおいを出す. This wild flower ～*s off* a sweet scent. この野花は甘い香りを放つ. (2)〔枝など〕を出す.

gíve on [**onto**] . . →自 6 (a).

gìve onesèlf úp (1) 降参する. (2) 熱中する, ふける,〈*to* . .に〉. She's *giving* her*self up to* love. 彼女は恋に身を焦がしている.

gìve or táke . .〖話〗上下. .の幅はあるとして. It will cost a hundred dollars, ～ *or take* a few dollars. 2, 3 ドルの幅をみて, まず 100 ドルはするだろう. 語法 命令形だが目的語とともに副詞的に用いる; 目的語を略すと「およそ」の意味: Thirty thousand pounds, ～ *or take*. (およそ 3 万ポンドです)

gìve óut (1)〖話〗尽きる, 終わる; 疲れ果てる;〔エンジンなどが〕作動しなくなる. The food *gave out* just before we were rescued. 私たちが救助される直前に食料がなくなった. The car [engine, battery] *gave out* (on me). 車[エンジン]が止まって[バッテリーが上がって]しまった. The lights *gave out*. 灯りが消えてしまった. (2) 気持ちを表す〈*with* . .で〉. ～ *out with* a scream 思う存分叫ぶ.

***gìve /../ óut** (1) **. .を配布する**, 配る, (distribute). The examination papers were ～*n out* by the teacher. 試験問題用紙は先生によって配られた. (2)〔特に音〕を**発する**, 出す. This device ～*s out* a high-pitched sound. この装置は調子の高い音を出す. (3) . .を公にする, 公表する. It was ～*n out* that the mayor had resigned. 市長の辞任したことが発表された. The candidate *gave* himself *out* to be of a noble family. 候補者は自ら高貴の出であると称した. (4)〖クリケット・野球〗〔審判が打者〕にアウトを宣告する.

gìve óver〖英話〗やめる〈しばしば命令形で〉. Do ～ *over!* 'やめろ' と言ったら!

gìve /../ óver (1)〖話〗〔行為・習慣など〕をやめる (★目的語は主に do*ing*). I've ～*n over* try*ing* to convince him. 彼を納得させようとするのはやめた. (2) . .を引き渡す, 任す; . .を委託する;〈*to* . .に〉. ～ over a package *to* his keeping 包みの保管を彼に託す. ～ him *over to* the law 彼を司直の手に引き渡す. (3)〔場所, 時間など〕を向ける, 当てる,〈*to* . .に〉〈普通, 受け身で〉. The basement is ～*n over to* a bargain sale. 地下はバーゲン売場に当てられている. (4)〔人〕を没頭させる, 溺(おぼ)れさせる,〈*to* . .〔悪習など〕に〉〈普通, 受け身で〉;〔時間, 生涯など〕をささげる (→他 6)〈*to* . .に〉;〔感情, 誘惑など〕に屈する〈*to* . .に〉. He is ～*n over to* drinking and gambling. 彼は飲酒と賭博(とばく)にふけっている. She *gave* herself *over to* grief. 彼女は悲嘆にくれた.

gìve ríse to . . →rise.

gìve *a pèrson* **to understánd** [**knów, belíeve, imágine**] **that . .**〖章〗人に. .であると思わせる; 人に. .であると言う. Steve *gave* me *to understand that* he would not come. スティーヴは来ないつもりだと言った. We were ～*n to know that* the president had another candidate in mind. 社長は別の候補者を考えていると知らされた.

***gìve úp** あきらめる, 断念する. I ～ *up*. 分かりません, 降参だ,《質問の答えがどうしても分からない場合など》. Don't ～ *up*; keep trying. あきらめるな, 続けてやれ.

***gìve /../ úp** (1) **. .をあきらめる**, 断念する;〔病人など〕を見放す;〈*for, as* . .として〉;〔人〕を待つのをやめる. She *gave up* her attempt without a word. 彼女はひと言も言わずにその企てをあきらめた. ～ one's child *up for* [*as*] lost 子供を亡きものとあきらめる. The doctor has ～*n up* our grandfather. 医者は祖父を見放した. (2) **. .を放棄する**; . .を引き渡す, 明け渡す,〈*to* . .に〉. ～ *up* the wrecked ship 難破船を見捨てる. ～ *up* one's religion 信仰を捨てる. The fort was ～*n up to* the enemy. 要塞(さい)は敵の手に渡った. ～ *up* one's seat *to* an old man 老人に席を譲る. The fugitive *gave* himself *up to* the police. 逃亡者は警察に自首した. (3) . .を手放す; . .を売り渡す; . .を辞職する. ～ *up* one's position as a teacher 教職を辞する. (4)〔情報など〕を漏らす, 暴露する,〈*to* . .に〉. The secretary *gave* the secret *up to* the reporter. 秘書はその報道記者に秘密を漏らした. The criminal refused to ～ the names of his accomplices *up to* the police. 犯人は共犯者の名前を警察にばらすことを拒んだ. (5)〔飲酒, 喫煙, 遊びなど〕をやめる (★目的語は主に do*ing*);〖話〗. .と関係[交際]を絶つ. You had better ～ *up* smok*ing*. たばこをやめた方がよい. ～ *up* (eat*ing*) meat 肉食をやめる. Nancy *gave up* her lover for the sake of her family. ナンシーは家族のためを思って愛人と手を切った. (6)〔時間, 生涯など〕をささげる〈*to* . .に〉(→他 6 (a)).

gìve úp on . .〖話〗. .を見限る, . .に愛想を尽かす. I ～ *up on* you; you're so lazy. 君はもうだめだ, 全く怠け者だから. ～ *up on* life (絶望して)人生を見限る.

gíve upon . . →自 6 (a).

Whàt gíves?〖話〗何が起こったんだ《驚いて; ドイツ語 Was gibt's?から》.

── 名 U 弾力性; (人の)順応性.

[＜古期英語 *gi(e)fan*; 語頭の /j/ が /g/ に変わったのは古期北欧語 *gefa* 'give' の影響]

gìve-and-táke /-(ə)n-/ 名 U **1** 相互の譲歩; 妥協. **2** (なごやかな)言葉のやりとり, 意見の交換.

gíve·awày 名 (複 ～s) C〖話〗**1** (秘密などを)うっかり漏らすこと;〈単数形で〉(隠している物事の)思わぬ証拠. She instantly denied it but the expression on her face was a (dead) ～. 彼女は即座に否認したが, 顔の表情が動かぬ証拠だった. **2** サービス商品, (客寄せのための)廉売品, 景品;〈形容詞的〉捨て値の, 投げ売りの. a ～ price 捨て値. **3**〖米〗(ラジオ, テレビの)賞品[景品]付き番組 (→GIVE /../ away).

‡giv·en /gív(ə)n/ 動 **1** give の過去分詞.
2〈特別用法〉(**a**)〈名詞を伴って前置詞的に〉. .があれば, . .を考慮すれば. *Given* health, one can do any-

thing. 健康があれば何でもできる. (★If one is ～ health の意味). *Given* his lack of experience, this failure need not surprise us. 彼の経験不足を考えれば, この失敗は驚くにたりない. (**b**)〈*that* 節を伴って接続詞的に〉..と仮定すると. *Given that* this is true, what should we do? これが本当だとすれば我々はどうすべきか.

— 形 **1** Ⓒ〈限定〉**与えられた**; 一定の; (ある)特定の. on a ～ day 定められた日に. A test must be finished within a ～ period of time. 試験というものは与えられたある時間内に終えなくてはならない《一律には決まっていず, その時その時で決められる, の意味》. Some nouns, in a ～ sense, only occur in the plural. ある種の名詞はある特定の意味では複数形でしか使われない.

2 Ⓜ〈be ～ to の形で〉..の傾向[癖]がある, ..しがちである; ..が好きである; (★特に良くないことに使う). be ～ *to* drink 飲酒に耽る. He *is* ～ *to* telling lies. 彼はよく嘘をつく. **3**〘法〙〔書類が(何月何日付けで)〕(署名)作成された. *Given* [This document～] in Chicago this seventh day of July. [この書類は]この7月7日シカゴにて作成せり.

— 名 Ⓒ 既知の事項[状況].

gìven náme 名〘主に米〙=Christian [first] name, forename.

†**giv·er** /gívər/ 名 Ⓒ 与える人, 贈与者, 寄贈者.

Gi·za /gí:zə/, **Gi·zeh** /gí:zei/ 名 ギーザ《エジプト北部, カイロ近くにある都市; スフィンクスとピラミッドがある》.

giz·mo /gízmou/ 名 (複 **～s**) Ⓒ〘米俗〙**1** (新しくて便利な)道具, 仕掛け, (gadget). **2** 何とかいうもの《知らないか, 知っていても口にするのを故意に避けるもの》. He played with a ～ on the machine and it suddenly started. 何かの仕掛けをいじったら急に機械が動き出した.

giz·zard /gízərd/ 名 Ⓒ **1** (鳥類の)砂嚢(のう), 砂袋, 砂ぎも. **2** (昆虫・魚介類などの)前胃. **3**〘話〙(人の)胃.

stick in one's gízzard〘話〙気に食わない, 嫌だ.

GK goalkeeper.

Gk. Greek.

gla·brous /gléibrəs/ 形〘生物〙(産(うぶ))毛のない.

gla·cé /glæséi|⌐⌐/ 形〈限定〉**1** 砂糖でくるんだ, 氷で覆った, 凍らせた, 〔果物など〕. ～ cherries 砂糖漬けのサクランボ. **2** 滑らかでつやのある〔皮, 布など〕. [フランス語 'frozen']

glacé icing /⌐⌐⌐|⌐⌐⌐/ 名 Ⓤ 砂糖に湯を加えて作る糖衣《バースデーケーキなどにかける》.

‡**gla·cial** /gléiʃ(ə)l|-sjəl/ 形 **1** 氷の; 氷河の; 氷[氷河]によってできた; 氷河時代の. the enormous ～ masses of the Poles 極地の膨大な氷塊. ～ deposits 氷河の堆(たい)積物. **2**〘話〙氷のように冷たい〔天候, 美しさなど〕; 冷淡な〔態度など〕. ～ winds 身を切るような風. wear a ～ smile 冷ややかな笑みを浮かべる. a ～ woman 美しいが冷ややかな女性. **3** (氷河のように)動き[進行]が非常に遅い. at a ～ speed [pace] 非常にゆっくりと, のろのろと. ▷ **～·ly** 副 冷たく; 冷ややかに.

glàcial épоch [**éra, périod**] 名〈the～〉〘地〙氷河期[時代].

gla·ci·ate /gléiʃièit|-si-/ 動 他 を氷[氷河]で覆う; に氷河作用を及ぼす. a ～*d* valley (浸食などの)氷河作用を受けた谷. ▷ **glà·ci·á·tion** 名 Ⓤ 氷河作用.

***gla·cier** /gléiʃər|glǽsjə/ 名 (複 **～s** /-z/) Ⓒ **氷河**. [<ラテン語 *glaciēs*「氷」]

gla·ci·ol·o·gy /glèiʃiálədʒi|glæ̀sióːl-/ 名 Ⓤ 雪氷学. ▷ **glà·ci·ól·o·gist** 名 Ⓒ 雪氷学者.

gla·cis /gléisis|glǽsis, glǽsi/ 名 (複 ～ /-siz, -si:z/, **～·es**) Ⓒ **1** 緩い坂. **2** (堡(ほ)塁外側の)斜堤. [フランス語「凍ってすべる所」]

‡**glad**[1] /glæd/ 形 ⓔ (**glád·der**|**glád·dest**), Ⓜ

1〈叙述〉〔人が〕**うれしい, 喜んで; うれしく思う, 喜びを感じる,** ほっとする, ありがたく思う; 〈*at, about* ..について/*of* ..を, に/*to* do ..して/*that* 節 ..ということを〉; (類語 長く続く精神状態でなく, 特定の出来事に対して持つ好感を表す; →happy). I'm so ～. 大変うれしい. I am [feel] ～ *at* the news. その知らせを聞いてうれしい. His parents are very ～ *about* his success [*that* he has succeeded]. 彼の両親は彼の成功を大変喜んでいる. He'd be ～ *of* your help. 君に手伝ってもらえれば彼はありがたいだろう. I am ～ [*Glad*] *to* see [meet] you. お目にかかれてうれしい. I would be ～ if you would be quiet. 静かにして欲しいものだね《Be quiet! と言うのに等しい》. 注意「..せざるを得ない」と訳したらよい場合がある: He fought bravely, but at last he was ～ to flee the country. 彼は勇敢に戦ったが, ついに国外に逃げざるを得なかった.

2〈叙述〉**喜んで..する**〈*to* do〉(willing). I'll be ～ *to* go with you. 喜んで御一緒します.

3〈限定〉喜ばしい, 楽しい, うれしい; 明るい; (注意 人には用いない). ～ news [reports, 〘古〙tidings] よい知らせ. her ～ countenance 彼女のうれしそうな顔つき. the ～ sun shine 明るい日ざし.

◇↔sad 動 gladden [<古期英語]

glad[2] 名〘話〙=gladiolus.

†**glad·den** /glǽdn/ 動 他 〔物事が〕〔人(の心)〕を喜ばす (↔sadden).

glade /gleid/ 名 Ⓒ **1**〘雅〙森林の中の空き地 (clearing). **2**〘米〙=everglade 1.

[glade 1]

glád èye 名〈the ～〉〘話〙色目. give her the ～ 彼女に色目を使う.

glád hànd 名〈the～〉〘話〙歓迎(の手); (特に, うわべだけの)大歓迎.

glád-hànd 動 他〘話〙〔人〕を大いに歓迎する《特に, 心と裏腹に歓迎するポーズをとることを言う》.

▷ **glád-hànd·er** 名 Ⓒ 歓迎する人, 接待係; 誰にでも誠実に接する人.

glad·i·a·tor /glǽdièitər/ 名 Ⓒ **1** (古代ローマの)剣闘士《普通, 奴隷・捕虜が闘技場で見せ物として真剣勝負をさせられた》. **2**〈一般に〉格闘者, 闘士; 論客.

glad·i·a·to·ri·al /glæ̀diətɔ́:riəl ⑱/ 形 剣闘(士)の.

glad·i·o·lus /glæ̀dióuləs/ 名 (複 **glad·i·o·li** /-lai/, **～·es**) Ⓒ グラジオラス《アヤメ科の多年草》. [<ラテン語 *gladius*「剣」]

‡**glad·ly** /glǽdli/ 副 Ⓜ **喜んで, 快く; うれしそうに**; (↔sadly). I'm sure he'll help ～. きっと彼は喜んで手伝ってくれるでしょう.

†**glád·ness** 名 Ⓤ 喜び, うれしさ, (↔sadness).

glád ràgs 名〘話〙〈one's ～; 複数扱い〉晴れ着, 一張羅.

glad·some /glǽds(ə)m/ 形〘古・詩〙楽しい; 喜ばしい; (cheerful). ▷ **～·ly** 副

Glad·stone /glǽdstoun|-stən/ 名 **1 William E.** ～ グラッドストーン (1809–98)《英国の政治家・首相》. **2** Ⓒ 中型旅行かばん (**Gládstone bàg**)《真ん中から2つに開く; 1の名にちなんだもの》.

Glad·ys /glǽdis/ 名 女子の名.

glam·or /glǽmər/ 名〘米〙=glamour.

Gla·mor·gan /gləmɔ́:rgən/ 名 グラモーガン《かつてウェールズ南東部の州; 1974年 Mid ～, South ～, West ～ の3州に分かれる》.

glam·or·ize,〘時に米〙**-our-,**〘時に英〙**-o(u)r·ise** /glǽməràiz/ 動 他 **1** を魅惑的にする; に魅力を与える. **2** を美化する. Some movies ～ violence. 暴力を美化して見せる映画がある. ▷ **glàm·or·i·zá·tion** 名

†**glam·or·ous** /glǽmərəs/ 形〔人, 物事が〕魅惑的な, 魅力的な. a ～ movie star 魅惑的な映画スター. a

〜 job 魅力のある仕事. ▷〜·ly 副 魅惑的に.

***glam·our,** 〘時に米〙**-or** /glǽmər/ 名 (注意 つづりは〘米〙でも glamour が普通) **1** U **魅力**, 魅惑; うっとりさせる美しさ; 魔力. the 〜 of moonlight on the tropical sea 熱帯の海を照らす月光の魅惑的な美しさ. **2** U (特に女性の)性的魅力; 〈形容詞的〉(肉体的·性的)魅力のある. the 〜 of the actress その女優が持つ(性的)魅力. a 〜 girl [boy] 魅力的な女性[男性]. **3** UC 魔法, 魔術, まじない. cast a 〜 over ..に魔法をかける, ..を魅了する. [grammar「学問, 魔術」の変形]

***glance** /glæns|glɑːns/ 名 (**glánc·es** /-əz/) C **1 ちらりと見ること**, 一瞥(べつ), 一見, 〈*at, into, over* ..を, の〉(→glimpse 類語). take [give] a 〜 *at* [*over*] the newspaper 新聞にざっと目を通す. The two women exchanged 〜*s* [a 〜] when they passed each other. 二人の女性は擦れ違う時に素早く相手に視線を走らせた. A 〜 *at* his eyes told me he was lying. 目を一目見たら彼がうそをついているのが分かった.

> 連結 a quick [a cursory, a hasty; a curious, a searching, a suspicious; a knowing; a meaningful; a timid] 〜 // cast [shoot, throw] a 〜 at .., steal a 〜 (at..)

2 ほのめかし; あてこすり. **3** きらめき; 閃(せん)光 (flash). **4** (弾丸などが物に)浅い角度で当たってそれること, かすめること. **5** 〘クリケット〙 はす打ち, グランス.

at a glánce 一目で, 一見して. tell *at a* 〜 一目で[すぐに]分かる. He recognized me *at a* 〜. 彼は一目で私と分かった.

at first glánce =at first SIGHT.

── 動 (**glánc·es** /-əz/|過 過分 **〜d** /-t/|**glánc·ing**) 自 **【ちょっと見る】** VA **1 ちらりと見る** 〈*at* ..を〉; ちらりと見回す 〈*around* (..を)〉; 一見する, ざっと目を通す, 〈*at, down, over, through* ..を, に〉; (類語「ちらりと見る」ことで, look の系統の語; →see). The girl 〜*d at* him and smiled. その女の子は彼をちらりと見てほほえんだ. 〜 *through* a magazine 雑誌にざっと目を通す. 〜 *over* a letter 手紙をさっと読む.

2 VA (ある方向へ)目[視線]を移す. He 〜*d up* from his paper and looked at her. 彼は新聞から顔を上げて彼女を見た. 〜 *away* from him 彼から目をそらす.

【ちょっとだけ触れる】 **3** VA (話したり, 書いたりする時に)ちょっと触れる 〈*at, over* ..に〉; 〔話が〕脇(わき)道へそれる 〈*off, from* ..から〉; あてこする 〈*at* ..を〉. He only 〜*d at* the incident without comment. 彼は論評抜きでその出来事にちょっと触れただけだった.

4 〘章〙 VA (〜 ***on, off***..) ..に反射してきらりと光る, きらめく. The sun 〜*d on* the swords and spearheads. 太陽の光が刀や槍(やり)の穂先にきらめいた.

5 VA (〜 ***off*** (..)) 〔弾丸, ボールなどが〕浅い角度で当たって..をそれる[かすめる, ..からはねかえる]. The bullet 〜*d off* (the wall). 弾丸が(壁に当たって)それた.

6 VA (〜 ***off*** (..)) 〔小言, 皮肉などが〕(〔人〕に)通じない.

── 他 **1** 〘古〙 〔目など〕をちょっと向ける. 〜 one's eye *over* [*at, down, through*] the headlines 新聞の見出しにさっと目を通す. **2** 〘クリケット〙 〔球〕をはす打ちでそらす. [<古期フランス語「滑べる」(<*glace* 'ice')]

glanc·ing /glǽnsiŋ|glɑ́ːns-/ 形 〈限定〉(まともに命中しないで)かすめる〔打撃など〕. The champ hit [struck] him a 〜 blow on the temple. チャンピオンの一撃は彼のこめかみをかすった. ▷〜·ly 副

†**gland** /glænd/ 名 C 〘解剖〙 腺(せん). endocrine [exocrine] 〜*s* 内[外]分泌腺. [<ラテン語「小さなドングリ」]

glan·ders /glǽndərz/ 名 〘獣医〙 〈普通, 単数扱い〉鼻疽(びそ)病《馬, ラバなどの伝染病》.

glan·des /glǽndiːz/ 名 glans の複数形.

glan·du·lar /glǽndʒələr|-djə-/ 形 〘解剖〙 腺(せん)の.

glàndular féver 名 U 〘医〙 腺(せん)熱.

glans /glænz/ 名 (複 **glan·des** /glǽndiːz/) C 〘解剖〙 (penis や clitoris の)亀頭. [ラテン語 'acorn']

***glare** /gleər/ 名 (複 **〜s** /-z/) **1** U (目を痛めるような強い)**ぎらぎらする光**, まぶしい光. in the 〜 of the desert sun 砂漠を照らすぎらぎらする日光の中で. He was blinded by the 〜 of the car's headlights. 彼はその車のぎらぎらするヘッドライトの光に目がくらんだ. **2** C 〈普通 a 〜〉(怒り, 憎しみなどを込めて)**にらみつけること**. with a hostile 〜 敵意を持った眼差しで. He gave me an angry 〜. 彼は怒って私をにらみつけた.

3 U けばけばしさ, どぎつさ; 目立つこと.

in the (fùll) glàre of publícity 世間の注目を浴びて, 衆目の中で.

── 動 (**〜s** /-z/|過 過分 **〜d** /-d/|**glar·ing** /glé(ə)riŋ/) 自 **1 ぎらぎら光る**; まぶしく照る. The sun 〜*s down upon* the sands. 日は砂漠をぎらぎらと照らす. **2** にらみつける 〈*at* ..を〉. The two stood *glaring at* [*on*] each other. 2 人はにらみ合って立っていた.

── 他 〔怒りなど〕をにらみつけて表現する. 〜 hatred [defiance] at each other 互いに憎悪[敵愾(がい)心]を顔にむき出しにする. [<中期オランダ語; glass と同根]

‡**glar·ing** /glé(ə)riŋ/ 形 〈普通, 限定〉 **1** ぎらぎらと光る; まぶしい光を出す. the 〜 headlights of a car 自動車のまぶしいヘッドライト. in 〜 primary colors どぎつい原色を使って. **2** 非常に目立つ; 明白な. a 〜 error 紛れもない誤り. a 〜 lie 真っ赤なうそ. **3** にらみつける. with 〜 eyes 目を怒らして. ▷**〜·ly** 副 ぎらぎらと; 目立って; 火を見るより明らかに. **〜·ness** 名

glar·y /glé(ə)ri/ 形 ぎらぎら光る (glaring 1).

Glas·gow /glǽsgou, -kou|glɑ́ːz-, gɑ́ːs-/ 名 グラスゴー《スコットランド南西部の都市》. ◇形, 名 Glaswegian

glas·nost /glǽsnɑ̀st|-nɔ̀st/ 名 U グラスノスチ, 情報公開, 公開(性), 《perestroika とともに旧ソ連 Gorbachev 政権の政策の柱》. [ロシア語]

‡**glass** /glæs|glɑːs/ 名 (複 **gláss·es** /-əz/)

1 (**a**) U **ガラス**; ガラスに似た物質; ガラス製のもの《ケース, 温室など》. *Glass* breaks easily. ガラスは割れやすい. two panes of 〜 2 枚の窓ガラス. opaque 〜 すりガラス. stained 〜 ステンドグラス. strengthened 〜 強化ガラス. jewelry under 〜 ガラスケースに納まった宝石類.

> 連結 brittle [shatterproof, strong; thick; bulletproof; clear, transparent; translucent; cut] 〜

(**b**) 〈形容詞的〉ガラスの, ガラス製の; ガラス張りの. a 〜 case ガラスケース (★アクセントは a glàss cáse; a gláss càse とすると「ガラス製品をいれるもの」). a 〜 deer ガラス(細工)のシカ. a 〜 window ガラス窓. Those [People] who live in 〜 houses should not throw stones. 〘諺〙 すねに傷持つ者は人を非難してはならぬ.

2 C (特にガラス製の)**コップ**, **グラス**, 杯. a wine 〜 ワイングラス. raise one's 〜 to.. ..のために乾杯する. She clinked her 〜 on [against] mine. 彼女はグラスを私のにちりんと当てた.

3 C **コップ 1 杯分**; グラス 1 杯の飲み物《特に酒》. two 〜*es* of water コップ 2 杯の水. I drink a 〜 of milk every morning. 毎朝コップ 1 杯の牛乳を飲む. He has had a 〜 too much. 彼はかなり酔っている.

4 U 〈集合的〉**ガラス製品**; ガラス器類; (glassware). 〜 and china ガラス器と陶磁器. table 〜 食卓用ガラス器具類.

5 C 〘主に英話〙 **鏡** (looking glass). Look at yourself *in* the 〜. 鏡で自分の姿を見なさい.

6 〈〜es〉 **眼鏡**; 双眼鏡, オペラグラス; (類語「眼鏡」の意味で一般的な語; →eyeglass, spectacle). a pair of 〜*es* 眼鏡 1 丁. wear 〜*es* 眼鏡をかけている. colored

[dark] ~es 色眼鏡 (sunglasses).

連結 strong [bifocal; reading; tinted; gold-rimmed, horn-rimmed; rimless] ~es // put on [take off; polish] one's ~es

7 Ⓒ レンズ; 望遠鏡; 顕微鏡; 〈the ~〉晴雨計; 砂時計. a magnifying ~ 拡大鏡, 虫眼鏡. a reading ~ 読書用拡大鏡. The ~ is rising [falling]. 晴雨計(の気圧)が上昇[下降]している.

8 Ⓤ〖英〗温室. grow vegetables *under* ~ 野菜を温室で栽培する.

── 動 他 **1** VOA (~ X *in, over*) にガラスをはめる; X をガラスで覆う. **2**〖詩〗〈普通 ~ oneself の形で〉影[像]を映す. [<古期英語; glare と同根]

gláss blòwer 名 Ⓒ ガラス吹き職人.

gláss blòwing 名 Ⓤ ガラス吹き作業[製法].

glàss céiling 名 Ⓒ 〈普通, 単数形で〉'ガラスの天井' 《(昇進などを妨げる)目に見えない人種[性]差別などの壁》. hit [break through] the ~ 差別[偏見]の壁を破る[破って昇進する].

gláss cùlture 名 Ⓤ 温室栽培.

gláss cùtter 名 Ⓒ ガラス切り; ガラス切り工.

glàss éye 名 Ⓒ ガラス製義眼.

glàss fíber 名 Ⓤ ガラス繊維, グラスファイバー.

glass·ful /glǽsfùl|glɑ́ːs-/ 名 Ⓒ コップ[グラス] 1 杯(の量). two ~s of water グラス 2 杯の水.

gláss harmònica 名 Ⓒ グラスハーモニカ《楽器》.

gláss·hòuse 名 (複 →house) Ⓒ **1**〖英〗温室 (greenhouse). **2**〖米〗ガラス工場 (glassworks). **3**〖英話〗営倉.

glass·ine /glæsíːn/ 名 Ⓤ ガラス薄葉紙, グラシン, 《書物の表紙の上がけなどに使用》.

glàss jáw 名 Ⓒ〖ボクシング・話〗ガラスのあご《打たれるとすぐ倒される》.

gláss pàper 名 Ⓤ 紙やすり《ガラス粉末が塗ってある》.

glàss slípper 名 Ⓒ (Cinderella の)ガラスの靴.

gláss snàke 名 Ⓒ〖動〗アシナシトカゲ《北米南部産のヘビに似たトカゲ; 尾がガラスのようにもろい》.

gláss·wàre 名 Ⓤ ガラス製品《特に食器類, 装飾品》.

glàss wóol 名 Ⓤ ガラス綿《保温・断熱・防音材》.

gláss·wòrks 名 (複 ~) Ⓒ ガラス工場.

glass·y /glǽsi|glɑ́ːsi/ 形 **1** ガラス質の; ガラスのような; 滑らかで[つるつるして]輝いている; 〔水面などが〕鏡のような. a ~ sea 鏡のような海. **2** 無表情の; 生気のない; 〔表情などが〕ぼんやりした. a ~ stare [look] うつろな目つき. ▷ **glass·i·ly** 副 **glass·i·ness** 名

glàssy-éyed /⑧/ 形 うつろな目をした.

Glas·we·gian /glæswíːdʒən, glæz-/ 形 グラスゴー(Glasgow)(市民)の. ── 名 Ⓒ グラスゴー市民.

glau·co·ma /glaukóumə|glɔː-/ 名 Ⓤ〖医〗緑内障, あおそこひ.

glau·cous /glɔ́ːkəs/ 形 **1** 薄い青緑[黄緑]色の. **2**〖植〗〔葉, 果実が〕白い粉をふいた.

‡**glaze** /gleiz/ 動 他 **1** を(滑らかなもので)覆う; 〔陶器など〕に上薬を塗る; に(卵, 砂糖, シロップなどの)衣[照り]を付ける; につやを付ける. ~ leather 皮につやを付ける.

2 〔窓など〕にガラスをはめる, 〔家〕にガラス窓を付ける.

── 自 〔目が〕ぼんやりする, かすむ. ~ (*over*) from lack of sleep 〔目が〕睡眠不足でとろんとする.

── 名 **1** Ⓤ 上薬をかけること; ⓊⒸ (上薬をかけた焼き物の)つやのある表面; Ⓒ 上薬. **2** Ⓒ〖料理〗(照りを付ける)たれ, グレーズ; 〖絵画〗(画面に塗る透明な)上塗り剤. **3** ⓊⒸ〖米〗雨氷, 薄く張った氷. a ~ (of ice) on the road 道路一面に張った薄氷. **4** ⓊⒸ (衰えた目にできた)薄い膜. [<中期英語 *glas* 'glass']

‡**glazed** /gleizd/ 形 **1** ガラスをはめた. **2** 上薬を塗った; つや出しをした. **3** 〔目などが〕ぼんやりした (glassy 3).

gla·zier /gléiʒər|-ziə/ 名 Ⓒ 窓ガラス職人, ガラス工; ガラス屋.

glaz·ing /gléiziŋ/ 名 **1** Ⓤ ガラス工事; (窓用の)ガラス(板). **2** Ⓒ 上薬; Ⓤ 上薬がけ(を施した表面).

***gleam** /gliːm/ 名 (複 ~s /-z/) Ⓒ **1** (自ら発する, 又は反射した青白い)かすかな光[輝き], 微光. the ~ of a lighthouse 灯台の明かり. the ~ of a new car 新車の(ぴかぴかした)輝き. the first ~(*s*) of the sun (出かかった)太陽の最初の光線, 曙光.

連結 a faint [a distant] ~ // send out [emit, flash] a ~

2 〈単数形で〉(目の中の)輝き. with a victorious [glamorous] ~ in one's eye 勝ち誇った[魅力的な]輝きを目に浮かべて.

3 (機知, 希望などのかすかな)ひらめき, 現れ. a ~ of hope ほのかな望み. a ~ of wit 機知のひらめき.

a glèam in a pèrson's éye〖話〗(漠然と)考えてはいるがまだ実行に移していないことがら, 人にとって将来の楽しみ, 実現[出現]が待ち遠しいもの[人].

── 動 (~s /-z/|過 過分 ~ed /-d/|**gléam·ing**) 自 **1** 〔金属など(光を反射して)光沢のあるものが〕きらめく; 〔月, 太陽, 明かりなどが〕かすかに光る; ちらちらする; (類語 何かを通して, 又は比較的暗いものを背景にして光ること; → glimmer, shine). The light of a beacon ~*ed* in the distance. 信号塔の光が遠くにきらりと光った.

2 〔感情などが〕(目や顔に)ちらりと現れる, ひらめく; 〔目が〕(感情を宿して)きらりと光る. Enmity ~*ed* in his eyes. (=His eyes ~*ed* with enmity.) 彼の目には敵意がちらっと光った.

[<古期英語] ▷ **gléam·ing** 形 きらめく.

‡**glean** /gliːn/ 動 他 **1** 〔情報など〕を(少しずつ)収集する〈*from* ..から〉(類語 細かいものや落ちこぼれを拾い集めること; →gather). ~ information *from* various periodicals いろいろな雑誌から情報を拾い集める. **2** 〔落ち穂〕を拾い集める; 〔畑〕から落ち穂を拾う. ~ the grain [a field] 落ち穂を拾う. ── 自 落ち穂拾いをする. [<後期ラテン語]

gléan·er 名 Ⓒ 落ち穂拾いをする人; 収集者.

gléan·ings 名 〈複数扱い〉 **1** (集めた)落ち穂. **2** 拾い集めたもの; 収集したもの《特に, 情報》.

glebe /gliːb/ 名 **1** Ⓒ〖キリスト教〗教区所有(耕)地. **2** Ⓤ〖古・詩〗土, 大地; 畑.

†**glee** /gliː/ 名 **1** Ⓤ 喜び, 歓喜; 楽しみ; (類語 微笑となって表れるような「喜び」; また他人の不幸や失敗を喜ぶ場合もある; →pleasure). dance about with ~ はしゃいで[大喜びで]踊り回る. **2** Ⓒ (3 部以上の主に男声の)無伴奏合唱曲. [<古期英語「娯楽」]

glée clùb 名 Ⓒ (男声)合唱団, グリークラブ.

glée·ful /glíːf(ə)l/ 形 (幸運なことがあって, 又は他人に不幸なことがあって)大喜びの; 陽気な; うれしい; 小気味よさそうな. ▷ **~·ly** 副 大喜びで, 愉快に; 小気味よさそうに.

glen /glen/ 名 Ⓒ (特にスコットランド, アイルランドの)峡谷, 谷間.

glen·gar·ry /glengéri|-gǽri/ 名 Ⓒ 〈また G-〉グレンガリー帽《スコットランド高地人のかぶる男性用の縁なし帽》(**gléngarry bònnet**).

Glenn /glen/ 名 **John** ~ グレン (1921–)《米国の宇宙飛行士・政治家; 米国最初の地球周回飛行者》.

glib /glib/ 形 ⓔ (-bb-) **1** ぺらぺらしゃべる, 口達者な. a ~ talker おしゃべり(な人). have a ~ tongue 舌がよく回る. **2** うわべだけの; 真剣さがない, いい加減な, 内容空疎な. a ~ compliment 体(てい)のいいお世辞. a ~ explanation いい加減な説明. **3** くつろいだ; 気軽な; *ぞんざいな*. ▷ **glíb·ness** 名

glíb·ly 副 ぺらぺらと. talk ~ about democracy 民主主義について得々と語る.

***glide** /glaid/ 動 (~**s** /-dz/|過 過分 **glíd·ed** /-əd/|**glíd·ing**) 自 **1 滑る, 滑るように動く**[飛ぶ, 流れる]; 滑走する; 〖空〗(エンジンを使わずに)滑空する; (類語 slide よりも, 音もなくなめらかに滑ることを強調する; →slip[1]). A snake ~*d across* the path. ヘビが小道を滑るように横切った. I saw a kite ~, drawing a circle in the air. トビが1羽大空に円を描いて飛ぶのが見えた. The iceboat ~*d over* the frozen lake. 氷上ヨットは凍った湖の上を滑った. The car slowly ~*d* to a stop. 自動車はゆっくりと滑るようにして止まった.
2 VA 〔時間などが〕**いつの間にかたつ**, 経過する, 〈*by, along*〉. The weeks ~*d by*. 数週間何事も無く過ぎた. **3** VA いつの間にか陥る〈*into* ..に〉. ~ back *into* old habits いつの間にか昔の習慣に戻る.
── 他 を滑走[滑空]させる; を滑らせる. ~ one's steps すり足で進む.
── 名 (複 ~**s** /-dz/) C **1 滑走**, するする動くこと; 〖ダンス〗すり足のステップ, (すべるような動きの)グライドダンス. **2** 〖空〗滑空. **3** 〖楽〗スラー, 連結線, (slur).
4 〖音声〗(**a**) わたり音《ある音とその後続音との間に自然に生ずる音; 例えば experience /ikspí(ə)riəns/ の /ə/, strength /streŋ(k)θ/ の /k/》. (**b**) 半母音 (semivowel)《/j/, /w/など; わたり子音とも言う》. **5** (椅子・テーブルの脚の底に付け移動を容易にするための)すべり金具.
[<古期英語]

glíde pàth 名 C 〖空〗グライドパス《計器着陸システムの一部で, 地上レーダーが指示する着陸降下コース》.

***glid·er** /gláidər/ 名 (複 ~**s** /-z/) C **1 グライダー**(の操縦士). **2** 滑る人[もの]. **3** 〖米〗(ヴェランダなどに置くぶらんこ式の)つりいす.

glid·ing /gláidiŋ/ 名 U グライダー乗り[飛行]《スポー↑ツとしての》.

†**glim·mer** /glímər/ 名 C **1** (自ら発する, 又は反射する)かすかな(ちらちらする)光, 微光, (flicker). a ~ of light at the end of the tunnel トンネルの向こうの端に見えるかすかな光. **2** かすかに感じる[分かる]こと, わずかな兆し; ごくわずか; (gleam 3, sign) 〈*of* ..の〉. a (faint) ~ *of* hope かすかな望み. begin to have a ~ *of* his greatness 彼の偉大さがおぼろげに分かり始める. He does not have the least [slightest] ~*of* wit. 彼はウィットのかけらもない.
── 動 自 ちらちら光る; かすかに光る; かすかに見える[現れる]; (類語 弱い[遠くの]光源から断続的に光ること; →shine). The stars were ~*ing* in the sky. 星が空でちかちか光っていた. [?<古期北欧語]

glím·mer·ing /-riŋ/ 名 C **1** かすかな光. **2** 〈しばしば ~s〉かすかなしるし, 気配, (sign) 〈*of* ..の〉. He didn't show any ~*s of* interest in the topic. 彼はその話題には全然関心を示さなかった. ── 形 かすかに光る; おぼろげな. I have only a ~ idea of the subject. その問題を漠然としかつかんでいない.

***glimpse** /glimps/ 名 (複 **glímps·es** /-əz/) C
1 ちらっと見えること (類語 glance はちらりと見ること, glimpse はちらりと見えること; 従って普通は *give* [take] a glance at..に対し *get* [catch, have] a glimpse of .. と言う). catch a ~ *into* the future 未来をかいま見る. got only a ~ of him as he ran past. 彼が走っていく姿がちらっと見えただけだ.

連結 a brief [a fleeting, a momentary, a passing; a tantalizing] ~

2 ちらっと感じ取る[知る]こと 〈*of* ..を〉; かすかな現れ 〈*of* ..の〉. occasional ~*s of* her intelligence 時折りかいま見える彼女の聡(そう)明さの片鱗(へんりん).
── 動 (**glímps·es** /-əz/|過 過分 ~**d** /-t/|**glímps·ing**) 他 **1** をちらっと見る; を瞬間的に見る; (類語「ちらりと見える」ことで, SEE の系統の語). I ~*d* John as he drove by in his car. ジョンが車で行くのをちらりと見かけた. **2** をちらりと感じ取る, おぼろげに知る.
── 自 素早く[ちらりと]見る〈*at* ..を〉. [<中期英語]

†**glint** /glint/ 名 C **1** きらめき; きらきらする光. a ~ of gold 金のきらめき. **2** (感情を表す)眼の光, 瞬間的[かすかな]現れ. He turned to me with a malicious ~ in his eye(s). 彼は悪意に光るまなざしで私の方を向いた. **3** (金属などが)ぴかぴかしていること, 光沢.
── 動 自 輝く; きらりと光る; (類語 瞬間的に光ること; →shine). His glasses ~*ed in* the sun. =Sunlight ~ed *on* his glasses. 彼の眼鏡は日に当たってきらりと光った. Her eyes ~*ed with* mockery. =Mockery ~*ed in* her eyes. 彼女の目にきらりとあざけりの色が光った. ── 他 をきらきら光らせる[反射する].
[?<古期北欧語]

glis·sade /glisá:d, -séid/ 名 C **1** 〖登山〗グリセード, 制動滑降,《氷・雪の急斜面をピッケルなどでブレーキをかけながら滑り降りること》. **2** (特にバレエの)グリサード, 滑歩,《足を滑らすステップ》. ── 動 自 **1** グリセードで滑る. **2** グリサードで踊る. [フランス語(<*glisser*「滑べる」, -ade)]

glis·san·do /glisá:ndou|-sǽn-/ 名 (複 ~**s, glis·san·di** /-di:/) C 〖楽〗グリッサンド, 滑奏(法)《例えばヴァイオリンでひと続きの音の列を1本の指を滑らせて演奏する》. ── 形, 副 グリッサンド奏法の[で]. [イタリア語 'sliding']

***glis·ten** /glís(ə)n/ 動 (~**s** /-z/|過 過分 ~**ed** /-d/|~**·ing**) 自 **きらきら[ぴかぴか]光る**, 輝く, 〈*with* ..で〉(類語 液体や, 水や油で濡(ぬ)れた物の輝きを表すことが多い; →shine). Her eyes were ~*ing with* tears [delight]. 彼女の目は涙で光っていた[喜びに輝いていた].
── 名 C きらめき, 輝き. [<古期英語]

glis·ter /glístər/ 動 〖古〗=glitter.

glitch /glitʃ/ 名 C 〖話〗 **1** (突然の)軽い故障, 不調. **2** (異常電流による)誤った電気信号, 電気回路の電圧の乱高下.

***glit·ter** /glítər/ 動 (~**s** /-z/|過 過分 ~**ed** /-d/|~**·ing** /-riŋ/) 自 **1** (自ら光を発して, 又は反射して)〔宝石や星などが〕**ぴかぴか光る**, きらきら輝く, 〈*with* ..で〉(類語 金属的な乾いた物の持続的な輝きを表す; →shine). All is not gold that ~*s*.=All that ~*s* is not gold. 〖諺〗光る物必ずしも金ではない. White buildings ~*ed* in the sunlight. 白い建物が日光にきらきら輝いた. Her eyes ~*ed* with jealousy. 彼女の目は嫉妬で輝いた. **2** 〖章〗きらびやかである, 人目を奪う, 〈*with* ..で〉. His speech ~*s with* wit. 彼の話は才気がきらきらしている.
── 名 **1** aU **きらめき**, 輝き. the ~ of diamonds ダイヤモンドの輝き. with a mischievous ~ in one's eyes 目をいたずらっぽく輝かせて. **2** U (みかけの)きらびやかさ, 華やかさ; 人目を引くこと, 魅力 (glamor). **3** U 〈集合的〉(クリスマスツリーや衣服につける)小さな輝く装飾品 (→sequin). [<古期北欧語]

glit·te·ra·ti /glìtərá:ti/ 名 〖話〗〈複数扱い〉社交界のお歴々[名士たち], 優雅な金持ち連中, (★主にジャーナリズム用語). [<*glitter*+*literati*]

‡**glít·ter·ing** /-riŋ/ 形 〈限定〉きらきら輝く; きらびやかな; 輝かしい. her ~ performance 彼女の華やかな演技. a ~ career as a diplomat 外交官としての華麗な経歴.

glit·ter·y /glítəri/ 形 =glittering.

glitz /glits/ 名 U 〖俗〗けばけばしさ, 派手.

glítz·y 形 e 〖俗〗けばけばしい, (やたらに)派手な.

gloam·ing /glóumiŋ/ 名 U 〖詩〗〈the ~〉たそがれ, 夕暮れ, かわたれどき, 薄明かり, (twilight).

‡**gloat** /glout/ 動 自 満足そうに[小気味よさそうに]眺める, 満悦する, 〈*over, about, at* ..〔自分の幸せ[他人の不幸]など〕を[に]/that 節 ..ということを[に]〉. The old miser ~*ed over* his gold. その老いたけちん坊は自分の金を眺めてはほくそ笑んだ. ~ *over* the misfortune of others 他人の不幸を喜ぶ. He ~*ed that* his rival had

no chance of being elected. 彼は競争相手が当選する見込みは全くないことにほくそえんだ. ── 名 aU 満悦, にんまり喜ぶこと. have a ～ over ..にんまりする. [?<古期北欧語] ▷**glóat·ing·ly** 副 満足そうに.

glob /glɑb|glɔb/ 名 C 〖話〗(液体の)小滴, しずく, (泡, クリーム, 泥, 精液などどろりとしたものの)丸いかたまり.

*__glob·al__ /glóub(ə)l/ 形 **1** ⓒ **全世界[地球規模]の**, 世界的な, グローバルな. ～ problems 世界的問題. a ～ war 世界戦争. **2** ⓒ 球状の. **3** ⓜ **包括的な**, 全体の. take a ～ view of the educational problems 教育問題について全体的な見方を取る. **4**〖電算〗汎用の, グローバルな, 《プログラムなどの変数の有効範囲が広いこと》. ▷**～·ly** 副 世界的に(見ると); 全体的に. Think *～ly*, act locally. 地球規模で考え, 地域規模で行動せよ《環境保護主義者の主張》.

glob·al·ism /glóubəlìz(ə)m/ 名 U 世界的干渉主義, 世界的規模化. ▷**glób·al·ist** 名

glób·al·ìze 動 他, 自 (を)世界化する, (を)世界[地球]的規模にする[なる]. ▷**glòb·al·i·zá·tion** 名

glòbal posìtioning sýstem 名 C 全地球測位システム《人工衛星からの電波により自己や, ある地点の位置を正確に測定するシステム; カーナビゲーターもこの利用; 略 GPS》.

glòbal próduct 名 C 世界商品《コカコーラのように, 同一ブランド名で全世界で販売される商品》.

glòbal víllage 名 C 〈普通, 単数形で〉世界村《通信手段の発達などで, 世界が一つの村のように狭くなったとされる 20 世紀後半の世界; Marshall McLuhan の造語》.

glòbal wárming 名 U (温室効果 (greenhouse effect) による)地球温暖化.

glo·bate /glóubeit/ 形 球形の, 球状の.

*__globe__ /gloub/ 名 (複 **～s** /-z/) C **1** (**a**) 〈普通 the ～〉 **地球**, 世界, (類語「地球」が球形であることを強調する; →earth); 地球儀. circle the ～ 地球[世界]を 1 周する. (**b**) 天体《惑星・太陽など》. **2** **球**, 球体; 球状の物《ランプのほや, 電球, 金魚鉢など》; (完全な「球体」は sphere). **3** ＝orb 4. [<ラテン語 *globus*「球」]

glòbe ártichoke 名 ＝artichoke 1.

glóbe·fìsh 名 (複 →fish) C 〖魚〗フグ (puffer).

Glòbe Théatre 名 〈the ～〉グローブ座, 地球座, 《London 郊外の劇場で, Shakespeare 劇を上演; 1599 年建設》.

glóbe-tròt 動 (～s|-tt-) 自〖話〗〈普通, 進行形で〉世界中を(観光)旅行して歩く; (仕事で)いつも世界中を飛び歩く. ▷**～·ter** 名 C 世界中を旅行して歩く人; (いつも)世界を飛び歩いている人. **～·ting** 名, 形〈限定〉

glo·bose /glóubous, -ˊ/ 形 ＝globular 1. ▷**～·ly** 副

glob·u·lar /glɑ́bjələr|glɔ́b-/ 形〖章〗〈普通, 限定〉 **1** 球状の, 球形の, (★完全な「球体の」は spherical が普通). **2** 小球から成る. a ～ cluster〖天〗球状星団. ── 名 C 〖天〗球状星団 (globular cluster). ▷**～·ly** 副

glob·ule /glɑ́bju:l|glɔ́b-/ 名 C **1** (特に液体の)小球体, 小滴, 粒; 丸薬. **2**〖天〗胞子, グロビュール, 《星生成過程の小さな暗黒星雲》.

glob·u·lin /glɑ́bjulin|glɔ́b-/ 名 U 〖生化〗グロブリン《動植物組織にある, 一群の非水溶性蛋白(たん)質》.

glock·en·spiel /glɑ́kənspì:l|glɔ́k-/ 名 C 鉄琴 (→xylophone). [ドイツ語 'bell-play']

*__gloom__ /glu:m/ 名 **1** (**a**) U 〈the ～〉**暗がり**, 薄暗がり, (★darkness ほど暗くはない). the green ～ of the trees around me 私の周りの小暗い緑陰. (**b**) C 〈時に～s〉〖詩〗うす暗い場所, 日陰. **2** aU **憂うつ**, 陰うつさ; 意気消沈. cast a (feeling of) ～ over the whole family 家族全体に暗い影を投げる. sink into ～ 憂うつに陥る. a period of economic ～ 不景気な時期. the ～ and doom about the country's future 国家の暗い見通し. [<中期英語(<?)]

*__gloom·y__ /glú:mi/ 形 e (**gloom·ier**|**gloom·iest**) **1 暗い; 薄暗い; 陰気な**; うっとうしい; (類語 単に暗いだけでなく, 陰気さを含む; →dark). ～ skies 暗い空. a ～ room 薄暗い[陰気な]部屋. ～ weather うっとうしい空模様.

2 (**a**) 〔人が〕**憂うつな**, ふさぎ込んだ. Don't be so ～ about your future. 先のことを考えてふさぎ込むな. (**b**) 〔状態が〕希望のない, 気をめいらせる. a ～ outlook 暗い見通し. ～ prospects 悲観的な将来の見通し. ◊↔cheerful 名 gloom ▷**gloom·i·ly** 副 憂うつ(そう)に; 陰気に. **gloom·i·ness** 名

glop /glɑp|glɔp/ 名 U 〖米俗〗 **1** どろどろの物[まずい食物]. **2** 感傷的であること.

Glo·ri·a /glɔ́:riə/ 名 **1** 女子の名. **2** C 〈the ～〉(Gloria[英語では Glory]で始まる)栄光の賛歌《神をほめたたえるいくつかの賛美歌のうちの 1 つ; →doxology》. **3** C 〈g-〉光輪, 後光. [ラテン語 'glory']

glo·ri·fi·ca·tion /glɔ̀:rəfəkéiʃ(ə)n/ 名 **1** U 賛美する[される]こと. **2** UC 美化(されたもの). the ～ of violence 暴力の美化. **3**〖話〗＝celebration 2.

glo·ri·fied 形 〈限定〉実際以上によく見える, 見せかけだけの, 名ばかりの. The dictionary is no more than a ～ phrase book. その辞書は見せかけだけ立派な慣用表現集にすぎない.

*__glo·ri·fy__ /glɔ́:rəfài/ 動 (**-fies** /-z/| 過 過分 **-fied** /-d/| **～·ing**) 他 **1** 〔人, 業績, 能力など〕を**ほめたてる**, 賞賛する. The whole nation *glorified* the astronaut. 全国民はその宇宙飛行士をほめたたえた. **2** 〔神〕をほめたたえる. **3** に栄光をもたらす; の栄誉となる. His deeds have *glorified* his name. 彼のしたことで彼は名をあげた. **4**〖話〗を(実際以上に)立派に見せる, 美化する. ～ war 戦争を美化する. [glory, -fy]

*__glo·ri·ous__ /glɔ́:riəs/ 形 m **1 栄光ある**, 名誉ある, 輝かしい; 華々しい. ～ achievements 輝かしい数々の業績. die a ～ death in a battle 名誉の戦死を遂げる.

2 壮麗な, 壮厳な, 彩り豊かな; 見事な, 〔天気, 日が〕よく晴れた, 晴れて暑い. a ～ sunset 壮麗な日没. a ～ day よく晴れた(暑い)日.

3〖話〗大変愉快な; すばらしい, すてきな, (★皮肉に「ひどい」「とんでもない」の意を表現することもある). have a ～ time at the party パーティーですてきな時を過ごす. What a ～ mess! 何とまあきちんとなっていることだ《何というざまだ, こりゃあ, めちゃくちゃだ》.

4〖話〗酔って上機嫌の. ◊名 glory ▷**～·ness** 名

gló·ri·ous·ly 副 堂々と; すばらしく, 見事に; 照り輝いて, 彩りよく;〖話〗すてきに.

Glòrious Revolútion 名 〈the ～〉〖英史〗名誉革命 (→English Revolution).

‡**glo·ry** /glɔ́:ri/ 名 (複 **-ries** /-z/) **1** U **栄光**, 名誉; 名声. win military ～ 軍功を立てる. be covered in [crowned with] ～ 栄誉に輝く.

2 C 〈しばしば複数形で〉**名誉をもたらすもの[人]**; 誇りになるもの. the crowning ～ of his career 彼の生涯の最高の誇り. the artistic *glories* of Italy in the past 過去のイタリアの芸術的偉業. The chief ～ of the district is the grand old castle. その地方が誇れる最たるものは壮大な古城である.

3 U **華麗さ**, 壮観, 華々しさ. The sun sank beyond the horizon in all its ～. 太陽は水平線のかなたに燦然(さんぜん)と輝きながら沈んだ.

4 U **全盛**, 栄華, 繁栄; 大得意, 満悦. France was at the height of her ～ during the reign of Louis XIV. フランスはルイ 14 世の治世のころその繁栄の絶頂にあった. He's in his ～. 彼は得意の絶頂にある. the ～

days of television テレビの全盛期. His ~ days [years] were in the 1980s. 彼の絶頂[全盛]期は1980年代だった.
5 Ⓤ (神などへの)賛美. sing ~ to God 神への賛美を歌う. **6** Ⓤ 天上の栄光, 至福; 天国. the Virgin Mother in ~ 在天の聖母. **7** Ⓒ 光輪, 後光.
◇形 glorious 動 glorify
bàsk* [*bàthe*] *in* (*a person's*) *reflècted glóry (有名な身近な人のおかげで)自分も面目を施す[その余光にあずかる].
Glóry* (*bé*)*! (1)(神に)栄光あれ. (2)〖話〗これは驚いた, 何たることだ; ああありがたい. (★Glory be to God. の短縮形)
gò to glóry 〖話〗天国へ行く, 死ぬ.
sènd** a person **to glóry 〖戯〗人を天国へ送る, 殺す.
―― 動 (-ries /-z/|過 過分 **-ried** /-d/|~·**ing**) 自 VA (~***in*** (*doing*)..) (..)することを大いに喜ぶ; 鼻にかける. ~ *in* one's physical strength 体力を自慢する.
[<ラテン語 *glōria*「栄光」]

glóry bòx 名 Ⓒ 〖オース・ニュー〗嫁入り箱《女性が結婚支度の衣類などを入れておく》.

glóry hòle 名 Ⓒ 〖英話〗がらくた入れの部屋[戸棚, 引き出し], 乱雑な部屋[戸棚].

Glos. Gloucestershire.

†**gloss**[1] /glɑs, glɔːs|glɒs/ 名 aU **1** つや, 光沢, 濡れて光ること, (類語 上薬などによる表面の光沢; →luster). the ~ of silk 絹の練り. her long black hair with a beautiful ~ 彼女の美しくつややかな長い黒髪. put a ~ on an old wooden table 古い木製のテーブルに光沢を付ける. **2** うわべだけの見せかけ; 虚飾; 世渡りの術, 如才ない立ち回り. put a ~ of respectability on selfishness 利己主義をうまく繕って世間体をよくする. He gave the poor results a happy ~. 彼は良くない結果を巧妙な言葉で繕った. **3** =gloss paint; (光る)アイシャドウ, リップグロス, 《化粧品》.
―― 動 他 につやを付ける.
glòss /../ óver ..のうわべを取り繕う, ..を糊塗(こ)する, ..に目をつぶる. He is trying to ~ *over* his error with a joke. 彼は冗談で間違いをごまかそうとしている. We should not ~ *over* politicians' vices. 政治家どもの悪徳に目をつぶるべきではない. [?<北欧語]

gloss[2] 名 Ⓒ **1** (古い書物, 教科書などの行間などに記す)注釈, 解説. a ~ *on* a foreign phrase 外来語の句に付けた注釈. **2** 説明, 解釈; こじつけ, 曲解; 〈*on* ..について の〉. the premier's ~ *on* the results of the election 選挙結果についての首相の見解. **3** =glossary.
―― 動 他 に注釈を付ける; の説明をする. ―― 自 VA (~ ***on*** [***upon***] ..) ..に注釈をつける.
glòss /../ óver ..をもっともらしく説明する, こじつける.
[<ラテン語 *glossa*「説明(を要する語)」]

glos·sa·ry /glɑ́səri, glɔ́ːs-|glɒ́s-/ 名 (複 **-ries**) Ⓒ 用語辞典; (書物の巻末などの説明付き)用語集. a Chaucer ~ チョーサー用語集.

glóss pàint 名 Ⓤ つや出し仕上げ塗料.

gloss·y /glɑ́si, glɔ́ːsi|glɒ́si/ 形 e **1** つやのある, 光沢のある, (↔mat; →shiny). ~ feathers つやのある羽毛. ~ black hair 濡(ぬ)れ羽色の[つやのある]黒髪. ~ paper つやのある上質紙《アート紙など》. **2** 体裁を繕った, 体裁[うわべ]だけで内容[実質]のない. a ~ argument もっともらしい議論. ―― 名 Ⓒ 〈普通 glossies〉〖英話〗=glossy magazine. ▷**gloss·i·ly** 副 **gloss·i·ness** 名

glòssy mágazine 名 Ⓒ **1** =slick 名 2. **2** 〖写〗グロッシー, 光沢仕上げの写真.

glot·tal /glɑ́tl|glɒ́tl/ 形 〖解剖〗声門の; 〖音声〗声門で調音される.

glòttal stóp 名 Ⓒ 〖音声〗声門閉鎖音《閉鎖した声門を急に開いて母音を発音する時に出る; awfully /ʔɔː-f(ə)li/ などのように語頭の母音の前や, 語末の閉鎖音の前などに現れる; 発音記号は/ʔ/》.

glot·tis /glɑ́təs|glɒ́t-/ 名 (複 ~·**es**, **glot·ti·des** /-tədìːz/) Ⓒ 〖解剖〗声門.

Glouces·ter /glɑ́stər|glɒ́s-/ 名 **1** グロスター《Gloucestershire の州都》. **2** =Gloucestershire. **3** Ⓤ グロスターチーズ《もと Gloucester 周辺で作られた; **dòuble Glóucester** とも言う》.

Glouces·ter·shire /glɑ́stərʃər|glɒ́s-/ 名 グロスターシャー《イングランド南西部の州; 略 Glos.》.

‡**glove** /glʌv/ 名 (複 **~s** /-z/) Ⓒ **1 手袋**《普通, 各指が分かれているもの; →mitten》. three pairs of ~*s* 手袋3組. wear ~*s* 手袋をはめている. draw on [off] ~*s*=pull on [off] ~*s* 手袋をはめる[脱ぐ]. throw away like an old ~ 古手袋のごとく投げ捨てる. **2** (野球用, クリケットのウィケットキーパーの)グローブ; (ボクシング用)グローブ (boxing glove).
fìt* (..) *like a glóve 〔服などが〕(..に)ぴったり合う; 〔表現などが〕(..に)ぴったり当てはまる.
***hànd in* [*and*] *glóve* (*with* ..)** →hand.
hàndle* [*trèat*] .. *with kìd* [*vèlvet*] *glóves ..を非常に優しく[慎重に]扱う.
take òff the glóves to .. 〔競争, 議論など〕に本気で取り組む.
take ùp the glóve 挑戦に応じる.
The glòves are óff. 戦う用意はできている.
throw dòwn the glóve =throw down the GAUNTLET[2].
with the glóves òff =***without glóves*** 《手袋を脱いで>》本気で, 容赦なく. handle [treat] *with the ~s off* [*without ~s*] 容赦せずに扱う. [<古期英語]

glóve bòx 名 Ⓒ **1** グローブボックス《手袋を入れる》. **2** グローブボックス《放射性物質を外部から扱うための手袋の備えつけてある箱》. **3** =glove compartment.

glóve compàrtment 名 Ⓒ (自動車のダッシュボードにある)小物入れ.

gloved 形 〈限定〉手袋をはめた.

glóve lòcker 名 =glove compartment.

glóve pùppet 名 Ⓒ 指人形.

glov·er /glʌ́vər/ 名 Ⓒ 手袋製造[販売]業者.

‡**glow** /glou/ 名 aU 【赤(せき)熱】 **1 赤熱**(の光), 白熱; 光, 輝き. the ~ of red-hot iron 赤く熱した鉄の発する光. the pale ~ of a firefly ホタルの青い光. the evening ~ 夕焼け.
2 燃えるような色; (興奮によるほおの)赤らみ, 紅潮; 健康的でよいほおの色つや. the hills with all the ~ of the autumn afternoon 秋の日の午後の(紅葉で)燃え立つような山々. the ~ of health on her cheeks 彼女のほおの健康そうなよい血色.
3【赤熱する感じ】ほてり; (精神的な)高揚感, 満足感. feel a pleasant ~ after jogging ジョギングした後の体の快いほてりを感じる. in a ~ of enthusiasm 熱意に燃えて.
―― 動 (~**s** /-z/|過 過分 **~ed** /-d/|**glów·ing**) 自 **1** 熱せられて輝く; 白熱する; (炎を出さずに)燃える; (類語 炎を, 時には熱も, 出さずに光ること; →shine). The iron ~*ed* cherry red. 鉄は熱せられてサクランボ色に赤くなった. **2** 光る, 輝く. Fireflies ~ in the dark. ホタルは暗闇(やみ)で光る. **3** 燃えるように輝く, 照り映える; 〔体が〕ほてる; 〔肌が〕光り輝く; 〔顔が〕紅潮する; 〈*with* ..で〉. The whole mountain ~*s with* autumn tints. 全山が紅葉に燃え立つ.
4 〔人, 目などが〕燃える 〈*with* ..〔ある感情〕のせいで〉. Her eyes ~*ed with* enthusiasm [indignation, pride]. 彼女の目は熱意[怒り, 誇り]に燃えていた.
[<古期英語]

glow·er /gláuər/ 動 自 怖い[渋い, 怒った, 不機嫌な]顔付きをする; にらみつける, 顔をしかめる, (glare); 〈*at* ..に[を]〉. ―― 名 Ⓒ にらみ(つけること); 険(けわ)しい顔(付き).

glow·er·ing /gláu(ə)riŋ/ 形 にらみつける, 怒った(顔つきの), 不機嫌な; 険悪な〔空模様など〕; 〔場所が〕暗く気圧(あっ)されるような.
▷**~·ly** 副 にらみつけて, 険悪な顔で, 不機嫌に.

glów·ing 形 〈普通, 限定〉 **1** 赤熱[灼(しゃく)熱]した. ~ iron 赤熱した鉄. **2** 熱のこもった; ほめそやすような. He gave a ~ account of his new job. 彼は自分の新しい仕事について熱っぽく話した. express one's thanks in ~ terms 感謝の気持ちを熱烈な言葉で表す. **3** 〔ほおなどが〕ほてっている; 紅潮した. with ⌞~ cheeks [a ~ complexion] 顔をほてらせて. **4** 燃えるように ⌞輝いた[あざやかな]. a ~ sunset 赤々と輝く夕焼け空. **5** 〈副詞的〉 燃えるように. ~ hot 燃えるように ⌞熱い[ほてって].
pàint .. in glòwing cólors ..を口をきわめてほめたたえる《<..を鮮やかな色で描く》.
▷**~·ly** 副 赤熱して; 輝いて; 熱心に.

glów·wòrm 名 C ツチボタル《雌と幼虫は青白い光を発する; →firefly》.

glox·in·i·a /glɑksíniə|glɔk-/ 名 C 〖植〗 グロキシニア《南米熱帯地域産の観賞用多年草》.

gloze /glouz/ 動 他 をもっともらしく言い繕う 〈*over*〉.

‡**glu·cose** /glú:kous/ 名 U 〖化〗 ぶどう糖. [<ギリシア語「甘いワイン」]

‡**glue** /glu:/ 名 U (★種類を言う時は C) **接着剤**, のり; にかわ.
── 動 (~s /-z/|過 過分 ~d /-d/|**glúe·ing, glú·ing**) 他 **1** VOA をにかわなどで付ける 〈*together*〉 〈*to, onto* ..に〉. *Glue* the label *to* the package. 小包にラベルを貼りなさい. ~ two pieces of wood *together* 2 個の木片をくっつける. **2** VOA (~X *to* ..) X を..につきまとわせる; X (視線など)を..にくっつけて離さない; 〈普通, 受け身で〉. Your daughter always remains ~*d to* you. あなたの娘さんはいつもあなたにべったりですね. He sat ⌞with [keeping] his eyes ~*d to* the TV screen. 彼はテレビの画面に目をくぎ付けにして座っていた.
[<ラテン語 *glūten*「にかわ」]

glúe snìffer 名 C 〖話〗 シンナー遊びをする人.

glúe snìffing 名 U 〖話〗 シンナー遊び.

glue·y /glú:i/ 形 **1** にかわ質の; ねばねばする; (sticky). **2** にかわを塗った.

glum /glʌm/ 形 むっつりした; 陰気な. ▷**glúm·ly** 副 不機嫌に; むっつりして. **glúm·ness** 名

‡**glut** /glʌt/ 動 (~s|-tt-) 他 **1** を完全に満足させる, 満たす; を飽き飽きさせる; 飽きるほど..をする. ~ one's appetite 食欲を十分に満足させる. ~ oneself with [on].. を腹一杯食べる. **2** に過剰供給する; を飽和させる; 〔通路など〕を一杯にする; 〈*with*..を, で〉 〈しばしば受け身で〉. The market is ~*ted with* goods. 市場には商品がだぶついている.
── 名 C 〈単数形で〉 (商品などの)供給過剰; 過多. Ph.D.'s are a ~ on the market. (就職口がなくて)博士が供給過剰である. [<ラテン語 *gluttīre*「飲み込む」]

glu·ta·mate /glú:təmèit/ 名 U 〖化〗 グルタミン酸塩.

glu·tàm·ic ácid /glu:tæmik-/ 〖化〗 グルタミン酸.

glu·ta·mine /glú:təmi(:)n/ 名 U 〖化〗 グルタミン《結晶性アミノ酸の一種》.

glu·ten /glú:tn/ 名 U 〖化〗 グルテン, 麩(ふ)質.

glúten brèad 名 U グルテンパン《グルテンの多い小麦粉が原料; 糖尿病患者用》.

glu·ti·nous /glú:t(ə)nəs/ 形 にかわ質の; ねばねばした, 粘着性の; (gluey). ▷**~·ly** 副

‡**glut·ton**[1] /glʌ́tn/ 名 C **1** 大食家, 暴食家. **2** 〖話〗 猛烈に熱心な人 〈*for* ..〔物事〕に〉; 〖旧〗 むさぼり読む人 〈*of* ..〔本など〕を〉. a ~ *for* work 仕事の鬼. a ~ *for* punishment 苦労を買って出る人, マゾヒスト. a ~ *of* books =a ~ *for* reading 本の虫. [<ラテン語 *gluttīre*「飲み込む」]

glut·ton[2] 名 C クズリ《イタチ科最大の肉食獣; =wolverine》.

glut·ton·ous /glʌ́t(ə)nəs/ 形 **1** 大食いする, 食いしん坊の. **2** 貪欲な (greedy); むさぼる 〈*of* ..を〉; 凝る 〈*of* ..に〉. ▷**~·ly** 副 がつがつと; 欲張って.

glut·ton·y /glʌ́t(ə)ni/ 名 U 大食; 暴飲暴食.

glyc·er·in 〖米〗 /glís(ə)rin/, **-ine** 〖主に英〗 /-i:n/ 名 =glycerol.

glyc·er·ol /glís(ə)ròl|-rɔ̀l/ 名 U 〖化〗 グリセロール, グリセリン.

gly·co·gen /gláikədʒən|glái-, glíkoudʒèn/ 名 U 〖化〗 グリコーゲン《必要に応じて glucose に変わる》. [ギリシア語 *glukús*「甘い」, -gen]

gly·col /gláikɑ(:)l|-kɔl/ 名 U 〖化〗 グリコール《自動車の不凍液などに用いる》.

glyph /glif/ 名 C **1** (図案を用いた)標識《トイレ, 非常口, 横断歩道, 踏切などの; pictograph》. **2** 〖建〗 装飾的縦溝. **3** 〖まれ〗 象形文字 (hieroglyphic).

GM[1] general manager; General Motors; 〖英〗 George Medal; grand master.

GM[2], **g.m.** genetically modified.

gm gram(s).

G-man /dʒí:mæn/ 名 (複 **-men** /-mèn/) C 〖米話〗 ジーメン, FBI 捜査官. [G=*G*overnment]

Gmc Germanic.

†**GMT** Greenwich Mean Time (→UTC).

gnarl /nɑ:rl/ 名 C (木などの)ふし, こぶ.

gnarled /-d/ 形 **1** 〔木の幹や枝が〕ふしの多い, でこぼこの, ねじ曲がった. **2** (老齢, 重労働などで) 〔手, 体などが〕節くれ立った. ~ fingers 節くれ立った指. ~ old fishermen 日焼けして深いしわのある漁師たち. **3** 〔性格などが〕ねじけた.

gnash /næʃ/ 動 他 〔歯〕をきしらせる[食いしばる]. ~ one's teeth (*about* ..) (..に)歯ぎしりする《怒り, 苦痛, くやしさを表す》. ── 自 歯ぎしりする. ── 名 C 歯ぎしり. ▷**gnásh·ing·ly** 副 歯ぎしりしながら.

gnat /næt/ 名 C ブヨ《人を刺す[血を吸う]小型の虫の俗称; 〖英〗では 蚊 (mosquito) も含む》.
stràin at a [every] gnát (and swàllow a cámel) (大事を見逃し)ささいな事にこだわる《聖書『マタイによる福音書』23:23-4 より》.

***gnaw** /nɔ:/ 動 (~s /-z/|過 ~ed /-d/|過分 ~ed, ~n /nɔ:n/|**gnáw·ing**) 他 **1** をがりがりかじる; 〔穴〕をかじって開ける 〈*in* ..に〉; 〔爪など〕を噛む; (類語 硬い物を繰り返し少しずつかじること; →bite). ~ a bone 〔犬などが〕骨をかじる. A mouse has ~*ed* a hole *in* the cupboard. ネズミが食器戸棚に穴を開けた. **2** 〖章〗 を**絶えず悩ます**, 苦しめる. Jealousy [Fear] ~*ed* her heart. 嫉妬(しっと)[恐怖]が彼女の胸をさいなんだ.
── 自 **1** VA (~ ***at, on*** ..) ..**をがりがりかじる** 〈*away*〉; (~ ***through*** ..) かじって..に穴を開ける. ~ *at* [*on*] a bone 骨をしゃぶる (語法 *gnaw* a bone は骨そのものをかみ砕く, *gnaw at* [*on*] a bone は骨に付いている肉を食べるために骨をがりがりやる). ~ *at* a fingernail 爪を噛む. Rats had ~*ed through* a sack of rice. ネズミが米袋に穴を開けていた. **2** 〖章〗 VA (~ ***at*** ..) ..**を絶えず悩ます**, 苦しめる, 〈*away*〉. A sense of guilt ~*ed* (*away*) *at* his conscience. 罪悪感が彼の良心をさいなんだ.
gnàw /../ awáy [óff] 〔ネズミなどが〕..をかじり取る[切る]. [<古期英語]

gnáw·ing 形 〈限定〉 **1** (がりがり)かじる, かむ. **2** 絶えず悩ます, 苦しめる. ~ pain [anxiety] 四六時中つきまとう痛み[不安感].

gnawn /nɔ:n/ 動 gnaw の過去分詞の 1 つ.

gneiss /nais/ 名 U 〖鉱〗 片麻(へんま)岩.

gnoc·chi /nάki|nɔ́ki/ 名 〈複数扱い〉ニョッキ《ジャガイモ, セモリーナ, チーズなどで作るだんご風のイタリア料理》.

gnome[1] /noum/ 名 C **1** 地の精《山の洞穴や地中に住んで宝を守るといわれるしわだらけの老いた小人》; (庭などの飾りに置く)地の精の像. **2**〘話〙国際金融の黒幕. the ~s of Zurich チューリッヒの小鬼たち《スイスの国際金融業者[投機家]たち》.

gnome[2] 名 C 金言, 格言; 警句.

gno·mic /nóumik/ 形〘章〙金言の, 格言の;〔評言などが〕短くて謎(なぞ)めいた, 警句的な; 金言[警句]を作る〔作家など〕.

「指時針.

gno·mon /nóumɑn|-mɔn/ 名 C (日時計の)指柱,↑

gno·sis /nóusis/ 名 (複 **gno·ses** /-si:z/) UC 霊知, 神秘的直観, グノーシス.

Gnos·tic /nάstik|nɔ́s-/ 形 **1** グノーシス主義(者)の. **2** 〈g-〉霊界の神秘が分かる, 霊知の. ── 名 C グノーシス主義者.

G

Gnos·ti·cism /nάstəsìz(ə)m|nɔ́s-/ 名 U 〘宗〙グノーシス主義《初期キリスト教時代の神秘主義的宗教思想; キリスト教会から異端視された》.

***GNP** gross national product.

gnu /n(j)u:/ 名 (複 **~s, ~**) C ヌー (wildebeest)《アフリカ産大形レイヨウ(羚羊)の一種; ウシ科ヌー属》.

‡**go** /gou/ 動 (**~es** /-z/|過 **went** /went/|過分 **gone** /gɔ:n, gɑn|gɔn/|**gó·ing**) 自

【行く】 **1 (a)** VA **行く**, 進む, (↔come) (普通, A は行き先を表す副詞(句)). *go to* the station 駅へ行く. *go* overseas 海外へ行く. *go* home 家へ帰る. *Where* did you *go* yesterday? 昨日どこへ行きましたか. My son has *gone to* America to study medicine. 息子は医学の勉強にアメリカへ行っています. He left home early and *went* there at nine. 彼は早く家を出て 9 時にそこに行った. *go to* school [college, church, university] →各名詞の項参照. **(b)** VA (**~*to do***) ..しに行く. *go to* stay with Tom. トムの家に泊まりに行く.

> 語法 (1) have gone は「行って今ここに居ない」ことを表す;〘米〙では have gone を「行ったことがある」の意味に用いることがある: *Have* you ever *gone* to Rome? (ローマに行ったことがありますか) しかし単に He *has gone* to America. だけでは普通「彼はアメリカへ行ってしまった」という意味である. (2)〘米話〙では直後に動詞の原形を伴うことがある: I'll *go see* him tomorrow. (明日彼に会いに行こう)《=go to see, go and see》; しかし過去形の I went see him ..とはせず, I went and saw him ..とする (→come 自 1). (3)「行く」と go とは必ずしも一致しない (→come 自 2).

2 VA〔乗り物, 人などが〕〔..の距離を[速度などで]〕**行く, 走る**. This car is *going* (*at*) 60km an hour. この車は時速 60 キロで走っている. *go* too fast 飛ばしすぎる.

【去る】 **3 去る, 立ち去る**; 出発する. I must ⌊be *going* [*go*] now. もうお暇(いとま)しなければなりません. Winter has *gone* and spring has come. 冬が去り春が来た. The guests are all *gone*. 客はみな帰った (→4 語法). On your mark(s), get set, *go!* 位置について, 用意, どん.

4 (a) なくなる, 消滅する; 逝く. Has your toothache *gone?* 歯の痛みは取れましたか. If you wash that dress often, the color will *go*. そのドレスは何度も洗うと色があせますよ. Poor Brown has [is] *gone*. かわいそうにブラウンは亡くなった. **(b) 廃止になる**, 放棄[断念, 解雇など]される, 〈can, have to, must などを伴って〉. War must *go*. 戦争はやめるべきだ. This typewriter must *go*. このタイプライターはお払い箱だ. This expression will have to *go*. この表現は取り除く必要があろう. He had made a gross error and he had to *go*. 彼は大きな間違いをして, 辞職しなければならなかった.

> 語法 完了形には have gone と be gone があるが, be gone は状態の意味を強調する; 次の 2 例を比較: All that money *is gone* away. (その金は全部無くなった《「今まったくない」ことを強調》) All that money *has gone* on books. (その金は全部本代になった)

5【なくなる>だめになる】折れる;〔..の働きなどが〕だめになる, 衰える; 壊れる. That branch may *go* at any moment. あの枝はいつ折れるか分からない. His eyesight was [eyes were] *going*. 彼の視力は失われかかっていた. She had a bad cold and her voice *went*. 彼女はひどい風邪を引いて声がつぶれた. My shoes are *going*. 僕の靴は壊れかかっている.

【動く】 **6 (a)**〔機械が〕**動く**. *go* by electricity 電気で動く. My watch isn't *going*. 僕の時計は動いていない. **(b)**〔人が〕ある動作をする, ふるまう. When he walks, he *goes* like this. 歩く時彼はこんなふうにします.

7【活動する】(ある方針などに従って)進む, 行動する, (→成句 GO by.. (2), GO on.. (2)).

8【活動して音を出す】鳴る, 音を立てる; VC (~ X) X という音を出す;〔時計が〕X の時を打つ;〔動物などが〕X と鳴く. There *goes* the bell. ほらベルが鳴っている. It has just *gone* five. ちょうど 5 時が鳴った. Bang! *went* the rifle. どん! とライフル銃が鳴った. The cows *went* 'moo' looking my way. 牛たちは私の方を見て「モー」と鳴いた.

【進行する】 **9** VA〔時間が〕**たつ**, 過ぎる. Time *goes* fast. 時は早く過ぎる. Five years *went* past. 5 年が経過した.

10〔物事が〕**進行する**, 運ぶ;〘話〙うまく行く, 成功する. Things are *going* well with us. 事態は我々にうまく行っている. *How* is it *going*? [*How goes* it?]〘話〙景気はいかがですか, いかがお過ごしですか. keep the conversation *going* 会話が途切れないようにする. The case *went against* him. その訴訟は彼の負けになった.

11【言葉が進行する】VA (..という) **文句である**, (..と)書いてある;〔話などの〕内容が..である 〈*that* 節 ..ということ〉. *as* the saying *goes* 諺に言う通り. *Thus went* his farewell speech. 彼の別れのあいさつはこんな文句でした. The story *goes that*... 話は..ということになっている, ..といううわさだ.

12 広まる, 伝わる; 流布する, 通用する. The rumor *went* all over the town. うわさは町中に広まった.

13【通用する】**(a)** VA〔貨幣などが〕通用する, 使える; (..で)通る. This credit card *goes* anywhere. このクレジットカードはどこでも使える. **(b)**〘話〙容認される; 権威がある, 絶対的である. Almost anything *goes* here. ここではほとんど何をしてもかまわない. What he says *goes*. 彼の言うことがまかり通る.

【行き着く】 **14** VA **届く, 達する**,〔道などが〕通じる, 〈*to* ..に〉;〔数が〕合計して..となる 〈*to*〉; (金を)出す, 使う, 〈*to* ..〔金額〕まで〉. The rope didn't *go to* the ground. 綱は地面に届かなかった. This road *goes to* Atlanta. この道はアトランタに通じる. Twelve inches *go to* a foot. 12 インチで 1 フィートになる.

15 VA〔遺産, 賞品などが〕与えられる 〈*to* ..に〉;〔物が〕売れる;〔物が〕売られる 〈*for* ..(の金額)で〉 (→成句 GO for .. (6)). First prize *went* to Tom. 1 等賞はトムに与えられた.

16【納まる】**(a)** VA (ある適当な場所に) 置かれる, 納まる. *Where* does this desk *go?* この机は どこへやりますか. That box *goes on* the top shelf. その箱は最上段行きだ. **(b)**〔ふたなどが〕ぴったり合う, 適合する. This cap doesn't *go* (*on* this bottle). このキャップは(このびんには)合わない.

17 (割り算などで)〔数が〕含まれる 〈*into* ..〔他の数〕に〉 (→成句 GO into.. (6)). 2 *into* 6 *goes* 3 (times). 6 割る 2 は 3. 7 won't *go* into 5.＝7 into 5 won't *go*. 5

は 7 で割切れない.

18【目的に行き着く】(**a**) [VA] 役立つ, 足しになる, 助けとなる,〈*to* ..に/*to* do ..するのに〉. those qualities that *go to* the making of a good teacher 良い教師となるのに役立つ素質. This *goes to* prove his innocence. これは彼の無罪を証明する一助となる. (**b**) [VA]〔金銭, 時間などが〕費やされる, 充てられる,〈*for, in, on, toward*..に/*to* do..するのに〉. Most of her salary *goes on* [*for*] clothes. 彼女の給料の大半は衣服代に消える.

19【限度まで行き着く】[VA] 進んで..する〈*to* ..まで/*to* do ..するまで〉. *go* so far as *to* do →成句. *go to* extremes 極端に走る. *go to* the trouble of recommending him 彼を推薦する労を取る.

【動作・状態に移行する】 **20** [VA] (〜 *to* ..) ..の状態[動作など]に至る. *go to* sleep 眠り込む. *go to* law 法に訴える. *go to* press 印刷に付される. *go to* ruin 廃墟(きょ)と化す. *go to* pieces 粉々になる.

21 (**a**) [VC] (〜 X) **X の状態になる** ([類語] 特に, 悪い状態になる場合に言う; →become). *go* blind 失明する. *go* mad 気が狂う. His company *went* bankrupt. 彼の会社は倒産した. His face *went* stiff with shock. 彼の顔はショックでこわばった. *go* out of date 時代遅れになる. (**b**) [VC] (〜 X) (制度, 方式, 政体など)に変わる, 移行する. *go* metric [decimal] メートル法[10 進法]を採用する. *go* Liberal〔国などが〕自由党政権に移行する. *go* public →public (成句).

22【ある状態である】[VC] (〜 X) (いつも) X である. *go* naked 裸で暮らす. *go* hungry 飢えている. Such negligence will not *go* unpunished. こんな怠慢は罰せられずには済むまい.

23〖話〗御手洗いに行く, 用を足す.

— [他] **1**〔金〕を賭(か)ける. I'll 〜 five dollars on the next race. 次のレースに 5 ドル賭けよう.

2〖話〗を我慢する (stand)〈普通, 否定文で〉. I can't *go* her (preaching). 彼女(の説教)には我慢ならない.

3〈could go の形で〉〖話〗〔飲食物〕を欲しいと思う. I *could go* a glass of beer. ビールが 1 杯飲みたい.

4〖米〗〔作物など〕を産出する.

5〖米話〗[VO] (〜 "引用")「..と」言う (say)〈*to* ..に〉. His wife *goes* (*to* me), "My husband is a big fan of you." 彼の奥さんは(私に)言うんですよ「主人はあなたの大ファンですの」.

6〖主に米話〗目方が..ある (weigh).

as fàr as..gó ..に関する限りでは. He was all right *as far as* money *went*. 金銭に関する限りでは彼はちゃんとした人だった.

as..gó ..並みで言えば, ..の標準で言うと, ..としては. Susie is modest and well-spoken, *as* students *go* nowadays. 近ごろの学生にしてはスージーは謙虚で言葉遣いも上品と言える. *as* things *go* こういう事態では; 世間の標準から言うと.

as the phráse gòes よく使われる言葉で言えば (→[自] 11).

be góing〖話〗手に入る, 利用できる, 楽しめる. *Is* there any coffee *going*. コーヒーをいただけませんか.

****be gòing to dó*** (1) ***..*しようとしている**; やがて..する; (→be ABOUT to do [類語]). It's *going to* rain. 雨が降り出しそうだ. My daughter *is going to* be 8 years old next month. 娘は来月 8 歳になる. (2) ***..*するつもりである**. I'*m going to* sell my house and buy a larger one. 今の家を売ってもっと大きいのを買おうと思う. ([語法] 主に〖米〗では go, come と共に用いて, *be going to* go [come] とすることもできるが, I'm going [coming] の方が普通の表現). (3)〈2・3 人称主語で話者の意図を表す〉..させるつもりだ. He's not *going to* talk back to me. 彼に私への口答えなどさせはしない.

gèt góing 始める〈*on* ..を〉; 急ぐ; 出発する. You'd better *get* 〜*ing*, or you'll be late. もう急がないと, さもないと遅れてしまうよ.

****gò abóut*** (1) (あちこち)**歩き回る**, 動き回る; 付き合う〈*with* ..と〉. She's *going about* after her illness. 彼女は病気が治って出歩いている. He *goes about with* a very cute girl. 彼はすごくかわいい女の子と付き合っている. (2)〔うわさなどが〕**広まる**; 流布している. The rumor was *going about* that the King was ill. 国王の病気のうわさが広まっていた (→GO around (3)). There is a bad cold *going about*. ひどい風邪がはやっている. (3)〔船が〕針路を転じる.

gó about.. (1) ..に取り組む; ..を始める〈doing〉. How would you *go about* solving this problem? この問題の解決にどう取りかかるつもりですか. (2) ..をせっせとする, ..で忙しい. *go about* one's usual work いつもの仕事に精を出す. *Go about* your business (＝Mind your own business). 自分自身のことを気にかけていろ, 大きなお世話だ.

****gó after.. ..*を追いかける**; ..を追い求める, ..を目指す. *go after* a robber どろぼうを追いかける. *go after* a girl 女の子を追い回す. *go after* the presidency 大統領の地位をねらう.

****gó against.. ..*に反抗する**, 逆らう; ..に反する; ..に不利になる. *go against* the law 法に触れる. It *goes against* my conscience to help him in this case. この場合彼を助けることは私の良心にもとる. Things *went against* us. 事態は私たちに不利になった.

gò ahéad →ahead.

****gò alóng*** (1) **進んで行く**, 続けていく;〈普通, 副詞(句)を伴って〉〔物事が〕はかどる. You will find the book easier as you *go along*. その本は読んでいくうちに易しくなるでしょう. (2) **ついて行く**, 同伴する, (→GO along with.. (1)).

gò a lóng wày (1) 続く; 長持ちする;〈普通 will を伴って〉〔人が〕出世する. make one's money *go a long way* 金を長くもたせる; 金を有効に使う. (2) 大いに役立つ〈*to, toward* ..に〉. This will *go a long way* to prove his innocence. これは彼の無罪を証明するのに大いに有効だろう.

gò alóng with.. (1) ..と一緒に行く. (2) ..の一部である; ..に付いている. Two tapes *go along with* the taperecorder if you pay cash. 現金払いならこのテープレコーダーにテープが 2 本付きます. (3)〔人, 考えなど〕に賛成する, ..と同調する. I can't *go along with* (you on) such a plan. こんな計画では(あなたに)ついて行けない.

Gò alóng with you! (1)〖話〗とっとと失(う)せろ. (2)〖英話〗そんなばかな.

****gò and dó*** ..しに行く (go to do);〖話〗(愚かにも)わざわざ..する. Did you *go and* see him at the hotel? ホテルに彼を訪ねて行きましたか (→[自] 1 [語法] (2)). She'll never *go and* marry a poor man. あの子は貧乏な男と結婚するなんてことはしませんよ.

****gò aróund*** [〖英〗***róund***] (1) ＝GO about (1); 目が回る, 頭がふらふらする. (2) (片っ端から)..して回る〈doing〉. Don't *go around* telling lies like that. そんなうそを触れ回らないでくれ. (3)〔病気が〕**広がる**;〔話などが〕広まる, 知れ渡る. There's a lot of flu *going around*. インフルエンザが大いにはやっている. There's a rumor *going around* that there will be a Cabinet reshuffle. 内閣改造があるといううわさが広まっている. (4) (必要とする人皆に)行き渡る, 必要に応じる; ひと回りする. What *goes around* comes around. 人にしてあげたことは自分に戻ってくる, 因果応報. (5) 回り道をする; (回り道して)ちょっと立ち寄る.

gó around [〖英〗***round***]***..*** ..を 1 周する; ..を迂(う)回する. *go around* the world 世界を回る. *go around* a congested area 交通渋滞地区を迂回する.

gó as fàr as to dó ＝GO so far as to do.

gó at .. (1) ..を攻め立てる《殴り合い, 論議などで》; 〔人など〕に猛然と襲いかかる. The rhino *went at* the hunter [jeep]. サイはハンター[ジープ]に襲いかかった. (2) ..に取り組む; ..を一生懸命やる. Let's *go at* this work with a will. 本腰を入れてこの仕事に取り組もう.

****gò awáy*** (1) **立ち去る**; (休暇などで)出かける. (2) 〔痛み, 臭いなどが〕なくなる (disappear). (3) 〔新郎, 新婦が〕新婚旅行に出かける. a pretty dress to *go away* in 新婚旅行に着て行く美しいドレス.

****gò awáy with ..*** (1) **..を持って逃げる**; ..と駆け落ちする. (2) ..を持って[..を連れて, ..と一緒に]立ち去る, 出かける. *Go away with* you!＝GO along with you!

****gò báck*** (1) **帰る**, 戻る, 〈*to* ..へ〉; (話, 考えの進展などで時間的に)戻る, 立ち帰る, 〈*to* ..に〉; また始める 〈*to* ..〔いったんやめた事〕を〉. Let's *go back* home at once. すぐ家へ帰ろう. *go back to* work (ストライキなどの後)仕事に戻る. Let us *go back to* the first point. 第1の論点に話を戻そう. I *went back* over that morning. 私はその朝の事を回想した. *go back to* smoking again (1度やめた)喫煙をまた始める. (2) さかのぼる 〈*to* ..まで〉. His family *goes back to* the Pilgrim Fathers. 彼の家は清教徒移民団までさかのぼる. (3) 〔時計が〕(夏時間から)標準時間に戻される. The clocks *go back* next Sunday. 時計は今度の日曜日に標準時に戻される. (4) 〔植物が〕衰える, 盛りを過ぎる.

gò báck on .. 〔約束など〕を破る; ..を撤回する; 〔人〕を裏切る.

gó before .. (1) ..に先行する, 先立つ. She *went before* her husband. 彼は妻に先立たれた. (2) ..の前に出頭する, 審理を受ける, (come before ..).

****gó beyond ..*** **..を越える**; ..の範囲外である. *go beyond* all one's expectations 人の予想をはるかに上回る. *go beyond* the law 法を侵す. *go beyond* a joke 〔物事などが〕冗談では済まなくなる. *go beyond* oneself → beyond (成句).

****gò bý*** (1) **通り過ぎる**; 〔時間が〕過ぎる. He *went by* without noticing me. 彼は私に気付かずに通り過ぎて行った. Several days *went by*. 数日が過ぎ去った. (2) 〔機会などが〕見逃される, 利用されずに[気付かれないまま]過ぎ去る. He hesitated and let the opportunity *go by*. ぐずぐずしていて彼は機会を逸した.

gó by .. (1) ..のそばを通り過ぎる; ..に立ち寄る (drop [stop] by). (2) ..に従って判断[行動]する. *go by* the rules [book] 規則どおりにやる. There is very little to *go by*. 頼るべき手がかりは非常に少ない.

gò by [under] the náme of .. ..の名で通っている; ..という名で知られている; ..と呼ばれる. He *goes by the name of* Pat here. 彼はここではパットという名前で通っている.

****gò dówn*** (1) 〔太陽, 月などが〕(地平線下に)**沈む**; 〔船などが〕沈没する; 〔人が〕溺(おぼ)れる. (2) **降りる**, 下る; 落ちる; 下り坂になる, 衰微する; のどを通る; (→descend [語法]). This area has been *going down* these past several years. この地域はこの数年寂れてきた. *go down* in the world 〔人が〕落ちぶれる. The pill won't *go down*. 丸薬がのどを通らない. (3) 〔値段, 温度, 質などが〕**下がる**, 減る. (4) 〔風, 海などが〕静まる, 弱まる; 〔風船, タイヤの空気などが〕しぼむ, 〔腫(は)れが〕ひく. (5) 倒れる, ダウンする; 屈服する. *go down* with food poisoning 食中毒で寝込む. *go down* before one's enemy 敵に屈服する. (6) 〔言葉などが〕書き留められる, 記録される; 伝わる, 残る; 見なされる 〈*as* ..と〉. *go down* in history 歴史に残る. *go down* to posterity 後世に伝わる, 歴史に残る. (7) 〔食物などが〕飲み込まれる, 喉を通る. The pill would not *go down*. その錠剤はなかなか喉を通らなかった. (8) (町から田舎へ)行く. *go down* to Brighton (町から)ブライトンへ行く. (9) (下って)達する, 及ぶ, 〈*to* ..に〉. Vol. I *goes down to* the French Revolution. 第1巻は(古代から)フランス革命までである. (10) 〖英話〗(休暇, 卒業などで)大学を去る. (11) 〖英話〗(一定期間)投獄される. (12) 〖米〗起こる, 生じる. (13) 〖電算〗機能が一時的に停止する.

gó down .. ..を下りる, 降りる.

gò dówn on a pérson 〖俗〗人にフェラチオ[クンニリング]をする.

gò dówn with .. (1) 〔提案, 説明, 演技などが〕..に受け入れられる, 認められる. Such a story does not *go down with* me. そんな話は私には信じられない. The play *went down well* [*badly*] *with* the audience. その芝居は観客に受けた[受けなかった]. (2) 〖話〗〔伝染性の病気〕にかかる. His son has *gone down with* measles [flu]. 彼の息子ははしか[インフルエンザ]にかかった.

gò fár ＝GO a long way.

Gò fétch! 取って来い《犬への命令》.

****gó for ..*** (1) 〔散歩など〕**に出かける**. *go for* an outing [a drive] ピクニックに行く[ドライブに出かける]. (2) **..を取り**[呼び, 手に入れ]**に行く**. *go for* a doctor 医者を呼びに行く. *go for* milk 牛乳を買いに行く. (3) ..を得ようとする, 目標とする. He is *going for* ⌞the tennis championship [a doctor]. 彼はテニスの選手権を獲得しよう[医者になろう]としている. (4) 〖話〗〔人, 犬が〕..に襲いかかる; ..を攻撃する, ..を非難する. (5) ..を好む; ..にひかれる; ..を支持する, ..に賛成する. I don't *go for* detective stories. 探偵小説は好きではない. (6) 〔ある金額〕で売れる; 〔いくらいくら〕の値段である. The car *went for* £1,000. その車は1,000ポンドで売れた. *go for* a song 〖話〗ただ同然で売られる. (7) ..に適用できる, 当てはまる; ..で通る, ..と見なされている. What I said about music *goes for* painting, too. 私が音楽について言ったことは絵画にも当てはまる. He *goes for* a lawyer. 彼は弁護士で通っている (→(3)).

gó for it 〖話〗頑張る. *Go for it!* さあやりなさい (Go ahead!)

gò for ⌞nóthing [very líttle] 全然[ほとんど]役に立たない.

gò fórth 〖古・章〗(1) 出発する. (2) 発布[発行]される.

gò fórward (1) 前進する; 〔計画などが〕はかどる. (2) 進める, はかどらせる, 〈*with* ..〔計画など〕を〉. (3) 〔時計の針が〕夏時間に進められる (→GO back (3)).

****gò ín*** (1) (中に)**入る**. We *went in* and met the manager. 私たちは入って支配人に会った. (2) 〔太陽, 月などが〕雲に隠れる. (3) (競技などに)参加する; 〖クリケット〗打席に入る. *Go in* and win. (さあ, 行って)頑張れ《激励の言葉》. (4) 〈普通, 否定文で〉頭に入る, 理解される. (5) 団結する, 手を結ぶ, 〈*with* ..と〉. (6) 〖英〗〔学校, 劇場などが〕始まる; いつものように仕事を始める.

gó in .. ..に入る (enter); 〔容器など〕の中に(ぴったり)入る, 納まる; 〔決まった所〕に置かれる. This plug doesn't *go in* that socket. このプラグはそのソケット[コンセント]には入らない.

****gò ín for ..*** (1) 〔試験〕**を受ける** (〖主に英〗sit for ..); 〔競技種目など〕に参加する. (2) ..をしようと志す; ..を職業とする. Her son is *going in for* medicine. 彼女の息子は医学を志している. *go in for* politics 政界に入る. (3) ..を習慣にする; (趣味, スポーツとして)..をする, ..に興味がある; ..を好む. She *goes in for* simple meals. 彼女はいつも簡単な食事で済ます. I *go in for* jogging. ジョギングをやっています. *go in for* classical music クラシック音楽が好きだ.

gò dóing (1) **..しに行く**. *go* swim*ming* [fish*ing*] in the river 川へ泳ぎ[釣り]に行く ([注意] ing 形となる動詞によって次の前置詞が決まるので, *to* the river とは言わない. 例えば *go* camp*ing on* an island). *go* berry*ing* イチゴ狩りに行く. [語法] 用いられる動詞は主に娯楽的行為を示すもので, しばしば「..遊び[狩り, 取りなど]に行く」という意味になる; 古くは go *a*-berrying のように言ったことから

分かるように, この ing 形は動名詞起源で, 現在分詞起源の (2) の場合と異なる. (2) ..しながら行く. The boys *went* sing*ing* down the street. 子供らは歌いながら通りを行った. (3)〖話〗愚かにも..する. Don't *go* blam*ing* your father. お父さんを悪く言ったりするものではない (→成句 GO and do).

***gó ìnto..** (1) **..に入る**; 〔職業など〕に就く; ..に通じる; 〔車などが〕..に衝突する. Let's *go into* the shade. 日陰に入ろう. *go into* business [the Air Force] 実業界[空軍]に入る. Much vinegar *goes into* the dish. その料理には酢がたくさん入れられる. (2)〔ある状態〕になる. *go into* hysterics ヒステリーを起こす. *go into* a trance 失神する. (3) ..を調べる, 論じる, 考慮する. *go into* a problem carefully 問題を慎重に検討する. *go into* details 詳細に立ち入る. (4)〔服〕を着る, ..に着替える. *go into* mourning 喪服を着る. (5)〔金, 労力などが事業など〕につぎ込まれる, 費やされる, (→自 18 (b)). Many years of research have *gone into* this book. この本(を書くの)に長年の研究が傾注された. (6)〔割り算で除数が大きな数〕に含まれる. 2 *goes into* 6 three times. 6 を 2 で割ると 3. (→自 17)

gó it〖話〗(1) どしどし[張り切って]やる, やりすぎる; 〔車が〕猛スピードで走る. (2) 道楽三昧(ざんまい)の生活をする.

gò it alóne〖話〗独力でやる[行動する].

***gò óff** (1)(突然)**立ち去る**, 出発する; 逃げる; 〔俳優が〕舞台から去る. (2)〔銃などが〕**発射する**; 爆発する; 〔目覚まし時計などが〕突然鳴り出す. A bomb *went off* near the police station. 警察署の近くで爆弾が爆発した. (3) 消える; 中止になる; 〔エネルギーの供給などが〕止まる, 使えなくなる; 〔メーターの針が〕振り切れる. The pain soon *went off*. 痛みはじきに取れた. The water supply *went off*. 水道が止まった. The lights *went off* at the height of the party. 宴たけなわのころ明かりが消えた. (4)〖英〗〔食物などが〕悪くなる; 食べられ[飲め]なくなる; 〔質, 効果などが〕落ちる, 減じる. This meat has *gone off*. この肉は悪くなった. That paper has really *gone off* under its new editor. その新聞は主筆が代わって内容が落ちた. (5) 寝入る; 意識を失う; 死ぬ. (6)〔ある事態が〕起こる; 〔事が〕運ぶ. The conference *went off* well [badly]. 会議はうまく行った[行かなかった]. (7)〔品物が〕売れてなくなる; 〔郵便物などが〕発送される, 届けられる. (8) 急に..し出す 〈*into*〉. *go off into* fits of laughter どっと笑い出す.

gó off.. (1) ..から外れる; ..をやめる. *go off* the rails 脱線する. *go off* one's head 頭が変になる. *go off* a diet 食餌療法をやめる. (2)〖英話〗..が好きでなくなる; ..に興味を失う. I've *gone off* him [tea]. 彼[紅茶]が嫌いになった.

gò óff with.. ..と駆け落ちする; ..を持ち逃げする.

***gò ón** (1)(先へ)**進む**, 続く; (今までどおり)..し続ける 〈doing〉; 続ける 〈*with*, *in* ..を〉. We *went on* to the next room. 我々は更に次の部屋へ行ってみた. He is gone, but his work *goes on*. 彼は死んだが彼の仕事は続いている. *go on* speak*ing* しゃべり続ける. I *went on with* my reading. 読書を続けた. *Go on* and eat it. さあ遠慮せずに食べなさい. (2) 続けて..に至る 〈*to*〉, 続けて..する 〈*to* do〉, 《新たな事をする場合に言う; →proceed 3》. *go on to* details 更に詳細な点まで触れる. *go on to* the next item [topic] 次の項目[話題]に移る. The doctor *went on to* examine my chest. 医師は更に続けて私の胸を診察した. (3)〔時が〕過ぎる, 〔時間が〕遅くなる; 〔時間, 年齢に〕近づく (→GO on (for)..); 年を取る. It's *going on* for midnight. 夜中の 12 時に近い. He's sixty, *going on* sixty-one. 彼は 60 歳だが, 61 歳に近い. *go on* in years 年を取る. as time *goes on* 時がたつにつれて. (4) 暮らす, やって行く. We can't *go on* like this. 我々はこんな調子でやって行くわけにはいかない. That's something to *go on* with. さし当たりそれで何とかやって行けるだろう. (5)〈普通, 進行形で〉起こる. I didn't know what was *going on* behind my back. 僕のいない所で何が行われているか知らなかった. (6) 行動する, ふるまう. Marcia *goes on* terribly when she's angry. マーシャは怒るとすさまじい. (7)〔俳優が〕登場する. (8) しゃべり立てる 〈*about* ..について〉; ののしる 〈*at* ..を〉. (9)〈命令形で〉まさか, ばかな, (*Go on* with you. とも言う); さあやりなさい 《励まし; →(1)》. (10)〔明かりが〕つく (→GO off (3)). (11)〔着物, 靴などが〕体に合う.

gó on.. (1) ..に上がる; 〔旅など〕に出る; 〔テレビなど〕に出演する. *go on* a journey 旅に出る. *go on* TV テレビに出る; テレビで放映される. (2)〔証拠など〕に基づいて行動する, 判断する. The police had so little information to *go on*. 警察は手がかりになる情報がとても少なかった. (3) ..を受け始める; 〔援助〕を受ける; 〔薬など〕を常用し始める. *go on* welfare 生活保護を受ける. (4)〖話〗〈普通, 否定文で〉..に関心を持つ; ..を好む. I don't *go* much *on* long hair. ロングヘアはあまり好かない.

gò a pèrson òne bétter〖話〗人より一枚上手を行く, 人に勝る.

gò òne bétter (than..)〖話〗(..よりも)一枚上手である, (..を)凌(しの)ぐ, (..より)もうひとつ上を行く.

gò ón (for).. ..に近づく (→GO on (3)) 〈普通, 進行形で〉. My grandpa is *going on* (*for*) eighty. 私の祖父は 80 歳近い. It must be *going on* (*for*) 6 o'clock. もうそろそろ 6 時でしょう.

***gò óut** (1) **出て行く**; 外出する, (外地へ)出かけて行く, 移民する; (→outside 副 類語); 〔女性が〕働きに出る; (会合, 遊び場などに)出かける. (2)〔招待状などが〕**発送される**, 〔告示などが〕出される; 発表[公表]される; 〔番組が〕放映される. The invitations have already *gone out*. 招待状はもう出してしまった. Word *went out* that... ということが公表された. (3)〔火, 明かりなどが〕消える; 流行[時代]遅れとなる, 廃れる. Big hats have *gone out*. 大きな帽子ははやらなくなった. (4) 眠りに落ちる, 気を失う; 〖婉曲〗逝く. *go out* like a light (火が消えるように)すぐに眠り込む. (5)〔内閣が〕辞職する. (6)〔潮が〕引く. (7)〔心が〕惹(ひ)かれる, 〔同情などが〕わく, 〈*to* ..に〉. Her heart *went out to* the lonely boy. 彼女は孤独な少年に同情した. (8)〔労働者が〕ストライキを始める. *go out* on strike ストに突入する. (9)〔年などが〕暮れる 〈*with*..〔ある状態〕で〉. March comes in like a lion and *goes out* like a lamb. →march. (10)〔橋などが〕倒壊する. (11)〖ゴルフ〗前半の 9 ホールを回る. (12)〖英〗〔事が〕起こる, 行われる.

gò óut for..〖話〗..を得ようと努力する; 〖米〗〔スポーツチーム〕に入ろうとする, に入るテストを受ける.

gò óut of.. (1) ..から外に出る. (2)〔熱意, 気力などが〕..からなくなる, 失(う)せる. All the fight *went out of* him. 彼はすっかり意気消沈してしまった. (3)〔..の状態〕でなくなる, ..されなくなる, ..を逸脱する, (↔come into..). *go out of* fashion 廃れる. *go out of* use 使われなくなる. *go out of* print 絶版になる. *go out of* one's mind 気が変になる.

gò óut with..〔異性〕と付き合う, デートをする, 〈普通, 進行形で〉.

gò óver (1)(海などを越えて)遠方に行く, 渡る; 近いところへ行く. *go over* to America 渡米する. When shall we *go over* to our uncle's? いつおじさんの家に行こうか. (2)〖話〗〈副詞(句)を伴って〉評判がよい[悪い], 受ける[ない]; うまく行く[行かない]. His performance *went over* very well with the public. 彼の演技は一般大衆には受けがとても良かった. Our party *went over* big. パーティーは大成功だった. (3) 転向する, くら替えする 〈*to* ..〔他の党派など〕に〉. (4) 切り替える 〈*to*..〔他の方式など〕に〉; 〖放送〗切り替える 〈*to*..〔他の放送場所〕に〉. *go over to* a forty-hour workweek 週 40 時間制を採用

G

する. *go over to* a new lifestyle 新しい生活様式に変える.

***gó over..** (1) **..を越える**, 渡る. We have already *gone over* this year's budget. もうすでに本年度分の予算を超過してしまった. (2) **..を(詳しく)調べる**; 検討する; ..を下検分する; ..を繰り返す; ..を復習する; ..のリハーサルをする. *go over* the mail every morning 毎朝(来る)郵便に目を通す. (3)〔部屋など〕を(入念に)掃除する; 〔車など〕を点検[修理]する.

gò róund 〖英〗=GO around.

gó round.. 〖英〗=GO around...

***gó so fàr as to dó* ..までもする** (→go the LENGTH of doing). He *went so far as to* say that he knew absolutely nothing of it. その事は全然知らないとまで彼は言った.

gò thróugh (1)〔議案などが〕通過する; 完了する; 〔取引きが〕まとまる, 受け入れられる. The amendment *went through*. その修正案が承認された. (2)〔衣服などが〕すり切れて穴があく. (3)〖オース話〗立ち去る; 逃亡する.

***gó through..** (1) **..を通り抜ける**, 通る; ..中に広がる. *go through* a stop sign 停止信号を通り抜ける. (2)〔苦労など〕**を経験する**. *go through* a series of misfortunes 次々と不運な目に遭う[を切り抜ける]. (3) ..を(全体にわたって)調べる; ..を捜索する. *go through* a report in detail 報告書の細目に目を通す. The maid *went through* the room, but she didn't find the ring. メードは部屋を丹念に調べたが指輪は見つからなかった. (4) ..を(全部)行う; 〔全課程〕を終了する; 〔金銭, 食料など〕を(短期間で)使い果たす. *go through* the legal formalities 法律上の手続きを経る. *go through* the book three times 本を3度通読する. *go through* college 大学を卒業する. *go through* a large fortune in one's lifetime 一代で大財産を使い果たす. (5)〔書物が〕版[刷]を重ねる. The dictionary has *gone through* seven printings this year alone. その辞書は今年だけで7刷を重ねた. (6)〔儀式など〕をとり行う, 〔劇など〕を練習する. Let's *go through* the third act a few more times. 第3幕をあと数回練習しよう. (7)〔衣類など〕を(穴が開くほど)着古す, すり減らす.

gò thróugh with.. ..を(どうにか)やり遂げる, 仕上げる.

gò to àny [grèat] léngth(s) [tróuble, páins] どんな手間でもかける; 骨を折る; 〈*to* do ..しようと〉. John will *go to any lengths to* gain her love. ジョンは彼女の愛を得るためならどんなことでもするだろう.

gò tó it 〖話〗〈しばしば命令形で〉(仕事などを)精力的にやる, 作業にかかる.

gò togéther (1) 一緒に行く. (2) 釣り合う, 調和する. Do this tie and my jacket *go* well *together?* このネクタイと私の上着はよく合いますか (=Does this tie go well with my jacket?; →GO with ..(3)). (3)〖話〗仲間〔特に, 恋人〕として付き合う〈普通, 進行形で〉.

gò tòo fár 行き過ぎる; 度が過ぎる. He *went too far* in his joking. 彼の冗談は度が過ぎた.

gò únder (1) 沈む. (2)〔人, 事業が〕失敗する; 落ちぶれる. The firm has *gone under*. その会社は倒産した. (3) 屈服する, 負ける, 〈*to* ..に〉. (4)(麻酔, ガスなどにより)意識を失う.

***gò úp** (1) **上がる**; 上昇する; 増す; 〔歓声などが〕沸き上がる. Prices always seem to be *going up*. 物価はいつも上昇しているみたいだ. *go up* in the world 出世する, のし上がる. (2)〔家などが〕建つ. (3) 爆発する; 炎上する. The ship *went up* in flames [smoke]. 船が炎上した. (4)(つかつかと相手などに)**歩み寄る**〈*to* ..の方に〉. (5)〖英〗大学に入る, 進級する; (ロンドンなどの都会に)出る. (6)〖米話〗倒産[破産]する.

***gó up.. ..を登る**(climb). *go up* a mountain 山を登る. *go up* the stairs 階段を上る.

***gó with..** (1) **..と一緒に行く**[去る]; ..に伴う. duties that *go with* citizenship 公民権に伴う義務. Broken bones *go with* rugby players. ラグビー選手に骨折はつきものだ. (2) **..に同調する**; ..と同意見である. *go with* the tide 時勢に従う. (3) ..と調和する, 合う. Red wine *goes with* meat. 赤ワインは肉料理に合う. (4)〖話〗=GO out with...

***gó without.. ..なしで済ます**; ..なしで我慢する; (do without). If you can't afford a formal dress, you'll have to *go without* (one). 礼服が買えなければなしで我慢しなければならない. ★上の例のように文脈で明らかな時は目的語を略すことがある; その場合のアクセントは gò withóut.

It gòes without sáying that.. →say.

so [as↑] fàr as.. gó

to gó 残って(left); (これから)終える予定の; 〖米話〗〔食堂の食べ物が〕持ち帰り用の. We only have ten days *to go* before the deadline. 締め切りまで10日しかない. Do you have food *to go?* 持ち帰り用の食べ物がありますか. Is this ⌞to eat [for] here or *to go*? ここで召し上がりますか, お持ち帰りですか, 《食堂で》.

to gò [be gòing] ón with 〖英話〗〈名詞, enough などの後に置いて〉当座の用に充分な. We've got enough money *to go on with*. 当分間に合うだけの金はある.

Whàt góes? 〖米俗〗どうしたんだ (=What's happening?).

Where does a person gò from hére? 〔人は〕次に「何をしたらいいのか.

Whò góes there? だれか《歩哨(ほしょう)などの誰何(すいか)》.

── 名 (複 **goes** /gouz/) **1** U 行くこと, 進行; aU〖米話〗(進行の)許可(go-ahead). be given a *go* ゴーサインが出る. the come and ～ of the tide 潮の満ち引き.

2 aU〖話〗うまくいくこと[もの]; 成功; 取り決め, 約束ごと. It's a *go*. それで決まった, 承知した. (It's) no *go*. どうにもだめだ, 役に立たない. make a *go* of it [the business] それ[その商売]を成功させる.

3 U〈the go〉〖話〗流行, (今の)はやり. This type of handbag is (all) the *go*. この型のハンドバッグが大流行です.

4 U〖話〗精力, 元気. full of *go* 元気一杯で. The old driver still has plenty of *go* in him. その老運転手はまだとても元気だ.

5 C〖話〗〈単数形で〉(しばしば意外な)成り行き, 困ったこと. It's a queer *go*. そりゃ変なことだ. Here's a (pretty) *go*. 弱ったな.

6 C〖話〗試み; 〈普通, 単数形で〉(ゲームなどの)順番. give it a *go* それをやってみる. at one *go* 一回で, 一気に. It's your *go*. 君の番だ.

7 C〖英話〗(酒の)ひと飲みの量, (食べ物の)ひと口分.

8 C〖話〗発作, 発病. have a bad *go* of flu ひどいインフルエンザにかかる.

àll the gó 〖話〗流行して (→名 3).

be àll gó 〖主に英話〗〈普通 it を主語にして〉超多忙である; 活気にあふれている.

from the wòrd gó 〖話〗しょっぱなから.

hàve a gó (at..) (1)〖話〗(..を)やってみる. *have* several *goes at* (solving) the problem その問題に数回挑戦してみる. (2)〖英話〗(人を)責める, 非難する; 襲う.

nèar gó 〖英話〗際どいところ, 危機一髪, (narrow escape).

on the gó 〖話〗忙しく動き回って; 絶えず活動して.

── 形〖話〗〈叙述〉正常に機能して; (出発)準備ができて. All systems (are) *go*. (万事)準備完了《ロケット打ち上げの時の表現から》.

[<古期英語 *gān*「歩く, 行く」; 過去形 went は本来 wend の過去形]

Go·a /góuə/ 名 ゴア《インド南西岸の地域; 旧ポルトガル領(1510–1961)》.

‡**goad** /goud/ 名 C **1** (家畜を追い立てる先のとがった)突き棒. **2** (人を)駆り立てるもの[事]; 刺激; (spur).
── 動 他 **1** 〔家畜など〕を突き棒で追い立てる; 〔人〕を駆り立てる, けしかける; 〈*on*〉. **2** VOC (〜 X *to do*)・VOA (〜 X *into* (*doing*)..) X を駆り立てて[刺激して]..させる. 〜 a person *to* confess [*into* confessing] 人を無理やり白状させる. [＜古期英語]

‡**gó-ahèad** 形 〘主に英話〙〈限定〉進取的な; やり手の, 野心的な. ── 名 **1** U 〈普通 the 〜〉着手[開始]許可; 前進命令[号令]《「進め」の合図》. give [get] the 〜 開始許可[ゴーサイン]を与える[受ける]. **2** U 進取の気性; 野心; C 気力に満ちた人.

‡**goal** /goul/ 名 (複 〜s /-z/) C **1** (努力などの)**目標** (aim); 目的; 目的地[物]. reach one's 〜 目標を達成する. What is your 〜 in life? 君の人生の目標は何ですか. His 〜 was fame. 彼の目標は名声だった.

連結 an immediate [a long-term; the main, the ultimate] 〜 // set a 〜; achieve [attain, realize; further] one's 〜

2 (サッカーなどの)**ゴール**; (ゴールに球を入れて得る)得点; (競走の)決勝点[線]. reach the 〜 ゴールインする. get [make, kick, score, win] a 〜 (球をゴールに入れて)点を取る. keep 〜 ゴールキーパーを務める (★無冠詞に注意). win by two 〜*s* to one 2 対 1 で勝つ. a winning 〜 勝敗を決する得点. score an own 〜 (自陣ゴールに誤って球を入れて)自殺点を取られる; 〘英話〙(失言, 行動などで)勇み足をする. [＜中期英語(＜?)]

góal àrea 名 C (サッカーの)ゴールエリア《ゴールキックができる範囲》.

goal·ie /góuli/ 名 〘話〙 ＝goalkeeper.

‡**góal·kèeper** 名 C (ホッケー, サッカーなどの)ゴールキーパー《略 GK》.

góal kìck 名 C (サッカーの)ゴールキック《防御側の主にゴールキーパーが行ってインプレーとする》.

góal·less 形 (サッカーで)無得点の. a 〜 draw 0 対 0 の引き分け.

góal lìne 名 C (サッカーなどの)ゴールライン (→touch-line).

góal·mòuth 名 C (ホッケー, サッカーなどの)ゴールマウス, ゴール前,《ゴールポスト間のゴール入り口》.

góal·pòst 名 C ゴールポスト《サッカーなどのゴールの両端の柱; →crossbar》. move the 〜*s* 〘英話〙(事を有利に運ぶため)話し合い[行動など]の前提条件を変更する.

góal·tènder 名 〘米〙 ＝goalkeeper.

gò-as-you-pléase /㊞/ 形 〘話〙〔人, 物事が〕のんびりした, のんきな.

‡**goat** /gout/ 名 (複 〜s /-ts/, 〜) **1** (**a**) C ヤギ. 参考 雄は he-goat 又は billy goat; 雌は she-goat 又は nanny goat; 子ヤギは kid; 鳴き声,「鳴く」は baa 又は bleat. (**b**) U ＝goatskin 1. **2** C 〘話〙助平な男, ヒヒじじい, (old 〜). **3** C ばか, 間抜け. **4** 〘米話〙 ＝ scapegoat. **5** 〘天〙〈the G-〉やぎ座 (Capricorn).
àct* [*plày*] *the* (*gìddy*) *góat ばかげたふるまいをする.
gèt a pèrson's góat 〘話〙人をひどく怒らせる[いらだたせる].
sèparate the shèep from the góat →sheep.
[＜古期英語「牝ヤギ」]

goat·ee /goutíː/ 名 C (あごの)ヤギひげ.

góat·hèrd 名 C ヤギ飼い.

góat·skìn 名 **1** U ヤギ革. **2** C ヤギ革の上着; (ワインなどを入れる)ヤギ革の袋.

góat·sùcker 名 C 〘米・カナダ〙〘鳥〙ヨタカ (night-jar).

gob[1] /gɑb | gɔb/ 名 C **1** 〘話〙(ぬるぬる[べとべと]した物の)塊; (吐き出した)つば. **2** 〘米話〙〈普通 〜s of U 名詞〉どっさり. earn 〜*s of* money 金をたんまりもうける.
── 動 (〜s | -bb-) 自 〘英話〙つばを吐く (spit).
[＜古期フランス語「ひと口」]

gob[2] 名 C 〘米俗〙(米海軍の)水兵.

gob[3] 名 C 〘英俗・軽蔑〙口. Shut your 〜! 黙れ.

gob·bet /gɑ́bət | gɔ́b-/ 名 C 〘話〙 **1** (特に食物の)ひとかたまり, ひと切れ **2** (テキストの)断片, 短い抜粋.

gob·ble[1] /gɑ́b(ə)l | gɔ́b-/ 動 他, 自 (を)がつがつ[急いで]食べる, 'かっ込む', 〈*up, down*〉
gòbble /../ úp (1) ..を飲み込む; ..を併呑(へいどん)[合併吸収]する. (2) ..をひっつかまえる, ..に飛びつく; ..をむさぼり読む. (3) ..を(全部)さっさと使いはたす.
[gob[1], -le[1]]

gob·ble[2] 動 自 〔雄の七面鳥が〕ごろごろ鳴く; 〔人が〕(怒って)七面鳥のような声でしゃべる. ── 名 UC 七面鳥の(ような)声.

gob·ble·dy·gook, -de- /gɑ́b(ə)ldigùk | gɔ́b-/ 名 U 〘話〙大げさで分かりにくい言葉[文書]《官庁用語などを非難して言う》.

góbbler 名 C 〘話〙七面鳥の雄 (turkeycock).

Gob·e·lin /gɑ́bəlin | góub-/ 形, 名 U ゴブラン織り(の)《パリ産; ＜15 世紀の染色家の名》.

gó-betwèen 名 C 仲介者, とりもち役, 仲人(なこうど).

Go·bi /góubi/ 名 〈the 〜〉ゴビ砂漠《モンゴル南東部と中国北部に広がる砂漠の高原》.

gob·let /gɑ́blət | gɔ́b-/ 名 C ゴブレット《ガラス又は金属製のワイン用足付きグラス》.

‡**gob·lin** /gɑ́blən | gɔ́b-/ 名 C (いたずらで醜い)小妖(よう)精; (特に人に害意を抱く)小悪魔. [＜ギリシア語「悪党」]

gób·smàcked 形 〘英話〙びっくり仰天した; 落胆しきった.

gób-stòpper 名 C 〘英〙大きな固いあめ《なめると色が変わる》.

gób·strùck 形 ＝gobsmacked.

go·by /góubi/ 名 C (複 -bies, 〜) 〘魚〙ハゼ.

gó-bỳ 名 U 〘話〙〈the 〜〉通り過ぎること. get the 〜 無視される, 知らないふりをされる. give a person the 〜 人を避ける, 無視する; 人を見ないふりをして通り過ぎる.

gó-càrt 名 C **1** 〘主に米・英古〙(幼児の)歩行器 (〘英〙 baby walker). **2** 乳母車《折畳みいす型のも言う》. **3** 手押し車 (handcart). **4** ＝go-kart.

‡**god** /gɑd | gɔd/ 名 (複 〜s /-dz/) **1** U 〈G-〉(ユダヤ教・イスラム教などの一神教, 特にキリスト教の)**神**, 造物主. Christians believe in *God*. キリスト教徒は神(の存在)を信じている. *God* is the maker and ruler of the world. 神は世界の創造者であり支配者である. the Almighty (*God*)＝*God* Almighty 全能の神. the Lord *God* 主なる神. a man of *God* 聖職者, 牧師; 聖人, 予言者. (My [Oh, Good]) *God*! まさか! まあ大変! けしからん!《驚き, 怒りなどを表す; →my 間》.

連結 merciful [omnipotent; eternal, everlasting] *God* // beseech [praise; pray to; thank; worship] *God*

2 C (多神教の)神; (特にギリシア・ローマ神話の)男の神;《自然界の特定の分野, 人間の運命などにそれぞれの力を持つ; 女 goddess》. The ancient Greeks thought the 〜*s* lived on Mt. Olympus. 古代ギリシア人は神々はオリンポス山に住んでいると思っていた. the 〜 of heaven 天の神 (Jupiter). the 〜 of wine 酒の神 (Bacchus). the 〜 of love 愛の神 (Cupid).

3 C 神の像; 偶像 (idol); 崇拝の対象; 神のようにあがめるもの[人]. make a 〜 of ..を神様扱いする; ..を最も大切と考える. **4** 〘話〙〈the 〜s〉天井桟敷(の観客), 大向こう, (gallery).

(be) with Gód 神と一緒に(いる); 死んで天国に(いる).

by Gód! 神に誓って; 必ず, 断じて. 参考 成句をなす間投

詞又は間投詞句中の God を口にするのをはばかって Heaven, Goodness, Gosh, Gad などと変形して婉曲に言うことがある.
for Gód's sàke →sake.
Gòd bléss..(!) (1)..(の身)に幸いあれ. *God bless* you. あなたに神のご加護があらんことを, お幸せに. (2)=BLESS you!
Gòd bléss me!=Gòd blèss ⌞my lífe [my sóul, me, us]! おやまあ, やれやれ, 《驚き, 喜び, 怒りなどを表す》.
Gòd dámn you [it]! こん畜生.
Gòd forbíd (that).. →forbid.
Gòd hélp you [them, etc.]! →HEAVEN [God] help a person.
Gòd knóws (that).. →know.
Gòd knòws whát [whó] →know.
Gòd knòws whére [whén, hów, etc.] →know.
Gòd (ònly [alóne]) knóws →know.
Gòd wílling 神のおぼしめしで (if God wills); (万事)都合よく行けば. They will be successful, *God willing*. 万事がうまく行けば彼らは成功するでしょう.
Gòod [Mỳ, Òh] Gód! これは驚いた, 怖い, 《驚き, 恐怖など激しい感情を表す》. Oh, *my God*, what shall I do? ああ困った, どうしたらいいのか.
in Gód's nàme 〈疑問詞とともに〉一体全体.
in the làp of the góds →lap.
on Gòd's éarth on EARTH の強調形.
plày Gód 神様になった気でいる, 傍若無人にふるまう.
plèase Gód →please.
Thànk Gód! ああよかった, やれやれ. *Thank God* he's gone. やれやれ, あいつはもういなくなった.
to Gód 神かけて, 本当に, 《hope, wish, swear などの動詞の後につけて, その意味を強調する》. I *wish to God* that you had been there. あなたがそこにいれば本当によかったのに. [<古期英語]

Gód Almìghty 名 =Almighty God.
gòd-áwful /㊕/ 形 〖話〗 実にひどい[不愉快な].
gód·chìld 名 (複 →child) C 〈普通 one's ～〉名付け子 《男は godson, 女は goddaughter; →godparent》.
god·dam·mit /gɑdǽmit|gɔd-/ 間 〖主に米俗〗 いまいましい, くそっ, ちくしょう 《怒り, 驚き, 当惑などを表す; **goddámn it** とも書く》.
god·dam(n), 〖主に英〗 **-damned** /gɑ́ddæm|gɔ́d-/, /-d/ 形, 副 〖俗・卑〗 =damned.
gód·dàughter 名 C 名付け娘 (→godchild; ↔godson).
*__god·dess__ /gɑ́dəs|gɔ́d-/ 名 (複 ～·es /-əz/) C **1** (特にギリシア・ローマ神話の)**女神** (男 god 2). the ～ of heaven 天の女神 (Juno). **2** '女神(めがみ)'のような女性; 絶世の美女.
†**gód·fàther** 名 C **1** 名(付け)親, 教父, (→godparent; ↔godmother). stand (as) ～ to.. 〖章〗..の名付け親になる. **2** 〈しばしば G-〉(暴力組織, 特にアメリカのマフィアの)大ボス, ゴッドファーザー. **3** 〔運動, 流派などの〕創始者, 主唱者.
Gód-fèaring, g- 形 神を恐れる; キリスト教の教えを守る; 信心深い. ～ Christians 敬虔(けいけん)なクリスチャン.
gód·forsàken 形 **1** 〈限定〉〔場所が〕恐ろしい, ひどい, 何の魅力もない, もの寂しい, 荒涼たる. **2** 〔人が〕神に見捨てられた, 邪悪な; みじめな.
God·frey /gɑ́dfri|gɔ́d-/ 名 男子の名.
gód·hèad, G- 名 〖章〗 **1** U 〈普通 the ～〉神であること, 神性, (divinity). **2** 〈the G-〉神.
gód·hòod 名 =godhead 1.
Go·di·va /gədáivə/ 名 **Lady ～** ゴダイヴァ夫人 (1040?–80) 《英国のマーシア (Mercia) 伯 Leofric の夫人; 夫が Coventry の人民に課した税を軽くさせるため, 裸で馬に乗って町中を回ったと言う; →peeping Tom》.
gód·less 形 **1** 神を信じない, 不信心な. **2** よこしまな, 邪悪な, (wicked). ▷**～·ly** 副 **～·ness** 名
gód·lìke 形 神のよう(に完全[完璧])な; 神にふさわしい.
gód·ly 形 e 〖章〗 信心深い, 敬虔(けいけん)な. live a ～ life 敬虔な生活をする. ▷**god·li·ness** 名 U 信心深いこと.
gód·mòther 名 C 名(付け)親, 教母, (→godparent; ↔godfather).
gó·dòwn 名 C (東アジア, 特にインドの)倉庫.
gód·pàrent 名 C 名(付け)親《キリスト教の洗礼に立ち会い名付け子 (godchild) の保証[後見]人となる; 男は godfather, 女は godmother》.
Gòd's ácre [Ácre] 名 C 〖古・雅〗(教会付属の)墓地 (churchyard). [ドイツ語 *Gottesacker*「神の畠」の訳]
Gód Sàve the Quéen [Kíng] 名 『女王[国王]陛下万歳!』《英国国歌》.
Gód's bòok 名 C 聖書.
gód·sènd 名 C 〈普通 a ～〉思いがけない幸運; 天のたまもの; 渡りに舟の物事.
Gòd's gíft 名 U 〖話〗〈しばしば皮肉〉(神からの贈り物のような)最高の人[もの]〈*to* ..にとって〉. He thinks (that) he is ～ *to* women [the teaching profession]. 彼は自分が⌞女性にとって最高に魅力的だ[最高の教師だ]と思って[うぬぼれて]いる.
gód·sòn 名 C 名付け息子, 教子(きょうし), (→godchild; ↔goddaughter).
Gòd·spéed, g- 名 U 成功; 幸運 (good luck).
wish [bìd] a pèrson Gódspeed 〖古〗 人に 'God speed you' (道中ご無事に)と言う. [<*God speed* (you)! 'May God prosper you!']
Gód squàd 名 C 〖話・軽蔑〗 キリスト教の勧誘者.
Gòd·win Áusten /gɑ̀dwin-|gɔ̀d-/ 名 **Mount ～** ゴッドウィンオースチン山《K2 の別称; →K2》.
go·er /góuər/ 名 C **1** 行く人; 〈複合要素〉..へよく行く[通う]人. →concert*goer*, theater*goer*. **2** 〖話〗 活動的な頑張り屋, 動きの速い人[物]. **3** 好色女, プレイガール[ボーイ], 漁色家.
Goe·the /gə́:tə, géi-|gə́:-/ 名 **Johann Wolfgang von ～** ゲーテ (1749–1832) 《ドイツの詩人・小説家・劇作家・思想家; →Faust》.
go·fer /góufər/ 名 C 〖主に米話〗 走り使い, 雑用係, 《<GO for .. (2)》.
go-getter /⌒⌒, ⌒⌒/ 名 C 〈ほめて〉やり手; 手腕家.
gog·gle /gɑ́g(ə)l|gɔ́g-/ 動 自 〖話〗 **1** 〔目玉が〕ぎょろぎょろする; 〔人が〕目玉をぎょろぎょろさせる. **2** VA (～ *at* ..)(びっくりして)..に目を見張る. Stop *goggling at* me. 私をぎょろぎょろした目で見ないで. ── 名 〈～s〉ゴーグル《水, 火花, 風, ちりなどが目に入らないようにダイバー, スキーヤー, 熔接工, オートバイ乗用者などが着用する》.
góggle bòx 名 C 〈普通 the ～〉〖英話〗テレビ(受像機).
góggle-èyed 形 **1** ぎょろ目の; 出目の; 〈叙述〉(驚いて)目を見張った. **2** 〖英話〗〔人が〕テレビばかり見ている.
Gogh /gou, gɔ:k, gɔx|gɔf, gɔk, gɔx/ 名 **Vincent van ～** ゴッホ (1853–90) 《オランダの画家》.
gó-gò 形 〈限定〉**1** ゴーゴー(ダンス)の. ～ dancing ゴーゴーダンス. **2** 〖話〗 活気のある, 精力的な, いきのいい; 現代的な. **3** '行け行け'の, 高度成長の, 〔時代など〕. **4** 〔株・証券が〕投機的に値上がりしている. ── 名 U ゴーゴーダンス.
Go·gol /góugɑl|-gɔl/ 名 **Nikolai Vasilievich ～** ゴーゴリ (1809–52) 《ロシアの小説家・劇作家》.
*__go·ing__ /góuiŋ/ 動 go の現在分詞.
── 名 **1** UC 〈しばしば one's ～〉行くこと; 立ち去ること; 退去, 出発; 死去. his unexpected ～ 彼の突然の出発[退去, 死去]. comings and ～*s* →coming.

2 Ⓤ 進行速度.
3 Ⓤ(事の)進行状態, 進み具合, 成り行き. Persuading him will be very heavy [hard, tough] ～. 彼を説き伏せるのは大変だろう. The ～ was tough because the roads were only partly paved. 道は部分的にしか舗装されていなかったので道中は難儀だった. good [not bad] ～ いい[悪くはない]状況. When the ～ gets tough, the tough get going. 事態が難航した時には粘り強い者が活動し始める.
4 Ⓤ〈普通 the ～〉道路[走路, 競馬の馬場]の状態. The ～ was so rough. 道路がとても悪かった.
5〈普通 ～s〉ふるまい, 行為.
while the gòing is góod 状況が悪くならないうちに〔立ち去る; やめるなど〕.
── 形 Ⓒ 1〈限定〉〔装置などが〕(うまく)動いている, 調子がいい; 〔事業, 商売などが〕うまくいっている, 繁盛している. a ～ business [concern] 盛業中の商売[会社].
2〈名詞の後に置いて〉現存する (in existence). the best pitcher ～ 現在最高のピッチャー. Oliver is the best fellow ～. オリヴァーは今どき得がたい男だ.
3〈限定〉現行の, 現在の. the ～ rate [price] (定価や広告された値段と区別して)実勢の相場[価格], 時価.
4〈叙述〉手に入る. Is there any drink ～? 何か飲み物はあるか《酒類について言う》.
hàve .. góing for one 人[物]に..の利点がある. (★have と going の間に a lot, plenty, much [nothing] などを挿入して「利点が多い[全然ない]など」の意味を表す). He *has a lot going for* him. 彼には利点が多い.

-gó·ing 〈複合要素〉〈複合形容詞の第二要素として〉〔場所, 行事など〕に行く. the cinema [theater]-*going* public 映画[演劇]愛好家たち.

gòing-óver 名 (複 **goings-**) Ⓒ 〖話〗〈普通 a (good, real, thoroughなどの 形) ～〉 1 念入りな検査; 厳重な捜索; 徹底的な掃除[クリーニング]. 2 散々殴ること; ひどい小言. give a person a ～ 人を散々殴って怪我をさせる.

gòings-ón 名 〖話〗〈複数扱い〉(普通, 好ましくない)行為, ふるまい; (何やら怪しげな)事件, 出来事, 騒ぎなど.

goi·ter 〖米〗, **-tre** 〖英〗 /gɔ́itər/ 名 ⓊⒸ 〖医〗甲状腺腫(せんしゅ)《甲状腺ホルモンの異常分泌による首の腫(は)れ》.
[＜ラテン語 *guttur*「のど」]

goi·trous /gɔ́itrəs/ 形 甲状腺腫(せんしゅ)の.

go-kart /góukɑ̀ːrt/ 名 Ⓒ ゴーカート《競走用・遊戯用の車台だけの小型自動車; ＜商標名》.

Gò·lan Héights /gòulæn-/ 名 〈the ～〉ゴラン高原《シリア南西部の高原; 1967 年以降イスラエルが占領し, 1981 年に併合を宣言; その領有権をめぐる係争の地》.

‡gold /gould/ 名 (複 **～s** /-dz/) 1 Ⓤ (**a**) 金《金属元素; 記号 Au》; 黄金. 24 karat ～ 24 カラットの金《純金》. strike ～ 金を掘り当てる. made of ～ 金製で. a pot [crock] of ～ →pot 名. (**b**)〈形容詞的〉**金の, 金製の**; 〖経〗金本位の; 金のような, 金色の; (★髪, 太陽の「金色」の形容には golden を用いる). a ～ watch 金時計. paint a miniature plane ～ 模型飛行機を金色に塗る. ～ coins 金貨.
2 Ⓤ〈集合的〉**金貨**, 金製装飾品; 財産, 富, (wealth). pay in ～ 金貨で支払う. greed of ～ 金銭欲.
3 Ⓤ (金のように)貴重なもの, すばらしい[美しい, 立派な]もの; 心[行為]の美しさ[親切さ, 寛大さ]. a heart of ～ 優しい[寛大な]心(の人). a child who is (as) good as ～ この上もなく行儀のよい子.
4 ⓊⒸ 金色; 黄金色. hair of ～ 金髪 (golden hair). the burning reds and ～*s* of autumn leaves 燃えるような秋の紅葉黄葉. 5 Ⓒ ＝gold medal.
6 Ⓒ 金的《的(まと)の中心; →bull's eye》.
be wòrth one's [its] wèight in góld →worth.
[＜古期英語; yellow と同根]

góld·bèater 名 Ⓒ 金箔(ぱく)師.

góld·brìck 〖俗〗 名 Ⓒ 1 にせ金塊, にせ物. 2 〖米〗仕事をずるけるやつ《特に軍隊で言う》. ── 動 自 (特に仮病を使って)仕事をずるける.

góld·bùg 名 Ⓒ 1 コガネムシ (**góld bèetle**)《米国産の大型甲虫》. 2 〖米話〗金本位制支持者; 金を買いあさる人.

gòld cárd 名 Ⓒ ゴールドカード《＜商標; 信用度の高い顧客に発行するクレジットカード》.

Góld Còast 名 〈the ～〉黄金海岸《アフリカ西部の旧英領植民地; 現在は Ghana の一部》.

góld·crèst 名 Ⓒ 〖鳥〗キクイタダキ.

góld dìgger 名 Ⓒ 1 金採掘者, 採金業者. 2 〖旧俗〗男をたらしこんで金品を巻き上げる女.

gòld dísc 名 Ⓒ ゴールドディスク, 超ベストセラー盤, 《〖英〗では 10 万枚以上売れたアルバム CD[LP レコード] 又は 40 万枚以上のシングル盤, 〖米〗では 50 万枚以上売れたアルバム CD[LP] 又はシングル盤; またそれに対する賞としての金製のレコード》.

góld dùst 名 Ⓤ 金粉, 砂金; 珍しくて貴重なもの. be (like) ～ 貴重なもので手に入れにくい.

‡gold·en /góuld(ə)n/ 形 Ⓒ 1〔髪, 太陽などが〕**金色の**, 黄金色の; 金色に輝く. ～ hair 金髪. a ～ sunset 金色に輝く入り日. 2 **金の**, 金製の, (★gold が普通); 金を産出する. worship ～ idols 金の偶像をあがめる. 3〈限定〉すばらしい; 高い価値のある. a ～ opportunity 絶好の機会. 4〈限定〉〔人が〕非常に恵まれた, 将来有望な; 人気のある. a ～ boy in our company わが社の有望株. 5〔時代などが〕隆盛な, 全盛の; 幸せに満ちた. → golden age. ～ hours 幸せな[楽しい]数時間 (★テレビなどの「ゴールデンアワー」は prime time と言う). 6 50 年目の〔記念祭, 結婚記念日など〕(→golden wedding (anniversary)).
[gold, -en]

gòlden áge 名 Ⓒ 〈普通 the ～ of..〉 1 (文学や国家の)黄金時代, 最盛期; 〈普通 the G- A-〉古典ラテン文学の黄金時代. the ～ *of* Greek drama ギリシア劇の最盛期. 2〈しばしば the G- A-〉〖ギ・ロ神話〗黄金時代《Hesiod によると Cronus [Saturn]の支配下の人間は労働の必要もなかったという伝説上の幸福の時代; →the silver [bronze, iron] age》.

gòlden áger 名 Ⓒ 〖米話・婉曲〗'黄金年齢の人'《65 歳以上の隠退した人》.

gòlden cálf 名 〈the ～〉〖聖書〗黄金の子牛《イスラエル人が崇拝した偶像》; (崇拝の対象としての)金, 物質.

Gòlden Delícious 名 Ⓒ ゴールデンデリシャス《リンゴの品種》.

gòlden éagle 名 Ⓒ 〖鳥〗イヌワシ《後頭部, 頸部に金色の羽がある; 北半球産》.

gólden·èye 名 Ⓒ 〖鳥〗ホオジロガモ.

Gòlden Fléece 名 〈the ～〉〖ギ神話〗金の羊毛《勇士 Jason が Argo 号に乗って行って林の中で不眠の竜に守られていたのを取って帰った》.

Gòlden Gáte 名 〈the ～〉金門海峡《サンフランシスコ湾の入り口にあたり, the Golden Gate Bridge (金門橋)が架かっている》.

gòlden góose 名 Ⓒ (1 日に 1 つずつ)金の卵を産んだガチョウ《イソップ物語より; →kill the GOOSE that lays the golden eggs》.

gòlden hándcuffs 名 〈複数扱い〉〖話〗'黄金の手錠'《転職防止策としての好待遇》.

gòlden hándshake 名 Ⓒ 〖話〗'黄金の握手'《停年前の勇退者 (〖英〗では停年退職者にも言う)に与えられる人がうらやむような高額退職金》.

gòlden helló 名 Ⓒ (社員勧誘としての)入社奨励金.

gòlden júbilee 名 Ⓒ 50 周年記念祭 (→jubilee).

gòlden méan 名 〈the ～〉中庸(の美徳).

Gòlden óldie [**óldy**] 名 Ⓒ 懐メロ, 懐かしい映画, 《昔ヒットして今でも愛されている歌謡曲[映画]》; 老いてもなお成功している人.

G

gòlden párachute 名 C 〖話〗(乗っ取りや吸収合併によって退職・解雇される時に幹部社員に保証されている)多額の退職金.

gòlden retríever 名 C ゴールデン・レトリーバー《黄金色の体毛をした水鳥猟に適した中型犬》.

gólden·ròd 名 C 〖植〗アキノキリンソウ《米国の Kentucky と Nebraska の州花》.

gòlden rúle 名 C 〈普通 the 〜〉黄金律《最も大切な教訓; 特にキリストの山上の垂訓中の Do to others as you would be done by. (人からしてもらいたいと思うことを人にもせよ)を指す;『マタイによる福音書』7》; (行動の)鉄則.

gòlden séction 名 〈the 〜〉〖数・美〗黄金分割.

Gòlden Státe 名 〈the 〜〉米国 California 州の俗称.

gòlden sýrup 名 U 〖英〗ゴールデンシロップ《<商標; 糖蜜(とうみつ)のシロップ; パンに塗ったり料理に用いたりする》.

Gòlden Tríangle 名 〈the 〜〉黄金の三角地帯《東南アジアのミャンマー, ラオス, タイが国境を接する地域; 世界有数のアヘン産地》.

gòlden wédding (**annivèrsary**) 名 C 金婚式《結婚 50 年目の記念日[式]; →diamond [silver] wedding (anniversary)》.

góld fèver 名 U (金鉱探しの)黄金熱.

góld·fìeld 名 C 金鉱地, 採金地.

gòld-fílled /⑱/ 形 金張りの.

góld·fìnch 名 C 〖鳥〗ゴシキヒワ《ヨーロッパ産》; オウゴンヒワ《アメリカ産》.

†**góld·fìsh** 名 (複 →fish) C 金魚 (→silver fish).

góldfish bòwl 名 C (丸い)金魚鉢. live in a 〜 (芸能人などが)ガラス張りの[プライヴァシーのない]生活をする.

gòld fóil 名 U 金箔(ぱく).

gold·ie /góuldi/ 名 〖米話〗=gold disc.

gold·i·locks /góuldilàks|-lɔ̀ks/ 名 (複 〜) C
1 〈時に G-〉金髪の人, 金髪娘. **2** 〖植〗(ヨーロッパ産)アキノキリンソウ(の類); キンポウゲ(の類).

Gol·ding /góuldiŋ/ 名 **William** (**Gerald**)〜 ゴールディング (1911–93)《英国の小説家; 1983 年ノーベル文学賞受賞》.

gòld léaf 名 U 金箔《gold foil より薄い》.

gòld médal 名 UC 〖スポーツ〗金メダル.

gòld médalist[〖英〗**médallist**] 名 C 〖スポーツ〗金メダル獲得者, 優勝者.

góld mìne 名 C **1** 金鉱. **2** 〈単数形で〉大金の手に入る商売[仕事], '宝の山', ドル箱.

gòld pláte 名 U 〈集合的〉金製の食器類; 金めっき.

gòld-pláted /-əd ⑱/ 形 金めっきの, 金張りの.

gòld récord 名 =gold disc.

gòld-rímmed /⑱/ 形 金ぶちの〔眼鏡など〕; 金のふち模様のある〔カップなど〕.

góld rùsh 名 C ゴールドラッシュ《新発見の金鉱に人が殺到すること; 1849 年の米国カリフォルニアのものは特に有名》.

Gold·smith /góuldsmìθ/ 名 **Oliver** 〜 ゴールドスミス(1728–74)《アイルランド生まれの英国の作家》.

gold·smith /góuldsmìθ/ 名 C 金細工職人.

góld stàndard 名 〈the 〜〉金本位制.

gòld stár 名 C **1** (児童に褒(ほう)美として与えられる紙の)金星; (きわだった努力や業績に対する)賞. **2** 〖米〗金星章《軍籍旗につけて, 家族・会社などに戦死者のいることを示す》.

Gòld Stíck 名 C 〖英〗国家的式典などで金色の棒を捧持者; その金色棒.

‡**golf** /gɑlf, gɔ:lf|gɔlf/ 名 U ゴルフ. play 〜 ゴルフをする. ── 動 自 〈主に 〜ing の形で〉ゴルフをする. go 〜*ing* ゴルフに行く. [?<オランダ語「こん棒, バット」]

gólf bàll 名 C **1** ゴルフ球. **2** ゴルフボール《電動タイプライターの球形の印字機構》.

gólf càrt 名 C ゴルフカート《ゴルファー, 道具の運搬用》.

gólf clùb 名 C **1** ゴルフクラブ(のクラブハウス, ゴルフコース). **2** ゴルフ(打球用の)クラブ.

gólf còurse 名 C ゴルフ場.

gólf·er 名 C ゴルフをする人, (プロ)ゴルファー.

gólf lìnks 名 〈普通, 単数扱い〉=golf course.

gólf wìdow 名 C 〖話〗ゴルフウィドウ《夫がゴルフに夢中で顧みられない妻》.

Gol·go·tha /gɑ́lgəθə|gɔ́l-/ 名 **1** 〖聖書〗ゴルゴタ《キリストがはりつけになった Jerusalem 付近の丘; Calvary とも言う》. **2** C 〈時に g-〉受難の地; 埋葬地.

Go·li·ath /gəláiəθ/ 名 **1** 〖聖書〗ゴリアテ《羊飼いダヴィデ (David) に殺されたペリシテ人(びと) (Philistine) の巨人》. **2** C 〈しばしば g-〉巨人; 巨大な権力を持つ人[組織など].

gol·li·wog, gol·ly- /gɑ́liwɑ̀g|gɔ́liwɔ̀g/ 名 C ゴリウォグ《グロテスクな男の人形; 顔が黒く頭髪が立っている》.

gol·ly[1] /gɑ́li|gɔ́li/ 間 〖やや旧話〗へえっ, あれ, 《驚きなどを表す; god の婉曲語》. by 〜 驚くなかれ.

gol·ly[2] 名 =golliwog.

go·losh /gəlɑ́ʃ|-lɔ́ʃ/ 名 〖英〗=galosh.

Go·mor·rah, -rha /gəmɔ́:rə|-mɔ́rə/ 名 **1** 〖聖書〗ゴモラ《住民の悪徳のため Sodom とともに神に滅ぼされた死海南岸にあったという古代のパレスティナの町;『創世記』19:24–5》. **2** C 〈一般に〉悪徳の町.

-gon /gɑn|gən/ 〈複合要素〉「..角形」の意味. penta*gon*. poly*gon*. [ギリシア語 'angle']

go·nad /góunæd, gɑ́n-|góun-/ 名 C 〖医〗生殖腺(せん), 性腺, 《testis, ovary など》. ▷**go·nád·al** /-əl/ 形

-gon·al /g(ə)nl/ 〈複合要素〉「..角形の」の意味.

gon·do·la /gɑ́ndələ|gɔ́n-/ 名 C **1** ゴンドラ《イタリアの Venice で用いられる細長い平底船》. **2** (高層ビルの外壁, 窓などでの作業のための)吊(つ)りかご **3** (気球, 空中ケーブル, スキーリフトなどの)吊りかご, ゴンドラ. **4** 〖米〗無蓋(がい)貨車 (**góndola càr**). **5** ゴンドラ(ケース)《商品を四方から自由に取り出せる売り台》. [イタリア語]

gon·do·lier /gɑ̀ndəlíər|gɔ̀n-/ 名 C ゴンドラの船頭.

Gond·wa·na(**·land**) /gɑndwɑ́:nə(lænd)|gɔnd-/ 名 ゴンドワナ大陸《今の南極大陸, オーストラリア, アフリカ, 南米, インドに分解する前のひと塊だった大陸; 2 億年ほど前, さらに大きな超大陸 Pangaea が分かれて Laurasia と Gondwana になったと考えられている; →Pangaea, Laurasia》.

†**gone** /gɔ:n, gɑn|gɔn/ 動 go の過去分詞.
── 形 ℗ **1** 去った; 過ぎ去った; なくなった; (→go 自 3, 4); 留守にして, 居ない, 席をはずして. How long will you be 〜? どのくらいの間ご不在ですか.
2 死んだ; 死にかけた; (→go 自 4).
3 見込みのない, 絶望的な, (hopeless). a 〜 case 絶望的な事例; 見込みのない患者. a 〜 goose [gosling] どうしようもないばか者.
4 (**a**) 使い切った (spent); 弱った, 衰弱した; 滅入(めい)るような. have a 〜 look 疲れ果てたという表情をしている. a 〜 feeling 滅入るような気持ち. (**b**) 〖俗〗(麻薬[酒]で)意識がもうろうとして, ぼうっとして, 気を失って; うっとりとして; (★gone under とも言う).
5 〈叙述〉妊娠して. a woman six months 〜 妊娠 6 か月の女性. "How far 〜 is she?" "She is five months 〜". 「彼女は妊娠何か月ですか」「5 か月です」.
6 〖俗〗すばらしい, すてきな, いかす, かっこいい, (★real gone とも言う).
fàr góne 〖話〗(1) 〔病気, 精神的異常などが〕大いに進んで, 末期で; (酒に)大酔いして; (麻薬で)'ラリって'. The patient was so *far* 〜 that nothing could be done. 患者の病状は大変進んでいて, 手の施しようがなかった. (2)

(借金などに)深くはまり込んで. He was too *far* ～ in debt to pay us back. 彼は私たちに返せないほど多額の借金をしていた.

gòne bý 〖英俗〗年を取り過ぎて.

góne on.. 〖話〗〔異性〕にぞっこんほれ込んで, 首ったけで; 〔事〕に夢中で.

── 前 〖英話〗..を過ぎて, ..より遅い, (past), (★時間, 年齢などについて用いる). a man ～ fifty years of age 50歳過ぎた男. He's ～ eighty but he's very well. 彼は80を越しているが元気だ. It's ～ midnight [ten o'clock] already. もう夜中[10時]を過ぎた.

gon·er /gɔ́:nər|gɔ́nə/ 名 Ⓒ 〖話〗もう助からない[どうにもならない, 見込みのない]人[もの]; 死者.

gon·fa·lon /gánfələn|gɔ́n-/ 名 Ⓒ (吹流し)旗《中世イタリアで用いられた; 横木につるす》.

‡gong /gaŋ, gɔ:ŋ|gɔŋ/ 名 Ⓒ **1** 銅鑼(どら); ゴング; 銅鑼[ゴング]の音. a dinner ～ 食事を知らせる銅鑼の音. beat [ring, sound] a ～ 銅鑼を鳴らす. **2** 〖英俗〗(特に軍人の)メダル, 勲章. ── 動 他 **1** をゴングを鳴らして集める. **2** 〔交通警官が〕〔運転手〕に(ゴングを鳴らして)停車を命ずる. [＜マレー語]

gon·na /gɔ́:nə, gánə, gənə|gɔ́nə, gənə/ 〖主に米話〗＝going to (→be GOING to do).

gon·o·coc·cus /gànəkákəs|gɔ̀nəkɔ́k-/ 名 (複) **gon·o·coc·ci** /-káksai|-kɔ́k-/) Ⓒ 淋(りん)菌.

gon·or·rhe·a, 〖英〗 **-rhoe·a** /gànərí:ə|gɔ̀n-/ 名 Ⓤ 淋(りん)病. ▷**gon·or·rh(o)e·al** 形

gon·zo /gánzou|gɔ́n-/ 形 〖米俗〗〔ジャーナリズム, ルポルタージュなどが〕異様な, 奇妙な; いかれた, 狂った. ～ journalism (主観的すぎて)特異なジャーナリズム. [?＜イタリア語「ばかな」]

goo /gu:/ 名 Ⓤ 〖話〗 **1** (にかわのように)ねばつくもの. **2** おセンチ (sentimentalism), 感傷的過ぎることば[考え]. ◇形 gooey

goo·ber /gú:bər/ 名 〖米南部〗＝peanut.

‡good /gud/ 形 (**bet·ter** /bétər/|**best** /best/) (一般的に↔bad) 【良い】 **1** よい; 申し分ない, 立派な; 良質の; おいしい; 結構な; 〔容姿などが〕良い, 魅力的な; 一張羅の〔服など〕; (成績評価で)良(上)の, Bの, (→grade 名 4). a ～ dictionary よい辞書. If it sounds too ～ to be true, it probably is. すばらし過ぎて信じられないと思われても, それは恐らく本当だろう. a ～ restaurant よいレストラン. ～ wine 良質のワイン. It tastes ～. これはおいしい《単に Good! とも言う》. a ～ system 結構な制度. a woman of [with] a ～ figure スタイルのいい女性. You look very ～ in that dress. ＝That dress looks ～ on you. その服はとても素敵だよ[似合うよ]. ～ earth [soil] 豊饒(じょう)な土地. He speaks ～ English. 彼は立派な英語を話す. a girl of ～ manners 行儀のいい少女. come from [of] a ～ family 良家の出である. a man of good family 生まれのよい男. a scientist of ～ standing 高名な科学者. be in ～ taste 趣味がよい, 上品だ.→good looks.

2 【倫理上良い】 (**a**) 〔人が〕**善良な**, (道徳的に)非の打ちどころがない, 有徳の, 行いの正しい; 忠実な, 忠誠な; 敬虔(けん)な. ～ deeds 善行. His uncle was a ～ citizen. 彼のおじさんは善良な市民だった. a ～ Christian 信心深いクリスチャン. (**b**) 〔特に子供が〕行儀がよい, 聞き分けのよい, 従順な. Be ～ while I'm gone. 留守の間おとなしくしてるんですよ. like a ～ boy [girl] いい子だから(..しさいなど). as ～ as gold 実に行儀のよい[おとなしい]. Now, don't make so much noise. There's [That's] a ～ boy [girl]. そんなに騒ぐんじゃない. いい子だから.

3 〈the ～; 名詞的; 複数扱い〉善良な人々. Some say only the ～ will go to heaven. 善人だけが天国へ行くという人たちがいる.

4 〈時に ～ old として〉〈限定〉尊敬に値する (honorable), 親愛な (dear), (★呼びかけの場合には敬愛, 時には皮肉な意味を含む; →GOOD old ..). my ～ man [sir] だって君《驚き, 不信, 抗議などの意味を含む》. my ～ friend ねえ, 君. your ～ man [lady] あなたのご主人さま[君の奥方]. *Good* Mr. Watson! やあワトソンさん. A letter from ～ *old* Joe! あの(親愛なる)ジョーから手紙だぞ.

5 【品質のよい】 **新鮮な** (fresh), 腐っていない; 傷のない. ～ eggs 新鮮な卵. This meat is not ～ any more. この肉はもう傷んでいる.

6 【状態のよい】 (**a**) **元気な**, 健康な, 丈夫な, (sound); 〔機械などが〕正常な, 調子が良い. feel ～ 体調[気分]がよい. ～ teeth 丈夫な歯. His hearing is still ～. 彼の耳はまだよく聞こえる. I have ～ eyesight. 私は視力がいい. in ～ spirits 元気で. (**b**) **仲の良い**, 親密な. ～ friends 仲良し[親友]. be on ～ terms with ..と仲がいい. (**c**) 正当な〔理由など〕; 安全な, 確実な; 信用[信頼]できる (reliable); 〔紙幣などが〕本物の. have ～ reason to do ..するもっともな理由がある. without ～ cause ちゃんとした理由なしで. ～ debts 回収確実な貸し金. Gold is a ～ investment. 金(きん)は手堅い投資だ. I have it on ～ authority that... 確かな筋から..と聞いている. (**d**) 支払い[弁済]能力がある〈*for* ..〔金額〕の〉; 耐えられる, もつ, 〈*for*..〔期間, 距離など〕だけ〉; **有効な** 〈*for* ..〔期間〕だけ〉. He is only ～ *for* a few dollars. 彼は数ドルしか出せない. The car is ～ *for* another few years [a lot more miles] yet. その車はまだ数年[まだまだ走行距離は]大丈夫です. This ticket is ～ *for* six days. この切符は6日間有効です.

【他人に対して良い】 **7** **親切な** (kind); 人付き合いのいい, 助けになる (helpful), 思いやりがある, 友情の厚い; 〈*to* ..に対して〉. She was ～ *to* me when I was in trouble. 困っている時に彼女は親切にしてくれた. It is very ～ of you [You are very ～] to come and see me. わざわざお出かけくださってありがとうございます. How ～ of you! ご親切まことにありがとう. Be ～ enough [Be so ～ as] to post this letter. すみませんがこの手紙をポストに入れてくれませんか (★Would you be ～ enough [Would you be so ～ as] to..? とすると更に丁寧).

【自分にとって良い＞満足な】 **8** **楽しい** (pleasant); うれしい; ありがたい, 愉快な; 気持ちのよい (agreeable). We've had a very ～ evening [a very ～ time this evening]. 今夜は本当に楽しかった. a ～ joke [story] 面白い冗談[話]. ～ news 朗報. This flower smells ～. この花はよいにおいがする.

【満足に役立つ】 **9** **適した**, 適切な, (suitable), 好都合な (favorable); 好ましい, 望ましい; 有益な, 役立つ, (useful); 〈*for* ..に/*to* do ..するのに〉; 〔薬などが〕効果[効能]がある〈*for*..〔病気〕に〉. This water is ～ *to* drink. この水は飲める. He is ～ *for* the job. 彼はその仕事に向いている. Smoking is not ～ *for* the health. 喫煙は健康によくない. His performance is not ～ enough. 彼の仕事ぶりは満足のいくものではない. It is not ～ *for* children *to* stay up late. 子供が遅くまで起きているのは良くない. Every man is ～ *for* something. だれでも何かの役に立つ. be ～ *for* nothing →nothing (成句). Is this medicine any ～ *for* constipation? この薬は便秘に少しは効きますか.

10 **上手な** (skillful) 〈*at* ..が/*with* ..の扱いが〉, 有能な, (→poor 5). Michael is ～ *at* swimming.＝Michael is a ～ swimmer. マイケルは泳ぎがうまい (＝Michael swims well). be ～ [no [not] ～] *at* languages 語学が堪(たん)能である[ではない]. I'm not ˪much [very] ～ *at* cooking. 私は料理があまり得意ではない. a ～ workman 腕利きの職人. be ～ *with* children 子供の扱いがうまい. be ～ *in* math [*on* the violin] 数学(の教科)が得意である[ヴァイオリンが上手である]. She is

G

no ～ as an actress. 彼女は女優としては全然だめだ.
11【満足すべき数量の】〈限定〉〔分量, 程度, 寸法などが〕**十分な**, たっぷりした; かなり多くの; 相当数[量]の; 十二分の, 思う存分の. a ～ deal of money 多額の金. have a ～ drink (酒を)存分に飲む. have a ～ laugh at . . に[を]思う存分笑う. have a ～ look at her picture 彼女の写真をつくづく眺める. take [have] a ～ rest 十分休養を取る. take ～ care of . . に十分注意する. have a ～ chance of winning 勝つ見込みは十分ある. give a person a ～ scolding [telling-off] 人を叱(しか)り飛ばす. a ～ day's work 1日はたっぷりかかる仕事. wait for a ～ while 大分長い間待つ. Tokyo is a ～ fifty miles from here. ここから東京までたっぷり50マイルはある. a ～ deal [few, many] →deal¹, few, many, (成句).
語法 この good は後に続く形容詞を修飾する強意副詞として用いられることがある: a ～ long stay (相当な長逗留(とうりゅう)). eat a ～ big supper (随分たくさんの夕食をとる)

G

12〈間投詞的〉よろしい, 結構; そのとおり;《相手に対する応答》. "I'll meet you at three o'clock tomorrow." "*Good* [Very ～]!"「明日3時にお会いしましょう」「分かりました」
13〈驚きなどを表す成句の一部として〉good Lord! まあ! *Good* God [gracious, grief, heavens]! →god, gracious, grief, heaven, (成句).
a gòod óne すばらしい冗談; うそのような[できすぎた]話.
áll in gòod tíme やがて時が来れば(そうなるだろう); そのうち, いずれ. "Are you through?" "*All in* ～ *time!*"「仕事は終わったのか」「そのうち終わるさ(だからせかせるな)」
****as góod as . .*** . .も同様; ほとんど. . (almost). He is *as* ～ *as* dead. 彼は死んだも同然だ. The bike still looks *as* ～ *as* new. その自転車はまだ新品同様に見える. The other party *as* ～ *as* accepted our offer. 相手方はこちらの申し出を承諾したも同然である. 「んだよ」.
Be góod! 〖話・戯〗さよなら, じゃあね《<いい子にしてる↑
****Good afternoon!*** 〈午後のあいさつ〉(1) /---/ 今日は. (2)〖まれ〗/---(上昇調で)/ さようなら.
****good and*** /gúd(ə)n/ 〖話〗非常に, とても, (very). He was ～ *and* tired by the time he finished. 仕事を終えたころには彼はくたくたになっていた. ～ *and* proper〖話〗完全に, 徹底的に.
Good day! 〈昼間の改まったあいさつ〉(1)〖旧〗/--/ 今日は. (2)〖まれ〗/--(上昇調で)/ さようなら.
****Good evening!*** 〈晩のあいさつ〉(1) /---/ 今晩は. (2)〖まれ〗/---(上昇調で)/ さようなら.
Gòod for [on] yóu [hér, hím, thém, etc.]. 〖英話〗りっぱだぞ, でかしたぞ, よくやった,《結果および心構えの称賛; Well done!, Congratulations!》. "He won first prize!" "*Good for him!*"「彼は1等賞を取った」「よくやった」.
****Good morning!*** 〈午前中のあいさつ〉(1) /---/おはよう, 今日は. (2)〖まれ〗/---(上昇調で)/ さようなら.
****Gòod níght!*** さようなら〈夜別れる時のあいさつ〉; おやすみなさい.
góod òld . . 〈人名, 地名などにつけて, 称賛, 愛着, 時に皮肉の表現として〉昔の, 懐かしい; すばらしい. *Good old* Steve! いいやつスティーヴ《呼びかけや言及する時》. We are back in ～ *old* Boston. 懐かしいボストンに戻って来た. in the ～ *old* days 古きよき時代に(は).
hòld góod →hold.
in gòod tíme (1)(定刻より)早目に, 十分間に合って; ちょうどよい時に. be *in* ～ *time* for one's plane (乗る予定の)飛行機に十分間に合う. (2) =all in GOOD time.
It's a gòod thíng [jób] (that . .). 〖話〗幸いにも(. .だ). *It's a* ～ *thing (that)* he got the happy news before his departure. 彼が出発前にめでたい知らせを耳にしたのは幸運だ.

màke a gòod thíng of . . →thing.
màke góod 成功する, 有名[金持ち]になる. He'll *make* ～ as a free-lance photographer. 彼はフリーの写真家として成功するだろう.
màke góod . . (語法 普通, 全体で一つの他動詞の働きをし目的語は後に付く) (1)〔約束, 目的などを〕を果たす, 成し遂げる. Bob *made* ～ what he had said he'd do. ボブはやると言った事はやり遂げた. *make* ～ one's escape まんまと逃げおおす. (2) . .の償いをする, . .を埋め合わせる; . .の支払いをする (pay). *make* ～ all the losses 全損害を賠償する. (3)〔非難, 主張などの正しさ〕を証明する. *make* ～ one's claim to be innocent 自分は潔白だという主張を証拠立てる. (4)〔地位など〕を確保する. (5)〖主に英〗. .を復旧する, 修理する, (repair).
through gòod tímes and bád 良い時も悪い時も[好況時にも不況時にもなど]変わらず(一貫して).
tòo múch of a gòod thíng →too.
── 名 U **1** (a) **利益**, ため, (benefit; ↔harm); 望ましいもの[事]; 成果. for the common [general] ～ 公益のため(の). That sedative didn't do much ～. あの鎮静剤はあまり効き目がなかった. Take a walk regularly; it will do you ～. 規則的に散歩をしなさい, 体によいから. Complaining will do you no ～ [do no ～ to you]. 愚痴をこぼしても始まらないだろう. I'm saying this for your (own) ～. 君(自身)のためを思ってこう言うのだ. for the ～ of the community 社会のため[利益になるよう]に. (b)〈反語的〉効果, 価値, 有用, (→use 名 5). What ～ was his advice? 彼の助言が何の足しになったか(何の足しにもならなかった). What's the ～ of talking about it now? 今さらそのことを話して何になろうか(何にもならない). Much ～ may it do you! お役に立てばよろしいんですがね(立たんでしょう).
2 善, 美徳; 善良であること; (↔evil); 美点, 長所. do (a lot of) ～ (多くの)善行を施す. know ～ from evil 善悪の見境がつく. There is some ～ in everybody. だれにでも取り柄はあるものだ. Say nothing but ～ of the dead. 死者に笞打つなかれ《<死者の美点だけ述べよ》.
còme to góod よい結果になる, うまくいく.
còme to nò góod 悪い結果になる, 失敗する. His schemes will *come to no* ～. 彼の計画は失敗するだろう.
for gòod (and áll) 永久に (permanently); これを最後に (finally). Has Jones left the company *for* ～ this time? ジョーンズは今度は会社をきっぱりと辞めたのか.
for gòod or íll 良かれ悪しかれ.
in góod with . . 〖米話〗. .に気に入られて.
nò góod 〈形容詞的〉(1)〔人が〕だめな, しょうがない. (2)〔物事が〕むだな, 無益な, 無効の, (no use). It's *no* ～ (your) complaining about it. 不平を言っても始まらない.
to the góod 利益として; 貸し越しとして. When I got through trading, I was fifty dollars *to the* ～. 取引きが終わったら50ドルもうかっていた.
ùp to nò góod 何かよくないことをして, 悪いことをたくらんで. That naughty boy is *up to no* ～. あのいたずらっ子が悪さをしようとしている.
── 副〖米話〗よく, うまく, (well). I don't see too ～. 目がよく見えない. [<古期英語]

Gòod Bóok 名〈the ～〉聖書 (the Bible).

‡**good-by(e), good·by(e)** /gùdbái|gù(d)bái/ 間 さようなら, ごきげんよう. ── /gudbái/ 名 (複 **～s** /-z/) UC **別れのあいさつ**; いとまごい; (類語 farewell より一般的な語; →bye-bye, so long! (so の成句)). say ～ (to . .) (. .に)別れを告げる; (. .を)あきらめる. wave ～ to . . に手を振って別れを告げる. We said [exchanged] ～*s* and went home. 私たちはお互いにさよならを言って家に帰った. kiss . . ～ →kiss (成句).

[God be with ye! (神があなたと一緒にいますように)の縮約された形] 「い;ごちそう.

gòod chéer 名 U 1 陽気; 勇気. 2 楽しい飲み食↑

gòod égg 名 C 〖話〗感じのいいやつ, 頼もしい男.

gòod fáith 名 U 誠実, 正直. in ～ 誠意を持って.

góod-for-nòthing 形 〈限定〉役に立たない, 価値がない. —— 名 C 怠け者, ろくでなし, 役立たず.

Gòod Fríday 名 聖金曜日《復活祭 (Easter) 前の金曜日; キリスト受難の記念日》.

gòod-héarted /-əd ㊥/ 形 親切な, 思いやりのある, (kindly); 善意の; 寛大な. ▷ **～·ly** 副 **～·ness** 名

gòod húmor 名 C 〈普通, 単数形で〉陽気. in a ～ 愛想よく.

gòod-húmored 〖米〗, **-moured** 〖英〗/㊥/ 形 上機嫌の; 陽気な; 愛想のよい, (雰囲気などが)感じのよい. ▷ **～·ly** 副 **～·ness** 名

good·ie /gúdi/ 名 ＝goody.

góod·ish 形 〈限定〉1 かなりよい. 2 〈a ～..〉かなりの, 相当な, 〔大きさ, 長さ, 遠さなど〕. a ～ distance [size] かなりの距離[大きさ].

góod lìfe 名 U 道徳[宗教の教え]にかなった生活. live [lead] the ～ 有徳の生活を送る.

gòod lóoker 名 C 〖話〗美人.

†**gòod-lóoking** /㊥/ 形 (**better-looking | best-looking**) 〔顔, 姿などが〕きれいな; 顔だちのいい; (類語 容姿の美しさを客観的に表す語で, 男女ともに用いる; →beautiful).

gòod lóoks 名 〈複数扱い〉美貌(ぼう) (→look 名 4).

†**góod·ly** 形 〖古〗〈限定〉1 〔数量, 程度などが〕相当な, かなりの. a ～ sum of money かなりの額の金. a ～ number of people かなりの数の人々. 2 立派な; 良質の. 3 美貌(ぼう)の.

Good·man /gúdmən/ 名 **Benny** ～ グッドマン (1909–86)《米国のジャズクラリネット奏者・バンドリーダー; the King of Swing (スウィングの王者)と呼ばれた》.

góod·man /-mən/ 名 (複 **-men** /-mən/) C 〖古〗1 夫; 一家の主人. 2 〈G-〉..さん《gentleman より低い身分の男性の敬称》. (→goodwife)

gòod móney 名 U 1 (にせ金でない)本物の金. 2 〖話〗高い給料.

***good-na·tured** /gùdnéitʃərd ㊥/ 形 m 気だてのよい, 人のよい, 温厚な, (↔ill-natured); 親切な. ▷ **～·ly** 副 気だてよく, 穏やかに. **～·ness** 名

‡**good·ness** /gúdnəs/ 名 U 1 よいこと; よさ; 長所. the ～ of workmanship 細工のよさ.
2 善良さ, 人徳; 親切さ, 優しさ, 思いやり, (kindness); 寛大. Some people believe in the ～ of human nature. 人間の本性は善だと信ずる人もいる.
3 最良の部分; (食物などの)栄養分. Take care not to boil all the ～ out of the meat. 煮過ぎて肉から栄養分を出してしまわないよう気を付けなさい.
4 〈間投詞的〉おや, あれ, まあ, 《God の婉曲語として驚き, 怒りなどの表現で》. *Goodness* (me)!＝My ～! おや, これはどうしたことか. *Goodness* gracious (me)!＝My ～ gracious (me)! おやまあ驚いた.
for góodness(') sàke →sake.
Gòodness knóws ＝God KNOWS.
hàve the góodness to dó 親切にも..する. The young man *had the* ～ *to* show me the way. その青年は親切にも道を案内してくれた.
I wish to góodness (that).. ..であれば実にありが↓
Thànk góodness! ありがたい. 「たいのだが.

Gòod Néws Bìble 名 〈the ～〉(平明な)現代英語訳聖書《1976 年刊行》.

gòod·níght 名 C (夜の)さよなら, おやすみなさい(のあいさつ)《→GOOD night (成句)》. kiss .. ～ ..にさよなら[おやすみなさい]のキスをする. *Goodnight*. Sleep well. おやすみ. ぐっすりお眠り.

gòod óffices 名 〈複数扱い〉世話, 尽力; 顔がきくこと; (→office 6).

gòod péople 名 〈the ～; 複数扱い〉妖(よう)精たち.

***goods** /gudz/ 名 〈普通, 複数扱い〉(語法 many や数詞で修飾されない) 1 商品 (merchandise); 品物 (wares). canned ～ 缶詰類. leather ～ 革製品. consumer [consumers'] ～ 〖経〗消費財.

> 連結 luxury [(high-)quality; cheap; shoddy; dry; fancy; perishable; duty-free; dutiable] ～ // sell [advertise; buy; carry, ship, transport; display; produce] ～

2 〖英〗鉄道[陸上輸送の]貨物 (〖主に米〗freight; →load 類語). a ～ station 貨物駅.
3 家財道具, 動産, 《現金, 証券など金融資産を除いた》; 所有物. household ～ 家財.
4 〖米〗〈しばしば単数扱い〉織物, 服地, (cloth).
5 〖話〗〈the ～〉(**a**) 欲しいもの[人], 好きな人[もの], お目当て; 本物; (ある目的のために必要な)資格, 能力. (**b**) 犯罪の証拠(品), 盗品.
a piece of góods →piece.
deliver [come ùp with] the góods →deliver.
gèt [hàve] the góods on a pérson 〖俗〗人の悪事[弱点]をつかむ. [＜中期英語; good, -s 1]

gòod Samáritan 名 C 親切なサマリア人《日ごろユダヤ人と仲の悪いサマリア人がユダヤ人の旅人を助けたことから; 聖書『ルカ伝』10:33》; 困っている人に親切な人.

gòods and cháttels 名 〈複数扱い〉〖法〗人的財産《個人の全ての財産》.

gòod sénse 名 U 良識, 分別.

Gòod Shépherd 名 〈the ～〉よき羊飼い《キリスト↓

gòod-sízed /㊥/ 形 かなり大きい. 「のこと》.

gòod spéed 名 U 成功, 幸運, (→Godspeed). wish a person ～ 人の幸運[道中無事]を祈る.

góods tràin 名 C 〖英〗貨物列車 (〖米〗freight train).

góods wàgon 名 C 〖英〗貨車 (〖米〗freight car).

gòod-témpered /㊥/ 形 気だてのよい, 優しい; 〔動物などが〕おとなしい.

góod·wìfe 名 (複 →wife) C 〖古〗1 主婦; 一家の女主人. 2 〈G-〉..さん《lady より低い身分の女性の敬称》. (→goodman)

gòod wíll 名 U 好意 (→goodwill).

†**good·will** /gùdwíl/ 名 U 1 好意, 親切心, 思いやり; 親善, 友好; (注意 この意味では good will (2 語) も多く用いられる). show ～ toward [to] ..に好意を示す. international ～ 国際親善. a ～ visit to Australia オーストラリアへの親善訪問. rely [depend] on the ～ of a person to do 人が善意で..してくれることを当てにする. 2 (商売上の)信用, よい評判, (店の)'のれん'.

gòod wórd 名 C 1 好意的な言葉, 賛辞. put in a ～ for a person 人のために口添えする, 人を推薦する. 2 〖主に米〗〈the ～〉吉報.

gòod wórks 名 〈複数扱い〉慈善行為.

good·y[1] /gúdi/ 名 (複 **good·ies**) C 〖話〗〈普通 -dies〉1 甘くてうまいもの, 菓子, 《キャンディー, クッキーなど》. 2 特別いいもの, すばらしいもの, 欲しいもの. 3 (小説, 映画などの)ヒーロー, 善玉, 正義の味方, (↔baddy). —— 間 うれしい, うまい, 《特に子供が用いる》.

góod·y[2], **góody-gòody** 〖話〗名 (複 (-)**good·ies**) C 良い子ぶる人《特に子供》, 善良ぶる人, 道徳家ぶる人. —— 形 〈普通, 叙述〉いやに良い子[道徳家]ぶる.

gòody-twó-shòes 名 (複 ～) 〖米〗＝goody-goody.

goo·ey /gú:i/ 形 e 〖話〗1 〔あめなどが〕ねばねばする (sticky). 2 いやに甘い; センチな. go ～ over one's child 子供を非常に甘やかす. ◇名 goo

goof /guːf/ 名 (複 ～s) C 〖主に話〗 **1** ばか, とんま, へまをやる人. **2** へま, しくじり, (mistake).
── 動 〖主に米話〗 自 へまをやる, しくじる, 〈*up*〉. ── 他 をへまする, とちる, 〈*up*〉. ***gòof óff*** [***aróund***] 〖米話〗 仕事をさぼる, のらくら[ばかなことをして]過ごす. ～ *off* from one's duty 仕事をさぼる.

góof·bàll 名 C 〖米・カナダ俗〗 **1** (バルビツール系の)睡眠薬. **2** 間抜け, ばか.

goof·y /gúːfi/ 形 e 〖話〗 **1** とんまな (silly); 頭の変な. **2** 〖英〗〔歯が〕突き出た, 出っ歯の. ▷**goof·i·ness** 名

goo·gly /gúːgli/ 名 C 〖クリケット〗 曲球 《バウンドの後, 打者の予想と逆の方向に曲がる投球》.

góo-goo èyes /gúːguː-/ 名 〈複数扱い〉 〖米俗〗 色目. make ～ at a woman 女性に色目を使う.

gook /gu(ː)k/ 名 C 〖米俗・軽蔑〗 アジア人.

goo·ly, -lie /gúːli/ 名 (複 -lies) 〖英俗〗 ＝testicle.

goon /guːn/ 名 C 〖話〗 **1** 〖旧〗 ばか, とんま. **2** 〖主に米〗 (脅迫などに雇われる)暴力団員, 脅し屋, (thug).

‡**goose** /guːs/ 名 (複 **geese** /giːs/) **1** C 〖鳥〗 **ガチョウ**, ガン; 雌のガチョウ (参考 雄は gander; ひなは gosling; wild goose は野生のガンやカリ). All his *geese* are swans. 〖諺〗 自分に関することはすべて過大評価する 《＜彼は自分のガチョウはみな白鳥だと思っている》. **2** U ガチョウの食用肉. **3** C 〖旧話〗 ばか, 間抜け, 《主に女性に対して使う》. make a ～ of ..をばかにする. **4** C (複 **góos·es**) (昔の仕立て屋の)火のし, アイロン.

cànnot say bòo to a góose →boo.

còok** a pèrson's **góose 〖話〗 人の計画[機会]のじゃまをする. He *cooked* his (own) ～. 彼は自分からチャンス[面目]をつぶした.

kìll the góose that làys the gòlden égg(***s***) 〖諺〗 目先の利益にとらわれて将来の利益を取り逃がす, 一文惜しみの百失い, 《一度に大金を手に入れようとして金の卵を生むガチョウを殺してしまった, というイソップ物語から; → golden goose》.

── 動 他 **1** 〖米俗〗 (びっくりさせるために) 〔人〕の尻(しり)の間を後ろから指で突き上げる. **2** 〖話〗 (働かせようと) 〔人〕の尻をたたく, に活を入れる, 〈*up*〉. **3** 〔生産, 利益など〕を上げる, 増加する, 〈*up*〉. [＜古期英語]

†**goose·ber·ry** /gúːsbèri, gúːz-|gúzb(ə)ri/ 名 (複 **-ries**) C **1** 〖植〗 グズベリ, セイヨウスグリ, その実, 《ユキノシタ科の落葉低木; 実はジャムなどにする; ヨーロッパ・北米産》. **2** 〖主に英話〗 おじゃま虫 《二人っきりでいたい人たちのじゃまをする第三者》.

plày góoseberry 〖主に英話〗 (恋仲の)男女のじゃまをする[に同行する].

góoseberry bùsh 名 C グズベリの木 《この木の下で赤ん坊が見つかると昔の子供は聞かされた; →stork》.

góose·bùmps 名 〖主に米〗 〈複数扱い〉 ＝gooseflesh.

góose ègg 名 C 〖米俗〗 (スポーツの得点で)ゼロ, 零点.

góose·flèsh 名 U 鳥肌 《寒さ, 恐怖などで生じる》.

góose·nèck 名 C ガチョウの首状のもの. a ～ lamp 自在(電気)スタンド 《首が自由に曲がる》.

góose pìmples 名 〈複数扱い〉 ＝gooseflesh.

góose skìn 名 ＝gooseflesh.

góose stèp 名 C (行進で)ひざを曲げず足を前に高く上げる歩調 (→goose-step).

góose-stèp 動 (～s|-pp-) 自 goose step で行進する.

GOP, G.O.P. Grand Old Party.

go·pher /góufər/ 名 C 〖動〗 **1** ホリネズミ 《ホリネズミ科; 北米・中米産》. **2** ＝ground squirrel. **3** アナホリガメ 《米国南部産》. **4** 《時に G-》 〖電算〗 インターネット上の情報の検索・取り出し方法を定めたプロトコル.

gópher bàll 名 C 〖野球〗 絶好球, ホームランボール.

Gòpher Státe 名 〈the ～〉 米国 Minnesota 州の俗称.

Gor·ba·chov, -chev /gɔ́ːrbətʃɔ̀ːf|-tʃɔ́f/ 名 **Mikhail Sergeevich** ～ ゴルバチョフ (1931–) 《ロシアの政治家; 旧ソ連最後の共産党書記長, 大統領; 愛称 **Gor·by** /gɔ́ːrbi/》.

Gòr·di·an knót /gɔ̀ːrdiən-/ 名 C 〖ギ伝説〗 ゴルディオス (Gordius) の結び目 《Gordius は古代小アジア地方 Phrygia の王; 彼の結んだ複雑な結び目はアジアを支配する者だけが解くことができるとされたが, Alexander 大王はこれを解く代わりに断ち切った》; 解決困難な問題.

cùt the Gòrdian knót (非常手段を使って)一刀両断に難事を解決する.

‡**gore**[1] /gɔːr/ 名 U 〖章〗 凝血, 血のり; 〖話〗 殺害, 流血の格闘. a film full of ～ 流血シーンだらけの映画. [＜古期英語「糞, 汚物」]

gore[2] 名 C 三角切れ, ゴア, 《細長い三角形の布; はぎ合わせてこうもり傘, ある種のスカート, 帆などを末広がりにする》; (衣類の)まち. ── 動 他 〔衣類など〕にゴア[まち]を付ける; をゴアにする; をゴアで作る. [＜古期英語「三角形の土地」]

gore[3] 動 他 〔動物が〕を角[牙(きば)]で突く[刺す].

gored /-d/ 形 ゴア[まち]を付けた. a ～ skirt ゴアスカート 《何枚かのまちをはぎ合わせて作ったスカート》.

‡**gorge** /gɔːrdʒ/ 名 C **1** (両側が切り立った狭い)峡谷, 谷間, (類語 深く険しい valley). **2** 胃の内容物; 暴食. **3** 〖米〗 (狭い川, 道路などをふさぐ)集積物 《特に氷塊》. **4** 〖築城〗 稜堡(りょうほ) (bastion) の背面の入り口. **5** 〖古〗 のど (throat), 食道 (gullet).

*one's **gòrge rìses at***.. ..を見ると胸がむかつく; ..のことを考えるとしゃくにさわる.

màke** a pèrson's **gòrge ríse 人をむかつかせる.

── 動 他 **1** を飲み込む, がつがつ食べる. **2** 〈～ oneself として〉 たらふく食う 〈*on, with* ..を〉. The hungry boy ～*d* him*self on* [*with*] meat and potatoes. 腹ぺこの少年は肉とジャガイモを腹一杯詰め込んだ.

── 自 VA (～ ***on***..) ..をたらふく食う.

[＜古期フランス語「のど」(＜ラテン語「(水流の)渦」)]

*__gor·geous__ /gɔ́ːrdʒəs/ 形 m **1** **立派な** (splendid), 〔衣服, 色などが〕きらびやかな. a ～ reception room 豪華な応接間. **2** 〖話〗 見事な, すばらしい, すてきな; 非常に魅力のある; 楽しい, 愉快な. ～ weather すばらしい天気. She has a ～ pair of legs. 彼女は実に見事な脚をしている (★このように人や身体について用いられると, セックスアピールを強調したすばらしさを含意する). a ～ trip 楽しい旅行. [＜古期フランス語「(衣服が)立派な, 優雅な」]
▷ **～·ly** 副 豪華に; すばらしく. **～·ness** 名 U 豪華さ, 華麗さ; すばらしさ.

gor·get /gɔ́ːrdʒət/ 名 C (鎧(よろい)の)のど当て.

Gor·gon /gɔ́ːrgən/ 名 **1** 〖ギ神話〗 ゴルゴン 《頭髪が蛇でこれを見た人は石に化したといわれる怪物の 3 姉妹の 1 人, 特に Medusa; →Perseus》. **2** C 〈g-〉 醜悪な[恐ろしい]人(特に, 女).

Gor·gon·zo·la /gɔ̀ːrgənzóulə/ 名 U ゴルゴンゾラ 《イタリア Gorgonzola 原産のブルーチーズの一種》.

†**go·ril·la** /gərílə/ 名 C **1** 〖動〗 ゴリラ 《アフリカ産の ape の一種; ゴリラ属》. **2** 〖俗〗 (大きくて力の強い)醜い[粗野な]男; ギャング, 暴漢; (武装した)ボディガード, 用心棒. a 600-pound ～ 〖俗〗 600 ポンドのゴリラ 《何でも勝手気ままにやれる超実力者》. [＜ギリシア語「毛むくじゃらの人」]

Gor·ki, -ky /gɔ́ːrki/ 名 **Maxim** ～ ゴーリキー (1868–1936) 《ロシアの小説家・劇作家》.

gor·mand·ize /gɔ́ːrməndàiz/ 動 他, 自 〖章〗 (を)大食する, (を)がつがつ食う. ▷**gor·man·diz·er** 名 ＝gourmand.

gorm·less /gɔ́ːrmləs/ 形 〖英話〗 とんまな, とろい; ばかげた. ▷**～·ly** 副

gorp /gɔːrp/ 名 U 〖米話〗 ナッツ・ドライフルーツのミック

ス《ハイカーなどの携行食; ＝trail mix》.

gorse /gɔːrs/ 名 〖主に英〗＝furze.

gor·y /gɔ́ːri/ 形 e 1 〖章〗血まみれの; 流血の〔格闘, 惨事など〕. 2〔小説, 映画などが〕血なまぐさい. ～ stories of the war 戦争のむごたらしい話.

gosh /gɑʃ|gɔʃ/ 間 〖旧〗おや, え, まあ, きっと, 《驚き, 喜びなどを表す; God の婉曲語; 主に女性が使用》.

by gósh! ＝by GOD!

gos·hawk /gáshɔ̀ːk|gɔ́s-/ 名 C 〖鳥〗オオタカ《昔タカ狩りに使われた; 北米・ヨーロッパ・アジア産》.

Go·shen /góuʃ(ə)n/ 名 1 〖聖書〗ゴセン《イスラエル人がエジプトを退去する前に住んでいた北部の肥沃(ひよく)な土地; →Exodus》. 2 C 豊かで平和な土地.

gos·ling /gázliŋ|gɔ́z-/ 名 C 1 ガチョウのひな (→goose 参考). 2 青二才, 未熟者. [goose, -ling]

go-slow /⌐∸|∸∸ 移/ 名 C 〖主に英〗(労働者の)怠業戦術 (〖米〗slowdown; →sabotage); 〈形容詞的〉怠業戦術の.

†**gos·pel** /gásp(ə)l|gɔ́s-/ 名 1 U 〈the ～〉福音《新約聖書で説かれるキリストとその使徒たちの教え》; (キリストによって人間が救済されるという)キリスト教の教義. preach the ～ 福音を説く, 伝道する. 2 C 〈G-〉福音書《新約聖書中の Matthew, Mark, Luke, John の4福音書のうちの1つ》. 3 ＝gospel truth. 4 C 〖時に戯〗主義, 信条, 信念, 〈*of* ..という〉. follow the ～ *of* safety first 安全第一主義に従う. 5 U ゴスペル (**góspel mùsic**)《米国南部に発祥する黒人のポップス調の宗教音楽》. [＜古期英語 *gōd spel*「良い知らせ」; good が God に変わった]

gós·pel·er, 〖英〗**-pel·ler** 名 C 1 (礼拝時の)福音書朗読者. 2 福音伝道師.

Gòspel óath 名 C 福音書による宣誓.

gòspel trúth 名 U 〈しばしば the ～〉〖話〗絶対の真理. take..as *gospel* (*truth*)..を絶対に正しいと信じ込む.

gos·sa·mer /gásəmər|gɔ́s-/ 名 1 UC (空中に浮遊したり木や草にかかったりする細い)小グモの糸[巣]. (as) light as ～ クモの糸のように軽い. 2 U 非常に軽くて薄いもの; 薄い紗(しゃ), ガーゼ; 軽くてもろいもの. ── 形 〈限定〉(小グモの糸のように)薄くて軽い; 〔衣類などが〕薄物の. [?＜*goose summer*; ガチョウをよく食べる St. Martin's summer (11月始め)の頃に出来ることからか]

gos·sa·mer·y /-məri/ 形 ＝gossamer.

***gos·sip** /gásəp|gɔ́s-/ 名 (複 ～s /-s/) 1 aU うわさ話; (新聞・雑誌の)ゴシップ記事; 陰口; 世間話. have a good [nice] ～ 楽しいよもやま話をする. waste time in idle ～ つまらぬうわさ話で時間を浪費する. *Gossip* has it that... うわさによると..だ.

連結 evil [malicious, vicious; spiteful; juicy; salacious; petty; local] ～ // spread [circulate] ～

2 C うわさ話の好きな人《特に女性》; おしゃべり屋. a dreadful ～ 大変なうわさ好き.

── 動 (～s /-s/|過 過分 ～ed /-t/|～·ing) 自 うわさ話をする; むだ話をする; 〈*about* ..について/*with* ..と〉(→talk 類語); ゴシップ記事を書く〈*about* ..について〉. [＜古期英語 *godsibb*「神の親戚＞名付け親」] ▷ ～·er 名

góssip còlumn 名 C (新聞・雑誌の)ゴシップ欄.

gós·sip·y 形 1 うわさ話[世間話]の好きな. 2 ゴシップで一杯の〔雑誌など〕.

got /gɑt|gɔt/ 動 get の過去形・過去分詞. 語法 〖米〗では過去分詞 got の代わりに普通 gotten を用いるが, 「所有」を表す have got (＝have),「必要, 推測」を表す have got to, have got＋ 過分 では〖米〗でも普通 gotten にならない (→get 他 19 語法).

got·cha /gátʃə|gɔ́t-/ 間 〖話〗《＜I've got you!》 1 分かった. 2 やったぞ.

Goth /gɑθ, gɔːθ|gɔθ/ 名 C 1 〈the ～s〉ゴート族《3-5世紀にわたってローマ帝国を侵略したゲルマン民族の一部族》; ゴート人《ゴート族の1人》. 2 野人, 蛮人.

Goth. Gothic.

Goth·am /góutəm/ 名 1 ゴータム《住民が愚かであったと言う英国の伝説上の村; Nottingham 近くに現存する Gotham と同一かは定かでない》. the wise men of ～ ゴータムの賢人たち《実は愚か者のこと》. 2 New York 市の俗称.

†**Goth·ic** /gáθik|gɔ́θ-/ 形 ¢ 1 〖建〗ゴシック様式の (→rococo, baroque). 2 ゴート族の; ゴート語の. 3 〖文学〗ゴシック派の《17-8世紀に, 中世を背景とする怪奇的な題材を扱った》. a ～ novel 怪奇小説. 4 〖印〗ブラック[ゴシック]体の. in ～ script ゴシック体の文字で.

── 名 U 1 〖印〗ブラック[ゴシック]体 (black letter); ＝san(s)serif. 2 ゴート語《ゴート族 (the Goths) の言語; 現在は死語》.

Gòthic árchitecture 名 U ゴシック建築《12-16世紀西ヨーロッパに発達した尖塔, とがった天井アーチ・窓, 飛び控え (flying buttress) などを特徴とする建築様式》.

Gòthic Revíval 名 〈the ～〉ゴシック復興《ゴシック建築を模倣した19世紀の建築様式; 英国国会議事堂がその例》.

got·ta /子音の前で gátə|gɔ́tə; 母音の前で gátu|gɔ́tu/ (★書き言葉としては非標準的; 'to' 不定詞の 'to' の原則的発音と同様に, 子音の前と母音の前とでは表記のように発音が異なるのが普通; →get 他 19)

1 ＝have [has] got to. I ～ go. 行かなくちゃ.

2 ＝have [has] got a. *Gotta* pencil? 鉛筆持ってるか.

got·ten /gátn|gɔ́tn/ 動 〖米〗get の過去分詞. 語法 〖英〗では ill-gotten など複合語以外ではまれ, 〖米〗では got より普通 (→got 語法).

gou·ache /guáːʃ, gwaːʃ/ 名 1 U グワッシュ《顔料にアラビアゴムと水を混ぜた, 油絵の具のように不透明な水彩絵の具》. 2 U グワッシュ水彩画法. 3 C グワッシュ水彩画. [＜イタリア語(＜ラテン語「水溜まり」)]

Gou·da /gáudə, gúːdə/ 名 U ゴーダチーズ《扁平(へんぺい)な球形でオランダの Gouda 原産》.

gouge /gaudʒ/ 名 C 1 丸のみ. 2 丸のみ細工; (丸のみなどで削った)みぞ, 穴, 切り傷. 3 〖米話〗強要, 強奪, ゆすり; 詐欺. ── 動 他 1 〔材木〕を丸のみで削る. 2 〔みぞ, 穴〕を削って作る, 〔切り傷など〕を負わせる, 〈*in* ..に/*with* ..〔刃物など〕で〉; に穴[みぞ]をあける, 切り傷を負わせる, 〈*with* ..で〉. He ～*d* a hole in the tree. 彼はのみで木に穴を掘った. 3 〖米話〗からだまし[ゆすり]取る, をペテンにかける; を強奪する.

gòuge /../ óut 〔みぞ, 穴など〕を丸のみ[とがったもの]でくりぬく; 〔野菜, 果物の芯など〕をくりぬく; 〔眼球など〕をえぐり出す, ほじくり出す. threaten to ～ *out* a person's eye 人の眼をえぐり取るぞと脅す.

gou·lash /gúːlɑːʃ, -læʃ/ 名 UC グーラッシュ《牛肉と野菜にパプリカで味付けしたハンガリー風のシチュー》. [＜ハンガリー語「牧人の(肉料理)」]

Gould /guːld/ 名 **Glenn** /glen/ ～ グールド (1932-82)《カナダのピアニスト》.

Gou·nod /gúːnou/ 名 **Charles François** ～ グノー (1818-93)《フランスの作曲家》.

gourd /gɔːrd, guərd|guəd/ 名 C 1 〖植〗ヒョウタン(の実). 2 ひょうたん《ヒョウタンの実の乾燥した外皮で作ったひしゃく, 椀(わん), 皿など》. 3 ウリ科の各種植物《キュウリ, カボチャなど》.

òut of* [*òff*] *one's góurd 〖俗〗頭がおかしくなって; 酩酊して, 麻薬に酔って.

gour·mand /gúərmɑːnd, -mənd|gúəmənd/ 名 C 〖しばしば軽蔑〗大食家; 食道楽の人, 食通; (→gormandize). ▷～·ìsm 名 U 食道楽, 美食(主義).

gour·met /gúərmei/ 名 C 食通, 美食家, グルメ. ── 形〈限定〉〔飲食物が〕食通向きの, 上等な. [フランス語]

gout /gaut/ 名 1 U〖医〗痛風. 2 C (血の)一滴, しずく, (drop); 一塊. [＜ラテン語「しずく」; 血液中の病んだ物質が関節にしたたるのが原因と考えられた]

gout·y /gáuti/ 形 痛風にかかった; 痛風の[による].

gov., Gov. government; governor.

‡**gov·ern** /gʌ́vərn/ 動 (～s /-z/|過 過分 ～ed /-d/|～·ing) 他 1〔国, 人民などを〕を**統治する**, 治める, (類語 政治や法律で国などを合法的に統治すること, 経済運営なども含む; →administer, reign, rule). The King ～*ed* his country very wisely. 国王は自分の国を賢明に統治した.

2 を**管理する**, 運営する; を取り締まる, 律する. ～ a college [church] 大学[教会]を管理する. the law ～*ing* the sale of alcohol アルコール類の販売を取り締まる法律.

3〔ある要因, 規則, 力などが〕〔人, 行動など〕を 左右する, 支配する, に影響する; を決定する; 〈しばしば受け身で〉. Poverty was the motive that ～*ed* their behavior. 貧困が彼らの行動の動機となった. Man's life is often ～*ed* by chance. 人の一生はしばしば運に左右される.

4〔感情など〕を 抑える, 抑制する, (control). *Govern* your impulses. 自分の衝動を抑えなさい. ～ oneself 自分を抑える.

5〔機械, エンジンなど〕の速度[燃料吸入量]を(自動的に)調節する (→governor 3). The speed of this steamship is ～*ed* automatically with a governor. この蒸気船はガバナーにより自動的に調節される.

6〖文法〗〔動詞, 前置詞, 形容詞が〕〔目的語(の格)〕を支配する.

── 自 **統治する**; 管理する. The English sovereign reigns but does not ～. 英国王は君臨すれども統治せず《政治的実権は無い》. ◇名 government [＜ギリシア語「船のかじをとる」]

gòv·ern·a·bíl·i·ty 名 U 被統治能力, 統治可能性; 従順さ.

góv·ern·a·ble 形 統治されうる《国民などがある程度道理をわきまえて統治可能な状態を言う》; 支配できる; 管理できる; 従順な.

gov·ern·ance /gʌ́vərnəns/ 名 U〖章・雅〗統治(する[される]こと); 支配; 管理.

gov·ern·ess /gʌ́vərnəs/ 名 C (特に昔の住み込みの)女性家庭教師〈*to* ..〔人〕の〉.

‡**góv·ern·ing** 形〈限定〉支配[管理, 運営]する. the ～ classes 支配階級. the ～ body (学校, 病院, 政党などの管理・運営にあたる)管理機関, 理事会, 評議会, 運営委員会など.

‡**gov·ern·ment** /gʌ́vər(n)mənt|-v(ə)n-, -vəmənt/ 名 (複 ～s /-ts/) 1 U **政治**, 統治, 行政. a form of ～ 政治形態《民主主義, 専制政治というような》. be in ～ 政権を握っている. ～ of the people, by the people, (and) for the people 人民の, 人民による, 人民のための政治 (→Gettysburg Address). Politicians are entrusted with ～. 政治家は政治を委任されている.

> 連結 good [clean; bad; corrupt; strong; tyrannical; weak; effective; ineffectual] ～

2 U 政体. democratic [socialist] ～ 民主[社会主義]政体.

3 C (a)〈しばしば the G-〉**政府**;〖英〗内閣 (cabinet) (→administration 2); 《略 gov., Gov., govt., Govt.》(語法〖英〗ではしばしば複数扱い). The *Government* is [are〖英〗] (intending) to carry out a tax reform. 政府は税制改革を行うつもりである. the United States *Government* 合衆国政府. form a ～〖英〗組閣する. (b) 政府機関, 官庁; 管理機関. a ～ worker 国家公務員.

4 U 支配; (学校, 病院などの)管理, 運営.

5 U〖文法〗支配 (→govern 他 6),〖生成文法〗統率. [govern, -ment]

†**gov·ern·men·tal** /gʌ̀vər(n)méntl ⑧/ 形〈限定〉政府の; 政治の; 国立の, 国営の. a ～ agency 政府機関. ▷～·ly 副

gòvernment bónd 名 C 国債.

gòvernment héalth wàrning 名 C 健康への警告掲示《たばこなどに付けることが法的に義務うけられている》.

gòvernment íssue 名 C, 形〈しばしば G- I-〉〖米〗官給品(の)《略 GI》.

gòvernment óffice 名 C 官庁.

gòvernment offícial 名 C 官吏, 国家公務員.

góvernment pàrty 名〈the ～〉政府与党, 政権政党, (→opposition 2).

Gòvernment Prínting Òffice 名〈the ～〉(米国の)印刷局.

gòvernment súrplus 名 C 未使用の政府払い下げ品.

‡**gov·er·nor** /gʌ́v(ər)nər/ 名 (複 ～s /-z/) C 1 (米国の)**州知事**; 知事; (植民地, 属領などの)**総督**; 《略 gov., Gov.; 関連の形容詞は gubernatorial》. He is the ～ of the State of Georgia. 彼はジョージア州の知事だ.

2 (病院, 美術館など公共施設の)長; (銀行などの)総裁, 頭取; (学校, 病院などの)理事;〖英〗刑務所所長 (〖米〗warden). The Principal sent in his resignation to the Board of *Governors*. 校長は理事会に辞表を出した. 3〖機〗(自動)燃料[蒸気]調速機, 調整器, ガバナー.

4〖英話〗(a) おやじさん, だんな, (guvnor)《雇い主, 父親などを指す》. (b)〈呼びかけ〉 だんな, おやじさん, (sir)《guvnor, guv とも》.

gòvernor géneral 名 (複 **governors general, governor generals**) C〈普通 G- G-〉総督《特に英連邦内の独立国, 植民地などで英国王を代表する》.

góv·er·nor·shìp 名 UC 知事[総督, 理事など]の職務[地位, 任期].

govt., Govt. government.

*__gown__ /gaun/ 名 (複 ～s /-z/)【ゆるやかな外衣】1 C (婦人用の)**ガウン**《特に正装用のゆるやかな長いドレス; →dress, costume》. Dorothy wore a beautiful evening ～. ドロシーはきれいな夜会服を着ていた. a wedding ～ (女性用)ウェディングドレス, 花嫁衣装. a silk ball ～ 絹の舞踏会用のドレス.

[gown]

2 C **ガウン**, 寝巻, (nightgown); 化粧着, 部屋着, (dressing gown); (外科医の)白衣, 手術着.

【制服としてのガウン】3 C ガウン《職業, 地位の象徴として着る普通, 黒の服; 判事・弁護士の法服, 教授・卒業生の大学服, 聖職者の僧服など》; ＝toga. take the ～ 弁護士[聖職者]になる. 4 U〈集合的〉大学人《教官と学生》. town and ～ 市民と大学人《特に Oxford, Cambridge 両大学都市について言う》. [＜ラテン語 *gunna*「毛皮の衣服」]

gowned 形 ガウン[法服など]を着用した.

goy /gɔi/ 名 (複 **goy·im** /gɔ́iim/, ～s) C (ユダヤ人から見て)異邦人, 異教徒, (gentile). [＜ヘブライ語]

Go·ya /gɔ́iə/ 名 **Francisco José de ～ y Lucientes** ゴヤ (1746-1828)《スペインの画家》.

GP general practitioner; Grand Prix.

GPA grade point average.

GPO〖英〗 General Post Office; Government

Printing Office.

GPS global positioning system.

Gr. Grecian; Greece; Greek.

gr. grade; grain; gram(s); gross.

***grab** /græb/ 動 (〜s /-z/|過 過分 **grabbed** /-d/|**gráb·bing**) 他 **1** をぐいと[いきなり]つかむ; をひったくる〈*from* ..から〉; (類語 乱暴なつかみ方に重点がある; →take). Max 〜*bed* ⌞me abruptly by the arm [my arm abruptly]. マックスはいきなり僕の腕をつかんだ. He 〜*bed* ⌞me by the collar [my collar]. 彼は私の襟[胸ぐら]をつかんだ. The man 〜*bed* her bag from her (hand). その男は彼女(の手)からハンドバッグをひったくった.
2 〔機会など〕を逃さずつかむ. Sam didn't fail to 〜 the chance to be sent abroad. サムは海外派遣のチャンスにすかさず飛びついた.
3 を横取りする; (不正に, いち早く, 我先に)を占領する, 手に入れる. 〜 land 土地を横領する. 〜 off the best seat 真っ先に一番いい席を取る.
4 〖話・戯〗〔食べ物, 睡眠など〕を大急ぎで取る; 〔乗り物〕に素早く乗る. 〜 a sandwich during the ten-minute recess 10 分休みの間に素早くサンドイッチを食べる.
5 〖話〗 〔人〕をひきつける, わくわくさせる, (impress, excite); 〔近くにいる人〕の注意を引く, 〔人の注意〕を引く. How did the film 〜 you? 映画は面白かったかい. 〜 a person passing by 通りすがりの人の注意[関心]を引く. 〜 a person's attention 人の注意を引く.
— 自 VA (〜 *at, for..*) ..をつかもうとする, ひったくろうとする; 〔人〕につかみかかる; 〔機会など〕をすかさずつかもうとする. The scoundrel 〜*bed at* me, but missed. その悪党は私につかみかかったが, やり損なった.
gràb hóld of .. →hold.
— 名 C **1** 〈普通 a 〜〉(人, 物, 名声, 権力などを)ぐいとつかむこと; ひったくること. **2** 横領, 強奪, かっぱらい. **3** ひったくった[かっぱらった]物, 強奪[横領]品. **4** 物をつかんで引き上げる機械[装置]《掘削機のシャベルなど》.
màke a gráb at* [*for*] *.. ..をひったくろうとする.
ùp for gràbs 〖話〗だれが取ってもいい, 一般に提供されて; 売りに出されて〈*for* ..〔いくら〕で〉. Mary is quitting, and her job is *up for* 〜*s*. メリーが辞めるので, その後任を募集中だ. [<中期オランダ語]

gráb bàg 名 〖米・オース・カナダ〗福袋, 宝袋, (〖英〗lucky dip) 《パーティーなどで参加者につかみ取りさせる景品の入った袋または容器》.

gráb·ber 名 C 強欲な人, 我利我利亡者.

Grace /greis/ 名 女子の名.

****grace** /greis/ 名 (複 **grác·es** /-əz/) 【優美さ】 **1** U (動作, 形, 表現などの)**優美さ**, 優雅さ, しとやかさ; 上品さ. The princess danced ⌞*with* 〜 [gracefully] at the party. パーティーで王女は優雅に踊った.
2 UC 〖主に英・旧〗〈普通 〜s〉(人をひきつける)美点, 長所, 魅力; 礼にかなった物腰, 礼儀作法. Generosity is his single saving 〜. 気前のいいのが彼の唯一の取り柄だ. social 〜*s* 社交上のたしなみ.
3 〖ギ神話〗〈the (Three) Graces〉グレース《喜び・魅力・美をつかさどる 3 人姉妹の若くて美しい女神》.
【人に対する優しさ】 **4** U **好意**, 親切; 恩恵; 愛顧, ひいき. by special 〜 特別の好意で. an act of 〜 特別のはからい; 恩典, 恩赦.
5【優しさ>特別の配慮】 U 猶予, 支払い[決済]猶予(期間) (grace period). I'll give you two weeks' 〜 to get it done. それをやるのに 2 週間の猶予を与えよう.
【神の恩寵(ちょう), 恩恵】 **6** U 〖キリスト教〗神の恵みと愛, 恩寵; 慈悲. by the 〜 of God 神の恵みによって《特に公文書で英国王の名に添える句》. There(,) but for the 〜 of God(,) go I [we]. 神の慈悲がなければ自分[私たち]だってああなっていたかも知れなかったのだ《一つ間違えば自分の身にふりかかった他人の不幸に同情して言う》.
7【恩寵に対する感謝】 UC (食前, 食後の短い)感謝の祈り. say (a) 〜 before a meal 食事の前にお祈りをする. 参考 食前の grace の典型的な例: For what we are about to receive may the Lord make us truly thankful. Amen. (これから頂く物に対し, 神様私たちに感謝の心を起こさせてください. アーメン).
8【恩恵を施すべき地位】 U 〈G-〉閣下, 閣下夫人, (★公爵 (duke), 公爵夫人 (duchess), 大監督[司教, 主教] (archbishop) に対する敬称; Your *Grace* 《呼びかけ》, His *Grace*, Her *Grace*, Their *Graces* のように用いる). Her *Grace*, the Duchess of York ヨーク公爵閣下夫人. ◇形 graceful, gracious
àirs and gráces →air.
by* (*the*) *gráce of .. ..の助けによって, おかげで.
fàll from gráce (1)〈fall は動詞〉(再び)悪事を働く, (再び)堕落する, 姦通[不倫]を犯す; (人の)愛顧を失う[不興を買う, 受けが悪くなる], 失脚する. (2)〈fall は名詞〉堕落, 姦通, 不倫; 愛顧を失う[不興を買う, 受けが悪くなる]こと, 失脚.
hàve the* (*gòod*) *gráce to dó 親切にも..する; 進んで..する; 潔く..する. He didn't even *have the* 〜 *to* apologize. 彼は謝るという礼儀さえもわきまえていなかった.
in a pèrson's gòod* [*bàd*] *gráces*＝*in the gòod* [*bàd*] *gráces of a person 人に気に入られて[嫌われて].
with* (*a*) *bàd gráce いやいや, しぶしぶ.
with* (*a*) *gòod gráce 快く, 進んで; 潔く, 悪びれずに. acknowledge defeat *with* (*a*) *good* 〜 あっさりと自分の敗北を認める.
yèar of gráce キリスト紀元の年. in this *year of* 〜 2001 西暦 2001 年の今年.
— 動 他 〖章・戯〗 **1** を優美にする; を優美に飾る; に品位を添える. Fine paintings 〜*d* the walls of the room. すばらしい絵が部屋の壁を優美に飾っていた.
2 に(出席して)栄誉[光彩]を与える. The Pope 〜*d* the event with his presence. 教皇がその行事に御臨席され花を添えられた.
[<ラテン語 *grātia*「優美, 恩恵」(<*grātus* 'pleasing')]

***grace·ful** /gréisf(ə)l/ 形 m **1 優美な**; **優雅な**, しとやかな, 上品な, (類語 内面から自然ににじみ出る上品さや, 人又は動物の外見, 身のこなしなどの優美さ, 物の形・スタイルの優雅さなどを表す; →elegant, gracious). a 〜 dancer 優雅な踊り手. Her handwriting is 〜. 彼女の筆跡は美しい. What a 〜 flower arrangement! 何と優美な生け花だろう. **2** 礼儀にかなった; 殊勝な, 潔い. his 〜 apology 彼の潔い謝罪.
◇↔graceless 名 grace ▷ **〜·ness** 名

gráce·ful·ly 副 **1** 優美に, 優雅に, しとやかに; 潔く〔誤りを認めるなど〕. The writer 〜 accepted the editor's criticism. その作家はあっさりと編集者の批判を受け入れた. It's difficult to grow old 〜. 美しく老いるのは難しい. **2** 礼儀正しく〔謝辞を述べるなど〕.

gráce·less 形 **1** 〔身のこなし, 町, 場所などが〕優美[優雅]でない, 〔人, 態度などが〕見苦しい. **2** 無作法な, 礼儀をわきまえない. ▷ **〜·ly** 副 無作法に; 下品に. **〜·ness** 名

gráce nòte 名 C 〖楽〗装飾音.

gráce pèriod 名 aU 〖米〗(手形などの決済[支払い])猶予期間(〖英〗days of grace; →grace 名 5).

***gra·cious** /gréiʃəs/ 形 m **1 親切な** (kind), 好意的な; 愛想のいい; 丁重な (polite); 思いやりのある (considerate); (類語 本来, 人の気持ちについて用い, 態度に関しては高位者の下位者に対する丁重さを意味する; →graceful). His wife is a very 〜 hostess. 彼の妻は主人役を務めると大変愛想がいい. The Duchess was 〜 enough to honor the meeting with her presence. 公爵夫人にはかたじけなくも会に御臨席くださいました.
2 〈限定〉〔生活(環境)などが〕優雅な; 安楽な; 快適な. 〜

living 優雅な生活. **3**〔神が〕恵み深い，慈悲深い，(merciful).

4〈限定; 王室，その行為の尊称に用いて〉〔王，女王などが〕仁慈の，情け深い，(★決まった言い方で gracious に特に意味はない). our ～ Queen 徳高き我らの女王. Her *Gracious* Majesty Queen Elizabeth II 仁慈なるエリザベス2世女王陛下. the ～ speech of the Queen 女王陛下の(慈悲深い)お言葉. ◊名 grace

Gòod(ness) grácious!*＝*Gràcious góodness* [*Héavens*]*!*＝*Gràcious mé!*＝*(My) Grácious! おや，まあ，たいへんだ，《驚き，いらだち (annoyance)，戸惑い，安堵などを表す》.

▷ **～·ness** 名 U 親切さ，愛想のよさ; 慈悲深さ.

†**grá·cious·ly** 副 いんぎんに，丁重に，愛想よく; 優雅に; 慈悲深く，おおらかに〔会釈するなど〕. smile ～ 愛想よくにっこりする. 「《北米産》.

grack·le /grǽk(ə)l/ 名 C 〖鳥〗ムクドリ(モドキ)の類↑

grad /græd/ 名 C 〖話〗(大学の)卒業生 (graduate).

grad·a·ble /gréidəb(ə)l/ 形 **1** 等級をつけられる; 採点できる. **2**〖文法〗〔形容詞・副詞が〕比較変化する，〔動詞が〕段階のある.

gra·date /gréideit|grədéit/ 動 自 〔色が〕次第に他の色[色調]に変わる. ── 他 **1** を次第に他の色に変える. **2** に段階[等級]をつける.

gra·da·tion /greidéiʃ(ə)n|grə-/ 名 **1** UC 段階的変化[増加，上昇など]. ～ in shades and colors 濃淡と色彩の漸次的変化. a ～ of sound from high to low 高音から低音への漸次的移行. **2** C〈普通 ～s〉(変化の)段階，程度; (定規などの)目盛り. several ～s of red 赤色の種々の色合い. **3**〖言〗＝ablaut.

‡**grade** /greid/ 名 (複 **～s** /-dz/) C **1**〔価値，品質などの〕**等級**，階級 (rank); **程度**; 段階 (degree); (企業組織内の)身分，地位; (音楽などの技能水準の)等級，..級，《試験により認定される》. a top ～ of beef 最高級の牛肉. have a high ～ of intelligence 知能程度が高い. Eggs are sold in ～*s*. 卵は等級別に売られる. a high-～ official 高級官吏.

2〈普通 the [one's]＋序数詞 ～〉〖米〗(小・中・高等学校の)**学年**，年級，(〖英〗 form); 同学年の全生徒; (参考 米国では普通，6-3-3 制又は 8-4 制で 6 歳で小学校に入学する; 6-3-3 制の場合，the seventh grade は中学 1 年，the tenth grade は高校 1 年に当たる; → school). pupils in the fifth ～ 5 年生の児童. her fifth-～ teacher 彼女の 5 年生の時の先生. What ～ are you in? 君は何年生か.

3〈the ～s〉＝grade school.

4〖主に米〗成績，評点，評価，《普通 A (Excellent「優」)，B (Good「良上」)，C (Fair, Average「良」)，D (Passing, Below Average「可」)，F (Failure「不可」) の文字で表す; 〖英〗 mark》. give a high ～ [～ A] よい評価 [A] を与える. get a good ～ in English 英語でいい点を取る.

5〖米〗(鉄道，道路などの)勾(こう)配，傾斜; 斜面; (〖英〗 gradient). an up [a down] ～ 上り[下り]勾配. The train went up a steep ～. 列車は急勾配を登っていった. **6**〖畜産〗改良雑種. ◊形 gradual

at gráde 〖米〗同じ高さ[傾斜]で，同一平面で.

Gràde Á 〈形容詞的〉1 級品の，最高級の.

màke the gráde 〖話〗うまくやる，成功する，(succeed); 必要な標準に達する. *make the* ～ as an actor 俳優としてものになる.

on the dówn* [*úp*] *gràde 下り[上り]坂で; 次第に衰えて[栄えて]. 「て.

ùp to gráde 標準に達して; 〔品質などが〕基準に合格し↑

── 動 (**～s** /-dz/|過 過分 **grád·ed** /-əd/; |**grád·ing**) 他 **1** に**等級をつける**; を選別する. The apples were ～*d* according to color and size. リンゴは色と大きさによって選別された. Eggs are usually ～*d* by size from small to extra-large. 卵は普通大きさによって，小から特大の等級をつけられる. **2**〔答案など〕を採点する; 〔生徒〕に評点を与える. The teachers are busy *grading* term papers. 先生たちは期末試験の採点に忙しい. **3** の勾配をゆるくする; 〔道路〕を平らにする，ならす.

── 自 **1** VA 段階的に変化する〈*into, to* ..に〉; 徐々に変わる〈*up, down*〉. The evening glow ～*d* to darkness. 夕焼けは少しずつ夕闇へと変わっていった. **2** 傾斜する. **3** VC (～ X) X の等級[品質]である. This meat ～*s* B. この肉は二級品である.

[<ラテン語 *gradus*「歩み，階級」(<*gradī* 'walk')]

gráde cròssing 名 C 〖米〗(道路の)平面交差(点); (鉄道の)踏切; (〖英〗 level crossing).

grád·ed /-əd/ 形 **1** 段階的な. **2**〔形容詞・副詞〕が比較変化する (gradable).

grade point average /⌐-⌐--|⌐-⌐--/ 名 U 〖米〗学業平均値《A＝4，B＝3，C＝2，D＝1，F＝0 として求める; 例: A 2 科目，B 3 科目，D 1 科目なら平均値は 3 点; 略 GPA》.

grad·er /gréidər/ 名 C **1**〖米〗〈序数詞の後で〉..(学)年生 (〖英〗 former). a fourth ～ 小学 4 年生. a seventh ～ (6-3-3 制では)中学 1 年生，(8-4 制では)小学 7 年生. **2** 等級をつける[採点をする]人. **3** 地ならし機，グレーダー.

gráde schòol 名 UC 〖米〗小学校 (elementary school; 〖英〗 primary school). 「交差.

gráde separàtion 名 C 〖米〗(道路などの)立体↑

gráde tèacher 名 C 〖米〗小学校教師.

gra·di·ent /gréidiənt/ 名 C **1**〖英〗(道路，鉄道線路などの)勾(こう)配，傾斜; 斜面; (〖米〗 grade). a ～ of 1 in 5 1/5 の勾配. **2** (温度，気圧などの)変化度，傾度.

grád schòol 名 ＝graduate school.

***grad·u·al** /grǽdʒuəl/ 形 m **1 徐々の**，順序を追っての，漸進的な，段階的な. a ～ decline in strength 体力の徐々の衰弱. The improvement has been ～. 改善は段階的に行われてきた. **2** (傾斜の)ゆるやかな. The road takes a ～ rise until it reaches the city. 道路は町に達するまでゆるやかな上り坂になっている. ── 名 C 〈しばしば G-〉〖カトリック〗(ミサ聖祭での)昇階唱; ミサ聖歌集. [grade, -al] ▷ **～·ness** 名

grád·u·al·ìsm 名 U 漸進主義.

***grad·u·al·ly** /grǽdʒuəli/ 副 m だんだんと，次第に，徐々に. The seasons change ～. 季節はだんだんに変化していく.

‡**grad·u·ate** /grǽdʒuèit/ 動 (**～s** /-ts/|過 過分 **-at·ed** /-əd/|**-at·ing**) 自 **1 卒業する**〈*from, at* ..〔大学，学校〕を/*in* ..〔専攻〕を〉(参考〖英〗では主に学士号などを得て大学を卒業することを意味し; 〖米〗では高校以下の学校や各種(専門)学校を卒業する場合にも用いる). His father ～*d from* [*at*] Yale in 1960. 彼の父はイェール大学を 1960 年に卒業した. His son ～*d from* [*at*] Cornell with honors *in* medicine [in medicine *from* [*at*] Cornell, with honors]. 彼の息子は今年コーネル大学の医科を優等で卒業した. a *graduating* class (今度)卒業するクラス.

2 VA (より程度の高いものに) 進む，進歩する，〈*from* ..から/*to* ..へ〉. ～ *from hiragana* and *katakana to kanji* 平仮名と片仮名から漢字へ進む.

── 他 **1**〖米〗〔大学が〕を**卒業させる**，に学位を与える; 〖米話〗〔大学〕を卒業する. Cathy was ～*d* from Alabama State University in 1978. キャシーは 1978 年にアラバマ州立大学を卒業した.

2〔計器など〕に目盛りを付ける; 〔課税など〕を段階別[累進制]にする，に格差をつける. The income tax is ～*d* in three different percentages. 所得税の率は 3 段階に分けられている.

—— /grǽdʒuət/ 图 C 1 卒業生, 卒業者; 学士 ⟨*in* ..〔専攻学科〕の/*from*, *off*..〔大学など〕の⟩; (→自 1 参考). college ～s 大学卒業者. a high school ～ 高校卒業者. a ～ *in* law＝a law ～ 法科出身者. a ～ of London University ロンドン大学卒業生.
2 大学院生 (postgraduate) (★学部学生は undergraduate と言う). 3 目盛り付き容器.
—— /grǽdʒuət/ 形 ⟨限定⟩ 1 卒業生[者]の; 学士号を得た 2 大学院(生)の (postgraduate).
[＜中世ラテン語「学位を取る」(＜ラテン語 *gradus* 'grade')]

gráduate còurse 图 C 大学院課程.

grád·u·àt·ed /-əd/ 形 ⟨限定⟩ 段階別の, 累進制の; 目盛りの付けられた. a ～ tax 累進税. a ～ glass 目盛りの付いたガラス容器. ～ pension〖英〗累進年金《給与の額に応じて掛け金や退職後の年金額が決まる》.

gráduate schòol 图 UC 大学院.

gráduate stùdent 图 C 大学院生.

‡**grad·u·a·tion** /grǽdʒuéiʃ(ə)n/ 图 (複 ～s /-z/)
1 U 卒業(する[させる]こと) (→graduate 自 1 参考). after ～ (大学)卒業後. On (his) ～ from college, Mr. Jones went to Vienna to pursue his studies in music. 大学を卒業するとジョーンズ氏は音楽の研究を続けるためにウィーンへ行った. 2 C〖米〗卒業式 (commencement); 大学卒業式, 称号[学位]授与式. Julia's parents attended her ～. ジュリアの両親は彼女の(大学)卒業式に参列した. 3 C (物差し, 体温計などの)目盛り, 度盛り; U 目盛り[度盛り]を付けること. 4 U 段階化, 累進.

graduátion cèremony 图 C〖米〗卒業式;〖英〗大学卒業式, 学位授与式.

Graec·o- /gréko(u)/ ⟨複合要素⟩ ＝Greco-.

‡**graf·fi·to** /grǽfí:tou, grə-/ 图 (複 **graf·fi·ti** /-ti/) C
1 ⟨普通, 複数形で; 時に集合的に単数扱い⟩ (壁, 公衆便所などの)落書き. 2〖考古〗(特に壁や岩に刻まれた)原始人の絵や文字. [イタリア語(＜「引っ掻き傷」)]

‡**graft**[1] /græft|grɑ:ft/ 图 C 1 挿芽[穂, 枝]; 挿し木, 接ぎ木. 2〖医〗移植用組織片《皮膚, 骨, 器官, 臓器など》. a skin ～ 移植皮膚. —— 動 他 1 に接ぎ木する; VOA を接ぎ木する ⟨*on*, *onto* ..に⟩. 2 VOA〖医〗〔皮膚, 骨, 臓器など〕を移植する ⟨*on*, *onto*, *to*, *into* ..に/*from* ..から⟩. 3 VOA を(接ぎ木のように)融合[結合]させる, 接ぎ合わせる, ⟨*together*⟩ ⟨*on*, *onto* ..に⟩. They tried to ～ some new ideas *onto* the traditional method. 彼らは新しい考えを従来のやり方に融合させようとした. [＜ギリシア語「尖筆」; 挿枝に似ていることから]
▷**gráft·er**[1] 图

graft[2] 图 U 1〖主に米〗不正利得[行為], ⟨特に⟩ 収賄(わい), 汚職(による利得). 2〖英話〗(一生懸命)働くこと; 骨の折れる仕事. —— 動 自 1〖主に米〗不正利得する, 収賄する, 汚職をする. 2〖英話〗一生懸命働く; 骨の折れる仕事をする. ▷**gráft·er**[2] 图 C 1〖主に米〗汚職政治家[公務員]. 2〖英話〗働き者.

Gra·ham /gréiəm/ 图 グレアム 1 男子の名.
2 **Billy** ～ (1918–)《米国の福音伝道者》.

gra·ham /gréiəm/ 形〖米〗全麦の (wholewheat). ～ crackers 全麦のクラッカー. [＜19 世紀米国の食餌改革者 S. *Graham*]

Grail /greil/ 图 ⟨the ～⟩ ＝Holy Grail.

‡**grain** /grein/ 图 (複 ～s /-z/) 1 U ⟨集合的⟩ **穀物**, 穀類, 《穀粒を実としてつけるイネ科の食用植物, corn, wheat, rice, oats など, 又その実;〖英〗では corn とも言う》. The farmers harvested the ～. 農夫たちは穀物の取り入れをした. grow ～ 穀物を栽培する. the supply of rice and other ～*s* 米及び他の穀類の供給 (★種類別に見る時は C).
2 C **穀物の種**, 穀粒. a few ～*s* of wheat 2, 3 粒の小麦. 3 C (砂, 塩などの)粒. a ～ of sand 砂粒.
4 C わずかな量, ほんの少し, ⟨しばしば否定語とともに⟩. There is not a ～ of truth in his story. 彼の話にはひとかけらの真実もない. He hasn't a ～ of sense. 彼には思慮分別のかけらもない.
5 U ⟨しばしば the ～⟩ (木材, 石, 布, 肉などの)目, 木目, 石目, きめ; (皮などの)ざらざらな表面. Plane a board with [along] the ～, not against [across] it. 板にかんなをかける時は, 木目に逆らってではなく, 木目にそってかけなさい. woods of fine [coarse] ～ きめの細かい[あらい]木材. 6 C〖写真〗(フィルム, 印画)の粒子.
7 U 性質, 性分; 本質.
8 C グレイン《衡量の最低単位; 0.0648 グラム; 略 gr.》. ◇形 grainy, granular
against the gráin (1) 目に逆らって (→图 5). (2) 性分[意向]に反して (★この意味では against a person's grain の形も使われる). It goes [is] *against*⌞*the* ～ for him [his ～] to hunt animals. 動物狩りをするのは彼の性分に合わない. (3) 望みに反して ⟨*with* ..の⟩.
in gráin 徹底した, 生まれつきの, 払拭できない.
tàke ..with a gràin [pìnch] of sált〔人の話など〕を割引いて[批判的に, '眉(まゆ)につばをつけて']聞く.
[＜ラテン語 *grānum*「穀粒」]

gráin àlcohol 图 U (穀物から製造した)エチルアルコール.

grained /-d/ 形 1 粒状の, 表面がざらざらした. 2 木目のある; 木目塗りの. 3 ⟨複合要素⟩ 粒が..な. fine(ly)-～ 粒が細かい.

gráin èlevator 图 C〖米〗(揚穀装置のついた多くの円筒形の)穀物倉庫.

gráin·fìeld 图 C 穀物畑.

grain·y /gréini/ 形 e 1 粒状の, 粒の多い; ざらざらした. 2 木目のある. 3〖写真〗粒子が粗い.

‡**gram,**〖主に英〗**gramme** /græm/ 图 (複 ～s /-z/) C グラム《重さの単位; 略 g, gm, gr.》. [＜ギリシア語「書かれたもの, 文字＞わずかな重さ」]

gram. grammar; grammatical.

-gram[1] /græm/ ⟨複合要素⟩「..を書いたもの」の意味. tele*gram*. dia*gram*. epi*gram*. pro*gram*. [ギリシア語(＜「書く」)]「kilo*gram*. pico*gram*.

-gram[2] ⟨複合要素⟩「..グラム」の意味. milli*gram*.

gra·ma /grǽmə, grɑ́:mə|grɑ́:-/ 图 U グラーマ (**gráma gràss**)《米国西部, 南米に広く見られる牧草》.

grám àtom 图 C〖化〗グラム原子《元素量の単位; その原子量と同じグラム数の元素量; 元素の 1mole》.

grám equìvalent 图 C〖化〗グラム当量《物質量の単位; その化学当量と同じグラム数の物質量》.

gra·mer·cy /grəmə́:rsi/ 間〖古〗ありがとう, かたじけない,《感謝の表現》; これは大変, これはしたり, こはいかに,《驚きの表現》. [＜古期フランス語 'grand mercy']

‡**gram·mar** /grǽmər/ 图 (複 ～s /-z/) 1 UC **文法**, (学科目としての)文法; 文法研究; 文法理論[学説]. English ～ 英文法.

連結 descriptive [prescriptive; comparative; generative; transformational] ～

2 C 文法書, 文典. a Russian ～ ロシア語文法書.
3 U 言葉の正用法, (標準)語法, (usage); 話し方, 書き方, 言葉遣い. bad ～ 間違った語法.

連結 good [correct; sloppy] ～

4 U〔芸術, 技術, 学問などの〕基礎, 基本原理; C 入門書, 手引き. 5〖英話〗＝grammar school.
[＜ギリシア語「読み書きの(技術)」(＜*grámma*「文字」)]

grámmar bòok 图 C 文法書, 文典.

gram·mar·i·an /grəmé(ə)riən/ 图 C 文法家, 文法学者.

grámmar schòol 图 UC 1〖英〗公立中等学校

G

《生徒は普通 11–18 歳の大学進学志望者; この型の学校は非常に少なくなった →school 表》. **2**〘米〙小学校《8 年制; 特にその 5 学年から 8 学年までを言う; 又は小学校と high school との中間の公立学校など; →elementary [primary] school》.

*__gram·mat·i·cal__ /grəmǽtik(ə)l/ 形 **1** Ⓒ〈限定〉**文法の**, 文法上の. ～ meaning〘言〙文法的意味《辞書に示されているような語の持つ意味, つまり lexical meaning (辞書的意味)に対して, 語順, 語尾変化, 音調などの文法的手段の持っている意味で, structural meaning (構造的意味)ということもある》. **2** ⓜ 文法にかなった, 文法的に正しい. ▷ **～·ness** 名

gram·mat·i·cal·i·ty /grəmæ̀təkǽləti/ 名 Ⓤ〘文法〙文法性《文法規則にかなっていること》.

gram·mát·i·cal·ly 副 文法的に, 文法上; 文法的に正しく. ～ correct 文法上正しい. write ～ 文法的に正しく書く.

gramme /græm/ 名〘主に英〙＝gram.

grám mòlecule 名 Ⓒ〘化〙グラム分子《物質量の単位; その分子量と同じグラム数の物質量; 分子の 1 mole》.

Gram·my /grǽmi/ 名 (複 ～s, -mies) Ⓒ〘米〙グラミー賞《年次レコード最優秀賞》.

gram·o·phone /grǽməfòun/ 名 Ⓒ〘英旧; ＜商標〙蓄音機 (〘米〙phonograph) (★今は record player と言う).

grámophone rècord 名〘旧〙＝record[1] 5.

Gram·pi·an /grǽmpiən/ 名 **1** グランピアン《スコットランド北東部の州 (region); 1975 年に新設; 州都 Aberdeen》. **2** 〈the ～s〉＝Grampian Mountains.

Gràmpian Móuntains[Hílls] 名〈the ～〉グランピアン山脈[山地, 山系]《スコットランド中部の, Highlands と Lowlands を分ける低い山地; 最高峰 Ben Nevis (1,343m) は大ブリテン島最高峰である》.

gram·pus /grǽmpəs/ 名 Ⓒ **1**〘動〙ハナゴンドウ. **2** シャチ (killer whale). **3**〘話〙(ハナゴンドウのように)息づかいの荒い人. ***brèathe [pùff, whèeze] like a grámpus***〘話〙荒い息づかいをする, 息をきらせる.

gran /græn/ 名 Ⓒ〘英話〙おばあちゃん (grandmother) (★呼びかけにも用いる).

Gra·na·da /grənɑ́:də/ 名 グラナダ《スペイン南部の都市; Alhambra 宮殿その他の遺跡がある》.

‡**gra·na·ry** /gréinəri, grǽ-|grǽ-/ 名 (複 -ries) Ⓒ **1** 穀物倉庫. **2** 穀倉地帯. ── 形〈しばしば G-; 限定〉〘英; ＜商標〙全粒小麦入りの, 全麦の, 〔パン〕. [＜ラテン語; grain, -ary]

‡**grand** /grænd/ 形 ⓔ (4, 6, 7 は Ⓒ) 【大きくて立派な】 **1 雄大な**, 壮大な; 壮麗な, 豪華な; 〔計画などが〕遠大な; 〔文体などが〕荘重な; (類語「深い感銘を与えるほど立派な」の意味で一般的な語であるが, 特に「壮大さ」を強調する; →magnificent, majestic, splendid, stately). Look at this ～ view of the ocean. この雄大な海の眺めをごらんなさい. hold a wedding in ～ style 盛大な結婚式を挙げる. a ～ design [scheme] 遠大な計画, 壮大な構想《国家的規模の都市整備[経済]計画など》.
2 気高い, 偉大な; 威厳のある; 尊敬されている[に値する]. a ～ lady 高貴な女性. She [Our dog] lived to a ～ old age. 彼女[私たちの飼っていた犬]はたいへん長生きした.
3【偉大だと自任する】**尊大な**, もったいぶった. put on a ～ air 尊大な態度をとる. She is too ～ to speak to us. 彼女は気位が高くて私たちに口もきいてくれない.
【価値の大きい】 **4** Ⓒ〈限定〉(最も)重要な; **主要な**; 〈普通 G-; 称号に用いて〉最高位の, 最高.., 大... the ～ staircase (玄関正面の)大階段. a ～ mistake 重大な誤り.
5【すばらしい】〘旧話〙〔物事, 人が〕**楽しい**, 愉快な, すてきな. We had a ～ time at the picnic. ピクニックは大変楽しかった. I'm feeling ～. 実に愉快な気分です.
【大きな＞全体の】 **6** Ⓒ〈限定〉完全な, 全部を合わせた. It comes to the ～ total [sum] of .. (いくつかの total を合計して)総計[累計]..となる.
7 Ⓒ〈限定〉〘楽〙大編成の〔オーケストラなど〕, 大合奏用の〔曲など〕. ◇名 grandeur, grandness
── 名 (複 ～s, 2 では ～) Ⓒ **1** ＝grand piano. **2**〘俗〙千ドル[ポンドなど].
[＜ラテン語 *grandis*「十分に成長した, 大きな」]

grand- /grænd, しばしば子音の前で græn/ 〈複合要素〉(血族関係で)「1 親等隔てた」の意味 (→great-). *grand*father. *grand*mother. *grand*child.

gran·dad /grǽndæ̀d/ 名 Ⓒ〘話〙おじいちゃん (grandfather)《注意 一般の老人についても言うが, 直接の呼び掛けに使うのは失礼; ↔grandma》.

grán·dàddy /grǽndæ̀di/ 名 (複 -dies) Ⓒ〘話〙**1**〘主に米〙＝grandad. **2** 元祖, 始祖; 大御所; きわめつき. the ～ of all headaches 最悪の頭痛.

gránd·àunt 名 ＝great-aunt.

Grànd Bánk(s) 名〈the ～〉グランドバンクス《Newfoundland 南東沖の大陸棚; 有名な漁場》.

Grànd Canál 名〈the ～〉**1** (Venice の)大運河. **2** 北京と杭州を結ぶ世界最古の大運河.

Grànd Cányon 名〈the ～〉グランドキャニオン《米国 Arizona 州北西部にある Colorado 川上流の大峡谷; 国立公園》.

Grànd Cànyon Státe 名〈the ～〉米国 Arizona 州の俗称.

*__grand·child__ /grǽn(d)tʃàild/ 名 (複 →child) Ⓒ 孫 (→granddaughter, grandson).

gránd·dàd 名 ＝grandad.

gránd·dàddy 名 ＝grandaddy.

‡**grand·daugh·ter** /grǽn(d)dɔ̀:tər/ 名 (複 ～s /-z/) Ⓒ 女の孫, 孫娘, (↔grandson).

grànd dúchess 名 Ⓒ 大公妃; 女大公.

grànd dúchy 名 Ⓒ 大公国.

grànd dúke 名 Ⓒ 大公.

grande dame /grɑ̀:n(d) dɑ́:m, grǽn(d) dǽm/ 名 (複 grandes dames /-z/) Ⓒ **1** (年配の)貴婦人, 気品のある婦人. **2** (特定分野の)女性の第一人者[有力者]. [フランス語 'grand lady']

gran·dee /grændí:/ 名 Ⓒ **1**〘旧〙大公《スペイン, ポルトガルの最高貴族》. **2** 身分の高い人; 高官.

*__gran·deur__ /grǽndʒər/ 名 Ⓤ **1 壮大さ**, 雄大さ, 威容; 壮厳さ; 壮麗さ. the ～ of the Rocky Mountains ロッキー山脈の雄大さ. **2** (精神の)**崇高さ**; 偉大さ; (風貌(ぼう), 態度のもつ)威厳, 気品, (dignity). the ～ of his character 彼の人格の高潔さ. suffer from delusions of ～ 自分が実際以上に偉いと思い込む, 誇大妄想にとりつかれる. [＜フランス語; grand, -ure]

‡**grand·fa·ther** /grǽn(d)fɑ̀:ðər/ 名 (複 ～s /-z/) Ⓒ **1 祖父**. my ～ on my mother's side 私の母方の祖父. **2**〈しばしば ～s〉祖先. **3** 始祖, 創始者; (同類の中の)最初のもの. [grand-, father] ▷ **～·ly** 形 祖父の(ような); やさしい, 甘やかす.

grándfather('s) clóck 名 Ⓒ 大型振り子時計《床置きで人間の背丈ぐらいの高さがある》.

grànd finále 名 Ⓒ (演劇などの)大フィナーレ《全出演者が登場する》.

gran·dil·o·quence /grændíləkwəns/ 名 Ⓤ〘しばしば軽蔑〙大言壮語; 大げさな表現. [＜ラテン語 (＜*grandis* 'grand'＋*loquī* 'speak')]

gran·dil·o·quent /grændíləkwənt/ 形〘しばしば軽蔑〙大言壮語する; 大げさな〔表現など〕. ▷ **～·ly** 副

gran·di·ose /grǽndiòus/ 形 **1**〘軽蔑〙もったいぶる; 気取った; 大げさな. **2**〘章〙壮大な, 雄大な.

▷**gran·di·os·i·ty** /grændiάsəti|-ɔ́s-/ 名

grand júry 名 C 〖米法〗大陪審《12–23 名で構成され, 刑事事件を扱う; 英国では 1933 年廃止; →petty jury》.

grand lárceny 名 UC 〖米法〗重窃盗《一定額(州により異なるが 50 ドル, 100 ドルといった見当)以上の物の窃盗》.

gránd·ly 副 **1** 壮大に, 雄大に; 崇高に; 堂々と. **2** 大げさに; もったいぶって. He gestures ～. 彼は大げさな身振りをする.

***grand·ma** /grǽn(d)mὰ:, grǽmὰ:/ 名 (複 ～s /-z/) C 〖話〗おばあちゃん(grandmother; →grandpa).

grand mal /græ̀n-mǽl|grὰ:n-/ 名 U 〖医〗てんかんの大発作 (epilepsy). [フランス語 'great sickness']

Gràndma Móses 名 'モーゼズばあちゃん' (1860–1961)《75 歳から絵を画き, 素朴画の画風で評判になった米国人》.

grànd márch 名 C 開会行進《舞踏会の儀式》.

grànd máster 名 C チェスの選手権者[名人]; 〈G- M-〉(騎士団, 秘密結社などの)長.

‡grand·moth·er /grǽn(d)mʌ̀ðər/ 名 (複 ～s /-z/) C **1 祖母.** my ～ on my father's side 私の父方の祖母. **2** 〈しばしば ～s〉(女性の)祖先.

tèach one's grándmother to suck éggs →egg.

[< grand-, mother] ▷ **～·ly** 形 祖母の(ような); やさしい; お節介な.

gràndmother clóck 名 C 大型振り子時計《grandfather clock の 3 分の 2 ぐらいの大きさ》.

Grànd Nátional 名 〈the ～〉〖英〗(毎年 3 月 Liverpool で行われる)大障害競馬.

gránd·nèphew 名 ＝great-nephew.

gránd·ness 名 U 壮大さ, 雄大さ; 崇高さ; 偉大さ; 立派さ.

gránd·nièce 名 ＝great-niece.

grànd òld mán 名 C 堂々とした老人; (政界, 芸術界, スポーツ界などの)大御所, 長老, 重鎮; 〈the G- O- M-〉大長老《特に政治家 W. E. Gladstone, Winston Churchill のあだ名》.

Grànd Òld Párty 名 〈the ～〉〖米〗共和党の別名《略 GOP, G.O.P.》.

grànd ópera 名 UC グランドオペラ《歌だけでせりふが全くなく, 重厚な主題のもの》.

***grand·pa** /grǽn(d)pὰ:, grǽmpὰ:/ 名 (複 ～s /-z/) C 〖話〗おじいちゃん (grandfather; →grandma).

***gránd·pàrent** 名 (複 ～s /-ts/) C **祖父[母]** (→ grandfather, grandmother).

grànd piáno 名 C グランドピアノ (→upright piano).

grand prix /grὰ:n-príː/ 名 (複 **grands prix** /-príː(z)/) C **1** グランプリ, 大賞. **2** 〈しばしば G-P-〉国際自動車レース; 国際競馬. [フランス語 'great prize']

grànd slám 名 C グランド・スラム. **1** (運動競技での)全種目優勝; (テニスやゴルフ, ラグビーで)その年の主要試合に全勝すること. **2** 〖ブリッジ〗1 回の勝負で 13 のトリック (trick) 全部に勝つこと. **3** 〖野球〗満塁ホームラン. ▷ **～·mer** 名 ＝grand slam 3.

‡grand·son /grǽn(d)sʌ̀n/ 名 (複 ～s /-z/) C **男の孫**, 孫息子, (↔granddaughter).

gránd·stànd 名 C (運動競技場, 競馬場などの普通, 屋根のある)正面特別観覧席; 〈集合的; 単数形で複数扱いもある〉その観客たち. have a ～ view of ..がよく見渡せる. ── 動 自 〖主に米話〗人気取りの演技[スタンドプレイ]をする. ▷ **～·er** 名 C **～·ing** 名 U

grándstand plày 名 C 〖米話〗(競技者の)人気取りの[派手な]演技, スタンドプレー《「スタンドプレー」は和製英語》.

grànd tóur, G- T- 名 C **1** 大陸巡遊旅行《18 世紀から 19 世紀初頭に, 教育の仕上げとして英国の上流社会の青年が行ったヨーロッパ主要都市の旅行》. **2** 〖話〗(建物, 施設などの)内部見学, (家屋の)部屋めぐり, 《内部をくまなく案内して見せてもらう》.

gránd·ùncle 名 ＝great-uncle.

grange /greindʒ/ 名 **1** C 〖主に英〗農場《屋敷を含めて》. **2** 〖米〗〈the G-〉農業協同組合. [< ラテン語 *grānum* 'grain']

grang·er /gréindʒər/ 名 C **1** 農民. **2** 〈G-〉〖米〗農業協同組合員.

†gran·ite /grǽnət/ 名 U 花崗(こう)岩, 御影(みかげ)石. [< イタリア語「粒状の(石)」]

Grànite Stàte 名 〈the ～〉米国 New Hampshire 州の俗称.

gránite·wàre 名 U 御影(みかげ)石模様のほうろう[エナメル]鉄器[陶器].

gra·nit·ic /grənítik/ 形 花崗(こう)岩の(ような).

gran·nie /grǽni/ 名 ＝granny.

‡gran·ny /grǽni/ 名 (複 **-nies**) C 〖話〗 **1** おばあちゃん (grandmother; 略 gran). **2** 年とった女の人. **3** ＝ granny knot. **4** ささいなことにうるさい人.

gránny flàt [annèxe] 名 C 〖英話〗(同一敷地内に建てた)老親用住居.

gránny glàsses 名 〈複数扱い〉おばあちゃん眼鏡《丸いレンズに細い金属の縁がある》.

gránny knòt 名 C 逆さ結び《ほどけやすい》.

gra·no·la /grənóulə/ 名 U グラノーラ《押し伸ばしたオートムギにハチミツ, 乾燥フルーツ片, ナッツなどを加えた朝食用のシリアル》.

granóla bàr 名 〖米〗＝flapjack 2.

Grant /grænt|grɑ:nt/ 名 **Ulysses Simpson ～** グラント (1822–85)《米国の南北戦争時の北軍総司令官; 第 18 代大統領 (1869–77)》.

‡grant /grænt|grɑ:nt/ 動 (～s /-ts/|過 過分 **gránt·ed** /-əd/|**gránt·ing**) 他 **1 を与える, 授ける;** VOO (～ X Y)・VOA (～ Y *to* X) **X に Y を与える, 授ける;** (類語 請求や申請を受けて与えること; →give). ～ them a bounty ＝～ a bounty *to* them 彼らに助成金を交付する. The Ministry of Justice ～*ed* him a pardon. 法務省は彼を赦免した. The student was ～*ed* a scholarship. その学生は奨学金を与えられた.

2 をかなえてやる, 許可する; VOO (～ X Y) X に Y (願い, 要求など)をかなえてやる, 許可する, 承諾する. ～ a wish 願いをかなえてやる. Father ～*ed* me my request. 父は私の願いをきいてくれた. We were ～*ed* permission to go abroad. 我々は渡航許可を与えられた.

3 の正しさを認める, を容認する, (議論で)譲歩する; VO (～ *that* 節) ..ということの正しさを認める; VOO (～ X *that* 節) X に..ということを認める; VOC (～ X *to be* Y) X が Y であることを認める; (類語 議論で相手の意見に同意するという積極的な努力の意味を含む; →concede). We ～ his sincerity. ＝We ～ *that* he is sincere. ＝We ～ him *to* be sincere. 彼が誠実であることは認める. It's a good idea, ～*ed*, but.. ＝*Granted*, it's a good idea, but .. ＝*Granted that* it's a good idea, but .. それはいい考えである, そのことは認めるが.. (★but と共に用いることが多い; →成句 GRANTED [GRANTING] that ..).

4 〖法〗VOO (～ X Y)・VOA (～ Y *to* X) X に Y (財産, 権利など)を譲渡する. ～ him property ＝ ～ property *to* him 財産を彼に譲渡する.

gránted [gránting] (that).. ..と仮定して; かりに..としても[とすれば]. *Granted* [*Granting*] (*that*) the aim is all right, how will you proceed with your plan? 目的は正しいとして, 君はどういう手順で計画を遂行するのか.

tàke..for gránted ..を当たり前のことと思う; 〔人や物の存在, 行動など〕に(当然のこととして)特に関心を持たない[ありがたいと思わない, 正しい評価を与えない]. Children today *take for* ～*ed* the existence of television. 今日の子供たちはテレビのあるのを当たり前のことと

思っている (★目的語が長い時は granted の後にくる). They have been married for ten years and now he *takes* his wife *for ~ed*. 彼らは結婚して10年になり, 今では彼は(妻の存在に慣れてしまい)妻に感謝の気持ちがない.

***tàke it for gránted (that) .. ..**だということを当たり前の[当然の]こととみなす (★意味は上の take .. for granted と同じ; it は that 節を指す; that はしばしば, it も時に省略される). I *took it for ~ed that* you would come to the reception. 君は当然宴会に来るものと思っていた.

── 名 (複 **~s** /-ts/) **1** C 授与[支給・認可]されたもの《助成金, 権利, 土地など》, (特に国から大学, 学生などへの)助成金, 補助金, 研究奨励金. research *~s* 研究助成金. a student ~ 奨学金. make a ~ in aid 助成金を交付する. provide a ~ toward the cost of publication 出版費の補助金を出す. **2** U 授与, 交付; 許可. the ~ of a patent 特許の許可.

[<古期フランス語「援助に同意する」(<ラテン語 *crēdere* 'entrust'); 古期フランス語で語頭音が /g-/ になった]

gràntáid 名 =grant-in-aid.

gràntaided schóol 名 〖英〗=aided school.

grant·ee /grænti:|grɑ:n-/ 名 C (補助金などの)受領者.

grànt-in-áid 名 (複 **grants-**) C (特に, 政府から地方自治体などへの)補助金, 交付金.

gránt-maintained schòol 名 C 〖英〗国立学校《自治体によらず直接教育省が管理運営する》.

grant·or /grǽntər, grӕntɔ́:r|grɑ:ntɔ́:/ 名 C (補助金などの)授与者, 交付者.

gran tu·ris·mo /grӕn-tuərízmou/ 名 (複 **~s**) C 〖自動車〗グランツーリスモ, GT, 《高性能車; イタリア語 'great touring'》.

gran·u·lar /grǽnjulər/ 形 **1** (小)粒 (granule) から成る; 粒状の. **2** 表がざらざらした (grainy). ◇名 granule, grain ▷**gran·u·lar·i·ty** /grӕnjulǽrəti/ 名 U 粒状(であること).

gran·u·late /grǽnjulèit/ 動 他 を粒(状)にする; の表面をざらざらにする. ── 自 **1** 粒状になる; 表面がざらざらになる. **2** (皮膚の傷跡などが)肉芽組織を生じる.

▷**gràn·u·lá·tion** 名 U 粒[ざらざら]にする[なる]こと.

grànulated súgar 名 U グラニュー糖.

gran·ule /grǽnju:l/ 名 C 小粒, 微粒, 顆(か)粒. [grain, -ule]

‡grape /greip/ 名 (複 **~s** /-s/) C **1** ブドウ(の実1個) (語法 ブドウは粒が房になっているので普通, 複数形で用いる). a bunch [cluster] of *~s* ブドウ1房. seedless *~s* 種なしブドウ. Wine is made from *~s*. ワインはブドウからつくられる. →sour grapes. **2** ブドウの木 (grapevine). **3** U 〈the ~〉 ワイン. **4** 〈~ s; 単数扱い〉〖獣医〗ブドウ瘡《球節 (fetlock) に生じる》. **5** U ブドウ色, ワインレッド. [<古期フランス語]

†grápe·frùit 名 (複 **~, ~s**) UC グレープフルーツ《ザボンの類; 実がブドウのようにかたまってなる》; C グレープフルーツの木.

grápe·shòt 名 U ぶどう弾《昔の大砲に用いた散弾》.

gràpe súgar 名 U ぶどう糖 (dextrose).

grápe·vìne 名 C **1** ブドウの木. **2** 〈the ~〉 地下情報ルート, '口コミ'; (口コミで伝わる)うわさ. hear (about) ..on [through] the ~ うわさで..を[について]聞く. hear [learn] (it) on the ~ that .. うわさで..であると聞く. The ~ has it that... 口コミ情報によれば..だ.

***graph** /græf|grɑ:f/ 名 (複 **~s** /-s/) C **グラフ**, 図表, 図式. a bar [line] ~ 棒[線]グラフ. ── 動 他 をグラフ[図表, 図式]に書く[で表す]. [<*graphic* formula]

-graph 〈複合要素〉「書く, 記録する, 写す; 書いたもの; 書く[記録する, 写す]道具」などを意味する. auto*graph*. tele*graph*. photo*graph*. [ギリシア語「書くこと, 書かれたもの」]

graph·eme /grǽfi:m/ 名 C 〖言〗文字素, 書記素《ある言語の書き言葉の最小単位; 英語のアルファベットの各文字, ?, & などで, 例えば hats は4つの文字素から成る》. 「文字[書記]素論.

gra·phem·ics /græfí:miks/ 名 〈単数扱い〉〖言〗↑

-graph·er /-grəfər/ 〈複合要素〉-graph, -graphy で終わる語に対応する動作主, つまり,「書く[描く]人, 記録する人」などを意味する. photo*grapher*. tele*grapher*.

†graph·ic /grǽfik/ 形 〈限定〉 **1** 生き生きとした, 写実的な, 生々しい, 〔描写など〕(vivid). a ~ description [account] of the disaster 災害の生々しい描写[報告]. **2** 図(表, 式)で表した, グラフの. a ~ formula 〖化〗構造式. **3** 記号[文字]の; 筆写の. ~ symbols 書写記号《文字など》.

graph·i·cal /grǽfik(ə)l/ 形 =graphic.

graph·i·cal·ly /grǽfik(ə)li/ 副 **1** 絵を見るように, 生き生きと; 詳細に; 生々しく. **2** グラフ (graph) によって.

gràphic árts 名 〈the ~〉 グラフィックアート《書, 画, 写真, 印刷美術など平面を利用した美術の総称; → plastic arts》.

gràphic desígn 名 U グラフィックデザイン《文字, 絵画などを要素として, 印刷によって複製されるデザイン》. ▷ **~·er** 名 C グラフィックデザイナー. 「画.

gràphic nóvel 名 C グラフィックノベル, 長編の劇↑

gráph·ics 名 **1** 〈単数扱い〉 製図法; グラフ[図式]算法. **2** 〈複数扱い〉 =graphic arts. **3** コンピュータグラフィックス (★コンピュータによる図形の処理の意味では単数扱い, 図形そのものの意味では複数扱い; computer graphics の短縮形).

graph·ite /grǽfait/ 名 U 〖鉱〗黒鉛《鉛筆の芯(しん) (lead), 潤滑剤, ペンキ, 電極, 原子炉の中性子減速体, カーボンファイバーのスポーツ用品などの材料》.

graph·ol·o·gy /græfɑ́lədʒi|-fɔ́l-/ 名 U **1** 筆跡学, 筆跡観相術, 《特に, 性格判断のため》. **2** 〖言〗書記素論 (graphemics). ▷**graph·ol·o·gist** /-dʒist/ 名 C 筆跡観相家.

gráph pàper 名 U 方眼紙.

-gra·phy /grəfi/ 〈複合要素〉「描く[書く, 記述する, 記録するなど]方式; (それに関する)..術[学]」の意味. photo*graphy*. bio*graphy*. geo*graphy*. [ギリシア語]

grap·nel /grǽpn(ə)l/ 名 C ひっかけ錨(いかり); ひっかけかぎ《小舟の錨, また水底のものをひっかけて取ったりなどする》.

†grap·ple /grǽp(ə)l/ 動 自 **1** つかみ合う, 取っ組み合う, 〈*with* ..と/*for* ..を取ろうと〉; ぐいとつかむ. They *~d with* each other *for* a ball. 彼らはボールを取ろうともみ合った. **2** VA 取り組む, (解決の)努力をする, 〈*with* .. 〔問題, 困難など〕に/*to* do ..しようと〉. Tom is *grappling with* a mathematical problem. トムは数学の問題と取り組んでいる. ~ *to* deal with financial difficulties 財政上の難問の解決に努力する.

── 他 **1** 〖米〗をしっかりとつかんで放さない. **2** をひっかけ錨 (grapnel) で固定する[ひっかける].

── 名 C **1** つかみ合い, 取っ組み合い. **2** =grapnel. [<プロヴァンス語「鉤(かぎ)」]

grápplingìron[hòok] 名 =grapnel.

Gras·mere /grǽsmiər|grɑ́:s-/ 名 グラスミア《英国 Cumbria 州の湖水地方にある湖; 近くの同名の村に Wordsworth, De Quincey が住んだ》.

‡grasp /græsp|grɑ:sp/ 動 (**~s** /-s/|過 過分 **~ed** /-t/|**grásp·ing**) 他 **1** をつかむ; をしっかり握る; 〔機会など〕をつかむ, 逃さない; (類語 手でしっかり握るの意味で, take より強意的). ~ him *by* the wrist 彼の手首を握る. I *~ed* his hand in welcome. 歓迎のしるしに彼の手をしっかり握った. *Grasp* all, lose all. 〖諺〗あぶはち取らず

《<すべてをつかめば, すべてを失う》.

2 🅅🄾 (～ X/*that* 節/*wh* 節・句) X を/..ということを/..かを(よく)**理解する**, のみ込む, 把握する. I ～*ed* the general idea of the program. 私はその計画の概略が分かった.

── ⓐ 🅅🄰 (**～ *at, for* ..**) ..をつかもうとする;〔提案, 機会など〕に飛び付く. ～ *at* a rope 綱をつかもうとする. ～ *at* the idea その考案に飛び付く. ～ *for* a pistol ピストルをつかもうとする.

── 名 aU **1 つかむこと**, 握ること. Leo had a solid ～ on the rail. レオは手すりをしっかりつかんだ. take .. in a (firm) ～ ..を(しっかりと)つかむ. **2 理解**, 会得. He has a good [poor] ～ of logic. 彼は論理学をよく理解している[いない]. **3** 管理, 支配; 統制.

beyond** a pèrson's* ***grásp (1) 人の手の届かない所に(ある). (2) 人の理解を超えて(いる). Kant's philosophy is *beyond* my ～. カントの哲学は私には理解できない.

in the gràsp of** a pérson* = ***in** a pèrson's* ***grásp 人の手中に; 人に支配されて.

within** a pèrson's* ***grásp (1) 人の手の届く所に(ある). Victory is now *within* your ～. 勝利は君の手の届く所[手中]にある. (2) 人の理解できる範囲に(ある).
[<中期英語; たぶん grope と同根]

grásp·ing 形 〖軽蔑〗握り屋の; 貪欲(どんよく)な, 欲張りの, (greedy). ▷ **～·ly** 副 **～·ness** 名

‡**grass** /græs|grɑːs/ 名 (複 **gráss·es** /-əz/) **1** UC **草**, 牧草, 《主に家畜用の背丈の低い植物; ムギ, イネ, トウモロコシなどイネ科の植物及びその他の牧草》(語法 草の種類を言う時は C). a leaf [blade] of ～ 草の葉1枚. We saw cattle feeding on the ～. 私たちは牛が草を食(は)んでいるのを見た.

2 U **草地**, 草原, 牧草地; 〈普通 the ～〉 **芝生**. Keep off the ～. 〖掲示〗芝生に入らないこと. The ～ is (always) greener on the other side of the hedge [fence]. 〖諺〗よその家の物は良くみえる《<垣根の向こう側の芝生の方がずっと青々としている》.

3 U 〖俗〗マリファナ (marijuana). smoke ～ マリファナを吸う. **4** C 草本《高木, 低木に対して; reed, bamboo も含む》. **5** C 〖英俗〗密告者, タレコミ屋, 'イヌ'.

at gráss 〔家畜などが〕放牧地へ出されて; 〔人が〕仕事を休んで, 休暇を取って.

gò [go òut] to gráss 〔家畜が〕牧場に放される; 〔人が〕仕事を休む; 引退する.

lèt the gràss grów under one's féet ぐずぐずする; せっかくの機会を逃す; 〈普通, 否定文で〉.

pùt [sènd, tùrn] ..òut to gráss 〖話〗(1) 〔牛など〕を牧草地に放す. (2) 〔人〕を(老齢を理由に)解雇する, 〔人, 競走馬〕を引退させる, 休ませる.

── 動 他 **1** 〔土地〕を草[芝]で覆う 〈*over*〉〈普通, 受け身で〉. **2** 〖米〗〔動物〕に草を食わせる, を放牧する. ── ⓐ 〖英俗〗警察に密告する, たれこむ, 〈*on* ..〔犯罪の仲間など〕を〉.

gràss /../ úp 〖英俗〗..を密告する, 'たれ込む' 〈*to* ..〔警察など〕に〉. [<古期英語; green, grow と同根]

gráss còurt 名 C 〖テニス〗グラスコート《芝生張りのコート; →clay court, hard court》.

grass·hop·per** /grǽshɑ̀pər|grɑ́ːshɔ̀pə/ 名 (複 **～s** /-z/) **1** C バッタ, イナゴ, キリギリス, 《バッタ科・キリギリス科の昆虫を指す》. **2** C 〖米〗(偵察, 農薬散布用の)小型飛行機. **3** UC グラスホッパー《creme de menthe, creme de cacao, cream を等量入れたカクテル》. **4** C 〖英俗〗= copper[2]《押韻俗語》. **5** 〈形容詞的〉散漫な〔心など〕. ***knee-hìgh to a grásshopper 〖戯〗まだちっちゃな子供で.

gráss·lànd(s) 名 U 牧草地; 草原.

gràss-róots /⑧/ 形 〈限定〉草の根の, 民衆レベルから起こった. a ～ movement against nuclear weapons 核兵器反対の草の根運動. at ～ level 一般民衆レベルで(の).

gràss róots, gràss·róots 名 〈the ～; 単複両扱い〉 **1** 一般大衆, 農民, 《権力層, 知識層に対して'草の根'》; (政党, 団体などの)平の構成員. **2** 根本的な事実, 基礎, 原点.

gráss snàke 名 C 〖動〗ヨーロッパヤマカガシ, アオヘビなど, 《牧草地に住む緑色がかった小型で無毒のヘビ》.

gràss wídow 名 C 〖時に戯〗夫が不在中の妻, 夫と別居中の妻; 〖米〗離婚した妻.

gràss wídower 名 C 〖時に戯〗妻が不在中の夫, 妻と別居中の夫; 〖米〗離婚した夫.

†**gráss·y** 形 e **1** 草のはえた, 芝のはえた; 草深い, 草だらけの. **2** 草の(ような), 草色の, 草の風味[匂い]のする〔茶など〕.

grate[1] /greit/ 名 C **1** (暖炉などの)火格子. A wood fire is burning *in* the ～. 火格子の中に火が焚かれている. **2** (窓, ドア, 排水口などの)鉄格子 (grating). **3** 暖炉 (fireplace). [<ラテン語 *crātis* 「編み細工, 柵」]

[grate[1] 1]

†**grate**[2] 動 他 **1** をすり砕く; を(おろし金(がね))(grater)などで)すりおろす. ～ apples リンゴをすりおろす. ～*d* cheese おろしたチーズ. **2** をきしらせる; をこすり合わせて音を立てる. ～ one's teeth 歯ぎしりする. **3** をいらだたせる, の感情を害する. ── ⓐ **1** きしる, ぎーぎー音を立てる, 〈*on, against* ..とこすれて〉. The wheel ～*d on* [*against*] the rusty axle. 車輪がさびた軸とすれ合ってきしった. **2** いらいらさせる, 耳ざわりになる, 不快な感じを与える, 〈*on, upon* ..を, の, に〉. His accent ～*s upon* my ear [nerves]. 彼の言葉の訛(なま)りが耳ざわりだ[神経にさわる]. [<古期フランス語]

‡**grate·ful** /gréitf(ə)l/ 形 m 【**感謝している**】 **1** 〈叙述〉**感謝している**; 有り難いと思っている; 〈*to* ..〔人〕に対して/*for* (doing) ..を/*that* 節 ..ということを/*to* do ..して〉; (類語 もっぱら, 人に感謝する場合に用いる; → thankful). I am ～ (*to* you) *for* ⌞your kindness [hav*ing* been kind to me]. 御親切を[親切にしていただき]感謝します. He is ～ *that* you helped him. 彼は君に手伝ってもらったことを感謝している. She will be ～ *to* learn that you are accompanying her. 君がついて来てくれると知って彼女は有り難がるだろう.

2 〈限定〉感謝の気持ちを表す. a ～ letter 礼状, 感謝の手紙. a ～ smile 感謝のほほえみ. I'd like to express my ～ thanks to you all. 皆様にお礼申し上げたいと思います.

【**感謝の気持ちを起こさせる**】 **3** 喜ばしい, 心地よい; 有り難い. ～ warmth 快い暖かさ. a tree that gives a ～ shade 心地よい木陰をつくってくれる木.

◇名 gratitude [〖廃〗*grate* (<ラテン語 *grātus*)「うれしい」, -ful] ▷ **～·ness** 名

†**gráte·ful·ly** 副 感謝して. Janet smiled ～ when I offered to help. 僕が手伝おうと言ったらジャネットはにっこりして感謝の気持ちを表した.

grat·er /gréitər/ 名 C おろし金(がね). a cheese ～ 「チーズおろし器.

grat·i·cule /grǽtəkjùːl/ 名 C **1** (地図, 海図の)経緯線網. **2** 〖光学〗グラティキュール《望遠鏡などの接眼レンズにつけてある網状の細い線》.

†**grat·i·fi·ca·tion** /grӕtəfəkéiʃ(ə)n/ 名 〖章〗 **1** U 満足させること, 喜ばせること. the ～ of one's appetite 食欲を満たすこと. **2** U 満足すること, 満足感. It gives me much ～ to know that. それを知って私は大変満足です. Much to my ～ [To my great ～], my son has

passed the exam. たいへん嬉しいことに, 息子が試験に合格した. **3** Ⓒ 満足させるもの[事]. His success is a great ～ to me. 彼の成功は私には大きな喜びだ.

***grat·i·fy** /grǽtəfài/ 動〖章〗(**-fies** /-z/|過 過分 **-fied** /-d/|**～·ing**) 他 **1**〔人〕を満足させる, 喜ばせる, 楽しませる, ⟨*at, with, by* ..で⟩⟨しばしば受け身で⟩ (類語 satisfy より強意的で, 喜びが強い). I am *gratified at* [*with*] the results of his work. 彼の仕事の出来栄えに私は満足している. I was *gratified* [It *gratified* me] *to* hear of your success. あなたが成功したことを聞いて私は嬉しく思いました. We were *gratified* that she was elected to the Diet. 彼女が代議士に当選したことに我々は満足した.
2〔必要, 欲望など〕を満たす. ～ one's [a person's] wish [thirst] 願いをかなえる[のどの渇きをいやす].
[ラテン語 *grātus*「うれしい」, -fy]

G

grát·i·fỳ·ing〖章〗形 満足な, 喜ばしい. The result is most ～ to me. その結果は私にとって極めて満足のいくものである. It is ～ (*to* know) *that* she appreciated our help. 彼女が私たちの援助を喜んでくれたことを知って満足です. ▷**～·ly** 副 満足させる˪ように[ほど].

grat·in /grǽtn, grɑ́:tn|grǽtæŋ/ 名 Ⓤ〖料理〗グラタン. [フランス語]

grat·ing[1] /gréitiŋ/ 名 Ⓒ (窓, 通風口, 排水口などの鉄製, 木製の)格子.

grat·ing[2] 形 きしる; 耳ざわりな; いらいらさせる. ▷**～·ly** 副

grat·is /grǽtəs, gréi-/ 副 無料で, ただで, (free). ── 形 ⟨叙述⟩ 無料の, ただの, (free). [<ラテン語 *gratiīs*「好意で」]

***grat·i·tude** /grǽtət(j)ù:d/ 名 Ⓤ **感謝**; 感謝の気持ち; (↔ingratitude). Let me express my ～ *to* you *for* your valuable instruction. 貴重な御教示に対してあなたに感謝の意を表したいと思います. with deep(est) ～ 深く感謝して. in [out of] ～ for ..に対する恩返しに[感謝の気持ちから].

連結 heartfelt [profound, sincere; undying] ～ // feel [show] ～; earn [win] a person's ～

◇形 grateful [ラテン語 *grātis*「喜んでいる」, -tude]

‡**gra·tu·i·tous** /grət(j)ú:ətəs/ 形〖章〗**1**〖英ではまれ〗無料の, ただの; 無償の; 好意からの. ～ service 無償の奉仕. **2** 理由のない, いわれのない; 不必要な. a ～ insult いわれのない侮辱. a ～ invasion of privacy 不必要なプライヴァシーの侵害. ▷**～·ly** 副 **～·ness** 名

gra·tu·i·ty /grət(j)ú:əti/ 名 (複 **-ties**) Ⓒ **1**〖章〗心付け, チップ, 祝儀, (tip). **2**〖主に英〗(除隊する兵士への)賜金, (退職する被雇用者への)退職金. **3** 贈り物 (present). take illegal *gratuities* from .. から不法な礼金[贈り物]を受け取る. [<中世ラテン語「(無償の)贈り物」]

gra·va·men /grəvéimən|-men/ 名 (複 **gra·vam·i·na** /-vǽmənə|-véimənə/) Ⓒ **1**〖法〗訴訟[告訴, 陳情など]の主理由, 主旨. **2** 不平, 苦情, (grievance).

‡**grave**[1] /greiv/ 名 (複 **～s** /-z/) Ⓒ **1 墓**, 墓穴; 墓所; (類語 特に地中に掘られた墓穴; →sepulcher, tomb). dig a ～ 墓(穴)を掘る. buried in a ～ 墓に葬られて. carry a secret to the ～ 死ぬまで秘密を口外しない. (as) silent as the ～ 静まりかえった; 黙りこくった.
2〖雅〗⟨しばしば the ～⟩ 死; 破滅; 死地, '墓場'. drink oneself to [into] an early ～ 飲み過ぎで早死にする. life beyond the ～ 死後の生, 来世.
dig one's òwn gráve 自ら墓穴を掘る.
drìve a person to an eàrly gráve 人に絶えず健康を損なうようなことをさせる, 人を苦しめる.
from the cràdle to the gráve →cradle.
hàve one fóot in the gráve →foot.
Sòmeone is wálking over [on, across] my gráve. だれかが私の墓の上を歩いている《わけもなくぞっと身震いをした時に言う表現》.
tùrn (óver) in one's gráve 〔死んだ人が〕(嘆き, 怒りなどのため)安らかに地下で眠れない. That misquotation is enough to˪make Shakespeare *turn* [have Shakespeare *turning*] (*over*) *in* his ～. その引用の誤りにはシェークスピアも地下で嘆いて[怒って]いるだろう.
[<古期英語]

***grave**[2] /greiv, 3 では grɑ:v とも/ 形 ⓔ (**gráv·er** /-ər/|**gráv·est** /-əst/) (★3 は Ⓒ) **1**〔事態などが〕**重大な**, ゆゆしい, 容易ならぬ, 深刻な; 危険な; (serious). ～ responsibility 重大なる責任. a ～ situation [problem] 重大な事態[問題]. The patient is in a ～ condition. 患者は重体だ.
2〔人, 表情, 言動などが〕**まじめな**, 厳粛な; 威厳のある; (類語 solemn と同じく「重々しく, 軽薄でない」の意味だが, grave は特に大事なことに熱中した時などの近うきがたい威厳のある態度を強調する). He looked ～ when he told us the bad news. その悪い知らせを私たちに伝えた時彼は深刻な顔をしていた.
3〔音が〕低調の, 下降調の;〖音声〗抑音符《 ` 》のついた (↔acute, circumflex).
[<ラテン語 *gravis*「重い, 重要な」] ▷**～·ness** 名

grave[3] /greiv/ 動 (**～s**|過 **～d**|過分 **gráv·en** /-(ə)n/, **～d**|**gráv·ing**) 他〖古·雅〗を銘記する ⟨*in, on* ..〔心など〕に⟩.

gràve áccent 名 Ⓒ 抑音符《例えばフランス語の aller à l'école (=go to school) の à の `; →acute accent》.

gráve clòthes 名 ⟨複数扱い⟩ (埋葬の際に死者に着せる)経かたびら.

gráve·dìgger 名 Ⓒ 墓掘り人.

†**grav·el** /grǽv(ə)l/ 名 Ⓤ ⟨集合的⟩ 砂利, 小石, (→stone 類語). a ～ walk [path, road] 砂利道.
── 動 (**～s**|〖英〗**-ll-**) 他 ⟨しばしば受け身で⟩ **1**〔道路など〕に砂利を敷く. **2** を困らせる, あわてさせる, (confuse). **3**〖米話〗をいらだたせる, 怒らせる, (annoy).
[<古期フランス語]

grav·el·ly /grǽv(ə)li/ 形 **1** 砂利の多い; 砂利を敷いた; 砂利でできた. **2** がらがら声の.

†**gráve·ly** 副 重大に; まじめに; 厳粛に, 深刻に. nod ～ 重々しくうなずく.

grav·en /gréiv(ə)n/ 動 grave[3] の過去分詞. ── 形〖章〗彫った, 彫刻した.

gràven ímage 名 Ⓒ 彫像;〖主に聖書〗偶像(idol).

grav·er /gréivər/ 名 Ⓒ **1** (銅版用などの)彫刻刀《burin など》. **2** 彫刻師 (engraver).

Graves /greivz/ 名 **Robert ～** グレイヴズ (1895–1985)《英国の詩人·小説家·批評家》.

gráve·sìde 名 Ⓒ ⟨普通 the ～⟩ 墓のそば.

gráve·stòne 名 Ⓒ 墓石, 墓碑, (tombstone).

‡**gráve·yàrd** 名 Ⓒ **1** 墓地 (類語 墓地を表す一般的な語; →burial ground, cemetery, churchyard). **2** (廃車などの)投棄場所, '墓場'.

gráveyard shìft [wàtch] 名 Ⓒ〖主に米話〗(3 交替制操業の)深夜勤《真夜中から朝 8 時まで; →day shift, swing shift》; ⟨集合的⟩ 深夜勤の労働者.

grav·id /grǽvid/ 形〖章〗妊娠した (pregnant).

gra·vim·e·ter /grəvímətər/ 名 Ⓒ 重力計; 比重計.

gráv·ing dòck /gréiviŋ-/ 名 Ⓒ (船底修理用)乾ドック.

grav·i·sphere /grǽvəsfìər/ 名 Ⓒ〖天文〗(天体の)引力圏, 重力圏.

grav·i·tas /grǽvətæs/ 名 Ⓤ〖章〗(人に信頼感·尊敬を起こさせる)厳粛さ. [ラテン語 'seriousness']

grav·i·tate /grǽvətèit/ 動 自 **1** VA 引力に引かれる, 重力に引かれて動く; 〔人や物が〕引きつけ[引き寄せ]られる;

〈*toward, to* ..の方へ〉. The moon ~*s toward* the earth. 月は地球の重力に引かれる. Industry ~*s toward* [*to*] towns. 工業は都会に集中する. **2** [VA] 沈殿する, 下降する, 〈*to, toward* ..に〉.
[Isaac Newton の造語; →gravity]

gràv·i·tá·tion [名] [U] **1**〘物理〙引力; 引力作用 (★しばしば gravity 1 と同義で使われる). the law of ~ 引力の法則. universal ~ 万有引力. terrestrial ~ 地球引力 (gravity). **2** 引きつけられること〈*to, toward* ..(の方)へ〉. the ~ of population *to* big cities 人口の大都市への集中.

grav·i·ta·tion·al /grævətéiʃ(ə)nəl/ [形]〈限定〉引力[重力]の. a ~ field〘物理〙重力場. a ~ wave〘物理〙重力波. escape the ~ pull [force] of the earth 地球の引力圏外に脱出する.

*__grav·i·ty__ /grǽvəti/ [名] [U] **1**〘物理〙**重力**《地球, 月などの天体が物体をその中心に引きつけようとする力》, 地球引力; (一般に物体間の)引力 (gravitation); 重力の加速度. The force of ~ holds objects to the ground. 重力が物体を地上にとどめている. The rocket entered the moon's field of ~. ロケットが月の引力圏内に入った. **2** 重量, 重さ. the center of ~ 重心.
3 **重大さ**, 重要性; 危機. the ~ of the situation 事態の重大性. **4** まじめさ; 厳粛; (人に訴えかける)重々しさ; 威厳; 沈着. behave [speak] with ~ 厳粛にふるまう[重々しい口調で話す]. His joke upset my ~. 彼の冗談で私はまじめな顔をしていられなくなった. ◇[形] grave²
[<ラテン語 *gravitās*「重さ, 重要さ」; grave², -ity]

gra·vure /grəvjúər, gréivjər|grəvjúə/ [名] [U] グラビア印刷(術), 写真凹版(術); [C] グラビア印刷物; (photogravure).

†**gra·vy** /gréivi/ [名] [U] **1** 肉汁, グレイビー,《肉を焼く際に出る》. **2** 肉汁[グレイビー]ソース《1 を調理して作る》. **3**〘俗〙'棚ぼた', 'うまい汁', あぶく銭. [古期フランス語 *grané*「ソース」(<ラテン語 *grānum* 'grain')の誤読で n が v に変わった]

grávy bòat [名] [C] (舟形の)肉汁入れ, (グレイビー)ソース入れ.

grávy tràin [名] [C]〈普通 the ~〉〘主に米俗〙うまい汁を吸える[濡(ぬ)れ手で粟(あわ)をつかめる]ような職[地位, 機会, 手段]. be on [get on, ride] the ~ うまい汁を吸っている[吸う].

Gray /grei/ [名] **Thomas ~** グレイ (1716-71)《英国の詩人; *Elegy written in the Country Churchyard* 他》.

‡**gray**〘米〙, **grey**〘英〙/grei/ [形] [e] (~·er|~·est)
1 **灰色の**, 鉛色の, ねずみ色の, グレーの;〔顔色が〕青白い, 土気色の. ~ eyes 灰色の目. a face ~ with fatigue 疲労で血の気を失った顔.
2 **陰気な**; 薄暗い, どんより曇った; わびしい, 味気ない; 意気消沈した, 気をめいらせるような. a ~ sky 曇り空. These ~ days are so depressing. こんなうっとうしい日には全く気がめいる.
3 これといった特徴のない, ぱっとしない, かわり映えのしない; はっきりしない, どっちつかずの. The pamphlets were being handed out by a ~ little man on a street corner. そのパンフレットはどうということもない小柄な男が街角で配っていた.
4〔頭髪が〕**白髪まじりの**, 〔人が〕半白の髪をした. ~ hair 白髪まじりの髪. a ~ old woman 白髪まじりのお年寄り(の女性). She [Her hair, Her head] is growing ~. 彼女の髪は白くなってきた.
5 老年の (old); 昔の (ancient).
gò* [*tùrn*] *gráy (1)〔頭髪が〕白くなる,〔人が〕白髪になる (→[形] 4). He [His hair] is *going* [*turning*] ~. 彼は白髪になりかかっている. (2)〔人, 顔が〕(恐怖, 病気などで)青ざめる.
── [名] ([複] **~s** /-z/) **1** [UC] **灰色**, ねずみ色, グレー. **2** [U] 薄明かり. **3** [UC] 灰色絵の具. **4** [U] 灰色の衣服[生地];〘米〙〈又は G-〉(灰色の制服を着た南北戦争当時の)南軍《北軍は blue》; [C] 南軍の兵士. be dressed in ~ グレーの服を着ている.
── [動] [他] を灰色にする. ── [自] **1** 灰色になる,〔髪が〕白くなる. His hair is ~*ing* at the temples. 彼はこめかみのあたりが白くなって来た. **2** 高齢化する. the ~*ing* of our society 社会の高齢化. [<古期英語]

gràỳ área [名] [C] (法律上)どっちつかずの[中間]領域, 灰色の部分;〘英〙経済不況の地域.

gráy·bèard〘米〙, **gréy-**〘英〙[名] [C] **1**〘時に軽蔑・又は戯〙(しばしば賢い)老人 (sage). **2** (陶[土]製の大きな)酒つぼ.

gráy cèlls [名] [C] 脳細胞; [U]〘戯〙知力, 'あたま', (gray matter).

gràỳ-cóllar /[形]/ [形]〈限定〉〘米〙グレーカラーの《修理・整備などの技術サービスをする労働者について言う; → white-collar, blue-collar》.

gràỳ éminence [名] [C] 陰の実力者, 黒幕, (éminence grise).

Gràỳ Fríar [名] [C] フランシスコ修道士《灰色の衣を着ている》.

gràỳ-héad·ed〘米〙, **grèy-**〘英〙/-əd [形]/ [形] 白髪頭の.

gray·ish〘米〙, **grey-**〘英〙/gréiiʃ/ [形] 灰色がかった.

gray·lag〘米〙, **grey-**〘英〙/gréilæg/ [名] [C]〘鳥〙ハイイロガン《ユーラシア大陸産; 大型》.

gráy·ling [名] ([複] ~, ~s) [C] **1**〘魚〙カワヒメマス. **2**〘虫〙ジャノメチョウ.

gráy-màil [名] [U]〘米〙(訴追中の被疑者による政府機密などを暴露するぞという)脅迫《blackmail にならって》.

gràỳ márket [名] [C] 合法的やみ市場《black market のように完全に非合法ではない》.

gráy màtter [名] [U]〘解剖〙(脳, 脊(せき)髄の)灰白質;〘話〙知力, 'あたま'.

gràỳ pówer [名] [U] 老人パワー《black power にならって》.

Gràỳ's Ínn [名] グレイ法曹学院《London の 4 つの法曹協会の 1 つ; →Inns of Court》.

gràỳ squírrel [名] [C]〘動〙ハイイロリス《北米に生息》.

gràỳ whále [名] [C]〘動〙コククジラ《北太平洋に生息》.

gràỳ wólf [名] [C]〘動〙ハイイロオオカミ《北米の森林地帯に生息》.

*__graze__¹ /greiz/ [動] (**gráz·es** /-əz/|[過] [過分] **~d** /-d/|**gráz·ing**) [自] **1**〔家畜が〕**草を食う**. We saw sheep and cows *grazing* in the pasture [common]. 羊や牛が牧場[共有地]で草を食っているのを見た. **2**〘話〙(終日正規の食事をしないで)軽食を買って食べる; スーパー[デパートなど]のいろいろな食品を少しずつくすねて食べる[試食する]. **3**〘話〙テレビのチャンネルをぱちぱちと変える.
── [他]〈しばしば受け身で〉**1**〔家畜〕に(牧場などで)**草を食わせる**. We ~ cows on this meadow in summer.(= Cows are ~*d* on this meadow in summer.) 私たちは夏はこの牧草地を牛の放牧に使う. **2**〔人が〕〔草原など〕を放牧に使う. ~ a field 牧草地の草を家畜に食わせる. The hillside is ~*d* by sheep. 丘の斜面は羊の放牧に使われている. [<古期英語「草 (*græs*) を食べる」]

graze² [動] [他] を軽くこすって過ぎる, かする;〔皮膚など〕をすりむく〈*on, against* ..で〉. The bullet ~*d* his head. 弾丸が彼の頭をかすった. ~ one's knee *against* the wall [*on* the floor] 壁[床]でひざをすりむく.
── [自] [VA] かすって[かすめて]通る〈*along, by, through* ..を〉. A fresh breeze ~*d along* the shore. 爽(そう)快な微風が海岸をなでるように吹いた.
── [名] **1** [U] かす(め)ること. **2** [C]〈普通, 単数形で〉かすり傷. [?<graze¹]

gra·zier /gréiʒər|-zjə/ [名] [C] 牧畜[牛]業者;〘オース〙牧羊業者.

graz·ing /gréiziŋ/ [名] [U] **1** 放牧. **2** 放牧[牧草]地 (**grázing lànd**).

G

Gr. Br., Gr. Brit. Great Britain.
GRE〖米〗Graduate Record Examination (卒業生成績試験)《大学院進学の重要な基準になる》.
*__grease__ /griːs/ 名 U **1** (柔らかく溶かした)**獣脂**; 脂肪油; (人間の肌から分泌される)脂. **2 グリ(ー)ス**, 潤滑油,《機械用》; 整髪用オイル.
── /griːz, griːs/ 動 他 **1** に油を塗る[ひく]; を油で汚す;〔機械など〕に潤滑油をさす. ~ a pan なべに油をひく. ~ a baking sheet パン焼用トレーに油をひく. ~ a car 車にグリースをさす. **2**〔物事〕の開始[進行]を容易にする, を促進する;〖話〗にわいろを贈る. His uncommon ability ~*d* his promotion in the company. 彼の非凡な能力が会社での昇進を早めた. ~ the wheels→OIL the wheels.
grèase a pèrson's pálm 〖話〗人にわいろを贈る. *Grease* his *palm* a little, and he'll give you a permit. ちょっと握らせればあの男は許可を出すよ.
like grèased líghtning 〖話〗電光石火の速さで.
[＜ラテン語 *crassus*「太った」]
gréase·bàll 名 C 〖米俗・軽蔑〗 **1** スペイン・イタリア系の人. **2** (ポマードぎとぎとの)リーゼント男. **3** ＝greaser 3.
gréase gùn 名 C グリースガン《潤滑油注入器》.
gréase mònkey 名 C 〖話〗(自動車, 航空機の)修理工, 整備士.
gréase·pàint 名 U ドーラン《俳優がメーキャップに使う油脂で練った顔料; ドーランは発売社 Dohran から》.
grèase·proof páper 名〖英〗＝wax(ed) paper.
greas·er /gríːsər, -zər/ 名 C **1** (機械に)グリースをさす人; 油差し(器); 自動車整備士, (汽船の)経験の浅い機関士. **2**〖米俗・軽蔑〗ラテンアメリカ人《特にメキシコ人》. **3**〖英俗〗(若い長髪の)暴走族[ちんぴら]. **4**〖英俗〗おべっか使い《人》.
†**greas·y** /gríːsi, 特に 4 ではしばしば -zi/ 形 e **1 油のついた**, 油でよごれた;〔髪, 皮膚などが〕脂ぎった, 油性の. I got my hands ~. 手を油でよごした. **2**〔食物などが〕油っこい, 脂肪分の多い. a very ~ piece of meat 大変脂肪の多い肉. **3** 油のような; すべすべした, つるつるした. a ~ road 滑りやすい道路. **4**〖話〗〔態度, 口調などが〕お世辞たらたらの, おべっかの. a ~ smile へつらい笑い.
▷**greas·i·ly** /-ili/ 副 **greas·i·ness** /-inəs/ 名
grèasy spóon 名 C 〖俗〗(揚げ物中心の)安レストラン.
‡**great** /greit/ 形 e【偉い】 **1 偉い**, 偉大な, 傑出した, (↔little; 類語「偉大な」という抽象的意味が中心で, 物理的に「大きい」意味 (→7) で用いる場合には驚きなどの感情を伴うことが多い; →big). a ~ man 偉人 (参考 a large man は「大男」). one of the ~*est* composers of that age その時代の最高の作曲家の一人. He is ˪a ~ statesman [~ as a statesman]. 彼は立派な政治家[政治家として立派]である.
2〈the G-〉(**a**) ..大王; 偉大な..; (★歴史上有名な人物の名に付けてその偉大さを強調する; 普通, 名の後に置く). Alexander the *Great* アレキサンダー大王. (**b**) 大.. (★歴史上有名な事件, 建造物などに付ける). the *Great* Charter 大憲章.
3〔身分, 性格, 目的などが〕高貴な, 崇高な, 高尚な. a ~ lady 貴婦人. a ~ family 名門. the ~ world 上流社会. a ~ ideal 高邁(まい)な理想.
【大切な】 **4**〈限定〉**重大**な, 重要な; 主要な; 卓越した;〈the ~〉最も重要な, 第一の. a ~ day in history 歴史上重大な日. a ~ occasion 重要な行事[時期]; 祝祭日. It's no ~ matter. たいしたことではない. the ~ advantage of this semiconductor この半導体の最大の利点.
【すばらしい】 **5**〖話〗(**a**) すばらしい, すてきな, (★時に反語的に用いられる);〔体調, 気分が〕すばらしい. a ~ idea すてきな考え. That's ~. それはすばらしい《略して *Great!*》. We had a ~ time. とても楽しかった. Your car looks ~. 君の車すてきだね. I feel ~. 気分は最高だ. It is ~ to see so many old familiar faces. こんなに大勢のなつかしい人々に会えてすばらしい. It would be ~ if there were no report cards. 通信簿なんかなければいいのにな. It's ~ that .. でよかったわ. (**b**) うってつけの, おあつらえ向きの,〈*for* ..に〉. a ~ spot *for* honeymooning 新婚旅行にうってつけの場所. ~ shoes *for* walking in the snow 雪の中を歩くのにあつらえ向きの靴.
6〈叙述〉〖話〗(**a**) 巧みである, 上手である,〈*at* ..が〉; 詳しい〈*on* ..に〉. He's ~ *at* golf. 彼はゴルフが上手である. (**b**) 熱心で, 非常な興味を持って,〈*on, at* ..に〉. My aunt's ~ *on* decorums. おばは礼儀作法にやかましい.
【大きい, すごい】 **7** (**a**) **大きな** (→big 類語). a ~ house 大きな家. a ~ city 大都市. a diamond of ~ size 並はずれて大きいダイヤ. (**b**)〖話〗〈大きさを表す形容詞を伴って副詞的に〉ものすごく, えらく. What a ~ big fish I've caught! 何とどでかい魚を釣ったもんだ.
8〈時に G-〉大.. (★名詞の前に付けて同類のうちの大きい種別を表す). a ~ horned owl オオワシミミズク《北米産》. ~ laurel シャクナゲ《米国東部産》.
9 多大の, 多数の, 多量の. a ~ amount 大量. the ~ majority [part] of .. の大部分. a ~ distance 遠距離. a ~ while ago ずっと昔. a lake of ~ depth 大そう深い湖. She takes ~ care of her little brother. 彼女はしっかりと弟の世話をする.
10〈限定〉その名にふさわしい; (程度が)非常な, 並はずれた; 熱心な, 大の. We are ~ friends. 私たちは大の仲よしです. He's a ~ talker [reader]. 彼は大変な˪おしゃべりだ[読書家だ]. I hope I'll be a ~ help to you. 大いにお役に立ちたいと思っています. make ~ rapid strides 長足の進歩をする. ~ sorrow 非常な悲しみ. a matter of ~ importance [significance] 極めて重要な事柄. It is a ~ honor to have you here today. 本日ここにあなたをお迎えできることを大変光栄に存じます. a ~ lover of classical music クラシック音楽の大ファン. a ~ fool 大ばか. **11**〈限定〉好んで用いられる〔言葉など〕; お気に入りの. a ~ word among [with] girls 女の子たちの間の˩はやり言葉.
a grèat déal (of ..) →deal[1].
a grèat óne for .. ..に熱心な人; ..の'名人';〈しばしば皮肉〉. He's *a* ~ *one for* telling other people what to do. 彼は他人にあれこれ指図する名人だ.
a grèat mány ..＝a grèat númber of .. たくさんの... *a* ~ *many* stamps たくさんの切手.
grèat and smáll →small.
Grèat Gód [héavens, Scótt]! おや, これは驚いた.
grèat with chíld 〖古〗妊娠して (pregnant).
the grèater [grèatest] párt of .. ..の大部分; ..の大半; (★これに呼応する動詞の単複については→(a) PART of). *The ~est part of* these years was spent in reading. ここ数年の大部分は読書に費やされた. *The ~er part of* the audience were students. 聴衆の大部分は学生であった.
── 名 **1** C〈普通 ~s〉偉大な人, 名士, 重鎮;〈the ~(s); 複数扱い〉お偉方, お歴々. the ~*s* of the stage 演劇界の大御所たち. the ~ and the good〈しばしば皮肉〉お偉方. **2**〖英話〗〈Greats; 単数扱い〉オックスフォード大学の人文学課程; その最終試験.
── 副〖話〗うまく, 順調[好調]に. be going ~〔事が〕うまく運んでいる. get along ~ with the boss 上司とうまくやる. [＜古期英語「大きい, 太い, 粗い」]
great-〈複合要素〉「さらに 1 代前[後]の」の意味. *great*-aunt. ★great を重ねるとさらに 1 代隔てることを示す; *great-great*-grandmother は「祖母の祖母」.
grèat ápe 名 C 類人猿《ゴリラ, オランウータンなど》.
gréat-àunt 名 C 大おば《祖父母の姉妹》.
Grèat Bárrier Rèef 名〈the ~〉グレートバリア

リーフ，大堡礁(ほしょう)，《オーストラリア北東海岸沖の世界最大のサンゴ礁》.

Grèat Básin 名 〈the ～〉グレートベースン《米国西部の大盆地; Nevada の大部分，Utah，California，Oregon，Wyoming，Idaho の一部にまたがる》.

Grèat Béar 名 〈the ～〉〘天〙大ぐま座.

grèat beyónd 名 〈the ～〉あの世，来世.

‡Great Britain /grèit-brít(ə)n/ 名 **1** グレートブリテン(島)《England，Scotland，Wales 及び the Isle of Man，the Charmel Islands を除いた島々から成る; これに Northern Ireland を加えたのが the United Kingdom》. **2** 〈通俗に〉英国 (the United Kingdom)《単に Britain とも言う》.

grèat cálorie 名 ＝large calorie.

Grèat Chárter 名 〈the ～〉→Magna C(h)arta.

grèat círcle 名 C **1** 大円《球の中心を通る平面が球面と交わってできる円》. **2** 大圏《地球上の 2 点と地球の中心を含む面で地球の表面を切った線でその 2 点間の最短距離》.

gréat·còat 名 C 厚地の外套(とう)《特に軍隊用》.

Grèat Crásh 名 〈the ～〉(1929 年のウォール街の)大恐慌.

Grèat Dáne 名 C グレートデーン《大きくて力の強い犬の一種》.

Grèat Depréssion 名 〈the ～〉大恐慌《1929 年 10 月米国で始まり欧州まで広がった》.

Grèat Dípper 名 〈the ～〉〘天〙〘米〙北斗七星《大ぐま座の;〘主に英〙Plough》.

Grèat Divíde 名 〈the ～〉**1**〘米〙大分水嶺;〈特に〉大陸分水嶺 (the Continental Divide)《ロッキー山脈のこと》. **2**〘雅〙生死の境. cross the ～ 死ぬ《die の婉曲的表現》. **3** 最も大きな違い.

Great·er /gréitər/ 形 〈限定〉**1** 大(だい)..《都市とその周辺の地域を含めて言う》. →Greater London，Greater Manchester. **2** 〈g-〉大(おお)..《より大きい種などを表す; ↔lesser》. a ～ panda 大パンダ (giant panda).

Grèater Antílles 名 〈the ～〉大アンチル諸島《西インド諸島の中の Cuba，Hispaniola，Jamaica，Puerto Rico 及び付属の島々から成る》.

Grèater East Ásia Cò-Prospérity Sphère 名 〘史〙〈単数形で〉大東亜共栄圏.

Grèater Lóndon 名 大ロンドン《旧ロンドン市 (the City of London) と 32 の borough より成る; 1965 年 London 市に周辺地区，特に Middlesex 州の大部分と周辺諸州の一部を加えて成立》.

Grèater Mánchester 名 大マンチェスター《Manchester 市とその周辺部から成っていた旧州》.

grèatest còmmon méasure 名 〈the ～〉〘数〙最大公約数《略 GCM》.

Grèat Fíre (of Lóndon) 名 〈the ～〉ロンドン大火《1666 年 9 月》.

grèat-gránd·chìld 名 (複 →child) C 曾孫(そうそん)，ひまご.

grèat-gránd·dàughter 名 C 女の曾孫(そうそん).

grèat-gránd·fàther 名 C 曾(そう)祖父.

grèat-gránd·mòther 名 C 曾(そう)祖母.

grèat-gránd·pàrent 名 C 曾(そう)祖父[母].

grèat-gránd·sòn 名 C 男の曾孫(そうそん).

grèat-héarted /-əd ⑱/ 形 **1** 心の広い，寛大な. **2** 勇気のある. ▷**～·ness** 名

Grèat Lákes 名 〈the ～〉五大湖《米国とカナダの国境にある; Superior，Huron，Michigan，Erie，Ontario の 5 つ》.

‡great·ly /gréitli/ 副 ⓒ **1** 大いに，非常に. That's ～ exaggerated. それは随分大げさだ. She is ～ respected by her students. 彼女は生徒に非常に尊敬されている. I ～ regret ⌊not having followed [that I didn't follow] your advice. 私は君の忠告に従わなかったことを大変後悔している. **2** 偉大に; 立派に; 寛大に. We shall all remember him for a life ～ lived. 偉大な生涯を送った彼のことを我々はみな忘れることはないであろう《弔辞》.

gréat-nèphew 名 C おい[めい]の息子.

***great·ness** /gréitnəs/ 名 U **1** 偉大さ; 高貴. Lincoln's true ～ リンカーンの真の偉大さ. **2** 重大さ，重要性; 著名; 卓越. **3** 大きいこと; 多大; 寛大.

gréat-nìece 名 C おい[めい]の娘.

Grèat Pláins 名 〈the ～〉大平原《Rocky 山脈の東から Mississippi 川まで広がる広大な乾燥地帯; 米国・カナダ両国にまたがる》.

Grèat Pówers 名 〈the ～〉(世界の)列強，大国.

Grèat Rìft Válley 名 〈the ～〉グレートリフトヴァレー《アフリカ東部からアジア南西部へ連なる世界最大の地溝帯》.

Grèat Rússian 名 UC 大ロシア人[語]《旧ソ連地域の中部・北東部に住む主要ロシア民族; その言語》.

Grèat Sàlt Láke 名 グレートソルト湖《米国 Utah 州にある塩湖》.

grèat séal 名 **1** 〈the G- S-〉〘英〙国璽(じ)《国の重要書類に用いられるもので，Lord Chancellor が保管する》. **2** 〈一般に〉国璽.

Grèat Smòky Móuntains 名 〈the ～〉グレートスモーキー山脈《米国の North Carolina と Tennessee の州境に沿う; **the Grèat Smókies** とも言う》.

gréat-ùncle 名 C 大おじ《祖父母の兄弟》.

Grèat Wáll (of Chína) 名 〈the ～〉(中国の)万里の長城.

Grèat Wár 名 〈the ～〉〘旧〙第 1 次世界大戦 (1914–18) (World War I).

Grèat Whìte Wáy 名 〈the ～〉不夜城《New York 市の Broadway 街の夜も真昼のように明るい劇場地区》.

greave /gri:v/ 名 C 〈普通 ～s〉(よろいの)すね当て.

grebe /gri:b/ 名 C カイツブリ《カイツブリ科の水鳥》.

†Gre·cian /grí:ʃ(ə)n/ 形 (古代)ギリシアの，ギリシア風の，《略 Gr.》(参考 普通，文化，様式，風貌(ぼう)，顔立ちなどに用い，それ以外では Greek を用いる). ～ architecture ギリシア建築.

Grècian nóse 名 C ギリシア鼻《横から見て額から鼻柱までほぼ一直線; →Roman nose》.

Gre·co- /grékou, grí:-/ 〈複合要素〉「ギリシアの[と]」の意味. [ラテン語]

Grèco-Róman /⑱/ 形 ギリシア・ローマ(風)の，ギリシア風ローマの. ～ wrestling グレコローマン型レスリング.

***Greece** /gri:s/ 名 **ギリシア**《ヨーロッパ南東部の共和国; 公式名 the Hellenic Republic; 首都 Athens; 略 Gr.》. [＜ラテン語 *Graecia*]

***greed** /gri:d/ 名 U **1 貪欲(どんよく)**，欲張り，〈*for* ..〔富，権力など〕に対する〉. ～ *for* money 金銭欲. **2** 食い意地，意地きたなさ. [＜*greed*y]

†greed·i·ly /grí:dili/ 副 欲張って; 貪欲(どんよく)に. eat ～ がつがつ食べる.

gréed·i·ness /grí:dinəs/ 名 U 貪欲(どんよく)，欲深さ.

***greed·y** /grí:di/ 形 e (**greed·i·er**|**greed·i·est**) **1 貪欲(どんよく)な**;〈叙述〉**非常に欲しがって**〈*for* ..を〉; しきりに..したがる〈*to* do〉; (類語 抑えきれない物欲，特に必要以上に欲しがることを言う; →acquisitive，avaricious，covetous，grasping). Don't be so ～ *for* money. あんまり金を欲しがるな.

2 がつがつしている，食い意地の張った. a ～ boy がつがつしている男の子. [＜古期英語]

gréedy-gùts 名 (複 ～) C 〘主に英話・幼〙大食(ぐ)らい (glutton).

***Greek** /gri:k/ 形 **1 ギリシアの[に関する]** (→Grecian 参考; Hellenic); **ギリシア人の**; **ギリシア語の**;《略 Gr.，Gk.》. **2** ギリシア正教の.

G

── 名 1 Ⓒ ギリシア人. the ～s ギリシア人(全体). Beware (of) ～s bearing gifts. 贈り物を持って来たり, 一見親切であるような人には気をつけろ《＜贈り物を持って来るギリシア人には油断するな; →Greek gift》. 2 Ⓤ ギリシア語. ancient [classical] ～ 古代ギリシア語. 3 Ⓒ ギリシア正教信者. 4 Ⓤ〖話〗(言葉, 文章などが)全く意味が分からないこと, ちんぷんかんぷん. It's [This computer language is] (all) ～ to me. それは[このコンピュータ言語は]私には全くちんぷんかんぷんだ.
[＜ラテン語 *Graecus* 'Greek'; 自らを Hellene と呼んでいたギリシア人に対するローマ人の呼称]

Grèek álphabet 名 Ⓒ ギリシア(語)アルファベット, ギリシア文字.

Grèek króss 名 Ⓒ ギリシア十字 (→cross 図).

Grèek fíre 名 Ⓤ ギリシア火薬《古代・中世に敵船の焼き打ちなどに用いられた; 水で消火できない》.

Grèek gíft 名 Ⓒ 人をあざむき害を加えるための贈り物《Trojan horse の故事から》.

Grèek gód 名 Ⓒ〖話〗ハンサムな男.

Grèek-letter fratérnity [sorórity] 名 Ⓒ〖米〗男子[女子]ギリシア文字学生会《大学生の社交クラブ; その名称には普通 2, 3 のギリシア文字を使っている; → Phi Beta Kappa》.

Grèek (Òrthodox) Chúrch 名〈the ～〉〖キリスト教〗ギリシア正教会. ★形 としては a *Greek Orthodox* priest (ギリシア正教の牧師)のようにする.

‡**green** /gri:n/ 形 ⓔ (**gréen·er**|**gréen·est**)
【緑の, 青々とした】1 緑(色)の. ～ grass 緑の草.
2〔土地, 樹木などが〕青草[葉]で覆われた. ～ fields and hills 緑の野原や丘. 3 青野菜の, 青物の. ～ food 野菜. 4 顔色が青ざめた〈*with* ..〔船酔い, 嫉妬(しっと)〕など で〉;〔目が〕嫉妬の色を浮かべた. a ～ eye 嫉妬深い目. be ～ *with* fear 恐怖で青い顔をしている. be ～ *with* jealousy [envy] 嫉妬[ねたみ]で青ざめている.
5【緑のある】雪の降らない;〔気候が〕(異常に)温暖な. a ～ Christmas 雪の降らない(暖かい)クリスマス. a ～ winter 暖冬.
【まだ青い】 6〔果物などが〕熟していない, 青い. ～ bananas まだ熟していないバナナ. ～ fruit まだ青い果物.
7〖話〗未熟な, 未経験の. ～ in experience 経験の浅い. a ～ youth 青二才. a ～ hand 未熟者. a man ～ from Canada カナダから来たばかりの人.
8〖話〗すぐばかにされる; だまされやすい.
【青々とした＞新鮮な】 9〔記憶などが〕新鮮な, 生々しい; 元気のある, 若々しい. The scene is still ～ in my memory. その場面はまだ私の記憶に生々しい. enjoy a ～ old age 老いてますます元気である.
10〔木材などが〕生の, 未乾燥の, 加工していない;〔たばこが〕未乾燥の. ～ herring 生ニシン.
【緑を守る】 11〈限定〉(**a**)〈しばしば G-〉緑の党の[を支持する] (→Green Party). (**b**) 環境保護しの[に役立つ]. ～ policies 環境保護政策. the ～ movement in Japan 日本における環境[自然]保護運動.
in the grèen trée [***wóod***] 元気な時に.
── 名 1 ⓊⒸ 緑, 緑色; 草色. *Green* suggests envy. 緑色は嫉妬(しっと)を暗示する.
2 (**a**) Ⓒ 緑色のもの; Ⓤ 緑色の絵の具. (**b**) Ⓤ 緑色の服(地). be dressed in ～ グリーンの服を着ている.
3 Ⓒ 草地, 緑地, 芝生;〖ゴルフ〗(パッティング)グリーン. a village ～ 村の緑地[共有地]. drive the ～→drive (成句).
4〈～s〉〈集合的〉青物, 野菜;〖米〗装飾用の緑葉[枝]. Christmas ～s クリスマスの飾り《モミの木やヒイラギ》. 5 Ⓤ 元気; 男らしさ. in the ～ 血気盛んで.
6 Ⓤ 未熟, だまされやすいこと. Do you see any ～ in my eye? それで私をだませるとでも思うか.
7 Ⓒ〈普通 Greens〉緑の党 (Green Party) 党員; 〈the Greens〉＝the Green Party.
── 動 他 1 を緑(色)にする; を(植樹などして)緑化する; を若返らせる. 2〖俗〗をだます. ── 自 緑(色)になる.
[＜古期英語; grass, grow と同根] ▷ **～·ly** 副

grèen álga 名 Ⓒ〈普通 green algae〉〖植〗(淡水に生える)緑藻.

gréen·bàck 名 Ⓒ〖米話〗米国紙幣《裏面が緑色》.

grèen béan 名 Ⓒ〖植〗青いサヤインゲン.

gréen bèlt 名 Ⓒ〖主に英〗(建物の建築が厳しく規制されている都市周辺の)緑地帯.

Grèen Berét 名 Ⓒ〖話〗グリーンベレー部隊員《の対ゲリラ戦訓練などを受けた米陸軍の Special Forces の 1 員, および英海兵隊などの特殊部隊員 (commando)》.

grèen cárd 名 Ⓒ グリーンカード 1〖米〗(外国人)労働許可証; 永住許可証 (permanent residence visa). 2〖英〗海外自動車傷害保険証.

grèen córn 名 Ⓤ 若くて柔らかいトウモロコシの穂《料理用》.

grèen cross códe, G- C- C- 名〈the ～〉〖英〗(子供用)道路横断規則集.

Greene /gri:n/ 名 **Graham ～** グリーン (1904–91)《英国の作家; カトリック教を主題にした》.

‡**green·er·y** /grí:nəri/ 名 Ⓤ〈集合的〉(装飾用の)青葉, 緑の草木.

grèen-éyed /⑧/ 形 1 緑色の目をした. 2 嫉妬(しっと)深い. the ～ monster〖章・戯〗嫉妬, やきもち.

gréen·fìnch 名 Ⓒ〖鳥〗アオカワラヒワ《ヨーロッパ産》.

grèen-fíngered /⑧/ 形 園芸の才のある.

grèen fíngers 名〖主に英話〗＝green thumb.

gréen·flỳ 名 (複 ～, -flies) Ⓒ (緑色の)アブラムシ.

gréen·gàge 名 Ⓒ〖植〗セイヨウスモモの一種《バラ科; その黄緑色の実は食用》.

grèen grásshopper 名 ＝katydid.

gréen·gròcer 名 Ⓒ〖主に英〗青果商人; 八百屋の主人. a ～'s (shop) 八百屋の店.

gréen·gròcery 名 (複 -ries)〖主に英〗Ⓒ 青果店, 八百屋; Ⓤ 青果(類).

gréen·hòrn 名 Ⓒ〖話〗1 新参者, 初心者,《主に男》. 2 (だまされやすい)未熟者, 世間知らず,《主に男》.

***green·house** /grí:nhàus/ 名 (複 →house) Ⓒ 温室.

gréenhouse effèct 名〈the ～〉温室効果《大気中の二酸化炭素などが増加し, 地表からの放熱が妨げられることによる気温の上昇; →global warming》.

gréenhouse gàs 名 ⓊⒸ 温室(効果)ガス《温室効果の原因と考えられる二酸化炭素, メタンガス, フロンガスなど》.

gréen·ing 名 1 Ⓤ 環境保護に目覚める[目覚めさせる]こと. 2 Ⓤ (野菜などの)緑(色)化; (市街地・砂漠の)緑地化. 3 Ⓤ 若返りする[させる]こと. 4 Ⓒ 青リンゴ.

green·ish /grí:niʃ/ 形 緑色がかって[た].

gréen·keèper 名 ＝greenskeeper.

Green·land /grí:nlənd/ 名 グリーンランド《カナダ北東にある世界最大の島; デンマーク領》. ▷ **～·er** 名

grèen líght 名 Ⓒ (「進め!」の)青信号; 着手の許可, ゴーサイン,〈*to, for* ..の〉. get [give a person] the ～ to the project 計画のゴーサインをもらう[人に出す].

gréen·màil 名 Ⓤ〖米〗グリーンメイル《会社乗っ取りを企らんでいるかのように株を買い集めて, その株を当該会社に高値で引取らすこと; 又その買戻しに払われる金》.
[＜*green* (〖俗〗＝money)＋black*mail*] ▷ **～·er** 名 Ⓒ グリーンメイル屋《上記の方法で金をもうけようとする人》.

grèen manúre 名 Ⓤ 緑肥《青いうちに肥料としてすき込まれたクローバーなど》.

Grèen Mòuntain Státe 名〈the ～〉米国 Vermont 州の俗称.

gréen·ness 名 Ⓤ 緑色; 緑; 新鮮さ; 未熟さ.

grèen ónion 名〖米〗＝spring onion.

Grèen Páper 名 C 〘英〙 緑書 《政府試案討議用の刊行物; →White Paper》.
Grèen Párk 名 グリーンパーク 《ロンドンの公園》.
Gréen Pàrty 名 〈the ～〉 緑の党 《環境保護・反核を唱える政党; 旧西ドイツで初めて結成》.
Gréen·pèace 名 グリーンピース 《反核・環境保護・捕鯨反対を主張する国際団体; 1971 年結成》.
grèen pépper 名 C 熟して赤くなる前の緑のピーマン (sweet pepper). 「格に用いる交換レート」.
grèen póund 名 グリーン・ポンド 《EC で農産物価↑
grèen revolútion 名 〈普通 the ～〉 緑の革命 《60, 70 年代の品種改良, 農薬などによる穀物の大増産》.
gréen·ròom 名 C 〘劇〙 〈the ～〉 (劇場, テレビ局のスタジオなどの)出演者控え室, 楽屋.
grèen sálad 名 UC グリーンサラダ 《レタスなどの青物生野菜サラダ》. 「keeper」.
gréens·kèeper 名 C ゴルフ場管理人 (green-↑
Gréen·slèeves 名 『グリーンスリーヴズ』 《16 世紀末ごろから伝わるイングランドの民謡の名》.
gréen·stùff 名 U 青物野菜.
gréen stùff 名 U 〘米俗〙 金, 紙幣.
gréen·swàrd 名 U 〘旧・雅〙 緑の芝生.
grèen téa 名 U 緑茶 (→black tea).
grèen thúmb 名 〈a ～〉 〘主に米話〙 園芸の才. have a ～ 園芸[野菜作り]が上手い.
grèen túrtle 名 C アオウミガメ 《肉はスープの材料》.
grèenwéllies 名 〈複数扱い〉 〘英〙 緑のゴム長靴 《田園生活を享受する上流階級の象徴》.
Green·wich /grénidʒ, -nitʃ, grín-/ 名 グリニッジ 《London 郊外の Thames 川南岸沿いの borough; 以前ここに王立天文台があり, そこを通る経線を本初子午線[経度 0 度] (the prime meridian) と定めた; その天文台は現在 East Sussex 州にある》.
Gréenwich (Méan) Tìme 名 グリニッジ標準時 《世界標準時; 略 GMT; →universal time》.
Grèenwich Víllage 名 グリニッジヴィレッジ 《New York 市 Manhattan 区南西部の芸術家・作家の住んでいる地域》.
gréen·wòod 名 C 〘雅〙 〈普通 the ～〉 緑の森, 緑林, 《特に昔英国で追放者 (Sherwood の森の Robin Hood が最も有名)などが住んだとされる物語の舞台》.
gréen·y 形 =greenish.
‡**greet** /gri:t/ 動 (～s /-ts/|過 過分 **gréet·ed** /-əd/| **gréet·ing**) 他 **1** (a) 〔出会った人, 到着した人〕にあいさつする; を歓迎する, 迎える, 〈*with* ..で/*by doing* ..して〉. Mr. Parker ～*ed* him ⌞*with* a smile [*by* say*ing* 'Hello!']. パーカーさんはにこにこしながら[「やあ」と言って]彼を迎えてくれた. (b) VOA に反応する, を迎える 〈*with, by*..〔ある感情など〕で/*as* ..として〉 〈普通, 受け身で〉. His speech was ～*ed* ⌞*by* shouts of derision [enthusiastically]. 彼の演説はあざけりの叫び声で[熱狂的に]迎えられた. **2** 〘章〙 〔光景, 音, 匂いなどが〕の目[耳, 鼻]に入る. A magnificent view of the sea ～*ed* us [We were ～*ed* by a magnificent view of the sea]. 海の雄大な風景が(突然)我々の目に入った.
[<古期英語「近づく, 攻撃する, あいさつする」] ▷～**·er** 名
‡**greet·ing** /grí:tiŋ/ 名 (複 ～s /-z/) **1** UC あいさつ, 敬礼, (類語 salutation より一般的). He touched [raised] his hat in ～. 彼は帽子に手をやって[帽子を上げて]あいさつした. exchange ～*s* あいさつをかわす.

連結 a friendly [an affectionate, a cordial, a hearty, a warm] ～

2 〈～s〉 (季節の)あいさつの言葉, あいさつ状. Christmas [birthday] ～*s* クリスマスの[誕生日を祝う]あいさつ(状). Season's *Greetings!* お祝い申し上げます 《クリスマスカードの文句; 非キリスト教徒に送るにはこのほうが都合がよい》. (Give [Send]) my best ～*s* to your brother. お兄さまによろしく.
3 C 〘米〙 手紙の書き出しの句 《Dear Sir など》.
gréeting [〘英〙 **gréetings**] **càrd** 名 C 《誕生日, 卒業などに際して送る[渡す] 2 つ折りの)祝賀カード, あいさつ状.
gre·gar·i·ous /grigé(ə)riəs/ 形 **1** 社交好きな, 社交的な. **2** 〔動物, 人が〕群居する, 群居性の; 〔植物が〕群生する. [<ラテン語 *grex*「群れ」] ▷～**·ly** 副 ～**·ness** 名 U 社交性; 群居[群生]性.
Gre·go·ri·an /grigɔ́:riən/ 形 ローマ教皇グレゴリウス (Gregory) (特に 1 世又は 13 世)の.
Gregòrian cálendar 名 〈the ～〉 グレゴリオ暦 《現行の太陽暦; 1582 年にローマ教皇グレゴリウス 13 世がユリウス暦 (Julian Calendar) を改正したもの》.
Gregòrian chánt 名 UC グレゴリオ聖歌 《無伴奏の教会詠唱歌 (plainsong); グレゴリウス (Gregory)1 世が正式なものとした》.
Greg·o·ry /grégəri/ 名 **1** 男子の名 《愛称 Greg》. **2** ローマ教皇グレゴリウス 《1 世(在位 590–604) に始まり 16 世 (1831–46) までいる》.
grem·lin /grémlən/ 名 C 〘話〙 グレムリン, 小鬼, 《飛行機・機械などに突発的に原因不明の故障を起こすという; 特に第 2 次大戦中に飛行機のエンジンに故障を起こすとされた小さくていたずらな鬼》. [<?+gob*lin*]
Gre·na·da /grənéidə/ 名 グレナダ 《西インド諸島南東部の島で, 英連邦中の共和国; 首都 St George's》.
‡**gre·nade** /grənéid/ 名 C **1** 手りゅう弾; 手投げ弾; 擲(てき)弾. **2** 消火弾; 催涙ガス弾. [<古期フランス語 (*pome*) *grenate*「ザクロ」]
grenáde làuncher 名 C グレネイドランチャー 《擲(てき)弾発射筒; 又はライフルに付けたこの発射装置》.
gren·a·dier /grènədíər/ 名 C **1** 〈the Grenadiers〉 英国近衛(このえ)歩兵第 1 連隊; 〈しばしば G-〉 その兵士. **2** (昔の)手りゅう弾兵, 擲(てき)弾兵.
Grènadier Guárds 名 〈the ～〉 英国近衛歩兵第 1 連隊 (the Grenadiers).
gren·a·dine[1] /grènədí:n, ⌐⌐⌐/ 名 U **1** グレナディン 《ザクロのジュース入りシロップ; 美しい赤色で飲み物に混ぜる》. **2** ザクロ色 《赤味がかったオレンジ色》.
gren·a·dine[2] 名 U グレナディン 《絹・羊毛・レーヨンなどの織り目の粗い薄いからみ織りの婦人服地》.
Grèsh·am's láw /gréʃəmz-/ 名 U 〘経〙 グレシャムの法則 《「悪貨は良貨を駆逐する」(Bad money drives out good.) という法則; 英国の財政家 Sir Thomas Gresham (1519?–79) の言葉》.
Grèt·na Gréen /grètnə-/ 名 グレトナグリーン 《England の北の境界の西端を越えた Scotland 側にある村; 1754 年以後 England からの駆落者がここで簡便に結婚式を挙げられた; 1940 年禁止》.
grew /gru:/ 動 grow の過去形.
‡**grey** /grei/ 形, 名, 動 〘英〙 =gray.
gréy·bèard 名 〘英〙 =graybeard.
‡**gréy·hòund** 名 C **1** グレイハウンド 《脚がすらりとして俊足; 狩猟・競走用の犬; この grey は語源的に「灰色」と無関係で灰色とは限らない》. **2** 外洋快速船. **3** 〈G- (bus, Bus)〉 グレイハウンドバス 《米国の Greyhound バス会社 (Greyhound Lines, Inc.)の長距離バス》.
gréyhound ràcing 名 U グレイハウンドレース 《賭(か)けレース》.
grey·ish /gréiiʃ/ 形 〘英〙 =grayish.
grey·lag /gréilæg/ 名 〘英〙 =graylag.
grid /grid/ 名 C **1** 格子 (grating); 格子状のもの. **2** 焼き網 (gridiron). **3** (地図の)碁盤目 《地図上の経度線・緯度線でできる四辺形》; (街路の)碁盤目. a ～ of narrow streets 基盤目状に走る狭い街路. **4** 〘電〙 グ

G

リッド 《真空管の電子の流れを制御する格子状の極板》. **5** (ガス管, 水道管, 電線などの)敷設網; 〖英〗(特に高圧線の)送電線網. **6** (自動車レースの)スタート場所 (starting ～). [＜*grid*iron]

grid·dle /grídl/ 名 C (菓子焼き用の)丸い鉄板.

gríddle·càke 名 UC (鉄板で焼いた)ホットケーキ.

gríd·ìron 名 **1** C 焼き網 (grill) 《魚や肉を焼く》. **2** C 〖米〗(アメリカン)フットボール競技場 《白い線が平行に引いてある》; U アメリカンフットボール.

gríd·lòck 名 U 〖米〗**1** (市街地の)交通渋滞. **2** (政治, 財政, 議論などの)行き詰まり, 手詰まり状態, (deadlock). The management is in ～ with the union in pay negotiations. 経営者側は賃金交渉で労働組合と膠着状態にある. mental ～ 精神的行き詰まり.

***grief** /gri:f/ 名 (複 **～s** /-s/) **1** U **深い悲しみ**, 悲嘆, 〈*at, over* ..に対する〉 (類語 明確な原因による強い悲しみだが, 期間は比較的短い; →sadness). His parents were ⌊in deep ～ [overwhelmed with ～] *at* the news of his death. 彼の両親は彼の死の知らせに悲嘆にくれていた.

連結 bitter [intense, profound, unbearable] ～ // feel [suffer] ～

2 C 悲しみのもと, 悲しいこと; 嘆きの種. His conduct was a great ～ to his mother. 彼の行状は母親には嘆きの種だった. ◇動 grieve 形 grievous

bring ..to gríef 〔人〕をひどい目に遭わせる, 〔人, 事業など〕を失敗させる. 「敗する, 破滅する.

còme to gríef 〖話〗ひどい目に遭う, 〔計画などが〕失↑

give a pèrson gríef 人にうるさく小言[文句]をいう, 人を困らせる. Mother used to *give* me a lot of ～ if I wasn't back by dinner time. 母は私が夕食の時間までに帰らないと, 私をたいへん叱るのだった.

Gòod [Grèat] gríef! 〖話〗ああ驚いた; ああ嫌だ.

gríef-strìcken 形 〖章〗悲嘆にくれた.

†**griev·ance** /grí:vəns/ 名 UC 苦情, 不平, 不満; 苦情の種, 不平の原因. air one's ～*s* 不満を表明する. Sam has [holds, bears, cherishes, nurses, harbors] a ～ *against* his employer. サムは雇い主に不満がある[不平を抱いている]. 「《労使関係で》.

gríevance committèe 名 C 苦情処理委員会↑

***grieve** /gri:v/ 〖章〗 動 (**～s** /-z/|過 過分 **～d** /-d/|**gríev·ing**) 自 **悲しむ** 〈*about, for, over* ..〔人〕のことを〉; 嘆く, くやむ, 〈*about, at, over* ..〔物事〕を/*to* do ..して〉; (類語「悲しむ」の意味で最も一般的な語; →lament, mourn, sorrow). ～ *for* one's dead son 死んだ息子のことを悲しむ. ～ *about* [*over*] one's misfortune 自分の不幸を嘆く. We ～*d* ⌊to hear of his death. 彼の死を知り大変悲しんだ.

── 他 **1 (a)** 〔物事が〕〔人〕を**悲しませる**. His death ～*d* the whole nation. 彼の死は全国民を悲しませた. I am very much ～*d at* [*to* hear] the news. その知らせに[を聞いて]大そう悲しく思います. **(b)** 〈it を主語にして〉〔人〕を悲しませる 〈*to* do ..する事が/*that* 節..という事が〉 It ～*d* Mary *to* know [that she knew] her son's failure. メリーは息子の失敗を⌊知って悲しんだ[知ったことを悔やんだ]. **2** 〔人が〕を悲しむ. The whole nation ～*d* the king's death. 全国民が王の死を悼(いた)んだ.

◇名 grief 形 grievous [＜ラテン語 *grāvāre*「重荷を負わせる」(＜*gravis* 'heavy')]

‡**griev·ous** /grí:vəs/ 形 〈限定〉 **1** 悲しむべき, 悲しい, 悲惨な. We lamented the ～ accident. 私たちはその悲しい事故を嘆いた. **2** 悲しみを表す; 悲しげな; 痛々しい. a ～ cry 悲しそうな叫び. **3** 甚だしい; 重大な; ひどい, 憎むべき. a ～ crime 残酷な犯罪. a ～ fault 重大な過失. ～ bodily harm 〖英・法〗重傷害. **4** つらい, 耐えがたい. ～ pain 激痛.

▷ **～·ly** 副 ひどく, 激しく, 甚だしく. **～·ness** 名

grif·fin[1] /grífən/ 名 C グリフィン 《頭, 前足, 翼がワシで胴体, 後足がライオンの想像上の動物; griffon, gryphon とも言う》. 「身者》.

grif·fin[2] 名 C 東洋への新参者 《特に西ヨーロッパ出↑

grif·fon /grífən/ 名 C **1** グリフォン犬 《ベルギー原産の小型で縮れ毛の愛玩(がん)犬》. **2** ＝griffin[1].

grift /grift/ 動 他 〖米俗〗〔金など〕をだまし取る.

── 名 U ペテン. ▷ **～·er** 名 ペテン師.

grig /grig/ 名 C 〖方〗**1** (小柄で)活発な人. **2** 脚の短いニワトリ. **3** 小さなウナギ. **4** 〖虫〗コオロギ; バッタ.

***grill** /gril/ 名 (複 **～s** /-z/) C **1** 焼き網 (gridiron); 〖主に英〗(レンジ (cooker) などの)グリル (broiler) 《上から加熱する; 普通 ring と呼ばれる》. **2** 焼き肉; グリルで焼いた肉など. a mixed ～ ミックスグリル 《ステーキ, レバー, ベーコンなどを焼いて一緒にしたもの》. **3** ＝grillroom. **4** ＝grille.

── 動 他 **1** 〖主に英〗〔肉など〕を焼き網で焼く, あぶる, グリルする, (〖主に米〗broil). **2** 〔太陽などが〕に照りつける. **3** 〖話〗を厳しく尋問する, にくわしく尋ねる, 〈*about, on* ..について〉.

── 自 **1** (太陽などに)照りつけられる. march ～*ing* (oneself) in the sun 太陽にじりじり照りつけられながら行進する (★oneself を使えば他動詞). **2** (焼き網で)焼かれる, あぶられる. [＜grille] ▷ **～·ing** 名 U **1** 網焼き. **2** (長時間の)詰(きつ)問, 尋問. give a person [face] a ～*ing* 人を詰問する[詰問される].

grille /gril/ 名 C 格子; 鉄格子; 格子窓, (銀行や郵便局などの)格子付き窓口; 格子戸; (自動車の前面の)フロントグリル. [＜ラテン語「小さな grate[1]」]

grilled 形 **1** 格子のついた. **2** 焼いた〔肉など〕.

grìlled chéese 名 U 〖米〗グリルドチーズ 《チーズを挟んだパンを軽く油で焼いたもの》.

gríll·ròom 名 C (焼き肉など一品料理を主とする)簡易食堂; グリル 《ホテルの軽食堂》.

gríll·wòrk 名 C 格子; 格子模様.

grilse /grils/ 名 (複 **grils·es, ～**) C (海から初めて川へ戻る)若鮭(さけ).

***grim** /grim/ 形 e (**grím·mer**|**grím·mest**) **1 (a)** 厳しい; いかめしい. a ～ expression 険しい表情. a ～-faced judge いかめしい顔の裁判官. **(b)** 〔状況などが〕厳しい, 由々しい; 厳然たる〔事実など〕. Things are looking ～. 事態は重大な様相を呈している. The report of the MITI paints a ～ picture of Japan's economy. 通産省の報告書は日本経済の由々しい状況を示している. a ～ reality 厳然たる現実.

2 〈限定〉**不屈の**, 断固たる, 頑強な. ～ courage 不屈の勇気. ～ determination 断固たる決心. a ～ smile (恐怖を押し殺した)不敵な笑い.

3 残酷な; 容赦ない, 無慈悲な. a ～ battle 死力を尽くした戦い. in those ～ days of depression 不景気時代のあの厳しい日々. **4** 不気味な; ものすごい, 恐ろしい. a ～ story ぞっとするような話.

5 〖話〗不快な; 〔場所, 外見が〕いやな; 気が滅入るような. ～, stormy weather いやな荒れ模様の天気. ～ political news 政治上の暗いニュース.

6 〈叙述〉〖話〗病気の, 体の具合が悪い, (ill). feel pretty ～ 大そう体調が悪い.

7 〖英話〗粗悪な; 出来の悪い.

hàng ón [hòld ón, clìng to, stìck to] (..) like [for] grim déath (..に)必死でしがみつく, つかんで離さない. [＜古期英語]

▷ **grím·ness** 名 U 厳しさ; 深刻さ; ものすごさ.

†**grim·ace** /gríməs, griméis|griméis/ 名 C 顔をゆがめること; しかめっ面. The boy made [gave] ～*s at* the monkey. 少年は猿に向かってしかめっ面をした. with a ～ 顔をゆがめて. ── 動 自 (不快感, 痛みで, 又はおどけ

て)しかめっ面をする〈*at* ..に/*with* ..で〉. ～ *with* pain 痛みで顔をしかめる. [＜スペイン語「戯画」]

gri·mal·kin /grimǽlkin, -mɔ́ːl-/ 名 C 1 猫《特にメスの古猫》. 2 意地の悪い老婆. [＜*grey Malkin* (Matilda の愛称)]

grime /graim/ 名 U よごれ, すす,《特に何かの表面にこってり付いた黒っぽい》. Her face was streaked with sweat and ～. 彼女の顔は汗とすすでしましまになっていた.
── 動 他 をよごす〈*with* ..〔すすなど〕で〉. [＜中期オランダ語]

†**grím·ly** 副 1 厳しく; 残酷に. 2 しっかり〔つかまるなど〕; 断固として, 必死になって. 3 気味悪く, むっつりと, 深刻(そう)に. smile ～ 気味悪く笑う.

Grimm /grim/ 名 **Jakob** ～ グリム (1785-1863)《ドイツの言語学者;『ドイツ語辞典』を編さん; 同じく言語学者である弟の **Wilhelm** ～ (1786-1859) と共編の『グリム童話集』でも有名》.

Grìm Réaper 名〈the ～〉〖主に雅〗死神《マントを着たがい骨で, 死者を刈り取る大鎌(がま)(scythe) を持っている》.

grim·y /gráimi/ 形 e よごれた, すすだらけの.
▷ **grim·i·ly** 副 **grim·i·ness** 名

***grin** /grin/ 動 (～s /-z/|過 過分 **grinned** /-d/|**grín·ning**) 自 1 (歯を見せて)にやっと[にこっと]笑う〈*with* ..〔喜び, 満足, 軽蔑など〕で/*at* ..に〉. Jenny was ～*ning with* delight. ジェニーはうれしくてにやにやしていた. ～ from ear to ear 口が耳まで裂けたように歯を見せてにたりと笑う. 2〔犬などが〕(苦痛や怒りで)歯をむき出す〈*at* ..に〉. ── 他〔賛成, うれしさ, 軽蔑など〕をにやりと[にこっと]笑って示す;〔歯〕をむき出す. He ～*ned* his approval. 彼はにこっと笑って同意を示した.

grìn and béar it 〖話〗(苦痛, 不愉快などを不平を言わずに歯を食いしばって)じっと辛抱する (★普通 have to, must を伴い「辛抱せざるをえない」).

grìn like a Chèshire cát →Cheshire.

── 名 C 1 歯を見せて笑うこと (類語 歯を見せるのが特徴; →laugh). Hilary always has a happy ～ on his face. ヒラリーはいつも口を大きく開けてにこにこうれしそうな笑みを浮かべている.

連結 a delighted [a gleeful; a broad; a mischievous, a naughty; a foolish] ～ // give [break into] a ～

2 歯をむき出すこと.

wìpe [***tàke***] ***the*** [***that***] ***grìn off*** *a pèrson's* ***fáce*** 〖話〗人の顔から笑いを消す, (得意がっている[喜んでいる])人をしゅんとさせる. *Take the* [*that*] ～ *off* your silly *face!* ばか面でにやにやするのはよせ. The teacher's words *wiped the* ～ *off* his *face.* 先生の言葉を聞いて彼の顔から笑いが消えた.
[＜古期英語「(苦痛や怒りで)歯をむき出す」]

***grind** /graind/ 動 (～s /-dz/|過 過分 **ground** /graund/|**grínd·ing**) 他
【押しつぶす】 1〔穀物など〕を砕く, ひく,〈*down, up*〉; をひいて..にする〈into, to ..〔粉〕に〉;〖米〗〔肉〕をひく. ～ coffee beans コーヒー豆をひく. ～ wheat (*down*) *into* flour at a mill 製粉所で小麦を粉にひく. ～ a stone (*up*) *to* pieces 石を細かに砕く. 2〔粉など〕をひいて作る. ～ flour from wheat 小麦粉をひく.
3 VOA (～ /X/ *down*) X をひどく圧迫する, 虐げる, こき使う; (～ X *under*..) X を..〔足〕の下に踏みにじる. The poor were *ground down* by the oppressive government. 貧乏人は圧制的な政府によって虐げられた.
【すり合わせる】 4 をすり合わせる, をきしらせる,〈*together*〉; VOA をこすりつける〈*in, into* ..に〉. She *ground* her teeth in anger. 彼女は怒って歯ぎしりをした. He *ground* his cigarette *into* the ashtray. 彼はたばこを灰皿にこすりつけた.
5〔臼(うす)など〕を柄を持って回す;〔手回しオルガンなど〕を回して鳴らす. ～ a coffee mill コーヒーひきを回す. ～ a barrel organ バレルオルガンの柄を回して鳴らす.
6【こする】を磨く, 研ぐ,〈*on, with* ..で/*to* ..になるまで〉; をすり減らす, を磨いて取り除く,〈*away*〉. ～ a knife *on* the grindstone ナイフを回転砥石で研ぐ.
7【すり込む】VOA (～ X *into*..) X を..にこつこつ教え込む, たたき込む. ～ grammar *into* the boy 少年に文法をたたき込む.
── 自 1 ひく; 粉をひく; 臼をひく. 2 (粉に)なる, ひける,〈*down*〉〈*to, into* ..〔粉〕に〉. This wheat does not ～ well. この小麦はよくひけない. 3〔(古くなった, 使い過ぎた)機械などが〕きしる〈*away*〉. The gears ～. ギアがきしる. 4 VA (きしる(ような)音を出して)〔車などが〕動く, 走る. A large truck loaded with lumber *ground out of* the lumberyard. 材木を積んだ大型トラックが材木置き場からきしる音を立てながら出て行った. 5〖話〗VA せっせと働く; こつこつ勉強する〈*away*〉〈*at* ..を/*for* ..のために/*to* do ..するために〉. ～ ⌊*for* [*to* pass] an exam 試験のために[に合格するように]猛勉強する. He is ～*ing* (*away*) *at* his mathematics. 彼は数学の勉強に打ち込んでいる. 6〖主に米俗〗〔ストリッパーなどが〕腰を(挑発的に)回転させる.

grìnd /../ dówn (1) ..を細かにつぶす, すり減らす, (→他 1). (2) ..を圧迫する, 虐げる, (→他 3).

grìnd ón 退屈に[単調に, だらだらと]続く[進行する].

grìnd /../ óut (1)〔たばこの火など〕をもみ消す. (2)〖軽蔑〗(食うために)〔(つまらぬ, かわり映えのしない)作品〕をこつこつと書き続ける. (3)〔曲〕をバレルオルガンでひく;〔音楽〕を重苦しく[単調に]演奏する. The band *ground out* some insipid music. 楽団は何やら冴えない音楽を演奏した.

grìnd the fàces of the póor 貧しい人々⌊から搾り取る[を虐げる]《旧約聖書『イザヤ書』3:15》.

grìnd to a hált 〔自動車などが〕(ブレーキの)きしる音を立てて止まる (→自 4);〔作用, 事の進行が〕ゆっくりやむ[停止[停頓, 停滞]する].

grìnd /../ úp 他 →1.

hàve an àx(e) to grínd →ax.

── 名 1 C (穀物などの)ひいた粒(の大きさ); 砕片. coarse ～s 粗い粒. 2 U ひくこと, 粉にすること; 研ぐこと; きしること; C〈単数形で〉その音. 3〖話〗C〈単数形で〉退屈で骨の折れる仕事[勉強]. the daily ～ 毎日の単調なつらい仕事. It's a real ～ to go up the slope step by step with your skis on. スキーをはいてゲレンデを一歩ずつ登るのはほんとうにきつい. 4 C〖米話〗ガリ勉屋. 5 C〖主に米俗〗グラインド《ストリッパーの挑発的な腰の回転動作》;〖英俗〗性交. [＜古期英語]

Grin·del·wald /gríndlvɑːld/ 名 グリンデルヴァルト《スイス中南部の町; アルプスの Eigerなどへの登山基地》.

grínd·er 名 C 1 粉砕機《コーヒーひきなど》; 研磨機, グラインダー; ひく人; 研ぐ人. a coffee ～ コーヒーひき. a knife ～ ナイフ[包丁]研ぎ屋[機]. 2〖話〗臼歯(きゅうし) (molar).

grínd·ing 形 1 きしる音を立てる. a ～ sound きしる音. He jammed on the brakes and ⌊the car came to a ～ halt [brought the car to a ～ halt]. 彼は急ブレーキをかけ車はきーと音を立てて急停車した[車を急停車させた]. 2〈限定〉過酷な, 容赦のない; 退屈な. ～ poverty ひどい貧乏. ▷ **～·ly** 副

‡**grínd·stòne** 名 C 1 回転砥石(といし). I sharpened the knives on the ～. ナイフを回転砥石で研いだ.
2 臼(うす)石. ***kèep*** [***hàve***] *a pèrson's* [*one's*] ***nòse to the gríndstone*** 〖話〗人をこき使う[あくせく働く].

grin·go /gríŋgou/ 名 (複 ～s) C〖軽蔑〗(中南米で)英米人, 外人.

‡**grip**[1] /grip/ 動 (～s /-s/|過 過分 **gripped** /-t/|**gríp·**

ping) ⑯ **1** (手, 器具などで)をしっかりつかむ, 固く握る, (類語 grasp よりつかみ方が強い; →take). He ~*ped* her arm, restraining her. 彼は彼女の腕をぐっと握って押しとどめた. The boat was ~*ped* by the ice. 船は氷に閉ざされた. ~ the road (well) 〔タイヤが〕接地力[路面把握性]が良い (→⑬ の用例).
2 〔興味, 注意など〕を強く引く; 〔痛み, 悲しみなどが〕〔人(の心)〕をとらえる, つかむ; に強く訴える, 引きつける. ~ his attention 彼の注意を引く. She [Her heart] was ~*ped* by terror. 彼女は恐怖心に襲われた.
— ⑬ **しっかりつかむ, 固く握る,** 〈*on* ..を〉; 人の心をとらえる, 注意を引く. The tires failed to ~ (*on* the slippery road) in the rain. 雨の中(のつるつるの道路)でタイヤは接地力を失った[スリップした].
— 图 (複 **~s** /-s/) **1** Ⓒ 〈普通, 単数形で〉 **しっかりつかむこと;** 把握; (ラケット, バットなどの)握り方; 握る力, (タイヤ, 靴の)路面把握性. take a ~ *on* a rope ロープを握る. shorten [lengthen] one's ~ (バットなどの)握りを短く[長く]する. He let go his ~ *on* a branch. 彼は枝を握った手を放した. The player has a strong ~. その選手は握力が強い. These tires have got no ~. このタイヤは路面をとらえる力が無い.

> 連結 a firm [an iron; a tenacious; a manly; a limp, a slack; a weak] ~ // tighten [loosen, relax; release] one's ~

2 aU **制御[支配](力).** The President has ⌞an iron [a firm] ~ on his country's economic policy. 大統領は自分の国の経済政策をしっかりと掌握している. Raymond got [took] a ~ *on* his emotions. レイモンドは自分の感情をぐっと抑えた.
3 aU **理解(力),** 把握(力). He has a good [poor] ~ *on* [*of*] the situation. 彼は事態がよく分かっている[いない]. **4** Ⓒ (道具などの)握る部分, 取っ手, 柄, つかむもの[道具, 装置]; =hairgrip. **5** Ⓒ 〖米話・英古〗旅行用かばん.
at gríps with .. ..とつかみ合って; 〔問題など〕と真剣に取り組んで.
còme [gèt] to gríps with .. 〔人〕とつかみ合う; 〔問題など〕と真剣に取り組む.
gèt [kèep, tàke] a gríp on onesèlf 〖話〗気を取り直して[自分を取り戻して]頑張る; 自分の感情を抑える.
in the gríp of .. ..につかまえられて, 支配されて. By that time the southern part was completely *in the* ~ *of* France. その時までに南部は完全にフランスの支配[権力]下にあった. The castaways were *in the* ~ *of* despair. 漂流者たちは絶望のとりこになっていた.
lòse one's gríp 支配力[理解力]を失う 〈*on* ..の〉.
[＜古期英語]
grip[2] 图 〈the ~〉 =grippe.
‡**gripe** /graip/ 動 ⑯ **1** 〔特に腹〕をきりきり痛ます, を腹痛で苦しめる. **2** 〖米話〗をいらいらさせる, 悩ます, 苦しめる.
— ⑬ **1** きりきり腹が痛む. **2** 〖話〗(のべつ)不平を言う 〈*at* ..に対して/*about* ..について〉 (complain). He's always *griping at* me *about* the food. 彼は食事についてしょっちゅう私に不平を言う.
— 图 〖話〗 **1** 〈the ~s〉 急激な腹痛, 疝痛(せんつう), (colic). I have the ~*s*. 腹がきりきり痛む. **2** Ⓒ 〖話〗不平(を言うこと). ▷ **grip·er** /gráipər/ 图 Ⓒ 不平家.
gríp·ing 形 〈限定〉, 图 Ⓤ 〔腹が〕きりきり痛む(こと).
grípe wàter 图 Ⓤ (小児用の)腹痛止め水薬.
grippe /grip/ 图 Ⓤ 〖旧〗 〈the ~〉 インフルエンザ (influenza). [フランス語 'seizure']
grip·ping /grípiŋ/ 形 強く注意[興味]を引く, とても面白い. a ~ story 実に面白い話. ▷ **~·ly** 副
gríp·sàck 图 =grip[1] 图 5.
gris·ly /grízli/ 形 ⓔ 〔行為, 顔つきなどが〕ぞっとする, 気味悪い.

grist /grist/ 图 Ⓤ 〖古〗製粉用穀物; 醸造用に砕いた穀粒.
Àll is gríst that cómes to his míll. 〖諺〗利用できるものは何でも利用する, '転んでもただは起きぬ'.
grìst to [for] the [a pèrson's] míll 人にとって利益になるもの, もうけの種, 《経験, 知識など》.
gris·tle /grís(ə)l/ 图 Ⓤ 軟骨 《料理肉の中にある; →cartilage》.
‡**grist·ly** /grís(ə)li/ 形 軟骨の(ような).
gríst·mìll 图 Ⓒ 製粉所.
‡**grit** /grit/ 图 Ⓤ **1** 〈集合的〉 砂, (極めて小粒の)砂利, 《機械, 食物などに入り込んでじゃまになったり, 不快をもたらしたりするものにも言う》. spread ~ on an icy road (= ~ an icy road (→⑯ 1)) 凍りついた道に小砂利を敷く《滑り防止のため》. **2** 〖話〗負けじ魂; 根性; 勇気. He has plenty of ~. 彼は肝っ玉が太い.
— 動 (**~s**|**-tt-**) ⑯ **1** 〔道路など〕に砂利を敷く.
2 (決断して又は怒って) 〔歯〕を食いしばる, きしらせる.
— ⑬ きしる.
grìt one's téeth 歯ぎしりする; 歯を食いしばる 《強固な決意, 忍耐の表情》. [＜古期英語「砂, 砂利」]
grits /grits/ 图 〖米〗〈単複両扱い〉 あらびきの穀物; ひき割りトウモロコシ (hominy) 《南部でしばしば朝食用》.
grit·ter /grítər/ 图 Ⓒ **1** 砂利を敷く人; (凍結道路の)砂利[塩]まきトラック. **2** 歯ぎしりする人.
grit·ty /gríti/ 形 ⓔ **1** 小砂利の, 砂の入った, 砂だらけの. **2** 〖話〗勇気のある; 根性のある. **3** 〔描写などが〕写実的な, リアルな. a ~ report of the tragic accident 悲惨な事故の生々しい報道. ▷ **grit·ti·ness** 图
griz·zle /gríz(ə)l/ 動 ⑬ 〖英話〗 **1** 〔特に子供が〕むずかる, ぐずる, めそめそする. **2** (ぐずぐず)不平を言う 〈*about* ..について〉. ▷ **griz·zler** 图
griz·zled /gríz(ə)ld/ 形 〈限定〉 **1** 灰色の; 灰色まじりの. **2** 〔人, 頭髪が〕白髪まじりの.
griz·zly /gríz(ə)li/ 形 ⓔ **1** =grizzled. **2** 〈叙述〉 〖話〗〔子供が〕むずかって. **3** =grisly. — 图 (複 **-zlies**) Ⓒ 灰色グマ (**grízzly bèar**) 《かぎつめが長く, 普通, 茶色又は灰色の大きなクマ; 北米西部産》.
gro. gross 《12 ダース》.
*__groan__ /groun/ 图 (複 **~s** /-z/) Ⓒ **1** うめき声, うなり声, (moan); (不平, 不満, 不賛成の)ぶうぶう言う声; 嘲笑の声. The man gave a ~ of pain. その男は苦痛のうめき声を出した. **2** ぎしぎしいう音. The tree gave a ~ in the gale. 強風を受けて木はぎしぎしいった.
— 動 (**~s** /-z/|過 過分 **~ed** /-d/|**gróan·ing**) ⑬ **1** うなる, うめく, 〈*with, in* ..〔痛み, 苦しみ, 悩みなど〕で/*at* ..を見て[聴いて]〉; 〖話〗ぶうぶう言う (complain) 〈*with* ..〔不平, 不満, 非難など〕で/*about, over* ..のことで〉. ~ inwardly (口には出さないが)不満に思う[ぼやきたい気分である]. ~ *with* [*in*] pain 苦しみ[痛み]にうめく. She is always ~*ing about* trifles. 彼女はささいなことに文句ばかり言っている.
2 (特に木, 木造のものが)ぎしぎし音を立てる (creak); 〔食卓, 本棚などが〕きしむほどいっぱいである 〈*with, under* ..(の重さ)で〉. The trees were ~*ing* in the strong wind. 強い風で木々はギーギー鳴っていた. The floor ~*ed under* the weight of books. 本の重さで床がミシミシ音をたてた. a ~*ing* board ごちそうが山盛りの食卓. Americans seem to think Japan is ~*ing with* cash. アメリカ人は日本は現金でうなっていると考えているらしい.
3 苦しむ, 圧迫される, 〈*beneath, under* ..〔重荷, 圧制など〕で〉. The people ~*ed under* the heavy burden [weight] of taxation. 人民は重税のもとに苦しんだ.
— ⑯ **1** Ⅵ (~X/*that* 節/"引用") X を/..ということを/「..」とうめきながら言う, 苦しそうに言う, 〈*out*〉. He ~*ed out* the sad news. 彼はうめくような声で悲しい知らせを伝えた. "I'm done for," he ~*ed*. 「おれはもうだめだ」

と彼はうめきながら言った. **2** VOA (〜X *down*) Xをやじなどで黙らせる. 〜 *down* the speaker やじって話し手を黙らせる. [<古期英語; grin と同根]
▷**gróan·er** 名 C うめく[ぶつぶつ言う]人. **gróan·ing** 形 **gróan·ing·ly** 副

groat /grout/ 名 C (英国で 13-17 世紀に用いられた)銀貨《当時の 4 ペンスに相当》.

groats /grouts/ 名 〈単複両扱い〉ひき割りオートムギ[コムギ]; 殻を取り除いたオートムギ[大麦, そば].

gro·bag, G- /gróubæg/ 名 =growing bag.

***gro·cer** /gróusər/ 名 (複 〜s /-z/) C **食料雑貨商(人)** 《小麦粉, コーヒー, 砂糖, 米, 缶詰などの食料品や石けん, ろうそく, マッチなどの雑貨を売る》. a 〜's (shop) 〖英〗食料雑貨品店. [<古期フランス語「卸売商」(<ラテン語 *grossus* 'gross')]

***gro·cer·y** /gróus(ə)ri/ 名 (複 **-cer·ies** /-z/) **1** C **食料雑貨店** (〖米〗**grócery stòre**, 〖英〗**grócery shòp, grócer's (shòp)**). **2** U **食料雑貨販売業**. **3** 〈-ceries; 複数扱い〉**食料雑貨類**.

gro·dy /gróudi/ 形 e 〖米俗〗**1** 粗末な, みすぼらしい. **2** ぞっとする(ほど嫌な), むかつく《特に 10 代の子供が使う》. 〜 to the max 最高にむかつく, '超'むかつく.

grog /grɑg|grɔg/ 名 U グロッグ《ラム酒など強い酒を水で割ったもの; 船員などが飲む》; 〈一般に〉(強い)酒. [<old *Grog*; この飲み物を作らせた, *gros*grain の外とうを常用した, 18 世紀の提督のあだ名]

grog·gy /grɑ́gi|grɔ́gi/ 形 e 〖話〗**1** (疲労, 病気, 殴打, 酩酊などで)足元がふらつく, グロッキーの. **2** 〖英〗〔家具などが〕不安定な, ぐらぐらする.
▷**grog·gi·ly** 副 **grog·gi·ness** 名

gróg·shòp 名 C **1** 〖主に英・まれ〗(いかがわしい)居酒屋. **2** 〖オース・ニュー話〗酒店.

‡groin /grɔin/ 名 C **1** 〖解剖〗鼠蹊(そけい)《股(また)のつけ根》. **2** 〖建〗穹稜(きゅうりょう)《アーチ形天井 (vault) が交わる合わせ目》. **3** 〖米〗(海, 川などの)防波堤(〖英〗groyne). **4** 〈婉曲に〉睾丸(こうがん) (testicles).

grom·met /grɑ́mət|grɔ́m-/ 名 C はと目《革, 布などのひもを通す穴を補強する金属, プラスチックなどの輪》.

†groom /gru:m|grum/ 名 C **1** 馬丁. **2** 新郎, 花婿, (bridegroom). the bride and 〜 新郎新婦.
—— 動 他 **1** (ブラシをかけて)〔馬〕の手入れをする.
2 〔自分〕の身繕いをする, を身ぎれいにする, 〈普通, 再帰形又は受け身で〉; 〔猿などが〕〔自分, 又は他の猿など〕の毛繕い[グルーミング]をする. be well [badly] 〜*ed* 身繕いがよい[悪い]. 〜 one's hair 髪の手入れをする. The monkeys are 〜*ing* each other. 猿たちは互いに毛繕いし合っている. **3** VOC (〜X *to do*)・VOA (〜X *for..*/X *as..*) X(人)を..するよう/..のために/..として仕込む, 仕立てる. 〜 him *to* be [*as*] a presidential candidate 大統領候補者になる[として立つ]準備を彼にさせる.
—— 自 〔猿などが〕毛繕いをする.
[<中期英語「少年, 従僕」] ▷**gróom·ing** 名 U (特に猿の)グルーミング.

gróoms·man /-mən/ 名 (複 **-men** /-mən/) C (花婿の)介添え人 (best man).

†groove /gru:v/ 名 C **1** (レコード, 敷居などの表面に刻んだ)細長い溝. **2** 決まりきった道; 常軌; (行動, 考え方の)慣習, 慣例. fall [get] into a 〜=be stuck in a 〜 型にはまる. get out of the ordinary 〜 常套(とう)的やり方[マンネリ]を脱する. **3** 適所. **4** 楽しいこと[時, 経験]. **5** (ポップスの)グルーヴ(感), リズム.
in the gróove 〖俗〗(1) 最高調で[の]; (ジャズ演奏が)最高に乗って[た]. (2) 流行の, いかす, 最新式の.
—— 動 他 に溝を付ける. —— 自 〖俗〗楽しむ. [<中期オランダ語「溝」]

grooved 形 溝のある, 溝の付いた.

gróov·er 名 C 〖旧俗〗かっこいい[いかす]やつ.

groov·y /grú:vi/ 形 e 〖旧俗〗かっこいい; いかす.

***grope** /group/ 動 (〜s /-s/|過 過分 〜d /-t/|**gróp·ing**) 自 **1** VA **手探りする**, 手探りで捜す[進む] (fumble, feel) 〈*about, around*〉〈*for* ..を[の方へ]〉. 〜 in a pocket *for* some small coins ポケットの中を探って小銭を捜す. 〜 (*about*) *for* the door in the dark 暗やみで(あちらこちら)手探りしてドアを捜す.
2 VA 手探りして求める, 暗中模索する, 〈*after, for, toward* ..〔考え, 事実, 解決策など〕を〉. 〜 *for* the right word 適切な言葉を探し求める.
—— 他 **1** 〔道など〕を手探りで捜す (→成句). **2** 〖話〗〔女性〕の体をまさぐる[まさぐろうとする]《痴漢・セクハラ行為》.
gròpe one's wáy 手探りで進む (→way[1] 名 2 語法).
—— 名 C 手探り(すること); まさぐること, 痴漢行為.
[<古期英語]

grop·ing·ly /gróupiŋli/ 副 手探りしながら; 暗中模索して[するように].

gros·beak /gróusbì:k/ 名 C 〖鳥〗シメの類の鳴鳥《大きな円錐(すい)形のくちばしを持つ》.

gro·schen /gróuʃən/ 名 (複 〜) C **1** グロシェン《オーストリアの貨幣単位; 百分の 1 schilling》. **2** (ドイツの)ニッケル貨《10 pfennig》; (昔のドイツの)小銀貨.

gros·grain /gróugrèin/ 名 U グログラン《絹などの光沢のあるうね織り; リボンの材料》. [フランス語]

***gross** /grous/ 形 e (★4 は ℂ)
【目ざわりなほど大きい】 **1** 〔人が〕(醜いほど)太っている, でぶでぶの.
【甚だしい】 **2** 〈普通, 限定〉(甚だしく, 目立つほど)ひどい, 目に余る; 〖章〗〔誤りなどが〕極めて明白な. a 〜 error ひどい間違い. a 〜 insult 甚だしい侮辱. 〜 negligence 〖法〗明白な過失.
3 濃い; 生い茂った. a 〜 fog 濃い霧. the 〜 vegetation of the island その島の密生した植物.
【大うかみの>全体としての】 **4** 〈限定〉**総体の**, 全体の, 全部の; 総計の; 〔重さが〕風袋共の (↔net). the 〜 amount 総額. a person's 〜 earnings 人の(税金などを差し引いていない)総所得.
【大ざっぱな>粗い】 **5** 〔言動が〕**粗野な**, 下品な, 卑俗な; 〔感覚が〕鈍い. 〜 manners 粗野なふるまい. 〜 words 下品な言葉. **6** 〔食物が〕粗末な; 〔人, 生物が〕粗末なものを常食としている[摂取している]. a 〜 feeder 粗食家. **7** 〖米俗〗=grody.
—— 副 税込みで. He earns about $90 thousand 〜 a year. 彼は年におよそ税込み 9 万ドルの収入がある.
—— 名 (複 1 は 〜, 2 は 〜·es) C **1** グロス《12 ダース, すなわち 144 個; 略 gros.》. **2** 〈the 〜〉(収入などの税込みの)総額; 総体; 総計.
by the gróss (1) グロス単位で. (2) 大量に; 卸で.
in the gróss 〖米〗=***in gróss*** 〖英〗(1) 大量に; 卸売りで. (2) 全体で, 概して.
—— 動 他 〔会社などが〕(税, 経費などを差し引かないで)の総収益をあげる, 〔映画などが〕の興行収入をあげる. The company 〜*ed* $15 million and netted $3 million last year. その会社は昨年総収益 1,500 万ドル, 純益 300 万ドルをあげた.
gròss /../ óut 〖米俗〗〔人〕を(下品な言動で)怒らせる, 侮辱する, うんざりさせる.
gròss /../ úp 〔純益〕を税などを差し引く前の額に引き上げる. [<ラテン語 *grossus*「厚い, 太い」]

gròss domèstic próduct 名 UC 国内総生産《国民総生産から国外投資による利益を除いたもの; 略 GDP》.

gròss íncome 名 UC 〖経済〗総収入, 粗収益, 《税金や諸経費を控除する前の》.

gróss·ly 副 **1** 〈普通, 形容詞, 過去分詞を修飾〉ひどく, 甚だしく. a 〜 unfair [exaggerated] statement ひどく不公平な[誇張された]陳述. **2** 粗野に, 下品に.

gròss márgin 名 UC 総[粗]利益《販売価格から生産コストを差し引いたもの》.
gròss nàtional próduct 名 UC 国民総生産《略 GNP》.
gróss·ness 名 U **1** 粗野, 下品. **2** 大きいこと; 太り過ぎ. **3** 甚だしさ, ひどさ. **4** 鈍感.
gròss prófit 名 ＝gross margin.
gròss recéipt 名 C 〈複数形で〉(すべてのコストを含んだ)総受領高.
gròss tónnage 名 UC (船舶の)総トン数.
grot /grɑt|grɔt/ 名 〖古・詩〗＝grotto.
***gro·tesque** /groutésk/ 形 m, 時に e (**-tesqu·er**|**-tesqu·est**) **1** 怪奇な, 異様な, グロテスクな, (★醜さを含意する). **2** 実に奇妙な; ばかばかしい, 不条理な; こっけいな. The whole situation was ～. 事態はすべてこっけいであった. ～ mistakes ばかげた間違い. **3** 〔絵画などが〕グロテスク風の. —— 名 **1** U 〈the ～〉グロテスク美術《人物, 動物に草花をからませた異様で幻想的な絵画, 彫刻など》; 〖文学〗怪奇主義. **2** C 怪奇なもの[絵画, 彫刻など]; 〖軽蔑〗奇型の人.
[grotto, -esque; 発掘された遺跡の grotto のような地下室の壁画などから] ▷ **～·ly** 副 **1** ばかばかしく(も). **2** 怪奇に; 気味悪く; 醜く. **～·ness** 名 U **1** ばかばかしさ. **2** 怪奇; 気味悪さ; 醜怪.
grot·to /grátou|grɔ́t-/ 名 (複 ～(e)s) C **1** (特に石灰岩の美しい)ほら穴. **2** (庭, 公園などにある, 貝殻などで飾った)人工のほら穴; ほら穴の形の小さな礼拝所[祠(ほこら)].
[イタリア語]
grot·ty /gráti|grɔ́ti/ 形 e 〖英話〗むさくるしい, 汚らしい; 不快な, 実に嫌な. ▷ **grot·ti·ness** 名
grouch /grautʃ/ 名 C 〖話〗 **1** 気難し屋; いつもぶつぶつ言っている人, 不平屋. **2** 〈普通, 単数形で〉不機嫌; 不平(の種), 愚痴. Don't go near Percy, he has a ～ this morning. パーシーに近づくな, 今朝は虫の居どころが悪いから. —— 動 自 ぶつぶつ言う (grumble) 〈*about* ..について〉; 不機嫌な顔をする.
grouch·y /gráutʃi/ 形 〖話〗不平ばかり言う, 気難しい, (grumpy). ▷ **grouch·i·ly** 副 **grouch·i·ness** 名
‡**ground**[1] /graund/ 名 (複 ～s /-dz/)
【土地】 **1** U 土地; 土壌 (soil). a small piece of ～ 狭い土地. till the ～ 土地を耕す. The ～ is fertile. その土地は肥えている.

> 連結 rough [broken, rugged; level, smooth; hard, solid; soft] ～

2 〈～s〉敷地, 構内; (建物の回りの)土地, 庭園. the ～s of the palace 宮殿の庭園.
3 C 〈しばしば ～s〉(ある目的のための)場所; ..場, グラウンド. a football ～ フットボール競技場. a recreation ～ 運動場. a hunting ～ 猟場. fishing ～s 漁場. one's stamping ～(s) よく行く場所, たまり場. 語法 他にも camp*ground*, fair*ground*, play*ground* などのように普通, 複合要素として用いられる.
4 【活動の場所】 U (研究, 議論などの)分野, 領域, 話題, 材料. forbidden ～ 禁物の話題.
【土地の表面】 **5** U 〈the ～〉地面, 地上, 地表. lie on the wet ～ ぬれた地面に横たわる. The injured bird fell to the ～. 傷ついた鳥は地面に落ちた.
6 UC 〖米〗〖電〗接地, アース, (〖英〗earth).
【水中の地表】 **7** U 海底, 湖底. take (the) [touch] ～ →成句. **8** 〈普通 ～s〉(容器の底に沈む)おり; (主にコーヒーの)かす. (used) coffee ～s コーヒーかす. Not a single ～ was left in his cup. 彼のコーヒーカップにはかす1つ残っていなかった (★このような例では単数形).
【大地のような拠(よ)りどころ＞基盤】 **9** UC 〈しばしば ～s〉根拠, 理由, 〈*for* ..の/*for* doing, *to* do ..する/*that* 節 ..という〉; 基礎; 基盤. a ～ *for* divorce 離婚の理由. *On* what ～*s* are you refusing? どういう理由で拒絶しているのですか. *on* the ～ [*on* (the) ～*s*] *of* his youth [*that* he is young] 彼が若いという理由で. Al was fired *on* the ～(*s*) *that* he was often absent. アルは欠勤がちだという理由で首にされた. I have good ～*s* *for* anxiety. 心配する十分な理由がある.
10 C (絵画, 塗装, 刺繍(ししゅう)などの)下地, 地, 下塗り, バック (background); 〖楽〗基礎 [固執] 低音 (**gròund báss**). a design of pink roses on a white ～ 白地にピンクのバラ模様. ～ color 地色.
11 UC 地歩, 立場; 意見 〈*that* 節 ..という〉. be on delicate ～ 微妙な立場にある. be on firm ～ 安全な立場にある; 確かな事実[証拠]に立脚している. We couldn't find any common ～ in our discussion. 私たちの討論には一致点が見い出せなかった (→common ground). middle ～ →middle ground.
above gróund 生きて(いる) (alive).
be bùrned to the gróund 〔建物などが〕全焼する.
below gróund 死んで葬られて[た].
brèak frèsh [***nèw***] ***gróund*** 処女地を開拓する; 新生面を開く.
brèak gróund (1) 掘る. (2) 耕す. (3) (起工式で)くわ(鍬)を入れる, 起工する; (事業などに)着手する.
chànge [***shift*** ↓] ***one's gróund***
còver gróund (語法 普通 ground に the あるいは much, a lot of などを伴う) (1) ある距離を行く. We *covered* a lot of ～ on the hike yesterday. 昨日はハイキングで大分(遠くまで)歩きました. (2) かなり進む, はかどる. They have *covered* a lot of ～ in this project. 彼らはこの計画を大いに進捗(しんちょく)させた. (3) ある範囲[領域]をカバーする. *cover* the ～ 〔調査などが〕問題の全般を扱う. a study *covering* much ～ 広範囲にわたる研究.
cùt the gróund from under a pèrson [***a pèrson's féet***] 人の計画を出し抜く, 人の議論の裏をかく.
dòwn to the gróund 〖英話〗すっかり, ぴったり. suit a person *down to the* ～ 人にまったく似つかわしい[ぴったりである]. It's John *down to the* ～. ジョンにぴったり(似合い)だ; いかにもジョンのやりそうなことだ.
fàll to the gróund 地面に落ちる; 〔計画などが〕失敗する.
from the gròund úp 全く新しく, 初歩から; 完全に; 徹底的に.
gàin [***màke, make ùp***] ***gróund*** (1) 前進して敵を押し返す. (2) 前進する; 進歩する; 差を縮める, 追いつく, 〈*on* ..との, に〉; 引き離す 〈*on*..を〉. The publicity campaign helped the candidate *gain* ～ *on* [*against*] his rivals. 広報活動のお陰でその候補者は競争相手たちに肉薄した. The top two teams *gained* ～ *on* the rest of the league. 上位2チームはリーグの他のチームを引き離した. (3) 影響力を増す; 地歩を固める; 普及する. The game theory has *gained* a lot of ～ in recent years. ゲーム理論は近年広く認められるようになった.
get òff the gróund 離陸する; 〔計画, 活動などが〕うまくスタートする.
gèt ..off the gróund ..を離陸させる; 〔計画, 活動など〕をうまくスタートさせる.
give gróund (1) 押し戻される, 退く. (2) 譲歩する, 屈する, 〈*to* ..に〉. (3) 次第に引き離される 〈*to* ..〔先行者〕に〉.
gò over the sàme (***old***) ***gróund*** 以前の議論を蒸し返す.
gò [***rùn***] ***to gróund*** (1) 〔キツネなどが〕穴に逃げ込む. (2) 〔罪人などが〕身を隠す.
hòld [***kèep***] ***one's gróund*** 踏みとどまる; 退かない; 自分の主張を曲げない.
into the gróund 必要以上に, 耐えられないほどに, 徹底的に.
kiss the gróund →kiss.
lòse gróund (1) 退く, 退却する; 譲歩する. (2) 〔健康状態などが〕悪くなる. (3) 人気がなくなる, 地歩をゆずる 〈*to*

..に〉. The Prime Minister *lost* a lot of ～ when the scandal became public. 総理はスキャンダルが公けになると大変人気が落ちた. (4) =give GROUND (3).
on one's òwn gróund (1) よく知っている場所で, ホームグラウンドで. (2) 得意の分野で, 自分の土俵で.
on the gróund 現場で[に, の]; 庶民の間で[に, の], '草の根'で[に, の].
prepàre the gróund 下準備をする, 地ならしをする, 〈*for* ..〔将来の行動など〕のために〉.
rùn ..into the gróund (1) ..をやり過ぎる; ..をくどくど説明する. (2) ..を厳しく批判する. (3)〔人〕をくたくたに疲れさせる;〔物〕をとことんまで使う. *run* a car *into the* ～ 車を乗りつぶす.
rùn /../ to gróund ..をやっと捜し出す.
shìft** one's **gróund (主張の)論拠を変える.
stànd** [**hòld**↑] one's **gróund
tàke** (**the**) **gróund 〖海〗〔船が〕座礁する, 浅瀬に乗り上げる.
tòuch gróund (1)〔船が〕水底につく. (2)〔話などが〕具体的になる, 本題に入る.
wòrk** oneself **into the gróund 〖話〗くたくたに疲れるまで働く.
wòrship the gróund** a person **wálks** [**tréads**] **on 人をあがめたてまつる, 熱愛する, (《＜その人が歩く地面をも有り難がる》).
── 動 他 **1** を地面に置く; を地面につかせる. ～ arms (降参して)武器を地に置く.
2 VOA (～X *on, in ..*) ..に確かな根拠を..によって与える, Xを..に基づかせる〈*on, in* ..に〉. *On* what do you ～ your argument? 君の議論は何を根拠にしているのか. His opinion is ～*ed on* personal experience. 彼の意見は個人的体験に基づく. →well-grounded.
3 VOA (～X *in ..*) Xに〔ある科目〕の基礎を教え込む. He is well ～*ed in* mathematics. 彼は数学の基礎がしっかりしている.
4 〖空〗〔飛行機, 操縦士など〕を地上にとめておく, 離陸させない; 〖米話〗(罰として)〔子供〕を外出禁止にする. The airplane was ～*ed* ⌞by the storm [because of the thick fog]. 飛行機はあらし[濃霧]のために飛べなかった.
5 〖米〗〖電〗を接地[アース]する (〖英〗earth).
6 〔船〕を座礁させる. The ship was ～*ed* on the reef. 船が暗礁に乗り上げた.
7 〔絵など〕に下塗りをする, の下地をつくる.
── 自 **1** 地面に落ちる; 地面につく. **2** 〔船が〕座礁する. **3** 〖野球〗ゴロを打つ.
gròund óut 〖野球〗ゴロを打ってアウトになる.
── 形 〈限定〉 **1** 地面の, 地上の; 〖軍〗地上で活動する. ～ forces 地上部隊. **2** 〔動物が〕陸生の, 地上[地中]にすむ, 水底にすむ;〔植物が〕地上に生える. ～ fish 水底にすむ魚, 底生魚. **3** 基礎[根本]の (→名 9). [＜古期英語]

ground[2] 動 grind の過去形・過去分詞.
── 形 〈限定〉ひいた, 粉にした; こすった, 磨いた. ～ glass すりガラス. ～ pepper 粉コショウ. ～ meat ひき肉.

gróund bàit 名 U (魚を誘うためにまく)寄せ餌(え), 「こませ」.
gróund bàll 名 =grounder.
gróund·brèaking 名 UC 起工[くわ入れ]式.
── 形 **1** 起工[くわ入れ]式の. **2** 新生面を開拓する, 草分け[パイオニア]となる.
gróund clòth 名 〖米〗=groundsheet.
gróund contròl 名 U 〖空〗地上管制.
gróund còver 名 U (芝生に代わる)下草, 地被(植物).
gróund crèw 名 C 〈集合的〉〖空〗(航空会社, 空港の)地上整備員[勤務者].
gróund·er 名 C 〖野球・クリケット〗ゴロ (ground ball).
gròund flóor 名 C 〖英〗1階 (〖米〗first floor). get [be] in on the ～ 〖話〗(事業, 企画などに)最初から参加する[している]; (新しい事業で)有利な立場に立つ[立っている].
gróund·hòg 名 C 〖米〗〖動〗(米国産の)マーモット (woodchuck).
Gróundhog Dày 名 〖米〗2月2日《Candlemas (聖燭節)の日; マーモットが冬眠からさめて穴から出て来るとされる; 日本の24節気の「啓蟄(けいちつ)」に似た考え方》.
gróund ìce 名 U 底氷《水面下の結氷》.
‡**gróund·ing** 名 UC 基礎訓練, 基本教授[教育]; 基礎知識[経験](を与えること); 〈*in* ..の〉.
gróund·less 形 根拠のない; 理由のない; いわれのない. His fears are ～. 彼の恐怖は根拠がない. ▷ **～·ly** 副 **～·ness** 名
gróund lèvel 名 U **1** 1階(の高さ). The room was at ～. その部屋は1階部分にあった. **2** 〖理〗基底状態 (ground state)《原子などのエネルギーが最も低く, 安定な状態》.
ground·ling /gráundliŋ/ 名 C **1** 地面をはう動物[植物]; 底生魚《水底にすむカレイ, ナマズなど》. **2** 低級な読者[観客]; (エリザベス朝時代の劇場の)平土間客.
gróund·nùt 名 C **1** 地下に実を結ぶ植物の総称《アメリカホドイモなど; その塊茎が食用》. **2** 〖主に英〗 = peanut 1.
gróund plàn 名 C (建築物の)平面図; 基礎計画.
gróund rènt 名 UC (特に建物の敷地の)借地料.
gróund rùle 名 C 〈しばしば ～s〉 **1** グランドルール《その競技場特有のルール》. **2** 根本原則〈*for, of* ..の〉.
ground·sel /gráun(d)s(ə)l/ 名 U ノボロギク《キク科; 普通, 花は黄色, 鳥のえさにする》.
gróund·shèet 名 C 〖英〗グラウンドシート (〖米〗ground cloth)《キャンプなどの際, 地面に敷く防水布》.
gróunds·man /-mən/ 名 (複 **-men** /-mən/) C 〖主に英〗(競技場, 公園, 校庭の)管理人.
gróund spèed 名 UC 〖空〗(飛行機の)対地速度 (→airspeed).
gróund squìrrel 名 C 〖動〗ジリス《北米産》.
gróund stàff 名 〈単数形で複数扱いもある〉〖英〗 **1** =ground crew. **2** (スポーツ)競技場整備員.
gróund stàte 名 =ground level (2).
gróund stàtion 名 =earth station.
gróund stròke 名 C グランドストローク《テニスなどでワンバウンドしたボールを打つこと; volley に対して》.
gróund swèll 名 aU **1** (あらしの後などの)大うねり《厳密には陸地近くのを言う》. **2** (世論などの)急速な高まり. a ～ of support for [discontent with] the policy その政策に対する支持[不満]の高まり.
gróund wàter 名 U 地下水.
gróund wìre 名 C 〖米〗〖電〗接地線, アース(線).
‡**gróund·wòrk** 名 U 〈the ～〉土台; 基礎; 根本原理, 基礎的研究, 基礎訓練; 〈*for* ..の〉. lay the ～ *for* closer international relations より緊密な国際関係の基礎を築く.
gròund zéro 名 U **1** (核爆弾の)爆心地, ゼロ地点. **2** 〖話〗最初, 出発点; 初歩.
‡‡**group** /gru:p/ 名 (複 **～s** /-s/) C 〈1, 2, 3では単数形で複数扱いもある〉
【人, 物の集まり】 **1 群れ**; 集団, 団体; 〈*of* ..の〉. a ～ *of* islands 群島. in a ～ 一団となって. A ～ *of* children are playing in the yard. 一団の子供が庭で遊んでいる. ～ games 団体遊戯. ～ travel 団体旅行. work in ～s グループに分かれて働く.
2 〖英〗 企業グループ《単一の経営陣を持つ企業の集まり》.
3 (利害, 目的, 信条, 年齢, 人種などを同じくする人の)**群れ**, 仲間, グループ, 派. a racial ～ 人種的集団. an environmental ～ 環境保護団体. one's age ～ 自分と同じ年齢層(の人々).
4 ポップグループ (pop group)《ポップミュージックを演奏するグループ》.

G

5 群; 型. the woodwind ～ of instruments 木管楽器類. a blood ～ 血液型.
6 〘化〙基; 〘数〙群; 〘言〙諸語 《系統的言語の分類で語派 (branch) の下位区分; branch と同義で使うこともある》; (言語)群 《地理的・系統的言語の分類》. the West German ～ of the Germanic branch ゲルマン語派の西ゲルマン諸語.
── 動 他 VOA を**集める**, 寄せ集める; を分類する, まとめる; 〈*together*〉〈*in, into*..に/*by, under*..によって/*with*..と一緒に〉. The teacher ～*ed* all the pupils (*together*) *in* the hall. 先生は全生徒を講堂に集めた. We ～*ed* the names of our guests *into* three lists. 客の名前を3つのリストに分けてまとめた. The roses on exhibition are ～*ed together by* colors. 展示中のバラは色別にまとめられている. The boys ～*ed* themselves *around* the fire. 少年たちは火の回りに集まった. ～ the country (*together*) *with* advanced countries その国を先進国の仲間に入れる.
── 自 VA 集まる, 群がる; グループ[群]の一員である〈*with*..の〉. The members ～*ed* (*together*) (*a*)*round* the table. 会員はテーブルの回りに集まった. He ～*s with* the privileged few. 彼は少数の特権階級の一人である.
[<イタリア語 *gruppo*「集まり」(<ゲルマン語); crop と同根]

gróup càptain 名 C 〘英〙空軍大佐.

group·er /grúːpər/ 名 (複 ～s, ～) C 〘魚〙ハタ属の各種の海産食用魚.

group·ie /grúːpi/ 名 C 1 〘話〙グルーピー, '親衛隊'の女の子, 《ロックグループや人気歌手などに付きまとう》.
2 〘英空軍俗〙=group captain.

gróup·ing 名 U グループ別にまとめること; 分類; C 共通[類似]性によりまとめられたもの, グループ.

gróup insùrance 名 U 団体保険.

Gròup of Fíve [Séven] 名 〈the ～〉→G5, G7.

gròup práctice 名 U 〘医〙連携治療 《各分野の医師が連携して行う》.

gròup thérapy 名 U 〘心〙集団療法.

grouse[1] /graus/ 名 (複 ～, **gróus·es**) C 〘鳥〙ライチョウ科の鳥 《欧米では重要な猟鳥》; U その肉 《食用》.

grouse[2] 〘話〙動 自 VA (～ *about*..) ..についてぶつぶつ言う, 不平を言う, (complain). ── 他 VO (～"引用"/～ *that* 節) 「..」と/..であると不平を言う. He is always *grousing that* he doesn't like his boss. 彼は上司が気にくわないといつも不平を言っている. ── 名 C ぶつぶつ言うこと, 不平, (complaint). ▷**gróus·er** 名

grout /graut/ 名 U グラウト 《レンガ, タイルの継ぎ目や(地下の)岩石の割れ目などに注入するモルタル》.
── 動 他 にグラウトを注入する[して仕上げる].

***grove** /grouv/ 名 (複 ～s /-z/) C 1 (下生えのない)**林**, 木立ち, 小さな森. They tied their horses in a ～ of trees. 彼らは林の中に馬をつないだ. 2 (特に柑橘(かんきつ)類の)果樹林[園] (→orchard). 3 〘英〙〈G-〉..並木通り (★通りの名称に用いる). [<古期英語]

†**grov·el** /grάv(ə)l, grʌ́v-|grɔ́v-, grʌ́v-/ 動 (～s|〘英〙-ll-) 自 1 腹這(ば)いになる, 這(は)いつくばる; (恐れて)ひれ伏す, 屈服する, 〈*to, before*..〔力のある人など〕の前に〉. ～ *around* [*about*] 這い回る. ～ *before* the King 国王の前に平伏する. ～ *to* authority 権威(者)にぺこぺこする. ～ *on* all fours [one's knees] 四つん這いになる[膝をつく]. The dog ～*ed at* his feet. 犬は彼の足元に伏した. He ～*ed to* his creditors *for* a week's grace. 彼は債権者たちに1週間の支払い猶予をしてくれるよう平身低頭して頼んだ. 2 ひどく卑下する. 3 ふける, おぼれる, 〈*in*..〔快楽, 悪〕に〉.
[<中期英語 *grovel*ings「うつ伏せに」(<古期北欧語); 語尾と思われる部分を除去して動詞を作った]

‡**grow** /grou/ 動 (～s /-z/|過 **grew** /gruː/|過分 ～**n** /-n/|**grów·ing**) 自
【生じる】 1〔草木が〕**生える**, 発芽する; 生じる, 起こる, 〈*from, out of*..から〉. Seeds must have air and water to ～. 種が芽を出すには空気と水が必要である. The lily ～*s from* a bulb. ユリは球根から生える. Mosquitoes ～ in swamps. 蚊は湿地に発生する. His suspicions *grew out of* nothing in particular. 彼の疑念は特にこれと言ったものから生じたわけではなかった. Love sometimes ～*s up from* friendship. 友情から愛が芽生えることもある.
【大きくなる】 2〔生物などが〕**成長する**; 〔人が〕(精神的に[人間として])成長する; 〔会社, 経済, 町などが〕発展[発達]する; 〈*from*..から/*into*..に〉; 〔爪, 髪などが〕伸びる. I have ～*n* five centimeters since last April. 去年の5月以来私は5センチ背が伸びた. Let's see how the potato shoot ～*s*. ジャガイモの芽がどのように伸びるかを見てみましょう. The town *grew into* a large city. 町は大都市に発展した.
3〔草木が〕**育つ**, 生い茂る, 繁茂している. Bamboo ～*s* only in warm countries. 竹が育つのは暖かい国だけである. Bananas ～ wild in the Philippines. フィリピンではバナナが自生している.
4 VA〔道などが〕覆われる〈*with*..〔草木〕で〉. The cycling path *grew with* weeds. サイクリング用の道路は雑草に覆われていた.
5 (大きさ, 数量, 程度などが次第に)**増大する**. ～ *in* experience 経験が深まる. Her books have ～*n in* popularity recently. 彼女の本の人気が最近高まってきた. My anxiety *grew* as I waited for Peter to return. ピーターが帰るのを待っているうちに私の不安は募った. The population of the town is rapidly ～*ing*. その町の人口は急激に増加している.
【変化する】 6 VC (～ X/*to do*) **次第にXの状態に/..するようになる** (★Xは形容詞) (類語 徐々に変化成長する含みがある; →become). ～ old だんだん年を取る. His face *grew* paler than before. 彼の顔は前より青白くなった. It *grew* cold. 寒くなった. I *grew to* hate working with him. 彼と働くのがだんだん嫌になってきた. Your store certainly has ～*n to* be a big business. あなたの店は確かに大事業になった.
── 他【生じさせる, 成長させる】 1〔特に植物, 作物〕を**栽培する**; を生やす, 〔髪, 爪など〕を(切らずに)伸ばす; 〔趣味など〕を養う; VOC (～ X Y) X(髪など)をYの状態に生やす; (類語 普通, 植物の栽培に用いる; →raise 5). I ～ orchids in my greenhouse. 私は温室でランを栽培している. Cauliflowers have been ～*n* since Roman times. カリフラワーはローマ時代から栽培されてきている. This tree ～*s* new leaves in spring. この木は春に新しい葉をつける. ～ a beard あごひげを蓄える. ～ one's hair long 髪を長く伸ばす.
2〔植物が〕〔場所〕に生い茂る, を覆う, 〈*over*〉〈受け身で〉. The garden is ～*n* (*over*) *with* weeds. 庭は(一面)雑草で覆われている. ◇growth 名

gròw apárt 〔人が〕関心[意見など]が違ってくる, 疎遠(そえん)になる, 別れる, 〈*from*..と〉.
gròw awáy from.. 〔近親, 友人など〕との関係が緊密でなくなる, ..との仲が悪くなる. Chris has ～*n away from* her parents. クリスは両親と疎遠になった.
gròw báck 〔抜けた毛髪が〕再生する, 〔除去した腫瘍が〕再発する.
grów into.. (1) 成長して[時とともに]..になる[発展する] (→自 2). (2) (大きくなって)..が着られるようになる. Ken will ～ *into* his brother's clothes by the end of the year. ケンは年末ごろには大きくなって兄さんの服が着られるでしょう. (3)〔仕事など〕に慣れるようになる.
grów on [*upon*]..〔人, 態度, 芸術作品などが〕..にとって次第に魅力を増してくる; 〔習慣, 考えなどが〕..を次

第に支配するようになる. I didn't like this picture at first, but it *grew on* me. この絵は初めは好きでなかったが, だんだん好きになった. The passion for collecting jewelry has ～*n on* her with age. 彼女の宝石収集熱は年とともにますます強くなった.

gròw on trées たやすく手に入る, どこにでもある, 〈普通, 否定文で〉. Money doesn't ～ *on trees*. 金銭は額に汗して得られるもの《金のなる木などありはしない》.

grów òut of.. (1)〔考え, 計画などが〕..から生じる, 起こる, ..に胚胎(はいたい)する. My desire to be a doctor *grew out of* looking after my sickly mother. 医者になりたいという願望は病弱な母を世話したことから芽生えた. His illness *grew out of* too much drinking. 彼の病気は酒の飲み過ぎが原因だった. (2)〈大きくなって〉..が着られなくなる (outgrow). My daughter has ～*n out of* this suit. 娘は大きくなってこの服が着られなくなった. (3)〔(子供っぽい)習慣, 癖(くせ)など〕から抜け出す, を卒業する, (outgrow). Tom hasn't ～*n out of* comic strips. トムはまだ漫画(を読む癖)を卒業できない. Eventually these youths ～ *out of* reckless driving. 行く行くはこういう若者たちも大きくなって無謀運転なんかしなくなるのだ.

gròw togéther 結合する, 一つになる; 〔傷口などが〕癒(ゆ)合する.

*__gròw úp__ (1)〔人が〕**成長する**, おとなになる. Children ～ *up* so quickly. 子供は成長が速い. I want to be an astronaut when I ～ *up*. 大きくなったら宇宙飛行士になりたいんだ. I *grew up* in London. 私はロンドンで育った. (2)生じる; 発展する. A dispute *grew up* among them. 彼らの間に論争が持ち上がった. (3)〖話〗〈命令形で〉子供じみたことをするな[言うな].

[＜古期英語; grass, green と同根]

grów·a·ble 形 栽培可能な.

grow·bag /gróubæg/ 名 ＝growing bag.

†**grów·er** 名 Ⓒ **1** 栽培者, 生産者, 《農場労働者と区別して》. apple ～*s*＝～*s* of apples リンゴの栽培者. **2** 〈普通, 形容詞を伴って〉成長が..な植物. This kind of bean is a quick [fast] ～. この種類の豆は成長が速い. a slow ～ 成長の遅い植物.

grów·ing 形 〈限定〉 **1** (大きさ, 数量, 程度などが)大きくなる. ～ disbelief ますますつのる不信の念. *Growing* numbers of Japanese take their vacations abroad. ますます多くの日本人が海外で休暇を過ごすようになってきている. **2** 発育盛りの; (植物の)成長に適した. a ～ child 育ち盛りの子供. the ～ season (植物, 作物の)成長期.

gròwing bàg 名 Ⓒ (野菜用などの)培養土の入ったビニール袋.

grów·ing·ly 副 ますます, しだいに.

grówing pàins 名 〈複数扱い〉(伸び盛りの子供の)成長痛《通俗的用語で, 現代医学では多くの場合リューマチ熱の一種と考えられる》; 〈比喩的に〉成長期の悩み[苦しみ], 生みの苦しみ.

*__growl__ /graul/ 動 自 **1**〔普通, 動物が〕(怒ったり威嚇(かく)[警戒]したりして)うなる 〈*at* ..に向かって〉(→dog 参考). **2**〔人が〕(うなるような声を出して)不平を言う, 怒る, 〈*at* ..に対して〉. Father always ～*s at* me. 父はいつも私にがみがみ言う. **3**〔雷などが〕とどろく; 〔腹が〕ぐうぐうと鳴る. ── 他 をうなるような声で言う 〈*out*〉. ～ (*out*) a warning どなって警告する.

── 名 Ⓒ **1** (犬などの)うなり声. **2** 不平の声; 悪態; どなり声. **3**〔雷などの〕とどろき; うなる音. [擬音語]

grówl·er 名 Ⓒ **1** うなる人[動物, 物]; がみがみ言う人, 不平屋. **2** 小さい氷山.

grówl·ing·ly 副 **1** うなって. **2** がみがみと.

‡**grown** /groun/ 動 grow の過去分詞.

── 形 **1** 〈限定〉成長した; 成人の (adult). a ～ man 成人, おとな(の男). a fully ～ (＝full-grown) whale 充分に成長したクジラ. **2** 〈しばしば複合要素として〉〔草などに〕覆われた; ..栽培の. a moss-～ stone コケの生えた石. home-～ tomatoes 自家製のトマト.

‡**grown-up** /gròunʌ́p 形/ 形 **1** Ⓒ おとなの; 成人した. Your son is ～ now, isn't he? 息子さんはもう成人されたでしょうね. **2** Ⓜ おとならしい, おとなびた; 〖話〗おとな向きの. ── /⌐⌐/ 名 (複 **～s** /-s/) 〖話〗Ⓒ **おとな**, 大きい人, (**grownup** ともつづる; 類語 adult よりくだけた語で, 特に子供が, あるいは子供に対して用いる). This movie is for ～*s*. この映画はおとな向きです.

‡**growth** /grouθ/ 名 (複 **～s** /-θs/) **1** aU **増大**, 増加; 拡大; 〈*in*..における/*of*..の〉. the rapid ～ *of* [*in*] population 人口の急増.

> 連結 vigorous [dynamic; explosive; phenomenal; runaway, unbridled, wild; steady; sustained; long-term; slow; nagative] ～ // promote [sustain; impede; retard; arrest] ～

2 Ⓤ (人, 動植物の)**成長**, 成育; (人の)精神[人格]形成; (企業, 組織, 経済などの)発展. the ～ of beans 豆の生長. a tree of nine years' ～ 9年たった木. a ～ ring (樹木の)年輪. reach full ～ 成長しきる. the city's rapid ～ その市の急速な発展. Japan's real (economic) ～ rate 日本の実質(経済)成長率.

3 Ⓤ 栽培, 生産, ..産. These lemons are of foreign [domestic, home] ～. このレモンは外国産[国産]だ.

4 UC 成長した[する]もの; 生えたもの, 伸びたもの, 《草木, ひげ, 髪, 爪など》. a thick ～ of undergrowth 生い茂った下ばえ. shave off a five-days' ～ of beard 5日伸びたあごひげを剃(そ)る.

5 Ⓒ できもの; 〖医〗腫瘍(しゅよう); 病的増殖. extract a cancerous ～ 癌腫(がんしゅ)を剔(てき)出する.

◇動 grow [grow, -th[1]]

grówth hòrmone 名 Ⓤ 成長ホルモン.

grówth ìndustry 名 Ⓒ 成長(が期待される)産業.

grówth stòck [shàre] 名 Ⓒ 〈普通, 複数形で〉〖経〗成長株.

groyne /grɔin/ 名 〖英〗＝groin 3.

GRU 名 〈the ～〉(旧ソ連の)国防省参謀本部諜報部《KGB とは別の, 軍独自の諜報組織》.

‡**grub** /grʌb/ 動 (～s|-bb-) 他 **1**〔根株など〕を掘り出す; 〔木など〕を根こそぎにする; 〈*up, out*〉; 〔地面〕を掘って根株を取り除く, 掘り起こす. ～ (*up*) the roots of a tree 木の根を掘り起こす. ～ earthworms 土の中からミミズを掘り出す. ～ the ground 地面を掘り返す. **2**〔情報など〕を(書物などから)捜し出す. **3**〖俗〗〔人〕に食べ物を与える. **4** 〖米俗〗〔たばこなど〕をたかる, ねだる, 〈*off, from*..から〉.

── 自 **1** VA (物を捜して) 地面を掘り返す; (地面を掘って, 又は物を移動して)捜す, 捜し回る; 〈*around, about*〉〈*in, among, through*..(の中)を/*for*..を求めて〉. ～ *in* the earth *for* bulbs 土を掘って球根を捜す. ～*about in* the dirt *for* a lost key 紛失した鍵はないかと泥の中を捜す. He's ～*bing through* a pile of old papers *for* the articles on the heart transplant. 彼は心臓移植の記事はないかと古新聞の山を捜している. **2** 骨の折れる仕事をこつこつとする, せっせと働く; こつこつと勉強[研究]する. ～ for a living 生活のためあくせく働く.

── 名 **1** Ⓒ (特に甲虫類の)幼虫, ジムシ, ウジ. **2** Ⓤ 〖話〗食物 (nosh). *Grub*'s up! ごはんだよ. It's time we had some ～. もう飯時だ. **3** Ⓒ 退屈な人; 骨の折れる仕事をこつこつとする人 (drudge).

[＜中期英語; たぶん grave[1] と同根]

grub·by /grʌ́bi/ 形 ⓔ **1** ウジのわいた. **2** よごれた, きたない, (grimy); 腐敗した, 堕落した, 下劣な. **3** ちっぽけな, ちゃちな. ▷**grub·bi·ly** 副 **grub·bi·ness** 名 Ⓤ

grúb·stàke 〖米話〗名 Ⓒ (探鉱者に対する)先行投資; (新規事業主に貸し出す)資金. ── 動 他 に(事業)資金を貸し出す.

Grúb Strèet 名 U 〈集合的〉三文文士連《彼らが住んだ London の通りの名 (現在の Milton St.)から》.

†**grudge** /grʌdʒ/ 名 C 恨み, 悪意,〈*against* ..〔人〕に対する〉. earn a person's deep-rooted ～ 人の深い恨みを買う. a ～ fight [match] (ボクシングなどの)遺恨試合; 因縁の対決.

bèar [***hòld, hàrbor, hàve, nùrse***] ***a grúdge against*** .. ..に恨みを抱いている; 〔人のやったこと〕に憤慨している. Does he *have* some kind of ～ *against* you? 彼はあなたに何か恨みがあるのか.

òwe a pèrson a grúdge 人を恨むのも当たり前である; それなりの理由があって人に腹を立てる. I *owe* him *a* ～. 私には彼に腹を立てるべき理由がある.

── 動 他 **1** (**a**) VOO (～ X Y)・VOA (～Y *to* X) X に Y を与える[認める]のを惜しむ[いやがる], しぶしぶ与える[認める]. His parents ～ him nothing. 彼の両親は彼に何でも惜しみなく与える. (**b**) VO (～ X/*doing*) X を与える[出す, 認める]のを惜しむ/しぶしぶ..することを認める, ..することをいやがる. ～ even food expenses 食費さえ惜しむ. Tim ～*d* pay*ing* so much for such an old bicycle. ティムはそんな古自転車にそんな金を払うのをしぶった.

2 VOO (～ X Y)・VOA (～Y *to* X)・VO (～Y) (X の持っている) Y をねたむ. His friends ～*d* ⌞him his comfortable position [his comfortable position (*to* him)]. 友人たちは彼の快適な地位をねたんだ.

[＜古期フランス語「不平を言う」]

‡**grudg·ing** /grʌ́dʒiŋ/ 形 いやいやの, しぶしぶの, (reluctant). The captain gave his ～ consent. 船長はしぶしぶ承諾した. ▷ **～·ly** 副 いやいやながら, しぶしぶ.

gru·el /grúːəl/ 名 U (病人用の)薄いかゆ《オートミールに牛乳[水]を加えて煮る》.

‡**grú·el·ing**〔米〕, **-el·ling**〔英〕/grúːəliŋ/ 形 へとへとに疲れさせる; 激しい; 厳しい. a ～ tour きつい[強行軍の]旅行. ～ negotiations 骨の折れる交渉. ▷ **～·ly** 副

‡**grue·some** /grúːs(ə)m/ 形 (人の死などに関連して)身の毛のよだつ, ぞっとする, ものすごい. a ～ murder 身の毛のよだつ殺人. a ～ battle ものすごい戦い. [〔方〕*grue*「身震いする」, -some] ▷ **～·ly** 副 ぞっとするほど. **～·ness** 名

gruff /grʌf/ 形 **1**〔人, 態度, 話し方などが〕ぶっきらぼうの, 粗野な, 無作法な, (類語 普通, 不機嫌などから来るそっけなさ; →blunt). a ～ manner ぶっきらぼうな態度. **2**〔人の声が〕(不機嫌などのために)どら声の, しわがれ声の, 荒々しい. [＜オランダ語] ▷ **grúff·ly** 副 ぶっきらぼうに. **grúff·ness** 名 U ぶっきらぼう.

***grum·ble** /grʌ́mb(ə)l/ 動 (**～s** /-z/| 過 過分 **～d** /-d/| **-bling**) 自 **1 不平を言う**, 愚痴を言う,〈*at, to* ..〔人〕に対して/*at, over, about* ..のことで〉(類語 不機嫌に(普通, 小声で)不平を繰り返す; →complain). He's always *grumbling at* his low salary. 彼は給料が安いと愚痴ばかりこぼしている. The students ～*d over* their assignments. 学生たちは宿題のことでぶーぶー言った. "How's it going?" "Mustn't ～."「調子はどうだい」「まあまあだ」《＜文句を言ってはいけない》.

2 低くうなる; 〔雷, 腹などが〕ごろごろと鳴る, とどろく, (rumble).

── 他 VO (～ X/*that* 節/"引用") X を/..ということを/「..」と不平がましく言う, ぶつぶつ言う. ～ (out) a reply 不服そうに返事をする. The pupils ～*d that* the teacher assigned them too much homework. 生徒たちは先生が宿題を出しすぎると文句を言った.

── 名 C **1** 不平, 不満の声, 愚痴. My ～ is ⌞with his waste of money [that he wastes money]. 私が不満なのは彼が金銭を浪費することです. **2**〈単数形で〉(雷, 腹などの)ごろごろ鳴る音; 砲声.

[＜中期オランダ語; grim と同根]

grúm·bler 名 C ぶつぶつ不平を言う人, 不平家.

grùmbling appéndix 名 U〔話〕時々痛む(初期の)盲腸炎, 慢性盲腸炎, 《虫垂炎 (appendicitis) にまで進んでいない状態》.

grúm·bling·ly 副 ぶつぶつ不平を言いながら, 不平がましく.

grum·met /grʌ́mət/ 名 ＝grommet.

grump·y /grʌ́mpi/ 形 e〔話〕気むずかしい, 不機嫌な. ▷ **grump·i·ly** 副 不機嫌に, むっつりと. **grump·i·ness** 名

Grun·dy /grʌ́ndi/ 名〈Mrs. ～〉口うるさい人; 世間の口; 《Thomas Morton の喜劇 *Speed the Plough* (1798) の登場人物名から; **Grúndyist**, **Grúndyite** /-diait/ とも言う》. What will *Mrs.* ～ say? 世間の人は何と言うだろう.

Grún·dy·ìsm 名 U〔主に英〕グランディー主義《男女間の礼儀にうるさく, 世間体を気にすること》; その言動.

grunge /grʌndʒ/ 名 U **1** ごみ, くず, 汚ないもの. **2** グランジ(ロック)《1980 年代末に起こった, ギターのひずんだ大音量が特徴の音楽》. **3** グランジファッション《グランジのミュージシャンたちの服装に倣った, 古びた薄汚れたシャツなどのファッション》.

grun·gy /grʌ́ndʒi/ 形〔米俗〕汚ない, ぼろっちい, 最低の.

grun·ion /grʌ́njən/ 名 (複 **～, ～s**) C〔魚〕トウゴロイワシ類の小魚《米国 California 原産》.

†**grunt** /grʌnt/ 動 自 **1**〔豚などが〕ぶーぶーいう, 鼻をならす. **2** ぶーぶー言う, うなる; ぶつぶつ不平を言う;〈*with* ..〔不満, 苦痛など〕で〉. ── 他 VO (～ X/"引用") X を/「..」とうなるように言う〈*out*〉. He ～*ed* his acknowledgement. 彼はぶつぶつ言いながらも認めた. 'I'm beaten! he ～*ed out*.「参った」と彼はうなるように叫んだ.

── 名 C **1** (豚などの)ぶーぶーという鳴き声; うーんという声; 不満の声. **2** イサキ科の魚《水から出すとぶーぶーという音を出す》. [＜古期英語]

Gru·yère /gruːjéər|⌐⌐/ 名 U グリュイエール《淡黄色で堅く, たくさん穴のあるスイス原産のチーズ》.

gryph·on /gríf(ə)n/ 名 ＝griffin[1].

G7 名 (Conference of Ministers and Governors of) the Group of Seven (先進 7 か国蔵相会議)《G5 にカナダ・伊を加えたもの; 1986 年東京サミットで設立》.

G-spot /⌐⌐/ 名 C G スポット《膣(ち)内の性感点》.

G-string /⌐⌐/ 名 C **1** ＝G string. **2** (ストリッパーなどの用いる)バタフライ; ふんどし.

G string /⌐⌐/ 名 C (弦楽器の) G 線.

G-suit /⌐⌐/ 名 C〔航空〕G スーツ《加速度の影響を緩和する飛行服; G＜gravity》.

GT gran turismo.

gt. gilt; great.

Gt. Br., Gt. Brit. Great Britain.

gtd guaranteed.

GTi, GTI /dʒíːtiːài/ 名〈形容詞的〉〔自動車などが〕GTi の《高速走行用の特殊燃料噴射装置を持った; ＜grand tourer injection》.

gua·ca·mo·le /gwɑ̀ːkəmóuli/ 名 U グアカモーレ《つぶしたアヴォカドにトマト, タマネギを混ぜたメキシコ料理》.

Gua·dal·ca·nal /gwɑ̀ːdlkənǽl/ 名 ガダルカナル(島)《南西太平洋の Solomon 群島の主島; 第 2 次大戦の激戦地》.

Guam /gwɑːm/ 名 グアム島《太平洋西部 Mariana 諸島の主島; 米国領》. ▷ **Gua·ma·ni·an** /gwɑːméiniən/ 形, 名 C グアム島の(人).

gua·na·co /gwənɑ́ːkou/ 名 (複 **～s**) C〔動〕グワナコ《南米 Andes 山脈に住む野生のラマ》.

Guan·dong /gwɑ̀ːndɔ́ːŋ/ 名 広東《中国南東部の省》.

gua·no /gwɑ́ːnou/ 名 U グワノ, 糞(ふん)化石, 《特に南米 Peru 沖の島に堆(たい)積した海鳥の糞で肥料になる》.

***guar·an·tee** /gæ̀rəntíː/ 名 (複 **～s** /-z/) C **1** (製品の品質, 修理などの, ある期間中の)**保証**; (一般に物事の)保証; 〈*for, against, of*..に対する/*to* do..するという/

that 節..という〉. This TV is still *under* ～. このテレビはまだ保証期間中だ. The clock carries [comes with] a two-year ～.＝There is a two-year ～ *on* the clock. この時計は 2 年間の保証付きです. You (may) have my [I will give you a [my]] ～ *that* we'll be on time. 私たちが時間を守ることを固く約束します.

連結 a written [an unconditional; a limited; a lifetime; a money-back] ～ ‖ give [provide] a ～

2 保証となるもの, 保証書, 担保(物件), 〈*of* ..〔ある結果, 状態など〕の/*to* do..するという/*that* 節..という〉(→guaranty). Effort alone is no ～ *of* [does not guarantee] success. 努力だけでは必ず成功するとは限らない. **3** 被保証人. **4** 保証人 (guarantor).

be [stànd, gò] guarantée for.. ..の保証人である[になる].

── 動 (～s /-z/|過 過分 **～d** /-d/|**～·ing**) 他 **1**〔商品, 実行など〕を**保証する**;〔人〕に(損害保証の)保証をする;〈*against* ..〔損害, 危険など〕に対する〉; (本人に代わって)〔借金など〕の保証をする[保証人になる]; VOC (～ X (*to be*) Y/～ X *to do*) X は Y である/X は..すると保証する. ～ the quality of products 製品の質を保証する. ～ a person *against* injury 人に傷害に対する保証をする. This camera is ～*d against* any failure for two years. このカメラはどんな故障でも 2 年間の保証が付いている. My uncle ～*d* my debts. おじは私の借金の保証人になってくれた. The jeweler ～*d* the diamond (*to be*) genuine. 宝石商はそのダイヤは本物だと保証した. The contractor ～*d* the building *to* stand fifty years more. 施工業者はその建物はあと 50 年もつと保証した.

2 VO (～ X/*to do*/*that* 節) X を/..することを/..ということを請け合う, 約束する; VOO (～ X Y)・VOA (～ Y *to* X) X に Y を請け合う; VOO (～ X *that* 節) X に..ということを請け合う. I ～ *to* take over his responsibilities. 彼の責任を引き受けることを保証します. I cannot ～ her safety [*that* she'll be safe] if she goes there alone. 彼女がたった 1 人で行くなら身の安全は請け合えない. The employer ～*d* the employees a high salary [a high salary *to* the employees]. その雇い主は使用人に高い給料を(支払うことを)約束した.

be guarantèed to dó〖話・皮肉〗(結果として)きっと..することになる. It *is* ～*d to* rain when you go out. 君は全く雨男だ《<君が出かける時は雨が降るのが保証付きだ》. [<guaranty; 語尾を -ee に変えた]

guar·an·tor /gæ̀rəntɔ́ːr, -tər|gæ̀rəntɔ́ː/ 名 C〖法〗(特に債務の)保証人.

guar·an·ty /gǽrənti/ 名 (複 **-ties**) C **1**〖法〗保証(契約), 保証書, 《本人が不履行の場合に代わって債務の弁済, 義務の履行などに応じるという契約(書)》. **2**〖法〗担保(物件). **3** ＝guarantee 1. **4** ＝guarantor. [<古期フランス語 (<*garantir*「保証する」); warranty と同源]

‡**guard** /gɑːrd/ 名 (複 **～s** /-dz/)

【守る人】 **1** C **守衛**, 番人; **衛兵**, 歩哨(しょう); 護衛(者); **警備員**, ガードマン (guardsman);〖米〗看守 (〖英〗 warder). a security ～ (建物などの)警備員, (現金輸送などの)護衛. Two ～*s* were watching the gate of the building. 2 人の守衛がその建物の入り口を見張っていた. a crossing ～ 踏切番.

2 C (**a**)〈単数形で複数扱いもある〉**護衛隊**; 守備隊. the premier's ～ 首相の護衛(たち). a ～ made up of fifty soldiers 50 人の兵から成る守備隊. an armed ～ of police 武装警官隊. a ～ of honor 儀仗(ぎじょう)隊《国賓などを護衛し, 歓迎のパレードをする兵隊》. (**b**)〈the Guards〉〖英〗近衛(このえ)部隊《the Life *Guards*, the Horse *Guards*, the Grenadier *Guards* などの総称》.

3 C〖英〗(列車の)車掌 (〖米〗 conductor).

4 C〖アメフト・バスケ〗ガード.

【守るもの】 **5** C 防護物, 安全装置, 《損害, 危険などを防ぐためのカバー, 囲いなど》; 防護[予防]手段. a mud ～ (自動車の)泥よけ. a shin ～ (球技の)すね当て. a chin ～ (ヘルメットの)あご当て. Exercise and adequate sleep are the best ～ against sickness. 運動と十分な睡眠が病気を防ぐ最善の手段だ.

【守ること】 **6** U 警戒, 監視; 警備; 用心; 防御, 防護. lower one's ～＝let one's ～ down 警戒[監視, 用心]を(必要な時に)緩める[忘れる]. keep one's ～ up 警戒[監視, 用心]を続ける.

7 U (フェンシング, ボクシングなどの)防御の構え[動作].

****kèep guárd*** 見張りをする, 警戒する. *keep* ～ *over* [*on*] a house 家の見張りをする.

mòunt guárd →mount¹.

****off (one's) guárd*** **油断して**(いるところを). Kay was caught [taken, thrown] *off* ～ by the question. ケイはその質問に不意をつかれた. His kindnesses caught me *off* ～. 彼の親切な行為で私は油断してしまった.

on guárd (人, 場所などの)警備について.

****on (one's) guárd*** **用心して**, 警戒して, 〈*against* ..を〉. Be *on* your ～ *against* pickpockets. スリにご用心.

relìeve guárd 歩哨(しょう)[見張り]を代わってやる.

****stànd guárd*** **歩哨に立つ**; 見守る〈*over* ..を〉.

the òld guárd 頭の古い人々.

under guárd 監視されて, 見張られて. keep [put] a suspect *under* close ～ 容疑者を厳重に監視する.

── 動 (～s /-dz/|過 過分 **guárd·ed** /-əd/|**guárd·ing**) 他 **1**〔人, 物, 場所〕を守る, 護衛する; を用心する, 警戒する; 〈*against* ..されないよう/*from* ..から〉(類語 起こるかもしれない危険や被害に備えて見張る; 目的語が人の場合, 3 の意味になるのは文脈次第; →defend). Two night watchmen ～ the factory. 2 人の夜警がその工場を警備する. ～ the land *from* [*against*] invaders 国土を侵略者から守る.

2〔情報, 知識など〕を漏らさない, 秘密にしておく. ～ a person's [one's] identity 人の[自分の]身分を明かさない. ～ the source of information 情報源がどこかを漏らさない. **3** の見張りをする, 〔囚人, 捕虜など〕を監視する.

4〔言葉, 感情など〕を抑制する. ～ one's tongue 口を慎む. **5**〔機械など〕に安全装置を付ける, 防護装備をする.

── 自 VA (～ *against* ..) ..を[が起こらないように]**警戒する**, 用心する. You have to ～ *against* pneumonia when you have a cold. 風邪をひいた時は肺炎にならないように気をつけなければならない.

[<古期フランス語「見張り, 見張る」; ward と同源]

guárd cèll 名 C〖植〗孔辺細胞《気孔のへりにあって気孔を開閉する》.

guárd chàin 名 C (時計, ブローチなどの)留め鎖.

guárd dòg 名 C 番犬.

guárd·ed /-əd/ 形 **1**〔人, 言葉遣いなどが〕慎重な, 用心深い, 明言を避けた. give a ～ reply 慎重な返事をする. He was ～ *in* his choice of words. 彼は慎重に言葉を選んで話した. give a ～ smile 控え目に[かすかに]ほほえむ. **2** 用心深く守られた; 厳しく監視された. a closely ～ secret 厳重に守られている秘密. a heavily ～ embassy 厳重な警備体制をとっている大使館. ▷ **～·ly** 副 用心深く, 慎重に.

guárd hàir 名 U〖動〗粗毛, さし毛, 《毛皮獣の下毛を保護する被毛》.

guárd·hòuse 名 (複 →house) C〖軍〗営倉; 衛兵詰め所.

***guard·i·an** /gɑ́ːrdiən/ 名 (複 **～s** /-z/) C **1 守護者**; 保管者; **保護者**, 保護するもの. the ～ of world peace 世界平和を守るもの. **2**〖法〗(未成年者などの)後見人 (↔ward). **3**〈The G-〉『ガーディアン』《英国 Manchester 市の日刊紙; 1821 年創刊》. **4** (フランシスコ会

の)修道院長. [guard, -ian]

guàrdian ángel 名 C (人や土地を守る)守護天使; 守護天使のような人.

Guàrdian Ángels 名 〈the ~; 複数扱い〉(ニューヨーク・ロンドンの地下鉄の)ボランティア警備員たち.

guardian·ship /gɑ́ːrdiənʃìp/ 名 U **1**《法》後見人の役目[責任, 任期]. **2** 保護, 後見; 管理. The relics are under the ~ of the mayor. その遺跡は市長の管理下にある.

guárd·ràil 名 C **1** (特に橋, 階段の事故防止のための)手すり, らんかん, (道路の)ガードレール, (→crash barrier). **2** (鉄道の脱線防止用の)補助レール《《英》では checkrail とも言う》.

guárd rìng 名 C 留め指輪《結婚指輪などが抜け落ちないようにその外側にはめる》.

guárd·ròom 名 C 衛兵室, 詰め所(の1室); 営倉.

G

guárds·man /-mən/ 名 (複 **-men** /-mən/) C **1** 警備員, 守衛, 番人. **2**《米》州兵. **3**《英》近衛(このえ)兵.

guárd's vàn 名 C 《英》車掌車[室] (《米》caboose).

Guar·ne·ri, -ne·ri·us /gwɑːrní(ə)ri/, /-né(ə)riəs/ 名 C グァルネリ(ウス)《17-18 世紀にイタリアの Cremona でヴァイオリン製作を行った一族(の1人)》; グァルネリ(ウス)(作のヴァイオリン).

Gua·te·ma·la /gwɑ̀ːtəmɑ́ːlə | gwɑ̀ː-, gwæ̀-/ 名 グアテマラ《中米の共和国; 首都 Guatemala City》.
▷ **~n** /-lən/ 名 C, 形 グアテマラ人; グアテマラ(人)の.

gua·va /gwɑ́ːvə/ 名 C バンジロウの実, グアヴァ, 《円形又は円錐(すい)形で白又はピンクの果肉は固くて甘い》; バンジロウ《葉は卵形で大形; 白い花をつけるテンニンカ科の樹木; 熱帯アメリカ産》; U その果肉.

gua·yu·le /gwɑːjúːli:/ 名 C 《植》グワユール《キク科の小低木; メキシコ北部, 米国 Texas などに産する; その樹液からゴムが採れる》; U グワユールゴム.

gu·ber·na·to·ri·al /g(j)ùːbərnətɔ́ːriəl/ 形 〈限定〉(州)知事の(★governor の形容詞). a ~ election 知事選挙.

guck /gʌk/ 名 =gunk. [goo+muck]

gudg·eon /gʌ́dʒ(ə)n/ 名 (複 ~) C **1** キタノカマツカ《ヨーロッパ産のコイ科の小さな淡水魚; 捕らえやすく食用又は釣りのえさ用》. **2**《俗》だまされやすい人.

guèl·der róse /gèldər-/ 名 C テマリカンボク《スイカズラ科の落葉低木; 初夏, 白い小花が固まって咲く》.

Guer·ni·ca /gərníːkə/ 名 ゲルニカ《スペイン北部の町; スペイン内戦時にドイツ空軍の無差別爆撃を受けた; これに題材をとった Picasso の大作は有名》.

Guern·sey /gə́ːrnzi/ 名 **1** ガーンジー島《Channel Islands 中の1つ》. **2** C ガーンジー種の乳牛. **3** 〈g-〉 C ガーンジー《厚手の毛編みセーター又はシャツ; 船員用》.

†**gue(r)·ril·la** /gərílə/ 名 C ゲリラ兵, 不正規兵. ~ war [warfare] ゲリラ戦. [スペイン語「小戦争」]

:**guess** /ges/ 動 (**guéss·es** /-əz/ | 過 過分 **~ed** /-t/ | **guéss·ing**) 他 **1** VO (~ X/~ *wh* 節・句/~ *that* 節) X を/..かと/..ということを推量する, 推測[憶測]する; VOC (~X *to be* Y)・VOA (~ X *as* [*at*] Y) X が Y であると推量する; (類語 行き当たりばったりの全くの当て推量; → conjecture, surmise). ~ the true reason 真の理由を推測する. Can you ~ *how* old that foreigner is? あの外国人はいくつだと思いますか. I would ~ him *to be* around forty.=I would ~ *that* he is around forty. 推測するところ彼は 40 歳前後だろう. I ~ her age *as* [*at*] forty-five. 彼女の年は 45 と踏んでいる.
2 (推測して)を言い当てる; 〔なぞなぞ〕を解き当てる.
—— 自 **1** 推量する 〈*at* ..を〉. You are merely ~*ing*. 君はただ当て推量をしているだけだ. Can you ~ *at* my weight? 私の体重がどのくらいか当てられますか.
2 VA 言い当てる. You didn't ~ right. 君(の答え)ははずれたよ.

Guèss whát. 《話》いいかい, あのね, 《話の切り出しや, 驚くべきこと, 興味深いことを話す前に注意をうながして》. *Guess what*! He's getting married. あのねえ, 彼が結婚するんだって.

****I guéss (that)..*** 《主に米話》..であると思う, どうも..のようだ, (I suppose [suspect]). *I* ~ you're right. あなた(の言い分)は正しいと思う. It's going to rain, *I* ~. たぶん雨になると思う. "Will it be fine tomorrow?" "*I* ~ so [not]."「明日は晴れでしょうか」「そうでしょう[いや, そうじゃないでしょう]」(★so, not は that 節の代わり; → so 副 3, not 副 6). *I* ~ I'll go to bed. さあ僕は寝ようと思う. (★I ~ I will で「..しようと思う」)

kèep a pèrson guéssing (重要な事を知らせないで)人をやきもき[はらはら]させておく. *Keep* him ~*ing* about the result. その結果は彼に知らせずにおきなさい.

—— 名 (複 **guéss·es** /-əz/) C **推量**, 推測, 憶測. a pretty wild ~ かなりいい加減な当て推量. an educated ~ 経験や専門的知識による推測. My ~ is that... (=I ~ that...) どうやら..のようだと思う. You've missed every ~ so far. これまでのところ君の推測はみんなはずれている. Your ~ is as good as mine. (あなたと同様)私にもよく分からない《人に何か質問されて》.

> 連結 a correct [a right; a mistaken, a wrong; a lucky; a rough; a shrewd] ~ // take [hazard] a ~

ànybody's [ànyone's] guéss 《話》はっきりとはだれも分からない[断定できない]事, 全く予想がつかない事. Whether this plan will work well in practice is *anybody's* ~. この計画が実際にうまくいくかどうかは予断を許さない.

at a guéss = 《旧》***by guéss*** 推量で, 当てずっぽうで.

màke [tàke《米》, ***hàve***《英》***] a guéss*** 推量する 〈*at* ..を/*that* 節..だと〉. *make a* ~ *at* the final result 最終結果を推測する.

[<中期英語 (?<古期北欧語)] ▷ **guéss·a·ble** 形

guéss·er 名

gues(s)·ti·mate /géstəmət/ 名 C 《話》当てずっぽうの見積もり.

guéss·wòrk 名 U 当て推量. by ~ 当て推量で.

:**guest** /gest/ 名 (複 **~s** /-ts/) C **1 (a)** 客, 賓客, (↔host; 類語 普通パーティーや食事のため招待された客; 商売上の「客」は client, customer, patron, shopper, 乗り物の「客」は passenger; →2). We'll have a (house) ~ tomorrow evening. 明晩家に客がくる.

> 連結 an unexpected [an uninvited; a welcome; a distinguished] ~ // entertain [receive, welcome] a ~

(b) 〈形容詞的〉 招待された; 客演する, ゲストの. a ~ speaker 来賓講演者. a ~ professor 客員教授. a ~ artist (テレビ, ラジオなどの)ゲストの芸能人. That singer often makes a ~ appearance on the television talk show. あの歌手はしばしばゲストとしてそのテレビのトークショウに出る.
2 (ホテル, 下宿屋などの)**泊まり客**; (レストラン, 劇場などの)客; 〈a person's ~ として〉(人の)招待客. Tom is coming to this theater as my ~. トムは私の招待客としてこの劇場にやってきます. →paying guest.

Bè my guést. 《話》どうぞご自由に[ご遠慮なく]《依頼に対する快諾の応答》; どうぞお先に (After you.). "May I have a look at your garden?" "*Be my* ~."「お庭を拝見していいですか」「どうぞご遠慮なく」.

—— 動 自 《話》VA ゲスト出演[参加]する 〈*on* ..〔テレビ, ラジオなど〕に/*for*..〔人, 組織など〕のために〉. —— 他 を客としてもてなす.

[<古期北欧語; 原義は「見知らぬ人」]

guést·hòuse 名 (複 →house) C **1** (大学などの敷地

内の)来客宿泊用の離れ[別館], ゲストハウス. **2**〘英〙簡易ホテル, 民宿. [<*guess*+*estimate*]

guést nìght 名 C 〘英〙(社交クラブ, 大学などで会員以外の人を招待して催す)賓客招待会.

guèst of hónor 名 (複 **guests-**) C (公的行事などの)主賓.

guést·ròom 名 C 来客用寝室.

guést wòrker 名 C 出稼ぎ[短期間滞在の]外国人労働者.

Gue·va·ra /geivɑ́:rə/ 名 **Ernesto [Che]** ~ ゲバラ (1928–67)《アルゼンチン生まれのキューバの革命家》.

guff /gʌf/ 名 U 〘話〙ばかげた話, ナンセンス.

guf·faw /gʌfɔ́:/ 名 C 大笑い, ばか笑い. break out [burst] into loud ~*s* わっと爆笑する. ── 動 自 大声でばか笑いする, げらげら笑う, 〈*at*..について〉.

GUI /gú:i/ 〘電算〙graphical user interface (グラフィカルユーザーインターフェイス)《ウィンドウ, アイコン, メニューなどをマウスで操作するユーザーインターフェイス》.

Gui·a·na /giǽnə|gai-/ 名 〈又は the ~s〉 ギアナ《南米北東部で Guyana, Surinam, フランス領 Guiana, the Guiana Highlands より成る地域》.

Guiàna Híghlands 名 〈the ~〉 ギアナ高地《ベネズエラ南東部·ブラジル北部にまたがる高地》.

‡guid·ance /gáid(ə)ns/ 名 U **1 案内**, 引率; **指導**(になるもの). under the ~ of a person=under a person's ~ 人の指導[案内]で. look to a person for ~ 人の指導を頼りにする. **2 学生指導**, ガイダンス; 助言. vocational ~ 職業指導. **3** (ミサイルなどの)誘導. a missile ~ system ミサイル誘導システム.

guídance còunselor 名 C 〘米〙(高校の)学生相談係.

‡guide /gaid/ 名 (複 **~s** /-dz/) C **1** (旅行, 登山, 狩猟などの)**案内人**, ガイド, (→courier); 道しるべ, 道標, 《現在位置·方向などを示す矢印など》. I hired a ~ for my sightseeing. 観光のためにガイドを雇った. Here's a ~ *to* our cycling course. ほらここにサイクリングコースへの標識がある.

2 〈普通, 単数形で〉(人の行動, 判断の)**指針[目安]**(となるもの), 指導方針; 指導者, 助言者. as a rough ~ 大まかな目安として. The Bible is my ~ in everything. 聖書はすべての事について私の指針です.

3 案内書 (guidebook); 指導書; 入門書, 手引き, 〈*to*..への〉. a ~ for tourists *to* the main London attractions (観光客のための)ロンドン主要名所案内書.

> 連結 a reliable [an authoritative; an indispensable; an informative; a detailed; a comprehensive] ~

4 〈普通 G-〉 =girl guide; 〈the Guides〉 =the Girl Guides. **5** 〘機〙誘導装置; 〘軍〙嚮導(きょうどう)隊員[艦].

── 動 (**~s** /-dz/| 過 過分 **guíd·ed** /-əd/| **guíd·ing**) 他 **1** VOA を**案内する**, 先導する. Can you ~ me *through* [*around*] the museum? 博物館内を案内してくれませんか. **2** VOA 〔車, 動物など〕を進路に従って動かす, 誘導する. ~ a plane *down* to the runway 飛行機を誘導して滑走路に着陸させる. The manager ~*d* the baseball team *to* the pennant. 監督はその野球チームを優勝に導いた. **3** 〔人, 物事〕に方針を与える, 強い影響を与える. a *guiding* principle 指導原理. Don't be ~*d* by a passing fancy. 一時の気まぐれで行動するな. [<古期フランス語(<ゲルマン語)]

guíde·bòok 名 C 旅行案内(書); (博物館などの)案内書; 手引き, ガイドブック, 〈*to*..の〉.

guìded míssile 名 C 誘導弾[ミサイル].

guíde dòg 名 C 盲導犬.

guìded tóur 名 C ガイド付き(観光)旅行.

guíded wrìting 名 U ガイデッドライティング《話の粗筋や絵を示しての作文教育》.

†guíde·lìne 名 C **1** (ほら穴などの)誘導ロープ. **2** 〈しばしば ~s〉(政府などが決める)指導目標, ガイドライン, 〈*on, about*..についての/*for*..のための〉. the 2.5% price increase ~ the Government adopted [issued] 政府が採用した[発表した]価格引き上げ 2.5% (以下)という指導目標.

> 連結 basic [feasible; realistic; strict, stringent; vague] ~*s* // draw up [set; follow] ~*s*

3 目安, (行動, 判断の)基準.

guíde·pòst 名 C **1** 道標, 道しるべ. **2** =guideline 2.

Guid·er /gáidər/ 名 C 〘英〙Girl Guides の指導者《大人; 正式には Guide Guider》.

guíde wòrd 名 C (辞書などの)欄外見出し語, 柱.

gui·don /gáidn/ 名 C 〘軍〙**1** 三角旗, 部隊旗. **2** 三角[部隊]旗の旗手.

†guild /gild/ 名 C **1** ギルド《中世の商人, 職人が組織した相互扶助と徒弟修業のための同業組合》. **2** (利害を同じくする人々の)組織, 同業(者)組合, 協会. [<古期英語「支払い」]

guil·der /gíldər/ 名 (複 **~s, ~**) C ギルダー《オランダの貨幣単位; gulden とも言う》; 1 ギルダー銀貨; 〈the ~〉 オランダの通貨制度.

guíld·hàll 名 **1** C 市庁舎, 町役場; 市[町]の公会堂; (town hall). **2** 〈the G-〉 ギルドホール《ロンドンのシティ市庁と公会堂を兼ねる; しばしば再建されたが 15 世紀に始まる建物》. **3** C (中世の)同業組合員の集会所.

guílds·man /-mən/ 名 (複 **-men** /-mən/) C ギルド組合員.

guìld sócialism 名 U ギルド社会主義《特に 20 世紀の初め英国で考えられた, 産業を国有化し, 同時にそれを同業組合の管理下におく制度》.

guile /gail/ 名 U 狡猾(こうかつ)さ; 悪だくみ, 奸(かん)策. [<古期フランス語; wile と同源]

guile·ful /gáilf(ə)l/ 形 狡猾(こうかつ)な, 悪賢い. ▷**~·ly** 副 狡猾(こうかつ)に. **~·ness** 名

guíle·less 形 悪だくみをしない; ごまかしそうもない, 正直(そう)な. ▷**~·ly** 副 正直(そう)に. **~·ness** 名

guil·le·mot /gíləmɑ̀t|-mɔ̀t/ 名 C 〘鳥〙ウミガラス, ウミバトの類の海鳥.

‡guil·lo·tine /gílətì:n, ⌐-⌐/ 名 C **1** ギロチン《フランス革命当時, 処刑に用いられた; その使用を提唱したフランス人医師 Joseph Ignace *Guillotin* の名から》; 〈the ~〉 ギロチンによる処刑. go [be sent] to the ~ ギロチンで処刑される. **2** 〘機〙(紙などの)裁断機; 〘医〙(扁桃腺(へんとうせん)などの)切除器. **3** 〘英〙〈the ~〉(議会での)討議打ち切り《引き延ばし戦術による妨害を防ぐため》. a ~ motion 討議打ち切り動議.

── 動 他 **1** の首をギロチンで切る. **2** 〘英〙〔議案〕の討論を打ち切る.

‡guilt /gilt/ 名 U **1 法律違反**, 犯罪行為; 有罪. admit [confess] one's ~ 罪を認める[告白する]. The prosecutor established the ~ of the accused. 検事は被告人の有罪を立証した. **2** (悪い所業に対する)責任, 罪. **3** 罪の意識, 気のとがめ, 自責の念. [<古期英語「罪」]

guílt còmplex 名 C (異常と思われるほど)強い罪の意識.

guilt·i·ly /gíltili/ 副 罪ありげに, うしろめたそうに.

guílt·i·ness 名 U 有罪(であること); やましさ.

guílt·less 形 **1** 罪のない, 無罪の, 潔白な. **2** 知らない; 持たない; 〈*of*..を〉. ~ *of* the alphabet アルファベットも知らない. ▷**~·ly** 副 **~·ness** 名

guílt trìp 名 C (過度の, 理由の無い)罪の意識. lay [put] a ~ on a person 〘話〙人を自責の念にからせる.

‡guilt·y /gílti/ 形 e (**guilt·i·er**|**guilt·i·est**) **1 有罪の**; 罪を犯した; 〈*of*..で, の〉(↔innocent). be ~ *of* murder 殺人罪で有罪である. Everyone is held to be innocent until he is proved [proven] ~. 誰でも有罪と立証されるまでは潔白とみなされる. The accused pleaded ～ [not ～] *to* the charge of manslaughter. 被告は殺人罪の告発に対して有罪を認めた[無罪を申し立てた].

2 犯して[た] 〈*of* ..〔反道徳又は反社会的な行為, 過失など〕を〉. You have been ～ *of* indiscretion. 君は無分別という誤りを犯した. Harry is often ～ *of* losing his temper. ハリーはよくかんしゃくを起こす(悪い癖がある).

3 罪の自覚がある, 身に覚えのある, やましい, うしろめたい. a ～ feeling やましい[うしろめたい]気持ち. a ～ conscience 良心のとがめ. a ～ look 申し訳なさそうな顔. I feel deeply ～ ⌞*of* [*about, for, over*] having [*that* I] underrated him. あの人を大したことはないと思ったことでとても申し訳なく感じている.

'Nòt guílty.' 「無罪(です)」《法廷での裁判長の申し渡し, 又は尋問に対する被告人の返事; 裁判での無罪は innocent とは言わない》. [＜古期英語; guilt, -y[1]]

guìlty párty 名 〈the ～〉〖法〗加害者(側).

Guin·ea /gíni/ 名 ギニア《アフリカ西部大西洋岸の共和国; 首都 Conakry; もとフランス領》. ▷**Guin·e·an** /gíniən/ 形 ギニア(人)の. ── 名 C ギニア人.

guin·ea /gíni/ 名 C **1** ギニー《イギリスの昔の金貨; 旧貨幣制度で 21 shillings に相当; 本来 Guinea 産の金で作った》. **2** ギニー《イギリスの旧貨幣制度の 21 shillings (現在の 1 ポンド 5 ペンス)に相当した計算上の貨幣単位; 1971 年まで医師, 弁護士などの謝礼, 絵画, 不動産などの価格, 競馬の賞金額などを表すのに用いられた; 競売では現在でも使われることがある》. **3** ＝guinea fowl.

Guìnea-Bis·sáu /-bisáu/ 名 ギニアビサウ《アフリカ西部の共和国; 首都 Bissau》.

guínea fòwl 名 C ホロホロチョウ《アフリカ原産のキジ科の食肉用家禽(きん)》.

guínea hèn 名 C ＝guinea fowl; その雌.

guínea pìg 名 C **1** テンジクネズミ《俗称モルモット; marmot は全く異なる動物》. **2** 実験台になる人[動物], 'モルモット'.

Guin·e·ver(e) /gwínəvìər/ 名 〖英伝説〗ギネヴィア《King Arthur の美貌(ぼう)の妃(きさき); 騎士 Lancelot の愛人; →Arthurian legends》.

Guin·ness /gínəs/ 名 UC 〖商標〗ギネス《Guinness 社製の黒ビール (stout) の一種》.

Guìnness Book of Récords 名 〈the ～〉『ギネスブック』《ギネス (Guinness) 社が毎年発行する世界記録集: **Guìnness Wòrld Récords** などとも言う》.

†**guise** /gaiz/ 名 C〖章〗〈普通, 単数形で〉**1** 〈主に in a .. ～ として〉外観, 外見, (類語 特に, 偽装した[偽りの] appearance). old ideas in a new ～ 新しい装いをした古い思想. **2** 見せかけ, ふり. **3**〖古〗服装, 身なり.

in the guise of.. (1) ..の服装で, 身なりで. *in the* ～ *of* a monk 修道士のいでたちで. (2) ＝under the GUISE of...

under the guise of.. ..を装って, ..の仮面をかぶって. *Under the* ～ *of* friendship he joined our group and then betrayed us. 友だちづらをして彼は私たちの仲間になりそして裏切った.

[＜古期フランス語; wise[2] と同源]

‡**gui·tar** /gitáːr/ 名 (複 ～s /-z/) C ギター. an electric ～ 電気ギター, エレキ. an acoustic ～ (アンプを使わない従来の)生(なま)ギター, アコースティックギター. play the [a] ～ ギターを弾く. pluck [strum] a ～ ギターをかき鳴らす. [＜ギリシア語]

‡**gui·tar·ist** /gitáːrist/ 名 C ギター奏者.

gulch /gʌltʃ/ 名 C 〖主に米〗(特に米国西部の)峡谷《両側が険しく急流が走っている》.

gul·den /gúldən/ 名 (複 ～s, ～) ＝guilder.

gules /gjuːlz/〖紋章〗名 U, 形 赤色(の).

‡**gulf** /gʌlf/ 名 (複 ～s /-s/) C **1** 湾 (類語 普通 bay より大きく, 入口の幅の割に奥行きのあるものを指すが, 固有名詞中では Hudson *Bay* のように大きく, the *Gulf* of Panama (パナマ湾)のように小さいものもある). the *Gulf* (of Mexico) メキシコ湾. the (Persian) *Gulf* ペルシア湾. **2**〖雅〗(地表などの)深い割れ目, 深淵, (chasm). **3** 渦巻き, 巻き込むもの. **4** (意見などの)大きな隔たり, 断絶, 〈*between* ..の間の/*in* ..における〉. the ～ *between* East and West 東洋と西洋との間の隔絶. looking back across the ～ of twenty years 20 年の歳月を隔てて振り返ると. ── 動 他 ＝engulf. [＜ギリシア語「胸, 湾」]

Gúlf Stàtes 名 〈the ～; 複数扱い〉**1**〖米〗メキシコ湾沿岸諸州《Texas, Louisiana, Mississippi, Alabama, Florida》. **2** ペルシア湾沿岸諸国《Iran, Iraq, Kuwait, Saudi Arabia, Bahrain, Qatar, the United Arab Emirates, Oman などの産油国》.

Gúlf Strèam 名 〈the ～〉メキシコ湾流《メキシコ湾東部から米国の東海岸沿いに北東に流れ, 欧州・北アフリカの西海岸沿いに南下する暖流; 英国の気候が緯度の割に温暖なのはこの影響》.

Gùlf Wár 名 〈the ～〉**1** 湾岸戦争《1990 年のイラクのクウェート侵攻に端を発し, イラクと米国を中心とする多国籍軍との間で戦われた; 1991 年終結》. **2** イラン・イラク戦争 (Iran-Iraq War) (1980–88).

gúlf·wèed 名 C 〖植〗ホンダワラの類の海草.

†**gull**[1] /gʌl/ 名 C カモメ (sea gull)《カモメ科の各種の海鳥》.

gull[2]〖英では古〗名 C だまされやすい人, 'かも'.
── 動 他 VOA (～ X ***into*** (*doing*) ..) X (人)をだまして ..させる; (～ X ***out of..***) X から..をだまし取る. ～ him *into* wrongdoing 彼をだまして悪事をさせる. ～ him *out of* his money 彼の金をだまし取る.

Gul·lah /gʌ́lə/ 名 (複 ～s, ～) C ガラ族(の人)《米国 South Carolina, Georgia の沿岸, 近海の島に住む黒人》; U ガラ訛(なま)りの英語《英語を基盤にしたクレオール語 (Creole)》.

gul·let /gʌ́lət/ 名 C 〖話〗食道 (esophagus); 喉(のど)(の奥), 咽頭. [＜ラテン語 *gula*「のど」]

gul·ley /gʌ́li/ 名 (複 ～s) ＝gully. 「れやすい性質.

gul·li·bil·i·ty /gʌ̀ləbíləti/ 名 U 信じやすさ, だまさ↑

‡**gul·li·ble** /gʌ́ləb(ə)l/ 形 (物事を)信じやすい; だまされやすい. ▷**-bly** 副 信じやすく.

Gùl·li·ver's Trávels /gʌ̀livərz-/ 『ガリヴァー旅行記』《英国の Jonathan Swift 作の風刺小説; →Brobdingnag, Houyhnhnm, Lilliput, Yahoo》.

gul·ly /gʌ́li/ 名 (複 -lies) C **1** (大雨で丘陵の斜面にできた)小峡谷 (類語 小規模の valley). **2** (人工の)深い溝, 小水路. **3**〖ニュー〗(低木に覆われた)小さな谷. **4**〖クリケット〗ガリー《wicketkeeper の右前方の守備位置; その位置につく野手》. **5**〖ボウリング〗＝gutter 4.

†**gulp** /gʌlp/ 動 他 **1** をぐいと飲む, ごくりと飲み込む, 〈*down*〉; 〔食物〕をがつがつほおばる; VOA (はあーと深く)〔息〕を飲む 〈*in*〉〈*into* ..〔肺〕に〉. ～ *down* a glass of water コップの水をぐっと飲む. We had to ～ our food and make a hasty exit. 私たちは大急ぎで食物を掻(か)っ込んで急いで出て行かなければならなかった. ～ *in* the fresh air 大きく新鮮な空気を吸う. **2** 〔涙, 悲しみなど〕を'飲み込む', 抑える, こらえる, 〈*down, back*〉. The girl ～*ed back* her sobs. 少女は泣きたいのをぐっとこらえた. **3** 〔人の話など〕を鵜(う)呑みにする 〈*down*〉.
── 自 **1** ぐいと飲む[飲み込む] 〈*down*〉. **2** (驚き, 恐怖などで)はっと息を飲む; VA (緊張のあまり) 喘(あえ)ぐ 〈*for* ..〔空気〕を求めて〉.
── 名 C **1** ぐいと飲むこと; はっと息を飲むこと; (涙などを)こらえること. **2** ひと飲み, ひと息; ひと飲みの量, ひとほおばり. take in a large ～ of air 大きく息を吸う. swallow at [in] one ～ ひと息にごくっと飲む. [＜中期オランダ語]

gum[1] /gʌm/ 名 (複 ~s /-z/) **1** U ゴム(質)《種々の植物の幹から採る濃い粘液》. **2** U (弾性)ゴム (rubber)《1を原料にして作られたもの》. **3** U =chewing gum; C 〘主に英〙=gumdrop. **4** U ガムに似た植物性の物質《樹脂 (resin) など》. **5** U ゴムのり. **6** C ゴムの木 (**gúm trèe**)《ゴムを分泌する樹木; eucalyptus など》. **7** U 目やに. **8** 〈普通 ~s〉=gumshoe 1; =gumboot.
up a gúm trèe 〘英話〙進退きわまって.
── 動 (~s|-mm-) 他 をゴムのりでくっつける[固める]; の表面にゴムをかぶせる. The stamp should be properly ~*med down* so that it will not come off. 切手ははがれないようにちゃんと張らなければいけない.
── 自 ゴム(質の物)で覆われる[ねばねばする; 固められる; 接着される, など].
gùm /../ úp (1) ..を接着剤で固定する. (2)〘話〙〔計画など〕を台無しにする, 〔仕事など〕を進められなくする. ~ *up* the works すべてをぶちこわす.
[<ギリシア語(?<エジプト語)]
gum[2] 名 C 〈普通 ~s〉歯ぐき.
bèat one's gúms 〘米俗〙(言っても甲斐(かい)のないことを)ぐだぐだ言い続ける; しゃべり過ぎる. [<古期英語]
gum[3] 名 U 〘英話〙神《誓言・軽いののしり・驚きに用いる; God の変形》. ***By gúm!*** =By GOD!
gùm árabic 名 U アラビアゴム《水溶性でゴムのりなどに用いる》.
gum·bo /gʌ́mbou/ 名 (複 ~s) **1** C オクラ (okra)《アオイ科; 野菜》. **2** U ガンボー《オクラの実と肉, 魚, 野菜などを入れた米国風スープ》. **3** U 〈G-〉ガンボウ《ルイジアナ州の黒人やフランス系住民の使うフランス語の方言》.
gúm·bòil 名 C 〘話〙歯槽膿瘍(よう).
gúm·bòot 名 〘主に英〙=wellington (boot).
gúm·dròp 名 C 〘主に米〙ガムドロップ《アラビアゴム, ゼラチンなどで作った固いゼリー状の透明なキャンデー, グミキャンデー; 〘英〙gum》.
gum·ma /gʌ́mə/ 名 (複 **-ma·ta** /-mətə/, ~s) C ゴム腫(しゅ)《第3期梅毒の》.
gum·my[1] /gʌ́mi/ 形 e **1** ねばねばした, 粘着性の, (sticky). **2** ゴムをかぶせた. **3** ゴム質の. ▷ **gum·mi·ness** 名
gum·my[2] 形 e 歯のない[抜けてしまった]; 歯を見せない, 歯ぐき(まで)も見せた, 〔笑いなど〕.
gump·tion /gʌ́m(p)ʃ(ə)n/ 名 U 〘話〙**1** (必ずやりとげるという)意気, やる気, 覇気(はき); 根性, 度胸, 大胆さ. The job takes too much ~ for someone like him. その仕事はとても根性がいるから彼のような者にはできない. The boy had the ~ to stand up to the ferocious-looking dog. その男の子はどう猛そうな犬に立ち向かうだけの度胸があった. **2** 常識, 良識; 才覚, 臨機の才.
gúm·shìeld 名 C (ボクサーの)マウスピース (mouthpiece)《口の中を保護するためにくわえる》.
gúm·shòe 名 C **1** 〈普通 ~s〉(ゴム製の)オーバーシューズ; 〘米〙ゴム底の靴, スニーカー (sneaker). **2** 〘米話〙刑事, 探偵, デカ.
gun /gʌn/ 名 (複 ~s /-z/) C **【銃】1 大砲; 銃**, 鉄砲; 〘話〙ピストル, 拳(けん)銃; 〈the ~〉(競走の)ピストルの号砲, スタートの合図; (類語 gun は銃砲類を意味する最も一般的な語; →cannon, (sub)machine gun, pistol, revolver, rifle, shotgun). an air ~ 空気銃. a sporting ~ 猟銃. a starting ~ (競技の)スタートの合図をするピストル (starting pistol). ~ control 銃砲規制. carry [fire] a ~ 銃を携行[装填(てん), 発砲]する.

> 連結 draw [brandish; cock; aim; load] a ~; point [level] a ~ at .. ∥ a ~ fires [discharges, goes off]

2 【銃に似たもの】(塗料などの)吹き付け器, 噴霧器, (spray [(hot-)air] gun); 潤滑油注入器 (grease gun). **3** 大砲の発射; 礼砲, 祝砲, 弔砲, 号砲. a salute of twenty-one ~*s* 21発の礼砲.
4 〘英〙狩猟隊(の一)員. **5** 〘主に米話〙=gunman.
6 (飛行機, 車のエンジンの)スロットル, 絞り弁.
blòw grèat gúns 〘話〙〔風が〕吹き荒れる.
còme óut with (all) gùns blázing 〘話〙目標を達成するため全力を尽くす.
gìve it the gún 〘俗〙(飛行機, 車などを)加速する; 猛ダッシュする, 馬力を出す.
gò grèat gúns 〘話〙〈普通, 進行形で〉とんとん拍子である; さっさとやってのける; 全速力で進む.
hòld [pùt] a gún to a person's héad (1) 人の頭に銃をつきつける. (2) 人に無理強いをする.
jùmp [bèat] the gún 〘話〙(1)〘競技〙合図より先に飛び出す, フライングをする. (2) 許可を待たずに動き出す; 先走りする. Some tabloids *jumped the* ~ and reported the affair sensationally. タブロイド紙の中には抜け駆けをしてその出来事をセンセーショナルに報道したものもあった.
spìke a pèrson's gúns →spike[1].
stìck to one's gúns 〘話〙(攻撃にもひるまず)自分の立場を固守する, 自説[主張]を曲げない.
ùnder the gún (期限が迫って)追い詰められて, 大忙しで, のっぴきならない立場で.
── 動 (~s|-nn-) 他, 自 **1** (を)銃撃する. **2** 〔エンジン〕をふかす, 〔飛行機, 車〕を加速する; を突っ走らせる, 〔球〕を矢のように投げる.
gùn /../ dówn 〘話〙..を銃で撃ち倒す, 射殺する.
gún for .. 〘話〙〔人〕を殺傷[処罰, 非難]しようとしてつけねらう; ..を目の敵にする; 〔地位など〕をねらう; 〈普通, 進行形で〉. He is ~*ning for* a position in the government. 彼は政府内での地位をねらっている.
[<中期英語 *gunne*; 大砲名に用いた古期北欧語 *Gunnhildr* (女性名)の愛称からか]
gún·bòat 名 C (小型の)砲艦.
gùnboat diplómacy 名 U 武力外交, 砲艦外交《小国に対して大国が武力使用をほのめかすような外交》.
gún càrriage 名 C 〘軍〙砲車, 砲架.
gún·còtton 名 U 綿火薬.
gún·dòg 名 C 猟犬 (〘米〙bird dog).
gún·fìght 〘主に米〙名 C ピストル[銃]の撃ち合い[決闘], 銃撃戦. ── 動 自 銃撃戦[決闘]をする. ▷ **~·er** 名 C 〘米〙(西部開拓時代の)ピストルの使い手, ガンマン. **~·ing** 名 〘主に米〙銃撃戦, 撃ち合い.
gún·fìre 名 U 発砲(の音); 銃撃[砲撃](の音).
gunge /gʌndʒ/ 名 〘英俗〙=gunk.
gung-ho /gʌ̀ŋhóu/ 形 〘話〙(過度に)熱中した, 熱烈な; 戦闘意欲の強い. [中国語'工和']
gunk /gʌŋk/ 名 U 〘米俗〙ぬるぬるした気持ちの悪いもの.
gún lòbby 名 C 〘米〙ガンロビー《銃砲規制に反対する圧力団体; →NRA》.
gún·lòck 名 C 銃の発射装置, 引き金.
gún·màn /-mæn/ 名 (複 **-men** /-mèn/) C ピストルで武装した男《特に殺し屋, 強盗など》; =gunfighter.
gún·mètal 名 U **1** 砲金《青銅の一種; 昔の砲身の材料》. **2** 準砲金《砲金に亜鉛を加えたもの; 鎖, バックルなどの材料》. **3** 砲金色 (**gùnmetal gráy**)《暗灰色》.
gún mòll 名 C 〘俗〙女ギャング; ギャングの情婦.
gun·nel[1] /gʌ́n(ə)l/ 名 =gunwale.
gun·nel[2] 名 (複 ~s, ~) C 〘魚〙ニシキギンポ科の魚《北大西洋産のぬるぬるした小型の細長い食用魚; =butterfish》.
gun·ner /gʌ́nər/ 名 C **1** 砲手. **2** 〘軍〙砲兵; 〘海軍〙掌砲長. **3** 銃猟家.
gun·ner·y /gʌ́nəri/ 名 U 砲術; 砲撃, 射撃; 〈集合的〉銃砲.
gun·ny /gʌ́ni/ 名 (複 **-nies**) **1** U 目の粗い麻布, ズック. **2** =gunnysack.
gúnny·sàck 名 C ズック製の大袋.

gún·plày 名 U 《主に米》銃の撃ち合い, ドンパチ.

gún·pòint 名 U ピストルの筒先[銃口]〈主に次の成句で〉. ***at gúnpoint*** ピストルを突きつけ(られ)て; 銃で撃つとおどかして[おどかされて]. be held *at* ～ 銃をつきつけられて拘束される.

***gun·pow·der** /gʌ́npàudər/ 名 U (黒色)火薬.

Gúnpowder Plòt 名 〈the ～〉《英史》火薬陰謀事件 《1605年11月5日に英国議会を爆破しようとした陰謀; →Guy Fawkes Night [Day]》.

gún·ròom 名 C (大邸宅などの)銃器室; 《英海軍》(軍艦の)下級士官室.

gún·rùnner 名 C (特に政府反対派が利用する)銃砲の密輸入[密売]者.

gún·rùnning 名 U 銃砲の密輸入[密売].

gun·sel /gʌ́nsl/ 名 C 《米俗》 **1** 稚児(ちご)《男色の相手の少年》. **2** 未熟な若造, ドジな青二才. **3** 銃を持った犯人; 殺し屋.

gún·shìp 名 C 武装ヘリコプター.

‡**gún·shòt** 名 **1** U 着弾距離, 射程. within [out of] ～ 射程内[外]に. **2** C 発射された弾丸. a ～ wound 弾丸による傷. **3** C 射撃[砲撃](の音).

gún-shỳ 形 **1** 〔猟犬などが〕銃声におびえる. **2** (前例に懲(こ)りて)疑い深い, 警戒心の強い.

gún·slìnger 名 《米俗》=gunman, gunfighter.

gún·smìth 名 C 鉄砲かじ, 銃器(製造修理)工.

gún·stòck 名 C 銃床.

gun·wale /gʌ́n(ə)l/ 名 C 《海》船縁(ふなべり), 舷縁(げんえん).

gup·py /gʌ́pi/ 名 (複 **-pies**) C グッピー《Trinidad と南米北部のメダカに似た小型観賞用熱帯魚》.

gur·gle /gə́:rg(ə)l/ 動 自 **1** 〔水などが〕ごぼごぼ[どくどく]流れる. I heard water *gurgling* somewhere. どこかで水がごぼごぼ音を立てているのが聞こえた. **2** 〔赤ん坊, 動物などが〕喉(のど)などをごろごろ鳴らす 〈*with* ..〔喜びなど〕で〉.
── 他 〔赤ん坊などが〕 喉をごろごろさせながら..を[と]言う.
── 名 UC ごぼごぼいう音(を立てること). [擬音語か]

Gur·kha /gə́:rkə|gúə-/ 名 (複 ～**s**, ～) C グルカ人《ネパールの山地に住むヒンドゥー教を信仰する民族》; グルカ兵《インド軍または英国軍に所属; 勇猛さで知られる》.

‡**gu·ru** /gu(:)rú:, ⌐-|⌐-/ 名 C **1** (特にヒンドゥー教の)導師. **2** 《話・しばしば戯》ありがたい先達, 指導者, リーダー. [サンスクリット語「尊敬すべき, 教師」]

†**gush** /gʌʃ/ 動 自 **1** VA 〔液体, 言葉, 感情などが〕ほとばしり出る, どっと吹き出る, 〈*out, forth*〉〈*from, out of* ..から〉; 〔傷口などが〕ふき出す 〈*with* ..〔血など〕を〉. Blood ～*ed* (*out*) *from* the wound.=The wound ～*ed with* blood. 傷口から血がどっと吹き出した. Words of apology ～*ed out of* his mouth. 彼の口から謝罪の言葉が次から次へと出てきた. **2** ばかばかしいほど大げさにしゃべり立てる 〈*over, about* ..〔賞賛の気持ち, 喜びなど〕について〉. Paula was ～*ing over* her son. ポーラは息子のことをとうとうとしゃべっていた.
── 他 **1** をどっと吹き出す. **2** VO (～ X/*that* 節/"引用") X(言葉)を/..ということを/「..」とまくしたてる[述べたてる].
── 名 aU **1** (液体の)ほとばしり, どっと吹き出すこと, 噴出. a ～ of water from the tank 水槽からの水の噴出. The oil came out in a ～. 油は一度にどっと流れ出した. **2** (感情, 言葉などの)激発, ほとばしり. a ～ of anger [enthusiasm] 怒りの激発[熱意のほとばしり].
[<中期英語(?<古期北欧語)]

gúsh·er 名 C **1** (ポンプでのくみ上げを必要としない)噴出油井(ゆせい). **2** 感情を大げさにしゃべり立てる人.

gúsh·ing 形 **1** 〈限定〉ほとばしり出る, 吹き出る. a ～ spring ほとばしるように湧(わ)き出している泉. **2** (感情にまかせて)大げさにしゃべり[書き]立てる. ▷～**·ly** 副 感情ままかせに, 大げさに.

gush·y /gʌ́ʃi/ 形 =gushing 2.

gus·set /gʌ́sət/ 名 C **1** 三角切れ, まち, 《衣服を補強する[広げる]ために脇(わき)の下などに用いる》. **2** 隅板, ガゼット, 《梁(はり)と梁の継ぎ目などを補強する三角形の鉄板》.

***gust** /gʌst/ 名 (複 ～**s** /-ts/) C **1** 突風 (類語 blast より弱い; →wind[1]); にわか雨; 急に立ちのぼる煙[炎など]. a violent ～ of wind 激しい一陣の風. a ～ of 60 mph 時速60マイルの突風. The wind blew in ～*s*. 強風が断続的に吹いた. **2** (感情, 特に怒りの)激発. in a sudden ～ of anger 突然かっとなって. a ～ of laughter 爆笑.
── 動 自 〔風が〕 突風となって吹く; 〔雨, 雪が〕急に激しく吹きつける. [<古期北欧語; gush と同源]

gus·ta·tion /gʌstéiʃən/ 名 U 《章》賞味(すること); 味覚. [gusto と同源]

gus·ta·to·ry /gʌ́stətɔ̀:ri|-t(ə)ri/ 形 味覚の.

gus·to /gʌ́stou/ 名 U 非常な楽しさ; 熱意. with great ～ とても楽しそうに[熱心に, うまそうに]. [イタリア語「味覚」]

gust·y /gʌ́sti/ 形 **1** 突風の(吹く), 風の激しい. **2** 元気のいい; 楽しい. **3** 〔感情などが〕突発的な.

†**gut** /gʌt/ 名 **1** (**a**) UC 消化器官, 〈特に〉胃と腸. the blind ～ 盲腸 (appendix). the large [small] ～ 大[小]腸. (**b**) 《話》 C 〈単数形で〉(特に出っ張った)腹(はら). his beer ～ 彼のビール腹. (**c**) 〈～s〉 内臓, はらわた, (bowels). (**d**) 〈～s; 単数扱い〉《話》がつがつ食う人, 大食い. What a (greedy) ～*s* he is! 何と食い意地の張ったやつだ.
2 〈～s; 単複両扱い〉《話》度胸 (pluck); 強気, 気概; 根性, ガッツ, 気力, 我慢. a man without any ～*s* 根性の全然ない男. Show some ～*s*. 少しは骨のあるところを見せなさい. Has no-one the ～*s* to stand up against the president's dictatorship? だれも社長の独裁に反抗して立ち上がる者はいないのか.
3 〈～s; 単複両扱い〉《話》中身; 要点, ポイント, 〈*of* ..の〉. His paper has no ～*s* in it. 彼の論文は中身が空っぽだ. get at the ～*s* of an issue 問題の本質をとらえる.
4 〈～s〉(機械内の)作動部.
5 U (弦楽器, テニスのラケット, 外科手術での結紮(けっさつ)用などの)ガット, 腸線, (catgut); (魚釣り用の)てぐす.
bùst a gút 《話》=sweat [work, slog] one's GUTS out.
hàte a pèrson's gúts 《話》人が大嫌いである.
spìll one's gúts 《話》(知っていること, 秘密などを)全部ぶちまける.
swèat* [*wòrk, slòg*] *one's gúts òut 《話》身を粉にして働く.
── 形 《話》 〈限定〉本能的な, 直感的な; 本質的な, 基本的な. My ～ feeling is that ... (なぜかはうまく言えないが)私の勘[直感]では..だ. a ～ reaction 理屈抜きの直感.
── 動 (～s|-tt-) 他 **1** 〔動物など〕の内臓を取り出す. ～ a fish 魚のはらわたを抜く. **2** 〔特に火事が〕の内部を破壊しつくす〈しばしば受け身で〉; 〔町, 家など〕を略奪する. The building was ～*ted* by fire. 建物は内部が火事で焼け落ちた. **3** 〔論文, 本など〕の要所を抜き取る, を要約する. [<古期英語]

gút còurse 名 C 《米俗》簡単に単位を取れる科目.

Gu·ten·berg /gú:tnbə̀:rg/ 名 **Johann** ～ グーテンベルク(1398?–1468)《ドイツ人; 活版印刷術発明者》.

Gùtenberg Bíble 名 〈the ～〉グーテンベルク聖書《1455年頃, 初めて活字印刷された聖書》.

gút·less 形 度胸のない, 臆(おく)病な. ▷～**·ness** 名

gút·ròt 名 U 《英話》=rotgut; 腹痛.

guts·y /gʌ́tsi/ 形 e 《話》 **1** 度胸のいい, 根性のある. **2** (感覚・感情に)強く訴えかける, ぐっとくる; 力強い. ▷**guts·i·ly** 副 **guts·i·ness** 名

gut·ta-per·cha /gʌ̀təpə́:rtʃə/ 名 U グッタペルカ《マレー地方産の木の樹液からとれるゴムに似た物質; 電気絶縁, 歯の充塡(てん), 防水などに用いる》.

gut·ted /gʌ́təd/ 形 **1** 大損害を受けた, 完全に破壊された. **2** 《英話》ひどくがっかりした. **3** 《英話》疲れ果てた.

†**gut·ter** /gʌ́tər/ 名 C **1** (道路の)排水溝, 側溝; (水, ろうなどの)流れた跡. **2** 雨樋(あまどい). **3** 〈the ～〉 貧民街; 極貧の生活. pick a boy out of the ～ 少年を貧民街から拾い上げる. end (up) in the ～ 落ちぶれて窮死する. rise from the ～ どん底の生活から抜け出す. **4** 〖ボウリング〗 ガター 《レーンの両側の溝》.
—— 動 他 に溝を付ける; に雨樋を付ける.
—— 自 **1** 溝になる; すじになって流れる. **2** 〔ろうそくが〕ろうを垂らす; 消えそうに明滅する. ～ out (ろうそくの火が)弱くなって消える; 消えるように終わる.
[<ラテン語 *gutta* 「しずく」]

gút·ter·ing /-riŋ/ 名 U 雨樋(あまどい)(工事); 樋の材料.

gútter prèss 名 〈the ～; 集合的〉 扇情的な三文新聞 《個人の私生活, ゴシップなどを好んで載せる; →the yellow press》. 「層の人, どんぞこの人.

gútter·snìpe 名 C 貧民街の子供; 浮浪児; 最下↑

gut·tur·al /gʌ́t(ə)rəl/ 形 **1** のどの; 〔声が〕のどの奥から出る(ような); がらがら声の. **2** 〖音声〗 喉(こう)(頭)音の (★現在は velar と言う). a ～ sound 喉音.
—— 名 C 〖音声〗 喉(頭)音 《/g/, /k/ など》.

guv /gʌv/ 名 〖英話〗 ＝governor 4 (b).

guv·nor, guv'nor /gʌ́vnər/ 名 〖英旧話〗 ＝governor 4.

*__guy__[1] /gai/ 名 (複 ～s /-z/) C **1** 〖話〗 やつ, 男, (fellow). He's a nice [tough] ～. あいつはいい[腕っぷしの強い]やつだ. a bad [good]～ 悪[善]玉. 語法 〖米話〗では (you) ～s を男女を問わず, 女性だけでも, 又特に男女混合の集団に用いる: Can one of *you* ～s go with me? お前さんらのうち一人僕についてこられないか. **2** 〖英〗 〈しばしば G-〉 ガイ・フォークスの人形 (→Guy Fawkes). **3** 〖主に英話〗 こっけいなかっこうの人.
—— 動 他 〔人〕 のまねをして笑わせる[からかう]; をあざ笑う. [<*Guy* Fawkes]

guy[2] 名 (複 ～s) C **1** 控え綱, 張り綱, 《荷物を上げたり固定したりするのに用いるロープ, 鎖, 針金》.
2 (テントの)張り綱 (**gúy ròpe**).
—— 動 他 を控え綱で留める; に張り綱を張る.

Guy·a·na /gaiǽnə, -ɑ́:nə/ 名 ガイアナ 《南米北東岸の共和国; 首都 Georgetown; 英連邦の 1 員》.

Guy·a·nese /gàiəní:z/ 名 C ガイアナ人. —— 形 ガイアナの.

Gùy Fáwkes 名 ガイ・フォークス (1570-1606) 《英国議会爆破ならびに国王 James I 爆殺の未遂事件 (Gunpowder Plot) の首謀者; 1606 年処刑》.

Gùy Fáwkes Nìght [Dày] 名 U 〖英〗 ガイ・フォークス祭 《Gunpowder Plot の記念日 (11 月 5 日); Bonfire Night とも言う; その首謀者ガイ・フォークスの人形をかつぎ回った後焼いて花火を打ち上げる》.

‡**guz·zle** /gʌ́z(ə)l/ 動 〖話〗 他 〔食べ物〕をがつがつ食う, 〔飲み物〕をがぶがぶ飲む; 〔車などが〕〔燃料〕を大量に食う; 〈*away, down, up*〉. —— 自 がつがつ食う, がぶがぶ飲む.

gúz·zler 名 C がつがつ食う人, がぶ飲みする人; 燃料などを大量消費するもの. a gas ～ ガソリン食いの車.

gwan /gwɑ:n/ 動 〖方言・卑〗 ＝going.

Gwent /gwent/ 名 グウェント 《英国ウェールズ南東部の州; 州都 Cwmbran》.

Gwyn·edd /gwínəð/ 名 グウィネズ 《英国ウェールズ北西部の州; 州都 Caernarfon》.

gybe /dʒaib/ 動 自, 他 **1** (帆桁などが[を])反対側の舷に移動する. **2** (帆桁などが反対側の舷に移動するように船の)進路を変える.

*__gym__ /dʒim/ 名 (複 ～s /-z/) 〖話〗 **1** C **体育館**, ジム, (gymnasium). **2** U 体育, 体操, (gymnastics). ～ shoes 〖米〗 運動靴. a ～ suit 体育着.

gym·kha·na /dʒimkɑ́:nə/ 名 C 〖主に英〗 (自動車レース・馬術などの)競技会, ジムカーナ.

†**gym·na·si·um** /dʒimnéiziəm, 2 ではしばしば gimnɑ́:zium/ 名 (複 ～s, **gym·na·si·a** /-ziə/) C **1 体育館**, 屋内競技場, (→gym). **2** ギムナジウム 《特にドイツの大学進学のための中等学校》.
[<ギリシア語 「体育(館), 学校」]

gym·nast /dʒímnæst/ 名 C 体操[体育]教師; 体育専門家; 体操選手. 「育]の.

†**gym·nas·tic** /dʒimnǽstik/ 形 〈限定〉 体操[体↑

†**gym·nás·tics** 名 〈複数扱い〉 体操 (exercises); 〈単数扱い〉 体育 (→gym). mental ～ 頭の体操, 思考訓練; 敏捷な思考.

gym·no·sperm /dʒìmnəspə́:rm/ 名 C 〖植〗 裸子植物. ▷**gym·no·sper·mous** /-məs/ 形

gým·slìp 名 C 〖英〗 ジムスリップ 《かつて女子生徒が制服の一部として着用した袖なしのドレス》.

gỳmslip móther 名 〖英〗 (承諾年齢 (age of consent) 以下の)子持ちの女学生.

gy·nae·co·log·i·cal, gy·ne- 〖米〗 /gàinəkəlɑ́dʒik(ə)l, dʒìnə-, dʒài-|-lɔ́dʒ-/ 形 婦人科医学の.

‡**gy·nae·col·o·gist, gy·ne-** 〖米〗 /gàinəkɑ́lədʒist, dʒìnə-, dʒài-|-kɔ́l-/ 名 C 婦人科医.

‡**gy·nae·col·o·gy, gy·ne-** 〖米〗 /gàinəkɑ́lədʒi, dʒìnə-, dʒài-|-kɔ́l-/ 名 U 婦人科医学.

gyp[1] /dʒip/ 〖話〗 動 (～s|-pp-) 他 をぺてんにかける, だます, (cheat). —— 名 C **1** 詐欺, ぺてん; 〈特に〉 安物の押し売り; 押し売りで買わされたもの; 詐欺師, ぺてん師. **2** (ケンブリッジ大学, ダーラム大学の)用務員 (→scout). [< *gypsy*]

gyp[2] 名 U 〖主に英話〗 厳しい罰, ひどい苦痛.
gìve a pèrson gýp 人をきびしく叱る[罰する]; 人をこてんこてんにやっつける[苦しめる]; 〔傷などが〕人に苦痛を与える. 「ミソウ.

gyp·soph·i·la /dʒipsɑ́fələ|-sɔ́f-/ 名 C 〖植〗 カス↑

gyp·sum /dʒíps(ə)m/ 名 U 〖鉱〗 石膏(こう), ギプス粉, 《セメント, 焼き石膏 (plaster of Paris) の原料, 又肥料用》.

*__gyp·sy__, 〖主に英〗 **gip·sy** /dʒípsi/ 名 (複 **-sies** /-z/) **1** C 〈しばしば G-〉 〖軽蔑〗 ジプシー 《世界各地に散在し, 占い, 音楽師, 鋳掛け, 馬の売買などをして放浪するコーカサス人種の 1 員; 浅黒い肌と黒い毛髪が特徴; エジプト人 (Egyptian) と誤解されたため Gypsy と呼ばれた; 自らは Romany と称する》. **2** U 〈G-〉 ジプシーの言語 (Romany). **3** C 〖話〗 ジプシー風の人; 放浪癖のある人; 居所の定まらない人. [< *Egyptian*]

gýpsy mòth 名 C 〖虫〗 マイマイガ.

gy·rate /dʒái(ə)reit/ 動 自 **1** (軸, 固定した点の周囲を)旋回する, 回転する. **2** (体をくねらせて[腰などを回して])踊る. **3** 〔物価, 利率などが〕激しく変動する, 乱高下する.

gy·rá·tion 名 **1** U 旋回, 回転; 円運動, 螺(ら)旋運動. **2** C 〈しばしば ～s〉 旋回[回転]運動. **3** C (物価, 株価, 公定歩合などの)乱高下. 「動]をする.

gy·ra·to·ry /dʒái(ə)rətɔ̀:ri|-t(ə)ri/ 形 旋回[円運↑

gyr·fal·con /dʒə́:rfælkən, -fɔ̀:(l)-|-fɔ̀:(l)-/ 名 C 〖鳥〗 シロハヤブサ 《北極圏産》.

gy·ro /dʒái(ə)rou/ 名 (複 ～s) 〖話〗 **1** ＝gyroscope. **2** ＝gyrocompass.

gy·ro- 〈複合要素〉 「輪, 螺(ら)旋」 の意味. *gyro*scope.

gýro·cómpass 名 C ジャイロコンパス, 回転羅針儀, 《gyroscope を利用し, 磁石よりも正確に北を示す》.

gýro·scòpe 名 C ジャイロスコープ, 回転儀, 《こまの原理を応用した機械; 船舶, 航空機などの安全装置, 羅針儀, 無人操縦などに利用する》.

gy·ro·scop·ic /dʒài(ə)rəskɑ́pik|-skɔ́p-/ 形 ジャイロスコープの, ジャイロスコープを応用した.

gỳro·stábilizer 名 C ジャイロスタビライザー 《船や航空機を水平に保つ装置》.

gyve /dʒaiv/ 〖古〗 名 C 〈普通 ～s〉 (足, 手の)枷(かせ).
—— 動 他 に足[手]枷をはめる.

G

H

H, h /eitʃ/ 名 (複 **H's, Hs, h's** /éitʃəz/) **1** UC エイチ《英語アルファベットの第８字》.
2 C 〈大文字で〉H 字形のもの.
dròp one's h's /éitʃəz/ (本来発音されるべき)語頭の h 音を落とす《例えば hot を /ɔt/, hair を /eə/ と発音すること; 'ot, 'air のように表記する; ロンドンなまり (cockney) の特徴の１つ》.

H[1] 〖化〗hydrogen; 〖電〗henry(s); hard《鉛筆の硬度を示す; an *HH*[a *2H*] pencil (2H の鉛筆); ↔B》.

H[2]**, h** harbor; height; high; hit(s); hour(s); hundred.

ha /hɑː/ 間 ほう, まあ, おや,《驚き, 喜び, 疑い, ためらい, 憤慨などを表す発声; hah ともつづる》. *Ha! ha!* はは《笑い声の表記》. ── 動 自 ほう[まあ, おや]と言う.

ha. hectare(s).

Hab. Habakkuk.

Hab·ak·kuk /hǽbəkʌ̀k/ 名 『ハバクク書』《旧約聖書中の一書; 略 Hab.》.

ha·ba·ne·ra /hɑ̀ːbənéərə/ 名 C ハバネラ《タンゴに似たリズムの Cuba 起源のダンス》; その曲《4 分の 2 拍子》. [スペイン語 'Havanan (dance)']

ha·be·as cor·pus /hèibiəs-kɔ́ːrpəs/ 名 U 〖法〗人身保護令状, 身柄提出令状,《拘留が合法か非合法かを調べるために被拘留者を出廷させる命令; 違法な拘留をされている者を救う手段》. ask for a writ of ～ → writ[1].
[ラテン語 'You shall have the body']

Hàbeas Córpus Àct 名 〈the ～〉〖英史〗人身保護法《Charles 2 世の暴政に対し議会が 1679 年制定; 国民を不法な逮捕・監禁から守る》.

hab·er·dash·er /hǽbərdæ̀ʃər/ 名 C **1** 〖米〗紳士用装身具販売業者《帽子, 靴下, ネクタイなどを売る》. **2** 〖英〗小間物販売業者《ボタン, 糸, リボンなどを売る》. **3** 〈時に～'s〉〖米〗＝haberdashery 1.

hab·er·dash·er·y /hǽbərdæ̀ʃəri/ 名 (複 **-er·ies**) **1** 〖米〗U 紳士用装身具類; C 紳士用装身具店. **2** 〖英〗U 小間物類(〖米〗notions); C 小間物店.

ha·bil·i·ment /həbíləmənt/ 名 C 〖章〗〈普通 ～s〉衣服; 〖古・戯〗服装《特定の場合に又は特定の職業の人が着る》.

‡**hab·it** /hǽbət/ 名 (複 **～s** /-ts/)
【身に付いたもの】 **1** UC (あることを行う) **習慣**, **癖**, (類語 habit は主に個人の無意識的な習慣や癖を言う; →custom, practice 3, way[1] 10, wont). by [from, out of] ～ 癖で(の), 習慣から(の), 惰性で(の). a creature of ～ 習慣から抜けられない人. eating [drinking] ～*s* 食習慣[飲酒癖]. ～ of mind 考え方. get [fall] into bad ～*s* 悪癖が身につく. break [kick] ˪the ～ of smoking [the smoking ～] 禁煙する《喫煙の習慣をやめる》. sit up late by [from] force of ～ 習慣で夜ふかしする. Don't let it become a ～. それを癖にしてはいけない. Habit is second nature. 習慣は第二の天性. The old man makes it a ～ to walk his dog in the morning. その老人は朝犬を散歩させるのを習慣としている. It is a ～ *with* him [It is his ～] to read the newspaper at breakfast. 朝食の時に新聞を読むのが彼の習慣だ. Old ～*s* die hard.→DIE hard (成句). Why break the ～ of a lifetime? 〖話〗ああそう, そうしたら《皮肉を表す表現》.

連結 a settled [an ingrained; an acquired] ～ // develop [cultivate; abandon, drop, give up, kick, overcome] a ～

2 C (動植物の)習性, 特性. the rat's feeding ～*s* ネズミの食性. **3** 〖心〗(ある状況での)自動的反応.
4 UC (麻薬などの)常用, 麻薬中毒, (addiction). a cocaine [heroin] ～ コカイン[ヘロイン]の常習.
5 UC 気質, 性質; 体質. a cheerful ～ of mind 陽気な性質. a corpulent ～ of body 肥満体質.
【身に付けるもの】 **6** C (特殊な)衣服. a monk's [nun's] ～ 修道士[女]服. a riding ～ 婦人用乗馬服.
◇形 habitual
****be in the hàbit of dóing*** ..する癖がある, ..する習慣[こと]にしている. I *am in the* ～ *of* going to bed early. 私は早寝が習慣です.
fàll [gèt] into the hàbit of dóing*＝*fòrm the hàbit of dóing ..する癖[習慣]が付く.
gèt out of the hàbit of dóing ..する習慣[癖]から抜け出す[をやめる].
hàve [have gòt] the hàbit of dóing ＝be in the HABIT of do*ing*.
kick a [the] hábit 麻薬[悪い習慣]をやめる (→名 1).
màke a hàbit of doing ..するのを習慣にする.
── 動 他 〖古〗に服を着せる〈普通, 受け身で〉.
[＜ラテン語 *habitus*「状態, 外見」(＜*habēre* 'have, dwell')]

hàb·it·a·bíl·i·ty 名 U 居住(適合)性.

†**hab·it·a·ble** /hǽbətəb(ə)l/ 形 〖章〗〔住居, 場所などが〕住むのに適した, 住める.

hab·it·ant /hǽbətənt/ 名 C **1** 居住者, 住人. **2** /また (h)æbitɑ́ːŋ/ (カナダ, 米国ルイジアナ州の)フランス系開拓者[住民, 農民].

†**hab·i·tat** /hǽbətæ̀t/ 名 UC **1** (動物の)生息地, (植物の)自生地. the lion's natural ～ ライオンの自然生息地. **2** 本来あるべき場所. The book has its natural ～ in universities. その本は大学には当然あるべきである. **3** 人[物]がいつも見られる場所, たまり場. [ラテン語 'it dwells']

†**hab·i·ta·tion** /hæ̀bətéiʃ(ə)n/ 名 〖章〗 **1** U 居住. a house unfit for human ～ 人が住むのに適さない家. **2** C 住みか, 住まい.

hàbit formátion 名 U 習慣形成.

hábit-fòrming 形 習慣形成性の, 中毒性の, 常習性となる, 〔薬などが〕.

***ha·bit·u·al** /həbítʃuəl/ 形 ⓒ **1** 〈限定〉**いつもの**, 例の, よくある. Tom took his ～ place at the table. トムは食卓のいつもの席についた. his ～ complaint 彼のいつものぐち. **2** 〈主に限定〉**習慣的な**, 癖になっている, 常習的な. a ～ kabuki-goer 歌舞伎(き)の常連. a ～ drinker 常習的な酒飲み. a ～ criminal 常習犯《人》. **3** 〔性質が〕生まれつきの. ◇名 habit

†**ha·bít·u·al·ly** 副 いつも, 習慣的に, 常習的に.

ha·bit·u·ate /həbítʃuèit/ 動 他 VOA (～ X *to* (*doing*)..) X(人)を..に慣らす, 慣れさせる, 〈しばしば受け身で, 又は oneself を伴って〉(accustom). be ～*d* to ˪a life of idleness [liv*ing* in idleness] 怠惰な生活に慣れる. ～ one*self to* cold weather 寒さに自分を慣らす[慣れる].

hab·i·tude /hǽbət(j)ù:d/ 名 **1** UC 体質, 気質, 性向. **2** C 習慣, 習癖, 習性.

ha·bit·u·é /həbítʃuèi/ 名 C 常連〈*of* ..〔飲食店, 娯楽場など〕の〉. [フランス語 'accustomed']

Habs·burg /hǽpsbə:rg/ 名, 形 =Hapsburg.

ha·ci·en·da /hà:siéndə|hæs-/ 名 C (中南米の)大農[牧]場; (農園主, 牧場主の広壮な)住居, 母屋. [スペイン語 (<ラテン語 'things to be done')]

†**hack**[1] /hæk/ 動 他 **1** (**a**) (斧(おの)などの刃物で)をたたき切る; VOA をずたずたにする; 〈*away, down, off*〉 (類語 乱暴にたたき切ること; →cut). ～ *off* [*away*] a branch 枝を切り落とす. ～ a person to death 人を刺し殺す. (**b**) を(思い切って)縮める[縮小する].

2 を台なしにする, めちゃくちゃにする, 〈*about*〉. My manuscript's been ～*ed* (*about*) horribly by the publisher. 私の原稿は出版社によって台なしにされてしまった.

3 VOA (草木, つるなどを切り除いて)〔土地〕を開墾する, 〔道路〕を切り開く〈*into, through* ..に〉. They ～*ed* their way *through* the bush. 彼らは茂みを切り開いて進んだ. ～ a path *through* the jungle ジャングルに道を作る.

4 〔ボールなど〕を(荒く)蹴(け)る; 〖ラグビー〗〔相手選手〕の向こうずねを蹴る; 〖バスケ〗〔相手選手〕のボールを持つ腕を打つ; 《反則》. **5** 〖俗〗をうまくやらかす; をこらえる; 〈しばしば can't hack it の形の否定文で〉.

6 〖電算〗〔コンピュータの情報〕を不法に得る[壊す, 改変する].

── 自 **1** VA 切りつける 〈*at* ..に〉; 切り開きながら進む〈*through* ..〔ジャングルなど〕の中を〉. **2** しきりに空咳をする. **3** VA (**～ *into*..**) 〔コンピュータシステム〕に侵入する.

hàck aróund 〖米話〗時間をむだに過ごす.

hàck (awáy) at.. (1) ..に(何度も)切りかかる, ..をめちゃくちゃに切る. (2) ..に大なたを振るう《思いきって縮める[縮小するなど]》.

hàck /../ dówn (1) ..を切り倒す. (2) 〖ラグビーなど〗..を蹴り倒す.

hàck /../ óff 〖話〗..をいらだたせる.

hàck /../ úp ..をずたずたに切る[切り裂く].

hàck .. to bíts [***píeces***] 〔名声など〕をずたずたにする; ..をめちゃくちゃにやっつける.

── 名 C **1** 〈単数形で〉 たたき切る[切り刻む]こと; 刻み目, 切り込み. **2** 刃物《斧, つるはし, 肉切り包丁など》. take a ～ at ..に切り[なぐり]かかる. **3** 〈単数形で〉 しきりに出る空咳 (hacking cough). **4** 〖ラグビー〗(向こうずねを)蹴ること; 蹴られた傷.

[<古期英語「ずたずたに切る」]

hack[2] 名 C **1** 〖米話〗タクシー(の運転手). **2** 〖米〗貸馬車. **3** (報酬目当ての)下働き作家, 三文文士, 三流作家; 金目当てだけのライター[記者]; 〖英〗(世渡り上手の)三流政治家, 政治ゴロ. a party ～ 党務ばかりの政治家. **4** 〖英〗貸馬; 貸馬に乗ること; (普通の)乗用馬. **5** おいぼれ馬, やくざ馬, (jade). **6** 〈普通, 単数形で〉 難儀な旅.

── 動 自 **1** 〖米話〗タクシーを運転する. **2** 〖英〗(普通の速さで)道路を馬で走る. go ～*ing* 乗馬に行く.

── 形 〈限定〉 雇われの, 下働きの; 退屈な, 平凡な. a ～ job (金目当ての単調な)下請け仕事. [<*hack*ney]

háck·bèrry 名 (複 -ries) C (北米産の)エノキ属の高木; その実《サクランボに似て食べられる》; U エノキ材.

hàcked-óff 形 〈叙述〉〖英話〗すごくいらいらして.

‡**háck·er** 名 C **1** 〖話〗ハッカー《コンピュータのシステムに不法に侵入して被害を与える人; **compùter hácker** とも言う》. **2** コンピュータおたく[熟達者]. **3** 切る人[物]. **4** 〖話〗へぼ.

háck·ing 名 U 〖電算〗ハッキング.

hàcking cóugh 名 C =hack[1] 3.

hácking jàcket 名 C 〖主に英〗乗馬用上着《ツイード製》.

hack·les /hǽk(ə)lz/ 名 〈複数扱い〉 (おんどり又は犬の)首の回りの細長い毛《戦おうとすると逆立つ》.

gèt a pèrson's háckles ùp=***màke a pèrson's háckles rìse*** 人をいきり立たせる.

a person's hàckles ríse 人が怒る. He felt his ～*s rise* in anger. 彼は怒りがこみ上げてくるのが分かった.

ràise a person's háckles 人を怒らせる.

with one's háckles ùp [***rìsing***] いきり立って; 戦おうと身構えて.

Hack·ney /hǽkni/ 名 ハックニー《大ロンドン北東部の自治区; 馬の飼育場で有名だった旧 Middlesex 州の町の名から》.

hack·ney /hǽkni/ 名 (複 **～s**) C 乗用馬; ハックニー種の馬 《前脚を高く上げて歩く》; 貸馬車. [<Hackney]

háckney càb [**càrriage**] 名 C **1** 貸馬車. **2** 〖章〗タクシー.

hack·neyed /hǽknid/ 形 陳腐な, ありふれた, 《commonplace より陳腐》. a ～ saying 言い古された格言.

háck·sàw 名 C 金のこ《金属を切るためののこぎり》.

háck·wòrk 名 U 〖軽蔑〗面白くない仕事; やっつけ仕事; (金目当ての)雑文書き.

‡**had** /həd, (ə)d, 強 hæd/ 動 have の過去形・過去分詞.

── 助 have の過去形. ★動, 助 ともに口語ではしばしば had は 'd /d/, had not は hadn't /hǽdnt/ と短縮される.

1 「had＋過去分詞」で直説法過去完了形を表す. The writer ～ *finished* writing the book before he left Japan. その作家は日本を去る前にその本を書き終えていた.

2 「had＋過去分詞」で仮定法過去完了形を表す. If you ～ *come* earlier, you could have seen Jane. 君はもっと早く来ればジェーンに会えたのに.

3 「had＋hoped [intended, thought, supposed, etc.]」で予想, 希望などが実現しなかったことを表す. I ～ *hoped* that the rain would stop soon. 雨はすぐやむだろうと思っていたのだが(実際はやまなかった).

had as góod [***wéll***] ***dò*** (***as dò***) (..するぐらいなら)..した方がいい. You ～ *as good* throw your money away *as* lend it to him. 彼に貸すぐらいなら金を捨てる方がましだよ.

had as sóon dò した方がいい.

had bétter [***bést***] ***dò*** →better[1], best.

had ráther.. →rather.

had·dock /hǽdək/ 名 (複 **～s, ～**) C タラの一種《タラ (cod) 科の食用魚で北大西洋に生息》; U その身. smoked ～ タラの薫製.

Ha·des /héidi:z/ 名 **1** 〖ギ神話〗(地下にある)死者の国, 冥(めい)府; ハデス《冥府の支配者; Pluto とも言う》. **2** 〖話〗〈しばしば h-〉 地獄 (Hell).

hadj /hædʒ/ 名 =hajj.

had·ji /hǽdʒi/ 名 =hajji.

‡**had·n't** /hǽdnt/ had not の短縮形.

Ha·dri·an /héidriən/ 名 ハドリアヌス(76–138)《ローマ皇帝》.

Hàdrian's Wáll 名 ハドリアヌスの長城《英国でハドリアヌス皇帝が北方民族の侵入に備えて Newcastle (upon Tyne) あたりから西に Solway 湾まで島を横断して築いた高さ 6 メートルほどの防壁; 部分的に現存》.

hadst /(h)ədst, 強 hædst/ 動, 助 〖古〗2 人称単数主格 thou に呼応する have の過去形.

hae·mo- /hí:mou, hémou/ 〈複合要素〉〖主に英〗= hemo-.

haf·ni·um /hǽfniəm/ 名 U 〖化〗ハフニウム《金属元素; 記号 Hf》.

haft /hæft|hɑ:ft/ 名 C (ナイフ, 短剣, 斧(おの)などの)柄(え), つか. ── 動 他 に柄[つか]を付ける.

hag /hæg/ 名 C **1** 魔女 (witch). **2** (意地悪な)醜い老婆, '鬼ばば'.

hág·fìsh 名 (複 →fish) C 〖魚〗メクラウナギ.

Hag·ga·dah /həgɑ́:də/ 名 〖ユダヤ教〗ハガダー《過ぎ越しの祝い (Passover) の典礼書; →Talmud》.

Hag·ga·i /hǽgiài, hǽgai|hǽgeiài, -giài/ 名 『ハガイ書』《旧約聖書中の一書; 略 Hag.》.

‡**hag·gard** /hǽgərd/ 形 **1** (疲労, 寝不足, 心配, 飢え

などで)やつれた〔人, 顔など〕, やせこけた. a ～ old woman やつれた老婆. **2**〔タカが〕生長してから捕獲された; 野生の, 手に負えない. [＜古期フランス語「慣らされていない(タカ)」; のち hag に影響された] ▷**～·ly** 副 やつれて.

hag·gis /hǽgəs/ 名 (複 **～·es, ～**) UC ハギス《羊の臓物を刻みオートミール・脂肪・香料などと混ぜ胃袋に詰めて煮たスコットランド料理; 普通, 丸い形をしている》.

hag·gle /hǽg(ə)l/ 動 自 言い合う, 押し問答する, 値切る, 〈*about, over* ..〔値段, 取引条件などのこと〕で/*with* ..〔人〕と〉; 小田原評定をする. ～ *about* the price *with* the seller 売り手と値切り交渉をする. ～ *over* a small amount of money わずかな金額のことで言い争う. ── 他 VOA (～ X *down to*..) X と交渉して..まで値を下げさせる.

── 名 C (値段などについての)押し問答, 言い争い; 値切ること. ▷**hag·gling** 名

hag·i·og·ra·phy /hæ̀giɑ́grəfi|-ɔ́g-/ 名 (複 **-phies**) **1** U 聖人伝《文学のジャンル》, 聖人研究; C 聖人伝《本》. **2** UC 主人公を理想化した伝記(記述).

hág·rìdden 形 **1** 悪夢に襲われた, うなされた. **2** とても心配(そう)な. **3**〈おどけて〉〔男が〕女に悩まされて.

Hague /heig/ 名〈The ～〉ハーグ《政府諸機関や国際司法裁判所があり, オランダの行政上の中心》.

hah /hɑː/ 間 ＝ha.

ha-ha[1] /hɑːhɑ́ː/ 間 はは《笑い声; 時に怒りを含んだ冷笑》. ── 名 C 「はは」という笑い声[冷笑]. [擬音語; 驚嘆の叫び]

ha-ha[2] /hɑ́ːhɑ̀ː/ 名 C (庭や公園の周囲の)隠れ垣[塀]《景観を害さないように溝の中に作る》.

hai·ku /háikuː/ 名 (複 ～) C 俳句(の形式をまねた短い詩). [日本語]

***hail**[1] /heil/ 名 **1** U **あられ, ひょう.** get caught in the ～ ひょうに降られる. **2** C 〈a ～ of ..で〉..が雨あられと降ること. *a* ～ *of* bullets [stones] 雨あられと降り注ぐ弾丸[石]. be met [greeted] with [by] *a* ～ *of* criticism [abuse] 矢つぎばやの批判[悪口雑言]を浴びせられる. He faced *a* ～ *of* questions. 彼は質問を次々と受けた.

── 動 (**～s** /-z/|過 過分 **～ed** /-d/|**háil·ing**) 自 **1** 〈普通 it を主語として〉**あられ[ひょう]が降る.** It ～*ed* for a long time. 長い間あられ[ひょう]が降った. **2** VA 〔悪口, 殴打などが〕(雨あられと)降り注ぐ〈*down*〉〈*on, upon* ..に〉. Stones came ～*ing down on* their heads. 石が彼らの頭上に次々と降りかかってきた.

── 他 VOA 〔げんこつ, 悪口など〕を浴びせる, 降らせる, 〈*down*〉〈*on, upon, at* ..に〉. ～ insults *at* ..に侮辱する言葉を浴びせかける. The boxer ～*ed* blows *on* his opponent. ボクサーは相手に連打を浴びせた. The crowd ～*ed down* curses *on* the traitor. 群衆は反逆者にののしりの言葉を浴びせた. [＜古期英語]

***hail**[2] /heil/ 動 (**～s** /-z/|過 過分 **～ed** /-d/|**háil·ing**) 他 **1** (熱狂的に)を**歓呼して迎える.** ～ the triumphant general 凱(がい)旋将軍を歓呼して迎える.
2 を**大声で呼ぶ[呼び止める],** に大声で呼びかける. ～ a taxi タクシーを呼び止める. The captain ～*ed* a passing vessel. 船長は通りがかりの船に大声で呼びかけた.
3 VOC (～ X Y)・VOA (～ X *as* Y) X を Y と呼ぶ, 呼んで迎える[賞賛する]. The citizens ～*ed* him (*as*) their leader. 市民は彼を自分たちの指導者と呼んで迎えた.
── 自 (特に, 通りかかった船に)呼びかける.

háil from.. 〔船が〕..から来ている, ..を母港とする; 〖時に戯〗〔人が〕..の出身[生まれ]である《特に生まれ育った場合》. Where does that liner ～ *from*? あの定期船はどこから来たのか. He ～*s from* Ohio. 彼はオハイオ出身だ.

within háiling dìstance 呼べば聞こえる(ほど近い)「所に(いる)〈*of* ..の, が〉.

── 名 C あいさつ, 歓声, 呼びかけ.

within háil (1)〔船などが〕声の届く所に(いる)〈*of* ..の〉. The ship is still *within* ～. 船はまだ声の届く所にいる. (2)(電話, ラジオなどで)連絡のとれる所に.

── 間 〖古・詩〗ようこそ, 万歳. *Hail* [All ～] to you! ようこそ.
[＜古期北欧語「完全な」; hale[1], whole と同源]

hàil-fellow-well-mét 形 特に親しい; なれなれしい; ざっくばらんな. in a ～ sort of way なれなれしく. ── 名 (複 **hail-fellows-well-met**) C なれなれしい男.

Hàil Máry 名 **1** ＝Ave Maria. **2** C 〖アメフト〗(一か八かの)ロングパス; 起死回生[乾坤一擲(けんこんいってき)]の解決策.

háil·stòne 名 C 〈普通 ～s〉あられ[ひょう](の粒).

háil·stòrm 名 C あられ[ひょう]を伴ったあらし.

‡**hair** /heər/ 名 (複 **～s** /-z/)
【毛】 **1** (**a**) U 〈集合的〉**毛髪,** 頭髪, (人, 動物の)体毛. a girl with blond [golden] ～ 金髪の娘. Nearly all Japanese have dark ～. ほとんどすべての日本人は髪が黒い. Have [Get] your ～ cut. 髪を刈ってもらいなさい. Jane is doing her ～ (up) in her room. ジェーンは部屋で髪の手入れをしている. My grandpa has a fine [full, good] head of ～. おじいさんの髪はふさふさしている. abundant gray ～ 房々とした白髪.

> 連結 fair [black, brown, flaxen, red; glossy; thick, thin; long, short; curly, straight, wavy; smooth, soft; disheveled, well-groomed] ～ // brush [comb; rinse, shampoo, wash; dress, perm, set; dye] one's ～

(**b**) C (1 本の)**毛,** 毛髪. My father has [is starting to get] a few gray ～*s*. 父の髪には白髪が 2, 3 本ある[生えはじめている]. There's a ～ in my soup. スープに髪の毛が入っている. She had a gray ～ fall out. 彼女の白髪が 1 本抜けた.
2 U (動物の)毛織物. a coat of camel's ～ ラクダの毛のコート. **3** UC (ブラシなどの)毛. **4** C 毛状のもの; UC (植物の表皮, 昆虫などの体に生えた)毛.
【1 本の毛ほどの量】 **5** aU ほんのわずか. The falling rock missed the climber by a ～. 落石はほんのわずかなところで登山者をそれた. a ～'s breadth →hairbreadth. be not worth a ～ 一文の値打ちもない. ◇形 hairy

***a* [*the*] *hàir of the dóg* (*that bít a person*)** 〖話〗(二日酔いを直すための)迎え酒; 毒を制する毒; 《狂犬に噛まれたらその犬の焼いた毛が効くと古代ローマで信じられた》.

cùrl a person's háir (1) 人の髪をカールさせる. (2) ＝make a person's HAIR curl.

gèt* [*hàve*] *a pérson by the shòrt háirs 〖話〗人を思い通りにできる, すっかり押さえ込む《short hairs は「陰毛」の婉曲表現》. She has her husband *by the short* ～*s*. 彼女は夫を完全に牛耳っている.

gèt gray háir (1) 白髪になる. (2) 心配である〈*from*, 「*over* ..が〉.

gèt* [*be*] *in a pèrson's háir 〖話〗(つきまとって[まつわりついて])人を困らす, 人の邪魔をする[になる].

gìve gray háir to .. ..を心配させる.

hàng* (*on*) *by a háir →hang.

hàrm a hàir of* [*on*] *a person's héad 〈普通, 否定文・条件節で〉人に少しでも危害を与える.

kèep one's háir òn 〖英話〗平気でいる, 怒らない, 〈普通, 命令形で〉(keep one's SHIRT on).

lèt one's háir dòwn*＝*lèt dówn one's háir (1)〔女性が〕髪をほどく. (2)〖話〗楽にする, くつろぐ; リラックスして大いに楽しむ, (心の重荷をおろして)楽になる.

lòse one's háir (1) 頭がはげる. (2) かんしゃくを起こす.

màke a pèrson's háir cùrl 〖話〗人を縮み上がらせる[怖がらせる], 人にショックを与える.

***màke a pèrson's háir* ⌞*stànd on énd* [*rìse*]** 人を

ぞっとさせる《<恐怖などで総毛立つ》.

not hàve a háir out of pláce〔人が〕身なりしが大変きちんとしている[に一分のすきもない].

nòt tùrn a háir〖英〗平然としている, 落ち着き払っている. without *turning* a ～ 平然として.

out of** a person's **hair 人の邪魔にならないように, 人にうるさくないように. Just keep him *out of* my ～. 彼が私の邪魔にならないようにしておいてほしい.

pàrt** a person's **háir (1) 髪を分ける. (2) 人の頭をすれすれにかすめる (★誇張した表現).

pùll** one's **háir** (**òut**)=**pùll out** one's **háir (悲しみ, 怒り, いらだちのあまり)髪をかきむしる, 感情をむき出しにする; 怒る. The loss is nothing to *tear* your ～ about. その損失はそれほど大げさに嘆くほどのものではない. He must be *tearing* his ～. 彼は頭にきているに違いない.

pùt háir(s) on** a person's **chést〖話・戯〗〔酒などが〕人を元気づける, 人に精をつける. That'll [It'll] *put* ～*s on* your *chest*. それを飲めば[食べれば]元気もりもりですよ.

put ùp** one's **háir〔女性が〕髪を結い上げる《垂らしていないで》.

split háirs (不必要な)細かい区別だてをする, 重箱の隅をほじくる, 〈*over* ..について〉(→hairsplitting).

tèar [***pùll*** ↑] ***one's háir*** (***òut***)=***tèar*** [***pùll*** ↑] ***out** one's **hair***

to a háir 寸分たがわず, ぴったり. imitate the singer *to a* ～ その歌手をそっくりまねる. [<古期英語]

háir·bàll 名 C (猫などの胃の中の)毛球《からだをなめるためにできる》.

háir·bànd 名 C ヘアバンド, カチューシャ, (〖英〗では↑「Alice band とも言う」).

háir·brèadth 名 1 aU (毛 1 本ほどの)わずかな幅[距離]. 2〈形容詞的〉間一髪の, きわどい, かろうじての. a ～ escape 間一髪の命拾い.

by a háirbreadth 間一髪のところで, きわどいところで. The passengers escaped death *by a* ～. 乗客たちは間一髪のところで命拾いした.

within a háirbreadth of (*doing*).. すんでのところで..(するところ). They were *within a* ～ *of* death. 彼らはもうちょっとで死ぬところだった.

***hair·brush** /héərbrʌ̀ʃ/ 名 (複 ～·es /-əz/) C ヘアブラシ. She arranged her hair with a ～ and a comb. 彼女はヘアブラシとくしで髪を整えた.

háir càre 名 U 髪の毛の手入れ.

háir·clòth 名 U 馬巣(す)織《馬やラクダの毛と綿糸で織った堅く粗い布地; 服のしん, いす・ソファーの上張りなどに用いる; →hair shirt, horsehair》.

***hair·cut** /héərkʌ̀t/ 名 (複 ～s /-ts/) C 1 散髪. have [get] a ～ 散髪する, 頭を刈ってもらう. go for a ～ 散髪に行く. a ～ place〖米俗〗(車で)ぎりぎり通れる所. 2 髪型, 髪の刈り方, (→hairdo).

háir·dò 名 (複 ～s) C〖話〗(女性の)髪型, ヘアスタイル, (hairstyle); 結髪.

***hair-dress·er** /héərdrèsər/ 名 (複 ～s /-z/) C 美容師; 〈～'s〉美容院. 語法 〖英〗ではこの語で美容師[院]も(男性対象の)理髪師[店]も表したが, 最近では〖米〗同様, 女性は hair-dresser('s) へ, 男性は barber('s) へ行くのが一般的. have an appointment *at* the ～'s at 3:30 3時半に美容院に予約してある.

háir·drèssing 名 U (主に女性の)調髪; 美容師業.

háir-drìer, -drỳer 名 C (ヘア)ドライヤー.

háir·dỳe 名 UC 染毛剤, 白髪染め.

haired /heərd/ 形 1 毛のある, 毛髪のある 2〈複合要素〉..毛[髪]の. a fair-～ lady 金髪の婦人.

háir gèl 名 U ジェル《整髪料》.

háir·grìp 名 C 〖英〗ヘアピン《扁平型》(〖米〗 bobby pin).

hair·i·ness /hé(ə)rinəs/ 名 U 毛深さ.

háir·less 形 毛のない; 頭髪のない, はげた, (bald).

háir·lìne 名 C 1 (特に額の)髪のはえぎわ. His ～ has receded slightly. 彼の髪のはえぎわは少し後退した. 2 一筋の毛髪の幅. ── 形 1 (髪の)はえぎわの. 2 非常に細い[狭い]. a ～ crack [fracture] 細いひび割れ.

háir mòusse 名 U (ヘア)ムース.

háir·nèt 名 C (髪の乱れを防ぐための)ヘアネット.

háir òil 名 U ヘアオイル, 髪油.

háir·pìece 名 C ヘアピース, 入れ毛, かもじ, (男性用はげ隠しの)かつら. wear a ～ ヘアピースをつける.

háir·pìn 名 1 C ヘアピン《細くU字型; →hair-grip》; =hairpin turn. 2〈形容詞的〉〔道が〕ヘアピンのように曲がった.

hàirpin bénd 名 C〖英〗ヘアピンカーブ.

hàirpin túrn 名 C〖米〗ヘアピンカーブ.

háir-ràising 形〖話〗ぞっと[ぞくっと]するような, 身の毛もよだつ(ほどスリリングな). a ～ experience 身震いするような経験.

háir-restòrer 名 UC 育毛剤, 毛生え薬.

háir sàlon 名 C 美容院.

háirs·brèadth, háir's-brèadth 名 =hairbreadth.

hàir shírt 名 C (苦行者や悔悟者が着る着心地の悪い)馬巣(す)織の肌着 (→haircloth). put on a ～ 前非を悔いる, 悔いて苦しみを甘受する.

háir slìde 名 C〖英〗バレッタ(〖米〗barrette).

háir·splìtter 名 C 不必要なほど細かい区別をする人; 屁(へ)理屈屋.

háir·splìtting 名 U 不必要なほど細かい区別だてをすること, 屁(へ)[小]理屈. ── 形 細かい区別をし過ぎる, 無用な小理屈をこねる.

háir sprày 名 UC ヘアスプレー.

háir·sprìng 名 C (時計の)ひげぜんまい.

‡**háir·stỳle** 名 C ヘアスタイル, 髪型, (hairdo).

háir·stỳlist 名 C ヘアスタイリスト (hairdresser).

háir trìgger 名 C (ちょっと引くだけで発射する)触発引き金.

háir-trìgger 形〈限定〉〔神経などが〕鋭敏な; 一触即発の, もろい. have a ～ temper すぐかっとなる.

†**hair·y** /hé(ə)ri/ 形 e 1 毛深い, 毛むくじゃらの, (★普通頭髪には用いない). ～ arms 毛深い腕. 2 毛でできた; 毛のような. 3〖話〗危なっかしい, はらはらする.

Hai·ti /héiti/ 名 ハイチ《西インド諸島中の Hispaniola 島の西3分の1を占める黒人最初の共和国; 首都 Port-au-Prince》.

Hai·tian /héiʃən, -tiən/ 形 ハイチ(人)の. ── 名 C ハイチ人; U ハイチ語《なまったフランス語》.

hajj /hædʒ/ 名 (複 ～·es) C メッカ (Mecca) への巡礼.

haj·ji /hǽdʒi/ 名 (複 ～s) C hajj (メッカ巡礼)を済ませたイスラム教徒. ★Hajji として称号としても用いられる.

ha·ka /hɑ́:kə/ 名 C (ニュージーランドのマオリ族の)出陣の踊り, ハーカ《ニュージーランドのラグビーのチームが試合前にこれをまねた踊りを行う》.

hake /heik/ 名 (複 ～s, ～) C ヘイク, メルルーサ, 《タラに近い食用海産魚; 日本近海にはいない》; U その身.

Ha·ken·kreuz /hɑ́:kənkrɔ̀its/ 名 C かぎ十字, 逆さまんじ, 《ナチスの党旗に, そして 1935-45 年にはドイツの国旗に用いられた; →swastika》. [ドイツ語 'hook-cross']

ha·kim /hɑ́:ki:m/ 名 C 1 (イスラム圏の)太守, 知事, 判事. 2 /həkí:m/ (イスラム圏の)医者, 学者, ハカム.

HAL /hæl/ 名 スーパーコンピュータ "ハル" 《Arthur C. Clarke 作の *2001, A Space Odyssey* から》.

Hal /hæl/ 名 Henry, Harold の愛称.

ha·lal, hal·lal /hɑlɑ́:l/ 動 (～s|-ll-) 他 〔動物〕をイスラム教の掟(おきて)に従って殺す. ── 名 U, 形 イスラム教の掟に従って殺した動物の肉(の).

ha·la·tion /heiléiʃ(ə)n|hə-/ 名 U ハレーション, 光

暈(ﾞﾝ)作用,《写真, 映画, テレビで画面の一部が光り, そのまわりがぼやける現象》. [halo, -ation]

hal·berd, -bert /hǽlbərd/, /-bərt/ 名 C 槍斧(ﾔﾘｵﾉ)《15, 6 世紀にヨーロッパで使用された武器》.

hal·berd·ier /hæ̀lbərdíər/ 名 C 〖史〗槍斧(ﾔﾘｵﾉ)兵.

hal·cy·on /hǽlsiən/ 名 C **1**〖ギ神話〗アルキュオネー《冬至ごろ海上の巣でひなをかえし, その間, 風波が静かになると言う伝説上の鳥; 後にカワセミと同一視された》. **2**〖鳥〗カワセミ (kingfisher). ── 形〖雅〗〈限定〉静かな, 穏やかな. [＜ギリシア語「カワセミ」]

hálcyon dàys 名 〈複数扱い〉〖雅〗幸せで平穏な時期.

‡**hale**[1] /heil/ 形〖雅〗〔特に老人が〕壮健な, 達者な, 元気な, (vigorous)〈主に次の成句で〉. ***hàle and héarty*** 〔特に老人, 病後の人が〕壮健で, 達者で. [＜中期英語; whole の北部方言形] ▷**hále·ness** 名 U 達者なこと.

hale[2] 動 他 〖古〗を(力まかせに)引っ張る; (法廷などに)を引っ張り出す.

Ha·ley /héili/ 名 **Alex** ～ ヘイリー(1921-92)《米国の黒人作家; *Roots* 他》.

‡**half** /hæf|hɑ:f/ 名 (複 **halves** /hævz|hɑ:vz/) **1** UC 半分, 2 分の 1; 約半分. Tom gave me (one) ～ and kept the other (～) for himself. トムは半分をぼくにくれて, もう半分を自分のためにとっておいた. the latter ～ of the twentieth century 20 世紀の後半. two years and a ～ 2 年半 (＝two and a ～ years). Two *halves* make a whole. 半分が 2 つで 1 つ[全体]になる. Your ～ is bigger than mine. 君の半分の方が私のより大きい. *Half* (of) the eggs were stolen. その卵の半数が盗まれた. *Half* of ˪the apple [it] was rotten. そのリンゴ[それ]は半分が腐っていた.

> 語法 half of が名詞を伴う場合 of は省略されることがある; その場合の half は形容詞 (→half 形); これに対し代名詞 (前例の it) を伴う場合は省略されない; また half of＋(代)名詞が主語の時動詞は(代)名詞の数に一致する.

2 U〈無冠詞で〉(時刻の)半, 30 分. at ～ past seven 7 時半に. **3** C〖米話〗50 セント硬貨 (half dollar);〖英話〗半マイル; (複 **halves, ～s** /-s/)(特に子供の)半額切符; ＝halfpenny.

4 C (サッカーなどの試合の)前半, 後半;〖野球〗(1 イニングの)表, 裏;〖ゴルフ〗ハーフ《相手と同じスコア》. **5** C〖英〗半学年《2 期制の 1 期》. **6** C (複 **halves, ～s**) (ビール, スタウトの)半パイント.

7 (複 **halves, ～s**) ＝halfback. **8**〖話〗大半. I invited a lot of people to the party but ～ of them didn't turn up. たくさんの人をパーティーに招いたが, 来ない人が多かった. ◇動 halve

..and a hálf〖話〗すごい.., すばらしい.. (★良い意味にも悪い意味にも使う). How attractive! She's a woman *and a* ～! 何てチャーミングだろう. すばらしい女性だ. That was a game *and a* ～! すばらしい試合だった; 長ったらしい試合だったよ.

by hálf (1)(もとの数量の)半分だけ. The price of rice was up *by* ～ as compared with twenty years before. 20 年前に比べると米の値段は 5 割上がっていた. reduce [cut] .. *by* ～ ..を半減させる. (2)〈強意; (1)の反語的用法〉大いに; あまりにも. "Do you think he will win?" "Not *by* ～." 「彼が勝つと思うかい」「とんでもない」. He's too clever *by* ～. 彼はりこうすぎる (★このように too を伴った語を修飾することが多い).

*__*by hálves*__* 中途半端に, 生半可に(は),〈普通, 否定文で〉. He doesn't do things [never does anything] *by halves*. 彼は何事も中途半端にはしない.

crỳ hálves 半分の分配を要求する.

gò hálves [hàlf and hálf] (with a pèrson) in [on] .. ..を(人と)山分け[折半]にする, ..に共同で取り組む. *go halves in* the prize [*with* one's roommate *on* the phone bill] 賞金を山分けする[ルームメイトと電話代を折半する]. *go halves on* a pizza ピザを半分ずつ食べる.

hòw the òther hàlf líves〖戯〗他人の暮らしぶり[生き方]《自分とは別の身分(特に金持ち階層)の人の》. In order to find out *how the other* ～ *lives*, I worked as a bartender. 自分には'別世界の'人たちの暮らしぶりを知るために私はバーテンをやってみた.

*__*in hálf*__* (1) 2 等分に, 半分(ずつ)に. cut [break] .. *in* ～ ..を半分に切る[割る]. (2) 半分に(なるように). cut the number of employees *in* ～ 従業員の数を半分に減らす.

in [into] hálves ＝in HALF (1).

not (even) knòw [have not hèard] (the) hálf of it〖話〗半分も分かっていない[聞いてはいない], そんなものではない.

not the hálf of .. ..の半分たらず(でしかない). That is *not the* ～ *of* the story [it]. ＝You do*n't* know *the* ～ *of* it. そんなことはほんの序の口に過ぎない《もっと重要な[ひどい, 驚くべき]ことがある》.

the hálf of it (話などの)ほんの一部. You saw them together, but that's *the* ～ *of it*. 2 人が一緒のところを見ただろ. しかし, それだけではないんだ.

tòo .. by hálf →by HALF (2).

── 形 ¢ 〈普通, 限定〉**1 半分の**, 2 分の 1 の; 約半分の; (語法 half は冠詞, 指示詞, 人称代名詞の所有格の前に置かれる;〖米〗では half a＋普通名詞 の代わりに a half＋普通名詞 も用いられる: ～ a mile＝a ～ mile (半マイル)). ～ an hour＝a ～ hour 半時間, 30 分. ～ a dozen＝a ～ dozen 半ダース. a ～ pound 半ポンド《重さ》. *Half* the students were absent. 学生の半数が休んでいた. *Half* my work has been done. 僕の仕事の半分はすんでいる. have a ～ mind to do ..しようかなと思っている. **2** 不十分な, 中途半端な. have only a ～ acquaintance with the subject 問題が生半可にしか分かっていない. **3**〈half the ..で〉大半の... ～ the trouble with Dale デールの困ったことの大部分. ～ the fun 楽しみの大半. **4**〖話〗ほんのわずかな. ～ a minute [moment, second, tick] あっという間.

be hàlf the ..one ùsed to bé かつてのような..ではない. He's ～ *the* player he *used to be*. 彼はかつてのようにプレーできない.

hàlf the tíme →time.

only hàlf the stóry 本当のことの半分しか〔話さないなど〕.

── 副 ¢ **1 半分**(だけ); 半ば;〖英話〗〈時刻を表す動詞の前で〉(..時)半で. petals ～ white and ～ pink 白とピンク半々の花弁. I ～ wished to go abroad with my fiancée. 婚約者と海外へ行きたいとも思った. She turned to me ～ rising. 半分立ち上がりながら彼女は私の方を向いた. It is ～ [～ past] seven now. 今 7 時 30 分です. She is ～ Japanese and ～ French. 彼女は日本人とフランス人のハーフ[混血]です.

2〖話〗〈形容詞の前で; 誇張表現〉相当な程度まで, いくぶん; ずいぶん; ほとんど. I was ～ dead from walking a long time. 長時間歩いてもう死にそうだった (→half-dead). She was ～ crazy with fear. 彼女は恐怖で半狂乱だった.

3〈しばしば過去分詞を伴って〉不十分に, 中途半端に. leave things ～ done 物事を中途半端にしておく. The chicken was only ～ cooked. その鶏肉は十分火が通っていなかった.

about hálf →about.

hàlf and hálf 半々に. put in flour and sugar ～ *and* ～ 粉と砂糖を半分ずつ入れる.

hálf as mùch [màny] agáin as →again.

*__*hálf as mùch [màny] as..*__* ..の半分(の量[数])だけ). I have only ～ *as many* books *as* you. 私は君の半分しか本がない.

not hálf (1)〖話〗(半分ほども..でない>)少しも..でない (not at all). *not* ～ stupid ばかどころかとても利口な[で]. *not* ～ bad →bad (成句). (2)〖英話〗〈反語的〉(半分どころでなく>)ひどく, とてつもなく. We did*n't* ～ enjoy ourselves. 最高に楽しかった. (★内容的に最上級を含意). He may be a nice dog, he won't be *not* ～ a nuisance when we go on holiday. いい犬みたいだね, 休暇で出かけるときにも邪魔にならないだろうね. (3)〈Not half.で〉はい, とても (★Yes. の強調的表現). "Did you enjoy yourself at the party?" "*Not* ～."「パーティーは楽しかったかい」「ええとっても」.

not half as..(as..) (..)ほどではとても..ない. Films these days are *not* ～*as* good *as* they used to be. 近頃の映画はかつてほど良くはない.

[<古期英語「側, 半分の」]

hàlf a crówn 名 (複 **half crowns**) Ⓒ 半クラウン(旧制度 (1971年まで)の2シリング6ペンス)の額; 半クラウン銀[白銅]貨《英国の旧貨幣; half crown とも言う》.

hàlf-and-hálf /-(ə)n- ㊕/ 形 半々の; 中途半端な; どっちとも言えない. ── 副 等分に, 半分ずつ(に) (→HALF and half). split the cost ～ 費用を2等分する. ── 名 Ⓤ〖米〗牛乳とクリームを半分ずつ混ぜた飲み物;〖英〗エール (ale) と黒ビール (porter) を半々に混ぜたビール; ミルクを半分[ミルクとクリームを半分ずつ]入れたコーヒーなど.

hàlf-ássed /-ǽst ㊕/〖米〗, **-ársed** /-ɑ́ːrst ㊕/〖英〗形〖俗〗**1** 不十分な, いい加減な. **2** ばか丸出しの.

hálf·bàck 名 ⓊⒸ (サッカー, ラグビーなどの)ハーフバックの選手[位置]《〖サッカー〗forwards と fullbacks の中間;〖ラグビー〗scrum half と standoff half の中間》.

hàlf-báked /-t ㊕/ 形 **1** 生焼けの. **2** 〔計画, 案, 考え方などが〕不十分な, 生半可な, 不完全な, 受け入れがたい;〖話〗〔人が〕世間知らずの, 未熟な; 頭の悪い, ばかな.

hálf bìnding 名 Ⓤ〖製本〗半革装丁《背部とすみだけが革》.

hálf blòod 名 **1** Ⓒ 異父[異母]兄弟[姉妹]. **2** Ⓒ 混血児. **3** Ⓤ 半血血族関係, 腹[たね]違い,《両親のいずれかを異にする関係; →full blood》.

hàlf-blóoded /-əd ㊕/ 形 **1** 異父[異母]兄弟[姉妹]の, 片親だけが同じの. **2** 混血の; (片親だけが血統書付きの)雑種の.

hàlf bóard 名 Ⓤ〖主に英〗(下宿, ホテルの)朝夕[朝昼] 2食付き宿泊 (→full board).

hálf bòot 名〈普通 ～s〉Ⓒ 半長靴.

hálf-brèed 名 Ⓒ, 形〖軽蔑〗混血児(の)《特にアメリカインディアンと白人との》; (動植物の)雑種(の).

hálf bròther 名 Ⓒ 異父[異母]兄弟.

hálf-càste 名 Ⓒ, 形〖軽蔑〗混血児(の)《特にヨーロッパ人とインド人などアジア人との》.

hàlf cóck 名 Ⓤ (銃の)安静段《シングルアクションの小火器の撃鉄を半ば起こし安全装置をかけた状態》.

at hàlf cóck 安静段のままで《撃鉄を不十分に起こした状態で》; 準備不足で, はやまって.

gò óff (at) hàlf cóck =go off HALF-COCKED.

hàlf-cócked /-t ㊕/ 形 〔銃が〕安静段のままで; 準備不足で; (→half cock).

gò óff hàlf-cócked 〖主に米〗(1)〔銃が〕半撃ちになる. (2) 早まって[準備不足で]失敗する.

hàlf-crázed /㊕/ 狂ったような.

hàlf crówn 名 =half a crown.

hálf-cùp 名 Ⓒ〖米〗ハーフカップ《0.1リットル》.

hàlf-cút 形〖英話〗酔って.

hálf-dày, hálf dày 名 =half-holiday.

hàlf-déad 形〖英話〗へとへとで(死にそうな).

hàlf-décent 形 ちゃんとした.

hàlf dóllar 名 Ⓒ (米国, カナダの) 50セント硬貨.

hàlf dózen 名 Ⓒ, 形 半ダース(の).

hàlf-hárdy /㊕/ 形 〔栽培植物が〕半耐寒性の.

‡**hàlf-héarted** /-əd ㊕/ 形 気乗りのしない, やる気のない, 身の入らない, 心のこもっていない, (↔whole-hearted). a ～ attempt [apology] 気乗りのしない試み[心のこもっていない謝罪]. be ～ about ..に気乗りしない.

▷ **～·ly** 副 気乗りしないで, いいかげんに. **～·ness** 名

hàlf hítch 名 Ⓒ 半[片]結び《ひもなどの解けやすい結び方》.

hàlf-hóliday 名 (複 ～s) Ⓒ 半休日, 半ドン.

hàlf-hóur, hàlf hóur 名 Ⓒ 半時間, 30分間; 正時半の時刻《0時30分, 9時30分など》. a ～ of sleep 30分の睡眠. The trains come every hour on the ～. 電車は毎正時30分に来る. 「の[に].

hàlf-hóurly /㊕/ 形, 副 30分ごとの[に], 半時間おき↑

hàlf-jóking 形 半分冗談で. ▷ **～·ly** 副

hàlf-léngth /㊕/ 形 (彫像, 肖像画が)半身(像)の (→full-length). ── 名 Ⓒ 半身像[画].

hálf-lìfe 名 Ⓤ〖物理〗(放射性物質の)半減期《原子[素粒子]の数が2分の1になるまでの時間》.

hálf-lìght 名 Ⓤ 薄明かり. 「レース》.

hàlf-márathon 名 Ⓒ ハーフマラソン《約21キロの↑

hàlf-mást 名 Ⓤ 半旗の位置《マスト[旗ざお]の中ほどの位置で, 弔意の表現又は船の遭難信号としてここに旗を掲げる》. ***(at) hàlf-mást*** (1) 半旗の位置に. fly [hang] a flag ～ high [*at* ～] 半旗の位置に旗を掲げる. (2)〖英戯〗(ズボンが)つんつるてんで.

hàlf méasure 名 Ⓒ〈普通 ～s〉その場しのぎ, 妥協, 間に合わせの手段. 「月形(レンズ)のメガネ.

hàlf-móon 名 Ⓒ 半月; 半月形(のもの); 〈～s〉半↑

hàlf móurning 名 Ⓤ **1** 半喪服《白[灰]色を交えた黒喪服》. **2** 半喪期《喪の第2期》.

hàlf nélson 名 Ⓒ〖レスリング〗ハーフネルソン《相手の後方から左腕のみを羽交じめの形にし, 首の後ろで組んだ手で後頭部を押し曲げる》.

hálf nòte 名 Ⓒ〖主に米〗2分音符 (〖英〗minim).

hàlf páy 名 Ⓤ 給料の半分;〖英軍〗休職[退職]給.

half·pence /héip(ə)ns, hǽfpèns|héip(ə)ns/ 名 **1** halfpenny の複数形. **2**〈普通 a few ～〉ごく小額の金.

half·pen·ny /héip(ə)ni, hǽfpèni|héip(ə)ni/ 名 (複 **-nies**,「金額」の意味では **-pence**) Ⓒ **1** 半ペニー銅貨(の金額)《英国の貨幣; 新制度 (1971年以降)の半ペニー銅貨は旧制度の1.2ペニーに相当; 1985年廃止; →penny》. three *halfpence* 1ペニー半. **2**〈形容詞的〉半ペニーの. ***not hàve twò hálfpennies to rùb togéther*** 〖英話〗ひどく貧乏である《<すり合わせる2枚の半ペニー貨も無い》.

hálfpenny·wòrth 名 Ⓒ〈普通, 単数形で〉価格が半ペニーのもの; ごく少量《ha'p'orth とも言う》.

hálf·pìnt 名 Ⓒ 半パイント(の容量);〖話〗ちっぽけな人, 取るに足らない人.

‡**hàlf-príce** 名 Ⓤ 半額. get .. for [at] ～ 半額で..を手に入れる. sell off .. at ～ 半額で..を売り払う. ── 形, 副 半額の[で].

hàlf·seas·óver 形〈叙述〉〖英旧話〗なま酔いで.

hálf sìster 名 Ⓒ 異父[異母]姉妹.

hálf sìze 名 Ⓒ ハーフサイズ《〖米〗背が低く体格のいい女性用のサイズ; 普通 $12^1/_2$ から $24^1/_2$;〖英〗(ある2つのサイズの)中間のサイズ》.

hálf sòle 名 Ⓒ ((長)靴の)半底《つま先 (toe) から土踏まず (shank) までの底; →half-sole》.

hálf-sòle 動 他 〔靴〕を半張りする (→half sole).

hàlf sóvereign 名 Ⓒ 10シリング金貨《英国の旧↓

hàlf-stáff 名〖米〗=half-mast. 　　　　　└貨幣》.

hálf·stèp 名〖米〗=half step 1.

hálf stèp 名 Ⓒ **1**〖楽〗半音 (semitone). **2**〖米軍〗半歩《速歩 (quick time) で38cm, 急速歩

(double time) で 46cm》.

hàlf térm 名 C 《英》(学期半ばの短い)中間休暇(《米》 midterm)《普通, 2, 3 日》.

hàlf-tímbered /㊜/ 形 木骨造りの, ハーフティンバーの,《骨組みの材木の間をしっくい, れんがなどで埋める》.

‡**half-time** /ーˊ|ーˊ/ 名 U (サッカーなどの試合の)ハーフタイム (→full time).

hálf tìtle 名 C **1** 略表題《title page の前々ページに記す; 書名だけで副題・著者名・出版社名などは省く》. **2** 中扉[章]の表題《奇数ページに記す》.

hálf·tòne 名 **1** C 網版(の挿絵, 図). **2** U (絵画, 写真の明暗の)ハーフトーン, 半調部. **3** C 《米》《楽》半音.

hálf-tràck 名 C (前部が車輪で後部がキャタピラーの)(軍用)自動車.

hálf-trùth 名 (複 →truth) C (わざと)真相の一部しか伝えない説明[話]《しばしば相手をだますための》.

hálf-vòlley 名 (複 ~s) C, 動 他, 自 《球技》(〔球〕が)地面から跳ね上がるところをすぐ打つ[ける](こと).

*__half·way__ /hæfwéi|hɑ̀ːf-㊜/ 副 ¢ **1** (a) 中途で[まで], 中間まで. Oxford is ~ between London and Stratford-upon-Avon. オックスフォードはロンドンとストラトフォード・アポン・エイヴォンの中間にある. I'll go ~ with you. 途中まで君と行こう. climb ~ up the hill 丘の中腹まで登る. stop for coffee ~ through the meeting 会議の中途でコーヒーのために休む. (b) もう少しのところで, 今にも, (nearly). ~ surrender to ..もう少しで..に屈するところである. **2** 《話》半ば, いくぶん, まあまあ(に), (fairly). a ~ decent [respectable] hotel まずまずのホテル. The measure went only ~ toward resolving the crisis. その対策は危機を打開する方向に向かってはいるがまだ半ばだ.

be hàlfway thére (仕事などを)半分終える.

gò hálfway (to méet a person) 妥協する, 折り合いをつける. 「である[十分ではない].

gò hálfway toward doing ..するのには半分程度↑

mèet a pèrson halfwáy (1) 人を途中まで出迎える. (2) 人と妥協する, 折り合いをつける.

mèet tróuble halfwáy 取越し苦労する.

—— 形 ¢ 〈限定〉**1** 中途の, 中間の. at a ~ point 中間点で. **2** 中途半端な, 不完全な. do a ~ job いい加減な仕事をする.

hálfway hòuse 名 C **1** 《主に米》2 つの道路沿いの町の中間地点にある宿屋. **2** 妥協の産物, どっちつかずのもの, 〈*between* ..間の〉(compromise). **3** (刑期を終えた者, 精神障害者, アルコール依存症患者の)社会復帰施設. 「ハーフウェーライン.

hálfway lìne 名 〈the ~〉(サッカー, ラグビーなどの)↑

hálf-wìt 名 C 《話》間抜け, うすばか.

hàlf-wítted /-əd ㊜/ 形 《話》間抜けな. ▷ ~·**ly** 副

hàlf-yéarly /㊜/ 形, 副 半年[半期]ごとの[に].

hal·i·but /hǽləbət/ 名 (複 ~s, ~) C オヒョウの類《北洋に生息する大型の食用魚》; U その身.

hal·ide, -id /hǽlaid, héil-/, /-id/ 名 U 《化》ハロゲン化合物.

Hal·i·fax /hǽləfæks/ 名 ハリファックス **1** イングランド北部の工業都市. **2** カナダ Nova Scotia 州の州都.

hal·ite /hǽlait, héi-/ 名 U 《鉱》岩塩.

hal·i·to·sis /hæ̀lətóusəs/ 名 U 《医》呼気悪臭, 口臭 (bad breath). [ギリシア語「息」, -osis]

‡**hall** /hɔːl/ 名 (複 ~s /-z/) C

【大きな家】 **1** 会館, ホール. a public ~ 公会堂. **2** (団体, 組合などの)事務所, 本部. →city hall, town hall. **3** 公衆の集まる会場; 娯楽場《ダンスホールなど》; 〈しばしば ~s〉= music hall. a banquet ~ 大宴会場. a concert ~ コンサートホール. **4** 《英》(地方の地主の)大邸宅, お屋敷. Tuxbery Old *Hall* タックスベリ屋敷. **5** 寮, (学生)会館. live in ~ 学生寮で生活する (★この場合は無冠詞). the Students' *Hall* 学生会館.

【大きな部屋】 **6** 講堂 (lecture hall), 教室. **7** 《英》(大学の)大食堂. dine in ~ 大食堂で食事する (★この場合は無冠詞). **8** (大家(たいけ)の屋敷の) 大広間; 玄関(の広間) (hallway)《2 階への階段があるのが普通》. **9** 《米》廊下. Don't run down the ~*s* in school. 学校では廊下を走るな.

[<古期英語「(屋根で覆われた)広い場所」]

hal·le·lu·iah, -lu·jah /hæ̀ləlúːjə/ 間 ハレルヤ《神をほめたたえる, 又喜びの叫び; alleluia とも言う》.
—— 名 C 神を賛美する歌[叫び].
[ヘブライ語「主をほめたたえよ」]

Hàl·ley's cómet /hǽliz-/ 名 《天》ハレー彗(すい)星《約 76 年ごとに見える; 一番最近は 1986 年; 英国の天文学者 Edmund Halley が周期的出現を予言した》.

hal·liard /hǽljərd/ 名 = halyard.

‡**háll·màrk** 名 C **1** (金, 銀, プラチナ製品の純度を保証する)極印, ホールマーク. **2** 品質保証印, '折り紙'. have [bear] all the ~*s* of .. 折り紙つきの..である. **3** 目立つ特質. Bravery is the ~ of a good hunter. 勇敢さは優れた狩猟者の印である.
—— 動 他 に(品質保証の)極印を押す; の品質を保証する. [ロンドンの Goldsmiths' *Hall* の検証印から]

‡**hal·lo, -loa** /həlóu/ 間 **1** (注意をうながして)やあ, おい, (hello). **2** 《英》(電話での)もしもし (hello). **3** (猟犬をけしかけて)それっ. —— 名 (複 ~s) C やあ[それっ]という叫び声. —— 動 他 〔人〕にもしもし[やあ]と叫ぶ; 〔猟犬〕をそれっと叫んでけしかける. —— 自 もしもし[やあ]と叫ぶ. [擬音語]

Hàll of Fáme 名 〈the ~〉《米》栄誉殿堂《New York 市にあり, 偉人・功労者の栄誉を記念する; the Baseball Hall of Fame (野球殿堂; New York 州 Cooperstown にある) のように特定分野のもある》.

Hàll of Fámer 名 C 《米》栄誉殿堂入りした人.

hàll of résidence 名 (複 **halls-**) C (大学の)寮, 寄宿舎, (《米》dormitory, 《英》hall).

hal·loo /həlúː/ 間, 名 (複 ~s), 動 = hallo.

hal·low /hǽlou/ 動 他 を神聖にする, 神聖なものとしてあがめる, 〈しばしば受け身で〉. The grove was ~*ed* by the local people. その地域の住民たちはその森を聖なるものとしてあがめていた. *Hallowed* be thy name. 《聖》御名(みな)があがめられますように《「マタイによる福音書」6:9》.
[<古期英語; holy と同源] 「聖な.

hál·lowed 形 〈限定〉《章》**1** 神聖視される. **2** 神↑

*__Hal·low·een, -e'en__ /hæ̀louíːn/ 名 万聖節[諸聖徒日] (All Saints' Day, Allhallows) 前夜祭, ハロウィーン, 《10 月 31 日で米国やスコットランドでは子供たちがお祭り騒ぎをする; -een は even² から》. [<古形 *All Hallow Even* 'Eve of All Saints'; all が落ち, even² が短縮された]

Hallow·mass, -mas /hǽlouməs, -mæs/ 名 All Saints' Day の古称. 「鏡などが付いている》.

háll·stànd 名 C 玄関スタンド《帽子掛け, 傘立て,↑

háll trèe 名 《主に米》= hallstand.

hal·lu·ci·nate /həlúːsənèit/ 動 他 **1** を幻覚に見る. **2** に幻覚を起こさせる. —— 自 幻覚を起こす. [<ギリシア語「取り乱す」]

hal·lù·ci·ná·tion 名 **1** U (知覚としての)幻覚 (類語 主に薬物服用, 精神病などに起因する幻覚; →illusion). **2** C (個々の)幻覚, 妄想; 幻覚[妄想]の産物.

hal·lu·ci·na·to·ry /həlúːsənətɔ̀ːri|-t(ə)ri/ 形 幻覚の; 幻覚を起こさせる.

hal·lu·ci·no·gen /həlúːsənədʒèn/ 名 UC 幻覚剤.

hal·lu·ci·no·gen·ic /həlùːsənədʒénik ㊜/ 形 〔薬剤などが〕幻覚をひき起こす.

*__hall·way__ /hɔ́ːlwèi/ 名 (複 ~s /-z/) C 《米》**1** 玄関(の間(ま))(entrance hall). **2** 廊下.

†**ha·lo** /héilou/ 名 (複 ～(e)s) **1** Ⓒ (聖像の頭部の)光輪, 光背. **2** Ⓒ (太陽, 月などの)暈(かさ); 〖テレビ〗ハロー; 〖写真〗ハロ. **3** Ⓤ (人, 物事を取り巻く)栄光. [＜ギリシア語「(太陽や月など)円板状のもの」]

hal·o·gen /hǽlədʒən/ 名 Ⓤ 〖化〗ハロゲン.

ha·lon /héilɔn, hǽlɔn/ 名 Ⓤ 〖化〗ハロン《消火剤などに含まれるオゾン層破壊物質》.

*__halt__[1] /hɔːlt/ 名 (複 ～s /-ts/) Ⓒ **1** 〈単数形で〉(一時)停止, 休止, 〈*to, in* ..の〉. a ～ *to* nuclear testing 核実験の停止. bring the procession to a ～ 行進を止める. grind [screech] to a ～ 〔車などが〕キーッと音をたてて止まる; 〈一般に〉ストップする. The big turbine slowly came to [made] a ～. 大きなタービンはゆっくり停止した. **2** 〖英〗(鉄道の)仮設[簡易]駅《駅舎などが無い》.

***càll a hált* (*to ..*)** (1)(..に)停止を命ずる, 終止符を打つ, (..を)やめさせる. (2)(..を)やめる.

―― 動 (～s /-ts/|過 過分 **hált·ed** /-əd/|**hált·ing**) 自 〖章〗**止まる**, 停止する; (類語 stop より形式ばった語). *Halt!* 止まれ 《軍隊の行軍時の命令や誰何(すいか)の声》.

―― 他 **を止める**, 停止させる; に歯止めをかける. ～ production 生産を停止する. Traffic was ～*ed* for several hours by the accident. 事故で交通は数時間止められた.

[＜(make) halt (ドイツ語 *haltmachen*「停まる」の英訳)]

halt[2] 動 自 ためらう; ためらいながら歩く[言う]. ―― 形 〖古〗脚の不自由な.

hal·ter /hɔ́ːltər/ 名 Ⓒ **1** (馬などの)端綱(はづな)《頭部に付けて引いたりつないだりするための綱, 革紐(ひも); →harness 図》. **2** (絞首刑に用いる)絞首索, くびり縄; 絞首(刑). **3** ＝halterneck.

hálter·nèck 名 Ⓒ ホールターネック《首の後ろで結び背中と腕を出したドレス》. ―― 形 ホールターネックの.

hált·ing 形 つっかえつっかえの, たどたどしい〔話しぶりなど〕; よろよろした. make a ～ speech つっかえつっかえ話をする. ▷**～·ly** 副 つっかえつっかえ; よろよろと.

†**halve** /hæv|hɑːv/ 動 他 **1** を半分にする, 2 等分する; を山分けする 〈*with* ..と〉. I ～*d* the money *with* my mate. その金は仲間と山分けした. **2** を(もとの)半分に減らす, 半減する. **3** 〖ゴルフ〗〔ホール, 試合〕を同じ打数で回る, 引き分ける, 〈*with* ..と〉. ―― 自 半分に減る.

◇形, 名 half [＜中期英語 (half の動詞化)]

halves /hævz|hɑːvz/ 名 half の複数形.

hal·yard /hǽljərd/ 名 Ⓒ 〖海〗揚索《帆, 旗などを上げ下げする綱[滑車装置]》.

Ham /hæm/ 名 〖聖書〗ハム《Noah の次男》.

*__ham__ /hæm/ 名 (複 ～s /-z/) **1** ⓊⒸ 豚のもも《hock[1] と hip の間》; ハム《豚のもも肉を塩漬けし乾燥・薫製したもの》. a slice of ～ 1 切れのハム. a ～ sandwich ハム・サンドウィッチ. ～ and eggs ハムエッグ. **2** Ⓒ (**a**) 〈普通 ～s〉(主に動物の)ももの裏側; しり. sit on one's ～*s* 地面にしりを下ろす. (**b**) ひかがみ《ひざの裏のくぼみ》. **3** Ⓒ 〖俗〗素人, へたな演技者; (演技過剰な)大根役者; 〈形容詞的〉〔演技が〕大げさな, 〔役者が〕大根の. a ～ actor 大根(役者). **4** Ⓒ ハム《免許を受けたアマチュア無線家》.

―― 動 (～s|-mm-) 他 VOA (～ X *up*) X (役や芝居)を大げさに演じる (overact). ―― 自 〖話〗〔役者が〕(身振りたっぷりに)大げさな演技をする.

hàm it úp 〖話〗(うけをねらって)大げさな演技をする; 大げさに言う[ふるまう]. [＜古期英語「ひかがみ」]

ham·a·dry·ad /hæ̀mədráiəd/ 名 Ⓒ **1** 〖ギ・ロ神話〗ハマドリュアス《木の精; 宿っている木と運命をともにするニンフ (nymph); →dryad》. **2** ＝king cobra.

Ham·burg /hǽmbəːrg/ 名 **1** ハンブルク《エルベ河に臨むドイツ北部の都市で, 同国最大の貿易港を持つ》. **2** 〈h-〉＝hamburger 1.

*__ham·burg·er__ /hǽmbəːrgər/ 名 (複 ～s /-z/) **1** Ⓒ ハンバーグステーキ (**hámburger stèak**). **2** Ⓒ ハンバーガー. I'd like a ～, fries, and a cola. ハンバーガー, ポテトフライ, コーラをお願いします. **3** Ⓤ 〖米〗(ハンバーグ用の)牛のひき肉. [＜*Hamburger* steak「ハンブルク風の(ステーキ)」]

hàm-físted /-əd ㊗/ 形 〖主に英〗＝ham-handed.

hàm-hánded /-əd ㊗/ 形 **1** 〔手先が〕不器用な; ぎこちない; (clumsy). **2** 大きな手をした.

Ham·il·ton /hǽməltən/ 名 **Alexander ～** ハミルトン (1757?–1804)《米国の政治家; Federalist の首領》.

Ham·ite /hǽmait/ 名 Ⓒ ハム人, ハム族の人, 《古代エジプト人や現代アフリカ北部・東部に住む民族》.

Ha·mit·ic /hæmítik, hə-/ 形 ハム人[族]の; ハム語の. ―― 名 Ⓤ ハム語《古代エジプト語など》.

Ham·let /hǽmlət/ 名 ハムレット《Shakespeare の 4 大悲劇の 1 つ; その主人公》.

‡**ham·let** /hǽmlət/ 名 Ⓒ **1** 小集落. **2** 〖英〗(教会のない)小村 (→city 類語).

*__ham·mer__ /hǽmər/ 名 (複 ～s /-z/) Ⓒ

【金づち】 **1 金づち, ハンマー**, 《正義と復讐の象徴; キリスト受難のしるし》. a wooden ～ 木づち. To a man with a ～, everything looks like a nail. 〖諺〗金づちを持っている人にはすべてがくぎに見える《一つの立場からしか物事を見ない人は視野が狭くなる》.

【金づちに似たもの】 **2** (銃の)撃鉄; (ピアノの)ハンマー; (競売人の)木づち; (ハンマー投げ競技用の)ハンマー; 〈the ～〉ハンマー投げ(競技)《throwing the hammer, the hammer throw とも言う》. **3** 〖解剖〗(中耳の)槌(つち)骨.

be* [*còme, gò*] *under the hámmer 競売に出されている[出される].

hàmmer and tóngs 〈副詞的〉猛烈に, 激しく, 《ハンマーとやっとこを使って精を出す鍛冶屋の仕事ぶり》. be [go] at it ～ *and tongs* 猛烈にまくし立てる[戦う, 議論するなど]; 仕事[セックス]に精を出す.

―― 動 (～s /-z/|過 過分 **～ed** /-d/|**～·ing** /-riŋ/) 他 **1** (**a**) をハンマーでたたく. ～ a window till it is broken 窓がこわれるまでたたく. (**b**) VOA 〔くぎなど〕を**金づちで打ち込む** 〈*in, down*〉〈*into* ..に〉; 〔こぶしなど〕でたたく 〈*on* ..を〉. ～ nails *into* a board 板にくぎを打ち込む. ～ *in* a spike 大くぎを打ち込む. ～ one's fists *on* a table こぶしでテーブルをたたく. (**c**) VOC (～ X Y) X を叩いて Y の状態にする. ～ a door shut ドアをたたいて閉める.

2 VOA (～ X *up, down*) X をくぎ付けする. ～ *down* a lid ふたをくぎ付けする. **3** VOA をつちで打って作る 〈*together*〉〈*out of* ..から/*into* ..に〉. ～ a pan *out of* copper ＝ ～ copper *into* a pan 銅を打って平なべを作る. ～ *together* a box 箱を作る.

4 VOA (～ X *into* ..) X (言葉, 考えなど)を..にたたき込む; (～ X *in*) X をたたき込む. I intend to ～ this idea *into* the students' heads. この考えを学生たちにたたき込もうと思う. ～ good manners *in* 行儀作法をたたき込む.

5 〖話〗(戦争, 試合などで)をさんざんにやっつける (thrash); 〔人〕を激しく非難[攻撃, 処罰]する. **6** 〖主に英〗〔会社など〕をひどい目に遭わす, 痛めつける, 〈受け身で〉. **7** 〖英〗〔株式取引所が〕〔人, 会社〕を除名処分にする.

―― 自 **1** こつこつ (つちで) たたく; どんどん (強く) たたく 〈*away*〉〈*at, on* ..を〉. ～ *on* the desk with one's fist 拳(げん)骨で机をどんどんたたく. **2** 〔心臓などが〕(恐怖などで)強く動悸を打つ (pound).

hàmmer* (*awáy*) *at .. (1)→自 1. (2)..にこつこつと精を出す; ..をせっせと[執拗に]繰り返して言う. ～ *away at* mathematics 数学をこつこつ勉強する. (3)..を執拗に攻撃する. (4)..に尋問する, しつこく聞く.

hàmmer /../ hóme (1)〔くぎ〕を十分に打ち込む. (2)〔思想など〕をたたき込む.

hàmmer /../ óut (1)..をつちでたたいて伸ばす[平たくする]. (2)〔案, 解決策など〕を(協力して)懸命に考え出す,

〔政策など〕を打ち出す. ～ *out* an agreement 努力して同意に達する[を作り上げる]. (3) 強くたたいて〔曲など〕を演奏する〈*on*..(ピアノなど)で〉. (4)〔意見の相違など〕を(話し合いで)なくす;〔合意〕に達する.
[<古期英語; 原義は「石の道具」]

hàmmer and síckle 名〈the ～〉つちと鎌(かま)《旧ソ連の国旗; 多くの国で共産党の標章であった》.

hámmer·hèad 名 C 〖魚〗シュモクザメ.

ham·mer·ing 名 /hǽm(ə)riŋ/ 名 UC **1** どんどんたたくこと[音]. **2**〈しばしば a .. hammering で〉たたきのめす[のめされる]こと; 攻撃; 批判. take a terrible ～ ひどい攻撃を受ける. ***[gìve] a person a rèal hámmering*** 人を徹底的に打ちのめす.

hámmer·lòck 名 C 〖レスリング〗ハンマーロック《相手の片腕を背中にねじ上げる技》.

Ham·mer·smith and Ful·ham /hæmərsmiθ-ənd-fúləm/ 名 ハマースミス・アンド・フラム《ロンドンの自治区の1つ》.

hámmer thròw 名〈the ～〉ハンマー投げ(競技).

ham·mock /hǽmək/ 名 C ハンモック. sleep in [on] a ～ ハンモックで寝る.

Hàm·mond órgan /hǽmənd-/ 名 C 〖商標〗ハモンドオルガン《電気オルガンの一種; <発明家 Laurens *Hammond*》.

Ham·mu·ra·bi /hæmurá:bi/ 名 ハンムラビ《紀元前 1800 年ごろの古代バビロニア王; 法典の制定で有名》.

ham·my /hǽmi/ 形 e 〔役者が〕演技がオーバーな;〔演技が〕大げさな.

†**ham·per**[1] /hǽmpər/ 動 他〈しばしば受け身で〉を妨げる, のじゃまをする, じゃまになる, (類語 自由な行動などを抑制することに重点がある; →hinder[1]). My movements were ～*ed* by the heavy overcoat. 重い外套(とう)で身動きがままならなかった. ── 名 U 〖海〗(必要ではあるがじゃまにもなる)船具.

ham·per[2] 名 C **1** (普通, ふた付きの)大型バスケット《食料品などを入れる》. **2**〖米〗洗濯物入れのかご. **3**〖英〗贈り物かご《食料品やワインを入れる》; かご入りの贈り物.

Hamp·shire /hǽmpʃər/ 名 ハンプシャー《イギリス海峡に面したイングランド南部の州; 州都 Winchester; 略 Hants.》.

Hamp·stead /hǽm(p)stəd/ 名 ハムステッド《ロンドン北西部の高級住宅地》.

Hàmpstead Héath 名 ハムステッド・ヒース《ロンドン北西部の広大な自然公園》.

Hàmp·ton Cóurt /hæm(p)tən-移/ 名 ハンプトン・コート《ロンドン南西部の Thames 河畔にある元の王宮》.

ham·ster /hǽmstər/ 名 C 〖動〗ハムスター, チョウセンネズミ, 《ペットや実験用》. [<ドイツ語]

ham·string /hǽmstriŋ/ 名 C (人の)ひかがみ(ひざの裏側)の腱(けん); (四足獣の)飛節 (hock) 後部の大きな腱. ── 動 (→string) 他 **1** のひかがみ[飛節]の腱を切る. **2** の力を殺(そ)ぐ, を無力にする. ～ a project 計画を骨抜きにする. 「過去分詞.

ham·srung /hǽmstrʌ̀ŋ/ 動 hamstring の過去形・↑

Han /hɑ:n|hæn/ 名 (中国の)漢(時代[王朝]) (202 B.C.–220 A.D.).

Han·cock /hǽnkɑk|-kɔk/ 名 →John Hancock.

‡**hand** /hænd/ 名 (複 ～s /-dz/)

【手】 **1** C 手《手首から先の部分》; (特定の動物の)物をつかむ[形が手に似ている]部分《猿の前足, カニのはさみなど》. Each ～ has five fingers. 手にはそれぞれ指が5本ある. She was leading her grandfather by the ～. 彼女は祖父の手を引いていた. Where can I wash my ～*s*? 手洗いはどこですか. The Bible tells us not to let the left ～ know what the right ～ is doing when we give to the poor. 貧しい人に施しをする時は右の手のすることを左の手に知らせてはならない[ひそかに行なえ]と聖書にある. The left [right] ～ doesn't know what the right [left] ～ is doing. 右[左]手のしていることを左[右]手は知らない《組織の中に連携がないなど》. open [shut] one's ～ 手(の指)を開く[閉じる]. clap one's ～*s* 拍手する. hold ～*s* 手を握り合う. offer [give] (a person) one's ～ 〖章〗(握手のために)(人に)手を差し出す. with (one's) bare ～*s* (武器などを使わず)素手で〔殺すなど〕. with both ～*s* 両手で; 全力を傾けて.

> 連結 large [hard, horny, rough; delicate, soft; dexterous; clumsy] ～*s* ‖ hold out [hold up; lower; raise; wave] one's ～(*s*); cup [rub; wring] one's ～(*s*); take [hold; grasp, squeeze; shake] a person's ～

2【手の幅】C ハンド, 一手幅(ひとてはば), 《ほぼ手幅の長さで約 10cm; 馬の高さ(普通, 前脚の蹄(ひづめ)から鬐(き)甲まで)を測る単位; →foot》.

【手による指示】 **3** C (時計, 計器などの)針. the hour [minute] ～ 時針[分針]. the big [little] ～ 大きな[小さな]針《時針[分針]; 子供の表現》. set the ～*s* forward [backward] 時計の針を進める[遅らす].

4 C **側**, 方向, 方面. on [at] your right [left] ～ 君の右[左]側に. on all ～*s* = on every ～ (→成句).

【手に持つこと】 **5** C〈普通 ～s〉**所有**; 管理, 支配; 世話, 監督. pass into the ～*s* of ..の手に渡る, 所有となる. put .. into the ～*s* of a person ..を人の手に委ねる. I'll leave this matter in your ～*s*. この件は君に任せよう. Each year part of their father's legacy fell out of their ～*s*. 年々彼らの父の遺産は減っていった. The castle has fallen into the ～*s* of our enemy. 城は敵の手に落ちた. a heavy ～ きびしい管理[支配]. a firm ～ →成句.

6【手に持った札】C 〖トランプ〗1 ゲーム; 持ち札, 手; 競技者. play a ～ of cards トランプを1ゲーム行う. have a good ～ よい手(札)を持つ. fold one's ～ (ゲームから)降りる. a winning ～ 勝てる手.

【働き手】 **7** C **人手**, 働き手, (類語 肉体労働に重点がある; →head 3);〈普通 ～s〉職人, (船の)乗組員. a hired ～ 雇い人. a factory ～ 工員. a farm ～ 農場労働者. Many ～*s* make light work. 〖諺〗人手が多ければ仕事は楽になる. All ～*s* on deck! 〖海〗全員甲板に集合のこと.

8 C **(a)**〈普通, 単数形で〉腕前, 技量; その証跡; やり口[方]. paint with a delicate ～ 緻(ち)密な絵のかき方をする. You can see the ～ of a genius in this work. この作品が天才の手によるものであることは見れば分かる. **(b)**〈形容詞をつけて〉..な技量の持ち主〈*at*..にかけて〉. a real ～ *at* problem solving 問題解決を非常に得意とする人. a good [poor] ～ *at* cooking 料理が上手[下手]な人. a dab ～ *at* (playing) cards →dab[3]. an old ～ 老練者.

【手出し】 **9** C〈普通 a ～〉参加, 関与; 影響(力);〈普通 have, take の目的語として〉. have [take] a ～ in ..に関わる, ..に関係する, ..に一役買う.

10 C〈普通, 単数形で〉援助, 助力. give (a person) a (helping) ～ (人に)援助の手を差し出す〈*with*..(のこと)で〉. Let me give you a ～ *with* those chairs. その椅子を運ぶのをお手伝いしましょう. need a ～ 助け[手伝い]が必要である. lend a (helping) ～ →lend (成句).

【手をたたくこと>同意】 **11** aU 〖話〗拍手, 喝采(かっさい), (applause). give a person a (big) ～ 人に(大きな)拍手を送る. get [receive] a big [huge] ～ 大喝采を受ける.

12 C〈one's [the] ～〉結婚の約束[承諾]. ask for her ～ (in marriage) 〖旧〗彼女に求婚する. win [gain] her ～ 彼女から結婚の承諾を得る. offer one's

～ in marriage to..〔男が〕..に結婚を申し込む.

【手で書いたもの】 **13** Ⓒ 〈普通, 単数形で〉 **筆跡** (handwriting); (正式な)署名 (signature). write (in) a beautiful [plain] ～ きれいな[読みやすい]字を書く. a letter written in the Queen's own ～ 女王自身が書かれた書簡.

a fìrm hánd 厳格なしつけ, しっかりしたコントロール[管理]. need *a firm* ～〔子供などが〕厳しくしつける必要がある.

all hànds on déck [***to the púmp***] 総動員で. It was *all* ～*s on deck* getting dinner ready. ディナーの準備に全員総出だった.

a sáfe pàir of hánds 〖英〗(1) 信頼できる人. (2) しっかりボールを取ってくれる人.

a shòw of hánds →show 图.

at fìrst [***sècond***] ***hánd*** →first, second¹.

****at hánd*** (1) **手元に[の]**. I have no money *at* ～. 手元には一銭もない. The meaning in vague in the case *at* ～. 手元の事例で言えば意味は曖昧だ. (2) すぐ近くに[の]《距離》; 間近に[の]. My birthday is near *at* ～. もうすぐ私の誕生日だ.

at [***by***] ***the hánd***(***s***) ***of a pèrson*** ＝***at*** [***by***] ***a pèrson's hánd***(***s***) 人(の手)から, 人によって. I received rough treatment *at* his ～*s*. 彼から手荒い扱いを受けた.

bèar a hánd →bear¹.

be gòod with one's hánds 器用である.

****by hánd*** (1) (機械を使わず)**手で**, 手書きで. wash clothes *by* ～ 手で衣服を洗濯する. (2) 手渡しで. a letter delivered *by* ～ 手渡しで届けられた手紙. (3) (母乳でなく)哺乳びん[人工栄養]で〔育てる〕.

by one's òwn fàir hánd ＝with one's own fair HAND.

chànge hánds 〔家, 品物などが〕所有者が変わる, 人手に渡る. This car has *changed* ～*s* often. この車は何度も持ち主が変わった.

còld hánds, wàrm héart 冷たく見えるが, 暖かな心(の人).

còme réadily to hánd →to HAND (2).

díe by one's òwn hánd →die¹.

èat [***fèed***] ***out of a pèrson's hánd*** (1) 人の手から餌(え)を食う. (2)〖話〗人の言いなりになる. He had the press *eating out of* his ～. マスコミは彼の思いのままになっていた.

fàll [***gèt***] ***into the wròng hánds*** 間違った[望ましくない, 困った]人の所有となる.

fòrce a pèrson's hánd 人を(強制して)自分の思い通りにさせる; まだそのつもりもないのに人に無理にさせる 〈*into* do*ing* ..を〉.

for one's òwn hánd 自分の(利益の)ために.

from hànd to hánd (人の)手から手へ; 次々と人手に〔渡るなど〕.

(***from***) ***hànd to móuth*** その日暮らしで. live *from* ～ *to mouth* その日暮らしをする, 行き当たりばったりの生活をする.

gèt [***gò***] ***dówn on one's hànds and knées*** (1) (捜し物をするためなどで)ひざまずく, 四つんばいになる. (2) (手をついて)懇願する 〈*to* ..に/*to* do ..してくれと〉.

gèt one's hánd in (練習で)腕を取り戻す.

gèt one's hánds on.. (1)〖話〗..を見つけて懲らしめる, とっつかまえる. (2) ..を手に入れる.

gèt out of hánd →out of HAND (2).

gìve a person a frèe hánd 人に自由にさせる.

gìve a pèrson one's hánd on.. 人に..の実行を約束する.

gìve [***lènd***] ***a hánd*** 手を貸す 〈*to* ..に〉.

gìve the glàd hánd to.., gìve..the glàd hánd ..を大変歓迎する《しばしば本心からではないことを含意》.

hànd and fóot (1) 手足もろとも. tie [bind] a person ～ *and foot* 人をがんじがらめに縛る, 人の自由を束縛する. (2) 一生懸命に《＜人の手足となって》. wait on a person ～ *and foot* 人にかいがいしく[かげひなた無く]仕える.

hànd in [***and***] ***glóve*** (***with..***) (..と)親密で, 緊密に, 結託して, (悪事などで)ぐるになって.

****hànd in hánd*** (1) **手に手を取って**, 手をつないで; 提携して; 〈*with* ..と〉. work ～ *in* ～ (*with* ..) (..と)協力して仕事をする. (2) 相携えて, 結びついて, 〈*with* ..と〉. My proposal goes ～ *in* ～ *with* your idea. 私の提案は君の考えと合致する.

hànd over físt [***hánd***] (1) (綱などをよじ登る時に)代わる代わる(左右の)手を掛けて. (2) どしどし, 着々と. make [spend, lose] money ～ *over fist* どしどし金をかせぐ[使う, なくす].

hànds dówn (1) 容易に, 楽に, 手もなく, 《＜手を下げたまま》. He won the race ～*s* down. 彼は競走に楽勝した. (2) 疑いなく, 文句なしに.

Hànds óff (***..***)*!* 〖話〗(..に)手を触れるな, 手[口]を出すな. *Hands off* the cake*!* ケーキにさわってはいけません.

Hànds úp! (1) 手を上げろ《降伏の印に》. (2) 手を上げて下さい. *Hands up* who knows what D-Day is. D-Day が何か知っている人は手を上げて.

hànd to hánd (1) 親しく接して. (2) 接近戦で. battle ～ *to* ～ 接近戦をする.

hàve a frèe hánd 自由に出来る.

hàve a hánd in .. →图 9.

hàve one's hánds frèe →free.

hàve [***have gòt***] ***one's hánds fúll*** 手がふさがっている; 大変忙しい. She *has* her ～*s* full *with* her three children. 彼女は3人の子供で手一杯だ. I'*ve got* my ～*s full*. 大変忙しい.

hàve [***kèep*** ↓] ***one's hánd ín***

hàve one's hánds tíed 手を縛られている; (義務などに縛られて)思うように行動できない.

hàve tíme on one's hánds →on one's HANDS.

hòld a pèrson's hánd (苦境にある)人に救いの手を伸べる, 人を支援する.

hòld one's hánd (処罰などを)差し控える, 思いとどまる.

hòld hánds 〔男女が〕手を握り合う, 手をつなぐ.

in gòod [***sàfe, càpable***] ***hánds*** 信頼[安心]できる人に預けられて[まかされて].

****in hánd*** (1) **手に持って**[持った]; 手持ちで[の], 持ち合わせて[の]. with a flashlight *in* ～ 手に懐中電灯を持って. have little cash *in* ～ 手持ちの現金はあまりない. have many contracts *in* ～ 沢山の(仕事の)契約を抱えこんでいる. have a class *in* ～ クラスを掌握している. get oneself *in* ～ 落ち着きを取り戻す. (2) 手中に収めて[た], 支配下の[に], 制御して[した]. have a revolt well *in* ～ 反乱を制圧する. (3) (取りかかるため)用意中で[の], 準備中で; (現に)かかえている. put the work *in* ～ その仕事に取りかかる用意をする. his whole-hearted self-identification with the job *in* ～ 現在かかえている仕事への彼の全霊を傾けた自己同一化.

in a pèrson's hánds 人に委ねられて[まかされて]. Let's put this part in George's ～*s*. この部分はジョージにまかせよう.

in the hánds of .. (1) ..の所有で. (2) ..の手によって. (3) ..の手にまかされて.

jòin hánds (1) 両手を握り締める; 手と手を取り合う 〈*with* ..と〉. (2) 手を結ぶ, 提携する, 協力する, 〈*with* ..と〉.

kèep one's hánd in 腕が落ちない[鈍らない]ようにしておく.

kèep one's hànds óff 手を出さない.

kìss hánds →kiss.

lày (***one's***) ***hánds on..*** (1)〖話〗..をつかまえる; ..を見つける; ..を手に入れる. I read everything about gardening I can *lay* my ～*s on*. 私はガーデニングに関

して手に入るものは何でも読む. (2)〔人〕に乱暴をはたらく. (3)..のありかを見つける (find). (4)〔牧師が〕..の頭の上に手を置く《堅信礼 (confirmation), 聖職叙任式 (ordination)などの際に行う》.
***lìft* [*ràise*] *a* [*one's*] *hánd against* [*to*]..** ..に手を振り上げる, 殴りかかる,《実際に殴ることもある》.
***lìft* [*ràise, stìr*] *a hánd* (*to do*)** 〖話〗〈否定文で〉(..するために)努力する. He didn't *lift a* ～ *to* do anything for me. 彼は私のために何一つしてくれなかった.
not do a hànd's túrn 〖英話〗何ひとつしない, 全然働かない. My husband never *does a* ～*'s turn* around the house. 私の夫は家では横の物を縦にもしません.
òff hánd 準備なしで[の], 即座に[の]. *Off* ～, I would say that the trip will cost nearly a million yen. その旅行は百万円近くかかると(調べなくても)即座に申し上げていいでしょう.
off a pèrson's hánds 人の責任[任務]でなくなって. The problem is *off* my ～*s* now. その問題は私の手を離れた. take .. *off* my ～*s* ..を私から引き取ってくれる.
on àll hánds*＝*on èvery hánd 四方八方から[に], 至る所で, みんなに.
on hánd (1)＝in HAND (1). (2)間近に, 切迫して; 身近に, 手近に. (3)(ある目的のために人が)居合わせて (present). I'll be *on* ～ in case you need me. 私が必要になるかもしれないのでそばにいてあげよう.
on a pèrson's* [*one's*] *hánds (1)人の責任になって (↔off a person's hands). a problem *on* my ～*s* 私が解決しなければならない問題. (2)(時間などが)十分に, 持て余して. I'll have time *on* my ～*s* when the tests are over. テストが終わると時間を持て余すでしょう. (3)(望ましくないことが)生じて. have a revolt *on* one's ～*s* 反乱が起こる.
on* (*one's*) *hànds and knées 四つんばいになって.
****on* (*the*) *óne hànd..on the óther* (*hànd*)..** 一方では..他方では... *On the one* ～ they serve excellent food at that restaurant, but *on the other* (～) they don't wait on you very well. あのレストランはとびきりおいしい料理を出すが, 反面客あしらいはあまりよくない.
out of hánd (1)〈しばしば reject, refuse, dismiss を修飾して〉即座に. My suggestion was rejected *out of* ～. 私の提案はたちどころにはねつけられた. (2)手に余る, 手に負えない. The riot got *out of* ～. 暴動は手が付けられなくなった.
out of a pèrson's hánds ＝off a person's HANDS.
plày* (*rìght*) *into the hánds of.. →play.
pùt* [*lày*↑] *one's hánds on..
pùt* [*tùrn*↓] *one's hánd to..
sèt one's hánd to.. (1)＝put one's HAND to... (2)〖章〗〔条約など〕に署名する.
shàke hánds →shake.
***shòw* [*revèal*] *one's hánd* [*cárds*]** 真意を明らかにする; 手の内を見せる;《＜hand はトランプの「手」》.
sìt on one's hánds →sit.
stày one's hánd 〖章〗＝hold one's HAND.
tàke a hánd 〖英〗関わる〈*in* ..に〉.
tàke..in hánd 〔物事〕を引き受ける, 処理する;〔問題児など〕の世話を引き受ける, 素行を改めさせる. *take* the ⌞situation [young man] *in* ～ 事態を収拾する[その青年をあずかる《素行を改めさせるためなど》].
the hànd of Gód 〖英〗幸運, 運.
throw ìn one's hánd (トランプで負けを認めて)持ち札を投げ出す; あきらめる, かぶとを脱ぐ.
throw ùp one's hánds (1)(恐怖などで)両手を上げる. (2)恐れをなしてやめる[断念する], お手上げになる, お手上げであることを認める; 大反対する.
tìe a pèrson's hánds 人の自由を阻む, 人を拘束する, 〈普通, 受け身で〉.
tìp one's hánd 早まって[うかつにも]計画などを漏らす, 手の内を見せる,《トランプから》.
to hánd (1)手近に, 手の届くところに. have [keep] .. *to* ～ 手の届くところに..を置いておく. He sleeps with his gun ready *to* ～. 彼は銃を手元に置いて寝る. (2)手中に. come (ready) *to* ～ 手に入る, 手元に届く; 見つかる. Your letter is *to* ～. 〖商〗お手紙落手いたしました.
trỳ one's hánd at.. ..に手を出す, ..をやってみる.
tùrn one's hánd to.. 〔新しい分野など〕に手を出す; ..に取りかかる; ..をやる.
under one's hánd 手元にある, すぐ役に立つ.
wàsh one's hánds of.. 〔人, 物事〕と手を切る, 関係を絶つ, ..の責任は持たない. He *washed* his ～*s of* politics. 彼は政治から手を引いた.
with a hèavy hánd (1)不器用な手で(は), 不器用に. (2)圧制的に, 厳しく.
with a hìgh hánd 高圧的に〔ふるまうなど〕, 横柄に↑「〔人を扱うなど〕.
with clèan hánds 潔白で.
with one hánd 楽々と.
with one hànd* [*òne's hánds*] (*tíed*) *behind one's báck (1)容易に, 楽々と. (2)不利な状態で, 制約を受けながら.
with one's òwn fàir hánds 〖英・戯〗自分の[この]手で, 自分ひとりで,〔作る, するなど〕.
wrìng a person's hánd 人と固い握手をする.
wrìng one's hánds 手を握りしめて心配する, 心配するだけで何もしない.
── 動 (～s /-dz/|過 過分 **hánd·ed** /-əd/|**hánd·ing**) 他 **1 (a)** VOO (～ X Y)・VOA (～ Y *to* X) **X に Y を手渡す**, 取ってやる; X に Y を与える. *Hand* me the newspaper.＝*Hand* the newspaper *to* me. 新聞を取ってくれ. **(b)** 〖主に米〗 VOO (～ X Y) X に Y をもたらす. It ～*ed* him a surprise. 彼はそれには驚いた. ～ a person a lot of abuse 人にしこたま罵(ば)声を浴びせる. **2** VOA を手を取って導く〈*into* ..に/*out of* ..から〉. The driver ～*ed* an old woman *into* the car. 運転手は手を取っておばあさんを車に乗せてあげた. **3** 〖海〗〔帆〕をたたむ, 巻き上げる.
hànd /../ aróund 〔食物など〕を順に回す.
hànd /../ báck (1)..を手渡しで⌞返す[戻す]〈*to* ..へ〉. (2)..を返す, 返還する,〈*to* ..〔元の持ち主の手〕に〉
****hànd /../ dówn*** (1)(高い所から)**..を降ろして渡す**. (2)**..を遺産として残す**〈*to* ..に〉;〔伝統, 慣習など〕を(後世に)伝える. This watch was ～*ed down to* me from my father. この時計は父が私に残してくれたものだ. (3)〖主に米〗..を公表する;〔評決, 判決, 決定など〕を言い渡す. (4)〔衣類など〕をおさがりとして与える〈*to* ..に〉(→hand-me-down).
****hànd /../ ín*** **..を手渡す**,〔書類, 答案など〕を提出する,〈*to* ..に〉. *Hand in* your homework tomorrow. 宿題は明日提出しなさい.
hànd it to a pérson 〖話〗〈普通 have (got) to 又は must を伴って〉人の美点[長所など]として認める. You've got to ～ *it to* her; she's a wonderful cook. 彼女の料理の腕前がすばらしいという点はほめてあげなくちゃね.
hànd /../ óff 〖ラグビー〗(1)〔タックルする相手〕を押しのける. (2)〔ボール〕を渡す.
hànd /../ ón (1)..を(手)渡す; ..を次々に回す. *Hand* this pamphlet *on to* your friends. このパンフレットを友達に回覧して下さい. (2)＝HAND /../ down (2).
hànd /../ óut (1)..を分配する,〔ビラ, 資料など〕を配る. The awards were ～*ed out to* every member of the team. チーム全員に賞品が分け与えられた. ～ *out* the examination papers 試験問題を配る. (2)..を無料で与える;〔忠告など〕をやたらに与える,〔罰, 批評など〕を加える.
****hànd /../ óver*** (1)**..を手渡す**, **引き渡す**;〔地位, 任

務など]を譲る; 〈*to* ..に〉. The criminal was ～*ed over to* the police 犯人は警察に引き渡された. (2)〔電話をかけて来た人など〕を取り次ぐ, 回す, 〈*to* ..に〉.
hand óver to .. 〔人〕に仕事を引き継ぐ, 交替する.
hand X óver to Y X(権限, 任務など)をYに↓引き継ぐ[譲る].
hand /../ róund ＝HAND /../ around.
[＜古期英語; 原義は「つかむもの」]

*__hand·bag__ /hǽn(d)bæ̀g/ 名 (複 ～s /-z/) C **1** (女性の)ハンドバッグ (〖米〗では purse の方が普通; 肩から下げるのも含む; →pocketbook). She took the keys from her ～. 彼女はハンドバッグから鍵(かぎ)束を取り出した. **2** (旅行用の)手さげかばん, スーツケース; アタッシュケース. It's ～*s* at ten paces. 〖英・戯〗 双方に有効打なし《＜決闘》. ── 動 他 〖英俗〗〔女性政治家などが〕〔人, 考え方など〕を情け容赦なくやっつける.

hánd bàggage 名 U 〖米〗 手荷物.

hánd·bàll 名 **1** U 〖競技〗 **(a)** 〖主に米〗 ハンドボール《ゴムまりを壁に打ちつけ相手に受けさせるゲーム》. **(b)** ハンドボール, 送球, 《相手方のゴールへ球を投げ入れて得点を争う》. **2** C ハンドボール用の球. **3** UC ハンド《手でボールに触れる反則》.

hánd·bàrrow 名 C (担架式の)荷物運搬器; (2輪↓「の)手押し車.

hánd·bàsket 名 C バスケット, 手かご.
gò to héll in a hándbasket 〖米話〗 どんどんだめになる[おかしくなる].

hánd·bìll 名 C (手渡しの宣伝用)ビラ, 散らし.

‡**hánd·bòok** 名 C 手引き書, 便覧 (→manual); 旅行案内書 (guidebook). a ～ of English composition 英作文の手引き書.

hánd·bràke 名 C (自動車などの)手動ブレーキ.

hándbrake tùrn 名 C 〖英〗 ハンドブレーキターン《ハンドルを回しながらハンドブレーキをかけて, 多くは180°回転する》.

hánd·brèadth 名 C 一手幅《約10cm》.

hánd·càr 名 C 〖米〗〖鉄道〗 ハンドカー《レール検査・工夫輸送用の手動又はエンジン付きの4輪車》.

hánd·càrt 名 C (普通, 2輪の)手押し車.

hánd·clàp 名 C 〈a ～〉 拍手. a slow ～ (不満を表す)ゆっくりした拍手.

hánd·clàsp 名 C 〖米〗 (固い)握手 《3人以上の場↓「合を含む》.

hánd·cràft 名 ＝handicraft. ── 動 他 を手(細工)で作る. ▷ ～**·ed** /-əd/ 形

hánd crèam 名 UC ハンドクリーム.

‡**hánd·cùff** 名 (複 ～s) C 〈普通 ～s〉 手錠. put a person *in* ～*s* 人に手錠をかける. ── 動 他 〔人, 手〕に手錠をかける.

-hand·ed /hǽndəd/ 〈複合要素〉 **1** ..の手をした. right[left]-*handed*. one-*handed* (片手の). **2** ..の手で使う. left-*handed*, two-*handed*. **3** ..の人数で行う《ゲーム, 演奏など》.

Han·del /hǽnd(ə)l/ 名 **George Frederick** ～ ヘンデル(1685–1759)《ドイツに生まれ英国に帰化した作曲家; もとの姓は Händel》.

-hand·er /hǽndər/ 〈複合要素〉 ..人でするもの〔演劇, 映画など〕. a three-～ 3人でする劇.

*__hand·ful__ /hǽn(d)fùl/ 名 (～s /-z/, **hands-** /hǽn(d)z-/) C **1** 一つかみ, 一握り. a ～ *of* flour 一つかみの小麦粉. **2** 〈a ～ of ..で〉 少数の.., 少量の... Only *a* ～ *of* activists controlled the meeting. ほんの一握りの活動家たちが会を牛耳(ぎゅうじ)った. **3** 〖話〗 〈単数形で〉 手に負えない人[動物, 物, 事]. That little boy is quite a ～. あの男の子はまったく手に負えない.

hánd glàss 名 C 手鏡; (柄の付いた)拡大鏡, 虫↓「眼鏡.

hánd grenàde 名 C 手投げ弾.

‡**hánd·gùn** 名 C 〖主に米〗 ピストル (pistol), 拳銃.

‡**hànd-héld** /形/ 形 片手で持てる, 手のひらに乗る.

hánd·hòld 名 C 手がかり, つかまえどころ, 《山や崖(がけ)を登る時につかむ岩や木の根など; →foothold》.

hánd-hòlding 名 U 支援, サポート.

*__hand·i·cap__ /hǽndikæ̀p/ 名 (複 ～s /-s/) **1** C ハンディキャップ, ハンデ; 不[有]利な条件; 《競技で優者には不利な条件, 劣者には有利な条件をつけて優劣の差を少なくする》. The player overcame a heavy ～. その選手は厳しい不利を克服した. play golf with a ～ of three ハンデ3でゴルフをする. **2** C ハンディキャップ付きの競争[競技]《競馬, ゴルフなどの》. **3** C **不利益**, 不利(な条件), 困難. Not speaking the language is quite a ～ in a foreign country. 外国にいてそこの言葉を話せないことは大変なハンディキャップである. **4** UC (身体, 精神上の)障害. have a ～ 障害がある.

> 連結 a serious [a severe; a physical; a mental] ～ // impose a ～ on ..

── 動 (～s /-s/|過 過分 ～ped /-t/|～·ping) 他 〔競争者など〕にハンディキャップを付ける, 〔人〕を不利な状況に立たせる 〈しばしば受け身で〉. I was ～*ped* by a bad car. 調子の悪い車に乗っただけ不利だった.
[＜*hand in cap* (賭け金を帽子の中に入れておいた昔のくじ引き遊び)]

*__hánd·i·càpped__ /-t/ 形 m **1** (身体上又は精神上)障害のある. (★時に不快感を与える語; →disabled). the ～ 〈複数扱い〉 身体[精神]障害者たち. **2** (競技などで)ハンディキャップを付けられた.

hánd·i·càp·per 名 C **1** (ゴルフ, 競馬の)ハンディキャップ設定者. **2** (新聞の)競馬予想コラムニスト[記者]. **3** 〈複合語として〉 ハンディキャップが..の人. a four-～ ハンディキャップが4の人.

†**hand·i·craft** /hǽndikræ̀ft|-krɑ̀:ft/ 名 **1** C 〈普通 ～s〉 手工芸, 手細工(業); 手細工[手芸]品. **2** U 手先の熟練[器用さ]. [＜古期英語 *handcræft*; -i- は handiwork にならったもの] ▷ **～·man** 名 C 手工芸家《陶芸家など》.

Hand·ie-Talk·ie /hǽnditɔ̀:ki/ 名 C 〖商標〗 ハンディートーキー《米国製の小型無線機》.

hand·i·ly /hǽndəli/ 副 **1** 便利に, 使いやすく. be ～ placed for ..に便利な所にいる[ある]. **2** 〖米・カナダ〗 たやすく. win a race ～ 競走に楽勝する. **3** 手際よく, 器用に.

hand·i·ness /hǽndinəs/ 名 U **1** 便利さ, 使いやすさ. **2** 手際よさ, 器用さ.

hand·i·work /hǽndiwə̀:rk/ 名 **1** U 手仕事, 手細工; C 手細工品. **2** U (特定の人の)製作物, 作品; 仕業. This seems to be the ～ of a burglar. これはどろぼうの仕業のようだ. [＜古期英語 (＜*hand*「手」＋*ġeweorc*「仕事」); -i- は接頭辞 *ge-* から]

hánd·jòb 名 C 〖卑・俗〗 (特に他人に対する)手淫(しゅいん).

‡**hand·ker·chief** /hǽŋkərtʃəf, -tʃi:f/ 名 (複 ～s /-s/, **-chieves** /-tʃi:vz/) C ハンカチ《鼻をかむために使うことが多く, 紙製のものについても言う; →hanky, hankie》; 〖古〗 ネッカチーフ (neckerchief). take out a ～ ハンカチを取り出す. She wiped away her tears with a ～. 彼女はハンカチで涙をぬぐった. [hand, kerchief]

‡**han·dle** /hǽndl/ 名 (複 ～s /-z/) C
【つかむ部分】 **1** 取っ手, 柄, ハンドル; (カップなどの)つまみ, 耳, (ear); (参考 自転車, オートバイなどのハンドルは handlebar, 自動車のハンドルは (steering) wheel と言う; →car 図). turn the ～ and open the door 取っ手を回してドアを開ける. hold the frying pan by the ～ フライパンの取っ手を持つ. a knife with a plastic ～ プラスチックの柄の付いたナイフ.
【手がかりになるもの】 **2** 〖話〗 肩書き (title); (ハム[パソコン]通信者などの)コードネーム, コールサイン. a ～ to one's

name 肩書き, 敬称, 《Sir, Lord, Rev. など》.
3 つけこむ機会, 口実, 手がかり; 理解の手がかり〈*on* ..の〉. That will give a ～ to our enemy. そんな事をすれば敵がつけこむ元になる. **4** (織物の)感触. **5** 〖話〗(競馬などの)総利益.
flỳ off the hándle 〖話〗怒ってかっとなる〈*at* ..に〉.
hàve* [*have gòt, gèt*] *a hándle on .. 〖話〗..の(理解の)手がかりをつかむ, ..がわかる.
── [動] (～s /-z/|[過] [過分] **～d** /-d/|**hand·ling**) [他] **1** にさわる, をいじる; を(**手で**)**扱う**[**使う**]. ～ a knife and fork skillfully ナイフとフォークをうまく使う. Fragile—～ with care. 割れ物. 取り扱いに注意.
2 [VOA] 〈A は様態の副詞〉〔人や動物〕を**扱う**, **待遇する**, 取り扱う; に応対する. ～ a customer politely お客に丁寧に応対する. how to ～ people 人の扱い方.
3 〔問題など〕を扱う, 処理する, 論じる; (責任をもって)を担当する, さばく. ～ a difficult situation with tact 難局を巧みに処理する. Can [Could] you ～ it? やってもらえますか[お願いできますか].
4 〔商品〕を取り扱う, 売買する, 商う. That shop doesn't ～ alcoholic drinks. あの店では酒類は扱っていない.
── [自] [VA] 〈A は様態の副詞〉扱われる, 扱える, 操縦できる. This plane ～*s* poorly [badly] at higher altitudes. この飛行機は高度が高くなると操縦しにくい.
[＜古期英語「手で持つ物」; hand, -le²]

hándle·bàr [名] [C] **1** 〈しばしば ～s〉(自転車などの)ハンドル (→bicycle 図). **2** 天神ひげ (**hàndlebar moustáche**) 《八の字形の口ひげ》.

hán·dler [名] [C] **1** (警察犬, 馬, 闘鶏などの)調教師. **2** 〖ボクシング〗トレーナー, セコンド. **3** (取り)扱う人. a baggage ～ 手荷物係.

hánd·ling [名] [U] **1** 扱うこと, 操作; 応対, 処理. **2** 〖商〗(商品の)取扱い. ～ charge 取扱い手数料, 荷さばき費, 《特に, 小額の商品の注文の場合に請求される》. **3** 〖法〗贓物(ぞうぶつ)関与, 故買. **4** 〖サッカー〗ハンド(リング)《反則》.

hánd·lòom [名] [C] 手織り機[はた].

hánd lùggage [名] [U] (機内に持ち込める)手荷物.

‡**hànd·máde** /[移]/ [形] 手製の, 手作りの, (↔machine-made). ～ paper 手漉(す)きの紙.

hánd·màid, -màid·en [名] [C] 〖古〗侍女, おつきの女中; 補助(物), 下働き, '侍女', 〈*of, to* ..の〉. Law is the ～ *of* justice. 法は正義の侍女である.

hánd-me-dòwn 〖話〗[名] [C] 〈普通 ～s〉おさがりの衣服 (〖英〗では reach-me-down とも言う). ── [形] おさがりの; 使い古された, 既製品の, 安物の.

hánd·òff [名] ([複] ～s) [C] **1** 〖ラグビー〗ハンドオフ《手を使って相手の選手をかわすこと》. **2** 〖アメフト〗ハンドオフ《手渡しパス》.

hánd òrgan [名] ＝barrel organ.

†**hand·out** /hǽndàut/ [名] [C] **1** (無料で配布する宣伝用の)パンフレット; (手渡しの)ビラ; (講演・研究発表などの際に配布する)プリント, ハンドアウト, 資料. Please look at page five of the ～. ハンドアウトの 5 頁を見て下さい. **2** (新聞社に入る)情報, 新聞発表, 《特に政府発表の文書, 声明書など》. **3** (浮浪者や被災者に与える)援助(物資), 施し(物), 《食物, 金銭, 衣類など》. receive ～*s* (of money) (お金の)施しを受ける.

hánd·òver [名] [U] **1** (権力, 責任などの)移譲. **2** (捕虜, 基地などの)返還.

hànd·píck [動] [他] を慎重に[みずから]選ぶ.

hànd·pícked /-t [移]/ [形] 手摘みの; 厳選した〔委員, 候補者など〕, 精選した〔道具など〕; 自分(たち)に都合よく選んだ, お手盛りの.

hánd·ràil [名] [C] 手すり, 欄干.

hánd·sàw [名] [C] (片手で使う)手のこぎり.

hánds-dòwn [形] **1** 楽々と得られた, 楽な, 〔勝利など〕. **2** (誰の目にも)明らかな.

hánd·sèt [名] [C] (電話の)送受話器《手に持つ部分》.

***hand·shake** /hǽndʃèik/ [名] ([複] **～s** /-s/) [C] **握手**. He greeted each visitor *with* a friendly ～. 彼は来客のそれぞれと親しげに握手してあいさつした. give a person a hearty ～ 心を込めて握手する. →golden handshake.

> [連結] a cordial [a warm; a firm, a strong; a limp] ～

hánd·shàking [名] [U] 〖電算〗ハンドシェイキング《コンピュータと周辺装置又は他のコンピュータとの間の情報交換機能を確かめるための信号交換》.

hánds-òff [形] 〈限定〉無干渉の, 口を出さない. a ～ policy 無干渉主義.

‡**hand·some** /hǽns(ə)m/ [形] [e] (**-som·er**|**-som·est**), [m] **1** 〔男性が〕**顔だちの整った**, **ハンサムな**; 〔女性が〕端正な, 上品な顔立ちの; ([類語] 男性の場合は釣り合いのとれた美しさを表す. 女性の場合は普通の意味での容貌のきれいさというよりも人目を引き印象的な感じ; →beautiful). a ～ young man ハンサムな若者. Miss Brown has a ～ figure. ブラウン嬢は容姿端麗(たんれい)だ. a ～ prince (おとぎ話の)立派な王子さま.
2 〔建物・庭園などが〕立派な, 堂々とした. a ～ old house 構えの立派な古い家.
3 〔大きさ, 量, 金額などが〕かなりの; 〔贈り物, 行為などが〕気前のいい, 手厚い; 大差の〔勝利など〕. a ～ sum of money かなりの金額. win a ～ victory 大勝する. make a ～ contribution to the church 教会にかなりの額を寄付する. make a ～ gesture 気前のよさを見せる. It is ～ of you to say so. そう言って下さるのはありがたいことです.
Hándsome is that* [*as*] *hàndsome dóes. 〖諺〗見目より心《Handsome is he who does handsomely. (ふるまいの立派な人が立派なのだ)の意味》.
[＜中期英語「扱いやすい」; hand, -some]
▷**～·ness** [名]

hánd·some·ly [副] みごとに, 立派に; 気前よく, 手厚く; 十分に, たっぷり; 大差で〔勝つなど〕. a ～ furnished room 立派な家具の入った部屋. win ～ 大[楽]勝する.

hánds-òn [形] 〈限定〉現場での, 実地での, 〔訓練, 経験など〕.

hánd·spìke /-(d)-/ [名] [C] てこ(に使う棒).

hánd·sprìng /-(d)-/ [名] [C] ハンドスプリング《両手を地につけてする転回; →somersault》.

hánd·stànd /-(d)-/ [名] [C] (手だけで支える)逆立ち, 倒立, (→headstand).

hànd-to-hánd /hæ̀n(d)tə- [移]/ [形] 〈限定〉, [副] 白兵戦の[で], つかみ合いの[して]. ～ combat 白兵戦.

hànd-to-móuth /hæ̀n(d)tə- [移]/ [形] 〈限定〉, [副] その日暮らしの[で]. lead a ～ life [existence] その日暮らしをする.

hánd tòwel [名] [C] (小型の)手拭(ふ)きタオル.

hánd·wòrk [名] [U] 手仕事, 手製.

***hand·writ·ing** /hǽndràitiŋ/ [名] ([複] **～s** /-z/) **1** [U] (ワープロなどでなく)筆記用具で書くこと; **筆跡**; 書風. His ～ is very hard to read. 彼の筆跡はとても読みづらい. He has bad ～. 彼は字がへただ.

> [連結] beautiful [bold, large; flowing; rounded; sloping; spidery; minute; crabbed, cramped; illegible] ～ ∥ recognize [forge] a person's ～

2 [C] 筆写物, 肉筆.
the hàndwriting on the wáll 〖米〗＝the WRITING on the wall.

‡**hànd·wrítten** /[移]/ [形] 手書きの, 肉筆の.

‡**hand·y** /hǽndi/ [形] [e] (**hand·i·er**|**hand·i·est**)
【手元の確かな】 **1** 〔人が〕**器用な**, **手際のいい**, **上手な**, 〈*with, at, about* ..の扱いが〉. We want an office girl

～ *with* a computer. コンピュータの操作が上手な女子事務員を求めている.

【手元にある】 **2**〘話〙**手近**な, すぐ使える; 最寄りの, 便利な; 近くて便利な〈*for* ..に〉. keep a dictionary ～ for use 辞書を手元に置いておく. at a ～ post office 最寄りの郵便局で. His house is very ～ *for* work. 彼の家は仕事に大変便利なところにある.

3 便利な, 有用な; 〔小船, 道具などが〕**扱いやすい**. a ～ manual for beginners 初学者に便利な便覧.

còme in hándy (必要な時)役に立つ〈*for* ..に〉. A knowledge of English will *come in* ～ *for* traveling abroad. 英語を知っておくと外国を旅行する時役立つでしょう. [hand, -y¹]

hándy-dàndy 名 Ⓤ どっちの手に持ってる《握った手のどちらに物が入っているかを当てる子供の遊び》.

hándy·màn /-mæ̀n/ 名 (複 **-mèn** /-mèn/) Ⓒ 便利屋, 何でも屋, 雑役係, (odd jobber, odd job man) 《自宅の修理など自分でやってしまう器用な人をも言う》.

‡hang /hæŋ/ 動 (**～s** /-z/|過 過分 **hung** /hʌŋ/, **～ed** /-d/|**háng·ing**) (★過去形・過去分詞は 他 2, 3, 自 3 では hanged, その他では hung となる) 他

【上から垂らす】 **1** をつり下げる, つるす, 掛ける, 〈*on* ..に/*from* ..から〉. A lot of ornaments were *hung on* the Christmas tree. そのクリスマスツリーには飾りがたくさんつるしてあった.

2 〔人〕を**首つりにする**, 絞首刑にする. ～ oneself 首つり自殺をする. The murderer was ～*ed* for his crime. 殺人犯はその罪で絞首刑にされた.

3〘話〙をのろう (★damn の婉曲語; 普通, 命令形, 又は受け身でののしり, 強意表現などに用いられる). *Hang* it (all)! ちくしょう. Be ～*ed* (to you)!=*Hang* you! ちくしょうめ. I'll be ～*ed* if he is an honest man! 絶対にあいつは正直者じゃない《奴が正直者だったらつるし首になってもよい》. *Hang* the expense. 費用なんぞくそくらえだ. Well, I'm [I'll be] ～*ed*! いやー, 驚いたな.

4 〔頭, 首〕を垂れる. ～ one's head in shame [grief] 恥ずかしさにうつむく[悲しんでうなだれる].

【一端を固定する】 **5** (蝶番(ちょうつがい)で) 〔ドアなど〕を取り付ける; (鐘楼などに) 〔鐘〕をつるす; 〔カーテンなど〕をつるす, 取り付ける. ～ a door on its hinges ドアを蝶番(ちょうつがい)で取り付ける. ～ new curtains at [over] the windows 窓に新しいカーテンを掛ける.

6 〔絵など〕を掛ける〈*on* ..に〉; 〔絵画作品など〕を(公開)展示する〈*in* ..に〉(→自 1(b)); VOA (～ X ***with..***) X(部屋, 壁など)に..を掛ける〈普通, 受け身で〉. ～ a new picture *on* the wall 壁に新しい絵を掛ける. a wall *hung with* a fine tapestry みごとなつづれ織りの掛かった壁. **7** 〔壁紙〕を張る.

8〘話〙VOA (～ X ***on..***) X の責任などを〔人〕になすりつける, X を..のせいにする.

【宙ぶらりんにする】 **9** 〔肉, 猟鳥, 獣など〕をうまくなるまでつるしておく《新しいうちは肉が硬く, 味もよくない》.

10〘米〙(1 人の陪審員が反対して) 〔陪審団〕を評決が出せない状態にする.

11〘野球〙〔投球〕を(カーブなどに)変化させそこねる.

12〘電算〙〔コンピュータ〕をハングさせる (→自 12).

― 自 【上から垂れる】 **1** (**a**) ぶら下がる, 垂れ下がる. Sparkling jewels *hung from* her ears. きらきら光る宝石が彼女の耳にぶら下がっていた. (**b**) 〔絵などが〕掛かる; 〔絵画作品など〕が(公開)展示される. Several portraits *hung on* the wall. いくつかの肖像画が壁に掛かっていた. His paintings *hung in* the Met. 彼の絵がメトロポリタン美術館に展示されていた. (**c**) VC (～ X) X の状態でぶら[垂れ]下がる. with one's mouth ～*ing* open あんぐりと口を開けて. ～ loose →成句. (**d**) VA 〔衣類などが〕(すらりと垂れて)体に合う. The jacket *hung well* [*badly*] (on him). 上着は(彼の体に)よくフィットしていた[いなかった].

2 覆いかぶさる, のしかかる, 〈*over, on* ..の上に〉; VA (～ ***over..***) ..の重荷になる, ..に(気持ちの上で)のしかかる. a huge rock ～*ing over* the stream 流れの上に突き出た大きな岩. The danger of a coup d'état still ～*s over* the country. クーデターの危険はまだその国にのしかかっている. There's a problem ～*ing over* me [my head]. 気になってしょうがない問題がある.

3 絞首刑になる.

【寄り掛かる】 **4** VA 寄り掛かる, しがみつく. The little girl was ～*ing around* her father's neck. その女の子は父親の首にしがみついていた.

5 VA (～ ***on..***) 〔成り行きなどが〕..にかかっている, 左右される. Everything ～*s on* your answer. 万事は君の返答次第だ.

【宙ぶらりんである】 **6** VA 〔煙などが〕宙に浮く, 漂う. The hummingbird seemed to ～ in the air. そのハチドリは空中に浮いて(止まって)いるかのように見えた.

7 〔肉, 猟鳥, 獣などが〕うまくなるまでつるしておかれる (→他 9). **8** 〔物事が〕未決定である; 迷う, ちゅうちょする. let things ～ as long as possible 物事を未決定のままできるだけ引き延ばす. **9** 〔戸が〕(蝶番(ちょうつがい)で) 自由に動く. **10**〘米話〙のらりくらりする; つき合う; 〈*with*..と〉. **11**〘野球〙〔投球(カーブなど)が〕変化しそこねる. **12**〘電算〙〔コンピュータが〕ハングする《キー操作をしても反応しなくなる》.

gò háng〘俗〙(1) くたばる. They can *go* ～ for all I care. あいつらがどうなっても僕はちっともかまわない. (2) 〈let..go ～ の形で〉..をほったらかしにする.

hàng abóut [***aróund***]〘話〙(1) うろつく, ぶらぶらする; あてもなく待つ. (2) つき合う〈*with*..と〉. ～ *around with* many kinds of people いろいろな種類の人間とつき合う.

háng about [***around***]***..***〘話〙〔場所〕の回りをうろつく[離れない]. Don't ～ *about* the building after dark. 暗くなってからこの建物のあたりをうろつくな.

hàng (***a***) ***léft*** [***ríght***]〘米話〙右[左]に曲がる, 右[左]折する, (★～ a Louie [Ralph] なども言う).

hàng báck (1) しりごみする, ためらう, 〈*from*..を〉. The students *hung back from* telling the truth. 学生たちは真相を話したがらなかった. (2) 居残る. ～ *back* after school to ask questions 質問をするために学校に居残る.

hàng by a thréad [***háir***] → HANG (on) by a thread [hair].

hàng fíre (1) 〔銃などが〕すぐ発火しない. (2) 〔人が〕ぐずぐずする; 〔計画などが〕手間取る.

hàng héavy [***héavily***] ***on*** [***upon***]***..*** 〔人〕に重くのしかかる, 耐えがたい. The world ～*s heavy on* him. 彼には世の中の事が重荷だ. Time *hung heavy upon* my hands yesterday. 昨日は時間を持て余してうんざりした.

hàng in the áir →自 6; 〔問題などが〕(重大だが)未解決のままである.

hàng in the bálance (どちらとも決まらない)不安定の状態にある, 〔生死, 成否が〕まさに決定されようとしている.

hàng ín (***thère***)〘米話〙(困難にもめげず)頑張る.

hàng lóose (1) だらりと[ふんわりと]垂れ(下が)る〈*from* ..から〉. (2)〘米俗〙のんきに構える, 気楽にする, くつろぐ.

****hàng ón*** (1) **持ちこたえる**, (頑張って)やり続ける; 〔せきなど〕がしつこく続く. Can you ～ *on* until the rescue crew gets to you? 救助班が行き着くまで頑張れるか. (2) しがみつく, 放さない. *Hang on* tight! しっかりつかまれ. (3)〘話〙(ちょっと)待つ; (電話を)切らずにいる[おく] (hold on; ↔hang up).

háng on.. (1) = 自 5. (2) 〔言葉など〕にじっと聞き入る, 注意を傾ける. They *hung on* their leader's every word [lips]. 彼らはリーダーの 1 語 1 語に耳を傾けた. (3)〘話〙〔人〕にくっついて離れない, まとわりつく. Don't ～ *on* your big sister all day. 1 日中姉さんにくっついてい

H

てはだめ.

hàng (ón) by a thréad [háir] 〔生命などが〕危機に瀕(ひん)している《<糸 1 本でぶら下がる》.

hàng one òn 〖米俗〗泥酔する. 「いする[食らわせる].

hàng óne on .. 〖米俗〗〔人(の身体)〕に一発お見舞↑

háng onto [on to] .. (1)〔ロープなど〕にしがみつく. (2)〖話〗〔権力, 地位など〕にしがみつく; 〔所有物〕を手放さない, 処分しない. ~ on to life 〔病人などが〕必死に生きようとする《命にしがみつく》. She still ~*s onto* the old letters from her close friend. 彼女は親友からの古い手紙を今でも処分しないでいる. (3) =HANG on.. (3).

hàng óut (1) 身を乗り出す〈*of* ..〔窓など〕から〉; 〔犬の舌などが〕外に垂れる. (2)〖話〗ねぐらにする; たまり場にする; たむろする〈*with* ..と〉.

hàng /../ óut (1)〔洗濯物〕を外へ出して干す. (2)〔旗, 看板など〕を外に掲げる.

hàng togéther (1) 団結する, 協力し合う, まとまりがいい. We must all ~ *together* to overcome this crisis. 我々はみなこの危機を乗り越えるために団結しなければならない. (2)(互いに)しっくりいく, 〔話, 報告などが〕つじつまが合う, 矛盾していない. 「場を譲らない.

hàng tóugh 〖米話〗(断固として)屈しない, 自分の立↑

hàng úp (1) 掛かる, つるされる. (2) 電話を切る, 受話器を置く, (↔hang [hold] on). She *hung up on* me with a bang. 彼女は私との電話を先にがちゃんと切った.

hàng /../ úp (1) ..を掛ける, つるす; (活動をやめて)〔道具〕を(しまう場所に)掛ける. Don't throw your coat on the chair. *Hang* it *up*. 上着をいすに投げ出さないで掛けておきなさい. ~ *up* the phone 受話器を掛ける; 電話を切る. ~ *up* one's boots [gloves, etc.]〈比喩的〉店じまいする, 引退する. (2) ..を遅らせる, 〔人〕を引き留めておく; ..をじゃまする. The debate has been *hung up* on trivial matters. ささいな事柄で討論が長引いてしまった. (3)〖米話〗〈~ it up で〉(仕事などを)辞める. (4)〖話〗〈be [get] hung up で〉頭が一杯である, 悩んでいる, 〈*on, about* ..のことで〉. Don't *get hung up on* trivial things. ささいな事を気に病むな.

háng upon .. =HANG on...

lèt it all hàng óut 〖米話〗(1) 好き勝手にふるまう. (2) 腹蔵なく話す, 一切合切をぶちまける.

── [名][U]〈普通 the ~〉**1** 掛かり具合, 下がり具合, 垂れ具合. I don't like the ~ of this skirt. このスカートのラインは気に入らない. **2**〖話〗(機械, 道具などの)扱い方, こつ (knack); (話, 問題などの)大意, 趣旨. get the ~ of skiing スキーのこつを身に付ける.

a háng of a .. 〖オース・ニュー話〗=a HELL of a...

like háng 〖オース・ニュー話〗非常に, べらぼうに.

nòt càre [gìve] a háng 〖話〗まるで気にしない. My mother did *not give a ~ about* what people said. 母は人が何と言おうと一向に気にしない人だった.

[<古期英語] 「ンス語]

hang·ar /hǽŋ(g)ər/ [名][C] (飛行機の)格納庫. [フラ↑

háng·dòg [形]〈限定〉〔表情が〕こそこそした, 卑屈な. ── [名][C] 卑屈な人, おどおどした人.

‡**háng·er** [名][C] **1** 物を掛ける道具; 衣紋(えもん)掛け, ハンガー, (coat ~); 自在かぎ, つり手. **2** 掛ける[つるす]人.

hànger-ón /-rán|-rɔ́n/ [名] ([複] **hangers-**) [C] 腰ぎんちゃく, 取り巻き, 子分.

háng glìder [名][C] ハンググライダー(で飛ぶ人).

háng glìding [名][U] ハンググライディング《ハンググライダーに乗ること》.

†**háng·ing**[1] [名] **1** [UC] 絞首刑. a ~ offense [crime] 絞首刑に相当する罪. a ~ judge (死刑の判決をよく出す)厳しい裁判官. **2**〈~s〉壁掛け用のじゅうたん, カーテン, のれん. **3** [U] 掛ける[つるす]こと.

It's [That's] nò hánging màtter. 〖話〗それは首をつるほどの(深刻な)問題ではない.

háng·ing[2] [形] **1** 宙づりの, 垂れ下がった; (かぶさるように)突き出た〔崖など〕. a ~ basket 吊り下げ用のかご《植物の鉢などを吊るす》. **2** 未解決の; 審議中の. a ~ question 決着のついていない問題.

Hànging Gàrdens of Bábylon [名] バビロンのぶら下がり[空中]庭園《階段状の神殿の上の方に植物を植え, 庭園が空中に掛かっているように見えたという古代バビロンの庭園; 世界七不思議の 1 つ》.

háng·man /-mən/ [名] ([複] **-men** /-mən/) [C] 絞首刑執行人.

háng·nàil [名][C] (爪(つめ)の生えぎわの)ささくれ.

háng·òut [名][C] **1**〖話〗ねぐら; たまり場, 出没場所. **2** (秘密などの)暴露; (情報などの)公開.

‡**háng·òver** [名][C] **1** 二日酔い. I have a ~. 二日酔いだ. **2** 遺物, 名残; 後遺症; 〈*from* ..(から)の〉《習慣, 制度, 気質など》. a ~ *from* the Victorian age ヴィクトリア時代からの名残.

Hang Seng Index /hæ̀ŋ-séŋ-ìndeks/ [名]〈the ~〉ハンセン[香港株式]指数.

‡**háng·ùp** [名][C] **1**〖話〗大変気になること, 悩み, 不安, ノイローゼ, 〈*about* ..について〉. have a ~ *about* one's figure 自分の(体の)スタイルを気にする. **2** 障害, 遅れ.

hank /hæŋk/ [名][C] **1** (糸の) 1 かせ《糸の長さの単位; 綿糸は 840 ヤード, 毛糸は 560 ヤード》. **2** 1 巻き《糸, 縄, 針金などの》.

han·ker /hǽŋkər/ [動][自] [VA] (~ ***after, for..***) ..にあこがれる; (~ ***to do***) ..したくてうずうずする. She ~*s after* jewelry. 彼女は宝石類が欲しくてしょうがない. ~ *to* go back 戻りたくてうずうずする.

hán·ker·ing /-k(ə)riŋ/ [名][C]〖話〗〈しばしば a ~〉あこがれ, 熱望, 〈*after, for* ..に対する/*to* do ..したいという〉. have a ~ *for* knowledge 知りたがり屋である. have a ~ *to* go abroad なにがなんでも外国へ行きたいと思う.

han·ky, han·kie /hǽŋki/ [名] ([複] **-kies**) [C]〖話〗ハンカチ (handkerchief).

han·ky-pan·ky /hæ̀ŋkipǽŋki/ [名][U]〖話・戯〗**1**〖主に米〗ごまかし(〖英〗jiggery-porkey). **2**〖主に英〗いかがわしい(性的な)行為, エッチなふるまい; いちゃいちゃすること; 不倫, セックススキャンダル.

Han·ni·bal /hǽnəbəl/ [名] ハンニバル (247–183 B.C.)《第 2 ポエニ戦争での冬のアルプス越えで勇名を馳せたカルタゴの将軍》.

Ha·noi /hænɔ́i/ [名] ハノイ《ヴェトナム共和国の首都》.

Han·o·ver /hǽnouvər|-nəvə/ [名] **1** ハノーヴァー《ドイツ北部の商工業都市; 原綴は Hannover》. **2** ハノーヴァー王家《英国の George 1 世から Victoria 女王まで; 1714–1901; **the Hòuse of Hanóver** とも言う》.

Han·o·ver·i·an /hæ̀nouví(ə)riən [移]/ [形] **1** ハノーヴァーの. ハノーヴァー王家の. ── [名][C] **1** ハノーヴァーの人. **2** ハノーヴァー王家の人[支持者].

Hans /hæns/ [名] ドイツ系の男子の名.

Han·sard /hǽnsərd|-sɑːd/ [名][C] (英国, カナダなどの)国会議事録《1 問 1 答を詳しく収録する; 最初の印刷発行者 Luke *Hansard* から》.

hanse /hæns/ [名]〖史〗**1** [C] (中世の)商人組合. **2**〈the H-〉ハンザ同盟 (the Hanseatic League).

Han·se·at·ic /hæ̀nsiǽtik, hæ̀nz-/ [形] ハンザ同盟の.

Hanseàtic Léague [名]〈the ~〉〖史〗ハンザ同盟《14–17 世紀のドイツ北部の都市の商業的・政治的同盟》.

Han·sel and Gret·el /hǽns(ə)l-ənd-grétl/ [名]『ヘンゼルとグレーテル』《グリム童話の 1 つ》.

Hán·sen's disèase /hǽnsnz-/ [名] ハンセン(氏)病 (leprosy). [<G.H. *Hansen* (1841–1912) ノルウェーの医師]

han·som /hǽns(ə)m/ [名][C] ハンサム (**hànsom**

cáb)《2 人乗り 2 輪の 1 頭立て幌付き馬車; タクシーが普及するまで辻馬車として用いられた; ＜J.H. *Hansom* (1803–82) 英国の建築家》.

Hants. /hænts/ Hampshire の略称.

Ha·nuk·kah /hɑ́ːnəkə/ 名〖ユダヤ教〗ハヌカー (Chanukah)《ユダヤ暦第 9 番目の月 Kisler の25 日から 8 日間行われる宮清めの祭り; シリア人からのエルサレム神殿奪回を記念する》.

hap /hæp/〖古〗名 **1** Ⓤ 偶然, 運; 幸運; (→luck 類語). **2** Ⓒ 偶然の出来事. ── 動 (~s|-pp-) 自 = happen. [＜古期北欧語「偶然, 幸運」]

†**hap·haz·ard** /hæphǽzərd ⊛/ 形 偶然の; 出まかせの, でたらめの, いいかげんな. Don't be ～ about your reading. 読書は行き当たりばったりではいけない.

── 副 偶然に; でたらめに, いいかげんに.

── 名 Ⓤ 偶然; でたらめ. ***at* [*by*] *hapházard*** 偶然(に); でたらめに, いいかげんに.

[hap, hazard] ▷ **～·ly** 副 偶然[でたらめ]に, いいかげんに. **～·ness** 名 Ⓤ 偶然, でたらめ.

háp·less 形〖章〗〈限定〉不運な, 不幸な.

háp·ly 副〖古〗偶然(に); おそらく (perhaps).

ha'p'orth /héipərθ/ 名〖英話〗半ペニーの価値のもの (＝halfpennyworth). Don't spoil the ship for a ～ of tar.〖諺〗一文惜しみの百文損のようなことをするな.

‡**hap·pen** /hǽp(ə)n/ 動 (～s /-z/|過 過分 ～ed /-d/|～·ing) 自 **1** (偶然)**起こる**, 生じる; (類語「起こる」の意味で最も普通の語; →befall, betide, break out, chance, come about, occur, take place, transpire). Such a thing can't ～ in England. こんな事は英国では起こり得ない. These things ～. こういうことは起こるものだ(心配することはない). Anything can ～. どんなことが起こるか分からない. Friendships just don't ～. 友情とは(何も努力しないで)自然にできるものではない. See what ～*s*. どうなるかやってみなさい. What ～*ed*? 何があったんだ. What's ～*ing*? 何が起こったんだ;〖米話〗どうだい(＝How are you doing?)《会った時の挨拶》(★What's *happ*? とも言う).

2 VA (～ *to* ..)〔特に望ましくない事が〕..に起こる, ふりかかる. Let me know at once if anything ～*s to* Father. お父さんに万一のことがあったらすぐ知らせて下さい. What ～*ed to* him? 彼の身に何が起こったのだろう. What ～*ed to* your sweater? そのセーター, どうしたんだい.

3 (a) VA (～ *to do*) **偶然[たまたま]..する**. Uncle George ～ed to drop in. ジョージおじさんがひょっこり訪ねてきた. Do you ～ *to* know a certain Dr. Long? ひょっとしてロング博士という人を知っていませんか. Let me know if you should ～ *to* need any help. ひょっとして助けが必要になったら, 教えて下さい. (★if .. should happen to do は「あまり起こりそうもないが」のニュアンスを表す). They never ～*ed to* meet. ＝They ～*ed* never *to* meet. 彼らは一度も会うことはなかった (★happen never to do の方が堅い表現). (b) VA **偶然[たまたま]..する**. I ～*ed along* [*by*] when the fight was starting. 殴り合いが始まろうとしていた時に偶然通りかかった.

as it háppens たまたま; 折よく; あいにく. *As it* ～*s*, I won't be able to come to the party tonight. あいにく今夜の会には出られません.

***háppen on* [*upon*]..** ..に出くわす, ..を偶然見つける.

hàppen what máy 何が起ころうとも (whatever happens).

****It* ((*jùst*) *sò*) *háppens that*..** たまたま..である. *It* (*so*) ～*ed that* Bill was from Chicago. たまたまビルはシカゴの出身だった. *It* ～*s that* he is sleeping (＝He ～*s to* be sleeping). 彼はたまたま寝ている.

── 副〖北イング方〗多分 (maybe).

[＜中期英語; hap, -en 1]

***hap·pen·ing** /hǽp(ə)niŋ/ 名 (複 ～s /-z/) Ⓒ **1** 〈しばしば ～s〉**出来事**, 事件. **2**〖主に米〗ハプニング《芝居などでの即興演技; 1960 年代, 70 年代初期に流行》.

── 形〖旧俗〗最新(流行)の.

hap·pen·stance /hǽpənstæ̀ns/ 名 aU〖米〗偶然, 思いがけない出来事. [＜*happen*＋circum*stance*]

‡**hap·pi·ly** /hǽpili/ 副 m **1** **幸福に**, 楽しく; うれしそうに. The king and his wife lived ～ ever after. それからずっと王様とおきさき様は幸せに暮らしましたとさ《おとぎ話の結び文句》. sing ～ 楽しく歌う. He did not die ～. 彼は幸福な死に方はしなかった (→2).

2 〈文修飾〉**幸運にも**, **運よく**. *Happily* he did not die. 幸いにも彼は死ななかった. (★He did not die, ～. とすることもできる; 文頭, 文末にしか使えない; →1).

3 うまく, ほどよく, 適切に. an idea ～ expressed 適切に言い表された考え. **4** 喜んで, 進んで, (willingly). He said he would ～ lend me the money I needed. 彼は私に必要な金を進んで貸してくれると言った.

‡**hap·pi·ness** /hǽpinəs/ 名 Ⓤ **1** **幸福**, 愉快, 満足; 幸運. in perfect ～ 幸せいっぱいで. I wish you ～. ご多幸を祈ります. Like all ～, it did not last long. 幸福は皆そうだが, それも長続きはしなかった.

2 (言葉などの)適切さ.

‡**hap·py** /hǽpi/ 形 e (**-pi·er**|**-pi·est**)

【運がいい】 **1** 〈限定〉**幸運な**, 幸せな, (類語 出来事が「幸運な」のであり, 人については用いない点が fortunate, lucky と異なる); 楽しい〔場所など〕. by a ～ chance [coincidence] 運よく. a ～ ending ハッピーエンド (注意 end は用いない). one of the *happiest* days of one's life 生涯ですばらしい[すばらしかった]ある 1 日. (I Wish You) (A) *Happy* New Year! 新年があなたにとって幸せな年でありますように《「新年おめでとう」に当たる》. Many ～ returns (of the day)! このめでたい日が幾度も戻って来ますように《誕生日など毎年繰り返される祝事の際の祝詞》.

2〔人, 行為が〕**幸福な**, うれしそうな, (↔unhappy). ～ people 幸せな人々. a ～ face [smile] 幸福そうな顔つき[うれしそうな笑い]. a ～ marriage 幸せな結婚.

【うれしい】 **3** 〈叙述〉(a) うれしい〈*to* do..して/*that* 節..のことで〉; 喜んで..する, 進んで..する, 〈to do〉; (類語 happy は「巡り合わせのよさ」を喜ぶ気持ちを強調する; →glad). I am ～ *to* see you here. ここであなたに会えてうれしい. I shall be ～ *to* attend the wedding. 結婚式には喜んで参列します. "Would you fix this, please?" "Be ～ to."「これ直して下さらない」「いいですよ」(★I'd *be happy to* fix it. の省略). I'm very ～ (*that*) she's been successful. 彼女が成功して本当によかった. (b) 喜んでいる, 満足している, 〈*about, with, at, in, over* ..に〉. He was not ～ *about* his son's conduct. 彼は息子の行状を快く思わなかった. I was not ～ *with* the salary offered. 私は提示された給料に不満足だった. I'm really ～ *in* my new job. 新しい仕事について本当に喜んでいます. Bob, I'm so pleased. I'm so ～ *for* you. ボブ, うれしいわ.本当によかったわね.

> 連結 blissfully [deliriously, ecstatically, profoundly, radiantly, supremely] ～

4【満足な＞ふさわしい】〖章〗〔言葉, 行動などが〕適切な, うってつけの, 巧妙な, (suitable). a ～ choice of words 適切な言葉の選択. a ～ turn of expression 巧みな言い回し. **5**〖話〗ほろ酔い機嫌の. **6** 〈複合要素〉..にとりつかれた, ..に夢中になった; ..でふらふらの. trigger-～ やたらに発砲したがる.

(as) háppy as a clám (in high tíde) 大変満足して, ごきげんで.

as háppy as hàppy can bé この上なく幸福な.

(as) háppy as the dày is lóng ＝***(as) hàppy as a***

kíng [*lárk*] 大変幸福な; 全く気楽な.
[＜中期英語; hap, -y[1]]　「に)満足している人.
hàppy cámper 名 C (自分の置かれている状況など↑
hàppy cláp·py /-klǽpi/ 名 C, 形 〖戯・軽蔑〗にぎやか福音派(の).　「生》.
hàppy evént 名 〈the ～〉慶事《特に, 子供の誕↑
hàppy-go-lúcky /㊜/ 形 のんきな, 気楽な.
háppy hòur 名 UC 〖話〗(バーやパブの)サービス[低料金]タイム; 夕食の前の軽く一杯やる時間.
hàppy húnting gròund 名 C **1** '楽しき猟場', 天国,《北米インディアンの考えた天国; 欲しいものが漁(あさ)れる場所》. **2** 天国, 楽園.
hàppy médium 名 C 中庸, 中道, (golden mean). strike a ～ 中庸を得る, 中ほどで丁度いい.
Haps·burg /hǽpsbəːrg/ 名 ハプスブルク家《オーストリア (1273–1918), 神聖ローマ帝国 (1438–1806) などの王位を占めた家柄; 原綴 Habsburg》. ── 形 ハプスブルク家の; ハプスブルク家支持の.
ha·ra-ki·ri /hærəkíri/ 名 U **1** 切腹. **2** 〈一般に〉自殺; 自殺行為. [日本語]
†**ha·rangue** /hərǽŋ/ 名 C 〈普通, けなして〉(聴衆を叱咤(しった)する[説得する])大演説, 長広舌, 獅子吼(ししく), 熱弁. make [deliver, launch into] a ～ 大演説をする. ── 動 自 (長々と)熱弁をふるう, うるさく言う, 〈*to* ..に/*about* ..のことで〉. ── 他 に熱弁をふるう. ～ the crowd 群衆に熱弁をふるう. [＜古期イタリア語「(公共の広場での)熱弁」]　「旧称 Salisbury(～1982)》.
Ha·ra·re /hərɑ́ːri/ 名 ハラレ《Zimbabwe の首都;↑
†**har·ass** /hərǽs, hǽrəs/ 動 他 **1** を(繰り返し)悩ます, 苦しめる. be ～*ed* by repeated questions 繰り返し質問されて往生[閉口]する. sexually ～ students 学生にセクハラをする. **2** 〔敵〕を繰り返し攻撃して悩ます. Vikings ～*ed* the English coast. バイキングがイングランドの沿岸を荒らした. [＜古期フランス語「犬をけしかける」]
har·assed /-t/ 形 (精神的に)悩んだ, 苦しんだ, 不安な. look ～ 悩んでいるように見える.
har·ass·ment /hərǽsmənt, hǽrəs-|hǽrəsmənt, hərǽs-/ 名 U 悩ます[される]こと, 〈特に〉いやがらせ. →sexual harassment.　「部黒竜江省の省都》.
Har·bin /hɑ́ːrbin/ 名 ハルビン (哈爾濱)《中国東北↑
har·bin·ger /hɑ́ːrbindʒər/ 名 C 〖雅〗前触れ; 前兆; 先駆者 (forerunner); 〈*of* ..の〉. a ～ *of* a storm あらしの前触れ. [＜古期フランス語「(先発して)宿舎の手配をする」]
‡**har·bor,** 〖英〗**-bour** /hɑ́ːrbər/ 名 (複 ～s /-z/) UC **1** 港 (類語 港湾設備を整えた場所[水域]; 天然の港を含む; →port[1]). Boston *Harbor* ボストン港. a fine natural ～ 天然の良港. **2** 避難所, 隠れ場所. Homes are a ～ from the world. 家庭は世間からの避難所である.
give hárbor to .. 〔罪人など〕をかくまう.
── 動 他 **1** に隠れ場所[避難所]を与える, 〔罪人など〕をかくまう; を隠す. ～ fugitives 逃亡者をかくまう. ～ evidence 証拠を隠す. **2** 〔悪意, 疑いなど〕を(長い間ひそかに)心に抱く. ～ a hatred [grudge] (against..) (..に対して)憎しみ[恨み]を抱く. ～ doubts [suspicions] about ..について疑いを抱く. ── 自 〔船などが〕港に停泊する. [＜古期英語「(軍隊の)避難所」]
har·bor·age, 〖英〗**-bour-** /hɑ́ːrbəridʒ/ 名 UC 停泊所; 避難所, 隠れ場所.
hárbor màster 名 C 港長.
har·bour /hɑ́ːrbər/ 名, 動 〖英〗＝harbor.
‡**hard** /hɑːrd/ 形 e
【(物が)かたい】 **1** 堅い, 堅固な, (↔soft; 類語 硬質の堅さを意味する; →firm[1]). a ～ rock 堅い岩. Diamond is the ～*est* natural substance known to man. ダイヤモンドは人の知る限りにおいて最も堅い天然の物質である. as ～ as marble [stone] 非常に堅い. a ～ knot 堅い結び目.
2 〔体が〕頑丈な, がっしりした. a ～ constitution 頑丈な体質.
【質が硬い】 **3** 耳ざわりな; (見た目に)きつい, どぎつい. the ～ notes of the trumpet トランペットの金属性の音. a ～ color どぎつい色.
4 〔水が〕硬質の《カルシウムなどの塩類を含み, 石けんの泡立ちが悪い; ↔soft》. ～ water 硬水.
5 ⓒ 〈通俗的〉硬発音の《c, g をそれぞれ /s/, /dʒ/ でなく /k/, /g/ と発音する場合, 又 th を /ð/ でなく /θ/ と無声音に発音するような場合に言う; ↔soft》.
6 〖商〗硬貨の; (小切手ではなく)現金の; 兌換(だかん)できる. ～ money 硬貨, 現金. pay in ～ dollars ドルで現金払いする.
7 〖商〗〔通貨, 市価が〕強気の, 高値安定の, (↔soft).
【難(かた)い】 **8** 難しい, 困難な; 〈叙述〉難しい, 〈*to* do ..する[される]のが〉 (↔easy; 類語「肉体的・精神的に耐えがたく, つらい」という感じ; →difficult). a ～ decision つらい決断. a ～ question *to* answer 答えるのが難しい質問. The ～*est* thing is ... 最も難しいのは..である. It will be ～ for us to defeat the opponent team. 我々が相手チームを負かすのは難しいだろう. John is ～ *to* please.＝John is a ～ person *to* please. ジョンは気難しい. She found it ～ *to* believe that he didn't know. 彼が知らないとは彼女には信じがたかった.
【耐えがたい】 **9** 苦しい, つらい, 厳しい. a ～ task 骨の折れる仕事. It's been a ～ day. 今日はつらい[きつい]1日だった. Times were ～. 不景気だった. have seen a lot of ～ times 不況の時代をいやというほど体験している. have a ～ life つらい[苦しい]生活をする.
10 〔天候などが〕厳しい, 荒れた. ～ gusts of wind 猛烈な突風. We get pretty ～ weather here in the winter. 当地の冬はかなり厳しい.
【耐えがたい＞激しい】 **11** 〈限定〉〔人が〕猛烈な, 過度の. a ～ drinker 大酒飲み.
12 〔動作などが〕強烈な, 力をこめた. a ～ blow 強打. a ～ slap on the cheek 痛烈な横びんた1発.
13 〈限定〉根(こん)を詰めた, 熱心な. a ～ worker 勤勉家. try one's ～*est* 最善を尽くす《名詞的》. ～ thinking 一心に考え抜くこと.
14 (**a**) アルコール度の強い (↔soft). ～ liquor [drink] 強い酒《普通, 蒸留酒》. (**b**) 〔ワインが〕渋味が強い (↔soft). (**c**) 〔薬剤が〕中毒[習慣]性の (↔soft). (**d**) 〖物理〗〔放射線が〕透過力の高い. (**e**) 〔ポルノが〕わいせつ度が高い (↔soft). →hard porn.
【動かしがたい】 **15** (**a**) 〔人, 感情などが〕厳格な, 厳しい; 非情で冷徹な, 情け容赦のない, 無情な, 冷酷な. a ～ master [taskmaster] 厳しい主人[親方]. (as) ～ as nails →nail. (**b**) 〖話〗悪い, 頑固な. a ～ character 悪(わる).
16 (**a**) 〔取引などで〕妥協しない, 一歩も譲らない. drive a ～ bargain 一歩も譲らない取引をする. (**b**) 〖政〗極端な. the ～ right [left] 極右[左](派の人々).
17 〈限定〉厳然たる; 〔資料, 事実などが〕信頼できる, 動かしがたい. the ～ facts of life 人生の厳然たる現実. We have some ～ data [information]. 信頼できるデータ[情報]がある.
18 〔考え方が〕感情に流されない, 現実的な. have a ～ head 現実的に考える.
19 〔ミサイル(配備地)が〕地下にある.　◇動 harden
a hàrd léft [***ríght***] 急角度に曲がる左折[右折].
be hàrd át it 〖英〗忙しい, せっせと働いて[やって]いる.
be hárd on .. (1) ..につらくあたる; ..を手荒く扱う; ..を台なしにする. Don't *be* so ～ *on* her. 彼女にそうつらくあたるなよ. (2) 〔物事が〕..に耐えがたい, 不公平である. His son's death *was* pretty ～ *on* him. 息子の死は彼にはかなりこたえた. (3) ..を(すぐ)いためる, すぐだめにする.

be hàrd to còme bý →COME by .. (1).
be hàrd úp →hard up.
give** a person **a hàrd tíme 〖話〗→hard time.
hàrd and fást 〈叙述的に〉= hard-and-fast.
hàrd góing 〔仕事などが〕なかなか骨が折れる; 退屈な.
hàrd of héaring (1) 耳が遠い, 難聴の. (2) 〈the ～で〉耳の遠い人たち.
hàrd to táke 我慢ならない, いらいらさせられる.
hàve a hàrd tíme (of it) つらい思いをする, ひどい目に遭う.
màke hàrd wórk of .. →work.
tàke a hàrd líne →hard line.
tàke a (lòng) hàrd lóok at .. ..を綿密に検討する.
tàke (some [a few]) hàrd knócks →hard knocks.
the hárd wày 〈副詞的〉苦労して, 身にしみて, 難しく;やっと〔勝つなど〕. men who have come up *the ～ way* こつこつたたき上げ(て出世し)た男たち. learn.. *the ～ way* 苦労して..を学ぶ.
tòo mùch like hàrd wórk 〔仕事などが〕きつ過ぎる, 苛酷な, 〈*for* ..にとって〉.

── 副 e **1** **一生懸命に**, 熱心に. work ～ 懸命に働く[勉強する]. look ～ at the opponent 相手方をじっと見つめる. think ～ about life 人生について真面目に考える. **2** ひどく, **激しく**, 強く, 極度に. It rained ～. 激しく雨が降った. cry [laugh] ～ すごく泣く[笑う]. gamble ～ 賭(か)け事に狂う. pull ～ 強く引く.
3 骨を折って, 苦しんで, やっと. ～-earned money 苦労して手に入れた金. **4** **堅く**, しっかりと. freeze ～ こちこちに凍る. be tied ～ しっかり結ばれる.
5 (**a**) 接近して, すぐ近くに, すぐ後で, 〈*on, upon* ..に, の〉. A policeman followed ～ *on* their heels. 警官が1人彼らのすぐ後を付けた. with his dog ～ behind him すぐ後に犬を従えて. (**b**) (時間, 年齢が)もうすぐ... It was ～ upon two o'clock. すぐに2時だった.
6 〖海〗完全に, ぎりぎりまで. *Hard* alee! 下手舵(かじ)一杯.
be [feel] hàrd dòne bý 〖英〗不当[不公平]な扱いを受けている[受けていると感じる].
be hàrd hít [hìt hárd] 手ひどい痛手[打撃]をこうむる. The trade relationship will *be hit* ～. 貿易関係は大きな打撃を受けるだろう.
be hàrd pút [〖英〗púshed] (to it) ひどく困っている〈*to* do..するのに〉. I'd *be ～ put to* give you the reason. 理由を言えと言われても困るんだ.
dìe hárd →die[1].
gò hárd with .. 〈しばしば it を主語として〉〔人〕をひどい目に遭わせる, 〔人〕に厳しくする, 〔人〕を窮地に立たせる, 〔人〕の不利になる. It will *go ～ with* you if you don't cooperate. 協力しないなら君は困ることになるよ.
hàrd and fást しっかりと〔結ぶなど〕.
hàrd bý すぐ近くに[を]. The hut stood ～ *by*. 小屋はすぐそばに建っていた.
hárd by .. ..のすぐ近くに[で]. ～ *by* the border with Mexico メキシコ国境のすぐ近くで[に].
plày hárd to gèt 〖話〗(異性の気をひくため)わざと冷たくする[関心のないふりをする], 気位の高いふりをする.
tàke ..hárd 〖話〗..にひどく落胆する[ショックを受ける] 〈しばしば it を目的語にとる〉. When his wife died he *took* it very ～. 彼は妻に死なれてひどくこたえた.

── 名 〖英〗**1** C 前浜の道路. **2** U 〖俗〗(囚人の)重労働. [＜古期英語]

hàrd-and-fást /⊛/ 形 〈限定〉〔規則, 習慣などが〕厳重な, 変えられない, (strict); 〔情報などが〕絶対正確な (definite). a ～ rule 鉄則.

‡**hárd·bàck** 名 UC 堅表紙[本装丁]の本 (↔paperback, softback). be published in ～ 堅表紙本で出る. ── 形 堅表紙の, 本装丁の.

hàrd-báked /-t ⊛/ 形 堅く焼いた〔パンなど〕.

hárd·bàll 名 U **1** 〖米〗(ソフトボールに対して)野球 (baseball). **2** 〖話〗(妥協を許さない)強硬手段.
plày hárdball 〖話〗(政治的に)強硬手段をとる, 荒療治をする; 強硬になる; 〈*with* ..に〉.

hàrd-bítten /⊛/ 形 〔人が〕手ごわい, 頑強な, 頑固な; 非情な; (tough).

hárd·bòard 名 U ハードボード《パルプを高圧で固めた板》.

hàrd-bóiled /⊛/ 形 **1** 〔卵が〕堅くゆでた. **2** 非情な, 冷酷な; 現実的な. the ～ style ハードボイルド体《感動を表さず事実の簡潔な叙述を主とする文体; Hemingway や Hammett など当時の米国推理小説に見られる》.

hárd·bòund 形 ＝hardback, hardcover.

hàrd cándy 名 UC 〖米〗(フルーツ味の)あめ玉.

hàrd cáse 名 C **1** 改心の見込みのない罪人, 常習犯; 手に負えない男. **2** 〖オース・ニュー〗ちょっと変わった面白い人. **3** 難しい[厄介な]事件.

hàrd cásh 名 U 硬貨; 現金, 現なま, 《小切手, クレジットカードなどに対して》.

hàrd chéese 名 U **1** 固いチーズ. **2** 〖主に英話〗不幸, 不運; 〈間投詞的〉それはお気の毒, それはそれは, 《しばしば皮肉, 見せかけだけの同情を表す》.

hàrd cíder 名 UC 〖米〗リンゴ酒.

hàrd cóal 名 U 無煙炭.

hàrd cópy 名 UC 〖電算〗ハードコピー《コンピュータから取り出した情報を読めるように印刷したもの》.

hàrd córe 名 **1** C 〈普通 a [the] ～〉(運動などの, しばしば頑迷な)中核の人々. **2** U 〖英〗(道路の底に敷く)れんが片・砕石の類. **3** U (音楽・ポルノの)ハードコア.

‡**hàrd-córe** /⊛/ 形 〈限定〉**1** (運動などの)中核をなす. **2** 頑迷な; 〔失業などが〕長期的な. **3** 〔ポルノが〕極端に露骨な (↔soft-core).

hárd cóurt 名 C 〖テニス〗アスファルト[コンクリートなど]のコート.

hárd·còver 名, 形 〖主に米〗＝hardback.

hàrd cúrrency 名 UC (国際金融上の)硬貨《他国の通貨と自由に交換できる(強い)通貨》.

hàrd dísk 名 C 〖電算〗ハードディスク《floppy disk より情報容量が大きい》.

hàrd drínk 名 ＝hard liquor.

hárd-drìnking 形 〈限定〉大酒飲みの.

hàrd drúg 名 C 強い習慣性の(麻)薬.

hàrd-éarned /⊛/ 形 苦労して手に入れた.

hàrd-édged /⊛/ 形 〈ほめて〉〔文体などが〕抑制が利いて力強い.

***hard·en** /hɑ́ːrdn/ 動 (～s /-z/|過 過分 ～ed /-d/|～·ing) 他 **1** 〔物〕を**堅くする**, 固める; 〔鋼鉄など〕を硬化する. Then the dish of clay was ～*ed* in a fire. 次に粘土の皿が火の中で焼き固められた. **2** 〔心など〕を**無情**[**冷酷**]にする; 無感覚[頑固]にする, 〈*to, toward* ..に対して〉〈しばしば受け身で〉. →hardened. ～ one's heart against ..に対して心を無情[鬼]にする. **3** 〔態度など〕を硬化させる. **4** を**強くする**, 鍛える. ～ the body 体を強健にする.
── 自 **1** **堅くなる**, 固まる. **2** 強くなる, 耐久力が付く. **3** 無情になる; 無感覚[頑固]になる; 〔態度などが〕硬化する. Her face ～ed. 彼女の顔がこわばった. **4** 〔証拠, 意見などが〕固まる. **5** 〔物価, 経済などが〕しっかりする, 引き締まる, 落ち着く. ◇↔soften
hàrden óff 〔苗木などが〕徐々に寒さに慣れる.
hàrden /../ óff 〔苗木など〕を徐々に寒さに慣らす.

hard·ened 形 **1** 堅くなった, 強化された; (核兵器に対して)対空防御された. **2** (**a**) 〈限定〉(経験を積んで)容易に情に動かされない, 無情な, 非情な. (**b**) 〈叙述〉慣れて〈*to, toward* ..に〉. be ～ *to* [*toward*] poverty 貧乏に慣れている. get [become] ～ *to* [*toward*] ..に慣れる. **3** 常習的な. a ～ criminal (筋金入りの)常習犯.

hárd·en·ing 名 C 〈単数形で〉固くなること, 硬化. a ～ of attitudes 態度の硬化.

hàrdening of the árteries 名 U 動脈硬化

H

(arteriosclerosis).

hàrd féeling 名C 〈普通 ～s〉(人への)恨み, 悪感情; わだかまり. No ～*s*. 悪く思わないでくれ.

hàrd-físted /-əd ⑱/ 形 **1** 重労働に耐えられる, タフな. **2** タフな, 厳しい, 断固とした. **3** けちな.

hárd hàt 名C **1** (建設作業員などの)安全帽, ヘルメット. **2** 〖話〗建設作業員. **3** 〖主に米〗(労働者階級の)反動的な人.

hàrd·héaded /-əd ⑱/ 形 **1** 実際的な, 抜け目のない, 計算高い. **2** 頑固な. ▷ **～·ly** 副 **～·ness** 名

hàrd·héarted /-əd ⑱/ 形 無慈悲な, 冷酷な, (unfeeling). ▷ **～·ly** 副 **～·ness** 名

hàrd-hítting /⑱/ 形 積極的な, 激しい, 効果的な, 痛烈な, 歯に衣(きぬ)着せぬ, 〔批評, 攻撃など〕.

har·di·hood /hɑ́ːrdihùd/ 名U 大胆, 豪胆; 図太さ.

har·di·ly /hɑ́ːrdili/ 副 大胆に; 厚かましく.

har·di·ness /hɑ́ːrdinəs/ 名U **1** 頑健さ. **2** 大胆さ; 厚かましさ.

Har·ding /hɑ́ːrdiŋ/ 名 **Warren Ga·ma·li·el** /gəméiliəl/ ～ ハーディング (1865–1923) 《米国の第 29 代大統領 (1921–23)》.

H

hàrd knócks 名 〈複数扱い〉〖話〗逆境, 苦難. the school of ～ 実社会の(厳しい)経験. take some [a few] ～ ひどい目に遭う.

hàrd lábor 名U 重労働 《刑罰としての; 英国では1948 年廃止》.

hàrd lánding 名 **1** UC (宇宙船などの)硬着陸 《衝撃で壊れる; ↔soft landing》. **2** C 〈単数形で〉〖経〗(成長期の後の)急落.

hàrd léft 名 〈the ～〉〖英〗(政党内の)極左派の人々 (↔hard right).

hàrd líne 名C 強硬路線; 〈～s〉〖英〗不運; 苦境.

Hàrd línes (on you)! 不運ですね, ついてませんね.

tàke a hàrd líne (交渉などで)強硬路線をとる 〈*on, over* ..について/*with* ..〔相手〕に〉. The principal *takes a* ～ *line with* delinquent students. 校長は非行生徒たちに対して断固たる態度をとっている.

‡**hàrd·líner** 名C 強硬論者.

hárd·lìng 形 〔政策, 態度などが〕強硬路線の.

hàrd líquor 名U 強い酒[蒸留酒].

hàrd lúck 名U 〖話〗不運, 不幸. They had a bit of ～ this season. 彼らは今シーズンはちょっと運がなかった. It was ～ *on* her. 彼女はついていなかったのだ. It's your ～. 運が悪いのです, 私のせいではありません. a ～ story お涙ちょうだいの身の上話. ── 間 運が悪かったですね, 残念でしたね.You failed your exam again? *Hard luck*! また試験に落ちたの? お気の毒です.

‡**hard·ly** /hɑ́ːrdli/ 副 ⓒ **1** ほとんど..ない (語法 原則として修飾する語の前に置くが, 助動詞を伴う動詞句を修飾する場合は助動詞の後ろに置く; →barely). I can ～ believe his story. 彼の話はほとんど信じられない. That is ～ possible. それはまず不可能だ. There was ～ a soul on the street. 通りにほとんど人はいなかった. His parents were ～ less pleased than he with his success. 彼の成功に両親は彼に劣らぬくらい喜んだ. *Hardly* a day went by without more news of political bribery. 政治(家)に関わる汚職のニュースのない日はほとんど一日もなかった. "Do you know Galway well?" "Oh, no, ～ at all." 「ゴールウェイのことはよく知っていますか」「いえ, ほとんど」.

> 語法 (1) hardly は否定の副詞として扱われるので, 文頭に置かれると主語と助動詞の倒置が起こる (→成句 hardly..before [when] の用例). (2)「私はほとんど歩けない」の意味で I can*not* ～ walk. が会話では聞かれるが非標準的語法. not は不要.

2 〈控え目表現〉とても..ない (★実質的に not at all と同じ意味を持つ). I can ～ ask my father for more money. 父にこれ以上金の無心はとてもできない. You can ～ hope for his support after being so rude to him. あんな失礼な態度を取っていては彼の支持はとても望めない. She is ～ the person to ask. 彼女に聞いてもしょうがない. It is ～ surprising that ..なのは別に驚くことではない.

3 骨を折って; ひどく; (★この意味では普通 hard を用いる). a victory ～ won やっと手にした勝利. treat a person ～ 人につらく当たる.

hàrdly ány. ＝SCARCELY any.

****hárdly ..befòre [whèn] ..*** ..するかしないうちに. The man had ～ seen [*Hardly* had the man seen] the policeman *before* [*when*] he ran away. その男は警官を見ると立ち所に逃げた (＝As soon as the man saw the policeman, he ran away.). ★(1) Hardly had ..は形式ばった表現. (2) before [when] の代わりに than を用いるのは, no soon .. than との混同で正用法とは普通見なされない.

hàrdly [scàrcely] éver →ever.

[hard, -ly; 否定の意味は「骨を折って＞かろうじて」から「強情な. 16 世紀に発達]

hárd-mòuthed /-màuðd/ 形 **1** 御しがたい〔馬〕. **2** 強情な.

***hard·ness** /hɑ́ːrdnəs/ 名U **1** 堅さ, 堅固; (水, 金属の)硬度. **2** 難しさ, 困難. **3** 無情, 冷酷. **4** 頑固さ. **5** (ミサイル, ミサイル基地の)対空防御性.

hard-nosed / 〖米〗ˊˊ|〖英〗ˋˊ ⑱/ 形 〖話〗実際的な, 抜け目のない, 不屈な.

hàrd nút 名C 〖話〗扱いにくい人[物, 事] (→a hard NUT to crack).

hárd-òn 名C 〖卑〗(ペニスの)勃起(ぼっき). get [have] a ～ 勃起する.

hàrd pálate 名 〈the ～〉〖解剖〗硬口蓋(がい) (↔soft palate).

hárd·pàn 名U **1** 硬盤 《柔らかい土 (soil) の下にある硬くて水はけの悪い粘土層盤》. **2** 堅固な基礎. **3** 厳しい現実.

hàrd pórn 名U 〖話〗ハードポルノ (↔soft porn).

‡**hàrd-préssed** /-t ⑱/ 形 **1** (敵などに)追いつめられた. **2** 苦境に立たされて[た], (金銭的に)切羽詰まって[た]; 困って 〈*for* ..がなくて〉. **3** 〈叙述〉難しい. We will [would] be ～ to finish on time. 時間通りに終えるのは難しいだろう.

hàrd ríght 名 〈the ～〉〖英〗(政党内の)極右派の人々 (↔hard left).

hàrd róck 名U 〖楽〗ハードロック 《強烈な音を出す》.

hàrd rúbber 名U 硬質ゴム (ebonite に同じ).

hàrd sáuce 名UC 〖米〗ハードソース 《バター・砂糖にブランデーなどで味つけしたソースの一種; 冷やして固まったものをフルーツケーキ, プディングなどにかける》.

hàrd séll 名C 〈単数形で〉**1** 強引な売り込み, 押し売り(行為), (↔soft sell). **2** なかなか買おうとしない人[客].

***hard·ship** /hɑ́ːrdʃip/ 名 (複 ～s /-s/) UC (貧困, 病気などの)苦難, 辛苦; 苦境. economic ～ 経済的な苦しみ. bear ～ 苦難に耐える. go through [experience] all kinds of ～*s* ありとあらゆる苦難[苦しみ]を経験する.

> 連結 serious [intolerable; untold] ～ // endure [suffer, undergo; ease, relieve; overcome; impose, inflict] ～

[hard, -ship]

hàrd shóulder 名C 〖英〗(高速道路の緊急避難用の)硬路肩(かた) 《舗装してある》.

hàrd sóap 名U 硬石けん, ソーダ石けん.

hàrd stúff 名 〈the ～〉〖話〗**1** 強い酒. **2** 強い麻薬.

hárd·tàck 名U 堅パン 《昔の船員用》.

hàrd tíme 名C **1** (経済的に)苦しい時[時期]. **2** 困難. I'm having a ～ finishing this book. この本を終えるのに骨を折っている. have a ～ of it ひどい目に遭う.

give a person a hàrd tíme (1) 人を悩ませる, 困らせる, ひどい目に遭わす, いためつける. (2) 人をひどく批判する

[やっつける].

hárd-tòp 名 C **1** ハードトップ《鋼板屋根で強固なため側面の窓と窓の間に支柱のない乗用車》. **2** ハードトップ・コンヴァーティブル.

hàrd úp /㊇/ 形 〖話〗金欠の, 貧しい; 困りきって ⟨*for* ..がなくて[いなくて]⟩. I'm not ~ *for* money. 私は金に困っているわけではない.

***hard·ware** /hɑ́ːrdwèər/ 名 U **1 金物**, 金属製品, 鉄器類; 食器類, 料理器具. a ~ store 金物屋. **2** 武器[兵器]類《tank, aircraft, missile など》, 銃器類. military ~ 軍用兵器. **3** ハードウェア《コンピュータ・宇宙ロケットなどの機器・装置の総称; →software》. computer ~, such as PCs, printers, and modems パソコン, プリンタ, モデムなどのコンピュータ・ハードウェア.

hàrd·wéaring /㊇/ 形 〖英〗〔衣類が〕長持ちする (〖米〗longwearing).

hàrd-wíred /㊇/ 形 〖電算〗〔コンピュータ操作が〕ハードウェアに制御された 《利用者が簡単に変えることはできない》.

hàrd-wón /㊇/ 形 やっと勝ち取った[手に入れた].

hárd·wòod 名 U 堅木《カシ, チーク, マホガニーなど》, 堅材; C (堅材のとれる)広葉樹; (↔softwood). a ~ table 堅材製のテーブル.

hàrd-wórking /㊇/ 形 勤勉な, よく働く. a ~ nation 勤勉な国民.

Har·dy /hɑ́ːrdi/ 名 **Thomas** ~ ハーディー (1840–1928)《英国の小説家・詩人》.

‡**har·dy** /hɑ́ːrdi/ 形 e (**-di·er**|**-di·est**) **1 頑健な**, 頑丈な. a ~ man [horse] 頑健な男[馬]. **2** 勇敢な. **3** 大胆な, 向こう見ずの; あつかましい. **4** 信頼できる〔支持者など〕. **5** 〖植〗耐寒性の. [<古期フランス語 (*hardir*「大胆になる」の過去分詞); hard と同源]

hàrdy ánnual 名 C (露地でも育つ)耐寒性 1 年生植物.

hàrdy-har-hár /-hɑːrhɑ́ːr/ 間 〖米〗あっはっはっ《あまりおもしろくないことに対する笑い声》.

hàrdy perénnial 名 C **1** 耐寒性多年生植物. **2** 〖主に英〗長年読まれる本[愛唱される歌].

***hare** /heər/ 名 (複 **~s** /-z/, ~) C ノウサギ《rabbit より大型で耳, 後脚が長く, 尾が短くて穴居性がない; 臆病な性質, 速い逃げ足が特徴》; U ノウサギの肉. The Tortoise and the *Hare* →tortoise.

(as) màd as a (Màrch) háre 全く気が狂って, 非常に興奮して[狂暴で], 《3 月はノウサギの発情期; *Alice's Adventures in Wonderland* の the March Hare もこの句を踏まえている》.

Fírst càtch your háre. 〖諺〗とらぬタヌキの皮算用《<(料理の前に)まずウサギを捕らえろ》.

màke a háre of .. 〖アイル話〗〔人〕を徹底的にやっつける.

rùn with the háre and hùnt with the hóunds 〖旧〗両方と仲よくする, 内また膏(こう)薬をやる.

stàrt a háre 〖英〗(議論で)主題と無関係な話題を持ち出す, 話をそらす.

── 動 自 VA 〖主に英話〗飛ぶように[脱兎(だっと)のごとく]駆けて行く ⟨*off, away*⟩.

[<古期英語; 原義は「灰色の動物」]

hàre and hóunds 名 U ウサギ追い《ウサギになった 2 人がまき散らして逃げる紙切れを手掛かりにして猟犬になった者たちが追いかける野外遊戯; paper chase とも言う》.

háre·bèll 名 C イトシャジン《青い鐘形の花を付けるキキョウ科の野草; スコットランドでは bluebell と言う》.

háre·bràined 形 浅はかな, 向こう見ずな, 〔計画など〕.

háre còursing 名 U うさぎ狩り.

Ha·re Krish·na /hæri-kríʃnə/ 名 **1** ハーレクリシュナ《クリシュナ神を崇拝するヒンドゥー教の一派》. **2** C ハーレクリシュナ信者. [サンスクリット語 'Lord Krishna' (呼びかけ)]

hare·lip /⌐⌐|⌐⌐/ 名 C 〖軽蔑〗口唇(口蓋)裂. 注意 cleft lip の方が好まれる.

▷ **~ped** /héərlìpt|⌐⌐/ /㊇/ 形

har·em /hé(ə)rəm, hǽrəm|hɑ́ːri(ː)m, hɑríːm, héərəm/ 名 **1** C ハーレム《イスラム教国の男子禁制の婦人部屋》. **2** ⟨単数形で複数扱いもある⟩ ハーレムの婦人たち. **3** ⟨複数扱い⟩ (1 匹の雄に保護される)雌の動物の群れ. [アラビア語「禁断の場所」]

hárem tròusers [pànts] 名 ⟨複数扱い⟩ ハーレムパンツ《すそをひもでくくったゆったりした女性用ズボン》.

har·i·cot /hǽrəkòu/ 名 **1** U アリコー《羊肉と野菜の強く味付けしたシチュー》. **2** C インゲンマメ (**háricot bèan**). [南米先住民語]

Har·in·gey /hǽriŋgèi/ 名 ハリンゲー《ロンドンの自治区の 1 つ》.

hark /hɑːrk/ 動 自 〖古〗(一心に)聞く (listen) ⟨*to* ..を⟩ ⟨主に命令形で⟩. *Hark*, the birds are singing! 聞け, 鳥のさえずるを.

hárk at .. 〖主に英話〗..を聞く. Just ~ *at* him. ⟨皮肉な語調で⟩ まあ彼の言うことを聞いてみなさい.

hàrk báck (1)〔猟犬が〕失った獲物の臭跡を捜すために後戻りする. (2)〖話〗戻る, 立ち返る, ⟨*to* ..〔本題, 昔の話[姿]など〕に⟩; 思い出す ⟨*to* ..を⟩. (3)〔物が〕(起源をたどると)遡る ⟨*to* ..に⟩. (4)〔物事が〕思い出さ[起こさ]せる ⟨*to* ..〔別の物事〕を⟩; 〔物事が〕端を発する ⟨*to* ..に⟩.

hark·en /hɑ́ːrkən/ 動 =hearken.

Har·lem /hɑ́ːrləm/ 名 ハーレム《New York 市の Manhattan 島北東部の 1 地区; 黒人が多く住む》.

har·le·quin /hɑ́ːrlək(w)ən/ 名 C **1** ⟨H-⟩ アルレッキーノ, アルルカン, ハーレクィン, 《16 世紀イタリア喜劇, 後にフランス軽喜劇や英国の無言劇 (pantomime) に出てくる滑稽(こっけい)な登場人物》. **2** 道化者, ひょうきん者.

── 形 まだら色の, 多色の; 菱形連続模様の.

har·le·quin·ade /hɑ̀ːrlək(w)ənéid/ 名 C **1** Harlequin が主役となる無言劇(の場面). **2** 茶番, 道化(芝居).

Hàrlequin Románce 名 C 〖商標〗ハーレクィンロマンス 《カナダの女性向き恋愛小説のペーパーバックシリーズ》.

Har·ley-Da·vid·son /hɑ̀ːrlidéividsən/ 名 C 〖商標〗ハーレーダヴィッドソン《米国製の大型オートバイ》.

Hárley Strèet 名 **1** ハーレー通り《たくさんの有名な専門医が開業している London の街路名》. **2** U 〖英〗⟨集合的⟩ (ハーレー通りの)専門医たち.

har·lot /hɑ́ːrlət/ 名 C 〖古〗売春婦; あばずれ女.

‡**harm** /hɑːrm/ 名 **1** U (**a**) (肉体的, 又は精神的な) **害, 危害**, (類語 injury よりも軽いものを言い, 苦痛に重点がある場合には普通用いない). bodily ~ 肉体的危害. I meant no ~. 悪気があってした[言った]のではない. (**b**) **不都合, さしつかえ**. I see [There is] no ~ *in* your hav*ing* one drink a day. 君の場合 1 日に 1 杯(酒を)飲むのは害にならない 《かえって体に良い, くらいの意味》. There's no ~ *in* trying, is there? やってみたっていいでしょ. Where's the ~ *in* that? 〖話〗やったっていいじゃない.

> 連結 considerable [enormous, great, incalculable, irreparable, serious] ~ // cause [inflict; suffer, sustain; rectify, remedy, undo] ~

2 C 損害, 被害. ◇↔good

còme to hárm ⟨普通, 否定文で⟩ 危害にあう, 憂き目を見る. Let her go alone—she'll *come to* no ~ [= no ~ will come to her]. 彼女をひとりで行かせよう. 危険な目にはあわないだろう.

****dò hárm (to ..)*** = ***dò (..) hárm*** (..に)**害を及ぼす**, 悪い. The drought has *done* great ~ *to* the crops. 日照りで作物がひどくやられた. Smoking will *do* you a lot of ~. 喫煙は君に大いに害になる.

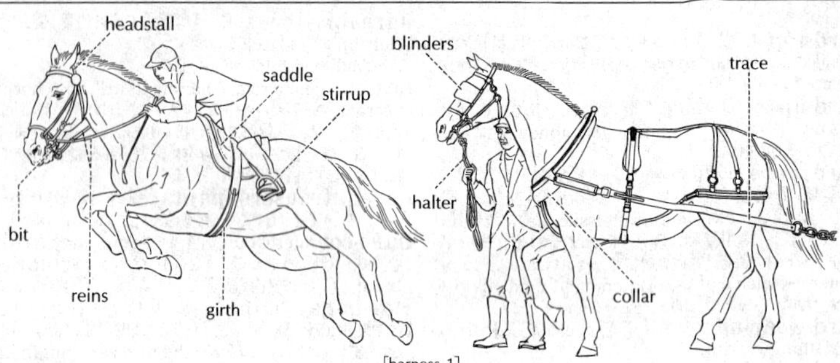

[harness 1]

dò more hàrm than góod (意図に反して)益になるより害になる.

in hàrm's wáy 〖主に米〗危険な所に. put him *in* ~*'s way* 彼を危険な状況に追い込む.

It dòes no [***It wouldn't dò any***] ***hárm for*** *a pèrson* ***to*** *dò*＝***It dòes*** *a pèrson* ***no*** [***It wouldn't dò*** *a pèrson* ***any***] ***hárm to*** *dò* ..しても害にはならない(でしょう). *It wouldn't do* you *any* ~ *to* take some exercise. 君は少し運動したほうがいいよ.

no hárm dòne 〖話〗心配することはない.

not hàrm [***hùrt***] ***a flý*** →fly².

out of hàrm's wáy (1)安全に, 安全な所に. We'll fence the yard to keep the children *out of* ~*'s way*. 子供たちが安全なように庭にフェンスを作ろう. (2)(危害を加えないように)隔離されて.

── 動 他 を害する, 傷つける, 損なう; に被害を与える. Words can never ~ me. 口で何と言われても平気だ.

[＜古期英語]

***harm·ful** /há:rmf(ə)l/ 形 m **有害な**, 害を及ぼす, 〈*to* ..に〉(↔harmless). a ~ insect 害虫. a ~ plant [snake] 毒のある植物[蛇]. the ~ effects of smoking たばこの害. It is ~ *to* the health to sit up late at night. 夜ふかしは健康によくない. ▷**~·ly** 副 有害に. **~·ness** 名 U 有害(なこと).

***harm·less** /há:rmləs/ 形 m **1 無害の**, 害のない, 〈*to* ..に〉(↔harmful). a ~ insect to human beings 人間に害を及ぼさない虫. **2** 悪意のない, 悪気のない, 無邪気な; 罪のない. Jack played a ~ trick on us. ジャックは我々にたわいないいたずらをした. Many ~ passengers were taken hostage by the terrorists. 多くの罪のない乗客がテロリストに人質にされた. ▷**~·ly** 副 害を与えずに; 悪意なしに, 無邪気に; 無傷で, 無事に, 損害なしに. **~·ness** 名 U 無害(なこと); 無邪気.

har·mon·ic /ha:rmánik|-mɔ́n-/ 形 **1**〖楽〗和声の; 倍音の. ~ tones 倍音. **2** 調和した, 和やかな. ── 名 C 〖楽〗倍音. ▷**har·mon·i·cal·ly** /-k(ə)li/ 副

†har·mon·i·ca /ha:rmánikə|-mɔ́n-/ 名 C 〖章〗ハーモニカ (mouth organ). [＜イタリア語 'harmonious'; B.Franklin が自作の改良型楽器に命名]

har·món·ics 名 U 〈単数扱い〉〖楽〗和声学.

***har·mo·ni·ous** /ha:rmóuniəs/ 形 m **1 仲のいい**, 折り合いのいい, 〈*with* ..と〉. a ~ group of people 仲のいい人たちの集団. a ~ relationship 仲睦まじい間柄; 和気藹々(あいあい)の関係. **2 調和した**, 釣り合いのとれた, 〈*with* ..と〉. parts ~ *with* the whole 全体と釣り合いのとれた各部分. **3** 耳に快い, 調子のいい. a ~ sound 響きのいい音. ▷**~·ly** 副 調和して; 調子よく; 仲よく. **~·ness** 名 U 調和(のとれていること); 仲のよさ.

har·mo·ni·um /ha:rmóuniəm/ 名 C ハーモニウム, (足踏み)オルガン.

hàr·mo·ni·zá·tion 名 U 調和させる[する]こと; 一致, 和合.

†har·mo·nize /há:rmənàiz/ 動 (**-niz·es** /-əz/|過 過分 **~d** /-d/|**-niz·ing**) 他 **1** (**a**) を調和[一致]させる, 統合する. We could ~ our plans. 私たちは計画を合わせることが出来た. (**b**) VOA (~ X ***with..***) X を..と調和[一致]させる. ~ a building *with* the landscape 建物を風景に調和させる. **2**〖楽〗〔旋律〕に(普通, 低音の)和音を付ける. ── 自 **1** (**a**) 〔2つ以上の物が〕調和する, 釣り合う; 和合する; 〈*with* ..と〉. (**b**) VA (~ ***with..***) ..と調和する; ..と和合する. His tie didn't ~ *with* his suit. 彼のネクタイは服に合っていなかった. **2**〖楽〗ハーモニーをつけて歌う. ~ on a song ハーモニーをつけて歌う.

‡har·mo·ny /há:rməni/ 名 (複 **-nies** /-z/) **1** U (感情, 意見, 利害などの)**調和**; 一致, 和合, 〈*with* ..との〉. The new coach restored ~ to the team. 新しいコーチはチームに和を取り戻した. **2** UC 〖楽〗諧(かい)調; 和声, ハーモニー, 和音; 和声学[法]. **3** UC (色, 音などの)全体の中でのバランス. **4** C 〖キリスト教〗対観和合《聖書, 特に福音書の相違, 一致を示すための編集, またその書》. ◇ ↔discord

****in*** [***out of***] ***hármony*** **調和**[**一致**]して[しないで], 仲よく[悪く], 〈*with* ..と〉. Man should live *in* ~ *with* nature. 人は自然に調和して生きるべきだ.

[＜ギリシア語「結合, 調和」(＜*harmós*「継ぎ目」)]

***har·ness** /há:rnəs/ 名 (複 **~·es** /-əz/) UC 〈普通, 単数形で〉 **1** (馬を馬車, 犂(すき)などにつなぐ)**馬具**(一式). **2** (パラシュートの)背負い革; (歩行始めの幼児を連れて歩く時の)革ひも; (犬の胴体用)革帯.

die in hárness →in HARNESS (2).

in dòuble hárness 結婚して; 協力[共同]して; 共働きで. work [run] *in double* ~ 協力して働く; 共働きする.

in hárness (1)〔馬が〕馬具をつけて. (2)日常の仕事に従事して, 働いて. be (right) back *in* ~ いつもの仕事に戻る. put a person *in* ~ 人を日常の仕事に就かせる. die *in* ~ 在職[仕事]中に死ぬ. (3)協力して[協調して], (夫婦が)助け合って, 〈*with* ..と〉. work *in* ~ 協力して仕事をする.

── 動 (**~·es** /-əz/|過 過分 **~ed** /-t/|**~·ing**) 他 **1** (**a**) 〔馬〕に**馬具**[**引き具**]**を付ける**. (**b**) VOA (~ X ***to..***) X を..に馬具でつなぐ; (~ X ***into..***) X (幼児など)を(車の)座席に固定する. ~ a horse *to* a wagon 馬を馬車につなぐ. **2** 〔自然の力〕を(動力に)利用する, 〔人の感情など〕を利用する. ~ solar energy 太陽エネルギーを利用する.

[＜古期フランス語「武具」(＜古期北欧語)]

hárness ràce 名 C 〖米〗繋駕(けいが)競馬《馬車(sulky)を引いて trot か pace で競う》.

Har·old /hǽrəld/ 名 **1** 男子の名《愛称 Hal》. **2** ハロルド(1022?–66)《Hastings の戦い(1066)でノルマンディー公 William (the Conqueror)に敗れた英国王;

Harold II とも言う》. [ゲルマン語「軍の指揮者」]

***harp** /hɑːrp/ 名 (複 ~s /-s/) C ハープ, 竪(た)琴. 参考 アイルランドの象徴の一つ.
── 動 自 1 ハープを弾く. 2 VA 〖英〗くどくど言う[書く]〈*on/about* ..を〉; 〖米〗(~ *on* [*upon*]..) ..をくどくど繰り返して言う. ~ on the same string 同じことをくどくど繰り返す. ~ (*on*) *about* his wickedness 〖英〗彼の意地悪をくどくど話す.
***hàrp awáy at* [*on*]..** ..を何度も[くどくど]言う.
[<古期英語]

hárp·er, hárp·ist /háːrpist/ 名 C ハープ奏者.

har·poon /hɑːrpúːn/ 名 C (綱のついた)銛(もり)《主に捕鯨用; 手投げのものも gun で打ち込むものも言う》.
── 動 他 に銛を打ち込む, を銛で殺す. ▷~·**er** 名

harp·si·chord /háːrpsikɔ̀ːrd/ 名 C 〖楽〗ハープシコード《ピアノの前身; 特に 16-18 世紀に用いられた》.

Har·py /háːrpi/ 名 (複 **-pies**) 1 〖ギ・ロ神話〗ハルピュイア, ハーピー, 《女の顔と体, 鳥の翼と爪(つめ)を持つ貪(どん)欲な怪物》. 2 C 〈h-〉貪欲[残忍]な女, いやな女. [<ギリシア語「ひったくる者」]

har·que·bus /háːrkwəbəs/ 名 C 火縄銃.

har·ri·dan /hǽridn/ 名 C 口うるさい婆さん (hag, shrew).

har·ried /hǽrid/ 形 困った, 心配そうな.

har·ri·er /hǽriər/ 名 C 1 ハリヤー犬《ウサギ狩り用の猟犬》. 2 クロスカントリー走者. 3 〖鳥〗チュウヒ《タカの一種》. 4 〈H-〉C 〖商標〗ハリヤー《英国製亜音速戦闘爆撃機; 垂直離着陸できる》. [1 hare, -ier; 3 harry, -er[1]]

Har·ri·et /hǽriət/ 名 女子の名《愛称 Hatty》.

Har·ris /hǽrəs/ 名 ハリス 1 男子の名. 2 **Townsend** ~ (1804-78)《米国の外交官, 初代駐日公使》. [「Harry の(息子)」]

Har·ri·son /hǽrəsn/ 名 ハリソン 1 **Benjamin** ~ (1833-1901)《米国の第 23 代大統領 (1889-93)》. 2 **George** ~ (1943-)《英国のロック・ミュージシャン; 元ビートルズの 1 員》.

Hárris pòll 名 C (米国の)ハリス世論調査《Gallup poll に類するもの》.

Har·ro·vi·an /həróuviən/ 名 C Harrow 校の出身者[在校生]. an Old ~ ハロー校卒業生. ── 形 Harrow 校の.

Har·row /hǽrou/ 名 ハロー校 (**Hárrow Schòol**)《London 北西部の同名の borough にある public school》.

har·row /hǽrou/ 名 C まぐわ, ハロー, 《土を砕いてならしたりする農具; トラクターなどで引く》.
under the hárrow 困って, 難渋して.
── 動 他 1 〔掘り起こした土〕をまぐわでならす. 2 を悩ます, 苦しめる. [<古期北欧語]

hár·rowed 形 心配そうな, 困った.

‡**hár·row·ing** 形 辛い, 骨身にこたえる, 痛切な. a ~ experience 苦しい経験. [<中期英語 (harry の異形, -ing)]

Har·ry /hǽri/ 名 1 Henry の愛称. →Old Harry.

‡**har·ry** /hǽri/ 動 (**-ries** | 過 過分 **-ried** | ~·**ing**) 他 1 を略奪する, 荒らす; をうるさく攻撃する. The vikings often *harried* the coast. バイキングはよくその沿岸を荒らし回った. 2 〔人〕を(絶えず)悩ます, 苦しめ続ける, 〈*for, over* ..のことで〉. [<古期英語「軍隊で蹂躙(じゅうりん)する>荒廃させる」]

***harsh** /hɑːrʃ/ 形 e 1 (手[舌]ざわりが)**粗い**, ざらざらした; (目に)どぎつい; (かすれて)耳ざわりな. This cloth feels ~ [is ~ to the touch]. この布は手ざわりが悪い. a ~ light 強すぎる光[明かり]. Primary colors are a little too ~. 原色は少しどぎつすぎる.
2 〔人, 行為, 条件などが〕**厳しい**, 残酷な, 無情な; 〔気候が〕厳しい. Be ~ on the mischievous child. そのいたずらな子供には厳しくしなさい. the ~ realities of life 人生の厳しい現実. ~ words [criticisms] きつい言葉[批評]. a ~ punishment 厳罰. a ~ winter 厳冬.
[<中期低地ドイツ語「毛深い>荒い」] ▷**hársh·ness** 名 U 荒々しさ; 厳しさ.

†**hársh·ly** 副 1 ざらざらと, 粗く; 耳[目]ざわりに; 荒々しく. Her voice grated ~ in the silence. 彼女の声は静寂の中を耳ざわりに響いた. 2 厳しく, 残酷に.

hart /hɑːrt/ 名 (複 ~s, ~) C 雄ジカ《普通 5 歳以上のアカシカ (red deer); 雌は hind; →deer 参考》.
[<古期英語; 原義は「角(つの)のある動物」]

Harte /hɑːrt/ 名 **Bret(t)** /bret/ ~ ハート (1836-1902)《米国の短編小説家・詩人》.

har·te·beest /háːrtəbìːst/ 名 (複 ~s, ~) C 〖動〗シカレイヨウ《南アフリカ産》.

Hart·ford /háːrtfərd/ 名 ハートフォード《Connecticut 州の州都》.

har·um-scar·um /hè(ə)rəmské(ə)rəm/ 〖話・やや旧〗形, 副 無鉄砲な[に], そそっかしい[く]; 雑な[に]. ── 名 C 無鉄砲な人[行為]. [<〖古〗*hare*「びっくりさせる」'em+scare 'em]

Hàr·vard (Univérsity) /hàːrvərd-/ 名 ハーヴァード大学《1636 年創立の米国最古の大学; Massachusetts 州 Cambridge にある》.

‡**har·vest** /háːrvəst/ 名 (複 ~s /-ts/) 1 UC **収穫**, 刈り入れ; 収穫物[高]. The rice ~ will be rich this year. 今年は米が豊作であろう.

連結 a good [an abundant, a bountiful, a bumper; a fair; a bad, a poor] ~ // reap [bring in, gather (in)] a ~

2 UC **収穫期**. during the apple ~ リンゴの収穫期に. The weather was good at (the) ~ this year. 今年は収穫期に天気がよかった. 3 C 〈単数形で〉(行為などの)結果, 収穫, 報い. Ted is reaping the ~ of his efforts [past mistakes]. テッドの努力の成果が実ろうとしている[テッドは過去の過ちの報いをいま受けている].
── 動 他 1 〔作物〕を収穫する; 〔畑〕の刈り入れをする. 2 (努力して)を手に入れる, 集める. ── 自 1 作物を取り入れる[収穫する]. 2 〖まれ〗報いを受ける.
[<古期英語「秋, 収穫期」]

hár·vest·er 名 C 収穫者, 刈り取りをする人; 刈り取り機《農機; →combine (harvester)》.

hàrvest féstival 名 UC 〖主に英〗(教会でする)収穫祭.

hàrvest hóme 名 U 刈り入れの完了; 〖英〗(昔行われた) 収穫祭; 収穫の歌.

hárvest·man /-mən/ 名 (複 **-men** /-mən/) C 1 (収穫時の)刈り入れ人. 2 〖虫〗メクラグモ (daddy-longlegs).

hàrvest móon 名 C 中秋の名月《秋分の前後の満月》.

Har·vey /háːrvi/ 名 **William** ~ ハーヴェイ (1578-1657)《英国の医師; 血液循環の原理の発見者》.

‡**has** /həz, (ə)z, 強 hæz/ 動, 助 have の 3 人称・単数・直説法・現在形.

has-been /hǽzbìn, -bìːn/ 名 C 〖話〗盛りを過ぎた人[物], 過去の人; 時代遅れの人[物].

hash[1] /hæʃ/ 名 1 UC ハヤシシチュー《普通, 料理済みの(残り)肉と玉ねぎ, ジャガイモなどの野菜を刻んで料理し直したもの》. 2 aU 寄せ集め, ごたまぜ. 3 C 蒸し返し, 焼き直し.
màke a (tòtal, complète, thòrough) hásh of.. 〖話〗..をめちゃめちゃ[台なし]にする.
sèttle a pèrson's hásh 〖話〗人をこてんぱんにやっつける, ぐうの音も出ないようにする.
slìng hásh (特に, 安いレストランで)給仕として働く.
── 動 他 1 〔肉, 野菜〕を刻む, 細かく切る, 〈*up*〉. 2 〖話〗をめちゃめちゃ[台なし]にする; 〔試験〕でへまをする; 〈*up*〉.
hàsh /../ óut 〖話〗〔問題〕をとことんまで論じ(て解決する).

hàsh /../ óver ..をじっくり話し合う〈*with* ..と〉.
hàsh /../ úp (1)→他 1. (2)→他 2. (3) ..を蒸し返す, また口にする.
[<フランス語「(おので)切り刻む」]

hash[2] 名〖話〗=hasheesh, hashish.

hàsh bróWns 名〈複数扱い〉ハッシュブラウン《刻んでいためたジャガイモ; つぶして熱いうちに食べる》.

hash·eesh, -ish /hǽʃiːʃ, -iʃ/ 名 U ハシシ《インド大麻 (hemp) の樹脂を固めた麻薬; 若葉を乾燥させた marijuana よりはるかに強烈》. [アラビア語; →assassin]

hásh hòuse 名 C 〖主に米話〗安食堂.

‡**has·n't** /hǽz(ə)nt/ has not の短縮形.

hasp /hæsp|hɑːsp/ 名 C 掛け金, 留め金,《ドア, 窓, かばんなどの》. ── 動 他 〔ドア, 窓など〕に掛け金をかける.

Has·san II /hɑsɑ̀ːn-ðə-sékənd/ 名 **King** ～ ハッサン2世 (1929–)《モロッコ国王 (1961–)》.

‡**has·sle** /hǽs(ə)l/〖話〗名 **1** C 〖主に米〗激論, 言い争い. **2** UC やっかいな[わずらわしい]こと, 面倒, ひと仕事; 苦闘. I am in a ～ with the IRS. 私は(米国)国税庁と面倒を起こしている. be worth the ～ やってみる[それ]だけの価値がある. ── 動 自 言い争う〈*with* ..と〉. ── 他 を(しつこく)悩ます, 困らせる. [<*haggle*+*tussle*]

has·sock /hǽsək/ 名 C **1** ひざぶとん《厚手で堅く, ひざまずいて祈る時に用いる》. **2** 〖米〗(足載せ用の)厚いクッション. **3** =tussock.

hast /həst, (ə)st, 強 hæst/ 動, 助〖古〗2人称単数 thou に呼応する have の直説法・現在形.

has·ta ma·ña·na /(h)ɑ̀ːstə-mənjɑ́ːnə|æstə-/ 間 さようなら. [スペイン語 'till tomorrow']

‡**haste** /heist/ 名 U **1** 急ぎ, 急速, 敏速,(類語 周囲の情況や本人の熱心さで速く行動すること; →hurry). with all possible ～ できる限り大急ぎで. More ～, less speed. 〖諺〗急(せ)いては事を仕損ずる.

> 連結 great [desperate, feverish, frantic; excessive, undue; improper, unseemly; blind] ～

2 性急, あわてること. *Haste* makes waste. 〖諺〗せいては事を仕損じる. In his ～ *to* get up he bumped his head against the wall. 彼はあわてて立ち上がって頭を壁にぶつけた. ◇形 hasty

****in háste*** 急いで, あわてて. *in* hot ～ 大急ぎで. Don't answer *in* ～. あわてて答えるな.

****màke háste*** 〖旧〗急ぐ. *Make* ～, or you'll be late. 急がないと遅れるぞ. *Make* ～ slowly. 〖諺〗急がば回れ.
[<古期フランス語]

***has·ten** /héis(ə)n/ 動 (～s /-z/|過 過分 ～ed /-d/|～·ing) 他 〖章〗**1** 〔人〕を急がせる, せきたてる, せかす. His busy life ～*ed* him to death. 彼の多忙な生活が死期を早めた. **2** を早める, 促進する. ～ one's pace 足を早める. ～ agricultural modernization 農業の近代化を促進する.
── 自 〖章〗(**a**) VA 急ぐ〈*to* ..へ〉. ～ home [*to* her rescue] 急いで帰宅する[彼女を助けに行く]. (**b**) VA (～ *to do*) 急いで..する. I must ～ *to* add [say] that.. (誤解されないように)急いで次のことをつけ加えなければならない.

***hast·i·ly** /héistili/ 副 m 急いで; 性急に, あわてて. say goodbye ～ そそくさとさよならを言う.

hast·i·ness /héistinəs/ 名 U 急ぎ; 軽率.

Has·tings /héistiŋz/ 名 ヘイスティングズ《イングランド東南部 East Sussex の港市; 1066 年にこの付近でノルマンディー公 William (the Conqueror) の軍が Harold 王率いるサクソン軍を破った (**the Battle of Hastings**); →Norman Conquest》.

***hast·y** /héisti/ 形 e (**hast·i·er**|**hast·i·est**) **1** 急ぎの, 急な. make a ～ departure あわただしく出発する. eat a ～ breakfast 急いで朝食をとる. **2** 軽率な, 早まった, そそっかしい. a ～ choice [conclusion, decision] 軽率[性急]な選択[結論, 決定]. Don't be too ～ *in* buy*ing* a house. 家を買い急いではいけない. **3** 性急な, せっかちな; 短気な. a ～ nature [temper] 短気.
◇名 haste 動 hasten

hàsty púdding 名 U 〖米〗トウモロコシがゆ;〖英〗即席プディング《小麦粉などを湯または牛乳で煮る》.

‡**hat** /hæt/ 名 (複 ～s /-ts/) C **1** 帽子《縁 (brim) のあるもの; 類語 →bonnet, cap》. a man *in* a black ～ 黒い帽子をかぶった男. **2**〖話〗仕事, 職, 地位. He's wearing two ～*s* now. 彼は今2つの(要)職についている, 2足のわらじをはいている. I'm telling you this⌞in [wearing] my scientific ～. 科学者としての立場で話しているのです. I have to speak with my principal's ～. 私は校長として話さなければならない. a black ～〖米俗〗(西部劇などでの)悪者《善良な人は a white hat》.

> 連結 a straw [a silk, a top; a felt, a trilby; a fur] ～ ∥ put on [doff, take off; lift, raise, tip] one's ～; wear a ～

at the dròp of a hát →drop.
be òld hát →old hat.
hàng one's hát (1) 頼る〈*on* ..に〉. (2) 居を定める,「住む.
Hàng* [*Hòld*] *ón to your hát!*=*Hòld your hát! (1) 帽子が飛ばないようにしなさい. (2) いいかい, 驚くなよ, 聞いて驚くなよ.
hang ùp one's hát 帽子を(帽子掛けに)掛ける; 腰を落ち着ける, 長居する; 引退する.
hàt in hánd 帽子を(脱いで)手に持って; へりくだって, ぺこぺこして. come [go] ～ *in hand* 〖米〗頭を下げる.
Hàts óff to..! ..に敬礼[脱帽]!; ..は立派だ〈*for* do*ing*..するとは〉.
I'll èat my hát if.. 〖旧話〗もし..したら首でもやる, 絶対に..なことはない,《<帽子を食べてもいい》. *I'll eat my* ～ *if* the train arrives on time. 汽車は絶対に時間通りに来るわけがないよ.
knòck .. into a còcked hát →cocked hat.
My hát! ひゃー驚いた. Pretty, *my* ～! (あれが)きれいだなんて.
My hàt is* [*gòes*] *óff to.. ..には(敬意を表して)脱帽だ. *My* ～ *is off to* Mr. Smith for his recent article. スミス氏の最近の論文には全く脱帽だ.
òut of the hát 無作為に. be drawn [chosen, picked] *out of the* ～ 無作為に選ばれる.
pass* (*aròund* [〖英〗*round*]) *the hát*=*send aròund* [〖英〗*round*] *the hát (帽子を回して)寄付金を集める.
pùll .. òut of a* [*the*] *hát ..を(手品のように)たやす「く出す[得る].
tàke one's hát òff*=*tàke òff one's hát 脱帽する, 敬意を表する,〈*to* ..に/*for* do*ing* ..のことで〉《しばしば敬意の表現として》. I *take off* my ～ *to* you—you've done very well indeed. 敬服いたします, ご立派でした.
tàlk through one's hát 〖話〗でたらめを言う, 大ぼらを吹く.
thròw one's hát in the àir 大喜びする.
thròw* [*tòss*] *one's* [*a*] *hát in* [*into*] *the rìng 競技[競争]に参加する; (選挙に)出馬[立候補]を表明する.
under one's hát 秘密で, 内緒で. Keep it *under* your ～. これは内緒にしておいてくれ.
wèar anòther* [*a dìfferent, mòre than òne*] *hát 別の[いくつもの]役をこなす.
── 動 (～s|-tt-) 他 に帽子をかぶせる.
[<古期英語; hood[1] と同根]

hát·bànd 名 C 帽子のリボン.

hát·bòx 名 C (円筒状の)帽子箱[入れ].

†**hatch**[1] /hætʃ/ 動 他 **1** 〔卵, ひな, 稚魚〕をかえす, 孵(ふ)化する,〈*out*〉. Don't count your chickens before they are ～*ed*. 〖諺〗捕らぬタヌキの皮算用《<かえらない

うちからひなを数えるな》. The salmon is ~*ed* in fresh water. サケは淡水中でかえる. **2**〔陰謀など〕をたくらむ, 考案する, 〈*up*〉. **──** 自〔卵, ひな, 稚魚が〕かえる〈*out*〉. Four chicks have ~*ed* (*out*). 4羽のひながかえった.

be hàtched, màtched, and dispátched '生まれ, 結婚し, 死ぬ'《人の一生》;〔事が〕企画され無事に完成する.

── 名 U 孵化; C ひとかえりのひな[稚魚].

the hàtches, màtches, and dispátches (新聞の)消息欄 (→動 成句). [<中期英語]

hatch[2] 名 C **1**〖船〗(甲板の)昇降口, ハッチ, (hatchway); 昇降口のふた; (飛行機の胴体の)出入り口, そのドア. **2** 半扉《上下に分かれたドアの下半分》; (壁, 天井, 床などの)開き口, そのふた;〖主に英〗配膳(ぜん)口《台所と食堂の間の》; 水門. **3**〖話〗〈比喩的〉(人の)口. tip one's food down the ~ 食べる.

bàtten* [*fàsten*] *down the hátches (1)(暴風雨に備えて)船のハッチを密閉する. (2) 来たるべき困難[危機]に備える.

Dòwn the hátch!〖話〗乾杯《掛け声》.

under hátches 甲板下に; 監禁されて; 休息中で; 意気消沈して; 見えなくなって; 死んで; 葬られて.

[<古期英語]

hatch[3] 動 他〔彫刻, 絵, 地図など〕に線影[けば]をつける. **──** 名 C 線影, けば. ▷**hátch·ing** 名 U 線影.

hátch·bàck 名 C ハッチバック《後背部に上に開くドアが付いた乗用車; 又そのドア》.

hatch·er·y /hǽtʃəri/ 名 (複 **-eries**) C (魚, 鶏の)孵(ふ)卵所, 孵化場.

†**hatch·et** /hǽtʃət/ 名 C **1** 手斧(おの); まさかり. **2** = tomahawk.

bùry the hátchet 戦いをやめる, 和睦(ぼく)する.

dig* [*take*] *ùp the hátchet 戦いを始める.

[<古期フランス語「小さなおの(*hache*)」]

hátchet fàce 名 C 尖(とが)った細い顔.

hátchet-fàced /-t/ 形 顔が尖(とが)って細い.

hátchet jòb 名 C〖話〗**1** ひどいこきおろし, 中傷, 悪罵(あくば), 〈*on* ..の〉. do a ~ *on* a person 人をひどく中傷する[こきおろす]. **2** (記事などを)ばっさり削ること.

hátchet màn 名 C〖話〗**1** 殺し屋; (雇われて中傷記事を書く)悪徳新聞記者; (特定の政治家のための)悪役, 泥をかぶる人. **2** いやな仕事を引き受ける人; 再建屋, 首切り屋, 《雇われて企業の経費・社員数の削減などに取り組む人》.

hátch·wày 名 (複 **~s**) C〖船〗(甲板の)昇降口, ハッチ, (hatch).

‡**hate** /heit/ 動 (**~s** /-ts/|過 過分 **hát·ed** /-əd/|**hát·ing**) 他 〈普通, 進行形不可〉**1** を**憎む**, ひどく嫌う, (類語 敵意, 憎悪を表し, 何か危害を加えようとする意味を含む; →dislike; ↔love). ~ iniquities 不正を憎む. I ~ rats and snakes. ネズミと蛇は嫌いだ. I ~ you. あんたなんて嫌い. I ~ it when you talk like that. あなたがそんな話し方をするのはいやです (★it は when 以下を指す).

2 (**a**) VO (~ X/*to do*/*doing*) Xを/..**することを嫌う**; VO (~ *to do*) ..したくない; (↔like). I ~ eggs. 卵は嫌いだ. All writers ~ be*ing* criticized. 作家はみな批判されるのを嫌う. (**b**) VO (~ X *to do*/X('*s*) *doing*) Xが..するのを嫌う; VO (~ X *to do*) Xに..してほしくない. Kate ~*s* her husband smok*ing*. ケートは夫がたばこを吸うのをいやがる. I ~ you *to* be troubled over such trifles. あなたにこんなつまらない事で迷惑をかけたくない (★〖米〗では I ~ *for* you *to* be troubled... とも言う).

> 語法 特に〖英〗では次のように区別する. I ~ the children to quarrel. (子供たちがけんかをするのはいやだ) I ~ the children quarreling. (子供たちのけんかはきらいだ) 前者はいつもは仲がいい場合, 後者はいつもけんかをしている場合.

3〖話〗VO (~ *to do*/ *doing*) ..するのは残念だ, すまなく思う (be sorry). I ~ (hav*ing*) *to* ⌊say [tell you] this, but... こんなことは言いたくないのですが... I ~ *to* bother [trouble] you, but... ご迷惑とは思いますが... I ~ *to* eat and run, but... 食い逃げするようで恐縮ですが... ◇名 hatred

I'd hàte to thìnk.. ..になるとは考えたくないのだが. *I'd* ~ *to think* that my son would drop out of high school. 息子が高校を中退するようなことがあるとは考えたくないのだが.

the màn* [*wòman, etc.*] *a person lòves to háte 人の憎しみの対象となる人, 悪役.

── 名 U 憎しみ, 嫌悪, 〈*of, for* ..の〉. an expression full of ~ 憎しみに満ちた表現. She has a ~ *of* offending people. 彼女は人を怒らせるのは嫌いだ.

a pèrson's pèt háte〖話〗人の大嫌いな物[人].

[<古期英語]

háte campàign 名 C けなし作戦〈*against* ..への〉.

háte crìme 名 C 憎しみ[感情的な差別]による犯罪.

*__hate·ful__ /héitf(ə)l/ 形 m **1 憎い**, 憎むべき; いやでたまらない; 〈*to* ..にとって〉. a ~ person 憎たらしい人. a ~ job 大嫌いな仕事. The recent news of political bribery is ~ *to* me. 最近の政治(家)に関わる汚職のニュースはいやでたまらない. **2**〖古〗憎しみに満ちた. with ~ eyes 憎悪をこめた目で.

▷**~·ly** 副 憎らしげに, いまいましく. **~·ness** 名

háte màil 名 U 脅迫状, 非難[いやがらせ]の手紙.

hat·er /héitər/ 名 C 嫌う人〈*of* ..を〉;〈複合要素〉..嫌い《人》. a woman ~ 女嫌い.

hath /(h)əθ, 強 hæθ/ 動, 助〖古〗have の3人称・単数・直説法・現在形.

Hath·a·way /hǽθəwei/ 名 **Anne ~** ハサウェイ (1557?-1623)《William Shakespeare の妻》.

hát·pìn 名 C (婦人帽の)留め針.

hát·ràck 名 C 帽子掛け.

‡**ha·tred** /héitrəd/ 名 aU **憎しみ**, 嫌悪; 遺恨; 〈*of, for, toward* ..に対する〉(↔love). my ~ *for* him 私の彼に対する憎しみ. have a deep ~ *of* evil 悪を心底憎む. stare at him with ~ 憎々しげに彼をにらむ.

> 連結 (a) bitter [(a) blind, (a) burning, (an) implacable, (an) intense, (a) profound, (a) violent] ~ // arouse [stir up; incur; feel, harbor; express; show] ~

◇動 hate

[<中期英語; (<hate+*red*「状態」(<古期英語))]

hát·stànd 名 C 帽子掛け.

hát·ter 名 C 帽子職人; 帽子屋.

(***as***) ***màd as a hátter*** 全く気が狂って; かんかんに怒って《*Alice's Adventures in Wonderland* のおかしな the mad Hatter もこの句を踏まえている》. drive a person mad as a ~ 人の頭をおかしくする.

hát trèe 名 C〖主に米〗帽子掛け.

hát trìck 名 C **1** ハットトリック (**a**) クリケットで1人の投手が打者3人を3球で連続アウトにすること. (**b**) サッカーなどで1人が1試合で3点入れること. **2** 見事[巧妙]な策. score a ~ 巧妙な手を打つ. [クリケットで達成者に新しい帽子を贈ったことから]

Hat·ty /hǽti/ 名 Harriet の愛称.

hau·berk /hɔ́:bə:rk/ 名 C 鎖かたびら (coat of mail).

haugh·ti·ly /hɔ́:tili/ 副 傲(ごう)慢に, 威張って.

haugh·ti·ness /hɔ́:tinəs/ 名 U 傲(ごう)慢, 横柄.

*__haugh·ty__ /hɔ́:ti/ 形 e (**-ti·er**|**-ti·est**)〖章〗**傲(ごう)慢**な, 尊大な, 横柄な, (類語 proud より他をさげすみ自分のことを鼻にかける気持ちが強い). her ~ disdain for her father 父親を軽蔑(ぶ)する彼女の尊大な態度. I hate those ~ men in high positions. ああいう威張ったおえらい人たちは嫌いだ. [<古期フランス語 (<ラテン語 *altus* 'high')]

***haul** /hɔːl/ 動 (~s /-z/|過 過分 ~ed /-d/|**hául·ing**) 他 **1** (力を入れて)を**引っ張る**, 引きずる; VOA を引っ張って..する; (類語 pull に比べ, 重い物を苦労して引っ張る意味が強い). ~ logs 丸太を引っ張る. ~ a machine *into* the barn 機械を物置の中へ引っ張り入れる. ~ *in* a fish (掛かった)魚をたぐり込む. ~ oneself *to* one's feet どっこらしょと立ち上がる. **2** VOA 〖話〗を裁判所などに呼び出す, 召喚する, 〈普通, 受け身で〉, 〈*up*〉〈*before, in front of* ..の前に〉. He was ~*ed* (*up*) *before* the court. 彼は法廷に引っ張り出された. **3** (車などで)を**運搬する**, 運送する. ~ cattle in a truck トラックで牛を運ぶ. **4** 〔船〕の進路を変える.

── 自 **1** VA 引っ張る〈*on, at* ..を〉. ~ *on* [*at*] the end of the rope 綱の端を引っ張る. **2** 船の向きを変える.

hàul áss 〖米俗〗急ぐ.

hàul /../ dówn (1)〖野球〗〔フライ〕をランニング・キャッチする. (2)〖アメフト〗にタックルする.

haul dòwn the flág [*cólors*] 旗を巻く; 降伏する.

hàul /../ ín 〖話〗を連行[逮捕]する.

hàul óff (1)〖海〗〔船が〕(物をよけて)進路を変える; 活動の場を移す〈*to* ..へ〉. (2)〖米話〗(人を殴ろう[ボールを投げよう]として)腕を後ろに引く. ~ *off* and hit [punch] him 思いきり彼を殴る.

hàul oút 活躍の場を移す〈*to* ..へ〉.

hàul** a pérson **over the cóals →coal.

hàul** oneself ⌊**úp** [**óut of** ..] [..から]はい上がる.

hàul úp 止まる.

── 名 C **1** 〈普通, 単数形で〉(力を入れて)引くこと; 運搬. give him a ~ up onto the wall 彼を塀の上に引き上げる. **2** 運送物; 運送量; 〈単数形で〉運送距離. **3** (1回の)獲得量[額], 獲得物. a fishing ~ ひと網の漁獲高. **4** 〖話〗盗難被害額; 警察[税関]押収額[量]《麻薬, 密輸品などの》. [hale² の異形]

haul·age /hɔ́ːlidʒ/ 名 U **1** 力を入れて引くこと; 運送. **2** 牽(けん)引力[量]. **3** 運送料, 運賃.

haul·er 〖米〗, **-ier** 〖英〗 /hɔ́ːlər/, /-jər/ 名 C 運送業者, 運送会社.

haulm /hɔːm/ 名 **1** C 茎, 葉柄. **2** U 〈集合的〉(収穫後の豆, ジャガイモなどの)茎.

‡**haunch** /hɔːntʃ/ 名 C **1** 〈普通 ~es〉(人, 四足獣の)臀部(でんぶ)《尻(しり)ともももを含む部位》. **2** (シカ, 羊など食用動物の)脚, 腰肉. ***squàt*** [***sìt***] ***on one's háunches*** 〔人, 四足獣が〕尻を下ろして座る; しゃがむ.

***haunt** /hɔːnt/ 動 (~s /-ts/|過 過分 **háunt·ed** /-əd/|**háunt·ing**) 他 **1** 〔幽霊などが〕に**よく出る**, 住み着く, 〈しばしば受け身で〉. That old mansion was said to be ~*ed*. あの古屋敷には幽霊がよく出ると言われていた. **2** 〔考え, 思い出などが〕に**つきまとう**, つきまとって離れない. Jim was ~*ed* by the idea of death. ジムは死の思いにとりつかれていた. The tune ~*ed* him. その曲はしきりに彼の頭に思い浮かんだ. **3** 〔場所〕を**しばしば訪れる**, へよく行く, に出入りする. Housewives ~ the shop. 主婦たちはよくその店へ行く.

── 名 C **1** たびたび行く場所, たまり場; (犯罪者の)巣窟(そうくつ). a favorite ~ of the students 学生たちが好んで行く場所. **2** (動物の)生息地. [<古期フランス語]

†**háunt·ed** /-əd/ 形 **1** 幽霊の出る[住み着いた]. a ~ house 幽霊屋敷. **2** 〔人(の表情など)が〕悩んでいる, 心配そうな.

‡**háunt·ing** 形 しばしば心に浮かぶ, 心に強く刻みつけられた. a ~ melody 忘れられないメロディー. ▷ **~·ly** 副 心から離れないで, 心に強く刻みつけられて, 忘れがたく.

haut·boy, haut·bois /(h)óubɔi/ 名 (複 ~s) 〖旧〗=oboe.

hàute coutúre /òut-/ 名 U オートクチュール《流行の高級服飾(品); 〈集合的〉一流服飾店》. [フランス語 'high dressmaking']

hàute cuisíne /òut-/ 名 U 高級料理. [フランス語 'high cookery']

hau·teur /(h)outə́ːr/ 名 〖雅〗=haughtiness.

Ha·van·a /həvǽnə/ 名 **1** ハバナ《Cuba の首都; 港湾都市; スペイン語名 La Habana》. **2** C ハバナ(産の葉巻) (**Havàna cigár** とも言う).

‡**have** /hæv/ 動 (**has** /hæz/|過 過分 **had** /hæd/|**háv·ing**) 他

【**持っている**】 **1** を(手に)**持っている**. What *do* you ~ [〖英〗What ~ you] in your hand? 手に何を持っていますか.

2 〔資産など〕を**持っている**, 所有している, がある, (類語 「所有する, 持つ」の意味の最も一般的な語; →enjoy, hold, own, possess, retain). I have no money on me. 金の持ち合わせがない.

3 〔兄弟, 友人など〕が**ある**, いる; を(ペットとして)飼う; 〔時間など〕が**ある**. ~ a son 息子が1人ある. I don't ~ enough time for reading. 本を読む十分な時間がない. ~ ⌊a lot of [few] visitors 訪れる人が⌊多い[ほとんどない].

4 (属性・特徴として)を**持っている**, がある; を含んでいる; (店で商品として)を置いている, 売っている. A donkey *has* long ears. ロバは長い耳を持つ[耳が長い]. ~ a good memory 記憶力が良い. Nobody thought that he *had* it in him. 彼がそんな事をやれる人間だとはだれも思わなかった. January *has* thirty-one days. 1月には31日ある (=There are thirty-one days in January.). This flat *has* two bedrooms. このアパートには寝室が2つある. Do you ~ books for children? 子供向けの本はありますか《店員などに対して》.

5 (**a**) 〔感情, 疑い, 考えなど〕を**抱いている**, 持つ, 示す. ~ no fear of death 死を恐れない. ~ pity on a person 人に同情する. Do you ~ any question? 何か質問がありますか. She *has* progressive ideas on education. 彼女は教育について進歩的な見解を持っている. (**b**) 〈~ the+抽象名詞+*to* do の形で〉〔(..するだけの)親切心など〕がある. He *had the* kindness *to* show me the way. 彼は親切にも道を教えてくれた.

【**義務, 務めとして持つ**】 **6** VO (~ ***to*** *do*) (**a**) **..しなければならない**; ぜひ..しなさい. I'll ~ *to* find another job. 別の仕事を捜さねばなるまい. You ~ *to* be in the office by nine o'clock. 君は9時までに出社しなくてはならない. Something *has to* be done immediately. すぐに何か手を打たなければならない. All you ~ *to* do is (to) meet him there. そこで彼に会ってくれるだけでいいんだ. You ~ *to* see that movie. あの映画ぜひ見るといいですよ.

(**b**)【**義務がある>当然そのはずである**】..に違いない (★動詞は普通 be). You ~ *to be* joking. ご冗談でしょう《冗談を言っているに違いない》. This *has to be* his original plan. これが彼の元の計画に違いない.

> 語法 (1) have to は約束, 事情などの外的拘束による義務を表し, やや意味が弱く談話体(なお〖話〗の have got to については get 19 (b) 参照); →must. (2) do not have to [have not to] は「..する必要がない」(need not) の意味を表す (→must 1 ★): You *don't* ~ *to* attend the meeting. (君は会合に出る必要はない) (3) must には未来・過去・完了形がないから have to が代用される《上の諸例文参照》; ただし時制の一致による場合は that 節中で must をそのまま過去形として用いてもよい: I thought that I *must* ask him for help. (彼に助力を仰がねばならぬと思った) (4) have to, has to, had to は普通それぞれ /hǽftə/ /hǽstə/

/hǽttə/ と発音される.

7 〔しなければならない仕事など〕がある, をしなければならない, (語法 しばしば目的語の後に to 不定詞を置く). We ～ five English classes a week. 英語の授業が週に5回ある. I ～ a lot of work *to* do this afternoon. 午後はやらねばならない仕事がたくさんある. I *had* nothing *to* say. 私は何も言う(べき)事がなかった.

【もらって持つ＞受け入れる】 **8** を**受ける**, 受け取る, 手に入れる. ～ bad news from home 郷里から悪い知らせを受け取る. There was not a loaf of bread to be *had* on that island. その島ではパンも手に入らなかった. May I ～ your phone number, please? 電話番号をお聞かせ願えますか. May I ～ that old magazine if you don't need it any more? あの古雑誌がもう必要ないのならいただけませんか. 語法 一般に have は受け身にならないが, この意味の場合は受け身がまれではない.

9 を**食べる**, **飲む**, (take). ～ (one's) breakfast 朝食を取る. ～ sandwiches for lunch 昼食にサンドイッチを食べる. I'll ～ beer. 私はビールにする. *Have* another drink. もう1杯飲みなさい.

10 を許す, 我慢する, 〈否定文で〉. I am *not having* any of those lies. そんなうそは断じて許せない. I'll ～ none of your wild schemes. 君のいつものとっぴな計画に加わるのはまっぴらだ.

【活動を持つ】 **11** 〔行為など〕を**する**. (**a**) 〈～＋無冠詞の(Ⓤ の)名詞で〉 ～ exercise in the open air 戸外で運動をする. (**b**) 〈不定冠詞付き動作名詞を目的語として1回限りの行為を表す; make 14, take 29, give 12 にも同様の用法がある〉. ～ *a* look at one's watch (ちらりと)時計を見る. ～ *a* bath 入浴する. ～ *a* chat おしゃべりをする. ～ *a* cry 泣く. ～ *a* fight けんかをする. ～ *a* talk 話す.

12 を催す, 開く. ～ a welcome party in his honor 彼のために歓迎会を催す.

【意志に関係なく持つ】 **13** を経験する; 〔良いこと〕を楽しむ; 〔悪いこと〕を**受ける**, に遭う; 〔病気など〕にかかる, を患っている. We ～ a humid climate here. 当地は湿度の高い気候です. ～ a good time 楽しい時を過ごす. ～ a bad [hard] time ひどい目に遭う. ～ a bad accident ひどい事故に遭う. ～ a bad dream 悪い夢を見る. ～ a headache 頭痛がする. ～ a (slight) cold (軽い)風邪をひいている. ～ (the) flu 流感にかかっている. ～ breast cancer 乳がんにかかっている.

14 〔子〕をもうける (注意 男性も主語になる). I'm *having* a baby next month. 来月出産予定です.

【ある状況を持つ＞してもらう, させる】 **15** VOC (～ X *done*) (★(a) では have に, (b), (c) では過去分詞に強勢が置かれる) (**a**) X を..してもらう, させる. ～ a new suit *made* 新しいスーツを作らせる. ～ one's hair *trimmed* 調髪してもらう. ～ one's photograph *taken* 自分の写真を撮ってもらう. (**b**) X を..される. Father *had* his pocket *picked* in the bus. 父はバスの中でポケットのものをすられた. (**c**) X..してしまう, ..してしまっている. He *had* his homework *done* before supper. 彼は夕飯前に宿題を終えていた (語法 *had done* his homework と意味はほとんど同じ; 又 had に強勢を置いて発音すると (a) の意味になる).

16 VOC (～ X Y) X を Y (の状態)で**持つ**; VOC (～ X *doing*) X に..させておく, してもらう. I *had* my hands full just then. ちょうどその時私は手いっぱいだった. ～ everything ready by Sunday 日曜日までにすべて準備する. I won't ～ my son do*ing* nothing. 息子をぶらぶら遊ばせておくわけにはいかない. It's so nice to ～ my daughter liv*ing* next door. 隣に娘が住んでくれてありがたい.

17 〔子供, 動物など〕を(一時的に)預る, 世話をする; VOA 〔客〕を招く, もてなす, 招いて来てもらう, 〈*over, around*〉 〈*to* ..に〉. We're *having* some guests *over* [*around*] this evening. 今晩お客さんを招待している. (**b**) VOA を(ある状態, 位置に)保っておく, 置いておく, 至らせる. Beth had her back *to* us. ベスは背中を我々の方に向けていた. She had her hand *on* my shoulder. 彼女は私の肩に手をかけていた. ～ the money *back* 金を返してもらう. (**c**) VOA (～ X ***by*..**) X (人)の〔体の一部〕をつかむ《無理やり何かをするためなど》. They *had* him *by* the leg and were trying to get him out of the room. 彼らは彼の脚をつかんで部屋から出そうとしていた.

18 VOC (～ X *do*) (★(a) では have に, (b) では不定詞に強勢が置かれる) (**a**) X (人)に..**させる**, してもらう, (→ make 18). I *had* my secretary *type* the letter. その手紙を秘書にタイプさせた. I *had* her *help* me with my homework. 私は彼女に宿題を手伝ってもらった. Do to others as you would ～ others *do* to you. 自分がしてもらいたいように他人に対してしなさい. (**b**) X (人, 出来事など)に..**される**. I wouldn't like to ～ anyone *come* now. 今はだれにも来られるのはいやだ.

【持つ＞支配する】 **19** (**a**) 〖話〗〔人, 相手など〕を負かす, やっつける, に勝っている. You *had* me in the argument. その議論では君に負けました. (**b**) 〖話〗をだます, 一杯食わす. Fred, you're being *had*. フレッド, 君はだまされているんだ. (**c**) 〖俗〗〔女性〕と性交する, をものにする.

20 【使いこなす】〖旧〗〔言語など〕を知っている, 分かる, 〈進行形不可〉. He *has* a little Spanish. 彼はスペイン語が少し分かる.

語法 **疑問文・否定文の作り方** (1) 〖米〗及び7以下の〖英〗では一般の動詞と同じく助動詞 do を用いる. (2) 1-6 の〖英〗用法: (a) 現在時制では普通 do を用いないが, 過去時制ではしばしば do を用いる: *Have* you any brothers? (男のご兄弟がおありですか) I ～*n't* many friends here. (私は当地では友人があまりいません) *Had* he [*Did* he ～] many friends in those days? (彼はそのころ友人がたくさんいましたか) (b) 習慣的な事に do を使用し, 現時点に限られた事にはこれを使用しない傾向がある: *Do* you ～ much time for sports? (スポーツをする時間がたくさんありますか) *Have* you time to help me now? (今手伝ってもらえる時間がありますか) *Do* I ～ to clean my room every day? (毎日部屋の掃除をしなくてはいけませんか) *Have* I to clean my room now? (今部屋の掃除をしなくてはいけませんか)

be nòt háving àny →any.

hàve át.. ..を攻撃する; 〔課題など〕に(積極的に)取りかかる. *Have at* it. 仕事にかかれ; さあ, 食べなさい.

hàve /../ báck (1) 〔貸した物〕を返してもらう (→動 17 (b)). (2) 〔別れた夫, 妻など〕を迎え入れる.

hàve X ***dówn as*** Y X (人)をてっきり Y と思い込む.

have hád it 〖話〗 (1) もううんざりだ, (苦労などを)十分になめ尽くす. *I've had it* (up to here) *with* him. あいつにはいいかげんうんざりだ[へどが出そうだ]. (2) もうおしまいである《死ぬ, 負ける, 疲れはてるなど》; (最後の)チャンスなどを逸する. The doctor said "He's *had it*." 医師は「彼はもうだめだ」と言った. (3) 廃れる, 古くさくなる.

hàve..ín (1) 〔医師, 職人など〕を呼び入れる, 招く. We are *having* some neighbors *in* this evening. 今晩は近所の人たちを何人か招いてあります. (2) 〔物〕を家に蓄えてある, 仕入れてある.

****háve it*** (1) **主張する**, 言い張る; 言う. Socrates *has it*: we must know ourselves. ソクラテスが言うように, 我々はおのれを知らねばならない. Gossip [Report, Rumor] *has it* that ..といううわさだ (★無冠詞主語に注意). (2) (投票などに)勝つ. The ayes ～ *it*. 賛成多数. (3) 〖話〗(答えなどが)分かる, 思いつく. I ～ [*I've got*] *it* at last. とうとう答えが出た. (**4**)〘話〙すぐれている〈*over* ..より〉; 才能がある, 有能である. Color TV *has it* (all) over black and white. カラーテレビは白黒よりよい. (**5**) 罰を受ける. Let the boy ～ *it*. その男の子をこらしめろ. (**6**)(ある仕方で)事に当たる;〘話〙(..な)境遇にある. ～ *it* both ways →way¹ (成句). ～ *it* one's (own) way →way¹ (成句). I've never *had it* so good. 私は今までになく順境だ. (**7**)〔運などが〕決定する. as luck would ～ *it* →luck (成句). (**8**)〘話〙性的魅力がある. (**9**)〘話〙〈have it bad で〉ぞっこんほれこんでいる〈*for* ..に〉.

hàve it awáy 〘英俗〙性交する〈*with* ..と〉.

hàve it awáy (***on one's tòes***) 〘英話〙急いで立ち去る, ずらかる.

hàve it cóming 〘話〙自分自身(の行為, 性格など)からある事態を招く. The neighbors are hard on him, but he *had it coming* to him. 近所の人たちは彼につらく当たるが, 自業自得だ.

hàve it ín for.. 〘話〙..に悪意[恨み]を抱いている. The Prof *has it in for* me. 教授のやつ僕に悪意を持っているんだ.

hàve it ín one to dó 〘話〙(しようと思えば)..する能力を持っている(→動 4 第 3 例). She doesn't ～ *it in* her *to* hurt a fly. 彼女はハエ 1 匹傷つけることができないたちだ《それほど優しい》.

hàve it óff 〘英俗〙＝HAVE it away.

hàve nóthing [***sómething***] ***on a pèrson*** 〘話〙(1) 人に勝るところが全くない[多少ある]. (2) 人の弱味[不利になる情報]を握って⌊いない[いる]. 「込んでいる.

hàve..óff 〘旧英〙..をそらんじている, すっかり覚え↑

****hàve /../ ón*** 〔衣類, 靴など〕を**身に着けている** (→wear 類語). ～ a coat [hat] *on* 上着を着ている[帽子をかぶっている]. ～ shoes [glasses] *on* 靴をはいている[眼鏡をかけている].

hàve..ón (1)..を予定する. We ～ nothing *on* tonight. 私たちは今晩何の予定もありません. (2)〘英話〙〔人〕をかつぐ, からかう.

****hàve ònly*** [***bùt***] ***to dó*** **..しさえすればいい**. You ～ *only to* stand in front of this door to open it. このドアを開けるにはその前に立ちさえすればよい.

hàve..óut (1)〔歯など〕を抜いてもらう. (2)(十分話し合って)〔問題など〕に決着を付ける. ～ it *out* with a person 人と論争などのけりをつける (★it 以外に the matter などが目的語になる). (3)〘英〙..を最後までやり通す.

hàve sómething on a pèrson →HAVE nothing on a person.

hàve to dó →動 6.

hàve to dó with.. →do¹.

háve..to oneSèlf ..を独占している, 自分専用にしている. My sister *has* two rooms *to* her*self*. 姉は 2 部屋を 1 人で使っている.

hàve..úp 〘英話〙〔人〕を(法廷などへ)訴える, 召喚する, 〈*for* ..の容疑で〉〈普通, 受け身で〉.

****have yèt to dó*** **まだ..していない**, これから..しなければならない. We ～ *yet to* discover an effectual remedy for cancer. 癌(がん)の効果的な治療法はまだ発見されていない. This fact *has yet to* be widely recognized. この事実はまだ広く認められていない.

Lèt's háve it. 〘話〙話し[教え]てくれ, 聞こうじゃないか.

to hàve and to hóld (1) 法的に保有して[すべき]. On her father's death, the villa was hers *to* ～ *and to hold*. 彼女の父が死んで, その別荘は法律上も彼女のものになった. (2) いつまでも大切にすべき〔妻など〕.

You hàve me thére. →there.

── /həv, (ə)v, 強 hæv/ 助 (**has** /həz, əz, z, s; 強 hæz/|過 **had** /həd, əd, d; 強 hæd/|**háv·ing**) **1** 「have＋過去分詞」で直説法現在完了を表す. (**a**)〈完了・結果〉I ～ just *finished* reading the novel. その小説をちょうど読み終えたところです. (**b**)〈経験〉*Have* you ever *read* "Hamlet"?『ハムレット』を読んだことがありますか. (**c**)〈継続〉Mother *has been* ill in bed for ten days. 母はここ 10 日間病気で寝ている. (**d**)〈時・条件を示す副詞節中で未来のある時点での完了を表す〉Wait *till* I ～ *finished* writing this letter. この手紙を書いてしまうまで待ってくれ.

2「had＋過去分詞」→had 2.

3「will [shall]＋have＋過去分詞」で直説法未来完了を表す (★未来のある時を基準とした「完了・結果」,「経験」及び「継続」を表す). They *will* ～ *finished* the road repairs *by* next week. 来週までには道路修理は終わっているだろう. My uncle *will* ～ *been* in Chicago for five weeks next Sunday. おじは次の日曜日でシカゴに 5 週間いることになる. *If* I read "Romeo and Juliet" again, I *will* [*shall*] ～ *read* it four times. もう 1 度『ロミオとジュリエット』を読めば 4 回読んだことになる. 注意 現在までの経験, 完了などに対する推量を表すことがある: You *will* ～ *heard* the news. (そのニュースはもう君たちは聞いていると思います)

4 (**a**) may, can, must などの助動詞の現在形の次に用いられて「過去」,「完了」,「経験」などを表す. Ted *may* ～ *told* a lie. テッドはうそをついたのかも知れない. The party *cannot* ～ *arrived* there yet. 一行はまだそこへ着いたはずはない. The student *must* ～ *read* my book. その学生は私の本を読んでいるに違いない. ★「助動詞の過去形＋have＋過去分詞」については各助動詞の過去形を見よ. (**b**)「完了不定詞」,「完了分詞」,「完了動名詞」として主動詞より前の時を示す. The old man is supposed *to* ～ *been* a millionaire. その老人は百万長者だったと思われている. *Having finished* her work, Kate went to bed. ケートは仕事を済ませてから床に就いた. I remember *having heard* you talk about her. あなたが彼女のことを話しているのを聞いた覚えがあります.

> 語法 (**1**) 未来のことを表す動詞 hope, expect などの次に完了不定詞が用いられると「未来完了」を表す: I *hope to* ～ *done* my homework by noon. (正午までに宿題をやってしまいたい) (**2**) 完了不定詞が助動詞 ought, 動詞 hope, intend, think, suppose などの過去形の次に用いられると行為が実現しなかったことを表す (→had 3): You *ought to* ～ *told* the truth. (君は真実を言うべきであった(実際は言わなかった))

hàve dóne with.. →done.

have gót →get 19 (a).

have gòt to dó →get 19 (b).

── /hæv/ 名 C **1**〈普通 the ～s〉(資産, 資源などを)持っている人[国] (↔have-not). **2**〘英俗〙詐欺, ぺてん.

the hàves and the háve-nòts 持てる者[国]と持たざる者[国]. [＜古期英語]

ha·ven /héiv(ə)n/ 名 C **1** 港 (類語 harbor に比べて文章体;「風浪を避けた休息の場」の意味が強く, 主に〘詩〙; →port¹). **2** 避難所, 安息の場所. The home should be a ～ from the tempests of the world. 家庭は世間のあらしからの避難所でなくてはならぬ. →tax haven. [＜古期北欧語]

háve-nòt 名 C 〈普通 the ～s〉(資産, 資源などを)持っていない人[国], 持たざる者[国], (↔have 名 1).

‡**have·n't** /hǽv(ə)nt/ have not の短縮形.

ha·ver /héivər/ 動 自 〘英〙ためらう, ぐずぐずする;〘スコ〙くだらないおしゃべりをする.

hav·er·sack /hǽvərsæ̀k/ 名 C 雑嚢(のう)《普通, 背負うか肩にかける》.

hav·ing /hǽviŋ/ 動, 助 have の現在分詞・動名詞.

†**hav·oc** /hǽvək/ 名 U 大破壊, 荒廃, 被害; 大混乱.

The storm caused ～ along the coast. 嵐は海岸地方に被害をもたらした. 「〈*to*..に〉.
crỳ hávoc 差し迫った災難を警告する; 警鐘を鳴らす;
màke hávoc of..=*plày hávoc among* [*with*]..=*wrèak hávoc on* [*with*].. ..をめちゃくちゃにする, ..に大混乱を引き起こす.
[＜古期フランス語 (*crier*) *havot*「略奪(しろと叫ぶ)」(軍隊での命令)]

haw[1] /hɔː/ 名 C サンザシ (hawthorn) の実; 〖植〗サンザシ. [＜古期英語; hedge と同根]

haw[2] 動 自 (話の途中で口ごもって)えー[あー]と言う, 口ごもる, 〈普通, 次の成句で〉.
hèm [*hùm*] *and háw* 口ごもる, (答えに窮して)えーと言う; (決断を)躊躇(ちゅうちょ)する; はっきりしたことは言わない.
── 間 1 えー, あー, 《口ごもる時の声》. 2 =haw-haw. 「声; →gee[1]》.

haw[3] 間 左へ回れ《馬, 牛などの方向を変えさせる掛け

*__Ha·wai·i__ /həwɑ́ː(j)iː|həwáii/ 名 1 ハワイ《米国 50 番目の州 (1959); 州都 Honolulu; 略 Haw., 〖郵〗HI; the Hawaiian Islands (旧称 Sandwich Islands) で構成する》. 2 ハワイ島《ハワイ諸島最大の島》.

Ha·wai·ian /həwɑ́ːjən, -wáiən/ 形 ハワイの; ハワイ人[語]の. a ～ guitar ハワイアン[スチール]ギター.
── 名 C ハワイ人; U ハワイ語.

Hawàiian Íslands 名 〈the ～〉 C ハワイ諸島.

Hawàiian shírt 名 C アロハシャツ.

haw-haw /hɔ́ːhɔ̀ː/ (★ ha-ha[1] の変種) 間 わっはっは《特に相手を見下した耳ざわりな高笑いの声》. ── 名 C 「わっはっは」という笑い声, 高笑い.

*__hawk__[1] /hɔːk/ 名 (複 ～s /-s/) C 1 タカ; (kite, falcon, buzzard など比較的小形の)猛禽(きん). 2 他人を食い物にする人; 詐欺師 (swindler). 3 タカ派の人《好戦的な強硬派; ↔dove》.
hàve èyes like a háwk 鋭い目をしている.
wàtch .. like a háwk 〔人〕を厳しく見張る[監視する].
── 動 自 タカ狩りをする. [＜古期英語]

hawk[2] 動 他 1 〖米, 英旧〗〔品物〕を売り歩く, 呼び売りする, 〈*about, around*〉; を強引に売る. 2 〔ニュース, うわさなど〕をふれ回る〈*about, around*〉. [＜*hawker*[2]]

hawk[3] 動 自 音高くせき払いをする; たんを出す[切る].
── 名 C 音高いせき払い.

háwk·er[1] 名 C タカ使い, タカ匠(じょう).

háwk·er[2] 名 C 〈けなして〉行商人, 呼び売り人.

háwk-èyed 形 1 目の鋭い; 目が早い. 2 油断のない.

Hawk·ing /hɔ́ːkiŋ/ 名 **Stephen William ～** ホーキング (1942–)《英国の物理学者; 筋萎縮症に冒されながらも宇宙論の第一人者》.

hawk·ish /hɔ́ːkiʃ/ 形 タカ派の, 強硬派の, (↔dovish). ▷ **～·ness** 名

Ha·worth /hɔ́ːwərθ|háu-, hɔ́ː-/ 名 ホーワース《イングランド北部の West Yorkshire の小村; Brontë 姉妹が住んでいたことで有名》.

hawse /hɔːz/ 名 UC 〖船〗1 (船首の)錨鎖(びょうさ)孔. 2 停泊船の船首と錨(いかり)との水平距離.

háwse·hòle 名 C 〖船〗(船首の)錨鎖(びょうさ)孔.

haw·ser /hɔ́ːzər/ 名 C 〖船〗太綱, 太索, 《船をつないだりする; 麻又は針金を束ねて作る》.

‡**haw·thorn** /hɔ́ːθɔ̀ːrn/ 名 UC サンザシ《小さな赤い実 (haw) をつけるバラ科の低木; 花は白又は赤; 英国ではしばしば生け垣にする; 5 月に咲くところから may, maytree, mayflower とも呼ばれる; 米国 Missouri 州花》. [＜古期英語; haw[1], thorn]

Haw·thorne /hɔ́ːθɔ̀ːrn/ 名 **Nathaniel ～** ホーソーン (1804–64)《米国の小説家; *The Scarlet Letter* 他》.

‡**hay** /hei/ 名 U 1 干し草《家畜の飼料; 芝草, alfalfa, clover などで作る》. 2 〖米話〗〈否定文で〉少ない金[額]. She gets $80 an hour, which isn't ～. 彼女は時給 80 ドルで, ちょっとした金だ.
hìt the háy →hit.
màke háy 干し草を作る; もうける, かせぐ. *Make* ～ while the sun shines. 〖諺〗好機を逃すな.
màke háy of.. 〔物事〕をめちゃめちゃにする; 〔場所〕を混乱させる.
màke háy (*out*) *of* .. ..をうまく利用する.
ràise háy 〖米俗〗騒ぎを起こす. 「ことだ.
Thàt ain't háy. 〖話〗ちょっとした金だ, ちょっとした
── 動 (～s|過 過分 ～ed|háy·ing) 自 干し草を作る. [＜古期英語「刈った草」; hew と同根]

háy·còck 名 C (畑のあちこちに仮に積み上げた)干し草の小山 (→haystack).

Hay·dn /háidn/ 名 **Franz Joseph ～** ハイドン (1732–1809)《オーストリアの作曲家》.

Hayes /heiz/ 名 **Ruth·er·ford** /rʌ́ðərfɔːrd/ **Birchard** /bɔ́ːrtʃərd/ ～ ヘイズ (1822–93)《米国第 19 代大統領 (1877–81)》.

háy fèver 名 U 花粉症, 枯草熱, 《アレルギー性鼻炎; もと枯れ草が原因と考えられた》.

háy·fìeld 名 C 干し草畑.

háy·fòrk 名 C 干し草用フォーク《長柄で, 先は大きな二叉 (prongs) になっている》; 干し草積み上げ[移動]機.

háy·lòft 名 C 干し草置き場《納屋・馬小屋の中 2 階や天井裏に作る》.

háy·màker 名 C 1 干し草を作る人[機械]. 2 〖米話〗強烈なこぶしの一撃[痛打].

háy·màking 名 U 干し草作り.

Háy·màrket 名 〈the ～〉ヘイマーケット《ロンドンの West End にある通り; 同名の劇場がある》.

háy·mòw 名 1 C =hayloft. 2 U (納屋や馬小屋の)干し草の山.

háy·rìck 名 =haystack.

háy·rìde 名 C 〖米〗干し草用荷馬車に乗っての夜の遠出《農村の若者たちの遊び》. It was no ～. (楽しいどころではなく)ひどいもんだったよ.

háy·sèed 名 C 1 (こぼれ落ちた)干し草の種 2 干し草のくず. 3 〖米俗〗いなか者.

háy·stàck 名 C 干し草の山《貯蔵用に円錐(すい)形などに屋外に積み上げて雨水がしみ込まないようにしてある》.
a nèedle in a háystack →needle.

háy·wìre 名 UC 干し草[わら]を束ねる針金.
── 形 〈叙述〉〖俗〗もつれた, 故障した; 気の狂った.
gò háywire 〖俗〗混乱[故障]する, おかしくなる; 気が変になる.

†**haz·ard** /hǽzərd/ 名 1 C 危険 〈*of* ..の〉(★偶然性が強く, 避けられない danger); 冒険. There are lots of ～*s* in winter mountain climbing. 冬の登山には危険がたくさんある. 2 C 危険要素; 危険物; 〈*to, for* ..にとっての〉. a fire ～ 火災原因になり得る物. a health ～ = a ～ *to* health 健康に害を与えるもの. 3 U 偶然, 運. 4 C 〖ゴルフ〗ハザード, 障害. 5 U さいころゲームの一種.
at àll házards どんな危険を冒しても, ぜひとも.
at the házard of.. ..を賭(と)して, ..の危険を冒して.
in [*at*] *házard* 危険にさらされて.
rùn the házard 冒険をする.
── 動 他 1 〔推測, 言明など〕を思い切りやって[言って]みる, 一か八かやってみる; VO (～ *that* 節/"引用") ..ということを/「..」と運まかせに言ってみる. ～ a guess 当て推量をしてみる. ～ a remark 思い切って言ってみる.
2 を危険にさらす, 賭(か)ける. I would ～ my life on his sincerity. 彼の誠実さには首を賭けてもいい.
[＜古期フランス語「さいころ遊び」(＜アラビア語「さいころ」)]

házard lìght 名 〈普通 ～s〉=hazard warning lights.

‡**haz·ard·ous** /hǽzərdəs/ 形 危険な 〈*to* ..に〉; 危険

の多い〈*to* ..にとって〉; 運任せの. a ～ enterprise [journey, operarion] 危険性の高い事業[旅, 手術]. ～ waste (有害[放射性]物質を含む)危険廃棄物. ～ chemicals 危険な化学薬品. ▷**～·ly** 副 冒険的に; 偶然に. **～·ness** 名

hàzard wárning lìghts 名 〈複数扱い〉(自動車の)緊急警告灯《緊急時にすべての方向指示灯が同時に点滅する》.

Haz·chem /hǽzkèm/ 名 〖英〗ハズケム《特に輸送に危険な化学薬品が入っていることを知らせる掲示; ＜*haz*ardous *chem*ical》.

***haze**[1] /heiz/ 名 aU **1** かすみ, もや, 煙霧, (類語 煙, ほこり, 水蒸気などで視界の悪い状態; 水分はごく少ない; →fog). a heat ～ 暑さによるかげろう. The distant mountain was just visible through the ～. 遠くの山はもやを通してかすかに見えた. **2** かすんだ状態, 精神もうろう[混乱]. My mind was in a ～ after drinking so much. 私は飲み過ぎて頭がもうろうとしていた.

── 動 自 かすみ[もや]がかかる〈*over*〉. [＜古期英語]

haze[2] 動 他 〖米〗**1** (難しい, 意味のない仕事を与えて)をいじめる; に新入生いじめをする《大学のクラブなどで新参者への洗礼として》. **2** 〔牛, 馬〕を(馬に乗って)追う.

ha·zel /héiz(ə)l/ 名 **1** C ハシバミ《カバノキ科の落葉低木》; ＝hazelnut. **2** U 薄い赤茶色《ハシバミの実の色》

── 形 薄い赤茶色の. ～ eyes ハシバミ色の目.

házel·nùt 名 C ハシバミの実《卵形で食用》.

Haz·litt /hǽzlət/ 名 **William** ～ ハズリット(1778–1830)《英国の批評家・随筆家》.

†**ha·zy** /héizi/ 形 e (**-zi·er** | **-zi·est**) **1** (かすみ, ほこりなどで)かすんだ, もやのかかった. a ～ day もやのかかった日. **2** 〔考え, 記憶などが〕ぼんやりした, あいまいな; 〔人が〕よく分からない, はっきりしない, 〈*about* ..について〉; (酔って)もうろうとした. I am still ～ *about* what happened. 私は何が起こったのか今でもはっきりしません《たとえば殴られて失神した人が言う》. ▷**ha·zi·ly** 副 かすんで; ぼんやりと. **ha·zi·ness** 名 U かすんでいること; 不明瞭(りょう).

HB hard black《H と B の中間の鉛筆の硬度》.

Hb hemoglobin.

hb halfback.

H-bomb /éitʃbɑ̀m | -bɔ̀m/ 名 C 水素爆弾《＜*h*ydrogen *bomb*; →A-bomb》.

H.C. 〖英〗House of Commons.

HCF, hcf 〖数〗highest common factor (最大公約数).

hdqrs. headquarters.

HDTV high-definition television.

HE, H.E. high explosive; His [Her] Excellency; His Eminence.

He 〖化〗helium.

‡**he** /iː, hi, i, 強 hiː/ 代 (複 **they**) (人称代名詞; 3 人称・男性・単数・主格; 所有格 his, 目的格 him, 所有代名詞 his, 再帰代名詞 himself)

1 〈普通, 前に出た男性を表す名詞を受けて〉**彼は, 彼が**, その男は[が]. Tom is my younger brother. *He* (＝Tom) is a bright boy. トムは私の弟です. 彼は頭のいい少年です. Though *he* was about to cry, the poor boy kept on singing. 泣き出しそうではあったが, かわいそうに少年は歌い続けた (★he ＝ the poor boy). Look at the little frog. Isn't *he* sweet? あの小さな蛙さんを見てごらん. かわいらしいじゃない (★動物の性別が分からないときにも he が使われることがある).

> 語法 (1) →she, they 語法 (1). (2) 大文字で He, His, Him と書くと, God 又は Christ を指す. (3) 人間以外の動物の雄にも用いることがある.

2 〈it の代用として〉**それは, それが**, 《男性として擬人化された tree, river, mountain, sun, death, power, summer, time などを指す》. The sun made *his* appearance. 太陽が顔を出した.

***hé who* [*that*]..** 〖章・雅〗..する者はだれでも, ..する人は, (★anyone who のほうが普通). *He who* is afraid of asking is ashamed of learning. 尋ねるのを恐れる者は学ぶことを恥じているのだ.

── /hiː/ 名 (複 **hes** /hiːz/) **1** C 男. Is your baby [Is it] a ～ or a she? 赤ちゃんは男の子ですか女の子ですか. Is that a ～ or a she? それは雄ですか雌ですか. **2** 〈普通ハイフン付で複合要素〉(動物の)雄. a *he*-goat 雄ヤギ. ◇女 she [＜古期英語 *hē*]

‡**head** /hed/ 名 (複 **～s** /-dz/, 4 では ～) C

【首(neck)から先の部分】**1** (**a**) **頭**《首から上で顔を含む》. Don't put your ～ out of the window. 窓から顔を出すな. hang [drop] one's ～ in shame 恥ずかしさに頭を垂れる. His treason may cost the general his ～. その将軍は反逆罪で生命を失うかもしれない. (**b**) 頭部《目の高さから上の部分》; 頭髪. hit a person on the ～ 人の頭を打つ. shave one's ～ 髪を剃(そ)る, 頭を丸める. have a good [beautiful] ～ of hair 髪の毛が豊かである[美しい]. My ～ aches. 頭が痛い.

> 連結 a bald [a hairless, a shaven; a shiny; a hairy; a long, a round, a short, a square; a fine, a graceful, a handsome, a well-shaped; a haughty, a proud] ～ // bow [hang, incline, lower; raise; cock, tilt; bob; nod; shake; turn; move] one's ～

2 (寸法の単位としての)頭 1 つ. Tom is a ～ taller than Ken. トムは健より頭の分だけ背が高い. My horse won the race by a ～. 私の馬は頭の差でレースに勝った. by a short ～ 頭より小さな差で.

【頭の数】**3** 人数, 頭数(あたまかず); 人; (類語 頭脳から見た人; →hand 7). a dinner at thirty dollars a [per] ～ 1 人 30 ドルの食事. count [figure] ～*s* 頭[人数]を数える. do a quick ～ count 急いで人数を数える. wise ～*s* 賢い人々.

4 (複 ～) (動物を数える場合の)頭(とう), 頭数. ten ～ of cattle 牛 10 頭.

【頭の働き】**5** **頭脳**, 'あたま'; 理性; 知力, 才能, 〈*for* ..の〉. have a very clear ～ きわめて頭脳明晰(せき)だ. have a (good, strong) ～ for figures 数字に強い. have no [haven't got much of a] ～ for heights [liquor] 高いところ[酒]が苦手である. weak in the ～ あたまが弱い. Her heart rules her ～. 彼女は理性より感情で物事を判断する. Two ～*s* are better than one. 〖諺〗3 人寄れば文殊(もんじゅ)の知恵《＜2 つの頭脳は 1 つに勝る》.

【頭の変調】**6** 〖英話〗〈普通 a ～〉(特に, 酔っての)頭痛 (headache). have a bad [terrible] ～ 頭が痛い.

7 〖俗〗麻薬常習者 (→pothead); 〈複合要素として〉..マニア[ファン]. a film ～ 映画マニア.

【頭部＞先端部】 **8** (鹿の)枝角; (キャベツなどの)結球, 玉; 頭状花; (穀物の)穂(先); (できもの[はれもの]のうんだ)頭. come to a ～ (→成句). three ～*s* of cabbage [lettuce] キャベツ[レタス]3 個.

9 (道具の)頭部, 頭, 《hammer の打つ面, axe の刃の部分など》; (ゴルフクラブの)ヘッド; (くぎなどの)頭; (テープレコーダーの)ヘッド (magnetic head); 〖電算〗ヘッド. the ～ of a nail [pin] くぎ[ピン]の頭. an arrow ～ 矢先, 矢尻(じり).

10 〖海〗船首 (bow); 〈しばしば ～s〉(船の)便所.

11 岬 (headland) (★主に地名中に用いる). Diamond *Head* ダイヤモンドヘッド《ハワイのホノルル付近の海に突き出ている》.

12 (行列などの)先頭, あたま, (↔foot). at the ～ of the procession 行列の先頭に.

【先頭＞首位, 上位】 **13** (**a**) (組織・集団の) **長**, 頭(かしら), 統率者, 支配者; 〖話〗 ＝headmaster [headmistress]. the ～ of the family [school, English department] 家長[校長, 英文科長]. the ～ of state 元首《例えば政府の長 (the head of government) である首相に対して, エリザベス女王》. ～*s* of government 各国首相たち. the ～ of the division 部長. (**b**) 〈形容詞的〉 長である, ..長. the ～ cook [waiter] コック[ボーイ]長. a ～ nurse 婦長. a ～ boy [girl] (学校の)首席の少年[少女]《年下の生徒の指導をしたり, 学校の代表者となる》.

14 首位, 首席; (テーブルの)上座 《host (主人役)の座》 (↔bottom). the boy at the ～ of the class クラス首席の少年. take [sit at] the ～ of a table 食卓の上座に座る.

15 (ベッド, 寝いすなどの)頭を向ける方 (↔foot). at the ～ of the bed ベッドの頭の部分に.

【主要部】 **16** 項目, 表題; (新聞の)見出し (heading). a chapter ～ 章の表題.

17 〖文法〗 主要部; ＝headword 2.

【上部】 **18** **頂上**; (階段, 頁などの)上部; (チャートの)一番; 柱頭; (窓, ドアの)上枠; (樽, 太鼓の)かがみ; (マストの)上端; シリンダーヘッド (cylinder head). the ～ of a hill [the stairs] 丘の頂上[階段の上]. The title should be written at the ～ of the page. 表題はページの上部に書かなくてはいけない.

19 (川などの)源, 水源; (湖の)上(かみ), 湖頭, 《川が流入する端》. the ～ of the Severn セヴァン川の水源.

20 (川などの)貯水 《水力を利用するため高い所にためられた水》, 用水; 水頭(すいとう) 《高い所にある水, 圧力のかかった水はエネルギーを持っており, それを水の高さで表す》; 落差; 水圧, 蒸気圧. have [keep up] a good ～ of water [steam] 水圧[蒸気圧]が高い[を高く保つ].

21 【頂上】 〖卑〗 オーガズム, 性的快感.

【表面】 **22** 〈普通 ～s〉 (硬貨の)表 《頭像のある面; ↔tail》. *Heads* I win, tails you lose. →成句.

23 (ついだビールなどの)泡; 〖英〗 (牛乳の表面の)クリーム. give a ～ to beer 泡が立つようにビールをつぐ.

***above** a pèrson's **héad**＝**above the héad of** a pèrson* ＝over a person's HEAD (1), (2).

at the héad of.. ..の先頭に[の]; ..の首席で[の]; ..の長で[の]; ..の上部に; (→14, 18). He is *at the* ～ *of* the poll. 彼が得票数の最上位だ.

***bàng** [**bèat, bàsh, hìt, knòck, rùn,** etc.] one's **héad against** ⌞**a brìck wáll** [**the wáll**]* 〖話〗 無駄骨を折る.

bàng** persons' **héads togèther ＝knock HEADS.

bèat** a pèrson's **héad òff 人を完全にやっつける.

bèat** [**drùm, knòck**] **.. into** òne's [a pèrson's] **head ..を人の頭にたたき込む, 飲み込ませる.

be** [**get**] **in over** one's **héad 非常に困っている[困ったことになる], にっちもさっちもいかない[いかなくなる].

bìte** a pèrson's **héad òff 〖話〗 人にけんか腰で話す[答える], 食ってかかる, しかりつけるような言い方をする.

bòther** one's **héad 頭を悩ませる 〈*about* ..について〉.

brìng..to a héad 〔事態〕を危機に追い込む, 頂点に達せしめる. That was a deliberate move to *bring* matters *to a* ～ for Clinton. それはクリントンを窮地に追い込む意図的な手だった.

bùry** one's **héad in the sánd →bury.

****còme into** a person's **héad*** **頭[心]に浮かぶ**. The idea *came into* my ～ by accident. 偶然その考えが私の頭に浮かんだ.

còme to a héad (1) 〔できものが〕化膿(のう)して破れそうになる. (2) 〔事態が〕危機に迫る, 〔危機などが〕頂点に達する. The crisis *came to a* ～ when the terrorists killed their hostages. テロリストが人質を殺した時危機は頂点に達した.

còme** [**fàll**] **under the héad of.. ..の部類[項目]に入る. This subject *comes under the* ～ *of* sociology. この問題は社会学の分野に属する.

dò** a person's **héad in 〖英話〗 人の頭をおかしくする, 人をいらいらさせる, 頭にくる.

èat** its [one's] **héad òff 〖話〗 〔馬, 雇用人などが〕大食いで働かない, ごくつぶしである; がつがつ食べる.

ènter** a person's **héad 〈普通, 否定文で〉 〔事が〕頭に浮かぶ. It never *entered* my ～. そんなことは思いもつかなかった.

flíng** [**thŕow**↓] onesèlf **at** a person's **head

****from hèad to fóot** [**tóe, héels**]* **頭の先から爪(つめ)の先まで**, 全身, 完全に, すっかり. Jack trembled *from* ～ *to foot* at the news. ジャックはその知らせを聞いて体中を震わせた. Ben is a Scot *from* ～ *to foot*. ベンは生っ粋のスコットランド人だ.

gàther héad →gather.

***gèt** one's **héad around** [〖英〗 **round**] ..* 〈普通, 否定文で〉 〖話〗 ..が分かる, ..を飲み込む.

gèt** one's **héad dòwn 〖俗〗 (1) 寝る. (2) 引き続き仕事に集中する. (3) ＝ keep one's HEAD down (2).

gèt** [**pùt**↓] (one's) **héads togèther

get** [**be**↑] **in over** one's **héad

gèt..into** one's [a pèrson's] **héad 〖話〗 ..を理解する[人に理解させる]; ..を思い込む[人に思い込ませる].

gèt it into** [**through**] one's [a person's] **héad that.. 〖話〗 ..を十分理解する[させる], ..ということが分かる[..ということを人に分からせる]; ..と(間違って)思い込む[思い込ませる]. Kate has *got it into* her ～ *that* everyone hates her. ケイトはみんなに嫌われていると思い込んだ. The doctor couldn't *get it through* her ～ *that* she had to take some medicine. 医者は彼女に薬を飲まなくてはいけないことを分からせることができなかった.

gìve** (a person) **héad 〖俗〗 (人に)フェラチオ[クンニリングス]をする(GO down on a person).

gìve** a pèrson **his** [**her**] **héad 〖話〗 人を思うままに行動させる 《乗っている馬に自由に歩かせることから》.

gò òut of** a pèrson's **héad 人に忘れられる.

gò to** a pèrson's **héad (1) 〔酒が〕人を酔わせる; 人にめまいを起こさせる. The gin *went* straight [right] *to* my ～. そのジンの酔いが一気に回った. (2) 人を大変興奮させる, 人を有頂天にする. (3) 人をうぬぼれさせる. She let her success *go to* her ～. 彼女は成功したためうぬぼれてしまった. Don't let it go to your ～. そんなことでいい気になるな.

hàng** one's **héad 恥じ入る.

hàng over** a person's **héad 〔危険などが〕人に迫っている; 〔疑いなどが〕人にかかっている.

hàve a gòod héad on** one's **shóulders 良識[分別]がある; 有能である; 抜け目がない, 頭がいい. He doesn't do well in school, but he's *got a good* ～ *on* his *shoulders*. 彼は成績こそ良くはないが, 良識がある.

hàve an òld héad on yòung shóulders 〖旧〗 若いけれども知恵[分別]がある.

hàve..hànging over** one's **héad ..が頭から離れない, ..に脅かされている.

hàve** one's **héad up** one's **áss 〖米〗 [〖英〗 ***árse***] 自分のことばかり考えている.

hèad and shóulders above.. (1) ..より頭と肩とだけ高く. (2) 〖話〗 ..よりはるかに優れて. This whisky is ～ *and shoulders above* that one. このウイスキーはあれよりはるかに良い.

hèad fírst (1) 頭から先に, まっさかさまに. fall ～ *first* まっさかさまに落ちる. He plunged [dived] ～ *first* into the water. 彼は頭から水中へ飛び込んだ. (2) まっしぐらに, 無鉄砲に, 軽率に. (3) あっという間に.

héad òff ★one's 又は a person's をつけかなり自由に動詞の目的語となって強調を表すが，それぞれの動詞の成句の項を見よ．実際上は head off＝excessively としてよいが，原義は laugh one's ～ *off* ならば「自分の頭がちょんと切れるほど笑う」という誇張的表現．talk one's ～ *off* しゃべりまくる．The teacher sermonized my ～ *off*. 先生は僕に耳にたこができるほどお説教を垂れた．

hèad oń →head-on.

hèad over héels＝hèels over héad (1) まっさかさまに，もんどりうって；大急ぎで，向こう見ずに．fall ～ *over heels* down the stairs 階段からまっさかさまに転がり落ちる．(2)〘話〙夢中になって〈*in* ..〔恋，恋人など〕に〉；すっかりはまり込んで〈*in* ..〔借金など〕に〉．be ～ *over heels in* love with ..にぞっこんである．I am ～ *over heels in* debt. 私は借金で首が回らない．

Hèads I wín, tàils you lóse. 表が出たら僕の勝ち，裏が出たら君の負け《どう転んでも自分が得をする条件で，いかさま師の言うせりふ》．

hèad(s) or táil(s) (投げた硬貨の)表又は裏；〈普通 ～s or tails〉表か裏か《順番，役割などを決めるために硬貨を投げる時に言う文句》．*Heads or tails? Heads* you pay for the taxi, *tails* I do. 表か裏か．表ならタクシー代は君が払う．裏なら僕だ．

Hèads úp! 〘話〙気をつけろ，注意，あぶない，どいたどいた．

Hèads will róll. (責任上)何人かが首になるぞ〈*for* ..のために〉《誇張表現，実際はもっと軽い意味で使う》．

hèad to héad (直接)対決して．compete [go] ～ *to* ～ (仕事，スポーツなどで)争う〈*with* ..と〉．

hìde one's héad →hide.

hìt [bàng↑] one's héad against a brìck wáll

hòld one's héad hìgh [ùp]＝hòld úp one's héad 頭を高く上げている，胸を張っている．I've done nothing wrong. I can *hold* my ～ *up* in public. 何も悪いことはしていません．人前で胸を張っていることができます．

in one's héad (メモをとらずに)頭の中で，記憶して．

kèep a còol [clèar] héad ＝keep one's HEAD.

kèep one's héad 落ち着いている，冷静でいる，(↔lose one's head).

kèep one's héad above wáter (1) 首を水から出している；溺(おぼ)れずにいる．(2)〘話〙借金せずにいる；何とか生きている；何とか(仕事を)こなして[やって]いる．These days it's difficult to *keep* one's ～ *above water*. 近ごろは借金のない生活をしていくのは難しい．

kèep one's héad dòwn (1) (危険を避けて)頭を低くしている；目立たないように(静視)している．(2)〘英〙自分のことだけを考える．

knòck [bàng↑] one's héad against a brìck wáll

knòck héads 二人[双方]を無理やり和解[妥協]させる《＜頭と頭を鉢合わせする》．

knòck persons' héads togèther ＝knock HEADS.

knòck..on the héad →knock.

làugh [scrèam] one's héad òff →laugh, scream.

lày [pùt↓] one's héads togèther

lèt a pèrson have his [her] héad ＝give a person his [her] HEAD.

****lòse one's héad*** (1) 落ち着きをなくす，うろたえる，取り乱す，(↔keep one's head). Don't *lose* your ～—calm down. 取り乱さないで，まあ落ち着きなさい．(2) 夢中になる〈*over* ..に〉．Don't *lose* your ～ *over* Mary. メリーに熱をあげてはいけないよ．(3) 首をはねられる．

màke héad (困難を排して)進む，前進する；抵抗する，〈*against* ..に〉．

màke hèad(s) or táil(s) of .. 〘話〙..が分かる〈普通，否定文・疑問文で〉．I couldn't *make* ～ *or* [*nor*] *tail of* Joe's story. ジョーの話はさっぱり分からなかった．

màke a person's héad spìn 人に目まいを起こさせる，人の頭をおかしくさせる．

****off one's héad*** 〘話〙気が狂って[た]，気が変で[な]．go [be] *off* one's ～ 気が狂う[狂っている]．

on [upon] one's héad (1) 逆立ちして．→stand on one's HEAD. (2) 自分の責任で[になって]；〔罪，報いなどが〕身に振りかかって；(★しばしば be it を伴って)．It's going to be *on* your (own) ～ if something happens. 何かが起これば君の責任になる．If you divorce him, *on* your own ～ be it. 彼と離婚しても，(どうなろうと)私は知らないからね．He brought his parents' anger (down) *on his* ～. 彼は両親の怒りを招くことととなった．

on a person's héad 人の首に懸けた賞金．set a price of one million dollars *on his* ～ 彼の首に 100 万ドルの賞金を懸ける．

out of one's héad (1)〘米〙＝off one's HEAD. (2) 自分ひとりの考えで，想像力で．make up .. *out of* one's ～〔話など〕を想像力を働かして作りあげる[でっちあげる]．

over a pèrson's héad＝over the héad of a pèrson (1) 人の頭上に[の]；〔危険などが〕人の頭上に迫って[た]．(2)(難しすぎて)人に分からない[理解できない](で)．go *over* my ～ 私には分からない《＜頭に入らないで，越えていく》．That lecture was a little *over* my ～. その講義は私には少し難しすぎた．(3) 人の頭越しに；人の先を越して，人を飛び越えて，〔昇進する，上申するなど〕．If you want to get the contract, don't go *over* his ～. その契約を取り付けたければ彼を差し置いて事を進めてはだめだ．talk to his supervisor *over* his ～ 彼の頭越しに彼の監督に話をする．His assistant was promoted *over* his ～. 彼の助手が彼をさしおいて昇進した．

pùt [lày] one's héads togèther 額を寄せて[集めて]相談する(★one's は複数の our, your, their). Let's *put* our ～*s together*. 皆で相談しよう．

pùt..into [out of] a pèrson's héad ..を人に思い出させる[忘れさせる]．

pùt..out of one's héad ..を忘れ去る．

ràise [rèar] its (ùgly) héad 〔悪いこと，不快なことなどが〕頭をもたげる，兆しを見せる．Inflation is *rearing* its *ugly head* again. いやなインフレが再び起こりかけている．

shàke one's héad →shake.

snàp [bìte↑] a pèrson's héad òff

stànd on one's héad (1)(頭をつけて)逆立ちする．(2)〈standing on one's head として〉〘話〙やすやすと，苦もなく．He can do just about anything *standing on* his ～. 彼はほとんど何でも楽々とやってのけることが出来る．

stànd [tùrn] .. on its héad 〔考えなど〕を覆す，..の反対が正しいことを示す；..を引っくり返す．*stand* the world *on its* ～ 世の中を引っくり返す．

tàke it into one's héad (1) 急に決める，思いつく，〈*to* do ..することを〉．She *took it into* her ～ *to* go abroad. 彼女は急に外遊しようという気になった．(2)(間違って)思い込む〈*that* 節 ..であると〉．

tàlk one's héad òff しゃべりまくって人をうんざりさせる(→HEAD off; TALK a person's arm off).

thrów onesèlf at a person's héad 〘話〙人に好かれようとする，モーションをかける．

tùrn a pèrson's héad 人をうぬぼれさせる；(恋愛などに)人を夢中にさせる．I'm afraid my praise *turned* his ～. 私がほめたので彼がのぼせあがったのではないかと思う．

tùrn héads 〔人が〕注意を引く．

ùse one's héad 頭を使う，考える．if you *use* your ～ 常識があれば．

—— 動 他 **1** の先頭に立つ，を率いる；の頭(かしら)[長]である，指導者である．～ a procession 行列の先頭に立つ．Mr.

West ～s this group. ウェスト氏がこの隊の隊長です.
2 VOA を向かわせる; 〈be headed で〉〖主に米〗向かう〈*for, toward* ..の方へ〉. ～ the car *toward* town 車を町の方へ向ける. be ～*ed in* the wrong direction 違った方向へ進む. be ～*ed for* New York ニューヨークに向かう. ～ a ship southward 船を南に向ける. We should be ～*ed for* world peace. 私たちは世界平和を目標に進むべきだ.
3 〔道具〕に頭を付ける; 〔草木〕の頭[先]をつむ[切る], を剪(せん)定する, 〈*down*〉; 〔魚など〕の頭[先]を切り落とす. The tiepin was ～*ed* with a small ruby. そのネクタイピンには小さなルビーの頭が付いていた.
4 VOC (～ X Y)・VOA (～ X ***with*** Y) X に Y という表題[見出し, 上書きなど]を付ける〈普通, 受け身で〉. the chapter ～*ed 'Lexicography'* 「辞書編纂(さん)法」という題目の章.
5 〖サッカー〗〔ボール〕をヘディングする. ～ a ball into the goal ヘディングでゴールに入れる.
── 自 【頭を向ける】 **1** VA 進む, 向かう, 〈*for, toward, to* ..〔場所/良い[悪い]こと〕に向かって〉. It's time to ～ *back* [home]. もう戻る[家に帰る]時間だ. Where are you ～*ing for*? どこへ行くんですか. The troops ～*ed for* the fortress. その軍隊は要塞(さい)に向かって進んだ. The Browns are ～*ing for* ruin. ブラウン一家は破滅に向かっている. The economy is ～*ing toward* a recession. 景気は後退し始めた. The situation was ～*ing to* a crisis and possibly war. 状況は危機にそしてたぶん戦争に向かってまっしぐらに進んでいた. **2** 〔レタスなどが〕結球する. **3** 〖主に米〗 VA (～ ***in, from*** ..) 〔河川が〕..に源を発する.
hèad /../ óff (1) ..を先回りして遮る, 阻止する. ～ the robber *off* at the crossroads 先回りして十字路のところで強盗の行く手を遮る. ～ a person *off* at the pass 先回りして途中で人を阻止する《<「峠で」; 西部劇から》. ～ *off* an epidemic by vaccination 予防接種で伝染病を防止する. ～ *off* a quarrel by peaceful talks 静かな話し合いでけんかを回避する. (2) ..の進路をそらす.
hèad óut 出発する, 出かける, 〈*to* ..へ〉. ～ *out* after ..を追う, 追いかける.
hèad /../ óut 〔車など〕を向ける〈*toward* ..の方へ〉.
hèad /../ úp (1) 〔パレードなど〕の先頭を行く. (2) ..の長となる, 責任者となる, ..を指揮する. (3) 〔牛, 幌馬車など〕を行き先に向ける.
tèll a person whère to hèad ín 〖話〗 人に指図はごめんだと言う[うるさいと言う]. [<古期英語]

‡**head·ache** /hédèik/ 名 (複 ～**s** /-s/) **1** C **頭痛**. I have [I've got] a slight ～ today. きょうは頭が少し痛い. get a ～ 頭が痛くなる. suffer from persistent ～*s* しつこい頭痛に苦しむ, 頭痛持ちである.

連結 a bad [a racking, a severe, a splitting] ～

2 C 〖話〗 頭痛の種, 悩み[心配]事; 困った人. a perpetual ～ 年がら年中頭の痛い問題. A long spell of dry weather is a real ～ for farmers. 長い日照り続きはまったく農民の悩みの種だ. 「伴う[起こす].

head·ach·y /hédèiki/ 形 〖話〗 頭痛がする; 頭痛を↑

héad·bànd 名 C **1** ヘッドバンド《毛髪の垂れ下がるのや汗が目に入るのを防ぐためなどに頭の周りに巻く》. **2** 〖製本〗 ヘドバン, 花ぎれ, 《本の背の上端の装飾用のきれ》.

héad·bàng 動 自 〖俗〗 (ロックミュージックのリズムに合わせて)首[頭]を縦に激しく振る, ヘッドバンギングする.
▷ **～·er** 名 C ヘビーメタル・ファン; アホ(な行動をする人).
～·ing 名 U ヘッドバンギング.

héad·bòard 名 C (ベッドの上端にある)頭板 (→footboard).

hèad bóy [gírl] 名 C 〖主に英〗 prefect 1 の長を務める男子[女子]生徒[学生].

héad·bùtt, héad-bùtt 動 他 に頭突きを食わせる.
── 名 C 頭突き.

héad·càse 名 C 〖話〗 精神病患者; 頭のおかしい人.

héad·chèese 名 U 〖米〗 ヘッドチーズ (〖英〗 brawn).

héad còach 名 C 〖野球〗 ヘッドコーチ.

héad còld 名 C 鼻風邪.

héad còunt 名 C 〖話〗 人口[世論]調査; 頭数をかぞえること. do a ～ 頭数をかぞえる.

héad·drèss 名 C (特に女性の)頭飾り, かぶり物.

héad·ed /-əd/ 形 **1** 〔便箋(せん)などが〕上部にレターヘッド (letterhead) が印刷してある. **2** 〈複合要素〉頭が..の. two-～ 頭が 2 つある. short-～ 短頭の. a clever-～ boy 頭のいい男の子.

héad·er 名 C **1** 〖話〗 逆(さか)飛び込み; 頭から落ちること. take a ～ (into ..) (..に)頭から飛び込む. **2** 〖サッカー〗 ヘディング. **3** 標題《各ページの一番上の》; 〖電算〗 ヘッダー. **4** (れんがの)小口積み. **5** (配管の)母管.

head·first /⌐⌐, ⌐⌐/ 副 =HEAD first (head 名 の成句). ── 形 =headlong.

héad·fóre·mòst 形, 副 = headfirst.

héad·gàte 名 C (運河などの)水門, 取水門.

héad·gèar 名 UC 〈普通, 単数形で〉 **1** かぶり物《帽子, ヘルメットの類の総称》. **2** (馬の)おもがい.

héad-hùnt 動 他, 自 (〔人材〕を)引き抜く.

héad-hùnter 名 C **1** 首狩り族の人. **2** (他の会社などから)人材引き抜きをする人.

héad-hùnting 名 U **1** 首狩り. **2** (人材の)引き抜き. **3** (理由のない)首切り. **4** (政治, ビジネス上の敵への)攻撃, 打倒(工作).

‡**héad·ing** 名 **1** C (印刷物の最初又は章や節の初めに記される)表題, 見出し; (手紙の)頭書. **2** U (飛行機, 船などの)方向, 進路. **3** U 〖サッカー〗 ヘディング.

héad-in-the-sànd 形 〈限定〉 現実[危険]を見ようとしない〔態度など〕.

héad·làmp 名 〖主に英・旧〗 =headlight.

héad·lànd 名 C 岬, 突端.

héad·less 形 **1** 頭[首]のない〔死体など〕. **2** 指導者[統率者]のいない. **3** ばかな, 無知な. **4** 〖韻律学〗 =catalectic.

†**héad·lìght** 名 C (機関車, 自動車などの)ヘッドライト, 前照灯, (↔taillight; →car 図).

***head·line** /hédlàin/ 名 (複 ～**s** /-z/) **1** C (新聞, 雑誌などの)**見出し**, 表題. **2** (本の頁の上の)柱《標題, 頁数などを記す》. **3** 〖放送〗 〈～s〉 (ニュースの放送の前後に読み上げる)主な項目. Here is the news. First, the ～*s*. ニュースを始めます, 最初に主な項目を《ニュースのアナウンサーの決まり文句》. The New York Times carried the ～: Hirohito, 124th Emperor of Japan, is dead at 87. ニューヨーク・タイムズは「日本の 124 代天皇裕仁 87 歳で死去」の見出しを載せた.
gò into [màke, hìt, rèach, grab] the héadlines 新聞[マスコミ]に大きく取り上げられる, 注目される, 有名になる.
── 動 他 **1** 〔新聞記事など〕に見出し[表題]をつける. **2** を大々的に扱う. **3** 〔芸人など〕を呼び物にする, 主演にする; の主役をつとめる.

héad·lòck 名 C 〖レスリング〗 ヘッドロック《相手の頭をわきの下に抱える技》.

***head·long** /hédlɔ̀:ŋ|-lɔ̀ŋ/ 副 ¢ **1 まっさかさまに**, 頭から先に. fall ～ (down the stairs) (階段から)まっさかさまに落ちる. plunge ～ into the water 頭から水中へ飛び込む. **2 向こう見ずに**; 性急に, 軽率に. run ～ into another person's room うっかり他人の部屋に飛び込む. run ～ for ..に向かってがむしゃらに走る. leap ～ into a decision 性急に決定する. rush ～ into marriage 結婚につき進む.
── 形 ¢ 〈限定〉 **まっさかさまの**; まっしぐらの, 性急な, 向こう見ずな. make a ～ dive まっさかさまに飛び込む.

make a ～ rush at the enemy 敵に向かってがむしゃらに突進する.
[＜中期英語 *headling*; *-ling* (副詞語尾)が long と混同された]

héad·màn /-mæn, -mən/ [名] ([複] **-men** /-mèn, -mən/) [C] (種族などの)首領, 酋(しゅう)長, (chief).

***head·mas·ter** /hédmæstər|hèdmɑ́:s-/ [名] ([複] **～s** /-z/) [C] 校長 《〖英〗では特に初等・中等学校の; 〖米〗では特に私立男子学校の; →principal》. ▷**～·ship** [名] **～·ly** [形]

‡**head·mistress** /⌐⌐⌐|⌐⌐⌐/ [名] [C] 女性校長《〖英〗では特に初等・中等学校の; 〖米〗では特に私立女子学校の; →principal》.

héad·mòst [形] 先頭の; 最も進んだ, 最先端を行く.

héad òffice [名] [C] 本店, 本社, (→branch).

‡**hèad-ón** /[移]/ [形] 〈限定〉 **1** (2 車の)頭部と頭部の, 正面の. a ～ collision [smash] 正面衝突. a ～ view 正面からの眺め. **2** 真っ向からの. a ～ attack 真っ向からの攻撃. ── [副] 正面に(向かって), 正面から〔反対する, 衝突するなど〕. collide ～ with ..と正面衝突する. meet [confront] a problem ～ 正面から問題に対処する.

‡**héad·phòne** [名] [C] 〈普通 ～s〉 ヘッドフォン, イヤフォン.

héad·pìece [名] [C] **1** かぶと; ヘルメット, かぶり物. **2** イヤフォン (headphone). **3** 頭脳; 知性; 知的な人, 知恵者. **4** 〖印〗(書物(の章)の初めや頁の上部に入れる)上部飾りカット.

héad·pìn [名] [C] 〖ボウリング〗 ヘッドピン (kingpin).

héad·quàrter [動] [他] [VOA] (～ X *in, at* ..) X の本部を..に置く, X (人)を..に配置する. ── [自] [VA] (～ *in, at* ..) 本部を..に置く.

héad·quàrtered [形] 〈叙述〉 本部が置かれて 〈*in, at* ..に〉. Our company is ～ *in* Tokyo. うちの会社は本社が東京にある.

‡**head·quar·ters** /hédkwɔ̀:rtərz|⌐⌐⌐, ⌐⌐⌐/ [名] 〈単複両扱い〉 **1** (軍隊, 警察などの)**本部**, 本営, 司令部, 本署; 〈集合的〉 司令部員; 《略 HQ, hq》. The Eighth Air Force has its ～ in Massachusetts. 第 8 空軍の本部[司令部]はマサチューセッツ州にある. **2** 本拠; (会社の)本社. The company's ～ are [is] in New York. その会社の本社はニューヨークにある (★複数扱いの方が普通).

héad·rèst [名] [C] 頭支え; 〖米〗 ヘッドレスト; 《特に自動車の前部座席のむち打ち (whiplash) を防ぐためのものや歯科医の椅子などの; 〖英〗 head restraint》.

héad restràint [名] [C] 〖英〗 (車の前部座席の)ヘッドレスト (headrest).

héad·ròom [名] [aU] **1** 空き高 《トンネルの天井, 橋桁(げた)などと通過する車, 船などとの間の空間》. **2** (車などの)頭上のスペース.

héad·scàrf [名] ([複] →scarf) [C] 〖英〗 ヘッドスカーフ 《女性が帽子代わりにかぶり, あごの所で結ぶ》.

héad-scràtching [名] [U] 頭を悩ますこと.

héad·sèt [名] [C] マイク付きヘッドフォン 《マイクロフォンとヘッドフォンを 1 組にしたもの》.

head·ship /hédʃip/ [名] [UC] **1** 〖主に英〗 校長 (headmaster, headmistress) の地位[任期]. **2** 党首の地位[任期].

héad·shrìnker [名] [C] 〖話・戯〗 精神科医 (shrink, psychiatrist).

héads·man /-mən/ [名] ([複] **-men** /-mən/) [C] 首切り役人 (executioner).

héad·stàll [名] [C] 面繫(おもがい) 《馬具; →harness 図》.

héad·stànd [名] [C] (頭で支える)逆(さか)立ち, 倒立, (→handstand).

hèad stárt [名] **1** 〈a ～〉 (ハンデとしてもらう)優先スタート; 出発点でのリード, 有利なスタート; 〈*over, on* ..〔人〕より〉. have [get] a ～ 始めから有利である[になる], 一歩先んじている[先んじる]. give a person a ～ 人を有利にスタートさせる. **2** 〈H- S-〉 [U] 〖米〗 ヘッドスタート 《経済的に恵まれない就学前の子供たちにスタートで不利にならないように学習させる連邦政府の事業》.

héad·stòne [名] [C] **1** 墓石 《墓の, 死者の頭に当たる箇所を示すために立てる; 普通, 碑銘を彫る》. **2** ＝keystone 1.

‡**héad·stròng** [形] 頑固な, 強情な, きわめてわがままな. a ～ person 強情な人. a ～ desire 自分勝手な望み.

héads-ùp [形] 抜け目のない, 臨機応変の.

hèad táble [名] 〈the ～〉 〖米〗 上座のテーブル (〖英〗 top table).

hèad téacher [名] [C] 〖英〗 校長 《headmaster 又は headmistress》.

hèad-to-héad /[移]/ [形] 〔戦い, 対決が〕真っ向からの, 接近戦の, 接戦の. ── [名] [C] (直接)対決.

hèad-to-tóe /[移]/ [形] 〖米〗 徹底した〔改革など〕.

héad trìp [名] [C] 〖米俗〗 爽快な知的体験.

be on a héad trip 思い上がっている.

héad vòice [名] [C] 〖楽〗 頭声, 裏声.

héad·wàiter [名] [C] (ホテル, レストランなどの)ボーイ長.

héad·wàters [名] 〈複数扱い〉 (河の)源流; 上流.

héad·wày [名] [U] **1** 前進, 進歩; 進捗(ちょく); (船の)速度, 船足. **2** ＝headroom. **3** (バス[電車]などの)運転[運行]間隔.

màke héadway 〈しばしば否定文で〉 (1) (困難を乗り越えて)前進する. We couldn't *make* much ～ through the jungle. 私たちはジャングルの中で思うように進めなかった. (2) はかどる, 進捗する, 〈*toward, in, with* (*doing*) ..(すること)で〉. We haven't *made* any ～ *with* this project. この計画は進んでいない. Police have *made* little ～ *in* the difficult investigation. 警察のその難しい捜査はほとんど進んでいない.

héad wìnd, héad·wìnd [名] [UC] (船, 飛行機に対しての)向かい風 (tail wind).

héad·wòrd [名] [C] **1** (辞書, カタログなどの)見出し語. **2** 〖文法〗 主要語 《修飾語句 (modifier) に対し, 修飾される語; a tall boy の boy, speak slowly の speak など》.

héad·wòrk [名] [U] 知的[頭脳]労働.

héad·y [形] [e] **1** 〔酒が〕頭にくる, すぐ酔いが回る, 強い. a ～ wine すぐ回るワイン. **2** 陶酔するような, めくるめくような, 興奮する, 意気の上がる. the ～ news of triumph 我を忘れるような勝利のニュース. ～ with success 成功に酔って. **3** 〔考え, 行動, 気性などが〕向こう見ずな, 性急な, がむしゃらな, いちずな. **4** 賢明な.
▷**head·i·ly** [副] **head·i·ness** [名]

***heal** /hi:l/ [動] (**～s** /-z/|[過] [過分] **～ed** /-d/|**héal·ing**) [他] **1** 〔傷, 病気, 病人〕を**治す**, 治療する; 癒(い)す; ([類語] 主に傷, 骨折, やけどなどを治すこと; →cure); 〖章〗〔人〕を回復させる 〈*of* ..から〉. ～ a wound 傷を治す. He has been miraculously ～*ed of* his illness. 彼は奇跡的に病気が治った. Physician, ～ thyself. 〖諺〗 医者の不養生 《医者よ, おのが病を癒せ》. **2** 〔悩み, 不和など〕を解消させる, 終わらせる. Time ～*s* all wounds. 時はすべての傷を癒す. ～ a breach 仲直りさせる.
── [自] 〔傷などが〕**治る**, 癒(い)える, 治癒する; 〔心の傷, 悩みなどが〕なくなる; 〈*up, over*〉. My wound is ～*ing* well. 私の傷はどんどん良くなっている. ◇[名] health
[＜古期英語「完全(な健康状態)にする」; whole と同根]

héal-àll [名] [C] 万能薬; 万病草 《ウツボグサ属の植物》.

héal·er [名] [C] 治療する人; 〈特に〉 信仰療法師; 薬; (悩みなどを)癒(い)す人[物, 事]. Time is a great ～. 時さえたてば(心の)傷はきれいに治る.

héal·ing [形] 治療の, 病気を治す. ── [名] [U] 治療(法); 癒(い)し.

hèaling tóuch [名] 〈the ～〉 '手触治療力' 《患者に触れて病気を治す(超)能力; 昔は王が持っているとされた》.

‡**health** /helθ/ [名] **1** [U] **健康**, 健全, (↔illness); (心身

の)健康状態. Smoking is bad for our 〜. 喫煙は健康に悪い. ask [inquire] after a person's 〜 人の健康状態[容態]を尋ねる, 人を見舞う. be in [have, enjoy] good 〜 健康である. Grandfather is still in mental and bodily [physical] 〜. 祖父はまだ心身ともに壮健である. He is a picture of 〜. 彼は健康を絵に描いたようなものだ. *Health* is above [better than] wealth. 健康は富にまさる. a 〜 freak 健康法マニア.

連結 fine [robust; bad, broken, delicate, failing, ill, poor] 〜 // endanger [risk, undermine; injure, lose, ruin; recover, regain; keep, maintain] one's 〜 // one's 〜 improves [breaks down, declines, deteriorates]

2 U (組織, 制度などの)健全な状態, 繁栄, 活力. the economic 〜 of the country その国の経済的繁栄.
3 UC (健康を祝する)乾杯.
drìnk (to) a pèrson's héalth＝drìnk a héalth to a pèrson＝drìnk to the héalth of a pèrson 人の健康を祝して乾杯する.
for one's héalth 〈否定文で〉物好きで, 伊達(だ)や粋「狂で.
Yòur [To yòur] (gòod) héalth!＝Hère's héalth to you! ご健康を祝します《乾杯の文句》.
[＜古期英語; whole, -th¹]

héalth càre 名 U **1** (主として医療機関が行う)健康管理. 〜 industry 健康産業. **2** 〖米〗健康保険(制度).
héalth cènter [cèntre 〖英〗**]** 名 C **1** 〖米〗(学校の)保健センター. **2** 〖英〗保健所《地域医療の中心》.
héalth certìficate 名 C 健康証明書.
héalth clùb 名 C ヘルスクラブ, フィットネス(センター).
héalth fàrm 名 C (郊外にある)減量施設《裕福な人や流行を追う人が通う》.
héalth fòod 名 UC 健康[自然]食品《添加物を含まない; ★healthy food は「健康によい食べ物」》.
†**health·ful** /hélθf(ə)l/ 形 **1** 〔場所, 食物などが〕健康にいい, 健康を増進させる. live in a 〜 environment 健康によい環境に住む. **2** 〔道徳的, 精神的に〕健全な, ためになる. ▷ **〜·ly** 副 健康的に, 健全に. **〜·ness** 名
health·i·ly /hélθili/ 副 健康で, 健全に; 健康によく.
health·i·ness /hélθinəs/ 名 U 健康, 健全.
héalth insùrance 名 U 健康保険.
héalth màintenance organizàtion 名 C 〖米〗(会費制の)健康管理機関《会員はどの指定病院でも治療が受けられる; 略 HMO》.
héalth phỳsics 名 〈単数扱い〉保健物理学.
héalth sèrvice 名 C 〈単数形で〉公共医療制度.
héalth vìsitor 名 C 〖英〗巡回保健員《老人, 病者の家庭を訪問する》.
‡**health·y** /hélθi/ 形 e (**health·i·er**|**health·i·est**)
1 健康な; 〔精神, 態度などが〕健全な; (類語「健康な」の意味で最も一般的; 普通, ある期間持続する心身の健康を意味する; →fit¹ 5, sound², well¹, wholesome). deliver a 〜 baby 健康な赤ん坊を産む.
2 (**a**) **健康にいい**, 保健的な, (healthful). a 〜 climate 健康にいい気候. 〜 food [exercise] 健康にいい食べ物[運動]. a 〜 influence いい影響. (**b**) (道徳的に)健全な, 有益な. 〜 reading for children 子供のための健全な読み物. a 〜 outlook on life 健全な人生観. have a 〜 curiosity 健全な好奇心がある. have a 〜 respect for .. 良識をもって..を尊重する.
3 (見たところ)健康そうな; 健康さを思わせる. a 〜 appearance 健康そうな外見. a 〜 appetite (健康さを示す)旺(おう)盛な食欲 (★この場合 healthful は使えない).
4 〔組織, 制度, 経済などが〕健全な, 活力のある. the 〜 condition of a company 会社の健全な経営状態.
5 〖話〗かなりの, 相当(量)の. a 〜 number of books 相当数の本. show a 〜 profit かなりの利益を上げる.
◇↔sick, unhealthy 名 health [health, -y¹]

‡**heap** /hiːp/ 名 (複 **〜s** /-s/) C **1** (**a**) (積み重ねた物の)**山**, 堆(たい)積, (類語 普通, 無造作[やや乱雑]に積まれた物; →pile). a 〜 of books on the desk 机の上の本の山. (**b**) (その物本来の形を保てなくなって)ぐったりした山. He dropped, a senseless 〜, to the floor. 彼は気を失ってぐったりと床にくずおれた.
2 〖話〗(**a**) どっさり, たくさん, (a lot) (語法 普通 a 〜 of [〜s of]＋U 名詞または C 名詞の複数形の形で用いられ, 動詞の数は of に続く名詞に一致する). a 〜 *of* homework 山ほどの宿題. There was 〜*s of* money in the cave. そのほら穴には山のような金があった. There are 〜*s of* pencils in the drawer. 引き出しに鉛筆がどっさりある. No more thanks. That's 〜*s*. もう結構, それで十分です. (**b**) 〈〜s; 副詞的; 比較級を強めて〉うんと, とても. 〜s better ずっとよい. **3** 〖米話〗ポンコツ車, 古自動車.
àll of a héap 〖話〗 (1) どさりと, ぐったりと. fall [collapse] *all of a* 〜 ばったり[どうと]倒れる. (2) すっかり, 全く. All the boys were struck [knocked] *all of a* 〜 to hear the news. そのニュースを聞いて少年たちはみな度肝を抜かれた. (3) 出し抜けに, 突然.
at the bòttom [tòp] of the héap (社会の)最下[上]層に[で], 敗者[勝者]で.
in a héap (1) 山積みに[の], 一塊に(なって[た]), 積み重なって[た]. The puppies were sleeping *in a* 〜. 子犬は重なり合って寝ていた. (2) ＝all of a HEAP (1).
── 動 (〜s /-s/|過 過分 **〜ed** /-t/|**héap·ing**) 他 **1** (**a**) **を積み上げる**, 山のように積む, 山盛りにする, 〈*up*〉, (類語 同種のものを雑然と積み上げること; →accumulate, pile¹, stack). 〜 *up* riches [wealth] 財産を築き上げる. (**b**) VOA (〜 X ***with*** Y/Y ***on*** X) X に Y を山積み[山盛り]にする; X (人)に Y をたくさん与える. 〜 the dish *with* fried fish＝〜 fried fish *on* the dish 皿に魚のフライを山盛りにする. 〜 a person *with* gifts 人を贈り物攻めにする. The desk was 〜*ed with* books. 机には本が山積みになっていた.
2 VOA (〜 X ***on*** [***upon***] ..) X (物, 賞賛, 侮辱など)を..にたくさん[たびたび]与える. 〜 gifts *on* a person 人に贈り物を山ほど贈る. 〜 compliments [praise] *on* her cooking 彼女の料理におせじを並べる.
── 自 山盛りになる. a 〜*ing* teaspoonful 茶さじに山盛り 1 杯. [＜古期英語「多勢」]
heaped /-t/ 形 山盛りの. one 〜 teaspoonful of sugar 茶さじに山盛り 1 杯分の砂糖.
‡**hear** /hiər/ 動 (〜s /-z/|過 過分 **heard** /həːrd/|**héar·ing** /hí(ə)riŋ/) 他 (★3, 5 〖法〗以外では進行形では用いられない) **1 を聞く, が聞こえる**, (類語「自然に耳に入る」という消極的な意味が中心; →listen). I *heard* a loud noise downstairs. 階下で大きな音がしたのが聞こえた. 〜 the bell in the evening and pray 夕方鐘の音を聞き, お祈りをする. Can you 〜 me? 私の言っていることが聞こえますか (参考 Do [Did] you 〜 (me)?[!], You 〜 me? は相手の注意を促す表現で「いいかい(よく聞くんだよ), 分かったか」などの意味) (→他 3). Not a sound was to be *heard*. 物音一つしなかった.
2 (**a**) VOC (〜 X *do*) **X が..するのが聞こえる** (★do は受け身では to do となる). I *heard* Jane *mutter* something to herself.＝Jane was *heard to* mutter something. ジェーンが何か 1 人でつぶやくのが聞こえた. He likes to 〜 himself speak [talk]. (自分の話が聞こえるのが好きだ＞)彼は話好きだ. (**b**) VOC (〜 X ***doing***) **X が..しているのが聞こえる**. We 〜 birds sing*ing* in the trees.＝Birds are *heard* sing*ing* in the trees. 鳥が木でさえずっているのが聞こえる. (**c**) VOC (〜 X *done*) X が..されるのを聞く. I have never *heard* the song *sung*

H

by a Japanese singer. その歌が日本人の歌手に歌われるのを聞いたことがない. I have *heard* it *said* that... という話を聞いたことがある.
3 (耳を傾けて)を**聞く**, に聞き入る, (listen to); を傾聴する, 聴講する; を聴(きに行)く; 📖 (～ *wh* 節) ..かを聞く. ～ Brahms ブラームス(の音楽)を聞く. ～ a concert on the radio ラジオでコンサートを聞く. ～ Mass ミサに参列する. Let me ～ what you have to say. あなたの言い分を聞かせてください.
4 (**a**)〔情報, 知らせなど〕を**耳にする**, 聞き知る. I have *heard* nothing of the actor lately. 近ごろその俳優の話はさっぱり耳にしない. (**b**) 📖 (～ *that* 節)〈Iを主語にして〉 **..というつわさを聞いている**, 聞くところでは..ということだ[..だそうだ]. I ～ (*that*) Mr. Smith has been taken ill. スミス氏は病気にかかったそうだ. 語法 I hear が文中又は文尾にくることもある: She got divorced, I ～. (彼女は離婚したそうです); 過去形, 現在完了形の用法もある: I (have) *heard that* John is in the hospital. (ジョンが入院していると聞きました) (**c**)〈So I ～ で〉そのように聞いている. "He quit his job, didn't he?" "So ⌊I ～ [I've *heard*]." 「彼は仕事を辞めたんだってね」「そんな話だね」(→so¹ 3 (b)).
5〔苦情, 陳述など〕を聞いてやる, 聞き届ける;〔証人, 被告など〕から聴取する;〖法〗〔事件〕を審理する (try);〔願いなど〕をかなえてやる. My parents would not ～ me at all. 両親は私の言うことを少しも聞いてくれなかった.
6〖米話〗〔人(の言うこと)〕を理解する; に全く同感である. I ～ you. = I ～ what you're saying. 君の言い分は分かった《<耳には入った》. "That son of a bitch should be fired." "Yeah, I *heard* that." 「あの野郎は首にすべきだ」「うん, 全くだ」.
── 自 **1 耳が聞こえる**, 聞く. Grandfather can't ～ very well. 祖父は耳が遠い. **2** (人から)話される, 知らされる, 伝え聞く.
cannot hèar oneself thínk 騒々しくて集中できない[気が散る].
****hëar about..*** **..について[..のことを]聞く**, 聞いて知る. Have you *heard about* the result of the game? 試合の結果について聞きましたか. I have *heard* a lot *about* you. あなたのことはいろいろ伺っています.
****hëar from..*** (1) **..から便り[手紙, 電話など]をもらう**, ..から連絡がある. Jim *heard from* his uncle abroad the other day. ジムは先日外国にいるおじさんから便りをもらった. (2) ..から意見[公式見解, 警告など]を聞く; ..からしかられる[罰を受ける].
Hèar, héar! そうだそうだ; よくぞ言ってくれました;《聴衆が賛成の意を表す時のかけ声; 反語的にも用いられる》.
****héar of..*** (1) **..のうわさを聞く**, ..がいる[ある]ことを耳にする. I've never *heard of* anyone doing such a cruel thing. そんなむごい事をする人間がいるのを聞いたことがない. (2) ..に耳を貸す, ..を聞き入れる, 許す,〈主に否定文で, 普通 will, would を伴って〉. Mother *would* not ～ *of* [〖米〗*to*] my going to England. 母は私が英国へ行くことをどうしても許してくれなかった.
hèar /../ óut 〔人の話など〕を最後まで聞く. *Hear* me *out* before you go. 君が行く前に私の言うことを最後まで聞いてくれ.
hèar sáy [téll] (that).. 〖話〗..と話[うわさ]に聞く. I've *heard say* (*that*) Joe has gone back to America. ジョーはアメリカへ帰ったと聞いている.
hèar téll [sáy] of.. 〖話〗..を話[うわさ]に聞く. I've *heard tell of* his enormous wealth. 彼がものすごい金持ちなのを話には聞いている.
hèar thíngs 〖話〗空耳である, 幻聴を起こす. I must be ～*ing things*. 僕は幻聴を起こしているようだ《今聞いた事はとても信じられない》.
héar to.. = HEAR of.. (2).
I hèard thát. →他 6. 「こうじゃないか.
Lèt's héar it. 〖話〗話を続けてくれ, 説明[わけなど]を聞↑
lèt's héar it for.. 〖米話〗..に声援を送ろう.
màke oneself [one's vòice] héard (1) (大声で自分の声を)聞こえるようにする. It was hard to *make myself heard* in that din. 騒がしくて私の声を聞こえさせるのは難しかった. (2) (意見などを相手に)聞き入れさせる, 聞いてもらう.
nèver [nòt] héar the énd of.. →end.
Nòw hèar thís! 〖米〗これから重大発表をします.
[<古期英語]

heard /həːrd/ 動 hear の過去形・過去分詞.

***hear·er** /hí(ə)rər/ 名 (複 **～s** /-z/) Ⓒ (話し手に対する) **聞き手**; 聴衆の 1 人; (listener; ↔speaker).

***hear·ing** /hí(ə)riŋ/ 名 (複 **～s** /-z/) **1** Ⓤ **聴覚**, 聴力; 聞くこと. lose one's ～ 聴力を失う. have good [sharp] ～ 耳がいい[鋭い]. hard of ～ →hard (成句). a ～ test 聴覚検査. at first ～ 最初に聞いた時は.
2 Ⓒ (**a**) **聞いてやること**, 意見聴取; (自分の主張などを) 聞いてもらう機会. Let's give the student a fair ～. その学生の言い分を公平に聞こう. get [gain] a ～ 意見を聞いてもらう機会を得る. She thought she had a fair ～. 彼女は公平に聞いてもらったと思った. (**b**) (委員会などの)聴問会, ヒアリング;〖法〗審理; 訊問, 審問; 聴聞. a public [an open] ～ 公聴会.
3 Ⓤ **聞こえる距離**[範囲]. within ～ 聞こえる所に[の]. I called out to him, but he was already out of ～. 彼に向って叫んだが, 彼はもう声の届かない所へ行っていた.
in [within] a pèrson's héaring = in [within] the héaring of a pèrson 人の聞いている[聞こえる]所で[の]. I foolishly talked about that *in* his ～. 私は愚かにも彼に聞こえる所であんな事をしゃべった.

héaring àid 名 Ⓒ 補聴器 (deaf-aid).

hèaring-impáired /⑱/ 形 耳が遠い, 難聴の.

heark·en /háːrkən/ 動 自 〖雅〗耳を傾ける, 傾聴する; (listen)〈*to* ..に〉.

Hearn /həːrn/ 名 **Laf·cad·i·o** /læfkǽdiòu, -káːd-/ ～ ハーン (1850–1904)《米国から日本に帰化した作家; 小泉八雲と称した; *Kwaidan* (1904) 他》.

héar·sày 名 Ⓤ また聞き, 伝聞; うわさ, 風聞, (→HEAR say (that)..). by [from] ～ うわさによって[よると].

héarsay èvidence 名 Ⓤ 〖法〗伝聞証拠《また聞きの証言で, 法廷では認められない》.

hearse /həːrs/ 名 Ⓒ 霊柩(きゅう)車.

‡**heart** /haːrt/ 名 (複 **～s** /-ts/)
【心臓, 胸】 **1** Ⓒ **心臓**; 胸, 胸部. the beating [throbbing] of the ～ 心臓の鼓動. The ～ pumps blood to all parts of the body. 心臓は体の各部に血液を送る. He has a weak ～. 彼は心臓が弱い. cross one's ～ 胸に十字を切る. put one's hand to one's ～ 胸に手を当てる. My ～ stood still when I saw him. 彼に会った時, 心臓が止まるほどだった. My ～ pounded. 心臓がどきどきした.

> 連結 a strong ～ // one's ～ beats [jumps, palpitates, races; pounds, throbs, thumps; fails; stops]

【胸の中の感情】 **2** Ⓒ **心**, 心情, 気持ち, (類語 感情・情緒を意味する; →soul). a man of two ～*s* 二心(ふたごころ)を抱いている人. have a ～ of gold [stone] 心が優しい[冷酷である]. My ～ bleeds for ..を気の毒に思う;〈しばしば皮肉〉..はお気の毒様. win the ～*s* and minds of young people 若者の心をとらえる[共感を得る]. harden [steel] one's ～ (against..) (〔人〕に対して)心を鬼にする. The film moved [stirred, touched] my ～. 私はその映画に感動した. have a change of ～ →成

句.

> 連結 a broken [a heavy, a leaden, a sorrowful; a cold, a cruel, a hard, a pitiless; an evil; a gentle, a good, a kind, a tender, a warm; a cheerful, a light] ～

3【親愛の情】 UC **愛情**, 人情, 同情心. Hal won the ～ of the most beautiful girl in town. ハルは町一番の美女の愛をかち得た. win the ～*s* and minds of young people 若者の強い支持を得る. a man of ～ 人情家. have no ～ 思いやりがない. She is all ～. 彼女は大変親切だ (★皮肉としても用いる). 「としい人.

4 C (愛情などの対象としての)人. a sweet [dear] ～ い↑

5【強い意志】 U **熱意**, 熱; 気力; **勇気**; 元気. have no ～ [do not have the ～] ⌞for .. [*to* do] ..をする気になれない[元気はない]. He really put his ～ into that work. 彼は本当にその仕事に打ち込んだ.

【心臓のようなもの】 **6** C ハート形のもの; (トランプの)ハート札; 〈～s〉 ハートの組札. the ace [king] of ～*s* ハートのエース[キング].

7 C 〈the ～〉 **中心(部)**, 中央; (花, 果物, 野菜の)芯(しん); (問題, 事件などの)核心, 本質. live in the ～ of Paris パリの真ん中に住む. at the ～ of ..の中心(部)に, 核心に. strike at the ～ of ..の根幹を攻撃する[揺るがす]. get [go] to the ～ of the matter [question, problem] 問題の核心に触れる. the *Heart* of England 英国の心臓部 《特に明確な地理的定義はない; 観光客の気持ちをそそる美句》.

8 U (土壌の)肥沃(よく)さ. ◇形 hearty 動 hearten

after a pèrson's (òwn) héart 〈a man [woman]など名詞に続けて〉 自分の心にかなった, 好みの[同じ]タイプの. a politician *after* my *own* ～ 私の好みの政治家.

an òpen héart (1) 率直さ. with *an open* ～ 率直に. (2) 親切さ, 気前のよさ. have *an open* ～ for ..にやさしい. with *an open* ～ 気前よく.

****at héart*** (1) **心の底では**, 真意は, 本当のところは. He's not a bad fellow *at* ～. 彼は根は悪い人間ではないのだ. have a person's best interests *at* ～ →interest 5. (2) 気持ち(の上で)は. young *at* [*in*] ～ 〔老人などが〕気が若い. sick *at* ～ →sick[1] (成句).

be of gòod héart＝keep (ùp) a gòod héart (落胆せずに)元気でいる.

****brèak a pèrson's héart*** **人を悲嘆にくれさせる**. He *broke* his mother's ～ by giving up his studies. 彼は学業を放棄して母親を悲嘆にくれさせた.

brèak one's héart 悲嘆にくれる. I *broke* my ～ over my sweetheart's death. 私は恋人に死なれて悲嘆にくれた.

****by héart*** **そらで**. learn a poem *by* ～ 詩を暗記する. recite a poem (off) *by* ～ 詩をそらで朗唱する.

clòse [dèar] to a pèrson's héart ＝near (to) a person's HEART.

Cròss my héart (and hòpe to díe). 〖話〗 絶対ほんとだよ, 間違いありません (★胸に十字又は X 字を切りながら子供がよく使い, 普通( )内は省かない).

crỳ [sòb] one's héart òut →cry, sob.

dèar [clòse] to a pèrson's héart ＝near (to) a person's HEART.

dò a pèrson's héart gòod 人を元気づける, 人をうれしがらせる. It *does* my ～ *good* to see you running around again. あなたがまた動き回れるようになってうれしいです.

èat one's héart òut (1) 人知れず悩む 〈*for, over* ..のことで〉; 慕って嘆く 〈*for* ..を〉. (2) うらやましがる. Don't *eat* your ～ *out* about my new computer. ぼくの新しいコンピュータをうらやましがることはない. (3) 〈有名人の名前と共に用いて〉 〖戯〗 ..なんてたいしたことない. *Eat* your ～ *out*, Domingo. (私とくらべりゃ)ドミンゴなんてどうということないですよ.

fìnd it in one's héart [oneséĺf] to dò ..する気になる 〈普通 cannot, could not に続けて〉. I couldn't *find it in* my ～ *to* forgive her for lying to me. 彼女が私にうそをついたことをどうしても許す気になれなかった.

fòllow one's héart 自分の気持ちに従う.

****from (the bòttom of) one's héart＝from the héart*** **心(の底)から**; 正直に. Kate hates Jim *from the bottom of* her ～. ケートは心の底からジムを嫌っている. speak from the ～ 正直に話す.

gìve..frèsh héart 〔人〕を元気づける.

gìve..héart 〔事が〕〔人〕を元気づける.

gìve [lòse↓] one's héart to..

gò to a pèrson's [the] héart 人の胸にこたえる, 人に悲痛な思いをさせる.

hàve a chànge of héart 気が変わる.

hàve a héart 〖話〗 寛大にする, 情けをかける, 意地悪をしない, 〈普通, 命令形で〉. *Have a* ～! Give me another chance. 頼むからもう一回チャンスをくれ.

hàve..at héart 〖章〗 〔物事〕を心にかけている, 切望している; ..に関心を持つ.

hàve one's héart desìre＝hàve éverything one's héart could desìre 欲しいものは何でも手に入る.

hàve one's héart in.. ..に興味[関心]を持つ; ..を熱心にやる. 「る.

hàve one's héart in one's bóots 気が落ちこんでい↑

hàve one's héart in one's móuth [thróat] びっくり仰天する, びくびくする. ★with one's heart in one's mouth (びくびくしながら)としても用いる.

hàve one's héart in the rìght pláce (本当は)心の優しい[正しい; 善意の]人である. He *has* his ～ *in the right place*. 彼は心の優しい人だ (★His ～ is in the right place. とも言える). 「on...

hàve one's héart sèt on.. ＝set one's HEART↑

hàve the héart to dò ..する(ほどの)勇気[無神経さ]がある 〈普通, 否定文, 疑問文で〉. I didn't *have the* ～ *to* tell her my opinion of her talent. 彼女の才能に対する私の判定を彼女に告げる勇気は無かった.

hèart and sóul (1) 全身全霊. put one's ～ *and soul* into political reform 政治改革に全身全霊をささげる. When Jane plays the piano, her ～ *and soul* is in it. ジェーンはピアノを弾くとき, 全身全霊で弾く (★しばしば単数扱い). (2) ＝with all one's HEART.

one's hèart goes óut to.. 〔人〕に心を惹(ひ)かれる, ..に同情する, ..をかわいそうに思う.

A person's hèart is in his [her] bóots. 〖英・旧〗 びくびくしている.

One's hèart is in one's móuth. 〈普通, 過去形で〉 (急に)おびえる, びくびくする; はらはらしている.

One's hèart isn't ín it. 気が乗らない, やる気がない.

One's hèart lèaps into one's móuth. びっくり仰天する. 「気落ちする.

One's hèart sínks (in one's bóots). 気が滅入る,↑

One's hèart skípped [missed a béat]. (心臓も止まらんばかり)驚いた; 大変うれしかった.

hèart to héart 腹を割って.

in gòod héart (1) 元気(一杯)で. (2) 〖主に英〗 〔土地が〕肥えて. 「底では.

in one's hèart (of héarts) 心の中で, ひそかに; 腹の↑

lày..to héart ＝take..to HEART.

lòse héart 元気をなくす, がっかりする; やる気をなくす.

lòse one's héart to.. ..にほれ込む, ..を恋い慕う, ..に心を奪われる.

My hèart bléeds for.. (1) ..を思うと胸が痛む. (2) 〈My ～ bleeds for you! として〉 〖戯〗 それは何ともお気

H

の毒なことで.

nèar* (*to*) *a pèrson's héart 人にとって(一番)大事な; 人にとって(最も)なつかしい, 親愛な. a problem *near to* my ～ 私にとって大事な問題.

òpen* [*pòur out*] *one's héart to a pérson 人に心[胸襟]を開く, 人にほんとうの気持ち[意見]を述べる.

out of héart 元気のない, しょげかえって.

pìn* [*wèar* ↓] *one's héart on one's sléeve

****sèt one's héart on* [*upon*]*. . . .*を熱望する**, なんとか. . したい, . . に熱中する. My son's ～ is *set on* going to France. 息子はフランスへとても行きたがっている.

stèal a pèrson's héart いつのまにか人に愛情を抱かせる《＜人の心を盗む》.

stràight from the héart 心から.

strìke at the héart of . . . . の根底を揺るがす.

tàke héart 元気が出る, 気を取り直す, がんばる.

****tàke . . to héart*** (1) **. .を苦にする**, 気にする, . . にくよくよする. Don't *take* this defeat *to* ～ too much. この敗北をあまり苦にするな. (2)〔助言, 注意など〕を深く心に留める, 肝に銘じる, 真剣に考える. He *took* her advice [remarks] *to* ～. 彼は彼女の忠告[言葉]を肝に銘じた.

tàke . . to one's héart 〔人〕を温かく受け入れる.

tèar a pèrson's héart òut 人を悲嘆にくれさせる.

the wày to a person's héart 人の心のつかみ方, 人の喜ばし方. know *the way to* a person's ～《戯》人の心をつかむのがうまい. *The way to* a man's ～ is through his stomach. 男の心をつかむには胃袋から.

to one's hèart's contént →content[2].

twò hèarts that bèat as óne 似た者夫婦など《考え方, 趣味などが合う男女について言う》.

wèar one's héart on* [*upon*] *one's sléeve あまりに率直である, 思うことをあけすけに言う,《特に恋心などを》.

with a hèavy héart 悲しい気持ちで, 重い心で.

****with àll one's hèart* (*and sóul*)＝*with one's whòle héart*** **全精神をこめて**; 心から(喜んで), 心をこめて. I'll help you *with all* my ～. 喜んでお手伝いしましょう.

with hàlf a héart しぶしぶ, いやいやながら.

[＜古期英語]

†**héart·àche** 名 UC ひどい心痛, 悲嘆.

†**héart attàck** 名 C 心臓発作[麻痺(まひ)]. have a ～ 心臓発作を起こす;〈比喩的に〉(怒り, ショックなどで)心臓が止まりそうになる.

‡**héart·bèat** 名 UC 心臓の鼓動, 動悸(き); 心拍音. in a ～ あっと言う間に. ***a héartbeat* (*awày*) *from . .*** (1) . . からすぐ近くで. (2) いまにも. . しそうで. be *a* ～ *away from* tears いまにも泣き出しそうだ.

‡**héart·brèak** 名 UC 胸が張り裂けるような思い, ひどい苦しみ; 悲しみの種. ▷～·**er** 名 C 人を夢中にさせておいて捨てる人.

‡**héart·brèaking** 形 胸の張り裂けるような, ひどく悲しい[つらい]; 悲しくさせる. ▷～·**ly** 副

héart·bròken 形 悲嘆にくれた[て]; 悲しみに満ちた.

héart·bùrn 名 U **1** 胸やけ. **2** ＝heartburning.

héart·bùrning 名 UC 〈時に ～s〉嫉妬(しっと), ねたみ; 恨み; 不平.

héart disèase 名 UC 心臓病.

-héart·ed /-əd/ 〈複合要素〉「. . の心を持った」の意味. good-*hearted*. warm-*hearted*. chicken-*hearted*.

-héart·ed·ly 〈複合要素〉「. . の心で」の意味. cold-*heartedly*. kind-*heartedly*.

†**heart·en** /hάːrtn/ 動 他 〔人〕を励ます, 勇気[元気]づける, 〈*on*, *up*〉. be ～*ed* (*up*) by the good news 朗報に元気が出る. ◇名 heart

héart·ened 形 励まされて, 勇気[元気]づけられて, 〈*to* do, *that* 節 . . して〉. He was ～ *that* strangers had leaped to the defense of our child's welfare. 知らない人たちが子供の福祉を守るためにすぐ立ち上がってくれたことに彼は元気づけられた.

héart·en·ing 形 元気を出させるような, 励みとなる. ～ news 元気づけるような知らせ. ▷～·**ly** 副

héart fàilure 名 U 心不全, 心臓麻痺(まひ). have ～ (心臓が止まるほど)驚く. You nearly gave me ～. ああ驚いた(もう少しで心臓が止まるところだった).

‡**héart·fèlt** 形 〔感謝などの気持ちが〕心からの (sincere). offer one's ～ congratulations 心からの祝辞を贈る.

***hearth** /hɑːrθ/ 名 (複 ～**s** /-θs/) C **1 炉床**(ろしょう)《暖炉 (fireplace) の内側と前に敷かれた石やれんがの床》. **2** (団らんの場としての)**炉辺**; 家庭(生活). sit around the ～ 炉辺に座る. **3**〖冶金〗炉床, 火床.

hèarth and hóme (楽しく心地よい)家庭(生活).

[＜古期英語]

héarth·rùg 名 C 暖炉の前の敷物.

héarth·sìde 名 U 炉辺; 家庭.

héarth·stòne 名 **1** C 炉石, 灰受け石. **2** U 炉辺; 家庭. **3** (床などを磨く)軽石(の粉).

***heart·i·ly** /hάːrtili/ 副 m **1 心から**, **心をこめて**. greet the guests ～ 客たちに心をこめて挨拶(あいさつ)する. I am most ～ ashamed. 私はほんとうに恥ずかしい.

2 熱心に, **熱意を持って**; 元気いっぱいに. study English ～ 熱心に英語を勉強する. laugh ～ 腹の底から笑う. **3 食欲旺(おう)盛に**; 腹いっぱい. eat one's dinner ～ 夕食をたらふく食べる. drink ～ 思う存分飲む.

4 非常に, 全く, (very). ～ tired すっかり疲れて. ～ agree with . . と全く同感である. I'm ～ sick of your continual grumbling. 君の絶え間のない不平には全くうんざりだ. ◇形 hearty

héart·i·ness /hάːrtinəs/ 名 U 誠実, 誠意, 熱心; 元気.

héart·lànd 名 C (1 国の)中心地域; 心臓部; 本拠地. I have always thought of Chicago as the ～ of the United States. 私はずっとシカゴがアメリカの中心部だと思ってきた. a Republican ～ 共和党の地盤.

†**héart·less** 形 無情な, 無慈悲な, 冷酷な. It's a ～ thing to do. それは冷たい仕打ちだ. ▷～·**ly** 副 無情に, 冷酷に. ～·**ness** 名

hèart-lúng machìne 名 C 〖医〗人工心肺《心臓手術中に用いる》.

héart mùrmur 名 C 〖医〗心雑音.

héart ràte 名 C 心拍数《略 HR》.

héart·rènding 形 胸の張り裂けるような, 悲痛な, 痛ましい. ▷～·**ly** 副

héart's blòod 名 U 生命; 生き血.

héart-sèarching 名 U 心をくまなく探ること, 厳しい反省.

héarts·èase 名 **1** U 心の落ち着き[平安] (peace of mind). **2** C 〖植〗〖古〗サンシキスミレ (pansy).

héart·sìck 形 悲嘆にくれた, 意気消沈した.

héart·sòre 形 悲嘆にくれた.

héart-strìck·en, -strùck 形 悲嘆にくれた; うろたえた.

héart·strìngs 名 〈複数扱い〉(心の奥底の)愛[哀れみ]の情, 心の琴線. touch [tug at, tear at] a person's ～ 人の感情を揺り動かす, 人を深く感動させる.

héart-thròb 名 C **1** (心臓の)鼓動. **2**〖俗〗色男, いい男,《若い女性の心をときめかすような》.

hèart-to-héart /移/ 形 〈限定〉腹蔵のない, 打ち明けた. I had a ～ talk with him. 彼と腹を割って話した.

── 名 C 腹を割った話.

héart·wàrming 形 心温まる〔優しさなど〕, うれしい〔親切など〕《**heart-warming** とも書く》.

héart-whòle 形 恋をしていない, 恋を知らない.

héart·wòod 名 U (材木の)心材, 赤味材,《堅い部分; →sapwood》.

***heart·y** /hάːrti/ 形 e (**heart·i·er**|**heart·i·est**) 【心をこめた】 **1**〈限定〉**心からの**, 誠意のある, 暖かい. The family gave us a ～ welcome. 一家は私たちを心から歓迎してくれた. treat children with ～ affection 暖かい愛情で子供に接する. be in ～ agreement 心から

同意している. have a ～ dislike for ..を心から嫌う.
【元気いっぱいの】 **2** 熱心な; 元気な; 力強い; 〘主に英話〙にぎやかな, 騒々しい. give a ～ laugh 心から笑う. give a ～ push 思いきりひと押しする. hale and ～ → hale (成句).
【元気な＞食欲十分な】 **3** 旺(おう)盛な〔食欲〕; 大食の. Jack has a ～ appetite. ジャックは食欲旺盛だ. a ～ eater 大食漢.
4【食欲を満たす】〈限定〉〔食事が〕たっぷりした; 〔食物が〕栄養のある. have a ～ meal 腹いっぱい食べる.
── 名 C **1** 〘旧話〙 仲間; 仲間の船乗り. My *hearties*! さあみんな《主に水夫たちへの呼びかけ》.
2 〘主に英〙(スポーツが得意な)元気な人.

‡**heat** /hiːt/ 名 (複 **～s** /-ts/)
【高温】 **1** U **熱**, 熱さ, 熱度. The sun gives us ～ and light. 太陽は私たちに熱と光を与えてくれる. prepare food by using ～ 熱を使って料理する. give [throw] off ～ 熱を出す. turn up [down] the ～ (こんろを)強火[弱火]にする. on a high [low] ～ 強火[弱火]で.
2 aU **暑さ**, 炎熱; 温度; (常温より)高い体温, 熱 (fever). escape the summer ～ 避暑をする. in this ～ この暑さの中を. the ～ of the water in the flask フラスコの水の温度. a ～ of 200 degrees 200度の温度. the ～ of the day 日盛り《〘聖書〙から》. If you can't stand the ～, stay [get] out of the kitchen. 〘諺〙耐えられないなら, やめてしまえ《ぶつぶつ[不満を]言うな》.

> 連結 intense [extreme; blistering, boiling, burning, scorching, sweltering; intolerable] ～ // bear [stand; avoid; keep off] the ～

3 U 〘米〙暖房(設備)(〘英〙 heating); (調理の)熱源; '火'. Gas ～ is cheaper than electric. 暖房は電気よりガスの方が安い.
【熱っぽいこと】 **4** U **熱心さ**, 激烈さ; 興奮, 激怒, 激情; 白熱状態. make a speech with ～ 熱を込めて演説する.
5【激しい競り合い】C (競技, 競走などの) 1 回; 予選. trial [preliminary, qualifying] ～*s* 予選. the final ～ 決勝戦[レース].
6 U 〘俗〙(警察の)捜査の手, 急追; 〈the ～〉警察; 〘米俗〙批判, 非難; ピストル.
7【熱い感覚】U (香辛料のぴりっとした)辛味, 辛さ. the ～ of the pepper こしょうの辛味.
8 U (特に, 雌の)さかり, 交尾[発情]期. a bitch in 〘米〙 [on 〘英〙] ～ さかりのついた雌犬. ◇形 hot
in a dèad héat →dead heat.
in the héat of.. ..の白熱した際に, ..のさ中に; ..に熱中したあまり. *in the* ～ *of* the battle [argument] 戦い[議論]の真っ最中に. *in the* ～ *of* the moment (一時的に)かっとなって, 興奮したあまり.
pùt the héat on.. 〔人, 政府など〕にプレッシャーをかける.
tàke the héat (1) 暑さに耐える. (2) 非難[批判]される[に耐える].
tàke the héat òff＝tàke off the héat 圧力を弱める.
tàke the héat out of.. 〔状況など〕を鎮める; ..の緊張を緩和する. We tried to *take the* ～ *out of* the situation. 我々は緊張した事態を和らげようとした.
The hèat is ón [óff]. 精力的にやらなければならない, 緊迫した状態である, [難しい状況は終わった]; 警察の追求がきびしい[ゆるくなった].
tùrn up the héat on.. 〘話〙..に批判[攻撃]を向ける; ..を厳しく取り調べる.
── 動 (**～s** /-ts/|過 過分 **héat·ed** /-əd/|**héat·ing**) 他 **1** を**熱する**, 熱くする, 暖める, 暖房する, 〈*up*〉(warm up; ↔cool). ～ a room 部屋を暖める. ～ the soup スープを温める. Would you ～ some water for tea? お茶を入れるお湯をわかして下さいませんか. **2** を興奮させる〈普通, 受け身で〉. be ～*ed* with discussion 討論で興奮する.
── 自 **1** 熱くなる, 暖まる, 〈*up*〉(↔cool down). The engine of the car has ～*ed up*. 車のエンジンが暖まった. **2** 興奮する; 〔状況などが〕激しくなる, 緊迫する; 〔議論などが〕熱を帯びる; 〈*up*〉(↔cool off). [＜古期英語]

héat bàrrier 名 ＝thermal barrier.

†**héat·ed** /-əd/ 形 **1** 加熱した, 熱せられた. a ～ swimming pool 温水プール. **2** 激した, 興奮した; 激怒した. have a ～ argument 激論をする. get [become] ～ about [over] ..に激怒する. ▷**～·ly** 副 激して, 興奮して.

***heat·er** /híːtər/ 名 (複 **～s** /-z/) C **1** (部屋, 車などの) ヒーター, 暖房器[設備]; 加熱器. an electric [oil] ～ 電気[石油]ストーブ. a water ～ 湯わかし器, 給湯器.
2 〘米話・旧〙ピストル.

héat exchànger 名 C 〘機〙熱交換器.

héat exhàustion 名 U 暑気あたり《軽い heatstroke》.

†**heath** /hiːθ/ 名 **1** C (ヒースの生い茂った)荒野. **2** UC ヒース《英国, 北欧などの荒野に茂るツツジ科エリカ属の各種の小灌木; 小さな紫, 淡紅色の鐘状の花を付ける; → heather》. [＜古期英語] ▷**heath·y** /híːθi/ 形

‡**hea·then** /híːð(ə)n/ 名 (複 **～s, ～**) C **1** 異教徒《キリスト教徒・ユダヤ教徒・イスラム教徒がそれぞれ他教徒を指して言う; →pagan》. the ～〈複数扱い〉異教徒たち. **2** 〘話〙不信心者; 未開人, 野蛮人; 無作法者.
── 形 **1** 異教(徒)の. a ～ country 異教国. **2** 〘話〙不信心な; 未開の, 野蛮な.
[＜古期英語; 原義は「荒れ野 (heath) に住む人」]

hea·then·dom /híːð(ə)ndəm/ 名 **1** U 異教, 異端(信仰). **2** C 異教国; U 〈集合的〉異教徒.

hea·then·ish /híːð(ə)niʃ/ 形 **1** 異教(徒)の; 異教徒的な **2** 野蛮な. ▷**～·ly** 副

†**heath·er** /héðər/ 名 U **1** ヒース, ヘザー《特に北部, 高地のヒース》. ★ heath, heather ともにイングランド・スコットランドで用いられるが, イングランドでは heath, スコットランドでは heather が普通. **2** ヘザー色《くすんだ赤紫色; **héather pùrple**とも言う》.
sèt the hèather on fíre 世間を驚かす.
[＜古期英語]

héather mìxture 名 U 〘英〙(ヘザーの花色に似せた)混色の毛織物.

heath·er·y /héðəri/ 形 **1** ヒースの, ヒースに似た. **2** ヒースに覆われた.

heath·land /híːθlənd/ 名 UC ヒースの生い茂った荒野.

Hèath Róbinson 名 UC, 形 〘英・戯〙ヒース・ロビンソン式(の)《装置などがこっけいなほど複雑な[手の込んだ]のを言う; ＜風刺画家 William *Heath Robinson*》.

Heath·row /híːθrou|hìːθróu 米/ 名 ヒースロウ《ロンドン西端の 1 地区》. ～ Airport ヒースロウ国際空港《正式名は London Airport》.

***heat·ing** /híːtiŋ/ 名 U **加熱**; (集中)**暖房**, 暖房装置. oil for ～ 暖房用石油. Switch [Turn] the ～ on. 暖房をつけなさい.

héat ìsland 名 C 〘気象〙熱の島《都市部や工業地帯上空の周辺部より高温の大気》.

héat lìghtning 名 U 〘主に米〙(雷鳴を伴わない遠方の)稲妻.

héat·pròof 形 耐熱(性)の.

héat pùmp 名 C 熱ポンプ《空調や冷蔵庫に利用》.

héat ràsh 名 UC あせも (prickly heat).

héat-resìstant 形 〔皿, 物の表面などが〕耐熱性の.

héat-sèeking 形 **1** 赤外線を探知できる. **2** 〔ミサイルが〕(航空機のエンジンから発散される)熱を探知・追跡できる. a ～ missile 赤外線探知[追属]ミサイル.

héat shièld [名] [C] (宇宙船の)熱遮断材, 熱シールド.
héat spòt [名] =heat rash.
héat·stròke [名] [U] 〖医〗熱射病, 日射病 (sunstroke; heat exhaustion).
héat-trèat [動] [他] を熱処理する.
héat trèatment [名] [U] 熱処理.
héat wàve [名] [C] 〖気象〗熱波《連続した異常な暑さ; ↔cold wave》.
***heave** /hiːv/ [動] (~s /-z/|[過] [過分] ~d /-d/, 〖海〗**hove** /houv/|**héav·ing**) [他]
【持ち上げる】 **1** [VOA] 〔重い物〕を持ち[引き, 押し]上げる; 〖海〗(ロープ, 鎖などで)〔錨(いかり)など〕を引き上げる; 〈*up*〉〈*onto, into* ..に/*toward* ..の方に〉. ~ a heavy box *up* (*onto* the bank) (堤の上まで)重い箱を引き上げる. **2** [VOA] 〖海〗〔船など〕をロープで引く. ~ a ship ahead 船を前に進める. **3** 〖話〗[VOA] を(持ち上げて)投げる〈*at, through* ..に〉. ~ a brick *at* [*through*] a window レンガを窓に投げつける[投げ入れる].
4【口の中から持ち上げる】〔うめき声〕をたてる, 〔ため息〕をつく; 〔食べた物〕を吐く, 上げる, 〈*up*〉. ~ a groan うめき声をたてる. ~ a sigh (of relief) (ほっと)ため息をつく.
── [自] **1** (規則的に)上下する, うねる; 持ち上がる, ふくれる. the boat *heaving* in the water (波のために)上下に揺れる船. The patient's chest was *heaving* painfully. その患者の胸は苦しそうに波打っていた. **2** 〔人(の胃)が〕むかつく, 吐く, 〈*up*〉(vomit). ~ *up* violently ひどくもどす. **3** (a) [VA] 引っ張る, 巻く, 〈*at, on* ..を〉. ~ (away) *at* a cupboard 戸棚を引っ張る. (b) [VA] 〔船が〕(ある方向に[仕方で])進む, 動く. ~ *in* [*into*] sight →↓
be héaving 〖英話〗〔店が〕大変こんでいる. ⌊成句.
Hèave awáy [hó]! 〖海〗よいと巻け[引け]《錨(いかり)を上げる時の掛け声》.
hèave in [into] síght [víew] 〖海〗〔船などが〕見えてくる; 〖戯〗〔人が〕姿を現す; (★[過] [過分] は hove).
héave onesèlf (úp) out of [from, off] .. よいしょと〔椅子など〕から立つ. He ~*d* him*self* (*up*) *out of* bed. 彼は(重い体を)どっこらしょとベッドから起き上がった.
hèave tó 〖海〗踟躕(ちちゅう)する《船が帆の一部に前面より風を入れたり推進機を適当に操作したりして錨を使わずに洋上に止ま(ってい)ること》. *Heave to*! 停船!
── [名] [C] **1** (力を入れて)持ち[引き, 押し]上げること. With a ~ they lifted the machine into the van. 彼らは機械を力いっぱい持ち上げてバンに積み込んだ. **2** 〈単数形で〉(波などの)うねり; ふくれること. the ~ of the sea 海のうねり. **3** (力を入れて)投げること. give a bottle a mighty ~ out onto the river 瓶を力いっぱい川へ投げ込む. [<古期英語; heavy と同根]
hèave-hó [名] ([複] ~s) [C] 〖話〗拒絶, お払い箱, '首', 〈主に次の成句で〉.
gèt the (òld) hèave-hó 首になる.
gìve a pèrson the (òld) hèave-hó 人を首にする; 人と別れる, 人をふる.
── [間] 〖海・旧〗HEAVE ho!
‡**heav·en** /hév(ə)n/ [名] ([複] ~s /-z/) 【天上】 **1** [U] **天国**, **極楽**, 《キリスト教における神・天使・神に救われた者の住む国; ↔hell》. an inhabitant of ~ 天人.
2 〈普通 H-; 時に Heavens〉 **神**, **天**, (Providence, God). enter the Kingdom of *Heaven* 天国に入る. the justice of *Heaven* 天罰. *Heaven* helps those who help themselves. →HELP oneself.
3【天上の至福】[UC] 〖話〗天国[楽園](のような場所); 非常に幸福な状態. (a) ~ on earth 地上の楽園. sheer ~ この上ない幸せ. The weekend trip to Florida was ~. フロリダへの週末旅行はこの上なく楽しかった.
4 [UC] 〈普通 the ~s〉 **天**, **空**, (sky; ↔earth). look up at the ~*s* 空を見上げる. The ~*s* are bright with stars tonight. 今晩は空は星で明るい.
By Héaven! 誓って, 必ず; やあ全く; おお; (→by GOD↓
for héaven's sàke →sake¹. ⌊[参考]).
(Gòod) Héaven(s)!=***Hèavens to Bétsy!*** 〖米〗= ***My héavens!***=***Héavens alìve!*** おや, まあ, とんでもない, 困ったなあ, 《驚き, 哀れみの発声》. *Heavens*, how I wish I could get away from here! ああ全く, 何とかしてここから逃げ出したいなあ. *Heavens*, no. いえ, とんでもない; 断じて否.
gò to héaven 天国に行く, **昇天する**, 死ぬ.
Hèaven be práised [thánked]! =Thank HEAVEN(s)!
Hèaven fórbid! →forbid (成句).
***Hèaven [Gòd] hélp** a person* (人は)可哀想に; もうだめだ, 大変な目に遭うぞ, 〈*if* 節 もし..のようなことがあれば〉(★help は仮定法現在). *Heaven help* us *if* we go bankrupt. もし倒産でもしたらもう百年目だ.
Hèaven (ònly) knóws →know.
Héavens abòve! =(Good) HEAVEN(s)!
Hèavens to Bétsy! =(Good) HEAVEN(s)!
in héaven (1) 在天して[の], 死んで(いる); (幸福で)天国にいるようで. (2) 〈疑問詞の後で〉 一体全体 (on earth). Why *in* ~ did you do that? 一体全体どうしてあんなことをしたんだ.
in hèaven's náme 〖主に英話〗=in HEAVEN (2).
in (the) sèventh héaven →seventh.
mòve hèaven and éarth →move.
smèll [stìnk] to hìgh héaven (1) ひどい悪臭を放つ. (2) (質的に)ひどい; 疑わしい.
Thànk Héaven(s)! ありがたい, しめた.
The hèavens ópened sùddenly. 〖章〗突然雨が激しく降り出した.
to héaven 何としても(..であって欲しい). I wish *to* ~ he hadn't left! 何としても彼には行って欲しくなかったのに. [<古期英語]
***heav·en·ly** /hév(ə)nli/ [形] [C] (★3, 4 は [e] (**-li·er**|**-li·est**)) **1** 〈限定〉 **天上の**, 天国の, (↔earthly). Our *Heavenly* Father 天の神. the *Heavenly* Host 天使たち. ~ angels 天使たち. the ~ kingdom 天国.
2 〈限定〉天の, 空の, (↔earthly). a ~ body 天体.
3 〈限定〉 **天国のような**, 神々しい; この世のものとは思われない. ~ thoughts 神のような気持ち[心根]. ~ bliss 無上の幸福. **4** 〖話〗すばらしい, すてきな. I'm so tired; it's simply ~ to have a rest. とても疲れた. ひと休みできたら最高だ. What ~ weather! すばらしい天気だ.
Hèavenly dáys! これは驚いた, 何ということだ.
▷**héav·en·li·ness** [名] [U] 崇高さ, 神々しさ.
hèaven-sént /[移]/ [形] 天与の, 天来の. a ~ opportunity 願ってもない機会.
héaven·ward [副] 天に向かって, 天を仰いで. ── [形] 天に向かっての.
héaven·wards [副] =heavenward.
***heav·i·ly** /hévili/ [副] [m]
【重く】 **1** **重く**, どっしりと; (体格が)がっしりと; (↔lightly). Susie hung ~ on my arm. スージーは私の腕にぶら下がるようにしがみついた. be ~ built がっちりした体(格)である. **2** **重苦しく**; **重々しく**; **のろのろと**; 大儀そうに, どっかりと; (↔lightly). tread ~ 重い足を引きずって歩く. My son's illness rests ~ on my mind. 息子の病気が私の心に重くのしかかっている. sit down ~ どっこいしょと腰を下ろす.
【過度に】 **3** 濃密に; 密集して. a ~ populated country 人口過密な国. **4** **激しく**, ひどく, きつく; 大量に. It's raining ~ outside. 外は激しい雨だ. smoke ~ たばこをたくさん吸う. ~ armed 重装備した. be ~ dependent [reliant] on ..に大いに[大きく]依存している. Jim was fined ~ for his traffic violation. ジムは交通違反で重い罰金を課せられた. He breathed ~. 彼の

息うかいは激しかった.
be héavily into .. 〘話〙 ..にのめり込んでいる.
†heav·i·ness /hévinəs/ 名 U **1** 重いこと; 重さ. **2** 不活発; ぎこちなさ. **3** 重苦しさ. **4** (程度の)激しさ; 大量.
Hèav·i·side láyer /hèvisaid-/ 名 〈the ～〉ヘビサイド層《長中波の電波を反射する中層電離層; E layer [region] とも言う; ＜1902 年にこの存在を予告した英国の科学者 Oliver *Heaviside* (1850-1925)》.
‡heav·y /hévi/ 形 e (**heav·i·er** | **heav·i·est**)
【重量のある】 **1** (**a**) **重い**; 比重の大きい; (↔light). Gold is *heavier* than lead. 金は鉛より重い. How ～ ⌊is your baggage [are you]? あなたの⌊手荷物はどのくらいの重さですか[体重はどのくらいですか ＝How much do you weigh?]. (**b**) 〔同位元素が〕より大きな原子量を持った.
2【ずっしり重い】(**a**) いっぱいの〈*with* ..で〉. vines ～ *with* grapes 実がたわわになったブドウの木. a speech ～ *with* meaning 無量の意味をこめた話. The air was ～ with her perfume. あたりは彼女の香水がぷんぷんした. (**b**) 出産間近の. She is ～ *with* child. 〘古〙彼女はおなかが大きい[身重だ].
【重すぎる＞ひどい】 **3 大量の**; **激しい**, 強烈な, 過度の, ひどい. a ～ drinker [smoker] 大酒飲み[ヘビースモーカー]. a ～ sleeper 眠りの深い人. a ～ crop 豊作. (a) ～ snow 豪雪. ～ fighting 激戦. ～ damage [losses] 大損害. a ～ fine 重い罰金. ～ breathing 激しくはずむ息[深い息うかい]. a ～ blow 強打. a ～ cold ひどい風邪. a ～ accent ひどいなまり. ～ seas 荒海. ～ irony [sarcasm] 強烈な皮肉. ～ traffic 大変な交通量. Traffic is ～ today. 今日は交通が激しい.
4 〈叙述〉〔自動車などが〕ひどく消費する[食う]〈*on* ..〔燃料〕を〉; 〔人が〕使いすぎる, よく食べる[飲む],〈*on* ..を〉. My car is very ～ *on* oil. 私の車はガソリンをひどく食う. She is ～ *on* the lipstick. 彼女は口紅が濃い.
【重荷になる＞困難な】 **5** 〔責任, 負担などが〕**重大な**, 重い. a ～ responsibility [burden] 重い責任[負担].
6 耐えがたい; つらい, 骨の折れる, 難しい, 過酷な, 〔仕事など〕; やっかいな; 忙しい. ～ taxes 重税. a ～ job 骨の折れる仕事. a ～ punishment 重い罰. a ～ problem 難しい問題. a ～ schedule ぎっちりつまったスケジュール. a ～ day 忙しい[かった]1 日.
7 〔食物が〕消化しにくい, しつこい, 〔食事が〕軽くない, (↔light); 〔パン, ケーキなどが〕よくふくれていない, 生焼けの; 〔ビールなどが〕アルコール度の高い, 濃い; 〔ワインが〕こくのある. Chinese food is ～ *on* my stomach. 中国料理は私の胃にもたれる.
8 〔道などが〕歩きにくい, ぬかる; 〔土が〕粘土質の; 〔液体が〕粘(ねば)っこい. ～ crude oil 粘っこい原油. a ～ road ぬかるんだ道路. ～ soil ねばつく土.
【心に重い】 **9** 悲しい; 活気のない, 物憂い. a heart ～ *with* sorrow 悲しみに沈んだ胸の内. have a ～ heart 大変悲しむ. ～ news 悲報; 重大ニュース (→5). feel ～ in the head 頭が重い. His eyes were ～ *with* sleep. 彼は眠くてまぶたが重かった.
【重苦しい】 **10** 〔空気, 天候などが〕どんよりした, うっとうしい. a ～ sky はっきりしない[今にも降り出しそうな]空模様. a ～ atmosphere [silence] 重苦しい雰囲気[沈黙].
11 〘主に米俗〙危険な, おびやかす. **12** 〔線などが〕太い; 〔人, 物が〕どっしりした; 〔人が〕がっしりした (thick), 〔顔のつくりが〕肉付きのいい, 粗野な; 〔服などが〕厚手の; 〔鍋などが〕厚手の.
13 (**a**) 〔音が〕低く太い. with a ～ thud ドタン[ドシン]と音を立てて. (**b**) 〔ロックなどが〕ビートのきいた.
14 〔劇などが〕硬い, 荘重な; 厳格な〔父親など〕; 厳しい〈*on, with* ..〔人〕に〉. be ～ *on* [*with*] one's children 子供に対して厳しい. **15** 〔性的関係が〕濃厚な.
16【面白くない】〔芸術作品, 文章などが〕つまらない, 退屈な; 難解な; 〔新聞などが〕まじめな. a ～ book つまらない本. a ～ author 退屈な作家.
【重い＞鈍い】 **17** 〔動作が〕のろい, ぎこちない; 〔人が〕頭の鈍い, のろまの. a ～ tread 重い足取り. have a ～ hand 不器用だ. **18** 〘軍〙重装備の; 大型の.
hàng héavy on [***upon***] *..* →hang. ⌈す.
hàve a hèavy fóot 〘米話〙車のスピードをやたらに出↑
hèavy góing 難しい, とっつきにくい, 退屈な. He found Dale ～ *going*. 彼はデールと付き合っていけないと思った.
lìe héavy on [***upon***] ***..*** ..に重くのしかかる.
màke hèavy wéather of .. →weather.
plày the hèavy fáther (父親が)子供を厳しくしかる.
with a hèavy hánd →hand.
── 副 ＝heavily.
wàlk héavy 〘黒人俗〙えらぶる.
── 名 (複 **heav·ies**) **1** C 〘話〙(劇・映画の)悪玉, 悪役(俳優); (重々しい)悲劇的な役(の演者). **2** C 〘話〙ヘビー級ボクサー. **3** C 〘話〙ごつい男, 荒くれ男; (ギャングなどの)大男のボディガード, 用心棒. **4** 〈普通 heavies で〉〘英話〙まじめな新聞. **5** C 〘話〙大(立)物, 重要人物. **6** C 重爆撃機; 〈heavies〉重砲(部隊). **7** U (強い)ビール[エール].
plày the héavy 悪役を演じる, 悪役を買って出る.
[＜古期英語; heave と同根]
hèavy artíllery 名 U 〈集合的〉重砲, 重砲兵隊.
hèavy bréather 名 C **1** いびきのうるさい人. **2** 〘英〙変質電話魔(〘米〙 breather) 《相手の女性に息を荒げる》. ⌈奮を示す)荒い息.
hèavy bréathing 名 U **1** 激しい息. **2** (性的興↑
hèavy créam 名 U ヘビークリーム《乳脂肪分が多い; 〘英〙 double cream》.
hèavy-dúty /移/ 形 〈普通, 限定〉 **1** 〔衣類, タイヤ, 機械, 器具などが〕特に丈夫な, 耐久力のある. **2** 〘主に米話〙真剣な, 重要な. a ～ fight 真剣なけんか. **3** 関税の高い.
hèavy-fóoted /-əd 移/ 形 **1** 足どりの重い. **2** 〔文章が〕重苦しい, ぎこちない. **3** (車を)やたらと飛ばす.
hèavy góods vèhicle 名 C 〘英〙重貨物運搬車《略 HGV》.
hèavy-hánded /-əd 移/ 形 **1** 不器用な, そそっかしい, (clumsy). **2** 使いすぎる〈*with* ..を〉. **3** 〔態度が〕高圧的な; 〔言葉, 行いが〕ぞんざいな, 荒っぽい. ▷**～·ly** 副 **～·ness** 名
hèavy-héarted /-əd 移/ 形 心の重い, 憂うつな.
hèavy hítter 名 C 〘米〙 **1** 〘野球〙強打者. **2** (実業界・政界の)実力者.
hèavy hýdrogen 名 U 〘化〙重水素.
hèavy índustry 名 UC 重工業.
hèavy-láden /移/ 形 **1** 重荷を載せた. **2** 苦労をたくさん背負い込んだ.
hèavy métal 名 **1** C 重金属《鉛, 水銀, 銅など》. **2** U ヘビーメタル《強くて速いビートと大きな音で演奏する強↓
héavy mòb 名 C 暴力団. ⌊烈なロック音楽》.
hèavy pétting 名 U 濃厚なペッティング.
hèavy·sét /移/ 形 〔人が〕小太りの, ずんぐり[がっしり]↓
hèavy wáter 名 U 〘化〙重水. ⌊した.
‡héavy·wèight 名 C **1** 平均体重[重量]以上の人[動物, 物]. **2** ヘビー級ボクサー《アマは 81kg 以上 91kg まで, プロは 190 ポンド(約 86.1 キロ)以上》; ヘビー級重量挙げ選手《82.1kg 以上》. **3** 重要人物, 大物. ── 形 **1** (ボクシングなどの)ヘビー級の; 普通以上に重い. **2** 有力な, 重要な.
Heb. Hebrew; 〘聖書〙 Hebrews.
heb·dom·a·dal /hebdáməd l | -dɔ́m-/ 形 〘章〙毎週の (weekly). [＜ギリシア語「7 日」] ▷**～·ly** 副
He·be /híːbi(ː)/ 名 **1** 〘ギ神話〙ヘーベ《Zeus と Hera の

H

娘; 青春の女神で神々の酌人で Hercules の妻》. **2** [C]〖戯〗(バーの)ウェイトレス. 「ライ語の; ヘブライ文化の.

He·bra·ic /hi:bréiik/ [形] ヘブライの; ヘブライ人の; ヘブ↑

He·bra·ism /hí:breiìz(ə)m/ [名] [U] **1** ヘブライ主義《ユダヤ教の道徳, 律法, 礼儀などに基づく; →Hellenism》. **2** ヘブライ的性格.

He·bra·ist /hí:breiist/ [名] [C] ヘブライ学者.

He·bra·ist·ic /hì:breiístik ®/ [形] ヘブライ風の; ヘブライ学者の.

†**He·brew** /hí:bru:/ [名] **1** [C] ヘブライ人, (近代の)ユダヤ人 (Jew); (古代)イスラエル人 (→Israelite). **2** [U] 古代ヘブライ語《旧約聖書に用いられた; 略 Heb.》; 現代ヘブライ語 《Israel 共和国の公用語; 正式には Israeli Hebrew と言う》. **3**〖聖書〗〈~s; 単数扱い〉『ヘブライ人への手紙』《新約聖書中の一書; 略 Heb.》. —— [形] ＝Hebraic. [＜ヘブライ語 (?「(川の)向こう側から来た人」)] 「の(住民).

Heb·ri·de·an /hèbrədí:ən/ [形], [名] [C] ヘブリディーズ↑

Heb·ri·des /hébrədì:z/ [名] 〈the ~; 複数扱い〉ヘブリディーズ《Scotland 北西部にある 500 島余りの群島》.

Hec·a·te /hékəti(:)/ [名]〖ギ神話〗ヘカテー《月・天地をつかさどる女神; のちに精霊・魔法の女神》.

hec·a·tomb /hékətòum/ [名] [C] **1**〖雅〗大虐殺, 多数の犠牲. **2** 雄牛 100 頭のいけにえ《古代ギリシア・ローマで神にささげた》. [＜ギリシア語「100 頭の牛」]

‡**heck** /hek/〖話〗[名] [U] 地獄 (★hell の婉曲語); 〈疑問詞と用いて the ~; 強調表現〉一体(全体). Where the ~ have you been all this while? 今まで一体どこに行ってたんだ. What the ~! 全く何てこった; かまうものか.

a héck of a.. ひどい[どえらい]. . I had to wait *a* ~ *of a* long time. えらいこと待たされたぜ.

for the héck of it いたずらで, 面白半分で.

ràise héck 大騒ぎをする.

the héck of it 最も運の悪いこと.

—— [間] ちくしょう《軽いいらだち, 驚き, 当惑, 怒りを表す》. Oh ~! ちきしょうめ.

‡**heck·le** /hék(ə)l/ [動] [他] 〔選挙演説などの弁士〕をうるさく質問攻めにする, やじり倒す. —— [自] やじる.

▷**héck·ler** [名] [C] 演説妨害者, やじを飛ばす人. **heck·ling** [名] 「《＜heck of a》.

heck·u·va /hékəvə/ [形]〖米話〗すばらしい, 最高の,↑

‡**hect·are** /hékteər|-tɑ:, -teə/ [名] [C] ヘクタール《面積の単位; 100 アール, 1 万平方メートル; 略 ha.》.

†**hec·tic** /héktik/ [形] **1** 興奮した, 熱狂した; 大忙しの. a ~ schedule 超多忙の日程. spend a ~ week とても多忙な 1 週間を送る. **2** (肺結核などでほおが)紅潮した; 消耗熱の, 消耗熱にかかった. [＜ギリシア語「習慣的な」]

▷**hec·ti·cal·ly** /-k(ə)li/ [副]

hec·to- /héktou/ 〈複合要素〉「100」の意味 (★母音の前では hect-). [ギリシア語 'hundred']

hécto·gràm, -gràmme /héktə-/ [名] [C] ヘクトグラム《100 グラム; 略 hg.》.

hécto·liter〖米〗, **-tre**〖英〗/héktə-/ [名] [C] ヘクトリットル《100 リットル; 略 hl.》.

hécto·mèter〖米〗, **-tre**〖英〗/héktə-/ [名] [C] ヘクトメートル《100 メートル; 略 hm.》.

hécto·pàscal /héktə-/ [名] [C]〖気象〗ヘクトパスカル《気圧の単位; 略 hPa; →millibar》.

Hec·tor /héktər/ [名] **1** 男子の名. **2** ヘクトール《Homer 作 *Iliad* に出てくる Troy の勇者》.

hec·tor /héktər/ [動] [他] をどなりつける; をいじめる, にしつこく言う. —— [自] 弱い者いじめをする (bully); いばりちらす. —— [名] [C] 弱い者いじめをする人 (bully); からいばりする人. [＜Hector 2] ▷**~·ing** [形]

‡**he'd** /(h)id, 強 hi:d/ he had, he would の短縮形.

‡**hedge** /hedʒ/ [名] (複 **hédg·es** /-əz/) [C] **1 生け垣**, 垣根. a beautiful ~ around the farmhouse その農家に巡らされた美しい生け垣. trim a ~ 生け垣を刈り込む. **2** 境界(線), 仕切り; 障壁. **3** (危険, 損失, 減価などからの)防御; 防御[予防]策 〈*against* ..に対する〉. a ~ *against* inflation インフレ対策, インフレヘッジ. **4** (言質を取られないための)あいまいな言葉[発言].

—— [動] [他] **1** を生け垣で囲う. The park is ~*d* with lilacs. その公園にはライラックの生け垣が巡らされている. **2** を包囲する, 取り囲む; 〔対人関係など〕に障壁を作る. ~ /../ in [about, around] →成句. **3** (決定的失敗にならないように)〔計画など〕に逃げ道を作っておく; (大損を避けるため)〔賭(か)けや投資〕につなぎをつける. ~ one's statement with qualifications 自分の発言にいろいろ但し書きをつけておく.

—— [自] **1** 生け垣を作る[刈り込む]. **2** (掛かり合いを恐れて)確答を与えない, あいまいな態度をとる, 言を左右する. Stop *hedging* and give me a straight answer. あいまいなことは言わずはっきりした答えを言ってくれ.

hédge against.. ..に防御策を取る. ~ *against* the prospect of inflation 予想されるインフレに防御策を講じる.

hèdge one's béts 賭けつなぎをする《大損に備えて反対側にも賭けるなどして》; (選択肢を広げるなどして)危険を分散する.

hèdge /../ in [abóut, aróund] (1) ..を囲う 〈*with* ..で〉. (2) ..の自由を束縛する; ..を受け入れにくくする; 〈*with* ..〔規則, 条件など〕で〉〈普通, 受け身で〉. The students were ~*d about with* strict school regulations. 生徒たちは厳格な校則でがんじがらめだった. [＜古期英語]

†**hédge·hòg** [名] [C]〖動〗**1** ハリネズミ《食虫類》. **2**〖米〗ヤマアラシ.

hédge·hòp [動] (~s|-pp-) [自] 〔飛行機が〕超低空飛行する《種まき, 爆撃などのために》. 「生け垣.

hédge·ròw [名] [UC] (生け垣用に植えた) 1 列の低木,↑

hédge spàrrow [名] [C] イワヒバリの一種《英国・ヨーロッパ大陸に多い鳴鳥》.

he·don·ism /hí:dəniz(ə)m/ [名] [U]〖哲・心〗快楽説; 快楽主義. [ギリシア語 hēdonḗ 'pleasure']

he·don·ist /hí:dənist/ [名] [C] 快楽[享楽]主義者.

▷**he·don·is·tic** /hì:dənístik ®/ [形] 快楽主義(者)の.

hee·bie-jee·bies /hì:bidʒí:biz/ [名] 〈複数扱い〉〈普通 the ~〉〖話〗おじけづくこと; いらいら. give a person the ~ 人をいらいらさせる; 人をこわがらせる.

†**heed** /hi:d/〖章〗[動] [他] 〔警告, 忠告など〕に気をつける, 注意する. *Heed* my words [advice]! 私の言うこと[忠告]をよく聞け. —— [名] [U] 注意, 留意; 用心. [類語] attention より形式ばった語.

give [pày] héed to.. ..に注意する, ..を心に留める. The man *gave* no ~ *to* our complaints. その男は私たちの不平に耳を貸さなかった.

tàke héed 気を付ける, 留意する, 〈*of* ..に/*not to* do ..しないように〉. *Take* ~ *of* your parents' advice. 両親の忠告を肝に銘じなさい. [＜古期英語]

heed·ful /hí:df(ə)l/ [形]〖章〗注意深い, 気を付ける, 〈*of* ..に〉. ▷**~·ly** [副] 注意深く, 気を付けて.

†**héed·less** [形]〖章〗不注意な, むとんじゃくな, 〈*of* ..に対して〉. *Heedless of* my warnings, the boys dived into the river. その少年たちは私の警告を無視して川へ飛び込んだ. ▷**~·ly** [副] 不注意に, うっかりして.

hee-haw /hí:hɔ:/ [名] [aU] **1** ひひん《ロバの鳴き声》. **2** わはは《ばか笑い》.

—— [動] [自] **1** 〔ロバが〕鳴く. **2** ばか笑いする.

‡**heel**[1] /hi:l/ [名] (複 **~s** /-z/) [C] **1** (人間の)かかと. **2** 〈~s〉(動物の)後足. **3** (靴, 靴下などの)かかと(の部分). There's a hole in my ~. 靴下のかかとに穴があいている. **4** (靴の)裏底のかかと; 〈~s〉＝high heels. catch a ~

in a crack 割れ目にかかとが入ってしまう. a girl wearing (high) ～s ハイヒールをはいている女性.
5 かかと状のもの《スキーの後端, バイオリンの弓の端など》; かかとに相当する部分《手の平の手首寄り; ゴルフクラブのヒール; パンの耳; チーズの皮; 挿し木の茎[枝]の先など》.
6〘主に米俗〙見下げたやつ, 無礼な[いやな]やつ, 当てにならない人間; (プロレスの)悪役レスラー.
7〘ラグビー〙ヒール (→動 他 3).
at héel (1) すぐ後について. The dog was following me *at* ～. 犬はすぐ後からついて来ていた. (2) 服従して; 追従して.
at a pèrson's héels ＝on a person's HEELS.
at the héels of.. ＝on the HEELS of...
brìng [càll]..to héel 〔人〕を規則に[思い通りに]従わせる; 〔人〕を屈服[服従]させる; 〔犬〕に後をついて来させる.
clìck one's héels 〔兵士などが〕靴のかかとをカチッと合わせる.
còme to héel 規則によく従う, 人の思い通りになる, 従う; 〔犬が〕後について来る.
còol one's héels 〘米話〙(長い間)待たされる, (長く待たされて)しびれを切らす, 待ちあぐむ.
dìg in one's héels＝dìg one's héels in 〘話〙自分の立場[意見など]を譲らない, 頑として退かない.
dòwn at (the) héel(s) (1) かかとがすり減った靴をはいて. (2) だらしない; 落ちぶれて, 〔人, 家などが〕みすぼらしい.
dràg one's héels →drag.
hèels over héad＝hèad over héels →head.
kìck one's héels 〘英話〙＝cool one's HEELS.
kick ùp one's héels →kick.
lày [sèt] a pèrson by the héels 〘英旧話〙人を取り押さえる; 人を投獄する, 逮捕する.
on a pèrson's héels 人のすぐ後について; 〈比喩的〉人のすぐ後に迫って. The dog was still (hard) *on* my ～*s*. 犬はまだすぐ後について来ていた.
on [upon] the héels of.. ..にすぐ続いて, ..ときびすを接して. *on the* ～*s of* the hurricane ハリケーンのすぐ後に. come [follow] hard [close, hot] *on [at] the* ～*s of* .. のすぐ後に迫っている, ..にすぐ続く.
òut at the héels かかとのすり減った靴をはいて; みすぼらしい.
sèt [ròck] a person (bàck) on his [her] héels 人の度肝を抜く, 人にショックを与える.
shòw a clèan [fàir] pàir of héels＝shòw one's héels ＝take to one's HEELS.
tàke to one's héels 一目散に逃げる, すたこら逃げる. The burglar *took to* his ～*s* at once. 盗賊はすぐさま逃げ出した.
to héel ＝at HEEL.
trèad on the héels of a person＝trèad on a pèrson's héels →tread.
tùrn [spìn, swìng] on [upon] one's héel くるっと向きを変える.
under the héel of a pèrson＝under a pèrson's héel 人に踏みにじられて, しいたげられて, 支配されて. people *under* the dictator's ～ 独裁者にしいたげられている人々.
── 動 他 **1** のすぐ後に続く. **2**〔靴など〕にかかとを付ける, のかかとを取りかえる. **3**〘ラグビー〙〔ボール〕をかかとで後ろに蹴(け)る 〈*out*〉《スクラムの時に hooker がする役目》; 〘ゴルフ〙〔ボール〕を(クラブの)ヒールで打つ. **4**〔ダンス〕をかかとで踊る. ── 自 〔特に犬が〕すぐ後について行く〈しばしば命令形で〉. [＜古期英語]

heel[2] 動 〘海〙自 VA 〔船が〕(風, 片寄りなどで)傾く〈*over*〉. ── 他 VOA 〔船〕を傾ける〈*over*〉. ── 名 C (船の)傾き.

hèel-and-tóe /-ən-/ 形 片足のつま先が地を離れないうちに他方の足のかかとを必ず地につける(方式の). a ～ walking 競歩(レース).
── 動 自 〘自動車〙右足のつま先とかかとでアクセルとブレーキを同時に操作し, コーナーを高速で駆け抜ける.

héel·bàll 名 C (靴みがき用, 碑文の拓本用の)墨.

héel·less 形 〔靴が〕平底の, ヒールのない.

heft /heft/〘英方・米話〙名 U 目方, 重さ. ── 動 他 を持ち上げて重さを計る; を持ち上げる. [?＜heave]

‡**heft·y** /héfti/ 形 e 〘話〙**1** 大きくて重い. **2** 大柄でたくましい, ごつい〔農夫など〕. **3** 強力な, 強烈な〔一撃など〕; 相当の, かなり多い[多量の, 多額の]. a ～ bill [fine] 高い勘定書き[罰金]. ▷**heft·i·ly** 副

He·gel /héig(ə)l/ 名 **Georg Wilhelm Friedrich** ～ ヘーゲル (1770–1831)《ドイツの哲学者》.

He·ge·li·an /higéiliən, heigí-/ 形, 名 C ヘーゲル(哲学)の(信奉者).

‡**he·gem·o·ny** /hidʒéməni|hi(ː)gém-/ 名 U 指導[主導]権, 覇(は)権, ヘゲモニー, 《特に, 団結した国家群中の 1 国の他国に対する》. [＜ギリシア語「指導者」]

He·gi·ra /hidʒái(ə)rə, hédʒərə/ 名 **1**〈the ～〉ヘジラ《Mohammed の Mecca から Medina への逃避; 622 A.D.》. **2** (622 A.D. に始まる)イスラム教紀元.

Hègira cálendar 名〈the ～〉ヘジュラ暦.

hé-gòat 名 C 雄ヤギ (→goat 参考).

Hei·deg·ger /háidegər/ 名 **Martin** ～ ハイデッガー (1889–1976)《ドイツの実存主義哲学者》.

Hei·del·berg /háidlbəːrg/ 名 ハイデルベルク《ドイツ南西部 Baden-Würtemberg 州の都市》.

heif·er /héfər/ 名 C 若い雌牛《〘米〙はまだ子を産まないのを, 〘英〙はそれに加えて, 1 匹しか産んでいないのを指す》.

heigh /hai, hei|hei/ 間 おい, ほい, 《注意の喚起, 激励などを表す発声》.

heigh-ho /héihòu, ⌐⌐/ 間 あーあ, やれやれ, 《失望, 退屈, 疲労などを表す発声》; ほう《ため息の声》.

*‡**height** /hait/ 名 (複 ～s /-ts/)
【高さ】**1** UC **高さ**, 高いこと; 身長 (stature); 《略 ht, hgt.》(類語 物の高さを表す一般的な語; →altitude, elevation, highness). This building rises to a ～ of over 100 meters. この建物は 100 メートル以上の高さがある. My ～ is six feet.＝I am six feet in ～. 私の身長は 6 フィートです (→high 形 2). be about average ～ 普通[並]の背の高さである. I recognized him because of his ～. 背が高いので彼だと分かった. What is the ～ of Mount Mckinley? マッキンリー山の高さはどのくらいですか. She is the same ～ as her father is. 彼女は背が父親と同じ高さだ.
2 UC 高度; 標高, 海抜, (altitude). fly at a ～ of 3,000 meters 3 千メートルの高度で飛ぶ. the ～ above sea level 海抜. gain [lose] ～ 高度を上げる[下げる], 上昇する[下降する].
【高いところ】**3** C 高い場所[位置]. look down from a great ～ 非常に高い場所から見おろす. be afraid [scared] of ～s 高い所が怖い.
4【頂点】C〈しばしば the ～〉**絶頂**; 極度; 極致, 最高潮. in the ～ of fashion 流行の(最)先端で. in the ～ of one's vigor 血気盛んな(時に). in the ～ of summer 夏の真っ盛りに (↔in the depth of winter). be the ～ of luxury [stupidity] 贅沢[愚かさ]の極みである. be at the ～ of one's fame [success, powers] 名声[成功, 権力]の絶頂にある. The storm was now at its ～. 嵐は今や最も激しかった. reach [attain, rise to] new ～s 頂点に達する.
5 C〈しばしば ～s〉**高地**, 丘陵, 高台. the church built on ～s commanding the town 町がよく見渡せる丘に建てられた教会. reach [attain, rise to] new heights 頂点に達する. ★地名としても用いられる: Berkeley *Heights*, Harwood *Heights* など. ◇形 high
hàve a hèad for héights 高い所が平気である[怖くない].
the dìzzy [gìddy, lòfty, dìzzying〘米〙] héights (of..) (..の)大変高い水準, (..の)大台; 〘戯〙(..とい

う)えらい地位《本当はえらくない》.
[＜古期英語「てっぺん」; high, -th¹]

*height·en /háitn/ 動 (〜s /-z/|過 過分 〜ed /-d/|〜·ing) 他 1 を高くする, 高める. 〜 the ceiling 天井を高くする. 2〔量〕を増す;〔程度〕を強める. 〜 interest [tension, awareness] 興味[緊張, 意識]を高める. A joke or two will 〜 the effect of your speech. 冗談の1つや2つまじえれば君のスピーチは一層効果的になるだろう.
── 自 1 高くなる, 高まる. 2 増す; 強まる. Her excitement 〜*ed*. 彼女の興奮は高まった. ◇名 height

Héim·lich manèuver [pocèdure] /háimlik-/ 名 C 〖医〗ハイムリック操作《のどに物を詰まらせた人を背後から抱きかかえ, 組んだ手で強く胸骨を押し上げて吐かせる応急救命法; ＜考案者の米国人外科医 *Heimlich* (1920–)》.

Hei·ne /háinə/ 名 **Heinrich** /háinrik/ 〜 ハイネ (1797–1856)《ドイツの詩人》.

hei·nous /héinəs/ 形 m 〖章〗憎むべき, 極悪非道な,〔犯罪, 犯罪者〕. ▷ **〜·ly** 副 非道に. **〜·ness** 名

***heir** /eər/ 名 (複 **〜s** /-z/) C **1 相続人**, 嗣子(し), 跡取り, 〈*to* ..の〉. the 〜 *to* the estate 遺産相続人. be 〜 *to* ..を相続[継承]する(★無冠詞). Dick fell 〜 *to* the fortune. ディックはその財産を相続した. an Imperial 〜 皇位継承者. the 〜 *to* the throne 王位継承者.
2 後継者, 継承者, 〈*to, of* ..〔特質, 伝統など〕の〉. an 〜 *to* one's father's intelligence 父親の知性を受け継いでいる人. an 〜 *of* democracy 民主主義の継承者.
◇女 heiress [＜ラテン語 *hērēs*「相続人」]

hèir appárent 名 C (複 **heirs-**)〖法〗法定推定相続人《被相続人より長生きすれば相続が確実な人》〈*to* ..の〉.

hèir at láw, hèir-at-láw 名 C (複 **heirs-**, 〜s) 〖法〗法廷相続人.

heir·ess /é(ə)rəs/ 名 C 法廷女子相続人《特に大資産の》〈*to* ..の〉. ◇男 heir

heir·loom /éərlù:m/ 名 C **1** 先祖伝来の物《家宝, 家財など》. **2**〖法〗法定相続動産《不動産に付帯して相続される》.

hèir presúmptive 名 (複 **heirs-**) C〖法〗推定相続人《優先権のある相続人が生まれると相続権を失う》〈*to* ..の〉.

heir·ship /éərʃìp/ 名 U 相続人の地位[権利]; 相続.

Héis·man Tròphy /háismən-/ 名 ハイスマン賞《毎年米国の大学フットボールの最優秀選手に与えられる; Heisman は 20 世紀初めに活躍した選手兼コーチ》.

heist /haist/〖米俗〗名 C 強盗《行為》, 盗み.
── 動 他, 自 (を)盗む, かっぱらう.

He·ji·ra /hidʒái(ə)rə, hédʒərə/ 名 ＝Hegira.

held /held/ 動 hold の過去形・過去分詞.

Hel·en /hélən/ 名 **1** 女子の名《愛称 Nell, Nellie, Nelly》. **2** ＝Helen of Troy.

Hel·e·na /hélənə, həlí:nə/ 名 女子の名.

Hèlen of Tróy 名〖ギ神話〗トロイのヘレン《Sparta 王 Menelaus の妃; Troy 王子 Paris に連れ去られたことがトロイ戦争の発端》.

hel·i·cal /hélәkəl, hí:l-/ 形 らせん(状)の.

hel·i·ces /hélәsì:z, hí:lə-/ 名 helix の複数形.

hel·i·coid, -coi·dal /hélәkɔ̀id/, /-dəl/ 形 らせん状の. ── 名 C〖数〗らせん面[体].

Hel·i·con /hélәkɑ̀n, -kən|-kən, -kɔ̀n/ 名 **1**〖ギ神話〗ヘリコン山《Apollo と Muses が住んだと伝えられる; 詩人の霊感の泉があった》. **2** C 〈h-〉ヘリコン《ホルンに似た大型管楽器》.

***hel·i·cop·ter** /hélәkɑ̀ptər|-kɔ̀p-/ 名 (複 **〜s** /-z/) C ヘリコプター. by 〜 ヘリコプターで《→by 4》. [＜ギリシア語 *hélix*「らせん」＋ *pterón*「翼」]

hèlicopter gúnship 名 ＝gunship.

he·li·o- /hí:liou/ 〈複合要素〉「太陽」の意味. [ギリシア語 *hḗlios* 'sun']

he·li·o·cen·tric /hì:liouséntrik ⑧/ 形 太陽の中心から見た[測った]; 太陽を中心として考えた; (↔geocentric).

he·li·o·graph /hí:liəgræ̀f|-grɑ̀:f/ 名 C 日光反射信号機《鏡に日光を反射させて信号を送る装置》.
── 動 他〔情報〕を日光反射信号機で送る.

He·li·os /hí:liɑ̀s|-ɔs/ 名 〖ギ神話〗ヘリオス《太陽神; ローマ神話の Sol に当たる》.

he·li·o·trope /hí:liətròup|héljə-/ 名 **1** C ヘリオトロープ, キダチルリソウ,《花に芳香があり香料に用いられた》. **2** U 淡紫色; (ヘリオトロープの)芳香.

he·li·o·trop·ic /hì:liətrɑ́pik, -tróup-|-trɔ́p- ⑧/ 形 〖植〗向日性の.

he·li·ot·ro·pism /hì:liɑ́trəpiz(ə)m|-ɔ́trə-/ 名 U 〖植〗向日性.

hel·i·pad /héləpæ̀d/ 名 C ヘリ(コプター)発着所[地].

hel·i·port /héləpɔ̀:rt/ 名 C ヘリポート《ヘリコプター用の空港》.

‡**he·li·um** /hí:liəm/ 名 U 〖化〗ヘリウム《希ガス元素; 記号 He; 不燃性で空気よりも軽く, 飛行船・気球などに用いられる; 液体ヘリウムは冷媒として使われる》. [helio-, -ium]

he·lix /hí:liks/ 名 (複 **hel·i·ces**, **〜·es**) C **1** らせん; らせん状のもの. **2**〖解剖〗耳輪. **3**〖建〗(柱頭の)らせん飾り. [ギリシア語]

‡**hell** /hel/ 名 (複 **〜s** /-z/) **1** U (**a**) 〈しばしば H-〉**地獄** (↔heaven). the torture of 〜 地獄の苦しみ. The road to 〜 is paved with good intentions.〖諺〗善意を抱いただけで実行しなければ地獄行きになる; 善意ではあってもひどい結果を招くこともある;《＜地獄への道は善意で舗装されている》. (**b**) 冥(めい)府, 死者の国, (Hades). *Hell* has [hath] no fury (like a woman scorned).〖諺〗(捨てられた)女の怒り[恨み]ほど恐ろしいものはない. (**c**) 〈集合的〉地獄の住人.
2 UC **地獄のような場所[状態]**; 非常な苦しみ. (a) 〜 on earth この世の地獄, ひどい所, (↔(a) heaven on earth). Sheer 〜! ひどいものだ(った). The battle turned into an absolute 〜. その戦いは全くの地獄と化した. I went through 〜 at school. 学校ではほんとに苦しい毎日だった. He put me through 〜. 彼のためにひどい目に遭った.
3 U 気ままな状態. The kids were full of 〜. 子供たちは気ままに騒いでいた.
4 U〖俗〗一体全体 (語法 in (the) hell, the hell の形で疑問詞の次に用いられ, それを強調する). Where *in* 〜 have you been all night? 一体一晩中どこにいたんだ. What *the* 〜 has happened? 一体全体何が起こったのか.

a* [*one*] *héll of a .. 〖話〗(1) 大変ひどい... in *a* 〜 *of a* mess しっちゃかめっちゃかで. have [have got] *a* 〜 *of a* cheek あつかましいにも程がある. have *one* 〜 *of a* time ひどい目に遭う. (2) 非常にいい... *a* 〜 *of a* fellow えらくいいやつ. (3) 〈副詞的に〉すごく... He's *a* 〜 *of a* nice guy. 彼はすごくいいやつだ.

a* [*one*] *hèll of a lót of .. 〖話〗すごく多くの... *a* 〜 *of a lot of* people すごく多くの人々.

(*Àll*) *héll brèaks* [*bròke, was lèt*] *lóose.* 〖話〗えらい騒ぎになる[なった], 大変なことになる[なった].

(*as*)..*as héll* 〖話〗大変, ひどく, すごく, 猛烈に, えらく. She was (*as*) mad *as* 〜. 彼女はひどく怒っていた. hot *as* 〜 猛烈に暑い.

bèat* (*the*) *héll out of a pèrson (1) ..をさんざんに打ちのめす. (2) ..よりずっと良い[はるかにましである].《字義＝'人から地獄をたたき出す'; おそらく beat the daylights out of の影響を受けてできた表現》

be héll on .. 〖米話〗..にとても⌞つらい[つらく当たる].

càtch* [*gèt*] *héll 〖話〗お目玉を食う, ひどい目に遭う.

(còme [in spìte of]) héll or [and] hìgh wáter 〈副詞的〉 どんなことが起ころうとも，何としてでも，(★come は仮定法現在). I'm going, *come* ～ *or high water*. どんなことがあっても行くぞ.
from héll 〈名詞の後に用いて〉〘話〙最低の. a wife *from* ～ どうしようもない妻.
gèt the héll out (of ..) (..から)急いで[さっさと]出て行く.
gìve a pèrson (merry) héll 〘話〙 (1) 人を不快にする. (2) 人をひどい目にあわせる, しかりつける, 罰する.
gò through héll (and bàck) いやなことに耐える.
gò through héll and hìgh wáter いかなる(身の)危険をもかえりみない.
Gò to héll! 行っちまえ，くたばれ; よけいなお世話だ.
gò to héll and bàck 〘話〙 必死になる; いやなことに耐える.
gò to héll in a hándbasket 〘米話〙 見る見る間にひどくなる.
hèll for léather 〘話〙 猛スピードで.
hèll on whéels 〘米俗〙 猛烈な, すごい, 〔人, 物〕; あくどい〔人〕; 短気な, 八つ当たりする, 意地の悪い, 〔人〕; どうしようもない〔人[子]〕.
hèll's béll̀s (and bùckets of blóod)! 〘話・戯〙 いやはや, 全く(もう), 畜生, 《いらだちや驚きを表す》.
héll [〘英〙 mèrry héll] to pày 〘話〙 ひどい目, 大変な事態. There'll be ～ *to pay* if you say such a thing. こんなこと言ったらやばい[えらい]ことになるぞ.
(jùst) for the héll of it 〘話〙 冗談に, 面白半分に.
like héll 〘話〙 (1) 非常に, ことのほか; 猛烈に. (2) とんでもない; 絶対に..しない, ..なんてとんでもない. Lend more money to that idle fellow? *Like* ～ I will! あの怠け者にもっと金を貸してやれだって. まっぴらごめんだ.
màke a person's lìfe héll 人をひどい目に遭わせる.
plày (mèrry) héll with .. 〘話〙 (1) ..に大損害を与える, ..を台無しにする. (2) 〘英〙 ..に対してかんかんに怒る.
ràise [kick ùp] héll 〘話〙 (文句をつけたり抗議したり)大騒ぎをする; 大騒動を起こす.
the héll (1) →[名] 4. (2) ＝like HELL (2).
(the) héll out of ★上掲の beat (the) hell out of a person の型が beat の類義語 knock, punch, さらに kick, scare などにまで広がり, 多用されて, the hell out of は単なる強調表現となった. (→head off (head [名] 成句)). 例えば It annoys *the* ～ *out of* me.＝It annoys me *very much*. (それには全くいらいらさせられる) I love *the* ～ *out of* her. (私は彼女がとても好きだ)
till [until] héll frèezes óver いつまでも.
to héll and góne ずっと遠くに; いつまでだって.
(To [The]) héll with ..! ..なんかくたばれ[くそくらえ]. *To* ～ *with* that! ごめんだよ[わ].
whàt the héll 〘話〙 大した事じゃない.
when héll frèezes óver 決して..しない.
── [間] 〘卑〙 畜生, ええい, くそっ, 《怒り, のろいなどの発声》. [＜古期英語; 原義は「隠すもの」]

‡he'll /(h)il, 強 hiːl/ he will, he shall の短縮形.

Hel·las /héləs|-læs/ [名] ギリシア (Greece) の古名.

héll·bènder [名] [C] 〘動〙 アメリカオオサンショウウオ《米国東部・南部に生息》.

hèll-bént /[移]/ [形] 〈叙述〉〘話〙 なにがなんでも..しようとしている 〈*on, for, to* do〉.
hell-bént for lèather 猛烈な勢いで.

héll·càt [名] [C] **1** 意地悪女, あばずれ女. **2** 魔女.

hel·le·bore /hélәbɔ̀ːr/ [名] [C] 〘植〙 クリスマスローズ《かつて興奮剤・下剤の原料とされた; キンポウゲ科》.

Hel·lene /héliːn/ [名] [C] (特に古代)ギリシア人 (Greek). [神話では Hellen /hélәn/ (Prometheus の孫に当たり, Helen とは別)の子孫がギリシア人となったので Hellene と呼ばれる]

Hel·len·ic /helénik|-líːn-/ [形] **1** ギリシアの; ギリシア人の; 《＜Hellas》. **2** (特に紀元前 8 世紀から Alexander 大王の死までの)古代ギリシア文化[歴史, 言語]の (→Hellenistic).

Hel·len·ism /hélәnìz(ә)m/ [名] [U] ヘレニズム(文化), (古代)ギリシア文化[思想, 精神], 《Hebraism と共に西洋文化の 2 大思潮とされる》.

Hel·len·ist /hélәnist/ [名] [C] **1** ギリシア文化を採り入れた異邦人《特にユダヤ人》. **2** ギリシア言語・文化研究者.

Hel·len·is·tic /hèlәnístik [移]/ [形] **1** (特に アレキサンダー大王の死後約 300 年間の)古代ギリシアの, ヘレニズム文化の, (Alexander 大王後の)古代ギリシア文化[歴史, 言語]の, (→Hellenic). **2** ギリシア風の.

Hel·len·ize /hélәnàiz/ [動] [他], [自] (を)ギリシア風にする[なる].

hel·ler /hélәr/ [名] 〘米話〙 ＝hellion.

Hel·les·pont /hélәspɑ̀nt|-pɔ̀nt/ [名] 〈the ～〉 ヘレスポント(ス) 《Dardanelles 海峡のギリシア語の古名》.

héll·fìre [名] [U] 地獄の火, 業火; 地獄の刑罰[責め苦].

héll·hòle [名] [C] 汚らしい[けがらわしい]場所.

hel·lion /héljәn/ [名] [C] 〘米話〙 乱暴者, 暴れん坊, 《特に子供》. [＜*hell*＋〘方〙 hall*ion*「下らぬやつ」]

hell·ish /héliʃ/ [形] **1** 地獄の, 地獄のような. **2** 〘話〙 恐ろしい, いやな, (terrible). I had a ～ day today. 今日はいやな 1 日だった. ▷**～·ly** [副] 恐ろしく, ひどく.

‡hel·lo /helóu, hә-/ [間] **1** やあ, 今日は, (hi); おい, もし, 《注意喚起の呼びかけ》. *Hello,* Betty! やあ, ベティー. *Hello*, how are you doing? こんにちは, どう調子は.
2 (電話での)もしもし (hallo) (★電話を受ける場合にも用いるが, その時は上昇調). *Hello*, (this is) Smith speaking. もしもし, (こちらは)スミスです. *Hello*, is Tom there (please)? もしもし, トムをお願いします.
3 〘主に英〙 おや, あら, 《驚きの声》. *Hello*, this looks like an error. おや, これは間違いのようだよ.
Hèllo théré! やあ.
── [名] ([複] **～s**) [C] hello というあいさつ; hello という呼びかけ. The girl gave me a cheerful ～. 少女は私に明るく「ハロー」とあいさつした. drop in just to say ～＝just drop in to say ～ (特に用はないが)ちょっとあいさつに立ち寄る. Say ～ to your wife (for me). 奥さんによろしく. ── [動] [他], [自] (に) hello と叫ぶ[あいさつする]. [hallo の変形]

hell-on-wheels [形] →hell (成句).

hèll's ángel [名] [C] 暴走族(の 1 人).

hel·lu·va /hélәvә/ hell of a を発音どおりつづったもの.
a hélluva .. ＝a HELL of a ...

†helm[1] /helm/ [名] **1** [C] 舵(かじ)の柄, 舵(だ)輪; 舵, 操舵装置. **2** [U] 〈the ～〉 (組織, 国家などの)支配(権), 指導, 指揮. take [assume] the ～ of state 国政の舵を取る.
be at the hélm (1) 舵を取っている. (2) 指導[指揮]している, 主宰する, 〈*of* ..を〉. [＜古期英語]

helm[2] [名] [C] 〘古〙 かぶと (helmet). [＜古期英語]

***hel·met** /hélmәt/ [名] ([複] **～s** /-ts/) [C] **1** ヘルメット, 安全帽 (→crash helmet, pith helmet). Football players wear plastic ～*s*. アメフトの選手はプラスチックのヘルメットをかぶる. **2** (中世の騎士などが用いた)かぶと. [＜古期フランス語 (*helme*「かぶと」の指小語)]

hél·met·ed /-әd/ [形] ヘルメットをかぶった.

helms·man /hélmzmәn/ [名] ([複] **-men** /-mәn/) [C] 舵(だ)手, 操舵手.

Hé·lo·ïse /élouìːz/ [名] エロイーズ (1101?–64) (→Abélard).

Hel·ot /hélәt/ [名] [C] **1** 古代スパルタの奴隷. **2** 〈h-〉 奴隷, 農奴. ▷**～·ìsm** [名] [U] (古代スパルタの)奴隷制度; 奴隷[農奴]の身分.

‡help /help/ [動] (**～s** /-s/|[過] [過分] **～ed** /-t/|**hélp·ing**) [他] 【人の力になる】 **1 (a)** を助ける, 手助けする, 手伝う, 〈*with* ..のことで〉 ([類語] 「助ける」の意味の最も一般的な語, 積極的な助力の意味が強い; → aid, assist, succor); 〔客など〕に応対する. *Help* me *with* my homework. 宿題を手伝ってくれ. May [Can] I ～ you? (店員が客に対して)何にいたしましょうか; 〈一般に〉何かご用ですか, ご用件は; (★How may [can] I ～ you? はより丁寧な言い方). (**b**) VOA (A は方向などを示す副詞(句))を助けて..させる, が..するのに手を貸す. Jim ～*ed* his father *up* the stairs. ジムは父親が階段を上るのに手を貸した. The nurse ～*ed* Peter *into* the wheelchair. その看護婦はピーターを助けて車いすに乗せた. ～ the boy *out of* the ditch 少年を溝から助け出す. He was kind enough to ～ me *on* [*off*] with my coat. 彼は親切にもコートを着る[脱ぐ]のを手伝ってくれた. (**c**) VO (～ (*to*) *do*) **..するのを手伝う**; VOC (～ X (*to*) *do*) X が **..するのを手伝う**; (語法 原形不定詞を用いることは〖米〗では普通であり, 〖英〗でも一般化しつつある; 受動態では必ず to 付き不定詞を用いる). The new job ～*ed* (*to*) relieve her sorrow. 新しい仕事に就いたので彼女の悲しみは少し軽くなった. Tom ～*ed* Mary (*to*) carry the suitcase. トムはメリーがそのスーツケースを運ぶのを手伝った. Sam was ～*ed to* find his watch. サムは時計を捜すのを手伝ってもらった.

H

【食卓で手伝う】 **2** VOA (～ X *to* Y) X (人)に Y (飲食物など)を取ってやる[すすめる]. All the guests were ～*ed to* some beer. 客たちはみなビールをついでもらった.
3 〖話〗〔食物など〕を配る; を盛る, よそう. ～ the gravy 肉汁をよそい分ける.
【役に立つ】 **4** の役に立つ; VO (～ (*to*) *do*) **..するのに役立つ**; VOC (～ X (*to*) *do*) X が **..するのに役立つ**; (語法 to の有無については →1 (c)). Her knowledge of Chinese ～*ed* her in that business. その仕事で彼女の中国語の知識が役立った. Good luck ～*ed* him (*to*) rise quickly in the political world. 幸運のおかげもあって彼は政界で急速にのし上がった.
5【助長する】 を**促進する**, 助長する; を改善する, 引き立たせる. ～ the cause of world peace 世界平和という大目的を促進する. ～ the spread of birth control 産児制限の普及を促進する.
【危険, 困難を逃れさせる】 **6** を救う, 救済する. My father ～*ed* me out of my financial difficulties. 父は私を財政難から救ってくれた.
7 〔病気など〕を治す, 楽にする. This medicine will not ～ your cold. この薬を飲んでも君の風邪はよくならないだろう.
【しないで逃れる】 **8** 〈can, cannot に続けて〉を防ぐ, 避ける; をやめさせる. I cannot ～ it. ＝It cannot be ～*ed*. (それは)仕方がない. I never eat out if I can ～ it. やむを得ない時のほかは僕は外で食事をしない. He didn't do more than he could ～. 彼はしないでは済まされない以上のことはしなかった (語法 more than he *couldn't* ～ (doing) とするのが論理的; →成句 cannot HELP doing). Bob can't ～ the way he thinks. ボブには自分の考え方は(変えようとしても)どうにもならない. I can't ～ it that I am not as handsome as Jim. ジムほど男前でないのは(生まれつきだから)どうしようもない.
── 自 **1** 助ける, 手助けをする, 手伝う, 〈*with* ..を, の〉; 役に立つ, 助けになる. *Help*! Fire! 助けて, 火事だ. Every little ～*s*. 〖諺〗どんなつまらないものでもそれなりに役に立つ. **2** 給仕する, 仕える.
cànnot hélp bùt dó ..せざるを得ない. I *couldn't* ～ *but* laugh at his joke. 彼の冗談を聞いて笑わずにはいられなかった.
****cànnot hèlp dóing*** **..せざるを得ない**; ..するのはどうしようもない. I *cannot* ～ admir*ing* his courage. 私は彼の勇気を賞賛せざるを得ない.
cànnot hèlp a pèrson('s) dóing 人が..するのはどうしようもない. I *cannot* ～ my wife get*ting* emotional about our son's behavior. 妻が息子のふるまいについて感情的になるのはどうしようもない.
Hèaven* [*Gòd*] *hélp a person →heaven.
hèlp /../ alóng ..を促進[助長]する; 〔人〕を手助けして(ある事をはかどるようにして)やる.
****hélp oneself*** (**1**) 人に頼らずにやっていく, 自立する. ～ one*self* out of the water 自力で水から上がる. Heaven [God] ～*s* those who ～ them*selves*. 〖諺〗天は自ら助くる者を助く. (**2**) 自分(の感情など)を抑える〈否定文で〉. (**3**) 自由に取って食べる[飲む]〈*to* ..〔食物など〕を〉. "Can I have more dessert?" "*Help* yourself." 「デザートをもっと頂いていいですか」「遠慮なく召しあがれ」. *Help* yourself *to* more potato chips. もっとポテトチップをお取りください. (**4**) 〖話〗許可なしに取る[使う]; 横領する, 盗む; 〈*to* ..を〉.
hèlp óut 手伝う, 手助けをする.
****hèlp /../ óut*** (**1**) 〔人〕を**助け出す**. John fell into a hole, and I ～*ed* him *out*. ジョンが穴に落ちたので助け出してやった. (**2**) (ちょっとした事で)手助けする, 手伝う. ～ one's mother *out* in the shop 店で母の手助けをする.
nòt if Ì can hélp it 〖話〗そんなことする気はない, そんなの御免だね.
So hélp me* (*Gód*)*! 神に誓って, 本当に; 何があっても, 必ず; (語法 正式な宣誓の場合は God を伴って用いる). *So* ～ *me*, I never received money from him. 神かけて誓うが彼から金をもらったことはない.
── 名 (複 **～s** /-s/)
【援助】 **1** U **助け**, 手伝い; 救助, 救済. cry for ～ 助けを呼ぶ. They came to her ～. 彼らは彼女を助けにやって来た. I need some ～ with my homework. 宿題を手伝って欲しい. by [with] the ～ of a dictionary 辞書の助けを借りて.

> 連結 great [useful; indispensable, invaluable; welcome; timely; mutual]～ // ask for [seek; need; obtain, receive; afford, give, provide; decline, refuse] ～; enlist a person's ～

【助けになるもの[人, 方法]】 **2** C 役立つもの; 手助けになる人; 〈*to* ..に〉. My son is no ～ *to* me. 息子は私には何の手助けにもならない. A lot of ～ you've been! 〈皮肉〉おかげで大助かりでしたこと.
3 UC (**a**) お手伝い《人》, 雇い人, 召使い. a farm ～ 農場の雇い人. *Help* Wanted 求む従業員《求人広告》. (**b**) 〖主に米〗〈複数扱い〉雇い人たち. business ～ 事務員たち. the ～ (ある人の)雇い人(たち).
4 U 救済手段, 治療法; 逃げ道; 〈*for* ..の〉. There is no ～ *for* this disease. この病気には治療法がない. That matter is settled and there's no ～ *for* it now. その件はもうけりがついていて何ともいたしかたがない.
5 C 〖やや古〗＝helping 2.
6 U 〖電算〗ヘルプ《画面上に出る操作案内; 形容詞的にも》. a ～ menu ヘルプメニュー.
be beyond hélp 〔患者などが〕助かる見込みがない[救いようがない].
be of hélp 役に立つ, 助けになる, (be helpful). Can I *be of* ∟ ～ with your suitcase [(any) ～ to you]? スーツケースをお持ちしましょうか[何かお役に立てることがありますか].
[＜古期英語]

***help·er** /hélpər/ 名 (複 **～s** /-z/) C **手助けする人**; お手伝い, 助手. a household ～ (家事の)お手伝いさん.

‡help·ful /hélpf(ə)l/ 形 m **1** 〔情報, 忠告などが〕**役立つ**, 有用な, 〈*to, in* ..に〉; 〔人が〕助けになる〈*to* ..の〉. Betty is very ～ *to* her mother. ベティは彼女の母にとって非常に助けとなる. The map was very ～ *to* me in walking about London. その地図はロンドンを歩き回る時に大いに役に立った. a ～ suggestion [hint] on the matter その問題についての有益な提案[助言]. **2** 喜んで手を貸す, 親切な. Ask Mr. Lang. He's always very ～. ラング氏に聞きなさい. いつも進んで手を貸してく

れます. ▷ ~·ly [副] 役に立つように, 有用に. ~·ness [名] [U] 助けになること, 役立つこと.

*help·ing /hélpiŋ/ [名] ([複] ~s /-z/) 1 [U] 助力, 手助け. 2 [C] (食物の)ひと盛り, 1杯; (ある)量. a small ~ of beans 軽く盛ったひと皿の豆. a second ~ お代わり.

hèlping hánd [名] [C] 〈単数形で〉援助の手, 助力. give [lend] a person a ~ 人に援助の手を差し延べる.

‡help·less /hélpləs/ [形] [m] 1 (助けなしでは)自分でどうすることもできない; 体の自由がきかない. The old woman was completely ~ after the stroke. その老婦人は発作の後は全く体の自由がきかなくなった. 2 頼るすべのない; 無防備の. The sudden death of their parents left the children utterly ~. 両親に突然死なれて子供たちは全く頼るものが無くなった. 3 無力の, どうすることもできない, 〈*against* ..に対して/*with* ..〔笑いなど〕で〉; 無力の, 頼りにならない, 〈*to* do ..するのに〉. They were quite ~ *against* the multinational forces' attack. 彼らは多国籍軍の攻撃に対して全くどうすることもできなかった. I was ~ *to* save him from drowning. 私は彼が溺(おぼ)れ死ぬのを助ける手がなかった. be ~ with laughter 笑いこける. ~ laughter [despair, rage] 抑えようのない笑い[絶望, 怒り]. 4〔表情, 様子などが〕困った, 当惑した. have a ~ look 困ったような顔つきをしている. ▷ ~·ness [名] [U] どうすることもできないこと; 無力; 救いのなさ.

†hélp·less·ly [副] どうしようもなく, 頼るすべもなく; 力なく; 無力で. shrug one's shoulders ~ どうすることもできず肩をすくめる.

hélp·lìne [名] [C] 1 悩みごと相談(電話サービス)《普通, 慈善事業》. 2 情報提供電話サービス《営利事業》.

hélp·màte, -mèet [名] [C] 協力者, 仲間; 連れ合い, 《妻を指すことが多い》. [<(an) *help meet* (for him)「(彼に)ふさわしい助力者」;〖聖書〗『創世記』で Eve を指す; →meet²]

hélp scrèens [名] 〈複数扱い〉〖電算〗ヘルプ画面.

Hel·sin·ki /hélsiŋki, -⌐-/ [名] ヘルシンキ《フィンランドの首都》.

hel·ter-skel·ter /hèltərskéltər/ [副] 1 あわてふためいて, あたふたとして. run away ~ あたふたと逃げ出す. 2 乱雑に, めちゃくちゃに, 〔積むなど〕. —— [形] あわてふためいた, あたふたとした. —— [名] [C] 〖英〗(遊園地の)らせん形のすべり台. [擬音語]

helve /helv/ [名] [C] (斧(おの), つちなどの)柄.

Hel·ve·tia /helví:ʃə/ [名] ヘルヴェティア 1 紀元前1世紀から西暦5世紀にかけて現在のスイスにあったローマ帝国領. 2 スイス (Switzerland) のラテン語名《郵便切手に使われている名称》.

Hel·ve·tian /helví:ʃən/ [形] Helvetia (人)の. —— [名] [C] Helvetia 人.

Hel·vet·ic /helvétik/ [形], [名] [C] スイスの新教徒(の).

†hem¹ /hem/ [名] [C] (布, 着物などの)へム, へり, ふち, 《折り返して縫ってある》. take the ~ up (ドレスなどの)あげをする. —— [動] (~s|-mm-) [他] 1〔布, 着物など〕のへり縫いをする, ふちかがりをする. 2 [VOA] を囲む, 取り巻く, 〈*in, about, around*〉; を閉じ込める 〈*in*〉. This city is ~*med in* on three sides by the mountains. 当市は3方を山に囲まれている.

hèm /../ ín (1) →[他] 2. (2)〈しばしば受け身で〉〔人〕を制約する, 束縛する, の動きをとれなくする.

[<古期英語「囲い込み, へり」]

hem² /hm, hem/ [間] えへん, へん, 《せきばらい; 人の注意を引いたり疑いを表したりする》. —— [動] (~s|-mm-) [自] hem と言う, せきばらいをする; 口ごもる.

hèm and háw →haw². [擬音語]

hé-màn /-mæn/ [名] ([複] -men /-mèn/) [C] 〖話〗筋骨たくましい男, 大変男っぽい男.

he·ma·tite /hí:mətait, hém-/ [名] [U] 〖鉱〗赤鉄鉱.

he·ma·tol·o·gy /hì:mətɑ́lədʒi, hèm-|-tɔ́l-/ [名] [U] 血液学. [[ギリシア語 'half']

hem·i- /hémə/ [接頭] 「半」の意味 (→demi-, semi-).

Hem·ing·way /hémiŋwèi/ [名] Ernest ~ ヘミングウェイ (1899-1961)《米国の小説家》.

*hem·i·sphere /héməsfìər/ [名] ([複] ~s /-z/) [C] 1 (球, 地球, 天体の)半球. →Northern [Southern, Eastern, Western]Hemisphere. 2〖解剖〗(脳の)半球. the right [left] cerebral ~ 脳の右[左]半球. 3〔活動などの〕範囲. [<ギリシア語; hemi-, -sphere]

hem·i·spher·ic, -i·cal /hèməsférik/, /-k(ə)l [移]/ [形] 半球状の. ~ specialization 脳の半球の機能分化.

hem·i·stich /héməstìk/ [名] [C] 〖韻律〗(詩の)半行; 不完全行.

hém·lìne [名] [C] (スカート, ドレスなどの)ヘムライン, すそ, すそべり; 丈. raise [lower] the ~ スカートを短くする[長くする].

hem·lock /hémlɑk|-lɔk/ [名] 1 [C] 〖米〗=hemlock fir [spruce]. 2 [C] 〖植〗ドクニンジン; [U] ドクニンジンの実から採った毒薬. [<古期英語]

hèmlock fír [sprúce] [名] [C] カナダツガ《北米・アジア産の常緑針葉樹》.

Hémlock Socìety [名] 〈the ~〉(米国)ヘムロック協会《老人や不治の病人の安楽死の承認を推進する》.

he·mo- /hí:mou, hém-/ 〈複合要素〉〖米〗「血」の意味 (〖英〗haemo-). [ギリシア語 'blood']

‡he·mo·glo·bin /hí:məglòubən, hém-|⌐-⌐-/ [名] [U] 〖生化〗ヘモグロビン, 血色素.

he·mo·phil·i·a /hì:məfíliə, hèm-/ [名] [U] 〖医〗血友病《血液の凝結が遅く, 種々の障害を起こす》.

he·mo·phil·i·ac /hì:məfíliæk, hèm- [移]/ [形] 血友病(患者)の. —— [名] [C] 血友病患者.

‡hem·or·rhage /hém(ə)ridʒ/ [名] [UC] 1〖医〗出血. cerebral ~ 脳出血. 2 (人材, 資産などの)流出, 損失. —— [動] [自] 1 (大量に)出血する, 失血する. 2 人材を流出する; 資産が減る, 赤字を出す. —— [他] 〔金〕をどんどん失う.

hem·or·rhoids /hémərɔ̀idz/ [名] 〈複数扱い〉〖医〗痔(じ)核《通俗には piles と言う》.

hemp /hemp/ [名] [U] 1〖植〗麻, 大麻. 2 麻の繊維《ロープ, 織物用》. 3 インド大麻から採った麻薬 (hashish). [<古期英語]

hemp·en /hémpən/ [形] 麻製の.

hém·stitch [名] [U] (へりに近い横[縦]糸を抜いてかがった)へり飾り, ヘムステッチ. —— [動] [他] にへり飾りを施す.

‡hen /hen/ [名] ([複] ~s /-z/) [C] 1 めんどり《母親らしさ, 忍耐の象徴》. [参考] 雄は cock, 〖主に米〗rooster. 2〈形容詞的, 又は複合語で〉雌《ニワトリ以外の鳥, イセエビ, カニ, サケなどの》. a ~ pheasant キジの雌. a pea~ クジャクの雌. 3〖俗〗女; (特に)口うるさい婆さん.

(as) màd as a wèt hén 大変[かんかんに]怒って.

(as) ràre [scàrce] as hén's tèeth=*scàrcer than hén's tèeth* 大変まれな.

[<古期英語; 原義は「歌う者」]

hén·bàne [名] [C] ヒヨス《ナス科の有毒草本で麻酔剤を採る》; [U] ヒヨスから採った薬剤.

†hence /hens/ [副] 〖章〗 1 それ故(に), 従って. The work needs to be done; ~, I will do it. その仕事はする必要がある, それ故に私はそれをする. [語法] hence の次ではしばしば動詞が省略される: *Hence* the phrase "bell the cat". (そこから「猫に鈴を付ける」という句が出た). 2 今から, 今後. a year ~ (今から) 1年後に. three months ~ 3か月後に. 3〖古〗ここから (from here); この世から. go ~ 世を去る, みまかる. *Hence*, loathed Melancholy. 去れ, いまわしき「憂愁」よ.

[<古期英語 *heonan*「ここから」; -s 3]

H

†**hénce·fòrth** 副 〖章〗今後(は), これから以後(は).
hènce·fórward 副 =henceforth.
hench·man /héntʃmən/ 名 (複 **-men** /-mən/) Ⓒ **1** 〈普通, けなして〉(政治家などの)子分, 取り巻き, 無節操な支援者; 無頼の手下. **2** 忠実な従者[後援者]. [中期英語「馬の世話係」]
Hen·ckels /hénkəlz/ 名 ヘンケル《ドイツの刃物メーカー》.
hén·còop 名 Ⓒ 鶏かご, 鶏小屋.
hén·hòuse 名 (複 →house) Ⓒ 鶏舎, 鶏小屋.
Hèn·ley-on-Thámes /hènli-/ 名 ヘンリー《英国 Oxfordshire でテムズ川に臨む町; ここで毎年7月に **Hènley Regátta** が挙行される》.
hen·na /hénə/ 名 Ⓤ **1** ヘンナ《エジプト・近東に産するミソハギ科の低木》. **2** ヘンナ染料《ヘンナの葉から採る; 赤褐色で特に染髪用》.
hén·naed /-nəd/ 形 ヘンナ染料で染めた.
hen·ner·y /hénəri/ 名 (複 **-neries**) Ⓒ 養鶏場.
hén nìght [**pàrty**] 名 Ⓒ 〖話〗めんどりパーティー《女性だけでおしゃべりを楽しむ; →stag party; 参考 男性がからかって用いる語で, 女性自身は tea party と言う》.
hén·pèck 動 他 〔夫〕をしりに敷く.
hén·pècked /-t/ 形 妻のしりに敷かれている, かかあ天下の, 恐妻家の. a ~ husband 妻のしりに敷かれている亭主.
Hen·ry /hénri/ 名 **1** 男子の名《愛称は Harry, Hal》. **2** ~ **II** /ðə-sékənd/ ヘンリー2世 (1133–89)《イギリスの王; Plantagenet 王朝の開祖; Canterbury 大主教 Thomas à Becket を殺害》. **3** ~ **VII** /ðə-sév(ə)nθ/ ヘンリー7世 (1457–1509)《バラ戦争を終結させ Tudor 王朝を始めた》. **4** ~ **VIII** /ði-éitθ/ ヘンリー8世 (1491–1547) 《英国国教を確立した英国王 (1509–47)》. 参考 Henry I ~ VII の在位: I (1100–35), II (1154–89), III (1216–72), IV (1399–1413), V (1413–22), VI (1422–61, 70–71), VII (1485–1509). **5 Pat·rick** ~ ヘンリー (1736–99)《米国の政治家・独立革命時の急進派; "Give me liberty, or give me death!" という名文句を残した》. [ゲルマン語「家の支配者」]
hen·ry /hénri/ 名 Ⓒ 〖電〗ヘンリー《インダクタンス[誘導係数]の単位; 略 H; <19世紀米国の物理学者 J. Henry》.
Hènry Túdor 名 =Henry 3.
hep /hep/ 形 〖旧〗=hip[4].
he·pat·ic /hipǽtik/ 形 肝臓の[に関する].
‡**hep·a·ti·tis** /hèpətáitəs/ 名 Ⓤ 〖医〗肝炎.
hèpatitis À [**B̀, C̀**] 名 Ⓤ A[B, C]型肝炎.
Hep·burn /1は hépbərn, 2は hébərn/ 名 **1** **Audrey** ~ ヘップバーン (1929–93)《ベルギー生まれのアメリカの映画女優》. **2 James Cur·tis** /kə́ːrtəs/ ~ ヘボン (1815–1911)《米国人宣教師・医師; ヘボン式ローマ字の考案者》.
He·phaes·tus /hiféstəs/ 名 〖ギ神〗ヘパイストス《火と鍛冶の神; →Vulcan》.
hept-, hep·ta- /hept/, /héptə/ 〈複合要素〉「7」の意味. [ギリシア語 *heptá* 'seven']
hep·ta·gon /héptəgɑ̀n|-gən/ 名 Ⓒ 七角形, 七辺形. ▷**hep·tag·o·nal** /heptǽgənəl/ 形
hep·tam·e·ter /heptǽmətər/ 名 ⓊⒸ 〖韻律〗7歩格(の詩行) (→meter[2]).
hep·tath·lon /heptǽθlən/ 名 〈単数形で; 普通 the ~〉7種競技《女子の競技種目; 100m 障害・射撃・走高跳び・200m 競走・走幅跳び・槍投げ・800m 競走の総得点を競う》. [hept-; →pentathlon]
‡**her** /əːr, (h)ər, 強 həːr/ 代 **1** 〈she の目的格〉**彼女を**, 彼女に; 彼女の言うことを[ことに]. send ~ a letter=send a letter to ~ 彼女に手紙を送る. marry ~ 彼女と結婚する. It was ~ that he tried to call up, not me. 彼が電話をかけようとしたのは彼女であって, 私ではない. 語法 擬人用法は→she 2. 注意 Susie's mother dresses her before seven. は「スージーの母親は7時前に彼女[スージー]に服を着せる」である. スージーの母親自身が7時前に服を着る場合は, Susie's mother dresses (herself) before seven.
2 〈she の所有格〉**彼女の**. ~ hair 彼女の髪. She has no opinion of ~ own. 彼女は自分の意見というものがない. The house she lives in is not ~ own. 彼女の住んでいる家は彼女自身のものではない (★her own one とは言えない). ~ very own pony 彼女だけのポニー.
3 〖話〗=she 〈be 動詞の補語, 比較表現の than, as の後で〉. It's ~ that is to blame. 悪いのは彼女だ. John always gets up earlier than ~. ジョンはいつも彼女より早く起きる. 語法 動名詞の意味上の主語としての her については →me 2 語法.
4 〖主に米・方〗=herself.
hèr indóors 〖英話・戯〗家内 (wife), ガールフレンド.
[<古期英語]
He·ra /hí(ə)rə/ 名 〖ギ神話〗ヘラ《Zeus の妻で結婚と既婚女性の神; ローマ神話の Juno に当たる》.
Her·a·cles, -kles /hérəkliːz/ 名 =Hercules.
†**her·ald** /hérəld/ 名 Ⓒ **1** 〖史〗(国王の死や即位など国家の重大事を公式に布告する)伝令官, 布告官; 式部官; 〖英〗紋章官. **2** 通信伝達者, 伝令者, (messenger) 《しばしば H- として新聞名に用いられる》. The Daily *Herald* デイリー・ヘラルド紙. **3** 先触れ, 前触れ; 先駆者. ~*s* of bad weather 悪天候の前触れ.
── 動 他 〖章〗**1** を伝達する, 告げる, 〈*as* ..として〉〈普通, 受け身で〉. Jim was ~*ed as* a very good baseball player. ジムは野球の名選手との前評判だった. **2** の先触れをする, を予告する, 〈*in*〉. ~ (*in*) the beginning of a new era 新しい時代の到来の先触れとなる.
he·ral·dic /herǽldik/ 形 **1** 紋章(学)の. **2** 伝令[式部]官の; 伝令の.
her·ald·ry /hérəldri/ 名 (複 **-ries**) **1** Ⓤ 紋章学. **2** Ⓒ 紋章.
Herb /həːrb/ 名 Herbert の愛称.
***herb** /əːrb, həːrb|həːb/ 名 (複 **~s** /-z/) Ⓒ **1 薬草**, 香(味)草, ハーブ,《thyme, mint, parsley など》. an [a] ~ garden 薬草[ハーブ]園. **2** 草本, 草,《wood に対して》. [<ラテン語 *herba*「草」]
her·ba·ceous /(h)əːrbéiʃiəs|həː-/ 形 草本の; 草状の, 木質でない; 〔色, 形などが〕葉状の.
herbàceous bórder 名 Ⓒ (多年生の草花を植えた)花壇のへり.
herb·age /(h)ə́ːrbidʒ|hə́ː-/ 名 Ⓤ 〈集合的〉牧草, 草.
‡**herb·al** /(h)ə́ːrb(ə)l|hə́ː-/ 形 草本の, 草の. ~ tea ハーブティー. ── 名 Ⓒ 植物誌.
hérb·al·ìsm 名 Ⓤ 薬草[漢方薬]療法[学].
hérb·al·ist 名 Ⓒ **1** 薬草商人; 薬草採集[栽培]者; 薬草医. **2** 〖旧〗植物学者, 草本学者.
hèrbal médicine 名 **1** Ⓤ 漢方療法. **2** ⓊⒸ 漢方薬.
her·bar·i·um /(h)əːrbé(ə)riəm|həː-/ 名 (複 **~s, her·bar·i·a** /-iə/) Ⓒ (乾燥)植物標本集; 植物標本室[館].
Her·bert /hə́ːrbərt/ 名 男子の名《愛称は Herb, Bert, Bertie》. [ゲルマン語 'army-bright']
herb·i·cide /(h)ə́ːrbəsàid|hə́ː-/ 名 Ⓒ 除草剤. [herb, -cide]
her·bi·vore /(h)ə́ːrbəvɔ̀ːr|hə́ː-/ 名 Ⓒ 草食動物.
her·biv·o·rous /(h)əːrbívərəs|həː-/ 形 〔動物が〕草食(性)の (→carnivorous, omnivorous).
hérb tèa 名 Ⓤ ハーブティー.
herb·y /(h)ə́ːrbi|hə́ː-/ 形 ⓔ 〖薬〗草のような; 草の生い茂った.
Her·ce·go·vi·na /hèərtsəgouvíːnə|həː-/ 名 =Herzegovina.
her·cu·le·an /həːrkjulíːən, həːrkjúːli-|-⌐-⌐-⌐ 修/ 形 **1** 大きな力[努力]を要する; 非常に困難な. a ~ labor 非常に骨の折れる仕事. **2** 〈時に H-〉怪力のある; 非常に勇敢な; 〈H-〉ヘラクレスの(ような).

Her·cu·les /hɚ́:rkjuli:z/ 名 **1** 〖ギ・ロ神話〗ヘラクレス《Zeus 又は Jupiter の息子; 12 の難業を遂行した怪力の英雄》. **2** Ⓒ〈時に h-〉怪力の大男. **3** 〖天〗ヘラクレス座.

***herd**[1] /hə:rd/ 名 (複 **~s** /-dz/) Ⓒ **1**〈単数形で複数扱いもある〉(同種の動物の)**群れ**,〈特に〉**牛[馬]の群れ**. The lowing ~ wind slowly o'er the lea. 牛の群れは鳴きつつも静々と牧場を練り渡る《Thomas Gray の詩の一節》. a ~ of cattle [zebras] 牛[シマウマ]の群れ. 類語 特に, 鳥, 羊の群れは flock, オオカミ, 猟犬などの群れは pack, 魚の群れは school, shoal, 虫の群れは swarm と言う. **2 (a)** (人の)群れ. a ~ of commuters 通勤客[者]の群れ. **(b)** 〖軽蔑〗〈the ~〉群衆, 大衆,〈単数形で複数扱いもある〉. follow the ~ 大衆に盲従する. be of the common ~ 一般大衆の 1 人である. **3**〈a herd [herds] of ..で〉たくさんの... ~s of new cars たくさんの新車.

fòllow the hérd ＝follow the CROWD.

ride hérd on .. 〖米〗..を見張る, 取り締まる; ..から目を離さない;《＜カウボーイが馬に乗って牛がはぐれないように見張る》.

── 動 他 **1** VOA〔動物, 人〕を集める, 追い集める,〈*up*〉〈*into* ..の中へと〉. ~ the cattle *into* the corral 牛を柵(さく)の中へ追い込む. **2**〔家畜〕の番をする. ~ the sheep 羊番をする. ── 自 VA 集まる, 群れる,〈*together*〉〈*into* ..の中へと〉. [＜古期英語]

herd[2] 名 **1** Ⓒ 家畜の世話をする人. **2**〈複合要素〉..飼い. goat~. shep~《＜sheep＋herd》.

hérd ìnstinct 名〈the ~〉群居本能.

herds·man /hɚ́:rdzmən/ 名 (複 **-men** /-mən/) **1** Ⓒ 家畜の世話をする人[飼い主]. **2**〈H-〉〖天〗牛飼い座.

‡**here** /hiər/ 副 **【(話し手のいる)ここに】** **1** ここに[で, へ];〈運動・方向を示す動詞を伴って〉ここへ, こちらへ; (↔ there). The traffic accident happened right ~. その交通事故はちょうどここで起こった. Come ~ again tomorrow. 明日またここへ来て下さい. *Here* in California we have fine weather all the year round. ここカリフォルニアでは一年中よい天気です. I like it ~ very much. ここ(この土地(柄)など)が大好きです. Sign ~, please. ここに署名願います. *Here*'s your change. はい, おつりです《差し出しながら言う》.

> 語法 (1)「ここに..がある」という意味の表現では here は文頭に置かれ, 主語と動詞が倒置される (→there 4): *Here* are your books. (ここに君の本がある) (2) 相手の注意を引くように強意的に用いられる here は文頭に置かれる. この場合, 主語が名詞であれば主語と動詞が倒置され, 代名詞であれば倒置されない (→there 3): *Here* come the boys. (そら, その少年たちがやって来た) *Here* they come. (そら, 彼らがやって来た) *Here* I am. *Here* it is. *Here* we are. *Here* you are. (→成句) (3)「場所」の副詞(句)と同格に用いられる here は, その「場所」が話者のいる場所と同一であることを補足・強調する: ~ in Tokyo (ここ東京では) ~ below (この世[下界]で(は)) How hot it is ~ in the room! (なんとこの部屋は暑いんだろう) (4)〖話〗では主語が複数でも Here's が用いられることがある: *Here's* your textbooks. (はい, 君の教科書です)

2 (a)〈名詞の後に置いて形容詞的に〉ここにある[いる], この; ここの. The students ~ are all from Ohio. ここにいる学生たちはみんなオハイオ出身です. It's Professor Smith's secretary ~. (電話で)こちらはスミス教授の秘書です. **(b)**〈間投詞的に〉ほら; さあ, こら;《物を人に差し出す場合, 又はたしなめたり慰めたりする場合》. *Here*, clear away the dishes. さあ, 食器を片付けて. *Here*, don't cry. よしよし, もう泣かないで.

3 この世に, 現世で. Nobody is ~ forever. 永遠にこの世に生きる者はだれもいない.

【(話し手の心の中にある)ここで】 **4** この点で, ここで; この時(に), 今, 現在. *Here* the author is wrong. この点でその著者は間違っている. *Here* the story ends. ここで話は終わる.

be hére todày (and) gone tomórrow 〖話〗〔人が〕来たと思えばすぐ行ってしまう, ほんのちょっとの間しかいない;〔流行などが〕一時的な, はかない.

be ùp to hére 〖話〗(1) 手がいっぱいである, あっぷあっぷしている,〈*with* ..〔仕事など〕で〉. (2) いっぱいである〈*with* ..〔食事, 感動など〕で〉; うんざり[もうたくさん]である〈*with* ..は〉. ★片手を顔などの高さに上げて, どのくらい「いっぱい」かを示すジェスチャーをしばしば伴う.

hère and nów 今この場で, 直ちに, (→名 成句). Let's discuss the problem ~ *and now*. 今この場でその問題を議論しよう.

****hère and thére*** (1) あちこちに. There were daffodils blooming ~ *and there*. あちこちにラッパズイセンが咲いていた. (2) 時々.

Hère góes! 〖話〗さあ始まるぞ, よしやるぞ[いくぞ], それっ.

Hère I ám. ただ今(帰りました); さあ着いた.

****Hère it ís.*** さあここにある, さあどうぞ,《人に物や金を渡す時の表現》. ★Here it is. は物に, Here you are. は相手に重点が置かれる.

Hére sìr [mà'am]! 〖主に米〗はい《点呼の返事》. 参考 〖英〗では ma'am ではなく madam と言うが, そもそも返事に sir [madam] をつけることはほとんどない.

Hère's sómething for you. これを上げよう.

Hére's to ..! ..のために[健康を祝して](乾杯).

hère, thère and éverywhere どこにでも.

****Hère we áre.*** (1) (捜し求めていた物が)ここにあった. (2) さあ着きました.

Hère we gò agáin! 〖話〗また始まったよ, 全くまたか,《不快な事柄について》.

****Hère you áre.*** さあどうぞ《人に物や金を渡す時に言う; →HERE it is.》; あっ, ここにいた.

nèither hère nor thére 要点をはずれて, 問題外で; 取るに足りない. Your preference is *neither* ~ *nor there*—I'm the one who will decide. 君の好みは問題ではない. 決めるのは私だ.

Sèe hére! ＝LOOK here!

thìs here .. 〖話〗この..《強意的》. *this* ~ book ここにある本.

── 名 Ⓤ〈前置詞や他動詞の目的語として〉ここ; この点. from ~ ここから. near ~ この近くに. leave ~ ここを去る. It's cold in ~. この中[この部屋]は寒いね. a mountain north of ~ この北にある山.

the hère and nów 現在; この世; (→副 成句). [＜古期英語 *hēr*]

†**here·a·bouts,** 〖米〗**-a·bout** /⌐-⌐|⌐-⌐, ⌐-⌐/ 副 この辺に, このあたりに. My uncle lives ~. おじはこのあたりに住んでいる.

here·af·ter /hi(ə)rǽftər|-rɑ́:f-/ 副 〖章〗 **1** 今後(は), これよりは; 〖法〗これより先は, 今後[以後]は,《文書で》. *Hereafter*, I will trust no one. 今後私はだれも信用しない. Peace Keeping Forces (~ called PKF) 平和維持軍(以下 PKF と呼称) (★法律関係以外の文書でも用いられる). **2** 来世[あの世]で(は). in the life ~ 来世で.

── 名 Ⓤ **1** 将来. in the long ~ 遠い将来に. **2**〈しばしば the ~〉来世. be committed to the ~ あの世に召される. believe in a ~ 来世を信じる.

here·by /⌐-, ⌐-/ 副 〖章・法〗これによって, ここに, この結果. You are ~ dismissed formally. 君はこれにより正式に解雇されたことになる. Notice is ~ given that.. ..になることをここに公告する.

he·red·i·ta·ble /hərédətəb(ə)l/ 形 ＝heritable.

her·e·dit·a·ment /hèrədítəmənt/ 名 Ⓒ 〖法〗相

続財産《特に不動産》.

†**he·red·i·tar·y** /hərédətèri|-t(ə)ri/ 形 **1** 遺伝性の; 遺伝的な, 遺伝の. a ～ disease 遺伝病. ～ characteristics 遺伝的特徴[形質]. **2**〔財産, 地位, 権利などが〕世襲の;〔習慣, 信仰などが〕先祖伝来の, 代々の. ～ property [estate] 世襲財産. a ～ right 世襲権. a ～ peer (英国の)世襲貴族 (↔life peer).

†**he·red·i·ty** /hərédəti/ 名 Ⓤ **1** 遺伝. **2** 遺伝形質. [<ラテン語「相続する」(<*hērēs* 'heir'); -ity]

Her·e·ford /hə́:rfərd, hérə-|hérifəd/ 名 **1** ヘレフォード《England 西部の市》. **2** Ⓒ ヘレフォード種(の牛)《食用牛の一品種》.

Hèreford and Wórcester /-ən-/ ヘレフォード・アンド・ウスター《England 西部の 1974 年から 98 年までの州名》.

Hér·e·ford·shìre 名 ヘレフォードシャー《England 西部の州》.

here·in /hì(ə)rín/ 副 〖章・法〗この中に, ここに, (in this). Enclosed ～ are your credentials. ここにあなたの信任状を同封します.

hère·in·áfter /hì(ə)rin-/ 副〖法〗(本文書中)以下に, 下に.

here·of /hì(ə)rʌ́v|-rɔ́v/ 副 〖章・法〗これに関して (of this). More ～ later. これに関して詳細は後で(述べる).

here·on /hì(ə)rán|-rɔ́n/ 副 =hereupon.

‡**here's** /hiərz/ here is の短縮形.

†**her·e·sy** /hérəsi/ 名 (複 **-sies**) ⓊⒸ **1** (特にキリスト教から見た)異教, 異端. **2**〈一般に〉(既成の説に反する)異説. [<ギリシア語「選択, 宗派」]

‡**her·e·tic** /hérətik/ 名 Ⓒ 異教徒; 異端者.

he·ret·i·cal /hərétik(ə)l/ 形 異教(徒)の; 異端(者)の. express a ～ view 異端説を唱える.

hère·tó 副〖章・法〗これに, ここ[この文書]に.

hère·to·fóre /-tə-|-tu-/ 副 〖章・法〗これまで(に), これ以前に, (until now).

here·unto /hì(ə)rʌ́ntu:, ⌐–⌐|⌐–⌐/ 副 =hereto.

here·upon /hì(ə)rəpán|-pɔ́n/ 副 〖章〗これに関して; ここにおいて; このすぐ後で.

hère·wíth 副〖章・商〗**1** これとともに; 同封して. the price list enclosed ～ 同封の価格表. **2** 直ちに.

her·it·a·ble /hérətəb(ə)l/ 形 相続し[され]うる; 遺伝性の.

***her·it·age** /hérətidʒ/ 名 (複 **-ag·es** /-əz/) ⓊⒸ 〈普通, 単数形で〉**1** (過去から受け継がれた文化的な)**遺産**, 伝統; (特に環境保護の見地から後世に引き渡すべき)自然・文化遺産. a rich historical and cultural ～ 豊かな歴史的・文化的遺産. 'Kabuki' is our national ～. 歌舞伎は我々の国民的遺産である.

2 遺産, 相続遺産, (類語 形式ばった語で, 普通, 不動産を指す; →inheritance); 先祖伝来の物; 親譲りの権利[地位など]. give up one's ～ for love 愛のために自らの遺産を放棄する. **3** 生まれながらの境遇[運命]. **4**〖聖書〗イスラエル人; キリスト教会. ◇動 inherit [<ラテン語「相続する」(<*hērēs* 'heir'); -age]

her·maph·ro·dite /hə(:)rmǽfrədàit/ 名 Ⓒ **1** 男女両性具有者, ふたなり. **2**〖動〗雌雄両性動物. **3**〖植〗両性花, 雌雄同株. [ギリシア語「Hermes と Aphrodite の子」; ニンフ Salmacis と合体して両性具有者となったという神話から] ▷**her·maph·ro·dit·ic** /hə(:)rmæfrədítik ⑧/ 形 両性具有の.

Her·mes /hə́:rmi:z/ 名 〖ギ神話〗ヘルメス《Zeus の末子で神々の使者; 学芸, 商業, 雄弁などの神; ローマ神話の Mercury に当たる》.

her·met·ic, -i·cal /hə:rmétik/, /-k(ə)l/ 形 **1** (**a**) 密封した, 空気を通さない, 気密の. ～ seal 溶接密閉. (**b**) 外界から遮断された, 孤立した. **2**〖古〗〈しばしば H-〉錬金術の; 魔法の. [<中世ラテン語「錬金術の」(<Hermes); 錬金術で容器を密閉することを発明したと考えられた] ▷**her·met·i·cal·ly** 副 密封して.

†**her·mit** /hə́:rmət/ 名 Ⓒ 隠者, 隠遁(とん)者, 世捨て人; 〖キリスト教〗隠修士《どの教団にも属さない》. live a ～'s life 隠遁生活を送る. [<ギリシア語「孤独な」]

Her·mi·tage /èərmitá:ʒ/ 名 エルミタージュ美術館《ロシアの St. Petersburg にある世界的な美術館》.

her·mit·age /hə́:rmətidʒ/ 名 Ⓒ **1** 隠者の住居, 庵(いお). **2** (人里離れた) 1 軒家.

hérmit cràb 名 Ⓒ〖動〗ヤドカリ.

‡**her·ni·a** /hə́:rniə/ 名 ⓊⒸ〖医〗ヘルニア, 脱出;〈特に〉脱腸 (**abdòminal hérnia**). [ラテン語] ▷**her·ni·al** /-əl/ 形

‡**he·ro** /hí(ə)rou, hí:r-|híər-/ 名 (複 **～es** /-z/) Ⓒ 【英雄】**1 英雄**;〈a person's ～, the ～ of ..で〉崇拝される人, あこがれの的, 心酔する人物;〖ギ神話〗神人《例えば Hercules や Achilles》. Lincoln is a national ～ of the USA. リンカーンは米国の国民的英雄である. my hero as a boy 少年の頃のあこがれの人.

2 (武勲をたてた)**勇士**, 英雄; (競技などでの)ヒーロー. a much decorated (war) ～ 多くの勲章を受けた勇士. a sports [sporting] ～ スポーツ界のヒーロー. receive a ～'s welcome 英雄として迎えられる. die a ～ [a ～'s death] 英雄として死ぬ. Mike was the ～ of the baseball game. マイクはその野球の試合のヒーローだった. make a ～ of ..を英雄扱いする, もてはやす.

【中心人物】**3** (詩, 劇, 小説などの) (男の)**主人公**, 主要人物. **4**〖米〗=hero sandwich.

◇女 heroine 形 heroic [<ギリシア語 *hḗrōs*「半神, 英雄」]

Her·od /hérəd/ 名 〖聖書〗ヘロデ《キリスト生誕当時の残虐なユダヤの暴君》.

He·rod·o·tus /hərádətəs|herɔ́d-/ 名 ヘロドトス (458?–425? B.C.)《ギリシアの歴史家》.

***he·ro·ic** /hiróuik/ 形 ⓜ **1 英雄的な**, 英雄にふさわしい; 英雄の. ～ acts [deeds] 英雄的行為. **2** 勇ましい, 雄々しい; 勇気ある, 果敢な; 超人的な. put up a ～ resistance 勇敢な反抗をする. **3**〔方法が〕冒険的な, 大胆な. a ～ treatment 思い切った治療法. **4**〔詩が〕英雄[神人]を歌った;〔文体, 表現が〕雄大な; 誇張した. a ～ poem 英雄詩. a ～ style 雄大な文体. **5**〖美〗〔彫刻などが〕実物[等身大]より大きい. a statue on a ～ scale 等身大より大きい像. of ～ proportions 大規模な. ◇名 hero

── 名 〈～s〉**1** =heroic verse. **2** 誇張した言葉遣い[感情], 芝居がかった言動;〈批判的に〉むちゃな行動[計画]. Don't use such ～*s*. そんな大げさな言い方をするな.

heròic áge 名 〈the ～〉神人時代《ギリシア神話の神人たちが活躍していたと考えられている》.

he·ro·i·cal /hiróuik(ə)l/ 形 =heroic.

he·ró·i·cal·ly 副 英雄のように, 雄々しく(も); 大胆に.

heròic cóuplet 名 Ⓒ 〖韻律学〗英雄詩体 2 行連句《弱強 5 歩格から成る 2 行ずつが韻を踏む詩体》.

heròic vérse 名 ⓊⒸ 英雄詩(格)《叙事詩, 史詩などに用いられる; 英語では弱強 5 歩格 (iambic pentameter)》.

†**her·o·in** /hérouin/ 名 Ⓤ ヘロイン《モルヒネから作る白色粉末の麻酔[鎮痛]剤, 麻薬; <ドイツ語の商標名》.

‡**her·o·ine** /hérouin/ 名 Ⓒ **1 英雄的な女性**, 女傑; 〈a person's ～で〉あこがれの的[女性]. Joan of Arc is a French ～. ジャンヌダルクはフランスの女傑である. **2** (詩, 劇, 小説などの)女主人公, ヒロイン. ◇男 hero [<ギリシア語; hero, -ine[1]]

†**her·o·ism** /hérouìz(ə)m/ 名 Ⓤ **1** 英雄的行為. **2** 勇壮, 勇敢.

†**her·on** /hérən/ 名 (複 **～s, ～**) Ⓒ 〖鳥〗サギの類; アオサギ. [<古期フランス語]

her·on·ry /hérənri/ 名 (複 **-ries**) Ⓒ サギの繁殖地.

hèro sándwich 名 Ⓒ ヒーローサンドイッチ《ロールパンに野菜などをはさんだ大型のサンドイッチ》.

H

héro-wòrship 動 (~s|-pp-) 他 を英雄視[英雄崇拝]する. ▷ **~·(p)er** 名
héro wòrship 名 U 英雄崇拝.
her·pes /hə́ːrpiːz/ 名 U 〖医〗疱疹(ほうしん), ヘルペス. [ギリシア語「這(は)うこと」]
hèrpes símplex 名 U 〖医〗単純疱疹.
hèrpes zós·ter 名 U /-zástər|-zɔ́s-/ 〖医〗帯状疱疹. [herpes, ギリシア語「帯」]
her·pe·tol·o·gy /hə̀ːrpətálədʒi|-tɔ́l-/ 名 U 爬(は)虫類学.
Herr /heər/ 名 (複 **Her·ren** /hérən/) **1** ..君, 氏, 様, 《英語の Mr. に当たるドイツ語》. **2** C ドイツ人の紳士.
Her·rick /hérik/ 名 **Robert ~** ヘリック (1591–1674) 《英国の詩人》.
†**her·ring** /hériŋ/ 名 (複 **~, ~s**) C 〖魚〗ニシン, U ニシン(の身). kippered ~ 燻(くん)製ニシン. →red herring. (as) dead as a ~ 完全に死んで. [<古期英語]
hérring·bòne 名 U **1** 杉綾(あや)(模様), ヘリンボーン. ~ tweed 杉綾のツィード. **2** 〖建〗(石材, れんがなどの)矢筈(はず)組み.
hérring gùll 名 C 〖鳥〗セグロカモメ《翼の先が黒く, 脚はピンク色のカモメで英国の海岸に多い》.
‡**hers** /həːrz/ 代 〈she の所有代名詞〉 **1** 〈単複両扱い〉 **彼女のもの** (語法 「her+名詞」の代用として, 名詞が文脈から明らかである場合に用いられる: His car was blue; ~ was red. (彼の車は青だったが彼女のは赤だった)).
2 〈of ~ で〉 彼女の (語法 a(n), this, that, no などの付いた名詞の後に用いられる: an old friend of ~ (彼女の旧友). this hat of ~ (彼女のこの帽子)). [<中期英語; her, -s 3]
Her·schel /hə́ːrʃəl/ 名 **Sir William ~** ハーシェル (1738–1822) 《ドイツ生まれの英国の天文学者》.
‡**her·self** /(h)ərsélf, 強 həːr-/ 代 (複 **themselves**) 〈she の再帰代名詞〉 **1** 〈強意用法〉 **(a)** 〈主語と同格で〉 **彼女自身で[が]**, 彼女自ら. The Queen ~ wrote the letter. 女王自身がその手紙を書いた. *Herself* an orphan, she understood the situation. 彼女自身が孤児だったので, 状況が分かった. **(b)** 〈目的語と同格で〉 **彼女本人を[に]**. I spoke to the actress ~. 私はその女優本人に話しかけた. **2** 〈再帰用法; 強勢は /-ˊ/ で動詞の方を強く発音する〉 **彼女自身を[に]**. Susie seated ~ on the sofa. スージーはソファーに座った. Jane can wash ~ and brush her own hair now. ジェーンはもう体も自分で洗えるし, 髪もブラシをかけられる. She poured ~ a glass of whiskey. 彼女は自分でウィスキーを注いだ (★ herself は間接目的語). **3** 本来の[正常な]彼女自身.
★成句については →oneself. [<古期英語; her, self]
Hert·ford·shire /hɑ́ːrtfərdʃər/ 名 ハートフォードシャー《England 東南部の州; 略 Herts.》.
Hertz /həːrts/ 名 ハーツ《米国のレンタカー会社のチェーン店》.
hertz /həːrts/ 名 (複 ~) C 〖物理〗ヘルツ《振動数・周波数の単位; 毎秒 1 サイクル; 略 Hz, hz》.
Hèrtz·i·an wáve /hə̀ːrtsiən-/ 名 C 〖電〗ヘルツ波, 電磁波, 《ドイツの物理学者 Heinrich *Hertz* が発見》.
Her·ze·go·vi·na /hèərtsəgouvíːnə|hɜ̀ː-/ 名 ヘルツェゴヴィナ《旧ユーゴスラヴィアの 1 地方; →Bosnia and Herzegovina》.
‡**he's** /(h)iz, 強 hiːz/ he is, he has の短縮形. *He's* (=He is) in the garden. 彼は庭にいる. *He's* (=He has) eaten the apple. 彼はそのリンゴを食べた. 注意 いずれの短縮形かが不明確な場合がある: *He's* come. (彼は来ている[来た]).
He·si·od /híːsiəd, hé-/ 名 ヘシオドス《紀元前 8 世紀ごろのギリシアの詩人》.
hes·i·tan·cy, -tance /hézət(ə)nsi/, /-t(ə)ns/ 名 U ためらい, ちゅうちょ; 不決断, しりごみ.
‡**hes·i·tant** /hézət(ə)nt/ 形 ためらいがちの, 煮えきらない; しぶしぶの, いやいやの, 気乗りしない. I'm rather ~ ⌞about employing [(whether) to employ] him. 彼を雇うことにどうも気乗りしない.
▷ **~·ly** 副 ためらって; しぶしぶと; おずおずと.
‡**hes·i·tate** /hézətèit/ 動 (~s /-ts/|過 過分 **-tat·ed** /-əd/|**-tat·ing**) 自 【ためらう】 **1 (a)** ためらう, ちゅうちょする. I ~*d* before answering the question. 私は答える前にためらった. without *hesitating* ちゅうちょなく. He who ~*s* is lost. 〖諺〗ためらう者は破滅する[機会を逃す]. **(b)** VA (~ ***at, about, over..***) (..のことで)ためらう, ちゅうちょする; (~ ***between..***) (..の間で)(選択に)迷う. ~ (*about*) what to buy 何を買おうかと迷う. ~ *between* two courses [drinking beer or wine] 2 つの進路[ビールとワイン]のどちらにしようかと迷う.
2 VA (~ ***to do***) ..するのをためらう, しりごみする, いやがる. Don't ~ *to* ask if you want anything. 欲しいものがあれば遠慮なく言いなさい. She ~*d to* do that. 彼女はそれをするのをためらった《実際にした場合もしなかった場合もある》. I ~ *to* tell you this news, but I must. この知らせは言いうらいことですが, 言っておかなくてはなりません.
3 口ごもる. ~ in replying 口ごもりながら答える.
[<ラテン語「くっつく」 「ごもって.
hés·i·tàt·ing·ly 副 ちゅうちょして, ためらいがちに; 口
*__hes·i·ta·tion__ /hèzətéiʃ(ə)n/ 名 (複 **~s** /-z/) **1** U ためらい, ちゅうちょ, 迷い, 〈*in* ..することへの〉; C ためらいの動作; 休止, とぎれ. have no ~ *in* tell*ing* the truth 何のためらいもなく真実を語る. without a moment's [the slightest] ~ 一瞬の[少しの]ためらいもなく. after a moment's ~ 一瞬ためらってから. **2** UC 口ごもること.
Hes·pe·ri·an /hespí(ə)riən/ 形 〖詩〗西方の, 西国の《古代ギリシアから見たイタリア, ローマから見たスペイン》; Hesperides の.
Hes·per·i·des /hespérədiːz/ 名 〖ギ神話〗〈the ~〉 **1** 〈複数扱い〉ヘスペリデス《Hera の黄金のリンゴを守る 4 人のニンフ》. **2** 〈単数扱い〉ヘスペリデスの園《地球の西の果てにあると考えられた Hera のリンゴ園》.
Hes·per·us /hésp(ə)rəs/ 名 宵(よい)の明星 (evening star)《金星 (Venus); →Lucifer》.
Hes·se /hésə/ 名 **Hermann ~** ヘッセ (1877–1962) 《ドイツの小説家・詩人》.
Hes·sian /héʃən|hésiən/ 名 C **1** ヘッセン人《Hessen はドイツの州》. **2** 〖米史〗(米国独立戦争で英国が使った)ヘッセン人傭(よう)兵; 〈一般に〉傭兵. **3** 〈h-〉 U ヘシアンクロス《粗い麻布; 袋製造用》(sackcloth).
hèssian bóots 名 〈複数扱い〉ふさのついた長靴の一種《19 世紀英国で流行》.
Hes·ti·a /héstiə/ 名 〖ギ神話〗ヘスティア《炉の女神; 〖ロ神話〗の Vesta に当たる》.
het /het/ 形 〈次の用法のみ〉 ***be*** [***get***] ***hèt úp about ..*** 〖話〗..でかっか[憤慨, 心配]している[する].
het·er(o)- /hét(ə)rou/ 〈複合要素〉「他の, 異なった」の意味 (↔homo-). [ギリシア語 'other']
het·er·o·dox /hét(ə)rədɑ̀ks|-dɔ̀ks/ 形 **1** 〔人, 考え方などが〕(宗教的に)正統でない, 異端の, (↔orthodox). **2** 〔人, 考え方などが〕(一般に)公認されていない, 通念からはずれた. [hetero-, ギリシア語「説」]
het·er·o·dox·y /hét(ə)rədɑ̀ksi|-dɔ̀ks-/ 名 (複 **-doxies**) **1** U 正統でないこと, 異端. **2** C 正統でない説[教義]. ◇↔orthodoxy 「種; 不均一.
het·er·o·ge·ne·i·ty /hèt(ə)rədʒəníːəti/ 名 U 異
†**het·er·o·ge·ne·ous** /hèt(ə)rədʒíːniəs/ 形 異種の, 異質の; 異成分から成る, 均一[均質]でない, 雑多な; (↔homogeneous). a ~ collection of stones 種々雑多な岩石の収集. [hetero-, ギリシア語「種類」] ▷ **~·ly** 副
het·er·o·nym /hétərənìm/ 名 C 同綴(つづ)り異音異義語《row /rou/ と row /rau/ など》.

H

hètero·séxism 名U 異性愛主義《異性愛だけが正しいあり方だと考える(差別); 暗に同性愛に反対》.

†**hètero·séxual** /㊙/ 形 異性の; 異性愛の. —— 名C 異性愛者.

hètero·sèxuálity 名U 異性愛, 異性愛者であること, (↔homosexuality).

heu·ris·tic /hju(ə)rístik/ 形 **1** 自ら発見[発明]するのに役立つ; 〔教育方法などが〕発見的な《自ら進んで調査, 経験して学ぶ方法に言う》. a ~ stimulus 発見を促すための刺激. **2**〖電算〗ヒューリスティックな, 発見的.
—— 名C〖電算〗発見的方法; 〈~s〉〈普通, 単数扱い〉ヒューリスティックス, 発見的知識, 《常に成り立つとは限らないが, 多くの場合に役に立つ経験的知識》.
[<ギリシア語「見つける」]
▷**heu·ris·ti·cal·ly** /-k(ə)li/ 副

†**hew** /hju:/ 動 (~s|過 ~ed|過分 ~ed, ~n|**hew·ing**) 他 **1** (斧(おの), 剣などで)をたたき切る; を切り倒す[取る]; 〈*down, away, off*〉(類語 cut に比べ, 大きい道具で大きい物を切る場合に用いる). ~ *down* a giant pine 松の大木を切り倒す. **2** VOA を切って[刻んで]作る〈*from, out of* ..から/*into* ..に〉; 〔道など〕を切り開く〈*through* ..〔森林など〕に〉. ~ a statue *from* [*out of*] marble＝~ marble *into* a statue 大理石を刻んで像を作る. ~ a path [one's way] *through* a forest 森を切り開いて通る.
—— 自 **1** (斧, 剣などで)切る; 切りつける〈*away*〉〈*at* ..に〉. **2**〖米〗VA (~ *to*..)〔規則, 公約など〕に従う, ..を固守[..に固執]する. ~ *to* the line 方針に従う.
hèw /../ óut ..を刻んで作る; 〔進路など〕を切り開く; ..を努力して得る. ~ *out* an important position 努力して重要な地位に就く. [<古期英語]

héw·er 名C (木, 石などを)切る人; 採炭夫. ~*s* of wood and drawers of water たきぎを伐(き)り水を汲む者, 卑しい仕事に従事する人々; 下層階級; 《聖書より》.

hewn /hju:n/ 動 hew の過去分詞.

hex[1] /heks/〖米〗動 他 〔人〕に魔法[のろい]をかける; 〔人〕を魅惑する. —— 名C 魔女; 呪文, 魔法; ジンクス, 呪い, 〈*on* ..への〉. [<ドイツ語 *Hexe*「魔女」]

hex[2] 形〖話〗＝hexadecimal.

hex(·a)- /héks(ə)/ 〈複合要素〉「6」の意味. [ギリシア語 *héx* 'six']

hex·a·dec·i·mal /hèksədésəm(ə)l ㊙/ 形〖数〗十六進法の《0–9 は十進法と同じ数字を用い, 十進法の 10–15 は A–F を用いる; 十六進法はコンピュータに多く用いられる》.

hex·a·gon /héksəgɑ̀n|-gən/ 名C 六角形, 六辺形.

hex·ag·o·nal /heksǽgənl/ 形 六角[辺]形の; 底面[切断面]が六角の.

hex·a·gram /héksəgræ̀m/ 名C 六芒(ぼう)星形《2個の正三角形を逆さまに重ね合わせた形; ✡》.

hex·a·he·dron /hèksəhí:drən/ 名 (複 ~**s**, **hex·a·he·dra** /-rə/) C 六面体.

hex·am·e·ter /heksǽmətər/ 名〖韻律〗U 6 歩格; C 6 歩格の詩(行); (→meter[2]).

hex·a·pod /héksəpɑ̀d|-pɔ̀d/ 名C 6 脚の節足動物; 昆虫. —— 形 6 脚の.

‡**hey** /hei/ 間 **1** おおい, ちょっと, へえ, やあ, おや, 《注意喚起, 驚き, 喜び, 疑問などを表す発声》. 注意 知らない人に話しかけるときは失礼である. Hey, you. (おい, 君)は特に失礼. Excuse me. や I beg your pardon〖米〗. が普通. *Hey*, Bill. Over here. おい, ビル. ここだよ. *Hey*, stop that! おい, やめろよ. *Hey*, waiter! ちょっと, ボーイさん. **2**〖米南部〗こんにちは (Hello). 注意 女性も用いる.
Hèy présto!〖主に英〗あーら不思議, いちにのさん, 《手品師の掛け声》.
Whàt the héy!〖米話〗かまうもんか.
[<中期英語; 擬音語]

‡**héy·dày** 名C 〈(the, one's) ~〉全盛期, 真っ盛り. be in the ~ of one's youth 若い盛りである. [<〖古〗*heyday* (喜び, 驚きの叫び)]

HF, hf high frequency.

Hf〖化〗hafnium.

hf half.

HG High German; His [Her] Grace.

Hg〖化〗hydrargyrum (ラテン語＝mercury).

hg. hectogram(s).

hgt. height.

HGV〖英〗heavy goods vehicle. an *HGV* license〖英〗大型車運転免許(証).

HH His [Her] Highness; His Holiness.

HHS Department of Health and Human Services (保健社会福祉省, 厚生省).

HI〖郵〗Hawaii.

‡**hi** /hai/ 間〖話〗**1**〖主に米〗やあ, 今日は, 《親しい人の間でのあいさつ; **Hí thère!**, **Hi ya!** /hái-jə/ とも言う》. **2**〖英〗おい, ねえ, 《注意喚起の発声; →hey》. [擬音語]

H.I. Hawaiian Islands.

hi·a·tus /haiéitəs/ 名 (複 ~**es**, ~) C 〈普通, 単数形で〉**1**〖章〗すき間; 割れ目; とぎれ, 中断, 間(ま). **2** (文字, 語, 文などの)脱落《特に古い文献の》. **3**〖音声〗母音接続《隣接する 2 母音の連続, またそのために起こる発音上のとぎれ; She *i*magines. r*ee*ntry, c*oe*ditor, na*ï*ve など》.

hi·ber·nal /haibə́:rn(ə)l/ 形〖章〗冬の (wintry).

hi·ber·nate /háibərnèit/ 動 自 **1** 〔動物が〕冬眠する, 冬ごもりする. **2** 〔人が〕避寒する; (活動せずに)おとなしくしている. ◇↔estivate [<ラテン語「冬を過ごす」]

hì·ber·ná·tion 名U 冬眠. go into ~ 冬眠に入る.

Hi·ber·ni·a /haibə́:rniə, -njə/ 名〖詩〗アイルランド (Ireland) 《ラテン名》. ▷**Hi·bér·ni·an** /-niən, -njən/ 形, 名C アイルランドの, アイルランド人(の).

hi·bis·cus /haibískəs, hi-|hi-/ 名C ハイビスカス《アオイ科の草本; 米国のハワイ州の州花》.

hic·cough /híkʌp/ 名, 動 ＝hiccup.

†**hic·cup** /híkʌp/ 名C **1** 〈しばしば ~s〉しゃっくり; しゃっくりの音. have [get] the ~*s* しゃっくりが出る. **2**〖話〗一時的な中断[遅れ]; ちょっとした支障[問題点]; 〈*in* ..の〉. There is a slight ~ *in* the management of our company. 我が社の経営にはちょっとした問題点がある. —— 動 (~s|-p(p)-) 自 しゃっくりをする, しゃっくりのような音を出す. [擬音語]

hic ja·cet /hik-dʒéisit/ ここに眠る《墓碑銘の文句》. —— 名C 墓碑銘 (epitaph). [ラテン語 'here lies']

hick /hik/〖主に米話〗名C 田舎者. —— 形 田舎くさい, やぼな. a ~ dialect 地方弁.

hick·ey /híki/ 名 (複 ~**s**) C〖米話〗**1** 仕掛け, 装置, (gadget). **2** にきび, 吹出物. **3** キスマーク.

hick·o·ry /hík(ə)ri/ 名 (複 **-ries**) **1** C ヒッコリー《北米産のクルミ科の樹木; 実は食用になる》. **2** U ヒッコリー材《堅く, 家具, 道具の柄(え)などに使われる》; C ヒッコリー製の杖(つえ).

hid /hid/ 動 hide[1] の過去形, 過去分詞.

hi·dal·go /hidǽlgou/ 名 (複 ~**s**) C スペインの下級貴族.

hid·den /hídn/ 動 hide[1] の過去分詞. —— 形 隠された, 隠れた, 秘密の. "*Hidden* Drive"「私有車道あり」《道路標識; hidden は「見えない」の意》.

hìdden agénda 名C〖軽蔑〗秘密の目論見(もくろみ), 隠れた意図.

‡**hide**[1] /haid/ 動 (~s /-dz/|過 **hid** /hid/|過分 **hid·den** /hídn/, **hid**|**híd·ing**) 他 **1** を隠す; をかくまう. ~ a Christmas present under the bed クリスマスプレゼントをベッドの下に隠す. 類語 hide は一般的なくだけた言い方で, 隠そうとする意図がない場合にも用いられる →2 の例;

conceal は多少形式ばった言い方で, 隠そうとする意図が強い: Tom *concealed* the watch with his hand. (トムはその時計を手で隠した) **2** を覆い隠す, 覆う, 見えなくする. The sun was *hidden* by thick clouds. 太陽は厚い雲に覆われた[覆われていた].
3 を包み隠す, 秘密にする, 〈*from* ..に〉; 〔感情など〕を表に出さない. I'm not *hiding* anything *from* you. 君に何の隠し立てもしていない. He wanted to ～ the fact that he was married. 彼は結婚していることを隠したかった. I couldn't ～ my disappointment. 私は失望を隠すことはできなかった.
── 自 **1** 隠れる, 潜伏する. A policeman found the robber *hiding* in the storehouse. 警官はその泥棒が倉庫に隠れているのを見つけた. Where's that picture *hiding?* あの写真は(なかなか見つからないが)どこに隠れてるんだろう. **2** VA (～ ***behind*** ..) ..のかげに隠れる; 〈比喩的〉..を盾にする. ～ *behind* sunglasses サングラスをかけて(自分を)人に分からないようにする.
hide awáy 完全に隠れる, 身を潜(ひそ)める.
hide /../ awáy ..を完全に隠す.
hide one's fáce [***héad***] (恥じて又は当惑して)頭を下げる[顔を隠す]; 恥じる; 黙っている; 隠れている. 「bushel.
hide one's líght [***cándle***] ***under a búshel*** →↑
****híde onesèlf*** 隠れる, 身を隠す. The wounded tiger *hid* him*self* in the bushes. その手負いのトラは茂みの中に隠れた.
hide óut 隠れる, 潜む, 官憲の目を逃れる.
── 名 C 〖英〗(野生動物狩り[観察]のための)隠れ場所 (《主に米》blind). [＜古期英語]
hide[2] 名 **1** UC (特に大きな獣の)皮《生皮, なめし革の両方に用いる; →leather 参考》. calf ～ 子牛の皮. **2** U 〖戯〗(人間の)皮膚.
nèither hìde nor háir of .. 〖話〗少しも..ない. I've seen *neither* ～ *nor hair* [have*n't* seen ～ *or hair*] *of* the man lately. 最近とんとその男を見かけない.
sàve one's híde 危害[傷]を免れる.
tàn [***hàve***] ***a pèrson's híde*** 〖話〗(むちで)人をひっぱたく; たたきのめす; 人を厳しく罰する.
── 動 他 〖話〗〔人〕をむちで打つ. [＜古期英語]
hìde-and-go-séek 名 〖米〗＝hide-and-seek.
hìde-and-séek /-(ə)n-/ 名 U 隠れん坊. play (at) ～ 隠れん坊をする.
híde·awày 名 (複 ～s) C 〖話〗隠れ場所, 人目につかない場所; 隠遁(とん)所.
híde·bòund 形 保守に凝り固まった, 了見の狭い, 融通のきかない, 《＜「皮で縛った」ようにやせこけた》.
†**hid·e·ous** /hídiəs/ 形 **1** 見るも恐ろしい, ぞっとする(ような); 醜悪な. make a ～ face 恐ろしい形相をする.
2 憎むべき; 恐ろしい. ～ crimes 憎むべき犯罪.
[＜古期フランス語「恐れ」] ▷～**·ly** 副 恐ろしく; ぞっとするほど; すごく. ～**·ness** 名 「伏場所.
híde·òut 名 C 〖話〗(犯罪者などの)隠れ家, アジト, 潜↑
hid·ing[1] /háidiŋ/ 名 U 隠すこと, 隠れること. be [stay] in ～ 隠れている, 潜(ひそ)んでいる. go into ～ 隠れる. come out of ～ (隠れていた所から)姿を現す. a ～ place 隠れ[隠し]場所.
hid·ing[2] 名 C 〖話〗むち打ち, ひっぱたくこと. Dad gave me a good ～ for smoking secretly. 隠れてたばこをのんだので父さんにひどくひっぱたかれた.
be on a hìding to nóthing 〖英話〗むだ骨を折っている, 成功の見込みはない, 勝ち目はない.
hie /hai/ 動 (～**s** | 過 過分 ～**d** | ～**·ing, hy·ing**) 〖古・戯〗自 急ぐ, 急いで行く, 〈*to* ..へ〉. ── 他 を急がす. You'd better ～ yourself [you] *to* a doctor. 君はすぐ医者のところへ行った方がいい. 「権力者.
hi·er·arch /hái(ə)rɑ̀ːrk/ 名 C 高位聖職者, 高僧;↑
hi·er·ar·chal /hài(ə)rɑ́ːrk(ə)l/ 形 hierarch の.
‡**hi·er·ar·chic, -chi·cal** /hài(ə)rɑ́ːrkik/, /-kik(ə)l/ 形 階級組織[制度]の, 階層の; 聖職者階級制の.
▷**hi·er·ar·chi·cal·ly** 副
†**hi·er·ar·chy** /hái(ə)rɑ̀ːrki/ 名 (複 **-chies**) **1** UC 〈一般に〉階級組織[制度], ヒエラルキー, 《上位の者が下位の者に支配権を持つピラミッド型の官僚制度, 軍隊組織など》; 階級支配制. rapidly climb up the party ～ 党組織の階段を素早く駆け上がる. **2** UC 〈単数形で複数扱いもある〉支配層, 権力者たち. recent changes in the Beijing ～ 北京の支配層内の最近の変化. **3** U 聖職位階制. **4** C 〖キリスト教〗天使の 3 区分の 1 つ《おのおの更に 3 階級に分かれる》; 〈単数形で複数扱いもある〉天使たち. **5** UC 〖言〗階層(性)《構成素の機能レベルから見た上下関係》. [＜ギリシア語 *hierós*「神聖な」; -archy]
hi·er·o·glyph /háiərəglìf/ 名 ＝hieroglyphic.
hi·er·o·glyph·ic /hàiərəglífik/ 名 **1** C (古代エジプトなどの)象形文字, 絵文字. decipher ～*s* 象形文字を解読する. **2** 〈～s〉象形文字を用いた書記法; 象形文字文書; 判読しにくい書き物[文字]. ── /移/ 形 **1** 象形文字の(ような). **2** 象形文字で書かれた; 判読しにくい.
‡**hi-fi** /háifài, ⌐⌐/ 〖話〗名 **1** C ハイファイラジオ[装置]. **2** U 〖通信〗ハイファイ (high fidelity). ── 形 ハイファイの, 高忠実度の. a ～ set ハイファイセット.
hig·gle /híg(ə)l/ 動 ＝haggle.
hig·gle·dy-pig·gle·dy /hìg(ə)ldipíg(ə)ldi 移/ 副, 形 〖話〗めちゃくちゃに[な]; 大混乱して[した].
‡**high** /hai/ 形 e
【高い】 **1** (**a**) 〔普通, 人, 無生物について, 高さが〕**高い**; 高い所にある; 高い所から[へ]の. a ～ mountain 高い山. a ～ fence 高い塀. a ～ ceiling 高い天井. the bright stars ～ in the sky 空高く輝く星. 類語 high は高さとともに大きいことを意味し, tall は高さとともに細長さを意味することが多い. 従って人には tall, 山や丘には high を用いる. ただし両者が区別なく用いられる場合もある: a *high* [*tall*] tree (高い木); →lofty, towering. (**b**) 〔川が〕水位が高い. (**c**) 〖音声〗〔母音が〕舌の位置が高い, 高舌音の. a ～ vowel 高母音《/i/, /u/ など》.
2 〈長さの表現を伴って〉 **..の高さがある**, 〔人が〕..の身長がある. The Sears Tower is 443meters ～. シアーズタワーは高さ 443 メートルである. Jim is nearly seven feet ～. ジムは 7 フィート近い身長がある (語法 この用法での high は in height 又は tall と置き換えられる). a building 30 stories ～ 30 階建ての建物. waist-～ 腰の高さまである.
3 (**a**) 〔標高, 緯度が〕高い. at ～ altitudes 標高の高い所では. in ～ latitudes 高緯度地方に.
(**b**)【はるか上方の＞遠い】遠い, はるかな, 〔昔など〕. ～ antiquity 太古.
【水準が高い】 **4** (程度, 度合いなどが)**高い**, 高度の; 〔評価, 品質などが〕高い; (優先順が)高い, (成分含有の割合が)高い 〈*in* ..の, が〉; 進んだ, 複雑な. a ～ temperature 高い気温[体温]. a ～ fever 高熱. →high blood pressure. a ～ forehead 広い額. have a ～ density of population 人口密度が高い. get ～ marks (試験で)高い点数を取る. at (a) ～ speed 高速で. have a ～ opinion of ..を高く評価する. ～ quality goods 品質の高い商品. be ～ on one's list of priorities 優先順が高い, 大切である. be ～ on the agenda 重要で急を要する. be ～ in calories [iron] カロリー[鉄分]が多い. ～ finance 大型金融.
5 (経済価値が)**高い**; 費用がかかる; (→expensive 類語); 〔生活, 食物などが〕ぜいたくな. Prices are recently ～ [～ recently]. このごろ物価が高い. a ～ salary 高給. ～ living ぜいたくな生活. ～ feeding 美食.
6 (**a**) 〔身分, 地位などが〕**高い**, 高貴の, 高位の. a man of ～ rank 位の高い男. I have it on the ～*est* au-

H

thority that .. 最も確かな筋から..と聞いている. →high society.
(**b**)【気位が高い】高慢な. a ～ manner 横柄な態度. with a ～ hand →hand (成句).
7 高度の, 高級な, 高等の, ([語法] この意味ではしばしば比較級が用いられる; →higher). a ～*er* court (さらに)上級の裁判所. ～ animals 高等動物.
8【重要性が高い】主要な; 重要な, 重大な. a ～ crime against the queen 女王に対する大逆罪. reach a ～ place 高い地位につく. in ～ places →成句.
9〔人格, 思想が〕高い, **高潔な**. a man of ～ character 人格高尚な男. ～ ideals 高遠な理想.
【度の過ぎた】 **10**〔音, 声が〕**高い**, かん高い, 鋭い;〔色が〕**濃い**,〔人の肌が〕赤い. sing in a ～ tone 高い調子で歌う. in a ～ voice かん高い声で.
11 激しい, 非常な, 極度の;〔思想などが〕極端な, 過激な. exchange ～ words 激論を戦わせる. He is in ～ favor with the manager. 彼は支配人の非常な気に入りだ. a ～ conservative 極端な保守党員.
【最高の状態の】 **12**〈限定〉〔時間, 時期が〕最も盛りの, 十分熟した. ～ summer 盛夏. →high noon, high season.
13 (**a**)〔獲物などの肉が〕熟成された《何日か経って食べごろになったのを言う》. (**b**)〈叙述〉ひどい臭いがして; 腐りかけて. This meat is rather ～. この肉はちょっと臭う.
【高揚した】 **14** 元気な;〔心が〕(うれしくて)興奮して. The players of our team were all in ～ spirits. 我がチームの選手たちはみんな元気いっぱいだった.
15〈叙述〉〖話〗(酒に)酔った, (麻薬に)やられた, ハイになった, 〈*on* ..で〉. My father gets ～ on two drinks. 父は 2 杯飲むと酔っていい気分になる. be [get] ～ *on* pot [marijuana] マリファナで幻覚状態にある[なる].
◇↔low [名] height, highness
be* [*gèt*] *on one's hìgh hórse 傲(ごう)慢にふるまう.
hàve a hìgh old tíme 〖話〗愉快に過ごす, 楽しむ.
hìgh and drý (1)〔船が〕岸に乗り上げて. (2)〔人が〕時勢に取り残されて; お手上げの状態で; ひとり取り残されて. Gordon ran away with another woman and left his family ～ *and dry*. ゴードンは別の女と駆け落ちし残された家族は途方に暮れた.
****hìgh and lów*** (上下貴賤(せん)の区別なく)**あらゆる階級の** (→[副] 成句). Men and women, ～ *and low*, took part in the demonstration. 上下貴賤の区別なくあらゆる男女がそのデモに参加した.
hìgh and mìghty 〖古〗権勢のある〔人々〕; 〖話〗傲(ごう)慢な. the ～ *and mighty* お偉い人達, 傲慢な人々.
hìgh as a kíte 〖話〗へべれけに酔って; ひどく興奮して.
hìgh gròund →high ground (見出し語).
hìgh on.. 〖話〗 (1) ..に夢中な. be ～ *on* video games [Mahler] ビデオゲーム[マーラー]に夢中である. (2) →[形] 15.
hìgh úp (1) 高い所に. (2) 非常に重要な[高い]職について.
in hìgh pláces 要職[高位]にある; 有力[権威]筋の. have friends *in* ～ *places* 高い地位の友人がいる, 有力な知人[つて]がある.
****It is hìgh tíme...*** もう..しなければならない[してもいい]**時間**[**時期**]**だ**. *It is* ～ *time* for you to find a job and earn a living on your own. =*It is* ～ *time* (that) you found a job and earned a living on your own. お前は仕事を見つけて自立してもいい頃だ ([語法] that 節中では普通, (仮定法)過去形を用いる; high は省略されることもある).
the Mòst Hígh 天主 (God).
—— [副] [e] **1 高く**, 高々と, 高い所へ[に, で]; (川の)上流に[へ]. a condor flying ～ up in the sky 空高く飛んでいるコンドル. I can jump ～*er* than you. 私は君より高く跳べる. **2** 強く, 激しく; 高い調子で. The wind blows ～. 風が強く吹く. speak ～ 声高に話す.
3 (評価, 評判などが)高く; (目標などを)高く. rise ～ in the world 出世する. stand ～ in public estimation 世評が高い. aim ～ 望みを高く持つ.
4 高い費用で; ぜいたくに. live ～ ぜいたくに暮らす. play ～ 大ばくちを打つ.

> [語法] high は普通, 動詞を修飾する; highly は形容詞, 過去分詞を修飾することが多く, 場所的に「高く」という意味は持たない; →highly

flỳ hígh →fly[1].
hìgh and lów 高く低く; あらゆる所に[で, を] (→[形] 成句). search [look] ～ *and low* for.. をあちこち探す.
hìgh, wìde, and hándsome 〖主に米話〗のびのびと, 悠々と, 余裕しゃくしゃくで.
lìve [***èat***] ***hìgh on*** [***off***] ***the hóg*** 〖米話〗ぜいたく三昧(まい)に暮らす.
rùn hígh (1)〔海, 川などが〕荒れる. (2)〔感情が〕高ぶる, 高揚する. the feeling of enmity *running* ～ 高まっている憎しみの感情.
—— [名] **1** [U] 高い所; 天; (→成句). **2** [C] 高い水準; 最高記録, 高値; 良い時 (↔low). Prices have reached a new ～. 物価は新高値に達した. the ～*s* and lows of life 人生の浮き沈み. **3** [C] 〖気象〗高気圧域 (anticyclone). **4** [U] (自動車の)高速ギア. **5** [C] 〖話〗興奮(状態); 陶酔状態; (麻薬による)幻覚状態. **6** [C] 〖米話〗=high school. **7** 〈the H-〉〖英話〗=high street.
be on a hígh 〖話〗上機嫌である.
from (***on***) ***hígh*** (1) 高い所から; 天から. (2) (組織などの)上層部から(の), 'お上'からの〔お達しなど〕.
****on hígh*** 高い所の[に]; 天の[に, へ]. fly a flag *on* ～ 高く旗を掲げる. those *on* ～ (組織などの)上の人.
[<古期英語 *hēah*]

hìgh achíever [名] [C] (学校の)成績優秀者.
hìgh áltar [名] 〈the ～〉主祭壇.
hìgh-and-míghty /[移]/ [形] 〖話〗傲(ごう)慢な.
hígh·bàll 〖米〗[名] [C] **1** ハイボール《ウイスキーなどをソーダ, ジンジャーエールなどで割ったもの; 氷を入れ丈の高いグラスで飲む; 今は普通 bourbon and soda などという》. **2** (鉄道の)進めの信号. —— [動] [自] 〖俗〗全速で突っ走る, 突貫する.
hìgh béam [名] [C] ハイビーム《自動車の上向きのヘッドライト光線》.
hìgh blóod prèssure [名] [U] 高血圧.
hígh·bòrn [形] 〖旧〗高貴な生まれの.
hígh·bòy [名] ([複] ～s) [C] 〖米〗脚付きの高だんす (〖英〗tallboy; →lowboy).
hìgh·bréd /[移]/ [形] 〔動物が〕純血種の; 血統のよい; 〔人が〕育ちのよい; 上品な.
hígh·brow 〖話・しばしば軽蔑〗[名] [C] 知識人, 教養人; インテリぶる人; (↔lowbrow).
—— [形] 知識人(向き)の; 知識人ぶる.
hìgh cámp [名] [U] 〖ショービジネス〗(芸術の域に達した)大げさなこっけいさ.
high chair /⌐⌐|⌐⌐/ [名] [C] (食事用の)高い脚の付いた子供用いす.
Hìgh Chúrch [名] 〈the ～〉高教会派《教会の儀式や権威を重んずる英国国教会の 1 派; →Low Church》.
Hìgh Chúrchman [名] [C] 高教会派の人.
‡**hìgh-cláss** /[移]/ [形] **1** 高級な, 上等の; 一流の. a ～ apartment 高級アパート(の一室). **2** 上流階級の.
hìgh cólor [名] [C] (顔面の)紅潮.
hìgh cómedy [名] [U] 高級喜劇《ウィットのある会話とユーモアが特徴; ↔low comedy》.
hìgh commánd [名] 〈the ～〉〖軍〗最高指導部, 首脳部.
Hìgh Commíssion [名] [C] 高等弁務局.
hìgh commíssioner [名] [C] 〈しばしば H- C-〉高等弁務官《植民地に駐在する大使相当官; また英連邦構

成国が相互に置く大使相当官).
Hìgh Cóurt (of Jústice) [名]〈the ～〉〖英〗高等法院《民事事件を扱う最上級の裁判所》.
hìgh dáy [名][C] 祭日, 祝日, (★主に ～s and holidays (祝祭日)の句にして用いる).
hìgh-definítion /[移]/ [形] 高画質の, 高品位の.
hìgh-definition télevision [名][UC] 高品位テレビ《略 HDTV》.
hìgh-énd /[移]/ [形] 高級品指向の; 高価格帯の, ハイエンドの.
‡high·er /háiər/ [形]〈high の比較級〉**1 より高い**, より高度の. **2 高等な**; 上級の. the ～ animals [mammals] 高等動物[哺(ほ)乳動物].
†hìgher educátion [名][U] 高等教育, 大学教育. get one's ～ at Yale イエールで大学教育を受ける.
hìgher mathemátics [名]〈単数扱い〉高等数学.
hìgher-úp /-rʌ́p/ [名][C]〖話〗〈普通 ～s〉上役(連).
‡high·est /háiəst/ [形]〈high の最上級〉**最も高い**, 最も高度の.
at one's híghest 最高で.
at the híghest 最高の位置に; いくら高くても.
hìghest common fáctor [名][C] 最大公約数.
hìgh explósive [名][C] 高性能爆薬《例えば TNT》.
hìgh·fa·lú·tin, -ting /hàifəlú:tən [移]/, /-tiŋ [移]/ [形]〖話〗〔言葉遣いなどが〕大げさな, 仰々しい. His words sounded ～. 彼の言葉はもったいぶっているように聞こえた.
hìgh fáshion [名] **1** =high style. **2** =haute couture.
hìgh-fidélity /[移]/ [形] ハイファイの, 高忠実度の, (→hi-fi).
hìgh fidélity [名][U] ハイファイ, 高忠実度, (→hi-fi).
hìgh·fíve [名][C] ハイファイブ《特にバスケットボールや野球で2人の選手が高く差し上げた右の手のひらを頭上で打ち合わせる(勝利の)喜びの儀礼・しぐさ》. ── [動] [他], [自] (と)ハイファイブをする.
hìgh·flíer, -flýer [名][C] **1** 高く飛ぶ人[鳥, もの]. **2** 敏腕な野心家, 切れ者. 「などが〕大げさな, 誇大な.
hìgh-flówn /[移]/ [形] **1** (非常に)野心的な. **2**〔言葉
hìgh-flýing /[移]/ [形] **1** 高く飛ぶ. **2** 野心のある, 望みの高い.
hìgh géar [名][U] 高速ギア. get [move] into ～ 「ピッチが上がる. →in high GEAR.
Hìgh Gérman [名][U] 高地ドイツ語《もとドイツ南部・中部で用いられたゲルマン語; 現在の標準ドイツ語となった; →Low German》.
hìgh-gráde /[移]/ [形]〈限定〉良質の, 高級な.
hígh gròund [名]〈the ～〉優位; 有利な立場. the moral ～ 道義的に勝る立場.
hìgh-hánded /-əd [移]/ [形] 高圧的な; 傲(ごう)慢な. in a ～ manner 高圧的なやり方で. ▷**～·ly** [副] **～·ness** [名]
hìgh-hát /[移]/ [形]〖話〗高慢な, 尊大な. ── [動] (～s|-tt-)〖主に米話〗[他]〔人〕に高慢な態度をとる, いばる. ── [自] 偉ぶる. ── [名][C] **1**〖話〗偉ぶる人, 気取り屋. **2** ハイハット《ドラムのパーツ》.
hìgh hát [名][C] シルクハット (top hat); =high-hat.
hìgh-héeled /[移]/ [形]〔靴が〕ハイヒールの[を履いた].
hìgh héels [名]〈複数扱い〉ハイヒール《婦人靴》.
hìgh horse /ˊ-ˋ, ˋ-ˊ/ [名]〈one's [the] ～〉〖話・軽蔑〗傲(ごう)慢な態度. get [be] on one's ～ 傲慢になる, いばりくさる, 偉ぶる. come [get] (down) off one's ～ いばるのをやめる, お高くとまらない.
hìgh ínterest accòunt [名][C] 高利率口座.
hígh·jàck [動], [名] =hijack.
hígh·jàcker [名] =hijacker.
hìgh jínks [名]〈複数扱い〉〖話〗どんちゃん騒ぎ.
hígh jùmp [名] **1**〈the ～〉〖競技〗走り高跳び. **2**〖英話〗〈be (in) for the ～ で〉(免職などの)厳罰に処せられそうである.
hìgh-kéy(ed) /[移]/ [形] **1**〔音, 声などが〕調子の高い, 明るい色調の. **2** 緊張した[して]; 興奮した[して]. **3**〖写〗ハイキーの, 画調が明るい, (↔low-key(ed)).
†hígh·land /háilənd/ [名] **1** [UC]〈しばしば ～s〉高地, 山地. **2**〈the Highlands〉スコットランド高地地方《スコットランド北部で, 近代までケルト系の言語や習慣が残っていた; →lowland 2》. ── [形]〈限定〉**1** 高地[山地]の. **2**〈H-〉スコットランド高地地方の.
Hìghland dréss [名][U] ハイランドドレス《スコットランド高地地方の男性が結婚式などで着用する民族衣装; low tie, kilt を含む》.
hígh·land·er [名][C] **1** 高地の(原)住民. **2**〈H-〉スコットランド高地地方の人.
Hìghland flíng [名][C] フリング《スコットランド高地地方の活発なダンス; 1人で踊る》.
Hìghland Gámes [Gáthering] [名] スコットランド大会《毎年1度スポーツ, ダンス, 音楽を競う》.
Hìghlands and Íslands [名]〈the ～〉高地地方と島《スコットランドの北(西)部の地方と周辺の島の通称》.
hìgh-lével /[移]/ [形]〈限定〉**1**〔会議, 交渉などが〕高官による, 上層部による. a ～ conference 高官による会議. ～ talks トップ会談. **2**〖電算〗〔プログラム言語が〕高水準の. ◇↔low-level.
hígh lìfe [名][U] **1**〈the ～〉上流の(ぜいたくな)生活. live the ～ 豪勢な生活をする. **2** 西アフリカの庶民の音楽とダンス.
†hígh·lìght [名][C] **1** (絵画, 写真の)最も明るい部分, ハイライト. **2** (ニュース, 出来事などの)ハイライト, 最も重要な[興味をそそる]部分[場面]; 圧巻, '目玉', 呼び物. Niagara Falls was the ～ of our trip. ナイアガラ瀑(ばく)布が我々の旅行のハイライトだった. **3**〈～s〉髪を(ブロンドに)染めた部分.
── [動] [他] **1** を強調する, 最も重要なものとする; に注目させる. This article ～*s* the strong points of the Japanese economy. この論文は日本経済の長所を際立たせている. **2**〔本やノートの重要箇所〕をマーカーで塗る. sections ～*ed* in yellow 黄色のマーカーで塗られた部分. **3**〔髪の毛〕を(部分的に)ブロンドに染める.
hígh·lìght·er [名][C] **1** マーカーペン, 蛍光ペン, 《本やノートの重要箇所などに色を付ける》. **2** ハイライト《目などを引き立たせる化粧品》.
hígh lìving [名] =high life 1.
‡high·ly /háili/ [副] (→high [副] [語法]) **1** [c] **非常に**, 大いに; 高度に. ～ spiced meat 香料を強く効かせた肉. Such an occurrence is ～ unlikely. そんなことはまず起こりそうもない. **2** [m] (地位, 評価などが)**高く**; 大いにほめて. a ～ placed bureaucrat [source] 地位の高い役人[高官筋]. a ～ honored soldier 高い栄誉を与えられた兵士. think [speak] ～ of a person 人を高く評価する[非常にほめる]. **3** [m] 高価で; 高給で. ～ priced beef 高値を付けられた牛肉. ～ paid laborers 高給を受けている労働者.
hìghly-strúng /[移]/ [形] =high-strung. 「がある).
hìgh máss [名][U]〖カトリック〗盛式ミサ《焼香, 奏楽
hìgh-mínded /-əd [移]/ [形] 高潔な, 気高い; 高い理想を持った. ▷**～·ly** [副] **～·ness** [名]
hìgh-múck-a-mùck [名][C]〖米話〗おえらい人.
hìgh-nécked /-t [移]/ [形]〔衣服が〕えりの高い, ハイネックの.
†hígh·ness [名] **1** [U] 高いこと, 高さ, (↔lowness) ([類語] highness は高い状態を, height は量としての高さを意味する: the *highness* of the fence (その塀が高いこと) the *height* of the fence (その塀の高さ)). the ～ of the mayor's salary 市長の給料が高いこと. the ～ of his ideal 彼の理想の高さ.
2〈H-〉殿下, 妃殿下, 《王族, 皇族などに対する敬称, 呼びかけ》([語法] (1) he [she, you] (主格)又は him [her, you] (目的格)の代わりに His [Her, Your] Highness として用い, 3人称単数扱い. (2) Highness の前に Royal, Imperial, Serene などが用いられることが多い; →

serene). His Royal ～ 殿下. His [Her] Imperial ～ 殿下[妃殿下]《日本などの皇族に対して》. Her ～ 妃殿下.

hìgh nóon 名 U **1** 正午. **2** 頂点. **3** 決定的段階.

hìgh-óccupancy vèhicle 名 C 〘米〙複数[多人数]乗員車両《略 HOV》.

hìgh-óctane /移/ 形 高オクタン価の, ハイオクの.

hìgh-perfórmance 形 高性能の.

‡**hìgh-pítched** /-t 移/ 形 **1**〔音, 声が〕高い, かん高い. **2**〔屋根などの匂(こう)配が〕急な.

hígh pòint 名 ＝high spot.

hìgh pólymer 名 C 〘化〙高重合体, 高分子化合物.

‡**hìgh-pówered** /移/ 形 **1**〔機械などが〕馬力の強い, 高出力の; 高性能の. **2**〔人が〕精力的な, 重責を担う, ねばり強い. **3**〔仕事が〕責任の重い.

hìgh-préssure /移/ 形 **1**〔機械や物質が〕高圧の, 高圧に耐える. **2**〘話〙〔人や動作, 態度などが〕高圧的な, 強引な, 強要する. ～ sales 押し売り. **3**〘話〙緊張度の高い, ストレスの多い,〔仕事など〕. a ～ occupation ストレス度の高い職業. ── /⌐⌐─/ 動 他 〘主に米〙に強引に売りつける; VOA (～ X *into doing*) に強制的に..させる.

hìgh-príced /-t 移/ 形 高価な.

hìgh príest [príestess] 名 C (キリスト教以外の宗教の)高僧,〈特に〉(ユダヤ教の)大祭司; (組織, 流派などの)指導者, 中心人物.

hìgh-príncipled /移/ 形 ＝high-minded.

hìgh-prófile 形 m 人目を引く (↔low-profile).

hìgh prófile 名 C 派手に活躍する[脚光をあびる, 人目を引く]こと; 高姿勢; (↔low profile).

‡**hìgh-ránking** /移/ 形 〈限定〉高位の, 上官の; 上級の. a ～ officer 高級将校.

hìgh relíef 名 U 高浮き彫り《像が背景からずっと突き出た彫刻》.

hìgh-resolútion 形 高解像の. ～ video screens 高解像度ビデオスクリーン.

‡**hígh-rìse** 形 〈限定〉〔建物が〕高層の. a ～ building 高層ビル. ── 名 C 高層ビル. ◇↔low-rise

hígh·ròad 名 C **1**〘主に英〙主要[幹線]道路, 公道. **2** 確実な道 (highway)〈*to* ..への〉. the ～ *to* happiness 幸福への近道. **3**〘主に米〙(政治などの)正道, 常道. take the ～ 正道を行く.

hìgh róller 名 C 〘米俗〙**1** 金うかいの派手な人. **2** むちゃな賭(か)けをする人.

‡**hígh schòol** 名 (複 ～s /-z/) UC **1 高等学校**, ハイスクール. ★米国では 6 年制小学校の上の junior high school (3 年)と senior high school (3 年)のおのおの, 又は両者を合併したもの, 及び 8 年制小学校の上の high school (4 年)を言う; →school 表. go to ～ 高校に通う. She graduated from Lincoln *High School*. 彼女はリンカーン高等学校を卒業した. a ～ diploma 高校卒業証書. **2**〘英〙中等学校 (★一部の学校名に使う).
▷**hígh schòol·er** 名 C ハイスクール生徒.

hìgh séas 名 〈the ～〉公海, 外洋; 海事裁判所管轄水域.

hìgh séason 名 〈(the) ～〉最盛期, 繁忙期; 書き入れ時; 《観光地, 交通機関などの》.

hìgh security príson 名 C 厳重警備刑務所《危険囚用》.

Hìgh Shériff 名 ＝sheriff 2.

hìgh sígn 名 C 〘米話〙(目くばせ, 身ぶりなどでの)合図. give a person the ～ (that ..) (..だという)合図を人に送る.

hìgh socíety 名 U 上流社会.

hìgh-sóunding /移/ 形 〔肩書き, 言葉などが〕見えを張った(ような), 仰々しい. ～ words 大げさな言葉.

hìgh-spéed /移/ 形 高速(度)の;〔仕事などをするのが〕速い. a ～ engine 高速エンジン.

hìgh-spírited /-əd 移/ 形 勇敢な; 元気のいい; 血気盛んな. a ～ horse 疳(かん)の強い馬.

hígh spòt 名 C 主要な部分, (ショーなどの)見せ場.

†**hígh strèet** 名 C 〘英〙〈しばしば H- S-〉本通り, 目抜き通り, (→main street). ── 形 目抜き通りの. a ～ bank 〘主に英〙目抜き通りにある銀行(本店[支店])《NatWest, Barclays, Midland など》.

hìgh-strúng /移/ 形 非常に敏感な, 非常に神経質な; 興奮しやすい.

hìgh stýle 名 UC 最新流行の高級スタイル.

hìgh táble 名 UC 〈普通 the ～〉〘英〙(学寮などの)ハイテーブル《教授陣, 来賓などが座る; 一段高くした上座の食卓》.

hígh·tàil 動 自 〘主に米話〙とっとと立ち去る.
hightail it 急いで行く, 走って行く.

hìgh téa 名 UC 〘英〙ハイティー《遅めの午後のお茶に簡単な肉か魚の料理を添えたもので, これで夕食もすんだことになる; 英国のある地域(特に北部)に見られる習慣》.

***hìgh-téch** /移/ 形 m **1** ハイテク (high technology) の (→low-tech). ～ industries ハイテク産業. **2** ハイテク装飾の《機能美を追求する室内装飾》. ── 名 U **1** ＝high technology. **2** ハイテク装飾.

hìgh téch, hìgh technólogy 名 U 高度先端技術, ハイテク.

hìgh-ténsion /移/ 形 高(電)圧の.

hìgh ténsion 名 U 〘旧〙高電圧 (high voltage).

hìgh tíde 名 **1** UC 満潮(時). **2**〈the ～〉全盛時[期], 絶頂. the ～ of nationalism ナショナリズムの全盛期.

hìgh tíme 名 U →It is HIGH time.. (成句).

hìgh-tóned /移/ 形 **1** 高尚な, 上品な; 高級な; 上品ぶった. **2**〘古〙〔音, 声が〕高い; 調子の高い.

hìgh tréason 名 U 大逆罪.

hìgh·úp 名 C 〘話〙おえら方, 要人.

hìgh vóltage 名 U 高電圧.

hìgh wáter 名 U 満潮; (川などの)高水位, 洪水.

hìgh-wáter màrk 名 C 〈単数形で〉**1** 高潮[満潮]標; (川, 湖の)高水位線[点]. **2** 最高水準; (繁栄, 発展などの)頂点;〈*of, for* ..の〉.

‡**high·way** /háiwèi/ 名 (複 ～s /-z/) C **1**〘主に米〙**公道**, 幹線道路, 街道,《都市間を結ぶ主要道路》; (水上, 陸上の)主要交通路. the King's [Queen's] ～ 天下の公道. the public ～ 公道. 参考 日本語でいうハイウェー(高速道路)は〘米〙では expressway, thruway,〘英〙では motorway と言う. **2** 常道, 順路; 容易な道, 近道;〈*to* ..〔目的など〕への〉. The book sets out a ～ *to* success for every businessman. この本はすべてのビジネスマンに成功の道を示すものだ.

Hìghway Códe 名 〈the ～〉〘英〙交通規則集.

hígh·wày·man /-mən/ 名 (複 **-men** /-mən/) C 追いはぎ《昔街道で, 普通, 馬に乗って旅人を襲った》.

hìghway patról 名 U 〈単複両扱い〉〘米〙ハイウェイ・パトロール.

hìghway róbbery 名 U **1** 追いはぎ《highwayman による》. **2**〘話〙法外な(値段の)請求, ぶったくり.

hìgh wíre 名 C 〈普通, 単数形で〉(サーカスの綱渡り用の)張り綱 (tightrope). a ～ act 綱渡り的行為. be on a ～ 綱渡り的である.

H.I.H. His [Her] Imperial Highness.

***hi·jack** /háidʒæk/ 動 (～s /-s/|過 過分 ～ed /-t/|～·ing) 他 **1**〔輸送中の貨物〕を強奪する. **2**〔飛行機, 船, トラックなど〕を乗っ取る, ハイジャックする, (→skyjack). **3**〔人〕を襲って強奪する. **4**〔企業など〕を乗っ取る. ── 自 ハイジャックする. ── 名 C ハイジャック事件. [＜?]

†**hí·jàck·er** 名 C **1** (飛行機などの)乗っ取り犯人, ハイジャック犯. **2** (貨物などの)強奪犯人, 強盗. [＜?]

hí·jàck·ing 名 UC ハイジャック(事件), 乗っ取り.

***hike** /haik/ 動 (～s /-s/|過 過分 ～d /-t/|**hík·ing**) 自 **1** ハイキングをする, 徒歩旅行をする. go *hiking* in a hilly district 丘陵地帯にハイキングに行く. **2**〔スカートなどが〕ずり上がる〈up〉.

— [他] **1** [VOA] (～/X/*up*) X をぐいと上げる; X (重い物)をぐいと押す[動かす]. ～ *up* one's trousers [skirt] ズボン[スカート]を(ぐいと)引き上げる. **2**〖主に米〗〔物価, 賃金など〕を急いで引き上げる〈*up*〉. **3**〖米〗をハイキングする.
— [名] [C] **1** 徒歩旅行. go on a ～ ハイキングに行く. **2**〖主に米〗引き上げ〈*in* ..〔物価, 賃金など〕の〉. a ～ *in* wages 給与の引き上げ. demand pay ～*s* of 10% 10 パーセントの賃金引き上げを要求する. a tax ～ 増税.
tàke a híke ハイキングに行く; 出て行く. tell him to *take a* ～ 彼に出て行けと言う. [＜?]

hik·er /háikər/ [名] [C] ハイカー, 徒歩旅行者.

***hik·ing** /háikiŋ/ [名] [U] ハイキング, 徒歩旅行. [類語] 歩くことに重点がある; →picnic. ～ boots〖米・オース〗ハイキング・シューズ (walking boots). [＜?]

‡**hi·lar·i·ous** /hilé(ə)riəs/ [形] **1** 陽気な, 快活な, 浮き浮きした. The villagers were all ～. 村人たちはみな陽気に浮かれ騒いだ. **2**〔話などが〕とてもおかしな, 抱腹絶倒の. a ～ joke この上なくおかしな冗談. [＜ギリシア語「陽気な」] ▷ **～·ly** [副] 陽気に, 浮かれて. **～·ness** [名]

hi·lar·i·ty /hilǽrəti/ [名] [U] **1** 陽気, 快活; 大笑い. **2** おかしさ, 滑稽(こっけい).

Hil·a·ry /híləri/ [名] 男子[女子]の名.

Hílary tèrm [名]〖英〗(Oxford 大学などの 1 月に始まり 3 月に終わる)第 2 学期 (Lent term).

Hil·da /híldə/ [名] 女子の名.

‡**hill** /hil/ [名] (複 **～s** /-z/) [C] **1** 丘, 小山, 《mountain より低く, 英国では普通 2,000 フィート以下のもの》. climb a ～ 丘を登る. a rocky ～ 岩山. ★地名としても用いられる: Forest *Hill*, Names *Hill*, Harold *Hill*, Indian *Hill* など. **2** (アリ, モグラなどの)塚. an ant～ アリ塚. a mole～ モグラ塚. **3** 盛り土《作物などの根元を保護したり, 種をまくための》. **4** 坂. go up [down] a steep ～ 急な坂道を上る[下る]. **5**〈the H-〉〖米〗米国連邦議会 (= Capitol Hill). on the *Hill* (米国)連邦議会で.
gò over the híll〖米俗〗(1) 脱獄する. (2) 無断で部隊を離れる. (3) 蒸発する.
hèad for the hílls ＝take to the HILLS.
not amòunt to a hìll of béans〖米話〗取るに足りない.
not wòrth a hìll of béans〖米話〗全く無価値な.
over the híll〖話〗(1)〔人が〕盛り[活躍の時期]を過ぎて. (2)〔病気などが〕峠を越えて, 快方に向かって.
tàke to the hílls〖話〗こっそり立ち去る, 逃げる《＜山に逃げ込む》.
ùp hìll and dòwn dále 丘を上り谷を下って; あちこち, 至る所で. [＜古期英語]

Hil·lar·y /híləri/ [名] **Sir Edmund ～** ヒラリー(1919–)《ニュージーランドの登山家; エベレスト山世界初登頂(1953)》.

hill·bil·ly /hílbìli/ [名] (複 **-lies**) **1** [C]〖米話・しばしば軽蔑〗田舎者, 山男, (特に米国南東部の)山岳地帯(出身)の人. **2** [U] ヒルビリー (**híllbilly mùsic**)《米国南東部の山岳地帯に起こった民俗音楽》. [hill, Bill, -y³]

hill·ock /hílək/ [名] [C] 小さい丘, 小さい塚.

†**híll·sìde** [名] [C] 丘の斜面[中腹].

‡**híll·tòp** [名] [C] 丘の頂上.

†**hill·y** /híli/ [形] [e] **1** 丘[坂]の多い; 起伏に富んだ. a ～ district 丘陵地帯. **2** 険しい.

†**hilt** /hilt/ [名] [C] (刀, 短剣, 道具などの)つか, 柄.
(up) to the hílt (1) 刀のつかまで; ずぶりと. (2) 徹底的に; 完全に. play the part *to the* ～ その役を完全に演じる. [＜古期英語]

Hil·ton /híltən/ [名] ヒルトン **1 Conrad ～** (1887–1979)《米国のホテル王; いわゆる **Hìlton hotél** を世界各国に広げた》. **2 James ～** (1900–54)《英国の小説家; *Goodbye, Mr. Chips* (1934) が有名》.

H.I.M. His [Her] Imperial Majesty.

‡**him** /im, 強 him/ [代] 〈he の目的格〉 **1 彼を, 彼に**; 〈H-〉神を[に]; 彼の言うことを[に]. wake ～ up 彼を起こす. tell ～ a story＝tell a story to ～ 彼に話を聞かせる. He let the door open behind ～. 彼はドアを開けっぱなしにした (★himself は不可).
2〖話〗＝he〈be 動詞の補語, 比較表現の than, as の次で〉. Mike is shorter than ～. マイクは彼より背が低い. It's ～ that is to blame. 悪いのは彼だ. It was she who insulted us, not ～. 私たちを侮辱したのは彼女であって, 彼ではない. [語法] him を he とすると, 極めて形式ばった表現となる.
3〖英古, 米方〗＝himself. He ought to find ～ a wife. 彼は妻を見つけるべきだ.
[語法] 動名詞の意味上の主語としての him については → me 2 [語法]. [＜古期英語]

Hìm·a·lá·yan /-n [移]/ [形] ヒマラヤ(山脈)の.

Himalàyan cédar [名] [C]〖植〗ヒマラヤスギ.

Him·a·la·yas /hìməléiəz, himɑ́ːləjəz/ [名]〈the ～; 複数扱い〉ヒマラヤ山脈 (**the Himalàya (Móuntains)**).

‡**him·self** /imsélf, 強 him-/ [代] (複 **themselves**)〈he の再帰代名詞〉 **1**〈強意用法〉(**a**)〈主語と同格で〉**彼自身で[が]**, 彼自ら. My father made this desk ～. 父が自分でこの机を作った (★My father ～ made this desk. より himself を文末に置く方が普通. その方が himself に注意が向く). (**b**)〈目的語と同格で〉**彼本人を[に]**. I met the President ～. 私は大統領本人に会った.
2〈再帰用法; 強勢は /-ˊ/ で動詞の方を強く発音する〉**彼自身を[に]**; 〈H-〉神自身を[に]. Hal seated ～ on the sofa. ハルはソファーに座った. Bob ought to be ashamed of ～. ボブは自らを恥じるべきだ. Sam cut ～ with the knife. サムはナイフでけがをした. [注意] He saw himself in the mirror. は「彼は自分の姿を鏡で見た」であるが, He saw him in the mirror. なら主語の he と目的語の him は別の人物.
3 本来の[正常な]彼自身.
4〖主にアイル〗えらい人; 〈特に〉(一家の)主(あるじ). before ～ is up 主が起きる前に.
★成句については →oneself. [＜古期英語; him, self]

Hi·na·ya·na /hìːnəjɑ́ːnə/ [名] 小乗仏教. ◇↔Mahayana

†**hind**¹ /haind/ [形]〈限定〉(対をなしたものの中で)**後ろの**, あとの, (↔fore; hinder²). shoot the deer in one of the ～ legs そのシカの後足の一方を撃つ.
on one's hìnd légs〔動物が〕後足で立って,〖戯〗〔人が〕立(ち上が)って.
tàlk the hìnd légs off a dónkey〖話〗際限なくしゃべり続ける. [＜be*hind*]

hind² [名] (複 **～s, ～**) [C] 雌ジカ《主にアカシカ (red deer) の 3 歳以上のもの; 雄は hart; →deer [参考]》.

***hin·der**¹ /híndər/ [動] (**～s** /-z/|[過] [過分] **～ed** /-d/|**～·ing** /-riŋ/) [他] **1 を妨げる**, 妨害する, じゃまする;〔進行, 成長など〕を遅らせる; ([類語] 物事の開始, 進行などを妨害することを強調する; →encumber, hamper¹, impede, obstruct). Stop ～*ing* my work! 私の仕事をじゃまするな. Susan was ～*ed* in her homework by phone calls. スーザンは電話がやたらにかかったため宿題のじゃまをされた.
2 [VOA] (～ X *from doing*) X (人)が **..するのを妨害する**. A heavy rainfall ～*ed* me *from going* out. 土砂降りで私は外出できなかった.
◇[名] hindrance [＜古期英語「抑止する, 傷つける」]

hind·er² /háindər/ [形]〈hind¹ の比較級〉あとの, 後ろの, 後部の, 後方の, ([語法] hind と違って対をなさないものにも用いられる). the ～ end of a train 列車の最後部.

Hin·di /híndiː/ [名] [U] ヒンディー語《インド・ヨーロッパ語族に属するインド北部の諸地方語; インド共和国の公用

H

語; →Hindustani》. ── 形 ヒンディー語の.

hind·most /háin(d)mòust/ 形 〈hind¹ の最上級〉最も後ろの, 最後部の, 最も後方の.

Hin·doo /híndu:, –́/ 名 (複 ~s) =Hindu.

hínd·quàrter /háin(d)-/ 名 C (牛, 羊などの)後脚と臀(でん)部の肉; 〈~s〉(獣の)後脚と臀部.

***hin·drance** /híndrəns/ 名 (複 **-dranc·es** /-əz/) **1** U **妨害**, 障害〈to ..の〉. without ~ 支障なく. be more of a ~ than a help 助けになるよりじゃまになる. **2** C **障害物**, じゃまになる物[人, 事],〈to ..の〉. a ~ to progress 進歩を妨げるもの. ◇動 hinder

‡**hind·sight** /háin(d)sàit/ 名 U あと知恵 (→foresight). a ~ comment 結果論. in ~=with (the benefit [wisdom, clarity] of) ~ あとから考えてみると. *Hindsight* is (always) 20-20.〖米話〗下衆(げす)の後(あと)知恵《20-20 は左右の視力が正常なこと》.

***Hin·du** /híndu:, –́/ 名 (複 **~s** /-z/) C **1 ヒンドゥー教徒**. **2** ヒンドゥー人《インド北部の(原)住民》;〈一般に〉インド人. ── 形 ヒンドゥー人の; ヒンドゥー教の. a ~ temple ヒンドゥー教寺院. [ペルシア語「インドの」]

Hín·du·ìsm 名 U ヒンドゥー教《インドの民間の信仰とバラモン教を基盤として発達した宗教; インド社会の全般に浸透, caste 制や karma を信じる》.

Hìndu Kúsh /-kú(:)ʃ/ 名 〈複数扱い〉ヒンドゥークシ山脈《大部分アフガニスタン北東部にある》.

Hin·du·stan /hìndustǽn, -stá:n/ 名 ヒンドスタン《インドのペルシア名; 特にインド北部のヒンディー語が使用されている地域を言う》.

Hin·du·sta·ni /hìndustǽni, -stá:ni/ 名 U ヒンドスタン語《Hindi 語にアラビア語, ペルシア語などが混ざった言語; インド北部とパキスタンで標準語・共通語として用いられている; →Urdu》.
── /移/ 形 ヒンドスタンの; ヒンドスタン人[語]の.

***hinge** /hindʒ/ 名 (複 **híng·es** /-əz/) C **1** (ドアなどを枠に取り付ける)**ちょうつがい**; (二枚貝の)ちょうつがい; (ちょうつがい状の)膝関節. The door swings on two ~*s*. そのドアは2つのちょうつがいで動く. **2** かなめ, 要点.
off the hínges (1) ちょうつがいが外れて. (2) (体, 精神の)調子が狂って.
── 動 他 〔ドア, 箱のふたなど〕にちょうつがいを付ける.
── 自 **1** ちょうつがいで動く. **2** VA (~ *on* [*upon*] X) (X は名詞, 動名詞, wh 節) X にかかっている, X によって決まる, (depend). This election ~*s on* the women's votes. この選挙は婦人たちの票次第で決まる.
[＜中期英語 *hengen* 'hang']

hinged 形 ちょうつがいで付けられた〈to ..に〉. a ~ door 開き戸.

‡**hint** /hint/ 名 (複 **~s** /-ts/) **1** C **ヒント**, ほのめかし, 暗示,〈*that* 節 ..という/(*as to*) *wh* 節 ..かの〉; 手がかり, きっかけ. Mr. Brown gave me a ~ but I did not get it. ブラウン先生がヒントを与えてくれたのに, 私には分からなかった. He didn't even give her a ~ *where* he was going. 彼は彼女にどこへ行くかをほのめかすこともしかった. Mary dropped some ~*s* that she was unwilling. メリーは気の進まないことをほのめかした.

連結 a clear [a broad, a plain; a vague] ~ // get [receive; catch, understand] a ~

2 C 〈しばしば ~s〉有益な助言, 情報; ちょっとした心得[注意];〈*on*, *about* ..についての/*for* ..〔人〕への/*to* do ..するための〉. ~*s on* mountaineering 登山の心得. handy ~*s about* what to buy 買い物に役立つアドバイス. practical ~*s for* young drivers 若い運転者への実際的な注意.
3 aU (ほんのしるしだけの)わずかな量; C かすかなしるし[兆候, 気配]〈*that* 節 ..という〉. There was not a ~ of truth in the story. その話には真実のかけらもなかった. There was a ~ of rain in the air. 空気中に雨の気配がわずかに感じられた. at the slightest ~ of ..の気配が少しでもあれば.
give no hínt of ..〖章〗..の気配がない.
tàke a* [*the*] *hínt (ほのめかされて)感づく, ぴんとくる; 気をきかせる.
── 動 (**~s** /-ts/| 過 過分 **hínt·ed** /-əd/| **hínt·ing**) 他 をほのめかす, 暗示する, それとなく言う; VO (~ *that* 節/"引用") ..ということを/「..」と言ってほのめかす. Nellie ~*ed* (to me) *that* she might get married soon. ネリーは(私に)近く結婚するかもしれないことをほのめかした.
── 自 **1** ほのめかす, におわす; あてこする. **2** VA (~ *at* ..) ..をほのめかす〈受け身可〉. The minister ~*ed at* an increase in income tax. 大臣は所得税の増税をほのめかした. [＜古期英語「つかむ」]

hin·ter·land /híntərlæ̀nd/ 名 C **1** (海岸, 河岸などの)後背地, (都市, 港などの)周辺地域. **2** 〈しばしば ~s〉奥地, 僻(へき)地. [ドイツ語 'behind-land']

‡**hip**¹ /hip/ 名 (複 **~s** /-s/) C **1 ヒップ**, (人の)**腰**, しり, (参考 (1) hip はウエスト (waist) の下で横に張り出た部分; 日本語の「しり」はこれより後方でやや下方の柔らかい部分で, ほぼ英語の buttock に相当する. (2) 一般には張り出た両方の部分を言うので複数形で用いられる). stand with one's hands on one's ~*s* 両手を腰にあてて(ひじを張って)立つ (★しばしば反抗のジェスチャー). sway one's ~*s* in walking 歩く時に腰を振る. His ~*s* are narrow. 彼の腰幅は狭い. What is your ~ size? ヒップのサイズはどのくらいですか. **2** =hip joint. **3** (四足獣の)人の腰に当たる部分.
jòined at the híp〖話〗いつもべったりで.
on the híp〖古〗不利な立場に.
shòot* [*fìre*] *from the híp (1) (抜きざまに)ピストルを腰だめに撃つ. (2) ずばりと言う, 衝動的に行動する.
[＜古期英語; hop¹ と同根]

hip² 名 C バラの実《特に野バラ (brier) の》.

hip³ 間 かっさいなどの発声. *Hip*, ~, hurrah! ヒップ, ヒップ, フレー《万歳》.

hip⁴ 形〖話〗**1** 最新流行の[で], かっこいい; 流行に敏感な. **2** 明るい〈to ..〔事情など〕に〉. [＜?]

híp bàth 名 C 腰湯; (持ち運びできる)腰湯用浴槽.

híp·bòne 名 C〖解剖〗座骨, 無名骨.

híp·flàsk 名 C (酒類用の)(しり)ポケット用水筒《普通, 金属性で平型又は, しりに合わせて湾曲している》.

hìp hóp 名 U ヒップホップ《rap music, グラフィティ (→graffito), break-dancing などを合わせた一種のポップ文化; 1980 年代からアメリカで流行》.

híp·hùg·gers /-hʌ̀gərz/ 名 〈複数扱い〉〖米〗ヒップハガーズ(〖英〗hipsters).

híp jòint 名 C 股(こ)関節.

-hip·ped /hipt/ 〈複合要素〉「腰が..の」の意味. narrow-*hipped* ヒップの小さい.

‡**hip·pie** /hípi/ 名 C ヒッピー《異様な衣装を着たり, 幻覚剤を使用したりして既成の体制, 価値に反抗しようとする若者; 1960 年代から現れた》. [hip⁴, -ie]

hip·po /hípou/ 名 (複 **~s**)〖話〗=hippopotamus.

híp pòcket 名 C (ズボンの)しりポケット.

Hip·poc·ra·tes /hipákrəti:z|-pɔ́k-/ 名 ヒポクラテス (460?–377? B.C.)《ギリシアの医者; 科学的医学の祖》.

Hip·po·crat·ic /hìpəkrǽtik 移/ 形 ヒポクラテスの.

Hippocràtic óath 名 〈the ~〉ヒポクラテスの宣誓《医師の倫理綱領; 医師の学位取得者はこの宣誓を求められることが多い》.

Hip·po·crene /hípəkrì:n, hìpəkrí:ni:/ 名〖ギ神話〗ヒッポクレーネー《Helicon 山にある Muses の霊泉; 詩的霊感の源泉》.

hip·po·drome /hípədròum/ 名 C **1** 曲馬場, 競技場, サーカス場; 演芸場. **2** (古代ギリシア・ローマで, 馬, 戦

H

車などの)競走場.

hip·po·pot·a·mus /hìpəpάtəməs|-pɔ́t-/ 名 (複 ～·es, **hip·po·pot·a·mi** /-mài/) C 〘動〙カバ. [ギリシア語 (<*híppos*「馬」+*potamós*「川」)]

hip·py /hípi/ 名 (複 **-pies**) =hippie.

híp ròof 名 C 〘建〙寄せ棟屋根.

hip·ster /hípstər/ 名 C **1** 〘俗〙最近の物事に明るい人, 新しがり屋; ジャズ狂. **2** 〘主に英〙〈～s〉ヒップスター (〘米〙 hiphuggers)《ローウエストでヒップの部分がぴったりしたズボン》. [hip⁴, -ster]

‡**hire** /haiər/ 動 (～s /-z/|過 過分 ～d /-d/|**hír·ing** /-riŋ/) 他 **1** 〔人〕を**雇う**, 雇い入れる, (類語 〘英〙では, 召使い, 労働者, 日給制の従業員などを, 特定の目的で主に臨時に雇う; 〘米〙では一般的に「雇用する」意味に使う; →employ 1). ～ a maid お手伝いさんを雇う. the ～*d* help (臨時)雇い人たち. **2** 〘主に英〙〔物〕を**賃借りする** (類語 有料で一時的に物を借りる; 〘米〙 rent; →borrow). They ～*d* a bus for the picnic. 彼らはピクニックのためにバスを1台借りた.

hìre /../ awáy 〔人〕を引き抜く〈*from* ..から〉.

hìre óut*=*hìre oneself óut 雇われる. Kate ～*s* (*herself*) *out* as a baby-sitter every weekend. ケートは週末ごとに子守として雇われている.

hìre /../ óut 〔持ち主が〕..を賃貸しする (→lend 類語). We ～ *out* every kind of bicycle available. 当店ではどんな種類の自転車でもお貸しします.

―― 名 **1** U (物の)借り賃, 借用料, 賃借料; (雇い人に払う)賃金, 給料. a ～ charge 借用料. **2** U 賃借り, 雇用. the ～ of a boat ボートを賃借りすること. **3** C 〘米話〙(新入)社員.

for* [*on*] *híre 賃貸し用の, 賃貸しでの, 〈*from* ..からの〉; 賃金をもらって. *For Hire* 空車《タクシーの表示》. a truck *for* [*on*] ～ 貸しトラック. [<古期英語]

híre càr 名 C 〘英〙レンタカー.

hìred gún 名 C **1** (プロの)殺し屋. **2** (雇われの)交渉[調停]役.

hìred hánd [**mán, gírl**] 名 C (家, 農場などの)使用人. 「ずくで働く人.

hire·ling /háiərliŋ/ 名 C 〘普通, 軽蔑〙雇い人; 金ずくで働く人.

hìre-púrchase 名 U 〘英〙分割払い購入方式 (**hire-pùrchase plán**; 〘米〙 installment plan). buy a TV on ～ 分割払いでテレビを買う.

hir·er /hái(ə)rər/ 名 C 雇い主; 賃借人.

hír·ing 名 UC 雇用 (↔firing). do the ～ and firing (会社などで)人事の仕事をする.

hir·sute /hə́:rs(j)u:t/ 形 〘章·戯〙毛深い; 〔髪, ひげが〕ぼうぼうの, 手入れをしていない. [<ラテン語「剛毛の」]

‡**his** /iz, 強 hiz/ 代 **1** 〈he の所有格〉**彼の**; 〈H-〉神の. ～ car 彼の車. Both Tom and Sue are expecting calls. So when the telephone rings, it will be ～ or her call. トムもスーも電話を待っている. だから電話が鳴ったら, どちらかだ. **2** 〈he の所有代名詞〉(**a**) 〈単複両扱い〉**彼のもの**, 彼の, (語法 「his+名詞」の代用として, 名詞が文脈から明らかである場合に用いられる). The house is ～. その家は彼のものだ. Her eyes are black and ～ are brown. 彼女の目は黒で彼のは茶色だ. (**b**) 〈of ～ で〉彼の (語法 a(n), this, that, no などの付いた名詞の後に用いられる). an old friend *of* ～ 彼の旧友. this hat *of* ～ 彼のこの帽子. [<古期英語]

hìs and hér, hìs-and-hérs /hìzən-z/ 形 男女[夫婦]揃(そろ)いの. ～ sweaters 男女揃いのセーター.

his/her /hìz-ər-hə́r, hìz-hə́r, hìz-slæʃ-hə́r/ 代 = his or her.

his or her /hìz-ər-hə́r/ 代 その人の (★everybody, anyone などの不定代名詞と呼応する場合, 従来 his で受けていたが, 性差別反対の立場から広まった言い方; →their). Anyone with English as ～ [his/her] native language does not need other languages. 英語を母語とする人は誰でも他の言語は必要ない.

His·pa·ni·a /hispéiniə/ 名 **1** 〘詩·雅〙イスパニア (Spain). **2** Iberia 半島のラテン名.

His·pan·ic /hispǽnik/ 形 **1** スペインの. **2** ラテンアメリカ(系)の. ―― 名 C (米国に住む)ラテンアメリカ系住民[市民].

‡**His·pan·io·la** /hìspənjóulə/ 名 イスパニオラ島《ハイチとドミニカ両国を含む西インド諸島中の島》.

***hiss** /his/ 動 (**híss·es** /-əz/|過 過分 ～**ed** /-t/|**híss·ing**) 自 **1** 〔蛇, ガチョウ, 蒸気, 空気などが〕**しゅーという**, しゅーという音を立てる. The rattlesnake ～*ed* before it struck. そのガラガラヘビは攻撃する前にしゅーと音を立てた. a ～*ing* sound made by the escaping steam 蒸気の漏れるしゅーという音. **2** VA (不満, 反感などを表すために) **しーっと言う** 〈*at* ..に〉. The spectators ～*ed at* the umpire. 観客は審判員に不満でしーっと言った.

―― 他 **1** (**a**) 〔人〕にしーっと言って(不満·非難を表す[黙らせる]. (**b**) VOA (～ X *off* (..)) しーっと言って X (演技者など)を(〔舞台など〕から)追い払う〈しばしば受け身で〉. The actress was ～*ed* off the stage. その女優はしーしー言われて舞台から引っ込まされた. **2** 〔非難, 不満など〕をしーっと言って表す. They ～*ed* their disapproval *at* him. 彼らはしーっと言って彼に不賛成を表した. **3** VO (～ X/"引用") X を/「..」と鋭くささやく, 小声できつく言う. The teacher ～*ed* an admonition about their noisy behavior. 先生は彼らが騒がしく行儀が悪いので小声できつくしかった.

―― 名 (複 **híss·es** /-əz/) C **1** **しゅー[しーっ]と言うこと[音]**. speak with slight ～*es* (舌の間から空気が漏れて)しゅーしゅー言いながら話す. **2** しーっという発音《不満, 非難などを表す》. **3** 〘電子工学〙ヒス《雑音》. [擬音語] ▷ **～·ing** 名 UC しゅーという音[声].

hist /s:t, hist/ 間 〘古〙しーっ, 静かに, それっ, 《黙らせたり, 注意を喚起したりする時の発声》.

hist. histology; historian; historical; history.

his·ta·mine /hístəmì(:)n/ 名 U 〘生化〙ヒスタミン.

his·to·gram /hístəgræ̀m/ 名 C 〘統計〙柱状図, ヒストグラム, 《横が分布の数値を縦が度数などを表す棒グラフ; bar chart とも言う》.

his·tol·o·gy /histάlədʒi|-tɔ́l-/ 名 U 〘生物〙組織学; (動植物の)組織構造. [<ギリシア語 *histós*「組織」]

***his·to·ri·an** /histɔ́:riən/ 名 (複 ～**s** /-z/) C **歴史家**, 歴史学者. a social ～ 社会史研究家.

***his·tor·ic** /histɔ́:rik|-tɔ́r-/ 形 **1** m **歴史上有名[重要]な**, 歴史的な, 歴史に残る, (注意 〘英〙では文頭以外で /istɔ́rik/ となることがある: an ～ /ən-istɔ́rik/ event (歴史的事件). 類語 「歴史上顕著[重要]である」又は「長い歴史を持つ」が中心的意味; →historical). a ～ day 歴史上重要な日. ～ sites 史跡, 名所旧跡. ～ buildings 歴史的建築物. **2** C 有史の, 歴史に記録される, (↔prehistoric). within [in] ～ times 有史時代に. **3** C =historical 1, 2. ◇名 history

‡**his·tor·i·cal** /histɔ́:rik(ə)l|-tɔ́r-/ 形 C 〈普通, 限定〉 **1** **歴史の**, **歴史上の**; 実在の, 実際にあった[いた]; (→historic 類語; 注意 〘英〙では文頭以外で /istɔ́rik(ə)l/ となることがある: an ～ play /ən-istɔ́rik(ə)l/ (史劇)). a ～ document 歴史文書. a ～ person 歴史上の人物. a ～ fact 史実. a ～ novel 歴史小説. a ～ painting 歴史画《歴史上の出来事を題材にする》. **2** **歴史に関する**, 史実に基づいた《架空の話や伝説ではなく》; 〔研究などが〕歴史的な. a ～ study of English 英語の歴史的研究. from a ～ point of view 歴史的見地から. within a ～ context 歴史の流れの中で. **3** =historic 1. ◇名 history

▷ **～·ly** 副 歴史上, 歴史的に; 歴史的に見ると. *Historically* this union was very important. 歴史的には, この同盟は非常に重要であった.

H

historical présent 名 =historic present.
històric présent 名 〈the ～〉〘文法〙(歴)史的現在 《過去の出来事を生き生きと叙述するために用いられる現在時制》.
his·to·ri·og·ra·phy /histɔ̀:riɑ́grəfi|-tɔ̀:riɔ́g-/ 名 (複 **-phies**) UC 歴史記述, 修史; 歴史記述方法(論).
‡**his·to·ry** /híst(ə)ri/ 名 (複 **-ries** /-z/) **1** U **歴史**; 歴史学; (学科としての)歴史; 過去の事[もの, 人]. European ～=the ～ of Europe ヨーロッパ史. study ancient [medieval, modern] ～ 古代[中世, 近代]史を学ぶ. change the course of (world) ～ (世界の)歴史の流れを変える. before the dawn of ～ 有史以前に. *History* repeats itself. 歴史は繰り返す. But all this is ～. だがこんな事はみな昔の話だ. *History* shows that ... 歴史は..ということを示している[教えている].
2 C (歴)史書; 史劇 (historical play). Shakespeare's comedies, *histories*, and tragedies シェイクスピアの喜劇, 史劇, 悲劇.
3 C (人の)**経歴**, 履歴; 病歴 (case history); (犯罪の)前科. relate one's life ～ 自分の経歴を語る. a personal ～ 履歴(書). have a ～ of cancer 癌(がん)の病歴がある.
4 C (物事の)**由来**, 沿革. This name has a long ～. この名前には長い由来がある. ◇形 historic, historical
..(and) the rèst is hístory. あとはご存知の通りです.
go dòwn in hístory 歴史に記憶される.
màke hístory 歴史に残る(ような重要な[大きな]ことをする). President Nixon's visit to China in 1972 *made* ～. 1972 年のニクソン大統領の中国訪問は歴史的事件であった.
That's àncient [pàst] hístory (now). それはもう古い[過ぎた]ことです.
[＜ギリシア語「調べて得た知識」(＜「知っている, 賢い」); story[1] と同源]
his·tri·on·ic /hìstriɑ́nik|-ɔ́n-/ 形 〘章・まれ〙 **1** 俳優の; 演劇の, 芝居の; 劇場の. **2** 〘普通, 軽蔑〙〔言葉などが〕芝居じみた, わざとらしい. [＜ラテン語 *histriō*「役者」] ▷**his·tri·on·i·cal·ly** /-k(ə)li/ 副 わざとらしく, 大げさに.
hìs·tri·ón·ics 名 **1** 〈単数扱い〉(演劇の)演出(法). **2** 〈複数扱い〉芝居じみた言葉遣い[動作].
‡**hit** /hit/ 動 (～s /-ts/|過 過分 ～|**hít·ting**) 他
【打つ】 **1** を打つ, 殴る, ぶつ, たたく; VOO (～ X Y) X (人)に Y (一撃)をくらわせる; (類語 1 回だけの打撃; →strike). Frank ～ me on the cheek [in the eye]. フランクは私のほお[目]を殴った (★Frank ～ my cheek [eye]. より慣用的な表現; →the 8 語法). Jack ～ Bob another blow. ジャックはボブをもう 1 発殴った.
2 (a) 〘野球〙〔安打〕を打つ. ～ a single [double, home run] シングルヒット[2 塁打, ホームラン]を打つ. (b) 〘クリケット〙〔得点〕を入れる (score). ～ a run 1 点入れる.
3 を(たたくようにして)作動させる. ～ the brakes ブレーキをかける. **4** 〘話〙に麻薬を注射する.
【襲撃する】 **5** 〔天災, 不幸などが〕を襲う, に痛手を与える. A heavy storm ～ California. ひどいあらしがカリフォルニアを襲った. The investors were hard [severely] ～ by the sudden fall in stock prices. 投資家たちは株価の急落で手痛い打撃をこうむった.
6 〘米俗〙〔プロの殺し屋などが〕を殺す; 〔銀行など〕を襲う.
7 【衝撃を与える】 〘話〙〔記事などが〕に出る[登場する], 公表される. ～ the front page 第 1 面に載る. ～ the headlines →headline (成句).
8 〘話〙に伝える, 知らせる; を驚かす; 〈*with* ..(ニュース, 情報など)を, で〉. "Do you want to know what's happened to Meg?" "Yeah, ～ me." 「メグがどうなったか知りたいか」「うん, 教えてよ」.
【ぶつかる, ぶつける】 **9** 〔乗り物, 投げられた物などが〕にぶつかる, 衝突する; 〔目標物〕に命中する, 当たる, (↔miss). Our car was ～ by a truck. 私たちの車はトラックにぶつけられた. The ball ～ Sam hard in the eye. そのボールはサムの目に強く当たった.
10 〔物〕をぶつける, 打ち当てる, 〈*against, on, upon* ..に〉. ～ one's head *against* the wall [*on* the table] 頭を壁[テーブル]にぶつける.
11 に命中させる, 当てる, 〈*with* ..を〉 (↔miss). ～ the bull's eye *with* a dart 投げ矢を金的に命中させる.
【(行き)当たる】 **12** 〘話〙 (a) に(偶然に)会う, 出くわす; 〔特に, いやなもの〕を経験する, に遭う; を見つける; 〔考えなどが〕〔人〕の心に浮かぶ; を思いつく, 考えつく. They ～ oil in their first attempt. 彼らは初めての試みで石油を掘り当てた. ～ a problem 問題にぶつかる. ～ trouble 困った目にあう. It ～ me suddenly that ..ということを急に思いついた. be ～ with an idea ある考えがひらめく. (b) 〔年齢などが〕に到達する, 達する; 〔車が〕〔ある速度〕を出す; 〔場所〕に行き着く, 到着する. ～ a new high 新記録などを樹立する. He ～ 50 last month. 彼は先月 50 歳になった. ～ town 町に着く.
13 【うまく当たる】 にうまく合う, 適合する. The dress did not ～ Judy's fancy. そのドレスはジュディーの好みに合わなかった.
14 【当たってみる】 〘話〙(コンピュータで)〔ホームページなど〕にアクセスする, を見る.
― 自 **1** VA 打つ, 殴る; 殴りかかる 〈*at* ..に〉. Mike ～ *at* the boy. マイクはその少年に殴りかかった. **2** VA ぶつかる, 衝突する, 〈*against, on, upon* ..に〉. The truck ～ *against* the wall. そのトラックは塀に激突した. **3** 〘話〙〔あらしなどが〕襲ってくる. **4** 〘話〙〔薬などが〕効く.
hìt and míss =HIT or miss.
hìt and rún (1) ひき逃げをする. (2) 〘野球〙(ヒット)エンドランをする. (→見出し語)
hìt báck 仕返しする, やり返す, 反撃する, 〈*at* ..に〉.
hìt /../ báck ..に仕返しする, やり返す.
hìt below the bélt →belt.
hìt..for síx 〘話〙人を啞然とさせる, 仰天させる.
hìt hóme =STRIKE home.
hít it (1) うまく答える, 言い当てる; 問題を解く. You've ～ *it*. ご名答. (2) 〘楽・俗〙(演奏し)始める. *Hit* it. 仕事にかかれ. (3) 〘米俗〙(セックスを)やる.
hìt it bíg 〘俗〙成功を収める.
hìt it óff 〘話〙仲よくやる, 馬が合う, 〈*with* ..と〉. Bill ～*s it off with* Nancy. ビルはナンシーと仲よくやっている.
Hìt me (agáin). 〘米俗〙(ギャンブルで)札を(もう 1 枚)配ってくれ; (もう) 1 杯ついでくれ.
hìt /../ óff ..をうまく描く[まねる]. ～ *off* dogs and cats 犬と猫の鳴き声をまねる.
****hít on..*** (1) ..を偶然見つける. (2) **..をふと思いつく**, ..に思い当たる. ～ *on* a new idea 新しい考えを思いつく. (3) 〘米話〙..に言い寄る, 迫る; ..にたかる, (金などを)せびる.
hìt or míss 〈副詞的〉運任せで, 行き当たりばったりに.
hìt óut against.. =HIT out at.. (1).
hìt óut at.. (1) ..をひどく非難する, 攻撃する. (2) ..に殴りかかる.
hìt a pèrson over the héad (1) 人の頭を殴る. (2) 人に口がすっぱくなるほど強調する 〈*with* ..の点を〉.
hìt the bóoks 〘米話〙猛烈に勉強する, がり勉する.
hìt the háy 〘話〙寝床にもぐり込む, 寝る.
hìt the róad [tráil 〘米〙] 〘話〙旅に出る, 出発する.
hìt the sáck 〘米〙=HIT the hay.
hìt úp (1) 〘オース・ニュー〙(球打ちの)ウォーミングアップをする《テニスなどで》. (2) 〘米俗〙麻薬などを注射する. ～ *up* on heroin ヘロインを打つ.
hìt /../ úp 〘クリケット〙〔点〕を頑張って入れる.

hìt a pèrson (úp) for .. 〖米話〗人に..をねだる[頼み込む, 借りる]. ～ him *up* [～ *up* Bob] *for* a loan 彼[ボブ]に借金を申し込む.
hít upon .. ＝HIT on...
hìt a pèrson when he [she] is dówn 〖話〗人の落ち目[弱み]につけこむ.
hìt a pèrson where it húrts (mòst) 人の(一番)痛いところを突く[攻撃する].
hìt a pèrson where he [she] líves 〖米〗〔批判などが〕人の痛いところを突く, 人にとって耳が痛い.
Hòw are you hítting them? 〖米俗〗調子はどうだい, 元気?
not knòw what hít one (1) あっと言う間に負傷する; 即死[頓(ﾄﾝ)死]する. (2)〖話〗不意を打たれる, 狼狽(ﾛｳﾊﾞｲ)する.

── [名] (複 ～s /-ts/) [C] 【打撃】 **1 打撃**; 衝突; 命中. make a ～ at the boy's jaw その少年の顎(あご)をめがけて殴りかかる. **2** 〖野球〗安打, ヒット. a three-base ～ 3塁打 (triple).
【当てること】 **3 (a)** (特に演奏会, 歌, 芝居などの)当たり, 成功, ヒット; ヒット曲[作], 人気者[歌手, 作家など]; 幸運. The play was a big ～ on Broadway. その芝居はブロードウェーで大当たりした. The singer is going to be a ～. その歌手は売れっ子になるだろう. **(b)** 〈形容詞的〉ヒットした, 当たった. her ～ songs 彼女のヒット曲.
4 当てこすり, 皮肉, 風刺の言葉, 〈*at* ..に対する〉; 的を射た言葉, うがった批評; 〖米俗〗非難. barbed ～*s* とげのある[辛辣(しんらつ)な]表現. catch a ～ しかられる, とがめられる. **5** 〖俗〗(ギャング組織などによる)殺人; 襲撃, 強盗.
6 〖話〗麻薬などの1回分[注射], それによる快感; (酒などの)1杯. **7** 〖話〗幸運(の到来). **8** 〖電算〗(サイトへの)アクセス. This site [home page] gets over 50,000 ～*s* a week. このサイト[ホームページ]へのアクセスは週5万件以上ある.
màke [scòre] a hít (with ..) (..のことで)大当たりを取る; (人に)大いに受ける, (異性に)もてる.
[＜古期英語「偶然出合う」]

hìt-and-míss [形] ＝hit-or-miss.
hìt-and-rún /[移]/ [形] 〈限定〉 **1** 〖野球〗ヒットエンドランの. **2** ひき逃げの, ひき逃げする. ～ driving ひき逃げ運転. **3** 攻撃してすぐ退く.
hìt and rún [名] [C] **1** ひき逃げ. **2** 〖野球〗(ヒット)エンドラン. (→hit [動] 成句)
†hitch /hitʃ/ [動] [他] **1** (綱, かぎなどで)をひっかける; [VOA] (～ X *to, onto* ..) X(馬, 牛など)を..につなぐ 〈*up*〉. ～ (*up*) a horse *to* a post [cart] 馬を柱[荷馬車]につなぐ. **2** をぐいと動かす[引く, 引き上げる]. ～ (*up*) one's pants ズボンを引き上げる, (座る時など)ひざの所をつまみ上げる. **3** 〖話〗〔ヒッチハイク[車に便乗]〕をさせてもらう (hitchhike). ～ a ride [lift] ヒッチハイクをする, 便乗する.
── [自] **1** ひっかかる, からまる, 〈*in, on, onto* ..に〉. The kite ～*ed in* a tree. たこが木にひっかかった. **2** 〖話〗ヒッチハイクをする (hitchhike).
gèt hítched 〖話〗結婚する, 一緒になる.
── [名] [C] **1** (一時的に)つなぐこと, 結びつけること; ひっかかり, ひっかけ結び; 連結するもの[部分], つなぎ. tie a half ～ in the rope ロープを一重結びにする. **2** ぐいと動かす[引く, 押す, 上げる]こと. **3** 障害, 支障, 《多少の遅れを伴う》; 延期, 中止. a technical ～ 機械[技術上]の故障. The wedding went off without a ～. 結婚式は滞りなく行われた. **4** ヒッチハイク. **5** 〖米俗〗兵役期間.
[＜中期英語「ぐいと動かす」]
Hitch·cock /hítʃkɑ̀k|-kɔ̀k/ [名] **Sir Alfred** ～ ヒッチコック (1899–1980) 《英国に生まれ米国で仕事をした映画・テレビ監督; サスペンス映画の巨匠》.
†hitch·hike /hítʃhàik/ [動] [自] 〖話〗ヒッチハイクをする. We ～*d* from London to Manchester. 我々はロンドンからマンチェスターまでヒッチハイクをした. ── [名] [C] ヒッチハイク. [hitch, hike]
hítch·hìk·er [名] [C] ヒッチハイクをする人, ヒッチハイカー. The ～ stuck out his thumb. ヒッチハイカーは親指を上げた. pick up a ～ ヒッチハイカーを乗せる.
hi-tech /hàiték [移]/ [形] ＝high-tech.
hith·er /híðər/ 〖成句以外では古〗[副] ここへ, こちらへ, (here; ↔thither). Come ～. こちらへどうぞ.
hìther and yón 〖米〗[**thíther** 〖英〗] あちこちに[へ].
── [形] こちらの, 手前の. on the ～ side of the river その川のこちら側に.
†hith·er·to /ˌ--ˈ-, ˈ--ˌ-/ [副] 〖やや章〗今まで(は), これ[それ]まで(のところ).
Hit·ler /hítlər/ [名] **Adolf** ～ ヒトラー (1889–1945) 《第2次世界大戦を起こしユダヤ人撲滅を企画した, ドイツの独裁者; オーストリア生まれ; 首相・総統 (1933–45)》.
hít lìst [名] [C] 〖俗〗殺害予定者[襲撃目標]リスト.
hít màn [名] [C] 〖俗〗殺し屋.
hìt-or-míss /[移]/ [形] 運任せの, 行き当たりばったりの. a ～ way of doing things 行き当たりばったりのやり方.
hít paràde [名] [C] 〖旧〗ヒットパレード 《ポピュラーレコードの売上番付表》.
hít squàd [名] [C] 〖俗〗殺し屋集団.
†hít·ter [名] [C] 打つ人; 打者. a big ～ (政財界の)大物. →heavy hitter.
***HIV** [名] [U] ヒトエイズウイルス 《＜*h*uman *i*mmuno-deficiency *v*irus; →AIDS》. be infected with *HIV* HIVに感染している. be *HIV* positive [negative] エイズウイルスに感染している[していない].
***hive** /haiv/ [名] (複 ～s /-z/) [C] **1 ミツバチの巣箱** (beehive). **2** 〈単数形で複数扱いもある〉巣箱に住むミツバチの群れ. **3** 人々の忙しく働く場所, 活気に満ちた所. a ～ of industry [activity] 〖英〗人々が忙しく働いている場所; 活気ある活動[産業など]の中心. **4** 雑踏する群衆.
── [動] [他] **1** 〔ミツバチ〕を巣箱に入れる. **2** 〔ミツバチが〕蜜(みつ)を巣箱に蓄える; (将来の備えに)を蓄える.
── [自] **1** 〔ミツバチが〕巣箱に入る[住む]. **2** (ミツバチのように)〔人が〕群居する.
hive óff 〈しばしば受け身で〉 (1)〖主に英話〗前触れなしに姿を消す. (2)〖主に英〗分かれて独立する 〈*from* ..から〉.
hìve /../ óff 〈しばしば受け身で〉 (1)〔事業など〕を分離する 〈*from* ..から〉. (2)〔仕事〕を移管する 〈*to* ..へ〉.
[＜古期英語]
hives /haivz/ [名] 〈単複両扱い〉〖医〗じんましん.
hi·ya /háijə/ [間] 〖話〗やあ, こんにちは, 《How are you? がくずれた形》.
H.J. hic jacet.
H.L. House of Lords.
hl hectoliter(s).
HM 〖英〗His [Her] Majesty.
h'm /hm, hem/ [間] ＝hem^2; hum.
HMG 〖英〗His [Her] Majesty's Government.
HMI 〖英〗His [Her] Majesty's Inspector (英国視学官).
HMO Health Maintenance Organization.
HMS 〖英〗His [Her] Majesty's Ship (英国軍艦); His [Her] Majesty's Service (→service 成句).
HMSO 〖英〗His [Her] Majesty's Stationery Office (英国政府印刷局).
HNC 〖英〗Higher National Certificate (高等国家免状) 《主として電子工学など工学分野》.
HND 〖英〗Higher National Diploma (高等国家資格証) 《主として技術的な分野; 学士に相当》.
HO Head [Home] Office.
Ho 〖化〗holmium.
ho /hou/ [間] 〖章〗ほう, へえ, おい, 《喜び, 冷笑, 驚き, 賞賛, 注意喚起などを表す発声》.
hoar /hɔːr/ [形] 〖旧〗＝hoary.
†hoard /hɔːrd/ [名] [C] **1** 貯蔵物, (金銭, 財宝, 食料などの自分だけの)蓄え, 蓄積, 買いだめ. a ～ of treasure 隠しためた宝. a squirrel's ～ of nuts リスの蓄えた木の実.

2 (知識, 事実などの)蓄積, 収集. a ～ of folk tales 民話の収集.

── 動 他 **1** 〔金品, 食料など〕を人目につかない所に貯蔵する[蓄える], 隠しためる, 〈*up*〉; (物不足の時に)を買いだめする, ためこむ. ～ food for emergencies 非常の場合に備えて食料を備蓄する. **2** 〔考えなど〕を胸に秘める.

── 自 買いだめする.

[<古期英語「(秘蔵の)宝」] ▷ **～·ed** 形 積もりたまった. **～·er** 名 C 貯蔵者.

hóard·ing[1] 名 **1** U 貯蔵, 蓄積, 買いだめ. **2** 〈～s〉「貯蔵物, 貯金.

hóard·ing[2] 名 C 〖英〗 **1** (建築[修繕]中の建物の回りに仮設する)板囲い. **2** (道路わき, 建物の壁面などの大きな)広告[掲示]板 (〖主に米〗 billboard).

hóar·fròst 名 U 霜, 白霜, (→black [white] frost).

hóar·hòund 名 ＝horehound.

hóar·i·ness /hɔ́ːrinəs/ 名 U (髪の)白さ; 古めかしさ.

†**hoarse** /hɔːrs/ 形 〔声が〕しわがれた, かすれた; 〔人が〕しわがれ声の, 声がかれた. speak in a ～ voice しわがれ声で話す. I am ～ from yelling so much. あまり大声で叫んだために声がかれてしまった. [<古期英語] ▷ **hóarse·ly** 副 しわがれ声で. **hóarse·ness** 名 U しわがれ声.

hoar·y /hɔ́ːri/ 形 〖雅〗 **1** 〔髪が〕白い, 〔人が〕(年を取って)髪が白くなった, 白髪の. a ～ head 白髪の頭. **2** 非常に古い; 古めかしい, 古びて立派な. a ～ old joke 古びたジョーク. from ～ antiquity 太古から. **3** (灰)白色の. [<古期英語「灰色の」]

ho·at·zin /houǽtsin/ 名 C 〖鳥〗ツメバケイ《南アメリカ北部産のキジ目の鳥; 雛の翼に 2 本の爪があり, これを用いて木にのぼる》.

‡**hoax** /houks/ 名 C 人をだます[かつぐ]こと, 悪ふざけ, いたずら. a ～ call (人をかつぐ)いたずら電話. play a ～ on a person 人をかつぐ. ── 動 他 〔人〕をかつぐ, に一杯食わせる; VOA (～ X *into doing*) X (人)をかついで..させる. Bill ～*ed* the people *into* think*ing* he was a policeman. ビルはその人たちに自分を警官だと思い込ませた. [<*hocus*-pocus] ▷ **hóax·er** 名

hob[1] /hɑb|hɔb/ 名 C **1** (ガスレンジなどの)なべなどを載せる(上の)平らな部分. **2** 暖炉の内側の横棚《なべ, やかんなどを保温したり, 湯を沸かしたりするための金属製の棚》. **3** (輪投げの)的になる棒.

hob[2] 名 C いたずらな小鬼 (hobgoblin). ***plày*** [***ràise***] ***hób with*** .. 〖話〗..にいたずらをする, ..をぶちこわす.

Hobbes /hɑbz|hɔbz/ 名 **Thomas ～** ホッブス (1588–1679)《英国の政治哲学者》.

hob·bit /hábit|hɔ́b-/ 名 C ホビット《J.R.R.Tolkien の創作した小人族》.

‡**hob·ble** /háb(ə)l|hɔ́b(ə)l/ 動 自 **1** (足を痛めて)びっこを引きながら歩く 〈*along, around*〉. ～ *along* on crutches 松葉杖で足を引きずりながら歩く. **2** 〖今はまれ〗たどたどしく行う[言う]. ── 他 **1** にびっこを引かせる. **2** 〔馬, ロバなど〕の両脚を(逃げないように)縛る. **3** の(行動, 進行)を妨害する, の足を引っぱる. ── 名 **1** UC びっこ(を引くこと). **2** C 動物の脚を縛る綱[革ひも]; おもり. [<中期英語]

hób·ble·de·hòy /háb(ə)ldihɔ̀i|hɔ́b-/ 名 (複 ～s) C 〖旧〗気がきかない若者; 〈一般に〉若者.

hóbble skìrt 名 C ホブルスカート《ひざから下が細いロングスカート; 1910 年代前半に流行》.

‡**hob·by** /hábi|hɔ́bi/ 名 (複 **-bies** /-z/) C **1** 趣味, 道楽; 好きな話題; (類語 hobby はしばしば gardening のように本業以外のことを進んで行う場合に用いられ, pastime は watching TV などの「気晴らし, 娯楽」の意味を表す). Fishing is one of the most popular *hobbies*. 魚釣りはすべての趣味の中で最も人気のあるものの 1 つである. Raising tropical fish is my ～. 熱帯魚の飼育がぼくの趣味です. Tom's ～ is collecting stamps.＝Tom collects stamps as a ～. トムの趣味は切手収集だ. cooking as a ～ 趣味としての料理. make a ～ of farming 農業を道楽にする.

> 連結 an unusual [a fascinating, an interesting] ～ // have [go in for, pursue] a ～

2 ＝hobbyhorse 1, 3. get on one's ～＝ride a ～ → hobbyhorse 3.

[<中期英語 *hobyn* (<Robin の愛称); 「小馬>棒馬 (hobbyhorse)>娯楽」と意味変化]

hóbby·hòrse 名 C **1** 棒馬《馬の頭を棒の先に付けたおもちゃ; 子供がまたがって遊ぶ》. **2** (回転木馬の)木馬; 揺り馬 《子供が乗って遊ぶ, 前後に揺れる馬のおもちゃ》. **3** 得意な話題, 十八番. get [be] on one's ～＝ride a ～ お得意の話題[十八番の話]を出す[始める].

hób·by·ist 名 C 趣味に熱中する人.

hob·goblin /⌐‐‐|⌐‐‐/ 名 C いたずらな小鬼; お化け.

hób·nàil 名 C 鋲(びょう), 鋲くぎ, 《重い靴, 長靴の底皮にすべり止めなどのために打つ; 頭が大きく短い》. ～ boots 底に鋲を打った靴. ▷ **hob·nailed** 形 鋲くぎを打った.

hob·nob /hábnɑ̀b|hɔ́bnɔ̀b/ 動 (～s|-bb-) 自 〖時に軽蔑〗親しく交際する 〈*with* ..と〉; 打ち解けて酒を飲む[話し合う]; 〈(*together*) *with* ..と〉.

ho·bo /hóubou/ 名 (複 ～(e)s) C 〖米〗渡り労働者; 「浮浪者, ルンペン.

Hòb·son's chóice /hɑ̀bs(ə)nz-|hɔ̀b-/ 名 U (ある物[事]を取る[する]か否かの)選(え)り好みを許さない選択 《英国の 17 世紀の貸し馬屋 Thomas *Hobson* がこの方法で馬を貸したことから》.

Ho Chi Minh /hóu-tʃíː-mín/ 名 ホーチミン (1890–1969)《ヴェトナムの政治指導者》.

Hò Chi Minh Cíty 名 ホーチミン市《ヴェトナム南部の都市; 旧称 Saigon》.

hock[1] /hɑk|hɔk/ 名 C **1** (馬など四足獣の後脚の)関節, 飛節, 《人のくるぶしに当たる》. **2** (豚などの)足肉.

hock[2] 名 U 〖主に英〗ドイツライン川沿岸産の白ワイン《数種類ある》.

hock[3] 〖主に米話〗 動 他 を質に入れる (pawn).

── 名 U 質 〈主に次の用法で〉.

gò into hóck 借金をする.

in hóck (1) 質に入れて[入って]. (2) 借金して; 〈比喩的〉借りがある; 〈*to* ..に〉. I'm deeply *in* ～. 私は借金が多い. (3) 監獄入りして.

†**hock·ey** /háki|hɔ́ki/ 名 U 〖競技〗〖主に米〗アイスホッケー (ice hockey); 〖主に英〗 ホッケー (field hockey). [?<古期フランス語「曲った杖(つえ)」]

hóckey stìck 名 C ホッケー用スティック (単に stick とも言う).

ho·cus-po·cus /hòukəspóukəs/ 名 U **1** 手品[奇術]師の呪文(じゅもん); 手品, 奇術. **2** ごまかし, はぐらかし, ぺてん. [奇術師が使ったラテン語もどきの呪文の最初の 2 語]

hod /hɑd|hɔd/ 名 C **1** ホッド《れんが, モルタルなどを入れ, かついで運ぶための長い柄の付いた木製の箱型容器》. **2** 石炭入れ (coal scuttle).

hód càrrier 名 C ホッド運び《れんが職人などの下働き》.

hodge·podge /hádʒpɑ̀dʒ|hɔ́dʒpɔ̀dʒ/ 名 〖主に米〗 C 〈普通, 単数形で〉ごったまぜ, (いろいろな物の)寄せ集め (〖英〗 hotchpotch). Your room is a ～. 部屋がしっちゃかめっちゃかですよ. [hotchpotch の変形]

†**hoe** /hou/ 名 C 鍬(くわ), ホー, 《草取りや土を耕すために使う》. ── 動 他 〔土〕を鍬で耕す[掘る]; 〔雑草〕をホーで掘り起こす 〈*up*〉; 〔作物〕の除草をホーでする. The ground was newly ～*d*. その土地は耕されたばかりだ. ── 自 鍬で耕す[雑草を取り除く].

hòe ín 〖オース話〗しきりに食べる. [<古期フランス語]

hóe·dòwn 名 C 〖米〗ホーダウン《活発なスクエアダンス》; ホーダウンの曲; ホーダウンのパーティー.

*__hog__ /hɔːg|hɔg/ 名 (複 ~s /-z/) C **1** 豚 (〖英〗では特に食肉用の去勢した雄を指す; 〖米〗では特に hog は成長した豚, pig は子豚 (120 ポンド (54 キロ)以下)を指す). eat like a ~ (豚のように)がつがつ食う. **2** '豚'; がつがつと食べる[貪(どん)欲な]人, 食いしん坊; 不潔な人. Ed was a ~ at supper. エドは夕食のとき豚のようにがつがつ食べた.
gò (the) whòle hóg 〖話〗徹底的にやる[飲む]. *go the whole* ~ and hire a suite 思い切ってスイートルームを借りる.
hòg wíld 〖米話〗→hog-wild.
lìve [èat] hìgh on [off] the hóg →high.
── 動 (~s|-gg-) 他 **1** 〖話〗を独り占めにする, 我が物顔に使う. Al ~*ged* the box of candy. アルはキャンディーを箱ごと独り占めした. ~ the limelight 脚光を一人占めする. **2** (豚のように) 〔背中〕を丸くする.
── 自 (豚のように)背中が丸くなる.
hòg the róad (車が[で])道路を我が物顔に走る.
[<古期英語]

ho·gan /hóugən/ 名 C ホーガン《アメリカインディアン Navaho 族の木の枝, 土, 泥などで覆われた住居》.

Ho·garth /hóugɑːrθ/ 名 **William** ~ ホガース (1697-1764) 《英国の風刺画家・彫版師》.

hóg chòlera 名 U 〖主に米〗豚コレラ(〖英〗swine fever).

hog·gish /hɔ́ːgiʃ|hɔ́g-/ 形 豚のような; がつがつした, 貪(どん)欲な; 不潔な.

hóg hèaven 名 U 〖米話〗幸せ一杯, ご満悦. in ~ 「天にも昇る気持ちで.

hog·ma·nay /hàgmənéi|hɔ́gmənèi/ 名 U 〖スコ〗 〈しばしば H-〉大みそか, 大みそかの祝い《パーティーを開いたり, 酒を飲んだりする》.

hógs·hèad /-z-/ 名 C **1** 大だる《特に 63-140 ガロン入るもの》. **2** ホグズヘッド《液量の単位; 普通 63 米ガロン, 又は 52.5 英ガロンで, 238.48 リットル》.

hóg-tìe 動 他 **1** 〔動物〕の 4 足を一緒に縛る, を動けないように縛る. **2** の動きをとれなくする, を妨げる, 邪魔する.

hóg·wàsh 名 U **1** (残飯などの)豚のえさ. **2** くだらないもの[話], ナンセンス. That's a load of ~! 全くくだらない.

hóg-wìld 形 〖米話〗ひどく興奮した, 制しきれない. go ~ ひどく興奮する, 夢中になる, 抑えがきかなくなる.

Ho·hen·zol·lern /hóuənzɑ̀lərn|-zɔ̀l-/ 名 **1** 〈the ~s〉ホーエンツォレルン家《ドイツの貴族の家系; Prussia 王家 (1701-1918) 及びドイツ帝国の皇室 (1871-1918) の時代ドイツを支配した》. **2** C ホーエンツォレルン家の人. ── 形 ホーエンツォレルン家の.

ho ho, ho ho ho /hòu-hóu, hòu-hou-hóu/ 間 ほっほ, ほっほっほ《笑い声》.

ho-hum /hòuhʌ́m, ⌣́⌣/ 間 あーあー《退屈, 疲労, 軽蔑, あきらめなどを表す》. ── 形 〖話〗退屈な, つまらない.

hoi pol·loi /hɔ̀i-pəlɔ́i/ 名 〈複数扱い; しばしば the ~〉 〖軽蔑〗大衆, 民衆, 庶民. incomprehensible to ~ 大衆には分からない. [ギリシア語 'the many']

*__hoist__ /hɔist/ 動 (~s /-ts/|過 過分 **hóist·ed** /-əd/|**hóist·ing**) 他 **1** 〔旗など〕を揚げる; 〔重いもの〕を持ち上げる; VOA (綱, クレーンなどで) 〔重い荷物など〕を引き上げる, つり上げる, 〈*onto* ..へ〉. ~ the flag [colors] 旗を揚げる. ~ cars *on* board 車をクレーンで船に積む. **2** 〖米〗を(グラスを持ち上げて)飲む. ~ a few ちょっと飲む.
hóist onesèlf 立ち上がる 〈*up*〉.
── 名 **1** C ホイスト, 起重機, 滑車装置; 〖主に英〗荷物用エレベーター. **2** UC 引き[持ち, つり]上げること; 掲揚. Give me a ~ (up). 引き[押し]上げてくれ.
[<中期オランダ語]

hoi·ty-toi·ty /hɔ̀itìtɔ́iti/ 形 〖旧・軽蔑〗気取った; 横柄な, 威張った.

ho·key /hóuki/ 形 e 〖主に米話〗いんちきな.

ho·key-po·key /hòukipóuki/ 名 =hocus-pocus.

ho·kum /hóukəm/ 名 U 〖米俗〗**1** (劇・映画の)お涙頂戴の手口; くすぐり. **2** たわごと, でまかせ, ナンセンス. [? <*hocus*-pocus+bun*kum*]

Hol·bein /hóulbàin|hɔ́l-/ 名 **Hans** ~ ホルバイン (1497?-1543) 《ドイツ・ルネッサンスの代表的画家》.

Hol·born /hóubərn/ 名 ホウバン《ロンドン中央部, シティーの西の地区》.

‡__hold__[1] /hould/ 動 (~s /-dz/|過 過分 **held** /held/|**hóld·ing**) 他 【保持する】 **1** を(手に)持っている; をつかむ, 握る, つかんで[握って]いる; を抱く, かかえ(てい)る. ~ a mouse *by* the tail ネズミのしっぽをつかむ. I *held* her tight. 私は彼女をしっかり抱き締めた. They *held* their sides with laughter at his joke. 彼の冗談を聞いて彼らは腹をかかえて笑った.
2 〔物が〕を支える, 〔重さ〕に耐える. This beam won't ~ the weight of the second story. この梁(はり)は 2 階の重さに耐えられないだろう.
3 (a) VOA を..の位置に保つ 〈*out, up*〉 〈*in, on* ..に〉; VOC (~ X Y) X を Y (ある位置, 状態など)に保つ. She *held* her head *up* bravely. 彼女は勇敢に(目を伏せたりせずに)頭を上げていた. I *held* the door *open* until everyone had left. みんな出終わるまで私はドアを押さえて開けていた. *Hold* yourself *still*. じっとしていなさい. (b) 〔位置, 針路, 状態など〕を保つ, 続ける, 維持する; 〖楽〗〔ある音など〕を出し[歌い]続ける, 持続する. The glider was ~*ing* 5,000 feet. そのグライダーは 5 千フィート(の高度)を保っていた. ~ silence 沈黙を守る. (c) VOA (~ X *on* ..) X (銃など)を..に向ける. (d) 〔車(のタイヤ)が〕〔路面など〕を(しっかりとらえて)安定走行する. ~ the road → road (成句).
【保有する】 **4** 〔財産, 権利, 記録, 学位など〕を所有する, 保有[保持]する, (類語 積極的な「保持・所有」の意味(たとえ違法であっても)が have より強い; 9 のような場合でも have より確信の度が強い). The duke ~*s* a lot of land. その公爵はたくさんの土地を所有している. He still ~*s* the heavyweight title. 彼はまだヘビー級の選手権を保持している.
5 〔役職, 地位など〕を占める, 持っている; 〖米話〗〔麻薬など〕を不法所持する. ~ office 公職[役職]に就いている. ~ the rank of colonel 陸軍大佐の地位に就いている.
6 〔場所〕を占領する, 支配下に置く; 〔陣地, 要塞(さい)など〕を守る. The town was *held* by the troops for a week. 町は軍隊に 1 週間占領されていた. The garrison *held* the fort against the enemy. 守備隊は敵に対してとりでを堅持した.
【持ち得る】 **7** (a) 〔ある容量〕を入れることができる; 〔ある人数〕を収容する, 収納する. ~ one pint 〔容器などが〕1 パイント入る. This minibus ~*s* 25 persons. このマイクロバスは 25 人乗りです. (b) 〔情報, 内容など〕を保持できる, 含む. I have no idea what the future ~*s* (for us). この先何が起こるかなんて分からない. (c) 〔人が〕〔酒〕をいくらでも飲める, に強い. He can ~ his drink [liquor] well. 彼はいくら飲んでも酔わない.
【持つようにする>行う】 **8** 〔会, 祭りなど〕を催す, 開く; 〔式〕を挙げる, 行う. The election is going to be *held* next Sunday. 選挙は次の日曜日に行われます. ~ a conversation with a person 人と対談する.
【心の中に持つ】 **9** 〔考え, 恨みなど〕を抱く. ~ an optimistic opinion 楽観的な意見を持つ. Ted ~*s* no ill feelings toward you. テッドは君に悪感情は全く抱いていない.
10 (a) VO (~ *that* 節) ..と考える, 見なす, 主張する, 信じる; 〔裁判官などが〕..と判定する, 判決を下す. The villagers *held that* the old man was guilty. 村人たちはその老人は有罪だと考えた. (b) VOC (~ X (*to be*) Y) X を Y と考える, 見なす, 判定する. Susan *held* herself responsible for the fire. スーザンはその火事のことでは自分に責任があると考えた. We ~ these truths *to be* self-evident. 我々は次の諸真理は自明なことと考える《米国独立宣言の冒頭の文》. ~ her guilty 彼女を有罪と判決する. ~ ..cheap →cheap (成句). (c) VOA (~ X

in..) X(人)を..に見る, 考える. ～ a person *in* contempt [respect, esteem] 人を軽蔑[尊敬]する.

【押さえておく】 **11** を押さえる, 差し控える; VOA (～ X *to..*) X(人)を〔義務など〕に拘束する, 縛りつける. ～ one's breath 息を殺す, 固唾(かたず)をのむ. *Hold* your tongue! =*Hold* your peace! 黙れ. There is no ～*ing* him. 彼はどうにも手に負えない. ～ a person *to* his word [promise] 人に約束を守らせる.

12 (a) 〔人〕を引き留めておく; を逃がさないようにしておく, 捕らえる, 押さえる; を拘留する. be *held* in jail 投獄されている. The man was *held* in police custody. その男は拘留された. **(b)** VOC (～ X Y) X(人)をY(人質など)として捕らえる. ～ a person hostage [captive, prisoner] 人を人質[捕虜]にする.

13 〔注意, 興味など〕を引き付けておく. Her queer look *held* my attention. 彼女の変な顔つきが私の注意を引いた.

14 (予備に, 売らずに)を取っておく, 保管する; を予約する; 〔食事, (..の出発)など〕を遅らす. We should ～ some of the food in reserve. 私たちはその食糧のうちの少しを予備に取っておくべきだ.

15【控えておく】〖米話〗〈普通, 命令形で〉〔調味料など〕を抜きにする. Please ～ the pickle on that burger. そのハンバーガーはピクルス抜きにして下さいね.

── 自 【持続する】 **1** (ある位置, 状態などを)持続する, そのままでいる; VC (～ X) Xの状態を続ける. if the fair weather ～*s* 好天が続けば. *Hold* still or I'll shoot you. じっとしていないと撃つぞ. ～ aloof (from..) (..から)遠ざかっている, 超然としている. **2**〖やや古〗VA 進み続ける. ～ *on* one's way 前進を続ける.

3【効力が持続する】効力がある; 当てはまる, 通用する. The promise I made then still ～*s*. あの時私がした約束はまだ有効だ. This ～*s* for most of us. この事は我々の大部分に当てはまる.

4【保持する】〖米話〗麻薬などを不法所持する.

【持続する>耐える】 **5** もつ, 切れない, 壊れない. This rope isn't very strong; it won't ～. このロープは大して強くないからもたないだろう. **6** (相手が出るまで)待つ《電話で; hold the line, hold on とも言う》. **7**〖古〗(自分を)抑える, 慎む.

hòld..agàinst a pérson 〖話〗〔過去の悪事など〕をもとに人に偏見を持つ.

hòld báck (1) しりごみする, ひるむ. (2) 控える, 自制する, 〈*from* ..を〉.

****hòld /../ báck*** (1) ..を引き留める, 阻む, 退ける. The police *held back* the crowd. 警官隊は(押し寄せる)群衆をせき止めた. (2)〔事実など〕を隠す, 伏せておく; 〔感情など〕を抑える. ～ *back* one's anger 怒りを隠しておく. I think she is ～*ing* something *back* from us. 彼女は何かを我々に隠していると思う. As I listened to the touching story, it was difficult to ～ *back* my tears. 痛ましい話を聞いて涙をこらえるのが難しかった.

hóld by.. ..を支持する; ..を固守する.

****hòld /../ dówn*** (1)〔人〕を押さえつける; 〔音, 物価など〕を抑える. Our company is trying to ～ *down* the prices of its goods. 我々は当社の製品の価格を抑える努力をしている. (2)〖話〗〔職, 地位など〕を保ち続ける.

Hòld éverything! 〖話〗ちょっと待った, 作業中止.

hòld fórth 〖普通, 軽蔑〗長広舌をふるう, 長談義をする, 〈*on* ..について〉. ～ *forth on* the subject for hours その問題について何時間も意見を述べる.

hòld /../ fórth ..を公表する, 申し出る, 提出する.

hòld góod 有効である; 当てはまる. This agreement ～*s good* for a year. この契約は1年間有効です.

hòld one's gróund →ground[1].

Hòld hárd 〖英〗止まれ, 待て.

hòld /../ in ..を抑制する, 抑える. ～ *in* one's temper 怒りを抑える.

Hóld it! (電話を切らずに)そのままお待ち下さい; 動かないで《写真屋が撮影する時などに言う》.

hòld óff (1) 近寄らない, 離れている. (2)〔雨が〕降らずにいる. (3) 取り掛からないでいる〈*from, on* ..〔行動など〕に〉.

hòld /../ óff (1) ..を遠ざける, 寄せつけない. They *held off* the enemy for three days. 彼らは3日間敵を寄せつけなかった. (2) ..を延期する; ..を控える. They *held off* choosing Mike as captain. 彼らはマイクをキャプテンに選ぶのは見合わせた.

****hòld ón*** (1) 続ける, 続く. The north wind *held on* all day. 北風は一日中吹き続けた. (2) 持ちこたえる, 頑張る. We have to ～ *on* until the rescue team gets here. 我々は救助隊が到着するまで頑張らねばならない. (3) 待つ; (電話を)切らないでおく (↔hang up). *Hold on* a minute! ちょっと待って.

hòld /../ ón ..をしっかり留めておく.

hòld ón to.. (1) ..に固守[執着]する; ..を手離さない. (2) ..につかまっている. *Hold on to* the rail. 手すりにつかまっていなさい.

****hòld óut*** (1) 持ちこたえる; 耐える〈*against* ..に/*until* ..まで〉. The explorers *held out against* the cold. 探検家たちは寒さに耐えた. (2)〖話〗隠しごとをする〈*on* ..〔人〕に〉; 要求に応じない〈*on* ..〔人〕の〉. Why are you ～*ing out on* me? どうして君は私に隠しごとをしているのか. (3) 強く要求する〈*for* ..を〉. The workers *held out for* better working conditions. 労働者たちは労働条件改善を強く要求した.

****hòld /../ óut*** (1) ..を差し出す; ..を提供する; 〔希望など〕を抱かせる, 持たせる. ～ *out* the hand of friendship 友情の手を差し延べる. (2) (出さずに)..を取っておく; ..を話さない, 隠しておく. (3)〖話〗..を控える, 延期する. ～ *out* the workers' pay 従業員の給料支払いを延期する.

hòld /../ óver 〔問題, 決定など〕を延期する, 持ち越す; ..を(予定以上に)続ける, 続映[続演]する. Let's ～ the problem *over* till the next session. その問題を次の会期まで持ち越そう.

hòld..over a pérson 〔弱みなど〕をたねに人をおどす. The scoundrel *held* the letter *over* her. その悪党はその手紙をたねに彼女を脅迫した.

hòld one's ówn 屈しない, 負けない, 〈*against* ..に〉; 〔病人が〕頑張り通す《「own (自分の立場や状態)を守り続ける」の意味から》.

hóld to.. (1) ..にしがみついている. The girl *held* fast *to* her father's sleeve. その少女は父親の袖(そで)にしがみついていた. (2) ..を固守する. You oughtn't to ～ *to* such a queer idea. そんなへんな意見は捨てなさい.

hòld togéther 団結している, まとまっている.

hòld..togéther ..を統一[団結]させておく; ..を固まらせておく; ..を一緒にする, くっつける. John ～*s* the group *together* with his personality. ジョンは彼の人柄によってその集団をまとめている.

hòld trúe =HOLD good.

hòld..únder 〖章〗〔人民など〕を服従させる.

hòld úp (1) 耐える, 屈しない; 〔理論などが〕説得力がある. (2)〔天候などが〕もつ.

****hòld /../ úp*** (1)〔手など〕を上げる; ..を持ち上げる, 支える. *Hold up* your hands! (銃などを突きつけて)両手を上げろ. Beth *held up* the medal high for all to see. ベスはみんなに見えるようにメダルを高々と差し上げた. (2)〔人〕をさらす〈*to* ..に〉; 〔人など〕を示す〈*as* ..として〉. The politician was *held up to* scorn and ridicule. その政治家はあざけられ笑いものにされた. ～ ..*up as* an example [a model] ..を例[模範]として持ち出す. (3)〔進行, 行動など〕を阻止する, 妨げる; ..を遅らせる. The ferry was *held up* by a dense fog. その連絡船は濃霧のために立ち往生した. (4) (銃を突きつけて)〔人, 車など〕を止める;〔銀行など〕を襲って強盗を働く. Masked men *held up* the stagecoach. 覆面の男たちが駅馬車を襲撃した. (5)〖米話〗〔人〕に法外な値段を吹っかける, ..から'ぼる'.
hóld with.. (1)..に賛成[同意]する; ..に味方する. My father doesn't ～ *with* Christianity. 父はキリスト教には賛成しない. (2)..に耐える, ..を我慢する,〈否定文で〉. I can't ～ *with* such a politician. あんな政治家には我慢できない.
── 名 (複 ～s /-dz/) 【把握】 **1** UC つかむ[握る]こと, 握り; 握り方, 持ち方. I couldn't break Sam's ～ on my arm. 僕はサムに腕をつかまれたのを振りほどけなかった. **2** C 〖レスリング〗押さえ込み, ホールド.
3 【つかむ所】 C 取っ手, 柄; (崖(がけ)などを登る時の)手がかり, 足場. There were no ～s for hand or foot on the rock. その岩には手足をかける所が全くなかった.
【掌握】 **4** UC 支配力, 勢力, 掌握, 〈*on, upon, over* ..に対する〉. Nancy has a ～ *on* [*over*] her husband. ナンシーは夫の急所を握っている[夫を支配している].
5 U 理解力, 把握力, 〈*of, on* ..についての〉. We admire his ～ *on* the situation. 彼の状況を把握する力には感心する.
【抑留】 **6** C 中止, 延期; 〖楽〗フェルマータ《延音記号; 𝄐》. **7** C 刑務所, 独房. **8** C 〖古〗要塞(さい).
****càtch*** [***gèt, gràb, lày, sèize, tàke***] ***hóld of..*** (1)〔物〕をつかむ;〔人〕を捕らえる, つかまえる; (相談などのために)〔人〕と会う機会を捕らえる. *catch* ～ *of* a rope ロープをつかむ. *catch* ～ *of* a robber 強盗を捕らえる. (2)..を理解する, 把握する. *take* ～ *of* the situation その状況を把握する. (3)..を手に入れる, 見つける. *lay* ～ *of* a good used car いい中古車を手に入れる.
kèep hóld of.. ..をしっかり握って[つかんで]いる. *Keep* ～ *of* my hand if you're afraid. 怖いのなら私の手をしっかり握っていなさい.
lòse hóld of.. ..を手放す, 失う; ..の手がかりを失う. She *lost* ～ *of* the rope and fell into the river. 彼女は綱から手を放して川に落ちた. *lose* ～ *of* the company 会社を手放す. *lose* ～ *of* sanity 正気を失う.
on hóld (1)一時保留されて;〔飛行機などが〕(着陸許可を待って)待機して. be put *on* ～〔計画などが〕棚上げになる. (2)〔人が〕電話口で待たされて. "Inspector Blake, please." "Let me put you *on* ～, miss."「ブレーク警部をお願いします」「少しお待ちくださいね」
pùt a hóld on.. (1)..を延期する; ..を中止する, 取り消す. (2)..に制限を加える.
tàke hóld (1)〔物事が〕定着する;〔酒などが〕利いてくる. (2)→catch HOLD of.
with no hòlds bárred どんな手段も許されて, 何でもやりたい放題で. [<古期英語]

hold[2] 名 C 船倉; (飛行機の)貨物室.

hóld·àll 名 C 〖主に英〗(旅行用の大型の)スーツケース (〖米〗carryall).

hóld·bàck 名 C 阻止するもの, 妨害物; U 妨害.

‡**hold·er** /hóuldər/ 名 (複 ～s /-z/) C **1** (**a**) 所有者, 所持者, 保持者, 〈*of* ..の〉. the ～ *of* the title to the house その家の所有権者. the ～ *of* the world record for the high jump 走り高跳びの世界記録保持者. (**b**) 〈複合語で〉..保持[所有]者. a record ～ 記録保持者. a stock ～ 株主. **2** 〈複合語で〉..を支える[入れる]道具, ..台[入れ]. a cigarette ～ (巻きたばこ用)パイプ. a toothbrush ～ 歯ブラシ入れ.

hóld·fàst 名 C 留め具《締め金, 留め金, くぎなど》.

hóld·ing 名 **1** U つかむ[まれる]こと; 保持[保有]する[される]こと. **2** C 借有地, 小作地; 〈しばしば ～s〉 所有財産《土地など》; 持ち株. small ～s 小作用の小さな耕作地. **3** UC (美術館などの)所蔵品. **4** U 〖球技〗ホールディング《バスケットボール, バレーボールなどの反則行為》.

hólding còmpany 名 C 持ち株会社《他会社をその株を所有することによって支配する会社》.

hólding operàtion 名 C 引き延ばし作戦.

hóld·òut 名 C 〖話〗(交渉などの際に)頑張る人, ねばり屋; 不同調者.

hóld·òver 名 C 〖主に米〗 **1** 残留者, 留任者 〈*from* ..の〉. **2** (過去の)遺物 〈*from* ..の〉. **3** 残り物. **4** 再履修者. **5** 続演される[された]演劇[映画]《好評のため予定より延長される》. **6** 持ち越しの予約(席).

†**hóld·ùp** 名 **1** UC (銃を突きつけて人, 銀行, 列車などに対して)強盗を働くこと, 強奪. a bank ～ 銀行強盗(事件). **2** C (輸送, 交通などの)停滞, 渋滞; 遅延. a traffic ～ 交通渋滞. cause a ～ in ..を遅らせる.

‡**hole** /houl/ 名 (複 ～s /-z/) C **1** 穴, 破れ穴; くぼみ; すき間; 〈*in* ..の〉. dig a deep ～ 深い穴を掘る. darn the ～ *in* the heel of a sock 靴下のかかとの穴を繕う. peep through a ～ *in* the wall 壁のすき間からのぞく. plug the ～ *in* the budget 〈比喩的に〉予算の穴を埋める.
2 (川, 池などの)深い所, 深み.
3 〖ゴルフ〗ホール《(**a**) ボールを打ち込む穴 (cup); (**b**) tee からホール (a) までの区域; (**c**) 1 つのホール (a) に入れて終る連続したプレー》. play nine ～s 9 ホールをまわる.
4 (獣の住む)穴, 巣, (burrow). a rabbit ～ ウサギの穴.
5 〖話〗狭苦しく汚い家[場所], むさくるしい所.
6 〖話〗苦しい立場, 苦境, 窮地. They are in a bit of a ～. 彼らはちょっと困ったことになっている. The mistake got Jimmy into a ～. その間違いをしたためにジミーは窮地に陥った. **7** 欠点, 欠陥; (理論, 論理などの)穴, (法律などの)抜け穴. The argument is full of ～*s*. その議論は欠点だらけだ. **8** 〖米〗小さな湾. **9** 〖電子工学〗(半導体の)正孔, ホール. **10** 〖野球〗三遊間.
a hòle in the wáll 狭いむさくるしい場所《特に事務所など》.
a ròund pég in a squàre hóle＝***a squàre pég in a ròund hóle*** 不適任者.
blòw a hóle in.. 〖英〗(1)..を弱める, ..の効果を少なくする. (2)..を減らす, ..に穴をあける.
bùrn a hóle in a pèrson's pócket 〖話〗〔金が〕(無駄遣いで)すぐなくなる.
hàve a hóle [〖米〗***hóles***] ***in one's héad*** 頭がどうかしている[おかしい].
have an àce in the hóle 〖話〗とっておきの手を持っている.
in a hóle 〖話〗困って. put a person *in a* ～ 人を困らせる.
in hóles (破れて)穴だらけの.
in the hóle (1)〖主に米〗金に困って, 借金して; 赤字になって. I'm $60 *in the* ～. ＝I'm *in the* ～ by $60. 60 ドルの赤字だ. (2)〖野球〗〔投手・打者が〕(ボールカウントで)窮地に陥って, 追い込まれて. (3)〖トランプ〗得点がマイナスになって; 〔カードが〕伏せて配られて.
màke a hóle in.. 〖話〗〔貯金, 飲食物など〕を大量に使い込む[消費する]; ..に大穴をあける,〔人生など〕に喪失感をもたらす.
nèed [***wànt***] ***..like a hóle in the hèad*** 〖話〗..は全く欲しくも必要でもない.
òut of the hóle (1)借金をしないで. get *out of the* ～ 借金を返す. (2)ピンチをのがれて. (3)〖トランプ〗得点がプラスになって.
pìck [***pòke***] ***hóles*** [***a hóle***] ***in..*** ..のあら探しをする; ..の弱点を見つける. Mr. Smith *picked a* ～ *in* the argument. スミス氏はその議論の穴を見つけた.
shòot..fùll of hóles ..を批判する, こてんぱんにやっつける.
── 動 他 **1** に穴をあける;〔トンネルなど〕を掘る. **2** を穴に入れる; 〖ゴルフ〗〔ボール〕をホールに入れる.
── 自 穴をあける, トンネルなどを掘る.
hòle ín 身を隠す.
hòle óut 〖ゴルフ〗(1)ボールをホールに入れる. ～ *out* in one 1 打でボールをホールに入れる. (2)コースを回り終える.
hòle úp (1)冬眠する, 冬ごもりする. (2)〖話〗身を隠

す, 潜伏する, たてこもる; (仕事をするため)(閉じ)こもる. [＜古期英語「くぼんだ(場所)」(hollow の形容詞形)]

hòle-and-córner /-ən- [移]/ [形] 〈限定〉 秘密の, 内密の, こそこそ隠れての.

hóle càrd [名][C] (stud poker の)伏せて配られる札; 〈一般に〉 切り札, 奥の手, '秘密兵器'.

holed /hould/ [形] 〈叙述〉 隠れて, (閉じ)こもって, たてこもって. ***be* [*stày*] *hòled úp*** 隠れている, 閉じこもって[たてこもって]いる.

hòle in óne [名] ([複] **holes-**) [C] 〚ゴルフ〛ホールインワン; 〈比喩的に〉 完璧な出来. get a ～ ホールインワンを決める.

hòle in the héart [名] [aU] 〚話〛(心臓の)中隔欠損.

hòle-in-the-wáll [名][C] **1** 〚米〛(見つけにくいほど)小さな会社[店, レストランなど]; 狭苦しい所. **2** 〚英〛 現金自動支払い機. **3** 〚米俗〛 トンネル.

hole·y /hóuli/ [形] 穴だらけの.

‡**hol·i·day** /hálədèi|hɔ́l-/ [名] ([複] **～s** /-z/) [C] **1** (土曜・日曜を除く)**休日**, 休業日; (宗教上の)祝日, 祭日. a legal ～ 〚米〛 法定公休日. celebrate [observe] a ～ 祝日を祝う. Christmas ～*s* クリスマス休暇.
2 〚主に英〛 **休暇**(の 1 日); 〈しばしば ～s〉 **休暇**(期間) (〚主に米〛 vacation) ([注意] 単数形でも数日から 4 週間にわたる「休暇」の意味になる; 普通, 家を離れてリラックスする); 〚英〛 有給休暇. over the ～*s* 休暇中ずっと. take a week's ～ 1 週間の休暇を取る. spend the summer ～*s* 夏期休暇を過ごす. We're going to Ireland *for* our ～(*s*). 休暇にアイルランドに行きます.
màke* [*tàke a*] *hóliday 仕事を休む, 休んで楽しむ.
on hóliday*＝*on one's hólidays 〚主に英〛 休暇で. Hal is away *on* ～ today. ハルは今日休暇を取っている. go *on* ～ in August 8 月に休暇に出かける.

> **米国の法定休日** (legal holidays)
> New Year's Day 元旦 (1 月 1 日)
> Martin Luther King Day キング記念日 (1 月の第 3 月曜日(州により異なる))
> Lincoln's Birthday リンカーン誕生日 (2 月 12 日 (2 月の第 1 月曜日の州もある))
> Washington's Birthday ワシントン誕生日 (2 月 22 日(大部分の州では 2 月の第 3 月曜日))
> Good Friday 聖金曜日 (復活祭の前の金曜日)
> Memorial [Decoration] Day 戦没者追悼記念日 (5 月最後の月曜日)
> Independence Day＝the Fourth of July 独立記念日 (7 月 4 日)
> Labor Day 労働者の日 (9 月の第 1 月曜日)
> Columbus Day コロンブスの日 (10 月の第 2 月曜日)
> General Election Day 総選挙日 (11 月の第 1 月曜日の翌日の火曜日)
> Veterans Day 復員軍人の日 (11 月 11 日)
> Thanksgiving Day 感謝祭 (11 月の第 4 木曜日)
> Christmas Day キリスト降誕祭 (12 月 25 日)
>
> **英国の法定休日** (bank holidays—イングランドとウェールズの休日)
> New Year's Day 元旦 (1 月 1 日)
> Good Friday 聖金曜日 (復活祭の前の金曜日)
> Easter Monday 復活祭の翌日 (復活祭の翌日の月曜日)
> May Day 労働祭 (5 月の第 1 月曜日)
> Late Spring Bank Holiday (銀行休日) (5 月の最後の月曜日)
> August Bank Holiday (銀行休日) (8 月の最後の月曜日)
> Christmas Day キリスト降誕祭 (12 月 25 日)
> Boxing Day 心付けの日 (キリスト降誕祭の翌日(日曜日に当たればその翌日))

── [形] 〈限定〉 休日の, 祝日の; 〚主に英〛 休暇の; 楽しい, のんびりした; お祝い用の, よそ行きの, 〔服など〕. ～ shopping 休日の買い物. a ～ snap 休暇の写真. in a ～ spirit お祭り気分で.
── [動] (～s|[過][過分] ～ed|～·ing) [自] 〚主に英〛 休暇をとる[過ごす] (〚主に米〛 vacation); [VA] (～ *in, at* ..) ..で休暇を過ごす. ～ with one's family *at* the seaside 休暇を家族と海岸で過ごす.
[＜古期英語 'holy day']

hóliday brochùre [名][C] 休日旅行案内 《旅行会社が用意するパンフレット》.

hóliday càmp [名][C] 〚英〛(海辺の)行楽地 《宿泊施設, レストラン, バーなどがある》.

hóliday cèntre [名][C] 〚英〛 行楽地.

hóliday hòme [名][C] (家族で滞在する)休日用の家[アパートなど].

Hóliday Ìnn [名] 〚商標〛 ホリディイン 《世界最大規↑模のホテルチェーン》.

hóliday·màker [名][C] 〚英〛 休日の行楽客, 休暇を過ごしている人 (〚米〛 vacationist).

hóliday·màking [名][U] (休日の)行楽.

hòl·i·er-than-thóu /hòuliər- [移]/ [形] 〚話〛 信心家ぶった, 独り善がりの; 人を見下したような〔態度など〕.

ho·li·ness /hóulinəs/ [名] **1** [U] 神聖(であること). **2** 〈H-〉 聖下 《ローマ教皇などに対する敬称》. [語法] (主格と目的格の) you の代わりに Your Holiness, he, him の代わりに His Holiness を用いる; いずれも 3 人称単数扱い.

ho·lism /hóulizm/ [名][U] 全体論. [ギリシア語 *hólos* 'whole', -ism]

‡**ho·lis·tic** /houlístik/ [形] 全体的視点からの; 全体論的な. ～ medicine 全体論的医学 《患部のみではなく患者全体を対象とする》. ▷**ho·lis·ti·cal·ly** [副]

*__Hol·land__ /hálənd|hɔ́l-/ [名] **1** オランダ 《the Netherlands (公式名)の通称; [形] Dutch》. **2** [U] 〈h-〉 麻[綿]の粗い布 《窓の日よけ, いすの座席張りなどに用いられる》. [古期オランダ語 'woodland']

Hól·land·er [名][C] オランダ人 (→Dutchman). the ～*s* オランダ国民 (the Dutch).

Hól·lands [名][U] オランダ産のジン (**Hòlland(s) gín**).

‡**hol·ler** /hálər|hɔ́l-/ 〚主に米話〛 [動] [自] 叫ぶ (shout), 怒鳴る 〈*out*〉 〈*at* ..に/*for* ..〔助けなど〕を求めて〉. ～ before one is hurt →hurt (成句). ── [他] [VO] (～ X/"引用") X を/「..」と大声で叫ぶ 〈*out*〉. ── [名][C] 叫び(声). let out a ～ 叫び声を上げる. [hollo の変形]

hol·lo, -loa /hálou, həlóu|hɔ́lou/ [間], [名] ([複] **～s**), [動] ＝hallo, halloo.

‡**hol·low** /hálou|hɔ́l-/ [形] [m], [e]
【中空の】 **1** うつろの, 中空の, 空洞の, (↔solid). a big ～ tree 中がうろになった大きな木.
2 へこんだ, くぼんだ, 落ち込んだ. ～ eyes くぼんだ目. a ～ place in the ground 地面のくぼみ.
【空虚な】 **3** 〔感情, 言葉などが〕実質のない; 誠意のない, 冷笑的な, 上辺だけの; 偽りの. ～ friendship [affection] 上辺だけの友情[愛情]. ～ promises から約束. a ～ victory あっけない勝利. have a ～ ring＝ring ～ そらぞらしく聞こえる[うつろに響く].
4 〔音, 声が〕力のない, うつろな; 〔気持ちなどが〕空しい. a ～ laugh うつろな笑い(声). speak in a ～ voice 力の抜けた声で話す. ～ echoes うつろな反響.
── [名] ([複] **～s** /-z/) [C] **1** くぼみ, へこみ; (木の幹, 岩などの)うろ; 穴 (hole). the ～ of one's hand 手の平, たなごころ. **2** くぼ地, 盆地; 谷間. a wooded ～ 木の茂った谷間. **3** 空虚な感じ, 空しさ. an aching ～ in her heart 彼女の心の中のうずくような空虚感.
in the hóllow of a pèrson's hánd 人の言うなりになる, 人に全く頭が上がらない.
── [動] [他] **1** [VOA] (～ /X/ *out*) X をうろにする, くり抜く,

えぐる, 空洞化させる; VOA をくり抜いて作る〈*out* (*of* ..から)〉. ～ *out* a pumpkin カボチャの中身をくり抜く. ～ a canoe *out of* a log [*out* a canoe *from* a log] 丸太をくり抜いてカヌーを作る. **2** へこませる〈普通, 受け身で〉.
── 自 うろになる, くぼむ; VA (～ *out*) 空洞化する.
── 副 〖話〗すっかり, とことん(まで).
bèat a pèrson* (*áll*) *hóllow 〖話〗(試合などで)人を完全に打ち負かす; 人をぺしゃんこにやっつける.
[＜古期英語「くぼみ, ほら穴」; hole と同源]

hóllow-èyed 形 目のくぼんだ.

hòllow-héarted /-əd ㊙/ 形 不誠実な, 誠意のない.

hól·low·ly 副 **1** うつろに, くぼんで. **2** 不誠実に; 不自然に. **3** 〔音が〕反響して.

hól·low·ness 名 U **1** うつろなこと, くぼんでいること. **2** 空虚, 空しさ. **3** 不誠実, そらぞらしさ.

hóllow·wàre 名 U 〈集合的〉深い食器類《鉄・磁器製などのボウル, 深皿, カップなど; ↔flatware》.

†**hol·ly** /háli|hɔ́li/ 名 (複 **-lies**) UC **1** 〖植〗セイヨウヒイラギ, アメリカヒイラギなど, 《モチノキ属》. **2** セイヨウヒイラギの赤い実の付いた枝葉《クリスマスの飾りに用いられる》.
[＜古期英語]

hólly·hòck 名 C 〖植〗タチアオイ.

Hol·ly·wood /háliwùd|hɔ́l-/ 名 **1** ハリウッド《米国 California 州 Los Angeles 北西部の地区; 米国映画・テレビ製作の中心地》. **2** U 米国映画事業[界].

Holmes /houmz/ 名 →Sherlock Holmes.

hol·mi·um /hóulmiəm/ 名 U 〖化〗ホルミウム《希土類元素; 記号 Ho》.

hólm·òak /hóum-/ 名 C 〖植〗ウバメガシ (ilex).

‡**hol·o·caust** /háləkɔ̀:st|hɔ́l-/ 名 C **1** (人, 動物を)全部焼き殺すこと; (特に火による)大虐殺; 完全破壊. a nuclear ～ 核兵器による大破壊. **2** 〈the H-〉(第2次世界大戦におけるナチの)ユダヤ人大虐殺. About 6 million Jews were killed in the *Holocaust*. 約6百万のユダヤ人がホロコーストで殺された. **3** 丸焼きにした獣の供え物. [＜ギリシア語「全部焼く」]

Ho·lo·cene /hóuləsì:n, hál-|hɔ́l-/ 〖地〗形 完新世[統]の. ── 名 〈the ～〉完新世[統].

hol·o·gram /háləgræ̀m|hɔ́l-/ 名 C 〖理〗ホログラム, レーザー写真, (→holography).

hol·o·graph /háləgræ̀f|hɔ́ləgrɑ̀:f/ 形 自筆の.
── 名 C **1** 自筆の文書[書類]. **2** ＝hologram.

ho·log·ra·phy /həlágrəfi|-lɔ́g-/ 名 U 〖理〗ホログラフィー《レーザーの干渉性を利用して, 1枚の平面写真で立体像を再生すること; →hologram》.

hols /hɑlz|hɔlz/ 名 〈単複両扱い〉〖英話〗休暇《＜*hol*idays》. during the summer ～ 夏期休暇中に.

Hol·stein /hóulstain, -sti:n|hɔ́l-/ 名 C 〖主に米〗ホルスタイン《オランダ原産で白黒ぶちの優秀な乳牛の1品種; 〖英〗Friesian》.

hol·ster /hóulstər/ 名 C ホルスター《(腰のベルト, 肩から吊った皮ベルト, 鞍などに付ける)ピストル用革ケース》.

‡**ho·ly** /hóuli/ 形 e (**-li·er**|**-li·est**) **1 神聖な**, 神にささげられた; 神の, 宗教(上)の. ～ precincts 聖域. ～ oil 聖油. **2** 〔人, 生活が〕**敬虔**(けいけん)な, 信心深い, 神に身をささげた; 高徳の, 聖者のような. lead [live] a ～ life 信仰生活を送る. **3** 〈強意語〉〖話〗ひどい. a ～ mess しっちゃかめっちゃか. He was a ～ terror when he drank. 彼は飲むと手に負えなかった.
***Hòly ców* [*cáts, máckerel, Móses, smóke*]!** 〖話〗えっ! なに! (★驚き, 当惑, 喜びを表す Holy Christ! の婉曲表現). [＜古期英語「完全な」; whole, -y[1]]

Hòly Allíance 名 〈the ～〉〖史〗神聖同盟《1815年にロシア, プロイセン, オーストリアが結んだ》.

Hòly Árk 名 ＝ark 3.

Hòly Bíble 名 〈the ～〉聖書 (the Bible).

hòly cíty 名 **1** C 聖都《各宗教の教徒に中心地と考えられている都市; Jerusalem, Rome, Mecca など》; 〈the H- C-〉エルサレム. **2** 〈the H- C-〉天国 (Heaven).

Hòly Commúnion 名 U 〖キリスト教〗(プロテスタントの)聖餐(さん)式; (カトリックの)聖体拝領; (→Eucharist).

Hóly Cross Dày 名 聖十字称賛の日《9月14日》.

hóly dày 名 C 宗教上の祭日.

Hòly Fámily 名 〈the ～〉聖家族《幼児キリスト, 聖母マリア, 聖ヨセフを描いた絵画》.

Hòly Fáther 名 〈the ～〉ローマ教皇の尊称.

Hòly Ghóst 名 〈the ～〉＝Holy Spirit 1.

Hòly Gráil 名 **1** 〈the ～〉聖杯《キリストが最後の晩餐(さん)に用いた酒杯で, アリマテアのヨセフが十字架上のキリストの血をこれで受けたと伝えられる; 中世の騎士がこれを捜し求めた; the Grail とも言う》. **2** 〈しばしば the h- g- of .. で〉..で久しく待ち望まれてきたもの.

Hòly Ínnocents' Dày 名 ＝Innocents' Day.

Hóly Lànd 名 〈the ～〉聖地《Palestine のこと; キリスト教以外の聖地についても用いることがある》.

hòly of hólies 名 〈the [a] ～〉**1** (ユダヤ神殿の)至聖所, 奥の院. **2** 神聖な場所. ★戯言, 皮肉で使うこともある.

hòly órders 名 〈複数扱い〉聖職, 牧師職. take [be in] ～ 聖職に就く[ある].

Hòly Róller 名 C 〖米話〗礼拝式で歌い叫ぶキリスト教宗派.

Hòly Ròman Émpire 名 〈the ～〉神聖ローマ帝国 (962–1806).

Hòly·rood Hóuse [Pálace] /hɔ̀uliru:d-/ 名 ホーリールード宮殿《エディンバラにある英国王室の宮殿》.

Hòly Scrípture 名 〈the ～〉聖書 (the Bible).

Hòly Sée 名 〈the ～〉ローマ教皇庁; ローマ教皇の職[地位].

Hòly Spírit 名 **1** 〈the ～〉聖霊《三位(さんみ)一体の第3位; →Trinity》. **2** 神(霊).

hóly·stòne 名 U 〖海〗磨き石《木製の甲板を磨くための砂岩》. ── 動 他 〔甲板〕を磨き石で磨く.

hòly térror 名 C 〖話〗恐るべき人; 手に負えない[どうしようもない]子供.

Hòly Thúrsday 名 聖木曜日 **1** 〖カト〗＝Maundy Thursday. **2** 〖英国教〗〖旧〗＝Ascension Day.

hòly wár 名 C 聖戦《十字軍の遠征など; →jihad》.

hóly wàter 名 U 〖カトリック〗聖水.

Hóly Wèek 名 聖週間《復活祭直前の週; Passion Week (受難週間)とも言う》.

Hòly Wrít 名 〈(the) ～〉聖書 (the Bible).

‡**hom·age** /(h)ámidʒ|hɔ́m-/ 名 U **1** 〖章〗**尊敬**, 敬意. in ～ *to* the brave soldiers 勇士たちに敬意を表して. **2** 〖史〗(封建時代の君主に対する)忠誠の誓い, 臣従の礼. ***dò* [*pày*] *hómage to ..*** (1) ..に敬意を表する, を敬う. (2) ..に忠誠[臣下]の誓いをする. [＜ラテン語 *homō*「人間」; -age]

hom·bre /ámbrei|ɔ́m-/ 名 C 〖主に米話〗男, やつ.

hom·burg, Hom- /hámbə:rg|hɔ́m-/ 名 C ホンブルク帽《フェルトの中折れ帽; ドイツの産地名から命名》.

‡**home** /houm/ 名 (複 **～s** /-z/)
【住まい】**1** UC **我が家**, 自宅; **家庭**(**生活**); (類語 一般に house が家屋を意味するのに対し home は建物のほかにその快適さ, 心情的温かさとそこに住む家族を含む). There's no place like ～. 〖諺〗我が家にまさる所無し. make one's ～ in a hotel for a while しばらくホテル住まいをする. set up ～ in California [together] カリフォルニアに居を構える[一緒に住む]. absent [away] from ～ 不在で[の]. Men make houses, women make ～*s*. 男は家を作り, 女は家庭を作る. *Home* is where the heart is. 〖諺〗心のある所こそわが家なり. a single-parent ～ 片親の家庭. leave ～ (仕事などで)家を出る; 家を出て独立する. work from ～ 〖英〗家で働く. one's spiritual ～ (我が家のように)くつろげる所[憩いの場]. come [be] from a good [broken] ～ 良家の出

H

である[欠損家庭の子である].
2 Ⓒ 〖米〗**家, 住宅,** (house). They bought a big ～ in a suburb. 彼らは郊外に大きな家を買った. the Ray ～ レイ家の住宅 (Mr. Ray's (house)).
3 Ⓒ **(a)** (小児, 病人などの)収容施設, ホーム, (参考 この意味で婉曲な institution などを代用する傾向がある); (船員などの)宿泊施設; 〖話〗=mental home. an orphan ～ 孤児院. an old people's [folk's] ～ = a ～ for the aged 老人ホーム. →nursing home. **(b)** (飼い主のない犬, 猫の)収容所. dogs' [cats'] ～ 犬[猫]の収容所.
【ふるさと, 本拠地】 **4** Ⓤ **故郷,** 郷里; **故国,** 母国; 居住地. Where's your ～? お国はどちらですか. a letter from ～ 郷里からの便り. The city is ～ to over 40,000 people from abroad. その市には4万人以上の外国人が住んでいる.
5 Ⓤ (動物の)生息地; (植物の)自生地; 原産地. The ～ of the tiger is India. =India is ～ to the tiger. トラの生息地はインドである.
6 Ⓒ 本場, 中心地. America is the ～ of baseball. アメリカは野球の本場である. Athens is the ～ of Greek civilization. アテネはギリシア文明の発祥地である. the ～ of the U.S. auto industry アメリカ自動車産業のメッカ《Detroit を指す》.
7 【戻ってくる場所】 ⓊⒸ 〖競技〗決勝点, ゴール; 〖野球〗本塁, ホームベース, (home base). get [reach] ～ (safe) ホームインする (★英語では home in と言わない).
a hòme awày from hóme 〖米〗=〖英〗***a hòme from hóme*** (よそにあって)自宅のようにくつろげる場所.
****at hóme*** (1) **在宅して**(いる), 自宅[故郷]に[の]; 国内に[の] (↔abroad). My father isn't *at* ～. 父は今留守です. Japanese abroad are quite different from Japanese *at* ～. 海外の日本人は国内の日本人とだいぶ違う. Today Coke earns more money in Japan than *at* ～ in the U.S. 今日ではコカコーラは本場のアメリカより日本での方が売れ行きがよい. 語法 home に定冠詞又は所有格代名詞が付いて特定の家を指す時は普通, 前置詞は in になる: She is now staying *in* her ～ in Boston. (彼女は今はボストンの家にいる). (2) 〖旧〗(自宅で)訪問を受ける日[時間]で 〈*to* ..〔人〕の〉. You know that we are always *at* ～ *to* you, Dick. ディック, 私たちはいつもあなたを歓迎しますよ. (3) **精通して,** 手慣れて, 〈*in, on, with* ..に〉. Bill is not *at* ～ *in* any of the social sciences. ビルは社会科学のどれも得意でない. (4) **くつろいで,** 気楽に, (at ease). Tom and Jim feel *at* ～ with each other. トムとジムは気の置けない間柄だ. She was quite *at* ～ talking about Einstein. 彼女はアインシュタインをいとも簡単に語った. (5) (フットボールなどの試合が)地元[ホームグラウンド]で(の).
clòse [nèar] to hóme 痛い所を突いて; (他人事とは思えず)身につまされて; 身近に感じられて. hit [strike] *close to* ～ for ..〔人〕の痛い所を突く.
fìnd a hóme for.. 〖話〗〔物など〕の収納場所[置き場所]を見つける.
hóme swèet hóme ああ, なつかしのわが家.
one's làst [lóng] hòme 墓. go to one's *last* ～ 死ぬ, 逝く.
****màke onesèlf at hóme*** (我が家にいるように)**気楽にする,** くつろぐ, 〈しばしば命令形で〉. Sit on the sofa, and *make* yourself *at* ～. ソファーに座って楽にして下さい.
the hòme of lòst cáuses '敗れた大義の牙城'《保守主義の砦(とりで)としてのオックスフォード大学を言う; Matthew Arnold の言葉》.
Whò's hé [shé] when hè's [shè's] at hóme? 〖戯〗(★he, she は名詞のこともある)(話題にのぼった人の名を聞き返して)誰のこと言ってるの, 彼[彼女]は一体何者なの.
── 形 Ⓒ 〈限定〉 **1 我が家の,** 自宅の; **家庭(用)の;** 家庭での; **自家製の.** (a happy) ～ life (楽しい)家庭生活. my ～ address [(phone) number] 私の自宅の住所[電話番号]. ～ care ホームケア《在宅療養[治療]のこと》. a ～ video ホームビデオ.
2 本国の, 自国の; 故郷の. His ～ country is Germany. 彼の故国はドイツだ. the ～ government 本国政府. **3 国内の; 国産の;** (domestic; ↔foreign). ～ affairs 国内問題; 内政. ～ trade 国内通商 (↔foreign trade). ～ products 国産品. ～ news 国内ニュース. have a ～ market 国内に市場がある. the Ministry of *Home* Affairs (日本の)自治省.
4 地元の, ホームグラウンドの, (↔visiting); 〖米〗本部の, 主要な. a ～ baseball team 地元の野球チーム. a ～ game ホームグラウンド[本拠地]での試合. the company's ～ office その会社の本社.
5 急所を突く, 手厳しい. a ～ question 急所を突く質問.
── 副 Ⓒ 【家へ】 **1 我が家へ[に],** 自宅へ[に]; 帰宅して; 故郷へ; 本国へ. arrive [get] ～ 家に着く. write ～ 故郷へ便りを書く. on one's way ～ from school 学校から帰る途中で. see a person ～ 人を家まで送る. in his letters ～ 家族への彼の手紙の中で.
2 〖主に米話〗家に (at home). stay ～ 在宅する; 家にとどまる. 語法 be at home は「家にいる」, be home は「家に帰っている」の意味として区別するのが本来の用法: My mother is not ～ yet. (母はまだ帰宅していない) Hi, Mom, I'm ～! ママ, ただいま. phone ～ うちに電話をする.
【本拠地へ＞急所へ】 **3** 〈drive, hammer, press, ram などと共に用いて〉 (ねらった所へ)ずぶりと, ぐさりと; 急所をとらえて, ずばりと, 十分に, 効果的に. thrust the knife ～ ナイフをぐさりと刺す. drive [press] a nail ～ くぎを頭まで打ち込む. drive a point ～ 論旨を十分たたき込む. **4** 〖野球〗本塁へ; 〖競技〗決勝点へ, ゴールへ; 〖サッカー〗(ボールを)ゴールへ. kick ～ ゴールを決める.
brìng X hóme (to Y) 〔人, 物事など〕が(Y(人)に) X(ある事)を痛感させる[しみじみと分からせる]. This book will *bring* the harm of smoking ～ *to* the public. この本は人々に喫煙の害を骨身にしみて分からせるだろう. His letter has *brought* it ～ *to* me that... 彼の手紙で..であることを痛感した.
****còme hóme*** (1) (外から)**家へ帰って来る,** 帰宅する, 帰郷する; (海外から)帰国する. (2) 〖ゴルフ〗(18 ホールのラウンドの)後半の 9 ホールをプレーする (↔go out).
còme hóme to.. ..にしみじみとこたえる[痛切に感じられる]. The sad news *came* ～ *to* Sue. その悲報はスーの胸にひどくこたえた.
gèt hóme →get.
****gò hóme*** (1) **帰って行く,** 帰宅[帰国]する. (2) 〔矢などが〕的に当たる, ぐさりと刺さる; 〔推量, 言葉などが〕的中する, 強く胸に訴える. The prophecy [bullet] *went* ～. その予言[弾丸]は的中した.
hìt [srtìke] hóme =STRIKE home.
hòme and drý 〖主に英話〗(無事)目的[任務など]を果たして[達して], 安全で; 勝利間違いなしで, 勝利が目前で, (〖米〗home free).
hòme frée 〖米話〗成功[勝利など]間違いなしで; (重圧, 義務などから)解放されて(ほっとして), うまくいって, 厄介なことは終わって, 悠々として.
Hóme, Jàmes (and dón't spàre the hórses)! 〖旧〗(ドライバー[御者]へ)急いで家へ.
nóthing to write hóme abòut 〖話〗特に取りたてて言う[自慢する]ほどでもないこと; ごく普通のもの[店など].
tòuch (a person) hóme →touch.
── 動 自 **1** 家[故郷, 本国]に帰る. **2** 〔訓練されたハトなどが〕巣[出発点]に帰る.
── 他 **1** 〔飛行機, ミサイルなど〕を誘導する. **2** を家[本国など]に持ち帰る[送る]. **3** に家を提供する.
hòme ín on..＝***hòme in ..*** (1) 〔飛行機, ミサイルなどが〕(自動誘導装置で誘導されて)..へ向かって進む, 〔標

的〕を目ざす, 狙う. (2)〈一般に〉〔目的〕にねらいを定める, ..を中心に置く[する].
hòme X ín on .. X(飛行機など)を〔目標など〕に向かわせる[進める]. [＜古期英語]
hòme báking [名][U] (ケーキなどの)ホームベーキング.
hòme bánking [名][U] オンライン・バンキング.
hòme báse [名][U] **1**〖野球〗ホームベース, 本塁. **2**〈the ～〉根拠地, 本部.
hóme bìrd [名]〖英話〗＝homebody.
hóme bìrth [名][UC] 自宅での出産.
hóme·bòdy [名]([複] -dies)[C]〖米話〗マイホーム主義の人, 出不精(の人).
hòme·bóund[1] /⑱/ [形] 本国行きの〔船舶など〕; 家路に向かう.
hòme·bóund[2] [形] 家に閉じこもった; (病気で)外出できない; (housebound).
hóme·bòy [名]([複] ～s)[C]〖米話〗**1** 同郷の人. **2** 友人(★特に黒人が用いる語). **3** 非行少年グループの1人(★同じグループの者の間で用いる).
hòme·bréd /⑱/ [形] 国産の; 土着の.
hòme·bréw [名][UC] 自家醸造ビール[酒].
hòme-bréwed /⑱/ [形]〔特にビールが〕自家醸造の.
hóme bùyer [名][C] 住宅購入者.
hóme·còming [名] **1**[UC](特に長期間不在にした後の)帰国, 帰宅, 帰郷. **2**[C]〖米〗(大学などの普通, 年1回開かれる)同窓会; 学園祭.
hòmecoming kíng [quéen] [名][C]〖米〗学園祭の王[女王]《普通はアメフトの選手とチアリーダーが選ばれる》.
hòme compúter [名][C]〖主に米〗家庭用パソコン.
hòme cóoking [名][U] 家庭料理. healthy ～ 健康にいい家庭料理.
Hòme Cóunties [名]〈the ～〉〖英〗ロンドン周辺の諸州.
hòme·cúred /⑱/ [形]〔ベーコンなどが〕自家製の.
hòme económics [名]〈普通, 単数扱い〉家政学(domestic science); 家庭科.
hòme fíres [名]〈the ～〉〈比喩的に〉家庭(生活). keep the ～ burning (夫などが留守の間も)家庭を守る.
hòme frónt [名]〈the ～〉銃後(の国民).
hóme frỳ [名][C]〖米〗皮付きのフライドポテト.
hóme·gìrl [名][C]〖米話〗**1** 同郷の人. **2** 友人. **3** 非行少女グループの1人.→homeboy.
home ground /⌐⌐|⌐⌐/ [名][UC] **1**〖スポーツ〗ホームグラウンド, 本拠地, 地元. be on (one's) ～ 本拠地[地元]にいる. **2** よく知っている[得意な]分野.
hòme·grówn /⑱/ [形] 国内産の, 国産の, 地元で栽培した, 自家栽培の,〔野菜など〕; 地元出身の. a ～ TV program 国内で製作したテレビ番組.
Hòme Gúard [名] **1**〖英〗〈the ～; 単複両扱い〉国防市民軍《1940–57に組織されていた》. **2**[C] 1の一員.
hòme hélp [名][C]〖主に英〗(ホーム)ヘルパー《老人, 病人などの介護のため地元の市町村から派遣される》.
hòme impróvements [名]〈複数扱い〉(部屋などの)改築工事.
‡**hóme·lànd** [名][C] **1**〈one's ～〉母国, 祖国. **2**〖南ア〗(政府指定で一部自治の)黒人居住地域《公式語だがしばしば侮辱的な意味合いをもつ; →Bantustan》.
†**hóme·less** [形]〔人, 犬などが〕家のない, 宿なしの[で], ホームレスの. We were made ～ by the flood. 洪水で私たちは家を失った. ── [名]《(the) ～》〈複数扱い〉ホームレス(の人々). The number of ～ is increasing. ホームレスの数は増えている. ▷ **～·ness** [名][U] ホームレスの生活, ホームレス《状態》.
hóme·lìke [形] 我が家のような; 気安い. a ～ atmosphere 家庭的な雰囲気.
home·li·ness /hóumlinəs/ [名][U] **1**〖米〗不器量. **2** 質素, 簡素. **3** 平凡さ.
hòme lóan [名][C]〖話〗住宅ローン.
*__home·ly__ /hóumli/ [形][e] (-li·er|-li·est)【家庭の＞日常生活の＞平凡な】**1 (a)**〖米〗〔人, 容貌(ぼう)などが〕**不器量**な, きれいではない, (plain), ([類語] ugly の婉曲語). a rather ～ face やや不器量な顔. **(b)**〖英〗〔人, 人柄が〕気取りのない, 純朴な;〔雰囲気などが〕家庭的[アットホーム]な, くつろげる. a ～ atmosphere 家庭的雰囲気. **2 簡素**な, 質素な; 家庭向きの. ～ food (毎日の)お惣菜(そうざい). a ～ meal of bacon and eggs ベーコンエッグの質素な食事. **3** ありふれた, 日常的な, 平凡な, (ordinary).
†**hòme·máde** /⑱/ [形] **1** 自家製の, 手製の. a ～ apple [pumpkin] pie 自家製のアップル[パンプキン]パイ. ～ bombs 手製爆弾. **2** 粗末な, 簡素な.
hóme·màker [名][C]〖米〗家庭を切り盛りする人, 家事専従者. [参考] 主婦 (housewife) に代わりつつある語; 男性も含めていうことがある.
hòme móvie [名][C] ホームムービー《趣味[楽しみ]で作る素人映画; 自分で撮って家庭などで映写する》.
Hóme Òffice [名]〈the ～〉〖英〗内務省 (→department).
ho·me·o·path /hóumiəpæθ/ [名][C] 同毒[同種]療法医. ▷ **hò·me·o·páth·ic** [形]
ho·me·op·a·thy /hòumiápəθi|-ɔ́p-/ [名][U]〖医〗ホメオパシー, 同毒[同種]療法,《健康な人に多量に用いればその病気に似た症状を起こす薬を患者に少量施す療法》. [ギリシア語「同類の」, -pathy]
‡**hóme·òwner** [名][C] (借家住まいでなく)持ち家居住者, マイホーム所有者.
hóme pàge [名][C]〖電算〗(インターネットのウェブサイトの)ホームページ.
hòme pláte [名] ＝home base 1.
hòme pórt [名][C] 母港.
Ho·mer /hóumər/ [名] ホメロス《紀元前8世紀ごろのギリシア最大の叙事詩人; *Iliad* と *Odyssey* の作者と伝えられる》.
hom·er /hóumər/ [名][C] **1**〖話〗〖野球〗ホームラン (home run), 本塁打. **2** ＝homing pigeon.
── [動][自]〖米〗ホームランを打つ.
hóme rànge [名][C]〖生態〗(動物の)行動域[圏].
Ho·mer·ic /houmérik/ [形] **1** ホメロス(風, 時代)の. **2** 雄大な (grand).
Homèric láughter [名][U] 心からの高笑い《ホメロスの叙事詩に出て来る神々の笑いのような》.
hóme·ròom [名][UC]〖米〗ホームルーム(の教室, 時間, 生徒全体).
hòme rúle [名][U] **1** 地方自治. **2**〈しばしば H- R-〉〖史〗アイルランド自治.
hòme rún [名][C] **1**〖野球〗本塁打, ホームラン. a ～ off Bob ボブ(投手)から奪ったホームラン. **2** 大変うまくいくこと, 2倍の儲け. hit a ～ 'ホームラン'を放つ.
Hòme Sécretary [名]〈the ～〉〖英〗内相《略称; →department》.
hòme shópping [名][U] ホームショッピング《テレビを見て電話で注文するなど》. ▷ **hòme shópper** [名]
†**hóme·sìck** [形] ホームシックの, 故郷を恋しがる. be [become, get] ～ (*for* Jamaica) (ジャマイカへの)ホームシックにかかっている[かかる]. ▷ **～·ness** [名][U] ホームシック, 懐郷病.
hóme·spùn [形] **1** 家で紡いだ, 手織りの; ホームスパンの. ～ cloth 手織りの布. **2** 素朴な, 単純な; 平凡な. ～ tales ありふれた話. a ～ theory 素朴な理論.
── [名][U] 手織りの布; ホームスパン《糸の太い, 手織り風の羊毛生地》.
hóme·stày [名]([複] ～s)[C]〖主に米〗ホームステイ《留学生などが一般家庭に滞在し, 広く生活体験をすること》.
‡**hóme·stèad** [名][C] **1** (付属建物と敷地を含む)家屋敷; 農場. **2**〖米史〗自作農場《1862年の Homestead Act による農場; この法律は国有地に入植して一定

H

の条件を満たした者に 160 acres の土地を無償で与えることを定めた》. ── 動 他, 自【米史】自作農場入植者として(..に)定住する. ▷ ～·er 名 C【米史】自作農場入植者.

hóme·strètch, 〔英〕**hòme stráight** 名 C **1** 〈the ～〉【競技】ホームストレッチ《決勝点前の直線コース; →backstretch》. **2** (仕事などの)最終[追い込み]段階, 大詰め, 最終の旅程.

‡hòme·tówn 名 C 〈one's ～〉生まれ故郷の町; 現住んでいる町.

hòme trúth 名 C 〈しばしば ～s〉不愉快な事実.

†home·ward /hóumwərd/ 副 家の方へ; 本国へ向かって. This ship is bound ～ [～ bound]. この船は本国へ帰航する[帰航中だ]. ── 形 家[本国]へ向かう, 帰路にある, (↔outward). a ～ journey 帰路の旅.

hòmeward-bóund /㊥/ 形 帰宅途中の, 家路につく. a ～ commuter 家に帰る通勤客.

hóme·wards 副〔主に英〕=homeward.

‡home·work /hóumwə̀:rk/ 名 U **1 宿題**, 自宅自習, 下調べ. do [finish] one's ～ 宿題をする[すませる]. Our English teacher gave us a lot of ～. 英語の先生が宿題をたくさん出した.

連結 get [hand in; assign; correct, grade, mark] ～

2 家での仕事, (外での大事な仕事の)家での準備, 下準備, (→housework). do one's ～ 前もって調べて[チェック[準備, 用意]して]おく.

hóme·wòrking 名 U 自宅勤務.

hom·ey /hóumi/ 形 e〔米話〕〔場所などが〕くつろげる, 居心地のいい, 家庭的な. a ～ person 気さくな人. a ～ atmosphere 家庭的な雰囲気.

hom·i·ci·dal /hàməsáidl|hɔ̀m- ㊥/ 形 殺人の, 殺人犯の; 殺人狂[癖]の.

†hom·i·cide /háməsàid|hɔ́m-/ 名〔章·法〕**1** U 殺人(罪); C 殺人(行為); (類語「殺人」を表す一般的な語で殺意の有無を問わない; →butchery, carnage, genocide, manslaughter, murder, pogrom, slaughter). involuntary ～ 過失殺人. **2** 〈H-〉U〔米〕(警察の)殺人課. **3** C〔旧〕殺人犯人. [<ラテン語 (< *homō*「人」+-cide)]

hom·i·let·ic /hàmələ́tik|hɔ̀m- ㊥/ 形 説教の, 説教的な.

hom·i·ly /háməli|hɔ́m-/ 名 (複 -lies) C **1** 説教《特に聖書に基づいた》. **2** (長々と退屈な)お説教 〈*on, about* ..についての〉. [<ギリシア語「会話」(<「群衆」)]

hom·ing /hóumiŋ/ 形 〈限定〉**1** 家[巣]に帰る; 〔ハトなどが〕帰巣性のある. the ～ instinct 帰巣本能. **2** 自動追尾の. a ～ device (誘導弾などの)自動誘導[指向]装置.

hóming pìgeon 名 C 伝書バト (carrier pigeon).

hom·i·ny /háməni|hɔ́m-/ 名 U ひき割りトウモロコシ《煮てかゆにする》.

hóminy grìts 名 =grits.

Ho·mo /hóumou/ 名 UC〔生物〕ヒト属《種として Homo sapiens のほか絶滅した **Hòmo e·réc·tus** /-iréktəs/ (直立猿人)などを含む》. [ラテン語 *homō*]

ho·mo 名 (複 ～s)〔話·軽蔑〕=homosexual.

ho·mo- /hóumou/ 〈複合要素〉「同じ, 同一の」の意味 (↔heter(o)-). [ギリシア語 *homós* 'same']

ho·moe·o·path /hóumiəpæ̀θ/ 名 =homeopath. ▷ **hò·moe·o·páth·ic** 形

ho·moe·op·a·thy /hòumiápəθi|-ɔ́p-/ 名 =homeopathy.

ho·mo·ge·ne·i·ty /hòumədʒəní:əti|hɔ̀m-/ 名 U 同種; 同質; 均質. cultural ～ 文化の均質性.

†ho·mo·ge·ne·ous /hòumədʒí:niəs|hɔ̀m- ㊥/ 形 同種の; (部分が互いに)同質の; 均質の《全体が同質の部分から成る》; (↔heterogeneous). a ～ racial composition (1国民などの)等質的な人種構成. [<ギリシア語 (<homo-+*génos* 'race, kind')] ▷ ～·ly 副

ho·mog·e·nize /həmádʒənàiz|hɔmɔ́dʒ-/ 動 他 を均質にする. ～ national cultures 国民の文化を均質にする. ▷ **ho·mòg·e·ni·zá·tion** 名

ho·móg·e·nìzed 形 均質化した. ～ milk 均質[ホモ]牛乳《脂肪の粒子を壊しクリームが均質に混じるようにした牛乳》.

ho·mog·e·nous /həmádʒənəs, hou-|-mɔ́dʒ-/ 形 = homogeneous.

hom·o·graph /háməgræ̀f|hɔ́məgrɑ̀:f/ 名 C 同綴(てつ)異義語《ball (ボール)と ball (舞踏会); bow [bou] (弓)と bow [bau] (おじぎする)など; 後者では発音も異なる; →homonym》.

ho·mol·o·gous /houmáləgəs|-mɔ́l-/ 形 相同の, 対応する;〔生物〕相同(器官)の;〔化〕同族の.

hom·o·logue, -log 〔米〕/háməlɔ̀:g|hɔ́məlɔ̀g/ 名 C 相同[対応]物;〔生物〕相同器官;〔化〕同族体.

ho·mol·o·gy /houmálədʒi|-mɔ́l-/ 名 (複 -gies) UC **1** (位置, 比率, 価値, 構造などの)相同[相応, 対応]関係. **2**〔生物〕(異種器官の)相同. **3**〔化〕同族関係.

hom·o·nym /hámənìm|hɔ́m-/ 名 C **1** =homophone 2. **2** 〈通俗に〉=homograph. **3** 同名異人.

ho·mo·nym·ic /hòumənímik ㊥/ 形 同音異義の; 同名異人の.

ho·mon·y·mous /houmánimәs|-mɔ́n-/ 形 =homonymic.

ho·mo·pho·bi·a /hòuməfóubiə/ 名 U 極端な同性愛者嫌い, 同性愛恐怖症. ▷ **hò·mo·phó·bic** 形

hom·o·phone /háməfòun|hɔ́m-/ 名 C **1** 同音異字《cat の c と *k*eep の *k* など》. **2** (異綴(つ))同音異義語《air と heir, our と hour など; →homonym》.

hom·o·phon·ic /hòuməfánik|-fɔ́n- ㊥/ 形 同音(異義)の;〔楽〕斉唱[奏]の, 単声[旋律](音楽)の.

ho·moph·o·nous /houmáfənəs|-mɔ́f-/ 形 =homophonic.

ho·moph·o·ny /houmáfəni|-mɔ́f-/ 名 U **1** 同音(異義). **2**〔楽〕斉唱, 斉奏; 単声[単旋律]音楽.

Hòmo sá·pi·ens /-séipiènz, -sǽp-/ 名 U (現在の)ヒト. [ラテン語 'wise man']

†ho·mo·sex·u·al /hòuməsékʃuəl ㊥/ 形 同性愛の. ── 名 C 同性愛の人. 参考 特に女性の場合は lesbian. ◇↔heterosexual

ho·mo·sex·u·al·i·ty /hòuməsèkʃuǽləti/ 名 U 同性愛, 同性愛者であること. ◇↔heterosexuality

hom·y /hóumi/ 形 e〔主に英〕=homey.

hon[1] /ɑn|ɔn/ 形 名誉(上)の (honorary).

hon[2] /hʌn/ 名 C かわいい人 (honey)《呼びかけに用いる》.

Hon. Honorable; Honorary.

hon·cho /hántʃou|hɔ́n-/ 名 (複 ～s) C〔主に米話〕責任者; ボス. [<日本語「班長」]

Hon·du·ran /hand(j)ú(ə)rən|hɔn-/ 形, 名 C ホンジュラスの[人].

Hon·du·ras /hand(j)ú(ə)rəs|hɔn-/ 名 ホンジュラス《中央アメリカ中部の共和国; 首都 Tegucigalpa》.

‡hone /houn/ 名 C (特にかみそり用の)砥石(といし). ── 動 他 を砥石でとぐ; 〔技術など〕を磨く. ～ one's English skills 英語力を磨く. [<古期英語「石」]

‡hon·est /ánəst|ɔ́n-/ 形 m【偽りのない】**1** 〔人, 行為が〕**正直な**, うそをつかない, 信頼できる; 誠実な; 公正な; (↔dishonest). an ～ young man 正直な若者. ～ Abe 正直者のエイブ《Abraham Lincoln を指す》. It was ～ *of* Pete [Pete was ～] to admit he was partly to blame. ピートが自分にも一部責任があると認めたのは正直だった. be ～ with a person 人に正直に言う. be ～ in one's business 商売をごまかさない. He made an ～ mistake 彼は間違いをしたが, 責められない. **2** 〔利益などが〕正当な(手段で得た); 公正な. make an ～ living まじめに[まともに]働いて生計を立てる. ～ dealings 公正な取り引き.

3 〔陳述, 記載などが〕偽りのない, ありのままの; 〔人が〕率直

な, 隠しだてのない, 悪ずれしていない. give an ～ account [opinion] ありのままに説明する[率直な意見を述べる].
4〔品物が〕純正の, 混ぜ物のない. ～ coffee [butter] 本物のコーヒー[バター]. **5**〖古〗貞節な, 貞淑な, (chaste).
(as) hónest as the dáy (is lóng) 〖話〗大変正直な.
èarn [màke, tùrn] an hònest pénny →penny.
hònest to Gód [góodness] 〖話〗本当に, 誓って; 一体全体.
màke an hònest wóman of.. 〖しばしば戯〗〔関係を結んだ女性〕を正式の妻にする.
to be (quìte [pèrfectly]) hónest (about it [with you]) 正直に言うと, 正直なところ.
—— 副〈間投詞的〉〖話〗本当に, うそじゃない, (truthfully). I didn't eat the cake, ～ (I didn't)! お菓子を食べたりしなかったよ, ほんとだよ.
[＜ラテン語「立派な」(＜*honōs* 'honor')]

hònest bróker 名 C (国際紛争, 企業間紛争などの)公平な仲裁者.

hònest Jóhn 名 C 〖米話〗正直者; だまされやすい人.

***hon·est·ly** /ɑ́nəstli|ɔ́n-/ 副 m **1 正直に**; 誠実に; 公正に. confess ～ 正直に白状する. I can't ～ say I still love you. まだ君を愛していると言ったらうそになる. **2** 本当に. Do you ～ expect me to believe that tale? 君は本当に私がその話を信じると思っているのかい. **3**〈文修飾〉正直に言って. *Honestly*, I can't work with you any longer. 正直な話, もうとてもあなたと一緒に仕事はできません.
4〈間投詞的; 文修飾〉いやはや, 冗談じゃない, まさか. *Honestly!* What nonsense! いやはや, なんとばかな.
còme by .. hónestly 〖話〗〔性格など〕を受け継ぐ.

hònest-to-góodness[-Gód] 形 〖話〗〈限定〉(良い意味で)純然たる, 掛け値なしの, 本物の.

‡hon·es·ty /ɑ́nəsti|ɔ́n-/ 名 (複 **-ties** /-z/) **1** U **正直**; 誠実; 公正; (↔dishonesty). *Honesty* is the best policy. 〖諺〗正直は最善の方策《「正直にしておけば得だ」という打算的な意味でも用いられる》. I could not, *in (all)* ～, accept his offer. (言いにくいが)正直なところ私は彼の申し出に到底応じられないでしょう.

連結 complete [absolute; scrupulous] ～ // doubt [impugn, question] a person's ～

2 C 〖植〗ゴウダソウ. [honest, -y²]

‡hon·ey /hʌ́ni/ 名 (複 **～s** /-z/) **1** U **蜂蜜**(はちみつ); 花糖, 蜜. words (as) sweet as ～ 蜜のように甘い言葉.
2 U 甘さ, 甘味; 甘いもの. **3** C 〖主に米・カナダ話〗かわいい人 (類語 主に妻, 夫, 恋人などへの呼びかけに用いるが, 子供に対しても使う; →darling, sweetie). *Honey*, will you go shopping for me? ねえあなた, 私の代わりに買い物に行って下さらない? **4** C 〖話〗すてきな[すばらしい]もの[人]. Hal bought a ～ of a car. ハルはすてきな車を買った.
—— 形 蜂蜜の(ような); 甘い; 蜂蜜色の. a ～ blonde 蜂蜜色の髪をした女性.
—— 動 (～s|過 過分 **～ed, -nied**|**～·ing**) 他 **1** を蜜で甘くする. **2** に甘い言葉で話す, お世辞を言う.
[＜古期英語]

hóney·bèe 名 C ミツバチ.

hóney·bùnch 名 〖米話〗＝honey 3.

†hóney·còmb 名 C **1** ミツバチの巣, ハチの巣. **2** ハチの巣状のもの; 亀甲(きっこう)模様, ハニカム. **3** 'ハチの巣' (tripe)《牛の第2胃; 食用》.
—— 形 ハチの巣状の; 亀甲模様の.
—— 動 他 をハチの巣状にする, 穴だらけにする; 〔場所〕のいたるところに食い込む[侵入する]〈普通, 受け身で〉. Tokyo is ～*ed with* underground railroads. 東京は地下鉄で穴だらけになっている.
[＜古期英語; honey, comb]

hóney·dèw 名 **1** U (植物の上に)アリマキ(aphid)が出す蜜(みつ). **2** UC ＝honeydew melon. **3** U 〖英〗甘露たばこ《糖蜜入りのパイプたばこ》.

hóneydew mèlon 名 C 甘露メロン《muskmelon の一種; 皮が淡黄色で身は淡緑色で甘い》.

hón·eyed 形 **1** 蜜(みつ)で甘くした, 蜜をたくさん含んだ. **2**〔言葉などが〕蜜のように甘い, 媚(こ)びるような.

†hóney·mòon 名 C **1** ハネムーン, 新婚旅行(の休暇), 《もと, 新婚第1か月を意味した》. Mr. and Mrs. West are on their ～. ウェスト夫妻は新婚旅行中である. The ～ will be spent abroad. 新婚旅行は海外の予定. **2**〈比喩的〉蜜(みつ)月《親密な最初の期間》. a [the] ～ period 蜜月時代. The ～ is over; the politicians of the new faction are already criticizing each other. 蜜月期間が終わって, 新しい派閥の政治家たちはもうお互いに批判し合っている.
—— 動 自 新婚旅行期間を過ごす.
[満月が次第に欠けるように愛情が薄れて行くことを意味する造語; のち month の影響を受けて「新婚第1か月」の意味] ▷**～·er** 名 C 新婚旅行中の人.

hóney·pòt 名 C **1** 蜂蜜(はちみつ)の壺. **2** 魅力ある人[女性]; 人気行楽地. **3** いい儲(もう)け口. **4**〖俗〗女性性器, '蜜壺'.

hon·ey·suck·le /hʌ́nisʌ̀k(ə)l/ 名 UC スイカズラ《初夏芳香のある白色, 黄色又は桃色の花を咲かせるつる性の植物; スイカズラ科》.

Hong Kong /hɑ̀ŋkɑ́ŋ|hɔ̀ŋkɔ́ŋ/ 名 ホンコン(香港)《中国南東部にあるかつての英国直轄植民地; 1997年に中国に返還された》.

hon·ied /hʌ́nid/ 形 ＝honeyed.

honk /hɔːŋk, hɑŋk|hɔŋk/ 名 C **1** ガンの鳴き声. **2** (車の)警笛の音など《ガンの鳴き声に似た耳ざわりな音》.
—— 動 自 **1**〔ガンが〕鳴く; 〔警笛が〕鳴る; 〔人が〕警笛を鳴らす〈*at* ..に対して〉; 耳ざわりな音を出す. **2**〖英俗〗吐く〈*up*〉. **——** 他〔自動車の警笛〕を鳴らす〈*at* ..に〉.

hon·kie, -ky /hɔ́ːŋki, hɑ́ŋ-|hɔ́ŋ-/ 名 (複 **-kies**) C 〖米黒人俗〗(白人をけなして)シロ, '白ん坊'.

honk·y-tonk /hɔ́ːŋkitɑ̀ŋk, hɑ́ŋ-|hɔ́ŋkitɔ̀ŋk/ 名 〖話〗 **1** U ホンキートンク《ピアノで演奏するラグタイム音楽》. **2** C (ホンキートンクが演奏されるような)安酒場, キャバレー. **——** 形 honky-tonk 1, 2 の[風の].

Hon·o·lu·lu /hɑ̀nəlúːluː|hɔ̀n-/ 名 ホノルル《米国 Hawaii 州の州都; Oahu 島にある》.

‡hon·or 〖米〗, **-our** 〖英〗 /ɑ́nər|ɔ́nə/ 名 (複 **～s** /-z/)
【高い評価】 **1** U (大きな)**尊敬**; (心からの)敬意. pay ～ to the President 大統領に敬意を表する. be held in ～ 尊敬されている. a guard of ～ 儀杖兵.
2 U 名声, 面目; 信用. win great ～ 高い名声を得る. preserve one's ～ 体面を保つ. He stained the ～ of his school. 彼は母校の名声を汚した. The national ～ is at stake. 国の信用が失墜の危機にさらされている. →debt of honor.

連結 gain ～; save [hurt, ruin] one's ～; bring ～ to ..

3【尊敬を呼ぶもの】 U **信義**, 節操, 自尊心. a man of ～ and principle 信義を重んじ節操のある男. There is ～ among thieves. 〖諺〗盗人にも仁義《仲間同士は裏切らない》. **4** U 〖旧・しばしば戯〗(女性の)貞節, 純潔, (chastity). lose [defend] one's ～ 純潔を失う[守る].
【尊敬の結果】 **5** UC **名誉**, 栄誉, 誉れ, 光栄; 特典(privilege). a guest of ～ 主賓. the seat [place] of ～ 上座(かみざ). compete for the ～ of do*ing* ..する(名誉の)ために競う. I regard the award as a great ～. その賞は大変な名誉だと思う. It is a great ～ to have the Prime Minister here this evening. 〖章〗今夕ここに, 総理大臣閣下のご臨席を賜り誠に光栄の至りでございま

す. May I have the ～ of this dance? 今度のダンスをお願いできないでしょうか.
6 Ⓒ〈単数形で〉名誉[誇り]となる人[事]〈*to* ..に〉. Dr. Smith is an ～ *to* his profession. スミス博士は学者仲間の誇りである. **7**〈普通 ～s〉表彰, 褒賞,《勲章, 賞状などの授与》. receive an ～ (for ..) (..で)表彰される. be showered with ～s 沢山褒賞を貰う.
8〈～s〉(賓客などに対する)儀礼; 礼遇. do the ～s (→成句). the last [funeral] ～s 葬儀. **9**〈～s〉(大学などの)優等;〈形容詞的〉優等(生)の. with (highest) ～s (最)優等で, (最)優秀な成績で,〔卒業[及第]するなど〕. an ～ student [graduate] 優等生[卒業生].
10【名誉ある高い地位】〈H-〉閣下《判事, 市長など高位者に対する敬称》(語法 You, He, She の代わりにそれぞれ Your, His, Her を冠して用い, いずれも 3 人称単数扱い). "Your *Honor*," said the lawyer addressing the judge.「判事閣下」と弁護士は判事に呼びかけた.
11〖トランプ〗〈～s〉役札《whist では ace, king, queen, jack の組; bridge では ten も入れる》.
12〖ゴルフ〗〈the ～〉(tee から)最初に球を打つ権利.

H

a pòint of hónor (***with*** ..) (..の)名誉[信義]にかかわる事柄.
be on one's hónor to dò＝***be bòund in hónor*** [***fèel*** (***in***) ***hònor bóund***] ***to dò*** 面目にかけて[道義上]..しなければならない. The boys *were on* their ～ *to* keep the secret. 少年たちは面目にかけてもその秘密を守らねばならなかった.
dò hónor to a pèrson＝***dò a pèrson hónor***〖章〗(1) 人の名誉になる. Jim's success *did* ～ *to* his parents. ジムの成功は両親の名誉となった. (2) 人に敬意を表する. They came to *do* ～ *to* the Premier. 彼らは首相を表敬訪問した.
dò a pèrson the hònor ⌞***of dóing*** [***to dó***]〖章〗人に..する特典[栄誉]を与える. Will you *do* me *the* ～*of* danc*ing* with me? 踊っていただければ光栄なんですが.
dò the hónors〖話〗(パーティー, 儀式などで)主人役 (host, hostess) をつとめる《乾杯の音頭をとったり, 客の紹介をしたり, 肉を切り分けたりする》; 司会者として諸事を取りしきる.
gìve a pèrson one's wòrd of hónor (***that*** ..) (..ということを)名誉にかけて人に約束する[誓う].
hàve the hònor ⌞***of dóing*** [***to dó***] 光栄にも..する, 慎んで..いたします. I *have the* ～ *of* introduc*ing* Mr. Dale Smith. デール・スミス氏を御紹介いたします. I *have the* ～ *to* inform you that... 慎んで申し上げますが...
hònor bríght〖話〗名誉にかけて; 誓って, 本当に.
Hònors are éven. 勝負は五分五分《＜トランプの手》.
****in hónor of a pèrson***＝***in a pèrson's hónor*** 人に敬意を表して; 人を記念して, 祝って; (★in honor of の形は人以外にも使う). hold a farewell party *in* ～ *of* the retiring professor 退職する教授を主賓として送別会を開く.
on one's hónor 名誉にかけて(信頼されて), 監督なしで(試験を受けるなど) (→honor system); 誓って. I promise *on* my ～ not to tell a lie again. 誓って 2 度とうそはつかないと約束します.
pùt a pèrson on his hónor 人に名誉にかけて誓約させる. I must *put* you *on* your ～ not to speak of this to anyone. この事はだれにも言わないと名誉にかけて君に約束してもらわなくてはならない.
to a person's hónor (1) 人の名誉になって. It was *to* her ～ that she refused the reward. 彼女は報酬を断って称賛された. (2)〈文修飾〉人の名誉なことに.
── 動 (～s /-z/|過 過分 ～ed /-d/|～·ing /-riŋ/) 他【敬意を払う】 **1** を尊敬する (類語 具体的な形で表される尊敬を言う; →respect). *Honor* your father and your mother.〖聖書〗あなたの父と母を敬え《モーセの十戒の 1 つ》.
2〖章〗(a) に名誉[栄誉]を与える. We would be highly ～*ed* if you would favor us with your visit. おいでいただければたいへん光栄に存じます. I'm ～*ed* by your confidence in me. 信頼していただいてうれしく思います. (b) VOA (～ X *with, by* ..) X に..の名誉を与える. be ～*ed with* the Nobel Prize for Literature ノーベル文学賞を与えられる. The Prime Minister ～*ed* us *with* [*by*] his presence. 首相に出席していただいて光栄だった. **3**【協定に敬意を払う】〔手形, 小切手, クレジットカードなど〕を引き受ける; を(期日に)支払う;〔協定など〕を守る. ～ a person's check 人の小切手を受け取る. We expect you to ～ ⌞the agreement [your promise]. 我々はあなた方が協定[約束]を守ることを期待する. refuse to ～ a check 小切手を引き受けない. ～ a contract 契約通り実行する.
be [***feel***] ***hònored*** (***to dó***)＝***be*** [***fèel***] ***hónored*** (***that*** ..) (..して[ということを])光栄に思う. I am ～*ed to* be awarded this prize. この賞をいただき光栄に存じます. I feel deeply ～*ed that* you should invite me to address you here. ここでお話しするよう招待いただきましてたいへん光栄に存じます.
[＜ラテン語 *honor* (古形 *honōs*)「名誉」]

‡hon·or·a·ble〖米〗, **-our-**〖英〗/ɑ́n(ə)rəb(ə)l|ɔ́n-/ 形 Ⓜ **1** 尊敬すべき; 信義を守る, 高潔な; (↔dishonorable). an ～ priest 尊敬すべき牧師. Tom's ～ behavior toward his seniors 目上の人に対するトムの見上げた態度. He has ～ intentions.〖戯〗彼には(付き合っている女性と)結婚する気がある.
2 名誉[光栄]な, 名誉になる. hold an ～ position 名誉ある地位に就いている. with a few ～ exceptions 少数の立派な例外はあるが.
3 敬意を示す, (相手の)名誉にふさわしい. receive ～ treatment 名誉を重んじた待遇を受ける.
4 身分の高い, 高位の; 高名な; 高貴な (noble). come of an ～ family 名門の出である.
5〈H-; 普通 the ～〉人名に冠する敬称《略 Hon.》. the *Honorable* Mr. Justice Johnson ジョンソン判事閣下. the *Honourable* gentleman＝my *Honourable* friend 英国下院で議員同士が用いる敬称.

> 参考〖英〗では伯爵の第 2 子以下の男子, 子爵, 男爵の子, 閣僚, 高等法院裁判官, 自治領・植民地の裁判官などに用いる;〖米〗では閣僚, 国会議員, 州議員, 裁判官などに用いる; それより高位の人には〖英〗では the Right *Honourable*《伯爵以下の貴族, ロンドン市長など; 略 Rt. Hon.》, the Most *Honourable*《伯爵など; 略 Most Hon.》を用いる.

hònorable méntion 名 UC (3 等までに入らない) 等外優秀賞, 佳作. 「ように; 立派に, 見事に.

†hón·or·a·bly〖米〗, **-our-**〖英〗副 名誉に恥じな↑

hon·o·ra·ri·um /ɑ̀nəré(ə)riəm|ɔ̀nə-/ 名 (複 **～s, hon·o·ra·ri·a** /-riə/) Ⓒ (特に知的労働への, 取り決めのない)謝礼金.

†hon·or·ar·y /ɑ́nərèri|ɔ́n(ə)rəri/ 形 **1** 名誉として与えられる〔位階, 学位など〕. an ～ degree 名誉学位. **2**〔地位, 官職などが〕名誉職の, 無報酬の, 肩書きだけの. an ～ post [office] 名誉職. an ～ member 名誉会員.
3〔義務などが〕(法律上というより)道義上の.

hón·ored 形 名誉ある. an ～ guest 主賓(＝a guest of honor).

hon·or·if·ic /ɑ̀nərífik|ɔ̀n- 参/ 形 尊敬を表す〔語など〕; 尊称の, 敬語の. ── 名 Ⓒ 敬語《特に日本語など東洋語の》. ▷**hon·or·if·i·cal·ly** /-k(ə)li/ 副

hónor ròll 名 Ⓒ〖米〗 **1** (学校の)優等生名簿. **2** 戦没者名簿. 「体の)学業成績認定委員会.

hónor society 名 Ⓒ〖米〗(1 つの学校又は地域全↑

hónor sỳstem 名Ⓒ〈普通 the ～〉〚米〛無監督制度《試験などで監督者なしで学生の道義心に任せる制度》. run a coffee shop on an ～ 客が自分で料金を入れるやり方でコーヒー店を営む.
hon·our /ánər|ɔ́nə/ 名, 動 〚英〛＝honor.
hon·our·a·ble /án(ə)rəb(ə)l|ɔ́n-/ 形 〚英〛＝honorable.
†**hón·our·a·bly** 副 〚英〛＝honorably.
hónours degrèe 名Ⓒ〚英〛(大学の)優等学位.
hónours lìst 名Ⓒ〚英〛叙勲者名簿《毎年1月1日と女王[国王]誕生日に発表》.
Hons /ɔnz/ ＝Honours (→honor 名 9).
hooch /huːtʃ/ 名Ⓤ〚米俗〛酒《特に, 密造した又は質の悪いウイスキー》.
*__hood__[1] /hud/ 名(複 ～s /-dz/) Ⓒ【頭のおおい】 **1** (**a**) 頭巾(ずきん); (外套(がいとう), 上着などの襟に付ける)フード. Little Red Riding *Hood*『赤頭巾ちゃん』《童話の表題》. (**b**) (修道士の)僧帽. (**c**) (人相を隠す)覆面.
【頭巾に似たもの】 **2** 大学式服の背部の垂れ布《色によって学位の段階を表す》.
3 (**a**)〚米〛(自動車, 乳母車などの折り畳み式の)ほろ. (**b**) (カメラのレンズの)フード. (**c**) (台所の)煙出し. (**d**) (プリンターの)おおい. **4**〚米〛(自動車の)ボンネット (〚英〛 bonnet; →car 図). **5** (鳥の)冠毛.
── 動 他 を頭巾で覆う, に頭巾[フード]をかぶせる.
[＜古期英語; hat と同根]
hood[2] /huːd, hud/ 名〚米俗〛＝hoodlum.
hood[3], **'hood** 名Ⓒ〚米話〛近所 (neighborhood).
-hood /hud/ 接尾 **1** 名詞, 形容詞について「身分, 状態, 性質など」を表す抽象名詞を作る. boy*hood*. false*hood*. **2** 名詞について「集団, 階級など」人の集合体を表す. brother*hood*. priest*hood*. [＜古期英語]
hood·ed /húdəd/ 形 **1** 頭巾(ずきん)をかぶった; 覆い[フード]のある. **2** 頭巾の形をした. **3** 〔目が〕半開きの《上まぶたが覆いかぶさったような状態》. 「ら; 暴力団員.
hood·lum /húːdləm/ 名Ⓒ 不良[非行]少年, ちんぴ↑
hoo·doo /húːduː/ 〚主に米〛 名 (複 ～s) **1** ＝voodoo. **2** Ⓒ〚話〛縁起の悪いもの[人], 厄病神, 〈*on*..に(とっての)〉; 不運. ── 動 他〚話〛を不運にする, に不運を招く.
hóod·wìnk /húd-/ 動 他 **1** の目をくらます, だます; VOA (～ X *into doing*) X をだまして..させる. ～ one's parents *into* buy*ing* a new camcorder 親をだまして新しいビデオカメラを買わせる. **2**〚古〛に目隠しをする (blindfold). [hood[1], 〚廃〛*wink*「目を閉じる」]
hoo·ey /húːi/ 〚米俗〛 名Ⓤ ばかげた事[話] (nonsense). ── 間 ばかな, くだらない.
*__hoof__ /huf, huːf|huːf/ 名(複 ～s /-s/, **hooves** /huvz, huːvz|huːvz/) Ⓒ **1** ひづめ. **2** (ひづめのある動物の)足. **3**〚戯〛人の足.
__on the hóof__ (1) (食肉用家畜が)まだ屠(と)殺されないで, 生きたままで. (2)〚英〛そそくさと, 十分な準備なしで. make a decision *on the* ～ そそくさと決める. (3) 移動[旅行]中に, 動き回っているときに.
__under the hóof (of..)__ (..に)踏みつけられて.
── 動 自〚話〛歩く; 踊る. ── 他 をけとばす, 踏みにじる. *hoof it*〚俗〛(てくてく)歩く, テクる; 踊る.
[＜古期英語]
hóof·bèat 名Ⓒ ひづめの音.
hoofed /-t/ 形 ひづめのある.
hóof·er 名Ⓒ〚米俗〛(タップ)ダンサー.
hoo-ha /húːhɑ̀ː/ 名Ⓤ〚話〛(つまらない事についての)わいわいがやがや, 大騒ぎ.
‡**hook** /huk/ 名(複 ～s /-s/) Ⓒ
【鉤(かぎ)】 **1** (物を留める[掛ける])鉤, 留め金, ホック; 釣り針 (fishhook); (電話の)受話器受け. hang a coat on the ～ 上着を鉤にかける. take [leave] the phone off the ～ 電話を受話器受けからはずす[はずしておく].
【鉤状のもの】 **2** (川などの)屈曲部; (鉤形に突き出た)岬. **3** (草, 枝を切る)鉤形の鎌(かま). **4** (音符の)'はた', 符鉤(こう), 符尾(び). **5**〚ボクシング〛フック《ひじを曲げての打撃》;〚ゴルフ・野球など〛フックボール《利き腕と反対の方向に球がカーブする; その打法; ↔slice》. **6**〚俗〛〈～s〉手, 指. 「替え品を替え.
__by hòok or (by) cróok__ どんな手段を用いても, 手を↑
__gèt one's hóoks on [into]..__ (1) 〔女が〕〔男〕を(結婚しようとして)つかまえようとする. (2) ..を手中に収める.
__gèt the hóok__ 首になる.
__gìve a person the hóok__ 人を首にする.
__hòok, lìne, and sínker__〚話〛〈副詞的〉まるごと, すっかり, 〔信用するなど〕《魚が釣り針, 糸, おもりを全部飲み込むという意味から》. fall for [buy, swallow] .. ～, *line and sinker* ..に完全にひっかかる[だまされる]. fall ～, *line and sinker* in love すっかり[完全に]ほれ込む.
__off the hóok__ (1) 窮地から脱して[難[ごたごた, 責任]を逃れて]. get *off the* ～ 困った状況を脱する. get [let] her *off the* ～ 彼女の苦境を救う. (2) 〔受話器が〕はずれて. 「くり死ぬ.
__off the hóoks__ 〚英俗〛死んで. pop *off the* ～*s* ぽっ↑
__on one's òwn hóok__ 〚主に米話〛自力で, 自分から進んで, (independently).
__on the hóok__ 窮地に陥って; (麻薬などから)逃れられなくなって. 「しである.
__rìng off the hóok__ 〈進行形で〉〔電話が〕かかりっぱな↑
__slìng [tàke] one's hóok__ 〚英俗〛ずらかる (go away).
── 動 (～s /-s/|過 過分 ～ed /-t/|**hóok·ing**) 他
1 を鉤[ホック]で留める, 鉤に掛ける; 〔魚など〕を(釣り針)で釣る; VOA を(鉤で)留める, 接続する, 〈*to, onto* ..に〉; 〔腕など〕を掛ける〈*around, over* ..に〉. ～ a skirt スカートのホックを留める. ～ a big salmon 大きなサケを釣り上げる. ～ a trailer *to* a car トレーラーを車につける.
2 VOA 〔機械など〕を接続する〈*into* ..に〉. Is it possible to ～ my computer *into* your network? 私のコンピュータをそちらのネットワークにつなぐことはできますか.→HOOK /../ up (成句). **3** 〔結婚相手など, 特に男子〕をつかまえる, 'ひっかける'. ～ a husband 夫をうまくつかまえる.
4〚俗〛を盗む, かっぱらう. **5** を鉤形にする[曲げる]. ～ an elbow ひじを鉤形に曲げる.
6 〔鉤形の曲線〕を描く; 〚野球〛〔投手がボール〕にカーブをつける; 〚ゴルフ〛〔ボール〕をフックさせる (→名 5); 〚ボクシング〛〔相手〕にフックを打つ; 〚ラグビー〛〔ボール〕をフッキングする《スクラム内から後ろへける》.
── 自 **1** 鉤で留まる[引っかかる]; ホックで留まる; VA (～ *onto* ..) ..に掛けられる. This brassiere ～*s* [is ～*ed*] at the front. このブラジャーは前でホックで留められる. an opener that ～*s onto* the wall 壁に掛けられるせん抜き.
2 鉤状になる, 鉤形に曲がる; 〚ゴルフ〛〔ボールが〕フックする. The river ～*s* at our village. 川は私たちの村のところで鉤形に曲がっている. **3** VA (～ *in, into* ..) ..に接続される.
__be hóoked into ..__ 〚主に米〛..とかかわり合っている.
__hóok into ..__ (1) →自 3. (2)〚主に米〛..とかかわる.
__hóok it__ 〚俗〛逃げる, ずらかる, (run away).
__hòok úp__ (1) つながる〈*with* ..と〉; 集まる. (2) 〔男・女が〕付き合うようになる, 親しくなる; (仕事の上で)仲間になる, 提携する; 〈*with* ..と〉.
__hòok /../ úp__ (1) ..を鉤[ホック]で留める. She asked me to ～ her *up* at the back. 彼女は私に背中のホックを留めてと頼んだ. (2) 〔ラジオ, 電話, 器具など〕を(調整して)電源[電話線など]に接続する; 〔コンピュータなど〕をつなぐ; 〔テレビ局〕を(実況放送などで)つなぐ; 〈*with, to* ..と〉. ～ *up* a stereo system ステレオをつなぐ《アンプ, CD プレーヤーなどに》. The video isn't ～*ed up to* the TV. ビデオデッキがテレビにつながっていない. She was ～*ed up* to an

oxygen tank. 彼女は酸素ボンベにつながれていた.
[<古期英語]

hook·ah /húkə/ 名 C 水煙管(ぎせる) (water pipe).

hòok and éye 名 C (服の)ホックと留め金.

hòok and ládder 名 C 〖米〗はしご車《消防用》.

‡**hooked** /-t/ 形 **1** 鉤(かぎ)形の. a ～ beak 鉤形のくちばし. a ～ nose わし鼻. **2** 鉤[ホック]の付いた. **3** 〈叙述〉(ホックで留められたように)身動きができない. **4** 〖話〗〈叙述〉おぼれた, 常習の, 中毒した, 〈*with, on* ..〔麻薬など〕に〉; 夢中になった, はまって, 〈*on* ..に〉. He was completely ～ *on* video games. 彼はすっかりテレビゲームにはまっていた. **5** 〖米俗〗結婚した.

hòoked rúg 名 C 〖米〗フックトラッグ《カンバスや麻の生地に太い毛糸や細い布切れを通して模様を表した敷物》.

hòoked schwá 名 C 〖音声〗鉤(かぎ)つきシュワー「《記号 /ɚ/ の名称》.

hóok·er 名 C **1** 鉤(かぎ)でひっかける人[もの]. **2** 〖ラグビー〗フッカー《スクラム内からボールを後ろへける選手》. **3** 〖主に米俗〗売春婦. **4** (オランダやアイルランドの)小型漁船; おんぼろ船.

hook·ey /húki/ 名 ＝hooky.

hòok-nósed /⑱/ 形 鉤(かぎ)鼻[ワシ鼻]の.

hóok·ùp 名 UC **1** 〖主に米〗(ラジオ, 電話などの部品[付属品]の)配置(図), 接続(図). a gas ～ (キャンプ地などの)ガスの接続. **2** (放送局間の)ネットワークの接続, 放送中継. a satellite ～ 衛星中継. **3** 〖米〗同盟; (人と人の)結びつき.

hóok·wòrm 名 **1** C 鉤虫(こうちゅう), 十二指腸虫. **2** U 十二指腸虫症.

hook·y /húki/ 名 U 〖米話〗ずる休み〈次の成句のみ〉.
plày hóoky (学校を)ずる休みする.

†**hoo·li·gan** /hú:ləgən/ 名 C 非行少年; よた者; (イギリスの)暴力的ファン《特にサッカーに多い **fóotball hòoligan**》. [19 世紀末の歌謡曲の中で歌われ漫画にもなった(架空の)乱暴なアイルランド人一家の名字から]
▷**hóo·li·gan·ìsm** 名 U よた者の行状; 熱狂的ファンの暴力《ひいきチームが負けると腹いせに放火したり建物を壊したりする》.

†**hoop** /hu:p/ 名 C **1** (たる, 桶(おけ)などの)たが; 金輪. **2** (フラフープなどの)輪; (サーカスで動物がくぐり抜ける)輪. **3** 張り骨, フープ, 《昔女性のスカートを張り広げるのに用いた鯨骨[鋼鉄]製の枠》. **4** 〖クロッケー〗(ボールを通過させる)アーチ形の小門 (wicket); 〖バスケ〗リング《ゴールの鉄輪》. shoot ～*s* [some ～] 〖米〗バスケをやる; シュートの練習を(ひとりで)する.
***gò* [*jùmp*] *through a hóop* [(*the*) *hóops*]** どんな命令にも従う, どんなことでもする; 試練を受ける, つらい目に遭う. make a person *jump through* a few ～*s* いろいろと言うとおりにさせる.
***pùt ..through the hóop*(*s*)** ..に試練を受けさせる, 「..をつらい目に遭わせる.
── 動 他 〔たるなど〕にたがを掛ける; に輪をはめる.
[<古期英語]

hooped /-t/ 形 金輪の付いた.

hoop·la /hú:plɑ:/ 名 U **1** 〖英〗輪投げ《投げた輪が景品にかかればもらえる》. **2** 〖主に米〗ばか騒ぎ; (人を面食らわせる)わーっという叫び. **3** 〖米話〗鳴り物入りの宣伝.

hoo·poe /hú:pu:/ 名 C 〖鳥〗ヤツガシラ.

hóop skìrt 名 C フープスカート (→hoop 名 3).

hoop·ster /hú:pstər/ 名 C 〖米俗〗バスケットボールの選手.

hoo·ray /huréi/ 間, 名 (複 ～s), 動 **1** ＝hurrah. 「**2** ＝Hooray Henry.

Hooray Henry /-⌐⌐-, ⌐⌐⌐-/ 名 (複 **～s, -ries**) C 〖英〗元気一杯のばかお坊っちゃん[上流の人].

hoos(e)·gow /hú:sgau/ 名 C 〖米俗〗'むしょ', 刑務所, (jail).

Hoo·sier /hú:ʒər/ 名 C 〖話〗(米国) Indiana 州民.

Hòosier Státe 名 〈the ～〉 Indiana 州の俗称.

‡**hoot** /hu:t/ 動 自 **1** 〔フクロウが〕ほーほーと鳴く; ほーほーという音を出す; 〔警笛, 汽笛などが〕ぽーっ[ぶーっ]と鳴る. **2** (嘲(ちょう)笑, 不賛成などで)ほーほーと叫ぶ[やじる] 〈*at* ..に対して〉. **3** 〖話〗大笑いする, 吹き出す.
── 他 **1** 〔警笛など〕をぽーっ[ぶーっ]と鳴らす 〈*at* ..に対して〉. **2** VOA 〔人〕を(ほーほーと叫んで)やじり倒す 〈*down*〉. **3** VOA をぶーぶーと叫んで[やじって]追い出す[追いやる] 〈*off* (..から)/*out, away*〉. The poor actress was ～*ed off* the stage. その女優はかわいそうにやじられて舞台から引っ込んだ. **4** 〔嘲笑, 不賛成など〕をほーほーと叫んで表す.
── 名 C **1** (フクロウの)ほーという鳴き声. **2** 警笛, 汽笛. **3** (嘲笑, 不賛成などの)ほーほーという叫び声, やじの声. **4** 〖話〗大笑い. **5** 〖話〗おもしろい人[こと, もの]. a real ～ 本当におもしろい人.
a hóot*＝*twò hóots 〖話〗ほんの少し; 〈否定文で〉ちっとも (at all). not worth *a* ～ 一文の値打ちもない. not care [give] *a* ～ [*two* ～*s*] 少しもかまわない.
[<中期英語]

hootch /hu:tʃ/ 名 〖米〗＝hooch.

hootchy-kootchy /hù:tʃikú:tʃi/ 名 U 〖米俗〗(カーニバルに行われるエロチックな)ベリーダンス.

hoot·en·an·ny /hú:tənæ̀ni/ 名 C 〖米〗フーテナニー《聴衆も加われるくだけたフォークソングパーティー》.

hóot·er 名 C **1** (ほーほー鳴く)フクロウ. **2** 〖英〗(始業・終業時の)サイレン; 警笛, 汽笛. **3** 〖英話〗(特に, 大きな)鼻 (nose).

Hoo·ver /hú:vər/ 名 フーヴァー **1 Herbert Clark** ～ (1874–1964)《米国第 31 代大統領 (1929–33)》. **2 J. Edgar** ～ (1895–1972)《異例の長期にわたる FBI 長官 (1924–72)》.

‡**hoo·ver** /hú:vər/ 〖英〗名 C 電気掃除機 (vacuum cleaner)《<商標》. ── 動 他 に掃除機をかける.
hòover /../ úp 〔ごみなど〕を吸い込む. ▷**～·ing** /-riŋ/ 名

Hòover Dám 名 フーヴァーダム《米国 Nevada 州と Arizona 州の間のコロラド川に建設されたダム》.

hooves /huvz, hu:vz|hu:vz/ 名 hoof の複数形.

‡**hop**[1] /hɑp|hɔp/ 動 (**～s** /-s/|過 過分 **～ped** /-t/|**hóp·ping**) 自 **1** 〔人が〕**片足でぴょんと[ぴょんぴょん]跳ぶ**. ～ about for joy うれしくて跳び回る. ～ along けんけんして行く. **2** VA 〔小鳥, カエル, バッタなどが〕**足を全部そろえてぴょんぴょん跳ぶ**. The frog ～*ped from* stone *to* stone. そのカエルは石から石へとぴょんぴょん跳んだ.
3 VA 〖話〗ひょいと動く. ～ *on*(*to*) [*off*] a bus バスに跳び乗る[から跳び降りる]. ～ *into* [*out of*] the car 車に跳び乗る[から跳び降りる]. ～ *from* channel *to* channel チャンネルをあちこち動かす. **4** VA 〖話〗(特に飛行機で)飛び歩く, 小旅行をする, 〈*over*〉. I ～*ped over to* Seoul for the weekend. 週末にちょっとソウルまでひと飛びした[ちょっと行ってきた]. **5** 〖話〗ダンスをする.
── 他 **1 を跳び越す**. ～ a ditch [fence] 溝[垣根]を跳び越す. **2** 〖話〗〔乗り物〕に跳び乗る, ひょいと乗る. ～ a plane for Boston ちょっと飛行機でボストンまで行く. **3** 〖話〗(飛行機で)を横断する, 飛び越す.
***hòp ín* [*óut*]** (車に[から])(ひょいと)跳び乗る[降りる].
hóp it 〖英旧話〗立ち去る (go away). *Hop it!* 失(う)せろ. 「*off*. 出て行ってくれ.
hòp óff (乗り物から)ひょいと降りる; 立ち去る. *Hop*
***hòp on* [*àll over*] ..** 〖米話〗..を叱(しか)る.
hóp* [*júmp*] *to it 〖米話〗(仕事などを)すぐ始める, 急ぐ.
── 名 C **1** (人の)跳躍, 片足跳び, けんけん; (鳥, カエルなどの)両足跳び, カエル跳び. He cleared the puddle with a ～. 彼は水たまりをぴょんと跳び越した.
2 〖話〗(飛行機で)ひと飛び(の距離), (途中着陸なしの)短距離飛行; 小旅行. San Francisco is a short ～ from Los Angeles. サンフランシスコにはロサンゼルスからすぐ行ける. I slept throughout the ～ to Hong Kong. ホンコンまでの飛行中ずっと眠っていた.

3〘旧話〙(気楽な)ダンスパーティー.
a hòp and a skíp ＝hop, skip, and jump 2.
on the hóp〘話〙(1) 不意に, だしぬけに; 〈catch . . on the ～ で〉. . の不意を突く. I was *caught on the* ～ by his early arrival. 彼が早く到着したので私は面食らった. keep a person *on the* ～ 人に度肝を抜かせ続ける. (2) 動き回って, せかせかして. I'm worn out—I've been *on the* ～ all day. くたくたに疲れている. 一日中動き回っていたものだから. keep a person *on the* ～ 人を忙しくさせる.
[＜古期英語]

†**hop**[2] 名 **1** Ⓒ ホップ《クワ科の多年生つる草》. a ～ garden ホップ畑. **2** Ⓒ 〈普通 ～s〉 ホップの乾燥した雌花《ビールに苦味を付ける》. **3** Ⓤ〘米俗〙(アヘンなどの)麻薬.
(as) màd as hóps かんかんに怒って.
[＜中期オランダ語]

‡**hope** /houp/ 名 (複 **～s** /-s/) **1** ⓊⒸ **希望**, 望み. a vain [faint, slight] ～ むだな[かすかな]望み. lose ～ 希望を失う. raise a person's ～*s* 人に希望を抱かせる. out of a ～ to get a better position もっと良い地位に就きたいと希望して. fulfill one's ～*s* 望みを果たす. I am full of ～ as to the result. 結果について私は大いに有望と見ている. Her ～ is that, in the future, she will be an astronaut. 彼女の望みは, いつの日か宇宙飛行士になることだ. While [Where] there's life, there's ～ (弱っていても)命ある限り, 希望はある. *Hope* springs eternal (in the human breast). 人間は(どんな状況でも)希望を持ち続けるものだ《詩人 Pope から》.

> 連結 an ardent [an eager, an earnest, a fervent] ～ // awaken [cherish, entertain; abandon] a ～; crush [dash, kill] a person's ～*s*

2 ⓊⒸ **見込み**, 望み, 期待, 〈*of* . . の/*of* do*ing* . . する/*that* 節 . . という〉. have no ～(*s*) *of* success 〔人, 物事が〕成功する見込みが全くない. not have a ～ in hell (*of* . .)〘話〙(. . の)見込みは全く無い. The crew gave up ～ *of* be*ing* rescued. 乗組員たちは救出される望みを捨てた. Do you have any ～ *that* you'll get [*of* get*ting*] the nomination? 君が任命される見込みがあるのか. She lives in ～ *of* marrying Tom [*that* Tom will propose to her]. 彼女はトムと結婚する[トムがプロポーズをしてくれるという]希望を持ち続けている. hold out some [no, *etc.*] ～ *of* [*that*] . . という希望を少し抱かせる[を一切抱かせないなど].
3 Ⓒ 期待をかけられる人[もの], ホープ. a ～ of the musical world 楽壇のホープ. be a person's last [only] ～ 人の最後[唯一]の頼み(の綱). →white hope.
4 Ⓤ〘古〙信頼.
beyond [past] (àll) hópe (全く)見込み[望み]がない.
****in hópes of [that] . .*** ＝***in the hópe of [that] . .*** . . を[. . ということを]期待[希望]して. Peasants flocked to large cities *in the* ～ *that* they might find jobs there. 都会へ行けば仕事が得られるだろうと期待して農民は大都市に集まった.
Nòt a hópe.〘話〙その見込みは全然無いね.
pìn one's hópes on . . →pin.
Sòme hópe(s). ＝Not a HOPE.
Whàt hópe! ＝Not a HOPE.

── 動 (**～s** /-s/|過 過分 **～d** /-t/|**hóp·ing**) 他
1 を望む, 期待する; ⅥⓄ (～ *to do*/*that* 節) **. . すること/. . ということを望む, 期待する.** We can't ～ anything good from him. 我々は彼にはましなことは全然望めない. She ～*s* (*that*) she can be of service to you. 彼女はあなたのお役に立てたらと願っています. I ～ *to* paint the Bay of Naples some day. いつかナポリ湾を絵にかきたい. He has been *hoping* to be a professional baseball player since he was 15. 彼は15歳の時からプロ野球選手になりたいと思っていました. I was *hoping* we could have lunch together. お昼をご一緒にと思っていたのですが.

> 類語 wish と hope とは 名 動 ともに次のような相違がある; wish は不可能なこと, 又は可能性の有無に関係なく「欲する(こと)」を意味する; これに反し hope は実現の可能性のあることを「望む」の意味: I *wish* I were an inch taller. (もう1インチ背が高ければなあ); I *hope* I'll be a writer. (作家になりたいと願う)
> 語法 (1)〘話〙では普通, 接続詞 that を省略する. (2) 過去完了時制の hope, 又は hope の過去形に完了不定詞が後続する場合, 希望が実現されなかったことを表す: I *had hoped* to see [*hoped to have seen*] her mother. (彼女のお母さんに会いたかったのだが(会えなかった)) (3) We *hope* the scheme *succeeds* [*will succeed*]. (計画の成功することを望む)この場合, 現在形の方が実現可能性を強調する. (4) 強意的表現として, I do ～/I ～ to God/I ～ and pray(. . であればと切に[心から, ひたすら]願う)などがある.

2 ⅥⓄ (**～ *that*** 節) 〈I を主語にして〉 . . であると(希望的に)思う, . . であることを願う, 信じる. I ～ (*that*) you enjoyed your trip. ＝You enjoyed your trip, I ～. ご旅行楽しかったことでしょうね. "Do we have a test, Friday?" "I ～ not." 「金曜日にテストがあるかな」「ないといいけどね」(not＝we do not). "Is his sister coming, too?" "I certainly ～ so." 「彼の妹も来るのか」「(そう)だといいんだけど」(so＝she is; →so[1] 3 (b)).

> 語法 (1)〘話〙では普通 that を省略する. (2) I hope (that) . . は自分又は相手などに「望ましいことを思う」の意味で用いる; ↔I am AFRAID, I FEAR.

── 自 **1** 望む, 期待する, 〈*for* . . を〉; 望みを持つ. only wait and ～ ただ待ち希望を持つ. All we could do was ～ *for* a miracle. 我々としてはひたすら奇跡を期待するしかなかった. What is to be ～*d for* in this crisis? この急場に何に望みを掛けられようか.
2〘古〙ⅥA (**～ *in* . .**) . . を信頼する; 頼る.
hòpe against hópe (that . .) (. . ということに)万が一の望みをかける.
hòpe for the bést うまく行くようにと希望する. Our prospects are not very bright; we can only wait and ～ *for the best*. 我々の見通しはあまり明るくない, じっとしてうまく行くように祈るほかに手は無い.
[＜古期英語]

hópe chèst 名 Ⓒ〘米〙'希望の箱' (〘英〙 bottom drawer)《以前, 若い女性が結婚に備えて衣類, 家庭用品などをしまっておいた箱》; 結婚準備用品.

hóped-fòr 形 待ち望まれる[た], 待望の.

‡**hope·ful** /hóupf(ə)l/ 形 ⓜ **1 希望に満ちた**; 希望を抱いた[て], 楽観的な[で], 〈*of, about* . . について〉; 望んでいる, 期待している, 〈*that* 節 . . ということを〉. a very ～ person とても楽観的な人. Beth was [felt] ～ *of* her success as a pianist. ベスはピアニストとしての成功を望んでいた. The mayor was ～ *that* things would change for the better. 市長は事態が好転するだろうと期待していた.
2 〔人, 物事が〕**有望**な, 見込みのある, 期待できる; 希望の持てる, 明るい. a ～ physicist 前途有望な物理学者. Prospects for Mike's promotion seemed ～. マイクの昇任は見込みがありそうだった. a ～ sign (of . ./that . .) (. . する)明るい徴候. ◇↔hopeless
── 名 Ⓒ **1** 前途有望な人. a young ～ 末頼もしい若い人; 〈皮肉〉行く末の案じられる者. **2** 希望者, 志願者. a presidential ～ 有力な大統領候補者.

†**hópe·ful·ly** 副 **1** 希望を抱いて, 楽観的に; 有望に. He spoke ～ about the possibility of world peace. 彼は楽観的に世界平和の可能性について語った.

2〈文修飾〉願わくは, うまく行けば, できれば, (注意 この用法は古くからあるが, 正しくないとする人もある). *Hopefully*, [= It is to be hoped that] this project will be completed within a year. うまく行けばこの計画は1年以内に完成するだろう.

hópe·ful·ness 名 U 希望を抱いていること; 見込みのあること, 有望さ.

‡**hope·less** /hóupləs/ 形 m **1 絶望した[して]**, あきらめている, 〈*of* (do*ing*) ..に, を〉. The unemployed were ～ *of* gett*ing* jobs. 失業者たちは職に就くことを断念していた (★～ of doing の形は〖やや旧〗). have a ～ feeling about ..について絶望感を抱いている.
2 見込みのない, 絶望的な; 〔人, 病気などが〕どうしようもない, 救いがたい. a ～ case〖しばしば戯〗見込みのない人. in a ～ mess [condition, state] 絶望的な状態で. Economic conditions in that country are quite ～. その国の経済状態は全く絶望的だ. a ～ fool [alcoholic] どうしようもないばか者[アル中患者]. The buses are ～. バスはひどくてどうしようもない.
3〖話〗何の役にも立たない, 無能な; だめな, へたな, 苦手な, 〈*at, with* ..が〉. I'm ～ *at* foreign languages. 僕は外国語が苦手だ. ◇↔hopeful

†**hópe·less·ly** 副 **1** 絶望して, あきらめて. **2** 絶望的に, どうしようもないほど, 救いがたく. The problem is ～ complicated now. その問題はもう手の付けようがないほど込み入っている.

hópe·less·ness 名 U 絶望; どうしようもないこと, 絶望的な状態.

Ho·pi /hóupi(:)/ 名 (複 ～, ～s) **1**〈the ～(s); 複数扱い〉ホピ族《米国 Arizona 州に住むアメリカインディアンの一部族》; C ホピ族の人. **2** U ホピ語.

Hop·kins /hápkinz|hɔ́p-/ 名 **Gerard Manley** /mǽnli/ ～ ホプキンズ (1844-89)《英国の詩人》.

hòpped-úp /-t-⑱/ 形〖米俗〗**1** (麻薬で)酔いしれた, ラリった; 興奮して. **2**〔エンジンが〕パワーアップされた.

hóp·per[1] 名 C **1** 片足で跳ぶ人; 跳ぶ虫《ノミ, バッタなど》. **2** ホッパー《穀物, 石炭などを装置に流し込んだり, 底の口から別容器に移すためのじょうご状の容器》.
in the hópper〖米〗準備して; 待って.

hóp·per[2] 名 ＝hop picker.

hóp pìcker 名 C ホップを摘む人[機械].

hóp·ping 副〈次の成句で〉***hòpping mád***〖話〗かんかんに怒って.

hop·scotch /hápskàtʃ|hɔ́pskɔ̀tʃ/ 名 U 石けり, 「ホップ・スコッチ」《子供の遊び》.

hòp, stèp[skìp], and júmp 名 C **1**〈the ～〉3段跳び《今は the triple jump と言う》. **2**〖旧〗ほんの近く(の所). Then we're ～ apart. それでは私たちはすぐ近くに住んでいるんですね.

Hor·ace /hɔ́:rəs|hɔ́r-/ 名 **1** 男子の名. **2** ホラティウス (65-8B.C.)《ローマの詩人》.

Ho·ra·tio /həréiʃiou/ 名 **1** 男子の名. **2** ホレーショウ《Hamlet に後事を託される信頼すべき友人》.

†**horde** /hɔ:rd/ 名 C **1**〈しばしば ～s〉大群衆; (動物の)大群. swarming ～*s* of ants 群がるアリの大群. ～*s* of fans 群がるファン. **2** 遊牧民の大集団. [＜トルコ語「野営地, 軍隊」]

hore·hound /hɔ́:rhàund/ 名 C **1** ハッカ《シソ科のハッカ類の植物の総称》. **2** ニガハッカ《葉に苦味のあるシソ科の多年草》. **3** (ニガハッカの葉から採った液で作る)咳(せき)止め薬[キャンディー].

‡**ho·ri·zon** /həráiz(ə)n/ 名 (複 ～s /-z/) C
【空との境界線】**1**〈普通, 単数形で〉**地平線, 水平線**. above [below] the ～ 地[水]平線上[下]に. over the ～ 地[水]平線の向こうに; 〈比喩的〉〔物事が〕ほぼ実現され[起こり]そうで.
【境界線＞限界】**2**〈普通 ～s〉(思考, 知識, 経験, 興味などの)**範囲**, 限界; 展望, 視野. a man of very limited ～*s* 大そう視野の狭い男. Studying at a university broadened [expanded, widened] his ～*s*. 大学で勉強したために彼の視野は広くなった. open (up) new ～*s* 新しい視野を開く.
3〖地〗層準《地層のある(特定の)位置》.
on the horízon 地[水]平線上に; 徴候が見えて, 起こりかけて, 遠くない. A dark cloud appeared *on the* ～. 黒い雲が地[水]平線上に現れた. Success seems to be *on the* ～. 成功の徴候が見えだしている. There is some excitement *on the* ～. 興奮することがすぐおこる.
[＜ギリシア語「境界を定めている(円)」]

‡**hor·i·zon·tal** /hɔ̀:rəzánt(ə)l, hàr-|hɔ̀rəzɔ́n-⑱/ 形 ⓒ **1 水平の**, 水平面の; 横の; (↔vertical, perpendicular). a ～ motion 水平動. a ～ level [line] 水平面[線]. ～ stripes 横縞(じま). **2 水[地]平線の**, 水[地]平線に近い. **3**〔組織などが〕横割りの. a ～ union 企業横断組合. ── 名 C 〈the ～〉水[地]平線; 水平面, 水平位置[方向]. ▷ **～·ly** 副 水平に; 横に.

horizòntal bár 名 C 鉄棒《the をつけて競技名としても用いる》.

‡**hor·mo·nal** /hɔ:rmóunl/ 形 ⓒ ホルモンの.

†**hor·mone** /hɔ́:rmoun/ 名 C〖生理〗ホルモン.
[＜ギリシア語「刺激する, 促進する」]

hòrmone replácement thèrapy 名 U ホルモン置換療法《更年期障害の女性に微量の女性ホルモンを与える; 略 HRT》.

Hor·muz /hɔ:rmú:z, hɔ́:rməz/ 名 **the Stràit of** ～ ホルムズ海峡《ペルシア湾への入り口》.

‡**horn** /hɔ:rn/ 名 (複 ～s /-z/)
【角】**1** (a) C (獣の)角(つの); シカの角; U (物質としての)角. 参考 ギリシア神話では男の生殖力の象徴. 聖書では力, 苦戦の克服であったが, 後に悪魔を表す. a bull's ～*s* 牛の角. grow ～*s* 角がはえる. (b)〈形容詞的〉角製の. a ～ button 角製のボタン. **2** C (カタツムリなどの)角, 触角; (ミミズクなどの)角状の冠毛. **3**〈～s〉〖旧〗(寝取られた夫の額に生えるという)角. wear the ～*s* 妻を寝取られる. **4** C (角製の)杯, 靴べら, 火薬入れなど. a drinking ～ 角製[角形]の杯. **5** C (a) **角笛**. blow a ～ 角笛を吹く. (b)〖楽〗ホルン; 〈一般に〉金管楽器. →English [French] horn. (c)〖楽〗ホルン奏者. (d)〖楽〗トランペット. **6** C 警笛, クラクション. an auto [a motor] ～ 車のクラクション. blow [sound] one's ～ クラクションを鳴らす. a fog ～ 霧笛. **7**〈普通 the ～〉〖米話〗電話.
【角状に突き出たもの】**8** C 岬, 半島; 三日月の一端; 入江, 支流. the *Horn*＝Cape Horn (→見出し語). **9** (蓄音器の)らっぱ《拡声器》; 〖俗〗スピーカー.
***blów* [*tóot*] *one's òwn hórn* [*trúmpet*]**〖米〗→trumpet.
dràw* [*pùll*] *in one's hórns (1) (以前より)消極的になる, 控え目になる. (2) 節約する.
lòck hórns 角突き合わせる, (互いに譲らず)衝突する, 〈*with* ..と〉.
on the hòrns of a dilémma →dilemma.
tàke the búll by the hórns →bull[1].
── 動 他 を角で突く; に角を付ける; 〈普通, 受け身で〉.
── 自 VA (～ *in*)〖俗〗割り込む, じゃまをする〈*on* ..に, の〉. The man tried to ～ *in on* our conversation. その男は私たちの話に割り込もうとした. [＜古期英語]

hórn·bèam 名 C〖植〗シデ《カバノキ科シデ属の落葉高木; 生け垣に使われることがある》; U その木材《家具などに使われる》.

hórn·bìll 名 C〖鳥〗サイチョウ《大きな下向きのくちばしを持つ熱帯産の大型鳥》.

horn·blende /hɔ́:rnblènd/ 名 U〖鉱〗角閃(せん)石《火成岩, 変成岩中に多く存在する》.

hórn·bòok 名 C **1** 角本(つのほん)《アルファベット, '主の祈り'などを書いた紙を透明な角の薄板で覆い柄をつけたもの; 18世紀中ごろまで子供が用いた》. **2** 入門書.

horned /hɔ:rnd, hɔ́:rnəd/ 形 角(つの)がある; 角状の(突起のある).

hòrned lízard [**tóad**] 名 C 〘動〙ツノトカゲ《米西部・メキシコ産》.
hòrned ówl 名 C 〘鳥〙ミミズク.
hor·net /hɔ́ːrnət/ 名 C 〘虫〙スズメバチ《大型で刺されると激痛がする》.
a hòrnet's nést 面倒なこと, 一(ひと)悶着. bring *a* ～*'s nest* about one's ears＝stir up *a* ～*'s nest* 面倒を引き起こす, 一悶着を起こす; 大勢(の人)を敵にまわす.
(*as*) *màd as* [*màdder than*] *a hórnet* 〘米・旧〙すごく怒って.
hórn·less 形 角(つの)のない.
hórn·lìke 形 角(つの)のような, 角状の.
Hòrn of África 名 〈the ～〉アフリカの角《アフリカ東部のソマリア, エチオピアを含む突出部》.
hòrn of plénty 名 ＝cornucopia 1.
hórn·pìpe 名 C ホーンパイプ《1人で踊る活発なダンス; 昔英国の水夫の間にはやった》; その曲.
hòrn-rímmed /(形)/ 形 〔眼鏡が〕角(つの)[べっこう, プラスチック]製の縁(ふち)のある.
horn·y /hɔ́ːrni/ 形 e **1** 角(つの)(製)の; 角質の. **2** 角のように堅い. a laborer's ～ hands 労働者の堅くてざらざらした手. **3** 〘話〙好色な, 性的に興奮した, 勃(ぼっ)起した, 'さかりがついた'. **4** 〘英話〙セクシーな.
ho·rol·o·gy /hɔːrɑ́lədʒi|hɔrɔ́l-/ 名 U **1** 時計製作法. **2** 測時学.
‡**hor·o·scope** /hɔ́ːrəskòup|hɔ́r-/ 名 C **1** 星占いによる予言《人の誕生時の天体の位置によって運勢を占いその人の未来を予言する》. read one's ～ 自分の運勢を読む. **2** (運勢判断のための)天体観測. **3** (占星用の)12宮図. [＜ギリシア語「時間 (*hṓrā*) の監視者 (*skopós*)」]
‡**hor·ren·dous** /hɔːréndəs|hɔr-/ 形 **1** (震え上がるほど)恐ろしい, 本当に恐ろしい. **2** 〘話〙とてもいやな, ものすごい, ひどい. It's bad, not ～. 悪いのであって, ひどいのではない. ▷ **～·ly** 副
*__hor·ri·ble__ /hɔ́ːrəb(ə)l|hɔ́r-/ 形 m **1** 実に恐ろしい, ぞっとするような, (類語 身の毛のよだつような恐怖・嫌悪感を表す; →fearful). a ～ dream とても恐ろしい夢. commit a ～ crime ぞっとするような犯罪を犯す.
2 〘話〙(ぞっとするほど)いやな, 不愉快きわまる, 本当にひどい, (類語 horrid よりも強意的). a ～ mistake ひどい誤り. We had a ～ time at the party. そのパーティーで我々は実に不愉快な思いをした. Bob is being ～ to me! ボブってひどいの. ◇名 horror
hór·ri·bly 副 **1** 恐ろしく, ぞっとするほど. die ～ 恐ろしい死に方をする. **2** 〘話〙ひどく, とても. a ～ confusing problem 実にまごつかせる問題. go ～ wrong 〔事態が〕ひどくおかしくなる.
*__hor·rid__ /hɔ́ːrəd|hɔ́r-/ 形 m **1** 恐ろしい, ぞっとするような. a ～ experience 恐ろしい経験.
2 〘主に英話〙とてもいやな (very unpleasant); 本当にひどい, 大変思いやりのない, 〈*to* ..に〉(very unkind). What a ～ thing to say! 何てひどいことをおっしゃるの. ◇名 horror ▷ **～·ly** 副 **～·ness** 名
‡**hor·rif·ic** /hɔːrífik|hɔr-/ 形 **1** 恐ろしい, ぞっとするような. a ～ murder 恐ろしい殺人事件. **2** 〘話〙極端な, ひどい. ▷ **hor·rif·i·cal·ly** /-k(ə)li/ 副
hór·ri·fìed 形 **1** 恐怖を感じた, 恐れた. **2** 〈叙述〉怖がって, ぞっとして, 〈*at, by* ..に/*to* do ..して/*that* 節 ..であることに〉. All the children were ～ *at* [*to* hear] the ghost story. 子供たちはみんな怪談を聞いて怖がった. **3** あきれて, うんざりして. Bill was ～ *to* learn the truth. ビルは真相を知ってあきれ返った[けしからんと思った].
†**hor·ri·fy** /hɔ́ːrəfài|hɔ́r-/ 動 (-fies|過 過分 -fied|～·ing) 他 **1** を怖がらせる, ぞっとさせる, 〈しばしば受け身で〉. **2** 〘話〙に反感を起こさせる, あきれさせる, うんざりさせる, 〈普通, 受け身で〉. [horror, -ify]
hór·ri·fỳ·ing 形 恐ろしい, ぞっとさせる. a ～ scene ぞっとするような光景. ～ news ショッキングなニュース.
▷ **～·ly** 副
*__hor·ror__ /hɔ́ːrər|hɔ́rə/ 名 (複 **～s** /-z/) **1** (a) U (ぞっとする)恐怖, 戦慄(りつ), (類語 身の毛のよだつほどの恐怖や嫌悪感; →fear). scream in ～ 恐ろしさのあまり悲鳴をあげる. her ～ of death 彼女の死の恐怖. to one's [a person's] ～ 恐ろしいことに, ぞっとしたことに(は). in ～ of being found out 発見されないかと恐れおののいて.
(b) 〈the ～s〉〈強意的〉非常な恐怖[悩み, 悲しみなど]. The mere thought of it gives her *the* ～*s*. それを考えるだけでも彼女は震え上がる[悩みに悩む, 悲痛のどん底に落ちるなど]. *Horrors!* 〈間投詞的に〉〘主に戯〙さあ[まあ]大変.
2 aU (ぞっとするほどの)嫌悪. I have a great [an absolute] ～ of spiders. 私はクモが大嫌いです.
3 C ぞっとするほどいやな人[物]; 手に負えないいたずら者《特に子供》; 〈～s〉惨事; 〈しばしば the ～s〉ぞっとするほど恐ろしい物事. the ～*s* of war 戦争の惨禍. Cockroaches give me the ～*s*. ゴキブリは大嫌いだ.
4 C 〘話〙実にひどい物. His latest film is a ～. 彼の新作映画は全くひどい代物だ.
5 〈the ～s〉震え《delirium tremensなどの症状》.
hòrror of hórrors 〘戯・皮肉〙ショックな[恐ろしい]ことに; あきれたことに; 何としたことだ.
◇形 horrible, horrid [＜ラテン語「(恐怖で)毛が逆立つこと, 震え」(＜*horrēre* 'bristle')]
hórror fìlm [**mòvie**] 名 C ホラー[恐怖]映画.
hórror stòry 名 C **1** (流血と超自然力を強調する)恐怖物語, ホラー小説. **2** 悲惨な経験.
hórror-strìcken, -strùck 形 恐怖に打ちのめされた, 恐れおののいた; うろたえる, 愕然(がくぜん)とする; 〈*at* ..で/*to* do ..して〉. We were ～ *to* hear that the plane had crashed. 我々はその飛行機が墜落したと聞いて恐怖におののいた.
hors de com·bat /ɔ̀ːr-də-kɔ́ːmbɑː/ 形 〈叙述〉, 副 (負傷して)戦闘力を失った[て]. [フランス語 'out of the fight']
hors d'oeu·vre /ɔ̀ːr-dɔ́ːrv|ɔː-dɔ́ːv(rə)/ 名 (複 ～, ～s) UC オードヴル, 前菜. [フランス語 'outside the work']
‡**horse** /hɔːrs/ 名 (複 **hórs·es** /-əz/) **1** C (a) 馬. ride a white ～ 白馬に乗る. breed ～*s* 馬を飼う. mount [dismount (from)] a ～ 馬にまたがる[から降りる]. *Horses* neigh [whinny]. 馬はいななく. You can lead [take] a ～ to water (but you can't make it drink). 〘諺〙馬を水のあるところへ連れて行くことはできる(が水を飲ませることはできない)《生理的に嫌がる人をこちらの思うように動かすのは無理だというたとえ》. 参考 0歳馬は foal; 子馬は colt (雄), filly (雌), 体高 4.8 feet 以下の小型種の馬は pony, 種馬は stallion, stud[2]; 去勢馬は gelding; →ass, mare, steed; 形容詞は equine. (b) 競馬馬; 〈the ～s〉競馬. play the ～*s* 競馬をする. (c) 成長した雄馬 (★雌馬は mare).

> 連結 a thoroughbred [a fast, a swift; a high-spirited; a wild; a bay, a chestnut, a dappled, a piebald] ～ // break (in) a ～ // a ～ runs [walks, trots, canters, gallops; prances; rears; bucks; bolts]

2 (複 ～) 〈複数扱い〉騎兵. light [heavy] ～ 軽[重]騎兵. ～ and foot 騎兵と歩兵.
3 C (体操用の)馬《鞍(あん)馬 (side horse) と跳馬 (vaulting horse)》; 木馬; 揺り馬 (rocking horse); 洗濯物掛け (→clotheshorse); 木挽(こびき)台 (sawhorse), 脚立. **4** UC 〈普通～s〉馬力. **5** C 〘米俗〙あんちょこ; 訳本. **6** U 〘俗〙ヘロイン (heroin).
a dèad hórse むだなこと[問題].
a hórse of anòther [*a different*] *cólor* (1つの事

と)全く別な事[問題]. That's [It's] *a ～ of another* [*a different*] *color*. それは全く別のこと[話]だ, それとこれとは全く別のことだ.

(as) stròng as a hórse 極めて頑健な.

a wìlling hórse 〘話〙黙々と働いてくれる人.

bàck [***bèt on***] ***the wròng hórse*** (予測を誤って)負け馬に賭(か)ける, 予測を間違える, 負ける(ことになる)側を応援する, 負けそうな側を支持[応援]する.

bèat a dèad hórse 〘米〙→flog a dead HORSE.

be [***get***] ***on*** *one's* ***hìgh hórse*** 〘話〙→high horse.

chànge [***swàp***] ***hòrses*** (***in mídstream*** [***in the mìddle of a stréam***]) 川の真ん中で馬を乗り換える; 計画が大分進行してから方針を[新しい指導者に]変える《不可能または不得策のたとえ》. Don't *change ～s in midstream*. 〘諺〙川を渡る途中で馬を乗り換えるな.

còme [***gèt***] (***dówn***) ***off*** *one's* ***hìgh hórse*** →high horse.

èat like a hórse 馬食する, 大食漢である, (↔eat like a bird).

flòg a dèad hórse 〘英〙死馬にむち打つ, 決着の付いた事に一生懸命になる, 《むだな骨折りのたとえ》.

hòld *one's* ***hórses*** 〘話〙あわてない. *Hold* your *～s*! 早まるな, あわてるな, ちょっと待て.

hòrses for cóurses 〘英〙適材適所.

I could èat a hórse. (馬を食べられるほど)腹ぺこだ.

(***I'd***) ***bétter gèt on my hórse*** 〘米話〙もう帰る時間です. It's getting late. *Better get on my ～*. 遅くなってきた. 帰らなくちゃ.

lòok a gíft hòrse in the móuth →gift.

pùt the cárt before the hórse →cart.

(***stràight***) ***from*** [***out of***] ***the hòrse's móuth*** 〘話〙確かな筋から(の); 当人から直接に聞いた[て].

rìde twò hórses (***at the sàme tíme***) あっちにつきこっちにつきする, 二股膏薬だ.

To hórse! 乗馬《命令》.

wòrk like a hórse せっせと[元気に]働く.

── 動 自 馬にまたがる; 馬で行く.

hòrse aróund [***abóut***] 〘話〙ふざけ回る, ばか騒ぎする; 暴れ回る. [＜古期英語; 原義は「走る動物」]

hòrse-and-búggy /㊇/ 形 〘米話〙(自動車出現前の)馬車時代の; 古くさい, 旧式の.

***horse·back** /hɔ́ːrsbæ̀k/ 名 U **1** 馬の背. **2** 〘米〙〘地〙切り立った尾根(ね).

on hórseback 馬に乗って(いる), 馬で(の). go out *on ～* 馬に乗って外出する.

── 副 馬で, 馬に乗って. go ～ 馬で行く. ── 形 馬上の, 乗馬の. ～ riding 乗馬.

hórse·bòx 名 〘主に英〙＝horsecar 2.

hórse·càr 名 C 〘米〙 **1** 鉄道馬車《軌道上の車両を馬に引かせる; 昔日本にもあった》. **2** 馬匹(ばっ)輸送車 (〘英〙 horsebox).

hórse chèstnut 名 C 〘植〙セイヨウトチノキ, ウマグリ, 《フランス語ではマロニエ; →conker》.

hòrse-dráwn 形 馬が引く.

hórse·fèathers 名 〈単複両扱い〉〘米俗〙くだらないもの[こと]. ── 間 ナンセンス, くだらん; でたらめだ.

hórse·flèsh 名 U **1** 〈集合的〉(特に競馬用の)馬. **2** 馬肉.

hórse flòat 名 〘オース〙＝horsecar 2.

hórse·flỳ 名 (複 **-flies**) C 〘虫〙ウシアブの類《牛馬にたかる》.

Hórse Guàrds 名 〈the ～; 複数扱い〉〘英〙近衛(このえ)騎兵第 2 連隊.

hórse·hàir 名 U **1** 馬の毛《たてがみや尾の毛; 以前ソファーの詰め物などに用いた》. **2** 馬毛の織物, 馬巣(す)織《横糸に馬の尾を使う》.

hórse·hìde 名 U 馬の皮[なめし革].

hòrse látitudes 名 〈複数扱い〉亜熱帯無風帯《緯度 30 度付近の水域》.

hórse·làugh 名 C (大声で粗野な)ばか笑い《皮肉, 嘲笑を含む》.

***horse·man** /hɔ́ːrsmən/ 名 (複 **-men** /-mən/) C **乗馬者**; 馬術家; (女 horsewoman). a good ～ 馬に乗るのがうまい人.

hórse·man·shìp /-ʃìp/ 名 U 馬術, 乗馬法.

hórse·mèat 名 U 馬肉.

hórse òpera 名 C 〘米俗〙西部もの《映画, テレビなど》.

hórse·plày 名 U 悪ふざけ, いたずら; ばか騒ぎ.

***horse·power** /hɔ́ːrspàuər/ 名 (複 ～) UC **馬力**《仕事率の単位; 1 馬力は約 750 watts; 略 HP, hp》. many 〘英〙[much 〘米〙] ～ 大馬力. a 30 ～ engine 30 馬力のエンジン.

hórse ràce 名 C 競馬の 1 レース.

hórse ràcing 名 U 競馬.

hórse·ràdish 名 〘植〙 **1** C ワサビダイコン《東南ヨーロッパ・北アメリカ原産; アブラナ科》. **2** U 西洋わさび《ワサビダイコンの根をすりおろした調味料; **hórseradish sàuce**とも言う》.

hórse rìding 名 U 乗馬.

hórse sènse 名 U 〘話〙普通の常識. have plenty of ～ 分別がある.

hórse·shìt 〘米卑〙名 U ばかなこと, くだらないこと. ── 間 ばかな, くだらない. →bullshit.

†**hórse·shòe** /hɔ́ːrʃùː, hɔ́ːrs-/ 名 C **1** 蹄(てい)鉄. 参考 これを戸口の上に掛けておくと幸運が来るという迷信がある. ボール紙, プラスチックのものが誕生日や結婚式で贈られる. **2** 蹄鉄形[U 字形]のもの. a ～ magnet 馬蹄形磁石. **3** 〘米〙〈～s; 単数扱い〉蹄鉄投げ《投げて柱に引っかける遊び》.

hòrseshoe cráb 名 C 〘動〙カブトガニ.

hórse shòw 名 C 馬術ショー.

hórse·tàil 名 C **1** 馬の尾. **2** 〘植〙トクサ.

hórse-tràde 名 C **1** 馬の売買; 馬の交換. **2** 駆け引き. ── 動 自 抜け目なく交渉する.

hórse tràding 名 U 馬の取り引き; (抜け目ない)駆け引き.

hórse tràiler 名 〘米話〙＝horsecar 2.

hórse·whìp 名 C 馬むち《乗馬用》.

── 動 (～s|-pp-) 他 〔人, 動物〕を(馬)むちで打つ, 打ちのめす, 《懲らしめのため》.

hórse·wòman 名 (複 **-wòmen**) C 女性の乗馬者; 女性馬術家; (男 horseman).

hórs·y, hórs·ey /hɔ́ːrsi/ 形 e **1** 馬の(ような); 〔女性が〕馬面(づら)の. his ～ appearance 彼の大柄で鈍重な風貌(ぼう). **2** 馬好きな, 乗馬[競馬]好きな.

▷**hors·i·ness** 名

hort. horticultural; horticulture.

hor·ta·tive /hɔ́ːrtətiv/ 形 〘章〙〔助言, 話しぶりなどが〕勧告的な; 激励的な.

hor·ta·to·ry /hɔ́ːrtətɔ̀ːri|-t(ə)ri/ 形 ＝hortative.

hor·ti·cul·tur·al /hɔ̀ːrtəkʌ́ltʃ(ə)rəl ㊇/ 形 園芸の.

hor·ti·cul·ture /hɔ́ːrtəkʌ̀ltʃər/ 名 U 園芸; 園芸学. [ラテン語 *hortus*「庭」, culture]

▷**hòr·ti·cúl·tur·ist** /-tʃ(ə)rist/ 名 C 園芸家.

Hos. Hosea.

ho·san·na /houzǽnə/ 間, 名 C ホサナ《神を賛美する叫び; 聖書から》.

†**hose**[1] /houz/ 名 U **1** 〘主に商〙〈集合的; 複数扱い〉(長)靴下 (stockings)《しばしば socks, half hose を含めて言う》. three pairs of silk ～ 絹の(長)靴下 3 足. half ～ ソックス (socks). **2** (昔, 男性がはいた)ぴったりしたズボン (→doublet). [＜古期英語「足の覆い」]

†**hose**[2] 名 (複 ～, ～s) UC ホース. four fire ～(s) 消火ホース 4 本. ── 動 他 にホースで水をかける. ～ the flower bed 花壇にホースで水をやる.

hòse dówn 〘英俗〙〔雨が〕どしゃぶりに降る.

hòse /../ dówn ..をホースで洗う. The car was

dirty, so I ~*d* it *down*. 車が汚れていたので, 水をかけて洗った. [＜hose[1]]

Ho·se·a /houzíːə, -zéiə|-zíə/ 图〘聖書〙**1** ホセア《紀元前8世紀のヘブライの預言者》. **2**『ホセア書』《旧約聖書中の一書; 略 Hos.》.

hóse·pìpe 图 ＝hose[2].

ho·sier /hóuʒər|-ziə, -ʒə/ 图 Ⓒ 靴下・男性用下着↑「類の販売店主.

ho·sier·y /hóuʒəri|-ziəri, -ʒəri/ 图 Ⓤ〘主に商〙靴下・男性用下着類.

hosp. hospital.

‡**hos·pice** /háspəs|hɔ́s-/ 图 Ⓒ **1**〘古〙巡礼者宿泊所《特に宗教団体が経営する》. **2** ホスピス《末期癌(がん)患者などの最期をみとる小規模な施設》. [＜ラテン語「接客, 宿舎」]

***hos·pi·ta·ble** /háspitəb(ə)l, −⁻́−−|hɔ́s-/ 形 ⓜ **1** 手厚くもてなす; もてなしのいい; 排斥的でない, 寛容な; 〈*to*, *toward*(*s*) ..〔客, 外来者〕に対して〉. ~ treatment 歓待. Mr. and Mrs. Jones were ~ *to* the guests. ジョーンズ夫妻は客を手厚くもてなした. **2**〔環境などが〕快適な, 適切な. ◇图 hospitality [＜ラテン語 *hospitāre*「接待する」; -able] ▷**-bly** 副 歓待して, 手厚く.

‡**hos·pi·tal** /háspitl|hɔ́s-/ 图 (複 ~**s** /-z/) Ⓒ **病院**. a general ~ 総合病院. a children's ~ 小児科病院. a maternity ~ 産院. 語法 hospital が単に建物ではなく「診療の場所」という本来の意味を表す場合, 普通〘米〙では冠詞を付け,〘英〙では付けない: go to [into] (the) ~ ＝be admitted to (the) ~ (入院する), leave (the) ~ (退院する), be sent to (the) ~ (病院へ送られる). The injured people were taken [rushed] to (the) ~. けがをした人たちは病院に運ばれた[急送された]. I went to the ~ to visit [see] my grandfather. 祖父を見舞いに病院に行った (注意 この文では go to the ~ は「入院する」という意味ではない). a ~ ship 病院船.
2〘史〙慈善施設《孤児院, 慈善学校など》.
3 修理店. a clock ~ 時計修理店.
[＜ラテン語 *hospitālis* (*domus*)「客を接待する(場所)」(＜*hospes* 'guest, host[2]')]

***hos·pi·tal·i·ty** /hàspətǽləti|hɔ̀s-/ 图 Ⓤ **1** (客や外来者に対する)**手厚いもてなし**, 歓待. Thank you for your kind ~. 親切なおもてなしありがとうございます.

連結 warm [cordial; generous; lavish] ~ // offer [show] ~ (to ..); abuse a person's ~

2 (客に提供される)宿舎, 食事など. ◇形 hospitable

hospitálity sùite [ròom] 图 Ⓒ (ホテルなどの)特別接待室.

hòs·pi·tal·i·zá·tion 图 ⓊⒸ 入院(治療) (する[させる]こと); 入院期間. frequent ~*s* 度々の入院.

‡**hos·pi·tal·ize** /háspit(ə)làiz|hɔ́s-/ 動 他 を入院させる〈しばしば受け身で〉. Jim must be ~*d* at once. ジムはすぐに入院させなければならない. [hospital, -ize]

Host, host[1] /houst/ 图〘キリスト教〙〈the ~〉聖体拝領[聖餐(さん)]式のパン (→Eucharist).

‡**host**[2] /houst/ 图 (複 ~**s** /-ts/) Ⓒ **1** (来客をもてなす)**主人**, 亭主役, (図 hostess; ↔guest). act as ~ at the party パーティーの主人役を務める. **2** (大会などの)主催者[国, 学校, 団体]; 開催国[地, 団体]; 〈形容詞的〉主催(者側)の. Italy plays ~ to many foreigners in winter. イタリアは冬になると多くの外国人を迎える (★無冠詞). the ~ country [city] for the next meeting 次の会議の主催⌞国[都市].
3 (テレビ・ラジオ番組などの)司会者, ホスト役. act as⌞~ for a TV show [a TV show ~] テレビのショーを司会する. **4**〘旧〙(宿屋の)主人, 経営者. **5** (寄生動植物が寄生する)宿主 (↔parasite). **6** (動物の)生息地. be ~ to a wide range of wildlife 数多くの野生動物の生息地である. **7**〘電算〙＝host computer.
—— 動 他 〔パーティー, 会合など〕の主人役を務める; 〔国際会議など〕の主催⌞国[都市]となる; 〔番組〕の司会[ホスト役]を務める. ~ a party パーティーの主人役を務める. Which country is going to ~ the next Olympic Games? 次のオリンピックの開催国はどこですか.
[＜ラテン語 *hospes*「接待する人」]

***host**[3] /houst/ 图 (複 ~**s** /-ts/) Ⓒ 〈単数形で複数扱いもある〉 **1 大勢**, 多数, 〈*of* ..の〉. ~*s* [a ~] *of* rivals 大勢の競争相手. a whole ~ of reasons たくさんの理由. **2**〘古〙軍勢. Lord [God] of ~*s* 万軍の主《Jehovah; 神》. [＜ラテン語 *hostis*「敵＞軍勢」]

†**hos·tage** /hástidʒ|hɔ́s-/ 图 ⓊⒸ **1** 人質(状態). The hijackers took [held, kept] the pilot (as a) ~. 乗っ取り犯人たちはパイロットを人質にした. **2** 質物, 抵当. **3** 束縛[制約]される状態 〈*to* ..に〉.
gìve hòstages to fórtune 将来災いになりかねない責任を引き受ける, 運命に人質を取られる, 《妻子を持つ男はそれだけ無責任な行動が取れないので, その立場を Francis Bacon がこう表現した》. [host[3], -age]

hòst compúter 图 Ⓒ〘電算〙ホストコンピュータ.

‡**hos·tel** /hástl|hɔ́s-/ 图 Ⓒ **1** ＝youth hostel. **2**〘英〙(学生, 若い勤労者用の)寮, 宿舎. [＜古期フランス語(＜ラテン語「宿屋」); hospital と同源]

hós·tel·er〘米〙, **-tel·ler**〘英〙图 Ⓒ ユースホステルの利用者.

hos·tel·ry /hástlri|hɔ́s-/ 图 (複 **-ries**) Ⓒ〘章・戯〙↑「宿屋 (inn), パブ (pub).

‡**host·ess** /hóustəs/ 图 (複 ~**·es** /-əz/) Ⓒ **1** (来客をもてなす)**女主人** (男 host). **2** (番組の)女性司会者. **3** (レストランなどの)女性接待係《ウェートレスの監督, 客をテーブルに誘導することなどが主な仕事》; (ナイトクラブの)ホステス; (ダンスホールの)女性ダンサー. **4** (旅客機の)スチュワーデス (air hostess) (→flight attendant); (列車の)ウェートレス, サービス係. **5**〘古・戯〙(旅館の)女将(おかみ), 女性の経営者.
—— 動 他 〔女性が〕の主人役を務める, の接待をする, 司会をする. —— 自 主人役をする. [host[2], -ess]

***hos·tile** /hástl|hɔ́stail/ 形 ⓜ **1 敵意のある**, 反感を持った; 敵対する, 反対(意見)の; 非友好的な, 冷淡な; 〈*to*, *towards* ..に〉(↔ friendly). a ~ attitude 敵対的な態度. Joe is ~ *to* Women's Lib. ジョーは女性解放運動に反対だ. **2 敵の**. a ~ army 敵軍. **3**〔環境, 状況などが〕厳しい, 都合の悪い, 適さない, 不利な, 〈*to* ..に〉. [＜ラテン語; host[3], -ile] ▷~**·ly** /-tlli|-tailli/ 副 敵意をもって, 敵対して.

hòstile tákeover 图 Ⓒ 敵対的買収.

†**hos·til·i·ty** /hɑstíləti|hɔstíli-/ 图 (複 **-ties**) **1** Ⓤ 敵意, 敵愾(がい)心; 敵対, 反対; 〈*to*, *towards* ..への〉. We have no ~ *toward* you. 我々は君に敵意を持っていない. excite a feeling of ~ 敵愾心をあおる.

連結 outright [frank, overt; veiled] ~ // arouse [stir up; encounter; show] ~

2 〈-ties〉 **(a)** 戦闘(状態), 交戦; 敵対行為. open [cease] *hostilities* 戦闘を始める[止める]. **(b)** 怒り, 憎悪, 〈*to*, *toward* ..への〉.

hos·tler /(h)áslər|(h)ɔ́s-/ 图 Ⓒ〘米〙(旅館の)馬丁, 馬係, (〘英〙ostler)《昔, 宿泊者の乗馬の面倒をみた》.

‡**hot** /hɑt|hɔt/ 形 ⓔ (**hót·ter**|**hót·test**)
【高温の】 **1 熱い, 暑い**; 〔体などが〕熱がある; (↔cold). a ~ day 暑い日. ~ water お湯. I like coffee ~. 私はコーヒーは熱いのが好きだ. the ~*test* season of [in] the year 1年で最も暑い季節. It was very ~ yesterday. 昨日は大変暑かった. It's boiling [baking, broiling, roasting, scorching] ~. 猛暑だ. Aren't you ~ in the overcoat? オーバーを着ていて暑くありませんか. "Hi. (Is it) ~ enough for you?"〘話〙「やあ, 暑いねえ, どう

かね」《暑い日の挨拶》. boiling [scalding, steaming] ～ ぐらぐら煮えたぎる[湯気がたつ, やけどする]ほど熱い[暑い].

【まだ熱い＞できたての】 **2** (**a**)〔食物などが〕できたての, 暖かい; できた[出てきた]ばかりの, ほやほやの;〔ニュースなどが〕発表されたばかりの, 最新の;〔人や物が〕人気のある, 流行の. ～ news ホットニュース, 最新のニュース. a magazine ～ off [from] the press 出たばかり[印刷したて]の雑誌. a dynamic young man ～ from business school 経営学大学院を卒業したての元気のいい若者. (**b**)〘英話〙〔紙幣が〕発行されたばかりの, 真新しい.

3〔獲物の臭跡, 足跡が〕新しい, まだはっきり残っている, (warm);〔獲物, 目的物などに〕近づいて(いる), 迫って(いる). hot on a person's trail [track] →成句. →hot pursuit.

4〘話〙盗んだばかりの《一見して盗品と分かり処分しにくい》; 不正に手に入れた; お尋ね者の[となって], 警察に睨まれて.

【燃えるような】 **5**〔胡椒(こしょう), 料理などが〕ぴりっと辛い;〔色, においなどが〕強烈な. ～ mustard 辛いからし. make soup ～ with pepper 胡椒でスープにぴりっとした味をつける. This food is very ～. この食べ物は大変辛い.

6〔気性, 行動, 活動などが〕激しい, 激しやすい; 活発な; 怒った, 怒りっぽい, 興奮した[しやすい]. have a ～ temper 短気である.

7〈叙述〉〔事態, 状況などが〕不愉快な〈*for* ..に〉. when things got ～ for me 状況が私にとって面白くなくなった時. make things ～ for .. →成句.

【活発な】 **8**〔議論などが〕激しい, 活発な;〔話題などが〕論議が活発になる, 議論の的となる. a ～ debate [argument] 激しい討論[議論]. a ～ issue 激しく論議されている[物議を醸(かも)している]問題.

9〘話〙〔催し物などが〕注目を集めている, (今)人気のある.

10〔競争が〕激しい. ～ competition 熾烈な競争.

11〔ジャズが〕即興的で強烈な;〘話〙〔演技(者)などが〕見事な. a ～ new guitarist 新人のすばらしいギター奏者.

12 (高圧)電流の通じている;〔機械などが〕休みなしに使われている;〘話〙放射能のある. a ～ laboratory 放射性物質を扱う実験室.

【熱中した】 **13** 熱心な, 熱烈な; 夢中で〈*on*, *for* ..に〉;〘話〙厳しい, やかましい,〈*on* ..については〉. spend one's life in ～ pursuit of fame 名声を夢中に追い求めて一生を送る. He is ～ *on* skiing. 彼はスキーに熱中している.

14〘話〙優秀で, 得意(分野)で,〈*at*, *in*, *on* ..が〉;〔本などが〕詳しい〈*on* ..に〉. I'm not so ～ *at* geography [*on* Chaucer]. 地理はあまり得意ではない[チョーサーについてはあまり知らない].

15〘話〙性的に興奮させる, 情欲をそそる;〔動物が〕さかりのついた. bed scenes which are too ～ for children 子供には刺激の強すぎるベッドシーン.

── 副 **1** 熱く, 暑く. **2** 激しく; 熱烈に; 興奮して, 怒って.

(all) hòt and bóthered 〘話〙(物事がうまく運んでいないと思って)いらいらして, 気をもんで, 神経が高ぶって; 熱をあげて〈*over* ..に〉.

be hót on .. (1)→13. (2)→14. (3)..に性的に魅せられている.

blòw hòt and cóld →blow[1].

gèt hót (1)熱く[暑く]なる;〘話〙興奮する, 怒る; 夢中になる, 一生懸命になる. *get* ～ over an argument 議論に興奮する. (2)〘話〙(獲物, 捜し物に)近づく;(クイズなどで)ほぼ正しい答えを出す. You're *getting* really ～. あともう少しで正解だよ.

gèt it hòt and stróng 〘話〙ひどく叱(しか)られる, 大目玉を食らう.

give it (to) a pèrson hót 人をこっぴどく叱る.

go hòt and cóld (1)(恐怖などのために)興奮したり冷や汗が出たりする. (2)(病気で)身体が暑くなったり寒気がしたりする.

hòt and héavy (1)〔議論などが〕活発な, 熱心な;〔競争などが〕激しい. (2)情熱的な.

hòt on the héels of .. ..のすぐ後に. come ～ *on the heels of* ..〔事が〕..のすぐ後に起こる.

hót on a pèrson's tráil [tráck]＝hót on the tráil [tráck] of a pèrson (捕えることができるほど)人のすぐ後ろに迫った. The police were ～ *on the trail of* the criminal. 警察は犯人に追い迫っていた.

hòt under the cóllar 〘話〙怒った, 興奮した. I got ～ *under the collar* when my son kept answering me back. 息子に口答えばかりされてかっとなった.

màke it [things] (too) hót for .. 〘話〙..を嫌な目にあわせて居たたまれなくする, ..を困らせる, ..をとっちめる.

nòt so [too, that] hót 〘話〙思ったほど良くない;〔体調などが〕あまり良くない. I'm *not* feeling *so* ～ today. 今日はあまり気分が良くない.

tòo hót to hándle 扱いにくい, 盗品でやばい;〔ニュース, 映画などが〕あまりにショッキングすぎる.

── 動 (～s|-tt-)〘英〙他 **1** を熱する, 暖める.

2 VOA (～ /X/ *up*) X を危険にならせる; X を激化させる.

3 VOA (～ /X/ *up*) X(車, エンジンなど)を高性能にする, パワーアップする.

── 自 **1** 熱くなる. **2** VA (～ *up*) 危険になる, 激化する.

── 名〘俗〙〈the ～s〉激しい欲情. have [get] the ～*s* for a person 人に性的にひかれる, 性欲などをそそられる. ◇名 heat, hotness 動 heat [＜古期英語]

hòt áir 名 U **1** 熱気. **2**〘俗〙だぼら, 無意味な話[考え]. pure ～ 全くのたわごと[ナンセンス]. He's full of ～. 彼の話はだぼらばかりだ.

hòt-aír ballòon 名 C 熱気球.

hót·bèd 名 C **1** (植物用の)温床. **2** (悪事などの)温床, 巣. a ～ of vice [radicalism] 悪徳[過激思想]の温床.

hòt-blóoded /-əd ㊥/ 形 興奮しやすい, 短気な, 衝動的な; 向こう見ずな; 情熱的な.

hót-bùtton 形 感情を刺激する.

hót bùtton 名 C 差し迫って関心のある問題, 激論を引き起こす問題; 潜在的欲望.

hót càke 名 UC ホットケーキ (pancake).

sèll [gò] like hót càkes 〘話〙飛ぶように売れる.

hòt chócolate 名 UC ココア《飲物》.

hotch·potch /hátʃpàtʃ|hɔ́tʃpɔ̀tʃ/ 名 **1** C〈普通, 単数形で〉ごたまぜ, いろいろな物の寄せ集め, (〘米〙hodgepodge). One of my floppies is a ～ of various unrelated files. 私のフロッピーのうちの 1 つはいろいろな関係のないファイルの寄せ集めだ. **2** U ホッチポッチ《羊肉と野菜のシチューの一種》.

hòt cross bún 名 C 上に十字形の付いた菓子パン《Good Friday 又は Lent に食べる》.

hòt díggety /dígəti/ 間 賛成; 万歳; (＝hot dog 3).

hót dìsh 名〘米〙＝casserole 2.

hót dòg 名 C **1** ホットドッグ; フランクフルトソーセージ. **2**〘米話〙これ見よがしに難しい技を見せる人. **3**〘米話〙〈Hòt dóg! として〉賛成; 万歳. ── 動 自〘米話〙これ見よがしに難しい技を見せる. ▷**hót-dòg·ger** 名

hót dog ròast 名 ＝wiener roast.

ho·tel /houtél|hou-, ou-/ 名 (複 ～s /-z/) C **1** ホテル, 旅館, (類語 inn より規模が大きく, 近代的設備を整えたもの) (注意〘英〙では, 特に文頭でない時, しばしば /ou-/ となる). keep [run] a [an] ～ ホテルを経営する. put up at a [an] ～ ホテルに泊まる. a resort ～ リゾートホテル《保養[避暑, 避寒]用》.

> 連結 a luxury [a deluxe, a first-class; a modest; a cheap] ～ // register at [check in at; check out of; stay at [in]] a ～

2〘オース・ニュー〙パブ.
[＜フランス語 *hôtel* (＜古期フランス語 *hostel* 'hostel')]

ho·tel·i·er /houtéliei, -iər/ 名 ＝hotelkeeper.
hotél·kèeper 名 C ホテルの経営者.
hòt fávo(u)rite 名 C (競馬などの)本命, 一番人気.
hòt flásh〖米〗[**flúsh**〖英〗] 名 C (閉経期の女性の)皮膚の紅潮.
hòt·fóot /⊛/ 副〖話〗大急ぎで, あわてて.
── 動 自〖話〗〈しばしば it を目的語として〉大急ぎで[あわてて]行く. I ～*ed* it to the bus stop. バス停まで大急ぎで行った.
hòt góspel 名 U〖英話〗熱烈な説教[伝道]《**hòt góspelling** とも言う; それをする牧師が hot gospeller「な人, あわて者.》.
hót·hèad 名 C 怒りっぽい人; 向こう見ずな人; 性急↑
hòt·héaded /-əd ⊛/ 形 怒りっぽい; 向こう見ずの; 性急な. ▷～·ly 副 ～·ness 名
hót·hòuse 名 (複 →house) C **1** 温室 (greenhouse); (悪の)温床. **2** (知[芸術]的活動を育てる)温室, 中心(地). **3**〈形容詞的〉温室栽培の. a ～ plant 温室育ちの植物. the ～ atmosphere [environment] of top schools トップクラスの学校の(生徒の)早熟を促す雰囲気[環境]. **4**〈形容詞的〉敏感な, 傷つきやすい.
hót·hòusing 名 U 知的才能を伸ばすために(赤ん坊の時から)集中的に特別教育すること; 英才教育.
hót-lìne, hót lìne 名 C **1** ホットライン《(2 国の首脳間の)緊急非常用直通電話[電信]線》. **2** 電話相談サービス《普通, 無料》. a poison ～ 中毒相談サービス.
†**hót·ly** 副 **1** 興奮して, 怒って; 激しく, 熱心に; 執念深く. argue ～ 激しく議論する. be ～ debated [disputed] 激しく議論される. be ～ pursued しつこく後をつけられる. He ～ denied what people were saying about his firm's finances. 彼の会社の経営状態について人々が言っていることを彼は強く否定した. **2** 熱く, 暑く.
hót mòney 名 U〖経〗ホットマネー《国際金融市場を金利差に応じて動き回る投機的な短期資金》.
hót·ness 名 U 熱さ, 暑さ; 熱心, 熱烈; 激怒.
hót nùmber 名 C 最新[最近]のヒット曲[商品]; 今人気のある人. 「[人].
hót òne 名 C〈単数形で〉奇抜なもの, 抜きんでたもの↑
hót pàd 名〖米〗＝pot holder.
hót pànts 名〈複数扱い〉**1** ホットパンツ《股下の非常に短いもの》. **2**〖俗〗欲情〈*for* ..への〉.
hót plàte 名 C ホットプレート《電気で熱する料理用鉄板》, 電気こんろ, 料理保温板.
hót·pòt 名 UC〖主に英〗ホットポット《羊肉や牛肉, ジャガイモ, タマネギの煮込み》.
hòt potáto 名 C〖話〗(だれも扱いたがらない)難問題, (政治上などの)難しい課題. drop..like a ～ →potato (成句).
hòt próperty 名 C〖話〗人気[ドル箱]タレント.
hòt pursúit 名 U 緊急追跡. in ～ すぐ後に追跡して, 急追して. 「るように改造した中古車》.
hót ròd 名 C〖主に米俗〗ホットロッド《スピードが出↑
hót-ròd·der /-rὰdər|-rɔ̀də/ 名 C〖米俗〗(改造自動車 (hot rod) を乗り回す)暴走族, スピード狂.
hót sèat 名〈the ～〉**1**〖俗〗処刑用のいす (electric chair). **2**〖話〗(重大な決定を迫られる)難しい立場[地位]. *on*〖米〗(〖英〗*in*) *the hòt séat* 苦境に立たされて, 困った立場に.
hót·shòt 名 C〖話〗有能な[と自任する]人, やり手(ぶる人). a ～ lawyer 羽振りのいい弁護士. be quite a ～ at ..は相当の腕前である.
hót spòt 名 C **1**〖話〗(戦争, 政争などで)不穏な地点. **2**〖米話〗歓楽街; ナイトクラブ.
hòt spríng 名 C 温泉,〈普通 ～s〉温泉地.
hòt stúff 名 U **1**〖話〗すばらしい人[もの]; セクシーな女; 刺激的なエロ写真[フィルム, 本など]. **2**〖米俗〗コー↓
hòt-témpered /⊛/ 形 短気な, 怒りっぽい. ⌊ヒー.

Hot·ten·tot /hάtntὰt|hɔ́tntɔ̀t/ 名 **1** C ホッテントット人《南部アフリカの原住民》. **2** U ホッテントット語.
── 形 ホッテントット人[語]の.
hót·ter 名 C〖英話〗盗んだ車で乱暴に運転をする男.
hòt tícket 名 C〖米話〗人気者, あこがれの的.
hót·ting 名 U〖英話〗盗んだ車での乱暴な運転.
hót tìp 名 C〖話〗信頼度の高い情報[内報].
hót tùb 名 C (数人用の)温水浴槽《普通, ジェット水流が出る》. 「↔cold war》.
hòt wár 名 C '熱戦'《積極的な武力による戦争;↑
hòt wáter 名 U **1** 湯. **2**〖話〗苦境; 困難; 屈辱.
gèt into* [*be in*] *hòt wáter 苦境に陥る[ある].
gèt a pérson into* [*out of*] *hòt wáter 人を困った立場に追い込む[から救う]. 「の)湯たんぽ.
hòt-wáter bòttle [bàg] 名 C (ゴム, 陶器製など↑
hót-wìre 動 他〖俗〗(針金を使って)〔自動車など〕のエンジンをかける《車泥棒の手口》.
hou·mous /hú:məs/ 名 ＝hummus.
***hound** /haund/ 名 (複 ～s /-dz/) C **1** 猟犬《bloodhound, foxhound, greyhound, wolfhound などの種類があり,〖英〗では特に foxhound を指す》. set the ～s [a pack of ～s] on a fox キツネに猟犬の一群をけしかける. run with the hare and hunt with the ～s → hare (成句). ride to ～s →ride (成句).
2 ウサギ追い (hare and hounds) の追い手, 鬼.
3 卑劣な人, 不愉快な人. **4**〖米俗〗(趣味などに)熱中する人, ..狂. a poker ～ ポーカー狂.
── 動 他 **1**〔獲物〕を猟犬で狩る. **2**〔人〕を(うるさく)追い回す, を悩ます; を(しつこく)責め立てる. The publishers were ～*ed* with thousands of phone calls. 出版社は何千回もの(抗議の)電話で責め立てられた. be ～*ed* by photographers カメラマンに追い回される. **3** VOA を追い出す〈*out*〉〈*out of*, *from* ..から〉.
hòund /../ dówn ..を追い詰める.
[＜古期英語「(一般に)犬」]
hóund's-tòoth /háun(d)z-/ 名 U 千鳥格子 (**hòund's-tooth chéck**)《ぎざぎざした格子じま模様》.
***hour** /auər/ 名 (複 ～s /-z/)
【時間の単位】 **1** C **(a)** **1 時間**, 60 分, (→minute, second)《略 hr, hrs》. the ～ between 2 and 3 p.m. 午後 2 時と 3 時の間の 1 時間. ～ by ～＝(from) ～ to ～ 1 時間ごとに; (時々)刻々(と). work eight ～s a day 1 日に 8 時間働く. within an ～'s drive of the airport 空港から車で 1 時間以内の所に. within the ～ 1 時間以内で. change (from) ～ to ～ 1 時間ごとに変わる. half an ～＝a half ～ 半時間, 30 分. a quarter of an ～ 15 分. **(b)**〈～s〉何時間も(の間). study for ～s (and ～s) [for ～s together, for ～s on end] 何時間も続けて勉強する. *Hours* slipped away. 何時間もがどんどん過ぎた.
2 C 1 時間の距離[行程]. The waterfall is an ～ away (from here). その滝は(ここから) 1 時間の所にある. an ～'s drive [walk] 車で[歩いて] 1 時間の所.
【時間帯】 **3**〈～s〉就業[執務]時間. school ～s 授業時間. duty ～s 勤務時間. out of ～s (勤務, 営業)時間外に;〈形容詞的〉勤務時間外の. after ～s →成句. work long ～s (いつも)長時間勤務である. ～s of business 9.00–6.00 開店時間, 9 時–6 時. →business [office, opening] hours.
4 C (授業の)時間, 時限; (食事などの)時間. have English first [second] ～ 1[2] 時限に英語がある. during our dinner [lunch] ～ 私たちの夕食[昼食]時間中に.
5〈～s〉(1 日の)時間帯. during the ～s of darkness [daylight]〖章〗暗い時[昼間]に. →small hours.
【時刻】 **6** C **時刻** (time);〈the ～〉正時(しょうじ), 正..時. at the appointed [agreed] ～ 約束の時刻に. at a late [an early] ～ 遅い[早い]時刻に. at this ～〖話〗こ

H

んな(異例な)時間に. tell the ～ 時刻を告げる. The ～ is 3:30. 時刻は3時30分です《3:30 は three thirty と読む》. The clock strikes the ～*s*. この時計は毎正時に時を告げる. ten minutes before [past] the ～〖米〗正時10分前[後]で. at quarter past [before] the ～〖米〗正時15分後[前]に. The train to Oxford leaves on the ～. オックスフォード行きの列車は毎正時に出る. 参考 24時制では正時を表すのに o'clock の代わりに hour(s) を付ける: 0200 [02.00] ～*s* (午前2時)《zero [o /ou/] two hundred hours と読む》. 1700 [17.00] ～*s* (17時, 午後5時)《seventeen hundred hours と読む》.

7 Ⓒ〖天〗時(じ)《赤経の単位; 1時＝経度15度》.

8〖カトリック〗〈～s〉時課《1日7回の祈りの時刻; → canonical hours》; 時課の祈り.

【時期】 **9** Ⓒ〈普通 ～s〉(ある一定の)**時間**, 時期, 期間. my childhood ～*s* 私の子供時代. an idle ～ 何もしないでいる時間. rush ～(*s*) →rush hour.

10 Ⓒ(ある特別な)時, ころ, 折. in the [a person's] ～ of need〖しばしば戯〗まさかの時に, 人が助けを必要としている時に. the darkest ～ of ..のどん底の時期. Now is the ～ when we should be united. 今こそ我々は団結すべき時だ.

11〈the ～〉現在, 目下; 現代. the problem of the ～ 当面の問題. the man [hero] of the ～ 時の人《男》.

12〈one's ～〉死期; (人にとって)重要な時. Father's ～ has come. 父の臨終の時が来た. In my ～*s* of hardship I turned to God for help. 苦労をしていた大変な時に私は神に助けを求めた.

after hóurs〖米・オース〗勤務[就業, 営業, 授業]時間後[外]に(も).

at àll hóurs (of the dày and níght)＝at àny hóur (of the dày or níght) いつでも; 時間を構わずに. phone one's friends *at all* ～*s* (*of the day and night*) [*at any* ～ *of the day or night*] 時間に構わず友人に電話する. come home *at all* ～*s* とんでもない時間に帰って来る.

at the elèventh hóur →eleventh.

at the tòp of the hóur (毎)正時に.

*****by the hóur*** (1) **時間ぎめで**. work *by the* ～ 1時間いくらで働く. pay *by the* ～ 時給で払う. (2) 何時間も続けて. They talked together *by the* ～. 彼らは何時間も語り合った.

(èvery hóur) on the hàlf hóur (毎)正時30分に.

(èvery hóur) on the hóur (毎)正時に. The trains for Chicago leave *every* ～ *on the* ～. シカゴ行きの列車は毎正時に出ます《1時, 2時, 3時..きっかりに, の意味》.

one's fìnest hóur (生涯の)最高の時.

hòur after hóur＝hòur upon hóur 何時間も.

in a gòod [hàppy] hóur 折よく; 幸運にも.

in an èvil hóur 悪い時に; 不運にも.

in the èarly hóurs (12時過ぎの)深更に.

kèep èarly [gòod, règular] hóurs 早寝をする, (早寝)早起きをする, (★普通, 寝る時間について用いる); 仕事を早く始める[終える], 家に早く帰る.

kèep làte [bàd, unùsual] hóurs 夜ふかしをする; 仕事を遅く始める[終える], 家に帰るのが遅い.

of the hóur →名 11.

till àll hóurs 夜遅くまで.

to an [the] hóur 1時間と違わずに, きっかり. in ten days *to an* ～ きっかり10日で.

withìn hóurs of .. ..のあとわずか数時間で.

wòrk àll the hóurs that Gòd sénds 働ける間働く.

[＜ギリシア語 *hōrā*「時期, 時節, 時刻」; 原義は「過ぎるもの」]

hóur·glàss 名 Ⓒ (1時間用の)砂時計.

hóur hànd 名 Ⓒ (時計の)短針, 時針.

hou·ri /hú(ə)ri, háuri|húəri/ 名 Ⓒ〖イスラム〗楽園の美女; 〈一般に〉官能的な美女.

†**hóur·ly** 形 **1** 1時間ごとの, 1時間に1回の; 1時間についての. an ～ flight 1時間ごとの飛行便. ～ wage [pay, earnings, fees] 時間給. **2** 絶え間ない. in ～ dread of being discovered 発見されはしないかと絶えずびくびくして. ── 副 **1** 1時間ごとに, 1時間に1度. The clock strikes ～. 時計は1時間ごとに鳴る. **2** 絶えず, しょっちゅう. We're expecting him ～. 今か今かと彼の来るのを待っている. change one's mind ～ ころころ気が変わる.

‡**house** /haus/ 名 (複 **hous·es** /háuzəz/) Ⓒ **1** (**a**) **家**, 住宅, 家屋, 屋敷; 〈集合的〉家の住人, 家族, 家庭. a brick ～ れんが建ての家. an apartment ～ アパート. a prefabricated ～ プレハブ住宅. a ～ to let〖英〗[for rent〖米〗]貸家. Mr. Brown's (～) ブラウンさんの家[うち] (★しばしば house は省略される). own a ～ of one's own マイホームを持つ. from ～ to ～ 軒なみに. My ～ is your ～. ご自分の家と思ってくつろいで下さい. the head of the ～ 一家の主. An Englishman's ～ is his castle.〖諺〗→castle. The *House* that Jack Built『ジャックの建てた家』《*Nursery Rhyme* に出る童謡の題; Jack の代わりにいろいろな人名を入れたもじりが使われる: 例 the ～ that Hitler built; 又, 関係詞 that が延々と後ろに続く右枝分かれ構造の文の代名詞としてよく引かれる》. The whole ～ is out. 家中が外出している. 類語 人間の住むための建造物 (building) として最も普通の語; 一般に1戸建てで1家族の住む適度の大きさのものが思い浮かぶが, 広い意味では小屋に近いものから豪荘なものまで含み得る; →cottage, dwelling, home, mansion, residence.

> 連結 build [erect, put up; demolish, knock down; design, plan; enlarge, rebuild, renovate; let, rent (out)] a ～

(**b**)〈形容詞的〉家の, 家屋の, 家で飼うのに適した.

2 (由緒ある)家系, 一門, ..家(け), 《特に王侯, 貴族などの》. come from an ancient ～ 由緒ある旧家の出身である. the *House* of Windsor ウィンザー家《現在の英国王家》.

3 (学校の)寮, 寄宿舎, 学生クラブ; 下宿屋; 〈集合的〉全寮生; 〖英〗(大学の)学寮; 〖英〗(校内対抗試合などのために編成する)組, チーム. a boarding ～ 寄宿寮. a regatta between two ～*s* 2寮間の対抗ボート競走.

4〈普通, 複合要素として, 又は修飾語を伴って〉(特定の目的のための)建物; ..小屋, おり; (動物の)住みか, 巣, 殻, 甲ら; 倉庫, 物置. a school～ 校舎. a dog～ 犬小屋. the monkey ～ at a zoo 動物園のサルのおり. a car ～ 車庫. a snail's ～ カタツムリの殻.

5 (**a**) 娯楽場, 劇場, 酒場; 教会堂, 寺院; 宿屋; レストラン; 〖米〗売春宿; 〖英史・婉曲〗〈the H-〉救貧院. a picture [movie] ～ 映画館. a public ～ 居酒屋, パブ. a curry ～ カレーハウス[専門店]. →steakhouse, coffeehouse. (**b**)〈形容詞的〉レストラン独自の〔ワインなど〕. the ～ wine ハウスワイン《ワイン・リストにあるものより安い》. (**c**)〈形容詞的〉店おかかえの〔バンドなど〕.

6〈普通, 単数形で; 集合的〉観客, 聴衆. The whole ～ burst into laughter. 観客は皆どっと笑いだした. We have a full ～ tonight. 今夜は満員だ. a packed [an empty] ～ 大入りの観客[がら空き].

7 (1回の)興行, 催し物. The second ～ was sold out. 2回目の興行分(の券)は売り切れました.

8 (**a**)〈the H-〉議院; 〖米〗(特に)下院《上院を the Senate と言う; しばしば形容詞的》; 議事堂; 〈集合的〉議員. enter the *House* 議員になる. →Upper [Lower] House. the *House* Foreign Affairs Committee

〖米〗下院外交委員会. (**b**)〖英話〗〈集合的〉討論会《投票を伴う》. this ～〖章〗本討論会, 私たち.
9 (**a**) 会社, 商会, 商店, 《元は多くの場合, 同族会社; Lang House のようにオフィスなどの名前としても用いる》; 〖英話〗〈the H-〉株式取引所. a publishing ～ 出版社. a trading ～ 貿易商会. a fashion ～ (デザイン, 製作を手掛ける)ファッション・ハウス.
(**b**)〈形容詞的〉〔印刷物が〕社内[部内]用の. a ～ magazine 社内誌, 部内報.
10〖占星〗〈the H-〉星宿; ..座〈*of*〉. the *House of* the Crab [Goat] カニ[ヤギ]座.
11〖英旧〗〈the H-〉＝bingo.
(as) sàfe as hóuses 全く安全で.
bring dòwn the hóuse＝***brìng the hóuse dòwn*** 〖話〗〔演技, 人などが〕大喝采(さい)を博する, 満場をどっと笑わせる.
clèan hóuse (1) 家の中を掃除する[整頓(とん)する]. (2) 弊害[腐敗]を一掃する, 不都合な[だめな]人[物]を除く. (3) たたく, なぐる.
gèt [***pùt*** ↓] ***one's hóuse in órder***
gò (àll) round the hóuses〖英〗本題から離れる, はぐらかすようなことばかり言う.
hòuse and hóme (団欒(らん)を強調して)家庭.
in hóuse 会社で〔働くなど〕.
kèep a gòod hóuse ぜいたくな生活をする, 客をぜいたくにもてなす.
kèep [***màke***] ***a Hóuse***〖英下院〗定足数を確保する.
****kèep hóuse*** **家事を切り盛りする**, 家事をする. She doesn't go out to work, but *keeps* ～ for her elder brother's family. 彼女は働きに出ないで兄一家のために家事を切り回している.
kèep (to) the hóuse 家に引きこもる.
like a hòuse afíre [***on fíre***] 急速に; 〖話〗容易に, すらすらと. get on [along] *like a* ～ *on fire* すぐに打ち解けて仲よくなる. The meeting went *like a* ～ *afire*. その会合はとんとん拍手にいった.
mòve hóuse 引っ越し[転居]する.
on the hóuse (普通, 飲み物が)無料で[の], 経営者[店の主人]のおごりで[の]. It was my birthday, so the landlord gave me a drink *on the* ～. 私の誕生日だったので店主が酒を一杯おごってくれた.
plày hóuse ままごと遊びをする.
pùt [***sèt***] ***one's (òwn) hóuse in órder*** 家の中を整える; 身辺の整理をする; 品行を良くする; 〔国などが〕秩序を回復する, 財政状態などを整える.
round the hóuses〖英〗あっちこっちへ. →go (all) round the HOUSES.
sèt up hóuse (togèther) 所帯を構える.
── /hauz/ 動 他 **1** (一時的に)を家に入れる; を泊める; 〔建物などが〕を収容する. The hotel ～*s* more than 200 people. そのホテルには200人以上が泊まれる.
2 に住宅を与える. ～ homeless people 家のない人々に住宅を与える. **3**〔物〕をしまう, 入れておく; 〔博物館などが〕を収蔵している. The garage can ～ three cars. その車庫には車が3台入る. The museum ～*s* a collection of sculptures by Henry Moore. (この)博物館はヘンリー・ムーアの彫刻を収蔵している.
── 自 住む; 避難する. [古期英語 *hūs*「家」]
hóuse àgent 名 C〖英〗＝estate agent.
hóuse arrèst 名 U 自宅監禁, 軟禁. under ～ 軟禁中の[で].
hóuse·bòat 名 C ハウスボート《生活に必要な設備の付いた住居用の船》.
hóuse-bòund 形 (病気などで)外出できない, 家に引きこもった.
hóuse·bòy 名 (複 ～s) C〖旧・軽蔑〗(家庭, ホテルの)下働き; 下男, 雑役夫.
hóuse·brèak 動 (→break) 他〖米〗〔犬, 猫などのペット〕に排便のしつけを付ける (〖英〗housetrain).
── 自 他家にしのび込む, 家宅侵入をする.
hóuse·brèaker 名 C (特に昼間に)侵入するどろぼう[賊]; 家宅侵入者. ★夜間侵入するのは burglar.
hóuse·brèaking 名 U 押し込み, 家宅侵入.
hóuse·bròken 形〖米〗**1**〔犬, 猫などが〕(屋外[特定の場所]で便をするように)家の中で飼えるようにしつけられた (〖英〗house-trained). **2**〖戯〗〔子供が〕(しつけられて)行儀がいい.
hóuse càll 名 C 往診.
hóuse·clèaning 名 U〖米〗**1** 大掃除. **2** (組織の)粛正, 改革.
hóuse·còat 名 C (女性の)部屋着《就寝前, 起床直後やくつろぎ時などに着る》.
hóuse·cràft 名 U〖英〗家庭科 (domestic science); 家事の手腕.
hóuse detèctive 名 C 警備員《ホテル, 銀行などの》.
hóuse dòg 名 C 番犬.
hóuse·fàther 名 C (孤児院などの)寮父.
hóuse flàg 名 C〖海〗社旗, 船主旗.
hóuse·flỳ 名 (複 **-flies**) C〖虫〗イエバエ《最も普通に見られる》.
hóuse·fùl /-fùl/ 名 C 家いっぱい〈*of* ..が〉. a ～ *of* guests 家いっぱいの客.
hóuse guèst 名 C 泊まり客.
***house·hold** /háus(h)òuld/ 名 (複 ～s /-dz/) **1** C 〈単数形で複数扱いもある〉**家族**, 一家の人々, 《使用人も含めて住んでいる全員》; 家庭, 世帯. the head of the ～ 家長. manage one's ～ 家庭をうまく切り盛りする.
2〖英〗〈the H-〉英国王室. the Imperial [Royal] *Household* 皇室[王室].
3〈形容詞的〉(**a**) 家庭の, 家事の. ～ goods [items, products] 家庭用品. ～ effects 家財. ～ expenses 家計費. ～ chores 家事. a ～ cleaner 屋内用合成洗剤《壁, 床(ゆか)など用》. keep ～ accounts 家計簿をつける. (**b**) 普通の, 珍しくない. (**c**)〖英〗〈H-〉王室の. the *Household* Cavalry 近衛(このえ)騎兵部隊.
[house, hold[1]]
‡**hóuse·hòlder** 名 C 世帯主, 家長; 家屋所有者.
hòusehold wórd [**náme**] 名 C よく知られた日常的な語[名前, 商品名].
hóuse-hùnt 動 自 家[住居]を捜す.
hóuse hùnting 名 U 家捜し《住むための》.
hóuse·hùsband 名 C (妻が働く家庭で)家庭を守る夫, '主夫'.
hóuse jòurnal 名 C 社内報.
***house·keep·er** /háuskì:pər/ 名 (複 ～s /-z/) C **家政婦**《主婦の代わりに家事全般を切り回し, メードなどの指揮をする》. employ a ～ 家政婦を雇う.
†**hóuse·kèeping** 名 U **1** 家事(の切り盛り), 家政. **2**〖英話〗家計費 (**hóusekeeping mòney**). **3**〖電算〗主プログラムを実行する前に必要な準備を整えること《たとえば記憶領域の確保》.
hóuse·lìghts 名〈複数扱い〉(劇場の)客席照明.
hóuse·màid 名 C お手伝い, メード.
hòusemaid's knée 名 U〖医〗女中ひざ《膝蓋(しつがい)前滑液嚢(のう)炎; ひざの酷使による炎症》.
hóuse·man /-mən/ 名 (複 **-men** /-mən/)〖英〗＝intern[2].
hóuse màrtin 名 C〖鳥〗イワツバメ.
hóuse·màster 名 C〖主に英〗舎監, 寮長, 《教員がなる》.
hóuse·mìstress 名 C〖主に英〗女性の舎監[寮長]《教員がなる》.
hóuse·mòther 名 C (孤児院, 寮などの)寮母.
hóuse mùsic 名 U ハウスミュージック《disco music, soul music などが融合した, 強く速い規則的なビートのダンスミュージック》.
hòuse of cárds 名 C **1** トランプの家《子供が遊びに作る; 非常に壊れやすいもののたとえ》. The Soviet Union toppled over like a ～. ソ連邦はトランプの家のようにもろくも倒れた. **2** うまくいきそうもない[しっかりしていない]計画[行動].

(Hòuse of) Cómmons 名 〈the ～; 単複両扱い〉 **1** (英国, カナダなどの)下院. **2** 〈集合的〉 下院議員.
hòuse of corréction 名 C 〖米〗矯正院《軽犯罪者を収容する》; 〖英古〗刑務所.
Hòuse of Cóuncilors 名 〈the ～〉(日本の)参議院.
hòuse of Gód 名 〈the ～〉'神の家'《教会, 礼拝堂, 寺院を指す》.
hòuse of ìll fáme[repúte] 名 C 〖古〗売春宿.
(Hòuse of) Lórds 名 **1** 〈the ～; 単複両扱い〉(英国の)上院《選挙によらず, 貴族議員 (the Lords Temporal), 聖職者議員 (the Lords Spiritual), 法官議員 (Law Lords) から成る; →parliament》. **2** 〈集合的〉 上院議員.
Hòuse of Represéntatives 名 〈the ～〉(米国の)下院 (→congress); (日本の)衆議院.
hòuse of wórship 名 C 〖主に米〗教会.
hóuse òrgan 名 C ＝house journal.
hóuse·pàrent 名 C (施設の子供たちの)親代わり(の人), 世話係.
hóuse pàrty 名 C (別荘などで数日間泊まりがけで催される)パーティー; 〈集合的〉 その招待客.
hóuse·phòne 名 C (ホテルなどの)館内電話.
hóuse physìcian 名 C (病院, ホテルなどの)住み込みの内科医.
hóuse·plànt 名 C (室内用の)鉢植え植物.
hóuse pòint 名 C 〈普通 ～s〉〖英〗(生徒の学業, スポーツ, 善行などに与えられる)学内の賞.
hóuse·pròud 形 家をきれいにするのが(過度に)好きな, 家自慢の.
hóuse·ròom 名 U (家などの)人の住む[物を置く]場所, スペース. I would not give ～ to those things. そんな物ただでもいらない《＜それを置く場所がない》.
hóuse-sìt 動 (→sit) 自 〖主に米〗(住人の留守の間に)留守番に住み込む. ▷**house-sit·ter** 名
Hòuses of Párliament 名 〈the ～〉英国議会(の上院と下院); (英国の)国会議事堂《米国の国会議事堂は the Capitol》.
hóuse spàrrow 名 C 〖鳥〗イエスズメ《普通のスズメ》.
hòuse stýle 名 C (出版社, 印刷所などの)独自の方針[スタイル]《綴り, 表記, 組版など》.
hóuse sùrgeon 名 C (病院の)住み込み外科医.
hòuse-to-hóuse /⑧/ 形 〈限定〉戸ごとの, 戸別の, 軒並の. make ～ inquiries 軒並に聞き込みを行う.
hóuse·tòp 名 C 屋根. *crỳ [bròadcast, shòut, proclàim, scrèam, yèll]..from the hóusetops* ..を世間に言いふらす, 声高に公言する.
hóuse tràiler 名 〖米〗＝trailer 4.
hóuse-tràin 動 他 〖英〗＝housebreak.
hóuse-tràined 形 〖英〗＝housebroken.
Hòuse Un-Amèrican Actívities Commìttee 名 〈the ～〉〖米史〗(下院)非米活動調査委員会《1950 年代に McCarthyism の舞台となった; 略 HUAC》.
hóuse·wàres 名 〈単複両扱い〉家庭用品(売り場).
hóuse·wàrming 名 C 新居移転祝い(のパーティー).
‡**house·wife** /háuswàif; 2 は hʌ́zif/ 名 (複 **-wives** /-wàivz/; 2は /hʌ́zivz/) C **1** (一家の働きに出ない)主婦; 家事を切り盛りする女性 (homemaker). a good ～ 家事をうまく切り盛りする女性. **2** 〖英〗裁縫箱. [＜中期英語; house, wife; →hussy]
hóuse·wìfe·ly 形 **1** 主婦らしい. **2** 家事のうまい, 所帯持ちのいい.
hóuse·wìf·er·y /-wàif(ə)ri|-wif-/ 名 U 家事, 家政, (housekeeping).
†**hóuse·wòrk** 名 U 家事《homework は「宿題」》. do the [one's] ～ 家事をする.
house·y-house·y /hàusiháusi, hàuziháuzi/ 名 〖英旧〗＝bingo, lotto.
†**hous·ing** /háuziŋ/ 名 **1** U 住宅供給, 住宅事情; 〈形容詞的〉住宅(供給)の. improve ～ 住宅事情を改善する. the ～ problem 住宅問題. **2** U 住居, 住宅, 住まい. Luckily I've found ～ near my office. 運よく勤め先の近くに住まいが見つかった. live in bad ～ (conditions) ひどい住宅に住む. **3** C ハウジング《機械, 部品の枠, 囲いなど》.
Hòusing and Ùrban Devélopment 名 〖米〗住宅都市開発省 (→department).
hóusing associàtion 名 C 住宅建設[購入]共同組合.
hóusing bènefit 名 U 〖英〗(自治体からの)住宅扶助金.
hóusing devèlopment 〖米〗 [**estàte** 〖英〗] 名 C (住宅)団地.
hóusing lìst 名 C 〖英〗(自治体提供の)住宅の順番待ち名簿.
hóusing pròject 名 C 〖米〗(低所得世帯用の)公営(住宅)団地.
Hous·man /háusmən/ 名 **A.E.** ～ ハウスマン (1859–1936)《英国の詩人・古典学者》.
Hous·ton /hjú:stən/ 名 ヒューストン《米国 Texas 州南東部の市; NASA 宇宙センターがある》.
Hou·yhn·hnm /hú:inəm, hwínəm|húi(h)n-(ə)m/ 名 フイナム《Swift 作 *Gulliver's Travels* に出てくる理性を持った馬; Swift の造語で馬のいななきを思わせる》.
HOV high-occupancy vehicle.
hove /houv/ 動 heave の過去形・過去分詞.
hov·el /hʌ́v(ə)l, hɑ́v-|hɔ́v-/ 名 C **1** あばら屋, 掘っ建て小屋, 陋屋(ろうおく). **2** 物置; 家畜小屋.
†**hov·er** /hʌ́vər, hɑ́v-|hɔ́v-/ 動 自 **1** 〔鳥, ヘリコプターなどが〕空中の一箇所を舞い続ける, 空中停止する, 旋回する, 〈*over, above* ..の上を〉. a helicopter ～*ing over* our tent 我々のテントの上で空中静止しているヘリコプター. **2** うろつく, さまよう, 〈*around, about* ..の周りを〉. A wolf ～*ed around* the hut. オオカミが 1 頭その小屋の周りをうろついていた. the men ～*ing about* Beth ベスの周りに群がる[につきまとう]男たち. **3** ためらう; VA 迷う 〈*between* ..の間で〉. ～ *between* hope and despair [*on* the brink of death] 一喜一憂する[生死の境をさまよう]. **4** VA 〔物価, 価値, スコアなどが〕上下する 〈*around, at* ..(のあたり)を/*between* ..の間を〉.
hóver over.. (1) →1. (2) ..を監視する, ..につきまとう.
[＜中期英語] ▷**～·er** 名 C hover する鳥[ヘリコプターなど]; ためらう人.
hóver·cràft 名 (複 ～) C ホーバークラフト《高圧空気を下に噴射して機体を浮かせて進む乗り物; ACV とも言う; 水上用・陸上用がある》.
hóver mòwer 名 C ホーバー式芝刈り機《機械を少し浮かせて回転刃で刈る》.
HÓV làne 名 C 〖米〗複数乗員車両専用車線 (high-occupancy vehicle lane).
‡**how** /hau/ 副 〈疑問副詞〉
【どんな手段, 方法で】 **1** どのようにして, どんな方法[手段]で; どんな風にして. "*How* do you go to school?" "I go by bus." 「君はどうやって通学していますか」「バスで通っています」. *How* did the fire break out? どのようにしてその火事は起こったのですか. ～ *to* play chess チェスの遊び方. "*How* do you like your coffee?" "Black." 「コーヒーはどのようにしましょうか」「ブラックがいいです」. I can't tell ～ the bird got out of the cage. どうやって鳥がかごから出たのか分からない.
【どんな様子に】 **2** (a) どのように, どんな風に. *How* was the bride dressed? 花嫁はどんな衣装を着ていましたか. *How* will the weather be today? 今日の天候はどうですか. (b) (特に健康状態について)どんな状態で, どんな容態で. *How* are you? →成句. *How* did you find the injured? 負傷者たちの容態はどうでしたか (★前後関係によっては「どうやって負傷者たちを見つけたのか」という 1 の意味にもなり得る).
【どんな程度に】 **3** (**a**)〈直後に形容詞, 副詞を伴って〉どのくらい, どれだけ. *How* many books are there on the desk? 机の上に本が何冊ありますか. *How much* milk is left in the bottle? その瓶にはミルクがどのくらい残っていますか. *How* far is it from here to the station? ここから駅までの距離はどのくらいありますか. *How* wide is this river? この川の幅はどのくらいありますか. It is wonderful ～ many stamps he has collected. 彼がどれほどたくさん切手を集めたかは驚くほどである. (**b**) どのくらいの金額で, いくらで. *How* do you sell these apples? このリンゴはいくらかね. *How* is the yen today? 今日の円(の相場)はいくらか.
【なんという程度に】 **4**〈強意; 感嘆文で〉(まあ)なんと, どんな..(だろう). *How* fast the train is moving! この列車はなんと速く走るのだろう. *How* tall Peter is!=*How* tall a boy Peter is! ピーターはなんと背が高いんだろう (=What a tall boy Peter is!). Only Bob knew ～ small an opening [what a small opening] the cave had. そのほら穴の出入り口がどんなに小さいかはボブにしか分からなかった.

> 語法 (1) 感嘆文は How＋形容詞[副詞]＋主語＋動詞＋! 又は How＋形容詞＋a[an]＋名詞＋主語＋動詞＋! の形になる; 普通, 後者の代わりに What＋a[an]＋形容詞＋名詞＋主語＋動詞＋! の形を用いる; 名詞が複数形の場合は What pretty dolls you have! (あなたはなんて可愛い人形を持っているのでしょう) と言い, How pretty dolls..は不可. (2) how に修飾される副詞, 又は「主語＋動詞」などが(文脈から明らかである場合)省略されることがある: *How* (*fast*) the greyhound ran! (そのグレーハウンドはなんと速く走ったことだろう) *How* I wish I were young again! (→wish 動 他 1) *How* nice (it is) of you to think of my family! (私の家族のことを考えてくれるなんて君はなんて親切なんだろう).

【どんなわけで】 **5** どうして, どういう理由[目的]で; どういうつもりで. *How* (in the world) did you happen to be in the park last night? (一体全体)君はなんで昨夜公園などにいたのか. *How* can I leave my child alone? どうして私が子供を独りぼっちにできようか(できはしない). *How* do you mean? どういう意味[つもり]ですか (=What do you mean?).
【どのようにして】 **6**〈関係副詞〉(**a**)〈名詞節を導いて〉..である次第, ..する方法. This is ～ (=the way in which) the decision was reached. これがその決定がなされた方法です《>このようにしてその決定はなされた》. Watch ～ I kick the ball. 私のボールの蹴(け)り方を見ていなさい. (語法 (1) 先行詞を用いるとすれば the way how とは言わず the way in which とする. (2) 普通, 文中で疑問詞用法の時より弱く発音される)
(**b**)〈副詞節を導いて〉どのように..しても (→however 1 (b)). Handle a knife and fork ～ (=in any way that) you think best. ナイフとフォークを君が一番よいと思うように扱いなさい. You may act ～ you like in my home. 私の家では好き勝手にしてよい.
7〈接続詞的用法〉〖話〗..ということ (参考 (the fact) that とほぼ同じ意味だが, how のほうが that よりも, その成り行きに対する深い興味や感情を表す). Father told me ～ he had met Jim in the park. 父は公園でジムに会ったと私に話した.
and hów 〖話〗大いに, すごく; 全くそのとおり. "It is cold today, isn't it?" "*And* ～!"「今日は寒いね」「全くだ」.
ány old hòw 〖話〗軽率に, ぞんざいに, (carelessly).
Hère's hów! (ご健康を祝して)乾杯!
****Hów about..?*** (1)..(をして)はいかがですか. *How about* going for a walk in the park with me? 公園を一緒に散歩しませんか. 参考 非常にくだけた言い方では How's about..? になることがある. (2)..はどう(なるの)か. *How about* you? 君の意見[考え, 希望など]はどうなのか. *How about* your promise to pay back the money? あの金を返すという君の約束はどうしたのか.
Hòw about thát! 〖話〗そいつは驚いたね; すごいじゃない, お見事.
****Hòw áre you?*** (1) お元気ですか, 今日は. 参考 すでに知り合っている人に対するあいさつで, 一般的には次のように返事する: Fine(, thanks). (And) hòw are yóu? ((ありがとう)元気です. あなたは) (2) 健康状態はいかがですか.
Hòw cóme..? 〖米話〗..はどういう訳か, どうして..なのか (Why [How] is it that ..?). *How come* Will is not coming with us? どうしてウィルは私たちと一緒に来ないのか. (★語順に注意)
****Hòw do you dó?*＝*Hòw d'ye dó?*** /hàu-djə-dú:, -di-dú:/ (1) 初めまして. (2)〖米〗今日は (How are you? (1)). 参考 (1), (2) とも返事は同じく How do you [d'ye] do? (初めまして, 今日は); How d'ye do? は少々ぞんざいな言い方. さらにくだけた言い方に How do? がある.
Hòw ís it (that)..? 〈強調形〉..ということはどういう訳[どのようにして]か. *How is* [*was*] *it* (*that*) the accident happened? その事故が起こったのはどのようにしてであったか.
****Hòw múch?*** (1) (値段は)いくらですか. (2)〖米俗〗何だって(もう一度言って) (What?).
****Hòw múch is [are]..?*** ..の値段[金額]はいくらですか. *How much is* this camera? このカメラはいくらですか.
Hòw nów? 〖古〗これはどういうことか[どういう意味か].
Hòw só? なぜそうなの, どうしてなの. You say Steve is a liar. *How so?* 君はスティーヴはうそつきだと言うが, どうしてうそつきなの.
Hòw's thát? (1) それはどういう訳か. (2) もう一度言ってください, 何と言いましたか. "Your apartment is on fire." "*How's that* again?"「君のアパートが火事なんだ」「何だって!」《ここは単なる驚きを表す》. (3)〖クリケット〗(審判に向かって)打者はアウトかセーフか.
Hòw's thát for..? (1)..についてはどうですか[申し分ないですか]. *How's that for* color [size]? (実際に試着などしてみて)色[サイズ]のほうはどうですか. (2)〖話〗(★for の次は形容詞など)すごく[ばかに]..じゃないか.
Hów thèn? これはどうした訳か, それはどうしてか.
── 名 C〈普通 the ～〉方法, 仕方. know the ～ and the why of it その方法と理由を知っている.
[＜古期英語 *hū*]
How·ard /háuərd/ 名 男子の名.
how·be·it /haubí:it/ 副〖古〗しかしながら.
how·dah /háudə/ 名 C くらかご《象などの背に載せる, 普通, 天蓋(がい)付きの座席》. [アラビア語]
how-do-you-do, howd'ye-do /hàudjudú:/, /hàudidú:, -djə-/ 名 C〖話〗困った立場 (★普通 fine, pretty, nice などを前に置く). This must be a fine ～ for him. これには彼も相当困っているに違いない.
how·dy /háudi/ 間〖米話〗やあ (hello).
Bòy hówdy! 〖米話〗よお! すごい!
how·e'er /hauéər/ 副〖詩〗however の短縮形.
‡**how·ev·er** /hauévər/ 副 **1**〈接続詞的〉
(**a**) どんな(程度)に..でも; どれほど..でも; (語法 形容詞, 副詞の前に置かれて譲歩節を導く; この譲歩節中で may を用いるのは雅語的; しばしば no matter how に換えられる). *However* (= No matter how) hard the work is, I will go through with it. その仕事がどんなにきつくてもやり通すぞ. The villagers, ～ poor (they were), were kind to others. その村人たちはどんなに貧乏していても他人に親切にした.
(**b**) どのように[どのような方法で]..しても, ..するどんな方法でも. *However* we do it, we cannot get to the lake in an hour. どうやっても私たちはその湖へ1時間ではたどり着けない. You may act ～ you wish. 君の好きなようにふるまってよい.

2〈強意〉〘話〙一体どのようにして, 一体全体どうやって, (語法 how の強調形; how ever と2語に分ける方が正しいとされている). *However* else did Nelly solve the problem? 一体ほかのどんな方法でネリーはその問題を解いたのですか.

3〈接続詞的〉しかしながら, けれども; もっとも; (→yet 類語)(語法 前後にコンマを置いて文中に挿入されることが多いが, 文頭又は前にコンマを置いて文末にも置かれる). The issue, ～, should be considered more carefully. しかしながらその問題はもっと注意深く考えるべきだ. I intended to visit you; ～, a friend of mine called on me. 君のところへ行くつもりであった. けれども友達が訪ねて来てしまったのだ. This is a rule. *However* there are a few exceptions to it. これは規則だ, もっとも2, 3の例外はあるが.

H

how·itz·er /háuitsər/ 名 C 〘軍〙榴(ﾘｭｳ)弾砲.

***howl** /haul/ 動 (～s /-z/|過 過分 ～ed /-d/|hówl·ing) 自 **1**〔オオカミ, 犬などが〕**遠ぼえする**.
2〔風などが〕ひゅーひゅーとうなる; 〔ラジオやマイクが〕ぴーぴーいう. The wind was ～*ing* around the cabin. その小屋の周りには風がひゅーひゅーうなりをたてていた.
3(苦痛, 怒りなどで)うめく, うなる; 〔特に子供が〕泣きわめく, 泣き叫ぶ. The child ～*ed* with [in] pain. その子供は痛くて泣きわめいた.
4 大笑いする; 大声でやじる; 怒号する. ～ (with laughter) at his jokes 彼のジョークに笑いこける. ～ at the decision その決定にやじを飛ばす. ～ for .. をやかましく要求する.
── 他 をわめきながら(大声で)言う[表す]〈*out*〉; VO (～ "引用")「..」と大声でわめく. ***hòwl /../ dówn***〔講演者など〕を大声でやじって黙らせる[やじり倒す].
── 名 (複 ～s /-z/) C **1** (オオカミ, 犬などの)**遠ぼえ**.
2 わめき声, どなり声; (大きな)笑い声, あざけりの声. a ～ of protest あらしのような抗議. give [let out] a ～ of rage [agony] 怒って[激しい苦痛で]大声をあげる. cause [be greeted with] ～*s* of protest 猛烈な反対を招く[受ける]. **3**〘電〙ぴーぴーいう音, (マイクなどの)ハウリング. [＜中期英語; 擬声語]

hówl·er 名 C **1** ほえる獣; わめく[どなる]人. **2**〘話〙大失敗, 大へま. **3** ＝howler monkey.

hówler mònkey 名 C ホエザル《熱帯アメリカ産; 体が大きい》.

hówl·ing 形〈限定〉**1** 荒涼とした. a ～ wilderness 荒涼とした原野. **2**〘話〙途方もない; すごい. a ～ success すばらしい成功.

hòw·so·éver /㊕/ 副 〘古・雅〙たとえどんなに..でも(however).

hòw-tó /㊕/〘米話〙形〈限定〉方法を教える, 手引きの. a ～ book 手引き書. ── 名 (複 ～s) C ハウツーもの, 実用[手引き]書; 基本〈*of* ..の〉.

how·zat /hauzǽt/ 間 ＝HOW'S that? (3).

hoy·den /hɔ́idn/ 名 C 〘雅〙おてんば娘, じゃじゃ馬娘. ▷**～·ish** /-d(ə)niʃ/ 形 おてんばな.

Hoyle /hɔil/ 名 C トランプのルールブック.
accòrding to Hóyle ルール通りに(は), 権威をもって, 《トランプの権威者であった Edmond *Hoyle* にちなむ》.

HP, hp horsepower; 〘英〙hire-purchase (on *HP* 分割払いで).

H.P. 〘英〙Houses of Parliament.

hPa hectopascal.

‡**HQ, hq** headquarters.

HR 〘野球〙home run; heart rate.

hr hour.

H.R. 〘米〙House of Representatives.

HRH His [Her] Royal Highness.

hrs hours.

HRT 〘医〙hormone replacement therapy (ホルモン置換療法).

HS 〘米〙high school; 〘英〙Home Secretary.

HT 〘電〙high tension.

ht height.

HTML Hypertext Markup Language.

H_2O /èitʃ-tu:-óu/ 名 U 水の元素記号; 〘時に戯〙水.

HUAC /hjú:æk, èitʃ-ju-ei-sí:/ 名〈the ～〉〘米〙非米活動調査委員会 (House Un-American Activities Committee).

hua·ra·che /wərɑ́:tʃi, hə-/ 名 C 〈普通 ～s〉(主にメキシコ製の)革ひも編みサンダル.

‡**hub** /hʌb/ 名 C **1** ハブ《車輪の中央部; →bicycle 図》, (車輪の)轂(こしき). **2** (活動, 重要さ, 興味などの)中心, 中枢. Geneva is a major ～ of international trade. ジュネーヴは国際通商の一大中心地である. a transportation ～ 交通の要衝. [?＜hob¹]

húb àirport 名 C ハブ[拠点]空港《各地からの航空路が集中し, 乗り換えが行われる》.

hùb-and-spóke /㊕/ 形 〔航空路線が〕ハブ空港集中式の.

hub·ble-bub·ble /hʌ́blbʌ̀bl/ 名〘話〙＝hookah.

Húb·ble Tèlescope, Hùbble Spáce Tèlescope /hʌ́bl-/ 名 〈the ～〉ハッブル宇宙望遠鏡《1990年4月24日にスペースシャトル Discovery を使って打ち上げられたアメリカの空飛ぶ天文台》.

hub·bub /hʌ́bʌ̀b/ 名 aU **1** がやがややかましい音. **2** 騒動. in a ～ ごったがえして.

hub·by /hʌ́bi/ 名 (複 **-bies**) C 〘話〙亭主, うちの人, 《husband の短縮形》.

húb·càp 名 C ホイールキャップ《自動車の金属製ハブ覆い》.

Hu·bert /hjú:bərt/ 名 男子の名.

hu·bris /hjú:bris/ 名 U 〘章〙傲(ごう)慢, おごり. ▷**hu·bris·tic** /hju:brístik/ 形

huck·le·ber·ry /hʌ́k(ə)lbèri/ 名 (複 **-ries**) C **1**〘植〙ハックルベリー《コケモモに似た低木; ツツジ科; 北米・南米に多い》. **2** その実《ジャムなどにして食べる》.

Húck·le·bèr·ry Fínn 名 ハックルベリー・フィン《Mark Twain の小説に出てくる元気ないたずら好きの少年; →Tom Sawyer》.

huck·ster /hʌ́kstər/ 名 C **1**〘旧〙(果物, 野菜などの)行商人, 呼び売り商人, (hawker); (金で働く)卑しい人間. **2** しつこいセールスマン. **3**〘米・しばしば軽蔑〙(ラジオ, テレビの)コピーライター, 広告屋, 宣伝マン.

HUD /hʌd/ 〘米〙 (the Department of) Housing and Urban Development.

†**hud·dle** /hʌ́dl/ 動 他 **1** VOA をごたごた寄せ集める[積み重ねる]〈*together, up*〉〈*around* ..の回りに〉; を詰め込む〈*into* ..の中へ〉. industrial, recreational and residential sites ～*d together* 一箇所に寄せ集めた工業地と娯楽地と住宅地. ～ the captives *into* a hut 捕虜を小屋に詰め込む.
2 VOA 〈再帰形又は受け身で〉 体を丸めてちぢこませる〈*up*〉. kittens ～*d up in* a box 箱の中でちぢこまっている子猫たち. People walked on, ～*d against* the storm. あらしに身をちぢこませて人々は歩いて行った.
3〘英〙〔仕事など〕を急いで[いいかげんに]やる.
── 自 **1** VA ごちゃごちゃ身を寄せ合う; 群がる; 押し合う; 〈*together, up*〉〈*around* ..の回りに〉. **2** VA (寒さ, 恐怖などで) 身を丸める, ちぢこまる, 〈*up*〉〈*under* ..〔毛布など〕の下で〉.
3〘話〙ひそひそ相談する, 密談する, 〈*together*〉.
hùddled másses 身を寄せ合う貧しい大衆《Statue of Liberty の台座に刻まれている Emma Lazarus の詩句》.

hùddle /../ ón 〔着物〕をあわててぞんざいに着る.
── 名 C **1** (人の)ひとかたまり; (物の)寄せ集め, (積み重ねた)山. **2** 〖話〗相談, 密談. **3** 〖アメフト〗ハドル《作戦会議》.
gèt* [*gò*] *into a húddle (1) 密談する. (2) (集まって)作戦を練る. [＜中期英語「隠す」]

Hud·son /hʌ́ds(ə)n/ 名 **1** 〈the ～〉ハドソン川《米国 New York 州東部を流れる; 河口に New York 市がある》. **2 Henry** ～ ハドソン(1550?-1611)《英国の航海家; ハドソン川, ハドソン湾を探検した》. **3 W.H.** ～ ハドソン(1841-1922)《英国の博物学者・小説家》.

Hùdson Báy 名 ハドソン湾《カナダ北東部の巨大な湾》.

*__hue__ /hju:/ 名 (複 **～s** /-z/) **1** C 色 (類語 color より形式ばった語). a variety of ～*s* いろいろな色. **2** UC 色合い, 色調, (tint). bright [dark] ～*s* 明るい[暗い]色合い. **3** (意見などの)特色, 傾向. . . . of every ～ あらゆるタイプの. . . [＜古期英語「外観, 色」]

hùe and crý 名 C **1** 非難の叫び〈*against* . . に対する〉. There was a great ～ *against* the consumption tax. 消費税に対して大きな反対の叫び声があがった. raise a ～ 非難の声をあげる. **2** 〖史〗犯人追跡の叫び声, 叫び声をあげながらの追跡. raise a ～ 犯人追跡の叫び声をあげる《「どろぼう!」,「人殺し!」などと叫ぶ》. [擬音語]

‡**huff** /hʌf/ 動 他 **1** 〔人〕を怒らせる. Don't be ～*ed*. 怒るな. **2** 〔いらだちなど〕を表す; VO (～ "引用")「. .」と怒って言う. **3** VOA (～ X ***into*** [***out of***] . .) 〖今はまれ〗X (人)をおどして. . させる[. . をやめさせる]. **4** 〖チェッカー〗〔相手の駒(こま)〕を罰として取る. ── 自 **1** 怒る, 腹を立てる. **2** はーはー息を吐く; VA (眼鏡などを磨くために) はーと息を吹きかける〈*on* . . に〉.
hùff and púff (1) (疲れて)息を切らせる, はあはあいう. (2) (結局どうしようもないのに)大いに憤慨する, (おどしに)がたがた騒ぎ立てる. 「～ 怒る, むっとする.
── 名 C 〈単数形で〉立腹, 憤慨. go [get] into a
in a húff 〖話〗ぷりぷり怒って, 立腹して. leave [go off, walk off] *in a* ～ ぷりぷり怒って立ち去る.

huff·ish /hʌ́fiʃ/ 形 ＝huffy.

huff·y /hʌ́fi/ 形 e **1** 怒りっぽい, すぐかっとなる; 怒った, むっとした. **2** 威張り散らす, 高慢な.
▷**huff·i·ly** 副 怒って. **huff·i·ness** 名 U 立腹.

*__hug__ /hʌg/ 動 (～s /-z/|過 過分 **～ged** /-d/|**húg·ging**) 他 【強く抱く】 **1** (愛情を込めて)をぎゅっと抱き締める (★親しい人との再会, 別れの挨拶としても行われる); 〔荷物など〕を抱きかかえる; 〔クマなどが前足で人など〕をかかえ込む. ～ one's love tightly 恋人をしっかり抱き締める. ～ each other お互いに抱き合う.
【抱いて離さない】 **2** 〔考え, 偏見など〕に固執する. ～ a foolish idea 愚かな考えに執着する.
3 〔船, 車, 人などが〕(抱くように)のすぐそばを通る, に沿って進む. This road ～*s* the bank. この道は堤に沿って走っている. a coast-～*ging* course 海岸沿いに進む針路.
4 (衣服が)〔体〕にぴったりくっつく. figure-～*ging* 体型ぴったりの.
***húg oneself with jóy* [*delíght*] (*on* [*for, over*]) . .** (. . のことで)ほくほくする[独りで悦に入る].
hùg the róad 〔車が〕しっかりと[なめらかに]路上を走る.
── 自 抱き合う; お互いにしがみつく.
── 名 C **1** 抱き締めること, 抱擁. give a person a (big) ～ 人を(しっかりと)抱き締める. **2** 〖レスリング〗抱え込み. [?＜北欧語] ▷**húg·ger** 名

‡**huge** /hju:dʒ/ 形 e (**húg·er**|**húg·est**) **1** 巨大な; 莫(ばく)大な; (↔tiny; 類語 形や量が非常に大きいことを表す; →large). a ～ ship 巨大な船. a ～ number of people 非常に多くの人たち. a ～ debt 巨額の借金. Tokyo is a ～ city. 東京は巨大な都市だ. **2** 〖話〗非常な, 大変な. The party was a ～ success. パーティーは大成功だった. make a ～ blunder 大変なへまをやる. [＜古期フランス語 *ahuge* (＜*hoge*「高所, 丘」)]
▷**húge·ly** 副 〖話〗非常に, 大変に. be ～*ly* successful 大成功である. **húge·ness** 名 U 巨大さ.

hug·ger-mug·ger /hʌ́gərmʌ̀gər/ 名 U **1** 秘密. **2** 混乱, 乱雑. ── 形, 副 乱雑な[に]; 秘密の[に].

Hugh /hju:/ 名 男子の名.

Hu·go /hjú:gou/ 名 **Victor** ～ ユゴー(1802-85)《フランスの詩人・小説家・劇作家》.

Hu·gue·not /(h)jú:gənɑ̀t|-nɔ̀t, -nòu/ 名 C ユグノー教徒《16-17 世紀フランスの新教徒》.

†**huh** /hʌ/ 間 〖話〗 **1** 〈相手に念を押す気持ちで〉そうでしょう, どうなの, え? Maybe you know what I mean, ～? 僕の言ってる意味分かるだろう, え? **2** えっ, なんだって, 《聞き返して》. **3** へぇー; ふん; なんだ; 《驚き, 軽蔑, 非難などを表す》.

huh-uh /hʌ̀hʌ́/ 間 いや (no).

huh-um /hʌ̀hʌ́m/ 間 ＝huh-uh.

hu·la, hu·la-hu·la /hú:lə/, /hù:ləhú:lə/ 名 C フラダンス《ハワイの民族舞踊》. [ハワイ語]

Húla-Hòop 名 C 〖商標〗フラフープ《腰の回転で回して遊ぶプラスチックの輪》.

‡**hulk** /hʌlk/ 名 C **1** 図体のでかい人[動物, 物]. **2** (船体だけの)廃船; 廃棄された乗り物[建物], 残骸(ざんがい). the moribund ～ of the Spanish Empire 崩壊を前にした死に体の大スペイン帝国. [＜古期英語「軽舟」]

húlk·ing 形 〈限定〉大変大きな, 大きくてぶかっこうな; かさばる. a ～ big desk やたらにかさばる机.

Hull /hʌl/ 名 ハル《イングランド北東部の港町; 英国最大の漁港; 公式名 **Kìngston upon Húll**》.

hull[1] /hʌl/ 名 C (穀物, 果物などの)皮, 殻; (豆類の)さや; (イチゴなどの)へた; (一般に物の)覆い, カバー. ── 動 他 の皮[殻, さや]を取り除く. ～*ed* beans むいた豆.

‡**hull**[2] 名 C (帆柱, 煙突などを除いた)船の本体.

hul·la·ba·loo /hʌ́ləbəlù:, ╌╌╌╱/ 名 (複 **～s**) C 〈普通, 単数形で〉がやがや, 大騒ぎ; ごったがえし.

hul·lo, -loa /həlóu, hʌ́lou|hʌlóu/ 間, 名 (複 **～s**), 動 〖主に英〗＝hello.

*__hum__ /hʌm/ 動 (～s /-z/|過 過分 **～med** /-d/|**húm·ming**) 自 **1** 〔ハチ, こま, 機械などが〕ぶんぶんいう[うなる]. I heard bees ～*ming*. ハチがぶんぶんうなっていた. **2** ハミングする, 鼻歌を歌う. My mother often ～*s* (to herself) while cooking. 母はよく料理をしながら鼻歌を歌う. **3** 〖話〗〔事業などが〕活況を呈する, 景気がいい〈*with* . . で〉. Business was ～*ming* (right along). 商売は活気に満ちていた. ～ *with* rumor 〔場所が〕噂が飛びかう. **4** (ためらって)ふーむという. **5** 〖英俗〗いやな臭いがする.
── 他 **1** をハミング[鼻歌]で歌う. ～ a lullaby to a baby 赤ん坊に子守歌をハミングして聞かせる. **2** VOA (～ X ***to*** . .) X (人)に鼻歌を歌って. . させる. ～ a baby *to* sleep 赤ん坊を鼻歌で寝つかせる.
***hùm* [*hèm*] *and háw* [*há, háh*]** 〖英〗→haw[2].
── 名 (複 **～s** /-z/) C 〈普通, 単数形で〉 **1** (ハチ, こま, 機械などの)ぶんぶんいう音; ハム《ラジオ受信機の低くうなる音》; ハミング. the ～ of wasps [a fan] スズメバチ[扇風機]のぶんぶんいう音. **2** がやがやいう音, (交通などの遠くの)騒音. a ～ of voices from downstairs 階下から聞こえるがやがやいう声. **3** (ためらいの)ふーむという声. ～*s* and haws ふーむ, えーという声. **4** 〖英俗〗悪臭.
── /m:, həm/ 間 ふーむ, ふーん, 《ちゅうちょ, 不満, 驚き, 賛成などを表す》. [擬音語]

‡**hu·man** /(h)jú:mən|hjú:-/ 形 **1** C 人間の, 人の, (★特に, 動植物, 機械との対比で); 人類の. the ～ body 人体. ～ life 人命. ～ behavior 人間の行動. ～ affairs 人間に関する事柄, 人事. ～ history 人間の歴史, 人類史. ～ happiness 人類の幸福. not fit for ～ consumption 人間が食べるには適さない. →human

error.
2 ⓜ **人間的な**, 人間らしい; 人が本来持っている; (類語 人間の客観的な特徴に重点がある; ↔inhuman; ↔ divine; →humane). the ～ touch 人情味. The professor seems quite ～ and easy to talk to. 教授はとても人間的で話しやすそうに見える. To err is ～, to forgive divine. 〚諺〛あやまちは人の常, 許すのは神のわざ. This time he was defeated at chess; he's only ～. 今度は彼はチェスで負けた. 彼もただの人間だ. →human interest.
── 名 Ⓒ 人, 人間, (human being) (★特に, 動植物, 機械との対比で). *Humans* are supposed to be the most intelligent beings. 人間は一番頭の良い存在ということになっている.
[＜ラテン語 *hūmānus*「人間 (*homō*) の」]

hùman béing 名 Ⓒ 人, 人間, (類語 動物, 妖(よう)精, 神, 幽霊など人間以外のものとの区別に重点がある; →man 1). Mom, I'm no doll. I'm a ～. ママ, 私はお人形じゃないんです. (自分の意志を持った)人間なんです.

H

*__hu·mane__ /(h)ju:méin|hju(:)-/ 形 ⓜ **1 人情(味)のある**, 思いやりのある, 慈悲深い, 人道的な; (↔inhumane; 類語 人情味を強調する; →human). the most ～ punishment for criminals 罪人に対する最も人道的な刑罰. deal with the affair in a more ～ way もっと思いやりをもって事件を処理する. receive ～ treatment 思いやりのある[人道的な]扱いを受ける. **2** 苦痛を与えない. We should devise a more ～ way of killing animals. もっと苦痛を与えずに動物を殺す方法を考え出すべきだ. **3** 〚章・まれ〛人文の. ～ studies 人文科学. a ～ education 人間教育. [human の異形] ▷**～·ly** 副 慈悲深く, 思いやりをもって, 人道的に. **～·ness** 名 Ⓤ 慈悲深さ, 思いやり.

humáne kìller 名 Ⓒ 〚英〛(家畜の)無痛屠(と)殺機.

hùman engineéring 名 Ⓤ 人間工学.

hùman érror 名 Ⓤ 人為的ミス, 人間の誤り. due to ～ (機械の故障でなく)人為的ミスのため. be caused by ～ 人間の誤りによって起こる.

Humáne Society 名 〈the ～〉(米国の)動物愛護協会.

Hùman Génome Pròject 名 〈the ～〉ヒトゲノム計画 《ヒトの持っているすべての遺伝子の解読を目的とする》.

hùman geógraphy 名 Ⓤ 人文地理学.

hùman immunodefíciency vìrus 名 Ⓒ → HIV.

hùman ínterest 名 Ⓤ (新聞記事などの)人間への関心, 人情味. ── 形 人間的興味の. a ～ story ヒューマンインタレスト[人間的興味]に訴える記事.

‡**hú·man·ìsm** 名 Ⓤ **1** 人本[人文]主義, 人間(至上)主義, 《神や自然界よりも人間(性)そのものを重んじ, 合理的な解決を求める》. 注意 日本語の「ヒューマニズム」はむしろ humanitarianism に近い. **2** 〈又は H-〉人文学 《ルネッサンス期の人文学者によるギリシア・ローマ文学研究》.

hú·man·ist 名 Ⓒ **1** 人本主義者; 人道主義者 (humanitarian). **2** 〈又は H-〉人文学者, 人文主義者, 《特にルネッサンス期にギリシア・ローマ文学を研究した》.

hù·man·is·tic /-tik ⓢ/ 形 **1** 人文主義の; 人道主義の, 人間至上の. **2** 人文学(者)の, 人文主義(者)の.

*__hu·man·i·tar·i·an__ /(h)ju(:)mæ̀nətέ(ə)riən|hju:-/ 形 ⓜ **人道主義の**; 博愛(主義)の. ── 名 Ⓒ **人道主義者**; 博愛主義者. [humanity, -arian]

hu·màn·i·tár·i·an·ìsm /-ìz(ə)m/ 名 Ⓤ 人道主義; 博愛(主義); (→humanism 注意).

*__hu·man·i·ty__ /(h)ju:mǽnəti|hju(:)-/ 名 (複 **-ties** /-z/) **1** Ⓤ〈単複両扱い〉**人類**, 人間, (mankind). 注意 女性をも含めて man を使うことに反対する人たちは humanity を好む. a crime against ～ 人類に対する犯罪. Nuclear weapons are a threat to all ～. 核兵器は全人類への脅威である. Roads were overflowing with ～. 道路は人間であふれていた.
2 Ⓤ 人間性, 人間の本性. Some people believe ～ is fundamentally good. 人間の本性は善であると信ずる人もある. **3** Ⓤ **慈悲**, 人情, 思いやり. treat the prisoners with ～ 捕虜を思いやりをもって取り扱う. show [display] ～ 人間味を示す.
4 〈the humanities〉人文科学 《哲学, 史学, 文学, 語学など; 自然科学, 社会科学と区別して》; (ギリシア・ラテン)古典文学[語学]. [＜ラテン語; human, -ity]

hú·man·ìze 動 他 **1** を人間化する; に人間性を与える. machines ～*d* in the film 映画の中で人間化された機械. **2** 〔状況など〕をより人間的にする, 人間に適したものにする, 快適にする. a plan to ～ the working environment 労働環境をよりよくする計画. **3** を人情深くする; を教化する. ── 自 人間らしくなる; 人情深くなる.
▷**hù·man·i·zá·tion** 名

húman·kìnd 名 Ⓤ 〚章〛〈単複両扱い〉＝mankind 1.

hú·man·ly 副 **1** 人間の力で(は). I'll do all that is ～ possible to protect you. あなたを守るために私に[人間の力で]できる事は何でもします. **2** 人間らしく; 人情をもって. act ～ 人間らしく行動する.

hùman náture 名 Ⓤ 人間性.

hu·man·oid /(h)jú:mənɔ̀id|hjú:-/ 形 〔ロボットなどが〕人間の形をした, 人間に似た. ── 名 Ⓒ 人間の形をしたロボット[宇宙人など].

hùman ráce 名 〈the ～〉人類.

hùman relátions 名 〈単複両扱い〉人間関係; 〈普通, 単数扱い〉(企業, 集団などの)人間関係研究.

hùman resóurce 名 Ⓒ 〈普通 ～s; 複数扱い〉**1** 人材 《略 HR》. the department of ～s＝the ～ department 人事課. **2** 人事課.

hùman ríghts 名 〈複数扱い〉人権.

hùman shíeld 名 Ⓒ 〈普通, 単数形で〉人の盾 《盾として使う敵側の民間人》.

hùman wáste 名 ⓊⒸ 人間の排泄物 《糞尿》.

Hum·ber·side /hʌ́mbərsàid/ 名 ハンバーサイド 《1996 年までのイングランド北東部の州名》.

‡**hum·ble** /hʌ́mb(ə)l/ 形 ⓔ (**～r** /-ər/|**～st** /-əst/)
〚低い, 劣った〛 **1** 〔人が〕身分の低い; 〔地位, 身分などが〕**低い**, 卑しい. a ～ position 低い地位. a man of ～ origins [social standing] 貧しい家柄の出の[社会的身分の低い]男. come from a ～ background 貧しい家の出である.
2 〔物事が〕**粗末な**, みすぼらしい; 取るに足りない, ごく普通の; 乏しい. Be it ever so ～, there's no place like home. どんなに貧しくとも, 我が家にまさる所はない. a ～ meal 粗末な食事. a ～ fortune わずかばかりの財産 (注意 話し手自身に関して謙遜(そん)して用いることがある: It is my ～ opinion that [In my ～ opinion,] ... (卑見[管見]によると..です)). Welcome to our ～ abode. 〚戯〛拙宅へよくおいで下さいました.
〚自分を低く評価する〛 **3** 〔人や態度が〕**謙遜した**, 謙虚な, へりくだった, 高ぶらない, (↔proud; 類語 しばしば卑屈さが含まれる; →lowly, modest). a ～ attitude [manner] 謙遜した態度. Please accept my ～ apologies. 心からお詫びをいたします.
èat hùmble píe (1)(「申し訳ありません」と言って)平あやまりに[いさぎよく]あやまる. (2) 甘んじて屈辱に耐える.
Your hùmble sérvant →servant.
── 動 他 **1** (**a**) を卑しめる, 辱める; を謙虚にさせる. Failure ～*d* him. 失敗して彼は屈辱感を味わった. ～ oneself へりくだる. (**b**) 〔予想外の選手などが〕を破る, 屈辱を味わわす, 〈普通, 受け身で〉. **2** 〔人の地位, 気位など〕を落とす. ～ a person's pride 人の高慢の鼻をへし折る.

[＜ラテン語 *humilis*「地上の＞卑しい」(＜ *humus* 'ground')] ▷～·**ness** 名 U 謙遜, 謙虚; 卑下; 粗末.

†**húm·bly** 副 **1** 謙虚に, 謙遜(ケン)して, へりくだって; 恐れ入って; 恐れ入りながら, 恐れ多いことですが. take one's punishment ～ 謙虚に罰を受ける. **2** (地位, 身分などが)低く, 卑しく. be ～ born 生まれが卑しい. **3** 質素に, みすぼらしく. live [dine] ～ 質素な暮らし[食事]をする.

hum·bug /hʌ́mbʌ̀g/ 名 **1** UC ごまかし, 詐欺, ぺてん. **2** C 詐欺師, ぺてん師. **3** UC ばかげたこと; 大ぼら, でたらめ. **4** C 〘英〙ハッカ入りキャンディー.
── 動 (～s|-gg-) 他 〔人〕をだます, ごまかす, ぺてんにかける; VOA (～ X *into doing/out of* ..) X(人)をだまして..させる/..を奪う. John tried to ～ me *into* buy*ing* the car. ジョンは私をだましてその車を買わせようとした.

hum·ding·er /hʌ̀mdíŋər/ 名 C 〘話〙すごい[すばらしい]やつ[物, 試合]. be a real ～ 本当にすばらしい.

hum·drum /hʌ́mdrʌ̀m/ 形 平凡極まる, 単調な, 退屈な. a ～ job [life, existence] 単調な仕事[生活].
── 名 U 平凡; 単調; 退屈; C 単調な[退屈させる]人[話, 事柄]. settle down to the ～ of country life 田舎の生活の単調さに慣れてしまう.

Hume /hjuːm/ 名 **David** ～ ヒューム (1711-76) 《スコットランド生まれの哲学者・歴史家・政治家》.

hu·mer·al /hjúːmərəl/ 形 〘解剖〙上腕骨の; 肩の(近くの).

hu·mer·us /hjúːmərəs/ 名 (複 **hu·mer·i** /-rài/) C 〘解剖〙上腕骨 《肩から肘(ヒジ)までの》.

***hu·mid** /(h)júːməd|hjúː-/ 形 m 〔空気, 気候が〕湿った, 湿気の多い, (類語 高温の湿っぽさ; →damp). ～ weather じめじめした天気. It feels very ～ today. 今日は湿気が強い. [＜ラテン語 *hūmidus* (＜ *hūmēre* 「湿っている」)]

hu·mid·i·fy /(h)juːmídəfài|hju(ː)-/ 動 (-**fies**|過 過分 -**fied**|～·**ing**) 他 を湿らす, に湿気を加える.
▷**hu·mid·i·fi·er** 名 C 加湿器.

***hu·mid·i·ty** /(h)juːmídəti|hjuː-/ 名 U **湿気**; 湿度. 65 percent ～ 65% の湿度. The ～ is (expected to be) high [low] today. 今日は湿度が高い[低い](予想だ).

hu·mi·dor /(h)júːmədɔ̀ːr|hjúː-/ 名 C 加湿たばこ貯蔵器[室] 《パイプたばこ・葉巻の乾燥を防ぐ》.

†**hu·mil·i·ate** /(h)juːmílièit|hju(ː)-/ 動 他 に恥をかかせる, の自尊心を傷つける, に屈辱を感じさせる, を完敗させる. I was never so ～*d* in my life. こんなに恥をかかされたことは今までにない. ～ oneself 恥をかく, 面目を失う. [＜ラテン語「卑下する」(*humilis* 'humble')]
▷**hu·míl·i·àt·ed** /-əd/ 形 恥ずかしい.

hu·míl·i·àt·ing 形 屈辱的な, 不面目な. a ～ concession [defeat] 屈辱的譲歩[敗北]. ▷～·**ly** 副

†**hu·mìl·i·á·tion** 名 U 恥をかく[かかせる]こと; C 〈普通, 単数形で〉屈辱, 恥, 不面目, 〈*for* ..にとっての〉. a sense of ～ 屈辱感.

***hu·mil·i·ty** /(h)juːmíləti|hju(ː)-/ 名 aU **謙虚**, 謙遜(ソン); 卑下. learn ～ 謙虚さを身につける. a natural ～ 生まれながらの謙虚さ. have the ～ *to* do 謙遜して..する.

húmming·bìrd 名 C 〘鳥〙ハチドリ 《体が小さく, 羽をふるわせてハチのような音を出す; 花蜜(ミツ)を吸う; アメリカ大陸産》.

húmming tòp 名 C うなりごま.

hum·mock /hʌ́mək/ 名 C 小山, 丘; (湿地帯の小高い)林地; (氷原の)氷丘.

hum·mus /húmus, húː-, -məs/ 名 U ホムス 《ヒヨコマメを油, ニンニク, レモン汁などと混ぜてペースト状にしたもの; ギリシアや中東で食べられる》.

hu·mon·gous /hjuːmʌ́ŋgəs/ 形 〘米俗〙ばかでかい, 巨大な. 《おそらく ＜*hu*ge＋*mon*strous》.

‡**hu·mor** 〘米〙, **-mour** 〘英〙 /(h)júːmər|hjúː-/ 名 (複 ～**s** /-z/) 【液】 **1** U 〘生物〙液 《血液, リンパ液, 樹液など》; C 〘古〙〘生理〙体液. →cardinal humors.
【体液の特定の配合＞気質】 **2** U 気質, 気性. Every man has his ～. 〘諺〙'十人十色'.
3 UC 〈普通, 単数形で〉気分, 機嫌. be in a good [bad] ～ 上機嫌[不機嫌]だ. I am in no ～ *for* reading [*to* read] now. 私は今本を読む気がしない. in the ～ for dancing (＝in a ～ to dance) 踊りたい気分で.
4 U **ユーモア**, おかしみ; ユーモアを解する[表現する]能力; ユーモアのある表現[話, 動作など]; (類語 心のやさしさ・温情・哀愁などが含まれる; →wit[1] 3). have a good sense of ～＝be full of ～ ユーモアがよく分かる, すぐれたユーモアのセンスがある. George's story was full of ～. ジョージの話はユーモアたっぷりだった. No one could see the ～ in the situation. その状況のこっけいさが分かった者は1人もいなかった. ◇形 humorous

> 連結 bitter [black, caustic, childish, dry, earthy, good-natured, lively, malicious, mocking, sarcastic, subtle] ～

5 快活さ. bear one's illness with good ～ 病気に明るく平然と堪える.
out of húmor 〘旧〙不機嫌で, 怒って. The unexpected happening put Bill *out of* ～. その不意の出来事のためビルは不機嫌になった.
── 動 他 **1** 〔人〕の機嫌を取る. ～ a child 子供の機嫌を取る. **2** 〔人の気まぐれなど〕に調子を合わせる. It was always difficult to ～ my grandfather. 祖父の機嫌を取るのはいつも難しかった. [＜ラテン語 *hūmor*「体液」(その配合が, 人の健康, 精神状態, 気質の相違などを決定すると考えられていた) ＜*hūmēre*「湿っている」]

-hu·mored 〘米〙, **-hu·moured** 〘英〙 /(h)júːmərd|hjúː-/ 〈複合要素〉「..機嫌の[な], 機嫌が..の」の意味. good-*humored*. ill-*humored*.

hu·mor·esque /(h)jùːmərésk|hjùː-/ 名 C 〘楽〙ユーモレスク 《軽快でユーモアのある楽曲》.

hu·mor·ist /(h)júːmərist|hjúː-/ 名 C **1** ユーモア作家, 喜劇俳優. **2** ユーモアのある人.

hú·mor·less 〘米〙, **-mour-** 〘英〙 形 ユーモアのない, こっけいみのない. ▷～·**ly** 副 ～·**ness** 名

***hu·mor·ous** /(h)júːm(ə)rəs|hjúː-/ 形 m **1** 〔人が〕**ユーモアのある**, ひょうきんな, こっけいみのある; (類語 ユーモア (humor 4) に富んだおかしさを言う; →funny). The writer is highly ～. その作家は(作品が)ユーモアに富んでいる. **2** 〔物事が〕ユーモラスな, おかしい. a ～ story [performance] ユーモラスな話[演技]. ◇名 humor
▷～·**ly** 副 こっけいに, おもしろおかしく; おどけて.

hu·mour /(h)júːmər|hjúː-/ 名, 動 〘英〙＝humor.

†**hump** /hʌmp/ 名 **1** C (ラクダなどの)隆肉, 背中のこぶ; (老齢による)背中の丸まり. **2** C 丸い[小さい]丘, 土の盛り上がり. **3** U 〘英話〙〈the ～〉不機嫌, 憂うつ. This job gives me the ～. この仕事には憂うつになる.
bùst one's húmp 〘米俗〙一生懸命やる[働く].
gèt [hàve, tàke] the húmp 〘英話〙怒る, 腹を立てる, むっとする.
give a person the (rìght) húmp 人を怒らせる, 「むっとさせる, 腹を立てさせる. →3.
over the húmp '峠を越して', '山が見えて', 難局を脱して. get *over the* ～ 峠を越える. That's going to push us *over the* ～. あれでもう山が見えた.
── 動 他 **1** 〔背中など〕を丸くする, 曲げる, 〈*up*〉. **2** VOA 〘英話〙を(背中[肩]に乗せて)運ぶ 〈*along, down, across* (..)〉. **3** 〘卑〙と'やる' 《性交する》. ── 自 (丸く)盛り上がる. [＜*hump*back]

húmp·bàck 名 C **1** せむし, 猫背. **2** せむしの人, 猫背の人. **3** 〘動〙ザトウクジラ (**hùmpback whále**). **4** 〘英〙太鼓橋 (**hùmpback(ed) brídge**).

húmp·bàcked /-t/ 形 〘軽蔑〙せむしの, 猫背の.

humped /-t/ 形 **1**〘軽蔑〙せむしの, 猫背の. **2** 半円形の〔橋〕. a ～ bridge ＝humpback 4.

humph /hʌmf/ 間 ふん, ふふん, 《疑い, 不満, 軽蔑などを表す発声; h'm ともつづる》. ── 動 自 ふん[ふふん]と言う.

Hum·phrey /(h)ʌ́mfri|hʌ́m-/ 名 男子の名.

Hump·ty Dump·ty /hʌ̀mpti-dʌ́mpti/ 名 ハンプティダンプティ 《童謡・童話に出て来る卵の擬人化》. A man's health, like ～, can't be repaired once it is gone. 健康はハンプティダンプティと同じで, いったんこわれると修繕できないんだ.

hump·y /hʌ́mpi/ 形 e こぶだらけの; こぶのある.

hu·mun·gous, hu·mun·gus /hjuːmʌ́ŋgəs/ 形 ＝humongous.

hu·mus[1] /(h)júːməs|hjúː-/ 名 U 腐植質; 腐植土.

hu·mus[2] 名 ＝hummus.

Hun /hʌn/ 名 C **1** フン族の人, フン人, 《4, 5 世紀にヨーロッパ各地を荒らし回ったアジアの遊牧民》. **2** 〈しばしば h-〉(文化, 芸術などの)破壊者, 野蛮人;〘俗・軽蔑〙(特に第 1 次・第 2 次世界大戦中の)ドイツ人[兵].

‡**hunch** /hʌntʃ/ 名 C **1**〘話〙予感, 虫の知らせ; 直感. From several signs I had a ～ that things would go badly. いくつかの前兆から事態が悪化しそうな予感がした. **2** (ラクダなどの)隆肉, 背中のこぶ, (hump).

plày* [*fòllow, àct on*] *one's húnch 予感[直感]で行動する.

── 動 他 〔背中など〕を丸める〈*up*〉. ～ one's shoulders 肩を丸める[すぼめる]. ── 自 VA うずくまる, 前かがみになる, 〈*forward*〉〈*over* ..の上に〉.

húnch·bàck 名〘軽蔑〙＝humpback 1, 2.

húnch·bàcked /-t/ 形 ＝humpbacked.

hunched /-t/ 形 背中を丸めた, 体をこごめた, 〈*forward, up*〉〈*over* ..の上に〉. *Hunched over* his club, the golfer was going to putt. クラブの上にかがみこんでゴルファーはパットしようとしていた.

‡**hun·dred** /hʌ́ndrəd/ 名 (複 **～s** /-dz/) **1** C (★数詞又は数を示す形容詞が前に付く時複数形は普通 ～) **100**, 百; 百を表す記号《100, C》. a ～ 百 (★one hundred の方が強意). five ～ 五百. two or three ～ 二, 三百. some [about a] ～ 約 100 (→2). two ～ (and) sixty-three 263 (★100 位の数の次に下位の数が来る時は hundred の後に and を入れる; and の省略は主に〘米〙). in eighteen ～ 1800 年に (★普通 in 1800 と書く; in eighteen nothing と読むこともある). in nineteen hundred and one 1901 年に (★in nineteen o /ou/ one と読むこともある). a batting average of four ～ 4 割の打率《0.400 をこう読む》.

2 〈～s〉何[幾]百; 多数; 〈普通, of＋複数名詞を伴う〉. for ～*s* of days 何百日もの間. ～*s* of thousands of ants 何十万匹もの[数えきれないほどの]アリ. *Hundreds* were killed in the fighting. その戦闘で何百人もが死んだ.

3 C 100 個[人, 歳];〘英〙100 ポンド;〘米〙100 ドル(紙幣). Few people live to [to be] a ～. 100 歳まで生きる人は少数しかいない. the nineteen ～*s* 1900 年代《1900–1999 年》.

4〘英史〙百戸の村《county の最小構成単位》.

a hùndred to óne 九分九厘, ほぼ確実に, 《うまくいかない確率が 100 対 1》. It's *a* ～ *to one* he'll win. 彼が勝つことはほぼ確実である.

****by húndreds＝by the húndred(s)*** 何百となく, たくさん. Soldiers were killed *by* ～*s*. 兵士たちは何百人となく殺された.

hùndreds and thóusands (1) 無数. (2)〘英〙(菓子などの飾りに使う)色付きのこまかい砂糖.

── 形 **1 100** の; 100 個[人]の, 100 歳の. within a ～ days 100 日以内で[に]. weigh over a ～ kilograms 重さが 100 キロ以上ある. eighteen ～ hours 18 時, 午後 6 時. **2** 多数の. Housewives have a ～ things to do. 主婦にはすることが山ほどある. a ～ times 何度も何度も, しょっちゅう.

a hùndred and óne 多数の, 非常に多くの.

a* [*one*] *hùndred percént 全面的に, 完全に. be *a* ～ *percent* wrong 100 パーセント間違っている. I agree with you *one* ～ *percent* 全面的に賛成です. I'm still not (feeling) *a* ～ *percent*. まだ完全に具合がいいわけではない.

[＜古期英語 *hundred* (＜*hund*「100」＋*-red*「数」)]

húndred·fòld 形, 副 100 倍の[に], 100 重の[に].

‡**hun·dredth** /hʌ́ndrədθ/ 〈100th とも書く〉 形 **1** 〈普通 the ～〉**第 100 番目の**. This is the ～ time I've told you not to do that. そんなことをしてはいけないと百回も言ったでしょ. **2** 100 分の 1 の.

── 名 (複 **～s** /-s/) C **1 第 100 番目**. **2** 100 分の 1. a [one] ～ of a second 100 分の 1 秒. seven ～*s* 100 分の 7. [hundred, -th[2]]

húndred·wèight 名 (★数詞が前に付く時複数形は ～) C ハンドレッドウェート《重さの単位; 英国では 112 ポンド(約 50.8 キログラム), 米国では 100 ポンド(約 45.36 キログラム); 略 cwt》.

Hùndred Yèars' Wár 名 〈the ～〉(英仏)百年戦争 (1337–1453).

hung /hʌŋ/ 動 hang の過去形・過去分詞. ── 形 〈限定〉(数, 票などが割れて)決定できない, 過半数割れの.

be* [*gèt*] *hùng úp on .. →HANG /../ up (4).

Hun·gar·i·an /hʌŋgé(ə)riən/ 形 ハンガリーの; ハンガリー人[語]の. ── 名 C ハンガリー人; U ハンガリー語.

Hun·ga·ry /hʌ́ŋgəri/ 名 ハンガリー《ヨーロッパ中部の共和国; 首都 Budapest》.

‡**hun·ger** /hʌ́ŋgər/ 名 **1** U **飢え**; 空腹(感), ひもじさ; 飢饉(きん). die of ～ 餓死する. suffer from ～ 飢えに苦しむ. ～ pangs 空腹痛. The meal satisfied his ～. その食事で彼は空腹を満たした.

連結 keen [sharp; ravenous; insatiable;] ～ // feel ～; allay [appease] a person's ～

2 aU〘章〙渇望, 熱望, 切望, 〈*for, after* ..への〉. have a ～ *for* adventure 冒険に飢えている. satisfy one's ～ *for* knowledge 自分の知識欲を満たす.

── 動 自 **1**〘古〙飢える, 腹がすく. **2** VA (**～ *for, after* ../～ *to do***)〘章〙..を/..することを渇望する, 熱望する. ～ *for* fame [adventure] 名声[冒険]をあこがれ求める. He ～*ed to* see her again. 彼は彼女とまた会いたくてしかたがなかった. ◇形 hungry [＜古期英語]

húnger cùre 名 C 断食療法.

húnger màrch 名 C 飢餓行進《失業者などが生活苦を訴えて行うデモ行進》.

húnger-strìke 動 自 ハンガーストライキをする.

húnger strìke 名 C ハンスト, ハンガーストライキ. go [be] on (a) ～ ハンストをやる[やっている]. ▷**húnger strìker** 名

hùng júry 名 C (意見が分かれた)評決不能陪審.

hùng-óver 形〘話〙〈叙述〉二日酔いの.

hùng párliament 名 C 絶対多数政党のない議会.

hun·gri·ly /hʌ́ŋgrili/ 副 **1** 飢えて; ひもじそうに, がつがつと. **2** 渇望して, あこがれ求めて.

‡**hun·gry** /hʌ́ŋgri/ 形 e (**-gri·er**|**-gri·est**)

1 (**a**) 飢えた, 空腹な; 〔表情などが〕空腹そうな; 〔労働などが〕空腹をもたらす. get ～ 腹が減る. go ～ (食事をし損なったりして)空腹でいる; (食糧不足で)飢えている. ～ work 腹の減る仕事. I don't feel very ～. あまりお腹がすいていません. Babies cry whenever they are ～. 赤ん坊はおなかがすくと必ず泣く. wear a ～ look 空腹そうな顔をしている. (**b**) 〈the ～〉飢えた人々.

2 渇望して, 熱望して, 〈*for, after* ..を/*to* do ..することを〉. He felt ～ *for* affection. 彼は愛情に飢えていた. be

〜 *for* further news その後のニュースを知りたがっている. **3** 食糧難の〔時代〕. **4** やせた〔土壌〕. **5**〖オース〗けちな.
(*as*) ***hùngry as a béar*** 大変空腹で.
◇名 hunger [＜古期英語; hunger, -y[1]]

hùng-úp 形 気にして, 悩んで, 〈*about, on* ..を〉; 夢中で 〈*on* ..に〉.

‡hunk /hʌŋk/ 名 C **1**〖話〗(パン, 肉などの)厚切れ. a 〜 of cheese チーズの厚切れ 1 枚. **2**〖話〗(性的魅力のある)たくましい男.

hun·ker /hʌ́ŋkər/ 動 自 VA (〜 ***down***) **1** しゃがむ, しゃがみ込む; ひざを抱えて腰をおろす; 身を潜(ひそ)める. **2** 本腰を入れて取りかかる.

hún·kers 名〖話〗〈複数扱い〉しり (buttocks)〈主に次の成句で〉. ***on one's húnkers*** しゃがみ込んで.

hun·ky-do·ry /hʌ̀ŋkidɔ́:ri/ 形〖主に米話〗すばらしい, 最高の, 申し分ない.

‡hunt /hʌnt/ 動 (〜s /-ts/|過 過分 **húnt·ed** /-əd/|**húnt·ing**)
【追い求める】 他 **1** (**a**)〔獲物〕を狩る (類語〖英〗では特に銃を用いずに猟犬を使ってキツネ, シカ, ウサギを狩る場合に hunt を, 銃を用いて鳥を撃つ場合には shoot を用いる; 〖米〗では hunt は両方の場合に用いられる). 〜 hares ウサギ狩りをする. (**b**)〖英〗〔キツネ〕を狩る. (**c**)〔動物が〕を追う. The cat 〜*ed* mice. 猫はネズミを追いかけた.
2〔場所〕をくまなく捜す〈*for* ..を求めて〉; 〖英〗(キツネ狩りで)〔場所〕を狩り回る, 狩り立てる; 〖英〗〔猟犬, 馬など〕を狩りに使う. 〜 the woodland *for* foxes キツネを求めて森林を狩り回る. He 〜*ed* the room *for* his fountain pen. 彼は万年筆を見つけようと部屋中を捜し回った.
3 を捜す, 求める; 〔犯人など〕を追跡する. 〜 strawberries イチゴを捜す. 〜 a house to let 貸家を捜す.
【追い払う】 **4** VOA を追い払う, 追い出す, 〈*away*〉. 〜 a stray dog *away* 野良犬を追い払う.
── 自 **1** (**a**) **狩りをする**〈*for* ..を求めて〉; 〖英〗(馬に乗って)キツネ狩りをする. go 〜*ing for* deer シカ狩りに出かける. (**b**)〔動物が〕獲物を追う.
2 VA **捜し求める**, 捜す, 〈*for, after* ..を/*through* ..中を〉. 〜 high and low *for* a parking lot あちこち駐車場を捜す. 〜 *for* the lost puppy いなくなった子犬を捜し回る. 〜 *through* one's wallet 財布の中を捜す. I 〜*ed through* the Bible *for* the passage. 私はその一節を捜し出そうと聖書をあちこち捜した.
hùnt /../ dówn (1)..を追い詰める, 捜し出して捕らえる. (2)〔文献など〕を捜し当てる.
hùnt /../ óut ..を狩り出す, 捜し出す. 〜 out the information we need 私たちに必要な情報を捜し出す.
hùnt /../ úp ..を苦心して捜し出す, 捜し当てる.
── 名 (複 〜s /-ts/) C **1**〈単数形で〉**狩り**, 狩猟; 〖英〗キツネ狩り. go on a deer 〜 シカ狩りに行く. ★しばしば複合語を作る: a bear-*hunt* (クマ狩り). a hare-*hunt* (ウサギ狩り). **2** 狩猟隊; 狩猟クラブ; 狩猟地, 狩り場; 〈単数形で複数扱いもある〉〖英〗キツネ狩りの一隊. **3** 捜索; 追跡; 探求; 〈*for* ..の〉. go out on a 〜 *for* the wanted man お尋ね者を捜しに出かける. have a 〜 around *for* ..を捜し回る. The 〜 is on *for* ..の捜索[..捜し]が始まった. [＜古期英語]

hùnt-and-péck 名 U さみだれ式(タイピング)《文字盤を見ながら人差し指でキーをたたく; →touch system》.

húnt·ed /-əd/ 形 おびえたような. have a 〜 look [expression] おびえて心配そうな顔をしている.

***hunt·er** /hʌ́ntər/ 名 (複 〜s /-z/) C **1** (**a**) **猟師**, ハンター, (★〖英〗ではキツネ狩りなどをする人には huntsman を用いることが多い; →hunt 類語). (**b**) 獲物を取る動物.
2 猟犬; (キツネ狩りの)猟馬. My dog is a good 〜. 私の犬は獲物を追うのがうまい. **3** 探求者〈*after, for* ..の〉. a gold 〜 金を捜し求める人. a fortune 〜 財産目あての求婚者. a bargain [job] 〜 特売品あさりをする[職を捜す]人. an autograph 〜 (有名人の)サインを集める人. **4** 狩猟用懐中時計《ガラスが割れないように金属製のふたが付いている; **húnting wàtch** とも言う》.

hùnter-gátherer /-rər/ 名 C (原始時代の)狩猟採集民.

hùnter's móon 名〈the 〜〉狩猟月《中秋の満月 (harvest moon) の次に来る満月》.

***hunt·ing** /hʌ́ntiŋ/ 名 U **1** **狩猟** (類語〖英〗では特にキツネ狩り (fox hunting); 〖米〗では shooting も含む; →hunt 類語). go on big game 〜 猛獣狩りに出かける. a 〜 dog 猟犬. a 〜 rifle 狩猟用ライフル. **2** 探索, 探求, 追求. job 〜 職捜し. →house hunting.

húnting bòx 名 C〖英〗狩猟小屋.

húnting càp 名 C 狩猟帽《日本で言うハンチングよりつばが長い》.

húnting cròp 名 C 狩猟用の輪むち.

Hun·ting·don·shire /hʌ́ntiŋdənʃər/ 名 ハンティンドンシャー《イングランド中東部の旧州; 1974 年 Cambridgeshire の一部となる; 略 Hunts.》.

húnting gròund 名 C 狩猟場; (何かを)捜し求める所. →happy hunting ground.

húnting hòrn 名 C 狩猟用の角笛[らっぱ].

hùnting pínk 名 U 深紅色《キツネ狩りの服の色》.

hunt·ress /hʌ́ntrəs/ 名 C **1**〖主に雅〗女性ハンター. **2** 雌の猟馬[犬].

húnt sabotèur 名 C (残酷だとして)動物狩りに反対する(団体の)人.

hunts·man /hʌ́ntsmən/ 名 (複 **-men** /-mən/) C **1** (普通, 男性の)猟師, ハンター; 〖英〗キツネ狩りをする人. **2** 猟犬主任《キツネ狩りで猟犬全体を指揮》.

hùnt the slípper [thímble] 名 U〖英〗スリッパ[指ぬき]捜し《部屋の中に隠した指ぬきを捜す子供の遊び》.

†hur·dle /hə́:rdl/ 名 **1** C (障害競走, 障害競馬用の)ハードル, 障害. clear a 〜 ハードルを越す; 〈比喩的〉うまくいく (→3). **2**〖競技〗〈〜s; 単数扱い〉ハードル競走, 障害競走. the high [low] 〜s 高[低]障害競走. run the 110 yard 〜s 110 ヤードハードル(競走)を走る. **3** C (克服すべき)障害, 困難. have several 〜s to overcome 越えなくてはならない障害がいくつかある. clear all the 〜s あらゆる障害を乗り越える. fall at the first 〜 最初の障害でつまずく. **4** C 移動できる臨時のさく.
── 動 他 **1**〔ハードル〕を跳び越す. **2**〔障害, 困難〕を乗り越える, 克服する. ── 自 **1** ハードル競技に加わる. **2** 跳び越す. [＜古期英語「臨時のさく」]

húr·dler 名 C ハードル(競)走者.

húrdle ràce 名 C〖競技〗ハードル競走.

hur·dy-gur·dy /hə́:rdigə̀:rdi/ 名 (複 **-dies**) C **1**〖話〗手回しオルガン《やや小型の barrel organ》. **2** ハーディガーディ《lute に似た昔の弦楽器》. [擬音語]

***hurl** /hə:rl/ 動 (〜s /-z/|過 過分 **〜ed** /-d/|**húrl·ing**) 他 **1** (**a**) **を投げつける**, 投げる, 〈*at* ..をめがけて/*into* ..の中に〉. 〜 stones *at* the police 警官隊を目がけて石を投げる. (**b**) VOA〈再帰形で〉身を投げつける, 飛びかかる〈*at* ..をめがけて〉; 打ち込む〈*into* ..〔仕事〕などに〉; 接近する〈*at* ..〔異性〕に〉. The guard 〜*ed* him*self at* the thief. 守衛は泥棒に飛びかかった. 〜 one*self into* the political world 政界に身を投じる.
2〔非難など〕を浴びせかける〈*at* ..に〉. 〜 curses *at* the dirty boxer そのきたないボクサーに罵声(ばせい)を浴びせる.
── 自〖野球・話〗投球する.
hùrl /../ dówn ..を投げ落とす[降ろす].
── 名 C (強く)投げつけること; 投擲(てき).
[＜中期英語; 擬音語]

húrl·er 名 C 投げる人; 〖野球・話〗投手. a 〜 derby〖野球〗ハーラーダービー《投手の勝ち数の競争》.

húrl·ing 名 U ハーリング《ホッケーに似たアイルランドの球技; 1 チーム 15 人》.

hurl·y·burl·y /hə̀:rlibə́:rli|´-`-/ 名 aU 大騒ぎ,

ごった返し, 喧噪(けんそう). the ~ of city life 都会の喧噪.

Hu·ron /hjú(ə)rən/ 名 **Lake ~** ヒューロン湖《北米5大湖の1つ; →Great Lakes》.

:hur·rah /hurɑ́:, -rɔ́:|hurɑ́:/ 間 **万歳, フレー**,《歓喜, 賞賛, 激励などを表す》. *Hurrah* for our team! われらがチーム万歳. Hip, hip, ~! ヒップ, ヒップ, フレー《喝采(かっさい)の声; 普通これが3回繰り返される》. —— 名 C 万歳の声, 歓声. —— 動 自 万歳を唱える, 歓声をあげる.
[《古》 *huzza* の変形; もとは船乗りの「よいしょ」の掛け声か]

hur·ray /huréi/ 間, 名 (複 **~s**), 動 =hurrah.

***hur·ri·cane** /hə́:rəkèin|hʌ́rəkən/ 名 (複 **~s** /-z/) C **1** ハリケーン《特に西インド諸島付近の; 秒速約32m以上; →typhoon, cyclone》;〈一般に〉暴風(雨). the eye of a ~ ハリケーンの目. *Hurricane* Andrew ハリケーン・アンドルー《今は男女の名前を交互に付けている》. **2** (感情などの)激発, ほとばしり. [<スペイン語(<南米先住民語「嵐の神」)]

húrricane dèck 名 C ハリケーン甲板《最上部にあり軽材料で造る》.

húrricane làmp 名 C ほや付きの耐風ランプ.

***hur·ried** /hə́:rid|hʌ́r-/ 形 m 〈普通, 限定〉**大急ぎの**; せきたてられた; ぞんざいな. have a ~ meal あわてて食事をする. make a ~ departure そそくさと出発する. ~ work ぞんざいな仕事.

†húr·ried·ly 副 大急ぎで, あわてて.

:hur·ry /hə́:ri|hʌ́ri/ 動 (**-ries** /-z/|過 過分 **-ried** /-d/|**~·ing**) 自 (**a**) **急ぐ**, 急いで行く; あわてる, あわてて する. Don't ~. 急ぐことはない. ~ back 急いで戻る. Mr. Brown *hurried* into the room. ブラウン氏は急いでその部屋に入った. ~ through one's homework 急いで宿題を片づける. (**b**) VA (~ *to do*) 急いで[あわてて]..する. ~ *to* buy food supplies 食糧の備えを急いで買う. ~ *to* answer the phone 急いで電話に出る.
—— 他 **1** (**a**) 〔人〕を**急がせる**, せきたてる. ~ oneself 急ぐ. (**b**) VOA (~ X *to* ..) Xを急いで..に行かせる[..に連れて来る]; (~ X *into* ..) X(人)に..を急いでさせる. The injured were *hurried to* the hospital. 負傷者たちは病院へ急送された. be *hurried into* a conclusion 急いで結論を出す羽目になる.
2 (**a**) 〔物事など〕を急いでする, 急ぐ; をせかせる. ~ supper 夕食(の準備)をせかせる; 夕食を急いで食べる. (**b**) VOA (~ /X/ *on* [*off*]) Xを急いで着る[脱ぐ]. ~ one's clothes *off* [*on*] 急いで着物を脱ぐ[着る].
hùrry alóng 急いで行く.
hùrry /../ alóng ..を急いで行かせる.
hùrry awáy [*óff*] 急いで立ち去る.
hùrry /../ awáy [*óff*] ..を急いで立ち去らせる.
hùrry ín 急いで入る.
hùrry /../ óver 〔仕事など〕を急いで済ませる.
****hùrry úp*** [*ón*] 急ぐ〈主に命令文で〉. *Hurry up*, if you want to take [catch] the bus. そのバスに乗りたければ急げ.
hùrry úp and wáit 自分は急いで終えて人の終わるのを待つ羽目になる.
hùrry úp [*ón*] ***with ..*** を急ぐ.
hùrry /../ úp ..を急がせる. Can't you ~ the children *up*? 子供たちを急がせてくれませんか.
—— 名 aU **1 急ぎ**; あわてること; (類語 haste は周囲の状況や本人の熱心さで行動すること, hurry は興奮, 混乱による必要以上に速い行動を意味する).

連結 a great [a desperate, a frantic, a mad] ~

2 急ぐ必要〈否定文, 疑問文で〉. There is no (great) ~ [isn't any (great) ~] about returning the book to me. その本を私に急いで返す必要はない. What's (all) the ~ (for) [Why (all) the ~]? We've plenty of time. どうして急ぐのか, 時間はたっぷりあるのに. No great ~. あわてることないよ.

****in a húrry*** (1) 急いで, あわてて. write a letter *in a* ~ 急いで手紙を書く. (2)《話》たやすく, 簡単に,〈普通, 否定文で〉. I won't accept his new plan *in a* ~. 私は彼の新しい計画を簡単には受け入れないつもりだ. (3) 熱心で, あせって,〈*to* do ..しようとして〉. She was *in a* ~ *to* go alone. 彼女はしきりに1人で行きたがっていた. (4)《話》喜んで, 進んで,〈普通, 否定文で〉. No one will call on him *in a* ~. 喜んで彼を訪問する者はいないだろう.
in one's húrry (***to dò***) (..しようと)急いで[急いだあまりに]. *In* his ~ *to* catch the bus, he bumped into a lamppost. バスに乗ろうと急いだあまりに, 彼は街灯の柱にぶつかった.
in nò húrry*=*nòt in àny húrry 急がないで. Check everything carefully. I'm *in no* ~ [not in any ~]. 全てのことを入念に調べてください. 私は急がないから.
in nò húrry to dò 急いでは..しないで; たやすくは..しないで; 進んでは..しないで. Uncle was *in no* ~ *to* lend me the money. おじは進んではその金を貸してくれようとはしなかった. [擬音語]

hùrry-scúr·ry, -skúr·ry /-skə́:ri|-skʌ́ri/ 副, 形 あわてふためいて[た]. —— 名 aU 大あわて.

:hurt /hə:rt/ 動 (**~s** /-ts/|過 過分 ~|**húrt·ing**) 他
1 にけがをさせる, 〔肉体〕を傷つける,;〈~ oneself で〉けがをする; (類語 hurt は傷による苦痛に重点がある; → injure, wound). Susan seriously [badly] ~ her knee when she fell. スーザンはころんでひざにひどいけがをした. Be careful not to get ~ [~ your*self*]. けがをしないように気をつけなさい.
2 に**痛みを与える**, を痛める. My shoe ~*s* my heel. 靴がすれてかかとが痛い. "You're ~*ing* me, Martin," she said, disengaging herself from his embrace.「痛いわ, マーティン」彼女はそう言って彼の抱擁から逃れた.
3 を傷つける, に損害[被害]を与える; を妨げる, 〔産業, 経済〕に痛手を与える. The storm ~ our fence. そのあらしで我が家の塀に被害が出た. This incident will ~ Bob's career [reputation]. この事件でボブの経歴[評判]には傷がつくことになるだろう. ~ the economy 経済の痛手となる.
4 〔感情など〕を**害する**; 〔人〕の感情を傷つける. Beth felt ~ by what her husband said. ベスは夫に言われたことで心が傷ついた. Sticks and stones will [may] break my bones, but names [words] will never ~ me. 何と言われようと平ちゃらだ《棒や石でけがしても, 悪口ではけがはない》.
5《話》〈it を形式主語にして〉..にとって大した事である, 悪い影響がある,〈*to* do ..するのは〉〈否定文・疑問文で〉. It wouldn't ~ you *to* spend more time studying. 勉強にもっと時間をかけても悪いことはないだろうに.
—— 自 **1 痛む**;〈進行形で〉(精神的に)苦しむ. ~ like hell すごく痛い. My left arm still ~*s*. 私の左腕はまだ痛む. Where does it ~? どこが痛いのですか. She is ~*ing* badly. 彼女はひどく苦しんで[痛がって]いる.
2 痛みを与える; 感情を傷つける. We must face the truth even though it ~*s*. たとえつらくても真実に直面しなくてはならない. My shoes ~. 靴ずれで足が痛い. One more won't ~. もう一杯[もう少し食べても]いいじゃない.
3《話》〈it を形式主語にして〉害になる, 不都合である,〈*to* do ..するのは〉〈否定文・疑問文で〉. It won't ~ *to* pay a dollar or two more. 1, 2ドル余計に払っても大した事はない. It doesn't ~ [never ~*s*] *to* ask.《話》聞く分には差しつかえないでしょう.
4《米話》〈進行形で〉欲しくてたまらない, 喉から手が出るほど欲しい,〈*for* ..が〉. I need a loan bad—I'm really ~*ing*. ローンがどうしても必要だ—喉から手が出るほどね. He's ~*ing for* money. 彼はすごく金を欲しがっている.

── 名 (複 ～s /-ts/) **1** Ⓒ けが, 傷; 肉体的な痛み. The mother tried to soothe her child's ～. 母親は我が子の傷の痛みを和らげようとした. **2** ⓊⒸ (精神的な)**苦痛**, 傷; 損傷, 害; 〈*to* ..に対する〉. The boy's failure in the examination caused ～ *to* his parents. 少年が試験に失敗したことで両親はがっくりした. The incident did great ～ *to* American prestige. その事件はアメリカの威信に大きな傷をつけた.

── 形 ⓜ **1** 〔体が〕傷ついた, けがをした. He was slightly ～ in the traffic accident. 彼は交通事故で軽いけがをした. **2** 〔心などが〕傷ついた. an air of ～ innocence 純真さを傷つけられたふり. **3** 〔品物などが〕傷のある. a ～ book sale いたみ本セール.

crỳ* [*hòller*] *before one is húrt 理由もなく不平を言う.

[＜古期フランス語「打つ, ぶつかる」]

húrt·ful 形 **1** 感情を傷つける, 精神的な苦痛を与える, 〈*to* ..に〉. ～ remarks 人の感情を害する言葉. **2** 有害な, 害になる, 〈*to* ..に〉. The glaring light is ～ *to* the eyes. そのどぎつい光は目に悪い. ▷ **～·ly** 副 **～·ness** 名

‡**hur·tle** /hə́ːrtl/ 動 自 VA (すごい勢いで, 音を立てて)突進する, 飛ぶ, 〈*along*〉〈*down, through* (..)〉. The boomerang ～*d through* the air. ブーメランは音を立てて空中を飛んだ. [hurt, -le[1]]

‡**hus·band** /hʌ́zbənd/ 名 (複 ～s /-dz/) Ⓒ **夫**, 亭主, (↔wife). my ～ and I 夫と私. become [live together as] ～ and wife 夫婦になる[夫婦として暮す; 同棲する] (★無冠詞). John will make a good ～ for her. ジョンは彼女にとっていい夫になるだろう.

> 連結 a kind [a considerate; a devoted, a loving; a supportive; an unfaithful; an abusive, a violent; an estranged; an ex-] ～ // find a ～; leave [desert; divorce] one's ～

── 動 他 〖章〗を倹約する, 節約して使う, 無駄にしない. ～ one's money [time] 金[時間]を節約して使う.

[＜古期北欧語「一家のあるじ」(＜「家」＋「自作農」)]

hus·band·man /hʌ́zbən(d)mən/ 名 (複 -men /-mən/) Ⓒ 〖古〗農夫, 百姓.

hus·band·ry /hʌ́zbəndri/ 名 Ⓤ 〖章〗 **1** 耕作, 農業; 畜産. **2** 節約, 倹約. **3** 家政, やりくり.

***hush** /hʌʃ/ 名 aU (騒がしさの後の)**静けさ**, 沈黙. A ～ fell [came, descended] over the audience. 聴衆がしんとした. Let's have some [a bit of] ～. 〖英話〗ちょっと静かにして.

── 動 (**húsh·es** /-əz/|過 過分 **～ed** /-t/|**húsh·ing**) 他 を**静かにさせる**, 黙らせる. ～ a crying baby to sleep 泣いている赤ん坊をあやして寝つかせる. ── 自 静かになる, 黙る; 〔会話などが〕ぴたりと止む; (★しばしば命令形で間投詞的に用いられる; /ʃː/ とも発音する). *Hush!* しいっ, 静かに. The wind has ～*ed*. 風はぴたりと止んだ.

hùsh úp 黙る, 静かにする. *Hush up!* 静かにしなさい.

hùsh /../ úp (1) 〔醜聞, 事件など〕をもみ消す. The management tried to ～ *up* the scandal. 経営者側は醜聞をもみ消そうとした. (2) ..を静かにさせる; ..に口止めさせる.

[＜〖廃〗*husht*「静かに!」; -t を過去分詞語尾と誤解]

hush-a-by /hʌ́ʃəbài/ 間 ねんねよ《幼児を寝つかせたりする時の》. *Hush-a-by,* baby. (坊やは)いい子だ[ね], ねんねしな.

hushed /-t/ 形 静かな〔場所, 声など〕, 静まりかえった.

hush-hush /ㄧ-|ㄧ- ㊕/ 形 〖話〗〔計画などが〕秘密の, 内緒の, (secret). a ～ project 極秘の計画.

húsh mòney 名 Ⓤ 口止め料.

Húsh Pùppies 名 〖商標〗ハッシュパピー(ズ)《米国のカジュアルシューズメーカーのブランド》.

húsh pùppy 名 ⓊⒸ 〖米〗ハッシュパピー《トウモロコシ粉の小さな揚げパン; 米国南部で食べられる》.

†**husk** /hʌsk/ 名 Ⓒ 〈普通 ～s〉 **1** (穀物, 果物の)外皮, 殻, 〖米〗トウモロコシの皮, (→hull[1]). remove the ～*s* by machine 機械で皮を取る. **2** (価値のない)外皮, 覆い, かす. ── 動 他 〔穀物, 果物〕の外皮をむく, 殻を取る. [?＜中期オランダ語「小さな家＞さや」]

husk·i·ly /hʌ́skili/ 副 しゃがれ声で, ハスキーに.

husk·i·ness /hʌ́skinəs/ 名 Ⓤ 声がしゃがれていること.

húsking bèe 名 Ⓒ 〖米〗トウモロコシの皮むき寄り合い《隣人や友人が手伝いに集まる; 単に husking とも言う》.

†**husk·y**[1] /hʌ́ski/ 形 ⓔ **1** 〖話〗〔人が〕体が大きくがっしりした. a ～ fellow 体ががっしりした男. **2** 〔人が〕しゃがれ声の; 〔声が〕しゃがれた, ハスキーな. a ～ voice しゃがれ声.

hus·ky[2], **H-** 名 (複 **-kies**) Ⓒ ハスキー犬, エスキモー犬, 《イヌイット[エスキモー]が雪ぞりを引かせる》. [*Eskimo* の変形]

Huss /hʌs/ 名 **John** ～ フス (1369?–1415) 《ボヘミアの宗教改革者》.

hus·sar /hʌzɑ́ːr, hu-|hu-/ 名 Ⓒ (ヨーロッパ諸国の)軽騎兵.

Hus·sein /huséin/ 名 **Saddam** ～ フセイン (1937–) 《イラクの大統領・首相 (1979–)》.

hus·sy /hʌ́si, -zi/ 名 (複 **-sies**) Ⓒ 〖旧・戯〗おてんば娘; あばずれ[尻(しり)軽]女. You brazen [shameless] ～! この恥知らず女め! [＜housewife; 17 世紀頃から悪い意味になった]

hus·tings /hʌ́stiŋz/ 名 〈普通 the ～; 単複両扱い〉選挙演説[運動]; 〖米〗政見発表会場; 《昔の英国国会議員選挙演説用演壇から》. be (out) on [at] the ～ (選挙で)遊説中である.

†**hus·tle** /hʌ́s(ə)l/ 動 自 **1** 急ぐ; 精力的に動く, てきぱき仕事をする, ハッスルする. We'd better ～ if we're going to catch the first train. 始発に乗るなら急がねば. The maid ～*d to* get dinner ready. お手伝いさんはてきぱきと食事の用意をした. **2** VA 押し分けて進む 〈*through* ..を/*into* ..に〉. ～ *through* a crowd 人ごみを押し分けて進む. **3** 〖主に米話〗あくどい金もうけをする. **4** 〖米俗〗〔娼(しょう)婦が〕客引きをする.

── 他 **1** VOA を乱暴に突く[押す]〈*off, out, in*〉〈*to, into* ..(の中)へと〉. Shoppers were ～*d out* (*of* the store) just before the bombs went off. (時限)爆弾が破裂する直前に買い物客は急いで(店から)出された.

2 〔人〕をせかせる; VOA (～ X *into* (*doing*) ..) X にむりやり[せきたてて]..させる. ～ the kids *off to* school 子供をせきたてて学校に行かせる. Stop ～*ing* me. せかせるのはやめてほしい. The children were ～*d into* work*ing*. 子供たちは強制的に勉強させられた. **3** 〔仕事など〕をさっさと片づける〈*up*〉. **4** 〖主に米話〗を強引に[だまして]売りつける[手に入れる], まき上げる, 不正に稼ぐ. ～ stolen goods 盗品を押売りする.

── 名 aU **1** 精力的な活動, 張り切ること; 大あわて. the ～ and bustle of a marketplace 市場の押し合いへし合い(の雑踏). The player was fined for his lack of ～. その選手は緩慢なプレーで罰金を科された. **2** 〖話〗詐欺, ぺてん. [＜オランダ語「振る, (コインを)トスする」]

hús·tler 名 Ⓒ **1** 〖話〗活動家, やり手. **2** 〖米俗〗ぺてん師. **3** 〖主に米俗〗売春婦; 男娼.

‡**hut** /hʌt/ 名 (複 **～s** /-ts/) Ⓒ **1** **小屋**, あばら屋, 《粗末な cabin》. a mountain ～ 山小屋. **2** 〖軍〗仮兵舎. [＜フランス語(＜中期高地ドイツ語 *hütte* (ヒュッテ))]

hutch /hʌtʃ/ 名 Ⓒ **1** (ウサギなどを入れておく)おり, 箱. a rabbit ～ ウサギ小屋. **2** (穀物などを貯蔵する)箱, ひつ; 戸棚; 〖米〗＝Welsh dresser. **3** 〖軽蔑〗小屋 (hut), 小さな家. [＜中期ラテン語「箱」]

hút·ment 名 Ⓒ (宿営地の)仮兵舎(群).

Hux·ley /hʌ́ksli/ 名 ハクスレー **1** **Al·dous** /ɔ́ːldəs/ ～ (1894–1963) 《英国の小説家・批評家》. **2** **Sir**

Julian Sorell ～ (1887–1975)《英国の生物学者; UNESCO の初代事務局長; 1 の兄》. 「hurrah.
huz·za(h) /hʌzɑ́ː|hu-, hʌ-/ 間, 名, 動 《古》 =↑
Hwang Ho /hwɑ̀ːŋ-hóu/ 名 〈the ～〉 黄河 (the↓
hwy. highway. ⌊Yellow River)《中国の川》.
hy·a·cinth /háiəsìnθ|-s(i)nθ/ 名 C 《植》ヒヤシンス; ヒヤシンスの花; U ヒヤシンスの色《青紫色》.
hy·a·cin·thine /hàiəsínθin|-θain/ 形 ヒヤシンスの.
†**hy·ae·na** /haiíːnə/ 名 =hyena.
hy·a·line /háiəlin/ 形 ガラス状の, 透明な. 「一種》.
hy·a·lite /háiəlait/ 名 UC 《鉱》玉滴石《オパールの↑
†**hy·brid** /háibrəd/ 名 C **1** (動植物の)雑種, 交配種; 《軽蔑》混血(の人), 合いの子. a ～ from [of] a bison and a cow アメリカ野牛と雌牛との間の雑種. **2** 混成物; 混成(部品)の機械. **3** 《言》混成語《2 つの異なる言語の要素から成る語; たとえば nobleness はフランス語から来た noble に英語本来の接尾辞 -ness が付いたもの》.
── 形 雑種の; 混成の. a ～ dog 雑種犬. [＜ラテン語「ブタとイノシシの雑種, 自由民と奴隷の混血児」]

H

hý·brid·ìsm 名 U **1** 雑種であること; 雑種性. **2** 雑種育成. **3** 《言》混成 (→hybrid).
hỳ·brid·i·zá·tion 名 U 交配.
hy·brid·ize /háibrədàiz/ 動 他 〔2 つの異なる動物, 植物〕を交配させる, の雑種を作る; VOA を交配させる 〈*with* ..と〉. ── 自 雑種を作る[生む]; VA 交配する 〈*with*↓
Hyde /haid/ 名 **Mr.** ～ ハイド氏. →Jekyll. ⌊..と〉.
Hyde Párk 名 ハイドパーク《ロンドンの中心部にある有名な大公園; 東北の角に Speakers' Corner がある; 西隣は Kensington Gardens》. 「h の前で》.
hydr- /haidr/ 〈複合要素〉 hydro の異形《母音又は↑
hy·dra /háidrə/ 名 (複 **～s, hy·drae** /-driː/) **1** 《ギ神話》〈H-〉 ヒドラ《Hercules に退治された巨大な海蛇; 頭が 9 つあり, 1 つを切ると 2 つ生えたと言われる》. **2** C 根絶しにくい害悪. **3** C ヒドラ《淡水に住む腔(こう)腸動物の一種》. **4** 〈H-〉 《天》海蛇(うみへび)座.
hy·dran·gea /haidréindʒə/ 名 C 《植》アジサイ.
hy·drant /háidrənt/ 名 C (路上などにある)消火栓, 給水栓.
hy·drate /háidreit, -drət/ 名 UC 《化》水化物, 水和物, 含水化合物. ── /-dreit/ 動 自 水和[水酸化]する. ── 他 **1** を水和[水酸化]させる. **2** 〔肌〕に湿りを与える. ▷**hy̆·drá·tion** 名 U 水和, 水化.
†**hy·drau·lic** /haidrɔ́ːlik/ 形 **1** 水力の; 水圧[油圧](式)の. a ～ power plant 水力発電所. a ～ lift [pump] 水圧エレベーター[ポンプ]. a ～ brake 水圧[油圧]ブレーキ. a ～ ram 水撃ポンプ《水撃作用を利用した自動揚水機》. **2** 水中で硬化する. ～ cement 水硬セメント. [hydr-, ギリシア語「管」, -ic] ▷**hy·drau·li·cal·ly** /-k(ə)li/ 副 水力[水圧]で.
hy·dráu·lics 名 〈単数扱い〉 水力学.
hy·dra·zine /háidrəzìːn, -zin/ 名 U 《化》ヒドラジン《ロケットの燃料》.
hy·dro /háidrou/ 形 **1** =hydroelectric. **2** =hydropathic. ── 名 (複 **～s**) **1** C 《英》水治療養旅館. **2** UC 《カナダ》水力電気; 水力発電(所).
hy·dro- /háidrou/ 〈複合要素〉「水の; 水素の」の意味. [ギリシア語 'water']
hỳdro·cárbon 名 C 《化》炭化水素.
hỳdro·cephálic 形, 名 C 《医》脳水腫(しゅ)の(患者).
hỳdro·céphalous 形 =hydrocephalic. 「腫(しゅ).
hỳdro·céph·a·lus /-séfələs/ 名 U 《医》脳水↑
hy·dro·chlo·ric /hàidrəklɔ́ːrik|-klɔ́r-/ 形 《化》塩化水素の.
hỳdrochloric ácid 名 U 塩酸.
hy·dro·cy·an·ic /hàidrəsaiǽnik/ 形 《化》シアン化水素の. 「《猛毒》.
hỳdrocyanic ácid 名 U シアン化水素酸, 青酸,↑
hy·dro·dy·nam·ic /hàidrədainǽmik 形/ 形 流↓
hy̆·dro·dy·nám·ics 名 U 流体力学. ⌊体力学の.
hy·dro·e·lec·tric /hàidrəiléktrik 形/ 形 水力電気[発電]の. a ～ power station 水力発電所.
▷**hy·dro·e·lec·tri·cal·ly** /-k(ə)li/ 副 「水力電気.
hy·dro·e·lec·tric·i·ty /hàidrəilektrísəti/ 名 U↑
hy·dro·flu·or·ic /hàidrəflu(ː)ɔ́ːrik|-ɔ́r-/ 形 弗(ふっ)化水素の. ～ acid 弗化水素酸.
hy·dro·foil /háidrəfɔ̀il/ 名 C (水中翼船などの)水中翼; 水中翼船. 「号 H》. [hydro-, -gen]
***hy·dro·gen** /háidrədʒ(ə)n/ 名 U 《化》**水素**《記↑
hy·dro·ge·nate /háidrədʒənèit|haidrɔ́dʒ-/ 動 他 《化》を水素と化合させる, 水素で処理する.
hydrògenated óil /-əd-/ 名 UC 硬化油《調理済み食品に用いられ, 健康によくないとされる飽和脂肪に変わる》. 「fusion bomb とも言う》.
hýdrogen bòmb 名 C 水素爆弾《H-bomb 又は↑
hỳdrogen peróxide 名 U 過酸化水素《オキシフル(商標名)はこれの溶液》. 「路学; 水路測量(術).
hy·drog·raph·y /haidrɑ́grəfi|-drɔ́g-/ 名 U 水↑
hy·drol·o·gy /haidrɑ́lədʒi|-drɔ́l-/ 名 U 水文学《水の性質, 分布などの研究》. 「水分解.
hy·drol·y·sis /haidrɑ́ləsis|-drɔ́l-/ 名 U 《化》加↑
hy·drom·e·ter /haidrɑ́mətər|-drɔ́m-/ 名 C 液体比重計, 浮きばかり. 「体比重測定(法).
hy·drom·e·try /haidrɑ́metri|-drɔ́m-/ 名 U 液↑
hy·dro·path·ic /hàidrəpǽθik/ 形 水治療法の.
hy·drop·a·thy /haidrɑ́pəθi|-drɔ́p-/ 名 U 《医》水治療(法).
hy·dro·pho·bi·a /hàidrəfóubiə/ 名 U **1** 《医》狂犬病, 恐水病. **2** 水に対する病的な恐怖.
hy·dro·plane /háidrəplèin/ 名 C **1** 水上滑走艇《水面をかすめるように疾走する高速モーターボート》. **2** 《古》水上飛行機 (seaplane). **3** (潜水艦の上下移動に用いる)水平舵(だ).
── 動 自 **1** 水上を滑走する; 水上滑走艇に乗る. **2** 《主に米》〔自動車などが〕ハイドロプレーニングを起こす.
hý·dro·plàn·ing 名 U 《主に米》ハイドロプレーニング《自動車などが雨中を高速走行する時に, タイヤの路面把握力が低下してハンドルが効かなくなること》.
hy·dro·pon·ic /hàidrəpɑ́nik|-pɔ́n- 形/ 形 《農業》水耕法の, 水栽培の.
hy·dro·pon·ics /hàidrəpɑ́niks|-pɔ́n-/ 名 〈単数扱い〉《農業》水耕法, 水栽培.
hy·dro·sphere /háidrəsfìər/ 名 C **1** (地球上の)水圏, 水海, 《海, 湖沼など》. **2** (大気中の)水気.
hy·dro·stat·ics /hàidrəstǽtiks/ 名 U 流体静力学. ▷**hy·dro·stat·ic** 形
hy·dro·ther·a·py /hàidrəθérəpi/ 名 U 《医》水治療法《温泉, 鉱泉を使用する》.
hy·drox·ide /haidrɑ́ksaid|-drɔ́k-/ 名 U 《化》水酸化物. 「の(虫).
hy·dro·zo·an /hàidrəzóuən/ 形, 名 C ヒドロ虫綱↑
‡**hy·e·na** /haiíːnə/ 名 C ハイエナ《アジア・アフリカ産で犬に似て, 主に死肉を食べる; ほえ声は悪魔の笑い声にたとえられる》. [＜ギリシア語「メス豚」; たてがみがブタの剛毛に似ていることから] 「の女神》.
Hy·ge·ia /haidʒíːə/ 名 《ギ神話》ヒュギエイア《健康↑
***hy·giene** /háidʒiːn/ 名 U **衛生**, 清潔; 衛生学; 健康法. public ～ 公衆衛生. [＜ギリシア語「健康の(術)」]
hy·gi·en·ic /hàidʒiénik, haidʒén-|haidʒíːn- 形/ 形 **1** 衛生的な, 清潔な. **2** 衛生学の; 衛生上の, 保健上の.
▷**hy·gi·en·i·cal·ly** /-k(ə)li/ 副 衛生的に; 衛生(学)↓
hy̆·gi·én·ics 名 〈単数扱い〉 衛生学. ⌊上.
hy·gien·ist /háidʒiːnist, ──́─/ 名 C **1** 衛生学者; 衛生専門家. **2** =dental hygienist.
hy·gro- /háigrou/ 〈複合要素〉「湿気」の意味. [ギリ

シア語 'wet'] 「度計.

hy·grom·e·ter /haigrámətər|-grɔ́m-/ 名 C 湿↑

hy·grom·e·try /haigrámətri|-grɔ́m-/ 名 U (特に空中の)湿度測定(法).

hy·gro·scope /háigrəskòup/ 名 C 検湿器.

hy·gro·scop·ic /hàigrəskápik|-skɔ́p- ⑱/ 形 検湿器の; 吸湿性の.

hy·ing /háiiŋ/ 動 hie の現在分詞.

hy·men /háimən|-men/ 名 **1** 〈H-〉〘ギ・ロ神話〙ヒュメン《結婚の神》. **2** C 〘解剖〙処女膜.

hy·me·ne·al /hàiməní:əl|-me- ⑱/ 形 〈限定〉〘詩〙結婚の, 婚姻の.

***hymn** /him/ 名 (複 ~s /-z/) C **賛美歌**, 聖歌; 〈一般に〉賛歌 〈*to* ..への〉. sing ~*s* during the service [in church] 礼拝の間に[教会で]賛美歌を歌う. a funeral ~ 追悼歌. a ~ *to* freedom [love] 自由[愛]の讃歌.
—— 動 他 〘詩〙〔神など〕を賛美歌を歌ってたたえる; 〔賛美など〕を賛美歌を歌って表す. [<ギリシア語「賛歌」]

hym·nal /hímn(ə)l/ 名 C 賛美歌集.

hýmn·bòok 名 =hymnal. be singing from the same ~ 同じこと[意見]ばかり言う.

‡**hype**[1] /haip/ 〘俗〙名 UC 誇大宣伝[広告]; いんちき.
—— 動 他 を誇大に宣伝する, 売り込む; をやたらに持ち上げる, あおり立てる; 〈*up*〉.

hype[2] 〘俗〙名 C 皮下注射(針); 麻薬常習者.
—— 動 〈次の成句で〉
hỳped úp /hàiptʌ́p/ 〘俗〙(麻薬に酔ったように)興奮して, いかれて; 心配して. We were ~*d up* about the big game. 我々はその大試合でひどく興奮していた.
[<*hypo*dermic]

hy·per /háipər/ 形 m 〘話〙ひどく興奮した[活動的な]; 手に負えない; 夢中で.

hy·per- /háipər/ 接頭 「上, 超過, 過度」の意味 (↔ hypo-) 《普通 super- の付くものよりも大きい》. [ギリシア語 'over, beyond'] 「多症.

hy·per·a·cid·i·ty /hàipərəsídəti/ 名 U 胃酸過↑

hy·per·ác·tive /hàipərǽktiv ⑱/ 形 異常[過度]に活動的な. ▷**hỳ·per·ac·tív·i·ty** 名

hy·per·bo·la /haipə́:rbələ/ 名 (複 ~s, **hy·per·bo·lae** /-bəli:/) C 〘数〙双曲線.

hy·per·bo·le /haipə́:rbəli/ 名 〘修辞学〙**1** U 誇張(法). speak with some ~ 少し大げさに話す. **2** C 誇張表現《The sweat ran down his face *in rivers*. (汗が川のように彼の顔を流れた)などの類; →litotes》. [ギリシア語「限度以上に投げること」]

hy·per·bol·ic, -i·cal /hàipərbálik|-bɔ́l- ⑱/, /-ik(ə)l ⑱/ 形 **1** 誇張した, 大げさな. **2** 〘数〙双曲線(形)の.

hỳper·crítical /⑱/ 形 酷評の[する], あら探しの.
▷~·ly 副 「インフレ.

hỳper·inflátion 名 U ハイパーインフレーション, 超↑

Hy·pe·ri·on /haipí(ə)riən/ 名 〘ギ神話〙ヒュペリオン《Uranus と Gaea の子; Helios 又は Apollo と同一視されることがある》.

hýper·lìnk 名 C 〘電算〙(ハイパー)リンク《インターネット上の他のページへジャンプする》.

hỳper·márket 名 C 〘英〙(郊外にある)大型スーパー(マーケット).

hy·per·o·pi·a /hàipəróupiə/ 名 U 〘医〙遠視. ◇↔ myopia

hỳper·sénsitive /⑱/ 形 神経過敏な, 神経質過ぎる, 〈*to, about* ..に〉; 〘医〙過敏症の. be ~ *to* criticism 人の批評をひどく気にする. be ~ *to* certain drugs ある種の薬に対して過敏である.
▷~·**ness, hỳper·sènsitívity** 名 U 神経過敏 〈*to, about* ..に対する〉. 「倍以上の速さ》.

hỳper·sónic /⑱/ 形 〘理〙極超音速の《音速の 5↑

‡**hỳper·ténsion** 名 U 過度の緊張; 〘医〙高血圧.

hýper·tèxt 名 U 〘電算〙ハイパーテキスト《目次, 見出し, 本文などが有機的に結びついたテキスト》.

Hỳpertext Márkup Lànguage 名 U 〘電算〙ハイパーテキスト記述言語《略 HTML》.

hy·per·tro·phy /haipə́:rtrəfi/ 名 U 〘医〙(器管の)肥大; 異常発達; (↔atrophy).

hy·per·ven·ti·late /hàipərvéntəleit/ 動 自 〘医〙過換気する. ▷**hy·per·ven·ti·la·tion** /hàipərvèntəléiʃ(ə)n/ 名 U 〘医〙過換気《呼吸運動が発作的に激しくなって生体の代謝に必要以上の換気が起こる症状》.

***hy·phen** /háif(ə)n/ 名 (複 ~s /-z/) C ハイフン《- の記号》. Write the word with a ~. その語はハイフンを付けて書きなさい.

> 語法 (1) 2 つ以上の語を連結して複合語を作る: passer-by (通行人), father-in-law (義理の父), two-by-four (ツーバイフォア(の)), self-control (自己規制). (2) ハイフンによって臨時に語を連結させて形容詞的に用いることがある: a five-year-old boy (5 歳の男の子). (3) 語の音節の区分: 行の終わりで 1 語を 2 行にわたって書く必要がある時など. (4) 数詞, 分数を書く時: sixty-three (63), three-fourths (4 分の 3). (5) 連続する 2 個の母音を別々に発音することを示す: co-operate /kouápərèit|-ɔ́p-/ (協力する), re-elect /rì:ilékt/ (再選する). (6) 接頭辞を明確に示す: trans-European (ヨーロッパ横断の), re-create /rì:kriéit/ (再現する). (7) どもった言葉を表示する時: a-a-a-animal, d-d-d-don't.

—— 動 他 =hyphenate.
[ギリシア語「一緒に」(<'under'+'one')]

hy·phen·ate /háifənèit/ 動 他 〔語など〕をハイフンでつなぐ[区切る]. ▷**hỳ·phen·á·tion** 名

hy·phen·at·ed /-əd/ 形 ハイフン付きの, ハイフンでつないだ; 〘米話〙外国系の.

hỳphenated Américan 名 C 〘米話〙外国系米人《German-American (ドイツ系アメリカ人), Irish-American (アイルランド系アメリカ人), African-American (アフリカ系アメリカ人)などハイフンを付けて書かれる》.

‡**hyp·no·sis** /hipnóusəs/ 名 (複 **hyp·no·ses** /-si:z/) UC 催眠(状態); U 催眠術. under ~ 催眠術にかかって.

hyp·no·ther·a·py /hìpnouθérəpi/ 名 U 催眠療法. ▷**hyp·no·ther·a·pist** 名 C 催眠療法師.

‡**hyp·not·ic** /hipnátik|-nɔ́t-/ 形 **1** 催眠の; 催眠術の. **2** 催眠術にかかりやすい; 催眠状態の; 〔薬などが〕催眠作用のある. ~ suggestion 催眠暗示. go into a ~ trance 催眠術によってトランス状態になる. **3** 催眠術にかけるような, 魅力的な. —— 名 C **1** 催眠薬[剤]. **2** 催眠術にかかりやすい人. [<ギリシア語 *hýpnos* 'sleep']
▷**hyp·not·i·cal·ly** /-k(ə)li/ 副 「催眠(状態).

hyp·no·tism /hípnətìz(ə)m/ 名 U **1** 催眠術. **2**↑

hyp·no·tist /hípnətist/ 名 C 催眠術師.

hyp·no·tize /hípnətàiz/ 動 他 **1** に催眠術をかける. **2** 〔人〕を魅了する, 魅惑する〈普通, 受け身で〉.

hy·po[1] /háipou/ 名 〘写〙=hyposulfite.

hy·po[2] 名 (複 ~s) 〘話〙=hypodermic.

hy·po- /háipou, -pə/ 接頭 「下に, 以下, ごくわずか」の意味 (↔hyper-). [ギリシア語 'under']

hy·po·al·ler·gen·ic /hàipouælərdʒénik ⑱/ 形 〔化粧品, 宝石類などが〕アレルギーを起こさない.

hý·po·cènter 名 C (核爆発直下の)爆心地.

hy·po·chon·dri·a /hàipəkándriə|-kɔ́n-, hìp-/ 名 U 〘医〙ヒポコンデリー, 心気症,《病気でないのに病気だと思い込んだり, 健康状態について異常に悩んだりする病気》. [hypo-, ギリシア語「(胸骨の)軟骨」; 憂うつの発生する場所と考えられた]

hy·po·chon·dri·ac /hàipəkándriæk|-kɔ́n-, hìp-

H

㊗/ 形 ヒポコンデリー[心気症]の.
— 名 C ヒポコンデリー[心気症]の患者.

†**hy·poc·ri·sy** /hipákrəsi|-pɔ́k-/ 名 (複 -sies) 1 U 偽善, 猫かぶり. sheer ～ はなはだしい偽善. 2 C 偽善行為. [＜ギリシア語「舞台での演技」]

***hyp·o·crite** /hípəkrit/ 名 (複 ～s /-ts/) C **偽善者**, 猫かぶり《人》.

†**hyp·o·crit·i·cal** /hìpəkrítik(ə)l ㊗/ 形 偽善の, 偽善的な, 偽りの, 見せかけの. a ～ sermon by a snobbish priest 俗物根性の牧師による偽善的な説教.
▷ **～·ly** 副 偽善的に.

hy·po·der·mic /hàipədə́ːrmik ㊗/〖医〗形 皮下(へ)の; 皮下にある. ～ injection 皮下注射.
— 名 C 1 皮下注射. 2 皮下注射器.

hypodérmic nèedle 名 C 皮下注射針.

hypodérmic syrìnge 名 C 皮下注射器.

hy·po·gly·cae·mi·a, -ce·mi·a /hàipouglaisíːmiə/ 名 U 低血糖(症).

hy·pos·ta·sis /haipástəsis|-pɔ́s-/ 名 (複 **hy·pos·ta·ses** /-sìːz/) C〖哲〗本質, 実体.

hy·po·sul·fite, -phite /hàipəsʌ́lfait/ 名 U〖化〗チオ硫酸ナトリウム, ハイポ, 《写真現像用定着剤; 単に hypo とも言う》.

hy·po·tax·is /hàipətǽksəs|hàipou-/ 名 U 〖言〗従属(構造) (subordination) (↔parataxis).

hy·po·ten·sion /hàipətén∫(ə)n/ 名 U〖医〗低血圧(症).

hy·pot·e·nuse /haipát(ə)n(j)ùːs|-pɔ́tənjùːz/ 名 C〖数〗直角三角形の斜辺.

hy·po·thal·a·mus /hàipəθǽləməs/ 名 (複 **hy·po·thal·a·mi** /-mai/) C〖解剖〗視床下部.

hy·po·ther·mi·a /hàipəθə́ːrmiə/ 名 U〖医〗低体温(症).

***hy·poth·e·sis** /haipáθəsəs|-pɔ́θ-/ 名 (複 **hy·poth·e·ses** /-sìːz/) UC **仮説**; 仮定, 前提. formulate [suggest, put forward, advance] a ～ 仮説を立てる[提案する]. on the ～ that there is no life on Mars 火星には生物がいないという仮定で. [ギリシア語「下に置くこと＞根拠」]

hy·poth·e·size /haipáθəsàiz|-pɔ́θ-/ 動 自 仮説を立て(て考え)る ⟨*about* ..について⟩. — 他 を仮定する; VO (～ *that* 節) ..だと仮定する.

†**hy·po·thet·i·cal** /hàipəθétik(ə)l ㊗/ 形 仮説の, 仮定の; 仮説に基ういた; 仮説を含んだ. — 名 C ⟨普通 ～s⟩ 仮説. ▷ **～·ly** 副

hys·sop /hísəp/ 名 C 1 ヒソップ, ヤナギハッカ, 《昔薬草に用いられたヨーロッパ産のハッカの一種》. 2〖聖書〗ヒソップ, 《ユダヤ人がその枝を祓いの儀式に用いた》.

hys·ter·ec·to·my /hìstəréktəmi/ 名 (複 **-mies**) UC〖医〗子宮摘出(術).

***hys·te·ri·a** /hist í(ə)riə, -tér-|-tí(ə)r-/ 名 U 1〖医〗ヒステリー. 2 病的興奮; (群衆などの)異常興奮, 熱狂. →mass hysteria. 3 (抑えられない)笑いの発作.

hys·ter·ic /histérik/ 形 ＝hysterical.
— 名 C ヒステリー患者, ヒステリー性(しょう)の人.

†**hys·ter·i·cal** /histérik(ə)l/ 形 1 ヒステリー(性)の; ヒステリーにかかった. 2 異常に興奮した. a ～ outburst of tears ヒステリックな涙のほとばしり. ～ laughter ヒステリックな笑い. 3〖話〗非常におかしい (very funny). [＜ギリシア語「子宮 (*hustérā*) の」; ヒステリーの原因は子宮の異常によると考えられた] ▷ **～·ly** 副 m ヒステリックに, 異常に興奮して.

hys·ter·ics /histériks/ 名 ⟨しばしば単数扱い⟩ 1 ヒステリー(の発作); 病的興奮. in ～ ヒステリー状態で. have [fall into, go into] ～ ヒステリーを起こす. 2 笑いの発作, 大笑い. The comedian had people in ～. そのコメディアンは人々を笑いころげさせた.

Hz, hz hertz.

I

I, i /ai/ 名 (複 **I's, Is, i's** /-z/) **1** UC アイ《英語アルファベットの第 9 字》. **2** C 〈大文字で〉 I 字形のもの. **3** U (ローマ数字の) 1. *III*＝3, *IX*＝9, X*IV*＝14. Page v*iii* 8 ページ《しばしば本の序文などのページを示す》.
cròss *one's* [*the*] *t's* /tí:z/ (and dòt *one's* [*the*] *i's* /áiz/) →cross.

‡**I**[1] /ai/ 代 (複 **we**) (人称代名詞; 1 人称・単数・主格; 所有格 my, 目的格 me, 所有代名詞 mine, 再帰代名詞 myself) **私は, 私が**. *I* am a high school student. 私は高校生です. Shall *I* get you some more coffee? もう少しコーヒーをお持ちしましょうか. It is *I* who am to blame. ＝〘話〙It's *me* who is to blame. 悪いのは私です (語法 談話体では, このような構文では me の方が普通). It is *I* whom she hates.＝〘話〙It's *me* she hates. 彼女が憎んでいるのは私だ. Tom is taller than *I* (am). トムは私より背が高い (語法 am がなければ, 〘話〙では I はしばしば me となる; →me 2).
── 名 (複 **I's**) C **1** I (私)という語. Avoid using too many *I's* in your business letters. 商業文では「私」という語の使い過ぎは避けなさい. **2** 〘哲〙我, 自我 (ego). the *I* 自我. another *I* 第二の我.
[＜古期英語 *ic*; ego と同根]

I[2] 〘記号〙〘化〙 iodine; 〘略〙Independence; Independent; Institute; International; Island(s); Isle(s).

I[3] 〘米〙Interstate.

i 〘記号〙〈普通, イタリック体で〉〘数〙 imaginary number.

i. interest; 〘文法〙intransitive; island; 〘歯科〙incisor.

IA 〘郵〙, **Ia.** Iowa.

IAEA International Atomic Energy Agency.

I·a·go /iá:gou/ 名 イアーゴー《Shakespeare 作 *Othello* に登場する悪役》.

-i·al /iəl, jəl/ 接尾 〈-al の異形〉形容詞を作る. adverb*ial*. rac*ial*. [ラテン語]

i·amb /áiæm(b)/ 名 C 〘韻律学〙弱強格《詩脚 (foot) が弱強 /×⊿/ の 2 音節から成る; 例 The cúr|few tólls|the knéll|of párt|ing dáy.; →anapest; dactyl; trochee》.

i·am·bic /aiǽmbik/ 〘韻律学〙 形 弱強格の (→trocaic). ～ pentameter →pentameter.
── 名 C **1** ＝iamb. **2** 〈普通 ～s〉弱強格の韻文.

i·am·bus /aiǽmbəs/ 名 (複 **i·am·bi** /-bai/, ～**·es**) ＝iamb.

I·an /í:ən, áiən/ 名 男子の名.

-i·an /iən, jən/ 接尾 〈-an の異形〉形容詞・名詞を作る. Christ*ian*. Mart*ian*. histor*ian*. [ラテン語]

-i·an·a /iǽnə|-á:-/ 接尾 〈-ana の異形〉名詞を作る. Milton*iana*. [ラテン語]

IATA /iá:tə, iá:tə/ International Air Transport Association ((国連の)国際原子力機関).

i·at·ro·gen·ic /aiætroudʒénik ⑱/ 形 〔病気が〕医原性の《医師の処置が原因となる》. [ギリシア語 *iātrós* 「医師」, -genic]

ib. /íbid, ái-, ibáidem/ ibidem.

IBA 〘英〙Independent Broadcasting Authority.

Í-bèam 名 C 〘米〙I 型鋼梁(りょう)《断面が I 字形》.

I·be·ri·a /aibí(ə)riə/ 名 イベリア(半島) (**the Ibèrian Península**) 《ヨーロッパ南西部のスペイン・ポルトガル両国のある半島》.

I·bé·ri·an /-ən/ 形 イベリア(半島)の; スペイン[ポルトガル]の; 古代イベリア人[語]の. ── 名 **1** C イベリア(半島)人; 古代イベリア人. **2** U 古代イベリア語.

i·bex /áibeks/ 名 (複 ～**·es, i·bi·ces** /íbəsì:z, ái-|ái-/, ～) C アイベックス《Alps, Pyrenees 山脈などに生息する野生のヤギ; 雄には後方に曲がった長い角がある》.

†**ibid.** /íbid, ái-, ibáidem/ ibidem.

i·bi·dem /íbidem, ibái-/ 副 同じ箇所に; 同書に; 同章[節, ページ]に; 《略 ib., ibid.》. [ラテン語 'in the same place']

-i·bil·i·ty /-əbíləti/ 接尾 〈-ability の異形〉-ible で終わる形容詞から名詞を作る. poss*ibility*. vis*ibility*. [ラテン語]

i·bis /áibəs/ 名 (複 ～**·es**, ～) C 〘鳥〙トキ; コウノトリ.

-i·ble /-əb(ə)l/ 接尾 「..できる, ..されうる」の意味 (-able). poss*ible*. admiss*ible*. permiss*ible*. vis*ible*. [ラテン語]

IBM International Business Machines Corporation (アイビーエム)《コンピュータの商標[会社名]》.

I·bo /í:bou/ 名 (複 ～**s**, ～) C イボ族(の人)《アフリカ西部, 特にナイジェリア南部に住む黒色人種》; U イボ語.

IBRD International Bank for Reconstruction and Development (国際復興開発銀行). ★通称 the World Bank (世界銀行).

Ib·sen /íbs(ə)n/ 名 **Henrik ～** イプセン (1828–1906) 《ノルウェーの劇作家・詩人》.

IC 〘言〙 immediate constituent; 〘電子工学〙integrated circuit; 〘機〙internal-combustion; 〘医〙intensive care.

-ic /ik/ 接尾 **1** 「..の, ..の性質の, ..的; ..に属する; ..から成る」の意味の形容詞を作る (→-ical). histor*ic*. econom*ic*. bas*ic*. **2** 「..学, ..術」の意味で学術分野を表す少数の名詞を作る. log*ic*. mus*ic*. rhetor*ic*. ★学問名の多くは -ics で終わる. [ラテン語 (＜ギリシア語)]

i/c /àisí:/ in charge (of); in command (of).

-i·cal /ikl/ 接尾 「..のような, ..的な; ..に関する」の意味の形容詞を作る. histor*ical*. econom*ical*. pract*ical*. 注意 -ic と -ical 両方の形容詞形があるものには, econom*ic* (経済(学)の), econom*ical* (経済的な, 倹約な); histor*ic* (史上有名な), histor*ical* (歴史上の), などのように意味が異なるもの, 意味は変わらないが, geograph*ic*(*al*), lexicograph*ic*(*al*) のように, 〘米〙では -ic, 〘英〙では -ical の傾向があるもの, リズムや文脈でどちらかが選ばれるものなどがある. [ラテン語]

-i·cal·ly /ik(ə)li/ 接尾 語尾が -ic, -ical の形容詞から副詞を作る. histor*ically*. econom*ically*. 注意 publ*icly* のように, -ic で終わる形容詞が -ly だけを伴って副詞を作るのは例外的. [-ical, -ly[1]]

ICAO International Civil Aviation Organization (国際民間航空機関).

Ic·a·rus /íkərəs, ái-/ 名 〘ギ神話〙イカルス, イカロス, 《父 Daedalus の作った蠟(ろう)付けの翼でクレタ島から空を飛んで逃げたが, 太陽に近づきすぎたため蠟が溶け海中に落ちて死んだという若者》.

ICBM intercontinental ballistic missile.

ICC International Chamber of Commerce; International Control Commission; 〘米〙Interstate Commerce Commission.

‡**ice** /ais/ 名 (複 **ic·es** /-əz/) **1** U 氷; 〈普通 the ～〉(湖,

川, スケートリンクなどに張った)氷(の面). a piece [block] of ～ 氷の1片[1塊]. Water turns to ～ at 32°F. 水は華氏32度で氷になる. The ～ on the pond began to melt. 池の氷が溶け始めた. The Antarctic is covered with ～. 南極は氷で覆われている. The Queen turned into a block of ～ over her daughter's love affair. 女王は王女の情事の話を聞いて氷のように表情をこわばらせた.
2 [C] 〖米〗氷菓《凍らせた甘いデザート; シャーベットなど》; 〖主に英旧〗アイスクリーム. an orange ～ オレンジシャーベット. a choc ～ チョコアイス《チョコレートのかかったアイスクリーム》. Two ～*s*, please. シャーベットを2つ下さい. **3** =icing. **4** [U] 〖俗〗宝石,〈特に〉ダイヤモンド. **5** [U] 〖俗〗 アイス 《メタンフェタミンの無色の結晶状の覚醒剤; 水パイプで吸う》.
****brèak the íce*** (事業, 困難解決などの)きっかけをつくる; (初対面時, 開会時などの)**緊張をほぐす**; 《「砕氷して航路を開く」の意味から》. Rosa tried to *break the* ～ by offering them a cocktail. ローザはまず彼らにカクテルをすすめて緊張をほぐそうとした.
cùt íce (***with a pérson***) 〈普通, 否定文で〉〔言葉, 考えなどが〕(人に)効き目がある, 影響する. His excuse ˻*cut* no [didn't *cut* much] ～ *with* his boss. 彼の言い訳は上司に全く[大して]通じなかった.
on íce (1)〔ショーなどが〕氷上の, 氷上で行われる. (2)〔ワインなどが〕氷で冷やされて[た], 冷蔵庫に入って(いる). have no beer *on* ～ ビールを(冷蔵庫に)冷やしていない. (3)〖話〗(先のために)とってある, 用意して; (問題などを)保留にして, 棚上げにして. Let's put [keep] this topic *on* ～ until tomorrow. この論題は明日まで保留しよう. (4)〖米話〗(成功, 勝利などが)確実で. Our eleven had the game *on* ～. うちのサッカーチームは勝利を不動のものにしていた.
on thìn íce 薄氷の上で; (薄氷を踏むように)危険な立場で. You'll be (skating [treading, walking]) *on thin* ～ if you ask the boss for a big raise in the present recession. この不況下で上司に大幅な昇給を求めたりしたら危ない立場に立つことになるだろう.
── [動] [他] **1** を凍らす, を(すっかり)氷で覆う〈*up, over*〉; (特に氷で)を冷やす. The lake was ～*d over*. 湖は一面に氷が張った. **2**〔菓子, 果物など〕に砂糖の衣 (icing) をかける (frost). **3**〖米話〗〖スポーツ〗〔勝利〕を確実にする; 〔ゲームなど〕の決着をつける. **4**〖米俗〗を殺す.
── [自] 凍る, (すっかり)氷で覆われる,〈*over, up*〉.
ice /../ dówn 〖米〗〔傷〕を氷で冷やす《腫(は)れを防ぐため》.
[＜古期英語 *īs*]

íce àge [名] [C] 〖地〗〈しばしば (the) I- A-〉 氷河時代.
íce àxe [〖米〗 **àx**] [名] [C] (登山用の)ピッケル.
íce bàg [名] [C] 〖米〗氷嚢(のう)(〖英〗ice pack), 氷まくら.
íce·bàll [名] [U] アイスボール《1チーム5名で氷上で行うバスケットボールに似た球技》.
ìce béer [名] [UC] アイスビール《醸造過程の最後に凍らせ, 熟成度を高めたもの》.
†**ice·berg** /áisbə̀ːrg/ [名] [C] **1** 氷山. the tip of the [an] ～《文字通りに又比喩的に》氷山の一角. **2** 冷淡な人. an intellectual ～ 冷たいインテリ. [＜オランダ語 'ice-hill']
ìceberg léttuce [名] [UC] アイスバーグレタス《巻きの堅いキャベツのような型のレタス》.
ìce-blúe [形], [名] [U] 淡青色(の).
íce·bòat [名] [C] 氷上ヨット《氷上を帆走する軽い簡単な枠組みの乗り物》.
íce·bòund [形] 氷に閉ざされた《氷が張りつめて近寄れない[動けない, など]》. an ～ ship [port] 氷に閉ざされた船[港].
íce·bòx [名] [C] **1** 冷蔵箱[庫]《氷を使って冷やすだけで, 製氷はできない》. **2**〖米旧〗(冷凍)冷蔵庫 (refrigerator); 〖英〗(冷蔵庫の)冷凍室, 製氷室.
íce·brèaker [名] [C] **1** 砕氷船. **2** (その場の)緊張をほぐすもの《冗談など; →break the ICE》.
íce bùcket [名] [C] アイスペール《角氷の容器》.
íce·càp [名] [C] **1** 氷冠《極地, 高山などを永年覆う氷雪; 山岳氷河となって低地へ流れる》; 山岳氷河. the polar ～*s* 両極地の氷冠. **2** (頭を冷やす)氷嚢(のう).
ìce-cóld /⑱/ [形] 〔液体, 人の態度などが〕氷のように冷たい.
†**ice cream** /ˊ-ˋ|-ˊ, ˊ-/ [名] [UC] アイスクリーム. I like ～. 私はアイスクリームが好きだ. The child ate two ～*s*. その子供はアイスクリームを2つ食べた (★1個1個容器入りのものやコーン入りのものなどを指す場合は [C]).
ìce-créam còne [〖英〗 **còrnet**] [名] [C] アイスクリームのコーン《円錐形のウエハース》; コーンに入れたアイスクリーム.
ìce-cream sóda [名] [UC] (アイス)クリームソーダ《ソーダ水にアイスクリームを浮かせた物》.
íce cùbe [名] [C] (冷蔵庫で作る)小型の角氷.
†**iced** /aist/ [形] **1**〔飲み物が〕氷で冷やした. ～ water 氷で冷やした水. **2**〔ケーキなどが〕砂糖の衣 (icing) をかけた. ～ cakes 砂糖の衣をかけた菓子.
íce dànce [名] [C] アイスダンス《ダンスの要素を多く採り入れたペアのフィギュアスケート》.
ìced cóffee [名] [UC] アイスコーヒー.
ìced téa [名] [UC] アイスティー(〖話〗では **ìce téa** とも言う).
íce·fàll [名] [C] **1** 凍結した滝. **2** アイスフォール《氷河が急傾斜で崩落が起こる部分》.
íce fìeld [名] [C] (特に, 極地の)浮氷原, 大氷原.
íce flòe [名] [C] 浮氷(塊); 浮氷原.
íce-frèe [形]〔海, 川, 港などが〕凍らない, 不凍の. an ～ port 不凍港.
íce hòckey [名] [U] 〖競技〗アイスホッケー.
íce·hòuse [名] (複 →house) [C] 貯氷庫, (特に地下の)氷室.
Ice·land /áislənd/ [名] アイスランド《北大西洋の島; 共和国; 首都 Reykjavik》.
▷ **～·er** [名] [C] アイスランド人.
Ice·land·ic /aislǽndik/ [形] アイスランドの; アイスランド人[語]の. ── [名] [U] アイスランド語.
ice lolly /ˊ--|ˋ-ˊ-, ˊ--/ [名] [C] 〖英〗アイスキャンデー (〖米〗Popsicle).
ice·man /áismæ̀n, -mən/ [名] (複 **-men** /-mèn, -mən/) [C] 〖米〗氷配達人, 氷屋.
ìce mílk [名] [UC] 〖米〗アイスミルク《アイスクリームに似た氷菓; スキムミルクを使う》.
I·ce·ni /aisíːnai, -ni/ [名] 〈the ～; 〖米〗単複両扱い, 〖英〗複数扱い〉イケニ族《イングランド東部に住んでいた部族; A.D.61年にローマ人と戦った》.
íce pàck [名] [C] **1**〖英〗=ice bag. **2** =pack ice.
íce pìck [名] [C] アイスピック《氷割り用のきり》.
íce rìnk [名] [C] (屋内)スケートリンク.
íce shèet [名] [C] 氷床, 大陸氷河, 《氷河時代に北半球を覆った厚い氷層; 南極大陸, グリーンランドなどの大氷原》.
íce shòw [名] [C] 氷上ショー.
íce-skàte [動] [自] アイススケートをする.
íce skàte [名] [C] 〈普通 ～s〉(スケート靴の)エッジ; スケート靴. a pair of ～*s* スケート靴1足; スケート靴のエッジ1対.
íce skàter [名] [C] (アイス)スケートをする人.
íce-skàt·ing [名] [U] (アイス)スケート(競技).
íce tòngs [名] 〈複数扱い〉氷ばさみ.
íce trày [名] [C] (冷蔵庫の)製氷皿.
íce wàter [名] **1** [UC] 〖主に米〗氷水(こおりみず), 冷やした水, (iced water). an ～ 氷水1杯. **2** [U] 氷が解けた水.
ich·neu·mon /ikn(j)úːmən/ [名] [C] **1**〖動〗エジプトマングース, ネコイタチ, 《ワニの卵を食うと古代エジプトでは信じられた》. **2**〖虫〗ヒメバチ (**ichnéumon flỳ**).
[ギリシア語「追跡者」]

i·chor /áikɔːr, -kər/ 名 U 1〘ギ・ロ神話〙イコール《神々の体内の脈管を流れていると考えられた液体》.
2〘病理〙(傷口, 潰瘍(かいよう)から流れ出る)膿漿(のうしょう).

ich·thy·o·log·i·cal /ìkθiəlάdʒik(ə)l|-lɔ́dʒ-/ 形 魚類学の.

ich·thy·ol·o·gy /ìkθiάlədʒi|-ɔ́l-/ 名 U 魚類学.
▷**ich·thy·ol·o·gist** 名 C 魚類学者.

ich·thy·o·saur /íkθiəsɔ̀ːr/ 名 C〘古生〙魚竜《ジュラ紀に栄えた魚形の水生爬虫(はちゅう)類》.

ich·thy·o·sau·rus /ìkθiəsɔ́ːrəs/ 名 (複 ~·es, **ich·thy·o·sau·ri** /-sɔ́ːrai/) C〘古生〙イクチオサウルス《ジュラ紀中期に全盛の魚竜》.

-i·cian /íʃən/ 接尾 1 語尾が -ic(s) の語に付けて「研究家, 専門家」の意味を表す. mathemat*ician*. musi*cian*. techn*ician*. 2 語尾が -ic(s) でない語に付けて「職業従事者」を示す. beaut*ician*. [フランス語]

†**i·ci·cle** /áisik(ə)l/ 名 C つらら.

i·ci·ly /áisili/ 副 氷のように冷たく; 冷淡に, よそよそしく.

i·ci·ness /áisinəs/ 名 U 冷ややかさ, 冷淡さ.

ic·ing /áisiŋ/ 名 U 1〘主に英〙(菓子にかける)衣, アイシング, (〘米〙frosting)《砂糖のほかバター・香味料・卵白などを加えることもある》. 2 (飛行機の翼や船体への)着氷.
the icing on the cáke 余計な飾り, 蛇足(だそく); さらなる喜び, うれしい'おまけ', だめ押し. The beautiful weather for the wedding is *the ~ on the cake*. 婚礼の日の快晴はめでたさに花を添える.

ícing sùgar 名 U〘英〙(アイシング用)粉砂糖(〘米〙confectioners' sugar).

-ic·i·ty /ísəti/ 接尾 -ic で終わる形容詞から名詞を作る. publ*icity*. eccentr*icity*. [-ic, -ity]

ICJ International Court of Justice.

ick·y /íki/ 形 e〘話〙1 べとつく; 不快な, いやな, まずそうな. 2 感傷的過ぎる, べたべたした. [?<st*icky*]

‡**i·con** /áikɑn|-kɔn/ 名 C 1〘ギリシア正教会〙聖像, イコン, 《キリスト, 聖母マリア, 聖徒, 天使などの板絵》. 2〈一般に〉像, 肖像; 偶像. 3〘言・記号〙(ア)イコン, 図像, 類似記号. 4〘電算〙アイコン《画面上に, 各種コマンド, プログラムを表示する絵記号》. [<ギリシア語「像」]

i·con·ic /aikάnik|-kɔ́n-/ 形 1 聖像の; 肖像の; 偶像の(ような). gain [achieve] ~ status 偶像的な存在となる.
2〈特に〉〔彫像などが〕因習的手法による.

i·con·o·clasm /aikάnəklæ̀z(ə)m|-kɔ́n-/ 名 U〈特に〉(8, 9 世紀の東方教会における)偶像破壊(主義), 偶像崇拝反対; 旧習打破.

i·con·o·clast /aikάnəklæ̀st|-kɔ́n-/ 名 C 偶像破壊者; 旧習打破の唱導者. [<ギリシア語 'icon-breaker']

i·con·o·clas·tic /aikὰnəklǽstik|-kɔ̀n- 移/ 形 偶像破壊的な; 旧習打破の.

i·co·nog·ra·phy /àikənάgrəfi|-nɔ́g-/ 名 U 図像(体系); 図像学, イコノグラフィー.

i·co·nol·o·gy /àikənάlədʒi|-nɔ́l-/ 名 U 1 図像(解釈)学, イコノロジー; 聖像学. 2〈集合的〉図像. 3 図像による象徴.

ICPO International Criminal Police Organization《普通は interpol と言う》.

-ics /iks/ 接尾 1〈単数扱い〉「..学, ..論など」の意味で学問の分野名を作る. phys*ics*. mathemat*ics*. econom*ics*. 語法 学問名としては単数扱いだが, 特に, his, the, such などを前に伴うと意味が変わり, 複数扱いとなる. →economics, politics, statistics. 2〈単複両扱い〉「活動, 現象」などを表す名詞を作る. acrobat*ics*. aerobat*ics*. hyster*ics*. [ラテン語]

ic·tus /íktəs/ 名 (複 ~·es, ~) C 1〘韻律学〙強音, 揚音. 2〘医〙急発症状, 発作.

ICU〘医〙intensive care unit.

*__i·cy__ /áisi/ 形 e (**i·ci·er**|**i·ci·est**) 1〔物が〕**氷の**, 氷で作った, 氷のような; 氷の多い, 氷に覆われた, 凍結した. ~ streets 凍りついた街路. 2 氷のように冷たい, **ひどく冷たい**;〈副詞的に〉氷のように〔冷たい〕. *Icy* winds blew all day yesterday. きのうは身を切るような冷たい風が 1 日中吹いていた. The water is ~ cold. 水が氷のように冷たい. 3〔人, 態度などが〕冷たい, **冷淡な**. He gave me an ~ look. 彼は冷たい目つきで私を見た. an ~ welcome 冷ややかな歓迎ぶり. [ice, y[1]]

ID[1]〘郵〙Idaho.

ID[2] 名 (複 ~**s** /z/) =ID card; UC 身分証明になるもの《運転免許証, パスポートなど; <*id*entification, *id*entity》. I have an *ID* [no *ID*] on me. 私は身分証明証(になるもの)を持ち合わせている[いない].

id /id/ 名〈the ~〉〘精神分析〙イド《精神の奥底にある本能的エネルギー[衝動]の源泉; →ego 2, superego》.

Id. Idaho.

id. idem.

‡**I'd** /aid/ I would [should, had] の短縮形.

I·da /áidə/ 名 女子の名.

Ida. Idaho.

I·da·ho /áidəhòu/ 名 アイダホ《米国北西部の州; 州都 Boise; 俗称 the Gem State; 略 ID〘郵〙, Id(a).》. [北米先住民語「日の出」?]
▷~·**an** /-ən/ 形, 名 C アイダホ州の(人).

ÌD càrd 名 C 身分証明書 (identity [identification] card)《運転免許証なども含む》.

IDDM insulin dependent diabetes mellitus (インスリン依存型糖尿病).

-ide /aid/ 接尾〘化〙「..化物」の意味. ox*ide*. brom*ide*. [フランス語]

‡**i·de·a** /aidíːə|-díə/ 名 (複 ~**s** /-z/)
【心に浮かぶ物事】 1 C **考え**; 概念; 観念; 思想; 考え方;〘哲〙イデア, 観念; (類語 考え, 着想などを表す一般的な語; →concept, conception, notion, thought[1]). an abstract ~ 抽象概念. his ~ of democracy 彼の考えるところの民主主義. get the wrong ~ about free speech 言論の自由について誤った考え方をする. a fixed ~ 固定観念. the basic ~s of Darwin ダーウィンの根本思想. The clause is based on the ~ that everybody is equal before the law. その条項は, 法の前にすべての人は平等だという考えに基づく. The very ~ of deceit was abhorrent to him. 人をだますのは彼にとっては考えるだけでも嫌いな事だった.

> 連結 a concrete [a general; a crude; a correct; a foolish; a strange; a vague; a new; an outdated] ~ // conceive [come up with, entertain; express; convey] an ~

2【突然生じた考え】C **思いつき**, 着想, アイディア. A happy ~ occurred to me. ふと名案が浮かんだ. He's ⌞a man of ~s [an ~ man]. 彼は⌞アイディア[創意]に富んだ人だ. That's a good ~! それはいい考えだ. I've got an [a good] ~! いいことを思いついた. toy with the ~ of living abroad 外国暮らしでもしようかなどと気楽に考える. I have a great ~ for a beer commercial. ビールのコマーシャル用にすばらしいアイディアがある.

> 連結 a bright [a brilliant, a clever, an excellent, a fantastic; a sudden] ~ // hit [strike] on an ~ // an ~ presents itself

【はっきりした考え】 3 C〈普通 ~s〉**意見**, 見解, (opinion). his progressive ~s 彼の進歩的な意見. their political ~s 彼らの政治的見解. his ~s on [about] education 彼の教育についての見解. Scientists should exchange ~s with each other. 科学者はお互いに意見を交換すべきである.
4 **目的**; 計画, 意図 (intention). The ~ of conducting a business is to make money. 商売をする目的は

金をもうけることだ. My ～ is [It's my ～] to stay there for a few days. 数日そこに滞在しようというのが私の計画です. He doesn't have any ～ of resigning. 彼は辞職する気などない. a man with big ～*s* 大それたことをもくろむ男, 野心家. His parents wanted Tom to be a doctor, but he had other ～*s*. 両親はトムに医者になってほしかったが, 彼には別の計画があった.
【漠然とした感じ】 **5** Ⓒ〈単数形で〉思い, '気', 予感. I have an ～ I've seen you somewhere before. 前にどこかでお目にかかったような気がしますね.
6 ⓊⒸ **想像**, 推量 (guess); 見当をつけること; 漠然とした知識[理解]. get [give X, have] an ～ of.. (→成句). with some [without any] ～ of the whole 全体のことを⌊多少は知って[まるで知らないで]. I tremble at the bare ～ of his death. 彼が死ぬなんて考えただけでもぞっとする. I haven't the least [faintest, first, slightest, 〖話〗foggiest] ～ (of) who said so. だれがそう言ったか全然見当がつかない (★of が省かれるのは〖話〗). I hadn't much ～ where I was going. どこに向かっているのかよく分からなかった.
gèt an idéa of.. ..を(大体)知る, ..が分かる.
gèt [***hàve***] ***idéas*** あれこれ考える; 〖話〗野望をもつ, 叛意をいだく.
gèt the idéa 〖話〗分かる; 思い込む〈*that* 節 ..と〉.
give X an idéa of.. Xに..を(大体)分からせる. The essay will *give* you *an* ～ *of* what Oxford is like. その随筆でオックスフォードがどんな所か大体分かるでしょう.
gìve a person idéas =put IDEAs into a person's head.
hàve an idéa of.. ..を(大体)知っている, ..が分かる; ..しようと思う〈*doing* ..を〉.
hàve nò idéa 〖話〗 (1) 少しも知らない, 理解できない, 〈*of* ..を/*that* 節 ..ということを/*wh* 節..かを〉. I *have no* ～ *what* he means. 彼の言う意味がまるで分からない. (2) つもりはない〈*of* doing ..する〉.
a person's ídea of.. ..について人が⌊頭に描く[考える]もの. What is your ～ *of* a hero? 君の考える英雄とはどんなものか. This is not my ～ *of* a joke. 〖話〗冗談じゃないよ《<こんなのは私の考える冗談ではない; 相手が冗談のつもりでした[言った]ことに抗議する場合などに使う》.
pùt idéas into a pèrson's héad 人に(あれこれと空想させて)過大な期待を持たせる.
Thàt's an idéa. 〖話〗それは(良い)思いつきだ.
Thàt's the idéa. 〖話〗それでいいのだ, それ(が大事[問題])なんだよ.
The idéa of it!=***The*** (***vèry***) ***idéa!*** 〖旧〗=***Whàt an idéa!*** 〖話〗(これは)あきれた, まさか, ばかばかしい.
Whàt the (***bìg***) ***idéa?*** 〖旧〗(そんな事をするのは)どういう魂胆[了簡]か.
Whère did you gèt thát idèa? 〖話〗そんな(間違った)考えをどこで仕入れてきた.
[<ギリシア語 *idéā*「形, 型」(<「見る」)]
‡**i·de·al** /aidí:(ə)l, -díəl/ 形 Ⓒ 【理想の】 **1** **理想的な**, 申し分のない (perfect); もっとも望ましい, 絶好の; 〈*for* ..にとって〉. This is an ～ place to live in. ここは住むのに絶好の場所だ. It's an ～ day *for* fishing. 魚釣りには絶好の日和だ. an ～ way of life 理想的な生き方.
【観念(上)の】 **2** 〈限定〉想像(上)の, 架空の, (visionary); 観念的な, 非現実的な; (↔real). A utopia is an ～ society [world]. ユートピアは架空の社会[世界]だ. ～ happiness 達成されそうもない幸福.
3 〖哲〗イデアの, 観念(論)的な. ◇副 ideally
── 名 (複 ～s /-z/) Ⓒ **1** 〈しばしば ～s〉**理想**. His father had high ～*s*. 彼の父は高い理想を持っていた. Both nations declared they would uphold the ～*s* of freedom and peace. 両国は自由と平和の理想を支持すると宣言した.

> 連結 a lofty [an exalted; an impossible; a political; a religious] ～ // achieve [attain, realize] an ～

2 〈普通, 単数形で〉理想の人[物], 理想的典型. She was the ～ of Japanese women in those days. 彼女は当時の日本女性の理想であった. [idea, -al]
†**i·dé·al·ìsm** 名 Ⓤ **1** 理想主義《理想を追うこと; 美術では対象を理想化して表現する技法; ↔realism》. **2** 〖哲〗観念論, 唯心論, (↔materialism, realism).
i·dé·al·ist 名 Ⓒ **1** 理想主義者, 理想家. **2** 〖哲〗観念論者, 唯心論者. ── 形 =idealistic.
‡**i·de·al·is·tic** /aidi(:)əlístik ⑧/ 形 **1** 理想主義的な. **2** 観念論的な; 非現実的な.
▷**i·de·al·is·ti·cal·ly** /-k(ə)li/ 副 理想主義的に.
i·de·al·i·ty /àidiǽləti/ 名 (複 **-ties**) **1** 〖章〗Ⓤ 理想的であること[状態]; Ⓒ 理想的なもの, 理想像. **2** Ⓤ 〖章〗理想化する力, 想像力; 〖哲〗観念性. 「の.
i·dè·al·i·zá·tion 名 Ⓤ 理想化; Ⓒ 理想化されたも↑
‡**i·de·al·ize,** 〖主に英〗 **i·de·al·ise** /aidí:(ə)làiz, -díə-/ 動 他 を理想化する, 理想的にする; を理想と考える. ～ the past 過去を理想化する. My ～*d* picture of Tokyo was shattered as we neared the city. 東京に近づくにつれて私が心に理想化して描いていた東京の姿はこわされた. ── 自 理想化する; 理想を描く.
‡**i·de·al·ly** /aidí:əli/ 副 **1** 理想的に, 申し分なく; 理想的には, 理想を言えば. Our house is ～ placed for shopping. わが家は買物には理想的な場所にある. *Ideally* I'd like to get a Ph. D. in linguistics. 理想を言えば, 私は言語学の博士号を取りたい. **2** 観念的に; 観念的には. 「想像する.
i·de·ate /áidièit, aidí:eit/ 動 他, 自 (を)観念化する,↑
ì·de·á·tion 名 Ⓤ 観念化, 観念構成.
i·dée fixe /i:dèi-fí:ks/ (複 **i·dées fixes** /同/) 固定観念; 強迫観念. [フランス語 'fixed idea']
i·dem /áidem, íd-/ 代, 形 同上(の), (前記と)同じ著者(の), 同書(の), 《略 id.》. [ラテン語 'the same']
i·den·tic /aidéntik/ 形 〖外交〗〔外交文書が〕同文の.
***i·den·ti·cal** /aidéntik(ə)l/ 形 Ⓒ **1** 〈限定〉**同一の** (one and the same) (類語 same より厳密に同一性を強調する語で「寸分たがわない」の意味). the ～ person 同一人, 本人. This is the ～ walking stick that my father used. これは父が使っていたステッキそのものです. **2** **同様の** 《見分けがつかないくらい似ている》; 等しい, 一致する, 〈*to, with* ..と〉. His hat is almost ～ *with* mine. 彼の帽子は私のとほとんど同じだ. an ～ equation 〖数〗恒等式. [<中世ラテン語 *identicus* (<*idem* 'same')]
▷ **～·ly** 副 全く同様に. 「(の1人)《2児は同性》.
idèntical twín 名 Ⓒ 〈普通 ～s〉一卵性双生児↑
‡**i·den·ti·fi·a·ble** /aidéntəfàiəb(ə)l/ 形 (身元などを)同定[特定]できる〈*as* ..と/*by, from* ..で〉.
***i·den·ti·fi·ca·tion** /aidèntəfəkéiʃ(ə)n/ 名 (複 **～s** /-z/) **1** ⓐⓊ **同一であるとする[される]こと**; 同一であることの確認[証明], 識別; (死体, 罪人などの)身元確認, 検証. means of ～ 身元確認[識別]手段. handwriting ～ 筆跡照合. He's made a formal [positive] ～ of his wife's body. 彼は妻の遺体⌊を正式に[に間違いないと]確認した.
2 ⓊⒸ **身元証明**(になるもの). The traveler lost his ～ papers. その旅行者は身分証明書(類)をなくした. Boris showed his passport as ～. ボリスは身分を証明するためにパスポートを提示した.
3 Ⓤ 存在[重要性, 真実など]を明らかにすること, 認識, 〈*of* ..の〉. early ～ *of* a disease 病気の早期発見. Correct ～ *of* their immediate requirement is important. 彼らが緊急に必要とするものを正しく認識することが大事だ.

4 aU 一体化, 同一化, 同一視, 共感; 密接な関連性; 〈*with* ..との〉. I feel a strong ~ *with* the hero of the novel. 私はその小説の主人公に強い共感を覚える. a close ~ of India *with* Buddhism インドと仏教の密接な関係. [identify, -fication]

identificátion càrd 名 C 身分証明書 (identity card) 《略して ID card とも言う》.

identificátion paràde 名 C 〖英〗(警察での)面(ⓜ)通しの列 (〖米〗 lineup).

identificátion tàg 名 C 〖米〗〖軍〗認識票《氏名, 部隊番号などを刻んだ首に掛ける小さな金属板; 〖英〗 identity disc; →dog tag》.

‡i·den·ti·fy /aidéntəfài/ 動 (-fies /-z/|過 過分 -fied /-d/|~·ing) 他 **1** (**a**) を**同定する**, 特定する, 《特定の人[物]であることを確認すること》; を見分ける 〈*as* .. 〔だれ[なに]〕であると〉; の身元を確認する. The corpse could not be *identified*. その遺体の身元は分からなかった. Her parasol was *identified* by its color. 彼女の日傘は色でそれと分かった. Authorities *identified* the victim *as* Roger Scott, 29, of Camden. 当局は犠牲者はキャムデンのロジャー・スコット, 29 歳, と確認した.
(**b**) 𝕎 (~*wh* 節) ..かを特定する, 確認する. The witness was able to ~ *who* had stabbed the policeman. その証人は警官を刺した人物を特定できた.
2 の存在[重要性など]を明らかにする; を突き止める, 認識する. The cause of the food poisoning has not yet been clearly *identified*. 食中毒の原因はまだはっきり突き止められていない. **3** を同一視する, 関連づけて考える, 〈*with* ..と〉. Don't ~ appearance *with* reality. 外見と実体とを一緒にしてはいけない.
— 自 共感を持つ 〈*with* ..に〉; 一体感を持つ, 自分を同じだと思う, 〈*with* ..と〉. My sister always *identifies with* the heroine of a TV drama. 姉はいつも自分がテレビドラマの主人公になった気持ちになる.
idéntify onesèlf 身元を明らかにする, 名乗る. He had no means of ~*ing* him*self*. 彼は自分の身元を証明するすべがなかった.
idéntify onesèlf [***be idéntified***] ***with*** .. ..と感情[利害, 行動]を共にする, 一体感を持つ; ..と緊密な関係を持つ. He didn't want to *be identified with* the program. 彼はその計画に深く関係したくなかった. Jane *identified* her*self with* Women's Lib. ジェーンはウーマンリブに積極的に参加した.
[<中世ラテン語 *identificāre*「同定する」]

i·den·ti·kit /aidéntəkìt/ 名 C モンタージュ写真作製装置《もと商標; <*identi*fication *kit*》; これで作ったモンタージュ写真. an ~ picture モンタージュ写真.

***i·den·ti·ty** /aidéntəti/ 名 (複 -ties /-z/) **1** U **同一性**, 同一であること; 極度の類似性. groups united by ~ of interests 利害の一致で団結した集団. a feeling of ~ between parents and children 親子の一体感.
2 UC **特定の人[物]であること**; (人の)身元, (物の)正体. conceal [reveal] one's ~ 身元を隠す[明かす]. a case of mistaken ~ 人違い(の具体的な例). The police are trying to establish the blackmailer's ~. 警察は脅迫犯人を割り出そうと努めている.
3 UC **自身の独自性**, アイデンティティ, 自覚; 個性 (personality). have a sense of one's own ~ 自覚がある, 主体性[独自性]の意識をもつ. the corporate ~ of a company 会社の組織としての独自性. lose one's ~ in a large city 大都会の中で自分を見失う. preserve one's ethnic [cultural] ~ 民族的[文化的]独自性を保つ. [<中世ラテン語 *identitās*「同一であること」(<*idem*「'same')]

idéntity càrd 名 =identification card.

idéntity crìsis 名 (複 -crises) C 〖心〗自己同一性の危機 《主に青年期に起こる自己自身についての心理的動揺》.

idéntity dìsc 名 〖英〗=identification tag.

idéntity paràde 名 =identification parade.

i·de·o·gram, -graph /ídiəgræ̀m, áid-/, /-græ̀f|-grɑ̀:f/ 名 C 表意文字《漢字のように, 語の音声ではなく意味を表す文字》; 表意記号 《%, @, £, & など》.

i·de·o·graph·ic /ìdiəgrǽfik, àid-/ 形 表意文字の, 表意的な. [ギリシア語 'idea', -graphy]

†i·de·o·log·i·cal /àidiəlɑ́dʒik(ə)l, ìd-|-lɔ́dʒ-/ 形 イデオロギー(上)の. ▷ **~·ly** 副

i·de·ol·o·gist /àidiɑ́lədʒist, ìd-|-ɔ́l-/ 名 C **1** イデオロギー研究家. **2** =ideologue.

i·de·o·logue /áidiəlɔ̀:g, aidíə-|-lɔ̀g/ 名 C (特定の)イデオロギー信奉者[に凝り固まった人], イデオローグ; 空理空論家.

†i·de·ol·o·gy /àidiɑ́lədʒi, ìd-|-ɔ́l-/ 名 (複 -gies) UC 観念形態《ある個人, 階級, 政党などが政治・経済・社会に関してもつ基本的な主義・意見の総体》, イデオロギー. [ギリシア語 'idea', -logy]

ides /aidz/ 名 〈単数扱い〉〖雅〗(古代ローマ暦で) 3 [5, 7, 10] 月の 15 日, 他の月の 13 日. Beware the *Ides* of March. 3 月 15 日を警戒せよ 《3 月 15 日に暗殺された Julius Caesar が事前に受けていた警告 (Shakespeare 作 *Julius Caesar* より); 凶事を警告する言葉として用いられる》. [ラテン語]

id est /ìd-ést/ →i.e.

id·i·o- /ídiou/ 〈複合要素〉「私的な, 固有の」の意味. [ギリシア語 *ídios* 'private, own']

id·i·o·cy /ídiəsi/ 名 (複 -cies) **1** U ばかげていること; C ばかな行為. **2** U 白痴 (idiot) であること.

id·i·o·lect /ídiəlèkt/ 名 UC 〖言〗個人(言)語《ある個人が用いる言語の総体》.

***id·i·om** /ídiəm/ 名 (複 ~s /-z/) **1** C **慣用句**, 熟語, 成句, イディオム, 《2 つ以上の語から成る句の意味がそれぞれの語の意味を離れ全体として一定の意味を持つ語句; 例えば put up with, spill the beans, for good など》. That is an ~ often used in the United States. それはアメリカでよく使われる慣用句だ.
2 UC 〖章〗(ある人, 時代, 地域, 国などに特有の)語法; (絵画, 音楽などに)独特の表現(法), 作風. the ~ of the New England countryside ニューイングランドの田舎の人々の用いる語法. the ~ of the underworld 暗黒街特有の言い方. use Irish ~ アイルランド語法を使う. the most striking ~ of modern art 現代絵画の最も顕著な表現法. [<ギリシア語「私有財産, 特性」]

id·i·o·mat·ic /ìdiəmǽtik/ 形 **1** 慣用語法の, 慣用的な, 慣用句の多い. an ~ phrase 慣用句. an ~ writer 慣用句を多用する作家.
2 いかにもその言語らしい. Mr. Sato speaks ~ English. 佐藤さんは英語らしい英語を話す.
▷ **id·i·o·mat·i·cal·ly** /-k(ə)li/ 副 慣用的に.

id·i·op·a·thy /ìdiɑ́pəθi|-ɔ́p-/ 名 (複 -thies) UC 特発性疾患.

id·i·o·syn·cra·sy /ìdiəsíŋkrəsi/ 名 (複 -sies) UC **1** (個人の考え方, 好み, 行動などの)目立つ特徴; 特異性, 奇抜さ; 奇行. **2** 〖医〗特異体質. [<ギリシア語 (<idio-+syn-+「混合」)]「特異体質の.

id·i·o·syn·crat·ic /ìdiəsiŋkrǽtik/ 形 特異な;

†id·i·ot /ídiət/ 名 C **1** 〖話〗大ばか者. **2** 〖旧〗〖心〗白痴の人 《知能が遅れていて, 成長後の精神年齢 3 歳以下; →imbecile, moron》. [<ギリシア語「俗人, 平民」]

ídiot bòx 名 C 〖俗〗'白痴箱' 《テレビ(受像機)のこと》.

id·i·ot·ic /ìdiɑ́tik|-ɔ́t-/ 形 ばかな, ばかげた; ばかみたいな; (類語 stupid より強意的; →foolish). give an ~ grin ばかみたいににやにやする.
▷ **id·i·ot·i·cal·ly** /-k(ə)li/ 副 ばかげて; ばかみたいに.

ídiot lìght 名 C 〖米〗(車の)異常表示ランプ《異常が起こるとダッシュボードに点灯する》.

‡**i·dle** /áidl/ 形 e (~r|~st) **1** 〔人が〕**怠けている**, 怠惰な, のらくらしている, (類語 生来の怠け者というより, 単に仕事が無くてぶらぶらしているというのが中心的意味; →lazy). Tom is an ~ student. トムは怠惰な学生だ.
2 〔人が〕**何もしない**, すること[仕事]がない; 〔時間が〕仕事のない, 暇な, あいている. Many students spend many ~ hours during the vacation. 多くの学生は休暇中多くの時間をぶらぶらして過ごす.
3 〔機械, 施設, 金などが〕使用されていない, 動いていない. ~ money 遊んでいる金. The factory [machine] is lying [standing] ~ now. その工場[機械]は今稼動していない.
4 役に立たない, 無用の, 無益な; つまらない; 根拠のない. ~ rumors つまらないうわさ. ~ talk むだ話. make an ~ attempt むだなことをやろうとする. We won't yield to his ~ threats. 彼のこけおどしなどには負けないぞ. It will be ~ to try to persuade her. 彼女を説得しようとしてもむだだろう.
── 動 (~s /-z/|過 過分 ~d /-d/|-dl·ing) 他 **1** VOA (~ /X/ *away*) X (時間など)を**怠けて過ごす**, 空費する. Don't ~ *away* your time. 時間の浪費をするな. **2** 〖米〗〔不景気, ストライキなどが〕〔労働者〕を遊ばせる, 暇にする; 〔工場など〕を閉鎖する; 〔人〕を失業させる. **3** 〔エンジン〕をアイドリング[空転]させる.
── 自 **1** 怠ける, ぶらぶらしている, 〈*about, around*〉. Stop *idling*. ぶらぶらするのはやめなさい. **2** 〔エンジンなどが〕アイドリングする, 空転する. He left the car engine *idling*. 彼は車のエンジンをアイドリングしたままにしておいた.
[<古期英語「空(から)の, むだな」]

***i·dle·ness** /áidlnəs/ 名 U **1 怠惰**, 何もしないこと, 無為. live in ~ ぶらぶらして暮らす. **2** 暇なこと; 仕事のないこと, 失業(状態). **3** 無益.

i·dler /áidlər/ 名 C 怠け者; 無精者.

ídler gèar 名 C 〖機〗遊び歯車.

ídler pùlley 名 C 〖機〗(ベルト用)遊び滑車.

ídler whèel 名 C 〖機〗遊び車, 仲立ち車.

†**i·dly** /áidli/ 副 **1** 怠けて; 何もしないで, ぼんやりと, これといった目的もなく. sit ~ on a bench in the park 公園のベンチにぼんやり座っている. **2** 無益に, むだに.

***i·dol** /áidl/ 名 (複 ~s /-z/) C **1** (崇拝の対象としての)**偶像**, 偶像神. worship ~*s* 偶像(神)を崇拝する. **2** 崇拝の的, アイドル. a teen(age) ~ ティーンエイジャーのアイドル. a pop ~ アイドル歌手. a fallen ~ 落ちた偶像, 権威[人気]を失った人. Marilyn Monroe is still the ~ of countless movie fans. マリリン・モンローは今でも数知れぬ映画ファンのアイドルだ.
màke an ídol of.. ..を崇拝する, もてはやす.
[<ラテン語「像, 偶像」(<ギリシア語「姿, 形」)]

i·dol·a·ter /aidálətər|-dɔ́l-/ 名 C **1** 偶像崇拝者. **2** 崇拝者〈*of* ..の〉. an ~ *of* wealth 富の崇拝者.

i·dol·a·tress /aidálətrəs|-dɔ́l-/ 名 C idolater の女性形.

i·dol·a·trous /aidálətrəs|-dɔ́l-/ 形 **1** 偶像を崇拝する. **2** 盲目的に崇拝[賛美, 熱愛]する.
▷ **~·ly** 副 偶像崇拝的に, 盲信して.

i·dol·a·try /aidálətri|-dɔ́l-/ 名 U 〖章〗 **1** 偶像崇拝. **2** 盲目的崇拝[賛美, 熱愛]. 「盲目的崇拝.

ì·dol·i·zá·tion 名 U 偶像化[視](する[される]こと);↑

i·dol·ize /áidəlàiz/ 動 他 を偶像化[視]する; を盲目的に崇拝[賛美, 熱愛]する.

i·dyl(l) /áidl|ídil, ái-/ 名 C **1** 田園を扱った小品, 〈特に〉田園詩, 牧歌. **2** 田園的な情景[出来事, 場所], (平穏素朴な)田園生活; (田園詩的な)ロマンチックな生活[人間関係]. [<ギリシア語「小さな絵」; idol と同源]

‡**i·dyl·lic** /aidílik|i-, ai-/ 形 田園詩的な; 田園ふうの, のどかな, 静穏な. ▷ **i·dyl·li·cal·ly** 副

***i.e., ie** /àií:, ðæt-íz/ id est (すなわち, 言い換えれば)の略 (★辞書や形式ばった文章以外では普通 that is を用いる) [ラテン語 'that is (to say)'].

-ie /i:/ 接尾 =-y³.

-i·er /íər, jər/ 接尾 〈-er¹ の異形〉「..をする人」を意味する. bombard*ier*. coll*ier*. financ*ier*. [フランス語]

‡**if** /if/ 接 **1** 〈仮定, 条件を表す節を導く〉(**a**) もし(も)..なら(ば) (語法 if 節には未来を表す場合でも普通, 現在時制を用いる). *If* anybody comes, tell him I'm not at home. だれか来たら留守だと言ってください. Let's go swimming *if* it doesn't rain tomorrow. あした雨でなければ泳ぎに行きましょう. *If* A=B, and B=C, then A=C. A=B で B=C ならば A=C (語法 この例のように If .., then.. の形もある; = は 'equals' 又は 'is equal to' と読む). *If* you have finished with that pamphlet, give it back to me. そのパンフレットを読み終わったら僕に返してくれたまえ. *If* it was raining, why didn't you take a taxi? 雨が降っていたのならどうしてタクシーに乗らなかったのか. *If* left alone, do you think you can handle it by yourself? もし 1 人にされたら独力で対処できると思うかい (★If の次の you are が省略されたもの; →when 接 1 語法). I'm sorry *if* you are offended. 気を悪くされたらご免なさい. I think it best *if* we leave him alone now. 今は彼を 1 人にしておくのがベストだと思うわ. (★最後 2 例の if は接続詞 that に近い).

> 参考 (1)「もし..なら」という条件を表す接続詞(表現)には他に granted [granting] (that), in case, on condition that, provided [providing] (that), suppose [supposing] などがある. (2) 特に〖話〗では, if を省略して条件を表す場合がある(が, 少々ぞんざいな響きがある.): Anybody remembers anything about Bill, get in touch. (だれかビルのことで何か思い出したら, 連絡してくれ)は, 主節との関係で if が含意されていることが分かるが, 厳密には If anybody.., となるべきところ. 次も同様: You'll let me know, Lisa, anything develops. (知らせてくれよな, リサ, (もし)何か分かったら).

(**b**) もし..する気があれば; もし..して下さるなら; (語法 この場合には if 節に will, would を用い, 丁寧な言い方になる). *If* she'll listen to me, I'll give her a piece of advice. 彼女に聞く気があるなら一言忠告したい. *If* you will wait a moment, I'll call him here. ちょっとお待ちくだされば彼をここへ呼びます. *If* my son won't go to the funeral, I'll have to, I suppose. 息子が葬式にどうしても行かないなら私が行かなくてはならないだろう. *If* you would lend me your camera until Tuesday, I should be grateful. 火曜日までカメラをお貸しいただければありがたいのですが (★will よりさらに丁寧な言い方).
(**c**) 〈条件の意味が薄れて〉もし..だと言うなら; ..ならばの話ですが; なるほど[確かに]..だが. *If* Mother was too religious, Father wasn't religious enough. 母は宗教心が強すぎたとすれば, 父のほうは宗教心が足りなかった. I was hoping to visit you tomorrow, *if* that's convenient for you. 明日お訪ねしたいと思っていたんです, ご都合よければですが. *If* his English has a slight French accent, it is because he spent his boyhood in France. 彼の英語に少しフランス語なまりがあるが, それは彼が子供のころをフランスで過ごしたからだ. ★*if* you ask me, *if* you know what I mean (→ask, know 成句)などもこの種の用法.
(**d**) 〈will, would などを伴って if 節だけで軽い依頼や指示を表す〉..してください(ますか). *If* you wouldn't mind waiting outside for a moment? 少し外でお待ちになっていただけますかしら. *If* I could trouble you to give me a ride home? 家まで車に乗せてってもらえるかい.

2 〈現在の事実に反した仮定, 想像を表す節を導く〉 **仮に..だとすれば**; もしも..ならば; もしも..だとしても (even if); (語法 if 節には過去形 (be 動詞は原則として単数・複数にかかわらず were) を用い, 主節には助動詞の過去形 (should, would, could など)を用いる). *if* I were you (→成句). *If* I had a million dollars, I would quit my job tomorrow. 百万ドルあれば明日にでも仕事を辞めちゃうよ. *If* I could drive, I would take you home. もし運転ができれば家まで送ってあげるのだが.

> 注意 意味によっては主節の動詞部が 3 の形になることがある: *If* I were a courageous, stand-up chap I would have delivered a stern 'No!' immediately. もし私が勇敢で, 正々堂々とした男なら, 言下に厳しく「ノー」と伝えていたのだが.

3 〈過去の事実に反した仮定, 想像を表す節を導く〉 **仮に..だったとすれば**, もしも..だったならば; もしも..だったとしても (even if); (語法 if 節には had＋過去分詞を用い, 主節には助動詞の過去形 (should, would, could など)＋have＋過去分詞を用いる). *If* Dave had taken his doctor's advice, he might have lived a little longer. デイヴは医者の言うことを聞いていたらもう少し長生きしたかもしれない. *If* he had studied harder, he would have passed the exam. もし彼がもっと熱心に勉強していたら試験にパスしたことでしょう.

> 注意 意味によっては主節の動詞部が 2 の形になることがある: *If* the bank hadn't lent us the money, we wouldn't be in business today. もし銀行が融資してくれなかったら我が社は今日営業していないだろう.
> 参考 (1) *If* you *would have listened* [had listened] to her, this would never have happened. (彼女の言うことを聞いていたら, こんなことにはならなかったのに)のように, 〖話〗では if 節に would have＋過去分詞が用いられることがあるが, 〈非標準〉語法である. (2) He wouldn't have picked you *if* he *didn't think* you could handle the job. (君にその仕事がこなせると思わなかったら彼は君を選ばなかったでしょう)のように, if 節に過去形が使用されることがあるが, (1) 同様〈非標準〉である.

4 〈将来実現する可能性の少ない事柄を表す節を導く〉〈should, were to とともに用いて〉 **万一..だったら**; もしも..になるようなら; 万一..になるようでも (even if). *If* I should be late, tell everyone to wait. 万一私が遅れたらみんなに待っているように言って下さい.

> 語法 2, 3, 4 が〖章・雅〗の場合には if を用いずに助動詞又は were を主語の前に置くことがある: Were I to live to be one hundred years old (＝*If* I were to ..), I should never forget that sad event. (たとえ百歳まで生きようともその悲しい出来事は決して忘れないだろう) Had I known (＝*If* I had known), I would have told you before. (知っていたら, もっと前にあなたに知らせたでしょう) Should you remember her name (＝*If* you should remember..), please let me know. (万一彼女の名前を思い出したら知らせて下さい)

5 〈譲歩を表す節を導く〉 **たとえ..でも**, ..であるとしても, (though) 〈しばしば even *if* の形で〉. Even *if* it rains tomorrow, I will go there. たとえ明日雨が降っても私はそこへ行きます. *If* a child falls, it rarely hurts him. 子供はころんでもめったにけがはしない (★it は「ころぶこと」を指す). I don't mind *if* you smoke. たばこを吸ってもかまいませんよ. Frank is a lovely *if* noisy boy. フランクは騒々しいが, かわいらしい少年だ (語法 このように if 節の一部を省略することがある). *If* she was displeased, she never showed it. 彼女は不愉快に思ったにしても決してそれを顔に出さなかった. I love her, so I don't care *if* she's very delicate. 彼女を愛しているからたとえ彼女がとても病弱でもぼくは構わない.

6 〈習慣的に起こる条件〉 **..の時はいつでも**, ..のたびに, (whenever) (語法 if 節と主節の動詞の時制は一致する). His wife complains, *if* she speaks. 彼の妻は口を開けば愚痴ばかりこぼす. *If* it was not too cold, I went for a walk every morning. あまり寒くない時は毎朝散歩に出かけたものだ.

7 〈選択を表す節を導く〉 **..かどうか** (whether) (語法 if 節が know, ask, wonder, see, doubt などの目的節となる; whether より形式ばらない言い方で, whether 節のように後に or not を付けることもある; →whether 1 (a) 語法). Liza is wondering *if* any mail has come for her. ライザは何か自分あての郵便物が届いていはしないかと思っている. I will ask him *if* his brother will come to the party. 彼に彼の兄さんがパーティーに来るかどうか聞いてみよう. Go and see *if* it's Sonia. ソニアかどうか行って見てごらん. Let me know *if* the report is true (*or not*). 報告が本当かどうか教えてくれ. 注意 最後のような例では or not がないと「報告が本当なら, 教えてくれ」と条件の意味にもなるので, whether の代わりに用いる場合は, 意味が曖昧になることがある.

8 〈希望, 驚き, 怒りなどを表す節を導く〉 (語法 if 節のみで独立し, しばしば only とともに又は否定文の形で用いられ, 動詞はよく 2 の形をとる) *If* I could see her again! もう1度彼女に会えればなあ. *If only* you'd mind your own business. 君が余計なおせっかいさえしないでくれればなあ. Well, *if* it isn't old Hank! おや, ハンクじいさんじゃないか (★if 節の前に I'm damned を補って考える; →damn). **9** 〖古〗ひょっとしたら..かと思って[期待して].

às if →as.

if a dáy [***a pénny, an ínch,*** *etc.*] 1日[1ペニー, 1インチなど]でもあるとすれば; (期間[金額, 重さ, 長さなど]は) 確かに, 間違いなく. The house is a good ten years old *if a day* (＝*if* it's *a day* old). その家は建ってから間違いなく優に 10 年はたっている.

if and ónly if.. もし..であり, かつその場合に限り (★〖論・数〗では iff とも書く).

if and whén.. もしも..したらその時に(は). *If and when* you come to Tokyo... もしも東京へおいでになることがありましたら, その時には...

if ány [***ánything, ánywhere,*** *etc.*] →any, anything, anywhere. 語法 上の語以外でも, 一般に「if＋any の複合語」の型は「もし少しでも[だれかが]..」などの意味で自由に用いられる: I know about marketing *if anybody* does. (だれか市場開発について知っているとすれば, それこそ私です).

if(..) at áll →at ALL (2).

if.. be to dó →be 助 4 (c).

if it had nót [***hádn't***] ***bèen for..*** もし..がなかったら (but for). *If it had not been* (＝Had it not been) *for* your help, I should have drowned. あなたが助けてくれなかったら私はおぼれていたことでしょう.

if it were nót [***wéren't***] ***for..*** もしも..がないならば (but for). *If it were not* (＝Were it not) *for* your illness, I would take you to the party. あなたが病気でなければパーティーに連れて行くのだが.

> 語法 (1)〖話〗では was not [wasn't] が用いられることもある: *If it wasn't for* you we'd be up the creek. 君がいなければ, にっちもさっちも行かないところだ. (2) if it hadn't been for の代わりに使用されることがあるが〈非標準〉(→3 参考 (2)): *If it weren't for* my penalties, we would have won the game. 僕のペナルティがなかったら, あの試合は勝てたのに.

if I were [〖話〗 ***was***] ***you*** もし私があなた(の立場)なら (★しばしば, 忠告をする場合). *If I were you*, I would propose to her. 僕が君なら，彼女にプロポーズするところだけど.

if nécessary*＝*if néed be 必要なら. I will undertake the job *if necessary*. 必要なら私がその仕事を引き受けましょう. *If need be*, you can use my car. 必要なら私の車を使っていいよ(★need は名詞).

***if nót* (..)** (1) もしそうでないなら. Are you free this afternoon? *If not*, I will call on you tomorrow. 今日の午後はおひまでしょうか. おひまでなければ明日お訪ねします. (2) 仮に..ではないにしても[ではなくても]; (いや)..と言ってもいいくらいで. His grandfather looks more than seventy, *if not* eighty, years old. 彼の祖父は80歳でないにしても70歳以上には見える. He is unfriendly, *if not* downright rude. あいつは，無礼きわまるとは言わないまでも，冷たい奴だ.

if nót for.. ＝IF it were not [had not been] for..

if ónly →only.

if póssible →possible.

if só もしそうなら(↔if not).

if só be (thàt).. ＝***if thát..*** 〖古・方〗仮に[万一]..なら (if).

if you cóuld [wóuld] 〈軽い依頼などで〉(もし)できましたら. Pass me the salt, *if you could*. お塩を取ってもらえますか.

if you will (1) もしよかったら(→接 1 (b)). (2) 言うなれば，とも言えるが; もしこういう言い方が許されるならば; (★話し手が自分の使った言葉が大げさ[場違い]ではないかなどその適切性に確信が持てないような場合に，挿入句的に用いる). This arterial blockage, *if you will*, could cause problems down the line. この動脈血栓，と言っていいと思うんだが，いつ何時(なんどき)問題になるか分からない.

only if →only.

Whát if.. →what.

── 名 (複 ~s) C 条件，仮定. There are too many *ifs* in his statement. 彼の言うことには「もしも」という仮定が多すぎる.

ifs and [or] búts ＝〖主に米〗***ifs, ànds(,) or búts*** (物事を先送りするための)言い訳，理屈. Do finish it by Tuesday; I won't have any *ifs and buts*. とにかく火曜日までに仕上げなさい，つべこべ言ってもだめだ.

(and [but]) *it's a bìg if* 〈多く挿入句として〉(そんなことは)まずあり得ないが. What would be the motive if, *and it's a big if*, she's been murdered? 動機は何だろうね. 仮に，まず考えられないことだが，彼女が殺されたとしたら. [＜古期英語 *gif*]

IFC International Finance Corporation (国際金融公社)《国連機関》.

iff /if/ 接 〖論・数〗＝if and only if.. (→if の成句).

if·fy /ífi/ 形 e 〖話〗 **1** 〔状況などが〕はっきりしない，不確定な; かんばしくない. **2** 〔人が〕確信がない，あやふやな，〈*about* ..について〉.

-i·fy /əfài/ 接尾 →-fy.

ig·loo /íglu:/ 名 (複 ~s) C イグルー《イヌイット[エスキモー]の家屋; 普通，氷雪を固めたブロックをドーム形に積み上げたもの》. [イヌイット語「家」]

Ig·na·ti·us /ignéiʃiəs/ 名 **St. ~ (of) Loyola** イグナティウス(・デ)・ロヨラ(1491–1556)《スペインの聖職者; Xavier らと共に the Society of Jesus (イエズス会)を創立》.

ig·ne·ous /ígniəs/ 形 〈限定〉火の; 〖地〗火成の. ~ *rock(s)* 火成岩. [＜ラテン語「火 (*ignis*) の」]

ig·nis fat·u·us /ìgnis-fǽtʃuəs/ 名 (複 **ig·nes fat·u·i** /ìgni:z-fǽtʃuài/) 鬼火，きつね火，(will-o'-the-wisp). [ラテン語 'foolish fire']

‡ig·nite /ignáit/ 動 他 **1** に火をつける，点火する; を(火をつけて)燃やす. ~ a candle with a match マッチでろうそくに点火する. **2** 〔騒動，恨み，好奇心など〕に火をつける，のきっかけを作る. Her flat refusal ~*d* her husband's anger. 彼女がぴしゃっと断ったので夫はかっとなった.

── 自 火がつく，発火する; 燃え出す.

ig·nít·er 名 C 点火者; 点火装置.

‡ig·ni·tion /igníʃ(ə)n/ 名 **1** U 〖章〗点火(する[される]こと)，発火. **2** UC (車のエンジンなど内燃機関の)点火装置. switch [turn] the ~ on [off] 点火スイッチを入れる[切る].

ignítion kèy 名 C (車のエンジンを始動させる)イグニションキー.

†ig·no·ble /ignóub(ə)l/ 形 〖雅〗〔態度，行動，考え方などが〕不名誉な，恥ずべき; 〖古〗生まれ[身分]の卑しい; (↔noble). an ~ man [act] 下劣な男[恥ずべき行為]. [＜ラテン語 (＜in-[2]＋(*g*)*nōbilis* 'noble')] ▷ **-bly** 副 卑しく，下品にも.

ig·no·min·i·ous /ìgnəmíniəs/ 形 〖章〗〈普通，限定〉恥ずべき，不名誉[不面目]な，屈辱的な; 卑しむべき. ▷ **~·ly** 副 不名誉に，屈辱的に.

ig·no·min·y /ígnəmìni/ 名 (複 **-min·ies**) 〖章〗 **1** U 不名誉，不面目，屈辱，〈*of doing*..(する)という〉. **2** C 恥ずべき行為. [＜ラテン語 (＜in-[2]＋*nōmen* 'name')]

ig·no·ra·mus /ìgnəréiməs/ 名 (複 **~·es**) C 無知[無学]な人; 愚か者.

***ig·no·rance** /ígnərəns/ 名 U **1 無知**，無学. an error from [due to] ~ 無知からの誤り. through [out of] ~ 無知なために. *Ignorance* is bliss. 〖諺〗知らぬが仏.

> 連結 complete [abysmal, profound, total] ~ // show [betray, demonstrate, display; admit; confess; remedy] (one's) ~

2 知らないこと〈*of* ..を/*about* ..について〉. All his colleagues were in complete ~ *of* his plan. 同僚はみな彼の計画を全く知らなかった. The doctor kept him in ~ *about* his cancer. 医者は彼が癌(がん)であることを知らせないでおいた.

***ig·no·rant** /ígnərənt/ 形 m **1** 〔人が〕**無知な**，無学な，教養のない. John is quite ~. He can't even write his name. ジョンは全く無学だ. 自分の名前も書けない.
2 無知から生ずる，無知を示すような. an ~ statement 無知な申し立て.
3 〖英話〗無作法な. an ~ man 無作法な男.
4 〈叙述〉**知らない**，気がつかない，〈*of, about* ..を/*that* 節 ..ということを〉. I am quite ~ *of* Portuguese. 私はポルトガル語を全く知らない. They were completely ~ *of* the coming danger. 彼らはやがて来る危険に全く気がつかなかった. We were ~ (*of* the fact) *that* the store is closed on Thursday afternoons. 私たちはその店が木曜日の午後は休みなのを知らなかった.
[＜ラテン語「知らない」(ignore の現在分詞)]
▷ **~·ly** 副 無知から，無知なために; 無作法にもそれとは知らずに.

‡ig·nore /ignɔ́:r/ 動 (~s /-z/|過 過分 ~d /-d/|**-nor·ing** /-riŋ/) 他 **1** に注意を払おうとしない; を無視する，黙殺する; に気づかないふりをする，目をつぶって見過ごす; (類語 認めたくないものにわざと注意を払わないという意味; →disregard, neglect, slight). ~ a person's advice 人の忠告を無視する. The driver ~*d* the stop light. 運転者は停止信号を無視した. I greeted Mr. Roberts, but he ~*d* me. ロバーツ氏にあいさつしたが彼は私を無視した. **2** 〔議論，学説などが〕を見落とす，見過ごす，不問に付す. [＜ラテン語 *ignōrāre*「知らない」(＜in-[2]＋*gnārus* 'knowing')]

i·gua·na /igwá:nə/ 名 C イグアナ《草食性の大トカゲで樹上などに住み食用になる; 熱帯アメリカ産》. [＜南米先住民語]

IGY International Geophysical Year (国際地球観測年).

IHS Jesus を表す記号《イエスの名をギリシア語で綴るときの最初の 3 文字》.

Ike /aik/ 名 Isaac の愛称.

i·kon /áikɑn|-kɔn/ 名 ＝icon 1.

IL Illinois.
il- /i(l)/ 接頭 in-[1,2] の異形《l の前に用いる》. *il*legal.
-il, -ile /il, əl/, /il, ail|ail/ 接尾 「関係, 能力」を意味する名詞, 形容詞を作る. foss*il*. civ*il*. ag*ile*. doc*ile*. [フランス語 (<ラテン語 *-ilis*)]
Île-de-France /iːl-də-fráːns/ 名 イール・ド・フランス《フランス中北部, パリ盆地中央部の地方; 人口が密集するフランスの中枢部; 中心都市は Paris》.
il·e·um /íliəm/ 名 (複 **il·e·a** /íliə/) C 〖解剖〗回腸.
i·lex /áileks/ 名 (複 〜·es) C 〖植〗 **1** セイヨウヒイラギ (holly). **2** ウバメガシ (holm oak).
Il·i·ad /íliəd/ 名 〈the 〜〉『イリアッド』《トロイ戦争を歌った Homer 作の叙事詩; →Odyssey》.
Il·i·um /íliəm/ 名 イリウム《Troy のラテン名》.
il·i·um /íliəm/ 名 (複 **il·i·a** /íliə/) C 〖解剖〗腸骨.
ilk /ilk/ 名 aU 〖話〗種類 (kind), 型 (type). be of a different 〜 異なった種類のものだ.
of thàt ílk (1)〖しばしば軽蔑〗それと同じ種類[タイプ]の. (★that は場合により, his, their, the same などで置き換え可) Madonna and (pop singers of) her 〜 マドンナと彼女風の(ポピュラー歌手)連中. I don't like this horror movie, or any others *of the same* 〜. このホラー映画にしても, この種のものはどれも嫌いだ. (2)〖スコ古〗同名の土地の(地主[領主]である). Guthrie *of that* 〜 ガスリー地方のガスリー(家). [<古期英語 'same']
‡**ill** /il/ 形 (**worse** /wəːrs/|**worst** /wəːrst/)
【状態が悪い】 **1** (**a**)〈普通, 叙述〉**病気で**, 具合が悪い; 〖英〗負傷して(寝込んで); (↔well).

> 語法 (1) この意味では〖英〗で become [get] 〜 (病気になる)のように叙述的には ill 又は unwell を, a sick man (病人), the sick (病人たち)のように限定的には sick を用いる; 〖米〗では限定・叙述とも sick を用い, ill はやや形式ばった言い方. (2) a dangerously *ill* patient (危篤の病人)のように修飾語がつけば限定用法も可能.

fall [be taken] 〜 (突然)病気になる. feel 〜 気分がすぐれない. My mother was 〜 in bed. 母は病気で寝ていた. My daughter is 〜 with a fever. 私の娘は病気で熱がある.

> 連結 seriously [critically, desperately, gravely; incurably; terminally; slightly] 〜

(**b**)〈the..〜; 名詞的; 複数扱い〉病気の人々. the mentally 〜 精神を病んでいる人たち.
2〈叙述〉〖米〗吐き気がする, 〔胸が〕むかつく, (〖主に英〗sick). The sight made me 〜. その光景を見ると胸がむかむかした. **3**〈限定〉不機嫌な, 気難しい. be in an 〜 temper [humor] 不機嫌である.
4〈限定〉不満足な, 不完全な, へたな, まずい. 〜 health 不健康, 病気がち. 〜 breeding 育ちの悪さ, 無作法. 〜 success 不成功. 〜 management まずい処理.
【有害な】 **5**〈限定〉**悪い** (evil); 悪徳の; 有害な (harmful); (類語 不道徳の感じは evil ほど強くない; →bad). 〜 manners 無作法. a man of 〜 fame [repute] 悪名高い男. the 〜 effects of smoking 喫煙の害 (★effects と複数形で使用). *Ill* news runs apace. 〖諺〗悪事千里を走る《よくないうわさは速く広がる》. *Ill* weeds grow apace. 〖諺〗憎まれっ子世にはばかる《雑草は茂りやすい》.
6〈限定〉悪意のある, 不親切な. bear a person 〜 will =feel 〜 will for a person 人に悪意[敵意, 憎悪]を抱く. 〜 feeling 悪感情. 〜 words 意地の悪い言葉. 〜 treatment 虐待, 不当な待遇. do her an 〜 turn 彼女にひどい仕打ちをする.
7〈限定〉不吉な, 不運な. The skier had the 〜 luck [fortune] to break his leg. そのスキーヤーは不運にも脚を骨折した. an 〜 omen 不吉な前兆. It is an 〜 wind that blows nobody (any) good. →blow[1] 他 2.
── 副 (**worse**|**worst**) 〈しばしば複合語で〉 **1** 悪く, 不正に; 不親切に; 悪意をもって. 〜-gotten, 〜-spent (→見出し語). take things 〜 物事を悪く取る. They treated the prisoners 〜. 彼らは囚人たちを虐待した.
2 都合悪く, 運悪く. be 〜 off 暮らし向きが悪い. go 〜 with.. (→成句).
3 不完全に, 不十分に; ほとんど..ない (scarcely). fit 〜 しっくり合わない. It 〜 becomes you to speak in such a manner. そんなふうに話すのはあなたらしくない. I could 〜 afford (to take) a trip to England. 英国への旅行(をする)費用はちょっと出せそうもなかった.
gò íll with.. ..にとってうまく行かない, 都合が悪い. It will *go* 〜 *with* you if you tell him that. 彼にそれを言うと君にとってまずいことになるでしょう.
ill at éase →ease.
spèak [thìnk] íll of.. →speak, think.
── 名 **1** U 〖章〗障害, 悪, (evil); 災い, 不運. do 〜 悪い事をする. I wish no one 〜. 私はだれにも災あれとは願わない. **2** C 〈普通 〜s〉不幸, 災難; 困難, 難儀; 病弊. He doesn't know the 〜*s* of life yet. 彼はまだ人生の不幸を知らない. social 〜*s* 社会悪. the 〜*s* of modern civilization 現代文明の病弊.
3 C 〖主に米〗病気, わずらい. Tonsillitis is a common 〜. 扁桃腺(へんとうせん)炎はよくある病気だ.
[<古期北欧語「悪い, 難しい」]
‡**I'll** /ail/ I will [shall] の短縮形.
Ill. Illinois.
ill. illustrated; illustration; illustrator.
ìll-advísed /⑱/ 形 〔人, 言動が〕賢明でない (unwise); 思慮の無い, 無分別な; (↔well-advised). You would be 〜 [It would be 〜 of you] to buy a house now. 君が今家を買うのは賢明でないだろう.
ìll-advísedly /-əd-/ 副 愚かに(も), 無分別に(も).
ìll-affécted /-əd ⑱/ 形 好意を抱いていない〈*toward* ..に対して〉.
ìll-assórted /-əd ⑱/ 形 不釣り合いの, 不似合いの, 不調和の. an 〜 pair [couple] 不釣り合いの夫婦.
ìll-at-éase 形 〈叙述〉→ill at EASE(成句).
ìll-beháved /⑱/ 形 無作法な, 行儀の悪い.
ìll-bréd /⑱/ 形 〔人が〕育ちの悪い, しつけの悪い; 〔行為が〕無作法な.
ìll-bréeding 名 U 育ちの悪さ; 無作法.
ìll-concéived /⑱/ 形 発想の悪い, 得策でない, 〔計画など〕.
ìll-consídered /⑱/ 形 思慮の足りない; 不適切な.
ìll-defíned /⑱/ 形 (輪郭の)はっきりしない, 不明確な.
ìll-dispósed /⑱/ 形 〖章〗友好的でない, 悪意を抱いた, 〈*toward* ..に対して〉.
***il·le·gal** /ilíːg(ə)l/ 形 ⓒ **不法の**, 非合法の, 反則の, (↔legal); 不法入国の. 〜 imports 密輸入品. It is 〜 to sell alcohol to minors. 未成年に酒類を売るのは違法だ. make an 〜 entry into a country 不法入国する. A right turn is 〜 here. ここでは右折は交通違反である. an 〜 alien [immigrant] 不法入国者.
── 名 C 〖米話〗不法入国者. [in-[2], legal]
▷ **〜·ly** 副
il·le·gal·i·ty /iliːgǽləti/ 名 (複 **-ties**) **1** U 法律違反; 非合法であること. **2** C 不法行為.
il·lèg·i·bíl·i·ty 名 U 判読不能; (字の)読みにくさ.
il·leg·i·ble /ilédʒəb(ə)l/ 形 〔筆跡などが〕判読できない, 読めない; 読みにくい. ▷ **-bly** 副
il·le·git·i·ma·cy /ilədʒítəməsi/ 名 U **1** 不法, 違法. **2** 不条理, 不合理. **3** (子供が)非嫡出; 庶出.
†**il·le·git·i·mate** /ilədʒítəmət ⑱/ 形 **1** 〔子供が〕嫡出でない, 庶出の, 《両親が正式に結婚していない》. an 〜 child 私生児. **2** 違法の, 非合法の; 規則違反の; (ille-

gal). The guy is carrying on some ～ business. やつは何か違法な商売をしている. **3** (社会的に)認められない; 〔語句などが〕誤用の. **4** 〔結論などが〕非論理的な.
▷ **～·ly** 副

ìll-equípped /-t ⊛/ 形 適していない, 向いていない; 準備が不十分な; 〈*for*..に/*to* do..するのに〉.

‡**ìll-fáted** /-əd ⊛/ 形 不運な(宿命の), 不幸な, 不幸をもたらす; 不首尾の. an ～ voyage [day, career] 不運な航海[日, 経歴].

ìll-fávored〖米〗**, -fávoured**〖英〗/⊛/ 形〖旧〗〔人の顔だちが〕醜い, 不器量な, (ugly).

ìll-fítting /⊛/ 形 〈限定〉〔服などが〕身体に合わない; 〔蓋(ふた)などが〕合わない.

ìll-fóunded /-əd ⊛/ 形〖章〗正当な理由のない, 根拠が薄弱な.

ìll-gótten /⊛/ 形〖旧・戯〗不正手段で得た. ～ gains 不当利得.

ìll-húmored〖米〗**, -moured**〖英〗/⊛/ 形 不機嫌な, 気難しい. ▷ **～·ly** 副

il·lib·er·al /ilíb(ə)rəl/ 形 **1** 心の狭い, 頑固な. **2** 物惜しみする, けちな. **3** 自由を抑圧する, 反自由主義の.
▷ **～·ly** 副

il·lib·er·al·i·ty /ilìbərǽləti/ 名 U 狭量; けち; 不寛容; 反自由主義.

‡**il·lic·it** /ilísət/ 形 **1** 違法の; 禁制の. ～ trading 密貿易. **2** 倫理的に許されない, 不義の. ～ love 道ならぬ恋, 不倫. ▷ **～·ly** 副 不法に, 禁制を犯して. **～·ness** 名

il·lim·it·a·ble /ilímətəb(ə)l/ 形 限りのない, 無限の. ～ space 果てしない宇宙. ▷**-bly** 副 限りなく.

ìll-infórmed /⊛/ 形 よく知らない, 事情にうとい; 情報不足の[で].

Il·li·nois /ìlənɔ́i, -nɔ́iz/ 名 イリノイ《米国中部の州; 州都 Springfield; 略 IL〖郵〗, Ill.》. [北米先住民語「人々」]
▷ **～·an** /-nɔ́iən, -nɔ́izən/ 形, 名 イリノイ州の(人).

il·li·quid /ilíkwəd/ 形〖経〗〔資産などが〕現金化しにくい, 非流動性の; 〔企業などが〕流動性資産が乏しい, 現金不足の.

il·lit·er·a·cy /ilít(ə)rəsi/ 名 U 読み書きのできないこと; 無学, 無教養; (↔literacy). The ～ rate of that country is almost thirty percent. その国の非識字率は 30 パーセントに近い.

†**il·lit·er·ate** /ilít(ə)rət/ 形 **1** 読み書きのできない. The man is ～ but quite intelligent. その男は読み書きはできないが頭はいい. functionally ～ 機能的に読み書きのできない (→functional illiterate). **2**〖話〗無学の; 教養のない. an ～ letter full of misspellings (無学者の書くような)つづりが間違いだらけの手紙. **3** 〈普通, 副詞を伴って〉(政治, 科学など特定分野の)素養がない, '..音痴の'. He is economically ～. 彼は経済のことは何も知らない. ◇↔literate
── 名 C 読み書きのできない者; 無教養な人. ▷ **～·ly** 副

ìll-júdged /⊛/ 形〖章〗判断を誤った, 思慮の足りない, 無分別な.

ìll-mánnered /⊛/ 形〖章〗行儀の悪い, 無作法な (↔well-mannered). an ～ child 行儀の悪い子供.
▷ **～·ly** 副

ìll-nátured /⊛/ 形〖章〗意地の悪い, 悪意のある, 気難しい, (↔good-natured). ▷ **～·ly** 副

***ill·ness** /ílnəs/ 名 (複 **～·es** /-əz/) **1** U **病気**(の状態) (↔health; 類語 病気である状態[期間]を意味する; ailment, disease, malady, sickness). signs of ～ 病気の徴候. She died of old age, not ～. 彼女は病気ではなく老齢のために亡くなった. Last year there wasn't much ～ in this area. 去年この地域には病気は多くなかった.
2 C (特定の)病気, 疾病, 疾患, (disease). Mr. Murphy is suffering from a serious [severe] ～. マーフィー氏は重病にかかっている (★「重病」を a heavy ～とは言わない). I've spent a fortune on my various ～*es*. いろいろ病気をして莫(ばく)大な金がかかった.

> 連結 a grave [a deadly, a fatal; an incurable; a terminal; a slight; an acute; a chronic; a sudden; a brief; a prolonged] ～ // treat [cure] an ～

il·lo·cu·tion /ìləkjúːʃ(ə)n/ 名 C〖哲・言〗発語内行為 (illocutionary act)《約束, 命令, 感謝など発話により遂行されるもの》. [in-[1], locution] ▷ **～ar·y** /-èri|-(ə)ri/ 形 発語内の, 発話に含まれる.

il·lo·cú·tion·ar·y fòrce 名 C〖哲・言〗発語内の力《発話に含まれる要求, 約束などの意図; 例えば, Will you pass the salt? と発話する疑問文の真意は,「塩を回して下さい」という要求》.

‡**il·log·i·cal** /ilɑ́dʒik(ə)l|ilɔ́dʒ-/ 形 〔人が〕筋を通さない, 無茶な, 無分別な; 〔考え, 議論, 行動などが〕非論理的な, 不合理な, 筋が通らない. ◇↔logical
▷ **～·ly** 副 筋を通さずに. **～·ness** 名

il·log·i·cal·i·ty /ilɑ̀dʒikǽləti|ilɔ̀dʒ-/ 名 (複 **-ties**) U 非論理性, 不合理; C 不合理なこと[もの].

ìll-ómened /⊛/ 形〖雅〗不吉な, 縁起の悪い; 不運な.

ìll-prepáred /⊛/ 形 **1** 〈普通, 叙述〉準備ができていない 〈*for*..の/*to* do..する〉. **2** 〔計画などが〕不備の, ずさんな.

ìll-spént /⊛/ 形 浪費された, むだ(使い)になった.

ìll-stárred /⊛/ 形〖雅〗星回りの悪い, 不運な, (ill-fated). ～ lovers 悲運の恋人たち.

ìll-súited /-əd ⊛/ 形 不似合いの, 似つかわしくない, 不適当な, 〈*to, for* ..に〉.

ìll-témpered /⊛/ 形〖章〗怒りっぽい, 短気な; 気難しい; 敵意に満ちた. ▷ **～·ly** 副

ìll-tímed /⊛/ 形 折り[タイミング]の悪い, 時機を誤った. an ～ joke まずい時に言った冗談.

ìll-tréat 動 他 を冷遇する, 虐待する; をひどい目に遭わせる. ▷ **～·ment** 名 U 冷遇, 虐待.

il·lu·mi·nant /ilúːmənənt/ 名 C 発光体, 光源.
── 形 光を発する, 照らす.

***il·lu·mi·nate** /ilúːmənèit/ 動 (**～s** /-ts/|過 過分 **-nat·ed** /-əd/|**-nat·ing**) 他 【光を与える】 **1** (**a**)〖章〗〔(電灯の)光などが〕〔場所, 物〕を**照らす**, 明るくする, (light up). This room is poorly ～*d*. この部屋は照明が不十分だ. The crackling fire ～*d* the whole campsite. ぱちぱちと燃える焚(た)火がキャンプ場全体を明るくした.
(**b**)〖雅〗〔顔など〕を輝かす, 晴れやかにする. A broad smile ～*d* her face. 満面の笑みが彼女の顔を輝かした.
2〖章〗〔問題点, 意味など〕を明らかにする, 解明する, (clarify). ～ one's point 自分の言おうとするところをはっきりと説明する.
3【精神的光明を与える】を啓発する, 教化する, (enlighten). Missionary work has ～*d* the aborigines. 伝道活動によって先住民は教化された.
【(光で)飾る】 **4** 〔建物, 街路など〕をイルミネーションで飾る, 電飾する. a street ～*d* for the celebration 祝賀でイルミネーションを施された街路. The stage was brilliantly ～*d*. 舞台は華やかな照明に色どられていた.
[＜ラテン語「光 (*lūmen*) で照らす」]

il·lú·mi·nàt·ed /-təd/ 形 **1** 照明された; イルミネーションで飾られた. **2** 色彩[金銀など]で飾られた〔中世の写本など〕. an ～ bible [manuscript] 彩色を施した聖書[彩色写本].

il·lú·mi·nàt·ing 形 **1** (問題などの)解明に役立つ, 啓蒙的な, 啓発的な. His remark was exceedingly ～. 彼の言葉はきわめて(事態解明の)参考になった. It is ～ to read this book. この本を読めば, 問題解明の役に立つ.
2 明るくする, 照らす. ▷ **～·ly** 副

†**il·lù·mi·ná·tion** 名 **1** U〖章〗照明(する[される]こ

と); 光源; 照明の強度. stage ～ 舞台照明. The candle provided the only ～. 明かりと言えばそのろうそくだけだった. **2** 〈～s〉〖英〗(クリスマスなどの祝賀に街を飾る)イルミネーション, 電飾. **3** Ⓒ〈普通 ～s〉(写本などの)彩色. **4** Ⓤ〖章〗解明, 説明; 啓蒙 (enlightenment); 理解のひらめき.

[illumination 3]

il·lu·mi·na·tive /ilúːmənèitiv/ 形 **1** 照らす, 明るくする. **2** 啓蒙[啓発]的な.

il·lu·mi·na·tor /ilúːmənèitər/ 名 Ⓒ **1** 照明係; 照明器具. **2** 啓蒙者. **3** (写本の)彩飾師.

il·lu·mine /ilúːmin/ 動 他 〖章〗 **1** を照らす, 明るくする, (illuminate). **2** 〔顔付きなど〕を晴れやかにさせる. **3** を啓蒙する, 啓発する.

illus. illustrated; illustration; illustrator.

ill-úsage 名 Ⓤ 虐待, 酷使; 乱用.

ill-úse /-júːz/ 動 他 を虐待する; を不当に扱う; 〈普通, 受け身で〉. —— /-júːs/ 名 =ill-usage.

‡**il·lu·sion** /ilúːʒ(ə)n/ 名 (複 ～**s** /-z/) **1** Ⓤ 幻覚, 錯覚; Ⓒ 錯覚されたもの; 幻影. an optical ～ 目の錯覚, 錯視. I think I was seeing ～*s* because of fever. 私は熱にうかされていろいろな幻覚を見ていたのだと思う. My grandfather is so active that he gives the ～ of being much younger than he really is. 祖父は大変活動的なので, 実際よりずっと若いと錯覚させる.
2 Ⓒ 幻想; 思い違い, 勘違い, (特に, 自分自身についての)信じ込み; (類語 実在しないものを実在すると思い誤ることで, その原因がしばしば外部の状況にあるという意味合いが強い; →delusion, hallucination). He cherished the ～ that someone would free him from his debts. 彼はだれかが自分を借金から抜け出させてくれるという幻想を抱いていた. have a fond ～ about oneself 自分について甘い考えをもつ. He is (laboring) under an [the] ～ that he is the greatest artist of the day. 彼は自分が当代最高の芸術家だと思い込んでいる. I have no ～*s* about my future. 僕は自分の将来について幻想を抱いていない《どのくらいの見込みがあるかよく心得ている》. [＜ラテン語「ばかにする」(＜in-[1] 'against'＋*lūdere* 'play'); -sion]

il·lú·sion·ìsm 名 Ⓤ 〖美〗だまし絵技法.

il·lú·sion·ist 名 Ⓒ **1** 〖美〗だまし絵画家. **2** 奇術師, 手品師, (magician). **3** 幻覚を見る人 (visionary).

il·lu·sive /ilúːsiv/ 形 =illusory. ▷ ～**ly** 副

il·lu·so·ry /ilúːs(ə)ri, -z(ə)-/ 形 〖章〗幻覚[錯覚]による, 人を惑わせる; 実在しない, 架空の. ▷**il·lu·so·ri·ly** 副 **il·lu·so·ri·ness** 名

illust. illustrated; illustration.

‡**il·lus·trate** /íləstrèit, ilʌ́s-/ 動 (～**s** /-ts/|過 過分 **-trat·ed** /-əd/|**-trat·ing**) 他 **1** を説明する, 例証する, 〈*with* ..〔実例, 比較など〕で〉. Please ～ your idea *with* some examples. 例をいくつかあげてあなたのお考えを説明してください. To ～ his [the] point, the lecturer made use of a diagram. 要点を説明するために講師は図表を利用した.
2 🆆 (～X/*that* 節/*wh* 節) Xの/..ということの/..かの例証[解説, 実例]として役立つ. The big fire ～*s* ⌊the need for smoke detectors and sprinklers [*that* smoke detectors and sprinklers are needed]. その大火は煙探知器とスプリンクラー⌊の心要性[が必要だということ]を示すよい例だ.
3 〔本など〕に挿絵[図版, 写真など]を入れる, 〔本など〕に入れる〈*with* ..〔挿絵など〕を〉; を図解する; 〈普通, 受け身で〉. an ～*d* dictionary 挿絵入り辞書. [＜ラテン語「説明する」(＜in-[1] 'on'＋*lūstrāre*「明るくする」)]

***il·lus·tra·tion** /ìləstréiʃ(ə)n/ 名 (複 ～**s** /-z/)
1 Ⓒ 例, 実例, 〈*of* ..の〉(類語 ある理論や問題点などの説明の一助となるもの; →example). That accident is a good ～ *of* his carelessness. あの事故は彼の不注意のよい例である. **2** Ⓒ 挿絵, イラスト (→book 図); 図表 (diagram). The book has many color ～*s*. その本にはカラーの挿絵がたくさん載っている. *Illustrations* for the story were made by Mr. Goodman. その物語の挿絵はグッドマン氏が描いた.
3 Ⓤ (絵, 実例などによる)説明, 例証. *Illustration* is very useful in teaching children. 例をあげて説明するのは子供を教えるのにきわめて有効だ. by way of ～ 例証として. ◇動 illustrate 形 illustrative

il·lus·tra·tive /ilʌ́strətiv, íləstrèi-|íləstrə-, -trèi-/ 形 説明に役立つ; 例証[解説]になる; 〈*of* .. の〉. ～ slides [example] 解説用スライド[説明のための実例]. These episodes are ～ *of* his character. これらの挿話は彼の性格をよく示している. ▷～**ly** 副

il·lus·tra·tor /íləstrèitər, ilʌ́s-|íləs-/ 名 Ⓒ 挿絵画家, イラストレーター.

†**il·lus·tri·ous** /ilʌ́striəs/ 形 〖章〗〈普通, 限定〉 **1** 有名な, 高名な, (類語 偉大な業績, 高い社会的地位を暗示する; →famous). an ～ scientist 著名な科学者. **2** 〔行為, 業績などが〕輝かしい, はなばなしい. his ～ achievements 彼の輝かしい業績.
[＜ラテン語 *illūstris*「明るい」] ▷～**ly** 副

ILO International Labor Organization.

ILS 〖空〗 instrument landing system (計器着陸方式).

I·lyu·shin /iljúːʃin/ 名 **1 Sergei Vladimirovich** ～ イリューシン(1894–1977)《旧ソ連の航空機設計者》. **2** Ⓒ イリューシン機《軍用機, 旅客機》.

‡**I'm** /aim/ I am の短縮形.

im- /im; i (m の前で)/ 接頭 in-[1,2] の異形《b, m, p の前で用いる》.

‡**im·age** /ímidʒ/ 名 (複 **-ag·es** /-əz/) Ⓒ
【像】 **1** 像; 肖像; 彫像; (神仏の)像, 偶像; 〖古〗形, 姿. a marble ～ of the Virgin Mary 聖母マリアの大理石像. worship ～*s* 偶像を崇拝する. God created man in his own ～. 神は自分自身の姿に似せて人間を作った《聖書から》.
2 〈単数形で〉そっくりの人[物]〈*of* ..に〉. You are the (very [living, spitting]) ～ *of* your father. あなたはお父さんに生き写しだ.
3 (鏡, レンズなどによる) (映)像; (テレビ, 写真などの)画像. Narcissus looked at his own ～ in the pool and fell in love with it. ナルキッソスは池に映った自分の姿を見て恋をした.
【心中に浮かべる像】 **4** (現存しない人, 物の)面影; (心に描く)像, 心像, イメージ; (人に与える)全体的印象, 心証. My dead mother's ～ is still fresh in my mind. 死んだ母の面影がまだはっきりと心に残っている. He had had a false ～ of a soldier's life. 彼は軍人の生活についてそれまで間違ったイメージを心に描いていた. Holland conjures up ～*s* of tulip gardens and windmills in my mind. オランダというとチューリップ畑と風車の情景が私の脳裏に浮かぶ. try to project an ～ of cheerfulness 陽気な印象を与えようと努める. His act of kindness improved his ～ very much. その親切な行いで彼の評判が大そうよくなった.
5【理想像】象徴; 典型. Henry Ford is the ～ of success. ヘンリー・フォードは成功を絵に描いたような人だ.
6 比喩(ゆ)的表現《特に直喩 (simile) 又は暗喩 (meta-

phor）による）;（芸術，文学作品の底流を成す）イメージ，テーマ.
—— 動 他 の像を作る[描く]; を心に描く，の姿を思い浮かべる. [＜ラテン語 *imāgō*「肖像，類似」]

ímage intènsifier 名 C 〖電〗イメージ[映像]増幅器《映像の輝度を増す電子管装置》.

ímage màker 名 C イメージ作りをする人《企業の広告担当者など》.

ímage pròcessing 名 U 〖電算〗画像処理.

‡im·age·ry /ímidʒ(ə)ri/ 名 U 〈集合的〉心像，イメージ，形象，《特に詩などの比喩[象徴]的表現によって人の心の中に喚起される心象》.

ímage scànner 名 C 〖電算〗イメージスキャナー《絵や図画などの読み取り装置》.

ímage sètter 名 C 〖電算〗イメージセッター《入力したデータを出力する高性能のカラープリンター》.

***i·mag·i·na·ble** /imǽdʒ(ə)nəb(ə)l/ 形 ¢ **想像できる**，想像できる限りの，(↔unimaginable). the worst crime ～ 想像し得る最も凶悪な犯罪. We've had every ∟ ～ difficulty [difficulty ～]. 私たちはありとあらゆる困難を味わってきた. We tried all the means ～ to prevent his bankruptcy. 我々は彼の倒産を防ぐために考えられる限りの手段を試みた. He got angry for no ～ reason. なぜなのか皆目見当がつかないのだが彼は怒った.

> 語法 普通，best，worst など形容詞の最上級や all，every，no などを強調するために用いる. 修飾する名詞の後にくることがある.

▷ **～·ness** 名 **-bly** 副

***i·mag·i·nar·y** /imǽdʒənèri|-dʒ(ə)n(ə)ri/ 形 ¢ **想像上の**，仮想の，実在しない，架空の，(↔real). a purely ～ story まったくの作り話. The unicorn is an ～ beast. 一角獣は想像上の獣である. —— 名 (複 **-nar·ies**) C 〖数〗=imaginary number.

imáginary nùmber 名 C 〖数〗虚数《$\sqrt{-1}$; 記号 i》.

‡i·mag·i·na·tion /imæ̀dʒənéiʃ(ə)n/ 名 (複 **～s** /-z/)
1 UC **想像**; **想像力**; 構想力，創造力，創意;（類語 現に存在しないものを理想的な形で想像する意識的創造的な能力; →fancy，fantasy). exercise [stretch] one's ～ 想像力を働かす[想像をたくましくする]. stretch a person's [the] ～ (人の)想像力をかきたてる. The scene of the plane crash was beyond (all) ～. 飛行機の墜落現場は想像を絶するものだった. That boy has too much ～. あの少年は想像力がたくましすぎる. The astronaut's talk captured [caught] the ～ of the audience. 宇宙飛行士の話は聴衆の想像力をとらえた. I'll leave the rest of the story to your ～. 後の話は君の想像に任せるよ. Use your ～ to find an answer. 〖話〗頭を使って答えを見つけたまえ. The writer really has a wonderful ～. その作家は本当にすばらしい創造力の持ち主である. The job requires a lot of ～. その仕事は大いに創意を必要とする.

> 連結 a vivid [a creative, a lively, a powerful; a wild; a poor] ～ // fire [excite, stimulate, stir; stagger] the [a person's] ～

2 U **想像上のもの**，実在しないもの; 想像の産物，妄想，(illusion). Those troubles are all in his ～. それらの厄介事はみな彼の想像が生んだものにすぎない. Is it my ～, or have you gained weight? 〖話〗気のせいかな，君は体重が増えたんじゃない. **3** U 機転，臨機応変の才.
by àny strètch of the imaginátion →stretch.
[imagine, -ation]

†i·mag·i·na·tive /imǽdʒ(ə)nətiv, -nèitiv|-nətiv/ 形 **1** 想像力に富んだ，創意[オリジナリティ]に富む. an ～ child 想像力の豊かな子供. What an ～ design! 何と斬(ざん)新なデザインだろう. **2** 想像の，想像的な. ～ faculty 想像力. an ～ story 想像から生まれた物語.
◇↔unimaginative
▷ **～·ly** 副 想像力を働かせて; 斬新に.

‡i·mag·ine /imǽdʒən/ 動 (**～s** /-z/|過 過分 **～d** /-d/|**-in·ing**) 他 **1** 〈普通，進行形不可〉(**a**) **を想像する**; VO (～ *doing/that* 節/*wh* 節・句) ..することを/..ということを/..かを想像する. Can you ～ such a thing? *そんなことを想像できますか.* I can't ～ him ∟ with a mustache [in uniform]. 口ひげを生やした[制服姿の]彼なんて想像できない. I can't ～ (my) ask*ing* for his help. 私は彼に助けを求めるなんて想像もつかない[思いもよらない]. Cindy tried to ～ *what* it would be like to go to Mars. シンディーは火星に行くというのはどんなふうだろうか想像してみようとした. *Imagine* (*that*) you're traveling in the Sahara on the back of a camel. ラクダに乗ってサハラ砂漠を旅行していると想像してごらんなさい.
(**b**) VOC (～ X (*to be*) Y)・VOA (～ X *as* Y) X が Y であると想像する; VO (～ X('s) *doing*) X が..するのを想像する. *Imagine* yourself (*to be*) left alone in a tropical jungle. 君が熱帯の密林に取り残されたと想像してみたまえ. I had ～d his wife ∟ *as* [*to be*] a very intellectual woman. 私は彼の奥さんはとても知的な人だと想像していた. Can you ～ him [his] speak*ing* Spanish? 彼がスペイン語を話しているところを想像できますか.
2 VO (～ *that* 節/*wh* 節・句) **..ということを/..かを思う** (suppose)，推測する (guess)，〈普通，進行形不可〉. Don't you ～ (*that*) they will call from the station?—I ～ so [not]. 彼らは駅から電話をかけてくると思わないか.—そう ∟ 思う[は思わない] (語法 that は省略されることが多い). He couldn't ～ *what* had gone wrong. 何が不都合だったのか彼には見当がつかなかった. You can't ～ *how* disappointed he was to hear the news. その知らせを聞いて彼がどんなにがっかりしたか君には想像がつくまい.
3 VO (～ X/*that* 節) (実際はそうでないのに) X を/..ということを思い込む. "Don't you hear any strange noise?" "No. You're just *imagining* it."「何か変な音がしないか」「いや，気のせいだよ」. ～ dangers that do not exist 危険など実在しないのにあると思い込む. He ～*s* (*that*) everyone is speaking badly about him behind his back. 彼はみんなが陰で自分の悪口を言っていると思い込んでいる.
(***Jùst***) ***imágine*** (***it***)***!*** まあ考えてもみたまえ(途方もないことだ)，まさか，《人の提案などに対する不賛成，非難を表す》.
[＜ラテン語 *imāginārī*「像 (*imāgō*) を心に描く」]

im·ag·ing /ímidʒiŋ/ 名 U **1** 〖心〗イメージング《楽しいイメージを思い描かせて苦痛を和らげるなどの心理療法》. **2** (コンピュータによる音波・温度の変動などの)画像処理.

i·mag·in·ings 名 〈複数扱い〉〖雅〗空想の産物; 幻想，幻覚; (fantasies).

im·ag·ism /ímədʒìz(ə)m/ 名 U イマジズム，写象主義，《ロマン主義に対抗して起こった 1910 年代の自由詩運動; 明確な写象を重視した》. 「主義者(の).

im·ag·ist /ímədʒist/ 名 C，形 イマジスト(の)，写象↑

i·ma·go /iméigou, imɑ́ː-/ 名 (複 **～(e)s**, **i·mag·i·nes** /imǽdʒənìːz, iméigə-|iméidʒ-/) C **1** 〖虫〗(昆虫の)成虫. **2** 〖精神分析〗成像，イマーゴ，《幼い時期に形成され成年時まで保持されている親[愛する人]の理想像》. [ラテン語 'image']

i·mam /imɑ́ːm, imǽm/ 名 C (イスラム教の)導師; 〈I-〉(イスラム教国の)宗教的[政治的]指導者(の称号).

†im·bal·ance /imbǽləns/ 名 UC (力，割合などの)不均衡(状態)，アンバランス 〈*in*..における/*between*..の間の〉(★unbalance は動詞で使われるのが普通で，名詞の場合は，主に「精神的な不安定」の意味). the trade ～ 貿易不均衡. redress an ～ *between*..の間の不均衡を

是正する.
im·bál·anced /-t/ 形 不均衡の, アンバランスの.
†**im·be·cile** /ímbəs(ə)l|-sìːl, -sàil/ 形 〈限定〉低能な, 愚鈍な. ── 名 C **1** 〖話〗愚か者. **2** 〖旧〗〖心〗痴愚の人《8 歳以下の知能しか持たない; →idiot, moron》. [＜ラテン語「(支えとなる)杖 (*baculum*) のない＞弱い」] ▷**～·ly** 副 愚かにも.
im·be·cil·ic /ìmbəsílik/ 形 ＝imbecile.
im·be·cil·i·ty /ìmbəsíləti/ 名 (複 **-ties**) **1** U 低能; 愚鈍. **2** C 〖軽蔑〗愚かな行為.
im·bed /imbéd/ 動 (**～s**|**-dd-**) ＝embed.
im·bibe /imbáib/ 動 〖章〗他 **1** 〖時に戯〗を飲む, 飲み込む, (類語 特にアルコール飲料を飲むこと; →drink). ～ a lot of beer and reel along the street ビールをたっぷりきこしめして千鳥足で道を行く. **2** 〔空気, 水など〕を吸い込む, 吸収する. **3** 〖章〗〔知識など無形のもの〕を吸収する, 摂取する, (absorb). ～ new ideas 新しい思想を吸収する. ── 自 (酒を)飲む; 吸収する. [＜ラテン語 (＜in-[1]＋*bibere*「飲む, 吸う」)]
im·bro·glio /imbróuljou/ 名 (複 **～s**) C 〖雅〗混乱状態, ごった返し; (事件, 不和, 議論などの)ごたごた; 紛糾; (劇などの)込み入った筋.
im·brue /imbrúː/ 動 他 〖章〗を濡(ぬ)らす, 汚す, 染める, 〈*with, in* ..〔血〕で〉.
‡**im·bue** /imbjúː/ 動 他 〖章〗に浸透させる〈*with* ..を〉; 〔人〕に吹き込む〈*with* ..〔思想, 感情, 見解など〕を〉; 〈普通, 受け身で〉. The student was *～d with* new ideas. その学生は新しい思想にかぶれていた. [＜ラテン語「湿らせる」]
‡**IMF** International Monetary Fund.
imit. imitation; imitative.
‡**im·i·tate** /ímətèit/ 動 (**～s** /-ts/|過 過分 **-tat·ed** /-əd/|**-tat·ing**) 他 **1** をまねる, 模倣する; の(物)まねをする. A parrot can ～ human speech. オウムは人の言葉をまねられる. **2** を見習う, 模範とする. Children often ～ their elders. 子供はよく年上の人のまねをするものだ. **3** を模造する, 似せて作る. **4** に似る, 似かよう. This synthetic fabric *～s* silk so well. この合成繊維の織物は絹にそっくりだ. [＜ラテン語 *imitārī*「まねる, 写す」; image と同根]
‡**im·i·ta·tion** /ìmətéiʃ(ə)n/ 名 (複 **～s** /-z/) **1** U まね, 模倣; 模写, 模造, 模作. learn (..) by ～ (人の)まねをすることによって(..を)学ぶ. **2** C **模造品**, にせもの. a clever [pale] ～ of a picture by Rembrandt レンブラントの絵の巧みな[不出来な]贋(がん)作. **3** C 物まね. The comedian gave [did] a great ～ of the prime minister. 喜劇俳優は首相の見事な物まねをやってみせた.

> 2, 3 の 連結 a skillful [an accurate; a passable; a cheap, a shoddy; a clumsy, an inept; a slavish] ～ // do an ～ of ..

4 〈形容詞的〉模造の, にせの. ～ pearls 模造真珠. an ～ flower 造花. leather 模造[人造]皮革.
in imitátion of .. ..をまねて, 見習って, 模倣して.
im·i·ta·tive /ímətèitiv|-tətiv/ 形 **1** 模倣の, 模倣的な; まねをする, まねが好きな, 〈*of* ..の〉. ～ instinct 模倣本能. Children are often ～ *of* their parents. 子供はしばしば親のまねをする. **2** 模造の, 偽作の, にせの. ～ diamond 模造ダイヤ. **3** ＝onomatopoeic. ▷**～·ly** 副 模倣して. **～·ness** 名
im·i·ta·tor /ímətèitər/ 名 C まねをする人[動物]; 模倣者; 模作者.
im·mac·u·la·cy /imǽkjələsi/ 名 U よごれ[欠点, 汚点]のないこと, 完全無欠; 清純, 潔白.
im·mac·u·late /imǽkjələt/ 形 〖章〗 **1** よごれの全くない, しみ[ちり]1 つない, (spotless). He keeps his room so ～. 彼は部屋を実に清潔にしている. **2** 完璧(ぺき)な, 完全な; 欠点のない, 非のうちどころのない. The young violinist gave an ～ performance of the Paganini piece. 若いヴァイオリニストはそのパガニーニの小品を完璧に演奏した. **3** 清純な, 潔白な. the ～ life of a saint 聖者の清廉な生涯. [＜ラテン語「汚点 (*macula*) のない」] ▷**～·ly** 副 清潔で; 欠点がなく, 完璧に. be *～ly* dressed 一分のすきもない装いをしている. **～·ness** 名
Immàculate Concéption 名 〈the ～〉〖カトリック〗無原罪のおん宿り《聖母マリアは母の胎内にやどった時から原罪を持たなかったという説; virgin birth と混同してはならない》; その祝日《12 月 8 日》.
im·ma·nence, -nen·cy /ímənəns/, /-si/ 名 U 内在(性); 〖神学〗(神の)遍在.
im·ma·nent /ímənənt/ 形 〖章〗 **1** 〔ある特質が〕内在する, 内在的な, (inherent) 〈*in* ..に〉. **2** 〖神学〗〔神が〕宇宙遍在の (↔transcendent). [＜ラテン語 (＜in-[1] ＋*manēre* 'remain')]
Im·man·u·el, Em- /imǽnjuəl/ 名 **1** 男子の名《愛称 Manny》. **2** 〖聖書〗(Isaiah がその誕生を預言した) 救世主 (Messiah); キリスト.
†**im·ma·te·ri·al** /ìmətí(ə)riəl ⑧/ 形 〖章〗 **1** 重要でない, 問題にならない, 〈*to* ..にとって〉 (unimportant). It's ～ whether you like it or not. 君がそれを好むかどうかはどうでもよい. **2** 非物質的な, 無形の, 実体のない, (↔material). ▷**～·ly** 副 **～·ness** 名
im·ma·te·ri·al·i·ty /ìmətì(ə)riǽləti/ 名 (複 **-ties**) **1** U 非物質性, 実体のなさ; 非重要性. **2** C 非物質的なもの, 実体のないもの.
†**im·ma·ture** /ìmət(j)úər ⑧/ 形 **1** 未熟な; 未発達の, 未完成の, 未成熟の. ～ fruit 未熟な果物. She's mentally ～. 彼女は精神的に未成熟だ. **2** 〔人, 言動などが〕子供っぽい, 幼稚な, (childish). ▷**～·ly** 副
im·ma·tu·ri·ty /ìmət(j)ú(ə)rəti/ 名 U 未熟さ, 未完成.
im·meas·ur·a·ble /iméʒ(ə)rəb(ə)l/ 形 〖章〗測ることのできない; 果てしない, 無限の. have an ～ influence on.. ..に測り知れない影響を及ぼす. the ～ space of the universe 果てしない広大な宇宙.
▷**-bly** 副 〖章〗計り知れないほど, 無限に. *immeasurably* better はるかに良い.
im·me·di·a·cy /imíːdiəsi/ 名 (複 **-cies**) **1** U 即時性; 緊急性; 直接性. **2** C 〈しばしば -cies〉緊急に必要とするもの.
‡**im·me·di·ate** /imíːdiət|imíːdiət, -dʒət/ 形 C
【直接の】 **1** 〈限定〉**直接の**, じかの. an ～ cause 直接の原因. ～ information じかに得た情報. Mr. Lee is his ～ superior. リー氏が彼の直属の上司である. my ～ family 私の一番近い親族《親, 兄弟, 夫[妻], 子供など》.
2 【間を置かない】**即刻の**, 即座の. an ～ reply 即答. an ～ notice 即時通告. give ～ relief to the refugees 避難民を直ちに救済する. The medicine had an ～ effect. 薬はすぐきいた. The government response to the hijack was ～. そのハイジャック事件に政府は即刻対応した. **3** 〈限定〉差し当たっての, 目前の, 緊急の. the ～ problem 当面の問題. in the ～ future ごく近い将来に.
4 【距離を置かない】〈限定〉すぐ近くの, 近接の. an ～ neighbor すぐ隣の人. in the ～ area [neighborhood] すぐ近くに[の].
[＜後期ラテン語「間に置かれていない」(＜in-[2]＋*mediātus* 'mediate')]
▷**～·ness** 名 ＝immediacy.
immèdiate constítuent 名 C 〖言〗直接構成要素. A young lady came into the room.

A　　　B

上の文では A と B が文の immediate constituents.
B をさらに分析すれば came into the room となり,

C　　　D

C と D は(文のではなく) B の immediate constituents.

‡im·me·di·ate·ly /imíːdiətli|imíːdiətli, -dʒət-/ [副] [¢] **1** すぐさま, 直ちに, 即座に. I have to write (to) her ～. 彼女に早速手紙を書かなくてはならない. The cause of his sudden death was not ～ apparent. 彼の急死の原因はすぐには分からなかった. ～ after the accident 事故の直後に.
2 直接に, じかに; 近接して. the persons who are ～ concerned with the matter その事に直接関係のある人たち. ～ outside the door ドアのすぐ外に. ～ (to the) east of my house 私の家のすぐ東側に.
—— [接] 〖主に英話〗..するやいなや (as soon as). Call me ～ there's an emergency. 急を要することがあったらすぐ電話しなさい.

im·med·i·ca·ble /imédikəbl/ [形] 〖章〗不治の; 取り返しのつかない.

im·me·mo·ri·al /iməmɔ́ːriəl [移]/ [形] [¢] 〖章〗記憶にないほどの昔の, 太古の; 太古からの, 非常に古い. an ～ custom 大昔からの慣習.
from* [*since*] *tìme immemórial 〖雅〗大昔から.

***im·mense** /iméns/ [形] [m], [e] (**-mens·er**|**-mens·est**) 〈良い意味で〉**1 莫**(ばく)**大**な, 広大な, 膨大な, (huge); 計り知れない, 無限の; ([類語] 語源的には immeasurable の意味だが, 一般に想像を絶する大きさや広がりを言う; → large). an ～ amount of money 莫大な額の金. an ～ territory 広大な領土. Exporting is of ～ importance to the Japanese economy. 輸出は日本経済にとってきわめて重要だ. **2** 〖話〗 途方もない, すばらしい. What an ～ success! なんとすばらしい成功だろう. [＜ラテン語「計ることができない」(＜in-² + *mēnsus* 'measured')]

†im·ménse·ly [副] **1** 〖話〗 とても, 大そう, すごく, (very much). I am ～ grateful for your help. あなたの助力に大そう感謝しています. It seemed like an ～ long time. とてつもなく長い長い時間のように思えた. We enjoyed our class reunion ～. 同級生会を大いに楽しんだ. **2** 莫(ばく)大に; 広大に.

im·men·si·ty /iménsəti/ [名] ([複] **-ties**) **1** [U] 莫(ばく)大, 広大; 膨大, 限りなさ. the ～ of the number その数の莫大さ. the ～ of the sky 空の果てしない広さ. **2** 〈an ～, 時に -ties〉莫大なもの, 大量. drink *immensities* of liquor 大酒を飲む. There was nothing but an ～ of sea and sky. 限りない海と空とがあるだけだった.

†im·merse /imə́ːrs/ [動] [他] **1** 〖章〗を(どっぷり)浸す, 沈める, 〈*in* ..に〉. *Immerse* the cloth *in* the boiling dye. 煮え立っている染料に布を浸しなさい. **2** [VOA] (～ X ***in*..**) X を〔困難など〕に陥らせる; X を〔仕事, 考えなど〕に没頭させる; 〈普通, 受け身又は再帰形で〉. You've been ～*d in* that crossword puzzle all day. 1 日中あのクロスワードパズルに熱中していたね. I ～*d* myself *in* my studies. 研究に没頭した. [＜ラテン語 (＜in-¹ + *mergere*「浸す」)]

im·mérs·i·ble [形] 耐水性の, 水に浸せる, 〔電気ポットなど〕.

im·mer·sion /imə́ːrʒ(ə)n, -ʃ(ə)n|-ʃ(ə)n/ [名] **1** [UC] (どっぷり)浸す[される]こと; [U] 没頭する[はまり込む]こと; 〈*in*..に〉. total ～ *in* business 商売にすっかり没頭すること. **2** [UC] 〖キリスト教〗浸礼《体を水に浸す洗礼; → baptism》. **3** [U] 〖教育〗没入法《学習する外国語の使用環境を整え, それにどっぷりつからせる集中訓練法》.
immérsion hèater [名] [C] 〖主に英話〗投入式電熱湯沸し器《発熱器を直接水槽に入れて加熱する》.

***im·mi·grant** /íməgrənt/ [名] ([複] **～s** /-ts/) [C] (外国, 他地域からの)**移住者**, 移民, 入植者, ([類語] 市民権を取り永住のために移住する者のことで, 受入れ国側から見た語; →migrate; [参考] 出国側から見た移民は emigrant). ～s from Japan in Brazil ブラジル在住の日本からの移民. —— [形] 〈限定〉移住して来る, 移民の. ～ children 移民の子供たち.

im·mi·grate /íməgrèit/ [動] [自] (外国, 他地域から)移住する 〈*from* ..から/*to*, *into* ..へ〉 (↔emigrate; → migrate). [＜ラテン語 (＜in-¹ + *migrāre*「移動する」)]

†im·mi·gra·tion /iməgréiʃ(ə)n/ [名] **1** [UC] (外国, 他地域からの)移住 ([参考] 出国側から見た移住は emigration). ～ laws 移民法. **2** [U] 移民団; 〈集合的〉移民. **3** [U] 出入国管理(所). pass through ～ at the airport 空港の入国管理所を通過する.

immigrátion contròl [名] [U] ＝immigration 3.

im·mi·nence /ímənəns/ [名] **1** [U] 差し迫っていること, 切迫, 急迫. **2** [C] 差し迫った危険.

im·mi·nen·cy /ímənənsi/ [名] [U] ＝imminence 1.

†im·mi·nent /ímənənt/ [形] 差し迫った, 切迫した, 今にも起こりそうな. War was ～. 戦争が今にも勃(ぼっ)発しそうであった. We were in no ～ danger. 我々は危険が迫っていたわけではない. [＜ラテン語「垂れてかぶさる」]
▷ **～·ly** [副] 差し迫って, 切迫して.

‡im·mo·bile /imóub(ə)l, -biːl|-bail/ [形] **1** 動かせない, 動けない; 固定された. **2** 動かない, 不動の, 静止した.

im·mo·bil·i·ty /ìmoubíləti/ [名] [U] 不動; 固定; 静止.

im·mò·bi·li·zá·tion [名] [U] 動けなくすること, 固定化.

im·mo·bi·lize /imóubəlàiz/ [動] [他] **1** を動けなくする, 作動しなくさせる; (ギプスなどで)〔患部など〕を固定する. **2** 〔貨幣〕の流通を停止する; 〔流動資本〕を固定資本化する.

im·mó·bi·lìz·er [名] [C] (特に, 車の)移動阻止装置《盗難防止用》.

im·mod·er·a·cy /imád(ə)rəsi|imɔ́d-/ [名] [U] 〖章〗不節制.

im·mod·er·ate /imád(ə)rət|imɔ́d-/ [形] 〖章〗節度のない, 節制しない, 過度の, 極端な, (excessive; ↔ moderate). ～ eating 暴食. ▷ **～·ly** [副] 過度に; 節度なく. **～·ness, im·mòd·er·á·tion** [名]

im·mod·est /imádəst|imɔ́d-/ [形] 〖軽蔑〗**1** 不謹慎な; 無遠慮な; 厚かましい; うぬぼれた. ～ remarks 不謹慎な言葉. an ～ claim 厚かましい要求. **2** 〔普通, 女性が〕慎みがない, 下品な, ふしだらな. ◇↔modest ▷ **～·ly** [副] 不謹慎に; ずうずうしく; ふしだらに.

im·mod·es·ty /imádəsti|imɔ́d-/ [名] ([複] **-ties**) **1** [U] 不謹慎; 無遠慮; 厚かましさ. **2** [C] 慎みのない[下品な]言動.

im·mo·late /íməlèit/ [動] [他] 〖章〗を神に供えるために殺す; をいけにえにする; を犠牲にする〈*to* ..の〉. ～ oneself to protest a nuclear test 核実験に抗議して焼身自殺をする.

ìm·mo·lá·tion [名] **1** [U] いけにえにする[される]こと. **2** [C] いけにえ, 犠牲.

†im·mor·al /imɔ́ːrəl|imɔ́r-/ [形] **1** 不道徳な, 道義に反する, 非人道的な, (→amoral, unmoral). It's ～ to accept a bribe. 賄賂(わいろ)を受け取るのは道徳に反する. The man is not ～ but amoral. あの男は不道徳なのではなく無道徳なのだ《善悪の区別がつかない》. **2** 不品行な; みだらな, ふしだらな; わいせつな〔書物, 映画など〕(obscene). an ～ woman 身持ちの悪い女. ◇↔moral ▷ **～·ly** [副] 不道徳に; ふしだらに.

im·mo·ral·i·ty /ìmərǽləti/ [名] ([複] **-ties**) **1** [U] 不道徳; 非人道; 不品行, ふしだら. **2** [C] 〈普通 -ties〉不道徳[ふしだら]な行為.

***im·mor·tal** /imɔ́ːrtl/ [形] [¢] **1 不死の**, 死なない, (↔ mortal). Do you think man's soul is ～? 人の霊魂は不滅だと思いますか. **2 不朽の**, 不滅の. the ～ words of Shakespeare シェークスピアの不滅の言葉. **3** 永遠の; 不断の, 不変の. an ～ enemy 永遠に変わらぬ敵.
—— [名] [C] **1** 不死の人; 〈普通 the ～s〉不朽の名声を保つ人《特に作家》. Babe Ruth is one of the ～*s* of baseball. ベーブ・ルースは野球界の不滅の人の 1 人だ. **2** 〈普通 the ～s〉ギリシア・ローマの神々. [in-², mortal]

†im·mor·tal·i·ty /ìmɔːrtǽləti/ [名] [U] 不死, 不滅;

永遠の生命; 不朽の名声. believe in the ～ of the soul 魂の不滅を信じる. The Curies achieved ～ with the discovery of radium. キューリー夫妻はラジウムの発見で不朽の名声を博した.

im·mor·tal·ize /imɔ́ːrtəlàiz/ 動 他 を不滅[不朽]にする; に不朽の名声[永遠の生命]を与える.

im·mór·tal·ly 副 **1** 滅びることなく, 永久に. **2** 〖話〗すごく, ひどく, (very).

im·mor·telle /ìmɔːrtél/ 名 C 不凋(ちょう)花 《乾燥しても形, 色が変わらない; 例えばムギワラギク (straw flower)》.

im·mòv·a·bíl·i·ty 名 U 不動(性).

im·mov·a·ble /imúːvəb(ə)l/ 形 **1** 動かすことのできない, 動かない; 固定した. ～ property 不動産. **2** (容易に)変えることができない; 確固とした, 動じない, 〈*on* ..の点で〉. He seems to be ～ *on* this point. この点では彼の決意は固そうだ. an ～ expression 動じない表情.

── 名 〈～s〉〖法〗不動産.

▷ **-bly** 副 動かないように; 確固として. **～·ness** 名

immòvable féast 名 C 固定祝祭日 《曜日などによらず日が固定; Christmas など》.

†**im·mune** /imjúːn/ 形 〈普通, 叙述〉 **1** 免疫になっている 〈*to, from, against* ..〔病気〕に対して〉. All our children are ～ *from* [*to*] measles. うちの子供たちはみんなはしかには免疫がある. **2** 影響されない, 動じない, 〈*to, against* ..に(対して)〉. I'm ～ *to* any insult. 私はどんな侮辱も平気である. **3** 免れた 〈*from* ..を〉 (exempt). Cameras are not ～ *from* customs. カメラは免税になっていない. Nobody is ～ *from* error. だれでも誤りは免れられない. [＜ラテン語「公務を免除された」(＜in-² + *mūnis*「職務を行う」)]

immúne respònse 名 C 〔生理〕免疫反応.

immùne sérum 名 U 〖医〗免疫血清.

†**immúne sỳstem** 名 C 免疫組織[機構].

‡**im·mu·ni·ty** /imjúːnəti/ 名 U **1** 免疫, 免疫性, 〈*to, from, against* ..〔病気など〕に対する〉. My ～ *to* typhus was useful in that area. チフスに対する私の免疫はその地域で役立った. **2** 免除 〈*from* ..の〉. ～ *from* taxation 課税免除, 免税. be granted ～ *from* prosecution (証言することを条件に) 免責[刑事訴追を免れる]特権を与えられる. →diplomatic immunity.
3 免れること, 守られること, 〈*from* ..から〉 (類語 一般に不快, 有害なものから免れること; →protection). ～ *from* attack [criticism] 攻撃[批判]を免れること.

ìm·mu·ni·zá·tion 名 UC 免疫性を与えること.

‡**im·mu·nize** /ímju(ː)nàiz/ 動 他 を(予防接種により)免疫にする 〈*against* ..に対して〉; に免疫性を与える; 〈普通, 受け身で〉. Have you been ～*d against* German measles? 風疹(ふうしん)の予防接種はしていますか.

im·mu·no·de·fi·cien·cy /ìmjənoudifíʃ(ə)nsi/ 名 (複 **-cies**) UC 〖医〗免疫不全 (→AIDS).
▷ **im·mu·no·de·fi·cient** /-ʃənt/ 形

im·mu·nol·o·gy /ìmjunɑ́lədʒi|-nɔ́l-/ 名 U 免疫学. ▷ **im·mu·no·lo·gic, -og·i·cal** /ìmjunəlɑ́dʒik|-lɔ́dʒ- ⑱/, /-k(ə)l/ 形 **im·mu·nól·o·gist** 名

im·mu·no·sup·prés·sion /ìmjənou-/ 名 U 〖医〗(投薬などによる)免疫抑制 《臓器移植手術後などに行う措置》.

im·mure /imjúər/ 動 他 〖章·雅〗を閉じ込める, 監禁する, (imprison). ～ oneself in .. に閉じこもる[引きこもる]. ▷ **～·ment** 名

im·mù·ta·bíl·i·ty 名 U 〖章〗不変(性).

im·mu·ta·ble /imjúːtəb(ə)l/ 形 〖章〗変えることのできない, 不変の, 不易の. ▷ **-bly** 副 不変に. **～·ness** 名

imp /imp/ 名 C **1** 小鬼, 小悪魔. **2** いたずらっ子. You little ～! このいたずらっ子め. [＜古期英語「若枝」]

imp. imperative; imperfect; imperial; import; imprimatur.

***im·pact** /ímpækt/ 名 (複 **～s** /-ts/) **1** UC **衝撃** 〈*on, against* ..への〉; 衝突 (collision) 〈*on, against* ..との〉. the ～ of the car *against* the wall 自動車の塀への衝突. The sand softens [absorbs] the ～ of a jumper's landing. 砂地は跳躍選手が着地する衝撃を和らげる[吸収する].
2 C 〈普通, 単数形で〉 (精神的)衝撃, (強い)**影響**, 効果, 〈*on* ..への〉. The ～ of the news was stunning. その知らせの衝撃には皆度肝を抜かれた. The disintegration of the USSR has ⌞made [had] a great ～ *on* the world. ソ連の崩壊は世界に多大の影響をもたらした.

> 連結 a beneficial [a positive; a harmful; an enormous; a powerful; a far-reaching; an immediate; a lasting; a negligible] ～

on ímpact 衝撃で; 当たったはずみで 〈*on, with* ..に〉. The cup broke *on* ～ *with* the floor. 茶わんは床に落ちた拍子に割れた.

── /-´/ 動 他 **1** をぎゅっと押し[詰め]込む 〈*in, into* ..に〉. **2** にぶつかる; 衝突する; と強く接触する. **3** 〖主に米〗に(大きな)影響[衝撃]を与える. This program will ～ the elementary schools. このプログラムは小学校に大きな影響を与えるだろう.

── 自 **1** 衝突する; 強く接触する; 〈*on, upon, with* ..と〉. **2** 〖主に米〗VA (～ *on* ..) ..に(大きな)影響[衝撃]を与える. The war will ～ *on* the price of gasoline. この戦争はガソリンの価格に影響するだろう.
[＜ラテン語 (*impingere* 'impinge' の過去分詞)]

im·páct·ed /-əd/ 形 〖歯〗〔歯が〕歯槽(しそう)に埋伏した 《新しい歯が乳歯などとあご骨とに挟まれている状態》.

†**im·pair** /impéər/ 動 他 を害する, 損ねる; を弱める; 〔力, 分量, 価値など〕を減じる. Overwork ～*ed* his health. 彼は働き過ぎて健康を害した. The nasty weather didn't ～ our delight at all. 悪天候も我々の楽しさを減じることは全くなかった. [＜古期フランス語(＜ラテン語 *pējor* 'worse')] ▷ **～·ment** 名 UC 損害, 損傷; (目, 耳, 脳などの)機能障害; 減少.

im·páired 形 **1** (正常な機能が)損なわれた[て], 障害のある. a student with ～ vision 視覚障害学生.
2 〈複合要素〉 ..障害のある; 〈the ～; 名詞用法〉 hearing-～ 聴覚障害のある. the speech-～ 言語障害者たち.

im·pa·la /impɑ́ːlə, -pǽlə/ 名 (複 **～s, ～**) C インパラ 《アフリカ産の中形レイヨウ (antelope); 跳躍力が強い》.

im·pale /impéil/ 動 他 **1** を突き刺す, 刺し貫く, 〈*on, with* ..で〉. The bullfighter had his side ～*d on* the bull's horns. 闘牛士は脇腹を牛の角に突き刺された. **2** を固定する, 留める, 〈*with* ..〔ピンなど〕で〉; を動けなくする, 釘付けにする, 〈*with* ..〔視線など〕で〉. **3** 〖紋章〗〔2つの紋〕を合わせ紋にする. ▷ **～·ment** 名

im·pal·pa·ble /impǽlpəb(ə)l/ 形 〖章〗 **1** さわってみることができない; 感知できない. **2** 理解しにくい; 微妙な. ～ distinctions 微妙な差異. ▷ **-bly** 副

im·pan·el /impǽn(ə)l/ 動 (**～s**|〖英〗**-ll-**) 他 〖主に米〗〖法〗〔人の姓名〕を陪審名簿などに記入する; 〔陪審員〕を陪審名簿から選ぶ; (〖主に英〗 empanel).

†**im·part** /impɑ́ːrt/ 動 他 〖章〗 **1** 〔情報, 知識など〕を知らせる, 伝える, 〈*to* ..に〉. There was no means to ～ the sad news *to* his father. その悲しい知らせを彼の父に伝える方法はなかった. **2** 〔性質, 感じなど〕を(分け)与える, 授ける, 付与する, 〈*to* ..に〉. The new curtains ～*ed* an air of luxury *to* her room. 新しいカーテンで彼女の部屋は豪華な感じになった. [＜ラテン語「分かち合う」(＜*pars* 'part')]

***im·par·tial** /impɑ́ːrʃ(ə)l/ 形 m **公平な**, えこひいきし

ない; 偏見のない; かたよらない. We want your ~ opinion. あなたの公平なご意見をいただきたい. Her choice was not altogether ~. 彼女の選択は全く公平無私というわけではなかった. ◇↔partial [in-², partial]
▷~·ly /-ʃəli/ 副 公平に.

im·par·ti·al·i·ty /impɑ̀ːrʃiǽləti/ 名 U 公平, 公正; かたよらないこと. judge with perfect ~ あくまで公平に判断する.

im·pass·a·ble /impǽsəb(ə)l|-pɑ́ːs-/ 形 〔道などが〕通行できない, 通り抜けできない.

‡**im·passe** /ímpæs, -ˊ|æmpɑ́ːs, im-/ 名 C 〈普通, 単数形で〉 **1** 行きどまり, 袋小路. **2** 進退きわまった状態, 行き詰まり, (deadlock). reach [come to] an ~ 進退きわまる; 行き詰まる 〈*in*..で〉. [フランス語 (<in-²+*passer*「通る」)]

‡**im·pas·sioned** /impǽʃ(ə)nd/ 形 熱情のこもった, 熱烈な. make an ~ speech [plea] 熱弁をふるう[切々と懇願する]. The couple exchanged ~ glances. 2人は熱いまなざしを交(か)した.

‡**im·pas·sive** /impǽsiv/ 形 〈時に非難して〉感情を表さない, 無感動な; 冷静な, 落ち着いた, 平然とした. The girl student remained ~ throughout the interview. その女子学生は面接の間中反応の無い態度だった. an ~ face 無表情な[能面のような]顔.
▷~·ly 副 無感動に; 平然と; 無表情に. ~·ness 名

im·pas·siv·i·ty /impæsívəti/ 名 U 無感動; 冷静.

im·pas·to /impǽstou, -pɑ́ːs-/ 名 (複 ~s) 【美】 U 盛り上げ(塗り); C 盛り上げ塗りした絵の具. [イタリア語]

***im·pa·tience** /impéiʃ(ə)ns/ 名 aU **1** 辛抱できないこと, いらだち, じれったさ; 性急; 短気; 〈*with, at*..に対する〉 (↔patience). wait with ~ いらいらしながら待つ. show a growing ~ だんだんに募るいらだちを見せる. The president's ~ *with* the reporters was obvious. 大統領が記者たちに対していらだっていることは明らかだった. *Impatience at* delay is one of his traits. せっかちが[遅れるといらだつのが]彼の性質だ.
2 我慢できないこと, 不寛容. have *an* ~ of bureaucracy 官僚主義[お役所仕事]には我慢ならない.
3 切望 〈*for* ..への〉; たまらない気持ち 〈*to* do ..したくて〉. an ~ *for* marriage 結婚したくてたまらない気持ち. My ~ *to* take a vacation increased daily. 休暇を取りたいという気持ちが日に日に募った. [in-², patience]

im·pa·ti·ens /impéiʃiènz/ 名 (複 ~) C 【植】 ホウセンカ. [ラテン語 'impatient']

***im·pa·tient** /impéiʃ(ə)nt/ 形 m **1** 辛抱のできない, 気短な, せっかちな. talk with an ~ gesture せかせかした身ぶり手ぶりで話をする. Don't be so ~. そんなにせかせか[いらいら]しないで. Dad's in an ~ mood today. 今日は父さんはじりじりしている.
2 〈叙述〉 **我慢できない**, 容赦できない, 〈*at* ..〔物事〕を/with ..〔人〕を〉; 【章】 許容[黙認]できない 〈*of*..〔物事〕を〉. Bob got ~ *at* his wife's delay. ボブは妻がぐずぐずしているのが我慢できなくなった. The professor got ~ *with* the students talking in class. 教授は授業中に私語をしている学生が我慢ならなくなった. be ~ *of* criticism 批判を許せない.
3 〈叙述〉 (..したくて)たまらない, しきりに..したがる, 〈*to* do〉; 今か今かと待ちかねている 〈*for* ..(*to* do)..(が..するの)を〉. Walter was ~ *to* know his test results. ウォルターはテストの結果をしきりに知りたがっていた. The children are ~ *for* Christmas (*to* come). 子供たちはクリスマス(が来るの)を待ちこがれている. [in-², patient]

†**im·pá·tient·ly** 副 こらえかねて, 気短に; 待ちかねて, せかせかして, じりじりして.

‡**im·peach** /impíːtʃ/ 動 他 【章】 **1** 【主に米】 〔司法機関などが〕〔公職者〕を弾劾する, 告発する, 〈*for, of, with* ..〔職権乱用などの罪〕で〉; 【英】 を告発する 〈*of, with*..〔特に, 国家に対する反逆罪〕で〉. The mayor was ~*ed for* taking a bribe. 市長は収賄のかどで弾劾された. **2** 〔人格, 公明さなど〕を疑う. ~ his motives 彼の動機を疑う. [<後期ラテン語「足かせ (*pedica*) をはめる, 妨げる」]
▷~·a·ble 形 〔犯罪などが〕 弾劾[告発, 非難]されるべき.

im·péach·ment 名 UC (公職者などの)弾劾, 告発; 非難.

‡**im·pec·ca·ble** /impékəb(ə)l/ 形 欠点のない, 完璧(ぺき)な, 非の打ちどころない; 過失のない. Her ~ manners impressed everyone. 彼女の一分のすきもない身ごなしは一同に感銘を与えた. [in-², ラテン語 *peccāre*「罪を犯す」, -able] ▷-**bly** 副 申し分なく.

im·pe·cu·ni·ous /ìmpikjúːniəs ®/ 形 【章, 時に戯・婉曲】 窮乏している, 無一文の. [in-², ラテン語 *pecūnia* 'money'] ▷~·**ly** 副 ~·**ness, ìm·pe·cù·ni·ós·i·ty** /-ɑ́səti|-ɔ́s-/ 名

im·ped·ance /impíːdəns/ 名 aU 【電】 インピーダンス 《交流回路における電気抵抗; →ohm, Z》.

†**im·pede** /impíːd/ 動 他 【章】 〔進行など〕を妨げる, 妨害する; の邪魔になる; (類語 進行中の物事を妨害してそれを遅らせる; →hinder¹). The doorkeeper tried to ~ my exit. 門衛は私の退出を妨げようとした. [<ラテン語「足 (*pēs*) にかせをはめる, 妨げる」]

‡**im·ped·i·ment** /impédəmənt/ 名 C **1** 妨げ, 障害, 〈*to* ..への〉. His poor academic background was the only ~ *to* his promotion. 彼の貧弱な学歴が昇進の唯一の障害だった. **2** 身体障害; 〈特に〉 (どもりなどの)言語障害 (speech impediment).

im·ped·i·men·ta /impèdəméntə/ 名 〈複数扱い〉 **1** (軍隊の)輜重(しちょう) 《前線に運ぶ軍需品の総称》. **2** 【章・戯】 旅行用大荷物; 'お荷物', 足手まとい. [ラテン語]

†**im·pel** /impél/ 動 (~s|-ll-) 他 **1** 〔ある感情, 状況などが〕〔人〕を強いる; 〔人〕を追いやる, 駆り立てる; 〈*to* ..〔ある行動など〕に〉; VOC (~ X *to do*) X (人)を押しやって[強いて]..させる. The poor boy was ~*led to* theft by hunger. かわいそうに少年は飢えのためにやむを得ず盗みをはたらいた. What ~*led* you *to* do such a thing? 何に駆られてそんなことをしたのか. **2** を推し進める, 先へ進める. an engine too small to ~ a vehicle of that size その大きさの車を動かすには小さすぎるエンジン. ◇名 impulsion, impulse [<ラテン語「駆り立てる」(< in-¹ 'toward'+*pellere* 'drive')]

im·pel·lent /impélənt/ 形, 名 C 駆り立てる[推進↑「する」(力).

im·pend /impénd/ 動 自 【章】 **1** 〔危険などが〕差し迫る. **2** 【古】 (今にも落ちそうに)垂れ下がる 〈*over* ..の上に〉. [<ラテン語「..の方へ垂れる (*pendere*)」]

†**im·pénd·ing** 形 【章】 〈限定〉 差し迫った〔危険など〕. an ~ trouble 差し迫った難儀. signs of an ~ storm 今にもあらしが来そうな徴候. have a sense [feeling] of ~ doom 恐ろしい運命が間近に迫っている感じがする.

im·pèn·e·tra·bíl·i·ty 名 U 貫き通せないこと; 見通しのきかないこと; 不可解, 難解; 鈍感, 頑迷.

†**im·pen·e·tra·ble** /impénətrəb(ə)l/ 形 **1** 突き通せない; 貫き通せない; 通り抜けられない; 通さない 〈*to, by* ..を〉. dig down to ~ rock 堅い岩盤のところまで掘り下げる. a dense forest ~ *to* sun light 日光も通さない密林. This tank is ~ *by* an ordinary shell. この戦車は普通の弾丸は通さない. **2** (奥まで)見通せない, 奥底の知れない. We were crawling through an ~ fog. 我々は見通しのきかない濃霧の中を這(は)うようにして進んだ.
3 理解できない, 不可解な, 難解な. Life itself is an ~ mystery. 生そのものが理解しがたい神秘である.
4 耳を貸さない, 鈍感な, 頑迷な, 〈*to, by* ..に〉. He's ~ *to* criticism. 彼は批判を受けても平気である.
[in-², penetrable] ▷-**bly** 副 ~·**ness** 名

im·pen·i·tence, -ten·cy /impénət(ə)ns/, /-si/ 名

Ⓤ〘章〙悔い改めないこと, 強情.

im·pen·i·tent /impénət(ə)nt/ 形 〘章〙悔い改めない, 改悛の情のない, 〈*about*..〔罪など〕を〉. ▷**~·ly** 副

imper. imperative.

†**im·per·a·tive** /impérətiv/ 形 **1** 命令的な; 高飛車な. an ~ gesture 威張りかえったしぐさ. his father's ~ glance 彼の父の威圧的なまなざし. I don't like the ~ tone of his voice. 彼の命令的な声音(こわね)が嫌いだ.
2〈普通, 叙述〉絶対必要な, 回避できない, (vital); 緊急である. Safety measures are ~. 安全対策は不可欠だ. It was ~ that the Shah (〘主に英〙should) leave his country at once. =It was ~ for [〘米話〙on] the Shah to leave... (イラン)国王が直ちに国を離れることが絶対必要だった.
3〘文法〙命令法[形]の (→subjunctive, indicative).
── 名 **1**〘文法〙Ⓤ〈the ~〉命令法; Ⓒ (動詞の)命令形. **2** Ⓒ 〘章〙命令; 緊急になすべきこと; 義務. **3**〘章〙Ⓒ (ある行動に駆り立てる)いやおうなしの感情[観念, 信条など], 衝動. the sexual ~ 性衝動.
[<ラテン語「命じる」(<in-[1] 'toward'+*perāre* 'prepare')] ▷**~·ly** 副 いやおうなしに; 命令的に.

impèrative móod 名 Ⓤ 〈the ~〉〘文法〙命令法.

impèrative séntence 名 Ⓒ 〘文法〙命令文.

†**im·per·cep·ti·ble** /impərséptəb(ə)l ㊙/ 形 (微小[細]なために)気うかない, 感知できない, 〈*to* ..に〉; (気がつかないほど)かすかな, 微細な, 緩慢な, 〔変化など〕. a very slight change almost ~ *to* us 我々にはほとんど分からないほどの微小な変化. an ~ difference ごくわずかな相違. ▷**im·per·cèp·ti·bíl·i·ty** 名 **-bly** 副 気うかないほど, わずかに, かすかに; 気うかないうちに.

im·per·cep·tive /impərséptiv ㊙/ 形 知覚力のない, 感知しない〈*of* ..を〉. ▷**~·ness** 名

imperf. imperfect; imperforate.

*__im·per·fect__ /impə́ːrfikt/ 形 ⓜ **1 欠点のある, 不完全な**, 〔布などが〕きずのある (↔perfect). He returned the coat because it was ~. 彼のそのコートが欠陥品だったので返品した. **2 不十分な**. learners with an ~ knowledge of grammar 文法の知識があやふやな学習者たち. His preparations are ~ in many respects. 彼の準備は多くの点で不十分である. **3**〘文法〙未完了(時制[相])の, 半過去の. **4**〘植〙雌雄異花の《雌花と雄花の別がある》. **5**〘法〙法的要件[有効性]を欠く. **6**〘楽〙〔音程が〕不完全な.
── 名 〈the ~〉〘文法〙(動詞の)未完了時制, 半過去, 《フランス語, ラテン語などでの用語; 英語では過去進行形がこれに近い》; 未完了相. [in-[2], perfect]

†**im·per·fec·tion** /impərfékʃ(ə)n/ 名 **1** Ⓤ 不完全; 不十分. **2** Ⓒ 欠点, 欠陥, 不備, 弱点; (布などの)きず. No man is without some slight ~*s*. どんな人にも何か小さな欠点はある. I noticed several ~*s in* the design. 私は設計にいくつか欠陥があるのに気が付いた.

†**im·pér·fect·ly** 副 不完全に; 不十分に.

im·per·fo·rate /impə́ːrfərət, -rèit/ 形 穴のあいていない; 〔切手が〕目打ち[ミシン目]のない.
── 名 Ⓒ 目打ちのない切手.

*__im·pe·ri·al__ /impí(ə)riəl/ 形 ⓒ (★4, 5 は ⓜ)
【帝国の】**1**〈限定〉**帝国の**; 〘史〙〈しばしば I-〉大英帝国の. an ~ army 帝国陸軍. a great ~ power 強大な帝国主義国家.
2〈限定〉英国度量衡法による. an ~ bushel 1 英ブッシェル《imperial gallon の 8 倍; 約 36 リットル》. an ~ gallon 1 英ガロン《4.546 リットル; この 4 分の 1 が imperial quart, 8 分の 1 が imperial pint》.
【皇帝の】**3**〈限定〉**皇帝の**; 皇室の. His [Her] *Imperial* Majesty 陛下 (→highness 2 語法). the *Imperial* Household [Palace] 皇室[皇居].
4 王者のような, 威厳のある, 堂々とした, (majestic); 傲(ごう)慢な (imperious). the ~ grandeur of Mt. McKinley マッキンレー山の王者のような壮大さ.
5〔商品などが〕特大の; 超高級の.
◇名 empire, emperor
── 名 Ⓒ 皇帝ひげ《下唇の下に生やしたナポレオン 3 世式のひげ》.
[<ラテン語 *imperium*「命令, 支配, 帝国」] ▷**~·ly** 副

Impèrial Cóllege 名 インピリアルコレッジ《London 大学の一部, 理工学部に相当》.

†**im·pé·ri·al·ìsm** 名 Ⓤ **1** 帝国主義(政策). cultural [economic] ~ 帝国主義的文化[経済]侵略. **2** 帝政.

im·pé·ri·al·ist 名 Ⓒ 〈時に I-〉帝国主義者; 帝政主義者; 皇帝派の人. ── 形 帝国主義の; 帝国主義的な.

im·pe·ri·al·is·tic /impì(ə)riəlístik ㊙/ 形 帝国主義的な. ▷**im·pe·ri·al·is·ti·cal·ly** /-k(ə)li/ 副

Impèrial Wár Musèum 名 〈the ~〉(英)帝国戦争博物館《ロンドンにある》.

†**im·per·il** /impérəl/ 動 (~s|〘英〙-ll-) 他 〘章〙を危険にさらす, 危うくする, (endanger).

im·pe·ri·ous /impí(ə)riəs/ 形 〘章〙**1** 有無を言わせない; 傲(ごう)慢な, 尊大な, 高飛車な. an ~ manner 傲慢な態度. **2** 差し迫った, 緊急の. There is an ~ need for money. 今差し迫って金が入用である. ▷**~·ly** 副 有無を言わせず, 傲慢に. **~·ness** 名 Ⓤ 傲慢さ, 強引さ.

im·per·ish·a·ble /impériʃəb(ə)l/ 形 〘章〙不滅の, 永遠の; 長持ちする. ~ fame 不朽の名声.

im·per·ma·nence, -nen·cy /impə́ːrmənəns/, /-si/ 名 Ⓤ 〘章〙非永続性, 移ろいやすさ.

im·per·ma·nent /impə́ːrmənənt/ 形 〘章〙長続きしない, 移ろいやすい, 一時的な, はかない.

im·per·me·a·ble /impə́ːrmiəb(ə)l/ 形 〘章〙通さない〈*to* ..〔液体など〕を〉, 不浸透性の.

im·per·mis·si·ble /impərmísəb(ə)l ㊙/ 形 〘章〙容認し難い.

†**im·per·son·al** /impə́ːrs(ə)nəl/ 形 **1** 個人的でない, 個人的感情を表さない[含まない, 交えない]; 事務的で人間味のない; 個人的感情に左右されない(ほど冷静[冷淡]な); 特定の個人に言及しない; (注意「非人間的な, 非情な」という悪い意味と,「私情を交えない, 客観的な」という良い意味の両方に用いられる). His remarks were quite ~. 彼の言葉には個人的感情[特定個人への言及]は全くなかった. We had an ~ relationship in the company. 我々は会社では(仕事で接触するだけで)個人的な付き合いはなかった.
2 人格を持たない, 非人間的な. ~ forces 非人間的な力《自然や運命の力》. ~ factors like weather 天候のような非人間的な要因. **3** 人の存在感[痕跡など]をとどめない, 無機的な. As time passes the people who died in World War II have become a ~ statistic. 時の経過につれ, 第 2 次世界大戦での死亡者は, 無機的な統計数値にすぎなくなっている.
4〘文法〙非人称の. an ~ construction 非人称構文《天候, 時間, 距離, 漠然とした事情などを, 普通, it を主語にして表す構文; It rains. (雨降りだ), It's Sunday. (日曜日だ), It's five minutes' walk to the station. (駅まで歩いて 5 分だ)などが例で, この場合 it を **impèrsonal 'it'** (非人称の 'it'), 動詞を **impèrsonal vérb** (非人称動詞)という》. [in-[2], personal]

im·pèr·son·ál·i·ty 名 (複 -ties) ⓊⒸ **1** 非個人性, 特定個人に関係しないこと. **2** 非人間性; 感情の欠如; 非情, 冷淡さ.

im·pér·son·al·ly 副 **1** 非個人的に; 個人的私情を交えずに, 客観的に. **2** 非人間的に; 非情に. **3**〘文法〙

非人称動詞[代名詞]として.

‡im·per·son·ate /impə́ːrsənèit/ [動] [他] **1** (**a**) (だますつもりで)のふりをする; になりすます. The man was arrested for *impersonating* a doctor. その男は医者を騙(だま)ったかどで逮捕された. (**b**) 〔人の外見, 声, しぐさなど〕をまねる. ～ movie stars 映画スターのまねをする. **2** (劇で)の役を演じる, に扮(ふん)する.

im·pèr·son·á·tion [名] [UC] 物まね, (他人に)なりすますこと; 扮(ふん)装; 役を演じること. do a ～ of..の物まねをする.

im·per·son·a·tor /impə́ːrsənèitər/ [名] [C] (ある役を)演じる人; 物まねをする人. a female ～ 女形.

†im·per·ti·nence /impə́ːrtənəns/ [名] 〖章〗 **1** [U] 生意気, 厚かましさ; 無礼, 無作法; [C] 生意気[無作法]な言動. He had the ～ to disobey his teacher. 彼は生意気にも先生に逆らった. **2** [U] 不適切, 不適当, 見当違い.

†im·per·ti·nent /impə́ːrtənənt/ [形] 〖章〗 **1** 生意気な, 厚かましい; 無作法な, 無礼な; 〈*to* ..〔目上など〕に対して〉. an ～ fellow 失礼なやつ. It would be ～ to ask about her age. 彼女の年齢を尋ねるのは失礼だろう.
2 不適切な; 見当違いの; 無関係の; 〈*to* ..に〉. an ～ question 場違いな[見当はずれの]質問.
▷ **～·ly** [副] 厚かましくも; 見当違いに.

I

im·per·turb·a·bíl·i·ty [名] [U] 沈着, 冷静.

im·per·turb·a·ble /ìmpərtə́ːrbəb(ə)l/ [移] [形] 〖章〗 容易に動揺しない, 冷静な, 沈着な.
▷ **-bly** [副] 平然と, 冷静に.

im·per·vi·ous /impə́ːrviəs/ [形] **1** 容易に影響されない, 鈍感な, 〈*to* ..に〉; 受け入れない 〈*to* ..〔批判, 説得など〕を〉. a man ～ *to* criticism 批判に動じない人.
2 通さない 〈*to* ..〔液体など〕を〉; 不浸透(性)の; 耐熱性の. This coat is ～ *to* rain. このコートは雨がしみこまない.
▷ **～·ly** [副] **～·ness** [名]

im·pe·ti·go /ìmpətáigou/ [名] [U] 〖医〗 膿痂疹(のうかしん), とびひ. [ラテン語]

im·pet·u·os·i·ty /impètʃuɑ́səti|-tʃuɔ́s-, -tju-/ [名] ([複] **-ties**) [U] 性急さ, せっかち; 猛烈さ; [C] 性急な言動.

†im·pet·u·ous /impétʃuəs/ [形] **1** 〔人, 行動が〕(結果を考えずに) 衝動的な, 性急な, 向こう見ずの. regret one's ～ promise 衝動的な約束を後悔する. an ～ youth がむしゃらな若者. an ～ temper 性急な気性.
2 急速な; 猛烈な, 激しい. ▷ **～·ly** [副] 性急に; 激しく. **～·ness** [名] ＝impetuosity.

†im·pe·tus /ímpətəs/ [名] **1** [U] (物体の動く[を動かす]) 勢い, 力; 〖機〗 運動量. **2** [U] 原動力; 推進力. gain [lose] ～ はずみがつく[失せる]. **3** [aU] はずみ; 刺激; (stimulus) 〈*to*, *for*..への/*to* do ..する〉. The grant gave (a) fresh ～ *to* his cancer research. その助成金は彼の癌(がん)研究に新たな刺激を与えた. [ラテン語「襲撃」(＜in-[1] 'toward'＋*petere* 'seek')]

im·pi·e·ty /impáiəti/ [名] ([複] **-ties**) 〖章〗 **1** [U] 不信心; 不敬虔(けん). **2** [C] 〈しばしば -ties〉 不信心な言動.
◇[形] impious

im·pinge /impíndʒ/ [動] [自] 〖章〗 **1** [VA] (～ *on* [*upon*]..) (制限することによって)..(の利益[権益]など)を侵す, 侵害する. The new law ～*s on* freedom of speech. 新法は言論の自由を侵害している.
2 [VA] (～ *on* [*upon*], *against*..) ..に突き当たる, 衝突する. Angry billows ～*d against* the wharf. 怒濤(どとう)が波止場に打ち寄せた. **3** [VA] (～ *on* [*upon*]..) ..に強い印象[影響]を与える. The sudden glare ～*d* painfully *on* his eyes. 突然の強い光を受けて彼の目は痛いほどだった. [＜ラテン語「打ち込む, 突き当たる」(＜in-[1]＋*pangere* 'drive, fix')] ▷ **～·ment** [名]

im·pi·ous /ímpiəs, impáiəs/ [形] 〖章〗 不信心な (irreverent); 罰当たりの (wicked). ◇↔pious [名] impiety ▷ **～·ly** [副] 不信心に. **～·ness** [名]

imp·ish /ímpiʃ/ [形] 小鬼の(ような); いたずらな, ちゃめな, (mischievous). She gave me an ～ grin. 彼女は僕にいたずらっぽい笑いを投げた. ◇[名] imp ▷ **～·ly** [副] いたずらっぽく. **～·ness** [名]

im·plàc·a·bíl·i·ty [名] [U] なだめ[鎮め]ようのないこと; 執念深さ.

‡im·plac·a·ble /implǽkəb(ə)l, -pléik-/ [形] なだめがたい, 鎮めようのない, 〔憎悪, 愛情など〕; 執念深い, 執拗(しつよう)な, 〔敵など〕. ～ anger なだめようのない怒り. remain ～ in one's attack 執拗に攻撃し続ける.
▷ **～·ness** [名] **-bly** [副] 執念深く, 執拗に.

‡im·plant /implǽnt|-plɑ́ːnt/ [動] [他] **1** 〔思想, 考え方など〕を植えつける, 教え込む, 吹き込む, 〈*in*, *into* ..〔人(の心)〕に〉. The story ～*ed* a strong fear *in* the child. その話はその子に強い恐怖心を植えつけた. Every word of his father's advice was ～*ed in* his mind. 父の忠告の言葉の 1 つ 1 つが彼の心に刻み込まれた.
2 〔樹木など〕を植え込む, 〔杭など〕を打ち込む.
3 〖医〗〔組織片, 臓器など〕を移植する; (人工授精で)〔受精卵〕を着床させる 〈*in*, *into* ..〔人(の子宮)〕に〉; 〔シリコン, 避妊具, 人工臓器など〕を挿入する, 埋め込む, 〈*in*, *into* ..に〉 (→transplant). ～ the pacemaker *in* a patient suffering from heart disease 心臓病の患者にペースメーカーを取り付ける.
── [自] 〔受精卵が〕着床する 〈*in*..〔子宮〕に〉.
── /⌐–/ [名] [C] 〖医〗 移植(組織)片; (豊胸用などの)シリコンなど. She has silicone breast ～*s*. 彼女は胸にシリコンを注入している. **2** 移植; (受精卵の)着床.

ìm·plan·tá·tion /-téiʃ(ə)n/ [名] [U] **1** 注入, 鼓吹. **2** 移植; (受精卵の)着床.

im·plàu·si·bíl·i·ty [名] [U] 信じ難さ.

im·plau·si·ble /implɔ́ːzəb(ə)l/ [形] 信じ難い, ありそうにない, 本当らしくない. ▷ **-bly** [副] 信じ難いことに.

***im·ple·ment** /ímpləmənt/ [名] ([複] **～s** /-ts/) [C] **1** 道具, 用具, 器具, ([類語] 燃料とか電力を使わない道具を表す一般的な語; 特に農耕園芸用の単純な道具(例えば rake, hoe, spade) にはこの語を用いる; →instrument, tool, utensil). writing ～*s* 筆記用具. household ～*s* 家庭用具. farm(ing) ～*s* 農機具. **2** 手段; 手先. police force as an ～ of justice 正義実現の手段としての警察力.
── /-mènt/ [動] [他] 〔計画, 政策など〕を実施する, 実行する, 施行する, (carry out). adopt measures to ～ the decisions of the conference 会議の決定を実行に移すための処置を取る.
[＜後期ラテン語「満たすこと」(＜ラテン語 in-[1]＋*plēre* 'fill'); 意味は employ に影響された]

im·ple·men·ta·tion /ìmpləməntéiʃ(ə)n/ [名] [U] 実施, 実行, 履行.

‡im·pli·cate /ímpləkèit/ [動] [他] **1** 〖章〗〔人〕が関係していることを示す[指摘する]; 〔物が〕〔人〕の掛かり合いを明らかにする; 〈*in* ..〔犯罪など〕に, への〉. be ～*d in* a plot 陰謀に関係[連座]している. Tom's confession ～*d* John *in* the robbery. トムの自白でジョンがその強盗事件に加わっているのが分かった. **2** 〔物〕が..の原因であることを示す[指摘する] 〈*in*..〔悪い事柄〕の〉; 〔物〕が関係していると指摘する 〈*as*..〔原因〕として〉. Stress is ～*d* ⌞*as* a major cause [*in* the development] of cancer. ストレスは癌(がん)の大きな原因[になる原因]だと指摘されている.
3 を暗に意味する (imply); [VO] (～ *that* 節) ..ということを(言外に)ほのめかす.
[＜ラテン語 (*implicāre* 'imply' の過去分詞)]

***ìm·pli·cá·tion** [名] ([複] **～s** /-z/) 〖章〗 **1** [UC] **含蓄**, 含み, 示唆; ほのめかし; 〈*that* 節..という〉 ([類語] ある表現や発言の根底にある言外の意味; →meaning). the ～*s* of his remarks 彼の言葉のもつ裏の意味. Tom resented the ～ *that* he was to blame for the accident. 事故の責任は彼にあるという言葉の含みにトムは腹を立てた.
2 [C] 〈普通 ～s〉 (将来への)含み, (予想される)影響, 効

果, 〈*of* ..が持つ/ *for* ..に対する〉. This incident has important ～*s for* the future of the company. この出来事はその会社の将来に重大な影響を及ぼすだろう.

> [連結] enormous [grave, profound, serious; alarming; obvious; far-reaching] ～*s*

3 [U] (犯罪, 責任などに)かかわりがあるとする[される]こと; 掛かり合い. the ～ of several major politicians *in* the scandal 数名の大物政治家のスキャンダルへの関与.

by implicátion 含みとして, 暗に, それとなく. His remark meant *by* ～ that he had no use for those silly people. 彼の言葉は含みとしてそんなばかどもに用はないということだった.

◇[動] 1, 2は imply; 3は implicate

im·plic·a·ture /implíkətʃər/ [名] [U] 〖言〗(会話の)含意, 言外の意味, 《I'm busy now. (私は今忙しい)と言って, 来客などに邪魔されたくないことを暗に意味するなど》.

***im·plic·it** /implísət/ [形] [ⓒ]

【黙認された】 **1** **暗黙の**, それとはなしの, 暗に含まれた〈*in* ..に〉, (↔explicit). ～ consent 暗黙の承諾. This is ～ *in* our agreement. このことは我々の協定に暗に含まれている. **2** 〖章〗〈叙述〉本質的に含まれる, 内在[潜在]する, 〈*in* ..に〉. Danger is ～ *in* nuclear power. 原子力には危険が内在している.

3 【無条件に認められた】〈普通, 限定〉 信じて疑わない, 絶対的な. ～ obedience 絶対的服従. He had ～ faith in communism. 彼は共産主義を盲目的に信じていた.

[<ラテン語「からまった」(*implicāre* 'imply' の過去分詞)] ▷ **～·ly** [副] 暗黙のうちに; 疑うことなしに, 無条件に. **～·ness** [名]

im·plied /impláid/ [形] 暗にほのめかした[ほのめかした]. ▷**im·pli·ed·ly** /impláiədli, -pláid-/ [副] それとなく, 暗に(におわせて).

im·plode /implóud/ [動] [自] **1** 〔電球などが〕内側に破裂する, 内破する; 〖音声〗〔閉鎖音が〕内破する; (↔explode). **2** 〔体制, 組織などが〕内部崩壊する.

── [他] を内破させる.

***im·plore** /implɔ́ːr/ [動] (～s /-z/|[過] [過分] ～d /-d/|-plor·ing /-riŋ/) [他] **1** [VOO] (～ X *to do*/X "引用") X(人)に**..してくれるよう/「..」と言って熱心に頼む**, 懇願する, ([類語] beg より強意的で形式ばった語; →ask 2). She ～*d* her husband *to* stop his heavy drinking. 彼女は夫に深酒をやめるよう一生懸命頼んだ. **2** [VO] (～X/"引用") Xを/「..」と言って**嘆願する**; に嘆願する, 哀願する, 〈*for* ..を〉. He ～*d* the judge's mercy. =He ～*d* the judge *for* mercy. 彼は裁判官に慈悲を請うた. 'Forgive me,' she ～*d* (him). 「お許しください」と彼女は(彼に)嘆願した (→1の文型). [<ラテン語「切願する」(<in-[1]+*plōrāre*「大声で泣く」)]

im·plór·ing /-riŋ/ [形] 〈限定〉哀願するような. with an ～ look [eyes] 哀願のまなざしで. ▷ **～·ly** [副] 哀願するように.

im·plo·sion /implóuʒən/ [名] [UC] (電球などの)内破; 〖音声〗(閉鎖音の)内破; (↔explosion).

im·plo·sive /implóusiv/ 〖音声〗 [形] 内破(音)の.

── [名] [C] 内破音《例えば click [名] 3の音》.

***im·ply** /implái/ [動] (-plies /-z/|[過] [過分] -plied /-d/|～·ing) [他] **1** **(a)** を**暗に意味する**, ほのめかす. Julia said nothing, but her smile *implied* her consent. ジュリアは一言もしゃべらなかったが, 彼女の微笑は暗に同意を意味していた. **(b)** [VO] (～ *that* 節) **..とそれとなく言う**, ほのめかす. Are you ～*ing that* I'm wrong? あなたは私が間違っているとでも言いたいのですか.

2 を含意する, を必要[前提]条件にする. The subject of an imperative sentence is not expressed, but is *implied*. 命令文の主語は明示されていないが含意されている. Success in the world of fine arts *implies* genius as well as hard work. 美術界で成功するには猛烈な勉強だけでなく天賦の才が必要だ.

3 [VO] (～ X/*that* 節) 〔事実, 出来事などが〕当然Xを/..ということを意味する, つまりXの/..という結果[結論]になる. The falling birthrate *implies* an aging society. 低下する出生率は当然ながら高齢化社会を意味する. Your test scores ～ *that* you need to study more. 君のテストの点数が意味するところはつまりもっと勉強が必要だということだ.

◇[名] implication [<ラテン語 *implicāre*「折り込む」(<in-[1]+*plicāre* 'fold')]

***im·po·lite** /ìmpəláit [移]/ [形] [m] **無作法な**, 無礼な, 失礼な, 〈*to* ..に対して〉(rude; ↔polite). It was ～ of him [He was ～] to decline your kind offer. 彼が君の親切な申し出を断ったなんて失礼だ. [in-[2], polite]

▷ **～·ly** [副] 失礼にも, ぶしつけに(も). **～·ness** [名]

im·pol·i·tic /impálətik|-pɔ́l-/ [形] 〖章〗手際の悪い; 賢明でない, 得策でない. ▷ **～·ly, ìm·po·lít·i·cal·ly** /-k(ə)li/ [副] ★後者の形の方が普通.

im·pon·der·a·ble /impánd(ə)rəb(ə)l|-pɔ́n-/ [形] **1** 評価のできない, 予測できない, 計り知れない(ほど重要な). ～ influences on society 社会への計り知れない(重大な)影響. **2** 重さのない; 極めて軽い; ほんのわずかの. The accident happened in an ～ fraction of a second. 事故はほんの1秒の何分の1の間に起こった.

── [名] [C] 〈普通 ～s〉〖理〗不可量物《熱, 光など》; (その重要さ, 価値などを)数量で表せないもの[事]《愛, 知識など》; 不測の要因. ▷ **-bly** [副]

‡im·port /impɔ́ːrt/ [動] (～s /-ts/|[過] [過分] ～·ed /-əd/|～·ing) [他] 【中へ運ぶ】 **1** を**輸入する** 〈*from* ..から〉 (↔export). Japan ～*s* coffee *from* Brazil. 日本はブラジルからコーヒーを輸入する. cars ～*ed from* Germany ドイツからの輸入車.

2 を持ち込む, 導入する, 〈*into* ..へ〉. You've ～*ed* a number of irrelevancies *into* this discussion. あなたはこの議論に無関係な事柄をかなり持ち込んだ.

3 〖電算〗〔あるアプリケーションソフトが〕〔他のアプリケーションで処理したファイル, データなど〕を(フォーマット変換して)インポート[移入]する (↔export).

【中に持つ】 **4** 〖雅〗の意味を含む (imply); を意味する (signify). What does the word ～? その語はどんな意味か. Comets were believed to ～ great changes and disasters. ほうき星は大異変と大災害の前ぶれと信じられていた.

── /ˊ-/ [名] ([複] ～s /-ts/) **1** [C] 〈普通 ～s〉 **輸入品** (↔exports). the excess of ～*s* over exports 輸入超過. Rubber is a useful ～. ゴムは有用な輸入品である.

2 [U] **輸入**; (習慣, 流行などの)導入, 移入, 持ち込み; (importation). ～ duties 輸入税.

3 [U] 〈普通 the ～〉〖章〗(人の言わんとする)趣旨, 意味, ([類語] 文章や談話で暗に伝えようとしている意味; →meaning). I failed to grasp the ～ of his words. 彼の言葉の趣旨をつかみかねた. **4** [U] 〖章〗重要[重大]性 ([類語] importance より形式ばった語で, 人や物に与える影響に重点がある). a problem of no small ～ 容易ならざる問題.

[<ラテン語「運び込む」(<in-[1]+*portāre* 'carry')]

im·pórt·a·ble [形] 輸入できる, 輸入可能な.

‡im·por·tance /impɔ́ːrt(ə)ns/ [名] [U] **1** **重要性**, 重大性, 〈*of* ..の〉([類語] 重要性を表す最も一般的な語; →consequence 2, import 4, moment 5, significance 1, weight 6). The *Importance of* Being Earnest『真面目が肝心』(Oscar Wilde の劇). a matter of great [some] ～ 極めて[かなり]重要な事柄. What he says and does is of no [little] ～ to me. 彼の言うこと為すことは私にとって全く[ほとんど]重要でない.

I

[連結] paramount [primary, supreme, (the) utmost, vital; relative, secondary] 〜

2 (人物の)**有力なこと**; 地位[影響力]を持つこと. a person of 〜 有力者.
3 尊大さ. be full of one's own 〜 すっかりうぬぼれている. He behaves toward his men with an air of 〜. 彼は部下たちに偉ぶった態度をとる.
attàch impórtance to .. ..を重要視する.

‡im·por·tant /impɔ́ːrt(ə)nt/ [形] [m]
【重要な】 **1** (**a**) **重要な**; 重大な; 大切な, 大事な, 〈*to, for* ..にとって〉. This matter is very [especially, vitally] 〜 *to* us. この事柄は我々にとって非常に[特に, 絶対的に]重要である. I'm going to tell you something 〜. 君にちょっと大事な話があるんだが. The 〜 thing is to avoid eating too much. 大切なのは過食をしないことだ. It is highly 〜 ˪for you to keep [that you (should) keep] this a secret. この事を秘密にしておくことが極めて大切である.
(**b**) 〈more [most] 〜〉〈文修飾; 副詞的〉〖話〗さらに[最も]重要なことには (★文[節]の頭に来る; 前に what is が略されていると考えられる; →importantly 3 [語法]). You must attend classes regularly and, *more* 〜 [*most* 〜 (of all)], you must attend to the lectures. きちんと授業に出席しなければいけないし, もっと重要なことだが[何より重要なのは], 講義はよく聴かなければならない.
2 (社会的に)**有力な**, (地位が高く影響力が大きくて)**偉い**. a very 〜 person 重要人物, 要人,《略 VIP》. The politician has a lot of 〜 titles. その政治家はたくさんの偉い肩書きを持っている.
3【偉ぶった】 もったいぶった, 尊大な, (self-important). an 〜 manner もったいぶった態度. You'd better not put on such 〜 airs with me. 僕に対してはそんな偉そうな態度をしない方がいい.
◊[名] importance [＜中世ラテン語「(結果を)持ち込む＞重要な」(import の現在分詞)]

im·pór·tant·ly [副] **1** 重大に. **2** 偉そうに, もったいぶって. **3** 〈普通, more [most] 〜 で〉〈文修飾〉〖話〗より[最も]重要なことには. (Most) 〜, the yen is now much weaker against the dollar than it was last year. (何より)重要なのは, 今はドルに対し円が昨年よりずっと弱いことだ. [語法] importantly は important で置き換え可 (→important 1 (b)); importantly に伴う more, most は省かれたり, less, equally などに替わる場合があるが, more [most] important は固定した表現.

im·por·ta·tion /impɔːrtéiʃ(ə)n/ [名] **1** [U] 輸入; 持ち込み, 導入. put a ban on the 〜 of guns 銃器の輸入を禁止する. **2** [C] 輸入品; (特に外国から)持ち込まれた[導入された]物事[言葉など]. ◊↔exportation

‡im·pórt·er [名] [C] 輸入商, 輸入業者, 〈*of* ..の〉; 輸入国; (↔exporter).

ímport lìcense [名] [C] 輸入許可(書).

im·por·tu·nate /impɔ́ːrtʃunət|-tju-/ [形] 〖章〗 **1** 〔人が〕うるさくせがむ, 〔人, 要求が〕しつこい. send me 〜 letters 私にしつこく手紙をよこす. an 〜 beggar うるさくつきまとう乞食(こじき). their 〜 requests 彼らの執拗(しつよう)な要請. **2** 急を要する, 差し迫った. ▷ **〜·ly** [副]

im·por·tune /ìmpɔːrt(j)úːn, -pər-/ [動] [他] 〖章〗
1 (**a**) 〔人〕に物乞(ご)いをする; 〔人〕にしつこく求める, せがむ, 〈*for* ..を〉. His son was constantly *importuning* him *for* a motorcycle. 彼の息子はオートバイを買ってくれと彼に絶えずうるさくせがんでいた. (**b**) [VOO] (〜 X *to do*) X (人)に..してくれるようにしつこく求める, うるさく頼む. The Prime Minister 〜*d* Mr. Brown *to* join the Cabinet. 首相はブラウン氏に入閣するよう再三再四要請した.
2 をうるさがらせる, 悩ます, 〈*with* ..で〉. They 〜*d* him *with* demands for assistance. 彼らは援助してくれと彼にしつこく要求した. **3** 〔売春婦が〕〔客〕を引く; 〔人〕に(金を代償に)セックスをせがむ. ── [自] 〖章〗しつこく頼む 〈*for* ..を〉; 客引きをする. ── [形] ＝importunate.
[＜ラテン語「(風向きが入港に)不都合な」(＜in-² ＋ *portus* 'port¹')]

im·por·tu·ni·ty /impɔːrt(j)úːnəti/ [名] (複 **-ties**) [UC] しつこさ, しつこくする[せがむ]こと.

***im·pose** /impóuz/ [動] (**-pos·es** /-əz/|[過] [過分] **〜d** /-d/|**-pos·ing**) [他] **1** 〔税, 罰金, 義務など〕を**課する**, 負わせる; 〔重荷, 制約, 条件など〕を強いる; 〈*on, upon* ..に〉. A special tax was 〜*d on* all imports. 特別の税がすべての輸入品に課せられた. 〜 severe punishments *on* all the boys involved 加担した男の子全員に厳罰を与える. Strict military discipline is 〜*d upon* soldiers. 軍人には厳格な軍規が課せられる.
2 〔考え, 趣味など〕を**押しつける**; をだまして押しつける, 'つかませる'; 〈*on, upon* .. 〔人〕に〉. 〜 one's will *upon* others 自分の意思を他人に押しつける. They make a living by *imposing* junk *on* the tourists. 彼らはがらくたを旅行者に売りつけて生計をたてている.
── [自] じゃまする, 押しかけて行く. I hope I'm not *imposing*. おじゃまじゃないでしょうか. ◊[名] imposition
****impóse on*** [***upon***] ***..*** (1) **..に迷惑をかける**. I don't like to 〜 *on* you. あなたのじゃまをしたくありません. (2) **..をだます** (★受け身可). The old lady will not be 〜*d upon* by such words. その老婦人はそんな言葉にだまされたりはしないでしょう. (3) 〔人の弱味など〕**に付け込む**, 乗じる, 〈*for* ..を得るために〉. James 〜*d on* her good nature. ジェームズは彼女の人のよさに付け込んだ.
impóse onesèlf でしゃばる; 強引に話しかける 〈*on, upon* ..に〉; 押しかける 〈*on, upon* .. 〔人の所〕に〉. She 〜*d* her*self* uninvited. 彼女は招かれもしないのに押しかけた.
[＜ラテン語「上に置く」(＜in-¹ ＋*pōnere* 'put')] ▷ **im·pos·er** [名]

†im·pós·ing [形] 堂々とした, 威圧するような. an 〜 monument 人を威圧せんばかりの記念碑. Her father has an 〜 appearance. 彼女の父は˪堂々たる風采(ふうさい)をしている[押し出しがよい]. ▷ **〜·ly** [副] 堂々と.

im·po·si·tion /ìmpəzíʃ(ə)n/ [名] **1** [U] 課する[課せられる]こと 〈*of* .. 〔税, 義務, 規則, 罰など〕を/*on* ..に〉. protest against the 〜 *of* a consumption tax *on* the necessaries of life 生活必需品への消費税課税に抗議する. **2** [C] 課せられるもの 〈*on, upon* ..に〉; 税; 負担; 罰. **3** [UC] (無理に)押し付けること; 押し付けがましいこと, 無理強い; 迷惑を掛けること. I feared it would be (too much of) an 〜 to ask for his help. 彼に助力を頼むのは(あまりにも)迷惑だろうと思った. **4** [C] (弱味などに)付け込むこと. **5** [C] (英国の学校で)罰としての勉強[作業など]. ◊[動] impose

†im·pòs·si·bíl·i·ty [名] (複 **-ties**) [U] 不可能なこと, 不可能性; [C] 不可能事; あり得ない事柄. the 〜 of undoing what's done してしまったことはもとへ戻せないということ. a logical 〜 論理的に不可能なこと. I cannot do *impossibilities*. 不可能なことはできない. It is an 〜 to change lead into gold. 鉛を金に変えることは不可能である.

‡im·pos·si·ble /impɑ́səb(ə)l|-pɔ́s-/ [形] [m]
1 (**a**) 〔物事が〕**不可能な**, できない; 〈It is 〜 (for X) to do の形で〉 X (人, 物)が..するのは不可能である. an 〜 plan 実行不可能な計画. I'm afraid it will be 〜 for me to come. お伺いするのは無理だと思います. a phenomenon (that is) 〜 ˪*of* explanation [*to* explain] 説明不可能な現象. I have found it 〜 to finish the work in a year. その仕事を 1 年で仕上げるのは無理だと分かった. It is 〜 for me to do so. そうすることは私にはできない ([語法] I を主語にして I am 〜 to do so. とは言え

ない; I am *unable* to do so. ならば正しい; →possible 2). He is ～ to beat. 彼に勝つことは不可能だ ([語法] beat の意味上の目的語になるのは主語の He で, この文は It is ～ to beat him. と書き直せる; He is *unable* to beat. とすると彼自身が「勝てない」ことを表す). Mary's selfishness made her almost ～ to work with. メリーのわがままは彼女との共同作業をほとんど不可能にした. (**b**) 〈the ～; 名詞的; 単数扱い〉 不可能なこと. ask (for) the ～ 不可能なことを要求する, 無いものねだりをする. do [achieve, attempt] the ～ 不可能なことをやる[やり遂げる, 試みる]. We were giving up all hope, when suddenly the ～ came to pass. 我々はすっかり諦めかけていたが, 突然不可能な(はずの)事が起こった.

[連結] absolutely [altogether, completely, utterly; almost, practically, virtually, well-nigh] ～

2 あり得ない, 起こり得ない; 信じられない. It's an ～ story. ありそうもない話だ. It is ～ that he knows the secret. 彼がその秘密を知っていることはあり得ない.
3 〔状況などが〕どうしようもない, 手に負えない, 救いがたい, (hopeless); 〔人が〕我慢のならない, 度(ど)しがたい, (intolerable). What an ～ situation! なんてひどい事態だろう. an ～ fellow 鼻持ちならないやつ. His manners are simply ～. 彼の態度は実に不愉快だ.
[in-², possible]

im·pós·si·bly [副] 不可能なほど, 途方もなく, 信じられないほど, ([語法] 動詞は修飾しない). an ～ expensive diamond 途方もなく高価なダイヤ. his ～ bad manners 手をつけられないほどひどい彼の態度.

im·post¹ /ímpoust/ [名] [C] **1** 税; 〈特に〉輸入税. **2** 〖競馬〗 (ハンディキャップ付きレースでの馬の)負い荷, (馬の負う)ハンディキャップの重量.

ím·post² [名] [C] 〖建〗 (アーチの)せり元.

im·pos·tor, -ter /impɑ́stər|-pɔ́s-/ [名] [C] 他人の名をかたる人, 姓名[身分]詐称者; 詐欺師, かたり.

im·pos·ture /impɑ́stʃər|-pɔ́s-/ [名] [UC] 〖章〗 かたり, 詐欺(行為), 《特に他人の名をかたる詐欺》.

im·po·tence, -ten·cy /ímpət(ə)ns/, /-si/ [名] [U] **1** 〖章〗 無力 (powerlessness). **2** 〖医〗 (男の)性的不能, 陰萎(いんい), インポ(テンツ).

†**im·po·tent** /ímpət(ə)nt/ [形] **1** 無力な, 無能の; 力が無い 〈*to* do ..する〉 (powerless). I felt quite ～ *to* help the refugees. 自分はこれらの難民を助けるには全く無力だと感じた. **2** 〖医〗 〔男性が〕性的に不能な, 陰萎(いんい)の, インポの. ▷ **～·ly** [副]

im·pound /impáund/ [動] [他] 〖章·法〗 (→pound²) **1** 〔迷った家畜など〕を囲いの中に入れる, 囲い込む **2** 〔人〕を拘留する, 監禁する. **3** 〔書類, 武器, 麻薬など〕を押収する; 〔放置された[違法駐車の]車など〕を一時保管する.
▷ **～·ment** [名]

‡**im·pov·er·ish** /impɑ́v(ə)riʃ|-pɔ́v-/ [動] [他] 〈しばしば受け身で〉 **1** を貧乏にする. Many families ～*ed* by the drought emigrated abroad. 旱魃(かんばつ)で貧困になった多くの家族は海外へ移住した. **2** 〔土地など〕を疲弊させる, やせさせる; の質を低下させる. ～*ed* soil 地力の衰えた土壌. The magazine has been ～*ed* by the loss of its first editor. 初代の編集長を失ってその雑誌は質が落ちた. [＜古期フランス語 (＜en-＋*povre*「貧乏な」)]
▷ **～·ment** [名] [U] 貧困化; 不毛化.

im·pràc·ti·ca·bíl·i·ty [名] [U] 実行不可能(性).

†**im·prac·ti·ca·ble** /impræ̀ktikəb(ə)l/ [形] **1** 〔計画などが〕実行できない, 実現困難な. The plan proved to be ～ for lack of funds. この計画は資金不足のために実現不可能だと分かった. **2** 実用に適さない; 使用できない; 役に立たない. This road is ～ during the wet season. この道路は雨期には通行不可能である.
▷ **-bly** [副] 実行[実現]不可能なほどに.

†**im·prac·ti·cal** /impræ̀ktik(ə)l/ [形] 〔人, 物, 事が〕実際的でない, 実用的でない; 役に立たない; 常識的でない, 非現実的な. a brilliant but thoroughly ～ student 優秀だが実際的なことはまるでだめな学生. an ～ scheme [idea] 実用的でない計画[着想]. ▷ **～·ly** [副]

im·prac·ti·cal·i·ty /impræ̀ktikǽləti/ [名] ([複] **-ties**) [U] 非実用性; [C] 実際[実用]的でない事[物].

im·pre·cate /ímprəkèit/ 〖章〗 [動] [他] 〔災難など〕がふりかかることを祈る 〈*on*, *upon* ..〔人〕に〉. ～ evil *on* a person 人に災いあれと祈る, 人をのろう. ── [自] 悪態をつく; のろう (curse). ▷ **im·pre·ca·tor** /-tər/ [名] [C] のろう人.

ìm·pre·cá·tion [名] 〖章〗 [C] ののしり(言葉) (curse); [U] のろう[悪態をつく]こと.

im·pre·cise /ìmprisáis [移]/ [形] 不正確な, 不明確な, あいまいな, (↔precise). ▷ **～·ly** [副]

im·pre·ci·sion /ìmprisíʒ(ə)n/ [名] [U] 不正確, 不明確, あいまいさ.

im·prèg·na·bíl·i·ty [名] [U] 攻略できないこと, 難攻不落; 堅固.

im·preg·na·ble¹ /imprégnəb(ə)l/ [形] 〖章〗 **1** 〔建物, 場所が〕攻略できない, 難攻不落の, 押し入る隙(すき)のない. an ～ fortress 難攻不落の要塞(さい). **2** 〖章〗 〔人, 組織, 論拠などが〕堅固な, 揺るがない. an ～ argument 付け込む隙のない議論. ▷ **-bly** [副]

im·preg·na·ble² [形] 〔卵が〕受精[受胎]可能な.

im·preg·nate /imprégneit|ˊ-ˋ-/ [動] [他]
1 〖章〗 を妊娠させる, 受胎させる; 〖生物〗 に受精させる.
2 に満たす, 飽和させる, しみ込ませる, 含ませる, 〈*with* ..を〉. This cloth has been ～*d with* a special solution. この布は特別の溶液をしみ込ませてある.
3 〔人, 心〕に浸透させる, 吹き込む, 〈*with* ..〔思想など〕を〉. ～ the students *with* revolutionary ideas 学生たちに革命思想を吹き込む.
── /-nət/ [形] **1** 妊娠している. **2** しみ込んで; 吹き込まれて; 〈*with* ..が〉. 「飽和, 浸透.

ìm·preg·ná·tion [名] [U] **1** 受胎; 受精. **2** 充満,↑

im·pre·sa·ri·o /ìmprəsɑ́:riòu/ [名] ([複] **～s**) [C] (バレエ, オペラ, 音楽会などの)興行主, マネージャー, 《しばしば大劇場の支配人が兼ねる》. [イタリア語]

***im·press¹** /imprés/ [動] (**～·es** /-əz/|[過] [過分] **～ed** /-t/|**～·ing**) [他] 【(心に)刻みつける】 〈進行形不可〉 **1** を感動させる; に感銘を与える; に**強い印象を与える**. The book never fails to ～ me a great deal. この本はいつ読んでも必ず大変感動する. I was deeply [enormously] ～*ed* by his speech. 私は彼の話に深い[大いに]感銘を受けた. What ～*ed* me most about the lake was its mystic beauty. その湖が私に与えたもっとも強い印象は, その神秘的な美しさだった.
2 (**a**) [VOA] (～ X ***with*** Y)·(～ Y ***on*** [***upon***] X/***on*** [***upon***] X Y) X(人)に Y を印象づける; [VOA] (～ ***on*** [***upon***] X ***that*** 節/***wh*** 節) X(人)に..ということを/..かを強く感じさせる, 痛感させる. The boy tried to ˪ ～ the girl *with* his courage [～ his courage *on* the girl]. 少年は少女に自分の勇気のあるところを印象づけようとした. The teacher's words ˪ were ～*ed* [～*ed* themselves] *on* the pupils' minds. 先生の言葉は生徒たちの心に強く刻みつけられた. I tried to ～ *upon* my children ˪ *that* honesty is the best policy [the importance of being honest]. 正直は最善の方策だということ[正直であることの大切さ]を子供たちに強く認識させようと努めた. (**b**) [VOA] 〔人〕に..な印象を与える; (**～ X *as*..**) X(人)に..であると印象づける. Her manner ～*ed* him favorably [unfavorably]. 彼女の態度は彼に好感[悪い印象]を与えた. He ～*ed* me *as* ˪ a man of great ability [very capable]. 彼は私に大変 ˪ 能力のある人[有能]だという印象を与えた.

I

【印を押す】 **3** に**押印する**, 刻印する, (押して)に印をつける 〈*with* ..で〉; を押しつける; 〔極印など〕を押す 〈*on, upon, in, into* ..に〉. ～ a pattern *on* the cotton cloth＝～ the cotton cloth *with* a pattern 木綿生地に模様を捺染(なっせん)する. The trademark is ～*ed on* the plastic by machines. 商標はプラスチックに機械で刻印される.

── 自 **1** 感銘を与える; 関心を引く. **2** VA 感銘を受ける. He doesn't ～ easily. 彼は容易なことでは感心しない.

── /⌐–⌐/ 名 C 〖雅〗押印, 刻印; (押印の)跡, しるし. All letters carry the ～ of a postmark. 手紙にはみな消印が押してある.
[＜ラテン語「押しつける」(＜in-[1]＋*primere* 'press')]

im·préss[2] 動 他 〖史〗〔人〕を強制的に徴兵する〈*into* ..〔海軍〕に〉; 〔物資〕を徴発する. [in-[1], press[1]]

im·préssed 形 〈叙述〉感動して, 感銘を受けて; 強く印象うけられて; 〈*with, by* ..に〉. I was very ～ *with* the new theater. 私は新しい劇場にとても感心した.

im·préss·i·ble 形 ＝impressionable. ▷**-bly** 副

⁑im·pres·sion /impréʃ(ə)n/ 名 (複 **～s** /-z/)
【心に刻みつけること】 **1** aU **感動**(を与える[受ける]こと); 感銘; 影響, 効果; 〈*on* ..への〉. His speech ⌞made a strong ～ *on* [gave a strong ～ to] all the students. 彼の話は学生全員に強い感銘を与えた. The teacher's warning made [left] no ～ *on* the lazy student. 先生の警告もその怠け者の学生には効果がなかった. **2** C 印象. The applicant was careful to give a good ～ of himself. 応募者は良い印象を与えようと気を付けた. What were your first ～*s* of Japan? 日本の第一印象はどうでしたか.

> 連結 an agreeable [a favorable, a pleasing; a bad, an unpleasant; a deep; a lasting; a clear, a vivid; a vague; a confused; a false, a wrong] ～ // create [convey; carry away, gain, receive] an ～

3 C 〈しばしば単数形で〉(漠然とした)**感じ**, 感想; 考え; 錯覚; 〈*of, that* 節 ..という〉. have the ～ *of* being followed 尾行されているような気がする. I got the (distinct) ～ *that* my boss didn't trust me. 上司は私を信頼していないと(はっきり)感じた. My ～ is that Tom didn't do it for himself. 私の感じではトムが独りでそれをやったのではない. Plain white walls in a room convey [create] an ～ of space. 部屋の白い壁は(実際より)広いと錯覚させる. **4** C 物まね, 人まね, 《特に, 人のしぐさなどをおもしろおかしくまねること》. Bob did [gave] an ～ of our teacher, which was very funny. ボブは先生のまねをして見せたがとてもおかしかった.
【印を押すこと】 **5** C 押印, 刻印; 痕(こん)跡; 〈*on, in* ..に押された〉. affix a clear ～ *on* sealing wax 封蠟(ろう)の上にはっきりと押印する. ～*s* of rubber boots (left) *on* the snow 雪の上のゴム靴の跡.
6 C 〈しばしば単数形で〉印刷(物); 刷(す)《同じ原版で1回に刷る総部数; →edition 参考》. a first ～ of 3,000 初刷3千部. the fourth ～ of the third edition 第3版第4刷.
under* [*of*] *the impréssion that .. ..と勘違いして, ..であるものと思って. I was *under the* ～ *that* he agreed with us, but he didn't. 私は彼が我々に同意しているような感じを受けたが実際はそうでなかった.
[impress, -ion]

im·prés·sion·a·ble 形 〈しばしば, けなして〉〔人が〕感動しやすい, 感じやすい; 影響[感化]されやすい.
▷**im·près·sion·a·bíl·i·ty** 名 **-bly** 副

im·prés·sion·ìsm 名 U 〈しばしば I-〉印象主義, 印象派, 《特に19世紀後半のフランスにおける, 形よりも光と色を効果的に用いた画風; 後に音楽にも影響を与えた》.

im·prés·sion·ist 名 C **1** 〈しばしば I-〉印象派の画家[作家, 音楽家]. **2** 物まね⌞をする人[芸人]. ── 形 印象派の.

im·pres·sion·is·tic /imprèʃənístik ®/ 形 **1** 〔芸術作品が〕印象主義の, 印象派(風)の. **2** (知識, 事実, 調査などによらず)印象に基づく, 単に印象だけの(大雑把な). ▷**im·pres·sion·is·ti·cal·ly** /-k(ə)li/ 副

‡im·pres·sive /imprésiv/ 形 m (人に)**強い印象を与える**; 感動的な, 印象的な; 目覚ましい; (↔unimpressive). an ～ talk [sight] 深い感銘を与える話[光景]. achieve an ～ success 目覚ましい成功を収める.
▷**～·ly** 副 印象的に, 目覚ましく. **～·ness** 名 U 印象の深さ.

im·pri·ma·tur /ìmpriméitər, -máː-/ 名 C **1** 〖カトリック〗(印刷)出版許可. **2** 〖時に戯〗許可, 認可, 承認.
[ラテン語 'let it be printed'; 教義に関連する本で司教の検閲を通ったものにはこの語が印刷してある]

‡im·print /ímprint/ 名 C **1** 押印, 刻印; 跡, 痕(こん)跡, 〈*of* ..の/*on* ..に押された〉. a thumb ～ 拇印(ぼいん). The search party found ～*s* of feet in the sand. 捜索隊は砂の上に足跡を見つけた. Years of suffering have left an strong ～ on his character. 苦しみの年月は彼の性格に色濃い痕跡を残している. **2** インプリント, 出版事項, 《洋書の標題紙 (title page) の下部又はその裏面に印刷される出版社名・発行年などの出版に関する事項; 和書の「奥付」に当たる》. The book was published under the ～ of the Oxford University Press. その本はオックスフォード大学出版部から出版された.

── /⌐–⌐/ 動 他 **1** VOA (～ X *on* Y)・(～ Y *with* X) X (印, 跡など)を Y に押す, 付ける. ～ a postmark *on* an envelope＝～ an envelope *with* a postmark 封筒に消印を押す. **2** VOA (～ X *on, in ..*) X を〔心, 記憶〕に銘記する, 刻み込む, (impress) 〈普通, 受け身で〉. That scene was ～*ed* [～*ed* itself] indelibly *on* my memory. その場の光景は私の記憶に消えることなく焼きついた. [impress[1] と同源]

im·prínt·ing 名 U 〖生物・心〗刷り込み, 刻印付け, 《生後間もない動物が自分の属する種の一員であることを学んで行く過程》.

***im·pris·on** /impríz(ə)n/ 動 (**～s** /-z/|過 過分 **～ed** /-d/|**～·ing**) 他 **1** を**刑務所に入れる**, 投獄する, 〈*for* ..の罪で〉. Jake was ～*ed for* fraud. ジェイクは詐欺の罪で投獄された. **2** を監禁する, 閉じ込める, 〈*in* ..に〉. The hostages were ～*ed in* a hotel room. 人質はホテルの一室に閉じ込められた. [＜古期フランス語; in-[1], prison]
▷**～·ment** 名 UC 投獄, 入獄; 拘置, 禁固(刑), 監禁. life ～*ment* 終身刑.

im·prob·a·bil·i·ty /imprɑ̀bəbíləti, ìmprɑb-|imprɔ̀b-/ 名 (複 **-ties**) U ありそうもないこと; C 起こりそうもない事柄.

***im·prob·a·ble** /imprɑ́bəb(ə)l|-prɔ́b-/ 形 m **1 ありそうもない**, 起こりそうもない; 本当らしくない. an ～ story ありそうもない話. It is highly ～ that such a thing will happen again. こんな事が再び起こるとはとうてい考えられない. **2** 信じがたい; 奇抜な, 突拍子もない. This is an ～ combination of colors. これは奇抜な色の組み合わせだ. [in-[2], probable]

im·prób·a·bly 副 ありそうもないことだが 〈普通 not ～ (あるいは, ことによると)の形で〉; 信じがたいほど, 異常に. ～ heavy rain 信じがたいほどの大雨.

‡im·promp·tu /imprɑ́mpt(j)uː|-prɔ́m(p)-/ 形 〈普通, 限定〉即席の, 即興の. an ～ press interview 即席の記者会見. give an ～ talk 即席の話をする.
── 名 (複 **～s**) C 即席の物事《演説, 演奏, 詩の朗読など》, 〈特に〉即興曲. ── 副 準備なしで, 即席に; 即興

的に. speak ～ 即席に演説する.
[ラテン語 'in readiness']

*__im·prop·er__ /imprɑ́pər|-prɔ́pə/ 形 m **1 不適当な**, ふさわしくない, 〈*for* ..〔場所, 目的など〕に〉(↔proper). A tuxedo is ～ attire *for* a formal dinner. タキシードは正式な晩餐(さん)会には不適当な服装だ. an ～ attitude ふさわしくない態度.
2 不正確な, 間違った; 妥当でない. an ～ use of the verb その動詞の誤用. Don't jump to any ～ conclusions. 早合点して間違った結論など出さないように.
3〖章〗〔商取引などが〕不法な, 不正な, 違反の. ～ business dealings 不正商取り引き.
4〖旧〗不穏当な; 下品な, みだらな. It would be ～ to decline his invitation. あの人の招待を断るのは失礼でしょう. ～ jokes 下品な冗談. make an ～ suggestion (異性に対して)それとなくいやらしい事を言う.
[in-², proper]
▷**～·ly** 副 不適当に; 間違って; 不正に; 下品に.

__impròper fráction__ 名 C 〖数〗仮分数《分子が分母より大》.

__im·pro·pri·e·ty__ /imprəpráiəti/ 名〖章〗(複 **-ties**) **1** U 不適当, 不穏当; 不正. **2** U 不正確, 誤り; C (語句などの)誤用. **3** U 無作法; 下品. **4** C 不穏当[失礼]な言動; 不正行為.

__im·próv·a·ble__ 形 改良[改善]可能な.

‡__im·prove__ /imprúːv/ 動 (**～s** /-z/|過 過分 **～d** /-d/| **-prov·ing**) 他 【よりよくする】 **1 を改良する**, 改善する; を向上[進歩]させる. ～ a product 製品を改良する. ～ working conditions 労働条件を改善する. ～ one's ability 自分の能力を向上させる. I need to ～ my English. 私はもっと英語がうまくなる必要がある. A week's rest has greatly ～*d* my health. 1週間の静養で体調が大いによくなった.
2 (整備して)〔土地, 建物など〕の価値を高める. ～ a house by adding a new wing to it 新しい翼(よく)の部分を増築して家の価値を高める.
3【よりよく使う】**を利用する**, 活用する. He ～*d* his idle hours by practicing the violin. 彼はヴァイオリンの練習をして暇な時間を活用した.
── 自 **改良される, 改善される**; よくなる; 増進する; 〈*in* ..の点で〉. Her manners are *improving*. = She's *improving in* manners. 彼女の行儀はよくなって来ている. The weather is rapidly *improving*. 天気は急速に回復している. The trade between the two countries has ～*d* markedly. 2国間の貿易は著しく伸びた. His performance ～*d* with age. 彼の演技は年齢と共にみがかれた. ◇名 improvement
***impróve on* [*upon*] ..** ..をさらに改良[改善]する; ..より良い物を作る, ..を上回る. This paper can [can't] be ～*d upon*. この論文は ˪手を加えればもっとよくなると思う[これ以上のものはまず望めない(最高の出来だ)]. a translation that ～*s on* the original poem 原詩より優れた翻訳.
[＜古期フランス語「利益を上げる」(＜en-＋*prou* 'profit')]

‡__im·prove·ment__ /imprúːvmənt/ 名 (複 **～s** /-ts/) **1** U **改良(する[される]こと)**, 改善(する[される]こと); 向上; 進歩; 〈*in* ..の点で(の)〉. social ～ 社会改善. the ～ of physical strength 体力の増進. She has shown a great deal of ～ *in* her English. 彼女の英語は大変上達した. There's a lot of room left for ～. 改善の余地は大いに残されている.
2 C **改良[改善]された点[部分]**; 改良[改善]された物[事]; 改良[改修]工事, 手直し, 〈*to* ..への〉; よくなった物[人, 事]〈*on, over* ..〔以前の物, 人, 事〕より〉. make further ～*s to* the new product 新製品にさらに改良を加える. My father is putting some ～*s into* his cottage. 父は別荘をあちこち改修している. I think this model is a great ～ *over* [*on*] the last one. この型は前のよりは大いに改良されていると思う.

> 1, 2 の 連結 an enormous [a major, a vast; a considerable, a substantial; a decided, a distinct, a marked; a minor, a slight] ～ // experience [undergo] (an) ～; bring about [carry out; applaud, welcome] an ～

3 U 利用, 活用. ◇動 improve

__im·prov·i·dence__ /imprɑ́vəd(ə)ns|-prɔ́v-/ 名 U 〖章〗将来への備えの無さ, 不用意; 浪費.

__im·prov·i·dent__ /imprɑ́vəd(ə)nt|-prɔ́v-/ 形〖章〗将来への備えがない, 不用意な; (先のことを考えず)浪費する. ▷**～·ly** 副

__im·prov·i·sa·tion__ /imprɑ̀vəzéiʃ(ə)n|ìmprəvai-/ 名 **1** U 即席[即興]に作る[行う]こと. **2** C 即興演奏, アドリブの演技; 即興の作品《詩, 音楽など》.
▷**～·al** 形

†__im·pro·vise__ /ímprəvàiz, ⌒⌒⌒|⌒⌒⌒/ 動 他 **1**〔詩, 歌, 音楽など〕を即興で作る; を即興[アドリブ]で演奏する; を即興として行う. The groom was called forward and had to ～ a speech. 新郎は前へ呼び出されて即席のあいさつをしなければならなかった. **2** を一時の間に合わせに作る, 即席で作る, 〈*from* ..で〉. We ～*d* a bed by putting some chairs together. 我々はいすを寄せ集めてベッドを急造した.
── 自 **1** (詩, 歌, 音楽などを)即興で作る[演奏する]; (スピーチなどを)即席で行う. Susie is very good at *improvising* on the piano. スージーはピアノの即興演奏がたいへん得意だ. **2** (別の物で)一時の間に合わせをする.
[＜ラテン語「未見の」(＜in-²＋*prōvīsus* 'foreseen')]
▷**im·pro·vis·er, -vi·sor** 名

__im·pru·dence__ /imprúːd(ə)ns/ 名〖章〗**1** U 軽率, 無分別, 無思慮. **2** C 軽率[無分別]な言動.

†__im·pru·dent__ /imprúːd(ə)nt/ 形〖章〗軽はずみな, 軽率な, 無分別な, (rash; ↔prudent). What Harry did was ～ and ill-advised. ハリーのやったことは軽率で思慮が欠けていた. It was ～ *of* you [You were ～] to turn down his proposal. 彼の提案をはねつけるなんて君は軽率だった. ▷**～·ly** 副 軽率に(も), 無分別に(も).

†__im·pu·dence__ /ímpjud(ə)ns/ 名 **1** U ずうずうしさ, 厚かましさ; 無礼. That young man had the ～ to swear at me. あの青年は無礼にも私に悪態をついた.
2 C 厚かましい言動.

*__im·pu·dent__ /ímpjud(ə)nt/ 形 m **厚かましい**, ずうずうしい; 生意気な, でしゃばりな, 〈*to* ..〔目上の人〕に対して〉. in an ～ manner 生意気な態度で. Dan was very ～ *to* his seniors. ダンは目上に対して大そう生意気だった. It was ～ *of* the boy [The boy was ～] to answer his teacher back. 少年は生意気にも先生に口答えした. [＜ラテン語「恥じない」(＜in-²＋*pudēre* 'be ashamed')] ▷**～·ly** 副 ずうずうしく(も); 生意気に(も).

__im·pugn__ /impjúːn/ 動 他〖章〗〔人の行動, 動機など〕を疑う, 非難する, 論難する.

*__im·pulse__ /ímpʌls/ 名 (複 **-puls·es** /-əz/) **1** UC **衝動** 〈*to* do ..したいという〉; (心の)はずみ; 興奮. a man of ～ 一時の感情に駆られる人. ～ buying 衝動買い(すること). an ～ buy [purchase] 衝動買いした品物. act on (an) ～ 衝動に駆られて行動する. I felt an irresistible ～ to dash out of the hiding place. 私は隠れ場所から飛び出して行きたいという抑えがたい衝動を覚えた. I barely resisted [curbed] my ～ *to* slap him. 彼をひっぱたきたいという衝動をやっと抑えた.

> 連結 a sudden [an overwhelming, a strong, a violent] ～ // control [check, stifle, suppress;

yield to] an ～

2 [C] (物理的な)**衝撃**; 刺激 〈*to* ..に対する〉; (急激な)推進力; (行動などの)原動力. the ～ of a propeller プロペラの推進力. The incident gave a new ～ to the anti-government movement. その出来事は反政府運動に新しい刺激を与えた. The ～ behind his writing is his strong love of mankind. 彼の著述を支える原動力は, 彼の強い人類愛だ.

3 [C] 〖電〗衝撃(電流), インパルス; 〖生理〗衝動《神経を通って筋肉細胞に伝えられ, その活動を引き起こす刺激》.
◇[形] impulsive [動] impel

under the ímpulse of.. ..の衝動に駆られて; ..の刺激を受けて.

[＜ラテン語 (*impellere* 'impel' の過去分詞)]

im·pul·sion /impʌ́lʃ(ə)n/ [名] **1** [U] 推進(する[される]こと); 推進力. **2** [C] 刺激; 衝動 〈*to do* ..したい〉.

†**im·pul·sive** /impʌ́lsiv/ [形] **1** 衝動的な, 一時の感情に駆られた, 直情的な. an ～ act [decision] 衝動的な行為[短兵急な結論]. You're too ～ for the teaching profession. 君は衝動に駆られるたちだから教職には向かない. **2** 推進力の(ある). ▷ **～·ly** [副] 衝動的に. **～·ness** [名] [U] 性急さ, 短兵急.

I

‡**im·pu·ni·ty** /impjúːnəti/ [名] [U] 罰[害悪, 損害など]を受けずにすむこと.

with impúnity 罰せられずに, 害を受けないで; 無難に, 無事に. You cannot kill a man *with* ～ except in battle. 戦闘でないかぎり人を殺せばそのままでは済まない.

im·pure /impjúər [移]/ [形] **1** 純粋でない; 混ぜ物をした. ～ gold 不純物を含んだ金. **2** よごれた, 不潔な. ～ water よごれた水. Smoke makes the air ～. 煙のために空気がよごれる. **3** 〖旧〗不純な; みだらな. from ～ motives 不純な動機から. ▷ **～·ly** [副] **～·ness** [名]

†**im·pu·ri·ty** /impjú(ə)rəti/ [名] ([複] **-ties**) **1** [U] 不純, (特に性的に)汚れていること; 汚濁, 汚染; 不潔. **2** [C] 〈しばしば -ties〉 不純物; 不純[不道徳]な言動.

im·pút·a·ble [形] 帰することができる, 負わせられる, 〈*to*「..に〉.

im·pu·ta·tion /impjətéiʃ(ə)n/ [名] 〖章〗 **1** [U] (罪, 責任などを)負わせること, 帰すること, 〈*to* ..に〉. **2** [C] 非難; 汚名; そしり; 告発.

im·pute /impjúːt/ [動] [他] 〖章〗 **1** [VOA] (～ X ***to***..) X (罪, 責任, 欠陥など)を(不当にも)..に帰する, 負わせる, ..のせいにする. Investigators ～*d* the crash *to* a defect in the control system. 調査員たちはその墜落の原因は制御装置の欠陥にあるとした. **2** [VOA] (～ X ***to***..) X (性質, 特徴など)が..にあるとする, Xを..に帰属させる. They ～ supernatural powers *to* the founder of the sect. 彼らは超能力が教祖にはあると信じている. [＜ラテン語「計算に入れる」]

IN 〖郵〗Indiana.

In indium.

‡**in** /in/ [前] **【中に】** **1** 〔ある場所, 土地など〕**の中に**, **内部に**; **..に(おいて)**, ..で. *in* the room 部屋の中に[で, の]. an island *in* a lake 湖の中の島. *in* 〖英〗[on 〖米〗] the street 街路で. There are two birds *in* the cage. 籠(かご)の中に2羽の小鳥がいる. Einstein was born *in* a city *in* southern Germany. アインシュタインはドイツ南部の1都市に生まれた ([語法] 国, 大都市, 話し手の住んでいる町など「広がりのある」場所には普通 in を, 狭い場所又は広い場所でも「地点」と見なされた時は, 普通 at を用いる: The plane stopped *at* Paris on the way to London. (飛行機はロンドンへの途中パリに立ち寄った)). a flowerpot *in* the window 窓に置かれた植木鉢. He sat *in* the corner. 彼は隅に座った. the couple *in* this photo この写真の中の男女1組. high up *in* the sky 空高く. *in* a bus バスの中で[に乗って].

2 〖話〗 **..の中へ**, ..の内部に, ([類語] into と同じく内部への移動を表すが, in は 移動の結果として内部に在ることに重点がある). The teacher came *in* the classroom. 先生が教室に入って来た. You all, get *in* the boat! みんな, 船に乗り込んでくれ.

3 〖話〗(入るために)..を通って (through), ..から. Go *in* the door on your right. 右手のドアからお入りなさい.

4 ..(の中)に加わって, 加入して; ..の1員になって; 〔職業, 業務など〕**に従事して**, **関与して**; ..の業界で働いて. *in* the army 軍隊に入って. be *in* the Cabinet 入閣している, 閣僚である. *in* a golf club ゴルフクラブに入会して. be *in* politics 政治に携っている. Al is *in* advertising. アルは広告関係の仕事をしている.

5 (素質, 性格などが)..に内在して, **..という人[物](の中)に**. Smith doesn't have it *in* him to be a leader. スミスには指導者になる素質が無い. It wasn't *in* me [my nature] to refuse her plea. 私の性分としては彼女の懇願を断るわけにはいかなかった. as far as *in* me lies →lie[1] (成句). I have found a real friend *in* Alex. アレックスという(人の中に)真の友を見つけた《真の友人であることが分かった, ということ》.

6 **【中に入って＞くるまって】** ..に覆われて; 〔衣服, 装身具〕**を着用して**, **身に着けて**, (→with 6 [語法] (1)). a soldier *in* arms 武装した兵士. an old woman *in* black 黒い服[喪服]の老婦人. *in* red shoes 赤い靴をはいて.

【時間[期間]内に】 **7** (**a**) ***..*(の時期)に**, ***..*(の間)に**, (during). The author died *in* March, 1879. その著者は1879年3月に死んだ. *in* spring 春に. early *in* the morning 朝早く. *in* the daytime 昼間に. *in* future 将来(に). *in* my childhood 私の子供のころ. be *in* one's fifties 50代である. (**b**) **..の間[期間]に**, ..の間のうちで, (for). *in* recent years [months] 近年[この数か月]は[の]. There has been a sharp increase in unemployment *in* the past three years. 過去3年間に失業者数が急激に増えてきている. Britain has changed much *in* forty years. 英国は40年の間に大いに変わった. I haven't been there *in* years. もう何年もそこには行っていない. the severest earthquake *in* forty years 40年来の大地震 ([語法] in は主に〖米〗; 〖英〗では for が普通). (**c**) **..のうちに**, **..経って**, ..(経過)後に (→after [前] 1★). The show starts *in* ten minutes. あと10分でショーが始まる. He learnt French *in* six months. 彼は6か月でフランス語を覚えた ([参考] He studied French *for* six months. (6か月間フランス語を勉強した)).

【活動・状況の中に】 **8** (**a**) ***..*して**, ***..*している際に** (★名詞は無冠詞になることが多い). *in* school 授業中; 在学中. *in* hospital 入院中. *in* prison 服役中. *in* conversation with a customer お客と話していて. (**b**) 〈in doing ..で〉 ..する際(は). Be careful (*in*) cross*ing* the railroad by car. 車で踏切を渡る時は気をつけなさい. ★in が付くのは主に文頭で; 文脈により「..することによって」の意味になることもある.

9 (**a**) **..(の状態)で**; **..になって**; 〔状況, 環境〕にあって. *in* good [bad] health 健康で[健康を害して]. *in* difficulties 困難にあって. *in* a hurry 急いで. The work is still *in* progress. 仕事はまだ進行中である. *in* tears 涙を流して. stand *in* the rain and wind 風雨の中にたたずむ. I couldn't find my key *in* the dark. 暗がりでかぎが見つからなかった. (**b**) 〔(動物の)子〕をはらんで. *in* calf [foal] →calf, foal.

10 ..という気持ち[気分]で, ..という感情に駆られて. *in* anger [despair] 怒って[絶望して]. He stared *in* bewilderment. 彼は呆気(あっけ)にとられて目を見張った.

【方向, 目標に向かって】 **11** ..を目指して, **..のために**. hold a party *in* honor of his decoration 彼の叙勲を祝うために会を催す. How many hours a day do you spend *in* reading? 君は読書に１日何時間使うのか. When a crow came, the sparrows flew away *in* all directions. カラスが来るとスズメは四方八方に飛び去った.

12 ***..*(だ)から**; ..のために. *in* one's own interest 自分の利益のために. *In* his grief over the death of his only son he forgot everything else. 一人息子を失った悲しみに彼は他の事はすべて忘れてしまった. stammer *in* one's nervousness あがってどもる.

【一定の面で】 **13** (数量, 程度, 性質, 特徴, 能力, 行動などについて)***..*の点で(は, の)**; ..の範囲(内)で(の); ..に関する限りでは, ***..*に関しては[の]**. We were five *in* number. 我々は５人だった. The brook is three meters *in* breadth. 小川は幅が３メートルだ. be blind *in* one eye 片方の目が見えない. be weak *in* mathematics 数学が弱い. *in* my opinion 私の意見では. I'm the tallest *in* my school. 僕が学校で一番背が高い.

【一定の部分で】 **14** (全体)の１部で, ..の１箇所を, ***..*のところを**, ..のあたりを. strike a person *in* the face 人の顔を殴る. a wound *in* the right arm 右腕の[に受けた]傷.

15 〈割合・比率について〉(全体)の中で, ..につき. One *in* five failed Latin this term. 今学期は５人に１人がラテン語を落とした. nine *in* ten 十中九まで. *in* the pound １ポンドにつき.

【一定の形で】 **16** ***..*の形で, *..*を成して**, ..の配列[配置]で; (金銭形態が)..で. sit *in* a circle 輪になって座る. stand *in* rows 列を作って立つ. *in* a group 群れを成して. *in* gangs 徒党を組んで. Lamb's works are published *in* two volumes. ラムの作品は２冊本で出版されている. *in* cash 現金で. "How would you like the money?" "All *in* tens, please."「どのように両替いたしましょうか」「全部 10 ドル[ポンド]札でお願いします」

17 ..に分割して, **分けて**. cut the pie *in* two パイを２つに切る. fold the letter *in* three 手紙を３つに折る.

18 ..を(行動, 状態の)起点[終点]として; ..で始まる[終わる]. words *in* 'pre-' 'pre-' で始まる単語. nouns *in* '-ness' '-ness' で終わる名詞.

19 ***..*として(の)** (as). The man said nothing *in* reply. 男は何の返事もしなかった. say *in* fun 冗談に[として]言う.

【一定の手段, 方法で】 **20** (**a**) ***..*によって**, ..を用いて, ***..*で**. speak *in* English 英語で話す. whisper *in* a low voice 低い声でささやく. *in* public 公然と. *in* secret 秘密に. *in* this way こんなふうに. *in* any way いずれにしても. (**b**) ***..*を材料として**; ..を用いて, ..で. a dictionary bound *in* leather 革装の辞書. a statue *in* bronze 青銅の像. a note written *in* pencil [biro] 鉛筆[ボールペン]で書いたメモ.

21 〈特定の動詞, 名詞などと結合して目的語を従える〉 confide *in* ..を信頼する. take delight *in* ..が大好きである. be disappointed *in* ..に失望している.

22 〖米俗〗 (賭博(とばく)などで)..に借金して; ..に貸して; 〈*for* ..〔いくらいくら〕〉.

23 〖米俗〗〈所有代名詞を伴って普通, 否定文で〉全く(..ない). I don't want any more computers *in mine*. コンピュータなんかもううんざりだ.

ín it (1)〖オース話〗加わって, 参加して. (2)〖話〗〈not in it で〉勝ち目がなくて; 足もとにも及ばない, 目じゃない, 〈*with* ..の, に比べれば〉. (3)〖俗〗困って. be up to my neck *in it* ほとほと困り果てている.

in so* [*as*] *fár as.. ..する限りは, ..である以上は; ..だけは. I'll help you financially *in so far as* I'm able. 私にできる限りは君を経済的に援助しよう.

****in that..*** ***..*という点で**; ..であるから (because). I was fortunate *in that* I could study under Dr. Smith. スミス博士のもとで研究できた点で私は幸運だった. Television can be harmful *in that* it makes your mind passive. テレビは精神を受動的にするので有害にもなる.

(there's) nóthing* [*(vèry) líttle, not múch*] *in it (1) 大差なし, 大同小異. (2)〈nothing で〉(話などに)何の根拠もない, 真実ではない.

What's in it for* 〔*mé*〕*? 〖話〗それで〔私が〕得することがあるのか[いい目を見られるのか].

── 副 【中の方へ】 **1** 中へ, 中に; 内へ, 内に; (↔ out). Please come *in!* どうぞお入り下さい. Don't call anyone *in*. だれも呼び入れてはいけません.

2 (**a**) 接近して; 到着して, 来て. The train is *in*. 列車が着いている. Her flight is due *in* at five. 彼女の乗った便は５時に到着予定だ. Spring is *in*. 春が来た. (**b**)【相手の方へ】〔手紙などが〕届けられて, 受理されて. Your paper has to be *in* by July 5. レポートは７月５日必着のこと.

【中にあって】 **3** (**a**) **在宅して** (at home); 家の中で, うちで; 在室で; 在社で, 出勤して; 〖俗〗刑務所に(入って). Is your mother *in?* お母さんはご在宅ですか. (**b**)〖球技〗〔球が〕ラインの内側に(落ちて), ゴールに入って. (**c**)〖俗〗(仲間に)受け入れられて.

【中枢にあって＞勢い盛んで】 **4** 流行して (in fashion); 盛りで. Long skirts are *in* this year. 今年は長いスカートが流行している. Melons are *in* now. 今メロンが出盛りである. **5** 政権を握って (in power); 役職について (in office). The Conservatives are *in*. 保守党が政権を握っている. **6**〖野球・クリケット〗攻撃側で. Which side is *in?* どちらの攻撃ですか. **7**〖主に英〗〔火が〕燃え続けて. keep the fire *in* 火を燃やしておく. **8**〔潮が〕上げ潮で; 〔運が〕向いて. My luck's *in*—I got a raise. ついてるよ. 給料が上がったんだ.

9〖スコ・ニュー〗〔学校が〕授業(期間)中で. **10**〖ニュー〗競争して. be *in* to do ..するために競う.

be in at.. 〔最期など〕に立ち合う, 居合わせる, 〈普通次の成句で〉. *be in at* the death [finish, kill] →death, finish, kill.

be in for.. (1)〖話〗〔特に不快なこと〕を経験しようとしている. We *are in for* trouble. 面倒なことになりそうだ. (2)〔競技など〕に参加している[を決めている].

be* (*ín*) *for it →for.

be* [*gèt*] *ín on.. 〖話〗..に参加する; 〔秘密など〕をあずかり知っている, ..に関係がある. I *wasn't in on* the decision itself. 私は決定そのものには関与しなかった.

be* (*wèll*) *ín with.. 〖話〗..と親しい, 仲がよい.

hàve* (*gòt*) *it ín for.. →have.

in and óut 出たり入ったりして〈*of* ..を〉; 見え隠れして; あちらこちらで; うねりくねって; すっかり. He's been *in and out of* the office all afternoon. 彼は午後の間中事務所から出たり入ったりしていた. The detectives inspected the area *in and out*, but found no clues. 刑事たちはその地域をくまなく調べたが手がかりは見つからなかった.

Ín with..! ..を中に入れろ, ..は中に入れ.

── 形 〈限定〉 **1** 内の, 内部の; 仲間の; 入って来る[行く]. an *in* patient [train] 入院患者[到着列車]. the *in* door 入り口専用ドア. an *in* joke 仲間だけに通じる冗談. **2** 政権をとっている. the *in* political party 与党. **3**〖話〗流行している. That pub is the *in* place to go. あそこのパブは今人気の場所だ. **4** 仲間内だけに通じる (→ in-joke); 〖米俗〗内密の.

── 名 Ⓒ **1** 〈普通 the ins〉(政府)与党; 現職者. the *ins* and outs 与党と野党. **2**〖話〗'引き', 'コネ', 手づる. He has an *in* with a director of the company. 彼はその会社の重役に顔が利(き)く. **3**〖米俗〗入場券, (ある所に)入り込む手段; 〖スコ〗入り口; 入場許可.

in and óut 〖脚韻俗語〗鼻.

on the ín 〘米〙内情[内幕]を知って.
the ìns and óuts (***of..***) (..の)表裏, 紆余(うよ)曲折; 詳細, 一部始終.
── 動 他 〘英方〙を囲む; 〔作物〕の取り入れをする.
[＜古期英語 *in* (前置詞), *inn(e)* (副詞)]

in. (複 **〜, ins.**) inch(es).

in-[1] /in; i (n の前で)/ 接頭 意味上, 前置詞[副詞]の in, into, on, within, toward などに相当するほか, 強意にも用いる (★l の前では il-; b, m, p の前では im-; r の前では ir- となる). *in*form. *in*fer. *in*coming. *in*sight. [ラテン語 *in* (前置詞)]

in-[2] 接頭 「無い, ..でない」の意味 (★次の子音によって il, im-, ir- ともなる; →in-[1]). *in*correct. *in*sane. *in*ability. [ラテン語; ゲルマン語系の un- に当たる否定辞]

-in[1] /in/ 〈複合要素〉「(抗議)集会, 集団活動」を意味する. sit-*in*. teach-*in*. [in]

-in[2] 接尾 〘化・医〙有機物質や薬品などを表す名詞を作る. adrenal*in*. globul*in*. [ラテン語]

†**in·a·bil·i·ty** /inəbíləti/ 名 aU 無(能)力; できないこと 〈*to* do ..することが〉. I'm impatient with his 〜 *to* make decisions. 彼が決断できないのにしびれを切らしている. Our campaign was hurt by our 〜 *to* raise funds. 私たちの(選挙)運動は資金集めができなかったことで痛手をこうむった. ◇形 unable

in ab·sen·tia /in-æbsénʃ(i)ə/ 副 (卒業式, 裁判などで, 当事者が)不在[欠席]のまま. [ラテン語 'in absence']

ìn·ac·cès·si·bíl·i·ty 名 U (場所が)近うきにくいこと; (物が)手に入れがたいこと.

‡**in·ac·ces·si·ble** /inæksésəb(ə)l, -ək- 移/ 形
1 〔場所などが〕近うけない, 近うきにくい; 到達できない; 手に入れがたい; 〈*to* ..にとって〉. some materials 〜 *to* students 学生には入手できない資料. The cabin is 〜 by car. その小屋には車では行けない.
2 〔人が〕近うきがたい, とっつきにくい, 寄せつけない 〈*to* ..にとって, を〉; 〔思想, 芸術などが〕理解しがたい, とっつきにくい, 〈*to* ..にとって〉. a gloomy, 〜 man 陰気でとっつきにくい男. a man 〜 *to* reason 道理⌞を寄せつけない[がてんで通じない]男. profound thought 〜 *to* laymen 一般人には理解しがたい深遠な思想.
▷ **-bly** 副 近うけない⌞ように[ほどに].

in·ac·cu·ra·cy /inækjərəsi/ 名 (複 **-cies**) **1** U 不正確, 不精密. **2** C (しばしば -cies) 不正確な物事; 間違い, 誤り.

†**in·ac·cu·rate** /inækjərət/ 形 不正確な, 不精密な; 間違いのある. an 〜 report ずさんな報告. ▷ **〜·ly** 副

in·ac·tion /inækʃ(ə)n/ 名 U 何もしないこと, 活動しないこと, 不活発; 怠惰.

in·ac·ti·vate /inæktəvèit/ 動 他 を不活発にする; 〘生化〙〔血清など〕を不活性化する.

†**in·ac·tive** /inæktiv/ 形 **1** 不活発な; 活動していない; 〔機械などが〕稼動していない, 休眠中の; 〔工場などが〕閉鎖中の, 操業していない; 怠惰な (idle). an 〜 volcano 休火山. an 〜 market 閑散な市場. an 〜 mine 廃坑. lead an 〜 life 無為の生活を送る, 何もしないでぶらぶらしている. **2** 〘化〙〔物質が〕不活性の; 〔元素, 同位元素が〕非放射性の. **3** 〘軍〙現役でない. ▷ **〜·ly** 副

in·ac·tiv·i·ty /inæktívəti/ 名 U 不活発; 不活動; 休止[休業, 休筆など](状態); 怠惰; 無気力.

‡**in·ad·e·qua·cy** /inǽdəkwəsi/ 名 (複 **-cies**) **1** aU 不適当; 不十分, 不完全; 未熟, 無能. the sense [feeling] of 〜 無(能)力感. **2** C 〈しばしば -cies〉不完全[不備]な点; 不満足な例. He realized his 〜. 彼は自分の至らなさがつくうく分かった. There are not a few *inadequacies* in the investigation その調査には不満足な箇所がいくつもある.

‡**in·ad·e·quate** /inǽdəkwət/ 形 m **不適当な**, 不十分な; 〔人が〕(能力などの点で)不適格な, 不向きな, 未熟な; 〈*to, for* ..に/*to* do, *in* doing ..するのに〉. 〜 information 不十分な情報. an 〜 diet *for* a growing child 育ち盛りの子供には不十分な食事の献立. an amount of money 〜 ⌞*to* pay [*for* paying] the bill 勘定を払うには不十分な金額. He may be 〜 *for* [*to*] the job. 彼はその仕事に不向きかもしれない. My predecessor made me feel 〜. 前任者のことを考えると自分などは全く未熟に感じられた. [in-[2], adequate]
▷ **〜·ly** 副 不適当に; 不十分に. **〜·ness** 名

ìn·ad·mìs·si·bíl·i·ty 名 U **1** 承認しがたいこと; 許せないこと. **2** 法的無効.

in·ad·mis·si·ble /inədmísəb(ə)l 移/ 形 **1** 承認しがたい; 許せない, 受け入れがたい. **2** 法的に認められない. 〜 evidence 適格性を欠く証拠. ▷ **-bly** 副

in·ad·ver·tence /ìnədvə́ːrt(ə)ns/ 名 UC 不注意(による誤り); 見落とし.

‡**in·ad·ver·tent** /ìnədvə́ːrt(ə)nt 移/ 形 不注意[見落とし]による; 偶然の〔発見など〕, 故意でない. an 〜 error 不注意な誤り. make an 〜 slip of the tongue うっかり口をすべらす. ▷ **〜·ly** 副 不注意で, うっかりして.

ìn·ad·vìs·a·bíl·i·ty 名 U 不得策であること.

in·ad·vis·a·ble /ìnədváizəb(ə)l 移/ 形 勧められない; 不得策な, 賢明でない 〈*to* do ..するのは〉, (unwise). ▷ **-bly** 副 愚かにも.

in·àl·ien·a·bíl·i·ty 名 U 〘章〙不可譲性.

in·al·ien·a·ble /inéiljənəb(ə)l/ 形 〘章〙譲渡できない; 奪うことのできない〔権利など〕. ▷ **-bly** 副

in·al·ter·a·ble /inɔ́ːltərəb(ə)l/ 形 変えることができない. ▷ **in·àl·ter·a·bíl·i·ty** 名 U 不可変性. **-bly** 副

in·am·o·ra·ta /inæmərɑ́ːtə/ 名 (複 **〜s**) C 〘雅・旧〙(男にとっての)愛人, 恋人, 情婦. [イタリア語]

in·am·o·ra·to /inæmərɑ́ːtou/ 名 (複 **〜s**) C 〘雅・旧〙(女にとっての)愛人, 恋人, 情夫. [イタリア語]

in·ane /inéin/ 形 **1** 全く無意味な, 実にばかげた, 〔言動など〕. **2** うつろな, 空虚な; 〈the 〜; 名詞的〉空虚, 無限の空間. [＜ラテン語「空(から)の」] ▷ **〜·ly** 副 ばかみたいに. **〜·ness** 名

†**in·an·i·mate** /inǽnəmət/ 形 **1** 生命のない, 無生(物)の. Stones are 〜 objects, while trees are not. 岩石は無生物だが木は違う. **2** 活気のない, 気の抜けた, (dull). **3** 〘文法〙無性の. ▷ **〜·ly** 副 **〜·ness** 名

in·a·ni·tion /ìnəníʃ(ə)n/ 名 U **1** (栄養不良, 飢餓による)衰弱. **2** 無気力, 無能力; 空虚.

in·an·i·ty /inǽnəti/ 名 (複 **-ties**) 〘章〙 **1** U 無意味なこと, 空虚; 愚鈍. **2** C 〈しばしば -ties〉愚鈍な言動.

in·ap·pli·ca·bil·i·ty /inæplikəbíləti, ìnəplìkə-/ 名 U 適用[応用]できないこと.

in·ap·pli·ca·ble /inǽplikəb(ə)l, ìnəplíkə-/ 形 適用[応用]できない, 適当でない, 〈*to* ..に〉. The rule is 〜 in this case. その規則はこの場合には適用できない.
▷ **-bly** 副

in·ap·po·site /inǽpəzət/ 形 不適切な 〈*to, for* ..に〉. ▷ **〜·ly** 副

in·ap·pre·ci·a·ble /ìnəpríːʃ(i)əb(ə)l 移/ 形 感知できないほどの; ごくわずかな; 取るに足りない. ▷ **-bly** 副

in·ap·pre·ci·a·tive /ìnəpríːʃièitiv, -ʃətiv/ 形 評価能力[鑑識力]がない; (正当に)評価しない 〈*of* ..を〉.
▷ **〜·ly** 副 **〜·ness** 名

in·ap·pre·hen·si·ble /inæprəhénsəb(ə)l 移/ 形 理解できない, 不可解な.

†**in·ap·pro·pri·ate** /ìnəpróupriət 移/ 形 不適当な, 不似合いな, 〈*for, to* ..に/*to* do ..するのに〉. a remark 〜 *to* the seriousness of the occasion その場の厳粛さにふさわしくない一言(こと).
▷ **〜·ly** 副 **〜·ness** 名

in·apt /inǽpt/ 形 不適当な, 不似合いの, 〈*for* ..に〉; 下手な, できない, 〈*at, in* ..が〉. ▷ **〜·ly** 副 **〜·ness** 名

in·apt·i·tude /inǽptət(j)ùːd/ 名 U 素質の欠如, 不

適任, 不適切, 〈*for* ..に対する〉; 下手, 苦手.

in·ar·tic·u·late /ìnɑːrtíkjələt [移]/ [形] **1** 発音がはっきりしない 《特に個々の音の切れ目が》, 〔言葉が〕不明瞭(りょう)な; 言葉にならない. an ～ cry (ぎゃーというような)言葉にならない叫び声. The old man said something in an ～ mumble. 老人はなにかよく聞きとれないことをぶつぶつとしゃべった.

2 (興奮, 感動などのために)ものが言えない; (意見などを)はっきり言い表せない; 口下手な. She was ～ with astonishment. 彼女は仰天のあまり口もきけないほどだった.

3 〖動〗関節のない. ▷**～·ly** [副] **～·ness** [名]

in·ar·tis·tic /ìnɑːrtístik [移]/ [形] 芸術的でない, 非芸術的な〔作品など〕; 〔人が〕芸術(特に絵画)を解さない.
▷**in·ar·tis·ti·cal·ly** /-k(ə)li/ [副]

in·as·much /ìnəzmʌ́tʃ/ [副] 〖章〗〈次の用法のみ〉
inasmúch as.. 〈接続詞的〉..であるから; 〈前言を説明して〉なぜかと言えば; ..であるからには; (because). *Inasmuch as* it is my fault, I must take the blame. 私の落ち度である以上責めは私が負わなくてはならない.

in·at·ten·tion /ìnətén∫(ə)n/ [名] [U] 不注意, 怠慢; 配慮[気配り]の欠除〈*to* ..への〉.

in·at·ten·tive /ìnəténtiv [移]/ [形] 不注意な, 気を配らない〈*to* ..に〉; 怠慢な, なおざりにした, 〈*to* ..を〉.
▷**～·ly** [副] **～·ness** [名]

ìn·au·di·bíl·i·ty [名] [U] 聞こえ[聞き取れ]ないこと.

in·au·di·ble /inɔ́ːdəb(ə)l/ [形] 〔音, 声が〕聞き取れない, 聞こえない, 〈*to* ..に〉. ▷**-bly** [副] 聞き取れないほどに.

‡**in·au·gu·ral** /inɔ́ːgjərəl/ [形] 〈限定〉就任の; 就任式の; 発会[開業, 開通, 落成]の. an ～ address 就任演説. an ～ ceremony 就任式; 発会式, 開通式など.
── [名] [C] (米国大統領などの)就任演説.

†**in·au·gu·rate** /inɔ́ːgjərèit/ [動] [他] **1** 〔大統領, 知事など高官〕を(式を挙げて)正式に就任させる 〈普通, 受け身で〉. be ～*d* as President 大統領に正式に就任する.

2 (式を挙げて) 〔公共施設など〕の使用を開始する. ～ a new bridge 新しい橋の開通式を行う.

3 〔重要な時代[時期]など〕を新しく開く; 〔新事業, 新政策など〕を発足させる. ～ a long-term national defense plan 長期国防計画を発足させる. The space shuttle ～*d* a new era in the exploitation of space. スペースシャトルは宇宙開発に新時代を開いた. [＜ラテン語「(占いをして)任命する」] ▷**in·au·gu·ra·tor** /-tər/ [名] [C] 就任させる人, 叙任者; 開始者.

†**in·àu·gu·rá·tion** [名] [UC] **1** (式を挙げて)就任(させる[する]こと); 就任式. the President's ～ (ceremony) 大統領の就任(式). **2** (公共施設などの)落成式; 開通式; 発会式. **3** (ある重要な時代などの)開始; 落成; 開通; 開業; 発会.

Inaugurátion Dày [名] 〈the ～〉〖米〗大統領就任式日《大統領選挙の翌年の1月20日》.

in·aus·pi·cious /ìnɔːspí∫əs [移]/ [形] 〖章〗不吉な, 縁起の悪い; 不運な. ▷**～·ly** [副] **～·ness** [名]

ìn-betwéen /[移]/ [形] 中間的な, 中間の; どっちつかずの.
── [副] 中間に.

in·board /ínbɔ̀ːrd/ [形] 〈限定〉**1** 船内の, 機内の. **2** 船内エンジン付きの〔モーターボート〕. ◇↔outboard
── [副] 船内に, 機内に.

in·born /inbɔ́ːrn [移]/ [形] 〔才能などが〕生まれつきの, 生来の, (innate); 身に付いた. an ～ talent for music 音楽に対する先天的な才能.

in·bound /ínbàund/ [形] 帰って来る; 市内に向かう, 市内行きの, 上りの, 〔列車など〕; 本国行きの, 帰航の, 〔船舶など〕; (↔outbound).

in·bred /inbréd [移]/ [形] **1** 生まれつきの, 生来の, (innate); (幼時からのしつけで)身に付いた. **2** 同系繁殖[近親交配]の[による].

in·breed /ìnbríːd/ [動] (→breed) [他] **1** ..を同系繁殖[近親交配]させる. **2** 〔感情など〕を内部に生じさせる.

ín·brèed·ing [名] [U] **1** 同系繁殖, 近親交配.
2 〖軽蔑〗縁故(者)優先.

ìn-búilt /[移]/ [形] 〖主に英〗作り付けの, 内蔵の, (built-in); 生得の, 持って生まれた.

†**Inc.** 〖米〗incorporated.

inc. included; including; inclusive, income; incomplete; incorporated; increase.

In·ca /íŋkə/ [名] ([複] ～, ～s) [C] **1** インカ人《16世紀のスペインによる征服以前ペルーで高度の文化を持っていた南米先住民族 (the Incas) の一員》. **2** インカ帝国の統治者《特に皇帝》.

In·ca·ic /iŋkéiik/ [形] インカ人[帝国]の.

in·cal·cu·la·ble /inkǽlkjələb(ə)l/ [形] **1** 数えきれない, 計り知れない, 無数の, 莫(ばく)大な. in ～ numbers 無数に. The drought did ～ damage to the nation's farmland. 干魃(かんばつ)はその国の農耕地に計り知れない被害をもたらした. **2** 予測できない, 不確かな; 〔人の素質, 感情などが〕当てにならない, 変わりやすい. a woman of ～ moods 気まぐれな女性.
▷**-bly** [副] 数えきれない[計り知れない]ほど.

In·can /íŋkən/ [形] インカ(人, 帝国, 文化)の.
── [名] [C] インカ人.

in·can·des·cence /ìnkəndés(ə)ns, -kæn-/ [名] [U] 白熱(状態), 灼(しゃく)熱; 白熱光; (人の)内なる輝き.

in·can·des·cent /ìnkəndés(ə)nt, -kæn- [移]/ [形] **1** 〔物質が〕白熱した; 白熱光を発する. **2** 〔人, 物が〕光り輝く, きらめく, (brilliant); 〔感情などが〕熱烈な, 激烈な. [＜ラテン語 (＜in-[1] (強調)＋*candescere*「白く輝く」)]
▷**～·ly** [副]

incandèscent lámp [名] [C] 白熱電球 (light bulb).

in·can·ta·tion /ìnkæntéi∫(ə)n/ [名] **1** [C] 呪(じゅ)文; まじない. **2** [U] 呪文を唱えること; 魔法.

in·cà·pa·bíl·i·ty [名] [U] **1** 無能(力), 不能. **2** 無資格; 不適任.

***in·ca·pa·ble** /inkéipəb(ə)l/ [形] [m]
1 無能な, 無力な. an ～ secretary 無能な秘書. drunk and ～ 泥酔して, 酔いつぶれて.
2 〈叙述〉能力がない〈*of* do*ing* ..する〉; できない〈*of* (do*ing*) ..(すること)が〉; (↔capable; [類語] (1) incapable は「本来的に能力, 素質, 資格などがない」の意味; incompetent は「特定の仕事について不適格[無能]である」の意味; unable は特定の場合について「果たせない, 出来ない」の意味. (2) incapable は, incompetent, unable とちがって to 不定詞をとらない). The terms of the contract are ～ *of* modification. その契約条項は変更できない. He is weak and ～ *of* hard work. 彼は虚弱で激しい作業はできない. He seems ～ *of* (do*ing*) any creative thinking. 彼は創造的に考えることが全くできないようだ.
3 〔人が〕(性格上)できない〈*of* (do*ing*) ..(すること)が〉. Pat is (a man) ～ *of* hurt*ing* anyone. パットは人の心を傷つけられないたち(の人間)だ.
[in-[2], capable] ▷**-bly** [副] 無能に.

in·ca·pac·i·tate /ìnkəpǽsətèit/ [動] [他] 〖章〗**1** 〔病気, 事故などが〕〔人〕を無力[不適, 不具]にする; 〔人〕をできなくする, 〈*for* ..が/*from* do*ing* ..することが〉. The accident ～*d* him *for* work [*from* work*ing*]. 彼はその事故のために仕事ができなくなった. **2** の資格を奪う〈*from* do*ing* ..する〉.

in·ca·pac·i·ty /ìnkəpǽsəti/ [名] [aU] 能力がないこと〈*for* (do*ing*) ..の/*to* do ..する〉; 無能(力), 無力; 無資格. his ～ *for* (perform*ing* his) duty 彼が義務を果たせないこと. an ～ *to* run quickly 速く走れないこと.

in·car·cer·ate /inkɑ́ːrsərèit/ [動] [他] 〖章〗を投獄する, 拘置する, 監禁する. ▷**in·càr·cer·á·tion** [名]

in·car·na·dine /inkɑ́ːrnədən, -dàin, -dìːn|-dàin/

I

形 〖古・雅〗血の色の; 肉色の, 薄桃色の; →incarnate 2. ── 動 他 を血の色[肉色]に染める.

in·car·nate /inkɑ́ːrnət, -neit/ 形 **1** 肉体化された, 人間の姿をした, 擬人化された, (personified);〔抽象概念が〕具体化された (embodied); (語法 主に名詞の後に置く). That man is a devil ~. あの男は ⌞人間の姿をした悪魔[悪魔の化身]である. beauty ~ 美の化身. **2**〔特に, 植物が〕肉色の, 薄桃色の; 深紅色の.
── /-neit/ 動 他 **1** に肉体を与える; を人間の姿にする; を化身させる 〈*in, as* ..に〉〈しばしば受け身で〉; (personify). **2**〔人が〕の典型である. He ~*s* masculine beauty. 彼は男性美の典型である. **3**〔思想, 精神〕を具体化する, 現実化する, (embody)〈*in* ..に/*as* ..として〉〈普通, 受け身で〉. The spirit of the times was ~*d in* those poets. 時代の精神はこれらの詩人に具現された. [<ラテン語 (<in-[1]+*carō* 'flesh')]

‡in·car·na·tion /inkɑːrnéiʃ(ə)n/ 名 **1** U (超自然の存在が)人間の姿 ⌞を取る[にされる]こと, 肉体化. **2** C 化身, 権化; 典型. Robinson Crusoe is the very ~ of individualism. ロビンソン・クルーソーはまさに個人主義の権化である. **3** C (輪廻(りんね)における)一時期(の姿), 前世(ぜんせ). He believed he had been a cat in a previous ~. 彼は自分の前世は猫だったと信じていた. **4**〖神学〗〈the I-〉受肉, 託身, 《神がキリストとして地上に生まれたこと》.

I

in·case /inkéis/ 動 =encase.

in·cau·tious /inkɔ́ːʃəs/ 形 〖章〗用心深くない, 不注意[不用意]な; 早まった (rash). ▷ **~·ly** 副 **~·ness** 名

in·cen·di·a·rism /inséndiərìz(ə)m/ 名 U **1** 放火. **2** (反乱, 抗争などの)扇動.

in·cen·di·ar·y /inséndièri|-diəri/ 形 〈限定〉 **1** 発火の; 火事の原因になる; 焼夷(しょうい)性の. an ~ device 発火装置《火炎びんなど》. **2** 放火の, 放火する. **3** 扇動的な. an ~ speech アジ演説. ── 名 (複 **-ar·ies**) C **1** 放火犯人. **2** 扇動者. **3** 焼夷弾 (**incèndiary bómb**).

†in·cense[1] /ínsens/ 名 U **1** 香(こう), 香料; 香のにおい[煙]. **2** 〈一般に〉芳香. [<後期ラテン語「燃やされたもの」; <incense[2]]

‡in·cense[2] /inséns/ 動 他 を激怒させる〈しばしば受け身で〉. I was ~*d by* the man's lack of concern [*with* the man]. その男の無関心さ[その男]に私はひどく腹が立った. [<ラテン語「火をつける」]

in·cénsed /-t/ 形 〈普通, 叙述〉激怒して〈*at* ..に/ *that* 節..ということに〉. He was ~ ⌞*at* his friend's betrayal [*that* his friend betrayed him]. 彼は友人の裏切り[友人が裏切ったこと]に激怒した.

†in·cen·tive /inséntiv/ 名 UC **1** 刺激[励み, 奨励](になるもの[事]), 誘因, 動機, 〈*to* ..への/*to* do ..しようという〉. I wonder what ~ made them work so hard. 何が動機で彼らがそんなに働くようになったのだろう. Grades are not always an ~ *to* harder study [*to* study harder]. 成績は必ずしももっとよく勉強させるための刺激とはならない. tax ~*s* 税金の優遇措置《経済活性化などのための減税, 控除など》. a financial ~ 奨励金.
2 気持ち, やる気, 〈*to* do ..しようという〉〈普通, 否定文で〉. He has no ~ *to* continue the work. 彼は仕事を続ける気がない.
── 形 〈限定〉刺激[励み]となる, 奨励(用)の. an ~ payment 奨励[報償]金. [<ラテン語「歌う>励ます」]

in·cep·tion /insépʃ(ə)n/ 名 UC 〖章〗初め, 発端; 開始; (企業などの)創業; (beginning). [<ラテン語 *incipere*「始める」]

in·cep·tive /inséptiv/ 形 **1** 初めの, 発端の. **2**〖文法〗起動(相)の《動作の発端を表す》. ── 名 C 〖文法〗起動相動詞.

in·cer·ti·tude /insə́ːrtət(j)ùːd/ 名 U 〖章〗不確実, 不確定; 不安定.

***in·ces·sant** /insés(ə)nt/ 形 C やむことのない, 絶え間のない. I'm tired of her ~ chatter. 彼女のひっきりなしのおしゃべりにはうんざりだ. a week of ~ rain 一週間降り続く雨. their ~ demands for better treatment 彼らのひっきりなしの待遇改善の要求. [<ラテン語 (<in-[2] +*cessāre* 'cease')] ▷ **~·ly** 副 絶え間なく. **~·ness** 名

‡in·cest /ínsest/ 名 U 近親相姦(かん). [<ラテン語 (< in-[2]+*castus* 'chaste')]

in·ces·tu·ous /inséstʃuəs|-tju-/ 形 **1** 近親相姦(かん)の(罪を犯した). **2** 仲間だけで固まる, 排他的な,〔グループなど〕. ▷ **~·ly** 副 **~·ness** 名

‡inch /intʃ/ 名 (複 **ínch·es** /-əz/) C **1** インチ《英国度量衡法の単位の 12 分の 1 フィート(=2.54 センチメートル); 略 in.; 雨量, 積雪量, 気圧を示す時にも用いる; 記号《″》: 例 1′ 3″=one foot three ~*es*》. a square ~ 1 平方インチ. 3/4 [three-quarters] of an ~ of rainfall 4 分の 3 インチの降雨量. Give him an ~ and he'll take an ell [a yard, a mile]. 〖諺〗寸を得て尺を望む《人は甘やかすとすぐ付け上がる》.
2 〈an ~〉わずか(な金額, 程度, 量など) (語法 否定文, 条件文などで, しばしば副詞的に用いられる). He won't give [budge, yield] an ~ on this point. 彼はこの点では一歩も譲ろうとしないだろう. Move an ~, and you're dead! ちょっとでも動くと命はもらうぞ.
by ínches (1) わずかな差で. The bullet missed him *by* ~*es*. ごくわずかなところで弾丸は彼からそれた. (2) 少しずつ; だんだんに. The old man is recovering *by* ~*es*. 老人は徐々に回復している.
******èvery ínch*** (1) 端から端まで, 全域, 〈*of* ..の〉. Taxi-drivers in London are supposed to know *every* ~ *of* the city. ロンドンのタクシー運転手は市のすみずみまで知っていなくてはならない. (2) 〈副詞句として身分などを表す名詞の前で〉 あらゆる点で; 全く. Lord Thompson was *every* ~ an aristocrat. トムソン卿(きょう)はどこから見ても貴族であった.
inch by ínch 1 インチずつ, 小刻みに, 少しずつ. The boat was crawling ~ *by* ~ against the wind. ボートは逆風の中を 1 インチずつ這(は)うように進んでいた.
within an ínch of (*doing*).. ほとんど..(するところ)まで; ..の[する]1 歩手前まで. The police officer came *within an* ~ *of getting* shot by the robber. その警察官は強盗にもう少しで撃たれるところだった. beat [thrash] a person *within an* ~ *of* his life 人を打ちのめして半殺しにする.
── 動 自 VA (苦労して)少しずつ動く, じりじり進む. Land prices were ~*ing* up. 地価はじりじり上っていた.
── 他 VOA を(苦労して)少しずつ動かす. ~ (one's way) *through* the crowd 群衆をかきわけてじりじり進む (★ one's way を省いた場合 inch は自動詞). He ~*ed* his car (forward) *along* the frozen road. 彼は凍結した道路を徐々に車を(前に)進ませた.
[<ラテン語 *uncia*「12 分の 1」(<*ūnus*「1」)]

inch·meal /íntʃmìːl/ 副 少しずつ, 徐々に, ゆっくりと.

in·cho·ate /inkóuət/ 形 〖章〗 **1**〔計画などが〕まだ始まったばかりの,〔願望などが〕芽生えたばかりの (★「明確な形を成していない」を含意). **2** 未完成の; 不完全な; 一貫性のない, とりとめのない.

in·cho·a·tive /inkóuətiv/ 形 **1** =inchoate. **2**〖文法〗起動(相)の (inceptive).
── 名 C 〖文法〗起動相動詞《事の始まりを意味する動詞; begin, commence, start など》.

ínch·wòrm 名 C 〖虫〗シャクトリムシ (looper, measuring worm).

‡in·ci·dence /ínsəd(ə)ns/ 名 **1** UC 〈普通, 単数形で〉 (**a**) (病気, 犯罪などの)発生率, 発生範囲. the high [increased] ~ of leukemia near nuclear power stations 原子力発電所近くでの白血病の高い発生率[発生率の増加]. (**b**) (税の)負担範囲[方式]. The ～ of the tax seems to fall entirely upon the higher income bracket. その税の負担は全面的に高所得者層にかかっているようだ. **2** [U] 〘物理〙 入射, 投射.

‡**in·ci·dent** /ínsəd(ə)nt/ [名] ([複] **～s** /-ts/) **1** [UC] (付随的な)**出来事**, (偶発的な)小事件, (特に物語, 劇, 映画などの中の)事件, エピソード, (happening) ([類語] event に付随して起こる比較的小さい事件; →accident). a curious ～ 奇妙な出来事. The next few days passed without ～. 続く数日間は(何事もなく)無事に過ぎた. His life was full of ～. 彼の生涯は事件に満ちていた.
2 [C] **事件**; 紛争; (★しばしば反乱, 戦争などを婉曲に表現する時に用いる). a regrettable ～ between the two countries 2国間の遺憾な事件. The government refused to comment on the ～ at the border. 政府は国境紛争についての論評を拒んだ.

> 1, 2 の [連結] a memorable [an amusing; a shocking; a tragic; an ugly; an unfortunate] ～ // provoke [prevent; witness] an ～

3 [C] 付随するもの[事]; 〘法〙 付帯義務[権利].
—— [形] 〈叙述〉 〘章〙 **1** 起こりがちな, 付きものの, 付帯する, 〈*to* ..に〉. the evils ～ *to* human society 人間社会には付きものの弊害[害悪]. **2** 〔光線が〕投射する 〈*on, upon* ..に〉.
[<ラテン語「起こる」(<in-[1]+*cadere* 'fall')]

†**in·ci·den·tal** /ìnsədént(ə)l [移]/ [形] **1** 〈叙述〉 付随して起こりがちな, 当然付随する, 〈*to* ..に〉. the duties ～ *to* a job 仕事に付随する義務. **2** 付随的の, 主要でない; 偶発の; 臨時の. ～ expenses 臨時費, 雑費. —— [名] [C] **1** 付随的なもの[事]. **2** 〈～s〉 不時の入用品.

†**ìn·ci·dén·tal·ly** [副] **1** ついでに言えば, ところで, (by the way). *Incidentally*, I saw Philip the other day. ところでこの間フィリップに会ったよ. **2** 付随的に; 偶発的に; 臨時に.

ìncidental músic [名] [U] (劇, 映画などで演出効果を高めるための)随伴[付随]音楽.

íncident ròom [名] [C] 〘英〙 捜査本部.

in·cin·er·ate /insínərèit/ [動] [他] 〘章〙 〈しばしば受け身で〉 〔ごみ, 産業廃棄物など〕を焼いて灰にする, 焼却する; 〔死体〕を火葬にする (cremate); を焼死させる.
[<ラテン語「灰 (*cinis*) にする」]

in·cìn·er·á·tion [名] [U] 焼却; 火葬.

‡**in·cin·er·a·tor** /insínərèitər/ [名] [C] (ごみ, 産業廃棄物などの)焼却炉; 火葬炉.

in·cip·i·ence, -en·cy /insípiəns/, /-ənsi/ [名] [U] 〘章〙 発端; 〘医〙 (病気などの)初期.

in·cip·i·ent /insípiənt/ [形] 〈限定〉 〘章〙 始まったばかりの; 〘医〙 〔病気が〕初期の. There are signs of an ～ economic recovery. 経済回復の徴候が見える. be at the ～ stage of pneumonia 肺炎の初期である.
▷ **～·ly** [副]

in·cise /insáiz/ [動] [他] 〈しばしば受け身で〉 〘章〙 **1** に切り込みを入れる, を切開する. **2** に彫り込む 〈*with* ..を〉, 〔デザインなど〕を彫り込む 〈*in, into* ..に〉.
[<ラテン語 (<in-[1]+*caedere* 'cut')]

in·ci·sion /insíʒ(ə)n/ [名] [UC] **1** 切り込むこと; 切り口; 〘医〙 切開. **2** 彫り込み.

‡**in·ci·sive** /insáisiv/ [形] **1** 〔刃物などが〕よく切れる, 鋭利な. **2** 〈良い意味で〉 〔人(の思考, 言葉, 批評など)が〕鋭い, 明敏な, (ずばりと)的を射た. ～ criticism 鋭敏な批評. ～ wit 鋭い機知. ▷ **～·ly** [副] **～·ness** [名]

in·ci·sor /insáizər/ [名] [C] 〘解剖〙 門歯《上下各4本の前歯》.

in·ci·ta·tion /ìnsaitéiʃ(ə)n, -sə-/ [名] ＝incitement.

†**in·cite** /insáit/ [動] [他] **1** [VOA] (～ X *to* ../*against* ..) X (人)を..へと/..に反対するよう駆り立てる; [VOC] (～ X *to do*) X (人)を..するように刺激する, 扇動する. They're trying to ～ the laborers *to* a strike [*to* go on strike]. 彼らは労働者を扇動してストライキを打たせようとしている. ～ the people (*to* rise) *against* the dictator 人々を扇動して独裁者に刃向かわせる. **2** (人を扇動[刺激]して)を起こす; 〔感情など〕を誘発する. ～ a riot (扇動して)暴動を起こす. Her words ～*d* much anger in [among] the Japanese nation. 彼女の言葉は日本国民を大いに怒らせた. [<ラテン語 (<in-[1] 'toward'+*citāre* 'rouse')]

in·cíte·ment [名] **1** [U] 刺激, 励まし; 扇動 〈*to* ..への/*to* do ..するようにとの〉. **2** [C] 刺激[扇動]する言動[物事]; 誘因 〈*to* ..の〉. an ～ *to* rebellion 反乱の誘因.

in·ci·vil·i·ty /ìnsəvíləti/ [名] ([複] **-ties**) 〘章〙 **1** [U] 無作法, 無礼, (rudeness). **2** [C] 無礼な言動.

incl. including; inclusive.

in·clem·en·cy /inklémənsi/ [名] [U] 〘章〙 (天候の)険悪さ, 厳しい寒さ.

in·clem·ent /inklémənt/ [形] 〘章〙 **1** 〔気候, 天候が〕厳しい; 険悪な; 寒冷な. ～ weather (寒くて)荒れ模様の天気. **2** 残酷な; 無情な (harsh).

***in·cli·na·tion** /ìnklənéiʃ(ə)n/ [名] ([複] **～s** /-z/)
1 [UC] 〈しばしば ～s〉 **好み**, 愛好, 〈*to, toward, for* ..への〉; **意向**, 願望, 希望, 〈*to* do ..したいという〉. Follow your own ～*s*. 自分のやりたいようにしなさい. I have no ～ *for* sports. 私はスポーツを好まない. I feel no ～ *to* go to her party. 彼女のパーティーに行きたいとは少しも思わない. His ～ would be *to* ignore the decision. 彼の意向は, その決定を無視するつもりだろう.
2 [C] 〈普通, 単数形で〉 **傾向** 〈*to* ..への/*to* do ..する〉; 性向, 性癖. My father has an ～ *to* stoutness. 父は太り易い体質である. Emma has an ～ *to* spend recklessly. エマには浪費癖がある.
3 〘章〙 [U] **傾き**, 傾斜, 勾(こう)配; [C] **傾斜地[面]**, 坂. the ～ of the rise 坂の勾配.
4 [C] 〈普通, 単数形で〉 傾けること; (頭を)下げること, (体を)曲げること. The nurse acknowledged me by an ～ of her head. 看護婦は私に気づいて頭を下げてあいさつした. **5** [C] 〘数〙 傾度, 傾角; 〘天〙 (軌道の)傾斜角.
▷ **～·al** /-əl/ [形]

***in·cline** /inkláin/ [動] (**～s** /-z/|[過] [過分] **～d** /-d/|**-clin·ing**) [他] 〘章〙 **1** を**傾ける**, 傾けて置く, 傾斜させる; 〔頭など〕を下げる, 〔体〕を曲げる. ～ bicycles against the shopwindows ショーウィンドーに自転車をもたれさせて置く. She ～*d* her head in greeting. 彼女はおじぎをした.
2 [VOA] (～ X *to, toward* ..) X (人(の関心))を..に向ける; [VOC] (～ X *to do*) X (人)を**..する気にさせる**. Madame Curie's biography ～*d* her *toward* a career as a scientist. キューリー夫人伝が彼女に科学者の道を歩む気持ちにさせた. This experience ～*d* me *to* study abroad. この経験で私は海外に留学する気になった.
—— [自] 〘章〙 **1** **傾く**, 傾斜する; 体を曲げる, かがむ. The land ～*s* sharply toward the bank. 土地は川岸に向かって急に傾斜している.
2 [VA] (～ *to, toward* ../*to do*) **..の方へ/..したいと(心が)傾く**, 気が向く; ..の/..する(性格的, 体質的な)傾向がある. Geraldine ～*s to* pop, I *to* jazz. ジェラルディンはポピュラー音楽が好き, 僕はジャズだ. I half ～ *to* suspect Monica. 私はモニカが怪しいと半ば疑いたい気持ちだ. I ～ *to* leanness in summer. 私は夏やせするたちだ.
incline one's éar to .. ..に耳を傾ける.
—— /ˊ-, -ˊ/ [名] [C] 傾斜面; 勾(こう)配, 坂.
[<ラテン語「傾ける」(<in-[1] 'toward'+*clīnāre* 'bend')]

***in·clined** /inkláind/ [形] [m] **1** 〈叙述〉 (**a**) **..したいと思う** 〈*for, toward* ..を/*to* do〉. I'm not ～ *for* [*to* do] anything today. 今日は何にもする気にならない. Didn't you ever feel ～ *to* get away from it all? 何もかも捨てて逃げ出したいと思ったことはありませんか. If you feel so ～, you can go shopping. そうしたければ, 買い物に行っていい. (**b**) (同意, 考えるなど)していいと思う〈*to* do〉《断定を避けた言い方》. I'm ～ to believe he is not to blame. 彼に責任は無いと信じていいと思う.

2〈叙述〉(性格, 体質的に)傾向がある〈*to, toward, for* ..の/*to* do ..する〉;〈分野を表す-ly 副詞を伴って〉生来(音楽, 数学など)に向いている, の才能がある. be ～ *to* self-conceit うぬぼれの傾向がある. Some people are ～ *to* put on weight in winter. 冬に体重が増える傾向の人もいる. The girl is very artistically [mathematically] ～. その少女には大変芸術的[数学的]な才能がある. **3** 傾斜した.

inclìned pláne [名] [C] 斜面; 斜面板《荷を引き上げ易くするために用いる》.

in·cli·nom·e·ter /inklənámətər|-nɔ́m-/ [名] [C]〖空〗傾斜計;〖測量〗傾角計.

in·close /inklóuz/ [動] ＝enclose.

in·clo·sure /inklóuʒər/ [名] ＝enclosure.

‡in·clude /inklú:d/ [動] (～**s** /-dz/|[過] [過分] **-clud·ed** /-əd/|**-clud·ing**) [他]

1〈進行形不可〉(**a**) を**含む**; を包含する; ([類語] ある物を内容の一部として含むこと; →contain). The primates ～ not only the apes, but also man. 霊長類は無尾猿だけでなく人間も含む. The price does not ～ the case. 価格には箱代は含まれていません. (**b**) [VO] (～ *doing*) ..することを含む. Her duties don't ～ mak*ing* tea. お茶を入れることは彼女の職務のうちではない.

2 を含める, 加える, 数え入れる,〈*in, among, on, with* ..〔表, 合計, グループなど〕に〉. The tax is ～*d in* the book's price. 本の価格には税が含まれています. I hate to be ～*d with* such people. あんな連中と同類と見られるのはいやだ. Please ～ a dozen eggs *on* the list. リストに卵 1 ダース入れて下さい. If you want to do the work more efficiently, you can ～ me out.〖戯・話〗もっと能率的に仕事をやりたければ, 私を仲間に入れないがいい. ◇↔exclude [名] inclusion

[＜ラテン語「閉じ込める」(＜in-¹＋*claudere* 'shut')]

in·clúd·ed /-əd/ [形]〈名詞に後置して〉〔..を〕含めて(略 inc., incl.; →including). £15.20, postage ～ 送料込みで 15 ポンド 20 ペンス. We all attended the meeting, me [myself] ～. 私も含めて全員が会合に出た.

***in·clud·ing** /inklú:diŋ/ [前] ..を含めて (略 inc., incl.; ↔excluding). £15.20, ～ postage 送料込みで 15 ポンド 20 ペンス. ～ me [myself] 自分も含めて. I have invited eight friends, ～ three girls. 3 人の女の子を含めて 8 人の友達を招待した.

‡in·clu·sion /inklú:ʒ(ə)n/ [名] **1** [U] 包含する[される]こと, 受け入れる[られる]こと,〈*in, among, with* ..に〉; 包括; (↔exclusion). the ～ of 5% consumption tax in the price 価格に 5% の消費税を含めること. **2** [C] 含められたもの; 含有物.

***in·clu·sive** /inklú:siv/ [形] **1** (**a**) [m] すべて[多く]を含んだ. an ～ report 包括的な報告. ～ terms (ホテルなどの)一括料金《食事代など一切を含む; →all-inclusive》. (**b**) [C]〈叙述〉含んで,〔特に金額などが〕含めて, 勘定に入れて,〈*of* ..を〉. $50, ～ *of* interest 元利合わせて 50 ドル. This list is ～ *of* the past members of the group. この表には過去の会員も含まれている.

2 [C] (数字, 曜日などの)始めと終わりを含んだ ([語法] 数などの後に置く). from Monday to Thursday ～ 月曜日から木曜日まで (★月曜日と木曜日を含む;〖米〗では普通 from Monday *through* Thursday と言う). pages 20 to 29 ～ 20 ページから 29 ページまで (★20 ページと 29 ページを含む全部で 10 ページ). **3** [m]〔組織, 集団などが〕排他的でない, 広く受け入れる;〔言語が〕性差のない, 男女両用の,《例えば, chairman を chairperson, everybody の代名詞を he でなく they とするなど》.

◇↔exclusive ▷**～·ly** [副] すべてを含めて; 包括的に.

incog. incognito.

in·cog·ni·to /inkágnitòu, ìnkagní:tou|ìnkɔgní:tou, inkɔ́gnitòu [移]/ [形]〈普通, 叙述〉名前[身分]を明かさない, お忍びの; 変名の, 匿名の. a duke ～ お忍びの公爵 (★このような限定用法では名詞の後に置かれる).

── [副] 名を隠して; お忍びで; 変名で. travel ～ お忍びで旅行する. ── [名] ([複] **～s**) [C] 匿名(者).

[イタリア語 'unknown']

in·co·her·ence /ìnkouhí(ə)rəns/ [名] [U] 首尾一貫しないこと; 支離滅裂, とりとめのなさ.

‡in·co·her·ent /ìnkouhí(ə)rənt [移]/ [形]〔言葉, 考えなどが〕首尾一貫しない, つじつまの合わない; とりとめのない. an ～ reply [policy] しどろもどろの答弁[支離滅裂の政策]. ▷**～·ly** [副] 支離滅裂に, とりとめなく.

ìn·com·bùs·ti·bíl·i·ty [名] [U]〖章〗不燃性.

in·com·bus·ti·ble /ìnkəmbʌ́stəb(ə)l [移]/〖章〗[形] 不燃性の. ── [名] [C] 不燃物.

‡in·come /ínkʌm, -kəm/ [名] ([複] **～s** /-z/) [UC] (給与, 年金, 投資, 事業などによる定期的な)**収入**, 所得; 所得額; (↔outgo). earned ～ 勤労所得. unearned ～ 不労所得《地代収入や配当所得》. taxable ～ 課税所得. a high ～ 高収入. families on low ～*s* 低収入家庭. She has an ～ of $50,000 a year. 彼女は 5 万ドルの年収がある. Most of his ～ comes from investment. 彼の収入の大部分は投資から得られる. I have lived on a meager ～ all my life. 私はこれまでの人生ずっと乏しい収入でやってきた.

> [連結] a large [an ample, a comfortable, a substantial; a moderate; a small; a regular, a stable; an annual; a monthly] ～

lìve beyond [within] one's íncome 収入以上[収入の範囲内]の暮らしをする. [in, come]

ín·còmer [名] [C]〖主に英〗(ある地域へ引っ越してきた)新来者.

íncomes pòlicy [名] [C] (政府の)所得政策《賃上げを制限して物価上昇[インフレ]を抑制しようとする》.

íncome suppòrt [名] [U]〖英〗(政府の低所得者への)所得援助.

†íncome tàx [名] [UC] 所得税.

íncome tàx retùrn [名] [C] (納税のための)所得税申告(書).

‡in·com·ing /ínkʌmiŋ/ [形]〈限定〉**1** 入って来る, やって来る, (↔outgoing). the ～ tide 上げ潮. ～ passengers 到着乗客. ～ phone calls 受信通話. ～ settlers 入植者. **2** 次に来る; 後任の, 後続の. the ～ governor [government] 後任の知事[次期政府].

── [名] **1** [U] 新来, 入来. **2**〈～s〉所得. ～*s* and outgoings 収入と支出.

in·com·men·sur·a·ble /ìnkəménʃ(ə)rəb(ə)l [移]/ [形]〖章〗**1** 同一単位で計量できない; 比較にならない, 不釣り合いな,〈*to, with* ..と〉. **2**〖数〗約分[通約]できない, 公約数のない. ── [名] [C] 同一単位で計量できない物[量];〖数〗通約できない数. ▷**-bly** [副] 不釣り合いなほど.

in·com·men·su·rate /ìnkəménʃ(ə)rət [移]/ [形]〈叙述〉不釣り合いの; 不十分な, 不足な;〈*with, to* ..に〉. His abilities are ～ *to* [*with*] the task. 彼の能力はその仕事に不十分だ. ▷**～·ly** [副] **～·ness** [名]

in·com·mode /ìnkəmóud/ [動] [他]〖章〗に迷惑をかける, を悩ます; に不便を感じさせる.

in·com·mod·i·ous /ìnkəmóudiəs [移]/ [形]〖章〗不便な, 居心地の悪い;〔部屋などが〕狭苦しい.

▷ ～·ly [副] ～·ness [名]

in·com·mu·ni·ca·ble /ìnkəmjúːnikəb(ə)l [移]/ [形] 言うことができない, 伝えられない; 伝達できない.

in·com·mu·ni·ca·do /ìnkəmjùːnikɑ́ːdou/ [形]〈叙述〉[副]〔人が〕伝達手段なしの[に]（★やむを得ず, 又は自ら望んで);〔囚人などが〕外部との連絡を絶たれた[て]. be held [kept, detained] ～ 外部から隔離されている. [スペイン語 'isolated']

in·com·mu·ni·ca·tive /ìnkəmjúːnəkèitiv|-kət- [移]/ [形] ＝uncommunicative.

in·com·par·a·bil·i·ty /inkɑ̀mpərəbíləti|-kɔ̀m-/ [名] [U] 比類のなさ, 無比.

†**in·com·pa·ra·ble** /inkɑ́mp(ə)rəb(ə)l|-kɔ́m-/ [形] **1** 並ぶ[匹敵する]もののない(ほど優れた), 比類のない. an ～ masterpiece 無類の傑作. **2** (共通の基準がなくて)比較できない〈*with, to* ..と〉.

in·cóm·pa·ra·bly [副] **1** 比類なく, 並ぶもののないほど. ～ accurate 正確無比の. **2**〖章〗〈形容詞の比較[最上]級を修飾して〉非常に (very much).

ìn·com·pàt·i·bíl·i·ty [名] **1** [aU] 両立しないこと;(性格などの)不一致〈*between* ..の間の/*with* ..との〉. divorce on grounds of ～ of temperament 性格不一致で離婚する. **2** [U] (血液型の)不適合; (コンピュータなどの)非互換性.

†**in·com·pat·i·ble** /ìnkəmpǽtəb(ə)l [移]/ [形] **1**〔物事が〕相容(い)れない, 両立しない,〔人が〕(性の)合わない,〈*with* ..と〉;〔2つの物事が〕両立しない;〔役職などが〕兼任できない. an ～ couple 性格不一致の夫婦. Dogs are usually ～ *with* cats. 犬は普通猫と相性が悪い. Democracy and monarchy are essentially ～ (*with* each other). 民主主義と君主制とは本質的には両立しないものである. **2**〔血液型が〕不適合の;〔薬が〕同時に服用[使用]できない;〔コンピュータなどが〕接続して使えない, 互換性がない;〈*with* ..と〉. ▷**-bly** [副] 相容れないで.

‡**in·com·pe·tence, -ten·cy** /inkɑ́mpət(ə)ns|-kɔ́m-/, /-si/ [名] [U] (法的)無能力, 無資格; 不適格.

†**in·com·pe·tent** /inkɑ́mpət(ə)nt|-kɔ́m-/ [形] 無能な, 不適格な,〈*for, at* ..に〉; 能力のない〈*to* do ..する〉; 法的に無能力[無資格]な《精神異常, 重病, 老齢などで》(→incapable [類語]). an army led by an ～ commander 無能な指揮官に率いられた軍隊. Ted is ～ *to* teach [*for* teaching] English. テッドは英語を教える能力がない. ── [名] [C] 不適格者; 無能力者; 無資格者. ▷～·ly [副]

†**in·com·plete** /ìnkəmplíːt [移]/ [形] **1** 不完全な, 不十分な, 不備な; 出来上がっていない, 未完成の. The artist's last work is an ～ masterpiece. その画家の最後の作品は未完成の傑作である. **2**〖文法〗不完全な《補語を必要とする》. an ～ intransitive [transitive] verb〖文法〗不完全自[他]動詞. **3**〖アメフト〗〔フォワードパスが〕不成功の.
▷ ～·ly [副] 不完全に. ～·ness [名] [U] 不完全さ.

in·com·plé·tion [名] [U] 不完全, 不備; 未完成.

in·com·pli·ant /ìnkəmpláiənt/ [形] 譲らない, 強情な; 柔軟性のない.

†**in·com·pre·hen·si·ble** /inkɑ̀mprihénsəb(ə)l|-kɔ̀m- [移]/ [形] 理解できない, 不可解な,〈*to* ..に〉.
▷**in·còm·pre·hèn·si·bíl·i·ty** [名]

in·còm·pre·hén·si·bly [副] **1** 不可解に. **2** 不可解にも, 理解できないことだが.

in·com·pre·hen·sion /inkɑ̀mprihénʃ(ə)n|-kɔ̀m-/ [名] [U] 理解できないこと; 不可解; 無理解.

in·com·press·i·ble /ìnkəmprésəb(ə)l [移]/ [形] 圧縮できない.

in·con·cèiv·a·bíl·i·ty [名] [U] 思いもよらないこと.

†**in·con·ceiv·a·ble** /ìnkənsíːvəb(ə)l [移]/ [形] 想像もできない〈*to* ..には〉, 思いもよらない; 信じられないほどの, 途方もない. It is ～ *to* me that he would do such a thing. 彼がそんなことをするなんて私には考えられない. It would be ～ for my son to go into politics. 息子が政界入りするなど思いもよらない. drive at an ～ speed とてつもない速さで車を飛ばす.

in·con·céiv·a·bly [副] 考えられないほど; 非常に. an ～ difficult task 考えられないほど難しい仕事.

†**in·con·clu·sive** /ìnkənklúːsiv [移]/ [形]〔議論などが〕決定的でない, 結論が出ない, 要領を得ない;〔勝敗などが〕黒白がつかない. The evidence proved ～. その証拠は決定的ではないと判明した. After eight years the war ended in an ～ draw. 8年後に戦争はうやむやのうちに終わった. ▷ ～·ly [副] 要領を得ずに, うやむやに. The discussion ended ～*ly*. 討論ははっきりした結論が出ないままに終った. ～·ness [名] 要領を得ないこと.

in·con·gru·i·ty /ìnkəngrúːəti|-kɔŋ-, -kəŋ-/ [名] ([複] -ties)〖章〗**1** [U] 不調和, 不釣り合い, 不一致, (ちぐはぐな)おかしさ. **2** [C] 不調和[ちぐはぐ]な行為[事柄など].

†**in·con·gru·ous** /inkɑ́ŋgruəs|-kɔ́ŋ-/ [形] **1** 不釣り合いの[で], 調和しない, 矛盾した[て],〈*with, to* ..と〉. Her style of dress is quite ～ *with* her age. 彼女のドレスの型は年齢不相応だ. **2** 場違いの[で], ちぐはぐな[で], ばかけた[て]. ▷ ～·ly [副] 不釣り合いに, 場違いに, ちぐはぐに. ～·ness [名] ＝incongruity 1.

in·con·se·quence /inkɑ́nsəkwèns|-kɔ́nsəkwəns/ [名] [U]〖章〗論理的不統一; 取るに足りないこと.

in·con·se·quent /inkɑ́nsəkwènt|-kɔ́nsəkwənt/ [形]〖章〗**1**〔考え, 言葉などが〕論理的一貫性がない, (前言と)無関係な. **2** ＝inconsequential 1. ▷ ～·ly [副]

in·con·se·quen·tial /inkɑ̀nsəkwénʃ(ə)l|-kɔ̀n- [移]/ [形] **1** 重要でない, 取るに足りない, (unimportant). **2** ＝inconsequent 1.
▷**in·còn·se·quèn·ti·ál·i·ty** /-ʃiǽləti/ [名] ～·ly [副]

in·con·sid·er·a·ble /ìnkənsíd(ə)rəb(ə)l [移]/ [形]〈普通, 限定〉〔数量, 規模などが〕小さい;〔人, 値打ちが〕取るに足りない (★普通, not を伴い「かなりの..」の意味). not an [a not] ～ amount of money 少なからぬ金額. ▷**-bly** [副] わずかに, 取るに足りないほど.

in·con·sid·er·ate /ìnkənsíd(ə)rət [移]/ [形] 思いやりのない, 察しの悪い,〈*to, toward* ..〔人〕に対して/*of* ..〔他人の感情など〕に〉; 心ない, 軽率だ,〈*of* X *to* do X が..するのは〉. Don't be so noisy at midnight. You're ～ *to* your neighbors. 夜中にそんなに騒ぐな.近所の人に配慮が足りない. It's ～ *of* you *to* make a fool of him. 君が彼をばかにするのは心ない. ▷ ～·ly [副] 思いやりなく. ～·ness, **ìn·con·sid·er·á·tion** /-réiʃ(ə)n/ [名]

†**in·con·sis·ten·cy** /ìnkənsíst(ə)nsi/ [名] ([複] -cies)
1 [U] 不一致, 矛盾; 首尾一貫しないこと.
2 [C] 矛盾した[首尾一貫しない]言動, 矛盾点.

***in·con·sis·tent** /ìnkənsíst(ə)nt [移]/ [形] [m]
1〈普通, 叙述〉〔考え, 意見, 陳述などが〕**一致していない**, 矛盾している, そぐわない,〈*with* ..と〉. Her actions are ～ *with* her words. 彼女のする事は言う事と一致しない.
2〔人(の考え, 方針など)が〕**一貫していない**; 筋道の通らない, つじつまの合わない. His story is ～ in a number of places. 彼の話は多くの点でつじつまが合わない. **3**〔シーズン中のチームなど(の出来栄え)が〕むらのある, 一様でない.
◇↔consistent [in-², consistent]
▷ ～·ly [副] 矛盾して; 一貫しないで.

in·con·sol·a·ble /ìnkənsóuləb(ə)l [移]/ [形] 慰めようのない〔不幸, 悲しみなど〕;〔人が〕悲嘆にくれた, ひどく落胆した. ▷**-bly** [副] 慰めようのないほど; 悲嘆にくれて.

†**in·con·spic·u·ous** /ìnkənspíkjuəs [移]/ [形] 目立たない, 人目につかない. ▷ ～·ly [副] ～·ness [名]

in·con·stan·cy /inkɑ́nstənsi|-kɔ́n-/ [名] ([複] -cies)〖章〗**1** [U] 変わりやすさ, 不定; 気まぐれ, 移り気. **2** [C]〈普通 -cies〉浮気.

in·con·stant /inkánstənt|-kɔ́n-/ [形] 〖章〗 **1** 〔人, 行動などが〕変わりやすい; 気まぐれな, 浮気な. an ～ lover 移り気な恋人. **2** 〔物事が〕一定しない. ▷ **～·ly** [副]

in·con·test·a·ble /inkəntéstəb(ə)l [移]/ [形] 反論[疑問]の余地のない, 否定できない, 〔証拠など〕.
▷ **in·con·tèst·a·bíl·i·ty** [名] **-bly** [副]

in·con·ti·nence /inkántənəns|-kɔ́n-/ [名] [U] 〖医〗 (排泄(せつ)物の)失禁; (性的)自制心のなさ[放縦]. ～ pads 失禁用おむつ, 尿もれパッド.

in·con·ti·nent /inkántənənt|-kɔ́n-/ [形] **1** 〖医〗 排泄(せつ)をコントロールできない; 失禁してしまう. **2** 自制心のない, (特に性欲を)自制できない. ▷ **～·ly** [副] 自制心を失って. 「uncontrollable.

in·con·trol·la·ble /ìnkəntróuləb(ə)l [移]/ [形] ＝↑

in·con·tro·vert·i·ble /ìnkantrəvə́:rtəb(ə)l|-kɔn- [移]/ [形] 〖章〗 反論[疑問]の余地がない, 否定できない. ▷ **in·con·tro·vèrt·i·bíl·i·ty** [名] **-bly** [副]

***in·con·ven·ience** /inkənví:njəns/ [名] ([複] **-ienc·es** /-əz/) **1** [U] **不便**, 不都合; 迷惑 〈*to* ..への〉. Please come if it is no ～ *to* you. もし都合が悪くなければ来て下さい. I hope this doesn't cause you any ～. これがご迷惑にならなければよいのですが. I put him to a lot of ～ to drive me all the way home. 家まで車に乗せていってもらって彼には大変迷惑をかけた. **2** [C] 不便[迷惑, 面倒, 厄介]な事[もの]. Having to park so far away is an ～. ずっと離れた所に駐車しなくてはならないのは不便なことだ. put up with a minor [small] ～ ちょとした不便は我慢する.
── [動] [他] に迷惑をかける; のじゃまをする. We were all ～*d* by the sudden interruption of the telephone service. 突然電話が不通になって私たちはみんな迷惑をこうむった.

***in·con·ven·ient** /inkənví:njənt [移]/ [形] [m] 〔物・事が〕**不便な**; 不自由な; 都合の悪い, 迷惑な, 面倒な, 〈*to, for* ..にとって〉 (↔convenient). It is ～ not to have one's own car. 自分の車がないと不便だ. The house was ～ to live in. その家は住みにくかった. The visitor arrived at a rather ～ hour. その客は少々都合の悪い時間にやって来た. [in-², convenient] ▷ **～·ly** [副] 不便に; 都合悪く, 折悪しく.

in·con·vert·i·ble /inkənvə́:rtəb(ə)l [移]/ [形] 交換できない; 〔紙幣が〕兌換(だかん)できない.

in·con·vin·ci·ble /inkənvínsəb(ə)l [移]/ [形] 〔人などが〕納得させることのできない, 理屈が分からない.

***in·cor·po·rate** /inkɔ́:rpərèit/ [動] (**～s** /-ts/|[過] [過分] **-rat·ed** /-əd/|**rat·ing**) 〖章〗 [他] **1** (**a**) 〔2つ以上のもの〕を**合体させる**, 結合する; を合併させる 〈*with* ..と〉; を**編入する**, 組み込む, 取り入れる, 〈*in, into* ..に〉. The two counties were ～*d*. その2つの州は合併された. We'll ～ your ideas *in* [*into*] our plan. あなたの意見を計画に取り入れましょう. (**b**) (全体の一部として)を含む (include); 取り入れている. The revised edition ～*s* many corrections and new findings. 改訂版には多くの訂正と新発見が取り入れてある.
2 を法人(組織)にする; 〖米〗 を有限[株式]会社にする; (→corporation). ～ one's business 事業を会社(組織)にする. **3** 〔人〕を(団体の一員として)受け入れる, 加入させる, 〈*in, into* ..に〉. **4** 〔考えなど〕を具体化する (embody).
── [自] **1** 合併する 〈*with* ..と〉. **2** 〖米〗 法人(組織)になる; 有限[株式]会社になる.
── /-p(ə)rət/ [形] 〖章〗 ＝incorporated.
[＜後期ラテン語; in-¹, corporate]

†in·cór·po·ràt·ed /-əd/ [形] **1** 統合[編入]された, 合体した, 結合した. **2** 〖主に米・章〗 法人組織の; 〖米〗 有限責任の; 《略 Inc.; 会社名の終わりに Inc. と記す; 例 Nabisco, *Inc.* (ナビスコ有限責任会社); →limited company, Ltd》.

in·còr·po·rá·tion [名] **1** [U] 合同, 結合; 合併; 編入, 組み入れ, 〈*of* ..の/*into* ..への〉. **2** [C] 法人; 〖米〗 会社. **3** [U] 法人 [〖米〗 会社]設立.

in·cor·po·ra·tor /inkɔ́:rpərèitər/ [名] [C] 合同する人; 法人[〖米〗 会社]設立者.

in·cor·po·re·al /ìnkɔ:rpɔ́:riəl [移]/ [形] **1** 〖章〗 実体のない, 無形の; 霊的な. **2** 〖法〗 〔著作権などが〕無体の.
▷ **～·ly** [副]

***in·cor·rect** /ìnkərékt [移]/ [形] [m] **1** **不正確な**; 間違った; 適切でない. ～ information 誤った情報. an ～ statement 正しくない陳述. It's ～ (to say) that he is respected as a leader. 彼が指導者として尊敬されていると言うのは正しくない. **2** 〔ふるまいなどが〕ふさわしくない, 不穏当な, (improper). ～ conduct 無作法.
[in-², correct] ▷ **～·ly** [副] 間違って; 誤って; 不正確に. **～·ness** [名] [U] 不正確.

in·cor·ri·gi·ble /inkɔ́:rədʒəb(ə)l|-kɔ́r-/ [形] 〖時に戯〗 〔人, 習慣などが〕(悪くて)どうしても直せない, 矯正できない, 度しがたい, 手に負えない. a man of ～ bad habits 矯正できない悪癖を持った男.
▷ **in·còr·ri·gi·bíl·i·ty** [名] **-bly** [副]

in·cor·rupt·i·ble /inkərʌ́ptəb(ə)l [移]/ [形] **1** 買収されない〔役人など〕, 清廉な. **2** 腐敗[腐食]しない〔物質など〕; 退廃しない〔道徳など〕.
▷ **in·cor·rùpt·i·bíl·i·ty** [名] **-bly** [副]

‡in·crease /inkrí:s/ [動] (**-creas·es** /-əz/|[過] [過分] **～d** /-t/|**-creas·ing**) [他] を**増す**, 増やす, 増大[拡大]させる; を強める. The government is going to ～ income tax. 政府は所得税を引き上げようとしている. The factory ～*d* the number of employees. その工場は従業員の数を増やした. The rate of interest on loans was ～*d*. ローンの利率が引き上げられた.
── [自] **増加する**, 増える; 増大する; 強まる; 〈*by* ..だけ/*in* ..が/*from* ..から/*to* ..へ〉. ～ *in* number [wealth, value] greatly [dramatically] 数[富, 価値]が大いに[劇的に]増す. ～ *in* population 人口が増加する. My salary has ～*d by* five percent each year. 私の給料は毎年5パーセントずつ上がってきた. The price of this magazine will ～ 50p to £3 a copy from next month. この雑誌の定価は来月から50ペンス上がって1部3ポンドになります.
── /´-/ [名] ([複] **-creas·es** /-əz/) [UC] **増加**, 増大; 増進; 増加量; 〈*in, of* ..の〉. put a stop to the ～ *in* price 価格の上昇を食いとめる. an ～ *in* production [productivity] 生産[生産性]の増大. natural ～ *of* population 人口の自然増. a 10% ～ *of* expenditure over last year 昨年比10%の支出の増大. demand pay ～*s* 賃上げを要求する. ◇↔decrease

> [連結] a large [a marked, a rapid, a sharp, a steep, a substantial, a sudden; a gradual, a steady; a modest, a slight] ～ // show an ～

on the íncrease 増加しつつある, 増加中で. Crime in big cities is *on the* ～. 大都会における犯罪は増加しつつある. [＜ラテン語 (＜in-¹＋*crēscere* 'grow')]

in·créas·ing [形] 〈限定〉 ますます増える. An ～ number of people are giving up smoking. たばこをやめる人の数がますます増えている.

***in·creas·ing·ly** /inkrí:siŋli/ [副] [¢] **ますます**, いっそう, しだいに増加して. It is ～ difficult to borrow money from the banks. 銀行から金を借りるのはますます困難になっている. This will be ～ a politically sensitive issue. これはますます政治的にデリケートな問題になるだろう. *Increasingly*, foreign pressure on Japan became stronger. 次第次第に日本に対する外国の圧力が強まった.

in·crèd·i·bíl·i·ty [名] [U] 信じられないこと.

***in·cred·i·ble** /inkrédəb(ə)l/ 形 m **1** 信じられない, 信用できない. an ～ story of adventure 信じられない冒険談. The success of the project seemed ～. その企画の成功はとても信じられないと思われた. It was ～ (*to* me) that he should have written [he wrote] the book so quickly. 彼がそんなに速くその本を書いたなんて(私には)信じられなかった. **2**〖話〗〈しばしば良い意味で〉**信じ難いほどの**, とてつもない, 驚くべき; すばらしい, すてきな. His powers of observation are truly ～. 彼の観察力は実にすごい. It's ～ how deeply he respects his father. 彼が父親をどんなに深く尊敬しているか信じられないほどだ. [in-², credible]

in·créd·i·bly 副 **1** 信じられないほど; 非常に, 極めて. The opera was finished in an ～ short period. そのオペラは信じられないほど短期間で書き上げられた. **2** 信じられないことだが. *Incredibly* the unbeaten champion was knocked out in the first round. 信じられないことだが不敗のチャンピオンは第 1 ラウンドで KO された.

in·cre·du·li·ty /ìnkrəd(j)úːləti/ 名 U 容易に信じないこと; 疑い深さ, 不信; (disbelief). a look of ～ 疑わしそうな目付き.

†in·cred·u·lous /inkrédʒələs/ 形 **1** 不信を示す; 信じない, 疑っている. with an ～ look 疑わしそうな顔付きで. **2** 容易に信じない, 信じられない, 疑う, 〈*of, about* ..を〉. He remained ～ *of* the rumor. 彼は依然としてそのうわさを信じられなかった.
▷ **～·ly** 副 疑い深く, 疑わしそうに. **～·ness** 名

in·cre·ment /ínkrəmənt/ 名〖章〗**1** U (価値, 金額などの)増加, 増大. the property's unearned ～ 財産の自然[不労]増価《利息, 土地の値上がりなど》. **2** C 増加[増大]量; (定期)昇給額. an annual ～ of 10,000 yen 1 万円の年次昇給.

in·cre·men·tal /ìnkrəméntl ⊛/ 形〖章〗(徐々に[定期的に])増加[増大]する. ～ increases in salary 昇給による給与の増加. ▷ **～·ly** 副

‡in·crim·i·nate /inkrímənèit/ 動 他 **1** に罪[過失]があるとする, を有罪にする; 〈～ oneself で〉自分に不利な証言をする, (反証を認めるなどして)自ら罪に陥る. The Fifth Amendment protects you from being forced to ～ yourself. (米国憲法)修正第 5 条は自分を罪に落とすような証言をしないで済むようにあなたを守ってくれる《黙秘権を認めること》. Her story ～*s* her husband as well. 彼女の話からすると彼女の夫にも罪があるようだ.
2 を原因[元凶]とする 〈*as* .. 〔良くないこと〕の〉. The liquid waste from the factory was ～*d as* the cause of pollution. その工場の廃水が汚染の原因だとされた. [＜ラテン語「罪 (*crimen*) を負わせる」]
▷ **in·crìm·i·ná·tion** 名 U 罪を負わせる[される]こと, 有罪にする[される]こと.

in·crím·i·nàt·ing 形 〈普通, 限定〉罪[過失]のあることを示す. ～ evidence 有罪を示す証拠, 罪証.

in·crim·i·na·to·ry /inkrímənətɔ̀ːri | -nət(ə)ri, -nèit(ə)ri/ 形 有罪とするような.

in·crust /inkrʌ́st/ 動 ＝encrust.

ìn·crus·tá·tion /-teiʃ(ə)n/ ＝encrustation.

in·cu·bate /íŋkjəbèit, ín-/ 動 他 **1**〔卵〕を抱く, かえす; 〔卵〕を(かえるまで抱いて)暖める. **2**〔卵〕を人工孵(ふ)化する; 〔未熟児〕を保育器で育てる. **3**〔細菌など〕を培養する. **4**〔計画, 構想など〕を練る, '暖める'.
── 自 **1** 卵を抱く; 〔卵が〕かえる. **2**〖医〗〔病気が〕潜伏期にある; 〔細菌などが〕増殖する. **3**〔計画, 構想などが〕(心の中で)徐々に具体化する.
[＜ラテン語 (＜in-¹ 'on'＋*cubāre*「横になる」)]

ìn·cu·bá·tion 名 U **1** 卵を抱くこと; 孵(ふ)化; 孵化期間. artificial ～ 人工孵化. **2**〖医〗(病気の)潜伏(期). Measles has an ～ period of up to about 5 days. はしかの潜伏期間は 5 日ぐらいだ. ▷ **～·al** /-əl/,

ìn·cu·bá·tive /-tiv/ 形

in·cu·ba·tor /íŋkjəbèitər, ín-/ 名 C 孵(ふ)卵[孵化]器; (未熟児の)保育器; (細菌)培養器.

in·cu·bus /íŋkjəbəs, ín-/ 名 (複 **in·cu·bi** /-bài/, **～·es**) C **1** 夢魔《睡眠中の女性を犯すと言われた; →succubus》. **2**〖雅〗悪夢 (nightmare); 心の重荷, 心配の種. [＜後期ラテン語; incubate と同源]

in·cul·cate /inkʌ́lkeit, ⌐–⌐/ 動 他〖章〗**1**〔考え, 習慣など〕を(反復によって)徹底的に教え込む, たたき込む, 〈*in, into* ..〔人(の心)〕に〉. He ～*d* these beliefs *in* her mind. 彼は彼女の心にこの信念を植えつけた. **2** VOA (～ X *with* ..) X (人)に..を教え込む, 植え付ける. All the students were ～*d with* democratic ideals. 学生たちはすべて民主主義の理想をたたき込まれた. [＜ラテン語「かかと (*calx*) で踏みつける」] ▷ **in·cul·cá·tion** 名 U (繰り返し)教え込むこと.

in·cul·pa·ble /inkʌ́lpəb(ə)l/ 形 罪のない, 非難できない.

in·cul·pate /inkʌ́lpeit, ⌐–⌐/ 動〖古〗＝incriminate.

in·cum·ben·cy /inkʌ́mbənsi/ 名 (複 **-cies**) **1** U (牧師, 議員などの)在職(していること), 職務; C 在職[在任]期間. **2** C 義務.

‡in·cum·bent /inkʌ́mbənt/ 形 **1**〖章〗〈叙述〉義務としてかかる〈*on, upon* ..〔人〕に/*to* do ..することが〉. It became [I felt it] ～ *on* me *to* take care of my younger brother. 弟の面倒を見るのが私の責任となった[と感じた]. **2** 〈限定〉〖主に米〗在職の, 現職の. the ～ priest 在職の牧師. the ～ governor 現職の知事.
── 名 C **1** (英国国教会の, 教会をもつ)牧師, 聖職禄(ろく)所有者. **2**〖主に米〗現職[在職]者.
[＜ラテン語「もたれかかる」]

in·cum·ber /inkʌ́mbər/ 動 ＝encumber.

in·cúm·brance /-brəns/ 名 ＝encumbrance.

in·cu·nab·u·la /ìŋkjənǽbjələ/ 名 〈複数扱い〉(★単数形 **in·cu·nab·u·lum** /-ləm/ を使うことはまれ)
1 (発達の)初期, 揺籃(らん)期. **2** 揺籃期本《1501 年以前に印刷された本》. [ラテン語 'swaddling clothes']

†in·cur /inkə́ːr/ 動 (～s|-rr-) 他 〔危険, 非難, 罰, 損失など〕を(自分から)招く, こうむる, 背負い込む, 受ける. ～ a person's displeasure 人の不興を買う. ～ extraordinary expenses 莫(ばく)大な出費を招く. ～ disaster 災難をこうむる. [＜ラテン語 (＜in-¹＋*currere* 'run')]

in·cùr·a·bíl·i·ty 名 U 不治; 矯正不能.

†in·cur·a·ble /inkjú(ə)rəb(ə)l/ 形 〔病気などが〕不治の, 治しようのない; 救いがたい. an ～ disease 不治の病. John's optimism is entirely ～. ジョンの楽天家ぶりは全く度し難い. ── 名 C 不治の病人; 救いようのない人間. ▷ **-bly** 副 治し[直し]ようのないほど; 救いようなく.

in·cu·ri·ous /inkjú(ə)riəs/ 形 〔人(の態度)が〕好奇心のない, 無関心な, 不注意な, 〈*about* ..に〉

‡in·cur·sion /inkə́ːrʒ(ə)n|-ʃ(ə)n/ 名 C〖章〗急襲, 侵略; (突然の)侵入, 闖(ちん)入; 〈*into, on, upon* ..への〉.

in·cur·sive /inkə́ːrsiv/ 形 侵入[侵略]する.

in·curve /inkə̀ːrv/ 名 C 内側への湾曲; 〖野球〗インカーブ, 内曲球. ── /⌐–⌐/ 動 他, 自 (を)内曲させる[する].

in·curved /inkə́ːrvd/ 形 内側へ曲がった, 内曲した.

in·cus /íŋkəs/ 名 (複 **in·cu·des** /inkjúːdiːz/) C〖解剖〗砧骨(きぬたこつ)《中耳にある 3 つの小骨の 1 つ》.

Ind /ind/ 名〖古・詩〗＝India.

Ind. India; Indian; Indiana; Indies.

ind. independence; independent; index; indicative; indirect; industrial; industry.

†in·debt·ed /indétəd/ 形 〈叙述〉**1** 負うところがある, 恩恵を被っている, 〈*to* ..に/*for* ..に関して〉. I am deeply ～ *to* you *for* your many kindnesses. いろいろご親切にしていただいてあなたにはほんとうに感謝しています. **2** 負債がある, 借金がある, 〈*to* ..に/*for* ..の〉.

▷ **〜·ness** 名 U 負債[恩義]があること; 負債額.

†**in·de·cen·cy** /indíːs(ə)nsi/ 名 (複 **-cies**) **1** U 無作法; みだら, 卑猥(ひわい); 見苦しさ. an act of gross 〜〘法〙猥褻(わいせつ)行為. **2** C 下品[猥褻]な行為.

*__in·de·cent__ /indíːs(ə)nt/ 形 m **1** 〔言葉, 振舞い, 衣服などが〕**下品な**; みだらな, 猥褻(わいせつ)な. 〜 words 下品な言葉. an 〜 story 卑猥(ひわい)な話. **2** (質, 量的に)不当な, 全く話にならない; みっともない, 人に恥ずかしい. Her employer gave her ˪an 〜 amount of work [an 〜 wage]. 雇い主は彼女に不当に ˪多い仕事を課した[少ない給料しかくれなかった]. with [in] 〜 haste 見苦しいほどあわてて. ◇↔decent [in-², decent]

▷ **〜·ly** 副 下品に, みだらに; 見苦しく; 臆(おく)面もなく. 〜*ly* assault a woman 性犯罪が目的で女性を襲う.

indècent assáult 名 UC 〘法〙強制猥褻(行為).

indècent expósure 名 U 〘法〙公然猥褻罪《特に男性器の露出》.

ìn·de·cì·pher·a·bíl·i·ty 名 U 判読[理解]不能.

in·de·ci·pher·a·ble /ìndisáif(ə)rəb(ə)l ㊥/ 形 〔筆跡, 言葉などが〕判読できない; 理解できない. ▷**-bly** 副

in·de·ci·sion /ìndisíʒ(ə)n/ 名 U 優柔不断, 不決断, 躊躇(ちゅうちょ).

‡**in·de·ci·sive** /ìndisáisiv ㊥/ 形 **1** 〔人が〕決心のつかない, 決断力のない, 優柔不断の〈*about* ..について〉. He is too 〜 to be a good leader. 彼は優柔不断なのでよい指導者にはなれない. I'm 〜 *about* where to go on vacation. 休暇にどこへ行けばいいか決心がつかない. **2** 決定的でない, 決着のつかない; どっちつかずの. an 〜 answer 煮え切らない返事. an 〜 battle 勝敗のつかない戦闘. an 〜 judgment あいまいな判断. ▷ **〜·ly** 副 優柔不断に; 決着がつかずに; あいまいに. **〜·ness** 名 =indecision.

in·de·clin·a·ble /ìndikláinəb(ə)l/ 〘文法〙 形 不変化の, 格[語尾]変化をしない. ── 名 C 不変化詞.

in·dec·o·rous /indék(ə)rəs, ìndikɔ́ːr- ㊥/ 形 〘章〙行儀が悪い; 悪趣味の. ★しばしば indecent 1 などに対する婉曲語. ▷ **〜·ly** 副 **〜·ness** 名

in·de·co·rum /ìndikɔ́ːrəm/ 名 U 〘章〙無作法.

‡**in·deed** /indíːd/ 副 ¢ 【本当に】 **1** 〈相手の言葉に応答して〉**確かに**, あなたのおっしゃる通り. "How lovely the rose is!" "Yes, 〜."「なんてきれいなバラなんでしょう!」「ええ, 本当に」"Did you miss the train?" "I did 〜."「列車に乗り遅れたの」「そうなんですよ」

2 (**a**) 〈形容詞, 副詞, 名詞を強調して〉**実に**, 本当に. A friend in need is a friend 〜. 〘諺〙危急の時の友人が真の友人である. The weather was 〜 foul [foul 〜]. 天気は全くひどかった.

(**b**) 〘主に英〙〈very＋形容詞, 副詞の後に用いて〉Thank you very much 〜. どうも本当にありがとうございました. He was very nasty 〜 at the party last night. 彼はゆうべのパーティーで実にいやらしかった.

3【本当のところ】〘章〙〈前言を補足, 敷衍(ふえん)して〉いや実際は, いやそれどころか. The man is very gifted, 〜 a genius. その人は非常に才能がある, いや天才だ. That's possible—〜 likely. それは考えられなくはない事―いや有りそうな事だ.

4 〈間投詞的〉(**a**) へえ, まあ, まさか, 《驚き, 疑惑, 皮肉などを表す》. "I thought Tom came from Wales." "*Indeed!* And what made you think so?"「トムはウェールズ出身だと思ってた」「へえ, 又どうしてそう考えたのだい」《驚き》. "She's a real angel." "*Indeed?*"「彼女はまるで天使のようだ」「まさか」《疑惑, 反発》. A good friend he is, 〜! あいつは友達がいのあるやつだよ, 全く《反語》. (**b**) 〈おうむ返しに繰り返された語の後に付けて〉全く..だよな; ..とは呆れる. "When will the market recover?" "*When* 〜?"「市況はいつになったら回復するんだろう」「全くいつのことやら」《同感》. "I didn't steal it. I just borrowed it." "Nonsense! *Borrowed* it, 〜!"「盗んだんじゃない, そいつを借りただけだ」「ばかな, 借りたなんてよく言えたもんだ」《憤慨》.

indéed .., but .. なるほど..だが, しかし... *Indeed* he is not rich, *but* he looks quite contented with his life. たしかに彼は金持ちではないが, いかにも生活に満足しているように見える. [in deed]

indef. indefinite.

in·de·fat·i·ga·ble /ìndifǽtigəb(ə)l ㊥/ 形 〘章〙疲れを知らない〔働き手など〕; 不屈の; 根気のよい. [＜ラテン語 (＜in-²＋*dēfatigāre* 'exhaust'); -able] ▷**-bly** 副

in·de·fea·si·ble /ìndifíːzəb(ə)l/ 形 〘主に法・哲〙無効にできない; 覆せない.

in·de·fen·si·ble /ìndifénsəb(ə)l ㊥/ 形 **1** (攻撃から)防御できない, 守備できない〔陣地など〕. **2** 弁護[弁明]の余地のない, 言い訳のたたない, 〔行為など〕.

▷**in·de·fèn·si·bíl·i·ty** 名 **-bly** 副

in·de·fin·a·ble /ìndifáinəb(ə)l ㊥/ 形 〘章〙定義できない, 名状しがたい, なんとも言いようのない.

▷**-bly** 副 なんとも言いようもなく, 名状しがたいほど.

*__in·def·i·nite__ /indéf(ə)nət/ 形 **1** m **不明確な**, 漠然とした, はっきりしない, (↔definite). an 〜 report 不明確な報告書. 〜 plans 漠然とした計画. The arrangement is still 〜. その取り決めはまだ明確でない. **2** ¢ **未決定の** 〔日時, 数量など〕, 無期限の, 不定の. be postponed for an 〜 period (of time) 無期限に延期される. an 〜 number of people 不定の人数. an 〜 strike 無期限スト. **3** 〘文法〙 ¢ 不定の. [in-², definite] ▷ **〜·ness** 名 U 不明確さ; 不定(性).

indèfinite árticle 名 C 〘文法〙不定冠詞.

†**in·déf·i·nite·ly** 副 **1** 無期限に, 際限なく, いつまでも. The speech seemed to last 〜. 演説は果てしなく続くように見えた. **2** 漠然と, 不明確に.

indèfinite prónoun 名 C 〘文法〙不定代名詞.

in·del·i·ble /indéləb(ə)l/ 形 **1** 消すことのできない, 消えない, 〔しみ, インクなど〕; 書き跡の消えない〔鉛筆, ペンなど〕. 〜 ink 消えないインク. an 〜 mark [stain] 消えない跡[しみ]. **2** 拭(ぬぐ)うことのできない, 永久に残る. leave an 〜 impression on ..に忘れられない印象を残す.

▷**-bly** 副 消えないように; 消えることなく, 永久に残って.

in·del·i·ca·cy /indéləkəsi/ 名 (複 **-cies**) **1** U 下品; 粗野; 不手際. **2** C 下品[粗野]な言動.

in·del·i·cate /indéləkət/ 形 〘章〙 **1** 下品な, 慎みのない, はしたない; 粗野な; (★時にみだらな言動などに対する婉曲語). **2** 手際の悪い, 気の利かない, 気遣いの欠けた, 〈*to* do ..するのは〉. It is 〜 of you *to* mention her divorce problem. あなたが彼女の離婚問題を口にするのは心ない. ▷ **〜·ly** 副

in·dem·ni·fi·ca·tion /indèmnəfəkéiʃ(ə)n/ 名 **1** U 補償(する[される]こと); 賠償(する[される]こと). **2** C 賠償[補償]となるもの; 賠償[補償]金.

in·dem·ni·fy /indémnəfài/ 動 (**-fies** | 過 過分 **-fied** | **〜·ing**) 他 〘章〙 **1** 〔人〕を保障[保護]する, 免責する〈*from, against* ..〔損害, 訴追など〕から〉. **2** 〔人〕に補償[賠償]する〈*for* ..〔損害など〕を〉.

in·dem·ni·ty /indémnəti/ 名 (複 **-ties**) 〘章〙 **1** U (損害, 損失, 傷害などの)保障, 補償, 賠償, (compensation). **2** C 補償[賠償]金〈*for* ..に対する〉. [＜後期ラテン語「無傷であること」]

†**in·dent**¹ /indént/ 動 他 **1** に(のこぎりの歯のような)ぎざぎざをつける, 刻み目をつける.

2 〔段落の1行目〕を引っこめて書く[組む], インデントする. ── 自 〘英〙注文書で注文する〈*on* ..に/*for* ..を〉. 〜 (*on* the firm) *for* goods (会社に)品物を注文する.

── /⌐–, –⌐/ 名 C **1** ぎざぎざ; 刻み目. **2** (段落の)字下がり. **3** 〘英〙(特に海外からの商品の)注文; (正式な)注文書; 〈*for* ..の〉. [＜ラテン語「歯 (*dēns*) をつける」]

in·dent[2] /--ˊ/ 動 他 にくぼみを作る, をへこませる; 〔印など〕を押してつける ―― /ˊ-, -ˊ/ 名 C へこみ, くぼみ. [in-[1], dent]

in·den·ta·tion /ìndentéiʃ(ə)n/ 名 **1** U ぎざぎざ[刻み目]をつけること, 刻み目がついていること. **2** C 刻み目, ぎざぎざ; (海岸線などの)湾入, 出入り. **3** C =indention 1. **4** C へこみ, くぼみ, (dent).

in·dént·ed /-əd/ 形 ぎざぎざのある, でこぼこのある. an ～ coastline 出入りの多い海岸線.

in·den·tion /indénʃ(ə)n/ 名 C **1** (段落の1行目を)引っこめること; 字下がり. **2** =indentation 1, 2.

in·den·ture /indéntʃər/ 名 C 契約書, 約定書, 《普通, 正副2通作る》; 〈普通 ～s〉 (昔の)年季奉公契約書. ―― 動 他 (特に年季奉公契約書に基づいて)を奉公させる 〈*to* ..に〉.

‡in·de·pend·ence /ìndəpéndəns/ 名 U **独立** 〈*of*, *from* ..からの〉, 自主, 自立, (↔dependence); 独立心. financial ～ 経済的独立, 自活. live a life of ～ 自立した生活をする. struggle for ～ 独立を求めて苦闘する. India achieved ～ *from* England without war. インドは戦争によらずに英国からの独立を成し遂げた. ensure ～ *of* interest groups 利益団体からの自立を確保する. Your ～ is really admirable. 君の独立独行はじつに見上げたものだ. [in-[2], dependence]

> 連結 full [absolute, complete; hard-won] ～ // declare [gain, win; grant] ～; lose [maintain, preserve] one's ～

Indepéndence Dày 名 〖米〗独立記念日 《7月4日; →the Fourth (of July)》.

Indepéndence Hàll 名 (米国)独立記念館 《Philadelphia 市にあり, 独立宣言書の署名の行われた所》.

in·de·pend·en·cy /ìndəpéndənsi/ 名 (複 **-cies**) **1** U =independence. **2** C 独立国. **3** 〈I-〉 U 〖キリスト教〗 独立教会制[主義] 《Congregationalism の旧称》.

In·de·pend·ent /ìndəpéndənt/ 名 〈The ～〉『インデペンデント』《*The Times* に並ぶ英国の高級日刊紙》.

‡in·de·pend·ent /ìndəpéndənt ㊥/ 形 C (★2, 6 は m) 【**自立した**】 **1 独立の**, 独立した; 自主[自立]の; 独立した[して] 〈*of* ..から〉. an ～ nation 独立国. Almost all the French colonies in Africa had become ～ by 1960. アフリカのフランス植民地は1960年にはほとんど全部独立していた. Our children are now ～ *of* us. 子供たちはもう我々から独立している.
2 独立心のある; 容易に他の影響を受けない; 自由な. Tom is a very ～ boy. トムは大変独立心の強い少年だ. **3** 〔人が〕自活できる; 働かなくても暮らせる(だけの)〔人, 収入, 財産など〕. Martha is a woman of ～ means. マーサには働かないで[人に頼らないで]暮らしていけるだけの資産がある.
4 〔商店などが〕自営の; 〖英〗 民営[民間]の, 〔学校が〕私立の. an ～ retailer (チェーン店ではなく)自営の小売商. ～ television 〖英〗 民放テレビ.
5 〖キリスト教〗 〈I-〉 独立教会派の.
6 〖文法〗 〔節が〕独立の.→independent clause.
【**独自の**】 **7** 別個の, 別々の, (separate); 独自の, 他の影響を受けない; 無関係の 〈*of* ..と〉. ～ evidence 独自の証拠. He made the same discovery through ～ research. 彼は独自の研究で(それと)同じ発見をした. These two factors are ～ *of* each other. これら2つの要因は互いに無関係である. *Independent of* their wealth, they're people worth knowing. 金持ちであることとは関係なく, 彼らは近づきになる価値のある人たちだ (★この例では independent が文頭の副詞句を導いている; →independently).
【**中立の**】 **8** 公平な, 偏見[利害関係]のない. an ～ witness 中立的立場の証人. **9** どの政党にも拘束されない; 無所属の. an ～ voter どの政党にも拘束されない投票者. an ～ candidate 無所属候補. ◇↔dependent
―― 名 C 無所属候補者; 無所属議員; どの政党にも拘束されない投票者; 〖キリスト教〗 〈I-〉 独立教会派の信徒.

Indepèndent Bróadcasting Authòrity 名 〈the ～〉 〖英〗 独立放送公社 《民間放送の運営, 管理などを行った; 1972年に ITA から改称, 1991年には ITC に移行; 略 IBA》.

indepèndent cláuse 名 C 〖文法〗 独立節 (main clause). ↔dependent clause.

†in·de·pénd·ent·ly 副 独立して, 独自に; 自立して; 無関係に 〈*of* ..とは〉. He went into the publishing business ～ *of* his father. 彼は父とは別個に出版事業を始めた.

indepèndent schóol 名 UC 〖英〗 私立学校.

Indepèndent Télevision Commìssion 名 〈the ～〉 〖英〗 独立テレビ委員会 《民間テレビ放送の認可・監督などを行う機関; 1991年より IBA に代わる; 略 ITC》

ìn-dépth /㊥/ 形 〈限定〉 徹底的な, 突っ込んだ, 詳細な, (→in DEPTH). an ～ interview 立ち入ったインタビュー.

†in·de·scrib·a·ble /ìndiskráibəb(ə)l ㊥/ 形 言い表せない, 筆舌に尽くしがたい, 名状しがたい. ▷**in·de·scrìb·a·bíl·i·ty** 名 **-bly** 副 名状しがたいほど.

in·de·struct·i·ble /ìndistrʌ́ktəb(ə)l ㊥/ 形 破壊することのできない(ほどの)〔堅固さなど〕, 丈夫な. ▷**in·de·strùct·i·bíl·i·ty** 名 U 不滅性. **-bly** 副

in·de·ter·mi·na·ble /ìnditə́ːrmənəb(ə)l ㊥/ 形 決定できない, 確定できない〔期日, 年齢など〕; 決着がつけられない〔問題, 論争など〕. ▷**-bly** 副 「定性.

in·de·ter·mi·na·cy /ìnditə́ːrmənəsi/ 名 U 不確↑

indetérminacy prìnciple 名 =uncertainty principle.

in·de·ter·mi·nate /ìnditə́ːrmənət ㊥/ 形 不確定の, 漠然とした, はっきりしない, あいまいな; 〖数〗 不定の. an ～ period of time 不定の期間. an ～ vowel 〖音声〗 あいまい母音 (/ə/). My future is ～ yet. 私の将来はまだはっきりしていない. a woman of ～ age 年齢不詳の女. ▷**～·ly** 副

ìn·de·tèr·mi·ná·tion /-néiʃ(ə)n/ 名 U 不決断, 優柔不断; 不安定, 不定, 不確定.

‡in·dex /índeks/ 名 (複 **～·es** /-əz/, **in·di·ces** /índəsìːz/) C **1** (複 **～·es**) **(a)** (書物の)索引; (図書館の)カード索引, 目録, (〖英〗 card index; 〖米〗 card catalog). **(b)** 〖電算〗 インデックス, 索引, 《ファイルの見出し, その内容, あり場所などの情報を与える表》.
2 (複 **indices**) 〖数〗 (対数の) (累乗の)指数 (exponent) 《5^2 の ^{2} など》; (物価などの)指数 (**índex nùmber**). the (consumer) price ～ (消費者)物価指数. The stock ～ rose [fell] 15%. 株価指数が15パーセント上がった[下がった].
3 〖章〗 指示するもの, 指標, 〈*of*, *to* ..を, の〉. A person's outward appearance is often an ～ *of* [*to*] his character. 外見はしばしば人の性格を表す.
4 (計器などの)指針 (pointer) (参考 時計の針は hand).
5 〖印〗 指じるし 《☞》 (fist).
―― 動 他 **1** 〔本など〕に索引を付ける. **2** 〔項目〕を索引に入れる; の索引を作る. **3** 〔賃金など〕をスライドさせる 〈*to* ..〔物価など〕に〉.
[ラテン語「指し示すもの, 人差し指」(< *indicāre* 'indicate')]

in·dex·a·tion /ìndekséiʃ(ə)n/ 名 U 〔賃金, 年金などの〕物価スライド制[化].

índex càrd 名 C 索引用カード.

índex fìnger 名 C 人差し指 (forefinger).
ìndex-línked /◎/ 形 〖主に英〗〔賃金, 年金などが〕物価スライド制[方式]の.
ìndex of refráction 名 C 〈the ～〉〖物理〗(光の)屈折率.
‡**In·di·a** /índiə/ 名 **1** インド(亜大陸)《アジア南部, インド半島とその北部にわたる広大な地域; インド共和国, パキスタン, バングラデシュなどの国がある》. **2** インド(共和国)《アジア南部の共和国; 英連邦の1員; 正式名 the Republic of India; 首都 New Delhi》. [ギリシア語 (＜*Indós*「インダス川」)]
Ìndia ínk 名 U 〖主に米〗墨; 墨汁; (〖英〗Indian ink).
Índia·man /-mən/ 名 (複 **-men** /-mən/) C 〖英史〗(特に, 東インド会社の)インド貿易船.
‡**In·di·an** /índiən/ 名 (複 **～s** /-z/) **1** C インド人. **2** C (アメリカ)インディアン (American Indian)《Columbus がアメリカ大陸を発見した時, それをインドだと思って, そこの先住民を Indian と呼んだ; ＝Native American》. 参考 現在の American Indians の総人口は190万. **3** UC 北米先住民諸語(の1つ).
── 形 **1** インドの; インド人の. **2** (アメリカ)インディアンの. (*in*) ***Índian file*** →file².
In·di·an·a /ìndiǽnə/ 名 インディアナ州《米国中西部の州; 州都 Indianapolis; 略〖郵〗IN, Ind.》. [ラテン語「インディアンの土地」] ▷ **In·di·an·an** /-n/, **In·di·an·i·an** /-ǽniən/ 形, 名 C インディアナ州の(人).
In·di·a·nap·o·lis /ìndiənǽp(ə)lis/ 名 インディアナポリス《米国インディアナ州の州都》.
Índian brèad 名 ＝corn bread.
Índian clùb 名 C 体操用棍(こん)棒.
Índian córn 名 U 〖主に英〗トウモロコシ(の実) (〖主に英〗maize; 〖米〗corn).
Ìndian Émpire 名 〈the ～〉(英国支配下の)インド帝国《1947年まで》.
Índian gíver 名 C 〖米話〗お返し目当てで[取り戻すつもりで]贈り物をする人.
Índian hémp 名 U 〖植〗インド大麻《北米産》.
Índian ínk 名 〖英〗＝India ink.
Índian méal 名 ＝cornmeal.
Ìndian Mútiny 名 〈the ～〉〖史〗セポイの反乱《1857–59年英国軍インド人兵 (sepoys) が起こした反乱; その結果インドの支配は東インド会社から Victoria 女王の手に移り, the Indian Empire ができるもととなった》.
Ìndian Ócean 名 〈the ～〉インド洋.
Ìndian páintbrush 名 U 〖植〗カステラソウ《米国 Wyoming 州の州花》.
Ìndian pípe 名 U 〖植〗ギンリョウソウモドキ《アジア・北米産》.
Ìndian púdding 名 UC インディアンプディング《トウモロコシ粉 (Indian meal) に牛乳, 卵, 糖蜜などを加えて焼く》.
Ìndian réd 名 U インド赤《＜南アジア産の黄みがかった赤色土; これを原料とした顔料, 研磨剤など》.
Ìndian súmmer 名 C **1** 晩秋の暖かい日が続く時期, 小春日和, (→Saint Luke's summer, Saint Martin's summer).
2 晩年の静穏な生活.
Ìndian Térritory 名 〈the ～〉〖米史〗インディアン準州《1834–90年インディアン居住区とされた; 今日では Oklahoma 州の一部》.
Ìndian tobácco 名 U 〖植〗インディアンタバコ, ロベリア草, 《北米産のキキョウ科の毒草》.
Ìndian Wárs 名 〈the ～〉対インディアン戦争《18–19世紀, 米国民が先住民の領有地を狭めて行った諸戦争》.
Ìndian wrèstling 名 U 〖米〗インディアンずもう《(1) 腕ずもう; (2) 足先を付けて向き合った競技者が手で相手を突き倒すもの; (3) 頭と足を逆に横並びし, 片手を組み足で相手を寝返す競技》.
Índia pàper 名 U インディアペーパー《薄くて強い上質の印刷紙; この辞書の用紙はそれ》.
ìndia [Índia] rúbber 名 U 〖旧〗弾性ゴム (rubber)《玩(がん)具や消しゴムに作る》; C 消しゴム.
In·dic /índik/ 形 インド(人)の, 〖言〗(インド・ヨーロッパ語族中の)インド語派の. ── 名 C 〖言〗インド語派.
indic. indicating; indicative; indicator.
‡**in·di·cate** /índəkèit/ 動 (**～s** /-ts/|過 過分 **-cat·ed** /-əd/|**-cat·ing**) 他 【指し示す】 **1** VO (～ X/*wh* 節・句) X を/..かを指などで指す; に(人の注意を)向ける. He ～*d* the tall man in the corner. 彼は隅にいる背の高い男を指差した. She lay on the bed a nurse ～*d*. 彼女は看護婦の指示するベッドに横になった. *Indicate where* the pain is with your finger. どこが痛いか指で示してごらん. **2** 〖英〗VO (～ X/*that* 節)〔運転者, 車が〕X (曲がる方向)を/..ということを合図する (〖米〗signal). She ～*d* (*that* she was turning) left. 彼女は左折の合図をした[ウィンカーを出した].
【示す】 **3** (**a**) (言葉, 態度などで)をそれとなく示す, ほのめかす.; を明らかにする. The old man ～*d* his approval with a nod. 老人はうなずいて賛成の意思を示した. This report ～*s* the seriousness of air pollution in urban areas. この報告書は都市部における大気汚染の深刻さを指摘している. (**b**) VO (～ *that* 節/*wh* 節・句) ..ということを/..かをそれとなく示す, ほのめかす; ..ということを/..かを指摘する, 簡単に述べる. The president ～*d that* he was soon to retire. 社長は遠からず引退するとほのめかした. The doctor ～*d how* the patient should be treated. 医者はその患者をどう治療したらいいか手短に述べた.
【物(事)が示す】 **4** 〔物事が〕のしるしである; の徴候を示す; VO (～ *that* 節/*wh* 節・句)〔物事が〕..ということのしるしである. Fever ～*s* sickness. 熱があるのは病気のしるしである. The lights ～*d that* someone was still up. 明かりがついていて, だれかがまだ起きていることを示していた. Her smile ～*s how* happy she is. 笑顔は彼女がどんなに幸せかを示している.
5 VO (～ X/*that* 節)〔計器(の針など)が〕X (計測値)を/..ということを示す, 表す. The thermometer ～*d* ⌞212°F [*that* the water was boiling]. 温度計は華氏212度[湯は沸騰していること]を示していた.
6 〖章〗〔病気などが〕をそれとなく示す, 〔処置など〕を必要とする; 〈一般に〉〔物事が〕を必要とする; 〈しばしば受け身で〉. You're not sick yet, but some rest and quiet is certainly ～*d*. あなたはまだ病気ではありませんが間違いなく休息と安静を要します.
── 自 〖英〗〔運転者が〕ウィンカー[手など]で(進路変更を)合図する, 〔車が〕ウィンカーを出す.
[＜ラテン語「指し示す」(＜in-¹＋*dicāre*「知らせる」)]
†**in·di·cá·tion** 名 (複 **～s** /-z/) **1** U 指示, 指摘; 表示. Could you give me some ～ of how to do this job? この仕事をどんな風にしたらよいかちょっと御指示いただけますか. **2** UC 徴候, しるし, 気配, (sign); ほのめかし (hint); 〈*of* ..の/*that* 節 ..という〉. as an ～ of one's gratitude 感謝のしるしとして. There is every ～ *that* inflation is getting worse. インフレが悪化しつつあるという徴候は大いにある. Such an elementary mistake is an ～ *of* his ignorance. こんな初歩的な間違いは彼の無知を示すものだ.
‡**in·dic·a·tive** /indíkətiv/ 形 **1** 〖章〗〈叙述〉示す, 表す, それとなく示す, 〈*of* ..を/*that* 節 ..ということを〉; しるし[徴候]である 〈*of* ..の〉. His statement was ～ *of* his honesty [～ *that* he was honest] in financial matters. 彼の陳述は彼が金銭に関して正直であることを表していた. **2** 〖文法〗直説法の, 叙実法の, (↔subjunctive, imperative).
── 名 ＝indicative mood. ▷ **～·ly** 副
indìcative móod 名 〈the ～〉〖文法〗直説法, 叙

実法.→imperative mood, subjunctive mood.

‡**in·di·ca·tor** /índəkèitər/ 图 C 1 指示する人[物]; (変化, 異常などの)しるし[徴候]になるもの; 〖経〗経済指標. 2 表示計器[装置]; (計器の)指針; (列車, 飛行機の)発着表示板; 〖主に英〗(車の)方向指示器 (〖米〗turn signal). 3 〖化〗(反応)指示薬《リトマス試験紙など》.

†**in·di·ces** /índəsì:z/ 图 index の複数形.

†**in·dict** /indáit/ 動 他 〖法〗を(正式に)起訴する, 告発する, 〈*for* (*doing*) ..の罪で/*as* ..として/*on* ..の罪状で〉〈普通, 受け身で〉(→convict 参考). He was ~*ed for* murder [*as* a murderer]. 彼は殺人罪で[殺人者として]起訴された. be ~*ed on* corruption charges [charges of corruption] 汚職で告発される.
[<アングロノルマン語 (<ラテン語 *indicere*「布告する」)]
▷~·**er**, -**dic·tor** /-ər/ 图 C 起訴[告発]者.

in·dict·a·ble /indáitəb(ə)l/ 形 起訴されるべき; 起訴[告発]しうる. an ~ offense 〖法〗起訴犯罪.

in·dict·ee /indàití:/ 图 C 被起訴者, 被告人.

†**in·dict·ment** /indáitmənt/ 图 1 U 〖法〗起訴, 告発, (★米国では大陪審 (grand jury) による手続き). be under ~ for [on charges of] bribery 贈[収]賄のかどで起訴されている. 2 C 起訴状, 告発状; 〈一般に〉非難[告発]の理由〈*of* ..に対する〉. bring in an ~ against a person 人を起訴する. The exorbitant rise in land prices is an ~ *of* Government policies. 地価の法外な騰貴は政府の政策の不当さを如実に示している.

in·die /índi/ 图 C 〖話〗インディーズ《レコード出版, テレビ番組製作などの小さな独立プロダクション》; (新進, 群小の)ロックバンドなど; 《<*inde*pendent》. —— 形 独立プロの.

In·dies /índiz/ 图 〈the ~; 複数扱い〉 1 インド諸国《インド・インドシナ・東インド諸島を含む地域の旧称》; 東インド諸島; (→East Indies). 2 西インド諸島 (→West Indies).

***in·dif·fer·ence** /indíf(ə)rəns/ 图 U 1 **無関心**, 冷淡さ, 〈*to, toward* ..への〉. Charles was discouraged by her ~ *toward* his feelings. チャールズは自分の気持ちに対する彼女の冷淡さにがっかりした. He always treats his neighbors with cold ~. 彼はいつも隣人を実に冷たく扱う.

> 連結 complete [utter; callous, unfeeling; open; studied] ~ // show [express; feign] ~

2 公平, 中立. arbitrate a dispute with ~ 係争を公正に仲裁する. 3 重要でないこと 〈*to* ..にとって〉(insignificance). The election was a matter of (total) ~ *to* such people. このような人々にとって選挙などは(全く)どうでもよいことだった.

***in·dif·fer·ent** /indíf(ə)rənt/ 形 m 【どちらでもよい】
1 〈普通, 叙述〉**無関心な**, 冷淡な, 無頓(とん)着な, (unconcerned) 〈*to, toward* ..に〉. Hilda is ~ *to* politics. ヒルダは政治に無関心である. You mustn't remain ~ *toward* the sufferings of others. 人の苦しみに無関心でいてはいけない. 2 公平な, かたよらない, 中立の. make an ~ decision 公平な決定を行う.
3 良くも悪くもない; 並の; 平凡な; 〈very ~〉下手な, 劣った. an ~ meal あまりおいしくない食事. an ~ movie 凡作映画. a boxer of ~ skills 普通の腕前の[下手な]ボクサー. a very ~ carpenter ひどく腕の悪い大工, 大工仕事が大の苦手の人. 4 〔物, 事が〕重要でない, どうでもいい, 〈*to* ..にとって〉(unimportant). It's ~ perfectly *to* me whether you win or lose. 君が勝とうが負けようが私にはまるで関係がない. 5 〖化・電〗中性の.
—— 图 C (宗教, 政治などに)無関心[中立的]な人; (倫理, 道徳などに)無頓着な行為. [in-², different]

in·dif·fer·ent·ism 图 U (宗教的な)無関心主義.
▷**in·díf·fer·ent·ist** 图

in·díf·fer·ent·ly 副 1 無関心に, 冷淡に. look on ~ at ..を冷ややかに見ている. 2 可もなく不可もなく, 平凡に.

in·di·gence /índidʒəns/ 图 U 〖章〗困窮, 貧困.

‡**in·dig·e·nous** /indídʒ(ə)nəs/ 形 〖章〗 1 〔特に動植物が〕固有の, 土着の; 〈*to* ..〔その国, 土地〕に〉(native). the ~ flora and fauna of the region その地方に固有の動植物群. ~ laborers 現地人の労働者 (★native にある「原住民の」というニュアンスを避ける表現). ~ practices 土着の習慣. The kiwi is ~ *to* New Zealand. キーウィ(鳥)はニュージーランド固有のものだ. 2 生来備わった, 生まれつきの, 〈*to* ..に〉. Linguistic ability is ~ *to* human beings. 言語能力は人間に生来備わっている. [<ラテン語 *indigena*「(部族の)中で生まれた」] ▷~·**ly** 副 土着して.

in·di·gent /índidʒ(ə)nt/ 形 〖章〗困窮している; 〈the ~; 名詞的に; 複数扱い〉貧困層; (類語 poor より強意的). [<ラテン語 'lacking'] 「消化.

ìn·di·gèst·i·bíl·i·ty 图 U 消化[理解]の困難さ, 不↑

in·di·gest·i·ble /indidʒéstəb(ə)l ⑱/ 形 1 〔食物が〕消化の悪い, 消化困難な. 2 〔事実, 考え方などが〕容易に理解できない, 受け入れにくい. ▷-**bly** 副

‡**in·di·ges·tion** /indidʒéstʃ(ə)n/ 图 U 消化不良, 不消化. suffer from ~ 消化不良に悩む.

***in·dig·nant** /indígnənt/ 形 m **憤慨した**[して], 怒った[て], 〈*at, over, about* ..〔不正など〕に対して/with ..〔人〕に対して/*that* 節 ..ということを〉(→indignation 類語). He gave me an ~ look. 彼は憤然たる目で私を見た. You needn't be so ~ *about* such a trifle. そんなつまらない事にそう怒らなくてもいいじゃないか. The farmers are ~ *over* the withdrawal of the subsidy. 農民たちは助成金の廃止に対して憤慨している. She was ~ *with* her husband *for* neglecting her. 彼女は夫が自分をおろそかにしたと憤慨した. He was ~ *that* his request had been rejected. 彼は自分の要望を拒絶されて憤慨した. [<ラテン語「価値がないと見なす>不本意の」(<in-² + *dignus* 'worthy')] ▷~·**ly** 副 憤慨して〔言うなど〕.

***in·dig·na·tion** /indignéiʃ(ə)n/ 图 U **憤慨**, 憤り, 怒り, 〈*at, over, about* ..〔不正, 卑劣, 不公平など〕に対する/*against, with* ..〔人〕に対する〉(類語 利己的感情を離れた正当な怒りで, 不正などに対する義憤などに重点がある; →anger). in [with] ~ 憤慨して. righteous ~ 義憤. To her great [Much to her] ~, she was unfairly dismissed. 彼女は不当に解雇されて大いに憤慨した.

†**in·dig·ni·ty** /indígnəti/ 图 (複 -**ties**) U 侮辱, 侮蔑; 屈辱; C 侮辱的な言動[処遇]. suffer many *indignities* [the ~ of (doing)..]多くの恥辱[..(する)という恥辱]を受ける.

†**in·di·go** /índigòu/ 图 (複 ~(e)s) 1 U 藍(あい), インディゴ, 《染料》. 2 U 藍色 (**indigo blúe**). 3 C 〖植〗インドアイ(藍)《マメ科コマツナギ属の低木》. —— 形 藍色の. [<ギリシア語「インドの(染料)」]

‡**in·di·rect** /indərékt, -dai- ⑱/ 形 m
【回り道の】 1 〔道路, 旅程などが〕まっすぐでない; 回り道の, 迂(う)回した. We took the ~ route to the coast. 私たちは海岸への迂回路を行った.
【直接でない】 2 **間接の**, 間接的な, 二次的な. ~ influence 間接的な影響. an ~ result 間接的な結果. ~ lighting 間接照明. 3 〔応答などが〕遠回しの, もってまわった. The lawyer gave me an ~ answer. 弁護士の私への回答は率直明快ではなかった. ◇↔direct
[in-², direct] ▷~·**ness** 图 U 間接であること; 間接性.

indirect díscourse 图 =indirect narration.

in·di·réc·tion 图 UC 1 間接的な行動[手段, 方法].

2 不正直, ごまかし. 3 目的の不明確さ.

†**in·di·réct·ly** 副 間接に, 間接的に, 二次的に; 遠回しに. Sandy was ～ involved in the movement. サンディーはその運動に間接的に関係していた. The man answered my question rather ～. 男は私の質問にだいぶ遠回しの返事をした. Tax increases will affect us all, directly or ～. 増税は, 直接間接に我々すべてに影響する.

indirect narrátion 名 U 〖文法〗間接話法 (→narration).

indirect óbject 名 C 〖文法〗間接目的語.

indirect quéstion 名 C 〖文法〗間接疑問.

indirect spéech 名 ＝indirect narration.

indirect táx 名 UC 間接税.

indirect taxátion 名 U 間接課税.

in·dis·cern·i·ble /ìndisə́ːrnəb(ə)l, -zəːr-/ 形 (小さすぎて又は暗くて)見分けにくい, 識別しにくい. ▷**-bly** 副

in·dis·cip·line /indísəplən/ 名 U 無規律, 無統制(状態); 規律違反.

†**in·dis·créet** /ìndiskríːt/ 形 〔人(の発言など)が〕軽率な, うかつな, 分別がない, 〈*about* ..について/*in* ..において〉(★特に秘密をもらしてしまうことで); 無分別である〈*to* do ..するとは〉. an ～ remark 失言. It was ～ of you *to* say so. 君がそう言うとは軽率だった. ◇名 indiscretion ▷**～·ly** 副 無分別に; うかつに.

I

in·dis·créte /ìndiskríːt/ 形 〖章〗部分に分かれていない; 凝集した. ▷**～·ly** 副

†**in·dis·cre·tion** /ìndiskréʃ(ə)n/ 名 1 U 無分別, 無思慮, 軽率. 2 C 軽率な言動; 不謹慎な行為《婉曲に軽犯罪, 不品行なども指す》. commit youthful ～*s* 若気の過ちを犯す.

‡**in·dis·crim·i·nate** /ìndiskrímənət/ 形 〔人が〕(善悪などの)見境がない〈*in* (do*ing*) ..(すること)において〉; 無差別の; 〔物事, 行動などが〕乱雑な, でたらめな. an ～ reader 乱読家. ～ bombing [killing] 無差別爆撃[殺人]. She is ～ *in* buy*ing* clothes. 彼女はやたらに服を買う. ▷**～·ly** 副 無差別に; 見境なく.

in·dis·pèn·sa·bíl·i·ty 名 U 不可欠なこと; 避けがたいこと.

***in·dis·pen·sa·ble** /ìndispénsəb(ə)l/ 形 m 1 欠くことのできない, 不可欠な, 絶対に必要な, 〈*to* ..〔人, 物事〕に/*for* (do*ing*) ..(するため)に〉(類語 ある目的のために欠かせないという意味; →necessary). Food, clothing and shelter are ～ *to* our life [*for* liv*ing*]. 衣食住は我々の生活[生きていく]には絶対必要である.
2 〔法律, 義務などが〕避けることのできない.
[in-², dispensable] ▷**-bly** 副

in·dis·pose /ìndispóuz/ 動 他 〖古〗1 VOC (～ X *to* do) X (人)に..する気をなくさせる. Such bad treatment will ～ the employees *to* work. こんなひどい待遇では従業員は勤労意欲をなくすだろう. 2 〔人〕を不向き[不適格]にする〈*for* ..に〉.

in·dis·pósed /形 〈叙述〉〖章〗1 〖婉曲〗加減が悪い, 気分がすぐれない, (sick, ill). Regrettably, the guest of honor is ～ and won't attend the banquet. 残念ながら主賓は加減が悪く宴会に出席されません. (★欠席の理由を伏せる場合などにも使う). 2 ..する気がなくて, ..するのがいやで, 〈*to* do〉; 気が向かなくて〈*for* ..に〉. I feel ～ *for* talking [*to* talk] about it. その話をするのは気乗りしない.

in·dis·po·si·tion /ìndispəzíʃ(ə)n/ 名 UC 〖章〗1 気分がすぐれないこと, 軽い病気. 2 気が進まないこと〈*to* do ..するのが〉.

‡**in·dis·pu·ta·ble** /ìndispjúːtəb(ə)l/ 形 議論[疑問]の余地のない, 明白な. ～ evidence 疑う余地のない証拠. It is ～ [The ～ fact is] that he is wrong. 彼が間違っているのは, 明々白々だ[明々白々な事実だ].
▷**-bly** 副 争う[疑う]までもなく, 明白に.

in·dis·sol·u·ble /ìndisɑ́ljəb(ə)l|-sɔ́l-/ 形 〖章〗分解できない; 破壊できない; 永続する, 解消できない, 不変の, 〔友情, きずななど〕. the ～ bonds of marriage 婚姻の堅いきずな. ▷**in·dis·sòl·u·bíl·i·ty** 名 **-bly** 副

***in·dis·tinct** /ìndistíŋ(k)t/ 形 m はっきりしない, 不明瞭(りょう)な, ぼんやりした, (↔distinct). ～ voices はっきりしない声. The image was ～. その映像はぼんやりしていた. I have only an ～ recollection of my grandfather. 祖父のことはごくおぼろげにしか覚えていない.
[in-², distinct] ▷**～·ly** 副 不明瞭に, ぼんやりと.
～·ness 名

in·dis·tínc·tive /-tiv/ 形 目立たない, 特徴のない.
▷**～·ly** 副 **～·ness** 名

‡**in·dis·tin·guish·a·ble** /ìndistíŋgwiʃəb(ə)l/ 形 区別ができない, 見分けられない, 〈*from* ..と〉. an ～ difference 区別できない(ほどわずかな)相違. These three brothers are ～ (*from* one another). この3人の兄弟は(互いに)見分けがつかない. ▷**-bly** 副

in·di·um /índiəm/ 名 U 〖化〗インジウム《金属元素; 記号 In》.

‡**in·di·vid·u·al** /ìndəvídʒuəl/ 形 1 C 〈限定〉**個々の**, 個別的な, めいめいの; 単一の; 個体の; (↔collective). a dormitory with ～ rooms 個室のある寄宿舎. Each ～ person should do his best. 人はそれぞれ自分の最善を尽くすべきだ.
2 C 〈限定〉**個人の**, 個人的な; 1人だけの(ための). an ～ matter 個人的な問題. This work is his ～ effort. この仕事は彼1人の努力の結果だ. ～ portions of jam 1人前ずつのジャム.
3 m 〔態度, しぐさなどが〕個人特有な, 独特な, 個性的な. a man of ～ wit and humor 独特の機知とユーモアの持ち主. Her style of dressing struck me as most ～. 彼女の服のスタイルは私に極めて個性的という印象を与えた.

── 名 (複 ～s /-z/) C 1 **個人**; 個体; (集団の)構成員. the rights of the ～ in a free society 自由社会における個人の権利. The community is made up of ～*s*. 社会は個人から成り立っている.
2 独自[主体]性のある人. Every child is expected to grow into an ～. すべての子供はちゃんと自主性のある人物に育つよう期待されている. 3 〖話〗〈修飾語を付けて〉(..な)人, 人物, (person); 変人, 変わり者. an obscure ～ 無名の人物. What an ～! 何という変わり者だ.
[＜ラテン語「分けられない」(＜ in-² + *dīviduus* 'divisible')]

†**in·di·víd·u·al·ìsm** 名 U 1 個人主義 (↔totalitarianism); 〖婉曲〗利己主義; 自立主義. 2 個性; 独自[主体]性. 3 〖哲〗個体主義.

in·di·víd·u·al·ist 名 C 1 個人主義者; 〖婉曲〗利己主義者; 自立主義者. 2 独自[主体]性の強い人; 個性的な人.

in·di·vid·u·al·is·tic /ìndəvìdʒuəlístik/ 形 1 個人主義(者)の; 〔社会などが〕個人主義の; 〖婉曲〗利己主義の. 2 個性的な, 独特な, 〔技法など〕.
▷**in·di·vid·u·al·is·ti·cal·ly** /-k(ə)li/ 副

†**in·di·vid·u·al·i·ty** /ìndəvìdʒuǽləti/ 名 (複 -ties) 1 aU 個性; U 個人[個体]であること, 個人としての存在, 個人性; (類語 その人[物]だけが持ち, それによって他と区別されるはっきりした特徴; →character). The houses were all alike and lacked ～. 家はみな似かよっていて個性を欠いていた. 2 C 〈普通 -ties〉個人的な趣味[嗜(し)好など].

in·di·víd·u·al·ìze 動 他 1 を個性あるものとする, に個性を持たせる. 2 を個々に区別する, を別々に取り扱う. 3 を個人の好み[必要]に合わせる. ▷**in·di·vìd·u·al·i·zá·tion** 名

†**in·di·víd·u·al·ly** 副 1 個々に, 別々に, それぞれ, (separately; ↔collectively). Each student pre-

pared his program ～. 学生はめいめい自分の予定を立てた. **2** 個人として(は); 個人的に(は); 個々に取り上げれば. *Individually*, they are all nice people, but as a group they are aggressive. 個人としては彼らはみんな良い人たちだが集団となると攻撃的だ.
3 個性的に, 独特なやり方で.

in·di·vid·u·ate /ìndəvídʒuèit/ 動 他 に個性を与える, を個性化する; を個々に区別する, 個体化する. ── 自 独自[主体]性を持つ. ▷**ìn·di·vìd·u·á·tion** 名

in·di·vis·i·bíl·i·ty 名 U 分割できない[割り切れない]こと, 不可分性.

in·di·vis·i·ble /ìndəvízəb(ə)l ⑱/ 形 **1** 分割できない, 不可分の. **2** 〔数が〕割り切れない. 7 is ～ by 3. 7 は 3 で割り切れない. ── 名 C 分割できないもの; 極微分子. ▷**-bly** 副 分割できないで[ように].

In·do- /índou-/ 〈複合要素〉「インド」の意味. [ギリシア語 'Indian']

Ìndo·chína, Ìndo-Chína 名 インドシナ(半島)《ミャンマー・タイ・ラオス・カンボジア・ベトナム・マライ半島を含む地域; 狭義には旧仏領インドシナ》.

Ìndo·chinése, Ìndo-Chinése /⑱/ 形 インドシナの. ── 名 (複 ～) C インドシナの住民.

in·doc·ile /indás(ə)l|indóusail/ 形 従順でない; 教えにくい. ▷**in·do·cil·i·ty** /indəsíləti|-dou-/ 名

in·doc·tri·nate /indáktrənèit|-dɔ́k-/ 動 他 〈普通, 悪い意味で〉〔人〕を洗脳する (brainwash); に教え込む, 注入する, 吹き込む, 〈*with* ..〔思想など〕を/*against* ..への反抗[反対]を〉. The people were ～*d with* nationalistic ideas by the government. 人々は政府によって国家主義的思想をたたきこまれた.
[in-[1], doctrine, -ate] ▷**in·dòc·tri·ná·tion** 名 U (思想などを)教え込むこと; 洗脳.

Ìndo-Européan /⑱/ 形, 名 U 印欧祖語(の); インドヨーロッパ語(族)(の), 印欧語(族)(の).

Ìndo-European lánguages 名 〈the ～; 複数扱い〉インドヨーロッパ語(族)《ヨーロッパの大部分, インドおよび西部アジアの多くの地域で使われている諸言語; 英語もその 1 つ》.

Ìndo-Germánic /⑱/ 形, 名 U 〖旧〗 =Indo-European.

in·do·lence /índələns/ 名 U 〖章〗 怠惰; 無精.

†**in·do·lent** /índələnt/ 形 **1** 〖章〗 怠惰な; ものぐさな; 無精な; (類語 生来の仕事ぎらいで習慣的にぶらぶらしているさま; →lazy). **2** 〖医〗〔潰瘍(かいよう)などが〕無痛性の; 〔病気が〕遅進性の. [<後期ラテン語「無痛の」(<in-[2]+ラテン語 *dolēre* 'feel pain')] ▷**～·ly** 副 怠惰に, 無精に.

in·dom·i·ta·ble /indámətəb(ə)l|-dɔ́m-/ 形 〖章〗 不屈の; 容易に屈服しない. ～ courage [spirit] 不屈の勇気[精神]. ▷**-bly** 副 **～·ness** 名

In·do·ne·sia /ìndəní:ʒə, -ʃə/ 名 **1** インドネシア共和国 《アジア南東部のマライ諸島の大部分を占める共和国; 正式名 the Republic of Indonesia; 首都は Djakarta》. **2** インドネシア《フィリピンを除くマライ諸島全体を指す地理的名称》.

In·do·ne·sian /ìndəní:dʒən, -ʃən ⑱/ 形 インドネシアの; インドネシア人[語]の. ── 名 C インドネシア人; U 〖話〗 インドネシア語.

‡**in·door** /índɔ̀:r ⑱/ 形 © 〈限定〉 **屋内の**, 屋内で行われる, 室内の, (↔outdoor). ～ games [sports] 屋内ゲーム[スポーツ]. an ～ swimming pool 屋内プール.
[in door]

‡**in·doors** /indɔ́:rz, ⌐⌐/ 副 © **屋内に[で, へ]** (↔outdoors). stay [keep] ～ 家の中にとどまる, 外出しない. Let's go ～. 家の中へ入りましょう.

in·dorse /indɔ́:rs/ 動 =endorse.

in·drawn /ìndrɔ́:n ⑱/ 形 **1** 引き込まれた; 〔息などが〕吸い込まれた. **2** 内省的な, 引っ込み思案の.

in·du·bi·ta·ble /ind(j)ú:bətəb(ə)l/ 形 〖章〗〔証拠などが〕疑う余地のない, 確かな. [<ラテン語 'not doubtful'] ▷**-bly** 副 疑う余地なく, 確かに.

*__in·duce__ /ind(j)ú:s/ 動 (**-duc·es** /-əz/|過 過分 **～d** /-t/|**-duc·ing**) 他 【ある方向に導く】 **1** VOC (～ X *to do*) 〔人, 物, 事が〕(説得などによって) X(人)を..するように仕向ける, 勧めて..(する気に)させる. Nothing would [Nobody could] ～ me *to* marry again. どんなことがあっても[だれがどう勧めても]私はもう 2 度と結婚はしない. What ～*d* you *to* do it? どうしてそんな事をする気になったのか. **2** 〔物, 事が〕〔病気, ある状態など〕を**引き起こす**, 誘発する. His illness was ～*d* by exhaustion and malnutrition. 彼の病気は極度の疲労と栄養不足によって引き起こされた.
3 〖医〗〈しばしば受け身で〉〔医者が〕(誘発剤を使用して)〔陣痛, 分娩(べん)〕を促進する; 〔赤ん坊〕の分娩を促進する; 〔母親〕の出産を誘発する. **4** 〖電〗〔電流など〕を誘導する. **5** 〖論〗 を帰納する (↔deduce).
◇名 1, 2 は inducement; 3, 4, 5 は induction
[<ラテン語「導き入れる」(<in-[1]+*dūcere* 'lead')]

-in·dúced /-t/ 〈複合要素〉 名詞に付けて「..に誘発された」意味の形容詞を作る. stress-*induced* illness ストレスが引き金の病気.

†**in·dúce·ment** 名 UC **1** 誘導[勧誘]するもの; 誘因, 動機, 〈*to* do ..する〉; 〖婉曲〗 わいろ. Money was not a sufficient ～ *to* get him to cooperate. 金銭だけでは彼に協力する気を起こさせるのに十分ではなかった. **2** (訴訟での)予備的陳述.

in·dúc·er 名 C induce する人[物]; 〖生化〗 (遺伝子の活動を刺激する)誘導物質.

in·duc·i·ble /ind(j)ú:səb(ə)l/ 形 誘発[誘導, 帰納]できる.

in·duct /indʌ́kt/ 動 他 〈しばしば受け身で〉 〖章〗 **1** 〔人〕を正式に就任させる (install) 〈*into* ..〔聖職など〕に/*as* ..として〉. **2** 〖米〗〔人〕を入会[入団]させる 〈*to*, *into* ..に〉. **3** 〖米〗 を兵役に就かせる (draft); を入隊させる〈*into*..〔軍隊〕に〉. ◇名 induction [<ラテン語 (*indūcere* 'induce' の過去分詞)]

in·duct·ance /indʌ́ktəns/ 名 UC 〖電〗 インダクタンス, 誘導係数.

in·duc·tee /indʌktí:/ 名 C 〖米〗 新入会[入団]者; 応召兵.

in·dúc·tion 名 **1** U 誘導; 誘発. **2** U 〖医〗 (薬剤による)出産誘発. **3** U 〖電〗 誘導. **4** UC 〖論〗 帰納(法) (↔deduction); 帰納推理(による結論). **5** 〖章〗 UC (特に聖職への)就任(式); 入会[入団](式); 〖主に米〗 (特に軍隊への)入隊式; 徴兵. **6** UC =induction course. ◇動 1-4 は induce, 5, 6 は induct

indúction còil 名 C 〖電〗 誘導コイル.

indúction còurse 名 C (新入社員, 新入生への)オリエンテーション, 研修.

indúction hèating 名 U 〖電〗 誘導加熱.

indúction mòtor 名 C 〖電〗 誘導電動機.

in·duc·tive /indʌ́ktiv/ 形 **1** 帰納(法)による, 帰納的な, (↔deductive). the ～ method 帰納法. ～ reasoning 帰納推理. **2** 〖電〗 電気[磁気]誘導の. ▷**～·ly** 副 帰納的に; 誘導的に.

in·duc·tor /indʌ́ktər/ 名 C **1** 官職を授ける人; 聖職授与者. **2** 〖電〗 誘導子; 〖化〗 誘導質.

in·due /ind(j)ú:/ 動 =endue.

*__in·dulge__ /indʌ́ldʒ/ 動 (**-dulg·es** /-əz/|過 過分 **～d** /-d/|**-dulg·ing**) 他 **1** 〔人〕を**甘やかす**, の気ままにさせる. Gertrude ～*s* her children too much. ガートルードは子供を甘やかしすぎる. **2** 〔人〕に好きなようにさせる; 〔人〕に惜しまず与える〈*in*, *with* ..を〉. I'd like a cigar. Will you ～ me? 葉巻が吸いたいのですが 1 本所望できますか. They ～*d* him *with* a bottle of excellent wine. 彼らは彼に極上のワインを 1 本ふるまった. **3** 〔欲望など〕をほしいままにする, 満足させる. ～ one's passion for golf ゴルフ熱を満足させる. My mother ～*d* my every whim.

母は私が気まぐれに欲しがる[したがる]ものを何でもきいてくれた. **4**〘商〙〔人〕に支払い猶予を認める.
— ⓐ **1** ⓋⒶ (〜 *in* ..) ..にふける, ..を好きなだけ楽しむ;〔違法行為など〕を好き勝手にやる. 〜 in luxury ぜいたく三昧(ざんまい)をする. 〜 *in* self-pity 自己憐憫(れんびん)の思いにひたる. 〜 *in* drunken driving やたら酔っ払い運転をする. **2**〘話〙大酒を飲む, 浴びるほど飲む.
indúlge onesèlf in.. ..にふける. He often 〜*s* him*self in* daydreams. 彼はしばしば空想にふける.
[<ラテン語「寛大である, 好きなようにさせる」]

†**in·dul·gence** /indʌ́ldʒ(ə)ns/ 名 **1** Ⓤ 甘やかすこと, 気ままにさせること. treat a person with 〜 人をきわめて寛大に扱う. **2** Ⓤ ふけること〈*in* ..に〉,〔特に飲酒, 飲食などへの〕耽溺(たんでき); 思いのままにすること; Ⓒ 道楽; 楽しみ. worldly 〜*s* 浮世の道楽. An after-dinner puff is his only 〜. 夕食後の(たばこの)一服は彼の唯一の楽しみだ. His constant 〜 *in* gambling brought about the collapse of his family. 彼が絶えず賭(か)け事にふけったために家庭が崩壊した. **3**〘カトリック〙Ⓤ 贖宥(しょくゆう); 免罪, 赦免; Ⓒ 免罪符. **4** Ⓤ〘英史〙宥免(ゆうめん), 信教の自由.→Declaration of Indulgence. **5** Ⓤ〘商〙支払い猶予.

I

***in·dul·gent** /indʌ́ldʒ(ə)nt/ 形 ⓜ 甘やかす, 気ままにさせる, 寛大な; 甘い〈*to, toward, with* ..に〉; 大目に見る〈*of* ..〔人の過失など〕を〉. a very 〜 father とても甘い父親. with an 〜 smile 寛大な笑顔で. He's 〜 *to* others but strict *with* himself. 彼は他人には寛大だが自分にはきびしい. ▷ **〜·ly** 副 気ままにさせて; 甘やかして.

in·du·rate /índ(j)u(ə)rèit/ 動 ⓣ **1** を固くする, 硬化する. **2** を無感覚にする, 強情にする; を慣れさせる, 平気にさせる,〈*to* ..に〉. — ⓐ **1** 固くなる, 硬化する. **2** 無感覚になる; 慣れる. — /-rət/ 形 **1** 硬化した. **2** 無感覚の. [<ラテン語「固くされた」]

in·du·ra·tive /índ(j)urèitiv, ind(j)ú(ə)rətiv/ 形「硬化性の; 頑固な.

In·dus /índəs/ 名 〈the 〜〉インダス川《チベットに発しパキスタンを流れる大河で南アジア最長》.

‡**in·dus·tri·al** /indʌ́striəl/ 形〈普通, 限定〉**1** ⓒ 産業の; 工業の; 産業[工業]上の; 工業用の. 〜 progress 産業の発展. 〜 alcohol 工業用アルコール. 〜 design 工業デザイン. 〜 waste 産業廃棄物. **2** ⓒ 産業[工業]に従事する; (産業)労働者に関する. an 〜 worker 産業労働者. **3** ⓜ 産業[工業]が発達した. an 〜 nation 工業国. ◇名 industry

indùstrial áccident 名 Ⓒ 労働災害, 労災事故.

indùstrial áction 名 Ⓤ〘英〙産業(抗議)行動《ストライキ, 順法闘争など》. take 〜 over wage cuts 賃下げに対し産業行動を取る.

indùstrial archaeólogy 名 Ⓤ 産業考古学《産業革命初期の産業実態の研究》.

indùstrial árts 名〈単数扱い; the 〜〉〘米〙(初等, 中等学校の学科としての)工芸.

indùstrial diséase 名 =occupational disease.

indùstrial dispúte 名 Ⓒ 労働争議.

indùstrial enginéering 名 Ⓤ 生産管理工学, 産業工学.

indùstrial éspionage 名 Ⓤ 産業スパイ行為.

indùstrial estáte 名〘英〙=industrial park.

indùstrial ínjury 名 ⓊⒸ 労災による傷害.

in·dús·tri·al·ism 名 Ⓤ 産業(立国)主義, 工業主義.

‡**in·dús·tri·al·ist** 名 Ⓒ 産業資本家, 実業家, 工場経営者.

in·dùs·tri·al·i·zá·tion 名 Ⓤ 産業化, 工業化.

***in·dús·tri·al·ìze,**〘英〙**-ise** 動 ⓣ〔国家, 地域, 経済など〕を産業[工業]化する. Financial aid is needed to 〜 this area. この地域を工業化するには財政援助が必要だ. — ⓐ 産業[工業]化する.

in·dús·tri·al·ìzed 形 産業[工業]化した. a highly 〜 country 高度に工業化した国.

in·dús·tri·al·ly 副 産業[工業]的に; 産業上, 工業上. 〜 developed countries in the Northern Hemisphere 北半球の工業先進国.

indùstrial párk 名 Ⓒ〘米〙工業団地 (〘英〙industrial estate).

indùstrial relátions 名〈複数扱い〉労使関係;「労務管理.

Indùstrial Revolútion 名〈the 〜〉産業革命.

indùstrial schóol 名 ⓊⒸ **1** 実業学校, 産業学校. **2**〘米〙(特に問題児の社会への適応のための)職業訓練学校.

indùstrial tribúnal 名 Ⓒ〘英〙労働裁判所《労使の紛争, 特に個人に関するものを裁く》.

indùstrial únion 名 Ⓒ 産業別労働組合《特定の産業に従事する全労働者の組合, 例えば英国の「全国鉱山労働者組合」; ↔craft union》.

***in·dus·tri·ous** /indʌ́striəs/ 形 ⓜ **勤勉な, よく働く,** (類語「生来又は習慣的に勤勉な」の意味; →diligent). their 〜 nature 彼らの勤勉な性格. a very 〜 workman 非常によく働く労働者.
▷ **〜·ly** 副 勤勉に. **〜·ness** 名 Ⓤ 勤勉.

‡**in·dus·try** /índəstri/ 名 (複 **-tries**) **1** ⓊⒸ **産業, 工業;** Ⓒ ..産業, ..業,《産業の各部門》. the expansion of Japanese 〜 日本の産業の拡大. heavy 〜 重工業. a thriving 〜 繁栄している産業. the steel 〜 鉄鋼業. the tourist 〜 観光業. service *industries* サービス産業. the Shakespeare 〜 シェークスピア産業《シェークスピアの研究, 上演などで多くの人が生計を立てているのを皮肉って》.

連結 a basic [a key; a high-tech; a low-tech; light] 〜 // develop [build up, foster] (an) 〜

2 Ⓤ〈集合的〉(産業)経営者側《労働者側に対する》; 産業界《労使双方を含めて》. Both 〜 and labor [sides of 〜] pledged their cooperation in the drive to check inflation. 労使双方はインフレ抑止運動に協力することを誓約した.
3 Ⓤ〘章〙**勤勉,** 精励. a man of 〜 勤勉家. He worked with 〜. 彼は勤勉に働いた.
◇形 1 は industrial, 3 は industrious [<ラテン語「勤勉」(<*indu*-「中に」+*struere*「築く」)]

in·dwell /indwél/ 動 (→dwell) ⓣ〔精神などが〕に住む, 内在する, 宿る. — ⓐ 住む, 内在する,〈*in* ..に〉.
▷ **〜·ing** 形 内在する.

-ine[1] /-ain, -iːn, -in/ 接尾 **1**「..の, のような, の性質の」の意味の形容詞を作る. crystall*ine*. serpent*ine*. **2** 女性名詞を作る. hero*ine*. **3** 抽象名詞を作る. doctr*ine*. discipl*ine*. [フランス語 (<ラテン語)]

-ine[2] 接尾〘化〙塩基性物質などの名詞を作る. co-ca*ine*. anil*ine*. [ラテン語]

in·e·bri·ate /iníːbrièit/〘章〙動 ⓣ を酩酊(めいてい)させる; を有頂天にする, (興奮で)酔わせる. — /-briət/ 形 酩酊した, のんだくれの. — /-briət/ 名 Ⓒ のんだくれ.

in·é·bri·àt·ed /-èitəd/ 形〘章〙酩酊(めいてい)した; 有頂天になった.

in·è·bri·á·tion /-éiʃ(ə)n/ 名 Ⓤ〘章〙酩酊(めいてい).

in·e·bri·e·ty /inəbráiəti/ 名 Ⓤ 酔い, 酩酊.

in·ed·i·ble /inédəb(ə)l/ 形 食用に適さない, 食べられない. ▷ **in·èd·i·bíl·i·ty** 名 **-bly** 副

in·ed·u·ca·ble /inédʒəkəb(ə)l|-édju-/ 形 (知恵遅れなどのため)教育不可能な. ▷ **in·èd·u·ca·bíl·i·ty** 名 **-bly** 副

in·ef·fa·ble /inéfəb(ə)l/〘章〙形 **1** 言うに言われぬ, 言いようのない. 〜 joy [beauty] えもいわれぬ喜び[美しさ]. **2** 口に出してはならない〔神の名など〕.
▷ **in·èf·fa·bíl·i·ty** 名 **-bly** 副

in·ef·face·a·ble /inəféisəb(ə)l ⑧/ 形〔痕(こん)跡, 記

憶などが〕消し去ることのできない, ぬぐい難い.
▷**in·ef·fâce·a·bíl·i·ty** [名] **-bly** [副]

†in·ef·fec·tive /ìnəféktiv [移]/ [形] **1**〔物事が〕効果のない, 効果的でない. an ～ remedy 効き目のない療法. an ～ protection device 効果的でない防護装置. **2**〔人が〕役に立たない, 有能でない. an ～ minister 無能な大臣.
▷**～·ly** [副] 効果なく. **～·ness** [名] [U] 無効; 無能.

†in·ef·fec·tu·al /ìnəféktʃuəl [移]/ [形] **1**〔物事が〕有効でない, 効き目のない. an ～ protest 効果のない[むだな]抗議. **2**〔人が〕物事を達成できない, 非力な.
▷**～·ly** [副] 効果も伴わず, 無益に. **～·ness** [名]

in·ef·fi·ca·cious /ìnəfəkéiʃəs/ [形]〔薬などが〕効果のない, 効き目のない. ▷**～·ly** [副]

in·ef·fi·ca·cy /inéfəkəsi/ [名] [U] 無効果, 無効能.

†in·ef·fi·cien·cy /ìnəfíʃ(ə)nsi/ [名] ([複] **-cies**) [U] 非能率; 能力不足; [C] 非能率なもの[点].

†in·ef·fi·cient /ìnəfíʃ(ə)nt [移]/ [形] **1**〔機械などが〕能率の悪い, 非能率な. an ～ distribution system 非能率な流通機構. **2**〔人が〕有能でない, 能力不足の. ▷**～·ly** [副] 能率悪く.

in·e·las·tic /ìnəlǽstik [移]/ [形] **1** 弾力のない, 弾性のない. **2** 適応性のない; 融通のきかない.

in·e·las·tic·i·ty /ìnəlæstísəti/ [名] [U] **1** 弾力[弾性]のなさ. **2** 適応[融通]性のなさ.

in·el·e·gance /inéligəns/ [名] **1** [U] 優美でないこと, 洗練のなさ; 粗野, ぶざま. **2** [C] 粗野な言動[文体など].

in·el·e·gant /inéligənt/ [形] **1** 優美でない, 洗練されていない〔容姿など〕. **2** 粗野な; ぶざまな (awkward).
▷**～·ly** [副]

in·èl·i·gi·bíl·i·ty [名] [U] 無資格, 不適任.

in·el·i·gi·ble /inélədʒəb(ə)l/〖章〗[形] 選ばれる資格がない, 不適任の, 〈*for* ..に/*to* do ..するのに〉. ～ *for* citizenship 市民権を得る資格がない. A married woman is ～ *to* enter the contest. 既婚の女性はそのコンテストに出場する資格がない.
── [名] [C] 不適格[適任]者. ▷**-bly** [副]

in·el·o·quent /inéləkwənt/ [形] 雄弁[能弁]でない, 話しべたの. ▷**-quence** [名]

in·e·luc·ta·ble /ìnilʌ́ktəb(ə)l [移]/ [形]〖章〗〔運命などが〕免れる[避ける]ことができない. ▷**-bly** [副]

‡in·ept /inépt/ [形]〖章〗**1** (ばかばかしいほど)的はずれの, 全く場違いの. an ～ joke 場所柄をわきまえない冗談. **2** 無能の; 不器用な, 不向きな, 〈*at* (do*ing*) ..(するの)に〉.
▷**～·ly** [副] **～·ness** [名]

in·ept·i·tude /inéptət(j)ù:d/ [名]〖章〗[U] 全くの見当はずれ, 場違い; 不能, 不器用さ; [C] 見当はずれ[不適切]な言葉[行為など].

†in·e·qual·i·ty /ìnikwáləti|-i(:)kwɔ́l-/ [名] ([複] **-ties**)
1 [U] 不平等, 不均等, (↔equality); [C]〈普通 -ties〉不平等[不均等]な事柄. ～ of opportunity 機会の不均等. ～ of treatment 差別待遇. *inequalities* in education 教育の不平等.
2 [UC] (大きさ, 量, 価値, 階級などの)不同, 差違, むら.
3〖数〗[U] 不等関係; [C] 不等式. ◇[形] unequal

in·eq·ui·ta·ble /inékwətəb(ə)l/ [形]〖章〗不公平な, 不公正な, (unfair, unjust). ▷**-bly** [副]

in·eq·ui·ty /inékwəti/ [名] ([複] **-ties**)〖章〗**1** [U] 不公正; 不公平. **2** [C] 不公平[不公正]な物事.

in·e·rad·i·ca·ble /ìnirǽdikəb(ə)l [移]/ [形] 根絶できない;〔性格, 本能などが〕根深い, 抜き難い. ▷**-bly** [副]

in·er·rant /inérənt/ [形] 誤り[間違い]のない.

†in·ert /inə́:rt/ [形] **1** 動く力のない; 活動力のない. ～ matter 自力で動けない物質. The man fell flat on his face and lay ～ there. 男はうつぶせに倒れ, そのまま身動きもしなかった. **2**〖化〗活性のない《化学変化を起こさない》. an ～ gas 不活性ガス《アルゴン, ネオンなど》. **3**〔人が〕不活発な, 鈍い, だらけた. [＜ラテン語「未熟な」(＜in-[2]＋*ars* 'art')] ▷**～·ly** [副] **～·ness** [名]

†in·er·tia /inə́:rʃə/ [名] [U] **1** 惰性, 惰力;〖物理〗慣性. the law of ～ 慣性の法則. The car kept running on ～. 車は惰力で走り続けた. **2** 不活動, 不活発; ものぐさ; (sluggishness). a feeling of ～ けだるさ. [ラテン語]

in·er·tial /inə́:rʃ(ə)l/ [形] 慣性の[による].

inèrtial guídance [名] [U]〖空〗慣性誘導.

inèrtial navigátion sỳstem [名] [UC]〖空〗慣性航法装置(略 INS).

inértia rèel [名] [C]〖英〗慣性リール《自動車のシートベルトなどのリール》.

inèrtia séat bèlt [名] [C]〖英〗慣性リール式シートベルト.

inèrtia sélling [名] [U]〖英〗押しつけ商法《注文もしないのに一方的に品物を送りつける》.

‡in·es·cap·a·ble /ìniskéipəb(ə)l [移]/ [形] 避けられない, 不可避の; (起こることの)確実な. ▷**-bly** [副]

in·es·sen·tial /ìnəsénʃ(ə)l [移]/ [形] 本質的でない; 必須ではない; 〈*to* ..にとって〉.
── [名] [C]〈しばしば ～s〉なくても済むもの.

†in·es·ti·ma·ble /inéstəməb(ə)l/ [形]〖章〗計り知れない(ほど大きい); きわめて重要な. an ～ difference 計り知れないほどの相違. Your help was of ～ value to us. あなたの援助は私たちにはこの上なく貴重だった. ▷**-bly** [副]

‡in·èv·i·ta·bíl·i·ty [名] ([複] **-ties**) [U] 不可避性, 必然性; [C]〈普通, 単数形で〉不可避なこと.

***in·ev·i·ta·ble** /inévətəb(ə)l/ [形] [₵] **1** 避けられない, 不可避の, (unavoidable); 必然の, 当然の. It looked as though a strike was ～. ストライキは避けられそうもなかった. It is ～ that the cease-fire negotiations will break down. 停戦交渉の決裂は必至である. the ～ hour 避けられない時機, 死期. the ～ consequences of old age 老齢のもたらす当然の結果.
2〈限定〉〖話・しばしば戯〗必ず起こる; (ある人に)付き物の, おきまりの. a Japanese tourist with his ～ camera おきまりのカメラを持った日本人観光客. The ～ opening speech was greeted with ～ applause. 型通りの開会の辞は型通りの拍手を受けた.
3〈the ～; 名詞的〉避けられないもの[こと], 必然の運命. a futile attempt to change *the* ～ 避けられない運命を変えようとする無益な企て.
[＜ラテン語 (＜in-[2]＋*ēvitābilis*「避け得る」(＜*ēvitāre* 'avoid'))]

†in·év·i·ta·bly [副] 必然的に; 必ず;〈時に文修飾〉. Students who don't study hard ～ cannot go on to university. 一生懸命勉強しない学生は当然大学へ進学できない. *Inevitably*, the book was a failure.＝It was inevitable that the book was a failure. 当然のことだがその本は失敗作だった.

in·ex·act /ìnigzǽkt [移]/ [形] 不正確な; 精密でない.
▷**～·ly** [副] **～·ness** [名]

in·ex·act·i·tude /ìnigzǽktət(j)ù:d/ [名] [U] 不正確, 不精密; [C] 不正確な点[こと].

in·ex·cus·a·ble /ìnikskjú:zəb(ə)l [移]/ [形] 言い訳の立たない; 許せない. an ～ fault 許せない誤り. ▷**-bly** [副]

†in·ex·haust·i·ble /ìnigzɔ́:stəb(ə)l [移]/ [形] **1** 尽きることのない, 無尽蔵の. ～ resources 無尽蔵の資源. her ～ patience いつまでも続く彼女の根気. **2** 疲れを知らない. an ～ worker いくら働いても疲れない人.
▷**-bly** [副] 無尽蔵に.

in·èx·o·ra·bíl·i·ty [名] [U]〖章〗容赦のなさ.

‡in·ex·o·ra·ble /inéks(ə)rəb(ə)l/ [形]〖章〗(人の力では)どうしても変えられない, 防ぎようのない; (人の懇請などに)動かされない, 容赦しない, 無情な. ▷**-bly** [副] 容赦なく.

in·ex·pe·di·en·ce, -en·cy /ìnikspí:diəns/, /-ənsi/ [名] [U]〖章〗不便; 不都合; 不適当.

in·ex·pe·di·ent /ìnikspí:diənt [移]/ [形]〖章〗不便な,

都合が悪い; (目的に対して)不適当な, 得策でない.
▷～·ly 副

†**in·ex·pen·sive** /ìnikspénsiv ㊕/ 形 費用のかからない, 安い, 低廉な, 低価格の, (↔dear, expensive; 類語「値打ちのわりに安価な」の意味で, 価格の低いことを客観的に表す語; →cheap). a well-made ～ camera 安価だがよくできたカメラ. ▷～·ly 副 安価に. ～·ness 名

in·ex·pe·ri·ence /ìnikspí(ə)riəns/ 名 U 無経験; 未熟, 不慣れ.

*__in·ex·pe·ri·enced__ /ìnikspí(ə)riənst/ 形 m **経験の**(足り)ない; 不慣れの, 未熟な, 〈*in* ..に/*with* ..の扱いに〉. an ～ teacher 経験不足の教師. be ～ *in* business [*with* babies] 商売[赤ん坊の扱い]に慣れていない.

in·ex·pert /inékspəːrt, ìnikspə́ːrt ㊕/ 形 未熟な〈*at, in*..に〉; 不器用な; 素人の. ▷～·ly 副 ～·ness 名

in·ex·pi·a·ble /inékspiəb(ə)l/ 形 **1**〖章〗〔罪悪などが〕償いがたい, 罪深い. **2**〖古〗なだめられない〔怒りなど〕; 執念深い〔敵意など〕. ▷～·ness 名 -bly 副

†**in·ex·pli·ca·ble** /ìnikspli̇́kəb(ə)l ㊕, inékspli-/ 形 説明できない, 不可解な. the ～ disappearance of the family 一家の謎(なぞ)の失踪(そう).
▷**ìn·ex·plì·ca·bíl·i·ty** 名

I

†**in·ex·pli·ca·bly** /ìnikspli̇́kəbli, inékspli-/ 副 理解し難いほど; 説明し難いほど; 〈文修飾〉理解[説明]し難いことだが. *Inexplicably*, Ed behaved very rudely at the party. エドは会合で実に失礼な態度を見せたが, どうも不可解だ.

in·ex·press·i·ble /ìniksprésəb(ə)l ㊕/ 形 〔感情などが〕言い表せない(ほどの), 言うに言われぬ(ほどの).
▷**ìn·ex·prèss·i·bíl·i·ty** 名 -bly 副 言い表せないほど.

in·ex·pres·sive /ìniksprésiv ㊕/ 形 表情に乏しい, 無表情の. ▷～·ly 副 ～·ness 名

in·ex·tin·guish·a·ble /ìnikstíŋgwiʃəb(ə)l ㊕/ 形 消すことのできない〔炎など〕; 抑えきれない〔感情など〕.
▷-bly 副

in ex·tre·mis /in-ikstríːmis/ 副, 形 臨終に際して(いる); 絶望的状況で[の].

in·ex·tri·ca·ble /ìnekstríkəb(ə)l ㊕/ 形〖章〗**1** どうしても逃げられない(ような). an ～ maze 脱出できない迷路. **2**〔結び目などが〕ほどけない; 〔問題, 混乱などが〕解決できない. **3**(密接に絡んでいて)分離できない, 不可分の.
▷-bly 副 込み入って, 密接不可分に.

INF intermediate-range nuclear forces (中距離核戦力).

inf. infantry; inferior; infield; infinitive; infinity; information; infra.

in·fàl·li·bíl·i·ty 名 U **1** 絶対に誤りを犯さないこと, 無過誤; 絶対確実性. **2**〖カトリック〗(教皇の)無謬(びゅう)性. papal ～ 教皇無謬説.

‡**in·fal·li·ble** /infǽləb(ə)l/ 形 **1**〔人が〕絶対に誤りを犯さない, 間違いのない. Dictators believe they are ～. 独裁者は自分が無謬(びゅう)であると信じる. **2**〔物事が〕必ず効果のある, 絶対確実な. an ～ remedy 間違いなく効く治療法. **3**〖カトリック〗〔教皇が〕無謬の. ▷～·ness 名

in·fál·li·bly 副 **1** 過つことなく, 絶対間違いなく. **2**〖話〗いつも決まって, 必ず.

†**in·fa·mous** /ínfəməs/ 形 **1** 悪名の高い〈*for* ..で〉. an ～ criminal 悪名高い犯罪者. **2**〖章〗破廉恥な, 不名誉な, 忌まわしい, 〔行為, 犯罪など〕. ▷～·ly 副

in·fa·my /ínfəmi/ 名 (複 -mies)〖章〗**1** U 悪評, 汚名. **2** C〈しばしば -mies〉破廉恥(な行為), 非行. **3** U〖法〗(破廉恥罪による)公民権の剝奪(はくだつ), 〈特に〉証言力の喪失.

*__in·fan·cy__ /ínfənsi/ 名 aU **1 幼少; 幼年期**, 幼年時代. I have known George since his ～. 私はジョージを幼いころから知っている. **2** (発達の)**初期**, 揺籃(ようらん)期, 未発達状態. Linguistics was then still in its ～. 言語学はそのころまだ生まれたてだった. **3**〖法〗未成年(であること) (→infant 2).

*__in·fant__ /ínfənt/ 名 (複 ～s /-ts/) C **1** (**a**) (立ち歩きする前の)**赤ん坊**, 乳児. (**b**)〖英〗幼児《普通 4[5]-7[8]歳; →infant school》. **2**〖法〗未成年者 (minor)《〖米〗では 21 歳未満; 〖英〗では 18 歳未満》. ── 形 ©〈限定〉**1** 乳[幼]児(期)の; 乳[幼]児用の; 〖法〗未成年者の. ～ foods 幼児用食品. **2** 未発達の, 初期段階の, 幼稚な. an ～ industry 幼稚産業. [＜ラテン語「話すことができない」(＜in-² + *fārī* 'speak')]

in·fan·ta /infǽntə/ 名 C (スペイン, ポルトガルの)王女《王位継承者を除く》; infante の妃. [スペイン語]

in·fan·te /infǽntei, -ti/ 名 C (スペイン, ポルトガルの)王子《王位継承者を除く》. [スペイン語]

in·fan·ti·cide /infǽntəsàid/ 名 **1** UC 乳幼児殺し(の罪); (新生児の)間引き. **2** C 乳幼児殺害者.

in·fan·tile /ínfəntàil, -tl|-tàil/ 形 **1**〈限定〉乳[幼]児(期)の; 幼児らしい. ～ diseases 小児病. **2**〖しばしば軽蔑〗子供っぽい, 幼稚な, (childish). ～ behavior 子供っぽいふるまい. **3** 初期の, 未発達段階の.

ìnfantile parálysis 名 U〖医〗〖旧〗小児麻痺(ひ) (poliomyelitis).

in·fan·ti·lism /infǽnt(ə)lìz(ə)m/ 名 U 子供っぽい言動; 〖医〗幼稚症.

in·fan·tine /ínfəntàin/ 形〖古〗＝infantile.

ìnfant mortálity ràte 名 C (1 歳未満の)乳児死亡率《略 IMR》.

ìnfant pródigy 名 C 天才児, 神童.

†**in·fan·try** /ínfəntri/ 名 U〈単複両扱い〉歩兵; 歩兵隊 (→cavalry). an ～ regiment 歩兵連隊. a company of ～ 歩兵 1 個中隊.

ínfantry·man /-mən/ 名 (複 -men /-mən/) C (1 人の)歩兵.

ínfant schòol 名 UC〖英〗幼児学校《普通 4[5]-[7]8 歳の子供を教育する》.

in·farct /infáːrkt/ 名 U〖医〗梗塞(こうそく).

in·fárc·tion 名 U (血栓などによる)血行障害, 梗塞形成; ＝infarct.

in·fat·u·ate /infǽtʃuèit/ 動 他〔人〕を(一時的にばかげたほど)夢中にさせる, 惚(ほ)れこませる, 〈*with, by* ..に〉〈普通, 受け身で; →infatuated〉. [＜ラテン語「馬鹿にする」(＜*fatuus* 'foolish')]

in·fát·u·àt·ed /-əd/ 形 夢中で(ある), のぼせて(いる), 〈*with* ..に〉. Jack is utterly ～ *with* Jill [his own ideas]. ジャックはジルに[自分の思いつきに]すっかりのぼせ上がっている.

in·fàt·u·á·tion 名 U (一時的な)のぼせ上がり, 心酔, 〈*for, with* ..への〉; C のぼせ上がらせる物[事].

in·fea·si·ble /infíːzəb(ə)l/ 形 実行不可能な (impracticable).

*__in·fect__ /infékt/ 動 (～s /-ts/|過 過分 ～·ed /-əd/|～·ing) 他 **1**〔人など〕に**感染させる**, 伝染させる, 〈*with* ..を〉(★普通, 空気伝染についていう); に病原菌[病気]をうつす. The wound became ～*ed*. 傷口にばい菌が入った. The inhabitants were ～*ed with* malaria. 住民たちはマラリヤにかかった. **2**〔大気, 水など〕を汚染する〈*with* ..で〉; 〖電算〗〔コンピュータウィルスが〕に侵入する, のデータを汚染する. The river has been ～*ed with* chemicals. その川は化学物質で汚染されている. **3**〔人〕を染まらせる, かぶれさせる, 〈*with* ..〔思想, 習慣など〕に〉; 〔気持ち, しぐさなどが, 周囲の人〕に波及する, 伝わる. He ～*ed* his brother *with* his own radical ideas. 彼は自分の過激思想を弟に吹き込んだ. Her happiness ～*ed* the company. 彼女の幸福な様子に仲間の者までうれしい気分になった. [＜ラテン語「中に混ぜる, 染める」(＜in-¹ + *facere* 'make, put')]

in·féct·ed /-əd/ 形 感染した; 汚染した. an ～ person 病気に感染した人. the ～ area 伝染病流行[汚染]地域.

*__in·fec·tion__ /infékʃ(ə)n/ 名 (複 ～s /-z/) **1** U **感染**,

伝染,(★普通,空気伝染による;→contagion);悪い感化,かぶれ(させ)ること. primary [secondary] ~ 初[2次]感染. spread by ~ 〔病気が〕伝染によって広がる. Some insects are a cause of ~. ある種の昆虫は病気の伝染の原因になる.
2 Ⓒ **伝染病**;感染(の症例). pass on an ~ 病気を(別の人に)うつす. an airborne ~ 空気伝染(の症例).

***in·fec·tious** /infékʃəs/ 形 m **1** (**a**) **伝染[感染]**する, 伝染性の;伝染病の;(類語 医学的には空気や水を媒体とする感染にいうが通俗には contagious と混同される). a highly ~ disease 感染力の強い伝染病. an ~ hospital 伝染病病院. Is mumps ~? おたふく風邪は伝染しますか. (**b**)〈普通,叙述〉〔人,動物が〕病気を伝染させる. If you are a cholera carrier, you are ~. もし君がコレラの保菌者なら,病気を媒介するおそれがある.
2 〔気持ち,しぐさなどが〕他人に伝わる[影響を及ぼす]. He has a hearty laugh which is ~. 彼は人が釣られて笑うような朗らかな笑い方をする. ▷ **~·ly** 副 **~·ness** 名

in·féc·tive 形 〖章〗=infectious.

in·fe·lic·i·tous /infəlísətəs/ 形 **1** 不適切な. **2** 不幸な,不運な. ▷ **~·ly** 副

in·fe·lic·i·ty /infəlísəti/ 名 (複 **-ties**) UC 不幸(な事);不適切(な物事).

***in·fer** /infə́ːr/ 動 (**~s** /-z/|過 過分 **~red** /-d/|**~·ring** /-riŋ/) 他 **1** を**推量する**; VO (~ *that* 節/*wh* 節・句)..ということ/..かを推量する,推理[推論]する;〈*from* ..から〉. What can be ~*red from* these data? これらのデータから何が推論できるか. *Infer what* he meant. 彼がどういうつもりだったか推測してごらん. I ~ *from* your statement *that* you disagree with me. お言葉から私に同意されないと推測いたします. **2** 〖話〗を暗示する,ほのめかす,(imply)(★ただし,この用法を誤りとする人も多い).
[<ラテン語「持ち込む」(<in-[1]+*ferre* 'carry')]

in·fer·a·ble /infə́ːrəb(ə)l/ 形 推量[推理,推論]できる.

†in·fer·ence /ínf(ə)rəns/ 名 **1** U 推量,推理,推断;推測. It was clear, by ~ at least, that the President favored the bill. 少なくとも推測では大統領がその法案に賛成であることは明らかだった. **2** Ⓒ 推論された事実;推定の結論. draw [make] an ~ from circumstantial evidence 状況証拠から推断する.

in·fer·en·tial /infərénʃ(ə)l/ 形 推論[推測]上の,推論[推測]に基づく. ▷ **~·ly** 副

***in·fe·ri·or** /infí(ə)riər/ 形 ¢ **1** 〖章〗**下級の**,下位の,〈*to* ..より〉. an ~ court (of law) 下級裁判所. His position is ~ *to* mine. 彼の地位は私より低い.
2 〔質,価値などが〕**劣っている**〈*to* ..より〉;平均以下の,良くない,粗悪な. This watch is ~ *to* yours in quality. この時計は品質の点で君のより劣る. ~ merchandise 粗悪な商品. His brother's brightness made him feel much [very] ~ (*to* him). 弟が頭が良いので彼は(弟に)大そう劣等感を抱いた. He has a prejudice that the group are intellectually [socially] ~. 彼にはその集団の人々は知的[社会的]に劣っているという偏見がある. **3** 〖植〗〔がく,子房が〕下生の;〖解剖〗〔器官が〕(通常より)下にある,下位の. **4** 〖印〗〔文字,数字が〕下つきの. **5** 〖天〗〔惑星が〕地球と太陽の間にある.
—— 名 Ⓒ 〈普通 one's ~〉**1** (特に仕事の上で)下位の者,部下,目下,(subordinate)(注意 軽蔑的な響きがあるので今はあまり用いない). **2** 劣った物. **3** 〖印〗下つきの文字[数字]《例えば H_2O の $_2$》.
◇↔superior [ラテン語 'lower' (*inferus* 'low' の比較級)]

***in·fe·ri·or·i·ty** /infì(ə)riɔ́ːrəti|-ɔ́r-/ 名 U **劣っていること**;下位,下級;劣等,粗悪. a strong feeling [sense] of ~ 強い劣等感. The ~ of the product was obvious. その製品の粗悪さは明らかであった. ◇↔superiority

inferiórity còmplex 名 Ⓒ 〖精神分析〗劣等感,(劣等)コンプレックス,(↔superiority complex).

†in·fer·nal /infə́ːrn(ə)l/ 形 **1** 〖章〗地獄の(ような). the ~ regions 地獄. **2** 〖章〗悪魔のような,極悪非道の. ~ torture 残忍きわまる拷問. **3** 〈限定〉〖話〗ひどい;いやな,いまいましい. an ~ liar ひどいうそつき.
▷ **~·ly** /-nəli/ 副 悪魔のように,残忍に;〖話〗ひどく.

in·fer·no /infə́ːrnou/ 名 (複 **~s**) Ⓒ 〖章〗 **1** 地獄(hell). **2** 地獄のような場所[状態;大火,火の海]. The desert was an ~ in the noonday sun. 砂漠は真昼の太陽のもとで焦熱地獄だった. [イタリア語]

‡in·fer·tile /infə́ːrtl|-tail/ 形 **1** 〔土地が〕肥沃(よく)でない(barren),やせた. **2** 繁殖力[生殖能力]のない.
▷ **in·fer·til·i·ty** /infəːrtíləti/ 名 U 不毛.

†in·fest /infést/ 動 他 〔有害なものが〕に群がる,たかる;〔場所などに〕にはびこる,に横行する;〈普通,受け身で〉. Undesirable ideas ~ the campuses.=The campuses are ~*ed with* undesirable ideas. 望ましくない思想が大学内に巣食っている. a dog ~*ed with* fleas ノミがたかった犬. The country is ~*ed by* spies. その国にはスパイが横行している. [<ラテン語「襲う,悩ます」]

in·fes·ta·tion /infestéiʃ(ə)n/ 名 U 群がること,はびこること,蔓(まん)延;荒らすこと,横行.

-in·fést·ed /-əd/ 〈複合要素〉名詞に付けて「..の群がる,はびこる」の意味の形容詞を作る. rat-*infested* barns ネズミの跳梁(ちょうりょう)する納屋.

in·fi·del /ínfədl/ 名 Ⓒ 〖古・軽蔑〗 **1** 無宗教の人;不信心者. that arch ~ Galileo あの大それた不信心者ガリレオ. **2** 〖史〗(キリスト教徒から見た)異教徒,〈特に〉イスラム教徒;(イスラム教徒から見た)異教徒,〈特に〉キリスト教徒. [<ラテン語 'not faithful']

‡in·fi·del·i·ty /ìnfədéləti/ 名 (複 **-ties**) 〖章〗 **1** U 不信心. **2** UC (配偶者に対する)不貞,不義;背信(行為).

ín·fìeld 名 **1** 〈the ~〉〖野球・クリケット〗(**a**) 内野. an ~ fly インフィールド[内野]フライ. an ~ hit 内野安打. (**b**)〈単複両扱い〉内野手(↔outfield). **2** Ⓒ 農家の周囲の畑.

ín·fìelder 名 Ⓒ 〖野球・クリケット〗内野手(↔outfielder).

ín·fìghter 名 Ⓒ (組織内の)内部抗争者.

ín·fìghting 名 U **1** 〖ボクシング〗インファイト,接近戦. **2** (組織内の激しい)内部抗争,内輪もめ,内ゲバ.

ín·fill(·ing) 名 **1** U 空間[隙(すき)間]をふさぐこと;建物の間の空地を建物でうめること. **2** UC (壁の穴などの)充塡(てん)材.

‡in·fil·trate /infíltreit, ⌐−⌐/ 動 他 **1** (**a**) 〔スパイなどが〕に潜入する. Secret agents ~*d* the Foreign Office. 秘密工作員が外務省に潜入した. (**b**) VOA (~X *into*..) X(スパイなど)を..に潜入させる. They ~*d* secret agents *into* this country. 彼らはスパイをこの国に潜入させた.
2 (**a**) 〔物質,思想などが〕に浸透する. (**b**) VOA (~X *into, through*..) X(物質,思想など)を..に浸透させる. The ghost story ~*d* terror *into* my young mind. その幽霊の話を聞くと幼い私は恐怖でいっぱいになった.
—— 自 VA (~ *into*..) ..に潜入する;(~ *into, through*..) ..に浸透する. **——** 名 Ⓒ 〖医〗浸潤物「潤(物).
[in-[1], filtrate]

in·fil·trá·tion 名 UC **1** 潜入;浸透. **2** 〖医〗浸潤.

in·fil·tra·tor /infíltreitər, ⌐−⌐−/ 名 Ⓒ 潜入者.

infin. infinitive.

***in·fi·nite** /ínfənət/ 形 ¢ **1** **無限の**,際限のない;**莫**(ばく)**大**な,無数の,無量の,計り知れない. Natural resources are not ~. 天然の資源は無限ではない. a matter of ~ importance 限りなく重要な事柄. an ~ sum of money 巨額の金. in their ~ wisdom 〈皮肉をこめて〉英知の限りを尽くして,知恵を絞ったあげく. **2** 〖数〗無限の. ~ decimals 無限小数. ◇↔finite

I

── 名 **1** 〈the ～〉 無限のもの《時間, 空間など》. **2** 〈the I-〉 無限者《神のこと》.
[in-², finite] ▷ **～·ness** 名

in·fi·nite·ly 副 無限に; 無数に; 〈しばしば比較級と共に〉 大いに. The novel was ～ more interesting than I had expected. 小説は予想していたよりずっと面白かった.

in·fin·i·tes·i·mal /ìnfinətésəm(ə)l/ 形 極小の, 極微の; 〖数〗無限小の.
▷ **～·ly** 副 極小に; 〖数〗無限小に.

ìnfinitèsimal cálculus 名 U 〖数〗微積分.

†**in·fin·i·tive** /infínətiv/ 〖文法〗名 C 不定詞 (→下段 文法 参照). split an ～ 不定詞を分離させる《to と原形の間に副詞を入れる; →split infinitive》. a bare [root] ～ はだか[原形]不定詞《to の付かない不定詞》.
── 形 不定詞の.

> 文法 **infinitive** (不定詞): 動詞の非定形 (nonfinite form) の 1 つ. to の付かない形 (bare infinitive, root infinitive, また原形とも呼ばれる)と to の付く形がある.
> 前者の主な用法は (1) 助動詞と共に: I can [will, etc.] go. (2) make, let, see, hear などの目的語と共に: They make me *wait*.
> to 付き不定詞には (1) 名詞用法, (2) 形容詞用法, (3) 副詞用法, (4) VOC の C (補語), VO の O (目的語)の一部になる用法. (5) 独立用法がある; →to 前 21 語法.
> (1) 名詞用法: *To err* is human, *to forgive* divine. (→err)/It is useless *to try*. (→it 4)/ George wanted *to be* a doctor. (→want 他 2) / Let's ask Frank *to sing* a song. (→ask 他 20)
> (2) 形容詞用法:I had no time *to do* it. (→time 4)/Tom was the first *to help* me. (→first 名 1)
> (3) 副詞的用法: (目的) They'd do anything *to win*. ★目的の意味をもっと明確にするには *in order to* win とする (→order 名 成句)/(理由) I am glad *to see* you. (→glad 1)/(結果) He lived *to be* 87. (→live 4)
> (4) VO の O (目的語)の一部として: I want someone *to read* this letter. (→want 他 3)/ VOC の C (補語)として:The teacher allowed me *to leave* school early. (→allow 1 (c))
> (5) 独立用法: *to be* frank with you (→frank¹ 成句)/*to do* him justice (→justice 成句).
> 不定詞には上述の単純な形のほかに完了形不定詞 (perfect infinitive) があり, その形は「(to) have＋過去分詞」で, その文の述語動詞で示されるより以前の事柄を示している: Tom must have *gone out*. Susan seems *to have been* sick.

in·fin·i·tude /infínət(j)ù:d/ 名 U 〖章〗無限; aU 無限の量, 無数. an ～ of stars 無数の星.

†**in·fin·i·ty** /infínəti/ 名 (複 **-ties**) **1** U 無限; 無限のもの《宇宙, 時間など》. the ～ of the universe 宇宙の無限. **2** aU 無限の数[量]. an ～ of troubles 際限ない心配の種. **3** U 〖数〗無限大《記号 ∞》; 無限遠.

†**in·firm** /infə́:rm/ 形 **1** (**a**) 体が弱った, 虚弱な, (類語 特に老齢や病気が原因のもの; →weak). an ～ old woman 老いて体の弱った女. (**b**) 〈the ～〉〈名詞的に; 複数扱い〉 (年老いて)体の弱った人々. **2** 〖章・雅〗薄弱な 〈*of* ..〔意志など〕が〉; 決断力がない. be ～ *of* purpose 意志薄弱である. **3** 〔構造などが〕堅固でない; 〔主張などの〕根拠が弱い. ▷ **～·ly** 副 **～·ness** 名

in·fir·ma·ry /infə́:rm(ə)ri/ 名 (複 **-ries**) C **1** (学校, 工場などの)医務[保健]室, 付属診療所. **2** 病院.

†**in·fir·mi·ty** /infə́:rməti/ 名 (複 **-ties**) 〖章〗 **1** U 老衰, 虚弱; C 〈普通 -ties〉 (特に老齢による体の)欠陥, 病気. the *infirmities* of old age 老齢による肉体的衰え. **2** U (精神的な)弱さ. ～ of purpose [will] 意志薄弱. **3** C 弱点, (道徳的)欠陥.

in fla·gran·te de·lic·to /in-fləgræ̀ntei-dilíktou/ 副, 形 現行犯で; 不倫の ∟最中で[現場を].
[ラテン語 'in blazing crime']

†**in·flame** /infléim/ 動 他 **1** 〔人〕を興奮させる, いきり立たせる, 〈*with* ..で〉; 〔感情〕をあおりたてる, たきつける, 〈*with*, *by* ..で〉. ～ a person *with* rage [desire] 人∟を激怒させる[の欲望をかき立てる]. His speech ～*d* the anti-establishment mood. 彼の演説は反体制ムードをあおった. **2** 〔事態〕をいっそう険悪にする; 〔論争など〕を激化する. **3** に炎症を起こさせる. His leg was ～*d* with the infection. 彼の脚ははばい菌に感染して炎症を起こした. **4** 〖詩・雅〗に火をつける, を燃え上がらせる. ── 自 **1** 興奮する, 激怒する. **2** 炎症を起こす. [＜ラテン語「火をつける」(＜in-¹＋*flamma* 'flame')]

in·flámed 形 **1** 炎症を起こした, (腫(は)れて)赤くなった. ～ eyes 充血した目. **2** 興奮[憤激]した[て]. the ～ crowd 熱狂した群衆.

in·flàm·ma·bíl·i·ty 名 U 可燃性; 興奮しやすさ.

in·flam·ma·ble /inflǽməb(ə)l/ 形 **1** 燃えやすい, 可燃性の, (★in- が付いているが flammable と意味は同じ; ↔nonflammable). **2** 〔人, 性格が〕激しやすい, 怒りっぽい. [inflame, -able] ▷**-bly** 副

‡**in·flam·ma·tion** /ìnfləméiʃ(ə)n/ 名 UC **1** 炎症. (an) ～ of the lungs 肺炎(症状). ～ of the eye 目の充血. **2** 興奮させる[する]こと; 憤激, 激怒. **3** 点火, 発火.

in·flam·ma·to·ry /inflǽmətɔ̀:ri|-t(ə)ri/ 形 **1** (人を)怒らせる; 扇動的な. an ～ speech 扇動的な演説. **2** 炎症(性)の; 炎症を起こす. ◇動 inflame

in·flát·a·ble 形 ふくらますことのできる, 空気を入れて使う. an ～ life jacket (空気でふくらませてから使う)救命胴衣. ── 名 C 空気を入れてふくらます物《浮き袋, 玩(がん)具など》.

‡**in·flate** /infléit/ 動 〖章〗他 **1** をふくらます 〈*with* ..〔空気, ガスなど〕で〉. ～ a tire [balloon] タイヤ[気球]に空気を入れてふくらます. **2** を得意にならせる 〈*with* ..で〉. be ～*d with* self-conceit すっかりうぬぼれている. His success ～*d* him. 彼は成功して得意になった. **3** 〖経〗〔通貨〕を膨張させる; 〔物価〕をつり上げる. ── 自 **1** ふくらむ. **2** 〔価格が〕上がる, インフレになる.
◇ ↔deflate [＜ラテン語「吹き込む」(＜in-¹＋*flāre* 'blow')]

in·flát·ed /-əd/ 形 **1** 〔言葉などが〕誇張した, 大げさな; 〔人が〕威張った, 得意げな. Dora has a very ～ opinion of herself. ドーラは大変うぬぼれが強い. **2** (空気などで)ふくらんだ. **3** 〔通貨が〕膨張した, 〔物価が〕騰貴した.

***in·fla·tion** /infléiʃ(ə)n/ 名 U **1** 〖経〗インフレーション, インフレ, 通貨膨張, (↔deflation); 〖話〗物価上昇率. check ～ インフレを抑制する. galloping ～ 急性インフレ.

> 連結 growing [high; explosive; rampant, runaway, uncontrollable; double-digit] ～ // fuel [control, curb] ～ // ～ rises [falls]

2 〈一般に〉 ふくらますこと, ふくらむこと; 膨張, 拡張.
3 得意, 慢心; (言葉などの)誇張.

in·fla·tion·ar·y /infléiʃənèri|-ʃ(ə)n(ə)ri/ 形 インフレーションの, インフレを誘発する.

inflàtionary spíral 名 C (物価上昇と賃上げの悪循環による)悪性インフレ.

in·flá·tion·ìsm 名 U インフレ政策, 通貨膨張論.

inflátion-pròof 形 (物価スライド制で)インフレから守られた〔貯蓄, 年金など〕.

in·flect /inflékt/ 動 他 **1** 〔声など〕の調子を変える. **2**

〖文法〗を屈折[語形変化]させる (→conjugate, decline). **3** を(内側に)曲げる, 屈折させる. ― [自]〖文法〗屈折[語形変化]する. [<ラテン語「内側に曲げる」(<in-¹+*flectere* 'bend')]

in·fléct·ed /-əd/ [形]〖言・文法〗屈折[語形変化]を行う. Once English was a highly ～ language. 英語はかつては屈折の豊富な言語だった.

in·flec·tion, 〖英〗 **-flex·ion** /inflékʃ(ə)n/ [名] **1** [U](声などの)調子の変化, 抑揚. **2**〖文法〗[U] 屈折, 語形変化, (→conjugation, declension); [C] 屈折語尾《名詞語尾の -s, 動詞語尾の -s, -ed, -ing など》.

in·flec·tion·al, 〖英〗 **-flex·ion-** /inflékʃ(ə)nəl/ [形] 抑揚の, 音調変化の;〖文法〗屈折[語形変化]の(ある). an ～ ending 屈折語尾.

†**in·flex·i·ble** /infléksəb(ə)l/ [形] **1**〔人が〕不屈の, 確固とした; 頑固な, 意固地な. their ～ determination 彼らの確固とした決意. **2**〔考え, 規則などが〕変更できない, 固定した. an ～ rule 曲げられない規則. **3** 曲がらない, 曲げられない, 固い. ▷**in·flèx·i·bíl·i·ty** [名][U] 不屈; 不可変性. **-bly** [副] 不屈に.

in·flex·ion /inflékʃ(ə)n/ [名]〖英〗=inflection.

†**in·flict** /inflíkt/ [動][他]〔特に, 不快なこと〕を押しつける; 〔打撃, 傷など〕を加える, 与える; 〈*on, upon* ..に〉. ～ one's ideas *on* others 自分の考え[苦痛]を他人に強いる. The lasting depression has ～*ed* great damage *on* many industries. 長引く不況が, 多くの企業に大損害を与えてきた.

inflìct onesélf [***inflìct one's còmpany***] ***on a pérson***〖話・時に戯〗(長居などして)人に迷惑を掛ける.

[<ラテン語「打ち込む」(<in-¹+*fligere* 'strike')]

in·flíc·tion [名] **1** [U](罰, 苦痛などを)こうむらせる[こうむる]こと, (打撃などを)与えること. **2** [C] 罰; 苦痛; 重荷.

ìn-flíght /[形]/ [形] 〈限定〉飛行中の, 機内の. ～ services 機内サービス《食事, 映画, 雑誌など》. ～ refueling 飛行中の給油.

in·flo·res·cence /ìnflɔ:résns/ [名][U] **1** 開花. **2**〖植〗花序; 〈集合的〉花.

in·flo·res·cent /ìnflɔ:résnt [形]/ [形] 開花する[している].

ín·flòw [名][UC] 流入; [C] 流入物[量]; (↔outflow; [類語] 流れの過程や移動に重点がある; →influx).

‡**in·flu·ence** /ínflu(:)əns|-flu-/ [名] ([複] **-enc·es** /-əz/) **1** [UC] **影響**, 感化, 影響力, 作用, 〈*on, upon* ..に対する〉. the ～ of the moon *on* the tides 潮に及ぼす月の影響. Dr. Johnson had a great ～ *on* his friends. ジョンソン博士は友人たちに大きな影響力を持っていた. A man's character is formed under various ～*s*. 人の性格は種々の感化を受けて形成される.

> [連結] a profound [a powerful; a far-reaching; a direct; a lasting; a beneficial, a favorable, a salutary; a harmful, a pernicious] ～ // exercise [exert] (an) ～

2 [U] **(a)** 勢力, 権勢; 影響力, 支配力; 〈*over* ..に対する〉. a person of ～ 有力者. I used my ～ in his favor. 私は彼に有利になるように力添えをした. **(b)** 手づる, コネ, 〈*with* ..〔人〕に対する〉. He has considerable ～ *with* the police. 彼は警察に相当顔がきく.

3 [C] 影響力のある人[もの]; 勢力家. a good [bad] ～ on teenagers ティーンエージャーに道徳的に良い[悪い]影響を与える人[物]. a tremendous ～ in the politics of the era 当時の政界の大変な実力者. Take care not to be controlled by outside ～*s*. 外部からの力に操られないよう気をつけなさい.

4〖占星〗[U](恒星が人の運命・性格に及ぼす)感化力, 影響力. **5** [U]〖電気〗誘導, 感応.

under the ínfluence (1)〖戯〗酔って (drunk). (2) 影響を受けて, 支配[左右]されて, 〈*of* ..に〉. He took to crime [fell] *under the* ～ *of* the bad company he kept. 彼は悪い仲間の感化で非行に走った[を受けるに至った]. *under the* ～ *of* alcohol 酒気を帯びて.

― [動] (**-enc·es** /-əz/|[過][過分] ～**d** /-t/|**-enc·ing**) [他] **1** に**影響を与える**; を感化する; を左右する. The weather ～*s* the crop. 天候は作柄を左右する. He was greatly ～*d* by his teacher. 彼は彼の先生に大いに感化された. **2** [VOC] (～ X *to do*) X(人)に..するよう働きかける. Nothing could ～ Myra *to* change her mind. 何事もマイラの気持ちを変えさせることはできないでしょう.

[<中世ラテン語「流入」(<ラテン語 in-¹+*fluere* 'flow'); 天体から液が人体に流れ込んで運命に影響を与えると考えられた]

***in·flu·en·tial** /influ(:)énʃ(ə)l|-flu- [形]/ [形] [m] **影響を及ぼす** 〈*in* (doing) ..(するの)に〉; 勢力のある, 有力な. His desire to live abroad was ～ *in* his decision to become a diplomat. 外国で暮らしたいという願望に影響されて彼は外交官になる決心をした. an ～ politician 有力な政治家. He was ～ *in* reform*ing* the tax system. 彼は税制改革に影響を与えた.

***in·flu·en·za** /influ(:)énzə|-flu-/ [名][U]〖医〗インフルエンザ, 流行性感冒, 流感, (〖話〗flu). [イタリア語; influence と同源]

‡**ín·flùx** [名] **1** [aU] (人や物の大量の)到来, 殺到, 流入, 〈*of* ..の/*into* ..への〉; ([類語] 到着に重点があり, 普通, 大量の物が急に流入すること; →inflow). a great ～ *of* immigrants *into* America 米国への移民の大量流入. **2** [UC] (水などが)流れ込むこと 〈*into* ..へ〉; [C] (川の)合流点; 河口.

in·fo /infou/ [名]〖話〗=information.

in·fold /infóuld/ [動] =enfold.

in·fo·mer·cial /infoumə́:rʃ(ə)l|⌒⌒⌒|⌒⌒⌒/ [名] [C] (トークショー風の)長時間テレビコマーシャル; 政見放送番組. [<*infor*mation+com*mercial*]

‡**in·form** /infɔ́:rm/ [動] (～**s** /-z/|[過][過分] ～**ed** /-d/|～**ing**) [他] **1**〔人〕に**知らせる**, 報告する, 通知する, 〈*of, about* ..を〉. ～ the police 警察に通報する. Please ～ me *of* any changes in his condition. 彼のどんな容体の変化も知らせて下さい. I was ～*ed of* the birth of a son by telephone. 私は電話で息子の誕生を知らされた. **2** [VOO] (～ X ***wh*** 節・句/X ***that*** 節/X "引用") X(人)に..かを/..ということを/「..」と知らせる, 伝える. Can you ～ me *where* he is? 彼がどこにいるか教えてくれませんか. Tommy ～*ed* me *that* the tourists had arrived. トミーは観光客の一行が着いたと知らせてきた (★1 の文型を使えば *that* 以下は *of* the tourists' arrival).

3〖章〗〔感情, 精神などが〕にみなぎる, 浸透する, の基調[特質]を成す; 〔人, 作品など〕を満たす, 溢(あふ)れさせる, 〈*with* ..〔感情, 精神など〕で〉. A keen sense of humor ～*s* all his essays. 彼のエッセイにはすべて鋭いユーモア感覚がみなぎっている. a foreign policy ～*ed* by territorial expansion 領土拡大を基本方針とする外交政策.

― [自] **1** 知らせる; 情報を流す. **2** 密告する 〈*against, on, upon* ..〔人〕を/*to* ..〔警察など〕に〉. He ～*ed on* his associate. 彼は仲間を密告した.

[<ラテン語「形 (*forma*) を与える, 知らせる」]

‡**in·for·mal** /infɔ́:rm(ə)l/ [形] [m] **1 正式でない**, 非公式の. an ～ visit 非公式の訪問. an ～ party 略式[非公式]のパーティー. **2**〔服装, 態度などが〕普段通りの, 形式ばらない, くつろいだ; なれなれしい 〈*with* ..に〉. ～ clothes 平服. The atmosphere of the meeting was very ～. 会合の雰囲気はとてもくつろいだものだった. You are too ～ *with* her. 君は彼女になれなれしすぎる. **3**〔言葉遣い, 書かれたものなどが〕くだけた, 会話[口語]体の. ～ expressions くだけた[口語]表現.

◇↔formal [in-², formal] ▷～**ly** /-məli/ [副] 非公式に; くつろいで.

I

in·for·mal·i·ty /ìnfɔːrmǽləti/ 名 (複 **-ties**) **1** U 非公式, 略式. **2** C 非公式[略式]の行為.

in·form·ant /infɔ́ːrmənt/ 名 C **1** インフォーマント《言語, 民俗調査などで自分が実験台になって調査者の質問に答える人》. **2** 情報提供者; 密告者 (informer).

‡**in·for·ma·tion** /ìnfərméiʃ(ə)n/ 名 U **1 情報**, 知識, ニュース; 見聞; 通知, 報告; 〈*about, on* ..についての〉 (類語 knowledge と比べるとそれほど確実でなく断片的な知識でもよい). a man of much ～ 情報通. inside ～ 内部情報. get [obtain] ～ 情報を得る. Ken gave me two useful pieces [bits] of ～ *about* it. ケンはそれについて2つの有益な情報を与えてくれた (★情報の件数を言う時の単位は piece または bit). I want a good deal of ～ *on* [*about*] this matter. このことについてたくさんの情報が欲しい. For further ～ please contact our branch office nearby. 詳しくは最寄りの当社支店にお問い合せ下さい. For your ～, the following changes have been made. ご参考までに申しますが, 次のような変更がありました. for ～ only ご参考まで《単なる情報として提供する手紙, 書類などのコピーに記す》. I have received ～ that two prisoners have escaped. 囚人が2人脱獄したとの情報を得た. Our ～ is that [According to our ～,] the party has succeeded in reaching the summit of Mt. Everest. 情報によれば一行はエベレスト登頂に成功したということだ.

連結 necessary [valuable; detailed, full; accurate; reliable; firsthand; secondhand; misleading] ～ // acquire [collect, gather; have; furnish, provide, supply; leak] ～

2 〖電算〗(コンピュータに記憶させる)情報, 資料.
3 案内係, 受付, (→information desk); 〖米〗(電話局の)電話番号案内(〖英〗 directory enquiries). Dial ～ and ask for Mr. Bell's phone number. 番号案内に電話してベルさんの電話番号を聞きなさい.
[inform, -ation] ▷ **～·al** /-əl/ 形 情報の.

informátion bùreau 名 C 情報部.

informátion cènter 名 C (博覧会, 病院などの)案内所.

informátion dèsk 名 C (ホテル, 駅などの)受付, 案内所, (〖英〗 inquiry office).

informátion ìndustry 名 C 情報産業.

informàtion(-oriènted) socíety 名 C 情報(化)社会. 「よる)情報検索.

informátion retrìeval 名 U (コンピュータなどに↑

informàtion revolútion 名 〈the ～〉 情報革↓

informátion scìence 名 U 情報科学. ⌊命.

informàtion sùperhíghway 名 〈the ～〉 情報(スーパー)ハイウエイ《家庭も含むすべての施設を光ファイバーケーブルで結ぶ全国的な高度情報通信ネットワーク構想; 米国に始まり, 日本にも同種の計画がある》.

informátion technòlogy 名 U 情報工学, 情報(通信)技術, (《略 IT》).

informátion thèory 名 U 情報理論.

‡**in·form·a·tive** /infɔ́ːrmətiv/ 形 情報[知識]を与える; 有益な. an ～ lecture 有益な講演. an ～ book (知識の点で)得る所の多い本. ▷ **～·ly** 副 **～·ness** 名

‡**in·fórmed** 形 情報をもった, 物事を知っている, 〈*about, on* ..について〉; 教養のある; 〔見解, 判断などが〕情報を基にした, 消息に通じた. well-[ill-]～ よく知っている[知らない]. keep a person properly [fully] ～ 人に情報を適格に[充分]知らせておく. according to ～ sources 消息筋によれば. an ～ estimate [guess] 情報に基ういた見積もり[推測].

infòrmed consént 名 U 〖医〗(医師の)十分な説明に基うく(患者の)同意, インフォームドコンセント《手術などの前の》.

infòrmed opínion 名 C 〖主に英〗その筋の人々(の意見).

‡**in·fórm·er** 名 C **1** 密告者《特に報酬目当ての》. **2** 情報提供者.

in·fo·tain·ment /ìnfətéinmənt/ 名 U 〖米〗娯楽的情報番組《ニュースなどを興味本位で取り上げる; ＜*in*-*formation*＋*entertainment*》. 「(↔supra).

in·fra /ínfrə/ 副 〖章〗下に; 後段に; 《書物などの中で》↑

in·fra- /ínfrə/ 接頭 〈普通, 形容詞に付けて〉「下に, 下部に」の意味. [ラテン語 'below']

in·frac·tion /infrǽkʃ(ə)n/ 名 〖章〗 U (規則などに対する)違反, 侵害; C 違反行為[事例]. an ～ of the traffic regulations 交通違反. [infringe と同源]

ìnfra díg /-díg/ 形 〈叙述的〉〖主に英話・戯〗威厳を損じる, 体面にかかわる. [＜ラテン語 *infrā dig*(*nitātem*) 'beneath one's dignity']

‡**ìnfra·réd** /⑧/ 形 赤外線の (→ultraviolet). ～ film 赤外線フィルム. ── 名 U 赤外線(**infrared ráys**).

†**ínfra·strùcture** 名 C **1** 下部構造; 下部組織. **2** 基盤設備[施設], インフラ, 《社会が存続するのに必要な道路, 上下水道, 輸送, 通信, 教育などの設備の総体》.

in·fre·quence, -quen·cy /infríːkwəns/, /-si/ 名 U まれなこと. 「起こらない, まれな, 珍しい.

†**in·fre·quent** /infríːkwənt/ 形 めったに[たまにしか]↑

in·fré·quent·ly 副 たまに, めったに..ない. We hear of him not ～. 彼のことを耳にするのはまれではありません.

‡**in·fringe** /infríndʒ/ 動 自 VA (**～** *on* [*upon*]..) 〔権利など〕を侵害する, 犯す. ～ *upon* the rights of the people 人民の権利を侵害する. ── 他 〔法律, 協定など〕を破る, に違反する; 〔権利など〕を侵害する. ～ an author's copyright 著作者の版権を侵害する. [＜ラテン語「破砕する」(＜in-[1]＋*frangere* 'break')] ▷ **～·ment** 名 U 違反; 侵害; C 侵害[違反]行為.

‡**in·fu·ri·ate** /infjú(ə)rièit/ 動 他 〖章〗を激怒させる, 憤激させる. [＜ラテン語「激怒させる」(＜*furia* 'fury')]

‡**in·fú·ri·àt·ing** 形 大そう腹立たしい, しゃくにさわる. the ～ inefficiency of the Government in dealing with the land problem 土地問題に対する政府の腹立たしいほどの無能ぶり. ▷ **～·ly** 副 腹が立つ[しゃくにさわる]ほど; しゃくなことに.

in·fuse /infjúːz/ 動 他 **1** (**a**) VOA (～X *into* Y/Y *with* X) X(活力, 希望など)をYに吹き込む, 起こさせる. Good training will ～ confidence *into* beginners. 充分な訓練は初心者に自信を持たせるだろう. (**b**) 〖医〗〔薬液など〕を注入する〈*into*..〔患者(の血管)など〕に〉.
2 〔茶など〕に湯を注ぐ; 〔薬草など〕を振り出す, 煎(せん)じる. ～ tea (leaves) お茶を出す. **3** 〖雅〗〔気分などが〕に浸透する, ゆきわたる. A merry mood ～*d* the meeting place. 明るい気分が会場にみなぎった.
── 自 〔茶などが〕出る.
[＜ラテン語「注ぎ込む」(＜in-[1]＋*fundere* 'poor')]

in·fu·si·ble /infjúːzəb(ə)l/ 形 不溶解性の.

‡**in·fu·sion** /infjúːʒ(ə)n/ 名 **1** UC 注入; 吹き込むこと, 鼓吹; 〖医〗(リンゲル液などの)注入, 点滴. The administration badly needs an ～ of young blood. 経営陣は若手を起用して活性化する必要に迫られている.
2 U (薬などを)煎(せん)じること, 振り出すこと; C 振り出し汁《茶などのように水, 湯に浸してできる液》.
3 UC 〖医〗(静脈などへの)注入, 点滴; 注入液.

-ing /iŋ/ 接尾 **1** 動詞の原形に付けて現在分詞, 動名詞を作る. **2**「動作, 結果, 材料」などの意味の名詞を作る. park*ing*. build*ing*. carpet*ing*. [古期英語]

ín·gàthering 名 UC 〖雅〗 **1** 取り入れ, 収穫. **2** 集まり, 会合.

***in·gen·ious** /indʒíːnjəs/ 形 m **1** 〔人が〕発明の才がある, 創造的能力のある, 器用な, 〈*at* (do*ing*)..(するの)に〉. an ～ person 独創的な人. be ～ *at* develop*ing* new software 新しいソフトウェアを開発する才がある. It is ～ of her to contrive such a device. このような装置を考案するとは, 彼女には発明の才がある. **2**〔物が〕**巧みに作られた**, 精巧な; 〔考え方などが〕独創的な, 巧妙な. an ～ method 巧妙な方法. What an ～ gadget! 何てうまくできている道具だ. ◇名 ingenuity [＜ラテン語「生まれながらの才能がある」(＜in-[1]＋*gignere* 'beget')] ▷ **～·ly** 副 器用に; 巧妙に.

in·gé·nue /ǽnʒənùː|-ʒeinjùː/ 名 C うぶな娘; 〖劇〗うぶな娘役(の女優). [フランス語 'ingenuous']

*__in·ge·nu·i·ty__ /indʒən(j)úːəti/ 名 U **1 発明の才**, 独創性, 創意, 工夫; 器用さ. He showed great ～ in solving the problem. 彼はその問題の解決にあたってすぐれた独創的な才能を発揮した.
2 (作られた物の)**巧妙さ**, 精巧さ. the ～ of this toy このおもちゃの精巧さ. ◇形 ingenious

in·gen·u·ous /indʒénjuəs/ 形 〈時に悪い意味で〉
1 正直な, ばか正直な; 率直な; (↔disingenuous).
2 純真な, 無邪気な, うぶな; 飾り気のない. an ～ girl 純情な娘. an ～ smile 無邪気な微笑. [＜ラテン語「自由民に生まれた, 気品ある」] ▷ **～·ly** 副 率直に; 純真に. **～·ness** 名 U 率直.

‡**in·gest** /indʒést/ 動 他 〖章〗〔食物, 水など〕を(経口)摂取する; 〖空〗〔鳥などの異物〕を(空気取り入れ口から)吸い込む. ▷ **in·gés·tion** 名

in·gle·nook /íŋg(ə)lnùk/ 名 ＝chimney corner.

in·glo·ri·ous /inglɔ́ːriəs/ 形 〖雅〗 **1** 不名誉な, 恥ずべき. an ～ defeat 不名誉な敗北. **2** 〖古〗無名の, 名も無い. ▷ **～·ly** 副 不名誉に.

ín·gòing 形 〈限定〉入って来る, 新入りの, (↔outgoing). ～ ships 入って来る船, 入り船. the ～ tenant of a house 入居予定者.

in·got /íŋgət/ 名 C インゴット, 鋳塊, 《しばしば煉瓦(れんが)型の金属の塊》; (金, 銀の)延べ金.

in·graft /ingrǽft|-gráːft/ 動 ＝engraft.

in·grain /ingréin/ 動 他 **1**〔思想, 習慣など〕を深くしみ込ませる, 根付かせる, 〈*in* ..に〉. **2** 〖古〗〔羊毛など〕を先染めにする. ── /⌐⌐/ 形 先染めの; 先染めの糸で織った. ── /⌐⌐/ 名 C 先染めの糸[羊毛, カーペットなど].

‡**in·gráined** 形 **1**〔思想, 習慣などが〕深くしみ込んだ[で], しっかり根付いて; 〔感情などが〕根深い. an ～ prejudice [habit] 根深い偏見[根付いた習慣]. **2**〔汚れ, 染みなどが〕深くしみ付いた[て]. **3** 〈限定〉徹底的な, 全くの, (utter). an ～ liar 根っからの嘘(うそ)つき. 「知らず.

in·grate /íngreit, ⌐⌐/ 名 C 〖章·雅〗忘恩の人, 恩↑

in·gra·ti·ate /ingréiʃièit/ 動 他 〈次の成句で〉
ingrátiate onesèlf with .. ..に取り入る, ..の機嫌を取る.

in·grá·ti·àt·ing 形 ご機嫌取りをする; 愛想のいい. ▷ **～·ly** 副 「知らず.

†**in·grat·i·tude** /ingrǽtət(j)ùːd/ 名 U 忘恩, 恩↑

†**in·gre·di·ent** /ingríːdiənt/ 名 C **1** (パン, 菓子などの)材料, 原料. all the ～*s* for making those cookies それらのクッキーを作る材料全部. **2** 成分, 構成要素. The most important ～ in personal relationships is honesty. 人間関係におけるもっとも重要な要素は誠実さである.

> 連結 a basic [a central, a crucial, an essential, a fundamental, a key, a prime, a principal, a vital; a secret; a common] ～

[＜ラテン語「入っている」(＜in-[1]＋*gradī* 'go, step')]

in·gress /íngres/ 名 U 〖章·雅〗 **1** 中へ入ること (↔egress). **2** 入場の自由, 入場権.

ín·gròup 名 C 〖しばしば軽蔑〗〈単数形で複数扱いもある〉〖社会〗内集団《共通の利害を持つ者から成り, 外部に対しては閉鎖的な集団》(↔out-group).

ín·gròwing /㊙/ 形 〈限定〉内へ成長する; 〔毛, 足のつめが〕肉に食い込む.

ín·gròwn /㊙/ 形 〈限定〉 **1** 内へ成長した; 〔毛, 足のつめが〕肉に食い込んだ. **2**〔人, 集団などが〕自らのことしか関心がない, 排他的な, 閉鎖的な. a provincial, ～ society いなかの閉鎖的な社会.

in·gui·nal /íŋgwənl/ 形 〖解剖〗鼠蹊(そけい)の[に近い].

*__in·hab·it__ /inhǽbət/ 動 (～s /-ts/|過 過分 **～·ed** /-əd/|**～·ing**) 他 **1**〔人間, 生物などの集団が〕に**住む**〈進行形不可〉(類語 個人で特定箇所に住むというよりは, 集団としてある地域に生息するような場合に多く用いる; 「住む」の意味の語の中でこれだけが 他; →live[1]). The tribe ～ the desert all year round. その部族は年中砂漠に住んでいる. The tree was ～*ed* by a family of squirrels. その木にはリスの一家が住んでいた. **2**〔考えなどが, 人の心〕に**宿る**, 巣くう.
[＜ラテン語 (＜in-[1]＋*habitāre* 'dwell')]

in·háb·it·a·ble 形 居住に適する.

‡**in·hab·it·ant** /inhǽbət(ə)nt/ 名 (複 **～s** /-ts/) C **住民**, 住人, 居住者; 生息動物. the ～*s* of this old capital city この古都の住民たち. 「吸入用の.

in·hal·ant /inhéilənt/ 名 C 吸入薬[剤]. ── 形↑

in·ha·la·tion /ìn(h)əléiʃ(ə)n/ 名 U 吸入 (↔exhalation); C 吸入剤.

in·ha·la·tor /ín(h)əlèitər/ 名 C 吸入器 (inhaler).

†**in·hale** /inhéil/ 動 他 **1**〔息, たばこの煙, ガスなど〕を吸い込む〈*into* ..〔肺など〕に/*through* ..〔鼻など〕から〉(↔exhale); 〔薬剤など〕を吸入する. **2** 〖米話〗〔食物〕をがつがつとかき込む. ── 自 (息, ガスなどを)吸い込む; 煙を吸い込む〈*on* ..〔たばこ〕の〉. ～ deeply *on* one's cigarette たばこの煙を深く吸い込む. [＜ラテン語 (＜in[1]-＋*hālāre* 'breathe')]

in·hál·er 名 C 吸入器; 人工呼吸器; 吸入する人.

in·har·mon·ic /inhɑːrmánik|-mɔ́n-/ 形 ＝inharmonious 1.

in·har·mo·ni·ous /ìnhɑːrmóuniəs ㊙/ 形 **1** 不調和な; 不協和(音)の. **2** 不和の, しっくりしない.
▷ **～·ly** 副 **～·ness** 名

in·here /inhíər/ 動 自 〖章〗〔属性などが〕本来備わる, 内在する; 〔権利などが〕属する; 〈*in* ..に〉. the inefficiency that ～s *in* democracy 民主主義に内在する非能率性. 「の性質.

in·her·ence /inhí(ə)rəns/ 名 U 固有, 生得; 生来↑

*__in·her·ent__ /inhí(ə)rənt/ 形 m 〔特質などが〕**固有の**, 生まれつきの, 本来の; 必然的な, 内在する; 〈*in* ..に〉. ～ rights 生まれながら持つ権利. our ～ insularity 私たちに固有の島国根性. Pride and independence are ～ *in* his nature. 誇りと独立心は彼の生得的なものである. [＜ラテン語「くっつく」(＜in-[1]＋*haerēre* 'stick')]
▷ **～·ly** 副 生得的に; 本来.

‡**in·her·it** /inhérət/ 動 (**～s** /-ts/|過 過分 **～·ed** /-əd/|**～·ing**) 他 **1**〔財産, 身分など〕を**相続する**, 受け継ぐ, 〈*from* ..から〉. Clare ～*ed* her father's fortune [～*ed* a fortune *from* her father]. クレアは父の[父から]財産を相続した.
2〔性格, 体質など〕を**遺伝によって受け継ぐ**〈*from* ..から〉. Nicholas ～*s* that trait *from* his father. ニコラスはその性格を父親から受け継いでいる. He seems to have ～*ed* his grandfather's ability to make money. 彼は祖父の金もうけの才能を受け継いだようだ.
3〔地位, 方針, 状況など〕を引き継ぐ〈*from* ..〔前任者など〕から〉. The new President has ～*ed* a lot of problems, diplomatic as well as domestic, from his predecessor. 新大統領は前任者から多くの国内ならびに外交上の難問を引き継いだ.
4 〖話〗〔不要品〕を譲り受ける, のお古をもらう, 〈*from* ..から〉. I ～*ed* this car *from* my brother. この車は兄から

I

お古でもらった.
── ⓐ 相続人である. [＜後期ラテン語「嗣子(しし)に指名する」(＜ラテン語 in-¹＋*hērēs* 'heir')]

in·hér·it·a·ble 形 **1** 〔財産などが〕相続できる; 継承できる; 遺伝する. **2** 〔人が〕相続する資格[権利]がある.

***in·her·it·ance** /inhérət(ə)ns/ 名 (複 **-anc·es** /-əz/) **1** Ⓒ 〈普通, 単数形で〉 (**a**) **相続財産**; 遺産; (類語 動産・不動産の両方に用いる; →bequest, heritage, legacy). divide an ～ 遺産を分ける. He received [came into] a large ～ from his uncle. 彼はおじから多額の遺産をもらった. (**b**) 継承物, 引き継いだもの; 遺伝的体質. our cultural ～ 我々の文化遺産. Eye color is your ～. 目の色は遺伝的なものだ. **2** Ⓤ **相続**; 継承; 遺伝. the right of ～ 相続権. The land fell to her by ～. その土地は相続によって彼女のものとなった.

inhéritance tàx 名 Ⓤ 相続税.

in·her·i·tor /inhérətər/ 名 Ⓒ 相続人; 後継者.

in·her·i·tress /inhérətrəs/ 名 Ⓒ 相続人; 後継者; 《女性》.

‡in·hib·it /inhíbət/ 動 他 **1** 〔(..の)感情, 行動など〕を抑制[抑圧]する, 抑える. Vincent ～*ed* all his impulses. ヴィンセントは自分の衝動をすべて抑えた. I was ～*ed* by my elders. 年長者に自由な行動を抑制された. **2** 〔人など〕に禁じる, させない, 〈*from* (do*ing*) ..(するの)を〉. The law ～*s* the schools *from* discriminat*ing* between the races. その法律は学校が人種差別をすることを禁じている. **3** 《化》〔化学反応〕を抑止[抑制]する. [＜ラテン語「妨げる」(＜in-¹＋*habēre* 'hold')]

in·híb·it·ed /-əd/ 形 〔人, 性格が〕抑圧された, 自己抑制的な. A shy and ～ person doesn't like speaking in public. 内気で自己抑制的な人は人前でしゃべるのを嫌う. ▷ **～·ly** 副

‡in·hi·bi·tion /ìn(h)əbíʃ(ə)n/ 名 ⓊⒸ **1** (感情, 衝動などの)抑圧, 抑制. The girl, at first shy, soon lost her ～*s* and started talking. 少女は最初はにかんでいたが, 間もなく打ち解けてしゃべり始めた. **2** 《心》制止, 抑制.

in·hib·i·tor /inhíbətər/ 名 Ⓒ 《化》反応抑制剤; 《生化》抑制遺伝子; 《宇宙工学》燃焼抑制剤.

in·hos·pi·ta·ble /inhɑspítəb(ə)l, −⌐−−−|-hɔs- ㊢/ 形 **1** 〔人が〕もてなしの悪い, 客に不愛想な, すげない. **2** 〔気候, 土地などが〕住みにくい. ▷**-bly** 副

in·hos·pi·tal·i·ty /inhɑ̀spitǽləti|-hɔ̀s-/ 名 Ⓤ もてなしの悪さ; 冷淡, 不愛想.

ín-hòuse /㊢/ 形 〈限定〉組織[会社]内の. an ～ newsletter 社内報. ── 副 社内で.

†in·hu·man /in(h)jú:mən|-hjú:-/ 形 **1** 〔人, 行為などが〕不人情な, 哀れみの気持ちがない; 残忍な; 冷酷な. **2** 非人間的な; 人間のもの[わざ]とは思われない, 奇怪な; 超人的な; (↔human).

in·hu·mane /in(h)ju:méin|-hju:- ㊢/ 形 〔人, 行為などが〕薄情な, 同情心のない, 非人道的な, (↔humane). The prisoners suffered from ～ treatment. 囚人たちは非人道的な扱いに苦しんだ. ▷ **～·ly** 副

in·hu·man·i·ty /ìn(h)ju:mǽnəti|-hju:-/ 名 (複 **-ties**) **1** Ⓤ 残酷; 残忍さ, 不人情. man's ～ to man 人間の人間に対する残酷さ. **2** Ⓒ 〈しばしば -ties〉残酷な[非人道的な]行為.

in·hume /inhjú:m/ 動 他 《詩·雅》を埋葬する (bury).

‡in·im·i·cal /inímik(ə)l/ 形 《章》**1** 敵意のある, 敵対する, 〈*to* ..に〉. **2** 不利な, 不都合な, 〈*to* ..に〉. a policy ～ *to* the nation's own interest 国の利益に反する政策. [＜ラテン語「友好的でない」(＜in-²＋*amicus* 'friend')] ▷ **～·ly** 副

in·im·i·ta·ble /inímətəb(ə)l/ 形 まねのできない; 追随を許さない, 無比の, 無類の. a man of ～ eloquence 無類の雄弁家. ▷**-bly** 副

in·iq·ui·tous /iníkwətəs/ 形 **1** 《章》極めて不正な; 邪悪な. **2** 〔値段, 勘定などが〕法外に高い. ▷ **～·ly** 副 **～·ness** 名

in·iq·ui·ty /iníkwəti/ 名 (複 **-ties**) 《章》 **1** Ⓤ 重大な不正, 邪悪. a den of ～ 悪の巣窟(そうくつ). **2** Ⓒ 不正行為, 悪業. [＜ラテン語「不正」(＜in-²＋*aequus* 'equal, just')]

init. initial.

‡in·i·tial /iníʃ(ə)l/ 形 ⓒ 〈限定〉**最初の**, 初めの, 冒頭の; 初期の. an ～ letter 頭文字. an ～ salary 初任給. the ～ stage of capitalism 資本主義の初期. What was his ～ reaction? 彼の最初の反応はどうだった.
── 名 (複 **～s** /-z/) Ⓒ **1** 〈～s〉(姓名, 地名などの)**頭文字**, イニシャル, 《姓名の最初の大文字を略して用いる》. G. B.S. are the ～*s* of George Bernard Shaw. G.B.S. は George Bernard Shaw の頭文字である.
2 (語などの)**最初の文字**, 頭文字.
── 動 (～s|《英》**-ll-**) 他 に頭文字を書く[付ける]; に頭文字で署名する.
[＜ラテン語「始め(*initium*)の」(＜in-¹＋*īre* 'go')]

in·i·tial·ism /iníʃ(ə)liz(ə)m/ 名 Ⓒ (文字発音の)頭字語《VIP /vì:aipí:/ (＜*v*ery *i*mportant *p*erson), FBI /èfbi:ái/(*F*ederal *B*ureau of *I*nvestigation) のようなもの; **inìtial wórd** とも言う; →acronym》.

in·i·tial·ize /iníʃəlaiz/ 動 他 《電算》を初期設定にする[戻す]; 〔ディスクなど〕を初期化する.
▷**i·nì·tial·i·zá·tion** 名

‡in·í·tial·ly 副 初めに, 最初に; 最初は (at first). *Initially*, Father was against my plan, but later he changed his mind. 最初, 父は私の計画に反対したが後には考えを変えた.

inìtial téaching àlphabet 名 〈the ～〉〈時に I- T- A-〉(英語)初等教育用アルファベット《従来の文字 24 と新文字 20 (例えば /ei/ を表す æ) で 1 字 1 音の対応をさせる; 略 ITA, i.t.a.》.

inìtial wórd 名 ＝initialism.

†in·i·ti·ate /iníʃièit/ 動 他 **1** を開始する; に着手する; (類語 新しい分野で何かを始めるような場合にふさわしい語; →begin). They decided to ～ the reforms as soon as possible. 彼らはこの改革にできるだけ早く着手することに決めた. ～ (court) proceedings against a person 《法》人を告訴[起訴]する.
2 (一定の手続きを経て) を入会[加入]させる 〈*into* ..に〉〈しばしば受け身〉. We were ～*d into* the club together. 私たちは一緒にそのクラブに入会した.
3 に手ほどきする, 伝授する, 〈*into* ..を〉〈しばしば受け身で〉. I was ～*d into* the mysteries of chemistry by Mr. Bass. 私はバス先生に化学の神秘の手ほどきを受けた.
── /iníʃiət, -èit/ 名 Ⓒ 入門者, (新)入会者; 秘伝を伝授された人.
[＜ラテン語「始める」(＜*initium* 'beginning')]

†in·ì·ti·á·tion 名 **1** Ⓤ 創始, 開始, 着手. **2** Ⓤ 加入; Ⓒ 入会式, 入社式, 成年式, (**initiátion cèremony**). **3** Ⓤ 手ほどき; (秘伝の)伝授.

‡in·i·ti·a·tive /iníʃiətiv/ 名 (複 **～s** /-z/) **1** Ⓒ (問題解決の)第一歩; **新提案**, 政策. a peace ～ 和平案. Government ～*s* to help earthquake victims have been inadequate. 地震被災者に対する政府の支援策は十分でなかった. **2** 〈the ～〉**率先**, 先導, 主導権, イニシアチヴ; 《政》(一般国民の)発議権. have [lose] the ～ to.. に対して主導権を持つ[失う]. The summit meeting was held at the ～ of Clinton. その首脳会談はクリントンの首唱で開かれた.
3 Ⓤ 進取の気性[精神], 事を始める才能; 独創力. He lacks ～. 彼は進取の気性に欠ける. He displayed [showed] great [much] ～ in starting the company. 彼はその会社を始めるのに非常な創意を発揮した.

Use your (own) ～. (人を当てにしないで)独創性を働かせなさい. The association was founded on his ～. その協会は彼の発意で設立された.
on one's òwn inítiative 自分自身の発意[裁量]で, 自発的に. Jeff did that research *on* his *own* ～. ジェフは自発的にその研究を行った.
tàke the inítiative 率先して行う, 主導する, 〈*in* (do*ing*) ..(をするの)に〉.

in·i·ti·a·tor /iníʃièitər/ 名 C 創始者; 伝授者.

in·i·ti·a·to·ry /iníʃiətɔ̀:ri|-t(ə)ri/ 形 初めの, 手始めの; 手ほどきの; 入門[入会]の.

†**in·ject** /indʒékt/ 動 他 **1** 〔薬, 液など〕を注射する〈*into* ..に〉; 〔人など〕に注射する〈*with* ..〔薬など〕を/*against* ..に備えて〉. The doctor ～*ed* antibiotics *into* me [himself]. = The doctor ～*ed* me [himself] *with* antibiotics. 医者は抗生物質を私に[自分自身に]注射した. I was ～ed *against* flu. 私はインフルエンザの予防注射をしてもらった. **2** 〔新しいものなど〕を導入する, 織り込む; 〔意見, 批判など〕を差し挟む, 〈*into* ..に〉. He used to ～ a little humor *into* his lectures. 彼はいつも講義にちょっとしたユーモアを織り込んだ. **3** 〔資本など〕を投入する, 注ぎ込む, 〈*into* ..に〉. **4** 〖宇宙〗〔ロケット, 人工衛星など〕を投入する, 乗せる, 〈*into* ..〔軌道〕に〉. [＜ラテン語「投げ入れる」(＜in-[1]＋*jacere* 'throw')]

*__in·jec·tion__ /indʒékʃ(ə)n/ 名 (複 ～s /-z/) **1** UC 注入; 注射; (資本などの)投入. get [have] an ～ (under the skin) (皮下)注射をしてもらう. I was given two ～*s* of penicillin. 私はペニシリンの注射を2回された. Insulin is administered by ～. インシュリンは注射で投与される. an ～ of fresh capital into the business その企業に新しい資本を投入すること. **2** C 注射液. a large [small] ～ 多量の[少量の]注射液. **3** UC ＝fuel injection. **4** U 〖宇宙〗投入《ロケット, 人工衛星などを軌道に乗せること》.

injéction mòlding 〖米〗[**mòulding** 〖英〗] 名 U (プラスチック製品などの)注入式塑造法《溶融材を型に流し込んで固める》.

in·jec·tor /indʒéktər/ 名 C 注入[注射]器; 注入[注射]する人.

ín-jòke 名 C 仲間うちのジョーク《特定集団内でのみ「理解される》.

in·ju·di·cious /indʒu(:)díʃəs ◎/ 形 〖章〗〔人, 行為が〕思慮のない, 軽率な, あさはかな; 時機の悪い.
▷～·**ly** 副 無分別に. ～·**ness** 名

In·jun /índʒən/ 名 C 〖米話・方〗北米先住民.
hònest Ínjun 〈間投詞的〉〖俗〗本当だ; ほんと? うっそお. [＜*Indian*]

‡**in·junc·tion** /indʒʌ́ŋ(k)ʃ(ə)n/ 名 C **1** 〖章〗命令. **2** 〖法〗(裁判所が出す)命令, 禁止[差止め]命令.

‡**in·jure** /índʒər/ 動 (～s /-z/|過 過分 ～d /-d/|-**jur·ing** /-dʒ(ə)riŋ/) 他 **1** を傷つける, にけがをさせる; をいためる; (類語 けがの結果として機能や価値が損なわれることに重点がある; →hurt, wound[1]). Four persons were seriously [badly] ～*d* in that car accident. あの自動車事故では4人が重傷を負った. ～ oneself けがをする. The bird can only hop about, since its wings have been ～*d*. その鳥は跳び回れるだけです, 羽に損傷を受けたので《この場合 hurt では意味が弱いので不適当》.
2 〔感情, 名誉など〕を害する, 損なう, 傷つける. His error ～*d* his reputation [self-esteem]. 彼は自分の過失で評判を落とした[自尊心が傷ついた]. [＜*injury*]

‡**ín·jured** 形 **1** けがをした, 負傷した; 〈the ～; 名詞的; 複数扱い〉負傷者(たち). the dead and (the) ～ (事故の)死傷者. the ～ party 〖法〗被害者(側). The ～ people were given first aid. けがをした人たちは応急手当てを受けた. **2** 感情を害した; 傷ついた, 損なわれた, 〔誇りなど〕. an ～ look [voice] むっとした顔つき[声].

†**in·ju·ri·ous** /indʒú(ə)riəs/ 形 〖章〗**1** 有害な, 害を及ぼす, 〈*to* ..に〉. Air pollution is ～ *to* all living things. 大気汚染は全生物に有害である. **2** 〔言葉などが〕侮辱的な, 中傷的な. ～ remarks 中傷的な言葉.
▷～·**ly** 副 ～·**ness** 名

‡**in·ju·ry** /índʒəri/ 名 (複 -**ries** /-z/) UC **1 傷害**, けが, 負傷, (類語 事故などによる負傷に用いる; →harm). Greg got a serious ～ yesterday. グレッグはきのう大けがをした. I was badly hurt in the accident but escaped permanent ～. 私は事故でひどいけがをしたが不治の傷害は免れた. external [internal] *injuries* 外[内]傷.

> 連結 a severe [a grave; a fatal; a minor, a slight] ～ // receive [suffer, sustain; inflict] an ～

2 損害, 損傷, 〈*to* ..に対する〉. The storm did considerable ～ *to* harbor facilities. あらしは港の施設に相当な損害をもたらした.
3 (感情, 名誉などを)傷つけること; 侮辱, 非礼, 〈*to* ..に対する〉. His remark was an ～ *to* her pride. 彼の言葉は彼女のプライドを傷つけた. **4** 〖法〗権利侵害.
àdd ínsult to ínjury →insult.
dò *a person* [*oneself*] **an ínjury** 〖話・戯〗人をけがさせる[けがをする].
[＜ラテン語「不正」(＜in-[2]＋*jūs* 'justice')]

ínjury tìme 名 U 〖英〗(サッカー, ラグビーなどの)負傷延長[インジャリー]タイム《けがの手当に要した時間だけ延長する》.

*__in·jus·tice__ /indʒʌ́stəs/ 名 (複 -**tic·es** /-əz/)
1 U **不公平**; 不正, 不当; 権利侵害. a deep sense of ～ 強い不公平感. stand up against ～ 不正に対して立ち上がる. **2** C 不公平[不正]な行為, 不当な扱い. commit a gross ～ ひどい不正を犯す.
dò X (an) injústice＝dò (an) injústice to X X(人)を不当に扱う, X(人)の価値を見損なう[を正当に評価しない]. This portrait *does* him great ～. この肖像画は彼を大変不正確にしか描いていない. I'm afraid you *do* me *an* ～. あなたは私を不当に扱っていると思う.

‡**ink** /iŋk/ 名 (複 ～s /-s/) **1** UC **インク**, 印刷用インク. (as) black as ～ 真っ黒な. write in (red) ～ (赤)インクで書く. fill a fountain pen with blue ～ 万年筆に青インクを入れる. three different colored ～*s* 色の違う3種類のインク. **2** U (イカなどの)墨.
―― 動 他 **1** をインクで書く[塗る, 汚す]. **2** 〖米俗〗〔契約書など〕に署名する.
ink /../ ín 〔鉛筆の下図など〕をインクでなぞる, インクで仕「上げる.
ink /../ úp 〔印刷機〕にインクを入れる.
[＜ギリシア語「(ローマ皇帝が署名に用いた紫色の)インク」]

ink·blòt 名 C インクのしみ.

inkblot tèst 名 C 〖心〗(インクのしみによる)連想テスト《Rorschach test で用いる》.

ink·bòttle 名 C インクつぼ[瓶].

ink·hòrn 名 C (昔の)角(つの)製のインク入れ.

ín-kìnd 形 **1** (金銭以外の)物資による, 現物支給の, 〔支払い〕. **2** (受け取った物と)同種の物による〔支払い, 返却など〕.

ínk jèt 名 C 〖印〗インクジェット式印字法《霧状にしたインクを帯電させて吹きつける高速印字法》.

ink·jet prìnter 名 C インクジェット式印刷機.

ink·jet (prìnting) 名 U インクジェット式印刷術.

ink·ling /íŋkliŋ/ 名 aU **1** 暗示, ほのめかし, ヒント. They gave (him) no ～ *of* his dismissal. = They gave (him) no ～ *that* he would be dismissed. 彼らは(彼に)彼が解雇されるであろうことをそぶりにも見せなかった. **2** うすうす感じること, それとなく知っていること. The king had no [not the slightest] ～ *of* the assassination plot against him. 国王は自分の暗殺計画のことは全く知らなかった. [<?]

ínk·pàd 名 C スタンプ台, 印肉台.

ínk·pòt 名 C インクつぼ.

ínk sàc 名 C (イカなどの)墨袋.

ínk·stànd 名 C インクスタンド.

ínk·wèll 名 C インクつぼ《特に机にはめ込んだもの》.

ink·y /íŋki/ 形 e **1** インクのついた. ～ fingers インクで汚れた指. **2** インクのような; 真っ黒な; 真っ暗な. ～ darkness 真っ暗やみ. ▷**ink·i·ness** 名

ìn·láid 動 inlay の過去形・過去分詞.
—— /(移)/ 形 象眼模様で飾られた. a box with an ～ top of silver ふたに銀の象眼細工をした箱. an ～ design 象眼模様.

***in·land** /ínlənd, -lænd/ 形 ¢ 〈限定〉**1** **内陸の**; 海岸から遠い; (↔coastal). ～ cities 内陸都市. The Black Sea is an ～ sea. 黒海は内海だ.
2 〖英〗**国内の**. ～ trade 国内取引. ～ duties 内国税《inland trade に対する税》.
—— /ínlæ̀nd, -lənd | inlǽnd/ 副 ¢ **内陸へ[に]**; 奥地へ[に]. go [live] far ～ ずっと奥地に行く[住む]. head ～ 内陸に向かって進む.

in·land·er 名 C 内陸[奥地]に住む人.

ìnland révenue 名 **1** U 〖英〗内国税収入 (〖米〗internal revenue). **2** 〈the I- R-〉国税庁《所得税, 法人税, 相続税などの直接税を徴収; 関税, 物品税, VAT は扱わない》.

Ìnland Séa 名 〈the ～〉瀬戸内海.

‡**ín-làw** 名 C 〖話〗〈普通 ～s〉血のつながりのない親戚(せき), 姻(いん)戚, 《夫[妻]の父・母, 時に他の姻戚も含める》.

in·lay /ínlèi/ 名 (複 ～s) **1** U 象眼(細工), はめ込み細工, 象眼細工の材料. **2** C 象眼模様. **3** C 〖歯〗インレイ《虫歯に埋める充てん物》.
—— /ˌ-ˊ/ 動 (→lay¹) 他 **1** 〔模様など〕をはめ込む, ちりばめる, 〈*in, into* ..に〉; に象眼細工をする〈*with* ..で〉. ～ a diamond *in* a ring 指輪にダイヤをはめ込む. ～ a sheath *with* gold 鞘(さや)に金象眼を施す. **2** 〖園芸〗〔継ぎ穂〕を台木に接ぐ.

in·let /ínlet/ 名 C **1** 入り江; 瀬戸. **2** (水などの)注入口, 入り口, (↔outlet). **3** はめ込んだもの, 象眼物.
—— /ˌ-ˊ/ 動 (→let) 他 をはめ込む, さし込む.

ìn-line skáte 名 C 車輪が一列についているローラースケート.

in lo·co pa·ren·tis /in-lòukou-pəréntis/ 親代わりとなって. [ラテン語 'in place of a parent']

in·ly /ínli/ 副 〖詩〗**1** 内に[へ]; 心の中に. **2** 心から, 親しく; 深く.

‡**ín·màte** 名 C **1** (病院, 養老院, 刑務所などの)入院者, 収容者. **2** 〖古〗同居人, 同室者.

in me·mo·ri·am /in-məmɔ́ːriəm/ 〈前置詞的〉..を悼んで, の思い出のために, 《墓碑銘などに用いる》. [ラテン語 'in memory (of)']

†**in·most** /ínmòust/ 形 〈限定〉**1** 一番奥の; 最も内部の; (↔outmost). **2** 心の奥の, 胸底に秘めた. his ～ feelings [secrets] 彼の心の奥に秘められた感情[秘密].

‡**inn** /in/ 名 (複 ～s /-z/) C **1** **宿屋**, はたご, (類語 田舎にある旅館と飲食店を兼ねた古風なもの; →hotel); 居酒屋, 酒場, (pub). stay at an ～ 宿屋に泊まる. **2** 〖英旧〗(法律を学ぶ)学生の宿舎 (→Inns of Court). ★the Holiday Inn のように, ホテルなどの名に用いられることがある. [<古期英語「住む所」(<*inn(e)*「中に」)]

in·nards /ínərdz/ 名 〈複数扱い〉〖話〗(機械などの)内部(機構); 胃; 内臓. [<*inwards*]

†**in·nate** /ìnéit (移)/ 形 **1** 〔性質などが〕生まれつきの, 生来[生得]の, 持って生まれた, 先天的な, (↔acquired). an ～ sense of humor 生まれつきのユーモアの感覚. **2** 本質的な, 固有の. **3** 〖哲〗本有的な, 生得的な. [<ラテン語(<in-¹+*nāscī*「生まれる」)] ▷**～·ly** 副 **～·ness** 名

‡**in·ner** /ínər/ 形 ¢ 〈限定〉**1** **内部の**, 内部にある, 内の, 奥の, (interior; ↔outer). an ～ room 奥の部屋. an ～ court 中庭. **2** **精神的な**, 心の. the ～ life 精神生活. You should listen to your ～ voice. あなたの心の内なる声に耳を傾けるべきです.
3 **内密の**, 秘密の; 表面に出ない; 親密の. my ～ fears 私がひそかに抱いている恐怖. ～ meaning 隠れた意味.
[<古期英語 (*inn(e)*「中に」の比較級)]
▷**～·ly** 副 **～·ness** 名

ìnner círcle 名 C **1** (友達などの)少数の親しい仲間. **2** (権力を持つ)中枢グループ.

ìnner-cíty /(移)/ 形 〈限定〉都心部の, スラム街の.

†**ìnner cíty** 名 C 都心部《特に, 貧窮者が密集して住んでいる地域》.

ìnner-diréctedr 形 自分の価値観のみに従う, 内部志向の.

ìnner éar 名 C 〖解剖〗内耳.

Ìnner Hébrides 名 〈the ～; 複数扱い〉インナーヘブリディーズ諸島《スコットランド北西部沿岸近くの; →Hebrides》.

ìnner líght 名 U 〈しばしば I- L-〉内なる光《特にクエーカー教徒が心に感じる神の存在》.

Ìnner Lóndon 名 ロンドン中心部《the City と the City of Westminster との周辺の borough を含む; 労働党勢力が強い》.

ìnner mán [wóman] 名 〈the ～〉**1** (肉体に対する)精神. **2** 〖戯〗胃袋; 食欲. I must feed *the* ～. 腹に何か詰めこまにゃならん.

Ìnner Mongólia 名 内モンゴル[蒙古]《中国の一部》.

†**ínner·mòst** 形 ＝inmost.

ìnner plánet 名 C 〖天〗内側の惑星《軌道が太陽に近い, 水星, 金星, 地球, 火星のうちの 1 つ》.

ìnner skín 名 UC 〖解剖〗真皮 (→outer skin).

ínner·sòle 名 ＝insole.

ìnner spáce 名 U **1** 大気圏 (→outer space); 海面下の世界. **2** (人間の)精神世界.

ìnner-spríng 形 〖米〗内部にスプリングの入った, ばね式の, 〔マットレスなど〕. →interior sprung mattress.

Ìnner Témple 名 〈the ～〉〖英〗London の 4 つの法曹協会の 1 つ (→Inns of Court).

ínner tùbe 名 C (タイヤの中の)チューブ.

in·ner·vate /inə́ːrveit, ínərvèit/ 動 他 〖生理〗〔器官など〕に神経を分布させる; 〔神経, 器官など〕を刺激する.
▷**ìn·ner·vá·tion** 名

‡**in·ning** /íniŋ/ 名 C **1** 〖野球〗イニング, ..回. the top [first half] of the seventh ～ 7 回の表. the bottom [second half] of the seventh ～ 7 回の裏.
2 〖クリケット〗〈～s; 単複両扱い〉イニング, 打撃番.
3 〖主に英話〗〈普通 ～s; 単数扱い〉活躍時期, 活躍する機会; (政党などの)政権担当期. have had good ～*s* 十分に活躍した[勤め上げた]; 大往生を遂げた, 天寿を全(まっと)うした (★老齢で引退したり, 死去したばかりの人について言う). The Labour Party is about to have its ～*s*. 労働党が政権を握ろうとしている.
[<古期英語「中に入れること」]

ínn·kèeper 名 C 宿屋の主人.

***in·no·cence** /ínəs(ə)ns/ 名 U **1** **無罪**, 潔白. protest [plead] one's ～ 潔白を主張する[訴える]. He tried to prove his ～. 彼は自分の無罪を証明しようとした. **2** **無邪気**; 純真, 天真爛(らん)漫. childlike ～ 子供のような無邪気さ. **3** 無害; 単純; 無知.
in àll ínnocence 何も知らずに, 悪気なしに. I told him *in all* ～ that I had once loved her. 私は何も知らずに昔彼女を愛したことがあると彼に話した.

‡**in·no·cent** /ínəs(ə)nt/ 形 m **1** **無罪の**; 犯していない〈*of* ..を〉; 〈限定〉罪もない, 無関係の; (↔guilty). The

policeman arrested an ～ man. その警官は無実の人を逮捕した. He is ～ *of* the crime. 彼はその罪を犯していない. A man is ～ until proven guilty. 人は有罪が証明されないうちは無罪である. ～ victims of the terrorists' bomb テロリストの爆弾の巻き添えで死んだ人々.
2 無邪気な; 純真な, 天真爛(ら)漫な. an ～ child 無邪気な子供.
3 悪意[悪気]のない; 無害な. an ～ lie 悪意のないうそ. his ～ remark [question] 彼の他意のない言葉[質問]. ～ pleasures 無害な楽しみ.
4 単純な; お人よしの. I'm not so ～ as to believe that. それを信ずるほどうぶではない.
5〖章〗〈叙述〉持たない, 欠いている, 知らない, 〈*of* ..を〉. a sentence almost ～ *of* sense ほとんど意味のない文.
── 名 C **1** 純真な人《特に子供》; 潔白な人; 罪のない人. **2** おめでたい人, 頭の弱い人.
[＜ラテン語「無害の」(＜in-² ＋*nocēre* 'hurt')]
▷ **～·ly** 副 罪なく, 何も知らずに; 無邪気に; 知らばくれて, かまととぶって.

Ínnocents' Dày 名 幼な子の日《Herod 王の命令で Bethlehem の幼児が多く殺された記念日; 12 月 28 日; →Massacre of the Innocents》.

‡**in·noc·u·ous** /inákjuəs|inɔ́k-/ 形 〖章〗 **1**〔言動などが〕無害の, 悪気のない. **2**〔薬, キノコ, 蛇などが〕無毒の. [＜ラテン語 (＜in-¹ ＋*nocuus* 'injurious')]
▷ **～·ly** 副 **～·ness** 名

in·no·vate /ínəvèit/ 動 自 刷新する, 革新する. ── 他〔新しいもの〕を採り入れる, 導入する. [＜ラテン語「新しくする」(＜*novus* 'new')]

†**in·no·vá·tion** 名 **1** C 新しいもの, 新考案, 新機軸. technical ～*s* 技術革新. introduce an ～ in publishing 出版に新機軸を導入する.
2 U 刷新, 革新, 新機軸の導入. introduce the ～ of the land system 土地制度の刷新を導入する.

†**in·no·va·tive** /ínəvèitiv, -vətiv/ 形 革新的な, 進取的な. an ～ university 革新に意欲的な大学.

in·no·va·tor /ínəvèitər/ 名 C 刷新者.

in·no·va·to·ry /ínəveitɔ̀:ri|ìnəvéit(ə)ri, ⌐⌐⌐⌐/ 形 ＝innovative.

Inns·bruck /ínzbruk/ 名 インスブルック《オーストリア西部の都市; Tyrol 州の州都で観光地》.

Ìnns of Cóurt 名 〈the ～〉〖英〗法曹学院《法廷弁護士 (barrister) 検定の権限を持つロンドンの 4 協会; Inner Temple, Middle Temple, Lincoln's Inn, Gray's Inn; 弁護士はこのいずれかに属す》; その建物.

‡**in·nu·en·do** /ìnjuéndou/ 名 (複 **～(e)s**) **1** C あてこすり; ほのめかし. Her friends made ～*es* about her making up so elaborately. 彼女が念入りな化粧をしているのを友達連はあれこれとあてこすった. **2** U いやみを言うこと; それとなく悪口を言うこと. [ラテン語 'by hinting' (＜*innuere*「うなずいて合図する」)]

In·nu·it /ín(j)uit/ 名, 形 ＝Inuit.

***in·nu·mer·a·ble** /in(j)ú:m(ə)rəb(ə)l/ 形 ¢ **数えきれない**, 無数の, おびただしい. Laura has tried ～ times to contact him. ローラは何回となく彼と連絡をとろうとした. [in-², numerable] ▷ **-bly** 副

in·nu·me·ra·cy /in(j)ú:m(ə)rəsi/ 名 U 〖英〗算術の基礎を知らないこと.

in·nu·mer·ate /in(j)ú:m(ə)rət/ 形 〖英〗簡単な算術がㄴできない[分からない] (↔numerate; →illiterate).

in·ob·serv·ance /ìnəbzə́:rvəns/ 名 U **1** 不注意, 怠慢. **2** 不履行, 無視, 〈*of* ..〔規則など〕の〉.

in·ob·serv·ant /ìnəbzə́:rvənt ㊙/ 形 不注意な, 怠慢な; 履行しない, 無視する, 〈*of* ..を〉.

in·oc·u·late /inákjəlèit|inɔ́k-/ 動 他 **1** に(予防)接種をする (vaccinate) 〈*against* ..に対して〉. We all have to be ～*d against* cholera. 私たちはみんなコレラの予防注射をしなくてはなりません. **2 (a)**〔人, 動物〕に接種する 〈*with* ..〔病菌, ワクチンなど〕を〉; を接種する 〈*into* ..に〉. ～ a mouse *with* a bacillus [＝～ a bacillus *into* a mouse] マウスに細菌を接種する. **(b)**〔バクテリアなど〕を植え付ける, 接種する, 〈*into* ..〔培養基〕に〉;〔培養基〕に植え付ける 〈*with* ..〔バクテリアなど〕を〉.
3〔人〕に植えつける 〈*with* ..〔思想など〕を〉.
[＜ラテン語「移植する」(＜*oculus* 'eye, bud')]

in·òc·u·lá·tion 名 UC (予防)接種; 予防注射.

in·of·fen·sive /ìnəfénsiv ㊙/ 形 〔人, 物, 又は動作などが〕害を及ぼさない;〔人, 態度などが〕不快な感じを与えない, 目立たない.
▷ **～·ly** 副 不快な感じを与えないように. **～·ness** 名

in·op·er·a·ble /ináp(ə)rəb(ə)l|-ɔ́p-/ 形 **1**〖医〗〔腫瘍(しゅよう)などが〕手術できない, 手遅れの. an ～ cancer 手術不能の癌(がん). **2**〖章〗〔計画などが〕実施できない, 続行できない.

in·op·er·a·tive /ináp(ə)rətiv, -ápərèi-|-ɔ́p(ə)rə-/ 形 〖章〗〔法律, 規則などが〕効力のない;〔機械などが〕作動していない, 正常に作動しない.

in·op·por·tune /⌐⌐⌐ ㊙|⌐⌐⌐⌐/ 形 〖章〗時機を逸した, 折りの悪い; 都合の悪い. at an ～ time あいにくの時に. ▷ **～·ly** 副 **～·ness** 名

‡**in·or·di·nate** /inɔ́:rd(ə)nət/ 形 〖章〗 **1** 過度な, 法外な, (excessive). **2**〖古〗節度のない; 無秩序の.
▷ **～·ly** 副 過度に. **～·ness** 名

in·or·gan·ic /ìnɔ:rgǽnik ㊙/ 形 **1** 無機の, 非有機的な, 生活機能のない, 無生物の. Minerals are ～. 鉱物は無機物である. **2**〔社会などが〕有機的組織を欠いた; 自然に発達したのではない, 人為的な. **3**〖化〗無機(化学)の. ▷ **in·or·gan·i·cal·ly** /-k(ə)li/ 副

ìnorganic chémistry 名 U 無機化学.

in·os·cu·late /ináskjulèit|-ɔ́s-/ 動 〖章〗 自 〔血管などが〕接合する;〔繊維などが〕撚(よ)り合わさる. ── 他 を接合する; を撚り合わせる.

in·o·sine /ínousi:n, -ə-/ 名 U 〖生化〗イノシン(酸)《動物の筋肉に含まれる; うまみの主成分》. [ギリシア語 *ís*「筋肉」, -ose, -ine²]

in·o·si·tol /inóusətɔ̀:l, ainóu-|-tɔ̀l/ 名 U 〖生化〗イノシトール《動・植物の成長に必要な成分; ビタミン B の一種》.

ín·pàtient 名 C 入院患者 (↔outpatient).

in per·so·nam /in-pərsóunæm/ 副, 形 〖法〗人に対して[対する]. [ラテン語 'against a person']

ín·pòuring 名 U 流入; 注入; (公的資金などの)投入.

in pro·pri·a per·so·na /in-pròupriə-pərsóunə/ 副 本人自身で《弁護士の助けを借りずに》. [ラテン語 'in one's own person']

***in·put** /ínpùt/ 名 (複 **～s** /-ts/) **1** UC 〖電・機〗**入力**(装置) 〈*into, to* ..への〉 (↔output). **2**〖電算〗**(a)** U (情報の)入力操作, **インプット**, 〈*into, to* ..〔コンピュータ〕への〉; UC 入力情報[データ]; (↔output). *Input* is provided by keyboards. 入力はキーボードからなされる. **(b)** C 入力装置[場所]. **3** UC (資本, 資材などの)投入(物); (アイディアなどの提供による)貢献 〈*into, to* ..への〉. His ～ *to* the new project was remarkable. 彼の新事業への貢献は著しかった.
── 動 (**～s**|過 過分 **～, ～·ted**|**～·ting**) 他 〔情報〕をインプットする, 入力する, 〈*into* ..〔コンピュータ〕に〉.
[in (副詞), put]

ínput/óutput 名 UC, 形 〖電算〗入出力(の)《略 I/O》.

†**in·quest** /ínkwest/ 名 C (陪審員による)審理, 査問, 〈*on, into* ..の〉; 死因審問, 検死 (coroner's inquest);〖話〗〈一般に〉調査, 査問, 〈*on, into* ..についての〉. hold an ～ *on*.. ..の検死を行う; ..の審問[原因追究]を行う. [＜古期フランス語; inquisition と同源]

in·qui·e·tude /inkwáiət(j)ù:d/ [名] [U] 〖章〗不安, 心配; (心の)落ち着きのなさ.

‡**in·quire** /inkwáiər/ [動] (**~s** /-z/|[過] [過分] **~d** /-d/| **-quir·ing** /-kwái(ə)riŋ/)〖章〗[他] [V0] (**~** X/*wh* 節・句) Xを/..かを**尋ねる**, 問う, 聞く, 〈*of* ..〔人〕に〉(★ask に可能な [V00] の文型は不可). ~ the time 時間を聞く. ~ her name 彼女の名前を聞く. ~ the way to the university 大学への道を尋ねる. I ~*d what* the little boy wanted. 私はその小さな男の子は何が欲しいのかと尋ねた. She ~*d of* him *if* [*whether*] he would attend the meeting. 彼女は彼に会に出席するかどうか尋ねた. (★She ~*d* him if ..は不可).

── [自] **尋ねる**, 情報を求める, 〈*about* ..について〉. I ~*d* at the information desk. 案内所で尋ねた. He wants to ~ *about* what happened. 彼は何が起こったかを聞きたがっている. [語法] 〖英〗では一般的に「尋ねる」の意味には enquire を, 公式に「情報を求める, 調査する」の意味には inquire をという風に使い分ける場合がある.

* ***inquire after*** *..* **..の安否を尋ねる**, 健康状態を尋ねる. Thank you for *inquiring after* me. 私の安否を気遣ってくれてありがとう.「あるかどうか尋ねる.

inquire for *..* ..に面会を求める; (店などで)〔品物が〕↑

* ***inquire into*** *..* **..を調べる**, 調査する. ~ *into* the causes of an accident 事故の原因を調べる.

inquire within (詳細を)お尋ねの方はどうぞ中へ《店先の広告などで》.

[<ラテン語「探し求める」(<in-[1]+*quaerere* 'seek')]

in·quir·er /inkwái(ə)rər/ [名] [C] 尋ねる人; 探求者; 調査者.

†**in·quir·ing** /inkwái(ə)riŋ/ [形] 〈限定〉 **1** 〈しばしば良い意味で〉 知りたがる, 好奇心の強い; 探求心に富む. a student with a very ~ mind 大そう探求心に富む学生. **2** 尋ねるような, けげんそうな. an ~ look けげんそうな表情. ▷**~·ly** [副] 知りたがって, 尋ねたそうに.

***in·quir·y** /inkwái(ə)ri, ínkwəri|-kwáiəri/ [名] ([複] **-quir·ies** /-z/) **1** [C] (**a**) **問い合わせ**, 質問, 〈*about, concerning* ..についての〉; 研究 〈*into* ..の〉. make (some) *inquiries* (あれこれ)問い合わせる. answer *inquiries about* the product その製品に関する問い合わせに回答する. (**b**) **調査**; 取り調べ; 〈*into* ..についての〉. hold [conduct] an ~ *into* the cause of an air crash 飛行機墜落事故の原因を調査する. scientific ~ 科学的な調査.

★〖英〗では (a) には enquiry, (b) には inquiry を使用して区別する場合がある; →inquire [語法].

[連結] a careful [an extensive, a full, an in-depth, a thorough; a formal] ~

2 [U] **尋ねること**, 質問[問い合わせ]すること, 〈*about* ..について〉. a letter of ~ 照会状. On ~, I learned the book was out of print. 問合わせてその本が絶版だと知った. follow a new line of ~ 新しい調査方法に従う. a court of ~ 〖軍〗査問会議.

3 〖英〗〈-ies〉案内所. ask at *inquiries* for the toy counter 案内所でおもちゃ売り場を尋ねる.→directory inquiries.

be hèlping the police with their inquíries 〖英〗 警察の事情聴取に応じている. [inquire, -y[2]]

inquíry àgent [名] [C] 〖英旧〗私立探偵.

in·qui·si·tion /inkwəzíʃ(ə)n/ [名] **1** [C] 〈非難して〉 (官憲などによる人権無視の苛酷な)取り調べ. **2** [C] 〖章・戯〗〈一般に〉(長時間の厳しい)審問, 詰問, 〈*into* .. 〔(個人的な)事柄〕についての〉. **3** 〖カトリック〗〈the I-〉 宗教裁判所 《異端者を罰するために 13 世紀に設立され 19 世紀に廃止; the Holy Office とも言う》. [<ラテン語 (*inquīrere* 'inquire' の過去分詞); -ion]

‡**in·quis·i·tive** /inkwízətiv/ [形] 〈しばしば悪い意味で〉 知りたがる, 好奇心旺(おう)盛な; (他人について)穿鑿(せんさく)好きの. His wife is the ~ type, always asking questions. 彼の奥さんは穿鑿好きでいつもいろいろ聞いて回っている. ▷**~·ly** [副] **~·ness** [名]

in·quis·i·tor /inkwízətər/ [名] [C] **1** (厳しい)尋問者, (警察などの)調査官, 審問者. **2** 〖カトリック〗〈I-〉(昔の)異端審問官.

in·quis·i·to·ri·al /inkwìzətɔ́:riəl [移]/ [形] **1** 異端裁判官のような, 厳しく尋問する. **2** =inquisitive. ▷**~·ly** [副]

in·quo·rate /inkwɔ́:rət, -reit/ [形] 〖英〗(会議成立の)定足数に足りない.→quorum

in re /in-rí:, -réi/ [前] ..の場合は; ..に関しては. [ラテン語 'in the matter of']

in rem /in-rém/ [副], [形] 〖法〗物に対して[対する] (→in personam). [ラテン語 'against a thing']

ìn-résidence [形] 〈名詞の後に付けて〉(ある資格で)在住[駐在]して. a poet-~ at a university 大学在住の詩人《本業を持ちながら一定期間教鞭(べん)をとる; ハイフンなしで a poet in residence とも書く》.

INRI Iesus Nazarenus, Rex Iudaeorum (ラテン語「ユダヤ人の王ナザレのイエス」)《キリストが架けられた十字架に掲げられた文句》.

‡**ín·ròad** [名] [C] 〈普通 ~s〉攻撃, 侵入, 侵略; 侵害, 蚕食; 〈*on, upon, into* ..(へ)の〉. The pirates made frequent ~*s into* American waters. 海賊はしばしば米国の領海に侵入した. make ~*s into* [*on, upon*] his time [savings] 彼の時間[貯蓄]に食い込む. [in (副詞), 〖廃〗*road* 'raid']

ín·rùsh [名] [C] 殺到; 流入; 侵入.

INS Immigration and Naturalization Service 〖米〗(移民帰化局), inertial navigation system.

ins. inches; insulated; inspector; insurance.

in·sa·lu·bri·ous /insəlú:briəs [移]/ [形] 〖章〗〔気候, 環境などが〕健康に良くない, 不健康[健全]な.

***in·sane** /inséin/ [形] [m], [e] (**-san·er**|**-san·est**) **1 正気でない**, 狂気の, 精神障害者の(ための), (↔sane; [類語] 社会生活に適応できない精神障害; →mad). the ~ 〈複数扱い〉 精神障害者. Bill became [went] ~ and was sent to (the) hospital. ビルは発狂し病院に連れて行かれた. an ~ asylum 精神病院《今では mental hospital [home] が普通》.

2 〖話〗**狂気じみた**, 途方もない, 無分別極まる. an ~ plan 全くばかげた計画. It is ~ of Kate to marry Jim. ジムと結婚するなんてケイトは正気と思えない. Sometimes I think teaching is driving me ~. 時々私は教えているとだんだん気が変になりそうに思う. ◇[名] insanity [in-[2], sane] ▷**~·ly** [副] 狂って; 狂ったように.

in·san·i·tar·y /insǽnətèri|-t(ə)ri/ [形] 不衛生な; 健康に害のある. ◇↔sanitary

†**in·san·i·ty** /insǽnəti/ [名] ([複] **-ties**) **1** [U] 狂気; 精神錯乱; (↔sanity). enter a plea of ~ 〖法〗精神錯乱による犯行を申し立てる《認められると刑務所でなく精神病院行きとなる》. **2** [C] 狂気の沙汰(た), 愚行の限り.

‡**in·sa·tia·ble** /inséiʃəb(ə)l/ [形] 飽くことのない, 貪(どん)欲な; しきりに欲しがる 〈*for, of* ..を〉. his ~ desire *for* power 彼の飽くことのない権力欲. ▷**-bly** [副] 飽くことなく, 貪欲に.

in·sa·ti·ate /inséiʃiət/ [形] 〖章〗=insatiable.

†**in·scribe** /inskráib/ [動] [他] **1** (**a**) 〔文字など〕を記す, 刻む, 彫る, 〈*in, into, on* ..〔石, 木など〕に〉; に記す, 刻む, 彫る, 〈*with* ..を〉. ~ her name *on* the inside of the ring = ~ the inside of the ring *with* her name 指輪の内側に彼女の名前を刻み込む. (**b**) を銘記する 〈*on, in* ..〔心など〕に〉. His advice is ~*d in* my mind. 彼の忠告は私の心に銘記されている.

2 (**a**) (献呈するために) 〔書物など〕に名前[献呈の辞]を書

く; (名前などを書いて)〔書物など〕を献呈する〈*to*, *for* ..に〉. an ～*d* poem 献呈された詩. He ～*d* several copies of his new novel *to* his close friends. 彼は新作の小説を数部親しい友人たちに贈呈した. **(b)** [VOO] (～X "引用") X (書物など)に「..」と献辞を記す. The book is ～*d* "To darling Jane from Tom." その本には「トムよりいとしいジェーンへ」という献呈の辞が記されている.
3 〔氏名〕を(名簿などに)記入する, 登録する; 〖英〗〔株式などの購入者の名〕を登録する.
[＜ラテン語 (＜in-¹＋*scrībere*「書く」)]

inscrìbed stóck [名] [U] 〖英〗登録株式.

***in·scrip·tion** /inskrípʃ(ə)n/ [名] (複 **～s** /-z/) **1** [U] 刻みつけること, 銘刻(すること). **2** [C] **書き[刻み]つけられたもの**; 銘, 碑文, (貨幣などの)銘刻; (書物などの)献呈の辞. They tried to read the ～, but it was too faint. 彼らは碑文を読もうとしたが, あまりにもぼやけていた. **3** [U] (氏名の)記入, 登録; 〖英〗(株式などの)登録; 〈～s〉〖英〗登録株式[公債]. ◇[動] inscribe

in·scrù·ta·bíl·i·ty [名] [U] 不可解(なこと). the ～ of God's ways 神の御業(みわざ)の(人知を超えた)不可解さ.

in·scru·ta·ble /inskrú:təb(ə)l/ [形] 〔人, 行動などが〕計り知れない, 謎(なぞ)めいた. an ～ smile 不可解な微笑. ▷**-bly** [副] 計り知れないほど; 不可解に.

ín·sèam [名] [C] (衣服などの)内側の縫い目; 〈特に〉(ズボンの裾(すそ)までの股下の)縫い目; 〖米〗(人, ズボンの)股下丈(〖英〗inside leg).

‡**in·sect** /ínsekt/ [名] (複 **～s** /-ts/) [C] **1 昆虫**. Some ～*s* carry disease. 昆虫には病気を媒介するものもいる. **2** 〖話〗虫《昆虫以外のクモ, ムカデなども含む》. **3** 虫けらのようなやつ. [＜ラテン語「体に刻み目のある(生き物)」(＜in-¹＋*secāre* 'cut')]

in·sec·ti·cid·al /insèktəsáid(ə)l [移]/ [形] 殺虫(剤)の.

‡**in·sec·ti·cide** /inséktəsàid/ [名] [UC] 殺虫剤.
[insect, -cide]

in·sec·ti·vore /inséktəvɔ̀:r/ [名] [C] 〈一般に〉食虫「動物[植物].

in·sec·tiv·o·rous /ìnsektív(ə)rəs [移]/ [形] 昆虫を食う, 食虫の; 食虫類の.

†**in·se·cure** /ìnsikjúər [移]/ [形] **1** 安全でない, 不安定な, 不確かな; 〔地盤などが〕堅固でない, 崩れそうな. a rather ～ foundation かなり危なっかしい土台. ～ evidence 不確かな証拠. an ～ job (いつ首になるか分からない)不安定な職. **2** 〔人が〕不安に感じる; 自信がない; 〈*about* ..について〉. Miles is very ～ *about* his job. マイルズは仕事について全然自信がない. ▷**～·ly** [副]

in·se·cu·ri·ty /ìnsikjú(ə)rəti/ [名] [U] **1** 安全でないこと, 不安定; 不確実; 危なっかしさ. economic ～ 経済的不安定. **2** 自信の無さ; 不安.

in·sem·i·nate /inséməneit/ [動] [他] を受胎させる; を受精させる; に人工授精する. [＜ラテン語「種 (*sēmen*)」をまく]

in·sèm·i·ná·tion [名] [UC] 授精(させること). arti-「ficial ～ 人工授精.

in·sen·sate /insénseit, -sət/ [形] 〖章〗 **1** 感覚がない, 生命のない. **2** 無情な; 理性を欠いた, ばかげた.
▷**～·ly** [副]

in·sèn·si·bíl·i·ty [名] 〖章〗 **1** [U] 無意識; 人事不省. **2** [aU] 〖古〗無感覚, 鈍感; 無関心, 冷淡, 〈*to* ..に対する〉.

in·sen·si·ble /insénsəb(ə)l/ [形] 〖章〗 **1** 〈叙述〉気がつかない〈*of* ..に〉(unaware). They were ～ *of* the impending danger. 彼らは差し迫った危険に気づかなかった. **2** 意識を失った, 人事不省の, (senseless). He was still lying ～. 彼はまだ気絶したまま倒れていた. **3** 〈限定〉(気がつかないほど)わずかな[少ない]. by ～ degrees 気づかないほど徐々に. **4** 〈叙述〉〖古〗無感覚な, 無神経な, 〈*to* ..に〉(insensitive). be ～ *to* pain 痛さを感じない.
▷**-bly** [副] 気がつかないほど(徐々に), 少しずつ.

†**in·sen·si·tive** /insénsətiv/ [形] **1** 無感覚な, 鈍感な, 〈*to* ..〔周囲の状況など〕に〉; (身体的に)感じの鈍い〈*to* ..〔痛み, 気温など〕への〉. people ～ *to* social problems 社会の諸問題に鈍感な人々. ～ *to* heat 暑さを感じない. **2** 感受性がない, 人の気持ちが分からない, 無神経な. It was ～ of you to touch her on a sore point. 彼女が触れて欲しくないことを持ち出すとは君も無神経だった.
▷**～·ly** [副] **～·ness** [名]

in·sèn·si·tív·i·ty /-tívəti/ [名] [U] 鈍感; 無神経さ.

in·sèp·a·ra·bíl·i·ty [名] [U] 不可分性.

†**in·sep·a·ra·ble** /insép(ə)rəb(ə)l/ [形] 分離できない, 分けられない; 別れ[離れ]られない; 〈*from* ..から〉. ～ friends 切っても切れない親友. The two conclusions are ～ *from* one another. この 2 つの結論はお互いに切り離せない. ▷**-bly** [副] 不可分に. **～·ness** [名]

***in·sert** /insə́:rt/ [動] (**～s** /-ts/|[過] [過分] **～·ed** /-əd/|**～·ing**) [他] **1 を挿入する**, 差し込む, はめ込む, 〈*in*, *into*, *between* ..に〉. ～ a key *in* a lock 鍵(かぎ)を錠前に差し込む. **2** 〔語句など〕を**書き入れる**, 付け加える, 〔記事, 広告など〕を掲載する, 〈*in*, *into*, *between* ..に〉. ～ some words *between* the lines 行間に数語を書き入れる.
── /⌐‐/ [名] [C] 挿入物《衣服に縫い込むレース, 靴底の敷皮など》; (新聞, 雑誌, 本などの)折り込み(広告); 〖映・テレビ〗挿入画面[字幕].
[＜ラテン語 (＜in-¹＋*serere*「結合する」)]

†**in·sér·tion** [名] **1** [U] 挿入, 差し込み. **2** [C] 挿入物, 挿入語句, 書き入れ; 折り込み広告[ビラ]; (レース, 編み物などの)挿入模様. **3** ＝injection 4.

ìn-sérvice /[移]/ [形] 〈限定〉現職の, 勤務中の. ～ training 現職教育, 社内研修.

in·set /insét/ [動] (**～s**|[過] [過分] **～**, **～·ted**|**～·ting**) [他] 〈普通, 受け身で〉 **1** 〔図, 写真など〕を差し込む, 挿入する, 〈*in*, *into* ..〔ページなど〕の一部に〉; に差し込む 〈*with* ..を〉. **2** を(装飾として)はめ込む〈*into* ..に〉; にはめ込む〈*with* ..を〉. The pendant is ～ *with* a diamond. そのペンダントにはダイヤモンドがはめ込まれている. ── /⌐‐/ [名] [C] **1** 挿入物; 差し込みページ[図, 写真]. **2** (大きな図版の中の)挿入「図[写真, 地図など]. **3** (装飾として)はめ込まれたもの《アクセサリーの宝石, 衣服のレース飾りなど》.

ìn·shóre /[移]/ [形] 〈限定〉(海)岸近くの; (海)岸に向かう. ～ fishing 沿岸漁業. an ～ wind 向陸風《海から陸に吹く》. ── [副] (海)岸に近く; (海)岸の方へ.
◇↔offshore

‡**in·side** /insáid, ⌐‐/ [名] (複 **～s** /-dz/) [C] 〈4 以外はすべて普通, 単数形で the ～〉
【内側】 1 内部, 内側, 内面, (↔outside); 中身. the ～ of a hand 手のひら. the ～ of a week 〖英〗週日《月曜から金曜まで》. the ～ of the garage ガレージの中. lock the door from [on] the ～ 中からドアに鍵(かぎ)をかける. I painted the「～ of the box red [box red on the ～]. 箱の内側を赤く塗った. The ～ of the apple was rotten. リンゴの中は腐っていた.
2 (a) 歩道の家寄りの部分; (ハイウェーの)路肩寄りの車線, 走行車線, 《追越し車線に対して》; (競技場などの)内側のトラック, インコース. overtake on the ～ 走行車線側から追い越す《違反》. **(b)** 〖野球〗インサイド, 内角, 《ホームプレート上の打者側》.
【内部】 3 (会社などの)内部; 内情; 内情を知り得る地位. The secret was leaked by someone on the ～. 秘密はだれか内情を知る立場にある者が漏らした.
4【体の内部】〖話〗〈普通 one's ～s〉腹, おなか, (→stomach). I ate something that churned up my ～*s*. 何か胃袋がひっくり返るようなものを食った.
5【心の内部】内心, 心のうち. She is calm on the outside, but on the ～ she must be disturbed. 彼女は外見は平静だが, 内心は動揺しているに違いない.
inside óut 〈副詞的〉(1) 裏返しに. Don't put your

sweater on ～ *out*. セーターを裏返しに着ないようにしなさい. (2)〘話〙裏の裏まで, すっかり. He knows the book trade ～ *out*. 彼は本の商売のことは何でも知っている. turn .. ～ *out*→turn (成句).

── /ˌ-ˊ ㊕/ 形 Ⓒ 〈限定〉**1 内部の**, 内部にある, 内側の, 内面の, (↔outside). ～ walls 内側の壁. the ～ dimensions 内面の寸法. an ～ pocket 内ポケット. **2** 屋内の (↔outside). an ～ seat (昔の馬車などの)屋内席《無蓋(ふた)の屋外席に対して》. **3**〘野球〙(投球が)打者の体に近い, 内角の, (↔outside). an ～ pitch 内角球. **4 内密の**; 部内の; 内輪(だけ)の. ～ information 内部の情報. the ～ story 内幕話.

── /ˌ-ˊ/ 副 Ⓒ **1 内(側)に**, 内部に, 内面に, 中で[へ]; 屋内で[へ], (↔outside). come ～ 中へ入って来る. We'd better put the chairs ～ in case it rains. 雨が降るといけないからこれらのいすを中へ入れた方がよい. **2** 内心(は), 心の中で; 本来. *Inside*, he's really timid. 彼は根は実に臆病だ. **3**〘話〙刑務所に入って, '塀(へい)の中で'.

inside of .. (1)〘米〙..の中[内部]に. ～ *of* the envelope 封筒の中に. (2)〘話〙..以内に. Father will be back ～ *of* an hour. 父は1時間以内に戻ります.

── /ˌ-ˊ, ˊ-ˌ/ 前 **1 ..の中に**, 内部に, (類語 *inside* a box のように比較的小さな物に用いることが多い; →within). ～ the house 家の中に. ～ the body 体の中に. **2** ..以内に (within). ～ a week 1週間以内に. [＜中期英語「体内」; in, side]

ìnside jób 名 Ⓒ **1**〘話〙内部の者(の手引き)による犯行. **2** 屋内の仕事; 内勤の職.

ìnside láne 名 Ⓒ (ハイウェーの)走行車線.

ìnside lég 名 Ⓒ 〘英〙(ズボン, 人の)股下丈 (〘米〙inseam).

‡in·síd·er 名 Ⓒ 内部の人; 仲間, 会員; 内部の事情に通じた人, 消息通, インサイダー; (↔outsider).

insìder déaling [tráding] 名 Ⓤ インサイダー取引《未公開の内部情報を知る者が他を出し抜いて行う有利な株式売買; 違法》.

ìnside tráck 名 Ⓒ 〈普通, the ～〉内側の走路, インコース; 〘米〙有利な立場. gain [have, be on] the ～ (競走で)インコースを取る[走る]; 有利な立場を取る[にある].

‡in·sid·i·ous /insídiəs/ 形 **1** こっそり企(たくら)む[企まれる], 狡猾(こうかつ)な, ずるい, 陰険な. ～ activities 潜行運動. **2** 〔病気などが〕知らない間に進む, 潜行性の. an ～ disease 知らぬ間に進行する病気. ～ erosion 知らない間に進む腐食. [＜ラテン語「待ち伏せする」(＜in-[1]＋*sedēre* 'sit')] ▷**～·ly** 副 こっそりと, 裏面で. **～·ness** 名

***in·sight** /ínsàit/ 名 (複 **～s** /-ts/) ⓊⒸ **洞察**〈*into* ..への〉, (本質などを)見抜く[悟る]こと, 眼識; 洞察力. a man of (great) ～ 洞察力のある人. gain an ～ into.. ..を洞察する, 見抜く. Julian seems to have a special ～ *into* people. ジュリアンには人の性格を見抜く特殊な能力があるようだ. He was a constant source of ～*s* and ideas. 彼は常に洞察とアイディアの供給源であった. [＜中期英語「(心の)内部の眼」(?＜北欧語)] ▷**～·ful** /-fəl/ 形 洞察に富む.

in·sig·ni·a /insígniə/ 名 (複 **～, ～s**) Ⓒ 標章, バッジ, 記章,《権力, 高い地位, 軍隊における所属などを表す》. the ～ of office 官職の標章. [ラテン語]

[the Insignia of the Order of Garter]

in·sig·nif·i·cance /ìnsignífikəns/ 名 Ⓤ 重要でないこと, 取るに足らないこと; 無意味; (↔significance). pale [fade] into ～ 取るに足らないものに見える, 色あせてつまらない存在となる.

***in·sig·nif·i·cant** /ìnsignífikənt ㊕/ 形 ⓜ 〔物事の大きさ, 程度, 量などが〕**取るに足らない**, ちっぽけな, ささいな; **重要でない**, つまらない; 無意味な; (↔significant). an ～ change 重要でない変更. ～ details どうでもいい細かな点. an ～ amount of money ごくわずかの金. ▷**～·ly** 副 取るに足らないほど.

in·sin·cere /ìnsinsíər ㊕/ 形 不誠実な, 誠意のない, 不まじめな; うわべだけの, 偽善的な. ▷**～·ly** 副 不誠実に.

in·sin·cer·i·ty /ìnsinsérəti/ 名 (複 **-ties**) Ⓤ 不誠実, 誠意のないこと, 不まじめ; Ⓒ 不誠実な[うわべだけの]言行.

in·sin·u·ate /insínjuèit/ 動 他 **1** 〔不快な事柄など〕をそれとなく言う, ほのめかす, あてこする; VO (～ *that* 節) ..ということをほのめかす;〈*to* ..〔人〕に〉. He ～*d* (*to* my boss) *that* I was incompetent. 彼は(私の上司に)私が能力がないとほのめかした. **2** VOA (～ X *into* ..)〘章〙X(体など)を..に巧みにすべり込ませる; X(人)を〔組織など〕に策を弄(ろう)するなどして送り込む[入らせる].

insínuate onesèlf [insìnuate one's wáy] into .. 〔人の信頼, 愛など〕を甘言などで手に入れる;〘章〙〔すき間など〕に巧みに割り[入り]込む. She tried to ～ her*self* [her *way*] *into* the rich men's favor. 彼女はその金持ちに巧みに取り入ろうとした.

[＜ラテン語「入り込ませる」(＜in-[1]＋*sinuāre* 'bend')]

in·sín·u·àt·ing 形 遠回しの, それとなくほのめかしている; うまく取り入ろうとする. ▷**～·ly** 副

in·sìn·u·á·tion 名 **1** Ⓤ それとなく言うこと, ほのめかすこと; あてこすること; Ⓒ あてこすり, ほのめかし. **2** Ⓤ 徐々に[巧みに]入り込む[込ませる]こと; 取り入ること;〈*into* ..に〉.

in·sin·u·at·ive /insínjuèitiv/ 形 ＝insinuating.

in·sip·id /insípəd/ 形 **1** 風味のない, うまくない, 気の抜けた. ～ coffee 香りの抜けたコーヒー. **2** 味気のない; 面白味のない, 退屈な. an ～ talk 面白くない話. [＜ラテン語 'not tasty'] ▷**～·ly** 副 味気なく. **～·ness** 名

in·si·pid·i·ty /ìnsəpídəti/ 名 (複 **-ties**) ⓊⒸ 風味のないこと; 味気なさ, 退屈.

‡in·sist /insíst/ 動 (**～s** /-ts/|過 過分 **～·ed** /-əd/|**～·ing**) 自 **1 強く主張する**, 言い張る; 強調する;〈*on, upon* ..を〉. He ～*ed on* his innocence.＝He ～*ed that* he was innocent (→他 1). 彼は自分の無罪をあくまで主張した.

2 強く要求する, せがむ, こだわる,〈*on* [*upon*] (do*ing*) ..(すること)を, に〉. She ～*ed on* marry*ing* him.＝She ～*ed that* she (should) marry him. 彼女は彼と結婚するといってきかなかった (→他 2 語法). They ～*ed on* Tom('s) call*ing* on him.＝They ～*ed that* Tom (should) call on him. 彼らはトムが彼を訪問することを要求した. Do you ～ *on* my dismiss*ing* him? どうしても彼を首にしろというのか (語法 代名詞の場合は目的格 (me) よりも所有格 (my) が普通). "Why don't you come along with as?" "Oh, if you ～!"「なぜ一緒に行かないの」「まあ是非というなら(仕方がない, 一緒に行こう)」

1, 2 の 連結 ～ absolutely [emphatically, firmly, strongly, stubbornly]

── 他 **1** VO (～ *that* 節) **..であると強く主張する** (→自 1). **2** VO (～ *that* 節) **..することを強く要求する** (→自 2). The Japanese side ～*ed that* Japan's past record in fishing (should) be respected. 日本側は漁業での日本の過去の実績が重んじられることを強く要求した (語法〘米〙では should を用いないことが多い; その場合の be は仮定法現在).

[＜ラテン語「上に立つ」(＜in-[1]＋*sistere* '(cause to) stand')]

†in·sis·tence /insíst(ə)ns/ 名 ⓊⒸ 主張; 強要, 無理強

い;〈*on, upon* ..の/that 節 ..ということの〉. Darwin's ～ *on* the influence of environment ダーウィンによる環境の影響力の強調. his wife's ～ ⌞*on* his quitting [*that* he (should) quit] smoking たばこをやめなさいという彼の妻の強要. At his wife's ～ he quitted smoking. 妻の強要で彼はたばこをやめた.

連結 stubborn [dogged; emphatic, passionate, vehement; perverse] ～

†**in·sist·ent** /insíst(ə)nt/ 形 **1** 強く[しつこく]主張する, 固執する, 強要する,〈*on, upon* ..を/that 節 ..ということを〉. their ～ protests 彼らのしつこい抗議. The Opposition is ～ *on* tax reduction. 野党は減税をしつこく要求している. Each side is ～ *that* the other (should) withdraw first. 双方とも相手が先に引き下がるべきだと主張している. **2** 〔色, 音, 調子などが〕強く注意を引く, しつこい. ～ colors 目立つ色. the ～ beat of drums 耳にしつこく響く太鼓の音. ▷ **～·ly** 副

in si·tu /in-sáit(j)u:|-sítju:/ 副 本来の場所に[で], もとの位置に. [ラテン語 'in (the) site']

in·snare /insnéər/ 動 ＝ensnare.

in·so·bri·e·ty /insəbráiəti/ 名 U 大酒, 暴飲; 不節制.

‡**ìn·so·fár** 副〈次の成句で; in so far ともつづる〉

insofár as.. ..する限りにおいて. *Insofar as* I know, things are going fine. 私が知る限りでは事態は順調に運んでいます. We kept our heads low, ～ *as* possible, and waited. 我々はできる限り頭を低くして待った.

in·so·la·tion /insouléiʃ(ə)n, -səl-/ 名 U 日光にさらす[さらされる]こと;〖気象〗日射.

ín·sòle 名 C 靴の内底; 靴の敷き皮.

†**in·so·lence** /íns(ə)ləns/ 名 **1** U 横柄, 無礼, 生意気. **2** C 横柄な言動.

†**in·so·lent** /íns(ə)lənt/ 形 〔普通, 目下の人(の態度など)が〕横柄な, 無礼な, 生意気な,〈*to, toward* ..に対して〉. an ～ snob 傲(ごう)慢な俗物. [＜ラテン語「度の過ぎた」(＜in-[2] ＋*solēre*「慣れている」)] ▷ **～·ly** 副 横柄に.

in·sol·u·ble /insáljəb(ə)l|-sɔ́l-/ 形 **1** 〔問題などが〕解決できない, 正せない; 解けない, 説明できない. **2** 〔物質などが〕溶解しない, 溶けない. 「insoluble 1.

in·solv·a·ble /insálvəb(ə)l|-sɔ́l-/ 形 〖主に米〗＝↑

in·sol·ven·cy /insálvənsi|-sɔ́l-/ 名 U 〖法〗(負債の)返済不能; 破産.

in·sol·vent /insálvənt|-sɔ́l-/ 形 返済不能の; 破産した, 破産(者)の;〖戯〗文無しの. ── 名 C 破産者.

‡**in·som·ni·a** /insámniə|-sɔ́m-/ 名 U 不眠症. [＜ラテン語 (＜in-[2] ＋*somnus* 'sleep')]

in·som·ni·ac /insámniæk|-sɔ́m-/ 名 C 不眠症の人. ── 形 不眠症の.

ìn·so·múch 副〈次の成句で〉

insomúch as.. ＝INASMUCH as...

insomúch that.. ..するほど(までに), ..だから. It rained heavily, ～ *that* we were wet to the skin. 雨がひどく降って我々はびしょぬれになった.

in·sou·ci·ance /insú:siəns/ 名 U 〖章〗無頓着(とんちゃく), 無関心.

in·sou·ci·ant /insú:siənt/ 形 〖章〗無頓着(とんちゃく)な, 無関心の. [フランス語 'not worrying']

Insp. Inspector《肩書き》.

***in·spect** /inspékt/ 動 (～s /-ts/|過 過分 ～·ed /-əd/| ～·ing) 他 **1** を詳しく調べる, 検査する; 点検する;〈*for* ..〔欠陥など〕がないかと〉; (類語 主に, 手落ちや欠陥がないかどうか調べること; →examine). All exports have to be ～*ed* before being shipped. すべての輸出品は船積みする前に検査しなければならない. ～ an empty house *for* possible fire hazards 火事の原因になりそうな物はないかと空き家を調べて回る.

2 を(公式に)視察する, 検閲する; を閲兵する. Some officials came to ～ our school. 役人が何人か私たちの学校を視察に来た. The general ～*ed* his troops. 将軍は自らの軍隊を閲兵した.

[＜ラテン語 (＜in-[1] ＋*specere* 'look at')]

***in·spec·tion** /inspékʃ(ə)n/ 名 (複 **～s** /-z/) UC **1** 検査; 点検; 調査. safety ～ 安全検査. his cursory ～ 彼のいい加減な点検. A closer ～ of the facts shows that this inference is untenable. 事実をよく調べてみるとこの推論を支持できないことが分かる. On (closer) ～, it was found to be human blood. (よく)調べてみるとそれは人血であることが判明した. **2** 視察, 監査, 検閲. a tour of ～＝an ～ tour 視察旅行. They made an ～ of the plant. 彼らは工場を視察した.

1, 2 の 連結 a careful [a detailed, a thorough, a rigorous; a perfunctory, a superficial] ～ // carry out [conduct, perform] an ～

▷ **～·al** /-ʃ(ə)nəl/ 形 検査[視察]の.

***in·spec·tor** /inspéktər/ 名 (複 **～s** /-z/) C **1** 検査者[官], 検閲者[官], 監査人, 監視員;〖英〗(バス, 列車などの)検札係. a school ～ 視学官. an ～ of taxes→tax inspector.

2 〖米〗警視正;〖英〗警部(補) (→sergeant 2).

in·spec·tor·ate /inspéktərət/ 名 **1** U inspector の職[任務]. **2** C inspector の管轄区域. **3** C〈単数形で単複両扱いもある〉調査団, 視察団.

in·spec·tor·ship /inspéktərʃìp/ 名 ＝inspectorate 1.

***in·spi·ra·tion** /ìnspəréiʃ(ə)n/ 名 (複 **～s** /-z/) **1** U インスピレーション, 霊感; 神の感化力[導き]. divine ～ 神霊の導き. An artist often ⌞draws (his) ～ from [finds (his) ～ in] natural beauty. 芸術家はしばしば自然美からインスピレーションを受ける. What provided the ～ for the novel? 何にインスピレーションを与えられてその小説は生まれたのか.

2 U 感化, 激励; 感動, 感激. Her English improved under the ～ of her teacher. 先生に激励されて彼女の英語は上達した. Our cheers gave ～ to the team. 私たちの応援はチームの士気を高めた.

3 C 霊感[激励]を与える人[もの]〈*for, to* ..に対して〉. He was a constant ～ *to* his friends. 彼は友人たちに絶えず激励を与えていた. **4** C〈普通, 単数形で〉〖話〗天来の妙案, (突然の)すばらしい思いつき.

▷ **～·al** /-ʃ(ə)nəl/ 形 霊感を与える[受けた].

‡**in·spire** /inspáiər/ 動 (～s /-z/|過 過分 ～d /-d/| -spir·ing /-spái(ə)riŋ/) 他 **1** (a) 〔人〕を奮い立たせる, 鼓舞する, 激励する,〈*to* ..に向けて〉. His mother's words ～*d* him *to* a better life. 彼は母親の言葉に奮起し生活態度をよくした. (b) VOC (～ X *to do*) X (人)を激励[感化]して..させる. We were ～*d to* make more effort. 私たちはもっと努力をするように励まされた.

2 〔思想, 感情など〕を吹き込む, 起こさせる,〈*in, into* ..〔人など〕に/*among*.. 〔人々〕の間(あいだ)に〉; 〔人など〕に起こさせる, 喚起する,〈*with* ..を〉. His reckless driving does not ～ confidence. 彼の乱暴運転では安心して乗っていられない. The baseball coach ～*d* ⌞courage in the team [the team *with* courage]. その野球コーチはチームに勇気を起こさせた.

3 に霊感を与える; を神の啓示によって導く.

[＜ラテン語「吹き込む」(＜in-[1] ＋*spīrāre* 'breathe')]

in·spíred 形 〔人, 仕事などが〕霊感を受けた(ような); すばらしい, 見事な. an ～ poem インスピレーションによる詩. an ～ idea 直観による(見事な)着想.

‡**in·spír·ing** /inspái(ə)riŋ/ 形 鼓舞する; 霊感を与える. an ～ speech 感銘深い演説.

in·spir·it /inspírət/ 動 他 を元気づける, 励ます; 奮い

I

立たせる; 〈*to* ..へと/*to* do ..するよう〉.

Inst. Institute, Institution.

inst. /inst, ínstənt/ 〖旧・商〗今月の (→instant 形 4; →proximo, ultimo). on the 19th ～ 今月の 19 日に.

‡**in·sta·bil·i·ty** /ìnstəbíləti/ 名 U 不安定; UC 〈単数形で〉情緒不安定, 移り気.

‡**in·stall, -stal** 〖米〗/instɔ́ːl/ 動 (～s /-z/|過 過分 ～ed /-d/|～ing) 他 【据える】 **1** 〔装置など〕を取り付ける, 設置する, 備え付ける, 〈*in* ..に〉; 〖電算〗〔ソフト〕をシステムに組み込む, インストールする. They ～*ed* three computers *in* the office. 彼らは事務所にコンピュータを 3 つ設置した. We had another faucet ～*ed in* the basement. 地下室に蛇口をもう 1 つ取り付けさせた.

2 をつかせる, 座らせる; を落ち着かせる; 〈*in* ..〔席, 場所, 位置など〕に〉. He ～*ed* himself [was ～*ed*] *in* a chair. 彼はいすに腰を据えた. ～ oneself *in* a new house 新居に落ち着く.

3 【地位に据える】(儀式などを行って正式に) 〔人〕を就任させる, 任命する, 〈*in* ..に/*as* ..として〉. Gregory was ～*ed as* chairman. グレゴリーは正式に議長に就任した. [＜中世ラテン語「席に着かせる」(＜in-¹＋*stallum* 'seat, stall')]

‡**in·stal·la·tion** /ìnstəléiʃ(ə)n/ 名 **1** U 就任; 任命, 任官; C 就任[任命, 任官]式. **2** U 設置; 架設; C 装置, 設備; 〖電算〗インストール. **3** C 軍事施設. **4** UC インスタレーション《作品を環境ごと展示する芸術; その作品》.

*__in·stall·ment__ 〖米〗, **-stal-** 〖英〗/instɔ́ːlmənt/ 名 (複 ～s /-ts/) C **1** (月賦などの)**分割払い込み**, (支払い金などの) 1 回分. pay for a computer by ～*s* コンピュータの分割払いをする. The air conditioner was purchased on [in, by] ten ～*s*. このエアコンは 10 回の分割払いで購入した. The second ～ is due on May 10. 2 回目の支払いは 5 月 10 日だ. **2** (全集の配本, 連続テレビ劇などの) 1 回分. a documentary in five ～*s* 5 回連続(放映)のドキュメンタリー.

instállment plàn 名 〈the ～〉〖米〗分割払い方式 (〖英〗hire-purchase (plan)).

instállment sàvings 名 〈複数扱い〉定期積立預金.

‡**in·stance** /ínstəns/ 名 (複 **-stanc·es** /-əz/) C **1 例**, 実例, (→example 類語). give [cite] an ～ 例を挙げる. I can mention many ～*s* of his generosity. 私は彼の気前の良さの例をたくさん挙げることができる.

2 場合 (case). in this ～ この場合には. in most ～*s* たいていの場合, 概して.

at a pèrson's ínstance＝at the ínstance of a pèrson 〖章〗人の求めに応じて, 発議で. *At the* ～ *of* the doctor, he took a long vacation. 医者に言われて彼は長い休暇を取った.

****for ínstance*** **例えば** (for example). You'll need some comfortable shoes: *for* ～, when you are hiking. 例えばハイキングの時は, 履き心地のいい靴が必要でしょう.

in the fìrst ínstance 〖章〗まず第一に; 初めに(は). If you want to see the manager, you should *in the first* ～ ask his secretary for an appointment. 支配人に会いたければ, まず秘書から面会の予約を取らなくてはならない.

── 動 他 〖章〗を例に引く, 例証する.

‡**in·stant** /ínstənt/ 形 ℂ 【瞬時】 **1 即座の**, すぐさまの. make an ～ answer 即答する. He lost his footing and fell to an ～ death. 彼は足場を失い転落して即死した. **2** 〈限定〉〔食物が〕即席の, インスタントの. ～ coffee インスタントコーヒー. **3** 〈限定〉緊急の, 切迫した. There is an ～ need for reform. 緊急に改革をする必要がある. **4** 【現今の】〖旧〗今月の《主に商用文で; 日付の後に置く; 普通, 省略形 inst. で使用》.

── 名 (複 ～s /-ts/) C 〈普通, 単数形で〉**瞬間**; 瞬時; (類語 瞬間的な時の 1 点を強調し, 長さを含まない; →moment). I looked away for an ～. 私はほんの一瞬よそ見した. I'll be back in an ～. すぐ戻ります. at [in] the same ～ 同時に. this [that] ～ 〈副詞的〉今[その時]すぐに. arrive not an ～ too soon ちょうどよい頃合(ころあ)いに着く. Not for an ～ did the thought of her sick child leave her mind. 病気の子供への思いは一瞬たりとも彼女の頭から離れなかった.

on the ínstant その場で, 即座に. stop work *on the* ～ (of 5 o'clock) (5 時で)直ちに仕事をやめる.

****the ínstant (that)..*** 〈接続詞的〉**..するやいなや** (as soon as..). Let me know *the* ～ his letter arrives. 彼の手紙が着いたらすぐ知らせてください.

[＜ラテン語「間近にある」(＜in-¹＋*stāre* 'stand')]

‡**in·stan·ta·ne·ous** /ìnstəntéiniəs ⑧/ 形 即座の, 即時の. an ～ death 即死. an ～ effect 即効.

▷ **～·ly** 副 即座に. **～·ness** 名

ìnstant cámera 名 C インスタントカメラ《撮影後すぐフィルム現像を行う》.

in·stan·ter /instǽntər/ 副 〖法〗直ちに, 遅滞なく. [ラテン語 'instantly']

*__in·stant·ly__ /ínstəntli/ 副 ℂ **1 直ちに**, 即座に, (at once). Nora recognized me ～. ノラは私であることがすぐ分かった. **2** 〈接続詞的〉..するやいなや (as soon as). *Instantly* he heard the news, he turned pale. その知らせを聞いた途端に彼は真っ青になった.

ìnstant réplay 名 C 〖米〗ビデオリプレイ《ある場面をビデオテープですぐに(スローモーションで)再生すること; 〖英〗action replay》.

in·state /instéit/ 動 他 〔人〕を任ずる, 就ける, 〈*in*, *to* 「..〔地位, 職など〕に〉.

‡**in·stead** /instéd/ 副 ℂ **代わりに**, 代わりとして; そうはしないで. Meg didn't go to the movies; she went to a play ～.＝Meg went to a play ～ of going to the movies. メグは映画に行かなかった, その代わりに芝居に行った. He didn't take a job. *Instead*, he decided to work as a volunteer. 彼は就職しなかった. 代わりに, ボランティアとして働く決心をした.

****instéad of..*** **..の代わりに**; ..をしないで. I'll go ～ *of* you. あなたの代わりに私が行きましょう. Let's stay home ～ *of* going out. 外出しないで家にいましょう. We ate lunch on the lawn ～ *of* in the room. 我々は部屋の中でなく芝生で昼食を食べた. [in, stead]

ín·stèp 名 C **1** 足の甲. **2** (靴, 靴下などの)甲の部分.

‡**in·sti·gate** /ínstəgèit/ 動 他 **1** を扇動する, けしかける, そそのかす, 〈*to* ..へと〉; VOC (～ X *to do*) X をけしかけて..させる. The agitator ～*d* the students (*to* violence). 扇動者は学生をそそのかし(て暴力行為に走らせ)た. He ～*d* the workers *to* walk out. 彼は労働者を扇動してストをさせた. **2** 〔暴動, ストライキなど〕を扇動する, 扇動して起こす; 〔行動など〕を主導する, の音頭取りをする. [＜ラテン語 (＜in-¹＋*stigāre*「突き刺す」)]

▷ **in·sti·ga·tor** /-tər/ 名 C 扇動者.

ìn·sti·gá·tion 名 U 扇動, そそのかし, 教唆, 使嗾(そう). at the ～ of ..にそそのかされて.

†**in·still** 〖米〗, **-stil** 〖英〗/instíl/ 動 (～s|-ll-) 他 **1** 〔感情, 思想など〕を次第に教え込む, しみ込ませる, 〈*in*, *into* ..〔人(の心)〕に〉. The idea was ～*ed into* them in their youth. その思想は青年時代に彼らの心に徐々に教え込まれた. **2** 〖まれ〗〔液体〕を少しずつ注ぎ込む, 点滴する, 〈*in*, *into* ..〔瓶など〕に〉. [＜ラテン語「中へ滴らせる」(＜in-¹＋*stillāre* 'drop')]

ìn·stil·(l)á·tion 名 U 教え込むこと; 点滴.

*__in·stinct__ /ínstiŋ(k)t/ 名 (複 ～s /-ts/) UC **1 (a) 本能**; 衝動, 〈*for* (doing) ..への, しようという/*to* do ..する〉. the ～ of birds ⌊*for* build*ing* [*to* build] nests 鳥の営巣本能. maternal ～ 母性本能. act on ～ 本能的

に行動する. Small children learn to walk by ～. 小児は本能的に歩くことを覚える. My first ～ was to say no. 私にまず働いた本能は「ノー」と言うことだった.

連結 (a) basic [(a) blind; (a) natural; (a) primitive; (a) strong] ～ // arouse [awaken; control; follow] an ～

(**b**)〈しばしば ～s〉直観. My ～*s* warned me of the approaching danger. 私は直観的に危険が迫っているのを感じた.
2 天性, 素質, 〈*for* ..の/*to* do..する〉. an ～ ⌞*for* the stage [*to* perform] 俳優の[演じる]素質. He's got an ～ *for* making money. 彼は金もうけの才がある.
── /-ˊ-/ 形〈叙述〉〘雅〙満ちあふれた〈*with* ..〔生命力, 活力など〕に〉.
[＜ラテン語「刺激する」(＜in-¹＋*stinguere* 'incite')]

***in·stinc·tive** /instíŋ(k)tiv/ 形 ⓒ **本能の**, 本能的な; 天性の; 直観的な. Animals have an ～ fear of fire. 動物は本能的に火を恐れる.

†**in·stínc·tive·ly** 副 本能的に, 直観的に. *Instinctively*, I knew it was a trap for me. 直観的にそれは私を陥れる罠(わな)だと悟った.

in·stinc·tu·al /instíŋktʃuəl|-tju-/ 形 ＝instinctive.

‡**in·sti·tute** /ínstət(j)ùːt/ 動 (～**s** /-ts/|過 過分 **-tut·ed** /-əd/|**-tut·ing**) 他〘章〙**1**〔会など〕を**設立する**, 開設する;〔規則, 法令など〕を制定する. New laws were ～*d* by Congress. いくつかの新しい法律が国会によって制定された. **2**〔調査, 訴訟, 研究など〕を開始する, 実施する; の調査を開始する. ～ divorce proceedings against one's husband 夫に対し離婚訴訟を起こす. **3**〔人〕を任命する, 叙任する, 〈*into, to* ..〔聖職など〕に〉.
── 名 (複 ～**s** /-ts/) Ⓒ **1** (主に学術, 教育, 芸術などの振興のための)**協会**, **学会**; (その)会館. **2** (大学などに付属している)**研究所**; (主に理工系の)大学, 学部. the Massachusetts *Institute* of Technology マサチューセッツ工科大学《略 MIT》. **3** 講習会, (短期間の)研修講座. a teacher's ～ 教員研修. **4** 原則; 慣習.
[＜ラテン語「設置する」(＜in-¹＋*statuere* 'set up')]

‡**in·sti·tu·tion** /ìnstət(j)úːʃ(ə)n/ 名 (複 ～**s** /-z/) 【設置】 **1** Ⓤ **設立**, 設置, 開設, 制定. the ～ of a new committee 新しい委員会の設置.
2 Ⓒ (社会的, 教育的, 宗教的)**施設**, 公共機関《学校, 病院, 教会など》; 施設の建物 (参考 orphanage や mental hospital の婉曲語として用いる). a charitable ～ 慈善のための施設. a mental ～ 精神病院. ～*s* of higher education 高等教育機関《大学など》.
【定着したもの】 **3** Ⓒ 慣習, 慣例, しきたり; 制度. In America slavery as an ～ disappeared a long time ago. 米国では奴隷制度はずっと以前に姿を消した.
4 Ⓒ 〘戯・話〙おなじみの人[物, 事]; 名物. The man jogging every morning is an ～ of the town. 毎朝ジョギングをするその男は町の名物である.
[institute, -ion]

‡**in·sti·tu·tion·al** /ìnstət(j)úːʃ(ə)nəl/ 形 **1** 制度(上)の, 慣習(上)の; 組織的な. an ～ investor 機関投資家《保険会社など》. **2** 協会の, 〈特に〉慈善団体の, 施設の. **3** 〘米〙(個々の製品の売上げ増進よりも)企業自身の知名度を高めるための. ～ advertising 企業広告.

‡**ìn·sti·tú·tion·al·ìze** 動 他 **1**〔慣習など〕を制度化する. Class was ～*d* in many sections of their society. その国の社会の多くの部門では階級が制度化されていた. **2**〔老衰者, アル中患者, 孤児など〕を(養護)施設に入れる〈普通, 受け身で〉. ～*d* children 施設の子供たち.
▷ **in·sti·tù·tion·al·i·zá·tion** 名

ìn·sti·tú·tion·al·ìzed 形 **1** (社会, 組織内などで)慣れっこになった, 日常化している, 〔暴力, 差別, 汚職など〕.
2 (外の世界に順応できないほど)施設[収容所]の生活に慣れた[て]. prisoners too ～ to adapt to the outside life 刑務所暮らしに慣れ切って外の社会に順応できない囚人たち.

ìn·stóre /ˊ-/ 形 デパート内で仕事[営業など]をする. ～ banking facilities デパート内金融機関.

instr. instructor; instrument; instrumental.

***in·struct** /instrʌ́kt/ 動 (～**s** /-ts/|過 過分 ～**·ed** /-əd/|～**·ing**) 他 【指図する】 **1** (**a**)〔人〕に**指示を与える**〈*about* ..について〉; VOO (～ X *to do*) X (人)に..**するよう指示する**, **命令する**, (類語 詳細な指示や説明に重点がある; →order). The messenger was ～*ed to* get there by noon. 使者は正午までにそこに着くよう命ぜられた. (**b**) VOO (～ X *wh* 節・句/X *that* 節) X (人)に..かを/..ということを知らせる, 教える. They ～*ed* Pete how to deal with the matter. 彼らはピートにその問題の扱い方を指示した.
2 【指導する】〔人〕に**教える**, 教授する, 〈*in* ..を〉(類語 知識や技術を組織的に教え込むこと; 人間の良い所を「引き出す」educate と対比される; →teach). The school needed someone to ～ the pupils *in* math. その学校はだれか生徒に数学を教える人を必要としていた. Fred ～*ed* the boys *in* swimming. フレッドは少年たちに水泳を教えた.
3 〘英法〙 VOO (～ X *that* 節) X (人)に..ということを(正式に)伝える, 告知する, 〈普通, 受け身で〉. The solicitor was ～*ed* by the client *that* an agreement had been reached among the members of his family. 弁護士は依頼人から家族間の合意ができた旨(むね)を知らされた. **4** 〘法〙〔弁護士〕に事件を依頼する.
[＜ラテン語「築く, 教える」(in-¹＋*struere* 'pile up')]

‡**in·struc·tion** /instrʌ́kʃ(ə)n/ 名 (複 ～**s** /-z/)
1 Ⓤ 〘章〙**教えること**, 教授, 教育; 指導; 〈*in* ..の〉. proper ～ 適切な教育. the level of ～ 教育水準. the pupils under his ～ 彼の指導を受けている生徒たち. Miss Robinson gives ～ *in* piano. ロビンソンさんはピアノを教授する.

連結 personal [group, mass] ～ // have [receive, take; give, provide] ～

2 Ⓒ (**a**)〈しばしば ～s〉命令, 指示, 指図; 〈*to* do ..せよという/*that* 節 ..という〉. follow ～*s* 指示に従う. They only acted *on* [*under*] (your) ～*s*. 彼らは(あなたの)指示に従って行動しただけだ. We had ～*s to* finish working at four o'clock. 4 時に仕事を終えるよう指示された. She left ～*s that* her personal estate (should) be donated to cancer research. 彼女は自分の動産は癌(がん)研究に寄付するよう指示を遺した. (**b**)〈～s〉(使用法などの)指図書き, 説明書, 〈*to* do ..せよという/*that* 節..という〉. observe ～*s* 使用法を守る. Read the ～ book before using. 使用前に説明書をお読みください《製品などの注意書き》.

連結 clear [explicit; precise; detailed; simple; step-by-step] ～*s* // give [receive; carry out] ～*s*

3 Ⓒ 〘電算〙命令, インストラクション, 《コンピュータに一定の作業を行わせるための機械語》. execute an ～ 命令を実行する.
[instruct, -ion] ▷ ～**·al** /-ʃ(ə)nəl/ 形 教育(上)の.

instrúction sèt 名 Ⓒ 〘電算〙命令セット《コンピュータが理解できる命令のセット全体》.

***in·struc·tive** /instrʌ́ktiv/ 形 ⓜ **教えるところの多い**, 教訓[教育]的な, **有益な**. an ～ lecture ためになる講演. plays that are both amusing and ～ 面白くかつ教えるところの多い戯曲. ▷ ～**·ly** 副 有益に.

***in·struc·tor** /instrʌ́ktər/ 名 (複 ～**s** /-z/) Ⓒ **教師**, 指導員; 教官, 教諭; 〘米〙(大学の)専任講師 (→pro-

fessor [参考]). a golf ～ ゴルフの教師. a flight ～ (航空機)操縦教官. a philosophy ～＝an ～ *in* philosophy 哲学の専任講師.
▷ **～·ship** /-ʃip/ [名] [UC] instructor の職[地位].

‡in·stru·ment /ínstrumənt/ [名] (複 **～s** /-ts/) [C] **1 器具**, 用具, 器械; (船舶, 飛行機などの)計器; ([類語] 特に精密な外科手術用などの器具; →implement). optical ～*s* 光学器械. a precision ～ 精密器具. surgical ～*s* 外科手術用の器具. ～*s* of torture 拷問用刑具. **2 楽器** (musical instrument). stringed [wind, percussion] ～*s* 弦[管, 打]楽器. **3** 〈普通, 単数形で〉 手段; 道具に使われる人, 手先; 〈*of* ..の〉. an ～ *of* the law 法の手先. an ～ *of* fate 運命の使者. I don't like being used as an ～ *of* the government. 政府の手先として利用されるのは嫌だ. **4** 正式な文書, 〈特に〉 法律文書, 《証書, 契約書, 遺言書など》.
[＜ラテン語「設備, 道具」(＜*instruere* 'instruct')]

***in·stru·men·tal** /ìnstruméntəl [移]/ [形] **1** [m] 〖章〗〈叙述〉 **役に立つ**; 助けになる; 〈*to* ..の/*in* (do*ing*) ..(するの)に〉. He was ～ *in* my get*ting* my present job. 彼は私が今の仕事に就くのに尽力してくれた. **2** [¢] 楽器の(ための), 楽器による, (↔vocal). ～ music 器楽. an ～ musician 器楽演奏家. ── [名] [C] 器楽(曲). ▷ **～·ly** [副] 手段として; 楽器で.

in·stru·men·tal·ism /ìnstruméntəliz(ə)m/ [名] [U] 〖哲〗 道具[器具]主義《科学, 法律, 教育などどの分野の思想も, 実用目的のための道具であるとする実用主義の一種》.

in·stru·men·tal·ist /ìnstruméntəlist/ [名] [C] 器楽演奏家, 器楽奏者, (↔vocalist).

in·stru·men·tal·i·ty /ìnstrumentǽləti/ [名] (複 **-ties**) 〖章〗 **1** [U] 手段[助け]になること. through [by] the ～ of ..によって, ..の尽力で. **2** [C] 手段; 助けになる人.

in·stru·men·ta·tion /ìnstrumentéiʃ(ə)n/ [名] [U] **1** 器楽用編成[編曲]; 管弦楽法; 器楽編成法. **2** (手術, 科学実験などでの)機器使用. **3** (車の計器盤などの)計(測)器装備, 計装.

ínstrument bòard [名] [C] (飛行機などの)計器板.

ínstrument flỳing [flìght] [名] [U] 〖空〗 計器飛行.

ínstrument lànding [名] [U] 〖空〗 計器着陸.

ínstrument pànel [名] ＝instrument board.

in·sub·or·di·nate /ìnsəbɔ́ːrd(ə)nət [移]/ [形] 〖章〗 〔下位の者が〕 従順でない, 反抗的な. ▷ **～·ly** [副]

in·sub·or·di·na·tion /ìnsəbɔ̀ːrdənéiʃ(ə)n/ [名] [UC] 〖章〗 不従順, 反抗.

in·sub·stan·tial /ìnsəbstǽnʃ(ə)l [移]/ [形] **1** 実体[実質]のない; 非現実的な (unreal). **2** しっかりしない, もろい; 〔食事などが〕 腹ごたえのない. ▷ **～·ly** [副]

in·suf·fer·a·ble /insʌ́f(ə)rəb(ə)l/ [形] 〖章〗 **1** 〔態度などが〕 我慢のならない; 〔人が〕 じつにいい気な, 鼻持ちならない. **2** 耐えがたい〔暑さなど〕. ▷ **-bly** [副] 我慢のできないほど.

in·suf·fi·cien·cy /ìnsəfíʃ(ə)nsi/ [名] (複 **-cies**) **1** [aU] (量, 質の)不十分, 不足. (an) ～ of water 水不足. **2** [C] 〈しばしば -cies〉 不十分[不足]な点.

†in·suf·fi·cient /ìnsəfíʃ(ə)nt [移]/ [形] 不十分な, 不足の, 〈*for* ..に/*to* do..するのに〉 (↔sufficient). ～ sanitary facilities 不十分な衛生設備. The width of the road is ～ *for* safe driving [*to* drive safely]. その道路の幅は安全運転に十分でない. ▷ **～·ly** [副] 不十分に.

†in·su·lar /íns(j)ələr/ [形] **1** 島の, 島特有な; 島に住む, 島にある; 孤立した. **2** 島民の(ような); 島国的な; 島国根性の; 狭量な (narrow-minded). ～ prejudice 島国的偏見. [＜ラテン語「島 (*insula*) の」]
▷ **～·ism** /-rìz(ə)m/ [名] [U] 島国根性; 狭量.

‡in·su·lar·i·ty /ìns(j)əlǽrəti/ [名] [U] **1** 島(国)であること. **2** 島国根性; 偏狭さ.

‡in·su·late /íns(j)əlèit/ [動] [他] **1** 〔電線など〕を絶縁(用被覆を)する; を断熱する, 遮音する, 〈*from* ..から/*against* ..に対して〉. ～ a house *against* the cold 家に寒さに対する断熱処置をする. **2** [VOA] (～X ***from ../against ..***) X (人, 物)を..から/..に対して保護する, 隔離する. She had been ～*d from* the hard realities of life until her husband's unexpected death. 彼女は夫が思いがけなく死ぬまでは人生の厳しい現実に全く触れることなく過ごしてきた. **3** 〖古〗 〔陸地〕を島にする.

ín·su·làt·ed /-əd/ [形] 断熱[遮音]された[て]. an ～ bag 断熱袋, 保冷バッグ. My house is well ～ for sound to get in and out. 我が家は充分な防音処置がしてある.

ínsulating tàpe [名] [C] 絶縁テープ.

‡ìn·su·lá·tion [名] [U] (電気の)絶縁体, 絶縁用被覆; 断熱[防音]材; 絶縁(状態); 隔離.

in·su·la·tor /íns(j)əlèitər/ [名] [C] (電気の)絶縁体[物]《碍(がい)子, 絶縁器など》.

‡in·su·lin /íns(j)ələn/ [名] [U] インシュリン《膵(すい)臓から分泌されるホルモン; 羊, 牛, 豚などから採ったものを精製して糖尿病の薬にする》. [ラテン語 *insula*「島」, -in²; Islets of Langerhans にちなむ]

***in·sult** /ínsʌlt/ [名] (複 **～s** /-ts/) **1** [U] **侮辱**. subject a person to ～ 人に侮辱を与える. **2** [C] 侮辱的な言動 〈*to* ..に対する〉. suffer ～*s* 侮辱を受ける. She will take it as an ～ if you don't answer her letter. 彼女の手紙に返事を書かないと彼女は侮辱されたと思うだろう. an ～ *to* his intelligence (あまりにも簡単で)彼の知能に対する侮辱. What she said is a gross ～ *to* us. 彼女が言ったことは私たちに対する甚だしい侮辱である.

> [連結] a deliberate [a calculated; a shocking; a humiliating; a malicious; a gratuitous, an uncalled-for] ～ // take an ～; hurl an ～ at ..

àdd insult to ínjury 傷を負わせた相手をさらに侮辱する, 踏んだりけったりの目に遭わす.
── /-ˊ/ [動] (**～s** /-ts/| [過] [過分] **～·ed** /-əd/| **～·ing**) [他] **を侮辱する**; に無礼を働く; 〈*by* do*ing*..して〉. He ～*ed* me *by* call*ing* me a fool. 彼は私をばか者呼ばわりして侮辱した. [＜ラテン語「跳びかかる, 蹂躙(じゅうりん)する」(＜in-¹＋*salīre* 'jump, dance')]

‡in·súlt·ing [形] 侮辱的な, 無礼な. ～ remarks 侮辱的な言葉. ▷ **～·ly** [副] 侮辱して, 無礼にも.

in·su·per·a·ble /ins(j)úːp(ə)rəb(ə)l/ [形] 〔困難などが〕 越え難い, 克服できない. ▷ **～·ness, in·sù·per·a·bíl·i·ty** [名] **-bly** [副] 克服できないほど.

in·sup·port·a·ble /ìnsəpɔ́ːrtəb(ə)l [移]/ [形] 〖章〗 〔苦痛, 態度などが〕 耐え難い, 我慢できない.
▷ **～·ness** [名] **-bly** [副]

in·sur·a·ble /inʃú(ə)rəb(ə)l|-ʃúə-, -ʃɔ́ː-/ [形] 保険を掛けられる[掛けるにふさわしい]. ▷ **in·sùr·a·bíl·i·ty** [名]

‡in·sur·ance /inʃú(ə)rəns|-ʃúə-, -ʃɔ́ː-/ [名] (複 **-anc·es** /-əz/) **1** [U] **保険**; 保険業; [UC] 保険契約. fire [health, life, unemployment] ～ 火災[健康, 生命, 失業]保険. automobile [car] ～ 自動車保険. take out (an) ～ on one's life 自分の生命に保険を掛ける. You can claim for the stolen jewelry on your ～. 盗まれた宝石に対し保険金の支払いを請求できる.
2 [U] **保険金**. receive $1,000,000 in [pay out $500 for] ～ 100 万ドルの保険金を受け取る[500 ドルの保険料を払う]. in order to collect the ～ 保険金目当てに.
3 [U] ＝insurance premium.
4 [aU] 防備; 保証; 用心; 〈*against* ..に対する〉. as an ～ *against* theft 盗難に備えて. [insure, -ance]

insúrance adjùster 名 C 〖米〗保険清算人(〖英〗loss adjuster).

insúrance àgent 名 C 保険代理人.

insúrance bròker 名 ＝insurance agent.

insúrance càrrier 名 C 〖米〗保険業者, 保険会社.

insúrance còmpany 名 C 保険会社.

insúrance pòlicy 名 C 保険証券.

insúrance prèmium 名 C 保険料.

insúrance sàlesman 名 C 保険外交員.

‡**in·sure** /inʃúər|-ʃúə, -ʃɔ́ː/ 動 (～s /-z/|過 過分 ～d /-d/|-sur·ing /-ʃu(ə)riŋ/) 他 **1** 〔生命, 財産など〕に保険をつける 〈*against* ..に対して〉; に保険を掛ける 〈*for* ..〔の額〕の〉. Our house is ～*d against* fire. 私たちの家には火災保険が掛けてある. ～ oneself [one's life] *for* £50,000 5万ポンドの生命保険に入る. How much are you ～*d for?* 生命保険にいくら入っていますか. **2** 〔保険会社が〕の保険を引き受ける. **3** 〖主に米〗 ＝ensure. —— 自 **1** VA (～ *with*..)〔保険会社〕と契約する, の保険に入る; (～ *against*..) ..に対する保険に入る. **2** VA (～ *against*..) ..の危険に備える; ..に対し安全を確保する. ～ *against* drought by building another dam もう一つダムを建設して旱魃(かんばつ)に備える. [ensure の変形]

in·súred 形 **1** 保険に入っている 〈*against*.. 〔火災など〕に対する〉. **2** 〖法〗〈the ～; 名詞的に; 単複両扱い〉被保険者.

in·súr·er /-rər/ 名 C 保険業者; 保険会社.

in·sur·gence /insə́ːrdʒ(ə)ns/ 名 UC 暴動, 反乱.

in·sur·gen·cy /insə́ːrdʒ(ə)nsi/ 名 (複 -cies) UC **1** ＝insurgence. **2** 〖国際法〗反乱《交戦状態 (belligerency) ではない》.

in·sur·gent /insə́ːrdʒ(ə)nt/ 形 〈限定〉反乱を起こした, 謀反した. ～ troops 反乱軍. —— 名 C 〈しばしば ～s〉反乱者, 謀反人; (政党内の)反主流派党員. [＜ラテン語 (＜in-[1] ＋*surgere* 'surge'); -ent] ▷ ～·ly 副

in·sur·mount·a·ble /insərmáuntəb(ə)l 8/ 形 〔障害, 困難などが〕乗り越えられない; 克服できない. ▷ ～·ness 名 -bly 副

†**in·sur·rec·tion** /insərékʃ(ə)n/ 名 UC 反乱, 暴動. [＜ラテン語 *insurgere*「起き上がる」]

in·sur·rec·tion·ar·y /insərékʃənèri|-ʃ(ə)nəri/ 形 反乱[謀反]の; 反乱を起こしたがる. —— 名 (複 -ries) C 反乱者.

ìn·sur·réc·tion·ist 名 C 反乱者 (insurrectionary), 暴動参加者. —— 形 反乱(者)の.

ìn·sus·cèp·ti·bíl·i·ty 名 U 無感動, 無感覚.

in·sus·cep·ti·ble /insəséptəb(ə)l/ 形 **1** 動じない, 影響されない; 無感覚な, 敏感でない; 〈*of, to* ..に〉. His heart is ～ *of* pity. 彼は情知らずだ. **2** 〈叙述〉容(い)れない, 受けつけない, 〈*of, to* ..を〉. A regular rubdown by a dry cloth will make you ～ *to* colds. 定期的に乾布摩擦をすれば風邪を引かなくなるだろう. ▷ -bly 副

int. 〖軍〗 intelligence; interest; interim; interior; internal; international; interpreter; intransitive.

†**in·tact** /intǽkt/ 形 手を付けられていない, 損なわれていない, 無傷で, 完全なままの[で]. The package was left ～ by the thieves. 荷物は泥棒も手を付けないままだった. [＜ラテン語 'not touched'] ▷ ～·ness 名

in·tagl·io /intǽljou, -tɑ́ːljou/ 名 (複 ～s) **1** U 陰刻, 彫り込み, 沈み彫り, (→relief). **2** C 沈み彫りした模様[デザイン]; 沈み彫りした宝石[印章など]. **3** U 〖印〗凹(おう)版印刷. [イタリア語 'engraving']

in·tágl·iòed 形 彫り込みのある, 沈み彫りを施した.

†**ín·tàke** 名 **1** aU 取り入れ(高); 摂取(量); 〈単複両扱い〉採用人員. a daily ～ of food 1日の食物摂取量. the annual ～ of students 毎年の学生の入学許可人員. **2** aU (水, ガス, 空気などの)取り入れ; 吸入; C 取り入れ口, 吸入孔, (↔outlet). an air ～ (ターボエンジンの)吸気孔. hear a sharp ～ of breath 鋭く息をのむ音を耳にする.

in·tàn·gi·bíl·i·ty 名 U 触れることができないこと; 不可解.

‡**in·tan·gi·ble** /intǽndʒəb(ə)l/ 形 **1** 触れることのできない; 〔財産などが〕実体のない, 無形の. ～ assets 無形の資産《信用, 従業員の質の良さなど》. **2** つかみどころのない, 漠然とした, 理解[説明]できない. —— 名 C 触れることのできないもの; 〈～s〉無形の財《善意, 自信, 誇りのような価値ある資質など》. ▷ -bly 副

in·te·ger /intədʒər/ 名 C **1** 〖数〗整数 (whole number) (→fraction). **2** 完全な体[なもの]. [ラテン語 'untouched, whole']

‡**in·te·gral** /intəgrəl/ 形 〈限定〉**1** (完全であるために)絶対に必要な; 欠くことのできない, 必要不可欠の; 〈*to* ..(全体)にとって〉. A compressor is an ～ part of an air conditioner. 圧縮器はエアコンになくてはならない部品だ. **2** 欠けたところのない, 完全な; 全体の. **3** 〖数〗整数の; 積分の. —— 名 C 〖数〗整数; 積分 (→differential). ▷ ～·ly 副

ìntegral cálculus 名 U 〖数〗積分学.

†**in·te·grate** /intəgrèit/ 動 他 【統合して1つにする】 **1** 〔部分〕を統合する 〈*into* ..に〉; を結合させて全体化する 〈*with* ..と〉. ～ all the elements *into* a whole すべての要素を統合して全体化する. I'm trying to ～ my ideas *with* theirs. 私は自分の考えと彼らの考えを統合させようと努めている. **2** を完全体にする, 完全にする. **3** 〔異教徒, 異人種など〕を社会的に差別しない; の人種差別をなくす; 〔施設など〕を人種などの区別なく利用させる; (↔segregate). **4** 〖数〗を積分する. —— 自 〔移民などが〕(社会全体に)溶け込む 〈*into*..に/*with*..と〉; 〔施設などが〕人種などの区別なく利用できる. [＜ラテン語「完全 (*integer*) にする」]

ín·te·gràt·ed /-əd/ 形 **1** 統合した, 集約された; 完全な. **2** 〔人, 人格が〕(すべて統合されて)円満な. a well ～ personality 円満な人格. **3** 人種的[宗教的]差別のない (↔segregated). an ～ school 人種無差別の学校.

ìntegrated círcuit 名 C 〖電〗集積回路《略 IC》.

†**ìn·te·grá·tion** 名 U **1** (部分の全体への)統合; 融合; 合併, 吸収. the ～ of several plans 数種の計画の統合. **2** 人種[宗教]的差別の撤廃 (↔segregation). ▷ ～·ist 名 C 人種[宗教]的差別撤廃主義者.

***in·teg·ri·ty** /intégrəti/ 名 U 【完全】 **1** 〖章〗全一性; 完全な状態. These changes will affect the ～ of the play. こういう変更を加えると脚本の統一が損なわれるだろう. **2** 【完全な人格】剛毅(き); **清廉**, 真摯(し). a man of great ～ 清廉潔白の人. intellectual [artistic] ～ 知的誠実さ[芸術家の潔癖さ]. his ～ as a lawyer 彼の法律家としての清廉さ. lack the ～ needed to be President 大統領になるに必要な誠実さを欠く.

in·teg·u·ment /intégjəmənt/ 名 C 〖章〗外皮《人, 動物の皮膚, 果物の皮, 貝の殻など》.

in·teg·u·men·tar·y /intègjəméntəri/ 形 外皮の.

***in·tel·lect** /intəlèkt/ 名 (複 ～s /-ts/) **1** UC **知性**; (高度な)知力. a man of great ～ 優れた知性の持ち主. Use your ～ instead of emotions. 感情ではなく知性を使いなさい. **2** C 知性的な人; 〈the ～(s); 集合的〉知識人, 識者. the ～(*s*) of the age 当代の識者たち. [＜ラテン語「理解(された)」(＜*intellegere* 'perceive'＜inter-＋*legere* 'collect, choose')]

‡**in·tel·lec·tu·al** /intəléktʃuəl 8/ 形 m **1 知性の**, 知力の; 知性[知力]を必要とする. ～ powers [faculties] 知的能力. an ～ occupation 知的職業.

an ～ crime 知能犯.
2 **知性的な**, 知力の豊かな, (類語 知力を練磨し高度に知的な問題にも対応できる能力を持つという意味; 普通小児については intelligent と言えるが, intellectual とは言えない). the ～ class 知識階級.
── 名 C 知識人, 識者, インテリ. ［intellect, -al］
▷ **～·ism** /-ìz(ə)m/ 名 U 知性を働かすこと; 知性偏重; 〖哲〗主知主義. **～·ly** 副 知的に; 知的という点では.

in·tel·lec·tu·al·i·ty /ìntəlèktʃuǽləti/ 名 U 知性的であること; 知性, 知力.

ìn·tel·léc·tu·al·ìze 動 他 を知的にする, に知性を与える; を知的に処理する[考える]. ── 自 知的になる; 知的に考える[話す].

intellectual próperty 名 U 〖法〗知的財産, 知的所有権, 《特許, 商標, 意匠などの無体財産又はその権利》.

‡in·tel·li·gence /intélədʒ(ə)ns/ 名 U
1 **知能**, 知力; 理解力, 判断力, 聡(そう)明さ. a person of ordinary [average, low] ～ 普通の[平均的な, 低い]知能の持ち主. The dolphin is a mammal with high ～. イルカは知能の高い哺(ほ)乳動物である. Some apes have the ～ to use a stick as a tool. 類人猿の中には棒を道具に使うだけの知能を持つのがある.

連結 keen [outstanding, remarkable, superior; average, moderate, normal; limited, low] ～ // use [exercise] one's ～

2 (敵国などについての)情報, 軍事情報; 〈単複両扱い〉情報部, 諜(ちょう)報機関. an ～ agent 諜報部員, スパイ. collect ～ 情報を収集する. 「局.

intélligence depàrtment 名 C 情報部, 情報↑

intélligence gàthering 名 U (軍事, 政治, 産業などの)情報収集. 「《略 IQ》.

intélligence quòtient 名 C 〖心〗知能指数↑

intélligence tèst 名 C 〖心〗知能検査.

‡in·tel·li·gent /intélədʒ(ə)nt/ 形 m
1 **知能を持った**; **知能の高い**; 聡(そう)明な; 利口な, 頭のいい; (類語 知能が高く理解力が優れているという意味で, 動物についても言う; →intellectual). an ～ answer 利口な答え. Some dogs are very ～. 犬にはとても利口なのがいる. an ～ solution 頭のいい解決法. a highly ～ young man たいへん聡明な青年.
2 〖電算〗〔端末装置などが〕情報処理機能を持つ.
3 〔ビルディングなどが〕インテリジェントな《コンピュータによる高度な情報通信機能を備えた》. [＜ラテン語 (*intelligere* ＝*intellegere* の現在分詞); →intellect]

†in·tél·li·gent·ly 副 聡(そう)明に, 利口に.

‡in·tel·li·gent·si·a /intèlədʒéntsiə, -gén-/ 名 U 〈単複両扱い〉〈普通 the ～〉知識階級, インテリ(ゲンチャ). [ロシア語 'intelligence']

in·tel·li·gi·bil·i·ty /intèlədʒəbíləti/ 名 U 理解できること, 分かりやすさ.

†in·tel·li·gi·ble /intélədʒəb(ə)l/ 形 〔言葉, 書き物が〕理解できる, 分かりやすい, 明瞭(りょう)な, 〈*to* ..に〉, (↔ unintelligible). ▷**-bly** 副 明瞭に, 分かりやすく.

In·tel·sat /íntelsæ̀t/ 名 インテルサット, 国際商業衛星通信機構; C インテルサット通信衛星; 《＜*In*ternational *Tel*ecommunications *Sat*ellite (Consortium)》.

in·tem·per·ance /intémp(ə)rəns/ 名 U 〖章〗〔人, 行為, 特に飲食についての〕不節制, 節度のなさ; 飲酒にふけること.

in·tem·per·ate /intémp(ə)rət/ 形 〖章〗〔人, 行為, 特に飲食が〕不節制な; 度を過ごす, 節度[自制]を欠いた; 暴飲する. ▷ **～·ly** 副

‡in·tend /inténd/ 動 (**～s** /-dz/|過 過分 **～·ed** /-əd/|**～·ing**) 他 【意図を持つ】 **1** を**意図する**; のつもりである; を意味する; VOO (～ X Y) X に対して Y を意図する. I ～*ed* (him) no harm in doing so. 別に(彼に対して)悪意があってそうやったのではない. The museum will be opened next fall, as was originally ～*ed*. 最初の予定通りに博物館は来年の秋開館されるだろう. What did he ～ by that wink? 彼のあの目くばせはどういうつもりだったのか.
2 VO (～ *to do*/*doing*) **..するつもりである**, しようと思う; (類語 「..するつもり」の意味で一般的な語で, かなり固い決意を表す; →mean[1], plan, propose). I never ～ *to* borrow money again. 金は二度と借りないつもりだ. (語法 I ～ never to borrow ..... とはあまり言わない). I ～ *to* start at once. 今すぐ出発するつもりです. I had fully ～*ed* study*ing* abroad but I couldn't afford it. 留学するつもりは十分あったが, そうする余裕がなかった.
3 〖章〗VOC (～ X *to do*) X に**..させるつもりである**; VO (～ *that* 節) ..というつもりである. I ～*ed* him *to* get [*that* he (should) get] the money. その金が彼の手に入るようにするつもりだった. (語法 〖米〗では I ～*ed* for him to get .. とする場合がある). It is ～*ed that* all the employees will undergo a physical examination at least once a year. 従業員は全員少なくとも年に 1 度は健康診断を受けるよう意図されている.
4 【用途などを意図する】 VOA (～ X *for*..) X を(適当だとして)..に向ける; (～ X *as*..) X を..として予定する, 意図する; VOC (～ X *to do*) X を..するものと意図する; 〈普通, 受け身で〉. This gift is ～*ed for* you. この贈り物はあなたへのものです. His son was ～*ed for* the church. 彼の息子は聖職に就けられる予定だった. Are these remarks ～*ed as* [*to* be] a joke? この言葉は冗談のつもりですか.
◇名 intention [＜ラテン語「伸ばす, 向ける」(＜in-[1]＋*tendere* 'stretch')]

in·tend·ant /inténdənt/ 名 C **1** 〖史〗(フランス, スペイン, ポルトガルの)地方[植民地]行政長官. **2** (南米の国々の)地方行政長官. **3** 監督官.

‡in·ténd·ed /-əd/ 形 **1** 意図された, 故意の. The measures failed to produce the ～ effect. その措置は所期の効果を挙げられなかった. **2** 予定された, 将来の. the minister's ～ visit to Britain 大臣の予定されている英国訪問. ── 名 C 〈普通, 単数形で〉〖旧・戯〗〈one's ～〉婚約者, いいなずけ. ▷ **～·ly** 副 **～·ness** 名

‡in·tense /inténs/ 形 m, e (**-tens·er**|**-tens·est**)
1 (程度が)**強い**, 激しい; 〔光, 色などが〕強烈な; 〔感情, 行動などが〕激しい, 熱烈な. ～ heat 猛烈な暑さ; 高熱. the ～ cold of the Arctic Zone 北極圏の厳しい寒さ. ～ pain 激痛. ～ hatred 激しい憎しみ. an ～ discussion 熱のこもった議論. study with ～ concentration 一心不乱に勉強する. **2** 〖時に軽蔑〗〔人が〕感情的な[に過ぎる]; 熱心な[に過ぎる], 執拗(しつよう)な, 〈*in* ..に〉; 〔顔つきが〕緊張した. I always avoid Jane; she is too ～. 私はいつもジェーンを避けている. 彼女はしつこすぎるから.
◇名 intensity [＜ラテン語「ぴんと張られた」(*intendere* 'intend' の過去分詞)] ▷ **～·ness** 名

†in·ténse·ly 副 強く, 激しく; 強烈に; 真剣に, 緊張して. Louise hates you ～. ルイーズはあなたを猛烈に憎んでいる. 「化; 増大.

in·ten·si·fi·ca·tion /intènsəfikéiʃ(ə)n/ 名 U 強↑

in·ten·si·fi·er /inténsəfàiər/ 名 C **1** 強める[激しくする]もの. **2** 〖文法〗強意語[詞]《文中で他の語句の意味を強調する very, definitely, completely など; 意味を緩和する almost, more or less などを含めることもある》. **3** 〖写〗増感剤.

†in·ten·si·fy /inténsəfai/ 動 (**-fies**|過 過分 **-fied**|**～·ing**) 他 を**強烈にする**; を(一層)激しくする; を増大する. They *intensified* the lighting as the leading actress came on stage. 主演女優が舞台に現れると彼らは照明を強くした. We'll ～ our efforts to find the man. 私たちはその男を捜し出すために一層努力するつもり

です. ── 自 強烈になる; (一層)激しくなる. The battle *intensified* as the hours wore on. 時間がたつにつれて戦闘は一層激しくなった.

in·ten·sion /inténʃ(ə)n/ 名 U **1**〖論〗内包 (↔ extension). **2**〖まれ〗=intensity, intensification.

***in·ten·si·ty** /inténsəti/ 名 U **1** (感情の)**激しさ**, 強烈さ; 真剣さ. His anger came back with renewed 〜. 彼は激しい怒りが再び込み上げてきた. The 〜 of her look increased as she talked on. 話を進めるにつれて彼女の目つきは一層真剣になってきた. **2** (熱, 光, 音などの物理的な)強度. ◇形 intense

***in·ten·sive** /inténsiv/ 形 m **1 集中した**; 徹底的な; 〔農業などが〕集約的な (↔extensive). 〜 reading 精読 (↔extensive reading). 〜 bombing 集中爆撃. 〜 farming [agriculture] 集約農業. take an 〜 course in German ドイツ語の集中講義を受ける. **2** =intense. **3**〖文法〗強意の. 〜 adverbs 強意副詞. **4**〖論〗内包的な. ── 名 C〖文法〗=intensifier.
▷ **〜·ly** 副 集中的に; 激しく (intensely). **〜·ness** 名

-inténsive 〈複合要素〉名詞に付けて「..を集約的に用いる」の意味の形容詞を作る. an energy-*intensive* industry エネルギー集約型産業.

intènsive cáre 名 U (重症患者に対する)集中治療.

intènsive cáre ùnit 名 C 集中治療室《略「ICU」》.

***in·tent** /intént/ 形 m **1** 〔心, 視線などが〕集中して; **専念して**, 没頭して, 夢中な, 〈*on* [*upon*] ..に〉. Jane was 〜 *on* her knitting. ジェーンは編み物に没頭していた.
2 〈叙述〉つもり[意図]で 〈*on* [*upon*] (*doing*) ..(すること)の〉. He's 〜 *on* climb*ing* Mt. Everest. 彼はエベレスト登山をしようと堅く決心している. He stole into the house 〜 *on* theft. 彼は盗みをするつもりでその家に忍び込んだ. **3** 〔表情, 目つきなどが〕**一心の**, 熱心な. with an 〜 look 熱心な目つきで.
── 名 U **1**〖法・章〗**意図**, 意思, 作為; 決意; 〈*to* do ..しようとする〉. criminal 〜〖法〗犯意. loitering with 〜〖法〗徘徊(はいかい)罪. There is no proof that he assaulted the woman with 〜 *to* kill. 彼が殺意を抱いてその女性を襲ったという証拠はない. His 〜 was *to* organize a new political party. 彼の意図は新しい政党を組織することだった. I think he is annoying me *by* 〜. 彼は意図的に私を困らせていると思う. **2** 意味, 趣旨. the true 〜 of his remark 彼の言葉の真意.
***to* [*for*] *àll inténts* (*and púrposes*)** ほとんどすべての点で, 事実上. Mr. Brown is *to all* 〜*s and purposes* a good lawyer. ブラウン氏はまずあらゆる点で申し分のない弁護士である. [＜ラテン語; intense と同源]
▷ **〜·ness** 名 U 熱中; 熱心.

‡in·ten·tion /inténʃ(ə)n/ 名 (複 〜**s** /-z/) **1** UC **意図**, 意向, 意思, 〈*to* do, *of* do*ing* ..しようとする/*that* 節..という〉; C 意図したもの, ねらい, 目的, 本意. Monica announced her 〜 ⌞*to* go [*that* she (should) go] abroad. モニカは外国へ行くという意向を表明した. I had no 〜 *of* hurt*ing* her feelings.＝I did not intend to hurt her feelings. 彼女の感情を傷つけるつもりはなかった. Mr. Green came to Japan with ⌞the [every] 〜 *of* study*ing* Japanese history. グリーン氏は日本史を⌞研究するつもりで[どうしても研究したくて]日本へ来た. the Prime Minister's 〜 in deposing the Chancellor of the Exchequer 大蔵大臣を罷免した首相のねらい. She did it with ⌞good 〜*s* [the best of 〜*s*]. 彼女は善意で[ひたすら善意をもって]それをやった.

> 連結 kind [honorable, sincere] 〜*s* // disclose [reveal, state; conceal; disguise; change] one's 〜(*s*)

2〖話〗〈〜s〉結婚の意志. Are his 〜*s* honorable? 〖旧話〗彼は本当に(交際中の女性と)結婚する気なのか.
◇動 intend [＜ラテン語「伸ばすこと＞意向」(＜*intendere* 'intend')]

***in·ten·tion·al** /inténʃ(ə)nəl/ 形 ¢ (特に, 悪い事について)**故意の**, 計画的な, (類語 deliberate より堅い語; ↔accidental). an 〜 distortion of facts 故意の事実歪(わい)曲. an 〜 pass [walk]〖野球〗敬遠の四球.
▷ **〜·ly** 副 故意に, 計画的に.

-inténtioned 〈複合要素〉「..の意図を持った, ..のつもりの」の意味の形容詞を作る. well-*intentioned* 善意の[から出た].

†in·tént·ly 副 没頭して, 熱心に. look 〜 at him 彼↑「をじっと見つめる.

‡in·ter /intə́ːr/ 動 (〜**s**|-**rr**-) 他〖章〗〔死体〕を埋葬する (bury). [＜古期フランス語; in-[1], ラテン語 *terra*「地」]

inter. intermediate; interrogation; interrogative.

in·ter- /ìntə(ː)r/ 接頭 「間, 中; 相互の[に]」の意味. *inter*change. *inter*national. *inter*dependent. [ラテン語 *inter* 'between, among']

†in·ter·act /ìntərǽkt/ 動 自 相互に作用する, 相互に影響し合う, 〈*with* ..と〉.

†ìn·ter·ác·tion 名 UC 相互作用 〈*with* ..との〉; 相互連関 〈*between* ..間の〉.

‡in·ter·ac·tive /ìntərǽktiv ⑱/ 形 相互に作用する, 影響し合う; 〖電算〗双方向の, 会話型の, 《コンピュータと使用者が互いに情報を交換できる》.
▷ **〜·ly** 副 **inter·actívity** 名

in·ter a·li·a /ìntər-éiliə/ 副 中でも, 特に. [ラテン語 'among other things']

ìnter·bréd 動 interbreed の過去形・過去分詞.

ìnter·bréed 動 (→breed) 他 〔動植物〕を異種交配させる 〈*with* ..と〉. ── 自 〔動植物が〕異種交配する 〈*with* ..と〉.

in·ter·ca·lar·y /intə́ːrkəlèri|-ləri/ 形 **1** 閏(うるう)の. an 〜 day 閏日《2月29日》. an 〜 year 閏年. **2** 間に入れた, 挿入された.

in·ter·ca·late /intə́ːrkəlèit/ 動 他 **1** 〔日, 月〕を閏(うるう)として(暦に)入れる 〈*in* ..に〉. **2** を間に入れる, 挿入する.

in·ter·cede /ìntərsíːd/ 動 自 **1** 執り成しをする 〈*for*, *on behalf of* ..のために/*with* ..に〉. Mr. Ward 〜*d with* the president ⌞*for* me [*on* my *behalf*]. ウォードさんは社長に私のことを執り成してくれた. **2** 仲裁に入る.
◇名 intercession [＜ラテン語「間に行く(*cēdere*)」]

inter·cellular /ìntərséljulər/ 形〖生物〗細胞間の[に存在する].

‡in·ter·cept /ìntərsépt/ 動 他 **1** 〔人, 乗り物など〕を途中で止める[遮る, 捕まえる, 奪う]; 〔通信など〕を傍受する; 〔逃亡など〕を阻止する;〖スポーツ〗〔パス〕を阻止する, 〔球〕を奪取する. 〜 a confidential letter 親展の手紙を途中で押さえる. 〜 a pass (フットボールなどで)相手のパスを途中で奪う[インターセプトする]. 〜 a radio message from the enemy ship 敵艦からの無線を傍受する. **2** 〔光, 水, 熱など〕を遮る, 遮断する, 〈*from* ..から〉; 〔通路, 行動など〕を妨害[阻止]する. In the jungle, the dense foliage 〜*s* light from above. 密林では密集した葉が上方からの光を遮る. **3**〖軍〗〔敵の飛行機, ミサイルなど〕を迎撃する. Surface-to-air missiles 〜 enemy planes. 地対空ミサイルは敵機を迎撃する. **4**〖数〗〔面[線]〕を2線[点]によって切り取る.
── 名 C **1** =interception, 《特に》(通信などの)傍受,〖スポーツ〗インターセプト,〖軍〗迎撃. **2**〖数〗切片. [＜ラテン語「横取りする」(＜inter-＋*capere* 'take')]

in·ter·cép·tion 名 UC 途中で止める[奪う]こと; 遮断; 妨害, 阻止; (通信などの)傍受;〖スポーツ〗(パスなどの)奪取;〖軍〗迎撃.

in·ter·cep·tor /ìntərséptər/ 名 C **1** 横取りする人;

阻止する人[もの]. **2**〘軍〙迎撃[要撃]用戦闘機[ミサイル]. an ～ missile 迎撃ミサイル.

in·ter·ces·sion /ìntərséʃ(ə)n/ [名] **1** [U] 執り成し; 仲裁. **2** [UC] 他人のためにする祈願[嘆願]. ◇[動] intercede

in·ter·ces·sor /ìntərsésər, ⌐–⌐–/ [名][C] 執り成す人, 仲裁[調停]者.

***in·ter·change** /ìntərtʃéindʒ/ [動] (**-chang·es** /-əz/|[過][過分] **～d** /-d/|**-chang·ing**) [他] **1** 〔2つのものの一方〕を置き換える 〈*with* ..〔もう一方のもの〕と〉, 〔2つのもの〕を交代させる; を交互に行う 〈*with* ..と〉. You can ～ these two parts and the machine still works. この2つの部品を互いに取り換えても機械は動く. ～ work *with* pleasure 仕事と楽しみを代わる代わるする.

2 **を交換する** (exchange) 〈*with* ..と〉. The kids ～ their books and toys (*with* each other). 子供たちは本やおもちゃを交換し合う.

── [自] 交代する; 置き換わる; 交換する.

── /⌐–⌐–/ [名] ([複] **-chang·es** /-əz/) **1** [UC] 置き換え; 交換, やりとり; 交代. **2** [C] (高速道路の)**インターチェンジ**. [＜古期フランス語; inter-, change]

in·ter·chànge·a·bíl·i·ty [名][U] 互換性.

‡**in·ter·chánge·a·ble** /[形]/ [形] 交換できる 〈*with* ..と〉, 互換性のある. ▷**-bly** [副] 交換できるように; 交替に.

inter·cíty /[形]/ [形] 大都市間の[をつなぐ]〔交通機関など〕. ── [名] ([複] **-ties**) [UC] 〘英〙(大都市間をつなぐ)特急 ⌞列車[バス]. 「学間の対抗試合.

ìnter·collégiate /[形]/ [形] 大学間の. ～ games 大↑

in·ter·com /íntərkɑ̀m|-kɔ̀m/ [名] 〘話〙＝intercommunication system.

ìnter·commúnicàte [動][自] **1** 互いに連絡[通信]する 〈*with* ..と〉. **2** 〔部屋などが〕(中間の扉で)行き来できる 〈*with* ..と〉. 「交流].

ìnter·commùnicátion [名][U] 相互連絡[通信,↑

intercommunicátion sỳstem [名][C] (ワイヤレス)インターホン《飛行機内, 会社内など一定区域内の相互連絡などに使用される通信装置; 〘話〙では intercom》.

ìnter·commúnion [名][U] 親交, 相互交流; 〘キリスト教〙異宗派合同の聖餐(さん).

ìnter·connéct [動][自] 相互に連結[連絡]する 〈*with* ..と〉; ＝intercommunicate 2.

▷**inter·connection** [名][UC] (密接な)相互関係, 連絡, 〈*with* ..との/*between* ..間の〉.

ìnter·continéntal /[形]/ [形] 大陸間の.

intercontinental ballìstic míssile [名][C] 大陸間弾道弾《略 ICBM》. 「間(かん)の. ▷**～·ly** [副]

in·ter·cos·tal /ìntərkɑ́stl|-kɔ́s- [形]/ [形] 〘解剖〙肋↑

†**in·ter·course** /íntərkɔ̀ːrs/ [名][U] **1** 性交 (sexual intercourse) ([注意] 今日最も普通の意味; 人同士の「交際」のつもりで用いると, この意味に解されるおそれがある). have ～ with a person 人と性交する.

2 〘章〙交際, 交流; (国家間の)行き来, 往来; 意見の交換; 〈*with* ..との/*between* ..間の〉. social ～ 社交. commercial ～ 通商. ～ among scientists 科学者間の交流. [inter-, course]

ìnter·cúltural /[形]/ [形] (異)文化間の. ～ communication 異文化間のコミュニケーション. 「共通)の.

ìnter·denòminátional /[形]/ [形] 宗教[教派]間(に↑

ìnter·dèpartméntal /-dìpɑːrtméntl [形]/ [形] 異種部門間の, 学部[学科]間の; 各省[部, 局]間の. ▷**～·ly** [副]

ìnter·depénd [動][自] 相互に依存する.

ìnter·depéndence, -ency [名][U] 相互依存.

ìnter·depéndent /[形]/ [形] 相互依存の, 相互依存的な. ▷**～·ly** [副]

in·ter·dict /ìntərdíkt/ [動][他] **1** 〘章〙を禁止する 〈*to* ..〔人〕に〉. **2** 〘カトリック〙〔秘跡などの儀式〕を禁止する ([類語] 法的または宗教的理由による禁止; →forbid). **3** 〘軍〙〔敵の前進〕を(空爆などで)阻止する. ── /⌐–⌐/ [名][C] 〘章〙(正式の)禁止, 禁止命令; 〘カトリック〙聖務禁止《秘跡授与などの差し止め》; 〘軍〙阻止; 遮断.

ìn·ter·díc·tion [名][UC] ＝interdict.

inter·disciplinary /ìntərdísəplənèri|-plənəri, ìntərdìsəplínəri/ [形] 学際的な, 多分野にまたがる. Applied linguistics is a highly ～ field of study. 応用言語学は非常に学際的な学問分野である.

‡**in·ter·est** /ínt(ə)rəst/ [名] ([複] **～s** /-ts/)

【関心】 **1** [aU] **興味**(を抱くこと), **関心**(を持つこと), 〈*in* ..に(対する)〉. Rosemary doesn't have any ～ *in* sports. ローズマリーはスポーツに全く興味を示さない. I have no ～ *in* being involved in politics. 政治には関係したくない. He lost all ～ *in* life. 彼は人生にすっかり興味をなくした. The pupils displayed a strong ～ *in* collecting insects. 生徒たちは昆虫採集に強い興味を示した. a film with a love ～ 愛をテーマにした映画. The story is sure to attract ～. その話はきっと関心を呼ぶ. Just out of ～ [As a matter of ～], when and where did you propose to her? 〘話〙好奇心で聞くだけだが, 君はいつ, どこで彼女に結婚の申し込みをしたんだ.

> [連結] a lively [an active, a deep, an intense, a keen, a serious; a passing, a slight] ～ ∥ arouse [excite, provoke, stimulate, stir up] (a person's) ～; take [develop; feel; show] an ～ (in) ..

2 [U] **興味深いこと**, 面白さ. a problem of general [great scientific] ～ だれもの[非常に科学的]興味をそそる問題. Baseball doesn't hold much ～ for her. 野球は彼女にはあまり面白くない. What he told us is of ⌞no [particular] ～ to me. 彼が我々に話したことは私には興味がない[特に興味がある].

3 [C] **興味をそそる物事**, 関心事; 趣味. a man of wide ～*s* 趣味の広い男. His two great ～*s* in life were poetry and philosophy. 彼の人生における2大興味は詩と哲学であった.

4 [U] 重要(性), 重大さ. a matter of primary [little] ～ 最も重要な[ほとんど重要でない]事柄.

【利害関係】 **5** [C] 〈しばしば ～s〉 **利益**, **有利さ**; 私利, 権益, 利権, 〈*in* ..の〉; (持ち)株. We have an ～ *in* that firm. 我々はあの会社に(利害)関係がある[の株主である]. sell an ～ *in*.. の株[権利]を売る. look after one's own ～*s* 私利を求める. declare one's ～ *in*.. への(好ましからぬ)関与を認める. The truth was covered up 'in the national ～.' 「国益のため」ということで真相は隠された. American ～*s in* the Middle East 中東におけるアメリカの権益. have a person's best ～*s* at heart 人のためを心から思っている.

> [連結] advance [further, promote; defend, protect, safeguard] one's ～*s*; serve [benefit] a person's ～*s*

6 [U] **利子**, 利息, 〈*on* ..の〉 (→capital); 利率. at low [high] ～ 低[高]利で. free of ～ 無利子で. at compound [simple] ～ 複[単]利で. They have to pay eight percent ～ *on* the loan. 彼らはローンに8%の金利を支払わなければならない.

7 【利害を同じくする人々】 [C] 〈普通 ～s〉 同業者, 仲間; 一派. manufacturing ～*s* 製造業者. the steel ～*s* 鉄鋼業者. the labor ～*s* 労働者側.

in the (***bèst***) ***ínterest***(***s***) ***of*** .. 〔事, 人〕のために (for the sake of..). fight *in the* ～ *of* independence [justice] 独立[正義]のために戦う.

in [***to***] ***a pèrson's*** (***bèst***) ***ínterest***(***s***)＝***in the*** (***bèst***) ***ínterest***(***s***) ***of a person*** 人の(利益の)ために. It would be *in* your ～(*s*) to follow his advice. 彼

の忠告に従えば，君のためになるよ．
with ínterest (1) 興味を持って．(2) 利息を付けて；〖話〗おまけを付けて〔仕返しをする〕. Edith resolved to return [repay] the slight *with* 〜. イーディスはその侮辱におまけを付けて仕返しをしようと決心した．
── [動] (〜s /-ts/ | [過] [過分] 〜·ed /-əd/ | 〜·ing) [他] 〔人〕に**興味[関心]を持たせる**，興味を起こさせる；〔人〕の興味を引いて手に入れたい[食べたい，参加したいなど]という気にさせる；〈*in* ..に対して〉. 〜 oneself *in*.... ..に関心を持つ；..に関係[関与]する. What in the debate 〜*ed* you so much? 討論の中の何があなたにそれほど関心を抱かせたのですか. Can I 〜 you *in* (buying) this car? この車を買われたらいかがでしょう．
[＜ラテン語 *interesse*「間にある，利害[関心]がある」(＜inter-＋*esse* 'be')]

‡in·ter·est·ed /ínt(ə)rəstəd, -tərèst-/ [形] [m] **1 (a) 興味を持っている**，関心がある，〈*in* ..に〉；興味[関心]がある〈*in* do*ing*, *to* do ..することに，..したいという；★do は普通，know, see, learn など認識を表す動詞〉(↔uninterested). his 〜 appearance 彼の関心があるらしい様子. Anyone 〜 may apply. 関心のある人はだれでも応募できる. Dora is very 〜 *in* embroidery. ドーラは刺繡(しゅう)に大変興味を持っている[凝っている]. I'd be 〜 *in* know*ing* [*to* know] more about the great man's life. 私はその偉人の生涯についてもっと知りたいと思う. **(b)** 興味[関心]を持つ〈*to* do..して〉. I was 〜 *to* read his biography. 私は彼の伝記を読んで，興味を覚えた. **(c)**〖話〗手に入れたい，欲しがる，〈*in*..を〉；関心がある〈*in* do*ing*..することに；★do は普通，行為を表す動詞〉. My son is 〜 *in* work*ing* as a pilot. 息子はパイロットの仕事をしたがっている．
2 (利害)関係のある，関与している，〈*in* ..に〉；公平でない；(↔disinterested). an 〜 party 利害関係者. My father was once 〜 *in* shipping. 父はかつて海運業に関係していた (★1の意味にもなる). act from 〜 motives 公正でない動機から行動する．
▷ 〜·**ly** [副] 興味[関心]を持って；自分の利害を考えて．

ìnterest-frée /[移]/ [形], [副] 無利子の[で].

ínterest gròup [名] [C] 利益集団，圧力団体．

‡in·ter·est·ing /ínt(ə)rəstiŋ, -tərèst-/ [形] [m] **興味のある，面白い**，(→amusing [類語])〈*to*, *for* ..に〉；人の関心を引く. an 〜 person 興味ある人物. The story was very 〜 *to* me. その話は私には大層面白かった. Birds are 〜 to watch.＝It is 〜 to watch birds. 鳥の観察は面白い. I have something 〜 to tell you. あなたに話したい面白いことがある. It is 〜 that people often come to look like their companion animals. しばしば人が自分のペットと同じような顔つきになるのは面白い．
in an ìnteresting condítion →condition.

ín·ter·est·ing·ly [副] **1** 面白く，人の関心を引くように. **2**〈文修飾〉面白いことには. *Interestingly* (enough), the incident was not reported in the newspapers. (とても)面白いことに，その事件は新聞で報道されなかった．

ínterest ràte [名] [C] 利率，金利．

‡ínter·fàce [名] [C] **1** (異なる物の)境界面，接触面；共通領域. The issue of organ transplants is at the 〜 of medicine, law and ethics. 臓器移植の問題は医学，法律，倫理の接点にある. **2**〖電算〗インターフェース《2つの機器類を連結する装置[方式]》．
── [動] [他], [自] (を)連結[連動]する；〖電算〗(を)インターフェースで接続する；〈*with* ..と〉．

ínter·fàcing [名] [U] (襟などの)芯(しん)地．

ìnter·fáith [形] 異宗教間の；宗派を超えた．

‡in·ter·fere /ìntərfíər/ [動] (〜s /-z/ | [過] [過分] 〜d /-d/ | -fer·ing /-fe(ə)riŋ/) [自] **1** [VA] (〜 ***with***..) 〔人，物事の〕**妨害になる**，じゃまになる；〔利害などが〕..と衝突する. There is nothing to 〜 *with* the serenity of the place. その場所の静穏さを妨げるものは何もない．
2 干渉する，口出しする，〈*in*, *with* ..に/*between* ..〔二者〕の間に〉. The military 〜*d in* politics. 軍部が政治に口出しした. 〜 *between* husband and wife 夫婦の問題に介入する. Don't 〜 and just leave me alone. 干渉しないで私をとにかくほっといてよ．
3 [VA] (〜 ***with***..) ..を勝手にいじる[さわる]. Someone must have 〜*d with* my word processor. だれかが私のワープロをいじったにちがいない. **4** [VA] (〜 ***with***..)〔電波などが〕..と干渉する. **5**〖スポーツ〗(相手の選手に)インターフェアをする. **6**〖主に英・婉曲〗[VA] (〜 ***with***..)〔幼女など〕に性的いたずらをする，暴行する. [＜古期フランス語「殴り合う」(＜*entre*- 'inter'＋*ferir* 'strike')]

***in·ter·fer·ence** /ìntərfí(ə)rəns/ [名] [aU] **1 妨害，障害**，じゃま，〈*with* ..への〉；(利害の)衝突〈*with* ..との〉. The oil crisis was a serious 〜 *with* our industry. 石油危機は我が国の産業にとって深刻な障害であった．
2 干渉，口出し；介入；〈*in*, *with* ..への/*between* ..〔二者〕の間への〉. I don't like his 〜 *in* my work. 彼に自分の仕事を干渉されたくない．
3〖物理〗(電波)妨害，干渉；(ラジオの)雑音，混信．
4〖主に米〗**(a)**〖スポーツ〗不法妨害，インターフェア (〖英〗obstruction). **(b)**〖アメフトなど〗インターフェア《ボールを運ぶ味方選手の前を走り，タックルしそうな相手を阻止すること》．
rùn interférence for ..〖主に米〗(1)〖アメフトなど〗..のためにインターフェアして走る (→4(b)). (2)〖話〗じゃまになりそうな物[人]を事前に処理して..を助ける；〔同僚，上司など〕のために仕事の地ならしをする．

in·ter·fer·om·eter /ìntərfərɑ́mətər | -ɔ́m-/ [名] [C]〖物理〗干渉計《光の干渉を観測して，光の波長などを測定する装置》．

in·ter·fer·on /ìntərfí(ə)rɑn | -ɔn/ [名] [U]〖生化〗インターフェロン，ウィルス抑制因子，《略 IFN》. [＜interfere]

ìnter·fúse [動] [他] **1** を十分混ぜ合わせる. **2** を拡散させる；を浸透させる. ▷ **ìnter·fúsion** [名]

ìnter·galáctic /[移]/ [形]〖天〗銀河系(宇宙)間の．

ìnter·glácial /[移]/ [形]〖地〗間氷期の《2つの氷河期の間の》．

ìnter·gòvernméntal [形] 政府間の[で行われる]．

‡in·ter·im /íntərim/ [形]〈限定〉中間の；当座の，一時的な，(temporary). an 〜 report 中間報告. an 〜 dividend 中間配当. an 〜 cabinet 暫定内閣．
── [名] [U] 中間の時期，合い間，(meantime). in the 〜 差し当たり，その間(は). [ラテン語 'meanwhile']

‡in·te·ri·or /intí(ə)riər/ [形] [c] (★4は [m])〈限定〉
1 内の，内部の；屋内の；(↔exterior). undertake 〜 repairs 屋内修理を請負う. **2** 内陸の，奥地の；奥まった. **3** 国内の (domestic；↔foreign). 〜 trade 国内貿易. **4** 心の内なる，内面的な．
── [名] [C]〈単数形で〉**1 内部**，内側；**屋内**. the 〜 of the house [car] 家[自動車]の内部. **2**〈the 〜〉内地；奥地. He journeyed into the 〜 of Africa. 彼はアフリカの奥地に踏み入った. **3**〈the 〜〉内政. the *Interior* Minister＝the Minister of the *Interior*〖英〗内務大臣. the Secretary of the *Interior*〖米〗内務長官. **4**〈the 〜〉内心，本心；本性．
[ラテン語 'inner' (*inter* 'within' の比較級)]

intèrior ángle [名] [C]〖数〗内角．

intèrior decorátion [desígn] [名] [U] 室内装飾，インテリアデザイン．

intèrior décorator [desígner] [名] [C] 室内装飾家，インテリアデザイナー．

intèrior mónologue [名] [C]〖文学〗内的独白《登場人物の意識の流れを描出話法 (represented speech)

I

で示す》.

intèrior sprung máttress 名C スプリング入りマットレス. →inner-spring.

interj. interjection.

in·ter·ject /ìntərdʒékt/ 動他 〔言葉〕を不意に差し挟む. ── 自 不意に言葉を差し挟む.

†**ìn·ter·jéc·tion** 名 **1** C 間投詞, 感嘆詞,《Oh!, ouch!, dear me! など》. **2** U 不意に言葉を差し挟むこと; C 差し挟まれた言葉. [<ラテン語「間に投げられたもの」] ▷**～·al** /-əl/, **in·ter·jec·to·ry** /ìntərdʒékt(ə)ri/ 形 間投詞の, 間投詞的な; 差し挟まれた. **～·al·ly** /-nəli/ 副

ìnter·láce 動他 **1** を織り交ぜる〈*with* ..と〉. **2** 〔枝, 指など〕を交錯させる, 組み合せる,〈*with* ..と〉. ── 自 織り交ざる; 交錯する.

ìnter·lánguage 名C **1** 国際語. **2** 中間言語《2つの言語の特徴を合わせ持つもの; →pidgin》.

ìnter·lárd 動他〖雅〗〔談話, 文章〕に挿入する〈*with* ..〔特別な語句〕を〉;〔特別な語句などが〕に挿入される.

ínter·lèaf 名 (複 **-leaves**) C (本の)綴(と)じ込み白紙, 間紙(あいし).

ìnter·leave /ìntərlíːv/ 動他 〔本〕に綴(と)じ込む〈*with* ..〔白紙など〕を〉.

I

ìnter·leu·kin /ìntərlùːkin/ 名〖生化〗U インターロイキン《リンパ球などから放出され免疫機能を制御する蛋白質の一種; 癌(がん)治療薬に利用されている》.

ìnter·líbrary 形 図書館相互間の〔貸し出し(制度)など〕.

ìnter·líne[1] 動他 〔本, 原稿など〕の行間に書き込む[印刷する]〈*with* ..〔訳語など〕を〉;〔注解など〕を書き入れる[行間に印刷する]〈*on* ..の〉. ▷**ìnter·lin·e·a·tion** /-lìniéiʃ(ə)n/ 名

ìnter·líne[2] 動他 〔衣類(の表と裏の間)〕に(芯(しん)として)入れる〈*with* ..を〉.

ìnter·línear /移/ 形 行間に書き入れた[印刷した]. ～ glosses 行間注.

in·ter·lin·gua /ìntərlíŋgwə/ 名U インターリングア《ラテン語と主なヨーロッパの言語から作られた人工国際語》. [inter-, ラテン語 *lingua*「言語」]

ìnter·línk 動他 を連結する〈*with* ..と〉.

ìnter·lóck 動他 〔部分と部分〕を(離れないようにきつく)噛(か)み合わせる, からみ合わせる. ── 自 噛み合う, からみ合う. ── /ㄷㅡ/ 名C〖電算〗インターロック《進行中の操作が完了するまで次の操作が行えないようにする装置》.

ìnter·locútion 名UC〖章〗対話, 会話.

in·ter·loc·u·tor /ìntərlɑ́kjətər|-lɔ́k-/ 名C〖章〗会話を交わす人, 対話者, 対談者, 話し相手.

in·ter·loc·u·to·ry /ìntərlɑ́kjətɔ̀ːri|-lɔ́kjət(ə)ri/ 形〖章〗対話(体)の;〖法〗中間(判決)の, 最終的ではない.

in·ter·lope /ìntərlóup/ 動自 **1** 他人のことに干渉する. **2** 他人の権益を侵害する; もぐり営業をする.

in·ter·lop·er /íntərlòupər/ 名C 他人のことにくちばしを入れる人, でしゃばり屋; 不法侵入者 (intruder), (議事などの)妨害者.

†**in·ter·lude** /íntərlùːd/ 名C **1** (仕事などの)合間; 合間になされる物事. a brief ～ of peace between the two revolutions 2つの革命の合間の平穏なひととき. **2** 合間を埋める音楽[寸劇, 寸話など];〖楽〗間奏曲. **3** (演劇などの)休憩時間, 幕間(まく). [<中世ラテン語 'between play']

ìnter·márriage 名U **1** 異人種[異種族, 異なる宗教, 異なる階級]間の結婚. **2** 近親結婚.

ìnter·márry 動 (**-ries**|過 過分 **-ried**|**～·ing**) 自 **1** 結婚する〈*with* ..〔異人種, 異種族[異なる宗教, 異なる階級]の人〕と〉. **2** 近親結婚をする.

ìnter·méddle 動自 干渉する, おせっかいをする, でしゃばる,〈*in, with* ..に〉.

‡**in·ter·me·di·ar·y** /ìntərmíːdièri|-diəri/ 移/ 形 **1** 仲介の, 仲裁の, 媒介の. play an ～ role between.. ..の間の仲介役を果たす. **2** 中間の. ── 名 (複 **-ar·ies**) C 仲介者, 仲裁人.

‡**in·ter·me·di·ate** /ìntərmíːdiət 移/ 形 C **1** 〔時間, 場所, 性質などが〕**中間(的)の**. take an ～ position between the two extremes その両極端の中間の立場を取る. **2** 〔学習者などが〕中級の, 中程度の; 中級者用の〔教科書など〕. an ～ course 中級コース. ── 名C **1** 中間物, 仲介者[物];〖化〗中間生成物. **2** 中級者《初級, 上級に対して》. [<ラテン語「中間の」(<inter- + *medius* 'middle')] ▷**～·ly** 副 中間に; 間接的に.

intermèdiate range ballìstic míssile 名C〖軍〗中距離弾道弾《略 IRBM》.

intermédiate schòol 名UC〖米〗**1** 中等学校《4-6学年》. **2** =junior high school.

ìntermediate technólogy 名UC 中間技術《学びやすく, 安価な技術; 発展途上国に向いている》.

in·tér·ment 名UC〖章〗埋葬 (burial).

in·ter·mez·zo /ìntərmétsou, -médzou/ 名 (複 **～s, in·ter·mez·zi** /-tsiː, -dziː/) C **1** 間奏曲. **2** (劇の)幕間(まく)演芸. [イタリア語]

‡**in·ter·mi·na·ble** /intə́ːrmənəb(ə)l/ 形 果てしない; 長たらしい〔講演など〕; (類語 時間的にのみ用い, 普通非難を込めて使う; →eternal). ▷**-bly** 副 果てしなく.

ìnter·míngle 動他 を混ぜる〈*with* ..と〉. ── 自 混ざる〈*with* ..と〉.

in·ter·mis·sion /ìntərmíʃ(ə)n/ 名 **1** U 中断, 休止, (break). **2** C〖米〗(映画, 演劇などの)休憩時間, 幕間(まく), (〖英〗interval). ***without*** [***with nò***] ***intermíssion*** 間断なく, 途切れることなく.

in·ter·mit /ìntərmít/ 動 (**～s**|**-tt-**) 他 を一時やめる, 途切れ[断続]させる. ── 自 一時やむ, 途切れる, 断続する. [<ラテン語「間に送る(*mittere*)」]

‡**in·ter·mit·tent** /ìntərmít(ə)nt 移/ 形 途切れ途切れの, 断続的な, 間欠的な, 周期的な. ～ fever〖医〗間欠熱. ▷**～·ly** 副 途切れ途切れに, 断続的に.

ìnter·míx 動 =intermingle.

ìnter·míxture 名U 混合; C 混合物.

in·tern[1] /intə́ːrn/ 動他 (特に戦時中又は政治的理由で)〔人〕を拘禁する, 抑留する.

in·tern[2] /íntəːrn/ 名C〖主に米〗インターン, 医学研修生,《医学部卒業後, 病院に勤務し実習する;〖英〗houseman》; 教育実習生. ── 動自 インターンとして実習[医学研修]をする. [<フランス語 (<ラテン語 *internus* 'within')]

‡**in·ter·nal** /intə́ːrnl/ 形 C **1** **内部の**; 内的な. Europe is going to be a unity without ～ borders. ヨーロッパは内部に境界のない統一体になろうとしている. **2** 体内の; 〔薬などが〕内服用の. ～ bleeding 内出血. ～ organs 内臓. **3** **国内の**, 内政の, (↔foreign); 組織内部の. ～ mail 国内郵便. ～ affairs 国内事情, 内政問題. conduct an ～ investigation 内部調査を行う. **4** 内面的な, 精神的な; 内在的な, 本質的な. ～ resentment 心中の憤り. ◇↔external [<ラテン語 *internus*「内部の, 内側の」]

intèrnal-combústion èngine 名C 内燃機関.

intèrnal éar 名C〖解剖〗内耳.

intèrnal évidence 名U 内的証拠《文書などの内容に見いだされる証拠》.

intèrnal exáminer 名C〖英〗学内出題[採点]者 (→external examiner).

in·tér·nal·ìze /-nəlàiz/ 動他 〖心〗を内面化する; 〔行動形式, 原理, 基準など〕を(学習, 経験によって)自己のものにする, 身につける. ▷**in·tèr·nal·i·zá·tion** 名

†**in·tér·nal·ly** /-nəli/ 副 内部的に; 内面的に; 国内で.

intèrnal médicine 名U〖米·医〗内科学.

intèrnal révenue 名U〖米〗内国税収入《関税を除く, 国内財源からの税収入》(〖英〗inland reve-

nue). 「国税庁《略 IRS》.
Intèrnal Révenue Sèrvice 名 〈the ～〉〖米〗↑
intèrnal secrétion 名 U 〖生理〗内分泌.
‡in·ter·na·tion·al /ìntərnǽʃ(ə)nəl ⑱/ 形 m **国際の, 国際的な**, 国家間の; 万国の; 国際関係の. ～ affairs 国際情勢[問題]. an ～ airport 国際空港. an ～ conference 国際会議. ～ cooperation 国際協力. an ～ organization 国際機関. an ～ language 国際語. an ～ trade agreement 国際貿易協定. an ～ telephone call 国際電話[通話]. ～ balance of payments 国際収支. further ～ understanding 国際理解を促進する.
── 名 C **1** 〈I-〉インターナショナル, 国際労働者同盟《1864-1936 の間に 4 回結成された共産主義・社会主義者の国際団体》. **2** 〖英〗国際競技大会(出場者).
[inter-, national]
Ìnternational Air Tránsport Associàtion 名 〈the ～〉国際民間輸送協会, イアタ, 《略 IATA》.
Ìnternational Atòmic Energy Ágency 名 〈the ～〉国際原子力機関《略 IAEA》.
Ìnternational Bànk for Reconstrùction and Devélopment 名 〈the ～〉国際復興開発銀行 (→World Bank).
Internàtional Chàmber of Cómmerce 名 〈the ～〉国際商業会議所《世界各国の経済発展を目指す民間実業家組織; 1920 年パリで設立; 略 ICC》.
Internàtional Contról Commìssion 名 〈the ～〉国際休戦監視委員会《略 ICC》.
Internàtional Còurt of Jústice 名 〈the ～〉国際司法裁判所《略 ICJ》.
Ìnternational Crìminal Políce Organizàtion 名 〈the ～〉＝Interpol.
(internàtional) dáte lìne 名 〈しばしば the (I-) D- L-〉日付変更線.
In·ter·na·tio·nale /ìntərnæʃənǽl|-nɑ́:l/ 名 **1** 〈the ～〉インター(ナショナル)《1871 年フランスで初めて歌われた革命歌》. **2** ＝international 名 1.
ìn·ter·ná·tion·al·ìsm 名 U 国際主義.
ìn·ter·ná·tion·al·ist 名 C 国際主義者; 国際労働者同盟の一員.
ìn·ter·nà·tion·al·i·zá·tion 名 U 国際管理化; 国際化. 「を国際化する.
ìn·ter·ná·tion·al·ìze 動 他 を国際管理下に置く;↑
Internàtional Lábor Organizàtion 名 〈the ～〉(国連の)国際労働機関《世界中の労働条件の改善を目指す; 略 ILO》.
internàtional láw 名 U 国際法.
ìn·ter·ná·tion·al·ly 副 国際的に, 国際上.
Internàtional Mónetary Fùnd 名 〈the ～〉国際通貨基金《略 IMF》.
Internàtional Olỳmpic Commíttee 名 〈the ～〉国際オリンピック委員会《略 IOC》.
Internàtional Phonètic Álphabet 名 〈the ～〉国際音標文字《あらゆる言語音を表記できるよう, 国際音声学協会 (**Internàtional Phonètic Associátion**)が制定した音声記号体系; 略 IPA》.
internàtional relátions 名 〈複数扱い〉国際関係; 〈単数扱い〉国際関係論.
ìnternational relíef àgency 名 (⑱ -cies) C 国際救済機関《赤十字など》.
Internàtional Stàndard Bóok Nùmber 名 国際標準図書番号《略 ISBN》.
Internàtional Sỳstem (of Únits) 名 〈the ～〉国際単位系《略 SI＜フランス語 Système Internationale (d'Unités)》.
in·terne /íntə:rn/ 名 ＝intern².
in·ter·ne·cine /ìntərnési:n, -ní:sain|-ní:sain ⑱/ 形 〖章〗〔戦争などが〕互いに滅ぼし合う; 共倒れの; 多くの死者を出す, 凄惨(せいさん)な.
in·tern·ee /ìntərní:/ 名 C 被抑留者; 捕虜.
In·ter·net /ˊ-ˋ-/ 名 〈the ～〉インターネット《コンピュータによる国際情報通信網組織; ＜*inter*＋*network*》.
in·tern·ist /íntə:rnist, -ˊ-|-ˊ-/ 名 C 内科医.
in·térn·ment 名 **1** U 抑留; 拘禁. **2** C 抑留[拘禁]期間. 「容所.
intérnment càmp 名 C 捕虜[敵性外国人]収↑
in·tern·ship /íntə:rnʃìp/ 名 U intern² の身分[資格]; C intern² の実習期間.
ìnter·óffice /-rɑ́f-|-rɔ́f-/ 形 (同一組織の)部課間の, 社内の.
in·ter·pel·late /ìntərpéleit|intə́:pelèit/ 動 他 (議会で)〔大臣〕に質問する, 説明を求める, 《議事日程を混乱させるため》. [＜ラテン語「間に突入する」(＜inter-＋*pellere* 'drive')]
▷**in·ter·pel·la·tion** /ˊ-ˋ-ˊ-|-ˋ-ˊ-/ 名
ìnter·pénetrate 動 他 〖章〗に深く浸透する.
── 自 互いに浸透し[貫き]合う, 相互浸透する.
▷**ìnter·pènetrátion** 名
‡ìnter·pérsonal /⑱/ 形 個人間の; 人間関係の.
ín·ter·phòne 名 C インターホン《内部有線通話装置; →intercom》.
ìnter·plánetàry /⑱/ 形 惑星間の.
ínter·plày 名 U 相互作用, 相互影響, 〈*of*, *between* ..〔両者〕の〉.
In·ter·pol /íntərpòul|-pɔl/ 名 〈単複両扱い〉国際刑事警察機構《本部はフランスのリヨン; ＜*Inter*national Criminal *Pol*ice Organization》.
in·ter·po·late /intə́:rpəlèit/ 動 〖章〗他 **1** 〔本など〕に新しい語句を書き込む, 〔本文〕を改ざんする, 勝手に書き変える; 〔語句〕を書き込む 〈*into* ..〔本など〕に〉. **2** 〔意見, 異議など〕を談話[議論]の中に差し挟む. **3** 〖数〗〔中間項〕を級数に補間[内挿]する. ── 自 **1** 書き入れ[挿入]を行う. **2** 〖数〗補間[内挿]法を行う (↔extrapolate). [＜ラテン語「手を入れて直す」(＜inter-＋*polire* 'polish')]
in·tèr·po·lá·tion 名 〖章〗 **1** U (本などへの)書き込み; (本文の)改ざん. **2** C 書き込まれた語句; 改ざんされた部分. **3** U 〖数〗補間[内挿](法).
ìnter·póse 動 〖章〗他 **1** 〔言葉, 異議など〕を(人の話などに)差し挟む. **2** を入れる, 挿入する, 割り込ませる, 〈*between*, *among*, *in* ..の間に〉. ── 自 間に入る, 仲裁に入る, 〈*between*, *among*, *in* ..の〉; 差し出口をする.
ìnter·posítion 名 **1** U 間に入れる[られる]こと; 仲裁, 調停; 介入, 干渉. **2** C 間に入れられたもの; 挿入物. **3** U 〖米〗州権優位説《各州政府は, 州民側に立ち彼らの権利を侵害する連邦政府の方針に反対できるとする》.
‡in·ter·pret /intə́:rprət/ 動 (～s /-ts/|過 過分 ～ed /-əd/|～·ing) 他 **1 (a) を解釈する**, 説明する; 〔夢, 判じ物など〕を解く. How do you ～ this sentence? この文をどう解釈しますか. This poem is variously ～*ed*. この詩はいろいろに解釈される. **(b)** VOA (～X *as*) X を..と理解[解釈]する, 判断する. He ～*ed* her silence *as* agreement. 彼は彼女の沈黙を承諾と解釈した.
2 を通訳する. The president's speech was poorly ～*ed*. 社長の演説の通訳はうまくなかった.
3 〔劇, 音楽など〕を(自分の解釈に従って)演じる, 演奏する. ～ the part of Hamlet in a new way 新しい解釈でハムレットを演じる.
── 自 **通訳を務める**. Will someone ～ for me? だれか私に通訳してくれませんか.
[＜ラテン語「(取引の)仲介人 (*interpres*) をする＞説明する」] ▷**～·a·ble** 形

I

*in·ter·pre·ta·tion /intə̀ːrprətéiʃ(ə)n/ [名] ([複] ～s /-z/) [UC] **1 解釈**, 説明; 判断, **理解**. What is your ～ of the event?＝What ～ would you put [place] on the event? その出来事をどう解釈しますか. This passage is open to various ～*s*. この 1 節はいろいろに解釈される余地がある.

> [連結] an accurate [a reasonable; an objective; a biased; a loose; a narrow; a rigid, a strict; an original; an arbitrary] ～ // give [offer] an ～

2 (劇, 音楽などの原作品の自己解釈に基づく)演技, 演奏. A musician usually makes his own ～ of a piece of music. 音楽家は普通, 曲目について彼自身の解釈による演奏をする. **3 通訳**(すること).

in·ter·pre·ta·tive /intə́ːrprətèitiv|-tət-/ [形] 解釈の; 通訳の; 説明の, 説明的な. ▷～·**ly** [副]

*__in·ter·pret·er__ /intə́ːrprətər/ [名] ([複] ～s /-z/) [C] **1 通訳**, 通訳者. act as ～ 通訳をする. **2** 解釈[説明, 演出]する人. **3**〖電算〗インタープリター, 解釈プログラム.

in·ter·pre·tive /intə́ːrprətiv/ [形] ＝interpretative. ▷～·**ly** [副]

ìnter·rácial /[移]/ [形] (異)人種間の〔結婚, 友好など〕; 諸人種を含む. ▷～·**ly** [副]

Ínter-Ràil [動] [自] 〖英〗Inter-Rail pass を使って旅行をする.

Inter-Rail pàss [名] インターレールパス《一定料金でヨーロッパ諸国を自由に旅行できる英国の鉄道切符》.

in·ter·reg·num /ìntərégnəm/ [名] ([複] ～s, **inter·reg·na** /-nə/) [C] 空位期間《新元首が就任するまでの元首不在の期間》; (最高責任者のいない)空白期間; 休止期間. [ラテン語 'between reign']

ìnter·reláte [動] [自] 相互に関係する〈*with* ..と〉. ── [他] を相互関係させる.

ìnter·reláted /-əd [移]/ [形] 相互関係のある. ▷～·**ly** [副] ～·**ness** [名]

ìnter·relátion, ìnter·relátionshìp [名] [U] 相互関係.

interrog. interrogate; interrogation; interrogative.

†**in·ter·ro·gate** /intérəgèit/ [動] [他] **1** に問いただす, を(厳しく長時間にわたって)尋問する[取り調べる], ([類語] 尋問などの公的な質問をすること; →ask 1). **2**〖電算〗〔コンピュータ〕に応答指令信号を送る, 問い合わせる.
[＜ラテン語 (＜*inter-*＋*rogāre*「尋ねる」)]
▷**in·tér·ro·gà·tor** /-tər/ [名]

†**in·tèr·ro·gá·tion** [名] [UC] 尋問, 査問; 質問; 疑問.

interrogátion màrk [pòint] [名] [C] 疑問符《?》(question mark).

in·ter·rog·a·tive /ìntərɑ́gətiv|-rɔ́g- [移]/ [形] 疑問の; 質問の; 疑問を表す; 不審そうな〔表情, 声など〕. an ～ look 不審げな表情. ── [名] [C] 〖文法〗疑問詞; 疑問文. ▷～·**ly** [副] 何か問いたげに; 不審そうに.

interrògative ádverb [名] [C] 疑問副詞.

interrògative prónoun [名] [C] 疑問代名詞 (→pronoun [文法]).

interrògative séntence [名] [C] 疑問文 (→sentence).

in·ter·rog·a·to·ry /ìntərɑ́gətɔ̀ːri|-rɔ́gət(ə)ri [移]/ [形] ＝interrogative.

‡**in·ter·rupt** /ìntərʌ́pt/ [動] (～s /-ts/|[過] [過分] ～·**ed** /əd/|～·**ing**) [他] **1**〔仕事など〕**を中止する**, 中途でやめる, 中断する. We now ～ this program with a news bulletin [flash]. 番組をいったん中止してニュース[速報]をお伝えします. Shipping was ～*ed* briefly during the war. 戦時中海運業は一時中止された.
2〔仕事中の人, 話し手など〕**をじゃまする**, 妨害する, 〈*with, by* ..で〉. Don't ～ me while I'm speaking. 私の話中にじゃまをしないでくれ. His speech was repeatedly ～*ed with* jeering. 彼の演説は野次で何度も妨害された. **3**〔視野など〕を遮る, じゃまする. The skyscraper ～*s* the view of Mt. Fuji. あの高層ビルで富士山の姿が見えない. **4**〔連続したもの〕を途切らせる, の一様さ[平坦(たん)さ]を乱す. The silence of the night was ～*ed* by a shriek. 夜のしじまを破って金切り声が聞こえた. ride through the monotonous landscape ～*ed* only by occasional clumps of trees 時折木立が見えるだけの単調な風景の中を行く.
── [自] **1** 中断する, 中途でやめる. **2** じゃまをする; 口出しをする. Excuse me for ～*ing*. すみません, ちょっとおじゃまします. That woman is always ～*ing*. あの女はいつも差し出口ばかりする.
── [名] [C] 〖電算〗割り込み, 中断. ～ inhibit 割り込み禁止.
[＜ラテン語「ばらばらに壊す, 中断する」(＜inter-＋*rumpere* 'break')]

ìn·ter·rúpt·er [名] [C] 遮る[じゃまする]人[もの]; 〖電〗断流器.

*__in·ter·rup·tion__ /ìntərʌ́pʃ(ə)n/ [名] ([複] ～s /-z/) [UC] **中断**; 妨害, じゃま; 遮る[られる]こと; [C] 妨害物, じゃま物. ～ of water service (水道の)断水. I dislike ～*s* when I am reading. 読書中にじゃまされるのはいやだ. He spoke for thirty minutes without ～. 彼は 30 分間休みなく話し続けた.

in·ter·rup·tive /ìntərʌ́ptiv/ [形] じゃまをする, 中断する.

ìnter·scholástic /[移]/ [形] 中学[高校]間の; 対校の.

†**in·ter·sect** /ìntərsékt/ [動] [他] 〔道路, 河川, 垣などが, 土地など〕を横切る, を(横切って)二分する[隔てる]; と交差する. ── [自] 〔2つ以上の道路, 線などが〕交わる, 交差する.
[＜ラテン語「切って分ける」(＜inter-＋*secāre* 'cut')]

ìn·ter·séc·tion [名] **1** [U] 横切ること; 交差. **2** [C] (特に 2 つの道路の)交差点; 交差道路. **3** [C] 〖数〗交点. ▷～·**al** /-əl/ [形]

ínter·sèssion [名] [UC] 〖米〗(大学の)学期と学期の間.

inter·space /⌐-⌐/ [名] [U] (2 つの物の間の)空間[時間], はざま. ── /⌐-⌐/ [動] [他] の間に空間を置く; の間の空間を占める[埋める]; 〈普通, 受け身で〉.

‡**in·ter·sperse** /ìntərspə́ːrs/ [動] [他] [VOA] (～ X ***among, between, in, throughout*** Y) X を Y のところどころに入れる, 点在させる; (～ Y ***with*** X) Y に X を点在させる; 〈普通, 受け身で〉. Vegetable plots are ～*d in* the rice paddies. 水田の中に野菜畑が点在している. a speech ～*d with* jokes 時々冗談を交えた演説. [＜ラテン語「間に散らす(*spargere*)」]

in·ter·sper·sion /ìntərspə́ːrʒən|-ʃən/ [名] [U] まき散らす[織り交ぜる]こと; 散在, 点在.

ìnter·státe /[移]/ [形] 〈限定〉(米国などの)州の間の (→intrastate). ── [副] 〖オース〗他州へ. ── [名] [C] **1** 各州間の道路. **2** 〈時に I-〉〖米〗州間高速道路.

Ìnterstate Cómmerce Commìssion [名] 〈the ～〉〖米〗州間通商委員会《実際には道路交通を多く扱う; 略 ICC》.

ìnter·stéllar /[移]/ [形] 〈限定〉 星の間の. ～ space 星間宇宙.

in·ter·stice /intə́ːrstəs/ [名] [C] 〈普通 ～s〉〖章〗小さな透き間; 割れ目; 〈*of*..の/*in*..の中の/*between*..の間の〉.

ìnter·tídal /[移]/ [形] 潮間帯の〔生物など〕.

ìnter·tríbal /[移]/ [形] 部族間の.

‡**ìnter·twíne** [動] [他] をからみ合わせる〈*with* ..と〉. ── [自] 〔つるなどが〕からみ合う.

ìnter·twist [動] ＝intertwine.

ìnter·úrban /-rə́ːrbən [移]/ [形] 〈限定〉 都市間の. ～ railroads 都市間鉄道.

‡**in·ter·val** /íntərv(ə)l/ [名] ([複] ～s /-z/) [C] **1** (時間的)**間隔**, 隔たり; 合間; 中休み, 休止期間. I met Michael again after an ～ of seven years. それから 7 年たってマイケルに再会した. There was a long ～ between the question and the answer. 質問と答えの間に長い

間があった. sunny [bright] ～s 晴れ間. return to school after an ～ in hospital しばらく入院して休んだ後復学する.
2 (空間的)**間隔**, 距離; (物と物の間の)透き間. an ～ of ten meters between the houses 家々の間の 10 メートルの間隔. maintain a proper ～ between cars 適切な車間距離を保つ.
3 〖英〗(劇, 音楽会などの)幕間(まく), 休憩時間, (〖米〗intermission). take a snack in the ～ 幕間に軽食を取る. There is a ten-minute ～ between Act II and Act III of the play. その劇の第 2 幕と第 3 幕の間に 10 分間の休憩がある. **4** 〖楽〗音程.
at* (..) *íntervals 時々, 折々; 所々に, ここかしこに; ..の間を置いて. have meetings *at* ～s 時々会合をする. Visitors came *at* long [short, frequent] ～s. 訪問者はたまにしか来なかった[しばしばやって来た]. *at* regular ～s (時間的, 空間的に)一定の間隔[間(ま)]を置いて. set up flagpoles *at* five-meter ～s 5m 間隔で旗ざおを立てる.
at íntervals of.. ..置きに; ..の間隔で. Trains leave this station *at* ～s *of* ten minutes [*at* ten-minute ～s]. 列車はこの駅を 10 分間隔で出る. *at* ～s *of* ten feet=*at* ten-feet ～s 10 フィート置きに.
in the íntervals (その)合間に. I read through a novel *in the* ～s. 合間合間に小説を 1 つ読み終えた.
[＜ラテン語「城壁間の空間」(＜inter- ＋ *vallum* 'wall')]

†in·ter·vene /ìntərví:n/ 動 自 【間に入る】 **1** 間に起こる[経過する] 〈*between* ..の〉. Only a week ～d *between* the two conferences. 2 つの会議の間にはたった 1 週間しかなかった. Ten kilometers ～s *between* the two cities. その 2 つの都市は 10 キロの隔たりがある.
2 (事件などが起きて)じゃまをする. We'll arrive on Friday if nothing ～s. 何も支障がなければ私たちは金曜日に着きます. **3** 仲裁に入る 〈*between* ..〔争う人など〕の〉; 仲裁する, 調停する, 〈*in* ..〔争いごと〕を〉. The committee didn't want to ～ *in* the strike, but they had to. 委員会はそのストライキの調停をしたくなかったが, しないわけにはいかなかった. **4** 干渉する, 介入する, 〈*in* ..に〉. ～ *in* the nation's internal affairs その国の内政に干渉する. [＜ラテン語「間に来る(*venire*)」]

in·ter·vén·ing /⑱/ 形 〈限定〉 間の, 間にある[起こる]. the ～ years その間の年月.

†in·ter·ven·tion /ìntərvénʃ(ə)n/ 名 UC **1** 間に入る[られる]こと; 介在. divine ～ 神の助け, 天佑(ゆう). **2** 仲裁, 調停. **3** 干渉, 介入. armed ～ in another country 他国への武力干渉.
▷**～·ìsm** 名 U (他国への内政)干渉主義.

in·ter·vén·tion·ist 形 (内政)干渉主義の〔政策など〕. —— 名 C 干渉主義者.

‡in·ter·view /íntərvjù:/ 名 (複 ～s /-z/) **1** UC **面接**, 面談; 会談; 〈*with* ..との〉. a job ～ [an ～ *for* a job] 就職面接. Applicants will be invited for ～ at the end of this month. 応募者には今月末に面接の呼び出しがある. I asked for an ～ *with* the bank manager. 私は銀行の支店長との会談を申し入れた. **2** C (記者などの)**取材訪問**, 会見, **インタビュー**, 〈*with* ..との〉. have an ～ *with* the governor 知事と会見する. give an ～ to the press 記者会見をする. hold a press ～ 記者会見を行う. a man-in-the-street ～ 街頭インタビュー.
3 C 会見 記事[放送番組].
—— 動 他 と面接をする 〈*for*..〔就職など〕のための〉; に会見する; 〔記者などが〕〔人〕にインタビューする 〈*about*..について〉. Bob was ～*ed* and was hired. ボブは面接を受け採用された. Reporters ～*ed* the Laotian refugees at their camp. 記者たちはキャンプでラオスの難民にインタビューした.
[＜フランス語 *entrevue*「お互いを見る(*voir*)こと」]

‡in·ter·view·ee /ìntərvju:í:/ 名 C 面接を受ける人; インタビューされる人.

‡ín·ter·vìew·er 名 C 面接者; 会見者; 訪問記者; インタビューアー.

in·ter·vo·cal·ic /ìntərvoukǽlik ⑱/ 形 〖音声〗母音間の.

ìnter·wár /⑱/ 形 (第 1 次, 第 2 次)両世界大戦間の.

ìnter·wéave 動 (→weave) 他 を織り合わせる; を織り交ぜる; 〈*with* ..と〉.

ìnter·wóve 動 interweave の過去形・過去分詞.

ìnter·wóven 動 interweave の過去分詞.

in·tes·ta·cy /intéstəsi/ 名 U 〖法〗無遺言死亡.

in·tes·tate /intésteit|-tət/ 形 〖主に法〗〈叙述〉 遺言書を作っていない; 遺言で処分されない〔財産など〕. die ～ 遺言を残さずに死ぬ. —— 名 C 無遺言死亡者.

‡in·tes·ti·nal /intéstənl/ 形 腸の; 腸内の.

intèstinal fórtitude 名 U 〖米話〗根性, 胆っ玉, (guts).

†in·tes·tine /intéstən/ 名 C 〖解剖〗〈普通 ～s〉 腸, 腸管. the large [small] ～ 大[小]腸.
—— 形 〔戦乱などが〕国内の (internal, domestic).
[＜ラテン語「内部にある」(＜*intus* 'within')]

ín·thìng, ín thìng 名 C 〖話〗流行しているもの (→in 形 3). be the ～ 今大流行している.

in·thral, -thrall /inθrɔ́:l/ 動 ＝enthrall.

in·ti·fa·da /ìntəfá:də/ 名 C 反乱, 蜂起(ほうき), 《特に, パレスティナのイスラエル占領地域でのアラブ人の反乱を指す》. [アラビア語 'jumping up']

†in·ti·ma·cy /íntəməsi/ 名 (複 **-cies**) **1** U (**a**) 親密さ, 親交, 〈*with* ..との〉. be on terms of ～ *with*.. と親密な仲である. (**b**) 詳しい知識, 精通, 〈*with*..への〉; (観察などの)綿密さ. **2** C 〈しばしば -cies〉 親密さを表す言動, (キス, 抱擁などの)愛情行為. **3** U 〖婉曲〗情交, 性的関係, 〈*with* ..との〉, (★特に, 警察, 法律関係者などが使う). ◇形 intimate
fòrm an íntimacy with.. ..と親密[ねんごろ]な仲になる.

***in·ti·mate**[1] /íntəmət/ 形 m
【親密な】 **1 親しい**; 親密な; 〔関係, 結合などが〕緊密な, 密接な; 〈*with* ..と〉 (類語 交友期間の長さと関係なく, 個人的な事を何でも打ち明けられるような深い相互理解や愛着を含意する; →familiar). He has few ～ friends. 彼には親しい友人はごくわずかしかいない (参考 an *intimate* friend はとかく 3 の意味に取られかねないので, 「親友」は a *close* friend としたほうが明確).
2 親しみのある, くつろげる, ムードのある. a warm, ～ smile 暖かい親しみのある微笑. a very ～ atmosphere 気の置けない雰囲気. an ～ little café くつろいだ気分になれる小喫茶店. **3** 〖婉曲〗性的関係がある 〈*with* ..と〉.
4 【親しい＞熟知の】 **詳しい**〔知識など〕; 精通した 〈*with* ..に〉. an expert ～ *with* urban problems 都市問題に通じている専門家. have an ～ knowledge of pottery 陶芸に精通している.
【内密な】 **5** 個人的な, 私的な, (private); 内密の; 心の奥にある, 内心の. an ～ diary 私的な日記.
◇名 intimacy
on intimate térms with.. ..と親密で[な], 親しい仲で[の]; 〖婉曲〗..と性的関係がある.
—— 名 C 〈普通 one's ～〉 親友 (intimate friend → 形 1 参考).
[＜ラテン語 *intimāre*「親しくさせる」(＜*intimus* 'inmost')] ▷**～·ness** 名

in·ti·mate[2] /íntəmèit/ 動 他 〖章〗をそれとなく知らせる, 遠回しに言う; VO (～ *that* 節) ..ということをほのめかす (hint); 〈to ..に〉. The President ～d (*to* us) *that* he would make an important announcement. 大統領は(我々に)重大発表を行う旨をほのめかした.

[intimate¹ と同源]

†**in·ti·mate·ly** 副 親しく, 親密に; 内密に; 詳しく; 密接に; 個人的に. I know Mr. Thomas ~. 私はトマスさんをよく知っています.

in·ti·ma·tion /intəméiʃ(ə)n/ 名 UC 〘章〙示唆, ほのめかし, 〈*of* ..の/*that* 節 ..という〉.

†**in·tim·i·date** /intímədèit/ 動 他 〘章〙を脅迫する; VOA (~ X *into* (*doing*) ..) X を脅して..させる. I won't be ~*d into* quit*ting* [silence]. 私は脅されて辞職[沈黙]しはしない. [<中世ラテン語「臆(おく)病にする」(<ラテン語 *timidus* 'timid')] ▷**in·tim·i·da·tor** /-tər/ 名 C 脅迫者.

‡**in·tím·i·dàt·ing** 形 〘章〙威嚇するような, 自信をなくさせるような.

in·tìm·i·dá·tion 名 UC 〘章〙威嚇, 脅迫.

in·tim·i·da·to·ry /intímədətɔ̀:ri|intìmədéitəri ⑱/ 形 〘章〙〔態度などが〕威嚇的な, 恫喝(どうかつ)的な.

intl. international.

‡**in·to** /íntu, íntu:, íntə/ (★/íntu:/ は主として文や節の終わりに用いられ, /íntu/ は母音の前, /íntə/ は子音の前に用いられる) 前 【内部へ向かって】 **1** ..の中へ, 内へ, (↔out of). go ~ a room 部屋に入る. look ~ the house 家の中をのぞく. 類語 in が一般に「内部における静止, 存在」を示すのに対し, into は「内部への移行, 帰着点」を示す. **2** ..の方向へまっすぐに (straight against); ..に真っ向から. The girl looked silently ~ the sky. 娘は黙々と空を見詰めていた. The car ran ~ a tree. 車は木に突っ込んだ.

【入り込んで】 **3** (**a**) 〔ある期間〕に入り込んで, ..になるまで. They worked far ~ the night. 彼らは夜ずいぶん遅くまで働いた. be well ~ middle age [one's fifties] 中年[50代]を大分進んでいる. Two hours ~ the flight, a bomb went off. 飛び立ってから2時間すると爆弾が破裂した.

(**b**)【活動に入り込んで】..に(従事して), ..を(調査して). go ~ politics [the matter] 政界に入る[その問題を調べる]. do research ~ the causes of cancer 癌(がん)の原因を研究する.

(**c**)【受け入れられて】..(の一員)に. be inducted ~ the army 陸軍に入隊する. marry ~ .. →marry (成句).

4【状態に入り込んで】..にはまり込んで, 陥って; ..を手に入れて, 所有[共有]して. get ~ difficulties 困難に陥る. come ~ a large fortune 大きな財産が(相続で)手に入る. let her ~ the secret 彼女にその秘密を教えてやる.

5【のめり込んで】〘話〙..に打ち[入れ]込んで, 夢中で, 'はまって'; ..に詳しい. Maggie's now ~ pop music. マギーは今ポップスに夢中だ. He is ~ drugs. 彼は薬(やく)にどっぷり浸かっている.

6 〘俗〙〔人〕に借金して. I'm ~ her for 100 dollars. 彼女には100ドルの借りがある.

7【異なる状態に入り込んで>変化して】..に. turn water ~ ice 水を氷に変える. The rain changed ~ snow. 雨は雪に変わった. He turned almost anything ~ profit. 彼はほとんど何でも金もうけに利用した. burst ~ tears 急に泣き出す. Put the following sentence ~ Japanese. 次の文を日本語に訳しなさい. Milk is made ~ butter and cheese. 牛乳はバターやチーズになる. I reasoned him ~ compliance. 私は彼を説いて同意させた. We talked her ~ joining our trip. 彼女を説得して私たちの旅行に参加させた. 語法 最後の2例では叙述動詞が使役的に用いられており, 例えば初めの文は I *made* him comply by reasoning (with him). と書き換えられる. この into を伴う用法は多くの動詞について可能である.

8【中に入り込んで>分割して】..に. We separated ~ five groups. 我々は5つのグループに分かれた. The year falls ~ four seasons. 1年には四季の区分がある. break ~ fragments 粉々に砕ける.

9 〘数〙(**a**) ..を割る(と). 3 ~ 27 is [goes] 9. =3 goes ~ 27 nine times. 27割る3は9 (=27 divided by 3 is 9.). 7 ~ 2 won't go. 7は2で割り切れない. (**b**) 〘古〙..を掛ける(と).

—— 形 〘数〙中への〔写像〕.

[<古期英語 *in tō*; 1語で書かれるようになるのは初期近代英語以降]

***in·tol·er·a·ble** /intál(ə)rəb(ə)l|-tɔ́l-/ 形 m **耐えられない**, 我慢できない. ~ working conditions 耐え難い労働条件. ▷**-bly** 副 耐えられないほど, 我慢できないほど.

in·tol·er·ance /intál(ə)rəns|-tɔ́l-/ 名 U **1** (異説, 異教, 異人種などに対する)不寛容, 狭量. religious ~ 宗教的不寛容. stir up ~ against immigrants 移民排斥の感情を煽(あお)る. **2** 過敏性, アレルギー, 〈*to* ..に対する〉. an ~ *to* pollen 花粉アレルギー.

***in·tol·er·ant** /intál(ə)rənt|-tɔ́l-/ 形 m **1** 不寛容な; (特に宗教上の)異説を許さない; 狭量な; 受け容れない, 我慢できない, 〈*of* ..を〉. He's ~ in his beliefs. 彼は信仰の面では不寛容だ. ~ attitudes toward Islam イスラム教(徒)に対する不寛容な態度. a man ~ *of* any opposition どんな反対も容赦しない男.

2 過敏な〈*of* ..に〉. His constitution is ~ *of* that drug. 彼の体質はその薬品に過敏である.

▷**~·ly** 副 不寛容に, 我慢できずに.

†**in·to·na·tion** /intənéiʃ(ə)n, -tou-/ 名 **1** U (祈禱(とう), 詩文などの)吟唱. **2** UC 〘音声〙イントネーション, 音調; (声の)抑揚. **3** U 〘楽〙(声, 楽器などの)音調.

▷**~·al** /-əl/ 形

in·tone /intóun/ 動 他 VO (~ X/"引用") X (祈禱(とう), 詩文など)を/「..」と吟唱する; X を/「..」と平板な音調で言う[唱える]. [<中期ラテン語 (<in-¹+ラテン語 *tonus* 'tone')]

in to·to /in-tóutou/ 副 全体として, 完全に, すっかり. [ラテン語 'in the whole']

In·tour·ist /intú(ə)rist/ 名 インツーリスト《ロシアの国際旅行社》.

in·tox·i·cant /intáksəkənt|-tɔ́k-/ 名 C 〘章〙人を酔わせる物, 〈特に〉酒類. —— 形 酔わせる.

†**in·tox·i·cate** /intáksəkèit|-tɔ́k-/ 動 他 **1** 〘章〙〔酒などが人〕を酔わせる, 酩酊(めいてい)させる, 〈普通, 受け身で〉. Chris became ~*d* and lost control of himself. クリスは酔って自制力を失った. **2** 〘章〙を陶酔させる; を興奮させる, 夢中にさせる, 〈普通, 受け身で〉. The man became ~*d with* [*by*] his own success. その男は自分の成功にのぼせ上がった. **3** 〘医〙を中毒させる (poison). [<後期ラテン語「毒を塗る」(<ラテン語 *toxicum* 'poison')]

in·tóx·i·càt·ed /-əd/ 形 〘章〙 **1** 酔った, 酩酊(めいてい)した. an ~ driver 酒に酔った運転者. **2** 興奮した, 夢中になった.

in·tóx·i·càt·ing 形 **1** 酔わせる. **2** 夢中にさせる.

▷**~·ly** 副

in·tòx·i·cá·tion 名 U 〘章〙 **1** 酔わせること, 酩酊(めいてい). **2** 陶酔; 興奮, 夢中. **3** 中毒.

intr. intransitive.

in·tra- /intrə/ 接頭「内の, 内に, ..の内部に[の]」の意味 (→extra-). *intra*mural. *intra*state. [ラテン語 *intrā* 'within']

intra·céllular 形 細胞内の.

‡**in·trac·ta·ble** /intrǽktəb(ə)l/ 形 〘章〙 **1** 〔人が〕言うことをきかない, 強情な. The old man was ~ and refused to move to a safer place. その老人は強情で, もっと安全な場所へ移ることを拒んだ. **2** 〔問題などが〕扱いにくい, 手に負えない. ▷**in·tràc·ta·bíl·i·ty** 名 **-bly** 副

in·tra·dos /íntrədɑs|intréidɔs/ 名 (複 ~ /-douz/, ~es) C 〘建〙(アーチの)内輪, 内孤面. [フランス語 (<intra-+*dos*「背」)]

intra·molécular 形 分子内の[で起こる].

intra·múral /⑱/ 形 〈限定〉 **1** 〘主に米〙学内に限ら

れた, 大学内の. ～ games 学内競技. **2** 都市内の; 建物内の; 組織内の. **3**〖解剖〗(器官, 細胞などの)壁内の.
◇↔extramural 「など」.

ìntra·múscular /[移]/ [形]〖医〗筋肉内(へ)の〔注射〕.

intrans. intransitive.

‡**in·tran·si·gence, -gen·cy** /intrǽnsədʒ(ə)ns/, /-dʒ(ə)nsi/ [名] [U]〖章〗妥協しないこと, 非協力(的態度).

in·tran·si·gent /intrǽnsədʒ(ə)nt/ [形]〖章〗〔人, 行動が〕妥協しない, 妥協的でない, 非協力的な.
── [名] [C] 非妥協的な人. ▷～·**ly** [副]

in·tran·si·tive /intrǽnsətiv|-trǽn-, -trάːn-/〖文法〗[形] 自動詞の (↔transitive). ── [名] [C] 自動詞.
▷～·**ly** [副] 自動詞的に, 自動詞として.

intrànsitive vérb [名] [C] 自動詞《略 vi., v.i.》.

> [文法] **intransitive verb** (自動詞): 目的語を必要としない動詞をいうが, そのうち補語を必要とするものを不完全自動詞 (incomplete intransitive verb), 必要としないものを完全自動詞 (complete intransitive verb) と呼ぶ. 前者は be, become, seem, appear, look, keep, remain などで, 比較的数が限られている. このうち become 以外は完全自動詞の用法もある. *Look* before you leap. Tom *looks* clever.

ìntra·párty /[移]/ [形] (政)党内の.

ìntra·pérsonal /[移]/ [形] 個人(の心)の内部の.

in·tra·pre·neur /ìntrəprənə́ːr/ [名] [C] (大企業内部の)新規事業開発担当社員. [＜*intra*- ＋ entre*preneur*]

ìntra·státe /[移]/ [形]〖米〗州内の (→interstate).

ìntra·úterine /[移]/ [形]〖医〗子宮内の.

intraùterine devíce [名] [C] 子宮内避妊器具, 避妊リング, 《略 IUD》.

ìntra·váscular /[移]/ [形] 血管内の.

‡**ìntra·vénous** /[移]/ [形]〖医〗静脈内(へ)の. an ～ injection 静脈注射. ▷～·**ly** [副]

ín-trày [名] (〖複〗 ～**s**) [C] 未決書類入れ (↔out-tray).

in·trench /intréntʃ/ [動] ＝entrench.

†**in·trep·id** /intrépəd/ [形]〖雅·旧〗〔人, 行動が〕恐れを見せない; 勇敢な; 大胆不敵な. [＜ラテン語 'not alarmed'] ▷～·**ly** [副] 勇猛に. 「さ, 勇猛さ.

in·tre·pid·i·ty /ìntrəpídəti/ [名] [U]〖章〗大胆不敵

in·tri·ca·cy /íntrikəsi/ [名] (〖複〗 **-cies**) **1** [U] 込み入っていること; 複雑さ. We could not help admiring the ～ of the embroidery. その刺繍(ししゅう)の精緻(ち)さに感嘆せざるを得なかった. **2** [C] 〈しばしば -cies〉 複雑な物事. I haven't yet mastered the *intricacies* of the English language. 私はまだ英語の込み入った点が分かっていない.

†**in·tri·cate** /íntrikət/ [形] 込み入った; 複雑な; (複雑で)難解な. an ～ system of roads 入り組んだ道路網. an ～ pattern 複雑な模様. a story with an ～ plot 筋の込み入った物語. [＜ラテン語「もつれさせる」(＜in-¹ ＋*tricae*「面倒, ごたごた」)] ▷～·**ly** [副]

†**in·trigue** /intríːg, ⌐⌐|⌐⌐/ [名] **1** [U] 陰謀をめぐらすこと. **2** [C] 陰謀, 密計. a political ～ 政治的陰謀. **3** [C]〖章〗(不義)密通. ── /-⌐/ [動] [他] を非常に面白がらせる; の興味を大いにそそる. The story still continues to ～ thousands of children. その話は今なお数多くの子供たちを引きつけ続けている. ── [自] 陰謀を企てる, 密計をめぐらす, 〈*against* ..に対して/*to* do..する〉. [＜イタリア語; intricate と同源]

in·trígued [形] 興味[好奇心]を持って〈*to* do ..して〉. I was greatly ～ to learn the source of the news. 私はその情報源を知って大いに興味をそそられた.

in·trí·guer [名] [C] 陰謀者.

†**in·trí·guing** [形] (風変わりで)大層面白い, 興味津々の, 好奇心をかきたてる. ▷～·**ly** [副]

†**in·trin·sic** /intrínsik, -zik/ [形] 〔価値, 性質などが〕本来備わっている, 本質的な, 〈*in, to* ..に〉; 本来の, 固有の, (↔extrinsic). The ～ value of the gold coin is far below its face value. その金貨の本来価値は額面価値よりずっと低い. [＜ラテン語「内部の」]
▷**in·trin·si·cal·ly** /-k(ə)li/ [副] 本質的に; 本来.

in·tro /íntrou/ [名] (〖複〗 ～**s**)〖話〗＝introduction 3, 5.

in·tro- /íntrə/ [接頭] 「中へ, 中に, 内部へ[に]」の意味. *intro*spection. *intro*duce. *intro*vert. [ラテン語 *intrō* 'to the inside']

intro(d). introduction; introductory.

‡**in·tro·duce** /ìntrəd(j)úːs/ [動] (**-duc·es** /-əz/|[過] [過分] ～**d** /-t/|**-duc·ing**) [他]

【初めて会わせる】 **1** 〔人〕を紹介する〈*to* ..に〉; 〔若い女性〕を紹介する, デビューさせる, 〈*to*.. 〔社交界〕に〉. Mr. Austin, may I ～ my uncle *to* you? オースチンさん, 私のおじを紹介いたします. Barbara stood up and ～*d* herself. バーバラは立ち上がって自己紹介をした. It's my great honor to ～ today's lecturer, Lord Quirk. 光栄ながら本日の講師クワーク卿(きょう)をご紹介します.

2 [VOA] (～ X *to*..) X (人)に..を初めて経験させる[教える], Xに..の手ほどきをする. I was first ～*d to* golf in my university days. 私は大学時代に初めてゴルフの手ほどきを受けた.

【初めて持ち込む】 **3** 〔考え, 技術, 流行, 風習など〕を(最初に)**取り入れる**, もたらす, 〈*into, to* ..に〉; を導入する, 〔新しいものなど〕を紹介する. Many French customs were ～*d to* the United States through immigrants. 多くのフランスの風習が移民によって米国に持ち込まれた. Foreign sailors ～*d* the disease *into* the island. 外国の船員がその病気を島に持ち込んだ. The new process has been ～*d into* all the factories. その新しい工程がすべての工場に導入された.

4 〔議題, 議案など〕を提出する〈*to, into, before* ..に〉; 〔話題など〕を持ち出す〈*into* ..に〉. They decided to ～ the bill *into* [*before*] Congress. 彼らはその議案を議会に提出することに決心した.

5〖章〗を入れる, 挿入する, 〈*into* ..に〉. The doctor ～*d* a rubber tube *into* the patient's throat. 医師は患者ののどにゴム管を差し込んだ.

【始める】 **6** 〔談話, 文章, 演奏など〕を始める〈*with* ..で〉. The author ～*s* the book *with* a long historical explanation. 著者は長い歴史的説明でその本を書き出している.

7 〔ショー, テレビ番組など〕の紹介[進行]役を務める.
[＜ラテン語 *intrōdūcere*「導き入れる」(＜intro- ＋ *dūcere* 'lead')] ▷**in·tro·dúc·er** [名]

‡**in·tro·duc·tion** /ìntrədʌ́kʃ(ə)n/ [名] (〖複〗 ～**s** /-z/)

1 [UC] (人の)**紹介**. a letter of ～ 紹介状. My wife made [performed] the ～*s*. 妻が人々の紹介をした. Carl Lewis needs no ～. カール・ルイスは紹介するまでもない(ほど著名だ).

2 〈one's ～〉 初の体験, 手ほどき, 〈*to* ..の〉. my ～ *to* the classics 私の古典文学との出合い.

3 [C] **入門書**, 概説書, 〈*to* ..の〉. An *Introduction to* Anthropology 人類学入門《書名》.

4 [U] (初めて)**取り入れること**, 導入; [C] (初めて)導入されたもの. the ～ of foreign capital 外資の導入. the ～ of new methods 新方法の採用. Color television is a recent ～ *to* that country. カラーテレビはその国には最近入ってきた.

5 [UC] **序論**, 序文, 〈*to* ..〔本など〕の〉; 前置き〈*to*.. 〔講演など〕の〉. ([参考] 書物の introduction は preface の後に置き, 内容的に本文と一層密接な関係を持つ). write a short ～ *to* a pamphlet 小冊子に短い序文を書く. By way of ～, let me give you a brief account of the

author. 前置きとして著者について簡単な説明をさせていただきます. **6** Ⓒ 最初の部分;〘楽〙序奏, 導入部.
7 Ⓤ 〘章〙(管などの)挿入 〈*into* ..への〉.

*__in·tro·duc·to·ry__ /ìntrədʌ́kt(ə)ri/ 形 **1** 紹介の; 導入の; 序論の; 入門の. an ～ remark 前置きの言葉. ～ courses in economics 経済学の入門講座. **2** (新製品)売り出しの, 新発売記念セールの,〔価格など〕. an ～ offer (商品の)新発売特別提供《値引き, 増量など》.

in·tro·it /íntrouit|íntrɔit/ 名 Ⓒ 〘カトリック〙入祭文;〘英国国教会〙聖餐(さん)式の前に歌う賛美歌.

in·tro·spect /ìntrəspékt/ 動 自 〘章〙内省する.

in·tro·spéc·tion 名 Ⓤ 内省, 自己反省, 自己省察.

in·tro·spec·tive /ìntrəspéktiv/ 形 内省的な, 自己反省の. ▷～·**ly** 副 内省的に.

in·tro·ver·sion /ìntrəvə́:rʒ(ə)n|-ʃ(ə)n/ 名 Ⓤ 〘心〙内向(性) (↔extroversion).

in·tro·vert /íntrəvə̀:rt/ 名 Ⓒ 〘心〙内面的な人, 内向型の人, (↔extrovert).
[<ラテン語「中へ向ける(*vertere*)」]

ín·tro·vèrt·ed /-əd/ 形 〘心〙内向性の.

*__in·trude__ /intrú:d/ 動 (～s /-dz/|過 過分 -**trud·ed** /-əd/|-**trud·ing**) 自 **押し入る**, 侵入する, 〈*into* ..に〉; じゃま[侵害]をする 〈*on, upon* ..の〉 (類語 intrude は勝手に又は突然に他人のいる場所へ侵入したり権利を侵害したりすること; encroach は徐々に他人の所有物や権利などを侵害することを意味する). A North Korean submarine ～*d into* South Korean waters and was stranded. 北鮮の潜水艦が韓国の領海に侵入して座礁した. Am I *intruding*? おじゃまでしょうか. They have no right to ～ *on* our privacy. 彼らには私たちのプライヴァシーを侵害する権利はない.
—— 他 〘章〙〔意見など〕を**押しつける**, 強いる, 〈*on, upon* ..に〉; を押し入れる 〈*into* ..に〉. He is apt to ～ his ideas *on* others. 彼はとかく自分の考えを他人に押しつける癖がある. I don't want to ～ myself *into* his private affair. 彼の私的な問題に首を突っ込みたくはない.
[<ラテン語「押し入る」(<in-¹+*trūdere* 'thrust')]

†**in·trúd·er** 名 Ⓒ 侵入者, 乱入者; 妨害をする人; でしゃばり者.

†**in·tru·sion** /intrú:ʒ(ə)n/ 名 **1** Ⓤ (意見などの)押しつけ; でしゃばり; 侵入(されること), 押し入り.
2 Ⓒ 押しつけ行為; 侵害行為.

‡**in·tru·sive** /intrú:siv/ 形 押しつける(ような); 侵入してくるような; 差し出がましい. a very ～ guy 大変でしゃばりな男. an ～ 'r' 〘音声〙嵌(かん)入的な r《例えば idea of /aidíərəv/ と読んだ場合の r 音》. ▷～·**ly** 副 ～·**ness** 名

in·trust /intrʌ́st/ 動 =entrust.

in·tu·it /int(j)ú:ət/ 動 自, 他 〘章〙(を)直観で知る.

†**in·tu·i·tion** /ìnt(j)u(:)íʃ(ə)n/ 名 **1** Ⓤ 直観, 直覚; 直観力. by ～ 直観的に. **2** Ⓒ 直観された物事; 直観的知識. I had an ～ that he was suffering from cancer. 私は彼は癌(がん)に侵されていると直観した.
[<ラテン語「一瞥(べつ)する, 考慮する」(<in-¹ + *tuērī* 'look')] ▷～·**al** 形 直観[直覚]の.

†**in·tu·i·tive** /int(j)ú:ətiv/ 形 直観の, 直覚の[による]; 直観的な. an ～ politician 直観の優れた政治家. an ～ decision 直観的判断. ▷～·**ly** 副 ～·**ness** 名

in·tu·mesce /ìnt(j)u:més/ 動 自 〘医〙膨張する, はれ上がる.

in·tu·mes·cence /ìnt(j)umésns/ 名 ⓊⒸ 〘医〙(充血などによる)膨張, 肥大.

In·u·it /ín(j)uit/ 名 (複 ～s, ～) **1** Ⓒ イヌイット族(の人). 参考 Eskimo のことであるが, Eskimo は軽蔑的な響きを持つので, 最近はこの語が用いられることが多く, カナダでは公式語. **2** Ⓤ イヌイット語. —— 形 イヌイット(語)の. [イヌイット語「人々」]

‡**in·un·date** /ínʌndèit, ínən-/ 動 他 〘章〙 **1** を水浸しにする, に氾濫(はんらん)する, 〈しばしば受け身で〉. The valley was ～*d* by the river. その流域には川の水が氾濫した. **2** を氾濫させる 〈*with* ..で〉; 〈受け身で〉に(大量に)押し寄せる, 殺到する, 〈*with* ..が〉. His office has been ～*d with* letters of protest. 彼の事務所には抗議の手紙が殺到してきた. [<ラテン語 *inundāre*「氾濫する」(<in-¹+*unda* 'wave')]

in·un·dá·tion 名 ⓊⒸ 〘章〙浸水, 洪水; 充満, 殺到.

in·ure /injúər/ 動 他 〘章〙〔人〕を慣れさせる, 鍛える, 〈*to* ..〔不快なもの・悪いもの〕に対して〉〈普通, 受け身で〉. ～ oneself *to*.. ..に慣れる. My mother is ～*d to* hardship. 私の母は苦労に慣れている. —— 自 〘主に法〙発効する; 役立つ. [<中期英語 *in ure* 'in use' (<古期フランス語)] ▷～·**ment** 名

in u·te·ro /in-jú:tərou/ 副 子宮内で; 誕生以前に. [ラテン語 'within the womb']

inv. invented; invention; inventor; invoice.

in va·cu·o /in-vǽkjuou/ 副 真空内に[で]; 孤立して, (周囲と)無関係に. [ラテン語 'in a vacuum']

*__in·vade__ /invéid/ 動 (～s /-dz/|過 過分 -**vad·ed** /-əd/|-**vad·ing**) 他 **1** 〔他国など〕に**侵攻する**, 侵入する; を侵略する. In 1939 Germany ～*d* Poland. 1939 年にドイツはポーランドに侵入した. **2** 〔権利など〕を侵害する. Nobody wants to have his privacy ～*d*. だれしもプライヴァシーを侵害されたくはない. **3** 〔病気, 感情などが〕を襲う, 侵す;〔音, においなどが〕に広がる. A sense of loss ～*d* him 喪失感が彼を襲った. **4** に(**大挙して**)**押し寄せる**, どっと入り込む. Each summer London is ～*d* by tourists. 毎夏ロンドンには観光客が殺到する. ◇名 invasion [<ラテン語「侵入する」(<in-¹+*vādere* 'go')]

†**in·vád·er** 名 Ⓒ 侵略者, 侵入者; 侵略国[軍]; 侵害者.

*__in·va·lid__[1] /ínvələd|-li:d, -ləd/ 名 (複 ～s /-dz/) Ⓒ (特に長患いの)**病人**, 病弱な人. an ～ for many years 長年の病人. —— 形 Ⓒ **1 病弱な**, 病身の. **2** 病人用の. an ～ diet 病人食.
—— /ínvələd|ínvəli:d, ⌐—⌐/ 動 他 **1** 〔人〕を病弱にする〈普通, 受け身で〉. *Invalided* by old age, she spent all her time in her room. 年老いて病弱になり彼女はずっと自室に閉じこもっていた. **2** を病弱者として取り扱う; 〘英〙を傷病兵として退役[(後方)送還]させる 〈*out, home*〉〈普通, 受け身で〉. [in-², valid]

‡**in·val·id**[2] /invǽləd/ 形 根拠がない, 無価値な; (特に法律上)無効な; (↔valid). an ～ argument 根拠薄弱な言い分. The judge ruled the contract ～. 裁判官はその契約は無効と裁定した. His passport was out of date and ～. 彼のパスポートは期限切れで無効だった.
[<ラテン語 *invalidus* 'not strong'] ▷～·**ly** 副

in·val·i·date /invǽlədèit/ 動 他 を無効にする; を無価値にする. [<invalid²] ▷**in·vàl·i·dá·tion** 名 Ⓤ 無効[無価値]化(された状態).

ínvalid chàir 名 〘英〙=wheelchair.

in·va·lid·ism /ínvələdìz(ə)m|-li:d-/ 名 Ⓤ 病弱, 病身.

in·va·lid·i·ty /ìnvəlídəti/ 名 Ⓤ 無効, 無価値; 病弱. ～ benefit 〘英〙(国民保険制度の)傷病手当.

*__in·val·u·a·ble__ /invǽlju(ə)b(ə)l/ 形 ⓜ **計り知れないほど価値がある**, (この上なく)貴重な, 〈*to, for* ..にとって〉 (類語 物より行為についていうことが多い; →valuable). your ～ advice あなたの実に貴重な助言. an ～ collection of old china 古磁器の非常に貴重なコレクション. [〘廃〙*invalue*「価値を計れない」, -able] ▷-**bly** 副 計り知れないほど. ～·**ness** 名

in·var /invá:r|⌐—, —⌐/ 名 Ⓤ 〈しばしば I-〉〘商標〙アンバー《鉄とニッケルの合金; 熱による膨張率が低く精密器機に利用される》.

in·vàr·i·a·bíl·i·ty 名 Ⓤ 不変性.

in·var·i·a·ble /invé(ə)riəb(ə)l/ 形 変化しない, 一定

不変の;〘数〙定数の.
── [名][C] 不変のもの;〘数〙定数, 不変量.

†**in·vár·i·a·bly** [副] 変化なく, いつも決まって; 相変わらず, 必ず. Most Japanese students are ～ silent during class. たいていの日本の学生は授業中決まって何ら発言しない.

*****in·va·sion** /invéiʒ(ə)n/ [名] ([複] **～s** /-z/) [UC] **1 侵攻**, 侵入; 侵略;〈*of* ..への〉. Many Americans believe that Truman used the bomb to avoid an ～ of the Japanese mainland. トルーマンは日本本土への侵攻を避けるために原爆を使ったと信じているアメリカ人は多い. economic ～ 経済侵略. **2** 侵害. ～ *of* privacy プライヴァシーの侵害. **3** (病気などの)侵入, 蔓延(まんえん). **4** 押し寄せること, 殺到. an ～ of movie fans 映画ファンの殺到. ◇[動] invade

‡**in·va·sive** /invéisiv/ [形] 侵略の; 侵略的な;〔病気などが〕体をむしばんでいく.

in·vec·tive /invéktiv/ [名]〘章〙[U] 毒舌, 激しい非難; [C]〈普通 ～s〉悪口雑言.

in·veigh /invéi/ [動] [自]〘章〙[VA] (**～** ***against***) ..を激しく非難する, ののしる.

in·vei·gle /invéig(ə)l, -víː-/ [動] [他]〘章〙**1** 〔人〕を誘い込む, つり込む,〈*into* ..に〉; [VOA] (**～** X ***into doing***) X (人)をだまして..させる. She was ～*d into* cooperat*ing* with the conspirators. 彼女は誘い込まれて陰謀者に加担する羽目になった. **2** を(甘言などで)うまく手に入れる, せしめる,〈*from, out of* ..から〉.
inveigle oneself [***one's way***] ***into*** **..** (人をたぶらかすなどして)..の中へまんまと入り込む.
[<古期フランス語「眼を見えなくする」]

‡**in·vent** /invént/ [動] (**～s** /-ts/|[過] [過分] **～·ed** /-əd/|**～·ing**) [他] **1** 〔新しいもの, 考え〕を**発明する**, 初めて作る, 考え出す, ([類語] それまでに存在しないものや新しい方法を創造すること; discover は存在はしているが知られていないものを見つけること). Edison ～*ed* many useful things. エジソンはたくさんの有益なものを発明した. **2** 〔真実でないものなど〕を作り上げる, でっち上げる. He ～*ed* the story. 彼はその話をでっち上げた. [<ラテン語「出くわす」(<in-[1] +*venire* 'come')]

‡**in·ven·tion** /invénʃ(ə)n/ [名] ([複] **～s** /-z/) **1** [U] **発明**, 創案; 発明の才, 創造力. the ～ of the printing press 印刷機の発明. Necessity is the mother of ～.〘諺〙必要は発明の母.
2 [C] **発明品**, 発明されたもの. Edison's numerous ～*s* エジソンのあまたの発明品. The word processor is a marvelous ～. ワープロはすばらしい発明品だ.
3 [UC] **作り事**, こしらえ事, でっち上げ. Don't believe this obvious ～. このはっきりしたでっち上げを信じてはいけないよ. **4** [C]〘楽〙インヴェンション《普通, 単一主題に基づいた対位法による小曲》. Bach's three-part ～ バッハによる3声インヴェンション.

‡**in·ven·tive** /invéntiv/ [形] **1** 発明の才がある, 創意に富んだ. **2** 発明の[に関する]. ▷ **～·ly** [副] **～·ness** [名]

*****in·ven·tor** /invéntər/ [名] ([複] **～s** /-z/) [C] **発明者**, 考案者.

‡**in·ven·to·ry** /ínv(ə)ntɔ̀ːri|-tri/ [名] ([複] **-ries**) **1** [C] 財産[在庫]目録; (物品などの)明細表, 棚卸し表. **2**〘米〙[UC] 在庫(品); [U] 在庫調べ, 棚卸し.
màke an ínventory of **..** = ***tàke*** (***an***) ***ínventory of*** **..** ..の目録を作る; ..を一々調べ上げ(て列挙す)る.
── [動] (**-ries**|[過] [過分] **-ried**|**～·ing**) [他] の財産[在庫品]目録を作る;〘米〙の在庫調べ[棚卸し]をする.
[<後期ラテン語「(死後見つかった動産の)目録」; invent, -ory]

In·ver·ness /ìnvərnés [移]/ [名] **1** インヴァネス《スコットランド北部の町; Highland 州の州都》. **2** 〈しばしば i-〉[C] インヴァネス(コート), 'とんび', 《取り外し可能な長いケープ (**Invernéss càpe**) 付きのコート》(**Invernéss clòak** [**còat**]).

in·verse /invə́ːrs [移]/ [形]〈普通, 限定〉〔順序, 位置, 方向などが〕逆の, 反対の. in ～ order 逆の順序で.
── /⌐⌐/ [名]〈the ～〉逆; 反対のもの;〘数〙逆(関)数. The ～ of 4 is $^1/_4$. 4 の逆数は $^1/_4$. ▷ **～·ly** [副]

ìnverse propórtion [名] [U]〘数〙反[逆]比例 (↔ direct proportion). in ～ to.. ..に逆[反]比例して.

in·ver·sion /invə́ːrʒ(ə)n|-ʃ(ə)n/ [名] [UC]〘章〙**1** 反対にする[される]こと, 逆転. **2**〘文法〙倒置, 語順転倒. **3**〘楽〙(和音, 音程などの)転回. **4**〘音声〙(舌の)反転. **5**〘化〙反転《化合物の分子の立体位置が逆になること》. **6**〘気象〙(気温の)逆転《大気上層より, 地表近くの方が低くなること》.

‡**in·vert** /invə́ːrt/ [動] [他] **1**〘章〙(**a**) を逆[さかさ]にする, 上下逆にする, ひっくり返す. There was an ～*ed* glass on the table. テーブルの上にはコップが1つ伏せてあった. (**b**)〔位置, 順序, 方向など〕を逆[反対]にする. ～ the order 順序を逆にする. **2**〘楽〙〔和音など〕を転回させる《高音[低音]を1オクターヴ低く[高く]する》. **3**〘音声〙〔舌(先)〕を反転させる; を反転音として発音する. **4**〘文法〙の語順を倒置する. **5**〘化〙を転化させる.
── [自] 逆になる, ひっくり返る.
── /⌐ー/ [名] [C] **1**〘建〙逆アーチ (inverted arch). **2**〘心〙〘旧〙性的倒錯者; 同性愛者 (homosexual).
[<ラテン語「さかさにする」(<in-[1] +*vertere* 'turn')]

in·ver·te·brate /invə́ːrtəbrət/ [形] **1** 脊椎(せきつい)のない, 背骨のない, (↔vertebrate). **2** 気骨のない, 気の弱い. ── [名] [C] **1** 無脊椎動物. **2** 気骨のない人.

invèrted cómmas [名]〈複数扱い〉〘英〙引用符 (quotation marks)《' ' 又は " "》. his friends, in ～〘話〙彼の「友人」(と称する連中)《書き言葉では his "friends" となる》.

invèrted snób [名] [C]〘英〙'逆スノッブ'《人》(〘米〙reverse snob). →inverted snobbery.

invèrted snóbbery [名] [U]〘英〙'逆スノッブ'《高級な価値観を軽蔑し, 下層階級への共感を誇示すること;〘米〙reverse snobbery》.

in·vért·er [名] [C] 逆にするもの;〘電〙インバーター, 逆変換器, 《直流を交流に変える》.

in·vért·i·ble [形] 逆にできる.

†**in·vest** /invést/ [動] [他] 【外から包む】 **1** に着せる, まとわせる,〈*with, in* ..を〉; に帯びさせる〈*with* ..〔性質など〕を〉. The castle is ～*ed with* fog. その城は霧に包まれている. **2**〘旧〙〘軍〙(兵隊, 艦船で)を包囲する.
【位などを与える】 **3**〘章〙〔人〕に授ける, 与える,〈*with* ..を〉. The high-ranking official was ～*ed with* full authority. その高官は全権を与えられた.
4 を(儀式などにより正式に)就任させる〈*as* ..に〉. be ～*ed as* the Archbishop of Canterbury カンタベリー大主教に就任する.
【与える>つぎ込む】 **5** を投資する;〔金, 時間など〕をつぎ込む〈*in* (do*ing*) ..(すること)に〉. My sister ～*ed* all her savings *in* stocks. 妹は貯金を全部株に投資した. We ～*ed* a lot of time *in* (carry*ing* out) this project. 私たちはこの計画(の遂行)に多くの時間をかけた.
◇[名] 5 では investment; 3, 4 は investiture,〈時に〉investment.
── [自] 投資する;〘話〙金を使う;〈*in* ..に〉. ～ heavily *in* shares 株に大金を投資する. I'll ～ *in* a new car. 新しい自動車を買おう.
[<ラテン語「装う」(<in-[1] +*vestis* 'clothes')]

in·vest·ed /-əd/ [形]〘米〙深くかかわった, 熱中した,〈*in* ..に〉. My son is ～ *in* the actress. 息子はその女優に入れ揚げている.

*****in·ves·ti·gate** /invéstəgèit/ [動] (**～s** /-ts/|[過] [過分] **-gat·ed** /-əd/|**-gat·ing**) [他] **1** 〔事件など〕を**調査する**, 捜

I

査する;〔苦情など〕を究明する; [VO] (～ *wh* 節) ..かを調べる; ([類語] examine よりも詳細に, 真実を明らかにするために厳密な方法で調査すること). The police are *investigating* ˪the cause of the car accident [*how* the car accident occurred]. 警察はその自動車事故˪の原因[がどうして起こったか]を調べている. ～ allegations of improper business dealings 不正取り引きの申し立てを調査する. **2**〔容疑者〕を取り調べる;〔志願者など〕の人物調査をする. **3** を調査研究する. Natural scientists ～ nature. 自然科学者は自然を研究する.

── 自 **1 調査する**; 研究する;〈*into* ..を〉. **2**〖話〗(ちょっと)調べる, チェックする. I heard a strange noise outside and went out to ～. 外で妙な音がしたので, 様子を見に出た. 「「足跡」)〕

〔<ラテン語「突きとめる, 調べる」(<in-¹ + *vestigium*↑

‡**in·ves·ti·ga·tion** /invèstəgéiʃ(ə)n/ 名 (複 **～s** /-z/) [UC] **調査**, 捜査; 研究. the matter under ～ 調査中の事柄. The ～ was carried out in secret. その調査はこっそり行われた. They are making a full-scale ～ *into* the problem. 彼らはその問題を全面的に調査研究している.

> [連結] close [extensive, thorough; systematic] ～ // conduct [pursue, undertake; conclude] an ～

I

in·ves·ti·ga·tive /invéstəgèitiv|-gətiv/ 形 調査の[に関する]. ～ reporting [journalism] 調査報道《汚職, 不正などについてマスコミが独自の調査をして報道する》.

†**in·ves·ti·ga·tor** /invéstəgèitər/ 名 [C] 調査者; 捜査官; 研究者.

in·ves·ti·ga·to·ry /invéstəgətɔ̀:ri|-gèit(ə)ri, -gət(ə)ri/ 形 ＝investigative. 「任官式, 授与式.

in·ves·ti·ture /invéstətʃər/ 名 [U] 任官, 授与; [C]↑

*__in·vest·ment__ /invés(t)mənt/ 名 (複 **～s** /-ts/)

1 (a) [UC] **投資**; 出資;〈*in* ..への〉. public [private] ～ 公共[民間]投資. an ～ *in* oil stocks 石油株への投資. **(b)** [C] 投資額, 出資額; 投資物件. make an ～ of £2,000 in securities 証券に2千ポンド投資する. Land is not an attractive ～ any longer. もはや土地は魅力的な投資(の対象)ではない. Education is an ～ in the future. 教育は未来への投資である.

> [連結] a good [a safe, a secure, a sound; a lucrative, a profitable; a bad; a risky; a long-term] ～

2 [UC] (時間, 労力などの)投入〈*in* ..への〉. **3** ＝investiture. **4** [U]〖まれ〗〖軍〗(町, とりでなどの)包囲.

invéstment bànk 名 [C] 投資銀行《証券を発行する企業や団体と投資家との仲介業を主とする米国の金融機関; いわゆる銀行業務はしない》. ▷**～·er** 名

invéstment còmpany 名 ＝investment trust.

invéstment trùst 名 [C] 投資信託会社.

†**in·ves·tor** /invéstər/ 名 [C] 投[出]資者; 叙任者.

in·vet·er·a·cy /invét(ə)rəsi/ 名 [U] 根深さ, 頑固さ; 常習癖.

in·vet·er·ate /invét(ə)rət/ 形〈限定〉〔(悪い)習慣, 感情などが〕根深い, 頑固な; 常習的な. their ～ enmity 彼らの根深い敵意. an ～ smoker 常習的喫煙者. This *dog is an* ～ *fighter.* この犬はけんかするととことんまでやる犬だ. 〔<ラテン語「古くする」(<in-¹ + *vetus* 'old')〕

▷**～·ly** 副 「い, 経営が維持できない.

in·vi·a·ble /inváiəb(ə)l/ 形〔社会などが〕生き残れな↑

in·vid·i·ous /invídiəs/ 形 **1**〔言葉, 態度などが〕人の反感を買うような, 腹立たしい. ～ remarks 腹立たしい言葉. ～ insinuation しゃくにさわる当てこすり. **2**〔地位, 立場などが〕人にねたまれやすい, うらまれる. **3** ひどく不公平な, 偏った. make an ～ distinction 不当な区別をする. ～ comparison 不公平な比較《例えば A の長所と B の短所を取り上げて A B を比較するような場合》.

〔<ラテン語 *invidia* 'envy'〕 ▷**～·ly** 副 **～·ness** 名

in·vig·i·late /invídʒəlèit/ 動 自, 他〖英〗(の)試験監督をする (〖米〗proctor). ▷**in·vìg·i·lá·tion** 名

in·vig·i·la·tor /invídʒəlèitər/ 名 [C]〖英〗試験監督者 (〖米〗proctor).

in·vig·or·ate /invígərèit/ 動 他 を元気づける, 爽快(そうかい)にする; に活力を与える. feel ～*d* 元気づけられる.

‡**in·víg·o·rà·ting** 形 元気づける; 爽快(そうかい)な. have an ～ bath after work 仕事の後に入浴してさっぱりする. ▷**～·ly** 副

in·vìn·ci·bíl·i·ty 名 [U] 無敵, 不敗.

†**in·vin·ci·ble** /invínsəb(ə)l/ 形 **1** 打ち負かせない, 征服できない, 無敵の. an ～ team 無敵のチーム. **2**〔信条・思想などが〕揺るぎない, 確固たる; 抜き難い. his ～ stubbornness 彼の抜き難い頑固さ. 〔<ラテン語 'not conquerable'〕 ▷**-bly** 副 無敵に; 征服し難いほどに; 揺るぎなく, 確固として.

Invìncible Armáda 名〈the ～〉＝armada 2.

in·vì·o·la·bíl·i·ty 名 [U]〖章〗不可侵性, 神聖さ.

in·vi·o·la·ble /inváiələb(ə)l/ 形〖章〗侵すことのできない; 神聖な;〔約束などが〕破ってはならない, 違背できない. an ～ right 侵すことのできない権利. ▷**-bly** 副

in·vi·o·late /inváiələt/ 形〖章〗〈普通, 叙述〉〔法律, 場所などが〕侵犯されていない; 損なわれていない; 汚れていない. 「隠れていること.

in·vìs·i·bíl·i·ty 名 [U] 目に見えないこと, 不可視性;↑

‡**in·vis·i·ble** /invízəb(ə)l/ 形 [C] **1 目に見えない**, 目に届かない, (↔visible); 隠れた, 気づかれない, 見分けのつかない;〈*to* ..に〉. Air is an ～ substance. 空気は目に見えない物質である. an ～ man (SF などの)透明人間. The airplane soon became ～ in the clouds. 飛行機は間もなく雲の中に見えなくなった. Bacteria are ～ *to* the naked eye. 細菌は肉眼には見えない. **2**〔人, 問題などが〕無視されている, なおざりにされた. The problems of the aged are largely ～. 老人問題は見過ごされている点が多い. **3**〔特に損益が〕帳簿に記録されない, (統計などの)表面に現れない; 貿易外の《運賃, 保険料, 海外旅行費など商品貿易以外の》. **──** 名 [C] **1** 目に見えないもの[存在];〈the ～〉霊界;〈the I-〉神. **2**〈～s〉〖主に英〗貿易外収支《商品貿易以外による国際収支》.

〔in-², visible〕 ▷**-bly** 副 目につかないほど.

invìsible éarnings 名〈複数扱い〉貿易外収入《観光者が落として行く金など》. 「invisible 形 3).

invìsible éxports 名〈複数扱い〉貿易外輸出 (→↑

invìsible ímports 名〈複数扱い〉貿易外輸入.

invìsible ínk 名 [U] あぶり出しインク.

invìsible ménding 名 [U] (衣類の)かけはぎ.

invìsible tráde 名 [U] 貿易外取り引き《観光, 保険, 金融などの対外取り引き》.

‡**in·vi·ta·tion** /invətéiʃ(ə)n/ 名 (複 **～s** /-z/) **1** [U] **招待**, 案内. a letter of ～ 招待状. Thank you very much for your kind ～. ご招待まことにありがとうございます. at [on] the ～ of the mayor 市長に招待されて. visit without ～ 招待なしで訪れる. Entrance is by ～ only. 入場はご招待の方に限ります《掲示》.

2 [C] **招待状**, 案内状. *Invitations* to parties must be sent out at least two weeks in advance. パーティーの招待状は少なくとも2週間前に発送すべきである. He received ˪an open [a standing] ～ to visit his uncle in Switzerland. 彼はスイスのおじをいつでも訪ねてよいという招待状をもらった.

> [連結] a friendly [a cordial; a formal; an informal] ～ // get [answer; extend, issue; accept, take up; decline, spurn, turn down] an ～

3 UC 勧誘, 誘引, 誘惑, 魅力, 〈*to* ..への/*to* do ..することの〉. an ～ *to* rebellion 反乱への誘因. An unlocked door is an (open) ～ *to* burglars [burglary]. ドアに鍵(かぎ)を掛けないのは泥棒にどうぞお入りなさいというようなものだ.

▷ ～·al /-nəl/ 形 招待者だけの〔競技会, 展覧会など〕.

‡in·vite /inváit/ 動 (～s /-ts/|過 過分 **-vit·ed** /-əd/|**-vit·ing**) 他

【招く】 **1 (a)** 〔人〕を**招待する**, 招く, 〈*to*, *for* ..に〉. I want to ～ Mr. Potter (over) *to* [*for*] dinner [the party]. ポッターさんを食事に[パーティーに]招待したい. Mary answered the door and ～*d* the visitor in. メリーは応接しに玄関へ出て訪問客を招き入れた. Now I seldom get ～*d* out. 現在では私はよそに招待されることはめったにない. ～ oneself 勝手に押しかける. **(b)** VOC (～ X *to do*) ..するよう X を招待する. I was ～*d to* spend the summer vacation at my uncle's in Spain. 私はスペインのおじの家で夏休みを過ごすよう招待された.

2【求める】〖章〗**(a)** 〔質問, 意見など〕を求める, 懇請する, 〈*from* ..に〉. Nobody ～*d* my opinion in this matter. この事ではだれも私の意見を聞こうとしなかった. The Government is *inviting* bids for the construction of the new bridge. 政府はその新しい橋の建設工事の入札を募っている. **(b)** VOC (～ X *to do*) X に..するよう依頼する. He was ～*d to* take over the vacant chairmanship. 彼は空席になっている議長職を引き継ぐよう要請された.

【誘う】 **3** VOC (～ X *to do*) X に**..するよう勧める**, 促す; X を..するよう誘う, 誘惑する. Let's ～ Ken *to* join our party. ケンに私たちのパーティーに加わるよう勧めよう. The heat of the afternoon ～*d* us *to* take a nap. 午後の暑さで我々は昼寝をしたくなった.

4 を引きつける, 呼ぶ, 誘う, (attract); 〔物事が〕〔危険, 困難など〕を招く, もたらす. Ants came into the house, ～*d* by the sugar spilled on the floor. 床にこぼした砂糖に誘われてアリが家に上って来た. ～ war 戦争を引き起こす. ～ suspicion 嫌疑を招く. Her big hat ～*d* laughter. 彼女の大きな帽子は笑いを誘った.

—— /ˊ-/ 名 C 〖話〗招待(状).

[<ラテン語 *invītāre*「招く, 求める, 挑む」]

***in·vit·ing** /inváitiŋ/ 形 m **人の心を引きつける**, 誘惑的な; 〔料理などが〕うまそうな. her ～ lips 彼女の魅惑的な唇. an ～ offer 魅力のある申し出.

▷ ～·ly 副 魅力的に; 誘うように; うまそうに.

in vi·tro /in-ví:trou/ 形, 副 〖生物〗体外の[で] (↔in vivo). ～ fertilization 体外授精. [ラテン語 'in glass']

in vi·vo /in-ví:vou/ 形, 副 〖生物〗体内の[で] (↔in vitro). [ラテン語 'in a living thing']

in·vo·ca·tion /invəkéiʃ(ə)n/ 名 〖章〗 **1** U (神の加護などを)祈ること 〈*to* ..に〉, 祈願. **2** C 祈り, 祈りの言葉, 呪(じゅ)文. ◇動 invoke

‡in·voice /invɔis/ 名 C 〖商〗送り状, 仕切り状, (明細を記載した)請求書.

—— 動 他 〖商〗に送り状を送る 〈*for* ..〔品物〕の〉; の送り状を送る 〈*to* ..〔人〕に〉; の送り状を作る.

†in·voke /invóuk/ 動 他 〖章〗 **1** (加護を求めて)〔神など〕に呼びかける, 祈る. ～ God 神に祈る. **2** 〔助け, 保護など〕を求める, 懇願する. ～ the aid of neighbors 隣人の助けを求める. **3** 〔法律, 権威など〕に訴える, を発動する, 実施する, 行使する; 〔原則など〕を(権威として)引き合いに出す, 援用する. ～ the power of the law 法の力に訴える. **4** 〔霊など〕を呼び出す, 呼び起こす; 〔感情など〕を呼びさます. ～ evil spirits on him 悪霊を呼び出して彼に取りつかせる. The tune ～*d* memories of her childhood. その調べをきいて彼女は子供のころのことを思い出した.

◇名 invocation

[<ラテン語「呼びかける」(<in-[1] + *vocāre* 'call')]

†in·vol·un·tar·i·ly /inválənterili|-vɔ́l(ə)nt(ə)r-/ 副 思わず知らず, 仕方なしに.

†in·vol·un·tar·y /inválənteri|-vɔ́l(ə)nt(ə)ri/ 形 **1 思わず知らずの**; 故意でない; 不本意の; 無意識の. an ～ groan 思わず出るうめき. **2** 〖生理〗不随意の. an ～ muscle 不随意筋. ▷ **in·vol·un·tar·i·ness** 名

invòluntary mánslaughter 名 U 〖法〗過失致死(罪).

invòluntary smóking 名 U 受動喫煙《周りの喫煙者による煙を吸うこと》.

in·vo·lute /ínvəlù:t/ 形 **1** 〖章〗複雑な, 込み入った. **2** 〖植〗〔葉が〕内巻きの; 〖貝〗細かく巻いた. —— 名 C 〖数〗伸開線. [<ラテン語 (involve の過去分詞)]

in·vo·lú·tion 名 UC **1** 〖章〗複雑(なもの); 内巻き(のもの). **2** 〖生理〗(老化などによる器官の)萎縮(いしゅく), 退縮.

‡in·volve /inválv|-vɔ́lv/ 動 (～s /-z/|過 過分 ～**d** /-d/|**-volv·ing**) 他 **1 を巻き込む**, 関係させる, 〈*in* ..〔事件など〕に〉; を掛かり合いにする 〈*with* ..と〉. without *involving* anyone else ほかにだれも巻き添えにしないで. ～ a person *in* a trouble 人をいざこざに巻き込む. The traffic accident ～*d* ten vehicles. その交通事故は10台の車両を巻き込んだ. He ～*d* himself deeply [was deeply ～*d*] *in* the plot. 彼は陰謀に深くかかわった[ていた]. get ～*d with* the police 警察と掛かり合いになる.

2 〔人〕を参加させる, 携わらせる, 〈*in* (*doing*) ..(すること)に〉. All the class were ～*d in* the discussion [throw*ing* snowballs]. クラス全員が討論[雪合戦]に参加させられた.

3 (a) (必然的に)**を含む**, 伴う, 必要とする, 意味する. The art of winning tennis ～*s* technique and guts. テニスに勝つには技術と根性が必要だ. There is no risk ～*d* in this operation. この手術には危険は伴わない. **(b)** VO (～ *doing*/X('s) *doing*) ..すること/X が..することを(必然的に)伴う. This plan ～*s* slash*ing* costs. この計画には大幅な経費削減が必要だ. The work will ～ you [your] living apart from your family for some time. この仕事ではしばらく家族と離れて暮らすことが必要となるだろう.

4 の注意を奪う, を熱中させる, 〈*in*, *with* ..に〉〈普通, 受け身又は再帰形で〉. Julia was so ～*d in* her crossword puzzle [*with* writing] that she didn't hear me. ジュリアはクロスワードパズル[書き物]に熱中していて私の言うことが耳に入らなかった. [<ラテン語「包み込む, 巻き込む」(<in-[1] + *volvere* 'roll, turn')]

***in·vólved** 形 **1 込み入った**, 複雑な. an ～ problem 複雑な問題. **2** 関係した 〈*in* ..に〉; 深い関係にある 〈*with* ..〔特に異性〕と〉. an organization for people ～ *in* education 教育関係者の組織. become [get] emotionally ～ *with* a married woman 人妻と恋仲になる.

†in·vólve·ment 名 UC 巻き込む[まれる]こと; (面倒な)掛かり合い; 〖話〗(男女の)性関係, 'いい仲', 不倫. his active ～ in anti-nuclear causes 反核運動への彼の積極的参加. Her first emotional ～ came at the age of 18. 彼女が初めて恋心にとらえられたのは18歳の時であった.

in·vul·ner·a·ble /invʌ́ln(ə)rəb(ə)l/ 形 傷つけることができない, 不死身の; (攻撃に)びくともしない, 難攻不落の 〈*to* ..に対して〉; 〔議論などが〕全くすきのない. an ～ argument 論破できない主張.

▷ **in·vùl·ner·a·bíl·i·ty** 名 **-bly** 副

‡in·ward /ínwərd/ 形 ¢ 〈限定〉 **1 内部の**, 中にある, 内側の. the ～ wall of the building 建物の内部の壁. an ～ pain 体の内部の痛み. **2 精神上の, 心の**, 内的な. ～ struggles 心の葛藤(かっとう). **3** 内部に向かう, 内部への. an ～ push on the door ドアを内側に押すこと. ◇↔ outward **4** 〔声が〕こもった, はっきりしない.

I

── 副 1 中へ, 内部へ, (↔outward). curve ～ 内側へ曲がる. 2 心に, 心の中へ.
── 名 〖話〗〈～s〉はらわた, 内臓.
[＜古期英語; in, -ward]
ìnward-lóoking /㊥/ 形 内向的な; 内政重視の「〔政策など〕.
ín·ward·ly 副 1 内部に, 中で. 2 心で; ひそかに. 3 小声で, 低い声で.
ín·ward·ness 名 U 1 内に向かうこと; 内面性, 本性. 2 精神性. 3 誠意, 真意.
ín·wards 副 =inward.
in·wrought /inrɔ́:t ㊥/ 形 〈普通, 叙述〉1 〖雅〗〔模様などが〕織り[縫い]込まれた; 刺繍(しゅう)した, 模様が織り込んである; 象眼を施した. 2 〖まれ〗よく混ざった, 入り交じった, 〈*with* ..と〉.
Io[1] ionium.
I·o[2] /áiou/ 名 イオ 1 〖ギ神話〗Zeus に愛されたが, その妻 Hera のねたみを買い, 白い牝牛に変えられた少女. 2 〖天〗木星の衛星の1つ.
I/O 〖電算〗input/output.
IOC International Olympic Committee.
i·o·dide /áiədàid/ 名 UC 〖化〗ヨウ化物.
i·o·dine, -din /áiədàin, -dì:n/, /-dən/ 名 U 1 〖化〗ヨウ素, ヨード, 《非金属元素; 記号 I》. 2 〖話〗ヨードチンキ《消毒薬》. [＜ギリシア語「スミレ色の」]
i·o·dize /áiədàiz/ 動 他 をヨウ素[ヨウ化物]で処理する.
i·o·do·form /aióudəfɔ̀:rm, -ádə-|-ɔ́də-/ 名 U 〖化〗ヨードホルム《消毒, 防腐剤》.
IOM Isle of Man.
‡**i·on** /áiən, -ɑn|-ən, -ɔn/ 名 C 〖物理・化〗イオン. [ギリシア語]
-ion /(j)ən/ 接尾 「動作, 状態など」の意味の名詞を作る. un*ion*. complet*ion*. complex*ion*. vers*ion*. [フランス語 (＜ラテン語 *-iō*)]
I·o·na /aióunə/ 名 アイオナ島《スコットランドの Inner Hebrides 中の島; スコットランドキリスト教の発祥地 (6世紀)》.
íon exchànge 名 UC イオン交換.
I·o·ni·a /aióuniə/ 名 イオニア《小アジアの西海岸にあった古代ギリシアの植民地》.
I·o·ni·an /aióuniən/ 形 イオニア(人)の. ── 名 C イオニア人.
Iònian Séa 名 〈the ～〉イオニア海《ギリシアとイタリア前部の間の海》.
I·on·ic /aiánik|-ɔ́n-/ 形 1 イオニア(人)の. 2 〖建〗イオニア式の. the ～ order イオニア式.
i·o·ni·um /aióuniəm/ 名 U 〖化〗イオニウム《トリウムの放射性同位元素; 記号 Io》.
ì·on·i·zá·tion 名 U イオン化, 電離.
i·on·ize /áiənàiz/ 動 他, 自 (を)イオン化する, 電離する.
▷**i·on·iz·er** 名 C イオン化装置.
i·on·o·sphere /aiánəsfìər|-ɔ́n-/ 名 C 〈the ～〉電離層《成層圏の上にあって無線電波を反射する》.
▷**i·on·o·spher·ic** /aiɑ̀nəsférik|-ɔ̀n-/ 形
i·o·ta /aióutə/ 名 1 UC イオータ《ギリシア語アルファベットの 9 番目の文字 *I, ι*; ローマ字の I, i に当たる》.
2 aU ごくわずか (→jot)〈否定文で〉. There isn't an ～ of worth in the entire proposal. その提案はどこを取っても全く価値がない.
IOU /àioujú:/ 名 (複 ～s, ～'s) C 仮借用証《*I owe you* の略字; IOU $100 (100 ドル借用)のように借用書に書くことから》.
IOW Isle of Wight.
I·o·wa /áiəwə|áiouə/ 名 アイオワ《米国中西部の州; 州都 Des Moines /dimɔ́in/; 略 IA 〖郵〗, Ia.》.
[北米先住民語「眠い人々」]
▷**I·o·wan** /-ən/ 形, 名 C アイオワ州の(人).
IPA International Phonetic Alphabet [Association].
ip·so fac·to /ìpsou-fǽktou ㊥/ 副 (まさに)その事実によって; 事実上. Some people assume that being homosexual ～ makes one incapable of satisfactory human relationships. ホモであるとただそれだけの理由で人間は満足な人間関係を持てない, と思い込んでいる人もある. [ラテン語 'by the fact itself']
***IQ** 名 (複 **IQ's, IQs** /-z/) UC アイキュー, 知能指数 (intelligence quotient) (→AQ). have a high [low] *IQ* 知能指数が高い[低い]. an *IQ* of 125 アイキュー 125. Don't bother about *IQ*. アイキューなんて気にしなさんな.
Ir 〖化〗iridium.
Ir. Ireland; Irish.
ir- /i/ 接頭 in-[1], in-[2] の異形〈r の前で〉. *ir*rational. *ir*regular.
IRA 1 〈the ～〉Irish Republican Army (アイルランド共和国軍) 《北アイルランド (Northern Ireland) 併合を目指すカトリック系反英地下組織》. 2 Individual Retirement Account (個別退職勘定方式) 《米国在住者を対象とする個人年金プラン》.
I·ran /irǽn, ai-|irá:n/ 名 イラン《アジア南西部のイスラム共和国; 旧称 Persia; 首都 Tehran》.
Iran. Iranian.
I·ra·ni·an /iréiniən, ai-/ 形 イランの, イラン人[語]の.
── 名 1 C イラン人. 2 U イラン語.
I·raq /irǽk|irá:k/ 名 イラク《アジア南西部の共和国; 首都 Bagdad》.
I·ra·qi /irǽki|-rá:-/ 形 イラクの, イラク人[語]の.
── 名 1 C イラク人. 2 U イラク語《アラビア語の一種》.
i·ràs·ci·bíl·i·ty 名 U 〖章〗怒りっぽいこと; 短気; かんしゃく持ち.
i·ras·ci·ble /irǽsəb(ə)l, ai-/ 形 〖章〗怒りっぽい, かんしゃく持ちの, 短気な. ▷**-bly** 副
i·rate /àiréit ㊥/ 形 〖章〗立腹した, 腹立ち紛れの. an ～ letter 怒りの手紙. [＜ラテン語 *ira*「怒り」] ▷**～·ly** 副 **～·ness** 名
IRBM intermediate range ballistic missile.
ire /aiər/ 名 U 〖雅〗怒り (類語 anger より形式ばった語). ▷**íre·ful** /-fəl/ 形 〖雅〗怒った (angry).
Ire. Ireland.
***Ire·land** /áiərlənd/ 名 1 アイルランド《北大西洋北東部の島で大ブリテン島 (Great Britain) の西にある; アイルランド共和国と北アイルランド (Northern Ireland) に分かれる; 愛称 the Emerald Isle》. 2 アイルランド共和国《正式名称は the Republic of Ireland》.
I·rene /ai(ə)rí:n, ⌐―|ái(ə)ri:n, ai(ə)rí:ni; 2 では ai(ə)rí:ni/ 名 1 女子の名. 2 〖ギ神話〗エイレーネー《平和の女神; ローマ神話の Pax に当たる》.
ir·i·des /írədì:z, ái(ə)rə-/ 名 iris の複数形.
ir·i·des·cence /ìrədés(ə)ns/ 名 U 〖章〗虹(にじ)色, 玉虫色, 《見る角度によって色が変わる》.
ir·i·des·cent /ìrədés(ə)nt/ 形 〖章〗虹色の, 玉虫色の. ▷**～·ly** 副
i·rid·i·um /airídiəm, ir-/ 名 U 〖化〗イリジウム《金属元素; 記号 Ir》.
ir·i·dol·o·gy /ìridálədʒi|-dɔ́l-/ 名 U 〖医〗虹(こう)彩学《虹彩によって健康状態を診断する》.
‡**i·ris** /ái(ə)rəs/ 名 (複 **～es, irides**) 1 C 〖解剖〗(眼球の)虹(こう)彩. 2 C アヤメ属の植物《イチハツ, アヤメ, ハナショウブなど》; その花. 3 〈I-〉〖ギ神話〗イーリス《虹(にじ)の女神》. 4 〖詩〗C 虹 (rainbow); 虹状のもの; U 虹色.
5 =iris diaphragm. [ギリシア語「虹」]
íris dìaphragm 名 C 〖光学〗(カメラなどの)虹(こう)彩絞り.
***I·rish** /ái(ə)riʃ/ 形 ℂ アイルランドの; アイルランド人の; アイルランド語の. ── 名 1 〈the ～; 複数扱い〉アイルランド人. 2 U アイルランド語 (Irish Gaelic); アイルランド英語 (Irish English).
Ìrish Américan 形, 名 C アイルランド系アメリカ人(の).
Ìrish búll 名 C 矛盾していて滑稽(こっけい)な言葉 (→bull[3]).
Ìrish cóffee 名 UC アイリッシュ・コーヒー《ウイスキーを入れ生クリームを浮かせたコーヒー》.
Ìrish Énglish 名 U アイルランド英語《アイルランド訛(なま)りの英語》.
Ìrish Frée Stàte 名 〈the ～〉アイルランド自由国

(→the Republic of Ireland).

Ìrish Gáelic 名 U アイルランド語,(アイルランドの)ゲール語,《ケルト系の言語で, 1921 年以来アイルランド共和国の公用語》. 「四連隊.

Ìrish Guárds 名 〈the ～〉〖英〗近衛(このえ)歩兵第↑

Ìrish jòke 名 C アイルランド人についての冗談《英国人が用い, アイルランド人は不快に感じる; bull³》.

†**Ìrish·man** /-mən/ 名 (複 **-men** /-mən/) C アイルランド人; アイルランド人の男性. 「to 1).

Ìrish potáto 名 (複 **～es**) UC ジャガイモ (→pota-↑

Ìrish Repúblic 名 〈the ～〉＝the Republic of Ireland.

Ìrish Repùblican Ármy 名 〈the ～〉＝IRA.

Ìrish Séa 名 〈the ～〉アイルランド海《Ireland と England の間の海》.

Ìrish sétter 名 C アイリッシュ・セッター《赤褐色のつやのある体毛の猟犬》.

Ìrish stéw 名 UC アイリッシュ・シチュー《羊肉・ジャガイモ・ニンジン・タマネギを入れる》. 「形犬》.

Ìrish térrier 名 C アイリッシュ・テリア《巻き毛の小↑

Ìrish twéed 名 U アイリッシュ・ツイード《スコットランド産のものより目が粗い》.

Ìrish whískey 名 UC アイリッシュ・ウイスキー.

Ìrish wólfhound 名 C アイリッシュ・ウルフハウンド《大形の猟犬; 毛は普通グレーで粗い》. 「女性.

Ìrish·wòman 名 (複 **-women**) C アイルランド人の↑

irk /ə:rk/ 動 他 〈普通 it を主語にして〉をいらだたせる; を困らせる. It *～ed* Tony to be treated like a child. トニーは子供扱いされて憤慨した. [?＜古期北欧語「働く」]

irk·some /ə́:rks(ə)m/ 形 退屈な, うんざりする; 面倒くさい; いらいらさせる. ▷ **～·ly** 副 **～·ness** 名

‡**i·ron** /áiərn/ 名 (複 **～s** /-z/) 【鉄】 **1** U **鉄**《金属元素; 記号 Fe; →steel》; (食物, 体などに含まれる)鉄分; 鉄剤. cast [wrought] ～ 鋳[鍛]鉄. as hard as ～ 鉄のように堅い. Strike while the ～ is hot. 〖諺〗鉄は熱いうちに打て《好機を逸するな》. Pregnant women need extra ～. 妊娠中の女性は普通以上に鉄分を必要とする.

2 〈形容詞的〉**鉄製の**, 鉄の. ～ ore 鉄鉱石. an old ～ stove 古い鉄製のストーブ.

3 〈形容詞的〉**鉄のような**; 堅い, 不屈の; 動かしがたい; 頑丈な; 冷酷な. an ～ will 鉄のように堅い意志. an ～ law 鉄則. He has an ～ constitution. 彼は頑丈な体格をしている. rule with an ～ hand [fist] 苛酷(かこく)な統治をする.

4 U (鉄のように)強固なこと; 冷酷なこと. a man of ～ 意志の強固な人; 冷酷な人.

【鉄製の品物】 **5** C アイロン, こて, (flatiron). an electric ～ 電気アイロン.

6 C 鉄製品; 鉄器. fire *～s* 炉道具《火かき棒, 火ばしなど》. a branding ～ (家畜に焼き印を付ける)焼きごて.

7 C 〖ゴルフ〗アイアン《ヘッドが金属のクラブ; 1 番から 9 番まである; →wood 5》. a 7 ～ 7 番アイアン.

8 〈～s〉〖旧・雅〗足かせ (shackles), 手かせ (fetters). Put [Clap] him in *～s* for the time being. 当分の間彼に足かせをはめろ.

an* [*the*] *ìron hánd* [*físt*] *in a* [*the*] *vèlvet glóve →velvet.

ìrons in the fíre 片付けなければならない仕事《かじ屋の仕事の様子から》. He has (too) many *～s in the fire*. 彼は同時に多くのことに手を出しすぎる.

pùmp íron 〖話〗(筋肉トレーニングで)バーベルを上下に動かす, 重量挙げをする. 「従させる.

rùle** a person **with a ròd of íron 人を無理やり服↑

── 動 (**～s** /-z/|過 過分 **～ed** /-d/|**～·ing**) 他 〔衣服など〕にアイロンをかける. ── 自 **1** アイロンかけをする. **2** 〔布などが〕アイロンがかかる. This cloth *～s* well. この生地はアイロンがよくかかる.

ìron /../ óut (1) ..にアイロンをかける,〔しわなど〕をアイロンで伸ばす. (2)〖話〗〔問題, 困難など〕を解決する,〔障害など〕を取り除く. *～ out* differences in wages 賃金格差をなくす. [＜古期英語]

Ìron Àge 名 〈the ～〉 **1** 〖考古学〗鉄器時代 (→Stone Age, Bronze Age). **2** 〖ギ・ロ神話〗〈時に i- a-〉鉄の時代《Golden, Silver, Bronze の各 Age に続く人間の歴史中最も堕落した時代》.

íron·bòund 形 **1** 鉄張りの, 鉄の帯で縛った. **2** 堅い, 曲げられない;〔規則などが〕厳重な, 厳格な. **3** 〔海岸などが〕岩の多い, 岩でごつごつした.

Ìron Chāncellor 名 〈the ～〉鉄血宰相《Bismarck のあだ名》.

ìron·clád /⑧/ 形 **1** 装甲された, 甲鉄の,〔軍艦など〕. **2** 曲げられない, 厳しい,〔規則など〕. **3** 〔議論など〕一分の隙(すき)もない, 鉄壁の.

── /⌐⌐/ 名 C 〖史〗(19 世紀の)装甲艦. 「章》.

Ìron Cróss 名 鉄十字勲章《プロイセン, ドイツの戦功↑

Ìron Cúrtain 名 〈the ～〉〖史〗鉄のカーテン《ソ連及びその他の共産主義国と西側諸国などとの間の障壁; →bamboo curtain》.

Ìron Dúke 名 〈the ～〉鉄公爵《Wellington 1 の↓

íron fòundry 名 C 鋳鉄工場. ⌊あだ名》.

ìron-gráy, -gréy 〖英〗/⑧/ 形, 名 U 鉄灰色[灰白色](の).

ìron hórse 名 C 〖古〗機関車; 自転車.

†**i·ron·ic, -i·cal** /airánik|-rɔ́n-/, /-k(ə)l/ 形 皮肉な, 反語的な. with ～ politeness 皮肉な丁重さで《表面は丁重だが内心はその反対のさま》. use a word in an ～ sense 単語を皮肉な意味に使う《例: That's a *fine* thing to say. (随分ご立派な(＝ひどい)事を言うね)の fine》. ◇名 irony

i·rón·i·cal·ly /-k(ə)li/ 副 皮肉に(も); 反語的に. *Ironically*, he died the day after he inherited a large fortune. 皮肉なことに彼は大財産を相続した翌日死んだ. 「衣類.

í·ron·ing 名 U アイロンかけ; アイロンをかける[かけた]↑

íroning bòard 名 C アイロン台.

i·ro·nist /áirənist|áir(ə)-/ 名 C 皮肉を言う人;〈特に〉アイロニー作家.

Ìron Lády 名 〈the ～〉鉄の女《元英国首相 Thatcher のあだ名》.

ìron lúng 名 C 鉄の肺《人工呼吸装置》.

íron·mònger 名 C 〖英〗金物屋の主人, 金物商 (〖米〗hardware dealer). ▷ **～·y** /-g(ə)ri/ 名 U 〖英〗金物類 (〖米〗hardware). 「ンクの染み.

íron mò(u)ld 名 C (布地などに付いた)鉄さびの跡, イ↑

íron-òn 形 アイロンで付けられる〔ステッカーなど〕.

ìron óxide 名 U 〖化〗酸化鉄.

ìron rátions 名 〈複数扱い〉(軍隊・登山家など用の)携帯用非常食.

íron·sìde 名 C **1** 勇猛果敢な人, 剛の者. **2** 〖史〗〈～s; 単数扱い〉装甲艦 (ironclad). **3** 〖英史〗〈Ironsides; 単数扱い〉アイアンサイド《Cromwell のあだ名》; (Cromwell が率いた)鉄騎兵(団).

íron·stòne 名 U **1** 鉄鉱(石). **2** アイアンストーン《白色の硬質陶器の一種》(**ìronstone chína**).

íron·wàre 名 U 鉄器, 鉄製品; (台所用)金物.

íron·wòod 名 C 硬質樹木《特に hornbeam》; U↓

íron·wòrk 名 U 鉄製品. ⌊硬質木材.

íron·wòrker 名 C 製鉄工; 金物職人; 鉄筋組立↓

íron·wòrks 名 (複 ～) C 鉄工所. ⌊工.

***i·ro·ny** /ái(ə)rəni/ 名 (複 **-nies** /-z/) **1** U **皮肉**; 反語; 風刺; 当てこすり; (類語 意図することと反対の語句を使ってやんわりと当てこすることで, 必ずしも悪意を含まない; その例は best 形 3, fine 形 6, nice 形 3, splendid 3 に見られる; →sarcasm, satire). say with heavy ～ 皮肉

たっぷりに言う. His stories are full of ～ and wit. 彼の話は皮肉と機知に富んでいる.

連結 bitter [caustic; cruel; gentle, mild; subtle] ～

2 UC 皮肉な巡り合わせ; 皮肉な出来事. the ～ of fate 運命の皮肉. ◊形 ironic(al) [＜ギリシア語「知らないふりをすること」]

Ir·o·quoi·an /ìrəkwɔ́iən/ 名 U イロコイ語族; C イロコイ族の人. ── /移/ 形 イロコイ語族の; イロコイ族の.

Ir·o·quois /írəkwɔ̀i, -kwɔ̀iz/ 名 (複 ～) 〈the ～〉 イロコイ族 《北米先住民数部族から成る; 今日のカナダ Quebec, Ontario 州, 米国 New York 州にあたる地域に住んでいた》; C その一員; U その言語.
── 形 イロコイ族の.

ir·ra·di·ance, -an·cy /iréidiəns/, /-ənsi/ 名 U 「発光, 光輝.

ir·ra·di·ate /iréidièit/ 動 他 《章》 1 を明るくする, 照らす. 2 〔顔など〕を輝かす 〈with, by ..〔喜びなど〕で〉 〈普通, 受け身で〉. His face was ～d with joy. 彼の顔は喜びに輝いていた. 3 〔問題など〕に解明の光を当てる, 〔心〕を啓発する. 4 〔光線など〕を放射する; 〔食物〕に(殺菌, 保存のため)放射線処理を施す; 《医》 に X 線などを当てる, 照射する. [＜ラテン語 (＜in-[1]＋radiāre「照らす」)]

ir·rà·di·á·tion 名 U 1 発光; 輝き. 2 解明, 啓発. 3 《医》 放射線照射[治療]. 4 (食料品の)放射線処理 《殺菌, 保存のために微量のガンマ線を照射する; **irradiátion trèatment** とも言う》.

***ir·ra·tion·al** /irǽʃ(ə)nəl/ 形 m 1 不合理な, 非論理的な; ばかげた; (↔rational; 類語「常軌を逸した, 問題にならない」という強い含意がある; →unreasonable). his ～ behavior 彼のばかげた行動. 2 理性のない, 道理の分からない, (↔rational). an ～ animal 理性のない動物. 3 《数》 無理(数)の. an ～ number 無理数. [in-[2], rational] ▷～·ly 副 不合理に(も).

ir·ra·tion·al·i·ty /iræʃənǽləti/ 名 U 不合理性, 理性に合わないこと, 無分別.

ir·re·claim·a·ble /ìrikléiməb(ə)l/ 形 1 取り返せない; 矯正できない. 2 〔土地が〕開墾[干拓]できない. ▷-bly 副

ir·rec·on·cil·a·ble /irékənsàiləb(ə)l, ‐‐‐‐‐ 移/ 形 《章》 〔人などが〕和解できない, 協調しない; 〔思想, 行動などが〕両立しない; 調和しない, 矛盾した, 対立した; 〈with ..と〉. ── 名 C (頑固に)和解[妥協]を拒む人. ▷-bly 副 和解できないほど〔鋭く対立するなど〕.

ir·re·cov·er·a·ble /ìrikʌ́v(ə)rəb(ə)l 移/ 形 取り戻せない, 回収不能の; 回復できない. ▷-bly 副 回復不可能に[なほど].

ir·re·déem·a·ble /ìridí:məb(ə)l 移/ 形 1 《章》 取り[買い]戻せない, 救いようのない, 矯正しようのない. an ～ loss [mistake] 取り返しのつかない損失[失敗]. 2 〔国債などが〕償還されない, 〔紙幣などが〕兌(だ)換できない, 不換の. ▷-bly 副 救いがたく.

ir·re·duc·i·ble /ìrid(j)ú:səb(ə)l 移/ 形 《章》 1 減じることのできない; 縮小できない. 2 それ以上単純化できない; 帰し得ない 〈to ..〔より単純な形式〕に〉. ▷-bly 副

ir·ref·ra·ga·ble /iréfrəgəbl/ 形 《章》 反駁(ばく)できない, 議論の余地のない, 否定できない.

ir·ref·u·ta·ble /iréfjutəb(ə)l, ìrifjú:- 移/ 形 《章》 反駁(ばく)できない, 論破できない. ▷-bly 副 反駁の余地なく.

irreg. irregular; irregularly.

ir·re·gard·less /ìrigá:rdləs/ 形 《米話》 =regardless (★非標準語法; ＜irrespective＋regardless).

‡**ir·reg·u·lar** /irégjələr/ 形 m 1 〔時間などが〕不規則な, 不定期な; (習慣などから)外れた, 破格の, 変則的な, 異常な. at ～ intervals 不規則な間隔で. keep ～ hours (起床, 就寝時間が)不規則な生活をする. The patient's breathing was ～. 患者の呼吸は不規則であった. a highly ～ procedure 極めて変則的な手続き. 2 〔形などが〕不ぞろいの; まっすぐでない, 平坦(たん)でない; 不均整な. an ～ coastline 入り組んだ海岸線. ～ in shape 形が不ぞろいな. ～ teeth 歯並びの悪い歯. 3 〔行動などが〕常軌を逸した, だらしのない. his ～ behavior 彼の不品行. 4 《文法》 不規則(変化)の. 5 《軍》 正規兵[軍]でない. 6 《米》 〔商品が〕規格基準に達しない, きずもので. 7 《米》 〔便通, 月経などが〕不規則な, 不順で. ◊↔regular 名 irregularity
── 名 C 《軍》 〈普通 ～s〉 不正規兵[軍]. [in-[2], regular]

irrègular compárison 名 UC 《文法》 (形容詞・副詞の)不規則比較変化 《good [well]-better-best; bad [ill]-worse-worst など》.

irrègular conjugátion 名 UC 《文法》 (動詞の)不規則活用.

†**ir·reg·u·lar·i·ty** /irègjəlǽrəti/ 名 (複 -ties) 1 U 不規則性, 不正規, 不ぞろい; 逸脱, 不法. 2 C 不規則なもの[事], 規格外れ; 〈-ties〉 (地面, 道路などの)でこぼこ. 3 C 不法行為, 規則違反. 4 〈-ties〉 不品行. 5 U 《米》 便秘 (constipation).

ir·rég·u·lar·ly 副 不規則に; 変則的に; 不ぞろいに.

irrègular vérb 名 C 不規則動詞.

ir·rel·e·vance /irélәv(ə)ns/ 名 1 U 不適切, 見当違い; (当面の問題との)無関係. 2 C 無関係な事柄; 見当違いの発言[質問など].

ir·rel·e·van·cy /iréləv(ə)nsi/ 名 (複 -cies) =irrelevance.

†**ir·rel·e·vant** /iréləv(ə)nt/ 形 1 無関係の 〈to ..に〉; 不適切な, 的外れの, 見当違いの. Don't ask questions ～ to the present problem. 当面の問題と無関係の質問はしないでください. 2 今日の問題と関係ない, 時代遅れの; 役に立たない. ▷～·ly 副 無関係に; 不適切に.

ir·re·li·gious /ìrilídʒəs 移/ 形 〔人や行動などが〕反宗教の; 無宗教の; 不敬な. ▷～·ly 副 不敬にも.

ir·re·me·di·a·ble /ìrimí:diəb(ə)l 移/ 形 《章》 治療できない, 不治の; 矯正できない; 取り返しのつかない. ▷-bly 副 手の打ちようのないほど.

ir·re·mov·a·ble /ìrimú:vəb(ə)l 移/ 形 移動できない; 取り除けない; 免官できない, 終身官の. ▷-bly 副

‡**ir·rep·a·ra·ble** /irép(ə)rəb(ə)l/ 形 修繕[修理]できない; 回復できない; 直せない. ▷-bly 副 修繕できないほど.

ir·re·place·a·ble /ìripléisəb(ə)l/ 形 置き換えられない; 取り替えられない; かけがえのない.

ir·re·press·i·ble /ìriprésəb(ə)l 移/ 形 〔感情などが〕抑えきれない, 抑制できない. an ～ child 手に負えない子供. ▷-bly 副 抑えきれないほど.

ir·re·proach·a·ble /ìripróutʃəb(ə)l 移/ 形 非難の余地がない; 欠点のない; 申し分のない. ▷-bly 副 非のうちどころなく, 申し分なく.

***ir·re·sist·i·ble** /ìrizístəb(ə)l 移/ 形 m 1 抵抗できない, 打ち勝てない; 〔衝動などが〕抑えきれない. an ～ force 不可抗力. an ～ impulse 抑えきれない衝動. 2 たまらないほど魅惑的な. an ～ kitten (思わずなでてやらずにいられないような)かわいい子猫. She found the pendant ～. 彼女はそのペンダントが素敵でどうしても欲しかった. [in-[2], resistible] ▷-bly 副 抵抗できないぐらい; いやおうなしに. ～·ness 名

ir·res·o·lute /irézəlù:t/ 形 《章》 決断力のない. ▷～·ly 副 優柔不断に.

ir·res·o·lu·tion /irèzəlú:ʃ(ə)n/ 名 U 《章》 不決断; 優柔不断.

‡**ir·re·spec·tive** /ìrispéktiv 移/ 形 関係のない 〈普通, 次の成句で〉. ***irrespéctive of ..*** 《章》 ..にかかわらず, 関係なく. All are eligible to vote ～ of race,

creed or religion. すべての人は人種, 信条あるいは宗教に関係なく投票する資格がある. ～ *of* whether you like it or not 君がそれを好むと好まざるとにかかわらず.

ìr·re·spòn·si·bíl·i·ty [名][U] 無責任.

***ir·re·spon·si·ble** /ìrispánsəb(ə)l|-spɔ́n- [移]/ [形] [m] **1** 〔人, 行動などが〕**無責任な**, 責任を負わない; 責任感のない. It was highly ～ *of* him not to have submitted his report. 彼が報告書を提出しなかったのは極めて無責任だった. **2** 責任のない, 責任を問われない, 〈*for* ..に対して〉. a child legally ～ *for* his actions 法的には行動の責任を問われない子供. [in-², responsible] ▷**-bly** [副] 無責任に(も).

ir·re·triev·a·ble /ìritríːvəb(ə)l [移]/ [形] 〖章〗元に戻せない; 取り返しのつかない. an ～ loss 取り返しのつかない損失. ▷**-bly** [副] 取り返しのつかないほど.

ir·rev·er·ence /irév(ə)rəns/ [名][U] 不敬; 不遜(ふそん).

‡**ir·rev·er·ent** /irév(ə)rənt/ [形] 〔人, 行為などが〕不敬の; 不遜(ふそん)な. ▷**～·ly** [副] 不敬に; 不遜に.

‡**ir·re·vers·i·ble** /ìrivə́ːrsəb(ə)l [移]/ [形] **1** 逆にできない, 逆転できない; 不可逆の. **2** 取り消せない, 変更できない. ▷**-bly** [副] 不可逆的に; 取り消せないように.

‡**ir·rev·o·ca·ble** /irévəkəb(ə)l/ [形] 取り消せない; 変更できない. an ～ decision 最終決定. ▷**-bly** [副] 取り消しできないように. **ir·rèv·o·ca·bíl·i·ty** [名]

ir·ri·ga·ble /írigəb(ə)l/ [形] 〔土地が〕灌漑(かんがい)できる.

‡**ir·ri·gate** /írəgèit/ [動] [他] **1** 〔人工の水路などで土地〕に水を引く; を灌漑(かんがい)する. **2** 〖医〗〔傷口など〕を洗浄する. **3** に活力を与える, を蘇(よみがえ)らせる.
[＜ラテン語「水を引く」(＜in-¹＋*rigāre* 'moisten')]
▷**ìr·ri·gá·tion** [名][U] 灌漑(かんがい); 〖医〗洗浄.

ìr·ri·ta·bíl·i·ty [名][U] **1** 怒りやすいこと, 短気. **2** 〖医〗(刺激に対する)過敏性; 〖生物〗刺激感受性.

†**ir·ri·ta·ble** /írətəb(ə)l/ [形] **1 怒りっぽい**, 短気な. Why are you so ～ this morning? 今朝はどうしてそんなに怒りっぽいの. **2** 〖生物〗(接触, 光, 熱などの)刺激に感じやすい, 過敏な. ▷**-bly** [副] いらいらと. **～·ness** [名]

ìrritable bówel sỳndrome [名][C] 〖医〗過敏性腸症候群《痛み, 下痢などを伴う》.

ir·ri·tant /írət(ə)nt/ 〖章〗 [形] いらいらさせる; 刺激性の. ―― [名][C] いらいらさせるもの[こと]; 刺激物; 刺激剤.

***ir·ri·tate** /írətèit/ [動] (**～s** /-ts/|[過] [過分] **-tat·ed** /-əd/|**-tat·ing**) [他] **1** をいらいらさせる, 怒らせる, じらす, ([類語] 普通, 嫌がらせなどを繰り返して徐々に不快感をかき立てることで, annoy より強い). His foolish questions ～*d* the teacher. 彼のばかげた質問で先生はいらいらした. The mother was ～*d with* [*against*] her son. 母親は息子に対して怒っていた. The passengers were ～*d at* [*by*] the delay in departure. 乗客は出発の遅れにいらいらしていた. **2** 〔身体器官〕を刺激する; をぴりぴりさせる, ちくちくさせる. The fumes from the stove ～*d* my eyes. ストーブの煙が目にしみた.
[＜ラテン語 *irritāre*「興奮させる」]

‡**ír·ri·tàt·ing** [形] **1** いらいらさせる, 腹の立つ. **2** 炎症を起こす, ぴりぴり[ちくちく]させる, 〈*to* ..〔目, 鼻, 喉(のど)など〕に, を〉. ▷**～·ly** [副] いらいらさせて; ぴりぴり[ちくちく]させて.

†**ir·ri·tá·tion** [名] **1** [UC] いらいらさせる[させられる]こと, 焦燥; 怒らす[怒る]こと, 立腹; [C] いらだたせるもの[事]. a minor ～ ちょっとしたいらだち. **2** [C] ちくちく[ぴりぴり]する箇所, 痛み; [UC] 〖医〗刺激, 炎症.

ir·ri·ta·tive /írətèitiv/ [形] 刺激性の; いらいらさせる.

ir·rupt /irʌ́pt/ [動] [自] 〖章〗 **1** 突入[侵入, 乱入]する 〈*into* ..に〉. **2** 〔動物などが〕(異常)大発生する; 〔鳥などが〕(異常な)大群で移動する. ▷**ir·rup·tive** /-tiv/ [形] 〖章〗突入[侵入, 乱入]の; (動物が)大発生する.

ir·rúp·tion [名] [UC] 〖章〗突入, 侵入, 乱入, 〈*into* ..への〉; (動物などの)大発生, 大移動.

IRS Internal Revenue Service.

Ir·ving /ə́ːrviŋ/ [名] **Washington ～** アーヴィング (1783–1859) 《米国の短編作家・随筆家》.

‡**is** /z, s, 強 iz/ [動], [助] be の 3 人称単数・直説法・現在形. [注意] 弱く発音される場合, /z/ は母音及び /z, ʒ, dʒ/ 以外の有声子音の後で, /s/ は /s, ʃ, tʃ/ 以外の無声子音の後で用いられる. [＜古期英語; →be]

Is. 〖聖書〗 Isaiah; Island(s); Isle(s).

is. island(s); isle(s).

Is(a). Isaiah 3.

I·saac /áizək/ [名] **1** 男子の名《愛称 Ike》. **2** 〖聖書〗イサク《Abraham の子; Jacob と Esau の父》.

Is·a·bel(le), Is·a·bel·la /ízəbèl/, /ìzəbélə/ [名] 女子の名《Elizabeth の変形; 愛称 Bel(l)》.

I·sa·iah /aizéiə|-záiə/ [名] **1** 男子の名. **2** 〖聖書〗イザヤ《ヘブライの大預言者》. **3** 〖聖書〗『イザヤ書』《旧約聖書の一書》.

-i·sa·tion /izéiʃən|ai-/ [接尾] 〖英〗＝-ization.

ISBN International Standard Book Number (国際標準図書番号).

Is·car·i·ot /iskǽriət/ [名] **1** 〖聖書〗イスカリオテ《キリストを裏切ったユダ (Judas) の姓》. **2** [C] 裏切り者.

is·chi·um /ískiəm/ [名] ([複] **is·chi·a** /-kiə/) [C] 〖解剖〗座骨.

ISD International subscriber dialing (国際電話「加入者ダイヤル通信).

ISDN 〖電算〗 Integrated Services Digital Network (総合サービスデジタル網, アイエスディーエヌ).

-ise /aiz/ [接尾] 〖英〗＝-ize.

I·seult /isúːlt|izúːlt/ [名] **1** 女子の名. **2** 〖中世伝説〗イソルデ《Tristram に愛された女性》.

-ish¹ /iʃ/ [接尾] **1** 名詞に付けて次の意味の形容詞を作る: (**a**)「..に属する, ..に関する」. Scott*ish*. Turk*ish*. (**b**)「..らしい, ..のような」,「..がかった, ..じみた」. fool*ish*. child*ish*. (**c**) 〖話〗〈時間や年齢について〉「およそ..の, ..ごろの, ..をわずか過ぎた」. thirty*ish* (30 歳ぐらいの). **2** 形容詞に付けて「..気味の, やや..の」の意味の形容詞を作る. brown*ish*. long*ish*. young*ish*.
[古期英語]

-ish² [接尾] フランス系借入語の動詞を作る. abol*ish*. fin*ish*. [古期フランス語 *-iss-*]

Ish·er·wood /íʃərwud/ [名] **Christopher ～** イシャウッド (1904–86) 《英国生まれの米国の作家》.

Ish·ma·el /íʃmiəl, -meiəl/ [名] **1** 〖聖書〗イシマエル《Abraham がその妾(めかけ)に生ませた子》. **2** [C] 放浪者; (社会から)追い出された者, (社会の)のけ者.

Ish·ma·el·ite /íʃmiəlàit/ [名][C] **1** 〖聖書〗イシマエル (Ishmael) の子孫. **2** ＝Ishmael 2.

i·sin·glass /áiziŋglæ̀s, -ziŋ-|-ziŋglɑ̀ːs/ [名][U] **1** 鰾膠(にべ)《魚の浮き袋から採るにかわ》. **2** 〖鉱〗雲母(うんも) (mica). [＜オランダ語「チョウザメの浮き袋」]

I·sis /áisəs/ [名] **1** 〈the ～〉アイシス川《Oxford より上流の Thames 川の名称》. **2** 〖エジプト神話〗イシス《豊饒(じょう)と受胎の女神》.

Isl. Island; Isle.

***Is·lam** /islɑ́ːm, ísləm|ízlɑːm/ [名][U] **1 イスラム教**, マホメット教, 回教. **2** 〈集合的〉イスラム教徒; 全イスラム教国; イスラム教世界. **3** イスラム教文化. [アラビア語「(神への)服従」]

Is·lam·a·bad /islɑ́ːməbɑ̀ːd|iz-/ [名] イスラマバード《パキスタンの首都》.

Is·lam·ic /islǽmik|iz-/ [形] イスラム教(徒)の.

Islàmic fundaméntalism [名][U] イスラム原理主義.

Is·lam·ism /islɑ́ːmiz(ə)m, ísləmiz(ə)m|ízlɑːmi-z(ə)m/ [名][U] イスラム教.

Is·lam·ite /ísləmàit/ [名][C], [形] イスラム教徒(の).

‡**is·land** /áilənd/ [名] ([複] **～s** /-dz/) [C] **1 島** (略 I, Is.). the Hawaiian *Islands* ハワイ諸島. a desert ～ 無人島. **2** 〈形容詞的〉**島の**. Japan is an ～ country. 日本は島国だ. **3** 島に似たもの; (島のように)孤立したもの.

an ～ of peace [calm] (都会の喧騒(けんそう)などに囲まれた)平和な[静かな]別天地. No man is an ～. どんな人間も孤立した存在ではない. **4** (街路の真ん中の)安全地帯(traffic island,〘米〙safety island). **5** 台所[食堂]の中央に置くワゴン.

── 動 他 **1** を島(のよう)にする. **2** を孤立させる.
[＜古期英語 *igland*; 原義は「水に囲まれた地」]

ís·land·er 名 C 島の住人, 島民.

†**isle** /ail/ 名 C 島, 〈特に〉小島, (語法 主に〘詩〙, 又は固有名詞の一部として用いられる). →British Isles, Isle of MAN, Isle of WIGHT. [＜ラテン語 *insula*「島」]

is·let /áilət/ 名 C 〘雅〙小島.

ìslets [ìslands] of Láng·er·hans /-lɑ́:ŋ(g)ərhæ̀ns/ 名 C 〈複数扱い〉〘生理〙ランゲルハンス島《膵(すい)臓中の, インシュリンを分泌する細胞群》.

Is·ling·ton /ízliŋtən/ 名 イズリングトン《ロンドンの北東部にある borough》. 「ズム. [＜-ism]

ism /íz(ə)m/ 名 C 〘普通, 軽蔑〙主義, 学説, 教義, イ↑

-ism /iz(ə)m/ 接尾 **1**「主義, 教義, 学説, 体制など」の意味の抽象名詞を作る. capital*ism*. Marx*ism*. mystic*ism*. behavior*ism*. **2**「行動の型, (異常な)状態, 特徴など」の意味の抽象名詞を作る. critic*ism*. hero*ism*. mechan*ism*. alcohol*ism*. American*ism*. **3**「(不当な)差別」の意味の抽象名詞を作る. age*ism*. rac*ism*. sex*ism*. [フランス語 (＜ギリシア語)]

‡**is·n't** /íz(ə)nt/ 〘話〙 is not の短縮形. It's cold today, ～ it? 今日は寒いですね.

ISO International Organization for Standardization (国際標準化機構)《ISO の呼称は, ギリシア語の *ísos* 'equal', に由来し, 頭字語ではない》.

i·so- /áisou/ 〈複合要素〉「同一の, 類似の」の意味. *iso*gloss. *iso*tope. [ギリシア語 *ísos* 'equal']

i·so·bar /áisəbɑ̀:r/ 名 C 〘気象〙等圧線.
▷**i·so·bar·ic** /àisəbǽrik/ 形

i·so·chro·mat·ic /àisoukroumǽtik/ 形 **1**〘光学〙等色の. **2**〘写〙整色性の《被写体の色の関係を正しく表す》. 「の, 等時(性)の. ▷**～·ly** 副

i·soch·ro·nous /aisɑ́krənəs|-sɔ́k-/ 形 同一時間↑

i·so·gloss /áisəglɔ̀:s, -glɑ̀s|-glɔ̀s/ 名 C 〘言〙等語線《1つの言語的特徴の現れる地域の境界線》.

i·so·gon·ic /àisəgɑ́nik|-gɔ́n- ⊛/ 形 等偏角の.

ìsogonic líne 名 C 等方位線, 等偏角線.

***i·so·late** /áisəlèit/ 動 (～s /-ts/|過 過分 **-lat·ed** /-əd/|**-lat·ing**) 他 〈しばしば受け身で〉**1** を孤立させる;〘医〙〔伝染病患者など〕を隔離する; 〈*from* ..から〉. The village was ～*d* by the heavy snow. その村は大雪で孤立した. His wealth ～*d* him *from* his friends. 富が彼を友人達から孤立させた. ～ an infectious case *from* other patients 伝染病患者を他の患者から隔離する.
2〔問題など〕を切り離す, 別に考える, 〈*from* ..から〉. Politics should be ～*d from* religion. 政治は宗教と別個に考えるべきものだ. **3**〔細菌など〕を分離する;〘化〙を単離する;〘電〙を絶縁する. A famous chemist ～*d* vitamin C. ある有名な化学者がビタミンCを単離した.
[＜*isolated*]

í·so·làt·ed /-əd/ 形 **1** 孤立した; 隔離された; 分離された. an ～ life 世間から離れた生活. Damage from the typhoon was ～ to a small area. 台風の被害は小区域にとどまった. **2** 単独の, たった1つの〔事例など〕. a few ～ cases of cholera (集団発生ではなく)散発的なコレラの発生. **3** 分離された;〘化〙単離した;〘電〙絶縁した.
[＜後期ラテン語「島 (insula) にされた」]

†**ì·so·lá·tion** 名 U **1** 孤立; (患者などの)隔離. They were living in complete ～. 彼らは社会から全く孤立した生活をしていた. an ～ ward 隔離病棟. **2** 分離;〘化〙単離;〘電〙絶縁.

isolátion hòspital 名 C 隔離病院.

ì·so·lá·tion·ìsm 名 U 国際孤立主義.

ì·so·lá·tion·ist 形, 名 C 孤立主義者(の).

isolàtion périod 名 C (伝染病患者の)隔離期間.

I·sol·de /isóuldə|-zɔ́l-/ 名 ＝Iseult.

i·so·mer /áisəmər/ 名 C 〘化〙異性体;〘理〙異性核.
▷**i·so·mer·ic** /àisəmérik ⊛/ 形

i·so·met·ric /àisəmétrik ⊛/ 形 **1** 等大[等積, 等角, 等容]の. **2**〘生理〙〔筋肉の収縮が〕等尺性の. **3**〘結晶〙等軸の. **4**〘韻律〙等韻律の. **5** (遠近法を無視した)等距離画[図]法の. **6** isometrics の.

isomètric dráwing 名 U 等距離画[図]法.

isomètric éxercise 名 ＝isometrics.

ì·so·mét·rics 名 〈単数扱い〉〘医・スポーツ〙アイソメトリックス《等尺性収縮運動による筋肉のトレーニング》.

i·so·morph /áisəmɔ̀:rf/ 名 C 同形物質[生物].
▷**ì·so·mór·phic** /⊛/ 形

i·sos·ce·les /aisɑ́səlì:z|-sɔ́s-/ 形 〘数〙二等辺の.

isòsceles tríangle 名 C 二等辺三角形.

i·so·therm /áisəθə̀:rm/ 名 C 〘気象〙等温線.
▷**i·so·ther·mal** /àisəθə́:rməl ⊛/ 形

i·so·tope /áisətòup/ 名 C 〘物理・化〙アイソトープ, 同位元素. ▷**i·so·top·ic** /àisətɑ́pik|-tɔ́p- ⊛/ 形

i·so·trop·ic /àisətrɑ́pik|-trɔ́p- ⊛/ 形 〘理〙等方性の《各方向に物理的性質が等しい》.

Ì-spý 名 U '見つけた'《"I spy, with my little eye, something beginning with 's'."「小さな目でsで始まる物見つけた」と1人が言うと, ほかの人たちが s で始まる目に見える物を当てるゲーム; s でなくどんな文字でもよい》.

Isr. Israel; Israeli.

†**Is·ra·el** /ízriəl, -reiəl/ 名 **1** イスラエル《アジア南西部, 地中海沿岸に1948年に建国されたユダヤ人の共和国; 首都 Jerusalem》. **2** 〈複数扱い〉ヘブライ人, ユダヤ人; イスラエル (→4) の子孫. **3**〘史〙イスラエル王国《昔 Palestine の北部にあった》. **4**〘聖書〙イスラエル《Jacob の別名》.

Is·rae·li /izréili/ 名 (複 **～s, ～**) C イスラエル共和国民, (現代の)イスラエル人. ── 形 イスラエル共和国(民)の.

Is·ra·el·ite /ízriəlàit/ 名 C イスラエル (Israel 4) の子孫; (昔の)イスラエル人, ヘブライ人, ユダヤ人. ── 形 (昔の)イスラエル(人)の; ユダヤ(人)の.

Is·sei /i:séi, ⌐−/ 名 (複 **～**) C 〘米〙一世《米国, カナダに移住した日本人(の一代目); →Nisei, Sansei》. [日本語]

is·su·a·ble /íʃu(:)əb(ə)l|íʃu(:)-, ísju(:)-/ 形 **1** 発行し得る. **2**〘法〙争点となり得る. 「と; 発行; 発布.

is·su·ance /íʃu(:)əns|íʃu(:)-, ísju(:)-/ 名 U 出すこ↑

‡**is·sue** /íʃu:|íʃu:, ísju:/ 動 (～s /-z/|過 過分 **～d** /-d/|**-su·ing**) 他 【**出す**】 **1**〔印刷物など〕を**発行する**, 出版する;〔指令, 命令など〕を**出す**, 発する; を発布[公布]する. ～ stamps 切手を発行する. ～ a pamphlet [magazine] 小冊子[雑誌]を出版する. ～ a passport 旅券を交付する. ～ a tsunami alert 津波警報を出す. The officer ～*d* orders for the attack. その将校は攻撃命令を出した. **2**〔煙, 熱など〕を出す, 放出する. The wound ～*d* a fountain of blood. その傷からとくとくと血が出た.
3〔衣服, 弾薬など〕を支給する〈*to* ..に〉; VOA (**～ X *with* ..**) Xに..を支給する. ～ the soldiers *with* new uniforms＝～ new uniforms *to* the soldiers 兵士に新しい軍服を支給する.

── 自 【**出る**】 **1**〘章〙VA (**～ *from* ..**) **..から出る**, 現れる, 流れ出る;〘雅〙(**～ *forth, out***) 出てくる[行く]. Air pollution is often caused by smoke *issuing from* the chimneys of industrial plants. 大気汚染はしばしば工場の煙突から出る煙が原因だ. A mighty roar ～*d from* the crowd. 大きなどよめきが群衆から沸き起こった. **2**〘章〙VA (**～ *from* ..**) **..から生じる**, 発す

る, 起こる, (〜 *in* ..) ..に終わる, の結末になる. Problems 〜*d from* the overuse of antibiotics. 抗生物質の乱用からいろいろ問題が発生した.

── 名 (複 〜s /-z/)【出す[出る]こと】**1** aU **発行**; 発布; 刊行; C 発行[刊行]物; 発行部数; (雑誌, 新聞などの)..号; (単行本の)第..版. an 〜 of bonds 債券の発行. buy a commemorative stamp on the day of 〜 発行日に記念切手を買う. the 〜 of the revised text 改訂版の出版. the latest [April] 〜 of *Life* magazine ライフ誌の最新号[4 月号]. new 〜*s* of bank notes 新発行の紙幣.

2 aU 配布, 支給; C 支給品. an emergency 〜 of food and blankets to the flood victims 水害罹(り)災者への食料と毛布の緊急支給. **3** aU 流出; C 流出物; 出口. an 〜 of blood 出血. the 〜 of passengers from the trains 列車から乗客が降りて出て来ること.

【出て来るもの】**4** C **問題**, 論点, 争点; (問題などの)核心. an 〜 of life and [or] death 死活問題. dodge the 〜 問題を避けて通る. confuse [cloud] the 〜 論点をぼかす. one of the most important political 〜*s* of today 今日の最も重要な政治的争点の 1 つ.

> 連結 a controversial [a burning, an explosive; a divisive; a sensitive; a pressing, an urgent] 〜 // address [face; settle; avoid, evade] an 〜

5 C 〈単数形で〉〖章〗結果, 結末. bring a matter to an 〜 物事に決着をつける. force the 〜 決着を強いる.
6 U 〖旧〗〖法〗〈単複両扱い〉子孫, 後裔(えい), (offspring). die without 〜 子孫を残さずに死ぬ.

at íssue 論争中の[で], (意見が)不一致の[で]〈*with* ..と〉; 当面の, 重要な. That's not the point *at* 〜 today. それは今日の当面の問題点ではない. The title to the island is *at* 〜. その島の領有権が係争中である.

***màke an íssue* (*out*) *of* ..** 〔どうでもよいこと〕を問題にする, 騒ぎたてる. Don't *make an* 〜 *of* it, just forget about it. そんな事は問題にしないで, 忘れてしまいなさい.

***tàke* [*jòin*] *íssue with* ..** 〔人〕と論争する, 〔人, 意見など〕に異を唱える, 〈*on, about, over* ..について〉. He *took* 〜 *with* me *on* the point. 彼はその点で私と意見が対立した.

[<ラテン語 *exire*「出て行く」; exit と同源]

-ist /ist/ 接尾 「..する人, ..に従事[関係]する人, ..主義者」の意味の名詞を作る. tour*ist*. typ*ist*. commun*ist*. [古期フランス語(<ギリシア語)]

Is·tan·bul /istænbúːl|-tɑːn-/ 名 イスタンブール《トルコ最大の都市; 旧称 Constantinople》.

isth·mi·an /ísmiən|ísθm-, ísm-/ 形 **1** 地峡の. **2** 〈I-〉Panama 地峡の; Corinth 地峡の.

── 名 C 地峡の住人.

isth·mus /ísməs/ 名 (複 〜·es) C 地峡. the *Isthmus* of Panama パナマ地峡. [<ギリシア語]

IT information technology.

‡**it** /it/ 代 **それ; それは[が]; それを[に]**《人称代名詞の 3 人称・単数・中性・主格及び目的格; 所有格 its; (主格の)複数形 they, (目的格の)複数形 them, (所有格の)複数形 their, 複数所有代名詞 theirs》

1 〈すでに述べたか又は話題になっているもの《性別に関係なく人や動物なども含む》を示す; 日本語に訳さない場合が多い〉Arthur took the book and gave *it* to me. アーサーはその本を取って私にくれた. "What's this?" "*It*'s a kind of shell."「これは何ですか」「(それは)貝の一種です」"Who is *it*?" "*It*'s me."「どなたですか」「私です」《ドア越しなどの会話》. Maybe she changed her mind, but I doubt *it*. 彼女は考えを変えたのかもしれないが, 私は信じられないね《前の節の内容を指す》. Sam was rich and he looked *it*. サムは金持ちだったが, 実際金持ちに見えた《補語を指す》. His criticism, if you could call *it* that, is very wide of the mark. 彼の批評は, あれをそう呼べるとしての話だが, 全く的外れだ.

> 語法 it は he (男性), she (女性)と並んで中性の人称代名詞で "the thing (etc.) in question" (問題になっているもの)を表す. 従って指さす身振りを暗示する指示代名詞 this, that とは別系統の語である. 上の最後の例や That's it. (→that 成句)参照.

2 〈天候, 季節, 時間, 距離, (漠然とした)状況, 状態などを表す時の主語となる; 日本語には訳さない〉*It* is raining. 雨が降っています. *It* looks like snow. 雪が降りそうです. *It* is warm today. 今日は暖かい. *It* is winter. (季節は)冬です. "What time is *it* now?" "*It*'s ten thirty."「今何時ですか」「10 時 30 分です」How far is *it* from Tokyo to Nagoya? 東京から名古屋までどのくらいの距離がありますか. From here to Chicago (*it*) is sixty miles. ここからシカゴまでは 60 マイルだ (★it を略せば From .. Chicago が主語). How's *it* going with you? いかがお過ごしですか. I like *it* here very much. 私はここがとても気に入っている. *It* can't be helped. どうもしかたがない. *It* is quite the same with her. 彼女の場合も全く同じだ. *It* says in the Bible that... 聖書に..とある (★that.. は says の目的語; →4).

3 〈特殊な用法の動詞の主語となる; 4 と違って that 節は文頭で主語にならない〉*It* seems [appears] *that* Edwin is satisfied with our program. エドウィンは私たちの計画に満足のようだ. *It* follows from this *that* you are wrong. このことから君は間違っているということになる.

> 語法 (1) it seems などが挿入節として現れることもある: Thatcher, *it* seems [appears], told him about her past. (サッチャーは彼に自分の過去について話したらしい); as it appears [happens] (→各動詞の成句)などの形式もある. (2) seem, look, sound などの場合, 〖話〗では it (及び that) が省略されることがある: Seems to me that was a threat. (私にはあれは脅迫だったように思えるわ), Looks like it's going to rain. (雨になりそうだな).

4 〈文頭に置かれ, 後に来る *to* do, do*ing*, *that* 節, *wh* 節などの代わりに形式主語となる; 多くの場合これらの句や節は it に代わって主語となり得る〉*It* is useless *to* try to persuade him. 彼を説得しようとしてもむだだ. *It* is unusual *for* female birds *to* sing. =For female birds to sing is unusual. 雌の小鳥がさえずるのは珍しい (→for 23). *It* is so kind *of* you *to* invite us. 私たちを招待してくださってありがとうございます (★How kind of you to invite us! のような感嘆文では to の前の it is がよく省略される). *It* is no use try*ing*. やってもむだだ. *It* is said *that* two heads are better than one. 3 人寄れば文殊の知恵と言われる. *It* doesn't matter *who* will win the game. だれが試合に勝っても構わない.

> 語法 (1) it is evident [said] などが挿入節として現れることもある: She was born, *it* is rumored, in Greece. (彼女はギリシア生まれというらわさだ) (2) it .. *that* 節では, that を省略できる場合が多い: *It*'s obvious he's lying. 彼がうそをついているのは明らかだ.

5 (**a**) 〈後に来る *to* do, do*ing*, *that* 節などの代わりに形式目的語となる; これらの句や節を it の代わりに目的語にすることはできない〉We found *it* difficult *to* change the plan. その計画を変更することは難しいと分かった. Don't they consider *it* rude talk*ing* so loudly? あんなに大声で話すのは無作法だと彼らは思っていないのですか. make *it* clear *that*.. ということを明らかにする[はっきり言う].

> 語法 この it を用いる主な動詞は think などのように(形容詞又は名詞の)目的補語をとるもの; それ以外では, 主

I

に慣用表現でこの種の it が見られる: I take *it* for granted *that* I can say what I feel. (私は自分が感じたことを言えることは当然のことだと考えている) Rumor has *it* that they divorced. (2人は離婚したといううわさだ)

(b) 〈like [hate, etc.] it when [that]節で〉..なのはうれしい[気に入らないなど]. I like *it when* I hear you laugh. 君の笑い声が聞けるのはいいね. She loved *it that* I made all the arrangements. 彼女は私が一切の手配をしたことを喜んだ. take *it*→take (成句).

語法 目的語に直接 that 節を取るのが一般的ではない(主に好悪を表す)動詞に見られる用法. 次も類例: I can't stand *it that* Sue wears too much makeup. スーのあまりの厚化粧には我慢ならない.

6 〈it ..(that [wh])節の強調構文で用いる; 主語, 目的語, 副詞表現などが強調される〉 *It* is I *who* [*that*] am to blame. 悪いのは私です. *It* was not Tom but his father *that* I saw. 私が会ったのはトムではなく彼の父親です. What kind of work is *it that* you want? あなたが望んでいるのはどんな仕事ですか. *It* was because of the rain *that* we came back. 私たちが引き返したのは雨のためです. *It* was the night clerk fingered him, dig? 奴を"さつ"に垂れ込んだのはあの夜勤の職員だったんだ, 分かったか. It's China he lives in. 彼が住んでいるのは中国です.

語法 補語が焦点になることもある: *It*'s light green *that* I painted the door. (ドアのペンキは, 薄緑で塗った)《目的格補語》; *It* was a lawyer *that* she eventually became. (彼女は結局は, 弁護士になった)《主格補語》; ただし, be 動詞の補語が焦点になるのはまれ.

7 〖話〗〈特殊な慣用句の中で(普通, 自動詞や名詞が他動詞に転用された)動詞, 又は前置詞の目的語として; 日本語には訳さない〉 stick *it* out 粘り抜く. Shall we foot *it* or bus [cab] *it?* 歩いて行きますかそれともバス[タクシー]にしますか. I had a bad time of *it*. 私はひどい目に遭った. do [have, make; at, in, with] *it*→各項目参照.

8 〖詩・方〗〈主語のあとに冗語的に用いる〉. The dove *it* was ... そのハトは..であった.

── 名 U **1** (鬼ごっこなどの)鬼. **2** 〖話〗大切なこと[人]; 必要とされるもの; まさしくそのもの; 極致, 理想(的資質). As a singer Davis is just *it*. 歌い手としてはデーヴィスはまさに一流だ. He thinks he's *it*. 彼は自分を大物[重要人物]と思っている《普通, 非難して》. **3** 〖話〗性的魅力; 'あれ'《性交, 性器》. **4** 〖米俗〗間抜け. **5** 〖米俗〗金(かね). be rolling in *it* うなるほど金がある.

Tháť's it. →that.

Thís is it. →this.

[<古期英語 *hit*; のちに h が脱落した]

It. Italian; Italy.

ITA[1] 〖英〗Independent Television Authority (独立テレビジョン公社)《IBA の旧称》.

ITA[2], **i.t.a.** Initial Teaching Alphabet.

Ital. Italian; Italy.

ital. italic(s).

***I·tal·ian** /itǽljən/ 形 ⓔ イタリアの, イタリア人の; イタリア語の. an ～ opera イタリア歌劇. ～ dressing イタリアンドレッシング《油, 酢, 香草などで作る》. ◇名 Italy

── 名 (複 **～s** /-z/) **1** C イタリア人. **2** U イタリア語.

I·tal·ian·ate /itǽljənət/ 形 〖雅〗イタリア式の, イタリア風の.

I·tál·ian·ìze 動 他, 自 (を)イタリア風にする[なる], イタリア化する.

***i·tal·ic** /itǽlik/ 〖印〗 形 ⓔ イタリック体の, 斜体の.

── 名 (複 **～s** /-s/) C 〈普通 ～s〉 イタリック体, 斜体活字, 《語句を強調する時や外来語, 書名, 雑誌名, 新聞名, 船名などを表すのに用いる; →Gothic, roman》. in ～*s* イタリック体で. *Italics* mine. イタリックにしたのは筆者《原文などに手を加えた断り書き》.

i·tal·i·cize /itǽləsàiz/ 動 他 をイタリック体に(印刷)する; (イタリック体を示すために)に下線を引く.

I·tal·o- /itǽlou/ 〈複合要素〉「イタリアの」の意味.

***It·a·ly** /ítəli/ 名 イタリア《ヨーロッパ南部の共和国; 首都 Rome》.

ÍTAR-Tàss /áitɑːr-/ 名 イタルタス通信社 (→Tass).

ITC 〖英〗Independent Television Commission.

†**itch** /itʃ/ 名 C **1** かゆいこと, かゆさ; 〈the ～〉 疥癬(かいせん), 皮癬(ひぜん). have an ～ on one's back 背中がかゆい. **2** 〈普通, 単数形で〉〖話〗(むずむずするような)強い欲望, 渇望. have an ～ *for* [*to* do] ..が欲しくて[したくて]たまらない.

── 動 自 **1** 〔人, 身体(の部分)が〕かゆい, むずがゆい, 〔人が〕かゆがる. scratch where it ～*es* かゆいところをかく. I ～ all over. 体中がかゆい. **2** 〖話〗 VA 〈普通 be ～ing の形で〉 **(a)** (***～ to do***/***～ after, for ..***) ..したくて/..が欲しくてたまらない, むずむずする. I've *been ～ing to* tell you about her. 彼女のことをあなたに話したくてむずむずしていた. My son *is ～ing for* a personal computer. 私の息子はパソコンが欲しくてたまらない. **(b)** (***～ for X to do***) Xに..して欲しくてたまらない. The audience *was ～ing for* the long speech *to* end. 聴衆はその長い演説が終わりになって欲しくてむずむずしていた.

hàve an itching pálm →palm[1]. [<古期英語]

itch·y /ítʃi/ 形 ⓔ 〔身体(の部分)が〕かゆい, 〔人が〕かゆがる; 欲しくて[したくて]むずむずしている.

gèt* [*hàve*] *ìtchy féet 〖話〗旅に出掛けたくて足がむずむずする. ▷**itch·i·ness** 名

‡**it'd** /ítəd/ it would, it had の短縮形.

-ite /ait/ 接尾 **1** 「(民族, 国, 地方などに)属する人, ..の子孫[信奉者など]」の意味. Israel*ite*. Tokyo*ite*. labor*ite*. **2** 「鉱物, 塩類, 製品など」の意味. bakel*ite*. dyna*mite*. ebon*ite*. [フランス語(<ギリシア語)]

‡**i·tem** /áitəm/ 名 (複 **～s** /-z/) C **1** (一覧表, 目録中などの)**項目**, 品目; 条項; 箇条. the first ～ on the agenda 審議事項の第1項目. ～*s* of expenses 支出項目, 費目. a luxury ～ 贅沢品. ～*s* of clothing 衣料品. Did you check all the ～*s* on the shopping list? 買い物リストの全部の項目を確かめましたか.

2 (記事などの)**1項目**, 記事, (テレビの)ニュースの1項目. an ～ of news 1つのニュース. local ～*s* 地方記事.

3 〖話〗(性的関係にある)カップル, 恋人同士. Bob and Kate are an ～. ボブとケイトは深い仲だ.

item by ítem 項目ごとに1つずつ, 項目別に.

── /áitem/ 副 〖古〗同じく, 同様に, 加えて, また, 《リストの項目を次々に挙げる場合》. *Item* one desk; ～ three chairs. また机1脚, またいす3脚.

[ラテン語 'in like manner, also'; リストの項目を読み上げる際用いた; 名 は後から生じた]

í·tem·ìze 動 他 を箇条書きにする; を項目別に分ける; 〔各項目〕の明細を書く. an ～*d* account 勘定明細書.

it·er·ate /ítərèit/ 動 他 〖章〗を繰り返す; を繰り返して言う. [<ラテン語「反復する」(<*iterum* 'again')]

▷**ìt·er·á·tion** 名 U 繰り返し, 反復.

it·e·ra·tive /ítərèitiv, -rə-/ 形 〖章〗反復の; 〖文法〗反復相の.

i·tin·er·ant /aitín(ə)rənt, it-/ 形 〖章〗〈限定〉〔説教師, 判事, 商人などが〕巡回[巡歴]する, あちこち旅をする. an ～ library 巡回図書館. an ～ preacher 巡回説教師. ── 名 C 巡回者, 巡歴者; 巡回説教師; 巡回判事. [<ラテン語「旅をする」(<*iter* 'journey')]

‡**i·tin·er·ar·y** /aitínərèri, it-|-n(ə)rəri/ 名 (複 **-ries**) C **1** 旅程, 旅行計画[日程表]. **2** 旅行案内書; 旅行記.

i·tin·er·ate /aitínərèit, it-/ 動 自 巡回[巡歴]する; 巡回説教[裁判]をする.

-i·tis /áitis/ 接尾 **1**「炎(症)」の意味. bronch*itis*. hepat*itis*. **2**〘戯〙「..狂」の意味. audio*itis* (オーディオマニア). [ギリシア語]

‡it'll /ítl/ it will, it shall の短縮形.

ITN〘英〙Independent Television News (独立テレビニュース会社)《ITV などの報道番組を提供している》.

‡its /its/ 代 **その, それの**,〈it の所有格形; 常に後に名詞を伴う〉. The earth rotates on ～ axis. 地球は地軸を中心に自転している. [＜*it*＋'*s* 1; 16 世紀ぐらいまでは it の所有格は his であった]

‡it's /its/ it is, it has の短縮形.

‡it·self /itsélf/ 代 (複 **themselves**)〈it の再帰代名詞〉 **1**〈強意用法; 文中でアクセントを置く〉**それ自身, それ自体**, そのもの. The law ～ is meaningless without real enforcement. 実際に施行されなければ法律そのものは無意味だ. She is kindness ～. 彼女は親切そのものだ. **2**〈再帰用法; 対照などの場合を除いて, 文中では動詞に第 1 強勢, 再帰代名詞に第 2 強勢を置く〉**それ自身を**. The dog lay on the rug scratching ～. 犬は敷物に寝そべって体をかいていた. **3**〈普通 be などの補語として〉その本来[ふだん]の状態. Our dog is not ～ today. うちの犬は今日はどうも様子が変だ.
★成句については →oneself.

it·sy-bit·sy, it·ty-bit·ty /ítsibítsi ㊥/, /ítibíti ㊥/ 形〘戯〙ちっぽけな;〘話〙吹けば飛ぶような, 半端な.

ITT International Telephone and Telegraph Corporation [Company] (国際電話電信会社).

ITU International Telecommunication Union (国際電気通信組合).

ITV〘英〙Independent Television (独立放送テレビ)《IBA が指定する全国で 15 局の民間テレビ放送の総称》.

-i·ty /əti/ 接尾 ＝-ty[1].

IUCN International Union for the Conservation of Nature (国際自然保護連合)《1948 年設立》.

IUD /àiju:dí:/ 名 C 子宮内避妊器具, 避妊リング. (＜intrauterine device).

-i·um /iəm/ 接尾 **1** ラテン語系の名詞の語尾. med*ium*. prem*ium*. **2** 金属元素名の語尾. uran*ium*. rad*ium*. [ラテン語]

IV /àiví:/ 名 (複 **～s, ～'s**) C 点滴 (intravenous drip [injection]). She has a tube in her throat and *IVs* in her arms. 彼女は喉(のど)には管(くだ)を, 両腕には点滴を入れられている.

IV, i.v. intravenous.

I·van /áivən/ 名 **1** イワン《男子の名; 英語の John に相当》; C〘話〙ロシア人《男》,〈特に〉ロシア兵. **2 ～ III** /ðə-θə́:rd/ イワン 3 世 (1440-1505)《モスクワ大公 (1462-1505) としてロシア帝国の基礎を作った; 通称 Ivan the Great (イワン大帝)》. **3 ～ IV** /ðə-fɔ́:rθ/ イワン 4 世 (1530-1584)《イワン 3 世の孫でモスクワ大公 (1533-47), 初代ロシア皇帝 (1547-84); 通称 Ivan the Terrible (イワン雷帝)》.

-ive /iv/ 接尾「..に関する, ..の傾向を持つ, ..しがちな など」の意味の形容詞を作る. act*ive*. instruct*ive*. offens*ive*. explos*ive*. [フランス語(＜ラテン語)]

‡I've /aiv/ I have の短縮形.

IVF in vitro fertilization (体外授精).

i·vied /áivid/ 形 ツタ (ivy) に覆われた.

***i·vo·ry** /áiv(ə)ri/ 名 (複 **-ries** /-z/) **1** U **象牙**(げ); (カバ, セイウチなどの)牙(きば); 象牙色. **2**〈形容詞的〉象牙製の, 象牙色の; 象牙のような. an ～ carving 象牙彫り. an ～ suit 象牙色のスーツ. **3** C〈しばしば -ries〉象牙細工[製品]. **4**〈the -ries〉〘話〙ピアノの鍵(けん)盤; 歯; さいころ (dice). tickle [tinkle] the *ivories*〘戯〙ピアノを弾く. [＜ラテン語]

Ìvory Cóast 名〈the ～〉Côte d'Ivoire の旧名.

ívory nùt 名 C ゾウゲヤシの実.

ívory pàlm 名 C〘植〙ゾウゲヤシ.

ìvory tówer 名 C 象牙の塔《特に, 俗世間から隔絶した学究生活などの象徴として》.

ìvory-tówered 形 象牙の塔にこもった, 超俗の, 〔学究生活など〕.

ìvory whíte 名 U 象牙色, 乳白色.

†i·vy /áivi/ 名 U〘植〙(各種の)ツタ. [＜古期英語]

Ìvy Léague 名〈the ～〉〘米〙アイヴィーリーグ《Harvard, Yale, Princeton, Columbia, Pennsylvania, Cornell, Dartmouth, Brown の東部名門 8 大学をまとめて呼ぶ俗称; また上記 8 大学から成る競技連盟》.

Ìvy Léaguer 名 C アイヴィーリーグの学生[出身者].

IWC International Whaling Commission (国際捕鯨委員会).

IWW Industrial Workers of the World (世界産業労働者組合).

-i·za·tion /əzéiʃ(ə)n | aiz-, əz-/ 接尾 -ize で終わる動詞から名詞を作る (→-ize 注意). civil*ization*. industrial*ization*. national*ization*. [フランス語(＜ラテン語)]

-ize /aiz/ 接尾「..にする, ..化させる, ..になる, ..化する」などの意味の動詞を作る (注意〘英〙では -ise も用いる). modern*ize*. western*ize*. fossil*ize*. [フランス語(＜ギリシア語)]

Iz·ves·tia /izvéstjə/ 名 イズヴェスチア《旧ソ連政府機関紙; ロシア語で 'news' の意味; →Pravda》.

iz·zard /ízərd/ 名 UC〘古・方〙Z (の文字).

J

J, j /dʒei/ 名 (複 **J's, Js, j's** /-z/) **1** UC ジェー《英語アルファベットの第 10 字》. **2** C 〈大文字で〉J 字形のもの.

J jack 2; joule.

J., J Journal; Judge; Justice.

‡**jab** /dʒæb/ 動 (~s|-bb-) 他 **1** VOA を突く, 刺す, 〈*with* ..〔杖(つえ), 指などとがったもの〕で〉; 〔とがったもの〕を素早く突き刺す〈*in, into* ..に〉. ~ a person *in* the ribs 人の脇(わき)腹をつっつく. The nurse ~*bed* a needle *into* my arm. 看護婦は私の腕に注射針を突き刺した. **2**〖ボクシング〗〔相手〕にジャブを出す. ── 自 **1** VA (とがったもので) 突く, 突き刺す, 〈*into* ..を〉; 目がけて突く, 突きかかる, 〈*at* ..を, に〉. **2**〖ボクシング〗ジャブを出す〈*at* ..に〉.
── 名 C **1** 突き; (不意に)刺す[打つ]こと. **2**〖英話〗注射. **3**〖ボクシング〗ジャブ. I threw a left ~ to his jaw. 彼のあごに左ジャブを食らわした. **4**〖話〗(不意をつく)ちくりとした批判, いやみ.
[<スコットランド方言; 擬音語]

jab·ber /dʒǽbər/〖話〗動 自 ぺちゃくちゃしゃべる〈*away*〉. ── 他 〔言葉〕を(聞き取りにくいほど)早口にしゃべる〈*out*〉. ── 名 aU 早口のおしゃべり. [擬音語]
▷~·**er** /-bərər/ 名 C おしゃべり屋.

jab·ber·wock·y /dʒǽbərwɑ̀ki|-wɔ̀ki/ 名 U たわごと; 訳の分からない言葉[話, 書き物]. [Lewis Carroll の造語]

ja·bot /dʒæbóu, ⌐-|⌐-/ 名 C ジャボ《ブラウス, シャツなどの胸のひだ飾り; 主にレース製》. [フランス語「(鳥の)素嚢(のう)」]

Jack /dʒæk/ 名 男子の名. 参考 本来は John (ときに Jacob, James) の愛称. ★成句については jack の項を参照.

jack /dʒæk/ 名 C (★9 のみ U) **1** 〈又は J-〉(並の)男, 人; 〈見知らぬ人への呼びかけ〉(ねえ)君. Every *Jack* has his Jill.〖諺〗割れ鍋(なべ)にとじ蓋(ぶた)《どんな男にも似合いの女がいるものだ》. **2**〖トランプ〗ジャック (knave). the ~ of spades スペードのジャック. **3**〖機〗ジャッキ, 差し万力(まんりき). **4**〖電〗(マイクロフォンやイヤフォンのプラグの)差し込み口, ジャック. **5** (**a**) 〈~s; 単数扱い〉ジャックス《子供の遊びの一種; ゴムまりをバウンドさせ, 落ちてくるのを取るまでに地面の玉や金属片を拾う》. (**b**) (a) に用いる玉, 金属片など. **6**〖海〗(国籍を示すための)船首旗. **7** (動物の)雄; 〈特に〉雄ロバ; (↔jenny). **8** (ボウルズ (bowls) で, 標的となる)小さな白球. **9** U〖米旧俗〗銭(ぜに), 金. **10**〖英俗〗刑事, 'でか'. **11** =applejack; =lumberjack; =steeplejack; =jackrabbit.

before you* [*he, she, etc.*] *can* [*could*] *sày Jàck Róbinson〖話〗あっと言う間に; 急に, いきなり.

***èvery man jáck* [*Jáck*]**〖英旧話〗だれも彼も (everyone).

Ím all right, Jàck.〖英話〗(人はどうあれ)おれは大丈夫だ; 我関せず, 対岸の火事だ.

***Jàck and Gíll* [*Jíll*]** 若い男と女, 少年と少女.

***Jàck of áll tràdes* (*and màster of nóne*).**〖諺〗多芸は無芸, (→jack-of-all-trades).

***jàck shít* [*díddly*]**〖米俗〗全然ない, からっきしない, (not at all).

***on one's jáck* [*Jàck* (*Jónes*)]**〖英俗〗1 人で, 独力で.

── 形〖オース俗〗くたくたで, うんざりで, 〈*of* ..で, に〉.

── 動 他 VOA (~ /X/*up*) X を(ジャッキなどで)押し[持ち]上げる;〖話〗X (値段など)をつり上げる. ~ *up* the car and change the tire ジャッキで車を持ち上げてタイヤを交換する. ~ *up* prices 物価をつり上げる.

jàck aróund〖米俗〗ぶらぶらする, 時間をむだにする; ちょっかいを出す〈*with* ..〔女性など〕に〉.

jàck /../ aróund〖米俗〗〔人〕につまらないことで時間を取らせる; をしつこく悩ませる[困らせる].

jàck /../ ín〖英俗〗〔仕事など〕を投げ出す.

jàck óff =JERK off.

jàck /../ úp (1) →他. (2)〖米話〗..を叱(しか)りつける; にはっぱをかけ(て仕事をさせ)る. (3)〖話〗..をきちんと整理する. [<Jack]

jack·al /dʒǽk(ə)l, -kɔːl|-kɔːl/ 名 C **1** ジャッカル《イヌ科の食肉獣の一種; アジア・アフリカ産; 夜, 他の動物のえじきの残りを漁(あさ)る》. **2** 手先, 子分, お先棒を担ぐ人《ライオンのために獲物を調達するという迷信から》. [<トルコ語(<ペルシア語)]

jack·a·napes /dʒǽkənèips/ 名 (複 ~) C〖まれ〗ずうずうしい男; 生意気な子供; 腕白坊主.

Jàck and the Béanstalk 名『ジャックと豆の木』《童話; **Jàck the Gíant-killer** とも言う》.

jáck·àss /-æs/ 名 C **1** 雄のロバ. **2**〖英旧・米話〗間抜け, とんま.

jáck·bòot 名 C 〈普通 ~s〉(ひざ上まである)大長靴《17–18 世紀の騎兵用, ナチスドイツ兵の軍靴; しばしば軍の圧政の象徴》. ***under the jáckboot*** 圧政の下に置かれた[て]〈*of* ..の〉. ▷~·**ed** /-əd/ 形 大長靴をはいた; 苛酷で容赦のない〔軍政など〕.

jáck·dàw 名 C〖鳥〗コクマルガラス《ヨーロッパ・アジア・北アフリカ産; 小形のカラス; 騒々しい鳴き声とキラキラした小さい物を集める癖で有名》.

‡**jack·et** /dʒǽkət/ 名 (複 ~s /-ts/) C
【上半身の覆い】 **1** (背広服などの)**上着**. He was wearing a brown ~ and dark slacks. 彼は茶の上着と黒っぽいスラックスを身につけていた.
【覆い】 **2** 本の(紙)カバー (dust ~; →book 図; →cover);〖米〗(レコードなどの)ジャケット (〖英〗sleeve); (砲身などの)被筒; (エンジンなどの)水ジャケット. **3** ジャガイモなどの皮; 動物の皮, 毛皮. potatoes boiled in their ~*s* 皮ごとゆでたジャガイモ. **4** (ボイラーなどの)被覆《熱の放散を防ぐ》.
── 動 他 にジャケット[被覆物]をかぶせる.
[<古期フランス語「短い上着」(<*jacque* 'Jack > peasant', -et)]

jàcket potáto 名 C〖英〗ジャケットポテト《皮つきのまま焼いたジャガイモ》.

Jàck Fróst 名 霜の精, '冬将軍', 《厳しい寒さの擬人化》.

jáck·hàmmer 名 C〖米〗手持ち式削岩機《圧搾空気を動力にする》(〖英〗pneumatic drill).

jáck-in-òffice 名 (複 **jacks-**) C 威張りくさった小役人.

jáck-in-the-bòx 名 (複 ~·**es, jacks-**) C びっくり箱.

jàck-in-the-púlpit 名 (複 ~**s, jacks-**) C〖植〗サトイモ科テンナンショウ属の植物.

jáck·knìfe 名 (複 →knife) C **1** ジャックナイフ《大型の折り畳み式ナイフ》. **2**〖水泳〗ジャックナイフ《飛び込

みの一種; **jáckknife dìve** とも言う》.
── 動 他 をジャックナイフのように折り曲げる. ～ one's legs 脚を折り曲げる. ── 自 ジャックナイフのように折れ曲がる;〔トレーラーなどの連結車両が〕連結部で急角度に曲がる. ～ with laughter 体を海老(えび)のように曲げて大笑いする.

jàck-of-áll-tràdes 名 (複 **jacks-**) Ⓒ 何でも器用にこなす人, 何でも屋.

jáck-o'-làntern /dʒǽkə-/ 名 Ⓒ **1** カボチャ提灯(ちょうちん)《カボチャに目, 鼻, 口をくり抜き, 中にろうそくをともしたもの; 万聖節前夜祭 (Halloween) などに子供が作って遊ぶ》. **2** 鬼火, きつね火, (will-o'-the-wisp).

‡**jáck·pòt** 名 Ⓒ **1**〖ポーカー〗ジャックポット《ジャックのペア又はそれ以上の札が出るまで賭(か)け金が積み立てられる》; その賭け金. **2** (スロットマシーンなどの)大当たり; (コンテストやクイズで正解者が出るまで増える)積み立て賞金.
hit the jáckpot〖話〗(ポーカーなどで積み立てられた)賭け金[賞金]を手に入れる; 大当たりする.

jáck·ràbbit 名 Ⓒ〖米〗ノウサギ《北米・中米産; 耳と後足が特に長い》.

jáck·scrèw 名 Ⓒ ねじジャッキ (screw jack).

jáck·snìpe 名 Ⓒ〖鳥〗コシギ.

Jack·son /dʒǽksn/ 名 ジャクソン **1**《米国 Mississippi 州の州都》. **2 Andrew** ～ (1767–1845)《米国第 7 代大統領 (1829–37)》. **3 Thomas Jonathan** ～ (1824–63)《米国南北戦争時の南軍の将軍; Stonewall Jackson と呼ばれた》.

Jack·so·ni·an /dʒæksóuniən/ 形, 名 Ⓒ Andrew Jackson (主義) の (支持者). ～ Democracy ジャクソン流民主主義.

Jáck·son·vìlle 名 ジャクソンヴィル《米国 Florida 州北東部の港市》.

jáck·stràws 名〈単数扱い〉ジャックストロー《木切れ, わらなどを積み上げた山を崩さないよう 1 本ずつ抜き取って多い方が勝ち, という遊び》.

jàck-tár 名 Ⓒ〖海旧〗水夫, 水兵.

Jàck the lád 名 Ⓒ〖英話〗うぬぼれの強い目立ちたがり屋(の遊び好きな若者).

Jàck the Rípper 名 切り裂きジャック《1888–89 年にロンドンを荒らした連続女性殺人魔; 迷宮入りに終わる》.

Ja·cob /dʒéikəb/ 名 **1** 男子の名《愛称 Jack》. **2**〖聖書〗ヤコブ《イサク (Isaac) の次男でアブラハム (Abraham) の孫; 兄 Esau から相続権を奪った; イスラエル人の祖先》.［ヘブライ語 'supplanter'］

Jac·o·be·an /dʒækəbí:ən ㊎/ 形 **1**〖英史〗ジェームズ (James) 1 世時代 (1603–25) の. **2** ジャコビアン(時代)様式の. ～ furniture ジャコビアン風の家具《黒褐色をしている》. ── 名 Ⓒ ジェームズ 1 世時代の人.
［*Jacōbus* (James のラテン語形)の形容詞］

Jac·o·bin /dʒǽkəbən/ 名 Ⓒ **1** ジャコバン党員《フランス革命時の急進派》. **2** 過激な政治家.

Jác·o·bin·ìsm 名 Ⓤ ジャコバン主義; 過激思想.

Jac·o·bite /dʒǽkəbàit/ 名 Ⓒ, 形〖英史〗ジャコバイト(派の)《名誉革命で退位した James 2 世及びその子孫を復位させようと蜂(ほう)起を重ねた》.

Jàcob's ládder 名 **1**〖聖書〗ヤコブのはしご《ヤコブが夢に見た天まで届くはしご; 旧約聖書の『創世記』から》. **2** Ⓒ〖海〗縄ばしご.

jac·quard /dʒǽkɑ:rd, dʒəkɑ́:rd/ 名 Ⓒ〈しばしば J-〉ジャカード織り《＜発明者のフランス人の名》.

‡**Ja·cuz·zi** /dʒəkú:zi/ 名 Ⓒ〖商標〗ジャクージ, 気泡風呂(ぶろ), 《噴流式泡風呂の装置》.

‡**jade**[1] /dʒeid/ 名 **1** ⓊⒸ〖鉱〗翡翠(ひすい), 玉(ぎょく), 《濃緑から白緑まである》. **2** Ⓤ 翡翠色 (jade green).［＜スペイン語「脇腹(の痛みに効く石)」］

jade[2] 名 Ⓒ **1** (老いぼれて使い物にならない)やくざ馬. **2**〖旧・軽蔑, 又は戯〗あばずれ, 'あま', (hussy).

jad·ed /dʒéidəd/ 形 **1** 疲れ切った, へとへとになった. a ～ look 疲れ切った表情. **2** (慣れっこになって)興味を失った, 飽き飽きした. a ～ appetite (マンネリの食事に飽きて)減退した食欲.

jae·ger /jéigər, dʒéi-/ 名 Ⓒ **1**〖米〗〖鳥〗トウゾクカモメ. **2** (ドイツ・オーストリア陸軍の)狙(そ)撃兵.［ドイツ語 'hunter'］

jaf·fa /dʒǽfə/ 名 Ⓒ〖英〗〈しばしば J-〉(特にイスラエル産の)大粒のオレンジ《＜商標》.

Jag /dʒæg/ 名 Ⓒ〖英話〗＝Jaguar.

jag[1] /dʒæg/ 名 Ⓒ (のこぎりの歯のような)ぎざぎざ, (岩石などの)鋭く尖(とが)った角(かど), (衣服などの)かぎ裂き. a ～ of rock 鋭く尖った岩. ── 動 (～s|-gg-) 他 **1**〔縁〕に(尖った)ぎざぎざを付ける. **2**〔衣服など〕をかぎ裂きにする.

jag[2] 名 Ⓒ〖話〗(普通, 酔っ払った上での)ばか騒ぎ; ひとしきりの熱中. a crying ～ ひとしきりの大泣き. a shopping ～ (一時的な)買い物熱.

‡**jag·ged** /dʒǽgəd/ 形〈普通, 限定〉縁にぎざぎざのある, (のこぎりの歯のように)鋭く尖(とが)った. the ～ end of a broken bottle 割れた瓶のぎざぎざな端. a hill with a ～ crest 頂上がのこぎり状の山.
▷ **～·ly** 副 ぎざぎざに. **～·ness** 名

jag·gy /dʒǽgi/ 形 ＝jagged.

Jag·uar /dʒǽgwɑ:r, -gjuɑ:r|-gjuə, -gwə/ 名 Ⓒ〖商標〗ジャガー《英国製の高級車・スポーツカー》.

jag·uar /dʒǽgwɑ:r, -gjuɑ̀:r|-gjuə, -gwə/ 名 Ⓒ ジャガー, アメリカヒョウ, 《米国南部・中南米産のヒョウに似たネコ科の動物》.

jai a·lai /hái-lài, hài-əlái/ 名 Ⓤ ハイアライ《handball, squash tennis 1 (a) に似たゲーム; pelota とも言う》.［＜バスク語「楽しい祭」］

[jai alai]

‡**jail** /dʒeil/ 名 (複 **～s** /-z/) Ⓒ **監獄**, 刑務所, 拘置所; 留置場; (〖英〗gaol; → prison; 参考 米国では未決囚や軽犯罪を犯した人を収容する). break ～ 脱獄する. ten days in ～ 10 日間の拘留. (★冠詞の省略は → the 文法 (6)). ── 動 他 を拘置所に入れる, 投獄する, 〈*for* ..の罪で〉. be ～*ed* for 10 years *for* robbery 強盗罪で 10 年の刑に服する.［＜ラテン語 *cavea*「囲い, かご」］

jáil bàit 名 Ⓒ〖米俗〗'ムショ行きのわな'《承諾年齢未満の少女で, 性交渉は犯罪となる》.

jáil·bìrd 名 Ⓒ〖旧話〗**1** 囚人; 前科者. **2** 常習犯, 前科を重ねた犯罪者, (〖英〗gaolbird).

jáil·brèak 名 Ⓒ 脱獄, 刑務所破り, (〖英〗gaolbreak).

jáil delìvery 名 Ⓒ **1**〖英法〗(巡回裁判のための)囚人たちの出所. **2** 集団脱獄, (非合法な)囚人たちの解放.

†**jail·er, -or** /dʒéilər/ 名 Ⓒ (★〖英〗では〖旧〗) (刑務所の)看守 (〖英〗gaoler).

jáil·hòuse 名〖米話〗＝jail.

Jain /dʒain/ 名 Ⓒ, 形 ジャイナ教徒(の).

Jáin·ism 名 Ⓤ ジャイナ教《インドで紀元前 6 世紀にヒンドゥー教への反発から起こった宗教; 禁欲とあらゆる生き物に対する非暴力を主義とする》.

Ja·kar·ta /dʒəkɑ́:rtə/ 名 ＝Djakarta.

jake /dʒeik/ 形〖米俗〗満足な, けっこうな, いける.

ja·la·pe·ño /hɑ̀:ləpéinjou|hæl-/ 名 (複 **～s**) Ⓒ ハラペーニョ《メキシコ料理に用いる小さな緑色の非常に辛い唐辛子》.［スペイン語「Jalapa (メキシコの都市)の」］

ja·lop·y /dʒəlɑ́pi|-lɔ́pi/ 名 (複 **-pies**) Ⓒ〖旧話・戯〗ぼろ自動車, ぽんこつ車.

jal·ou·sie /dʒǽləsiː/ 名 C (ガラス製の)よろい戸[窓], ジャルージ. [フランス語 'jealousy'; 中からは見えるが外からは見えないことからか?]

Jam. Jamaica; James.

‡**jam**[1] /dʒæm/ 名 (複 **~s** /-z/) UC **1** ジャム. strawberry ~ イチゴジャム. ~*s* and jellies ジャムやゼリー. spread apple ~ on the toast トーストにリンゴジャムを塗る. **2** 〖英話〗 安易なこと.

mòney for jám 〖英話〗 楽な金もうけ.

jàm tomórrow 〖英話〗 '空手形' 《いつも約束されていてめったに実現しないこと》.

[?＜jam[2] (押しつぶすことから)]

‡**jam**[2] /dʒæm/ 動 (**~s** /-z/| 過 過分 **~med** /-d/| **jámming**) 他 **1** をぎっしり詰める, 押し込む, 〈*in, into* ..の中に〉. The clerk ~*med* his papers *into* his desk. 事務員は書類を自分のデスクに詰め込んだ.

2 〔場所〕をいっぱいにする, ぎっしりふさぐ, 〈*up*〉; に押し寄せる, 殺到する. The Tower was ~*med* (*up*) *with* tourists. (ロンドン)塔は観光客でごった返していた. The Beatles' fans ~*med* the doorway. ビートルズのファンが入り口に殺到した. Angry callers ~*med* the switchboard of the TV station. 怒りの電話が殺到して, テレビ局の電話はパンク状態になった.

3 VOA を急に強く押す[押しつける]; をぞんざいに押す[置く]. *jam /../ on* →成句. He ~*med* his cap *on* his head. 彼は帽子をひょいとかぶった. ~ *down* the receiver angrily 怒ってがちゃんと受話器を置く.

4 VOA (~/X/*in* ..) X (手, 指など)を..で押しつぶす, ..に挟んで傷つける. My forefinger got ~*med in* the door. 人差し指がドアに挟まれて傷ついた.

5 〔機械, 器具など〕を(一部分がつかえて)動かなくする. Some sticky substance has ~*med* the machine. 何かねばねばした物がくっついて機械が動かなくなった.

6 〖無電〗 (同一周波数の電波を流すなどして) 〔通信, 放送など〕を妨害する.

── 自 **1** (**a**) VA (~ *into* ..) ..にぎっしり詰まる; ..に割り込む; ..に殺到する. ~ *into* a crowded streetcar 混んだ路面電車に無理やり乗る. (**b**) VA (~ ***together***) 押し合う, 互いにぶつかる. The two parts ~ *together* in the cylinder. 2つの部品はシリンダーの中でぶつかってうまく納まらない. **2** つかえる; 〔機械, 器具などが〕(一部分がつかえて)動かなくなる; 〈*up*〉. This door has ~*med* (*up*). このドアが開かなくなった. **3** 〖話〗 ジャズを即興で演奏する.

jàm /../ ón 〔ブレーキなど〕を強く踏む. He ~*med* the brakes *on*. 彼は急ブレーキをかけた.

── 名 (複 **~s** /-z/) C **1** (人, 物の)ぎっしり詰まって動けない状態, **渋滞**; 雑踏, 混雑. a traffic ~ 交通の渋滞. There is a terrible ~ in the court. 裁判所(の事務)がひどくたてこんでいる. **2** (渋滞の結果)動かなくなること; (機械などの)停止. a paper ~ in the photocopier コピー機の紙づまり. **3** 〖話〗 困難, 苦しい羽目. get into [out of] a ~ 困難に陥る[から抜け出す]. What kind of (a) ~ are you in? 君はなんで困っているのか. **4** 〖話〗 = jam session. [?＜擬音語]

Ja·mai·ca /dʒəméikə/ 名 ジャマイカ《西インド諸島にある英連邦の一員; 首都 Kingston》.

Ja·mai·can /dʒəméikən/ 形, 名 C Jamaica の(人).

jamb /dʒæm/ 名 C 〖建〗 抱き, わき柱, 《戸口, 窓, 暖炉などの両側に立てた柱の1本》.

jam·ba·lay·a /dʒʌ̀mbəláiə/ 名 **1** UC ジャンバラヤ《普通ハム又は小エビに米, トマトを加え, 香辛料で味つけした炊き込みご飯のクレオール (Creole) 料理》. **2** (いろいろなものの)ごたまぜ. [＜ルイジアナ・フランス語(＜プロヴァンス語)]

jam·bo·ree /dʒæ̀mbəríː/ 名 C **1** 〖話〗 陽気で騒がしい会合[パーティー, 集会]. **2** ジャンボリー《ボーイスカウトの全国的[国際的]大会》.

James /dʒeimz/ 名 **1** 男子の名 《愛称 Jim, Jimmy》. **2** 〖聖書〗 ヤコブ《キリストの弟子; St. James the Greater (大ヤコブ)と St. James the Less (小ヤコブ)の2人を言う》. **3** 『ヤコブの手紙』《新約聖書中の一書》. **4 ~ I** /ðə-fə́ːrst/ ジェームズ1世 (1566–1625) 《英国のスチュアート (Stuart) 王朝初代の国王 (1603–25); →Authorized Version》. **5 ~ II** /ðə-sékənd/ ジェームズ2世 (1633–1701) 《英国王 (1685–88); →English Revolution》. **6 Jesse ~** ジェームズ (1847–82) 《米国の強盗で無法者》. **7 Henry ~** ジェームズ (1843–1916) 《米国生まれの英国の小説家》. **8 William ~** ジェームズ (1842–1910) 《米国の心理学者, pragmatism を唱えた; 7の兄》. [＜ラテン語 *Jacōbus* 'Jacob' の変形]

Jámes·tòwn 名 ジェイムズタウン《米国 Virginia 州南東部の廃村で現在は復元されている; 北米最初の英国人定住地 (1607)》.

jám·jàr 名 C 〖主に英〗 ジャム(入れの)びん.

jam·mies /dʒǽmiz/ 名 〖話〗 = pajamas.

jam·my /dʒǽmi/ 形 e **1** 〖話〗 ジャムがつい(てべとべと)した. **2** 〖英俗〗 易しい; 運のよい, ついている.

jàm·pácked /-t ㊥/ 形 〖話〗 すし詰めになった[て] 〈*with* ..で〉. a bus ~ *with* commuters 通勤客でぎゅうぎゅう詰めのバス.

jám sèssion 名 C (グループで行う)ジャズ即興演奏会.

Jan. January.

Jane /dʒein/ 名 女子の名 《愛称 Janet, Jenny》. [＜中世ラテン語 *Johanna* (*Jōhannēs* 'John' の女性形)]

Jàne Dóe 名 →John Doe.

Jan·et /dʒǽnət/ 名 Jane の愛称.

jan·gle /dʒǽŋg(ə)l/ 動 他 **1** 〔ベルなど〕をじゃんじゃん鳴らす, 〔鍵(かぎ)束, 硬貨など〕をじゃらじゃらいわせる. **2** 〔神経〕をいらだたせる, いらいらさせる. The Premier's statement ~*d* the nerves of the nation. 首相の声明は国民の神経を逆なでした. ── 自 **1** 〔鐘などが〕じゃんじゃん鳴る, 〔鍵束などが〕じゃらじゃらいう. **2** 〖古〗 (大声で)口論する. **3** 〔音などが〕障る〈*on* ..〔耳, 神経など〕に〉.

── 名 aU **1** 耳障りな音, じゃんじゃん[じゃらじゃら]いう音. **2** 〖古〗 けんか, 口論.

[＜古期フランス語(＜ゲルマン語)]

jan·i·tor /dʒǽnətər/ 名 C **1** 〖主に米〗 (マンション, ビルなどの)管理人 (caretaker). **2** 門番, 門衛.

‡**Jan·u·ar·y** /dʒǽnjuèri|-əri/ 名 **1月** 《略 Jan.; →Janus》. in ~ 1月に. on ~ (the) 7th = on the 7th of ~ 1月7日に. [＜ラテン語「Janus の(月)」; 2つの顔で新年と旧年を見ることから]

Ja·nus /dʒéinəs/ 名 〖ロ神話〗 ヤーヌス《古代ローマの神; 2つの顔を持ち, 門や戸口を守護する; →January》.

Jánus-fàced /-t/ 形 **1** (Janus のように)前後に2つの顔を持った, 同時に2方向を向いた; 両面性を持った. **2** 二心のある, 不誠実な; 偽善的な.

Jap /dʒæp/ 名 C, 形 〖話・軽蔑〗 ジャップ(の), 日本(人)(の).

Jap. Japan; Japanese.

‡**Ja·pan** /dʒəpǽn/ 名 日本 《略 Jap., Jpn., JPN》. [＜中国語]

ja·pan /dʒəpǽn/ 名 U 漆 (lacquer); 漆器 (→china). ~ ware 漆器類.

── 動 (**~s**|**-nn-**) 他 に漆を塗る. [＜Japan]

Japán-bàshing 名 U 日本たたき《貿易黒字の日本に対する批判・攻撃》.

Japàn Cúrrent 名 〈the ~〉 日本海流, 黒潮, (the Black Stream).

‡**Jap·a·nese** /dʒæ̀pəníːz ㊥/ 形 **1** C 日本の, 日本人

の; 日本語の. a camera of ～ make 日本製カメラ. the ～ language 日本語. **2** [m] 日本的な. ── [名] ([複] ～) **1** [C] **日本人**. the ～ 日本人(全体). **2** [U] **日本語**.

Jàpanese-Américan [形] 日米(間)の; 日系米人の. ── [名] [C] 日系米人. [参考] 米国に移住した第 1 代の日本人を Issei (一世), その子を Nisei (二世), 孫を Sansei (三世)と言う.

Jàpanese ápricot [名] [C] 梅.

Jàpanese béetle [名] [C] 〖虫〗マメコガネ.

Jàpanese béllflower [名] [C] 〖植〗キキョウ.

Jàpanese cédar [名] [C] 杉.

Jàpanese lántern [名] [C] 提灯(ちょうちん).

Jàpanese persímmon [名] [C] 〖植〗カキ.

Jàpanese quínce [名] [C] 〖植〗ボケ.

Jap·a·nesque /dʒæ̀pənésk [移]/ [形] 日本風[式]の.

Jap·a·nize /dʒǽpənàiz/ [動] [他] を日本風にする. ── [自] 日本風になる, 日本化する.

Jap·a·nol·o·gist /dʒæ̀pənálədʒist | -nɔ́l-/ [名] [C] 日本研究家, 日本学者.

Jap·a·nol·o·gy /dʒæ̀pənálədʒi | -nɔ́l-/ [名] [U] 日本学, 日本研究.

jape /dʒeip/ 〖旧話〗 [動] [自] 冗談を言う, いたずらをする. ── [名] [C] 冗談, いたずら.

ja·pon·i·ca /dʒəpánikə | -pɔ́n-/ [名] [C] 日本産植物《ナシ, ボケ, ツバキなど》; 〈特に〉ボケ.

‡**jar**[1] /dʒɑːr/ [名] ([複] **～s** /-z/) [C] **1** (広口の)**瓶**, つぼ, かめ. a jam ～ ジャムの瓶. **2** 瓶の中身; 瓶 1 杯の量; 〖英話〗 1 杯のビール. a ～ of honey ひと瓶の蜂蜜(はちみつ). have a ～ at a pub after work 〖英話〗 仕事のあとパブで 1 杯やる. [＜アラビア語「土器」]

*__jar__[2] /dʒɑːr/ [動] (**～s** /-z/ | [過] [過分] **～red** /-d/ | **jár·ring** /-riŋ/) [自] **1 耳障りな音を出す**, きしる, ぎーぎーいう. The bicycle brakes ～. その自転車のブレーキは嫌な音を立てる. The chalk *～red* against the blackboard. チョークは黒板で嫌な音を立てた. **2** 〔窓などが〕がたがたいう[揺れる]. The windows ～ whenever a plane flies over our house. 飛行機が上空を飛ぶと家の窓ががたがたいう. **3** 不快な感じを与える, 神経に障る, 〈*on, upon* ..に, の〉. The way he speaks *～s on* our nerves. 彼のしゃべり方は私たちの神経に障る. **4** (きしるような音を立てて)ぶつかる 〈*against, on, upon* ..に〉. The car *～red against* the guardrail. 車がガードレールをこすってぎぎーっと音を立てた. **5** 〔意見などが〕一致しない, 衝突する; 〔色などが〕調和しない; 〈*with* ..と〉. Your view *～s with* mine. あなたの意見は私のと食い違う.

── [他] **1** をきしませる. **2** を震動させる, がたがたさせる. The earthquake *～red* the house very hard. 地震で家がひどくがたがた揺れた. **3** をいらだたせる, にショックを与える. The news of the accident *～red* me. その事故のニュースで私はショックを受けた. Her shout *～red* me out of my daydream. 私は彼女の叫び声で夢想から現実に引き戻された. **4** (ぶつけて)〔体の一部〕を痛める. He fell sideways, *～ring* his arm badly. 彼は横倒しになり, 腕をしたたか打った.

── [名] ([複] **～s** /-z/) [C] **1 耳障りな音**, きしる音. **2** (神経を)いらだたせる物事; 衝撃, ショック; 打撲, 打ち身. The report was a real ～ to me. その報告は私にとって実にショックだった. **3** 衝突, 不和. [?＜擬音語]

jar[3] [名] [C] 〈次の成句のみ〉 ***on the*** [***a***] ***jár*** 〔ドア, 窓などが〕少し開いて (ajar).

‡**jar·gon** /dʒɑ́ːrgən, -gɑn | -gən/ [名] **1** [U] 意味の分からない言葉[文章], ちんぷんかんぷん. He babbled ～. 彼は訳の分からない言葉をしゃべった. **2** [UC] 職業語, (仲間にだけ通じる)特有語; [U] 専門語だらけの言葉遣い. medical ～ 医学用語. [参考] baseball jargon の例を挙げれば double play, hit and run, tag up など. **3** [U] (pidgin English のような)混合語. [＜古期フランス語「鳥のさえずり」(?＜擬音語)]

jar·ring /dʒɑ́ːriŋ/ [形] 耳障りな; 不調和な. a ～ sound 耳障りな音. ～ colors 不調和な彩り. ▷ **～·ly** [副]

JAS Japanese Agricultural Standard (日本農林規格).

Jas. 〖聖書〗 James.

jas·min(e) /dʒǽzmən, dʒǽs-/ [名] [UC] **1** ジャスミン《モクセイ科の低木; 芳香があり鐘形の黄・白・淡紅色の花をつける》. **2** [U] ジャスミン香水; ジャスミン色《淡黄色》. [＜ペルシア語]

jàsmine téa [名] [U] ジャスミン茶.

Ja·son /dʒéisn/ [名] **1** 男子の名. **2** 〖ギ神話〗 イアソン《アルゴ号の一行 (Argonauts) を率いてコルキスへ遠征し, 竜の守る黄金の羊毛 (Golden Fleece) を手に入れた英雄》.

jas·per /dʒǽspər/ [名] [U] 〖鉱〗 碧(へき)玉, ジャスパー, 《普通, 赤, 黄, 又は褐色の透明な石英》.

jaun·dice /dʒɔ́ːndəs/ [名] [U] **1** 〖医〗 黄疸(おうだん). **2** 偏見; ひがみ, ねたみ, (jealousy). [＜ラテン語「黄色い」]

jáun·diced /-t/ [形] **1** ひがんだ, 偏見を持った. with a ～ eye 偏見を抱いて〔見るなど〕. take a ～ view of the peace movement 平和運動を色眼鏡で見る. **2** 黄疸(おうだん)にかかった.

jaunt /dʒɔːnt/ 〖話〗 [名] [C] (遊びのための)外出, 行楽, 小旅行. take [go on] a ～ 行楽に出かける. ── [動] [自] [VA] (あちこち) レジャーに出かける 〈*about, around, off*〉.

jáunting càr [名] [C] (アイルランドの)屋根なしの 2 輪馬車《背中合わせに座席がある》.

‡**jaun·ty** /dʒɔ́ːnti/ [形] [e] **1** 快活な, 陽気な; 軽快な. walk with a ～ gait 軽快な足取りで歩く. **2** スマートな, いきな. her ～ hat 彼女のかっこいい帽子. [＜フランス語 *gentil* 'noble, genteel'] ▷ **jaun·ti·ly** [副] 陽気に. **jaun·ti·ness** [名] [U] 快活, 陽気.

Ja·va /dʒɑ́ːvə/ [名] **1** ジャワ《インドネシアの主島; 首都 Djakarta がある》. **2** [U] ジャワ(産の)コーヒー; 〖米話〗〈しばしば j-〉コーヒー. **3** [U] 〖電算〗〖商標〗 ジャヴァ《プログラム言語の 1 つ; JAVA ともつづる》.

Jáva màn [名] 〈the ～〉 ジャワ原人, ピテカントロプス, (Pithecanthropus erectus).

Jav·a·nese /dʒæ̀vəníːz | dʒɑ̀ː- [移]/ [形] ジャワの; ジャワ人の; ジャワ語の. ── [名] ([複] ～) **1** [C] ジャワ人. **2** [U] ジャワ語.

jav·e·lin /dʒǽv(ə)lən/ [名] [C] 投げ槍(やり); 〈the ～〉 〖競技〗 槍投げ (**jávelin thròw**).

‡**jaw** /dʒɔː/ [名] ([複] **～s** /-z/) **1** [C] あご《上または下の; →chin》. the lower [upper] ～ 下[上]あご. I can scarcely work my *～s* to eat. (疲れて)あごを動かす元気もない. drop one's ～ (下あごを落として)口をぽかんと開ける《落胆, 驚きの表情》. **2** 〈～s〉 (動物の)口の部分《上下顎骨(がっこつ)と歯を含む》. **3** 〈～s〉 (万力などの)挟む部分, 'あご'; (谷, 洞穴, トンネルなどの)狭い入り口. **4** 〈the ～s〉 〖章〗 せっぱ詰まった状況, 瀬戸際. in [out of] *the ～s* of death 死の淵に落ちて[虎口(ここう)を脱して]. **5** [UC] 〖話〗 むだ口, おしゃべり; お説教. Cut the ～!＝None of your ～! お黙りなさい. have a ～ 〖旧話〗 おしゃべりをする. ── [動] [自] 〖話〗 **1** おしゃべりする, くどくど話す, 〈*at* ..〔人〕に/*on* ..を〉. **2** しかる, お説教をする. [＜古期フランス語「頬(ほお)」]

jáw·bòne [名] [C] あごの骨, 〈特に〉下顎(かがく)骨. ── [動] 〖米話〗 [他] 〔交渉相手など〕を強く説得する[押さえ込もうとする]; に圧力をかける; 〈*into* ..するように〉《特に大統領が賃金や価格の抑制を求めて, 企業や組合の指導者に対して行う》. ── [自] 〔大統領などが〕説得に乗り出す, 圧力をかける. ▷ **jaw·bon·ing** [名]

jáw·brèaker [名] [C] 〖話〗 **1** 発音しにくい[舌を嚙(か)みそうな]言葉 (mouthful); 早口言葉 (tongue twister). **2** 〖米〗 非常に堅いキャンディー[チューインガム]の一種, 'げんこつあめ'.

jáw·brèaking [形] 発音しにくい.

jáw·lìne [名] [C] 〈普通, 単数形で〉 下あごの輪郭.

jay[1] /dʒei/ [名] ([複] **~s**) [C] **1** 〖鳥〗 カケス 《羽毛の色がきれいで鳴き声が騒々しい; カラス科》. **2** 〖話〗 軽薄なおしゃべり屋; 間抜け. [<後期ラテン語(?<擬音語)]

jay[2] [名] ([複] **~s**) [C] **1** J, j の字[音]. **2** 〖米俗〗 =joint 6.

Jay·cee /dʒèisíː/ [名] [C] 〖米〗 JCC の会員.

jay·vee /dʒèivíː/ [名] [C] 〖米〗 (大学, 高校の)二軍選手[チーム]. [<*j*unior *v*arsity]

jay·walk /dʒéiwɔ̀ːk/ [動] [自] 交通規則[信号]を無視して道路を横断する. ▷ **~·er** [名]

‡**jazz** /dʒæz/ [名] [U] **1** ジャズ(音楽). a ~ band [singer] ジャズバンド[シンガー]. ~ music ジャズ音楽. **2** 〖俗〗 大ぼら, でたらめ, ナンセンス. **3** 〖米俗〗 元気, 活気.

and àll that jázz 〖俗〗 その他なんだかんだ(下らない物[事]). He lectured us about loyalty, duty *and all that* ~. 彼は我々に忠節とか義務とかその他なんだかんだとお説教した.

── [動] [自] **1** ジャズを演奏する; ジャズに合わせて踊る. **2** 〖話〗 はしゃぐ, 景気をつける. ── [他] 〔音楽〕をジャズ風に演奏[編曲]する. a ~*ed*-up version ジャズ風にアレンジした曲.

jàzz /../ úp 〖話〗 に景気をつける, を活気づける; 〔部屋など〕をけばけばしく飾り立てる. They ~*ed up* the place for the party. 彼らはパーティーのためその場所を飾り立てた. [<?]

Jázz Àge [名] 〈the ~〉 ジャズ時代 《米国で第 1 次大戦後 1929 年の大恐慌までのジャズが流行した好景気時代》.

jázz·màn /-mæ̀n/ [名] ([複] **-men** /-mèn/) [C] ジャズ演奏家, ジャズマン.

‡**jazz·y** /dʒǽzi/ [形] [e] 〖話〗 **1** ジャズ(風)の. **2** 興奮した, 威勢のいい; 〔色彩などが〕けばけばしい. ▷ **jazz·i·ly** [副] **jazz·i·ness** [名]

JC Jesus Christ; Julius Caesar.

JCC 〖米〗 Junior Chamber of Commerce (青年商工会議所).

JCS Joint Chiefs of Staff.

jct., jctn junction.

JD Doctor of Jurisprudence (法学博士); juvenile delinquency; juvenile delinquent.

Je. June.

‡**jeal·ous** /dʒéləs/ [形] [m] 【人のものを欲しがる】 **1** 〈叙述〉 欲しがる; **うらやむ, ねたむ**; 〈*of* ..を〉 ([類語] 自分が欲しいもの, 当然所有してよいはずのものを既に持っている幸運な人に対する反感が根本の意味; →envious). I'm ~ *of* you for having such a good son. いい息子さんを持っている君がうらやましい. Are you ~ *of* his success? 君は彼の成功がねたましいのか.

2 (愛情に関して)**嫉妬(しっと)深い**, やきもちやきの; 〈叙述〉 嫉妬する 〈*of* ..を/*that* 節 ..であることを〉. a ~ husband やきもちやきの夫. John is insanely ~ *of* his wife. ジョンは細君に猛烈にやきもちをやく. My wife is ~ *of* my secretary. 妻は私の秘書を嫉妬している. My wife is ~ *that* I have some women friends. 妻は私が何人か女友達を持っているのを嫉妬している.

> 1, 2 の [連結] blindly [intensely, madly, violently, wildly] ~

【取られまいと用心する】 **3** 油断のない, 用心怠りない. They are ~ *of* their liberty. 彼らは自由を失うまいと懸命である. watch with a ~ eye 油断なく見守る.

[<中世ラテン語 *zēlōsum* 'zealous']

jéal·ous·ly [副] **1** 嫉妬(しっと)深く. **2** 油断なく. ~ guarded privileges 目を光らせて守られている特権.

***jeal·ous·y** /dʒéləsi/ [名] ([複] **-sies**) **1** [U] ねたみ, そねみ; 嫉妬(しっと), やきもち; [C] ねたみ[嫉妬]の言葉[行為]. He showed his ~ *of* his colleague's promotion. 彼は同僚の昇進をねたんでいる様子だった.

> [連結] fierce [bitter, blind, intense] ~ // arouse [cause, excite; feel] ~

2 〖章〗 [U] すきのない用心, 強い警戒心. his ~ *of* his own privacy 私生活を侵されまいとする彼の警戒ぶり.

***jean** /dʒiːn|dʒiːn, dʒein/ [名] ([複] **~s** /-z/) **1** [U] ジーンズ 《細綾(あや)織りの丈夫な綿布》 (→denim). **2** 〈~s〉 **ジーンズ**(製のズボン), **ジーパン**. a pair of ~*s* ジーパン 1 本. [<「ジェノバ産の(布)」(<中世ラテン語 *Janua* 'Genoa')]

Jeanne d'Arc /dʒɑ̀ːn-dɑ́ːrk|dʒɔ̀n-/ [名] =Joan of Arc.

jeep, J- /dʒiːp/ 〖商標〗 [名] [C] ジープ 《小型の 4 輪駆動で強馬力の自動車; もと米国の軍用車》. [?<*g*eneral *p*urpose (vehicle)]

jèep·ers (créep·ers) /dʒìːpərz-/ [間] 〖米旧〗 うひゃー, へえー, 《驚きを表す; Jesus Christ の婉曲表現》.

†**jeer** /dʒiər/ [動] [自], [他] (を)(大声で)あざける, ひやかす. The audience ~*ed* (*at*) the speaker. 聴衆は演説者をやじった. The actor was ~*ed off* the stage. その役者はやじり倒されて舞台を降りた.

── [名] [C] あざけり, 冷笑, からかい.

▷ **~·ing·ly** /dʒí(ə)riŋli/ [副] あざけって, ひやかして.

Jef·fer·son /dʒéfərsn/ [名] **Thomas ~** ジェファーソン (1743–1826) 《米国第 3 代大統領 (1801–09); 米国独立宣言の起草者》.

Jef·fer·so·ni·an /dʒèfərsóuniən [移]/ [形] Jefferson 流の〔地方分権尊重の民主主義など〕.

── [名] [C] Jefferson (主義)の支持者.

je·had /dʒihɑ́ːd, -hǽd/ [名] =jihad.

Je·ho·vah /dʒihóuvə/ [名] エホヴァ, ヤーウェー (Yahveh), 《旧約聖書の天地創造の神》. [<中世ラテン語; ヘブライ語で神名を表す JHVH の 4 子音字の間に「我が主」を意味する語が持つ 3 つの母音を入れたもの]

Jehòvah's Wítness [名] [C] エホヴァの証人 《1870 年代に米国で始められたキリスト教の一派の信者》.

je·hu /dʒíːhjuː/ [名] [C] 〖話〗 **1** スピードマニアの運転者. **2** 御者 (coachman).

je·june /dʒidʒúːn/ [形] 〖章〗 **1** 幼稚な. **2** 〔特に書き物が〕無味乾燥な, ひどくつまらない. **3** 〔食物が〕栄養のない; 〔土地が〕不毛な. [<ラテン語「空腹の, 空(から)の」]

▷ **~·ly** [副] 味もそっけもなく. **~·ness** [名] [U] 無味乾燥.

Je·kyll /dʒíːkil, dʒé-/ [名] 〈Dr. ~〉 ジキル博士 《R.L. Stevenson 作 *The Strange Case of Dr. Jekyll and Mr. Hyde* の登場人物; 薬を飲むと極悪人 Hyde に変身する》.

Jèkyll and Hýde [名] [C] 二重人格者.

jell /dʒel/ [動] [自] **1** ゼリー (jelly) 状になる. **2** 〖話〗 〔計画, 構想, 意見などが〕固まる, まとまる; 具体化する; 〈*into* ..に〉. **3** 〔人が〕うまくやっていく 〈*with*.. 〔同僚など〕と〉.

── [他] **1** をゼリー状にする. **2** 〖話〗 〔計画など〕を固める.

jel·lied /dʒélid/ [形] 〈普通, 限定〉 ゼリー状に煮た, ゼリーで固めた. ~ eels ウナギのゼリー寄せ 《英国料理; ヴィネガーをかけて食べる》.

jel·lo, Jell-O /dʒélou/ [名] 〖米〗 =jelly 1 《Jell-O は商標》.

***jel·ly** /dʒéli/ [名] ([複] **-lies** /-z/) **1** [U] 〖英〗 (フルーツ)ゼリー 《ゼラチンに果汁と砂糖を加え煮た後冷やして固めたもの》 (〖米〗 jello). **2** [U] 〖主に英〗 ゼリー 《ゼラチンに魚[肉]のストック[ブイヨン]を加えて同様に料理したもの》. **3**

Ⓤ 〖米〗(パンに塗る)ゼリージャム. **4** ⓊⒸ ゼリー状のもの.
shàke like* [*tùrn to*] *jélly 〔腕や脚が〕(恐怖, 不安などで)震える.

── 動 (-lies|過 過分 -lied|〜·ing) 他, 自 (を)ゼリー(状)にする[なる]. [<ラテン語「凍らせた(もの)」]

jélly bàby 名 Ⓒ 〈普通, 複数形で〉〖英〗赤ん坊の形のゼリー《子供用の菓子》.

jélly·bèan 名 Ⓒ 〈普通, 複数形で〉ゼリービーンズ《小さな豆の形をしたゼリーキャンディー》.

‡**jélly·fìsh** 名 (複 →fish) Ⓒ **1** クラゲ. **2** 〖話〗意志薄弱な人, 煮えきらない人, '骨なし'.

jélly ròll 名 Ⓒ 〖主に米〗ゼリーロール《ゼリーを塗ってロールにしたカステラ; 〖英〗Swiss roll》.

jem·my /dʒémi/ 名, 動 〖英〗=jimmy.

je ne sais quoi /ʒə-nə-sei-kwɑ́:/ 名 aⓊ 〈しばしば a certain 〜〉〖しばしば戯〗うまく説明[表現]できないもの. [フランス語 'I don't know what']

Jen·ghis [Jen·ghiz] Khan /dʒèŋgəs kɑ́:n/ 名 =Genghis Khan.

Jen·ner /dʒénər/ 名 **Edward** 〜 ジェンナー (1749–1823)《英国の医師; 種痘(とう)法を発見》.

jen·net /hénei, dʒénət|dʒénət/ 名 Ⓒ **1** スペイン産の小馬. **2** 雌ロバ (jenny).

Jen·ni·fer /dʒénəfər/ 名 女子の名.

Jen·ny /dʒéni/ 名 Jane の愛称.

jen·ny /dʒéni/ 名 (複 -nies) Ⓒ **1** (昔の)多軸紡績機 (spinning jenny). **2** (動物の)雌; 〈特に〉雌ロバ; (↔ jack).

†**jeop·ard·ize** /dʒépərdàiz/ 動 他 〖章〗を危うくする, 危険にさらす, 危険に陥れる, (endanger). Reckless driving will 〜 your life. 無謀な運転は君の生命にかかわる.

†**jeop·ard·y** /dʒépərdi/ 名 Ⓤ 〖章〗危険, 危難, (類語 danger より形式ばった語)〈特に次の成句で〉.
in jéopardy 危険にさらして[さらされて]. The scandal put the politician's future *in* 〜. その醜聞でその政治家の前途は危うくなった. He is *in* 〜 *of* his life. 彼の生命は危うい.
[<古期フランス語 *jeu parti*「五分五分のゲーム>不確実」]

Jer. 〖聖書〗Jeremiah; Jeremy; Jersey.

jer·bo·a /dʒə:rbóuə/ 名 Ⓒ 〖動〗トビネズミ《尾と長い後足で跳ぶ; 夜行性; アフリカ・アジア産》.

jer·e·mi·ad /dʒèrəmáiəd/ 名 Ⓒ 〖雅〗(綿々と続く)悲嘆の言葉, 恨みごと.

Jer·e·mi·ah /dʒèrəmáiə/ 名 **1** 〖聖書〗エレミヤ《ヘブライの預言者; 時代の悪事を糾弾し嘆いた》. **2** 『エレミヤ書』《旧約聖書中の一書》. **3** 〈又は j-〉Ⓒ 悲観論者, 悲観主義者.

Jer·e·my /dʒérəmi/ 名 男子の名《愛称 Jerry》.

Jer·i·cho /dʒérəkòu/ 名 〖聖書〗エリコ《古代王国 Palestine の古都》.
Gò to Jéricho! 〖話〗とっとと行っちまえ, 失(う)せやがれ.

***jerk**[1] /dʒə:rk/ 名 (複 〜s /-s/) Ⓒ **1** ぐいという引き[押し, 突き, ねじり]. with angry 〜*s* of the head 怒って頭をぐっぐっと振り立てて. **2** (**a**) 〈普通 〜s〉(顔, 手足などの)けいれん, 反射運動. (**b**) 〖英話〗〈〜s〉=physical jerks; 〖米〗=chorea. **3** 〖重量挙げ〗ジャーク. **4** 〖話〗ばか, 下らないやつ.
gìve* (..) *a jérk (..を)ぐいと引く[押す, 突く, ねじる, など]. The lineman *gave* the rope *a* sharp 〜. 架線作業員は綱を急にぐいと引っ張った.
pùt a jérk in it 〖英話〗=JUMP to it.
with a jérk ぐいっと, ぐんと; がたんと. The car stopped [started] *with a* 〜. 車は急にがたんと止まった[ぐいっと動き出した].

── 動 他 **1** VOA をぐいと引く[押す, 突く, ねじるなど]. Tom 〜*ed* the knife *away from* the boy's hand. トムは少年の手からナイフをひったくって取り上げた. Something 〜*ed* him off his feet. 彼は何かにぐいと押されてその場に倒れた. **2** VOC (〜 X Y) X をぐいと動かして Y (の状態)にする. He 〜*ed* the door open. 彼はぐいと引っ張ってドアを開けた. **3** (急に)をぎくしゃく[へどもど]としゃべり出す〈*out*〉. **4** 〖米話〗〔ソーダ水など〕を作って出す.

── 自 **1** VA ぐいと引く[押す, 突く, ねじるなど]〈*at, on* ..を〉; 急に動く; がたんがたん揺れながら動く. I 〜*ed out of* his arms. 私は彼の腕の中からぐいと身を引き離した. The cart was 〜*ing along*. 荷車はがたんがたん揺れながら動いて行った. The train 〜*ed to* a stop [halt]. 列車は急にごとんと止まった. **2** ぴくっとする, けいれんする.
◇形 jerky
jèrk /../ aróund 〖米話〗(よからぬ魂胆(こんたん)で)..をしつこく悩ます, に余計な時間をとらせる.
jèrk óff 〖卑〗自慰をする (masturbate).
jèrk /../ óff 〔上着など〕をぐいと脱ぐ.
[?<擬音語]

jerk[2] 動 他 〔細く切った牛肉, 鹿肉など〕を干し肉にする.

jerk·in /dʒə́:rkən/ 名 Ⓒ **1** (16, 7 世紀ごろ, 男子が着た)袖(そで)なしの短い胴着《主に革製》. **2** 〖英〗(体にぴったり合った)上着《男女兼用》.

jérk·wàter 形 〖米話〗ちっぽけな, 取るに足りない, 〔町など〕.

†**jerk·y**[1] /dʒə́:rki/ 形 ⓔ **1** 急に動く; がたがた動く; ぴくっとする; ぎくしゃくした〔話し方など〕. a 〜 bus がたがたするバス. 〜 limbs けいれんする手足. **2** 〖米話〗ばかな, 間抜けな; みっともない. ▷**jerk·i·ly** 副 ぴくりと; がたがたと. **jerk·i·ness** 名

jerk·y[2] 名 Ⓤ 〖米〗乾燥(牛)肉. [<南米先住民語「干し肉」]

jer·o·bo·am /dʒèrəbóuəm/ 名 Ⓒ ジェロボーアム《ワインの大瓶; 普通の 6 倍のものと 3 倍のものがある》.

Je·rome /dʒəróum, dʒérəm/ 名 **1** 男子の名. **2** **Saint** 〜 聖ヒエロニムス (340?–420)《ラテン語訳聖書 (Vulgate) の完成者》.

Jer·ry /dʒéri/ 名 (複 -ries) **1** Gerald, Jeremy, Geraldine, Gerard の愛称. **2** Ⓒ 〖英話〗〈j-〉室内便器, おまる, (chamber pot). **3** Ⓒ 〖英旧俗・軽蔑〗ドイツ人[兵] (★集合的にも用いる).

jérry-bùild 動 (→build) 他 〔家〕を安普請で建てる. [jerry-built からの逆成] ▷〜**·er** 名 Ⓒ たたき大工.

jérry-bùilt 形 安普請の; 〔計画などが〕ずさんな.

jérry·càn 名 Ⓒ (四角な)ガソリン[石油]缶《我が国で普通に見られる 18 リットル入り石油缶くらいの容量》.

Jer·sey /dʒə́:rzi/ 名 (複 〜s) **1** ジャージー島《イギリス海峡にある島; Channel Islands の主島》. **2** Ⓒ ジャージー種の牛《同島原産の乳牛》.

jer·sey /dʒə́:rzi/ 名 (複 〜s) ジャージー **1** Ⓤ 機械編み又はメリヤス編みの伸縮性のある生地 (**jèrsey clóth**). **2** Ⓒ メリヤス編みの女性用上着. **3** メリヤス編みのセーター (sweater, jumper, pullover).

†**Je·ru·sa·lem** /dʒərú:sələm/ 名 エルサレム《パレスティナ (Palestine) の古都; 現在はイスラエルの首都; → Holy City》.

Jerùsalem ártichoke 名 Ⓒ 〖植〗キクイモ《米国産のキク科の多年草; 塊茎は食用になる》.

Jerùsalem Bíble 名 〈the 〜〉エルサレム聖書《エルサレムで発行されたカトリック系のフランス語訳聖書を範として 1966 年に英国で出版された》.

Jes·per·sen /jéspərsn/ 名 **Otto** 〜 イェスペルセン (1860–1943)《デンマークの言語学者》.

jes·sa·min(e) /dʒésəmən/ 名 =jasmin(e).

Jes·se /dʒési/ 名 男子の名.

Jes·si·ca /dʒésikə/ 名 女子の名.

Jes·sie /dʒési/ 名 女子の名《Jessica の異形》.

***jest** /dʒest/ 名 (複 ~s /-ts/)〘章〙 **1** C 冗談, しゃれ, (類語 joke より古風な語で, あざけりの気持ちを含むことがある). break [drop] a ~ 冗談を言う, しゃれを飛ばす. **2** UC 戯れ, からかい. **3** C 笑いぐさ, 物笑いの種. be a standing ~ いつも物笑いの種になる.

in jést 冗談に, ふざけて. I only said it (half) *in* ~. 冗談(半分)にそう言っただけです.

màke a jést of .. ..をからかう, 物笑いの種にする.

── 動 自 〘章〙 **1** 冗談を言う 〈*with* ..〔人〕に/ *about* ..について〉; ふざける. I ~! 冗談(で言っているの)だよ. Mr. Thomson is not a man to ~ *with*. トムソンさんにはうっかり冗談も言えない. It's nothing to ~ *about*. 冗談事じゃない. **2** VA (~ *at* ..) ..をからかう, 冷やかす. ~ *at* the opponent's errors 相手の失策をやじる.
[<古期フランス語「偉業」(<ラテン語 *gerere* 'do')]

jést·er 名 C **1** 冗談を言う人, おどけ者. **2** (中世の王侯・貴族の抱えた)道化(師).

jést·ing·ly 副 ふざけて; 冗談に.

Jes·u·it /dʒéʒuit, -zu-|dʒézju-/ 名 C **1**〘カトリック〙イエズス会 (Society of Jesus) の信徒[会員]. **2**〈又は j-; 非難して〉策謀家, 詭(き)弁家; 偽善家.

Jes·u·it·ic, -i·cal /dʒèʒuítik, -zu-|dʒèzju- ㊥/, /-kəl ㊥/ 形 **1**〘カトリック〙イエズス会の. **2**〈又は j-; 非難して〉陰険な; 詭(き)弁的な; 偽善的な. ▷ **Jes·u·it·i·cal·ly** 副

J

‡**Je·sus** /dʒíːzəs/ 名 **1** イエス, イエス・キリスト, (Jesus CHRIST). **2**〈間投詞的〉=Jesus CHRIST. [ヘブライ語「神は救いなり」; Joshua の短縮形]

‡**jet**[1] /dʒet/ 名 (複 ~s /-ts/) C **1** (液体, ガス, 蒸気などの)噴出, 射出; 噴出物, 射出流. send up a ~ of water 水を噴き上げる. **2** 噴出口, 筒口. a gas ~ ガスの噴き出し口. **3**〈一般に〉奔流, ほとばしり. a ~ of witty remarks 気のきいた言葉の奔流. **4**〘話〙=jet plane; =jet engine. **5**〈形容詞的〉ジェット式の; ジェット機の. a ~ fighter ジェット戦闘機. a ~ pilot ジェット機操縦士. a ~ airliner 定期ジェット旅客機.

── 動 (~s|-tt-) 自 **1** VA 噴出[射出]する 〈*out*〉〈*from* ..から〉. Oil ~*ted* (*out*) *from* underground. 地下から石油が噴き出した. **2**〘話〙VA ジェット機で旅行する. He ~*s back and forth between* Europe and the U.S. 彼はヨーロッパ・アメリカ間をジェット機で飛び回っている.

── 他 VOA を噴出[射出]する, 噴き出させる〈*out*〉.
[<ラテン語「繰り返し投げる」(<*jacere* 'throw')]

†**jet**[2] 名 U **1**〘鉱〙ジェット《黒く堅い褐炭の一種》. **2** 黒玉色, 漆黒.

jèt-bláck /㊥/ 形, 名 U 漆黒(の) (<jet[2] 1).

jèt éngine 名 C ジェットエンジン, 噴射推進機関.

jét·fòil 名 =hydrofoil.

jét làg 名 U 時差ぼけ.

jét-làgged 形 時差ぼけにかかった.

jét·lìner 名 C ジェット旅客機.

jèt pláne 名 C ジェット機.

jét pòrt 名 C ジェット機用空港.

jèt-propélled /㊥/ 形 **1** ジェット式の, 噴射推進式の. **2**〘話〙超高速の.

jèt propúlsion 名 U ジェット[噴射]推進.

JETRO /dʒétrou/ Japan External Trade Organization (日本貿易振興会, ジェトロ).

jet·sam /dʒéts(ə)m/ 名 U 投げ荷《緊急時に船体を軽くするために船から投棄された積み荷; 特に海岸に打ち上げられたものを言う; →flotsam》.

jét sèt 名 〈the ~〉〘話〙'ジェット族'《始終ジェット機で飛び回っている有閑階級; 1 人を指すときは **jét-sètter** C, そのような生活スタイルは **jét-sètting** U》.

jét skì 名 C ジェットスキー《スクーターに似た水上スポーツ用の乗り物; <商標 Jet Ski》.

jét-skì 動 自 ジェットスキーをする.

jét strèam 名 C ジェット気流《対流圏最上層付近を吹く偏西風; 時速 400km を超えることもある》.

‡**jet·ti·son** /dʒétəs(ə)n/ 動 他 **1**〔難破船, 遭難機などが〕〔積み荷[装備]〕を投げ捨てる. **2**〔不要, 無用, 厄介なものなど〕を投げ捨てる, 放棄する;〔不要な人〕をお払い箱にする. ~ old values *for* new ones 古い価値観を捨てて新しい価値観に走る. ── 名 U 投げ荷; 放棄.

‡**jet·ty** /dʒéti/ 名 (複 -ties) C **1** 突堤, 防波堤. **2** 桟橋, 波止場, (類語 小規模の pier で, 特にボート用のもの; →wharf). **3** (建物上階の)張り出し(部分). [<古期フランス語「投げ出されたもの」(<*jeter* 'throw')]

‡**Jew** /dʒuː/ 名 (複 ~s /-z/) C **1** ユダヤ人 (→Israeli, Israelite), ヘブライ人 (Hebrew). **2** ユダヤ教徒. **3**〘話・軽蔑〙(a) 高利貸し, 抜け目のない商人. (b)〈形容詞的〉ユダヤ人の(ような). [<ヘブライ語 'Judah']

── 動 他〘軽蔑〙VOA (~ /X/ *down*) X(価格)を値切る.

‡**jew·el** /dʒúːəl/ 名 (複 ~s /-z/) C **1** 宝石; 宝石入りの装身具; (類語 gem と同義にも用いるが, 特に高級なもの, 装身具として加工したものを指すことが多い; →precious stone). wear [put on] ~*s* 宝石を身に付けている[付ける]. The black dress set off her ~*s* very well. 黒のドレスが彼女の宝石をよくひき立てていた.

> 連結 a precious [a costly; an exquisite, a stunning; a showy; a cheap; a fake] ~ // mount a ~; show off one's ~*s* // a ~ sparkles [flashes, gleams, glitters, shines]

2 貴重な人[物], 宝物. The maid is a household ~. その女中は我が家の宝だ. **3** (腕時計などの)石. an 18-~ watch 18 石の腕時計.

the jèwel in the crówn (全体の中で)最良のもの[部分], 白眉.

── 動 (~s|〘英〙-ll-) 他 **1** を宝石で飾る, に宝石をちりばめる,〈普通, 受け身で〉. a ~*ed* ring 宝石をちりばめた指輪. The sky is ~*ed with* stars. 宝石をちりばめたような星空だ. **2**〔腕時計など〕に石を入れる.
[<古期フランス語 (?<*jeu* 'game, jest')]

jéwel bòx [càse] 名 C 宝石箱.

jew·eled〘米〙, **-elled**〘英〙 形 宝石をちりばめた[で飾られた].

†**jéw·el·er**〘米〙, **-el·ler**〘英〙 名 C **1** 宝石商, 時計・貴金属商. **2** 宝石細工人.

†**jew·el·ry**〘米〙, **-el·ler·y**〘英〙 /dʒúːəlri/ 名 U〈集合的〉宝石類; (宝石入り)装身具; (類語 jewel は C, jewelry は集合的で U; →precious stone).

Jew·ess /dʒúːəs/ 名 C〘旧・しばしば軽蔑〙ユダヤ女.

jéw·fìsh 名 C (複 →fish) スズキ科の温・熱帯産大型魚の総称.

†**Jew·ish** /dʒúːiʃ/ 形 **1** ユダヤ人の(ような). **2** ユダヤ教の. ── 名 U〘話〙イディッシュ語 (Yiddish).

Jèwish cálendar 名 〈the ~〉ユダヤ暦《1 年が 354 日のため, ほぼ 3 年に 1 回余分に 1 か月を挿入する》.

Jew·ry /dʒúːri|dʒúəri/ 名 U **1**〈集合的〉ユダヤ人集団, ユダヤ民族. **2** ユダヤ教[文化].

jéw's-hàrp, jéws'-hàrp 名 C〈しばしば J-〉びやぼん, 口琴(こうきん), 《口でくわえて金属の舌を人差し指ではじいて鳴らす小型の金属製楽器》.

[jew's-harp]

Jez·e·bel /dʒézəbèl, -b(ə)l|-b(ə)l/ 名 **1**〘聖書〙イゼベル《イスラエル王 Ahab の妃(きさき); 邪悪で不道徳》.
2 C〈又は j-〉あばずれ女, 妖(よう)婦. a painted ~ 厚化粧の悪女.

JFK John Fitzgerald Kennedy; John F. Kennedy International Airport.

jib[1] /dʒib/ 名 C **1**〘船〙ジブ《船首の三角帆》. **2**〘機〙ジブ, 腕,《起重機の荷物をつるために突き出た腕》.
the cùt of a pèrson's jíb〘話〙見てくれ, 風采(ふうさい).
── 動 (〜s|-bb-) 他 〔帆, 帆桁(ほげた)〕を一舷から他舷に回す. ── 自 〔帆などが〕ぐるりと回る. [?<*gib*bet]

jib[2] 動 (〜s|-bb-) 自 **1**〔馬が〕止まって進もうとしない, 横へ行こうとする. **2**〘旧話〙〔人が〕たじろぐ, 二の足を踏む, 〈*at* (do*ing*). .〔嫌な事など(をするの)〕に〉; 逃げようとする〈*at* . .から〉.

jíb bòom 名 C〘船〙ジブブーム, 船首第二斜檣(しょう).

jibe[1] /dʒaib/ 動, 名 =gibe.

jibe[2] 動 自〘米話〙〔数などが〕一致する (agree); (人と) 調和する, 折り合う; 〈*with* . .と〉.

Ji·bou·ti /dʒəbúːti/ 名 =Djibouti.

jiff /dʒif/ 名〘話〙=jiffy.

jif·fy /dʒífi/ 名 aU〘話〙ちょっとの間, 瞬間, (moment). Wait a 〜. ちょっと待って.
in a jíffy すぐ(に). I'll be with you *in a* 〜. すぐあなたの所へ参ります《店員などの言葉》.

Jíf·fy bàg 名 C〘英〙〈又は j- b-〉ジフィーバッグ《中身を保護するため詰め物をした郵便用封筒; 単に Jiffy とも言う; <商標》.

jig /dʒig/ 名 C **1** ジグ, ジーグ, 《テンポの速い軽快なダンスの一種; 普通 4 分の 3 拍子》; その曲. **2**〘機〙ジグ《工作物に取り付けて切削工具を導く道具》.
in jíg tìme〘米話〙すぐに, じきに.
The jìg is úp.〘米話〙万事休すだ.
── 動 (〜s|-gg-) 自 **1** ジグを踊る[演奏する]. **2** VA 急激に上下に動く. 〜 *about* [*up and down*] to the music 音楽に合わせて跳ね回る.
── 他 を急激に上下に動かす. She 〜*ged* the baby (up and down) on her knee, until it laughed. 彼女は赤ん坊をひざの上で上下に揺り動かして笑わせた. [<?]

jig·ger[1] /dʒígər/ 名 C **1** (酒類の分量を計る)小さなグラス《しばしば瓶に付けてある》; それ 1 杯の分量《約 1 オンス半》. **2**〘米話〙(あの)代物[仕掛け], 'なに', 《とっさに名称が思い浮かばない時用いる》.

jig·ger[2] 名 =chigger.

jíg·gered 形〈叙述〉**1**〘話〙=damned. I'm 〜 if I know it. そんなこと知っててたまるか. **2**〘英旧話〙とても驚いた. I'll be 〜! ほんとにたまげた.

jig·ger·y-pok·er·y /dʒìg(ə)ripóuk(ə)ri/ 名 U〘英話〙(こっそりやる)ごまかし, いんちき.

jig·gle /dʒíg(ə)l/〘話〙動 他 を(上下左右に)軽くせわしく揺する. ── 自 軽く揺れる. ── 名 C 軽く揺する[揺れる]こと. [jig, -le[1]]

‡**jig·saw** /dʒígsɔ̀ː/ 名 C **1** (電動)糸のこ《板を好みの形に切る鋸(のこぎり)の一種; 幅が狭く枠が付いている》.
2 ジグソーパズル《切り抜きはめ絵》(**jígsaw pùzzle**).
── 動 (〜s|過 過分 〜ed, 〘英〙では又 -sawn|〜·ing) を jigsaw で切る[形作る].

ji·had /dʒiháːd, -hǽd/ 名 C〈しばしば J-〉(イスラム教徒の)聖戦, ジハード; 〈一般に〉(主義, 信念に殉じる)戦い, '聖戦'. [アラビア語「戦い」]

Jill /dʒil/ 名 **1** 女子の名《Gill の異形》. **2** C〈普通 j-〉若い娘, 女の子; 恋人; (→jack 1).

jilt /dʒilt/ 動 他〔特に女が〕(気のあるように見せておいて)〔男〕を突き放す, 〔婚約者〕を振る.
── 名 C (気を引いておいて)相手を捨てる女[男].

Jim /dʒim/ 名 男子の名《本来は James の愛称》.

Jìm Crów 名〘米話・軽蔑〙〈又は j- c-〉C 黒人; U 黒人に対する差別(待遇). a 〜 car [school] 黒人専用車[学校]. [米国のコメディアン T.D.Rice が 1928 年に演じたショーでの歌の名から]

jim-dan·dy /dʒìmdǽndi/〘米旧話〙名 (複 -dies) C すばらしい人[物]. ── 形 /移/ すばらしい, 第一級の.

jim·jams[1] /dʒímdʒæ̀mz/ 名〘話〙**1**〈the 〜〉=jitters. **2** =delirium tremens.

jim·jams[2] 名〘英話〙=pajamas.

Jim·my, Jim·mie /dʒími/ 名 James の愛称.

jim·my /dʒími/〘米〙名 (複 -mies) C かなてこ《泥棒が窓などをこじ開けるのに用いる; 〘英〙jemmy》.
── 動 (-mies|過 過分 -mied|〜·ing) 他 をかなてこでこじ開ける.

†**jin·gle** /dʒíŋg(ə)l/ 動 自 **1** りんりん[ちりんちりん]と鳴る; VA 〔そりなどが〕鈴を鳴らして進む. Our sleigh 〜*d across* the snow. 私たちのそりはりんりんと鈴の音を響かせながら雪の上を進んだ. **2**〔詩句, 標語, 広告文句などが〕調子よく響く《頭韻や脚韻を多く使って》.
── 他 をりんりん[ちりんちりん, ちゃらちゃら]鳴らす. He 〜*d* the coins in his pocket. 彼はポケットの中で貨幣をちゃらちゃら鳴らした.
── 名 C **1** りんりん[ちりんちりん, ちゃらちゃら](と鳴る音). the 〜 of the keys on her waist 彼女の腰に付けた鍵(かぎ)束のちゃらちゃら鳴る音.
2 (同じような音を繰り返す)響きのよい詩句[標語, 広告文句など]. a radio 〜 ラジオ用の広告文句.
[擬音語]

jìngle béll 名 C そりの鈴.

Jìngle Bélls 名 U『ジングルベル』《クリスマスのころよく歌われる; Jingle は自動詞の命令形で「鈴よ鳴れ」》.

jin·go /dʒíŋgou/ 名 (複 〜es) C **1** 主戦論者, 強硬外交論者. **2** 盲目的愛国者. ***by jíngo***〘話〙絶対に, 誓って, 《強い主張, 驚きなどを表す》. [Jesus の婉曲表現か]

jín·go·ìsm 名 U **1** 主戦論, 強硬外交(政策). **2** 盲目的愛国主義.

jín·go·ist 名 C **1** 強硬外交論者. **2** 盲目的愛国者.

jin·go·is·tic /dʒìŋgouístik 移/ 形 強硬外交論(者)の, 主戦論(者)の.

jink /dʒiŋk/ 動 自〘英話〙さっと向きを変える, 体をかわす.

jinks /-s/ 名〘話〙〈複数扱い〉浮かれ騒ぎ〈主に次の成句で〉. ***hìgh jínks*** どんちゃん騒ぎ.

jinn /dʒin/ 名 =jinni《本来はその複数形》.

jin·ni /dʒiníː/ 名 (複 **jinn**) =genie.

jin·rick·sha, jin·rik·i·sha /dʒinríkʃɔː, -ʃɑː|-ʃə/ 名 C 人力車 (ricksha(w)). [日本語]

jinx /dʒiŋks/ 名 C 縁起の悪いもの[人]; つきまとう不運[悪運]; (注意 日本語では, 勝負事などの世界で, 「ある事とある事の間に動かしがたい対応[因果]関係があること」という意味で使われるが, 英語では悪いことにのみ使う). put a 〜 *on* . .に不幸をもたらす, . .にたたる. break [smash] a 〜 ジンクスを破る.
── 動 他〘話〙に不幸をもたらす, たたる, 〈しばしば受け身で〉. [<ギリシア語「アリスイ」《魔術に用いたキツツキ科の鳥》]

JIS Japanese Industrial Standard (日本工業規格).

jit·ney /dʒítni/ 名 (複 〜s) C〘米話〙**1** 料金の安いバス[タクシー]. **2**〘俗〙5 セント貨 (nickle).

jit·ter /dʒítər/〘話〙動 自 神経質になる, びくびくする.
── 名〈the 〜s; 複数扱い〉神経過敏, どきどき; (気持ちの)いらいら, びくびく.
hàve the jítters いらいら[びくびく]している.

jit·ter·bug /dʒítərbʌ̀g/ 名 C ジルバ《2 人で踊る 4 分の 2 拍子の軽快なダンス》; それを踊る人. ── 動 (〜s|-gg-) 自 ジルバを踊る. 参考 日本語の「ジルバ」はこの語がそのように聞こえたもの.

jit·ter·y /dʒítəri/ 形 e〘話〙びくびく[いらいら, もじもじ]した.

jiu·jit·su /dʒuːdʒítsuː/ 名 =jujitsu.

jive /dʒaiv/ 名 **1** U ジャイヴ《テンポの速い軽快なスウィ

ングジャズの一種》; Ⓒ それに合わせて踊るダンス. **2** Ⓤ ジャズ奏者やジャズファン特有の ⌊言葉(遣い)[隠語] (**jíve tàlk**). **3** Ⓤ 〘米俗〙 嘘(ᵘˢᵒ)っぱち, でたらめ, たわごと.
── 動 自 **1** ジャイヴを演奏する[に合わせて踊る]. **2** 〘米俗〙 でたらめを言う. ── 他 〘米俗〙 をかつぐ, だます.
── 形 〘米俗〙 いんちきな, 嘘っぱちの.

Jl. July.

Jnr., jnr. 〘英〙 junior (〘米〙 Jr., jr.).

Jo /dʒou/ 名 Joseph, Josephine の愛称.

Joan /dʒoun/ 名 女子の名. [<中世ラテン語 *Johanna*; →Jane]

Jòan of Árc /-ɑ́:rk/ 名 〈(Saint) ～〉 ジャンヌダルク (1412-31)《百年戦争でフランスの危難を救った少女; 原語名 Jeanne d'Arc; the Maid of Orleans とも言う》.

Job /dʒoub/ 名 〘聖書〙 **1** ヨブ《『ヨブ記』の主人公; 度重なる神の試練に耐えた忍耐強さで知られる》. **2** 『ヨブ記』《旧約聖書中の一書》.

‡**job** /dʒɑb|dʒɔb/ 名 (複 **～s** /-z/) Ⓒ **1 仕事** (類語 手間仕事, 賃仕事, 請負仕事, 臨時の仕事など個々の仕事を指す, occupation よりくだけた語; 抽象的な Ⓤ としての「仕事」は work). odd *～s* 半端仕事. do a side ～ 内職[アルバイト]をする. That carpenter does a very good ～ (of work). あの大工さんはとてもいい仕事をする.
2 なすべき仕事, **務め**, (task). It's my ～ to look after the baby. その子のお守りは私の役目です.
3 勤め口, 職; 職場; (類語「勤め口」の意味で最も一般的な語; →office, place, position, post, situation). He has a ～ as a bus driver. 彼はバスの運転手として働いている. get a ～ *in* [*with*] an insurance company 保険会社に就職する.

> 1, 2, 3 の 連結 an easy [a cushy; a challenging; a demanding, a difficult; a tiresome; a lucrative, a well-paid; a poorly-paid; a regular, a steady; a full-time; a part-time; a desk, an office; an outdoor] ～ // apply for [look [hunt] for], seek; find; take; lose; quit a ～

4 〘電算〙 ジョブ《コンピュータが行う処理のまとまり》.
5 〘話〙 骨の折れる仕事, 難儀. I've had [It was] quite a ～ ⌊convincing [to convince] him. 彼を納得させるのはひと仕事だった.
6 (**a**) 〘俗〙 悪事, 犯罪, (crime); 〈特に〉 強盗. a bank ～ 銀行強盗. an inside ～ 内部の者の犯行. (**b**) 〘英話〙 (公職を利用した)不正行為[人事].
7 〘話〙 ちょっとした[たいした]代物. This watch is a nice little ～. この時計はちょっとした代物だよ.

a bàd jób 〘話〙 だめなもの[事]; (運の)悪い事. give up a thing [person] as *a bad* ～ だめ(なもの[人])だと見切りをつける. make the best of *a bad* ～ 不利[困難]な状況にもめげず頑張る.
a gòod jób 〘話〙 (運の)良い事. It's *a good* ～ the parcel was insured. 小包に保険を掛けておいてよかった. He was copped, and *a good* ～ too. 彼はとっつかまった, よかったよ.
by the jób ひと仕事いくらの契約で, 請負で. be paid *by the* ～ ひと仕事いくらで賃金をもらう.
dò* [*màke*↓] *a jób of ..
dò a jób on .. 〘俗〙 ..をひどく ⌊傷める[やっつける].
dò the jób 〘話〙 役に立つ, 効果がある.
jòbs for the bóys 〘英話〙 身内や仲間に与えられた役職, えこひいき人事.
jùst the jób 〘話〙 正にぴったりのもの[人] 〈*for* ..に〉.
lìe dówn on the jób 〘話〙 仕事を ⌊怠ける[のんびりやる].
màke* [*dò*] *a jób of .. 〈普通 job に適当な形容詞を付けて〉〘話〙 ..を(上手に, 下手になど)やり遂げる. *make a* good ～ *of* painting a door ドアのペンキ塗りをうまく仕上げる. She's *made a* quick ～ *of* her shopping. 彼女は買い物をさっさと済ませてしまった. *do a* poor ～ *of* concealing one's pleasure 喜びを隠そうとしても隠せない.
on the jób (1) 職に就いて, 働いて. He's new *on the* ～. 彼は職に就いて間もない. (2) 忙しく働いて; 勤務中で[に]; 〔機械などが〕作動中で. eat *on the* ～ 仕事をしながら食事をする. learn *on the* ～ 現場で働きながら仕事を覚える. (3) 〘話〙 油断なく, 警戒して. (4) 〘英俗〙 性交中で.
out of a jób 失業中で, 無職で, (→out of WORK).
pùll a jób 〘俗〙 'ひと仕事やる' 《強盗を働く》.
── 動 (**～s**|**-bb-**) 自 **1** 賃仕事をする. **2** 株式[商品]の仲買を行う. **3** 〘主に英話〙 (職権を利用して)金もうけをする. ── 他 **1** 〔商品, 株式〕の仲買をする. **2** 〔馬, 馬車など〕を賃貸し[借り]する. **3** 〘主に英話〙 〔仕事〕を不正に利用する, (職権を利用して) 〔人〕を就かせる 〈*into* ..の地位に〉. **4** 〔仕事〕を割り当てる, 分割して請け負わせる. ～ *out* a construction project *to* three contractors 建設工事を3つの業者に請け負わせる. **5** 〘米俗〙 〔人〕をだます, ごまかして..する. ～ her *out of* her money 彼女から金をだまし取る. [<?]

jób àction 名 Ⓒ 〘米〙 (ストライキに代わる)職場闘争《順法闘争や怠業を戦術とする》.

jób·ber 名 Ⓒ **1** 半端仕事をする人; 賃仕事をする人. **2** 問屋, 卸し屋, 《人》. **3** 〘英〙 (株式取引所の)場内取引員《1986年までの旧制度の取引員で一般客とは取り引きせず, broker の仲介をした; その仕事は market maker が引きついだ》. **4** 汚職公務員.

job·ber·y /dʒɑ́b(ə)ri|dʒɔ́b-/ 名 Ⓤ (公務員の)不正, 汚職; 利権あさり.

jób·bing 形 〈叙述〉〘英〙 賃仕事をする, 臨時雇いの, 〔職人など〕. a ～ carpenter 雇われ大工.

jób cèntre 名 Ⓒ 〘英〙 (公共の)職業安定所.

jób descrìption 名 Ⓒ 職務内容説明書.

jób·hòlder 名 Ⓒ 定職を持つ人; 〘米〙 公務員.

jób-hòp 動 自 職業を転々と替える.
▷ **～·per** 名 Ⓒ 職を渡り歩く人.

jób-hùnt 動 自 〘話〙 職を探す, 就職活動をする.
▷ **～·er** 名 Ⓒ 求職者.

jób ìnterview 名 Ⓒ (就職の)面接試験.

jób·less 形 失業した, 無職の, (out of a job). the ～ 失業者たち. ▷ **～·ness** 名

jób lòt 名 Ⓒ ひと山いくらの商品, がらくた物; (一度に買った)買い物の山.

Jòb's cómforter /dʒòubz-/ 名 Ⓒ 慰めようとしながらかえって人の苦しみを激しくする人《『ヨブ記』から》.

jób sèeker 名 Ⓒ (失業中の)求職者.

jób·shàre 〘英〙 動 自 交替で働く《1つの仕事を2人で午前と午後などと分担して行う》. ── 名 Ⓒ 交替労働. ▷ **job·shar·ing** /-riŋ/ 名 Ⓤ 交替労働制.

jóbs·wòrth 名 Ⓒ 〘英話〙 杓(ˢʰᵃᵏᵘ)子定規な役人《市民の依頼を断る時にしばしば "It's more than my job's worth." (そんな事をしたら自分が首になる)と言うことから》.

Jock /dʒɑk|dʒɔk/ 名 **1** 男子の名. **2** Ⓒ 〘英話〙 スコットランド野郎《イングランド人が軽蔑的に用いる》. [Jack の異形]

jock /dʒɑk|dʒɔk/ 名 Ⓒ 〘話〙 **1** 〘米〙 〈時にけなして〉 スポーツマン《特に運動好きな大学生》. **2** ＝jockey 1. **3** ＝jockstrap. **4** ＝disc jockey. **5** 〈複合要素〉..愛好者, ..おたく. a computer ～ コンピュータおたく.

***jock·ey** /dʒɑ́ki|dʒɔ́ki/ 名 (複 **～s** /-z/) Ⓒ **1 競馬の騎手**, ジョッキー. **2** 〘米俗〙 乗り物・機械を操縦する人.
── 動 (**～s**|過 過分 **～ed**|**～·ing**) 他 **1** 〔馬〕に騎手として乗る, 騎乗する; 〘米俗〙 〔乗り物・機械〕を運転[操作]する. **2** (**a**) をだます, ぺてんにかける. (**b**) VOA (**～** X ***into doing***) X をだまして..させる; (**～** X ***out of ..***) X

から..をだまし取る. The old woman was ～*ed into* believ*ing* him. 老婆はだまされて彼を信じてしまった. The swindler ～*ed* him *out of* his money. 詐欺師は彼から金を巻き上げた. ── 自 **1** (競走馬に)騎乗する. **2** VA (～ *for ../to do*) ..を求めて/..しようとあれこれ画策する. ～ *for* position 有利な地位を得ようと駆け引きをする《競馬で騎手が相手をうまく押さえて前に出ようとすることから》.
[＜Jock, -ey (指小辞)]

jóckey càp 名 C 騎手帽.

Jóckey Clùb 名 〈the ～〉(英国)競馬クラブ《英本国内の競馬を管理する》.

jóck·stràp 名 C 〘話〙(男子運動選手の股間を保護する)サポーター (athletic supporter).

jo·cose /dʒoukóus, dʒə-/ 形 〘雅〙冗談好きな, ひょうきんな; こっけいな. [＜ラテン語 *jocus*「冗談」] ▷**～·ly** 副 **～·ness** 名

jo·cos·i·ty /dʒoukásəti, dʒə-|-kɔ́s-/ 名 (複 **-ties**) 〘雅〙U こっけい, おどけ; C こっけいな言動.

joc·u·lar /dʒákjələr|dʒɔ́k-/ 形 〘章〙(人を面白がらせようと)おどけた, 冗談好きな; ひょうきんな; こっけいな, おかしい; (類語 意図的に笑わせようとする; →humorous). [＜ラテン語 *joculus*「小さな冗談」] ▷**～·ly** 副 冗談で, おどけて.

joc·u·lar·i·ty /dʒɑ̀kjəlǽrəti|dʒɔ̀k-/ 名 (複 **-ties**) 〘章〙U おどけ; C おどけた言動.

joc·und /dʒákənd, dʒóu-|dʒɔ́k-/ 形 〘雅・詩〙活気に満ちた (cheerful); にぎにぎしい (merry). [＜ラテン語「楽しい」(＜*juvāre*「喜ばす, 助ける」)] ▷**jo·cun·di·ty** /dʒoukʌ́ndəti/ 名 **～·ly** 副

jodh·purs /dʒádpərz|dʒɔ́dpuəz/ 名 〈複数扱い〉乗馬ズボン; ジョッパーズ. [＜インドの旧州名]

Joe /dʒou/ 名 **1** Joseph の愛称《Jo ともつづる》. **2** きみ, あんた《名前の分からない男性に対する呼びかけ》. **3** C 〈しばしば j-〉〘米話〙(..な)男, やつ (guy). He's a good ～. 彼はいいやつだ. **4** C 〈しばしば j-〉〘米俗〙米兵 (→GI Joe); 米国人. **5** U 〈j-〉〘米俗〙コーヒー.

Jòe Blóggs /-blágz|-blɔ́gz/ 名 〘英話〙＝Joe Blow.

Jòe Blów 名 〘米話〙並みの男, 平均的男性.

Jòe Cóllege 名 〘米〙〘軽蔑〙ジョー・コレッジ君《典型的男子大学生の擬人化》.

Jòe Públic 名 〘英話〙＝John Q. Public.

***jog**[1] /dʒɑg, dʒɔːg|dʒɔg/ 動 (**～s** /-z/|過 過分 **～ged** /-d/|**jóg·ging**) 他 **1** を(手, 腕で)**軽く押す**[**突く, 揺する**]. I ～*ged* his elbow, but he still ignored me. 彼の肘(ひじ)を突いても彼は知らぬ顔をしていた. **2** 〔記憶など〕を呼び起こす. ～ a person's memory 人の記憶を(揺すって)呼び覚ます.

── 自 **1** VA がたごとゆっくりと動く; 上下に揺れ動く. A cart was ～*ging down* the stony path. 荷車が石ころだらけの道をがたごと降りて行った. **2** VA (～ *along, on*) 〔人が〕どうにかやって行く, 〔物事が〕何とか運んで行く. Matters ～ *along* somehow. 事は何とか運んでいます. **3 ゆっくり走る**; (健康のために)**ジョギングをする**. I walked hurriedly, ～*ging* part of the way. 時々小走りに走りながら私は急いで歩いた. My dad ～*s* [goes ～*ging*] every morning. 父は毎朝ジョギングをする.

── 名 C **1** 軽い押し[突き, 揺すり]; (記憶などの)喚起. She gave my elbow a little ～. 彼女は私の肘をちょっと押した. That gave my memory a ～. それが私の記憶を呼び起こすきっかけになった. **2** ゆっくり[軽く]走ること; ジョギング; (馬の)緩歩. have a ～ ジョギングでひと走りする.
[?＜擬音語]
▷**jóg·ger** 名 C ジョギングを⌞する[している]人.

jog[2] 〘米〙動 自 急に方向を変える. ── 名 C 急激な方向転換. make a ～ 不意に曲がる.

jóg·ging 名 U ジョギング.

jógging sùit 名 C ジョギングウェア.

jog·gle /dʒág(ə)l|dʒɔ́g-/ 〘話〙動 他 を(軽く)揺する. ── 自 揺れる. ── 名 C 軽い揺すぶり[揺れ].
[jog, -le[1]]

jóg tròt 名 C (馬の)緩歩; ゆっくりした規則的な歩調.

Jo·han·nes·burg /dʒouhǽnəsbə̀ːrg/ 名 ヨハネスバーグ《南アフリカ共和国最大の都市; ダイヤモンド・金産業の中心地》.

John /dʒɑn|dʒɔn/ 名 **1** 男子の名《愛称 Jack, Johnny》. **2** 〘聖書〙(**a**) ＝John the Baptist. (**b**) **Saint ～** 使徒ヨハネ《キリストの 12 使徒の 1 人; 3 の著者》. **3** 『ヨハネによる福音書』《新約聖書中の一書》. **4** ジョン王 (1167?–1216)《無能で不評な英国王 (1199–1216); 1215 年に大憲章 (Magna Carta) に署名させられた》. [＜ラテン語 *Jōhannēs* (＜ヘブライ語); 原義は 'God is gracious']

john /dʒɑn|dʒɔn/ 名 C 〘米俗〙 **1** 〈the ～〉トイレ (bathroom; 〘英話〙loo). go to the ～ トイレに行く. **2** 売春婦の客.

Jòhn Bárleycorn 名 '麦太郎'《ビールの擬人化》.

Jòhn Búll 名 **1** 〘旧〙ジョン・ブル氏《英国, また英国人の擬人化; 参考 英国人著述家・医師 John Arbuthnot (1667–1735) の諷刺文 *The History of John Bull* (1712) の主人公の名から; →Uncle Sam》.

Jòhn Dóe 名 **1** 〘法〙ジョン・ドウ《訴訟で実名不詳時に付ける当事者の一方の仮名; 普通, 原告; 女性には Jane Doe を用いる; →Richard Roe》. **2** 〘米〙並みの人.

Jòhn Dóry 名 ＝dory[2].

Jòhn F. Kénnedy Ìnternàtional Áirport 名 ケネディ国際空港《New York 市 Queens 区にある国際空港》.

Jòhn F. Kénnedy Spáce Cènter 名 ケネディ宇宙センター《米国 Florida 州東岸の Cape Canaveral (旧称 Cape Kennedy (1963–73)) にある宇宙船[ロケット]打ち上げ基地》.

Jòhn Háncock 名 C 〘主に米話〙自筆の署名 (autograph)《独立宣言書の署名中 *John Hancock* (1737–93) のものが太くて目についたため》.

John·ny /dʒáni|dʒɔ́ni/ 名 (複 **-nies**) **1** John の愛称. **2** C 〘英旧話〙〈時に j-〉男, やつ, (fellow). **3** 〘英俗〙〈j-〉コンドーム.

Jòhn·ny Áp·ple·seed 名 →Appleseed.

jóhnny·càke /dʒáni-|dʒɔ́ni-/ 名 UC 〘米〙トウモロコシ粉のパン《平たくてかりかりしている》.

Jòhnny-come-látely 名 C 〘話〙新参[遅参]者; 成り上がり者.

Jòhnny-on-the-spót 名 C 〈また j-〉〘米話〙必要な時にすぐ手を貸してくれる人, 緊急時に頼れる人.

Jòhnny Réb /-reb/ 名 〘米史〙'反乱兵'《南北戦争の南軍兵士; Reb＜*Revolt*》.

Jòhn o' Gróats 名 ジョン・ア・グロウツ《スコットランド北東端の村; ブリテン島の最北端と思われているが実際はもう少し北の所がある; →Land's End》.

Jòhn Pául 名 **1** ～ **I** ヨハネ・パウロ 1 世 (1912–78)《ローマ教皇 (1978)》. **2** ～ **II** ヨハネ・パウロ 2 世 (1920–)《ローマ教皇 (1978–)》.

Jòhn Q. Públic 名 〘米話〙一般国民[大衆].

John·son /dʒánsn|dʒɔ́n-/ 名 ジョンソン **1 Andrew ～** (1808–75)《米国第 17 代大統領 (1865–69)》. **2 Lyndon** /líndən/ **Baines** /beinz/ **～** (1908–73)《米国第 36 代大統領 (1963–69); 在任中ベトナム戦争が悪化》. **3 Samuel ～** (1709–84)《英国の文学者・辞書編纂(さん)者; Dr. Johnson と呼ばれる》.

John·son·ese /dʒɑ̀nsəníːz|dʒɔ̀n-/ 名 U ジョンソン (Dr. Johnson) 流の文体《ラテン語を多用した大げさな文

体》.

John·so·ni·an /dʒɑnsóuniən|dʒɔn-/ 形 〔文体などが〕ジョンソン(Dr. Johnson)流の. ── 名 C ジョンソン崇拝[模倣]者; ジョンソン研究家.

Jòhn the Báptist 名 〖聖書〗洗礼者ヨハネ, バプテスマのヨハネ, 《キリストに洗礼を施した》.

joie de vi·vre /ʒwɑ̀:-də-ví:vrə/ 名 U 生きる喜び. [フランス語 'joy of living']

‡**join** /dʒɔin/ 動 (~s /-z/|過 過分 ~ed /-d/|jóin·ing) 他 【つなぐ】 **1** をつなぐ, 結合する, 連結する, 〈*to*..に〉; 〖数〗〔2 点〕を結ぶ〈*by*..〔直線〕で〉; (類語 connect よりは密接な結合を表すが, 一般に外面的で, unite ほど一体感はない). ~ the end of a rope *to* another ロープの端を別のロープの端に結びつける. The city is ~*ed to* the capital by a railroad. その都市は鉄道で首都と結ばれている.
2 〔2 つ以上のもの〕をつなぎ合わせる, 接合する, 〈*up*, *together*〉; を結びつける〈*in* ..〔結婚, 友情など〕によって〉. ~ the two boards *together* with glue 2 枚の板をにかわでくっつける. be ~*ed* (*together*) *in* marriage (男女が)結婚で結ばれる.
【一緒になる】 **3** 〔団体, 活動など〕に加わる, 参加する; に加入する, の会員になる. ~ the army 軍隊に入る. ~ an expedition 遠征隊に参加する. ~ a church 教会の信徒になる. ~ a queue 〖英〗行列(の最後)に並ぶ.
4 〔人〕と落ち合う; と一緒になる, に加わる, 〈*in*, *for*..〔活動など〕で〉. I'll ~ you *in* your walk later. 後からお散歩に追いつきます. Why don't you ~ us *for* a ball game? 一緒に野球やりませんか.
5 〔川, 道路などが〕と合流する. Many creeks ~ the Mississippi. 多くの支流がミシシッピ川に注いでいる.
6 【つながる>接する】〔地所などが〕に接(触)する, 隣接する. Our field ~*s* John's on the west. うちの畑は西側でジョンの畑と境を接している.
── 自 **1** VA 結びつく, 1 つになる, 〈*with* ..〔人〕と/*in* ..〔意見, 友情など〕で〉. I ~ *with* you *in* that belief. その信念においては私はあなたと同じです. My mother ~*s with* me *in* sending you our best regards. 《手紙の文句で》母からもよろしくと申しております.
2 VA 参加する, 仲間入りする, 〈*in*〉〈*in* (doing)..(すること)に〉(類語 仲間意識や共通の目的を強調する語; →participate). He never ~*s in* (*with* us). 彼は決して(我々の)仲間に加わらない. ~ *in* a game ゲームに加わる.
3 〔道, 川などが〕合流する, 一緒になる, (meet); 接する, 隣接する, (border). The two rivers ~ near St. Louis. 2 つの川はセントルイスの近くで合流する.
◇名 joint

jòin báttle 〖雅〗戦い[争い]を始める.
jòin fórces =join HANDS (2).
jòin úp (1) 合流する; 合併する; 落ち合う; 〈*with*..と〉. (2) 軍隊に入る, 兵隊になる.
── 名 C (2 つのものの)接する所, 接点; 合流点; 縫い目, 継ぎ目. The boards are stuck so well that you can hardly see the ~. 板は大そう上手にくっつけられていて継ぎ目が分からないほどだ.
[<古期フランス語 *joindre*(<ラテン語 *jungere*「結ぶ, つなぐ」); yoke と同根]

jòined-úp /⑧/ 形 続け書きの〔筆跡〕.

jóin·er 名 C **1** join する人[物]; 〖主に英〗指し物師, 建具[家具]屋. **2** 〖話〗(顔を広めるため)多くの団体[クラブなど]に加入する人.

join·er·y /dʒɔ́inəri/ 名 U 〖主に英〗 **1** 建具職, 指し物業. **2** 〈集合的〉指し物, 建具類.

‡**joint** /dʒɔint/ 名 (複 ~s /-ts/) C **1** 継ぎ目, 合わせ目, 接合部. Water leaks from the ~ in the pipe. 導管の継ぎ目から水が漏る. **2** 〖木工〗仕口(しくち); 〖機械〗継ぎ手, ジョイント, 《2 つの部分をつなぐ》. **3** 〖解剖〗関節; 〖植〗(枝, 葉の)付け根, 節(ふし); 〖地〗(岩石の)割れ目. the middle ~ of the forefinger 人差し指の第 2 関節. **4** 〖英〗(骨付きの)大きな肉塊《roast 用として肉屋でこの形で売られる; 1.8 キロ前後の大きさが最適とされる》. **5** 〖俗〗人の溜(たま)り場《安酒場, 賭博(とばく)宿など》. **6** 〖俗〗マリファナ入りの巻きたばこ.

càse the jóint →case².
out of jóint (1) 関節が外れて[た], 脱臼(だっきゅう)して[た]. He knocked his thumb *out of* ~ playing baseball. 彼は野球をしていて親指を脱臼した. (2) (調子が)狂って; 乱雑になって. throw a machine *out of* ~ 機械を狂わせる. The times are *out of* ~. この世は狂っている《*Hamlet* から; もとのせりふは The time is...》.
pùt a pèrson's nóse out of jóint →nose.
── 形 Ⓒ 〈限定〉共同の, 合同の; 連合の, 連帯の; 共有の. a ~ author 共著者. a ~ statement 共同声明. make ~ efforts 協力する. a ~ study 共同研究. ~ responsibility 連帯責任. ~ property 共有財産. ~ ownership 共有(権).
── 動 他 **1** を継ぎ手 (joint) でつなぐ, 接合する. **2** 〔特に大きい肉〕を関節ごとに分ける; 〔肉〕を大きい切り身に分ける. She ~*ed* the chicken before cooking it. 彼女は鶏(とり)を料理する前に(関節ごとに)ばらした.
[<古期フランス語「つながれた(もの)」(*joindre*「つなぐ」の過去分詞)]

jòint accóunt 名 C (銀行の)共同口座《例えば夫妻の》.

Jòint Chìefs of Stáff 名 〈the ~〉〖米〗(陸海空軍の)統合参謀本部《略 JCS》.

jòint commíttee 名 C 合同委員会《特に米国議会両院の》.

jòint cústody 名 U 〖法〗共同監護(権)《特に, 離婚した[別居中の]両親の子供に対する》.

jóint·ed /-əd/ 形 **1** 継ぎ目のある; 節(ふし)のある, 関節のある. a ~ fishing rod (釣り用の)継ぎ竿(ざお). **2** 〔鶏などが〕ばらされた.

†**jóint·ly** 副 共同で, 合同で.

jòint resolútion 名 C 〖米〗両院合同決議.

jòint stóck 名 U 共同資本.

jòint-stóck còmpany 名 C 〖英〗株式会社(〖米〗stock company).

join·ture /dʒɔ́intʃər/ 名 C 〖法〗寡婦(かふ)産《結婚時に設定され, 夫の死後妻の所有に帰する財産》.
── 動 他 〔妻〕に寡婦産を設定する.

jòint vénture 名 C 合弁(事業).

joist /dʒɔist/ 名 C 〖建〗根太(ねだ)《床, 天井を支える横木》.

jo·jo·ba /həhóubə/ 名 U 〖植〗ホホバ《メキシコ, 米国南西部産のツゲの類の低木; この種子から化粧品・潤滑剤用の **jojóba òil** がとれる》

‡**joke** /dʒouk/ 名 (複 ~s /-s/) C **1** 冗談, しゃれ, おどけ; 笑い事; (類語 jest より広く, 言葉だけでなく 2 のようにいたずらも含む). in ~ 冗談に. for [as] a ~ 冗談のつもりで. make a ~ 冗談を言う, ジョークを飛ばす. I did not see [get] the ~. 私にはしゃれが分からなかった. It is [goes] beyond a ~. 笑い事では済まない. carry a ~ too far 冗談事の度を過ごす.

> 連結 a good [a bad, a dirty, a dull, a funny, a harmless, a poor, a sick, a silly, a stale] ~ // crack [tell] a ~

2 からかい, いたずら. a practical ~ 悪ふざけ. The ~'s on him. 〖話〗(人をからかった)彼の方こそ間抜けに見える.
3 (**a**) 物笑いの種, お笑いぐさ. The general election was a ~. (今度の)総選挙はとんだお笑いぐさだった. (**b**) 易しい(手ごたえのない)もの.

can't tàke a jóke 冗談を冗談として受け取れない(で,

本気で怒りだす). My dad is a man who *can't take a* 〜. 父は冗談を冗談として受け取れない人だ.
nò jóke 〘話〙(冗談どころではない)大変な事. It's *no* 〜 being out of work over forty. 40を越えて失職となると笑い事じゃない.
plày a jóke on .. ..をからかう, 笑いものにする.
── 動 自 冗談[しゃれ]を言う, ふざける, おどける, 〈*with* ..〔人〕に/*about* ..のことで〉. This is no *joking* matter. これは冗談事じゃない. You must be *joking*. ご冗談でしょう. 〜 *with* him *about* his newfangled dress 新奇な服のことで彼に冗談を言う.
jòking apárt [***asíde***] 冗談はさておき.
[<ラテン語 *jocus*「冗談」]
‡**jok·er** /dʒóukər/ 名 C **1** 冗談が好きな人, おどけ者. **2** 〘話〙(ふざけてばかりいて)まじめに付き合えない人. **3** 〘トランプ〙ジョーカー. ***the jòker in the páck*** 出方が読めない人, 成り行きの予測がつかない事.
jok·ey, jok·y /dʒóuki/ 形 e 〘話〙おどけた, ふざけた.
jok·ing·ly /dʒóukiŋli/ 副 冗談に, ふざけて.
jol·li·fi·ca·tion /dʒɑ̀ləfəkéiʃ(ə)n|dʒɔ̀l-/ 名 UC 〘旧話〙(罪のない)お祭り騒ぎ (merrymaking).
jol·li·ty /dʒɑ́ləti|dʒɔ́l-/ 名 U 〘旧章〙陽気, 愉快.
***jol·ly** /dʒɑ́li|dʒɔ́l-/ 形 e (**-li·er**|**-li·est**) **1** (**a**) **陽気な**, 愉快な; お祭り気分の; (類語 陽気で人うきあいのよさに重点がある; →merry). a 〜 laugh 陽気な笑い. Mr. Robson is a 〜 person. ロブソンさんは面白い人だ. (**b**) 〘話・婉曲〙(ほろ酔いで)ご機嫌の. **2** 〘英旧話〙(**a**) すてきな, 楽しい, 気持ちのよい. That's a 〜 doll, Susie. スージー, すてきな人形だね. The weather's rather 〜 today. 今日は随分気持ちのいい天気だ. (**b**) 〘皮肉〙結構な, すばらしい.
── 副 ⓒ 〘英話〙とても, 非常に, (very). I had a 〜 good time with my friends. 友達ととても楽しい時を過ごした.
Jòlly góod! 〘英旧話〙(1) 結構だ, ありがたい. (2) わかった, 承知した.
jòlly wéll 〘英旧話〙(1) 非常によく. You've done 〜 *well*. 君は実によくやった. (2) 断然, ほんとに, 《怒りを含んだ強調に用いる》. I'll 〜 *well* do what I please. 断然おれの好きなようにやるんだ.
── 動 (**-lies**|過 過分 **-lied**|〜**·ing**) 他 〘話〙
1 VOA (**a**) (〜 X ***along***) Xをうれしがらせる, のご機嫌を取る; Xをおだてる. He *jollied* her *along* until she lent him some money. 彼は上手におだててついに彼女から金を借りてしまった. (**b**) 〘旧〙(〜 X ***into*** (*doing*) **..**) Xをおだてて..させる. He *jollied* me *into* buy*ing* him lunch. 彼は私をおだてて昼食をおごらせた.
2 を(悪気なく)ひやかす, からかう.
jòlly /../ úp 〘英話〙〔場所など〕を飾り立てる, 派手にする; 〔会など〕をにぎやかにする, 盛り上げる.
── 名 C 〈普通 -lies〉〘話〙スリル, 興奮, 娯(たの)しみ. get one's jollies from other people's failure 他人の失敗をほくそえむ.
[<古期フランス語 *jolif*「陽気な, きれいな」(?<古期北欧語 'yule')] ▷**jol·li·ly** 副 **jol·li·ness** 名
jólly bòat 名 C 〘海〙(船舶に乗せてある)雑用ボート.
Jòlly Róger 名 〈the 〜〉海賊旗《頭蓋(ずがい)骨と大腿(だい)骨を二本組み合わせた図》.
†**jolt** /dʒoult/ 動 自 がたがた揺れ[る[ながら進む]], がたつく. The wagon 〜*ed along* (the rough path). 荷車は(でこぼこの道を)がたがた進んだ.
── 他 **1** をがたがた揺すぶる. Her bump against the cupboard 〜*ed* a bottle *off* the shelf. 彼女が食器棚にぶつかって瓶が棚から落ちた. **2** (**a**) 〔物事が〕に(精神的)ショックを与える. be severely 〜*ed* by the news そのニュースにひどいショックを受ける. (**b**) VOC (〜 X Y) XにショックをあたえてYの状態にする. The uproar 〜*ed* him awake. 騒ぎで彼は目が覚めた. (**c**) VOA (〜 X ***into*** (*doing*) **..**/X ***out of ..***) Xにショックを与えて..させる/..から脱出[をやめ]させる. Father's angry words 〜*ed* us *into* action. お父さんに怒られて我々は急に動き始めた.
── 名 C **1** (激しい)動揺, がたつき. The carriage was moving along with a 〜. 馬車はがたがた揺れながら進んでいた. **2** 衝撃; 精神的衝撃, ショック. The car hit against the wall with a 〜. 車はどすんと壁にぶつかった. My words gave the kids a 〜. 私の言葉は子供たちにショックを与えた.
[?<〘廃〙*jot* 'jerk'+〘廃〙*joll* 'bump']
jolt·y /dʒóulti/ 形 がたがた揺れる〔乗り物など〕.
Jo·nah /dʒóunə/ 名 **1** 〘聖書〙ヨナ《ヘブライの預言者; 鯨に飲まれた》; 『ヨナ書』《旧約聖書中の一書》.
2 C (行く先々に)不幸をもたらす人, '疫病神'.
Jon·a·than /dʒɑ́nəθən|dʒɔ́n-/ 名 **1** 男子の名. **2** 〘聖書〙ヨナタン《サウル (Saul) の長男で, ダヴィデ (David) の親友》. **3** 〘英古〙=Brother Jonathan.
Dàvid and Jónathan →David.
Jones /dʒounz/ 名 ジョーンズ **1** 〈the 〜es〉近所の人々《Jones が最もありふれた名前と考えられていることから》. **2 Ca·sey** /kéisi/ 〜 (1863–1900)《自分の命を犠牲にして列車事故を救った米国の運転手; folk song に歌われ英雄視された》. **3 Daniel** 〜 (1881–1967)《英国の音声学者》.
kèep úp with the Jóneses 〘話〙近所の人に負けまいと見栄(みえ)を張る. [<*John's* (son)]
jon·quil /dʒɑ́ŋkwil|dʒɔ́ŋ-/ 名 **1** C 〘植〙キズイセン《narcissus の一種》. **2** U 淡黄色.
Jon·son /dʒɑ́ns(ə)n|dʒɔ́n-/ 名 **Ben** 〜 ジョンソン (1572–1637)《英国の劇作家・詩人》.
Jor·dan /dʒɔ́:rdn/ 名 **1** 〈the 〜〉ヨルダン川《パレスティナ地方の川で, ガリラヤ湖を経て死海に注ぐ》. **2** ヨルダン《アラビア北部の王国; 首都は Amman》.
Jor·da·ni·an /dʒɔ:rdéiniən/ 形, 名 C ヨルダンの(人).
Jo·seph /dʒóuzəf/ 名 **1** 男子の名《愛称 Jo, Joe》.
2 〘聖書〙ヨセフ《ヤコブ (Jacob) の子; エジプトの大官》.
3 〘聖書〙ヨセフ《聖母マリアの夫でキリストの父; ナザレ (Nazareth) の大工》. [ヘブライ語 'May God add (children)']
Jo·se·phine /dʒóuzəfì:n/ 名 **1** 女子の名《愛称 Jo》. **2** ジョゼフィーヌ (1762–1814)《ナポレオン1世妃》.
Josh. 〘聖書〙Joshua.
josh /dʒɑʃ|dʒɔʃ/ 動 〘米話〙他 (悪意なしに)をからかう.
── 自 冗談を言う (joke); からかう.
Josh·u·a /dʒɑ́ʃwə|dʒɔ́ʃ-/ 名 **1** 男子の名.
2 〘聖書〙ヨシュア《Moses の後継者》.
3 『ヨシュア記』《旧約聖書中の一書》. [→Jesus]
joss /dʒɑs|dʒɔs/ 名 C (中国人が祭る)偶像.
jóss stìck 名 C (中国人が偶像の前に立てる)線香.
‡**jos·tle** /dʒɑ́s(ə)l|dʒɔ́s(ə)l/ 動 他 **1** (肘(ひじ)などで乱暴に)を押す, 突く. **2** VOA を押して..する; 〈〜 one's way〉押し分けて進む〈*through* (..を)〉. He was 〜*d away* [*out of* the room]. 彼は押しのけられた[部屋の外へ突き出された]. 〜 one's way *out of* the crowd 人を押しのけて人込みから逃れる. ── 自 **1** 押し合う; 突き当たる〈*against* ..に〉; VA (〜 ***through*** (**..**)) (..を)押し分けて進む. The carp were *jostling* in the small pond. 鯉(こい)は狭い池の中でひしめいていた. 〜 *through* the crowd 人々の群れをかき分ける. **2** VA (〜 ***for ..***) ..を争う, 競い合う, 〈*with* ..と〉. Ben and I 〜*d* (*with* each other) *for* the position. ベンと私は(お互いに)その地位を争った.
── 名 C 押し合い; 競い合い.
[<中期英語; joust, -le[1]]

†**jot** /dʒɑt|dʒɔt/ 名 C 〘旧話〙〈a ～; 普通, 否定文で〉少し, わずか, 《ギリシア文字の ι (iota) のことを jot と言い, ギリシア文字のうちで ι が最も小さい文字であることから》. There is not a ～ of evidence. 証拠が皆無だ. She doesn't care a ～ for what we say. 彼女は我々の言うことなど一向気に留めない《この例では副詞的用法》.
── 動 (～s|-tt-) 他 をざっと書き留める, 即座にメモする, 〈*down*〉. I ～*ted down* his phone number on a slip of paper. 紙切れに彼の電話番号をメモした.

jót·ter 名 C **1** 書き留める[メモする]人 **2** メモ帳.

jót·ting 名 UC (ざっと)書き留めること; C〈普通 ～s〉メモ, 覚え書き.

joule /dʒu:l, dʒaul/ 名 C 〘物理〙ジュール《エネルギーの単位で 1 千万エルグ (erg) に等しい; ＜英国の物理学者 J.P. *Joule* (1818–89)》.

jounce /dʒauns/ 動 自 上下にがたがた揺れる. ── 他 をがたがた揺らす. ── 名 C (上下の)動揺. [?＜*jump* ＋*bounce*]

‡**jour·nal** /dʒə́:rn(ə)l/ 名 (複 ～s /-z/) C **1** (**日刊**)**新聞**; (専門的な定期刊行)雑誌. a monthly ～ 月刊雑誌. a medical ～ 医学誌. **2 日記**, 日誌, (類語 journal は公的記録の性格を持つもの; →diary). a ship's ～ 航海日誌. **3**〘簿記〙仕訳(しわけ)帳; 取り引き日記帳. **4** (学会などの)議事録, 機関誌; 〈the Journals〉〘英〙国会議事録. [＜後期ラテン語 *diurnālis*「日々の」(＜ラテン語 *diēs* 'day')]

jour·nal·ese /dʒə̀:rn(ə)lí:z/ 名 U 〘軽蔑〙新聞体, 新聞口調, 《普通, 新聞・雑誌に用いられる, 大げさな表現や, 決まり文句の多い散漫な文体》.

*__jour·nal·ism__ /dʒə́:rn(ə)lìz(ə)m/ 名 U ジャーナリズム《新聞・雑誌・テレビ・ラジオなどの報道記事[番組]の取材・執筆・編集・経営など》; 新聞雑誌界; 報道関係; 新聞雑誌類.

‡**jour·nal·ist** /dʒə́:rn(ə)list/ 名 (複 ～s /-ts/) C ジャーナリスト, 新聞雑誌記者[経営者]; 報道関係者.

jour·nal·is·tic /dʒə̀:rn(ə)lístik ⑱/ 形 新聞雑誌(業)の; 新聞雑誌的な; 新聞雑誌記者(かたぎ)の.

‡**jour·ney** /dʒə́:rni/ 名 (複 ～s /-z/) C **1** (**a**) **旅**, 旅行, (類語 普通, 陸路の長い旅で, 再び帰ってくることを必ずしも意味しない; →travel). go [start, set out] on a ～ 旅に出る. We broke our ～ at Paris. 旅の途中パリに一時立ち寄った. My mother is away on a ～. 母は旅行で不在です. (**b**)〈比喩的〉旅路, 行路; 推移. go on one's last ～ 死出の旅路に就く.

> 連結 a long [a pleasant, a safe; a dangerous, a hazardous; an overland, a sea; a train] ～ // take [make, undertake] a ～

2 行程, 旅程. a ～ of five days＝a five-day ～ 5 日の旅程. Rome is a day's ～ by train from here. ローマはここから汽車で 1 日の行程です.
one's jòurney's énd 〘雅〙(1) 旅路の果て. (2) 人生行路の終わり.
── 動 (～s|過 過分 ～ed|～·ing) 自 〘章〙VA 旅行する. ～ west [*to* Africa] 西に[アフリカへ]旅行する.
[＜古期フランス語「一日の仕事[旅]」(＜ラテン語 *diurnus* 'daily')]

jóurney·man /-mən/ 名 (複 **-men** /-mən/) C **1** (下請け)職人《apprentice の修業を済ませたがまだ master になっていない》. **2** (独創力はないが)一応は腕の確かな人. a ～ painter 職人型の絵かき.

jour·no /dʒə́:rnou/ 名 (複 ～s) 〘英話〙＝journalist.

joust /dʒaust, dʒu:st/ 名 C **1** 馬上槍(やり)試合《中世の騎士が行った》. **2**〘章〙論戦, 競争. ── 動 自 **1** 馬上槍試合を行う〈*with* ..と〉. **2**〘章〙議論を戦わせる; 競い合う〈*for*.. を求めて〉. [＜古期フランス語「会わせる」(＜ラテン語 *juxtā*「近くに, 一緒に」)]

Jove /dʒouv/ 名 〘ロ神話〙＝Jupiter.
By Jóve! 〘英旧話〙(強調, 驚き, 喜びなどを表して)神かけて, 誓って, 全く, おやまあ, ほんとに. [＜古期ラテン語 *Jovis*]

jo·vi·al /dʒóuviəl/ 形 〘章〙〔特に老人などが〕陽気な, 朗らかな, (hearty). a ～ laugh 陽気な笑い. a ～ disposition 朗らかな性質. [＜ラテン語 *joviālis*「木星の(もとに生まれた)」; 木星 (Jupiter, Jove) は陽気さをもたらすと考えられた] ▷**～·ly** 副 陽気に.

jo·vi·al·i·ty /dʒòuviǽləti/ 名 U 〘章〙快活, 陽気, 上機嫌.

jowl /dʒaul/ 名 C **1** あご (jaw); 下あご. **2** ほお (cheek). **3** (太った人などの)下あごのたるんだ肉付き; (牛, 七面鳥などの)のどの垂れ肉. have heavy ～*s* ひどく下あごがたるんで[ほお肉が垂れ下がって]いる.
chèek by jówl (***with*** ..) →cheek. [＜古期英語]

jowl·y /dʒáuli/ 形 e 二重あごの, 下あごのたるんだ.

‡**joy** /dʒɔi/ 名 (複 ～s /-z/) **1** U (**非常な**)**喜び**, **うれしさ**, 〈*at, in, of* ..の, をする〉(↔sorrow; 類語 強い幸福感を伴い, 普通, 持続的な喜びを表す; →pleasure). tears of ～ 喜びの涙. Our ～ *at* being reunited at last was inexpressible. 我々がやっと又一緒になれた喜びは言い表しようがなかった. be filled with [full of] ～ 喜びでいっぱいになる. I find [take] no ～ *in* physical exercise. 体操が少しも楽しくない. His ～ showed on his face. 喜びが彼の顔に表れた.

> 連結 deep [great, indescribable, intense, sheer; brief; constant, everlasting] ～ // feel [experience] ～

2 C 喜びのもと[種]. The child was a ～ to his family. その子は彼の一家の喜びの種であった. full of the ～*s* of spring 春の喜びに満ちあふれて[心も軽く]. A thing of beauty is a ～ for ever. 美しいものは永遠の喜びだ《John Keats の詩の 1 行》.
3 U 〘英話〙〈have [get] no ～ の形で普通, 否定文・疑問文で〉成功, うまくいく事. He tried to fix the radio, but *got no* ～. 彼はラジオを直そうとしたがだめだった.
for jóy 喜びのために, うれしさで. weep *for* ～ うれし泣きする. jump [leap] *for* ～ 喜んで跳び上がる.
No jóy. 〘英〙だめだった, うまく行かなかった.
to a pèrson's jóy ＝***to the jóy of a pèrson*** 人が喜んだことには, うれしいことに. *To* her parents' ～ [*To the* ～ *of* her parents], the girl grew up to be very beautiful. 両親が喜んだことにその子はたいそう美しい娘に成長した.
wìsh a pèrson jóy of .. 〈普通, 皮肉を込めて〉..を十分にお楽しみ願いたい.
with jóy 喜んで, うれしがって. shout [laugh] *with* ～ 喜びの声[笑い声]を上げる.
── 動 (～s|過 過分 ～ed|jóy·ing) 自 〘雅・詩〙喜ぶ〈*in* ..を〉(rejoice).
[＜ラテン語 *gaudium*「喜び」(＜*gaudēre* 'rejoice')]

Joyce /dʒɔis/ 名 **1** 女子の名; 男子の名. **2 James** ～ ジョイス (1882–1941)《アイルランド出身の小説家・詩人; *Ulysses* (1922), *Finnegans Wake* (1939) 他》.

*__joy·ful__ /dʒɔ́if(ə)l/ 形 m 〘章〙 **1** 〔人が〕**喜んでいる**, うれしがっている, 〈*at, about, over* ..を〉; **うれしそうな**; (注意 この意味では口語では happy の方が普通). She was deliriously ～ *at* the birth of a grandson. 彼女は男の孫が生まれたので喜びで我を忘れた. with a ～ look in one's eyes 目に喜びの色を浮かべて.
2 〔物事が〕**喜ばしい**, うれしい; 楽しい. ～ news＝a ～ piece of news うれしい知らせ. a ～ atmosphere 楽しい雰囲気. ◇名 joy ▷**～·ly** 副 **～·ness** 名

jóy·less 形 〔心などが〕喜びのない, 楽しくない; 〔行く末などが〕わびしい. a ～ outlook on life 人生とはわびしいものだという見方. ▷ **～·ly** 副 **～·ness** 名

‡**joy·ous** /dʒɔ́iəs/ 形 《主に雅》 うれしい, 楽しい; 楽しげな, うれしそうな. Christmas is a ～ occasion. クリスマスは楽しい時期だ. a ～ smile うれしそうな微笑. ◇名 joy ▷ **～·ly** 副 **～·ness** 名

jóy·rìde 《話》 名 C **1** 面白半分のドライブ 《特に無謀運転や他人の車の無断借用》. **2** 無謀な行動. **──** 動 自 (盗んだ車で)面白半分のドライブをする. ▷ **joy·rid·er** 名 **joy·rid·ing** 名

jóy·stìck 名 C **1** 《話》 (飛行機の)操縦桿(かん). **2** (コンピュータ・ディスプレイ装置, テレビゲームなどの)操作レバー.

JP, J.P. Justice of the Peace.

Jpn., JPN Japan; Japanese.

JR Japanese Railways.

Jr., jr. 《米》 junior.

JST Japan Standard Time (日本標準時).

ju·bi·lance /dʒúːbələns/ 名 U 《章》 歓喜.

‡**ju·bi·lant** /dʒúːbələnt/ 形 《章》 (勝利, 成功などを喜んで)歓声を上げる, 歓呼する; 喜び[歓喜]に満ちた[ている]. *Jubilant* crowds cheered and waved flags as the Queen drove along. 女王が車で進まれると喜びあふれた群衆が声を上げ旗を振った. [<ラテン語「歓声を上げる」(<*jūbilum*「叫び」); -ant] ▷ **～·ly** 副

ju·bi·la·tion /dʒùːbəléiʃ(ə)n/ 名 《章》 U 歓呼, 歓声; 歓喜; C 〈普通 ～s〉 祝祭. give shouts of ～ 何度も歓呼する.

†**ju·bi·lee** /dʒúːbəliː, ⌐-⌐/ 名 **1** C 記念祭 《50 年祭, 25 年祭など》. a diamond ～ 60 年(時に 75 年)祭. a golden ～ 50 年祭. a silver ～ 25 年祭. **2** C 慶祝の日[年, 時期]; 祝祭, 祝典. **3** U 歓喜. **4** C 《カトリック》 聖年 《ローマカトリック教会で 25 年ごとに行われる特赦の年》. **5** C ヨベルの年 《ユダヤ教で 50 年ごとに行われる安息の年》. [<ヘブライ語「(記念祭を告げる)雄羊の角笛」]

Ju·dae·a /dʒuːdíː(ː)ə/ 名 ＝Judea.

Ju·dah /dʒúːdə/ 名 **1** 《聖書》 ユダ 《ヤコブ (Jacob) の子》; ユダを祖先とするイスラエルの 1 部族. **2** 《史》 ユダヤ 《昔ヘブライが南北に分かれていた時の南の方の王国; 首都は Jerusalem》.

Ju·da·ic /dʒuːdéiik/ 形 ユダヤ(人)の; ユダヤ教の.

Ju·da·ism /dʒúːdəìz(ə)m|-dei-/ 名 U ユダヤ教; ユダヤ教信仰; ユダヤ主義, ユダヤ人気質; 〈集合的〉 ユダヤ人.

Ju·das /dʒúːdəs/ 名 **1** 《聖書》 (イスカリオテの)ユダ 《**Jùdas Is·cár·i·ot** /iskǽriət/ とも言う; 12 使徒の 1 人で, 後にキリストを裏切った》. **2** C 裏切り者, 謀反人, (traitor). **3** C 〈j-〉 (戸などの)のぞき穴 (**júdas hòle**).

Jùdas kíss 名 C ユダの接吻 《好意を装って裏切ること》.

Júdas trèe 名 C ユダの木 《セイヨウハナズオウの俗称; キリストを裏切ったユダが, 後にこの木で首をつったことから》.

jud·der /dʒʌ́dər/ 《英話》 動 自 がたがた(震動)する. **──** 名 C がたがたいうこと, 震動. [?<jar² ＋shud*der*]

Ju·de·a /dʒuːdíː(ː)ə/ 名 ユダヤ 《古代 Palestine の南部地方》.

Ju·dè·o-Chrístian /dʒuːdìːou-/ 形 ユダヤ教とキリスト教の(双方に起源を有する).

Judg. 《聖書》 Judges.

***judge** /dʒʌdʒ/ 名 (複 **júdg·es** /-əz/) C **1** **裁判官**, 判事. a presiding ～ 裁判長. a preliminary [an examining] ～ 予審判事. *Judge* Austin オースティン判事. **2** (競技などの)**審判**, 審査員; 裁定者; 判定者; (類語 referee や umpire よりも意味の範囲が広く, スポーツの審判以外にも用いる). a panel of ～*s* 審査員団. be a beauty contest ～ 美人コンテストの審査員を務める.

> 1, 2 の 連結 a fair [an impartial; an upright; a wise; a harsh, a severe; a lenient] ～

3 (美術品などの)鑑定家, 鑑識家. a ～ *of* horses [pictures] 馬[絵画]の鑑定家. He is a good [bad, poor] ～ *of* wine. 彼はワインのよしあしがよく分かる[分からない]. I am no ～ *of* music. 私には音楽は分かりません.

> 連結 a sound [a capable, a competent; a discriminating, a shrewd] ～

4 〈J-〉 (最高審判者としての)神, 上帝. **5** 《ユダヤ史》 士師(し) 《王国成立以前の一時的指導者》. **6** 〈Judges; 単数扱い〉 『士師記』 《旧約聖書中の一書; 略 Judg.》.

(as) gràve [sòlemn] as a júdge いかにもいかめしい, ひどくまじめな.

(as) sòber as a júdge →sober.

── 動 (**júdg·es** /-əz/|過 過分 **～d** /-d/|**júdg·ing**) 他 **1** (**a**) 〔人, 事件〕を**裁判する**, 裁く; VOC (～ X Y) X を Y であると判決を下す. ～ a prisoner [case] 囚人[事件]を裁く. The court ～*d* the accused innocent. 裁判所は被告に無罪の判決を下した. (**b**) 〔人〕を批判する, に厳しい事を言う.

2 を**審判する**; を審査する; を鑑定する; を評価する; VOC (～ X Y) X を Y と(審査の上)判定する. ～ horses 馬(の優劣)を鑑定する. My dog was ～*d* the best in the contest. 私の犬はコンテストで最優秀になった.

3 (**a**) を**判断する**, **判定[推定]する**, 〈*by*, *from*, *on* ..で〉; を見積もる 〈*at* ..(の数値である)と〉; VO (**～ *that*** 節/***wh*** 節) **..であると/..かどうか判断する**, 考える. ～ a person *by* appearances 外見で人を判断する. ～ the height of the building *at* 100 meters or so 建物の高さは 100 メートルぐらいと見積もる. I ～ *that* the criminal is left-handed. 私は犯人は左利きだと思う. *Judge* for yourself *whether* you can do it in a day. それが 1 日でできるものか自分でよく考えなさい.

(**b**) VOC (**～ X (*to be*) Y**) X を Y (である)と判断する, 思う. From his accent I ～*d* him (*to be*) French. 彼の訛(なま)りから私は彼をフランス人だと判断した. He ～*d* it wiser to remain silent. 黙っていた方が利口だと彼は考えた 《～*d that* it was wiser ..とすれば (a) の構文》.

── 自 **1** 裁判する, 判決を下す. **2** 審判(員を)する; 審査(員を)する; 鑑定する, 判定する; 評価する. ～ *between* the two candidates 2 人の候補者(の優劣)を判定する. **3** 判断する, 考える, 〈*of* ..について〉. I cannot ～ *of* its value. 私にはその価値の判定ができない. As [So] far as I can ～, I'm afraid you are wrong. 私の判断する限りでは, あなたが間違っているようです.

◇名 judg(e)ment

jùdge a bóok by its cóver 外見だけで人[物]を判断する.

****júdging from [by] ..*** ＝***to júdge from [by] .. ..*** から判断する[察する]と. *Judging from* what we've heard, he will resign soon. 聞くところによると彼はまもなく辞任するということだ.

[<ラテン語 *jūdicāre*「判決を下す」(<*jūdex*「判定者」<*jūs* 'law'＋*dīcere* 'say')]

jùdge ádvocate 名 C 《軍》 法務官.

jùdge àdvocate géneral 名 C 《軍》 法務局長[部長].

***judg(e)·ment** /dʒʌ́dʒmənt/ 名 (複 **～s** /-ts/) **1** UC **判決**, 宣告. The ～ was against [in favor of] the accused. 判決は被告に不利[有利]であった. pronounce ～ *on* the murderer 殺人犯に判決を下す. pronounce a ～ of acquittal [conviction] 無罪[有罪]判決を言い渡す.

2 C 判決債務 《判決の結果確定した債務》; その判決書. **3** C 神の裁き, 天罰, 災い. It is a ～ on you for

J

telling a lie. そうなったのは嘘(うそ)をついた罰(ばち)だ.
4 Ⓤ **判断力**; 鑑識眼, 見識; 思慮分別. a man of sound [poor] ～ 健全な判断力のある[判断力のあまりない]人. He lost his ～ at the insult. 彼は侮辱されて思慮分別を失った.
5 ⓊⒸ **判断**; 審判, 審査; 鑑定, 評価; Ⓒ 意見. an error of ～ 判断の誤り. show unbiased ～ 偏りのない判断を下す. act as one's own ～ directs 自分の判断の命ずるままに行動する. make hasty ～*s* 急いで[早まった]判断を下す. form a ～ *on* ..について判断を下す. in my ～ 私の意見では. come to the ～ *that*. . . .と判断するに至る. ◇動 judge

連結 impartial [objective; biased, subjective; stern, strict; calm, cool; quick, rash] ～ // use [exercise] (one's) ～; reserve [suspend, withhold] ～

against** one's **bètter júdgment 心ならずも, 不本意ではあるが.
lèave .. to** a **pèrson's júdgment ..を人の判断に任せる.
pàss júdgment on .. 〔罪人, 事件〕に判決を下す; ..を判断する; ..を非難する, 批判する.
sit in júdgment on [***upon***] ***..*** (1)〔事件〕を裁判する. *sit in* ～ *on* a case 事件を裁く. (2) ..を偉そうに批判する. Don't *sit in* ～ *upon* something you don't know very much about. よく知りもしないことを偉そうに批判するな.

J

judg(e)·men·tal /dʒʌ̀dʒméntl/ 形 **1** 判断(上)の, 判断に関する. **2**〖しばしば軽蔑〗すぐに(倫理的な)判断を下し[白黒つけ]たがる. ▷～**·ly** /-təli/ 副
júdg(e)ment càll 名 Ⓒ〖米〗(スポーツの)審判判定《微妙なケースに対して主観的に下す》; (疑問の余地が残る)主観的判断による決定.
Júdg(e)ment Dày 名〖神学〗〈又は j- d-〉最後の審判の日, 世の終わり, (**the Dày of júdg(e)ment**).
ju·di·ca·ture /dʒú:dəkətʃər/ 名 **1** Ⓤ 裁判(権), 司法(権); 司法行政. **2** Ⓤ 裁判[司法]事務, 裁判官の職[任期]. **3** Ⓒ 裁判所, 司法部, (judiciary); 〈the ～; 集合的〉(★単数形で複数扱いもある) 裁判官.
†**ju·di·cial** /dʒu(:)díʃ(ə)l/ 形〖章〗〈普通, 限定〉**1** 裁判の, 司法の, (→executive, legislative); 裁判上の; 裁判所(裁決)の; 裁判権のある; 裁判官の, 裁判官にふさわしい. ～ power 司法権. the ～ bench〈集合的〉裁判官[判事]. a ～ precedent 判例. bring ～ proceedings against a person 人に対して訴訟手続きを取る, 人を告訴する. **2** 判断力のある; 公正な (fair). have a ～ mind 批判的精神を持つ. [＜ラテン語 *jūdicium*「裁決」(＜*jūdex* 'judge'); -al] ▷～**·ly** 副 司法上; 裁判によって; 公正に.
judìcial múrder 名 Ⓤ 法による殺人《法にかなっているが不当と思われる死刑宣告》.
judìcial separátion 名 Ⓤ〖法〗判決による別居《離婚ではない》.
‡**ju·di·ci·ar·y** /dʒu(:)díʃièri|-ʃəri/〖章〗形 司法の, 裁判所の; 裁判官の. ～ proceedings 訴訟手続き.
── 名 (複 **-ries**) **1**〈the ～〉司法部; Ⓒ 司法制度. **2**〈the ～; 集合的〉(★単数形で複数扱いもある) 裁判官, 司法官.
†**ju·di·cious** /dʒu(:)díʃəs/ 形〖章〗賢明な, 思慮分別のある (sensible), 判断の妥当な. ▷～**·ly** 副 ～**·ness** 名
Ju·dith /dʒú:diθ/ 名 **1** 女子の名《愛称 Judy》. **2** ユディト《Assyria 軍から同胞を救った古代ユダヤの女性》.
ju·do /dʒú:dou/ 名 Ⓤ 柔道. [日本語]
jú·do·ist 名 Ⓒ 柔道家.
Ju·dy /dʒú:di/ 名 Judith の愛称.

***jug** /dʒʌg/ 名 (複 ～**s** /-z/) **1** Ⓒ〖英〗(取っ手の付いた広口の)**水差し**, (ビールなどの)ピッチャー, (〖米〗pitcher). 参考 日本語の「ジョッキ」はこの語の訛(なま)った形だが, 英語では mug という. **2** Ⓒ〖米〗(コルク栓をする細い注ぎ口のある取っ手付きの)陶器[ガラス]製のつぼ, かめ. **3** Ⓒ jug 1 杯(の量) (jugful). a ～ of beer ピッチャー 1 杯のビール. **4** Ⓤ〖俗〗〈普通 the ～〉刑務所, 監獄, (jail).
── 動 (～**s**|-**gg**-) 他 **1**〔ウサギの肉など〕を土鍋(なべ)で煮る. ～*ged* hare ウサギ肉のシチュー. **2**〖俗〗を刑務所にぶち込む. [?＜*Jug* (Joan の愛称)]
jug·ful /dʒʌ́gfùl/ 名 Ⓒ 水差し 1 杯(の量).
Jug·ger·naut /dʒʌ́gərnɔ̀:t/ 名 Ⓒ **1**〖ヒンドゥー教〗クリシュナ (Krishna) 神の像《これを乗せた車にひき殺されると極楽へ行けると信じられた》. **2**〈又は j-〉ジャガノート《圧倒的破壊力を持つもののたとえ; 強大な権力, 組織, 企業など》. the tank, the ～ in modern warfare 近代戦におけるジャガノートともいうべき戦車. **3**〈j-〉〖英話〗(トレーラーをつないだ)巨大トラック. [＜サンスクリット語 'lord of the world']
†**jug·gle** /dʒʌ́g(ə)l/ 動 自 **1** (2 つ以上のボール, ナイフ, 皿などを空中に投げて)曲投げをする〈*with* ..で〉. be good at *juggling with* oranges ミカンの曲投げがうまい. **2** (いろいろな仕事を調整して)やり繰りする. a *juggling* act (一人何役の)曲芸的やり繰り, 掛け持ち. **3** ごまかす, 改変する, 〈*with* ..〔数字, 情報など〕を〉. ～ *with* the truth 事実を曲げる.
── 他 **1** を巧みに扱う, の曲投げをする. ～ knives ナイフの曲投げをする. **2**〔時間など〕をうまくやり繰りする; 〔ある仕事量〕を(うまく)こなす. ～ one's working hours (いろいろ調整して)執務時間のやり繰りをする. ～ two jobs 2 つの仕事を上手に掛け持ちする. **3** をだます, 欺く; をごまかす; VOA (～ X ***out of ..***) X (人)から..をだまし取る. ～ the facts [the books] 事実[帳簿]をごまかす. He ～*d* her *out of* her money. 彼は彼女をだまして金を取った. **4**〖スポーツ〗〔ボールなど〕をジャッグルする, お手玉する, (→fumble).
── 名 ⓊⒸ **1** 曲芸. **2** ごまかし, 詐欺.
[＜ラテン語「冗談を言う」]
jug·gler /dʒʌ́g(ə)lər/ 名 Ⓒ **1** 曲芸[奇術]師. **2** 詐欺[ぺてん]師.
jug·gler·y /dʒʌ́gləri/ 名 Ⓤ **1** (ナイフなどを手玉にとる)曲芸. **2** ぺてん.
Ju·go·slav /jú:gouslɑ̀:v, -slæv/ 名, 形 ＝Yugoslav.
Ju·go·sla·vi·a /jù:gouslɑ́:viə/ 名 ＝Yugoslavia.
jug·u·lar /dʒʌ́gjələr/〖解剖〗形 喉(のど)の, 首の; 頸(けい)静脈の. ── 名 Ⓒ 頸静脈 (**júgular vèin**).
gò for the júgular〖話〗(人の)最大の弱点をつく. [＜ラテン語「鎖骨」]
‡**juice** /dʒu:s/ 名 (複 **júic·es** /-əz/) 【液汁】**1** ⓊⒸ (野菜, 果物などの)**汁, 液, ジュース**; 肉汁; (語法 種類を意味するときは Ⓒ). fruit ～ 果汁. grape ～ グレープジュース. a bottle of orange ～ ひと瓶のオレンジジュース. ～*s* of carrots, celery, beets, spinach, etc. ニンジン, セロリ, テンサイ, ホウレンソウなどのジュース. **2** ⓊⒸ〈しばしば ～s〉体液, 分泌液; 〖卑〗精液 (semen). gastric ～*s* 胃液.
3【濃縮エキス】Ⓤ 精, 精髄; 元気, 活力; 〖米俗〗権力, 影響力.
【活力のもと】**4** Ⓤ〖俗〗電気; ガソリン, 重油, 液体燃料. **5** Ⓤ〖米俗〗ウイスキー; 酒類.
stéw in one's òwn júice →stew.
── 動 他 の汁を搾る[取る]; に汁を加える.
jùice /../ úp〖米話〗(1) ..を元気づける, ..に活を入れる, (enliven). (2) ..を面白いものにする. (3) ..に燃料を補給する. [＜ラテン語 *jūs*「スープ, 煮出し汁」]
juiced /-t/ 形〖米俗〗酔っぱらった.
júice·hèad 名 Ⓒ〖米俗〗アル中.

júice·less 形 汁のない.
juic·er /dʒúːsər/ 名 C **1** 〖米〗ジューサー. 参考 レモン, ニンニクなどの手動の搾り器は squeezer と言う. **2** 〖米俗〗大酒飲み, アル中.
†**juic·y** /dʒúːsi/ 形 e **1** 〔果物などが〕汁の多い, 水分の多い. **2** 〖話〗〔天気が〕じめじめした. **3** 〖話〗興味をそそる〔うわさ話など〕. **4** 〖話〗活気のある, きびきびした. **5** 〖話〗うま味のある, もうかる. **6** 〖俗〗性的に興味をそそる, 際どい. ▷**juic·i·ly** 副 **juic·i·ness** 名
ju·jit·su, ju·jut·su /dʒuːdʒítsuː/, /-dʒútsuː/ 名 U 柔術. [日本語]
ju·ju /dʒúːdʒuː/ 名 C (西アフリカ先住民の)まじない, お守り, 魔よけ; U (まじない[お守り]の)魔力.
ju·jube /dʒúːdʒuːb/ 名 C **1** 〖植〗ナツメ(の実). **2** ナツメゼリー; (甘味入り)錠剤 《ナツメなどの果物の香りがする》.
juke·box /dʒúːkbɑ̀ks|-bɔ̀ks/ 名 C ジュークボックス.
Jul. July.
ju·lep /dʒúːləp|-lep/ 名 UC **1** 砂糖水《薬を飲みやすくする》; 水薬. **2** 〖米〗=mint julep.
Ju·lia /dʒúːljə/ 名 女子の名.
Jul·ian /dʒúːljən/ 名 男子の名.
—— 形 Julius Caesar の.
Jùlian cálendar 名 〈the ～〉ユリウス暦《Julius Caesar が定めた旧太陽暦》.
ju·li·enne /dʒùːlién/ 形 〔野菜などが〕千切りにした.
—— 名 U (千切り野菜の)コンソメスープ.
Ju·li·et /dʒúːliət, -ljət/ 名 **1** 女子の名. **2** ジュリエット《Shakespeare 作 *Romeo and Juliet* のヒロイン》.
Jù·lius Cáe·sar /dʒùːljəs-/ 名 →Caesar 1.
‡**Ju·ly** /dʒuláí, dʒuː-/ 名 7月《略 Jul.》. in ～ 7月に. ★日付の書き方は →fifth 名 2. [＜ラテン語 *Jūlius* (*mēnsis*)「ユリウスの(月)」; Julius Caesar の生まれた月にちなんで]
†**jum·ble** /dʒʌ́mb(ə)l/ 動 他 を乱雑にする, 〔もの, 考えなど〕をごたまぜにする, 〈*up, together*〉. Don't ～ *up* those papers. その書類をごちゃごちゃにしないで下さい. —— 自 **1** ごたまぜになる. **2** 押し合いへし合いする. —— 名 **1** aU 混乱, 乱雑; ごたまぜ(のもの), 寄せ集め. There was a ～ of used things in the room. 部屋には使い古しのものがごたごたになっていた. **2** U 〖英〗がらくた, 不要品.
júmble sàle 名 C 〖英〗(教会などを借りてする中古品の)特売市, がらくた市, (〖米〗rummage sale).
‡**jum·bo** /dʒʌ́mbou/ 〖話〗名 (複 ～s) C **1** 巨大(で不器用)な人[動物, もの]; ばかでかいもの; 大型ジェット機 (jumbo jet). —— 形 〈限定〉ばかでかい, 特大の, ジャンボ... a ～ hamburger 特大のハンバーガー. [＜スワヒリ語; 19 世紀後半にロンドン動物園から米国のサーカスに売られた巨大な象の名から]
jùmbo jét 名 C 大型ジェット機.
‡**jump** /dʒʌmp/ 動 (～s /-s/|過 過分 ～ed /-t/|**júmp·ing**) 自 【跳ぶ】 **1** (a) 跳び上がる, 跳ぶ, (類語 leap より一般的な語で, 跳躍による上方への運動に重点がある); パラシュートで飛び降りる. ～ high 高く跳び上がる. ～ for joy 小躍りする. ～ up [down] 跳び上がる[降りる]. ～ up and down (うれしがってなど)跳びはねる. ～ aside 跳びのく. (b) VA 跳んで..する; すばやく動く, さっと行動する. ～ *over* a stream 小川を跳び越える. I hailed a taxi and ～*ed into* it. 私はタクシーを呼び止めて跳び乗った. ～ *to* one's feet ぱっと立ち上がる. ～ *to* one's death 飛び降り自殺をする. ～ clear *of*.. 〔危険物など〕を跳んでよける.
2 〔心が〕躍る; ぎくっとする, どきっとする. The news made me ～. =My heart ～*ed* at the news. その知らせを聞いた途端私はどきりとした.
【急に跳ぶ】 **3** (a) 〔物価などが〕急に上がる; 〔物が〕急増する; 躍進する. The stock ～*ed* in value. その株は急騰した. The price of oysters has ～*ed* (by) 50%. カキの値段が 50% 跳ね上がった. (b) 〖主に米〗VA 〔人が〕(異例の)昇進[出世]をする. He ～*ed from* patrolman *to* lieutenant in a year. 彼は 1 年で巡査から一気に警部補に昇進した.
4 VA (話題などについて) 飛躍する, 急に進む 〈*to* ..〔結論など〕に〉; 〔信号などが〕急に変わる; 急変する. ～ *from* one topic *to* another 次から次へと話題を変える. ～ *to* a conclusion →conclusion (成句).
5 (a) 途中を抜かす[落とす]; 〔プレーヤーの針が〕飛ぶ; 〖映〗〔映像(のこま)が〕切れて跳ぶ; 〔新聞記事などが〕別のページに続く. This typewriter ～*s*. このタイプライターは文字を飛ばしてしまう. (b) 〖チェッカー〗相手の駒(こま)を跳び越えて取る.
6 〖アイル俗〗改宗する《特に, カトリックからプロテスタントに》.
【躍動する】 **7** 〖話〗(a) 〈普通, 進行形で〉〔パーティー, 場所などが〕にぎやかである, 活気を呈する. The joint was ～*ing*. その安酒場は(がやがやして)にぎわっていた. (b) てきぱきと行動する[命令に従う]; 〔ジャズ音楽などが〕強烈なリズムを持つ.
8 〖英ではやや古〗一致[調和]する 〈*together*〉 〈*with* ..と〉. Great wits ～ (*together*). 知者の考えは一致する, 肝胆相照らす. **9** 〖俗〗〔男が〕女と性交する, 'やる'.
—— 他 **1** を跳び越える. ～ a fence [ditch] 塀[溝]を跳び越える. ～ the track [rails] (列車が)脱線する. **2** (a) VOA 〔馬など〕を跳び上がらせる, 跳び越えさせる, 〔子供など〕を(ひざの上などで)跳ねさせる. ～ a horse *over* a fence 馬に垣根を跳び越えさせる. ～ a baby *on* one's knees ひざの上で跳ねさせて赤ん坊をあやす. (b) 〖古〗〔人〕を持ち上げて[支えて]やる《柵(さく)などを越えるときに手を貸す》.
3 〖話〗に跳びかかる, を急襲する; 〖俗〗に強盗に入る; 〖米俗〗〔警察が〕に手入れをする. ～ a passer-by in a dark alley 暗がりの路地で通行人に襲いかかる.
4 〖米俗〗〔汽車など〕に跳び乗る, から跳び降りる.
5 〖話〗〔貨物列車など〕に無賃乗車する; 〔勘定など〕を踏み倒す; 〖米俗〗を盗む, ひったくる.
6 (a) 〔物価など〕を急上昇させる. (b) 〖主に米〗VOA 〔人〕を(異例に)昇進[出世]させる. The bank ～*ed* her *from* section chief *to* manager. 銀行は彼女を課長から一足飛びに支店長に昇格させた.
7 を飛ばして読む, 略す; 〖ジャーナリズム〗〔記事など〕を別のページに続ける; 〖チェッカー〗〔相手の駒(こま)〕を跳び越えて取る. You can ～ the third chapter. 第 3 章は飛ばしてもよい.
8 〔行列など〕に割り込む. ～ the queue →queue (成句).
9 〖話〗より先に行動する; 〔信号〕より先に飛び出す. ～ the light 信号が青になる前に飛び出す. ～ the gun →gun (成句).
10 〖話〗から急に立ち去る, 逃げる; 〖米俗〗〔仕事など〕をやめる. ～ town 町から高飛びする. **11** 〖俗〗〔女〕と 'やる'. **12** 〖米俗〗をしかりつける 〈*up*〉 (→JUMP on.. (2)). **13** 〖米〗= jump-start.
jùmp abóard 〔活動などに〕途中から参加する.
jùmp a cláim 地所[採鉱権など]を横取りする.
jùmp (all) over a pérson 〖話〗(言い分も聞かないで)人を非難する[叱りつける].
****júmp at..*** (1) ..に飛び付く[かかる]. The police dog ～*ed at* the thief. 警察犬は泥棒を目がけて飛びかかった. (2) 〔招待, 申し出など〕に喜んで応じる, 〔機会〕に飛び付く. ～ *at* an offer 申し出に飛び付く.
Jùmp báck! 〖米俗〗失(う)せろ, 出てけ.
jùmp down a pèrson's thróat 〖話〗(話の終わらないうちに)人にくってかかる.
jùmp ín (1) 急に口を出す, 出しゃばる. (2) =JUMP in with both feet.
jùmp in the [a] láke 〖話〗〈普通, 命令文で〉(じゃま

をせず)去る, 消える. Go (and) ～ *in the lake*! とっとと失(ˢ)せやがれ.

***júmp into . .** (1) . .に跳び込む; 熱心に. .を始める. (2)〖話〗急に[一躍]. .になる. ～ *into* popularity 急に人気が出る. ～ *into* summer 一足飛びに夏になる.

jùmp ⌊ín with bòth féet [into the ríng] (活動などに)熱心に取り組み始める[参加する]; 早まったことをする.

jùmp óff ((軍事)行動などを)開始する.

***júmp on [upon] . .** (1) . .に跳びかかる. (2)〖話〗. .を(不当に)しかりつける[非難する]. ★〖米俗〗では jump on a person's meat (人をどやしつける)とも言う.

jùmp ⌊on bóard [abóard↑]

jùmp óut (*at a person*) (人の)目を引く; (人に)インパクトを与える. The word 'mob' ～*ed out at* Mark.「暴徒」という文字がマークの目に飛び込んできた.

jùmp over the bésom 〖アイル俗〗同棲する.

jùmp sálty 〖米俗〗かっとなる, かんしゃくを起こす.

jùmp shíp 〔船員などが〕船から脱走する.

jùmp smóoth 〖米俗〗更生する, 堅気になる.

júmp to it 〖話〗〈普通, 命令形で〉(1) 急ぐ. (2) 勢いよく始める.

jùmp to the éyes 人目を引く, 目立つ.

jùmp ùp and dówn (1) →自 1. (2)〖話〗〈主に進行形で〉とてもわくわく[そわそわ]する; 激怒する. (3)〖米俗〗どやす, 'たたく', 〈*on* . .を〉.

―― 名 (複 ～s /-s/) C (★10 (a) は U) **1 跳躍**, 跳びはねること;〖競技〗ジャンプ; ひと跳びの長さ[高さ]; (跳び越えるべき)障害物. at a [one] ～ ひと跳びで. →broad jump, high jump, long jump.

2 (**a**) (心臓などが)どきりと[びくっと]すること. My heart gave a ～ at the sight. その光景に私は心臓がどきりとした. give a person a ～ 人をどきりとさせる.
(**b**)〖話〗〈the ～s〉神経質な震え, いらだち, びくつき; 舞踏病; =delirium tremens. get the ～*s* いらだつ. give a person the ～*s* 人をびくつかせる.

3 (物価などの)急騰, 急上昇; 躍進. a ～ in prices 物価の急騰. His grades took a big ～. 彼は成績が急に上がった.

4 (話題などが)急に移り変わること, 急転; 飛躍;〖地〗断層.

5 (本などの)飛ばし読み, 省略;〖ジャーナリズム〗〔記事の〕別のページへの続き;〖映〗画面の飛び;〖電算〗ジャンプ《あるプログラムの一連の命令を飛ばして, 別の命令に移ること》;〖チェッカー〗相手の駒(ᵎ)を跳び越えて取ること.

6〖話〗(特に飛行機による)短い旅行. make a night ～ 夜間飛行する. **7**〖米〗=jump-start. get a ～ (バッテリーの上がった)車のエンジンをかけてもらう《他のバッテリーにつないで》. **8**〖俗〗性交;〖英俗〗セクシーな女, 好き者, (good jump). **9**〖米俗〗〈the ～〉最初. from the ～ 始めから. **10**〖俗〗(**a**) U スイング音楽; 強烈なリズムのジャズ. (**b**) (ダンス)パーティー (hop). **11**〖米俗〗= rumble[1] 3. **12**〖俗〗強盗. **13**〖廃〗危険, 冒険.

―― 副〖廃〗厳密に, ぴったりと.

be àll of a júmp 〖話〗びくびくしている.

be for the high jùmp →high jump.

be [kèep, remàin, stày] òne [a] júmp ahèad (*of . .*)〖話〗(. .より)一歩先んじている; (. .より)役者が一枚上である. ★two [*etc.*] jumps などの言い方もある.

gèt [hàve] the [a] júmp on . . 〖話〗. .を出し抜く, . .の先手を打つ; . .に勝る, . .をリードする. A little company can *get the* ～ *on* big ones only by daring innovation. 小さい会社は思いきった革新によってのみ大会社を出し抜くことができる.

(gò) tàke a júmp 〖米俗〗=JUMP in the lake (動成句).

on the júmp 〖話〗(1) びくびく[いらいら]して. (2) 駆けずり回って, 大忙しで; 大急ぎで.

[＜中期英語(?＜擬音語)]

júmp bàll 名 C 〖バスケ〗ジャンプボール《レフェリーが両チームの2選手の間にボールを投げ上げること; これで競技が再開[開始]される》.

jùmped-úp /-tʌ́p ⊛/ 形〖英話〗〈限定〉思い上がった; 成り上がりの.

júmp·er[1] 名 C **1** 跳ぶ人; 跳躍選手; 障害(競技用の)馬. **2** (ノミなど)跳びはねる虫. **3**〖電〗ジャンパー《回路の切断部を一時的につなぐ短い電線》. **4**〖バスケ〗ジャンプシュート.

†júmp·er[2] 名 C **1** ジャンパー《船員などの作業用上着》. **2**〖米〗ジャンパードレス《女性・子供用の袖(ˢ)なしのワンピース》;〈～s〉子供のいたずら着, ロンパース (rompers). **3**〖英〗(プルオーバー式の)セーター. 参考 日本語の「ジャンパー」に当たるものは windbreaker 又は jacket.

júmper càbles 名〈複数扱い〉〖米〗(自動車用)ブースターケーブル.

júmp·ing 名 UC 跳躍. ―― 形 跳躍する.

júmping bèan 名 C〖植〗メキシコ産トウダイグサ種の植物(の種子)《中にいる蛾(ᵍ)の幼虫が動くとそれに応じて跳ねる》.

júmping jàck 名 C 踊り人形《糸を引くと跳ね踊る人形》.

jùmping-óff plàce [pòint] 名 C **1** (大掛かりな旅行や探検などの)出発基地. **2** 最果ての地; 極限点.

júmp jèt 名 C〖主に英〗垂直離着陸ジェット機.

júmp lèads 名〖英〗= jumper cables.

júmp ròpe 名〖米〗U 縄跳び; C 縄跳びのひも (skip rope;〖英〗skipping-rope).

júmp sèat 名 C (自動車の)折り畳み式補助席.

júmp shòt 名 C〖バスケ〗ジャンプシュート.

jùmp-stárt 動 他, 名 C **1**〔車(のエンジン)〕をブースターケーブルを使ってかける(こと), 押しがけする(こと). **2**〔停滞した経済など〕に活を入れる(こと).

júmp·sùit 名 C **1** 落下傘(部隊)服; 上下続きの作業服. **2** ジャンプスーツ《下はズボンの上下続きの服で, 子供・女性用》.

jump·y /dʒʌ́mpi/ 形 e **1** 跳びはねる; 急に動く. **2**〖話〗びくびくした, 不安がる.
▷**jump·i·ly** 副 **jump·i·ness** 名

Jun. June; junior.

jun. junior.

jun·co /dʒʌ́ŋkou/ 名 =snowbird.

***junc·tion** /dʒʌ́ŋ(k)ʃ(ə)n/ 名 (複 ～s /-z/) **1** UC **接合**, 結合; 連接, 連合; 連絡. **2** C **接合点**, 交差点; (川の)合流点. a road ～ 道路の交差している所. the ～ of two rivers 2つの川の合流点. **3** C (鉄道の)**連絡駅**, 乗換駅. a railroad ～ 連絡[乗換]駅. **4** U〖文法〗連接《white clouds のような場合の両語の関係; →nexus》. [＜ラテン語「つなぐこと」(＜*jungere* 'join')]

júnction bòx 名 C〖電〗接続箱《ケーブルを保護する》.

†junc·ture /dʒʌ́ŋ(k)tʃər/ 名〖章〗**1** U 接合, 連結; C 接合点, 合わせ目. **2** C 時点, 場合; 大事な時, 急場, 危機. at this ～ この重大な時に, この際. **3** UC〖言〗連接《語・句の終わりに見られる上昇調, 下降調などといった音声的特徴》. [＜ラテン語「つなぎ目」(＜*jungere* 'join')]

‡June /dʒu:n/ 名 6月《略 Jun., Je.》. in ～ 6月に. ★日付の書き方は →fifth 名 2. [＜ラテン語 *Jūnium* (*mēnsem*)「Juno の(月)」]

Ju·neau /dʒú:nou/ 名 ジュノー《米国 Alaska 州の州都》.

Júne bèetle [bùg] 名 C コフキコガネ《コガネムシの一種; 北米産》.

Jùne bríde 名 C 6月の花嫁《ローマ時代から6月に

結婚することは特に幸せだとされている》.

Jung /juŋ/ 名 **Carl Gustav** ～ ユング (1875–1961) 《スイスの精神分析学者・精神科医》. ▷**Júng·i·an** 形, 名 Ⓒ ユングの, ユング派の(人).

Jung·frau /júŋfràu/ 名 〈the ～〉 ユングフラウ《スイス南部のアルプス中の高峰; 海抜 4,158m》.

***jun·gle** /dʒʌ́ŋg(ə)l/ 名 (複 **～s** /-z/) **1** UC **ジャングル, 密林**; 密林地帯. the law of the ～ ジャングルのおきて《弱肉強食》. **2** Ⓒ 〈単数形〉もつれたもの, ごたごたしたもの. the ～ of tax laws 錯雑した諸税法. **3** Ⓒ 〈単数形〉苛(か)烈な生存競争の場. the blackboard ～ 暴力教室. the ～ of business 食うか食われるかの実業界.
[＜サンスクリット語「荒野, 砂漠」]

jùngle gým 名 Ⓒ 〖米〗 ジャングルジム (〖英〗 climbing frame).

‡jun·ior /dʒúːnjər/ 形 ⓒ **1 年少の**, 年下の, 〈*to* ..より〉; 若い方の(語法 姓名の後につける; 父子同名の場合, 子の方を指し, 同名の2兄弟・同級生の場合は年少者を指す; 略 Jnr., jnr., Jr., jr., Jun., jun.; ↔senior). He is two years ～ *to* me.＝He is ～ *to* me by two years. 彼は私よりも2つ年下です (→名 1). Henry Smith, *Jr.* [*jr.*] 〖主に米〗 息子の方のヘンリー・スミス, ヘンリー・スミス2世. **2** 〈限定〉 後輩の; 後任の; 下級の, 下位の. a ～ officer 後任[下級]士官. a ～ partner (共同経営の弁護士事務所, 探偵社, 合名会社などの)次席社員[経営者] (→senior partner) ★例えば Scrooge and Marley という会計事務所では Marley が junior partner. **3** 〈限定〉〖米〗 (高校, 大学の)最高学年の1年下の学年の.
── 名 (複 **～s** /-z/) Ⓒ **1** 〈普通 one's ～〉 **年少者**, 年下の者. He is two years my ～.＝He is my ～ by two years. 彼は私より2つ年下です.
2 〈普通 one's ～〉 後進(者), 後輩, 後任者; 下級[下位]の者. **3** 〖米〗 (高校, 大学の)最高学年の1年下の学生 (★4年制の学校なら3年, 3年制なら2年, 2年制なら1年を指す; →senior 3). I'm a ～ at Tokyo University. 私は東京大学の3年生です. **4** 〖英〗 上級小学生《junior school の生徒》. **5** 〖米話〗 (うち[おたく]の)息子, せがれ; 若い人; 《呼びかけにも用いる》.
[ラテン語「より若い」(*juvenis* 'young' の比較級)]

jùnior cóllege 名 UC 〖米〗 短期大学《普通2年制》.

jùnior hígh (schòol) 名 UC 〖米〗 中学校《elementary school と senior high school の中間で普通第7, 8, 9学年を含む; →school 表》.

júnior schòol 名 UC 〖英〗 上級小学校《小学校後期課程で, infant school を終えた7–11歳の児童が通う; →school 表》.

jùnior vársity 名 Ⓒ 〖米〗 (大学, 高校の)二軍チーム《略 JV》.

ju·ni·per /dʒúːnəpər/ 名 UC 〖植〗 セイヨウビャクシン, ヨウシュネズ, トショウなど, 《ヒノキ科の常緑低木; その実からの油は gin に風味を与える》.

†junk[1] /dʒʌŋk/ 名 Ⓤ **1** 〖話〗 〈集合的〉 くず, がらくた, 《古金(がね), 紙くず, ぼろなど》. **2** 〖話〗 下らないもの. **3** 〖話〗＝junk food. **4** 〖俗〗 麻薬, (時に)ヘロイン.
── 動 他 〖話〗 を(くずとして)捨てる.

junk[2] 名 Ⓒ ジャンク《中国の平底帆船》.

júnk bònd 名 Ⓒ 〖証券〗 ジャンクボンド《利率は高いが危険性も高い債券》.

junk·er[1] /dʒʌ́ŋkər/ 名 Ⓒ 〖米俗〗 ぽんこつ品, 〈特に〉ぽんこつ(自動)車.

jun·ker[2] /júŋkər/ 名 Ⓒ **1** ユンカー《国粋的な東プロイセンの貴族》. **2** 狭量で傲(ごう)慢なドイツの役人. [＜古期高地ドイツ語 'young lord']

junk·et /dʒʌ́ŋkət/ 名 **1** UC ジャンケット《牛乳に酸を加えて凝固させて作った甘い食物》. **2** Ⓒ 宴会. **3** Ⓒ 〖主に米話〗 ピクニック; (視察などの名目でする)公費による遊山旅行. ── 動 自 **1** 宴会をする. **2** 〖主に米話〗 ピクニックに行く; 公費で遊山旅行する.
[＜古期フランス語「イグサの籠(かご)」(＜ラテン語 *juncus* 'reed')] ▷**～·ing** 名 UC 〖話〗 (官僚接待などの)宴会, 浮かれ騒ぎ.

júnk fòod 名 UC 〖話〗 ジャンクフード《高カロリーだが, 糖質・脂質が多く栄養のバランスが悪いもの, 例えばポテトチップス, キャンディーの類》.

jun·kie /dʒʌ́ŋki/ 名 Ⓒ 〖話〗 **1** 麻薬[ヘロイン]常用者. **2** (..の)熱中者; ..中毒の人, 'おたく'. a TV ～ テレビびうけの人. a computer ～ コンピュータおたく.

júnk màil 名 Ⓤ 'くずかご行き郵便物'《ダイレクトメールの類》.

júnk·màn /-mæ̀n/ 名 (複 **-men** /-mèn/) Ⓒ 〖米〗 廃品回収業者.

júnk shòp 名 Ⓒ (安物の)中古品販売店; 〖軽蔑〗 骨董(とう)品屋.

jun·ky /dʒʌ́ŋki/ 名 (複 **-kies**) ＝junkie.

júnk·yàrd 名 Ⓒ 〖米〗 廃品置き場.

†Ju·no /dʒúːnou/ 名 (複 **～s**) **1** 〖ロ神話〗 ジューノー, ユーノー, 《Jupiter の妻で結婚の神; ギリシア神話の Hera に当たる; やきもちやきで有名》. **2** Ⓒ 堂々とした美女.

Ju·no·esque /dʒùːnouésk ⑱/ 形 〔女性が〕 (Juno のように)長身で堂々として美しい, 威厳のある.

jun·ta /hú(ː)ntə, dʒʌ́n-|dʒʌ́n-/ 名 Ⓒ **1** (クーデター後の)軍事政権. **2** (スペイン, イタリア, 南米などの)議会; 会議. **3** ＝junto. [スペイン語(＜ラテン語 *jungere* 'join')]

jun·to /dʒʌ́ntou/ 名 (複 **～s**) Ⓒ 秘密結社; (政治的な)派閥, 徒党. [junta の異形]

†Ju·pi·ter /dʒúːpətər/ 名 **1** ジュピター, ユピテル, 《ローマ神話の主神で雷神; ギリシア神話の Zeus に当たる; Jove とも言い, Juno の夫》. **2** 〖天〗 木星.

Ju·ras·sic /dʒu(ə)rǽsik/ 形 〖地〗 ジュラ紀[系]の. the ～ period ジュラ紀[系].
── 名 〈the ～〉 ジュラ紀[系].

ju·rid·i·cal /dʒu(ə)rídik(ə)l/ 形 〖章〗 **1** 司法(上)の. ～ days (裁判)開廷日. **2** 法律(上)の; 法学の.
▷**～·ly** 副

‡ju·ris·dic·tion /dʒù(ə)rəsdíkʃ(ə)n/ 名 〖章〗 **1** Ⓤ 裁判権, 司法権; 管轄権; 権力; 支配. have [exercise] ～ over ..に対して裁判権を有する[行使する]; ..を管轄する. **2** Ⓤ 管轄範囲; Ⓒ 管轄区域. come within my ～ 私の管轄範囲にある. be outside my ～ 私の管轄(区域)外にある. [＜ラテン語 (＜*jūs*「法, 権利」＋*dīcere*「言う」)]

ju·ris·pru·dence /dʒù(ə)rəsprúːd(ə)ns/ 名 Ⓤ 〖章〗 **1** 法律学, 法理学, 法学, (law). medical ～ 法医学. **2** 法体系; (一国の)司法組織; ..法. English ～ イギリス法.

ju·rist /dʒú(ə)rist/ 名 Ⓒ 〖章〗 **1** 法律学者, 法学者; 法学生. **2** 法律専門家《弁護士, 裁判官など》.

ju·ris·tic, -ti·cal /dʒu(ə)rístik/, /-tik(ə)l/ 形 〖章〗 **1** 法律学者的な; 法学生の. **2** 法学の; 法律の.

‡ju·ror /dʒú(ə)rər/ 名 Ⓒ **1** 〖法〗 陪審員 (juryman). **2** 宣誓者. **3** (コンテストなどの)審査員.

***ju·ry** /dʒú(ə)ri/ 名 (複 **-ries** /-z/) Ⓒ 〈単数形で複数扱いもある〉 **1** 〖法〗 **陪審**, 陪審員団, 《普通, 民間から基本的には無作為に選ばれた12名から成り, 有罪か無罪かの評決 (verdict) を出すだけで判決は下さない; 個人は juror, juryman; →grand jury, petty [petit] jury, convict》. be [serve, sit] on the ～ 陪審員である[を務める]. The ～ returned a verdict of not guilty. 陪審は無罪の評決を出した. **2** (コンテストなどの)審査委員会, 審査員団.
***the jùry is* [*are*] (*still*) *óut* (*on..*)** (..について)まだ

J

解答[結論]は出ていない.
[<ラテン語 *jūrāre*「誓う」(<*jūs* 'law')]

júry bòx 名 C 陪審員席.

júry dùty 名 U 〖米〗(要請されれば)陪審員として果たす務め[義務].

júry·man /-mən/ 名 (複 **-men** /-mən/) C 男性陪審員 (juror).

júry-rìg 動 他 を(手近なもので)にわか作りする.

júry sèrvice 名 〖英〗=jury duty.

jú·ry·wòman 名 (複 **-wo·men** /-wìmən/) C 女性陪審員.

just /dʒʌst/ 形 m, e **1** 〔人, 行為, 判断などが〕**正しい** (right), 公正[公平]な (fair), (↔unjust). a ~ decision 正しい決定. a ~ man 廉直の士, 正義の人. He is fair and ~ in judgment. 彼は判断が公正だ.
2 当然の, 至当な, 相応の; 〖法〗正当な, 合法的な. receive one's ~ deserts 当然の報いを受ける. a ~ claim 正当な要求. **3 無理でない**, もっともな, 十分根拠のある. a ~ opinion もっともな意見. a ~ suspicion 十分根拠のある嫌疑. It is only ~ that he should be angry. 彼が怒るのも無理はない. **4** 正確な (accurate). a ~ scale [description] 正確な尺度[記述].
—— /dʒəst, 強 dʒʌst/ 副 **1 ちょうど, まさに, きっかり,** (exactly). It weighs ~ a pound. ちょうど1ポンドの重さだ. That is ~ the point. そこがまさしく肝心なところなんだ. Fred's flat was ~ as she had imagined it. フレッドのアパートはまさに彼女の想像通りのものだった. I know ~ how he feels. 私は彼の気持ちが正確に分かる (★just は how 以下を修飾). ~ at that time ちょうどその時に. *Just* then a knock was heard. ちょうどその時ノックする音が聞こえた.
2 たった今, 今しがた, ..したばかり, (語法 完了形に添えて用いるのが原則だが, 〖話〗ことに〖米〗では過去形にも用いる). He has ~ arrived. =〖話〗He ~ arrived. 彼は今来たばかりだ. I had ~ sat down when the baby started crying again. 腰をおろしたかと思うとまた赤ん坊が泣き出した.
3 今すぐ〈進行形と共に〉. I'm ~ coming. すぐ行きます.
4 ようやく, やっと, わずかに, (barely) (語法 しばしば only と共に用いられる). She is (only) ~ of age. 彼女はやっと成年に達したばかりです. There was only ~ enough food for us. 我々にやっと間に合うだけの食物があった. I only ~ made it by a hair. まさに間一髪で間に合った. I ~ missed the last bus. ちょっとのことで最終バスに乗り損なった.
5 ただ, 単に, ほんの, (only). *Just* a minute [moment], please. ちょっとお待ち下さい. I'm ~ an ordinary citizen. 私は平凡な一市民に過ぎません. I don't ~ say that—I mean it. ただ口で言っているだけじゃない, 本気なんだ. It's ~ that I wanted you to know this. ただ君にこの事を知っていて欲しかっただけだ.
6 〖話〗ちょっと, まあ(試しに); とにかく; (★命令・要請などをする場合に表現を和らげたり, 逆にいらだちの気持ちを強めたりする). *Just* sit down, please. まあ(ちょっと)お掛け下さい. Can I ~ use your phone? ちょっと電話をお借りしてもいいかしら. *Just* do as you're told! とにかく言われた通りにやれったらやれよ.
7 〖話〗〈強調的〉**全く** (quite), 本当に (really), ただもう (simply). It's ~ splendid! 実に見事だ. I'm ~ starving. それこそ餓死しそうだ. I ~ don't like oysters. カキはまっぴらだ (★just は don't like.. を強める; I don't ~ like oysters, I love them. にすると just は5の意味となり like を修飾して「ただ好きだと言ったのでは済まない―ものすごく好きだ」の意味になる). "Do you like baseball?" "Don't I ~!" 〖英〗「野球は好きですか」「いや好きのなんのって[大好きです]」(★Don't I! は修辞疑問文; 従ってこの答えは I ~ like baseball. という意味になる).
8 〈might, may などを伴って〉あるいは. His plan might ~ work. 彼の計画はひょっとしたらうまくゆくかもしれない.

be jùst as wéll →well 形.

be jùst yóu 〖話〗君にぴったりだ. That suit [color] *is* ~ *you*. そのスーツ[色]は君にぴったりだよ.

just abóut (1) 大体, ほぼ; ほとんど (very nearly). ~ *about* here 大体この辺. He has lost ~ *about* everything. 彼はほとんどすべてのものを失ってしまった. (2) かろうじて, どうやら. "Can we catch the 7:30 train?" "*Just about*."「7時半の列車に間に合うかしらね」「まあ何とかね」.

júst as.. (1) ちょうど..と同様に, まさに[まさしく]..のように. Things developed ~ *as* you said. 事態はあなたがおっしゃった通りになりました. (2) ちょうど..の時に. He came ~ *as* I was going out. 外出しようとした矢先に彼が来た.

jùst in cáse →in CASE.

jùst like thát (1) まったくその通りに. (2) 〖米話〗わけなく, 簡単に, あっさりと; ただそれだけで; あっけなく. He did the job ~ *like that*. 彼はその仕事を簡単にやってのけた. He died ~ *like that*, all of a sudden. 彼は突然あっけなく死んでしまった.

jùst nów. →now.

jùst on.. 〖話〗ほとんど, ..近く, ほぼ..; ちょうど. It's ~ *on* noon. 昼間近だ. *Just on* a year ago, I moved to Tokyo. 1年ぐらい前に東京へ引っ越した.

jùst só →so[1].

jùst the sáme =all the SAME.

jùst tóo ほんの少し..(すぎて).

jùst yét 〈否定文で〉とても[今は]まだ(..ない). "Are you ready?" "Not ~ *yet*."「用意できましたか」「まだです」.
[<ラテン語 *jūstus*「正当な, 正しい」(<*jūs* 'law')]

jus·tice /dʒʌ́stəs/ 名 (複 **-tic·es** /-əz/) **1** U **正しさ**, 正義; 公正, 公平; 公正な言動; 公平な取り扱い; (fairness; ↔injustice). social ~ 社会正義. a sense of ~ 正義感. I doubt the ~ of the decision. 私はその決定が正しかった[公正だった]かどうか疑わしいと思う. **2** U **正当(性)**, 至当; 妥当. I see the ~ of your claim. 君の要求が正当なことは分かる. with ~ →成句. →poetic justice.
3 U 当然の報酬[処罰]. *Justice* was meted out to them. 彼らに罰が下った.
4 U **司法**, 司直; 裁判, 裁き. a court of ~ 裁判所. administer ~ 裁判する. fugitives from ~ 警察に追われている者たち. a miscarriage of ~ 誤審. obstruct (the course of) ~ 公務執行妨害をする. rough ~ 〖英〗不当な制裁[仕打ち].
5 C 〈J-; 肩書きとして〉**裁判官**, 判事. ★〖米〗では一般には連邦・州の最高裁判所判事; 〖英〗では最高法院の裁判官を指し, 慣用的に Mr. を付す: Mr. *Justice* Brown (ブラウン判事殿).
6 U 〈J-〉正義の女神《法を擬人化したもので, 秤(はかり)と剣を持ち目隠ししている》.

brìng a pérson to jústice 人を法廷[裁判]に引き出す.

****dò jústice to..=dò..jústice*** (1) **..を公平に取り扱う[評価する]**. *do* ~ *to* a person's opinion 人の意見を公平に評価する. This short summary cannot *do* full ~ *to* the value of the book. この短い要約ではその本の真価を十分に示していない. To *do* him ~, he is an able man. 公平に評価すると, 彼は有能な男だ. (2) ..の真価[長所]を十分に発揮させる. This photo does not *do* full ~ *to* her. この写真は彼女の美しさを十分に表してはいない. (3) (おいしがって)..を十分食べる; ..を十分理解する[楽しむ, 表現する]. You must *do* ~ *to* every-

thing I put on your plate, Tom. トム, お皿に取ってあげた物は全部きれいに食べなければだめだよ. I can't *do* ～ *to* my feelings in French. 私はフランス語では自分の気持ちを十分に表せない.
dò jústice to oneself = ***dò oneself jústice*** 自分の真価を発揮する, 気持ちなどを十分に表す. He *did* ～ *to* him*self* in politics. 彼は政治にその真価を十分に発揮した.
in jústice to . . . .を公平に評価して[すれば]; . .に公平であるためには. *In* ～ *to* her, I must tell her the whole truth. 真実を全部言わなければ彼女に不公平になる.
with jústice (1) 公平に, 公明正大に. treat all *with* ～ 万人を平等に取り扱う. (2) 正当で, もっともで. He complained *with* ～ of his pitiful salary. 彼は自分のみじめな給料について不平を言ったがもっともなことだ.
[＜ラテン語 *jūstitia*「公正」(＜*jūstus* 'just')]

Jùstice of the Péace 名 C 治安判事《軽い犯罪のみを裁く裁判官; 地方の名士が無給で務めることが多い; 米国では結婚式を執り行う権限を持つ; magistrate とも言う; 略 J.P.》.

†**jus·ti·fi·a·ble** /dʒʌ́stəfàiəb(ə)l/ 形 正当と認められる, 正当な, 言い訳のできる, 弁明のできる, もっともな. ～ homicide 〖法〗正当な殺人《正当防衛や死刑執行などの場合》.

jús·ti·fì·a·bly 副 **1** 正当に. **2**〈文修飾〉. .するのも無理はない. The policemen ～ fired at the armed robber. 警官が武器を持ったその強盗に発砲したのももっともだ.

†**jus·ti·fi·ca·tion** /dʒʌ̀stəfəkéiʃ(ə)n/ 名 **1** U 正当とする[される]こと, 正しさを証明する[される]こと; 正当化, 弁明; 〈*for*, *of*. . を, の〉. You have [There is] no ～ *for* your behavior. 君の行動は正当化することができない. He spoke at length in ～ *of* himself. 彼は自己弁護のため長々としゃべった. **2** UC 正当化する事実[状況]〈*for* . .〔ある物事〕を〉. This was ample ～ *for* ⌞her to leave him [her leaving him]. これは彼女が彼と別れるのに十分正当な理由だった. **3** U 〖印〗(行末の)行そろえ. **4** U 〖キリスト教〗(神による)義認. ～ by faith 信仰義認.

jus·ti·fied /dʒʌ́stəfaid/ 形 **1** 正当な[十分な]根拠がある. **2**〖印〗行端がそろえられた. left [right] ～ (文書の各行の)左[右]端がそろえられた.
be jústified in dóing . .するのももっともである; . .して差支えない. You *are* ～ *in* think*ing* so. あなたがそう考えるのは⌞もっともだ[結構だ].

*__jus·ti·fy__ /dʒʌ́stəfài/ 動 (-**fies**|過 過分 -**fied**|～·**ing**) 他 **1**〔行為, 言明など〕を正しいとする, の正当性を証明する; を弁護する, 弁明する; 〈*to* . .〔人〕に対して〉. His behavior is impossible to ～. 彼のした事は弁護できません. In what way do you ～ your⌞neglect of duty [com*ing* so late]? 職務怠慢[あんなに遅刻したこと]をあなたはどう弁明しますか.
2〔物事が〕を正当化する, 当然だとする, の言い訳になる. Love *justifies* every audacity. 愛があればどんな大胆さも許される. The end does not always ～ the means. 目的は必ずしも手段を正当化しない《目的さえよければどんな手段を取ってもよいわけではない》.
3〖神学〗〔神が〕〔人〕を義とする, 〔人〕の罪を赦(ゆる)す.
4〖印〗〔行〕の長さをそろえる.
── 自 **1**〖法〗(自己の行為について)十分な理由を示す.
2〖印〗行端がそろう.
jústify oneself 自分(の行為)を正当化する, 身のあかしを立てる, 自己弁護する. She tried to ～ her*self* on the ground of self-defense. 彼女は正当防衛を理由に自分を正当化しようとした.
[＜ラテン語 (＜*jūstus* 'just'＋*facere* 'make')]

jus·tle /dʒʌ́sl/ 動 ＝jostle.

†**just·ly** /dʒʌ́stli/ 副 **1** 公正に, 正当に, 正しく. be ～ punished 公正に罰せられる, 当然の報いを受ける.
2〈文修飾〉当然のことながら. Fear of death may ～ be compared to fear of darkness. 死を恐れる気持ちは闇(やみ)を恐れる気持ちにたとえてもよいだろう. **3** 正確に.

júst·ness 名 U **1** 正しさ, 公正. **2** 正当性. **3** 正確.

‡**jut** /dʒʌt/ 動 (～**s**|-**tt**-) 自 **1** VA 突き出る, 張り出す, 〈*out*, *forth*〉. a wharf that ～*s out* into the harbor 港に突き出ている防波堤. **2**〔あご先などが〕突き出(され)る〈*out*, *forward*〉. a ～*ting* jaw 突き出たあご. ── 他〔あご先など〕を突き出す〈*out*, *forward*〉《反抗のポーズ》.
── 名 C 突起(物), 突端. [jet[1] の異形]

Jute /dʒu:t/ 名 C ジュート人; 〈the ～s〉ジュート族《5, 6 世紀に英国南東部 Kent に侵入・定住したとされるゲルマン族の一種族》.

jute /dʒu:t/ 名 U 〖植〗ツナソ, 黄麻(こうま), インド麻; ツナソの繊維, ジュート, 《帆布, 南京(なんきん)袋などの材料》.

Jut·land /dʒʌ́tlənd/ 名 ユトランド(半島)《デンマークの主要部を成す》.

ju·ve·nes·cence /dʒù:vənésns/ 名 U 〖章〗若さ, 青春, 春秋に富むこと.

ju·ve·nes·cent /dʒù:vənésnt/ 形 〖章〗青年期に近づく; 若々しい; 未熟な.

†**ju·ve·nile** /dʒú:vənàil, -n(ə)l|-nàil/ 形 **1**〈限定〉少年少女の; 少年少女向きの, 少年少女のための; 青少年特有の. ～ literature 児童文学. ～ slang 若い人の使う俗語. **2** m 若い; 未熟な, 子供っぽい. Your way of thinking is still ～. あなたの物の考え方はまだ未熟だ.
── 名 C **1**〖章〗青少年, 少年, 少女. **2**〖劇〗子役(俳優). **3** 子供向け図書. [＜ラテン語 *juvenis* 'young']

jùvenile cóurt 名 C 少年裁判所.

jùvenile delínquency 名 U (青)少年非行《普通 18 歳以下の少年少女の犯罪行為を指す; 略 JD》.

jùvenile delínquent 名 C 非行少年[少女]《略 JD》.

júvenile òfficer 名 C (警察の)少年係 (→probation officer).

ju·ve·nil·i·a /dʒù:vəníliə/ 名〈複数扱い〉**1** (ある人の)若いころの文学[芸術]作品, '若書き'. **2** 子供向け図書 (juveniles).

ju·ve·nil·i·ty /dʒù:vənílәti/ 名 (複 -**ties**) **1** U 年少; 若々しさ; 未熟. **2**〈-ties〉年少者に特徴的な言行.

ju·vie, ju·vey /dʒú:vi/ 名 C 〖米俗〗非行少年[少女]; 少年院. [＜*juve*nile]

jux·ta·pose /dʒʌ́kstəpòuz, ⌐-⌐/ 動 他 を並べて置く, 並置する, 並列する.

jux·ta·po·si·tion /dʒʌ̀kstəpəzíʃ(ə)n/ 名 U 並置(する[される]こと), 並列. [ラテン語 *juxtā*「わきに」, position]

JV joint venture; junior varsity.

Jy. July.

K

K, k /kei/ 名 (複 **K's, Ks, k's** /-z/) **1** UC ケー《英語アルファベットの第 11 字》. **2** C 〈大文字で〉K 字形のもの. **3** C (複 ～)〖英話〗(金額などが) 1000; 1000 ポンドなど;《＜kilo-;〖米〗G》. a salary over £50*K* a year 5 万ポンドを超える年俸.

K〖化〗kalium (カリウム) (ラテン語 ＝potassium); Kelvin; kilobyte(s); Köchel;〖野球〗strikeout(s)《＜struck out》;〖電算〗2^{10}《1024》.

K., k. karat; kilogram(s);〖チェス〗king; kopeck; krona; krone.

Kaa·ba /kɑ́:bə/ 名〈the ～〉カーバ神殿《Mecca にあるイスラム教大寺院内の聖体安置所; イスラム教徒にとって最も神聖な場所》.

Kab·(b)a·la /kǽbələ|kəbɑ́:lə/ 名 ＝Cabala.

ka·bob /kəbɑ́:b/ 名〖米〗＝kebab.

ka·bu·ki /kəbú:ki/ 名 U 〈しばしば the ～〉歌舞伎(かぶき). [日本語]

Ka·bul /kɑ́:bul|kɔ́:b(ə)l/ 名 カブール《アフガニスタンの首都》.

kad·dish /kǽdiʃ/ 名 (複 **kad·di·shim** /kædíʃim/) UC〈しばしば K-〉〖ユダヤ教〗(神を称(たた)える)祈禱(とう)《礼拝時, 又は家族の服喪中に唱える》.

kaf·fee·klatch /kɑ́fiklɑ̀:tʃ, kɔ́:-, -klæ̀tʃ|kǽfei-klæ̀tʃ/ 名 ＝coffee klat(s)ch.

Kaf·fir, Kaf·ir /kǽfər/ 名 **1** C カフィル人《アフリカ南部の Bantu 族の 1 種族の人》;〖南ア・軽蔑〗〈普通 k-〉黒人. **2** U カフィル語.

Kaf·ka /kǽfkə/ 名 **Franz ～** カフカ (1883–1924)《旧チェコスロヴァキアのドイツ語作家》.

Kaf·ka·esque /kæ̀fkəésk/ 形 カフカの, カフカ的な,《個人が巨大組織に翻弄(ろう)される状況を超現実的に描く》.

kaf·tan 名 ＝caftan.

ka·goul(e) /kəgú:l/ 名 ＝cagoule.

kail /keil/ 名 ＝kale.

Kai·ser, k- /káizər/ 名 C〖史〗カイゼル, 皇帝,《ドイツ帝国, オーストリア帝国, 神聖ローマ帝国の》. [ドイツ語 'Caesar']

Kàl·a·ha·ri Désert /kæ̀ləhɑ:ri-/ 名〈the ～〉(アフリカ南部の)カラハリ砂漠.

Ka·lash·ni·kov /kəlǽʃnikɔ̀:f|-kɔf/ 名 C カラシニコフ銃《ロシア製の軽機関銃》.

kale /keil/ 名 **1** UC 無結球キャベツ, ケール. **2** U キャベツのスープ. **3** U〖米俗〗金《特に, 紙幣》.

ka·lei·do·scope /kəláidəskòup/ 名 C **1** 万華(まんげ)鏡, 万花(ばんか)鏡. **2**〈普通, 単数形で〉(色, 形などが)万華鏡のように変わるもの. [＜ギリシア語「美しい」＋「影」＋「鏡」]

ka·lei·do·scop·ic /kəlàidəskɑ́pik|-skɔ́p- 形/ 形 **1** 万華鏡[万花鏡]のような. **2**〔光景, 色, 印象などが〕絶えず(華やかに)変化する, 変幻極まりない. ▷**ka·lei·do·scop·i·cal·ly** 副 万華鏡のように(変化して).

kal·ends /kǽləndz/ 名 ＝calends.

Ka·le·va·la /kɑ̀:ləvɑ́:lə/ 名〈the ～〉カレワラ《フィンランドの文学者 Elias Lönnrot が各地の伝承歌謡を集めて 1835 年に出版した民族叙事詩》.

Kam·chat·ka /kæmtʃǽtkə/ 名 カムチャツカ半島《オホーツク海とベーリング海の間にある》.

ka·mi·ka·ze /kɑ̀:mikɑ́:zi/ 名 C (第 2 次世界大戦の)神風特攻機[隊員]. ── /形/ 形〈限定〉自殺的な, 向こう見ずな, 無謀な. a ～ cab 神風タクシー. [日本語]

Kam·pu·che·a /kæ̀mputʃí:ə/ 名〖史〗カンプチア《カンボディア (Cambodia) の名称 (1976–89); 正式名 the People's Republic of Kampuchea》. ▷**Kam·pu·che·an** 名, 形

Kan. Kansas.

Ka·nak·a /kənǽkə, kǽnəkə/ 名 C カナカ人《ハワイ・南洋諸島の先住民》.

†**kan·ga·roo** /kæ̀ŋgərú:/ 名 (複 ～s, ～) C〖動〗カンガルー. [＜オーストラリア先住民語]

kàngaroo clósure 名 U〖英〗カンガルー式討論終結法《議長が修正案を選択して討議に付し, 他を捨てる方式》.

kàngaroo córt 名 C〖話〗私的裁判, つるし上げ.

kàngaroo rát 名 C〖動〗カンガルーネズミ《米国西部・メキシコ産》.

Kans. Kansas.

Kan·sas /kǽnzəs/ 名 カンザス《米国中部の州; 州都 Topeka; 略 KS〖郵〗, Kan., Kans.》. [北米先住民語「南風の人々」]

Kànsas Cíty 名 カンザス・シティー《米国 Missouri 州西部の港市》.

Kant /kænt/ 名 **Immanuel ～** カント (1724–1804)《ドイツの哲学者; ドイツ観念論の始祖》.

Kant·i·an /kǽntiən/ 形 カントの; カント哲学の. ── 名 C カント学派の人. ▷～**·ìsm** 名 U カント哲学.

ka·o·lin(e) /kéiələn/ 名 U 高陵土, 白陶土, カオリン,《磁器製造用, 薬用; 主成分は **ká·olin·ite** /-àit/ (カオリナイト)と称し含水ケイ酸アルミニウム》.

ka·pok /kéipɑk|-pɔk/ 名 U カポック, パンヤ,《パンヤの木 (**kápok trèe**) の種を包んでいる綿で, 枕, 布団などに詰める》.

Ka·po·si's sar·com·a /kəpòusiz-sɑ:rkoumə/〖病理〗カポジ肉腫(しゅ)《癌(がん)の一種でエイズ患者にしばしば見られる》.

kap·pa /kǽpə/ 名 UC カッパ《ギリシア語アルファベットの第 10 字; *K*, *κ*; ローマ字の K, k に当たる》.

ka·put(t) /kɑ:pú(:)t, kə-|kæpút/ 形〈叙述〉〖俗〗壊れて, だめになって, いかれて. [ドイツ語]

Ka·ra·chi /kərɑ́:tʃi/ 名 カラチ《パキスタン南部の港市》.

Ka·ra·jan /kɑ́:rəjɑ̀:n/ 名 **Herbert von ～** カラヤン (1908–89)《オーストリアの音楽指揮者》.

Ka·ra·ko·ram /kɑ̀:rəkɔ́:rəm|kæ̀r-/ 名 カラコラム山脈《Kashmir の東北の国境をなす山脈》.

kar·a·o·ke /kɑ̀:rióuki|kæ̀r-/ 名 **1** C カラオケ(の機械). **2** U カラオケで歌うこと. [日本語]

kar·at /kǽrət/ 名 C〖米〗カラット (carat)《純金含有度単位; 略 k., kt.》.

ka·ra·te /kərɑ́:ti/ 名 U 空手. [日本語]

Kar·en /kǽrən/ 名 女子の名.

kar·ma /kɑ́:rmə/ 名 U **1**〖仏教・ヒンドゥー教〗羯磨(かつま), 業(ごう), カルマ. **2** 宿命, 運命; 因果応報.

karst /kɑ:rst/ 名 C〖地〗カルスト地形. ▷**kárst·ic** 形

kart /kɑ:rt/ 名 C ゴーカート《ミニチュアのレーシングカー; ＜〖商標〗go-*kart*》.

Kash·mir /kǽʃmiər, ━́|━━́/ 名 **1** カシミール《インドの北方 Afghanistan と Tibet に挟まれた地方》. **2** 〈k-〉＝cashmere.

Kate /keit/ 名 Catherine, Katherine の愛称.

Kath·er·ine /kǽθ(ə)rən/ 名 ＝Catherine.

Kat(h)·man·du /kɑ̀:tmɑ:ndú:, kætmæn-/ 名 カトマンズ《ネパールの首都》.

Kath·y /kǽθi/ 名 Katherine [Catherine] の愛称.

Kat·rine /kǽtrən/ 名 **Loch** ～ カトリン湖《スコットランド中部の美しい湖; Sir Walter Scott の *Lady of the Lake* のヒロイン Ellen が湖中の小島に住んだと言う》.

ka·ty·did /kéitidìd/ 名 [C] 〘米〙(北米産)キリギリス (green [meadow] grasshopper). [擬音語; Katy did と作り変えた]

kau·ri, kau·ry /káuri/ 名 [C] 〘植〙カウリマツ《ニュージーランド産》; [U] カウリ材, カウリ樹脂[コーパル].

kay·ak /káiæk/ 名 [C] **1** カヤック《エスキモーの用いるアザラシの皮でできた小舟》. **2** カヤック《カヌー競技の一種で用いられる 1 人乗りの小舟で, 1 本のオールで左右交互にこぐ》. ▷ **～·er** 名

kay·o /kèióu, ⌐⌐/〘俗〙動 他〘ボクシング〙をノックアウトする《KO ともつづる; ＜*k*nock *o*ut》. ── 名 (複 **～s**) [C] ノックアウト.

Ka·zakh·stan /kæ̀zækstɑ́:n/ 名 カザフスタン《アジア中南部の共和国; 首都 Astana (旧 Akmola)》.

ka·zoo /kəzú:/ 名 [C] カズー《おもちゃの笛の一種; 口にくわえてハミングするとぶーぶー鳴る》.

KB King's Bench.

KC, K.C. King's Counsel.

kc kilocycle(s).

kcal kilocalorie(s).

Keats /ki:ts/ 名 **John** ～ キーツ (1795–1821)《英国のロマン派詩人》.

ke·bab, -bob /kəbɑ́b|-bǽb/, /-bɑ́b|-bɔ́b/ 名 [C] ケバブ (shish kebab)《トルコなどで子羊や牛の肉とタマネギなどの野菜を串に刺して焼いたもの》.

kedg·er·ee /kédʒərì:, ⌐⌐⌐/ 名 [UC] ケジャリー《米と魚(と卵など)を入れて煮た(もとインド)料理》.

*__keel__ /ki:l/ 名 (複 **～s** /-z/) [C] (船の)**竜骨**. lay down a ～ (船の建造の第一歩として)竜骨を据える.

on an èven kéel (1)〔船が〕水平になった[て]; 釣合いが取れた[て]. (2)〔物事が〕安定した[して], 順調な[に]. After the storm of student power blew over, life was *on an even* ～ again on our campus. 学生運動のあらしがやむとわが学園には平穏な生活が戻った.

── 動 自 **1** [VA] (～ **over**)〔船が〕ひっくり返る, 横倒しになる. The boat ～*ed over* in the wind. ボートは風で転覆した. **2** [VA] (～ **over**)〘話〙〔人が〕卒倒する. She suddenly ～*ed over* in a faint. 彼女は突然気絶して倒れた. ── 他 **1** [VOA] (～/X/**over**) (修繕や掃除をするために) X (船)を横倒しにする; X をひっくり返す. The giant wave ～*ed* the ship *over*. 大波が船をひっくり返した. **2** 〘話〙[VOA] (～/X/**over**) X (人)を卒倒させる.

[＜古期北欧語]

kéel·hàul 動 他 **1**〔人〕をロープで縛って船底をくぐらせる《昔, 罰として水夫に対して行われた》. **2**〘話〙〔人〕をこっぴどく叱(しか)る.

‡__keen__[1] /ki:n/ 形 [e] 【鋭い】 **1**〘章〙〔刃などが〕**鋭い**, 鋭利な, (sharp; ↔dull, blunt; [語法] 現在はこの意味では sharp の方が普通). as ～ as a razor かみそりのようによく切れる《「非常に熱心な」(→4) とも解される》. This knife has a ～ edge. このナイフの刃は鋭い.

2〔人が〕**鋭敏[機敏]な** 〈*of* ..に〉; 〔感覚, 知力などが〕**鋭敏な**; (↔dull). be ～ *of* hearing 耳がよく聞こえる. Dogs have a ～ sense of smell. 犬は鋭敏な嗅(きゅう)覚を持っている. ～ intelligence [wit] 鋭い知性[機知]. ～ eyes 鋭い目. He has a very ～ mind. 彼はとても鋭い頭脳を持っている.

【激しい】 **3 厳しい, 激しい**, 強烈な; 〔音が〕かん高い; (intense). ～ hunger 激しい空腹. ～ cold 身を刺すような寒さ. a ～ pain 激痛. ～ competition 激烈な競争. a ～ satire 痛烈な風刺.

4【熱烈な】〘主に英〙**熱心な** 〈*about* ..について〉, 切望して 〈*to* do ..するのを/*that* 節 ..ということを〉, ([類語] 強い関心・意欲に重点があり, eager より口語的). a ～ student 熱心な学生. as ～ as a razor →1. Is he ～ *about* going? 彼は行きたがっているのか. I'm very [mad〘英話〙] ～ *to* go to Switzerland. スイスに行きたくてどうにもたまらない. I'm ～ *for* my son *to* marry her. = I'm ～ *that* my son (should) marry her. 私は息子が彼女と結婚することを強く望んでいる (→KEEN on (doing).. (成句)).

5〘英〙〔価格などが〕(他店との競争のために)超安値の, 競争的な. **6**〘米話〙すばらしい, すごくよい.

(*as*) *kèen as mústard* →mustard.

***kéen on* (*doing*)..** 〘話〙..が大好きで; ..(すること)に熱心[乗り気]で; ..に大いに関心を持って. Peter was ～ *on* the girl. ピーターはその女の子に夢中だった. He's very [mad〘英〙] ～ *on* his work. 彼は仕事に熱中している. I'm ～ *on* my son('s) marry*ing* her. 私は息子が彼女と結婚することに大乗り気だ.

[＜古期英語「勇敢な, 賢い」]

keen[2] 〘アイル〙〘雅〙名 [C] (死者に対する)悲しみの号泣, 哀歌. ── 動 他〔人〕の死を泣いて悲しむ; 〔悲しみ〕を大声で泣いて表す. ── 自 泣いて悲しむ 〈*over* ..〔死者〕を〉.

*__keen·ly__ /kí:nli/ 副 [m] **鋭く**; 痛烈に; 激しく; **熱心に**. Her absence was ～ felt. 彼女がいないということが痛切に感じられた. be ～ interested in modern history 現代史に強い興味を持つ. listen ～ to the lecture 講義を熱心に聴く.

kéen·ness 名 [U] 鋭さ; 鋭敏; 痛烈; 熱心.

‡__keep__ /ki:p/ 動 (**～s** /-s/|[過] [過分] **kept** /kept/|**kéep·ing**) 他 【手元に持っている】 **1** (**a**) **を保つ, 持ち続ける**; を捨てない, 離さない, 返却しない; を離れない; を取っておく 〈*for* ..のために〉. ～ a stick in one's hand 手にステッキをずっと持っている. You may ～ this camera till the end of the vacation. このカメラは休暇の終わりまで使っていていいよ. Here's $10. *Keep* the change. 10 ドルあるけど, おつりはいいよ. *Keep* your seats, please. 席を離れないでください (★後出のいろいろな成句にもあてはまるが, keep はこのように否定を使って訳した方が日本語として自然な場合が少なくない). I'll ～ these magazines *for* future use. これらの雑誌は後日使うために取っておこう. ～ one's bed [room] 病床に就いている[部屋に閉じこもっている].

(**b**) [VOO] (～ X Y)・[VOA] (～ Y ***for*** X) X (人)のために Y を取っておく, 確保する. Could you ～ me this seat [this seat *for* me] until I get back? 私が戻ってくるまでこの席を取っておいてもらえませんか.

2〔商店が〕〔品物〕を**店に置く**, 在庫[貯蔵]する; を所有する, 使っている; 〔女〕を囲う. Do you ～ blue china? お店には青磁の焼き物がありますか. Sorry, we don't ～ it in stock. すみません, それは品切れです. Few people today can afford to ～ domestic servants. 家に使用人を置いておけるほど余裕のある人は今日非常に少ない. We used to ～ a housemaid. 以前はうちでメードを雇っていた. a *kept* woman →kept 形.

3【大事にしまっておく】 (**a**) 〔食物, 大切なものなど〕を**保存する**; 〔金など〕を預ける, 預かる. My grandfather ～*s* old letters. 私の祖父は古い手紙を保存している. Banks ～ our money. 銀行は私たちの金を預かる. We ～ our money in banks. 私たちは銀行に金を預ける.

(**b**) [VOA] を(いつでも使えるように)〔..に〕しまって[置いて]おく, 保管する. *Where* do you ～ your car? 車はいつもどこに置いてるんですか. *Keep* this wine *in* the refrigerator. このワインを冷蔵庫に入れといてくれ. Nearly a million books are *kept in* this library. この図書館には百万冊近くの蔵書がある.

4【手元に拘束する】を引き留める, に手間をとらせる; を妨げる. What *kept* you? I was stuck in traffic. 何で手間どったの. 交通渋滞で動けなかった. I won't ～ you long. お手間はとらせません. Bob was *kept* in the room. ボブはその部屋に閉じ込められていた['缶詰め'になっていた].
5 (a)【手元で面倒をみる】〔家族など〕を**養う**, 扶養する, の世話をする, (support); 〔下宿人など〕を置く, 住まわせる. He has a large family to ～. 彼は養わねばならない家族が多い. ～ oneself 自活する. **(b)**〔動物など〕を**飼う**, 飼育する. ～ cows [sheep] 牛[羊]を飼う. Do you like to ～ pets? ペットを飼うのが好きですか.
【守る, 維持する】**6**〔場所など〕を守る, 保護する, 防衛する; 〈*from*, *against* ..から〉. ～ goal (ラグビー, サッカーなどで)ゴールを守る. They *kept* their castle *against* the enemy. 彼らは敵の攻撃から城を守った. ～ one's ground →ground (成句). May God ～ you (*from* harm)! 神があなたを(危害から)守ってくださいますように. →成句 KEEP X from Y.
7 を**管理する**, 〔店など〕を経営する, (run). Mr. Smith ～*s* a camera shop. スミス氏はカメラ店をやっている. ～ house →house (成句).
8〔約束, 秘密, 規則など〕を**守る**, に従う; を維持する; 〔祭日など〕を祝う, 〔式など〕を催す. ～ a secret 秘密を守る. Cathy *kept* her promise to be there on time. キャシーは時間通りそこに行っているという約束を守った. I'll ～ my word if you ～ yours. あなたが約束を守れば私も守ります. ～ early [late, etc.] hours →hour (成句). ～ the Sabbath 安息日を守る. Do you ～ your birthday? 誕生日のお祝いは(毎回)していますか.
9【習慣を守る】〔日記, 記録など〕を**つける**, 〔帳簿など〕に**記入する**. My mother has *kept* a diary for twenty years. 私の母は日記を 20 年間つけている (→diary 語法). ～ accounts [books] 帳簿をつける (→bookkeeper).
【(状態を)持続する】**10**〔ある動作, 状態〕を**続ける**. ～ (a) watch →watch (成句). ～ silence 黙り込んでいる. This clock ～*s* good [bad] time. この時計は時間が正確[不正確]です. ～ one's way 前進を続ける.
11 (a) VOA を〔..の状態[動作など]に〕**保つ**, しておく, 持続させる. ～ him *in* prison 彼を投獄しておく. *Keep* her *in* bed until I bring the doctor. 医者を呼んでくるまで彼女をベッドに寝かせておきなさい. The policeman *kept* the crowd *at* a distance. 警官は群衆を近づけなかった. *Keep* your eyes *on* the road while you're driving. 運転中は目を道路から離すな.
(b) VOC (～ X Y/*doing*/*done*) X を Y の状態にしておく/..させておく/..された状態にしておく. ～ a person prisoner 人を留置しておく. ～ oneself clean 体を清潔にしておく. *Keep* the door closed. ドアは閉めておきなさい. I'm sorry to have *kept* you wait*ing* so long. 長いことお待たせしてすみません.
— 自【ある状態を続ける】**1 (a)** VA〔ある状態[位置]の〕ままでいる; VC (～ X) X の**状態(のまま)でいる**. ～ *indoors* 家にいる[閉じこもる]. The ship *kept* close *to* the shore. 船はずっと岸の近くを進んだ. ～ *at* a distance 遠くに離れている. They *kept out of* sight. 彼らはずっと見えない所にいた. *How* are you ～*ing*? (健康は)いかがですか. *Keep in* touch. 連絡を絶やさないようにしてくれ. ～ silent 黙っている.
(b) VC (～ *doing*) ..し続ける; しょっちゅう[繰り返し]..する, ..してばかりいる. Jane *kept* weep*ing* for an hour. ジェーンは 1 時間も泣き続けた. *Keep* going straight. まっすぐ進み続けなさい.
2〖米話〗〔授業などが〕行われる, ある. School ～*s* till three o'clock. 学校は 3 時まである. **3**〖スポーツ〗goalkeeper [wicketkeeper]を務める. **4**〖主に英話〗VA 住む; 滞在する. ～ *at* Cambridge ケンブリッジ大学(の学寮)内に住む.
【よい状態を続ける】**5**〔食物などが〕腐らないでいる, もつ, 〔よい天気などが〕続く, (last). This milk won't ～ unless you put it in the refrigerator. このミルクは冷蔵庫に入れておかないともたないでしょう. Fish doesn't ～ well in summer. 魚は夏にはもちがよくない.
6〔ニュース, 問題などが〕後回しにする[延ばす]ことができる. The news will ～ for another day. そのニュースはあと 1 日延ばしても大丈夫.

kèep abréast of **[*with*]..** →abreast.
kéep after.. (1)〔犯人など〕を追い続ける. (2)〔女性の尻(しり)〕を追い回す. Stop ～*ing after* my daughter. 娘を追い回すのはやめてくれ. (3)〖話〗..にしつこく迫る〈*to* do ..するように〉.
kèep ahéad of.. ..より先んじている. He always *kept ahead of* his classmates. 彼はいつもクラスメートより先んじていた.
kèep /../ aróund 〖話〗〔価値のなさそうな物〕を取っておく《後で役立つかも知れないので》.
kéep at.. (1) ..を辛抱強く続ける, あきらめない. *Keep at* it and you will eventually master Chinese. やめずに頑張れ, そうすれば最後には中国語に熟達できるだろう. (2) ＝KEEP on at ...
***kéep* X *at* Y** X に Y を続けてやらせる. Worried about her son's grades, the mother *kept* him *at* his studies. 息子の成績を気にして母親は彼に勉強を続けさせた.
****kèep awáy*** 近づかない, 離れている, 控える, 〈*from* ..に, から, を〉. *Keep away from* that horse. その馬に近寄るな.
****kèep /../ awáy*** ..を近づけない, 遠ざける, 〈*from* ..に, から〉. What's been ～*ing* you *away*? どうしてずっと来なかったの. The baby should be *kept away from* the heater. 赤ん坊をストーブに近づけてはいけない.
****kèep báck*** 控える, 引っ込んでいる; 近寄らない〈*from* ..に〉. *Keep back from* here; it's dangerous. ここから下がっていなさい, 危険だから.
****kèep /../ báck*** (1) ..を近寄らせない; ..を制止する, 抑える. The Prime Minister's bodyguards could not ～ the crowd *back*. 首相の護衛は群衆を制止しきれなかった. (2)〔情報など〕を知らせないでおく, 隠しておく, 〈*from* ..〔人〕に〉. The news was *kept back from* the public. そのニュースは公衆に知らされなかった. (3) ..を差し引く; ..を取っておく; 〈*from* ..〔金額, 給料など〕から〉. They ～ about ten dollars *back* each month *from* my wages. 私は給料から毎月約 10 ドル差し引かれる.
Kèep cléar! 〖掲示〗駐車禁止.
kèep cómpany with a pèrson →company.
kèep dówn 身を伏せている, しゃがんでいる. We all *kept down*, so they couldn't see us. 彼らに見つからないよう, 私たちはみんなしゃがんだ.
kèep /../ dówn (1)〔反乱, 物価, 怒りなど〕を抑える; 〔人民など〕を圧迫する, 抑圧する. ～ *down* a revolt 反乱を鎮圧する. Flora could not ～ *down* her anger. フローラは自分の怒りを抑えられなかった. *Keep* it *down*. 静かにしろ. You can't ～ a good man [woman] *down*. 有能な者は抑えつけても必ず頭角を現すものだ. (2)〔飲食物〕を吐き戻さないようにする.
kéep from.. ..を避ける, やめる, しないでいる. ～ *from* danger 危険を避ける. ～ *from* smoking たばこを吸わないでいる. I could not ～ *from* laughing. 笑わずにはいられなかった.
***kéep* X *from* Y** X (物事)を Y (人)に隠しておく; X (人)を Y (災害など)から守る (→他 6). I'm not ～*ing* anything *from* you. 私はあなたに何事も隠していません. I

can't ～ this news *from* him any longer. もはやこの知らせを彼に隠してはおけない.

***kèep..from dóing** ..が..するのを妨げる, **..に..させないようにする** (prevent). Excitement *kept* me *from* get*ting* a wink of sleep until dawn. 興奮で夜明けまで一睡もできなかった. She tries to ～ herself *from* overeat*ing*. 彼女は食べ過ぎないようにしている. ～ the toast *from* burn*ing* トーストが焦げないようにする.

kèep góing (苦しくても)やり[生き]続ける. *Keep going*! へこたれるな, 頑張れ.

kèep..góing 〖話〗..に何とか(生き)続けさせる, 頑張り通させる. Will fifty dollars ～ you *going* until the end of the month? あなたは 50 ドルで月末までしのげますか[やっていけますか]. We *kept* the project *going* all by ourselves. 私たちは自分たちだけでその計画を継続させた.

kèep ín (1) 引きこもる, 閉じこもる. The old lady ～*s in* most of the day. その老婦人は 1 日の大半は引きこもっている. (2) 〖英・オース〗道路脇によける.

***kèep /../ ín** (1) **..を閉じ込める**; 〔人〕を外出させない; 〔生徒〕を罰として居残らせる. *Keep* the dog *in*. 犬を外に出さないように. They were *kept in* by the heavy rain. 彼らは大雨で家の中に閉じ込められた. (2) 〔感情〕を抑える, 隠す. He couldn't ～ his anger *in*. 彼は怒りを抑えきれなかった. (3) 〔火〕を消さずにおく. Let's ～ the fire *in*. 火を消さないでおこう.

kéep X in Y X(人)に Y(必需品など)を供給[支給]し続ける.

kèep .. in mínd →mind.

kèep ín with .. 〖話〗..と仲良くやっていく.

Kèep it óut! 〖英話〗余計なお世話だ.

kèep óff 離れている, 近寄らない; 起こらない; 〔雨などが〕降らない. *Keep off*. 〖掲示〗立ち入り禁止 (語法 keep off は芝生やペンキ塗りたてのものなどから「離れている」ことを, keep out は家などの「外にいる」ことを言う). Fortunately the rain *kept off* until I reached home. 運良く雨は私が家に着くまで降らないでくれた.

kéep off .. (1) ..に近寄らない. *Keep off* the grass. 〖掲示〗芝生に入るな. (2) 〔酒など〕を控える; 〔話題など〕を避ける. ～ *off* (the subject of) religion 宗教(のこと)には触れない.

kèep /../ óff ..を近寄らせない, 避ける. a big fire to ～ the wild animals *off* 獣(けもの)を寄せつけないための大きなたき火.

kéep X off Y X を Y に近づけないでおく; X(人)に Y(酒など)を控えさせる. *Keep* your dirty hands *off* that book. 汚い手でその本に触るな.

kèep ón (1) 前進を続ける; (そのまま)続ける 〈*with* ..を〉; しゃべり続ける 〈*about* ..について〉. We decided to ～ *on* until they told us to stop. 私たちはやめろと言われるまでそのまま続けることにした. ～ *on with* one's studies 研究を続ける. (2) 関係を続ける 〈*with* ..〔人〕と〉.

kèep .. ón (1) 〔人〕を続けて雇う. We decided to ～ the housekeeper *on* for a while. 私たちはその家政婦を当分の間雇っておくことにした. (2) 〔衣服など〕を持ち続ける, 着けたままでいる; 〔家など〕を借り[所有し]続ける. Jeff *kept* his overcoat *on*. ジェフは外套(とう)を着たままでいた.

kèep ón at .. 〖英話〗..にがみがみ言う[言い続ける]; ..にせがむ. His wife *kept on at* him to quit smoking. 妻は彼にたばこをやめるようにとしつこく言った.

***keep òn dóing ..し続ける**, しきりに..する. *Keep on* do*ing* what you're doing. 今やっていることをやり続けなさい. The boy *kept on* ask*ing* stupid questions. その少年はしきりにばかな質問をした. 語法 keep doing (→自 1(b)) より強意的でしつこさを含意する.

kèep onesèlf to oneséIf 他人との付き合いを避ける, 自分の殻にこもる. She always ～*s* her*self to* her*self*. 彼女はいつも自分の殻に閉じこもっている.

kèep óut 外にいる. *Keep out!* 〖掲示〗立ち入り禁止 (→KEEP off 語法).

kèep /../ óut 〔人, 動物, 冷たい空気など〕を(家の)中に入れない. Close the gate to ～ *out* stray dogs. 野良犬が入らないように門を閉めなさい. We all wore sweaters to ～ *out* the cold. 我々は皆寒くないようにセーターを着ていた.

kéep out of .. ..の中に入らない; ..に関係しない. We have to ～ *out of* this area from now on. 私たちは今後この地域に入らないようにしなければならない. *Keep out of* this! 〖話〗君の知ったことではない, 大きなお世話だ. ～ *out of* a person's way 人のじゃまをしない.

kèep X óut of Y X を Y に入らせない, X を Y から締め出す. ～ the ants *out of* the house アリが家に入らないようにする. *Keep* politics *out of* education. 教育に政治を介入させるな.

kèep tíme →time.

kéep to .. (1) 〔ある位置〕にそのままいる, 残る; ..を離れない. *Keep to* the left [right]. 左側[右側]通行をしなさい. I had to ～ *to* my bed for a few days. 数日間(病気で)ベッドを離れられなかった. (2) ..を(固く)守る, ..に執着する; ..に限定する. ～ *to* one's promise 約束を守る. It's going to be difficult to ～ *to* the original budget. 当初の予算を固守するのは難しくなりそうだ.

kèep togéther 一緒にいる, 団結する.

kèep..togéther ..を一緒にする, 団結させる. She *kept* her lover's letters *together* in a small box. 彼女は恋人からもらった手紙をまとめて小さな箱にしまっておいた. ～ body and soul *together* →body (成句).

kéep to onesèlf ＝KEEP oneself to oneself.

kéep..to onesèlf ..を自分だけのものにしておく, 自分一人で使う; 〔情報など〕を人に話さないでおく, 秘めておく. He *kept* the news *to* him*self* for a while. 彼はその事をしばらくの間だれにも話さなかった.

kèep tráck of .. →track.

kèep /../ únder (1) ..を抑える, 制する. The firemen *kept* the fire *under*. 消防夫は火勢を抑えた. The police managed to ～ the outbreak *under*. 警察は何とか暴動を抑えた. (2) 〔人〕を無意識の状態にしておく 〈*with* ..〔麻酔薬など〕で〉.

kèep úp (1) そのまま続く, (勢いが)衰えない, (病気, 悲しみなどに)屈しない. The rain *kept up* for three days. 雨が 3 日間降り続いた. Julia somehow managed to ～ *up* under difficult circumstances. ジュリアは困難な状況の下で何とか頑張り通した. (2) 連絡[音信, 接触]を続ける 〈*with* ..〔人〕と〉.

***kèep..úp** (1) **..を高いままにしておく**, 〔価格, 元気など〕を落ち込ませない, 支える. *Keep* your head *up*. 頭を高く上げていなさい. He had to work harder to ～ *up* his standard of living. 彼は生活水準を落とさないように, 一層よく働かなければならなかった. I hope they won't ～ that noise *up*. 彼らがあの騒音を出し続けなければよいが. (2) **..を維持する**, 持続する; ..をきちんとしておく. ～ *up* one's reputation 名声を維持する. ～ *up* an attack 攻撃を続ける. ～ it *up* 頑張る. *Keep up* the good work. (その調子で)頑張れ. I just can't ～ my summer house *up* any longer. もうとても別荘を維持していけない. ～ *up* a garden 庭を手入れよくしておく. ～ *up* one's English (絶えず勉強して)英語力を維持する. (3) 〔人〕を眠らせない, 起こしておく. I hope the children haven't *kept* you *up*. 子供たちがうるさくて眠れなかったということがなければよいのですが.

***kèep úp with .. ..に遅れないでついて行く**; 〔時流など〕に遅れないようにする; (→CATCH up with ..). I can't ～ *up with* you. You walk too fast. 君にはついて行けない. 君は足が速すぎるよ. I'll do my best to ～ *up with*

K

the times. 時勢に遅れないように努力しよう. Its manufacturers can't ～ *up with* demand. それの製造会社は需要に追いつけない. ～ *up with* the Joneses →Jones (成句).

kéep with.. 〖米旧話〗〔習慣, 価値観など〕に賛成する.
Yòu can kéep it. (1) それは取っておきなさい, 君にあげるよ. (2)〖話〗そんなもの要らないよ, 興味ないね.

── 名 **1** Ⓤ〖話〗生活必需品, 生活費. earn one's ～ 生活費を稼ぐ. I live with my married daughter and pay her for my ～. 私は結婚した娘の家に住み, 生活費を払っている. **2** Ⓤ 世話, 管理; 保存. leave the dog in her ～ for the weekend 犬の世話を週末の間彼女に託す. **3** Ⓒ 城の天守閣, 本丸.

for kéeps〖話〗(1) いつまでも, ずっと, (forever). He left his wife *for* ～*s*. 彼は妻のもとを永遠に去った. I gave the typewriter to him *for* ～*s*. タイプライターは彼にやってしまった. (2) 勝ったら返さないという条件で〔遊びなどをする〕; 本気で. play chess *for* ～*s* 本気でチェスをする.

in gòod [***lòw***] ***kéep*** 保存状態が良い[悪い].
[＜古期英語]

kéep-awày 名 Ⓤ〖米〗ボール取り(〖英〗piggy in the middle)《中間にいる子に取られないようにボールを2人で投げ合う子供の遊び》.

‡keep·er /kíːpər/ 名 (複 ～s /-z/) Ⓒ **1** 守る人〈*of* ..〔約束, 秘密など〕を〉. **2** 番人, 看守; 後見人. Am I my brother's ～? 私は弟の番人でしょうか《弟のすることには責任は持てない; 旧約聖書にある Cain の言葉》. **3** 管理人; (店などの)所有者, 経営者;〖英〗(美術館などの)館長 (curator). 参考 しばしば複合語の一部として用いられる: store*keeper*, inn*keeper*, house*keeper*, lighthouse*keeper*. **4** 飼い主; (動物園の)飼育係. **5**〖英〗狩場の番人 (gamekeeper). **6** (サッカー, ホッケーなどの)ゴールキーパー (goalkeeper); (クリケットの)ウィケットキーパー (wicketkeeper). **7**〈普通, 修飾語を伴って〉貯蔵に耐える野菜[果物など]. a good [bad] ～ 貯蔵がきく[きかない]野菜など.

Fìnders kéepers. →finder.

‡kéep-fìt〖英〗名 Ⓤ 健康を保つための運動.
── /ニ⌐/ ⊛ 形 健康保持のための.

kéep·ing 名 Ⓤ **1** 保つ[保たれる]こと; 保存, 保管, 維持. be in safe [good] ～ 安全に保管[保存]されている. The documents are no longer in my ～. その書類はもう私は保管していない. **2** 保護, 世話, 扶養; 飼料. The children are in their uncle's ～. 子供たちは彼らのおじの世話になっている. **3** (規則などを)守ること; (祭日などを守って)祝うこと, 祝賀. **4** 調和, 一致. in [out of] ～ with..→成句.

in kéeping with.. ..と調和した[して], 一致した[して]; ..にふさわしい[しく]. *In* ～ *with* the Puritan tradition we observed Thanksgiving devoutly. 清教徒の伝統に従って我々は感謝祭を熱心に祝った.

out of kéeping with.. ..と釣り合わない(で), 不調和の[で]; ..に似つかわしくない[なく]. This curtain is *out of* ～ *with* my taste. このカーテンは私の趣味に合わない.

kéep·sàke 名 Ⓒ 記念品; 形見. [＜*keep*＋name*sake*]

keg /keg/ 名 Ⓒ **1** 樽(たる)《普通, 容量 5–10 ガロンの小さい樽》. **2**〖英〗アルミ製ビール容器. **3** 樽詰めのビール (kég bèer). [＜古期北欧語]

keg·ger /kégər/ 名 Ⓒ〖米俗〗(野外の) 樽(たる)ビールパーティー.

keg·ler /kéglər/ 名 Ⓒ〖米話〗ボウリングをする人, ボウラー, (bowler).

Kel·ler /kélər/ 名 **Helen** (**Adams**) ～ ヘレン・ケラー (1880–1968)《米国の女流作家; 盲目・聾唖(ろうあ)の三重苦を克服して社会運動に尽くした》.

Kel·ly /kéli/ 名 **1** 女子の名. **2 Grace** ～ ケリー (1928–82)《米国の映画女優; モナコ王妃》.

ke·loid /kíːlɔid/ 名 Ⓤ〖医〗ケロイド. [＜ギリシア語「カニの爪」; -oid] ▷ **～·al** 形

kelp /kelp/ 名 Ⓤ **1** ケルプ《コンブ, アラメ, ホンダワラなど漂着性の大型で褐色の海草》. **2** 海草灰, ケルプ, 《ヨードが採れる》.

Kelt /kelt/ 名 ＝Celt.

Kelt·ic /kéltik/ 形 ＝Celtic.

kel·vin /kélvən/ 名 Ⓒ〖物理〗ケルビン《熱力学的温度単位; 記号 K》.

Kél·vin scàle 名〈the ～〉〖物理〗絶対温度目盛り《−273.16℃ が零度》.

Ken /ken/ 名 Kenneth の愛称.

Ken. Kentucky.

ken /ken/ 名 Ⓤ 知識, 理解, (の限界)〈主に次の成句で〉***beyond*** [***outside***] ***a pèrson's kén*** 人の知識の範囲外で[の], 知らない所で[の]. His friend's suicide was completely *beyond* [*outside*] his ～. 彼の友人の自殺は全く彼の理解できないことだった. ── 動 (～s|-nn-) 他, 自〖北英〗(を)知っている. [＜古期英語「知らせる」; can¹, know と同根]

ken·do /kéndou/ 名 Ⓤ 剣道. [日本語]

Ken·ne·dy /kénədi/ 名 ケネディ **1 John Fitzgerald** ～ (1917–63)《米国第 35 代大統領 (1961–63); 任期中に Texas 州 Dallas で暗殺された》. **2 Robert Francis** ～ (1925–68)《1 の弟; 大統領選挙出馬準備中に暗殺された》.

Kènnedy Internàtional Áirport 名 ＝John F. Kennedy International Airport.

Kènnedy Spáce Cènter 名 ＝John F. Kennedy Space Center.

†ken·nel /kén(ə)l/ 名 Ⓒ **1** 犬小屋 (〖米〗doghouse). **2** (飼い主が留守の間)犬[ペット]を預かる所, ペットホテル; 〈普通 ～s〉〈単数形で複数扱いもある〉犬を預かる所[飼育場]. **3** ちっぽけな家, あばら屋. **4** 犬の群れ.
── 動 (～s|〖英〗-ll-) 他 を犬小屋[犬の飼育場]に入れる[で飼う]. [＜古期フランス語(＜ラテン語 *canis*「犬」)]

Ken·neth /kénəθ/ 名 男子の名《愛称 Ken》.

Kèn·sing·ton Gárdens /kènziŋtən-/ 名 ケンジントン公園《ロンドン西部にある公園; 東側に接する Hyde Park を合わせると面積は日比谷公園の約 16 倍》.

Kent /kent/ 名 ケント **1** イングランド南東部の州. **2**〖史〗イングランド南東部の古代王国.

Kent·ish /kéntiʃ/ 形 Kent 州の. ── 名 Ⓤ (中世の) Kent 方言.

Ken·tuck·i·an /kentʌ́kiən/ 形 Kentucky の. ── 名 Ⓒ Kentucky 人.

Ken·tuck·y /kəntʌ́ki|ken-/ 名 ケンタッキー《米国中東部の州; 州都 Frankfort; 略 KY〖郵〗, Ky., Ken.》. [北米先住民語「牧草地」]

Kentùcky Dérby 名〈the ～〉ケンタッキー競馬《毎年 5 月の第 1 土曜日に Kentucky 州 Louisville で開催される 3 歳馬の競馬; →Derby》.

Ken·ya /kénjə, kíːn-/ 名 ケニヤ《東アフリカの共和国; 1963 年英国から独立; 首都は Nairobi》.

Ken·yan /-n/ 形 ケニヤの. ── 名 Ⓒ ケニヤ人.

kep·i /képi, kéipi/ 名 Ⓒ ケピ帽《フランスの軍人などの》.

Kep·ler /képlər/ 名 **Johannes** ～ ケプラー (1571–1630)《ドイツの天文学者・物理学者》.

kept /kept/ 動 keep の過去形・過去分詞. ── 形〖旧・戯〗〔愛人などが〕囲われた. a ～ woman 囲われ者, 妾(めかけ).

ker·a·tin /kérətən/ 名 Ⓤ〖化〗ケラチン, 角質, 《つめ・角・毛髪などに含まれる硬蛋白(たんぱく)質の一種》.

ke·rat·i·nous /kərǽtənəs/ 形 ケラチンの, 角質の.

kerb /kəːrb/ 名〖英〗＝curb.

kérb-cràwling 名 Ⓤ〖英〗(車を縁石沿いに低速で走らせての)売春相手漁り. ▷ **kerb-crawler** 名

kérb·stòne 名〖英〗＝curbstone.

ker·chief /kə́ːrtʃəf/ 名 (複 ～s) C **1** カチーフ《女性がかぶったり首に巻く普通四角い布》, ネッカチーフ (neckerchief), スカーフ (scarf). **2**〘詩〙ハンカチ (handkerchief). [＜古期フランス語 (＜*couvrir* 'cover'＋*chef* 'head')]

ker·fuf·fle /kərfʌ́fl/ 名 UC〘英話〙大騒ぎ〈*about* ..についての〉.

†**ker·nel** /kə́ːrn(ə)l/ 名 C **1** (果実, 木の実の)仁(じん)《核の中の部分; クルミなどでは食用》; (米, 麦などの)粒, 穀粒. **2**〘章〙(問題などの)核心, 主要点. the ～ of the question [theory] 問題[理論]の核心. **3**〈単数形で〉少量〈*of* ..の〉. There is a ～ *of* truth in his words. 彼の言っていることはわずかながら当たっているところもある. [＜古期英語「小さな corn[1]」]

kern·ing /kə́rniŋ/ 名 U〘印・電算〙カーニング《文字と文字の間を調節すること; 普通, 字間を詰める》

‡**ker·o·sene, -sine** /kérəsìːn, ⌐‐⌐/ 名 U〘米〙灯油 (〘英〙paraffin (oil));〈形容詞的〉石油を使用する. a ～ stove 石油ストーブ. [ギリシア語 *kērós*「ろう」, -ine[2]]

Ker·ou·ac /kéruæ̀k/ 名 **Jack** ～ ケルアック (1923–69)《米国の小説家; *On the Road* (1957) 他》.

ker·sey /kə́ːrzi/ 名 **1** U カージー織り《木綿の縦糸を入れて織った目の粗いラシャ; 英国 Suffolk 州の地名から》. **2**〈～s〉カージー織りのズボン.

kes·trel /késtrəl/ 名 C〘鳥〙チョウゲンボウ《小形で羽毛が赤褐色のタカの一種; ヨーロッパ産》.

ketch /ketʃ/ 名 C ケッチ《2 本マストの小型帆船》.

ketch·up /kétʃəp/ 名 U ケチャップ (★catchup, catsup ともつづる). [?＜中国語]

‡**ket·tle** /kétl/ 名 (複 ～s /-z/) C **1** やかん, 湯沸かし, (teakettle); なべ, かま. The ～ is boiling. やかんが沸騰している. Polly put the ～ on. ポリーがやかんを(火に)かけた. **2** やかん一杯分〈*of* ..の〉. a ～ *of* water やかん一杯の水.

anòther* [*a dìfferent*] *kèttle of físh 〘話〙別問題, 別の話, (→a HORSE of another color).

a prètty* [*fíne, nìce*] *kèttle of físh 〘旧話〙始末の悪いごたごた, 'てんやわんや'. [＜古期英語]

kéttle·drùm 名 C ケトルドラム《打楽器; この 2 個以上の組み合わせを timpani と言う》.

Kev·in /kévən/ 名 男子の名《英国では労働者階級の粗野な若者の典型的な名前と考える人もある》.

Kèw Gárdens /kjùː-/ 名〈しばしば単数扱い〉(国立)キュー植物園《Royal Botanic Gardens (王立植物園)の通称; ロンドン西郊外 Richmond の Kew にある》.

Kew·pie /kjúːpi/ 名 C〈しばしば k-〉〘米〙キューピー(人形) (**Kéwpie dòll**)《商標; ＜*Cupid*》.

‡**key**[1] /kiː/ 名 (複 ～s /-z/) C

【鍵】 **1** 鍵(かぎ), キー,〈*to* ..〔ドアなど〕の〉; (車の)エンジンキー (ignition key). a bunch of ～s ひと束の鍵. a master ～ 親鍵(おやかぎ). Just put the ～ in the lock and turn it. ちょっと鍵を錠に差し込んで回してごらん. This is the wrong ～ *to* this door. これはこのドアの鍵じゃない. a duplicate ～ 合い鍵.

2 (**a**) (時計, おもちゃなどのぜんまいを巻く)鍵; (ボルトを回す)ねじ回し, スパナー; ボルト, 割りピン, くさび, コンビーフの缶あけ; (アーチの)かなめ石. (**b**) 鍵型の紋章[バッジ]. (**c**)〘植〙＝samara.

3 (**a**) (問題解決の)鍵, 手がかり, 手引き, 秘訣(けつ),〈*to* ..への〉. the ～ *to* this mystery このなぞを解く鍵. the ～ *to* good health 健康の秘訣. Business holds [has] the ～ *to* [of] structural reform. 企業が構造改革の鍵を握っている. (**b**) 解法, 解答(書), 解説,〈*to* ..の〉; 凡例, 略語表,〈*to* ..〔地図, 図表など〕の〉.

4【重要な鍵】(**a**) (軍事上, 政治上の)重要地点, 要所,〈*to* ..への〉; 重要な人[もの]〈*to* ..にとって〉. Gibraltar is the ～ *to* the Mediterranean Sea. ジブラルタルは地中海を扼(やく)する要所である.

(**b**)〈形容詞的〉**重要な**, 主要な. a ～ person 鍵[要(かなめ)]となる人物. a ～ position 要職. a handful of ～ men in the White House ホワイトハウスのひと握りの要人たち. ～ industries 基幹産業《鉄鋼業など》. ～ points 要点.

【基本となる鍵】 **5** (ピアノ, 管楽器の)鍵(けん); (タイプライター, コンピュータ端末機などの)キー; (電信発信用の)電鍵, キー. Don't hit the ～s so hard. そんなに激しくキーをたたくな. **6**【基底音】〘楽〙(長調, 短調の)調. a sonata in the ～ of F minor ヘ短調のソナタ.

7 (声の)調子; (思想, 感情, 表現, 行動などの)基調, スタイル. speak in a high [low] ～ 高い[低い]声で話す. all in the same ～ 単調に. in a minor ～ 悲しそうに. She's singing off [out of] ～. 彼女は調子外れに歌っている.

in* [*out of*] *kéy 調子の合った[合わない], ふさわしい[ふさわしくない],〈*with* ..と, に〉.

under lòck and kéy →lock.

―― 動 (～s|過|過分 ～ed|kéy·ing) 他 **1**〔楽器〕の調子を整える, を調律する; 〔テレビなど〕を合うように調整する, を適するようにする;〈*to* ..に〉. The guitar was ～*ed to* D minor. ギターはニ短調にキーを合わせた.

2 VOA (～ X *to* ..) X(調子, 文体, 水準など)を合わせる. His lectures were ～*ed to* the intellectual level of his students. 彼の講義は学生の知的レベルに合わせてあった. **3** に鍵(かぎ)をかける. **4** に解答[記号解説]をつける. **5**〘主に英〙〔壁などの表面〕を粗くする《漆喰(しっくい)やペンキが付きやすいように》. **6**〘建〙〔アーチ〕をかなめ石で補強する.

kèy /../ ín (1) (コンピュータに)〔データなど〕を入力する. (2) ..を調整する.

kèy /../ úp 〘話〙〔人〕を興奮させる, 緊張させる; ..の調子を上げる[強める];〈しばしば受け身で〉. She was all ～*ed up about* the exam. 彼女は試験のことでぴりぴり緊張していた. [＜古期英語]

key[2] 名 (複 ～s) C (主に西インド諸島や米フロリダ沖の)さんご礁, 平坦(たん)な島. [＜スペイン語「さんご礁」]

‡**kéy·bòard** 名 C **1** (ピアノ, シンセサイザー, タイプライター, コンピュータ端末機などの)鍵(けん)盤, キーボード, 《key[1] 5 を配列したもの》;〈～s〉キーボード《楽器》. **2** (ホテルなどの受付にある)キーボード《客室の鍵を掛ける》.

―― 動 自 (コンピュータや印刷機の)キーを打つ. ―― 他〘電算〙〔データ〕を打ち込む;〘印〙(写植機で)を印字する.

kéy·bòard·er 名 C キーボーダー, 入力者, 《コンピュータなどにデータを打ち込む人》.

kéy·bòard·ist 名 C キーボード奏者.

kéy·càrd 名 C キーカード《挿入して電子ロックを開けるプラスチック製磁気カード》.

kéy clùb 名 C〘米〙会員制(高級)ナイトクラブ《会員各自が鍵を持つ》.

keyed /kiːd/ 形 **1** 有鍵(けん)の. a ～ instrument 有鍵[鍵盤]楽器《ピアノ, オルガンなど》. **2**〘機〙キーで止めた. **3**〘建〙(アーチが)かなめ石で補強された.

kèyed-úp /⊛/ 形 興奮した, 緊張した, (→KEY /../ up).

kéy frùit 名 ＝samara.

kéy·hòle 名 C (ドアなどの錠の)鍵(かぎ)穴. listen at a ～ 鍵穴から盗み聞きする.

kéyhole sàw 名 C 穴びきのこ.

kéyhole sùrgery 名 U〘英〙キーホールサージェリー《ごく小さい切開口からファイバースコープと器具を挿入して行う手術》.

kéy·less 形 〔柱時計などが〕(巻くのに)鍵(かぎ)のいらない, 「鍵のない.

kéy·màn /-mæ̀n/ 名 (複 **-men** /-mèn/) C (企業などの)中心人物《販売主任, 支店長など》.

kéy mòney 名 U **1** (間借人, 借家人が払う)権利

金. **2** (こっそり渡す)礼金.

Keynes /keinz/ 名 **John May·nard** /méinərd/ ～ ケインズ (1883–1946) 《英国の経済学者; 景気回復のための公共投資の拡大を主張した》.

Keynes·i·an /kéinziən/ 形 ケインズ(経済)学説の. ── 名 C ケインズ(経済)学者.

†**key·note** /kíːnòut/ 名 C **1** 〘楽〙主調音, 基音, 《例えば C major の C》. **2** 主旨, 主要点; (政策などの)基調. What is the ～ of this proposal? この提案の主眼点は何か. ── 動 他 〘話〙 **1** 〔意見など〕を力説する, 強調する. **2** 〔政党大会など〕で基調演説をする.

kèynote addréss [spéech] 名 C 〘米〙(政党大会などでの)基調演説 《党の基本的政策などを述べる》.

kéy·pàd 名 C (電卓やプッシュホンの)(数字)キー一式; (コンピュータの)テンキー専用キーボード.

kéy·pùnch 動 他 〘米〙〔コンピュータ用カード〕にキーパンチで穴を開ける; 〔データなど〕をカードに打ち込む, (→key punch).

kéy pùnch 名 C 〘米〙キーパンチ (〘英〙cardpunch) 《コンピュータにかけるカードに穴を開ける機械》.

kéy·pùnch·er 名 C 〘米〙キーパンチャー.

kéy rìng 名 C 鍵輪, キーホルダー, 《数個の鍵を通す》.

kéy sìgnature 名 C 〘楽〙調号 《♯, ♭ で表す》.

kèy státion 名 C キーステーション, 親局, 《放送網の中心局》.

K

kéy·stòne 名 C **1** 〘建〙(アーチの一番上の)かなめ石, くさび石. **2** (意見, 信念などの)要点, 主旨; 根本原理. **3** (物事の)基本, 基礎, '礎石'. **4** 〘俗〙(野球の)二塁.

Kèystone Státe 名 〈the ～〉米国 Pennsylvania 州の俗称 《最初の 13 州の中央に位置したことから》.

kéy·stròke 名 C (タイプライター, コンピュータのキーボードなどの)キー打ち.

Kèy Wést 名 キーウェスト 《米国の the Florida Keys の最西端にある島》.

kéy wòrd 名 C (暗号, 文章などの解明のための)キーワード, 鍵となる語.

KG Knight of the Garter.

kg kilogram(s); keg(s); king.

KGB /kèidʒiːbíː/ 名 〈the ～〉国家保安委員会 《旧ソ連の秘密警察で米国の CIA に相当した; 1991 年 10 月解体》.

Kha·ba·rovsk /kəbáːrəfsk/ 名 ハバロフスク 《ロシア極東の都市; アムール川とウスリー川の合流点にある交通の要所》.

kha·ki /kǽki, káːki | káːki(ː)/ 名 **1** U カーキ色. **2** U カーキ色の服地; C 〈しばしば ～s〉カーキ色の軍服[制服], カーキ色のズボン. ── 形 カーキ色の; カーキ色布地の. [＜ウルドゥー語「塵(ちり)色の」]

kha·lif /kéiləf, kǽ-/ 名 (複 ～s) ＝caliph.

kha·li·fate /kéiləfèit, kǽl-/ 名 ＝caliphate.

khan /kɑːn, kæn | kɑːn/ 名 C 〈しばしば K-〉汗(かん), カーン, 《Genghis Khan 及びその後継者であるモンゴル, タタール, トルコの主権者又は中国の皇帝に与えられた称号; 今はインド, アフガニスタンその他中央アジア諸国の主権者, 高官の称号》.

Khar·toum, -tum /kɑːrtúːm/ 名 ハルツーム 《Sudan の首都》.

Khmer /k(ə)méər/ 名 (複 ～, ～s) **1** C クメール人 《Cambodia の先住民》. **2** U クメール語.

Khmèr Róuge 名 〈the ～〉クメール・ルージュ 《カンボジアの Pol Pot 派のゲリラ集団》.

Kho·mei·ni /houméini, kou-/ 名 **Ruhollah** ～ ホメイニ(師) (1900–89) 《イランのイスラム教シーア派の政治指導者; イラン革命 (1979) の中心人物》.

Khrusch·chev /krúːstʃef | krústʃɔf/ 名 **Nikita Sergeevich** ～ フルシチョフ (1894–1971) 《ロシアの政治家, 旧ソ連の首相 (1958–64)》.

kHz kilohertz.

KIA killed in action (戦死した).

kib·butz /kibú(ː)ts/ 名 (複 **kib·bùt·zím** /-íːm/, ～·es) C キブツ 《Israel の集団農場》. [ヘブライ語「集合」]

Kib·bútz·nik /-nik/ 名 C キブツの住民.

kib·itz /kíbəts/ 動 自 〘米話〙(トランプ遊びや車の運転などに横から)口を出す, おせっかいをする. ▷ ～·**er** 名

ki·bosh /káibɑʃ, kibɑ́ʃ | káibɔʃ/ 名 〈普通, 次の成句で〉***pùt the kíbosh on..*** 〘英旧話〙〔計画など〕をだめにする, 妨害する.

‡**kick** /kik/ 動 (～s /-s/ | 過 過分 ～ed /-t/ | kíck·ing) 他
1 (a) をける; をけ飛ばす; 〔脚〕をけり上げる. ～ a ball ボールをける. I was ～*ed* by a horse the other day. 先日馬にけられた. ～ one's legs high in the air 脚を頭上高くはね上げる 《踊りなどで》. Somebody ～*ed* me *in* the shin in the darkness. 暗やみでだれかが私の向こうずねをけ飛ばした.
(b) VOA をけって(..に)動かす, けって..する; VOC (～ X Y) X をけって Y の状態にする. ～ a can *into* the gutter 缶を排水溝にけ飛ばす. In a fit of temper, she ～*ed* the chair *over*. 彼女はかっとなっていすをけ倒した. He was ～*ed down* the stairs. 彼は階段からけ落とされた. He ～*ed* the door *shut*. 彼はドアをけって閉めた.
(c) VOA けって..に〔穴など〕をつくる. ～ a hole *in* the wall けって壁に穴をあける.
2 (フットボールなどで)〔点〕をキックして入れる. ～ a goal キックして得点する.
3 〔銃, 砲が〕に反動を与える. The rifle ～*ed* my shoulder when I fired. 発射したとき銃は肩に反動を与えた.
4 〘話〙〔(喫煙, 麻薬などの)習慣〕をやめる, 断つ. ～ it 麻薬などの常習をやめる.
5 〘ポーカーなど〙〔相手〕より多く賭(か)ける.
6 〘米俗〙〔求婚者など〕をはねつける, 振る.
── 自 【ける】 **1** ける 〈*out*〉; 脚をけり上げる 《踊りなどで》; (ボールを)キックする 《フットボールなどで》. ～ and cry 足をばたばたさせて泣き叫ぶ. I ～*ed* at the ball. ボールをけろうとした[ボールを目がけてけった] (語法 He ～*ed* a ball. はボールを実際にけったことを意味するが, He ～*ed at* a ball. は実際に足がボールに当たったかどうかは不明). This horse ～*s* when anyone comes from behind. この馬はだれかが後ろから近づくと必ずける. **2** 〔銃, 砲が〕反動する (recoil); 〔特にクリケットでボールが〕跳ね上がる. The shotgun ～*ed* hard. 散弾銃は激しく跳ね返った.
3 〘米話〙 VA 車のギアチェンジをする. ～ *down* to a lower gear ギアを低速に切り換える. ～ *into* third ギアを 3 速に切り換える. **4** 【反対する】 〘話〙 VA 不平[文句]を言う, 反対する, 〈*against*, *at* ..を/*about* ..について〉. ～ *about* ..について不平を言う. ～ *against* [*at*] the rules 規則に(公然と)逆らう. ～ (out) *against* fate [the system] 運命[体制]に逆らう. ～ *against* the pricks →prick (成句).
5 〘俗〙〈～ing で形容詞的に〉わくわく[ぞくぞく]させる; すてきな, いかす.
6 〘米俗〙くたばる 《～ the bucket の目的語の省略によるもの》; を殺す, 'やる'.

alive and kicking →alive.

kick aróund [abóut] 〘話〙 (1) うろつき回る. I was just ～*ing around* while I was in London. ロンドンにいた間はただあちこち歩き回っていた. (2) 気づかれないままでいる, ほうっておかれる. My hat is ～*ing about* somewhere. 私の帽子はどこかに転がっている.

kíck around [about].. 〘話〙 (1) 〔場所〕をうろつき回る. I enjoy ～*ing about* the countryside. 田舎をぶらぶら歩くのは楽しい. (2) 〔ある場所〕にほうっておかれる. How long has this paper been ～*ing about* the lab? 一体どのくらいの間この論文は研究室に置いたままだったのか.

kìck /../ aróund [***abóut***] 〘話〙 (1)〔人〕を冷遇[虐待]する, 酷使する. I don't like being *~ed around* that way. あんなにひどくあしらわれるのはごめんだ. (2)〔計画など〕をいろんな角度から考える, あれこれ考える. *Kick* this idea *around* in your meeting. 会議でこの意見をもんでください.
kìck báck (1)(けられて)けり返す; 〘話〙仕返し[反撃]する; 〈*at* ..に〉. (2)〘話〙〔病気などが〕ぶり返す. (3)〔銃が発射の反動で〕跳ね返る. (4)〘米話〙リラックスする, くつろぐ. (5)〘米俗〙を飲む.
kìck /../ báck (1)..をけり返す; 〘話〙..に仕返しをする. (2)〘俗〙〔もらった金の一部〕をリベート[ぴんはね分]として返す; ..を払い戻しする; 〔盗品など〕を返す. The middleman made him ~ *back* ten percent of the money he received. 仲介者は彼に受け取った金の 10 パーセントをリベートとして出させた. (3)〘米話〙〈受け身で〉リラックスして, くつろいで.
kìck ín (1)〔機械などが〕動き出す, 作動する; 〔ある感情などが〕出(てく)る, 湧(わ)く; 〔薬などが〕効いてくる. (2)〘話〙金を出す; 口をはさむ. (3)〘俗〙くたばる.
kìck /../ ín (1)〔戸など〕をけ破って入る. We'll ~ *in* the door if you don't open up. 開けなければドアをけ破って入るぞ. (2)〘話〙〔持ち分〕を払う, 出し合う.
kìcking and scréaming 嫌だ嫌だと駄々をこねて[大騒ぎをして]. be dragged *~ing and screaming* into a prison cell 嫌だと抵抗するのを無理やり監房に入れられる.
kíck it (1)→他 4. (2)うまくやる〈*with* ..と〉. (3)ぶらつく, くつろぐ; 大いに楽しむ. (4)〘米俗〙くたばる.
kìck óff (1)〘フットボール〙キックオフする, 試合を開始[再開]する; 〘話〙(活動などを)始める; 〔会合などが〕始まる. The meeting *~ed off* with the boss's speech. 会は社長のスピーチで始まった. (2)〘米俗〙立ち去る; くたばる.
kìck /../ óff (1)..をけ飛ばす. (2)〔靴など〕をけって脱ぐ. (3)〘話〙〔活動など〕を始める.
kìck ón (1)〘話〙〔機械などが〕作動し始める. (2)〘オース話〙〈普通, 副詞句を伴って〉(活動などを)続ける.
kíck oneself 自分を責める; 悔やむ, 'じだんだを踏む'. I could have *~ed myself*. あんなことしなければ[言わなければ]よかった.
kìck óut 〘米俗〙死ぬ, くたばる; 失敗に終わる.
kìck /../ óut (1)〘話〙〔人〕をけって追い出す, 強制的に追い出す, 解雇する, 〈*of* ..から〉. Max was *~ed out of* school for his frequent misbehavior. マックスは度重なる非行のために放校になった. (2)〘米俗〙を産み出す.
kìck óver 〘話〙〔エンジンなどが〕かかる, 始動する.
kìck .. óver (1)→他 1 (b). (2)〘オース話〙〔仕事〕を終わらす, 片付ける. (3)〘米俗〙を話し合う, おしゃべりする.
kìck (***some***) ***áss*** 〘米俗〙 (1)力[活気]がある; 速い, スピードが出る. (2)〈又は ~ a person's ass で〉(人を)こてんぱんにやっつける, こらしめる. (3)どんちゃん騒ぎをする.
kìck the búcket →bucket.
kìck thróugh 〘米俗〙(全部)払う〈*with*〔借金など〕を〉.
kìck úp 〘米話〙〔ひざなどが〕痛くなる; 〔機械などが〕調子が悪くなる.
kìck /../ úp ..を(けり)上げる; 〔ほこりなど〕をけ立てる. The bullets were *~ing up* sand all around me. 弾丸が次々(飛んできて)私の周りで砂煙を立てていた.
kick ùp a fúss [***rów, shíndy, stínk***] →fuss [row³, shindy, stink].
kick ùp one's héels (1)〔馬が自由になって〕跳ね回る. (2)〘話〙飛び上がって喜ぶ; はしゃぐ; 大いに楽しむ. (3)〘俗〙くたばる.
kick a pèrson upstáirs 〘話〙人を(名目上は高位の)閑職に祭り上げる.
kick [***hìt***] ***a pèrson when*** [***while***] ***he is dówn*** → hit.

── 名 (複 ~s /-s/) **1** Ⓒ けること, ひとけり; (水泳で足の)けり, キック. The young man gave a ~ at the door. その若者はドアをけった. do a high ~ 足を高くけり上げる. **2** Ⓤ (銃, 砲の発射時の)反動 (recoil). This gun has almost no ~. この銃はほとんど反動がない. **3** Ⓒ 〘フットボール〙キック; キックされたボール[飛距離]; = kicker 1. a free [penalty] ~ フリー[ペナルティ]キック.
4 Ⓒ 〘話〙〈しばしば ~s〉苦情, 不平.
5 Ⓒ 〘話〙(強烈な)興奮, スリル; (一時的な)熱中. get a ~ from [out of] ..から非常な快感[スリル]を得る. (just) for ~s (→成句). She's on a fiber-diet ~. 彼女は繊維質のものを食べてやせるのに夢中である. His latest ~ is... 彼は最近..に凝っている.
6 Ⓤ 〘話〙(ウイスキーなどの)速い効き目, (つんとくる)刺激性; aⓊ 元気, 気力; ラストスパート. gin with a lot of ~ in it とても回るのが速いジン. have quite a ~ (to it)〔酒が〕強い. have no ~ left もうやる元気がない. **7** Ⓒ 〘俗〙ポケット; 〈~s〉靴, ズボン. **8** Ⓒ 〘古俗〙=sixpence. **9** 〈the ~〉〘旧〙はやり, 最新のスタイル.
a kìck in the pánts 〘話〙(★(1), (2) では a ~ in the butt [ass, *etc.*]とも) (1) =a KICK in the teeth. (2)(発奮させるための)厳しい叱責(しっせき), 刺激. (3)〘主に米〙愉快な[わくわくさせる]こと[もの, 人].
a kìck in the téeth [***gúts, stómach, etc.***] 〘話〙不愉快な拒絶[失敗など]. get *a ~ in the teeth* ひじ鉄砲をくらう.
a kìck up the báckside [***árse, etc.***] =a KICK in the pants (2).
bètter than a kìck in the téeth [***up the báckside***] 〘話〙(思いどおりではないが)ないよりはましで.
gèt more kícks than hálfpence 親切にされるどころかひどい目に遭う.
gèt the kíck 〘俗〙'首'になる.
gìve a pèrson the kíck 〘俗〙人を'首'にする.
(***jùst***) ***for kícks*** 〘話〙スリルがありそうだから, スリルを求めて; (利益のためでなく)楽しみで. I drive very fast *just for ~s*. 私はスリルを求めて車をぶっ飛ばす. My grandpa plays cards *for ~s* not for money. 祖父は金のためではなく, 面白いからトランプをする.
[<中期英語(<?)]

kíck·abòut 名 Ⓒ 〈普通, 単数形で〉〘英俗〙球けり「《フットボール遊び》.
kíck·àss 形 〘米俗〙強烈な, 乱暴な.
kíck·bàck 名 ⓊⒸ 〘話〙 **1** (普通, 不正な金儲(もう)けの)リベート; (賃金などの)ぴんはね; 払い戻し, 返金. **2** 思いがけない反発, 激しい反動; 強い副作用. **3** 盗品の返却.
kíck·bàll 名 Ⓤ キックボール《ボールをけって塁を回る野球に似た米国の子供のゲーム》.
kíck·bòard 名 Ⓒ 〘水泳〙ビート板.
kíck·bòxing 名 Ⓤ キックボクシング.
kíck·dòwn 名 Ⓒ (オートマチック車の)キックダウン《アクセルを一杯に踏み込んで変速する》.
kíck·er 名 Ⓒ **1** ける人; 〘フットボール〙キッカー《placekick でける選手》. **2** ける癖のある馬.
‡**kíck·òff** 名 (複 ~s) Ⓒ **1** 〘フットボール〙キックオフ; 試合開始(の時刻). **2** 〈単数形で〉〘話〙始まり, 開始. for a ~ まず初めに.
kíck·stànd 名 Ⓒ (自転車, オートバイなどの)キックスタンド《一本足のもの; ただし英米では自転車にスタンドを付けるのはまれ》.
kíck-stàrt 〘英〙動 他 **1** 〔オートバイなど〕を足でけって始動させる. **2** 〔停滞した活動など〕を(再び)活性化する, に活を入れる. ── 名 Ⓒ **1** (オートバイなどの)始動装置 (**kíck-stàrter**). **2** 活性化, 活入れ.
***kid**[1] /kid/ 名 (複 ~s /-dz/) **1** Ⓒ 子ヤギ (→goat 参考). **2** (**a**) Ⓤ 子ヤギの革, キッド. (**b**) Ⓒ 〈~s〉キッドの手袋[靴]. (**c**) Ⓤ 子ヤギの肉.
3 Ⓒ (**a**) 〘話〙子供 (child); 〘主に米話〙若者; 《呼びかけにも用いる》. Be quiet; the *~s* are asleep. 静かに, 子

供たちが眠っています. those college ～*s* あの大学生ら. Hi, ～*s!* やあ, みんな. [語法] 口語では child よりも普通. (**b**)〈my などを付けて〉子供《息子, 娘という意味で》.
4〈形容詞的〉(**a**) キッド製の. ～ gloves キッド製の手袋. (**b**)〖主に米話〗年下の (younger). my ～ brother [sister] 私の弟[妹].
hàndle* [*trèat*]*..with kìd glóves →glove.
── [動] (**-s**|**-dd-**) [自] 〔ヤギが〕子を産む.
[＜古期北欧語]

†kid² [動] (**～s**|**-dd-**)〖話〗[他] **1** をからかう, かつぐ; にふざける. **2** をからかう〈*about, on* ..について/*that* 節 ..であると(言って)〉. ～ her *that* I was fired 首になったと言って彼女をかつぐ. **──** [自] 冗談を言う, からかう. (I was) just [only] ～*ding*! 冗談(を言っただけ)だよ.
I kìd you nót. 〈付加的に〉〖話〗冗談でなく, ほんとに.
kìd /../ aróund 〖米〗〔人〕をかつぐ.
kìd oneséIf 思い[考え]違いをする, 甘い考えを抱く, 〈*that* 節 ..という〉.
Nò kídding. 〖話〗(1)〖主に米〗〈文尾上昇調で〉＝ You're KIDding! (2)〈文尾下降調で〉冗談ではなくて, マジな話. I really got an A in math, *no* ～*ding*. おれほんとに数学で A 取ったんだよ, マジな話.
Whò is she* [*is he, am I, etc.*] *kídding? 〖話〗(そんなこと言った[した]って)だまされるものか, みえみえだ.
You're kídding* (*me*)*! 〖主に米話〗ご冗談でしょう; まさか, うっそお; (〖英〗では普通, You must be joking!).
[?＜kid¹] ▷**kíd·der** [名]

Kidd /kid/ [名] **William ～** キッド (1645?–1701)《通称 Captain ～; 英国の私掠(しりゃく)船船長 (privateer), 後に海賊; 捕まって死刑になる》.

kid·die /kídi/ [名] ＝kiddy.

kid·do /kídou/ [名] ([複] **～(e)s**) [C] 〖主に米話〗若者; 〈親しい呼びかけとして〉きみ.

kid·dy /kídi/ [名] ([複] **-dies**) [C]〖話〗子供, ちび. a ～ car おもちゃの自動車.

kìd-glóve /[移]/ [形] 〈限定〉(柔らかいキッドの手袋をはめて物を扱うことから)細心の注意を払った, はれ物に触るような, 慎重な. ～ treatment そつのない扱い.

†kid·nap /kídnæp/ [動] (**～s**|〖英〗**-pp-**) [他] 〔人〕を誘拐する, かどわかす, さらう; を拉致(らち)する. The child was ～*ed* for ransom, but was rescued two days later. その子供は身代金が目的で誘拐されたが 2 日後に救出された. [＜*kidnap*per]

kíd·nàp·er, 〖英〗**-nàp·per** [名] [C] 誘拐犯人, 人さらい. [＜kid¹＋〖俗〗*nap* 'seize'＋-er¹]

kíd·nàp·ing, 〖英〗**-nàp·ping** [名] [UC] 誘拐.

†kid·ney /kídni/ [名] ([複] **～s**) **1** [C] 腎(じん)臓; [UC] (食用の)動物の腎臓, マメ. an artificial ～＝a kidney machine. **2** [C] 横腹, '脾(ひ)腹', 《腎臓を被う横腹の部分》. **3** [aU]〖雅〗性質, 気質; 種類 (type). a man of that ～ そのような気質の人. [＜中期英語(＜?)]

kídney bèan [名] [C] インゲンマメ; ベニバナインゲン.

kídney machìne [名] [C] 人工腎臓《血液透析用》.

kídney stòne [名] [C] 腎臓結石.

kídney trànsplant [名] [C] 腎臓移植.

kíd·skìn [名] [U] 子ヤギの革《手袋・靴用》.

kíd〖米〗[**kíd's**〖英〗] **stùff** [名] [U] 子供向きのもの[事]; たやすい事.

Kier·ke·gaard /kíərkəgɑ̀ːrd/ [名] **Sören Aabye ～** キルケゴール (1813–55)《デンマークの哲学者・神学者; 現代の実存主義への影響が大きい》.

Ki·ev /kíːef/ [名] キエフ《ウクライナ共和国の首都》.

kike /kaik/ [名] [C] 〖米俗〗ユダ公《ユダヤ人に対する軽蔑語》.

Kil·i·man·ja·ro /kìləməndʒɑ́ːrou/ [名] **Mount ～** キリマンジャロ《タンザニア (Tanzania) の北東部にある山; アフリカの最高峰 (5895m)》.

Kil·ken·ny /kilkéni/ [名] キルケニー《アイルランド南東部の州》.

Kilkènny cáts [名]〖伝説〗キルケニーの猫《互いにしっぽだけになるまで食い合ったという》. fight like ～ *cats* 双方が倒れるまで[とことん]戦う.

‡kill /kil/ [動] (**～s** /-z/|[過] [過分] **～ed** /-d/|**kíll·ing**) [他]
【死なせる】 **1**〔人, 動物〕を**殺す**, の生命を奪う;〔植物〕を枯らす; ([類語]「殺す」の意味の最も一般的な語; →assassinate, massacre, murder, slaughter, slay). Cain ～*ed* Abel. カインはアベルを殺した. ～ oneself →成句. The baby ～*ed* its mother. その赤ん坊のお産がもとで母親は死んでしまった. Care [Curiosity] ～*ed* the cat. →care (成句), curiosity (用例). Blood cancer is ～*ing* her. 彼女は白血病で死にかけている (＝She is dying of blood cancer.). The shock ～*ed* him. 彼はショックで死んだ. My dad will ～ me if he finds out! 〖話〗父が知ったら, すごく怒るだろう ([語法] kill a person で「人を殺したいほど怒る」という意味で使われることが多い (I'll ～ him! あの野郎殺してやる!)). It won't ～ you to help me a little. 〖話〗少しくらい手伝ってくれたっていいじゃないか《＜死ぬわけじゃない》. ～ two birds with one stone〖話〗一石二鳥(を得る). The frost ～*ed* all the flowers. 霜で花はみんな枯れた. **2**〈be killed で〉(事故, 戦争などで)**死ぬ**. Her father was ～*ed* in a traffic accident. 彼女の父は交通事故で死んだ.
【死にそうにさせる】 **3**〖話〗〈普通, 進行形で〉に死ぬような痛みを与える; をへとへとに疲れさせる; をひどく(精神的に)苦しませる. My feet are ～*ing* me. 両足がものすごく痛い.
4【参らせる】〖話〗を圧倒する; をすっかり感心させる, 悩殺する; をひどくおかしがらせる.
5【勢いを殺す】〔効果, 勢いなど〕を**そぐ**, **弱める**, **抑える**; 〖サッカー〗〔ボール〕を殺す《ボールを止めて足元でコントロールする》. ～ interest 興味をそぐ. ～ love 愛情を抑圧する. ～ pain 痛みを弱める. The last line ～*s* the poem's entire effect. 最後の 1 行はその詩全体の効果を台無しにしている.
【終わらせる】 **6**〔行動, 物事の進行など〕を終わらせる, 止める; (スイッチなどを押して)を切る, 消す;〔可能性など〕をつぶす. ～ the conversation 会話をやめさせる. *Kill* the engine. エンジンを切りなさい. His defeat ～*ed* our hopes. 彼の敗北で私たちの望みはすっかり断たれた.
7〖話〗〔飲食物〕をたいらげる,〔酒びん〕を飲み干す,〈*off*〉.
8〔時間〕を**つぶす**〈受け身不可〉. The guest was reading a magazine to ～ time. その客は時間をつぶすために雑誌を読んでいた. He ～*ed* an hour (by) walking around in the park. 彼は公園の中をあちこち歩き回って 1 時間をつぶした.
9【けりをつける】〖テニス〗〔ボール〕を(返球不可能なように)打つ[スマッシュする].
10【没にする】〔原稿, 記事など〕を削る, 除く, 没にする; 〔議案など〕を否決する;〔計画など〕を(握り)つぶす. The editor ～*ed* the story. 編集者はその話を没にした. The bill was ～*ed* in Congress. その議案は議会で否決された.
── [自] **1**〔人が〕殺す, 殺人を犯す;〔物事が〕死を招く; 〔植物が〕枯れる. It will ～ or cure. 一か八かだ. **2**〖話〗悩殺する. be dressed [got up] (fit) to ～ ほれぼれするように[悩殺するように]着飾って. **3**〔傷などが〕ずきずき痛む. I hit my thumb against the wall. Oh, how it ～*s*! 壁に親指をぶつけてしまった. ああ何てずきずきするんだ.
kìll /../ óff ..を絶滅させる,〔敵など〕を抹殺する;〔物語の主人公など〕を死なせる. The severe frost ～*ed off* the vegetables. ひどい霜のために野菜は全滅した.
kíll oneself (1) 自殺する; (過失などで)自ら死を招く. [注意] 意志による自殺には commit suicide が明確. He ～*ed* him*self* while tampering with a gun. 彼はピストルをいじっていて(誤って)自分を撃って死んでしまった. (2)〖話〗大変な努力をする, 無理をする,〈*doing, to* do ..す

るのに〉. 「ど)大笑いする.

***kìll oneself láughing* [*with láughter*]** (死ぬほ↑

kìll a person with kíndness 〔人〕をし親切に扱い[甘やかし]すぎてだめにする, ひいきの引き倒しをする; 〔人〕にありがた迷惑なことをする.

── [名] **1** 〈the ～〉(特に狩猟で)仕留めること; その場面. **2** [aU] (狩猟の)獲物 (★集合的にも用いる); [C] 撃墜した飛行機, 撃沈した船.

be in at the kíll (狩猟で)獲物が殺される現場に(馬で駆けつけるなどして)居合わせる; (事件などの)結末を見届ける. The tragedy was reported by the honeymooners who *were in at the* ～. 悲劇はたまたま現場に居合わせた新婚旅行中の夫婦によって報告された.

gò* [*mòve, clòse*] *ín for the kíll (好機到来に[ここぞとばかりに])とどめを刺そうと手ぐすねを引く〈*with* ..に〉.

[＜中期英語(?＜古期英語 *cwellan* 'kill')]

***kíll·er** /kílər/ [名] ([複] **～s** /-z/) [C] **1** **殺す人[もの]**; 殺人犯; 殺し屋; 殺虫剤, 除草剤. **2** 致命的な病気, 死因. **3** 〈しばしば real ～〉〖話〗ひどく難しいもの[こと]; 〖米話〗すごく面白い[うまい]人[物語, 冗談, 演技など]. **4** 〈形容詞的〉人殺しの; 死に至(らしめ)る; 多数の人命を奪う, 恐ろしい, 〔災害など〕. a ～ shark '殺し屋' サメ[人食いザメ]. a ～ disease 致死の病気. the ～ quake that struck the Kobe region 神戸地方を襲った恐ろしい地震.

kíller ìnstinct [名] [UC] 殺害本能; 闘争本能, (極限的な)踏んばり.

kíller whàle [名] [C] 〖動〗サカマタ, シャチ, 《ゴンドウクジラ科; 全長 9 メートル以上に成長するものもあり, 気が荒く鯨を襲うことがある》.

‡**kíll·ing** [名] **1** [UC] 殺害; 殺人; (狩猟で獲物を)殺すこと; 仕留めた獲物 (★集合的にも用いる). a brutal ～ 虐殺. **2** [aU] 〖話〗(突然の)大もうけ. make a ～ (商売などで)突然大もうけをする.

── [形] **1** 殺す; 致死的な, 致命的な; 枯らす. ～ waste 致死廃棄物. **2** 〖話〗死ぬほど骨の折れる; 死にそうな; 参ってしまうような, すさまじい(速さの), 〔歩調など〕. The work was ～. その仕事は死ぬほど骨が折れた. **3** 〖旧話〗死ぬほど面白い[おかしい], 抱腹絶倒の. 「とても.

kíll·ing·ly [副] 殺すほど; 死にそうに; 〖話〗ものすごく,↑

kíll·jòy [名] ([複] **～s**) [C] 座を白けさせる人, 興ざめな人, (wet blanket).

kìll-or-cúre /[移]/ [形] うまく成功すればよいがしなければ元も子も無くなるような, 一か八かの. a ～ approach to curing a disease 病気を治すための一か八かのやり方.

‡**kiln** /kiln, kil/ [名] [C] (レンガ, 陶器, 炭などを焼く)窯(かま), 炉. ── [動] [他] を窯[炉]で焼く. [＜古期英語]

†**ki·lo** /kí:lou/ [名] ([複] **～s**) 〖話〗 **1** ＝kilogram. **2** ＝kilometer.

kil·o- /kílə/ 〈複合要素〉 **1** 「千」の意味. **2** 〖電算〗「2^{10}」(1024) の意味. [フランス語(＜ギリシア語「千」)]

kílo·bỳte [名] [C] 〖電算〗キロバイト《記憶容量単位; 2^{10} [1024] バイト; →byte》. 「(large calorie).

kílo·càlorie [名] [C] キロカロリー《1000 カロリー》↑

kílo·cỳcle [名] [C] 〖無電〗キロサイクル《周波数の単位; 略 kc; 今は普通 kilohertz を用いる》.

†**kílo·gràm,** 〖英〗 **-gràmme** [名] [C] キログラム《1000 グラム; 略 kg, k》. 「1000 ヘルツ; 略 kHz》.

kílo·hèrtz [名] ([複] **～**) [C] キロヘルツ《周波数の単位;↑

kílo·jòule [名] [C] 〖物理〗キロジュール《1000 ジュールに相当するエネルギーの単位》.

kílo·lìter 〖米〗, **-tre** 〖英〗 [名] [C] キロリットル《1000 リットル; 略 kl》.

***kil·o·me·ter** 〖米〗, **-tre** 〖英〗 /kilɑ́mətər, kíləmì:tər|kíləmì:tə, kilɔ́mətə/ [名] ([複] **～s** /-z/) [C] キロメートル《1000 メートル; 略 km》. [kilo-, meter[1]]

kil·o·metr·age /kilɑ́mətridʒ|kilɔ́-/ [名] [U] (旅程などの)キロメートル数.

kílo·tòn [名] [C] キロトン **1** 1000 トン. **2** TNT 火薬 1000 トンに相当する原水爆の破壊力の単位. (略 kt; → megaton).

†**kílo·wàtt** [名] [C] キロワット《1000 ワット; 略 kw》.

kìlo·watt-hóur [名] [C] キロワット時《1 時間 1 キロワットの電力; 略 kwh, kWh》.

kilt /kilt/ [名] [C] キルト **1** スコットランド高地地方の男子や軍人がはく, 普通, 格子じまの毛織物でできた, ひだ付きの短いスカート. **2** 子供, 女性用のそれに似たスカート. [＜古期北欧語] ▷**kílt·ed** /-əd/ [形] キルトをはいた; 〔スカートが〕縦ひだのある.

kil·ter /kíltər/ [名] 〖米話〗〈次の成句のみ〉

òut of kílter 調子が悪い, 故障した.

ki·mo·no /kimóunə, -nou|-nou/ [名] ([複] **～s**) [C] **1** (日本の)着物. in ～ 着物を着て. **2** 女性用の緩やかな化粧着. [日本語]

‡**kin** /kin/ [名] 〖旧章〗 **1** 〈複数扱い〉親族 (family); 親類, 親戚(せき), (relatives). We are ～. 私たちは親戚同士です. His ～ have warmly accepted his bride as their new in-law. 彼の身内の者らは彼の花嫁を新しい親族として暖かく迎えた. **2** [U] 血縁; 同族(関係). **3** [U] 同類, 同質.

nèar of kín (***to*** ..) 〖章〗(..の)近親の.

(*one's*) ***nèxt of kín*** 〈単複両扱い〉〖法〗最近親者; 近親者(たち). The ambassador's *next of* ～ was informed of his death. 大使の最近親者は彼の死を伝えられた.

nò kín (***to*** ..) 〖章〗(..の)親戚でない; (..と)無関係で.

── [形] 〈叙述〉血縁の, 親戚(せき)の; 同類の; 〈*to* ..と〉.

[＜古期英語]

-kin [接尾] 名詞に付け「小..」の意味. cat*kin*. lamb*kin*. [中期オランダ語; ドイツ語の *-chen* に相当]

‡**kind**[1] /kaind/ [形] [e] **1** **親切な**, 優しい, 思いやりのある, 〈*to* ..に〉(↔unkind; [類語] 性格についても特定の行為についても用いる; →kindly). **(a)** 〈人について〉 She is the ～*est* woman I have ever met. 彼女は私が今までに会った一番親切な女性だ. Be ～ *to* your neighbors. 隣人には親切にしなさい. Would you be ～ enough to post this letter?＝Would you be so ～ as to post this letter? すみませんがこの手紙をポストに入れていただけませんか.

(b) 〈it などを主語として〉 It was a ～ act. 親切な行為だった. It [That] is very ～ *of* you. ご親切にありがとう. It was very ～ *of* you [You were very ～] to do that. そうしてくださって大変ありがとう. How ～ *of* you! なんとご親切なことでしょう.

2 寛大な 〈*about* ..に〉. My parents are very ～ *about* my staying out late. 両親は私が遅く帰宅することにはとても寛大である.

3 〈限定〉〈手紙文などで〉心からの (cordial). Give my ～(*est*) regards to your mother. お母さんにくれぐれもよろしく. With ～(*est*) regards. 敬具.

4 〔天候などが〕穏和な; 〖話〗優しい, 穏やかな, 〈*to* ..〔目, 肌など〕に〉. The new detergent is ～ *to* your skin. 新製品の洗剤は肌に優しい.

◇[名] kindness [＜古期英語 *gecynde*「生まれつきの」; kind[2] と同源]

‡**kind**[2] /kaind/ [名] **1** [C] **種類** ([類語] やや厳密な意味での種類を指す; →description 3, nature 6, sort, type, variety). this ～ of trees＝〖話〗these ～ of trees＝trees of this ～ この種類の木 ([語法] (1) 口語で these ～ of trees と言うのは these trees ということが念頭にあるからで, (this ～ of trees)＋(these trees)→(these ～ of trees) となったもの. この用法を正しくないとする人もある. (2) 2 種類以上を言う時は these ～*s* of trees と言う. (3) trees of this ～ は種類を強調した言い方). This ～ of questions is [〖話〗are] very hard to answer.

K

この種類の質問に答えるのは大変難しい ([語法] 口語では動詞の数を questions に一致させて are とすることが多いが, この用法を誤りとする人もある. 単数動詞で受けるか, または Questions of this ～ are very hard to answer. とする方が無難). that ～ of job あの種類の仕事. What ～ of (a) job are you looking for? どんな種類の仕事を捜しているんですか ([語法] ～ of の後の名詞が可算名詞の単数でも冠詞を付けないのが標準的な用法であるといわれる. ただし, What ～ of..? の場合には口語では不定冠詞を入れることが多い). Is that some ～ of joke? 何かの冗談ですか. I said nothing of the ～. 私はそんなことは言わなかった. I'd like some brandy or something of the ～. ブランデーか何か飲みたい. the best cookery book of its ～ 類書の中で最良の料理の本. **2** [C] (動植物の)類, 族, 属, 種. the rodent ～ 齧歯(げっ)類. →mankind. **3** (**a**) 〈the ～〉(特定の)種類の人, タイプ. He is not the ～ *to* give away a secret. 彼は秘密をうっかりもらしてしまうようなタイプではない. (**b**) 〈one's ～〉 好みのタイプ; 〈軽蔑的〉同類, やから, 仲間. She is not my ～. 彼女は好きなタイプじゃない. I hate John and his ～. ジョンみたいな連中は大嫌いだ. **4** [U] 本質, 性質. in ～ (→成句 (3)).

****a kìnd of..*** **一種の..**, いわば..のようなもの, (★of の後の名詞は可算名詞でも無冠詞が標準的用法). *a* ～ *of* suspicion 疑いめいた気持ち. The man was *a* ～ *of* gentleman. その人はまあ紳士と言っていい人だった (→of a KIND (2)).

****àll kínds of..*** **あらゆる種類の..**; いろいろな.., さまざまの... *all* ～*s of* possibilities あらゆる種類の可能性.

in kínd (1) (支払いに金銭でなく)現物[物品]で. Payments are accepted in cash or *in* ～. 支払いは現金でも現物でも構わない. (2) 同種のもので, 同じように. repay insult *in* ～ 侮辱を侮辱で返す. (3) 本質が, 種類が. They are different *in* ～, not merely in degree. それらはただ程度の違いではなく本質的に違う.

kínd of 〖話〗〈副詞的〉ある程度, いくらか, どちらかと言えば. I ～ *of* enjoyed it. まあ楽しんだ. She was ～ *of* nervous. 彼女はちょっと上がっていた. [語法] 表現を弱めるために口語で多用される; kind o', kinder, kinda とも書く.

of a kínd (1) 同種類の. cases *of a* ～ 同種の事件. two *of a* ～ 似た者同士. (2) (ともかく)一種の. He was not without attractiveness *of a* ～. 彼には一種の魅力がなくもなかった. (3) 名ばかりの, お粗末な. wine *of a* ～ 安物のワイン.

òne of a kínd 大そう変わったもの, ユニークなもの.

[＜古期英語 *gecynd*「生まれ, 種族」; kind[1] と同源]

kind·a, kind·er /káində/, /káindər/ [副] 〖話〗＝ KIND[2] of 《実際の発音に近づけたつづり》.

†**kin·der·gar·ten** /kíndərgɑ̀ːrtn/ [名] [UC] 〖主に米〗 幼稚園 (課程) 《4·5 歳児対象; 独立の施設のこともあるが, (elementary school 中の)低学年を教育する primary school の第 1 学年として 5 歳児を対象とする場合も多い》; 〖英〗＝ nursery school. (→school 表). [ドイツ語 'children's garden']

kin·der·gart·ner /kíndərgɑ̀ːrtnər/ [名] [C] **1** (幼稚)園児. **2** 保母.

***kind·heart·ed** /kàindhάːrtəd [移]/ [形] [m] **心の優しい**, 思いやりのある, 親切な. a ～ man 情け深い人. a ～ attitude 思いやりのある態度.

▷ **～·ly** [副] 優しく. **～·ness** [名] [U] 親切(なこと).

†**kin·dle** /kíndl/ [動] [他] **1** 〔火〕を燃やす; に火をつける, 点火する. ～ logs in a fireplace 炉の丸太に火をつける. ～ a fire 火をおこす.

2 を明るくする, 輝かす. The rising sun ～*d* the distant peaks. 朝日は遠くの山頂を輝かせた. The news ～*d* her cheeks with a happy glow. その知らせに彼女のほおは喜びで輝いた.

3 〔感情など〕を燃え立たせる, かきたてる. ～ their interest 彼らの興味をそそる. The insult ～*d* his anger. その侮辱は彼の怒りをあおった.

— [自] **1** 火がつく, 燃え出す. Damp wood will not ～. 湿った木は火がつかない.

2 明るくなる, 輝く, 〈*with* ..で〉. His eyes were *kindling with* joy. 彼の目はうれしさで輝いていた.

3 興奮する, かっとなる. Joan ～*d* at these remarks. ジョーンはその言葉を聞いてかっとなった.

[＜古期北欧語「燃やす」; -le[1]]

kind·li·ness /káindlinəs/ [名] **1** [U] 親切; 優しさ; [C] 親切な行為. **2** [U] (気候などの)温和, 快適さ.

kín·dling /kíndliŋ/ [名] [U] **1** たきつけ, 木っ端, まき. **2** 点火; 発火; 燃やすこと; 興奮.

***kind·ly**[1] /káindli/ [形] [e] (**-li·er**|**-li·est**) 〈普通, 限定〉 **1 親切な**, 優しい; 情け深い; ([類語] kind と違い, 親切さが態度など表面に表れたという意味合いがある. また, 自分より弱い者, 年下・目下の人に用いることが多い). a ～ old man 物腰の優しい老人. ～ words of advice 親切な助言. Ellen's ～ eyes were on him. エレンの優しい目は彼に注がれていた. **2** 気持ちがいい, 快適な; 温和な. a ～ shower 快適なにわか雨. a ～ climate *for* crops 作物に適した温和な気候. [＜古期英語「生まれつきの」; kind[2], -ly[2]]

***kind·ly**[2] /káindli/ [副] [m], [e] (**-li·er**|**-li·est**) **1 親切に**, 優しく. Mr. Mori ～ drove me to the airport. 森さんは親切にも空港に車で送ってくれた. Professor Kay spoke ～ of my paper. ケイ教授は私の論文について好意的な意見を述べてくれた. **2 お願いですから**, どうぞ(..してください), (please) ([語法] (1) 命令文では文頭に, 疑問文では動詞の前に置く. (2) しばしば皮肉またはおどけた意味を含み, また自分より年下・目下の人に対して, 切口上の命令調で用いられることが多いので, 改まった状況では使わない方がよい.) Would you ～ help me? 手伝っていただけませんか. Would you ～ open the window? どうか窓を開けてくださいませんか. *Kindly* refrain from smoking. 喫煙はご遠慮ください. *Kindly* leave the room. どうぞ部屋から出て行ってください. **3** 心から, 快く. Thank you ～. 本当にありがとう. He greeted us ～. 彼は私たちを暖かく迎えた. Take it ～ if I leave soon. じきにおいとまするが悪しからず.

lòok kíndly on [***upon***] ***..*** ..を好意的に見る[考える, 扱う].

tàke kíndly to.. ..を心よく受け入れる; ..を好むようになる, ..になじむ; 〈主に否定文, 疑問文で〉. The landlord won't *take* ～ *to* your having pets in your room. 大家さんはペットを部屋で飼うことにいい顔はすまい.

thìnk kíndly of.. ..をなつかしく思い出す.

[＜古期英語「生まれつき」; kind[1], -ly[1]]

‡**kind·ness** /káin(d)nəs/ [名] ([複] **～·es** /-əz/) **1** [U] 親切, 優しさ; 思いやり. They did it out of sheer ～. 彼らは全くの親切心からそれをしたのだ. He had the ～ to carry my baggage for me. 〖章〗彼は親切にも荷物を運んでくれた ([語法] 普通には He was kind enough [so kind as] to carry my baggage for me.).

2 [C] 親切な行為. Will [Would] you do [show] me a ～? お願いしたいことがあるのですが. Thank you for your many ～*es*. いろいろ親切にしてくださってありがとう.

kìll a person with kíndness →kill.

[kind[1], -ness]

kind o' /káind-ə/ 〖俗〗 ＝KIND[2] of.

‡**kin·dred** /kíndrəd/ [名] 〖旧章〗 **1** 〈複数扱い; 集合的〉 親戚(せき), 親族, 親類縁者. Most of my ～ live in the village. 私の親類は大抵この村に住んでいる. **2** [U] 血縁, 親戚関係, 〈*with* ..との〉. The swindler claimed ～ *with* royalty. その詐欺師は王室と血のつながりがあると言った.

── 形〘章〙〈限定〉1〘旧〙親類関係の; 血縁の. ～ languages 同系統の言語.
2 同類の, 同様な. ～ thoughts 同様な考え. skiing and other ～ sports スキーその他同類のスポーツ.
[＜中期英語; kin＋*-rede*（「状態」を表す名詞接尾辞; →hat*red*）]

kìndred spírit 名 C 気心の合う人. John and I are ～ *spirits*. ジョンと私はお互いに気心が合う.

kine /kain/ 名〘古〙cow[1] の複数形.

kin·e·mat·ic /kìnəmǽtik, kài-㊥/ 形〘物理〙運動の, 運動学の.

kìn·e·mát·ics 名〘物理〙〈単数扱い〉運動学.

kin·e·scope /kínəskòup/ 名 C〘テレビ〙1〘商標〙〈K-〉受信用ブラウン管の一種. 2 キネスコープ録画《テレビ番組のフィルム録画》.

ki·ne·sics /kiníːsiks, kai-/ 名 U〘心理・言語〙〈単数扱い〉動作学《身ぶりとコミュニケーションの関係を研究する》. ▷**ki·ne·sic** 形

ki·net·ic /kinétik | kai-/ 形 1〘物理〙運動の; 動力学の (↔static). 2 活発な (active). [＜ギリシア語 *kínēsis*「運動」]

kinétic àrt /〘英〙ㅡㅡㅡ/ 名 U 動く芸術, キネティックアート,《mobile など》.

kinètic énergy 名 U〘物理〙運動エネルギー.
▷**ki·net·i·cal·ly** /-k(ə)li/ 副

ki·nét·ics 名〘物理〙〈単数扱い〉動力学 (↔statics).

kin·folk(s) /kínfòuk(s)/ 名〘米話〙＝kinsfolk.

King /kiŋ/ 名 **Martin Luther ～, Jr.** キング (1929–68)《米国の牧師; 黒人公民権運動指導者でノーベル平和賞受賞 (1964); 暗殺された》.

‡**king** /kiŋ/ 名 (複 **～s** /-z/) C 1 **王**, 国王, 君主, (女 queen), (★特定の国王を指す時は普通, 大文字で書き始める). the *King* of England 英国王. *King* Alfred アルフレッド王. *King* George II 国王ジョージ2世 (★II は the Second と読む). He was crowned ～. 彼は王位に推戴(たい)された. live like a ～ 王侯のようなぜいたくな暮らしをする.

連結 anoint [depose, dethrone; honor; serve] a ～; become ～ // a ～ reigns [rules; abdicates]

2 (各分野における)**大立て者**, ..王; 第一人者. an oil ～ 石油王. 3〈the ～〉(動物, 植物などの)**王**. the ～ of birds 鳥の王様《eagle》. the ～ of the forest 森の王様《oak》. the ～ of the jungle 密林の王者《tiger》. The lion is the ～ of beasts. ライオンは百獣の王である. 4〘トランプ〙キング;〘チェス〙キング, 王将;〘チェッカー〙成駒(なりごま). the ～ of hearts ハートのキング. check the ～ 王手をかける. 5〈Kings〉『列王記(上・下)』《旧約聖書中の二書》. 6〈the K-〉〘英〙＝God Save the King.
a kìng's ránsom →ransom.
◇形 kingly
── 動 他 1 を王位につける. 2〈普通 ～ it の形で〉王様のようにふるまう〈*over*.. ..に対して〉. [＜古期英語]

kíng·bìrd 名 C〘鳥〙タイランチョウ《北米産》.

kíng·bòlt 名 C〘機〙キングボルト《馬車などの前車軸と車体をつなぐ縦ボルト》.

Kìng Chàrles spániel 名 C キングチャールズ・スパニエル《小形愛玩(がん)犬》.

kìng cóbra 名 C〘動〙キングコブラ《大きくて毒性が強い》.

kìng cráb 名 C〘動〙タラバガニ; カブトガニ.

kíng·cùp 名 1 ＝buttercup. 2〘英〙＝marsh marigold.

*__king·dom__ /kíŋdəm/ 名 (複 **～s** /-z/) C 1 **王国**《king 又は queen が統治する》. the ～ of Norway ノルウェー王国. the ～ of Heaven [God]〘キリスト教〙神の国, 天国. →United Kingdom. 2 (学問などの)**領域**; 意のままに行動できる場所. In some homes the kitchen is the ～ of the husband. 家庭によっては台所は夫の活動の場所である. 3 (動物, 植物などの)..界. the animal [vegetable, mineral] ～ 動[植, 鉱]物界. [king, -dom]

kìngdom cóme 名 U〘話〙来世, 天国,《＜Thy kingdom come.「あなたの王国が来ますように」(聖書中の句)》. go to ～ あの世に行く. till ～ 永久に. blow [blast] .. to ～ (爆発物などで)..を吹き飛ばす, ..をめちゃめちゃに破壊する.

‡**kíng·fìsher** 名 C〘鳥〙カワセミ.

Kìng Jàmes Vérsion [Bíble]〈the ～〉名 ＝Authorized Version.

Kìng Kóng /-kɔ́ːŋ, -kɑ́ŋ | -kɔ́ŋ/ 名 キングコング《映画に登場する巨大ゴリラ》.

Kìng Léar 名 リヤ王《Shakespeare の4大悲劇の1つ; その主人公》.

king·let /kíŋlət/ 名 C 1〘普通, 軽蔑〙小王, 小国の王. 2〘鳥〙キクイタダキ.

†**king·ly** /kíŋli/ 形 王の;〈限定〉王にふさわしい, 王らしい, 威厳のある. ▷**king·li·ness** 名

kíng·màker 名 C キングメイカー《国の指導者選任に決定的な影響力を持つ人》; 国王擁立者.

Kìng of Árms 名〈the ～〉(英国の)紋章院 (the College of Arms) 長官.

Kìng of Kíngs 名〈the ～〉(王の王たる)神; キリスト.

Kìng of térrors 名〈the ～〉〘聖書〙死神 (death)《旧約聖書『ヨブ記』18:14》.

Kìng of the Cástle 名〈the ～〉〘英〙1 お城の王様ごっこ《何かに乗った子供を引きずり下(お)ろす遊び》. 2 偉い人, '大将'.

Kìng of the Jéws 名 (聖書中で) イエス・キリスト.

kíng·pìn 名 C 1〘ボウリング〙ヘッドピン《三角形前面頂点のピン》; 5番ピン《三角形の中心にある》. 2 ＝kingbolt. 3〘話〙(集団の)中心[最重要]人物.

kíng·pòst, kíng pòst 名 C〘建〙真束(しんつか)《棟から梁を垂直に結ぶ支柱; →queen post》.

kíng sàlmon 名 (複 ～) C〘魚〙キングサーモン, マスノスケ.

Kìng's Bénch 名〈the ～〉〘英〙高等法院 (the High Court of Justice) 王座部《略 KB; 女王の治世中は Queen's Bench と言う》.

Kìng's Cóunsel 名 (複 ～) C 勅選弁護士《集合的にも用いる; 普通の barrister より上位; 略 KC; 女王の治世中は Queen's Counsel と言う》.

Kìng's Énglish 名〈the ～〉(国王が統治している時代の)純正[標準]英語 (→Queen's English).

Kìng's évidence 名 U〘英〙訴追免除証言《減刑を受けるために共犯者が行う他の共犯者の不利になる証言; 女王の治世中は Queen's evidence と言う;〘米〙state's evidence; →evidence (成句)》.

kìng's évil 名〈the ～〉〘古〙＝scrofula.

kìng's híghway 名〈the ～〉〘英〙(天下の)公道.

kíng·shìp 名 U 1 国王の身分[地位]; 王位, 王権. his [your] *Kingship*《敬称》国王陛下. 2 王政.

kíng-sìze(d) 形〘話〙〈限定〉並より大きい, 特大の, キングサイズの; 並外れた, 強烈な. ～ cigarettes キングサイズのたばこ.

Kìng's Spéech 名〈the ～〉(英国議会開会の際の)国王施政方針演説《女王の治世中は Queen's Speech という》.

Kings·ton /kíŋst(ə)n/ 名 キングストン《ジャマイカの首都》.

kink /kiŋk/ 名 C 1 (綱, 鎖, しっぽなどの)ねじれ, よじれ, 曲がり; (髪の)縮れ, 癖. ～*s* in the hosepipe ホースのよじれ. 2 (計画, 機械などの)難点, 欠陥, 故障. 3 一風変わった点, 奇抜な考え;〘話〙性倒錯, 変態. 4〘主に米〙(首, 背中などの)痛み, 凝り.

K

iron* [*work*] *òut the kínks (諸)問題点を解決する.
── 動 他 をねじれさせる. ── 自 ねじれる.

kin·ka·jou /kíŋkədʒùː/ 名 C キンカジュー《中南米産のアライグマ科の動物》.

kink·y /kíŋki/ 形 e **1**〔髪などが〕ねじれた, よじれた; 縮れた. **2** 風変わりな; 一癖ある;〖話〗(性的に)変態の.

kins·folk /kínzfòuk/ 名〖旧章〗〈複数扱い〉親族, 親類, 親戚(せき).

Kin·sha·sa /kinʃáːsə/ 名 キンシャサ《コンゴ民主共和国(旧ザイール)の首都》.

kín·shìp 名〖章〗**1** U 親族関係; 血族関係; 親類関係. **2** aU (性格などの)類似. I feel a strong ～ with him. 彼には強い親近感を覚える.

kins·man /kínzmən/ 名 (複 **-men** /-mən/) C〖旧章〗親類の男子.

kins·woman /kínzwùmən/ 名 (複 **-women**) C〖旧章〗親類の女子.

‡**ki·osk** /kíːɑsk|-ɔsk/ 名 C **1** キオスク《駅前, 広場などにある簡易建築の新聞売り場, 売店など》. **2**〖米〗キオスク, 広告柱,《広告用円柱状の建物》. **3**〖英旧〗公衆電話ボックス. **4** (トルコやイランの)あずまや. [＜ペルシア語]

Ki·o·wa /káiəwɔ̀ː, -wɑ̀ː, -wei/ 名 (複 ～, ～s) **1**〈the ～(s); 複数扱い〉カイオワ族《米国西部の先住民; 現在は Oklahoma に住む》; C カイオワ族の人. **2** U カイオワ語.

kip[1] /kip/ 名 **1** aU〖英話〗眠り. have a ～ ひと眠りする. **2** C〖英俗〗ねぐら, 宿.
── 動 (～s|-pp-) 自〖英話〗**1** 眠る. **2** 寝る, 横になる,〈*down*〉; 戸外で寝る, 野宿する,〈*out*〉.

kip[2] 名 U キップ革《子牛, 子羊などの革》.

Kip·ling /kípliŋ/ 名 **Rud·yard** /rʌ́djərd/ ～ キプリング (1865–1936)《英国の小説家・詩人》.

kip·per /kípər/ 名 C **1** (開きにした)燻(くん)製ニシン《英国人が朝食によく食べる; →bloater》. **2** 産卵期又はその後の雄ザケ[マス]. ── 動 他 を燻製にする. ～*ed* herring ＝ 名 1. [＜古期英語]

kir /kiər/ 名 U キール《白ワインにカシス(クロフサスグリの実から作るリキュール)を加えたカクテル; 食前酒》.

Kir·ghiz /kərgíːz/ 名 (複 ～, ～·es) C キルギス人《キルギスタン周辺のトルコ系民族》; U キルギス語.

Kir·ghi·zi·a /kərgíːziə/ 名〖史〗キルギス《1990 年まで旧ソ連構成国; 現在の名称は Kyrgyztan》.

Kir·i·bat·i /kiribáːti/ 名 キリバス《太平洋中部の赤道上にある共和国; 首都 Tarawa》.

kirk /kəːrk/ 名 C〖スコ〗教会 (church). the *Kirk* (of Scotland) スコットランド教会《英国国教会 (the Church of England) ではなく長老派 (Presbyterians) 系の教会で, Scotland) ではこれが国教》. [＜古期北欧語]

kirsch /kíərʃ/ 名 U キルシュ《ドイツ産のサクランボから造る蒸留酒》. [ドイツ語「さくらんぼ」]

kir·tle /kɔ́ːrtl/ 名 C〖古〗**1** 婦人用上着; スカート. **2** 男子用の短いコート[上着].

kis·met /kízmet, kís-/ 名 U〖雅〗運命, 天命, (fate). [＜アラビア語]

‡**kiss** /kis/ 名 (複 **kíss·es** /-əz/) C **1 キス**, 接吻(ぷん), 口うけ. blow [throw] a ～ to her [her a ～] 彼女に投げキスをする. The mother gave her baby a tender ～. 母親は赤ん坊に優しくキスをした. plant a ～ on her lips 彼女の唇にキスをする. The young couple exchanged ～*es* at the airport. その若い男女は空港で口うけを交わした.

> 連結 a loving [an affectionate; a passionate; a light; a big; a deep, a French; a long] ～

2〖章〗(微風, 波などの) 軽い接触. the ～ of the wind on the trees 風が木に軽く触れること. **3** キスキャンディー; メレンゲ菓子. **4**〖ビリヤード〗(球と球が)軽く触れること.
── 動 (**kíss·es** /-əz/|過 過分 **～ed** /-t/|**kíss·ing**) 他 **1** にキスする, 接吻(ぷん)する, 口うけする. The girl ～*ed* her father on the cheek. その少女はお父さんの頬(ほお)にキスした. ～ one's hand to her＝blow a ～ to her (→ 名 1). **2**〖章〗〔微風, 波などが〕に軽く触れる. The wind gently ～*ed* the trees. 風が柔らかく木立に触れた. **3**〖ビリヤード〗〔球が〕〔他の球〕に軽く触れる[当たる].
── 自 **1** キスする. They ～*ed* when they met. 二人は会うとキスをした. **2**〖ビリヤード〗〔球と球が〕軽く触れ合う, キスする.

kìss and téll〖米話〗秘密を漏らす; 大事な約束を破る; 信頼を裏切る.

kìss a person's áss [〖英〗***árse***]〖卑〗人にへつらう.

kìss /../ awáy 〔涙, 不安など〕をキスしてぬぐい去る. ～ *away* her tears キスして彼女の涙をぬぐい去る.

kìss ..gòod-bý(e) [***gòod-níght***] ＝ ***kìss gòod-bý(e)*** [***gòod-níght***] ***to ..*** ..に別れ[お休み]のキスをする. Mrs. Robin ～*ed* her children *good-night*. ロビン夫人は子供たちにお休みのキスをした. ～ *good-bye to* a splendid chance 絶好のチャンスに(泣く泣く)さよならする.

kìss hánds〖英〗(大臣などに就任する時)国王[女王]の手にキスする.

kìss it bétter キスして治す《幼児の傷や痛みに対して母親などがする》.

Kìss my áss [〖英〗***árse***]***!***〖卑〗くそくらえ, まっぴらごめんだ.

kìss /../ óff (1)〔相手の口紅〕をキスをしてはがしてしまう. (2)〖米話〗..を無視する, 追い払う.

kìss the Bíble [***bóok***] (聖書にキスして)宣誓する.

kìss the gróund [***dúst***]〖話〗ひれ伏す; 屈服する; 完全に敗北する[殺される].

kìss the ród →rod.

kìss úp to ..〖米話〗..に取り入ろうと努める, ごまをする. [＜古期英語]

kíss·a·ble 形〔口, 唇が〕キスしたいほど魅力的な.

kiss·a·gram /kísəgræ̀m/ 名 ＝kissogram.

kìss-and-téll /⑱/ 形〈主に限定〉(情事を)一方的に暴露する〔記事など〕.

kíss-àss 形〈限定〉〖卑〗おべっか使いの, ごますりの.

kíss cùrl 名 C〖英〗キスカール(〖米〗spit curl)《額, 頬(ほお)に軽くかかるカールにした髪》.

kíss·er 名 C **1** キスする人. **2**〖旧俗〗口, 唇; 顔.

kìssing cóusin [**kín**] 名 C〖米話〗**1** (会えば頬(ほお)にあいさつのキスをする程度の, 遠い)親類. **2** よく似たもの.

Kis·sin·ger /kísindʒər/ 名 **Henry** ～ キッシンジャー (1923–)《米国の政治家; ヴェトナム戦争終結に貢献し, 1973 年ノーベル平和賞受賞》.

kìss-me-quick hàt 名 C〖英〗(安物の)おどけ帽子《kiss me quick などと書いてある; 普通, 若い女性が浜辺などで着用》.

kìss of déath 名〈the ～〉〖話〗'死の接吻'《一見好意的[有益]だが命取りになるもの》; とどめを刺すもの.

kìss of lífe 名〈the ～〉〖英〗口から口への人工呼吸; 起死回生策.

kìss of péace 名〈the ～〉〖キリスト教〗平和のキス《聖餐(さん)式の時の》.

kiss·o·gram /kísəgræ̀m/ 名 C キス電報《(異性の)配達者がパーティーの主役にキスをプレゼントする》.

***kit** /kit/ 名 (複 ～s /-ts/) **1** UC (仕事, 運動, 旅行などのための)**道具[用具, 装備]一式**, 組立て用の部品ひとそろい. a golfing ～ ゴルフ用具ひとそろい. a ～ of carpenter's tools 大工道具一式. a model airplane ～ 模型飛行機部品ひとそろい.
2 C 道具箱[袋]. a first aid ～ 救急箱. **3** U〖主に英〗(兵士の)装備(ひとそろい). in full ～ 完全装備で.

the whòle kit and cabóodle〖旧話〗一切合財(が); だれも彼も(が).

── 動 (～s|-tt-) 他 VOA (～ X *out, up*)〖英話〗X に装備[支度]させる〈*with, in* ..〔必要なもの〕を〉. ～*ted out*

[*up*] *with* camping articles キャンプ用品を一切用意して[た]. [＜中期オランダ語「木製の容器」]

kít bàg 名 C 〘主に英〙(兵士の)背嚢(はいのう); 用具袋.

‡**kitch·en** /kítʃən/ 名 (複 **～s** /-z/) C **1** 台所, キッチン, お勝手. The ～ had an oven, a refrigerator, a washing machine and a dishwasher. 台所にはオーブン・冷蔵庫・洗濯機・皿洗い機があった. a ～ sink (台所の)流し(台). a ～ table (キッチンの)食卓. 参考 「ダイニングキッチン」は和製英語; kitchen はもともと調理だけでなく, 食事をしたり, その他の家事をする場所. **2** 調理室, 炊事場; (ホテルなどの)調理部門《人も指す》.

(***tàke***) ***éverything but the kìtchen sínk*** 〘英話・戯〙何から何まで(持って行く)《旅行に出かける時など》.

[＜古期英語]

kítchen càbinet 名 C **1** 台所用戸棚. **2** 〘米〙(大統領などの私的な)ブレーン, 政治顧問団, '..審議会'.

kitch·en·et(te) /kitʃənét/ 名 C (アパートなどの)簡易厨(ちゅう)房.

kítchen gàrden 名 C 家庭菜園.

kítchen·màid 名 C 台所女中《料理番の下働き》.

kítchen mìdden 名 C 〘考古〙貝塚.

kìtchen políce 名 〘米軍〙U 炊事勤務《普通, 懲罰勤務として; 略 KP, k.p.》; 〈複数扱い〉炊事勤務兵員.

kítchen ròll [**tòwel**] 名 U 〘英〙ペーパータオル.

kìtchen-sínk dràma 名 C 〘英〙'台所流し劇'《1950–60 年ごろ作られた, うらぶれた勤労者生活を描いた写実主義の劇》.

kítchen·wàre 名 U 〈集合的〉台所用具《なべ, フライパンなど》.

***kite** /kait/ 名 (複 **～s** /-ts/) C **1** 凧(たこ). **2** 〘鳥〙トビ. **3** (トビのように)強欲な人; 詐欺師. **4** 〘英俗〙飛行機 (airplane). **5** 〘米話〙融通手形.

as hìgh as a kíte (酒[麻薬]の酔いで)舞い上がって.

flỳ a kíte (1) 凧を揚げる. (2) (何か言ったり, したりして)世論を探る, 反応を見る, '観測気球を飛ばす'. (3) 融通手形を振り出す.

gò flỳ a kíte 〘米俗〙行ってしまう (go away) 〈普通, 命令形で〉. [＜古期英語]

kíte-flỳing 名 U **1** 凧(たこ)揚げ. **2** 世論の動向を探ること, '観測気球'.

Kíte·màrk 名 英国規格協会 (BSI) マーク《日本の「JIS マークに相当」》.

kith /kiθ/ 名 〘旧章〙〈次の用法のみ〉

kìth and kín 親類知己, 親類縁者,《1 人にも言う》.

kitsch /kitʃ/ 名 U キッチュ《浅薄で趣味の悪い芸術作品; わざと低俗ぶる表現形式》. [ドイツ語]

▷**kítsch·y** 形

***kit·ten** /kítn/ 名 (複 **～s** /-z/) C 子猫; (ウサギなど小「動物の)子.

hàve kíttens 〘話〙神経がぴりぴりしている, 気をもむ, 気が立っている. Your mother is *having* ～*s* because of your school report. お母さんはおまえの通信簿のせいでいらいらしている.

[＜古期フランス語「小さな猫 (*chat*)」]

kit·ten·ish /kít(ə)niʃ/ 形 **1** 子猫のような; じゃれつく; ふざける. **2** 〘普通, 軽蔑〙〔女性が〕ふざけて男の気を引く, 媚(こ)を見せる, 思わせ振りをする, (coquettish).

Kit·ty, Kit·tie /kíti/ 名 Catherine, Katherine の愛称.

kit·ty[1] /kíti/ 名 (複 **-ties**) C 〘幼〙ニャンコ《猫》.

kit·ty[2] 名 (複 **-ties**) C 〘トランプ〙(勝った金の一部を回す)積み金; 〘話〙〈一般に〉共同積立金.

kítty-còrner 副 〘米話〙斜め向かいに. live ～ *from* [*to*] the post office 郵便局のはす向かいに住んでいる.

Ki·wa·nis /kiwá:nis/ 名 キワーニスクラブ《1915 年に米国で設立された実業家の社交・奉仕団体》.

‡**ki·wi** /kí:wi(:)/ 名 C **1** 〘鳥〙キーウィ《New Zealand 産の鳥; 翼が退化して飛べない》. **2** 〘話〙〈普通 K-〉ニュージーランド人. **3** ＝kiwi fruit. [マオリ語; 擬音語]

kíwi frùit [**bèrry**] 名 C 〘植〙キーウィ(フルーツ)《中国原産だが New Zealand で大量に生産》.

K.J.V. King James Version.

KKK Ku Klux Klan.

kl kiloliter(s).

Klan /klæn/ 名 ＝Ku Klux Klan.

Klans·man /klǽnzmən/ 名 (複 **-men** /-mən/) C Ku Klux Klan の団員.

klax·on /klǽks(ə)n/ 名 C (自動車などの)警笛, クラクション, (horn)《＜商標》.

Kleen·ex, k- /klí:neks/ 名 UC 〘商標〙クリネックス《ティッシュペーパーの一種》.

klep·toc·ra·cy /kleptákrəsi|-tɔ́k-/ 名 U 収奪[搾取]政治(体制)《国民資産・国家資産を略奪する》.

klep·to·ma·ni·a /klèptəméiniə/ 名 U (病的な)盗癖. [＜ギリシア語 *kléptēs*「盗人」]

klep·to·ma·ni·ac /klèptəméiniæk/ 形, 名 C (病的な)盗癖のある(者).

Klon·dike /klándàik|klɔ́n-/ 名 〈the ～〉クロンダイク《カナダ Yukon 準州の Yukon 川の支流, 又その流域; 19 世紀末に砂金が発見され人々が殺到した》.

klutz /klʌts/ 名 C 〘米俗〙不器用なやつ, へまなやつ; ばか者. ▷**klútz·y** 形

km kilometer(s).

kn knot(s).

‡**knack** /næk/ 名 C 〘話〙**1** 〈普通, 単数形で〉こつ, 特技, 〈*of, for* ..の〉. He seems to have the [a] ～ *of* [*for*] sorting out quarrels. 彼はけんかを治めるこつを心得ているようだ. There is a ～ *in* [*to*] kneading dough. 練り粉をこねるにはこつがある. **2** 癖 (trick) 〈*of* do*ing* ..する〉. He has a ～ *of biting* his nails. 彼には爪を噛(か)む癖がある. [＜中期英語 (?＜オランダ語「激しい一撃」)]

knáck·er 〘英俗〙名 C 廃馬買い入れ業者; 廃屋などの解体業者. a ～'s yard 廃馬処理場. —— 動 他 をへとへとに疲れさせる 〈*out*〉.

knack·ered /nǽkərd/ 形 〘英俗〙〈普通, 叙述〉くたくたで, ばてて; へたって, おしゃかになって.

†**knap·sack** /nǽpsæ̀k/ 名 C ナップザック《簡単なリュックサック》. [＜オランダ語「食料(を入れる)袋」]

knave /neiv/ 名 C **1** 〘古〙ごろつき, ならず者, 悪漢. **2** 〘古〙(若い)男性の召使い. **3** 〘主に英〙〘トランプ〙ジャック (jack). [＜古期英語「少年, 召使い」]

knav·er·y /néiv(ə)ri/ 名 (複 **-ries**) 〘古〙U 悪党根性, 不正; C 悪事.

knav·ish /néiviʃ/ 形 〘古〙ごろつきの(ような); 不正な. ▷**～·ly** 副 不正に, 悪辣(らつ)に. **～·ness** 名

†**knead** /ni:d/ 動 他 **1** 〔粉, 土など〕をこねる; を練る; 〔パン, 陶器など〕をこねて造る. ～ dough [clay] 練り粉[粘土]をこねる. **2** 〔筋肉〕をもむ, マッサージする. [＜古期英語]

‡**knee** /ni:/ 名 (複 **～s** /-z/) C **1** ひざ《本来は「ひざがしら」であるが lap[1] の意味もある》; 膝(しつ)関節. His ～*s* gave under him. 彼はひざの力が抜け(てうずくまっ)た. up to the ～*s* in water ひざまで水につかって. on (one's) hands and ～*s* 四つんばいで. She dandled her grandson on her ～(*s*). 彼女は孫をひざの上であやした. eat one's lunch off one's ～*s* (テーブルなしで)ひざに弁当を載せて昼食をする. with one's ～*s* knocking (together) (恐怖や寒さのため)ひざをがくがくさせて. **2** 衣服, 特にズボンのひざの部分. **3** 腕木, ひじ材.

at one's mòther's knée 母のひざもとで, 幼いころに,「〔習うなど〕.

bènd [***bòw***] ***the knée to*** [***before***] . . . に向かってひざまずく, 服従する.

brìng [***fòrce***] ***..to his*** [***her, etc.***] ***knées*** ..を屈服「させる.

fàll [***gò***] (***down***) ***on one's knées*** (1) ひざまずく. Columbus *fell on* his ～*s* to thank God. コロンブスはひざまずいて神に感謝した. (2) ひざを屈する, 敗北を認める.

give a knée to.. ..をひざに寝かせて休ませる; ..に介「添えする.

knèe to knée ひざ突き合わせて; ぴったりと隣り合って.
off** one's **knées ひざまずいた状態から. get up *off* one's ～s (ひざまずいていたのが)立ち上がる.
on bènded knée(s) →bended.
on** one's **knées ひざまずいて, ひざまずくように.
pùt .. over** one's **knée 〖旧〗〔子供〕をひざにのせて(尻を)たたく《こらしめのため》.
to** one's **knées ひざまずいた状態へ. fall [drop, sink] *to* one's ～s (立っているのが)ひざまずく.
wèak at the knées →weak.
── 動 他 **1** をひざで打つ, ひざげりを入れる. ～ him *in* the stomach 彼の腹に一発けりを入れる.
2 VOC (～ X Y) ひざを使って X を Y の状態にする. ～ the door open ひざで蹴って戸を開ける. [＜古期英語]

knée brèeches 名 〈複数扱い〉(ひざまでの, ぴったりした男子用)半ズボン.

knée·càp 名 C **1** 〖解剖〗膝蓋(しつがい)骨, ひざのお皿. **2** (スポーツ用などの)ひざ当て (kneepad).
── 動 (～s|-pp-) 他 のひざのお皿を銃で撃つ《リンチや復讐として》. ▷ **～·ping** 名

knèe-déep /⑱/ 形 **1** 〔水, 雪などが〕ひざまでの深さの; ひざを没する; 〔人が〕ひざまで ∟つかって[埋まって]. The snow lay ～. 雪はひざまで(の深さに)積もっていた. stand ～ in the river 川の中にひざまでつかって立つ. **2** 〈叙述〉にっちもさっちも行かなくなって 〈*in* ..〔借金など〕で〉; どっぷりつかって 〈*in* ..〔仕事など〕に〉. be ～ *in* debt 借金で首が回らないでいる.

knèe-hígh /⑱/ 形 (大人の)ひざの高さの.
knèe-hígh to a grásshopper 〖話・戯〗〔子供が〕幼くて小さい.
── 名 C ひざ下までのソックス (knee sock).

knée·hòle 名 C (机などの)両袖(そで)の間の空所. a ～ desk 両袖机.

knée jèrk 名 C 〖医〗膝蓋腱(しつがいけん)反射.

knée-jèrk 形 〈限定〉〖話〗反射的な, 自動的な, とっさの, 〔反応など〕. a ～ reaction 自動的(で無意識な)反応.

***kneel** /ni:l/ 動 (～s /-z/|過 過分 **knelt** /nelt/, **～ed** /-d/|**knéel·ing**) 自 (語法 過去形・過去分詞は〖英〗は knelt, 〖米〗は kneeled を用いることが多い) (片ひざ又は両ひざで)ひざまずく 〈*down*〉. Everyone *knelt* (*down*) in prayer. みんなひざまずいて祈った. [＜古期英語 (＜knee)]

knée-lèngth 形 〈限定〉〔ブーツやスカートが〕ひざまでの長さの.

knéel·er 名 C ひざまずく人; ひざつき台[クッション]《園芸用など》.

knée·pàd 名 ＝kneecap 2.

knee·pan /ní:pæn/ 名 ＝kneecap 1.

knée·ròom 名 U (車の座席などの)ひざの余裕.

knée sòck 名 C (普通, 少女がはく)ひざまでのくつ下.

knées-ùp 名 C 〖主に英話〗ダンスパーティー, ダンスのある催し.

knell /nel/ 名 C 〈普通, 単数形で〉〖章〗 **1** 鐘の音; 死者を弔う鐘の音, 弔鐘. **2** 不吉な前兆, 凶兆, 消滅, 終末, 〈*of* ..の〉. The voices of independence sounded [rang, tolled] the ～ *of* British colonialism. 独立の声は英国の植民地支配の終わりを告げていた. [＜古期英語]

knelt /nelt/ 動 kneel の過去形・過去分詞.

Knes·set /knéset/ 名 〈the ～〉イスラエル議会.

knew /n(j)u:/ 動 know の過去形.

knick·er·bock·er /níkərbàkər|-bɔ̀kə/ 名 C **1** 〈～s〉ニッカーボッカー《ひざの下で締める緩い半ズボン》. **2** 〈K-〉New York の初期オランダ移民の子孫; ニューヨーク市民. [W. Irving の友人の名から]

knick·ers /níkərz/ 名 〈複数扱い〉 **1** 〖主に米〗＝knickerbocker 1. **2** 〖英話〗ブルマー《ニッカーボッカー型の女性用パンティー》. **3** 〈間投詞的〉〖英俗〗ばかな, ふざけんな; しまった, ちえっ.
gèt [hàve]** one's **knickers in a twist 〖英戯〗怒る; まごまごする. [＜*knicker*bockers]

knick·knack /níknæk/ 名 C 〖話〗〈普通 ～s〉装飾的な小物; 細かい装身具; ぴかぴかした安物.

‡**knife** /naif/ 名 (複 **knives** /naivz/) C **1** ナイフ, 小刀; 包丁. a fish [fruit] ～ 魚肉用[果物用]ナイフ. a kitchen ～ 包丁. a paper ～ ペーパーナイフ《かつては本のページを切るのに用いたが, 現在では主に開封に用いるので, letter opener と呼ばれることが多い》. a table ～ 食卓用ナイフ. a sharp [blunt] ～ 刃の鋭い[鈍い]ナイフ. eat with (a) ～ and fork ナイフとフォークで食べる. **2** 短剣; (外科用の)メス. pull a ～ on a person 人に向かって短刀を構える. **3** (機械などの)刃(部).
befòre you can [could] sày knífe 〖英俗〗あっと言う間に, 急に.
cùt like a knífe 〔風などが〕身を刺すように冷たい.
***gèt** one's **knífe into** ..＝**hàve** one's **knífe in** ..* 〖話〗〔人〕に対して恨み[敵意]を抱く.
lìke a (hòt) knífe through bútter いとも簡単に.
***the knìves are óut for** a person* 〖主に英話〗〔人〕に対して ∟とげとげしい雰囲気である[険悪な感情を抱いている].
tùrn [twìst] the knífe in** a person's **wóund(s) 〔人〕をさらにいためつける《＜傷口をナイフでさらにえぐる》.
under the knífe 〖話〗 (1)〖旧〗手術を受けて. go *under the* ～ 手術を受ける. die *under the* ～ 手術中に死亡する. (2) 縮小[廃止など]の対象になって. Some projects came *under the* ～ owing to recession. 不景気のためいくつかの計画が縮小[取りやめ]になった.
You could cùt the áir [átmosphere] with a knífe. 〖話〗(その場の)雰囲気が重苦しい《＜ナイフで切れるほど固い》. *The atmosphere* of the room was so heavy with embarrassment that *you could* have *cut* it *with a* ～. 部屋の空気は気うまりで重苦しく, まるでナイフで切れるかと思われた.
── 動 他 **1** をナイフで切る; を短刀で刺す. ～ a person to death 人をナイフで刺し殺す. **2** 〖話〗を卑劣な手段で裏切る[やっつける]. ── 自 〖米〗(ナイフで切るように)突き進む. [＜古期英語]

knífe-èdge 名 C ナイフの刃; 鋭くとがったもの.
on a knífe-èdge 〖話〗とても不安で, はらはらして, 〈*about* ..〔将来の予測, 物事の結果など〕について〉; 〔結果などが〕不安定な[で], 予断を許さない.

knífe·man /-mən/ 名 (複 **-men** /-mən/) C 〖英〗〖ジャーナリズム〗ナイフ男《刃物を持った犯人》.

knífe-plèat 名 C (スカートの)同じ方向に細く折ったひだ.

knífe·pòint 名 C ナイフの先.
at knífepoint 〖ジャーナリズム〗ナイフを突きつけ(られ)て, 刃物でおどして[されて]. be robbed [raped] *at* ～ ナイフを突きつけられて強奪[レイプ]される.

knif·ing 名 U 〖ジャーナリズム〗刃物沙汰《刃物による殺傷[脅迫]事件》.

***knight** /nait/ 名 (複 **～s** /-ts/) C **1** 騎士《中世の王又は君主に仕え土地を与えられた武士; page² の位から squire を経て, accolade という儀式によりこの位に就く》; 貴婦人に奉仕する武士.
2 女性に献身的に尽くす人, 'ナイト'.
3 〖英〗勲爵士, ナイト, 《baronet の次位; 功労による1代限りの爵位の人で貴族 (peer) には属さない; Sir の称号を許され, Sir John Brown 又は略して Sir John のように呼ばれ, 姓だけに付けて Sir Brown とは言わない; 夫人は Dame Anne Brown, Lady Brown のように呼ばれる; 略 Kt; →duke, baronet, sir》.
4 〖チェス〗ナイト《普通, 馬の首の形をした駒(こま); 将棋の桂(けい)馬に当たる; 略 Kt》.

a knìght in shìning ármor '光る鎧(よろい)の騎士'《困っている美女を助けに騎士が現れる中世の話から a ～ on a white horse (白馬の騎士)とも言う; 一般に, 危急の人を助ける義侠(きょう)の人を言う》.

── 動 他 にナイト爵を授ける. He was ～*ed* for his services to English lexicography. 彼は英語辞書編集への功績でナイトに叙せられた.

[<古期英語「少年, 若者, 召使い」]

knìght báchelor 名 (複 **knights bachelor(s)**) C 〘英〙一般の勲爵士[ナイト]《the Order of the Bath というような特定の order に属さない》.

knìght-érrant 名 (複 **knights-**) C **1** 武者修行者《腕前や勇気を示すために冒険を求めて遍歴した中世の騎士》. **2** 義侠(きょう)心に富む[ドンキホーテ的な]人物.

knìght-érrantry /-tri/ 名 U 武者修業; 義侠(きょう)的[ドンキホーテ的]な行為.

knìght grànd cróss 名 C 〘英〙一等勲爵士《Bath 勲位などの》.

‡kníght·hòod /-hùd/ 名 **1** U (中世の)騎士の身分; 騎士道. **2** UC 〘英〙ナイトの爵位, 勲爵位. **3** U 〈the ～; 集合的〉勲爵士団, 騎士団; 騎士仲間.

kníght·ly 形 **1** 騎士の; 勲爵士の. **2** 騎士らしい; 勇敢な; 礼儀正しい. His ～ behavior won her heart. 彼の騎士のようなふるまいが彼女には気に入った.

knight of the róad 名 (複 **knights-**) C 〘英話〙 **1** おいはぎ. **2** 販売外交員. **3** 浮浪者. **4** トラック[タクシー]運転手.

Knìghts of the Róund Tàble 名 〈the ～〉(アーサー王伝説の)円卓の騎士.

Knìghts Témplars 名 〈the ～〉〘史〙聖堂騎士団《十字軍で活躍した騎士より成る教団》.

knish /kniʃ/ 名 C クニッシュ《肉やチーズなどを衣に包んで油で揚げるユダヤ系の料理》. [イディッシュ語(<ロシア語)]

‡knit /nit/ 動 (～**s** /-ts/|過 過分 ～, **knít·ted**|**knít·ting**) 他

【編む】 **1** (**a**)〔織物, 衣服など〕を**編む** 〈*out of* ..〔糸など〕で〉, を編んで作る〈*into* ..〔織物など〕を〉. ～ gloves 手袋を編む. ～ a sweater *out of* wool＝～ wool *into* a sweater 毛糸を編んでセーターを作る. ～*ted* fabric メリヤス生地. She wore a ～*ted* dress. 彼女はニットの洋服を着ていた. (**b**) VOO (～ X Y)・VO (～ Y ***for*** X) X に Y を編んでやる. She ～*ted* her husband a tie. ＝She ～*ted* a tie *for* her husband. 彼女は夫にネクタイを編んでやった. (**c**)〘編み物〙〔..目分〕を表編みする.

【互いにくっつける】 **2** を団結させる; を密着させる, 接合する; 〈*together*〉. The government's oppressive policies ～*ted* the opposition groups closer *together*. 政府の弾圧的な政策は反対派のグループの人々を一層固く団結させた. ～ broken bones *together* 折れた骨を接ぐ. **3**〔まゆ〕をひそめる; 〔筋肉〕を引き締める. Oliver ～*ted* his brows. オリヴァーはまゆをひそめた. a well-～ frame 引き締まった体格.

── 自 **1** **編み物をする**. Emmie is ～*ting* in the chair. エミーはいすに腰掛けて編み物をしている.

2〔折れた骨などが〕密着する, 接合する, 〈*together*〉.

knìt úp 〔毛糸などが〕編める. ～ *up* well よく編める.

knìt /../ úp 編んで..を作る, ..を編み上げる.

── 名 C ニット, 織物, 編んだ衣料.

[<古期英語「knot に結ぶ」]

knit·ter /nítər/ 名 C **1** 編む人. **2** 編み機.

‡knit·ting /nítiŋ/ 名 U 編むこと; 編み物.

tènd [***stick***] ***to one's knítting*** 〘米話〙余計なお節介をしない, 自分のことに専念する.

knítting machìne 名 ＝knitter 2.

knítting nèedle 名 C 編み針.

knít·wèar 名 U ニットウェア《編んだ生地で作った衣料》.

knives /naivz/ 名 knife の複数形.

†knob /nɑb|nɔb/ 名 C **1** (ドア, 引き出しなどの)取っ手, (ステッキなどの)握り; 〘話〙(テレビ, ラジオなどの)つまみ, ノブ. grasp the ～ of the door ドアの取っ手を握る. **2** 丸い塊《クルミの殻ぐらいの》; (木の)節, こぶ. a ～ of butter バターの丸いひと塊. **3** 小高い丘. **4**〘英卑〙陰茎, ペニス.

with (***bràss***) ***knóbs òn*** 〘英話〙おまけ付きで, もっとひどく. (And the) same to you *with* ～*s on*.〘英旧話〙君だってそうだ《皮肉な言い返し》.

[<中期英語; knot と同根]

knob·bly /nɑ́bli|nɔ́b-/ 形 〘主に英〙＝knobby.

knob·by /nɑ́bi|nɔ́bi/ 形 e 〘主に米〙節[こぶ]の多い; こぶ状の; 節くれ立った; でこぼこの.

‡knock /nɑk|nɔk/ 動 (～**s** /-s/|過 過分 ～**ed** /-t/|**knóck·ing**) 他 **1** (音を立てて)を**打つ**, たたく, 殴る, (類語 繰り返してたたいたり, 物[人]の姿勢や位置が変化するような打撃を与えることを表す; →strike). ～ a ball with a bat バットでボールを打つ. ～ him on the head 彼の頭を殴る. **2** VOA を打って..(の状態に)する; VOC (～ X Y) (強く打って) X を Y の状態にする. ～ /../ down (→成句). Tyson ～*ed* his opponent *to* the floor. タイソンは敵をマットに沈めた. He was ～*ed* senseless. 彼は殴られて気を失った. ～ .. flat ..を完全に打ちのめす.

3 VOA をぶつける〈*against, on* ..に〉; にぶつかって[当たって]..する. My brother ～*ed* his head *against* the wall. 弟は頭を壁にぶつけた. I accidentally ～*ed* the vase *off* the desk. うっかり体が花びんにぶつかって机から落としてしまった.

4 VOA〔穴など〕を打って作る〈*in, through* .. に〉. I tried to ～ a hole *in* the board. 板をたたいて穴を開けようとした.

5〘話〙をこき下ろす, けなす. You must not ～ your hometown. 郷里の町の悪口を言ってはいけない. Don't ～ it. つべこべ言うな.

6〘話〙〈普通, 進行形で〉〔ある年齢〕に近づく.

7〔ある性質など〕をなくさせる, 失わせる, 〈*out of* ..〔人〕から〉. The boys teased me about my hairdo and ～*ed* my confidence. 男の子たちに髪型をからかわれて自信をなくした. I'll soon ～ that arrogance *out of* him! 今にあいつの鼻っ柱をへし折ってやる.

8〘英俗〙をびっくりさせる (shock). **9**〘英俗〙と性交する; 〔女〕を犯す. **10**〘英俗〙を殺す, やる.

── 自 **1** **打つ**; こつこつたたく, ノックする, 〈*on, at* ..〔ドアなど〕を〉. Someone is ～*ing on* [*at*] the door. だれかがドアをノックしている. When I ～*ed*, someone said, "Come in." ノックすると, だれかが「どうぞお入り」と言った.

2 VA ぶつかる, 衝突する, 〈*against, into* .. に〉. Waves were ～*ing against* the rocks. 波が岩に打ち当たっていた.

3 〔エンジンが〕ノッキングを起こす (〘米〙 ping; 〘英〙 pink); 〔機械が〕(故障で)がたがた音を立てる.

4〔ひざが〕がたがたぶつかる; 〔心臓が〕(興奮などで)どきどきする (throb). My knees ～*ed* (together) from fright. 私は恐怖で両ひざががたがたぶつかった. **5**〘話〙こき下ろす, あら探しをする. **6**〘英俗〙性交する, やる.

hàve it knócked 〘米俗〙うまくいく, 成功間違いなしである.

knòck abóut [***aróund***] 〘話〙 (1) 動き回る, うろつく; 付き合う〈*with* ..と〉. ～ *about* in Southeast Asia 東南アジアをあちこち動き回る. Susan often ～*s about with* a handsome middle-aged man. スーザンはよくハンサムな中年男と出歩く《性的な関係を暗示する》. (2)〈進行形で〉(ある場所に)いる, ある. Her children should be ～*ing around* somewhere. 彼女の子供たちがどこかにいるはずだ.

knóck about [***around***] ***..*** 〘話〙〔場所〕を動き回る, うろつく, 旅する; ..でごろごろする, くつろぐ. ～ *about* Europe ヨーロッパをあちこち動き回る. ～ *about* the

market 市場をぶらつく.
knòck /../ abóut [***aróund***] 〖話〗(1) ..を打ちまくる, こうき回す; ..を手荒く扱う. Violent seas ～*ed* us *about* for several hours. 私たちは数時間荒波にもまれどおしだった. (2) ..をいろんな角度から考える, 話し合う.
knóck against .. (1) ..にぶつかる (→㊀ 2). (2) 〖話〗..にばったり出会う (run into). I ～*ed against* my former teacher at a bookstore yesterday. 昨日本屋で旧師にばったり出くわした.
knòck alóng 〖英俗〗なんとか暮らしていく; 仲よくやる ((*together*) *with* ..と).
knòck /../ báck (1) たたいて〔緩んだくぎなど〕を元に戻す. (2) 〖話〗〔酒〕をぐいと飲む; ..を急いで食う, かっこむ. ～ one [it] *back* 酒をあおる. (3) ..を(あお向けにひっくり返りそうなほど)びっくりさせる. (4) 〖主に英話〗〔人(の申し出)など〕をはねつける, 拒む.
knóck X ***back*** Y 〖主に英話〗X (人)に Y ((多額の)金)をかけさせる; X (人)に Y (罰金)を科する. How much did that car ～ you *back*? その車はいくらしましたか.
knòck ..cóld 〔人〕を打って気絶させる; ..をびっくり仰天させる; 〖ボクシング〗〔相手〕をノックアウトする.
knòck ..déad (1) 〔人〕を殴り殺す. (2) 〖米俗〗〔聴衆など〕を感動させる. ～ them ['em] *dead* みんなをうならせる.
****knòck /../ dówn*** 〈しばしば受け身で〉(1) 〔人など〕を**打ち倒す**; 〔家など〕を取り壊す; (運搬などに都合のよいように)..を解体する, 分解する; ..を打ち負かす, 論破する. You could have ～*ed* me *down* with a feather. →feather 4. The child was ～*ed down* by a car. その子供は車にはねられた. The building will be ～*ed down* next week. その建物は来週取り壊されるでしょう. (2) (競売で, 安値で)..を落札する, 競り落とす. The picture was ～*ed down* to him for two hundred dollars. その絵は競売で2百ドルで彼の手に落ちた. (3) 〖話〗〔人〕に[〔物〕を]値引きさせる 〈*to* ..の値段に〉. The picture was ～*ed down to* two hundred dollars. その絵は200ドルに値切られた. We ～*ed* him *down to* twenty thousand yen. 彼に2万円にまけさせた. (4) 〖米・オース話〗〔酒〕をがぶ飲みする. (5) 〖米俗〗..を(報酬として)得る, 稼ぐ; ..を着服する. (6) 〖オース・ニュー俗〗〔小切手など〕を使いまくる.
knòck /../ flýing ..を飛び散らす, 散乱させる; ..をはね除(の)ける.
knòck /../ ín をたたき[打ち]込む.
knócking on .. 〖話〗ほとんど.. (nearly). She must be ～*ing on* 60. 彼女は60近いに違いない.
knóck into .. (1) ..にぶつかる (→㊀ 2). (2) ..にばったり会う.
knóck X ***into*** Y 〖話〗X (知識など)を Y に詰め込む, たたき込む. ～ (some) sense *into* a person('s head) 人に分別[良識]を教え込む.
knòck .. into óne 〔部屋(の仕切り)など〕をぶち抜いて一つにする. How about ～*ing* the two rooms *into one* [each other]? 2部屋をぶち抜いて一部屋にしてはどうか.
knòck it óff 〖話〗静かにする; (いたずらなどを)やめる; 〈普通, 命令文で〉.
knòck óff 〖話〗仕事をやめる (～ off from work). The workers ～*ed off* for lunch. 労働者たちは昼食のために仕事をやめた.
knòck /../ óff (1) 〖話〗〔仕事など〕をやめる, 切り上げる. Let's ～ *off* work [work*ing*] for a while. しばらくの間仕事の手を休めよう. *Knock off* that noise! 〖俗〗うるさい. (2) 〖話〗〔仕事〕を手早く片付ける, 仕上げる. They ～*ed* that job *off* in no time. 彼らはあっという間にあの仕事をやってのけた. (3) 〖話〗〔人〕をやっつける, 'ばらす'. (4) 〖話〗..を襲って物を奪う, ..から強奪する; 〖英〗..を盗む. (5) ..をたたいて払いのける[落とす]. ～ the insect *off* from the coat 虫をたたいてコートから払いのける. Say that again, and I'll ～ your head *off*! もう一度言ってみろ, おまえの頭をたたき落としてやるぞ. (6) 〖英俗〗..をたぶらかす; 〔女〕とセックスする. (7) 〖俗〗..を 'ぱくる' (arrest).
knóck X ***off*** Y 〖話〗X (ある金額)を Y (値段)から引く, まける. ～ 10% *off* the price その値段から1割値引きする.
knòck /../ ón 〖ラグビー〗..をノックオンする (→knock-on).
knòck oneself óut へとへとになるほど頑張る.
knòck ..on the héad 〖話〗〔希望, 計画など〕をくじく, つぶす. His lack of preparation ～*ed* all our plans *on the head*. 彼の準備不足のために私たちの計画はすべてぶち壊しになった.
knòck (***on***) ***wóod*** →wood.
****knòck /../ óut*** (1) **..をたたいて中のものを出す**, たたき出す. ～ *out* a pipe パイプから灰をたたき落とす. ～ *out* the ashes 灰をたたき出す. (2) ..を(使用)不能にする; 〖ボクシング〗〔相手〕をノックアウトする, 〖野球〗〔投手〕をノックアウトする; ..を打ち負かす, 負かして脱落させる. Lightning strikes ～*ed out* power. 雷が落ちて停電になった. (3) 〖話〗..をびっくり仰天させる. (4) 〖俗〗..を眠らせる《薬などが》. The sleeping pill ～*ed* him *out* for a full five hours. 睡眠薬で彼はたっぷり5時間眠った. (5) 〖話〗..をへとへとにさせる. (6) 〖話〗..を大急ぎで仕上げる[書く]. (7) 〖オース・ニュー話〗〔金〕を稼ぐ.
knòck /../ óver (1) ..をひっくり返す; ..をたたいて[にぶつかって]倒す. (2) ..を圧倒する; 〔困難など〕を排除する. You could have ～*ed* me *over* [*down*] with a feather. →feather 4. (3) 〖米俗〗..を盗む; 〔場所〕を襲う. (4) 〖米俗〗〈～ one over で〉酒をあおる.
knòck a pèrson sídeways [***for a lóop, for síx***] 〖話〗人を唖然(あぜん)とさせる, 仰天させる.
knòck their héads togèther (2人の間の)けんかを力ずくでやめさせる.
knòck ..togéther ..を急いでこしらえる[組み立てる, 組み合わせる]. ～ boards *together* for a table 急いで板を組み合わせてテーブルを作る. ～ two rooms *together* (壁をぶち抜いて) 2部屋を一つにする.
knòck únder 屈服[降参]する.
knóck úp 〖英〗knockup する.
knóck /../ úp (1) ..を突き[打ち]上げる. (2) 〖話〗〔食物など〕を大急ぎでこしらえる, 〔家など〕を急造する. I'll ～ *up* an omelet for you. 大急ぎでオムレツを作ってあげよう. (3) 〖英話〗〔寝ている人〕をドアをノックして起こす. Please ～ me *up* at five o'clock tomorrow. 明日は5時にノックして起こしてください. (4) 〖英話〗..をへとへとにさせる. Hilary was completely ～*ed up*. ヒラリーはすっかりへとへとになった. (5) 〖話〗〔金〕を稼ぐ. (6) 〖クリケット〗〔点〕をたたき出す. (7) 〖話〗〔女〕の腹を膨らませる《はらませる》.

── 图 (複 ～s /-s/) Ⓒ **1 打つこと, たたくこと**, 殴打; 戸をたたくこと[音], ノック. There was a ～ on [at] the door. ドアをノックする音がした. We heard three ～s on the front door. 玄関の戸を3回ノックする音が聞こえた. **2** (エンジンの)ノッキング(の音); (機械の)がたがたいう故障音. **3** 〖話〗不運, 災難, 打撃. take a (bad) ～ = take the ～ ひどい目に遭う. **4** 〖話〗非難; 悪口, 酷評. **5** 〖クリケット〗= inning 2. 参考 野球の「ノック」は和製英語で, 英語では fielding practice と言う. **6** 〖スコ〗時計 (clock). **7** 〖俗〗性交; 〖英・オース俗〗相手かまわず寝る女. **8** 〖英俗〗盗品. [<古期英語; 擬音語]

knóck·about 形 〈限定〉**1** 〔自動車, 衣服などが〕乱暴な使用に耐える, 丈夫な. **2** 〔喜劇などが〕騒々しい, どたばたの. ── 图 **1** Ⓒ 〖米〗ノッカバウ《1本マストの小型ヨット》. **2** Ⓤ どたばた喜劇; Ⓒ どたばた喜劇俳優.

knóck·dòwn 形 〈限定〉**1** 打ち倒す(ような); 圧倒的な; 抵抗できない. a ～ blow 相手を倒す一撃. **2** 組み立て式の〔家具など〕; 〔機械などが〕現地組み立ての, ノックダウン方式の. **3** 最低の〔値段など〕. a ～ price ぎりぎりの安値. **——** 名 C **1** 打ち倒す[される]こと;〘ボクシング〙ノックダウン. **2** 組み立て式の物《家具など》.

knóck-dòwn-drág-òut 形〘米〙〔戦い, 争いなどが〕倒れるまでやり抜く, 徹底的な.

†**knóck·er** 名 C **1** たたく人;(ドアを)ノックする人. **2** (扉の)ノッカー. **3**〘俗〙〈～s〉(女性の)乳房. **4**〘話〙酷評屋. **5**〘英話〙戸別訪問のセールスマン, '押し売り'.

[knocker 2]

knock·kneed /nὰkní:d | nɔ̀k-/ 形 X 脚の(↔bandy-legged).

knóck-knèes 名 X 脚; 外反膝(ひざ)(↔bandy-legs).

knóck·òff 名 (複 ～s) C〘米話〙(ブランド商品などの無許可の)模造品.

knóck·òn 名 C〘ラグビー〙ノックオン《捕球し損なって球を前方に落とすこと; 反則》.

knòckon efféct 名 C〘英〙ドミノ[連鎖反応的]効果, 将棋倒し.

†**knóck·òut** 名 C **1**〘ボクシング〙ノックアウト《略 KO, ko; kayo とも書く》. He won the fight by a ～. 彼はノックアウト勝ちした. **2**〘話〙すばらしい人[もの], いい女, (stunner); 驚くべきこと. The program was a complete ～. その番組には脱帽した.

—— 形〈限定〉**1** ノックアウトの;〘英〙勝ち抜きの. a ～ blow 相手を倒す[必殺の]一撃. a ～ tournament 勝ち抜きトーナメント. **2**〘話〙すごくいかす, あっと言わせるような. **3**〘話〙意識を失わせる, 催眠性の. ～ drops [pills] 催眠剤, 麻酔薬.

knóck·ùp 名 C〘英〙(テニス・バドミントンなどの)試合開始直前の練習《球・シャトルを打ち合う》.

knoll /noul/ 名 C 頂きの円い丘[小山].

‡**knot** /nɑt | nɔt/ 名 (複 ～s /-ts/) C

【結び目】 **1 結び目**, 結び, こぶ. a ～ in the end of the rope 縄の端の結び目. undo [untie] an intricate ～ ひどくもつれた結び目をほどく. I can't tie a very good ～. 私は結び目をあまり上手に作れない.

2 ちょう結び(のリボン), (装飾用の)飾り結び.

3〘海〙(**a**) 測程線の結び目. (**b**) ノット《1 時間に 1 海里(約 1852 メートル)走る速度; 略 kn》.

【からみ合い】 **4** (糸, 髪などの)からみ合った塊, (草木の)節, こぶ; (板, 木材の)節; こぶ状のもの;〘解剖〙結節. comb a ～ out of one's hair 髪のもつれをくしでとかす.

5【かたまり】〘章〙(人や物の)小さな群れ, 集まり. There was a small ～ of people in the corner. 隅の所に人が少人数集まっていた.

6【つながり】 縁, きずな. the marriage ～ 結婚のきずな.

7【もつれ】 困難, 難題. The police had great difficulty unraveling all the ～s of the case. 警察はその事件の難点を全部解決するのに大変骨が折れた.

cùt the knót =cut the GORDIAN KNOT.

tie the knót〘話〙結婚する.

tie..(úp) in knóts〘話〙〔人〕を苦境[混乱]に陥れる. She easily *ties* herself *in* ～s over a trifle. 彼女はちょっとしたことで訳が分からなくなる.

—— 動 (～s|-tt-) 他 〔糸, ひもなど〕を結ぶ; に結び目を作る; (糸, ひもなどで)を包んで縛る, を結んでつなぐ,〈*together*〉. He ～*ted* his tie. 彼はネクタイを結んだ. ～ a parcel tightly 小包をしっかり縛る. ～ the ends of the bandage (*together*) 包帯の両端を結ぶ. **——** 自 結び目ができる; もつれる.

[<古期英語; →knit]

knót·hòle 名 C 節穴.

knot·ted /nɑ́təd | nɔ́t-/ 形 **1** 節のある; 節だらけの; 結び目の付いた. **2** もつれた, 困難な.

Gèt knótted!〘英俗〙くたばれ.

knot·ty /nɑ́ti | nɔ́ti/ 形 e **1** 節のある[多い], こぶだらけの. **2** もつれた, 複雑な; 解決困難な. a ～ problem 解決困難な問題.

knout /naut/ 名 C 革むち《特に昔のロシアで刑罰に用いた》.

‡**know** /nou/ 動 (～s /-z/|過 **knew** /n(j)u:/|過分 **～n** /noun/|**knów·ing**) 他

【情報・知識を持っている】 **1** (**a**)〔事実など〕を**知っている**; を心得ている; を(習い)覚えている, 理解する; を**知る**, が分かる; VO (～ *that* 節/*wh* 節・句) **..ということを/..かどうかを知っている**. Do you ～ my phone number? 私の電話番号を知ってますか. Everyone ～s the fact. だれでもその事実を知っている (語法 受け身文は The fact is ～*n to* everyone. このように動作主には前置詞は普通 to を用いる; ただし, 動作主に知ろうとする意図があれば to ではなく by を用いる). *Know* yourself. 己を知れ. I don't ～ music very well. 私は音楽のことはあまりよく分からない. He ～s everything about the job. 彼はその仕事のことはなんでも知っている. Very little is ～*n* about the life of Shakespeare. シェイクスピアの生涯についてはほとんど分かっていない. Mark didn't ～ the answer. マークは答えが分からなかった. My brother ～s Spanish. 私の弟はスペイン語ができる. His greed for power ～s no bounds. 彼の権勢欲には際限がない. How do you ～ *that* he is a policeman? 彼が警官であることがどうして分かるんだ. It is widely ～*n* that ... ということは広く知られている. I ～ *what* I'm talking about. 私の言っていることは確かだ[私は実際の経験から話しているのだ]. Do you ～ *when* the envoy will leave Tokyo? その全権公使がいつ東京をたつか知ってますか. There is no ～*ing* [It is impossible to ～] *what* is going to happen. 何が起こるか分からない. None of us *knew whether* the news was true or not. そのニュースが本当かどうか我々のだれも知らなかった. I don't ～ *how* to swim. 私は泳ぎを知らない. She didn't ～ *what* to do. 彼女はどうしてよいか分からなかった. 語法 know は普通, 進行形にしない. 次の用法は分詞構文: Not ～*ing* what to say (=As she didn't ～ ..), Maria kept silent. (何と言ってよいか分からなかったので, マリアは黙っていた)

(**b**) VOC (～ X *to be* Y)・VOA (～ X *as* [*for*] Y) X が Y だと認める, 分かっている. They ～ this *to be* true. 彼らはこれが真実であると知っている (★to be は省略できない;〘話〙では They ～ (that) this is true. が普通). I ～ him *to be* a good cook. 私は彼が料理がうまいことを知っている. Eton is ～*n as* the most prestigious school in England. イートンは英国一の名門校と言われている. I ～ you *for* an honest man. 君が正直者だということは分かっている.

2【人を知っている】〔人〕と**知り合いである**, 面識がある. Do you ～ Angela? アンジェラを知っていますか《会って話したりしたことがあるかという意味の質問》. ～ a person by sight [name] ある人の顔[名前]は知っている. Do I ～ you? どなたでしたか. I don't think we ～ each other. I'm William Tod. (お互いに)まだ知り合いではなかったですね. 私はウィリアム・トッドです《第三者の紹介なしに人に自己紹介する時など》. I've ～*n* him for five years. 5 年前から彼を知っている.

3【区別を知っている】 を識別できる, 区別できる,〈*from* ..から〉; を認める, 見てそれと分かる, (recognize). I *knew* him at once. 彼だとすぐ分かった. I ～ a gentleman when I see one. (真の)紳士はひと目でそうと分かる. I *knew* the man *for* an American. 私はその男はアメリカ人であると分かった. ～ good *from* evil 善悪の区別ができる. She was ～*n by* her voice. 声で彼女だと分かった (★この by は動作主でなく判断の基準を表す; 次の by も同じ用法: A man is ～*n by* the company he

K

keeps (→company 2).).
4【体験して知っている】〘章〙 (**a**) を経験する. I have ～*n* both poverty and wealth. 私は貧乏も金持ち(の気分)も経験している. His uncle has ～*n* better days. 彼のおじさんにもよい時代があった. The country has never ～*n* an earthquake. その国では地震が起きたことがない. She has ～*n* what it is (like) to be poor. 彼女は貧乏であることがどんなものか体験して知っている.
(**b**) VOC (～ X (*to*) *do*) X が..するのを見る[聞く] (★know は完了形, 時には過去形になる; 受け身では to は省略されない). I have never ～*n* him (*to*) tell a lie. 私は彼がうそをつくのを聞いたことがない. Beth has never been ～*n to* be late. ベスは遅刻したためしがない.
5〘古〙〔女〕を知る, と性関係を持つ.
── 自 **知っている**, 分かっている. I don't ～. 知りません, 分かりません. I wouldn't ～. 私が知っているはずないでしょう. How do you ～? どうして分かるんだ. I'll let you ～ as soon as I have finished my work. 仕事が終わったらすぐ知らせます. as [so] far as I ～ 私の知る限りでは. as you ～ ご存じのように. Let her decide—she ～*s* best. 彼女に決めてもらおう. 彼女なら信頼できる《<一番の権威だ》. Do you ～ about ⌞the accident [them getting divorced]? 事故の[彼らが離婚した]一件は聞いていますか. ◇名 knowledge
àll one knóws 自分にできる[自分が知っている]ことすべて, 全力. She did *all* she *knew*. 彼女はできる限りのことはした.
and Gòd [Hèaven] knòws whát [whó] = and I don't knòw whát [whó] (èlse) その他もろもろのもの[人]《列挙した最後の締めくくり》. There was Max, and Ben, and the Simpsons, *and God* ～*s who*. マックスと, ベンと, シンプソン夫妻と, その他もろもろの人がいた.
befòre one knóws whère one ís あっという間に, またたく間に.
Dòn't I knów it! 〘話〙 そんなこと, 分かってらあ《負け惜しみに言う言葉》.
dòn't you knów? 〘旧話・戯〙 全く[実に]..なんだよ. He's such a bore, *don't you* ～? 彼は本当に退屈なやつなんだよ.
do you knów 〘話〙 = you KNOW.
Do you [D'you] knòw whát? = You KNOW something [what]?
for àll I knów よくは知らないが, 多分.
Gòd [Hèaven] knóws (that).. ..ということを神が知っている; 確かに..である. *Heaven* ～*s* (*that*) we've done everything we can. 私たちはできる限りのことをしたことは確かだ.
Gòd [Hèaven] knòws whát [whó] 何か分からないもの[だれだか分からない人]《「神様だけが知っている」ということから》. She was talking with *God* ～*s who*. 彼女はだれだか分からない人と話していた. 語法 God knows の代わりに I don't know (★この場合に限り I know not という古い否定形がしばしば用いられる), no one knows なども用いられる: He was occupied with *I knew not what* experiments. (彼は何の実験か私には分からない実験をやっていた)
Gòd [Hèaven] knòws whére [whén, hów, etc.] どこだか分からないところへ[いつだか分からない時に, どうして[どのくらい]か分からないほどなど]. By now he must be *God* ～*s where*. 今ごろ彼はどこか分からないところにいるに違いない. ★前項の成句の 語法 参照: The quarrel went on for *I don't* ～ *how* long. (けんかはいつまでか私の知らないほど長く続いた)
Gòd [Hèaven] (ònly [alòne]) knóws 神だけが知っている, だれも知らない (no one knows), 〈*wh* 節・句 ..かどうかを〉. God ～*s*! (そんなこと)知るか《質問に対して; 怒り, いらだちを表す》. *God* ～*s when* we'll see them again. 今度再びいつ彼らに会えるかだれにも分からない.
I dòn't knów about.. (1) ..(の考え)はどうか知らない(が..). *I don't* ～ *about* you, but I'd like to see him. 君はどう思うか知らないが, 私は彼に会いたい. (2) ..(と言えるかどうか)については疑問である, ..とは思わない. "He's a smart student, isn't he?" "*I don't* ～ *about* smart." 「彼は利口な生徒ですね」「利口とは思えないけどね」.
I don't know how [why, etc.].. 〘話〙 どうやって[なんでなど]..なのか理解できない《批判の表現》. *I don't* ～ *how* you can be so lazy. なんだってそんなに怠けていられるのか.
I dòn't knów (that).. 〘話〙 ..という確信はない, ..とは思わない, 《控え目な否定表現》. *I don't* ～ *that* I can make it. さあ, うまくいくかどうか分かりませんよ. *I don't* ～ *that* I will marry him. 彼とは結婚しないと思うわ.
if you knòw what I méan 分かっていただけるかどうか分かりませんが, お分かりにならないかもしれませんが. Spite is catching—*if you* ～ *what I mean*. 悪意というのは人にうつるものですね—こういう言い方でお分かりいただけるかどうか分かりませんが.
I knéw it! 必ずこう[そう]なると思ったんだ.
I knów. 〘話〙 分かった, (そうだ)こうしよう; 同感だ, 私もです.
I knòw whát →what.
I wànt to knów. 〘米話〙 おやまあ, へええ, 《驚き, 意外の気持ちを表す》.
knòw..apárt →apart.
knòw a thing or twó = KNOW what's what.
knòw..báckward(s) (and fórward(s)) 〘話〙 ..を知り尽くしている.
knòw bétter →better[1].
knòw bétter than to dó →know BETTER[1].
knòw one's búsiness 〘話〙 自分のやるべきことを心得ている.
knów.. like the bàck [pàlm] of one's hánd 〘話〙 〔特に場所〕を知り抜いている. Gordon ～*s* the town *like the back of* his *hand*. ゴードンはその町を自分の庭と心得ている.
knów of.. 〔場所, 道など〕について知っている; 〔人〕のことを聞いて少しは知っている. I ～ *of* him, but I don't ～ him personally. 彼のうわさは聞いているが個人的には知らない. as I ～ *of* 私の知っている限りでは.
knòw one's òwn mínd →mind.
knòw the rópes →rope.
knòw whàt's whát = knòw whàt one is abóut 〘話〙 (世の中のもろもろの事を)よく心得ている, 抜け目がない.
màke .. knówn 〘章〙 ..を知らせる, 発表する. He *made* it ～*n* that he was going to marry Miss Hill. 彼はヒル嬢と結婚すると発表した.
màke onesèlf knówn to.. 〘章〙 ..に自己紹介する. She *made* herself ～*n to* the company. 彼女はそこにいた人たちに自己紹介した.
Nót if Í knòw it! 〘話〙 だめだめ, まっぴらごめんだ.
not know whère [which wày] to lóok 〘話〙 どうしてよいか分からない, いたたまれない.
(nòt) that I knów of →that 接 12.
nòt wànt to knów 〘話〙 全く興味を示さない, 相手にしてくれない. I talked to the teachers about some victims of bullying, but they just did*n't want to* ～. 先生方にいじめの被害にあった者のことを話してみたが, 全く取り合ってくれなかった.
One nèver knóws. = You never KNOW.
(Wéll) whàt do you knów (about thát)! 〘米話〙 へえ, これは驚いた.
Whàt do you knów? 〘話〙 最近何か面白い話[ニュース]はないかい.
Whò knóws? だれが分かるだろうか(だれも分からない), ひょっとすると, ..かもしれない.

you know 〖話〗ご存じでしょうが; ねえ, あのー; (語法 言葉を探す時間稼ぎや, 軽く付加的に用いられるが, あまり多く使うのはよくないとされる). *You* ～, I didn't mean to hurt you; I mean, *you* ～, I meant to be good to you. あのう, 悪気はなかったんだ, つまり, その, 君に親切にしようとしたんだ.

You knòw sómething [***whát***]***?*** 〖話〗ねえねえ, ちょっとしゃべらせてよ; いいか, 面白いぞ[驚くなよ].

You knòw what I méan. (これ以上言わなくても)あとはお察しの通りです. 「たぶん (perhaps).

You nèver knów. 先のことは分からない; さあどうかな;↑

── 名 〈次の用法のみ〉

in the knów 〖話〗内情に通じて. The boss must be *in the* ～. 上役は内情をよく知っているに相違ない.

[＜古期英語 *cnāwan*「認知する, 識別する」; can[1] と同根]

knów·a·ble 形 知ることのできる; 認識できる; 近うきやすい. ── 名 C 〈普通 ～s〉知り得ること.

knów-àll 名 〖英話〗＝know-it-all.

†**knów-hòw** 名 U 〖話〗実際的能力[知識]; 技術; 技術情報, ノウハウ. It doesn't take much ～ to run these machines. これらの機械を操作するのに大した技術は要らない.

‡**knów·ing** 形 〈普通, 限定〉 **1** 物知りの; 〔秘密などを〕知っていそうな, 訳知り顔の. He gave me a ～ look. 彼は私にいかにも知っているぞというふうな顔をした. **2** 抜け目のない; 利口な. **3** 知っていながらの, 故意の.

‡**knów·ing·ly** 副 **1** 〖章〗それと知りながら, 故意に. He would never ～ do such a thing. 彼がわざとそんなことをすることは決してないでしょう. **2** 知ったかぶりをして; 心得顔に.

knów-it-àll 名 C 〖米話〗知ったかぶりする人.

‡**knowl·edge** /nálidʒ|nɔ́l-/ 名 **1** aU **知識**, 知っていること; 理解, 認識; 〈*of* ..についての〉(類語 調査, 研究, 観察などで得られるかなりまとまった知識; →information). a thirst for ～ 知識欲. the spread of scientific ～ 科学知識の普及. He has a good ～ *of* ancient Greek. 彼は古代ギリシア語をよく知っている. I have no [little] ～ *of* physics. 私は物理の知識が全く[ほとんど]ない.

> 連結 full [profound, thorough; accurate, extensive, wide; adequate; superficial; specialized, technical; practical] ～ // accumulate [acquire, gain, obtain] ～; broaden [deepen, enrich, improve] one's ～

2 U **知る[られる]こと**; 知っている状態. It is a matter of common ～ that he is a great scientist. 彼が偉大な科学者であることは周知の事実である. The defendant denied any ～ of the scheme. 被告はその陰謀のことは全然知らなかったと主張した. I have no ～ of any such talks going on. そのような話が進んでいるとは全く知らない. He did it in the ～ *that* he would be punished for it. そんな事をすれば罰せられると知りながら彼はそれをした.

3 aU **学問**, 学識. a man of ～ 学のある人. every branch of ～ 学問のあらゆる分野. ◇動 know

còme to a pèrson's knówledge 〖章〗人に知られる. It has *come to* my ～ that you have been smoking secretly. 君がこっそりたばこを吸っていることは私の耳に届いている.

of one's òwn knówledge 自分で直接知っていて. You don't say it *of* your *own* ～, do you? 君はそれを直接知っていて言っているわけではないのだろう.

to (***the bèst of***) ***my knówledge*** 〖章〗私の知る限りでは (as far as I know). *To* (*the best of*) *my* ～, there is no truth to that statement. 私の知る限りではその申し立ては真実ではない.

without a pèrson's knówledge ＝***without the knówledge of a pèrson*** 人に知られずに. They married *without* their parents' ～. 彼らは両親が知らないうちに結婚した.

[＜中期英語「認知する, 識別する」(＜古期英語 *cnāwan* 'know'＋?); のち 名 用法が発達]

†**knówl·edge·a·ble** 形 m 〖章〗〔人が〕よく知っている, 詳しい; 物知りの; 〈*about* ..〔物事〕について〉. I'm not very ～ *about* electronics. 私は電子工学のことはあまり詳しくありません.

knówl·edge·a·bly 副 〖章〗(物事の説明などで)詳しく, 何もかも心得て; 知ったかぶりして, 訳知り顔で.

‡**known** /noun/ 動 know の過去分詞.

── 形 ¢ 〈限定〉**知られた**, 名の知れた, 名高い, (↔ unknown). a ～ number 既知数. the oldest ～ castle in England＝the oldest castle ～ in England イングランドで知られている最も古い城.

knów-nòthing 名 C **1** 無知な人. **2** 〈K-N-〉〖米史〗ノウナッシング党員 《1850 年代に盛んであった the Know-Nothing Party の党員; アイルランドなどからの大量移民に反対した》.

†**knuck·le** /nʌ́k(ə)l/ 名 C **1** 手指の関節 《特に指の付け根の》; 〈the ～s〉げんこつ. His ～*s* were white as he clutched the glass. (興奮して)コップを握り締めた彼の指は血が引いていた. give a person a rap on the ～*s* → rap (成句).

2 (四足獣の)膝(ひざ)関節の肉 《特に子牛などの》.

near the knúckle 〖英話〗〔冗談などが〕きわどい.

── 動 他 をげんこつ[指の関節]で打つ[押すなど].

knùckle dówn 〖話〗腰を落ち着けて取りかかる, 身を入れる, 〈*to* ..に〉. You'd better ～ *down to* work. 君は仕事に精を出した方がいい.

knùckle únder 〖話〗'かぶとを脱ぐ', 降参する, 〈*to* ..に〉. I refuse to ～ *under to* any authority. 私はどんな権威にも屈服するつもりはない.

[＜中期英語 (?＜中期オランダ語「小さな骨」)]

knúckle·bàll 名 C 〖野球〗ナックルボール 《親指とたたんだ人差し指, 中指(と薬指)の間にボールを挟み, たたんだ指を投球と同時にはじく》.

knúckle-dùster 名 C 〖英〗＝brass knuckles.

knúckle·hèad 名 C 〖主に米話〗うすのろ, 間抜け.

KO /kèióu/ 〖話〗名 (複 **～'s, ～s**) C 〖ボクシング〗ノックアウト (knockout; kayo ともつうる). ── 動 (**～'s**| 過 過分 **～'d**|**～'ing**) 他 をノックアウトする (knock out).

ko·a·la /kouɑ́:lə/ 名 C 〖動〗コアラ (**koàla béar**) 《クスクス科の有袋動物; オーストラリア産》.

Koch /kɔ(:)k, kɔ(:)x/ 名 **Robert ～** コッホ (1843–1910) 《ドイツの細菌学者; 結核菌, コレラ菌などを発見》.

Kochel, Köchel /kə́:ʃl|kə́:kl/ 名 ケッヘル 《Mozart の作品に年代順に付けた番号; 略 K; **Kóchel nùmber** とも言う》.

Ko·dak /kóudæk/ 名 C 〖商標〗コダック 《米国 Eastman Kodak 社製のカメラ・フィルム》.

Koh·i·noor /kóuinùər/ 名 〈the ～〉コイヌール 《インド産の 108.8 カラットの大ダイヤモンド; 現在は英国王冠の一部》. [ペルシア語「光の山」]

kohl /koul/ 名 U コール 《アラビア女性がアイシャドーに用いるアンチモニーの粉末》. [＜アラビア語; これに定冠詞をつけたのが alcohol]

kohl·ra·bi /kòulrɑ́:bi/ 名 (複 **～es**) UC 〖植〗キュウケイカンラン, コールラビ, 《茎が食料, 飼料になる; アブラナ科》.

ko·la /kóulə/ 名 **1** C 〖植〗コラノキ 《アフリカ産アオギリ科の常緑高木; 実から採るエキスは刺激剤などに用いる》; コラノキの実 (**kóla nùt**). **2** UC コーラ 《清涼飲料;

K

cola ともつうる》.

ko·lin·sky /kəlínski/ 名 C 〘動〙シベリアテン; U シベリアテンの毛皮.

kol·khoz /kəlkɔ́:z|kɔlhɔ́:z, -kɔ́:z/ 名 C コルホーズ《旧ソ連の集団農場》. [ロシア語; 'collective farm' の意の 2 語の短縮]

Ko·mò·do drágon [lízard] /kəmòudou-/ 名 C コモドオオトカゲ《インドネシア産; 現存する最大のトカゲ》.

Kon-Tí·ki expedìtion /kɑntí:ki-|kɔn-/ 名 〈the ～〉 コンチキ号の遠征《1947 年にノルウェーの探検家 Thor Heyerdahl 以下 6 名が Kon-Tiki 号(いかだ)で太平洋を渡った》.

koo·doo /kú:du:/ 名 (複 ～s, ～) ＝kudu.

kook /ku:k/ 名 C 〘米俗〙変人; ばか.

kook·a·bur·ra /kúkəbə̀:rə|-bʌ̀rə/ 名 C 〘鳥〙ワライカワセミ (laughing jackass)《オーストラリア産》.

kook·y /kú:ki/ 形 e 〘米俗〙変人の; ばかの. ▷**kook·i·ness** 名

ko·pe(c)k /kóupek/ 名 C カペイカ (copeck)《ロシアの貨幣単位; 100 分の 1 ruble》.

Ko·ran /kərǽn, -rɑ́:n, kou-|kɔrɑ́:n/ 名 〈the ～〉 コーラン《イスラム教の聖典》. [アラビア語「朗唱」]
▷**Ko·ran·ic** /-nik/ 形

***Ko·re·a** /kərí:ə|-ríə/ 名 朝鮮. →North Korea, South Korea. [＜朝鮮語「高麗」]

†**Ko·re·an** /kərí:ən|-ríən/ 形 朝鮮[韓国]の; 朝鮮[韓国]人[語]の. ── 名 **1** C 朝鮮[韓国]人. **2** U 朝鮮[韓国]語.

Korèan Wár 名 〈the ～〉 朝鮮戦争 (1950–53).

Korèa Stráit 名 〈the ～〉 朝鮮海峡.

ko·sher /kóuʃər/ 形 **1** 〘ユダヤ教〙〔調理法, 料理, 飲食店などが〕ユダヤの掟(おきて)にかなった. 参考 ユダヤ教で許されている牛肉でも, 料理の前に冷水に 30 分漬け, 水を切って塩をふりかけ‥というような一定の処理をしたものが kosher とされる. **2** 〘話〙 ちゃんとした, まっとうな, (proper); 本物の. ── 名 C kosher 料理(店). [＜ヘブライ語「正しい」]

kou·miss /kú:mis/ 名 U クミス, 乳酒, 《アジアの遊牧民が馬乳やラクダの乳から作る発酵酒》.

kow·tow /kàutáu/ 名 C 叩頭(こうとう)《昔の中国流の平伏して頭を地につける礼》. ── 動 自 **1** 叩頭する 〈*to* ‥に〉. **2** 〘話〙 おもねる, へつらう, 〈*to* ‥に〉. [中国語]

KP, k.p. kitchen police.

KPH, kph kilometers per hour (時速‥キロメートル).

Kr 〘化〙 krypton.

kraal /krɑ:l/ 名 C 〘南ア〙 **1** 先住民部落《普通, 柵(さく)で囲われている》. **2** (牛, 羊の)囲い. [＜アフリカーンス語 'corral']

Kraft /kræft|krɑ:ft/ 名 〘商標〙 クラフト社《米国の大手食品メーカー》; U 同社製のチーズ.

kraft /kræft|krɑ:ft/ 名 U クラフト紙 (**kráft pà·per**). [ドイツ語「強さ, 力」]

kraut /kraut/ 名 **1** ＝sauerkraut. **2** C 〈K-〉〘軽蔑〙ドイツ人.

Krem·lin /krémlən/ 名 〈the ～〉 **1** クレムリン宮殿《Moscow にあるかつての宮殿; 後にソ連, 今はロシアの政府が使用》. **2** 〈単複両扱い〉 旧ソ連[現ロシア]政府. [＜ロシア語「城塞(さい)」]

Krem·lin·ol·o·gy /krèmlinɑ́lədʒi|-ɔ́l-/ 名 U ロシア(政治)研究.

krill /kril/ 名 (複 ～) C オキアミ《ナガスクジラ類が好んで食べる小さなエビに似た甲殻類》.

kris /kri:s/ 名 C (マレーシア, インドネシアの)短剣《刀身が波形をしている武器》.

Krish·na /kríʃnə/ 名 〘ヒンドゥー教〙 クリシュナ《Vishnu 神の第 8 化身; →Hare Krishna》.

Kriss Krin·gle /krìs-kríŋgl/ 名 〘米〙 ＝Santa Claus.

kro·na /króunə/ 名 (複 **kro·nor** /-nɔ:r/, **kro·nur** /-nər/) C クローナ《スウェーデン[アイスランド]の貨幣単位》.

kro·ne /króunə/ 名 (複 **kro·ner** /-nər/) C クローネ《デンマーク, ノルウェーの貨幣単位》.

kru·ger·rand /krú:gəræ̀nd|-rɑ̀:nd/ 名 C クルーガーランド金貨《南アフリカ共和国の金貨; 南アフリカの大統領 Paul Kruger (1825–1904) から; 通貨としてでなく金投資の対象として利用される》.

kryp·ton /kríptɑn|-tɔn/ 名 U 〘化〙クリプトン《希ガス元素; 記号 Kr》.

KS 〘郵〙 Kansas.

Kshat·ri·ya /kʃǽtriə/ 名 C クシャトリア《インド 4 姓の第 2 階級の人; 貴族と武士; →caste》.

Kt knight.

kt. karat; carat; kiloton(s).

K2 /kèi-tú:/ 名 K2 (峰)《Karakoram 山脈の最高峰で世界第 2 位 (8611m); Mt. Godwin Austen とも言う》.

Kua·la Lum·pur /kwɑ̀:lə-lumpúər|-lúmpə/ 名 クアラルンプール《マレーシアの首都》.

Ku·blai Khan /kù:blai-kɑ́:n|kùb-/ 名 フビライ, クビライ(忽必烈汗), (1216?–94)《中国元朝の初代皇帝 (1271–94); ジンギスカン (Genghis Khan) の孫》.

ku·dos /k(j)ú:dɑs|-dɔs/ 名 U 〘話〙栄誉, 名声, 光栄; 称賛, 感謝, 〈*to* ‥への〉《もと英大学俗》. [ギリシア語]

ku·du /kú:du:/ 名 (複 ～s, ～) C 〘動〙 シマカモシカ, クーズー, 《アフリカ南部産の大形レイヨウ》.

Ku Klux Klan /k(j)ù:-klʌks-klǽn/ 名 〈the ～; 単複両扱い〉 クークラックスクラン, 3K 団, 《略 KKK; (1) 1915 年 Georgia 州で組織された米国南部の秘密結社; 会員は白人の新教徒のみで, 黒人, カトリック教徒, ユダヤ人, 他の少数民族を排斥する; (2) 南北戦争後, 南部の白人の組織した秘密結社で, 黒人と北部人に対する支配権の回復を目的とした》. [?＜ギリシア語 *kúklos* 'circle'＋clan]

ku·miss /kú:mis/ 名 ＝koumiss.

küm·mel /kím(ə)l|kúm-, kím-/ 名 U キュンメル《クミン (cumin), キャラウェー (caraway) の実で味をつけたリキュール酒》. [ドイツ語]

kum·quat /kʌ́mkwɑt|-kwɔt/ 名 C 〘植〙キンカン(の木). [中国語]

kung fu /kʌ̀ŋ-fú:, kùŋ-/ 名 U カンフー《空手に似た中国の拳法》. [中国語]

Kuo·min·tang /kwòumintǽŋ/ 名 〈the ～〉 (中国)国民党《台湾の支配政党》. [中国語]

Kurd /kə:rd/ 名 C クルド人《イラク, イラン, トルコなどに住むイスラム教徒》.

Kúrd·ish 形 クルド人[語]の. ── 名 U クルド語.

Kur·dis·tan /kə̀:rdistɑ́:n, -tǽn/ 名 クルディスタン《クルド人の原住地で, 今はイラク, イラン, トルコなどに分割されている》.

Kù·ril(e) Íslands /k(j)ù(ə)ri:l-, kurì:l-|kurì:l-/ 名 〈the ～〉 千島列島 (the Kuril(e)s とも言う).

Ku·wait /kuwéit/ 名 クウェート《アラビア北東部ペルシア湾岸の国; 首都 Kuwait》.

Ku·wai·ti /kuwéiti/ 形, 名 C クウェートの(人).

KV, kv kilovolt(s).

kvetch /kvetʃ/ 〘米俗〙 動 自 (絶えず)不平を言う, あら捜しをする. ── 名 C 不平屋, あら探しする人. [イディッシュ語]

kw kilowatt(s).

kwash·i·or·kor /kwɑ̀ʃiɔ́:rkər|kwɔ̀ʃ-/ 名 U クワシオルコル《熱帯地方の幼児に見られる蛋(たん)白質不足から来る病気》. [ガーナの現地語]

kwh, kWh kilowatt-hour(s).

KY 〘郵〙, **Ky.** Kentucky.

Kyr·gyz·tan /kìərgistǽn|-tɑ́:n/ 名 キルギス(タン)《中央アジア山岳地帯の共和国; CIS 構成国の 1 つ; 正式名 the Republic of Kyrgyz 首都 Bishkek》.

L

L, l /el/ 名 (複 **L's, Ls, l's** /-z/) **1** UC エル《英語アルファベットの第 12 字》. **2** C L 字形のもの《L 字管など》. **3** U (ローマ数字の) 50. *L*XXI＝71. *l*v＝55. **4** C 〘米話〙高架鉄道《el ともつづる; elevated railroad の略》. **5** UC (連続したものの中の) 12 番目のもの. ★2, 4 では大文字を用いる.

L Lady; Lake; large; Latin; 〘英〙 learner (driver)《運転実習中の車には白地に赤の L のマークが車の前後に張られる; →L-driver》; Liberal.

£ pound(s)《英国の貨幣単位; ラテン語 libra(e) (古代ローマの重量単位)の頭文字から》. £1＝one pound 1 ポンド. £3.20＝three (pounds) and twenty (pence) 3 ポンド 20 ペンス.

l latitude; left; length; line; lira, lire; liter.

LA Los Angeles; 〘郵〙 Louisiana.

La lane《特に住所名で》; lanthanum.

la /lɑː/ 名 UC 〘楽〙 ラ《ドレミ音階の第 6 音》.

La. Louisiana.

laa·ger /lάːgər/ 名 aU 〘特に南ア〙 現状維持主義, 保守戦術; (荷馬車[装甲車]の円陣に囲まれた)野営地; (一般に)安全な場所[情勢]. [＜アフリカーンス語「camp」]

‡**lab**[1] /læb/ 名 C 〘話〙 実験室, ラボ, (laboratory).

lab[2] low-alcohol beer (低アルコールビール).

Lab(.) 〘英〙 Labour (Party).

‡**la·bel** /léib(ə)l/ 名 (複 **～s** /-z/) C

【張り札】 **1 付け札**, 張り札, 付箋(せん), 荷札, レッテル, ラベル. He put a ～ on his luggage. 彼は手荷物に荷札を付けた. The ～ on the bottle says "Poison." その瓶のラベルには「毒物」と書いてある.

連結 an adhesive [a brand] ～ // bear [affix, attach; remove] a ～

2 (人, 団体, 思想などの特徴を示す)呼び名, 'レッテル'; 分類表示《辞書の見出し語などに付ける〘俗〙, 〘英〙, 〘医〙など》. The ～ "rattlesnake" was applied to the politician. その政治家には「ガラガラヘビ」という呼び名が付けられた. **3** 商標, ブランドネーム, (レコードの)レーベル. Mariah Carey's 'Daydream' is *on* the SS Record Company ～. マライア・キャリーの「デイドリーム」(の CD) は SS レコード会社によって作られている.

── 動 (～s /-z/|過 過分 **～ed**, 〘英〙 **～led** /-d/|**～·ing**, 〘英〙 **～·ling**) 他 **1** (**a**) に**札を付ける**, ラベルを張る, 〈*with* ..の〉. (**b**) VOC (～ X Y) X に Y の札を張る[表示をする]. The bottle is ～*ed* "Poison." その瓶には「毒物」というラベルが付いている.

2 VOC (～ X Y)・VOA (～ X ***as*** Y) X を Y と呼ぶ[分類する], X に Y というレッテルを張る (★(1) Y は 名, 形. (2) 普通, 受け身や 2・3 人称主語で用いられ, 話者の「これは不当だ」という気持ちが含意される). As a child he was ～*ed* selfish by his peers. 子供のころその子は仲間の子供たちに「わがままだ」と言われた. ～ a person (*as*) a dictator 人に独裁者のレッテルを張る. **3** (動きを追跡するため, 放射性同位体で)〔原子〕を置換する.

[＜古期フランス語「リボン」]

la·bi·a /léibiə/ 名 labium の複数形.

la·bi·al /léibiəl/ 形 **1** 唇の; 唇形の. **2** 〘音声〙 唇音の. ── 名 C 唇音《/p, b, m, f, v/ など唇で調音されるもの; →labiodental, bilabial》. [＜ラテン語「(*labium*) の」]

làbia ma·jó·ra /-mədʒɔ́ːrə/ 名 〘解剖〙 (左右の)大陰唇. [ラテン語 'greater lips']

lábia mi·nó·ra /-minɔ́ːrə/ 名 〘解剖〙 (左右の)小陰唇. [ラテン語 'smaller lips']

la·bi·ate /léibiit/ 〘植〙 形 **1** 唇形部分を持つ. **2** 唇形をした. ── 名 C シソ科の植物《mint, thyme, sage, rosemary など》.

la·bi·o·den·tal /lèibioudéntl/ 〘音声〙 形 唇歯音の. ── 名 C 唇歯音《/f, v/ など唇と歯で調音されるもの》.

la·bi·um /léibiəm/ 名 (複 **la·bi·a** /-biə/) C **1** 唇(状の器官). **2** 〘解剖〙 陰唇. **3** 〘動〙 (昆虫, 甲殻類の)下唇. **4** 〘植〙 (labiate の)下唇弁. [ラテン語 'lip']

‡**la·bor** 〘米〙, **-bour** 〘英〙 /léibər/ 名 (複 **～s** /-z/)

【骨折り】 **1** U (生産力としての)**労働**, 労力, (類語 work より具体的に肉体的または精神的な(特に苦しい)労働を指す). cheap ～ 安い労働力. eight-hour ～ (1 日) 8 時間労働. ～ in vain ＝lost ～ むだ骨折り. The task requires much ～. その仕事は相当の労力を必要とする.

連結 manual [physical; mental; hard, strenuous; rewarding; fruitless, wasted] ～ // do [engage in, perform] ～

2 (**a**) U 労働(者)階級; 〈集合的〉(肉体)労働者, (↔ capital, management). ～ and capital 労資. Both ～ and management accepted the proposal. 労使双方ともその提案を受け入れた. skilled ～ 熟練労働者たち. (**b**) 〈L-〉 ＝Labour Party. (**c**) 〈形容詞的〉 労働(者)の; 〈L-〉 (英国などの)労働党の. the ～ movement 労働運動.

3 C (骨の折れる)仕事. This book was a ～ of nearly three years. この本はほぼ 3 年掛かりの大仕事だった.

4 U 陣痛 (labor pains); 分娩(べん). go into ～ 陣痛を起こす. be in ～ 生みの苦しみをしている; 分娩中である.

◇形 laborious

── 動 (**～s** /-z/|過 過分 **～d** /-d/|**～·ing** /-b(ə)riŋ/) 自 **1 労働する**, (骨折って)働く. ～ at a typewriter タイプの仕事をする.

2 (**a**) VA 努力する, 苦労する, 〈*for, after* ..のために〉. ～ *for* the good of mankind 人類のために力を尽くす. ～ *after* wealth 富を追求する. ～ *for* breath 苦しい息をする. (**b**) VA 精を出す, 骨を折る, 〈*at, over, on* ..に〉. ～ *at* [*on*] a task 仕事に精を出す. (**c**) VA 努める, 苦労[苦闘する], 〈*to* do ..しようと〉. ～ *to* complete the report その報告書を完成させようと努力する.

3 VA 骨折って(のろのろと)進む[動く]; 〔船が〕大揺れに揺れる. ～ up a hill 骨折って丘を登る. The ship ～*ed* in the heavy seas. 船は荒波にもまれて難航した.

── 他 を(必要以上に)詳しく取り扱う. You're ～*ing* the obvious [the point]. 君は分かりきった事柄をくどくど言っている.

lábor under.. (1) ..に悩む, 苦しむ. The peasants were ～*ing under* oppression. 小作農は圧政の下に苦しんでいた. (2) 〔誤りなど〕に陥る. You're ～*ing under* an illusion [a misunderstanding, a misapprehension]. 君は錯覚[誤解]している.

làbor one's wáy 困難を排して進んで行く. The old man ～*ed* his *way* up the hill. 老人は骨折って坂を

登った. [＜ラテン語「労働, 辛苦, 疲労」]

‡lab·o·ra·to·ry /lǽb(ə)rətɔ̀ːri | ləbɔ́rət(ə)ri, lǽb(ə)rət(ə)ri/ 名 (複 **-ries** /-z/) C **1** (主に自然科学の)**実験室**; 研究所[室]; 試験所; (薬品などの)製造所; 《略 lab》. a medical ～ 薬品試験所[室]. **2** 〈形容詞的〉実験の; 実験(室)用の. ～ animals 実験用動物. **3** (教育の場での)実習, 演習; 実習[演習]室. a language ～ LL 教室. [＜ラテン語 *labōrāre*「仕事をする」; -ory]

lábor càmp 名 C **1** (囚人の)強制労働収容所. **2** 季節労働者の宿泊施設.

Lábor Dày 名 労働者の日《米国, カナダでは 9 月の第 1 月曜日; 他の国では May Day (普通 5 月 1 日)の別名》.

lábor dìspute 名 C 労働争議.

lá·bored 〖米〗, **-boured** 〖英〗 形 〖章〗 **1** 困難な, 苦しい. ～ breathing 苦しい呼吸. **2** 苦心の(跡が見える); 不自然な, ぎこちない. a ～ joke 苦しい冗談.

***la·bor·er** 〖米〗, **-bour-** 〖英〗 /léibərər/ 名 (複 ～s /-z/) C **労働者**, 〈特に〉肉体労働者. a farm ～ 農場労働者. a day ～ 日雇い労務者.

lábor fòrce 名 〈普通 the ～〉(ある国, 会社などの)労働者全体; 〈一般に〉労働力, 雇用可能人口.

là·bor-inténsive 〖米〗, **-bour-** 〖英〗 /-rinténsiv ㊥/ 形 労働集約型の《例えば農林業, サービス業; ↔ capital-intensive》.

***la·bo·ri·ous** /ləbɔ́ːriəs/ 形 ⓜ 〖章〗 **1 骨の折れる**, 努力[忍耐]を要する, 〔仕事など〕. the ～ task of cutting down a huge tree 大木を切り倒す骨の折れる仕事. **2** 苦心した(跡の見える); ぎこちない, 凝りすぎた, 〔文体など〕. She writes in a very ～ style. 彼女は大変凝った書き方をする. **3** 勤勉な, よく働く.

◇名 labor [labor, -ous] ▷ **～·ness** 名

†la·bó·ri·ous·ly 副 骨を折って, 苦労して; せっせと.

la·bo·rite, L- /léibəràit/ 名 C 〈一般に〉労働党員[支持者] (→labourite).

lábor màrket 名 〈普通 the ～〉労働市場《需要との関係における労働者の供給》.

làbor of Hércules 名 C 〈単数形で〉非常に骨の折れる仕事《Hercules に課された 12 の難業から》.

làbor of lóve 名 C 〈単数形で〉(利害を離れて)好んでする仕事.

lábor-sàving 〖米〗, **-bour-** 〖英〗 形 〈限定〉労力節約の, 省力的な, 〔器具など〕.

lábor ùnion 名 C 〖米〗 労働組合 (〖英〗 trade union).

la·bour /léibər/ 名, 動 〖英〗 ＝labor.

la·bour·er /léibərər/ 名 〖英〗 ＝laborer.

Lábour Exchànge 名 〖英〗〖史〗 ＝employment exchange.

la·bour·ite /léibəràit/ 名 C 〖英〗 **1** 〈L-〉英国労働党員[支持者]. **2** ＝laborite.

Lábour Pàrty 名 〈the ～〉(英国の)労働党《保守党と勢力を分かつ中道左派政党; 略 Lab(.)》.

Lab·ra·dor /lǽbrədɔ̀ːr/ 名 **1** ラブラドル《カナダ東部の半島; 特にその東部地域》. **2** C ラブラドル犬《カナダ原産の猟犬; 盲導犬としても使われる; **Làbrador retríever** とも言う》.

la·bur·num /ləbə́ːrnəm/ 名 UC キングサリ《マメ科の低木; 黄色い房状の花をつける》.

‡lab·y·rinth /lǽbərìnθ/ 名 **1** C 迷宮, 迷路, (maze). be lost in a ～ of passages 込み入った通路で方角を失う. **2** C 混迷した事態, もつれた事件; 複雑で難解なもの; 入り組んだ仕組み. the ～ of legal procedure 面倒な法律上の手続き. **3** 〖ギ神話〗〈the L-〉ラビュリントス《Crete 島の Minos 王が Minotaur を監禁するため Daedalus に作らせた地下の迷路》. **4** C 〈普通 the ～〉〖解剖〗内耳迷路. [＜ギリシア語]

lab·y·rin·thine, -thi·an /læ̀bərínθən | -θain/, /-θiən/ 形 迷宮[迷路]の(ような); 入り組んだ, もつれた.

lac[1] /læk/ 名 U ラック《東南アジアのラック虫 (**lác insect**) の分泌で樹木にできる樹脂状物質; ワニス, 赤色塗料などを作る; →shellac》. [＜ヒンディー語]

lac[2] /lɑːk, læk/ 名 C (インド・パキスタンで) **1** 10 万; 10 万ルピー; (lakh). **2** 多数.

***lace** /leis/ 名 (複 **lác·es** /-əz/) **1** U **レース**. weave ～ レースを織る. **2** C 〈普通 ～s〉**靴紐**(ひも), (コルセットなどの)**締め紐**. **3** U (装飾用の)組み紐, (金, 銀の)モール. a uniform with gold ～ 金モールのついた制服. **4** 〈形容詞的〉レースの. a ～ dress レースのドレス.

── 動 (**lác·es** /-əz/ | 過 過分 **～d** /-t/ | **lác·ing**) 他 **1** 〔靴, コルセットなど〕の**紐**(ひも)**を締める**, を紐で縛りつける 〈*to* ..に〉, 〔紐など〕を締める[縛る]; (コルセットで)〔人〕の腰を締める, 〔腰〕を締める; 〈*up*〉. *Lace* (*up*) your shoes firmly. 靴の紐をしっかり締めなさい.

2 〔紐など〕を通す 〈*up*〉〈*through* ..に〉. ～ a string *through* (a hole) (穴に)紐を通す.

3 をレース[モールなど]で飾る; に縁飾りをつける, に縞(しま)模様をつける. a chair ～*d* with gold 金縁飾りのついたいす. a white tablecloth ～*d* with beige ベージュの縞模様のついた白いテーブルクロス.

4 を編み合わせる (interlace); を刺繍(しゅう)する, 織り込む; VOA (～ X ***together***) X (指など)を組み合わせる. ～ one's fingers *together* 指を組み合わせる.

5 (**a**) に風味をつける, 〔飲料など〕に少量加える, 〈*with* ..〔酒, 薬物など〕で, を〉. ～ one's tea *with* whiskey 紅茶にウイスキーを少量加える. (**b**) 〔文章など〕に(たくさん)ちりばめる 〈*with* ..〔ある言葉, 表現など〕を〉.

6 を打ちすえる.

── 自 **1** 〔靴などが〕紐(ひも)で結ばれる, 締まる; (コルセット, 靴の)紐を締める. These shoes ～. この靴は紐で結ぶ. **2** 〖話〗 VA 殴りつける; こき下ろす; 〈*into* ..〔人, 作品など〕を〉. [＜ラテン語 *laqueus*「輪縄, わな」]

Lac·e·dae·mon /læ̀sədíːmən/ 名 ラケダイモン《Laconia 又はその首都 Sparta の別名》.

Lac·e·dae·mo·ni·an /læ̀sədəmóuniən/ 形, 名 ＝Spartan.

lac·er·ate /lǽsərèit/ 動 他 〖章〗 **1** 〔肉など〕を引き裂く, 切り裂く. **2** 〔感情など〕を傷つける. ── /-rèit, -rət/ 形 引き裂かれた; 〔感情などを〕傷つけられた. a ～ wound 裂傷.

làc·er·á·tion 名 〖章〗 U 引き[切り]裂くこと; (感情などを)傷つけること; C 裂き[切り]傷.

láce-ùp 名 〈普通 ～s; 複数扱い〉編上げ[紐(ひも)で結ぶ]靴 (→slip-on). ── 形 〔靴が〕編上げの, 紐で結ぶ. ～ boots 編上げのブーツ.

láce·wìng 名 C 〖虫〗 クサカゲロウ.

láce·wòrk 名 U レース(細工); レース状透かし細工.

Lach·e·sis /lǽkəsəs/ 名 〖ギ・ロ神話〗 ラケシス《運命の 3 女神の 1 人; →fate 4》.

lach·ry·mal /lǽkrəm(ə)l/ 形 **1** 〖章〗 涙の; 涙を出す. a ～ farewell 涙の別れ. **2** 〖解剖〗 涙を分泌する. [＜ラテン語 *lachrima*「涙」]

láchrymal glànd 名 C 〖解剖〗 涙腺(せん).

lach·ry·ma·to·ry /lǽkrəmətɔ̀ːri | -t(ə)ri, -mèit(ə)-/ 形 涙の; 涙を催させる. ── 名 (複 **-ries**) C 涙つぼ《葬送者の涙を入れたと信じられた古代ローマのつぼ》.

lach·ry·mose /lǽkrəmòus/ 形 〖章〗 **1** すぐ泣く, 涙もろい, (tearful). **2** 〔物語などが〕涙を誘う.

▷ **～·ly** 副

lac·ing /léisiŋ/ 名 **1** C (靴などの)紐(ひも). **2** U レース飾り; 金[銀]モール. **3** aU (コーヒーなどに入れるウイスキーなどの)少量. coffee with a ～ of whiskey ウイスキーを少量入れたコーヒー. **4** 〖話〗 aU 打ちすえること, むち打ち.

‡lack /læk/ 名 (複 **～s** /-s/) **1** aU **欠乏**, 不足; ないこと; 〈*of* ..の〉 (類語 lack, want, need の順に, 欠けているも

のを補う必要性が強くなる). an attitude showing ～ *of* sympathy 同情に欠ける態度. Her husband has a total ～ *of* common sense. 彼女の夫は全く常識を欠いている. **2** Ⓒ 欠乏しているもの; ないもの. supply the ～ 欠けているものを補う.

***for* [*from, through*] *láck of* . .** . .が欠乏しているために; . .がないために. I can't go abroad *for* ～ *of* money. お金がなくて外国に行けない.

***nò láck of* . .** . .が十分, 十分な. . . We have *no* ～ *of* food. 我々は食糧には事欠かない.

— 動 (～s /-s/|過 過分 ～ed /-t/|**láck·ing**) 他 **1** を欠いている; がない; 〈普通, 受け身不可〉. ～ time and money to finish the work その仕事を完成するだけの時間と金がない. **2** VOA (～ X *of* (*doing*) . ./～ X *to do*) . . (する)には X だけ足りない, 必要である. The vote ～*s* five *of* being [*to* be] a majority. 得票は過半数に 5 票足りない.

— 自 VA (～ ***for, in*** . .) . .が必要である, 欠けて[不足して]いる, 〈普通, 否定文で〉 (→lacking). ～ *for* nothing 必要なものは全部揃っている. Ann does not ～ *for* [*in*] friends. アンは友人に事欠かない.

[＜中期オランダ語]

lack·a·dai·si·cal /lækədéizik(ə)l/ 形 〖章〗活気のない; 物憂げな; 熱のない, 気乗りしない. ▷ **～·ly** 副

lack·ey /lǽki/ 名 (複 **～s**) Ⓒ **1** (お仕着せの服を着た)従僕, 下男. **2** 〖軽蔑〗へつらう人, おべっか使い.

***lack·ing** /lǽkiŋ/ 形 ⓒ 〈叙述〉 **1** 〔物が〕(必要な時に)欠けている, 手近にない; 不足している; 〈*for* . .には〉. Reliable information was ～. 信頼できる情報がない. Nothing is ～ in their happy life. 彼らの幸福な生活には足りないものは何もない. Capital is ～ *for* the new enterprise. その新しい企業は資金が足りない[足りなくて困っている].

2 〔人, 物が〕欠いている, 十分に持っていない, 〈*in* . .〔能力, 特性など〕を〉. The student is ～ *in* common sense. その学生は常識が足りない. He [His work] is ～ *in* originality(＝He [His work] lacks originality). 彼[彼の作品]には独創性が不足している[欠けている].

3 〖話〗頭が弱い.

láck·lùster 〖米〗, **-tre** 〖英〗 形 光沢のない; 生気のない, どんよりした; さえない; 〔成績などが〕ぱっとしない. a ～ finish つや消しの仕上げ. ～ eyes どんよりした目.

La·co·ni·a /ləkóuniə, -njə/ 名 ラコニア《ギリシア南部にあった古代王国; 首都は Sparta》.

la·con·ic /ləkɑ́nik|-kɔ́n-/ 形 〖章〗簡潔な, きびきびした, ぶっきらぼうな, 〔文体など〕; 言葉数の少ない〔人など〕; 《スパルタ人が簡潔な表現を好んだことから; →Laconia》. a ～ answer 簡潔な答え, 寸答. ▷ **la·con·i·cal·ly** /-k(ə)li/ 副 簡潔に, 言葉少なに, そっけなく.

†**lac·quer** /lǽkər/ 名 **1** UC ラッカー《塗料》; 漆 (**Jàpanese lácquer**, japan). **2** UC 漆器 (**lácquer wàre**). **3** U 〖やや旧〗ヘアスプレー.

— 動 他 にラッカー[漆]を塗る. [＜ヒンディー語 'lac[1]'] ▷ **～ed** 形 漆[ラッカー]塗りの.

lac·ri·mal /lǽkrəməl/ 形 ＝lachrymal.

la·crosse /ləkrɔ́:s|-krɔ́s/ 名 U ラクロス《1 チーム 10 又は 12 人でするホッケーに似た球技; カナダでは国技と言えるほど盛ん; 北米先住民の遊びから発達した》. [フランス語 'the crook']

lac·tase /lǽkteis, -teiz/ 名 U 〖生化〗ラクターゼ《乳糖分解酵素》.

lac·ta·tion /læktéiʃ(ə)n/ 名 U 乳の分泌; 授乳(期「間).

lac·te·al /lǽktiəl/ 形 **1** 乳の; 乳状の. a ～ gland 〖解剖〗乳腺(せん). **2** 〖解剖〗乳糜(び)管の.

lac·tic /lǽktik/ 形 〈普通, 限定〉乳の; 乳から得られる. [＜ラテン語 *lāc* 'milk']

làctic ácid 名 U 乳酸.

lac·tose /lǽktous/ 名 U 〖化〗ラクトース, 乳糖.

la·cu·na /ləkjú:nə/ 名 (複 **la·cu·nae** /-ni:/, **～s**) Ⓒ **1** 〖章〗脱落部分《特に古文書などの》; 空白, 空隙(げき). **2** 〖解剖〗(骨, 細胞組織中の)小孔, 小窩(か).

lac·y /léisi/ 形 ⓔ レースの(多い); レースのような.

†**lad** /læd/ 名 Ⓒ **1** 若者, 少年, (→lass). **2** 〖話〗〈一般に〉男; やつ (fellow). *Lads!* おいみんな《水夫, 労働者, 飲み仲間などへの呼びかけ》. **3** 〖英話〗無茶な[大胆な]男, 大したやつ. He's quite [a bit of] a ～. 彼は相当なやつだ. **4** 〖英話〗〈the ～s〉仲間(たち), 気の合う連中, 《男性》. **5** 〖英〗(競馬場の)厩(きゅう)務員 (stableboy). [＜中期英語(?＜古期北欧語)]

***lad·der** /lǽdər/ 名 (複 **～s** /-z/) Ⓒ

【はしご】 **1** はしご. a rope ～ 縄ばしご. prop a ～ up against a tree 木にはしごをかける. climb (up) a ～ はしごを登る. Walking under a ～ is considered bad luck. はしごの下を通るのは縁起が悪いと考えられている.

> 連結 put up a ～; lean a ～ (against a wall); ascend [mount; descend, climb down; steady, support] a ～

2 【登る手段】(出世などへの)手づる, 方法. One's school background often serves as a ～ to quick promotion. しばしば学歴が速い昇進への手段になる. run up the ～ of success 出世階段を駆け上る, とんとん拍子に出世する.

【はしご状のもの】 **3** 〈the ～〉(地位, 階級などの)序列, 段階. one's position on the social ～ 社会的地位. He is at the bottom [top] rung of the ～. 彼は最低[最高]の地位にいる. **4** 〖英〗(ストッキングなどの)伝線 (〖米〗run). a ～ *in* her tights 彼女のパンストの伝線.

kick dòwn the ládder 出世の手助けになった人(友人など)を見捨てる.

rèach the tòp of the ládder →top[1].

— 〖英〗 動 自 〔ストッキングが〕伝線する (〖米〗run).

— 他 〔ストッキング〕を伝線させる. [＜古期英語]

ládder-prὸof 形 〖英〗伝線しない〔靴下〕.

ládder trùck 名 Ⓒ 〖米〗(消防用の)はしご車.

lad·die, lad·dy /lǽdi/ 名 (複 **-dies**) Ⓒ 〖主にスコ話〗若い男, 少年, 《呼びかけにも用いる》. 女 lassie

lade /leid/ 動 (～s|過 **lád·ed**|過分 **lád·ed, lád·en**|**lád·ing**) 他 **1** 〔船, 車など〕に荷を積み込む; に積み込む 〈*with* . .を〉; を積み荷する 〈*into, on* . .に〉 (load). ～ a ship (*with* cargo) 船荷を積み込む. ～ wheat *into* a wagon 荷馬車に小麦を積む. **2** VOA (～ X *with* Y) X (人, 動物, 車など)に Y (重荷など)を負わせる 〈普通, 受け身で〉. The mission was ～*n with* heavy responsibilities. 使節団は重い責任の数々を負っていた (→laden 2). **3** 〔水など〕を(ひしゃくで)くみ出す. [＜古期英語]

‡**lad·en** /léidn/ 動 lade の過去分詞.

— 形 **1** (**a**) 荷を積んだ; 積んだ(ような) 〈*with* . .を〉; (loaded). a heavily ～ truck 荷物を満載したトラック. a tree ～ *with* fruit 実をたわわにつけた木. (**b**) 〈複合語で〉 . .を積んだ, . .で一杯の. a petrol-～ truck ガソリンを積んだトラック. **2** (**a**) 重荷を負った〔心など〕; 悩んで[苦しんで](いる) 〈*with* . .で〉. ～ *with* cares 心配事で悩んで(いる). (**b**) 〈複合語で〉 . .で苦しんでいる. grief-～ people 悲嘆にくれた人々.

la-di-da, lah-di-dah /lɑ̀:didɑ́:/ 形 〖話〗形 お高くとまった, 上品ぶった, 気取った, 〔発音, 言葉, ふるまいなど〕. — 名 Ⓒ 気取り屋, きざな人.

ládies' [lády's] màn 名 Ⓒ 〈普通 a ～〉〖旧〗女性の気を引こうとする男, 女好きの男.

ládies' nìght 名 Ⓒ 〖英〗(男性専用クラブへ)女性を招待する晩; 〖米〗女性客優待(割引)の夕べ.

Ládies(') [ládies(')] ròom 名 〖米〗＝lady 6.

L

lá·dies·wèar /léidiz-/ [名][U] 婦人用衣服《百貨店などの掲示》.

lad·ing /léidiŋ/ [名][U] 積み込む[まれる]こと, 船積み; 積み荷, 船荷. →bill of lading.

†**la·dle** /léidl/ [名][C] ひしゃく; お玉(じゃくし), レードル, 《台所用品》. a soup 〜 スープ用レードル.
── [動][他] をひしゃくでくむ〈*out*〉; をお玉[レードル]ですくう〈*out of* ..から〉; [VOA] (〜 X *into* ..) X をお玉で..につぐ. The waiter 〜*d* soup (*out*) *into* each plate. ウェーターはレードルで皿にスープをつぎ分けた.
làdle /../ óut (1) →[他]. (2)〖話〗〔金, 情報など〕をやたらに(分け)与える. 〜 *out* compliments [adivice] お世辞を振りまく[要らぬ助言をする].
[<古期英語; lade, -le²]

‡**la·dy** /léidi/ [名] ([複] **-dies** /-z/) [C] 【身分ある婦人】 **1** (**a**) **貴婦人**, 淑女, ([男] gentleman). He saw at once that she was a real 〜. 彼は一目で彼女は本当の淑女であることが分かった. my 〜 wife〖戯〗うちの女房. (**b**) 〈Our Lady で〉聖母マリア.
2〖英〗〈L-〉〈普通, 姓, 領地名に付けて〉..卿(きょう)夫人; (女性の)..侯[伯など]; 〈名に付けて〉..令嬢; ([語法] 公爵 (duke) 以外の貴族の夫人又は女の貴族, その他 Lord, Sir の称号を持つ人の夫人, 伯爵 (earl) 以上の貴族の娘に用いる; →duke, lord). Sir Winston and *Lady* Churchill チャーチル卿夫妻. *Lady* Anne アン姫.
3 女主人; (封建時代の)女領主; 《特に **the làdy of the hóuse** [**mánor**] の形で》.
4〖古〗(騎士の敬愛の対象としての)貴婦人;〖詩〗愛人.
【淑女>婦人】 **5** (**a**) **女性**, (年輩の)婦人. *ladies'* hats 婦人帽. Ask that young 〜 near the door. ドアの近くにいるあの若い女性に聞いて下さい. Mr. Lewis, there's a 〜 here to see you. ルイスさん, ご婦人の方がご面会です. [語法] woman の代用語としての用法はやや古風であるが, an old lady (老婦人)は今でも普通. my [his, etc.] old 〜 →old lady.
(**b**) 〈普通 -dies〉女性の皆さん〈呼びかけ〉. *Ladies* and gentlemen! (紳士淑女の)皆様. *Ladies* first.〈女性に対して〉レディーファースト, 御婦人方がお先にどうぞ. [語法] (1) 1 人に対しては普通 madam, ma'am で, 次の例は〖主に米話〗: *Lady*, you can't go in this way. (もしもし, こちらへは入れませんよ) (2) 労働者階級の女性を表すことがある: a cleaning 〜 (掃除婦), a tea 〜 (お茶くみの女性).
6〖英〗〈the Ladies(') [ladies(')]; 単数扱い〉婦人用, 女子用, 《公衆便所の掲示; Ladies とも記す; 男性用は →gentleman 4, gent 2》.
7 〈形容詞的〉女の; 雌の〔犬など〕. a 〜 wrestler 女子レスラー. a 〜 cleaner 掃除婦. a 〜 dog 雌犬. [語法] 社会的身分, 職種に関係なく用いられるが, a 〜 doctor [lawyer, writer] (女医[婦人弁護士, 女流作家])などは(特に米国では)軽蔑的なので, lady よりも woman が好まれる.
my lády 奥様; お嬢様; 《特に, Lady (→2) の称号で呼ばれる女性に対する召使いなどの呼びかけ; your ladyship とも言う》.
[<古期英語 *hlǣfdige*「パンをこねる人」(<*hlāf* 'loaf' +*dǣge* 'kneader')]

lády·bìrd〖英〗, **-bùg**〖米〗[名][C] テントウムシ.

Lády Bóuntiful [名] ([複] **Ladies-**) [C] 〈又 l- b-〉〖軽蔑〗(これ見よがしの)婦人慈善家.

Lády chàpel [名][C] 聖母堂, マリア堂, 《大教会堂に付属するチャペル》.

Lády Dày [名] 聖母福音祭《英国では四季支払日 (quarter days) の 1 つ; →Annunciation 2》.「テラ」.

lády·fìnger [名][C]〖米〗レディフィンガー《指状のカス↑

lády frìend〖主に英・普通, 戯〗[名] =girlfriend 1.

làdy-in-wáiting [名] ([複] **ladies-**) [C] (女王, 王妃, 王女の)侍女, 女官.「らし.

lády-kìller [名][C]〖旧話・しばしば軽蔑〗色男, 女た↑

lády·lìke [形]〖やや旧〗**1** 貴婦人[淑女]らしい, 上品な, 〔態度など〕. **2**〔男が〕女々しい, 柔弱な.

lády·lòve [名][C]〖旧・まれ〗意中の女性, 恋人.

Làdy Máyoress [名][C]〖英〗市長夫人 (→Lord Mayor).

Lády Mùck [名][C]〖俗〗自分のことを鼻にかける女.

làdy of the évening [名] ([複] **ladies-**) [C]〖婉曲〗夜の女 (prostitute).

lády's fìngers [名] 〈単数両扱い〉〖植〗=okra.

la·dy·ship /léidiʃìp/ [名] **1** [C] 〈しばしば L-〉奥様; お嬢様; ([語法] Lady の称号を持つ女性に対する敬称; your *Ladyship(s)*, her *Ladyship*, their *Ladyships* として, それぞれ you, she [her], they [them] の代わりに用いられる; 普通の人に皮肉に用いられる場合もある). Your *Ladyship* 奥様, お嬢様, 《呼びかけなど》. Her *Ladyship* is out. 奥様は御不在です. **2** [U] 貴婦人の身分.

lády's màid [名][C] 侍女, 小間使い.

lády's màn [名] =ladies' man.

lády's slìpper [名][C]〖植〗シペリペジウム《アツモリソウの類; ラン科》.

La Fon·taine /lɑ-fɑntéin|læ-fɔn-/ [名] **Jean De** 〜 ラフォンテーヌ (1621-95)《フランスの詩人; *Fables*『寓話』(1668-94) が代表作》.

***lag**¹ /læg/ [動] (〜**s** /-z/|[過] [過分] 〜**ged** /-d/|**lág·ging**) [自] **1 ついて行けなくなる, 遅れをとる**, 〈*behind* ..に〉; 人より遅れる, 進行が遅れる. One runner was 〜*ging* ˪about fifty meters [far, way] *behind* (the others). 走者が一人(皆から) 50 メートル程[大変]遅れていた. 〜 *behind* other nations in computer science コンピュータ科学で他の国々に遅れをとる. **2** ぐずつく; のろくなる; 停滞する. Employment continued to 〜. 雇用が停滞し続けた. **3**〔興味などが〕弱まる, 薄れる.
── [他] より遅れる.
── [名][UC] 遅延, 遅れ; 遅れの程度; 時間差, 時間のずれ, (time lag); 遅れる人. the 〜 between idea and action 理念と行動とのずれ. [<?]

lag²〖主に英俗〗[名][C] **1** 囚人; 前科者. an old 〜 前科数犯の囚人. **2** 服役期間. ── [動] (〜**s**|**-gg-**) [他] **1** を逮捕する. **2** を監獄にぶち込む〈*up*〉.

lag³ [動] (〜**s**|**-gg-**) [他]〔ボイラー, パイプなど〕を断熱材で覆う《放熱や凍結防止のため》.

‡**la·ger** /lɑ́:gər/ [名] **1** [U] ラガービール (**làger béer**) 《もとドイツ産の弱いビール; 低温で貯蔵熟成したもの; 生ビールでない日本の普通のビールもこの種類; →draft beer, ale, porter³》. **2** [C] ラガービール 1 杯[1 本, 1 缶].
[ドイツ語 'storehouse']

láger lòut [名][C]〖英話〗ビール飲んだくれ《パブなどでビールを多量に飲み, 騒ぎを起こしたりする若者》.

lag·gard /lǽgərd/ [名][C] のろま, ぐずな奴; (立ち)遅れた人[もの, 国, 会社など]. ── [形]〖まれ〗のろまの, ぐずぐずした.

lág·ging [名][U] (パイプなどの)断熱(被覆)材.

la·gniappe, -gnappe /lænjǽp, ⌐-/ [名][C]〖米話〗**1** (買い物の際の)おまけ, 景品. **2** チップ.

‡**la·goon** /ləgú:n/ [名][C] 潟《海の一部が砂州 (sandbanks) などに囲まれてできた小湖》; 礁湖《環礁 (atoll) に囲まれた浅い水域》.「都》.

La·gos /léigɑs|-gɔs/ [名] ラゴス《ナイジェリアの元首↑

La Guàr·di·a Áirport /lə-g(w)ɑ̀:rə-/ [名] ラガーディア空港《New York 市の空港<同市の元市長名》.

lah /lɑ:/ [名] =la.

la·ic /léiik/ [名][C] (聖職者に対して) 俗人, 平信徒, (layman). ── [形] 俗人の (lay).

laid /leid/ [動] lay¹ の過去形・過去分詞.

‡**làid-báck** /[移]/ [形]〖話〗〔人などが〕のんびりした, リラック

スした; 極楽とんぼの.

lain /lein/ 動 lie¹ の過去分詞.

lair /leər/ 名 C (野獣の)ねぐら, 巣; (悪人などの)隠れ家. [＜古期英語; 原義は「横になる場所」]

laird /leərd/ 名 C 《スコ》 地主《lord の異形》.

‡**lais·sez(-)faire, lais·ser(-)faire** /lèsei-féər/ 名 U, 形 無干渉主義(の), (特に経済政策としての)自由放任主義(の). [フランス語 'let do']

la·i·ty /léiəti/ 名 〈普通 the ～; 複数扱い〉 (一般)信徒, 平教徒, (↔clergy); (専門家に対して)素人たち.

‡**lake**¹ /leik/ 名 (複 ～s /-s/) C **1** 湖, 湖水. go on a ～ in a boat ボートで湖上を行く. go fishing in the ～ 湖に釣りに行く. *Lake* Leman レマン湖《the *Lake* of Geneva (ジュネーヴ湖) とも言う》 (語法「十和田湖」を *Lake* Towada とすれば無冠詞, of を用いる時は *the Lake of* Towada となる). **2** 湖に似たもの; (公園などの)池; ダム湖; (油, 溶岩などの)たまり.

Gò (and) júmp in the láke! 《話》 あっちへ行け, じゃまするな, 《＜湖に飛び込んで溺れちゃえ》.

[＜ラテン語 *lacus*「たらい, 池, 湖」]

lake² 名 U レーキ《深紅色の顔料》.

Láke Dìstrict [Còuntry] 名 〈the ～〉 (イングランド北西部 Cumbria 州の)湖水地方《風光明媚(び)で知られ, England 最大の Windermere 湖, 最高の Scafell Pike 山がある; Lakeland とも言う; →Lake Poets》.

láke dwèller 名 C (特に先史時代の)湖上生活者.

láke dwèlling 名 C (特に先史時代の)湖上住居《湖岸べりの杭(くい)の上に造った水上家屋》.

Láke Pòets 名 〈the ～〉 湖畔詩人《19 世紀初頭 Lake District に住んだ英国のロマン派詩人たち; 特に Coleridge, Wordsworth, Southey など》.

láke·sìde 名 U 〈the ～〉 湖岸, 湖畔.

lakh /lɑ:k, læk/ 名 ＝lac².

lam¹ /læm/ 動 (～s|-mm-) 《俗》 他 をさんざん打つ, 殴る. ── 自 VA ぶん殴る; 非難[酷評]する; 〈～ *into*, (*out*) *at* ..を〉.

lam² 《米俗》 動 (～s|-mm-) 自 急に逃げ出す. ── 名 〈次の成句で〉 ***on the lám*** (警察に追われて)逃走中で, ずらかって.

Lam. Lamentations.

lam. laminated; laminate.

la·ma /lá:mə/ 名 C ラマ僧 (→Dalai Lama).

La·ma·ism /lá:məìz(ə)m/ 名 U チベット仏教, ラマ教, 《チベット, モンゴルを中心とする大乗仏教》.

La Man·cha /lə-má:ntʃə, -mǽn-/ 名 ラ・マンチャ《スペイン中部の高原地方; *Don Quixote* の舞台》.

La·marck /ləmá:rk/ 名 **Jean de** ～ ラマルク (1744–1829)《フランスの博物学者・進化論者》.

La·marck·i·an /ləmá:rkiən/ 形 ラマルク(進化論)の. ── 名 C ラマルクの進化論の支持者.

La Mar·séil·laise /lɑ:mà:rsəléiz|-seiéiz/ 名 ラ・マルセイエーズ《フランス国歌》.

la·ma·ser·y /lá:məsèri|-səri/ 名 (複 **-ries**) C ラマ教寺院.

La·máze mèthod /ləmá:z-/ 名 〈the ～〉 ラマーズ法《フランスの産科医 Fernand Lamaze の開発した自然無痛分娩(べん)法》.

Lamb¹ /læm/ 名 **Charles** ～ ラム (1775–1834)《英国の随筆家・批評家; 筆名 Elia》.

Làmb² 名 〈the ～〉 '神の子羊' 《キリストのこと》.

‡**lamb** /læm/ 名 (複 ～s /-z/) **1** C 子羊 (→sheep). a man as gentle [meek] as a ～ 子羊のようにおとなしい男. **2** U 子羊の肉, ラム. ～ stew 子羊のシチュー.

3【子羊のような人】C 《話》 おとなしい人; 無邪気[無力]な人《特に子供》; かわいい人; だまされやすい人. Be a ～ and help me. いい子だから私に手を貸して. my ～ 坊や《親しい呼びかけ》.

in twò shákes of a làmb's táil すぐに.

like [as] a lámb (to the sláughter) (危険を知らない)子羊のように従順に, 無抵抗に; 無邪気に; だまされやすく.

── 動 自 子羊を生む. [＜古期英語]

lam·ba·da /læmbá:də/ 名 UC ランバダ《ブラジル起源の, 速くてエロチックなダンス》; ランバダの曲.

Lam·ba·ré·né /lɑ:mbəréini, -réinei/ 名 ランバレネ《アフリカ中部ガボン西部の町; Albert Schweitzer が建てた病院がある》.

lam·baste, lam·bast /læmbéist/, /-bǽst/ 動 他 《話》 **1** を打ちのめす. **2** をしかり飛ばす, 激しく非難する.

lamb·da /lǽmdə/ 名 UC ラムダ《ギリシア語アルファベットの 11 番目の文字 Λ, λ; ローマ字の L, l に当たる》.

lam·ben·cy /lǽmbənsi/ 名 U 《雅》 **1** (火炎などの)ちらちらした輝き, 揺らめき. **2** (機知などの)軽妙さ. **3** (目, 空などの)柔らかい輝き.

lam·bent /lǽmbənt/ 形 《雅》 **1** 〔炎などが〕(ものの表面を)軽く揺れ動く, ちらちらする. **2** 軽妙な〔機知など〕. **3** 柔らかに光る〔空など〕, 優しく輝く〔目など〕.

Lam·beth /lǽmbəθ/ 名 **1** ランベス《Greater London 南部の自治区 (borough) の 1 つ》. **2** カンタベリー大司教の座.

Làmbeth Cónference 名 〈the ～〉 ランベス会議《10 年に 1 回開かれる英国国教会の主教会議》.

Lámbeth Pàlace 名 ランベス宮(殿)《Lambeth にある; カンタベリー大司教のロンドンでの住居》.

lámb·ing 名 U 羊の出産(の時期)《春》.

lámb·kin 名 C **1** 小さい子羊. **2** いとし子, かわいい子.

lámb·lìke 形 小羊のような; おとなしい, 優しい.

Làmb of Gód 名 〈the ～〉 ＝Lamb².

lámb·skìn 名 **1** C (毛の付いた)子羊の皮. **2** U 子羊のなめし革; 羊皮紙.

lambs·wool, lámb's wòol 名 U 生後 7 か月の子羊から取った上質の羊毛; その織物.

***lame** /leim/ 形 e (**lám·er** /-ər/|**lám·est** /-əst/) **1** 足の不自由な; 障害がある; 凝って痛む〔肩など〕. The boy is ～ in the left leg. その少年は左足が不自由だ. go [walk] ～ 不自由な足取りで歩く. the ～ 〈名詞的; 複数扱い〉 身体不自由者, 不具者. **2** 〔説明, 議論などが〕不十分な, 説得力を欠く. give a ～ excuse for one's absence 欠席の下手な言い訳をする.

── 動 他 の足を不自由にする; を不具にする. be ～*d* for life 一生足が不自由になる. [＜古期英語]

▷**láme·ly** 副 不自由な足取りで; おぼつかなく. **láme·ness** 名 U 足の不自由なこと, 不具; 不十分さ.

la·mé /læméi, lɑ:-|lá:mei/ 名 U ラメ《金糸・銀糸入りの織物》. [＜フランス語 'laminated']

láme·bràin 名 C 《米話》 愚か者, ばか.

làme dúck 名 C 《時に軽蔑》 **1** 《米》 まだ任期中ではあるが再選に敗れた[任期更新はない](指導力の弱体化している)議員など. the ～ president 任期切れが近く死に体の大統領. **2** 無力[無能]な人[組織]; 役立たずの人[船など]. **3** 財政危機の会社; 《主に英》《経》 債務履行不能者.

la·mel·la /ləmélə/ 名 (複 **la·mel·lae** /-li:/, ～s) C **1** 〔骨, 組織などの〕薄層, 薄片, 薄板. **2** (キノコの傘の裏の)ひだ (gill).

***la·ment** /ləmént/ 動 (～s /-ts/|過 過分 ～·**ed** /-əd/|～·**ing**) 他 **1** を嘆き悲しむ; 〔人の死など〕を悼む. the late ～*ed* 故人, 亡夫. **2** VO (～ X/*doing*/*that* 節/"引用") X を/..したことを/..ということを/「..」と悔やむ, 残念に思う. He ～*ed* ⌞*having* made [*that* he had made] a careless error. 彼は不注意な過ちを犯したことを悔やんだ. ── 自 VA (～ *for, over*..) ..を嘆き悲しむ; 悔やむ; (類語 声を出したりして, 悲しみを外に表す嘆き方を言う; →grieve). The mother ～*ed* loudly *for* her

L

drowned son. その母親は溺(でき)死した子を思い, 声を上げて嘆き悲しんだ. ～ *over* the dead 死者を⌞前に[悼んで]泣き悲しむ.

── 名 (複 ～s /-ts/) C **1 悲嘆**, 嘆き; 悔やみ; 〈*for, over* ..に対する〉. **2** 哀悼の詩歌, 挽(ばん)歌, (elegy). [＜ラテン語「泣く」]

lam·en·ta·ble /lǽməntəb(ə)l, ləmén-/ 形 〖章〗 **1** 悲しむべき, 嘆かわしい; 悔やまれる. a ～ result 嘆かわしい結果. **2** 不満足な, お粗末な, 〔食べ物, 演技など〕. ▷ **-bly** 副 嘆かわしく(も); ひどく(下手に).

lam·en·ta·tion /læməntéiʃ(ə)n/ 名 **1** U 悲嘆に暮れること, 嘆き悲しむこと; C 悲嘆の声, 悲しみの言葉[詩歌など]. **2** 〈Lamentations; 単数扱い〉『エレミヤ哀歌』《旧約聖書中の一書; 略 Lam.》.

la·mi·a /léimiə/ 名 (複 **～mi·ae** /-miː/, **～s**) C **1** 〖ギ神話〗ラミア《頭と胸は女, 胴体は蛇の怪物》. **2** 吸血鬼; 魔女.

lam·i·na /lǽmənə/ 名 (複 **lam·i·nae** /-niː/, **～s**) C (骨, 金属などの)薄片, 薄板, 薄層; 〖植〗葉身.

lam·i·nar /lǽmənər/ 形 薄片[薄層]を成す.

làminar flów 名 C 〖物理〗層流.

lam·i·nate /lǽmənèit/ 動 他 **1** 〔金属など〕を薄く延ばす, 箔(はく)にする; を薄片に裂く[切る]. **2** 〔プラスチック, ガラス, 合板など〕を薄層を重ねて作る. ～*d* wood 合板. ～*d* glass 合わせガラス, 安全ガラス. **3** に(金属, プラスチック, 樹脂などの)薄板をかぶせる. a ～*d* book jacket 本のラミネートカバー《プラスチック, 樹脂などをはり合わせたもの》.

── 自 薄板[薄片]になる.

── /-nèit, -nət/ 形, 名 UC 薄板[薄片]状の(製品). [lamina, -ate]

lam·i·na·tion /læmənéiʃ(ə)n/ 名 U 薄板[薄片]状にする[なる]こと; UC 薄層構造(物).

Lam·mas /lǽməs/ 名 **1** 〖カトリック〗ラマス《聖ペテロの入獄と奇蹟的脱出の記念日; 8月1日》. **2** 〖英史〗収穫祭《8月1日; Scotland では quarter day の1つ; Lammas Day とも言う》.

‡lamp /læmp/ 名 (複 **～s** /-s/) C **1 ランプ**《石油などで芯(しん)を燃やし, 炎をほやで覆う》. an oil ～ 石油ランプ. an alcohol [a spirit] ～ アルコールランプ. **2 明かり**, 灯火; 電灯; 電気スタンド. an electric ～ 電灯. a fluorescent [an incandescent] ～ 蛍光[白熱]灯. a colored ～ 着色電球. a table ～ 卓上電気スタンド. turn [switch] on [off] a ～. 明かりをつける[消す]. **3** (医療用などの)ランプ. an infrared [ultraviolet] ～ 赤外線[紫外線]ランプ.

smèll of the lámp 〔作品などが〕(夜更けまで)苦心した跡が歴然と見られる《普通, 難解さなどを非難して言う》.

[＜ギリシア語「たいまつ」]

lámp·blàck 名 U 油煙《不完全燃焼によるすす; 顔料, 印刷用インクなどの原料》; (油煙から作る)黒色インク.

lámp·lìght 名 U 灯火.

lámp·lìghter 名 C (昔の街灯の)点灯夫; 〖主に米〗点灯用具《つけ木など》.

lam·poon /læmpúːn/ 名 C (痛烈な)風刺文[詩], 落首; U 風刺. a political ～ 政治的風刺文. ── 動 他 を風刺文などで(痛烈に)皮肉る, そしる. ▷ **～·er, ～·ist** 名

lámp·pòst 名 C 街灯柱.

lam·prey /lǽmpri/ 名 (複 **～s**) C 〖魚〗ヤツメウナギ《他の魚に吸い付いて血を吸う; **lámper èel** とも言う》.

lámp·shàde 名 C ランプ[電気スタンド]のかさ.

LAN local area network.

Lan·ca·shire /lǽŋkəʃər/ 名 **1** ランカシャー《イングランド北西部の州; 略 Lancs.》. **2** U ランカシャーチーズ (**Làncashire chéese**)《白っぽいまろやかな味のチーズ》.

Lan·cas·ter /lǽŋkəstər/ 名 **1** ランカスター《イングランド北西部の都市》. **2** 〖英史〗ランカスター王家 (the House of ～)《Henry IV から Henry VI まで (1399–1461); 赤バラを紋章とした; →York》.

Lan·cas·tri·an /læŋkǽstriən/ 形, 名 C **1** ランカシャー[ランカスター市]の(住民). **2** 〖英史〗ランカスター王家の(人), 赤バラ党の(党員)《the Wars of the Roses 当時のランカスター王家支持者; →Yorkist》.

‡lance /læns|lɑːns/ 名 C **1** 槍(やり)《昔騎士が馬上で用いた長柄のもの; →spear》; ＝lancer. **2** ＝lancet 1. **3** (魚を突く)やす. ***brèak a lánce with ..*** ..と議論する; 〖古〗..と槍試合をする.

── 動 他 **1** 〖医〗をランセット (lancet) で切開する. I've had the boil ～*d*. 私はおできの切開治療をしてもらった. **2** を槍[やすなど]で突く. [＜ラテン語 *lancea*「槍」]

lànce córporal 名 C 〖英軍〗伍(ご)長代理; 〖米海兵隊〗兵長《伍長 (corporal) の下》.

Lan·ce·lot /lǽnsələt|lɑ́ːns-/ 名 ランスロット《Arthur 王の円卓騎士中一番の勇士; 王妃 Guinevere の恋人; →the Arthurian legends》.

lanc·er /lǽnsər|lɑ́ːn-/ 名 **1** C 槍(そう)騎兵《lance を持った騎兵で, 欧州諸国では20世紀初頭まで存在した; →lance》. **2** 〈～s; 単数扱い〉カドリール (quadrille) (の曲).

lànce sérgeant 名 C 〖英軍〗軍曹勤務(の)伍(ご)長.

lan·cet /lǽnsət|lɑ́ːn-/ 名 C **1** 〖医〗ランセット《外科用の両刃のメス》. **2** 〖建〗鋭頂窓 (**làncet wíndow**); 鋭頂迫持(せりもち) (**làncet árch**).

Lancs. Lancashire.

‡land /lænd/ 名 (複 **～s** /-dz/)

【(海に対して)陸地】 **1** U **陸**, 陸地, (↔sea). come to ～ 陸[港]に着く. catch sight of ～ 陸地が目に入る.

【土地】 **2** U (用途, 地味などから見た)**土地**, 耕地, 地面; 〖経〗(生産資源としての)土地. arable ～ 耕地. work on the ～ 耕作に従事する. fertile [barren] ～ 肥沃(よく)[不毛]な土地. forest ～ 森林地.

> 連結 rich [fruitful; poor; sandy, marshy, stony; desert, waste, virgin] ～ // cultivate [plow, till] the ～

3 【耕地＞田園】 U 〈the ～〉田園; 田園生活; 農耕[牧畜](生活). go back to the ～ 農村(生活)に戻る, 帰農する. live off the ～ 農業, 牧畜, 狩猟などにより生活する; 〔兵士, 旅人などが〕その地で調達できるものを食べる.

4 U (資産としての)土地, 地所, (★同じ意味で ～s ともする). have some ～ in the suburbs 郊外に少し土地を持っている. houses and ～*s* 家屋や土地.

【地域】 **5** C (特定の)地域, 地方; 国土; 国, 国家; (★country の方が日常語). visit many (foreign) ～*s* たくさんの国々を訪ねる. my native ～ 私の故国[故郷]. a ～ flowing with milk and honey 乳と蜜の流れる(理想の)地《＜旧約聖書『出エジプト記』》.

6 C (特定地域の)住民; 国民. The whole ～ rejoiced at the news. 国中の人がその知らせに喜んだ.

7 【領域】 C 国, 領域, 〈*of* ..の〉. a ～ *of* wonders おとぎの国. the ～ *of* the free 自由な人々の天地《時に米国の美称として》. in the ～ *of* the living 〖戯〗(病後などで)まだ生きていて, この世で.

by lánd 陸路で[を] (→by WATER). travel *by* ～ from Paris to Rome 陸路パリからローマまで旅する. an attack by ～ and sea 陸海からの攻撃.

màke lánd 〖海〗(遠くに)陸を認める; 岸に着く.

sée [find óut] hòw the lánd lìes (行動を起こす前などに)形勢をうかがう (→the LAY[1] of the land).

── 動 (～s /-dz/|過 過分 **lánd·ed** /-əd/|**lánd·ing**) 他 【陸上に降ろす】 **1** を上陸させる; 〔荷物など〕を陸揚げする; 〔飛行機〕を着陸[着水]させる. The troops were secretly ～*ed*. 軍隊はひそかに上陸させられた. ～ a boat on the beach ボートを岸に引き揚げる. ～ the plane on its belly 飛行機を胴体着陸させる.

2 (a)〔魚〕を釣り上げる;〘話〙〔仕事など〕を勝ち取る, ものにする, (get). He ~ed a big trout. 彼は大きなマスを釣り上げた. ~ a role (芝居の)役を勝ち取る. ~ a job 仕事を見つける. (b) VOO (~ X Y) X(人)に Y をもたらす, 獲得させる. ~ a person a job [a problem] 人に仕事[問題]を与える.

【行先に降ろす】 3〔乗り物が〕〔人〕を(目的地に運んで)降ろす. The bus ~ed us at the station. バスは我々を駅まで運んでくれた.

4〘話〙〔打撃〕を加える; VOA (~ X on..) X(いやな仕事など)を..に押しつける; VOO (~ X Y) X(人)に Y(パンチなど)をきめる, 加える. ~ a punch in a person's face 人の顔にパンチを見舞う. I ~ed him one [a blow] on the nose. 彼の鼻柱に一発食らわした. Don't ~ such a chore on me. そんな退屈な仕事を私に押しつけるな.

【降ろす>陥らせる】 5 VOA (~ X in..) X(人)を〔不愉快な場所[状態]〕に入らせる, 陥らせる. A theft ~ed him in jail. 窃盗で彼は刑務所入りになった. After that I ~ed myself in difficulties. その後私は困った羽目に陥った.

— 自【降り着く】 1 上陸[下船]する; 下車する;〔飛行機が〕着陸[着水]する;〔船が〕着岸[入港]する. The party ~ed at Kobe [in Japan, on Japanese soil]. 一行は神戸[日本]に上陸した. 2〘話〙VA 着く〈up〉〈at, in, on ..に〉(arrive). ~ at a hotel ホテルに落ち着く.

【降下して止まる】 3〔鳥が〕止まる; 落ちる, 地面に当たる;〈on ..に〉. Tom threw his cap, and it ~ed on the grass. トムが帽子を投げると, それは草の上に落ちた. ~ on one's back あおむけに倒れる. 4〔パンチなどが〕当たる.

【降りる>陥る】 5 陥る〈up〉〈in ..〔好ましくない状態など〕に〉. ~ up in prison [debt] とうとう刑務所に入る[借金する羽目になる]. ~ up penniless しまいには一文無しになる.

lánd on.. 〘米話〙..を厳しくしかる, 非難する.

lànd on one's (bòth) féet = lànd like a cát (1) (落ちて)倒れずに立つ《落とされた猫は両足で着地する》. (2) (危険な目に遭いながら)難[けが]を免れる, 運がいい; 立ち直る.

lànd úp 〘話〙→自 2.

lànd ùp dóing 〘話〙とうとう..する羽目になる, (嫌々ながら)結局..することになる. John's business went bankrupt and he ~ed up working in a cheap café. ジョンの会社が倒産し, 彼はとうとう安食堂で働く羽目となった.

lánd X with Y 〘話〙X(人)に Y(望ましくないもの)を与える[余儀なくさせる, 負わせる]. Mom ~ed me with the job of cleaning all the windows. 母さんは僕に窓を全部掃除するように言いつけた. be ~ed with an old car 中古車を(売り損なって)抱え込む. [<古期英語]

lánd àgent 名 C 土地周旋業者;〘英〙土地管理人.

lan·dau /lǽndɔː, -dau|-dɔː/ 名 C ランドー馬車《前後から幌(ほろ)がかかる2人乗り4輪馬車; <この馬車が最初に作られたドイツの地名》; ランドー型自動車.

lánd brèeze 名 UC 陸(軟)風《陸から海に吹く風; ↔ sea breeze》.

lánd brìdge 名 C 〘地〙陸橋《2つの陸地をつなぐ帯状の土地》.

lánd cràb 名 C オオガニ《陸上に住み海で卵を産む》.

lánd·ed /-əd/ 形 〈限定〉 1 土地を所有している. a ~ proprietor 地主. the ~ interests 大地主階級, 地主側. the ~ gentry (英国の)大地主階級. 2 地所の, 地所から成る. a ~ estate 所有地, 不動産. 3 陸揚げした.

Lan·ders /lǽndərz/ 名 **Ann** ~ ランダーズ (1918–)《米国の新聞の身上相談欄の女性回答者》.

lánd·fàll 名 UC (航海, 又は飛行中)初めて陸地を見ること; 見たその陸地; 着岸, 着陸; (台風などの)上陸. make ~ 長旅の後初めて陸地を見る. make a good ~ 予測通りに陸地に接近する.

lánd·fìll 名 UC (ごみの)埋め立て, ごみ処理; 埋め立て地[ごみ].

lánd fòrces 名 〈複数扱い〉 陸上部隊.

lánd·fòrm 名 C 地形.

lánd grànt 名 UC 〘米〙(学校, 鉄道などに対する政府の)土地払い下げ; その土地.

lánd·hòlder 名 C 土地保有者《地主も意味するが, 普通は借地人》.

***land·ing** /lǽndiŋ/ 名 (複 ~s /-z/) 1 UC **上陸**; (荷物の)陸揚げ; (飛行機の)**着陸**, 着水, (↔takeoff); (船の)着岸; (跳躍後の)着地. The plane made a safe [forced] ~. 飛行機は無事に着陸[不時着]した. a soft ~ 軟着陸. 2 C 着岸地; 荷揚げ場; 波止場; (**lánding plàce**). 3 C (階段を)上り[降り]きった所; 踊り場.

lánding bèam 名 C 〘空〙着陸誘導電波.

lánding cràft 名 C 〘軍〙上陸用舟艇.

lánding fìeld [gròund] 名 C 着陸場, 滑走路.

lánding gèar 名 C 〘空〙(車輪, ブレーキなどの)着陸装置, 着水装置, (undercarriage).

lánding nèt 名 C たも網《釣った魚をすくい上げる》.

lánding stàge 名 C (上陸, 荷揚げ用の)浮き桟橋.

lánding strìp 名 =landing field, airstrip.

***land·la·dy** /lǽndlèidi/ 名 (複 -dies /-z/) C 1 **女家主**; 女地主. 2 (旅館, 下宿, パブの)**女主人**, おかみ. 3 旅館などの主人 (landlord) の妻. ◇男 landlord

lánd·less 形 土地のない, 土地を持たない.

lánd·lòcked /-t/ 形 1 (他国に囲まれて)港を持たない〔国など〕, 陸に(ほとんど)囲まれた〔湾, 港など〕. a ~ country 内陸国. 2〔マス, サケ科などの魚が〕陸封の《本来の海水魚が地形の変化で海に出られず淡水に棲むようになった場合に言う》.

***land·lord** /lǽndlɔ̀ːrd/ 名 (複 ~s /-dz/) C 1 **家主**; 地主; (↔tenant). 2 (旅館, 下宿, パブの)**主人**, 亭主. 3 旅館などの女主人 (landlady) の夫. ◇女 landlady

lánd·lùbber 名 C 〘旧話〙おか者, 新米水夫, 《水夫が経験の浅い船乗りをばかにして言う》. ▷ **~·ly** 形 新米水夫の.

†**lánd·màrk** 名 C 1 (航海者, 旅行者などの)陸標, 目印, 《例えば特異な形の山頂, 高い塔など》. 2 境界標. 3 画期的な出来事[事実]. ~s in Japanese history 日本史上の画期的な(幾つかの)事件. 4 (特に文化財として指定された)史的建造物. 5 〈形容詞的〉 (時代を画すような)重大な, 画期的な. reach a ~ decision [agreement] 歴史的な決断[協定, 同意]に至る.

lánd·màss 名 C 広大な土地; 大陸.

lánd mìne 名 C 〘軍〙地雷; パラシュート爆弾.

lánd òffice 名 C 〘米〙公有土地管理事務所.

lànd-office búsiness 名 C 〘米話〙大繁盛の商売.

Lànd of Nód 名 〈the ~〉 (童話の)眠りの世界.

Lànd of Prómise 名 = Promised Land.

Lànd of the Mìdnight Sún 名 〈the ~〉 Lapland の別名.

†**lánd·òwner** 名 C 土地所有者, 地主.

lánd·òwning 形 〈限定〉 土地を所有する, 地主の. the ~ class 地主階級.

lánd-pòor 形 〘米〙(税金, 維持経費にも満たない)非生産的な土地を抱えた, 土地倒れの.

lánd refòrm 名 UC 農地改革.

lánd règistry 〘英〙名 1 C 土地登記所. 2 〈the L- R-〉 土地登記簿.

Lánd Ròver 名 〘商標〙ランドローバー《でこぼこ道に耐えられる頑丈な自動車; 英国製》.

***land·scape** /lǽn(d)skèip/ 名 (複 ~s /-s/) 1 C **風景**, 景色; 眺望; (類語 主に内陸の風景; →sight). A picturesque ~ presented itself before our eyes. 我々の眼前に絵のような風景が開けた. ★この語を基に

seascape, cityscape, moonscape などの語ができた.
2 Ⓒ (ある分野などの)状況, '景観'. the political ～ of Japan 日本の政治状勢. **3** Ⓒ 風景画, 山水画; Ⓤ 風景画法. a ～ painter 風景画家.
── 動 他 〔庭, 環境〕を美しくする, ととのえる, 〈*with*..〔草木, 花など〕で〉〈普通, 受け身で〉.
[＜中期オランダ語 (＜*lant* 'land'＋*scap* '-ship')]

lándscape àrchitect 名 Ⓒ 造園技師; 都市風致計画技師.

lándscape àrchitecture 名 Ⓤ 造園技術; 都市風致計画(法).

lándscape gàrdener 名 Ⓒ 庭師, 造園家.

lándscape gàrdening 名 Ⓤ (風景式)造園(術)《幾何学的配置の造園と区別して; →topiary》.

lándscape mòde 名 Ⓤ 〖印〗(紙, 写真などの)横長 (↔portrait mode). in ～ 横長に.

Lànd's Énd 名 ランズエンド岬《イングランドの最西端》. from ～ to John o'Groats 〖英〗ブリテン島の端から端まで, 全土にわたって.

lánd·sìde 名 Ⓒ ランドサイド《空港内の搭乗者以外の人の立ち入りが許される区域; →airside》.

‡**lánd·slìde** 名 Ⓒ **1** 地滑り, 山崩れ; 崩れ落ちた土砂. **2** (特に選挙での)圧勝. a ～ victory [win] 地滑り的大勝利. win .. by [in] a ～ ..に圧勝する.

lánd·slìp 名 Ⓒ 〖主に英〗(小規模な)地滑り.

lánds·man /-mən/ 名 (複 **-men** /-mən/) Ⓒ **1** 陸上生活者[勤務者] (↔seaman). **2** ＝landlubber.

land·ward /lǽndwərd/ 副 陸の方へ, 陸に向かって.
── 形 〈限定〉陸の方への, 陸に向かう.

lánd·wards 副 ＝landward.

***lane** /lein/ 名 (複 **～s** /-z/) Ⓒ **1** (生け垣, 土手などの間の)**小道**, 田舎道; (都会の)横町, 路地, ..通り《固有名詞の一部に用いられる》. a winding ～ 曲がりくねった小道. a blind ～ 袋小路. A ～ leads up a hill. 小道が1本丘を上っていている. It is a long ～ that has no turning. 〖諺〗待てば海路の日和あり《変化は必ず生じる＜道には分岐点があるのが普通＜分岐点がないのは長い道だ》. **2** (人垣などの間の)通路. **3** (船, 飛行機などの)航路. a shipping ～ 船舶航路. →sea lane, air lane. **4** 車線. a four ～ highway 4 車線の幹線道路. the overtaking [fast, passing] ～ 追越車線. **5** 〖競技〗(陸上競技, 競泳などの)コース, トラック. *Lane* No. 3 第3コース. **6** (ボウリング場の)レーン (bowling alley). [＜古期英語]

láne clòsure 名 ⓊⒸ (道路の)車線閉鎖.

lang. language.

Lang·ly /lǽŋli/ 名 ラングリー《米国ヴァージニア州北部の都市; CIA 本部(通称 the ～)がある》.

lang·syne /læ̀ŋzáin, -sáin/ 〖スコ〗副, 名 Ⓤ 久しい以前(に), 昔, 《＝'long since'; →auld lang syne》.

‡**lan·guage** /lǽŋgwidʒ/ 名 (複 **-guag·es** /-əz/)
【言語】 **1** Ⓤ **言語**, 言葉. acquire ～ 言語を修得する. Man is the only animal that possesses ～. 人間は言葉を持つ唯一の動物である.
2 【言語に似たもの】 ⓊⒸ (動物の鳴き声などによる)言葉; (非言語的記号体系の)言葉 《手話など》. Deaf and dumb people use sign ～. 聾啞(ろうあ)者は手話を使う. body ～ 身振り言語. the ～ of flowers 花言葉. (a) computer ～ コンピュータ言語. a programming ～ プログラミング言語《BASIC, FORTRAN などプログラムを設計するための規則》.
【特定の言語】 **3** Ⓒ (国, 地域, 民族の)**言語**, ..語. the French ～＝French フランス語. Can you speak a foreign ～ fluently? 外国語がすらすらと話せますか. one's native [first] ～ 母語. an acquired ～ (後から)習得した[獲得した]言語. 語法 前に国名の形容詞 (English など)を付けると普通定冠詞を付けるが, 〖話〗や本のタイトル, 特に学科目名としては冠詞を省くことが多い: English *Language*.

連結 a classical [an ancient, a dead; a living, a modern; a national; a second; an international, a universal, a world] ～ // understand [learn; command, master; enrich; purify] a ～

4 ⓊⒸ 専門語, 術語, 用語. legal [scientific] ～ 法律[科学]用語. the ～ of religion 宗教用語.
5 【言葉遣い】 Ⓤ ..言葉; 語法, 言い回し; 文体. written [spoken] ～ 書き[話し]言葉. mind [watch] one's ～ 言葉を慎む. use bad ～ to a person 人を口汚くののしる. in strong ～ 激しい言葉で《特に罵詈(ばり)雑言》. Chaucer's [biblical] ～ チョーサー[聖書]の語法[文体].

連結 colloquial [informal; formal, official; literary; figurative; idiomatic; everyday, plain, simple; elegant; polite; coarse, dirty, foul, indecent, vulgar] ～

6 Ⓤ 語学; 言語学 (linguistics). major in ～ 大学で(言)語学を専攻する.
spèak* [*tàlk*] *the sàme lánguage 話が合う, 同じ考え方をする. 語法 He *speaks* your [a different] language. (彼はあなたと同じ[違った]考え方をする), We *talk* different *languages*. (我々はそれぞれ考え方が違う)のように一部変えた表現もできる.
[＜ラテン語 *lingua*「舌, 言語」]

lánguage làboratory 名 Ⓒ ラボ, LL, 《語学練習室》.

lánguage schòol 名 ⓊⒸ 語学学校.

langue /lɑːŋ/ 名 Ⓤ 〖言〗ラング《抽象的言語体系; →parole》. [フランス語; language と同源]

‡**lan·guid** /lǽŋgwid/ 形 ⓜ 〖章〗 **1** けだるい, 物憂い. feel ～ だるい. a ～ walk のろのろした(しかし上品な)歩き方. **2** 気乗りしない; 無関心で[な]. **3** 〔市場などが〕活気がない. a ～ trade 不景気な商売.
◇名 languor [＜ラテン語「だるい」] ▷ **～·ly** 副 物憂そうに, けだるい様子で; のろのろと.

†**lan·guish** /lǽŋgwiʃ/ 動 自 **1** (体が)衰える, 元気がなくなる; 〔植物が〕しおれる; 〔活動などが〕衰退する, だれる. Our conversation ～*ed*. 私たちの会話はだれた. **2** 〔興味, 熱意などが〕薄れる. **3** VA 悩んで暮らす, 苦しむ, つらい思いをする, 〈*in, over, under* ..〔圧制など〕に〉. ～ *in* poverty 貧乏に苦しむ, 貧窮する. **4** VA (**～ *for*..**) ..に思い焦がれる. ～ *for* love 愛に飢えている. ◇名 languor [＜ラテン語 *languēre*「無力である」]

lán·guish·ing 形 次第に衰弱する; 〔病気などが〕長びく; 〔表情などが〕物悲しそうな(そぶりをする); 気[同情]を引く.

lan·guor /lǽŋgər/ 名 〖章〗 **1** Ⓤ けだるさ, 倦(けん)怠(感); 無気力; 無関心. **2** Ⓒ 〈しばしば ～s〉物思い, 感傷. **3** Ⓤ (空気などの)重苦しさ, うっとうしさ. **4** Ⓤ 深い静けさ, 快い静寂. ◇形 languid 動 languish

lan·guor·ous /lǽŋgərəs/ 形 〖章〗 **1** ＝languid. **2** 〔天候などが〕うっとうしい. ▷ **～·ly** 副

lan·iard /lǽnjərd/ 名 ＝lanyard.

lank /læŋk/ 形 **1** 〔毛髪が〕まっすぐでつやのない, 縮れ毛でない. **2** ひょろ長い, しおれた, 〔植物〕; ＝ lanky. [＜古期英語「曲がりやすい」] ▷ **lánk·ness** 名

lank·y /lǽŋki/ 形 ⓔ 〔手足, 人などが〕(不格好に)ひょろ長い (→leggy). ▷ **lank·i·ness** 名

lan·o·lin(e) /lǽn(ə)lən/ 名 Ⓤ ラノリン《羊毛脂; 軟膏(こう)などに用いる》.

Lan·sing /lǽnsiŋ/ 名 ランシング《米国 Michigan 州南部の都市; 州都》.

***lan·tern** /lǽntərn/ 名 (複 **～s** /-z/) Ⓒ **1** ランタン, 角灯, カンテラ; ちょうちん (paper lantern). **2** ＝magic lantern. **3** (灯台の)灯火室. **4** 〖建〗頂塔; 明かり窓《ドームなどの採光・通風のため》. [＜ギリシア語「たいまつ, 明かり」; lamp と同源]

lántern jàw 名C 細長く突き出た(下)あご《~s は上下あご》. ▷**lántern-jàwed** 形

lántern slìde 名C 幻灯のスライド《magic lantern 用》.

lan·tha·num /lǽnθənəm/ 名U 〖化〗ランタン《希土類元素; 記号 La》.

lan·yard /lǽnjərd/ 名C **1**〖海〗(船上で使う)締め綱. **2** (首, 肩などにかけ, ナイフ, 笛などをつるす)つりひも.

La·oc·o·ön /leiɑ́kouɑ̀n|-ɔ́kouɔ̀n/ 名〖ギ神話〗ラオコーン《Troy の Apollo 神殿の祭司; トロイ戦争でギリシア軍の木馬の計を見破ったため, 神の怒りに触れ, 双子の息子と共に 2 匹の海蛇に絞め殺された》.

Laos /laus, lɑ́:ous|lauz, laus/ 名 ラオス《インドシナ半島北西部の共和国; 首都 Vientiane》.

La·o·tian /leióuʃən|láuʃiən/ 形 ラオスの; ラオス人[語]の. ── 名C ラオス人; U ラオス語.

Lao-tse, -tzu /làudzʌ́|lɑ̀:outséi, làu-/ 名 老子 (604?–531? B.C.)《中国の哲学者; Taoism (道教)の開祖》.

****lap**[1] /læp/ 名 (複 **~s** /-s/) C 【ひざ】 **1** ひざ (類語 座った時のもも上側の部分; →knee). sit with a child *in* [*on*] one's ~ 子供をひざに抱いて座る. **2** (スカートなどの)ひざの部分. She carried chestnuts in her ~. 彼女はクリをスカートのひざ上に入れて運んだ. **3** くぼんだ所, 山ふところ.

【母のひざ>育てる場所】 **4** 育てる環境; 保護[責任, 管理など]の範囲. Everything falls [drops] *in* [*into*] his ~. 彼にとって万事とんとん拍子にいく. Don't drop all this work *in* [*on*] my ~. この仕事をみんな私に押しつけないでください.

in the làp of lúxury ぜいたくざんまいに[の]. live [grow] *in the* ~ *of luxury* ぜいたくざんまいの生活をする[中で育つ].

in the làp of the góds (状況, 事の成否などが)神の手にゆだねられて[た], 人力が及ばない, 不確かな.

Màke a láp. 〖米俗〗座れ (Sit down.).

[<古期英語「垂れ下がったもの, 裾(すそ)」]

***lap**[2] /læp/ 動 (**~s** /-s/|過 過分 **~ped** /-t/|**láp·ping**) 他 【重ねる】 **1**〖主に雅〗VOA を(重ねて)包む〈*in* ..に〉; をまとう[まとわせる], 巻く, 〈*about*, (*a*)*round* ..に〉; を包む〈*about*, (*a*)*round*〉. ~ a baby *in* a blanket 赤ん坊を毛布でくるむ. He was ~*ped in* a warm coat. 彼は暖かいコートをまとっていた. He is ~*ped in* luxury. 彼はぜいたくに暮らしている. **2** を(部分的に)重ねる〈*over* ..に〉. ~ one plank *over* another 板をもう 1 枚の上に少し重ねて並べる. The roof slates are ~*ped*. 屋根のスレートは少しずつずらして葺(ふ)いてある.

3〖競技〗〔競走相手〕を1 周(以上)抜く.

── 自 **1** (部分的に)重なる; はみ出る, 延びる. ~ over (→成句). **2** VA 1 周[1 往復]する. ~ in under three minutes 3 分以内で 1 周する.

làp óver はみ出てかぶさる; ずれ込む, 延長する. The cloth ~*s over* three inches. テーブルクロスは 3 インチ下がっている. Class ~*ped over* today. 今日は授業時間が延びた.

láp over .. ..をはみ出てかぶさる; ..を充分に覆う.

── 名C **1** 重なり合った部分, 重なり. **2**〖競技〗(トラックなどの) 1 周, 競泳の片道[1 往復], ラップ. pass the other runners on the last ~ 最後の 1 周で他の走者を抜く. **3** (旅行などの) 1 行程. **4** (ロープなどの)ひと巻き《円筒状のものをひと巻きする長さ》. [<lap[1]]

***lap**[3] /læp/ 動 (**~s** /-s/|過 過分 **~ped** /-t/|**láp·ping**) 他 **1**〔特に犬, 猫などが〕をぴちゃぴちゃ飲む, ぺろぺろなめて食べる, 〈*up*〉. **2**〔波などが〕にひたひたと寄せる, をぴちゃぴちゃ洗う. The waves ~*ped* the shore [side of the boat]. 波が岸[船べり]にひたひたと寄せていた.

── 自 VA〔波などが〕ひたひたと寄せる, ぴちゃぴちゃ洗う, 〈*against*, *on* ..に〉; ぴちゃぴちゃ飲む, ぺろぺろなめる, 〈*at* ..を〉. The water ~*ped* (*up*) *against* [*on*] the shore gently. 水は岸に当たってぴちゃぴちゃと音を立てていた. ~ *at* a saucer of milk〔犬, 猫などが〕ミルクをぴちゃぴちゃ飲む.

làp /../ úp (1) ..をぴちゃぴちゃなめ尽くす. (2) ..をがつがつ食べる[飲む]. (3) ..を熱心に[喜んで]受け入れる;〔話, 嘘など〕をうのみにする, 真(ま)に受ける. ~ *up* an empty compliment 空世辞を真に受ける.

── 名 **1** C (音を立てて)なめること; ひとなめ分(の流動食など). empty a plate with two ~*s* of the tongue〔犬などが〕ふたなめで皿を空にする. **2** U〈the ~〉(岸を打つ)小波の音 (lapping). **3** U (犬用などの)流動食, なめるようにして食べるもの. [<古期英語「飲む, なめる」]

lap·a·ro·scope /lǽpərəskòup/ 名C〖医〗腹腔鏡.

lap·a·ros·co·py /læ̀pərɑ́skəpi|-rɔ́skəpi/ 名U〖医〗腹腔鏡検査(法), ラパロスコピー.

La Paz /lə-pǽz, lə-pɑ́:s|lɑ:-pǽz/ 名 ラパス《南米ボリビア西部の都市; 政庁所在地; 首都は Sucre》.

láp·bòard 名C ひざ板《食卓, 机代わりにひざに載せる平らな板》.

láp·dòg 名C **1**〖しばしば軽蔑〗ペット犬《チンのように小さくてひざに載せられる》. **2**〖軽蔑〗人の言い成りになる人[組織], 子分.

‡la·pel /ləpél/ 名C (上着などの)折り襟, 折り返し, ラペル. [<lap[1]] ▷**la·pelled** /-d/ 形

lap·ful /lǽpfùl/ 名C スカートなどのひざの部分[前掛け]一杯(の数量). a ~ of chestnuts (スカートの)ひざの部分にのせられるだけのクリ.

lap·i·dar·y /lǽpədèri|-d(ə)ri/ 名 (複 **-ries**) **1** C 宝石細工師, 宝石商. **2** U 宝石細工術.

── 形 **1** 宝石細工の. **2**〖章〗石に刻んだ〔文字など〕. **3** 碑文(体)の, 碑銘にするに適当な〔語句など〕.

[<ラテン語 *lapis*「石」]

lap·is laz·u·li /læ̀pəs-lǽzjuli:, -lài|-lài/ 名U **1**〖鉱〗瑠璃(るり), ラピスラズリ. **2** 瑠璃色. [中世ラテン語 'azure stone']

Lap·land /lǽplæ̀nd/ 名 ラップランド《Scandinavia 半島最北部の地域》. ▷**~·er** 名 =Lapp.

La Plata /lə-plɑ́:tə/ 名 **1** ラプラタ《南米アルゼンチン東部, ラプラタ川河口の港市》. **2** →Plata.

làp of hónor 名 (複 **laps-**) C ウィニングラン《勝者が拍手に応えて競技場を 1 周すること》.

Lapp /læp/ 形, 名C ラップ(ランド)人 (Laplander) (の); U ラップ語(の).

lap·pet /lǽpit/ 名C **1** (衣服, 婦人帽などの)たれ; ひだ. **2** (七面鳥, 牛などの)肉垂(にくすい) (wattle). **3** 耳たぶ. [lap[1], -et]

láp ròbe 名C〖米〗ひざ掛け (〖主に英〗rug).

***lapse** /læps/ 名 (複 **láps·es** /-əz/) C **1** (時間の)**経過**, 推移; 経過した時間. after a ~ of two years 2 年が経過した後に. a time ~ between the occurrence of an accident and the beginning of rescue activities 事故の発生から救助活動開始までの時間.

2 逸脱, 喪失, 〈*from* ..からの, ..の〉; 陥る[至る]こと〈*into* ..に〉. a sudden ~ *from* confidence たちまち信頼[自信]を失うこと. a ~ *into* silence [crime] 黙り込む[罪に陥る]こと.

3 ふとした**間違い**, 軽い過失, (類語 slip[1] とほぼ同義だが, ミスを誘ううかつさや物忘れなどを強調; →mistake). a spelling ~ つづりのうっかりミス. commit a ~ of the pen [tongue] つい筆[口]が滑る. suffer from frequent ~*s* of memory [concentration] 物忘れが頻繁で[集中力が散漫で]困る.

4 (一時的な)堕落. a ~ of youth 若気の過ち.

5 (次第に起こる)衰え, 落ち込み; 廃れ; 〈*of* ..〔習慣など〕の〉. a temporary ~ *of* grain production 穀物生産

L

L

の一時的落ち込み.
6 〘法〙(怠慢などによる権利などの)消滅, 失効.
── 動 自 1 VA わき道へそれる, 堕落する, 〈*from* ..から〉; 陥る〈*into* ..〔罪など〕に〉, 戻る〈*into* ..〔悪習など〕に〉. ～ *from* good manners だんだん行儀が悪くなる. ～ *into* slang [dialect] つい俗語[方言]が出る. The German merchant often ～*d into* German while speaking in English. そのドイツ人の商人は英語を話している時にしばしばドイツ語の地が出てしまっていた.
2 VA (～ *into* ..) (次第に, ゆっくりと)..の状態になる. ～ *into* a coma 昏睡(こんすい)状態に陥る. ～ *into* silence [sleep] 黙り[眠り]こんでしまう. 3 〔時が〕(知らない間に)過ぎ去る, 経過する, (pass) 〈*away*〉.
4 〘法〙〔権利などが〕(継続・更新されずに)消滅する; VA (～ *to* ..)〔人手〕に渡る. 5 〔習慣などが〕廃れる; 〔関心などが〕消える. 6 信仰を捨てる.
[＜ラテン語「失策」(＜*lābi* 'glide, slip')]

lapsed /-t/ 形 〈限定〉 1 (信仰などを)捨てた. a ～ Christian キリスト教背教者. 2 〘法〙失効した, 無効の.

lápse ràte 名 C 〘気象・空〙減率《高度と共に気温が下がる率》.

láp tìme 名 C 〘競技〙ラップタイム《競走・競泳などで一定区間の所要時間》.

láp·tòp 形, 名 C ラップトップ型の(コンピュータ)《desktop より小さい; ＜ひざの上にのせて使える》.

La·pu·ta /ləpjúːtə/ 名 ラピュータ島《非現実的な夢にふける人間の住む空中を飛行する浮き島; ＜Swift, *Gulliver's Travels*》.

La·pú·tan /-n/ 名 C 1 ラピュータ島の住民. 2 夢想家. ── 形 1 ラピュータ島の. 2 夢想にふける; ばかげた.

láp·wìng 名 C 〘鳥〙タゲリ (pe(e)wit)《チドリ科》.

lar·board /láːrbərd/ 名 U, 形 〘海・古〙左舷(さげん)(の). (★今は普通 port[4] を用いる; ↔starboard).

lar·ce·ner, -nist /láːrs(ə)nər/, /-nist/ 名 C 〘法〙窃盗犯人.

lar·ce·nous /láːrsənəs/ 形 〘法〙窃盗の. ▷～·ly 副

lar·ce·ny /láːrs(ə)ni/ 名 (複 **-nies**) 〘法〙U 窃盗罪; C 窃盗; (theft). →grand [petty] larceny. [＜ラテン語「追いはぎ」]

larch /lɑːrtʃ/ 名 C 〘植〙カラマツ; U カラマツ材.

lard /lɑːrd/ 名 U ラード《精製した豚の脂; 料理用など》.
── 動 他 1 にラードを塗る; (風味を増すため)〔肉など〕に豚の脂肉[特にベーコン]を挟む; 〔肉, 魚など〕に挟む〈*with* ..〔スパイスなど〕を〉. 2 〘しばしば軽蔑〙〈普通, 受け身で〉〔文章など〕を飾る〈*with* ..〔比喩, 引用句など〕で〉. [＜ラテン語「ベーコンの脂」]

lar·der /láːrdər/ 名 C 食糧貯蔵室[戸棚]; U 貯蔵食糧. stock up one' ～ 貯蔵食糧を蓄える.

la·res and pe·na·tes /lé(ə)riːz-ən(d)-pənéitiːz, léi-|-penáːteiz/ 名 〈複数扱い〉ラレースとペナーテース《古代ローマの家庭の守護神》; 家宝, 家財.

‡**large** /lɑːrdʒ/ 形 e (**lárg·er** /-ər/|**lárg·est** /-əst/)
【大きい】 1 大きい[な]; 広い; (↔small; 類語 →big; 「非常に大きい」の意味では enormous, gigantic, huge, immense, vast を用いる). He moved into a ～ house. 彼は大きな家に引っ越した. be ～ of limb 〘章〙=have ～ limbs 手足が大きい.
【数量が大きい】 2 多量の; 多数の. a ～ sum of money 多額の金. a ～ quantity of water 大量の水. eat a ～ supper 夕飯をたくさん食べる. a ～ audience 大聴衆. a ～ family 大家族.
【範囲, 規模が大きい】 3 広範な〔権限など〕; 広い〔見識など〕; 寛大な〔心など〕. a ～ responsibility 広範な責任. a ～ heart 寛大な心. on a ～ scale 大規模に.
4 大規模な; 〔寸法などが〕大きい方の. a ～ farmer 大農. a ～ company 大企業. This hat is on the ～ side. この帽子は大きめです. 5 大げさな〔話など〕. 6 有名な; 重要な, 主要な; 重大な, 深刻な. 7 〘海〙順風の.
as làrge as lífe →life.
── 名 〈次の成句で〉
****at lárge*** (1) 自由で; 〔犯人, 危険な動物などが〕捕まらないで, 野放しで. The robber is still *at* ～. その強盗はまだ捕まらない. (2) 一般の[に]; 全体として(の); 〘米〙〈*at-large* とも綴る〉〔議員が〕全州[郡, 都市]から選出された. society *at* ～ 社会全体. a Congressman *at* ～ 〘米〙全州選出下院議員《10年ごとの人口増減に基づく選挙区是正が総選挙に間に合わない場合に 1 州を 1 区として選出された議員》. (3) 十分に, 詳細に. (4) 特定の目標[対象, 計画]なしに, 無作為に. (5) 無任所の, 任務地のない. an ambassador *at* ～ 無任所大使.
in (the) lárge 大規模に; 広い見地から(言えば); (↔in little). A cabinet minister should look at affairs *in the* ～. 大臣は物事を大局的に見なければならない.
── 副 大きく; 大げさに. write ～ 大きな字で書く. talk ～ 大言壮語する. ***bỳ and lárge*** →by.
[＜ラテン語 *largus*「豊富な, ふんだんな」]

làrge-bóned /(移)/ 形 骨太の.

làrge cálorie 名 C キロカロリー《1000 グラムカロリー》.

làrge·héarted /-əd (移)/ 形 思いやりのある, 親切な, 寛大な.

làrge intéstine 名 〈the ～〉〘解剖〙大腸.

***lárge·ly** /láːrdʒli/ 副 1 c 大いに, 大部分(は); 主に, 主として; 大ざっぱに. His success was ～ due to good luck. 彼の成功は大部分幸運によるものだった. The country is ～ desert. その国は大部分砂漠だ. ～ because he was against the plan 主として, 彼がその計画に反対だったので. ～ speaking 大ざっぱに言って.
2 m 〘旧〙たくさん; 大規模に; 広く; 気前よく〔与えるなど〕. She spends her money ～ on jewelry. 彼女は宝石に思い切りお金を使う.

làrge-mínded /-əd (移)/ 形 心の広い, 度量の大きな; 寛容な. ▷～·ly 副 ～·ness 名

lárge·ness 名 U 1 大きいこと, 広大さ; 多大. 2 広範さ; 寛大さ; 大規模.

làrger-than-lífe /(移)/ 形 〈主に限定〉誇張された; 並外れた.

†**lárge-scàle** 形 〈限定〉1 広範囲の; 大規模な. 2 大縮尺の〔地図, 模型など〕《縮小率が小さい》.

làrge-scale integrátion 名 U 〘電算〙大規模集積回路《略 LSI》.

lar·gess(e) /lɑːrdʒés, ⌒⌒/ 名 U 〘章〙気前のよさ; 気前のいい心付け[贈り物]. [＜古期フランス語 'largeness']

lar·ghet·to /lɑːrgétou/ 〘楽〙形, 副 ラルゲットの[で], やや遅い[遅く], 《ラルゴよりやや速い; →tempo》. ── 名 (複 ～s) C ラルゲットの楽章. [イタリア語 (largo の指小語)]

larg·ish /láːrdʒiʃ/ 形 やや大きい, 大きめの.

lar·go /láːrgou/ 〘楽〙形, 副 ラルゴの[で], 遅い[遅く], (→tempo). ── 名 (複 ～s) C ラルゴの楽章. [イタリア語 'broad, slow' (＜ラテン語 *largus* 'large')]

lar·i·at /lǽriət/ 名 C 1 〘主に米〙=lasso. 2 (牧草をはむ家畜の)つなぎ縄.

***lark**[1] /lɑːrk/ 名 (複 ～s /-s/) C 1 ヒバリ《ヒバリ科の鳴鳥; 特に skylark》. be as happy as a ～ とても楽しい. 2 ヒバリに似た鳴鳥《meadowlark など》.
rise [get ùp, be ùp] with the lárk 早起きする.
[＜古期英語; 原義は「小さな歌い手」]

lark[2] 名 C 〘話〙(スリルがあって)愉快な[面白い]こと; 陽気な騒ぎ; 悪ふざけ, 冗談; おかしな[馬鹿げた, 不愉快な]こと. What a ～! 何て面白いんだろう. for a ～ 冗談に, いたずらに, 面白がって. Blow [Sod] that for a ～! 〘英話〙冗談じゃないよ(もう沢山だ[そんなことは出来ない]). I don't much like this cleaning [gardening] ～. 私はこの掃

除[庭造り]というつまらない仕事は好かない. ── 動 自 《話》 VA (〜 *about, around*) ふざける, 浮かれる.
[?<《方》 *lake*「遊ぶ」]

lárk·spùr 名 C 《植》 ヒエンソウ(飛燕草)の類 (delphinium).
lar·ri·kin /lǽrəkin/ 名 《オース話》 = hooligan.
Lar·ry /lǽri/ 名 Lawrence の愛称.
†**lar·va** /lɑ́:rvə/ 名 (複 **lar·vae** /-vi:/) C 幼虫 (→ pupa, imago); (変態する動物の)幼生 《オタマジャクシなど》. [ラテン語「幽霊, 仮面」]
lar·val /lɑ́:rv(ə)l/ 形 〈限定〉 **1** 幼虫の(ような). A tadpole is the 〜 form of a frog. オタマジャクシはカエルの幼生である. **2** 潜在する〔病気〕.
la·ryn·ge·al, -gal /lərínd͡ʒiəl | lærind͡ʒí:əl/, /ləríŋgəl/ 形 **1** 《解剖》 喉(こう)頭 (larynx) の. **2** 《音声》 喉頭(音)の, 声門(音)の, (glottal). ── 名 C 《音声》 喉頭[声門]音.
lar·yn·gi·tis /lærənd͡ʒáitəs/ 名 U 《医》 喉(こう)頭炎.
lar·ynx /lǽriŋks/ 名 (複 **la·ryn·ges** /ləríndʒi:z/, 〜·es) C 《解剖》 喉(こう)頭(《話》 voice box).
la·sa·gna, -gne /ləzɑ́:njə/, /ləzǽnjə, -njei/ 名 U ラザーニャ 《平たい pasta (料理)の一種》. [イタリア語「おまる, 料理用なべ」]
La Sca·la /lə-skɑ́:lə/ 名 スカラ座 《ミラノにあるイタリアを代表する歌劇場; 1776 年創立》.
las·civ·i·ous /ləsíviəs/ 形 みだらな, 好色な; 扇情的な. ▷ **〜·ly** 副 **〜·ness** 名
*__la·ser__ /léizər/ 名 (複 **〜s** /-z/) C 《物理》 **レーザー** (optical maser) 《光の増幅器; その光線 (laser beam) は金属切断, 外科手術, 光通信など用途が広い; <*l*ight *a*mplification by *s*timulated *e*mission of *r*adiation; →maser》.
láser dìsk 名 C レーザーディスク.
láser prìnter 名 C 《電算》 レーザープリンター.
Láser·Vìsion, Láser·vìsion 名 U 《商標》 レーザービジョン 《CD-video 装置の一種》.
†**lash**[1] /læʃ/ 名 C **1** むちひも 《むち (whip) の柄(え)の先に付けたひも》; (むち打ち用の)革ひも. **2** むち打ち; 《古》 〈the 〜〉 むち打ちの刑. The slave was given thirty 〜*es* for trying to escape. 奴隷は逃亡しようとしたかどで 30 回むちで打たれた.
3 (むちひものような)速い動き; (風雨や言葉などのむち打つような)激しさ; (むち打たれるような)苦痛; 痛烈な非難. the 〜 of an animal's tail 動物の尾のむちのような動き. She gave her husband a 〜 with her tongue. 彼女は夫を痛罵(ば)した. the 〜 of conscience 良心の呵責(かしゃく).
4 〈普通 〜es〉 まつげ (eyelash).
── 動 他 **1** 〔人(の背中)〕をむち打つ; を打ちすえる. **2** 〔雨, 風などが〕に激しく当たる, 打ち[吹き]つける; 〔あらしなどが〕を襲う. The waves 〜*ed* the shore. 波が岸に激しく打ちつけた.
3 【むちのように振る】 〔動物が〕〔尾〕を激しく振る; 〔手足など〕を急に動かす. The caged tiger 〜*ed* its tail. 檻(おり)に入れられた虎(とら)は(怒って)激しく尾を振った.
4 を激しく非難する; に皮肉を浴びせる; をきつくしかる; 〈*with* ..で〉. Ann 〜*ed* me *with* a torrent of angry words. アンは滝のような怒りの言葉を私に浴びせた.
5 VOA (〜 X *into* ..) X を刺激して[怒らせて]..(の状態)にさせる. 〜 a person [oneself] *into* a fury 人を激怒させる[激怒する].
── 自 **1** VA むちで打つ 〈*at* ..を〉. **2** VA 〔雨, 風などが〕激しく打ちつける 〈*down*〉 〈*at, across, against* ..に〉; 〔雨などが〕降り注ぐ. **3** VA 〔動物の尾などが〕激しく動く; 素速く動く; のたうち回る 〈*about, around*〉.
lásh into .. (1) 〔人, 物など〕を激しく攻撃[非難]する, しかりつける, 殴る. He 〜*ed into* me for arriving late. 彼は私が遅れたことを激しく非難した. (2) 〔食べ物〕に食らいつく.
làsh óut (1) (武器, 手足などで)激しく打つ, 激しく打ちかかる, 〈*at, against* ..を, に〉. The boy 〜*ed out at* me with his fists for no good reason. 少年は理不尽にもいきなり拳骨(げんこ)で私に殴りかかってきた. (2) 激しくののしる[非難する], 'かみつく', 〈*at, against* ..を, に〉. (3) 《英話》 むやみと金などをかける 〈*on* ..に〉. (4) 〔馬が〕ける, けろうとする, 〈*at* ..を〉.
làsh /../ óut 《英話》 〔金など〕をつぎ込む 〈*on* ..に〉.
[擬音語]
lash[2] 動 他 VOA (〜 X *to* [*on*] Y) X を(縄などで) Y に縛りつける, つなぐ; (〜 X *down*) X を縛って固定する; (〜 X *together*) X を固く結び合わす. 〜 a dog *to* a tree 犬を木につなぐ. 〜 logs *together* to make a raft 丸太を組んで筏(いかだ)を作る. [<古期フランス語; lace と同源]
lásh·ing[1] 名 **1** UC むち打ち; ののしり, きびしい叱(しっ)責[批判]. **2** 《主に英話》 〈〜s of U 名詞で〉 たくさん〔の食物など〕. cake with 〜*s of* cream クリームのたっぷり入った菓子. [<lash[1]]
lásh·ing[2] 名 U 縛ること; C 〈普通 〜s〉 (縛る)ひも, 縄. [<lash[2]]
lásh-ùp 名 C, 形 《英話》 急場しのぎ(の), 間に合わせ「仕事(の), (hook-up).
lass /læs/ 名 C **1** 《主にスコ・北イング》 少女, 若い女, 娘さん. ★呼びかけにも使う. **2** (女性の)恋人. ◇男 lad
las·sie /lǽsi/ 名 C 《主にスコ話》 小娘, 少女, 娘さん. ★lass より親しみを込めた語. ◇男 laddie
las·si·tude /lǽsət(j)ù:d/ 名 U 《章》 けだるさ, 倦(けん)怠; 物憂さ; 無気力. [<ラテン語「疲れた」; -tude]
las·so /lǽsou | læsú:/ 名 (複 〜(e)s) C (先に輪縄 (noose) を付けた)投げ縄 (lariat). ── 動 他 〔カウボーイなどが〕〔野生の馬など〕を投げ縄で捕える. [スペイン語]
‡**last**[1] /læst | lɑ:st/ 形 〈late の最上級の1つ; →late ★〉 〈限定〉 【一番あとの】 **1** 〈普通 the 〜〉 **最後の**, 最終の, (↔first) (類語 一連のものの最後を意味する; →final, ultimate). the 〜 two chapters of a book 本の最後の 2 章. the 〜 Sunday in May 5 月最後の日曜日. the 〜 day of my stay in London 私のロンドン滞在の最後の日. the writer's 〜 work その作家の最後の作品 (★「最新作」は普通 the *latest* work; →6).
2 〈普通 the 〜〉 **最後に残った**. This is your 〜 chance to see the play. 今度がその芝居を見られる最後のチャンスです. drink to the 〜 drop 最後の 1 滴まで飲み干す. in the [as a] 〜 resort 最後の手段として.
3 〈the 〜〉 最下位の〔賞など〕, びりの. the 〜 man in a race 競走でびりの人.
4 (人生などの)終末の; 臨終の. in one's 〜 years 最晩年に. the 〜 sleep 永眠, 死.
【過去において最後の>最近の】 **5** (↔next) (**a**) 〈普通 the 〜〉 **すぐ前の**, この前の. He has been away from home for the 〜 week. ここ 1 週間ほど彼は留守にしています. He has been ill for the [these] 〜 few weeks. 彼はこの 2, 3 週間体の具合が悪かった. I enjoyed your 〜 letter. 前便楽しく拝見しました. Ann looked happy (the) 〜 time I saw her. この前アンに会った時は幸せそうだった.
(**b**) 〈時の名詞を伴って無冠詞で副詞句に用いる〉 **去る**.., 昨.., 先... this time 〜 year 昨年の今ごろ. My father died 〜 Tuesday. 父はこの[先週の]火曜日に亡くなった.

> 語法 (1) *last* evening [night] とは言えるが, *last* day, *last* morning [afternoon] とは言えない; yesterday, yesterday morning [afternoon] と言う. (2)「先週の火曜日に」を明確に表現するには *on* Tuesday *last* week とする. (3) *last* Túesday, *last* Márch などに前置詞を付加すると *on* Tuesday *lást*, *in* March *lást* のような語順となり last が強調される.

6 〈the 〜〉 最近の; 最新(流行)の; (★この意味では

latest の方が普通). the ～ thing *in* cameras 最新型カメラ.

【可能性の順位が最後の】 **7** 〈the ～〉 決して..しそうもない 〈*to* do..〉; 最も不適当な. Tom would be the ～ man ⌊*to* tell [who would tell] a lie. トムは決してうそをつくような男ではない. the ～ man for such a job このような仕事に最も不向きの男. The ～ thing I ⌊would ever [want to] do is to flatter my boss. 私がどうしてもする気にならない[したくない]ことは上司にお世辞を言うことです.

【最終的な】 **8** 決定的な, 結論的な; 極度の. There is no ～ answer to the question, "What is life?"「人生とは何か」という問いに決定的な答えはない. a matter of the ～ importance 極めて重要なこと.

èvery lást →every.

for the lást tìme それを最後に.

on one's làst légs →leg.

the lást..but óne [***twó***] = ***the sècond*** [***thìrd***] ***lást..*** 最後から2番[3番]目の...

(***the***) ***lást thìng*** 〈副詞的〉〘話〙 最後に; 夜寝る前に.

to the làst mán →man.

── 副 〈late の最上級の1つ; →late〉 **1 最後に**, 一番終わりに, (↔first). Betty arrived ～. ベティーが最後に到着した. **2 この前**, 最近, (↔next). It's been a long time since I ～ saw you [I saw you ～]. この前お会いしてから随分になります.

lást but nòt léast (1) 〈形容詞的〉 最後になったが重要な. *Last but not least* is the problem of unemployment. 最後になったが重大なのは失業問題です. (2) 〈副詞的〉 最後になったが決して軽く見ているのでない事を1つ述べると. *Last but not least*, we should not forget foreign researchers' cooperation in this project. 最後に1つ大事なことは外国人研究者のこの企画への協力を忘れるべきではない.

làst ín, fìrst óut 最後に入った者がまず最初に出る《特に, 不況時などの解雇の順について; 次の例のように形容詞的に用いられることが多い》. Our company adheres to the ～-*in first-out* principle. 我が社は最後に入社した者がまず最初に解雇されるという原則を固守します.

****làst of áll*** **一番最後に**. He expressed his opinion ～ *of all*. 一番最後に彼が自分の意見を述べた.

── 名 U 【最後】 **1** 〈普通 the ～; 意味により単数又は複数扱い〉 (一連のものの)最後の人[もの, 事など]; (残った)最後のものなど; 〘章〙 最後の動作. The bride and her father were the ～ to approach the altar. 花嫁とその父が最後に祭壇に近づいた. spend the ～ of one's money 残った最後の金を使う. look one's ～ at Mt. Fuji 富士山を見納める. ★この表現や breathe one's last (→成句)の場合はそれぞれ同族目的語 look, breath が省略されていると考えられる.

2 〈普通 the ～〉 最後, 結末; (月, 週などの)終わり; 〈one's ～〉 臨終, 死, (end). the ～ of the story その物語の結末. the ～ of June 6月末. The emperor was near his ～. 皇帝は死期が迫っていた.

【最近】 **3** この前のもの[手紙, 出産児など]. the week [year] before ～ 先々週[おととし] (★「おととい」は the day before yesterday). as I said in my ～ 前便で申したとおり. since my ～ was born この前の赤ん坊が生まれてから.

****at lást*** ついに, とうとう, 最後に, (↔at first) (→finally 類語). *At* ～ he succeeded. ついに彼は成功した.

at lòng lást とうとう, やっとのことで. ★at last より強意的.

brèathe one's lást →breathe.

hèar the lást of.. ..の聞き納めをする. We haven't *heard the* ～ *of* it. まだ全部聞き終わっていない《不愉快なうわさなどがまだ耳に入ってくる》. You haven't *heard the* ～ *of* this. これで終わったと思うなよ.

sèe the lást of.. ..の見納めをする. It was *the* ～ she ever *saw of* her son. それが彼女にとって息子の見納めだった.

****to*** [***till***] ***the lást*** **最後まで**; 死ぬまで. keep fighting *to the* ～ 最後まで戦い続ける.

[＜古期英語 *latost*, *lætest* (*læt*, *late* 'late' の最上級); latest はのちに作られた形]

‡**last**[2] /læst|lɑːst/ 動 (～s /-ts/|過 過分 **lást·ed** /-əd/|**lást·ing**) 自 VA **1** (時間的に)**続く**, 持続する. Our meeting ～*ed until* four. 会合は4時まで続いた. **2** (なくならずに)**もつ**, 足りる. This food will ～ a few days longer for us. この食糧はもう二, 三日もつだろう. **3** (損なわれずに)もつ, もちがいい; 〔色が〕あせない. The fish won't ～ long. この魚はあまりもたないでしょう.

── 他 VOO・VOA 〔ものが〕〔人〕のために(..の間)もつ, 間に合う. The coal will ～ us three months [*through* the winter]. これだけの石炭で3か月[冬中]もつだろう.

****làst óut*** (なくならずに, だめにならずに)**持ちこたえる**. as long as our money ～*s out* 金の続く限り.

làst /../ óut ..の期間中もつ; ..の終わるまでこらえる, ..に生き残る; 〔人〕を(ある期間)持ちこたえさせる; 〈受け身不可〉. The soldier ～*ed out* the war. その兵士は戦争に生き残った. This work may not ～ me *out*. この仕事では私の身体は最後までもたないかも知れない.

[＜古期英語「実行する, 続く」]

last[3] 名 C (靴作り[直し]用の)靴型. ── 動 他 〔靴〕を靴型に合わせ(て作)る.

stick to one's lást 分を守る, 余計な口出しをしない; 自分が得意な仕事だけをする.

làst cáll 名 C **1** 〘米〙 = last orders. **2** (旅客機搭乗者への)最終アナウンス.

Làst Dáy 名 〈the ～〉 最後の審判の日 《(the) Judgment Day, Doomsday とも言う》.

làst dítch 名 〈the ～〉 正念場, 土壇場, 最後の頼り[手段], (→last-ditch).

lást-dìtch 形 〈限定〉 絶体絶命の, 後に引けない, 最後まで頑張る. The terrorists made a ～ stand against being evicted from the building they had occupied. テロリスト達は占拠した建物から立ち退かされることに最後まで抵抗した.

***last·ing** /lǽstiŋ|lɑ́ːst-/ 形 m **長続きする**; 長持ちする; 永続的な, 永久の; (類語 時間的継続性を強調する; →permanent). a ～ peace 永続的な平和. The illness had a ～ effect on his health. その病気は彼の健康に最後まで影響した. ── 名 U ラスティング 《靴の内張りなどに使う丈夫な布地》. ▷ **～·ly** 副 **～·ness** 名

Làst Júdgment 名 〈the ～〉〘キリスト教〙 最後の審判 《この世の終わりに神が人類に下すという裁き; →Judgment Day》.

†**last·ly** /lǽstli|lɑ́ːst-/ 副 〈first(ly), second(ly), ..などと項目を列挙して〉 最後に; 〈演説などで〉 終わりに(あたって); ついに; (注意「最後に来た」は came *last*; →last[1] 副 1). *Lastly*, he ate up a large piece of apple pie. ついに彼は大きなアップルパイを平らげた.

làst mínute 名 〈the ～〉 最後の土壇場, 瀬戸際.

làst-mínute /㊙/ 形 土壇場での, 時間切れ寸前の, 〔決定など〕.

lást nàme 名 C (名に対する)姓 (→Christian name).

làst órders 名 〈複数扱い〉〘英〙 ラストオーダー 《パブ・バーで閉店直前の最後の注文を受ける時(に店員が発する言葉); 〘米〙 last call》.

làst póst 名 〈the ～〉〘軍〙 消灯ラッパ; 葬送ラッパ.

làst quárter 名 C 〘天〙 (月の)下弦.

làst rítes 名 〈the ～; 複数扱い〉 臨終の秘跡[お祈り]. administer [perform] *the* ～ to [over] a dying person 臨終の人への儀式を執り行う.

làst stráw 名 〈the ～〉'最後のわら 1 本'《苦しさの限界の時, さらに追加されたわずかな負担; そのために耐えられなくなる; It is *the* ～ that breaks the camel's back. (たとえ 1 本のわらでも限度以上積めばラクダの背を砕く)という諺より》.

Làst Súpper 名 〈the ～〉最後の晩餐(ばんさん)《キリストが処刑される前の晩に 12 人の弟子と共にした晩餐》.

làst wórd 名 〈the ～〉 **1** (議論などで)決定的な一言(ひとこと), 最後の断. have *the* ～ →word (成句). **2** 〖話〗最新型, 最優良品, 決定版, 〈*in* ..の〉. *the* ～ *in* computers コンピュータの最新型. **3** いまわの際の言葉.

Las Ve·gas /lɑːs-véigəs|læs-/ 名 ラスヴェガス《米国 Nevada 州の南東部の都市; 賭博(とばく)で有名》.

Lat. Latin.

lat. latitude.

†latch /lætʃ/ 名 C **1** (門, 戸, 窓などの)掛けがね, かんぬき. He lifted the ～ gently. 彼はそっとかんぬきを外した. **2** 〖主に英〗ばね錠《ドアを閉めると自動的に錠が下り, 外からは鍵(かぎ)を使わないと開かない》.

on* [*off*] *the látch ロックされて[鍵(かぎ)が掛かって]いないで《ドアが閉まっただけの状態をいう》. Leave the door *on the* ～. ドアを(錠を掛けずに)閉めただけにしておきなさい.

── 動 他 に掛けがね[ばね錠]を掛ける. ── 自 掛けがね[ばね錠]が掛かる; VC 掛けがねが掛かって〔..の状態〕になる. The door won't ～ (shut). 戸の掛けがねがどうしても(ぴしっと)掛からない.

làtch ón 〖英話〗(1) 意味が分かる〈*to*.. の〉. Speak slowly and clearly, otherwise they'll fail to ～ *on* (*to* what you say). ゆっくり, はっきりと話しなさい, さもないと彼らには(あなたの言うことが)理解できないでしょう. (2) 加わる, 一緒になる, 〈*to* ..〔グループなど〕に, と〉. We were about to start, when he turned up and ～*ed on* (*to* us). 出発しようとしていると彼が現れ, 私たちに加わった.

***làtch ón to* [*ónto*]..** 〖話〗(1) (いやがられているにもかかわらず)〔人など〕に付きまとう; ..にくっつく; 〔人〕になれなれしく話しかける, と親しくする. (2) ..に強い関心を持つ. (3) ..をしっかり捕まえる; ..を手に入れる. She always ～*es on to* the latest fashion. 彼女はいつも最新の流行を追いかけている. (4) ..の意味が分かる (grasp) (→LATCH on (1)).

[<古期英語「捕まえる」]

látch·kèy 名 (複 ～s) C (特に表戸の)掛けがねの鍵(かぎ); ばね錠の鍵; (→latch). ～ children [kids] 〖やや旧〗鍵っ子たち《latchkey を持たされる》.

‡late /leit/ 形 (**lát·er** /-ər/, **lat·ter** /lǽtər/|**lát·est** /-əst/, **last** /læst|lɑːst/) (★later, latest は時間に, latter, last は順序に関して用いる) 【遅くなった】 **1** 遅い; 遅れた, 遅刻した; 季節遅れの, 遅く終わった, 延長された; (↔early). a ～ breakfast 遅い朝食. It is never too ～ to mend. 〖諺〗改めるに遅すぎることはない. The bus was ten minutes ～. バスは 10 分遅れた. be ～ *for* school 学校に遅れる. be ～ *with* lunch＝be ～ *in* having lunch 昼食を遅くなって食べる. ～ apples おくてのリンゴ. a ～ developer 心身の発達の遅い子供. a ～ session 延長会期.

2 (時刻が)遅い; 夜更けの[まで続く]; (↔early). We must be going. It's getting ～. おいとましなくては. 遅くなってきました. The ～ party disturbed all the neighbors. 夜更けのパーティーは近所中の迷惑になった.

【終わりに近い】 **3** 末期の; 後期の; かなりの年配の, 晩年の; (↔early). ～ spring 晩春. ～ marriage 晩婚. Our teacher is in her ～ twenties. 私たちの先生は 20 代の終わりです. a woman of ～ years かなりの年配の女性.

【過去の終わりに近い＞最近の】 **4** 〈限定〉近ごろの, この間の. during the ～ war この前の戦争中に.

5 〈限定〉前任の, 先の, (★6 の意味と紛らわしい場合は former を用いる). The ～ President is now working on his memoirs. 前大統領は回顧録を執筆中です.

6 〈限定〉近ごろ亡くなった, 故... my ～ mother 亡母. the ～ Mr. Mill 故ミル氏.

at this làte dáte 今ごろ(になって).

kèep làte hóurs →hour.

of làte yéars 〈副詞的〉近年, 数年来.

── 副 (**lát·er**|**lát·est, last**) **1** (定刻に)遅れて; (いつもより)遅く; (↔early). arrive ten minutes ～ 10 分遅れて到着する. marry ～ 遅く結婚する. Better ～ than never. 〖諺〗遅くともしないに勝る[無いよりまし].

2 (時刻が)遅く(まで); 夜更けて[まで]; (↔early). sleep ～ in the morning 朝寝坊する. ～ at night 夜遅く. study ～ into the night 夜更けまで勉強する.

3 (ある期間の)終わり近くに (↔early). leave for Paris ～ in June 6 月の末パリに出発する.

****as láte as..*** ..ほど最近に. The work was finished *as* ～ *as* last week. 仕事はつい先週片付いた. even *as* ～ *as* 1960 1960 年になってもなお.

làte in the dáy 〖話〗時期を失して; 〈叙述形容詞的〉手後れで. make efforts ～ *in the day* おそまきの努力をする.

láte of.. 最近まで..の[にいた, をしていた]. Mr. James, ～ *of* Hawaii 最近までハワイに住んでいたジェームズさん.

── 名 〈次の成句で〉

****of láte*** 〖章〗近ごろ, 最近, (lately). I've been very busy *of* ～. 最近とても忙しい.

****till láte*** 遅くまで. sit up *till* ～ 遅くまで起きている.

[<古期英語 *læt*「のろい, 遅い」, *late* 副]

làte bóoking 名 C 〖主に英〗(行楽用施設などの)直前予約《普通の予約より格安》.

láte·brèaking 形 〈限定〉今し方入った, 最新の, 〔ニュース, 出来事〕.

láte·còmer 名 C 遅参者, 遅刻者; 新参者.

la·téen sàil /lətíːn-/ 名 C 〖海〗大三角帆《マストに斜めに取り付けた長い帆桁(ほげた)に張る》.

‡late·ly /léitli/ 副 C 近ごろ, 最近; このごろ. We haven't seen him ～. 近ごろ彼に会わない. He came to Tokyo only ～ [as ～ as last week]. 彼はつい最近[先週]東京に来たばかりだ. Until ～ the truth was not disclosed. 最近まで事実は明らかにされなかった.

> 語法 **lately** と **recently** (1) lately は現在時を含む「最近」を, recently は近い過去の特定の時を意味する場合が多い; 従って lately は普通, 動詞の現在完了時制と伴い, recently の場合ほど過去時制と結合することは多くない; 一方 lately は Mother isn't feeling well *lately*. (母は最近体の具合がよくない)のように現在時制と結合できるが, これは recently には許されない. (2) 〖英〗では lately を主に疑問文, 否定文に用い, 肯定文の時は最後の例のように only や as..as を伴うことが多い.

***látely* (*of*)..** 〖章〗最近まで..に住んで[勤務して, 所属して]いた (late of). a person, ～ (*of*) [late of] New York 最近までニューヨークに住んでいた人. Professor Kingdon, ～ (*of*) York, is now teaching at Harvard. 最近までヨーク大学に勤務していたキングドン教授は今はハーバード大学で教えている.

la·ten·cy /léit(ə)nsi/ 名 U 潜在; 〖医〗潜伏.

látency pèriod 名 U 〖心〗潜在期《4·5 歳から思春期までの発育期》.

láte·ness 名 U 遅れ, 遅延; 遅刻; (時刻などが)遅いこと; 最新であること.

‡láte-nìght 形 〈限定〉深夜の.

†la·tent /léit(ə)nt/ 形 (表面化しないで)隠れている, 潜在する; 潜伏性の; 潜在的に持っている〈*with* ..を〉; (類語 latent は隠れひそんでいる状態に重点がある; →potential). draw out ～ abilities 潜在能力を引き出す. a ～

disease 潜伏性の病気. The HIV virus remains ～ for a long time. ヒト免疫不全ウイルスは潜伏期間が長い. The hills were ～ *with* mineral wealth. その丘陵地帯には鉱物資源が眠っていた. [＜ラテン語「隠れている」; -ent] ▷～**·ly** 副

làtent héat 名 U 〖物理・旧〗潜熱《定温のもとで固体が液体[気体]に, 又は液体が気体に変化する時に吸収[放熱]する熱; 気化熱, 融解熱など》.

làtent ímage 名 C 〖写〗潜像《フィルムなどの乳剤膜中にある目に見えない像; 現像処理で画像として現れる》.

làtent périod 名 C 〖医〗(病気の)潜伏期.

‡**lat·er** /léitər/ 形 〈late の比較級の1つ; →late★〉 もっと遅い, もっと後の; 後期の; (↔earlier). Let's take a ～ train. もっと後の列車に乗りましょう. ～ information その後の情報. the ～ 1960's 1960 年代後半.

—— 副 〈late の比較級〉より遅く, **後で**, (↔earlier). See [I'll see] you ～. 後で又(お会いしましょう); さようなら. arrive ～ than usual いつもより遅く着く. some time ～ しばらくして.

làter ón もっと後になって (↔earlier on). I'll join you ～ *on*. 後であなた方の仲間に入れてもらいます. much ～ on もっとずっと後になって.

nòt* [*nò*] *láter than.. ..までに, (遅くとも)..までには.

sòoner or láter →soon.

[late の比較級 (＜late＋-er²; →latter)]

†**lat·er·al** /lǽt(ə)rəl/ 形 〈限定〉 **1** 横の, 側面の; 横に向かっている; 横からの; (→longitudinal). a ～ pass (フットボールの)横パス. **2** 〖家系〗傍系の; 〖音声〗側(面)音の. a ～ branch 傍系. a ～ consonant 側(面)音《/l/》. —— 名 C 側(面)部; 〖植〗側生枝[芽]; 〖音声〗側(面)音《/l/》. [＜ラテン語 *latus* 'side']

▷～**·ly** 副 横に[から]; 側面に; 水平思考で.

làteral thínking 名 U 水平思考《問題を通常とは違う自由な角度から考察すること; ↔vertical thinking》.

Lat·er·an /lǽtərən/ 名 **1** 〈the ～〉 ラテラーノ宮殿 (Lateran Palace)《元ローマ教皇の住居; 現在は博物館》. **2** ラテラーノ聖堂 (the basillica of St. John Lateran).

làte shópping 名 C 〖英〗夜のショッピング《夜 8 時以降の; **làte-night shópping** とも言う》.

‡**lat·est** /léitəst/ 〈late の最上級の1つ; →late★〉 形 **1** **一番遅い**. the ～ crop of rice 一番遅い[おくての]米作. **2** 最近の, 最新の. the ～ news in the fashionable world 社交界の最新ニュース. **3** 〈the ～; 名詞的〉 最新のもの[流行品, 製品, 発表など]. the ～ in woman's hats 女物帽子の新作. Have you heard the ～ about her? 彼女の最新のニュースを聞きましたか.

at the látest 遅くとも. We need the report by Friday *at the* ～. 我々は遅くとも金曜日までにその報告書を出してもらう必要がある.

—— 副 一番遅く.

[late の最上級 (＜late＋-est; →last)]

Làte Sùmmer Hóliday 名 〈the ～〉＝August Bank Holiday.

la·tex /léiteks/ 名 (複 ～**·es**, **lat·i·ces** /lǽtəsi:z/) UC ラテックス《ゴムの木などの乳状液》; (ラテックスに類似した)合成乳剤.

lath /læθ|lɑ:θ/ 名 (複 ～**s** /læðz, læθs|lɑ:θs, lɑ:ðz/) C 〖建〗木ずり, こまい, ラス, 《しっくい壁などの下地に使う細長い薄板》; 木ずりに似たもの《板すだれの板, モルタルの下地の金網など》.

lathe /leið/ 名 C 〖機〗旋盤; 陶工用ろくろ. —— 動 他 を旋盤[ろくろ]で加工する.

‡**lath·er** /lǽðər|lɑ́:-/ 名 aU **1** 石けんの泡. make a ～ to shave one's face 顔をそるために石けんを泡立てる. **2** (馬などの)泡汗.

in a láther (1) 泡汗をかいて. (2) 〖話〗(せかされて)泡を食って, 焦って, 興奮して, かっかして.

wòrk oneself* (*úp*) [*gèt*] *into a láther over.. 〖話〗..のことで非常に興奮する, 焦る.

—— 動 他 **1** 〔顔, 体など〕に石けんの泡をいっぱいに立てる 〈*up*〉; 〔石けんなど〕を泡立てる 〈*on* (..に)〉. **2** 〖話〗をぶん殴る.

—— 自 〔石けんが〕泡立つ; 〔馬が〕泡汗をかく; 〈*up*〉.

▷～**·y** /-ð(ə)ri/ 形 石けんの泡[泡汗]のような; 〔石けんが〕よく泡が立つ.

lat·i·ces /lǽtəsi:z/ 名 latex の複数形.

***Lat·in** /lǽtin/ 名 (複 ～**s** /-z/) **1** U **ラテン語**《ローマ帝国の公用語であった; ローマ帝国発祥の地 Latium より; 略 L, Lat.》. Classical ～ 古典ラテン語. Late ～ 後期ラテン語 (175–600). Medieval ～ 中世ラテン語 (600–1500). New [Modern] ～ 近代ラテン語 (1500–). Vulgar ～ 平俗ラテン語. Liturgical ～ 典礼[祈祷]用ラテン語.

2 C ラテン系民族の人《ラテン語系言語を話すイタリア人, フランス人, スペイン人など》; ＝Latin American.

—— 形 〈普通, 限定〉 **1** ラテン語(系)の. **2** ラテン系(民族)の. ～ music ラテン音楽. **3** ローマカトリック(教会)の.

[ラテン語「Latium の」]

Làtin América 名 ラテンアメリカ, 中南米(諸国), 《スペイン語, ポルトガル語などラテン語系言語を主要言語とする》.

Làtin Américan 名 C ラテンアメリカ人.

Làtin-Américan /⑧/ 形 ラテンアメリカの, 中南米(諸国)の, (→Latin America).

Làtin Chúrch 名 〈the ～〉 ローマカトリック教会.

Làtin cróss 名 ラテン十字 (→cross 図).

Lát·in·ìsm 名 UC (ある言語中に採り入れられた)ラテン語法, ラテン語風.

Lát·in·ist 名 C ラテン語学者.

Lát·in·ize 動 他 **1** をラテン(語)風にする. **2** をラテン語に翻訳する. **3** をローマ字に置き換える. ▷**Làt·in·i·zá·tion** 名

Làtin lóver 名 C 〖英〗南欧系の色男[彼氏]《フランス, イタリア, ギリシアなどの情熱的で英国人より恋愛上手な男性》.

Lat·i·no /lætí:nou/ 名 (複 ～**s**) C, 形 〖米〗ラテンアメリカ系米国人(の). 女 **Latina** /lætí:nə/

Látin Quàrter 名 〈the ～〉 ラテン区, カルチエラタン, 《パリの Seine 川左岸[南岸]の一地域で学生・芸術家が多く集まる》.

lat·ish /léitiʃ/ 形, 副 やや遅い[遅く], 遅れ気味の[に].

***lat·i·tude** /lǽtət(j)ù:d/ 名 (複 ～**s** /-dz/) **1** U 〖地〗**緯度**; 〖天〗黄緯《略 lat.; ↔longitude》. ～ thirty-five degrees thirty minutes north [south] 北緯[南緯] 35 度 30 分《普通 lat. 35°30′ N [S] と略記; latitude は north, south の前又は後に置く》.

2 〈～s〉 (緯度から見た)地方, 地域. (the) high ～*s* 高緯度地方. (the) low ～*s* 低緯度地方.

3 U (行動, 思想, 解釈などの)自由の幅, 許容程度. We were given wide ～ in our application of the rule. その規則の適用には相当な幅が与えられた.

4 U 〖写〗寛容度, ラチチュード, 《フィルムなどの露出過不足の許容度》.

[＜ラテン語「幅」(＜*lātus* 'broad'); -tude]

lat·i·tu·di·nal /læ̀tət(j)ú:dən(ə)l/ 形 〈限定〉 〖地〗緯度の. ▷～**·ly** 副

lat·i·tu·di·nar·i·an /læ̀tət(j)ù:dəné(ə)riən/ 〖章〗 形 (特に信仰, 教義などに関して)自由[寛容]主義の; 〈時に L-〉 (英国国教会の)広教会派の. —— 名 C (宗教上の)自由主義者; 〈時に L-〉 広教会派の人; (→latitude 3). ▷～**·ism** 名 U (信教上の)自由主義; 広教会主義.

La·ti·um /léiʃiəm/ 名 ラティウム《現在のローマの南東

にあった古代国家; 紀元前 4 世紀末までにローマの勢力下に入った; →Latin》.

la·trine /lətríːn/ 名 C (特に兵舎, 野営地などの下水道の付いていない)便所.

‡lat·ter /lǽtər/ 形 〈late の比較級の1つ; →late★〉〈限定〉【章】 **1** 〈the, this, these などと共に〉**後の方の**, 後半の; 終わりに近い. the ~ part of a story 物語の後半. the ~ half of the year 1 年の後半. in these ~ days of his life 彼も晩年を迎えたこのごろ. **2** 〈the ~〉(今述べた二者のうち)**後者の**; (今述べた三者以上のうち)**最後の** 〈代名詞的〉後者; (三者以上で)最後の者[もの] (★複数名詞を指す場合は複数扱い; 例文は →former). [<古期英語 *lætra* (*læt* 'late' の比較級); later はのちに作られた形]

látter-dày 形 〈限定〉昨今の, 現代の; 後の, 次期の.

Làtter-day Sáint 名 C 末日聖徒《Mormon 教徒が自らをこう呼ぶ》.

lát·ter·ly 副 **1** 晩年に; 後期に. **2** 近ごろ(は), 最近は, (↔formerly) (★この意味では lately の方が普通).

lat·tice /lǽtəs/ 名 C **1** 格子. **2** 〈形容詞的〉格子作りの. a ~ window 格子窓. **3** 格子作りのもの《窓, 扉, 垣根など》.

lát·ticed /-t/ 形 格子作りの; 格子状の.

láttice·wòrk 名 U 格子細工, 格子作り.

Lat·vi·a /lǽtviə/ 名 ラトヴィア《バルト海東岸の共和国; 首都 Riga》.

Lát·vi·an 名 **1** U ラトヴィア語《バルト語派に属する》. **2** C ラトヴィア人. ── 形 ラトヴィア人[語]の.

laud /lɔːd/ 動 他 をほめたたえる〈*as* ..として/*for* ..のゆえに〉《賛美歌以外では 【古】 又は 【誇大・ジャーナリズム】》. ── 名 **1** U 賛美, 賞賛; C 賛美歌, 賛歌. **2** 〈~s; 単数両扱い〉【カトリック】朝課 (matins; →canonical hours). [<ラテン語「賛美」]

láud·a·ble 形 【章】賞賛に値する, 見上げた, あっぱれな. ▷**làud·a·bíl·i·ty** 名 **-bly** 副

lau·da·num /lɔ́ːd(ə)nəm/ 名 U アヘンチンキ《アヘンのアルコール溶剤; 医薬品》.

laud·a·to·ry /lɔ́ːdətɔ̀ːri|-t(ə)ri/ 形 【章】賛美の, 賞賛を表す. ~ words 賞賛の言葉, 賛辞.

‡laugh /lǽf|lɑːf/ 動 (~s /-s/|過 過分 ~ed /-t/|láugh·ing) 自 **1** (声を立てて)**笑う**, 嘲(ちょう)笑する, 面白がる; (心の中で)笑う, 笑いたい気持ちになる. ~ till the tears come 涙が出るほど笑う. He who ~*s* last(,) ~*s* best [longest] =He ~*s* best who ~*s* last. 【諺】早まって喜ぶな 《<最後に笑う者が最もよく笑う》. Don't make me ~. 【話】笑わしちゃいけない, ばかばかしい. You make me ~! ばかじゃないの. *Laugh* and grow fat. 【諺】明朗は健康のもと《<笑って太れ》.
2 【詩・雅】〔景色, 草木などが〕生き生きして見える.
── 他 **1** ..の笑い方をする (★普通, 形容詞を伴った同族目的語が来る). ~ an evil laugh 悪意に満ちた笑い方をする. ~ a hearty laugh 心から笑う (注意 ~ heartily より「心から」に重点が置かれる).
2 〔同意など〕を笑って示す; 〔答えなど〕を笑いながら言う. ~ one's assent 笑って同意する.
3 (a) VOC (~ *oneself* X) 〔自分で〕笑って X の状態になる. ~ one*self* silly 笑い呆(ほう)ける. (b) VOA (~ X *into* ..) X (人)を笑って..の状態にさせる; VOA (~ X *out of* ..) X (人)を笑って..をやめさせる. The boy was ~*ed into* silence. 少年は笑われて沈黙した. ~ a person *out of* his resolution 人を笑って決心を変えさせた.

be láughing 【話】幸運である, うまくいっている.

làugh* [*be làughing*] *àll the wáy to the bánk 【話】(投資, 詐欺などで)たやすく大金を手に入れ(て喜んで)いる.

láugh at .. (1) ..をあざ笑う; ..をからかう. People will ~ *at* you if you do such a thing. そんな事をすれば人は君をあざ笑うだろう. (2) ..を無視[軽視]する, 一笑に付す. ~ *at* threats 脅しなど物ともしない. (3) ..を見て[聞いて]笑う. ~ *at* a joke 冗談を聞いて笑う.

làugh awáy 笑い続ける〈*at* ..を〉.

làugh /../ awáy =LAUGH /../ off.

làugh /../ dówn 〔演説者など〕を嘲笑して黙らせる; ..を笑って聞こえなくする; 〔提案など〕を一笑に付す. They ~*ed* his proposal *down*. 彼らは彼の提案を一笑に付した.

làugh* one's *héad òff 笑い転げる.

láugh in a pèrson's fáce 面と向かって人をあざ笑う.

làugh in* one's *sléeve →sleeve.

làugh like a dráin →drain.

làugh /../ óff 〔心配など〕を笑いとばす; 〔不安, 疑念, 噂など〕を一笑に付す; ..を笑って過ごす[はぐらかす]. He ~*ed* his failure *off* as just a bit of bad luck. 彼は自分の失敗をちょっと運が悪かっただけだと言って笑いとばした.

***láugh on* [*out of*] *the òther* [*wròng*] *síde of* one's *fáce* [*móuth*]** (得意の後で)急にしょげる, がっかりする.

làugh* X *out of cóurt X (人, 提案など)を笑って取り合わない, 一笑に付す.

láugh over .. ..を笑いながら論ずる[読むなど]; ..を思い出して笑う.

làugh up* one's *sléeve →sleeve.

***You've gòt* [*You hàve*] *to láugh* (*at ..*)** 【話】(..については)大目に[(..の)ユーモラスな面も]見てやらなくては[くれなくては].

── 名 (複 ~s /-s/) C **1** 笑い; 笑い声; 笑い方; (類語 名詞, 動詞とも声を立てる笑いを意味する一般的な語; → chortle, chuckle, giggle, grin, guffaw, laughter, smile, smirk, sneer, snicker, titter). give a little [rumbling] ~ ちょっと笑う[がらがらと豪傑笑いをする]. say with a ~ 笑いながら言う. have many good ~*s* over a letter 手紙を読みながら何度も大笑いする. join in the ~ 〔からかわれた人などが〕皆と一緒になって笑う. a cheerful man with a loud, frank ~ 大きな声で開けっ広げな笑い方をする陽気な男.
2 【話】こっけいなこと[もの, 人]; 【英話】(一緒にいて)楽しい人; 冗談; 〈~s〉気晴らし, 楽しみ. That's a (good) ~ それはお笑いぐさだ. He's a good [a bit of a] ~. 彼は一緒にいて楽しい人だ.

bùrst* [*break* (*òut*)] *into a láugh 急に笑い出す, 吹き出す.

***for a láugh* [*láughs*]** ふざけて; 気晴らしに. She did it *for a* ~. 彼女はふざけてそんなことをした.

gèt* [*ràise*] *a láugh 【主に英話】〔人, 冗談などが〕人を笑わせる, 笑いをとる. His remark *raised a* hearty ~. 彼の言葉で皆大笑いした.

gòod for a láugh 笑われるだけのこと[もの]で. Her excuses at the office were always *good for a* ~. 勤め先での彼女の言い訳はいつも物笑いになっただけだった.

hàve a gòod láugh (1) 【話】楽しい思いをする[時を過ごす]. (2) (他の人々と一緒に)笑ってすませる〈*about* ..〔苦しかったことなど〕を〉.

***hàve* [*gèt, làugh*] *the làst láugh* (*on ..*)** (負けそうに見えて)最後には(..に)勝つ[(〔自分を笑った人〕を)見かえして笑ってやる] (→他 1).

***hàve* [*gèt*] *the láugh of* [*on*]** ..〔人〕を笑い返してやる; 形勢を逆転して〔人〕に勝つ.

ràise* [*gèt* ↑] *a láugh [<古期英語]

‡láugh·a·ble 形 **1** おかしい, こっけいな. **2** 笑うべき, ばかげた. ▷**-bly** 副 (ばかばかしくて)笑ってしまうほど.

láugh·ing 形 **1** 笑う, 笑っているような; 陽気な. **2** 笑うべき, おかしい. It is no ~ matter. 笑い事ではない. ── 名 U 笑うこと, 笑い.

láughing gàs 名 U 【化】笑気《亜酸化窒素; 麻酔用; nitrous oxide の俗称》.

làughing hyéna 名 =hyena.

làughing jáckass 名Ⓒ 〘鳥〙ワライカワセミ (kookaburra)《オーストラリア産; 鳴き声が高笑いに似ている》.

†láugh·ing·ly 副 **1** 笑って, 笑いながら, (with a laugh). **2** お笑いぐさにも[だが], 冗談として. They are often ～ referred to as respectable statesmen. お笑いぐさだが彼らはしばしば尊敬に値する政治家と言われる.

láughing·stòck 名Ⓒ 笑いぐさ, 物笑いの種. make ⌞a ～ of oneself [oneself a ～] 物笑いになる. His gaffe at the party made him the ～ of the office. パーティーでの失態で彼は勤め先の物笑いの種になった.

‡laugh·ter /lǽftər|lɑ́:f-/ 名Ⓤ **笑うこと**; 笑い声; 笑いの表情; (類語 laugh より連続的な笑いで, 笑い声に重点がある; laughter は Ⓤ, laugh は Ⓒ であることに注意). The audience roared with ～. 聴衆は大笑いした. in a fit of ～ 突然吹き出して.

> 連結 hearty[friendly; joyful; derisive, mocking; boisterous, loud, uproarious; subdued; inward, silent; infectious] ～ // howl with ～

bùrst [***break*** (***òut***)] ***into láughter*** 急に笑い出す, 吹き出す.
dissòlve into láughter こらえきれずに思わず吹き出してしまう. [＜古期英語; -ter は古い名詞化語尾]

***launch**[1] /lɔ:ntʃ/ 動 (**láunch·es** /-əz/|過 過分 **～ed** /-t/|**láunch·ing**) 他 **【投げる】 1** 〔やりなど〕を投げる, 放つ; 〔悪口など〕を放つ; 〈*at, against* ..に〉. ～ threats *at* him 彼をおどかす. **2** 〔ロケットなど〕を**発射する**, 打ち上げる; 〔グライダーなど〕を浮揚させる. ～ a spaceship *into* orbit 宇宙船を打ち上げて軌道に乗せる.
【勢いよく送り出す】 3 〔船〕を**進水させる**; 〔ボートなど〕を浮かべる. The captain ordered the lifeboats ～*ed*. 船長は救命ボートを降ろすように命じた. **4** を**乗り出させる** 〈*in, into, on* ..〔事業など〕に〉. The girl ～*ed* herself *on* her stage career. 少女は舞台生活に踏み出した. ～ one's son *in* the world 息子を独り立ちさせる.
5 〔企画, 運動など〕を**始める**; 〔攻撃, 捜査など〕を開始する; 〔新製品など〕を世に出す, 売り出す. ～ a new sales campaign 新しい販売キャンペーンを展開する. The new project will be ～*ed* next month. 新しい計画は来月始められることになっている. The enemy ～*ed* their attack at night. 敵は夜に攻撃を仕掛けた.
6 〘米俗〙を吐く (vomit; →自 3).
── 自 VA **1** 乗り出す 〈*into* (do*ing*) ..〔事業など〕に〉; (勢いよく)始める 〈*into* ..〔話など〕を〉; 着手する 〈*on, upon* ..に〉. He ～*ed into* a violent attack on the Government. 彼は政府を猛烈に非難し始めた. He is always ～*ing into* lectur*ing* me about manners. 彼は私にしょっちゅう作法について説教し始める. ～ *upon* one's next novel 次の小説に取りかかる. **2** 船出する; 飛び立つ; 〈*forth, off, out*〉. **3** 〘米俗〙吐く (vomit). He ～*ed* (his lunch). 彼は(昼食に)食べたものをもどした.
làunch óut 思い切って[勢い込んで, 急に]始める 〈*into, on* ..を〉. ～ *out* as critic 批評家として売り出す. ～ *out into* expense 急に金遣いが荒くなる. With just a little capital he ～*ed out into* the electronics business. 彼はほんのわずかな資本でエレクトロニクス事業に乗り出した.
── 名 ⓊⒸ **1** (船の)進水; (ロケットなどの)発射. **2** 〔組織, 機構などの〕船出, 発進, 発足; (運動, キャンペーン, 事業などの)開始. **3** (新聞や雑誌の)創刊, (本の)刊行.
[＜ラテン語 *lanceāre*「槍(やり)をふるう＞動かす」; lance と同源]

launch[2] 名Ⓒ **1** ランチ《観光, 運搬用などのモーターボート》. **2** 艦載大型ボート.

láunch·er 名Ⓒ **1** (ロケットなどの)発射台[装置]. **2** 〘電算〙ランチャー《よく使うソフトウェアをすぐ起動できるように設定する機能》.

láunch(ing) pàd 名Ⓒ **1** (ロケット, ミサイルなどの)発射台. **2** (出世などの)出発点, 踏み台, 足がかり, (stepping stone).

láunch vèhicle 名Ⓒ (ミサイル, 宇宙船などの)打ち上げ用ロケット.

láunch wìndow 名Ⓒ (宇宙船などの)発射時間帯.

‡laun·der /lɔ́:ndər/ 動 他 **1** を洗濯してアイロンをかける; を洗濯する. **2** 〘話〙〔不正な金など〕を合法的に見せる, 洗浄する; (→money-laundering). **3** 〘話〙〔不利な点, 欠点など〕を取り除く. **──** 自 VA 〈A は様態の副詞〉洗濯(とアイロン)が効く. This material ～*s* well [poorly]. この生地は洗濯が効く[効かない]. [＜ラテン語 *lavāre*「洗う」] ▷**～·er** /-dərər/ 名Ⓒ 洗濯屋.

laun·d(e)r·ette /lɔ:nd(ə)rét/ 名 〘英〙＝laundromat. 〖＜商標〗

laun·dress /lɔ́:ndrəs/ 名Ⓒ 洗濯女.

laun·dro·mat /lɔ́:ndrəmæ̀t/ 名Ⓒ 〘米〙コインランドリー (★ドライクリーニングはない). 〖＜商標〗

***laun·dry** /lɔ́:ndri, lɑ́:n-/ 名 (複 **-ries** /-z/) **1** Ⓤ 〈the ～〉**洗濯物**. She does the [my] ～ every Monday. 彼女は毎週月曜日に洗濯をする[私の(ために)洗濯をしてくれる]. hang the ～ out to dry 洗濯物を外に干す. **2** Ⓒ **クリーニング店**; 洗濯場[室]. have the washing done at a ～ 洗濯物をクリーニング店に出す. Pick up my jacket from the ～. クリーニング屋から私の上着を取ってきてください.
wàsh one's dìrty láundry [***línen***] ***in públic*** [***at hóme***] →linen.
[＜古期フランス語「洗濯する人」; launder, -ry]

láundry bàsket 名 ＝linen basket, 〘米〙 hamper.

láundry lìst 名Ⓒ 〘米話〙長々とした一覧表; (しばしば順不同の)必要品目[買い物, すべき事など]のリスト.

láundry·man /-mən/ 名 (複 **-men** /-mən/) Ⓒ クリーニング屋(の店員)《特に御用聞き》.

láundry·wòman 名 (複 **-women** /-wìmən/) Ⓒ ＝laundress.

Lau·ra /lɔ́:rə/ 名 女子の名.

Lau·ra·sia /lɔ:réiʒə|-ʃə/ 名 〘地〙ローラシア大陸《2億年ほど前に現在の北米, ヨーロッパ, アジア(インドも含む), グリーンランドに分離する前に 1 つであった大陸; → Pangaea, Gondwana》.

lau·re·ate /lɔ́:riət/ 形 月桂(けい)冠を頂いた; 栄誉を与えられた. **──** 名Ⓒ 栄誉を与えられた人, 〈特に; 時に L-〉桂冠詩人 (〘英〙 the Poet Laureate). a Nobel ～ ノーベル賞受賞者. ▷**～·ship** /-ʃìp/ 名Ⓤ 桂冠詩人の地位[任期].

†lau·rel /lɔ́:rəl|lɔ́-/ 名Ⓒ **1** ゲッケイジュ(月桂樹)《南欧原産のクスノキ科常緑高木; 芳香がある; 古代ギリシア・ローマではこの枝と葉で勝利, 栄誉を象徴する冠を作った》. **2** ゲッケイジュに類似した高木・低木 《カルミア (mountain laurel) など》. **3** 〈普通 ～s〉月桂(けい)冠; 名誉, 栄冠. win [gain, reap] ～*s* 名誉を得る, 名声を博する.
lòok to one's láurels (競争者などを警戒して)有利な地位[名声]を守ろうと努める.
rèst on one's láurels 現在の栄誉に満足してそれ以上何もしない. [＜ラテン語]

Lau·ren·tian /lɔ:rénʃ(ə)n/ 形 **1** Lawrence の. **2** D.H. [T.E.] Lawrence (風)の. **3** (カナダの) St. Lawrence 川の.

Lau·sanne /louzɑ́:n, -zǽn/ 名 ローザンヌ《スイス西部のジュネーヴ湖北岸の都市》.

lav /læv/ 名Ⓒ 〘主に英話〙＝lavatory.

†la·va /lɑ́:və/ 名Ⓤ 溶岩《噴出時の流動体のものも, 冷えて凝固したものも言う》. [＜ラテン語 *lavāre*「洗う」]

la·va·bo /ləvéibou/ 名 (複 **～(e)s**) Ⓒ **1** 〘キリスト教〙洗手式《offertory 3 の後で行う》. **2** 〈形容詞的〉洗手式で使う. **3** ＝washbasin. [ラテン語 'I shall wash

(my hands in innocence)'; 洗手式で朗誦する『詩篇』の句の出だし]
「洗浄.
la·vage /ləvɑ́ːʒ, lǽvidʒ/ 名 UC 〖医〗(胃, 腸などの)↑
lav·a·to·ri·al /læ̀vətɔ́ːriəl ⑱/ 形 **1** 〖軽蔑・しばしば戯〗下ネタ好きの《排泄(せつ)や性に異常な興味を示す》; 下ネタがかった. **2** 〔建築, 装飾が〕(公衆)便所ふうの.
*__lav·a·to·ry__ /lǽvətɔ̀ːri|-t(ə)ri/ 名 (複 **-ries** /-z/) C **1** **洗面所**, トイレ, (toilet)《普通, 水洗便器, 洗面台などを備えている》. **2** 洗面台; 〖英〗(水洗)便器. [<後期ラテン語「手を洗う所」(<ラテン語 *lavāre* 'wash')]
lávatory pàper 名 =toilet paper.
lave /leiv/ 動 他 〖詩〗 **1** を洗う (wash); を水に浸す (bathe). **2** 〔波などが岸〕を洗う.
†**lav·en·der** /lǽvəndər/ 名 U **1** ラベンダー《芳香のあるシソ科の低木; 南欧原産》; ラベンダーの乾燥した花と茎《衣服をしまうとき香料として入れる》 **2** 薄紫色《ラベンダーの色》. **3** 〖俗〗(男の)柔弱, 同性愛.
lày /../ óut in lávender 〖米俗〗..をしかりつける.
lày (ùp)..in lávender ..を(後で使うために)大切に保存する.
── 形 **1** 薄紫色の. **2** 感傷的な; 〖俗〗同性愛の; 〔男が〕柔弱な. a ～ (cow)boy 男の同性愛者.
lávender wàter 名 U ラベンダー香水.
la·ver[1] /léivər/ 名 U 〖植〗アサクサノリの類《frond の部分が食用になる》.
la·ver[2] 名 C **1** 〖キリスト教〗(洗礼用)水盤 (font). **2** 〖旧約聖書〗(洗手用)水盤.
*__lav·ish__ /lǽviʃ/ 形 m **1** (過度に)**気前のよい**; 惜しまず与える[使う]; 〈*of*, *with*, *in* ..に, を〉. spend money with a ～ hand 金をやたらに使う. She is ～ *with* [*of*] money. 彼女は金を惜しまない. His father is ～ *in* his [*in* mak*ing*] donations to charity. 彼の父は気前よく慈善事業に寄付をする.
2 あり余る, ふんだんに与えられた[使われた]; ぜいたくな, 金[時間, 労力など]をかけた. ～ gifts あり余る贈り物. a ～ party (ごちそうがたくさん出る)ぜいたくなパーティー.
── 動 他 VOA (～ X ***on*** [***upon***]..) X (金, 贈り物, 愛情, 賞賛など)を..に気前よく与える[使う], 浪費する; (～ X ***with***..) X (人)に..を気前よく与える. Mr. and Mrs. Benson ～*ed* love *on* their only son. ベンスン夫妻は1人息子を溺(でき)愛した. The critic ～*ed* praise *on* the new novel. 批評家はその新しい小説に賞賛を惜しまなかった. ～ a person *with* kindness やたらと人に親切にする.
[<古期フランス語「どしゃ降りの雨」(<ラテン語 *lavāre* 'wash, pour'); 名 > 形 > 動 と発達]
▷ **～·ly** 副 惜しげなく; ぜいたくに. **～·ness** 名
La·voi·sier /ləvwɑ́ːzièi/ 名 **Antoine Laurent ～** ラヴォアジェ (1734–94)《フランスの化学者》.
‡**law** /lɔː/ 名 (複 **～s** /-z/) 【おきて】 **1** (**a**) U (総称的に) **法**, 法律, (類語 法を表す一般的な語; →order 5, ordinance, regulation, rule, statute). constitutional ～ 憲法. criminal ～ 刑法. civil ～ 民法. break [keep, observe] the ～ 法を犯す[守る]. at [in] ～ 法に従って. by ～ 法律[法の定め]によって. No man is above the ～. 法の及ばない人はない. Necessity [Hunger] has [knows] no ～. 〖諺〗背に腹は代えられぬ《<必要[飢え]の前に法はない》.
(**b**) C (個々の)法律, 法令. Congress passed a ～ against sexual discrimination on a first vote. (米国)議会は男女差別を禁止する法令を1回目の採決で可決した. The divorce ～*s* are strict in some states. 離婚する上での法規が厳しく定められている州もある.

> 連結 enact [promulgate; administer, enforce, execute; repeal, revoke; comply with, obey, observe; flout, transgress, violate] a ～; dodge [elude, evade] the ～

2 C 〈しばしば the ～s〉 **慣例**, 習わし; 作法; 宗教上のおきて, 戒律; 〈the L-〉 =Law of Moses; (スポーツなどの)規則, 規定, (rule). the moral ～ 道徳律. the ～*s* of courtesy 礼儀作法. the ～*s* of the Church of England 英国国教会のおきて[戒律]. the ～*s* of basketball バスケットボールの規則.
3 U **法学**, 法律学, (jurisprudence). study ～ 法律を学ぶ. the department of ～ (大学の)法学部. a ～ student 法学部の学生. obtain a doctoral degree in ～ 法学博士の学位を取得する.
4 U 〈普通 the ～〉 **法律を扱う職業**, 弁護士業; 法曹界. practice (the) ～ 弁護士を開業している. enter the ～ 法曹界に入る.
5 U 法律的手続き; 訴訟. resort to ～ (courts) 法に訴える. →law court.
6【法律の執行者】 U 〈the ～; 単複両扱い〉〖話〗警察, 〈集合的〉警察官.
【法則】 **7** C (科学, 自然, 言語, 芸術などの)**法則**, 定則, 原則, 法. the ～ of gravitation 引力の法則. Newton's ～*s* of motion ニュートンの運動の法則. Mendel's ～ (遺伝に関する)メンデルの法則. the ～*s* of nature 自然の法則. the ～ of the jungle →jungle 1. ～*s* of grammar 文法の規則. the ～*s* of perspective (絵画の)遠近法. ◇形 legal
be a làw unto [***to***] ***oneself*** 〔人が〕(規則や慣例を無視して)自分の思うまま[我がもの顔, 好き勝手]にふるまう(ことができる), 他人の言うことなんかきかない, 《<自分自身が自分の法律; 新約聖書『ローマの信徒への手紙』から》.
gò to láw 訴訟を起こす, 法に訴える; 告訴する 〈*against*, *with* ..を〉.
hàve the láw on.. ..を告訴[起訴]する. I'll *have the* ～ *on* you. おまえを告訴するぞ《普通, 脅しに使う》.
kèep on the ríght síde of the láw 法に従う.
lay dòwn the láw (1) 独断的な言い方をする, 命令的に言う; 叱(しか)る. Mother is always *laying down the* ～ about how late we can stay out at night. 母は我々の門限についていつも自分一人で決めてしまう. (2) 高飛車に命令する 〈*to* ..に〉.
tàke the láw into one's òwn hánds (法律によらないで)非をただす, 私的制裁[リンチ]を加える.
the làw of áverages 〖話〗世の常. After a few rainy days, we'll have a sunny day by *the* ～ *of averages*. 雨の日が数日続けば, 晴れの日が来るのが普通のことである.
「されない.
There should be a láw against.. 〖話〗..は許↑
There's nò láw against.. 〖話〗〔言動など〕が許されている; ..は問題ない.
[<古期北欧語「置かれたもの>法律」]
‡**láw-abìding** 形 法律を守る, 遵法的な. a ～ citizen 法律に従う善良な市民.
làw and órder 名 U 治安, 法秩序.
láw·brèaker 名 C 法律違反者, 犯罪者.
láw·brèaking 形, 名 U 法律違反(の).
láw còurt 名 C 裁判所 (court of law).
láw enfòrcement 名 U 〖主に米〗法の施行[執行]. a ～ officer [agent] 法執行官《主に警察官》.
láw fìrm 名 C 〖米〗(会社組織の)法律事務所.
*__law·ful__ /lɔ́ːf(ə)l/ 形 〖章〗 **1** m 〔行為, 要求などが〕**合法の**, 法に触れない; 正当な. a ～ act 合法的な行為. ～ means 合法的な手段. **2** Ⓒ 法律の認める; 嫡出の; 法定の; (類語 広く法, 規則にかなった正当性に重点を置く; →legal, legitimate). a ～ child 嫡出子. the ～ age 法定年齢, 成年. a ～ heir 法定相続人. ～ money 法定貨幣 (legal tender). ▷ **～·ly** 副 合法的に. **～·ness** 名

L

láw·gìver 名 C 法典制定者《特に Moses や Solon のような古代の賢者, 予言者を言う》; ＝lawmaker.

‡**láw·less** 形 **1** 法律無視の; 不法の, 違法の; 非合法的な. ～ means 不法手段. **2** 無法の, 制御できない, 〔激情など〕; 手に負えない. a ～ fellow 無法者. **3** 法律のない[行われない]. a ～ region 無法地帯. ▷ **～·ly** 副 不法に. **～·ness** 名 U 不法さ; 無法.

Láw Lòrds 名 〈the ～; 複数扱い〉〖英〗(上院の)法官議員たち《法律的職務の処理を担当する》.

‡**láw·màker** 名 C 立法者 (legislator), 国会議員.

láw·màking 形, 名 U 立法(の).

láw·màn /-mæ̀n/ 名 (複 **-men** /-mèn/) C 〖米〗法律の執行官《警察, 保安官など》.

***lawn**[1] /lɔːn/ 名 (複 **～s** /-z/) C **芝生**, 芝地. mow the ～ 芝生を刈る. a well-kept ～ 手入れのいい芝生. Keep off the ～. 芝生に入るな.

> 連結 a large [a well-kept; a lush; a parched; a neglected, an overgrown] ～ // tend [trim; water; weed] a ～

[＜古期フランス語「木の茂った地」; land と同根]

lawn[2] 名 U ローン《ごく薄い綿, 麻の平織り生地》.

láwn bòwling 名 U 〖主に米〗ボウルズ (bowls).

láwn mòwer 名 C 芝刈り機.

láwn pàrty 名 C 〖米〗＝garden party.

láwn tènnis 名 U テニス《公式名》; 〈特に〉ローンテニス《芝生のコートで行う》.

Làw of Móses 名 〈the ～〉モーセの律法《ヘブライ語旧約聖書の3区分の1つ; 主に初めの5書 (Pentateuch) にあるもの》.

làw of nátions 名 〈the ～〉〖旧〗＝international law.

làw of the lánd 名 〈the ～〉国法.

Law·rence /lɔ́ːrəns|lɔ́-/ 名 ロレンス **1**《男子の名; 愛称 Larry》. **2 David Herbert ～** (1885–1930)《英国の小説家・詩人》. **3 Thomas Edward ～** (1888–1935)《英国の学者・軍人; トルコに対するアラブ独立運動を指導し, 'アラビアのロレンス' (Lawrence of Arabia) と呼ばれる》.

Law·ren·tian /lɔːrénʃ(ə)n/ 形 D. H. ロレンス(の作品[哲学])の. **——** 名 C D. H. ロレンスの作品[哲学]研究者.

láw schòol 名 UC ロースクール《大学院レベルの法律専門家養成機関》.

†**láw·sùit** 名 C (民事)訴訟. bring (in) [enter] a ～ against a person 人に対して訴訟を起こす. lose [gain, win] a ～ 訴訟に負ける[勝つ].

láw tèrm 名 C **1** 法律用語. **2** 裁判開廷期.

***law·yer** /lɔ́ːjər, lɔ́iər/ 名 C **弁護士**; 法律家; 法律通. He is no ～. 彼は法律にうとい. a good ～ 良い弁護士, 法律に詳しい人. consult a ～ 弁護士に相談する. 類語 lawyer は弁護士を指す一般的な語; counselor 〖主に米〗(〖英〗barrister) は法廷で弁護を担当する「法廷弁護士」, solicitor 〖英〗は法律書類の作成, 訴訟事務手伝いなどをする「事務弁護士」, attorney は〖米〗では主に「事務弁護士」, 〖英〗では「法律手続きの代理人」を指す. [law, -ier]

†**lax** /læks/ 形 e **1** たるんだ, 緩んだ, 〔綱, 筋肉など〕; 〔織物などが〕きめの粗い. **2** 〔腹が〕緩い (loose), 下痢気味の[で]. **3** 〔規則, 躾(しつけ)などが〕緩やかな, 手ぬるい; 〔財政政策などが〕放漫な; 〔人が〕怠慢な; 〔行状が〕だらしのない. I've been too ～ with my children. 私は子供に甘すぎた. The local police were ～ in enforcing the law. 地元の警察は法による取締まりが手ぬるかった[を怠っていた]. **4** 〔考えなどが〕明確でない, あいまいな. **5** 〖音声〗弛緩(しかん)音の (↔ tense). [＜ラテン語 *laxus*「緩い」] ▷ **láx·ly** 副 **láx·ness** 名 U ＝laxity.

‡**lax·a·tive** /lǽksətiv/ 形 通じをつける. **——** 名 C (緩)下剤, 通じ薬.

lax·i·ty /lǽksəti/ 名 (複 **-ties**) UC **1** 手ぬるさ; だらしなさ; (言葉などの)あいまいさ. **2** (筋肉などの)弛緩(しかん).

‡**lay**[1] /lei/ 動 (**～s** /-z/|過 過分 **laid** /leid/|**láy·ing**) 他 【平らに置く】 **1** VOA を**横たえる**, 寝かす; を埋葬する; を(平たく)載せる, 置く; 〈*on, in* ..に〉(注意「横たわる」などの意味の 自 は lie, その過去形は lay; 類語 →put). The mother *laid* her baby *on* the sofa. 母親は赤ん坊を長いすに寝かせた. ～ oneself down 寝そべる. **2** VOA 〔手など〕を置く, 当てる; 〔斧(おの)など〕を打ち込む; 〈*to* ..に〉. The teacher *laid* her hand *on* the boy's shoulder and said... 教師は少年の肩に手を置いて..と言った. ～ an ear *to* a door (聞くために)戸に耳を当てる. ～ an ax *to* the tree 木に斧を打ち下ろす.

3 〖俗〗〔女〕と寝る, 性交する. get *laid* '寝る'.

4 【産んで置く】〔卵〕を**産む**. Our hens ～ eggs every day. うちの鶏は毎日卵を産む.

【平らにする】 **5** を**打ち倒す**; をなぎ倒す. The storm *laid* the crops (flat). 暴風が作物をなぎ倒した (★flat が入れば VOC; →16).

6 【静める, 抑える】〔恐れ, うわさ, 疑いなど〕を静める, 落ち着かせる, 和らげる; 〔ほこりなど〕を押さえる; 〔布のけばなど〕をなでつける. The rain *laid* the dust. 雨でほこりが静まった. ～ one's fears 不安を和らげる.

【上に置く＞敷く】 **7** を**敷く**, で覆う; を塗る; を薄く延ばす, 広げる. ～ a carpet in the room 部屋にじゅうたんを敷く. ～ jam *on* bread パンにジャムを付ける.

8 VOA (～ X ***with*** ..) X を..で覆う; X に..を塗る. The floors are *laid with* mosaic tiles. 床はみなモザイクタイルで張ってある.

9 〔鉄道など〕を**敷設する**; を据え付ける; 〔れんがなど〕を積む; 〔基礎など〕を確立する. An undersea cable was *laid* between the two islands. 両島の間に海底ケーブルが敷設された. ～ bricks れんがを積む. ～ the foundation stone of a new building 新しい建物の礎石を据える.

【路線を敷く＞準備する】 **10** 〔計画など〕を立てる. ～ a course 行動方針を立てる. ～ the basis [groundwork] for.. の基礎を築く.

11 〖主に英〗〔食卓, 食事〕の用意をする; 〔皿など〕を並べて食事の準備をする; (★〖主に米〗では set the table が普通). ～ breakfast 朝食の準備をする. His wife began to ～ the table for supper. 彼の妻は夕飯の準備を始めた. ～ the places at a table 食卓にナイフ, フォークなどを並べる.

12 〔わな, 謀略など〕を仕掛ける; (薪(まき)などを積んで) 〔火〕をたく[おこす]準備をする. ～ a trap *for* hares 野ウサギにわなを仕掛ける. He *laid* a fire, ready for the morning. 彼は次の朝たく火の用意をした.

【置き場所を定める】 **13** VOA (～ X ***on, to*** ..) X (罪など)を..にかぶせる, 帰する; (～ X ***on*** ..) X (税, 責任, 罰など)を..に課する, 負わせる; (～ X ***on*** ..) X (打撃など)を..に加える. Don't ～ the blame (*for* it) *on* me. 私にその責め[罪]を負わせないでください. ～ a fault *to* a person's charge 間違いを人の責任にする. ～ a tax *on* oil 石油に課税する.

14 VOA (～ X ***on*** ..) X (重点, 信頼など)を..に置く. ～ stress [emphasis] *on* education 教育に重きを置く. ～ one's hopes *on* one's son 息子に希望をかける.

15 VOA (～ X ***in*** ..) X (物語などの場面)を..に置く, 設定する, 〈普通, 受け身で〉. The novel is *laid in* Spain. その小説の舞台はスペインに設定されている.

【ある状態に置く】 **16** VOA を(..の状態に)する; VOC (～ X Y) X を Y の状態にする; X を(強制的に) Y させる; X を倒して[なでて] Y にする (→5). I am *laid under* the necessity of selling my house. 私は家を売る必要に迫られている. ～ a town *in* ashes 町を灰燼(じん)に帰させる. ～ one's chest bare 胸をはだける. Mother has been *laid* low by the flu. 母はインフルエンザで寝ついている. ～ a country waste 国を荒廃させる.

【前に置く＞差し出す】 **17** 〔権利など〕を申し立てる, 主張する; を提出する. ～ claim to a piece of land 土地の所有権を申し立てる. He *laid* his case before the judge. 彼は裁判官の前で言い分を述べた. ～ charges against a person 人を告発する. The chair *laid* a reform plan before the committee. 議長は改革案を委員会の審議にかけた.

18 【賭(か)け金を出す】〔賭け〕をする; VOA (～ X *on*..) X を..に賭ける; VOO (～ X Y *that* 節) X(人)と..だというほうに Y(金額など)の賭けをする. ～ money *on* a horse 馬に金を賭ける. I ～ bets *on* the failure of the plan. = I ～ odds *that* the plan will fail. 私はその計画は失敗に終わることに賭ける. I'll ～ (you) five dollars *that* he will succeed. 彼が成功することに(君と) 5 ドルの賭けをしよう.

── 自 **1** 卵を産む. Our hens ～ well. うちの鶏はよく卵を産む. **2** 賭けをする. **3** VA 〘非標準〙 横たわる (lie) 〈*down*〉〈*on* ..に〉.

làid óut (1)〘米俗〙(酒に)酔って; (麻薬で)ラリッて. (2)〘黒人俗〙めかし込んで.

láy about.. (1) ..にめちゃくちゃに打ちかかる〈*with* ..〔棒など〕で〉; ..にどなりちらす. The young man *laid about* him with a stick. その若い男はめちゃくちゃに棒で打ちかかった. (2)〈～ about one として〉めちゃくちゃに手[武器]を振り回す.

****lày /../ asíde*** (1)(使い終わって)**..を脇(わき)に置く**, 取りのける; ..を一時中止する. close a book and ～ it *aside* 本を閉じて脇へのける. (2) **..を蓄える**; ..を取っておく. We have a little money *laid aside* for a rainy day. 不時に備えて金を少し蓄えてある. (3)〔計画, 考え, 信念など〕を捨てる, やめる, あきらめる.

lày .. at a pèrson's dóor →door.

lày /../ awáy 〘米〙 (1)〔客が〕〔商品〕を(手付けを打って)予約購入する《手付け金を払って予約し代金皆済時に商品の引渡しを受ける》; 〔店が〕〔商品〕を取り分けておく〈*for* ..〔客〕のために〉; (後に備えて)をとって[蓄えて]おく. (2) ..を埋葬する《bury の婉曲表現》.

lày /../ bý ＝LAY /../ aside (2).

****lày /../ dówn*** (1) **..を降ろす**; ..を寝かす; (使い終わって)〔ペンなど〕を置く. ～ oneself *down* on the lawn 芝生に寝そべる. (2)〔鉄道など〕を**敷設する**; 〔船など〕を起工する, 建造する. (3)〔武器, 考え, 地位など〕を捨てる, あきらめる, 〔仕事など〕をやめる; ..を犠牲にする. ～ *down* one's arms 武器を捨てる, 降服する. ～ *down* one's life for the country 〘雅〙 国のために命を捧(ささ)げる. ～ *down* office 公職を辞める. (4)〔計画など〕を立てる. (5)〔規則, 原則など〕を**決める**, 制定する; ..を断固主張する; ..を権威をもって言い渡す; 〈しばしば受け身で〉. act as *laid down* in the rule 規則に定められたとおり行動する. He *laid* it *down* that he had nothing to do with the affair. その事件には何の係わり合いもないと彼は主張した. ～ *down* the law →law (成句). (6)〔ワインなど〕を貯蔵する.

láy for.. 〘話〙〔人〕を待つ, 待ち伏せする.

lày /../ ín 〔食糧, 燃料など〕を蓄える; ..を買い込む[買いだめする]. *Lay in* a supply of food and water in case there is a big earthquake. 大地震に備えて食糧と水を蓄えておきなさい.

láy into.. 〘話〙 (1) ..に襲いかかる, ..をたたきのめす, 〈*with* ..を使って〉. (2) ..を散々にののしる, をしかりつける. (3) ..をがつがつ食う, 飲む.

lày it òn thíck 〘話〙 やたらに誇張する; むやみに褒める[礼を言う]; ひどく責める; おだてて説得する; 《やりすぎる＜ペンキなどを塗りたくる》.

lày óff 〘話〙 (1) 一時的に休む; やめる, よす, 〈*from* ..〔今やっていること〕を〉. (2) 放っておく, 構わない, 手出し[口出し]しない, 〈*of* ..を, に〉.

****lày /../ óff*** (1)(不況などのため) **..を一時解雇する**[帰休させる]〈*from* ..〔仕事〕から〉; 〔仕事〕を一時的に休む. I *laid off* work till four o'clock. 4 時まで仕事を休んだ. (2)〘話〙 (不快な[害になる]ことに関して)..をやめる, よす; ..を悩ますのをやめる, 放っておく. ～ *off* cigarettes (巻き)たばこをやめる. *Lay off* interfering with me, please. 口出しするのはやめて欲しいね.

láy X off Y X(人)を(一時的に) Y(仕事)から休ませる. They *laid* one hundred men *off* work. 彼らは100人を一時解雇した.

làу ón 殴る; 攻撃する.

lày /../ ón (1)〔ペンキなど〕を塗る. (2)〔打撃など〕を加える; 〔税, 罰など〕を課する. (3)〘主に英〙〔電気, 水道など〕を引く. We had gas *laid on*. ガスを引いてもらった. (4)〘主に英話〙〔催し物, 茶菓, 車など〕を準備[用意]する, 供給[提供]する. The company *laid on* a special meal for them. その会社は彼らのために特別の食事を用意した.

lày onesèlf óut 努力する, 骨折る, 〈*to* do ..しようと/*for* ..のため〉.

lày onesèlf (wìde) ópen to.. →open.

lày /../ ópen →open.

****lày /../ óut*** (1)(準備して) **..を広げる**; 並べる; ..を陳列する, 整える; 〔光景など〕を展開する. Her costume changes were *laid out* on a sofa. 彼女の着替えの衣装がソファーの上に広げてあった. (2)〔計画, 考えなど〕を(整然と)述べる, 開陳する, 提示する. (3)〔庭園, 都市など〕を設計する, 地取りする; 〔場所[建物](の内部など)〕を配置する, レイアウトする; 〔計画など〕を立てる; 〔ページなど〕の割り付け[レイアウト]をする. (4)〔死体〕の埋葬[通夜]のための準備をする《死装束を着せたり, 死化粧を施して》. (5)〘話〙〔(大)金〕を使う〈*on*, *for* ..に〉. (6)〘話〙 ..を打ちのめす, 殴り倒す; ..を厳しくしかる.

lày óver 〘米〙 途中下車する, 旅行の途中で立ち寄る[とどまって人を待つ], 〈*in*, *at* ..〔場所〕で〉 (stop over).

lày /../ óver 〘米〙 ..を延期する.

lày tó 停船する《船首を風上に向けて》.

láy to.. ..に精を出す. ～ *to* one's oars 懸命にこぐ.

lày /../ tó ..を停船させる《船首を風上に向けて》.

lày..to rést ..を休ませる; ..を葬る. He was *laid to rest* beside his wife. 彼は妻の傍らに葬られた.

lày /../ úp (1) ..を取っておく, 蓄える; 〔苦労など〕を招く. ～ *up* fuel 燃料を蓄える. (2) ..を引きこもらせる, 床に就かせる, 〈普通, 受け身で〉. be *laid up* with cold 風邪で寝ている. (3)〔船〕を係船する《ドックなどに入れて》; 〔車〕を車庫に入れておく; 〔事故などが〕〔車, 船など〕を使えなくする; 〈普通, 受け身で〉.

── 名 (複 ～s) **1** U 〈the ～〉(位置する)方向, 状態. **2** C 〘卑〙(1 回の)性交; 性交の相手(の女).

the lày of the lánd 〘米〙 地勢, 地形; 形勢, 状況; (〘英〙 the lie of the land).

[＜古期英語「(lie[1] させる＞)横たえる」]

lay[2] /lei/ 動 lie[1] の過去形.

lay[3] 形 〈限定〉 **1** (聖職者に対して)平信徒の, 俗人の, (↔clerical). a ～ preacher 信徒説教者. **2** (医学, 法律などの専門家に対して)素人の, 門外漢の. from a ～ viewpoint 素人の見地からすれば. ◇名 laity

[＜ギリシア語「民衆の」]

lay[4] 名 (複 ～s) C **1** (特に中世吟遊詩人の)短い物語詩など. **2** 〘詩〙 歌 (song).

láy·abòut 名 C 〘英話〙 怠け者; 浮浪者.

láy·awày 名 U, 形 〘米〙 予約購入(の), (代金皆済まで)商品留め置き方式(の), (→LAY /../ away).

láy bròther 名 C 助修士《修道院で労働だけして僧務を執らない; →lay sister》.

láy-bỳ 名 (複 ～s) C **1** 〘英〙(道路の一部を広げて作った)待避所(〘米〙 rest stop). **2** (鉄道の)待避線; (運河などの)係船所.

***lay·er** /léiər/ 名 (複 ～s /-z/) C **1 層**; ひと重ね, ひと塗

り; 階層. a thin ～ of dust 薄く積もったほこり. **2**〖園芸〗取り木 **3** 置く[積む]人《普通, 複合語で; →bricklayer》. **4** 卵を産むめんどり. a good [bad] ～ よく卵を産む[産まない]鶏. **5** (競馬の)賭(か)け屋.

── 動 他 **1**〖園芸〗の取り木をする, を取り木で増やす. **2** を何重にも重ねる. ── 自 **1**〔取り木が〕根付く. **2** 層になる.

láyer càke 名 C レヤーケーキ《ジャムやクリームを挟んで何層かに重ねたもの》. 「ひとそろい》.

lay·ette /leiét/ 名 C 新生児用品《産着, 毛布などの↑

láy fìgure 名 C **1** 人体模型, マネキン, 《美術家のモデルの代用, 衣装陳列用など》. **2** でくのぼう; つまらない[個性に欠ける]人; (小説などの)現実性を欠いた人物.

làying òn of hánds 名 〈the ～〉〖キリスト教〗按手(あんしゅ)《聖職者が人の頭に手を置いて堅信礼などを行うこと》; 人や動物の体に手を置いて病気を治療すること.

†**láy·man** /-mən/ 名 (複 **-men** /-mən/) C **1** (聖職者に対して)平信徒, (一般)信徒, (↔clergyman). **2** 素人, 門外漢. in ～'s terms 分かり易い言葉で(言えば). ★ 女 は **láywòman**, 男女の区別なしに用いる時は **láypèrson**.

‡**láy·òff** 名 (複 ～s) C (不景気のための)一時解雇, (病気, けがのための)一時活動停止, レイオフ; その期間; (→LAY off). ★一時解雇の意味では, 普通対象が複数なので, 複数形が多い.

†**láy·òut** 名 **1** UC (都市などの)設計, 地取り; 計画; (広告, 雑誌などの)割り付け, レイアウト; C 設計図; (→LAY /../ out). the ～ of a house 家の間取り. **2** C〖話〗(食卓の料理など)並べられたもの. There was a nice ～ for supper. 夕食のごちそうが並んでいた. **3**〖米話〗C (各種施設のついた大きな)邸宅, 屋敷, 工場.

láy·òver 名 C 〖米〗途中下車, 立ち寄り, (stopover; →lay over). have a three hour ～ in Miami マイアミに3時間立ち寄る.

láy rèader 名 C **1** 聖職者に代わって礼拝をつかさどる在俗の人. **2** (専門家でない)一般の読者.

láy sìster 名 C 助修女《修道院で労働だけして僧務を執らない; →lay brother》.

Laz·a·rus /lǽzərəs/ 名〖新約聖書〗ラザロ **1**《全身できもので苦しむが昇天したこじき;『ルカによる福音書』16:19-31》. (as) poor as ～ 極貧の. **2**《イエスの奇跡で死からよみがえった男;『ヨハネによる福音書』11-12》.

laze /leiz/〖話〗動 自 (何もしないで)ゆったりと過ごす; VA 怠ける; のらくらしている; 〈*about*, *around*〉. ── 他 VOA (～ X ***away***) X (時)をゆったりと過ごす. ── 名 〈a ～〉怠けて過ごす時間[こと]. [＜*laz*y]

†**la·zi·ly** /léizili/ 副 怠けて, ぶらぶらして; 物憂そうに.

la·zi·ness /léizinəs/ 名 U 怠惰, 不精.

‡**la·zy** /léizi/ 形 e (**-zi·er**|**-zi·est**) **1 怠惰な**, 無精な, (仕事などを)する気がしない, (↔diligent) (類語 lazy は仕事嫌いの怠け者に用いられ, 非難の意味を含む; →idle, indolent, slothful). The teacher scolded him for being ～. 先生は怠けたことで彼を叱(しか)った. It was very hot and we all felt ～. とても暑く, みんな何をするのもおっくうだった.

2 〈限定〉 眠気を催すような, 物憂い; 何もしない(で過ごす). a ～ day in spring 眠気を誘う春の日. I spent a ～ Sunday just reading the papers. ただ新聞を読むだけでぶらぶらと日曜日を過ごした.

3 〈限定〉 のろのろした; ゆったりした〔流れなど〕.
[?＜中期低地ドイツ語]

lázy·bònes 名 (複 ～) C 〈1人の場合は普通, 単数扱い〉〖話〗怠け者.

Làzy Súsan 名 C 〖主に米〗〈しばしば l- s-〉回転盆《食卓に置き, 回してその上の料理, 調味料などを取る;〖英〗dumbwaiter》. 「を挟み取るための》.

lázy tòngs 名 〈複数扱い〉無精やっとこ《遠方のもの↑

†**lb** /paund/ (複 **lb, lbs** /-z/) libra (ラテン語 'pound'《重量; 454g》; →oz). 3*lb*(*s*) 3ポンド.

lbs pounds.

lbw, l.b.w. 〖クリケット〗 leg before wicket.

L/C, l/c letter of credit.

LC, L.C. 〖米〗landing craft; 〖米〗Library of Congress; 〖英〗Lord Chamberlain [Chancellor].

lc loco citato; lower case.

L.C.C. 〖史〗 London County Council.

LCD /èlsi:dí:/ 名 C 液晶ディスプレー《液晶と偏光板を組み合わせたディスプレー; ＜*l*iquid *c*rystal *d*isplay》.

L.C.D., l.c.d. lowest [least] common denominator.

L.C.M., l.c.m. least [lowest] common multiple.

Ld Lord.

ldg. landing; loading.

L-driver /éldràivər/ 名 C 〖英〗(指導者同乗の)自動車運転実習者《L は learner の頭文字; →L-plate》.

-le[1] /l/ 接尾 「反復」を意味する動詞を作る. spark*le*. twink*le*. [古期英語 *-lian*]

-le[2] 接尾 **1**「小さい」を意味する名詞を作る. thimb*le*. **2**「行為者, 道具」を意味する名詞を作る. gird*le*. hand*le*. [古期英語 *-ol*, *-ul*, *-el*]

lea /li:/ 名 C 〖詩〗草地, 草原; 牧草地.

Leach /li:tʃ/ 名 **Bernard** ～ リーチ (1887-1979)《香港生まれの英国の陶芸家; 日本にも滞在した》.

leach /li:tʃ/ 動 他 **1**〔液体〕を濾(こ)す, 濾過(ろか)する **2** VOA (～ X *away, out*) X (可溶成分)を濾して取る; (水などにさらして) X の可溶成分を取る; 〈*from* ..から〉. ～ alkali *out from* ashes 灰からアルカリ分を濾し出す.

── 自 VA 濾されて可溶成分がなくなる, (濾されて)しみ出す[込む], 〈*away, out*〉〈*out of* ..から/*into* ..の中に〉.

── 名 **1** U 濾過, 濾すこと; 濾過液. **2** C 濾過器, 濾し器.

‡**lead**[1] /li:d/ 動 (～s /-z/|過 過分 **led** /led/|**léad·ing**) 他【導く】**1** VOA **を案内する** 〈*to, into* ..へ/*along* ..を〉. ～ a visitor *in* [*out*] 訪問者を家の中に通す[外まで送る]. She *led* us *round* the gallery. 彼女は画廊の中を案内してくれた. I *led* them *upstairs to* my study. 彼らを2階の書斎に案内した.

2 (手を引くなどして)**を連れて行く**; 〔動物など〕を引いて行く; 〈*to* ..へ/*out of* ..から〉. ～ an old man by the hand 老人の手を引く. the blind ～ing the blind →blind (成句). One man may ～ a horse to water, but ten cannot make him drink. 〖諺〗1人でも馬を水辺に連れて行けるが, 10人寄っても(嫌がる)馬に水を飲ますことはできない.

3【引いて通す】VOA (～ X ***into, to..***) X (水など)を..に引く; X (紐(ひも)など)を..に通す. ～ water *into* a canal 水路に水を引く.

4 VOA (～ X ***to, into..***) 〔道, 光などが〕X を〔ある場所〕へ**導いて[連れて]行く** (→自 2). This road ～*s* you *into* the park. この道を行けば公園に出る. Curiosity *led* me *to* Paris. 好奇心で私はパリに来た.

【ある状態に導く】**5** (**a**) VOA (～ X ***to, into..***) X を〔破滅など〕**に至らせる**; X を..に引き込む. I was *led to* the conclusion that... 私は..という結論に至った. The dictator *led* the country *into* war. 独裁者は国を戦争に引き入れた. (**b**) VOC (～ X ***to do***) **X を..する気にさせる**; X を導いて..させる; VOC (～ X Y) X を Y にする. What *led* you *to* study Swahili? なぜスワヒリ語を勉強する気になったのか. be *led to* believe that ..と信じ込む. Her bad friends *led* the girl astray. 悪い友達がその少女を堕落させた. (**c**) VOA (～ X ***into doing***) X を..する気にさせる. He *led* me *into* believ*ing* that he had nothing to do with the affair. 彼は自分はその事に関係ないものと私に信じ込ませた.

6 (**a**) [VOA] (**〜 X *to* ..**) X(会話など)をある話題の方へ導く. I *led* the conversation (around) *to* my favorite topic. 私は会話を私の得意な話題の方へ導いた. (**b**) を誘導する;〖主に米法〗に誘導尋問をする. "Objection. The defendant is 〜*ing* the witness." "Sustained."「異議あり. 被告側は証人に誘導尋問をしています」「(異議を)認めます」.

7〔..の生活〕を送る; [VOO] (〜 X Y) X に Y の生活を送らせる. 〜 a life of ease 安楽な生活を送る. He is 〜*ing* his wife a hard life. 彼は妻につらい生活を送らせている.

【先に立って導く】 **8** の**先頭に立つ**; の首位に立つ〈*in* ..の分野で〉; (競技などで)をリードする;〖トランプ〗〔..の札〕を最初に出す[出して勝負を始める];〖ボクシング〗〔ジャブなど〕で攻撃を開始する. A band *led* the parade through the city. 楽隊が先頭に立って市を行進した. 〜 the fashion 流行の先端を行く. Oxford was *led* by two lengths. オックスフォード(クルー)は2艇身リードされた. 〜 a trump 切り札を最初に出す. 〜 a short jab to the jaw 短いジャブをあごに出して攻撃を開始する.

9 を**指揮する**, 指導する; を率いる. 〜 a chorus 合唱を指揮する. 〜 children's Sunday school classes 子供たちの日曜学校のクラスを教える. 〜 an army 軍を率いる. 〜 a party 党を率いる. Who's 〜*ing* the boycott? その不買運動はだれが先導しているのですか. The critic 〜*s* public opinion. あの評論家は世論を引っ張っている. He is easily *led*. 彼は御しやすい男だ.

10〔記事が〕〔新聞(紙面)〕でトップで扱われる.

11〖法〗の主任弁護人を務める;〖スコ法〗〔証拠〕を挙げる. **12** (猟銃などで)〔動く標的〕の前方を狙う.

── 自 **1 案内する**, 先導する. a 〜*ing* car 先導車. You 〜 and I'll follow. 案内してください, 後について行きます.

2 [VA] (**〜 *to, into* ..**)〔道, 門などが〕**..に通じ(てい)る**, 達する; (**〜 *through* ..**) ..を通り抜けている. All roads 〜 *to* Rome. →Rome. the door 〜*ing into* the living room 居間に通じるドア. A path 〜*s through* the forest. 小道が森の中を通っている.

3 [VA] **結局..なる**, 至る, 〈*to* ..に〉. His constant overwork *led to* a nervous breakdown. 彼はずっと働きすぎだったのでついに神経衰弱になった. One thing *led to* another and... そうこうするうちに[いろいろあって]結局(..となった).

4 先頭に立つ; 首位に立つ〈*in* ..で〉; リードする. The home team 〜*s* six to four. 地元チームが6対4でリードしている(★six to four は副詞句). She 〜*s in* mathematics. 数学では彼女が一番だ.

5 指揮する, 指導する; 率いる. Who is 〜*ing* this evening? 今夜の指揮はだれがしますか.

6〖トランプ〗最初に札を出す. **7**〖ボクシング〗(ジャブなどで)攻撃を開始する. **8** (ダンスで)リードする.

9 主任弁護人を務める〈*for* ..の〉.

***lèad a pèrson a* (*prètty, mèrry*) *dánce* [*cháse*]** →dance.

lèad a pèrson by the nóse →nose.

lèad ín (話などを)始める〈*with, by* ..で〉.

lèad nówhere =get NOWHERE. Our discussion *led nowhere*. 我々の討論はむだだった.

lèad óff (1) 始める; 口火を切る; 最初に行く. (2)〖野球〗(回の)先頭バッターになる; (打順で)1番を打つ. (3)〖英話〗かっとなる.

lèad /../ óff (1) ..を連れて行く, 連行する. (2) ..を始める; ..の口火を切る; 〈*with* ..で, から〉. 〜 *off* a meeting *with* a prayer 祈りで会を始める. John *led off* the discussion *with* a summary of the problem. ジョンは問題の概要を述べて議論の口を切った.

lèad ón 先頭に立って行く[案内する].

lèad /../ ón (1) ..を続けて案内する. (2) ..を(甘言などで)だます; ..を(だまして)仕向ける〈*to* do ..するように〉. He *led* her *on to* believe he wanted to marry her. 彼は彼女をだまして自分が彼女と結婚したがっていると思い込ませた.

***lèad the fíeld* [*páck, wórld*]** 首位を占める, トップに立つ, 〈*in* ..〔ある分野, 業界〕で〉.

lèad úp to .. (1) 次第に..へ持ってゆく; ..に話題を向ける. What's he 〜*ing up to?* 彼の魂胆は何だろう. (2) 結局..に至る. The events that *led up to* her present fame are quite dramatic. 彼女が今の名声を得るに至ったいきさつは劇的である.

léad with .. (1) ..で(ゲーム, 試合などを)開始する. The fighter *led with* his left. そのボクサーは左手で開始した. (2)〔新聞(記者)が〕〔あるニュース〕を主要な記事とする. Two newspapers *led with* the trade imbalance. 2つの新聞が貿易不均衡を主要な記事にした.

lèad with one's chín 〖話〗軽率な発言[ふるまい]をする.

── 名 (複 **〜s** /-dz/) 【先頭の位置, 地位】 **1** [U]〈the 〜〉**先頭**(の位置); 首位. He is in the 〜 in the race. 彼は競走でトップに立っている. lose the 〜 to him 彼に首位を奪われる.

2 [aU] **優勢**, 勝ち越し, リード; リードの距離[時間など]. Our team has *a* 〜 (*of* two points) *over* yours. わがチームはあなた方のチームを(2点)リードしている.

3 [C]〈しばしば the 〜〉〖劇〗主役; 主演俳優. play the 〜 主役を演じる.

4 [C]〖新聞〗(**a**) 導入部, リード, 《記事を要約する冒頭のパラグラフ》. (**b**) トップ記事[ニュース] (lead story).

5 [C]〖トランプ〗〈しばしば the 〜〉先手(の権利); 最初に出す札;〖ボクシング〗最初の一撃.

【導くこと[もの]】 **6** [U] **指導**(的立場), 指揮; 率先; [C] 模範, 先例. under the 〜 of our teacher 先生の指導の下に. **7** [C] 手がかり, きっかけ. follow up every 〜 あらゆる手がかりを追う.

8 [C]〖主に英〗(犬などの)引き綱, 革ひも, (leash). keep [have] a dog on a 〜 犬を革ひもでつないでおく.

9 [C] (水車などへの)導水溝; 氷原中の水路;〖電〗導線, 引き込み線;〖鉱〗鉱脈.

10〈形容詞的〉先頭の; 最も重要な. the 〜 runner 先頭走者. a 〜 article 主要な記事. 〜 vocals リードヴォーカル《ポピュラーミュージックなどの歌の主要部分》.

gìve a pèrson a léad 人に範を示す; 人を指導する; 人に手がかりを与える.

tàke the léad 先頭[優位]に立つ; 範を示す; 指導的役割を果たす. He *took the* 〜 in fighting pollution. 彼は率先して公害と戦った. [<古期英語 *lǣdan*]

***lead**[2] /led/ 名 (複 **〜s** /-dz/) **1** [U] (**a**) **鉛** 《金属元素; 記号 Pb》. (as) heavy as 〜 鉛のように重い. (**b**)〈形容詞的〉鉛の. 〜 pipes 鉛管. **2** [U] 黒鉛 (black lead); [UC] 鉛筆の芯(しん) 《黒鉛製》. a soft [hard] 〜 柔らかい[硬い]鉛筆の芯. **3** [U] 弾丸 (bullets). **4** [C] 測鉛 《水深測定用》. cast [heave] the 〜 測鉛を降ろして水深を測る. **5**〈〜s〉(ステンドグラスなどの)鉛枠. **6**〖英〗〈〜s〉屋根ぶき用鉛板; 鉛板ぶきの屋根. **7** [C]〖印〗インテル《活字の行間を空けるために挟む鉛板》.

***gèt the léad òut* (*of one's pánts*)** 〖米俗〗急ぐ, さっさとやる.

swìng the léad 〖英話〗仮病などを使ってさぼる.

── 動 他 **1** を鉛で覆う; に鉛の重り[枠など]を付ける, 〈普通, 受け身で〉. a 〜*ed* window 鉛枠のガラス窓. **2**〔ガソリン〕に鉛(化合物)を加える, 加鉛する. **3**〖印〗にインテルを詰める. [<古期英語]

lead·ed /lédəd/ 形 〈限定〉 **1**〔ガソリンなどが〕加鉛の (↔lead-free). 〜 gas〖米〗加鉛ガソリン(〖英〗〜 petrol). **2** 鉛枠の付いた〔窓など〕.

lead·en /lédn/ 形 **1** 鉛の, 鉛製の. **2** 鉛色の; どんよりした〔空など〕. **3** 重い; 重苦しい〔沈黙, 眠りなど〕; 元気のな

L

い; 陰鬱(うつ)な. walk with ～ feet 重い足取りで歩く. ～ spirits ふさいだ気分. **4** 粗末な, 安物の; 面白味のない. ▷～·ly 副 ～·ness 名

‡lead·er /líːdər/ 名 (複 ～s /-z/) C
【先頭に立つもの】 **1 指導者**, リーダー; 統率者; 首領; 主将. a ～ in the world of economics 経済界の大立て者. the ～ of the House (of Commons [Lords]) 〖英〗(下院[上院])院内総務.

連結 a great [a born, a natural; a capable; a decisive; a dynamic; a fearless] ～ ∥ follow a ～

2 〖米〗(オーケストラの)指揮者 (conductor); 〖英〗 = concertmaster.
3 〖英〗 主任弁護士 (↔junior). **4** 〖英〗 =leading article (1); 〖米〗 editorial. **5** 〖植〗 主軸枝. **6** 先頭に立つ者, 先頭走者; (4 頭立て馬車などの)先導馬; 先駆者; 先頭[先端]のもの; 手本. After the second lap, Tom was the ～. 2 周した後はトムが先頭に立った. a ～ of fashion 流行の先端.
【誘導物】 **7** 〖主に米〗〖商〗 目玉商品 (loss leader). **8** はりす《釣りで針と道糸の間の細く強い糸》; (テープ, フィルムなどの)リーダー 《初めの引出し部分》. **9** 〖印〗 〈～s〉 リーダー 《目次などの点線, 破線》. **10** 導管.
[＜lead[1], -er[1]] ▷～·less 形 指導者[先導者]のいない.

Lèader of the Opposítion 名 〈the ～〉〖英〗(最大)野党党首 《責任の重大さを認められて俸給を受ける》.

L

‡lead·er·ship /líːdərʃìp/ 名 (複 ～s /-s/) **1** U **指導者**[指揮者など]**の地位**[任務, 権限]. John seized [assumed] the ～ of the anti-government movement. ジョンはその反政府運動の主導権を握った. take a ～ role in ..で指導的役割を演じる.
2 U 指導, 指揮; 統率[指導]力. The band played under the ～ of Mr. Hill. 楽団はヒル氏の指揮で演奏した. Poor ～ led the troops to defeat. 統率力に乏しく軍隊は敗北した. exercise ～ in (doing) ..(すること)に指導力を発揮する.
3 C 〈普通 the ～〉〈★単数形で複数扱いもある〉 指導部(の人たち), (国などの)首脳部. The ～ of the union is [are] divided. 組合指導部の意見は分裂している.
[＜leader, -ship]

lèad-frée /lèd-/ 形 無鉛の (↔leaded). ～ gasoline 無鉛ガソリン.

léad-ìn /líːd-/ 名 C **1** (アンテナと受信機を連結する)引込線. **2** (アナウンサーなどの)前置き, 紹介, 《放送内容などの》.

***lead·ing**[1] /líːdiŋ/ 形 C 〈限定〉 **1 主要な**, 主な; 最重要の; 一流の; (類語 率先することを強調; →main). a ～ cause of an accident 事故の主な原因. take a ～ role 重要な役割を引き受ける. a ～ newspaper 一流新聞. **2** 指導的な; 有力な. a ～ politician 有力な政治家. You should have some ～ aims in life. 何か引っ張ってくれる人生の目標を持つべきだ. **3** 主役の, 主演の. play the ～ part 主役を演じる. **4** (レース, 行列などの)先頭をゆく. [＜lead[1] の現在分詞]

†lead·ing[2] /líːdiŋ/ 名 U **1** 導くこと; 先導; 指導. **2** 統率; 統率力. [＜lead[1] の動名詞]

lead·ing[3] /lédiŋ/ 名 U **1** (屋根などの)鉛の覆い, (窓などの)鉛の枠. **2** 〖印〗 インテル; 行間. [＜lead[2] の動名詞]

lèading árticle /lìːdiŋ-/ 名 C **1** 〖英〗(新聞などの)社説, 論説, (editorial). **2** 〖米〗(新聞などの)トップ記事. **3** =loss leader.

lèading édge /lìːdiŋ-/ 名 **1** 〈the ～〉 最先端 〈*of* ..の〉. **2** C (プロペラ, 翼などの)前縁, 先端.

lèading-édge /lìːdiŋ-/ 形 〈限定〉〔技術などが〕最先端の, 最新の.

lèading lády /lìːdiŋ-/ 名 C 〖劇〗 主演女優.

lèading líght /lìːdiŋ-/ 名 C 主要人物, 有力者, '牽(けん)引車'.

lèading mán /lìːdiŋ-/ 名 C 〖劇〗 主演男優.

lèading quéstion /lìːdiŋ-/ 名 C 誘導尋問 《反対尋問の際を除き, 法廷では禁止》.

léading rèin /líːdiŋ-/ 名 C **1** (馬などの)引き手綱(たづな). **2** 〈～s〉 手引きひも 《幼児の歩行練習用》.

léading strìngs /líːdiŋ-/ 名 〈複数扱い〉 **1** 〖主に米〗 =leading rein (2). **2** 過度の指導; 束縛. keep one's child in ～ 子供を過保護に育てる.

leàding wóman /líːdiŋ-/ 名 =leading lady.

léad-òff /líːd-/ 形 最初の. the ～ batter 先頭打者.
―― 名 (複 ～s) C **1** 開始, 着手. **2** 最初にやる人.

lèad péncil /lèd-/ 名 C 鉛筆.

léad-pìpe /léd-/ 名 C 〖米俗〗 ごく簡単なこと, 朝飯前の仕事; 確かなこと; (**lèad-pipe cínch**).

léad pòisoning /léd-/ 名 U 鉛中毒.

lèad sínger /lìːd-/ 名 C (バンドなどの)リードボーカル.

léad stòry /líːd-/ 名 C (新聞などの)トップ記事.

léad tìme /líːd-/ 名 UC 企画[着想]から実施[実現]に至るまでの期間 《例えば製品の企画から発売まで》.

léad-ùp /líːd-/ 名 〈the ～〉 (事の)なりゆき, 展開, 〈*to* ..に至る〉.

‡leaf /liːf/ 名 (複 **leaves** /liːvz/) 【葉】 **1** (a) C (木や草の)**葉** (類語 葉を表す一般的な語; →blade, foliage, leafage, needle). The *leaves* have turned yellow. 葉が黄色くなった. sweep up dead [dry] *leaves* 枯れ葉を掃き集める. Oak *leaves* have already fallen. オークの葉はもう落ちてしまった. The child was shaking like a ～ with fear. その子は怖がって震えていた.

連結 new [young; faded, withered; fallen] *leaves* ∥ shed [put forth] *leaves* ∥ *leaves* stir [quiver, rustle, tremble]

(b) U 〈集合的〉 葉 (foliage); (茶, たばこなどの)葉. the fall of the ～ 〖章〗 落ち葉の季節, 秋. be in full ～ 葉が出そろって[いっぱい茂って]いる.
【葉のように薄いもの】 **2** C (本などの)**1 枚の紙**, 1 葉, 《表, 裏 2 ページ》. The last ～ of this book is missing. この本は最後の 1 枚 (2 ページ)が抜けている. tear a ～ from a notebook ノートから紙を 1 枚引きちぎる.
3 U (金, 銀などの)箔(はく) 《foil[1] より薄い》. a picture frame coated with gold ～ 金箔をかぶせた額縁.
4 C 〖話〗(特にバラの)花弁 (petal).
5 C (折り畳み式テーブルの)自在板; (折り戸などの) 1 枚; はね橋 (drawbridge) のはね板.
còme into léaf 〔植物, 木が〕葉を出す. 「例に倣う.
tàke a léaf from* [*out of*] *a pèrson's bóok 人の↑
tùrn óver a nèw léaf (1) **新しいページをめくる**. (2) **心を入れ替える**; 生活を一新する.
―― 動 (**leaves** /liːvz/, ～s /-s/|過 過分 ～ed /-t/, **leaved** /liːvd/|**léaf·ing**) 自 **1** 〔植物が〕葉を出す 〈*out*〉. **2** VA (～ ***through*** ..) 〔ページなど〕をざっとめくる, ..にざっと目を通す. ―― 他 〔本など〕をぱらぱらとめくる.
[＜古期英語 *lēaf*]

leaf·age /líːfidʒ/ 名 U 〈集合的〉 葉, 木の葉. (類語 foliage と同じく U; →leaf).

léaf bùd 名 C 〖植〗 葉芽(ようが).

leafed /-t/ 形 =leaved.

léaf·less 形 葉のない; 葉の落ちた.

†leaf·let /líːflət/ 名 C **1** 1 枚刷りの印刷物; (広告などの)ちらし; 折り畳みパンフレット. hand out ～*s* on [about] an open forum 公開討論会のちらしを配る. **2** 小さな若葉. **3** 〖植〗 小葉 《複葉の 1 片》.
―― 動 他, 自 (〔場所〕で/〔人〕に)ビラ配りする, ちらしを配る. ～ (on) the campus 大学構内でビラ配りする. ～ shoppers 買い物客にちらしを配る. [＜leaf, -let]

léaf mòld [**mòuld**〘英〙] 名 U 腐葉土.

léaf·stàlk 名 C 〘植〙葉柄(ようへい) (petiole).

‡**léaf·y** /líːfi/ 形 e **1** 葉の多い, 葉の茂った; 葉から成る. a ～ shade 緑陰. ～ vegetables (根菜に対して)葉菜類. **2** 葉状の. **3**〔場所が〕緑の多い. ▷**leaf·i·ness** 名

***league**[1] /liːg/ 名 (複 ～s /-z/) C **1 連盟**, 同盟. make [form] a ～ 連盟を作る. enter [join] a ～ 連盟に参加する. **2**〈集合的〉連盟参加者[団体, 国家] **3** 競技連盟, リーグ;〈形容詞的〉リーグの. a ～ game リーグの試合. **4**〘話〙部類, 仲間.

in léague (***with..***) (..と)連盟して, 団結して; (..と)結託[共謀]して.

nòt in the sàme léague (***with..***)〘話〙(..より)ひどく劣った, (..に)とても及ばない; (..と)一緒にはできない.

── 動 他 VOA (～ X ***together***/～ X ***with..***) X をたがいに/..と連盟[同盟]させる; 団結させる. The three countries were ～*d together* [*with* each other]. 3国は同盟を結んでいた[互いに同盟を結んでいた].

── 自 VA 連盟[同盟]する; 連合する;〈*with* ..と〉. ～ *together* 連合する.

[＜イタリア語「同盟」(＜ラテン語 *ligāre* 'bind')]

league[2] 名 C リーグ《昔の距離の単位; 英米では約4.8キロメートルが普通》.

Lèague against Crùel Spórts 名〈the ～〉〘英〙残酷スポーツ反対同盟《狩猟などの動物を殺傷するスポーツに反対する》.

Lèague of Nátions 名〈the ～〉国際連盟《1920–46; the United Nations の前身》.

Lèague of Wòmen Vóters 名〈the ～〉〘米〙女性投票者同盟《女性の関心を政治に向けさせようとする》.

leagu·er /líːgər/ 名 C〈普通, 複合語で〉リーグの構成メンバー, リーグ加盟者[選手, 団体, 国]. a major ～ (アメリカプロ野球の)メジャーリーグの選手.

léague tàble 名 C〘英〙(競技会への)参加者[チーム]成績一覧表.

***leak** /liːk/ 名 (複 ～s /-s/) C **1 漏れ口**, 漏れ穴,〈*in* ..の〉. stop [plug] a ～ 漏れ口をふさぐ. **2** (水, ガスなどの)**漏れ**; 漏電, リーク; 漏れた水[ガスなど];〈普通, 単数形で〉漏出量. This boat has a bad ～. このボートはひどく水が漏る. I can smell a gas ～. ガス漏れのにおいがする. **3** (秘密などの)漏洩(えい), リーク. **4**〘俗〙放尿[小便]すること. take [have, go for] a ～ 放尿する.

sprìng [***stàrt***] ***a léak***〔船, 屋根などが〕水漏れし始める.

── 動 (～s /-s/|過 過分 ～ed /-t/|**léak·ing**) 自 **1**〔容器などが〕**漏る**. The roof ～*s* when it rains. 屋根は雨漏りがする. **2 (a)**〔水, ガスなどが〕漏れる. **(b)** VA (～ ***out*** (***of..***), ***away*** (***from..***))〔水, ガスなどが〕(..から)漏れて出る; (～ ***in*** (***..***)) (..に)漏れて入る, しみ込む. The wine is ～*ing out of* [*from*] the bottom of the barrel. たるの底からワインが漏れている. Some water ～*ed in* my shoe. 靴が漏って水が入った. **3**〔秘密などが〕漏れる, 漏洩(えい)する,〈*out*〉. The news of their engagement soon ～*ed out*. 彼らの婚約のニュースはすぐ漏れた. **4** VA (～ ***away***)〔力, 興味などが〕だんだんなくなる.

── 他 **1**〔容器などが〕を漏らす〈*into* ..へ〉. The pipe ～*s* gas. その管はガス漏れする. **2**〔秘密など〕を漏洩する〈*to* ..へ〉. Someone ～*ed* the secret *to* the enemy. だれかが秘密を敵に漏らした.

[＜古期北欧語「したたる」]

leak·age /líːkidʒ/ 名 **1** UC 漏れること, 漏出; (秘密などの)漏洩(えい). There was a ～ of information. 情報が漏れた. Much oil was lost through ～. 多量の油が漏れ出て失われた. **2** C 漏出物; 漏出量.

léak·er 名 C 秘密漏洩(えい)者.

leak·y /líːki/ 形 e 漏る; 漏れやすい; (秘密などを)漏らしやすい. a ～ bucket 水漏れするバケツ.

▷**leak·i·ness** 名

‡**lean**[1] /liːn/ 動 (～s /-z/|過 過分 ～ed /liːnd|lent, liːnd/, **leant** /lent/|**léan·ing**) (★〘米〙では leaned の方が多く用いられる) 自

【傾く】 **1** VA 上体を(..の方に)曲げる. ～ *forward* to catch every word 1語も聞き逃さないよう身を乗り出す. ～ *back* in a chair 反り返っていすに掛ける. ～ *out* (of the window) (窓から)身を乗り出す. The boy ～*ed away* from the fire. 少年は体を反らして火を避けた.

2 VA〔物が〕(..の方に)傾く, 傾斜する. The tower slightly ～*ed to* the left. 塔はわずかに左へ傾いていた.

3【精神的に傾く】 VA (～ ***to, toward..***) ..の傾向がある, ..に傾く; ..を好む; ..の気になる. I rather ～ *to* your view. むしろ君の意見に賛成だ. Linda's interests ～ *toward* sports. リンダの興味はスポーツに向いている. I ～ *toward* accepting the proposal. 私は申し込みに応じる気になっている.

【寄りかかる】 **4** VA (～ ***against, on, over..***) ..にもたれる. ～ *against* a tree (for support) 木に寄りかかる. walk ～*ing on* a cane つえにすがって歩く.

5 VA (～ ***on*** [***upon***]***..***) ..を当てにする, ..にすがる, 頼る,〈*for* ..を(求めて)〉. I'm sorry to be always ～*ing on* you *for* advice. あなたの御忠告をいつも頼りにしてすみません.

── 他 **1** VOA (～ X..) X を..の方に傾ける, 曲げる. She ～*ed* her head *forward*. 彼女は頭を前に傾けた. ～ one's body *over* a railing 手すりから体を乗り出す. **2** VOA (～ X ***on, against..***) X を..にもたれさせる; 立てかける. ～ one's cheek *on* one's hand 頬杖(ほおづえ)をつく. He ～*ed* the ladder *against* the wall. 彼ははしごを壁に立てかけた. Don't ～ your elbow *on* the table while eating. 食事中にテーブルにひじをつくのはやめなさい.

léan on.. (1) ..にもたれる(→自 4). (2) ..に頼る(→自 5). (3)〘話〙..に圧力をかける, ..を脅す,〈*to* do ..しろと〉.

lèan [***bènd, fàll***] ***over báckward***(***s***) →backward.

── 名 aU 傾き, 傾斜; 偏り, 傾向. have a slight ～ to the left やや左に傾いている. [＜古期英語]

***lean**[2] /liːn/ 形 e **1**〔人, 動物が〕やせた (↔fat; 類語 ぜい肉がなく, 筋肉質なやせ方をほめて表す; →slim);〔企業, 組織などが〕(リストラなどで)身の軽い, 競争力のある. a ～ face 細長い(引き締まった)顔. ～ cattle やせた牛. **2**〔肉などが〕脂肪のない, 赤身の. ～ beef 赤身の牛肉. **3** 栄養の少ない; 貧弱な;〔土地が〕不毛の;〔時期などが〕不作の, 収穫の少ない. a ～ diet 粗食. a ～ purse 中身の乏しい財布. His argument is ～ of common sense. 彼の議論は常識に欠ける. a ～ year 凶作の年. **4**〔表現が〕簡潔な, 単刀直入の.

── 名 U (脂肪のない)赤身肉. [＜古期英語]

▷**léan·ness** 名

léan·ing 名 C 偏向, 傾向,〈*toward* ..への〉; 好み. a ～ *toward* socialism 社会主義への偏向. a woman with literary ～*s* 文学好きの女性.

[lean-to]

Lèaning Tówer of Písa 名〈the ～〉ピサの斜塔.

leant /lent/ 動 lean[1] の過去形・過去分詞.

léan-tò 名 (複 ～s) C 差し掛け小屋, 下屋(げや). ── 形〈限定〉差し掛けの.

***leap** /liːp/ 動 (～s /-s/|過 過分 ～ed /liːpt, lept|lept/, **leapt** /lept/|**léap·ing**) (★〘英〙では leapt,〘米〙では

leaped が用いられることが多い) ⓐ
1 はねる, 跳ぶ; 🄥(..の方向に)跳ぶ; (類語 普通, 跳躍による移動を強調する; →jump). Look before you ~. 〖諺〗転ばぬ先の杖(ᵊ)《よく見てから跳べ》. ~ for joy こおどりして喜ぶ. He ~*ed down* from the rock. 彼は岩から跳び降りた. ~ *to* one's death 飛び降り自殺をする.
2 〔胸などが〕躍る, 躍動する; 〔心臓が〕(驚き, 恐怖などで)びくっとする. My heart ~*ed* (up) for joy. 喜びで心が躍った. My heart ~*ed* into my mouth. 心臓が飛び出すかと思うほどたまげた.
3 🄥 (..の方向に)跳ぶように動く; 急に起こる; 急になる〈*to, into* ..の状態に〉. Don't ~ *to* conclusions. 一足飛びに結論を出してはいけない. ~ *to* one's feet 跳び⌊上がる[起きる]. She ~*ed* ⌊*into* stardom [*to* fame] by this film. 彼女はこの映画で一躍⌊スター[有名]になった.
4 〔子供などが〕急成長する; 〔物価などが〕急激に上昇する, はね上がる; 〈*up*〉.
── ⓣ を跳び越す; を跳ばせる, に跳び越えさせる〈*across, over* ..を〉. ~ a ditch 溝を跳び越える. He ~*ed* the fence and escaped. 彼はフェンスを跳び越して逃げた. ~ a horse *over* a stream 馬に小川を跳び越えさせる.
léap at .. 〔機会など〕に飛びつく; 〔申し出など〕に喜んで応じる. I ~*ed at* the offer. 私はその申し出に飛びついた.
léap on .. ..に飛び[襲い]かかる; 〔提案など〕に飛びつく.
lèap óut 突然姿を現す〈*of, from* ..から〉.
lèap óut at .. 〔名前, 予期しないことなどが〕ぱっと目に⌊飛び込む.
lèap to mínd すぐ心に浮かぶ.
lèap to the éye すぐ目につく, ぱっと目に留まる.
── 名 (複 **~s** /-s/) Ⓒ **1** **跳躍**; 飛躍, 躍進. The ballerina made graceful ~*s*. バレリーナは優雅に跳躍した. make an economic ~ 飛躍的経済発展をとげる. take ~*s* into the future 未来に向かって飛躍する.
2 ひと跳びの距離[高さ].
3 飛躍的増大[上昇]〈*in* ..の〉. **4** 〔話題, 論理などの〕飛躍, 急激な変化. It takes a ~ of logic [imagination] to do ..するには論理[想像力]の飛躍が必要だ.
a lèap ⌊in the dárk [into the unknówn] 向こう見ずの行動, 暴挙. take [make] *a* ~ *in the dark* [*into the unknown*] 向こう見ずの行動をとる.
by* [*in*] *lèaps and bóunds とんとん拍子に. Tom's Spanish has improved *by* ~*s and bounds*. トムのスペイン語は急速に上達した. [<古期英語「跳ぶ, 走る」]

léap dày 名 Ⓒ (閏(ᵘʳᵘ)年の) 2月29日.

léap·fròg 名 Ⓤ 馬跳び《上体をかがめた人の背中に手をついて跳び越える遊戯》.
── 動 (~s|-gg-) ⓐ 🄥, ⓣ (馬跳びのように)(を)飛び越える[越えさせる], 追い抜く; 〔他の人[事業]など〕(を)追い越して[踏み台にして]進歩[昇進]する; 〈*over* ..を〉; 〔人, 車などが〕抜きつ抜かれつしながら進む. ~ (*over*) a fence 柵を跳び越える.

leapt /liːpt, lept|lept/ 動 leap の過去形・過去分詞.

léap yèar 名 Ⓒ 閏(ᵘʳᵘ)年《西暦での年数が4では割り切れるが100では割り切れない年. ただし, 100で割り切れても400でも割り切れる年は閏年; ↔common year》.

léap-yèar 形 閏(ᵘʳᵘ)年の.

Lear /liər/ 名 リア **1** →King Lear. **2 Edward** ~ (1812–88)《英国の画家・ノンセンス詩人》.

‡learn /ləːrn/ 動 (~s /-z/|過 過分 **~ed** /ləːrnd, -nt/, **~t** /-t/|**léarn·ing**) (★〖米〗では learned が普通であるが,〖英〗では learned, learnt の両方が普通に使われる)
ⓣ **【習い覚える】 1** 🄦 (~ X/*to do*/*wh* 句) X を/**..**することを/**..**かを学ぶ, 習得する, 教わる, (↔teach; 類語 学習や経験によって「覚える」という結果に重点がある). ~ English from an American teacher 英語を米人教師から習う. What is ~*ed* as a child is hard to unlearn. 幼時に習い覚えたものはなかなか忘れない. ~ *what* to do in case of fire 火事の場合どうしたらよいかを教わる. ~ (*how*) *to* drive a car 車の運転を覚える.
2 〔習慣, 態度など〕を**身につける**; 🄦 (~ *to do*) **..**する[できる]ようになる. Helen has lately ~*ed* man- ners. ヘレンは最近行儀がよくなった. Some Westerners never ~ *to* like *tofu*. 西洋人の中には豆腐が好きになれない人がいる (★ come *to* do は「自然にそうなる」ことを表すが, learn *to* do はある程度の努力を暗示する).
【教わって知る】 3 🄦 (~ X/*that* 節/*wh* 節・句) X を/**..**ということを/**..**かを聞く[耳にする], 知る; を悟る, 察する. I want to ~ the source of the news. 私はその情報源を知りたい. I've just ~*ed that* Bill's father is sick. ビルのお父さんが病気だとたった今知った. I have not yet ~*ed whether* their negotiations were successful. 彼らの交渉が成立したかどうか私はまだ知らない.
4 〖古・非標準〗〔物事が〕〔人〕を教える (teach). That experience will ~ him. 彼にはその経験から教えられるものがあるだろう.
── ⓐ **1** **学ぶ**, 習う, 教わる, 覚える. Some children ~ quickly, but others don't. 物覚えの早い子もいればそうでない子もいる. Some people ~ very little from their experience [mistakes]. 自分の経験[間違い]からほとんど学ばない人もいる. We can ~ even from our enemies. 敵からでさえ学び得るものだ《Ovid の言葉》.
2 🄥 聞く, 知る, 〈*of, about* ..を〉(find out). I only recently ~*ed of* his coming from her. 彼が来ることをつい最近彼女から聞いて知った. I am [have] yet to ~ (*of* it). (それについては)まだ聞いてない[知らない].
lèarn one's lésson (1度しくじって)こりごりする; 教訓を学ぶ〈*from* ..〔経験など〕から〉.
****lèarn ..(óff) by héart* [*by róte*] ..**を**暗記する**. ~ the whole lesson *by heart* その課をそっくり暗記する.
lìve and léarn →live¹. [<古期英語; lore と同根]

‡learn·ed /ləːrnəd, 3 は ləːrnd/ 形 ⓜ (3 は Ⓒ) **1 学問のある**, 博学な; 通じた, 造詣(ᶻᵒᵘᵏᵉⁱ)の深い, 〈*in* ..に〉. a widely ~ man 博識の男. the ~ 学者たち. The man is ~ *in* economics. その男は経済学に造詣が深い. **2** 〈限定〉学問上の, 学術[学究]的な; 学殖を必要とする. a ~ discussion 学問的な討議. a ~ journal 学術雑誌. a ~ society 学会. the ~ professions 学問的職業《昔, 神学・医学・法学を指した》.
3 経験[学習]によって身につけた, 経験則による. ~ behavior of dogs 犬の学習した行動.
[<中期英語; learn, -ed]
▷ **~·ly** 副 学問的に, 蘊蓄(ᵘⁿᶜʰᵏᵘ)を傾けて. **~·ness** 名

***learn·er** /ləːrnər/ 名 (複 **~s** /-z/) Ⓒ **学習者**; 初学者, 初心者; 弟子; 〖英〗〈特に〉自動車運転練習中の人 (**lèarner dríver**; →L-driver). a quick [slow] ~ 物覚えが早い[遅い]人. an advanced ~'s dictionary 上級学習(者用)辞書.

léarner's pèrmit 名 Ⓒ 〖米〗(車の)仮免許.

***learn·ing** /ləːrniŋ/ 名 Ⓤ **1 学問**, 学識. A little ~ is a dangerous thing. 〖諺〗生兵法は大けがのもと《生半可な知識は危険なものだ》. a man without ~ 無学の男. **2** 学ぶこと, 学習.

léarning cùrve 名 Ⓒ 学習曲線《学習の効率と時間の関係を表したグラフ》. be on a steep ~ 急速に学習効果を上げている.

learnt /ləːrnt/ 動 learn の過去形・過去分詞.

†lease /liːs/ 名 (複 **léas·es** /-əz/) **1** ⓊⒸ (土地, 建物などの)賃貸[借]契約; (事務器機などの)リース; Ⓒ 賃貸[借]契約書. take [hold] a house on a long ~ 長期契約で家を賃借する. put out land to ~ 土地を賃貸しする. sign the ~ 賃貸[借]契約書にサインする.
2 Ⓒ 賃貸[借]契約期間; 借地権, 借家権. The ~ expires [will be up] on May 1st. 賃貸[借]契約期間は5月1日で切れる. We have a ten-year ~ on the house. 我々には10年の借家権がある. 参考 貸す人は

lessor, 借りる人は lessee, 賃貸料は rent.
a nèw léase on 〖米〗[of 〖英〗] life 運よく寿命が延びること; 立ち直ること; (ものが修理などにより)さらに使用できること. Recovery from the disease gave him *a new* ～ *on* [*of*] *life*. 病気が治って彼は前以上に元気になった.
by [***on***] ***léase*** 賃貸[借]契約で.
── 動 他 VOO (～ X Y)・VOA (～ Y *to* X) (賃貸[借]契約により) X に Y を貸す; を借りる 〈*from* ..から〉; (類語 土地や家屋を正式契約書によって貸借すること; →borrow, lend). [<古期フランス語(<ラテン語 *laxāre*「緩める」)]
léase·bàck 名 UC 賃貸借契約付き売却《売った人が借用料を払って, その物を使い続けること》.
léase·hòld 〖主に英〗 名 U (賃貸借契約による土地, 建物などの)借地[借家]権 (→freehold); C 賃借物件.
── 形 賃借した. ▷ ～·**er** 名 C 借地人; 借家人.
†**leash** /li:ʃ/ 名 C (犬などをつなぐ)革ひも, 鎖, (★lead[1] より形式ばった語). He was walking his dog on [off] a ～. 彼は犬に引き綱を付けて[付けずに]散歩させていた. on a long [tight, short] ～ 自由で[厳しく束縛されて].
hòld [***hàve, kèep***] ***..in léash*** 〔犬など〕を革ひもでつないでおく; を束縛[制御]する.
stràin at the léash 束縛を脱しようともがく; 自由に行動しようと逸(はや)る; 《<逃れようと, つながれた綱をぴんと張る》.
── 動 他 を革ひも[鎖など]でつなぐ; を束縛[制御]する.
[<古期フランス語; lease と同源]
‡**least** /li:st/ 形 〈little の最上級; →less; ↔most〉〈普通 the ～〉 **1** (量, 程度, 重要性などが)**最も少ない**; 最少の. Bess had the ～ money of us all. 我々のうちでベスが一番少ししかお金を持っていなかった. **2** 〈限定〉 **ごくわずかな**; ごくつまらない. argue over the ～ thing ごくつまらないことで議論する.
****nòt the léast..*** **少しの..もない** 《否定の強意表現》. I don't have *the* ～ idea who did it. だれがやったか皆目見当がつかない.
── 代 〈単数扱い〉〈普通 the ～〉 **最少**(のこと, 量, 限度など). The ～ you can do is to write to your parents. せめて両親に手紙くらいは書かなくてはいけない. The ～ said the better. 〖諺〗 もの言えば唇寒し《口数は少ないほどよい》. Not the ～ of our problems is lack of funds. 我々の問題点で決して軽視できないのは資金の不足である. Unfortunately, asthma is the ～ of this child's worries. かわいそうに, この子の苦しみはぜんそくの他にもっとひどいのがたくさんあるんだ.
****at léast*** (1) とにかく(in any case), せめて (if not more). You should *at* ～ try. とにかくやってみるべきです. (2) 〈時に at the ～〉 **少なくとも** (not less than; ↔ at (the) most). read *at* ～ one book every month 毎月少なくとも 1 冊は読む. The book costs 25 pounds *at* ～. 少なくともその本は 25 ポンドする.
****in the léast*** **少しも** (at all) 〈普通, 否定文で〉. I'm not *in the* ～ tired. 私は少しも疲れていない. "Does the music bother you?" "Not *in the* ～." 「音楽がうるさいでしょうか」「いえ, ちっとも」.
Léast sàid, sóonest mènded. 〖諺〗 口は災いのもと《口数が少ないほど事態の改善は早い》.
to sày the léast (***of it***) 控え目に言っても. John's action was hasty, *to say the* ～. ジョンの行動は, 控え目に言っても, 軽率だった.
── 副 〈little の最上級; →less; ↔most〉 **1 最も少なく**, 最も..ない. Tom talks ～. トムが一番口数が少ない. I found my key where I ～ expected it. 全く思いがけない所で鍵(かぎ)を見つけた. **2** 〈形容詞, 副詞の前に付けて「最も程度の低い..」の意味の最上級を作る〉 **最も..でない**. the ～ expensive method 最も費用のかからない方法.
lèast of áll 最も..でない, とりわけ..しない. I don't blame anyone, ～ *of all* you. 私はだれも責めない, とりわけ君は. I like that ～ *of all*. それが一番嫌いだ.
nòt léast 少なからず; 特に, とりわけ; (参考 文字通りには「最少でなく」であるが, これは一種の「控えめ表現」で, 実際の気持ちは「相当に, 特に」である). The accident happened, *not* ～ through the driver's carelessness. その事故は少なからず運転者の不注意によって起こった. [<古期英語 *lǣst*; little とは無関係; →less]
lèast còmmon denóminator 名 〈the ～〉 = lowest common denominator.
lèast còmmon múltiple 名 〈the ～〉 =lowest common multiple.
least·ways, -wise /lí:stwèiz/, /-wàiz/ 副 〖話・方〗 =at LEAST.
‡**leath·er** /léðər/ 名 (複 ～**s** /-z/) **1** U **なめし革**, 皮革. meat as tough as ～ 革みたいに堅い肉. 参考 動物の皮, 皮膚の一般語は skin; 商品としてはがした(毛)皮は動物が小さければ skin, 大きければ hide[2]; 特に毛皮は pelt, その毛, また加工品は fur. **2** C 革製品, 革ひも; 〈～s〉 革製半ズボン; 〈～s〉 〖主に英〗 (オートバイに乗る人の)革の服. **3** 〈形容詞的〉 革(製)の. a ～ belt 革のベルト.
hèll for léather →hell.
── 動 他 **1** 〖話〗 を(革ひも[むち]で)打つ. **2** を革で覆う[くるむ]. [<古期英語]
léather-bòund 形 〔本が〕革装の.
leath·er·ette /lèðərét/ 名 U 〖商標〗 模造革, レザー.
léather·jàcket 名 C **1** 〖虫〗 ガガンボ (crane fly) の幼虫. **2** 硬皮魚類の魚.
leath·ern /léðərn/ 形 〖古〗 革の(ような); 革製の.
léather·nèck 名 C 〖俗〗 米国海兵隊員《昔制服に付けた革襟から》.
leath·er·y /léð(ə)ri/ 形 革のような; 革のように強くしなやかな. ～ meat 堅い肉.
‡**leave**[1] /li:v/ 動 (～**s** /-z/|過 過分 **left** /left/|**léav·ing**) 他 【**離れる**】 **1 を去る**; 〔人, 乗り物が〕から出発する; を退去する. He'll ～ Japan *for* Canada tomorrow. 彼は明日カナダに向けて日本をたつ (★乗り物が主語の場合, The plane will ～ *from* Japan *for* Canada ..のように 自 が可能だが, 人の場合は 他 のみ). ～ the table after dinner 食事を終えて食卓から立つ. The speeding car *left* the road at the sharp curve. スピードを上げていた車は急カーブで道路から飛び出た. The color *left* mother's face. 母の顔は青ざめた. Don't ～ home without it. 出かける時は(それを)忘れずに.
2 VOA を通り過ぎる. *Leave* the hospital *on* your left. 左に病院を見ながら進みなさい.
3 〔人〕のもとを離れる, と別れる; から暇をとる; VOC (～ X Y) Y の状態の X (人)のもとを去る. ～ one's wife for.. 妻と別れて..と一緒になる. My secretary has *left* me. 秘書が辞めた. I *left* my uncle quite well last summer. 昨年の[この]夏別れた時おじは元気だった.
4 【**仕事などから離れる**】 **をやめる**; 〔学校〕を卒業[退学]する; を脱会する. ～ business *for* literary work 商売をやめて文筆生活に入る. ～ drinking 禁酒する. His daughter *left* school when she was fifteen. 彼の娘は 15 歳で学校を卒業した.
【**後に残す**】 **5** 〔足跡など〕を残す; 〔手紙など〕を配達する; VOA を..に置き忘れる; VOO (～ X Y)・VOA (～ Y ***for, to*** X) Y を X (のため)に置いていく. *Leave* the tip on the table. テーブルにチップを置いていきなさい. Oh, dear! I've *left* my watch (behind) *at* home. しまった, 家に時計を忘れた. The wife asked her husband to ～ her a little money [to ～ a little money *for* her]. 少しお金を置いていって欲しいと妻は夫に頼んだ.
6 を置き去りにする; を見捨てる. ～ one's wife and family 妻子を置き去りにする. Hurry up, or you'll get *left*. 急がないと置いてかれますよ. The wounded soldier

L

was *left* for dead. その負傷兵は死んだものとして見捨てられた.
7 (**a**)〔妻子, 財産など〕を**残して死ぬ**; VOO (〜 X Y)・VOA (〜 Y ***to*** X) XにYを遺産として残す. In her will my aunt *left* me all her jewels. 遺言でおばは私に彼女の宝石全部を残してくれた. My father *left* a large fortune *to* me when he died. 私の父は私に大きな財産を残して死んだ. (**b**) VOC (〜 X Y) XをYの状態にして死ぬ. The boy was *left* an orphan. 少年は孤児になった.
8【余りを残す】(**a**) を**残す**, 余す; (引き算の差として)を残す. Don't 〜 your carrots. ニンジンを残さないで. The hungry boy *left* nothing on his plate. 空腹の少年は皿の料理を残らず食べた. The inning ended with two men *left* on bases. その回は2者残塁で終わった. 〜 a scar 傷跡を残す. When I've paid my debt, I'll have [there'll be] nothing *left*. 借金を払ったら後は何も残らない. Four from ten 〜*s* (you) six. 10引く4は6 (10−4＝6) (★you があると VOO, 意味はほとんど同じ).
(**b**) VOO (〜 X Y)・VOA (〜 Y ***for*** X) XにYを残す, XにYを取っておく. *Leave* me some cheese, please. チーズを少し私に残しておいてください. He *left* a little room *for* her (to sit down). 彼は彼女のために(座る)場所を少し空けておいた. (**c**) VOA (〜 X ***with*** Y) X(人)にYを残す. Ben *left* me *with* the impression that... ベンは私に...という印象を与えた. (**d**) VOA〔問題など〕を(後日に)残す, そのままにしておく; を遅らせる. 〜 (doing) the job *until* Friday その仕事(をするの)を金曜まで延ばす. You'd better not 〜 it too late. 先延ばしにして手遅れにならないようにね.

L

【放置する】 **9** (**a**) VOA (〜 X ***to*** ..) Xを**..に専心させる**, 任せておく. Let's 〜 him *to* his studies. 彼は勉強に専念させておこう. They 〜 their son *to* himself [*to* his own devices]. 彼らは息子を好きなようにさせておく[放任している]. (**b**) VOC (〜 X Y) Xを**Yの状態にしておく**, [する]; VOC (〜 X ***to*** do/X ***doing***/X ***done***) Xに..させておく. Don't 〜 the door open. 戸を開け放しにするな. The sailor was *left* alive. その船員は生き残った. That *left* us ˪without a penny [penniless]. それで我々は無一文になった. *Leave* my things *as* they are. 私の物には手を触れないで欲しい (★as 節全体が補語). The young mother *left* her baby cry*ing* [*to* cry]. 若い母親は赤ん坊を泣くに任せた. 〜 no stone unturned looking for a lost child 行方不明の子供を八方手を尽くして探す.
【人任せにする】 **10** (**a**) VOA を[に]任せる; (〜 X ***to*** ..) Xを..に任せる, ゆだねる. He *left* the shop in his son's charge. ＝He *left* his son in charge of the shop. 彼は店を息子に任せた. Let's 〜 the decision *to* Dick. 決定はディックに任せよう (★Let's 〜 (it *to*) Dick to decide. とも言える; it to を省略すれば (c) の VOC 型となる). 〜 too much *to* chance 多くを運に任せ過ぎる. (**b**) VOA (〜 X ***with*** Y) XをYに[YをXに]託す, 預ける; X(人)にY(不愉快なものなど)を押し付ける, 負わせる. Father *left* a message *with* me for you. 父はあなたへの伝言を私に頼みました. I'll 〜 the decision *with* you. 決定は君に任そう. The accident *left* him *with* a broken leg. その事故で彼は足の骨を折った. (**c**) VOC (〜 X ***to do***) Xに任せて..させる[してもらう]. We've *left* the lawyer *to* settle all the problems. 弁護士に任せてすべての問題に決着をつけてもらった.
— ⾃ **1** **去る**; 〔列車などが〕出発する, 出る, 〈*for* ..に向けて/*from* ..から〉 (類語 離れることに重点がある; →start). I'm afraid I must be *leaving* now. もうそろそろおいとましなければなりません. I 〜 *for* Paris tomorrow. 明日パリに出発します. What time does the bus 〜? バスは何時に出ますか. **2** 退職する; 卒業[退学]する.
be [***gèt***] ***nìcely léft***〖話〗一杯食わされる.
be wèll léft 遺産を十分もらう.
lèave..alóne →alone.
lèave /../ asíde ..を考慮しない, ほったらかしておく. Let's 〜 the problem *aside* for a while. しばらくこの問題は考慮しないでおこう.
lèave..bé〖話〗..をそのままにしておく, ..に干渉しない, (let be).
*__lèave /../ behínd__ (1) **..を置き忘れる**; ..を持って来ない; ..を置き去りにする. things *left behind* 忘れ物. (2) ..を追い抜く. (3) ..を後にする, 通り過ぎる. The lights of the town were soon *left behind*. 街の灯はほどなく遠のいた. (4)〔痕(え)跡, 記録, 遺産など〕を後に残す.
léave /../ behìnd..〔痕跡, 記録, 遺産など〕を..の後に残す. The typhoon *left behind* it a trail of destruction. 台風は破壊の跡を残して行った.
lèave gó [***hóld***] (***of..***) (..から)押さえている手を放す; (を)手放す. ★let go の方がより普通の表現.
lèave it at thát (言葉, 行為などを)それで打ち切る, それ以上何も言わない[しない].
Lèave it óut!〖英話〗やめろ; まさか, うそつけ.
lèave múch [***nóthing***] ***to be desíred*** →desire.
lèave óff〔雨などが〕やむ; やめる; 終わる. The rain hasn't *left off*. 雨はまだやまない.
*__lèave /../ óff__ (1) **..を着なくなる**, 脱ぐ;〔習慣など〕をやめる. You'll be able to 〜 that woolen shirt *off* when it gets warmer. もう少し暖かくなればウールのシャツは着なくてすむ. (2) **..をやめる**, よす; ..するのをやめる〈*doing*〉. It's time to 〜 *off* work. 仕事をやめる時間だ. It hasn't *left off* raining. 雨がまだ降りやまない.
léave X ***off*** Y XをYから抜かす, 落とす. They *left* him [his name] *off* the list. 彼らは名簿から彼の名前を抜かした.
*__lèave /../ óut__ (1) **..を落とす**, 抜かす; ..を省く. 〜 *out* two lines 2行抜かす. (2) ..を考慮に入れない, 無視する. I felt *left out*. 無視された気がした. (3)〔洗濯物など〕を外に出したままにしておく; ..を(使えるように)出しておく. I've *left* your dress clothes *out* for you. 礼服を出しておきました.
léave X ***out of*** Y XをYから落とす, 抜かす. Don't 〜 me *out of* the discussion. 討論から私を外さないでください.
lèave /../ óver (1)〔金, 食物など〕を残す, 余す. If you share 10 apples among three, there'll be one *left over*. 10個のリンゴを3人で分ければ1個余る. (2) ..を懸案にする;〔仕事など〕を繰り延べる.
lèave..stánding (能力, 価値, 速度などで)..にはるかに勝る.
lèave..to it ..にひとりで事をさせる, 任せる.
lèave wèll (***enòugh***) ***alóne*** →well[1] 名.
To be léft till cálled for. 郵便局留め置き《郵便物に表記する指示》.
[＜古期英語 *lǣfan*「遺贈する, とどまらせる」]
*__leave__[2] /liːv/ 名 (複 **〜s** /-z/) **1** U〖章〗**許可**; 許し〈*to do* ..する〉(permission). Johnny got 〜 *to* go home. ジョニーは帰宅の許しを得た. **2** aU (特に軍隊, 官庁などの)**休暇許可**, 賜暇(しか); C 休暇(期間). ask [apply] for (a) 〜 (of absence) 休暇を願い出る. The soldier was given (a) ten days' 〜. 兵士は10日間の休暇をもらった. take a few days' paid 〜 数日の有給休暇を取る. **3** U〖章〗いとまごい, 別れ.
by [***with***] ***your léave*** 失礼ながら (★今日では, 不快, 皮肉な感情を込めた文脈で使うのが普通). smoke without so much as a '*by your* 〜'「失礼」とも言わないでたばこを吸う.
on léave 休暇で, 賜暇で. I'll go *on* 〜 tomorrow. 明日休暇を取ります. He is (home) *on* 〜. 彼は休暇(帰省中)である.
tàke (*one's*) ***léave*** (***of..***)〖章〗(1) (..に)いとまごいを

する. (2) (..を)出て行く. 「ふるまいをする.
***tàke léave of** one's sénses* 気が狂う; 気違いじみた↑
***tàke léave to** dò* 勝手ながら[敢えて]..する.
without léave 無断で[の].
[＜古期英語 *lēaf*「許可」; life, love と同根]

leave[3] [動] [自] 〔植物が〕葉を出す (leaf).

leaved [形] **1** 葉のある (leafed). **2** 〈複合要素〉..の葉のある; ..枚から成る; (leafed). a thick-～ tree 葉の茂った木. a four-～ clover 四つ葉のクローバー. a two-～ door 2 枚戸.

leav·en /lév(ə)n/ [名] **1** [U] 酵母 《特にイースト (yeast)》; パン種. **2** [UC] よい変化[影響]を与えるもの, 潜勢的感化力; 気運. a ～ of reconstruction 再建の気運. **3** [U] (性質などの)気味, 色合い. of the same ～ 同じ性向の.
── [動] [他] **1** にパン種を入れて膨らませる, を発酵させる. **2** をより興味深いものとする, 活気づける, 〈*with, by* ..で〉; にしみ込ませ(て変容させ)る 〈*with, by* ..を〉. a sermon ～*ed with* wit 機知を交えた説教. ▷**～·ing** [名] [UC] 潜勢力, 感化力. [＜ラテン語「持ち上げる, 軽くする」]

Leav·en·worth /lév(ə)nwə̀:rθ/ [名] レヴンワース《米国 Kansas 州の町; 連邦刑務所がある》.

lèave of ábsence [名] = leave[2] [名] 2.

leav·er /lí:vər/ [名] = school-leaver.

leaves /li:vz/ [名] leaf の複数形.

léave-tàking [名] [UC] 〖章〗 いとまごい, 決別.

léav·ings [名] 〈複数扱い〉(特に食事の)残り物, くず.

Leb·a·nese /lèbəní:z ⑱/ [形] レバノン(人)の.
── [名] (複 ～) [C] レバノン人.

Leb·a·non /lébənən/ [名] 〈(the) ～〉 レバノン《地中海東岸の共和国; 首都 Beirut》.

lech, letch /letʃ/ [動] [自] 〖話〗 [VA] 好色家のように振る舞う, 女の尻を追い回すようなことをする 〈*after, for, over, towards* ..〔女性〕に対して〉. ── [名] [C] = lecher.

lech·er /létʃər/ [名] [C] 好色家, みだらな男.

lech·er·ous /létʃ(ə)rəs/ [形] 好色な, みだらな. ★普通, 男性に用いる軽蔑的な語. ▷**～·ly** [副] **～·ness** [名]

lech·er·y /létʃ(ə)ri/ [名] (複 **-ries**) [U] 好色, 淫(いん)乱; [C] 好色な行為.

lec·tern /léktərn/ [名] [C] (教会の)聖書台《礼拝の聖書朗読用》; それに似た講演[演説]台.

[lectern]

‡lec·ture /léktʃər/ [名] [C] (複 **～s** /-z/) **1 講義**, 講演, 〈*on, about* ..についての〉. deliver a series [course] of ～*s on* [*about*] English poetry 英詩の[に関する]連続講義を行う.

[連結] an informative [an enjoyable, an interesting; a dull] ～ // give [attend; follow] a ～

2 説諭, 訓戒, お説教, 〈*on, about, for* ..に関しての〉. Father gave [read] me a ～ *for* driving too fast. スピード運転して父からお説教された.
── [動] (**～s** /-z/|[過] [過分] **～d** /-d/|**-tur·ing** /-tʃ(ə)riŋ/) [自], [他] **1** (に)**講義する**, 講演する, 〈*on, in* ..について〉. The professor ～*d* (to) his students *on* [*about*] Japanese fine arts. 教授は学生に日本美術の[に関する]講義をした. **2** (を)説諭する, (に)小言を言う, 〈*about, on* ..について/*to* do ..せよと〉. I don't want to ～ (you), but you should study more. 小言を言いたくないが, 君はもっと勉強すべきだ. [＜中世ラテン語「読むこと」(＜ラテン語 *legere* 'choose, read'); -ure]

†lec·tur·er /léktʃ(ə)rər/ [名] [C] **1** (特に大学での)講義者, 〖主に米〗〈一般に〉講演者. **2** (大学)講師《普通〖英〗では専任, 〖米〗では非常勤; →professor [参考]》. a ～ *in* French *at* Harvard ハーヴァード大学のフランス語の講師.

lec·ture·ship /léktʃərʃìp/ [名] [UC] 講師の職[地位].

lécture thèater [名] [C] 階段教室《単に theater とも言う》.

LED 〖電〗 light-emitting diode (発光ダイオード).

led /led/ [動] lead[1] の過去形・過去分詞.

-led /led/ 〈複合要素〉 **1** 名詞につけて「..主導の, ..を主体とした」の意味の形容詞を作る. student-*led* activities 学生を主体とした活動. **2** 名詞につけて「..に誘導[影響]された, ..により引き起こされた」の意味の形容詞を作る. The economic recovery was export-*led*. 経済回復は輸出によるものだった.

Le·da /lí:də/ [名] 〖ギ神話〗 レダ《白鳥に姿を変えた Zeus に愛されて, トロイのヘレンなどの母となったスパルタの王妃》.

†ledge /ledʒ/ [名] [C] **1** (壁から突き出た浅い)棚; 棚状のもの, 出っ張り; (岩壁に突き出た)岩棚. a window ～ =a window sill (★内部も外部も言う). the ～ of a blackboard 黒板のチョーク棚. **2** (特に岸に近い海中の)岩棚. **3** 鉱脈. [＜中期英語] ▷**～d** [形] 棚[出っ張り]のある.

ledg·er /lédʒər/ [名] [C] **1** 〖簿記〗 原簿, 元帳, 台帳. **2** (墓の)平石. **3** 打(ぶ)っ込み釣りのおもり.

lédger lìne [名] [C] 加線《楽譜の五線の上下に加える短い横線》.

Lee /li:/ [名] **1** 男子の名. **2 Robert Edward ～** リー (1807–70)《米国南北戦争末期の南軍の総指揮官; → Grant》.

†lee /li:/ [名] [U] 〈the ～〉 **1** 〖章〗 (特に風雨の避けられる)物陰 (shelter). under [in] the ～ of the forest 森陰に避難して. **2** 〖海〗 **(a)** 風下; 風下側. **(b)** 〈形容詞的〉風下(側)の (leeward). the ～ side of a ship 船の風下側. [＜古期英語]

leech /li:tʃ/ [名] [C] **1** 〖動〗 ヒル《動物の血を吸う; 昔, 高血圧の治療などに用いた》. stick [cling] like a ～ ヒルのように吸いついて離れない, しつこくつきまとう. **2** 人から金銭を搾り取る者, たかり; 高利貸し. a ～ on society 社会のダニ. **3** 〖古・戯〗 医者.
── [動] [他] **1** の血をヒルに吸わせる. **2** に(ヒルのように)吸いついて離れない; 〔人〕を食いものにする.

Leeds /li:dz/ [名] リーズ《イングランド北部 West Yorkshire にある産業都市》.

leek /li:k/ [名] [C] 〖植〗 リーキ, ポロネギ, 《daffodil と共に Wales の国花; スープやソースに用いる》.
èat the léek 屈辱を忍ぶ.
nòt wòrth a léek 何の価値もない.

‡leer /liər/ [名] [C] 横目, 流し目, 《みだらな関心, 悪意, ずるさなどの(普通, にたりと笑うような)表情》. ── [動] [自] (好色そうな[ずるそうな])横目[流し目]で見る 〈*at* ..を〉. ▷**leer·ing** /lí(ə)riŋ/ [形] 流し目の. **leer·ing·ly** /lí(ə)riŋli/ [副] 流し目で見ながら.

leer·y /lí(ə)ri/ [形] [e] 〈叙述〉 〖話〗 用心している, 疑っている, (wary) 〈*of, about* ..を〉.

lees /li:z/ [名] 〈the ～; 複数扱い〉 (ワインだるなどの底にたまる)おり, かす, (sediment). drain [drink] life's troubles to the ～ 人生の苦労をなめ尽くす.

lée shòre [名] [C] 風下側の岸《船にとって危険》.

lée tìde [名] [C] 順風潮《風と同じ方向に進む潮の流れ》.

lee·ward /lí:wərd, 〖海〗 lú:ərd/ [形] 風下の, 風下にある. the ～ side 風下側. ── [名] [U] 風下(側). on the ～ of an island 島の風下側に[の]. to ～ 風下に向かって
── [副] 風下に. ◇↔windward. [lee, -ward]

L

Leeward Islands /ˋ–ˊ–|ˊ–ˋ–/ 名 〈the ～; 複数扱い〉 リーワード諸島 《Lesser Antilles 中, Puerto Rico から Martinique にかけて点在; Windward Islands》.

‡**lée·wày** 名 (複 ～s) **1** U 〖海〗風圧; 〖空〗偏流; C 風圧差; 偏流角 《船, 飛行機が風下に流され進路からずれること; その差[角度]》. make up ～ 正しい位置を回復する. **2** UC (時間, 空間, 金銭などの)余裕; 活動の余地. A week should be (a big) enough ～ to finish the job. 1 週間の余裕があればその仕事を終えるのに十分なはずだ. **3** UC 〖英〗(時間, 仕事の)遅れ. make up ～ 遅れを取り戻す(ために努力する); 苦境を脱する.

Le Fa·nu /léfənju:/ 名 (**Joseph**) **Sheridan** ～ レファニュ (1814–73) 《アイルランドの怪奇小説家; *Uncle Silas, In a Glass Darkly* 他》.

‡**left**[1] /left/ 形 e (**léft·er**|**léft·est**), m **1** 〈限定〉 **左**の; 左の方の, 左側の. Who is the man on Tom's ～ side? トムの左側の人はだれですか. the ～ bank (川の)左岸《下流に向いて》. **2** 〈しばしば L-〉(政治上)左翼の, 左派の. be very ～ 極左である.

have twò lèft féet 不格好である, ぎこちない.

òut in lèft fíeld 〖話〗 完全に間違っている; 気が変になっている.

── 副 左に; 左の方に, 左側に; 左(手)で. Turn ～ at the corner. 角を左折しなさい (left ＝to the left). *Left turn!* 〖英〗 左向け左 《号令》. Keep ～. 左側通行 《標識》. He took a position ～ of center. 彼は真ん中から左寄りに位置を取った. John throws right but bats ～. ジョンは右投げ左打ちです.

Èyes léft! →eye.

lèft and ríght ＝RIGHT[2] and left.

── 名 (複 **～s** /-ts/) **1** U 〈普通 the ～〉 **左**; 左の方, 左側. the girl sitting on his ～ 彼の左手に座っている少女. turn to the ～ 左に曲がる. Keep to the ～. 左側通行《標識》. In Japan cars drive *on* the left. 日本では車は道路の左側を走る. the man at ～ in the photo その写真で(向かって)左の方にいる人.

2 U 〈単複両扱い〉〈普通 the L-〉 左翼, 左派, 革新[急進]派. 参考 ヨーロッパ諸国の議会で, 保守派は議長席から見て右手, 急進派は左手の席に着いた慣習から. move [swing] to the ～ 左傾化する. **3** C 左回り, 左折. make a ～ at the second corner 2 つ目の角を左に曲がる. **4** C 〖軍〗左翼; 〖野球〗左翼, レフト; 〖ボクシング〗左手(打ち). ◊↔right [<古期英語]

left[2] 動 leave[1] の過去形・過去分詞.

Lèft Bánk 名 〈the ～〉 (パリの Seine 川の)左岸[南岸]地区 《芸術家, 学生などが集まる所》.

léft-bràin 形 左脳の働き(による).

léft bràin 名 〈the ～〉 大脳の左半球, 左脳 《左脳は右半身と論理的・分析的な思考とを支配する; ↔right brain》.

lèft-fíeld /移/ 形 〖話〗 風変わりな, 因習にしばられない.

lèft fíeld 名 U 〖野球〗 左翼, レフト.

lèft fíelder 名 C 〖野球〗 左翼手, レフト.

†**lèft-hánd** /移/ 形 〈限定〉 **1** 左(側)の; 左への. the ～ column 左欄. a car with a ～ drive＝ a ～ drive car 左ハンドルの車. drive on the ～ side of the road 道路の左側を運転する. **2** ＝left-handed 1, 3.

lèft hánd 名 C 左手, 左側.

*****lèft-hánded** /-əd 移/ 形 **1** **左利きの**; 左手での. a ～ pitch 左投げの投球. **2** 左手用の〔はさみなど〕. **3** 左巻きの〔ねじなど〕, 左回りの〔ドア, 錠など〕. **4** 不器用な, 下手な. **5** 誠意の疑わしい. a ～ compliment 皮肉にも取れるお世辞. **6** (結婚が)身分違いの 《身分の高い男性と低い女性との結婚についていう》. ── 副 左手で. write ～ 左手で書く. ▷ **～·ness** 名

lèft-hánder 名 C **1** 左利きの人; (野球などの)左腕投手 (southpaw). **2** 左手打ち, 左手での一撃.

left·ie /léfti/ 名 ＝lefty.

léft·ism 名 U 左翼主義.

‡**léft·ist** 〖時に軽蔑〗 名 C 左翼[左派, 急進派]の人, 左翼かぶれ, (→left[1]). ── 形 〈限定〉 左翼[左派, 急進派]の. ◊↔rightist; →centrist

lèft-lúggage òffice 名 C 〖英〗(駅の)手荷物預かり所 (〖米〗 checkroom, baggage room).

léft-of-cènter 形 〔人, 政党が〕左寄りの, 左派の.

‡**léft-òver** 名 C **1** 〈普通 ～s〉(特に食事の)残り物 《後で食べることもある》 (→leavings). **2** 名残り 〈*from* ..〔過去の時[出来事]〕の〉. ── 形 残り物の, 食べ残しの.

léft·ward /-wərd/ 形 〈限定〉 左の方向(へ)の, 左側(へ)の. ── 副 〖米〗 左の方向に, 左側に, (〖英〗 **léft·wards** /-dz/).

lèft wíng 名 〈the ～〉 **1** 〈しばしば L- W-〉 ＝left 名 2; (特に左翼政党[団体]内の)左派, 急進派. **2** 〖スポーツ〗 左翼(手). **3** 〖軍〗 左翼.

†**lèft-wíng** /移/ 形 左翼の, 革新派の, 左派政党の; 〖スポーツ〗 左翼の.

lèft-wínger 名 C 左翼[左派]の人, 急進派の人, (leftist; ↔ right-winger).

left·y /léfti/ 形, 名 (複 **left·ies**) C 〖話〗 **1** 〖主に米〗 左利きの(人). **2** 〖主に英話・軽蔑〗 ＝leftist.

‡**leg** /leg/ 名 (複 **～s** /-z/)

【脚】 **1** (**a**) C (人・動物の)**脚**, 足, (参考 足首から足の付け根まで; 〖米〗 ではしばしばくるぶしから膝頭(ひざがしら)の間; 足首から先は foot; 広義では foot も含める). an actress noted for her beautiful ～*s* 脚線美で有名な女優. an artificial ～ 義足.

> 連結 slender [slim; skinny; thick, stout; long; straight; bowed, crooked] ～*s* // cross one's ～*s*; break one's ～

(**b**) UC (食用にする動物の)脚. serve a ～ of lamb for dinner 夕食に子羊の脚を調理して出す.

2 C (いす, 机, コンパスなどの)**脚**; (建造物, 機械などの)支柱; 辺 《三角形の底辺を除いた》. This round table has three ～*s*. この円卓は 3 本脚です.

3 C (衣服, 特にズボンの)足の部分.

【歩行>行程】 **4** C (旅程などの) 1 区間; (リレー競走などの)受持ち区間; (1 試合中の) 1 ゲーム. run the last ～ of a relay race リレーの最終区間を走る.

5 〖クリケット〗 U 右打者の左後方[左打者の右後方]; C その位置を守る野手.

***as fàst as** one's **lègs could** [**can**] **cárry** one* 全速力で.

be àll légs 〔人が〕成長しすぎている, 足がひょろ長い.

be (***ùp***) ***on** one's* (***hìnd*** 〖戯〗) ***légs*** (1) (特に長時間)立ち続けている, 歩き回っている. (2) (病気が回復して)歩き回れる. (3) (演説, 議論などのために)立ち上がる, 立っている.

fàll on** one's **légs ＝LAND on one's feet.

fèel** one's **légs ＝FIND one's legs.

fìnd** one's **légs [***féet***] →find.

gèt** a pérson **bàck on** his **légs 人の健康を回復させる; 人を経済的に立ち直らせる.

gèt (***ùp***) ***on** one's* (***hìnd*** 〖戯〗) ***légs*** (1) (病気が回復して)歩き回れるようになる, 元気になる. (2) (演説, 議論などのために)立ち上がる.

give** a pèrson **a lèg úp 人を助けて馬に乗せる, 高い所に上げる; 人を後押し[支援]する.

hàve légs 〖米話〗〔本, 映画, 芝居などが〕根強い人気がある; ねばり強い.

hàve the légs of .. 〖話〗〔人〕より速い, より速く走れる.

kèep** one's **légs (倒れないで)立ち続ける.

lég befòre wícket 〖クリケット〗 投球を打者が脚などで止めること 《反則》.

nòt hàve a lég [***hàve nò lég***] ***to stánd on*** (議論,

弁明などの)正当な根拠を欠く.
òff** one's **légs 足を休めて; 休息して.
on** one's **làst légs (1)〔人が〕死にかかって; 疲れ果てて; 行き詰まって. (2)〔物事が〕壊れかかって; 〔事業などが〕つぶれそうで. The building's *on* its *last* ～*s*. その建物は崩壊寸前である.
pùll** a pèrson's **lég 人をからかう; 人を担ぐ; (★日本語の「足を引っ張る, 邪魔をする」の意味はない; 又受け身で「からかわれる」の意味では使わない).
Pùll the òther lég. そんな話を信じるものか.
rùn** one's **légs òff 走り[働き]疲れる.
rùn** a pérson **off** his **légs 人を忙しく走り[動き]回らせて疲れ果てさせる.
shàke a lég 〘俗〙 踊る; 急ぐ, 頑張る, 〈普通, 命令文で〉.
shòw a lég 〘話〙 (寝床から)起き出す.
stánd on** one's **òwn légs 人に頼らない, 独力でやる.
strètch** one's **légs (長く座った後で)散歩する.
tàke to** one's **légs 逃げ出す.
wàlk** one's **légs òff 歩き疲れる.
wàlk** a pérson **off** his **légs 人を歩き疲れさせる.
── 動 (～s|-gg-) 他 〘話〙 〈～ it として〉 足を使って行く, 歩く, 走る; 逃げる. We had to ～ *it* back. 私たちは歩いて戻らねばならなかった. [<古期北欧語]

†**leg·a·cy** /légəsi/ 名 (複 **-cies**) Ⓒ **1** (遺言による)遺産; 遺贈(物); (類語 主に動産; →inheritance). leave a person a ～ of $5,000 人に 5 千ドルを遺贈する. **2** 先祖伝来のもの, 伝承物; (文化)遺産. a ～ of ill will 先祖代々受け継がれた恨み. [<ラテン語「使節」]

*̣**le·gal** /líːg(ə)l/ 形 ⓒ **1** 〈限定〉 **法律(上)の**; 法律に関する; (類語「法律(上)の, 成文法に決められた」が中心的意味; →lawful). take ～ action against a person 人を告訴する. a ～ adviser 法律顧問.
2 〈限定〉 法律家の, 弁護士の. take [seek] ～ advice on ..について弁護士の助言を受ける[求める].
3 適法の, **合法の**; 正当な. It was not a ～ business. それは合法的な商売ではなかった.
4 法定の; 法律に基づく〔権利など〕. the ～ interest 法定利子[歩合]. **5** 〘宗〙 モーセの律法の[による].
◇↔illegal 名 law [<ラテン語 *lēgālis*「法 (*lēx*) の」]
▷ **～·ìsm** 名 Ⓤ 法規主義; 規則一点張り. **～·ist** 名 Ⓒ 法規主義者; 規則一点張りの人. **le·gal·is·tic** /lìːg(ə)lístik/ 形 法規主義の; 規則一点張りの.

lègal áge 名 Ⓤ 法定年齢, 成年.
lègal áid 名 Ⓤ 〘法〙 法律扶助 《貧困者に対する弁護料, 訴訟費用の(国家)援助》. 「律用語.
le·gal·ese /lìːgəlíːz/ 名 Ⓤ (素人には分かりにくい)法
lègal hóliday 名 Ⓒ 〘米〙 法定休日, 祝日, (〘英〙 bank holiday).
‡**le·gal·i·ty** /li(ː)gǽləti/ 名 Ⓤ 適法性, 合法性.
lè·gal·i·zá·tion 名 Ⓤ 適法化, 合法化; 公認, 認可.
‡**le·gal·ize** /líːgəlàiz/ 動 他 を適法[合法]化する; を法律上正当と公認する. 「的に.
le·gal·ly /líːgəli/ 副 法律的に(は), 法律上(は); 合法
lègal médicine 名 Ⓤ 法医学 (forensic medicine).
legal pad /⌐-⌐|⌐-⌐/ 名 Ⓒ 〘米〙 法律用箋(せん) 《罫(けい)線入りで, 普通黄色; 法律家や学生が好む》.
légal-sìze 形 〘米〙 〔紙が〕法定サイズの 《22×36 cm》; 〔事務用具が〕法定サイズの用紙用の.
lègal ténder 名 Ⓤ 法定貨幣, 法貨, 《借金の支払いなどに差し出された場合, (法律に従って)受け取らなければならない通貨》. 「使, (→delegate).
leg·ate /légət/ 名 Ⓒ **1** ローマ教皇特使. **2** 使節, 国
leg·a·tee /lègətíː/ 名 Ⓒ 遺産受取人, 受遺者.
le·ga·tion /ligéiʃ(ə)n/ 名 **1** Ⓒ 〈単数形で複数扱いもある〉 公使館全職員. **2** Ⓒ 公使館[邸] (→embassy). **3** Ⓤ 公使[使節]派遣. **4** Ⓤ 使節の任務[使命]. **5** Ⓤ 使節の階級[地位].

le·ga·to /ligáːtou/ 形, 副 〘楽〙 レガートの[で], 音を切らない(で), 滑らかな[に], (↔staccato). [<イタリア語 'tied together']

*__leg·end__[1] /lédʒ(ə)nd/ 名 (複 **～s** /-dz/) **1** Ⓒ **伝説**, 言い伝え; Ⓤ 〈集合的〉 (ある民族の)伝説, 伝説文学. a medieval ～ 中世伝説. This region is rich in ～. この地方は伝説に富んでいる. *Legend* has it that... 伝説によれば..である. **2** Ⓒ (伝説になったほど)著名な人物, 伝説的人物. Einstein became a ～ in his lifetime. アインシュタインはまだ存命中に伝説的人物になった. **3** ⓊⒸ 語り草. [<中世ラテン語「読むべきもの」(<ラテン語 *legere* 'read')]

leg·end[2] 名 Ⓒ **1** (メダル, 貨幣などに刻んだ)銘. **2** (挿絵などの)説明; (地図, 図表などの)凡例, 記号の説明表.

†**leg·end·a·ry** /lédʒ(ə)ndèri|-d(ə)ri/ 形 **1** 伝説(上)の; 伝説的な; 伝説に語り伝えられる. King Arthur is a ～ British ruler. アーサー王は英国の伝説上の支配者だ. **2** 〘話〙 (伝説になってよいほど)目覚ましい, 著名な, 悪名高い. Their victory is ～. 彼らの勝利は(伝説的に)知れ渡っている.

leg·end·ry /lédʒ(ə)ndri/ 名 Ⓤ 〈集合的〉 伝説.
leg·er·de·main /lèdʒərdəméin/ 名 Ⓤ **1** 手品; 手先の早業; (sleight of hand). **2** ごまかし, 欺き, こじつけ. [<フランス語 'lightness of hand']
lég·er lìne /lédʒər-/ 名 ＝ledger line.
legged /legd, légəd|legd/ 形 脚のある. a ～ sofa 脚付きのソファー.
-legged /legd/ 〈複合要素〉「足の..な」の意味. long-*legged* (足の長い). a three-*legged* race 二人三脚.
leg·ging /légiŋ/ 名 Ⓒ 〈普通 ～s〉 (足首から膝(ひざ)までの)ゲートル, 脚半, 《布, 革製》; レギンス, スパッツ, 《伸縮性のある素材の体にぴったり合う(女性, 小児の)保温用のズボン》. a pair of ～s レギンス 1 着, 脚半 1 足.
leg·gy /légi/ 形 ⓔ **1** 〔子供, 馬などが〕脚の(ひょろ)長い; 〔女性が〕脚のすらりとした, 脚線美の. **2** 茎のひょろ長い. ▷ **leg·gi·ness** 名
leg·horn /1は légərn, léghɔːrn|legɔ́ːn; 2は léghɔːrn/ 名 **1** Ⓒ 〈しばしば L-〉 レグホン 《鶏の一品種; イタリアの Leghorn (イタリア名 Livorno) が原産地で白い殻の卵をよく産む》. **2** Ⓤ レグホンストロー 《Leghorn 周辺特産の高級麦わらさなだひも》; Ⓒ レグホンストロー製の婦人用麦わら帽.
leg·i·bil·i·ty /lèdʒəbíləti/ 名 Ⓤ (筆跡, 印刷などが)読みやすいこと, 読みやすさ.
leg·i·ble /lédʒəb(ə)l/ 形 〔筆跡, 印刷などが〕読みやすい; 読み取れる; (↔illegible; →readable). [<ラテン語 *legere*「読む」] ▷ **-bly** 副 読みやすく; 読めるように.
‡**le·gion** /líːdʒ(ə)n/ 名 Ⓒ **1** 〘史〙 (古代ローマの)軍団 《3 千-6 千人の歩兵と 3 百-7 百人の騎兵とから成る》. **2** 軍隊, 大部隊. a foreign ～ 外人部隊. **3** 〘章〙 多数, 大勢. ～*s* [a ～] of ants アリの大群.
── 形 〈叙述〉 〘章〙 多数の, 無数の. The secret members were ～. 秘密会員は数知れなかった.
[<ラテン語「選ばれた者」]
le·gion·ar·y /líːdʒənèri|-n(ə)ri/ 形 〘史〙 古代ローマ軍団の; 〈一般に〉 軍団の, 軍団から成る. ── 名 (複 **-ar·ies**) Ⓒ 〘史〙 古代ローマの軍団兵; 〈一般に〉 軍団兵.
le·gion·naire /lìːdʒənéər/ 名 Ⓒ 〈しばしば L-〉 (フランスの)外人部隊隊員; 英国[米国]在郷軍人会員.
legionnáire's disèase 名 Ⓤ 在郷軍人病 《一種の細菌による急性肺炎; 1976 年米国 Pennsylvania の在郷軍人大会で多数の患者を出した》.
Lègion of Hónor 名 〈the ～〉 (フランスの)レジオンドヌール勲位[勲章] 《la Légion d'Honneur; ナポレオン

L

1 世の制定》.

Lègion of Mérit 名 〈the ～〉〘米軍〙勲功章.

‡**leg·is·late** /lédʒəslèit/ 動〘章〙自 VA 法律を制定する〈*for* ..のための/*against* ..に反対の/*on* ..に関する〉. ～ *against* the use of marijuana マリファナの使用を禁止する法律を制定する. ── 他 を法律で規制する; VOA (～ X *into, out of..*) X を..の状態に法律で定める. ～ a person *into* [*out of*] office 法律によって任官[退官]させる. [＜*legislat*or]

‡**leg·is·la·tion** /lèdʒəsléiʃ(ə)n/ 名 U **1 法律制定**, 立法. the power of ～ 立法権. **2**〈集合的〉(制定された)法律. an important piece of ～ 重要な法律.

連結 pass [adopt, enact; draft; propose; repeal] ～

[＜legislate, -ion]

†**leg·is·la·tive** /lédʒəslèitiv|-lət-/ 形〘章〙〈限定〉立法(上)の; 立法権のある; 立法府の; 法律に定められた; (→executive, judicial). Parliament is a ～ body. 議会は立法機関である. ～ procedure 立法手続き.

lègislative assémbly 名 C 〈しばしば L- A-〉(米国・オーストラリアのいくつかの州, 英連邦諸国, カナダのほとんどの州などの)立法府[機関] (→legislature).

lègislative cóuncil 名 C 〈しばしば L- C-〉(英連邦諸国, 英植民地などの)立法府[機関] (→legislature).

†**leg·is·la·tor** /lédʒəslèitər/ 名 C〘章〙法律制定者, 立法者; 議会[国会]議員. [＜ラテン語 *lēgis lātor* 'law proposer']

†**leg·is·la·ture** /lédʒəslèitʃər/ 名 C〘章〙〈普通 the ～〉**1** 立法府[機関]《米国の Congress, 英国の Parliament, 日本の Diet など; →executive, judiciary》. **2**〘米〙州議会.

le·git /lidʒít/〘話〙形〈叙述〉＝legitimate. ── 名 ＝LEGITIMATE drama (→legitimate 形 3).

le·git·i·ma·cy /lidʒítəməsi/ 名 U **1** 合法的であること, 合法[適法]性; 正当性. **2** 嫡出; 正統.

†**le·git·i·mate** /lidʒítəmət/ 形 m **1** 合法の, 適法の; 法律上正当な; (類語「正当と認められる」が中心的意味; →lawful). a ～ claim 正当な要求. **2** 嫡出の《正式の夫婦間に生まれた》; 正統な. a ～ child 嫡出子. a ～ king 正統の国王. **3** 純正劇の. the ～ drama [theater] 正統劇, 純正劇,《テレビドラマ, 映画, 笑劇などの通俗劇に対し本格的な舞台劇》. **4** 論理的に正しい〔結論など〕; 筋の通った, 正当な; 本物の, 真正の. a ～ reason もっともな理由. ◇↔illegitimate

── /lidʒítəmèit/ 動 他〘章〙**1** を合法化する, 適法と認める. **2** を正当化する.

[＜ラテン語「合法化された」(＜*lēgitimus* 'lawful')]

le·gít·i·mate·ly /-mətli/ 副 合法的に; 正当に.

le·git·i·ma·tion /lidʒìtəméiʃən/ 名 U **1** 合法化. **2** 正当化.

le·git·i·ma·tize /lidʒítəmətàiz/ 動 ＝legitimize.

‡**le·git·i·mize** /lidʒítəmàiz/ 動 他〘章〙**1**〔違法なもの〕を合法化する, 合法と認める. **2** を正当化する. **3**〔庶子〕を嫡出と認める.

lég·less 形 **1** 足[脚]のない. **2**〘主に英話〙(立てない「ほど)酔っ払った.

lég·màn /-mæ̀n/ 名 (複 **-men** /-mèn/) C〘米〙**1** (新聞などの)取材記者《記事は書かない》; (事件)現場レポーター. **2** (商社などの)外交員, 外勤者.

Leg·o /légou/ 名 U〘商標〙レゴ《プラスチック製のブロックを組み立てるおもちゃ; デンマーク製》.

lég-of-mùtton, lég-o'-mùtton /-ə(v)-/, /-ə-/ 形〈限定〉〔帆, そでなどが〕羊の脚の形[三角形]をした, レッグオブマトンの.

lég·pùll 名 C〘話〙悪ふざけ, からかい,《＜pull a「person's LEG》.

lég·ròom 名 U 楽に脚の伸ばせる広さ[余裕].

leg·ume /légju:m, ligjú:m/ 名 C (特に食用, 飼料, 肥料になる)マメ科の植物《peas, beans, peanuts など》(pulse[2]); そのさや; その豆.

le·gu·mi·nous /ligjú:mənəs, le-/ 形 マメの(なる);「マメ科の.

lég-wàrmer 名 C〈普通 ～s〉レッグウォーマー《主に女性が脚の保温に用いる; 普通, 毛糸製》.

lég·wòrk 名 U (新聞記者の取材活動のように)足でする[歩き回る]仕事; (犯罪の)詳細な捜査.

Le Ha·vre /lə-há:vrə/ 名 ルアーブル《フランスのセーヌ河口の港市》.

le·hu·a /leihú:ə|li-/ 名 C レフーア《真紅の花が咲く「堅木; その花はハワイ州の州花》.

lei /lei, léii:/ 名 C レイ《Hawaii などで首にかける花輪》.

Leib·nitz, -niz /láibnits/ 名 **Gottfried Wilhelm von** ～ ライプニッツ (1646–1716)《ドイツの哲学者・数学者》.

Lei·ca /láikə/ 名 C〘商標〙ライカ《ドイツ製のカメラ》.

Leices·ter /léstər/ 名 **1** レスター《Leicestershire の州都》. **2** ＝Leicestershire. **3** U レスターチーズ (**Lèicester chéese**).

Leices·ter·shire /léstərʃər/ 名 レスターシャー州《イングランド中部の州; 州都 Leicester; 略 Leics.》.

Lèicester Squáre 名 レスター・スクエア《ロンドン中央部; 周囲に映画館, 劇場, レストランなどが多い》.

Leigh /li:/ 名 **1** 男子の名; 女子の名;《Lee の変形》. **2 Vivien** ～ リー (1913–67)《英国の舞台・映画女優》.

Lein·ster /lénstər/ 名 レンスター《アイルランド共和国の東南部の地方; 12 州から成り, Dublin 市を含む》.

Leip·zig /láipsig|-zig/ 名 ライプチヒ《ドイツ中東部の都市; 出版業が盛ん》.

‡**lei·sure** /lí:ʒər, léʒ-|léʒə/ 名 U **1 余暇**, レジャー, (仕事から解放された)自由な時間; 暇;〈*to* do, *for* do*ing* ..するための〉. lead a life of ～ 余暇のある生活をする. have no ～ *to* travel [*for* travel(*ing*)] 旅行する暇がない. wait a person's ～ 人の都合がつくまで待つ.

2〈形容詞的〉暇な, 暇のある. ～ time [hours] 余暇. ～ activities 余暇活動.

****at léisure*** (1) **暇で**; 暇があって〈*to* do ..する〉. I'm not *at* ～ *to* talk with you. あなたと話す暇はありません. (2) ゆっくり, 時間をかけて. Marry in haste, and repent *at* ～.〘諺〙急いで結婚, ゆっくり後悔. study the document *at* ～ 書類をじっくり調べる. (3) 失業して.

at one's léisure (1) 暇な時に; 都合のよい時に. Bring the book back to me *at* your ～. その本は都合のよい時に返してくれ. (2) ＝ at LEISURE (2).

[＜ラテン語 *licēre*「合法である, 許されている」; license と同源]

léisure cèntre 名 C〘英〙(各種の娯楽施設を整えた)レジャーセンター.

léi·sured /-d/ 形 暇のたくさんある, 有閑の. the ～ classes 有閑階級. a ～ man 暇な男.

†**lei·sure·ly** /lí:ʒərli, léʒ-|léʒ-/ 形 m ゆっくりした, 時間をかける; 落ち着き払った. at a ～ pace ゆっくりとした足どりで. take a ～ stroll in the garden 庭をゆっくり散策する. ── 副 m ゆっくりと, のんびりと.

▷**lei·sure·li·ness** 名

léisure sùit 名 C〘米〙レジャースーツ《シャツジャケットとズボンから成るカジュアルスーツ》.

léisure·wèar, léisure wèar 名 U〈集合的〉遊び着, レジャーウェア.

leit·mo·tif, -tiv /láitmouti:f/ 名 (複 **～s**) C **1**〘楽〙ライトモチーフ, 示導動機,《オペラなどの楽曲全体に繰り返される楽句, 主題》. **2**〈一般に〉(文学作品などの繰り返し現れる)中心[基本]思想, 主題.

LEM lunar excursion module.

Le·man /lí:mən, ləmǽn/ 名 **Lake** ～ レマン湖《ジュネーヴ湖のフランス名; →Geneva》.

Le Mans /ləmάːn/ 名 ルマン《フランス北西部の都市; 自動車レースで有名》.

lem·ming /lémiŋ/ 名 C **1** レミング《北極付近に住むネズミに似た齧歯(げっし)類動物; 増えすぎると集団移動して海中に飛び込み溺(でき)死すると言われる》. **2** 無意識に指導者に従う集団の一員. [<ノルウェー語]

‡**lem·on** /lémən/ 名 (複 **~s** /-z/) **1** C レモン(の実); レモンの木; U レモンの風味); 〖英〗 レモン飲料. squeeze a ~ レモンを絞る. cake flavored with ~ レモン入りケーキ. **2** U レモン色, 淡黄色, (lemon yellow). **3** C 〖話〗 (特に製品の)欠陥品, きずもの, 〈特に〉欠陥車. **4** 〖話〗 だめな[間抜けな]やつ; 'ぶす' (→peach[1]). **5** 〈形容詞的〉 レモン(入り)の; レモン色[風味]の. [<アラビア語]

†**lem·on·ade** /lèmənéid/ 名 UC **1** 〖英〗 レモネード《レモンの風味をつけた炭酸飲料; 日本のラムネはそのなまり》; =lemon squash. **2** 〖米〗 レモン水《レモンジュースに水と砂糖を加える》.

lèmon cúrd [**chéese**] 名 U 〖主に英〗 レモンカード《卵, バター, レモンジュースなどを混ぜて作ったものでパンに付けて食べる》.

lémon dròp 名 C レモン(味の)ドロップ.

lémon làw 名 UC 〖米話〗 欠陥商品法, レモン法, 《特に欠陥車の新品との交換, 修理, 又は返金をメーカーに義務づけた法律; →lemon 3》.

lèmon sóle 名 C 〖魚〗 ヒラメの一種.

lèmon squásh 名 U 〖主に英〗 レモンスカッシュ《甘味入り濃縮レモンジュース; 水で薄めて飲む》.

lémon squèezer 名 C レモン絞り器.

lem·on·y /léməni/ 形 e レモンのような(味[香り]がする).

lèmon yéllow 名 = lemon 2.

le·mur /líːmər/ 名 C 〖動〗 キツネザル《夜行性, 顔と尾がキツネに似る; 主に Madagascar 島産》.

Le·na /líːnə/ 名 〈the ~〉 レナ川《シベリア南部に発しラプテフ海に注ぐロシア連邦最長の川》.

‡**lend** /lend/ 動 (**~s** /-dz/|過 過分 **lent** /lent/|**lénd·ing**) 他 **1** を貸す; VOO (~ X Y)・VOA (~ Y *to* X) X(人)にYを貸す, 貸し出す; X(人)にY(金)を貸し付ける; (↔borrow; 類語 普通, 無料で貸すこと, 家屋など移動できないものには使わない; →hire..out, lease, let[1] 5, loan, rent[1] 2). I've *lent* Tom my car [my car *to* Tom]. トムに車を貸した. Can you ~ me 4,000 yen? 4千円貸してくれないか. A usurer ~*s* money at high interest. 高利貸しは高利で金を貸す.
2 VOO (~ X Y)・VOA (~ Y *to* X) XにY(力, 援助など)を貸す. The scientist refused to ~ any support *to* the project. 科学者はその計画への助力を断った.
3 VOO (~ X Y)・VOA (~ Y *to* X) 〔物事が〕XにYを添える, 加える. The stillness *lent* mystery *to* the night. 静寂が夜に神秘な趣を添えた.
── 自 金を貸す 〈*to* ..に〉.
****lènd..a*** (***hèlping***) ***hánd*** **..に援助の手を貸す** 〈*with* ..のことで〉. *Lend* me *a hand with* my homework. 宿題を手伝ってよ.
lènd an [*one's*] ***éar to..*** →ear.
lénd itsèlf to.. 〔目的など〕にかなう, ..の役に立つ; ..を受けやすい. This book ~*s itself* well *to* beginners. この本は初心者向きです. The word ~*s itself to* misuse. その語は誤用されやすい.
lènd *one's* ***náme to..*** →name 名 4.
lénd *oneself* ***to..*** 〔不正など〕に力を貸す, 加担する; (品位を下げて)..をあえてする; ..にふける, 没頭する. I will never ~ my*self to* bribery. 贈収賄には決してかかわるつもりはない.
****lènd /../ óut*** 〔書物など〕を貸し出す 〈*to* ..に〉.
[<古期英語; loan と同源]

‡**lénd·er** 名 C 貸す人, 貸し主; 金貸し.

lénding lìbrary 名 C 貸し本屋 (circulating library); 〖主に英〗 (図書館の)館外貸出部《参考図書室などと区別して》.

lénding ràte 名 C (ローンの)金利.

‡**length** /leŋ(k)θ/ 名 (複 **~s** /-θs/)
【長さ】 **1** UC (幅に対して)**長さ**, 丈; (横に対して)縦; (↔breadth, width). The bridge has a ~ of 250 meters. その橋は全長 250 メートルある. That was roughly the ~ of a man's arm. それはおよそ人間の腕ほどの長さだ. My study is 7 meters *in* ~, 4 in breadth. 私の書斎は縦 7 メートル, 横 4 メートルです. measure the ~ of the pants ズボンの丈を測る.
2 〈the ~〉 全長 〈*of* ..の〉. I walked the ~ *of* the street. 私は通りを端から端まで歩いた.
3 UC (時間の)長さ, 期間; (書物, 文章, 談話, 音などの)長さ; 〖韻律・音声〗 母音[音節]の長さ, 音量. a stay [book] of some ~ 少し長い滞在[本]. for a [any] ~ of time しばらくの間[いつまでも]. The ~*s* of day and night are the same today. 今日は昼と夜の長さが同じです. She gave a lecture on Shelley over two hours in ~. 彼女はシェリーについて 2 時間以上の講演をした. **4** U 長いこと. They complained about the ~ of the lecture. 彼らは講義が長いと愚痴を言った.
【基準となる長さ】 **5** C (特定の物を基準にした)長さ; (ボートの)艇身; 〖競馬〗 馬身. My new car will turn in its own ~. 私の新しい車は, その車の長さの道幅があれば向きを反対に変えられる. The horse won by a ~ and a half. その馬が 1 馬身半の差で勝った.
6 C (規格, 目的などに合った)長さ 〈*of* ..の布など〉. a (great) ~ *of* string (長い)ひも 1 本. a dress ~ (*of* cloth) ドレス 1 着分(の生地). a ~ *of* rope to tie a horse with 馬をつなげる長さの縄.
◇形 long 動 lengthen
at árm's lèngth →arm[1].
****at fùll léngth*** **全身を伸ばして**; (畳んである物などを)いっぱいに広げて. lie (*at*) *full* ~ on the grass 芝生に大の字になる.
****at léngth*** (1) ついに, やっと, ようやく, (類語 at last より形式ばった言い方で時の経過を強調する). *At* ~ peace was restored. やっと平和が回復した. (2) 詳細に; 十分に; 長々と. tell a story *at* (full) ~ 詳しく[長々と]物語る. *at* great [some] ~ きわめて[かなり]詳細に; 長々と[相当長く].
gò to grèat léngths [***àll léngths, àny léngth***(***s***)] ***to dó*** ..するためにはあらゆる手を尽くす, どんな(極端な)ことでもやりかねない. He *went to great* ~*s to* acquire a reputation as a good lawyer. 彼は弁護士としての名声を得ようとしてあらゆる手を尽くした. ★He *went to* that ~ [some ~*s*, considerable ~*s*] (彼はそんなことまで[かなりのことを]した)のような形に変えることもある.
gò (***to***) ***the lèngth of dóing*** ..までもする, ..するほど極端に走る, (→go so far as to). She *went* (*to*) *the* ~ *of* seeing me off at the airport. 彼女は私を空港で見送るということまでしてくれた.
the lèngth and bréadth of.. 〔地域〕の全体[いたるところ]. travel *the* ~ *and breadth of* Scotland スコットランドをくまなく旅行する.
[<古期英語; long[1], -th[1]]

-length /leŋ(k)θ/ 〈複合要素〉 名詞につけて「長さが..の[..までの]」の意味の形容詞を作る. knee-~ boots ひざまでの長さのブーツ. shoulder-~ hair 肩まで届く髪.

***length·en** /léŋ(k)θ(ə)n/ 動 (**~s** /-z/|過 過分 **~ed** /-d/|**~·ing**) 他 **を長くする**, 伸ばす, 延長する, (類語 空間, 時間いずれの長さにも用いる; →elongate, extend, prolong, protract, stretch). He had his tailor ~ the sleeves of his coat. 彼は仕立屋に上着の袖丈(たけ)を長くしてもらった. our ~*ed* lives 我々の延びた寿命.

L

── 自 長くなる, 伸びる; VA (～ *into ..*) 伸びて..になる. The strike ～*ed into* weeks. ストライキは長びいて何週間にも及んだ.
◇↔shorten 名 length 形 long, lengthy

length·ways, -wise /léŋ(k)θwèiz/, /-wàiz/ 副, 形 縦(の方向)に[の]; 長く[い].

†**length·y** /léŋ(k)θi/ 形 e **1** 〔話, 書き物などが〕長たらしい, くどい; 〔物が〕(ほそ)長い. **2** (特に, 時間的に)長い.
▷**length·i·ly** 副 長々と, くどく. **length·i·ness** 名

le·ni·ence, -en·cy /lí:niəns/, /-niənsi/ 名 U 寛大さ; 情け深さ.

†**le·ni·ent** /lí:niənt/ 形 〔人, 処罰などが〕寛大な, 過酷でない; 情け深い (merciful). You are too ～ *to* [*toward, with*] your children. あなたは自分の子供に甘すぎる. ～ laws 寛大な法律. [<ラテン語 *lēnīre*「なだめる」; -ent]
▷～**·ly** 副 寛大に.

Len·in /lénən/ 名 **Vladimir Ilyich** ～ レーニン (1870–1924)《ロシア革命の指導者; ソ連人民委員会議長 (1917–24); **Ni·ko·lai** /nìkəlái/ **Lenin** とも言う》.
▷～**·ìsm** 名 U レーニン主義. ～**·ist** 名 C, 形 レーニン主義者; レーニン主義(者)の.

Len·in·grad /lénənɡræ̀d, -ɡrà:d/ 名 レニングラード《ロシア連邦北西部の港市のソ連時代の呼び方; 今は旧名 St. Petersburg に戻った》.

len·i·tive /lénətiv/ 形 鎮痛性の; 緩和性の.
── 名 C 〖医〗鎮痛剤; 緩和剤.

len·i·ty /lénəti/ 名 (複 **-ties**) U 〖章〗慈悲(深さ); 寛大さ; C 寛大な処置.

Len·non /lénən/ 名 **John** ～ レノン (1940–80)《英国の音楽家; ロックグループ, ビートルズの一員》.

‡**lens** /lenz/ 名 (複 ～**·es** /-əz/) C **1** レンズ; (カメラなどの)組み合わせレンズ. a contact ～ コンタクトレンズ. a convex [concave] ～ 凸[凹]レンズ. a wide-angle [telephoto] ～ 広角[望遠]レンズ. **2** 〖解剖〗(眼球の)水晶体. **3** ＝contact lens.
[ラテン語 'lentil'; 形の類似から]

†**Lent** /lent/ 名 〖キリスト教〗四旬節《Ash Wednesday から Easter Eve までの日曜を除く 40 日間; 荒野のキリストを記念して断食[節食]や改悛(しゅん)を行う》.

lent /lent/ 動 lend の過去形・過去分詞.

Lent·en /lént(ə)n/ 形 **1** 四旬節 (Lent) の[にふさわしい]. **2** 質素な. ～ fare 肉を抜いた食事.

len·til /léntl/ 名 C 〖植〗ヒラマメ, レンズマメ; その実《両凸レンズ状の平たい豆で食用にする》.

Lènt líly 名 〖英〗＝daffodil.

len·to /léntou/ 形, 副 〖楽〗レントの[で], 遅い[く], (→tempo 参考). ── 名 (複 ～**s**) C レントの曲[楽章].

Lént tèrm 名 〈the ～〉〖英〗(大学の)春学期《普通 1 月から 3, 4 月まで; 中間に Lent が入る》.

Le·o /lí:ou/ 名 (複 ～**s**) **1** 〖天〗獅子(し)座; 〖占星〗獅子宮《黄道 12 宮の 5 番目; →zodiac》; C 獅子宮生まれの人《7 月 23 日から 8 月 22 日の間に生まれた人》. **2** 男子の名. **3** C ライオン《童話などで》. [ラテン語 'lion']

Leon·ard /lénərd/ 名 男子の名.

Le·o·nar·do da Vin·ci /lì:əná:rdou-/ 名 →da Vinci.

Le·o·nid /lí:ənid/ 名 (複 ～**s, Le·on·i·des** /li(:)ánədì:z|-ɔ́n-/) C 〖天〗獅子(し)座流星群の流星.

le·o·nine /lí:ənàin/ 形 〖章〗ライオンの(ような), 〔髪, ひげが〕ライオンのたてがみのような.

†**leop·ard** /lépərd/ 名 C 〖動〗ヒョウ《特に黒ヒョウは panther と言う》. Can the ～ change his spots? ヒョウはその斑(はん)点を変えられるか(変えられない)《「三つ子の魂百まで」と似た意味; 旧約聖書『エレミア書』から; A ～ cannot [will not] change his spots. とも言う》.
[<ギリシア語(<「ライオン」+「ヒョウ」)]

leop·ard·ess /lépərdəs/ 名 C 〖動〗雌ヒョウ.

le·o·tard /lí:ətà:rd|-tà:d/ 名 C レオタード《体操選手, ダンサーなどが着る上下一続きの体にぴったりした服》.

lep·er /lépər/ 名 C **1** ハンセン病[癩(らい)病]患者 (→leprosy). **2** 世間からつまはじきされる人. [<ギリシア語「うろこ」]

lep·re·chaun /léprəkɔ̀:n/ 名 C 〖アイル伝説〗レプレコン《小さい老人の姿をした妖(よう)精; 踊る妖精たちの靴直しで得た財宝を隠し持つ》.

lep·ro·sy /léprəsi/ 名 U ハンセン病, 癩(らい)病, (Hansen's disease).

lep·rous /léprəs/ 形 ハンセン病の(ような); 癩(らい)病にかかった.

Ler·wick /lə́:rwik/ 名 ラーウィック《スコットランドの Shetland 諸島の州都; イギリス諸島中最北の町》.

†**les·bi·an** /lézbiən/ 〈時に L-〉 形 (女性間の)同性愛の (→gay). ── 名 C 同性愛の女性《同性にあてた熱烈な恋愛詩で名高いギリシアの女流詩人 Sappho のいた *Lesbos* 島の名から》.
▷～**·ism** /-ìz(ə)m/ 名 U (女性間の)同性愛.

lèse maj·es·té /lì:zmæ̀dʒəsti|lèizmæ̀dʒəstèi/ 名 ＝lese-majesty. [ラテン語 'injured sovereignty']

lese-maj·es·ty /lì:zmæ̀dʒəsti/ 名 U 〖法〗不敬罪, 大逆罪; 〖戯〗身の程知らずの行動.

‡**le·sion** /lí:ʒ(ə)n/ 名 C 傷害, 損傷, 傷, (wound); 〖医〗病変《傷害・病気の後などの組織, 機能の変化》.

Le·so·tho /ləsóutou|ləsú:tu:/ 名 レソト《南アフリカ共和国の中に囲まれている王国; 首都 Maseru》.

‡**less** /les/ 形 〈little の比較級; →least; lesser 語法〉
1 〈不可算名詞に付けて〉(量が)**一層少ない**, 少ない〈*than* ..より〉(↔more). I eat ～ meat and fewer eggs *than* before. 私の食べる肉(の量)も卵(の数)も以前より少ない (→2 語法; →lesser 語法). There is ～ woodland here *than* in the south. ここは南部に比べて森林地帯が少ない.
2 〈可算名詞に付けて〉〖話〗(数が)一層少ない, より少ない〈*than* ..より〉. There were ～ traffic accidents this summer *than* last. 今年の夏は去年より交通事故が少なかった. 語法 このような可算名詞の複数形には fewer が正式, less は口語的.
3 (程度など抽象的性質について)一層少ない[低い], より少ない〈*than* ..より〉(↔greater). a matter of ～ importance それほど重要でない事柄. More haste, ～ speed. 〖諺〗急がば回れ《<急げば急ぐほど(転んだりして)速度が落ちる》.

lèss and léss 次第に減って[少ない]. do ～ *and* ～ work 仕事をだんだんしなくなる.

nò less a pérson [***a pláce, an occásion, etc.***] ***than ..*** ..にほかならぬ重要な[有名ななど]人[場所, 機会など]. *No* ～ *a person than* the President himself showed up tonight. 今夜はほかならぬ大統領ご自身が見えた.

nòthing léss than 少なくとも..を下らないもの; ..より以下は..しない. spend *nothing* ～ *than* 1,000 dollars a month 少なくとも月に千ドルは使う. We have to expect *nothing* ～ *than* a riot. 暴動ぐらいは覚悟しなくてはならない.

nòthing (***mòre or***) ***léss than ..***＝***nèither mòre nor*** [***or***] ***léss than ..*** ..にほかならない(悪いもの), ..と全く同じ. It's *nothing* ～ *than* madness. まさに気違いざたにほかならない.

(***sòmething***) ***léss than*** ..とは言いかねる, ..どころではない. Her answer was ～ *than* polite. 彼女の答えは丁重とは言い難かった.

── 代 〈単数扱い〉**一層少ない量**[数, 額など], 少ない量など, 〈*than* ..より〉. I saw ～ of her after that. その後彼女に会うことはもっと少なくなった. The boy is ～ of a fool *than* I supposed. 〖話〗あの少年は思ったほどばかじゃない. Of two evils choose the ～. 〖諺〗2 つの災いの中では軽い方を選べ. We have ～ *than* 10 minutes before we start. 出発までに 10 分もない. 語法 数詞を伴う金額, 時間などを表す可算名詞の複数形は, 総括的に量と考えられるため (fewer ではなく)常に less が用いられる (→形 2 語法); 数詞自体も同様: 10 is ～ *than* 12. (10 は 12 より小さい); ただし a smaller number を a *less* number とは言えない.

(*in*) *lèss than nó tìme* 〘話・戯〙 たちまち, すぐさま. It took him ～ *than no time* to finish the work. 彼はたちまちその仕事をやってのけた.

Léss of..! 〘話〙 ..はやめなさい. *Less of* your impudence! そんな生意気はよせ.

── 副 〈little の比較級; →least〉 **一層少なく**, 少なく, 〈*than* ..より〉, ..でなく〈*than* ..ほど〉. a ～ expensive camera もっと安いカメラ. The ～ you speak, the more you hear. 話すことが少なければそれだけ余計(人の話を)聞くようになる (→the MORE X, the more Y). It is ～ hot today *than* yesterday. 今日は昨日ほど暑くない (語法 談話体では It is *not so* [*as*] hot today *as* yesterday. の方が普通). He was ～ scared than surprised. 彼はおびえるというより驚いた.

àny the léss 〈否定文, 疑問文で〉 それだけ少なく. I don't love my wife *any the* ～ for her faults. =I love my wife *none the* ～ for her faults. 妻に欠点はあっても私の愛に変わりはない.

èven léss =still LESS.

lèss and léss 次第に減って[少なくなる] (↔more and more). become ～ *and* ～ active 活気がだんだんなくなる.

léss than.. (1) →形. (2) 決して[ほとんど]..ではない. The result was ～ *than* satisfactory. その結果は決して[ほとんど]満足できるものではなかった.

lìttle léss than.. →little 副.

mùch léss →still LESS.

nò léss (1) (..と数量・程度が)同じだけ, ..ほども. Her father gave her 50 pounds, *no* ～. 彼女の父親は彼女に 50 ポンドもやった (→no LESS than.. (1)). He's *no* ～ smart. 彼は同じぐらい抜け目がない. (2) まさしく, ほかならない. It's the Queen, *no* ～! まさしく女王ご自身だ (→no LESS a person than.. (形 成句)).

No lèss X́ is.. 〈前段を受けて〉 それに劣らず[同様に] X なのは..だ (★X は 形). *No* ～ important *is* decentralization. 同様に重要なのは地方分権ということだ.

****no léss than..*** (1) **..と同じだけの** (as much [many] as), ..ほどたくさんの, (注意 大きい数量に驚きの感情を示す; →no MORE than..). walk *no* ～ *than* 10 miles 10 マイルも歩く. (2) ..と同様な[で], ..にほかならない. It is *no* [little] ～ *than* robbery to ask such a high price. こんな高値を要求するとは強盗も同然だ[に近い]. (3) ..と同様に (as well as). The spirit, *no* ～ *than* the body, requires training. 精神も肉体と同様鍛練が必要である.

****nò léss..than..*** **..と同じに..な[で]** (just as..as), に劣らず..な[で]. Ben is *no* ～ clever *than* his big brother. ベンは兄に劣らず利口だ (注意「兄は利口である(のは言うまでもない)」という含みがある; →not LESS.. than..; no MORE..than..).

****nòne the léss*** やはり, それでもなお, (nevertheless). My wife has faults. *None the* ～, I love her. 妻に欠点はある. でもやはり私は彼女を愛している (★接続詞的用法; →any the LESS).

nòt léss than.. ..かそれ以上の, 少なくとも, (at least; ↔not more than). pay *not* ～ *than* 20 pounds 少なくとも 20 ポンドは払う (★not を no に替えれば「20 ポンドも払う」の意味になる; →no LESS than..).

nòt léss..than.. ..に優るとも劣らず..で[な], ..と同じ又はそれ以上に..で[な], (→no LESS..than..). He is *not* ～ bright *than* his big brother. 彼は兄に優るとも劣らず頭がいい.

still léss 〈否定語句の後で〉 まして[なおさら]..ない (★今は much less の方が普通). I can hardly bear to walk, *still* ～ run. 歩くのもやっとなのだから走るなどとんでもない.

── 前 ..だけ減じて[不足して] (minus). a year ～ two days 1 年に 2 日足りない期間. Ten ～ three is seven. 10−3=7. pay $50 ～ tax 50 ドルから税金を差し引いて支払う. [＜古期英語 *lǣssa*「より小さい」; little とは無関係; 原級はなく, 最上級が least]

-less /ləs/ 接尾 **1** 名詞に付けて「..のない, ..を欠く」の意味の形容詞[まれに副詞]を作る. child*less*. harm*less*. doubt*less*. **2** 動詞に付けて「..できない, ..しない」の意味の形容詞を作る. count*less*. tire*less*. [古期英語]

lèss áble 形 〘婉曲〙 〈学業成績について〉 **1** 出来の思わしくない. **2** 〈the ～; 名詞的; 複数扱い〉 出来の思わしくない生徒たち. 「参考」).

les·see /lesíː/ 名 C 賃借人; 借地[家]人; (→lease↑

***less·en** /lés(ə)n/ 動 (～s /-z/|過 過分 ～ed /-d/|～·ing) 他 **を小さく[少なく]する**, 減らす; 〔緊張など〕を和らげる; (類語 減少の程度を示す具体的数詞を普通伴わないが, ほぼ decrease に同じ). The Japanese should ～ the hours they work. 日本人は労働時間を減らすべきだ. The medicine greatly ～*ed* the pain. その薬は痛みを大いに和らげてくれた. ── 自 小さく[少なく]なる, 減る; 和らぐ. My strength is ～*ing* with the years. 私の体力は年々衰えている. [less, -en]

Les·seps /lésəps/ 名 **Vicomte Ferdinand Marie de** ～ レセップス(伯爵) (1805–94) 《フランスの外交官・技師; スエズ運河建設の功績者》.

†**less·er** /lésər/ 形 〈little の比較級〉〈限定〉〘章〙 小さい方の; 劣る方の; (語法 than を伴っては用いない; less が基本的には不可算名詞に付くのに対し, lesser は可算名詞に付き, その大きさ, 価値, 重要性の小さいことを示す). a ～ sacrifice より小さい犠牲. to a ～ extent [degree] より少ない程度に. the ～ of two evils 2 つの悪のうちのましな方 (★名詞的用法).

── 副 〈普通, 複合要素〉 より少なく. one of the ～-known musicians あまり知られていない音楽家の 1 人. [less, -er[2]; 二重の比較級]

Lèsser Antílles 名 〈the ～〉 小アンチル諸島 《西インド諸島東部 Puerto Rico の南東の列島》.

Lèsser Béar 名 〈the ～〉〘天〙 小熊座.

lèsser pánda 名 =panda 2.

Les·sing /lésiŋ/ 名 **Gotthold Ephraim** ～ レッシング (1729–81) 《ドイツの劇作家・批評家; *Laokoon* 他》.

‡**les·son** /lés(ə)n/ 名 (複 ～s /-z/) C

【学業】 **1** 〈～s〉 **学課**, (学校の)勉強, 学業. Kate is doing very well in her ～*s* at school. ケイトは学校の勉強がとてもよくできる. neglect one's ～*s* 学業を怠る.

【授業】 **2** (個々の)**授業**(時間); 〈～s〉 (一連の)授業, レッスン, 稽古(けいこ); 〈*in, on* ..〔科目〕の, についての〉. Each ～ lasts 50 minutes. どの授業も 50 分です. attend ～*s in* history 歴史の授業に出席する. Mary is taking [giving] piano ～*s*. メリーはピアノのレッスンを受けている[ピアノを教えている]. prepare and review ～*s* 授業の予習復習をする. We have no ～*s* today. 今日は授業がない (★学校の授業という意味では 〘米〙 では class(es) の方が普通).

3 【授業の単位】 (教科書中の)**課**; (学習の)課題. Turn to *Lesson* Eight. 第 8 課を開きなさい. memorize the entire ～ その課を丸々全部暗記する. assign a lot of ～*s* たくさんの課題を出す.

4 〘キリスト教〙 日課 《朝夕の礼拝の時読む聖書の一節》. the first ～ 第 1 日課 《旧約聖書の一部》. the second ～ 第 2 日課 《新約聖書の一部》.

L

【教訓】 **5 教訓**; 戒め; お手本. the ～s of history 歴史の教訓. learn [draw] a ～ from ..から教訓を得る. Let that be a ～ to you. それを教訓にしなさい《今後は同じようなことはしないように》.

連結 a valuable [a salutary; a bitter; a sharp; an unforgettable] ～ // give [provide] a ～

lèarn one's lésson (ひどい目に遭ったり, 失敗したりして)教訓を学ぶ, 身にしみる.

tèach a person a lésson 〔ひどい経験, 失敗などが〕人に教訓を与える[思い知らせる]; 人を訓戒する[叱(しか)る]. This accident will *teach* you *a* good ～. この事故は君にはよい戒めとなろう.

[＜ラテン語「読むこと」(＜*legere*「読む」)]

les·sor /lésɔːr, -ˊ|-ˊ/ 名 C 賃貸人; 家主, 地主; (→lease 参考).

***lest** /lest/ 接 《章》 **1 ..しないように** (so that..not); ..するといけないから (for fear that), ..に備えて (in case). Be careful ～ you (should [may, might]) break the dish. 皿を割らないように注意しなさい (★should や may, might はしばしば, 特に《米》で省かれ, 動詞は仮定法現在となる).

2 〈fear, be afraid, be anxious などの後に〉..ではないかと, ..しはすまいかと. We feared ～ the secret (should) be disclosed. 我々は秘密が暴かれるのではないかと心配した (★《話》では lest を that にするか又は, これも省く: We feared (*that*) the secret would be disclosed.).

[＜古期英語 *thȳ lǣs the* 'by that less that']

L

‡let[1] /let/ 動 (～s /-ts/|過 過分 ～|**lét·ting**) 他

【好きなようにさせる】 **1** VOC (～ X *do*) **X に..させる**, させておく, (allow) (★普通, 受け身では用いず, be allowed to *do* を使うことが多い; →make 他 18 語法). I wanted to go to the movies, but my mother wouldn't ～ me (go). 映画を見に行きたかったが母が許そうとしなかった (★文脈から明らかなので go は省略可能). You can't ～ the house be neglected like this. こんな風に家の手入れを怠ってはいけない. The grass was ～ (*to*) grow. 草は伸び放題だった (★まれな受け身の例; 普通, 不定詞は原形不定詞のまま).

【許可する】 **2** 〈命令文で〉 VOC (～ X *do*) **(a)** 〈1 人称(X)が目的語〉 X (私[私たち])に**..させてください**. *Let* me carry the suitcase for you. そのスーツケースを私に持たせてください. *Let* me do.. →成句. *Let* us /lèt-ʌ́s, lét-ʌ̀s/ finish the work, will you? その仕事は我々に完成させてください (語法 Let us は強勢で意味が変わる: (1) /lèt-ʌ́s/「ほかの人でなく我々に..」 (2) /lét-ʌ̀s/「余計なじゃまをしないで我々に完成させて..」; また Let's にならないこと, 及び付加疑問の形に注意; →(b) 語法).

(b) 〈～ us *do*, ～'s *do* の形で〉 **..しよう, しましょう(か)**, (注意 let us は普通, /lets, létəs/ と発音され,《話》では let's /lets, les/ となる). *Let us* /lètəs/ pray. それではお祈りしましょう (★教会で牧師が言う; Let's /lets/ pray. はくだけすぎる感じを与えるので避けられる). "*Let's* dine out tonight, shall we?" "Yes, ～'s [No, ～'s not]."「今夜は外で食事をしようか」「そうしましょう[いや, やめておこう]」(語法 この us には聞き手の you も含まれるから付加疑問は shall we? となる; →(a) 語法). *Let us* not forget Bob. ボブのことは忘れないようにしようね. *Let's* not worry. =《英話》Don't ～'s worry. くよくよするのはよそう (語法《米話》では Let's don't.. とも言う). 参考 let's 又は let us が話者を含めずに, (目上の者などからの)丁寧な又は軽い命令表現として用いられることがある: *Let's* be quiet. (静かにするんですよ)

(c) 〈3 人称(X)が目的語〉 VOC X が..するように(私は)望む, X よ..せよ. *Let* every man do his best. 各自全力を尽くしてもらいたい. *Let* it be done at once. それは直ちにやってもらいたい (★Do it at once. の受け身形とされる; be done の部分は受け身形だが, 文全体としては能動態). Then ～ Death come! さらば死よ来たれ (★Then, Death, come! と意味はあまり違わない). *Let* there be no mistake between us. 我々の間に誤解のないようにしよう. Please God, ～ him propose to me. どうぞ神様, 彼がプロポーズしてくれますように.

(d) 【仮に認める】〈3 人称(X)が目的語〉 VOC X を仮に..としよう; X が..すれば; X が..でも. *Let* the two lines be equal in length. 2 線は長さが同じとしよう. *Let* this man have his liberty, and he will steal again. この男を自由にしたらまた盗みをする. *Let* your job be what it may, you must devote yourself to it. あなたの仕事が何であれ, それに専念しなくてはいけない.

(e) VOC (働きかけて) X に..させる. *Let* me hear from you. ご連絡ください. ～..know →成句. 語法 後に来る原形不定詞は hear, know, see などに限られる.

【移動を許す】 **3** VOA を通す, 行かせる, 来させる. ～ a car *through* 車を通す. ～ /../ *in*, ～ X *into* Y, ～ /../ *out*, (→成句). **4** 〔液体, 気体〕を流出させる. ～ blood 血を採る, 放血する, (→bloodletting).

【使用を許す】 **5** 《主に英》〔建物など〕を貸す, 賃貸する, 〈*to* ..人に〉, (→lend 類語). This room is ～ (out) *to* a student. この部屋は学生に貸す. a house to ～ 貸家 《"To *Let*" は「貸家[貸ビルなど]」の張り札; 《米》 for rent》.

— 自 《主に英》貸される, 借り手がある. The room ～s on a yearly basis. 部屋は 1 年契約で貸される.

lèt alóne.. →alone.

lèt..bé ..をほうって置く, (そっと)そのままにしておく, 《干渉, いじめる, 叱(しか)るなどしないで》. *Let* me *be*. 私に構わないで.

lèt /../ bý (1) ..を(そばを)通してやる. *Let* them *by*. 彼らを通してあげなさい. (2) ..に注意しない, ..を見逃す. My boss wouldn't ～ even a small mistake *by*. 私の上司は小さなミスさえも見逃さない.

lèt dówn (1)〔飛行機が〕(着陸のために)高度を下げる. (2)《米話》あまり努力しない[頑張らない], 気を抜く, 調子を落とす.

lèt /../ dówn (1) **..を下げる, 降ろす**;〔衣服のすそなど〕を長くする. The climber ～ the rope *down*. 登山者はロープを降ろした. (2)〔飛行機の高度〕を下げる. The pilot ～ the plane *down* quickly to land. パイロットは着陸するために飛行機の高度を急いで下げた. (3)〔水準〕を下げる. (4) **..を失望させる**;〔人〕の信頼[期待]を裏切る. Never ～ your parents *down*. あなたの両親の期待を裏切らないように. ～ a person *down* gently [easily, lightly, softly] 人の(自尊心, 感情を考えて)面目を丸つぶれにしないようにする. (5)〔タイヤなど〕から空気を抜く.

lèt dríve at.. →drive.

lèt..dróp (1) ..を落とす. ～ a ball *drop* ＝ ～ *drop* a ball ボールを落とす. (2) (偶然を装って)..をわざと口に出す[漏らす]. (3) ..の話をやめる, ..を考えないことにする. ★(1)(2) では ***lèt .. fáll*** ともいう.

lèt(..)flý →fly[1].

lèt /../ gó (1) (握っている)**手を放す** 〈*of* ..から〉. I ～ *go* (*of*) the stick. 私は杖(つえ)から手を放した (→LET go of ..). *Let* me *go!* (私を)放して. (2) **..を自由に[解放]する**; ..を逃がす. (3) ..に注意を払わない, ..をほうって置く. (4) ..を解雇する.

lèt gó of.. ..から(握っている)手を放す. *Let go of* my hand! 私の手を放して.

lèt..háve it 《話》..をやっつける; ..を叱(しか)りとばす.

lèt /../ ín (1) **..を中に入れる**;〔光, 水など〕を通す. *Let* the dog *in*. 犬を中に入れなさい. The roof ～s *in* the rain. 屋根が雨漏りする. (2)〔疑いなど〕を招く,〔人など〕を受け入れる.

lét X ***in*** Y X を Y の中に入れる. 〜 oneself *in* [*into*] a room with a key 鍵(かぎ)で開けて部屋に入る.
lèt X ***ín for*** Y 〖話〗X を Y (面倒な事など)に陥れる. 〜 oneself *in for* a lot of extra work 余分な仕事をたくさんしょい込む.
lèt X ***ín on*** Y (1)〖話〗X に Y (秘密など)を教える. (2) X を Y に加える[加担させる].
lét X ***into*** Y (1) =LET X in Y. (2) Y に X (窓など)をはめ込む. (3) =LET X in on Y (1).
lèt it be knówn that.. ..ということを知らせる[はっきりさせる].
lèt it gó (***at thát***) 〖話〗それで十分だとする, それ以上問題にしない[言わない]ことにする.
****lèt..knów*** ..に知らせる. I'll 〜 you *know* by telephone. 電話でお知らせしましょう.
lèt..lóose →loose.
Lèt me dó 〈丁寧な提案などで〉..してあげましょう; ..しますよ. *Let me* give you a lift home. 家まで車で送りましょう.
****Lèt me sée*** = ***Lèt's sée*** 〈間投詞的〉〖話〗ええと, そうですね, まてよ, 《疑い, 思案などを表す》. "Who's the Education Minister now?" "*Let me see*, someone called Tanaka." 「文部大臣は今だれですか」「ええと. 田中という人です」.
lèt..óff (1)〔銃など〕を発射する, 〔花火など〕を打ち上げる; 〔ガスなど〕を放出する; 〈比喩的〉..を放つ. 〜 *off* steam 〔機関車などが〕蒸気を吐き出す; 〖話〗余った精力を発散する, うっぷんを晴らす. 〜 *off* a joke 冗談を飛ばす. (2) ..を罰しない; ..を許す 〈*with* ..〔軽い罰など〕で〉; ..を放免する 〈*from* ..〔仕事, 義務など〕から〉. He was 〜 *off with* a small fine. 彼はわずかな罰金で許された. (3)〔人〕を乗り物から降ろす. (4)〔建物〕の一部を賃貸しする.
lét X ***off*** Y (1) X を Y (罰, 義務など)から免除する. The teacher 〜 the boy *off* (doing) his homework. 教師は少年に宿題を免除した. (2) X を Y (列車など)から降ろす.
lèt ón 〖話〗(1)〈普通, 否定文, 疑問文, 条件文で〉秘密を漏らす 〈*about* ..について〉; 口外する 〈*that* [*wh*]節 ..ということ[..か]を〉. Don't 〜 *on that* we are engaged. 我々が婚約していることを人に言ってはいけない. (2) ふりをする 〈*that* 節 ..という〉.
lèt oneself gó (1) 思いのままにふるまう, 羽目を外す. (2) なりふり[身繕い]を構わない.
lèt óut (1) 激しく打つ; ののしる; 〈*at* ..を〉. (2)〖米〗〔会合などが〕閉会する, 〔学校などが〕終業する.
****lèt /../ óut*** (1)〔人, 動物など〕を出してやる, 逃がしてやる, 自由にする; 〔空気・水など〕を抜く; 〈*of* ..から〉. Nancy 〜 the bird *out of* the cage. ナンシーは鳥をかごから放してやった. (2)〔叫びなど〕を発する. 〜 *out* a small sigh 小さなため息をつく. (3)〔秘密など〕を(うっかり)漏らす; (うっかり)口外する; 〈*that* [*wh*]節 ..ということ[..か]を〉. Mary 〜 (it) *out that* she had got engaged to Jack. メアリーはジャックと婚約したことをうっかり漏らした. (4)〔ズボンの腰回りなど〕を広げる, 伸ばす, (↔take in). (5)〖話〗〔人〕を免除する 〈*of* ..〔義務, 処罰など〕から〉. I was glad to be 〜 *out of* the responsibility. その責任から逃れられてうれしかった. (6)〖話〗を解雇する, 首にする. (7)〖主に英〗〔乗り物, 馬, 部屋など〕を賃貸しする. (8)〖話〗〔馬〕をもっと速く行かせる.
lèt..páss 〔誤り, 過失など〕を見逃す, 大目に見る.
lèt /../ pást =LET /../ by.
lèt /../ slíp (1)〔機会など〕を逃す. (2) ..をうっかり口外する; 口を滑らせて..と言う 〈*that*〉. He 〜 it *slip that* he was planning to resign. 彼は自分が辞職しようとしていることをうっかり口にしてしまった.
lèt úp 〖話〗(1)(緊張などが)緩む; 力を抜く; 活動をやめる. work without 〜*ting up* 詰めて働く. (2)〔雨, あらしなどが〕静まる; やむ.
lèt úp on.. 〖話〗(1)〔人〕をもっと寛大に扱う. (2) ..を控え目にする, 加減する. *Let up on* your nagging. がみがみ言うのはいい加減にしなさい.
lèt us [***lèt's***] ***sáy*** →say.
lèt wèll (***enòugh***) ***alóne*** →well[1] 名.
—— 名 C 〖英〗(家, 土地の)賃貸し; 貸家, 貸間; 〖話〗借り手. I can't find a 〜 for my flat. うちのアパートの借り手が見つからない.
[<古期英語「あとに残す, 許す」]

let[2] 名 **1** C 〖球技〗レット《テニス, バドミントンなどでネットに触れて入ったサーヴ球など; この場合もう 1 度サーヴをする》. **2** U 〖古〗〖法〗障害, 妨害.
without lèt or híndrance 何の障害もなく.
[<古期英語]

-let /lət/ 接尾 **1** 名詞に付け「小..」の意味の名詞を作る. book*let*. stream*let*. **2** 名詞に付け「装身具」の意味の名詞を作る. arm*let*. brace*let*. [フランス語]

letch /letʃ/ 動 =lech.

lét·dòwn 名 C **1**〖話〗失望, 期待外れ, (disappointment). Being refused a date was quite a 〜 for the boy. デートを断られて少年は本当にがっかりした. **2** (努力, 生産高などの)減退; 沈滞. **3** (飛行機の着陸前の)降下.

‡**le·thal** /líːθ(ə)l/ 形 **1** 死を招く, 致死の. a 〜 dose of poison 毒薬の致死量. a 〜 weapon 凶器, 死の兵器《核兵器など》. a 〜 chamber (無痛)畜殺室. **2**〖しばしば戯〗非常に危険な(ほどに効果のある), 大損害を与えるほど強烈な. [<ラテン語 *lēt(h)um*「死」] ▷**le·thal·i·ty** /liːθǽləti/ 名 **〜·ly** 副

‡**le·thar·gic** /liθɑ́ːrdʒik | le-/ 形 **1** 無気力な, けだるい; 不活発な. **2** 昏睡(こんすい)状態の; 嗜眠(しみん)性の; 昏睡をもたらす. ▷**le·thar·gi·cal·ly** /-k(ə)li/ 副

‡**leth·ar·gy** /léθərdʒi/ 名 U **1** 無気力, 倦怠感, 脱力感; 不活発. **2** 昏睡(こんすい)(状態). [ギリシア語(<「忘却」+「何もしない」)]

Le·the /líːθi(ː)/ 名 **1**〖ギ神話〗レテ《冥(めい)府 (Hades) を流れる「忘却」を意味する川; その水を飲めば過去を忘れるという》. **2** U 〈しばしば l-〉忘却.
▷**Le·the·an** /líːθiən, liːθíːən/ 形

‡**let's** /lets/ let us の短縮形 (→let[1] 動 他 2 (b)).

Lett /let/ 名〖旧〗= Latvian 2.

‡**let·ter** /létər/ 名 (複 〜s /-z/) 【文字】 **1** C **文字**, 字. Can you write all the 26 〜*s* of the English alphabet? 英語のアルファベットを 26 文字全部書けますか. → capital letter, small letter. **2** C 〖印〗活字, 字体. in roman [italic] 〜*s* ローマ字[イタリック]体で.
3 C 〖米〗学校名の頭文字《優秀な選手などに与えられシャツの胸などに付ける》. win one's 〜 in basketball バスケットの代表選手に選ばれる.
【文字でつづったもの】 **4** C **手紙**, 書簡, (類語 手紙を表す最も一般的な語; →epistle, missive, note). have a 〜 registered 手紙を書留にする. put a 〜 into an envelope 手紙を封筒に入れる. an open 〜 公開状. a private 〜 私信. mail〖米〗[post〖英〗] a 〜 手紙を投函する. I wrote a long 〜 to my father. 私は父に長い手紙を書いた. I got a 〜 from him. 彼から手紙をもらった. Our 〜*s* must have crossed each other (in the post). 私たちの手紙は行き違いになったに違いない.

> 連結 an anonymous [a poison-pen; a business, a fan, a love; a dead] 〜 // type [address, date, sign; seal, stamp; mail, post; send; deliver; receive; open; answer] a 〜; exchange 〜*s*

5 C 〈普通 〜s〉(証明, 免許などの)公式文書, ..状[証]. **6** U 〈普通 the 〜〉(内容, 真意に対し)文字通りの意味, 字義; 字句, 文面. keep to [stick to, follow] the

～ of the law [an agreement] 法律[協定]の規定を(ばかみたいに)字句どおりに履行する. Observe the spirit of the law rather than the ～. 法律の字句よりも精神を守れ. **7**〖章〗〈～s; 単複両扱い〉文学; 学問; 学識. a man of ～*s* (男の)(文)学者; 著述家, 作家. the profession of ～*s* 著述業.

__by létter__ 手紙で, 書面で. Please let me know *by* ～. どうか手紙で知らせてください.

__in lètter and__ (*__in__*) *__spírit__* 形式実質共に (→6).

__to the létter__ (一言一句)文字通りに; 正確に, 厳密に. You will succeed if you follow [carry out] my instructions *to the* ～. 君は私の指示通りにすれば成功するだろう.

── 動 他 に文字を記す[刻む]; に標題を入れる; を文字をつけて分類する.

[＜ラテン語 *littera*「文字」]

létter bòmb 名 C 郵便爆弾《テロリストが用いる》.

létter·bòx 名 C 〖主に英〗郵便ポスト (postbox; →pillar-box); (家庭などのドアに取り付けた)郵便受け; (〖米〗mailbox).

létter·càrd 名 C 〖英〗封緘(かん)葉書, 郵便書簡, 《折り畳んで封をする官製の書簡紙》.

létter càrrier 名 C 〖米〗郵便集配人 (postman, mailman).

lét·tered 形 **1**〖章〗教養[教育]のある (↔unlettered). **2** 文字入りの, 文字で飾った. a book ～ in gold 表題などが金文字の本.

létter·hèad 名 C レターヘッド《便箋(せん)上部に印刷された差出人名, 事業所名, 所在地など》; U レターヘッドを印刷した便箋.

PRINCETON UNIVERSITY PRESS

PRINCETON · NEW JERSEY 08540

[letterhead]

lét·ter·ing /-təriŋ/ 名 U **1** (あるデザインの)文字を書く[刻む]こと, レタリング. **2** 書き入れた[刻んだ]文字; 字体, 書体.

létter-lòck 名 C 文字合わせ錠.

lètter of advíce 名 (複 **letters-**) C 〖商〗送荷通知状; 手形振出通知状.

lètter of attórney 名 (複 **letters-**) C 委任状.

lètter of crédence 名 (複 **letters-**) C (大使, 公使などに与えられる)信任状.

lètter of crédit 名 (複 **letters-**) C 〖商〗(銀行の発行する)信用状.

lètter of introdúction 名 (複 **letters-**) C 紹介状.

létter òpener 名 〖米〗＝paper knife.

létter pàper 名 U 便箋(せん).

lètter-pérfect /⊛/ 形 〖主に米〗**1** (台本の)せりふ[学科など]をよく覚えている (〖英〗word-perfect). **2** 一字一句正確な〔校正など〕; 細部に至るまで完全な.

létter·prèss 名 **1** U 凸版活字印刷(物); C 凸版印刷機. **2** C 〖主に英〗書物の本文《挿絵などに対して》.

létter-quàlity 形 〔コンピュータ用プリンター印字が〕書簡用に十分な品質の.

létter-sìze 形〖米〗〔紙が〕書簡サイズの《22×28cm; →legal-size》; 〔事務用具が〕書簡サイズの用紙用の.

lètters pátent 名 〈複数扱い〉〖法〗専売特許証; 勅許状《国王などが貴族の称号, 特権などを与える公文書》.

létter wrìter 名 C 手紙を書く人; 書簡文例集.

lét·ting 名 C 〖主に英〗貸家, 貸しアパート.

Let·tish /létiʃ/ 名, 形 〖旧〗＝ Latvian.

†**let·tuce** /létəs/ 名 C レタス, チシャ, 《キク科の 1 年生草本》; U (サラダなどに使う)レタスの葉. [＜ラテン語 (＜*lāc* 'milk'); ミルク状の汁が出ることから]

lét·ùp 名 UC 〖話〗**1** (緊張などの)緩み; (力などの)減少, 衰え. There was no ～ in the storm. あらしの勢力は衰えなかった. **2** (活動の)停止, 休止. We worked without (a) ～ till nightfall. 私たちは夕暮れまで休まずに働いた.

leu·cot·o·my, -kot- /l(j)u:kɑ́təmi|-kɔ́t-/ 名 〖英〗＝lobotomy.

‡**leu·k**(**a**)**e·mi·a** /l(j)u:kí:miə/ 名 U 〖医〗白血病. ▷**leu·ke·mic** /l(j)u:kí:mik/ 形

leu·ko·cyte, -co- /l(j)ú:kəsàit/ 名 C 白血球 (white blood cell). ▷**leu·ko·cýt·ic, -co-** /-sítik/ 形 白血球の. *leukocytic* count 白血球数.

Lev. Leviticus.

Le·vant /ləvǽnt/ 名 **1** 〈the ～〉レヴァント《東部地中海の諸島と沿岸諸国を含む地域の旧名; 特に Syria, Lebanon, Israel》. **2** U 〈しばしば l-〉ヤギ皮製モロッコ皮革 (Levant morocco)《レヴァント産; 主に装丁用》.

le·vant /ləvǽnt/ 動 自 〖英〗(賭(か)け事で負けた金や借金を払わずに)姿をくらます.

Lev·an·tine /lévəntàin/ 形 レヴァント (Levant) の; レヴァント人の. ── 名 C レヴァント人.

lev·ee[1] /lévi/ 名 C 〖主に米〗沖積堤; (川の)堤防; (川の)船着き場 (pier).

lev·ee[2] 名 C **1**〖主に米〗(大統領などが行う)レセプション; (特定の人に敬意を表するための)パーティー. **2**〖英古〗君主又はその代理人による接見《昼過ぎ早い時間に男子だけに行った》; 起床直後に行われた接見.

‡**lev·el** /lév(ə)l/ 名 (複 **～s** /-z/) **【水平】** **1** UC **水平**; (ある高さの)水平面, 水位; (水平面[線上]の)高さ. bring the tilted surface to a ～ 傾斜した面を水平にする. The hill is about 1,000 feet above sea ～. その丘は海抜約千フィートである. The ～ of the lake has risen. 湖の水位が上がった. hold a book at eye ～ [at the ～ of one's eyes] 目の高さに本を持つ.

2 〈しばしば ～s〉C 平地; 平原.

3 C (建物などの)階. The coffee stand is on the upper ～. コーヒースタンドは上の階にあります.

【水平＞水準】 **4** UC (知識, 生産性などの)**水準**, 度合い, レベル, 難易度; (地位, 価値などの)高さ, 段階; (血液中の物質などの)濃度. his ～ of intelligence 彼の知能程度. My spirits sank to a low ～. 私は意気消沈した. be above [below] the ordinary ～ 並の水準以上[以下]である. talks at cabinet ～ 閣僚級の会談. cholesterol [sugar] ～ in the blood コレステロール[血糖]値.

> 連結 a normal [an abnormal; a record; an acceptable; an undesirable; a critical; a dangerous] ～ ∥ reach [attain; maintain] a ～ ∥ the ～ rises [drops]

5 C 〖主に米〗アルコール水準器 (spirit level).

__fìnd one's__ (*__òwn__*) *__lével__* それ相応の[自然な]地位[場所]に落ち着く. Water *finds* its *own* ～. 水はおのずと低きにつく.

__on a lével with..__ ..と同じ高さ[水準]で[の]; ..と同等で[の]. His genius is *on a* ～ *with* Einstein's. 彼の才能はアインシュタインの才能に引けを取らない.

__on the lével__ 〖話〗(1) 正直な[に], 公明正大な[に]. Are you *on the* ～? 本当のことを言っているのか. All their dealings are *on the* ～. 彼らの取引はすべて公明正大に行われている. (2) 正直に言って, 正直なところ.

── 形 e (〖米〗 **～·er**, 〖英〗 **～·ler**|〖米〗 **～·est**, 〖英〗 **～·lest**) **【水平な】** **1 平らな[で]**, 起伏のない, (even, flat); 水平な; 〈限定〉(スプーンなどに)すり切り 1 杯の. The road is not ～. 道は平坦(たん)でない. a ～ cup of flour カップすり切り 1 杯の小麦粉. a ～ line 水平線.

2【でこぼこのない】 **同じ高さ**[水準]**の**[**で**]; 同程度[対等]の[で]; 〈*with* ..と〉. My wife's head is just ～ *with*

my shoulder. 妻の頭はちょうど私の肩の高さです. a ～ race 互角の競争, 際どい競り合い.
【一定した】 **3** むらのない, 平静な, 〔声の調子など〕. speak in (calm) ～ tones 平静な調子で話す.
4 一様な, 変化のない. give him a ～ look [stare] 彼を凝視する. **5** 落ち着いた, 冷静な, 〔判断など〕. She had been ～ and calm during the heated argument. 彼女はその激論の間中ずっと沈着冷静だった. try to keep a ～ head 平静を保つように努める (→level-headed).
dò one's lèvel bést to do 〖話〗 ..しようと全力を尽くす.
―― 副 水平に, 平らに, 〈*with* ..と〉. The pheasant flew ～ *with* the ground. キジは地面すれすれに飛んだ. draw ～ *with*.. (競技で)..と対等[互角, 同点]になる. A car pulled ～ *with* him. 車が彼の側に寄って来た.
―― 動 (～s /-z/|過 過分 〖米〗 **～ed,** 〖英〗 **～led,** /-d/| 〖米〗 **～·ing,** 〖英〗 **～·ling**) 他
【水平にする】 **1** を平らにする, の起伏をなくす. They ～*ed* the field before planting. 彼らは植え付けの前に畑の地ならしをした. **2** を平等にする, 〔差別など〕を取り除く; 〔調子, 文体など〕を一様にする. ～ all social differences あらゆる社会的差別をなくす.
3【立っているものを平らにする】〔建物など〕を取り壊す, 解体する; 〔人〕を打ち倒す. ～ a building to [with] the ground 建物を倒す.
4 VOA (～ X ***at..***) X (銃など)を..に向けて(水平に)構える; (～ X ***at, against..***) X (非難など)を..に浴びせる. The hunter ～*ed* his gun *at* the bear. 猟師はそのクマに銃のねらいをつけた. straightforward remarks ～*ed against* [*at*] the tax reform bill 税制改革法案に対する率直な意見. They ～*ed* severe criticisms *against* the government. 彼らは激しく政府を批判した.
―― 自 **1** 平らになる; 平均化する. **2** VA (～ ***at..***) ..を(水平に構えて)ねらう. **3** 〖話〗 VA (～ ***with..***) ..に対してあけすけに言う; ..に本音を吐く.
lèvel /../ dówn ..を引き下げて同じ高さ[水準]にする 〈*with, to* ..と〉; ..のでこぼこをなくす. ～ *down* the wages of the backbone of the company *to* those of the new employees 中堅社員の賃金を引き下げて新入社員の賃金と同じにする. ～ a road *down* 道路をならして平らにする.
lèvel óff [***óut***] (1) 平らになる; 平均[一様]化する. (2) 〔物価などが〕安定する, 横ばいになる. (3) 〔昇進, 進歩などが〕頭打ちになる. (4) 〖空〗 水平飛行に移る.
lèvel /../ óff [***óut***] ..を平らにする; ..を平均[一様]化する. ～ the ground *off* 土地をならす.
lèvel /../ úp ..を引き上げて同じ高さ[水準]にする 〈*with, to* ..と〉; ..のでこぼこをなくす. ～ incomes *up* (低い)所得を引き上げて均一にする.
[＜ラテン語 *libella* (*lībra*「はかり」の指小辞)]
lèvel cróssing 名 〖英〗 ＝grade crossing.
lév·el·er 〖米〗, **-el·ler** 〖英〗 名 C **1** 平らに[水平に, 平均化]するもの[人]; 地ならし機. Death is the great ～ of all. 死はすべてを平等にする偉大なるものである《死ねばみんな同じ》. **2** 平等主義者《社会的差別を一切否定する》. **3** 〈普通 L-〉 水平派《17 世紀中葉, 清教徒革命時に権利の平等, 信教の自由などを求めた平等主義者》.
lèvel-héaded /-əd ㊇/ 形 良識のある, 分別のある; 落ち着いた, 冷静な. ▷ **～·ness** 名
lev·el·ly /lév(ə)l(l)i/ 副 水平に; 同等に, 平等に; 冷静に.
lèvel(-)pégging 名 U, 形 〖英話〗 (競争者が)互角[同等](の).
lèvel pláying fìeld 名 C 〈普通 a ～〉 (不公平のない)平等の立場.
lev·er** /lévər lí:vər|lí:və/ 名 (複 **～s** /-z/) C **1** てこ, レバー, (車のギアの)レバー (gear ～); 金てこ, バール; 取っ手, ハンドル. **2** (目的達成のための)'てこ', 手段. use one's position as a ～ to gain votes 票を集めるために地位を利用する. ―― 動 他 **1** VOA をてこで[てこを使ったかのように]動かす 〈*out, up*〉. ～ *up* a stone 石をてこで持ち上げる. He ～*ed* himself *up* ⌞from [out of] the bed. 彼は(腕をてこのようにして)ベッドから起き上がった. ～ the lid *off* a box 箱の蓋をてこで取る. **2** VOC (～ X Y) てこを使ってXをYの状態にする. I managed to ～ the door open. 私はてこでドアをなんとか開けた. **3** VOA (～ X ***out of..) (策を用いて) X (人)を..の地位から解任する.
[＜ラテン語 *levāre*「持ち上げる」]
‡**lev·er·age** /lév(ə)ridʒ, lí:v-|lí:v-/ 名 U **1** てこの作用; てこの力. **2** 権力, 影響力, (目的達成のための)手段.
―― 動 他 借入金で〔会社など〕を買収する, 〔投資など〕にてこ入れする.
lèveraged búyout 名 C レヴァレッジバイアウト《借入金に頼る会社買収》.
lev·er·et /lév(ə)rət/ 名 C (1 歳未満の)子ウサギ.
le·vi·a·than /liváiəθ(ə)n/ 名 C **1** リヴァイアサン《巨大な海獣; 聖書から》. **2** 巨大な物《特に巨船やクジラ》. **3** 〈L-〉『リヴァイアサン』《Hobbes 著の政治哲学論 (1651)》.
Le·vis, Le·vi's /lí:vaiz/ 名 〈複数扱い〉〖商標〗 リーヴァイズ《ジーンズ; ＜米国の製造業者 *Levi* Strauss》.
Lé·vi-Strauss /lévistràus/ 名 **Claude ～** レヴィ＝ストロース (1908–)《フランスの文化人類学者・構造主義者》.
lev·i·tate /lévətèit/ 動 他, 自 を(心霊術などで)空中に浮き上がらせる; (瞑想で)空中に浮き上がる, 空中浮揚する. ▷ **lèv·i·tá·tion** 名 U 空中浮揚.
Le·vit·i·cus /livítəkəs/ 名 『レビ記』《旧約聖書中の一書; 略 Lev.》.
lev·i·ty /lévəti/ 名 (複 **-ties**) 〖章〗 〈大げさに〉 U 軽率; 浮薄, 不まじめ; C 軽はずみ[不まじめ]な言動.
†**lev·y** /lévi/ 名 (複 **lev·ies**) C **1** 課税; (寄付金などの)強制割当て. a capital ～ 資本課税. **2** (罰金などの)取り立て, 徴税; 徴収額. **3** (兵員の)召集, 徴兵; 徴募兵員; 〈levies〉 召集軍隊.
―― 動 (**lev·ies**|過 過分 **lev·ied**|**～·ing**) 他 **1** 〔税など〕を課する 〈*on, upon* ..に〉; を取り立てる. ～ a fine *on* a drunken driver 飲酒運転者に罰金を科する. **2** 〔兵員〕を召集する, 徴兵する.
lévy on.. 〖法〗 ..を差し押さえる.
lèvy wár on [***upon, against***]*..* 〖雅〗 ..に宣戦布告をする. [lever と同源]
‡**lewd** /l(j)u:d/ 形 好色な; みだらな, わいせつな. [＜古期英語「俗人の」] ▷ **léwd·ly** 副 **léwd·ness** 名
Lew·es /lú:is/ 名 ルイス《イングランドの East Sussex 州の州都》.
Lew·is /lú:is/ 名 ルイス **1** 男子の名. **2 C.S. ～** (1898–1963) 《英国の小説家・批評家》. **3 Matthew Gregory ～** (1775–1818)《英国の(怪奇)小説家・劇作家; *The Monk* 他》. **4 Sin·clair** /síŋkleər/ ～ (1885–1951)《米国の小説家; 1930 年米国最初のノーベル文学賞受賞; *Main Street* 他》.
Lew·i·sham /lú:iʃ(ə)m/ 名 ルイシャム《ロンドンの自治区の 1 つ; Thames 川の南側に位置する》.
lex·eme /léksi:m/ 名 〖言〗 語彙(ˊˋ)素《ある言語の意味体系の中の最小の抽象的単位; たとえば語彙素 talk は実際には talk(s), talking, talked の形で使われる》.
lex·es /léksi:z/ 名 lexis の複数形.
lex·i·cal /léksik(ə)l/ 形 **1** 語彙(ˊˋ)の. **2** 辞書的な. ～ meaning 〖言〗 辞書的意味 (↔grammatical meaning). **3** 辞書(編集)の. ▷ **～·ly** 副
lex·i·cog·ra·pher /lèksikάgrəfər|-kɔ́g-/ 名 C 辞書編集[執筆]者, 辞書学者.
lex·i·co·graph·ic, -i·cal /lèksikəgrǽfik ㊇/, /-k

L

(ə)l/ 形 辞書編集上の. ▷**lex·i·co·graph·i·cal·ly** 副
lex·i·cog·ra·phy /lèksikágrəfi|-kɔ́g-/ 名 U 辞書編集(法), 辞書学. [lexicon, -graphy]
lex·i·col·o·gy /lèksəkálədʒi|-kɔ́l-/ 名 U 語彙(い)論. ▷**-gist** 名
lex·i·con /léksikàn, -kən|-kən/ 名 C **1** 辞書(類語 特にギリシア語, ラテン語, ヘブライ語など古代語の dictionary). **2** (特定の言語, 作家, 作品, 専門分野などの)語彙(い); 用語辞典. **3**〘言〙語彙目録. [ギリシア語「語彙(集)」]
Lex·ing·ton /léksiŋtən/ 名 レキシントン《米国 Massachusetts 州東部, Boston の北西にある都市; 1775 年の独立戦争の最初の大規模な戦いの地》.
lex·is /léksis/ 名 (複 **lex·es** /-iːz/) **1** UC (ある言語, 作家などの)語彙(い). **2** U〘言〙レクシス, 語彙論. [ギリシア語「話すこと, 語, 句」]
ley /lei, liː/ 名 (複 ~s) C 一時的に草を生やした耕地.
Léy·den jàr /láidn-/ 名 C〘電〙ライデン瓶《蓄電池の一種》.
lf, LF left field(er); low frequency.
lh, LH left hand (→rh).
Lha·sa /láːsə/ 名 ラサ《中国のチベット自治区の政庁所在地》.
Li〘化〙lithium.
L.I. Long Island.
†**lì·a·bíl·i·ty** /làiəbíləti/ 名 (複 **-ties**) 【免れがたいこと】 **1** U (法律上)責任のあること; (賠償)責任, 義務, 〈*for* ..に対する/*to* do ..する〉. accept ~ *for* damages 損害賠償の責任を負う. ~ *to* pay taxes 納税の義務. product ~ 製造物責任《略 PL》.
2 C 負担すべきもの, 責任を持つべきもの, 義務; 〈-ties〉負債, 債務. assets and *liabilities* 資産と負債.
3 C〘話〙不利な事, 'マイナス', ハンディキャップ; 不利になるもの[人], 'お荷物', 厄介者[物]. Small hands are a ~ to a pianist. 手が小さいとピアニストには不利である.
4 U 陥りやすいこと〈*to* ..に〉; 傾向があること〈*to* do ..する〉. ~ *to* (get) bad colds 悪性感冒にかかりやすいこと.
***li·a·ble** /láiəb(ə)l/ 形 m 〈叙述〉【束縛を免れがたい】 **1** (法的)**責任がある**, 義務がある, 〈*for* ..に対する/*to* do ..する〉 (類語 法律用語で専ら損害[被害]に対する法的責任を言う; →responsible). If my car is damaged, I will consider you ~. 私の車が損傷していたらあなたに(弁償の)責任があると考えます. His son is not ~ *for* [*to* pay] the debt. 彼の息子にはその負債を負う義務はない. You can hold the manufacturer ~ ⌞*for* [*to* repair] the defects in your car. あなたはメーカーに車の欠陥の[欠陥を修理する]責任を負わせられる.
2 (罰金などを)科せられるべき; 免れない; 〈*to* ..を〉. He is ~ *to* instant dismissal. 彼は即時解雇を免れない.
【免れがたい傾向がある】 **3 ..しがちな**, とかく..しやすい, ..しそうな, 〈*to* do〉 (類語 好ましくないことに陥りがちなこと; →apt 1, likely, prone, subject). Green is very ~ *to* fade. 緑色はとてもあせやすい. The child is ~ *to* catch cold. この子は風邪を引きやすい. Be careful; that dog's ~ *to* bite you. 気をつけて. 犬はかみつきそうだ.
4 かかりやすい, 受けやすい, 〈*to* ..〔病気など〕に, 〔被害など〕を〉. She's very ~ *to* seasickness. 彼女は大変船酔いしやすい. [<ラテン語 *ligāre*「縛る」; -able]
li·aise /liéiz/ 動 自〘話〙(軍隊, 商売などで)密接な連絡を取る[保つ] 〈*with* ..と/*between* ..の間で〉. [<*liaison*]
‡**li·ai·son** /líːəzàn, liːeizɔ́ːŋ|li(ː)éizɔːŋ/ 名 **1** U〘軍〙連絡; UC〈一般に〉連絡, 渉外; C 連絡係; 〈*with* ..との/*between* ..の間の〉. do ~ (work) [act as a ~] in the front lines 前線で連絡員を務める. **2** C (男女の)婚外交渉, 密通. **3** C〘音声〙リエゾン《フランス語などで語末の子音字が次の語の母音に連結して発音されること》. **4** C〘料理〙つなぎ《卵, 小麦粉など》. [フランス語「連結」(<ラテン語 *ligāre* 'bind')]
líaison òfficer 名 C 連絡将校.
li·a·na, li·ane /liáːnə, -ǽnə|liáːnə/, /-áːn, -ǽn|-áːn/ 名 C リアナ, 各種のつる植物, 《熱帯・亜熱帯産》.
***li·ar** /láiər/ 名 (複 ~s /-z/) C うそつき (→lie²). Tim is a good [poor] ~. ティムはうそをつくのがうまい[下手だ]. You ~. うそつきめ (★ののしり). [lie², -ar]
lib /lib/ 名 **1** U〘話〙解放(運動)《<*lib*eration》. women's ~ ウーマンリブ, 女性解放運動. **2** =libber.
Lib., Lib〘英〙Liberal (Party).
li·ba·tion /laibéiʃ(ə)n/ 名 C **1** 献酒《特に古代ギリシア・ローマでワインなどを注いで神にささげること》; そのワインなど. **2**〘戯〙飲酒.
lib·ber /líbər/ 名 C〘話・しばしば軽蔑〙解放運動家 (→lib). a women's ~ ウーマンリブの運動家.
Lib Dem /líb-dém/ 名〘英話〙=Liberal Democrat.
†**li·bel** /láib(ə)l/ 名 **1**〘法〙U (文書, 絵画, 写真などによる)名誉毀(き)損(罪); C 名誉毀損文書[図書], 中傷文書; (→slander). The movie star is suing the magazine for ~ on [over] the article about his private life. その映画スターは彼の私生活に関する記事のことでその雑誌(出版者)を名誉毀損で訴えている. The politician has brought [raised] a ~ action against the commentator. 政治家は評論家を名誉毀損で訴えた.
2 C〘話〙(根も葉もない)中傷, 侮辱(となるもの), 〈*on* ..に対する〉. This article is an absolute ~ *on* his character. この記事は彼の人格に対するまったくの侮辱だ. —— 動 (~s|〘英〙-ll-) 他 **1**〘法〙(文書などによって)の名誉を毀損する. **2**〘話〙を中傷する.
[<ラテン語「小さな本」(*liber*)] ▷**~·er**, 〘英〙**~·ler** 名 **~·ist**, 〘英〙**~·list** 名
li·bel·ous〘米〙, **-bel·lous**〘英〙/láib(ə)ləs/ 形 **1** 名誉毀(き)損の〔文書など〕; 中傷的な〔報告など〕. **2** 中傷好きな, 醜聞を流す, 〔人, 雑誌など〕. ▷**~·ly** 副
***lib·er·al** /líb(ə)rəl/ 形 m 【自由な】 **1** (宗教上, 政治経済上)**自由主義の**, 進歩的な; 〈L-〉(英国などの)自由党の. ~ democracy 自由民主主義. **2** 厳密[厳格]でない; 自由な, 融通性のある, 字義通りでない; 〔解釈など〕. a ~ translation 意訳.
3【自由な精神を養う】一般教養の〔教育など〕 (↔professional).
【大らかな】 **4 偏見のない**, 寛大な, **度量の広い**. take [have] a ~ ⌞view on [attitude towards] ..について[..に対して]偏見にとらわれない見解[態度]を取る. a ~ attitude toward student dress 学生の服装に対する寛大な態度. **5 気前のいい**; 惜しまず使う[与える] 〈*of, with, in* ..を〉(generous). a ~ supporter 気前のいい後援者. be ~ *with* [*of*] money 金離れがよい. be ~ *in* one's help 惜しみなく援助を与える.
6【たっぷりした】豊富な, たくさんの. a ~ gift 豊富な贈り物. a ~ meal たっぷりした食事.
—— 名 C **1** (宗教上, 政治経済上の)自由主義者; 進歩的な人. **2** 〈L-〉(英国などの)自由党員[支持者].
[<ラテン語「自由民の」(<*liber* 'free')]
▷**~·ness** 名
lìberal árt 名 C (大学の)教養科目《文学, 歴史, 哲学, 語学など》; 〈the ~s; 複数扱い〉教養課程《専門課程に対し, 広く芸術, 人文科学, 社会科学, 自然科学の分野を含む》.
Lìberal Démocrat 名 C〘英〙社会自由民主党員; 〈the Liberal Democrats〉社会自由民主党《1988 年 Liberal Party と Social Democrats が合併して出来た政党; 正式名 **the Sòcial and Lìberal Démocrats**》.
lìberal educátion 名 U (大学の)一般教養教育 (→liberal art).
‡**líb·er·al·ìsm** 名 U (宗教上, 政治経済上の)自由主義.

lib·er·al·ist 名 C 自由主義者 (★普通 liberal を使う).

lib·er·al·is·tic /lìb(ə)rəlístik/ 形 自由主義の[的な].

lib·er·al·i·ty /lìbərǽləti/ 名 (複 **-ties**) **1** U 気前のよさ, 物惜しみしないこと, (generosity). **2** U 寛大さ, 鷹揚(おうよう)さ, 偏見のなさ.

lib·er·al·i·zá·tion 名 U 自由(主義)化; 寛容にすること; 緩和.

‡**lib·er·al·ize** /líb(ə)rəlàiz/ 動 他 **1** を自由(主義)化する; 〔法律, 規則など〕を緩和する. **2** 〔態度, 心構えなど〕を寛容にする. ── 自 自由(主義)化する; 寛大になる.

†**lib·er·al·ly** 副 **1** 惜しげなく, 気前よく. **2** 豊富に, 大量に.

Líberal Pàrty 名 〈the ～〉 (英国などの)自由党.

líberal stùdies 名 〈普通, 単数扱い〉 〖英〗 (大学の特に理科系学生のための)一般教育科目.

***lib·er·ate** /líbərèit/ 動 (~s /-ts/|過 過分 **-at·ed** /-əd/|**-at·ing**) 他 **1** を自由にする; を解放する 〈from ..〔支配, 不安, 義務など〕から〉. ～ a man *from* prison 男を刑務所から釈放する. ～ people *from* poverty 人々を貧困から解放する. **2** 〖化〗〔気体〕を遊離させる 〈from ..〔化合物〕から〉. **3** 〖婉曲・戯〗 盗む, 奪い取る. [<ラテン語「自由の身にする」]

lib·e·ràt·ed /-əd/ 形 (社会的・性的に)(因習から)解放された; 進歩的な. a ～ woman [lifestyle] 従来の考えにとらわれない自由な女性[生活様式].

†**lib·er·á·tion** 名 U **1** 解放する[される]こと. **2** (特に女性の)解放運動. **3** 〖化〗 遊離.

liberátion theòlogy 名 U 解放神学 《社会情況の改善を目ざして積極的な政治参加を説く; 特に南米のカトリック教国で教えられている》.

lib·er·a·tor /líbərèitər/ 名 C 解放する人; 〈特に〉民族解放者.

Li·ber·i·a /laibí(ə)riə/ 名 リベリア 《アフリカ西部の共和国; 首都 Monrovia》. ▷**Li·be·ri·an** /-n/ 形, 名 C リベリア(人)の; リベリア人.

li·be·ro /lí:bərou/ 名 (複 **~s, li·be·ri** /-ri/) 〖サッカー〗 ＝sweeper.

lib·er·tar·i·an /lìbərté(ə)riən/ 名 C 自由主義者 《個人の思想・行動・表現の自由を主張する》; 〖哲〗 自由意志論者. ── 形 自由主義の; 〖哲〗 自由意志論を支持する.

lib·er·tine /líbərtì:n|-tàin/ 名 C 放蕩(とう)者. ── 形 放蕩にふける; (宗教上)自由思想を持った.

lib·er·tin·ism /líbərtiniz(ə)m/ 名 U 放蕩, 道楽.

‡**lib·er·ty** /líbərti/ 名 (複 **-ties** /-z/) 【自由】 **1** U (圧制, 外国支配などからの)**自由**; (監禁などからの)解放, 釈放, (身柄の)自由; (類語 束縛の状態から解放されて得た自由; →freedom). The colony fought for its ～. 植民地は自由を求めて戦った. America is called "the land of ～." アメリカは「自由の国」と呼ばれる.

2 UC (権利としての)**自由**. religious ～＝～ of conscience 信教の自由. ～ of speech [the press] 言論[出版]の自由. civil *liberties* 市民的自由[権利].

3 U 自由, 許可, 〈*to* do, *of doing* ..する〉; (出入り, 使用などの)自由. Who gave you the ～ *to* leave [*of* leav*ing*] your class? だれが教室を離れてよいと許可したか. give a dog the ～ of the yard 犬を庭に放し飼いにする.

4 【特に許された自由】 〈しばしば -ties〉 (王などから与えられた)特権, 特典.

【過度の自由】 **5** C **勝手**, 気まま, **無遠慮**(な言動). be guilty of [take] a ～ 勝手なふるまいに及ぶ.

****at líberty*** (1) **監禁されないで**; 〔奴隷などが〕解放されて. The prisoner was set *at* ～(＝was set free). 囚人は釈放された. (2) 自由に..してよい, ..することが許されて, 〈*to* do〉. You are *at* ～ *to* do as you like. 好きなようにして構いません. (3) 〔人が〕暇で. (4) 〔物が〕使われないで, 遊んでいて.

tàke líberties [a líberty] with .. (1) 〔人〕になれなれしくする, 失礼なまねをする. (2) 〔文章, 規則など〕を勝手に変える; 〔他人の物など〕を無断でいじる. She was told not to *take liberties with* the script. 彼女は台本を勝手に変えるなと言われた.

tàke the líberty 失礼ながら[無礼にも]..する, (構わないと思って)無断で[勝手に]..する, 〈*of doing*, *to* do〉. He *took the* ～ *of* using my car. 彼は失礼にも(無断で)私の車を使った. [<ラテン語 *liber*「自由な」; -ity]

Líberty Bèll 名 〈the ～〉 自由の鐘 《1776 年 7 月 4 日米国独立宣言の時に鳴らした; 以来 Philadelphia にある》.

líberty càp 名 C 自由の帽子 《古代ローマの解放された奴隷に, またフランス革命当時に着用されて以来自由の象徴》.

líberty hàll 名 C 好き勝手なことが出来る場所[状態].

Lìberty Ísland 名 リバティー島 《米国 New York 港内の島; 自由の女神像 (the Statue of Liberty) がある》.

Líberty shìp [Shìp] 名 C リバティー船 《第 2 次世界大戦中に米国で多数建造された約 1 万 1 千トンの輸送船》.

li·bid·i·nal /libídinəl/ 形 リビドー (libido) の.

li·bid·i·nous /libíd(ə)nəs/ 形 〖章〗 好色の, みだらな, (lustful); リビドー (libido) の. ▷**～·ly** 副 **～·ness** 名

li·bi·do /libí:dou, -bái-/ 名 (複 **~s**) UC **1** 〖精神分析〗 リビドー 《人間の行動の基底になる根本的欲望; フロイトでは性欲》. **2** 性的衝動. [ラテン語「欲望」]

Li·bra /lí:brə, lái-/ 名 〖天〗 天秤(びん)座; 〖占星〗 天秤宮 《黄道 12 宮の 7 番目; →zodiac》; C 天秤宮生まれの人 《9 月 23 日から 10 月 22 日の間に生まれた人》.

li·bra /lí:brə|lái-/ 名 (複 **li·brae** /-bri:/) C リーブラ 《古代ローマの重量単位; 1 ポンドに相当; 略 lb., 複数は lbs.》. [ラテン語「はかり」]

***li·brar·i·an** /laibré(ə)riən/ 名 (複 **~s** /-z/) C **司書**, 図書館員, 図書係. ▷**～·ship** /-ʃìp/ 名 U 司書の地位[職務]; 〖英〗 図書館学 (library science).

‡**li·brar·y** /láibrèri, -br(ə)ri|-br(ə)ri/ 名 (複 **-brar·ies** /-z/) C **1 図書館**; 図書室; (レコード・フィルムの)ライブラリー. a college ～ 大学図書館. a free ～ 無料図書館. a walking ～ 物知り, 生き字引. →lending library, reference library. **2** (個人住宅の)書庫; 書斎, 読書室. **3** 貸本屋. **4 蔵書**, 文庫; (レコード, フィルムなどの)収集, コレクション. Tom has a large ～ on birds. トムは鳥に関する豊富な蔵書を持っている. **5** ..双書, 文庫. Everyman's *Library* エヴリマン双書. [<ラテン語 *librāria*「書店」<(*liber* 'book', -ary)]

líbrary edìtion 名 C 保存版, 堅牢版, 《個人の蔵書とするにふさわしい本格的な製本の版; 普通, 著作集を成す; →trade book》.

Lìbrary of Cóngress 名 〈the ～〉 (米国の)国会図書館.

lìbrary scíence 名 U 図書館学.

li·bret·tist /librétist/ 名 C (オペラ, ミュージカルなどの)台本作者.

li·bret·to /librétou/ 名 (複 **~s, li·bret·ti** /-ti:/) C (オペラ, ミュージカルなどの)歌詞, 台本. [イタリア語「小さな本」]

Lib·y·a /líbiə/ 名 リビア 《アフリカ北部, 地中海に臨む共和国, 反英米色が強い; 首都 Tripoli》.

Lib·y·an /líbiən/ 形 リビア(人)の. ── 名 **1** C リビア人 《使用言語はアラビア語》. **2** U ベルベル語 (Berber) 《ハム・セム語族の 1 つ》.

lice /lais/ 名 louse の複数形.

li·cence /láis(ə)ns/ 名 〖英〗 ＝license.

‡**li·cense** /láis(ə)ns/ (★〖英〗 の 名 のつづりは licence; ただし 動 は license が普通) 名 〖米〗 【許可】 **1** UC **免許**, 特許, 認可; 〈一般に〉 許可. ～ to hunt 狩猟許

L

可. sell liquor under ～ 認可を受けて酒類を販売する. **2** Ⓒ **免許証**, 認可書, 鑑札. a driver's ～＝〖英〗a driving ～ 運転免許証. a teacher's ～ 教員免許状.

連結 apply for [get, obtain; award, give, grant, issue; revoke, suspend; renew] a ～ ∥ a ～ expires [runs out]

【自由】 **3** Ⓤ 破格, 型破り(をする自由); 行動・言論の自由, 裁量し権[の自由]. →poetic license.
4【行き過ぎた自由】 aU 気まま, 放埒(ほうらつ). Freedom of the press must not be turned into ～. 出版の自由は乱用されてはならない.
a lícense to prìnt móney あまり苦労しないで大金の儲かる仕事[商売].
── 動 他 **1** に免許を与える〈*for* ..の〉. **2** VOC (～ X *to do*) Xに..する認可を与える. The shop is ～*d to* sell tobacco. その店はたばこの販売を認可されている. **3** 〔本, 劇など〕に(出版, 上演などの)許可を与える.
[＜ラテン語「許されていること」(＜*licēre*; →leisure)]

‡**li·censed** /láis(ə)nst/ 形 免許を受けた《特に酒類販売の》,〔物が〕許可[認可]された; 世間の認める. a ～ restaurant 酒類販売免許のあるレストラン. a ～ libertine 天下御免の道楽者.

lìcensed pràctical núrse 名 Ⓒ〖米〗免許看護婦《医師又は正看護婦 (registered nurse) のもとで看護にあたる準看護婦》.

lìcensed víctualler 名 Ⓒ 〖英〗酒類販売免許「店[ホテル]の経営者.

lìcensed vocàtional núrse 名 Ⓒ〖米〗付添い[介護]看護婦《licensed practical nurse は所定の看護学校を卒業して資格を得るが, licensed vocational nurse は所定の訓練を経て資格を得る》.

li·cen·see /làis(ə)nsí:/ 名 Ⓒ 免許された[認可を受けた]人;〖英〗〈特に〉公認酒類販売人.

lícense nùmber 名 Ⓒ〖米〗自動車のナンバープレートの登録番号(〖英〗registration number).

lícense plàte 名 Ⓒ〖米〗(自動車などの)ナンバープレート (〖英〗number plate; →car 図).

lícensing hòurs 名 〈複数扱い〉〖主に英〗酒類販売許可時間.

lícensing làws 名 〈the ～; 複数扱い〉〖主に英〗「酒類販売規制法.

li·cen·ti·ate /laisénʃiət/ 名 Ⓒ **1** (医師などの)開業有資格者. **2** (ヨーロッパの大学などで)修士号《bachelor と doctor の中間》. **3** (長老教会の)説教者の資格所有者.

li·cen·tious /laisénʃəs/ 形〖章〗不道徳な, 放埒(ほうらつ)な; みだらな. [license, -ous] ▷ **～·ly** 副 **～·ness** 名

li·chee /lí:tʃi:, lái-|laitʃí:/ 名 ＝litchi.

li·chen /láikən/ 名 Ⓤ **1** 〖植〗地衣(類). **2**〖医〗苔癬(たいせん).

li·chen·ous /láikənəs/ 形 地衣の(ような); 地衣に覆われた.

lich·gate /lítʃgèit/ 名 Ⓒ 〖英〗(教会の)墓地門《屋根付きの門; ここに葬式の棺(ひつぎ)を置いて牧師の到着を待つ; lychgate ともつづる》. [lich (＜古期英語「体, 死体」); gate]

[lichgate]

lic·it /lísit/ 形 合法な; 正当な (↔illicit).

***lick** /lik/ 動 (～**s** /-s/|過 過分 ～**ed** /-t/|**líck·ing**) 他
【なめる】 **1** (**a**) を(舌で)なめる; VOA をなめて食べる〈*up, out, off*〉; VOA をなめ取る〈*off* ..から〉. He ～*ed* a stamp and put it on an envelope. 彼は切手をなめて封筒に張った. The boy ～*ed* the jam *off* (his lips). 少年は(口の周りの)ジャムをなめて取った. (**b**) VOC (～ X Y) XをなめてYの状態にする. The dog ～*ed* the dish clean. 犬は皿をなめてきれいにした.
2〔波が〕〔海岸など〕にひたひたと打ち寄せる;〔炎が〕になめるように燃え広がる, をなめ尽くす〈*up*〉. The flames ～*ed up* the wooden house in less than a minute. 炎は1分もたたないうちに木造家屋をなめ尽くした.
【なめる＞やっつける】 **3**〖話〗を(懲らしめに)殴る, ぶつ. **4**〖話〗をやっつける, (競技などで)を負かす, (defeat);〔困難, 難問など〕に打ち勝つ. **5**〖英話〗〔人〕には手が出ない, さっぱり分からない. This ～*s* me [has got me ～*ed*]. これはてんで見当がつかない.
── 自 **1** VA〔炎, 波などが〕なめるように広がる, 軽くぶつかる〈*against, at* ..に〉; なめる〈*at* ..〔傷口など〕を〉. The flames ～*ed over* the roof. 炎がなめるように屋根の上に広がった. **2**〖俗〗急ぐ.
lìck..into shápe ..の形を整える, ..を整頓(とん)する; ..を一人前に鍛える; ..を立派に仕上げる;《クマが産んだ子をなめて形を整えると言われることから》. The teacher soon ～*ed* the rowdy boys *into shape*. 先生はすぐに乱暴な男の子たちをしつけ, まともな生徒にした.
lìck [***smàck***] ***one's líps*** [〖話〗***chóps***] (ごちそうに)舌なめずりして待ち望む; 期待に胸ふくらませながら待つ.
lìck the bóots of a pèrson＝lick a pèrson's bóots →boot[1].
lìck [***bìte***] ***the dúst*** 〖話〗死ぬ; (病気で)倒れる; 負ける;〔機械が〕故障する.
lìck one's wóunds (1) 傷口をなめる. (2) (負けた後, 再起を期して)英気を養う.
── 名 **1** Ⓒ なめること, ひとなめ. I had [took] a ～ at the powder. その粉末をなめてみた. **2** Ⓒ ひとなめの量; ほんの少し. I don't care a ～.〖話〗一向構わない. a ～ of sugar 砂糖少量. **3** Ⓒ 〖話〗(ペンキなどの)ひとなすり; (ぞんざいな)ひと仕事. put on a ～ of paint ペンキをひとなすりする. give a room a quick ～ 部屋をざっと掃除する. **4** ＝salt lick. **5** Ⓒ〖話〗殴ること. **6** aU〖話〗速さ, 速力. at a great [at (a) full] ～ 猛スピードで.
give..a lìck and a prómise 〖英旧話〗..をざっと洗う[掃除する];〖米〗〔仕事など〕をぞんざいにする.
[＜古期英語]

lick·e·ty-split /lìkəti-splít/ 副 〖米話〗全速力で.

líck·ing 名 **1** UC なめる[られる]こと. **2** Ⓒ 〖話〗〈普通 a ～〉殴る[られる]こと. get a good ～ 散々殴られる. give a person a good ～ 人を散々に打つ. **3** Ⓒ〖話〗敗北. get [take] a ～ 負ける.

líck·spìttle 名 Ⓒ おべっか者.

lic·o·rice〖主に米〗**, liq·uo·rice**〖主に英〗/líkəris, -riʃ/ 名 **1** UC カンゾウ《マメ科の多年草》. **2** Ⓤ カンゾウの根; そのエキス《薬用, 甘味料》. **3** UC カンゾウで風味をつけたキャンディー.

‡**lid** /lid/ 名 (複 ～**s** /-dz/) Ⓒ **1** (箱などの)蓋(ふた) (→cap, top). Tom took the ～ off the box. トムは箱の蓋を取った. a piano ～ ピアノの蓋. **2** ＝eyelid. **3**〖話〗抑制, 取り締まり. put [clamp] a [the] ～ on ..を取り締まる, 抑える, 禁止する, 隠しておく. keep a [the] ～ on prices [the fact] 物価を抑制する[事実を隠しておく]. **4**〖俗〗帽子.
flìp one's líd〖俗〗→flip[1].
lìft the líd on.. ＝ take the LID off...
pùt the (***tìn***) ***líd on..*** (1)〖英話〗〔活動, 希望など〕を台無しにする, 終わらせる;〔続く不幸など〕にけりをつける, とどめを刺す. (2) →3.
tàke [***lìft, blòw***] ***the líd off..*** 〖話〗..の真相をさらけ出す, 暴く. The article *blew the* ～ *off* the company's illegal dealings. その記事はその会社の不正取引を暴いた.
[＜古期英語]

lid·ded /lídəd/ 形 蓋(ふた)付きの;〈複合語で〉まぶたが..の. a ～ pot 蓋付きの深なべ. half ～ eyes 半眼.

heavy-～ eyes 厚ぼったいまぶたの目.

líd·less 形 **1** 蓋(ふた)のない. **2** まぶたのない. **3**〘詩〙見張っている, 用心している, 寝ずの.

li·do /líːdou/ 名 (複 **～s**) C 公共屋外水泳プール; 海水浴場; 《Venice の海水浴場の名から》.

‡**lie**[1] /lai/ 動 (**～s** /-z/|過 **lay** /lei/|過分 **lain** /lein/|**ly·ing** /láiiŋ/) 自【横たわる】 **1** (**a**) VA 〔人, 動物が〕**横たわる, 横になる**; 寝る; 〈*on* ..に〉; 〘古〙宿泊する; (注意 他の「横たえる」は lay で lie の過去形と同形). ～ *in* [*on* the] bed ベッドに寝る. ～ *on* the grass 芝生に寝そべる. ～ *on* one's face [back] うつ伏せに[あおむけに]寝る. I found our cat *lying in* the sun. うちの猫が横になってひなたぼっこをしていた. (**b**) VC (～ X) X の状態で横たわる[寝る]. ～ sick 病気で寝ついている. ～ asleep 横になって眠っている.

2【死んで横たわる】 VA 埋葬されている, 地下に眠る. *Here* ～*s* a great poet. ここに偉大なる詩人眠る《Here lies.. は墓碑銘 (epitaph) の決まり文句》. ～ *in* state →state (成句).

【物が横たわる】 **3** VA 〔物が〕(平らに)**置かれている**; 〔場所, 物が〕**位置する**; X の状態にある (★be 動詞で置き換えてもほとんど同じ意味). the book *lying on* the desk 机の上に置いてある本. The lake ～*s* (＝is) (*to* the) west of the town. 湖は町の西方にある.

4 VA 〔景色などが〕広がっている; 〔道などが〕通っている; 〘雅〙〔霧などが〕立ち込めて[かかって]いる. see *how* the land ～*s* →land (成句). The pasture *lay before* us. 牧草地が眼前に広がっていた. The path ～*s* along a brook. 小道は小川に沿っている.

【横たわっている＞存在する】 **5** VA 〔責任, 困難, 理由, 原因, 希望などが〕見いだされる, ある, 存する. *Here* ～*s* the problem. ここが問題だ. I wanted to know *where* the responsibility *lay*. 責任の所在を知りたかった. His conscience *lay* (heavy [heavily]) *on* [*upon*] him, and he admitted the crime. 彼は良心の呵責(かしゃく)に(大変)苦しみ, 罪を認めた. The future ～*s* more and more *in* computer science. 将来はコンピュータ科学がますます重要になろう.

6【成立する】〘法〙〔訴訟, 立証などが〕成り立つ, 認められる. The appeal does not ～. 控訴は成立しない.

【特定の状態にある】 **7** VC (～ X/*doing*/*done*) **X の/..の状態にある**, ..の状態に置かれている. The book *lay* (＝was) open. 本は開いて置いてあった. Snow ～*s* deep. 雪は深く積もっている. The door of education ～*s* open to all. 教育の門は万人に開かれている. The treasure *lay* hidden for years. 財宝は何年も埋もれていた. ～ forgotten 忘れ去られている.

8【動かない状態にある】〔事態が〕現状のままである; VA 〔金銭などが〕使われないである, 遊んでいる; 〔人などが〕監禁されている. We'll let the matter ～. その件はこのままにしておこう. The stingy man has lots of money *lying* at the bank. そのけちな男は多額の金を銀行に寝かせている. ～ in prison 入獄中である.

9【位置を占める】〘主に英〙 VA・VC 〔人, チームなどが〕(競技で順位が)..である, に位置する. We are *lying fourth* [*in* fourth place]. 我々(のチーム)は目下 4 位につけている.

as* [*so*] *fàr as in me líes 私の力の及ぶ限り.

Let slèeping dògs líe. →dog.

lìe ahéad (1) 前方にある[横たわる]〈*of* ..の〉. (2) 未来に存在する[ある]〈*of* ..〔人など〕の〉. Difficulties *lay ahead of* them. 彼らの前途にはいろいろな困難が横たわっていた.

***lìe aróund* [*abóut*]** (1) (あちこちに)散らばっている, 使われずに放ってある. Don't leave your things *lying around* when you go out to play. 遊びに出て行く時持ち物をほったらかしたままにしないように. (2) 怠けてぶらぶら[ごろごろ]している.

lìe at a person's dóor →door.

lìe báck (1) (いすなどで)背にもたれる; あお向けに寝る[横になる]. (2) 休む, くつろぐ. (3) なりゆきに任せる.

lìe behínd 以前[過去]に存在する[ある].

líe behind.. (1) ..の背後[過去]にある. What ～*s behind* his offering me the post? 彼が私にその地位を提供しようという裏には何があるのですか. (2) ..の説明[理由]になる.

****lìe dówn*** (1) (ベッドなどに)**横になる**. (2)〘話〙甘んじる〈*under* ..〔侮辱, 無礼など〕に〉(→take..lying down). You mustn't just ～ *down under* such treatment. そのようなあしらいをただ甘んじて受けてはいけない.

***lìe héavy on* [*upon*]..** ..に重くのしかかる.

lìe ín (1)〘英〙朝寝坊する (→lie-in). (2) 産褥(じょく)につく (→lying-in).

****líe in..*** **..に存在する**, ある. The trouble ～*s in* the engine. 故障はエンジンにある.

***lìe in wáit* (*for..*)** →wait.

lìe lów [〘英話〙***doggo***] →low[1].

lìe óff (1) 仕事を一時休む. (2)〘海〙〔船が〕陸地[他船]から少し離れて停泊している.

lìe óver 〔仕事, 決定などが〕延期となっている. There are a few important matters *lying over* from last week. 先週から懸案になっている 2, 3 の重要事項がある.

lìe tó (船首を風上に向け錨(いかり)を降ろさず帆の操作などにより)(ほとんど)停止している.

lìe úp (1) (病気で)床に就く[就いている], 静養する[している]; 自分の部屋に引き下がる; 身を潜(ひそ)め(ている). (2) 〔船が〕ドック入りする[している].

líe with.. (1) ..の役目[義務]である, ..にかかっている; 〔権限などが〕..にある. It ～*s with* you to decide. 決定するのは君の責任である. (2)〘古〙..と性交する.

tàke..lỳing dówn 〘話〙..を甘んじて受ける〈普通, 否定文で〉. He won't *take* such an insult *lying down*. 彼はこんな侮辱を受けて黙ってはいまい.

── 名 C 〈普通, 単数形で〉位置, 方向; 〘ゴルフ〙打った球の位置, ライ; (動物, 魚の)隠れ場所, 生息地. a good [bad] ～〘ゴルフ〙良い[悪い]ライ.

the lìe of the lánd 〘英〙＝the LAY[1] of the land. [＜古期英語 *licgan*]

‡**lie**[2] /lai/ 名 (複 **～s** /-z/) C **1** うそ, 偽り, 虚言, (類語 人を欺く悪意のうそで, 非難の含みが強い; →falsehood, fib, story[1] 7, untruth, whopper). tell a ～ うそをつく. a downright [plausible] ～ 真っ赤な[もっともらしい]うそ. detect [reveal] a ～ うそを暴く. a pack of ～*s* →pack 名 11. a tissue of ～*s* →tissue 5. 語法「うそでしょう」は You're kidding. などと言う (→kid[2] 成句).

> 連結 a blatant [a barefaced; a black, a wicked; a monstrous; a whopping; a deliberate; a white] ～

2 人を欺くもの, 誤信させるもの, まやかし. Her smile is a ～ that conceals her sorrow. 彼女のほほえみは悲しみを隠すための見せかけだ.

give the líe to.. (1) 〔人〕をうそつきと非難する (＝give..the lie). (2) 〔物事が〕〔話, 考え, 想像など〕が偽りであることを明らかにする.

I tèll a líe. 〘主に英〙間違えました《前言を訂正する時に使う》. It was on Monday. No, *I tell a* ～, it was on Tuesday. それは月曜日のことでした. いや間違えました. 火曜日のことでした.

lìve a líe 偽りの生活を送る, 隠しごとのある生活をする.

── 動 (**～s** /-z/|過 過分 **～d** /-d/|**ly·ing** /láiiŋ/) 自 **1** うそをつく〈*to* ..に/*about* ..について〉. Don't ～ *to* me. 私にうそをつくな. ～ *about* one's career 経歴を偽る. **2** 〔物, 事が〕欺く, 間違った印象を与える. Mirrors never ～. 鏡は決して偽らない《ありのままに映す》.

— 他 VOA (〜 X **into** (*doing*)..) X をだまして..に陥れる; VOA (〜 X **out of**..) X (人)をだまして〔金など〕を巻き上げる. 〜 a person *into* going away 人をだまして立ち去らせる.

lie in [***through***] ***one's téeth*** [***thróat***] 〖話〗とんでもない[ぬけぬけと]うそをつく.

líe onesèlf [***one's wày***] ***out of*..** 〔苦境など〕をうそをついて切り抜ける. [＜古期英語 *lēogan*]

Liech·ten·stein /líktənstàin/ 名 リヒテンシュタイン《スイスとオーストリアに挟まれた小公国; 首都 Vaduz》. ▷〜**·er** 名

lied /li:d, li:t/ 名 (複 〜**er** /lí:dər/) C リート, ドイツ歌曲, 《特に 19 世紀, 例えばシューベルト, シューマンなどのもの》. [ドイツ語 'song']

líe detèctor 名 C うそ発見器 (polygraph).

líe-dòwn 名 C **1** 〖英話〗(普通, ベッドでとる)短い休息; うたた寝. **2** 〖主に米話〗＝ lie-in 1.

lief /li:f/ 副 〖古・雅〗喜んで, 快く, (willingly) 〈普通, 次の成句で〉. ***would*** [***had***] ***as líef dò*** (***as*..**) (..より)..する方がましだ. I *would as* 〜 die *as* surrender. 降伏するくらいなら死ぬ方がましだ.

liege /li:dʒ/ 名 C 〖史〗 **1** (封建制の)君主, 王侯, (**liege lórd**). my 〜 わが君, 殿, 《呼びかけ》. **2** 〈普通 〜s〉臣下, 家来, (liegeman). —— 形 〈限定〉 **1** (封建制度下で)主従関係の. **2** 忠実な.

líege·man /-mən/ 名 (複 **-men** /-mən/) C (封建制の)臣下 (vassal); 忠実な臣下.

líe-ìn 名 C **1** 〖話〗寝転がり(抗議)デモ. **2** 〖英話〗朝寝.

lien /li:n, lí:ən|lí(:)ən/ 名 C 〖法〗先取特権, 留置権, 〈*on*, *upon* ..に対する〉《債権者が債務者の財産に対して有する権利》.

‡**lieu** /l(j)u:/ 名 〈次の成句で〉 ***in líeu*** (***of*..**) (の)代わりに (instead (of)). [古期フランス語 'place']

Lieut. Lieutenant.

lieu·ten·an·cy /lu:ténənsi|leftén-/ 名 (複 **-cies**) UC lieutenant の職[地位, 権限, 任期].

***lieu·ten·ant** /lu:ténənt|leftén-/ 名 (複 〜**s** /-ts/) C **1** 〖米陸軍〗**中**[**少**]**尉**; 〖英陸軍〗**中尉**. **2** 〖海軍〗大尉. **3** 副官, 上官代理; 〖米〗(警察の)副署長, (消防隊の)副隊長; 代理. [＜古期フランス語「(隊長の)代わりとなる人」(＜*lieu* 'place'＋*tenant* 'holder')]

lieutènant cólonel 名 C 〖陸軍・米空軍・海兵隊〗中佐.

lieutènant commánder 名 C 〖海軍〗少佐《略 Lt. C(om)dr.》.

lieutènant géneral 名 C 〖陸軍・米空軍〗中将《略 Lt. Gen.》.

lieutènant góvernor 名 C 〖米〗(州の)副知事; 〖英〗(植民地などの)総督代理, 副総督; 《略 Lt. Gov.》.

lieutènant jùnior gráde 名 C 〖米海軍〗中尉.

Life /laif/ 名 **1** 『ライフ』《米国の写真週刊誌; 1972 年廃刊; 1978 年月刊誌として復刊》. **2** (英国の)人工中絶反対組織.

‡**life** /laif/ 名 (複 **lives** /laivz/) 【生命】 **1** U **生命**, 命; 生存, 生; (↔death). The sick man struggled for 〜. 病人は何とか生きようとした. respect for human 〜 人命の尊重. a matter of 〜 and [or] death 死活問題.

2 C (個人の)**命**, 人命, 生命, 一命. The new medicine saved my mother's 〜. 新薬が母の命を救った. Several people lost their *lives* in the accident. 数人の人がその事故で命を失った. The disaster claimed many precious *lives*. その災難で多くの貴重な人命が失われた. A cat has nine *lives*. 〖諺〗猫に九生あり《何度も生き返る; 簡単には死なない》.

> 連結 end [put an end to; give up, lay down, sacrifice, throw away; risk] one's 〜

3 【生命のように大切なもの】 **(a)** U 生きがい. Music is her 〜. 音楽は彼女の命です. **(b)** 〈the 〜〉中心(人物), 花形, 〈*of* ..の〉. Jane was the 〜 (and soul) *of* the party. 〖主に英〗ジェーンは中心となってきびきびと参加者をもてなし, パーティーを盛り上げた.

【生命力】 **4** U **元気**, 活気, 生気; 必要不可欠なもの[事]; 原動力, 中心となるもの. The child is all 〜. その子は元気そのものだ. a street full of 〜 にぎやかな通り. put some 〜 into it 〖話〗もっと元気よくやる. take 〜 活気づく, 面白くなる. Oil industries are the 〜 of the area. 石油産業がその地域の生命である.

【生命を持つもの】 **5** U 〈集合的〉**生物**, 生き物; C 命あるもの, 〈特に〉人間. No 〜 is found on the moon. 月に生物は見いだせない. animal [bird] 〜 〈集合的に〉動物[鳥類]; 動物[鳥類]の生態. Five *lives* were lost here. 5 人がここで亡くなった.

6 U 実物, 本物, 《美術作品のモデルなど》; 実物大 (→life-size(d)); 〈形容詞的〉実物をモデルに使う. a statue larger than 〜 等身大より大きな像. pose for a 〜 class 実物を使う美術の授業でモデルをやる. from (the) 〜 →成句.

【生存期間】 **7** UC 寿命; (物事の)存続期間; (車などの)耐用年数, '寿命'. Art is long, 〜 is short. →art[1]. live out one's 〜 寿命を全うする. the 〜 of the new regime 新政権の寿命.

【人間の生き方】 **8** U **人生**; 世間, 世の中; この世. *Life* is often compared to a voyage. 人生はしばしば航海にたとえられる. This is the 〜. これこそ(本当の)人生だ (★楽しい時などに言う). That's 〜. 人生とはこういうものだ (★不幸[快]な事を経験した後などに言う). I've learned [seen] much of 〜. 私は世間をよく知っている. this 〜 この世, 現世. the other [future] 〜 あの世, 来世. believe in 〜 after death 死後の世界(の存在)を信じる.

9 U (特定の)**生活**; C 暮らし方. Country 〜 is healthier than city 〜. 田舎の生活は都会の生活より健康的である. high [low] 〜 上流[下層]生活. his private 〜 彼の私生活. enjoy single 〜 独身生活を楽しむ. enter [retire from] official 〜 官界に入る[を引退する]. have a 〜 (本職以外に趣味などがあり)生活をエンジョイしている. live a 〜 of idleness 怠惰な生活を送る. lead [live] a happy [hard] 〜 幸福な[苦しい]生活を送る. start [build] a new 〜 (心機一転)新しい生活を始める[築く]. What a 〜! なんという生活だ, なんたることだ, 《不満, 失望を表す》.

> 連結 a busy [an active; an exciting; a full; a dull; a peaceful, a quiet; a sheltered; a solitary; a carefree, an easy, an idle; an extravagant; a frugal; daily, everyday; domestic, family, married] 〜

【人間の一生】 **10** UC **一生**, 生涯. She devoted her 〜 to primary education. 彼女は小学校教育に一生を捧(ささ)げた.

11 【生涯の記録】 C 伝記 (biography), 伝記映画. "The *Lives* of the English Poets" 『英国詩人伝』《Samuel Johnson による詩人の評伝》.

12 【生涯の一時期】 UC 一生のある時期; 生まれてこの方; ある時点から死ぬまでの間. approach middle 〜 中年に近づく. a disease in [of] later 〜 晩年の病気. I'll never forget your kindness all my 〜. ご親切は一生忘れません. in one's 〜 →成句.

13 【終身】 U 終身刑 (life sentence). be sentenced to 〜 ＝get 〜 in prison 終身刑を受ける. The judge gave the murderer ～. 裁判官は殺人犯に終身刑を言い渡した. ◇動 live

as làrge [bìg] as lífe (1) 実物[等身]大の[で]. (2)〖戯〗紛れもなく[ない], 本人自ら, (in person).

be fìghting for one's lífe 〖主にジャーナリズム〗(事故, 病気などで)死にかかっている.

brìng ..(bàck) to lífe ..を蘇(そ)生させる, 正気づかせる; ..を活気づかせる, 生き生きさせる.

****còme (bàck) to lífe*** (1) **生き返る**, 正気づく; 活気づく, 生き返ったようになる. (2)〔芸術作品などが〕真に迫っている. (3)〔機械などが〕(急に)動き出す.

for lífe 終身(の), 一生(の). be banned from baseball *for* ～ 野球界から永久追放される.

for one's lífe*＝*for dèar lífe 命からがら, 必死になって. run *for dear* ～ 命がけで走る.

for the lífe of one 〈cannot, couldn't, wouldn't を伴う文で〉〖話〗どうしても(..できないだろう, しないだろう). I can't *for the* ～ *of* me remember his name. どうしても彼の名前が思い出せない.

from (the) lífe 実物から; (ヌードモデルなどの)実物を手本に. a portrait painted *from (the)* ～ 本人を見て描いた肖像画.

gìve a pèrson the tíme of his [her] lífe →time.

hàve the tíme of one's lífe →time.

****in (àll) one's lífe*** **生まれてこの方**, 今まで. I've never seen such a big fish *in* my ～. 私はこれまでにこんな大きな魚を見たことがない.

in lífe (1) 存命中, 生前に; この世で. My father was a Christian *in* ～. 生前父はキリスト教徒だった. marry late *in* ～ 晩年になって結婚する. (2)〈all, no などを強めて〉(この世に)ある限りの; 全く. Nothing *in* ～ can prove his guilt. 彼の有罪を立証できるものは全くない.

làrger than lífe 〈時に限定的に〉誇張されて[た]; 生活やふるまいが普通でなく人目を引く.

lìve one's òwn lífe 自分の考えに従って独立独歩の道を歩む.

Nòt on your (swèet, etc.) lífe! 〖話〗(そんなことは)とんでもない, 決してない, (Certainly not!; No way!).

of one's lífe 一生の(間で最高の). I got the fright *of* my ～. かつてないほど驚いた.

rìsk lìfe and límb 危険を冒す, 命を賭(か)ける, 〈*to* do ..するために〉.

rùle a person's lífe 〈普通, 否定文で〉生活を支配する, することすべてに悪影響を与える. Don't let drinking *rule* your ～. 酒で生活を乱してはいけない.

tàke a pèrson's lífe 人を殺す. *take* the king's ～ 王を殺す.

tàke one's lífe in one's (òwn) hánds (承知の上で)死の危険を冒す.

tàke one's (òwn) lífe 自殺する. He *took* his (*own*) ～ with a gun. 彼は銃で自殺した.

to sàve one's lífe 〈cannot, will not を伴う文で〉〖話〗どうしても(..できない, ..しない). He couldn't [wouldn't] do wrong *to save* his ～. 彼はしょせん悪事は働け[働か]ないだろう.

to the lífe 生き写しに, 真に迫って, 〔描くなど〕. The drawing resembled him *to the* ～. その絵は彼に生き写しだった.

trùe to lífe 〔話, 劇などが〕真に迫った[て]; 現実そのままの[に].

upon my lífe (1) 私の命にかけて; 誓って, 必ず. (2) 驚いたことには. *Upon my* ～! これは驚いた.

[＜古期英語 *līf*]

lìfe-and-déath /-ən-/ 形〈限定〉生死にかかわる; 命がけの.

lífe annùity 名C 終身年金.

lífe assùrance 名〖主に英〗＝life insurance.

lífe bèlt 名C 救命帯.

lífe·blòod 名U **1** (生命に不可欠の)血, 生き血. **2** 活力の源泉; 欠くことのできない要素.

‡lífe·bòat 名C **1** (船に搭載した)救命用ボート. **2** (海難)救助艇.

lífe bùoy 名C 救命浮き袋.

lífe cỳcle 名C 生活環, ライフサイクル, 《＜生物の個体が発生してから次代の子を生むまでの変化の過程》.

lífe expèctancy 名UC 平均寿命; 平均余命《ある年齢の人の統計的に算出された今後の平均生存年数》, (個人の)余命.

lífe fòrm 名C〖生態〗生物形態.

lífe-gìving 形 生命を維持する; 元気づける.

lífe·guàrd 名C **1** (海水浴場, プールなどの)救助員, 監視人, (lifesaver). **2** 護衛(兵).

Lífe Guàrds 名〈the ～〉〖英〗近衛(このえ)騎兵連隊 (→guard 2 (b)).

lífe hìstory 名C (動植物の)生活史; (人の)伝記, 経歴.

lìfe imprísonment 名U 終身刑.

lífe insùrance 名U 生命保険.

lífe jàcket 名C 救命胴衣.

‡life·less /láifləs/ 形 m (★1 は C) **1** 生命のない; 死んだ; 意識を失った. a ～ statue 生命を持たない彫像. **2** 生気[活気]のない; 退屈な, 面白味のない, 精彩のない. speak in a ～ manner 元気なく話す. a ～ novel 退屈な小説. **3** 生物のいない〔砂漠など〕.
▷ **～·ly** 副 死んだように; 元気なく. **～·ness** 名

lífe·lìke 形 生きているような〔人形など〕; 実物そっくりの〔肖像画など〕; 真に迫った〔演技など〕.

‡lífe·lìne 名C **1** (特に海難救助用の)救命索; (潜水夫の)命綱. **2** 生命線《唯一の補給路, 主要航路, 通信手段など》, ライフライン, 〈*to* ..に通じる/*for* ..にとっての〉; 唯一の頼り, '頼みの綱'. **3** (手相の)生命線 (line of life).

***life·long** /láiflɔ̀ːŋ|-lɔ̀ŋ, ⌐⌐/ 形 C 〈限定〉**生涯の**, 終生の, 一生の. their ～ friendship 彼らの生涯にわたる友情.

lìfe mémber 名C 終身会員. ▷ **～·ship** 名U 終身会員の身分.

lìfe péer 名C (英国の)一代貴族.

lífe preserver 名C〖主に米〗救命具《life jacket, life belt など水難用の》;〖英〗(先端に鉛を仕込んだ短い)護身用棍(こん)棒.

lif·er /láifər/ 名C **1**〖俗〗終身刑受刑者. **2**〖米〗職業軍人; ある仕事・研究に一生をかけた人.

lífe ràft 名C 救命いかだ《今は普通, ゴムボート》.

lífe·sàver 名C **1** 人命救助者[道具]. **2** ＝lifeguard 1. **3**〖話〗急場を救ってくれる人[もの], '救いの神'. That money you lent me was a ～. 君の貸してくれたあの金でほんとに助かった.

‡lífe·sàving 名U, 形 (水難における)人命救助(法); 人命救助の.

lífe scìence 名C〈普通 ～s〉生命科学《生物・生命を取り扱う; 生物学, 生理学, 生化学, 心理学など; → earth science》.

lìfe séntence 名UC 終身刑(の判決).

lìfe-síze(d) /⊛/ 形 実物大の, 等身大の.

lífe·spàn 名C (生物, ものの)寿命.

lífe stòry 名C 伝記.

lífe·stỳle, lífe-stỳle, lífe stỳle 名UC (個人の)生活様式, ライフスタイル, 生き方.

lìfe-suppórt sỳstem /また ⌐⌐⌐⌐-/ 名C **1**〖生態〗生命維持系《人間を含む生物の生存に必要なものの総体》 **2** (宇宙船・重病人用の)生命維持装置《life-support machine ともいう》.

lìfe's wórk 名 ＝lifework.

lífe-thrèatening 形 命にかかわる, 致命的な, 〔病気, けがなど〕.

⁑life·time /láiftàim/ 名 (複 ～s /-z/) UC **1 生涯**, 一生; 生きている間. the chance [experience] of a ～ 一生にまたとない最高[最良]の機会[経験]. Nightingale was a legend in her ～. ナイチンゲールは生前すでに伝説的人物であった. **2** (器具などの)寿命; 存続[継続]期間.

during the ～ of a parliament 国会の会期中に.
3 〈形容詞的〉 生涯の, 一生の, 終生の. ～ employment 終身雇用.

life vèst 名 ＝life jacket.

life·wòrk 名 U **1** 一生の仕事. choose government service as one's ～ 生涯の仕事として公務員の道を選ぶ. **2** 畢生(ひっせい)の大事業, ライフワーク.

‡**lift** /lift/ 動 (～s /-ts/|過 過分 **lift·ed** /-əd/|**lift·ing**) 他 【持ち上げる】 **1** を(持ち)上げる 〈*up*〉; 〔子供など〕を抱き上げる; VOA をいったん持ち上げて降ろす 〈*down*〉 〈*from* ..〔棚など〕から/*to, onto* ..(の上)に〉; (類語 特に重い物を上げること; →raise); 〔数量, 割合など〕を増やす, 引き上げる. He helped me ～ the box *up*. 彼は私がその箱を持ち上げるのを手伝ってくれた. ～ a baby carefully from the bed 赤ん坊をベッドからそっと抱き上げる. ～ a trunk *down* to the floor (棚などから)トランクを持ち上げて床に降ろす. ～ imports of rice 米の輸入を増やす.
2 〔手, 足, 顔, 目など〕を上げる, 立てる, 〈*up*〉. The dog ～*ed up* its ears. 犬は両耳を立てた. ～ one's eyes [head, face] from the newspaper 新聞から目[顔]を上げる. **3** 〔芋, 根菜など〕を掘り上げる[起こす] 〈*out*〉 (dig up). ～ sweet potatoes サツマイモを掘る.
4 【持ち上げて運ぶ】 VOA 〔乗客, 物資など〕を空輸する; 運ぶ; (airlift) 〈*from* ..〔場所〕から/*to* ..へ〉. ～ food to the famine district 飢餓地域に食料を空輸する.
5 【拾い上げる＞盗む】 〖話〗 〔特に, ちょっとした物〕を盗む, '失敬する'; を万引する (→shoplifting); 〔作品から一部分〕を盗用する, 剽窃(ひょうせつ)する, (plagiarize); (類語 → steal). have one's purse ～*ed* in the subway 地下鉄で財布をすられる. This passage is ～*ed from* Dante. このくだりはダンテからの盗作だ.
【(持ち上げて)外す】 **6** 〔箱のふたなど〕を取り外す, 開ける; 〔電話の受話器〕を外す, 取る. ～ the receiver 受話器を取る. ～ *off* one's hat 帽子を脱ぐ. **7** 〔封鎖, 包囲, 禁令, 規制など〕を解く; を解禁する. ～ sanctions [the ban] on ..に対する制裁措置[禁制]を解く.
【高める】 **8** 〔物事が〕〔精神, 士気, 気分など〕を向上させる, 高揚する, 〈*up*〉; 〔人〕の地位・境遇・品位を高める. ～ *up* a person's spirits [heart, mood] 人を元気づける, 人の気を引き立てる. His poems ～*ed* him to fame. 彼の詩が彼を有名にした.
9 〔声〕を高める, 張り上げる, 〈*up*〉 (→raise).
10 〔顔, 乳房〕に美容整形をする. have one's face [breasts] ～*ed* 顔[胸]の美容整形をしてもらう.
── 自 【上がる】 **1** 上がる (go up); 〔窓, ふたなどが〕(上に)開く, 外れる, 〈*off*〉; 持ち上がる. The curtain slowly ～*ed*. 幕は静かに上がった. **2** 〔気分が〕晴れる, 向上する.
3 【上がって消える】 〔雲, 霧, やみなどが〕消える, 晴れる; 〔悲しみ, 憂鬱などが〕消える, 晴れる.

***lìft a fínger* [*hánd*]** →hand.

lìft óff 〔ヘリコプター, ロケットなどが〕離陸[離昇]する, 打ち上げられる. The rocket ～*ed off*. ロケットは打ち上げられた.

líft onesèlf (やっと)体を起こす[乗せる]. He ～*ed* him*self* on to a table. 彼は(手をついて)テーブルの上に腰を乗せた.

── 名 (複 ～s /-ts/) **1** C (持ち)上げる[上がる]こと; 上昇. the ～ of a hand 手を上げること. give a box a ～ 箱を持ち上げる.
2 UC 持ち上げる[上がる]距離[高さ]; 上昇力, 〖空〗 揚力. shoes with a bit of ～ かかとの少し高い靴.
3 C 空輸 (airlift); 輸送.
4 C 〖主に英〗 車に乗せる[乗せてもらう]こと(〖主に米〗 ride). Shall I give you a ～ home? お宅まで(車で)お送りしましょうか. hitch [thumb] a ～ to ..までヒッチハイクする.
5 C 〈普通, 単数形で〉 手を貸すこと, 手助け. give a person a ～ 人に手を貸す.
6 C 〖英〗 エレベーター (〖米〗 elevator); 起重機, (スキー場の)リフト (ski lift, chairlift). She took the ～ (up) to the tenth floor. 彼女はエレベーターで11階まで行った (→floor 3 ★).
7 aU (地位などの)向上, 昇進; (精神的)高揚. get a ～ 昇進する; 気が晴れる. That news gave us a ～. あの知らせで私たちは元気づいた.
[＜古期北欧語; loft と同根]

lift·bòy 名 (複 ～s) C 〖英〗 エレベーターボーイ.

lift·er 名 C **1** 持ち上げる人[もの]. **2** 万引き《人》 (shoplifter).

lift·màn /-mæ̀n/ 名 (複 **-men** /-mèn/) C 〖英〗 ＝liftboy.

‡**lift-òff** 名 (複 ～s) C 〖空〗 (ロケットなどの)打ち上げ, (ヘリコプターの)垂直離陸, 離昇. ★一般の航空機の離陸は takeoff.

‡**lig·a·ment** /lígəmənt/ 名 C **1** 〖解剖〗 靱(じん)帯. tear [strain] a ～ 靭帯を切る[伸ばす]. **2** 結びつけるもの, きずな, 紐(ちゅう)帯.

lig·a·ture /lígətʃər|-tʃùə, -tʃə/ 名 **1** U くくること. **2** C くくる物《ひも, 縄など》; 結紮(さつ)糸《外科手術で血管などを縛る》. **3** C 〖印〗 連字, 合字, 《ﬃ, Ⅶ Æ, æ など》. **4** C 〖楽〗 ＝slur 4.

li·ger /láigər/ 名 C 〖動〗 ライガー《雄のライオンと雌のトラの子; ＜*lion* ＋ *tiger*; →tigon》.

‡**light**[1] /lait/ 名 (複 ～s /-ts/)
【光, 日光】 **1** aU **光**, 光線; 日光; 明るさ, 輝き; (↔ darkness); U 〖法〗 日照権. God said, "Let there be ～." 神は「光あれ」と言われた《『創世記』1:3》. The moon cast a pale ～. 月は青白い光を投げかけた. read in (a) poor ～ 暗いところで読む. The ～ is bad. 明るさが不十分だ. The color fades rapidly when exposed to ～. その色は日に当たるとすぐに褪(あ)せてしまう.

> 連結 a full [a bright, a strong; a blinding, a brilliant, a dazzling, a glaring; a dim, a soft] ～ // emit [give off] ～ // ～ fails

2 【日光のあたる間】 U 日中, 昼間; 夜明け. at first ～ 夜明けに. I must finish the work while the ～ lasts. 日のあるうちに仕事を片付けなければならない. get up before ～ 明るくなる前に起きる.
3 【光のあたる場所】 UC 明るい場所; 〖美〗 (絵画などの)明るい部分 (highlight). Put it here in the ～. それをこの明るい場所に置きなさい. ～ and shade 光と陰; (物事の)明暗.
4 【光の取り入れ口】 C 窓(ガラス); 明かり取り, 天窓.
5 【心の光】 UC (目などの)輝き, きらめき; aU 目の表情, 目付き. an expectant ～ in a person's eyes 何かを期待しているような目. The ～ died out of the child's eyes. その子の目から輝きが消えた.
【光を放つもの】 **6** C **明かり**, 灯火, 電灯, ライト; 天体《太陽, 星など》, 光源. We saw city ～*s* in the distance. 遠くに都会の灯が見えた. Please put the ～ out [on]. 明かりを消して[つけて]下さい.

> 連結 flickering [twinkling; blinking, flash- ing] ～*s* // turn [switch] on [off, out] a ～; extinguish [blow out] a ～ // a ～ burns [glows, shines; gleams, glimmers; goes out]

7 C 灯台; (電算機などの)表示ランプ, 交通信号灯 (traffic light); 〈～s〉 ＝footlights. wait for the ～ to change 信号が変わるのを待つ.
8 【光＞火】 aU 点火物, 火, 《特にたばこに点火するマッチ, ライターなどの火》; 火花. Give me a ～, will you? (たばこの)火を貸してくださいませんか. strike a ～ (マッチを擦るなどして)火をつける. put [set] (a) ～ to a heap of leaves 枯れ葉の山に火をつける.

【精神的な光】 **9** Ⓤ **光明**; 知識; 啓発, 教育, (→enlighten). the ～ of reason 理性の光. men of ～ and leading 世を啓発指導する識者. a man of ～ and learning 識者.
10 Ⓒ 模範になる人; その道の大家; 優れた知識人; 〈*in*, *of* ..〔分野, 場所など〕の〉. a leading ～ *in* [*of*] the town その町の有力者[有名人]. a shining ～ *in* mathematics 数学界の輝ける明星.
【解明の光】 **11** ⓊⒸ (問題解明などの)手助け, 端緒, '鍵(かぎ)' (→throw light on.. (成句)); 〈しばしば ～s〉(説明に役立つ)事実, 発見. some fresh ～s on the question 問題解明に役立つ幾つかの新事実[解釈]. The ～ finally dawned on me.＝I finally saw the ～. 私にはやっと分かった.
12【光の当て方】 Ⓒ (ものの)**見方**, 見解. Viewed ⌞in a historical ～ [in this ～], the event seems more important. 歴史的な見方をすると[このように見ると, この見地からすると]事件はもっと重大に思われる. see things in various ～s 物事をいろいろな観点から見る.
accòrding to one's líghts 〖章〗 自分の意見[知識, 能力の程度]に応じて[よれば].
bring..to líght 〔秘密など〕を**明るみに出す**; ..を暴露する.
by the lìght of náture (他から教わることなく)自然に, 直観的に.
càst líght on.. ＝throw LIGHT on...
còme to líght 明るみに出る; 露見する. New evidence confirming his guilt has *come to* ～. 彼の有罪を決定付ける新しい証拠が明るみに出た.
in a gòod [bàd] líght (1) よく見える[見えない]場所で. (2) 有利[不利]になるように, (人から)よく[悪く]思われるように. I saw him *in a* pretty *bad* ～ when I first met him. 初めて彼に会った時はあまり良い感じは持たなかった. His friends always view his actions *in a good* ～. 友人たちはいつも, 彼の行為を好意的に受け取ってくれる.
in (the* 〖英〗*) líght of.. ..に照らして(見ると), ..を考慮して, ..に鑑(かんが)みて. study the present *in the* ～ *of* the past 過去に照らして現在を考える.
óut like a líght 〖話〗 (1) (すぐに)ぐっすりと眠って. He went [was] *out like* a ～. 彼はすぐに眠り込んだ. (2) 無意識になって, 気を失って. At the sad news she went [was] *out like a* ～. その悲しいニュースを聞いて彼女は気を失った.
sèe the líght (1) 〖雅〗 この世に生まれ出る (see the light of day). (2) 〔計画などが〕日の目を見る; 公にされる (see the light of day). The work finally *saw the* ～ last month. その作品は先月ついに日の目を見た[出版された]. (3) 〔誤りなどに〕気がつく, 〔真実が〕分かり出す. (4) 信仰に入る, 悟りを開く.
(sèe the) líght at the ènd of the túnnel 苦難の後の光明(を見いだす).
shèd líght on.. ＝throw LIGHT on...
stánd [be] in a pèrson's líght (人の前に立って)明かりを遮る; 人の出世[成功など]をじゃまする. I could not get promoted because George *stood in* my ～. ジョージの影になって私は昇進できなかった.
stánd in one's òwn líght 自ら不利益を招く《<自分が自分の陰になる》.
the líght of a pèrson's éyes [life] 最愛の人.
****thròw líght on..*** ..に(解決の)光を投じる, ..の解明を助ける. His study will *throw* some ～ *on* the subject. 彼の研究はその問題に多少の光明を投げ与えるであろう.
── 形 ⓔ (～·er|～·est) **1** 〔部屋などが〕**明るい**. We rose when it began to get ～. 我々は辺りが明るくなり始めた時起きた. on a ～ summer evening (まだ)明るいある夏の夕方に. **2** 〔色が〕明るい感じの; 薄い; 〔肌や髪が〕薄い色の. ～ green 薄緑. ◇↔dark
── 動 (～s /-ts/|過 過分 **light·ed** /-əd/, **lit** /lit/|**líght·ing**) (★限定用法の過去分詞は普通 lighted) 他
1 〔たばこなど〕に**点火する**, 火をつける, 〈*up*〉; 〔火〕をたきつける. I *lit* a match. マッチに火をつけた. ～ a fire with dry wood 乾いた薪(まき)で火をおこす.
2 〔明かり〕を**つける**, ともす. ～ a lamp [candle] ランプ[ろうそく]をともす.
3 〔部屋など〕を**明るくする**; を照明で照らす; の明かりをつける; 〈*up*〉. The sun ～*ed* the eastern sky. 太陽で東の空が明るくなった. keep a room *lit up* all night long 一晩中部屋の明かりをつけっ放しにしておく. ～ the way with a torch 懐中電灯で道を照らす. a well ～*ed* stage 照明の良い舞台.
4 〔顔など〕を輝かせる, 晴れ晴れさせる, 〈*up*〉. A smile *lit* (*up*) the girl's face. 少女の顔はほほえみで輝いた.
5 VOA を明かりで照らして案内する. ～ a person *downstairs* 明かりをつけて人を階下へ案内する.
── 自 **1** 火がつく, 燃えつく. a bundle of twigs that ～*s* easily 火のつきやすい小枝の束. **2** 〖話〗 たばこに火をつける, 吸い始める, 〈*up*〉. **3** 〔顔, 目などが〕輝く, 明るくなる, 〈*up*〉 〈*with* ..〔喜びなど〕で〉. **4** 明かりをつける, 明かりがつく, 〈*up*〉. It's seven o'clock, but the car hasn't *lit up*. 7時なのにその車はまだライトをつけていない.
[<古期英語]

***light**[2] /lait/ 形 ⓔ 【目方の少ない】 **1 軽い** (↔heavy); 比重[密度]の小さい; 〔パンなどが〕ふんわりした; 〔土壌が〕もろい, 砂地の. a ～ jacket 軽い上着. This box is very ～, so even a small child can carry it. この箱は大変軽いから小さな子供でも運べる. a ～ metal 軽金属. **2** 重量が足りない〔硬貨など〕; 量目不足の. The butcher often gave (a) ～ weight. その肉屋はよく目方をごまかした.
【分量の少ない】 **3 少量の**; (普通より)少ない; 〔雨, 風などが〕激しくない, 穏やかな. put a ～ coat of wax over the floor 床に薄くワックスを塗る. a ～ crop of rice (平年より)少ない米の収穫. a ～ snowfall わずかな降雪. The traffic is ～ here yet. ここはまだ交通量が少ない.
【軽い>弱い】 **4** 〔病気, 誤りなどが〕軽微な, ささいな; アルコール分の少ない, 弱い, 〔ビールなど〕; 糖分の少ない, 低カロリーの, 低脂肪の; 《商品名では lite, Lite ともつづる》; 覚めやすい, 浅い, 〔眠り〕. a ～ sleeper 眠りの浅い人. This is no ～ matter. これは重大な事柄です.
5 力を入れない; 軽い〔一撃など〕. I felt a ～ touch on my arm. 腕に軽く触れるものを感じた.
【負担の軽い】 **6** 〔仕事などが〕**楽な**, 容易な, (easy); 厳しくない〔罰, 税金など〕. ～ work 楽な[軽い]仕事. make ～ work of .. 〔仕事〕をさっさとやってのける. a ～ sentence 軽い刑.
7 〔食物が〕消化のよい, あっさりした; 〔食事などが〕軽い; 〔人が〕食の細い, 酒[たばこ]をあまり飲まない; (↔heavy). a ～ meal 軽い食事. a ～ eater 少食家.
8 〔音楽, 文学, 劇などが〕肩の凝らない, 娯楽的な. ～ reading 軽い読み物. ～ conversation 雑談 (small talk).
【動きの軽い】 **9 軽快な**, 敏捷(しょう)な; 巧妙な. dance with ～ steps 軽やかに踊る. The boy is ～ of foot [on his feet]. その少年は足が速い. have a ～ hand [fingers] 手先が器用である.
10 軽装備の; 〔武器などが〕軽装備用の; 積み荷の少ない, 軽くて速い; 軽便の〔鉄道など〕. a ～ machine gun 軽機関銃. ～ cavalry 軽騎兵隊. a ～ van ライトバン.
【軽やかな】 **11** 〔姿, 形が〕ほっそりした, きゃしゃな; 軽やかな; 〔建物が〕優美な. Meg's ～ figure appeared in the doorway. メグのきゃしゃな姿が戸口に現れた.
12 悲しみ[苦労など]のない; 気軽な; 屈託のない〔笑いなど〕. be ～ of heart 快活である, 屈託がない. with a ～

heart 気軽に; 快活に; (→lighthearted).
【ふわふわした】 **13** 〔ふるまいなどが〕軽率な, 軽はずみの; 〔性格などが〕浮わついた, 不まじめな; 〔特に女性が〕不品行な, 浮気な. make a ～ remark on ..について軽率な発言をする. **14** (発熱, 酔いなどで)ふらふらする, めまいがする. ～ in the head 頭がふらつく. ◇[動] lighten[2]

(as) lìght as a féather [áir] 大変軽い.

màke líght of.. ..を軽んじる, 軽視する, (→make MUCH of.., make LITTLE of..).

── [副] (★副詞としての light は特定の表現に限られる; →lightly) **1** 荷物を少なくし軽装で. travel ～ 身軽に旅行する. **2** 程度が軽く, 容易に. sleep ～ 浅く眠る. *Light* come, ～ go. ＝LIGHTLY come, lightly go.

get òff líght 〖話〗軽い罰で済む.

[古期英語]

light[3] [動] (～s|[過] [過分] **líght·ed** /-əd/, **lit** /lít/|**líght·ing**) [自] **1** ふと出会う 〈*on, upon* ..〔うれしい人, ものなど〕に〉; 偶然見つける 〈on, upon ..を〉. **2** 降りる 〈*from* ..〔馬など〕から〉; 〔鳥などが〕止まる (alight); 〔打撃などが〕落ちてくる, 〔幸運, 災難などが〕訪れる, ふりかかる; 〈*on, upon* ..に〉.

líght into.. 〖主に米話〗(1) ..をやっつける (attack). (2) ..を叱(しか)る, 非難する.

lìght óut 〖米話〗大急ぎで[突然]立ち去る, さっさと出掛ける 〈*for* ..に向かって〉.

[＜古期英語; 原義は「軽くする, 荷を降ろす」]

lìght áircraft [名] ([複] ～) [C] 軽飛行機.

lìght ále [名] [UC] 〖英〗ライトエール《弱いビール》.

lìght béer [名] [UC] (低カロリーの)ライトビール.

lìght blúe [名] [U] 淡青色《Cambridge 大学, Eton 校のスクール・カラー》.

líght bùlb [名] [C] 電球; 白熱灯.

***light·en[1]** /láitn/ [動] (～s /-z/|[過] [過分] **～ed** /-d/|**～·ing**) [他] **1** を明るくする, 照らす. We *～ed* our way with a flashlight. 懐中電灯で我々の行く手を照らした. **2** 〔顔など〕を晴れやかにする, 輝かす. **3** 〔色〕を淡く[明るく]する (↔ darken). ～ one's hair 髪を明るい色に染める.

── [自] **1** 明るくなる. The eastern sky *～ed*. 東の空が明るくなった. **2** 〔顔などが〕晴れやかになる, 輝く. His face [expression] *～ed*. 彼の表情は明るくなった.
3 〈it を主語にして〉稲光がする. [light[1], -en]

***light·en[2]** /láitn/ [動] (～s /-z/|[過] [過分] **～ed** /-d/|**～·ing**) [他] **1** 〔荷物など〕を軽くする; の荷を軽くする; から軽くしてやる 〈*of* ..〔積み荷など〕を〉. ～ a ship 船荷を軽くする. ～ a horse *of* its load 馬の荷を軽くしてやる.
2 〔負担, 税など〕を軽減する, 緩和する; 〔心配, 悲しみ, 雰囲気など〕を和らげる. Computers have *～ed* our workload a lot. コンピュータは我々の仕事量を大いに軽減した. ～ a person's [the] burden [load] (of..) (..という)負担[責任]を軽減する. ～ a tense atmosphere 緊張した雰囲気を和らげる. The news *～ed* their mood. その知らせが彼らの気持ちを和らげた.
3 を元気[活気]づける; を楽しくさせる. Humor *～ed* his lecture. ユーモアで彼の講演は楽しかった.

── [自] 〔荷, 負担などが〕軽くなる; 〔人の気分が〕快活になる, 軽くなる. Their mood *～ed* at the news. 彼らはそのニュースを聞いて気持ちが軽くなった.

lìghten úp 〖米話〗気楽にする, リラックスする; つらく当たらない 〈*on* ..に〉. [light[2], -en]

líght·er[1] [名] [C] 明かり[火]をつける人[物]; (特にたばこの)ライター. a stove with an automatic ～ 自動点火装置付きストーブ.

líght·er[2] [名] [C] はしけ. ── [動] [他] 〔貨物〕をはしけで↑運搬する.

líght·er·age /láitəridʒ/ [名] [U] **1** はしけによる運搬. **2** はしけ使用料.

líght·fàce [名] [U] 〖印〗細活字(体) (↔boldface).

lìght·fáced /-t [移]/ [形] 〖印〗細活字(体)の.

lìght-fíngered /[移]/ [形] **1** (楽器の演奏などで)指先の器用な. **2** 〖話〗手癖の悪い.

lìght flýweight [名] [C] (ボクシング, レスリングなどの)ライトフライ級選手.

lìght-fóoted /-əd [移]/ [形] 足取りの軽い; 敏捷(しょう)な.

lìght-hánded /-əd [移]/ [形] **1** 手先の器用な, 手際のよい. **2** 手に持ち物の少ない. **3** 人手不足の. ▷ **～·ly** [副]

lìght-héaded /-əd [移]/ [形] **1** (発熱, 飲酒などで)頭がふらふらする. **2** 軽はずみな. ▷ **～·ly** [副] **～·ness** [名]

‡**lìght-héarted** /-əd [移]/ [形] 気軽な; 陽気な, 浮き浮きしている; のんきすぎる; 〔物事が〕冗談[面白]半分の. ▷ **～·ly** [副] **～·ness** [名]

lìght héavyweight [名] [C] (ボクシング, レスリングなどの)ライトヘビー級選手.

líght-hòrseman /-mən/ [名] ([複] **-men** /-mən/) [C]↑軽騎兵.

***light·house** /láithàus/ [名] ([複] **-hous·es** /-hàuzəz/) [C] 灯台. **a ～ keeper** 灯台守.

lìght índustry [名] [UC] 軽工業.

†**líght·ing** [名] [U] **1** 点火する[される]こと. **2** 照明(法); 照明設備; 照明効果. the stage ～ 舞台照明. **3** (絵, 写真などの)明暗.

líghting-up tìme [名] [U] 〖英〗(自動車などの)点灯時刻《この時刻以降はヘッドライトの点灯が義務づけられる》.

***light·ly** /láitli/ [副] [m] **1** 軽く, そっと, 静かに. walk ～ そっと歩く. kiss her ～ on the cheek 彼女の頬(ほお)にそっとキスする. **2** 身軽に; 敏捷(しょう)に. dance ～ 軽やかに踊る. **3** 気軽に; 快活に; こともなげに, 屈託なく. admit one's defeat ～ 敗北を気軽に認める.
4 軽々しく, 軽率に, 〔ふるまうなど〕. take the situation ～ 事態を軽視する. You shouldn't refuse such an offer ～. 君はそのような申し出を軽々しく断るべきではない. **5** 軽んじて; 冷淡に, 無関心に. speak [think] ～ of a person 人をけなす[軽視する].
6 (程度, 量などが)少しばかり; あっさり〔調味するなど〕. boil fish ～ 魚をさっと煮る. sleep [doze] ～ 浅く眠る, まどろむ. fry garlic until ～ browned ニンニクをきつね色になるまでさっと油でいためる. eat ～ 軽く食事する.
7 容易に. *Lightly* come, ～ go. 〖諺〗悪銭身につかず《得やすいものは失いやすい》.
8 (罰, 刑などが)軽く(済んで). get off ～ 軽い刑で[刑罰なしで]済む (＝get off LIGHT[2]).

líght mèter [名] [C] 〖写〗露出計 (exposure meter).

lìght míddleweight [名] [C] (ボクシング, レスリングなどの)ライトミドル級選手.

lìght-mínded /-əd [移]/ [形] 軽率な, 思慮の足りない. ▷ **～·ly** [副] **～·ness** [名]

lìght músic [名] [U] 軽音楽.

†**líght·ness[1]** [名] [U] **1** 明るいこと; 明るさ. **2** (色の)薄↑い[淡い]こと; 薄さ.

†**líght·ness[2]** [名] [U] **1** (重さ, 負担などが)軽いこと; 軽さ. **2** (動きなどの)軽快さ, 敏捷(しょう)さ; 優美さ. **3** (心配事などのない)気楽さ; 屈託のなさ; 快活さ. **4** 軽率さ; 不まじめさ.

‡**light·ning** /láitniŋ/ [名] **1** [U] 雷光, 稲光, (★雷鳴は thunder, 雷雨は thunderstorm). a bolt [flash] of ～ 一光の稲妻. A climber was struck dead by ～. 登山者が一人雷に打たれて死んだ. *Lightning* never strikes (in the same place) twice. 〖諺〗同じ(不運な)ことは二度とはない《＜雷は決して同じところには落ちない》.
2 〈形容詞的〉稲光の; 稲光のように速い[急な, 短いなど]. make a ～ attack on the enemy 敵に電撃を加える. a ～ glance 素早く鋭い一瞥(べつ). at [with] ～ speed 電光石火のように(猛スピードで).

like (grèased [a strèak of]) líghtning 電光石火の速さで. [lighten[1] の動名詞]

líghtning arrèster [名] [C] 避雷器《雷の害を防ぐため電気器具に付ける》.

líghtning bùg [名] [C] 〖米〗ホタル (firefly).

líghtning ròd 〖米〗[**condùctor** 〖英〗] [名] [C] 避

雷針; 〖米〗他の(より重要な)人[物事]への非難・怒りなどをそらす役割の人[物], 身代わりになって非難・抗議などの矢面に立つ人[物].

lightning stríke 名C 電撃[抜き打ち]スト.
light ópera 名UC 軽歌劇, オペレッタ, (operetta).
líght pèn 名C 〖電算〗ライトペン《表示スクリーン上で動かし, コンピュータに指示を与える》; バーコード読み取りペン.
light ráilway 名C 〖英〗軽便鉄道(〖米〗light rail).
lights /laits/ 名〈複数扱い〉(屠(と)殺した羊, 豚などの)家畜の肺《主に犬, 猫のえさ》.
líght·shìp 名C 灯台船《航行上危険な場所付近で投光し, 他船の運航を守る小船》.
líght shòw 名C ライトショー《ポップコンサートなどでの万華鏡の光のようなショー》.
light·some[1] /láitsəm/ 形〖章〗**1** 光る, 輝く. **2** 照明の十分な.
light·some[2] 形 **1** 軽快な, 敏捷(しょう)な. **2** 陽気な, 快活な. **3** 軽率な.
lìghts óut 名U 〖主に軍〗消灯合図[ラッパ]; 消灯時刻.
†**líght·wèight** 名 **1** C 標準重量以下の人[動物など]. **2** U (ボクシング, レスリングなどの)ライト級; C その選手. **3** C 〖話〗つまらない人間, 小物.
── 形 軽量の; ライト級の; 大したことのない, つまらない. ～ reading 軽い読み物.
lìght wélterweight 名C (ボクシング, レスリングなどの)ライトウェルター級選手.
líght yèar 名C **1** 〖天〗光年《光が1年間に進む距離; 約 9.46×10^{12} km》. The alpha of Centaurus is 4.3 ～*s* away from Earth. ケンタウルス座のアルファ星は地球から4.3光年離れている. **2** 〖話〗〈普通 ～s〉非常に長い時間[距離]. Today's computer science is ～*s* ahead of that of a decade ago. 今日のコンピュータ科学は10年前よりはるかに進んでいる.
lig·ne·ous /lígniəs/ 形 〔草が〕木のような, 木質の.
lig·nite /lígnait/ 名U 亜炭, 褐炭, 《木質が完全には石炭化していない粗悪炭》.
lik·a·ble /láikəb(ə)l/ 形 人好きのする; 魅力ある〔人〕.
‡**like**[1] /laik/ 動 (～s /-s/|過 過分 ～d /-t/|lík·ing) 他
1 (**a**) を好む, が気に入る, (be fond of); に好意を持つ; (↔dislike). Which do you ～ better, tea or coffee? 紅茶とコーヒーとどちらが好きですか (語法 like の程度を示す比較級, 最上級は, 普通〖話〗では better, best; love には more, most を用いる). Jane ～*s* Tom but does not love him. ジェーンはトムに好意を持っているが愛してはいない. I ～ dogs better than cats. 私は猫より犬が好きだ (語法 一般論の場合, like の目的語は C 名詞ならば複数形が普通). What I ～ about Sue is her frankness. スーのいいところは率直なところだ.
(**b**) VO (～ X/*doing*) Xを/..することを楽しむ (enjoy). Are you *liking* this voyage? この船旅はお気に召しましたか (語法 普通 like は進行形で用いないが, この意味の場合はよい). I ～ be*ing* your secretary. あなたの秘書をしているのは楽しいわ.
(**c**) VO (～ *doing/to do*) ..するのが好きである. I ～ walk*ing* at night. 私は夜散歩するのが好きです. 語法 特に〖英〗では普通 like do*ing* は一般論又は習慣的にある行為が「好き」な場合に, like *to* do は特定の具体的行為を「したい」場合に用いる (→3 (a)); 〖米〗ではあまりこの区別はしない.
(**d**) VO (～ X *to do*/X *doing*) Xが..するのを好む. Tom ～*s* girls *to* be quiet. トムは女の子はおとなしいのが好きだ. I don't ～ him com*ing* here. = 〖章〗I don't ～ his com*ing* here. 私は彼にここに来て欲しくない.
(**e**) VOC (～ X Y) XはYの状態がよい. I ～ my tea hot. お茶は熱いのがいい. She didn't ～ her husband drunk. 彼女は夫が酔っ払うのを好まなかった.
(**f**) 〖話〗〈反語的〉はいいね, にはいらつく. I ～ your impudence. 君のその生意気さはいただけないね. I ～ that! →成句.
2 〈否定文で〉 VO (～ *to do/doing*) ..する気がない, ..したくない (be unwilling (to)). I don't ～ *to* go [*going*]. 行きたくない.
3 〈would, should を伴って遠慮がちで丁寧な表現になる; should は主に〖英〗で, 平叙文では主語が1人称, 疑問文では主語が2人称の場合に用いる; 〖米〗, 〖英話〗では人称に関係なく would を用い, また would like はしばしば 'd like と短縮形になる〉
(**a**) VO (～ *to do*) ..したいと思う; VO (～ X *to do*) Xに..して欲しい; VOC (～ X Y) XはY(の状態)にして欲しい. I *should* [I *would*, I'*d*] ～ *to* read the book. その本を読みたいのですが. *Would* you ～ *to* come with me? 一緒においでになりますか[いただけますか]. He would have ～*d* to see you. 彼はあなたに会いたかっただろうに. I'*d* ～ you *to* meet my wife. 妻にお会いいただきたいのですが (★〖米話〗では I'*d* ～ *for* you *to* ..とも言う). *Would* you ～ me *to* drive you home? 家まで車でお送りしましょうか. I'*d* ～ my coffee strong. コーヒーは濃いのにして下さい. I'*d* ～ the book *returned* soon. すぐに本を返していただきたい.
(**b**) が欲しい; がよいと思う. I *would* ～ a pound of sugar, please. 砂糖を1ポンド欲しいのですが. *Would* you ～ a cup of tea? お茶を1杯いかがですか. What *would* you ～ for breakfast? 朝食は何がいいですか.
4 〖話〗〔食物などが〕の体に合う〈普通, 否定文で〉. I like eggs, but they don't ～ me. 卵は好きだが食べるとあたるんだ.
── 自 好む; 望む. You may spend the money as you ～. その金は好きなように使ってよい.
Hòw do you líke..? (1) ..をどう思いますか. *How did you* ～ the drama? 劇はどうでしたか.
(2) ..をどうするのがよいか. "*How do you* ～ your coffee?" "I ～ it black." 「コーヒーはどうしましょう」「ブラックがいい」(★ How would you ～..? とすればより丁寧).
I'd lìke to knów [*sée*]**..** 《脅し, 不信の気持ちで》..を知りたい[見せてもらいたい]ものだ. *I'd* ～ *to see* you do better. もっとましにやれるなら見たいものだ(が君にはやれまい). That's what *I'd* ～ *to know*. それを私は知りたいものだ.
if you líke (1) 嫌でなかったら, よかったら. I'll come with you *if you* ～. よろしかったらご一緒します. (2) そう言ってよければ, ..とも言えるだろう. I am careless *if you* ～. 不注意と言われてもしかたありません(が悪気はありませんなど).
I lìke thát! 〖話〗そいつはいいねえ; 〈反語的〉そいつはひどい; とんでもない.
lìke it or nót 〖話〗好むと好まざるとにかかわらず, いや応なしに. You're going to the dentist, (whether you) ～ *it or not*. いやが応でも歯医者に行くんですよ.
── 名C 〈普通 ～s〉好きなこと[もの], 好み, 〈特に次の用法で〉. (a person's) ～*s* and dislikes /díslàiks/ (人の)好きなことと嫌いなこと.
[＜古期英語 *līcan*「(..に)気に入る, 好む, 喜ぶ」]
‡**like**[2] /laik/ 形 m, 〖詩〗e (**lík·er**|**líke·st**) **1** 〈限定〉**同様な**; 同類の, 同種の. two men of ～ tastes 同じ趣味の2人. a ～ instance 類例. skiing, skating, and ～ sports スキー, スケート, およびその種のスポーツ.
2 〈限定〉等しい; 同量の, 同額の. a ～ sign (代数の)等号. a ～ sum 同額. a cup of sugar and a ～ amount of flour カップ1杯の砂糖と同量の小麦粉.
3 〈叙述〉〔人などが〕**似ている** (alike). No two sisters are more ～. この2人ほど似ている姉妹はいない.
4 〔写真などが〕(実物に)似ている. a ～ portrait (実物)

そっくりな肖像.
5〈叙述〉〖古・方〗..しそうな〈*to* do〉(likely).
(as) lìke as twò péas (in a pód) →pea.
in lìke mánner 同様に.
Lìke máster, lìke mán. 〖諺〗主が主なら家来も家来, 似た者主従. ★Like father, like son. (似た者親子)などと種々に応用される.
of (a) lìke mínd 同じ意見[趣味]で. They are all *of* ~ *mind*. 彼らはみんな同じような考え方をする.
── 前 **1** (外見, 性質などが) *..*のような; ..に似ている. a child ~ an angel 天使のような子供. What is she ~? 彼女はどんな人ですか (★*Like* what is she? とは言わない). What is he ~ at Latin? 彼のラテン語のできはどうですか 《<ラテン語においてどんな具合ですか》. Do you know what it is ~ ˪to be [being] penniless? 一文無しということがどんなものか分かりますか. Ann is very much ~ her mother. アンは母親にとてもよく似ている.
2 (やり方, 程度などが) *..*のように; ..と同様に. walk ~ a duck アヒルみたいな歩き方をする. ~ this このように[で]. I cannot do it ~ my father. 父と同じようにはできない. sing ~ a singer 歌手のように(上手に)歌う (★実際には歌手ではない. sing *as* a singer は「実際に歌手として[になって]歌う」).
3 ..にふさわしい, ..らしい, ..の特徴を示している. It was (just) ~ John to say that. そう言ったのはいかにもジョンらしい. Isn't that just ~ a girl! それはいかにも女の子らしいね. *Like* the actress that she is, ... さすがに女優だけあって...
4〖話〗(例えば)..のような[に], ..などの, (such as). dessert fruits, ~ apples and oranges リンゴやオレンジのような食後の果物.
like só 〖話〗こんな風に.
lóok like.. →look.
móre like.. むしろ..に近い[が正確だ]《数量について》.
nóthing like.. →nothing 副.
****sómething like***[1] ***..*** (1) *..*のようなもの, (..に)よく似た(もの). I saw *something* ~ a human figure in the dark. 暗やみに人影らしきものが見えた. It's not the same, but *something* ~. それは同じでないがよく似たものだ (★この like は形容詞). (2) ちょっと..のような[ように] (★something は副詞). His head is shaped *something* ~ a bullet. 彼の頭はちょっと弾丸のような形をしている. (3) およそ, 大体. I paid *something* ~ $20 for it. 私はそれに 20 ドルくらい払った.
sòmething líke[2] ***..*** 〖話〗相当な, すてきな. That is *something* ~ a day! 上々の天気だ, 本当の吉日だ. ★That's something ~! の形でも使い,「それはまさに望むところだ[素晴らしいことだ]」の意味.
Thát's [Thís is] mòre lìke it. (今までより)いい, よくなっている, (That's [This is] better.).
── 副 **1**〖話〗〈普通, 文尾に添えて〉..みたい, どうやら. You look tired ~. 君は疲れてるみたいだぜ. **2** = likely. **3**〖話〗〈つなぎの言葉として〉その, まあ, (you know). Let's go to the meeting and, ~, listen to what he has to say. 会議に出席して, まあ, 彼が何を言うかを聞いてみよう.
(as) lìke as nót 〖話〗=(as) LIKELY as not.
líke as 〖古〗〈接続詞的〉..のごとく.
líke enòugh = vèry líke 〖話〗たぶん (very likely).
── 接〖話〗 **1** ..のように, と同様に, (as). I can't speak English ~ you can. 私はあなたのようには英語がしゃべれない. *Like* I said, I can't attend the meeting. 言ったようにその会議には出席できない.
2〖米話〗まるで..のように (as if) (★〖英〗では非標準的). The singer acts ~ she's a queen. その歌手は女王然とふるまう. ★as if の場合と異なり, like が導く節の中の動詞は直説法 (→AS if..).
── 名 UC 〈普通 the ~ 又は one's ~〉似た人[もの]; 同様の人[もの]; 匹敵[相当]するもの; 〈普通, 否定文, 疑問文で〉. I shall never see his ~ again. 彼のような人には二度とお目にかかれまい. I've never heard the ~. こんなことは聞いたこともない. Did you ever see the ~*s* of this? こんなもの見たことあるかい. the ~*s* of me〖話〗私のような(つまらない)者ども. the ~*s* of you〖話〗あなたのような(立派な[ひどい])人たち.
and the líke ..など, ..の類, (★etc. より改まった言い方). I like to read biographies, travel books *and the* ~. 私は伝記, 旅行記といった類のものを好んで読む.
Lìke cures líke. 〖諺〗毒をもって毒を制す.
Lìke draws to líke. 〖諺〗同気相求む.
or the líke 又はその同様のもの, ..など.
the líke(s) of which.. 〖章〗(which の指すもの)のようなすごい[見たこともない]ことは... a tragic event *the* ~*(s) of which* we had never heard of 我々が聞いたこともなかったような悲惨な出来事.
[<古期英語 *ġelīc*「同様な」; →alike]
-like /laik/ 接尾 名詞に付け「..のような; ..らしい; ..に適した」の意味の形容詞を作る. child*like*. woman*like*. business*like*. ★-ish のような悪い意味はない.
[<like²]
‡**líke·a·ble** 形 =likable.
†**like·li·hood** /láiklihùd/ 名 aU (大いに)ありそうなこと (probability); 見込み, 公算, 〈*of* ..の/*that* 節 ..という〉. There is every [a strong] ~ of his [him] coming. 彼が来る見込みは大いにある. There is no [little] ~ *that* he will come. 彼が来る見込みは全く[ほとんど]ない. The ~ is that the truth will [won't] be brought to light. 恐らく真実は明かされる[明かされない]だろう.
in àll líkelihood 十中八九, 恐らく, (very probably).
‡**like·ly** /láikli/ 形 m, e (**-li·er**|**-li·est**) **1** (**a**) ありそうな; 本当らしい, もっともらしい; (類語 probable と possible の中間の可能性を表す). a (more than) ~ outcome (大いに)起こりそうな結果. the most ~ cause of the accident その事故の最も有力とされる原因. Rain is ~ this afternoon. 午後は雨になりそうだ.
(**b**) *..*しそうな, ..らしい, 〈*to* do〉. We are ~ *to* arrive in time. =It is ~ (that) we'll arrive in time. (→(c)) 多分間に合って着くだろう (★It is ~ for us to arrive in time. とは言わない). It's ˪very [more than] ~ *to* rain tonight. 今夜はきっと雨になる. There is ~ *to* be a little rain in the afternoon. 午後小雨がある見込み.
(**c**) 〈It is ~ (*that*)節〉..らしい, ..でありそうな. *It is* ~ (*that*) some politicians are indifferent to money. =Some politicians are ~ to be indifferent to money. (→(b)) 金には無関心な政治家もいるようだ.
2 適当な〈*to* do ..するのに/*for* ..に〉(suitable). a ~ place *to* hide 隠れるのに適当な場所. a ~ room *for* a meeting 会合にあつらえ向きの部屋.
3 見込みのある, 有望な, (promising). the *likeliest* [most ~] candidate 最も有望な候補者.
A [Thát's a] líkely stòry [tàle]! 〈反語的〉いやはや全く本当らしい話だ; それほんとうかねえ.
── 副 〈most, very などの修飾語を付けて〉多分, 恐らく, (類語 蓋(がい)然性の度合いは probably より低い). She will very ~ run in the coming election. 彼女は恐らく次の選挙に出馬するでしょう.
(as) lìkely as nót = ***mòre than líkely*** 恐らくは, 多分, (probably).
Nòt líkely! 〖話〗そんなはずはない, とんでもない, (Certainly not!). [<古期北欧語]
líke-mìnded /-əd/ 形 〈限定〉同じ意見[趣味など]を持った; 同志の. ▷**~·ly** 副 **~·ness** 名
†**lik·en** /láikən/ 動 他 〖章〗〈しばしば受け身で〉をたとえる, なぞらえる, (compare), 〈*to* ..に〉. Man's life is

often ～*ed to* a journey. 人の一生はよく旅にたとえられる.

***like·ness** /láiknəs/ 名 (複 ～·es /-əz/) **1** Ⓤ **似ていること**, 類似; Ⓒ 類似点〈*to* ..との/*between* ..間の〉; (類語 外観, 性質などが同じに見えるほどよく似ていること; →analogy, resemblance, similarity, similitude). The girl bears [has] a striking ～ *to* her mother. その少女は母親に実によく似ている. I can't see much ～ *between* the father and son. その父子はあまり似ているようには見えない. a family ～ 親兄弟などの間の似通った点. **2** Ⓤ 外観, 姿, 形. take on the ～ of a beggar こじきに身をやつす. an enemy in the ～ of a friend 味方のふりをした敵. **3** Ⓒ 〘やや旧〙似顔絵, 肖像; 写真. a good [bad] ～ of her father 彼女の父によく似ている[似ていない]肖像など.

***like·wise** /láikwàiz/ 副 ¢ 〘章〙 **1 同様に**. Our boss will take a long vacation, and advises us to do ～. 社長は長い休暇を取るので我々にもそうするよう勧めている. **2 ..もまた**; その上;〈接続詞的〉同様に. Tom is tall and ～ strong. トムは背が高い上に力も強い. The meat there was nice, (and) ～ the fish. そこの肉はおいしいものだった, それに魚もおいしかった.

3〈相手の挨拶, 意見などに対して〉こちらも同じです, 同じ考えです. "I'm delighted to meet you." "*Likewise*, I'm sure."「お会いしてうれしく思います」「私も同じです」. [like[2], -wise]

***lik·ing** /láikiŋ/ 名 aU 好み〈*for* ..に対する〉; 嗜(し)好, 趣味. have a (particular) ～ *for* wine ワインが(特に)好きである. It's not (to) my ～ to live luxuriously. ぜいたくな暮らしは私の好みに合わない.

for a pèrson's líking 人の好みから言うと. This necktie is too loud *for* my ～. このネクタイは私の好みとしては派手過ぎる.

tàke* [*devèlop*] *a líking to .. (初めて出会った)〔人〕が好きになる.

to a pèrson's líking 〘章〙人の好み[性(しょう), 望み]に合って[た]. I hope the meal will be *to* your ～. 食事があなたの好みに合うとよいのですが.

***li·lac** /láilək/ 名 (複 ～s /-s/) **1** Ⓒ **ライラック**, リラ, ムラサキハシドイ,《モクセイ科の落葉低木; 春, 薄紫又は白の花が群生し香気が強い》; Ⓤ〈集合的〉その花. a bunch of ～ 一房のライラックの花. **2** Ⓤ ライラック色, 薄紫色; 〈形容詞的〉 ライラック色の. [＜ペルシア語「青みがかった」]

Lil·li·put /líləpʌ̀t/ 名 リリパット《Swift 作 *Gulliver's Travels* に出てくる小人国》.

Lil·li·pu·tian /lìləpjúːʃ(ə)n ㊙/ 形 **1** リリパット(Lilliput)の. **2**〈l-〉非常に小さい; 取るに足らない; 狭量な.
── 名 Ⓒ **1** リリパットの住民. **2**〈l-〉小人; 狭量な人.

Li·lo, li·lo /láilou/ 名 (複 ～s) Ⓒ 〘英〙〘商標〙(海浜などで寝そべるゴム[ビニール]製)エアマット. [＜lie low]

lilt /lilt/ 動 他, 自 (を)陽気に[軽快に]歌う[話す, 動く, 動かす]. ── 名 aU 陽気で快活な調子[旋律]; Ⓒ 陽気で快活な歌[曲]; 軽快な動作[歩調]. ▷**lílt·ing** 形 軽快な〔曲, 声など〕, リズミカルな.

****lil·y** /líli/ 名 (複 -lies /-z/) Ⓒ **1** ユリ; ユリの花[球根]; 《花ことばでは白ユリは「純潔 (purity), 優しさ」を表す》. **2**〈the lilies〉(昔のフランス王家の)ユリの紋章 (fleur-de-lis 2). **3** (白ユリのように)純白なもの, 色白の人; 清純な人. **4**〈形容詞的〉(ユリのように)純白な; 繊細で美しい〔手など〕.

gìld the lily →gild[1]. [＜ラテン語 *līlium*]

lily-lívered /㊙/ 形 〘旧〙臆(おく)病な.

lily of the válley 名 (複 lilies-, ～) Ⓒ 〘植〙スズラン.

líly pàd 名 Ⓒ (水面に浮いている)スイレンの葉.

lily·white /㊙/ 形 **1** (白ユリのように)真っ白な〔肌など〕; 純潔な, (道徳的に)非の打ちどころのない. **2** 〘米〙〔団体などが〕黒人排斥の.

Li·ma /líːmə/ 名 リマ《ペルーの首都》.

lí·ma bèan /láimə-, líːmə-/ 名 Ⓒ アオイマメ《シロインゲンマメの類; 北米で栽培される》; その平たい食用の豆.

****limb** /lim/ 名 (複 ～s /-z/) Ⓒ 【手足】 **1** (人間, 獣の)**手足**(の1本); (鳥の)翼; (魚の)ひれ. stretch [rest] one's tired ～*s* 疲れた手足を伸ばす[休める]. an artificial ～ 義手, 義足.

2【手足に似たもの】(木の)大枝 (→branch); 十字架の手; (海の)入り江; 山脚.

【手足として動く者】 **3** 子分, 手先. a ～ of ⌞the devil [Satan] 悪魔の手先《いたずら小僧など》. a ～ of the law 法律の手先《法律家, 警官など》. **4** 〘古〙いたずら小僧, 腕白.

òut on a límb 〘話〙(議論などで)孤立無援で[の]; 不利な立場[状況]で, 危険[非難]にさらされて[た]; 《＜枝の先端に追いつめられて》. go *out on a* ～ (極端な見解の表明など, 不用意な言動などをして)窮地に陥る.

rìsk lìfe and límb →life.

tèar a person lìmb from límb 人を徹底的に痛めつける, 人を八つ裂きにする. [＜古期英語]

limbed /limd/ 形 手足[枝, 翼など]のある;〈複合要素として〉手足[枝]が..の. long [short]-～ 手足の長い[短い].

lim·ber[1] /límbər/ 形 〔体, 手足などが〕しなやかな, 柔軟な; 〔動作などが〕敏活な.
── 動 自 体をしなやかにする, (運動競技などの前に)柔軟体操をする, 〈*up*〉. ── 他 を柔軟にする.

lìmber onesèlf úp ＝ 自.

lim·ber[2] 〘軍〙名 Ⓒ (砲車の)前車. ── 動 他, 自 (〔砲〕に)前車をつなぐ〈*up*〉.

limb·less /límləs/ 形 手足[枝]のない.

‡**lim·bo**[1] /límbou/ 名 (複 ～s) **1** Ⓤ〈しばしば L-〉リンボ, 地獄の辺土,《洗礼を受けずに死んだために天国に行けない幼児, キリスト降誕以前の善人などの霊魂が住む場所; ローマカトリック教の考え》. **2** Ⓤ 忘れられた[無用の]存在, 不確定な状態; Ⓒ (忘れられた[無用な]人や物の)捨て場所; 刑務所, 監禁の場所. send a person into political ～ 人を政界から葬り去る. I'm in ～ waiting for the result. 結果待ちでどっちつかずの状態にある. [＜ラテン語「境界, へり」]

lim·bo[2] 名 (複 ～s) Ⓒ リンボーダンス《次々に下げられる横棒の下を反り身でくぐる西インド諸島の踊り》.

***lime**[1] /laim/ 名 Ⓤ **1 石灰**; 生石灰 (quicklime); 消石灰 (slaked lime). **2** 鳥もち (birdlime).
── 動 他 **1**〔畑など〕に石灰をまく《酸性を中和するため》; を石灰(水)で処理する. **2**〔鳥など〕を鳥もちで捕まえる; 〔枝など〕に鳥もちを塗る. [＜古期英語]

lime[2] 名 ＝linden.

lime[3] 名 **1** Ⓒ ライム《熱帯アジア産のミカン科の低木》; ライムの実《レモンに似てより小さく酸っぱい果実; その果汁は清涼飲料, また昔は壊血病 (scurvy) の薬としてよく用いられた》; Ⓤ ライムの果肉・果汁. **2** ＝ lime green.

lime·ade /làiméid/ 名 Ⓤ ライムエード《ライムの果汁に砂糖などを加えた清涼飲料》.

lìme gréen 名 Ⓤ 黄緑色.

líme·juìce 名 Ⓤ ライム果汁.

líme·kìln 名 Ⓒ 石灰窯(がま)《石灰製造用》.

‡**líme·lìght** 名 **1** Ⓤ 石灰光, ライムライト,《石灰の棒に強烈な炎をあてて生じる明るい白熱光》; Ⓒ ライムライト《昔舞台のスポットライトに用いた石灰光を出す照明器具》. **2**〈the ～〉世人の注目(を浴びる立場). in the ～ 脚光を浴びて. enter the political ～ 政界で注目を集める.

lim·er·ick /lím(ə)rik/ 名 Ⓒ リメリック《普通, こっけいで, しばしばナンセンスな内容の5行詩; AABBA の形式で脚韻を踏むものが多い; 日本語訳も少し無理をして脚韻を

L

踏ませてある》. [?<アイルランドの町の名]

There was a young lady from Lynn,
Who was so exceedingly thin,
That when she essayed
To drink lemonade,
She slid down the straw and fell in.
リンから出て来た女の子
やせて細った女の子
この子あるときレモネード
飲もうとしたらグリセード
わらを滑ってざんぶりこ

líme·stòne 名 UC 石灰石[岩].

líme·wàter 名 U 石灰水.

lim·ey /láimi/ 名 (複 ~s) C 〖主に米俗・軽蔑〗英国人(水夫); 英国船.

****lim·it** /límət/ 名 (複 ~s /-ts/) C 【限界】 **1** 〈しばしば ~s〉(数量, 範囲, 程度などの)**限界**, 限度, 〈*of* ..の〉; 制限. learn the ~*s of* one's power 力の限界を知る. set a ~ to [on] one's spending 支出を制限する. put a ~ on ..に制限をもうける. There's a [no] ~ to what he can do. 彼の出来ることには限界がある[ない]. I've reached the ~ *of* my patience. 私の我慢も限界に達した. Avarice knows no ~(*s*). 欲には際限がない. the upper [lower] ~ 上[下]限. the age ~ 年齢制限, 定年. the two month time ~ 2か月という時間制限. Speed ~: 30 MPH. 〖掲示〗制限速度: 時速30マイル.

連結 the extreme [the ultimate; the highest, the maximum; the lowest, the minimum] ~ // fix [reach; exceed, pass] a [the] ~

2 〈しばしば ~s〉(魚獲などの)制限捕獲量; (ポーカーなどの)賭(か)け高の限度; 〖数〗極限.

3 【忍耐の限度】〖話〗〈the ~〉我慢のならないもの[人]. That guy is really the ~. あいつには全く我慢がならない. That really is the ~. それで本当にもうたくさんだ.

【境界】 **4** 〈しばしば ~s〉**境界, 境界線**; 〈~s〉(境界で囲まれた)区域, 範囲. This is the ~ of my estate. ここまでが私の所有地だ. The Tama River flows along the ~*s* of the city. 多摩川が市の境界沿いに流れている.

be over* [*below*] *the límit 限度を越えている[いない]; 〔車の運転手が〕飲酒運転とされるところまで飲んでいる[いない].

gò the límit 限界まで行く[やる].

hàve one's límits 〖話〗して良いことと悪いことを心得ている, ものごとの程をわきまえている.

òff límits 〖主に米〗立ち入り禁止区域(の)〈*to* ..にとって〉(out of bounds), (喫煙などの)禁止区域(の). This part of the library is *off* ~*s to* students. 図書館のこの部分は学生立ち入り禁止です. Smoking is *off* ~*s* here. ここは禁煙です.

to the* (*ùtmost*) *límit 限界(ぎりぎり)まで; 極度に. He went [ran] *to the* ~ of his strength. 彼は力の続く限度まで頑張った.

within límits ある限度内で, 適度に. I can say I'll help you *within* ~*s*, but not more. ある限度内は君を援助すると言えるが, それ以上はできない.

without límit 無制限な[に].

—— 動 (~s /-ts/|過 過分 ~·ed /-əd/|~·ing) 他 **1** を**制限する**; を限る, 限定する, 〈*to* ..(の範囲内)に〉; (類語 客観的に時間, 数, 空間, 範囲などの限度を設定すること; →confine, restrict). The contest was ~*ed to* amateurs. 競技の出場者はアマチュアに限られた.

2 〔人〕に制限を加える〈*to* ..にとどめるように〉. You'd better ~ yourself *to* less than 20 cigarettes a day. たばこは1日20本以内にとどめた方がいいですよ. I shall ~ myself *to* one small topic. 小さなトピックを一つだけ取り上げるにとどめましょう.
[<ラテン語 *līmes*「境界」]

***lim·i·ta·tion** /lìmətéiʃ(ə)n/ 名 **1** C 〈しばしば ~s〉**制限するもの**, 制約, 規制. ~*s* on imports 輸入制限. the ~ of freedom of speech 言論の自由の規制. There are severe ~*s* to the activities permitted a hunter. ハンターが許可される活動には厳しい制限がある.

2 C 〈普通 ~s〉(能力, 知力などの)**限界**. You should know your own ~*s*. 君は自分(の能力)の限界を知るべきだ. discern a person's ~*s* 人の限界を見抜く.

3 U 制限する[される]こと. arms ~ 軍備制限.

4 C 〖法〗出訴期限.

***lim·it·ed** /límətəd/ 形 **1** m 〔数量, 範囲, 程度などが〕**限られた**〈*to* ..に〉, 有限の; 〔スペースなどが〕十分でない; 〔能力, 独立性, 創造性などが〕乏しい. take a ~ amount of sugar 砂糖の摂取量を制限する. He is rather ~ in originality. 彼には少々創造力が欠けている. That student's ability to write English is very ~. その学生の英語を書く能力は大変低い. **2** ⓒ 〖米〗〔列車, バスなどが〕特急の. **3** ⓒ 〖商〗〔会社が〕有限責任の. **4** (憲)法により制限された. a ~ government [monarch] 立憲政治[君主国].

—— 名 C 〖米〗特急列車[バス].

lìmited (liabìlity) cómpany 名 C 〖英〗有限(責任)会社 (★会社名の場合は社名の後に Limited 又は Ltd と略して添える; →incorporated).

lìmited edítion 名 C 限定版.

lìmited wár 名 C 限定戦争; 局地戦.

lím·it·ing 形 制限[制約]する; 進歩[増進]を妨げる; 〖文法〗〔形容詞(節)が〕制限[限定]的.

†límit·less 形 無制限の; 無限の; 無期限の. make ~ demands きりのない要求をする. ▷ **~·ly** 副 **~·ness** 名

limn /lim/ 動 他 **1** 〖古〗〔絵〕をかく (paint, draw). **2** 〖章〗を描写する; の輪郭をはっきり示す.

lim·nol·o·gy /limnáləd͡ʒi|-nɔ́l-/ 名 U 陸水学《湖沼, 河川など淡水の形態・水質・生物などの総合的研究》.

lim·o /límou/ 名 (複 ~s) C 〖話〗=limousine.

li·mo·nite /láimənàit/ 名 U 〖鉱〗褐(かっ)鉄鉱.

†lim·ou·sine /líməzì:n|ˌ--ˊ/ 名 C **1** リムジン《運転席と客席の間に開閉できるガラス仕切りのある大型の自動車; →sedan》; 〈一般に〉大型高級乗用車. **2** 〖主に米〗リムジンバス《空港と市内のターミナル間などで客の送迎に用いる小型バス》. [<*Limousin* (フランス中西部の地方名)]

***limp**[1] /limp/ 動 (~s /-s/|過 過分 ~ed /-t/|límp·ing) 自 **1 足を引きずる**. ~ along on the injured foot けがをした片足を引きずって歩く. **2** VA (~ *along*) 〔船, 列車などが〕(故障で)徐行する, かろうじて進む; 〔演説, 音楽, 詩, 仕事, 景気などが〕調子が乱れる, もたつく. The damaged ship ~*ed along*. 損傷を受けた船はかろうじて進んだ. His address ~*ed along* and was boring. 彼の挨拶はもたつき, 退屈なものだった.

—— 名 aU 足を引きずること. walk with [have] a slight ~ 足を少し引きずって歩く, 足が少々不自由である. [<〖廃〗*limp*(*halt*) 'lame']

†limp[2] 形 e **1** ぐにゃぐにゃの, 柔らかな; 〔筋肉などが〕たるんだ; 〔植物などが〕しおれた. a ~ shirt (のりがとれて)くたくたのワイシャツ. a ~ edition ソフトカバー版《紙または革の柔らかい表紙の本》. **2** 力の抜けた, (意識を失って)ぐったりした; 疲れた; 〔意志などが〕薄弱な. a ~ handshake 力ない握手. The old man went ~ and collapsed on the floor. 老人はへたへたと床にくずおれた. [?<limp[1]] ▷ **~·ly** 副 力なく, 弱々しく. **~·ness** 名

lim·pet /límpət/ 名 C **1** 〖貝〗カサガイの類《岩に固着している》. **2** (地位などに)しがみついている人[役人]. hold on [cling, hang on] to a pillar like a ~ 柱にしっかりしがみつく. **3** 吸着爆弾《〖英〗では ~ mine; 磁石や接

着剤で船体などに目的物にくっつける》.

lim·pid /límpəd/ 形 〖雅〗澄みきった, 透明な, 〔液体, 大気, 目など〕; 明晰(めいせき)な〔文体など〕; (clear); 悲しみや心配のない. [＜ラテン語「澄んだ」] ▷ **～·ly** 副 透明に. **～·ness** 名

lim·pid·i·ty /limpídəti/ 名 U 〖雅〗清澄さ, 透明.

lìmp-wrísted /⑧/ 形 〔男が〕女々しい; 無(気)力な.

lim·y /láimi/ 形 e **1** 石灰の(ような); 〔土壌などが〕石灰質の. **2** 鳥もちを塗った; ねばねばする; (→lime[1]). **3** ライムのような味のする (→lime[3]).

lin·age /láinidʒ/ 名 U **1** (書物などの)行数. **2** (原稿料の)行数払い. **3** = alignment 1.

línch·pìn 名 C **1** 輪止めくさび《車輪が車軸から抜けないように車軸の端に打ってあるくさび》. **2** (全体をまとめている)要(かなめ)の人[もの].

Lin·coln /líŋkən/ 名 リンカーン **1 Abraham ～** (1809–65)《米国の第 16 代大統領 (1861–65)》. **2** 米国 Nebraska 州の州都. **3** C 〖商標〗米国 Ford 社製の大型乗用車; Lincoln Continental など.

Líncoln Cènter 名 〈the ～〉リンカーンセンター《米国 New York 市にある総合芸術センター》.

Lìncoln gréen 名 U リンカングリーン(の布)《鮮やかな緑色; 昔イングランドの Lincolnshire の州都 Lincoln で織られた布の色; Robin Hood とその家来がこれを着ていたと言われる》.

Lìncoln Memórial 名 〈the ～〉リンカーン記念堂《米国の Washington D.C. にある; リンカーン大統領を記念する》.

Lìncoln's Bírthday 名 リンカーン誕生日《米国の法定休日; 多くの州は 2 月 12 日, 他の州では 2 月の第 1 月曜日》.

Lin·coln·shire /líŋkənʃər/ 名 リンカンシャー《イングランド中東部の州; 州都 Lincoln; 略 Lincs.》.

Lìncoln's Ínn 名 リンカン法曹学院《London の 4 つの法曹協会の 1 つ; →Inns of Court》.

Lìncoln Túnnel 名 〈the ～〉リンカーントンネル《米国の New Jersey と Manhattan を結ぶ自動車専用トンネル; Hudson 川の下を通る》.

Lincs. Lincolnshire.

linc·tus /líŋktəs/ 名 U 〖薬〗(シロップ状の)のどの痛み止め・せき止め薬.

Lin·da /líndə/ 名 女子の名.

lin·dane /líndein/ 名 U 〖化〗リンデン《主に殺虫剤, 人体には有害とされる》.

Lind·bergh /lín(d)bəːrg/ 名 **Charles Augustus ～** リンドバーグ (1902–74)《米国の飛行家; 1927 年初めて大西洋横断無着陸単独飛行に成功》.

lin·den /líndən/ 名 C リンデン《シナノキ, ボダイジュなどの類の落葉高木でしばしば街路樹に用いる; 花は淡黄色で香りが高く, 蜂蜜(はちみつ)を採る; =lime[2]》. [＜古期英語]

‡**line**[1] /lain/ 名 (複 **～s** /-z/)

【線】 **1** C **線**, 筋; 罫(けい). a broken ～ 破線《----》. a dotted ～ 点線《…》. a solid ～ 実線《—》. draw a straight [curved] ～ 直線[曲線]を引く. These two ～*s* are parallel. これらの 2 線は平行です. as straight as a ～ 一直線に[の].

> 連結 a horizontal [a perpendicular, a vertical; an oblique, a slant(ing); a fine, a thin; a heavy, a thick; a wavy] ～

2 C (楽譜の)横線; 〖数〗(直)線; (競技場や道路などに引かれた)ライン, ゴールライン. finish [cross] the goal ～ ゴールインする. **3** C 描線《美術作品の形の構成上主要素を成す線》; U (画家などの)筆致. the boldness of ～ in the work of Gogh ゴッホの作品の大胆な筆致.

4 C 〈しばしば ～s〉(物, 人体の)輪郭, 外形; 目鼻だち. The building has beautiful ～*s*. その建物の輪郭は美しい. the shore ～ 海岸線. the ～*s* of the car その車のフォルム. the ～*s* of the body 体形, 体の線.

5 C 縫い目; (割れ目などの)筋; (顔などの)しわ; (手相の)線. deep ～*s* of worry on an old woman's face 老婦人の顔に刻まれた深い苦悩のしわ. the ～ of fortune 運命線.

【綱, 糸】 **6** C 〈一般に〉**綱**, ひも, 糸; 針金; (類語 ひも・綱の類の一般的名称; →cable, cord, rope, string, thread, wire, yarn). The boat was tied with a short ～. ボートは短い綱につないであった.

7 C 電話[信]線. on a direct ～ 直通電話で. I'm sorry, the [your] ～ is busy. 〖米〗あいにくお話し中です《電話交換手が言う; 〖英〗(The) number is engaged.》. I got the [my] ～*s* crossed. 混線して通じなかった; 頭がこんがらがった. hold the ～ →成句. Your party is on the ～. 先方が(電話に)お出になりました. The ～ went dead suddenly. 電話が突然通じなくなった. **8** C 釣り糸 (fishing-line); 〈the ～〉物干し綱 (clothesline); 電線; (鉄道などの)線路; 〖米〗(ガス, 水道などの)導管. hang the laundry on the ～ 洗濯物を物干し綱に掛ける.

【列】 **9** C (横の)**列**, 並び; (縦の)行列(〖主に英〗queue; →column, rank, row). a ～ of hills 低い山並み. People were waiting for the bus in (a) ～. 人々が行列してバスを待っていた. Get in [Follow the] ～, please. どうぞ並んで下さい.

10 C 〖軍〗横隊 (→column); (兵士, 軍艦などの)戦列, 戦闘隊形, (line of battle).

【文字の列】 **11** C (文章の)**行**. the fifth ～ from the top [bottom] 上[下]から 5 行目. quote a few ～*s* from the Bible 聖書から数行[1 節]を引用する.

12 C 〖劇〗〈～s〉せりふ; 〖話〗(ある意図を持った)せりふ, (偽りの[大げさな])話. He gave her his usual ～ about his great expectations. 彼は莫(ばく)大な遺産相続の見込みがあるという彼のいつもの話を彼女にした.

13 C (詩の)行; 〈～s〉短詩. *Lines* to My Wife. 我が妻に寄せて《詩の表題》.

14 C 〖英〗(生徒が)罰として書き写しさせられる行. The pupil was given two hundred ～*s*. その生徒は罰として同じことを 200 行書き写しさせられた.

15 C 〖話〗短い手紙. Please drop me a ～ when you arrive there. あちらへ着いたら一筆下さい.

16 C 〖話〗情報; 虚偽の情報; 〈*on* ..についての〉. get [have] a ～ on .. →成句. give a person a ～ on .. →成句. feed a person a ～ about ..について偽の情報を伝える.

17 〈～s〉〖英〗結婚証明書 (marriage lines) (〖米〗marriage certificate).

【目に見えない線】 **18** C 経[緯]度線; 〈the ～ 又は the L-〉赤道 (equator). cross the ～ 赤道を横切る.

19 C **境界(線)**; 国境; 〈比喩的〉境, 限界(線). The deserter crossed the ～ safely. 脱走兵は無事国境を越えた. There is a thin ～ between love and fascination. 愛することと魅惑されることとは少し違う. draw the [a] ～ →成句.

20 C 〖軍〗〈しばしば ～s〉戦線; 防御線, 要塞(さい)線. the front ～(*s*) 前線.

21 【系統】 C 〈特に〉家系, 血統. a long ～ of kings 歴代の王家. He comes of a good ～. 彼は良家の出である.

22 【路線】 C (鉄道, バスなどの)**路線**; (定期)航路, 空路; ..線. a new bus ～ 新しいバス路線. The accident halted service on the commuter ～ for two hours. 事故でその通勤[通学]路線は 2 時間不通になった. The New Tokaido (Trunk) *Line* was completed [opened, inaugurated] in 1964. 東海道新幹線は 1964 年に完成した[運行開始された].

【路線の方向】 **23** C **進路**, 方向; 方面. the army's

〜 of retreat 軍隊の退路. try a different 〜 of approach to a problem 問題に別の方向から取り組んでみる.

24 Ⓒ〈しばしば 〜s〉(行動の)**方針**, 主義; 方法;〈*on* ..に関する〉. along [on] the same 〜*s* 同じ方針[方法]で. proceed along the right 〜*s* 正しい方針に従って進む. follow the party 〜〈特に〉政党の政策に従う. soften one's 〜 態度を軟化する. take a hard 〜 on ..に強硬な方針を取る. a 〜 of argument (相手を論破するための)議論の進め方.

25【人生の方向】〈〜s〉運命, 境遇. →hard lines.

【仕事, 活動の方向】**26** Ⓒ 商売, 職業; 専門, 研究分野; 趣味. "What 〜 of work [business] are you in?" "I'm in the building 〜."「お仕事はどちらの方ですか」「建築の方をやっています」. Poetry is (in) my 〜. 詩は得意とするところ[好きな分野]です. Golf is out of my 〜. ゴルフは苦手である.

27 Ⓒ〖商〗(商品の)種類, 仕入れ品. keep a new 〜 of sporting goods 新型のスポーツ用品を(店に)置く. Our company's emphasis is on reference 〜*s*. 我が社は参考図書類(の出版)に重点を置いています.

28 Ⓒ〖俗〗(粉末状の)麻薬《特にコカイン》. do a 〜 of coke コカインを(一服)吸う. ◇形 linear; lineal

abòve* [*belòw*] *the líne 標準以上[以下]で.

àll along the líne (戦線の)全線にわたって; 至る所に[で]; あらゆる点で, 全面的に. His judgment has been right *all along the* 〜. 彼の判断は終始一貫して正しかった.

brìng..into líne (1)..を1列にする, 整列させる. (2)..を同意[同調]させる, そろえる,〈*with* ..に〉.

còme* [*fàll*] *into líne (1) 1列になる, 整列する. (2) 同意[同調]する〈*with* ..に〉. We all had to *fall into* 〜 *with* the chairman's proposals. 我々はみな議長の提案に同意せざるをえなかった.

dòwn the líne〖主に米話〗全面的に, すっかり; 道をまっすぐに進んで. support a person (all) *down the* 〜 人を全面的に支持する.

dràw the* [*a*] *líne (1) 限度を置く, 一線を画する; しない〈*at* ..までは〉. That's where I *draw the* 〜. それが私の限度です, それ以上はしかねます. *draw the* 〜 *at* stealing 盗みまではしない. (2) 区別する〈*between* ..を〉.

gèt* [*hàve*] *a líne on..〖話〗..について情報を得る[持っている].

gìve a pèrson a líne on..〖話〗..の情報を人に与える.

gìve a pèrson líne enòugh 人をしばらく自由にさせておく.

gò up the líne (基地から)前線に出る.

hòld the líne (1)(守備などを)堅く守る; (より悪くならないよう)現状を維持する. (2) 電話を切らないでおく. Please *hold the* 〜 for a moment. (電話の相手に)そのまましばらくお待ちください.

****in líne*** (1) **列をなして[た]**, 並んで[だ]. stand *in* [on] 〜〖米〗列を作って待つ(★〖英〗stand in a queue). (2) 一直線に[の]; 一致[同調]して(いる), 類似した; 規準に従って;〈*with* ..と〉(↔out of line). Your decision is *in* 〜 *with* my ideas. あなたの決定は私の考えと一致している. keep a person *in* 〜 人を同調させておく, 支配下におく. (3) しそうである〈*to* do〉. Similar accidents are *in* 〜 *to* happen. 同じような事故が起こりそうである.

in líne for.. ..を得ようと並んで, ..が得られそうで; ..に予定されて, ..の見込みがある. You are first [the next] *in* 〜 *for* promotion. 君は次の昇任予定者です.

in* (*the*) *lìne of dúty 職務[軍務]に従って(いる間に).

jùmp the líne〖米〗列に割り込む; 先取りする.

lày* [*pùt*] *.. on the líne〖話〗〈しばしば it が目的語〉(1)..を即座に支払う. (2)..をざっくばらんに言う. I'm going to *lay it on the* 〜 for you, Jack. ジャック, 君のために率直に話そう. (3)〔金銭, 生命, 名声など〕を賭(か)ける.

òff líne〔機械, (防衛)体制などが〕作動していないで, 活動休止で, (↔on line).

on a líne with.. ..と同一水準に[の]; ..と同等に.

òn líne (1)(待っている)列に加わって. (2)〔機械, (防衛)体制などが〕作動中で, 働いて, (↔off line). bring the engine *on* 〜 エンジンを動かす. (3)〖電算〗コンピュータと直結で, オンラインで; ネット上で. We are *on* 〜 with our company's main computer. 我が社の主力コンピュータとオンラインでつながっています.

on the líne (1) 目の高さの所に. hang a picture *on the* 〜 絵を(鑑賞者の)目の高さに掛ける《見るのに最適の高さ》. (2) 境界線上に; どっちつかずで. (3)〖話〗〔命, 名声などを〕危険にさらして, 賭(か)けて. put [lay] one's honor *on the* 〜 名誉を賭ける. His future is *on the* 〜. 彼の将来は危うい. (4)〖話〗即座に(→lay [put] it on the 〜). (5) 電話に出て(→名 7).

on tòp líne〖話〗できる限り有効に[よく]働いて.

out of líne (1) 列にならない(で), 列を乱して(いる). (2) 一直線でなく[ない]; 一致[同調]しない(で), 異なった[て];〈*with* ..と〉(↔in line). (3) 生意気で[な]. His remark was really *out of* 〜. 彼の意見は本当に生意気だった.

pùt..on the líne →lay..on the LINE.

***rèach the ènd of the líne* [*róad*]** 終わりにくる,〈特に〉破局に至る.

rèad between the línes 行間を読む, 言外の意味を読み取る.

shòot* (*a person*) *a líne〖俗〗(人に)ほらを吹く.

stèp out of líne 意表をつく行動に出る.

tàke a stròng* [*fìrm, hàrd*] *líne 強硬な[断固とした, 厳しい]方針[処置]をとる,〈*with* ..に対して/*on, about, over* ..について〉.

tàke* [*kèep to*] *one's òwn líne 我が道を行く[守る].

tòe the líne →toe.

── 動 (〜s /-z/|過 過分 〜d /-d/|lín·ing) 他

1 に線を引く; を線で仕切る. **2** にしわを作る[寄せる]. Old age 〜*d* my mother's face.＝My mother's face was 〜*d* with old age. 母の顔には老齢によるしわが刻まれていた. **3** の輪郭をかく, をスケッチする,〈*out*〉.

4 を**1列に並べる**, 整列させる,〈*up*〉. The teacher 〜*d* the children *up*. 先生は子供たちを整列させた.

5 に沿って並ぶ; に沿って並べる〈*with* ..を〉. Crowds 〜*d* the street to see the Queen go by. 女王様のお通りを見ようと群衆が沿道に並んだ. a sidewalk 〜*d* *with* flowers 花を植え込んだ歩道.

6〖野球〗〔投球〕をライナーで打つ.

── 自 **1** (縦または横に)整列する, 1列に並ぶ,〈*up*〉. **2**〖野球〗ライナーを打つ.

lìne óut〖野球〗ライナーを取られてアウトになる.

lìne /../ óut ..の輪郭をかく.

lìne úp (1)→自 1. (2)〖主に米〗行列する〈*for* ..のために〉. (3)〖話〗(特に政治的に)結束[結集]する〈*against* ..に反対して/*behind, with, alongside* ..を支持[支援]して〉.

lìne /../ úp (1)→他 4. (2)〔行事〕を企画[お膳(ぜん)立て]する;〔人, 場所など〕を確保[手配]する〈*for* ..〔行事〕のために〉. 〜 *up* a charity concert 慈善コンサートを企画する. 〜 *up* entertainers for a TV show テレビのショーにエンターテイナーを集める. 〜 *up* a public hall *for* a concert コンサートのために公会堂を確保する.

[＜ラテン語「亜麻の(繊維)」(＜*linum* 'flax')]

***line**[2] /lain/ 動 (〜s /-z/|過 過分 〜d /-d/|lín·ing) 他

1〔衣服など〕に**裏を付ける**, を裏打ちする,〈*with* ..で〉. My coat is 〜*d with* fur. 私の上着には毛皮の裏が付いている. **2** の裏地になる, の内壁を覆う. Moisture 〜*d* the walls of the cave. 洞窟(くつ)の壁は一面に水滴がついていた. The walls of the room are 〜*d with* works by famous painters. その部屋の壁は有名な画家の作品で覆われている. **3** の内部をいっぱいにする〈*with* ..で〉. ～ a refrigerator *with* food 冷蔵庫を食物でいっぱいにする. 「..で〉.

***line** one's **pócket(s)** [**púrse**]* 私腹を肥やす〈*with*〉

[＜ラテン語 *linum* 'flax'; かつて裏地に, 亜麻を材料としたリンネルを用いたことから]

†**lin·e·age**[1] /líniidʒ/ 名 U 〘章〙 血統, 家系; 一族. a person of good [humble] ～ 家柄のよい[卑しい]人.

line·age[2] /láinidʒ/ 名 ＝linage.

lin·e·al /líniəl/ 形 〘章〙〈限定〉**1** 直系の, 嫡流の, (↔ collateral); 先祖伝来の. a ～ ascendant [descendant] 直系尊属[卑属]. **2** ＝linear 1. ▷～**·ly** 副

lin·e·a·ment /líniəmənt/ 名 C 〘章〙〈普通 ～s〉**1** 顔の特徴, 目鼻だち; 体つき, 姿. **2**〈一般に〉特徴.

‡**lin·e·ar** /líniər/ 形 〈限定〉**1** 線の, 直線の; 線を用いた. a ～ pattern 線模様. **2** 長さの[に関する]. **3**〔動きなどが〕線状に伸びる[進む, 変化する], 順を追って進む; 線を成す, 線状の. the ～ view of time 時間が直線状に経過するという考え方. a ～ relation between working hours and productivity 労働時間と生産高との直接的関係. **4**〘数〙1 次の (→quadratic). a ～ equation 1 次方程式. **5**〔葉などが〕糸状の, 細くて長い. **6**〘電〙入力に比例した出力がある, リニアの.

lìnear accélerator 名 C 〘物理〙 線形加速器.

lìnear méasure 名 U 尺度(法); 長さ(の単位).

lìnear mótor 名 C リニアモーター《直線運動を起こす電動機; 浮上式鉄道などに使用》.

lìnear perspéctive 名 U 〘美〙 線遠近法.

lìnear thínking 名 U 垂直[直線的]思考《物事を因果関係のように一連のつながりとして捉える考え方; → lateral thinking》.

líne·bàcker 名 C 〘アメフト〙 ラインバッカー《前衛のすぐ後, つまり第 2 列中央の位置; 略 LB》.

lined /laind/ 形 **1**〔顔, 皮膚が〕しわのある. **2**〔紙が〕罫(け)のある. ～ paper 罫紙.

líne dràwing 名 C 線画《ペン画, 鉛筆画など》.

line drìve 名 ＝liner[1] 3.

líne·man /-mən/ 名 (複 **-men** /-mən/) C **1**(電信, 電話の)架線作業員; (鉄道の)保線係. **2**〘アメフト〙 前衛.

líne mànager 名 C 〘主に英〙 **1** 企業の生産・販売など主要部門の責任者[管理者], ライン管理者. **2** 直属の上司.

*__lin·en__ /línən/ 名 **1** U リンネル, リネン, 亜麻 (flax) 布. a ～ handkerchief 麻のハンカチ. **2** U 又は〈～s〉リネン類《シーツ, テーブルクロスなど》. **3** U 〘旧〙(リンネル製, また後にはキャラコなど木綿製の)白い下着類.

***wàsh* [*àir*] *one's dìrty línen* ⌞*in públic* [*at hóme*]** 内輪の恥を⌞さらす[隠しておく].

[＜古期英語「亜麻製の」; line[1], -en]

línen bàsket 名 C 〘主に英〙 洗濯かご (laundry basket)《普通, 大型でふた付きの汚れ物入れ》.

línen cùpboard 名 C リネン用戸棚.

línen dràper 名 C リネン商.

line of báttle 名 (複 **lines-**) →line[1] 名 10.

line of cóuntry 名 (複 **lines-**) C 〘英話〙 職種, 得意な分野.

line of crédit 名 (複 **lines-**) ＝credit line.

line of fíre 名 (複 **lines-**) C 火線; 砲火[攻撃]にさらされる位置.

line of fórce 名 (複 **lines-**) C 〘物理〙 力(りき)線《電[磁]場で力の方向を示す想像上の線》.

line of lífe 名 (複 **lines-**) C 〘手相〙 生命線.

line of márch 名 (複 **lines-**) C 行進路.

line of scrímmage 名 (複 **lines-**) C 〘アメフト〙 スクリメッジライン.

lìne of síght [**vísion**] 名 (複 **lines-**) C 視線.

líne-òut 名 C 〘ラグビー〙 ラインアウト.

líne prìnter 名 C 〘電算〙 ラインプリンター《1 行ずつまとめて印刷できる高速印字装置》.

*__lin·er__[1] /láinər/ 名 (複 **～s** /-z/) **1** C **定期船**《特に大洋航海用の大型船》; 定期旅客機. **2** C 線を引く人[道具], 〈特に〉アイライナー用の筆; U ＝eyeliner. **3** C 〘野球〙 ライナー (line drive). [line[1], -er[1]]

lin·er[2] 名 C **1**(コートなどの)裏張り, 裏地; (取り外しできる)ライナー; (容器などの)内張り. **2** ＝binliner (★〘英〙では bin liner のように 2 語扱いが普通; dustbin liner, trash can liner も同様). **3** ＝liner note. **4** 裏を付ける人. **5**〘機〙＝sleeve 2. [line[2], -er[1]]

líner nòte 名 C 〈普通 ～s〉〘米〙(CD, レコード, カセットテープなどのジャケット, 箱などに書かれた)説明書き (〘英〙 sleeve note).

líner tràin 名 ＝freightliner.

líne sègment 名 C 〘数〙 線分.

líne-shòoter 名 C 〘俗〙 ほら吹き《人》.

‡**línes·man** /-mən/ 名 (複 **-men** /-mən/) C **1**〘球技〙 ラインズマン, 線審. **2** ＝lineman 1.

‡**líne·ùp** 名 C **1**(検査などのための)整列; 整列した人々; 〘米〙 面通しの容疑者の列 (identification parade); 〘スポーツ〙(競技前の選手の)整列. **2**(野球選手などの)ラインアップ《打順, 守備位置などのリスト》, 出場[出演]メンバー; (一般に団体などの)人員構成, 陣容. a starting ～ スタメン. **3**〘放送〙 番組(構成).

ling[1] /liŋ/ 名 (複 **～s, ～**) C リング《タラ科の食用魚; 普通, 塩漬けなどで保存する; 北欧産》.

ling[2] 名 ＝heather.

-ling /liŋ/ 接尾 **1**〈名詞に付けて指小辞を作る〉「子..., 小..など」の意味. duck*ling*. gos*ling*.

2〘しばしば軽蔑〙〈名詞, 形容詞, 副詞, 動詞に付けて名詞を作る〉「..に属する[関係ある]人[物]」の意味. dar*ling*. hire*ling*. nurs*ling*. under*ling*. [1 古期北欧語; 2 古期英語]

*__lin·ger__ /líŋgər/ 動 (～**s** /-z/|過 過分 **～ed** /-d/|**～·ing** /-g(ə)riŋ/) 自 【ぐずぐずする】 **1**(名残り惜しくて)なかなか立ち去らない, 居残る, 〈*on*〉; ぶらぶらする 〈*about*, *around*〉. ～ *on* in Tokyo (気に入って, 予定[必要]以上に)東京に長く居残る. They ～*ed* (*about*) in the hall after the party was over. 彼らはパーティーが終わった後もホールに居残っていた.

2〔臨終, 病気, 苦痛などが〕長引く; 〔習慣, 影響などが〕(なくなりそうで)なくならない; 〔記憶, 匂い, 味などが〕なかなか消えない; 〈*on*〉. The border skirmishes ～*ed* into the third year. 国境での小競り合いは 3 年目にまで長引いてしまった. The dying man ～*ed* (*on*) till his son came back. その瀕(ひん)死の人は息子が帰るまでもった. The tragic event ～*ed* (*on*) in my memory. その悲惨な出来事はいつまでも記憶から消えなかった.

3 手間取る〈*over*, *on* ..に〉. ～ *over* one subject [making up one's mind] 一つの問題に[決心するのに]手間取る. Don't ～ (long) *over* your meals. だらだらといつまでも食事しているものではない.

4(楽しいことなどの)思いにふける〈*on* ..の〉.

── 他 〔時間〕をぐずぐずして過ごす〈*out*〉.

[＜古期英語「長引かせる」; long[1], -er[3]]

lín·ger·er /-rər/ 名 C ぐずぐず居残る人.

‡**lin·ge·rie** /lɑ̀:nʒəréi, læn-, -rí:|lǽnʒəri(:)/ 名 U ランジェリー, 婦人用肌着[寝巻き]類. [フランス語; linen と同源]

líng·er·ing /-riŋ/ 形 〈限定〉長引く; なかなか消えない; 名残り惜しそうな. a ～ disease 長患い. the ～ snow 消え残っている雪. ～ doubts なかなか無くならない疑念. cast a ～ look 名残り惜しそうにちらっと見る. ▷～**·ly** 副 ぐずついて, 尾を引いて; 名残り惜しげに, 去り難そうに.

L

lin·go /líŋgou/ 名 (複 **~es**) C 〖話·戯·軽蔑〗 **1** (理解できない)外国語, 方言. **2** 訳の分からない言葉, ちんぷんかんぷん, 《隠語, 術語, 業界語など; →jargon》. [<プロヴァンス語 (<ラテン語 *lingua*「言語」)]

lin·gua fran·ca /lìŋgwə-frǽŋkə/ 名 (複 **~s, lin·guae fran·cae** /lìŋgwi-frǽnsi:/) **1** U 〈L- F-〉 (もと地中海地域で通商などに用いられた)リングワフランカ《イタリア語とスペイン語, フランス語, ギリシア語, アラビア語などが混ざって崩れた言葉》. **2** C 〈一般に〉 混成国際語, 国際共通語, 《異民族間の; →pidgin English》. English is the world's most common ~. 英語は最も普通の世界共通語である. **3** (言語以外で)異文化間の相互理解を可能にするもの《例えば, 映画など》. [イタリア語 'Frankish tongue']

lin·gual /líŋgwəl/ 形 **1** 舌の, 舌に関する; 〖音声〗 舌音の. **2** 言語の. —— 名 C 〖音声〗 舌音《/t, l/ など》. [<ラテン語 *lingua*「舌, 言語」] ▷**~·ly** 副

‡**lin·guist** /líŋgwist/ 名 C **1** 数か国語に通じた人, 外国語の達人. a good [bad, poor] ~ 外国語のよくできる[できない]人. **2** 言語学者, 語学者.

‡**lin·guis·tic** /liŋgwístik/ 形 〈限定〉 **1** 言語の, 言語に関する. ~ structure 言語構造. **2** 言語学の, 語学に関する. ▷**lin·guis·ti·cal·ly** /-k(ə)li/ 副 言語(学)上[的に].

linguìstic átlas 名 C 言語[方言]地図《特定の言語現象の分布を示す地図を集めた本》.

linguìstic geógraphy 名 U 言語地理学.

‡**lin·guís·tics** 名 〈単数扱い〉 言語学 (→philology 参考). comparative ~ 比較言語学.

lin·i·ment /línəmənt/ 名 UC 塗擦剤, 塗り薬.

†**lin·ing** /láiniŋ/ 名 **1** C (衣服, 靴などの)裏; (容器などの)内張り, (胃などの)内壁. a cape with a red ~ 赤い裏のケープ. the uterine ~ 子宮内膜. Every cloud has a silver ~. 〖諺〗 苦あれば楽あり《<雲はみな銀の裏地(雲の上に輝く光)がついている》. **2** U 裏地, 裏材; 裏張り(すること).

*‡**link** /liŋk/ 名 (複 **~s** /-s/) C **1** (鎖の)環(かん), 輪; (編物の)目. A chain is no stronger than its weakest ~. 〖諺〗 一箇所弱いと全体が弱くなる《<鎖にはその一番弱い環の強さしかない》.

2 連結するもの[人]; きずな; 関連, (因果)関係; (一連の推理などの)一段階. a causal ~ *between* smoking and cancer 喫煙と癌(がん)の間の因果関係. sever diplomatic ~*s* with the country その国との外交関係を断つ. Tom cut the last ~*s with* his family. トムは家族との最後のきずなを断ち切った.

3 連結, 接続; 〖電算〗 リンク, ハイパーリンク. a direct road [rail, telephone] ~ between the two cities 2つの都市を直結する道路[鉄道, 電話回線].

4 〈普通 ~s〉 カフスボタン (cuff link).

5 リンク《測量の単位; 1 chain の 100 分の 1; 20.1168 cm》.

—— 動 (~s /-s/|過 過分 **~ed** /-t/|**línk·ing**) 他 **1** をつなぐ, 接続する; を結ぶ, 関連づける, 〈*up*, *together*〉 〈*with*, *to* ..と〉; (類語 connect より強い結びつきで, 不可分を暗示する; →unite). Her name and Vienna are curiously ~*ed together* in my mind. 彼女の名とウィーンとは奇妙に私の心の中で結びついている. a road ~*ing* the two villages 2 村を結ぶ道. This computer is ~*ed up to* [*with*] the other machines in the building. このコンピュータはビルの他の機械と接続されている. The Internet is now a global computer system that is ~*ed together* by the network. インターネットは今ではネットワークで連結された世界的コンピュータシステムである. **2** 〔腕など〕を組み合わせる. with arms ~*ed* 腕を組んで. He ~*ed* his arm in [through] hers. 彼は彼女と腕を組んだ.

—— 自 つながる, 連結[接続]する, 連合[提携]する, 〈*up*, *together*〉. The two divisions ~*ed up*. 両師団が合流した. ~ *up with* another company 別の会社と提携する. [<古期北欧語]

‡**link·age** /líŋkidʒ/ 名 **1** aU 結合[連合]する[される]こと. **2** C 環(かん)のつながり, 連鎖. **3** UC (外交政策の)リンケージ《全く異なる政治問題を(国際的な関連性を重視して)連結させて解決しようとする外交戦術》.

línk(·ing) vèrb 名 C 〖文法〗 繫(けい)辞, 連結(動)詞, 《be, become など; copula とも言う》.

línk(·ing) wòrd 名 C 接続語[詞]《however, the latter など既出の語句·内容と結びつけるもの》.

línk·man /-mən/ 名 (複 **-men** /-mən/) C **1** 〖英〗 (放送番組の)総合司会者. **2** 〖サッカー·ラグビー·ホッケー〗 リンクマン.

links /liŋks/ 名 (複 ~) **1** C 〈単複両扱い〉 (ゴルフ)リンクス《特に海沿いのゴルフ場》(golf course). 参考 屋内スケート場の「リンク」は rink, ボクシングなどの「リング」は ring. **2** 〈複数扱い〉 〖主にスコ〗 (海岸の特に砂丘の)草地. [<古期英語「起伏のある土地」]

‡**línk·ùp** 名 C 連結(装置), 結合(箇所); (宇宙船の)ドッキング; (特にテレコミュニケーションによる)連係, 提携. a live satellite ~ between TBS networks throughout Japan TBS 全国ネットワークによる衛星生中継.

Lin·nae·us /liní:əs/ 名 **Carolus** ~ リンネ (1707–78) 《スウェーデンの博物学者; 生物分類法の祖》.

lin·net /línət/ 名 C ムネアカヒワ《ヨーロッパの鳴鳥》.

li·no /láinou/ 名 〖主に英話〗 =linoleum.

líno·cùt 名 UC リノリウム版(画).

‡**li·no·le·um** /lənóuliəm/ 名 U リノリウム《床材; カンバス地にコルクの粉末と亜麻仁(あまに)油の混合物を高温高圧で固めたもの》. [<ラテン語 (<「亜麻」+「油」)]

Lin·o·type /láinətàip/ 名 C 〖商標〗 ライノタイプ《キーをたたくと 1 行分の活字が鋳造される自動鋳造植字機; →monotype》.

lin·seed /línsi:d/ 名 U 亜麻仁(あまに)《亜麻 (flax) の種子》.

línseed òil 名 U 亜麻仁(あまに)油.

lin·sey(-wool·sey) /línzi, linziwúlzi/ 名 U 亜麻[綿]の縦糸と毛の横糸の交織生地.

lint /lint/ 名 U **1** リント《リンネルの片面を起毛して柔らかくした布; 包帯用》. **2** 〖主に米〗 糸くず, けば, (〖英〗 fluff).

lin·tel /líntl/ 名 C 〖建〗 楣(まぐさ)《窓, 入り口などの上の横木》; 楣石.

lint·er /líntər/ 名 C **1** リンター《実に残った綿くずを取る機械》. **2** 〈~s〉 実に残った[糸繰機で取った]綿くず.

Li·nux /láinʌks, lí:-/ 名 〖商標〗 リナックス, ライナックス, 《UNIX をもとに作られた OS》. [フィンランド人の開発者 *Linus*+UNI*X*]

*‡**li·on** /láiən/ 名 (複 **~s** /-z/) C

【ライオン】 **1** ライオン, シシ(獅子). a pride of ~s ライオンの群れ. The ~ is called (the) king of beasts. シシは百獣の王と呼ばれる. In like a ~, out like a lamb. ライオンのようにやって来て子羊のように去る《英国の 3 月の天候を形容したもの》. Wake not a sleeping ~. 〖諺〗 眠っているライオンを起こすな《寝た子を起こすようなことをするな; →Let sleeping DOGS lie》. 参考 雌は lioness, 子は cub, 咆哮(ほうこう)は roar.

2 〖紋章〗 獅子紋《特に英国王室の》. the ~ and unicorn ライオンと一角獣《英国王室の紋章の中で盾を捧持(ほうじ)する動物》. a ~ rampant [couchant] 勢(きお)い獅子[頭を上げてうずくまった獅子].

3 〈the L-〉 〖天〗 獅子座 (Leo).

【シシのような存在】 **4** 勇者, 勇猛な人.

5 (社交界の)名士, 人気者, 花形; 〈L-〉 ライオンズクラブ (Lions Club) の会員. a literary ~ 有名文士.

6 〈the ~s〉 〖英〗 (市内の)名所, 名物. ◇形 leonine

***a lìon in the wáy* [*páth*]** (普通, 実在しない)前途の

難関《聖書から》.
bèard the líon in his dèn →beard.
pùt [***plàce***] ***one's héad in the lìon's móuth*** 好んで危険を冒す.
thròw [***tòss, fèed***] ***a pérson to the líons*** 《話》(不要になった)人を見捨てる, 犠牲にする.
twìst the lìon's táil 《旧》〔特に米国の記者などが〕英国の悪口を言う.　[＜ギリシア語 *léōn*]
Li·o·nel /láiən(ə)l/ 名 男子の名.
†**li·on·ess** /láiənəs/ 名 C 雌のライオン.
lìon·héarted /-əd ㊫/ 形 勇猛な. Richard the *Lionhearted* 獅子(しし)心王リチャード《英国王リチャード1世(1157–99)の異名》.
li·on·ize /láiənàiz/ 動 他 を名士扱いする, ちやほやする. ▷**lì·on·i·zá·tion** 名
Líons Clùb 名 ライオンズクラブ《1917年米国で創立された国際的奉仕団体》.
lìon's dén 名 C 危険な場所; 困難な状況. in the ～ 危険にさらされて(いる), 敵中にあって[ある].
líon's shàre 名 〈the ～〉'獅子の取り分'〈*of* ..の〉《最大の分け前, 大部分; イソップ寓(ぐう)話から》. take [get] *the* ～ of the booty [profits] 盗品[収益]の最大の分け前を取る.
‡**lip** /lip/ 名 (複 ～s /-s/) 【唇】 **1** C **唇**; 唇の周り, 〈特に〉鼻の下; (注意 日本語の「唇」より範囲が広く鼻の下を含む口の周り全体を指す). the upper [lower] ～ 上唇[下唇]. paint one's ～*s* 口紅をつける. kiss her on the ～*s* 彼女の唇に接吻(せっぷん)する. hold a cigarette in one's ～*s* 口にたばこをくわえる.

> 連結 thick [thin; compressed, tight; cracked, dry, parched; quivering, trembling; painted] ～s // lick [smack; pout; pucker, purse] one's ～s

2 C 〈普通 ～s〉唇, 口. open one's ～*s* 口を開く; しゃべる. The song [rumor] was on everybody's ～*s*. その歌をだれもが口ずさんだ[そのうわさはだれもの口の端に上った]. No word dropped from her ～*s*. 彼女は一言も言わなかった. My ～*s* are sealed. 口止めされている; (その)秘密は人に漏らしたりはしない. Button (up) [Zip up] your ～ about it. それについては何もしゃべるな. The name escaped his ～*s*. その名前が思わず彼の口から漏れた.
3 U 《俗》生意気な言葉, 口答え. None [Don't give me any] of your ～! 生意気言うな.
4 〈形容詞的〉唇の; 唇音の; 口先だけの. ～ praise 口先だけの賞賛.
【唇状の物】 **5** C (容器, 傷口, 噴火口などの)へり, 縁; (水差しなどの)注ぎ口; (管楽器の)マウスピース; 《植》唇弁.
bìte one's líp 怒り[悲しさ, 笑い, 言葉など]を(表すのを)かろうじて抑える, こらえる; 唇をかむ, くやしがる.
cùrl one's líp(s) 唇をゆがめる《軽蔑の表情》.
hàng on ⌞***a pèrson's líps*** [***the líps of a pèrson***] 人の言うことを傾聴する[感嘆して聞く].
kèep a stìff ùpper líp (歯を食いしばって)苦境に耐える, 断じてひるまない; 決然と困難に立ち向かう.
lìck [***smàck***] ***one's líps*** →lick.
pàss one's líps 〔飲食物が〕口に入る; 〔言葉が〕口から出る.
pùt [***lày***] ***one's fínger to one's líps*** 唇に指を当てる《黙っているようにという身振り》.
rèad my líps 《話》私の言っていることを注意して聞く《＜私の唇の動きをよく見てくれ; 米国の Bush 大統領が「新税の導入はしない」と約束した時に用いてこの表現が流行した; →lip-read》.　[＜古期英語]
li·pase /láipeis/ 名 C 《生化》リパーゼ《脂肪の加水分解に関与する酵素》. [＜ギリシア語 *lípos*「脂肪」]
líp glòss 名 UC リップグロス《唇に直接, あるいは口紅の上から塗るつや出し》.
lip·id /lípid/ 名 C 《生化》脂質.
Li Po /lì:-póu/ 名 李白(りはく)《中国の唐代の詩人》.
lip·o·suc·tion /lípəsʌ̀kʃ(ə)n/ 名 U リポサクション, 脂肪吸引法, 《真空ポンプにより脂肪を吸い出す美容整形外科術》.
lipped /-t/ 形 **1** 〔水差し, カップなどが〕つぎ口[縁]のある. a ～ pitcher 注ぎ口のある水差し. **2** 〈複合要素〉唇のある, ..の唇の. thick [thin, full]-～ 厚い[薄い, ぽってりした]唇の.
lip·py /lípi/ 形 e **1** 唇の大きい. **2** 生意気な. a ～ kid (口のきき方が)生意気な子供.
líp-rèad 動 (→read) 他, 自 〔聾唖(ろうあ)者などが〕(を)視話で理解する, 読唇する.
líp-rèading 名 U (聾唖(ろうあ)者の)読唇術, 視話法.
líp·sàlve /-sæv, -sɑ:v/ 名 **1** UC 唇用軟膏(こう), リップクリーム. **2** U お世辞, 甘言, へつらいの言葉.
líp sèrvice 名 U 口先だけの好意[関心, 尊敬など]〈*to* ..への〉. The party just pays ～ to its liberal principles. その政党はただ口先だけで自由主義を唱えている.
***líp·stìck** 名 (複 ～s /-s/) C (棒)口紅; U 口紅. She wears too much ～. 彼女は口紅が濃すぎる.
líp sỳnc 名 U /-sìŋk/ 《映画・テレビ》(画面と音声を一致させる)口合わせ, アテレコ, 《＜*lip syn*chronization》.
Lip·ton's /líptənz/ 名 U 《商標》リプトン(ズ)《英国製のセイロン産紅茶》.
liq. liquid; liquor.
liq·ue·fac·tion /lìkwəfǽkʃ(ə)n/ 名 U 液化, 融解; 液化状態.
lìquefied nátural gàs 名 U 液化天然ガス《略 LNG》.
lìquefied petróleum gàs 名 U 液化石油ガス, LP ガス, 《略 LPG》.
liq·ue·fy /líkwəfài/ 動 (-fies | 過 過分 -fied | ～·ing) 他, 自 (を)液化する (→liquid).
li·ques·cent /likwésnt/ 形 **1** (固体または液体が)液化途中の. **2** 液化しやすい. ▷**li·ques·cence** /-sns/ 名
‡**li·queur** /likɔ́:r|-kjúə/ 名 U リキュール《whiskey などの蒸留酒をベースに多種類の香料・薬草で甘味と芳香をつけた強い酒で, 食後に少量飲む; 例えば benedictine, chartreuse など; →liquor》; C リキュール1杯; リキュール入りチョコレート. [フランス語 'liquor']
‡**liq·uid** /líkwəd/ 名 (複 ～s /-dz/) **1** UC **液体**; 流動体; (参考「固体」は solid,「気体」は gas, 気体と液体を含む「流体」は fluid). Milk is a ～. 牛乳は液体です. A large quantity of ～ flowed out of the barrel. たるから大量の液体が流れ出た.

> 連結 a colorless [an odorless; a tasteless; a clear; a cloudy; a thick, a viscous; a thin, a watery; an oily] ～ // a ～ boils [evaporates; freezes; leaks; trickles; oozes; spurts]

2 C 《音声》流音《/l/ と /r/; 時に /m/, /n/ を含める》.
── 形 ℭ (★4は m) **1** 〔特に, 普通は固体, 気体のものが〕**液体の**, 液状の; 〔食物などが〕流動性の. ～ fuel 液体燃料. Lava is ～ rock. 溶岩は液状岩石である. The patient can take only ～ food. その患者は流動食しか取れない. Cooking oil is normally ～ at room temperature. 料理用油は普通室温では液体である.
2 〔色, 目などが〕透明な, 澄んだ. a ～ sky 澄み渡った空.
3 〔音, 詩などが〕流暢(ちょう)な, よどみのない; 〔動きなどが〕滑らかな, 優美な. a ～ melody 流麗な旋律.
4 〔主義, 信念などが〕変わりやすい, 流動的な. ～ principles [opinions] ぐらつく方針[見解].
5 《経》〔資産, 証券などが〕現金化しやすい, 流動性の. ～ assets 流動資産. **6** 《音声》流音の.
[＜ラテン語 *liquidus*「流れている, 澄んだ」] ▷**～·ly** 副 **～·ness** 名
lìquid áir 名 U 液体空気《冷凍用》.

‡**liq·ui·date** /líkwədèit/ 動 他 **1**〔負債など〕を支払う, 弁済する. **2**〔証券など〕を現金化する. **3**〔(倒産)会社など〕を清算[整理]する. **4** を一掃する, 廃止する. **5**〖話〗を殺す, '消す'; 〔政敵など〕を粛清する, 抹殺する. ── 自 清算[整理]する; 破産する. [<中世ラテン語「きれいに(清算)する」]

lìq·ui·dá·tion 名 UC **1** (倒産会社などの)清算, 整理; 破産状態. go into ～〔会社などが〕清算して解散する, 破産する. **2** 一掃(されること), 廃止. **3**〖話〗殺害, '消す[される]' こと; 粛清, 抹殺.

liq·ui·da·tor /líkwədèitər/ 名 C (倒産会社などの清算事務に当たる)清算人.

lìquid cóurage 名 ＝Dutch courage.

lìquid crýstal 名 C〖物理〗液晶《液状で結晶の性質があり, 光学的に多様な屈折を示す; テレビ画面やコンピュータの表示装置などに利用される》. a ～ display (コンピュータ, テレビ画面などの)液晶ディスプレー《略 LCD》.

li·quid·i·ty /likwídəti/ 名 U 流動性; (倒産会社などの)現金保有高[流動資産の換金能力], 金繰り. have a serious ～ problem 金繰りに困っている.

liq·uid·ize /líkwədàiz/ 動 他 〔野菜, 果物など〕を(つぶして)ジュースにする. ▷**liq·uid·iz·er** 名 C〖英〗ミキサー(〖米〗blender).

lìquid lúnch 名 C〖戯〗'流動食'の昼食《パブやバーで昼食代わりに飲む酒》.

lìquid méasure 名 U 液量《液体の体積を測る単位; pint, gallon, quart など; →dry measure》.

lìquid óxygen 名 U 液体酸素《ロケットの燃料など》.

Líquid Pàper 名〖商標〗リキッドペーパー《米国製の誤字修正液》.

L

***liq·uor** /líkər/ 名 (複 **～s** /-z/) **1** UC〖英章〗**アルコール飲料**;〖米〗**蒸留酒**《ブランデー, ウイスキーなど; →〖主に英〗spirit 10 (b)》. malt ～ 麦芽酒《ビールなど》. I don't touch hard ～. 私は強い酒(ウイスキーなど)には手を出さない. **2** U〖主に英〗煮汁《肉スープ (broth), シロップ (syrup), (煮詰めた)濃い塩水 (brine) など》. **3** U〖薬〗水薬, 液剤.

càrry* [*hòld*] *one's líquor〖話〗酒を飲んでも乱れない.

in líquor*＝(*the*) *wòrse for líquor 酒に酔って[た].

── 動 他, 自 (に)大酒を飲ませる[飲む]〈*up*〉.

[<ラテン語「液」]

liq·uo·rice /lík(ə)ris/ 名〖主に英〗＝licorice.

li·ra /lí(ə)rə/ 名 (複 **li·re** /-rei|-rei, -rə/, **～s**) **1** C リラ《イタリア, トルコなどの貨幣単位》. **2**〈the ～〉リラ相場; リラの貨幣制度.

Lis·bon /lízbən/ 名 リスボン《ポルトガルの首都》.

lisle /lail/ 名 U ライル糸 (**lìsle thrèad**)《もと手袋, 靴下などに用いた堅縒(よ)りの木綿糸》.

lisp /lisp/ 動 自 舌足らずに発音する《特に /s/, /z/ を /θ/, /ð/ と発音する》. ── 他 VO (～ X/"引用") X を/「..」と舌足らずに発音する[言う]〈*out*〉.

── 名 aU 舌足らずな発音. speak with a bad ～ ひどく舌足らずの発音で話す. [<古期英語]

lísp·ing·ly 副 舌足らずな発音で.

lis·som(e) /lís(ə)m/ 形 **1**〖雅〗柔軟な, しなやかな, 〔体など〕. **2** 敏捷(しょう)な, きびきびした. [<*lithesome*] ▷**～·ly** 副 **～·ness** 名

‡**list**[1] /list/ 名 (複 **～s** /-ts/) C **表**, 一覧表, リスト; 名簿; 目録; 明細書. Bill's name stands [is] second on the ～. ビルの名は名簿の 2 番目にある. draw up a passenger ～ 乗客名簿を作成する. make a ～ of things to buy 買い物予定表を作る. ride the bestseller ～ ベストセラーのリストに載る. close the ～ 募集を締め切る. a ～ as long as one's arm 非常に長い一覧表. at the top [bottom] of the ～ 一覧表の最初[最後]にある; 最も重要で[重要性が最も低い].

連結 a long [a complete, an exhaustive, a full; an alphabetical; a guest, a mailing, a membership, a price, a reading, a shopping] ～ ‖ check [go over; issue, publish] a ～

── 動 (～s /-ts/|過 過分 **líst·ed** /-əd/|**líst·ing**) 他 **1** を(一覧)**表にする**, の目録を作る; を数え上げる, 列挙する; を表[名簿など]に載せる. The names are ～*ed* alphabetically. 名前は ABC 順に並べられている. The book is ～*ed* at 3,000 yen. その本は 3 千円と価格表に載っている. **2** VOA (～ X *as* Y) X を Y と考える[記載する]. ～ Japan *as* an advanced country 日本を先進国とみなす. ── 自 VA (～ *at, for..*)〔商品が〕..の価格でカタログに載っている.

[<フランス語「紙片>リスト」; list[2] と同源]

list[2] 名 C 織物の耳, 織りべり; U へり地《織りべりを素材とした生地》. [<古期英語]

list[3] 動 自〔船が〕傾く. ～ sharply in a storm あらしでひどく傾く. ～ to port [starboard] 左舷(げん)[右舷]に傾く. ── 名 aU (船が)傾くこと, 傾き.

list[4] 動 (～, **líst·eth** /-əθ/|過 過分 **～, list·ed**|**list·ing**) 他, 自〖古〗(の)気に入る; (を)欲する, 望む. It ～ me not to speak. 物を言う気がしない. The wind bloweth where it ～*eth*. 風は思いのままに吹く《聖書から》.

[<古期英語]

list[5] 動〖古〗自 聞く, 傾聴する, 〈*to* ..を〉(listen). ── 他 を聞く, 傾聴する. [<古期英語]

lìsted búilding /-əd-/ 名 C〖英〗重要文化財建築 (〖米〗landmarked building).

lìsted cómpany /-əd-/ 名 C (株式)上場会社.

‡**lis·ten** /lís(ə)n/ 動 (～s /-z/|過 過分 **～ed** /-d/|**～·ing**) 自 **1 傾聴する**; 聞こうと努める〈*to* ..を〉; 聞く〈*to* ..〔音楽など〕を〉; (類語 hear と異なり意識的で積極的な行為, 必ずしも聞こえるとは限らない: I ～*ed* (hard) but couldn't *hear* anything. (耳を澄ましたが何も聞こえなかった)). The audience ～*ed to* him attentively [intently]. 聴衆は熱心に彼(の話)を聞いた. No one ～*ed to* the candidate mak*ing* a fervent speech. 立候補者が熱弁を振るってもだれ一人聞いていなかった.

2 耳を貸す, 従う, 〈*to* ..〔人(の忠告など)〕に〉. Father refused to ～ *to* my excuse. 父は私の言い訳に耳を貸そうとしなかった. Don't ～ *to* the man. あの男の言うことに従って[を信じて]はいけない. ～ *to* reason →reason (成句). **3**〈命令文で〉まあ聞きなさい, ほら, (look). *Listen* here, I've thought of a good idea. 聞いてくれ, いい考えが浮かんだ.

lísten for.. ..を聞こうと耳を澄ます, ..に聞き耳を立てる. ～ *for* the signal 合図の音に聞き耳を立てる.

lìsten ín (1) (ラジオなどを)聞く; 聞く〈*to* ..〔放送番組など〕を〉. ～ *in* late at night 深夜放送を聞く. We ～*ed in to* the President on the radio. 私たちはラジオで大統領の話を聞いた. (2) わきで(盗み)聞く (eavesdrop), (特に電話で)盗聴する (tap), 〈*on, to* ..〔会話など〕を〉.

lìsten óut〖主に英話〗聞き逃さないよう気をつける〈*for* ..〔これから話される事〕を〉〈普通, 命令文で〉. *Listen out for* your number to be called. あなたの番号が呼ばれるのを聞き逃さないように気をつけなさい.

lìsten úp〖主に米話〗〈普通, 命令文で〉よく聞く, 聞いて従う.

── 名〖話〗〈a ～〉聞くこと. Let's have a ～ to what they're doing in the next room. 隣の部屋で彼らが何をしているか耳をすまして聞こう.

[<古期英語 *hlysnan*「注意を払う」; のち list[5] の影響で -t- が入る]

lis·ten·a·ble /lís(ə)nəb(ə)l/ 形〖話〗耳に快い, 聞きやすい.

†**lís·ten·er** 名 C 傾聴者, 聞き手; 〈普通 ～s〉(ラジオの)聴取者. a good ～ 人の話をよく聞く人, 聞き上手. Good evening, ～*s!* ラジオをお聴きの皆さん今晩は.

lìstener-ín /-nərín/ [名] ([複] **listeners-in** /-nərz-/) [C] **1** (ラジオなどの)聴取者. **2** 盗聴者.

lísten·ing [名] [U] 聴き取り; 聴取.

lístening devìce [名] [C] (他人の会話などの)盗聴具(bug).

lístening pòst [名] [C] 〖軍〗聴音哨; (一般に)情報収集所.

líst·er[1] [名] [C] リストを作る人.

líst·er[2] [名] [C] 〖米〗両べらすき, 両側式耕作機.

lis·te·ri·a /listíəriə/ [名] [U] 〖細菌〗リステリア菌《チーズなど乳製品に生じ, 食中毒や種々の病気を起こす》.

líst·ing [名] [C] 表, 目録; 表[目録]の項目; 〖電算〗リスト《プログラム又はファイルをプリントしたもの》; 〈～s; 複数扱い〉(映画, 芝居などの)予定表《新聞や雑誌に掲載される》. a ～*s* magazine (映画, 芝居などの)イベント情報誌.

‡**list·less** /lístləs/ [形] 気の進まない, 無関心な, 無気力な; 物憂げな, だらけた. Excessive heat makes us ～. 非常な暑さは我々をぐったりさせる. [list[4], -less]
▷ **～·ly** [副] **～·ness** [名]

líst prìce [名] [C] 表示価格, 定価, メーカー希望価格.

lists /lists/ [名] 〈the ～; 単複両扱い〉(中世の)馬上槍(やり)試合 (tournament) 場; それを囲む矢来(やらい); 試合場, 論争の場.
ènter the lísts (論争などで)受けて立つ, 挑戦に応ずる.

Liszt /list/ [名] **Franz ～** リスト (1811–86)《ハンガリーの作曲家・ピアニスト》.

lit[1] /lit/ light[1,3] の過去形・過去分詞.

lit[2] [名] 〖話〗 =literature. ── [形] 〖話〗 =literary.

lit[3] [形] 〖俗〗〈普通 lit up の形で〉(酒, 麻薬に)酔った.

lit. liter(s); literal(ly); literary; literature.

lit·a·ny /lít(ə)ni/ [名] ([複] **-nies**) [C] **1** 〖キリスト教〗連禱(とう) 《牧師の唱える祈禱文句を会衆が繰り返す形式》; 〖英国国教〗〈the L-〉嘆願《祈禱書中にあり, "God the Father of heaven: have mercy upon us miserable sinners." で始まる連禱が延々と続く》. **2** 延々と続くもの[リスト], 長談議, くどい繰り返し. the ～ of hardships Job endured (聖書の)ヨブが耐えた苦難の数々. [＜ギリシア語「祈り」]

li·tchi /líːtʃiː, lái-|laitʃíː/ [名] [C] ライチ, レイシ(茘枝), 《中国原産の果樹; ムクロジ科の常緑高木》; その実《クルミに似た堅果で, 果肉は白く甘い》. [＜中国語]

lít crìt [名] [U] 〖話〗文芸批評 (literary criticism).

lite /lait/ [名] [UC] ライトビール; 弱い紙巻きたばこ.
── [形] 〖主に米〗 =light[2] 4.

‡**li·ter** 〖米〗, **li·tre** 〖英〗 /líːtər/ [名] ([複] **～s** /-z/) [C] リットル《メートル法の容量の単位; 略 l, lit.》. [＜ギリシア語 *lítrā* (シチリアのお金の単位)]

***lit·er·a·cy** /lít(ə)rəsi/ [名] [U] **読み書きの能力; 教養**; (→numeracy). computer ～ コンピュータ運用能力.
◇↔illiteracy [形] literate

†**lit·er·al** /lít(ə)rəl/ [形] [m] (★3, 6 は [¢])
【字句通りの】 **1** 逐語的な; 逐字的な. a ～ translation 逐語訳, 直訳, (↔free translation). a ～ copy of a letter 一字一句そのままの手紙の写し.
2 文字通りの (↔figurative). in the ～ sense of the word その語の文字通りの意味で.
3 〖話〗〈強意語〉文字通りの, 全くの. a ～ flood of tears 文字通り洪水のようにあふれる涙.
4 字句にとらわれた, 想像力の乏しい; 散文的な, 面白味のない.
5 【付け足しのない】事実に即した, 誇張しない; 正確な. a ～ account of an event 事件の正確な記事.
【文字に関する】 **6** アルファベット[文字]の[による]; 〖印〗活字の. a ～ error 誤字, 誤植.
── [名] [C] 〖印〗〖英〗誤字, 誤植(〖米〗typo, typographic(al) error).
[＜ラテン語 *littera*「文字」] ▷ **～·ness** [名]

lít·er·al·ism [名] [U] 直訳[字義(的解釈)]主義; (文学, 美術の)直写[写実]主義.

lít·er·al·ist [名] [C] 直訳[字義(的解釈)]主義者.

***lit·er·al·ly** /lít(ə)rəli/ [副] [m] (★3 は [¢]) **1 逐語的に**; 逐字的に. translate ～ 直訳する.
2 文字[字義]通りに; 誇張なしに; 正確に. Don't take his remarks too ～. 彼の言葉をあまり額面通りに受け取ってはいけない.
3 〖話〗〈強意語〉文字通り, 全く. I've eaten ～ nothing for two days. 私は2日間本当に何も食べていない. My house is ～ ten minutes' walk from here. 私の家はここから歩いて文字通り[ちょうど] 10 分です. My legs were ～ blue from cold. 私の脚は寒さで文字通り青白くなっていた. He ～ exploded with anger when he was told their answer. 彼らの返事を聞いた時彼は本当に激怒した. [語法] 初めの2つの例のように, 事実の表現に使うのが正しいとされて来たが, 実際には第 3, 4 例のように誇張した表現にも使われる.

‡**lit·er·ar·y** /lítərèri|lít(ə)r(ə)ri/ [形] **1** [¢] **文学の, 文学的な**, 文芸の; 著作の. a ～ history 文学史. a ～ work 文学作品. a ～ journal 文芸雑誌. ～ criticism 文芸批評. ～ property 著作権. a ～ agent (作家の)著作権代理人. **2** [m] 〔文体, 用語などが〕雅文調の, 文語的な. **3** [¢] 〈限定〉文学に通じた; 文学趣味の; 文筆を業とする. a ～ man 文学者, 文士.
[＜ラテン語 *litterālius*「読み書きに関する」(＜*littera* 'letter')]

***lit·er·ate** /lít(ə)rət/ [形] **1** [¢] **読み書きのできる**. **2** [m] 学問[教養]のある; (ある分野に)通じている. computer(-) ～ コンピュータが使いこなせる.
◇↔illiterate; →numerate
── [名] [C] **1** 読み書きのできる人. **2** 学問[教養]のある人; 学者, 学識経験者. ▷ **～·ly** [副] **～·ness** [名]

lit·e·ra·ti /lìtərάːtiː/ [名] 〈複数扱い〉〖章〗文学者たち; 学者連中. [ラテン語 'literates'; →glitterati]

lit·e·ra·tim /lìtəréitim|-rάː-/ [副] 逐字的に, 文字通りに; 本文通りに. [中世ラテン語 'letter by letter']

‡**lit·er·a·ture** /lít(ə)rətʃər, -tʃùər|-tʃə/ [名] ([複] **～s** /-z/) **1** [U] **文学**, 文芸; 文学研究, 文筆[著述]業.
2 [UC] (特定の国, 時代, 種類などの)文学. classical [modern] ～ 古典[近代]文学. contemporary ～ 現代文学. the great ～*s* of Greece and Rome ギリシア・ローマの偉大な文学. appreciate dramatic ～ 劇文学を味わう.
3 [UC] (特定の分野, 問題に関する)文献. medical ～ 医学文献. an extensive ～ on [of] the agricultural history of Japan 日本農業史の広範な資料.
4 [U] 〖話〗(広告, 宣伝などの)印刷物 (printed matter). sales ～ 商品の広告ちらし[説明書]. promotional [campaign] ～ 販売促進[選挙運動]のちらし.
[＜ラテン語 *litterātūra*「書き方, 書き物」(＜*littera* 'letter'); -ure]

lithe /laið/ [形] 〔人, 動物(の体)が〕しなやかな, 柔軟な.
▷ **líthe·ly** [副] **líthe·ness** [名]

lithe·some /láiðsəm/ [形] =lithe.

lith·i·um /líθiəm/ [名] [U] 〖化〗リチウム《金属元素; 記号 Li; 金属中最も軽い》.

lith·o·graph /líθəgræ̀f|-grὰːf/ [名] [C] 石版画, リトグラフ. ── [動] [他], [自] (を)石版で刷る.

li·thog·ra·pher /liθάgrəfər|-θɔ́g-/ [名] [C] 石版画家, 石版工.

lith·o·graph·ic /lìθəgrǽfik [移]/ [形] 石版画の; 石版印刷の. ▷ **lith·o·graph·i·cal·ly** /-k(ə)li/ [副]

li·thog·ra·phy /liθάgrəfi|-θɔ́g-/ [名] [U] 石版印刷(法). [ギリシア語 *líthos*「石」, -graphy]

li·thol·o·gy /liθάlədʒi|-θɔ́l-/ [名] [U] **1** 岩石学; 岩質. **2** 〖医〗結石学.

lith·o·sphere /líθəsfìər/ [名] [C] 〖地〗岩(石)圏, 地殻.

Lith·u·a·ni·a /lìθuéiniə|-θ(j)u(ː)-/ [名] リトアニア《バ

ルト海沿岸の共和国; 1940-91 年はソ連に併合されていた; 首都 Vilnius》.

Lith·u·a·ni·an /lìθuéiniən|-θ(j)u(:)- [移]/ [形] リトアニアの; リトアニア人[語]の.
—— [名][C] リトアニア人; [U] リトアニア語.

lit·i·gant /lítəgənt/ [名][C] (民事裁判の)訴訟当事者《原告 (plaintiff) 又は被告 (defendant)》.
—— [形] 訴訟中の.

lit·i·gate /lítəgèit/ [動] [他], [自] (について)訴訟する, 法廷で争う. [<ラテン語 *līs*「争い, 訴訟」]

‡**lit·i·gá·tion** [名][U] (民事)訴訟.

lit·i·ga·tor /lítəgèitər/ [名]〖米〗=litigant.

li·ti·gious /litídʒəs/ [形] **1** 訴訟(上)の; 法廷で争うことのできる. **2**〖章・しばしば軽蔑〗訴訟好きな.
▷~·**ly** [副] ~·**ness** [名]

lit·mus /lítməs/ [名][U] リトマス《地衣類から採る色素》. [<古期北欧語 'dye-moss']

lítmus pàper [名][U]〖化〗リトマス試験紙《青い紙は酸性の, 赤い紙はアルカリ性の検出用》.

lítmus tèst [名][C] **1** リトマス試験. **2** (本質を明らかにする)'踏み絵', 試金石. a ~ of people's views on developing natural resources 天然資源開発に対する人々の意向を明らかにする一方法.

li·to·tes /láitətì:z/ [名][U]〖修辞学〗緩叙法《普通,「not+対立語」の控え目な表現で逆に強調する; 例えば very good を not bad と言う; →hyperbole》. [ギリシア語「平易さ」]

li·tre /lí:tər/ [名]〖英〗=liter.

Lit(t).D. =D. Litt.

***lit·ter** /lítər/ [名] ([複] ~**s** /-z/)
【散らかり】 **1** [aU] **乱雑さ**, 混乱. The street was in a ~. 通りにはごみが散らかっていた.
2 [U] **散らかった物** (rubbish)《紙屑(くず), 空き缶, 吸い殻など》; がらくた; ([類語] 普通, 道路などに捨てられて散らかったごみ; →garbage). Don't leave ~ lying about. ごみを散らかしたままにするな. clear the road of ~ 道路のごみを片づける[掃除する].
【散らかった藁(わら)】 **3** [U] (動物の)寝藁, (ペットのトイレ(**lítter trày**) 用)小砂利, 砂など; 敷き藁《作物を霜から守る》.
4【寝藁で産まれるもの】 [C] 〈単数形で複数扱いもある〉(豚, 犬などの)ひと腹の子. a ~ of puppies ひと腹の子犬. Our cat had five kittens at a ~. うちの猫は一度に 5 匹子を産んだ.
5【寝藁>寝床】 [C] 担架 (stretcher); 担いかご《天蓋(がい)・幕付きで, 昔金持ちや有力者が寝たまま運ばれた》.
—— [動] (~**s** /-z/|[過] [過分] ~**ed** /-d/|~·**ing** /-riŋ/) [他]
1 (**a**)〔人が〕〔部屋など〕を**散らかす**; を汚す 〈*with* ..で〉; 〈普通, 受け身で〉を一杯にする 〈*with* ..で〉, 〔物が〕〔部屋など〕に散らかる 〈*up*〉. My desk is always ~*ed with* books and manuscripts. 私の机はいつも本や原稿で散らかっている. books ~*ing* the desk 机の上に散乱している本. a ~*ed-up* room 散らかった部屋. His speech was ~*ed with* quotations. 彼のあいさつは引用が一杯だった. (**b**)〔紙屑(くず)など〕をまき散らかす 〈*about*, *around* ..に〉. ~ clothes *around* the room 衣類を部屋中に散乱させる.
2 に寝藁[敷き藁]を敷いてやる; 〔床など〕に寝藁を敷く; 〈*down*〉. **3**〔犬, 豚などが〕〔(一腹の)子〕を産む.
—— [自] **1**〔動物が〕(一腹の)子を産む. **2** ごみ[屑]を散らかす. [<ラテン語 *lectus*「寝台」]

lit·te·ra·teur /lìtərətə́:r/ [名][C] 文学者, 文士, 作家; 文学通. [フランス語 'literary man']

lítter·bàg [名][C]〖米〗(特に自動車内の)屑(くず)入れ.

lítter-bàsket, -bìn [名][C]〖英〗(公園, 道路わきなどの)ごみ入れ.

lítter·bùg [名][C]〖米話〗(道路などに)ごみを捨てる人.

lítter-lòut [名]〖英話〗=litterbug.

‡**lit·tle** /lítl/ [形] (**less** /les/, **les·ser** /lésər/, ~**r** /-ər/| **least** /li:st/, ~**st** /-əst/) (★littler, littlest は1の意味の談話体で用いる場合があるが, 普通は smaller, smallest で代用される; less, least は主に7の意味で用いる; →less, lesser, least)
I〈普通, 可算名詞に付けて〉
【小さい】 **1**〈普通, 限定〉**小さい**; 小柄な; 小規模な; 小人数の〔集団など〕; (↔big; [類語] 小さいことのほかにかわいらしさなどの気持ちを含み (→3), small より談話体). big and ~ dogs 大きい犬と小さな犬. The boy is much ~*r* than his friends. 少年は彼の友人たちよりずっと小柄だ. The ~*est* one is called John. 一番小さいのはジョンという名前です. Mine is a ~ family. うちは小家族だ.
2 [¢] 年少の; 子供の; より若い (younger). My son is too ~ to ride a bicycle. 息子は自転車に乗るにはまだ小さすぎる. our ~ ones うちの子供たち. the ~ Browns ブラウン(家)の子供たち. my ~ girl [sister] (まだ子供の)私の娘[妹].
【かわいらしい】 **3**〈限定〉〈しばしば感情を表す形容詞の次に用いて〉(小さくて)**かわいらしい**; いとしい; かわいそうな; 〔音, 動きなどが〕か弱い, 細い. the ~ house on the prairie 大草原の小さな家. a pretty [nice] ~ house こぢんまりした素敵な家. a poor ~ girl かわいそうな少女. (my) ~ man [woman] 坊ちゃん[嬢ちゃん]《親愛又は冗談の気持ちの呼びかけ》. make a nice ~ profit わずかながらうまい儲(もう)けをする. give a ~ cry 小さな声で叫ぶ.
【ちっぽけな】 **4**〈限定〉けちな, ちっぽけな, みみっちい. I know his ~ ways. 彼のけちなやり口は分かっている. a dirty [nasty] ~ trick 汚い小細工.
5〈限定〉取るに足らない; つまらない; ちょっとした; (↔great). the ~ 重要でない人々. Don't get angry over such ~ things. そんなつまらないことで腹を立てるな. I'd like to give you a ~ something for your birthday. 君の誕生日にちょっとしたプレゼントを上げたい. *Little* things please ~ minds.〖諺〗小人はつまらぬ事に喜ぶ.
6 [¢]〈限定〉(距離, 時間などが)短い (↔long). take a ~ walk 少し散歩する. I want to have a ~ talk with you. 君と一寸話をしたい.
II〈不可算名詞に付けて〉
【少量の】 **7 少しの**, わずかな, 軽い, (↔much). We have very ~ food left. 食物はほんのわずかしか残っていない. That's too ~. それでは少なすぎる. have a ~ something 軽い食事をする, ちょっとだけ飲む.
8〈限定〉〈a ~ として肯定的な意味で〉**少しはある**, 少量の, (→few 1). a few eggs and a ~ sugar 卵 2, 3 個と砂糖少々. know a ~ Latin ラテン語を少し知っている. We had only a ~ fuel left. 燃料は少ししか残っていなかった.
9〈限定〉〈a を付けずに否定的な意味で〉**ほとんどない**, 少ししかない, (→few 2). There is ~ (=hardly any) hope. ほとんど望みがない (★There is a ~ hope.「少しは望みがある」).
a little bìt〖話〗〈副詞的〉少し, 多少. Your idea seems *a* ~ *bit* stupid. 君の考えはいささかばかげているようだ.
but líttle ほんの少しの (only a little).
lìttle or nó ほとんどないくらいの. That does ~ *or no* harm. それはほとんど害にならない.
****nò*** [***nòt a***] ***líttle*** **少なからぬ量[額]の**, かなり多くの. He has given *no* ~ trouble to others. 彼は他人に相当な迷惑をかけた.
ònly a líttle ほんの少しの, ほとんどないくらいの. There's *only a* ~ wine left in the bottle. 瓶にはワインがほんの少ししか残っていない.
quite a líttle〖話〗かなりたくさんの.
sòme líttle →some.

the [***whàt***] ***líttle*** なけなしの, わずかながらあるだけ全部の. *The* [*What*] (＝All the) ～ money I had went into buying the book. 私の持っていたわずかの金もその本を買うのに消えた.

── 代 〈単数扱い〉 **1** 〈否定的な意味で〉(ほとんどないくらい)わずか, 少しだけ, (→形 9). *Little* is known of the man's past. その男の過去についてはほとんど知られていない. You have seen ～ of life. あなたは世間知らずだ. I got very ～ out of the book. その本から得るところはほとんどなかった (★本来, 形容詞であるから very, rather, so, too などの副詞で修飾され得る).

2 〈普通 a ～ として肯定的な意味で〉**少し**(は), 少量, (→形 8). He knows a ～ of everything. 彼は何でも少しは知っている. Every ～ helps. 〖諺〗少しずつが助けになる; ちりも積もれば山となる. 語法 a の代わりに every, the などが付くこともある.

3 〈a ～〉短い時間[距離]. walk (for) a ～ しばらく歩く.

after a líttle しばらくして (after a little while).

in líttle 小規模に[の]; 縮小して[した]; (↔in (the) large). an imitation *in* ～ of the original picture 原画の縮小した模写.

líttle by líttle 少しずつ, だんだんに.

líttle or nóthing ほとんど何も..ない. He said ～ *or nothing*. 彼はほとんど何も言わなかった.

màke líttle of..* (1) **..を軽んじる; ..を侮る; (↔make much of). She *made* ～ *of* her misfortune. 彼女は自分の不幸をほとんど意に介さなかった. (2) ..をほとんど理解できない. I could *make* ～ *of* the lecture. その講義がほとんど分からなかった.

nòt a líttle 少なからぬ量[額]. lose *not a* ～ at cards トランプで大金を擦る.

quìte a líttle 〖話〗かなりたくさん. We have *quite a* ～ to do yet. まだすることがたくさんある.

thìnk líttle of.. →think.

whàt líttle *one* ***cán*** 少ないけれど; できるだけ. He did *what* ～ he *could*. 彼はできるだけのことをした.

── 副 (**less** /les/|**least** /li:st/) **1** 〈a ～ として肯定的な意味で〉**少し**(は), ある程度(は). She is a ～ younger than I. 彼女は私より少し若い. This is a ～ too expensive for me. これは私には少し高すぎる. The student speaks English a ～. その学生は英語を少しは話す.

2 〈a を付けずに否定的な意味で〉少ししか[ほとんど]..しない; めったに..しない. I slept very ～ last night. 昨夜はほとんど眠らなかった. One is surprised how ～ these two thinkers differ in what they say. この 2 人の思想家の言うことの違いが少ないのに驚く. 語法 very などの程度の副詞を付けずに little を単独で用いるのはまれ; 単独の little の代わりに普通 not much が用いられる.

3 〈care, know, think, imagine, realize など思考, 意識に関する動詞の前に置いて〉〖章〗**少しも..しない** (not at all). I ～ knew that he was ill. 私は彼が病気だとは全く知らなかった. *Little* did I dream of meeting you here. ここであなたに会うとは夢にも思わなかった. I ～ care. 私は全く意に介さない.

líttle bétter than.. →better¹.

líttle léss than.. ..とほとんど同じくらい多く; ..ほどもある; ..も同然; (→no LESS than..). The book cost me ～ *less than* 30 dollars. その本は 30 ドル近くもした. It's ～ *less than* theft. それでは盗みも同然だ.

líttle móre than.. ..とほとんど同じくらい少なく; ..ほどしかない; ..も同然; たかだか..ぐらい; (→no MORE than). I have ～ *more than* 5 dollars. 5 ドルほどしか持ち合せがない. Its author is ～ *more than* a college kid in intellect. その著者は知能程度がせいぜい大学生程度(のレベル)だ. The task I have in mind requires ～ *more than* perceptiveness and a good memory. 私が今計画している仕事は洞察力と記憶力さえあればまず十分だ.

líttle shórt of →short.

nòt a líttle* **少なからず, 大いに. I was *not a* ～ shocked at this. 私はこのことで相当ショックを受けた. [＜古期英語 *lȳtel*]

Lìttle América 名 リトルアメリカ《南極の米国探検基地》.

Lìttle Béar 名 〈the ～〉〖天〗小ぐま座.

lìttle blàck bóok 名 C 〖話・戯〗ガールフレンド手帳《何人もの名前と電話番号を記入しておく》.

Lìttle Dípper 名 〈the ～〉〖米〗小北斗七星《小ぐま座の》.

Lìttle Dóg 名 〈the ～〉〖天〗小犬座.

lìttle fínger 名 C (手の)小指.

lìttle fólk 名 ＝little people.

lìttle grèen mén 名 〈複数扱い〉〖話〗宇宙人たち, 〈特に〉火星人たち.

Líttle Lèague 名 〈the ～〉〖米〗(12 歳以下の)少年野球リーグ.

Lìttle Lord Fáuntleroy 名 小公子《F.E. Burnett の小説; その主人公》.

líttle magazìne 名 C 同人雑誌.

líttle màn 名 C 普通の[平凡な]男; 〖戯〗〈呼びかけ〉男の子.

Lìttle Mérmaid 名 〈the ～〉『人魚姫』《アンデルセン童話》.

lít·tle·ness 名 U 小さい[かわいらしい]こと; 少ないこと; 度量の狭さ, けちくささ.

lìttle péople 名 〈the ～; 複数扱い〉妖(ょう)精たち.

Lìttle Rèd Ríding Hòod 名 赤頭巾ちゃん《Grimm の童話; その主人公》.

Lìttle Róck 名 リトルロック《米国 Arkansas 州の州都; 1957 年白人黒人の共学をめぐり紛争があった》.

lìttle slám 名 ＝small slam.

lìttle théater 名 〖米〗C 小劇場《実験的で非営利的な芝居を行う》; U そこで演じられる芝居.

lìttle tóe 名 C (足の)小指.

Lìttle Trámp 名 小さな放浪者《Charlie Chaplin のあだ名》.

lìttle wóman 名 〈the ～〉〖話・時に軽蔑〗うちのかみさん, 山の神.

lit·to·ral /lít(ə)rəl/ 〖章〗形 海[湖]岸の, 海辺の.

── 名 C 海[湖]岸地域, 臨海地域. [▷ ～**·ly** 副]

li·tur·gi·cal /litə́:rdʒik(ə)l/ 形 〈限定〉典礼式の.

lit·ur·gy /lítərdʒi|-tə(:)-/ 名 (複 **-gies**) C (キリスト教会の)典礼 《制定された公の礼拝式(の次第)》; 〈普通 the L-〉 典礼式文, 典礼書 《例えば英国国教の the Book of Common Prayer》.

liv·a·ble, live·a·ble /lívəb(ə)l/ 形 **1** 〔家, 部屋, 気候などが〕住める; 住みよい. The area is ～ (*in*). その地域は住みよい. ★叙述用法ではしばしば in を伴う. **2** 〔生活などが〕生きがいのある. **3** 〈叙述; しばしば with を伴って〉〔人が〕一緒に生活できる; 〔人の行為, 難事などが〕我慢できる; 〈*with*〉. Tom is not ～ (*with*). トムとはとても一緒に生活できない. ▷**lìv·a·bíl·i·ty** 名 ～**·ness** 名

‡**live**¹ /liv/ 動 (～**s** /-z/|過 過分 ～**d** /-d/|**lív·ing**) 自 【**生きる**】 **1** 〖章〗**生きる**, 生存する; 生きている; (↔die). The doctors ⌞said she had one year [didn't expect her] to ～. 医師団は⌞彼女の余命は 1 年と言った[彼女が持ちこたえられるとは思わなかった]. as long as I ～ 生きている限り, 死ぬまで. My father still ～*d* then. 父はその時まだ存命でした(注意 この例のように「生きている」の意味では be alive の方が普通).

2 VA (特定の) 生き方をする. ～ *in* the present [past] 現在[過去]に生きる. I ～ *in* the hope that he will return some day. 彼がいつか帰って来ることに望みをかけて生きている.

3 人生を十分に楽しむ. We should ～, not just exist. 人はただ生存するのではなく思う存分生きるべきだ. If you have never played golf, you haven't ～*d*. もしあなたがゴルフをやったことがなかったら, (人生を充分楽しんではい

L

ないから)是非やってみて下さい.
4 (**a**) 自 **生き長らえる**, 生き続ける. He ～*d to be* [*to* the age of] 87. 彼は87歳まで生き延びた. The patient won't ～ much *longer*. 病人の命はもう長くあるまい. *Long* ～ the Queen! 女王陛下万歳《＜女王の長く生きられんことを(祈る); ★live は仮定法現在》. (**b**)〔船などが〕破損を免れる, 難を逃れる.
5〔思い出などが〕生きている, 忘れ難い. A man's good deeds ～ after him. 人の善行は死後まで(人の記憶に)残る. That tragic event still ～*s* in our minds [with us]. あの悲惨な出来事はまだ私たちの心の中に残っている. His name will ～ (on) in history. 彼の名は歴史に残るだろう. **6**〔作中の人物などが〕生き(生きとし)ている, リアルである. The writer makes the heroine ～. 作者は女主人公を生き生きと描いている.
【**暮らす**】 **7** 自〔人, 動物が〕**生きて行く**; **生活する**; 自 (～ X) X の状態で暮らす. ～ *in* peace 平和に暮らす. ～ *at* ease [in misery] 安楽に[みじめに]暮らす. We should not ～ *beyond* our means. 収入を超えた生活はすべきでない. ～ *in* a small way 細々と暮らす. ～ from day to day 計画性のないその日暮らしの生活をする. ～ from hand to mouth その日暮らしの[貧しい]生活をする. ～ poor 貧しく暮らす. My big brother ～*s* single [a bachelor]. 兄は独身である(注意 a bachelor とすると live は他動詞).
【**住む**】 **8** 自〔ある場所に〕**住む**, 居住する, (類語「住む」の意味で最も一般的な語; →dwell, inhabit, reside). ～ *in* a city [abroad] 都市[海外]で生活する. *Where* do you ～? お住まいはどちらですか. I ～ *in* Kobe. 神戸に住んでいます. His brother is *living in* Sydney. 彼の兄はシドニーに住んでいる(語法 進行形で表現すると一時的居住の意味合いを持つ). ～ *at* one's uncle's おじの家に寄寓(ぐう)する. ～ *with* one's parents 両親と同居する.
9《話》自〔物が〕ある, 置いて[しまって]ある. The stapler ～*s in* this drawer. ホッチキスはこの引き出しに入っています.
── 他 **1**〔..の生活〕を**送る**, 過ごす, (★普通, 形容詞(句)のついた life を同族目的語にとる). ～ a busy [lonely] life 忙しい[孤独な]生活を送る. A sailor's life is chiefly ～*d* at sea. 船員の生活は主に海上で営まれる. ～ a double life 表裏のある生活をする. ～ the life of a hermit 隠者の生活をする.
2〔信念, 理想など〕を(生活の中で)生かす, 実践する. Have the courage to ～ your faith. 自分の信仰どおりの生活をする勇気を持て. ～ a lie 偽りの生活をする.
3〔俳優などが〕〔役〕を真に迫って演ずる. ◇名 life
(as sùre) as I líve《話》確実に, 間違いなく.
be lìving lárge《米俗》(生活のゆとりがあって)(人生を)大いに楽しむ.
lìve and bréathe .. ..に熱中している. She has ～*d and breathed* dancing since she was a little child. 彼は小さな子供だった時からダンスに熱中している.
lìve and léarn 生き(長らえ)ていろいろなことを経験する[知る]. We [You] ～ *and learn*. 長生きはするものだ《初耳のことに驚いた時などに言う》.
líve and lèt líve 互いに許し合ってやってゆく, '世は相持ち' 主義でやってゆく.
líve by .. ..で生計を立てる;〔信念, 理想など〕を指針として生きる. I quit my job to ～ *by* the pen [literature]. 文筆[文学]で生活するために仕事を辞めた. ～ *by* painting pictures 絵を描いて生計を立てる. ～ *by* one's wits →wit[1].
lìve /../ dówn〔過失, 不名誉, 罪など〕をその後の生き方で償う. He made every effort to ～ *down* his bad reputation. 彼は自分の悪評を晴らすためにあらゆる努力をした.
líve for .. (1) ..を生きがいにする. something to ～ *for* 生きがい. My father ～*s for* his work. 父は仕事が生きがいです. (2) ..を待ち望む〈普通 ～ *for* the day when.. の形で用いる〉. They ～ *for* the day when they can have a house of their own. 彼らは自分たちの家が持てる日を楽しみにしている.
lìve hígh ＝LIVE well.
lìve ín 住み込みで働く(→LIVE out).
lìve it úp《話》楽しく[派手に]暮らす.
lìve óff .. (1) ..をもとに食物[収入]を得る; ..を食いつぶす, 食う; ..だけを食べる. The pioneers ～*d off* the land. 開拓者たちは専ら土地に頼って生活をした. ～ *off* writing 著述により収入を得る. Hibernating animals ～ *off* the accumulated fat. 冬眠中の動物は蓄積された脂肪を食いつぶしている. (2)《普通, 軽蔑》..の金を当てにして生活する, ..に食わせてもらっている. Don't ～ *off* your sister any more. これ以上姉さんのすねかじりはやめろ.
lìve ón 生き続ける;〔名声などが〕続く.
****líve on ..*** (1) **..を常食とする**, ..(だけ)を食べて生きてゆく. Man cannot ～ *on* bread alone. 人はパンだけで生きるものではない《聖書から》. Lions ～ *on* other animals. ライオンは他の動物を食べて生きている. He ～*d on* crackers and water for three days. 彼はクラッカーと水で3日間命をつないだ. ～ *on* air 何も食べない, 'かすみを食って' 生きている. (2) ..(だけ)で暮らしを立てる;〔人〕の世話になって暮らす. I can't ～ *on* my pension alone. 私は年金だけでは暮らして行けない. ～ *on* one's name [reputation] 過去の名声で食べてゆく. ～ *on* one's brother 兄のすねをかじって暮らす.
live óut 通いで働く(→LIVE in).
lìve /../ óut ..を生き延びる; ..を最後まで生き通す; ..を切り抜ける;〔計画, 夢など〕を実現する. The artist ～*d out* his life in Tahiti. その画家はタヒチ島で一生を終えた. ～ *out* one's ambitions 野心を達成する.
lìve ..over agáin ..を思い出す; ..を再度経験する.
lìve through ..〔戦争など〕を生き抜く;〔困難など〕を切り抜ける.
live togéther〔男女が〕同棲(せい)する.
líve to onesèlf 孤独に暮らす, 人と交際しない.
lìve úp to .. (1)〔主義, 規準, 理想, 約束など〕に背かぬように行動する;〔名声など〕に恥じない生き方をする;〔期待など〕に十分添う. ～ *up to* one's principles 自らの主義に従って行動する. This product ～*s up to* its advertising. この製品は広告どおり(の優良品)だ. (2)〔収入〕の許す限りの生活をする. I ～*d up to* every penny of my income and sometimes beyond. 私は収入を1ペニーも余さず, 時には収入以上の生活をした.
live wéll (美食などして)ぜいたくに暮らす; 立派な生き方をする.
líve with .. (1) ..の家に住む. ～ *with* one's uncle ＝～ at one's uncle's (→自 8). (2)《婉曲》..と同棲(せい)する. (3)〔人, 苦痛など〕を我慢できる, 気にしない, (bear with). I have learned to ～ *with* my illness. 自分の病気と仲良くやって行けるようになった《病気は治らないと覚悟し, それでも差し支えないように生きて行く》.
whère one líves《米話》急所, 弱み. It hits [gets] me *where* I ～. それは耳が痛い.
[＜古期英語 *libban, lifian*; leave[1] と同根]

‡live[2] /laiv/ 形 C 【**生きている**】 **1** 〈限定〉 **生きている** (↔dead) (★叙述的には alive, living を用いる). experiments on ～ animals 生体動物実験.
2《戯》〈限定〉〈普通 real ～ の形で〉(写真などでなく)本物の. Look! A real ～ whale. ほら, 本物の(生きた)鯨だ. It was a real ～ hijacker. 本物のハイジャック犯人だった. **3**《放送》実況の, 生(なま)の, ライブの,《録音, 録画に対して; ↔canned》. a ～ TV broadcast テレビの生放送. a ～ album ライブ録音したアルバム(CD, テープなど).
【**活力のある**】 **4** 生き生きとした, 活発な;《話》抜け目ない. a ～ person 活動家, 精力的な人.

L

5 燃えている, おこっている, 〔石炭, 薪(まき)など〕. a ~ cigar 火のついている葉巻. a ~ volcano 活火山.
6 〔色, 音調が〕鮮やかな, 素晴らしい.
7 〖競技〗〔試合が〕プレー中の; 〔ボールが〕生きた.
8 〈限定〉当面の, 目下の関心を集めた, 〔問題など〕. a ~ issue [concern] 活発な議論の対象となっている問題.
9 未発の〔爆弾など〕; 爆薬の入った〔薬莢(きょう)など〕; 電流の通じている (↔dead). ~ bullets 実弾. a ~ match 未使用のマッチ. *live*-firing exercises 実弾(砲撃)演習.
gò líve 〖主に英〗〔制度などが〕実施される, 使われ始める; 〖電算〗〔システムが〕(一般の人に)操作[使用]可能になる.
── 副 〔放送・番組が〕生(なま)で, ライブで, 実況で. broadcast [see] the show ~ ショーを生放送する[で見る]. [< *alive*]

live·a·ble /lívəb(ə)l/ 形 =livable.

lìve báit /làiv-/ 名 U (魚釣り用の)生き餌(え).

lìve bírth /làiv-/ 名 UC 生児出生, 出産(ざん), 《公式の人口統計などの中の用語》(↔stillbirth).

-lived /laivd, livd|livd/ 〈複合要素〉「..の命のある」の意味. long-*lived*. short-*lived*.

‡**líved-ìn** /lívd-/ 形 〈限定〉〔家, 部屋などが〕(実際に人が住んで)よく使い込まれた, 人が住んでいる(ような). His room had a ~ look. 彼の部屋はよく使い込まれたように見えた.

‡**lìve-ín** /lìv- ⊛/ 形 〈限定〉住み込みの; 同棲中の. a ~ maid 住み込みのお手伝い. a ~ partner 同棲している恋人.

***live·li·hood** /láivlihùd/ 名 UC 〈普通, 単数形で〉**暮らし**, 生計(の手段). I don't know how he makes [earns, gains, gets] his ~. 彼がどうやって生計を立てているのか分からない. a means of ~ 生計の手段. Teaching is my ~. 教師が私の生業(なりわい)です. [<古期英語「生活様式」; lively, -hood]

live·li·ly /láivlili/ 形 元気よく; 陽気に; 生き生きと; 鮮やかに.
「軽快さ.

live·li·ness /láivlinəs/ 名 U 元気のよさ; 活発さ,↑

lìve·lóng /lìv- ⊛/ 形 〈限定〉〖主に詩〗(時間について)長い長い, ..中, まる... work (all) the ~ day 日がな1日仕事をする.

‡**live·ly** /láivli/ 形 e (**-li·er**|**-li·est**), m **1 元気な**; 〔討論などが〕活発な, 興奮させるような; (知的, 情的に)活発な, 旺(おう)盛な. ~ children 元気溌剌(はつらつ)とした子供たち. The sick man seems a little *livelier*. 病人は少し元気になったようです. a ~ event わくわくするような出来事. a ~ imagination 盛んな想像力. have a ~ mind 旺盛な知識欲がある.
2 〔歩き方などが〕**軽快な**, きびきびした; 〔ボール, 投球などが〕速い, よくはずむ; 〔風が〕強い, さわやかな; 〔船が〕軽く波に乗る, 舵が取りやすい. a ~ gait (馬などの)軽快な足取り.
3 陽気な, にぎやかな, 〔歌など〕; 〔町などが〕にぎわっている〈*with* ..で〉. a ~ tune 陽気な曲.
4 〔色彩, 印象などが〕鮮明な, 強烈な; 〔描写などが〕真に迫る, 目に見えるような. She gave us a ~ account of her adventures in Kenya. 彼女は我々にケニアでの冒険を臨場感豊かに語った.
lòok lívely =LOOK alive.
***màke it* [*thìngs*] *lívely for* ..** 〖話・戯〗〔人〕をはらはらさせる, 困らせる.
── 副 e 元気に, 活発に. step ~ 元気な足取りで歩く. Step ~, please. お早くお進み願います.
[<古期英語「生きている」(<life+-ly²)]

lìve músic /làiv-/ 名 U (レコードなどでない)生の音楽.

liv·en /láiv(ə)n/ 動 他, 自 (を)活気づける[づく], 陽気にする[なる], (〔催し, 場所など〕を)引き立たせる, 引き立つ, 〈*up*〉. His witty talks ~*ed up* the party. 彼の軽妙な話で会の雰囲気は盛り上がった.

***liv·er**¹ /lívər/ 名 (複 ~**s** /-z/) **1** C **肝臓**. **2** UC レバー, きも, 《食用としての動物の肝臓》. **3** U 肝臓色, 赤褐色. [<古期英語]

liv·er² 名 C 〈修飾語を伴って〉..な生活をする人, ..に暮らす人; ..に住む人. a clean ~ 品行方正な人. a fast [loose] ~ 放蕩(とう)者. a good ~ 有徳の人; 美食家. a ~ abroad 海外生活者. [live¹, -er]

lìve ráil /làiv-/ 名 C (線路に沿った)電気レール《列車のモーターに送電する》.

liv·er·ied /lívərid/ 形 (お仕着せの)制服を着た.

liv·er·ish /lívəriʃ/ 形 〖話〗 **1** 肝臓の具合が悪い. **2** 気難しい, 怒りっぽい. **3** 〔特に色が〕肝臓に似た. **4** 〖旧・戯〗飲み[食べ]過ぎで気分が悪い.

Liv·er·pool /lívərpùːl/ 名 リヴァプール《イングランド北西部 Merseyside 州の州都; ロンドンに次ぐ貿易港; the Beatles 誕生の地》.

Líverpool Strèet 名 リヴァプールストリート《ロンドンの鉄道駅; East Anglia や Midland 方面への列車が出る》.

Liv·er·pud·li·an /lìvərpʌ́dliən ⊛/ 名 C, 形 リヴァプール人[市民]; リヴァプール(人[市民])の.

líver sàusage 名 〖英〗=liverwurst.

líver·wòrt 名 C 〖植〗ゼニゴケ.

liv·er·wurst /lívərwə̀ːrst/ 名 UC 〖米〗レバーソーセージ《(豚の)肝臓が主な材料》.

‡**liv·er·y** /lív(ə)ri/ 名 (複 **-ries**) **1** UC お仕着せ, そろいの服, 《上流家庭の使用人などが着る》; (同業組合員などの)制服. in [out of] ~ お仕着せを着て[を脱いで私服で]. **2** U 〖詩〗装い (dress). the ~ of grief 喪服. trees in their spring ~ 春の装いをした木々. **3** C 〖英〗(会社がその製品, 営業用車などに付ける)標章, 図案. **4** C 〖米〗=livery stable. **5** UC (自動車, 自転車, ボートなどの)レンタル業(者[会社]). [<古期フランス語「渡す」; liberate と同源]

lívery còmpany 名 C 〖英〗(ロンドンの City の昔の)同業組合 (guild)《83 あり, 各自の式服を持つ》.

lívery·man /-mən/ 名 (複 **-men** /-mən/) C **1** 貸し馬[馬車]屋《経営者又は従業員》. **2** 〖英〗(ロンドンの昔の)同業組合 (livery company) の組合員.

lívery stàble 名 C 〈しばしば ~s〉貸し馬[馬車]屋《飼育料を取って馬を預かったり, 馬や馬車を貸し出す》.

lives /laivz/ 名 life の複数形.

‡**líve·stòck** /láiv-/ 名 U 〈単複両扱い〉**1** 家畜類. ~ farming 牧畜. **2** 〖話〗(嫌な)刺す虫《ノミ, シラミなど》.

lìve wíre /làiv-/ 名 C **1** 電流の通じている電線. **2** 〖話〗精力家, やり手.

liv·id /lívəd/ 形 **1** 〈普通, 限定〉鉛色の, (打ち身, 傷跡などで)青黒くなった. **2** (怒りなどで顔面)蒼(そう)白の, 青ざめた. His face was ~ *with* rage. 彼の顔は怒りで青ざめていた. **3** 〖話〗かんかんに怒った (furious).
▷ **~·ly** 副 青ざめて; 〖話〗かんかんになって.

‡**liv·ing** /líviŋ/ 形 ℭ 【**生きている**】 **1** (**a**) **生きている**, 生命のある; 現存する. ~ creatures 生きもの (★植物は含まない. ~ things は植物も含む). the greatest ~ poet [poet ~] 当代随一の詩人. No man ~ could do the work better than that. それ以上にその仕事を立派にやり遂げられる人は現在いないだろう. (**b**) 〈the ~; 名詞的に; 複数扱い〉生きている人々, 生者. ◇↔dead
2 現在用いられている, 現行の, 〔制度, 言語など〕. a ~ language 現用語.
【**生きているような**】 **3** 〈限定〉**そっくりの**, **生き写しの**. The girl is the ~ image of her mother. その少女は母親にそっくりです. a ~ picture 実物そっくりの絵.
【**生き生きした**】 **4** 生気に満ちた, 活発な; 強い〔希望など〕; 強烈な, 生々しい, 〔感情など〕; 鮮明な〔色彩など〕. a ~ debate 活発な議論. the ~ faith 篤(あつ)い信仰.
5 〔水などが〕いつも勢いよく流れている; 〔石炭などが〕燃えている. ~ water 流水. **6** 〔鉱石などが〕未採掘の, 自然のま

L

まの.
be lìving próof of . . . .の生きた証人で. She *is* ～ *proof of* the great skill of the surgeon who operated on her. 彼女は彼女を執刀した外科医のすぐれた腕前を示す生き証人だ.
in the lànd of the líving 生きて(いる), 現存で[の].
within [***in***] ***lìving mémory*** →memory.
── 名 (複 **～s** /-z/) **1** U **生きていること, 生存; 生活**(状態); 生き方. the standard of ～＝the ～ standard 生活水準. the cost of ～ 生活費. plain ～ and high thinking 質素な生活と高遠な思索《Wordsworth の詩から》. He likes good ～. 彼は(美食などして)ぜいたくな生活を好む.
2 C〈普通, 単数形で〉**生計**, 暮らし; 収入; 職業; (livelihood). earn a poor ～ 貧乏暮らしをする. Alice made her ～ as a nurse [by nursing]. アリスは看護婦で生計を立てた. What does he do for a ～? 彼は何をして生活していますか.

> 連結 an honest [an ample, a comfortable, a sufficient; a modest; a bare, a humble, a meager] ～ // gain [get; eke out, scrape, scratch] a ～

3 C 〚英〛＝benefice.
4〈形容詞的〉生活(上)の; 生計の. ～ conditions 生活状態《特に居住条件》. the ～ quarters above a restaurant レストランの階上の住居部分. move to new ～ quarters [areas] 新しい住居[住宅地域]に移る.

lìving déath 名 C 〈普通, 単数形で〉**1** 生き埋め. **2** 生きながらの死, 悲惨な生活.
lìving fóssil 名 C **1** 生きた化石《進化の度合いがひどく遅れている生物; カブトガニなど》. **2**〚話〛ひどく時代遅れの人.
lìving légend 名 C 生きている伝説(中の人物)《生きているうちにそれほど有名になった人》.
líving ròom 名 C 居間《〚英〛では sitting room とも言う; →drawing room》.
Liv·ing·stone /líviŋstən/ 名 **David ～** リヴィングストン (1813–73)《スコットランドの宣教師・アフリカ探検家; Victoria Falls などの発見者》.
lìving wáge 名 C〈普通 a ～〉生活給《普通の生活を保証する程度の賃金》.
lìving wíll 名 C (末期症状の患者などが前もって書いた)人工的な生命維持より自然死を選びたいという遺言; 尊厳[安楽]死希望.
Liz /liz/ 名 Elizabeth の愛称.
‡**liz·ard** /lízərd/ 名 C 〚動〛トカゲ; U トカゲの革.
Liz·zie, -zy /lízi/ 名 Elizabeth の愛称.
ll lines《例: ll 5–8 (5–8 行)》.
*‡**'ll** /l/ will [shall] の短縮形. I'*ll*. he'*ll*.
lla·ma /lá:mə/ 名 (複 **～s, ～**) C 〚動〛ラマ《南米産のラクダ科の動物; 小形でこぶは無く毛は羊毛状; しばしば運搬に使用》. [＜南米先住民語]
lla·no /lá:nou/ 名 (複 **～s**) C (特に南米北部の)大草原. [＜ラテン語 *plānum*「平地」]
LLB, LL.B. Legum Baccalaureus (ラテン語 'Bachelor of Laws').
LLD, LL.D. Legum Doctor (ラテン語 'Doctor of *Laws*').
LLM, LL.M. Legum Magister (ラテン語 'Master of Laws').
Llòyd Géorge 名 **David ～** ロイド・ジョージ (1863–1945)《英国の政治家; 首相 (1916–22); 労働階級出身で社会の民主化の改革を強力に推進した》.
Llóyd's 名 **1** ロイズ保険引受業者組合《17 世紀後半ロンドンに創立された保険引受人 (Name) の集団; 以前は海上保険のみを扱った》. **2** ＝Lloyd's Bank.
Llòyd's Bánk 名 ロイド銀行《英国の主要銀行の 1 つ》.
Llòyd's Régister 名 ロイズ船級協会(船名録)《保険業務に関連する船舶の積量, 航行適性などを, 全世界の船舶について明細に記した年刊の船名録(を刊行する協会); 正式名 **Llòyd's Règister of Shípping**; 船舶の等級分けにはアルファベット(船体の状態について)と数字(積量, 装備について)を用い, A1 が最高の等級となる》.
LNG liquefied natural gas.
‡**lo** /lou/ 間 〚古〛見よ〈主に次の成句で〉.
lò and behóld〚話・戯〛ところがどうだろう, 驚くじゃないか, こはいかに,《意外な驚きを表して; 時に皮肉として驚くにはあたらない場合にも使う》.
loach /loutʃ/ 名 C ドジョウ.
*‡**load** /loud/ 名 (複 **～s** /-dz/) C
【**負わされるもの**】**1** (運搬用の)**積み荷**; (重い)荷; (類語 積み荷を表す一般語; →burden, cargo, freight, goods). The truck left with a ～ of furniture. トラックは家具を積んで出発した. carry a heavy ～ on one's shoulders 重い荷を肩に担いで運ぶ.
2 1 台[艘(そう)]分の積み荷, ひと担ぎなど, (→-load). six ～*s* of coal 6 荷分の石炭. A whole plane ～ of people were killed. 飛行機の搭乗者全員が死んだ.
3【**詰めるもの**】(弾丸, フィルムなどの)装塡(てん)(量); ひと詰め. put a new ～ in one's pipe パイプに新しくたばこを詰める.
【**負わされる重さ**】**4** (責任, 罪, 悲嘆などの)**重荷**, 重圧. bear [take] a heavy ～ of worry (on one's mind) 大変な気苦労を背負う. The news of their safe arrival was a great ～ off my mind. 彼らが無事到着したと聞いて大変安心した. groan under a ～ of debt 山のような借金を背負ってあえぐ.
5 (仕事の)負担量, ノルマ; (エンジン, モーターなどが 1 回にできる)仕事の量. My teaching ～ is 15 hours a week. 私の担当授業時間数は 1 週 15 時間です. This washing machine takes a ～ of 7 pounds. この洗濯機は 1 回に 7 ポンドの洗濯物が洗える.
6 (建造物などが支える)重み, 荷重. the ～ on a bridge 橋にかかる荷重. **7**〚電・機〛負荷, 荷重.
gèt a lóad of . .〚話〛. .を注意して見る[聞く], . .に注意を払う,〈普通, 命令文で〉.
lóads [***a lóad***] ***of . .***〚話〛たくさんの. . (a lot of). ～*s of* friends たくさんの友人. *a* ～ *of* (old) rubbish 山ほどもある下らないこと[でたらめ], たくさんの下らない人たち.
tàke a lóad off *a pèrson's* ***mínd*** 人の心から重荷を除く.
── 動 (**～s** /-dz/|過 過分 **lóad·ed** /-əd/|**lóad·ing**) 他【**積む**】**1** (**a**) に**荷物を積む**〈*up*〉; に積む〈*with* . .を〉. The ship was ～*ed* quickly. 船の積み荷は素早く行われた. The farmer ～*ed* the truck *with* vegetables. 農夫はトラックに野菜を積んだ (→(b)). (**b**) を積む〈*on, onto, in, into* . .に〉. The farmer ～*ed* vegetables *onto* the truck. 農夫は野菜をトラックに積んだ.
2【**負担をかける**】に重荷をかける〈*with* . .の〉; に(負担になるほど)たくさん与える〈*with* . .を〉. Her heart was ～*ed* (*down*) *with* grief. 彼女の心は悲しみにうち沈んでいた. ～ the champion *with* honors [praises] 優勝者に山ほどの栄誉[賛辞]を与える. Tom ～*ed* me *with* abuse. トムは私にさんざん悪口を浴びせた.
3 にいっぱいに載せる〈*with* . .を〉; をいっぱいにする〈*with* . .で〉. a cupboard ～*ed with* bottles of wine ワインの瓶がいっぱいに詰まった食器棚. a play ～*ed with* actions アクションがいっぱいの劇.
【**詰める**】**4**〔銃, カメラなど〕に装塡(てん)する〈*with* . .を〉; 〔弾, フィルム, テープなど〕を入れる〈*into* . .に〉. My gun is [I am] ～*ed*. 私の銃には弾が入っている. ～ a camera (*with* film)＝～ film *into* [*in*] a camera カメラにフィル

ムを入れる.
5 に詰め込む〈*with* ..を〉; を充満させる〈*with* ..で〉. air ～*ed with* smoke 煙が充満した空気. ～ one's stomach (up) *with* food 食物を腹に詰め込む.
6 (普通, 不正に)〔さいころ, 杖(つえ)など〕に詰め物をする; ねらった返事が出るように〔質問など〕を細工する; 〔酒など〕に混ぜ物をする.
7 〖電算〗をロードする《プログラム, データなどをディスク, テープなどの記憶媒体から主記憶装置(メモリー)に読み込ませる》.
8 〖野球〗〔塁〕を満塁にする. He hit a home run with the bases ～*ed*. 彼は満塁ホームランを打った.
── 自 **1** 荷を積み込む; 乗客を乗せる; 〈*up*〉. The workmen finished ～*ing up*. 労働者は積み荷を終えた. **2** VA (～ *up*) 一杯に積み込む, たくさんため込む[買い込むなど], 〈*with* ..を〉. ～ *up with* books 本を一杯買い込む. **3** 〔人が〕装塡(てん)する; 〔銃などが〕装塡される. My camera ～*s* easily. 私のカメラは簡単にフィルムを入れられる. **4** 〔人が〕乗り込む〈*into* ..〔乗り物〕に〉. All the pupils ～*ed into* the school bus. 児童はみんなスクールバスに乗り込んだ.
lòad /../ dówn ..にたくさん積む[運ばせる]; ..に負わせる; 〈*with* ..〔重荷, 過重な負担など〕を〉. I feel ～*ed down with* the burdens of office. 職責の重荷が肩にずしりと重く感じられる.
lòad the díce against [***in fàvor of***] ***a pérson*** 〈普通, 受け身で〉(人に)不利[有利]になるように(工作を)する.
[＜古期英語「道, 旅, 運搬」; 意味は lade に影響された]

-load /loud/ 〈複合要素〉「(車, 船などの) 1 台[隻など]分(の積荷[乗客])」の意味. a ship*load* of cargo 船 1 隻分の積荷. a basket*load* of oranges 籠 1 杯分のオレンジ. a cart*load* of bricks 荷馬車 1 台分のれんが. a train*load* of passengers 1 列車分の乗客.

‡**lóad·ed** /-əd/ 形 **1** 荷を積んだ[背負った]; 〔乗り物が〕満員の; 物を詰め込んだ. The rows of ～ pear trees were something to see. 実のたわわになった幾列ものナシの木はなかなかの見ものだった. **2** 装塡(てん)した〔銃, カメラなど〕. a ～ gun 弾丸を込めた銃[ピストル]. **3** (不正に)鉛などを詰めた〔さいころ, 杖(つえ)など〕; 混ぜ物をした〔酒など〕. a ～ cane 仕込み杖《一端に鉛を詰めて打撃を強烈にする》. ～ dice いかさまさいころ《特定の目が出やすいように鉛を詰めた》. **4** 公正でない, 偏見のある, 〔言葉, 議論など〕; わなにかけるような〔質問など〕. The newspaper seems to be ～ against the opposition party. その新聞(社)は野党に偏見を持っていると思われる. a ～ question 底意のある[誘導]質問. **5** 〈叙述〉〖俗〗酔っ払った; 麻薬中毒の. **6** 〈叙述〉〖俗〗金がたんまりある. **7** 〖野球〗〔ベースが〕満塁の. **8** 〖主に米〗オプションの豊富な, デラックスな, 〔車, 建物など〕.

lóad·er 名 C **1** 積み込む人[機械]. **2** 装塡(てん)者[器]. **3** 〖電算〗ローダー《ロードするためのプログラム; →load 他 7》. **4** 〈複合要素〉「..装塡(てん)式の銃[機器]」の意味. a breech*loader* 元込め銃.

lóad·ing 名 U **1** 荷積み, 荷役; 船積み. **2** 荷, 船荷. **3** (銃, カメラなどの)装塡(てん); 〖電〗装荷; 〖電算〗ローディング《ロードすること; →load 他 7》. **4** 付加保険料.

lóad lìne 名 C 〖船〗満載喫水線 (Plimsoll line).

lóad-shèdding 名 U 部分的送電停止《発電所への過重負担を避けるため》.

lóad·stàr 名 ＝lodestar.

lóad·stòne 名 ＝lodestone.

‡**loaf**[1] /louf/ 名 (複 **loaves** /louvz/) **1** C (一定の形に焼いたかなり大きい)パンの一塊, ローフ. a ～ of bread 一塊のパン《切り分けて食べる; →roll, slice》. Half a ～ is better than none [no bread]. 〖諺〗半分でもないよりまし《時には妥協も必要; ↔all or nothing》. **2** UC (食品のパンに似た)塊; C ＝sugar loaf. (a) meat ～ ミートローフ. a ～ of pound cake (棒状の)パウンドケーキ. **3** C 〖英話〗頭. Use your ～! 頭を使え, 常識で考えろ.
[＜古期英語「パン」]

loaf[2] 動 自 〖話〗(仕事をしないで)のらくら暮らす[する]〈*about, around*〉. ～ all day [all weekend] 1 日[週末]中ぶらぶら過ごす. ～ on the job だらだらと仕事をする. Stop ～*ing around* (the town) every day and look for a job. 毎日(町の中を)ぶらぶらしていないで仕事を捜しなさい. ── 他 〔時間, 一生〕をぶらぶら過ごす〈*away*〉. ～ *away* one's time のらくらして時を過ごす.
── 名 〈a [the] ～〉 のらくらすること; ぶらつくこと. have a ～ ぶらつく. on the ～ ぶらついて.
[＜*loaf*er]

lóaf·er 名 C **1** 怠け者; 浮浪者. **2** 〈普通 ～s〉ローファー《スリップオン式の普段履き革靴＜商標; →moccasin》. [?＜ドイツ語]

loam /loum/ 名 UC **1** ローム, 壌土, 《砂・粘土・植物性有機物の混ざった肥沃(よく)な土》. **2** ローム《れんが, 鋳型, しっくいなどを作る》. [＜古期英語「粘土」]

lóam·y 形 e ローム(質)の.

*__loan__ /loun/ 名 (複 **～s** /-z/) **1** UC 貸す[借りる]こと〈*of* ..を〉; **貸付**, ローン. take (out) [make] a ～ on ..を抵当に借金をする. ask for the [a] ～ *of* $1,500 1500 ドルの借金を申し込む. May I have the ～ *of* your car? あなたの車をお借りできますか. I gave Tom the ～ *of* our lawn mower. トムにうちの芝刈り機を貸した.
2 C **貸付金**; 借入金; 貸与物; 貸借物; 公債; 借款(かん). a public ～ 公債. a $5,000 ～＝a ～ of $5,000 5 千ドルの貸付金. raise a ～ 公債を募集する. repay a ～ 借入金を返還する.
on lóan 貸し付け[借り入れ]て, 貸し出されて; 〔人が〕他社などに一時的に勤務して, 出向して. I have three books *on* ～ from the library. 私は図書館から本を 3 冊借り出している.
── 動 他 〖主に米〗VOO (～ X Y)・VOA (～ Y *to* X) X に Y を貸す; 〖主に英〗貸し出す〈*out*〉〈*to* ..〔博物館など〕に〉(類語 〖米〗では lend と同義, 〖英〗でも展覧会への出品などで長期に貸し出す場合には用いる). Will you ～ me a dollar? 1 ドル貸してくれませんか. [＜古期北欧語]

lóan collèction 名 C 貸与コレクション《展示のため所有者が美術館などに貸す》.

loan·er /lóunər/ 名 C **1** 貸し付ける人[もの], 貸与する人[もの]. **2** (修理中などの)代替品《車, テレビなど》.

lóan shàrk 名 C 〖話〗高利貸し. 「[業].

lóan shàrking 名 U 〖話〗高利貸しをすること

lóan translàtion 名 UC 〖言〗翻訳借入[借用](語句)《例えば, 日本語の「会議を持つ」という表現は英語の have [hold] a meeting の語句そのものではなく意味を借用した翻訳借用; 「意味の借用 (semantic borrowing)」とも言う》.

lóan·wòrd 名 C 〖言〗借入[借用]語, 外来語.

‡**loath** /louθ/ 形 〖章〗〈叙述〉嫌って, 嫌がって, 〈*to* do ..するのを〉(unwilling) (★loth, 〖米〗loathe ともつづる). Ann is ～ *to* marry. アンは結婚するのを嫌がっている. ***nòthing lóath*** (嫌どころか)むしろ喜んで.

*__loathe__ /louð/ 動 (**lóath·es** /-əz/| 過 過分 **～d** /-ðd/| **lóath·ing**) 他 VO (～ X/*doing*) X を/**..するのをひどく嫌う**; を憎む; (類語 強い嫌悪・憎悪を意味し, hate, detest, abhor よりも意味が強い; しかし談話体では dislike (好かない)くらいの意味にも用いる). I ～ snakes [wash*ing* the dishes]. 私は蛇[食後の食器洗い]が(大)嫌いだ. ── /louθ/ 形 〖米〗＝loath. [＜古期英語]

‡**loath·ing** /lóuðiŋ/ 名 aU 嫌悪〈*for, of* ..に対する〉.

loath·some /lóuðs(ə)m/ 形 嫌でたまらない, 胸のむかつくような. ▷ **～·ly** 副 **～·ness** 名

loaves /louvz/ 名 loaf[1] の複数形.

L

‡lob /lɑb|lɔb/ [動] (~s|-bb-) [他] **1** を弧を描くように高くゆるく投げる[打ち上げる, 蹴り上げる]. **2**〖テニス〗〔ボール〕をロブする《相手の頭上を越すように緩く高く打つ》. **3**〖クリケット〗〔ボール〕を山なりにゆるく下手投げする.
— [自] ボールをロブする.
— [名][C] **1**〖テニス〗ロブしたボール. **2**〖クリケット〗下手投げの山なりのボール.

lo·bar /lóubər/ [形] **1** 耳たぶの. **2**〖解剖〗脳[肺, 肝]葉(よう)の, 葉性の. **3**〖植〗裂片の.

‡lob·by /lɑ́bi|lɔ́bi/ [名] ([複] **-bies** /-z/) [C] **1** ロビー《劇場, ホテル, マンションなどの入り口から各室に通じる広間, 廊下; 控え室, 面会室などの役目もする; →foyer》.
2 議院内の控え室《院外者との会見用》;〖英〗(下院の)議案採決用廊下 (**divísion lòbby**)《2 箇所にあり, 議員が賛否によりそれぞれに分かれる》.
3〈単数形で複数扱いもある〉(議院控え室に出入りする)議案通過[否決]運動者団, 院外団, 政治的圧力団体; 反対[賛成]運動の団体. the anti-abortion ~ 妊娠中絶反対の圧力団体. an environmental ~ 環境保護の圧力団体.
— [動] (-bies|[過][過分] **-bied**|~·ing) [他] (ロビーに通うなどして)〔議員〕に働きかける〈*to* do ..するよう〉;〔議案〕の通過[阻止]運動をする, 裏面工作をする. ~ a bill through Congress ロビー活動して議会で議案を通過させる. They *lobbied* several Senators *to* pass the bill. 彼らは議案を通過させるよう数人の上院議員に働きかけた. — [自] 議員に働きかける; 賛成[反対]運動を展開する〈*for* [*against*]..に賛成[反対]の〉. ~ (hard) *for* [*against*] a bill (強力に)議案通過[否決]を議員に働きかける.
[<中世ラテン語「(修道院の)柱廊」] ▷ **~·ing** [名][U] ロビー活動, ロビーイング. 「者.

Lóbby correspòndent [名][C]〖英〗議会詰め記↑

lob·by·ism /lɑ́biìz(ə)m|lɔ́b-/ [名][U] 議案通過[否決]運動, 陳情運動, 院外活動.

‡lob·by·ist /lɑ́biist|lɔ́b-/ [名][C] 院外運動員; (職業的な)議案通過運動者, ロビイスト.

Lóbby jòurnalist [名] =Lobby correspondent.

‡lobe /loub/ [名][C] **1** 耳たぶ (earlobe). **2**〖解剖〗葉(よう)《肺葉, 大脳葉など臓器の丸い突出部》;〖植〗裂片.

lobed /loubd/ [形] 丸い突出部のある.

lo·be·lia /loubí:ljə, -liə/ [名][C] ロベリア《サワギキョウ, ミゾカクシなど, キキョウ科の草本; 花は青, 赤, 黄, 白など》.

lo·bot·o·mize /loubɑ́(:)təmàiz, lə-|-bɔ́t-/ [動][他]〖医〗にロボトミーを施す, 前頭葉切除手術を行う.

lo·bot·o·my /loubɑ́(:)təmi, lə-|-bɔ́t-/ [名] ([複] **-mies**) [UC]〖医〗ロボトミー, 前頭葉切除手術 (★〖英〗では leucotomy とも言う).

†lob·ster /lɑ́bstər|lɔ́b-/ [名] ([複] **~**, 種類を言う時は**~s**) **1** [C] ロブスター, ウミザリガニ, 《大きなはさみ (claws 又は pincers) のある体長 30–60 センチの食用エビ; 米国北大西洋沿岸, 特に Maine 州の American lobster》; イセエビ (spiny lobster); (→prawn, shrimp). **2** [U] ロブスターの肉《食用》. [<ラテン語 *lōcusta*「イナゴ, バッタ」]

lóbster pòt [名][C] ロブスターを獲るかごわな.

‡lo·cal /lóuk(ə)l/ [形] 【ある場所に限られた】 **1** (**a**) [m] (ある特定の)**地方[地域]の** (★日本語の「田舎の」の意味合いはない; →provincial; [類語] regional より狭い地域に用いる; *↔national*). *a* ~ paper 地方新聞. ~ news (大新聞の地方版に載る)地方記事. state and ~ governments〖米〗州政府および(それ以下の)地方自治体. (**b**) [¢] (自分の住んでいる)地方[地域]の, 地元の, 現地の. hire ~ workers 地元の労働者を雇う. The ~ doctor was sent for. 近所の医者が呼ばれた.
2 [m] 一地域に特有な[限られた], 局地的な. This plant is very ~. この植物はごく限られた範囲にしか分布していない. a ~ war 局地戦. **3** [¢]〖英〗〔郵便物が〕同一地区内(配達)の (★封筒などに Local と書く). **4** [m] (体の)一部だけの, 局部的な, 〔苦痛など〕. a ~ disease 局部疾患. ~ anesthesia [anesthetic] 局部ι麻酔[麻酔剤].
5 [¢]〔列車, バスなどが〕各駅停車の. a ~ train 普通列車《各駅停車の》. **6** [¢] 場所[土地]の[に関する]. **7**〖電算〗ローカルの (**a**) ネットワークなどに接続されていない. (**b**) プログラムのある部分だけに関わる.
— [名][C] **1** (各駅停車の)普通列車[バスなど] (↔express). **2**〖話〗〈しばしば the ~s〉地域住民. **3** (新聞の)地方記事 (local news); ローカル番組. **4**〖英話〗〈the [one's] ~〉(行きつけの)近所の飲み屋. **5**〖米〗(労働組合などの)地方支部. **6** 局部麻酔剤 (local anesthetic). [<ラテン語 *locus*「場所」]

lo-cal /lòukǽl [移]/ [形] =low-cal.

lòcal àrea nétwork [名][C] コンピュータによる同一建物[企業]内情報通信網, ラン, 《略 LAN》.

lòcal authórity [名][C]〈単数形で複数扱いもある〉〖英〗地方自治体(当局).

lòcal cáll [名][C] (最低基本料金で通話できる)市内通話 (↔long-distance [〖英旧〗trunk] call).

lòcal cólor [名][U] (小説, 絵画などの背景を写し出す)ローカルカラー, 地方色. 「合.

lòcal dérby [名][C]〖英〗地元チーム同士のサッカー試↑

lo·cale /loukǽl|-kɑ́:l/ [名][C]〖雅〗(事件などの)現場, 場所; (文学作品などの)舞台. [<フランス語 *local* 'locality'; アクセントが後にある事を示すため -e をつけた]

Lòcal Educátion Authòrity [名][C]〈単数形で複数扱いもある〉〖英〗地方教育当局.

lòcal góvernment [名] **1** [U] 地方自治. **2** [C]〖米〗地方自治体(〖英〗local authority).

lòcal histórian [名][C] 郷土史研究家.

lòcal hístory [名][U] 郷土史.

lo·cal·ism /lóukəlìz(ə)m/ [名] **1** [C] 地方なまり, お国言葉; 土地の風習. **2** [U] 地元びいき; 地方根性.

***lo·cal·i·ty** /loukǽləti/ [名] ([複] **-ties** /-z/)〖章〗**1** [C] 場所; 地域; 近辺. a man well known in this ~ この辺りでよく知られた人. **2** [C] (事件などの)現場; (建物などの)所在地. **3** [U] 位置, 方向性. have a good sense of ~ 土地勘がよい. 「局地化.

lò·cal·i·zá·tion [名][U]〖章〗局限(する[される]こと),↑

lo·cal·ize /lóukəlàiz/ [動][他]〖章〗**1** をある部分[一地方]に局限する, 局地化する;〔病気, 痛み, 災害など〕を一部分で食い止める. **2** の場所[起源]を突き止める. ~ the fault in the TV circuit テレビの回路の故障を突き止める. **3** を特定の場所[時代]に設定する; にある場所[時代]の特色を与える;〖電算〗〔ソフトウェアなど〕をローカライズする《特定言語版にする》.

ló·cal·ized [形]〖章〗局地[部]的な. a ~ outbreak of disease 局地的な病気の発生.

†ló·cal·ly [副] **1** 特定の場所[土地]で; 近所で. I only buy ~. 私は近所でしか買い物しない. This is ~ brewed beer. これはその土地で醸造されたビールだ. **2** 地方で, 局地的に. It rained in torrents ~. 局地的に大雨が降った. **3** 場所的に; 地理的に.

lòcal óption [名][C] 地方選択権《酒類販売などに関する地方の住民投票による決定権》. 「説教師.

lòcal préacher [名][C] メソジスト派の平信徒の巡回↑

lòcal rádio [名][U] (ラジオの)地元放送.

lòcal rág [名][C]〖英〗地方紙.

lòcal tíme [名][U] 地方時, 現地時間, 《その土地の太陽の子午線通過時を正午とする》.

‡lo·cate /lóukeit, -ˊ-|-ˊ-/ [動] (~s /-ts/|[過][過分] **-cat·ed** /-əd/|**-cat·ing**) [他] 【位置を定める】 **1**〔..(の場所[ありか, 原因])〕を**捜し出す**, 突き止める, (find);〔..(の位置)〕を定める. The police finally ~*d* the missing boy. 警察はついにその行方不明の少年の所在を突き止めた. ~ a ship's position by the North Star 北極星で

船の位置を定める.
2 VOA (a)〔工場, 店舗など〕を置く, 設ける. ～ one's home *in* the suburbs 住宅を郊外に構える.
— 自 VA《米》住み着く, 居を定める; 事務所[店舗]などが開業[開店]する. Maybe the office will ～ *on* this site [*in* our city]. 多分事務所はこの敷地に[私たちの市に]開かれるだろう.
[＜ラテン語 *locāre*「(ある)場所に置く(＜*locus* 'place')」]

lo·cat·ed /lóukeitəd, -´-|-´-/ 形 位置する, ある, 〈*in* ..に〉(situated). The Town Hall is ～ *in* the center of the town. 町役場は町の中心部にある. be conveniently ～ just a few minutes from the station. 駅から数分の便利なところにある.

***lo·ca·tion** /loukéiʃ(ə)n/ 名 (複 **～s** /-z/) **1** Ⓒ **場所**, 位置, 所在地. The school is not far from this ～. 学校はこの場所から遠くない. His store has a good ～. 彼の店舗はよい場所にある.

> 連結 a central [a desirable; an accessible; a convenient; a strategic; a remote; a suitable] ～

2 Ⓒ (建物などの)用地, 敷地. **3** Ⓒ《映》ロケ地, 野外撮影地; Ⓤ ロケ(ーション). **4** Ⓤ 位置うける[られる]こと; 所在の発見. the ～ of a missing plane by radar レーダーによって行方不明機の所在を突き止めること.
5 Ⓒ《電算》(データの)記憶場所[位置], ロケーション.
on locátion 野外撮影(中)で[に], ロケで. a documentary filmed [shot] *on* ～ in Africa アフリカでロケーション撮影されたドキュメンタリー. go [be] *on* ～ in Arizona アリゾナでしのロケに行く[ロケ中である].

loc. cit. loco citato. 「長い)入り江.

loch /lɑk, lɑx|lɔk, lɔx/ 名 Ⓒ《スコ》湖 (lake); (細↑

Lòch Ló·mond /-lóumənd/ 名 ローモンド湖《スコットランド西部 Glasgow 近くにある》.

Lòch Néss 名 ネス湖《スコットランド北西部の湖; 怪物 Nessie [Loch Ness Monster] が棲んでいると言われた》.

lo·ci /lóusai, -kai, -ki(:)/ 名 locus の複数形.

‡**lock**[1] /lɑk|lɔk/ 名 (複 **～s** /-s/)【開閉装置】 **1** Ⓒ 錠 (→key[1]). open [fasten] a ～ with a key 鍵(かぎ)で錠を開ける[閉める]. pick a ～ 錠をこじ開ける. **2** Ⓒ 銃の発射装置 (gunlock). **3** Ⓒ 閘(こう)門, 水門,《運河, 河川で水位を調節し船舶を昇降させるためのゲート付きの装置》.
【動けないようにするもの】 **4** Ⓤ (動かないように)固定すること; (機械の)停止状態. **5** Ⓒ《レスリング》ロック《相手の腕, 脚などを動けなくする固め技》; Ⓒ《ラグビー》＝lock forward. **6** Ⓤ《主に英》(自動車の)ハンドルの回転極限. **7**【動かないこと】Ⓒ《米話》〈普通 a ～〉(成功)確実なもの[人]. He's a ～ for promotion this year. 彼は今年は昇格確実です. We believed his approval was a ～ at that point. 我々はその時点で彼の同意は確実なものと信じた.
hàve a lóck on.. ..を(完全に)支配[掌握]している, 確実に押さえている. He *has a* ～ *on* the nomination. 彼が指名[推薦]されることは確実である.
lòck, stòck(,) and bárrel 〈副詞的〉一切合財〔売り払うなど〕《銃の発射装置, 銃床, 銃身の意味から》.
under lòck and kéy (1) 鍵を掛けて; 安全な場所に隠して[保管して]. I want this kept *under* ～ *and key*. これを鍵の掛かる所に保管して欲しい. (2) 閉じ込められて; 投獄[拘留]されて.
— 動 (**～s** /-s/|過 過分 **～ed** /-t/|**lóck·ing**) 他
1〔戸, 窓, 入れ物など〕に**錠を下ろす**, 鍵を掛ける,〔車(のドア)〕をロックする. Is your trunk ～*ed*? トランクには鍵が掛けてありますか. Don't forget to ～ (up) the car. 忘れずに車のドアをロックしなさい.
2 VOA を(鍵を掛けて)しまい込む; を閉じ込める, 監禁する; 〈*in, into* ..に〉. ～ one's jewels (*up*) *in* a safe 宝石を金庫にしまい込む. ～ oneself *in* (a room) (部屋に)閉じこもる. I keep the secret ～*ed in* my heart. その秘密は私の胸に秘めておく.
3 を固定させる, 動かなくする;〔車輪〕に輪止めをする;《電算》〔データベースなど〕をロックする. The ship found itself ～*ed* into the ice. 船は氷に閉じ込められて動けなくなっていた.
4〔腕, 指, 足など〕を組む, からみ合わせる,〔歯〕をかみ合わせる. The boy ～*ed* his arm in the girl's. 少年は少女と腕を組んだ.
5 を抱きしめる; と抱き合う; と取っ組み合う;〈普通, 受け身で〉. He ～*ed* her in his arms. 彼は彼女を両腕に抱きしめた. The lovers were ～*ed* in a tight embrace. 恋人たちはしっかり抱き合っていた.
— 自 **1 錠[鍵]が掛かる**. The front door ～*s* automatically. 玄関のドアは自動的に鍵が掛かる. This door won't ～. この戸はどうしても錠が掛からない.
2 固定される;〔機械, 車輪などが〕かむ, 動かなくなる, ロックする. **3** かみ合う; 取っ組み合う.
lòck /../ awáy (1) (錠を掛けるなどして)..を(大事に)しまい込む, 安全に保管する, 〈*in, into* ..に〉;〔秘密など〕を隠して人に明かさない. (2) ＝LOCK /../ up (3).
be lócked in [***into***]***..*** 〔戦い, 議論など〕に巻き込まれ(てい)る, 熱中する[している]. be～*ed in* a fight [an argument] with ..と激しく戦って[議論して]いる. *be* ～ *in* traffic jam 交通渋滞に巻き込まれる.
lòck /../ ín (1) ..を閉じ込める, しまい込む. (2)《米》〈普通, 受け身で〉〔土地など〕を取り囲む 〈*with* ..で〉. (3) ＝LOCK in on...
lòck ín on.. 〔人, 物〕に狙いをつける. ～ *in on* an enemy (plane) 敵(機)に狙いをつける.
lóck on《米》[***onto***《英》]***..*** 〔ミサイルなどが〕〔攻撃目標〕をレーダーで自動的に探知・追跡する; 〔人工衛星など〕に追跡・探知装置を取りつける.
****lòck /../ óut*** (1)〔雇い主が〕〔労働者〕を**工場閉鎖して締め出す**, ロックアウトする. (2) ..を締め出す〈*of* ..から〉. I had ～*ed* myself *out* (*of* my own house) by leaving the key inside. 鍵を中に忘れて(自分の)家に入れなかった.
lòck úp (家などの)戸締まりをする. Don't forget to ～ *up* before you leave. 家を出る前に戸締まりを忘れないように.
****lòck /../ úp*** (1)〔家など〕の**戸締まりをする**. (2) ＝LOCK /../ away (1). (3) ..を閉じ込める; ..を監禁する, 刑務所に入れる. ～ oneself *up* 閉じこもる. The thief was ～*ed up* for five years. 泥棒は5年間投獄されていた. (4)〔資本〕を固定する《土地など換金しにくいものに投資して》. [＜古期英語 *loc*]

lock[2] 名 Ⓒ **1** 髪の房; 巻き毛. a ～ of blond hair 金髪の房. **2** 〈～s〉《雅》頭髪. **3** (羊毛, 綿, 麻などの)房, 束. [＜古期英語 *locc*]

lóck·a·ble 形 錠[鍵(かぎ)]が掛けられる.

Locke /lɑk|lɔk/ 名 **John** ～ ロック (1632-1704)《英国の経験論[政治]哲学者》.

***lock·er** /lɑ́kər|lɔ́k-/ 名 Ⓒ **1 ロッカー**《鍵(かぎ)の掛かる戸棚》; コインロッカー. **2**《米》冷凍食品貯蔵庫《賃貸されるものもある》. [lock[1], -er[1]]

lócker-ròom 形 〈限定〉卑猥な, 露骨な. ～ language [talk] (運動選手がロッカールームで交わすような)露骨な言葉.

lócker ròom 名 Ⓒ ロッカールーム, 更衣室.

lock·et /lɑ́kət|lɔ́k-/ 名 Ⓒ ロケット《写真などの入る合わせ蓋(ふた)付きのペンダント》.

lòck fórward 名 Ⓒ《ラグビー》ロック(フォワード)《スクラムの第2列目の選手; 単に lock とも言う》. 「名 3).

lóck gàte 名 Ⓒ (川, 運河の)閘(こう)門の扉 (→lock[1]↑

L

Lock·heed /lάkhìːd|lɔ́k-/ [名] ロッキード(社) (Lockheed Corp.)《米国の航空機メーカー》.

lóck·jàw [名][U]〘医〙破傷風 (tetanus) (の一種)《あごの筋肉が硬直する》.

lóck-kèeper [名][C] 水門操作員[管理人].

lóck·nùt [名][C]〘機〙留めナット《別のナットの上に付けて締める補助ナット》.

lóck·òut [名][C] 締め出すこと〈*of* ..を〉; ロックアウト, 工場[職場, 作業所]閉鎖, 《労働争議での経営者側の戦術》.

lóck·smìth [名][C] 錠前屋[工].

lóck·stèp [名][U] **1** 密接行進法《前の人との間隔を最小に詰めて歩調を合わせる》. **2** 決まりきった方式[やり方]. in ～ ⌞with politicians [to the old way] 政治家と歩調を合わせて[古いやり方に合わせて]. ── [形]〈限定〉堅苦しい, 融通がきかない.

lóck·stìtch, lóck stìtch [名][UC] (ミシンの)本縫い, ロックステッチ,《上下 2 本の糸で縫う》.

lóck·ùp [名][C] (特に, 小さな町村の)留置場;〘話〙刑務所 (prison);〘主に英〙住居ではない錠の掛かる建物《店舗, 倉庫など; 特にガレージ》. ── [形] 錠の掛かる.

lòck-up garáge [名][C]〘英〙施錠式(賃貸)ガレージ.

lo·co[1] /lóukou/ [形]〘主に米俗〙気のふれた, 夢中で, (crazy).

lo·co[2] [名] (複 ～s) [C] ＝locomotive.

lo·co ci·ta·to /lòukou-saitéitou, -sitáː-/ 上記引用箇所中《略 loc. cit.》. [ラテン語 'in the place cited']

lo·co·mo·tion /lòukəmóuʃ(ə)n/ [名][U]〘章〙移動(力), 運動(力). efficient means of ～ 効率のよい交通機関《鉄道, 航空など》.

†lo·co·mo·tive /lòukəmóutiv, ⌐-⌐-/ [名][C]〘章〙機関車 (engine). a steam ～ 蒸気機関車, SL.
── /®/ [形] 移動(性)の, 運動する; 移動力のある. ～ organs 移動器官《脚, 翼など》. a ～ engine 機関車. a ～ engineer〘米〙機関士.
[＜ラテン語 *locus*「場所」＋*mōtīvus*「動く」]

lóco·wèed [名][C]〘植〙ロコソウ《米国南西部産の有毒なマメ科植物でレンゲソウの類; 特に家畜に有害で食べると脳神経が冒される》.

lo·cum (te·nens) /lòukəm(-tíːnenz)/ [名] (複 **locums, lo·cum te·nen·tes** /-tinéntiːz/) [C]〘主に英〙(特に牧師・医師が休暇・病気の時の)臨時代理人; 代理牧師; 代診(医). [ラテン語 '(holding) a place']

lo·cus /lóukəs/ [名] (複 **lo·ci** /lóusai, -kai, -ki(ː)/) [C] **1**〘主に法〙場所, 位置, 所在地; (活動, 力などの)中心(地). **2**〘数〙軌跡. [ラテン語 'place']

lò·cus clás·si·cus /-klǽsikəs/ [名] (複 **lo·ci clas·si·ci** /lòusai-klǽsəsài lɔkiː-klάsəkiː/) [C]〘章〙(説明, 例証としてしばしば引用される)標準的章句 《例えば Christian love (キリスト教的愛)の標準的章句として新約聖書『コリントの信徒への手紙 1』13 章のパウロの書簡がある》. [ラテン語 'standard passage']

‡lo·cust /lóukəst/ [名][C] **1** バッタ, イナゴ《大群で移動して農作物に大被害を与える》. a swarm of ～*s* イナゴの大群. **2**〘米〙セミ (cicada) 類の総称. **3** イナゴマメ (**lócust trèe**)《地中海沿岸産の常緑樹で赤い花が咲く; 実は食用》; その実 (**lócust bèan**). **4** ハリエンジュ, ニセアカシア, (**lócust trèe**)《北米産マメ科の落葉高木; 枝にとげがあり, 初夏白い花が房になって咲く; 材は家具用》.
[lobster と同源]

lo·cu·tion /loukjúːʃ(ə)n/ [名][C]〘章〙(ある地域, 集団に特有な)言葉遣い, 言い回し;〘言〙[UC] (人の)話しぶり, 口調; 慣用語法.

lode /loud/ [名][C] 鉱石, 鉱床, 鉱脈. [＜古期英語「道, 運搬」]

lóde·stàr [名][C] **1** 航海の道しるべとなる星;〈特に〉北極星 (polestar). **2** 指針; 追求の目標.

lóde·stòne [名] **1** [UC] 磁鉄鉱; 天然磁石. **2** [C] (磁石のように人を)引き付けるもの.

***lodge** /lαdʒ|lɔdʒ/ [名] (複 **lódg·es** /-əz/) [C] **1** (狩猟, スキー用などの)**山小屋**, ロッジ; (行楽地の)旅館, ホテル, モーテル. **2** (大邸宅, 公園などの)番小屋; (学校, 工場, 集合住宅などの)門衛詰め所. **3**〘米〙(北米先住民の)小屋 (wigwam). **4** (野生動物, 特にビーバー, カワウソの)巣, 穴. **5** (団体, 結社などの)地方支部(の集会所);〈単複両扱い; 集合的〉支部会員. a Masonic ～ フリーメイソンの支部(の集会所). **6** (特にケンブリッジ大学の)学寮長公舎.
── [動] (**lódg·es** /-əz/|[過][過分] **～d** /-d/|**lódg·ing**) [自]【ある場所に落ち着く】**1** [VA] (普通, 料金を払って) **泊まる**, 宿泊する; 下宿する, 仮住まいする;〈*in* ..〔場所〕に/*at, with* ..〔人の家〕に〉. ～ *in* a motel モーテルに宿泊する. ～ *at* an alpine inn 山小屋に泊まる. ～ *with* Mrs. Allen [*at* Mrs. Allen's] アレン夫人の家に泊まる[下宿する]. **2**〔作物が〕(風雨で)倒れる.
3 [VA] (～ *in..*)〔骨, 矢などが〕..に刺さる;〔弾丸などが〕..に入り込む, 入って動かない, 止まる;〔出来事, 記憶などが〕..に残る. A fish bone has ～*d in* my throat. のどに魚の骨が刺さった.
── [他]【ある場所に落ち着かせる】**1** を泊める, 宿泊させる; を下宿させる; [VOA] を(短期間)収容する;〈*in, at* ..に〉. Can you ～ us overnight? 我々を一晩泊めていただけますか. The flood victims are ～*d* in the schoolhouse. 水害の被災者は校舎に収容されている.
2〔風, 雨などが〕〔作物など〕を倒す.
3 [VOA]〔出来事など〕を心[記憶]に留める〈普通, 受け身で〉.
4 [VOA] (～ X *in..*) ..に X (矢など)を突き立てる, 刺す; X (弾丸など)を打ち込む. ～ a bullet *in* a tree 木に弾丸を打ち込む. The coin rolled away and got ～*d in* a crack. 硬貨は転がって行って割れ目に挟まった.
5 [VOA] を預ける, 保管する[してもらう];〔権限など〕をゆだねる;〈*in* ..に/*with* ..〔人〕に〉. ～ money *in* a bank [*with* a person] 金を銀行[人]に預ける.
6〔抗議, 苦情など〕を正式に提出する, 訴える,〈*with* ..〔その筋〕に/*against* ..に対して〉. They ～*d* a complaint *against* the noise *with* the police. 彼らは警察に騒音の苦情を訴えた.
[＜古期フランス語「葉陰の避難場＞あずまや」]

lódge·ment [名] ＝lodgment.

‡lodg·er /lάdʒər|lɔ́dʒ-/ [名][C]〘主に英〙下宿人, 間借り人, (〘米〙roomer; →boarder). take (in) a ～ 下宿人を置く.

***lodg·ing** /lάdʒiŋ|lɔ́dʒ-/ [名] (複 **～s** /-z/) **1** [aU] **宿**; 宿泊. The traveler sought a ～ [～*s*] for the night. 旅人はその夜の宿を捜した. pay weekly for board and ～ 週ぎめで食費と部屋代を払う.
2〈～s〉間借りの部屋, 貸し間; 下宿; (★普通, 1 室でも複数形). live in ～*s* 間借りしている; 下宿している. stay in ～*s* 泊まっている. The young couple's ～*s* are only two rooms. 若夫婦が間借りしているのは 2 部屋だけです. **3**〈～s〉(オックスフォード大学)学寮長公舎.

lódging hòuse [名][C]〘英〙(賄いなしの)下宿屋, 間貸し屋, (〘米〙rooming house; →boardinghouse).

lodg·ment /lάdʒmənt|lɔ́dʒ-/ [名] **1** [U] (苦情, 抗議などの正式の)申し立て. **2** [C] (土砂などの)堆(たい)積(物); 詰まる[引っ掛かる]こと, 詰まった物. a ～ of soot in a chimney 煙突にたまったすす. **3** [U] 宿泊; [C] 宿泊所. **4** [C]〘軍〙(戦い取った敵地内の)拠点, 足掛かり. make [effect] a ～ 拠点を確保する.

loess /les, lóues|lóuəs/ [名][U]〘地〙レス, 黄土(おうど),《ローム質の堆(たい)積土; ミシシッピー川, ライン川流域, 中国北部などに見られる》. [ドイツ語]

†loft /lɔːft, lαft|lɔft/ [名][C] **1**〘米〙(倉庫, 町工場などの)上層階《特に物置, 作業場, アトリエなどに改装されたもの》. **2**〘英〙(物置用の)屋根裏(部屋) (attic); ＝hayloft. a ～ conversion 寝室に改装された部屋. **3** (教会

の)階上席《聖歌隊, オルガン奏者などの席》; (公会堂, 講堂などの) 2階席; (→gallery 2, choir loft, organ loft). **4** ハト小屋. **5** 〖ゴルフ〗ロフト《打ち上げ角度に応じてクラブヘッドに付けた傾斜; また高く打ち上げること》.
── 動 他 **1** VOA〔球〕を高く打ち[蹴り, 投げ]上げる〈*over* ..を越えて/*into* ..〔外野など〕に〉. **2**〔ゴルフクラブ〕にロフトをつける. ── 自 球を高く打ち上げる.
[<古期北欧語「空気, 空, 上階」]

lóft·er 名 C 〖ゴルフ〗ロフター《打ち上げ用のアイアンクラブ; **lófting ìron** とも言う》.

Lof·ting /lɔ́:ftiŋ|lɔ́f-/ 名 **Hugh** ～ ロフティング (1886–1947)《英国生まれの米国の児童文学者; Doctor Dolittle もので有名》.

***loft·y** /lɔ́:fti, lάfti|lɔ́f-/ 形 e (**loft·i·er**|**loft·i·est**) 〈普通, 限定〉 **1**〖章〗〔山, 建物などが〕**そびえ立つ**, 非常に高い; 高い〔天井など〕, 天井の高い〔部屋など〕; (類語 高さを強調するやや詩的な語; →high, towering). a ～ mountain そびえ立つ山. **2**〔目的, 理想などが〕高尚な, 高遠な, 高邁(こうまい)な;〔文体などが〕高雅な;〔地位などが〕高貴な. **3** 高慢な, 尊大な. He refused my request in a ～ manner. 彼は高慢な態度で私の要求を拒んだ. [loft, -y[1]] ▷**loft·i·ly** 副 尊大に; 超然と. **loft·i·ness** 名

***log**[1] /lɔ:g|lɔg/ 名 (複 **～s** /-z/) C **1 丸太**《長いままの, 又は薪(まき)用に短くしたもの》. saw ～*s* into lumber 丸太を挽(ひ)いて(建築用)材木にする. throw another ～ on the fire もう1本薪を焚(た)き火にくべる. a ～ raft 丸太の筏(いかだ).
2〖海〗測程器《船の進行速度を測る装置; 昔は扇形の板 (**lóg chìp**) に綱を付けて海中に流し, 一定時間に繰り出された綱の長さで測定した》.
3 航海日誌; 航空日誌; 旅行日記; 業務日誌; (車の)走行記録; (機械の)運転記録.
(*as*) *éasy as fàlling* [*ròlling*] *off a lóg* 〖話〗すごく易しい.
slèep like a lóg 〖話〗(身動きもせずに)ぐっすり眠る.
── 動 (**～s** /-z/|過 過分 **～ged** /-d/|**lóg·ging**) 他 **1**〔森林など〕の立ち木を伐採する;〔立ち木〕を丸太に切る.
2〔ある距離〕を航行[飛行]する; の航行[飛行]速度, 時間などの記録を達成する. ～ (up〖英〗) 200 kilometers in a day 1日に200キロ航行する. The pilot has already ～*ged* more 10,000 hours flying time. そのパイロットはすでに飛行時間が1万時間以上に達している.
3 を航海[航空]日誌に記載する; を記録する (record)〈*in* ..〔コンピュータなど〕に〉.
── 自 立ち木を伐採する, 丸太を切り出す.
***lòg ín* [*óut*]** (タイムカードなどを押して)出社[退社]などをする〈*to* ..に〉.
***lóg /../ ín* [*óut*]** (記録して)〔人〕を入れる[出す].
***lòg óff* [*óut*]** 〖電算〗ログ・オフする, 端末の使用を終了する.
***lòg ón* [*ín*]** 〖電算〗ログ・オンする, 端末の使用を開始する, 〈*to* ..に接続して〉. [<中期英語(<?)]

log[2] logarithm.

-log /lɔ:g|lɔg/ 〈複合要素〉〖米〗=-LOGUE.

Lo·gan /lóugən/ 名 **Mount** ～ ローガン山《Yukon 準州にあるカナダの最高峰; 標高6050m》.

lo·gan·ber·ry /lóugənbèri|-b(ə)ri/ 名 (複 **-ries**) C ローガンベリー《キイチゴ (raspberry) と北米産クロイチゴ (blackberry) の混成種》; その実《食用になる》.

log·a·rithm /lɔ́:gərìð(ə)m|lɔ́g-/ 名 C 〖数〗対数. The ～ of 100 to the base 10 is 2. 10を底とする100の対数は2 ($\log_{10} 100 = 2$).

log·a·rith·mic /lɔ̀:gəríðmik|lɔ̀gəríð-, -ríθ- 移/ 形 対数の. ▷**log·a·rith·mi·cal·ly** /-k(ə)li/ 副

lóg·bòok 名 **1** =log[1] 3. **2**〖英〗=registration document [book].

lóg càbin 名 C 丸太小屋.

loge /louʒ/ 名 C (劇場の)仕切り席, 特別席, (box);「正面桟敷.

lóg·ger 名 C **1**〖主に米〗材木切り出し人, きこり, (〖主に英〗lumberjack). **2** 丸太運搬[積み込み]機.

lógger·hèad 名 C **1**〖動〗アカウミガメ (**lógger-head tùrtle**). **2** 鉄球棒《長い柄の先の鉄球を熱し, タールなどを溶かす》. **3**〖旧〗=blockhead.
at lóggerheads 口論して, いがみ合って, 〈*with* ..と/*over* ..をめぐって〉.

log·gia /lάdʒ(i)ə|lɔ́dʒ-/ 名 C 開廊, 涼み廊, 《庭などに面した一方の側が柱だけで壁がない》.

lóg·ging 名 U (木材の)伐採搬出(業).

***log·ic** /lάdʒik|lɔ́dʒ-/ 名 U **1 論理学**. symbolic ～ 記号論理学. deductive [inductive] ～ 演繹(えき)[帰納]論理学. **2 論理**; 論法. I couldn't follow his ～. 彼の論法は理解できなかった. chop ～ 理屈をこねる. I questioned the ～ of his argument. 私は彼の主張の論拠を疑った.

連結 clear [irrefutable; compelling; twisted; shaky, unsound] ～

3〖話〗 道理, 筋道, もっともな考え, (reason). He stated his views with ～. 彼は自分の見解を理路整然と述べた. There is no [much] ～ in his demand for higher wages. 彼の賃上げ要求は筋が通らない[もっともなことだ]. There is a (certain) ～ ⌞in arguing [to argue] that ..と主張するのも(ある程度)理にかなっている.
4 (有無を言わせぬ)説得力, 威力. the ～ of facts 事実が示す説得力[必然性].
5〖電算〗演算の論理; 論理回路.
[<ギリシア語「言葉・議論の(技術)」(<*lógos* 'word, reason')]

***log·i·cal** /lάdʒik(ə)l|lɔ́dʒ-/ 形 m **1**〔説明, 結論などが〕**論理的な**, 合理的な, (類語「理路整然として論法に誤りがない」ということ; →reasonable). a ～ argument 筋の通った議論. The man has a ～ mind. あの男は論理的な考え方をする. **2** (論理上)当然の, 必然的な. the ～ result 当然の結果. **3** 論理(学)上の. ◇↔illogical ▷**～·ness** 名

lóg·i·cal·ly 副 **1** 論理的に, 理屈通りに. deduce a person's character ～ from his occupation 人の性格をその職業から論理的に推理する. **2** 理屈から言えば.

lo·gi·cian /loudʒíʃ(ə)n/ 名 C 論理に長じた人; 論理学者.

lo·gis·tic[1], **-ti·cal** /loudʒístik|lə-/, /-tik(ə)l|lə-/ 形 **1**〖軍〗兵站(たん)学の, 後方業務の. **2** 事業[業務など]の実施のための. ▷**-ti·cal·ly** /-tik(ə)li/ 副

logistic[2] 名 U, 形 記号論理学(の).

lo·gís·tics 名 **1**〖軍〗〈単数扱い〉兵站(たん)学[術], 後方業務, 《兵員, 軍需品の輸送, 補給などを扱う》. **2**〖経〗〈複数扱い〉ロジスティクス《物流全般を管理する技法》.

lóg·jàm 名 C **1** 川に停滞した丸太の塊. **2**〖主に米〗停滞, 渋滞, 行き詰まり. break the ～ 行き詰まりを打開する.

LO·GO, Lo·go /lóugòu/ 名 U ロゴ《主に学校のコンピュータ利用の教育に用いられるコンピュータ言語》.

lo·go /lóugou/ 名 (複 **～s**) 〖話〗=logotype.

Lo·gos /lóugαs, -gous|lɔ́gɔs/ 名 U **1**〖神学〗神の言葉 (the Word of God); (三位(み)一体 (Trinity) の第2位である)キリスト. **2**〈時に l-〉〖哲〗ロゴス《宇宙の支配原理としての理性》. [ギリシア語 'word, reason']

log·o·type /lɔ́:gətàip, lóugou-|lɔ́g-, lóugou-/ 名 C **1** (広告などに使用する)(会社の)シンボルマーク, デザイン文字. **2**〖印〗連字活字《an, Co. など2字(以上)をひとつの活字に鋳造したもの》.

lóg·ròll 動〖米〗他〔議案〕を協力して[馴(な)れ合いで]通過させる. ── 自 (馴れ合いで)助け[褒め]合う.

lóg·ròlling 名 U〖米〗**1** (協力して)丸太を転がすこと《多くは切り開いた森の木を集めて燃すため》. **2** (法案

通過などのため議員が行う)相互取引, 馴(な)れ合い; 仲間褒め. **3** 丸太乗り《水上の丸太の上でこれを回転させて相手を落とす競技》.

-logue /lɔ̀ːɡ|lɔ̀ɡ/ 〈複合要素〉「談話, 言葉, 編集物」などを意味する. dia*logue*. pro*logue*. cata*logue*. [＜ギリシア語 *lógos* 'word']

lóg·wòod 名 UC 〖植〗ロッグウッド《中米・西インド諸島産のマメ科の小高木; 染料を採る》.

lo·gy /lóuɡi/ 形 〖米〗動作や思考ののろい; 活気のない.

-logy /lədʒi/ 〈複合要素〉＝-ology.

Lo·hen·grin /lóuənɡrin/ 名 〖ドイツ伝説〗ローエングリン《the Holy Grail (聖杯)を探し求める騎士; この騎士を主人公とする Wagner の楽劇》.

loin /lɔin/ 名 **1** 〈～s〉(人, 動物の)腰回り, 腰部, 《ウエスト (waist) から両足の付け根までの前部と背部》; 〖婉曲〗生殖器, 生殖能力. the fruit of a person's ～*s* (男の)人の子孫. **2** UC (牛, 豚などの)腰肉 (→beef). (a) ～ of beef 牛の腰肉.

gìrd* (*ùp*) *one's lóins (困難な仕事などに)腰を据えてかかる《聖書『列王記』他から》.

[＜ラテン語 *lumbus*「腰」]

lóin·clòth 名 (複 →cloth) C (熱帯地方の未開人が体に付ける)腰布.

Loire /lwɑːr/ 名 〈the ～〉ロワール川《Biscay 湾に注ぐフランス最長の川》.

‡**loi·ter** /lɔ́itər/ 動 自 **1** VA うろつく, ぶらぶらする, 〈*about*, *around* (..の辺りを)〉. The policeman asked him why he was ～*ing about* in front of the building. 警官は彼になぜその建物の前をうろついているのかと尋ねた. ～ *around* the bus stop バス停の近くをうろつく. **2** VA のろのろ進む, ぐずぐずする, 〈*along*〉; 手間取る. ～ on the way 道草を食う; 足が進まない. ～ over a job 仕事をのらくらやる.

── 他 VOA (～/X/***away***) X (時間)をのらくら過ごす. ～ *away* a month ひと月を無為に過ごす.

lòiter with intént 犯意を持って徘徊する[立ち止まっている].

[＜中期オランダ語「やたらに動き回る」]

▷ **～·er** /-rər/ 名 C ぶらつく人; のらくら者.

Lo·ki /lóuki/ 名 〖北欧神話〗ロキ《悪と破壊の神》.

Lo·li·ta /ləlíːtə/ 名 性的魅力のある早熟な若い娘[少女] (nymphet)《Nabokov の同名の小説中の人物の名から》.

loll /lɑl|lɔl/ 動 自 **1** VA 〔人が〕だらり[ゆったり]と寄りかかる[座る]; 寝そべる; 〈*about*, *around*〉. ～ (*around*) in an armchair reading a novel 小説を読みながらひじ掛けいすにだらしなく[楽な姿勢で]座り込む. **2** 〔舌, 頭などが〕だらりと垂れる 〈*out*〉; VA (**～ *against* ..**) ..にだらりと寄りかかる. ── 他 〔犬などが〕〔舌〕をだらりと垂らす 〈*out*〉; VOA 〔手, 頭など〕をだらりと垂らす[もたれさせる].

lol·li·pop, lol·ly- /lɑ́lipɑ̀p|lɔ́lipɔ̀p/ 名 C **1** 棒つきキャンディー《先に円形の飴(あめ)を付けたもの》. **2** 〖英〗ロリポップ (ice lolly)《1 に似た形のアイスキャンディー》.

lóllipop làdy [màn] 名 〖英話〗道路横断保護員《先に 'Stop! Children (Crossing)' と書いた円盤の付いた棒を持って学童の道路横断を保護する; 日本の'緑のおばさん'に相当》.

lol·lop /lɑ́ləp|lɔ́l-/ 動 自 〖話〗VA 〔人, 大型の動物が〕不格好に[よたよたと, ぶらぶらと]歩く〈*along* (..を)〉.

lol·ly /lɑ́li|lɔ́li/ 名 〖英〗 **1** ＝lollipop. **2** U 〖英旧俗〗金(かね).

Lom·bard /lɑ́mbərd, -bɑːrd|lɔ́m-/ 名 C **1** ロンバルド族の人《6 世紀にイタリア北部の Lombardy を征服したゲルマン民族》. **2** (イタリアの)ロンバルディア人. **3** 金融業者, 銀行家, 金貸し.

Lómbard Strèet 名 ロンバード街《ロンドンの the City にある銀行街; もとロンバルディア出身の金融業者が集まっていた》; 英国金融界; (→Wall Street).

Lom·bard·y /lɑ́mbərdi|lɔ́m-/ 名 ロンバルディア《イタリア北部の州で, 農工業の盛んな地帯; 州都ミラノ》.

Lo·mond /lóumənd/ 名 →Loch Lomond.

lon. longitude.

‡**Lon·don**[1] /lʌ́ndən/ 名 **ロンドン** 《英国の首都; Thames 川北岸の旧市部 the City (of London) とその西の the City of Westminster が合併して発展したもので, その周辺地域を加えた Greater London は 1 つの州 (county) を成す; 1986 年, 労働党勢力の強かった市議会 (GLC) は廃止され, 行政機能は the City と 32 の boroughs に移管された》. [＜ラテン語 *Londinium* (＜ケルト語; 人名からか)]

Lon·don[2] 名 **Jack ～** ロンドン (1876–1916)《米国の小説家》.

Lòndon Áirport 名 ＝Heathrow Airport.

Lòndon Brídge 名 ロンドン橋《the City とテムズ川南岸 Southwark を結ぶ》.

Lòndon bróil 名 U ロンドンブロイル《牛の脇腹肉のステーキ; 薄くはすに切って出す》.

Lon·don·der·ry /lʌ́ndəndèri, ⌐−⌐−/ 名 ロンドンデリー《北アイルランド北西部の州; その州都》.

Lón·don·er 名 C ロンドン市民, ロンドンっ子.

Lòndon Univérsity 名 ロンドン大学《イングランドで 3 番目に古い; **the Univèrsity of Lóndon** とも言う》.

Lòndon wéighting 名 U ロンドン都会手当《生活費の高いロンドン勤務者に支給される》.

Lòndon Zóo 名 ロンドン動物園《正式名は **the Zòological Gárdens**; the Zoo とも言う》.

†**lone** /loun/ 形 ⓒ 〈限定; 叙述用法は alone〉 **1** 〖詩・雅〗〔人が〕孤独の, 連れのない; 寂しい; (類語 lonely が日常語). The ～ yachtsman crossed the Pacific. そのヨットマンは太平洋を単独横断した.

2 孤立した, 人里離れた, 〔場所, 土地など〕(lonely). a ～ house on the moor 荒野の一軒家. a ～ isle 離れ島.

3 唯一の (only, sole). the ～ survivor of an accident 事故のただ 1 人の生き残り.

4 未亡人の, 男やもめの, 独り身の. a ～ parent [mother, father] 子持ちの独身の親[母, 父].

plày a lòne hánd 1 人で頑張る《トランプから》.

[＜*alone*]

†**lone·li·ness** /lóunlinəs/ 名 U 孤独; 寂しさ, 心細さ.

‡**lone·ly** /lóunli/ 形 ⓔ (**-li·er**|**-li·est**) **1 孤独の**, 独りぼっちの; 1 つだけの, 孤立した; (類語 しばしば「寂しさ」の意味が含まれる; →alone, lone, lonesome, solitary). a ～ pine tree on the hill 丘の上の一本松. make a ～ trip 一人旅をする. lead a ～ life 孤独な生活を送る.

2 孤独で寂しい, 心細い; 〔場所, 物事が〕寂しさを感じさせる; (→lonesome 類語). Beth lives alone, but she doesn't feel ～. ベスは独り住まいだが寂しいとは感じない. on long, ～ winter nights 独りぼっちで寂しい長い冬の夜に. a ～ country lane 寂しい田舎道.

3 〔場所が〕人里離れた; 人気(ひとけ)のない. a ～ place not often visited by people 人があまり訪れない寂しい場所. [lone, -ly[1]]

lònely héarts 名 〈複数扱い〉, 形 恋人[結婚相手]を求める人たち(の). a '*Lonely Hearts*' column (新聞などの)交際相手相談欄.

lon·er /lóunər/ 名 C 〖話〗(好んで)単独行動を取る人[動物], '一匹狼(おおかみ)'.

*__lone·some__ /lóuns(ə)m/ 形 ⓜ 〖主に米〗 **1 寂しい**, 心細い; 寂しさをそそる; (類語 lonely より孤独感が強く仲間, 連れなどを求める気持ちが濃い). Being ～, I called my friend on the telephone. 寂しかったので友人に電話をした. a ～ evening もの寂しい夕暮れ.

2 〔場所が〕人気(ひとけ)のない, ひっそりした.

(***àll***) ***by*** [***on***] ***one's lónesome*** 〖話〗独力で; 独りで, ((all) alone). [lone, -some] ▷ **～·ly** 副 **～·ness** 名

Lóne Stár Stàte 名 〈the ～〉米国 Texas 州の愛称《州旗の一つ星から》.

lòne wólf 名 C (複 →wolf) 単独行動を好む人; '一匹狼(おおかみ)'; (loner).

‡**long**[1] /lɔːŋ|lɒŋ/ 形 e (～·er /lɔ́ːŋgər|lɔ́ŋg-/|～·est /lɔ́ːŋgəst|lɔ́ŋg-/) 【長い】 **1** (物・距離などが)長い, 遠い, (↔short). draw a ～ line on the paper 紙の上に長い線を引く. a ～ dress 足首までの長いドレス. Susie has beautiful ～ hair. スージーは美しい長い髪をしている. make a ～ journey 長旅をする. go a ～ way to meet a person 人を迎えにはるばる出かける. My house is a ～ way from here.私の家はここから遠い(★「どれぐらい遠いか」を尋ねる場合は How far is your house from here? が普通で, How long ～? とは言わない).
2 細長い, 縦長の; 〖話〗〔人が〕のっぽの (tall). a ～ window 細長い窓.
3 (**a**) (始めから終わりまでが)長い, 長時間の, (↔short, brief). a ～ movie 長い映画. live a ～ life 長生きする. wait for a ～ time 長い間待つ. It won't be ～ before we can start. 間もなく出発できるでしょう. It's a ～ time [so ～] since I saw you last. お久しぶり[随分お久しぶり]です. *Long* time no see. 〖話〗お久しぶり. for the ～*est* time 〖米話〗大変長い間 (for a very ～ time). (**b**) 〈しばしば否定文・疑問文で〉 時間がかかる 〈(*in*) doing ..するのに/*over*, *about* ..に〉. I shan't [won't] be ～. 長くはかかりません; すぐ戻ります. The chance was not ～ (*in*) com*ing*. 機会は間もなく来た. Improvements have been ～ *in* com*ing*. 改善がされるまでずいぶん時間がかかった[手間どった]. **4** 〖音声・韻律〗長音の (↔short). ～ vowels 長母音《/iː, uː, ɔː/ など》.
5 【長期の】〖商〗値上がり待ちの, 強気の.
6 【特定の長さを持つ】 **長さ..の**, ..(だけ)の長さの. Make the rope two yards ～. 縄を長さ2ヤードにしなさい. How ～ was your stay in Kyoto? 京都にはどれくらい滞在しましたか. a month-～ vacation 1か月の休暇.
【長く感じられる】 **7** 実に長い, 長い長い; 長ったらしい, 退屈な. walk five ～ miles たっぷり5マイル歩く(★five miles 以上あると感じられる時に使う). at ～ last (長く待った末の)やっと, ようやく. Today was a ～ [the ～*est*] day. 今日は長く感じられる[一番骨の折れる]1日だった. make a ～ speech 長くて退屈なスピーチをする.
8 【長々と続く】〔リストが〕長い; 〔数字が〕桁(けた)数の多い; 〔数が〕多い, 〔値段が〕高い. a ～ bill 長々と明細が記された勘定書き. a ～ figure [price] 高額, 高価. a ～ family 大家族 (a large family).
【遠くまで達する】 **9** 〔視力, 聴力, 記憶力などが〕良い (→long-sighted); 遠く過去[未来]にわたる. have a ～ memory 記憶力が良い. take a ～ view of the situation 事態を長い目で見る.
10 【はるか離れた】 まず成功の見込みのない, 成算のない; 〔賭(か)け率が〕圧倒的に差のある, 大変不利な. take a ～ chance 成算はないがやってみる. a ～ guess 当て推量 (→long shot).
【長い＞たっぷりある】 **11** 〖話・やや旧〗事欠かない, たっぷりある, 〈*on*, ..に, が〉. He is ～ *on* brains. 彼は知力には長じている.
◇名 length 動 lengthen
at* (*the*) *lóngest 長くて(も), せいぜい. This will take 20 minutes *at the* ～*est*. これにかかる時間は長くて20分でしょう.
gò a lòng wáy →go.
── 副 e **1 長い間**, 久しく. Father hasn't been back ～. 父が帰ってから長くたっていない. How ～ will the storm last? あらしはいつまで続くのだろうか. I've known him ～*er* than she. 私は彼女よりもっと長い間彼を知っている. Have you been waiting ～? 長く待ちましたか. The growth rates seen during the bubble days are ～ gone. バブル期の(経済)成長率も今や昔である.

> 語法 long は単独では普通, 否定文, 疑問文で用いられ, 平叙文では比較級・最上級の形や too, enough などが long を修飾する場合に限られる.「長く待った」は普通 I waited for a ～ time. と言う. ただし think などの場合は例外: I've ～ thought of retiring. (私は長いこと引退を考えていた)

2 ずっと〔前に, 後に〕. I visited Paris ～ ago [since]. 私はずっと以前にパリを訪れた. a novel published ～ after the author's death 著者の死後久しくたってから出版された小説.
3 〈時を表す名詞(句)に伴って〉..の間中, ずっと. all my life ～ 私の生涯を通じて, 一生. study ⌞all [the whole] night ～ 夜通し[徹夜で]勉強する.
*__*àny lónger*__ (1) 〈否定文で〉(以前はとにかく)今は[もはや] (..ない). I ca*n't* trust the man *any* ～*er*.＝I can *no* ～*er* trust the man. あの男はもう信じられない. ★no longer の方が強意的. (2) 〈疑問文, 条件文などで〉これ以上 (any more); (今も)まだ. Can you go on *any* ～*er*? これ以上先へ進んで行けるか(行けないんじゃないか). I refuse to obey you *any* ～*er*. これ以上あなたの言いなりになるのはお断りする.
*__*as lóng as..*__ 〈接続詞的〉 (1) **..の間** (while). I'll never talk to him again *as* ～ *as* I live. 私は生きている限り[死ぬまで]あの男とは二度と口をきかないぞ. (2) ＝so LONG as (1). (3) ..であるからには, ..なので, (since). *As* ～ *as* you're going to the post office, can I ask you to buy me some stamps? 郵便局に行くのだから, 切手を少し買って来てくれないか.
*__*nò lónger*__ もはや**..ない** (→any LONGER (1)). You're *no* ～*er* young. あなたはもう若くない.
Sò lóng! →so.
*__*so lóng as..*__ 〈接続詞的〉 (1) **..という条件で, ..する限りは**, ..でさえあれば, (only if). Any kind of drink will do *so* ～ *as* it is cold. 冷たければどんな飲み物でも結構だ. (2) ＝as LONG as.. (1), (3).
── 名 **1** U 長い期間〈成句でのみ〉. **2** C 〖音声・韻律〗長音節, 長母音. **3** 〖英話〗〈the ～〉＝long vacation.
*__*before lóng*__ **遠からず**, 間もなく, (soon). The snow will melt *before* ～. 雪は間もなく解ける.
*__*for lóng*__ **長い間**, 久しく, (for a long time) 〈普通, 疑問文, 否定文などで〉. Did you stay in Kyoto *for* ～? 京都に長く滞在しましたか.
*__*tàke lóng* (*to dó*)__ (**..するのに**)**長くかかる** 〈普通, 疑問文, 否定文などで〉. Why did you *take* ～ *to* read the book? その本を読むのになぜ長くかかったのか.
the lòng and* (*the*) *shórt of it 問題の要点, 概要; 帰するところ. *The* ～ *and short of it* is that our attempt failed. 要するに計画は失敗だった.
[＜古期英語]

*__long__[2] /lɔːŋ|lɒŋ/ 動 (～s /-z/|過 過分 ～ed /-d/|**lóng·ing**) 自 (**a**) VA **切に願う**, 熱望する, 〈*for* ..を/*for*..*to* do ..が..することを〉 (類語 主に手に入りそうにないもの, 実現しそうにない事を望むこと; →want). ～ *for* peace 平和を願う. The old couple ～*ed for* their only son *to* return home. 老夫婦は一人息子の帰宅を切に願っていた. They ～*ed for* the freedom *to* live where they wanted to. 彼らは住みたい所に住む自由を強く望んでいた. (★この *to* live..は freedom を修飾する形容詞の働き). (**b**) VA (～ *to do*) ..することを切に願う, 熱望する. I'm ～*ing to* see her again. なんとかして彼女にもう一度会いたい.

L

[＜古期英語「長くなる＞(待つ身には)長く思われる」]
long. longitude.
lòng-awáited /-əd ㊙/ 形 〈限定〉長く待ち望んでいた.
Lóng Bèach 名 ロングビーチ《米国 Los Angeles 近くの行楽地》.
lóng·bòat 名 C ロングボート《帆船に積み込んである大型ボート》.
lóng·bòw /-bòu/ 名 C 長弓, 大弓, 《主に中世英国で用いられた; 長さ約 6 フィート; →crossbow》.
dràw* [*pùll*] *the lóngbow 大ぼらを吹く.
Long·champ /lɔ́:ŋʃɑ:ŋ/ 名 ロンシャン《パリ西部 Boulogne の森にある競馬場; グランプリの開催場》.
‡**lòng-dístance** /㊙/ 形 〈限定〉**1** 長距離の; 市外通話の. a ～ operator 長距離電話交換手. a ～ runner 長距離走者. **2**〖主に英〗長期の〔天気予報〕.
── 副 長距離電話で. I telephoned Tom ～ last night. ゆうべトムに長距離電話をした.
lòng dístance 名 C〖主に米〗長距離電話; 長距離電話交換手[局]; (→long-distance).
lòng-distance cáll 名 C 長距離[市外]通話(〖英旧〗trunk call; ↔local call). make a ～ to a friend 友人に長距離電話をする.
lòng dìstance fóotpath 名 C〖英〗(公共の)長距離遊歩道.
lòng divísion 名 UC〖数〗長除法.
lòng dózen 名 C 13(個).
lòng-dráwn, lòng-dràwn-óut /㊙/ 形 (不必要に)長く引きのばされた, 長引いた; 長たらしい. let out a ～ sigh 長嘆息を漏らす. a ～ visit 長逗留(とうりゅう).
lóng drìnk 名 C (背の高いグラスに注いだ)大量のビール[フルーツジュースなど] (↔short drink).
lòng-éared /㊙/ 形 長い耳をした; ロバのような, ばかな.
lónged-fòr 形 待ち望んだ, 待望の.
†**lon·gev·i·ty** /lɑndʒévəti|lɔn-/ 名 U **1**〖章〗長命, 長寿. **2** (人, 動物の)寿命. **3** 勤続(年数), 年功.
[＜ラテン語 *longus* 'long¹'＋*aevum* 'age'; -ity]
lòng fáce 名 C 浮かない顔. pull [wear] a ～ 暗い顔をする[している].
Long·fel·low /lɔ́:ŋfèlou|lɔ́ŋ-/ 名 **Henry Wadsworth** /wɑ́dzwərθ|wɔ́dz-/ ～ ロングフェロー (1807–82)《米国の詩人》.
lóng·hàir 名 C〖話〗**1** 長髪の人; (長髪の)知識人[芸術家]; クラシック音楽愛好[演奏, 作曲]家. **2** 長髪族, ヒッピー. **3** 毛の長い猫. ── 形 ＝longhaired.
lòng·háired /-d ㊙/ 形 **1** 長髪の. **2**〖普通, 軽蔑〗インテリの; 芸術熱心の. **3** 反体制(的)の.
lóng·hànd 名 U 手書き《タイプライター, 速記, 印刷によらない; →shorthand》. in ～ 手書きで.
lòng-hául /㊙/ 形 〈限定〉(飛行機の便などが)長距離の. a ～ flight 長距離便. ～ holidays 遠くへ出かけて過ごす休日.
lòng hául 名 C 〈単数形で〉長い運送距離[時間], 長丁場. over the ～ 長い距離[期間]にわたって, 長期的に見ると.
lòng·héaded /-əd ㊙/ 形 **1**〖人類学〗長頭の. **2** 頭の切れる; 先見の明のある (farseeing). ▷ **～·ly** 副 **～·ness** 名
lóng·hòrn 名 C **1**〖米〗ロングホーン《米国南西部に昔多くいた角の長い食肉牛; 今はほとんど絶滅; Texas ～ とも言う》. **2**〖虫〗カミキリムシ (～ed beetle).
lóng hòrse 名 U (器械体操の)跳馬(競技).
lóng hòuse 名 C (北米先住民の Iroquois 族や Borneo の部族などの細長い)共同住居.
***long·ing** /lɔ́:ŋiŋ|lɔ́ŋ-/ 名 UC **切望**, **熱望**, あこがれ, 〈*for*..への/*to* do..したいという〉. ～ *for* fame 名声へのあこがれ. have [feel] (a) secret ～ *to* possess a mink coat ミンクのコートを手に入れたいとひそかに願う. His death left her with an endless ～. 彼の死後彼女の思慕は尽きることがなかった.
── 形 〈限定〉切望する, あこがれる, 〔表情など〕. cast ～ glances at ..にあこがれの[熱い]視線を投げる.
[long², -ing]
▷ **～·ly** 副 切望して, あこがれて. look ～*ly* at.. ものほしそうに..を見る.
long·ish /lɔ́:ŋiʃ|lɔ́ŋ-/ 形 やや長い, 長めの.
Lòng Ísland 名 ロングアイランド《米国 New York 州南東端の細長い島; 西端に New York 市の Brooklyn と Queens の両区がある》.
Lòng Ìsland Sóund 名 ロングアイランド海峡《Long Island の北側と Connecticut 州南岸の間の細い海峡》.
***lon·gi·tude** /lɑ́ndʒət(j)ù:d|lɔ́n-/ 名 UC **1**〖地〗**経度**《略 long.; ↔latitude》. Helsinki is at ～ 25°E [twenty-five degrees east]. ヘルシンキは東経 25 度にある (★at 25°E ～ とも言う). **2**〖天〗黄経. **3**〖戯〗縦, 長さ. [＜ラテン語「長さ」(＜*longus* 'long¹')]
lon·gi·tu·di·nal /lɑ̀ndʒət(j)ú:d(ə)nəl|lɔ̀n- ㊙/ 形 **1** 経度の, 経線の. **2** 長さの; (斜めでなく)縦の〔縞(しま)など〕. **3** 長期間にわたる〔研究など〕. ▷ **～·ly** 副
lóng jòhns 名 〈複数扱い〉〖話〗(足首までの)男性用の長ズボン下.
Lòng John Sílver 名 (ロング)ジョンシルヴァー《R. L. Stevenson 作の *Treasure Island* に出る片足の海賊; 肩にオウムを止まらせている》.
lóng jùmp 名 〈the ～〉〖主に英〗〖競技〗(走り)幅跳び (〖米〗broad jump). ▷ **～·er** 名
‡**lòng·lásting** /㊙/ 形 長く続く; 長持ちする.
lòng·lífe /㊙/ 形 〖主に英〗〈限定〉〔牛乳, 電池などが〕ロングライフの, 普通より長持ちする.
lòng·líved /-láivd, -lívd ㊙/ 形 長命の; 長く続く. a ～ friendship 長年の友情.
lóng-lòst 形 〈限定〉長い間(行方)不明[音信不通]だった.
lòng méasure 名 ＝linear measure.
lòng ódds 名 〈複数扱い〉(20 対 1 のような)大差のある[勝算の低い]賭(か)け率[勝ち目]. There are ～ against our winning. こちらに勝算はほとんどない.
lòng-pláying /㊙/ 形 〔レコードなどが〕長時間演奏の, LP の. a ～ record [album, disk] 長時間盤《LP とも言う; →EP》.
†**lòng-ránge** /㊙/ 形 **1** 長期の. a ～ plan 長期計画. **2** 長距離(用)の. a ～ missile 長距離ミサイル.
lòng-rún(ning) /㊙/ 形 〈限定〉長期にわたる; 〔演劇などが〕長期興行の, ロングランの.
lóng·shìp 名 C〖史〗(Viking が用いた) 細長いガレー船.
lóng·shòre 形 沿岸の; 海岸で働く; 港湾の. ～ fishery 沿岸漁業. [＜*along*shore]
lóngshòre·man /-mən/ 名 (複 **-men** /-mən/) C〖米〗港湾労働者, 沖仲仕, (〖英〗docker).
lóng shòt 名 C **1** (根拠の薄い)大胆な推測《「遠距離射撃」から》. **2** 勝ち目のない競走馬[競技者など], 大穴; のるかそるかの賭(か)け[企て]. take a ～ 一か八(ばち)かやってみる. **3**〖映・テレビ〗遠写し, ロングショット.
nòt..by a lóng shòt〖話〗てんで..でない (by no means). "Are you going?" "*Not by a* ～."「行きますか」「とんでもない」.
lòng-síghted /-əd ㊙/ 形 **1**〖主に英〗遠目の利く; 遠視の; (〖主に米〗farsighted). **2** 先見の明のある. ◇↔ shortsighted ▷ **～·ness** 名
‡**lòng-stánding** /㊙/ 形 長年の, 昔からの, 積年の. a ～ friendship [dispute] 長年の友情[論争].
lóng·stòp 名 C〖クリケット〗ロングストップ《wicket-keeper (3 柱門守備者)の後方に位置する野手》.
‡**lòng-súffering** /㊙/ 形 (苦痛, 不正, 苦労などに)長い間耐えてきた, 辛抱強い. a ～ wife 忍従の妻.
lòng súit 名 C〖トランプ〗手持ち札の中で枚数の多い

同じ組のカード; (人の)強み, 抜きん出た点.

‡lòng-térm /㊙/ 形 長期にわたる〔計画など〕; 長期の〔借入, 貸付など〕; 長期満期型の; (↔short-term). ～ prospects 長期的見通し.

‡lóng·tìme 形〈限定〉長年の, 長期にわたる, 昔からの.

lòng tón 名 Ⓒ 英トン, 大トン, (→ton 1 参考).

lon·gueur /lɔːŋgə́ːr|lɔŋ-/ 名 Ⓒ 〖雅〗〈普通 ～s〉(文学・音楽作品などの)長く退屈な箇所; 退屈な時間[期間]. [フランス語 'length']

lòng vacátion 名 ⓊⒸ 〖英〗(大学, 法廷などの)夏季休暇(〖話〗 **lòng vác**; 〖米〗 summer vacation).

lòng wáve 名 Ⓒ 〖電〗長波《略 LW》.

lóng·wàys 副 =lengthways.

lòng·wéaring /㊙/ 形 〖米〗〔布, 衣服などが〕長もちする, よくもつ(〖英〗 hard-wearing).

lòng-wínded /-wíndəd ㊙/ 形 **1** 〔人が〕長話の; 〔話, 文章などが〕長たらしい, くどい. **2** 息の長い, 容易に息切れしない. ▷ **～·ly** 副 **～·ness** 名

lóng·wìse 副 〖米〗=lengthways.

‡loo /luː/ 名 (複 **～s**) Ⓒ 〖主に英話〗トイレ, 手洗い, (toilet).

loo·fa(h) /lúːfə|-fɑː/ 名 Ⓒ ヘチマ《ウリ科の 1 年生草本》; その実の繊維《海綿状で体や皿を洗うのに用いる》.

‡look /luk/ 動 (**～s** /-s/|過 過分 **～ed** /-t/|**lóok·ing**) 自

【よく見る】 **1 (a)** (特に注意して)**見る**, 眺める; 🄥 (～ *at..*) **..を見る**, 注目する; (類語「意識的に見る」の意味で一般的な語; →see¹ 他 1). If you ～ carefully, you will see tiny spots on the surface. 注意して見ると表面に小さな斑(ﾊﾝ)点が見えるでしょう. *Look* before you leap. 〖諺〗転ばぬ先の杖(ﾂｴ)《<跳ぶ前によく見よ》. 語法 look at に続く(代)名詞の後には to なし不定詞又は現在分詞が来ることがある: *Look at* the skier jump [jumping]. (スキーヤーがジャンプするの[しているところ]をごらんなさい) **(b)** 🄥 **視線を向ける**. ～ this way and that あちこちに目を向ける. ～ away from the light 光から目をそらす. Mother ～*ed* up from the paper and saw me. 母は新聞から目を上げて私を見た.

2 (a) 気をつける; 調べる. When you ～ deeper, you will find something new. もっと深く観察すれば何か新しいものを見いだすでしょう. *Look* you! 気をつけたまえ. **(b)** 🄥〈命令文で〉注意する, 心がける, 〈(*to it*) *that* 節 ..となるように〉(see (to it) that 節; →成句 LOOK to.. (2)). *Look* (*to it*) *that* the job is done on time. 仕事が時間通りに完成するよう配慮しなさい. **(c)** 〈間投詞的に用いて相手の注意を促す〉ごらん, おい(おい), いいかい. *Look!* Here comes the Queen. ごらん[ほら], 女王が来られますよ.

【まともに見る>向く】 **3** 🄥 〔家などが〕..向きである, 面している, (→成句 LOOK out (4)). The window ～*s* (*to* the) *east*. 窓は東向きです. My room at the hotel ～*ed toward* the lake. ホテルの私の部屋は湖に面していた. ～ *on to* [*onto*].. →成句.

【見た目に映る】 **4 (a)** 🄥 (～ X/*to be* X) X のように見える; X の(ような)顔つきをする; (★X は形容詞か名詞) (類語 目で見てそれと分かることを表す; →seem). Tom ～*s* clever [a clever boy]. トムは見たところ利口そうだ. Ann ～*s* her best in green. アンは緑色の服が一番似合う. Judging by his work, the writer ～*s to be* a most earnest man. 作品から察すると著者はきまじめな人らしい. This tie ～*s* well on you. このネクタイは君によく似合う. "So he is a mole." "It ～*s* that way." 「じゃ, 奴はスパイなんだな」「どうもそうらしい」. 語法 この意味では普通, 進行形にしないが, 短い期間に関して言う場合には進行形も可能: You're ～*ing* well today. (今日は顔色がいいね) Things are ～*ing* good [bad]. (事態は良さ[まず]そうだ) **(b)** 〈～ as if [like]で〉..のように見える(→成句 LOOK as if.., LOOK like.. (3)).

― 他 【よく見る】 **1** 🄥 (～ X Y) (★Y は前置詞句) **(a)** X (の..)を熟視する. ～ .. *in* the eye [face] →成句. Don't ～ a gift horse *in* the mouth. 贈り物にけちをつけるな《馬は歯で年齢が分かるから》. **(b)** 〖古〗X をじっと見つめて[にらんで] Y の状態にさせる. ～ a person *to* shame [*into* silence] 人をじっと見つめて恥じ入ら[黙ら]せる.

2 🄥 (～ *wh* 節) ..(である)かを確かめる, 調べる. I'll ～ *what* time the train arrives. 何時に列車が着くか確かめましょう. Let's ～ *how* he is doing. 彼がどんなふうにやっているか確かめてみよう. Well, ～ *who*'s here. おや, だれかと思ったら(君か).

3 🄥 (～ *to do*) 〈しばしば進行形で〉..することをもくろむ. America is ～*ing to* decrease its military budget. アメリカはその軍事予算を減らそうともくろんでいる.

【見える】 **4** にふさわしい外見をしている. ～ one's age 年相応に見える.

5 を表情で示す[表す]. The old man said nothing but ～*ed* all thanks. 老人は何も言わなかったが顔は感謝にあふれていた. ～ one's anger 怒りを顔に表す.

lòok abóut (1) (周囲を)見回す; 情勢を見極める. (2) 捜し回る〈*for*..を〉. I ～*ed about for* a phone booth. 電話ボックスを捜し回った.

lóok about.. 〔部屋など〕を(ぐるりと)見回す.

lóok about one 自分の周囲を見回す; 自分の身辺に気を配る; 自分の立場を考える.

******lóok after..*** (1) **..の世話をする**, 面倒を見る, ..に責任を持つ; ..を管理する. ～ *after* oneself (人の世話にならずに)自分のことは自力でやる. *Look after* yourself! お元気で, さようなら. She needs someone to ～ *after* her. 彼女は面倒を見てくれる人が必要だ. My wife ～*s after* our store while I am gone. 私のいない間妻が店番をします. (2) **..のあとを見送る**, ..を目で追う.

lòok ahéad 前方を見る; 将来のことを考える, 将来の計画を立てる, 〈*at, to* ..に備えて〉. ～ *ahead at* what may possibly happen 将来どんなことが起こる可能性があるかを考える. You should ～ *ahead to* your retirement. 君は引退(後)のことも考えなくてはいけない.

lòok alíve [***lívely***] てきぱき[さっさと]やる〈しばしば命令形で〉. He told us to ～ *alive* and jump into the water. 彼は我々にさっさと水に飛び込めと命じた. *Look alive!* 〖話〗ぐずぐずするな (Look sharp!).

lòok aróund (1) =LOOK about. (2) 調べて回る; 見て回る. "May I help you, sir?" "No thanks, I'm just ～*ing around*."「何かご用でしょうか」「いや結構, ちょっと見るだけなので」. (3) 振り返って見る.

lóok around.. (1) =LOOK about... (2) ..を調べて回る; 〔店内などを〕見て回る.

******lóok as if*** [***as thòugh***] **..のように見える**[思われる], ..であるらしい. The girl ～*ed as if* she was going to cry. 少女は泣き出しそうな様子だった. It ～*s as if* everyone is still sleeping. みんなまだ眠っているようだ. 語法 as if [though] 節の動詞は仮定法過去(完了)形が普通であるが, look as if [though] が意味上 it seems that .. に近い場合は直説法の動詞が多い.

******lóok at..*** (1) **..を見る**, 眺める, 注目する, (→自 1 (a)); ..にざっと目を通す, 〔本, 新聞など〕を部分的に読む. To ～ *at* Mr. Morris, one wouldn't imagine that he's a teacher. 一見してモリスさんを教師と思う人はいないだろう. His house is not much to ～ *at*. 彼の家は見栄えがしない. (2) (判断を下すために)..を観察する, 考察する; ..を考慮に入れる. I agree with your way of ～*ing at* the situation from a different aspect. 情況についてのあなたの別の面からの見方に賛成です. Tom will not ～ *at* my offer. トムは私の申し出に目もくれようとしない. (3) ..を調べる, 検査する, (examine); ..を診察する. You'd better have a doctor ～ *at* that leg. そ

の脚は医者に見せた方がいい.

lòok báck (1) 振り返る; 振り返って見る〈*at* ..を〉. (2) 回顧する〈*to, on, upon* ..を〉. ～ *back to* one's school days 学校時代を回顧する. (3) しりごみする; 前進しない, 後退する〈普通, 否定文で〉. After his successful first novel, he never ～*ed back*. 彼の大当たりした処女小説の後, 彼は決して後戻りしなかった(その後すぐれた小説を書き続けた).

lóok beyònd.. (1) ..の先を見る. (2) ..の先を考える, ..の将来を思い描く.

lòok dówn 目を伏せる, 下を見る.

****lòok dówn on*** [***upon***]***..*** (1) **..を見下ろす**. a tower ～*ing down on* the town 町を見下ろす塔. (2) **..を見下す**, さげすむ, (despise; ↔look up to).

****lóok for..*** (1) **..を捜す**, 求める, (seek). Help me ～ *for* my glasses, will you? 眼鏡を捜すのを手伝ってくれないか. That's just what we were ～*ing for*. それはまさに私たちが捜していたものです. ～ *for* a solution to the problem 問題の解決策を探る. (2)〖話〗〈主に ～ for trouble で〉〔厄介なこと〕を招く (→ask for TROUBLE). You're ～*ing for* trouble if you don't mend your ways. 素行を改めないと厄介なことになるよ. (3)〖古〗..を期待する, 待ち受ける, (expect).

****lòok fórward to..*** **..を楽しみにして待つ** (expect). I'm ～*ing forward to* ˪meeting your father [the trip]. お父さんにお会いするのを[旅行を]楽しみにしています. ★進行形で使うことが多い. また to の後に動詞の原形は使わない.

L

lòok hére 〈間投詞的に用いて抗議したり, 相手の注意を促す〉ほら, おい(おい), いいかよく聞け. Now ～ *here*, I won't have you behaving like that. まあ, ちょっと考えてごらん. 君にはそんなふるまいをさせておきたくないね.

lòok ín (1) 中をのぞく. (2) (様子を見るためなどに)のぞく〈*on* ..を〉, ちょっと立ち寄る〈*at* ..〔場所〕に〉. I'll ～ *in on* the kids later. 後で子供たちをちょっと見て来ましょう. Won't you ～ *in at* Beverly Hills on your way to Los Angeles? ロサンゼルスへの途中ベヴァリーヒルズをのぞいてみませんか. (3) テレビを見る. Did you ～ *in* last night? 昨夜テレビを見たかい.

lóok in.. ..の中をのぞく. ～ *in* a mirror 鏡の中を見る.

lòok..in the éye [***fáce***] 〔人〕の顔をまともに見る, ..を正視する; 〔死, 危険など〕に敢然と立ち向かう; 〈しばしば否定文, 疑問文で〉. He ～*ed* me (straight) *in the eye* and told me I was a fool. 彼は私に面と向かって君はばかだと言った.

lóok into.. (1) ..をのぞき込む; ..にちょっと立ち寄る. (2) ..(の中)を調べる (examine). The police are ～*ing into* the case. 警察が事件を調べている.

****lóok like..*** (1) **..に似ている**; ..らしく見える (類語 人・物の外見についてだけ用いる; →resemble). You ～ just *like* your brother. 君は兄さんそっくりだ. What does that rock ～ *like* to you? あの岩は何(の形)に見えますか. (2) **..になりそうだ**; ..のように思われる. It ～*s like* rain. 雨が降りそうだ. The white horse ～*s like* winning. 白い馬が勝ちそうだ. "So we will have to see Al?" "It ～*s* [*Looks*] *like* it."「じゃ, 我々はアルに会わなくちゃならないのか」「そうらしいね」. (3)〖話〗＝LOOK as if (→like 接 2).

lòok lívely ＝LOOK alive.

lòok ón (1) 傍観する. I was ～*ing on* at the street fight. 路上のけんかを見物していた. (2) 一緒に本などを見る[読む]〈*with* ..と〉. I don't have a copy of the music. May I ～ *on with* you? 楽譜を持っていないんです. 一緒に見せてもらえますか.

****lóok on*** [***upon***]***..*** (1) **..を見なす**, 思う, 〈*as* ..と〉(consider). He is ～*ed upon as* the best athlete of us all. 彼は我々みんなの中で一番のスポーツマンと見なされている. (2) **..を**(ある感情で)**見る**, 眺める. ～ *on* one's neighbor coldly [with distrust] 隣人を冷ややかに[不信感をもって]眺める. (3) ＝LOOK on to...

lòok oneself 普段と変わらない様子をしている. You're not ～*ing* your*self* yet. 君はまだ元の君に戻って[元気になって]いないようだ.

lóok on to [***onto***] ..〔家などが〕..に面する, ..を見晴らす.

****lòok óut*** (1) **外を見る**. (2) **警戒する**, 用心する; 見張る; 〈*for* ..を, に〉〈普通, 命令文で〉. *Look out!* There's a rock falling. 危ない, 落石だ. *Look out for* pickpockets! すりにご用心. *Look out* (that) you don't fall down. ころばないように注意しなさい. (3) 注意して探す〈*for* ..を〉. The police are ～*ing out for* the criminal. 警察は犯人を捜索中である. (4)〔家などが〕(..に)向く, 面する; 〔家, 窓などが〕見晴らす〈*on, over* ..を〉. Our house ～*ed out* due east. 我が家は真東に向いていた. a room ～*ing out on* the sea 海を見晴らす部屋. (5) 世話をする〈*for* ..の〉. He always ～*s out* ˪*for* himself [*for* number one]. 彼はいつも自分のことを第一に考える.

lóok out.. 〖米〗..から外を見る (〖英〗look out of). ～ *out* the window 窓から外を見る.

lòok /../ óut ..を選び出す, 捜し出す, 《特に持ち物の中から》. ～ *out* a dress for the reception 招待パーティーに着て行くドレスを選ぶ.

lóok over.. (1) ..をずっと見る, 見渡す. I ～*ed over* the audience and caught her eye. 聴衆をずっと見渡したら彼女と目が合った. (2)〔建物, 工場など〕を回って見る, 視察する. (3) ..越しに見る. ～ *over* one's spectacles 眼鏡越しに見る.

****lòok /../ óver*** (1)〔書類など〕に(**ざっと**)**目を通す**. ～ examination papers *over* 答案をざっと調べる. (2)〔人, 物〕を詳しく調査する, 点検する. (3)〖古〗..を見過ごす, 大目に見る, (→overlook).

lòok róund ＝LOOK around.

Lòok shárp! →sharp.

lòok smáll →small.

****lóok through..*** (1)〔望遠鏡, 穴など〕**を通して見る**. (2) ..にざっと目を通す, ..を通読する. *Look through* these before lunch, will you? 昼食前にこれに目を通してくれないか. (3) ..を見て見ないふりをする; (考え事などしていて)..を見たようで本当は見ていない. Mary ～*ed through* me. メリーは僕を見て知らん顔をした.

look /../ through (1)〔書類など〕の要点を調べる, ..を点検する, (inspect). I'll ～ the reports *through* before the meeting. 会合の前に報告書を見ておきましょう. (2) ..を(眼力で)見抜く; ..を調べる. ～ a person *through* and *through* 人(の性格, 素性など)を徹底的に調べ上げる.

****lóok to*** [***toward***(***s***)]***..*** (1) **..の方を見る**, ..に目を向ける. ～ *to* the left and right 左右を見る. (2)〖章〗..に注意を払う, 気を使う, (→自 2 (b)); ..の世話をする. ～ *to* one's health 健康に注意する. (3)〔人〕**に頼る**〈*for* ..〔援助など〕を〉; 〔人〕を当てにする〈*to* do ..するのを〉. I ～ *to* you ˪*for* advice [*to* advise me]. あなたからの助言を頼みにしています. (4) ..を待ち望む, 期待する, (expect). ～ *to* a speedy reply 早速の回答を待ち望む. (5) ..に面する (→自 3).

****lòok úp*** (1) **見上げる**, 目を上げる, (→自 1 (b)). (2)〖話〗〔商売などが〕上向きになる, 好転する. Things are ～*ing up*. 事態は良くなりつつある.

lòok /../ úp (1) ..を捜す, 捜し出す, 調べる, 〈*in* ..で〉. *Look up* the number *in* the telephone directory. 電話帳で番号を調べなさい. (2)〖話〗〔人〕を捜して訪ねる.

lòok ùp and dówn あちこち[くまなく]捜す〈*for* ..を求めて〉.

lòok..ùp and dówn 〔人〕の外見[風采(ふうさい)]をじろじろ

見る;〔人〕を(軽蔑して[ほれぼれと])頭のてっぺんから足の爪先までじろじろ見る.
lóok upon .. ＝LOOK on...
*__lòok úp to ..__ (1) **..を見上げる**. ～ *up to* the treetop こずえを見上げる. (2) **..を尊敬する** (respect; ↔LOOK down on). He was ～*ed up to* as a genius. 彼は天才として尊敬された.

── 名 (複 **～s** /-s/) 【**見ること**】 **1** Ⓒ **一見, 一瞥**(べつ); 注視. I'd like to take a ～ around, if you don't mind. よろしければ(ここを)見て回りたいのですが. exchange ～*s* 目と目を見交わす. throw [cast] a ～ at a passer-by 通りすがりの人をちらっと見る.
2 Ⓒ 〈普通, 単数形で〉 **目つき**, まなざし; **顔つき**. The pupil gave me a guilty ～. 生徒はやましげな目つきで私を見た. A ～ of anxiety came into the child's eyes. 不安の色が子供の目に浮かんだ. have a proud [sad] ～ on one's face うぬぼれた[悲しそうな]顔をしている. talk with a knowing ～ 心得顔に話す.
3 Ⓒ 〈普通, 単数形で〉 捜すこと 〈*for* ..を〉. I've had a good ～ for my glasses, but I can't find them. 眼鏡を一生懸命捜したんだけど見つからない.

> 連結 a cunning [a sly; a curious; an inquiring, a searching; a keen, a piercing, a sharp; a longing; a puzzled; a skeptical; a stern; a suspicious; a worried] ～

【見かけ】 **4** ⓊⓊ (人, 物の)**外観**, 外見; **様子**, そぶり; (→appearance 類語). You should not judge a man by his ～. 外観で人を判断すべきではない. The ～ of the sky is unfavorable. 空模様が怪しい.
5 〈～s〉 (特によい)容貌(ぼう), 器量(よし), ルックス. lose one's ～*s* 器量が落ちる. She has good ～*s*. 彼女は美貌の持ち主だ. **6** Ⓒ 〈単数形で〉 流行, (..)ルック.
by [from] the lóok(s) of .. ..の様子から判断して.
*__hàve [tàke] a lóok at ..__ **..を一目[ちょっと]見る**; ..を(ちょっと)調べる. Please *take a* quick ～ *at* this letter. この手紙に急いで目を通してください. The dentist *had a* ～ *at* my teeth and set to work. 歯科医はちょっと私の歯を見て仕事にかかった. *take a* close ～ *at* a financial report 財政報告書を注意深く見る.
I dòn't like the lóok(s) of .. ..(の状況[様子])がどうも気に入らない, 思わしくない, 心配だ. [＜古期英語]

lóok-alìke 名 Ⓒ 〖話〗 そっくりの人[もの]; うりふたつ; (double) (★しばしば人名の後に用いる). a Babe Ruth ～ ベーブルースのそっくりさん. ── 形 〖話〗 そっくりの.

lóok·er 名 Ⓒ **1** 見る人; 観察する[調べる]人など; 〈*on* ..を〉. **2** 〖話〗 美人, 美女, 〈たまに〉 美男, (good looker).

lòoker-ón /-rán|-rɔ́n/ 名 (複 **lookers-** /lùkərz-/) Ⓒ 見物人, 傍観者, やじ馬, (onlooker).

lóok-ìn 名 ⓊⓊ **1** 〖主に英話〗 勝ち目; 割り込める可能性. I don't have [get] a ～ with all those rivals. こんなに競争相手がいてはとても勝ち目[割り込む余地]はない. **2** ちょっとのぞくこと; 短い訪問, 立ち寄り. give a friend a ～ 友人をちょっと訪ねる.

-look·ing /lúkiŋ/ 〈複合要素〉 形容詞と結合して「..に見える, ..の顔つき[様子]をした」などの意味の形容詞を作る. good-*looking*. miserable-*looking* (みすぼらしい様子の).

lóoking glàss 名 Ⓒ 〖旧〗 姿見, 鏡, (mirror).

*__look·out__ /lúkàut/ 名 (複 **～s** /-ts/) **1** ⓊⓊ **見張り**, 用心, 警戒. Keep a good [sharp] ～ for that man. あの男には十分用心しなさい. Birdwatchers are keeping a sharp ～ for falcons. 野鳥観察者たちはハヤブサが現れるのを待って見張っている. **2** Ⓒ (特に高い)見張り[監視]所; 見張り番, 監視員. **3** Ⓒ 眺望, 見晴らし.
4 ⓊⓊ 将来の見込み. It's a poor [bad] ～ for us. 我々の前途は明るくない; まずいことになる.
5 Ⓒ 〖英話〗 (だれそれが)気をつけるべき事 (concern). If you want to do so, it's your own ～. 君がそうしたいならそれは君の勝手だ[君の責任ですることだ].
on the lóokout for .. ..を見張って, 用心して; ..を捜し(求め)て. My wife is always *on the* ～ *for* bargains. 妻はいつもバーゲン商品に目を光らせている.

lóok-òver 名 ⓊⓊ ざっと目を通すこと; 点検, 検査; (→LOOK /../ over). give papers a ～ 書類にざっと目を通す.

lóok-sèe 名 Ⓒ 〖話〗 素早く見ること, 一見; (短い)検査. have [take] a ～ (at..) (..を)さっと見てみる.

†**loom**[1] /lu:m/ 名 Ⓒ 機(はた), 織機. [＜古期英語「道具」]

†**loom**[2] 動 自 **1** VA (大きく気味悪く) ぼんやり現れる 〈*up*〉. Suddenly land ～*ed* (*up*) *ahead* out of the fog. 突然霧の中から陸地がぼうっと現れた. **2** 〔危険, 脅威などが〕不気味に浮かび上がる; 〔戦争などが〕今にも起こりそうな様子である, 眼前に迫っている. An economic crisis is ～*ing*. 経済危機が起こりそうである.
lòom lárge 〔問題などが〕大きく立ち現れる. The fear of cancer ～*ed large* in my mind. 癌(がん)の恐怖が私の心に大きく広がった.
── 名 Ⓤ ぼんやりと現れ出ること.
[?＜オランダ語]

loon[1] /lu:n/ 名 Ⓒ ろくでなし; 愚か者; 狂人.

loon[2] 名 Ⓒ 〖米・カナダ〗 アビ(〖英〗 diver) 《北半球の水鳥; 笑うような鳴き声をたてる》.

loon·y, loon·ey /lú:ni/ 〖話〗 形 ⓔ 気の狂った (lunatic); 間抜けな, とんまな. ── 名 (複 **loon·ies**) Ⓒ 気の狂った人. [＜*lun*atic＋-*y*[1]]

lóony bìn 名 〖話・戯〗 精神病院.

*__loop__ /lu:p/ 名 (複 **～s** /-s/) Ⓒ 【**輪**】 **1** (綱, ひも, 針金などの)**輪**, 環(わ); 輪縄. make [tie] a ～ in the string ひもを輪にする[結ぶ]. **2** (ボタンを掛ける)ループ, ベルトを通す輪; (カーテンの)輪どめ; (旗, 幕などの)乳(ち); (環状金属製の)取っ手; (制服などの)環飾り. **3** 避妊リング (coil) 《IUD の一種》 (〖米〗 ring).
【**輪＞曲線**】 **4** (g, e, b などの筆記体の)輪形部. **5** (道路, 川の)湾曲部. **6** 〖空〗 宙返り; 〖フィギュアスケート〗 ループ 《氷上に片足で描く曲線》. **7** 〖鉄道〗 環状線, ループ線 《環状の引き込み線で列車の方向転換用など》; 〖主に英〗 待避線 (**lóop lìne**). **8** 〖電算〗 ループ 《プログラム中で一定の条件が満たされるまで同じ動作を繰り返すようになっている命令》; 両端をつないで反復再生できるようにしたエンドレステープ[反復映写できるフィルム]; 〖電〗 閉回路.
in the lóop 〖米話〗 中枢の[有力な]メンバーとなって.
knòck [thròw] a person for a lóop 〖米話〗 〔人〕をびっくりさせる.
out of the lóop 〖米話〗 中枢部からはずれて, '蚊帳(かや)の外'にいて, 〈*on* ..について〉.
── 動 他 **1** 〔ひも, 綱, 針金など〕を輪にする.
2 〔カーテンなど〕を輪で縛る[くくる] 〈*up, back*〉; を輪で結び合わせる; を輪のように巻く 〈*with* ..で〉; 〔ロープなど〕を巻く 〈*round, over* ..に〉. ～ *up* a curtain カーテンを輪で縛る. The mountaineers were all ～*ed* together. 登山者は全員ザイルの輪で(体を)結び合っていた. ～ a post *with* a rope＝ ～ a rope (*a*)*round* a post 柱にロープを巻きつける. **3** 〖空〗 〔飛行機〕を宙返りさせる.
── 自 **1** 輪になる; VA 輪を描いて回る 〈*around* ..を〉. Birds ～*ed* and flew away. 鳥たちは輪になって飛び去った. **2** 〖空〗 宙返りする.
lòop the lóop 〖空〗 宙返りをする.
[＜中期英語(?＜ケルト語)]

lóop·er 名 Ⓒ 〖虫〗 シャクトリムシ (inchworm).

‡**loop·hole** /lú:phòul/ 名 Ⓒ **1** (城壁の)銃眼, 狭間(はざま); (通風, 採光, 監視用の)のぞき穴. **2** (法規, 契約などの)盲点, 抜け道. exploit some ～ in the law 法の

抜け道を悪用する. tax ～s 税金の抜け穴.

lóop·y /-i/ 形 e **1** 輪が多い. **2**〘話〙気が狂った; 酔って正体のない. go ～ 気が変になる; 酩酊する;〘英話〙激怒する.

‡**loose** /luːs/ (★/-z/ ではない) 形 e (**lóos·er** /-ər/|**lóos·est** /-əst/) 【縛られ[固定され]ていない】 **1**〈叙述〉**解き放されて**; 〔動物などが〕つながれ[閉じ込められ]ていない, 自由な. set [turn] ～ a prisoner 囚人を釈放する. The hens are (set) ～ in the yard. 鶏は庭に放し飼いになっている. She managed to get herself ～ from his hold. 彼女は彼につかまれたのを何とか振りほどいた.

2 ほどけた; 結びつけられていない; 外れた, 取れた; (↔fast). leave the end of a rope ～ ロープの端をくくりつけないでおく. several ～ pages in a book 本の綴(と)じが外れた数ページ. A brick came ～ and fell from the building. れんがが1枚緩んでその建物から落ちて来た. **3** 取れかかった〔ボタンなど〕, 抜けそうな〔くぎなど〕. have one's ～ tooth pulled ぐらぐらする歯を抜いてもらう.

4 使う当てのない, 遊んでいる,〔資金など〕. ～ funds 遊んでいる資金.

【まとめられてない】 **5** ばらばらの,〔髪, 古新聞紙などが〕束ねてない; 箱詰めなどでない, ばらの,〔キャンディーなど〕. Her long hair was hanging ～ over her shoulders. 彼女の長い髪は肩の上にふわりと掛かっていた. buy tea ～ 紅茶を量り売りで買う. ～ change (ポケットなどに入れてある)ばら銭. **6** 散開した. in ～ order〘軍〙散開隊形で.

【締まりのない】 **7** (↔tight) (**a**)〔衣服などが〕**緩い**, だぶだぶの. hide a pistol under a ～ coat ピストルをだぶだぶの上着の下に隠す. My shoes are a bit ～. 靴が少し緩い. (**b**)〔機械の部品などが〕**緩い**, ぐらぐらの;〔綱などが〕たるんだ. a ～ knot [nut] 緩い結び目[ナット]. The screw has worked [come] ～. ねじが緩んでしまった. **8**〔体格などが〕締まりのない, たるんだ;〔織物, 土などが〕目の粗い.

9 結束が固くない〔組織など〕; 厳しくない〔協定など〕.

10〔腸が〕緩い, 下痢気味の. ～ bowels〘やや旧〙下痢(気味).

11〔考えなどが〕**散漫な**;〔言葉などが〕不正確な, 慎重さが欠けた;〔定義などが〕あいまいな. a ～ thinker 考えの雑な人. a ～ translation of the French original フランス語原文のかなり自由な翻訳.

12〘旧〙〔言動が〕だらしない; 放埒(らつ)な, ふしだらな. lead a ～ life だらしのない生活をする. a woman of ～ morals 身持ちの悪い女. **13** 節度のない, 抑え切れない. have a ～ tongue おしゃべりである.

brèak [gèt] lóose 束縛を脱する, 逃げ出す; 解き放される, 離れる,〈*from* ..から〉.

cùt lóose (1) 束縛を脱する〈*from* ..から〉. (2) 無遠慮にふるまう[言う].

cùt /../ lóose ..を切り離す, 解き放す,〈*from* ..から〉.

hàng [stày] lóose〘米話〙落ち着いている, くよくよしない.

lèt lóose (1) 緩む, 壊れる. (2)〘話〙自由に振る舞う, 遠慮なしにしゃべる.

****lèt..lóose*** (1) **..を(解き)放す**, 自由にする; ..を野放しにする;〈*on* ..に関して〉〈普通, 受け身で〉. This dog is too fierce to be *let* ～. この犬は獰(どう)猛すぎて放し飼いにはできない. (2)〔人〕に好きなようにさせる, 任せる,〈*on* ..を〉. *let* the children ～ *on* boxes of chocolates 子供たちにチョコレート数箱を自由にさせる. (3)〔怒りなど〕を爆発させる, ぶつける,〈*on* ..に〉. He *let* ～ his anger *on* his wife. 彼は妻に怒りをぶつけた.

── 動 他 【放す, 放つ】 **1**〔人, 動物〕を解放する, 自由にする. The child ～*d* my hand. 子供は私の手を放した. **2**〔矢など〕を放つ;〔鉄砲など〕を発射する. The gunman ～*d* (off) several shots at the police. ピストル男は警官たちに向けて数発発射した.

【ほどく, 緩める】 **3**〔結び目, 束ねた髪など〕を緩める, ほどく;〔船〕のもやいを解く〈*off*〉. **4** の動きを自由にする;〔つかんだ手など〕を緩める. ～ one's hold of ..から手を離す, ..を離す. The beer ～*d* his tongue. (★loosen 他 3 を使う方が普通).

── 副 ＝loosely.

── 名〈次の成句で〉***on the lóose*** (法などの)拘束を受けないで, 自由で; 浮かれ騒いで;〔動物が〕逃げ出して, 放されて. He escaped from jail a month ago and is still *on the* ～. 彼は1か月前に脱獄してまだ捕まっていない.

[＜古期北欧語; lose, loss, -less と同根]

lòose cóver 名 C〘英〙いすカバー (〘米〙slipcover).

lòose énd 名 C (ひもなどの)ぶらぶらした端; 未処理の問題点. tidy up the ～s 未解決の問題点を片付ける.

***at* ⌞*lòose énds* [*a lòose énd*]** →end.

lòose-fítting /移/ 形〔衣服が〕ゆったりとした.

lòose·jóinted /-əd 移/ 形 **1** 関節のしっかりしない. **2** 動きのしなやかな〔踊り子など〕.

lòose-léaf /移/ 形〔ノートなどの〕用紙が抜き差し自由の, ルーズリーフ式の.

†**loose·ly** /lúːsli/ 副 **1** 緩く; 締まりなく; 密接でなく. two ropes ～ tied together 緩く結び合わせた2本の縄. What you've said is only ～ related to the subject in hand. 君の言ったことは当面の問題とは関係が薄い. **2** 厳密でなく, 漠然と. speak ～ あいまいな話し方をする. **3** だらしなく; 身持ち悪く.

***loos·en** /lúːs(ə)n/ 動 (～s /-z/|過 過分 ～ed /-d/|～·ing) 他 **1** を緩める,〔制約, 法律など〕を緩和する, (↔tighten). ～ a screw [one's tie] ねじ[ネクタイ]を緩める. He ～*ed* his grip [hold] on the rope. 彼はロープを握った手を緩めた. The government will gradually ～ its grip on the tight-money policy. 政府は金融引き締め政策を徐々に緩和するだろう. The heavy rain ～*ed* the whole side of the hill. 豪雨で丘の中腹全体(の土)が緩んだ. **2** を解く, 解き放す; を外す. ～ a knot 結び目を解く. the ～*ed* morals of young people 若者のだらしのなくなった道徳. **3** の動きを楽にする;〔筋肉〕をほぐす;〔相手〕に気を楽にさせる;〈*up*〉. The beer ～*ed* his tongue. ビール(を飲ん)で彼の舌が軽くなった. ～ *up* one's muscles before the race 競走前に筋肉をほぐす. ～ *up* the class with a little joke ちょっとした冗談を言ってクラスの生徒たちの緊張をほぐす. **4** (**a**)〔腹〕を緩ませる. I took a laxative to ～ my bowels. 通じをつけるために下剤を飲んだ. (**b**)〔咳(せき)〕を鎮める.

── 自 **1** 緩む. The skin of her face has ～*ed* with age. 彼女の顔の皮膚は年でたるんできた. **2** VA (～ *up*) 緊張を解く, リラックスする, (競技の前に)ウォームアップする; 気前よく金を出す. ～ *up* in warm sunshine 暖かいひなたでのんびりする. [loose, -en]

lóose·ness 名 U 緩み, 締まりのなさ; (考え方などの)散漫さ; だらしなさ, 身持ちの悪さ.

lòose-tóngued /移/ 形 口の軽い, おしゃべりの.

‡**loot** /luːt/ 名 U **1** 盗品. **2** 略奪物; 戦利品. **3**〘話〙金(かね) (money); 富 (wealth);〘主に米話・戯〙たくさんの買い物[贈り物]. ── 動 他〔金, 物〕を略奪[強奪]する;〔家, 店, 町など〕から略奪する[を荒らす]. ── 自 略奪する.

[＜ヒンディー語「奪う」]

lóot·er 名 C 略奪者, 強奪者.

lop[1] /lɑp|lɔp/ 動 (～s|-pp-) 他 **1**〔木〕の枝を落とす. **2**〔枝〕を(すぱっと)切る;〔首, 手足など〕を切り落とす;〈*off*, *away*〉. **3**〔無駄な部分[もの]〕を取り除く〈*off* (..から), *away*〉; を削除[削減]する〈*off* (..〔予算など〕から), *away*〉. ── 名 C 切り枝.

lop[2] 動 (～s|-pp-) 自 **1**〔動物の耳などが〕だらりと垂れる〈*down*〉. **2** のらくらする〈*about*〉. ── 他〔動物が〕〔耳〕をだらりと下げる. ── 名 C 耳の垂れたウサギ.

lope /loup/ 動 自 VA〔人, 四足の動物が〕ゆったり(跳ねて)走る〈*along*〉〈*across* ..を横切って〉. At the gunshot the fox ～*d* (*off*) *into* the wood. 銃声を聞いてキツネは林の中へ大股(また)で走り込んだ. —— 名 aU 大股(また)の走り方. The wolf went off at an easy ～. 狼(おおかみ)はゆっくりと大股で走り去った.

lòp-éared /㊗/ 形 〔犬, ウサギなどが〕耳がだらりと垂れて[た], 垂れ耳で[の]. ▷～**·ness** 名

lóp·ping 名 C 〈普通 ～s〉 切り枝.

lòp·síded /-əd ㊗/ 形 一方に傾いた; 片方が重い[大きい]; 〔見解などが〕均衡を欠いた, 片寄った; 〔試合などが〕ワンサイドゲームの. a ～ house 一方に傾いた家. with a charming ～ grin [smile] 口もとをほころばして愛嬌(きょう)よくほほ笑んで. win a ～ victory over ..に対し一方的な勝利を収める. ▷～**·ness** 名

lo·qua·cious /loukwéiʃəs/ 形 〖章〗多弁の, 饒(じょう)舌な, (talkative); 〔小鳥が〕鳴きたてる, 〔水が〕さらさら音を立てる. ▷～**·ly** 副 ～**·ness** 名

lo·quac·i·ty /loukwǽsəti/ 名 U 多弁.

lo·quat /lóukwɑt|-kwɔt/ 名 C ビワ(の木, 実).

lor /lɔːr/ 間 〖英卑〗ありゃ, こりゃあ, (Lord!) 《驚き, うろたえなどを表す》.

lo·ran /lɔ́ːræn|-rən/ 名 UC 〈時に L-〉〖空〗ロラン《船, 航空機が, 複数の送信局からの電波の到着時間差で現在地を割り出す装置; < *lo*ng-*ra*nge *n*avigation; →shoran》; ロラン航法.

***lord** /lɔːrd/ 名 (複 ～s /-dz/) C
【主人】 **1 統治者**; 君主; 首長. our sovereign ～ the King 我らが主権者たる国王. I will obey no ～ or king. いかなる支配者, いかなる王にも私は屈服しない.
2 (封建時代の)領主; 荘園主 (**the lòrd of the mánor**). the feudal ～*s* 封建君主[領主].
3 〖英〗**貴族**; 〈the Lords〉 =the House of Lords.
4 〖英〗〈L-〉 (**a**) **..卿**(きょう) 《侯[伯, 子, 男]爵の正式称号に代用するくだけた尊称: the Earl of Warwick の代わりに *Lord* Warwick と言う; また公[侯, 伯]爵の長男以外の子息の名前に付ける尊称; *Lord* John (Russell) (Lord Russell とはしない); →duke, sir, lady》.
(**b**) ..長, 長官, 《種々の高官の官職名の肩書きとして》. →Lord Chamberlain, Lord (High) Chancellor.
(**c**) 〈bishop (主教)の公式の称号として〉 *Lord* Archbishop of Canterbury カンタベリー大主教.
(**d**) 閣下《my *Lord* [*lord*] (普通 /milɔ́ːrd/)として侯爵以下の貴族, 主教, *Lord* Mayor, 高等法院判事に対する呼びかけ》.
【有力者】 **5** 大立て者, 第一人者. a press ～ 新聞界の巨頭. a steel ～ 鉄鋼王.
6 〖古・戯〗夫, 亭主 (**lòrd and máster**).
【主なる神】 **7** 〈呼びかけの場合以外は普通 the L-〉 神, 主; 〈普通 Our L-〉 (キリスト教徒にとって)'われらが主'キリスト. the *Lord* God [Jesus Christ] 主なる神[イエスキリスト]. *Lord* bless me! これはこれは.
8 〈間投詞的〉 まあ, おお, 《驚き, 上機嫌, ショック, 恐怖などを表す》. (Good [Oh]) *Lord!* おや.
(as) drùnk as a lórd 〖話〗泥酔して[た].
in the yèar of our Lórd.. 西暦..年に.
live like a lórd (王侯のように)ぜいたくに暮らす.
Lòrd (ònly) knóws (1) 神だけが知っている, だれにも分からない, 《いらだち, 心配, 驚きなどを強調する》. *Lord* (*only*) *knows* where she is now. 彼女が今どこにいるのかだれにも分からない. (2) 確かに, 本当に, (surely). *Lord* (*only*) *knows*, I did all I could. 本当に私は出来るだけのことはやった. *Lord knows* I've tried. 私は本当に一生懸命にやってみた. (→God KNOWS, God KNOWS (that)..)
Lòrd willing 〖話〗=GOD willing.
—— 動 他 〈主に次の成句で〉 ***lórd it over..*** 〔人〕に対して殿様[親分]風を吹かす, 君臨する. He's ～*ing it over* his younger colleagues. 彼は後輩に対して威張り散らしている. 語法 受け身でも用いられるが, その場合には it は表現されない: I will not be ～*ed over*. (威張らせてはおかない); →QUEEN it (over).
[< 古期英語「パンを守る人」(< *hlāf* 'bread'+*weard* 'guardian'); →lady]

Lòrd Ádvocate 名 〈the ～〉(スコットランドの)検事総長, 法務長官.

Lòrd Chámberlain (of the Hòusehold) 名 〈the ～〉〖英〗宮内大臣.

Lòrd Chìef Jústice 名 〈the ～〉(英国高等法院の)首席裁判官.

Lòrd (Hìgh) Cháncellor 名 〈the ～〉〖英〗大法官《最高の司法官; 閣僚で上院議長と兼任》. 「侍従.

lòrd-in-wáiting 名 (複 lords-) C (英国王室の)↑

Lòrd Lieuténant 名 C 〖英〗州知事《county における国王の名代で行政には関与しない》.

lórd·ly 形 e **1** 〔邸宅などが〕貴族[君主]にふさわしい; 威厳のある, 堂々とした. **2** 尊大な, 傲(ごう)然とした. give orders with a ～ air 傲慢な態度で命令を下す. ▷**lord·li·ness** 名

Lòrd Máyor 名 〈the ～〉〖英〗(ロンドンなど大都市の)市長. the ～ of London ロンドン市長《Greater London でなく the City の長》. 「書(ぎょくじしょうしょ).

Lòrd Prìvy Séal 名 〈the ～〉〖英〗玉璽尚↑

lòrd protéctor 〖英史〗名 〈しばしば the L- P-〉 護国卿(きょう)《共和制時代の Oliver Cromwell とその息子 Richard の称号》.

Lord's /lɔːrdz/ 名 ローズ競技場《London にあるクリケット競技場 (Lord's Cricket Ground); Thomas Lord が 1811 年に開設》.

Lórd's dày [Dày] 名 〈the ～〉 主の日《日曜日》.

‡**lord·ship** /lɔ́ːrdʃip/ 名 **1** C 〖英〗〈しばしば L-〉 閣下《公爵以外の貴族, 主教, 裁判官に対する尊称; 普通 your ～(*s*), his ～, their ～*s* などの形を you, he [him], they [them] などに代用する; 時に皮肉として偉ぶっている普通の人にも用いる》. His *Lordship* has arrived. 閣下の御到着です. **2** U 貴族[君主]の地位; 権力, 支配, 〈*over* ..に対する〉.

Lòrd's Práyer /-preər/ 名 〈the ～〉 主の祈り《キリストが弟子たちに与えた祈り; Our Father who art in heaven で始まる; 〖聖〗『マタイによる福音書』(6:9–13), 『ルカによる福音書』(11:2–4); Our Father, Paternoster とも言う》.

Lòrds Spíritual [spíritual] 名 〈the ～〉〖英〗〈集合的〉 聖職者議員《bishops (主教)の一部と archbishops (大主教)から成る; ↔the Lords Temporal》.

Lòrd's Súpper 名 〈the ～〉 =Eucharist 1.

Lòrds Témporal 名 〈the ～〉〖英〗貴族議員全体《hereditary peers (世襲貴族)と life peers (一代貴族)から成る; ↔the Lords Spiritual》.

†**lore** /lɔːr/ 名 U **1** (民族, 民間に伝わる俗信的な)知識, 伝承, (→folklore). weather ～ 天気に関する言い伝え. Gypsy ～ ジプシー伝説. **2** 〈一般に〉 知識, 学問. [< 古期英語「教え」; learn と同根]

Lo·re·lei /lɔ́ːrəlài/ 名 〖ドイツ伝説〗ローレライ《ライン河岸の岩上に出没し, 美しい歌声で船人を誘惑して船を難破させたという魔女; →siren》.

lor·gnette /lɔːrnjét/ 名 C 長柄付きの眼鏡[オペラグラス]. [< フランス語(<「横目で見る」)]

lorn /lɔːrn/ 形 〖詩〗孤独の, 寄る辺のない; わびしい; 見捨てられた; (forlorn). [< 古期英語 (*lēosan* 'lose'の過去分詞)]

Lor·raine /ləréin/ 名 ロレーヌ《フランス北東部の地域; 普仏戦争後ドイツ領となり, 第 1 次世界大戦後再びフランス領となった》.

‡**lor·ry** /lɔ́ːri|lɔ́ri/ 名 (複 -ries /-z/) C **1** 〖主に英〗大

L

型トラック(〖主に米〗truck). **2** (鉱山などの)トロッコ. **3** 4輪荷馬車の一種《低くて囲いがない》.

fall òff the bàck of a lórry 〖英話〗〈普通, 過去・完了形で〉〔物が〕盗まれる, 盗品[いかがわしい手段で入手されたもの]である. [?<〖方〗*lurry*「引く」]

lórry pàrk 名 C 〖英〗トラックの駐車場.

Los Al·a·mos /lɔːs-ǽləmous, lɑs-|lɔs-/ 名 ロスアラモス《米国 New Mexico 州の町; ここで最初の原爆が作られた》.

Los An·ge·les /lɔːs-ǽndʒələs, lɑs-, -ǽŋgə-, -lìːz|lɔs-ǽndʒəlìːz/ 名 ロサンゼルス《California 州の米国第2の大都市; 略 LA, L.A.》. [スペイン語 '天使の町']

‡**lose** /luːz/ 動 (**lós·es** /-əz/|過 過分 **lost** /lɔːst|lɔst/|**lós·ing**) 他 **【失う】 1** を失う, なくす; 〔人〕に死なれる; 〔仕事, 地盤など〕を失う, 取られる〈*to* ..に〉. ～ one's job [life] 失職する[命を落とす]. You'll have nothing [much] to ～ by joining hands with them. 彼らと手を結ぶことによって失うものはない[大きい]だろう. She *lost* her only son in a car accident. 彼女は一人息子を自動車事故でなくした. He *lost* his driver's license. 彼は運転免許を取り消された. He *lost* his father *to* cancer. 彼は父を癌(がん)で失った. The little stores around here have *lost* much of their business *to* the new supermarket. この辺りの小さな店は新しいスーパーに大いに商売を取られた.

2【一時的に失う】 を紛失する; を置き忘れる; (↔find). The papers seem to be *lost*. 書類が紛失したらしい.

3 を見失う; 〔道〕に迷う. ～ one's friend in a crowd 人込みの中で友人を見失う. I've *lost* my place in the book. 本の読んでいた箇所が分からなくなった. I *lost* my way in the woods. 森で道に迷った. I *lost* my way when the enterprise ended in failure. 私はその事業が失敗に終わった時途方に暮れた.

【維持できなくなる】 4 〔希望, 健康, 平静, 安定など〕を失う. ～ heart 落胆する. ～ one's heart to a person 人に心を奪われる, 人に恋する. ～ (one's) patience 我慢できなくなる. I *lost* my sense of touch in the cold water. 冷水で感覚がなくなった. ～ one's reason 気が狂う; 理性を失う, ひどく興奮する. ～ one's ability to hear 聴力を失う. ～ interest in ..への興味を失う.

5 〔速度, 高度など〕を失う. The airplane *lost* a height of more than 300ft in an air pocket. 飛行機はエアポケットで 300 フィート以上高度を失った. ～ (some) weight (少し)やせる.

6 〔時計が〕**..だけ遅れる** (↔gain). My watch ～*s* about 10 seconds a day. 私の腕時計は1日に約10秒遅れる (→自 3).

【失って損をする】 7 〔時間, 労力など〕をむだにする, 浪費する, (waste). The firm *lost* millions of dollars. 会社は数百万ドルの損をした. There's no time to ～. 急がなくてはならない. ～ no time in.. →time (成句).

8 VOO (～ X Y) X(人)に Y を失わせる, 損させる. Your selfishness will ～ you your friends. 君のようにわがままでは友人がいなくなる.

【(取り)逃がす】 9 〔獲物など〕を取り逃がす, 〔好機など〕を逸する; 〔言葉など〕を理解し損なう, 聞き落とす; 〖英〗〔列車など〕に乗り遅れる; (★lose より miss の方が普通). ～ no opportunity to do.. 機を逃すことなく..する. The last words *of his speech* were *lost* in the applause. 彼の演説の最後の言葉は拍手で聞き取れなかった.

10 〔賞など〕を取り損なう; 〔試合, 議論など〕に**負ける**; (↔win); VOO (～ X Y) X(人, チームなど)に Y(試合など)を落とさせる[取れさせる]. We *lost* the game to them. 我々は彼らに試合で敗れた.

11【逃れる】 〔病気, 恐怖など〕から逃れる, 自由になる, 〔追っ手など〕をまく, (get rid of). I have *lost* my cold. 風邪が治った. ～ one's pursuers 追っ手をまく.

— 自 **1 損をする** 〈*by, on* ..で〉(↔gain); 衰える, 失う, 〈*in* ..が, を〉; 〔作品などが〕もとの良さを失う. You can't ～. 〖話〗君が損するはずはない. I *lost* heavily *by* [*on*] that bet. 私はその賭(か)けで大損をした. ～ *in* freshness 鮮度が落ちる. Literary works more or less ～ *in* translation. 文学作品は翻訳すれば多少とも原作の趣を失う.

2 負ける, 敗れる, 〈*to* ..に〉(↔win). To ～ is to win. 〖諺〗負けるが勝ち. ～ by 500 votes 500 票の差で敗れる. I *lost to* Bob. 私はボブに負けた.

3 〔時計が〕遅れる (↔gain). This watch ～*s* by ten seconds a day. この時計は1日に10秒遅れる.

◇名 loss

lóse onesèlf (1) 道に迷う; 途方に暮れる. (2) 我を忘れる, 夢中になる, 〈*in* ..に〉(→LOST in..). (3) 姿を消す, 見えなくなる. The pickpocket *lost himself in* the crowd. そのすりは人込みの中に紛れ込んだ.

lòse óut 〖話〗(1) (ひどく)損をする; 〔好機などを〕逸する; 〈*on* ..で〉. ～ *out on* the last chance 最後のチャンスを逃す. (2) (運悪く)負ける〈*in* ..で/*to* ..に〉. ～ *out to* a rival *in* a contest コンテストで競争相手に負ける.

[＜古期英語 *lōsian*「滅びる, 行方不明になる」(＜*los*「破壊」)]

†**los·er** /lúːzər/ 名 C **1** (競技などに)負けた方, 敗者, (↔winner). a good [bad] ～ 負けっぷりのいい[悪い]人. *Losers* are always in the wrong. 〖諺〗敗者は常に悪者(にされる), 「(勝てば官軍)負ければ賊軍」. **2** 〖話〗失敗ばかりする人, 失敗者, (★しばしば軽蔑して). a born ～ 何をやってもだめな人, '人生の落伍(ご)者'. **3** 損をする[した]人, 割を食う[食った]人.

los·ing /lúːziŋ/ 形 勝ち目のない, 負けと決まった; 損する[させる]. The Royalists were fighting a ～ battle. 王党派は勝ち目のない戦いをしていた. a ～ pitcher 敗戦投手.

‡**loss** /lɔːs|lɔs/ 名 (複 **lóss·es** /-əz/) **【失うこと】 1** aU なくすこと, 喪失; 紛失, 遺失. ～ of health 健康を損なうこと. a temporary ～ of memory 一時的な記憶喪失. feel a deep sense of ～ 深い喪失感を味わう. The girl wept at the ～ of her mother. 少女は母の死に泣いた. report the ～ of one's camera to the police カメラの紛失を警察に届ける.

2 aU 減少, 減量, 低下. temperature ～ 温度の低下. blood ～ 失血. There has been a ～ in weight of 200 grams. 200 グラム目減りしている.

【損をすること】 3 UC **損失**; 損害; 損; (↔profit, gain). ～ of life 人命の損失. His resignation is a great ～ to the company. 彼の辞任は会社にとって大きな損失である. The firm suffered a lot of ～*es*. 会社は多くの損害を被った. profit and ～ 損益. be defeated with great ～ 大損害を被って敗退する.

連結 a slight [a small, a trifling; an enormous, a heavy, a terrible; an irreparable; a total; a partial] ～ // cause [inflict; incur, make, sustain; offset, recover, repair] a ～

4 C (**a**) 損失物; 損失額; 損害高. I made a big ～ [a ～ of 200 pounds] on the car when I sold it. その車を売って大損[200 ポンドの損を]した. (**b**) 〈～es〉(賭(か)けなどの)損金; 〖軍〗損失兵員. surrender to the enemy after heavy ～*es* 多くの兵員を失って敵に降伏する.

5 U (時間, 労力などの)むだ, 浪費; (電力などの)ロス. start without (any) ～ of time 直ちに出発する[始める].

【負けること】 6 UC **敗北**; 失敗; (賞などを)取り損なうこと. the ～ of a battle [game] to.. 戦い[試合]で..に敗れること. ◇動 lose

***at a lóss** (1) 困って, 当惑して, 〈*for* ..に/ *to* do ..するのに〉. I was *at a* ～ ⌞for an answer [(for) what to say]. 私は答えに[何を言ったらよいのか]困った. That put me completely *at a* ～. それで私はすっかり当惑した. (2) 損をして〔売るなど〕.

cùt *one's* **lósses** →cut.

[＜中期英語; *losen* (＜古期英語 *lōsian* 'lose')の過去分詞 *lost(e)* の *-te* を除いたもの]

lóss adjùster 名 C 〘英〙(保険会社の)損害査定係 (〘米〙 insurance adjuster).

lóss lèader 名 C (客寄せに捨て値で出す)目玉商品.

‡lost /lɔːst|lɔst/ 動 lose の過去形・過去分詞.

── 形 ⓒ **1 失われた**, なくなった; 〔芸術などが〕廃れた; 〔健康などが〕損なわれた. a ～ fortune 失った財産. ～ honor 失った名誉. one's ～ youth 失われた青春. All is not ～. まだ成功[回復]の望みが少しはある.

2 見失った, 紛失した; 行方不明の (missing). the long ～ key 長いこと紛失したままの鍵(かぎ). advertise for one's ～ dog 行方不明になった犬の広告を出す. My wallet has got ～. 私の財布がなくなった.

3 道に迷った; 途方に暮れた; 〔表情などが〕当惑した. a ～ child 迷子. a ～ look 途方に暮れた[当惑した]顔つき. I am ～ without glasses. 私は眼鏡がないと動きが取れない. get [be] ～ 道に迷う; 途方に暮れる. feel ～ and lonely 途方に暮れ寂しい思いをする. be ～ for words (当惑, びっくりなどして)言葉に窮している, 何と言ったらいいのか分からない. He spoke so quickly that I was [got] totally ～. 彼は余り早く話したので, 私はまったく分からなかった. **4** 破滅した; 死んだ; 〔船が〕難破した. There were 300 men ～ at sea this year. 今年海で死んだ人は 300 人だった. **5** 負けた. a ～ battle 負け戦. **6** 浪費した〔時間など〕; 取り逃がした〔賞など〕; 逸した〔機会など〕. ～ labor むだ骨, 骨折り損. a ～ opportunity 逸した機会.

Gèt lóst! 〘俗〙 失せろ, ほっといてくれ.

give /../ úp for lóst ..を死んだものとあきらめる; ..を見込みなしとあきらめる.

***lóst in ..** (1) ..に夢中になって(いる), 没頭して, 心を奪われて. He seemed ～ *in* thought [reverie]. 彼は物思い[空想]にふけっているようだった. (2) ..の中に見えなくなった. The plane became ～ *in* clouds. 飛行機は雲の中に隠れた.

***lóst on* [*upon*] ..** ..に理解されない, ..に効果がない, ..の注意を引かない. Any advice will be ～ *on* a man like him. どんな忠告もあんな男には効き目がない.

lóst to .. (1) ..のものではなくなった; ..の手にはもう入らない; ..から取り残される, ..から消え去る. All chances of promotion were ～ *to* him. 彼の昇進の見込みはすべて失われた. The bird was ～ *to* sight among the trees. 鳥は木陰に見えなくなった. (2) 〔恥, 義務など〕を感じない; ..に左右されない; ..のことを(一切)忘れて. That man is ～ *to* pity. あの男は情け知らずだ. When listening to music he is ～ *to* the world. 彼は音楽を聞いている時は世間を忘れてしまう.

lóst without .. ..がない[いない]と不安[不幸]で, ..なしでは仕事などがまともに出来ないで. She would be ～ *without* you. 彼女は君なしでは不幸になる[仕事がうまくできない]だろう.

lòst-and-fóund, Lòst and Fóund 名 C 〈普通 the ～〉〘米〙 遺失物取扱所. Let's ask at the ～ (desk [office]). 遺失物取扱所で聞いてみよう.

lòst cáuse 名 C 失敗に帰した主義[運動], 見込みのない企画[試み].

Lòst Generátion 名 〈the ～〉 失われた世代《第 1 次大戦中又はその直後に成人し, 人生の価値観を見失った世代; この世代に属する一群の米国作家, Hemingway, Scot Fitzgerald など》.

lòst próperty 名 U 遺失物; ＝lost property office.

lòst próperty òffice 名 C 〘英〙 遺失物取扱所.

lòst shéep 名 C 〘聖書〙 迷える羊《一時信仰を失った人》; 正道を踏み外した人.

lòst sóul 名 C 〘主に戯〙 普通の日常生活がうまく出来ない人, グループに解け込めない哀れな人.

Lot /lɑt|lɔt/ 名 〘聖書〙 ロト《Abraham の甥(おい); Sodom 滅亡の際に逃れることができた》.

‡lot[1] /lɑt|lɔt/ 名 (複 **～s** /-ts/)

【運】 **1** aU **運命**, 巡り合わせ, (類語 定められた「運命」というより偶然に割り当てられた人生での「役割」の意味が強い; →fortune). one's ～ 仕事, 社会的地位, 責任など. an enviable ～ 結構な身分. a hard ～ つらい運命. It fell to [It was] his ～ to lose. ＝The ～ fell to him to lose. 彼が負ける巡り合わせだった.

【運だめし】 **2** C くじ; U くじ引き; 〈the ～〉 当たりくじ. choose by ～ くじ引きで選ぶ. draw [cast] ～*s* くじを引く. The ～ fell on [to] my son. 息子にくじが当たった.

3 C くじに当たって得たもの; 〈一般に〉 分け前. receive one's ～ of money 金の分け前をもらう.

【分け前＞区分】 **4** C 〘主に米〙(土地の) 1 区画; 地所, 敷地; 映画撮影所 (film lot). an empty [a vacant] ～ 空き地. a parking ～ 駐車場(〘英〙 car park).

càst* (*in*) [*thròw in*] *one's lót with .. ..と運命を共にする.

càst* [*dràw*] *lóts くじを引く; くじで決める 〈*for* ..を/ *to* do ..するのを〉.

[＜古期英語「(くじ引きによる)割り当て」]

‡lot[2] /lɑt|lɔt/ 名 (複 **～s** /-ts/) 【ひと山】 **1** 〘話〙〈a ～ 又は ～s〉 (**a**) たくさん, どっさり, (→成句 a lot of.., lots of..). I have ～*s* [a ～] to do. やることがたくさんある. What a ～! なんてたくさんなんだろう. (**b**) 〈副詞的〉 大いに (★形式ばった表現では much, a great deal などを用いる). Thanks a ～. どうもありがとう (★時に反語的に使う). talk (quite) a ～ 大いにしゃべる. He's working ～*s* [a whole ～] harder. 彼は以前よりだいぶ頑張っている.

2 C (**a**) (競売品などの)ひと山, ひと組; ロット《生産の単位を成す同一種類の製品の集まり》; (人, 物の)群れ, 組; 仲間, 連中. *Lot* 20 (競売で) 20 番の品[山]. sell by [in] ～*s* 幾口かに分けて売る. 30 cents a ～ ひと山 30 セント. a lazy ～ of students 怠け者の学生仲間.

(**b**) 〘話〙 やつ, しろもの, (★形容詞を伴うことが多い). He is a bad ～. 彼は悪いやつだ. That's a ～ for a kid of 22 to cope with. 22 歳の若者にしては手強いやつだ.

3 〈the ～; 単複両扱い〉〘主に英話〙 全部, 全体. all the [the whole] ～ of you あなた方全部 (★all of you の強意形). eat the (whole) ～ 全部食べてしまう. That's the ～. これで全部だ(あとは無い).

A* (*fàt*) *lót I* [*you, etc.*] *cáre! →a FAT lot.

***a lót of ..＝lóts of ..** 〘話〙 たくさんの..; ..の多く[大部分]. *A* ～ *of* boys are running. たくさんの少年が走っている. *Lots of* money was spent. 多くの金が使われた.

[＜lot[1]]

> 語法 (1) 特に肯定平叙文で many, much に代用することが多い. (2) 単数, 複数いずれに扱うかは of の次にくる名詞による. (3) of の次の名詞は不定の名詞の単数又は複数が普通だが, a lot of の場合には *a* ～ *of* the books (その本のうちの多く), We see *a* ～ *of* him. (彼にはよく会う), A ～ of the movie was filmed on location. (その映画の大部分はロケにより撮影された)のように特定の名詞, 代名詞の場合もある. (4) lots of は a lot of よりくだけた表現で意味も強いが, 更に強めて lots and lots of とすることがある: ～*s and* ～*s of* books (山とある本)

L

loth /louθ/ 形 =loath.

Lo·tha·ri·o /louθé(ə)riou|ləθɑ́ː-/ 名 (複 ~s) [C] 〈しばしば l-〉〖雅〗女たらし，女道楽の男．[英国の劇作家 Nicholas Rowe (1674–1718) の作品中の人物から]

‡**lo·tion** /lóuʃ(ə)n/ 名 [UC] 外用水薬; 洗浄剤; 化粧水，ローション．eye ~ 目薬．[<ラテン語 *lavāre*「洗う」]

lots·a /lɑ́tsə|lɔ́tsə/ lots of のくずれた形．

Lòt's wífe 名 〖聖書〗ロトの妻《Sodom 退去の時，神の命令にそむいて後ろを振り返り，塩の柱にされた》．

lot·ta /lɑ́tə|lɔ́tə/ (a) lot of のくずれた形．

†**lot·ter·y** /lɑ́t(ə)ri|lɔ́t-/ 名 (複 -ter·ies) **1** [C] 宝くじ，富くじ; 福引き．a ~ ticket 宝くじの札; 福引き券．He's won the ~. 彼は宝くじに当たった．**2** [aU] 運，巡り合わせ．Marriage is a ~.〖諺〗結婚は運．

Lot·tie, Lot·ty /lɑ́ti|lɔ́ti/ 名 Charlotte の愛称．

lot·to /lɑ́tou|lɔ́t-/ 名 [U] ロット《数合わせカードゲーム; bingo の一種》．

lo·tus /lóutəs/ 名 [C] **1**〖植〗ハス，スイレン，ヒツジグサ．**2**〖ギ伝説〗ロートス(の実)《その実を食べると夢心地になり現世を忘れるという植物》．lead a ~ life 安楽な生活をする．**3** (古代エジプトなどの建築，絵画の)蓮華(れんげ)模様．[<ギリシア語]

lótus-èater 名 [C] 安逸をむさぼる人 (→lotus 2).

lótus posìtion 名 [C] 〈普通 the ~〉蓮華(れんげ)座，結跏趺坐(けっかふざ)，《ヨガ，座禅の座法の一種; 左右の足首を反対側のももに載せる》．sit in the ~ 蓮華座を組む．

Lou /luː/ 名 Louis, Louisa, Louise の愛称．

louche /luːʃ/ 形 〔人，場所が〕(魅力はあるが)いかがわしい．

‡**loud** /laud/ 形 [e] (**lóud·er**|**lóud·est**) 【**声高な**】**1** **大声の，声高の**; 大きな音の，〔楽器などが〕よく響く．in a ~ voice 大声で．give a ~ laugh 高笑いする．The thunder became ~*er*. 雷鳴が更に大きくなった．
2 **騒々しい**，やかましい．~ music 騒がしい音楽．Don't be so ~. そんなに騒がしくしないで．
3〔要求などが〕しつこい，うるさい;〔賞賛などが〕熱烈な．They were ~ against the war. 彼らは声高に戦争に反対した．~ cheers [support] 盛んな喝采(さい)[熱烈な支持]．be ~ in a person's praises 人をほめそやす．Critics are ~ in their praise of the artist [his works]. 評論家たちはその芸術家[彼の作品]をほめたてている．
【**うるさく目立つ**】**4** けばけばしい，派手な，(showy; ↔ quiet). Your dress is too ~. 君の服は派手すぎる．
5〔人，態度などが〕下品な; 無遠慮な，でしゃばりな．
6〖米〗〔臭気などが〕強い．
── 副 [e] **大声で**，声高に，大きな音で[に]，(→loudly ★). Please speak a little ~*er*. もう少し大きな声で話してください．
lòud and cléar 明瞭に，はっきりと，(誤解されることなく)正確に．Her voice arrived ~ *and clear* in my headphones. 彼女の声は私のヘッドフォンにはっきりと聞こえた．
òut lóud 声を出して; 大声で．laugh *out* ~ (大)声を出して笑う．[<古期英語]

lòud·háiler 名 〖主に英〗=bullhorn.

loud·ish /láudiʃ/ 形 **1** やや声[音]が高い．**2** 少しけばけばしすぎる．

***loud·ly** /láudli/ 副 [m] (時に [e]) **1** **大声で**，声高に; 音高く;《★speak, say, talk, shout, laugh, sing などを修飾する場合には loudly を loud に替えられるが，loud の方がくだけた表現になる》．The students sang ~. 学生たちは大声で歌った．His heels sounded ~ in the empty hallway. 彼の靴音が人気(ひとけ)のない廊下に高く響いた．**2** **騒々しく**．The music blared ~ from the radio. 音楽がうるさくラジオから鳴り響いた．
3 うるさく，しつこく，声高に，熱心に，〔主張，賞賛するなど〕．talk ~ in favor of .. を声高に賞賛する．**4** けばけばしく，派手に．be ~ dressed 派手な服装をする．

lóud·mòuth 名 (複 →mouth) [C]〖話〗大声でしゃべり散らす人，ほら吹き．

lòud·móuthed /-máuðd, -máuθt ⊛/ 形 大声でしゃべる，うるさい．「派手さ．

lóud·ness 名 [U] (音，声の)大きさ; 大声; 騒々しさ;

†**lòud·spéaker** 名 [C] 拡声器; スピーカー．

lough /lɑk, lɑx|lɔk, lɔx/ 名 [C]〖アイル〗湖; 入り江; (loch).

Lou·is /lúːi(s), lúi(s)/ 名 **1** 男子の名《愛称 Lou》．
2 ルイ《フランス国王 Louis I から Louis XVIII まで 18 人の名; そのうちで最も勢威を持ったのは Louis XIV (在位 1643–1715); フランス革命で処刑された王は Louis XVI (在位 1774–92)》．

Lou·i·sa, Lou·ise /lu(ː)íːzə/, /lu(ː)íːz/ 名 女子の名《Louis の女性形; 愛称 Lou》．

Lou·i·si·an·a /luìːziǽnə, lùːəzi-/ 名 ルイジアナ《米国南部の州; 州都 Baton Rouge; 略 La.,〖郵〗LA》．[フランス王 *Louis* XIV にちなむ]

Louisiàna Púrchase 名 [U]〖米〗〖史〗ルイジアナ買収(地)《1803 年フランスから 1500 万ドルで買い取ったもの; メキシコ湾からカナダに至る広大な土地で，当時の米国の面積が倍になった》．

Lou·is·ville /lúːivìl/ 名 ルーイヴィル《米国 Kentucky 州北部の Ohio 川沿いの港市; 毎年 the Kentucky Derby が行われる》．

***lounge** /laundʒ/ 動 (**lóung·es** /-əz/|過 過分 **~d** /-d/|**lóung·ing**) 自 【**ぶらぶらする**】**1** [VA] ぶらつく，ぶらぶら歩く，〈*about, around*〉．~ *about* a park 公園をぶらつく．**2**【**くつろぐ**】[VA] (ゆったり)もたれる; (くつろいで)寝そべる．~ on a sofa ソファーにもたれる．~ lazily on the lawn 芝生にごろりと横になる．~ *against* a wall 壁にもたれかかる．
── 他 [VOA] (~ X ***away, out***)〔時間など〕をのらくらして過ごす．~ an afternoon *away* 午後をのらくらして過ごす．
── 名 (複 **lóung·es** /-əz/) **1** [aU] ぶらぶら歩くこと，のらくら過ごすこと．have a ~ ぶらぶら歩く[過ごす]．**2** [C] (ホテルなどの)**休憩室，ラウンジ**; (空港などの)待合室，ロビー;〖主に英〗(個人住宅の)居間．**3** [C] 寝いす《特に背なしで一端に頭をもたせる段のあるもの》．**4** [C]〖英〗=lounge bar. [<?]

lóunge bàr 名 〖英〗=saloon bar.

lóunge càr 名 [C]〖米〗〖鉄道〗特等車《ソファーなどでくつろげ軽食もとれる》．

lóunge lìzard 名 [C]〖俗〗(バーやナイトクラブで女にたかる)女たらし，すけこまし．

loung·er /láundʒər/ 名 [C] **1** 怠け者，のらくら者．**2** (屋外に置く)安楽いす．

lóunge sùit 名 [C]〖主に英旧〗(礼装用に対し普通の)スーツ(〖米〗business suit).

loupe /luːp/ 名 [C] ルーペ《宝石商，時計商などの使う強力拡大鏡》．

lour /láuər/ 動 〖英〗=lower[2].

Lourdes /luərd(z)/ 名 ルルド《フランス南西部の村; 1858 年ここの洞窟(くつ)で一少女(後の Saint Bernadette) が聖母マリアを見たということからカトリックの聖地となった》．

†**louse** /laus/ 名 (複 **lice** /lais/, 2 では **lóus·es** /-əz/) [C] **1** シラミ; (植物などにつくシラミに似た)寄生虫．**2**〖俗〗下司(げす)野郎，ろくでなし．── 動 他 のシラミを取る．
lòuse /../ úp〖俗〗〔物，人〕を台無しにする，だめにする．Losing my money ~*d up* my vacation. お金を落として休暇が台無しになった．
lòuse úp on ..〖俗〗..にしくじる，とちる，(botch). [<古期英語]

‡**lous·y** /láuzi/ 形 [e] **1** シラミのたかった，シラミだらけの．**2**〖話〗卑劣な，汚い; ひどい，最低の; お粗末な; 取るに足らない．a ~ thief 汚らわしい盗人．a ~ way to do

things 汚いやり方. I feel ～. 気分がひどく悪い. ～ wine ひどいワイン. a ～ speech 最低のスピーチ. a ～ salary 安い給料. **3**〖話〗〈叙述〉うようよした, うじゃうじゃいる, 〈*with* ..が〉; しこたまある〈with ..〔金など〕が〉.
▷**lous·i·ly** 副 **lous·i·ness** 名

lout /laut/ 名 C 武骨者, 田舎者, 乱暴者; 間抜け.

lóut·ish 形 武骨な; 間抜けな. ▷～**·ly** 副 ～**·ness** 名

[louver]

lou·ver, 〖英〗 **-vre** /lúːvər/ 名 C 〖建〗よろい張り, ルーヴァー, 《日よけ, 換気のため細長い薄板にすき間を持たせて斜めに組んだもの》; よろい板 (louvre board), よろい窓[戸]. ▷**lou·vered** 形 よろい張りのついた.

Lou·vre /lúːvr(ə)/ 名 〈the ～〉 ルーヴル美術館《1793 年創立のパリにある国立美術館; 元は王宮》.

†**lov·a·ble, love·a·ble** /lʌ́vəb(ə)l/ 形 愛らしい, 愛すべき; 愛嬌(きょう)のある, 人好きのする.
▷～**·ness** 名 **-bly** 副

‡**love** /lʌv/ 名 (複 ～s /-z/) 【愛】 **1** aU (肉親などの)**愛情**; 善意, 好意; 〈*for* ..への〉 (類語 愛情を表す最も一般的な語, affection, attachment より強い; ↔hate, hatred). mother ～ 母性愛. show a deep ～ for one's son 息子に深い愛情を示す. ～ for mankind 人類愛. filial ～ (親に対する)子の愛. →labor of love.

連結 brotherly [fraternal; fatherly, paternal; maternal, motherly; sisterly] ～

2 aU **恋愛**, 恋; 性欲. first ～ 初恋. marry for ～, not for money 金のためではなく愛情で結婚する. have a burning ～ for ..に燃える思いを寄せる. *Love* is without reason. 〖諺〗恋は思案のほか, 恋路の闇. *Love* is blind. 〖諺〗恋は盲目.

連結 passionate [blind; sincere, true; enduring; disappointed, unrequited; free, unlawful; platonic, spiritual] ～ // show [declare, swear] one's ～; gain [earn, inspire, win; lose; return] a person's ～

3 〈L-〉 (恋愛の神としての)キューピッド (Cupid), 〈時に〉ヴィーナス (Venus).
4 U (神の)慈愛, 慈悲; (神への)敬愛, 崇敬.
【愛好】 **5** aU **愛好**, 愛着, 〈*of, for* ..への〉. ～ *of* [*for*] (one's) country 愛国心. have a great ～ *for* sports [*of* literature] スポーツ[文学]が大好きである.
【愛情の対象】 **6** C 恋人, 愛人, (sweetheart) 《特に女性について言う (→girlfriend); 男性は lover》. I met an old ～ of mine. 昔の恋人に会った.
7 C 〖英話〗あなた, おまえ, 《恋人, 夫婦間, 子供, 友人などへの呼びかけ》; お客さん《安食堂の客などへの呼びかけ》; (★〖英話〗では luv とつづることがある). What, (my) ～? なんですって, あなた[坊や].
8 C 愛好するもの; 〖話〗かわいい人[もの]; 愉快な人. Music is my great ～. 私は音楽が大好きだ. What a ～ of a dog! なんてかわいい犬でしょう.
9 U 〖テニス〗無得点, ゼロ, 《「何も賭(か)けずに」の意味で for *love* (「好きで」)とも for *nothing* とも言うので love =nothing (ゼロ)としたもの; →for LOVE (成句)》. lose three games at ～ 3 ゲーム零敗を喫する. lose 6-4, 6-～ /sìkslʌ́v/ 6 対 4, 6 対 0 で敗れる. ～ all ラブオール《0 対 0》.

***bè in lóve* (*with ..*)** (..に)恋している; (..に)ほれ込んでいる; (〔もの〕が)大好きである. The two *are* madly [very much] *in* ～. 二人は心底愛し合っている.

****fàll in lóve* (*with ..*)** (..に)恋する; (..に)ほれ込む; (〔もの〕が)好きになる. The two *fell in* ～ (*with* each other) at first sight. 2 人は(互いに)一目ぼれした.

***fàll out of lóve* (*with ..*)** (..との)愛から覚める.

for lóve 好きで, ただで; 賭(か)けなしで. take care of the poor *for* ～ 無報酬で貧しい者の世話をする. play *for* ～ (賭けなしに)楽しみで勝負する.

for lòve or* [*nor*] *móney 〈否定文で〉どんなことをしても(..ない), 絶対に(..ない), (by any means). We cannot get the ticket *for* ～ *or money*. その切符はどうやっても手に入らない.

for the lóve of .. ..のために, ..が好きで. She works in the garden just *for the* ～ *of* it. 彼女はただ好きで庭仕事をしている.

***for the lòve of Gód* [*Héaven*]** (1) えっ, 何だって, 《怒り, 驚き, 狼狽などを表す》. (2) 後生だから.

gìve* [*sènd*] *one's lóve to ..* = *gìve* [*sènd*] *..one's lóve ..によろしくと言う[(手紙などで)伝える]. *Give my* ～ *to* your father. お父さんによろしく.

màke lóve (1) 性交する, '愛し合う', 交尾する; (性的に)愛撫する; 〈*to, with* ..と〉. *Make* ～, not war. 戦争するよりセックスしよう《1960 年代に流行した反戦スローガン》. (2)〖旧〗言い寄る, 口説く〈*to* ..に[を]〉.

out of lóve (1) 愛する心から, 好きだから. (2) 愛から覚めて〈*with* ..への〉. →fall out of LOVE (with..).

There is nò* [*lìttle*] *lóve lòst between them. 彼らは互いに少しの愛情もない[憎み合っている].

***With lóve* (*from ..*)** (..から)愛を込めて, さようなら, 《ごく親しい間柄の手紙の結び文句; Love (from..), All my love なども使われる》.

── 動 (～s /-z/|過 過分 ～d /-d/|**lóv·ing**) 〈普通, 進行形不可〉 他 **1 を愛する[している]**, かわいがる; 〔神など〕を敬愛する; (↔hate). I ～ my parents dearly. 私は両親を心から愛している. *Love* me, ～ my dog. 〖諺〗私がかわいければ, 私の犬もかわいがって《「坊主憎けりゃ袈裟(けさ)まで憎い」の裏》. the ～*d* one 最愛の人《しばしば死亡した近親者を指す》.
2 に恋する[している], ほれている.
3 VO (～ X/*to do*/*doing*) **X が/..することが大好きである**, 大いに気に入っている, (語法 ～ to do, ～ doing の違いについては →like[1] 1 (c)). There's nothing I ～ more than good wine. 上等のワインほど私が好きなものはない (→like[1] 1 (a)). I ～ watch*ing* Sumo on TV. テレビで相撲を見るのが大好きです. I ～ *to* travel by myself. 私は一人旅が大好きです. I ～ your hat. その帽子とてもいいわね.
4 〈would, should を伴って〉 **(a)** VO (～ X/*to do*) X をしたい[が欲しい]/..したいと思う (★女性の好む表現法; →like[1] 3). I'd ～ a cup of coffee. コーヒーを 1 杯頂きたいのですが. "Would you like to dance?" "I'd ～ *to.*" 「ダンスをしませんか」「喜んで」(★to は to dance の反復を避けた短縮形).
(b) VO (～ X *to do*) X に是非..して欲しいと思う. I'd ～ (for) you *to* come with me. あなたには是非一緒に行っていただきたい (★for を用いるのは〖米話〗).
5 〔動・植物が〕を好む, 必要とする. The violet ～*s* a sunny bank. スミレは日当たりのよい土手を好む.
── 自 愛する[している]; 恋する[している]. It is better to have ～*d* and lost than never to have ～*d* at all. 恋をして恋を失った方が全く恋を知らないよりも良い《Tennyson の詩から》.

I lóve it! 〖話〗それはすばらしい《特に他人の失敗や不運を知った時などに反語的に》.
[<古期英語 *lufu* (名)]

lóve·a·ble 形 =lovable.

lóve affàir 名 C **1** =affair 5. **2** 熱中, 熱狂,

L

〈*with* ..への〉. have a ～ *with* golf ゴルフに熱中している.

lóve·bìrd 名 C **1** 〖鳥〗ボタンインコ《雌雄仲がよくほとんど離れない》. **2** 〖話〗〈～s〉仲のよい恋人同士; おしどり夫婦. 「(〖米〗kickey).

lóve bìte 名 C 〖主に英〗キスマーク, 愛咬(ごう)(の跡),↑

lóve chìld 名 (複 →child) C 〖婉曲〗私生児, 庶子.

lóve gàme 名 C 〖テニス〗ラブゲーム《一方が 1 点も取れないゲーム; →love 名 9》.

lòve-háte /㊗/ 形 愛憎の《同一(人)物に対し同時に愛と憎悪を感じる》. a ～ relationship 愛憎の関係.

lóve knòt 名 C 恋結び《'愛のしるし' としてのリボンなどの結び方》.

lóve·less 形 **1** 〔結婚などが〕愛のない. **2** 愛情を感じない; 冷たい. **3** 愛されていない; かわいげのない. ▷**～·ly** 副

lóve lètter 名 C ラブレター, 恋文.

lóve lìfe 名 (複 -lives) C 恋愛生活《特に, 個人の生活の中で恋愛[セックス]の占める部分》.

love·li·ness /lʌ́vlinəs/ 名 U 美しさ; 魅力; 愛らしさ; 〖話〗素晴らしさ.

lóve·lòck 名 C **1** (女性の)あいきょう(巻き)毛《額などに垂らす》. **2** (17-18 世紀の廷臣の)肩まで垂らした髪.

lóve·lòrn 形 〖主に雅〗恋に悩む; 失恋した.

*__love·ly__ /lʌ́vli/ 形 e (-li·er | -li·est) **1 美しい**, きれいな; 魅力的な; かわいらしい; (人格的に)立派な; (類語 物の美しさよりは, それが人に与える情緒的快感, かわいらしさに重点がある; →beautiful). You have ～ hands. あなたは手が美しい. The girl looks ～ in pink. その女の子はピンクの洋服を着ると本当にかわいい. a ～ sight 素晴らしい光景.

2 〖話〗とても楽しい; すばらしい (wonderful); 愉快な; (very pleasant). We had a ～ time. とても楽しかった. It's really ～ to see you. 君に会えてとてもすばらしい. 語法 ～ and warm (気持ちよく暖かい)のように and を伴って副詞的に用いる場合がある (→and 接 6).

3 〖英話〗ありがたい, 見事な, (★しばしば反語的に使う). That's ～. それはありがたい (★単に Lovely. とも言い, Thank you. に同じ). What a ～ mess! 何というへまだ.

── 名 (複 -lies) C 〖やや旧〗美女, 美しいもの.

[＜古期英語; love, -ly²]

lóve·màking 名 U **1** 性交; 愛撫(ぶ). **2** 〖古〗言い寄り, 口説き, (courtship).

lóve màtch 名 C 恋愛結婚. 「部屋など》.

lóve nèst 名 C 愛の巣《男女が密会をするアパート,↑

lóve pòtion 名 C ほれ薬, 媚薬(びやく).

*__lov·er__ /lʌ́vər/ 名 (複 ～s /-z/) C **1** (男性の)**恋人**, 愛人, (女 love; →sweetheart); 情夫 (女 mistress); 恋する人. **2** 〈～s〉恋人同士. The young ～*s* walked hand in hand. 若い恋人同士は手をつないで歩いた. **3** 愛好者, 賛美者, 〈*of* ..の〉. a great ～ *of* golf 大変なゴルフ愛好家. a ～ of dogs＝a dog(-) ～ 愛犬家.

lóve sèat 名 C 2 人掛けのソファー.

lóve sèt 名 C 〖テニス〗ラブセット《一方が 1 game も取れないセット》.

lóve·sìck 形 恋患いの, 恋に悩む; 〔詩などが〕恋の悩みを表す. ▷**～·ness** 名 U 恋患い.

lóve sòng 名 C 恋歌.

lóve stòry 名 C 恋愛小説[映画, ドラマ].

lóve tòken 名 C 愛のしるし(の贈り物).

lóve trìangle 名 C (男女の)三角関係.

lov·ey /lʌ́vi/ 名 (複 ～s) C 〖英話〗あなた, おまえ, 《親しい人, 特に女性や子供への呼びかけ》.

lov·ey-dov·ey /lʌ̀vidʌ́vi ㊗/ 形 〖話〗恋に夢中になりすぎた, いちゃいちゃ[べたべた]する; 感傷的な.

*__lov·ing__ /lʌ́viŋ/ 形 m **1 愛する**; 〔まなざしなどが〕愛情のこもった, 優しい. in memory of my ～ mother 私の優しかった母を偲んで. ～ glances [words] 愛情のこもったまなざし[言葉]. Your ～ son, John. (あなたを)愛する息子ジョン(より)《親にあてた手紙の結び》.

2 〈複合要素〉「..を愛する」の意味を表す形容詞を作る. peace-～ people 平和を愛する人々.

▷**～·ly** 副 愛情を込めて; 優しく.

lóving cùp 名 C 親愛の杯《普通, 2 つ以上の取っ手のついた大杯; 宴会などで回し飲みする》; 優勝カップ.

lòving-kíndness 名 U 〖雅〗優しい思いやり, いたわり, 慈愛.

‡**low**¹ /lou/ 形 e 【低い】 **1** 〔丘, 建物などが〕(高さの)**低い**; 〔棚, 枝, 天井などが〕低いところにある. a ～ wall 低い壁. a ～ forehead 狭い額. make a ～ bow 深々とお辞儀をする. The sun was ～ in the west. 日は西に低く傾いていた. 語法 人には用いない; 「背の低い人」は a short person; ただし a man of ～ stature とは言える.

2 〔地面が〕(標準より)低い, 〔水位などが〕下がった; 〔ドレスの襟ぐりなどが〕深い; 緯度が低い. a ～ valley 低い谷間. The river is getting ～. 川の水位が下がっている. a blouse with a ～ neckline 襟の大きくあいたブラウス.

3 低音の; 〔声などが〕低い, 小さい; 〖音声〗舌の位置が低い. speak in a ～ voice 小声で話す. ～ vowels 低母音《英語の /ɑ:/, /ɔ:/ など; /i:/ や /u:/ に比べて発音の際, 舌の位置が低い》.

4 【低調の】〈叙述〉〔気分が〕**低調**な, 元気のない; 〔体力が〕弱っている, 虚弱な; 〔知能などが〕低い. I feel so ～ today. 今日はとても気が滅入っている. The patient is ～ with a high fever. 患者は高熱で体力が弱っている.

5 【低水準の】〔賃金, 点数, 目盛りなどが〕**低い**; 安い (→cheap 語法 (2)); 〔数, 収穫高などが〕少ない; 〈限定〉〔評価などが〕低い. live on a ～ income 低収入で生活する. The temperature here is in the ～ 30s Fahrenheit at night. ここの気温は夜間は華氏 30 度台の前半である. buy at a ～ price 安値で買う. ～ density (人口や家などの)低い密度. get ～ marks in chemistry 化学で悪い点数をとる. have a ～ opinion of a person 人を重んじない.

【貧弱な】 **6** 乏しい; 欠乏した; 〈*on, in* ..が〉; 〖話〗金がない. Tea's running [getting] ～.＝We're running ～ on tea. お茶が残り少なくなっている. read in ～ light 暗いところで読書する. The plane is ～ *on* fuel. 飛行機は燃料が残り少ない. I am ～ *in* my pocket. 懐が寂しい.

7 〈限定〉〔食事などが〕栄養価の低い, 粗末な; (質の)悪い. a ～ diet 粗食. ～ in calories 〔食物などが〕カロリーの[が]低い. oil of ～ quality 品質の悪い油.

【低級な】 **8** 〔身分などが〕**低い**, 下層の; 〔生まれなどの〕卑しい (humble); (発達段階の)低い, 下等な; 未開の. a ～ rank in the army 軍隊内の低い階級. a ～ life 下層の生活. ～ of birth＝of ～ birth 生まれの卑しい. a ～ form of life 下等生物.

9 粗野な; 〔言葉などが〕低俗な, 下等な; 〔策略などが〕卑劣な. ～ manners 無作法. Her taste is very ～. 彼女の趣味はとても下品だ. ◇↔high 動 lower¹

at (the) lówest →lowest.

brìng /../ lów ..の健康を衰えさせる; ..の地位を下げる; ..を落ちぶれさせる.

lày /../ lów (1) ..を打ち倒す; ..を打ち負かす; ..を元気無くさせる, 弱らせる. (2) ..を殺す. (3) ..を卑しめる, 辱める.

lie lów (1) うずくまる. (2) (地面に)へたばっている; 死んでいる. (3) 隠れている, 目立たないようにしている; じっと時機を待つ.

── 副 e **1** 低く; 低い所に[へ]. hang ～ 低く垂れ下がる. The plane was flying ～. 飛行機は低く飛んでいた. **2** 〔数, 程度が〕低く; 粗食して; 卑しく. live ～ つましく暮らす. **3** 安く; (金額などが)少なく. buy ～ 安く買う. play ～ はした金で賭(か)けをする.

4 低音で; 静かに, 小声で, 〔話すなど〕. They were talking ～. 彼らは小声で話をしていた.
plày it lów (dòwn) on [upon].. ..を冷遇する.
── 名 **1** Ⓒ 低い水準[数値]; 最低点; 安値. reach [hit] a new ～ 新底値[最低]になる. **2** Ⓤ (自動車の)低速ギア, ローギア. put the car into ～ 車をローギアに切り換える. **3** Ⓒ 〖気象〗 低気圧(域).
[＜古期北欧語; lie[1], lay[1] と同根]
low[2] 動 自 〔牛が〕もーと鳴く (moo).
── 名 Ⓒ (牛の)もーという鳴き声.
lòw béam 名 Ⓒ (自動車の)ロービーム《下向きにした「ヘッドライト」》.
lòw·bórn /㊥/ 形 〖雅〗 生まれ[素性]の卑しい.
lów·bòy 名 (複 **～s**) Ⓒ 〖米〗 脚付きの背の低いたんす《化粧台などになる; →highboy》.
lòw·bréd /㊥/ 形 育ちの悪い; 無作法な.
lów·bròw 形, 名 Ⓒ 〖話〗 教養[知性]の低い(人); 低級な(もの); (↔highbrow).
lów-càl 形 低カロリーの.
Lòw Chúrch 名 〈the ～〉 低教会(派)《教会の儀式や権威を重んじない英国国教会の一派; →High Church》.
Lòw Chúrchman 名 Ⓒ 低教会派の人.
lòw-cláss /㊥/ 形 低級な; 下層階級の.
lòw cómedy 名 Ⓒ 低俗喜劇, 茶番劇.
Lów Còuntries 名 〈the ～; 複数扱い〉 (北海沿岸の)低地諸国《オランダ・ベルギー・ルクセンブルグを指す》.
lòw-cút /㊥/ 形 〔衣服が〕襟ぐりの深い (low-necked).
lów·dòwn 名 Ⓤ 〖話〗 〈the ～〉 内情, 真相, 〈*on* ..についての〉.
lòw-dówn /㊥/ 形 〖話〗 〈限定〉 **1** 卑劣な, 卑しむべき, (despicable). **2** ＝funky 2.
*__low·er__[1] /lóuər/ 動 (**～s** /-z/|**～ed** /-d/|**～·ing** /-riŋ/) 他 【低くする】 **1** を下ろす; の位置を下げる. ～ a blind [flag] ブラインド[旗]を下ろす. The captain ordered the lifeboats ～*ed*. 船長は救命ボートを下ろすよう命じた. ～ one's eyes [gaze] 目を伏せる.
2 〔声, 音〕を低くする, 小さくする. He ～*ed* his voice to a whisper. 彼は声を低めて[落として]ささやき声にした.
3 を安くする; 〔水準など〕を下げる. ～ the rent 賃貸料を下げる. ～ the level of education 教育水準を下げる. ～ the speed 減速する.
4 〔評判, 名声など〕を落とす, 損なう; 〔人〕の品格を下げる. ～ oneself →成句. ～ the tone of ..の品格を落とす.
5 〔体の抵抗力など〕を弱める; 〔士気など〕をくじく. ◇↔raise
── 自 **1** 下がる, 低くなる; 減る. The river ～*ed* rapidly. 川の水が急に減った. **2** 〔価格などが〕安くなる; 〔声などが〕弱まる, 低くなる. **3** 〖海〗 ボート[帆]を下ろす. *Lower* away! ボート[帆]を下ろせ. ◇形 low[1]
lówer onesèlf 品位を下げる, 自分をおとしめる, 〈*to* ..のレベルまで/*to* do ..するまで〉 〈しばしば否定文で〉. I wouldn't ～ my*self* ⌞to borrow [by borrowing] money. 頭を下げてまで金を借りたくない.
[＜lower[2]]
*__low·er__[2] /lóuər/ 形 〈low[1] の比較級〉 〈限定〉 **1** (1つのものの)下部の; 下流の; より南部の; より低い; (↔upper). the ～ part of one's body 下半身. the ～ Nile ナイル川下流. the ～ lip 下唇. the ～ 〈名詞的〉 (2つあるものの)下の方. **2** 下級の (↔higher); 下層の; 下等の; (上下対をなす)下の方の (↔upper). a ～ court 下級裁判所. ～ plants (きのこなどの)下等植物. →the Lower House. **3** 〈しばしば L-〉 〖地〗 より古い[下部の]地層紀の. the *Lower* Cambrian 前期カンブリア紀. [low[2], -er[2]]
low·er[3] /láuər/ 動 自 **1** 顔をしかめる, 不機嫌な顔をする, 〈*at, on, upon* ..に〉 (frown). **2** 〔雲などの〕様子が険悪である; 〔あらしなどが〕来そうである. ── 名 **1** Ⓒ しかめっ面. **2** ⓊⒸ (空などの)険悪な様子. [＜中期英語]
Lòwer Califórnia /lòuər-/ 名 ＝Baja California.
lòwer·cáse /lòuər- ㊥/ 形 〖印〗 小文字の. ～ letters 小文字 (→lower case).
lòwer cáse /lòuər-/ 名 〖印〗 Ⓒ 小文字用植字ケース; Ⓤ 小文字活字《略 lc; ↔upper case; →capital》.
lòwer·cláss /lòuər- ㊥/ 形 下層階級の.
lòwer cláss(es) /lòuər-/ 名 〈the ～〉 下層階級.
lòwer·clássman /lòuərklǽsmən|-klάːs-/ 名 (複 **-men** /-mən/) Ⓒ 〖米〗 大学 1 [2] 年生.
lòwer déck /lòuər-/ 名 Ⓒ 〖海〗 下甲板; 〈the ～; 単複両扱い〉 〖英海軍〗 下士官と水兵.
Lòwer Éast Sìde /lòuər-/ 名 〈the ～〉 ＝East Side.
Lòwer Hóuse [Chámber] /lòuər-/ 名 〈the ～〉 (2院制議会の)下院 《英国の the House of Commons, 米国の the House of Representatives など》.
low·er·ing /láu(ə)riŋ/ 形 **1** 〔表情などが〕しかめっ面の, 不機嫌な. **2** 〔空などが〕荒れ模様の, 険悪な. ▷ **～·ly** 副 不機嫌に; 険悪な様子で.
lòwer mìddle cláss /lòuər-/ 名 〈the ～〉 (英国の)低中産階級《working class と middle class の中間; →upper middle class》.
lówer·mòst /lóuər-/ 形 最下の; 最低の; (lowest).
lówer òrders /lóuər-/ 名 〈the ～〉 下層階級の人たち (★自分の方が上位にあると思っている人が軽蔑的に用いる).
lòwer síxth /lóuər-/ 名 Ⓒ 〈単数形で複数扱いもある〉 〖英〗 第 6 学年の初めの年 (→sixth form).
lòwer wórld /lóuər-/ 名 〈the ～〉 黄泉(よ)の国; 地獄; 下界, 現世.
lów·est 形 〈low の最上級〉 **1** 最低の, 最も下の. **2** 最も安い. ***at (the) lówest*** 少なくとも, 最低でも.
lòwest [lèast] còmmon denóminator 名 Ⓒ **1** 〖数〗 最小公分母《略 L.C.D., l.c.d.》. **2** 最大多数の人々に共通に受け入れられるもの. **3** 最大多数の人々の意見[趣味].
lòwest [lèast] còmmon múltiple 名 Ⓒ 〖数〗 最小公倍数《略 L.C.M., l.c.m.》.
lòw-fát /㊥/ 形 〔食品などが〕脂肪分の少ない. ～ dairy product 低脂肪の乳製品.
lòw·flýing /㊥/ 形 〔飛行機, 鳥が〕低空飛行の, 地上近くを飛ぶ.
lòw géar 名 ⓊⒸ 〖米〗 (車の)低速ギア (first [〖英〗 bottom] gear と second gear; 日本語の「ロー(ギア)」と同じではない). ride in [select] a ～ ローギアで走る[を選ぶ].
Lòw Gérman 名 Ⓤ 低地ドイツ語《北部ドイツ低地帯の方言; これとオランダ語, フランドル語 (Flemish), 英語などを含む語群; →High German》.
lòw-kéy(ed) /㊥/ 形 **1** 〔演説などが〕調子を抑えた, 控え目な; 〔映画などが〕地味な; 〖写〗 コントラストが弱く全体に画調が暗い (↔high-key(ed)). **2** 〖話〗 重要でない; 弱い.
low·land /lóulənd/ 名 **1** Ⓤ 又は 〈～s〉 低地 (↔highland). **2** 〈the Lowlands〉 スコットランド(南東部の)低地地方 (→highland).
── 形 低地の; 〈L-〉 スコットランド低地地方の.
lów·land·er 名 Ⓒ **1** 低地の人 **2** 〈L-〉 スコットランド低地地方人.
lòw-láther /㊥/ 形 〔洗濯洗剤が〕泡立ちの少ない.
lòw látitudes 名 〈the ～; 複数扱い〉 低緯度地方《赤道付近》.
lòw-lével /㊥/ 形 〈限定〉 下級[位]の; 〖電算〗 〔プログラム言語が〕低級の (↔high-level). ～ language 低級言語《自然語よりも機械語に近く, ハードウェアの操作などに用いられる》.

L

lów-life 形 低社会層の.

lów lìfe 名 (複 -lifes) **1** U (特に大都会の)低社会層の人々の生活[ふるまい]; 暗黒街の人々[住人]. **2** C 悪党《lowlife ともつづる》.

lów·lìghts 名 〈複数扱い〉 髪を黒っぽく[濃く]染めた部分.

‡**low·ly** /lóuli/ 形 **1** 〔地位, 職業などが〕低い, 卑しい, 下級の; 〔小屋などが〕粗末な. perform a ～ task 下賤(せん)な仕事をする. **2** 〔態度などが〕腰の低い, 謙遜(そん)な, (類語 humble にしばしば含まれる卑屈さの意味はない). **3** 簡素な, 平凡な. —— 副 **1** (地位, 程度などが)低く; みすぼらしく. **2** 謙遜して. **3** 低い声で. ▷**low·li·ness** 名

lòw-lýing /移/ 形 〔土地が〕低い; 低い所にある. ～ clouds 低くたなびく雲.

lòw máss 名 UC 〈しばしば l- [L-] M-〉〖カトリック〗読唱ミサ《焼香, 奏楽がない》.

lòw-mínded /-əd 移/ 形 心の卑しい, 下劣な.

lòw-nécked /移/ 形 (肩, 胸の上部が出るように婦人服の)襟ぐりが大きい[深い] (low-cut). ◇↔high-necked

lów·ness 名 U 低いこと; 卑しさ; 低俗さ; 元気のなさ; 安価なこと. ◇↔highness

lòw-páid /移/ 形 〔人, 仕事が〕安い給料の, 薄給の.

lòw-pítched /移/ 形 **1** 〔音, 声が〕音調[音程]の低い (deep). **2** 勾(こう)配の緩い〔屋根〕.

lów pòint 名 〈普通, 単数形で〉 最悪[最低]の時.

lòw-préssure /移/ 形 **1** 〔ボイラーなどが〕低圧の; 低気圧の. a ～ center 低気圧の中心. **2** 緩やかな, ゆっくりした; 強引でない.

lòw prófile 名 C 目立たないようにすること; 重要でないこと; (↔high profile). keep a ～ 目立たないでいる; 低姿勢をとり続ける.

lòw relíef 名 UC 浅浮き彫り.

lów·rìder 名 C 〖米〗 **1** 飾り立てた低車高車《車高を低く改造した車》. **2** 低車高車を乗り回す(10 代の)若者.

lòw-ríse /移/ 形 〈限定〉 **1** 低層の〔建物〕. **2** 股上の浅い, ベルト位置の低い, 〔ジーンズなど〕. —— 名 C 低層の建物. ◇↔high-rise

lów sèason 名 〈the ～〉〖主に英〗(商売, 観光などの)閑散期, オフシーズン, (〖主に米〗 off season; ↔high season).

lòw-slúng /移/ 形 〔建物, 家具などが〕低く作られた; 車台の低い; 地面[床面]に近い.

lòw-sódium /移/ 形 〔食品が〕減塩の.

lòw-spírited /-əd 移/ 形 元気のない, 意気消沈した.

Lòw Súnday 名 白衣の主日(しゅじつ)《Easter 後の第 1 日曜日》.

lòw-téch /移/ 形 〔産業などが〕低技術を用いた《＜*low-tech*nology; →high-tech, hi-tech》.

lòw tíde 名 UC 干潮(点).

lòw wáter 名 U 干潮; (川などの)低水位.

lòw-wáter màrk 名 C **1** 干潮標; (川, 湖の)低水位線[点]. **2** 最低水準; (不振, 貧乏などの)どん底.

lox[1] /lɑks|lɔks/ 名 U 〖米〗 ラックス《サケの燻(くん)製の一種》.

lox[2] 名 U 液体酸素《＜*l*iquid *ox*ygen》.

‡**loy·al** /lɔ́iəl/ 形 m 〔友などが〕**忠実な**[で], 誠実な; 忠誠な 〈*to* ..〔国家, 主義など〕に〉; 〔行為が〕忠義な. a ～ friend 忠実な友人. *a man* ～ *to* his cause 主義に忠実な男. ◇↔disloyal 名 loyalty —— 名 C 〈普通 ～s〉 忠臣. [フランス語(＜ラテン語 *lēgālis* 'legal')] ▷ **～·ly** 副 誠実に; 忠義に.

loyal·ist /lɔ́iəlist/ 名 C **1** 忠義[忠誠]な人, 忠臣; (特に反乱時の)王[現政府]の擁護者. **2** 〈しばしば L-〉 (米国独立戦争当時の)英国政府支持者, 独立反対者. —— 形 体制支持派の.

‡**loy·al·ty** /lɔ́iəlti/ 名 (複 -ties /-z/) **1** U **忠実さ**, 誠実さ; 忠義; 〈*to, toward(s), for* ..に対する〉 (類語 個人的な愛着心による忠誠心; → allegiance, fidelity). pledge ～ *to* one's own country 国家への忠誠を誓う.

> 連結 intense [deep(-seated), devoted, unshakable, unswerving] ～ // command [inspire, win; lose] a person's ～; swear [profess; demonstrate, show] one's ～

2 C 〈しばしば複数形で〉 (特定の人や団体に対する)忠誠心. torn between conflicting [divided] *loyalties* 相反する忠誠心に心を引き裂かれて《"忠ならんとすれば孝ならず" の類》. ◇形 loyal

Loy·o·la /lɔióulə/ 名 →Ignatius.

loz·enge /lɑ́zəndʒ|lɔ́z-/ 名 C **1** (せき止め用などの)糖錠, トローチ, 《元は菱(ひし)形だった》 **2** 菱形 (rhombus); (宝石の)菱形のカット面; 〖紋章〗 菱形 《charge 9 の 1 つ》; 菱形のもの《窓ガラスなど》. [＜古期フランス語]

***LP** /èlpíː/ 名 (複 LP's, LPs) C **エルピー盤**(レコード) 《毎分 33 1/3 回転; →EP; ＜*l*ong *p*laying (record)》.

LPG liquefied petroleum gas.

LP gas /⌐-⌐/ 名 U 液化石油ガス, LP ガス, 《＝LPG》.

L-plate /⌐⌐/ 名 C 〖英〗 運転実習中の標識板《learner driver の車の前後に付ける白地に赤で L を記したもの》.

LPN 〖米〗 licensed practical nurse.

Lr 〖化〗 lawrencium.

LRV 〖米〗 *L*ight *R*ail *V*ehicle (路面電車).

‡**LSD** 名 U 〖薬〗 エルエスディー《幻覚剤の一種, ＜*ly*sergic /lisə́ːrdʒik/ acid *d*iethylamide /daiéθələmàid/ (リゼルグ酸ジエチルアミド); 〖俗〗 では acid とも言う》. be on an ～ trip＝ be tripping on ～ エルエスディーによる幻覚を見ている.

Lsd, l.s.d., L.S.D., £sd /⌐-⌐/ 名 U **1** ポンド・シリング・ペンス 《10 進法導入 (1971 年)以前の英国などの貨幣単位; ラテン語の librae, solidi, denarii から》. £5 6s 7d 5 ポンド 6 シリング 7 ペンス. **2** 〖英話〗 金 (money).

LSE London School of Economics.

LSI large-scale integration [integrated circuit].

LST landing ship (for) tanks (戦車揚陸艦); local standard time (地方標準時).

Lt. Lieutenant.

†**Ltd** 〖英〗 Limited《有限責任会社名の後に記す; B.T. Batsford *Ltd* ビー・ティー・バッツフォード(有限責任会)社; →PLC, plc, Inc》.

Lu 〖化〗 lutetium.

Lu·an·da /luːɑ́ːndə|luǽn-/ 名 ルアンダ《Angola の首都》.

lu·au /lúːau, ⌐⌐/ 名 C 〖米〗 (普通, 戸外で行われ, 余興を伴う)ハワイ料理の宴会. [ハワイ語]

lub·ber /lʌ́bər/ 名 C (図体の大きな)不器用者, 間抜け; 〖海〗 新米水夫 (landlubber). ▷**～·ly** 形, 副 武骨な[に], 不器用な[に].

‡**lu·bri·cant** /lúːbrəkənt/ 名 UC 潤滑油[剤]; 滑らかにするもの. Alcohol often works as a social ～. アルコールは社会的潤滑油としてしばしば働く.

‡**lu·bri·cate** /lúːbrəkèit/ 動 他 **1** 〔機械, 部品など〕に潤滑油[剤]を差す[塗る]. **2** 〔油などが〕の滑りをよくする; 〔皮膚など〕を滑らかにする 〈*with* ..で〉; 〔人間関係など〕を円滑にする 〈*with* ..で〉. I tried to ～ his tongue *with* whiskey. ウイスキーを飲ませて彼にしゃべらせようとした. [＜ラテン語 *lūbricus* 「つるつるした, すべりやすい」]

lù·bri·cá·tion 名 U 注油; 滑らかにすること.

lu·bri·ca·tive /lúːbrəkèitiv/ 形 潤滑性の.

lu·bri·ca·tor /lúːbrəkèitər/ 名 C **1** 注油係; 注油器, 油差し. **2** ＝lubricant.

lu·bri·cious /luːbríʃəs/ 形 **1** 〖章〗 みだらな, 猥

褻(わいせつ)な, 好色の. **2** つるつる滑る, 油でぬるぬるした.
▷ **~·ly** 副 「褻(わいせつ), 好色. **2** 滑らかさ.

lu·bric·i·ty /lu:brísəti/ 名 U **1** 〖章〗みだら, 猥↑

lu·cent /lú:s(ə)nt/ 形 輝く, 光る; 半透明な.

Lu·cerne /lu:sə́:rn/ 名 ルツェルン《スイス中部の州;↓

lu·cerne /lu:sə́:rn/ 名 〖英〗=alfalfa. ⌊その州都》.

†**lu·cid** /lú:səd/ 形 m **1** 〔説明, 文体などが〕明快な, 分かりやすい; 頭脳明晰(めいせき)な, 理性的な. a ~ argument 明快な議論. a ~ person 理性的な人. **2** (一時的に)正気の, 意識のはっきりした. a ~ interval (狂人, 痴呆症の人などの)平静期. **3** 〖詩〗輝く, 光る; 澄んだ, 透明な. [<ラテン語 *lūx*「光」] ▷ **~·ly** 副 分かりやすく. **~·ness** 名

lu·cid·i·ty /lu:sídəti/ 名 U **1** (特に文体, 思考などの)明快さ, 明晰(めいせき)さ. **2** 直観力; 透視力. **3** 正気.

Lu·ci·fer /lú:səfər/ 名 **1** ルシフェル, 魔王,《神に謀反して天上から落とされた大天使 (archangel); サタン (Satan) と同一視される》. (as) proud as ~ 魔王のように傲(ごう)慢な. **2** 明けの明星 (morning star)《金星 (Venus); →Hesperus》. 「リル合成樹脂》.

Lu·cite /lú:sait/ 名 U 〖商標〗ルーサイト《透明なアク↑

‡**luck** /lʌk/ 名 U 【回り合わせ】 **1 運**, 運勢, 回り合わせ, (類語 fortune より談話体に適し, くじ, 賭(か)けなど一時的な出来事を左右する運を言う; →chance, fortune, hap). the ~ of the draw (くじ)運. have good [bad] ~ 幸運に恵まれる[不運な目に遭う]. a stroke of good [bad] ~ 幸運[不運]な出来事. a run of bad ~ 不運続き. *Luck* was with [against] me. 運がついていた[いなかった]. Friday is bad ~ to me. 金曜日は私には縁起のよくない日だ. Better ~ next time. この次はうまく行くよ《慰める言葉》.

2【良い回り合わせ】 幸運, つき, 僥倖(ぎょうこう). have no ~ (in) finding work あいにく仕事が見つからない. I had the (good) ~ to meet him. 運よく彼に会えた. I wish you ~. うまく行きますように. Your ~'s in [out]. 君はついている[いない]. His ~ ran out, and he was captured. 運が尽きて彼は捕まった. *Luck* was on his side. 運は彼の方にあった.

> 連結 pure [mere, sheer; beginner's; incredible; hard, ill, tough] ~ // trust to ~; bemoan [bewail] one's ~ // one's ~ fails [improves; turns]

Àny lúck? 〖話〗うまくいったかい.

as lùck would háve it (1) 幸いにも, 運よく. *As ~ would have it*, he was at home when I called. 幸運にも私が訪ねた時彼は家にいた. (2) あいにく, 運悪く. 語法 luck の前に good, ill などを付けて (1), (2) を区別することもある.

Bàd [Hàrd, Tòugh] lúck! 運が悪かったのだ, 気の毒に,《失敗した人への慰めの言葉》.

Bèst [The bèst] of lúck! =Good LUCK!

by (gòod) lúck 幸運にも, 運よく.

cròwd one's lúck 〖米話〗=push one's LUCK.

dòwn on one's lúck 〖話〗運に見放されて; 〈特に〉金に詰まって.

for lúck 縁起がいいように, お守りに. I wear this ring *for* ~. お守りにこの指輪をしている.

Gòod lúck (to you)! 幸運を祈ります; ごきげんよう. 注意 日本語で「頑張って!」と激励するような場合にも用いる.

in [out of] lúck 幸運[不運]で. We're *in* ~— they have some vacant rooms at the hotel. 我々は運がいい. ホテルには空室がある.

Jùst a person's lúck! ついてないなあ, またしくじった. (It [That] is) *just* my [their] ~! 私は[彼らは]ついてないなあ.

Nò lúck? 〖話〗うまくいかなかったかい (→Any LUCK?).

Nò such lúck! 〖話〗(残念ながら)そうは行か⌊ない[なかった].

pùsh [prèss] one's lúck 〖話〗(うまく行ったので)図に乗って危険を冒す. You've escaped punishment twice, but don't *push* your ~. 君は二度罰を受けずに済んだが図に乗ってはいけない.

trỳ one's lúck 運を試す; 一か八(ばち)かやってみる. I doubted that I would get the job, but I *tried* my ~ anyway. 仕事に就けるとは思っていなかったがともかく運を試してみた.

with (àny [a bìt of]) lúck 運がよければ.

wòrse lúck 〈副詞的〉あいにく; 残念なことに. I lost my watch, *worse* ~! 時計をなくした, ついてないなあ.

── 動 自 〖米話〗 **1** VA (~ *out*)〔人が〕運が良い[向く]; 偶然成功する. **2** VA (~ *into, onto..*) 運よく..に出くわす[..を手に入れる]. ~ *into* a valuable find 運よく貴重な掘り出し物を手に入れる.
[<中期オランダ語]

***luck·i·ly** /lʌ́kili/ 副 m **運よく**, 幸いにも, 〈*for* ..にとって〉. *Luckily* (*for* us), the rain stopped before we started. 幸運にも出発する前に雨がやんだ.

lúck·less 形 不運な, 不幸な; 〔企画などが〕失敗に終わる. a ~ guy 不運なやつ.

‡**luck·y** /lʌ́ki/ 形 e (**luck·i·er**|**luck·i·est**) **1** (**a**) 〔人が〕**幸運な**, 運のいい, ついている, 〈*to* do ..して, するとは/*in, with* ..に〉; 運よく起こる, 僥倖(ぎょうこう)の; (類語 fortunate より談話体的で偶然性の意味が強い). a ~ dog [beggar, duck] 〖話〗運のいいやつ. He was always ~ *in* his friends. 彼はいつも良い友達に恵まれていた. We've been ~ *with* the weather this week. 今週は天気に恵まれた. I was ~ *to* get a seat. 席が取れるとは運がよかった[運よく席が取れた]. You're born ~. 君は生まれつきついてるね. You were [It was] ~ (that) you met John there. あそこで君がジョンに出会ったのは幸運だった. He'll be ~ to get 10% of the vote. 彼は票の10% もとれれば運のいい方だ. You'll be ~⌊if you get [*to* get] a wage hike. (そんなことはありそうにないが)もし君の賃金が上がれば幸運なことだ. You should be so [You'll be] ~! 〖話〗そんなにうまくはいかないよ.
(**b**) 〔物事が〕運よく起こる, まぐれ当たりの. a ~ guess [hit, shot] まぐれ当たり. It was a ~ accident that we met her there. 私たちがそこで彼女に会えたのは思いがけない幸運だった.
2 幸運をもたらす, 縁起のいい, めでたい. a ~ day 吉日. a ~ number 縁起のいい数. They announced the ~ number. 当選番号が発表された. a ~ charm お守り. be born under the influence of a ~ star 幸運な星の下に生まれる.

Lùcky yóu [thém, dévil]! 〖話〗君[彼ら]は運がいい(やつ(ら)だ)《驚きや羨ましさなどを表す》.

lùcky díp 名 C 〖英〗 **1** =grab bag. **2** 〈単数形で〉運任せ (lottery).

†**lu·cra·tive** /lú:krətiv/ 形 利益のある, もうかる, 金になる, 〔仕事など〕(profitable). ▷ **~·ly** 副 **~·ness** 名

lu·cre /lú:kər/ 名 U 〖軽蔑〗金銭; もうけ. filthy ~ 不正利得, 悪銭. [<ラテン語 *lucrum*「もうけ」]

Lu·cy /lú:si/ 名 女子の名.

Lud·dism /lʌ́diz(ə)m/ 名 U 〖英史〗ラッダイト運動.

Lud·dite /lʌ́dait/ 名 C **1** 〖英史〗ラッダイト《1811–16 年に機械の導入を失業の原因と考え工場の機械を破壊した労働者》. **2** 〈一般に〉機械化[合理化]反対主義者.

†**lu·di·crous** /lú:dəkrəs/ 形 〖章〗こっけいな; ばかげた; 嘲(ちょう)笑を招く; (類語 ridiculous より強意的). [<ラテン語 *lūdus*「遊び」]
▷ **~·ly** 副 ばかばかしいほど. **~·ness** 名

lu·do /lú:dou/ 名 U ルード《子供のゲームの一種; さいこ

L

ろと数取り札 (counter) を使って盤の上で行う》.

luff /lʌf/ 〖海〗 動 自 船首を風上に向ける 〈*up*〉.
── 他 〖ヨットレース〗〔競争相手〕の風上に出る.
── 名 C 1 縦帆の前ぶち. 2 〖英〗 船首の湾曲部.

lug[1] /lʌg/ 〖話〗 動 (~s|-gg-) 他 1 を力任せに引く; VOA を引きずる, 引っ張ってゆく[運ぶ], 〈*to* ..へ〉, (drag). ~ a heavy box into a room 重い箱を室内に引きずり込む. 2 VOA 〔無関係な話題など〕を持ち出す 〈*in, into* ..の中へ〉. 3 VOA を無理に連れて行く 〈*along*〉〈*to* ..へ〉.
── 自 力いっぱい(ぐいと)引く 〈*at* ..を〉.
── 名 C 〈普通, 単数形で〉 強く引くこと.
[<中期英語 (?<古期北欧語)]

lug[2] 名 C 1 (なべ, 花瓶などの両側に付いている)取っ手, 耳, つまみ. 2 〖話・スコ〗 耳(の穴) (lughole). 3 〖米旧〗 うすのろ.

lug[3] 名 =lugsail.

luge /lu:ʒ/ 名 C リュージュ《競技用の小型そり; 1 人または 2 人乗り》. [フランス語]

lug·ga·ble /lʌ́gəbl/ 形, 名 C ポータブルよりやや大きい(コンピュータ)《持ち運びは可能》.

‡lug·gage /lʌ́gidʒ/ 名 U 〈集合的〉 **旅行手荷物**, 小荷物. three pieces of ~ 手荷物 3 個. I'll carry my ~ myself. 自分の手荷物は自分で運びます. 参考 以前, この意味に 〖米〗 では baggage を用いたが, 今日では luggage も使われる. [lug[1], -age]

lúggage ràck 名 C (列車, バスなどの)手荷物棚, 網棚.

lúggage tròlley 名 C 〖英〗 1 手荷物運搬用台車《2 輪の金属の枠組みで, 荷物を載せて引く》. 2 (空港, 駅などの)手荷物用手押し車 (〖米〗 baggage cart).

lúggage vàn 名 C 〖英〗 (鉄道の)手荷物車《旅客の大きな荷物をまとめて載せる車両; 〖米〗 baggage car》.

lug·ger /lʌ́gər/ 名 C 〖海〗 ラガー《ラグスル (lugsail) のある小型帆船》.

lúg·hòle 名 C 〖英俗〗 耳(の穴) (lug[2] 2).

lug·sail /lʌ́gsèil, -s(ə)l/ 名 C 〖海〗 ラグスル《マストに対して斜めの帆桁(ほげた)に張られる四角の縦帆》.

lu·gu·bri·ous /lu:g(j)ú:briəs/ 形 〖章・時に戯〗 ひどく悲しげな, 痛ましい, 哀れな. ▷ **~·ly** 副 **~·ness** 名

lúg·wòrm 名 C 〖虫〗 タマシキゴカイ, クロムシ, 《魚釣りのえさにする》.

Luke /lu:k/ 名 1 **Saint** ~ 使徒ルカ《使徒パウロの友人; 新約聖書の『ルカによる福音書』と『使徒言行録』(The Acts of the Apostles) の作者とされる》. 2 『ルカによる福音書』《新約聖書中の一書》. 3 男子の名.

†luke·warm /lù:kwɔ́:rm (移)/ 形 1 〔水などが〕生ぬるい (tepid) 《冷えていない〔白ワイン〕, ぬるい〔コーヒー〕など》. 2 〔態度などが〕生ぬるい, 微温的な; 〔拍手, 歓迎, 関心などが〕熱のない. receive a ~ welcome 熱のない歓迎を受ける. [中期英語 *luke*「生ぬるい」, warm] ▷ **~·ly** 副 **~·ness** 名

‡lull /lʌl/ 動 他 1 を寝つかせる; 〔赤ん坊など〕をなだめる, あやす. I was soon ~*ed* (to sleep) by the soft music. 静かな音楽を聞きながら私は間もなく寝ついた (★この sleep は名詞). 2 〔あらし, 荒海など〕を静める; (普通だまして)〔怒り, 疑いなど〕を和らげる. 3 VOA (~ X *into* (*doing*) ..) X(人)をだまして..(の状態に)させる 〈しばしば受け身で〉. be ~*ed into* a false sense of security [feeling safe] だまされて安心だと思い込む.
── 自 〔あらし, 音などが〕 静まる, 収まる; 小やみになる.
── 名 C 〈普通, 単数形で〉 小やみ, 中休み, 〈*in* ..の〉; 凪(なぎ); (活動などの)一時的休止(期間); (病気の)小康. There was a ~ *in* their conversation. 彼らの会話が途切れた. the ~ before the storm あらしの前の静けさ. [<中期英語; 擬音語]

†lull·a·by /lʌ́ləbài/ 名 (複 **-bies**) C 子守歌. [<*lull* +*bye*-bye]

lu·lu /lú:lu:/ 名 C 〖俗〗 目立つ物[人], たいしたもの[やつ]《称賛と軽蔑の両方に使う》. [?<Louis の愛称]

lum·ba·go /lʌmbéigou/ 名 U 腰痛.

lum·bar /lʌ́mbər/ 形 〖医〗〈限定〉 腰の, 腰部の.

†lum·ber[1] /lʌ́mbər/ 名 1 U 〖主に米・カナダ〗 材木, 用材, 板材, (timber). We bought some ~ to build a shed. 我々は小屋を建てるために材木を買った. 2 U 〖主に英話〗 (場所ふさぎになる)がらくた, 不用の家具など. 3 C 〈普通 a ~〉〖英〗 厄介者, '粗大ゴミ'.
── 動 自 〖主に米・カナダ〗 材木を切り出す, 伐採して製材する. ── 他 1 〔部屋など〕をふさぐ 〈*with* ..〔がらくたなど〕で〉; に詰め込む 〈*with* ..〔不用品など〕を〉. The closet was ~*ed* up *with* old furniture. 押し入れには古い家具がいっぱい詰め込まれていた. 2 〖主に英〗〔人〕に押し付ける; に負わせる; 〈*with* ..〔厄介な仕事, がらくたなど〕を〉〈主に受け身で〉. He is often [often gets] ~*ed* *with* hard work. 彼はしばしば難しい仕事を押し付けられる. 3 〖主に米・カナダ〗〔木〕を伐採する. [<?]

lum·ber[2] 動 自 VA もたもた歩く; 〔荷車などが〕がたがた重そうに進む; 〈*along, past, by*〉.

lúm·ber·er /-rər/ 名 〖主に米・カナダ〗 =lumberjack.

lúm·ber·ing[1] /-riŋ/ 名 C 〖主に米・カナダ〗 伐採業; 製材業.

lúm·ber·ing[2] 形 どしんどしんと歩く; がたがた動く; ぶざまな. ▷ **~·ly** 副

lúmber·jàck 名 C 〖主に米・カナダ〗 材木切り出し人.

lúmber jàcket 名 C ランバージャケット《材木切り出し人 (lumberjack) が着るような厚手のチェック模様の上着》.

lúmber·man /-mən/ 名 (複 **-men** /-mən/) C 〖主に米・カナダ〗 木材業者; 〖まれ〗 =lumberjack.

lúmber·mìll 名 C 〖主に米・カナダ〗 製材所 (sawmill).

lúmber ròom 名 C 〖主に英〗 がらくた部屋, 物置.

lúmber·yàrd 名 C 〖米〗 (材木商の)材木置き場 (〖英〗 timberyard).

lu·men /lú:mən/ 名 (複 **~s, lu·mi·na** /-mənə/) C 〖物理〗 ルーメン《光束の単位》. [ラテン語 'light[1]']

lu·mi·nar·y /lú:mənèri|-n(ə)ri/ 名 (複 **-nar·ies**) C 1 〖章〗 輝ける存在[指導者], (その道の)権威者. 2 〖雅〗 発光体《特に太陽, 月, 星》.

lu·mi·nes·cence /lù:mənés(ə)ns/ 名 U 〖物理〗 ルミネッセンス, 冷光, 《燐(りん)光や蛍光などの熱を伴わない発光現象; その光》.

lu·mi·nes·cent /lù:mənés(ə)nt (移)/ 形 冷光を出す.

lu·mi·nif·er·ous /lù:məníf(ə)rəs (移)/ 形 発光(性)の.

lu·mi·nos·i·ty /lù:mənásəti|-nɔ́s-/ 名 (複 **-ties**) 1 U 発光(性); 光輝, (肌などの)輝き; 〖天〗 真光度. 2 C 発光体, 発光物.

†lu·mi·nous /lú:mənəs/ 形 1 発光する; 光る, 輝く; 夜光性の; 〔部屋などが〕明るい; (色彩が)明るい. a clock with a ~ face 夜光時計. 2 〔文章などが〕明快な; 〔説明, 語り手などが〕分かりやすい, 啓発的な. [<ラテン語 *lūmen*「光」] ▷ **~·ly** 副 **~·ness** 名

lùminous páint 名 U 発光[夜光]塗料.

lum·me, lum·my /lʌ́mi/ 間 〖主に英旧話〗 おや, あれ, まあ, 《驚きを表す; <(Lord) *love me*.》.

lum·mox /lʌ́məks/ 名 C 〖話〗 のろま.

‡lump[1] /lʌmp/ 名 (複 **~s** /-s/) C 1 **塊**; 角砂糖; (類語 固くて小さい塊; →mass). a ~ of clay 粘土の塊. put two ~*s* in one's tea 紅茶に角砂糖を 2 つ入れる.
2 こぶ; はれもの, しこり. He banged his head against a shelf and got a big ~. 彼は棚に頭をぶつけて大きなこぶをこしらえた.
3 〖話〗 ひと山, たくさん. a ~ of money たくさんの金.
4 〖話〗 (ずんぐりした)でくの坊, のろま. You ~! このでくの坊め. 5 〈~s〉〖米話〗 打つこと, (激しい)殴打; 非難; 罰. give him his ~*s* (彼の言動に対して)彼を殴打[非難]する. take [get] one's ~*s* (自分の言動の結果として)ひどく打たれる[非難される].

6 〖英話〗〈the ～; 単数形で複数扱いもある〉臨時雇い(の労働者集団)《主に建設業などの》.
a lùmp in one's* [*the*] *thróat (感謝, 感激, 悲しみなどで)胸がいっぱいになること. Her kindness gave me *a* ～ *in* my *throat*. 彼女に親切にされて胸がいっぱいだった.
in a* [*òne*] *lúmp 一括して〔支払う[買う]など〕.
in* [*by*] *the lúmp ひっくるめて, 全体的に.
── 動 他 **1** を(一つの)塊にする, をひとまとめにする, 〈*together*〉, を一緒にまとめる〈*with* ..と〉. We ～*ed* our money *together* to buy Meg a present. 我々はお金を出し合ってメグに贈り物を買った. **2** VOA (～ X (***and*** Y) ***together***) X と Y を一様に扱う[考える]; (～ X (***in***) ***with*** Y) X を Y といっしょくたにする. The author ～*s* Kyoto and Nara *together*. 著者は京都と奈良をいっしょくたにしている. ── 自 **1** 塊になる. **2** VA もたもた歩く[進む]〈*along*〉. **3** 〖英〗どしんと腰を下ろす〈*down*〉.
[＜中期英語 (?＜低地ドイツ語)]

lump[2] 動 他〈次の成句で〉
lúmp it (嫌でも)我慢する〈主に like と対になる用法で〉. If you don't like it, you can [you'll just have to] ～ *it*. 嫌でも我慢するさ. You must go, like it or ～ *it*. いやでも応でも君は行かなければならない.

lump·ec·to·my /lʌmpéktəmi/ 名 (複 **-mies**) UC 〖医〗腫瘍(しゅよう)[嚢腫(のうしゅ)]摘出(術)《特に乳房からの; →mastectomy》.

lum·pen /lʌ́mpən/ 形 **1** 〖英章〗大きくてずっしりとした[不恰好な]. **2** 〖主に英話〗愚かな; 社会的地位の低い; 下等な. [＜ドイツ語「ぼろくず, ならず者」]

lump·ish /lʌ́mpiʃ/ 形 **1** のろまな, ぐずな. **2** ＝lumpy 1. ▷**～·ly** 副 **～·ness** 名

lùmp súgar 名 U 角砂糖; 固形砂糖.

lùmp súm 名 C **1** 総額. **2** 一括払い (lump sum payment), 一括払いの金額 (↔installment).

‡**lump·y** /lʌ́mpi/ 形 e **1** 粒々のある; 〔スープなどが〕塊だらけの; 〔地面などが〕でこぼこの, しこり[こぶ]のある. **2** ＝lumpish 1. **3** 〔広い水面などが〕波立った. ▷**lump·i·ly** 副 **lump·i·ness** 名

Lu·na /lúːnə/ 名 〖ロ神話〗ルナ《月の女神; ギリシア神話の Selene に当たる; →Diana》.

lu·na·cy /lúːnəsi/ 名 (複 **-cies**) **1** U 〖旧〗精神異常; 狂気. **2** U 狂気の沙汰(さた); C〈普通 -cies〉愚かな行動. It's sheer [complete] ～ to do ..するなんて全く狂気の沙汰だ.

lúna mòth 名 C ミズアオガ《大形で淡緑色の羽に三日月形の斑(はん)点がある蛾(が); 北米産》.

†**lu·nar** /lúːnər/ 形 **1** 月の (→solar); 月の作用で起こる; 月用の〔ロケットなど〕. ～ craters 月面クレーター. **2** 月に似た; 丸い, 三日月形の. **3** 〔光などが〕青白い. **4** 銀の, 銀を含む. [＜ラテン語「月 (*lūna*)の」]

lùnar cálendar 名〈the ～〉太陰暦.

lùnar eclípse 名 C 月食.

lùnar (excùrsion) módule 名 C 月着陸船《司令船から月面へ運行する; 略 LEM》.

lùnar mónth 名 C 太陰月《新月から新月までの期間; 約 29 日半, 通俗には 4 週間》.

lùnar yéar 名 C 太陰年《12 太陰月に相当し, 約↑「354 日」》.

lu·nate /lúːneit/ 形 〖生物〗三日月状の.

†**lu·na·tic** /lúːnətik/ 名 C **1** 〖旧〗精神異常者, 狂人. **2** 気違いじみた人, 変人; 大ばか者.
── 形 **1** 狂気の, 精神異常の, (類語「狂気の (insane)」の意味では古風になって今はあまり用いられないが,「常軌を逸した」の意味で用いられることが多い; →mad). **2** 〔行為などが〕気違いじみた, ばかげた.
[＜後期ラテン語「月の影響を受けた」; 昔は月(ラテン語 *lūna*)の霊気のために気が狂うと信じられた]

lúnatic asỳlum 名 〖旧〗＝mental hospital (★今では不適切な表現として避けられる).

lùnatic frínge 名 C〈普通 the ～; 単数形で複数扱いもある〉(政治, 社会運動などの)少数過激派.

‡**lunch** /lʌntʃ/ 名 (複 **lúnch·es** /-əz/) UC **1 昼食** 《夕食を dinner とする場合》; (朝食後の)間食《昼食を dinner とする場合》; C 午餐(さん)会, 昼食会, (luncheon); (→meal[1] 参考). have [eat] ～ 昼食をとる. Mrs. Perkins provided us with a filling ～. パーキンズさんがたっぷりの昼食を出してくれた. be at ～ 昼食中である. be gone to [for] ～ 昼食で外出している. an expensive ～ 高価な昼食. hold a ～ 昼食会を開く.

> 連結 an excellent [a substantial; a heavy; a simple] ～ // cook [fix, make, prepare; serve; eat] ～

2 〖米〗(時間に関係なく)軽食. **3** 弁当. We can buy hot ～*es*. 温かい弁当が買える. a ～ box 弁当箱.
òut to lúnch (1) 昼食のため外出中で. (2) 〖俗〗ぼうっとしている, 気が変になって.
There is nò such thíng as a frèe lúnch ただの昼食などない, 労せずして手に入るものなどはない.
── 動 〖章〗自 昼食[軽食]をとる〈*on* ..で〉. ～ *on* milk and crackers 牛乳とクラッカーで軽く食べる. ～ out 外で昼食をとる. We ～*ed* at Maxim's. 我々はマキシムで昼食を食べた.
── 他 に昼食[軽食]を出す; を昼食に連れ出す.
[＜*lunch*eon] ▷**lúnch·er** 名 C ランチを食べる人.

lúnch brèak [**hòur**] 名 C 〖米〗昼休み.

lúnch cóunter 名 C 〖米〗(小売り店内などの)軽食用カウンター《その前のスツールに掛けて食べる》.

*__lunch·eon__ /lʌ́ntʃ(ə)n/ 名 **1** UC ＝lunch (類語 lunch より形式ばった語). **2** C (特に正式の)午餐(さん)(会). hold a monthly ～ 月例の午餐会を催す. entertain a person at ～ 人に午餐のもてなしをする. [中期英語 *nuncheon*「昼の飲み物」の変形か]

lúncheon bàr 名 〖英〗＝snack bar.

lunch·eon·ette /lʌ̀ntʃənét/ 名 C 軽食堂《普通, カウンターで立食》; ＝lunch counter.

lúncheon mèat 名 U ランチョンミート《主に豚のひき肉と他の材料をローフ状に固めて加工(し缶詰めに)したもの; 薄切りにしてサンドウィッチなどに挟む》.

lúncheon vòucher 名 C 〖英〗食券《会社が従業員に与える; 略 LV》.

lúnch hòur 名 ＝lunch break.

lúnch·ròom 名 C 〖主に米〗軽食堂; (工場や学校の)食堂; (→cafeteria).

*__lúnch·tìme__ 名 (複 **～s** /-z/) UC **昼食時間**.

‡**lung** /lʌŋ/ 名 (複 **～s** /-z/) C **1** 〈普通 ～s〉**肺**, 肺臓. fill one's ～*s* with air 空気を肺いっぱいに吸い込む. Those large parks are the ～*s* of London. それらの大きな公園は(言わば)ロンドンの肺だ. **2** 人工肺, 呼吸装置. an iron ～ 鉄の肺《人工呼吸装置》.
at the tòp of one's lúngs 声を限りに[張り上げて].
hàve gòod* [*a gòod páir of*] *lúngs いい肺を持っている, 声量がある. [＜古期英語; light[2] と同根]

‡**lunge** /lʌndʒ/ 名 C **1** (刃物などを急激に)突き出すこと; (特にフェンシングの)突き. **2** 突っ込み, 突進.
màke a lúnge 突進する, とびかかる, 〈*at* ..目がけて/*toward*(*s*) ..の方へ/*with* ..〔刃物など〕を持って〉; 捕まえようととびかかる〈*for* ..を〉.
── 動 自 VA (剣, げんこつなどで急激に)突く, つかみかかる, 〈*at* ..を〉; 突進する〈*forward* ..前に/*at, toward* ..に向かって〉. [＜古期フランス語「手を突き出す」]

lúng·fìsh 名 (複 →fish) C 肺魚《えらの他に肺の働きをする空気袋を持つ》.

lúng·fùl 名 C 肺一杯の量. breathe in a ～ of fresh air 新鮮な空気を胸一杯に吸う.

lunk·head /lʌ́ŋkhèd/ 名 C 〖米話〗ばか, うすのろ.

lu·pin(e)[1] /lú:pən/ 名Ⓒ ルピナス《豆科で白，黄，紫などの穂状の花をつける》.

lu·pine[2] /lú:pain/ 形 **1** オオカミの(ような). **2** 獰(ど)猛な，貪(ど)欲な. ［＜ラテン語 *lupus* 'wolf'］

†**lurch**[1] /lə:rtʃ/ 名Ⓒ **1** (船，車などのぐい[がくん]という前後[左右]の突然の)揺れ; 急な傾き. give a sudden ～ 急に揺れる[傾く]. **2** よろめき; 千鳥足. **3** (考え方などの)急転回.

── 動自 **1** VA よろめく; よろめきながら進む〈*along*〉. The boxer ～*ed* to his feet. (倒れた)ボクサーはよろめきながら立ち上がった. **2**〔車などが〕急発進する〈*forward*〉,〔船などが〕急に揺れる[傾く]. **3** VA 意見などを急に変える，揺れ動く，〈*from* ..から/*to* ..へと/*between* ..の間を〉. ***one's hèart* [*stòmach*] *lúrches*** 突然の驚き，恐怖などで心臓[胃袋]がとび上がるような思いをする. ［＜?］

lurch[2] 名〈次の成句で〉***lèave ..in the lúrch***《話》..を見殺しにする，見捨てる，(desert).

†**lure** /l(j)uər/ 名Ⓒ **1**〈単数形で〉誘惑; 魅力. I could not resist the ～ of great profits. 莫(ば)大な利益の誘惑に勝てなかった. **2** 誘惑[魅惑]するもの[手段]. **3** (魚釣りの)擬似餌(え)，ルアー; (鳥獣などをおびき寄せる)おとり《特にタカ使いが訓練中のタカを呼び返すのに用いるもの; →decoy》.

── 動他 を引きつける; VOA (～ X ***away from ..***/X ***into*** (*doing*)/X ***to..***) X を..から/X を..へと誘惑する; 誘い出す，おびき寄せる; (類語 危険や悪に誘い込むという悪い意味に用いることが多い; →tempt). ～ a person *away from* his job 人をそそのかして仕事を辞めさせる. be ～*d into* do*ing* wrong 誘われて悪事を働く. ～ a factory *to* the village 工場を村に誘致する. ［＜古期フランス語］

lur·gy /lə́:rgi/ 名Ⓒ《英話・戯》病気《the dreaded ～ として; 英国のラジオ番組で作られた架空の伝染病名》.

‡**lu·rid** /l(j)ú(ə)rəd/ 形《章》**1**〔物語などが〕(赤裸々で)ぞっとするような;〔犯罪などが〕恐ろしい，残忍な，ショッキングな. give the ～ details of an accident 事故のむごさを詳しく伝える. **2** (色彩の)どぎつい. **3**〔夕焼け空などが〕(炎のように)赤い，燃え立つような;〔雷雲などが〕(稲妻で)ぱっと光る. a ～ sunset 真っ赤な夕焼け. ［＜ラテン語「薄黄色の」］ ▷**～·ly** 副 **～·ness** 名

†**lurk** /lə:rk/ 動自 **1** VA (攻撃などの目的で)潜(ひそ)む，潜伏する; 待ち伏せる. A thief ～*ed in* the dark doorway [*behind* a tree]. 盗賊が暗い戸口に[木の陰に]潜んでいた. **2** VA〔不安，疑念などが〕潜在する;〔危険などが〕伏在する，潜んでいる. a ～*ing* doubt [suspicion] なかなか去りやまぬ一抹の疑念. **3** こそこそ動く，潜行する，〈*about, along*〉. ［＜中期英語 (?＜lower[2])］

Lu·sa·ka /lusá:kə/ 名 ルサカ《Zambia の首都》.

‡**lus·cious** /lʌ́ʃəs/ 形 **1** 風味のいい; 汁気たっぷりの; 芳醇(じゅん)な; 熟した. ～ fruit 甘くておいしい果物. **2**〔音楽，文体などが〕甘美な;〔女性，その唇などが〕魅力的な，セクシーな. ［?＜de*licious*］ ▷**～·ly** 副 **～·ness** 名

‡**lush**[1] /lʌʃ/ 形 **1**〔特に草が〕青々と茂った; 青草の茂った，緑の. **2**《話》ぜいたくな，豪華な，(luxurious); 快適な. ▷**～·ly** 副 **～·ness** 名

lush[2] 名Ⓒ《米俗》大酒飲み，アル中; 酔っ払い.

Lu·si·ta·ni·a /lù:sətéiniə/ 名〈the ～〉ルシタニア号《英国の客船; 第一次大戦中 1915 年にドイツの潜水艦に撃沈され米国を参戦に導いた》.

†**lust** /lʌst/ 名ⓊⒸ **1** (激しい)情欲，性欲，〈*for* ..に対する〉. **2** 強い欲望，渇望，〈*for, of* ..〔悪い物事〕への〉. a ～ *for* power 権勢欲. the ～ *of* conquest 征服欲. **3**〈普通 ～s〉《聖書》(罪とされる)官能的欲望. the ～*s* of the flesh 肉欲. ── 動自 VA (**～ *after, for..***) ..を熱望する;〔女性など〕に情欲を燃やす.
◇形 lustful ［＜古期英語「強い欲望，喜び」］

†**lus·ter**《米》，**-tre**《英》/lʌ́stər/ 名 **1** aU 光沢，つや; 輝き，光; (類語 金属，絹などが本来持つ光沢; →gloss[1], polish, sheen). pearls with a pink ～ ピンクに光る真珠. Our cat's fur has lost its ～. (病気などで)飼い猫の毛のつやが悪くなった.
2 Ⓤ 栄光，栄誉，(glory); 名声 (fame); (物事に内在する)輝き，光彩. Setting a new record added ～ to his victory. 新記録樹立が彼の勝利に花を添えた. Our long-standing friendly relationship has lost its ～. 我々の長い友好関係はその輝きを失った.
3 Ⓤ (陶磁器に光沢を出す)上薬. **4** ＝lusterware.
5 Ⓒ (シャンデリアのカットグラスの)下飾り; (それのついた)シャンデリア.
── 動他〔陶磁器，布地など〕に光沢をつける.
◇形 lustrous ［＜ラテン語「光 (*lūx*)を発散する」］

lúster·wàre 名Ⓤ ラスター《金属光沢をもった陶磁器》.

lust·ful /lʌ́stf(ə)l/ 形 **1** 好色な; みだらな. **2** 貪(ど)欲な〈*of* ..に〉. a man ～ *of* power 権勢欲の強い男. ▷**～·ly** 副 **～·ness** 名

lus·tre /lʌ́stər/ 名《英》＝luster.

lus·trous /lʌ́strəs/ 形《主に雅》〔髪，布などが〕光沢のある;〔目，真珠などが〕輝く; 輝かしい，素晴らしい，(illustrious). ◇名 luster ▷**～·ly** 副

lust·y /lʌ́sti/ 形 **1** 強壮な，頑健な，元気いっぱいの，力強い. **2** 性欲の強い. ▷**lust·i·ly** 副 たくましく; 力強く. **lust·i·ness** 名Ⓤ たくましさ; 力強さ.

lu·ta·nist /lú:tənist/ 名 ＝lutenist.

‡**lute** /lu:t/ 名Ⓒ リュート《14–17 世紀に用いられたギターに似た弦楽器》. ［＜アラビア語］

lu·te·nist /lú:t(ə)nist/ 名Ⓒ リュート奏者.

lu·te·ti·um, -ci·um /lu:tí:ʃiəm/ 名Ⓤ《化》ルテチウム《希土類元素; 記号 Lu》.

Lu·ther /lú:θər/ 名 **1 Martin ～** ルター，ルーテル，(1483–1546)《ドイツの宗教改革者》. **2** 男子の名.

Lu·ther·an /lú:θ(ə)rən/ 形，名Ⓒ Martin Luther の(信奉者); ルーテル教会員.

Lùtheran Chúrch 名〈the ～〉ルーテル教会.

Lú·ther·an·ìsm 名Ⓤ ルーテル(教会)の信条. 「者.

lut·ist /lú:tist/ **1**《米》＝lutenist. **2** リュート製作↑

lutz /lʌts, lu(:)ts|luts/ 名Ⓒ《フィギュアスケート》ルッツ《回転ジャンプの一種; ＜考案者のスイス人 G. *Lussi*》.

luv /lʌv/ 名Ⓒ ＝love (→love 名 7).

luv·vie, luv·vy /lʌ́vi/ 名Ⓒ **1** ＝lovey. **2**《軽蔑》ラヴィーちゃん《特に虚飾，自意識過剰，大仰さを振りまく俳優を指して; ＜だれかれかまわず 'Luvvie, darling' とすり寄ることから》.

lux /lʌks/ 名 (複 ～, ～·es) Ⓒ《光学》ルクス《照度の国際単位; 1 lux＝1 m² 当たり 1 lumen; 略 lx》. ［ラテン語 'light[1]'］

luxe /luks, lʌks/ 名Ⓤ 華美，ぜいたく; 優雅 (→deluxe). ［フランス語 'luxury'］

Lux·em·b(o)urg /lʌ́ksəmbə̀:rg/ 名 ルクセンブルグ《ドイツ・フランス・ベルギーに囲まれた小国で大公 (grand duke) が統治する; その首都》. ▷**～·er** 名

lux·u·ri·ance /lʌgʒú(ə)riəns|lʌgzjúər-/ 名Ⓤ 繁茂; 豊かさ; 華美，(文体などの)華やかさ.

‡**lux·u·ri·ant** /lʌgʒú(ə)riənt|lʌgzjúər-/ 形 **1** 繁茂している; 生長の盛んな. a ～ forest うっそうとした森林. ～ hair 房々とした髪. Grass is ～ in summer. 夏には草がよく伸びる. **2** 肥沃(よく)な，豊饒(じょう)な;〔収穫などが〕豊かな. a ～ year 豊年. **3**〔想像力などが〕豊富な;〔文体などが〕華やかな; 華美な，ぜいたくな. ［luxury, -ant］ ▷**～·ly** 副 繁茂して; 豊かに.

lux·u·ri·ate /lʌgʒú(ə)rièit|lʌgzjúər-/ 動自《章》**1** VA (**～ *in, over..***) ..を(のんびり)楽しむ; ..にふける. ～ *in* a hot bath 入浴を楽しむ. ～ *in* one's power 権力をほしいままにする. **2** ぜいたくに暮らす，のんびりする. **3**

〔草木などが〕繁茂する.

*lux·u·ri·ous /lʌgʒú(ə)riəs|lʌgzjúər-/ 形 m 1 ぜいたくな, 豪奢(ごうしゃ)な, 豪華な; 非常に快適な; 快適な[満足した]様子の, 気持ちよさそうな. a ~ fur coat 豪華な毛皮のコート. feel ~ 豪勢な気分になる. 2 ぜいたく好みの. a person ~ in food 食べ物にぜいたくな人, 食い道楽. ◇名 luxury ▷~·ly 副 ぜいたくに, 豪華に, 気持ちよさそうに. ~·ness 名

*lux·u·ry /lʌ́kʃ(ə)ri/ 名 (複 -ries /-z/) 1 U (a) ぜいたく, 奢侈(しゃし). live in ~=live [lead] a life of ~ ぜいたくに暮らす. (b)〈形容詞的〉ぜいたくな, 豪華な, (★快適さより外見上の豪華さを強調する). a ~ hotel 豪華ホテル. ~ goods ぜいたく品.
2 C (高価な)ぜいたく品, (季節外れなどで)得難いもの; ぜいたくな物事. Taking a taxi is a ~ for me. タクシーに乗るのは私にはぜいたくだ. Art is not a ~, but a necessity. 芸術はぜいたく品ではない, 必需品だ.
3 U (得難い)喜び, 快楽, 満足. enjoy the ~ of leisure 暇のありがたさを味わう. ◇形 luxurious
[＜ラテン語 *luxus*「豊富, 放蕩」]

lúxury tàx 名 UC 奢侈(しゃし)税.

Lu·zon /lu:zɑ́n|-zɔ́n/ 名 ルソン島《フィリピン群島中の一番大きな島, 南部に首都 Manila がある》.

LV luncheon voucher.

LW long wave.

-ly[1] /li/ 接尾 〈形容詞に付けて副詞を作る〉1 様態, 程度, 時間などを表す. quick*ly*. great*ly*. present*ly*. ★まれに名詞にもつける. name*ly*. part*ly*. 2〈序数詞に付けて〉「..番目に」の意味. second*ly*. [＜古期英語 *-līce*]

-ly[2] 接尾 〈名詞に付けて形容詞を作る〉1「..のような, ..らしい」の意味. father*ly*. king*ly*. 2〈期間を表す名詞に付けて〉「..ごとの」の意味. hour*ly*. month*ly*. ★同形で「..ごとに」の意味の副詞にも用いる. [＜古期英語 *-līc*]

ly·cée /li:séi|´–/ 名 C リセ《フランスの国立高等学校; 大学への予備教育を行う》. [フランス語(＜ラテン語 *lyceum*)]

ly·ce·um /laisí:əm/ 名 1 C 〖米〗文化協会《講演会, 音楽会などを企画し一般市民の文化向上を図る》; 文化会館. 2〈the L-〉リュケイオン《アリストテレスが哲学を説いたアテネ郊外の学園》; アリストテレス学派(の哲学). 3 =lycée. [ラテン語(＜ギリシア語)]

ly·chee /lí:tʃi:, lái-|laitʃí:/ 名 =litchi.

lych·gate /lítʃgèit/ 名 =lichgate.

Ly·cra /láikrə/ 名 U 〖商標〗ライクラ《水着などの伸縮繊維素材》.

Lyd·i·a /lídiə/ 名 女子の名.

lye /lai/ 名 U 灰汁(あく)《木灰をこして採るアルカリ液》; 〈一般に〉アルカリ溶液; 《洗剤用》.

ly·ing[1] /láiiŋ/ 動 lie[1] の現在分詞, 動名詞.

ly·ing[2] 動 lie[2] の現在分詞.
— 形 うそをつく; 偽りの. a ~ person うそつき. a ~ story うその話. — 名 U うそをつくこと.

lỳing-ín 名 (複 lyings-in, ~s) C 〈普通, 単数形で〉〖旧〗出産の床に就くこと; 出産; (→LIE in). a ~ hospital 産院.

lỳing in státe 名 C 〈単数形で〉(要人に最後の別れを告げるための)遺体一般公開(期間).

Lýme disèase /láim-/ 名 U 〖医〗ライム病《関節炎の一種; 米国 Connecticut 州の町 Lyme で初めて人間に発症した》.

lymph /limf/ 名 U 〖生理〗リンパ, リンパ液. [＜ラテン語「泉の清水」]

lym·phat·ic /limfǽtik/ 形 1 リンパ(液)の; リンパを運ぶ. ~ vessels リンパ管. 2〔人, 気質が〕リンパ質の《不活発, 無気力, 遅鈍などを特徴とする; 昔, これらは体内のリンパ液の過剰によると考えられた》.

lýmph nòde [〖旧〗glànd] 名 C リンパ腺(せん).

lym·pho·cyte /límfəsàit/ 名 C 〖生理〗リンパ球.

lymph·oid /límfɔid/ 形 リンパ性[組織, 球]の.

†lynch /lintʃ/ 動 他 〔普通, 群衆 (lynch mob) が〕にリンチを加えて殺す《普通, 絞首刑にする》. [＜米国 Virginia 州の治安判事 Capt. William *Lynch*] ▷ lýnch·er 名 C リンチする人. lýnch·ing 名 UC リンチ.

lýnch làw 名 U 私刑, リンチ.

lýnch·pìn 名 =linchpin.

lynx /liŋks/ 名 (複 lýnx·es, ~) C 1〖動〗大山猫《脚が長く尾が短い》; U 大山猫の毛皮. 2〈the L-〉〖天〗やまねこ座.

lỳnx-éyed /⊛/ 形 (山猫のように)目の鋭い.

ly·on·naise /làiənéiz ⊛/ 形 リヨネーズの, リヨン風の, 《特にジャガイモを薄切りタマネギと一緒に油でいためた》. [フランス語]

Ly·ons /liɔ́(:)ŋ, láiənz|lí:ɔŋ, láiənz/ 名 リヨン《フランス南東部の都市; フランス語名 Lyon》.

Ly·ra /lái(ə)rə/ 名 〖天〗琴座《北天の星座; →lyre》.

lyre /laiər/ 名 1 C (古代ギリシアの)竪(たて)琴, リラ. 2〈the L-〉=Lyra. [ギリシア語 *lúrā*]

lýre·bìrd 名 C 〖鳥〗コトドリ《オーストラリア産; 雄が長い尾を立てると竪(たて)琴状になる》.

‡lyr·ic /lírik/ 形 〈限定〉1 叙情(詩)の; 叙情的な. a ~ poem 叙情詩. 2 歌の, 歌うための. the ~ drama 歌劇. 3〔歌手が〕リリコの《叙情的な歌曲向きの声を持つ; →dramatic》. — 名 C 1 叙情詩 (→epic). 2〈~s〉(特にミュージカル, ポップスなどの)歌詞. [＜ギリシア語「竪(たて)琴に合わせて歌う」; lyre, -ic]

‡lyr·i·cal /lírik(ə)l/ 形 1 =lyric. 2 叙情詩調の, 感傷的な. 3〖話〗熱中している, 夢中である, 〈*about* ..に〉; 熱のこもった; 〔感情の表現が〕大げさな. wax ~ *about* the benefits of natural food 自然食品の良さを熱心に話す. become quite ~ in praising a person 熱烈な言葉で人をほめそやす.
▷~·ly 副 叙情(詩)的に; 大げさに.

lyr·i·cism /lírisìz(ə)m/ 名 1 U 叙情詩体[調]; 叙情性; リリシズム. 2 C 大げさな感情表現.

lyr·i·cist /lírisist/ 名 C 1 (流行歌などの)作詞家. 2 叙情詩人.

lyr·ist[1] /lírist/ 名 =lyricist 1.

lyr·ist[2] /lái(ə)rist/ 名 C 竪(たて)琴[リラ]奏者.

ly·sin /láisn/ 名 C 〖生化〗リシン, 細胞溶解素, 《抗体の一種》.

Ly·sol /láisɔ(:)l, -soul/ 名 U 〖商標〗リゾール《米国製の消毒剤》.

LZ landing zone (着陸地帯).

M

M, m /em/ 名 (複 **M's, Ms, m's** /-z/) **1** UC エム《英語アルファベットの第 13 字》. **2** U (ローマ数字の) 1000. *MCMLXXXII*＝1982. print 3*M* copies 3 千部を印刷する. **3** C 〈大文字で〉M 字形のもの. **4** 13 番目(のもの).

M Mach; Master; Member; medium; Monday; motorway.

m male; married; masculine; meridian; meter(s); mile(s); million(s); minute(s); month.

M. Monsieur.

M'- ＝Mac-《例: M'Donald》.

‡'m /m/ 〖話〗 **1** am の短縮形. I'*m* not a teacher. 私は教師ではない. **2** ma'am 1 の短縮形.

†MA[1] /èméi/ 名 (複 **MAs**) C 修士 (＝Master of Arts)《姓名の後に付けることもある: Thomas Evans, *MA*》. an ～ in English literature 英文学修士. get an ～ 修士号を取る.

MA[2] 〖郵〗 Massachusetts.

ma /mɑ:/ 名 C 〖話〗〈しばしば M-〉 **1** ママ,《mamma の短縮形; →pa》. *Ma*, can I go out and play? ママ, 外に遊びに行っていい? **2** おばさん, 婆(ばあ)さん. *Ma* Parker パーカー婆さん.

***ma'am** /1 では普通 məm, m; 2 では mɑ:m, mæm/ 名 C 〈丁寧な呼びかけ; madam の短縮形〉

1 〖主に米話〗 **奥様**, お嬢様, (女の)先生など, (★しばしば Yes'*m*, No'*m* と更に短縮される). May I help you, ～? 何かお困りでしょうか, 何か御用でしょうか. No, ～, I won't ever talk in class again. 先生, もう授業中には決しておしゃべりしません.

2 〖英〗 女王様 (★この場合は /mæm/ と発音); (昔, 身分の高い婦人に対して)奥方様.

Maas·tricht /mɑ́:strikt/ 名 マーストリヒト《オランダの都市》.

Máastricht Trèaty 名 〈the ～〉 マーストリヒト条約《EC の政治, 経済的統合の方向を定めたもの; 1991 年にマーストリヒトで調印された》.

Ma·bel /méib(ə)l/ 名 女子の名.

Mà Béll 〖米俗〗 'ベルおばさん'《AT & T, 又一般に電話会社, の俗称》.

Mac- /mæk, mək, mə/ 接頭 《スコットランド, アイルランド系の姓に付く》「..の息子」の意味 (Mc-, M'- ともつづる). *Mac*Arthur. *Mac*millan. [＜ゲール語 'son']

mac[1] /mæk/ 名 〖英話〗 ＝mackintosh.

mac[2] 名 〖米話〗〈単数形で; しばしば M-〉《名前の分からない男への呼びかけ》ねえ, 君. Hey, ～. ちょっと, 君.

ma·ca·bre, ma·ca·ber /məkɑ́:br(ə)/, /-bər/ 形 死を思わせる; 気味の悪い. [＜フランス語 (*danse*) *macabre* 'dance of death']

ma·cad·am /məkǽdəm/ 名 C マカダム舗装道路 (**macádam ròad**)《砕石をタール又はアスファルトで固めて舗装する》; U マカダム舗装用の砕石《この工法を発明したスコットランドの技師 J.L. *McAdam* (1756–1836) の名から》.

mac·a·da·mi·a nùt /mækədéimiə-/ 名 C マカダミアナッツ《ハワイで多く産する食用ナッツの一種》.

ma·cad·am·ize /məkǽdəmàiz/ 動 他 〔道路〕をマカダム舗装する 〈しばしば受け身で〉.

Ma·cao /məkáu/ 名 マカオ《中国南部 Hong Kong の西方にあるポルトガル植民地, 都市; 1999 年, 中国に返還された》.

ma·caque /məkɑ́:k/ 名 C 〖動〗 マカク《アジア, アフリカ産のサルの一種》.

***mac·a·ro·ni** /mækəróuni/ 名 U マカロニ (→spaghetti, vermicelli). [＜イタリア語]

màcaroni chéese 名 U 〖英〗 マカロニチーズ《チーズソースで味付けしたマカロニ料理》(〖米〗 **macaròni and chéese**).

mac·a·roon /mækərú:n/ 名 C マコロン《砂糖・卵白・つぶしたアーモンドかココナツを材料にしたクッキーの一種》. [＜フランス語; macaroni と同源]

Mac·Ar·thur /məkɑ́:rθər/ 名 **Douglas ～** マッカーサー (1880–1964)《米国陸軍元帥; 日本占領連合軍最高司令官 (1945–51)》.

Ma·cau·lay /məkɔ́:li/ 名 **Thomas Bab·ing·ton** /bǽbiŋtən/ ～ マコーレー (1800–59)《英国の歴史家・評論家・政治家》.

ma·caw /məkɔ́:/ 名 C **1** コンゴウインコ《尾が長く羽毛の美しい大形インコ; 中南米産》. **2** 〖植〗 マコーヤシ (**macáw pàlm**)《南米産》.

Mac·beth /məkbéθ, mæk-/ 名 マクベス **1** Shakespeare の 4 大悲劇の 1 つ. **2** 1 の主人公; 気の強い夫人にそそのかされ王 Duncan を殺したが, やがて殺される; →Macduff.

Mac·Don·ald /məkdɑ́nəld|-dɔ́n-/ 名 **Ramsay ～** マクドナルド (1866–1937)《英国の政治家; 初めて労働党内閣を組織して首相となった》.

Mac·duff /məkdʌ́f/ 名 マクダフ《Fife の城主で Duncan の子 Malcolm と連合して Macbeth を殺す》.

mace[1] /meis/ 名 C **1** 鎚矛(つちほこ)《中世の武器, 敵のよろいを打ち砕くのに用いた》. **2** 職杖(じょう)《英国の市長, 下院議長, 大学総長などの職権の象徴として儀式の際に捧(ほう)持される装飾的な杖(つえ)》. **3** ＝macebearer. [＜古期フランス語「大鎚」]

mace[2] 名 U メース《ニクズク (nutmeg) の種子の皮を乾燥して作った粉末; 香辛料》. [＜ギリシア語]

mace[3], **M-** 名 U 〖米〗〖商標〗 メイス《液状催涙ガス; 暴徒鎮圧, 痴漢撃退などに用いる》. [＜mace[1]]

máce·bèarer 名 C 職杖(じょう)捧(ほう)持者《職杖を捧持して先導する人》.

ma·cé·doine /mæsədwɑ́:n|⌐-⌐/ 名 U マセドワーヌ《サイの目の野菜, 果物を混ぜ(てゼリーで固め)た料理》. [フランス語 'Macedonia']

Mac·e·do·ni·a /mæsədóuniə/ 名 **1** マケドニア王国《Alexander 大王の統治 (336–323 B.C.)下に栄えたギリシア北部の王国》. **2** マケドニア共和国《旧ユーゴスラヴィアから 1991 年に独立; 首都 Scopje》.

Mac·e·do·ni·an /mæsədóuniən/ 形 マケドニア(人, 語)の. ── 名 C マケドニア人; U (現在の)マケドニア語《Slav 系》; U 古代マケドニア語.

mac·er·ate /mǽsərèit/ 動 他 **1** を(液体に浸して)柔らかくする, ほぐす. **2** を(断食などで)やせ衰えさせる. ── 自 **1** 柔らかくなる, ふやける. **2** やせ衰える.
▷ **màc·er·á·tion** 名

Mach /mɑ:k, mæk/ 名 U マッハ (**Mách nùmber**)《＜オーストリアの物理学者 E. *Mach* (1838–1916) の名から; 航空機などの速度を音速(時速約 1,200 キロメートル)の倍数で表す単位; 略 M》. fly at ～ 2 マッハ 2 で飛行する.

ma·che·te, ma·chet /məʃéti, -tʃéti|-tʃéiti/, /mətʃét, mǽtʃət/ [名] [C] (幅広で重い刃の)なた《特に中南米で伐採道具, 武器などに使う》. [スペイン語]

Mach·i·a·vel·li /mækiəvéli/ [名] **Niccolò** /nìkoulɔ́:/ ～ マキャヴェリ(1469–1527)《イタリア, フィレンツェの外交家・政治家;『君主論』の著者》.

Mach·i·a·vel·li·an /mækiəvéliən [移]/ [形] マキャヴェリ主義の《目的実現のためには手段を選ばない》; 権謀術数を用いる, 策謀に長じた; 狡猾(こうかつ)な (cunning). ── [名] [C] マキャヴェリ主義者; 策謀政治家. ▷ **～·ìsm** [名] [U] マキャヴェリ主義; 権謀術数(の使用).

mach·i·nate /mǽkənèit, mǽʃ-/ [動] [他] 〔陰謀など〕をたくらむ. ── [自] 策謀する.

màch·i·ná·tion [名] [C] 〈普通 ～s〉陰謀, 策謀.

‡ma·chine /məʃí:n/ [名] ([複] **～s** /-z/) [C] **1** (普通種々の部品から成る)**機械** (→apparatus);〖話〗乗り物; 自転車, 自動車, 飛行機; 洗濯機; コンピュータ. → answering [sewing, teaching, vending, washing] ～. office ～*s* 事務用機器《computer, typewriter, photocopier など》. run a ～ 機械を操作する. by ～ 機械で. like a well-oiled ～ 十分油をさした機械のように; 順調に, 円滑に.

> [連結] a sophisticated [an ingenious; a complicated; a state-of-the-art; an automatic; an obsolete] ～ // operate [start; tend; stop] a ～

2 (複雑な)機構, 組織. a social [an economic] ～ 社会[経済]機構.
3 (組織を操縦する)幹部(集団); 集票組織, マシーン. Many scandals are connected with political ～*s*. 政党の幹部集団に関連するスキャンダルが多い.
4〖軽蔑〗(意思, 感情, 思考がないかのように)機械的に行動する人. Bob is a study ～; he never does anything else. ボブは勉強一辺倒でほかのことは何もしない.
◇[形] mechanical
── [動] [他] **1** (**a**) を機械で作る, 機械にかけて仕上げる; [VOC] (～ X Y) X を機械にかけて Y に仕上げる. ～ the edge flat 縁を機械で平らにする. (**b**)〖主に英〗〈特に〉を印刷機にかける; にミシンをかける; を機械で切断する. **2** [VOA] (～ /X/ *down*) X を寸法通りに仕上げる. ── [自] [VA]〈A は様態の副詞〉機械で作られる. ～ easily 簡単に機械で加工できる. [＜ギリシア語 *mēkhanḗ*「装置」]

machíne còde [名] ＝machine language.

machíne-gùn [動] (～s|-nn-) [他] を機関銃で撃つ, 機銃掃射する.

machíne gùn [名] [C] 機関銃.

machíne lànguage [名] [UC] 機械語《コンピュータが読み取って作動できるように記号化された言語》.

machìne-máde /[移]/ [形] 機械製の (↔handmade); 型にはまった, 紋切り型の.

machìne-réadable /[移]/ [形] コンピュータで読み取り可能な.

‡ma·chin·er·y /məʃí:n(ə)ri/ [名] ([複] **-er·ies** /-z/) **1** [U] 〈単数扱い; 集合的〉**機械(類)**, 機械部品(類), (→machine). install a lot of ～ 多くの機械を取り付ける. **2** [U] **作動部**. the ～ of a car 自動車の作動系統. clock ～ 時計の作動装置. **3** [UC] (政治などの)機構, (各部が有機的に働く)組織. the ～ of government 政治機構. grammatical ～ 文法組織. an elaborate ～ of democratic election 民主的選挙という精巧な仕組み. [machine, -ery]

machíne shòp [名] [C] (machine tool を使う)工作場.

machíne tòol [名] [C] 工作機械, 電動工具.

machíne translàtion [名] [U] 機械翻訳, コンピュータによる翻訳.

ma·chin·ist /məʃí:nist/ [名] [C] 機械工[技手]《機械の組立て, 運転, 修理などを行う》; ミシン工.

ma·chis·mo /mɑ:tʃí:zmou/ [名] [U] 〖普通, 軽蔑〗(誇示された)男らしさ, たくましさ. [macho, スペイン語 *-ismo* '-ism']

Mách·mèter, m- [名] [C] マッハ計《航空機のマッハ数を示す計器》.

‡ma·cho /mɑ́:tʃou, mǽ-/ [形] 〖普通, 軽蔑〗男っぽい, マッチョな, (★優しさ, こまやかな気配りなどの欠如を含意する語). Truck driving is a traditionally ～ industry. トラック運転は伝統的に男仕事だ. the ～ type such as Rambo ランボーのような男っぽいタイプ. ── [名] ([複] **～s**) [C] 男っぽくてたくましい男, マッチョ. [(メキシコ)スペイン語(＜ラテン語 *masculus* 'masculine')]

mácho·man [名] ([複] **-men** /-mən/) ＝macho.

Ma·chu Pic·chu /mɑ̀:tʃu:-pí:tʃu/ [名] マチュピチュ《アンデス山脈の標高約 2,100 メートルの山頂にあるインカの都市遺跡》.

Mac·in·tosh /mǽkəntɑ̀:ʃ|-tɔʃ/ [名] [UC]〖商標〗マッキントッシュ《米国 Apple Computer 社製のパーソナルコンピュータ》.

mack /mæk/ [名]〖話〗＝mackintosh.

‡mack·er·el /mǽk(ə)rəl/ [名] ([複] **～, ～s**) [C]〖魚〗サバ; [U] サバの肉. Holy ～! →holy (成句).

màckerel ský [名] [C] いわし雲(の出ている空).

mack·i·naw /mǽkənɔ̀:/ [名]〖米〗[U] 厚手ウールの一種《普通, 格子縞(じま)で毛羽立っている》; [C] それで作った短いダブルの上着, マキノーコート.

mack·in·tosh /mǽkəntɑ̀:ʃ|-tɔʃ/ [名] **1** [C]〖主に英〗レインコート. **2** [U] (特にゴム引きした)防水布地. [＜考案したスコットランドの化学者 C. *Mackintosh* (1766–1843)]

Mac·mil·lan /məkmílən/ [名] マクミラン **Harold ～, Earl of Stockton** (1894–1986)《英国の政治家, 首相 (1957–63)》.

mac·ra·mé /mǽkrəmèi|məkrɑ́:mi/ [名] [U] マクラメ《より糸などを結び合わせた縁飾りやレース織り》. [フランス語 (＜アラビア語)]

mac·ro /mǽkrou/ [名] ([複] **～s**) [C]〖電算〗マクロ《アセンブリ言語の命令の 1 つ》.

mac·ro- /mǽkrou/ 〈複合要素〉「長い, 大きい, 大規模な など」の意味 (↔micro-). [ギリシア語 *makrós* 'long, large']

mac·ro·bi·ot·ic /mæ̀kroubaiɑ́tik|-ɔ́t- [移]/ [形] 長寿食の.

màcro·biótics [名] [U] マクロバイオティックス, 長寿法, 《菜食や自然食による健康法》.

mac·ro·cosm /mǽkrəkɑ̀z(ə)m|-kɔ̀z(ə)m/ [名] [C] **1** 〈the ～〉大宇宙, 大世界, (universe; ↔microcosm). **2** (下位体系から成る)全体系, 大統一体.

màcro·económic [形] マクロ経済学の.

‡màcro·económics [名] [U] マクロ経済学《国民総生産や国民の消費動向などの全体を巨視的に研究する》.

mácro lèns [名] [C] マクロレンズ《接写, 拡大撮影用》.

ma·cron /méikrɑn|mǽkrɔn/ [名] [C] (母音字の上に付ける)長音符号《 ¯ 》《bē, māke では e が長母音 /i:/, a が 2 重母音 /ei/ であることを示す; →breve》.

mac·ro·scop·ic /mæ̀krəskɑ́pik|-skɔ́p- [移]/ [形] 肉眼で見える; 巨視的な. ◇↔microscopic
▷ **mac·ro·scop·i·cal·ly** /-k(ə)li/ [副]

‡mad /mæd/ [形] [e] (**mád·der|mád·dest**)
【狂った】 **1 気が狂った**, 狂気の, ([類語] 精神障害を意味する最も一般的な語で, しばしば狂暴性を含意する; この用法を嫌う人もいる; →crazy, insane, lunatic, psychotic). go [run] ～ 気が狂う. Don't go ～.〖英話〗むちゃをするなよ. drive [send] a person ～ 人を発狂させる;〖主に米話〗人を怒らせる (→5).
2 〔犬などが〕狂犬病の, 恐水症の.
【狂ったような】 **3**〖話〗〔人, 計画, 考えなどが〕狂気のさたの, ばかげた, 愚かな, 無謀な. have some ～ idea ばかげた

M

考えを持つ. You must be ～ (to try to do it all alone). 君は(それをたった 1 人でやろうなんて)むちゃだ. You're (stark) raving ～. 君は全くおかしい.
4 狂わんばかりの〈*with* ..で〉; 取り乱した. be ～ *with* jealousy [rage] 嫉妬(しっと)[怒り]に狂っている. be ～ *with* grief 悲しみのあまり取り乱している. There was a ～ rush toward the exit. 人々は狂ったように出口に殺到した. go ～〖主に英〗〔人が〕荒れる;〖英〗頭がおかしくなりそうである.
5〈叙述〉〖主に米話〗(かんかんに)**怒って**〈*at*, *with* ..〔人〕に対して〉; **いら立って**〈*about*, *at*, *for* ..のことで〉. Our teacher was ～ *at* [*with*] us *for* breaking a windowpane. 窓ガラスを割ったので先生は我々にかんかんに腹を立てた. be ～ as hell 猛烈に怒っている. drive a person ～〖英〗人を怒らせる, いらいらさせる. go ～〖英話〗怒る, かっとする.
6〖話〗(**a**)〈叙述〉**熱狂**して, 夢中で, 好きでたまらない,〈*about*, *on* ..に, が〉; 気が狂ったように欲しがる〈*after*, *for* ..を〉. Father is ～ *about* golf. 父はゴルフ狂だ. I'm ～ *for* a baby. 私はどうしても子供が欲しい. (**b**)〈名詞に付けて〉..狂で, ..欲のかたまりで. money [power]-～ 金銭[権力]欲のかたまりの. sex-～ セックスに狂った. be rock ～ ロック(ミュージック)狂である.
7 とても陽気な, (聴衆などが)拍手喝采(さい)している. a ～ party 陽気なパーティ.
(*as*) ***màd as a hátter*** →hatter.
(*as*) ***màd as a*** (***Màrch***) ***háre*** →hare.
(*as*) ***màd as a wèt hén***〖米話〗ひどく怒って.
hòpping mád〖話〗かんかんに怒って.
like mád〖話〗(気が狂ったように)猛烈に, 死に物狂いで, (音などが)割れんばかりに. drive [run] *like* ～ 猛烈なスピードで車を走らせる[走る]. work *like* ～ 猛烈に働く.
màd kéen〖英話〗(..)したがって〈*to* do〉; 大好きで〈*on* ..が〉, 熱心で〈*on* ..に〉. be ～ *keen on* tennis テニスが大好きだ.
── 名〖米〗aU 怒り, 不機嫌.
have a mád òn〖米話〗怒る. [＜古期英語]

Mad·a·gas·car /mæ̀dəgǽskər/ 名 マダガスカル《アフリカ南東インド洋上の島国; →Malagasy》.

‡mad·am /mǽdəm/ 名 (複 1, 2, 3 は **mes·dames** /meidɑ́ːm | méidæm/, 4, 5, 6 は **～s** /-z/) C **1**〈しばしば M-〉**奥様**; お嬢様. ★女性に対する丁寧な呼びかけで男性の sir に相当する. 店員, 美容師, ウエーターなどが女性客に対する場合に用いる. しばしば ma'am と短縮される.
2〈M-〉女性.., ..夫人,《姓又は官職名の前に付ける敬称》. *Madam* Chairman! (女性)議長さん!
3〈Dear M- として〉拝啓《女性あての商用文などの冒頭に用いる》. **4**〖米話〗〈しばしば the ～〉主婦, 奥さん.
5 売春宿のおかみ. **6**〖英旧話・軽蔑〗〈普通 a (proper) little ～〉小生意気な[尊大な]若い女性.
[＜古期フランス語 *ma dame* 'my lady']

†Ma·dame /mədǽm | mǽdəm/ 名 (複 **Mes·dames** /meidɑ́ːm | méidæm/) C ..夫人. ～ Bovary ボヴァリー夫人. ～ Butterfly 蝶々夫人《Giacomo Puccini 作曲 (1904 年)のオペラ; その女主人公》. ★英語の Mrs. に当たるフランス語の敬称; 英語ではフランス人の既婚女性だけでなく外国の女性一般にも用いる; 略 Mme. (複 Mmes.). [フランス語]

Màdame Tussáud's 名 →Tussaud's.

mád·càp 名 C 向こう見ずな[無鉄砲な]人《特に, 娘》. ── 形〈限定〉向こう見ずな, むちゃな. a ～ scheme むちゃな計画. the ～ idea of going out in such a snowstorm このような吹雪の中に出かけようというむちゃな考え.

màd ców disèase 名 U 狂牛病,《bovine spongiform eucephalopathy (BSE) の俗称》.

MADD /mæd/〖米〗Mothers Against Drunk Driving (反飲酒運転母親連盟).

mad·den /mǽdn/ 動 他 **1** を発狂させる〈しばしば受け身で〉. **2** をいらいらさせる, 怒らせる. ── 自 **1** 発狂する. **2** 怒る.

‡mad·den·ing /mǽd(ə)niŋ/ 形 **1** 気を狂わせるほどの. a ～ pain 気の狂いそうな苦痛. **2**〖話〗腹立たしい, いらいらさせる. It's simply ～ to have no time to go and see my family. 家族に会いに行く暇もないとは全く腹立たしい. ▷ **～·ly** 副 ひどく, 腹立たしく. ～*ly* inefficient 腹が立つほど能率が悪い.

mad·der /mǽdər/ 名 U **1** アカネ《アカネ科アカネ属の植物の総称; 特にセイヨウアカネ》. **2** (アカネの根から採る赤色の)アカネ染料, 人造アカネ染料. **3** あかね色, 深紅色.

mad·ding /mǽdiŋ/ 形〖古〗狂気の, 狂乱の; ＝maddening. far from the ～ crowd 遠く狂乱の群を離れて《Gray の詩に初出; Hardy の小説の題名になった》.

‡made /meid/ 動 make の過去形・過去分詞.
── 形 ⓒ【**作られた**】**1**〈複合要素〉**..**で作った, ..製の; ..な作りの; ..の体つきの. a machine-～ [hand-～] sweater 機械編み[手編み]のセーター. a Japanese-～ camera 日本製カメラ. British-～ men's wear 英国製男物衣料品. a well-～ desk しっかりした作りの机. a loosely-～ man 締まりのない体つきの男. **2** (人工的に)作った, 人造の. ～ ground 造成地. a ～ word 造語.
【**作り上げた**】**3** 寄せ集めの. a ～ dish 取り合わせ料理.
4 ＝made-up 1.
【**出来上がった**】**5**〖話〗成功確実な; 成功した. a ～ man 成功した[成功確実な]男. Marry the boss's daughter and you are ～. 上役の娘と一緒になったらもうしめたもんだぞ. **6**〈叙述〉おあつらえ向きの, うってつけの, ぴったりの,〈*for* ..に〉(→make 他 2). I wasn't ～ *for* housewife. 私は家事[主婦]向きではない. a night ～ *for* escape 脱出におあつらえ向きの夜.
be máde for* ⌞*èach óther [***òne anóther***]〖話〗似合いのカップルである.
be máde (***for lífe***)〖話〗→5; 一生左うちわである.
sèe what a pérson is (***rèally***) ***máde of*** 人の真価を見る.

Ma·deir·a /mədí(ə)rə/ 名 U〈しばしば m-〉マデイラワイン《ポルトガル領マデイラ島原産の強くて甘い白ワイン》.

Madéira càke 名 U〖英〗マデイラケーキ《味がこってりしたスポンジケーキの一種》.

mad·e·leine /mǽd(ə)lin, -lèin/ 名 C マドレーヌ《小型のカステラに似た菓子》.

ma·de·moi·selle /mæ̀dəm(w)əzél 《移》/ 名 (複 **mes·de·moi·selles** /mèidəm(w)əzél/) C〈若い[未婚の]普通フランス女性に用いる; 英語の Miss /mis/ に当たる〉**1**〈M-〉..嬢《姓又は姓名の前に付ける敬称; 略 Mlle. (複 Mlles.)》. *Mademoiselle* Fifi フィフィ嬢. **2**〈呼びかけ〉お嬢様. This way, ～. お嬢様こちらへどうぞ. [フランス語 'my damsel']

màde-to-órder〖米〗, **-méasure** /-tu- 《移》/, /-tə- 《移》/ 形 **1**〔服, 靴などが〕あつらえの, 注文製の, (↔ready-made). 注意 order made とは言わない. **2** 最適の, おあつらえ向きの, 〔候補者など〕.

‡máde-ùp 形 **1** 作り上げた, でっち上げた, こしらえた. a ～ tale 作り話. a ～ name 偽名. **2** 化粧した, メーキャップした. a well ～ girl 上手にお化粧をした娘. **3** 舗装した (→MAKE /../ up (8)).

mád·hòuse 名 (複 →house) C **1**〖古〗精神病院 (mental hospital);〖話〗精神科医院. **2**〖話・軽蔑〗〈普通, 単数形で〉(人がごった返して)騒々しい場所, ごったがえしている所. be like a ～ ごったがえしている.

Mad·i·son /mǽdəs(ə)n/ 名 **James** ～ マディソン (1751-1836)《米国第 4 代大統領 (1809-17)》.

Màdison Ávenue 名 マディソン街《New York 市

内の大通り; 広告関係の会社が集中している); (アメリカの)広告業(界).

Màdison Squáre Gàrden 名 マディソン・スクエア・ガーデン《New York 市にある屋内大競技場, 種々の催し物も行われる》.

***mad·ly** /mǽdli/ 副 m **1 気が狂ったように.** work ～ 気が狂ったように働く. **2**〘話〙死に物狂いに; 猛烈に; すごく. They are ～ in love. 彼らは心底惚(ほ)れ合っている. ～ dangerous とてつもなく危険な.

mad·man** /mǽdmæ̀n, -mən/ 名 (複 **-men** /-mèn, -mən/) Ⓒ **1**〘旧〙狂人《男》. **2** めちゃくちゃなことをする男. ***like a mádman 気が狂ったように.

mád mòney 名 Ⓤ〘米話〙(いざという時のための)備えの小金.

***mad·ness** /mǽdnəs/ 名 **1** Ⓤ **狂気.** *Madness* is close to genius. 狂気は天才と隣り合わせ. **2** Ⓤ 狂気のさた, 愚の骨頂. It would be absolute [sheer] ～ to climb that mountain in winter. 冬あの山に登るのは全く狂気のさただ. **3** Ⓤ 激怒. **4** aU 熱狂, 夢中. have a ～ for music 音楽に夢中である. **5** Ⓤ 狂犬病 (rabies).

Ma·don·na /mədánə|-dɔ́nə/ 名 **1**〈the ～〉聖母マリア《キリストの母》(Virgin Mary). **2** Ⓒ 聖母像. a ～ and child 聖母子像. [イタリア語 'my lady']

Madónna lìly 名 Ⓒ ニワシロユリ, トキワユリ, 《白い花のユリで処女の象徴; しばしば聖母と共に描かれる》.

Ma·dras /mədrǽs, -drɑ́ːs/ 名 マドラス《インド南東部ベンガル湾に臨む都市》.

ma·dras /mǽdrəs, mədrǽs, -drɑ́ːs/ 名 Ⓤ マドラス木綿《普通, 縞(しま)又は格子柄を織り出した丈夫な綿布の一種; 原産地はインド Madras》.

Ma·drid /mədríd/ 名 マドリード《スペインの首都》.

mad·ri·gal /mǽdrig(ə)l/ 名 Ⓒ **1** (中世の)叙情短詩, マドリガル, 《主に歌うのに適した恋愛詩》. **2** マドリガル《無伴奏の合唱曲; 特に, 英国で 16, 7 世紀に流行した》.

mád·wòman 名 (複 **-women**) Ⓒ 狂女.

mael·strom /méilstrəm|-stroum/ 名 Ⓒ **1**〘雅〙大渦巻き; 〈the M-〉ノルウェー北西岸沖の島の間に起こる大渦巻き《鳴門海峡の渦巻きに似た現象》. **2**〈普通, 単数形で〉(騒動などの)渦, 大混乱. a ～ of civil war 内乱の渦. [＜オランダ語 'whirling stream']

mae·nad /míːnæd/ 名 Ⓒ **1**〘ギ神話〙メナード, マイナス, 《酒神 Dionysus の巫子(みこ)》. **2**〘詩〙熱狂する[取り乱した]女.

‡**maes·tro** /máistrou|máistrou, mɑːés-/ 名 (複 **～s, maes·tri** /-triː/) Ⓒ **1** 大音楽家, 〈特に〉名指揮者, マエストロ, 名作曲家, 《敬称として, 名前の前に用いることもある: *Maestro* Toscanini 巨匠トスカニーニ》. **2**〈一般に〉(芸術の)巨匠. [イタリア語 'master']

Mae·ter·linck /méitərliŋk/ 名 **Maurice ～** メーテルリンク (1862–1949)《ベルギーの詩人・劇作家; *The Blue Bird*『青い鳥』(1909) の作者》.

Mae West /mèi-wést/ 名〘軍俗〙海上救命チョッキ. [＜胸の豊かな米国女優 (1892–1980) の名]

MAFF /mæf/ 〘英〙Ministry of Agriculture, Fisheries and Food (農業水産食糧省).

†**Ma(f)·fi·a** /mɑ́ːfiə, mǽf-/ 名 Ⓒ〈単数形で複数扱いもある〉**1**〈普通 the ～〉マフィア《19 世紀に Sicily 島に起こった反社会的秘密結社; のちにイタリア移民を通じて米国などに勢力を張った》; 〈一般に〉犯罪組織, 暴力団. **2**〈m-〉〈一般に〉(強い結束力を持つ)排他的集団; 派閥. the city hall *mafia* 市会に巣食う派閥集団. [イタリア語(シチリア方言)「大胆, 勇敢」]

Ma·fi·o·so /mɑ̀ːfióusou, mæ̀f-/ 名 (複 **Ma·fi·o·si** /-siː/) Ⓒ マフィアの一員.

mag /mæg/ 名〘話〙＝magazine 4.

‡**mag·a·zine** /mæ̀gəzíːn, ⌐⌐⌐|⌐⌐⌐/ 名 (複 **～s** /-z/) Ⓒ 【収納場所】**1** 軍需品倉庫, (特に軍艦などの)弾薬庫, 火薬庫. **2** (連発銃の)弾倉. **3** (カメラ, スライド投影機などの)マガジン《フィルム[スライドなど]を装塡(てん)する枠》.

[magazine 2]

4【知識の倉庫】(普通, 週刊, 月刊の)**雑誌**, 定期刊行物. subscribe to a ～ 雑誌を購読する. a ～ article 雑誌の記事.

連結 a monthly [a weekly; a popular; a serious; a humorous, a satirical] ～ // read [take] a ～

5〘テレビ・ラジオ〙マガジン《いろいろなトピック, 人物などを取り上げる定時のニュース番組; **magazíne prògram** とも言う》.
[＜アラビア語「倉庫」]

Mag·da·lene, Mag·da·len /mǽgdəlìːn, mæ̀gdəlíːni/, /mǽgdələn/ 名 **1**〘聖書〙〈the ～〉マグダラのマリア (Mary ～)《キリストが 7 つの悪霊を追い出して救った女》. **2**〈m-〉Ⓒ 更生した売春婦.

Ma·gel·lan /mədʒélən|-gél-/ 名 **the Strait of ～** マゼラン海峡《南米大陸の南端にある; ポルトガルの探検家 Ferdinand Magellan (1480?–1521) が発見した》.

ma·gen·ta /mədʒéntə/ 名 Ⓤ マゼンタ《赤色のアニリン染料》; 赤紫色. ── 形 赤紫色の.

Mag·gie /mǽgi/ 名 Margaret の愛称.

‡**mag·got** /mǽgət/ 名 Ⓒ **1** ウジ(虫). **2** 気まぐれな考え, 奇想. ▷ **～·y** /-i/ 形 ウジだらけの[がわいた]〔食品など〕.

Ma·ghreb /mʌ́grəb/ 名〈the ～〉マグレブ《アフリカ北西部, モロッコ・アルジェリア・チュニジア・リビアを含む地域》.

Ma·gi /méidʒai/ 名〈複数扱い〉**1**〘聖書〙〈the (three) ～〉東方の 3 博士《贈り物を持って Bethlehem にキリスト誕生を祝いに来た; the three wise men とも言う; magus の複数形から》. **2**〈m-〉magus の複数形.

‡**mag·ic** /mǽdʒik/ 名 Ⓤ **1 魔法**, 魔術; 妖(よう)術, 呪(じゅ)法. by ～ 魔法(の力)で. Witches do [use, practice, work] ～. 魔女は魔法を使う. **2 奇術**, 手品, マジック. a display of ～ 手品の実演. **3** 魔力, 不思議な魅力. the ～ of love 恋の魔力.
like mágic＝as if by mágic まるで魔法のように[にかかったように]; (魔法を使ったように)見る見るうちに; すばらしく. a medicine which works [acts] *like* ～ てきめんに効く薬.
── 形〈普通, 限定〉**1** Ⓒ **魔法の**, 魔術の. a ～ mirror 魔法の鏡《未来を映すという》. put a ～ spell on ..に魔法をかける. the ～ word 呪文. What is the ～ word? 何か忘れていることはないの《please, thank you を言わない子供に母親が言う》. **2** Ⓒ 奇術の. know many ～ tricks たくさんの手品が使える. **3** 魔法のような, 異様な魅力を持った. There is no ～ formula [solution] 魔法のような方法[解決策]はない. under the ～ influence of the night 夜の神秘的な影響で. **4** m〘話〙すばらしい, すごい. a ～ film すばらしい映画. You won the prize? *Magic*! 君, 入賞したんだって. すごいね.
hàve a màgic tóuch 才能がある, うまい, 〈*with* ..(を扱うの)が〉.
── 動 他 VOA (～ /X/ ***away***) 魔法で[のように]X を消す; (～ X ***out of..***) 魔法で[のように] X を..から出す; (～ /X/ ***up***) 魔法で [のように]..を出現させる.
[＜ギリシア語「魔法(の)」(＜*mágos* 'magus')]

***mag·i·cal** /mǽdʒik(ə)l/ 形 m **1** 魔法の(力による); (魔法のように)不思議な. ～ powers 魔力. Mr. Brown has a ～ way with children. ブラウンさんは子供の扱いが不思議なほど巧みだ. **2**〘話〙怪しい魅力のある, 神秘的

M

な. ▷ ～·ly 副 魔法で(するように); 不思議にも.

màgic búllet 名 C 魔法の弾丸《missile therapy(ミサイル療法)に利用》; 即効薬.

màgic cárpet 名 C **1** 魔法のじゅうたん《これに乗れば好きな所に行ける》. **2** 快適な乗り物.

màgic éye 名 C **1** マジックアイ《ラジオなどの同調状態を示す装置》. **2** 光電セル.

*__ma·gi·cian__ /mədʒíʃ(ə)n/ 名 (複 ～s /-z/) C **1 魔法使い**; 〈比喩的〉魔術師〈*with* ..の〉. a ～ *with* words ことばの魔術師. the *Magician* of the North 北方の魔術師《Sir Walter Scott のあだ名》. **2** 奇術師, 手品師.

Màgic Kíngdom 名 〈the ～〉〚商標〛 **1** ＝Disneyland. **2** Disney World のテーマパークの 1 つ.

màgic lántern 名 C (旧式な)幻灯《projector (投影機)の前身》.

mágic màrker 名 C 〚米〛〚商標〛マジックペン.

màgic múshroom 名 C (食べると陶酔効果のある)幻覚キノコ.

màgic númber 名 C 〚野球〛マジック(ナンバー)《首位のチームが優勝するために必要な勝利数; 全球団の残り試合数とゲーム差から算出される》.

màgic réalism 名 U 魔術的リアリズム《中南米小説に特徴的な現実と幻想を混淆させる技法》.

màgic squáre 名 C 魔法の正方形, 魔方陣,《縦, 横, 斜めの数の和が等しい》.

màgic wánd 名 C 魔法(使い)の杖(つえ). wave a ～ 〚戯〛たちどころに解決する. There is no ～. 魔法のようにはいかない.

Má·gi·not Lìne /mǽʒinou-/ 名 〈the ～〉マジノ(防衛)線《第 2 次世界大戦前, フランス東部国境に沿って建設された》.

M

mag·is·te·ri·al /mæ̀dʒəstí(ə)riəl ®/ 形 **1** 権威者の, 権威者らしい; 厳然とした〔態度など〕; 権威ある〔見解など〕. a ～ study [work] 権威ある研究. **2** 横柄な, 高圧的な. command in a ～ tone 高飛車な口調で命令する. **3** magistrate の.
▷ ～·ly 副 権威を持って; 横柄に, いかめしく.

mag·is·tra·cy /mǽdʒəstrəsi/ 名 (複 -cies) **1** UC magistrate の地位[職務, 任期]. **2** U 〈the ～; 単複両扱い〉行政長官, 治安判事. **3** C 行政長官[治安判事]の管轄区.

†**mag·is·trate** /mǽdʒəstrèit, -trət/ 名 C **1** (法の執行にあたる)行政官《市長, 知事なども含む》. the chief [first] ～ 最高行政官. **2** 治安判事 (Justice of the Peace). [＜ラテン語「長官」(＜*magister* 'master')]

màgistrates' cóurt 名 C 〚英〛治安判事裁判所《最下級の裁判所》.

mag·lev /mǽglèv/ 名 C マグレヴ《リニア・モーターカーの一種; **máglev tràin** とも言う; ＜*mag*netic *lev*iation》.

mag·ma /mǽgmə/ 名 U 〚地〛岩漿(しょう), マグマ. [ギリシア語「練り粉, 膏(こう)薬」]

Mag·na Car·ta [〚旧〛 **Char·ta**] /mæ̀gnəká:rtə/ 名 **1** マグナカルタ, 大憲章,《1215 年, 英国王 John が出した勅許状; 王権を制限し, 臣下の貴族などの自由と権利を保障した; 英国国制の基礎》. **2** C 〈一般に〉人権を保障する法令[文書など]. [ラテン語 'great charter']

mag·na cum lau·de /mà:gnə-kum-láudei, mæ̀gnə-kʌm-lɔ́:di/ 〚主に米〛(大学の卒業成績が)準最優等で (→(summa) cum laude). [ラテン語 'with high honors']

mag·na·nim·i·ty /mæ̀gnənímәti/ 名 (複 -ties) **1** U 度量の大きいこと, 寛大さ. **2** C 寛大な行為.

mag·nan·i·mous /mægnǽnəməs/ 形 度量の大きい, 心の広い; (人の侮辱, 苦情などに対して)寛大な.
▷ ～·ly 副

†**mag·nate** /mǽgneit/ 名 C 〚時に軽蔑〛(実業界などの)大物, ..王; (その道の)有力者, 大御所. a financial [shipping] ～ 財界の大立て者[海運業界の巨頭].

mag·ne·sia /mægní:ʃə, -ʒə/ 名 U 〚化〛マグネシア《制酸剤, 下剤などに用いる酸化マグネシウム》. [＜*Magnesia* (ギリシア北部の町)]

†**mag·ne·si·um** /mægní:ziəm/ 名 U 〚化〛マグネシウム《金属元素; 記号 Mg》. [magnesia, -ium]

magnésium lìght [**flàre**] 名 C マグネシウム光《もと, 写真撮影などに利用》.

‡**mag·net** /mǽgnət/ 名 (複 ～s /-ts/) C **1 磁石**; 磁鉄(鉱) (lodestone). A bar ～ has positive and negative poles. 棒磁石には陽極と陰極がある. **2** 引きつける人[もの]〈*for*, *to* ..〔人〕を〉. The new theme park will be a great ～ *for* [*to*] holidaymakers. 新しいテーマパークは週末の行楽客を大いに集めることになるだろう. [＜ギリシア語「Magnesia (→magnesia) 産の(石)」]

*__mag·net·ic__ /mægnétik/ 形 **1** ⓔ **磁石の**, 磁気の; 磁気を帯びた, 磁力を生ずる. ～ force 磁力. Wood never becomes ～. 木は決して磁気を帯びない. **2** ⓔ 地球磁場の. **3** 磁化されうる. **4** ⓜ 人を引きつける, 魅力のある, (attractive). a ～ personality 魅力的な人柄.

mag·net·i·cal·ly /mægnétik(ə)li/ 副 磁気によって; 強く〔引きつけられるなど〕.

magnètic cómpass 名 C 磁気羅針盤.

magnètic dísk 名 C 〚電算〛磁気ディスク.

magnètic fíeld 名 UC 磁場, 磁界.

magnètic héad 名 C 磁気ヘッド《テープレコーダーの部品》.

magnètic indúction 名 U 磁気誘導.

magnètic levitátion 名 U 磁気(による)浮揚《これを利用したのがリニアモーター; →maglev》.

magnètic média 名 〈単数扱い〉(フロッピーディスクなどの)磁気媒体.

magnètic míne 名 C 磁気機雷.

magnètic néedle 名 C 磁針.

magnètic nórth 名 U 磁北《地図上の北とずれる》.

magnètic póle 名 U 磁極.

magnètic resonance ímaging 名 U 〚医〛核磁気共鳴映像法《略 MRI》.

magnètic stórm 名 C 磁気あらし.

magnètic tápe 名 UC 磁気テープ.

†**mag·net·ism** /mǽgnətìz(ə)m/ 名 U **1** 磁気, 磁力; 磁気作用. terrestrial ～ 地磁気. **2** 磁気学. **3** 人を引きつける力, 魅力. She has immense personal ～. 彼女にはものすごい魅力がある.

mag·net·ite /mǽgnətàit/ 名 U 〚鉱〛磁鉄鉱.

mag·net·ize /mǽgnətàiz/ 動 他 **1** 〔鉄など〕に磁性を与える; を磁化する. **2** 〔人〕を大いに引きつける, 魅了する, (fascinate).
▷ **mag·net·iz·a·ble** 形 **màg·net·i·zá·tion** 名

mag·ne·to /mægní:tou/ 名 (複 ～s) C 〚電〛マグネト発電機《永久磁石による小型発電機で, 主に内燃機関の点火用》.

magnèto·eléctric /®/ 形 磁気電気の.

mag·ne·tom·e·ter /mæ̀gnətámətər|-tɔ́m-/ 名 C 磁力計.

magnéto·sphère /-tə-/ 名 〈the ～〉磁気圏.

mag·ne·tron /mǽgnitràn|-trɔ̀n/ 名 C 〚電子〛マグネトロン, 磁電管.

mágnet schòol 名 UC 〚米〛(特定学科目に重点を置き, 市内のだれでも通学できる公立の)専門高校.

Mag·nif·i·cat /mægnífikæ̀t/ 名 **1** 〈the ～〉聖母マリアの賛歌《受胎告知を受けたマリアの, 神への賛歌で Magnificat の語で始まる; 晩課 (vespers) に唱える》. **2** C 〈m-〉頌(しょう)歌, 賛歌. [ラテン語 '(My soul) magnifies (the Lord)']

mag·ni·fi·ca·tion /mæ̀gnəfəkéiʃ(ə)n/ 名 **1** U

拡大する[される]こと. **2** Ⓒ 拡大図. **3** ⓊⒸ 〖光学〗(レンズなどの)倍率. This microscope has ˻a ～ of eight (times) [×8 ～]. この顕微鏡の倍率は 8 倍だ.

***mag·nif·i·cence** /mægnífəs(ə)ns/ 名 Ⓤ **1 壮大さ**, 壮麗さ, 壮厳さ. in ～ 壮大に. **2** 〖話〗立派さ, すばらしさ. the ～ of the performance 出来栄えの立派さ.

‡**mag·nif·i·cent** /mægnífəs(ə)nt/ 形 ⓜ **1 壮大な**, 壮麗な, 壮厳な, 堂々とした, (類語 豪華な外観や際立った美しさを強調する; →grand). a ～ view of the mountains 山々の壮大な眺め. a ～ crown 絢爛(けんらん)たる王冠. a ～ Tudor house 壮大な[堂々たる]チューダー様式の家. **2** (ことば, 考えなどが)堂々とした, 格調高い. **3** 〖話〗立派な, すばらしい, この上ない. be in ～ health 健康が上々である. have a ～ time at a party パーティーでとても楽しい時を過ごす. earn a ～ reward 莫(ばく)大な報酬を受ける. It's ～ of you to help your rival in love. 恋敵に手を貸すとは君も大した男だ.
[＜ラテン語 *magnificus*「行いが立派な」(＜*magnus* 'great'＋*facere* 'do')] ▷**～·ly** 副

mag·ni·fi·er /mǽgnəfàiər/ 名 Ⓒ 拡大する物[人]; 〈特に〉拡大鏡, 虫眼鏡, 拡大レンズ.

‡**mag·ni·fy** /mǽgnəfài/ 動 (**-fies** /-z/|過 過分 **-fied** /-d/|**～·ing**) 他 **【大きくする】1 を拡大する**; 〔声など〕を大きく響かせる; 〔危険など〕を大きくする. ～ small print with a lens レンズを使って小さな活字を拡大して見る. ～ objects (by) 100 times 物を 100 倍に拡大する.
2【大きく言う】 を誇張する, 誇大視する. We went on, as we concluded that he had *magnified* the dangers. 危険は彼が言うほどではないと結論して我々は前進した. **3【偉大であるとする】**〖古〗〔神など〕をたたえる.
[＜ラテン語 *magnificāre*「大きくする」(＜*magnus* 'large'＋*facere* 'make')]

mágnifying glàss 名 Ⓒ 拡大鏡, 虫眼鏡.

mag·nil·o·quence /mægníləkwəns/ 名 Ⓤ 〖章〗大げさな[誇張した]表現[文体など]; 大言壮語.

mag·nil·o·quent /mægníləkwənt/ 形 〖章〗大げさな, 誇張した, 〔言葉, 話など〕; 〔人が〕大言壮語する. ▷**～·ly** 副

***mag·ni·tude** /mǽgnət(j)ùːd/ 名 (複 **～s** /-dz/) **1** 〖章〗Ⓤ **大きいこと**; 大きさ; (大小の)規模; (音などの)量 (volume). We were amazed at the ～ of his fortune. 彼の財産の大きさに我々は肝をつぶした. **2** Ⓤ 〖章〗重要性, 重大さ. realize the ～ of one's crime 犯した罪の重大さを悟る. We need another actor of his ～. 我々はもう 1 人彼と同じ貫禄(かんろく)の俳優が必要だ. **3** Ⓒ 〖天〗(星の)等級, 光度. a star of the second ～ 2 等星. **4** Ⓒ (地震の)マグニチュード (→the Richter scale). an earthquake of ～ 4.5 マグニチュード 4.5 の地震. a ～ of 8.3 マグニチュード 8.3.
of the first mágnitude 〖天〗1 等星の; 1 等級の, 最大の; 最高に重要な.
[＜ラテン語「大きさ」(＜*magnus* 'large'); -tude]

mag·no·li·a /mægnóuliə/ 名 **1** Ⓒ 〖植〗マグノリア《モクレン, コブシ, タイサンボクなどの類》. **2** Ⓤ クリーム[ピンク]色がかった白.

Magnòlia Stàte 名 〈the ～〉米国 Mississippi 州の俗称《マグノリアを州花とすることから》.

mag·nox /mǽgnɑks|-nɔks/ 名 Ⓤ マグノックス《マグネシウム合金の一種; 原子炉燃料被覆用》.

màgnox reáctor 名 Ⓒ マグノックス炉《ガス冷却型原子炉の一種》.

mag·num /mǽgnəm/ 名 Ⓒ **1** (ワイン, シャンペンなどの)大瓶《普通瓶の倍, 約 1.5 リットル入り》; その量.
2 〈しばしば M-〉マグナム弾《大きくて強力》; マグナム銃《マグナム弾用のリヴォルヴァー》. ── 形 マグナム銃[弾]の. [ラテン語 'great']

màgnum ópus 名 (複 **-opus·es, mag·na o·pe·ra**) Ⓒ (特に芸術, 文学の)傑作, 大作, (masterpiece); (芸術家の)代表作, 最高傑作. [ラテン語 'great work']

‡**mag·pie** /mǽgpài/ 名 Ⓒ **1** 〖鳥〗カササギ《黒白の羽毛で, よくさえずり, 小さく光る物を巣に集める習性がある》. **2** 〖話〗おしゃべり屋; 収集癖のある人.

màg tápe /mæg-/ 名 〖話〗＝magnetic tape.

mag·uey /mǽgwei, məgéi/ 名 (複 **～s**) Ⓒ 〖植〗リュウゼツラン; その繊維.

ma·gus /méigəs/ 名 (複 **ma·gi** /méidʒai/) Ⓒ **1** 古代ペルシアの僧侶. **2** 〖章〗魔術師. [＜ギリシア語 *mágos* (＜古期ペルシア語)「魔法使い」]

Mag·yar /mǽgjɑːr/ 名 Ⓒ マジャール人《ハンガリーの主要民族》; Ⓤ マジャール語, ハンガリー語.
── 形 マジャール人[語]の.

ma·ha·ra·ja(h) /màːhərɑ́ːdʒə/ 名 Ⓒ 〖史〗〈しばしば M-〉マハラージャ《インドの大公(の尊称)》.

ma·ha·ra·nee, -ni /màːhərɑ́ːniː(ː)/ 名 Ⓒ 〖史〗〈しばしば M-〉マハラージャの妃(きさき)又は女君主《インドの大公の妃(の尊称)》.

ma·hat·ma /məhɑ́ːtmə, -hǽt-/ 名 Ⓒ 〈普通 M-〉マハートマ《インドの大聖また高貴な人(の尊称)》. *Mahatma* Gandhi マハートマ・ガンジー. [＜サンスクリット語 'great soul']

Ma·ha·ya·na /màːhəjɑ́ːnə/ 名 〖宗〗大乗 (↔Hinayana). ～ Buddhism 大乗仏教.

Mah·di /mɑ́ːdi/ 名 マーディ《イスラム教徒がその出現を信じる救世主》.

Ma·hi·can /məhíːkən/ 名 ＝Mohican.

mah·jong(g) /màːdʒɔ́ːŋ|-dʒɔ́ŋ/ 名 Ⓤ マージャン(麻雀). ～ tiles マージャン牌(ぱい). [＜中国語]

Mah·ler /mɑ́ːlər/ 名 **Gustav** ～ マーラー (1860–1911)《オーストリアの作曲家・指揮者》.

mahl·stick /mɑ́ːlstìk, mɔ́ːl-/ 名 ＝maulstick.

‡**ma·hog·a·ny** /məhɑ́gəni|-hɔ́g-/ 名 (複 **-nies**) **1** Ⓒ マホガニー《センダン科の常緑高木; 熱帯アメリカ産》. **2** Ⓤ マホガニー材《赤褐色の堅い材質で高級家具・楽器の材料》. **3** Ⓤ マホガニー色《赤褐色》.
── 形 マホガニー材で作った; 赤褐色の.

Ma·hom·et /məhɑ́mət|-hɔ́m-/ 名 ＝Mohammed.

Ma·hom·e·tan /məhɑ́mətən|-hɔ́m-/ 形, 名 ＝Mohammedan.

ma·hout /məháut/ 名 Ⓒ (インドなどの)象使い.

‡**maid** /meid/ 名 (複 **～s** /-dz/) Ⓒ **1 お手伝い**, 女中, 〈しばしば複合語で用いる: 例 house～, nurse～ など〉; (ホテルなどの)メイド (chambermaid); (★個人の家では, 特に昔, 富裕な家が雇っていた). Her ～ helped her to dress for the reception. 女中が招待会に出る彼女の身支度の手伝いをした. **2** 〖古・詩〗**少女**, 乙女; 処女; 未婚の女性 (→old maid). a country ～ 田舎娘.
[＜*maid*en]

maid·en /méidn/ 名 Ⓒ **1** ＝maid 2. **2** (競馬の)未勝利馬. **3** (クリケットで)無得点でのオーバー (maiden over). →over 名.
── 形 ⓒ 〈限定〉 **1** 乙女の; 乙女らしい. The girl gave a ～ blush. 少女は乙女らしく頬(ほお)を染めた. **2** 〔女性が〕未婚の; 処女の; 《特に年輩の女性について言う》. **3** 初めての, 処女..; 未使用[未経験]の; 〔土地などが〕未踏の. a ～ flight 処女飛行. a ～ speech (新人国会議員などの)処女演説. a ～ voyage (船の)処女航海. **4** (競馬で)未勝利の, 未勝利馬のための〔レース〕.
[＜古期英語]

màiden áunt 名 Ⓒ 〖旧〗未婚のおば.

máiden·hàir 名 Ⓤ クジャクシダ, アジアンタム, 《繊細な茎に優美な葉を付けるクジャクシダ属の植物の総称》.

máidenhair trèe 名 Ⓒ イチョウ (gingko).

máiden·hèad 名 〖古〗**1** Ⓒ 処女膜 (hymen). **2** Ⓤ 処女であること (virginity).

M

máiden·hòod /-hùd/ 名 U 《雅》若い未婚女性であること; 処女性; 未婚時代.
máid·en·ly 形 《雅》 **1** 乙女[処女]らしい; しとやかな, つつましい, 優しい. **2** 乙女の.
máiden nàme 名 C (既婚女性の)結婚前の姓, 旧姓.
màiden óver 名 C =maiden 名 3.
màid-in-wáiting 名 (複 **maids-**) C (女王, 王女などに仕える未婚の)侍女.
màid of áll wòrk 名 (複 **maids-**) C 家事全般をする女中; 何でも屋.
màid of hónor 名 (複 **maids-**) C **1** 女官《女王, 王妃, 王女に仕える未婚の女性; →maid-in-waiting》. **2** 《米》花嫁の付き添い《付き添い (bridesmaids) の主役を務める未婚の若い女性; →matron of honor》. I was ～ for each of my older sisters. 私は姉たちが花嫁の結婚式のとき付き添いをしました. ★無冠詞に注意. **3** 《英》メイド・オブ・オナー《小型のタルト菓子》.
Màid of Órleans 名 〈the ～〉オルレアンの少女《Joan of Arc を指す; →Orleans》.
máid·sèrvant 名 C 《旧》女中, 下女, (男 manservant).

‡**mail**[1] /meil/ 名 (複 **～s** /-z/) **1** U (**a**) 〈集合的〉(1度に運ばれる)**郵便物**(全体); (個人が受け取る)郵便物(全体); (★普通《英》では post の方が好まれる). deliver the ～ 郵便を配達する. The ～ train lost most of its ～ in a fire. 火災で郵便列車は郵便物の大半を焼失した. Did you get much ～ today? 今日は郵便がたくさん来ましたか. There was a letter from my father in the [today's] ～. (今日の)郵便物の中に父からの手紙があった. (**b**) 集配達《特に特定の時間の》 the morning ～ 朝の郵便.

連結 address [collect; forward; send (out); sort] ～

2 (**a**) U **郵便**(制度) (★《英》では普通 mail は airmail (航空便), surface mail (普通便), sea mail (船便)など特定の修飾語句を伴う場合に限られ, 単独では post を用いる). send a parcel by ～ [through the ～] 《米》郵便で小包を送る. My check is [It came] in the ～. 《主に米》小切手は郵送済みです[それは郵便で来た]. by regular ～ 《米》(速達などでなく)普通郵便で. answer by return ～ 《米》折り返し返事をする (=《英》answer by return of post). foreign [domestic] ～ 外国[国内]郵便. (**b**) 〈the ～s〉《米》郵便(制度). the origin of the ～*s* in Europe ヨーロッパの郵便(制度)の起源. (**c**) U 《電算》(e-)メール.

連結 overseas [inland; registered; surface] ～

3 C 郵便列車 (**máil tràin**), 郵便船など.
4 〈M-; しばしば新聞名として〉 ..日報, ..新聞. The Daily *Mail*『デーリーメール』《英国の日刊新聞》.
── 動 他 **1** 《主に米》〔手紙など〕を投函(かん)する, 郵送する; VOO (～ X Y)・VOA (～ Y *to* X) X に Y を郵送する; (《英》post). Last week I ～*ed* him some souvenirs from the U.S. 先週米国からのみやげ品を彼に郵送した. ～ a letter *to* one's mother 母親に手紙を出す. **2** を(e-)メールで送る.
màil /../ óut 《主に米》を大量に発送する.
[＜古期フランス語「袋」]

mail[2] 名 U (昔の戦士の)鎖かたびら, よろい, (coat of mail; chain mail). ── 動 他 〔人〕に鎖かたびらを着せる, を武装させる. [＜ラテン語「網の目」]
máil·bàg 名 C **1** (輸送用の)郵便袋. **2** 《米》郵便配達カバン (《英》postbag).
‡**mail·box** /méilbɑ̀ks|-bɔ̀ks/ 名 (複 **～·es** /-əz/) C 《主に米》 **1** (投函(かん)用の)**郵便ポスト** (《英》letterbox, postbox; →pillarbox). **2** (家庭などの)**郵便受け** (《英》letterbox). **3** 《電算》メールボックス.

máil càr 名 C 《米》(鉄道の)郵便車.
máil càrrier 名 C 《米》郵便配達[集配]人. ★mailman を性差別語とする人はこの表現を使う.
máil còach 名 C 《英》(鉄道の)郵便車; (昔の)郵便馬車.
máil dròp 名 C **1** 《米》(特に, アパートなどの)郵便受け. **2** 《米》郵便受取り用だけのアドレス. **3** 《米》(郵便局の)私書箱. **4** 《英》(郵便物の)配達.
mailed 形 鎖かたびらを着た.
màiled físt 名 〈the ～〉腕力; 武力.
Mail·er /méilər/ 名 **Norman ～** メイラー (1923-) 《米国の小説家; 広範な政治・社会的な問題を扱う》.
máil·er 名 C 《米》 **1** 郵送者. **2** 郵便発送機 (**máiling machìne**). **3** 郵送用筒, 封筒.
Máil·gràm 名 C メールグラム《郵便電報サービスの一種, またそのメッセージ; 米国の The Western Union Telegraph Co. が行っている》.
máil·ing 名 **1** U 郵送; 投函(かん). **2** C 郵便物.
máiling lìst 名 C (広告文, 情報などの)郵送先名簿.
mail·lot /mɑːjóu/ 名 C **1** (ダンサー, 曲芸師などの)タイツ. **2** (ワンピースの女子用)水着. **3** ジャージー, メリヤスの上着.
‡**mail·man** /méilmæ̀n/ 名 (複 **-men** /-mèn/) C 《主に米》**郵便配達[集配]人** (postman). →mail carrier.
‡**màil-órder** /㊇/ 形 通信販売の. a ～ catalog 通信販売カタログ.
‡**máil òrder** 名 **1** U (カタログによる)通信販売(の注文), 通販. **2** C 〈～s〉《主に米》通販商品.
máil-order hòuse [《英》**fìrm**] 名 C 通信販売会社.
máil·shòt 名 UC 《主に英》(広告の)'郵便攻め'; その(多量の)ダイレクトメール; (《主に米》mass mailing).
máil·wòman 名 C (複 **-women**) (女性の)郵便配達人 (→mail carrier).
‡**maim** /meim/ 動 他 **1** に傷害を与える, を障害者にする, 〈普通, 受け身で〉. The soldier was ～*ed* in the war. 兵士は戦争で障害者になった. **2** を損なう, 台無しにする; 〔法案など〕を骨抜きにする. ── 自 人を障害者にする.
‡**main** /mein/ 形 ⓒ 〈限定〉 **1 主**な, 主要な, 最も重要な, (類語 普通, 全体の中の中心, 主力であるという意味; →capital, chief, foremost, leading[1], primary, prime, principal). a ～ road 幹線道路. the ～ office [building] 本社[本館]. the ～ points of a speech 演説の要点. The actress has the ～ role in the play. その女優はその芝居の主役を演じる. The ～ thing is that... 最も重要な[肝心な]ことは..である. **2** 精一杯の, ある限りの.
by màin fórce [***stréngth***] 《章》全力を尽くして.
── 名 C **1** (公道を通るガス, 水道, 電気などの)供給本管[本線]; (下水の)排水本管; (★《英》では普通 ～s として用い, 単複両扱い). The water ～(*s*) burst due to the earthquake. 地震のため水道の本管が破裂した. a ～*s* radio 《英》電灯線専用ラジオ. *at* the ～(*s*) 元で. *on* the ～(*s*) 本管に接続されて. **2** C (水道・ガス・電気の)(建物などへの)引き込み管[線] (★《英》では普通 ～s). **3** 《詩・古》〈the ～〉大海原. **4** 《古》本土.
by [***with***] ***mìght and máin*** →might[2].
in the máin 概して, 大体は; 通例(は); 主として; (→mainly). *In the* ～, you're right. 大体において君の言い分は正しい. [＜古期英語「力」]
máin·bràce 名 《海》メインブレース. ***splíce the máinbràce*** 《旧》(大仕事の後で)一杯やる.
màin chánce 名 〈the ～〉《英話》(儲(もう)けの)絶好の機会; 私利. have an eye to the ～ (金)儲けのチャンスをねらう, 自分の利益に抜け目がない.
màin cláuse 名 =principal clause.
máin còurse 名 C (食事の)主料理《普通, 肉類》.

màin déck 名 〈the ～〉(船の)主甲板.
màin drág 名 C 〈the ～〉〖米話〗 **1** ＝main street 1. **2** (麻薬の)売人や売春婦のたむろする街.
Maine /mein/ 名 メイン《米国北東部大西洋沿岸の州; 州都 Augusta; 略 ME〖郵〗, Me.》.
from Màine to Califórnia 米国全土を通じて《英国では from Land's End to John o'Groats》. [main の古形; New England の 'mainland' の意味] ▷**Máin·er** 名 C メイン州の住民.
máin·fràme 名 C〖電算〗メインフレーム **1** (端末部分に対して)コンピュータの本体. **2** (ネットワークの中央にある)大型高速コンピュータ (**màinframe compúter**).
‡**main·land** /méinlæ̀nd, -lənd/ 名 (複 **～s** /-dz/) C **1** 〈普通 the ～〉(付近の島や半島と区別して)**本土**. **2** 〈形容詞的に〉本土の, ..本土. ～ China 中国本土. ▷**～·er** 名 C 本土居住者.
máin·lìne 動〖俗〗自 (麻薬を)静脈に注射する《→main line 2》. ── 他 〔ヘロインなど〕を静脈注射する. ── 形 **1** 主流の, 本流の. **2** 幹線の.
màin líne 名 C **1** (鉄道の)幹線 (→branch);〖米〗幹線道路. **2**〖俗〗(麻薬を打つ)太い静脈.
máin·lìn·er 名 C 麻薬を静脈に注射する人.
***main·ly** /méinli/ 副 ¢ **主に, 主として; 大体は**. The audience consisted ～ of students. 聴衆は主に学生から成っていた.
máin màn 名 C〖米俗〗(男の)親友.
máin·màst 名 C〖海〗大檣(しょう), メーンマスト,《多くは前から2本目》.
main·sail /méinsèil, -s(ə)l/ 名 C〖船〗大檣(しょう)帆, メーンスル,《mainmast の一番下に付ける》.
máin·spring 名 C **1** (時計などの)主ぜんまい. **2** 〈普通, 単数形で〉主因, 主な動機; 原動力; 〈*of* ..の〉. the ～ of her success 彼女の成功の原動力.
‡**máin·stày** 名 (複 **～s**) C **1**〖船〗大檣(しょう)支索, メーンステー,《mainmast を固定する綱》. **2** 〈普通, 単数形で〉支柱, 中心, 大黒柱, 〈*of* ..〔家族, 組織など〕の〉; 主要基盤 〈*of* ..の〉. Joe was the ～ *of* the team. ジョーがそのチームの大黒柱であった. Fishing is the ～ of their economy. 漁業が彼らの経済を主に支えている.
†**máin·strèam** 名 C **1** 〈the ～〉(思潮, 動向などの)主流, 大勢. **2**〖楽〗メインストリーム《モダンジャズ以前の1930年代に盛んであったジャズの様式; 代表的なものは swing music; **máinstream jàzz** とも言う》.
── 形 〈限定〉主流の;〖楽〗メインストリームの. ～ American political thought during the Cold War era 冷戦期主流だったアメリカの政治思潮.
── 動 他 〔障害児など〕を普通クラスに入れる.
máin strèet 名 〈しばしば M- S-〉 **1** C〖主に米〗(小都市の)本通り, 目抜き通り, (〖英〗high street). **2** U〖米〗(因襲的な)小都市(文化)《Sinclair Lewis 作 *Main Street* から》.
‡**main·tain** /meintéin, mən-/ 動 (**～s** /-z/| 過 過分 **～ed** /-d/|**～·ing**) 他
【保ち続ける】 **1** を保つ, 続ける; を持続させる; VOA (～ X *at*..) X を..に保つ. ～ low interest rates 低い利率を維持する. ～ friendly relations with one's neighbors 隣人と友好関係を保つ. ～ one's cool [silence]〖米話〗冷静でいる[沈黙を守る]. The driver ～*ed* his speed *at* 50 mph. 運転者は時速50マイルを保った.
2 〔健康, 名声など〕を**維持する**; 〔家, 道, 車など〕を(修理して)保全する, の手入れ[補修]を怠らない, を整備する. ～ a railroad line 鉄道線路を保全する. Elevators should be carefully ～*ed*. エレベーターは念入りに整備しておかなくてはいけない.
【保つ＞守る】 **3** 〔人, 権利, 地位など〕を守る; 〔人, 政府, 主義など〕を擁護する, 支持する. The troops ～*ed* their ground. 部隊は陣地を守り続けた. ～ world peace 世界平和を維持する. **4** 〔家族など〕を**扶養する**; 〔命〕を養う; を(経済的に)支える. ～ oneself 自活する. It's no easy matter to ～ a family of six. 6人家族を養うのは容易な事ではない. ～ life 生物を守る.
5 【考えを保持する】 VO (～ X/*that* 節/"引用") X を/..ということを/「..」と**主張する**, 言い張る; VOC (～ X *to be* Y) X は Y だと主張して譲らない. ★すべての人が認めるわけではないことを含意する. The accused ～*s* his innocence [that he is innocent]. 被告はあくまで無実を主張している. The scientist ～*ed* (*that*) the theory should be tested through experiments. 科学者はその理論は実験によって検証されるべきだと主張した.
[＜ラテン語「手 (*manus*) に保つ (*tenēre*)」]
▷**～·a·ble** 形
maintàined schóol 名 UC〖英〗〖教育〗公費維持学校《全面的に公立のものも, 補助金を受ける私立のものも含む》.
‡**main·te·nance** /méint(ə)nəns/ 名 U **1 維持**(する[される]こと); 持続. The police are responsible for the ～ of law and order. 警察は法と秩序の維持に対して責任を持つ. **2** (特に管理, 修理などによる)**保全**, 整備, 補修, 保守, メンテナンス. car ～ 車の整備[メンテナンス]. the ～ of the streets 街路の補修管理.

連結 good [proper; scrupulous; careless; poor; regular] ～ // require ～

3 擁護, 支持. **4** 生活費 (livelihood); (家族などの)扶養; (特に別れた妻子への)扶助料 (separate maintenance).
máintenance màn 名 C (道路, 公共建築物などの)補修員, 管理人.
máintenance òrder 名 C〖英法〗扶養命令.
máin·tòp 名 C〖船〗大檣楼(しょうろう), メーントップ.
màin-tóp·màst 名 C〖船〗大檣(たいしょう)の中檣.
màin vérb 名 C〖文法〗本動詞. →auxiliary verb.
Mainz /maints/ 名 マインツ《ドイツ中西部にある古都; 印刷術の発明者グーテンベルクの生地》.
mai·so(n)·nette /mèizənét/ 名 C **1**〖英〗メゾネット《一居住単位が大きな家屋の一部で, 普通上下2階から成る; 入り口は別になっている;〖米〗duplex apartment》. **2** 小住宅.
maî·tre d' /mèitrə-díː/ 名 C〖米俗〗＝maître d'hôtel.
maî·tre d'hô·tel /mèitrə-doutél/ 名 (複 **maîtres d'hôtel** /-trə(z)-/) C (レストランの)給仕長, ボーイ長,《客を席に案内したり, 給仕に命令を下したりする》.
[フランス語 'master of (the) hotel']
†**maize** /meiz/ 名 U **1**〖主に英〗トウモロコシ(の実) (〖米〗corn). **2** トウモロコシ色《濃黄色》. [＜南米先住民語]
Maj. Major.
***ma·jes·tic, -ti·cal** /mədʒéstik/, /-k(ə)l/ 形 m **威厳のある**, 荘重な; 雄大な, 堂々とした; (類語 stately にさらに厳粛さが加わる; →grand). a ～ monument 荘厳な記念碑. ▷**ma·jes·ti·cal·ly** 副 堂々と, 荘重に.
***maj·es·ty** /mǽdʒəsti/ 名 (複 **-ties** /-z/) **1** U (王者の)**威厳**, 尊厳; 壮大さ, 雄大さ. He carries the ～ of a king. 彼は王者の風格を備えている. This photograph captures the Alps in all their ～. この写真はアルプスの偉観を余すところなくとらえている.
2 C 〈M-〉**陛下** (★Your, His, Her, Their を前置して国王などの尊称として用いる). His *Majesty* (the King) (国王)陛下. Her *Majesty* (the Queen [Empress]) (女王[皇后])陛下. Your *Majesty* 陛下 (★呼びかけ, 又は代名詞 you に代わる尊称; ただし動詞は3人称に一致し, これを受ける代名詞は男性の場合は he, him, 女性の場合は she, her となる: How is Your *Majesty?* (陛下にはご機嫌いかがであらせられますか)). Their (Imperial)

M

Majesties the Emperor and Empress attended the opening ceremony. 天皇皇后両陛下は開会式に御臨席あそばされた. His [Her] *Majesty's* Ship 英国軍艦《略 HMS》. **3** Ⓤ (法などの)至上権; 王権.
[<ラテン語「偉大さ, 威厳」(<*mājor* 'major')]

ma·jol·i·ca /mədʒálikə, -jál-|-jɔ́l-, -dʒɔ́l-/ 名 Ⓤ
1 マジョリカ焼き《装飾的な色彩, 図案のイタリア陶器》.
2 マジョリカ風の焼き物.

Ma·jor /méidʒər/ 名 **John ～** メイジャー (1943-)《英国の政治家; 首相 (1990-97)》.

‡ma·jor /méidʒər/ 形 ⓒ〈普通, 限定〉
【より重要な】 **1 主要な**; 一流の〔作家など〕; 大... a ～ road 主要道路. a ～ problem 重大問題. a ～ American poet 米国の大詩人. Poverty is still the ～ cause of crime. 貧困は依然として犯罪の大きな原因である. The house needs ～ repairs. 家は大修理が必要だ. **2** 大きな(危険を伴う), 命にかかわる, 〔手術など〕. a ～ operation (危険な)大手術.
3〖米〗(大学での)専攻の. a ～ subject 専攻科目. What's your ～ field? 君の専攻分野は何ですか.
【より大きい】 **4 大部分の**, 過半(数)の, 多数の. the ～ part of a year 1年の大半.
5〖英古〗(特に男子校の同姓の2生徒のうち)年長の. Smith ～ 年上[兄]のスミス.
6〖楽〗長調の, 長音階の. a sonata in D ～ ニ長調のソナタ. **7**〖法〗成年に達した.
◇↔minor 名 majority
── 名 Ⓒ **1**〈しばしば M-〉陸軍少佐;〖米〗空軍少佐;《略 Maj.》. **2**〖法〗成人《英米ともに18歳以上; ↔minor》(類語 成人を表す法律用語; →adult). **3**〖主に米〗(大学の)専攻科目[学生], 主専攻科目 (↔minor). a history [an English] ～ 史学[英文学, 英語]専攻学生. **4**〖楽〗長調, 長音階, (↔minor). **5**〖スポーツ〗〈the ～s〉大リーグ; メジャー, 国際石油資本, (**the òil májors**).
── 動 自 〖米・オース〗 VA (～ *in*..) ..を専攻する (specialize). Frank ～*ed in* sociology at the university. フランクは大学で社会学を専攻した.
[ラテン語 'greater' (*magnus*「大きい」の比較級)]

Ma·jor·ca /mɑjɔ́ːrkə, -dʒɔ́ːrkə/ 名 マヨルカ(島)《地中海西部にある; スペイン領:スペイン名 Mallorca》.

ma·jor·do·mo /mèidʒərdóumou/ 名 Ⓒ (複 **～s**)
1〖古〗(特に昔のイタリア・スペインの王家, 貴族や金持ちの家の)家令, 執事頭. **2**〖戯〗〈一般に〉執事. [スペイン語 'head of the household']

ma·jor·ette /mèidʒərét/ 名 =drum majorette.

màjor géneral 名 (複 **major generals**) Ⓒ〈しばしば M- G-〉陸軍少将;〖米〗空軍[海兵隊]少将.

‡ma·jor·i·ty /mədʒɔ́ːrəti|-dʒɔ́r-/ 名 (複 **-ties** /-z/) **1**
(a) aⓊ〈単複両扱い〉(特に人の)**大多数**; (投票数, 議席数などの)**過半数**;〖話〗ほとんど, 大半, 〈*of*..の〉. The (great) ～ *is* [*are*] for the mayor. 大部分の人が市長を支持している. get a ～ in the Diet 議会で過半数を得る. the overall ～ 絶対多数. the [a] ～ *of* my friends 私の友人の大部分. Joe spends the ～ *of* his time in sports. ジョーはほとんどの時間をスポーツに費やしている. **(b)** Ⓒ 多数派; 多数党. Is the ～ always right? 多数派は常に正しいか. **(c)**〈形容詞的〉過半数の, 大多数の; 多数派の. *the* ～ vote 過半数の票. a ～ decision 多数決による決定. a ～ party 多数党.
◇↔minority
2 Ⓒ〈普通, 単数形で〉(勝ち越しの)得票差 (margin)《過半数得票と他の得票総数との差; →plurality》. win by a large ～ 大差で勝つ. The bill passed by a small ～ of 10 votes. 議案は10票の小差で通過した. He had a large ～ *over* the other candidates at the last election. 先の選挙で彼は他の候補者たちに圧勝した.

> 連結 an absolute [an overwhelming; a comfortable, a handsome, a large, a sizable; a safe; a narrow, a slender, a slim] ～ // receive [have, hold] a ～

3 Ⓤ〖法〗成年 (↔minority). the age of ～ 成人年齢. reach [attain] one's ～ 成年に達する.
4 Ⓤ 陸軍[〖米〗空軍]少佐の地位. ◇形 major
be in the* [*a*] *majórity 過半数[多数]を占めている. Women *are* now *in a* ～ on the committee. その委員会では今は女性の方が多い.
jòin* [*go òver to*] *the* (*grèat* [*silent*]) *majórity 〖旧・婉曲〗亡き人の数に入る《死ぬ》.
[<中世ラテン語; major, -ity]

majórity lèader 名 Ⓒ〖米〗多数党の院内総務.

majòrity rúle 名〈the ～〉多数決の原則.

majòrity vérdict 名 Ⓒ〖法〗(陪審員の)過半数評決《陪審では全員一致が原則》.

májor-lèague 形〖米〗**1** 大リーグの. **2** 重要な, 影響力のある.

màjor léague 名 Ⓒ (アメリカプロ野球の)大リーグ《National League と American League の2つがある; →minor league》; (各種スポーツの)大リーグ.

màjor léaguer 名 Ⓒ 大リーグの選手.

màjor medical (insúrance) 名 Ⓤ 高額医療費保険.

màjor plánet 名 Ⓒ 大惑星《Mercury, Venus, Earth, Mars, Jupiter, Saturn, Uranus, Neptune, Pluto の9つ》.

màjor prémise 名 Ⓒ〖論〗大前提《三段論法中の最初の命題; →syllogism》.

màjor scále 名 Ⓒ〖楽〗長音階 (→minor scale).

màjor súit 名 Ⓒ〖ブリッジ〗大札《ハート又はスペードの組札; 得点が高い; →minor suit》.

‡make /meik/ 動 (**～s** /-s/|過 過分 **made** /meid/|**mák·ing**) 他
【作る】 **1 (a)** (材料などを用いて)**を作る**, こしらえる, 建造する; 〔条文など〕を作成する; 〔法律〕を制定する. ～ bread [a doll] パン[人形]を作る. ～ a poem 作詩する. ～ one's will 遺言状を作成する. **(b)** VOO (～ X Y)・VOA (～ Y *for* X) X に Y を作ってやる (★普通, X を主語にした受け身は不可). Mother *made* me a new coat. = Mother *made* a new coat *for* me. 母は私に上着を新調してくれた.
2 VOA (～ X *to do*/X *for*..)〈受け身で〉X が..するように/..に向いてできている. You are *made to* be a poet. 君は生まれながらの詩人だ. We are *made for* each other. 我々はもともと相性がいいのだ.
【努力して作る>ものにする】 **3 を手に入れる, 得る**, 〔名声など〕を獲得する; 〔友[敵]〕を作る. ～ a living 生計を立てる. ～ one's fortune 身代を築く. ～ a profit [loss] of 100 dollars 100ドルもうける[損する]. ～ good marks (試験などに)いい成績をとる. ～ a new friend [enemy] 新しい友[敵]を作る.
4〖話〗〔(有利な)地位など〕を手に入れる, に就く; の一員に(ようやく)なる; 〔新聞・リストなど〕に載る. ～ vice-president at the age of 32 32歳で副社長になる. His book has *made* the best-seller lists. 彼の本はベストセラーのリストに載った.
5〖トランプ〗〔場の勝負 (trick)〕に勝つ; 〔(強い)札〕を出して勝つ;〖野球・クリケット〗を得点する. ～ two runs 2点入れる.
6〖俗〗〔女性〕をくどき落とす, ものにする.
【到達する, 達成する】 **7** に到着する;〖話〗〔列車など〕に(やっと)間に合う. ～ port 〔船が〕入港する. ～ the last bus by a few seconds 2, 3秒のきわどいところで終バスに間に合う. We'll ～ the summit of the hill by noon.

正午までには丘の頂上に着くだろう.
8 の距離を[速度で]進む; を踏破する. This plane can ～ 800 miles an hour. この飛行機は時速800マイルで飛べる. How many countries did you ～ this vacation? この休暇に君は何か国を回ったのか.
9【達成[成功]させる】《話》〔物事が〕を成功させる; の成功を確実にする. The music *made* the show. 音楽でそのショーは当たった. My friendship with a critic *made* me. ある批評家との交友が私の成功の鍵(かぎ)になった.
【達する＞なる】 **10** (計算, 順序などが)になる, 当たる; を成す; VOO (～ X Y) X(人)にとって(十分)Yになる[として使える]. This ～*s* his third arrest for theft. 今度で彼は3回窃盗で逮捕されたことになる. Twenty-four hours ～ one day. 24時間で1日になる. Two and three ～ five. 2足す3は5《2+3=5 の読み方》. This length of cloth will ～ me a skirt. これだけ生地の長さがあれば私のスカートに間に合うでしょう.
11 (変化して)..になる; VOO (～ X Y)・VOA (～ Y ***for*** X) X(人)にとってYになる; (★普通, (直接)目的語は良い意味の修飾語を伴う). The two will ～ an ideal couple. 2人は理想的な夫婦になるだろう. This essay ～*s* pleasant reading. この随筆は楽しい読み物になる[読んで楽しい]. Betty will ～ Jack a good wife [～ a good wife *for* Jack]. ベティーはジャックのいい奥さんになるだろう.
【作り出す】 **12**〔物事, 状態〕を作り出す, **生じさせる**, 引き起こす. ～ a noise 音を立てる. ～ a fuss 騒ぎ立てる. ～ time for shopping 買い物に行くために時間を割く. Please ～ room for a desk. 机を置く場所を空けてください. An extra few pounds would ～ no difference. 余分に2,3ポンドかかっても構わないだろう. I'm sorry to have *made* such trouble *for* you. 迷惑をおかけしてすみません.
13【良い状態を作り出す】(使用できるように)を**整える**, 用意する, 整備する; VOO (～ X Y)・VOA (～ Y ***for*** X) X(人など)にYを用意してやる. *Make* your bed before you go to school. 学校に行く前にベッドをきちんとしなさい. ～ oneself a cup of tea 自分でお茶を入れる.
【活動を作り出す】 **14**〈動作, 行為などを表す名詞を目的語に取って〉を**する, 行う**; VOO (～ X Y)・VOA (～ Y ***to*** X) XにY(申し出など)をする. ～ a bow [an excuse] お辞儀[言い訳]をする. The employer *made* a new offer *to* the workers. 雇い主は労働者に新しい提案をした. I'll ～ you a promise [deal]. 君と約束[取り引き]します.

> 語法 make an effort, make haste [progress] など 'make+行為名詞' の形式については, それぞれの名詞を参照のこと; また make an attempt [a choice, a decision, a demand] などはそれぞれ動詞の attempt [choose, decide, demand] と同義であるが, 'make+名詞'の場合は特に1回だけの行為という点が明確にされる; →give 12, have 11, take 29.

15〔食事〕を食べる. ～ a hasty lunch 急いで昼食をとる.
【状態を作り出す＞状態にする】 **16** VOC (～ X Y/X ***what*** 節) XをYに/Xを..にする; (～ X Y) XをYに任命[選挙]する. The news *made* me sad. 知らせを聞いて悲しくなった. Father wants to ～ me a doctor. 父は私を医者にしたがっている(→成句 MAKE X of Y (2)). He *made* her his wife. 彼は彼女と結婚した《＜彼女を妻にした》. I ～ it a rule to get up at six. 私は6時に起きることにしている. She *made* clear her objections to my proposal. 彼女は私の提案への反対理由を明らかにした (★この例のように「X Y」の語順が入れ替わる場合がある). You've *made* me *what* I am. 今日私があるのはあなたのおかげです. Sam was *made* chairman. サムが議長に選ばれた.
17 VOC (～ X *done*) Xが..されるようにする. *Make* it *known* that the policy will change. 方針が変わることを公表せよ. I couldn't ～ myself *heard* above the noise. 騒音で私の声は通らなかった. ～ oneself *understood* →understand (成句).
18〈使役〉VOC (～ X *do*) Xに..させる.

> 語法 (1) *do* は受け身では *to* do となる. (2) make, let, have はいずれもこの文型で用いるが, make は「..させる」で主に「強制」を, let は「..させておく」で「許容, 放任」を, have は「..するように持って行く」という「手はず」の意味が中心になる.

They *made* me *wait* [I was *made to* wait] for a long time. 彼らは私を長いこと待たせた[私は長いこと待たされた]. What ～*s* you *laugh* like that? 何がおかしくてそんなに笑うのか.
【ある姿にする】 **19** VOC (～ X Y/X *do*) XをYのように/Xを..するように見せる, 描く, こしらえる, (★*do* は受け身では ***to*** *do* になる). The suit ～*s* you (*look*) thin. そのスーツはあなたを細く見せる. In the film the director ～*s* Hamlet an active person. 監督はその映画でハムレットを活動的な人物に描いている. In the story, the heroine's marriage is *made to* have taken place in 1870. 物語では女主人公の結婚は1870年に行われたように書かれている.
20【心中に描く】VOC (～ X Y/X ***to be*** Y) XをYと思う, みなす, 見積もる. Let's ～ it about a three-day trip. 3日ほどの旅行と見ておきましょう. How large do you ～ the crowd? 群衆はどれぐらいいると思いますか. I ～ the man *to be* a Scot by his accent. 彼の訛(なま)りからみてあの男はスコットランド人と思う. What time do you ～ it? =What do you ～ the time? (あなたの時計では)今何時ですか.
21《海》〔陸地〕を認める, が見え出す.
22《米(犯罪)俗》を見(つけ)る, に気づく; の正体が分かる[を見破る].
── 自【向かう】《章》 **1** VA (急いで) **進む**, 向かう; 〔道路などが〕通じる, 伸びる; 〔証拠などが〕(ある方向を)指す, 示す, (point). ～ *for*.. (→成句 (1)). The road ～*s* *across* the desert. 道は砂漠を横断している. All the arguments *made in* the same direction. 議論はみな同じ方向に向いた.
2【向かって来る】〔潮が〕満ちてくる, 差す; 〔水などが〕増す. The tide's *making*—we'll have to leave the beach. 潮が差して来た. 海岸から引き上げなくてはいけない.
3【心が向かう】《古》VA (～ ***to*** *do*) ..しようとする, ..しかける. The man *made to* strike me. 男は私を殴りにかかった.
【ある状態になる】 **4** VC (～ X) Xにする[なる]. ～ ready for a trip 旅行の支度をする. ★make sure [certain, bold, free, merry] などの成句における make の用法もこれと同じ.
5《米》〔氷が〕できる; 《米方》〔農作物が〕成長する.
as..as they máke 'em [***them***]《話》非常に..な. He's *as* honest *as they* ～ *them*. 彼は全く正直そのもののような人です.
be màde (***for lífe***) 左うちわで暮らせる.
hàve (***got***) ***it máde***《話》成功間違いなしである.
máke after..《古》..を追跡する.
máke as if [***thòugh***]***..*** ..のふりをする; ..するようなしぐさをする〈*to* do〉. Just ～ *as if* you didn't know. ただ知らないふりをしてくれ. He *made as if to* strike me. 彼は私を殴るまねをした.
máke at.. ..に襲いかかる. Our dog *made at* the thief. うちの犬は泥棒に飛びかかった.
màke awáy 急いで立ち去る, 逃げ出す.
màke awáy with.. (1)《旧話》=MAKE off with

M

... (2) ..を殺す; ..を取り除く; ..を使い果たす, 食べ[飲み]尽くす. ～ *away with* oneself 自殺する. ～ *away with* the entire cake ケーキを全部平らげる.

màke belíeve →believe.

màke .. dó＝màke dó with [on] .. ..で間に合わせる, 済ます. I can't afford a new car, so I'll have to ～ this one *do*. 新車は買えないからこれで間に合わせなければならない. We can ～ *do with* [*on*] less money. 我々はもっと少ない費用でやれる.

màke dó without .. ..なしで済ます.

***máke for ..** (1) **..の方へ(急いで)進んで行く**. She *made for* the car right away. 彼女は直ちに車の方に向かった. (2) ＝MAKE at... (3) **..に役立つ**, 寄与する; ..を助ける. The summit conference *made for* the peace of the world. 首脳会談は世界平和に貢献した.

***máke X from Y** **Yを原料にXを作る** (★主に原料の質が変化する場合に用いる; 材料の質が変化しない場合は make X of Y が普通). ～ wine *from* grapes ブドウからワインを作る. Cheese is *made from* milk. チーズは乳から作られる.

màke góod(..) →good.

máke X into Y XをYにする[変える, 仕立てる] (→MAKE X out of Y (2)). ～ a legend *into* a drama 伝説を劇化する. The surplus milk is *made into* butter. 余った牛乳はバターにされる. Try to ～ yourself *into* a decent man. まっとうな人間になるように心がけてみなさい.

máke it (1)〖話〗(目的地に)たどりつく; (ある困難を通過した後)目標に達する; 目的を遂げる, 成功する; 間に合う; 〔病人などが〕生き延びる, 持ちこたえる. ～ *it* back okay 無事に戻る. The explorer *made it* on foot across the desert. 探検家は徒歩で砂漠横断に成功した. ～ *it* as an actress 女優として成功する. (2)〖話〗何とかやりくりする; 都合をつける. As for our luncheon appointment, I'm afraid I can't ～ *it*. 昼食会のお約束ですが, どうも私の都合がつきかねます. I can't ～ *it* next Friday. 次の金曜は都合がつかない. (3)〖俗〗性交する〈*with* ..と〉; 〖米俗〗'いく', オルガスムスに達する.

màke it só〖海〗(日の出などの)定刻の時鐘を打たせる.

màke it úp (1) 和解する, 仲直りする, 〈*with* ..と〉. (2) 償いをする〈*to* ..に/*for* ..の〉. How can we ～ (*it*) *up to* you *for* all that you have suffered because of us? 私たちがおかけしたご苦労に対してどうしたら償いができるでしょう.

máke like ..〖話〗..のまねをする; ..のふりをする. He was *making like* he was working. 彼は仕事をしているふりをしていた.

màke líttle [múch, nóthing] of .. →little, much, nothing.

***máke X of Y** (1) **Yを材料にXを作る** (→MAKE X from Y★). a box *made of* wood 木製の箱. (2) YをXにする[仕立てる]. I'll ～ a doctor *of* you.＝I'll ～ you a doctor. 君を医者に仕立ててあげよう. ★次のような 'make＋名詞＋of' の形式の成句はそれぞれの名詞の項を見ること: ～ fun [mention, sense, use, a fool, a mess, a point] of. (3) YをXと思う[理解する]〈普通, 否定文・疑問文で〉. What are we to ～ *of* these figures? こういう数字を我々はどう考えたらいいのか. I couldn't ～ anything *of* what he was getting at. 彼が何を言おうとしているのか分からなかった.

màke óff ＝MAKE away.

màke óff with .. ..を持ち逃げする. The thief *made off with* her handbag. 泥棒は彼女のハンドバッグを取って逃げた.

màke or bréak [már](..) (..の)成否を決める; (..にとって)のるかそるかである. That sum of money won't ～ *or break* us. その程度の金額では我々がどうかなるということはない.

màke óut (1)〖話〗うまくやる[行く]; やって行く (get along); 〔物事が〕成り行く; 折り合って行く〈*with* ..と〉. I can't ～ *out* well in the business world. 私は実業界ではうまくやって行けない. How are you *making out with* the girl? あの娘との仲はうまく行っているのか. (2)〖主に米話〗いちゃつく; 性交する; 〈*with* ..と〉.

***màke /../ óut** (1) **..を(やっと)見分ける**; ..を判読する. I could ～ *out* a figure through the fog. 霧を通して人影を認めた. (2) **..を理解する**; ..が分かる; (類語 普通, can を伴い疑問文・否定文で用いる; →understand). Can you ～ *out* why he always disagrees? なぜ彼がいつも反対するのか君に分かるか. (3)〔書類, 一覧表, 小切手など〕を**正式に作成する**, 書く; 〈時に ～ X out Y で〉X(人)のためにYを書く. I asked the solicitor to ～ *out* my will. 事務弁護士に遺言状の作成を依頼した. ～ (him) *out* a prescription (彼に)処方箋(せん)を書いてやる. (4) ..を証明(しようと)する. How do you ～ *out* your alibi? 君はどうやって自分のアリバイを証明するのか. (5) (真実に反して)..は〔..だと〕言う, ..を〔..に〕仕立て上げる〈*to be*〉; ..だと言い張る〈*that* 節〉; ..のふりをする〈*that* 節〉. You ～ me *out* (*to be*) a fool. 君は私を愚か者に仕立てている. She's not so attractive as people ～ her *out to be*. 彼女は世間で言われているほど魅力的ではない. The two men *made out that* they'd never met before. 2人の男は今まで会ったことがないと言い張った. Beth always *made out that* she was very rich. ベスはいつもとても金持ちのようなそぶりだった.

***máke X out of Y**〖話〗(1) ＝MAKE X of Y (1); ＝MAKE X from Y. (2) **YでXを仕立てる** (＝MAKE Y into X). ～ cushion covers *out of* a blanket＝～ a blanket *into* cushion covers 毛布をクッションカバーに作り変える.

màke /../ óver (1) ..を作り変える, 作り直す. ～ *over* an old dress 古いドレスを作り直す. The drawing room has been *made over* into a study. 客間は書斎に模様替えされた. (2)〔土地, 財産など〕を譲渡する〈*to* ..に〉.

máke towards ..〖章〗＝MAKE for.. (1).

màke úp (1) 仕立て上がる〈*into* ..〔洋服など〕に〉. (2) メーキャップする; 扮(ふん)装する. ～ *up* heavily in order to look young 若く見せるために厚化粧をする. (3) 仲直りする〈*with* ..と〉.

***màke /../ úp** (1) **..を構成する**〈しばしば受け身で〉; 〔チームなど〕を編成する; 〔模型など〕を組み立てる; 〈*of* ..から〉. The group was *made up of* teachers and students. その団体は教師と学生から成っていた. (2)〔薬など〕を調合する. I got the doctor's prescription *made up*. 医師の処方に従って調剤してもらった. (3)〔小包など〕をまとめる; 〔干し草など〕を束ねる. ～ *up* sugar into packages of one kilogram 砂糖を1キロずつ包装する. (4)〔話, 文案など〕を**考え出す**; ..をでっち上げる. ～ *up* an excuse 口実を作る. I don't believe her story—it's just *made up*! 彼女の話は信用しない. ただのでっち上げなんだから. (5)〔顔など〕に**化粧する**, メーキャップを施す; 〔俳優など〕を扮(ふん)装させる. ～ oneself *up* as [for the part of] Macbeth マクベスに扮する. She *made up* her face before the visitors arrived. 彼女は客が到着する前に化粧をした. (6)〔洋服, カーテンなど〕を仕立てる, 縫う; 〈時に ～ X up Y で〉X(人)のためにYを仕立てる. Will you ～ me *up* a dress [～ *up* a dress for me] if I give you the material? 生地を預ければドレスを仕立ててくれますか. (7)〖印〗〔ページなど〕を組む, メーキャップする. (8)〔道路〕を舗装する. (9) ..を補う, 埋め合わせる; ..を弁済する. We must ～ *up* our losses. 我々は損失を埋めなければならない. (10)〔数など〕を(不足を補って)そろえる; 〔ある金額など〕に達する. ～ *up* a four at bridge 4人目に加

わってブリッジの頭数をそろえる. We still need five pounds to ～ *up* the sum. その金額にはまだ５ポンド足りない. (11)〔不和など〕を円満に解決する, 仲裁する. Let's ～ *up* (our quarrel). けんかはやめにしよう (→MAKE up (3)). (12)(臨時に又は日ごろ使っていない)〔ベッド〕を整える. ～ *up* a bed on a sofa ソファーに臨時のベッドをこしらえる. (13)〔ストーブなど〕に燃料をつぎ足す. (14)〖米〗..の追[再]試験を受ける;〔科目〕を再履修する. (15)〖英話〗〈受け身で〉とても喜んでいる〈*about* ..を〉.

***màke úp for ..** ..を償う, 補う, ..の埋め合わせをする. ～ *up for* lost time 遅れを取り戻す. ～ *up for* one's lack of experience by hard work 経験不足を大いに働いて埋め合わせる.

màke up one's mínd →mind.

màke úp to .. (1)〖話〗..に取り入る, へつらう. (2)..に償いをする (→MAKE it up (2)).

máke with .. 〖米俗〗..を作る, 出す, 始める, 使うなど,〈普通, 命令形で〉. ～ *with* the dinner 夕食を作る. Let's ～ *with* the music. 音楽を始めよう. Come on, ～ *with* the shoulders, push! さあ肩を使うんだ, 押せ.

***They dòn't máke 'em líke* ⌞*they úsed to* [*thàt any móre*].** 〖話〗昔(のもの)に比べて質などが落ちる.

── 名 UC **1** 作り; 型 (type); 構造. a guitar of the finest ～ 作りが最高級のギター. He has bought the same ～ of car as yours. 彼は君のと同じ型の車を買った. **2** ..製; 銘柄 (brand). shoes of Italian ～ イタリア製の靴. home [foreign] ～ 国内[外国]産. What ～ is your watch? あなたの時計はどこのブランドですか. This is our own ～. これは自家製です.
3 (人の)気質, 性質; 体質; 体格. What ～ of man is he? 彼はどんなたち[体格]の人ですか.
4 製作; 製作高. **5**〖電〗(回路の)接続 (↔break).
6〖米俗〗(身元などの)確認, 洗い出し. Any ～ on the car yet? 車の持ち主は割り出せたか. **7**〖米俗〗(セックスの相手としての)女. an easy ～ 尻軽女.

be màke or bréak for .. ..にとって⌞いちかばちかの賭(か)け[運命を左右するもの]である.

gèt* [*dò, rùn*] *a máke on .. 〖米俗〗(..の身元など)を割り出す.

on the máke 〖話〗 (1)金もうけ[立身出世]に夢中な[で]. (2)異性を欲しがって(いる). (3)はかどって, 進歩して; 増加して; 出世[成功]して.

pùt the máke on .. 〖米話〗..に言い寄る, ..を口説く. [＜古期英語 *macian*; match² と同根]

máke-belìeve 名 **1** U 見せかけ, 偽り, 'ごっこ遊び'; 見せかけのもの. live in a world of ～ 現実離れしている, 空想の世界に住む. **2** C ふりをする人.
── 形 見せかけの, 作りものの; 仮想の, 架空の, いんちきの. a ～ world 空想の世界.

máke-dò 形, 名 (複 ～s) =makeshift.

màke-or-bréak /⑱/ 形 のるかそるかの. a ～ decision のるかそるかの大決断.

máke·òver 名 C 模様替え; 仕立て直し; 改造; (ヘアカット, メーキャップ, ドレスなど全てを変える)変身.

‡mak·er /méikər/ 名 (複 ～s /-z/) C **1** 〈しばしば ～s〉**製造業者**, メーカー. send a camera back to the ～*s* カメラを(修理のためなどに)メーカーに戻す. **2** 〈普通 the M-, one's M-〉造物主《神 (God) のこと》. meet one's *Maker* 亡くなる. **3** 〈複合要素〉..製作者[製造会社], ..を作る人[物]; ..する人. a car ～ 自動車製造会社. a dictionary ～=lexicographer; 辞書出版会社. a dress～ ドレスメーカー. a decision-～ 決定を下す人.

‡máke·shìft 形, 名 C 間に合わせの(もの), 代用の(品). use a sofa as a ～ for a bed 寝台の代わりに長いすを用いる. a ～ desk 間に合わせの机.

†máke·ùp, máke-ùp 名 **1** UC 化粧(品); 俳優の扮(ふん)装(用具), メーキャップ. She wears little [a lot of] ～. 彼女はほとんど化粧をしていない[化粧が濃い]. take off [freshen] one's ～ 化粧を⌞落とす[直す]. I don't like heavy ～ on a young girl. 若い娘の厚化粧は嫌いだ. **2** C 〈普通, 単数形で〉〈一般に〉構造, 構成, 組織. the ～ of a committee 委員会の構成. The ～ of the play is pretty good. その脚本の構成は悪くない.
3 C 〈普通, 単数形で〉体質; 気質; 性質, 性分. a man of a cheerful ～ 陽気な性質の男.
4 C 〖印〗〈普通, 単数形で〉(本のページなどの)組み方, 割り付け; (新聞の)大組み. a ～ department (新聞社の)整理部. **5** C 〖米〗追[再]試験 (**màkeup exám**).

máke·wèight 名 C **1** 規定の重量にするために加えられるもの, 目方の足し. **2** 不足を補うためにだけ加えられるつまらないもの[人], つけ足し, 埋め草.

máke-wòrk 形, 名 U 〖米〗(労働者を失業させないための)不要不急の(仕事など); 遊ばせないための仕事[勉強], 水増し雇用.

***mak·ing** /méikiŋ/ 名 (複 ～s /-z/)
【作る[られる]こと】 **1** U **製作**, 製造; 形成, 発達過程. French has played a large part in the ～ of English. 英語の形成にはフランス語が大きな役割を果たした.
【作る元】 **2** U 〈the ～ *of* ..で〉..を成功[発展]させる原因[手段]. Strict discipline will be the ～ *of* the lad. 厳しく鍛えられればその青年はものになるだろう.
3 〈the ～s〉素質; 材料;〈*of* ..の〉. He has the ～*s of* a great musician (in him). 彼には大音楽家の素質がある. have (all) the ～*s* of ..の可能性が十分にある.
【作り出されたもの】 **4** 〈～s〉利益, もうけ. **5** C 製作物; (1回の)製造量.

in the máking (1)製作[建設]中の[で]; 発達過程にある. a lawyer *in the* ～ 法律家の卵. (2)用意されている. There's a fortune *in the* ～ for any hard worker. 一生懸命働けばだれでもひと財産作れる.

of one's òwn máking (1)自作の. sing a song of one's own ～ 自作の歌を歌う. (2)自ら招いた. The problem was *of* her *own* ～. その問題は彼女自身が⌞悪いのだ.

Mal. Malachi.

mal- /mæl/ 〈複合要素〉「悪, 非, 不正, 不十分など」の意味. [ラテン語 *malus* 'bad']

Ma·lac·ca /məlǽkə/ 名 **the Strait of** ～ マラッカ海峡《Malaya 半島と Sumatra 島の間》. 「テッキ》.

Malácca càne 名 C マラッカ杖(え)《籐(とう)製のス⌝

Mal·a·chi /mǽləkài/ 名 〖聖書〗マラキ《ヘブライの預言者》;『マラキ書』《旧約聖書の一書; 略 Mal.》.

mal·a·chite /mǽləkàit/ 名 U 〖鉱〗孔雀(くじゃく)石《緑色の鉱石; 銅の原鉱で, 装飾にも用いる》.

màl·adjústed /-əd ⑱/ 形 調節の悪い;〖心〗〔人が〕(特に環境[社会]に)適応⌞していない[できない].

màl·adjústment 名 U 調整不良;〖心〗(特に人の)環境不適応.

màl·admínister 動 他 〔公務や経営〕を拙劣[不正]に運営する. 「拙劣な経営.

màl·admìnistrátion 名 U 〖章〗悪政, 失政;⌝

mal·a·droit /mæ̀lədrɔ́it ⑱/ 形 〖章〗不器用な (clumsy), 手際の悪い, 不手際な, (awkward).
▷ **～·ly** 副 **～·ness** 名

mal·a·dy /mǽlədi/ 名 (複 **-dies**) C 〖雅〗**1** 病気 (類語 disease とほぼ同義で, 古風な響きを持ち, 特に慢性の病気を指す; →illness). **2** (社会, 道徳上の)病弊, 欠陥. [＜ラテン語 *male habitus* 'in poor condition'; →mal-, habit] 「海に面した港市》.

Mál·a·ga /mǽləgə/ 名 マラガ《スペイン南部, 地中⌝

Mal·a·gas·y /mæ̀ləgǽsi ⑱/ 形 Madagascar の.
── 名 (複 **-gas·ies**) C マダガスカル人; U マダガスカル語.

‡mal·aise /mæléiz/ 名 U 〖章〗(これと言った徴候のない)肉体的不快感; UC (社会などの)沈滞. social ～ 士気

M

の低下. spiritual ～ 精神的沈滞.

Mal·a·mud /mǽləməd, -ùd/ [名] **Bernard ～** マラマッド(1914–86)《多くユダヤ人をテーマとする米国の小説家》.

Mal·a·mute /mǽləmjuːt/ [名][C] マラミュート犬.

mal·a·prop·ism /mǽləprɑ̀piz(ə)m|-prɔ̀p-/ [名] **1** [U] (音の類似による)言葉の滑稽(ｺｯｹｲ)な誤用《an anonymous letter (匿名の手紙)のつもりで a unanimous letter (満場一致の手紙)と言うなど; この種の誤用で有名な Mrs. *Malaprop* (R. B. Sheridan 作の喜劇 *The Rivals* に登場する女性)の名から》. **2** [C] 誤用語(法).

mal·ap·ro·pos /mæ̀læprəpóu [移]/〚章〛[形], [名][C] 時宜に適しない(もの), 時と場合にそぐわない(もの); 不適切な (unsuitable) (もの). ── [副] 時宜を得ないで; 不適切に. ◇↔apropos [フランス語 *mal à propos* 'not to the point']

†**ma·lar·i·a** /məlé(ə)riə/ [名][U] 〚医〛マラリア. contract ～ マラリアにかかる.
[イタリア語 *mala aria* 'bad air'; マラリアは沼沢地の毒気が原因と考えられていた]
▷**ma·lar·i·an** /-ən/, **ma·lar·i·ous** /-iəs/ [形]

ma·lar·i·al /məlé(ə)riəl/ [形] マラリア(性)の; マラリアにかかった; マラリアの多発する〔地域など〕.

ma·lar·key, -ky /məlɑ́ːrki/ [名][U] 〚俗〛たわごと, でたらめ, (nonsense).

Ma·la·wi /məlɑ́ːwi/ [名] マラウイ《アフリカ南東部の共和国; 首都 Lilongwe》. ▷**～·an** /-ən/ [形]

Ma·lay /məléi, méilei|məléi/ [名] ([複] **～s**) [C] マレー人; [U] マレー語. ── [形] マレーの; マレーシアの; マレー人[語]の.

Ma·lay·a /məléiə/ [名] **1** ＝Malay Peninsula. **2** マラヤ《11 州から成る Malay 半島南部の地域; 1957 年イギリス保護領から独立; 1963 年以降 Malaysia の一部》.

Ma·lay·an /məléiən/ [名], [形] ＝Malay.

Malày Archipélago [名] 〈the ～〉マレー諸島.

Malày Península [名] 〈the ～〉マレー半島.

Ma·lay·si·a /məléiʒ(i)ə, -ʃ(i)ə|-ziə/ [名] **1** マレーシア《Malaya 2 と Borneo 北部のサラワク (Sarawak), サバ (Sabah) から成る共和国; 英連邦の一構成国; 首都 Kuala Lumpur》. **2** ＝Malay Archipelago.

Ma·lay·si·an /məléiʒ(i)ən, -ʃ(i)ən|-ziən/ [形] マレーシア(人)の; マレー諸島の.
── [名][C] マレーシア人; マレー人.

Mal·colm X /mǽlkəm-éks/ [名] マルコム・エックス (1925–65)《米国の黒人運動の指導者; 暗殺された》.

mal·con·tent /mæ̀lkəntént|⌐⌐⌐/ [名][C]〚章〛不平家, 不平分子, 造反者. ── [形] (現状, 特に政治に)不満な, 反体制の.

màl·conténted /-əd [移]/ [形] ＝malcontent.

Màldive Íslands /mɔ̀ldiːv-/ [名] 〈the ～〉モルディヴ(諸島).

Mal·dives /mɔ́ːldiːvz/ [名] モルディヴ《インド洋上, インドの南西方にある共和国; 首都 Malé》.

Mal·div·i·an /mɔːldíviən/ [形] モルディヴ(人)の; モルディヴ諸島の. ── [名][C] モルディヴ人.

‡**male** /meil/ [形][¢] **1 男の**, 男性の; 雄の〔動物〕; 雄性の〔植物〕; ([類語] 特に生物学的な性に重点がある; → manly). a ～ heir 男子相続人. a ～ flower 雄花. ～ prejudice (女性に対する)男性の偏見. ～ bonding 男同志の友情, 男のきずな. **2** 男性特有の〔声など〕; 男性的な; 男だけから成る. a ～ (voice) choir 男性合唱団《テノール, バリトン, バスのみ》. **3** 〈限定〉〚機〛雄部の. a ～ screw 雄ねじ《対応する凹部にはめ込む》.
── [名] ([複] **～s** /-z/) [C] **1 男性**, 男, 男子. The criminal was reported to be a young white ～. 犯人は若い白人男性だと報告された. Females outnumber ～*s* in our department. 私たちの学科では男性より女性の方が多い. **2** (動物, 植物の)**雄**. ◇↔female
[＜ラテン語 *masculus*「男の, 男らしい」(*mās* man の指小語)] ▷**～·ness** [名]

màle cháuvinism [名][U] 男性優位論, 女性差別主義.

màle cháuvinist [形], [名][C] 〈非難して〉男性優位主義の(男). 「《略 mcp》.

màle chauvinist píg [名] ＝male chauvinist

mal·e·dic·tion /mæ̀lədíkʃ(ə)n/ [名][C]〚主に雅〛のろい(の言葉), 呪咀(ｼﾞｭｿ); 悪口, 中傷.

mále-dòminated /-əd/ [形] 男性支配の.

mal·e·fac·tor /mǽləfæ̀ktər/ [名] ([女] **-tress** /-trəs/) [C]〚主に雅〛悪人; 犯罪人 (criminal).

ma·lef·i·cent /məléfəs(ə)nt/ [形]〚雅〛有害な〈*to* ..に〉(hurtful); 悪事を働く (criminal). ◇↔beneficent
▷**ma·lef·i·cence** /-s(ə)ns/ [名]

màle ménopause [名] 〈the ～〉男性更年期《思考[集中]力の減退, 不安, 孤独感などが見られる》.

ma·lev·o·lence /məlév(ə)ləns/ [名][U]〚主に雅〛悪意, 敵意, (malice). ◇↔benevolence

‡**ma·lev·o·lent** /məlév(ə)lənt/ [形]〚主に雅〛悪意[敵意]を抱く〈*to, toward* ..に対して〉(↔benevolent; → malignant [類語]).
[＜ラテン語 'wishing evil'] ▷**～·ly** [副]

mal·fea·sance /mælfíːz(ə)ns/ [名]〚法〛[U] 違法, 悪事; [C] (特に公務員の)不正行為.

màl·formátion [名][UC] 奇形(であること), 不格好; 奇形部分.

màl·fórmed /[移]/ [形] 奇形の.

†**màl·fúnction** 〚章〛[動][自] 〔機械などが〕正常に働かない, 故障する, 機能不全を起こす. ── [名][UC] 故障, 不調, 機能不全. a computer ～ コンピュータの故障.

Ma·li /mɑ́ːli/ [名] マリ《アフリカ西部の共和国; 首都 Bamako》. ▷**～·an** /-ən/ [形], [名]

Mal·i·bu /mǽlibuː/ [名] マリブー《米国 California にある海岸; サーフィンで有名》.

***mal·ice** /mǽləs/ [名][U] (相手を傷つけようとする)**悪意, 敵意**; 恨み;〚法〛犯意. I bear you no ～. ＝I bear no ～ *against* [*to, toward*] you. 君に敵意[恨み]は抱いていない. out of ～ 悪意から. with ～ aforethought〚法〛計画的犯意を持って. [＜ラテン語 *malus*「悪い」]

***ma·li·cious** /məlíʃəs/ [形][m] **悪意のある**, 敵意からの, 敵意を持つ, (→malignant [類語]);〚法〛犯意のある, 故意の. spread ～ gossip 悪意のあるうわさを広める. He gave me a ～ look. 彼は私を敵意の込もった目で見た.
▷**～·ly** [副] 悪意から, 敵意を持って. **～·ness** [名]

‡**ma·lign** /məláin/ [形]〚雅〛〈限定〉有害な〔影響など〕(harmful); 悪意のある;〚医〛悪性の (malignant). a ～ rule by a tyrant 暴君による悪政. ◇↔benign [名] malignity ── [動][他] を中傷する, そしる. a much ～*ed* film 非難轟々(ｺﾞｳｺﾞｳ)の映画. [＜ラテン語「性格が悪い」]
▷**～·ly** [副]

ma·lig·nance /məlígnəns/ [名] ＝malignancy.

ma·lig·nan·cy /məlígnənsi/ [名] ([複] **-cies**) **1** [U] 強い悪意, 激しい敵意[憎悪]. **2** [U] 有害性;〚医〛悪性. **3** 〚医〛[C] 悪性疾患; 〈特に〉悪性腫瘍(ｼｭﾖｳ).

***ma·lig·nant** /məlígnənt/ [形] **1** [m] **悪意[敵意]に満ちた**, 意地悪な〔性質など〕; 有害な; (↔benignant; [類語] malicious, malevolent より意味が強い). tell ～ lies 悪意に満ちたうそを言う. **2** 〚医〛**悪性の**〔腫瘍(ｼｭﾖｳ)など〕(↔benign). ～ cholera 悪性コレラ. [malign, -ant]
▷**～·ly** [副] 悪意を持って.

ma·lig·ni·ty /məlígnəti/ [名] ([複] **-ties**) **1** ＝malignancy 1. **2** [C] 悪意から出た言動.

ma·lin·ger /məlíŋgər/ [動][自] (義務, 仕事などを免れるために)仮病を使う〈普通, 進行形で〉.
▷**～·er** /-gərər/ [名][C] 仮病を使う人.

Mal·i·now·ski /mæ̀lənɑ́fski|-nɔ́f-/ [名] **Bronislaw** /brɑ́nislæf|brɔ́n-/ ～ マリノフスキー (1884–

1942)《ポーランド生まれの英国の人類学者》.

mall /mɔ:l, mæl|mɔ:l/ 名 C **1** 木陰のある散歩道. **2** (**a**)〈the M- /mæl/〉メル通り《ロンドン Trafalgar 広場から Buckingham 宮殿に至る並木道》. (**b**)〈the (National) M-〉モール公園《首都ワシントンの国会議事堂から Lincoln Memorial に至る広大な公園で, 多くの博物館などがある》. **3** 歩行者専用商店街, ショッピングセンター. **4**〘米〙(高速道路の)中央分離帯. [?＜Pall *Mall*]

mal·lard /mǽlərd/ 名 (複 ～s, ～) **1** C 〘鳥〙マガモ《wild duck の一種》. **2** U マガモの肉.

màl·le·a·bíl·i·ty 名 U **1** (金属の)展性, 可鍛(かたん)性. **2** (人, 性質などの)順応性, 柔軟性.

mal·le·a·ble /mǽliəb(ə)l/ 形 **1** 〔金属が〕可鍛(かたん)性の, 打ち延ばしのできる. **2** 〔人, 性質などが〕順応性のある, 柔軟な; 影響されやすい.

mal·lee /mǽli/ 名 C マリー《ユーカリ属の低木》.

mal·let /mǽlət/ 名 C **1** (普通, 木製の)つち. **2** (ポロ (polo), クロッケー (croquet) など球技の)打球うち.

mal·low /mǽlou/ 名 C 〘植〙ゼニアオイ《ピンク, 白, 紫などの花が咲く》; 〈一般に〉アオイ科の植物.

malm·sey /mɑ́:mzi/ 名 U マームジー《甘口の白ワインの一種》.

màl·nóurished /-t ⑧/ 形 栄養不良[失調]の (→undernourished).

‡**màl·nutrítion** 名 U 栄養不良, 栄養失調.

màl·ódorous 形 〘章・誇張〙 **1** 悪臭のある. **2** (法的, 社会的に)受け入れられない.

Mal·o·ry /mǽləri/ 名 **Sir Thomas** ～ マロリー (1400?–71)《英国の騎士; *Morte d'Arthur*『アーサー王の死』を書いたとされる》.

‡**mal·práctice** 名 UC 〘法〙(医師の)医療過誤, 不当処置; (特に弁護士, 公職者の)背任[不正]行為.

†**malt** /mɔ:lt/ 名 UC 穀粒のもやし; 〈特に〉麦芽, モルト, 《醸造・滋養消化剤として用いる》; 〘話〙＝malt liquor; malt whisky; malted milk. ── 動 他 〔大麦など〕を麦芽にする; 〔酒〕を麦芽で作る; 〔牛乳など〕を麦芽で処理する. ── 自 麦芽になる.
[＜古期英語] ▷ **～·y** 形

Mal·ta /mɔ́:ltə/ 名 **1** マルタ島《Sicily 島の南にある地中海の島》. **2** マルタ共和国《マルタ島と周辺 2 島から成る英連邦の一構成国; 首都 Valletta》.

màlted mílk 名 **1** U 麦芽入り粉ミルク. **2** UC 麦芽飲料《麦芽入り粉ミルクを牛乳に溶きアイスクリームなどを加えたもの; 単に **málted** とも言う》.

Mal·tese /mɔ̀:ltí:z ⑧/ 形 マルタの; マルタ人[語]の. ── 名 (複 ～) **1** C マルタ人; U マルタ語. **2** C ＝Maltese dog.

Màltese cát 名 C マルタネコ《青灰色, 短毛の飼いネコ》.

Màltese cróss 名 C マルタ十字 (→cross 図).

Màltese dóg 名 C マルチーズ《白色, 長毛の愛玩(がん)犬》.

Mal·thus /mǽlθəs/ 名 **Thomas Robert** ～ マルサス (1766–1834)《英国の経済学者》.

Mal·thu·sian /mælθú:ʒ(ə)n, -ziən|-θ(j)ú:ziən/ 形 マルサス(学説)の. ── 名 C マルサス学説信奉者.
▷ **～·ìsm** 名 U マルサス学説《人口増加のほうが食糧の増産よりはるかに速いとする》.

mált lìquor 名 U 麦芽酒《ビールなど》.

malt·ose /mɔ́:ltous/ 名 U 〘化〙麦芽糖.

mal·treat /mæ̀ltrí:t/ 動 他 を虐待する, 酷使する, 〈普通, 受け身で〉. ▷ **～·ment** 名 U 虐待, 酷使.

malt·ster /mɔ́:ltstər/ 名 C 麦芽製造業者.

mált whìskey, -whìsky 名 U モルトウイスキー《malt を用いた伝統的な製法による; 現在普通の whisk(e)y はこれと grain whisk(e)y との混合》.

Mal·vern /mɔ́:lvərn/ 名 モールヴァン《英国南西部 Hereford and Worcester 州にある町; 毎年演劇音楽祭を開く; 近くに **the Màlvern Hílls** (モールヴァン丘陵)がある》.

mal·ver·sa·tion /mæ̀lvə:rséiʃ(ə)n/ 名 U 〘主に英〙汚職; 不正費消, (公金の)使い込み.

mam /mæm/ 名 〘英・方〙＝mamma.

ma·ma /mɑ́:mə|məmɑ́:/ 名 **1**〘米〙＝mamma. **2**〘英旧〙＝mother 1.

máma's bòy 名 〘米〙＝mother's boy.

mam·ba /mɑ́:mbə|mǽmbə/ 名 C 〘動〙マンバ《黒色か緑色のアフリカ産毒ヘビ》.

mam·bo /mɑ́:mbou, mǽm-/ 名 (複 ～s) UC マンボ《ラテンアメリカ起源の社交ダンスの一種》; その曲.
── 動 自 マンボを踊る.

†**mam·ma** /mɑ́:mə|məmɑ́:/ 名 C 〘米話〙ママ, おかあちゃん, 《主に小児語; →papa; 今は〘米〙mammy, mom(my), momma, 〘英〙mum(my) の方が普通》.

***mam·mal** /mǽm(ə)l/ 名 (複 ～s /-z/) C **哺(ほ)乳動物**. A whale is not a fish but a ～. クジラは魚ではなく哺乳動物である. [＜ラテン語 *mamma*「乳房」]

mam·ma·li·an /məméiliən, mæm-/ 形, 名 C 哺(ほ)乳動物(の).

mam·ma·ry /mǽm(ə)ri/ 形 〘解剖〙乳房の.

mámmary glànd 名 C 乳腺(せん).

mámma's bòy 名 〘米話〙＝mother's boy.

mam·mo·gram /mǽməgræ̀m/ 名 C 〘医〙乳房 X 線写真.

mam·mog·ra·phy /məmɑ́grəfi|-mɔ́g-/ 名 U 〘医〙(乳癌(がん)発見のための)乳房 X 線撮影(法).

mam·mon /mǽmən/ 名 U **1**〈M-〉マモン《富と物欲の神》. a worshiper of *Mammon* 拝金主義者. You cannot serve God and *Mammon*. 〘聖書〙あなたがたは神とマモンに兼ね仕えることはできない. 参考 現代語訳では Mammon の代わりに Money となっている. **2**〈しばしば M-〉(貪欲(どんよく)の対象, 邪悪の根源としての)富.

mám·mon·ism /-ìz(ə)m/ 名 U 拝金主義.

†**mam·moth** /mǽməθ/ 名 C **1**〘動〙マンモス《今は絶滅している新生代の巨象》. **2** 巨大なもの. ── 形 巨大な. a ～ enterprise マンモス企業. [＜ロシア語 (?＜タタール語「土」)]

mam·my /mǽmi/ 名 (複 **-mies**) C **1**〘主に米・アイル〙おかあちゃん《小児語; →daddy》. **2**〘米・軽蔑〙(昔, 米国の南部で白人に雇われた)黒人の子守, ばあや.

Man /mæn/ 名 **the Isle of** ～ マン島《ブリテン島とアイルランドの間にある英国の島; 淡路島ほどの大きさ, 毎年開催のオートバイレースで有名》. ◇形 Manx

‡**man** /mæn/ 名 (複 **men** /men/) C

【人】 **1**〈一般に〉人, 個人, (類語 人間の抽象的又は一般的な特徴を強調する; →human, human being, humankind, humanity, mankind 1). All *men* are created equal. 人はすべて平等に生まれついている. Every ～ to his own taste. 〘諺〙蓼(たで)食う虫も好き好き《人の好みはさまざま》. (It's) every ～ for himself. 誰もが自らの身[利益]を守らなければいけない (★後に and the devil take the hindmost (そして最後のやつは悪魔に捕まればよい)を付けることもある; →成句). 語法 性差別反対の観点からはこの用法は嫌われ, person, people が使われる.

2〈単数無冠詞〉**人間**, 人類, (mankind). rights of ～ 人権. Only ～ knows how to use fire. 人類だけが火の使い方を知っている. *Man* is immortal, but not men. 人類は永遠だが個々の人間はそうでない. 語法 女性を排除する印象を与えるとして, この用法を嫌い, humans, human beings, the human race, humanity を使う人も多い.

3 猿人, 原人; (特定の時代の)人. prehistoric ～ 先史人. Peking ～ 北京原人.

【男の人】 **4** (**a**) 男, 男子; 成年男子; (↔woman). *men*, women, and children 男も女も子供も. I'm not a boy; I'm a ～. 僕はもう子供じゃない, 大人だ. Be a ～. 男らしくしろ(よ). *men*'s wear 男もの(衣料). A ～'s gotta do what a ～'s gotta do. 〖戯〗やらなくちゃいけねえことはやらなくちゃいけねえのだ《もとカウボーイが使った表現》. your ～ over there 〖アイル〗あそこの人.

> 連結 a young [a middle-aged; an elderly, an old; a short; a tall; a slim, a thin; a fat, a portly, a stout; a slight(ly built); a well-built; a charming; an attractive, a good-looking, a handsome; an ugly; a married; a single] ～

(**b**)〖話〗〈男子への呼びかけ〉おい, こら,《いらだち, 親しみなどを表す》. Wake up, ～! おい起きろ. my (good) ～ 〖英旧〗おい, よし,《目下の者に向かって》. (**c**)〖主に米話〗〈男女, 特に男性への呼びかけ〉きみ, きみきみ. Hey, ～, take it easy! おい, 気楽にやれよ.→間.

5〈単数無冠詞; 総称的〉**男性**. How does woman differ from ～? 女は男とどう違うのか.

6 男らしい男, 立派な男. play the ～ 男らしくふるまう. a ～ among [of] *men* 男の中の男. He was ～ enough to apologize. 彼は男らしく謝罪した (参考 enough で修飾されていることで分かるようにこの man は manly という形容詞に近い).

7【ある特徴を持った男】(**a**)(..の)男, 人物, ..者(しゃ), ..家(か), 〈*of*〉. a ～ *of* ambition 野心家. I trust Tom; he is a ～ *of* his word. トムを信頼する, 約束を守る男だから. a ～ *of* virtue 有徳者. a ～ *of* will 意志強固な男. a ～ *of* birth 名門の人. a ～ *of* action 行動家. (**b**) ..の好きな人. a gambling ～ ギャンブルの好きな人. **8**〖話〗夫; 'いい人', 'おとこ', 彼氏. ～ and wife (→成句). get a new ～ 新しい男ができる. She went after her ～ to Paris. 彼女は自分の男を追いかけてパリまで行った.

【人に使われる男】 **9** (**a**)〖旧〗下男, 男の召使い. (**b**) 部下, 雇い人, 従業員; (家に来る修理などの)人. Like master, like ～. 〖諺〗この主人にしてこの下男あり. dismiss most of his *men* 従業員の大部分を解雇する. our man in.. →成句.

10 支持者, 信奉者. a Galbraith ～ ガルブレイスの信奉者. **11**〈普通 men〉(将校に対し)兵卒. All the officers and *men* joined their efforts against the attack. すべての将兵が力を合わせて反撃した.

【適任の男[人]】 **12**〈the ～ 又は a person's ～〉ぴったりの男[人]〈*for* ..に〉; 適任者; (★女性についても用いることがあるが, 性差別反対の立場から person を使う人も多い). Bill is the (very) ～ *for* the job. ビルはその仕事にはうってつけだ (★man に代えて person も使われる). If you want it done well, I'm *your* ～. うまくそれをやらせたいと思うなら私こそその適任者です.

【構成員】 **13** (チームなどの)構成員, メンバー.

14 (大学の)在校生, 卒業生; 出身者. an Oxford ～ オックスフォード大学(男子)学生[卒業生]; オックスフォード出身の人. **15**〈the ～ [M-]〉〖米俗〗(**a**) 警官. Are you the ～? おまわりさんですか. (**b**) (黒人から見て)白人.

16〈the ～〉〖話〗あいつ, あの野郎,《嫌いな[ばかなことをする]男を指す》. **17** (チェスなどの)こま.

a màn and a bróther 同胞.

a màn of the péople 庶民の味方.

a màn's mán (女性よりも)男に人気のある男.

as màn to mán ＝MAN to man.

as òne [a] mán 一斉に, 満場一致で. Those present rose *as one* ～ and walked out. 出席者は一斉に立ち上がって部屋を出て行った.

be one's òwn mán (1) (仕事などに)他人の干渉を受けない, 独立独歩である. (2) 気が確かである, しゃんとしている.

betwèen màn and mán 男同士として(の).

èvery màn for himsélf (and the dèvil tàke the híndmost) だれもが自分のこと[ため]だけで精一杯 (→1の第3例).

màke a mán (out) of.. ..を一人前の男にする. The army *made a* ～ *out of* little Andrew Brown. 軍隊に入ったおかげで, (ひよこだった)アンドルー・ブラウンは一人前の男に成長した.

màn and bóy 〖旧・戯〗〈副詞的〉子供の時も大人の時も, 一生涯. His behavior has been exemplary, ～ *and boy*. 彼の品行は模範的だった, 子供の時からずっと.

màn and wífe 〖旧〗夫婦 (husband and wife). The priest declared them ～ *and wife*. 牧師は彼らが夫婦となったことを宣した. live as ～ *and wife* 夫婦きどりの生活をする.

màn in the stréet →見出し語.

màn's bèst fríend 犬.

màn to mán 〈副詞的〉(男対男として)率直に, 一対一で, 腹を割って, 〔話すなど〕; →man-to-man.

our mán in.. 〖旧〗..に派遣した代理人, 連絡[諜報]員. *our* ～ *in* Havana ハヴァナに派遣した諜報員, ハヴァナの男.

sèparate [sort òut, tèll] the mèn from the bóys 本当に勇敢な[能力のある]人を見分ける[明らかにする].

(the) màn of the mátch →match[2].

the màn upstáirs 〖旧〗神.

to a mán (1) そろって, だれも彼も, みんな, 〔賛成するなど〕. They opposed the proposal *to a* ～. みんなそろってその提案に反対した. (2) ＝to the last man.

to the làst mán 最後の1人まで, 1人残らず. The soldiers were killed *to the last* ～ defending the fort. 兵隊はその要塞(さい)の防衛戦で1人残らず戦死した.

—— 動 (～s|-nn-) 他 **1** 〔要塞(さい), 大砲, 人工衛星など〕に人員を配置する; の持ち場[部署]に就く; (★この用法を嫌う人たちもいる. PC 語は staff). ～ a ship 船に人を乗り組ませる. *Man* the guns! 砲につけ. The machine is ～*ned* by a trained operator. その機械には熟練した作業員が配置してある.

2 VOA (～ *oneself for..*) ..に対して勇気を出す, 心構えをする. ～ one*self for* the task 仕事に立ち向かう心構えをする.

—— 間〖主に米話〗おや, うわー,《驚き, 興奮などを表す》. *Man!* Look at that! ひゃー, あれを見てごらん.

[＜古期英語 *man*「人, 男」]

-man /mən, mæn/ 〈複合要素〉**1**「..国人, ..の住人」の意味. French*man*. towns*man*. **2**「..の職業[身分]の人など」の意味. sales*man*. noble*man*. ★男女の差別をなくすために最近では代わりに, -person を好む人がいる. 例: chair*person*. sales*person*. **3**「..船」の意味. merchant*man*.

màn about tówn 名 (複 **men-**) C (劇場, 社交クラブなどに入りびたる)遊び人, (金持ちの)有閑人.

man·a·cle /mǽnək(ə)l/ 名 C〈普通 ～s〉**1** 手錠, 手枷(かせ), (handcuff); 足枷 (→fetter). **2** 束縛(する物). —— 動 他 に手錠[手枷, 足枷]をかける; を束縛する. [＜ラテン語 *manus*「手」; -cle]

‡man·age /mǽnidʒ/ 動 (**-ag·es** /-əz/|過 過分 ～**d** /-d/|**-ag·ing**) 他

【上手に扱う】 **1** 〔機械, 道具〕を**操縦する**, 操作する; 〔人, 動物など〕を操る, 〔人〕を(上手に)扱う, 〔馬など〕を乗りこなす. ～ a yacht easily 楽にヨットを操る. a difficult horse to ～ 御しにくい馬. The woman ～*d* the drunk as if he were a child. その女は酔っ払いをまるで子供のようにうまくあしらった.

2 〔事業, 家庭など〕を**運営する**, 経営する; 〔土地, 家畜など〕を管理する; 〔金など〕をうまく使う; 〔スポーツのチームなど〕を統率する, 監督する. The store was badly ～*d*. その店の経営はずさんだった. I don't know how to ～ the large estate. その大きな土地をどう管理してよいか私には分からない. I wish my wife could ～ our money a little better. 妻が家計をもう少しうまくやりくりしてくれるといいんだが. ～ one's time 時間をうまく使う[やりくりする].

【上手にやり遂げる】 **3** (**a**) VO (～ *to do*) どうにか..する; 〈反語的〉 ものの見事に..する, まずいことをしてくれる. I've finally ～*d to* get out of debt. どうにか借金を返せた. The child barely ～*d to* tie his shoes. その子は靴のひもをやっと結べた. He ～*d to* lose a lot of money on the stock market. 彼は見事に株で大損してしまった. (**b**) 〈しばしば can, could を伴って〉 を何とかする, やってのける. She ～*d* a smile. ＝She ～*d to* smile. 彼女はどうにかほほえんで見せた. I can't ～ all this baggage without help. 助けなしに僕1人ではこの大荷物は扱えない.

4 〖話〗 〈can, could, be able to を伴って〉 を片付ける, 〔食物〕を平らげる; をうまく手に入れる, 〔時間〕を充てる. Can you ～ another mouthful? もう1口食べられるかい. Can you ～ lunch on Saturday? 土曜日昼食に来られますか. I was able to ～ a month's holiday last summer. 私はこの夏なんとか1か月の休暇を手に入れた. if you can ～ the time あなたが時間を都合できれば.

── 自 **1** 物事を処理する, 管理する. **2** どうにかしやっていく[暮らしていく] 〈*on* ..で〉. ～ *on* a small income 少ない収入で何とかやっていく. Thanks, but I can ～ (by myself). ありがとう, でも何とか (1人で)やれます. **3** VA (～ *with../without..*) ..で/..なしで間に合わせる. ～ *with* an old typewriter 古いタイプで間に合わせる. ～ *without* a car 車なしですませる.

[＜イタリア語「扱う, (馬を)馴らす」(＜ラテン語 *manus* 'hand')]

mán·age·a·ble 形 処理しやすい, 扱いやすい; 管理しやすい; 御しやすい, 従順な. The number of students is not ～. 学生の数が多すぎて手に余る.
▷ **màn·age·a·bíl·i·ty** 名

‡**man·age·ment** /mǽnidʒmənt/ 名 (複 ～s /-ts/)
【処理】 **1** U **管理**(する[される]こと), 処理, 取り扱い; 経営. bad [good, skillful] ～ まずい[巧みな]経営. money [time] ～ 金銭[時間]の管理.

連結 sound [careful; efficient; bad, incompetent, sloppy] ～

2 UC 〈単数形で複数扱いもある〉 **経営者側**, 経営陣, (↔labor, staff). conflicts between labor and ～ 労使間の争議. a top ～ job トップ経営者の地位. senior [middle, junior] ～ 上級[中間, 下級]管理職. The ～ has [have] decided to build a new factory. 経営者は新しい工場を作ることを決めている.

3 【処理の手腕】 U 手際のよさ, 経営(管理)能力; 術策, 手くだ. He got his present position more by luck than by ～. 彼はうまくやったというより幸運で現在の地位を得た.

mànagement búyout 名 C (経営者による)自社株取得.「タント.
mánagement consùltant 名 C 経営コンサル↑
mànagement informàtion sýstem 名 C (コンピュータによる)経営情報システム《略 MIS》.

‡**man·ag·er** /mǽnidʒər/ 名 (複 ～s /-z/) C **1** 支配人; 経営者; (会社などの)部長, 主任など, (銀行の)支店長, (★普通 board of directors の一員ではない). a general ～ 総支配人. a personnel ～ 人事部長.
2 (スポーツのチームなどの)監督; (芸能などの)マネージャー. a stage ～ →stage manager. **3** 〈普通, 形容詞を伴って〉 (家計などを)..にやりくりする人. My wife is a good [bad] ～. 妻はやりくりが上手[下手]だ.

man·ag·er·ess /mǽnidʒərəs|mæ̀nidʒərés/ 名 C 〖主に英旧〗 女性支配人; 女性経営者.

man·a·ge·ri·al /mæ̀nədʒí(ə)riəl ⑱/ 形 支配人[経営者, 管理者]の; 経営[管理]上の. ～ expertise 経営上の専門知識. ～ responsibilities 管理者としての責任. the ～ class 管理者層, 支配人層.

mán·ag·ing 形 経営[管理]する; 切り回しの好きな. a ～ director 専務[常務]取締役. the ～ director and chief executive 専務取締役社長. a ～ editor (新聞, 雑誌などの)編集長.

Ma·nag·ua /mənɑ́:gwə|-nǽg-/ 名 マナグア《Nicaragua の首都》.

ma·ña·na /mənjɑ́:nə/ 名 U 明日. ── 副 明日; いつかそのうち. [スペイン語 'in the morning＞tomorrow']

màn-at-árms /mæ̀nət-/ 名 (複 **men-** /mèn-/) C 〖古〗 **1** 兵士. **2** (中世の)重騎兵.

man·a·tee /mǽnəti:, ⌐-⌐|⌐-⌐/ 名 C 海牛(かいぎゅう), マナティ, 《メキシコ湾などの海域に群生する哺(ほ)乳動物; 体長約 2.5–4 メートル》.

Man·ches·ter /mǽntʃèstər, -tʃis-|-tʃis-/ 名 **1** マンチェスター《英国 Greater Manchester にある産業都市》. **2** マンチェスター《米国 New Hampshire 州南部の市》.

Man·chu /mæntʃú:/ 名 (複 **～s, ～**) C 満州人; U 満州語. ── 形 満州人[語]の.

Man·chu·ri·a /mæntʃú(ə)riə/ 名 満州《中国北東部の旧地方名》. ▷ **Man·chu·ri·an** /-riən/ 形, 名 C 満州の[人].「スターの(住民).

Man·cu·ni·an /mænkjú:niən/ 形, 名 C マンチェ↑

M & A merger and acquisition (→merger).

Man·da·la /mʌ́ndələ/ 名 C **1** 〖仏教・ヒンドゥー教〗 マンダラ(曼陀羅)《宇宙を表す円形図》. **2** マンダラ《ユングの心理学で夢に現れる自己統一性と完結性を希求する象徴》.

man·da·rin /mǽnd(ə)rin/ 名 **1** C (中国王朝時代の)高級官吏, 役人; 〈一般に〉 高官; 〈時に, けなして〉 (権力をほしいままにする)高級官僚, 党首, 保守的な役人. Whitehall ～s 英国の最高級官僚. **2** U 〈M-〉 中国の官話[標準語]《北京官話 (Pekinese) に基づく》. **3** C (中国の)首振り人形. **4** ＝mandarin orange.
[＜ヒンディ語]

màndarin dúck 名 C 〖鳥〗 オシドリ.「の類).
màndarin órange 名 C 〖植〗 マンダリン《ミカン↑

man·da·tar·y /mǽndətèri|-t(ə)ri/ 名 (複 **-tar·ies**) ＝mandatory.

†**man·date** /mǽndeit/ 名 C **1** (権力者の)命令, 指令; (上級官吏[裁判所]から下級官吏[裁判所]への)命令(書), 指令(書). **2** 〈普通, 単数形で〉 (国民が選挙によって議員, 政府に与える)権限(委託), 付託, 〈*to* do ..する〉. a ～ to check inflation インフレを抑える権限. seek a ～ 権限の委託を求める. **3** 〖史〗 委任統治《国際連盟が認めた統治形式》; 委任統治領.

── 動 他 **1** の統治を委任する. **2** に権限を付与する. **3** VO (～ X/*that* 節) X を/..することを要求する, 命じる, 必要とする; VOO (～ X *to do*) X に..することを要求する[命じる]. The President ～*d* him *to* form a new cabinet. 大統領は彼に新しい内閣を作ることを命じた.

4 〖米〗 を義務づける.
[＜ラテン語「委託, 命令」(＜*manus* 'hand'＋*dare* 'give')] ▷ **man·dat·ed** /-əd/ 形 委任[委託]された. a ～*ed* territory 委任統治領.

‡**man·da·to·ry** /mǽndətɔ̀:ri|-t(ə)ri/ 形 〖章〗
1 統治を委任された. a ～ power (国際連盟時代の)委任統治国. **2** 命令の, 指令の; 義務的[上]の, 強制的な, 裁量の余地のある; 必修の. a ～ payment 強制的支払い. It's ～ to attend the committee. 委員会に出席するのは義務である. ── 名 (複 **-ries**) C (国際連盟時代

M

の)委任統治国.

mán-dày 名 (複 ~s) Ⓒ 人日(にんにち)《1人1日の仕事量》.

Man·del·a /mændélə/ 名 **Nelson** ~ マンデラ(1918–)《南アフリカの黒人指導者, 1993年ノーベル平和賞受賞; 南アフリカ共和国大統領(1994–99)》.

man·di·ble /mǽndəb(ə)l/ 名 Ⓒ **1** (哺(ほ)乳動物, 魚類の)あご, 〈特に〉下あご; 下顎(がく)骨. **2** (鳥の上下の)くちばしの一方. **3** (節足動物の)大あご.

man·do·lin(e) /mǽndəlin/ 名 Ⓒ 〖楽〗マンドリン.

man·drag·o·ra /mændrǽg(ə)rə/ 名 =mandrake.

man·drake /mǽndreik/ 名 Ⓤ マンドレーク, マンダラゲ, 《ナス科; 多肉質の二股(また)に分かれた根は催眠剤などに用いられた》.

man·drel, -dril /mǽndrəl/ 名 Ⓒ **1** 〖機〗心棒, 回転軸. **2** 〖鉱〗(鋳造用の)心金(しんがね).

man·drill /mǽndril/ 名 Ⓒ 〖動〗マンドリル《西アフリカ産の大ヒヒ; 顔に青と緋(ひ)の縞(しま)模様がある》.

†**mane** /mein/ 名 Ⓒ **1** (馬, ライオンなどの)たてがみ. **2** 〈しばしばふざけて〉(人間の)長髪. [<古期英語] ▷**~d** 形 〈しばしば修飾語を伴って〉(..(色)の)たてがみのある.

mán-eàter 名 Ⓒ **1** 人食い動物《トラ, サメなど》; 人食い人 (cannibal). **2** 〖軽蔑・戯〗男出入りの多い女, 男を弄(もてあそ)ぶ女; (男を恐れさすような)強い女.

mán·èating 形 〈限定〉人食いの.

ma·nège, -nege /mænéʒ, -éiʒ/ 名 **1** Ⓤ 馬術. **2** Ⓒ 馬術練習所, 馬術学校. **3** Ⓤ 調教馬の歩調.

Ma·net /mænéi/ 名 **Édouard** ~ マネ(1832–83)《フランスの印象派画家》.

M

†**ma·neu·ver** 〖米〗, **ma·noeu·vre** 〖英〗/mənúːvər/ 名 Ⓒ **1** (**a**) 策略, 術策. a clever [clumsy] ~ 巧妙[下手]な策略. political ~*s* 政治工作. room [scope] for ~=freedom of ~ (いろいろと)手を打つ[小手先の策を弄(ろう)する]余地. (**b**) (巧みな)技.

連結 a skillful [a deft; a shrewd; a daring; a cunning, a sly; an inept] ~ ∥ carry out a ~

2 〖軍〗作戦行動, 機動; 〈普通 ~s〉大演習, 機動演習. Our ship will soon be out on ~*s*. 我が艦はやがて機動演習に出動する.

— 動 他 **1** VOA を上手に移動させる; を策略で動かす; (~ X *into* (*doing*)..) X をうまく操って..させる. ~ a piano *up* the staircase ピアノを上手に階上に運ぶ. ~ a person *out of* office 策略を用いて人を役職から追い出す. ~ a car *into* a tiny space 車を大変狭い場所に入れる. He ~*ed* himself *into* a controlling position. 彼はうまく立ち回って優位な位置を占めた. **2** 〖軍〗を(作戦行動によって)動かす, 移動させる; を(機動)演習させる.

— 自 **1** 策を弄(ろう)する, 画策する. ~ for [to get] a position of power 権力の座に就くため策略を用いる. **2** 〖軍〗〔軍隊, 艦隊などが〕作戦行動をとる; (機動)演習する. **3** うまく移動する[動く].

[<中世ラテン語「手で操作する」; ラテン語 *manus* 'hand', operate] ▷**~·ing** 名

ma·neu·ver·a·ble /mənúːv(ə)rəb(ə)l/ 形 操縦しやすい, 扱いやすい, 機動性のある, 〔自動車, 飛行機など〕. a highly ~ airplane 極めて操縦容易な航空機.

▷**ma·nèu·ver·a·bíl·i·ty** 名 Ⓤ 操縦性.

màn Fríday 名 Ⓒ (複 **men Friday, men Fridays**) 忠実な召使い; (雑多な仕事をこなせる)従業員; 片腕になる人; 《Friday は Robinson Crusoe の忠僕の名》.

man·ful /mǽnf(ə)l/ 形 男らしい, 雄々しい, 決然とした. ▷**~·ly** 副 **~·ness** 名

man·ga·nese /mǽŋgəniːz, -niːs|mæ̀ŋgəníːz/ 名 Ⓤ 〖化〗マンガン《金属元素; 記号 Mn》.

mange /meindʒ/ 名 Ⓤ 〖獣医〗かいせん《犬, 猫, 馬, 牛などの皮膚病; 発疹(しん)がかさぶたになり脱毛する》.

man·gel-wur·zel /mǽŋg(ə)lwə̀ːrz(ə)l/ 名 Ⓒ 〖植〗フダンソウの類《家畜の飼料用; 単に **mángel** とも言う》.

man·ger /méindʒər/ 名 Ⓒ まぐさおけ, 飼いばおけ. ***a dòg in the mánger*** →dog.
[<古期フランス語 *mangier*「食べる」]

mange·tout /mɑ̀ːn(d)ʒtúː|mɔ̀n-/ 名 Ⓒ 〖植〗サヤエンドウの一種《〖英〗**màngetout péa,** 〖米〗**snów pèa** とも言う; さやも食べられる》. [フランス語 'eat all']

‡**man·gle**[1] /mǽŋg(ə)l/ 動 他 **1** (原形が分からないほど)をずたずたに切る; を押しつぶす; 〈しばしば受け身で〉. The bike was ~*d* in the collision. 自転車は衝突してめちゃめちゃになった. **2** 〔作品など〕を(まずい編集, 演出などで)台無しにする, 支離滅裂にする. The symphony was ~*d* by the conductor. 交響曲は指揮者に台無しにされた. [<古期フランス語]

mán·gle[2] 名 Ⓒ (洗濯物の)絞り機 (wringer)《2本の圧搾ローラーで布の水を切り, しわを伸ばす旧式な機械》.
— 動 他 を絞り機にかける.

‡**man·go** /mǽŋgou/ 名 (複 ~(e)s) Ⓒ マンゴー《熱帯産の常緑高木》; ⓊⒸ その果実《赤黄色で卵形; 食用》.

man·go·steen /mǽŋgəstiːn/ 名 Ⓒ マンゴスチン《東南アジア産の果樹》; ⓊⒸ その果実《柿(かき)くらいの大きさで果肉は美味とされる》.

man·grove /mǽŋgrouv/ 名 Ⓒ マングローヴ《熱帯地方の常緑樹; 河口, 海浜, 沼地に生じ, 幹からたくさんの根を下ろす》.

man·gy /méindʒi/ 形 ⓔ **1** かいせん (mange) にかかった; (毛が抜け落ちるなどして)みすぼらしい, 見苦しい. **2** 汚ない; 〔カーペット, 毛布などが〕(毛が擦り切れて)くたびれている. ▷**man·gi·ly** 副

mán·hàndle 動 他 **1** 〔人〕を手荒く扱う. **2** 〔もの〕を人力(だけ)で動かす; VOA を運ぶ, 押す〈*into* ..の中へ/*out of* ..から〉.

Man·hat·tan /mænhǽtn/ 名 **1** マンハッタン《ニューヨーク市内の島, および同島を中心とする市の区 (borough) の1つ; 商業, 経済, 文化の中心》. **2** ⓊⒸ 〈普通 m-〉マンハッタン《ウイスキーとベルモットを主体に maraschino cherry を入れたカクテル; **Manhàttan cócktail** とも言う》. ▷**~·ite** /-àit/ 名 Ⓒ マンハッタンの住民[生まれの人].

Manháttan Pròject 名 〈the ~〉マンハッタン計画《原子爆弾製造のための米国の秘密計画; 1942年発足》.

mán·hòle 名 Ⓒ (道路の)マンホール.

‡**man·hood** /mǽnhùd/ 名 Ⓤ **1** 成人(男子)であること; (男子の)**成年**; 壮年期. reach [attain] ~ 成人に達する. throughout one's ~ 壮年期を通じて.
2 男らしさ; 〖婉曲〗(男子の)生殖力, 精力; 〈one's ~〉〖戯・章〗男性性器, せがれ. Her remark insulted his ~. 彼女の言葉は彼の男の面目を傷つけた.
3 〖章〗〈単複両扱い〉(1国の)成年男子全体, 壮丁. the young ~ of England イギリスの若者たち. American ~ アメリカの男性. **4** 人間であること.

mán-hòur 名 Ⓒ 人時(にんじ)《1人1時間の仕事量》.

mán·hùnt 名 Ⓒ (犯人などの大掛かりな)捜索, 人狩り.

†**ma·ni·a** /méiniə/ 名 **1** Ⓒ 過度の熱中, 熱狂; ..熱; 〈*for* ..に対する〉. 注意 日本語の「マニア」は maniac. the golf ~ ゴルフ熱. have a ~ *for* (collecting) stamps 切手(収集)マニアである. **2** Ⓤ 〖医〗躁(そう)病. acute ~ 急性躁病. [ギリシア語「狂気」]

-mania 〈複合要素〉「..熱, ..狂」の意味. disco*mania* (ディスコ狂い). megalo*mania*. [ギリシア語]

‡**ma·ni·ac** /méiniæ̀k/ 名 Ⓒ **1** 狂人, 〖医〗躁(そう)病患者. **2** 熱中者, ..マニア, ..狂. a speed [sex] ~ スピード[セックス]狂. like a ~ 猛烈に〔働くなど〕.

── 形 狂気の; 狂気じみた.

ma·ni·a·cal /mənáiək(ə)l/ 形 狂人の(ような), 狂気じみた. ▷ **~·ly** 副

man·ic /mǽnik/ 形 **1** 〖医〗躁(そう)病 (mania) の; 狂気じみた. **2** 精力的な, 熱狂した.

mànic depréssion 名 U 躁鬱(そううつ)病.

mànic-depréssive /⑱/ 形, 名 C 〖医〗躁鬱(そううつ)病の(患者).

‡**man·i·cure** /mǽnəkjùər/ 名 UC マニキュア《爪(つめ)の手入れを含む手の美容術; →pedicure 2》. a ~ set マニキュアセット 《マニキュアをするための小道具一式》. give her a ~ 彼女にマニキュアを施す. ── 動 他 **1** 〔人, 手, 爪〕にマニキュアを施す. **2** 〖話〗〔生け垣, 芝生など〕を刈り込む, 刈る, (trim). [フランス語「手の手入れ」(<ラテン語 *manus* 'hand'+*cūra* 'care')]

mánicured 形 **1** マニキュアをした〔手など〕. **2** 手入れの行き届いた〔庭など〕.

man·i·cur·ist /mǽnəkjù(ə)rist/ 名 C マニキュア「(美容)師.

***man·i·fest** /mǽnəfèst/ 〖章〗形 m (見て, 考えて)**明白な**, 明らかな, 明々白々な, 〔事実, うそなど〕, (類語 具体的な徴候となって表出されていること; →clear 4). Joy was ~ on the child's face. 子供の顔に喜びの色がありありと現れていた.

── 動 (~s /-ts/|過 過分 ~·ed /-əd/|~·ing) 他 〖章〗 **1** を**明らかにする**; 〔資質など〕をはっきり示す, 〔感情など〕を表へ出す. Mozart early ~*ed* great talent for musical composition. モーツァルトは早くから作曲の優れた才能を示した. ~ displeasure 不快の色を見せる. be ~ed in.. で明らかである. **2** 〔物事が〕の証拠になる, を証明する. The fact ~*s* the boy's innocence. その事実は少年の潔白を証明する. ── 自 〔症状, 霊などが〕現れる.

mánifest itsèlf 〔徴候, 病気, 幽霊などが〕現れる, 出てくる, 〈*in* ..に, で/*as* ..として〉; 〔罪などが〕明らかになる. The guilt ~*ed itself* on his face. 罪の意識が彼の顔にはっきり現れた.

── 名 C (船, 飛行機の)積み荷目録; 乗客名簿. [<ラテン語「手で摑める, 明白な」]

▷ **~·ly** 副 明らかに, 明白に, ありありと.

‡**man·i·fes·ta·tion** /mæ̀nəfestéiʃ(ə)n/ 名 **1** 〖章〗 U 明示, 表明する[される]こと; C 声明(書), 言明(の言葉), 示威行為. **2** C 〖章〗(**a**) (事実, 感情, 信念などの)現れ, しるし. He made no ~ of his disappointment. 彼は少しも失望の色を見せなかった. (**b**) (病気などの)徴候. **3** C (幽霊, 霊などの)顕現.

Mànifest Déstiny 名 U **1** 〖米史〗明白なる使命(説)《19 世紀中ごろからの米国の西方領土拡大を神与の使命だと勝手に解釈した説》. **2** 〈m- d-〉 領土拡張論.

†**man·i·fes·to** /mæ̀nəféstou/ 名 (複 ~(e)s) C (政府, 政党などの出す)声明(書), 宣言(書); 〖英〗(選挙前の)公約. issue a ~ for the next election 次の選挙に向けて声明を発表する. the Communist *Manifesto* 共産党宣言《1848 年発表》. [イタリア語「明示, 公表」]

man·i·fold /mǽnəfòuld/ 形 ⓒ 〖章〗 **1** 多種多様な, 雑多な; たくさんの. do ~ tasks 雑多な仕事をする. **2** 多方面にわたる; 〔機械などが〕複合装置の, 同時にいくつかの仕事をする. The novel gives a ~ picture of human life. その小説は人生を多面的に描いている.

── 名 **1** UC 多様(なもの). **2** C 複写したもの. **3** C マニホールド, 多岐管, 《多気筒機関の排気[吸気]管などを接続して 1 つにまとめる管》. ── 動 他 (複写器で)の写しを作る; を多様にする. [<古期英語; many, -fold]

man·i·kin /mǽnikən/ 名 C **1** 小人(こびと) (dwarf). **2** 人体解剖模型. **3** =mannequin. [<オランダ語「小さな人」; mannequin と同源]

Ma·nil·a /mənílə/ 名 **1** マニラ《フィリピン共和国最大の都市で首都》. **2** 〈普通 m-〉 =Manila hemp; =Manila paper; =Manila rope; (**Manilla**, **manilla** ともつづる). a ~ envelope マニラ紙製の封筒.

Manìla hémp 名 U マニラ麻.

Manìla páper 名 U マニラ紙《包装, 封筒などに用いる淡褐色の丈夫な紙; もとマニラ麻で作った》.

Manìla rópe 名 C マニラロープ《マニラ麻で作る強い綱; 船具用など》.

màn-in-the-stréet /⑱/ 形 市井(しせい)人の, 普通の「人の.

màn in [〖米〗**on**] **the stréet** 名 〈the ~〉普通の人, 平均的市民 (the ordinary [average] person); (専門家に対して)素人.

man·i·oc /mǽniɑ̀k/ 名 =cassava.

†**ma·nip·u·late** /mənípjəlèit/ 動 他 **1** を(特に, 手で)巧みに扱う; 〔機械など〕をうまく操作する; 〔事件, 問題, 仕事など〕をうまく処理する. ~ a pair of chopsticks 2 本の箸(はし)を上手に使う. ~ the knobs on the panel パネル盤上のつまみを巧みに操作する.

2 (不正に)〔人, 世論, 市価など〕を操る; VOC (~ X *to do*) X を操って..させる; VOA (~ X ***into*** (*doing*)..) X を操って..させる. ~ stocks 株価を操作する. ~ public opinion [the media] 世論[マスコミ]を操る. He ~*d* her *to* give him lots of money. 彼は彼女に巧みに大金を出させた. ~ one's mother *into* buy*ing* toys うまく母親におもちゃを買わせる.

3 〔帳簿, 報告書など〕をごまかす, に手を加える, '操作する'. ~ the figures [date] 数字[日付]をごまかす.

4 〖医〗〔(脱臼した)骨〕を(手で)元に戻す, 触診する. [<*manipula*tion]

ma·nìp·u·lá·tion 名 UC **1** 巧みに扱う[われる]こと, 巧妙な操作. mathematical ~*s* 数学的操作. **2** (市価などの)不正操作. **3** ごまかし, 手加減. **4** 〖医〗触診, 手技, 処置. [<ラテン語 *manipulus*「ひと摑み」(<「手 (*manus*) を一杯にする」)]

ma·nip·u·la·tive /mənípjəlèitiv|-lə-/ 形 巧みに「扱う; ごまかしの.

ma·nip·u·la·tor /mənípjəlèitər/ 名 C 巧みに扱う人; 改ざん者, あやつり師; 操縦者; マニピュレーター《危険物質を取り扱う装置》.

Man·i·to·ba /mænətóubə/ 名 マニトバ州《カナダ中南部の州; 首都 Winnipeg》.

man·i·tou /mǽnitù:/ 名 U (自然界に存在する)霊, 神の力, 《北米先住民(アルゴンキアン族)の間で信じられている》.

màn jáck 名 〖話・戯〗〈次の句で〉 every ~ →「JACK (成句)

‡**man·kind** /mænkáind, 2 では ⌐⌐/ 名 U 〈普通, 単数扱い〉 **1 人類**, 人間, (類語 人類全体を表す語であるが, 女性差別語と感じられる人は the human race, humankind, humans, human beings, people を用いる; →man 1). ★これを受ける代名詞は it, its. In being mortal, all ~ is alike. 死を免れないということではすべて人類は同じである. **2** 〈集合的〉 男性, 男子, (↔ womankind).

mank·y /mǽŋki/ 形 e 〖英話〗きたならしい; ひどい.

mán·lìke 形 **1** 人間に似た, 人のような. ~ apes 類人猿. **2** 男性的な (類語 良い意味にも悪い意味にも用いる; →manly). **3** =mannish 1.

***man·ly** /mǽnli/ 形 e (**-li·er**|**-li·est**) **1** (良い意味で)**男らしい**; 大胆な, 雄々しい; (類語 勇気や力など男性的な美点を強調; →male, manlike, mannish, masculine). a deep, ~ voice 低く太い男らしい声. ~ beauty 男性美. **2** 男性用の, 男性的な. ~ sports like football フットボールのような男性的なスポーツ. **3** 〔女が〕男のような, 男まさりの, (mannish).

▷ **man·li·ness** 名 U 男らしさ; 雄々しさ.

‡**màn-máde** /⑱/ 形 **1** 人造の, 人工の. a ~ lake 人造湖. a ~ moon 人工衛星. **2** 合成の (synthetic). ~ fibers 合成繊維. **3** 人為の. ~ pollution 人間の営みによる汚染.

Mann /mæn/ 名 **Thomas ~** マン (1875–1955)《ド

M

イツの作家; 1929 年ノーベル文学賞受賞》.
man·na /mǽnə/ [名] [U] **1** 〖聖書〗マナ《モーセの率いるイスラエル人が荒野で飢えた時，神から恵まれた食物》. **2** (思いがけない)天の助け[恵み]; 心の糧. When he gave me the money, it was (like) ～ ⌞from heaven [in the desert [wilderness]]. 彼がその金をくれたのは天の助けだった. [＜ヘブライ語]
manned /mǽnd/ [形] 〔乗り物，特に宇宙船などが〕有人の. a ～ flight to the moon 月への有人飛行.
man·ne·quin /mǽnikən/ [名] [C] **1** (衣服の陳列用に使う)マネキン人形. **2** (普通，女性の)ファッションモデル，マネキン，(★現在では普通 model と言う). [フランス語; manikin と同源]
‡**man·ner** /mǽnər/ [名] ([複] **～s** /-z/) [C]
【やり方】 **1** 〈普通，単数形で〉**方法**，仕方，([類語] 主に個人に特有な方法; →way¹ 11). Do it after the ～ of your father. お父さんのやり方にならっておやりなさい. The accident happened in this ～. 事故はこのようにして起こった. the ～ in which he died 彼の死に方. in ⌞a routine [the same] ～ いつもの[同じ]やり方で. in the grand ～ 豪華に. In what ～..? どのように... an adverb of ～ 様態の副詞(＝manner adverb).
2 〈普通，単数形で〉(美術，文学，建築などの)作風，様式. a poem in the ～ of Keats キーツ風の詩.
3 〈単数形で〉〖旧・章〗種類 (kind, sort). What ～ of man is Mr. Smith? スミス氏とはいかなるお人か.
【ふるまい方】 **4** 〈単数形で〉**態度**，物腰，応対. in a clumsy ～ ぎこちない態度で. Her ～ changed suddenly. 彼女の態度は突然変わった. The lady has a graceful ～. その婦人の物腰はしとやかだ.

[連結] a friendly [an affable; a gentle, a kind; a charming; a polite; an arrogant, an overbearing; a rude, an uncouth; a surly] ～ // adopt [affect] a ～

5 〈～s〉**行儀**，作法. table ～*s* 食事の作法，テーブルマナー. have good [no] ～*s* 行儀が良い[をわきまえない]. It is bad ～*s* to make a noise while you eat. 食事中に音を立てるのは無作法です. Where are your ～*s*? お行儀はどうしたのですか《子供に言う表現》.

[連結] good [correct; impeccable, perfect; polished; uncouth, vulgar] ～*s*

6 〈～s〉(民族，時代などの)**風習**，風俗，慣習. foreign ～*s* and customs 外国の風俗習慣. Other times, other ～*s*. 〖諺〗時が変われば風俗も変わる. *Manners* make(s) man. 〖諺〗礼節は人を作る; 人は礼儀で判断できる.
àfter a mánner どうにか，幾分.
áll mànner of.. あらゆる種類の.. (every kind of). collect *all* ～ *of* wild plants あらゆる野生植物を収集する. ★単複両扱い.
(***as*** [***as if***]) ***to the mànner bórn*** 生まれつき適している[慣れている](ように). play the lady *as* (*if*) *to the* ～ *born* 生まれつきの貴婦人のように演じる. He is a poet *to the* ～ *born*. 彼は生まれながらの詩人だ.
by áll [***nó***] (***mànner of***) ***mèans*** →means.
in a mànner (***of spéaking***) ある意味では，いわば; 幾分は. Yes, *in a* ～ *of speaking*, he is a selfish person. そうです，ある意味では彼は利己的な人です.
nó mànner of.. どんな..もない.
[＜ラテン語「手 (*manus*) の」]
mánner àdverb [名] [C] 〖文法〗様態の副詞《slowly, how, so など》.
mán·nered /mǽnərd/ [形] 気取った〔話し方など〕; 型にはまった，マンネリズムに陥った，〔演技など〕. a ～ way of speaking 気取った話し方.

-mánnered 〈複合要素〉「行儀が..な」の意味. well-*mannered*. ill-*mannered*. rough-*mannered* (無作法な).
‡**man·ner·ism** /mǽnərìz(ə)m/ [名] **1** [C] (話し方，身振りなどの独特の)癖，わざとらしさ，習慣. **2** [U] (文体，画法などの)様式主義，マンネリズム; [C] 型にはまった表現など. **3** 〈M-〉マニエリスム，マニエリズモ，《極度に技巧的・作為的な傾向をもち，時に不自然なまでの誇張や非現実に至る美術・文学の様式; 16 世紀イタリアに顕著》.
▷ **Mán·ner·ist** [名] [C] マニエリスト (→mannerism 3).
mán·ner·less [形] 無作法な.
mán·ner·ly [形] 礼儀正しい，丁寧な，([類語] 礼儀作法の決まりを厳守することを意味する客観的な語; →polite).
man·ni·kin /mǽnikən/ [名] ＝manikin.
man·nish /mǽniʃ/ [形] **1** 〔女性が〕男っぽい，女らしくない，([類語] 女性の男っぽさを普通，軽蔑的に言う語; →manly). **2** (服装などが)男性向きの. a ～ jacket 男っぽいジャケット. ▷ **～·ly** [副] **～·ness** [名]
ma·noeu·vra·ble /mənú:vrəbl/ [形] 〖英〗＝maneuverable.
ma·noeu·vre /mənú:vər/ 〖英〗[名], [動] ＝maneuver.
màn of Gód [名] ([複] **men-**) [C] 〖章〗聖人; 聖職者.
màn of létters [名] ([複] **men-**) [C] 文学者，著述家; 学者.
màn of stráw [名] ([複] **men-**) ＝straw man.
màn of the hóuse [名] ([複] **men-**) [C] 家長，世帯主.
màn of the wórld [名] ([複] **men-**) [C] 世故に長(た)けた男[人]，世慣れた男[人].
man-of-war, man-o'-war /mæ̀nəvwɔ́:r/ [名] ([複] **men-** /mèn-/) [C] 〖古〗軍艦 (warship).
ma·nom·e·ter /mənɑ́mitər|-nɔ́m-/ [名] [C] **1** (液体や気体の)圧力計. **2** 血圧計. ▷ **ma·nom·e·tric** /mæ̀nəmétrik [移]/ [形] **ma·nom·e·tri·cal·ly** /mæ̀nəmétrik(ə)li/ [副]
†**man·or** /mǽnər/ [名] [C] **1** 〖英史〗(封建時代の)荘(しょう)園; (貴族の)領地《荘園の名残で，邸宅周辺以外の土地を農民に小作させて地代を徴収する》. the lord of the ～ 荘園主，領主. **2** ＝manor house; (地主，農園主などの)大邸宅. **3** 〖英俗〗(警察の)管轄区. [＜アングロフランス語「住居」(＜ラテン語 *manēre* 'remain')]
mánor hòuse [名] [C] (荘園の)領主邸[館].

[manor house]

ma·no·ri·al /mənɔ́:riəl/ [形] 荘(しょう)園の，領地の.
‡**mán·pòwer** [名] ([複] ～) **1** [U] (動員できる)有効総人員，人的資源. The industries are seriously suffering from a ～ shortage. 産業界は人手不足によって深刻な打撃を受けている. **2** [U] (機械力などに対する)人力. **3** [C] 人力《仕事率の単位; 1 馬力 (horsepower) の約 10 分の 1》.
man·qué /mɑ:ŋkéi/ [形] 〈名詞の後で〉なり[出来]損ないの. a writer ～ 作家のなり損ない.
man·sard /mǽnsɑ:rd|-sɑ:d, -səd/ [名] [C] マンサード屋根 (**mánsard ròof**)《四方の勾(こう)配が 2 段になって

いる》; その屋根裏(部屋).

manse /mæns/ 名 C 牧師館《特にスコットランド長老教会の》.

mán·sèrvant /mǽn-/ 名 (複 **mén·sèrvants** /mén-/, ~s) C 下男, 従僕, (女 maidservant).

Mans·field /mǽnsfi:ld/ 名 **Katherine ~** マンスフィールド (1888–1923)《New Zealand 出身の英国の短編作家; 本名 K. M. Beauchamp /bí:tʃəm/》.

‡**man·sion** /mǽnʃ(ə)n/ 名 (複 **~s** /-z/) C **1 大邸宅** (類語 residence よりも形式ばった語で, 豪壮でしばしば古い邸宅を言う; →house; 参考 日本のマンションは, 〖米〗 apartment house か 〖英〗 flat; 高級分譲マンションは condominium). **2** 〖英〗〈普通 Mansions〉《アパートの建物の名称に用いる》..マンション. His address is 12 Kew *Mansions*. 彼の住所はキュー・マンション 12 号(室)だ. **3** 〖米〗〈the M-〉 =Executive Mansion. [<ラテン語「滞在する場所」(<*manēre* 'stay, remain')]

mánsion hòuse 名 C 〖英〗 =manor house; 〈the M- H-〉 ロンドン市長公邸.

mán-sìze(d) 形 〈限定〉〖話〗大人向きの大きさの, 十分大きい, 大型の, 《特に広告文に用いる語》; 大の男に向いた〔仕事など〕. a ~ glass 大の男向きのグラス.

‡**mán·slàughter** 名 U 〈一般に〉殺人; 〖法〗故殺, 非謀殺, (類語 計画的でなく, 一時の激情などによるもの; →homicide).

man·ta /mǽntə/ 名 C **1** マンタ《スペインやラテンアメリカで用いる毛布, 肩掛け》. **2** 〖魚〗イトマキエイ (**mán·ta rày**). [スペイン語]

man·tel, man·tle /mǽntl/ 名 〖古〗 =mantelpiece.

*__man·tel·piece__ /mǽntlpi:s/ 名 (複 **-piec·es** /-əz/) C **マントルピース**, 暖炉棚, 《暖炉を囲む大理石, れんがなどの飾り枠全体を指すこともある》. [mantle の異形, piece]

[mantelpiece]

mántel·shèlf 名 (複 →shelf) C 〖英〗暖炉棚.

man·til·la /mæntílə/ 名 C マンティラ《スペインやラテンアメリカの女性が頭から肩に掛ける, 黒又は白のレースのスカーフ》. [スペイン語「小さな manta」]

man·tis /mǽntəs/ 名 (複 **~es, man·tes** /-ti:z/) C 〖虫〗カマキリ (praying mantis). [<ギリシア語]

Man·tle /mǽntl/ 名 **Mickey ~** マントル(1931–95)《1950 年代に活躍した米国の野球選手》.

man·tle /mǽntl/ 名 C 【覆うもの】 **1** (特に女性用の)マント《ゆったりした袖(そで)なしの外套(とう)》. **2** 【権威の衣】〖雅〗〈the ~〉重大な責任〈*of* ..の〉. take on [assume, wear] the ~ *of* premiership 総理大臣の重責を担う. assume [inherit, wear] the ~ of ..の衣鉢(はつ)を継ぐ. **3** (衣のように)覆う[隠す, 包む]もの. hills covered by a ~ of snow [fresh green] 雪[新緑]に覆われた丘陵. wrapped in a ~ of darkness 闇(やみ)に包まれて[た]. **4** (ガス灯の)マントル《炎を覆う》. **5** (軟体動物の)外套膜. **6** 〖地〗マントル《地殻と中心核の間》.

── 動 他 〖雅〗 **1** にマントを着せる. **2** を覆う, 隠す, 包む. Snow ~*d* the roofs. 家々の屋根は雪に覆われた.

── 自 **1** 〔液体が〕上皮ができる. **2** 〔顔が〕赤くなる. [<ラテン語 *mantellum*「外套」]

màn-to-mán /-tə-(移)/ 形 〈限定〉〖話〗率直な, ざっくばらんの, 〔話し合いなど〕; (バスケットボールなどで, 相手側の選手を) 1 対 1 でマークする. ── 副 腹蔵なく, ざっくばらんに.

man·tra /mǽntrə, mɑ́:n-/ 名 C **1** マントラ, 真言(しんごん)《ヒンドゥー教・仏教の》. **2** (繰り返される)スローガン, 題目. [サンスクリット語]

mán-tràp 名 C **1** (昔の)人捕り罠(わな). **2** 〖話〗妖(よう)婦. 「の始祖》.

Man·u /mǽnu:, mʌ́n-/ 名 マヌ《ヒンドゥー神話で人類↑

*__man·u·al__ /mǽnjuəl/ 形 C **1 手の**; 手を使う, 手でする, 手作業での; 手動の〔装置など〕; 手細工の. ~ crafts 手工芸. a ~ control 手動制御. a ~ SLR (オートフォーカスではない)マニュアルの一眼レフ. **2** 肉体の (physical). a ~ worker 肉体労働者. ~ labor [work] 肉体労働.

── 名 (複 **~s** /-z/) C **1 手引き**, 便覧, 案内書. a computer ~ コンピュータのマニュアル. a teacher's ~ (教科書の)教師用解説書. **2** 〖軍〗(教練の)教範. **3** 〖楽〗(オルガンの)鍵(けん)盤.

on mánual 手動で[の]. [ラテン語 *manus*「手」]

▷ **~·ly** 副 手で; 手動で; 手細工で.

mànual álphabet 名 C (聾啞(ろうあ)者用の)手話文字 (finger alphabet; →DEAF-AND-DUMB alphabet).

mànual tráining 名 U 〖米〗(学校などの)工作, 工芸.

mànual transmíssion 名 U マニュアル・トランスミッション《自動車の手動変速機》.

man·u·fac·to·ry /mæ̀njəfǽkt(ə)ri/ 名 (複 **-ries**) C 〖古〗製造所, 工場, (factory).

*__man·u·fac·ture__ /mæ̀njəfǽktʃər/ 動 (**~s** /-z/| **~d** /-d/| **-tur·ing** /-tʃ(ə)riŋ/) 他 **1 を製造する**《特に工場での大量生産に言う》. The cars ~*d* in this factory are mostly exported overseas. この工場で生産される車の大半は海外へ輸出される. **2** 〔原料〕を加工する〈*into* ..〔製品〕に〉. ~ pulp *into* paper パルプを紙に加工する. **3** 〔作り話, 理由など〕をこしらえる, でっち上げる, (invent). ~ some excuse to leave 口実を設けて立ち去る.

── 名 (複 **~s** /-z/) **1** U (特に大量の)**製造**, 機械製作; 製造業. goods of foreign [home] ~ 外国[国内]製品. iron ~ 製鉄(業). the ~ of steel from iron ore 鉄鉱石からの鋼鉄の製造. **2** C 〈普通 ~s〉製品. woolen ~*s* 羊毛製品. **3** U 〖軽蔑〗(小説などの)乱作. **4** 形成.

[<ラテン語「手 (*manus*) で作る (*facere*) こと」]

‡**man·u·fac·tur·er** /mæ̀njəfǽktʃ(ə)rər/ 名 (複 **~s** /-z/) C (特に大規模な)**製造業者**; 〈~s〉メーカー; 製造会社. an electronics ~ 電子製品のメーカー.

màn·u·fác·tur·ing /-tʃ(ə)riŋ (移)/ 形 製造の. the ~ industry 製造業. ── 名 U 製造(工業).

man·u·mit /mæ̀njəmít/ 動 (**-tt-**) 他 〔奴隷など〕を解放する. ▷ **man·u·mis·sion** /mæ̀njəmíʃ(ə)n/ 名

‡**ma·nure** /mən(j)úər/ 名 U (牛馬のふんなどの)肥やし; 〈一般に〉肥料. chemical [artificial] ~ 化学[人工]肥料. ── 動 他 〔土地, 作物など〕に肥料を施す.

*__man·u·script__ /mǽnjəskrìpt/ 名 (複 **~s** /-ts/) C **1** (印刷前の)**原稿**《手書きだけでなく, タイプしたものワープロ作成のものも含む; 略 MS (複 MSS)》. an unpublished ~ 未刊の原稿. **2** (印刷術発明前の)写本.

in mánuscript 原稿のままで[の], 未発表のままで[の]. a novel *in* ~ 未発表の小説.

── 形 手書きの[タイプした, ワープロで打った]; 原稿の; 写本の. a ~ document 手書き文書.

[<ラテン語「手 (*manus*) で書かれた (*scriptus*)」]

Manx /mæŋks/ 形 マン島 (the Isle of Man) の; マン島人[語]の. ── 名 **1** 〈the ~; 複数扱い〉マン島人. **2** U マン島語《ケルト語の一種》.

Mànx cát 名 C マン島猫《飼い猫の一種; 尾がない》.

Mánx·man /-mən/ 名 (複 **-men** /-mən/) C マン島人 (→Manx).

‡**man·y** /méni/ 形 (**more**|**most**) **1** 〈普通, 限定〉多くの, たくさんの, (↔few).

M

語法 (1) 複数の可算名詞に伴う (→much). (2) 普通, 否定文, 疑問文などに用い, 肯定平叙文では代わりに a large number of, numerous, 特に〘話〙では a lot of, lots of, plenty of を好む傾向がある; ただし肯定平叙文でも many が主語を修飾する場合, 又は so, as, too, how などに続く場合は自由に用いられる.

We didn't have ～ visitors this summer. うちではこの夏お客が多くなかった. Do you see ～ foreign movies? あなたは外国映画をたくさん見ますか. *Many* children stay after school for club activities. 大勢の子供が放課後クラブ活動で残る. The tree has too ～ twigs and branches. その木は大枝小枝が茂りすぎている. There were so ～ that I can't remember them all now. あんまりたくさんあったので今全部思い出すことはできません. *Many* thanks. 本当にありがとう. We need ～ more extras for the battle scenes. 戦闘シーンのエキストラがもっとたくさん必要だな (★more＋複数名詞の強調は much ではなく many). Her shortcomings were ～. 彼女の欠点はたくさんあった (★補語の用法は〘章〙).

2 〈～ a〉 多数の.. (★単数形の名詞が続き, 動詞も単数形を取る). *Many a* man hopes so.＝*Many* men hope so. 多くの人がそう願う. ～ *an* other man＝～ other men ほかの多くの人. (～ and) ～ *a* time (何度も)何度も. *Many a* true word has been uttered in jest. 〘諺〙冗談の中に本当のことが言われる場合が多い.

*__*a gòod mány*__ かなり多く(の) (★名詞的用法もある). There were *a good* ～ mistakes that went overlooked. 見過ごされた誤りがかなりあった. *A good* ～ of the pictures on exhibition were sold on the opening day. 展覧した絵のかなりが初日に売れた.

M

a grèat mány .. →great.

*__*as mány*__ (先行する数詞と)同数(の) (★名詞的用法もある). He wrote three books in *as* ～ years. 彼は3年間に3冊本を書いた. I have five copies, but I shall need twice *as* ～. 5部はあるがその2倍の部数欲しいところだ.

as màny agáin (***as..***) →again.

*__*as mány*__(*..*) *__as..__* (1) ..と同数(の..); ..だけ(の..); (★名詞的用法もある). Ed has *as* ～ [twice *as* ～] foreign stamps *as* I have. エドは私と同じ[私の倍]くらい外国切手を持っている. Take *as* ～ *as* you want. 欲しいだけ取りなさい. (2) 〈as many as..; 数詞を伴って〉..ほど多くの (no less than). *As* ～ *as* fifty students gathered to hear his lecture. 50人もの学生が彼の講義を聞きに集まった.

be (***one***) ***tòo mány for..*** 〔人〕の手に余る; 〔人〕より勝る, 一枚うわてである.

hàlf as màny agáin (***as..***) →again.

*__*hòw mány*__ いくつ(の); いく人(の); (★名詞的用法もある). *How* ～ tomatoes are there in this basket? このかごにはトマトがいくつ入っているのか. *How* ～ are coming for dinner? ディナーには(お客が)何人いらっしゃるの.

in so màny wórds →word.

Màny's the tíme [***dáy, night, mán,*** *etc.*] (***that*** [***who***] ***..***) しばしば[何日も, 何人もなど](..した). *Many's the time* I've heard you say so. 君がそう言うのを何度も聞いた.

òne tòo mány 1つ[1人]だけ余計な (★one の代わりに two, three なども用いられる). That remark was just *one too* ～. あのひと言はまったく余計だった. He's just had *one too* ～. 彼は1杯(酒を)飲みすぎただけだ(大したことはない). There are seven of us—*two too* ～ to get in my car. 7人いるから, 私の車に乗るには2人余計だ.

*__*so many*__ /ˊ-ˊ-/ (1) そんなに多く(の) (★名詞的用法もある). There are *so* ～ stars in the sky, I can't count them all. 空には星がたくさん出ていてとても数え切れない. I like apples, but I can't eat *so* ～. リンゴは好きだがそんなには食べられない. (2) 同数の, それだけの数の. *So* ～ men, *so* ～ minds. →mind (成句). We crawled like *so* ～ ants along the mountain pass. 我々は山道をまるでアリがはうようにのろのろ進んだ. (3) /ˊ-ˊ-/ いくらいくら(の), ある数(の), (★名詞的用法もある). work *so* ～ hours for so much money 何時間でいくらという取り決めで働く. sell oranges at *so* ～ for a dollar 1ドル何個でオレンジを売る.

── 代 〈複数扱い〉 **1** 多数(の人, もの). *Many* of my friends were at the party. 友人の多くが会に出席していた. *Many* of them are students. 彼らの多くは学生です. Not ～ will come to his funeral. 彼の葬式に来る人は多くあるまい. 語法 many of.. の形になる時は, of の次の名詞には the, one's など何らかの限定詞が必要 (→第1例); much, most, some, eachなどの場合も同様: ～ of friends [students] などとは言わない; ただし代名詞の場合は ～ of us [you] となる (→第2例).

2 〈the ～〉 大多数の人, 一般大衆, (↔the few). try to please the ～ 一般大衆を喜ばせようとする.

[＜古期英語 *manig*]

màny-síded /-əd ⑱/ 形 **1** 〔図形などが〕多くの辺[面]を持つ. **2** 〔性格などが〕多くの側面を持つ, 多方面にわたる; 多才の, 多芸な. a ～ issue 多面的な問題. ▷～·**ness** 名 U 多面(性).

man·za·nil·la /mæ̀nzəníːlə/ 名 U マンサニリヤ《スペイン産のシェリー酒》.

Mao·ism /máuìz(ə)m/ 名 U 毛沢東主義.

Mao·ist /máuist/ 名 C 毛沢東主義者.

Mao·ri /máuri/ 名 (複 **～s,** 〈集合的〉 ～) C マオリ人《New Zealand の先住民》; U マオリ語. ── 形 マオリ人[語]の.

Mao Tse-tung, Mao Ze·dong /màu-tsətúŋ/, /-dzʌdúŋ/ 毛沢東 (1893-1976)《中国の政治家, 思想家; 中国共産党主席 (1945-76)》.

‡**map** /mæp/ 名 (複 **～s** /-s/) C **1** 地図《1枚のもの; 本の形をしたのは atlas》. hang up a ～ on the wall 壁に地図を掛ける. read a ～ 地図を読む. study the road ～ of the country around Paris パリ周辺地方の道路地図を調べる. He drew me a ～ of how to get to his house. 彼の家へ行く道を地図に書いてくれた. Do I have to draw you a ～? 〘話〙詳しく[これ以上]話さなくちゃいけないのかね. I know where it is; I looked it up [found it] on the ～. それがどこにあるか分かっている, 地図で探したので. a one-to-ten-thousand ～ 1万分の1の地図.

連結 a large-scale [a route; a weather; a world] ～ // consult [read] a ～

2 天体図; (地図を用いた)図解, 分布図. a weather ～ 天気図. a dialect ～ 方言地図.

blòw [***wìpe***] ***.. off the máp*** ..を全滅[壊滅]させる. The bombing *wiped* the small village *off the* ～. 爆撃で小さな村は壊滅した.

off the máp (1)《地図に出ていない＞》〔場所が〕辺鄙(ぴ)な. Their house is *off the* ～, miles away from the nearest town. 彼らの家は辺鄙な場所にあり, 最も近い町から何マイルも離れている. (2)〘話〙(地図から)なくなった; 姿を消した, 滅びた; 重要でない. →blow [wipe] ..off the MAP.

pùt ..on the máp《地図に記載する＞》〘話〙..を有名[重要]にする. The discovery of prehistoric relics *put* the small town *on the* ～. 先史時代の遺物の発見でその小さな町は有名になった.

thròw a máp 〘米俗〙吐く.

── 動 (～**s**|-**pp**-) 他 **1** の地図を作る; を地図で表す; を(精密に)地図にしるす. **2** 〔遺伝子など〕を染色体上に位置づける. **3** 〘数〙を写像する.

màp /../ óut (普通, 紙に書いて)の(詳細な)計画を立てる; を詳細に示す. ～ *out* one's study program 学習計画を立てる. ～ *out* where to go for one's holidays 休暇にどこに行くかを計画する.
[＜中世ラテン語 *mappa* (*mundi*) 'map (of the world)' (＜ラテン語 *mappa*「布切れ」); napkin と同源]

***ma·ple** /méip(ə)l/ 名 (複 **～s** /-z/) **1** Ⓒ カエデ, モミジ. **2** Ⓤ カエデ材《固く, 家具によく使われる》. **3** Ⓤ カエデ糖[シロップ]の風味. [＜古期英語]

máple lèaf 名 Ⓒ カエデの葉《カナダの国章》.

màple súgar 名 Ⓤ カエデ糖《カエデシロップから製する》.

màple sýrup 名 Ⓤ メープルシロップ《sugar maple「の樹液を煮つめて作る》.

máp·ping 名 Ⓒ **1** 地図作成. **2** 〖数〗写像, 関数.

máp-rèader 名 Ⓒ 地図を読む[地図が分かる]人. a poor ～ 地図がよく分からない人.

máp·rèading 名 Ⓤ 地図を読むこと.

Ma·pu·to /məpú:tou/ 名 マプート《モザンビーク共和国の首都》.

ma·quis /mɑ:kí:/ 名 (複 ～ /同/) 〈the ～, the M-〉 マキ《第2次大戦中の反独フランス地下組織》; Ⓒ マキ運動員.

***mar** /mɑ:r/ 動 (**～s** /-z/|過 過分 **～red** /-d/|**már·ring** /-riŋ/) 他 〖やや章〗を傷つける, 損なう; を台無しにする. Nothing so far has happened to ～ their happiness. これまでのところ彼らの幸せを損なうようなことは一つも起こっていない. The bad weather ～*red* the ceremony. 悪天候が式を台無しにした.
màke or már →make.
[＜古期英語「妨げる, 損なう」]

Mar. March.

mar·a·bou(t) /mǽrəbù:/ 名 **1** Ⓒ ハゲコウ《アフリカ・インド・東南アジア産の大形コウノトリの総称; 白, 黒, 灰色の羽毛を持つ》. **2** Ⓤ ハゲコウの羽毛; Ⓒ ハゲコウの羽毛製の装飾《帽子, 襟元などの縁飾りなど》.

ma·ra·ca /mərɑ́:kə, -rǽ-/ 名 Ⓒ 〈普通 ～s〉 マラカス《乾燥したヒョウタンなどに小石, 種子などを入れて鳴らすリズム楽器》.

mar·a·schi·no /mæ̀rəskí:nou, -ʃí:-/ 名 (複 **～s**) 〈しばしば M-〉 **1** Ⓤ マラスキーノ(酒)《野生のサクランボから作るリキュール酒》. **2** Ⓒ マラスキーノチェリー (**mara·schìno chérry**)《マラスキーノ酒漬けにしたサクランボ; デザートの飾りなどにする》.

***mar·a·thon** /mǽrəθɑ̀n, -θən|-θən/ 名 (複 **～s** /-z/) **1** Ⓒ 〈しばしば M-〉 マラソン競走 (**márathon ràce**) 《26マイル385ヤード(42.195キロメートル)を走る; →4》. run a [the] ～ マラソン競技に出る. ★単に長距離を走る場合には使わない.
2 Ⓒ 〈一般に〉 長距離レース; 耐久競争; 長時間続くもの《テレビ番組など》. a dance ～ ダンスマラソン《ダンスの持続時間を競う》. It's a ～, not a sprint. (この仕事は)短距離レースではなく, マラソンだ《忍耐が必要だ》.
3 〈形容詞的〉 マラソンの; 〖話〗延々と続く〔スピーチなど〕, 忍耐を要する. a ～ session 長時間の会議.
4 〈M-〉 マラトン《紀元前490年にギリシア軍がペルシアの大軍を破った古戦場; 伝令がアテネまでの約26マイルを走って勝利を伝えたとされる》.

ma·raud /mərɔ́:d/ 動 自 〔人, 動物が〕(獲物を捜して)荒らし回る, 略奪して回る; 襲撃する 〈*on* ..を〉. ── 他 を略奪する, 襲撃する. ▷ **～·er** 名 Ⓒ 略奪者.

ma·ráud·ing 形 荒らし回る, 略奪して回る〔ギャングなど〕. ～ bands [hordes] 匪賊(ひぞく).

‡mar·ble /mɑ́:rb(ə)l/ 名 (複 **～s** /-z/) **1** Ⓤ 大理石《建物, 彫刻, 墓石などに使われる》. a ～ fireplace 大理石の暖炉. **2** 〈～s; 集合的; 複数扱い〉 大理石彫刻品《個人, 博物館所蔵などの》.
3 〖雅〗Ⓤ (大理石のような)冷たさ; 堅さ; 滑らかさ; 白さ. a heart of ～＝a ～ heart (→4) 冷たい心. skin of ～＝～ skin (→4) 滑らかな白い肌.
4 〈形容詞的〉 大理石の(ような); 大理石模様のある; 〖雅〗冷酷な; 堅い; 滑らかな; 純白な. a ～ column 大理石の柱. a ～ gloss 大理石のような光沢.
5 Ⓒ はじき玉, マーブル, ビー玉, 《直径 1/2-1 インチでガラス製, 陶製など; もとは大理石製》; 〈～s; 単数扱い〉 ビー玉遊び《男の子の遊戯》. play ～*s* ビー玉遊びをする.
6 〖戯〗〈～s〉 分別, 理性.
hàve àll one's márbles 〖戯〗頭は全く正常である.
lòse [*be mìssing*] (*sòme of*) *one's márbles* 〖話・戯〗頭がおかしくなる[おかしい]. He must have *lost* his ～*s*. 彼はいかれちまったに違いない.
pìck úp one's márble and gò hóme 〖米〗(怒って)抜ける[退席する].
── 動 他 〔本の小口, 紙など〕を大理石[墨流し]模様にする. [＜ギリシア語 *mármaros*「輝く石」]

Màrble Árch 名 〈しばしば the ～〉 マーブルアーチ《ロンドンの中心部に立つ白い石造りの大門; いくつかの道路がここに集中する》.

már·bled 形 大理石模様の〔紙など〕; 霜降りの〔食肉〕.

már·bling 名 Ⓤ 大理石[墨流し]模様(に染めること); 〖製本〗マーブル小口.

marc /mɑ:rk/ 名 Ⓤ (ブドウなどの)搾りかす; マール《搾りかすから作ったブランデー》.

mar·ca·site /mɑ́:rkəsàit/ 名 Ⓤ 〖鉱〗白鉄鉱《ダイヤモンドのように加工でき, 安物の装身具に使う》.

mar·cel /mɑ:rsél/ 動 (**～s**|**-ll-**) 他 にマルセル式ウェーブをかける. ── 名 Ⓒ マルセル式ウェーブ.

‡March /mɑ:rtʃ/ 名 3月《略 Mar.》. *in* ～ 3月に. *on* ～ 31 3月31日に. ～ comes in like a lion and goes out like a lamb. 〖諺〗3月はライオンのごとく来たり, 子羊のごとく去る《3月前半の寒さ, 後半の穏やかな天候を表す》. ～ winds and April showers bring May flowers. 〖諺〗3月の風と4月の雨が5月の花をもたらす. (*as*) *màd as a* (*Màrch*) *háre* →hare.
[＜ラテン語「Mars の(月)」]

‡march[1] /mɑ:rtʃ/ 動 (**márch·es** /-əz/|過 過分 **～ed** /-t/|**márch·ing**) 自 【整然と進む】 **1** 〔兵士などが〕行進する 〈*away, forth*〉 〈*through, across* ..を〉; 行軍する; VA (**～ *on* ..**) ..に進軍[進撃]する. ～ 30 miles a day 1日30マイル行軍する. A brass band is ～*ing along* the street. ブラスバンドが通りを行進していく.
2 VA 昂(こう)然と[さっさと歩調を乱さずに]歩く[行く]. She indignantly ～*ed out of* the office. 彼女は憤然たる足取りで事務所を出ていった.
3 VA 〔人, 物事が〕着々と進行する; 〔時が〕どんどんたって行く〈*on*〉. The work is ～*ing* right *along*. 仕事は非常にはかどっている. **4** デモ行進をする.
── 他 を行進させる; VOA を(無理に)行かせる, 引き立てる, 〈*away, on, off*〉. The thief was ～*ed off* to the police station. 泥棒は警察署に連行された.
màrch pást (閲兵者の前を)分列行進で通り過ぎる.
Quìck márch! 前へ進め《軍隊の号令》.
── 名 (複 **márch·es** /-əz/) **1** Ⓤ 〈the ～〉 行進; Ⓒ 行軍; デモ行進. make a forced ～ 強行軍をする. a ～ through the snow 雪中行軍. They went by at a ～. 彼らは行進して通り過ぎた. a peace [an anti-abortion] ～ 平和[妊娠中絶反対デモ]行進. go on a ～ デモ(行進)に行く. **2** Ⓒ 行程. a long [short] ～ 長い[短い]行程. a (whole) day's ～ (丸)1日の行程. **3** ⓊⒸ 歩調. a double ～ 駆け足. a quick ～ 速(はや)足. at slow ～ 並み足で. **4** Ⓒ 〖楽〗行進曲. a wedding ～ 結婚行進曲. a dead [funeral] ～ 葬送行進曲.
5 Ⓤ 〈the ～〉 進歩, 発展; 進行; 〈*of* ..の〉. the ～ *of* science 科学の進展. the ～ *of* time 時の経過.

M

on the márch 〔軍隊などが〕行進中で; 〔物事が〕進行[進展]中で. Medical science is always *on the* ～. 医学はつねに進歩している.

stèal a márch on [***upon***] **..** ..を(こっそり)出し抜く, ..の機先を制する.

[＜古期フランス語「踏みにじる＞行進する」]

march[2] 名 C 〈普通 ～es〉(特に紛争の種となる)境界地方 (border); 〘英史〙〈the Marches〉イングランドとスコットランド[ウェールズ]との境界地方. [＜古期フランス語]

márch·er 名 C 行進者, デモ参加者.

márching bànd 名 C 行進バンド.

márching òrders 名 〈複数扱い〉 **1** 〘軍〙出動命令. **2** 〘英話〙解雇(通告) (〘米話〙 walking papers); (レフェリーの)退場命令; 〘英〙(恋人などの)決別宣言.

gèt [***be gìven***] ***one's márching òrders*** (1) 解雇される, 首になる. (2) 出発[進軍]を命令される.

mar·chion·ess /mɑ́:rʃ(ə)nəs/ 名 C 侯爵夫人[未亡人]; 女侯爵; (→duke 参考). ◇男 marquis

Màrch of Dímes 名 〈the ～〉〘米〙10 セントの行進《ポリオの子供たちの救済などのための募金運動の名称》.

márch pàst 名 C (閲兵式の)分列行進.

Mar·co·ni /mɑ:rkóuni/ 名 **Guglielmo ～** マルコーニ(1874–1937)《イタリアの電気技術者; 1901 年大西洋を隔てての無線通信に初めて成功した》.

Mar·co Po·lo /mɑ̀:rkou-póulou/ 名 マルコ・ポーロ (1254?–1324?)《イタリアの旅行家》.

Mar·cus Au·re·li·us /mɑ̀:rkəs-ɔ:rí:liəs/ 名 マルクス・アウレリウス (121–180)《ローマ皇帝 (161–180); ストア哲学者; *Meditations*『瞑(めい)想録』を残した》.

Mar·cu·se /mɑ:rkú:zə/ 名 **Herbert ～** マルクーゼ (1898–1979)《米国の哲学者; ドイツ生まれ》.

M

Mar·di Gras /mɑ̀:rdi-grɑ́:/ 名 C 〈普通, 単数形で〉告解火曜日, マルディ・グラ, (Shrove Tuesday)《謝肉祭の最終日で, お祭り騒ぎは最高潮に達する; 四旬節 (Lent) の始まる前日》. [フランス語 'Fat Tuesday']

†**mare**[1] /meər/ 名 C (成長した)雌馬; (ロバ, ラバなどの)雌; (→horse 参考). Money makes the ～ (to) go. 〘諺〙地獄の沙汰(さた)も金次第《金を見せれば強情な雌馬でも歩き出すという意味から》. [＜古期英語]

ma·re[2] /mɑ́:rei/ 名 (複 **ma·ri·a** /mɑ́:riə/) C (月, 火星の)海《表面に黒く見える部分》. [ラテン語 'sea']

máre's nèst /méərz-/ 名 C (複 **～s, mares' nests**) **1** 大発見と思ったが(実は)くだらぬこと[もの]; ありも[存在]しないもの. **2** 〘米〙乱雑を窮めた場所[状況].

Mar·ga·ret /mɑ́:rg(ə)rət/ 名 **1** 女子の名《愛称 Maggie, Meg, Peggy など》. **2 Princess ～** マーガレット王女 (1930–)《Elizabeth II の妹》. [ギリシア語「真珠」]

†**mar·ga·rine, -rin** /mɑ́:rdʒ(ə)rən|mɑ̀:dʒərí:n/ 名 U マーガリン(〘英話〙 marge).

mar·ga·ri·ta /mɑ̀:rgərí:tə/ 名 UC マルガリータ《テキーラをベースにレモンジュースを混ぜたカクテル》. [＜人名]

Mar·gate /mɑ́:rgeit/ 名 マーゲイト《England 南東端にある London の勤労階級の好むリゾートタウン》.

marge /mɑ:rdʒ/ 名 〘英話〙＝margarine.

‡**mar·gin** /mɑ́:rdʒən/ 名 (複 **～s** /-z/) C

【周辺部】 **1** 〘章〙(森, 野原などの)縁, へり; (湖, 川などの)岸. an old hut standing at the ～ of the forest 森の外れに立っている古い小屋.

2 (社会, 集団, 活動などの)周辺部. ethnic minorities living on the ～(*s*) of society 社会の底辺に住む少数民族の人たち. on the ～*s* of Irish politics アイルランドの政治に多少かかわって.

3 【周辺部＞限界】(能力, 状態などの)限界, 極限, ぎりぎりの線. a safety ～ 安全性の限界. be past the ～ of endurance 我慢の限度を超える.

4 (ページなどの)余白, 欄外. scribble notes in the ～ ページの余白に走り書きで書き込みをする.

【余白＞余裕】 **5** (経費, 時間などの)余裕, 余地. allow a wide ～ for error うまくいかないことに備えて十分余裕を見ておく. →margin of error. We have a ～ of just five minutes to change trains. 乗り換えにたった 5 分の余裕しかない. **6** (投票などの)差, 開き. by a small ～ of three votes 3 票の僅(きん)差で. by a narrow [wide] ～ 小[大]差で. by the narrowest of ～*s* ぎりぎりの小差で. win by a ⌞20-to-15 [5-point] ～ 20 対 15[5 点の差]で勝つ.

5, 6 の 連結 a comfortable [a handsome, a large, a sizable; a safe; a narrow, a slender, a slim] ～

7 〘商〙(**a**) 利ざや, マージン. Our (profit) ～ has become smaller. 販売利益は減少した. on narrow ～*s* 少ないもうけで. (**b**) 証拠金. ～ trading 信用取引. on ～ 信用取引で. [＜ラテン語 *margō*「境界, へり」]

†**mar·gin·al** /mɑ́:rdʒən(ə)l/ 形 **1** 〈限定〉欄外の. ～ notes 傍注. **2** 縁の, 端の; 辺境の; (社会的に)周辺的な, 底辺の. a ～ territory 辺境地域. **3** あまり重要でない, 周辺的な; わずかな. be of ～ interest 限られた人にしか興味がない. a book of ～ value 大して役に立たない本. There is only a ～ difference between the two. 2 つの物の間にはごくわずかな差しかない.

4 〘英〙激戦の〔選挙区, 議席〕. a ～ seat [constituency] 〘英〙政党の勢力が伯仲している議席[選挙区].

5 やっと可能な〔能力, 生活水準など〕; 損をしない程度の, 限界の. keep up a ～ standard of living ぎりぎりの生活水準を保つ. ～ profits [costs, utility] 〘経〙限界収益[原価, 効用]. the ～ tax rate 限界税率. ～ land 限界耕作地《土地がやせていて採算に合う収穫が難しい》.

── 名 C 〘主に英〙僅差で決まる議席.

mar·gi·na·li·a /mɑ̀:rdʒinéiliə/ 名 〈複数扱い〉欄外の注, 傍注, 側注.

mar·gin·al·ize /mɑ́:rdʒən(ə)làiz/ 動 他 を主流から追いやる[はずす], 片隅に追いやる; の重要性を失わせる.

▷**màr·gin·al·iz·á·tion** 名

már·gin·al·ly 副 欄外に, 余白に; 限界ぎりぎりに, わずかに. The food there was ～ edible. そこでの食べ物はどうにか食べられる程度の物だった.

màrgin of érror 名 〈単数形で〉(計算などの許容される)誤差. allow a ～ of.. ..の誤差を許容する.

mar·gue·rite /mɑ̀:rgərí:t/ 名 C 〘植〙マーガレット, モクシュンギク, 《ヒナギクの類》.

Ma·ri·a /məráiə, -rí:ə/ 名 女子の名.

ma·ri·a /mɑ́:riə/ 名 mare[2] の複数形.

ma·ri·a·chi /mɑ:riɑ́:tʃi/ 名 C マリアッチ《小人数編成の路上楽団》; U マリアッチ(音楽)《マリアッチの演奏するメキシコのダンス音楽》. [(メキシコ)スペイン語]

Mar·i·an /mé(ə)riən, mǽr-/ 名 マリアン《女性の名》.

── 形 聖母マリアの.

Ma·ri·an·a /mè(ə)riǽnə, mæ̀r-/ 名 〈the ～s〉マリアナ諸島 (**the Mariàna Íslands**)《Philippine 諸島東方の Guam 島を最大とする 15 の島》.

Marìa The·ré·sa /-tərí:zə/ 名 マリア・テレサ (1717–80)《ハンガリー・ボヘミアの女王・オーストリアの大公妃 (1740–80)》.

Ma·rie An·toi·nette /mərí:-æntwənét/ 名 マリー・アントワネット (1755–93)《フランス王ルイ 16 世の妃(きさき)(1774–93); フランス革命で処刑された》.

†**mar·i·gold** /mǽrəgòuld/ 名 UC キンセンカ, マリーゴールド, 《キク科の 1, 2 年草》.

‡**ma·ri·jua·na, -hua·na** /mæ̀rə(h)wɑ́:nɑ/ 名 U マリファナ《Indian hemp の乾燥した葉, 花, 茎から採る麻薬; cocaine, heroin より弱い; 巻きたばこにする》. [＜(アメリカ)スペイン語]

ma·rim·ba /mərímbə/ 名 C マリンバ《木琴の一

種》.

ma·ri·na /mərí:nə/ 名 C マリーナ《ヨット, モーターボート用の小港》.

mar·i·nade /mæ̀rənéid/ 名 UC マリネード《普通, 酢又はワインに油, 香辛料を混ぜたもの; これに肉, 魚を漬けて下味をつける》; C マリネードに漬けた肉[魚]の料理, マリネ. ── /⌐-⌐/ 動 他 =marinate.

mar·i·nate /mǽrənèit/ 動 他 をマリネードに漬ける. ── 自 マリネになる.

***ma·rine** /mərí:n/ 形 ⓒ 〈限定〉 **1** 海の; 海に住む, 海産の, 海に関する. a ~ lab(oratory) 臨海実験所. ~ life [animals, plants] 海洋生物[動物, 植物]. ~ products 海産物. a ~ painter 海洋画家. a ~ biologist 海洋生物学者. **2** 船舶(用)の; 航海(用)の; 海事の, 海運(業)の. ~ law 航海法. ~ stores 船舶用品販売店. **3** 海上勤務の; 海軍の; 海兵隊の.

── 名 **1** (a) 〈the Marines; 複数扱い〉 **海兵隊**. (b) C 〈時に M-〉 **海兵隊員**, 陸戦隊員; 軍艦勤務の陸兵. **2** C 〈集合的〉 (一国の)全船舶, 海上勢力. **3** C 海の絵[写真].

Téll that [***it***] ***to the*** (***hòrse***) ***marínes!*** 〖話〗 そんなことがあるものか, うそをつけ, とても信じられない.

[<ラテン語「海 (*mare*) の」]

Maríne Còrps 名 〈the ~; 単複両扱い〉 米国海↑「兵隊.

maríne insùrance 名 U 海上保険.

‡mar·i·ner /mǽrənər/ 名 C 〖詩〗 水夫, 船員, (類語 sailor, seaman より形式ばって, 詩語).

màriner's cómpass 名 =compass 2.

mar·i·o·nette /mæ̀riənét/ 名 C (ひもやさおで動かす)操り人形, マリオネット, (→puppet). [フランス語]

†mar·i·tal /mǽrətl/ 形 〈限定〉 結婚の; 夫婦間の. ~ bliss 〖戯〗 結婚の幸福. ~ problems 夫婦間の問題. ~ infidelity 不倫. ▷ **~·ly** 副

màrital státus 名 U (履歴書などに記入する, 個人の)結婚歴《独身か, 結婚しているか, 離婚したか, などの区別》.

†mar·i·time /mǽrətàim/ 形 〈限定〉 **1** 海事に関する, 海運の. a ~ museum 海事博物館. ~ law 海事(商)法. Spain was once a great ~ power. スペインはかつて強力な海軍国だった. **2** 海岸の, 沿岸に住む[生息する], 沿海の. the ~ provinces 海岸地方. a ~ people 海洋民族. [<ラテン語「海の」]

Máritime Pròvinces 名 〈the ~〉 (カナダの東部の)大西洋に臨む諸州《**the Maritimes** とも言う》.

Máritime Tèrritory 名 〈the ~〉 (ロシアの)沿海地方《プリモルスキー地区; **Màritime Krai** /krái/ とも言う》.

mar·jo·ram /má:rdʒ(ə)rəm/ 名 U マヨラナ《シソ科のハッカに似た草本; 乾かした葉は香辛料, 薬の原料になる; ヨーロッパ・西アジア産》.

Mark /ma:rk/ 名 **1** 男子の名. **2** 〖聖書〗 **Saint** ~ 使徒マルコ《使徒 Paul と Peter の弟子; 3 の著者》. **3** 『マルコによる福音書』《新約聖書中の一書》.

‡mark[1] /ma:rk/ 名 (複 **~s** /-s/)

【跡】 **1** C **痕**(こん)**跡**; 汚点, きず. the ~s of a tyre タイヤの跡. erase chalk ~s チョークの跡を消す. Don't put finger ~s on the photos. 写真に指紋をつけないように. a bite [scratch] ~ 噛んだ[引っかいた]跡.

2 C (体の)あざ, しみ, ほくろ; 傷跡; (毛皮の)斑(はん)点. a baby with a strawberry ~ 赤あざのある赤ん坊.

3 C 影響(の跡), 感化. The war years have left an indelible ~ on his character. 戦争中の年月は彼の性格に消し難い影を落としている.

4 U 著名, 名声; 重要性. a man of ~ 大物, 重要人物.

【印(しるし)】 **5** C **記号**, 符号, 印; 商標, ラベル. put in punctuation [exclamation] ~s 句読点[感嘆符]を付ける. a price ~ 価格表示.

6 C ×印《字の書けない人の署名代わり》; 〖戯〗 署名.

7 C 〈しばしば M-〉 〈普通, 数字を伴って〉 (兵器, 機械, 車などの)型; マーク《マーク II など; 略 Mk》; 〖英〗 (ガスの温度の)目盛り《略 Mk.》. a *Mark* 3 gun 3 型銃《an M-3 gun と略記》. at gas ~ 4 ガスの目盛り 4 で.

8 【印>現れ】 C (感情, 性質, 状態などの)**現れ**; (外的な)特徴. as a ~ of respect 敬意[追悼]の印に. His body showed every ~ of his strength. 彼の体つきはいかにも強そうだった.

9 C 〖英〗 (試験などの)点数, **成績**, (〖米〗 grade); 評価. get [receive] good ~s at school 学業成績がいい. gain [get] 70 ~s [a ~ of 70] in geometry 幾何で 70 点取る. the pass [highest] ~ 合格[最高]点. What ~ did you get in the English exam? 英語の試験で何点取ったの? The teacher gave me full ~s for English. 先生は私の英語に満点をくれた. full ~s for effort [trying] (うまくはいかなかったが)努力は大変なもの, 努力賞(もの). There are no ~s for guessing .. は明らかである《<余りにも簡単な推測なので, 点を与えるまでもない》.

> 連結 a high [a bad, a low, a poor; a passing; a failing] ~

【目印】 **10** C **標識**. The runner has just passed the halfway ~. 走者は中間点の標識を今通過したところだ. a high-water ~ 高潮標.

11 C 〖競技〗 スタートライン.

12 C **標的**. hit [miss] the ~ →(成句).

13 C 〖米〗 (軽蔑, 詐欺などの)的(まと), 'かも'. an easy ~ いい 'かも'.

14 【目安】 U 〈the ~〉 標準, 水準; (健康などの)正常状態. below [up to] the ~ (→成句). reach the three thousand ~ (数値が) 3000 台に達する. Inflation will rise above 200% ~. インフレは 200% の水準を超えるだろう.

below the márk 水準以下で[の].

beside the márk 的を外れて; 見当違いで.

clòse to the márk =near the MARK.

gìve bàd márks to .. をあまり評価しない.

hìt the márk 的を射る; 成功する.

lèave *one's* ***márk*** (永久に)足跡(そくせき)を残す, 強い影響を及ぼす[残す], 〈*on* ..に〉; →3.

màke *one's* [***a***] ***márk*** 有名になる, 足跡を残す 〈*on* ..に〉. I hope to *make* my ~ as a writer. 作家として名を成すのが私の望みだ.

mìss the márk 的を外す; 失敗する.

nèar the márk (1) ほぼ正しい. (2) 〔言葉が〕きつい, 人を傷つけるほどの.

off the márk =wide of the MARK.

on the márk 正しい, 正確で. He is right *on the* ~ about ..について彼は正鵠を射ている[正確な認識を持っている].

On your márk(s), (gèt) sét, gó! 位置について, 用意, どん《競走のスタートの合図》.

quick [***slòw***] ***off the márk*** (1) 〖競技〗 スタートが早い[遅い]. (2) 理解[行動]が素早い[のろい], 呑み込みが早い[悪い]. be *quick off the* ~ with a job application 急いで就職の応募をする.

tòe the márk →toe.

ùp to the márk 要求標準に達して, 申し分ない; 体の調子がよい; 〈主に否定文で〉. Ike doesn't seem to be *up to the* ~ today. アイクは今日は(体の)調子がよくないようだ.

wày [***wèll*** 〖英〗] ***off the márk*** =wide of the MARK.

wide of the márk ひどく的を外れて[た]; まるで見当違

いで[な]. Their estimate of the cost was *wide of the* ～. 彼らの費用の見積もりは大幅な計算違いだった.

── 動 (～s /-s/|過 過分 ～ed /-t/|**márk·ing**) 他

【跡を付ける】 **1** に(汚れ, 悲しみなどの)跡を付ける; にしみ[跡]を残す〈*with* ..の〉; の体に付ける〈*with* ..(の跡)を〉〈普通, 受け身で〉. The boy's wet shoes ～*ed* the floor. 床に少年のぬれた靴跡が付いた. The woman's face is ～*ed with* grief. その女性の顔には悲しみの跡がある. an animal ～*ed with* stripes 体に縞(しま)のある動物.

【印を付ける】 **2** (**a**) に印[記号など]を付ける; 〔名前など〕を付ける, 書く, 〔値札〕を付ける, 〈*on* ..に〉; に付ける〈*with* ..〔印など〕を〉; VOC (～ X Y) X に Y と記す. ～ a tree *with* chalk チョークで木に印を付ける. ～ prices *on* goods＝～ goods *with* prices 商品に値札を付ける. The door was ～*ed* 'Men Only.' 扉には「男子専用」と書かれていた. (**b**) 〔進歩など〕を画する. ～ a major [great] advance in.. において大きな[偉大な]進歩を画する.

3 (**a**) を採点する, 評価する; 〔欠席など〕を記録する. I'm busy ～*ing* papers. 答案の採点で忙しい. ～ the score in a game 試合の得点を記録する. (**b**) VOC (～ X Y) X に Y の点数[評価, 記録]を付ける; X を Y (欠席など)と記録する. I ～*ed* him A in history. 私は彼に歴史で A をやった. You are ～*ed* late. 君は遅刻に付いている.

4 (符号などで)を示す; の印である; を表す. The asterisks ～ the more important references. 星印はより重要な参照文献を示す. The girl's flushed cheeks ～ her joy. 紅潮した頬(ほお)は少女の喜びを表している. × ～*s* the spot. ×印がその地点を示している.

【(印を付けて)目立たせる】 **5** を特色[特徴]づける, 目立たせる; 〔行事など〕を祝う. the qualities that ～ a good teacher 良い教師を特徴づける資質. His writing is ～*ed* by humor. 彼の著作の特徴はユーモアである. Let's have some champagne to ～ the occasion. お祝いにシャンペンを飲もう.

6 〖旧〗 VO (～ X/*wh* 節・句) X に/..かを注意する, 注目する. *Mark* my words.＝*Mark what* I say. 私の言うことをよく聞きなさい. *Mark how* carefully it is to be done. いかに注意してやらねばならないかよく見ておきなさい.

7 〖スポーツ〗〖英〗〔相手チームの選手〕をマークする.

── 自 **1** 跡が付く, 傷が残る. This floor ～*s* easily. この床は傷がつきやすい. **2** 記録する, 採点する. **3** 注意する.

màrk /../ dówn (1) ..を記録する, 書き留める〈*as* ..と〉. ～ him *down as* absent [present] 彼を欠席[出席]につける. (2) ..を値下げする; 〔値段〕を下げる. They ～*ed* the damaged goods *down* by 40%. その店ではきず物(商品)の値段を 40 パーセント下げた. ～ *down* prices for a wide range of imported foods 幅広い輸入食品について値段を下げる. (3) ..の点数[評価]を下げる〈*for* ..の理由で〉. (4) ..を見なす〈*as* ..と〉. I ～*ed* her *down as* an Italian. 私は彼女をイタリア人だと思った.

màrk /../ óff (1) ..を境界線を引いて区画する, 仕切る. They ～*ed off* the land for their house with rows of stones. 彼らは石を並べて家の敷地の境界にした. (2) ..に「済み」の印を付ける《リストやカレンダーの上に》. (3) ＝MARK /../ out (3).

màrk /../ óut (1) 〔テニスコートなど〕を区画する. (2) 〔方針など〕を明確に設定する. (3) 〖英〗 ..を際立たせる, 目立たせる, 〈*as* ..として/*from* ..〔他のものなど〕から〉. His sword ～*ed* him *out as* an officer. 剣によって彼が将校であることがはっきりとわかった.

màrk X (***óut***) ***for*** Y X を Y のために選び出す; X の Y (昇進など)を約束する. That gun was ～*ed out for* me to use on the hunt. 私の狩猟用にその銃が選び出された. His shrewdness ～*s* John (*out*) *for* success. ジョンは抜け目がないので成功は間違いない.

màrk tíme 足踏みする; (足踏みして)待つ; ぐずぐずする, (仕事などが)はかどらない, 働いている格好をする.

màrk /../ úp (1) 〔本など〕に印[マーク]を付ける; ..を傷つける. (2) ..を値上げする; ..の卸値を上げる.

Màrk yóu. 〖旧話〗 いいかね.

[＜古期英語「境界(の印)」]

mark[2] 名 C マルク《ドイツの貨幣単位; →deutsche mark, ostmark》.

márk·dòwn 名 C (定価の)値下げ(額); 値下げ品.

†**marked** /-t/ 形 **1** 顕著な, 目立つ; 明白な. show a ～ difference 著しい相違を示す. in ～ contrast with [to] ..と著しく対照的に. The party was a ～ success. パーティーは明らかに成功だった. **2** (敵, 警察などから)目星を付けられた, にらまれている; 将来を嘱望されている. a ～ man [woman] 注意人物. **3** 印のある, 印を付けられた. **4** 〖言〗 有標の. ↔unmarked.

▷**mark·ed·ness** /mɑ́ːrkədnəs/ 名 「かに.

mark·ed·ly /mɑ́ːrkədli/ 副 著しく, 目立って; 明ら↑

‡**márk·er** 名 C **1** 印[符号など]を付ける人[道具], マーカー, マジックペン; (試合の)得点記録係[器]; 採点者. a ～ (pen) マーカー, サインペン. **2** 目印; (競技場などの線, 旗などの)標識; しおり (bookmarker); 記念碑, 墓碑.

‡**mar·ket** /mɑ́ːrkət/ 名 (複 ～s /-ts/)

【売買の場】 **1** C 市場(いちば), マーケット; 市(いち); 市の立つ日 (market day). a cattle ～ 牛市場. a wholesale ～ 卸市場. a street ～ 路上マーケット. go to (the) ～ 市場に買い物に行く. There's no ～ next week. 来週は市が立たない. The next ～ is on the 10th. 次の市は 10 日だ.

2 C〈普通 the ～〉**..市場**(しじょう), 〈特に〉株式市場 (stock market), 業界. the ～*s* 株式市場. the wheat ～ 小麦市場. the money ～ 金融市場. the job ～ 就職戦線. →labor market.

3 C〈特に〉食料品店, ..店. a fish ～ 魚屋.

4 【売れ口】 C **販路**, 取り引き先(の国), 市場; UC 需要 (demand)〈*for* ..の〉. an open ～ 自由市場. on the open ～ 自由に売買できる. open up new ～*s* in.. に新しく販路を開く. Rice will find a ready ～ there. 米はそこならすぐさばける. find a ～ for.. ..の買い手がつく; ..を生かす仕事が見つかる. There is not much of a [only a poor] ～ *for* that kind of car. そのような車はあまり[わずかしか]需要がない. ～ access 市場(への)参入. our share of the market 当社の(市場)占有率, (マーケット)シェア.

> 連結 a foreign [an overseas; a world; a domestic, a home; a big; a small; a growing; a declining] ～ // seek [develop, enlarge; corner, dominate, monopolize; lose] a ～

【売買】 **5** C (特定商品の)**取り引き**〈*in* ..の〉; 商機. the ～ *in* silk 絹の取り引き. lose one's ～ 商機を逸する.

6 C **相場**, 市価, (market price); 市況. a rising [falling] ～ 上がり[下がり]相場, 上[下]向き市況. The ～ remains quite active. 市況は相変わらず活発である.

> 連結 a brisk [a firm, a lively, a steady; a dull, a flat, a low] ～ // the ～ stiffens [sags; recovers, revives]

at the márket 市価で, 相場で.

be in the márket (***for..***) (〔家など〕を)買おうと思っている; (..を)求めている.

brìng one's éggs [***hógs***] ***to a bàd*** [***the wròng***] ***márket*** 見込み違いをする.

còme on (***to***) ***the márket***＝***còme into the márket*** 市場に出る.

gò to a gòod [***bàd***] ***márket*** うまく行く[行かない].

in [***on***] ***the márket*** 売りに出ている, 市販されている. The new model will ⌊be [go] *on the* ～ in November. 新型は11月に市販になるだろう.
màke a [***one's***] ***márket of*..** ..で利益を得る, ..を利用する.
plày the márket (株式の)投機をする.
pùt [***plàce***] **..*on the márket*** ..を売りに出す; ..を発売する. I had to *put* my car *on the* ～. 車を売りに出さなければならなかった.
── 動 自 市場で売買する; 〖主に米旧〗(食料, 家庭用品などの)買い物をする. go ～*ing* 買い物に行く. ── 他 を売りに出す; を市場で売る. ～ used cars 中古車を売る[売買する].
[<ラテン語 *mercātum*「交易」(<*mercārī* 'buy')]

‡**már·ket·a·ble** 形 **1** 市場(しじょう)性のある; すぐ売れる. a highly ～ new model よく売れそうな新型. Fluency in English is a very ～ skill today. 今日英語が堪(たん)能であることは有利な技能である. **2** 市場での〔価格など〕.
▷ **màr·ket·a·bíl·i·ty** 名

márket dày 名 UC 市の立つ日.

màrket-dríven /(移)/ 形 ＝market-led.

màrket ecónomy 名 C (政府が統制しない)市場経済.

mar·ket·eer /mɑ̀ːrkətíər/ 名 C 〈普通, 複合語の一部として〉(特定の)売買制度の支持者. a free ～ 自由売買主義者. anti-[pro-]*Marketeer* 〖英旧〗(英国の)ヨーロッパ共同市場参加反対者[賛成者].

már·ket·er 名 C 市場で売買する人.

màrket fórces 名 〈複数扱い〉市場要因.

màrket gárden 名 C 市場向け野菜園 (〖米〗truck farm). ▷ **～·er** 名 **～·ing** 名

márket hàll 名 C 屋根付き市場.

†**már·ket·ing** 名 U **1** マーケティング《輸送, 宣伝広告などまで含む販売活動全般》; 〈形容詞的〉マーケティングの. the ～ director 販売部長. ～strategies 販売戦略. **2** 市場での売買; 〖主に米旧〗買い物. do one's ～ 買い物をする.

màrket léader 名 C (同一種の商品で)売れ行きがトップの銘柄[会社]; マーケットリーダー.

màrket-léd /(移)/ 形 市場で需要のある.

márket màker 名 C 〖株式〗仕手.

màrket níche 名 C 市場の隙間.

‡**márket·plàce** 名 C **1** 市の立つ広場. **2** 〈the ～〉商業界; (知的活動の)競合する場. 「図 6).

márket prìce 名 C 市価, 市場価格 (→market↑

market research /⌐–⌐–|⌐––⌐/ 名 U 市場調査, マーケットリサーチ, 《特に新製品開発前に行う消費者の動向調査》.

market researcher /⌐–⌐––|⌐–––⌐–/ 名 C 市場調査員, マーケットリサーチャア. 「シェア.

màrket sháre 名 C (市場)占有率, (マーケット)↑

márket tòwn 名 C (定期的に)市が立つ町, 市場町. 「価, (→book value).

márket vàlue /⌐–⌐–, ⌐–⌐–/ 名 U 市場価格, 時↑

márk·ing 名 **1** C 印; 〈普通 ～s〉(鳥の羽や毛皮の)斑(はん)点, しま, 模様; (飛行機などの)シンボル・マーク. **2** U 印付け; 採点. do a lot of ～ 採点を一杯する.

márking ìnk 名 U (衣類などに名前を書くのに使う)洗っても消えないインキ.

marks·man /mɑ́ːrksmən/ 名 (複 **-men** /-mən/) C 射手; 射撃の名手. 「撃術.

márks·man·shìp /-ʃìp/ 名 U 射撃の腕前; 射↑

Mark Twain /mɑ̀ːrk-twéin/ 名 マーク・トゥエイン (1835-1910) 《米国の作家; Samuel Langhorne Clemens のペンネーム》. 「(益)幅.

márk·ùp 名 C **1** (定価の)値上げ(額). **2** 〖商〗利↑

marl /mɑːrl/ 名 U 泥灰土《主に粘土と石灰から成り肥料用又はセメント製造用》.

Marl·bor·ough /mɑ́ːrlbə̀ːrou|mɔ́ːlb(ə)rə/ 名 モールバラ **1** 《英国 Wiltshire の町; 有名なパブリックスクール Marlborough College がある》. **2 1st Duke of ～** (1650-1722) 《スペイン継承戦争で大功を立てた John Churchill の称号; Sir Winston Churchill の祖先》.

mar·lin /mɑ́ːrlən/ 名 (複 **～s**, **～**) C 〖魚〗マカジキ《口先が槍(やり)状に長い大きな釣り魚》.

mar·lin(e)·spike /mɑ́ːrlənspàik/ 名 C 〖船〗マーリンスパイク, 綱通し針, 《綱をさばいたり, 細索を太索に通す時などに用いる針形の鉄具》.

Mar·lowe /mɑ́ːrlou/ 名 **Christopher ～** マーロウ (1564-93) 《英国の劇作家・詩人》.

†**mar·ma·lade** /mɑ́ːrməlèid/ 名 U マーマレード《オレンジなどの皮入りのジャム》. have toast and ～ for breakfast 朝食にマーマレードをつけたトーストを食べる.
── 形 (猫の毛が)オレンジ色の縞模様の.

Mar·ma·ra /mɑ́ːrm(ə)rə/ 名 **the Sea of ～** マルマラ海《トルコ北西部の内海; 東は黒海に, 西はエーゲ海に通じている》.

mar·mo·re·al /mɑːrmɔ́ːriəl/ 形 〖詩〗大理石の; 大理石のように白い[冷たい, 滑らかな].

mar·mo·set /mɑ́ːrməzèt, -sèt|-zèt/ 名 C 〖動〗キヌザル《中南米産で小形; 毛は長くて柔らかく, 尾が長く, 目が大きい》.

mar·mot /mɑ́ːrmət/ 名 C マーモット《ヨーロッパ産のリス科の齧歯(げっし)動物; 北米産の woodchuck はこの一種; 日本でいう実験用の「モルモット」は間違って guinea pig に与えた名称》. [<ラテン語「山のネズミ」]

Marne /mɑːrn/ 名 **the Battles of ～** マルヌの戦い《第1次世界大戦中, 1914年9月, 1918年7月, フランス北東部マルヌ県で行われた戦闘》.

‡**ma·roon**[1] /mərúːn/ 動 他 **1** を(罰として)無人島に置き去りにする《昔の海賊がよくやった》. **2** を孤立状態にする〈普通, 受け身で〉. ── 名 C 逃亡黒人奴隷(の子孫)《西インド諸島などの山中に住む》. [<(アメリカ)スペイン語「山頂に住む」]

ma·roon[2] 形 栗(くり)色の, えび茶色の. ── 名 U 栗色, えび茶色; C 発煙筒の一種. [<フランス語「栗」]

ma·róoned 形 孤立した. They'd taken his car, and he was ～*ed* at home for days. 車を持って行かれてしまったので, 彼は数日家から出られなかった.

Mar·ple /mɑ́ːrpl/ 名 **Miss Jane ～** ミス・マープル《英国の作家 Agatha Christie の小説の多くに登場する老婦人; 殺人事件の謎(なぞ)などを解決する》.

marque /mɑ́ːrk/ 名 C (車の有名なメーカーの)ブランド製品, 《Alpha Romeo, Porsche など》. the Ferrari ～ フェラーリ・ブランド. [フランス語 'sign, mark']

mar·quee /mɑːrkíː/ 名 C **1** 〖米〗(劇場, ホテルなどの)玄関入り口の大ひさし. have ～ value 観客を動員する力がある. **2** 〖英〗大テント《園遊会, 各種ショー, サーカスなどで用いる》.

[marquee 1]

mar·quess /mɑ́ːrkwəs/ 名 〖英〗＝marquis.

mar·que·try, -te·rie /mɑ́ːrkətri/ 名 U (家具などに施される)寄せ木細工, 象眼細工.

‡**mar·quis** /mɑ́ːrkwəs, mɑːrkíː/ 名 (複 **～·es** /-kwəsəz/, **～** /mɑːrkíːz/) C (英国以外の国の)侯爵, ..侯, (→duke 参考). ◇女 marchioness [<古期フランス語「march[2] の領主」]

mar·quise /mɑːrkíːz/ 名 ＝marchioness. ★英国以外の貴族に用いる.

mar·ram /mǽrəm/ 名 U 〖植〗マラム (**márram**

gràss)《砂地に生える高い雑草》.

‡**mar·riage** /mǽridʒ/ 名 (複 **-riag·es** /-əz/) **1** UC **結婚**, 婚姻; 結婚生活. My parents have had a happy ～. 両親は幸せな結婚生活を送ってきた. (an) arranged ～ 見合い結婚. (a) common-law ～ 内縁. have an offer of ～ 求婚される. my aunt *by* ～ 義理のおば. her son *by* her second ～ 彼女の2度目の結婚でできた息子. I've heard of Tom's ～ *to* a rich woman. トムが金持ちの女性と結婚した噂(うわさ)を聞いた. have a ～ made in heaven〘主に戯〙大変幸福な結婚生活を送る. after twenty years of ～ 20年の結婚生活の後で. the breakup of one's ～ 結婚生活の破綻(はたん), 破婚.

> 連結 a successful [a good, a happy; a loveless, an unhappy, failed; an early; a late; a legal; a common-law] ～ // propose [reject (an offer of)] ～; arrange a ～ // a ～ breaks down [is annulled, is dissolved, ends in divorce]

参考 花嫁は bride, 花婿は bridegroom, 新婚旅行は honeymoon, 別居は separation, 離婚は divorce.
2 C 結婚式 (wedding). Their ～ took place in church. 彼らの結婚式は教会で行われた. **3** UC (心と心などの)密接な結合. a happy ～ of verse and tune 詩と曲とがうまく合っていること. **4**〘トランプ〙(得点になる同じ組の)キングとクイーンの組み合わせ. ◇動 marry

gìve..in márriage (*to..*) (..に)..を嫁[婿]にやる.
tàke..in márriage ..を嫁[婿]にもらう.
[＜古期フランス語; marry¹, -age]

már·riage·a·ble 形〘章〙結婚できる,〔年齢などが〕結婚に適する;〈特に〉〔娘が〕年ごろの. reach a ～ age 適齢期になる. a ～ daughter 年ごろの娘.
▷ **màr·riage·a·bíl·i·ty** 名

márriage bùreau 名 C 結婚相談所《結婚相手の紹介などをする;〘米〙dating agency》.

márriage certìficate 名 C 結婚証明書《結婚が合法的に成立したことを証明する; 登記所が発行》.

márriage cóunseling 名 U〘米・オース〙結婚生活指導(〘英〙marriage guidance).

màrriage guídance 名 U〘英〙結婚生活指導《悩み事の解消に力を貸す; (〘米〙marriage counseling)》.

màrriage guìdance cóunselor 名 C〘英〙結婚生活指導員.

márriage lìcense 名 C 結婚許可証《役所又は司教が発行する》.

márriage lìnes 名〈複数扱い〉〘英旧話〙＝marriage certificate.

márriage of convénience 名 C 政略結婚, 計算ずくの結婚.

márriage pòrtion 名 C〘旧〙持参金 (dowry).

márriage vòws 名〈複数扱い〉結婚の誓約.

‡**mar·ried** /mǽrid/ 形 © **1** (**a**) **結婚している**, 既婚の, (↔single, unmarried). 参考 separated (別居の), divorced (離婚した), widowed (未亡人の), cohabiting (同棲中の). a ～ couple 夫婦. ～ life 結婚生活. Is he ～ or single? 彼は結婚していますか, 独身ですか. He's ～ with three children. 彼は結婚していて子供が3人いる. (**b**)〈叙述〉結婚している〈*to* ..と〉; 伴侶(?)としている〈*to* ..〔仕事など〕を〉. He's ～ *to* an Englishwoman. 彼はイギリス女性と結婚している. a man ～ *to* his studies 自分の研究だけに打ち込んでいる人.
2〈限定〉結婚の〔幸せ, 生活など〕; 夫婦(間)の〔愛情など〕. one's ～ name 結婚して名乗る姓 (→maiden name). ～ bliss 結婚の喜び.
── 名 C〈普通 ～s〉既婚者. young ～*s* 若夫婦.

†**mar·row** /mǽrou/ 名 **1** U〘解剖〙髄, 骨髄. **2** U〈the ～〉精髄, 核心,〈*of* ..〔問題など〕の〉; 活力. the ～ *of* his speech 彼の演説の核心. **3**〘英〙＝vegetable marrow.

to the márrow (***of one's bónes***) 骨の髄まで, 徹底的に. be shocked [chilled, frozen] *to the* ～ 大変なショックを受ける[体の芯(しん)まで冷え切る]. My uncle is a soldier *to the* ～ *of* his *bones*. おじは生っ粋の軍人です.
[＜古期英語]

márrow·bòne 名 C 髄入りの骨《スープなどのだしを取る》.

márrow·fàt 名 C〘植〙マローファット (**márrowfat pèa**)《大粒のエンドウ》.

‡**mar·ry**¹ /mǽri/ 動 (**-ries** /-z/|過 過分 **-ried** /-d/|**～·ing**) 他
【堅く結合する】 **1** と**結婚する** (類語 一般的な語; →wed). Will you ～ me? 私と結婚してください. Helen *married* money [a rich man]. ヘレンは金持ちと結婚した. ～ for the second time 2度目の結婚をする.
2〔牧師が〕の結婚式を執り行う; VOA (～ X *to* ..)〔親が〕X (子供) を..に縁付ける, 結婚させる. Jack and Peggy were *married* by a priest. ジャックとペギーの結婚式は牧師により執り行われた. Mr. Smith *married* his daughter *to* a doctor. スミス氏は娘を医者に嫁がせた.
3 を結合させる; VOA (X *with* Y) XをYに合体[結合]させる; XとYとを照合する. The book *marries* reason and [*with*] passion. この本では理性と情熱が融合している.
── 自 結婚する. I *married* (when I was) young. 私は早婚だった(語法 ( )内がなければ文型は VC). ～ late in life 晩婚である. ～ again 再婚する. ～ for love [money] 恋愛[金目当てに]結婚する. He *married* against his will [beneath him]. 彼は心ならずも[身分の下の者と]結婚した. She *married* above her [beneath her station]. 彼女は自分より身分の上[下]の人と結婚した. *Marry* in haste, and repent at leisure.〘諺〙慌てて結婚, ゆっくり後悔. I don't think she is the ～ing kind. 彼女は結婚するタイプではないと思う.
◇名 marriage

get márried 結婚する〈*to* ..と〉. Tom and Susie *got married*. トムとスージィーは結婚した (★ get married は marry (→自) よりもくだけていて, よく使われる; 上の文の方が Tom got married *to* Susie. より好まれる).
márry into 〔a noble family〕〔貴族など〕と姻戚(いんせき)になる.
màrry /../ óff 〔娘など〕を結婚させる〈*to* ..と〉. I have three daughters to ～ *off*. 嫁に出さねばならない娘が3人いる.
màrry úp〘話〙うまく結びつく; 調和する; 一緒になる, 合流する,〈*with* ..と〉. The top and the bottom didn't ～ *up*. 上の部分と下の部分がうまくかみ合わなかった.
màrry /../ úp をうまくつける.
marry up X ***with*** Y XとYとを照合する.
[＜ラテン語 *maritāre*「結婚する」(＜*maritus*「既婚の男, 夫」)]

mar·ry² 間〘古〙おや, まあ, なんということ,《驚き・怒りなどを表す》. [(Virgin) *Mary* の婉曲語]

†**Mars** /mɑːrz/ 名 **1**〘ロ神話〙マルス《軍神; ギリシア神話の Ares に当たる》. **2**〘天〙火星. ◇形 Martian

Mar·sa·la /mɑːrsɑ́ːlə/ 名 U マルサラ《シシリー島産の甘口ワイン》.

Mar·seil·laise /mɑ̀ːrsəléiz, -seiéiz/ 名〈普通 the ～, La /lɑː/ ～〉ラ・マルセイエーズ《フランス国歌; フランス革命中に Marseilles の義勇軍が最初に歌ったことから》.

Mar·seilles /mɑːrséi, -séilz/ 名 マルセーユ《フランス南東部, 地中海沿岸に位置する港市》.

***marsh** /mɑːrʃ/ 名 (複 **mársh·es** /-əz/) UC **沼地**, 低湿地. [＜古期英語]

†**mar·shal** /mɑ́ːrʃ(ə)l/ 名 C **1**〘陸軍〙(フランスなどの)元帥 (〘米〙general of the army;〘英〙field mar-

shal); 〖英空軍〗将官. a *Marshal* of the Royal Air Force 〖英〗空軍元帥. an Air *Marshal* 〖英〗空軍中将. an Air Chief [Vice] *Marshal* 〖英〗空軍大将[少将]. **2** 〖米〗(連邦裁判所の)執行官《保安官 (sheriff) に似た職務を行う》; (警察署, 消防署の)署長. **3** 式部官; 儀式係; (儀式, 競技などの)進行係. **4** 〖英〗(巡回裁判所)判事付き事務官.

── 動 (~s|〖英〗-ll-) 他 **1** 〔事実, 論拠など〕を整然と並べる. To write effectively you need to ~ your ideas clearly. 印象的な文章を書くためには論旨を明快に組み立てなければならない. **2** を整列させる; 〔軍隊〕を(戦闘態勢に)配置する; を結集する. Our forces were *~ed* and ready to go. わが軍は整列を終わり出発準備が整った. ~ one's resources [forces] 〔会社などが〕資金[人材など]を結集する. **3** VOA (式場などの所定の位置に儀式ばって)を案内する, 先導する. ~ people *into* [*out of*] the presence of the Emperor 人々を皇帝の前に誘導する[前から退出させる]. [<後期ラテン語「馬の世話係」]

márshalling yàrd 名 C 〖英〗(特に鉄道貨車の)操車場 (〖米〗switchyard).

Màr·shall Íslands /mὰ:rʃ(ə)l-/ 名 〈the ~〉 マーシャル諸島《北太平洋のサンゴ礁の群島》.

Márshall Plàn 名 〈the ~〉 マーシャルプラン《米国による第2次世界大戦後の欧州経済援助計画; 国務長官 George C. Marshall が推進した》.

mársh gàs 名 U 沼気, メタン, (methane)《有機物の腐敗で発生する》.

mársh·lànd 名 UC 湿地帯, 沼沢地.

marsh·mal·low /má:rʃmèlou, -mæl-|mὰ:ʃmǽl-/ 名 C **1** ウスベニタチアオイ《湿地 (marsh) に生える多年生植物; 花の色はピンク》. **2** マシュマロ《普通白くて丸いふわふわした菓子; もと1の根から作った; 焼いたりサラダに入れたりもする》.

mársh màllow 名 〖米〗=marshmallow 1.

mársh màrigold 名 C リュウキンカ(の類)《湿地に生え黄色い花が咲く》.

marsh·y /má:rʃi/ 形 e 沼地の, 低湿地帯の; じめじめした; 沼地の多い; 〔植物などが〕沼地に生じる.

mar·su·pi·al /mɑ:rs(j)ú:piəl/ 形, 名 C 〖動〗有袋動物(の)《カンガルーなど》.

mart /mɑ:rt/ 名 C 〖旧〗市場(いちば) (market); 商業中心地; 競売会場.

Mar·tell /mɑ:rtél/ 名 U 〖商標〗マーテル《フランス産の cognac》.

Mar·tèl·lo tówer /mɑ:rtèlou-/ 名 〖史〗マーテロ・タワー《19世紀の初め, 英国南東部英仏海峡沿いおよびアイルランドに建てられた円型の小要塞(さい); ナポレオン軍の侵攻に備えたもので, そのいくつかは現存》.

mar·ten /má:rtən/ 名 C 〖動〗テン; U テンの毛皮.

Mar·tha /má:rθə/ 名 **1** 女子の名《愛称 Marty, Matty, Pat, Patty》. **2** 〖聖書〗(ベタニアの)マルタ《ラザロ (Lazarus 2) と マリア (Mary 3) の姉; ベタニア (Bethany) の家に来訪したイエスの教えに Mary が聞き入っている間, 立ち働いた世話女房型の女性》.

Màrtha's Víneyard 名 マーサズヴィニャード島《米国 Massachusetts 州南東部 Cape Cod 南沖の島》.

†**mar·tial** /má:rʃ(ə)l/ 形 **1** 戦争の, 戦いに適した; 軍の, 軍事の. ~ music 軍楽. **2** 〖章〗軍人らしい; 〈大げさに〉好戦的な. ~ behavior 好戦的な行動. [<フランス語「Mars の」] ▷ **~·ly** 副 勇敢に.

màrtial árt 名 C 〖スポーツ〗武道《空手, 柔道など》.

màrtial láw 名 U 戒厳令. This country is now under ~. この国は目下戒厳令下にある.

Mar·tian /má:rʃ(ə)n|-ʃiən/ 形 〖天〗火星(人)の (→ Mars). ── 名 C 火星人.

Mar·tin /má:rtən/ 名 **1** 男子の名. **2 St. ~** 聖マルタン(316?–397?)《Tours の司教だったことから St. Martin of Tours /tuər/ と呼ばれる; フランスの守護聖人》. [ラテン語「Mars の子」]

mar·tin /má:rtən/ 名 C ツバメ科の鳥《特にイワツバメとショウドウツバメ》.

mar·ti·net /mὰ:rtənét/ 名 C 〖普通, 軽蔑〗規律にやかましい人; (特に陸海軍で)訓練の厳しい教官.

mar·tin·gale /má:rtiŋgèil/ 名 C **1** 胸(むな)がい《馬具》. **2** 〖船〗第2斜檣(しょう)を固定する支索.

mar·ti·ni /mɑ:rtí:ni/ 名 UC 〈時に M-〉 マティーニ《ジン, ヴェルモットなどで作るカクテル》.

Mar·ti·nique /mὰ:rtəní:k/ 名 マルティニーク島《西インド諸島東部の島; フランスの海外県を成す》.

Mar·tin·mas /má:rtənməs/ 名 聖マルタン祭《St. Martin を記念する教会の祭り; 11月11日》.

Mar·ty /má:rti/ 名 Martha の愛称.

†**mar·tyr** /má:rtər/ 名 C **1** 殉教者; 殉じる人 〈*to* ..に〉. a ~ *to* duty 職務に殉じる人. die (the death of) a ~ in the cause of peace 平和運動に命を捧(ささ)げる. **2** 絶えず苦しむ人 〈*to* ..〔病気など〕に〉. I am a ~ *to* continual headaches. 私は頭痛持ちです. **3** 〖軽蔑・戯〗'殉教者'.

màke a mártyr of onesèlf 〖軽蔑〗(人のため, 又は人に褒められたくて)己を犠牲にする; 殉教者ぶる.

── 動 他 を殉教[死]させる; を迫害する, 苦しめる; 〈普通, 受け身で〉. [<ギリシア語「証人」]

mar·tyr·dom /má:rtərdəm/ 名 **1** U 殉教者であること; UC 殉教, 殉死. **2** UC 受難; 苦痛(の時).

már·tyred 形 **1** 殉教の, 殉教した. **2** 犠牲者ぶった; 苦しそうな〔表情など〕.

*__mar·vel__ /má:rv(ə)l/ 名 (複 **~s** /-z/) C **1** 驚異, 驚くべきこと; 不思議. the *~s* of nature 自然の驚異. do [work, perform] *~s* 驚くべきことをする. The ~ is [It's a ~] that he escaped death. 彼が死を免れたのは驚異だ. **2** 〖話〗驚き入った人[もの], 驚くほど〔..を〕持った人[もの] 〈*of*〉. a ~ *of* perfection 完全無欠の人物. ◇ 形 marvelous

── 動 (~s|〖英〗-ll-) 自 驚嘆する, 驚く, 〈*at* ..に〉. ~ *at* their skill 彼らの腕前に舌を巻く.

── 他 VO (~ ***that*** 節/"引用") ..ということに驚く/「..」と驚いて言う; VO (~ ***wh*** 節) ..かを不思議に思う (wonder). I ~ *that* such a young child can read Greek. あんな小さな子供がギリシア語を読めることに驚く. I ~ *how* you could agree to the proposal. 君がどういうつもりで提案に賛成なのか不思議だ. [<ラテン語 *mīrābilia*「驚くべきこと」]

Mar·vell /má:rv(ə)l/ 名 **Andrew ~** マーヴェル (1621–78)《英国の詩人》.

‡**mar·vel·ous** 〖米〗, **-vel·lous** 〖英〗 /má:rv(ə)ləs/ 形 m **1** 驚くべき; 不思議な; 信じがたい. a ~ occurrence 驚異的な[信じがたい]出来事. It's ~ how quickly the medicine relieved my pain. その薬で痛みがすぐとれたのには驚いた. **2** 〖話〗すばらしい, 実に見事な. have a ~ time at a party パーティーですばらしい時を過ごす. [marvel, -ous] ▷ **~·ly** 副 不思議に, 驚くほど; すばらしく.

Marx /mɑ:rks/ 名 **Karl ~** マルクス(1818–83)《ロンドンに長く住んだドイツの経済学者・社会主義者; 主著『資本論』》.

Márx Bròthers 名 マルクス兄弟《米国の喜劇俳優の4兄弟; Groucho /gráutʃou/ Marx (1895–1977) が最も有名》.

Marx·i·an /má:rksiən/ 形, 名 =Marxist.

†**Marx·ism** /má:rksiz(ə)m/ 名 U マルクス主義.

Màrxism-Lén·in·ism /-léninìz(ə)m/ 名 U マルクス・レーニン主義.

†**Marx·ist** /má:rksist/ 名 C マルクス主義者.

── 形 マルクス(主義)の.

Màrxist-Lén·in·ist /-léninist/ 形, 名 C マルクス・レーニン主義の[者].

M

Mar·y /mé(ə)ri/ 名 **1** 女子の名《愛称 Moll, Molly, Poll, Polly》. 参考 **Màry had a Lìttle Lámb**『メリーちゃんの子羊』《nursery rhyme の1つ; 以下の歌詞は Its fleece was white as snow; And everywhere that Mary went the lamb was sure to go.》. **2**〚聖書〛聖母マリア (the Virgin Mary). **3**〚聖書〛(ベタニアの)マリア (→Martha 2). **4** (マグダラの)マリア (**Màry Mágdalene**; →Magdalene 1). **5** ~ **I** /ðə-fə́ːrst/ メアリー1世 (**Màry Túdor**) (1516–58)《英国の女王 (1553–58); →Bloody Mary》. **6** ~ **Queen of Scots** スコットランド女王メアリー (**Màry Stúart**) (1542–87)《スコットランドの女王 (1542–67); 国を追われていとこの Elizabeth I を頼って逃げたが幽閉され, 後に処刑された》. **7** ~ **II** /ðə-sékənd/ メアリー2世 (1662–94)《英国の女王 (1689–94); James II の娘で夫 William III と共同統治した; →English Revolution》.
[ヘブライ語]

Mar·y·land /mérilənd|méərilənd/ 名 メリーランド《米国東部大西洋岸の州; 州都 Annapolis; 略 MD〚郵〛, Md.》.
[Charles I の妃 Henrietta *Mary* に因んで]

mar·zi·pan /máːrzəpæ̀n|⌐–⌐/ 名 U アーモンドペースト《すりつぶしたアーモンドに砂糖, 卵などを加えてこねたもの》; C アーモンドペーストで作った菓子, マジパン.

-mas /-məs/〈複合要素〉「..祭」の意味. Christ*mas*. Michael*mas*. [mass²]

Ma·sai /máːsai/ 名 (複 ~**s**, ~) C マサイ族の人《アフリカ東部 Kenya 及び Tanzania に住む》; U マサイ語.

masc. masculine.

‡**mas·ca·ra** /mæskǽrə|-káː-/ 名 U マスカラ, まつ毛染め. [<イタリア語; mask と同源]

M

***mas·cot** /mǽskɑt/ 名 (複 ~**s** /-ts/) C マスコット, 開運のお守り,《幸運をもたらすと考えられる人, 動物など》.
[<プロヴァンス語「小さな魔女」]

***mas·cu·line** /mǽskjələn|mǽs-, máːs-/ 形 **1** m 男らしい, 男性的な, (類語 性質や性格が「男性特有の」; →manly). ~ looks 精悍(かん)な顔つき. The great heavy chairs looked very ~. どっしりと重たいいすはいかにも男性的に見えた. **2**〔スポーツ, 服装などが〕男の, 男性にふさわしい. **3**〚軽蔑〛〔女性が〕男まさりの (mannish). **4** ⓒ〚文法〛男性の〔名詞, 代名詞など〕(→neuter). —— 名〚文法〛〈the ~〉男性; C 男性形.
◇↔feminine [<ラテン語 *masculus*「男の」; male と同源]

màsculine rhýme 名 U 男性韻《行末の強勢のある音節のみが押韻する; 例えば night と delight》.

‡**mas·cu·lin·i·ty** /mæ̀skjəlínəti/ 名 U 男らしさ.

mas·cu·lin·ize /mǽskjulinàiz/ 動 他〚章〛を男性化する.

Mase·field /méisfiːld/ 名 **John** ~ メイスフィールド (1878–1967)《英国の詩人・小説家; 海の詩が有名, 桂冠詩人 (1930–67)》.

ma·ser /méizər/ 名 C〚電〛メーザー《マイクロ波の増幅装置; <*m*icrowave *a*mplification by *s*timulated *e*mission of *r*adiation; →laser》.

MASH /mæʃ/ mobile army surgical hospital (〚米〛陸軍移動外科病院).

†**mash** /mæʃ/ 名 **1** UC (家畜の)混合飼料《穀粒, ひき割り, 麩(ふすま)などを湯で溶いたもの》. **2** UC すりつぶした物, どろどろの物. a ~ of bananas and milk バナナをつぶして牛乳と混ぜたもの. **3** U マッシュ, 麦芽汁,《ビール, ウイスキーの原料》. **4** U〚英〛=mashed potatoes.
—— 動 他 **1**〔(ゆでた)ジャガイモなど〕をすりつぶす〈*up*〉;〔麦芽〕に湯を混ぜて醸造する. **2**〔もの〕を押しつぶす〈*up*〉.
[<古期英語; mix と同根] ▷ **másh·er** 名 C マッシャー《ジャガイモなどをつぶす》.

màshed potátoes 名 U マッシュポテト.

‡**mask** /mæsk|mɑːsk/ 名 (複 ~**s** /-s/) C
〚仮面〛 **1** (正体を隠すための)仮面, 覆面; (古典劇などで用いる)面. The robber wore a black ~. 盗賊は黒い覆面をしていた. assume [put on] a ~ 仮面を着ける; 正体を隠す. throw off [drop, pull off] the [one's] ~ 仮面を脱ぐ; 正体を現す. **2** (保護するための)マスク; 防毒面 (gas mask); (野球, フェンシングなどの)面. Doctors wear white ~*s* over their mouths and noses. 医師は鼻と口を覆う白いマスクをする. **3** (美容法としての)パック. **4** (石膏(こう)などで)人の顔を型取ったもの; (飾り物にするキツネなどの)顔, 頭部. a death ~ デスマスク, 死面.
5【実体を覆い隠すもの】広がり, 覆い,〈*of*..〔雪, 雲など〕の〉; 見せかけ, 口実,〈*of*..〔友情, 誠実など〕の〉. The ~ *of* darkness dropped over the valley. 暗闇(やみ)が降りて谷間を一面に覆った. He's just a collection of ~*s*, with nothing underneath. 彼は見せかけを寄せ集めたみたいな人で中身は何もない.
A person's [*The*] *màsk slíps.* 本心[本性]がちらっと現れる.
under the [*a*] ***másk of..*** ..の仮面をかぶって, ..にかこつけて;〔夜陰など〕に乗じて. He conceals his ambition *under a* ~ *of* humility. 彼は謙遜(そん)を装って自分の野心を隠している.
—— 動 他 **1**〔(顔)〕に仮面[覆面, 面, マスク]を付ける; に仮面をかぶらせる;〈普通, 受け身で〉. The terrorists ~*ed* their faces with stockings. テロリストたちはストッキングで顔を覆っていた.
2〔感情など〕を隠す,〔味, においなど〕を目立たなくする; を見えなくする, 隠す. ~ one's sorrow with a smile 微笑で悲しみを隠す. The scent of the flowers partly ~*ed* the foul odor. 花の香りで嫌な臭いが少し消えた.
[<イタリア語 *maschera* (<アラビア語「道化師」); mascara と同源]

masked /-t/ 形 **1** 仮面を着けた, 覆面をした; 変装した. The ~ man escaped. 覆面の男は逃げた. **2** 隠れた;〔砲列などが〕遮蔽(へい)された.

màsked báll 名 C 仮面[仮装]舞踏会.

másking tàpe 名 U マスキング[保護]テープ《ペンキを塗る時などに, 不必要な部分に張ってペンキが付かないようにする粘着テープ》.

‡**mas·och·ism** /mǽsəkìz(ə)m, mǽz-|mǽs-/ 名 U **1** マゾヒズム《異性からの虐待を喜ぶ変態性欲; ↔sadism》. **2** 自己虐待(を好む性癖). [<ドイツ語; <オーストリアの小説家 L.von Sacher-*Masoch* (1836–95)] ▷ **más·och·ist** /-kist/ 名 C マゾヒスト.

màs·och·ís·tic /-kístik ⑱/ 形 マゾヒストの; マゾヒスト的な.

Ma·son /méis(ə)n/ 名 **Perry** ~ メイソン《E.S. Gardner の推理小説で活躍する弁護士》.

†**ma·son** /méis(ə)n/ 名 C **1** 石工(いしく), 石切り工, (stonemason); れんが[コンクリート]職人. **2**〈M-〉= Freemason. [<古期フランス語(<ゲルマン語); make と同根]

Mà·son-Díx·on lìne /mèis(ə)ndíks(ə)n-/ 名〈the ~〉メーソンディクソン線《米国 Pennsylvania 州と Maryland 州の境; かつて奴隷制を認める南部と認めない北部の境界とされた》.

ma·son·ic /məsɑ́nik|-sɔ́n-/ 形〈しばしば M-〉フリーメーソン (Freemason) の.

Máson jàr /méis(ə)n-/ 名 C〚米〛メーソンジャー《家庭で野菜や果物を瓶詰めにするのに用いるガラス瓶; ふたはねじって閉める》.

ma·son·ry /méis(ə)nri/ 名 U **1** 石工[れんが工, コンクリート工]の技術[職]. **2** 石造建築(の部分), れんが[コンクリート]工事. The earthquake caused the ~ of the building to crumble. 地震によって建物のコンクリート部分が崩壊した. **3**〈しばしば M-〉=Freemasonry.

masque /mæsk|mɑːsk/ 名 C **1** 仮面劇《16, 17 世

紀に英国の宮廷，貴族の間に流行した芝居；音楽，歌，ダンスを伴う》；その脚本．**2** ＝masquerade. [mask の(フランス語綴りの)異形]

‡**mas·quer·ade** /mæskəréid/ [名] [C] **1** 仮面[仮装]舞踏会 (masked ball)；仮装(衣装)．**2** 見せかけ；ごまかし．**3** 〖米旧〗仮装[仮面]パーティー[舞踏会]．── [動] [自] **1** 仮装[変装]する〈*as* ..に〉；[VA] (～ ***as*..**) ..になりすます，見せかける．**2** 仮面[仮装]舞踏会に参加する．
[＜イタリア語 *maschera* ʻmaskʼ, -ade]
▷**mas·quer·ad·er** [名] [C] 仮面[仮装]舞踏会参加者．

‡**mass**[1] /mæs/ [名] ([複] **máss·es** /-əz/) **【集団】1** [C] **塊**〈*of* ..〔土，氷，雲など〕の〉；群，集団；([類語] しばしば大きな塊；→lump[1])．a ～ *of* cold air 寒気団．a confused ～ *of* things ごちゃごちゃ集まった物．There are ～*es of* daisies here and there. あちこちにヒナギクが群生している．a solid ～ of protesters 結束した抗議者の群．

> [連結] a heavy [a dense, a solid; a loose; a soft; a shapeless; a tangled] ～

【集団＞量】2 [U] かさ，大きさ．The great ～ of the monument startled me. 記念碑の巨大さに驚いた．
3 [U] 〖物理〗質量．atomic ～ 原子質量．
4 [UC] 〖美〗マッス《作品中にあるひと塊の部分が全体に対して示す色調，構成》．
【多数，多量】5 [C] たくさん〈*of* ..が，の〉．a ～ *of* letters たくさんの手紙．～*es of* potatoes たくさんのジャガイモ．～*es of* money [homework, books, people] 〖話〗たくさんの金[宿題，本，人々]．
6 〈the ～ of..〉..の大部分，大半．The (great) ～ *of* people *are* [The ～ *of* public opinion *is*] against the plan. 大多数の人々[大方の世論]はその計画に反対である (★動詞の数は of に続く名詞に一致する)．
7 〈the ～es〉〖時に軽蔑〗**大衆**，庶民．an appeal to the ～*es* 大衆への訴え．be popular among the ～*es* 大衆の間に人気がある．◇[形] massive
be a máss of.. ..だらけだ．Your composition *is a* ～ *of* mistakes. 君の作文は間違いだらけだ．
in the máss 全体で，ひっくるめて，総じて；全体としては．
── [形] 〈限定〉**1** 大量の，多数の；大規模な．commit ～ murder 大量殺戮(りく)を犯す．～ immigration 大量移民．**2** 大衆の(ための)．～ entertainment 大衆娯楽．
── [動] [他] をひと塊[一団]にする；〔軍隊など〕を集結する．
── [自] ひと塊[一団]になる；〔軍隊などが〕集結する．People ～*ed* along the streets to watch the parade. 人々はパレードを見ようと沿道に集まった．
[＜ラテン語「塊」(＜ギリシア語「大麦のケーキ」)]

†**mass**[2], **Mass** [名] **1** [UC] 〖カトリック〗ミサ，ミサ聖祭，《聖体拝領 (Eucharist) を主要部とする祭式》．go to [attend] ～ ミサに参列する．say [read, celebrate] ～ ミサを行う．high [solemn] ～ 荘厳ミサ．low ～ 読誦ミサ．**2** [C] ミサ曲．[＜後期ラテン語(＜ラテン語 *mittere*「送る」)]

Mass. Massachusetts.

Mas·sa·chu·setts /mæsətʃúːsəts, -zəts|-səts/ [名] マサチューセッツ《米国北東部の州；州都 Boston；略 MA〖郵〗，Mass.》．[北米先住民語「大きな丘(の住民)」]

†**mas·sa·cre** /mǽsəkər/ [名] [C] **1** (人，動物の)大虐殺，殺戮(りく)，([類語] 特に，無防備の人々の無差別な殺人；→kill)．**2** 〖話〗完敗，こてんこてんの負け．a 12–0 ～ 12 対 0 の完敗．── [動] [他] **1** を大量に虐殺する．**2** 〖話〗を完敗させる，こてんこてんに負かす[やっつける]．Our team was ～*d* 10 to 2. 我々のチームは 10 対 2 で完敗した．
[古期フランス語]

Màssacre of the Ínnocents [名] 〈the ～〉〖聖書〗幼児大虐殺《Bethlehem で Herod 王が命じた》．

†**mas·sage** /məsáːʒ|mǽsɑːʒ/ [名] [UC] あんま，マッサージ．── [動] [他] **1** にマッサージを施す．**2** を(ごまかして)改変する，改竄(ざん)する，ʻいじるʼ．Somebody has evidently ～*d* the figures. だれかが数字を改変したのは明白だ．
massàge a person's égo 人の自尊心をくすぐる．
[＜フランス語 *masser*「こねる，マッサージする」; -age]
▷**mas·sag·ist, mas·sag·er** [名] [C] マッサージ師．

masságe pàrlor [〖英〗**pàrlour**] /〖英〗ˊ-ˋ-/ [名] [C] **1** あんま治療院，マッサージ・パーラー．**2** 〖婉曲〗売春宿．

màss communicátion [名] [U] マスコミ《新聞，放送などによる大衆伝達》．

masse /mæs/ →en masse.

massed /-t/ [形] 大人数の．a ～ choir 大合唱団．

mas·seur /mæsə́ːr/ [名] [C] 男のマッサージ師．[フランス語]

mas·seuse /mæsə́ːz/ [名] [C] 女のマッサージ師．[フランス語]

màss hystéria [名] [U] 集団ヒステリー．

mas·sif /mæsíːf|ˊ-/ [名] ([複] **～s**) [C] 〖地〗大山塊；中央山系．[フランス語 ʻmassiveʼ (の名詞化)]

*__mas·sive__ /mǽsiv/ [形] [m] **1 大きくて重い**；どっしりした．the most ～ structure I have ever seen 今までに見た中で一番どっしりした建造物．a ～ volume of 800 pages 800 ページの大冊．
2 堂々とした，重厚感のある，立派な．the ～ front doors 重々しい正面の扉．**3** 〔体，顔だち，頭などが〕力強い，がっしりした．a man with a ～ jaw がっしりしたあごを持った人．The general's ～ presence awes everyone. 将軍の堂々とした風貌(ぼう)にはだれでも威圧される．
4 (程度，範囲などが)莫(ばく)大な；強力な；大規模な；大量の．～ damage 莫大な損害．a man of ～ learning 広範な学殖を備えた人．The bad harvest caused ～ food shortage. 不作で食糧の大量不足が生じた．
◇[名] mass
[mass[1], -ive] ▷**～·ly** [副] **～·ness** [名]

màss máiling [名] [U] 〖米〗ダイレクトメール (mailshot).

màss-márket /[移]/ [形] 大衆[大量]市場の．～ paperbacks 文庫本．── [動] [他] を大量販売する．

màss márket [名] [C] 〈the ～〉大衆市場．

màss média [名] 〈普通 the ～〉〈単複両扱い〉マスメディア，マスコミ機関，《新聞，放送など》．

màss méeting [名] [C] (政治問題などの討論に集まる)大衆集会．

máss nòun [名] [C] 〖文法〗質量名詞《不可算の物質名詞》．

máss nùmber [名] [C] 〖物理〗質量数．

màss observátion [名] [U] 〖英〗世論調査《個人調査，個人面接による》．

màss-prodúce [動] [他] を大量生産する．

màss-prodúced /[移]/ [形] 大量生産された．

màss prodúction [名] [U] 大量生産，マスプロ．

màss tránsit [名] [U] (大都市における)大量輸送(のための交通機関)．

mass·y /mǽsi/ [形] 〖雅・詩〗＝massive.

*__mast__[1] /mæst|mɑːst/ [名] ([複] **～s** /-ts/) [C]
【マスト】1 〖船〗**マスト，帆柱**．[参考] 3 本マストの船の帆柱は，船首から順に foremast (前檣(しょう))，mainmast (大檣)，mizzenmast (後檣)と呼ぶ；大型船の帆柱は何本もつなぎ，下から lower mast (下檣)，topmast (中檣)，topgallant mast (上檣)，royal mast (最上檣)と呼ぶ．
【マスト状の物】2 柱，旗竿(ざお)；(放送用アンテナを支える)鉄塔；(起重機の)支柱．
before the mást 〖章〗平(ひら)水夫として《水夫室は前檣 (foremast) の前にある》． [＜古期英語]

mast[2] [名] [U] 〈集合的〉どんぐり (nuts)《カシ，ブナ，トチ

M

などの堅果; 豚の飼料》.

mas·tec·to·my /mæstéktəmi/ 名 (複 **-mies**) UC 〖医〗乳房切除(術).

-mást·ed /-əd/ 〈複合要素〉..マストの. a two-*masted* ship (2本マストの船).

‡mas·ter /mǽstər|mάːs-/ 名 (複 **~s** /-z/) C
【支配する人】 **1** 〖旧〗主人, 支配者; 雇い主 (employer); (奴隷の)所有者; (動物などの)飼い主; (女 mistress) (★「雇い主」の意味には〖米〗では boss の方が普通). ~ and man [servant] 主人と召使い. a dog and his ~ 犬とその飼い主. This battle left Napoleon ~ of Europe. この戦いの後ナポレオンはヨーロッパの支配者になった.

連結 a good [a kind; an easy; a hard, a harsh, a strict] ~ // obey one's ~

2 〖旧・戯〗(一家の)主人, 家長, 世帯主, (女 mistress). Is the ~ of the house at home? ご主人はご在宅ですか.

3 【若主人】〖主に英〗〈M-〉..坊ちゃん, ..若旦那, 《召使いが, Mr. と呼ぶには若すぎる青少年の名に付ける敬称》. *Master* Henry ヘンリー坊ちゃま.

4 (**a**) 管理者, 責任者; ..長. a station~ 駅長. one's political ~*s* 政党の指導者. (**b**) 勝者 (victor).

5 (商船の)船長 (master mariner); 〖英〗(オックスフォード大学などの)学寮長《college 4 の長》.

【技術の支配者>名人】 **6** (一本立ちの)職人, 親方, 《apprentice, journeyman を経てなる》(★しばしば形容詞的に用いる; →形 3). a ~ carpenter 大工の棟梁(とうりょう).

7 名人, 大家(たいか), 巨匠, (女 mistress); (名人の)作品. a ~ of music 音楽の巨匠. He is a ~ at getting his own way. 彼は思い通りに事を運ぶのがたいへんうまい. → old master.

8 自由に使いこなす人〈*of* ..を〉. That interpreter is a ~ *of* five languages. あの通訳は5か国語を自由に操る. I've been (the) ~ *of* my fate. 私はこれまで自分の運命を自分で切り開いてきた. 語法 しばしば無冠詞で用いる (→成句).

【人の師】 **9** 〖主に英〗(特にパブリック・スクールの男の)教師 (女 mistress); 〈M-〉(宗教団体の)師. a dancing ~ ダンス教師.

10 〈the M-〉キリスト《人間一般の教師》.

11 〈しばしば M-〉修士《もと大学教師の資格として与えたことから; 女性にも用いる; →bachelor, doctor》.

12 【元になる物】親コピー, オリジナル《複製品に対して原文, 原本, レコード原盤など》(master copy).

be máster in one's òwn hóuse 一家の主(あるじ)である; (他人から干渉されず)思い通りにやる.

****be máster of ..*** ..を自由にできる; ..を制御[支配]できる, 〔激情など〕を抑えることができる. Tom *was* ~ *of* the situation. トムは事態を掌握していた.

be one's òwn máster 〔男性が〕独立している; 自分の思い通りにできる; (→be one's own MISTRESS).

màke onesèlf máster of .. ..に熟達する; ..を自由に使いこなす.

sèrve twò másters →serve.

—— 形 〈限定〉 **1** 主な, 主要な, (main). ~ subjects 主要科目. →master bedroom. **2** (コピーなどの)元になる; 原盤の; 親装置の. a ~ clock 親時計《他の時計を自動的に調整する》. a ~ tape 親テープ《それからレコードやコピーを作る》. **3** 独立した, 一本立ちの. a ~ builder 建築請負師; 一人前の建築家. **4** 熟達した, 名人の. ★複合語としても使う. a performance by a ~ pianist 名ピアニストによる演奏. a ~-liar うそつきの名人.

—— 動 (~s /-z/|過 過分 ~ed /-d/|~·ing /-t(ə)riŋ/) 他 【統御する】 **1** を支配する, 征服する, 克服する; 〔衝動など〕を抑える. Man has long hoped to ~ nature with science and technology. 人類は科学と技術で自然を征服したいと願ってきた. ~ the tendency to stammer どもりの癖を克服する. ~ one's anger [fear] 怒り[恐怖心]を抑える. He tried hard to ~ his fear of the dark. 暗い所の恐怖症を抑えようと彼は努力していた.

2 に熟達する, を熟知する, をマスターする; 〔楽器など〕を使いこなす. It's quite difficult to ~ French in a few months. 2, 3か月でフランス語に熟達するのはきわめて難しい. ~ the art of interviewing people インタビュー術をマスターする. **3** 〔動物〕を慣らす.

◇名 mastery [<ラテン語 *magister*「主人」]

màster-at-árms /-rət-/ 名 (複 **masters-**) C 〖海軍〗先任衛兵伍(ご)長《艦内の秩序維持にあたる》.

máster bèdroom 名 C 主寝室《普通, 夫婦の寝室》.

Máster·Càrd 名 C 〖商標〗マスターカード《国際的なクレジットカード》.

máster càrd 名 C (トランプの)1番強い札, 切り札; 最後の奥の手.

máster clàss 名 C 〖楽〗一流の音楽家指導による上級クラス.

màster cópy 名 C 複写[製]の元になるもの《原本「[紙]など》.

†mas·ter·ful /mǽstərf(ə)l|mάːs-/ 形 **1** 〔人, 行動が〕(自信に満ちて)人・状況を掌握できる, 度量と風格を備えた. **2** =masterly. ▷ **~·ly** 副 **~·ness** 名

máster hànd 名 C 名人, 名工, 〈*at* ..の〉; 熟達, 練達.

máster kèy 名 C マスターキー, 親かぎ, 《それ1つでいくつもの錠前が開けられる》.

†más·ter·ly 形 名人らしい, 名人芸の; 堂に入った. Olivier's Hamlet was a ~ performance. オリヴィエの演じたハムレットは見事だった. ▷ **mas·ter·li·ness** 名

màster máriner 名 C (商船の)船長.

‡máster·mìnd 名 C (計画などの)立案[指導]者; 首謀者, 黒幕, 〈behind ..の〉. —— 動 他 〔計画など〕を立案・指導する; 〔犯罪など〕を陰で操る.

Màster of Árts 名 C 文学修士(号)《普通, 人文科学・社会科学の部門の学位(取得者); 略 MA》.

Màster of Búsiness Administràtion 名 C 経営学修士(号)《略 MBA》.

màster of céremonies 名 C **1** (宴会, ショーなどの)司会者《略 MC》. **2** (宮中などの)式部官.

màster of fóx-hounds 名 C (キツネ狩りの)猟犬管理者.

Màster of Scíence 名 C 理学修士(号)《普通, 自然科学・数学・工学などの部門の学位(取得者); 略 MS, MSc》.

Màster of the Rólls 名 〈the ~〉〖英〗控訴院判事.

***mas·ter·piece** /mǽstərpìːs|mάːs-/ 名 (複 **-piec·es** /-əz/) C 傑作, 名作; (ある芸術家の)代表作; 典型的な例〈*of* ..の〉. a priceless [timeless] ~ 値の付けようのない[永遠の]名作. murder a musical ~ 音楽の傑作を(下手な演奏で)台無しにする. a ~ of fraud 実にうまい詐欺.

màster plán 名 C (地域開発などの)総合的基本計画.

máster ràce 名 C 支配者民族《他民族を支配できる優秀な民族; ヒトラーにとってはアーリア民族》.

master's 名 C 〖米話〗=master's degree.

màster's degrée 名 C 〈しばしば M-〉修士号 (★〖米〗では単に **master's** とも言う). study for a ~ at Harvard ハーヴァード大学で修士号取得のために勉強する.

màster sérgeant 名 C 〖米陸軍・空軍〗曹(そう)長.

más·ter·shìp /-ʃìp/ 名 **1** C master の職[地位, 権限]. **2** U 支配(力), 統制(力). **3** U 練達, 精通.

Más·ters Tòurnament /mǽstərz-|mάːs-/ 名 〈the ~〉マスターズ・トーナメント《毎年4月に米国で開か

れるゴルフの国際競技; ÙS Másters とも言う》.

máster·stròke 名C 見事な手腕, 巧妙な一手. a diplomatic ～ 鮮やかな外交的処置.

máster swìtch 名C 親[元]スイッチ.

máster·wòrk 名C (特に, 長期の努力による)傑作.

***mas·ter·y** /mǽst(ə)ri|mɑ́ːs-/ 名 **1** U **支配**; 統御; 克服; 〈*over, of* ..に対する, の〉. attain complete ～ *of* the seas 完全な制海権を獲得する. Finally the patient achieved ～ *over* his disease. ついに病人は病気を克服した. **2** U **優勢**, 優越; 勝利, 征服; 〈*over, of* ..に対する, の〉. gain ～ *over* the enemy 敵に打ち勝つ. The two candidates are struggling for ～. 2人の候補者が勝利を争っている. **3** aU **熟達**, 精通, 〈*of* ..への〉. A thorough ～ *of* mathematics is required of all physicists. 数学に精通することが物理学者には必要である. [master, -y[2]]

mást·hèad 名C **1** 〖船〗檣(しょう)頭《マストの先端部; 見張りなどをする場所》. **2** (新聞, 雑誌の)発行人欄《紙名, 発行者名などを記す》.

mas·tic /mǽstik/ 名 **1** C 〖植〗乳香樹. **2** U 乳香《乳香樹から採る樹脂; 香料・ワニス用》. **3** U 乳香酒. **4** U 〖建〗マスチック《漆喰(しっくい)の一種》.

mas·ti·cate /mǽstəkèit/ 動 他 **1** 〖章〗をかむ, 咀嚼(そしゃく)する. (類語 chew より形式ばった語; →bite). **2** 〔ゴムなど〕をどろどろにする.

màs·ti·cá·tion 名U 咀嚼(そしゃく).

mas·tiff /mǽstif/ 名 (複 ～s) C マスチフ犬《番犬に適した大形で短毛の猛犬》.

mas·ti·tis /mæstáitəs/ 名U 〖医〗乳腺(せん)炎.

mas·to·don /mǽstədɑ̀n|-dɔ̀n/ 名C 〖古生〗マストドン《新生代第3紀にいた巨象》.

mas·toid /mǽstɔid/ 形 〖解剖〗乳頭状の, 乳様突起の. ―― 名C **1** 〖解剖〗乳様突起, 耳のうしろの骨. **2** 〖話〗=mastoiditis.

mas·toid·i·tis /mæ̀stɔidáitis/ 名U 〖医〗乳様突起炎.

‡mas·tur·bate /mǽstərbèit/ 動 自, 他 (に)自慰をする, 手淫(いん)を行う.

màs·tur·bá·tion 名U 自慰, 手淫(いん), マスターベーション.

Mat /mæt/ 名 Matthew, Martha の愛称.

‡mat[1] /mæt/ 名 (複 ～s /-ts/) C **1** (寝床用などの)マット; むしろ, ござ; 畳 (tatami mat); (玄関の)靴拭(ふ)き, ドアマット, バスマット. a bath ～ バスマット. wipe one's shoes on the ～ マットで靴を拭く. **2** (皿, コップなどの)下敷き, マット; 花瓶敷き, (置物の)飾り敷き; (→place mat, tablemat). a beer ～ ビアマット. **3** (レスリング, 体操用などの)マット. **4** 小型のじゅうたん (rug). **5** 〈普通, 単数形で〉(毛, 雑草などのもじゃもじゃした)もつれ. a ～ of hair [threads] もつれた髪[糸]. **6** かます《コーヒー, 砂糖などを入れる麻袋》.

gò to the mát (格闘技で)取っ組み合う, (決着をつけるまで)渡り合う, 激しく論争する, 〈*with* ..と〉; 戦う, 尽力する, 〈*for* ..のために〉.

on the mát 〖話〗(監督者から)譴(けん)責されて《昔, 兵士が呼び出されて, 中隊事務室のカーペットの真ん中に立たされ, 譴責を受けたことから; →on the CARPET》.

―― 動 (～s|-tt-) 他 **1** にマット[むしろ]を敷く; をマットで覆う. **2** もつれさせる, 固まらせる, 〈受け身で〉(→matted[1] 2). ―― 自 もつれる. [＜古期英語]

mat[2] 形 (表面が)光沢のない, つや消しの, 〔仕上げなど〕(↔glossy). ～ glass 曇りガラス.

―― 名 **1** U つや消し(面). **2** C つや消し器.

―― 動 (～s|-tt-) 他 をつや消しにする.

mat[3] 名C (絵, 写真などの)台紙, 飾り縁; 額縁内側の飾り枠. ―― 動 (～s|-tt-) 他 に台紙を付ける.

mat·a·dor /mǽtədɔ̀ːr/ 名C マタドール《牛に剣でとどめを刺す主役の闘牛士; →picador, torero, toreador》. [スペイン語 'killer']

Ma·ta Ha·ri /mɑ́ːtə hɑ́ːri/ 名 マタハリ (1876–1917)《オランダ生まれのダンサー; 第1次世界大戦中パリでドイツ側のスパイとして働き, 処刑された》.

‡match[1] /mætʃ/ 名 (複 **mátch·es** /-əz/) C マッチ(1本). a box of ～*es* マッチ1箱. strike a ～ マッチを擦る. a safety ～ (安全)マッチ《普通のマッチ》. This damp ～ won't light. このマッチは湿っていてなかなか火がつかない. The child lit the paper with a ～. 子供はマッチで新聞紙に火をつけた. put a ～ to ..にマッチで火をつける, ..を燃やす. [＜古期フランス語「(ろうそくの)芯」]

‡match[2] /mætʃ/ 名 (複 **mátch·es** /-əz/) C

【匹敵する相手】 **1** 〈普通, 単数形で〉よい相手, **好敵手**, 匹敵する人, 対等の人, 〈*for* ..の, に, と〉. I'm a [no] ～ *for* you (in swimming). (水泳では)君に負けない[かなわない]. Tom is more than a ～ *for* me in chess. チェスではトムは私より上手(うわて)だ. We shall never see her ～. 彼女に匹敵する人はもう現れないだろう.

2 〈普通, 単数形で〉そっくりな人[物]. In habits Tom is his father's ～. トムは癖が父親そっくりだ.

【ふさわしい相手】 **3** 〈普通, 単数形で〉(適当な)結婚相手; 結婚, 縁組み, (marriage). My niece made a good ～. 姪(めい)は良縁を得た. a perfect ～ for ..にうってつけの人.

4 〈普通, 単数形で〉よく似合う物; 好一対; 一致 〈*between* ..との〉. The rugs are a good ～ *for* the curtains. じゅうたんはカーテンによく合っている. Her blouse and skirt are a perfect ～. 彼女のブラウスとスカートは実によく調和している. a ～ *between* workers' needs and flextime 労働者のニーズとフレックスタイム制度の一致.

【相手をすること】 **5** **試合**, 競技, (contest) (類語 game[1] と違い, しばしば重要な「公式試合」を意味する; テニスについては →game[1] 6 (a)). play a golf [boxing] ～ ゴルフ[ボクシング]の試合に出場する. win [lose] a championship ～ 選手権試合に勝つ[負ける]. a shouting [slanging] ～ ののしり合い.

fìnd [mèet] one's mátch 好敵手[難敵]に会う; 手こずる. He *met* his ～ in Tom. トムはいつものようにはいかなかった.

màke a mátch (結婚の)仲人をする.

màke a mátch of it 結婚する.

(the) màn [wòman] of the mátch (特定の試合の)最高得点者, 最高殊勲選手.

―― 動 (**mátch·es** /-əz/|過 過分 **～ed** /-t/|**mátch·ing**) 他 **1** に**匹敵する**, 引けを取らない, とよい競争相手になる, 〈*in, for, at* ..で〉. No one can ～ Bob *in* [*at*] skiing. スキーではだれもボブにかなわない. No country can ～ France [France can't be ～*ed*] *for* good wine. 良質のワインではフランスに太刀打ちできる国はない. Mr. Smith ～*ed* my contribution of $100. 私が100ドル寄付したらスミス氏も負けずに同額を出した.

2 (a) VOA (～ X ***against, with*** ..) X を..と**取り組ませる**; X (選手, チームなど) を..と対抗[勝負, 試合]させる. We've been ～*ed against* some strong teams this year. 我々は今年は強いチームと取り組まされた. **(b)** VOA (～ X ***with, to***..) (合うかどうか) X を..と合わせる.

3 (a) と釣り合う, 似合う, 調和する, 好一対である; 〔要求など〕に見合う. Your hat ～*es* your dress marvelously. あなたの帽子はドレスにすばらしく似合っています. The words exactly ～ the tune. その歌詞は曲にぴったりだ. **(b)** を釣り[組み]合わせる, 似合うようにする, 調和させる, 〈*up*〉〈*with, to* ..と〉. *Match up* your socks. ソックスを(ちぐはぐではなく)合わせなさい. Can you ～ (*up*) this coat *with* something a little more colorful? この上着を何か少し派手なものと組み合わせられませんか. ～ supply *to* demand [one's spending *to* one's income] 供給を需要[支出を収入]に合わせる.

M

4 に似合いのものを見つける; [VOO] (～ X Y)・[VOA] (～ Y *for* X) X のために Y に似合いのもの[似たもの, 合うもの]を見つける. Can you ～ (me) this jacket? このジャケットに合うものを見つけてくれませんか《例えば店員などに対して》.
5〔政府などが〕〔寄付など〕と同額を補助する〈*to* ..に〉.
── [自] 1 対等である; 釣り合う, 調和する, 一致する; 〈*with* ..と〉. The brothers' school records nearly ～*ed*. 兄弟の学業成績はほぼ互角だった. The sweater and the skirt ～*es* perfectly. そのセーターとスカートはぴったりと合う. I want a tie that will ～ *with* this suit. この背広と合うネクタイが欲しい. Nothing in the room ～*es* (*up*) *with* anything else. その部屋の中の物は何 1 つ互いに調和していない《ちぐはぐだ》.
2〖古〗結婚する〈*with* ..と〉.
màtch úp (ぴったり)合う, 一致する,〈*with* ..と〉.
***màtch úp to* [*with*]..** ..に匹敵する;〔期待など〕に十分こたえる. The orchestra's performance didn't ～ *up to* [*with*] my expectations. 管弦楽団の演奏は私の期待通りではなかった.
to mátch 〈名詞のあとで形容詞的に〉似合う. a pair of trousers with a belt *to* ～ よく合う[同色の]ベルトの付いたズボン. [＜古期英語]

mátch·bòok [名] [C] ブックマッチ《はぎ取り式紙マッチのケース》.
mátch·bòx [名] [C] マッチ箱.
matched /-t/ [形] 1 似合いの〔夫婦など〕; 釣り合いが..の. be well ～ 似合いである;〔色などが〕よく調和している. 2 対等の力を持った. be evenly ～ (with..) (..と)互角である.
‡**mátch·ing** [形] 〈限定〉(色, 形などが)ぴったりと調和する. I want a ～ tie, not a contrasting one. (服と)同系色のネクタイが欲しい, 対照的なのでなく. a ～ pair (of china dogs) 一対(の狛(こま)犬). ── [名] [U] 〖電算〗マッチング, 整合.
mátching fùnd [名] [C] マッチング・ファンド《寄付などと同額を政府などが補助する》.
†**mátch·less** [形] 匹敵するもののない, 無比の, 無類の. his ～ skill in shooting 彼の比類のない射撃の腕前.
▷ ～·**ly** [副] ～·**ness** [名]
mátch·lòck [名] [C] (昔の)火縄銃.
mátch·màker [名] [C] 1 結婚の仲人. 2 (ボクシングなどの)試合の仲介者.
mátch·màking [名] [U] 結婚の仲介.
mátch·plày [名] [U] 〖ゴルフ〗マッチプレー《ホールごとの勝ち数と負け数の総数で全体の勝敗を決める方式; → stroke play》.
mátch pòint /〖英〗ニ´/ [名] [C] マッチポイント《テニスなどで勝負を決める最後の 1 点》.
mátch·stìck [名] [C] (燃えさしの)マッチ棒. a ～ figure [man] 線画の人物.
mátch·wòod [名] [U] 1 マッチの軸木(用木材). 2 木っ端. break [smash, splinter, reduce] a house to ～ 家を木っ端みじんにする.
‡**mate**[1] /meit/ [名] ([複] ～**s** /-ts/) [C]
〖対の一方〗1 (手袋などの)**片一方**. I can't find the ～ to this sock. この靴下の片方が見つからない. 2 (動物の)つがいの一方; 〖話〗**配偶者**, 連れ合い. The ducks' ～*s* were sure to be found somewhere near. アヒルのつがいの相手は必ず近くのどこかにいた.
〖協力者〗 3〖英話〗(a) 友達, 仲間. my best ～ John 親友のジョン. drink with one's ～*s* 仲間と飲む. (b) 相棒, 兄弟,《職人仲間などの呼びかけ》. Are you all right there, ～? そっちはいいか, 兄弟. 4〖海〗航海士《船長の補佐役》;〖米海軍〗兵曹. the first [second] ～ 1 等[2 等]航海士. 5 (職人などの)助手, 見習い. a plumber's [builder's] ～ 鉛管工見習い[建築助手].
── [動] [他] 〔動物〕をつがわせる;〔人〕を連れ添わせる; 〈*with* ..と〉. We've again failed in *mating* the pandas. パンダを交尾させることに又もや失敗した.
── [自] つがう; 連れ添う; 〈*with* ..と〉. the *mating* season 交尾期.
[＜中期低地ドイツ語「(食事の)仲間」]
mate[2] [名], [動] ＝checkmate.
-mate 〈複合要素〉「仲間, 友達」の意味. play*mate*. class*mate*. room*mate*.
ma·té /mɑ́:tei, mǽtei/ [名] [U] マテ茶, パラグアイ茶,《南米産の飲み物》; [C] マテ茶の木.
ma·ter /méitər/ [名] [C] 〖英旧俗〗〈ときに M-〉おふくろ(さん) (mother). ◇↔pater [ラテン語「母」]
‡**ma·te·ri·al** /mətí(ə)riəl/ [形] [C]
〖物質の〗1 **物質**(上)の; 物的な; 有形の, 具体的な; 物質的な; 実在する; (↔spiritual, immaterial). the ～ world [universe] 物的世界. ～ property 有形財産. ～ civilization 物質文明. moral and ～ support 精神的および物質的援助. I'm not interested in ～ gains. 私は物質的な利益には関心がない.
2〖人間の物的面の〗肉体(上)の, 感覚[官能]的な; 世俗[物欲]的な. ～ needs 肉体的要求《飲食物など》. ～ well-being 物質的幸福. Food and drink are ～ comforts. 食べ物や飲み物は肉体的要求を満足させるものだ. in ～ terms 世俗的には.
〖物質的な＞実質的な＞本質的な〗3 **重要な**; 重大な, 必須の; 〈*to* ..にとって〉. ～ facts [evidence] 重大な事実[証拠]. a ～ change 重要な変更. an argument ～ *to* the question in hand 当面の問題にとって大事な議論.
4〖法〗判決の決め手になる, 重要な. ～ evidence 重要証拠. a ～ witness 重要証人.
── [名] ([複] ～**s** /-z/) 1 [UC] **材料**, 原料; 〈しばしば ～s〉資材. Iron is a widely used ～. 鉄は用途の広い原料である. a box made from solid ～ 頑丈な材料でできた箱. raw ～(s) 原料. building ～*s* 建築資材.
2 [UC] (衣料の)**生地**, 織物, (cloth). dress [curtain] ～ 婦人服地[カーテンの生地]. a light silk ～ 軽い絹地. There was enough ～ for her to make two dresses. 彼女には 2 着分の生地があった.
3 [UC] **資料**, データ; 題材; 〈*for* ..の〉. collect [look for] ～ *for* a novel 小説の資料を集める[探す]. I haven't had enough ～ to write a book yet. 本が書けるだけの資料はまだ集まっていない. good ～ *for* a tragedy 悲劇のよい題材. teaching ～(s) 教材.
4 [U] 人材, (..の)素質を持った人. college [university] ～ 大学に進学する能力のある人. Bill is excellent scientist ～. ビルは優秀な科学者になる素質を持っている. She's promotable because she's executive ～. 彼女は何といっても重役の器(うつわ)だから. 昇進させることができる.
5 〈～s〉用具. writing ～*s* such as paper and pencil 紙や鉛筆といった文具[文房具]. drawing ～*s* 製図用具. [matter, -ial]
†**ma·té·ri·al·ìsm** [名] [U] 1〖哲〗唯物論, 唯物主義, (↔idealism, spiritualism). 2〖軽蔑〗物質主義, 実利主義. 3〖美〗実物主義, 実質描写主義.
‡**ma·té·ri·al·ist** [名] [C] 1 唯物論[主義]者. 2 物質[実利]主義者.
ma·te·ri·al·is·tic /mətì(ə)riəlístik [移]/ [形] 1 唯物論[主義](者)の. 2 物質主義(者)の.
▷**ma·te·ri·al·is·ti·cal·ly** /-k(ə)li/ [副]
ma·te·ri·al·i·ty /mətì(ə)riǽləti/ [名] ([複] -ties) 1 [U] 実質性, 具体性; 重要さ. 2 [C] 実在物, 有形物.
ma·tè·ri·al·i·zá·tion [名] [U] 1 具体化; 実現. 2 (霊の)体現.
‡**ma·té·ri·al·ìze** [動] [自] 1〔夢や願望が〕具体化する; 実現する. Dora's dream of owning a piano was

about to ～. ピアノを持つというドーラの夢は実現しそうだった. **2**〔霊などが〕形を取って現れる. **3**〖話〗〔人などが〕(突然)現れる. We waited but he didn't ～. 我々は待ったが彼は来なかった. ～ from nowhere どこからともなく現れる.

── ㊀ **1** に形を与える; 〔計画など〕を具体化する; 〔夢, 希望など〕を実現する. ～ one's ambitions 自分の野心を実現する. **2**〔霊など〕を体現する. **3** を物質[実質]的にする. **4** (手品で)を出す.

†**ma·té·ri·al·ly** ㊁ **1** 物質的に, 具体的に; 実質的に. help a child ～ and spiritually 子供を物質的・精神的に援助する. *Materially* speaking, the family is well off. 物質的にはその家族は恵まれている. **2** 大いに, 著しく. His financial support aided us ～. 彼の経済的支援は大いに我々の助けになった.

matèrial nóun 名 C 〖文法〗物質名詞《chalk, waterなど》.

ma·te·ri·el, ma·té- /mətì(ə)riél/ 名 U (軍隊↑「の)設備, 資材.

*__ma·ter·nal__ /mətə́ːrn(ə)l/ 形 m **1** 母の, 母らしい, 母としての. ～ love 母性愛. ～ instincts 母性本能. **2** 〈限定〉母方の〔おばなど〕. my ～ grandfather 私の母方の祖父. ◇↔paternal [＜ラテン語「母 (*māter*) の」] ▷ **～·ly** ㊁ 母として, 母らしく; 母方に.

†**ma·ter·ni·ty** /mətə́ːrnəti/ 名 (複 **-ties**) **1** U 母であること, 母性; 母らしさ. **2** C 産科(病棟). **3** 〈形容詞的〉妊産婦のための. a ～ nurse 助産婦. a ～ dress 妊婦服, マタニティドレス. a ～ ward [hospital] 産科病棟[病院].

matérnity allòwance [bènefit] 名 C 〖英〗(国が支給する)出産手当.

matérnity lèave 名 U 産休.

matérnity pày 名 U 〖英〗(雇用主が支給する)産休中の給与《英国では 6 か月以上働いていることが条件》.

mate·y, mat·y /méiti/ 形 〖英・オース話〗人うき合いのいい (sociable); 打ち解けた; 仲のいい; 〈*with* ..と〉(friendly). **──** 名 (複 **～s**) C 〈普通, 呼びかけ〉相棒, 仲間. ▷ **～·ness** 名

‡**math** /mæθ/ 名 〖米話〗＝mathematics 1.

*__math·e·mat·i·cal__ /mæ̀θəmǽtik(ə)l ㊥/ 形 **1** ㊄ 数学(上)の, 数理的な; 数学用の; m 数学的な. a ～ genius 数学の天才. ～ instruments 数学用器具《コンパス, 計算尺など》. a ～ notation 数学の記号《＝, ÷, ＞など》. have a ～ mind 数学的な頭をしている. **2** m 厳密な, 正確な. with ～ precision 数学的正確さで.

a màthematical cháńce きわめて少ない確率[可能性]. ▷ **～·ly** ㊁ 数学的に; 厳密に.

†**math·e·ma·ti·cian** /mæ̀θəmətíʃ(ə)n/ 名 C 数学者.

‡**math·e·mat·ics** /mæ̀θəmǽtiks/ 名 **1** 〈単数扱い〉**数学** (→arithmetic, algebra, geometry) (★談話体ではしばしば〖米〗math, 〖英〗maths を用いる). pure [applied] ～ 純粋[応用]数学.
2 〈単複両扱い〉数学的処理, 計算. Your ～ are [is] weak. 君は計算に弱い. The ～ here are not very clear to me. この点の計算は僕にはちょっと分からない. [＜ギリシア語「学んだこと, 科学」]

‡**maths** /mæθs/ 名 〖英話〗＝mathematics 1.

Ma·til·da /mətíldə/ 名 女子の名《愛称 Matty, Maud, Tilda, Pat など》.

†**mat·i·nee, -née** /mæ̀t(ə)néi|mǽtənèi/ 名 C マチネー《演劇, 音楽会などの昼間興行; →soiree》. [フランス語 (＜*matin*「朝」)]

matinée coat /-‐-‐|‐‐-‐/ 名 C ベビー用上着《毛織》.

matinée idol /-‐-‐-|‐‐-‐-/ 名 C (特に, 1930-40 年代, 女性に人気の)二枚目俳優.

matinée jacket /-‐-‐-|‐‐-‐-/ 名 ＝matinée coat.

mat·ins /mǽt(ə)nz/ 名 U 〈単複両扱い; しばしば M-〉**1**〖英国国教〗朝の礼拝《教区教会では日曜日の午前 11 時ごろに始まるのが普通》. **2**〖カトリック〗朝課《7 つの聖務日課の最初のもの; 本来は夜中, しばしば明け方に行う》. **3**〖詩〗(鳥の)朝のさえずり.

Ma·tisse /mætíːs/ 名 **Henri ～** マチス(1869-1954)《フランスの画家・彫刻家, fauvism の代表者》.

Matr-, matri-, matro- /méitr-, mǽtr-/, /méitri, mǽtri/, /méitrə, mǽtrə-/ 〈複合要素〉母の. [ラテン語 *māter* 'mother']

ma·tri·arch /méitriɑ̀ːrk/ 名 C **1** 女家長, 女族長, (→patriarch). **2** 家長格の年長の婦人《母親, 祖母など》; (運動などの)女性リーダー.

ma·tri·ar·chal /mèitriɑ́ːrk(ə)l ㊥/ 形 女家長[女族長]の(ような).

ma·tri·ar·chy /méitriɑ̀ːrki/ 名 (複 **-chies**) UC 女家長[女族長]制, 母系家族制.

ma·tri·ces /méitrəsìːz, mǽt-/ 名 matrix の複数形.

ma·tri·cide /mǽtrəsàid, méi-|méi-/ 名 **1** UC 母親殺し(の行為) (→patricide, parricide). **2** C 母親殺し(の犯人).

ma·tric·u·late /mətríkjəlèit/ 動 ㊀ を大学に入学許可する. **──** ㊁ 大学に入学する; 〖英〗大学入学資格試験に合格する.

ma·trìc·u·lá·tion 名 **1** U 大学入学許可(を与える[られる]こと); C 入学(許可). **2** U 〖英〗(以前の)大学入学資格試験《今は代わりに GCE がある》.

mat·ri·mo·ni·al /mæ̀trəmóuniəl ㊥/ 形 〖章〗結婚の; 婚姻の; 夫婦(間)の. a ～ problem 夫婦間の問題. ▷ **～·ly** ㊁

†**mat·ri·mo·ny** /mǽtrəmòuni|-m(ə)ni/ 名 U 〖章〗結婚(生活); 婚礼; 夫婦関係[生活]. holy ～ 神聖なる結婚. enter into ～ 結婚する. unite a young couple in holy ～ 若い 2 人を正式に結婚させる. [＜ラテン語 *matrimōnium*(＜*māter* 'mother')]

‡**ma·trix** /méitriks, mǽ-/ 名 (複 **～·es, ma·tri·ces**) C **1** (発生, 成長の)母体, 基盤. Mutual understanding is the ～ of peace. 相互理解は平和の基盤である. **2** 鋳型; (活字の)母型; 紙型; (レコードの)原盤. **3**〖鉱〗母岩《宝石, 鉱物, 化石などを含んでいる》. **4**〖生物〗細胞間質. **5**〖数〗行列. **6**〖電算〗マトリックス. [ラテン語「(交配用の)雌の動物, 子宮」]

ma·tron /méitrən/ 名 C **1**〖章〗既婚婦人; (特に上品な)中年婦人. clothes suitable for ～*s* 中年の奥様向きの衣服. **2** (病院の)婦長《現在, 正式には **sènior núrsing òfficer** と呼ぶ》; 寮母; 〖米・やや旧〗婦人看守. [＜ラテン語「既婚の女性」]

má·tron·ly 形 〖主に戯〗(中年の奥様風に)落ち着いた, 貫禄(ろく)のある; 〔若い女性が〕(中年者のように)小太りで[の].

màtron of hónor [〖英〗**hónour**] 名 C 花嫁付き添いの既婚婦人 (→maid of honor).

Matt /mæt/ 名 男子の名《Matthew の愛称》.

matt /mæt/ 形 〖英〗＝mat[2].

Matt. Matthew 2.

matte /mæt/ 形 〖米〗＝mat[2].

mát·ted[1] /-əd/ 形 **1** マットを敷いた. **2** **(a)** (髪などが)もつれた; 平たく固まった. The dog's fur was wet and ～. 犬の毛はぬれて平たく固まっていた. **(b)** (草などが)生い茂った, もつれた. ～ branches 枝の茂み.

mát·ted[2] 形 つや消しの, くすんだ.

‡**mat·ter** /mǽtər/ 名 (複 **～s** /-z/)
【事】 **1** C **事柄**, 事件; 問題. interfere with private ～*s* 私事に干渉する. a legal ～ 法律上の問題. a ～ of great importance [no account] きわめて重要な[ささいな]問題. money ～*s* 金銭問題. a ～ for the

M

police [the courts] 警察[裁判所]が関与すべき問題. a ～ in [at] hand 当面の問題. It is just [all, only, simply] a ～ of time (before‥). (‥するのは)時間の問題だ. That's another ～. それは別問題だ. That's the end of the ～.＝Let that be an end to the ～. 〖話〗それ以上言うことはない. There's the little ～ of... 〖話〗大したことではありませんが, まだ‥が残ってます. no laughing ～ →laughing 2.

> [連結] a serious [a pressing; a petty, a trifling; a personal; a public] ～ // examine [look into; take up; clear up, settle] a ～

2 [C] (原因となる)事[事柄], 理由, 種, 〈*for, of* ‥の〉. a ～ *for* regret 残念な事. You have no ～ for complaint. 君には不平を言う理由はない. It's no ～ for jesting. 冗談事ではない.

3【述べられた事柄】[U] (談話, 演説, 書物などの)**内容**, 題材; 主題, 論題. a lecture full of valuable ～ 有益な内容に満ちた講演. the subject ～ for discussion 討論の題目. raise the ～ with‥ ‥と議論する. The ～ is now closed. 議論はもう終わりました.

4 〈～s〉 **物事**, 事態, 情勢, 事情. take ～*s* easy [seriously] 事態を楽観[重大視]する. change ～*s* 事態[状況]を変える. *Matters* are different now. 今では事情が違っている. Getting angry won't help ～*s*. 怒ったって何の解決にもならないよ.

【問題になる事】 **5** [U] 〈the ～〉 **厄介な事**, 難儀, 心配; 故障, 支障. Is anything the ～? どうかしましたか. There's nothing the ～. 何でもありません. What's the ～ *with* you this morning? 今朝はどうしたんだ(何かあったのか). Something is the ～ *with* this TV set. このテレビはどうも具合が悪い.

6 [U] 〈疑問文, 否定文で〉 **大した事**, 重要な事, 大事. I forget who said it, but it's no ～. だれが言ったかは忘れたが, それはどうでもいいことである. It is [makes] no ～ to me who wins. だれが勝とうと私には大した事ではない. What ～? 〖英旧〗 それがどうした, かまうものか. No ～! I can get a new one easily enough. いやかまわない, 新しいのがすぐ手に入るから.

【物】 **7** [U] **物質**, 物体, (substance; ↔mind, spirit; [形] material). The common state of ～ is solid, liquid or gaseous. 物質の普通の状態は固体か液体か気体である. *Matter* occupies space and has weight. 物体は空間を占め, 重量がある.

8 [U] 〈修飾語を伴って〉 **‥質**, ‥体, ‥素. organic ～ 有機物. vegetable ～ 植物質. add coloring ～ to white paint 白い塗料に色素を加える.

9【文字になった物】 [U] 〈修飾語を伴って〉 ‥物. reading ～ 読み物. printed ～ 印刷物. postal ～ 郵便物. waste ～ from industries 産業廃棄物.

10【排出物】 [U] 〖医〗 膿(のう), うみ, (pus). The old man's eyes are full of ～. その老人の目は目やにだらけだ.

***a mátter of‥** (1) **‥にかかわる問題**. It's *a* ～ *of* life or [and] death. それは生死にかかわる[死活]問題だ. It's [That's] *a* ～ *of* opinion. それは人によって意見[見解]が違う. (2) およそ, 約; 少しの〔時間, 距離, 分量など〕. for *a* ～ *of* 20 years 約 20 年間. in *a* ～ *of* hours 数時間後に. in *a* ～ *of* minutes ものの数分で.

a màtter of cóurse 当然の事.

a màtter of récord 記録事項, 明らかな事実. It is *a* ～ *of record* that this government has never kept its election promises. 現政府が選挙公約を守ったためしがないのは紛れもない事実だ.

as a màtter of cóurse [***routíne***] 当然の事として, 当たり前の事であるが《短縮されて of course となる》.

as a màtter of fáct →fact.

for thát màtter＝for the màtter of thát (1) その事に関しては. (2) その事を言うならまた. Silk isn't what it used to be. *For that* ～, neither is rayon. (今の)絹は昔のとは違う. それを言うなら人造絹糸だってそうだ.

in the mátter of‥ 〖章〗 ‥に関して(は) (with regard to). *In the* ～ *of* food and clothing, we are pretty well off. 衣食に関しては我々はかなり豊かである.

lèt the màtter dróp [***rést***] それ以上事[事態]を荒立てないことにする; その件は収めることにする.

nò màtter →6.

****nò màtter hòw*** [***whàt, whèn, whère, which, whò***] (‥) たとえどう[何が[を], いつ, どこで, どちらが[を], だれが]‥しても (however, whatever, etc.) (★〖章〗では may を伴う). I'm going *no* ～ *what* (happens).＝I'm going whatever happens. 何が起こっても私は行きます (★第 1 例のように, しばしば wh 節は省略されて「何が何でも[きっと, 必ず]‥する」を意味する). You'll never finish the job in a week, *no* ～ *how* hard you (may) try. いかにがんばろうともこの仕事は 1 週間では片付かないだろう. *No* ～ *who* asks you, refuse. だれが頼もうと, 断われ.

tàke màtters into one's own hánds (当局に代わって)自分で勝手に処理する.

to màke màtters wórse →worse.

―― [動] (～s /-z/|[過] [過分] ～ed /-d/|～·ing /-t(ə)riŋ/) [自] **1 重要である**, 重大な関係がある, 〈*to* ‥〔人〕に(とって)〉 ([語法] しばしば it を仮主語に wh 節を真主語にとり, 多くは否定文, 疑問文に用いる). It doesn't ～ *to* me whether she comes or not. 彼女が来ようが来まいが僕にはどうでもいい (★whether 節の中の時制は未来形にしない). It ～*s* little *if* I miss my train. いつもの列車に乗り遅れても大したことはない. I don't think I really ～ *to* you. 私のことなんかあなたにはどうでもいいんでしょう. What does it ～ *how* they bring up their own children? 彼らが自分の子をどう育てようとどうでもいいじゃないか (★what は副詞). All [The only thing] that ～*s* is that... 重要なことは‥だけである.

2 〖医〗 化膿(のう)する, うみを出す.

[＜ラテン語 *māteria*「木材, 材料, 話題」]

Mat·ter·horn /mǽtərhɔ̀ːrn/ [名] 〈the ～〉 マッターホルン 《スイス・イタリアの国境にあるアルプス山脈中の高峰; 4,478m》.

màtter-of-cóurse /mæ̀t(ə)rəv-[移]/ [形] 当然の; 当たり前と見なすような〔態度など〕.

†**màtter-of-fáct** /mæ̀t(ə)rəvfǽkt[移]/ [形] 事実に即した; 実際的な (practical); 事務的な, 味気ない, 〔話し方, 人など〕. She talked about her narrow escape from the fire in a ～ way. 彼女はその火事で九死に一生を得た次第を事務的な口調で話した.

▷ ～·ly [副] 事実に即して, ドライに. ～·ness [名]

Mat·thew /mǽθjuː/ [名] **1** 〖聖書〗 **Saint ～** 使徒マタイ《キリストの 12 使徒の 1 人; 2 の著者》. **2**『マタイによる福音書』《新約聖書中の一書》. **3** 男子の名《愛称は Matt》.

mát·ting [名][U] **1** 〈集合的〉 むしろ, ござ, 畳. coconut ～ ココヤシマット《ココヤシの外皮の繊維から作る粗いむしろで, 床に敷く》. **2** マット材料, (むしろなどに用いる草, わら, 麻などの)粗い織布.

mat·tins /mǽt(ə)nz/ [名] ＝matins 1.

mat·tock /mǽtək/ [名][C] つるはしの一種; 根掘りぐわ.

***mat·tress** /mǽtrəs/ [名] ([複] ～·es /-əz/) [C] **1** マットレス《ベッド用の敷きぶとん》. a spring ～ スプリング入りマットレス. **2** 〖建〗〔護岸工事の〕そだ束. [＜アラビア語「じゅうたん, クッション」]

Mat·ty /mǽti/ [名] Martha, Matilda の愛称.

mat·u·ra·tion /mæ̀tʃəréiʃ(ə)n/ [名][U] **1** 成熟[円

熟](期); (ワインなどの)熟成. **2**〘医〙化膿 (★suppuration の方が普通の語).

‡ma·ture /mət(j)úər, -tʃúər/ 形 e (**-tur·er** /-tú(ə)rər/|**-tur·est** /-tú(ə)rəst/) m

【熟した】 **1**〔動植物が〕**成熟[長]した[て]**; 〔チーズ, ワインなどが〕熟成した[て]; (類語 成熟の過程に重点が置かれる; →full-grown, mellow, ripe). ～ fruit 熟した果物. The wine is ～ and ready to be drunk. ワインは熟成して飲むばかりになっている.

2〔人が〕**十分成長した[て]**; 円熟した[て]; 大人らしい, 分別がある. ～ age 分別盛りの年ごろ. a ～ writer 円熟した作家. Judy is ～ beyond her years. ジュディーは年齢以上に大人びている. of ～ years〘戯〙熟年の.

3【考えが熟した】〔決定, 計画などが〕熟慮した, 慎重な. Let's be ～ about the decision. 決定は慎重にしようではないか. on [upon, after] ～ consideration [reflection] 熟慮の末に.

4【機が熟した】〔手形, 債券などが〕満期の[で].

── 動 (～s /-z/|過 過分 ～d /-d/|-**tur·ing** /-tu(ə)riŋ/) 自 **1 成熟する** 〈*into* ..に〉; 熟す; 〔ワインなどが〕熟成する. She has ～*d into* an exquisite woman. 彼女はすてきな女性に成熟した. Wine takes several years to ～. ワインは熟成するのに数年かかる. **2**〔手形, 債券などが〕満期になる.

── 他 を成熟させる 〈*into* ..に〉; を熟させる; を仕上げる, 完成する. Life at sea ～*d* the boy into a man. 海上生活で少年は一人前の男に成長した.

[＜ラテン語 *mātūrus*「時宜にかなった, 成熟した」]

▷ **～·ly** 副

matùre stúdent 名 C 〘英・オース〙成人学生《〘英〙25 歳以上, 〘オース〙22 歳以上の大学生》.

***ma·tu·ri·ty** /mət(j)ú(ə)rəti, -tʃú(ə)-/ 名 U **1 成熟**(したこと); 円熟; 熟慮, 慎重さ. reach [come to] ～ 成熟[円熟]する. John shows great ～ for his age. ジョンは年の割に大いに成熟している. **2** (手形, 債券などの)満期, 償還期限. come to [reach] ～ 満期になる.

ma·tu·ti·nal /mət(j)ú:tənl|mætju(:)tái- 移/ 形 (早)朝の, 夜明けの.

mat·y /méiti/ 形 e, 名 ＝matey. ▷ **mat·i·ly** 副 **mat·i·ness** 名

mat·zo /má:tsə|mɔ́tsə/ 名 C (複 ～s) マツォ《Passover にユダヤ教徒が食べるパン種を入れないパン》.

Maud /mɔ:d/ 名 Matilda の愛称.

maud·lin /mɔ́:dlin/ 形 感傷的な, センチメンタルな; 涙もろい, 泣き上戸の. [*Magdalene* 1 の変形; キリストの前で改心の涙を流したことから]

Maugham /mɔ:m/ 名 **William Somerset ～** モーム(1874–1965)《英国の小説家・劇作家》.

‡maul /mɔ:l/ 名 C (普通, 木製の)大うち《くさび, くいなどを打ち込むのに使う》.

── 動 他 **1**〔動物が〕にかみつくなどして傷を負わせる. **2** を乱暴に扱う, 袋だたきにする; を酷評する, こきおろす;〘話〙〔相手チームなど〕をこっぴどくやっつける. His new novel has been ～*ed* (about) by the critics. 彼の新しい小説は批評家に酷評されている. **3**〔男が〕に性的いたずらをする.

mául·ing 名 C はげしい批判.

maul·stick /mɔ́:lstìk/ 名 C 腕杖(わんじょう), 腕うえ, 《画材の 1 つ; 絵筆を持つ手首を支える短い棒でもう一方の手で支える》.

Mau Mau /màu-máu/ 名 (複 ～s, ～) 〈the ～〉マウマウ団《1950 年代にケニヤからヨーロッパ人支配者を武力で追い出そうとした秘密結社》; マウマウ団員.

maun·der /mɔ́:ndər/ 動 自 **1** (普通, 愚痴っぽく)とりとめなく[だらだら]話す 〈*on*〉. **2** (ふさぎこんで)あてもなくさまよう, ものうげにふるまう, 〈*about, along*〉.

maun·dy /mɔ́:ndi/ 名 UC (複 **-dies**)〘キリスト教〙〈しばしば M-〉洗足式《Maundy Thursday に貧民の足を洗って物を贈るカトリック教の儀式》.

máundy mòney 名 U〘英〙洗足日救済金《王室が下賜する》.

Màundy Thúrsday 名 洗足[聖]木曜日《復活祭の前の木曜日; Lent の終期, Good Friday の前日》.

Mau·pas·sant /mòupəsɑ́:n/ 名 **Guy de ～** モーパッサン(1850–93)《フランスの作家; 短編にすぐれる》.

Mau·ri·ac /mɔ:riǽk|⌐–⌐/ 名 **François ～** モーリヤック(1885–1970)《フランスの作家; 1952 年ノーベル文学賞受賞》.

Mau·rice /mɔ́:rəs|mɔ́-/ 名 男子の名.

Mau·ri·ta·ni·a /mɔ̀:rətéiniə/ 名 モーリタニア《アフリカ北西部国; 正式名 Islamic Republic of Mauritania; 首都 Nouakchott》. ▷ **～n** /-n/ 形, 名

Mau·ri·ti·us /mɔ:ríʃ(i)əs/ 名 モーリシャス《マダガスカル島東方の島; 共和国で英連邦の一員; 首都 Port Louis》. ▷ **Mau·ri·tian** /-ʃən/ 形, 名

mau·so·le·um /mɔ̀:səlí:əm, -zə-/ 名 (複 **～s, mau·so·le·a** /-lí:ə/) C 壮大な墓所, 霊廟(れいびょう).

mauve /mouv/ 形, 名 U ふじ色(の).

ma·ven /méiv(ə)n/ 名 C〘米〙〈修飾語を伴って〉..の専門家, ..通. a baseball ～ 野球通.

mav·er·ick /mǽv(ə)rik/ 名 C **1**〘米〙所有者の焼き印のない(群れを離れた)子牛《昔は発見者が自分の物にできた》. **2**〘話〙1 匹狼(おおかみ)《独自の意見に基づいて行動する人, 特に政党内で異端的存在の政治家》. **3**〈形容詞的〉一匹狼の, 一匹狼的. [＜自分の牛に焼き印を押さなかった Texas の農場主 S.A. *Maverick* (1803–70)]

maw /mɔ:/ 名 C **1** (反芻(すう)動物の)胃, のど. **2** 全てを引きずり込むもの, 奈落(ならく). We must not allow much money to be swallowed up into the ～ of military buildup. 多額の金が軍事力増強という魔の口に飲み込まれるようにしてはならない. [＜古期英語]

mawk·ish /mɔ́:kiʃ/ 形 ひどく感傷的な, 涙もろい. ▷ **～·ly** 副 感傷的に, 涙もろく. **～·ness** 名

max /mæks/ 名 U, 形 〘話〙＝maximum. "How much will the trip cost?" "$80 ～."「旅行にはいくらかかりますか」「せいぜい 80 ドルだね」

to the máx 最大限に, 完全に, すごく.

── 動 自 〘米話〙 **1** VA (～ *out*) 全力を出す; 最高を出す, 限界に達する, 〈*at* ..で〉. **2** VA (～ *out*) 飲み[食べ]過ぎる 〈*on* ..を〉. **3** VA (～ *out*) くつろぐ, リラックスする.

màxed óut 疲れはてた, へばった.

max. maximum.

max·i /mǽksi/ 名 C 〘話〙マキシ, マキシスカート[コートなど], 《すそが足首まである; →midi, mini》.

max·il·la /mæksílə/ 名 (複 **max·il·lae** /-li:/) C **1**〘解剖〙あご骨; 上あご. **2**〘動〙(節足動物の)小あご, 小えら.

†max·im /mǽksəm/ 名 C 格言, 金言; 処世訓; (類語 特に Honesty is the best policy. のような, 行為の規準を教えるものを言う; →proverb). [＜中世ラテン語「最大の(陳述)」]

max·i·ma /mǽksəmə/ 名 maximum の複数形.

max·i·mal /mǽksəm(ə)l/ 形 最大限の, 最大の, (↔minimal). ▷ **～·ly** 副

‡max·i·mize /mǽksəmàiz/ 動 他 を最大限に(増加, 強化, 利用など)する (↔minimize).

▷ **màx·i·mi·zá·tion** 名

‡max·i·mum /mǽksəməm/ 名 (複 **～s** /-z/, **max·i·ma** /-mə/) C **最大限**, 最大量[数]; 最高点; 〘数〙極大; (↔minimum). The excitement has reached its ～ [is at its ～]. 興奮は極点に達した[達している]. get 80 marks out of a ～ of 100 100 点満点で 80 点とる. the ～ on a highway ハイウェーの最高制限速度. Your truck is loaded over the ～. 君のトラックの積み荷は重量オーバーだ.

to the máximum 最大限に. be used *to the* ～ 最大限に利用されている.
── 形〈限定〉最大限の; 最高の. the ～ speed [temperature] 最高速度[温度]. make one's ～ efforts 最大限の努力をする.
[ラテン語「最大の」(*magnus* 'great' の最上級)]

Max·well /mǽkswəl/ 名 **James Clark ～** マクスウェル (1831-79)《スコットランドの物理学者》.

Màxwell Hóuse 名〖商標〗マックスウェル《米国 General Foods 社のインスタントコーヒー》.

‡**May** /meɪ/ 名 (複 **～s** /-z/) **1** 5月《英国では花が咲きほこる美しい季節》. **2**〈m-〉〖英〗Ⓒ サンザシ (hawthorn)《正確にはセイヨウサンザシ; バラ科の落葉樹; 5月に白又は赤の花をつけ, 赤い実がなる; しばしば生け垣に用いられる》; Ⓤ〈集合的〉サンザシの花; (→mayflower). **3** Ⓤ〖詩〗青春. **4** 女子の名. [<ラテン語「Maia の(月)」; Maia /méɪə, máɪə|máɪə/ はローマ神話の女神で Mercury の母とされる]

‡**may** /meɪ/ 助 (過 **might** /maɪt/) (★否定形は〖話〗では mayn't)
【可能である】 **1**【してよい: 許可】 **..してもよい.** You ～ go now. 君はもう行ってもよい. "*May* I borrow this book?" "Yes, you ～ [No, you ～ not]". 「この本を貸してもらえますか」「ええ, どうぞ[いいえ, 困ります]」(語法 (1) may not は不許可, must not は禁止を表す. (2) "Yes, you ～." は目上の者が目下の者に言う場合で, 尊大な印象を与える. 普通に使われるのは, "Yes, certainly [please]." や "Of course, you can." や "Sure." である. 否定の場合も, "I'm sorry [afraid] you can't." などが用いられる). "*May* I see your passport?" "Here you are." 「パスポートをお見せいただけますか」「はいどうぞ」 Cars ～ not be left in this yard. この構内に駐車しないこと (★may not は must not より語感が柔らかで掲示などに好まれる). *May* [*Might*] I ask you to shut the door? 戸を閉めていただけますか. If I ～ [*might*] interrupt, dinner's ready. (会話などをさえぎって)失礼ですが, 食事の用意ができました (★might の方がていねいな言い方). I'd like to go with you if I ～. もしよろしければご一緒したいのですが.

> 語法 (1) 疑問文は主語が 1 人称の場合に限られ, May he [they] come in? などとは言わない. (2) 許可の **may** と **can**: You *may* go now. も You *can* go now. も同じ意味に用いられるが, may を使うと話者が相手に許可するという態度が強く表されるのに対し, can の場合は「君が行くのを禁じる条件はもはや何もない」という意味で, 許可の態度が弱まり, 従って穏やかな表現となり, 会話ではこのほうが好まれる.

2【できる: 可能】〈従属節中で〉〖章〗**(a)**〈(so) that, in order that に続く節中で〉..するために, ..できるように. We work (so) that we ～ earn our living. 我々は生計を立てるために働く (→so that..). ★〖話〗では can, will が普通. **(b)**〈hope, wish などに続く節中で〉..するように. I hope Ann ～ be in time. アンが間に合えばよいが. ★will の方が普通. **(c)**〖古〗できる (can). Enjoy life while you ～. 可能な間に人生を楽しめ.
【可能性がある】 **3**【かもしれない: 推量】**(a) ..かもしれない,** ..することがある[の場合もある], 多分..だろう. It ～ rain tomorrow. あすは雨が降るかもしれない (=It is possible that it will rain tomorrow.). You ～ be late for school. 君は学校に遅れるかもしれない. He ～ not come after all. 結局彼は来ないかもしれない. She ～ possibly come tonight. 彼女はひょっとして今晩来るかもしれない. He ～ be waiting for you there. 彼はそこで君を待っているかもね. Your car ～ be needed next week. 君の車が来週必要になるかもしれないな. It ～ be that he is not a bad man. 彼も悪い男ではないのかもしれない. **(b)**〈may have+過去分詞の形で〉..だった[した]かもしれない. It ～ have rained during the night. 夜の間に雨が降ったのかもしれない (=It is possible that it rained during the night.). You ～ not have heard about this. この事はまだお聞きになっていないかもしれない.

> 語法 (1) 推量の **may** の反対は **cannot**: This *may* be true. (これは真実かもしれない)↔This *cannot* be true. (これは真実のはずがない)
> **may not** の反対は **must**: This *may not* be true. (これは真実でないかもしれない)↔This *must* be true. (これは真実に違いない)
> (2) この may は普通, 疑問文に用いず, 代わりに can を使って *Can* it be true? (それは一体本当だろうか)のように言う.
> (3)「may have+過去分詞」は過去の事を現在の時点で推量する.

(c)〈wh 疑問文[節]で不確実さを強調, 又は表現を和らげて〉..かしら. How old ～ this little girl be? この小さな女の子はいくつかしら. ★話者が聞き手に優越意識を持っている場合に多く使われる.
4【可能性を仮に認める: 譲歩】**(a)**〈普通 but による等位節が続いて〉**..といってよい(が).** You ～ call him a fool, *but* you cannot call him a coward.=Although you ～ call him a fool, you cannot... 彼を愚か者と言えても臆(おく)病とは言えない.
(b)〈譲歩を表す副詞節中で〉(たとえ)**..であっても,** ..しても. Whatever [No matter what] you ～ say, you won't be believed. 君が何を言っても信じてもらえないだろう (★〖話〗では may を用いないことが多い). Try as you ～ [However hard you ～ try], you will never win first prize. どんなに頑張っても君に 1 等はとれない.
5【可能なことを祈る: 祈願】〈普通, 主語の前に置く〉〖章〗..である[..する]ことを祈る. *May* you be very happy! 御多幸を祈る (=I hope you will be very happy.). *May* the Lord protect you! 神の御加護を祈ります.
6〖法〗..するものとする, ..すべし, (shall).
as bèst one máy [***cán***]〈副詞的〉できる限り, 精一杯; どうにか; (→2 (c)). You must do the work *as best* you *may*. 最善を尽くしてその仕事をしなければならないよ.
be thàt as it máy 〖章〗〈副詞的〉(前述のことに関して)いずれにせよ; それはそれとして, ともかく.
còme what máy [***wíll***] →come.
may (***jùst***) ***as wèll dó*** (***as nót***) →well[1].
may wèll dó →well[1].
thàt's as máy be (**, *but..***) それはそうかもしれない(が..). "I'm too tired." "*That's as* ～ *be, but* your fans are still waiting." 「僕は疲れてしまってもうだめだ」「それはそうかもしれないが, ファンの人たちはまだ待ってますよ」
[<古期英語; 原義は「力がある, 強い」]

Ma·ya /máːjə/ 名 (複 **～s, ～**) **1** Ⓒ マヤ人; 〈the ～s〉マヤ族《中米の先住民の一種族; 16 世紀スペインに征服された時すでに高い文明を持っていた》. **2** Ⓤ マヤ語.

Ma·yan /máːjən/ 名 Ⓒ マヤ族[人]; Ⓤ マヤ語.
── 形 マヤ族[語]の.

‡**may·be** /méɪbi(ː)/ 副 ⓒ **1 多分,** ことによると, (類語〖米〗でも〖英〗でも perhaps より口語的な語としてよく用いられる; →probably). *Maybe* he's right, and ～ he isn't. 彼の言い分が正しいかもしれないし, 正しくないかもしれない. "Is he coming?" "*Maybe* not." 「彼は来るだろうか」「多分来ないだろう」
2〈数詞と共に用いて〉だいたい, ほぼ, 約. There were ～ 30 people there when I left. 私が帰ったとき, そこにはだいたい 30 人の人がいた. It took a long time—four

hours, ～. 長い時間がかかった―4 時間ぐらいだろうか.
3 〈穏やかな提案〉..しましょうか; ..しませんか. *Maybe* I could call you tonight. 今晩お電話しましょうか. *Maybe* we should talk again tomorrow. 明日またお話できませんか.
4 〈質問, 提案に対して〉そうですねえ. "Do you want to see a movie?" "*Maybe*, I'll think about it."「映画を見たい?」「まあね. 考えてみるよ」
.. and* [*And*] *I dón't mèan máybe! 〖米話〗本気で言っているのだぞ《決然とした態度を示す》.
Thát's as máybe! それはまだ決まってないことだ; それはそうかも知れない.
── 名 C はっきりしないこと[返事]; 可能なこと. a definite ～ (絶対にとは言えないが)まず大丈夫なこと.
[<(it) *may be*]

Máy bèetle [bùg] 名 C 〈しばしば m-〉コフキコガネ《コガネムシの一種で植物の害虫; 5, 6 月ごろ現れるので June bug [beetle] とも言う》.

Máy Dày 名 UC **1** 5月祭《5月1日に行う春の祭り; May Queen を選び Maypole の回りを踊る》. **2** メーデー, 労働祭, 《5月1日》.

May·day /méidèi/ 名 (複 **～s**) C 〈しばしば m-〉メーデー《船や飛行機が無線で発する救難信号; フランス語の (venez) m'aider=(come) to help me! から》. a ～ signal メーデー信号.

may·est 助 =mayst.

May·fair /méifèər/ 名 メイフェア《ロンドンの the West End の一部; 豪華ホテルや高級マンションが多い》.

máy·flòwer 名 **1** C 5月に咲く花《特に米国ではイワナシ, 英国ではサンザシ, キバナノクリンザクラなど》.
2 〈the M-〉メイフラワー号《1620 年 Pilgrim Fathers がこの船に乗って英国からアメリカへ移住した》.

máy·flỳ 名 (複 **-flies**) C 〖虫〗カゲロウ《5月ごろに現れる極めて短命な昆虫》.

may·hem /méihem, méiəm|-hem/ 名 U **1** 〖法〗身体傷害(罪), 重傷害. **2** 〖話〗乱暴, 大混乱.

may·n't /meint/ 〖まれ〗may not の短縮形.

May·o /méiou/ 名 メイオー《アイルランド北西部, 大西洋に面する州》.

ma·yo /méiou/ 名 U 〖話〗マヨネーズ.

‡**may·on·naise** /mèiənéiz, ⌐-⌐/ 名 U マヨネーズ; UC マヨネーズ料理. egg ～ 卵のマヨネーズあえ.

‡**may·or** /méiər, meər|meə/ 名 (複 **～s** /-z/) C **市長**; 町長; 《男性・女性に使う》(★米国では, 日本と同様に選挙で選ぶが, イングランド, ウェールズでは名誉職で市[町]会議長が兼任, スコットランドでは provost). →Lord Mayor. [<ラテン語 *mājor* (*magnus* 'great' の比較級)] ▷**～·al** /méi(ə)rəl|méər-/ 形 市長[町長]の. a *～al* election 市長選挙.

may·or·al·ty /méi(ə)rəlti, mé(ə)r-|méər-/ 名 U 市長[町長]の職[任期].

may·or·ess /méi(ə)rəs, mé(ə)r-|méər-/ 名 C **1** 女市長[町長] (男 mayor). →Lady Mayoress. **2** 〖主に英〗市長[町長]夫人; その役割をする女性《mayor が女性の時は, 友人や親戚(せき)の中から選ぶ》.

May·pole, m- /méipòul/ 名 C メイポール《花やリボンで飾った柱; →May Day (1)》.

[Maypole]

Máy Quèen 名 5月の女王《May Day 1 の行事の際に選ばれる; **Quèen of the Máy** とも言う》.

mayst /meist/ 助 〖古〗2人称単数代名詞の主格 thou (=you) に用いる may の形.

may've =may have.

*__maze__ /meiz/ 名 (複 **máz·es** /-əz/) C **1** (**a**) **迷路, 迷宮**, (labyrinth); 〈比喩的〉迷路のようなもの. get lost in a ～ 迷路に迷う. find one's way out of a ～ 迷路から抜け出す. a ～ of alleys 迷路のような路地. a ～ of rules [regulations] 複雑な規則[規定, 条例]. the ～ of bureaucracy 複雑極まりない官僚制. (**b**) (公園などの)迷路(園); 迷路(遊び)《パズルの一種》. **2** 困惑. be lost in a ～ of thoughts 考えれば考えるほど分からなくなる. [<*amaze*]

ma·zur·ka /məzə́ːrkə, -zúər-|-zə́ː-/ 名 C マズルカ《ポーランドの軽快な踊り》; その曲.

ma·zy /méizi/ 形 e 迷路のような; 困惑させる(ような), 入り組んだ.

MB[1] Medicinae Baccalaureus《姓名の後に付ける: Philip Shaw, *MB*; 〖米〗BM》. [ラテン語 'Bachelor of Medicine']

MB[2], **Mb** megabyte.

mb millibar(s).

MBA Master of Business Administration (経営(管理)学修士).

MBE 〖英〗Member (of the Order) of the British Empire (大英帝国勲爵士).

MBS Mutual Broadcasting System《米国の全国的ラジオ放送網》.

MBSc Master of Business Science.

MC Master of Ceremonies (→emcee); Member of Congress; 〖英〗Military Cross.

mc megacycle(s).

Mc- /mæk, mək/ 接頭 =Mac-.

MCAT /émkæt/ 〖米〗Medical College Admissions Test《医科大学入学テスト》.

MCC Marylebone /mǽr(ə)ləb(ə)n/ Cricket Club (マリルボーン・クリケット・クラブ)《ロンドンにある英国のクリケットの総元締め》.

Mc·Car·thy·ism /məkáːrθiìz(ə)m/ 名 U 〖主に米〗マッカーシー主義[旋風], 赤狩り, 《極端な反共主義; 米国共和党上院議員 Joseph R. McCarthy (1908–57) の名から》.

Mc·Cart·ney /məkáːrtni/ 名 **Paul ～** マッカートニー (1942–)《英国のポップス歌手; the Beatles の一員》.

Mc·Coy /məkɔ́i/ 名 〖話〗〈the (real) ～〉本人, 本物. It sure looks like a diamond, but it's not the real ～. そいつはダイヤモンドらしく見えるけど, 本物じゃないよ. [<アメリカのボクサー Kid *McCoy* (1873–1940); 同名の無名のボクサーと区別して 'the real McCoy' と呼ばれたことから]

Mc·Don·alds /məkdán(ə)ldz|-dɔ́n-/ 名 マクドナルド《米国最大のレストランチェーン McDonald's Corp.; 同社の経営するハンバーガーを中心とするファストフード店》.

Mc·Kin·ley /məkínli/ 名 **1 Mount ～** マッキンリー山《アラスカ州中央にある北米大陸の最高峰; 6194m》. **2 William ～** マッキンリー (1843–1901)《米国第 25 代大統領 (1897–1901); 暗殺された》.

Mc·Lu·han /məklúːən/ 名 **Marshall ～** マクルーハン(1911–80)《カナダの情報理論研究家》.

Mc·Náugh·ten Rùles /məknɔ́ːt(ə)n-/ 名 〈the ～〉マクノートン準則《被告人の犯罪行為の実行時の精神障害が明白に証明された時は無罪とするもの》.

MCP 〖英旧話〗male chauvinist pig.

MD[1] 〖話〗Managing Director; Medicinae Doctor (ラテン語 'Doctor of Medicine').

MD[2] 〖郵〗, **Md.** Maryland.

Md 〖化〗mendelevium.

Mdlle Mademoiselle.

Mdlles Mesdemoiselles.

Mdme Madame.

Mdmes Mesdames.

MDS Master of Dental Surgery.
MDT Mountain Daylight Time.
ME[1] Middle English; myalgic encephalitis＝chronic fatigue syndrome (〖医〗慢性疲労症候群).
ME[2] 〖郵〗, **Me.** Maine.
‡**me** /mi, 強 mi:/ 代 〈I の目的格〉 **1** **私を, 私に**; 私の言うことを[に]. Please call ～ a taxi.＝Please call a taxi for ～. 私にタクシーを呼んでください. Listen to ～. 私の話を聞きなさい.
2 〖話〗 ＝I 〈主に be 動詞の補語, than, as の次で〉. "Who is it?" "It's ～." 「どなたですか」「私ですよ」(★It is I. は極めて形式ばった表現の場合か, 気取った場合に用いられる. It is me. It's I. はほとんどない). Tom is taller than ～.＝Tom is taller than I (am). トムは僕より背が高い (★than [as] の後で動詞を繰り返す時は, 常に I). "I love it." "*Me*, too." 「私はそれが好きだ」「私もだ」 "Sally, let Jim have a go." "No, *me* first, *me!*" 「サリー, ジムにまずやらせなさい」「いやよ, 私が先よ, 私だわ」 "I don't like math." "*Me* neither." 「数学は嫌いだよ」「俺もだ」

> 語法 〖話〗で動詞または前置詞の目的語として用いられた me に動名詞が続く場合, この me は my と同様に, 動名詞の意味上の主語となる. Have you heard about *me* winning the lottery? (私が宝くじに当たったこと聞きましたか) you, him, them, us についても同様である. 動名詞が主語である場合は所有格: Has *my* singing in my room disturbed you? (私が部屋で歌ったのはおじゃまでしたでしょうか)

3 〖方・非標準〗 ＝myself 〈間接目的語として〉. I bought ～ a hat. 私は帽子を買った.
Àh mé! 〖古〗 ああ悲しい事.
Dèar mé! ああ, おや, まあ. [＜古期英語]
me·a cul·pa /mèiə-kúlpə/ 私が悪かった, 私の間違い, 〈間投詞・名詞的に〉. [ラテン語 'my fault']
Mead /mi:d/ 名 **1 Lake ～** ミード湖 《Colorado 川の Hoover Dam によって Arizona 州北西部, Nevada 州南東部にできた貯水湖; 世界最大の人造湖》. **2 Margaret ～** ミード(1901–78) 《米国の人類学者》.
mead[1] /mi:d/ 名 〖古・詩〗 ＝meadow.
mead[2] 名 U はちみつ酒.
‡**mead·ow** /médou/ 名 (複 **～s** /-z/) UC **1** (特に干し草を作るための)**牧草地**, 草地, 《放牧場としても使用する; →pasture》. **2** 川辺の低地[湿地].
[＜古期英語] ▷ **～·y** 形
mèadow grásshopper 名 ＝katydid.
méadow·làrk 名 C マキバドリ 《北米産のムクドリモドキ科の鳴鳥》.
méadow·swèet 名 C 〖植〗 シモツケソウ.
†**mea·ger** 〖米〗, **-gre** 〖英〗 /mí:gər/ 形 **1** 〔収入, 食物などが〕乏しい, 貧弱な, 〔努力が〕不十分な; 〔作品などが〕無味乾燥な. a ～ salary 不十分な給料. a ～ argument 内容がない議論. **2** やせた〔手足, 顔など〕.
[＜ラテン語 *macer* 「やせた」]
▷ **～·ly** 副 乏しく, 貧弱に. **～·ness** 名
‡**meal**[1] /mi:l/ 名 (複 **～s** /-z/) C **食事**; 1 食(分); 食事の時. a morning [midday] ～ 朝[昼]食. a light [square] ～ 軽い[十分な]食事. at ～s 食事の時に. *have [eat, take] three ～s a day* 1 日に 3 回食事をする. make [cook] a hot ～ 温かい食事をつくる. eat between ～s 間食をする. feel like a ～ 食事をしたい, 腹がすいてくる. go (out) for a ～ 食事に行く. ask [take] a person out for a meal 外での食事に誘う. All the family meet at evening ～s. 夕食には家族全員がそろう. Enjoy your ～. ごゆっくりどうぞ 《ウエートレスが食事を持ってきた時のことば》. 参考 snack (軽食), tea (〖英〗午後のお茶) も meal と言えるが, 3 度の食事は朝食が breakfast, また普通昼食が軽くて lunch なら夕食は dinner, 昼食が dinner なら夕食は supper (〖英〗では又 (high) tea) になる.

> 連結 a big [a decent, a hearty, a heavy, a satisfying, a solid, a substantial; a simple, a small; a hurried, a quick; an excellent; an elaborate, a sumptuous; a cold] ～ // snatch [fix, prepare; serve] a ～

màke a méal (out) of .. (1) ..を食べる. (2) 〖話・軽蔑〗 ..を大げさにやる[言う], ..に必要以上の手間をかける. [＜古期英語「(食事の)決まった時間」]
†**meal**[2] 名 U **1** (穀物の)ひき割り, あらびき粉, 《これをふるいにかけたものが flour》. **2** 〖米〗 ＝cornmeal; 〖スコ〗 ＝oatmeal. **3** ＝bone meal. [＜古期英語]
mèals on whéels 名 U 家庭給食サービス 《老人, 病人に対して》.
méal tìcket 名 C **1** 〖米〗 食券. **2** 〖話〗 飯のたね, 養ってくれる人[仕事]; 頼りになる人[もの].
méal·tìme 名 UC 食事時間.
meal·y /mí:li/ 形 e **1** あらびき粉(状)の; ひき割り入りの〔料理など〕. **2** ぼろぼろした; 粉をふいた. ～ potatoes 粉ふきいも. **3** 粉をふりかけた(ような), まだらの〔馬など〕; 粉だらけの. **4** 青白い〔顔色など〕. **5** ＝mealy-mouthed.
mèaly-móuthed /-máuðd, -máuθt|-máuðd 移/ 形 (特に, 言いにくいことを)遠回しに言う; 率直でない, 口先だけの. ～ politicians のらりくらりと物を言う政治家.
‡**mean**[1] /mi:n/ 動 (**～s** /-z/|過 過分 **meant** /ment/|**méan·ing**) 他
【**意味する**】 **1** VO (～ X/*that* 節) 〔言葉, 記号などが〕X **を/..ということを意味する**, 表す 〈進行形不可〉. The French word 'chat' ～*s* 'cat'. フランス語の chat は(英語の) cat の意味である. The red lamp ～*s* that an operation is going on. 赤いランプがついているのは手術が始まっていることを表す. Just because he wants it doesn't ～ he needs it. 彼がそれを欲しがっているからといって, それが必要だということにはならない (★この構文では does'nt mean の主語に that を入れる人もいる).
2 (a) の**ことを言う**, を**指して言う**; を本気で言う[思う]; VOA (～ X *as ..*) ..のつもりで X を言う. I ～ yóu. Come here. (ほかの人ではなく)君のことだ. ここへ来なさい. Do you really ～ it? 本気でそう言っているのか. What do you ～ by it? それどういう意味ですか 《相手の真意を問う》. What do you ～ by talking to me like that? 私にそういうしゃべり方をするとはどういうことなんだ. "Are you married already?" "What [How] do you ～, 'already'?" 「結婚してるの, もう?」「その 'もう' とはどういう意味ですか」 a man who says what he ～*s* and ～*s* what he says 本当に思っている事(だけ)を言い, 言う事はすべて本音である人. I see what you ～. あなたの言いたいことは分かります. See what I ～? 私の言いたいこと分かる? I *meant* it for the best. よかれと思ってした[言った]ことです. I *meant* it *as* a joke. それは冗談のつもりで言ったのだ.
(b) VO (～ *that* 節) ..という意味で言う; ..だと本気で言う. When I called him right-wing, I *meant* (*that*) his thinking is old-fashioned. 彼を右寄りだと言ったが, それは彼は頭が古いという意味で言ったのだ.
3 VO (～ X/*doing*/*that* 節) X **に/..するということに/..ということに等しい**; X の/..する/..ということの前兆である; X の/..する/..という結果になる; 〈進行形不可〉. His silence ～*s* denial. 彼の沈黙は拒絶に等しい. This freezing cold ～*s* snow. この凍えるような寒さは雪の前触れだ. Failing the examination ～*s* wait*ing* for another year. 試験に落ちるともう 1 年待つことになる. His departure ～*s* (*that*) there will be peace in the house. 彼が出て行けば家の中は平和になるだろう.

4 [VOA] (〜 X *to, for*..) **..にとって X の意味がある**, 意義がある, 〈進行形・受け身不可〉. Art *meant* everything [nothing] *to* him. 芸術は彼にとってすべてであった[何の意味もなかった]. 〜 the world *to* ..にとって大変重要である. Mary 〜*s* more *to* me than my life. メリーは私にとって命より大事だ. It would 〜 a lot *to* them to win. 勝つことは彼らには重要なことであろう.
【意向を持つ】 **5** (**a**) [VO] (〜 *to do*) **..するつもりである**, ..しようと思う, ([類語] 目的達成の決意が *intend* ほど明確でない). I'm sorry, I didn't 〜 *to* (say that).《前言をわびて》すみません, そう言うつもりはなかったのですが. I've been 〜*ing to* call you. あなたに電話をしようと思っていたところでした. I *meant to* have called on you. = I had *meant to* call on you. あなたを訪ねるつもりでしたが(実現しなかった).
(**b**) [VOC] (〜 X *to do*) X を..させる[..にする]つもりである; [VO] (〜 ***that*** 節) ..というつもりである. I didn't 〜 you *to* go. = I didn't 〜 (*that*) you should go. 君を行かせるつもりはなかった (★〖米話〗では ..*for* you to go とも言う). I didn't 〜 him *to* read the letter. 私は彼にこの手紙を読ませるつもりなどなかった. The author 〜*s* the play *to* be a tragedy. 作者はその芝居を悲劇にするつもりだ. Is this figure *meant to* be a 1 or a 7? この数字は 1 のつもりですか, 7 ですか.
6 〔面倒など〕を起こす魂胆である; [VOO] (〜 X Y)・[VOA] (〜 Y *to* X) X に Y (悪意など) を抱く. I don't think he 〜*s* any trouble. 彼が面倒を起こす腹だとは思わない. I 〜 you no harm. = I 〜 no harm *to* you. 君にへの悪意はない.
7 [VOA] (〜 X *for*..) X を..**に予定する**, 当てる, 向ける (→成句 (be) meant for..). I 〜 this money *for* your education. この金はお前の教育に充てるつもりだ.
── [自] [VA] 〈A は様態の副詞〉 (..の)心を持っている. 〜 ill 悪意を持っている. 〜 well →成句.
(be) méant for.. ..に向いている; ..になるはずである; ..に与えるつもりのものである. The couple *are meant for* each other. 2 人は似合いの夫婦だ[になるはずだ]. a girl *meant for* an actress 女優に向いている少女. This book *is meant for* you. この本は君にあげるつもりだ.
be mèant to dó (1) ..するためのものである, ..する定めである, ..するように定められている. Rules *are meant to* be kept. 規則は守られるためのものである. He *was meant to* rule the country. 彼はその国を支配するように生まれついた. (2)〖主に英〗..することになっている, ..ということになっている; ..しなければならない; (be supposed to do). You *are meant to* take your hats off in this room. この部屋では帽子をとることになっている. You*'re* not *meant to* go in there. そこには入らないことになってます.
I méan いやその, つまり, 《前言を補足・訂正する》. It was her idea—Diane's, *I* 〜. それは彼女のアイディアだった—いやそのダイアンの, です. He lives on Palm Street—No, *I* 〜, Óak Street. 彼はパーム街に住んでいます—いえ, オーク街です.
mèan búsiness 〖話〗(口先だけでなく)本気である, 冗談で言って[やって]いるのではない.
mèan míschief 悪意がある.
mèan wéll (実際の結果はともかく人に)善意を持って行動する. 〜 *well* by [to, toward] a person 人に精いっぱい尽くそうとする.
You méan..? (つまり)..のことですか, ..のことを言って[指して]いるのですか, ..ということですか《相手の言葉などを確認する》. *You* 〜 ⌞Bob's wife [you don't want to work under me]? ボブの奥さんのことかい[結局私の下で働きたくないということなのか].
[＜古期英語; mind と同根]

***mean**[2] /miːn/ [形] [e]
【心が卑しい】 **1 卑劣な**, 卑しい; 下品な; 心の狭い. a 〜 fellow 卑劣なやつ. What a 〜 thing to do! 何と下劣なことをやるんだろう.
2 〖普通, 軽蔑〗 (**a**) **けちな**, 出し惜しみする, 〈*with, about* ..に〉 (↔generous). be very 〜 *with* [*about*] money 金にひどくきたない. He was 〜 to all his children. 彼は自分のどの子供にも金を惜しんだ. (**b**) 額の少ない, けちな. a 〜 grant けちな補助金.
【たちの悪い】 **3** 〖主に米〗意地の悪い, いやがらせをする 〈*to* ..に〉. Don't play me such a 〜 trick. おれにそんないやがらせをするな.
4 〖米〗扱いにくい, 御しがたい〔馬など〕, かむ癖がある〔犬など〕; 〖米話〗厄介な, 手ごわい. a 〜 curve (野球などで) 打ちにくいカーブ. **5** 【手ごわい】 〖話〗腕達者な, すご腕の; すばらしい. a tennis player with a 〜 service すごいサーブをするテニスプレーヤー. He throws a 〜 fast ball. 彼の速球は抜群だ[すごい].
【劣る】 **6** 〈限定〉 **見劣りのする**, ぱっとしない, (poor). a man of 〜 understanding 理解力のあまりない人. no 〜 (→成句). **7 みすぼらしい**, 貧弱な, 〔身なり, 建物など〕 (shabby). live in a 〜 hut みすぼらしい小屋に住む.
8 【身分が劣る】 〈普通, 限定〉 〖古〗 身分の卑しい. a man of 〜 birth 生まれの卑しい人.
【劣等感を持った＞気分が良くない】 **9** 〖話〗気がひける, 肩身が狭い, 恥ずかしい. I feel 〜 coming to you for money so often. こんなに度々金を借りに来て恥ずかしい. **10** 〖米話〗気分が悪い.
11 〈単数名詞と共に用いて〉〖話〗すばらしい. He plays a 〜 saxophone. 彼はすばらしいサックス奏者だ. make a 〜 chili すばらしいチリを作る.
hàve a mèan opínion of.. ..をさげすむ.
méan strèets (都市の中の治安の悪い)危険地域.
nó mèan.. 並々ならぬ.., 大した.. *no* 〜 feat 大したこと, 偉業. She is *no* 〜 singer. 彼女は(どうして)大変な歌手だ. [＜古期英語「共有の, 普通の」]

***mean**[3] /miːn/ [形] [C] 〈限定〉 **1** (両極端の)中間の; **中庸の**. take a 〜 position 中間の位置を占める; 中道的立場を取る. **2 平均の** (average). the 〜 monthly rainfall 月平均降雨量.
── [名] [C] **1** 中間(点), 中間の位置; 中道. seek a 〜 between two extremes 両極端の中道を求める.
2 〖数〗平均(値); (比例式の)中項, 内項. **3** 〖論〗中名辞, 中概念. **4** 〖楽〗中音部.
[＜ラテン語 *mediānus*「まん中 (*medius*) にある」]

‡**me·an·der** /miǽndər/ [動] [自] **1** 〔川が〕曲がりくねってゆるく流れる 〈*through* ..を〉. **2** あてもなく歩く 〈*along*〉. **3** 〔話などが〕とりとめもなくなる; とりとめなく話す 〈*on*〉.
── [名] [C] **1** 〈普通, 複数形で〉 川の曲がりくねり; 曲がりくねった道. **2** そぞろ歩き; 回り道の旅. [＜ギリシア語; 古代 Phrygia にあった曲折の多い川の名から]

me·án·der·ing /-d(ə)riŋ/ [形] 曲がりくねる; 〔話が〕あちこちに飛ぶ. ── [名] 〈〜s; 複数扱い〉 **1** 曲がりくねった道; 散歩道. **2** 漫談, とりとめもない話.
▷ **〜·ly** [副] 曲がりくねって.

mean·ie /míːni/ [名] [C] **1** 〖英話〗けちな奴; 心の狭い人. **2** 〖米話〗意地悪な人.

‡**mean·ing** /míːniŋ/ [名] (複 **〜s** /-z/) [UC] **1** (言葉などの)**意味**, わけ; 言おうとする事, 意図; ([類語] 言葉・表情・身振り・絵画など人間の表現行為の表す内容を指す最広義の語; →connotation, denotation, implication, import 3, sense 7, significance 2, signification). This sentence has two different 〜*s*. この文は 2 つの違った意味に取れる. He doesn't know the 〜 of (the word) love. 彼は愛とはどういうものか分かっていない. He got my 〜. 彼は私の言いたいことが分かった. What's the 〜 of this? 〈普通, 非難の気持ちで〉一体これはどういうつもりだ. He looked at me with 〜. 彼は意味ありげな目つきで私を見た. if you take my 〜 私の言いたいことを取ってくれれば.

M

連結 hidden [literal; figurative, metaphorical] ～; the ～ is apparent [obvious; ambiguous; vague] ∥catch [gather, grasp, understand; misconstrue; pervert, twist] the ～; attach [impart] ～ to..

2 (人生などの)**意義**; 重要性. a life full of ～ 有意義な人生. If that's the case, our partnership no longer has any ～. もしそうなら我々の協力関係は何の意味もない. have great ～ for ..には重要である.

── 形 **1** 〈限定〉意味ありげな〔まなざし, ほほえみなど〕. a ～ look 意味ありげな顔つき. **2** 〈複合要素〉「..の意図を持った」の意味. well～ 善意の.
▷ **～·ly** 副 意味ありげに.

†**mean·ing·ful** /míːniŋf(ə)l/ 形 意味のある; 意味深長な; 有意義な〔経験など〕. ▷ **～·ly** 副 **～·ness** 名

†**méan·ing·less** 形 無意味な; 無益な; 目的[動機]のない, いわれのない. a ～ argument 無益な議論. ▷ **～·ly** 副 **～·ness** 名

méan·ly 副 **1** 卑しく; 貧弱に; みすぼらしく. a ～ dressed child みすぼらしい身なりの子供. **2** 卑劣に. **3** けちけちして. **4** 意地悪に. **5** 卑しんで. think ～ of a person 人を軽蔑する. 「さ; けち.

méan·ness 名 U **1** 貧弱さ, みすぼらしさ. **2** 卑劣↑

‡**means** /miːnz/ 名 (複 ～) 【手だて】 **1** C **手段, 方法**; 機関. a ～ to an end 目的を達するための手段. ～ of transport 〖英〗[transportation 〖米〗] 交通手段. by fair [honest] ～ 正当な手段で. There is [are] no other ～ of rescuing them. 彼らを救助する方法は他にない. have no ～ of support 生活ができない. use illegal ～ to get elected as mayor 市長に選挙されるために不正手段を講じる. use every [all] ～*s* at one's disposal 使える手段はすべて使う. Take every possible ～. あらゆる可能な手段を講じなさい. The end justifies the ～. 〖諺〗目的のためには手段を選ばず《＜目的は手段を正当化する》. 語法 means が主語の時, 述語動詞は単数・複数の両方が使われている. ただし all means なら複数動詞であり, every means なら単数である.

2 【生活の手段】〈複数扱い〉 **資力**, (十分な)収入; 資産. a man of ～ 資産家. His private ～ are large enough. 彼には(給料以外の)私的収入が相当多い.

beyònd [***withìn***] ***one's méans*** 高すぎて買えない[買える範囲で], 払えない[払える]; 収入不相応[相応]に. live *beyond* [*within*] one's ～ 収入不相応[相応]な暮らしをする.

****by áll*** (***mànner of***) ***mèans*** (1) **必ず**, ぜひとも. You should *by all* ～ read the book. ぜひその本を読むべきだ. Have your friend John around to lunch *by all* ～. 君の友達のジョンをぜひ昼食に連れて来なさい. (2) ぜひどうぞ; もちろんですとも; (certainly) 《承諾の返事》. "May I call on you?" "*By all* ～." 「お訪ねしてよろしいですか」「ぜひどうぞ」. 注意 「(ありと)あらゆる方法によって」は by all *possible* means と言う.

by ány mèans どうにかして; 〈否定文で〉どうしても(..ない). I want to marry Jane *by any* ～. 何とかしてジェーンと結婚したい. Father wouldn't *by any* ～ grant my wish to study abroad. 父は僕の外国留学の願いをどうしても聞き入れなかった.

by fàir mèans or fóul どんな手段を用いても.

****by méans of..*** **..によって**, ..を用いて. We breathe *by* ～ *of* lungs. 我々は肺によって呼吸する. show color slides *by* ～ *of* a projector 映写機を使ってカラースライドを見せる.

****by nó*** (***mànner of***) ***mèans*** (1) **決して..(し)ない** (not at all). It's *by no* ～ easy to master a foreign language. 外国語に熟達するのは決して容易でない. (2) 〈質問に対する否定の答えを強調して〉 そんなことはありません, とんでもない. "Am I disturbing you?" "*By no* ～." 「おじゃまでしょうか」「いえ, 決して」
[＜mean³ の複数形]

mèan séa lèvel 名 U 平均海面《満潮時と干潮時の中間の海面; 山の高さを測る時の海抜の基準》.

mèan-spírited 形 けちな, 狭量な.

méans-tèst 動 他 〖英〗〔失業手当などの申請者〕の収入調査をする; を給付する. ▷ **～·ed** 形 収入調査に基づいた. ～ *ed* college fees 家庭の収入に応じた大学授業料.

méans tèst 名 C 〖主に英〗(失業手当などの申請者について行う)収入[資産]調査《屈辱的なので嫌われる》.

meant /ment/ 動 mean¹ の過去形・過去分詞.

***mean·time** /míːntàim/ 名 U 〈the ～〉 **その間の時間**, 合い間.

for the méantime 差し当たっては, 当分の間.

****in the méantime*** [***méanwhile***] (1) **その間(に)**; そうしているうちに; その一方で(は). A year ago I'd have married you, but I can't now. Things have happened *in the* ～. 1年前ならあなたと結婚できたでしょうが今はできません. その間にいろいろな事が起こったのです. The garden party dragged on, and *in the* ～ it began to rain. 園遊会はだらだらと続いた, するとそのうちに雨が降り始めた. (2) **差し当たり**, **それまでは**. Our departure is three hours from now. *In the* ～, take a good rest. 出発は3時間先だ. それまでは十分休息しなさい.

── 副 〖話〗＝meanwhile.
[＜中期英語; mean³, time]

méan tìme 名 ＝Greenwich (Mean) Time.

‡**mean·while** /míːn(h)wàil/ 副 ¢ **1** そうしているうちに, その間に; 差し当たり; (in the meantime) (★in the meantime より meanwhile の方が普通). The subjects obeyed the King, despising him ～. 臣下は国王の言うことに従った, その間中彼を軽蔑しながら. **2 他方**, 一方(では). *Meanwhile* in London, a Cabinet meeting was held to discuss the matter. 一方ロンドンではこの問題を討議するため閣議が開かれた.

── 名 〈the ～〉＝meantime.

in the méanwhile →meantime.
[＜中期英語; mean³, while]

mean·y /míːni/ 名 (複 **mean·ies**) ＝meanie.

***mea·sles** /míːz(ə)lz/ 名 U 〖医〗〈普通, 無冠詞・単数扱い〉〈時に the ～〉 **はしか**, 麻疹(ましん), (→German measles). have [catch] ～ はしかにかかる. [＜中期オランダ語「膿疱(のうほう)」]

mea·sly /míːzli/ 形 **1** はしかの; はしかにかかった. **2** 〖話〗みみっちい, ちっぽけな; 取るに足らない, くだらない; わずかな. **3** 〔家畜, 食肉などが〕寄生虫のついた.
▷ **mea·sli·ness** 名

‡**meas·ur·a·ble** /méʒ(ə)rəb(ə)l/ 形 **1** 測れる, 測定[計量]できる. We are within a ～ distance of the end of this recession. この不景気の終わるのもそう遠くはない《測れる＞遠くない》. **2** かなりの, 相当な. make a ～ difference かなりの相違をもたらす.

méas·ur·a·bly 副 測れるほど; 目に見えて; かなり. The humidity is ～ higher. 湿度はかなり高くなっている.

‡**meas·ure** /méʒər/ 名 (複 **～s** /-z/)
【はかった量】 **1** U **寸法** (size), 大きさ, 広さ; 長さ; 重さ. cubic ～ 容積, 体積. This coat is *made to* ～. 〖英〗この上着は寸法に合わせて作った.

2 【定量】 aU 限度 (limit), 適度; 〈a ～〉(ある)程度. Keep your drinking within ～. 飲み過ぎないようにしなさい. His avarice knows no ～. 彼の物欲にはきりがない. a ～ of agreement [freedom] ある程度の同意[自由]. a large ～ of independence 大幅な独立. The play had a ～ of success. 芝居はある程度成功した.

【はかる方法】 **3** U 度量法, 測定法. an ounce in liquid [dry] ～ 液量[乾量]の1オンス. metric ～ メート

ル法.
4 [C] **メジャー,** 計量器具,《物差し, 巻き尺 (tape measure), 升など》. This ruler is a foot ～. これは 1 フィートの物差しです. a liter ～ 1 リットルの升[計量器].
【はかる単位】 **5** [C] (度量の)**単位**; ひと山, ひと袋; (パブなどでのウイスキーなどの規定)一杯. A meter is a ～ of length. メートルは長さの単位だ. weights and ～*s* 度量衡. three heaped ～*s* of flour 小麦粉山盛り 3 杯. ten ～*s* of wheat 小麦 10 袋《10 ブッシェル》.
6 〖旧〗 [UC] (詩の)韻律, 格, (meter); 〖楽〗 [C] 〖米〗 小節, 小節を区切る縦線, (bar); [U] 拍子.
7 [U] 〖印刷〗 行(組まれた活字)の幅(長さ).
8 [C] 〖数〗 約数. →common measure, greatest common measure.
9 [C] (判断・評価の)**尺度**; 判断の手がかり 〈*of* ..〔状況など〕の〉. Wealth is not the only ～ *of* success. 富だけが成功の尺度ではない. The streaming tears gave the ～ *of* her sorrow. あふれ出る涙は彼女の悲しみの深さを表していた. a ～ *of* their problems 彼らがかかえている問題を知る手がかり.
【はかる方法＞解決法】 **10** [C] 〈しばしば ～s〉 **対策**, 措置. ～*s* for safety＝safety ～*s* 安全対策. a panic ～ 緊急措置. take necessary ～*s* against increasing traffic accidents 増加する交通事故に対して必要な措置を講じる. half ～*s* その場しのぎの策.

> 連結 effective [strong, stern; decisive, drastic, extreme; makeshift, tentative, temporary] ～*s* ∥ adopt [carry out] ～*s*

11 [C] 法案, 議案, (bill). The ～ will pass through congress. その法案は議会を通るだろう.
beyond* [*above*] *measure 〖章〗 並みはずれて, 余りに; 非常に. His anger was *beyond* ～. 彼の怒りはたいへんなものだった.
for gòod méasure おまけに[として], その上, (in addition). I bought her a brooch and then flowers *for good* ～. 彼女にブローチとその上花まで買ってやった.
fùll méasure 正しい計量 (↔short measure); 目一杯, 十分. That butcher gives *full* ～. あの肉屋ははかりをごまかさない. in *full* ～ 十分に. receive the *full* ～ of one's mother's devotion 母の献身的な愛情を一身に受ける.
in* (*a*) *grèat* [*làrge*] *méasure よほど, 大いに. The accident was due *in large* ～ to your carelessness. 事故は大方は君の不注意によるものだ.
in a* [*sòme*] *méasure ある程度, やや, 多少.
shòrt méasure 計量不足 (↔full measure).
tàke* [*gèt, hàve*] *a pèrson's méasure 人の寸法を取る; 人の人物[力量など]を見る, 人の能力を推し測る.
***tàke* [*gèt, hàve*] *the méasure of* ..** (1)＝take a person's MEASURE. (2) ..の高さなどを目分量で測る.
trèad a méasure 〖古〗 踊る.
── 動 (～s /-z/|過 過分 ～d /-d/|-ur·ing /-(ə)riŋ/)
他 **1 (a)** [VO] (～ X/*wh* 節) X を/..かをはかる, 測定する, 〈*for* ..のために〉. ～ a person *for* a new suit 新調するスーツのために人の寸法を取る. This instrument ～*s* blood pressure. この道具は血圧を測る. **(b)** の測定単位[基準]である. Inches ～ length. インチは長さの単位である. **2** を評価する, 見積もる, 〈*by* ..によって〉. ～ education *by* examination results 教育を試験の成績で評価[判断]する.
3 [VOA] (～ X *against, with* ..) X と..を比較する, 競争させる. I can't wait to ～ myself *against* Dick. 一刻も早くディックと競争したい.
4 の影響[効果]を計算に入れる; を十分考慮する, 慎重に選ぶ; を調節[調整]する. ～ one's words 慎重に言葉を選ぶ. **5** 〔人〕をじろじろ見(て品定めす)る 〈*up*〉. He ～*d* her (*up*) with his eyes. 彼は彼女をじろじろ見た.
── 自 **1** [VC] (～ X) X だけの長さ[大きさ, 分量など]がある 〈進行形不可〉. The desk ～*s* three feet by four feet. 机は幅 4 フィート長さ 3 フィートの大きさである.
2 測る, 測定する.
mèasure one's léngth 〖旧〗 大の字に倒れる.
mèasure /../ óff ..の長さを測る; ..の長さを測って切る; ..を区分する. ～ *off* five yards of cloth 生地を 5 ヤードだけ測る.
mèasure /../ óut ..の分量を量る; ..をはかり分ける. ～ *out* 50 grams of flour 小麦粉 50 グラムを量る.
***méasure onesèlf* (*with* ..)** (..と)勝負する.
***mèasure one's stréngth* (*with, against* ..)** (..と)力比べをする.
***mèasure swórds* (*with* ..)** (..と)一戦を交える.
mèasure úp (必要な)水準に達している, 資格がある; 匹敵する, 及ぶ; 添う, かなう, 〈*to* ..〔希望, 標準など〕に〉. The airline's service did not ～ *up to* our expectations. その航空会社のサービスは我々の期待を裏切った.
***mèasure one's wíts* (*against* ..)** (..と)知恵比べをする.
[＜ラテン語 *mēnsūla*「測定」(＜*mētīrī* 'measure')]

méas·ured 形 **1** 正確に測った, 正確な. **2** 慎重な, よく考えた. speak in ～ language 言葉を選んで慎重に話す. **3** 規則正しい, 整然とした. The soldiers marched in ～ step. 兵士たちは歩調を取って行進した. **4** 律動的な; 韻文の.

méasure·less 形 〖主に雅〗 無限の (limitless), 測りきれない (immeasurable).

‡meas·ure·ment /méʒərmənt/ 名 (複 ～s /-ts/) **1** [U] **測ること, 測定,** 測量, 計量; 〖教育〗 測定《evaluation (評価)の資料の 1 つ》. Britain is gradually adopting the metric system of ～. 英国は徐々にメートル法を採用し始めている. **2** [C] 測定値; 〈普通, 複数形で〉 **寸法**《長さ, 幅, 厚さ》; 体のサイズ《バスト, ウエスト, ヒップ》. What are the ～*s* of the shelf? 棚の寸法はどのくらいですか. I'll just take your ～*s*, sir. 寸法をちょうだいいたします《tailor の言葉》. The actress's ～*s* were perfect. その女優のプロポーションは申し分なかった. **3** ＝measure 4. [measure, -ment]

mea·sur·er /méʒərər/ 名 [C] はかる人; 計量器.

mea·sur·ing /méʒ(ə)riŋ/ 名 [U], 形 計量(に用いる).

méasuring cùp 名 [C] 〖主に米〗 (料理用の)計量カップ.

méasuring jùg 名 [C] 〖主に英〗 計量水差し.

méasuring wòrm 名 [C] シャクトリ虫.

‡meat /miːt/ 名 [U] 【食べられる肉】 **1 肉.** ground ～ ひき肉. roast ～ (天火による)焼き肉. a slice [piece] of ～ ひと切れの肉. red ～ 赤肉《牛・羊など》. white ～ 白身の肉《鶏(の胸肉)・ウサギ・豚・子牛など》. dog ～ 犬にやる肉. Dick doesn't have much ～ on him. 〖戯〗 ディックはやせっぽちだ. treat a person like a piece of ～ 〔病院などが〕人を人間扱いしない.

> 参考 (1) 普通, 食用の獣肉を言い, 家禽(きん)肉 (poultry, fowl), 魚肉 (fish) には用いない; →flesh. (2) サラミ (salami) やハム (ham) のようにそのまま食べられる加工肉を cold meats [〖主に米〗 cold cuts] と言う.

> 語法 肉の種類を言う時は [C] 扱い: The only ～*s* available are lamb and pork. (手に入るのは小羊の肉と豚肉しかない).

> 連結 lean [fat(ty); tender; tough; overdone, underdone, well-done; raw; chilled, frozen] ～ ∥ cook [boil; broil, grill; fry; roast; carve, cut, slice] ～

M

2〘米〙果肉, (クルミなどの)実; (貝, 卵などの)身.
3〘古〙食物; 食事. One man's ～ is another man's poison. 〘諺〙甲の薬は乙の毒.
【中身】 4 〈普通 the ～〉(書物, 話などの)内容, 実質; 要点, 骨子. He soon got into the ～ of his speech. 彼は間もなく話の核心に入った. Farming was the ～ of life to my father. 農業は父にとって人生の目的であった. have no ～ 内容がない.
5〘卑〙ペニス. beat (one's [the]) ～ 〔男が〕マスタベーションをする.
be mèat and drínk to .. 〔人〕にとって非常な楽しみである, 心のよりどころになっている. Good music *is* ～ *and drink to* me. 良い音楽は本当に楽しい.
be the mèat in the sándwich 〘英〙(対立する2人の間の)板挟(ばさ)みである.
èasy méat →見出し語.
mèat and two vég 英国での典型的な食事(と言われるもの)《肉1種類と野菜2種類》. [<古期英語「食物」]
mèat-and-potátoes ㊇/ 形 〘米〙日常的な.
mèat and potátoes 名 〈the ～〉〘米〙(物事の)核心, 要点, 肝腎な所.
méat·bàll 名 C 1 肉だんご. 2〘米俗〙間抜け, 退屈な人.
méat grìnder 名 C 〘米〙ひき肉機.
Meath /miːð, miːθ/ 名 ミーズ《アイルランド共和国の北東部にある州》.
méat·hèad 名 C 〘米俗〙ばか, のろま.
méat·lòaf 名 (複 →loaf) UC ミートローフ《ひき肉に野菜や小麦粉などを加えて固め, パンの形に焼いたもの》.
méat·màn /-mæn/ 名 (複 **-men** /-mèn/) C 肉屋 (butcher).
méat màrket 名 C 1 肉の市場. 2 女[男]を漁る所《ディスコ, バーなど》.
méat pàcking 名 U 〘米〙精肉業.
méat tèa 名 〘英〙=high tea.
me·a·tus /miéitəs/ 名 (複 ～, ～·es) C 〘医〙道, 管.
méat wàgon 名 C 〘俗〙1 救急車. 2 霊柩(きゅう)車. 3 警察用のヴァン.
meat·y /míːti/ 形 1 肉の(ような風味のする). 2 肉の多い, 果肉の厚い. a ～ melon 肉厚のメロン. 3 〔人が〕肉付きのよい, 太った, がっしりした. 4 〔討論などが〕充実した, 興味深い. ▷ **meat·i·ness** 名
Mec·ca /mékə/ 名 1 メッカ《Saudi Arabia 西部の都市; Mohammed の生地でイスラム教徒の巡礼地 (→the Holy City, Medina)》. 2 C 〈しばしば m-〉あこがれの土地[的], メッカ, 〈*of, for* ..〔旅行者など〕の〉. Venice is a ～ *for* foreign tourists. ヴェニスは外国人旅行者のメッカである.
mech. mechanical; mechanics; mechanism.
*__me·chan·ic__ /mikǽnik/ 名 (複 **～s** /-s/) C 機械工《機械の設計, 製作, 修理, 操作などを専門にする》. an automobile [auto] ～ 自動車工.
‡__me·chan·i·cal__ /mikǽnik(ə)l/ 形 m (★1, 4 は ©)
1 機械の, 器具の; 機械による, 機械装置の; 機械製の. a new ～ invention 新しい機械の発明. a ～ engineer 機械技師. a ～ failure 機械の故障. a ～ mouse 機械仕掛けのねずみ. 2 機械に強い. My wife is not a bit ～. 妻は全く機械に弱い. a man of great ～ ability 機械に非常に強い男. 3 機械的な, 自動的な; 〔人, 動作が〕無感情の. be tired of ～ work 機械的な仕事に飽きる. a ～ smile 感情のこもらない微笑. 4 機械学の, 力学的な. ◇名 machine
—— 名 C 〈～s〉(機械の)可動部分.
[<ギリシア語「machine の」]
mechánical advàntage 名 C メカニカル・アドバンテージ《てこなどが出す力とそれから得られる力の比》.
mechànical dráwing 名 C 用器画, 機械製図, 《定規, コンパスなどを使用する》.
mechànical enginéering 名 U 機械工学.
†__me·chán·i·cal·ly__ 副 1 機械的に, 自動的に; 機械(装置)で; 機械に関して. The door opened ～. ドアは自動的に開いた. ～ minded 機械に強い. 2 無意識に, うわの空で.
mechànical péncil 名 C 〘米〙シャープペンシル (〘英〙 propelling pencil; ★「シャープペンシル」は和製英語).
*__me·chan·ics__ /mikǽniks/ 名 1 〈単数扱い〉力学; 機械学. 2 〈複数扱い〉作動部分; 〘話〙メカニズム; 機械的な部分, 技術的な面; (絵画, 作詩などの)技法, 手法, (technique). the ～ of writing English 英語を書く際の技術的部分《大文字やイタリック体の使用, 単語の切り方など》. The ～ of that ballet are quite complex. そのバレエの技巧は相当複雑である.
‡__mech·a·nism__ /mékənìz(ə)m/ 名 (複 **～s** /-z/) 1 C 機械(装置), 機械仕掛け. The device operates on a simple spring ～. その装置は簡単なぜんまい仕掛けで動く.
2 C 機構, 仕組み, メカニズム. the ～ of government 政治の機構. the ～ of price controls 価格操作のメカニズム.
3 (a) C (操作の)過程, 手段; 手法. a ～ for screening applicants 応募者選抜の手順. the ～ of cell reproduction 細胞の増殖過程. (b) UC 〘芸術〙機械的な手法, 技巧. 4 U 〘哲〙機械論《宇宙を化学的・物理的作用だけで説明できる機械的存在とみなす》. 5 C 〘心〙機制, 心理過程, 《自動的に働いて危機や難事を回避する》. a defence [an escape] ～ 防衛[逃避]機制.
mech·a·nis·tic /mèkənístik/ ㊇/ 形 1 機械学(上)の. 2〘哲〙機械論的な.
mèch·a·ni·zá·tion 名 U 機械化. farm ～ 農場の機械化.
‡__mech·a·nize__ /mékənàiz/ 動 他 〔産業など〕を機械化する; 〔軍隊など〕を機動化する. ～ the cash payment process 現金支払いの方法を機械化する.
▷ **méch·a·nìzed** 形 機械化した. ～ warfare (タンク・ヘリコプターなどを用いた)機械戦.
M Econ Master of Economics (経済学修士(号)).
M Ed /èm éd/ Master of Education (教育学修士(号)).
Med /med/ 名 〘主に英話〙〈the ～〉=the Mediterranean.
med. medical; medicine; medieval; medium.
*__med·al__ /médl/ 名 (複 **～s** /-z/) C メダル, 賞牌(はい); 記章, 勲章. win an Olympic gold [bronze] ～ オリンピックで金[銅]メダルを獲得する. wear a row of ～*s* (胸に)ずらりと勲章をさげる. deserve a ～→deserve (成句).
the revérse of the mèdal 問題の裏面.
[<ラテン語 *metallum* 'metal']
Mèdal for Mérit 名 〈the ～〉〘米〙功労章《一般市民に授与される》.
med·al·ist 〘米〙, **-al·list** 〘英〙 /méd(ə)list/ 名 C
1 メダル受領者, メダリスト; 被叙勲者. a silver ～ 銀メダル受領者. 2 メダル製作者.
me·dal·lion /mədǽljən/ 名 C 1 大型メダル. 2 (建築, 織物などの)円形模様; (肖像画などの)円形浮彫.
Mèdal of Hónor 名 〈the ～〉〘米〙名誉勲章《議会の名で大統領が授与する最高の戦功章》.

[medallion 2]

*__med·dle__ /médl/ 動 (～s /-z/ | 過 過分 ～d /-d/ | -dling) 自 1 干渉する, おせっかいする, 〈*in, with* ..に〉. Don't ～ *in* my business. 私の事に口出しをしないでくれ. 2 いじる〈*with* ..を〉. Stop *meddling with* those papers. その書類を

いじらないでくれ. [＜ラテン語 *miscēre*「混ぜる」]

méd·dler 名 C おせっかい屋.

med·dle·some /médls(ə)m/ 形 干渉好きな, おせっかいな. ▷**～·ness** 名

Me·de·a /mədíːə/ 名 〘ギ神話〙メーディア《魔力を持った王女; Jason に Golden Fleece を手に入れさせた》.

***me·di·a** /míːdiə/ 名 **1** medium の複数形.
2 〈the ～; 時に単数扱い〉**マスメディア, マスコミ** (mass media). The ～ were [was] invited to a press conference. マスコミが記者会見に招かれた. 語法 本来 medium の複数形であるため, 単数扱いに反対する人もいる. a media, medias は誤り.
—— 形 マスメディアの, マスコミの.

média còverage 名 aU (特定の事件についての)メディア報道(の量).

me·di·ae·val /mìːdiíːv(ə)l, mè- ⊛/ 形 ＝medieval.

média evènt 名 C マスコミが作り出した事件[話題]《人物などの人気をあおるためにマスコミが操作して大ニュースにしたもの》.

mèdia hýpe 名 U 〘軽蔑〙(新聞・テレビによる)過剰「宣伝.

me·di·al /míːdiəl/ 形 〘章〙**1** 中間の, 中央の. a ～ consonant 〘音声〙中間子音《2 つの母音の間の子音》. **2** 平均の, 並みの, (average). ▷**～·ly** 副

me·di·an /míːdiən/ 形 〈限定〉中間の, 中央の; 〘幾何〙中線の; 〘統計〙中位数の, 中央値の. the ～ line 〘幾何〙中線. —— 名 C **1** 〘解剖〙正中動脈[静脈]; 〘幾何〙中線; 〘統計〙中位数, 中央値. **2** 〘米〙＝median strip.

médian strìp 名 C 〘米〙(高速道路の)中央分離「帯.

média stùdies 名 〈単数扱い〉〘英〙マスコミ研究.

†**me·di·ate** /míːdièit/ 動 他 **1** 〔和解, 停戦など〕を仲介して成立させる. ～ peace between the two countries 2 国間の平和を取り持つ. **2** 〔紛争, けんかなど〕を調停する. **3** 〔もの, 情報など〕を取り次ぐ; を伝達する. **4** を左右する〈普通, 受け身で〉. —— 自 調停する, 取りなす, 〈*between* ..の間を〉. —— /-diit/ 形 仲介による, 間接の. [＜ラテン語「まん中で分ける」]

†**me·di·a·tion** /mìːdiéiʃ(ə)n/ 名 U 調停. 類語 強制力を持たない; →arbitration.

me·di·a·tor /míːdièitər/ 名 C 調停者.

me·di·a·to·ry /míːdiətɔ̀ːri|-təri/ 形 調停の.

‡**med·ic** /médik/ 名 C 〘話〙医者; 医学生; 〘主に米話〙衛生兵.

med·i·ca·ble /médikəbl/ 形 治療可能な.

Med·i·caid, m- /médikèid/ 名 U 〘米〙メディケード《65 歳未満の低所得者を対象とする医療扶助制度; → medicare; ＜*medical*＋*aid*》.

‡**med·i·cal** /médik(ə)l/ 形 ℂ **1** **医学の**, 医療の, 医術の; 医薬の. a ～ bill 医療請求書, 医療費. ～ care 医療. ～ knowledge 医学知識. a ～ school (大学の)医学部; 医科大学. the American *Medical* Association 米国医師会. **2** 内科の (→surgical). a ～ man 医者. ～ treatment (内科)治療, 診療. a ～ ward 内科病棟. ◇名 medicine
—— 名 C **1** 〘話〙健康診断(〘米〙physical). have a ～ 検診を受ける. **2** 医学生. **3** ＝medical practitioner. [＜中世ラテン語 (＜ラテン語 *medicus* 'physician')]
▷**～·ly** 副 医学上, 医学的に; 医薬で.

mèdical certíficate 名 C (健康)診断書.

mèdical examinátion [chéckup] 名 C 身体検査, 健康診断.

mèdical exáminer 名 C **1** 〘米〙検死官 (coroner). **2** (保険加入の際の)健康診断医.

mèdical jurisprúdence 名 U 法医学.

mèdical practítioner 名 C 内[外]科医, 開業医.

me·dic·a·ment /medíkəmənt, médi-/ 名 UC 〘章〙薬剤, 医薬, (類語 medicine の専門用語で, 内用薬にも外用薬にも用いる).

Med·i·care, m- /médikèər/ 名 U 〘米〙メディケア《65 歳以上の高齢者および重度の身障者を対象とする医療保険制度; →medicaid; ＜*medical*＋*care*》.

med·i·cate /médəkèit/ 動 他 を薬で治療する; に薬を混ぜる[しみ込ませる]. ▷**med·i·cat·ed** /-əd/ 形 薬用の. ～ soap 薬用せっけん.

†**mèd·i·cá·tion** 名 **1** U 薬物治療. be ⌞on [taking, having] ～ for one's heart 心臓の薬を飲んでいる. **2** UC 〘章〙薬剤; 〈特に〉麻酔剤; (類語 〘米〙でよく使う, やや改まった語; →medicine). prescribe [administer] ～ 薬を処方する[投与する].

Med·i·ci /méditʃiː/ 名 〈the ～〉メディチ(家)《15–17 世紀イタリア, フィレンツェで権勢を誇った富裕な一族の名前; 多くの芸術家を保護した》.

‡**me·dic·i·nal** /mədís(ə)nəl/ 形 医薬の; 薬用の; 薬効のある〔植物など〕. ～ alcohol 薬用アルコール. a ～ herb 薬草. ▷**～·ly** 副 医薬によって; 薬用上.

‡**med·i·cine** /médəs(ə)n|méds(ə)n/ 名 (複 **～s** /-z/)
1 UC **薬**, 医薬; 〈特に〉内服薬; (類語 薬の意味の最も一般的な語, 形態から言えば pill (tablet と capsule を含む), powder, ointment, liquid medicine など; → drug, medicament, medication). a ～ for the cold 風邪薬. take too much ～ 薬を飲みすぎる. put some ～ on a cut 切り傷に薬を付ける. The ～ made me better. 薬を飲んでよくなった. The best ～ for you will be a few months' vacation. あなたにとって一番の薬は 2, 3 か月休暇をとることです.

> 連結 a strong [a potent; a mild; an effective; an over-the-counter; a prescription] ～; a dose [a bottle] of ～ // administer [dispense; prescribe] ～ // a ～ works [takes effect]

2 U **医学**, 医術; 医業; 医療. preventive ～ 予防医学. study ～ 医学を修める. practice ～ 医者をやっている. **3** U (外科, 産科などに対して)内科(学) (internal medicine). ～ and surgery 内科と外科. **4** U (未開人種の)まじない, 魔法; 魔力. ◇形 medical, medicinal
a dóse* [*táste*] *of his òwn médicine 他人にしたのと同じひどい目[扱い]. have [get, be given] *a dose of* one's *own* ～ 他人にしたのと同じ目にあう, しっぺ返しを食う. give him *a dose of* his *own* ～ 彼に(自分がされたのと)同じ思いを味わわせてやる.
***tàke one's médicine* (*like a mán*)** 〘しばしば戯〙(自業自得の)罰を甘んじて受ける, いやなことを我慢する.
[＜ラテン語 *medicina*「治療, 薬」(＜*medicus* 'physician')]

médicine bàll 名 C メディシンボール《筋肉を鍛練するための重い革製ボール; 縦に並んだ人がこれを頭越しに後ろへ送る》.

médicine chèst 名 C (特に家庭用の)救急箱.

médicine màn 名 C (アメリカ先住民などの)まじない師.

med·i·co /médikou/ 名 (複 **～s**) C 〘旧話〙医者; 「医学生.

***me·di·e·val** /mìːdiíːv(ə)l, mè- ⊛/ 形 **1** ℂ **中世** (Middle Ages)の《西洋史では西ローマ帝国の滅亡 (476 年)から約 1500 年頃までを指すのが普通であるが, 1100 年頃からとする場合もある》; 中世風の; (→ancient, modern). ～ history 中世史. **2** m 〘軽蔑〙古くさい, 旧式の. [＜ラテン語 *medium aevum* 'middle age'; -al] ▷**～·ly** 副 中世風に.

mè·di·é·val·ìsm 名 U 中世精神, 中世様式; 中世趣味; 中世研究.

mè·di·é·val·ist 名 C 中世研究家; 中世礼賛者.

M

med·i·gap /médigæp/ 名 U 〘米〙 メディギャップ《Medicare, Medicaid の不足を補填する健康保険》.

Me·di·na /mədíːnə/ 名 メディナ《Saudi Arabia 西部の都市; Mohammed の墓がある; →Mecca》.

†**me·di·o·cre** /mìːdióukər ⊛/ 形 平凡な, 並みの, 良くも悪くもない; 凡庸な, 二流の, あまり良くない, (second-rate). [<ラテン語「中ぐらいの」]

‡**me·di·oc·ri·ty** /mìːdiákrəti|-ɔ́k-/ 名 (複 **-ties**) **1** U 平凡さ, 凡庸さ, 並み(の才能, 資質). **2** C 平凡な人, 凡人; 凡庸な人.

Medit. Mediterranean (Sea).

*__med·i·tate__ /médətèit/ 動 (~s /-ts/|過 過分 **-tat·ed** /-əd/|**-tat·ing**) 自 **熟考する**; 黙想する; (特に宗教的な)瞑(めい)想にふける;〈*on, upon* ..について〉(類語 知的内省的思索を意味する; →think). The writer *~d on* [*upon*] the theme of his next work. 作家は次の作品のテーマをじっくり考えた.

── 他 をしようと考えを練る, もくろむ; VO (~ *doing*) ..することを熟考する, 企てる. ~ revenge 復讐(しゅう)の策を練る. He is *meditating* emigrat*ing* to Australia. 彼はオーストラリアに移民しようかと考えている.

[<ラテン語「熟考する」]

*__med·i·ta·tion__ /mèdətéiʃ(ə)n/ 名 (複 **~s** /-z/)

1 UC **熟慮**; 黙想; (特に宗教的な)瞑(めい)想. sit in ~ 瞑想しながら静座する. **2** C〈しばしば ~s〉瞑想録.

†**med·i·ta·tive** /médətèitiv|-tət-/ 形 熟慮する, 黙想の; 思索的な; 瞑(めい)想にふける. ▷ **~·ly** 副

med·i·ta·tor /médətèitər/ 名 C 黙想家.

*__Med·i·ter·ra·ne·an__ /mèdətəréiniən ⊛/ 形 ⓔ 地中海の; 地中海付近[沿岸]の; 地中海沿岸(住民)特有の. ── 名 〈the ~〉**1** 地中海 (**the Mèditerranean Séa**). **2** 地中海地方. **3** 地中海人種の人. [<ラテン語 (<*medius* 'middle'+*terra* 'earth'); -an]

‡**me·di·um** /míːdiəm/ 名 (複 **~s** /-z/, **me·di·a** /míːdiə/; 2 では **media** が普通, 4 では **~s**) C 【中間】

1 中間, 中位. strike a happy ~ →happy medium.

【仲立ち】**2** (伝達, 表現などの)**手段**, 方法; マスメディア; 形式; 記録媒体《磁気ディスクなど》. the broadcasting ~ 放送機関. The newspaper is a ~ of communication and also an advertising ~. 新聞は情報伝達手段でもあり, 広告媒体でもある. the ~ of circulation =a circulating ~ 流通手段, 通貨. in a country where English is the ~ of instruction 英語が教育手段である(すべての科目が英語で教えられている)国で. The artist's ~ for the portrait was watercolor. 画家は肖像画を描く時, 水彩にした. →mixed media.

3 媒体, 媒質. The air is a ~ for sound waves. 空気は音波の媒体である. **4** 霊媒, 巫女(みこ).

5【生息の仲立ち】生活環境; 生息場所. The carp's ~ is fresh water. コイが生息するのは淡水中である. The theater was her natural ~. 舞台は彼女がそこに生まれついたと言える世界だった.

6〘生物〙培養基; 保存液. a culture ~ 培地.

by [***through***] ***the médium of ..*** ..の媒介で, ..を通じて. talk with one another *by* [*through*] *the ~ of* wireless 無電でお互いに話をする.

── 形 **1** (大きさ, 質, 程度などが)中間の, 中位の; 並みの. a ~ size 中型, M サイズ. a man of ~ height 中背の人. a ~ income group 中間所得層. **2**〔色が〕中間の. **3**〔肉の焼き方が〕ミディアムの. I like my steak ~. ステーキはミディアムが好きです (→rare[2] 参考).

[ラテン語「中央, 中間」]

mèdium drý 形 〔シェリー酒, ワインが〕中位に辛い.

mèdium fréquency 名 C 〘電〙中波《略 MF》.

mèdium of exchánge 名 C 〈the ~〉交換媒介物《商品, サービスと交換される通貨, 印紙など》.

médium-sìzed 形 中位の大きさの, 中型の, 中規模の, M サイズの. a ~ shirt M サイズのシャツ.

mèdium swéet 形 〔シェリー酒, ワインが〕中位に甘い.

médium tèrm 名 〈単数形で〉中期.

mèdium wáve 名 U 〘電〙中波《略 MW》.

med·lar /médlər/ 名 C セイヨウカリン(の実)《バラ科の低木; 小形のリンゴに似た褐色の実は食用》.

‡**med·ley** /médli/ 名 (複 **~s**) C **1** (異なった種類のものの)寄せ集め. the ~ of races in New York ニューヨークにおける雑多な人種の集まり. **2**〘楽〙混成曲, メドレー. **3** =medley relay. [<古期フランス語(<「混ぜる」)]

médley rèlay [**ràce**] 名 C 〘スポーツ〙(陸上競技, 水泳の)メドレーリレー.

Me·doc /meidák|médɔk/ 名 U メドック《フランス Bordeaux 地方 Medoc 産の赤ワイン》.

méd schòol 名 UC 〘米話〙医学部.

me·dul·la /medʌ́lə/ 名 (複 **~s, me·dul·lae** /-liː/) C 〘生理〙髄質《骨髄, 延髄など》;〘植〙木髄.

medùlla ob·lon·gá·ta /-àblɔːŋɡáːtə|-ɔb-/ 名 (複 **~s, medullae oblongatae** /-tiː/) C 〘医〙延髄. [ラテン語 'oblong-shaped medulla']

Me·du·sa /mid(j)úːsə|-zə/ 名 〘ギ神話〙メドゥーサ《Gorgons 三姉妹の末妹で Perseus に殺された; →Pegasus》.

meed /miːd/ 名 C 〘詩〙〈普通, 単数形で〉報酬 (reward); 褒賞; 当然の報い. [<古期英語]

†**meek** /miːk/ 形 おとなしい, 柔和な; 意気地のない. (as) ~ as a lamb 非常におとなしい.

mèek and míld 文句を言わない, おとなしくて文句も言えない. [<古期北欧語「柔らかい, しなやかな」]

▷ **méek·ly** 副 おとなしく; 意気地なく; おずおずと. **méek·ness** 名 U おとなしさ; ふがいなさ.

meer·schaum /míərʃ(ə)m/ 名 U 〘鉱〙海泡石《小アジア産の白色粘土状鉱物》; C 海泡石製のタバコパイプ《高級品》. [ドイツ語 'sea-foam']

‡**meet**[1] /miːt/ 動 (~s /-ts/|過 過分 **met** /met/|**méet·ing**) 他【出会う】**1** と(偶然に)**会う**, 出会う;〔目が〕〔他人の目など〕に会う. I *met* Tom on the way. 途中トムに出会った. My eyes *met* hers. 目が彼女の目と会った.

2 (**a**)〔事故など〕に遭遇する,〔困難など〕を経験する, (★この意味では meet with .. (→成句(1))の方が普通). She *met* her untimely death in an auto accident. 彼女は自動車事故で早すぎる死に遭った. (**b**)〘カリブ〙VOC (~ X Y) X が Y (の状態)であるのを見出す[が分かる] (find). I *met* the window open. 窓が開いてい(るのに気づい)た.

3【知り合う】と**知人になる**; に紹介される, 初めて会う. I know of Mr. Hill, but have never *met* him. ヒル氏のことは知ってはいるが面識はない. John, ~ my wife. 〘主に米〙ジョン, これ家内です《くだけた紹介》. Pleased [Nice] to ~ you. =I am glad [pleased] to ~ you. 初めまして (★How do you do? と同様な初対面の挨拶(あいさつ); meet を see に換えると「会えてうれしい, よく来てくれた」の意味で既知の間柄の挨拶となる). Nice to have *met* you. お会いできてうれしく思いました《別れのせりふ》.

【約束して会う】**4** と**落ち合う**; と面会する, 会見する. *Meet* me at the hotel at six. 6 時にホテルで私と落ち合ってくれ. The President *met* the press. 大統領は記者団と会見した.

5〔人, 列車など〕を**出迎える**, の到着を待つ;〔乗り物が〕に接続する. Susan came to the airport to ~ me. スーザンが空港まで私を出迎えてくれた. He *met* us off the train. 我々が列車から降りるところへ彼が迎えに来てくれた. The bus *~s* the railway here. ここでバスが鉄道に接続する.

【(ぶつかり)会う】**6**〔道, 線などが〕と**合する**, 交わる;〔乗り物などが〕と衝突する; と接触する. This stream *~s* the Thames. この流れはテムズ川に合流する. Jill's hand *met*

my face in a hard blow. ジルの手が私の顔を痛打した.
【向き合う】 7 と**対戦する**, に対抗する; に反駁(ばく)する; に応酬する〈普通 be met with ..で〉. I don't know how to ～ his criticism. 彼の批判にどう反論してよいか分からない. His speech *was met with* angry cries. 彼の演説は怒号の応酬を受けた.
8〔死などと〕直面する; 〔問題など〕に**取り組む**; に対処する. ～ one's death calmly 従容として死に臨む. We will ～ the problem from a new angle. 新しい角度からこの問題に取り組もう.
【合わせる】 **9** (**a**)〔要求, 必要など〕に応じる; 〔希望など〕をかなえる; 〔資格など〕を満たす. ～ the case 間に合う, 適する. I'll try to ～ your wishes. ご希望に添うよう努力します. (**b**)〔人〕と折り合う, に同意する, 〈*on* ..の点で〉. I *met* her *on* the price she suggested. 彼女の言い値で手を打った.
10 を支払う (pay). ～ a bill 勘定を支払う. Can you ～ your debts [expenses]? 負債[費用]は払えますか.
—— 自 【会う】 **1** (偶然又は約束して)**会う**, 出会う; 面会する; 〔目などが〕会う; 〔列車などが〕すれ違う. Farewell until [Until] we ～ again! (再会の日まで)ごきげんよう. ～ by chance 偶然出会う. Let's ～ here after school. 放課後ここで落ち合おう. The two trains ～ at Kobe. 2 つの列車は神戸ですれ違う.
2 会合する; 〔会などが〕開かれる. ～ together 集合[会合]する. All the family ～ at dinner. 晩餐(さん)[ディナー]には家族全員がそろう. The committee ～*s* again tomorrow. 委員会は明日もう一度開かれる.
3 知り合いになる〈*up*〉. Haven't we *met* somewhere before? 以前どこかでお目にかかっていませんか.
【合わさる】 **4**〔道などが〕合流する, 交わる; 衝突する; 〔衣服などの〕両端が合う; 〔唇などが〕触れ合う. build a dam where two rivers ～ 2 本の川の合流点にダムを建設する. The cars *met* head-on. 車が正面衝突した. This waistcoat won't ～. このチョッキは前が合わない. Their lips *met*. 彼らの唇は触れ合った.
5 兼ね備わる〈*in* ..に〉. Wit and beauty ～ *in* Ann. アンは才色兼備だ.
màke* (*bòth*) *énds mèet →end.
mèet a pèrson's éye (1) 人と目が会う; 人を正視する, 見返す, (→LOOK .. in the eye). (2)〔光景などが〕人の目に映る, 人に見える. A large portrait of him *met* my *eyes* as I entered the room. 部屋に入ると彼の大きな肖像画がまず目についた.
mèet a person halfwáy →halfway.
mèet ín with .. 〖スコ〗..に出くわす, 遭う.
***mèet the éye* [*éar*]** 見える[聞こえる]. There's more to [in] this than ～*s the eye*. これには外見以上のものがある《裏などがあり複雑である》.
mèet úp 〖話〗(1) 偶然会う, 出会う, 〈*with* ..に〉. (2) = 自 3.
****méet with ..*** (1)〔事故など〕に**出くわす**, 〔不幸など〕を経験する; 〔親切など〕を受ける; (★meet with a difficulty は「困難に遭う」, meet a difficulty は「困難に対処する」の意味 (→他 8)). ～ *with* a traffic accident 交通事故に遭う. ～ *with* approval 賛成される. (2)〔人〕に(**偶然**)**会う** (★現在では with の付かない形の方が普通). (3)〖米〗***..と***(**約束して**)**会う**; ..と会談する, 会合を持つ, ミーティングをする. The Pope *met with* several heads of state. ローマ教皇が数名の元首と会談された.
Wèll mét! 〖古〗ようこそ, いい所で会った.
—— 名 C **1** 〖主に米〗(スポーツなどの)競技会 (〖主に英〗meeting). an athletic ～ 陸上競技会. **2** 〖英〗(キツネ狩りの前の猟犬ともどもの)勢ぞろい. **3** 〖数〗交わり. **4** 〖俗〗(密売人などと落ち合う)約束, 密会(場所).
[＜古期英語]
meet[2] 形 〖古〗〖聖書〗適当な〈*for* ..に〉(suitable); ふさわしい〈*to* do ..するのに〉. [＜古期英語]
‡**meet·ing** /míːtiŋ/ 名 (複 ～s /-z/) **1** C (特に, 討議を目的とした)**会**, 集会, 会議; 集合; 〖主に英〗競技会 (〖主に米〗meet); (特に, クエーカー教徒の)礼拝会; (類語 個人的な集まりから公式の集まりまで広い範囲の会合を意味する; →assembly, conference, convention, council, gathering, get-together). be in [at] a ～ 会議中である. preside over [at] a ～ 会合の司会をする. have [hold] a staff ～ 職員会議を開く.

> 連結 a regular [a private; an official] ～ // call [convene; arrange; attend; open; close; adjourn] a ～ // a ～ takes place [breaks up]

2 C〈普通, 単数形で〉出会い; 面会. a chance ～ with an old friend 旧友との偶然の出会い.
3 U〈the ～; 単複両扱い〉会議[集会]の出席[参加]者(一同); 会衆. What has [have] the ～ decided? 会議の人たちは何を決めましたか.
4 C (川の)合流点; (道の)交差点.
5 (クエーカー教徒の)礼拝集会.
a mèeting of* (*the*) *mínds 考え[意味]の一致, 合意. have *a* ～ *of minds* 考えが一致する.
méeting hòuse 名 C 集会所《英国教会以外の新教諸派, 特にクエーカー教徒が自らの礼拝堂をこう呼ぶ》.
méeting plàce 名 C 会場, 集会所; 合流点.
Meg /meg/ 名 Margaret の愛称.
meg- /meg/〈複合要素〉→mega-.
meg·a /mégə/ 〖俗〗形 **1** とても[すごく]大きい. a ～ hit 大ヒット(曲). **2** すばらしい, 最高の. —— 副 とてつもなく. They're ～ rich. 彼らは超金持ちだ.
meg·a- /mégə/〈複合要素〉《母音の前では meg-》 **1** 「大」の意味. *mega*phone. **2**「100 万(倍)」の意味. *mega*ton. ★「超特大」の意味で自由に臨時に造語する: *mega*contract (超大口契約). *mega*stupid (超大ばかの). [ギリシア語 *mégas* 'large']
méga·bit 名 C 〖電算〗メガビット.
méga·bùck 名 〖話〗 **1** C 百万ドル. **2**〈～s〉大金.
‡**méga·bỳte** 名 C 〖電算〗メガバイト《コンピュータ情報の記憶単位; 2^{20} で約 100 万バイト; 略 Mb, MB》.
méga·cỳcle 名 C 〖電〗メガサイクル《周波数の単位; 1 秒間 100 万サイクル; 略 mc; 今日では megahertz と言う》.
méga·dèath 名 U 100 万人の死亡《核兵器の威力を示す仮想の単位》.
méga·hèrtz 名 (複 ～) C 〖電〗メガヘルツ (→megacycle)《周波数の単位; 略 MHz》.
méga·hìt 名 C 超ヒット作品《映画, 曲など》.
meg·a·lith /mégəliθ/ 名 C 〖考古学〗(有史以前に建てられた)巨石《例えば Stonehenge に見られるようなもの》.
meg·a·lith·ic /mègəlíθik ⑧/ 形 〔記念碑などが〕巨石の, 巨石を用いた; 〖考古学〗巨石時代の. a ～ circle 環状石列 (stone circle)《巨石時代の遺構の, 円形に並んだ巨石(柱)群》.
meg·a·lo·ma·ni·a /mègəlouméiniə/ 名 U 誇大妄想(狂).
meg·a·lo·ma·ni·ac /mègəlouméiniæk/ 名 C, 形 誇大妄想(狂患)者(の).
meg·a·lop·o·lis /mègəlɑ́pəlɪs|-lɔ́p-/ 名 C メガロポリス, 巨大都市, 《数個の大都市が連接して作る都市群》.
méga·phòne 名 C メガホン, 拡声器. —— 動 他, 自 (を)メガホンで告げる.
méga·stàr 名 C 〖話〗(映画, テレビなどの)スーパースター (superstar).
méga·tòn 名 C 100 万トン; メガトン《核兵器などの爆発力を示す単位; TNT 爆薬 100 万トンの爆発力に相当》.
méga·wàtt 名 C メガワット《100 万ワット; 略 MW》.
mé generàtion 名〈the ～; 単複両扱い; しばしば

M

M-〉 ミージェネレーション《特に, 1970–80 年代の青年たちのことで, 自己中心的な生き方が目立った世代》.

mei·o·sis /maióusəs/ [名] [U] **1**〘生物〙(細胞の)減数分裂. **2** =litotes.

Meis·sen /méis(ə)n/ [名] **1** マイセン《ドイツ東部 Dresden 近くの町》. **2** [UC] マイセン焼き《1 で産する高級磁器 (**Méissen wàre**)》.

Me·kong /mèikáŋ, -kɔ́:ŋ|mì:kɔ́ŋ/ [名] 〈the ～〉 メコン川《チベット高原に発し, 南中国・インドシナ半島を流れて南シナ海に注ぐ》.

mel·a·mine /méləmì:n/ [名] [U] 〘化〙メラミン; メラミン樹脂《家具の表面などに用いる》.

mel·an·cho·li·a /mèlənkóuliə/ [名] [U] 〘医〙憂うつ症, うつ病. ▷ **mel·an·cho·li·ac** /-liæk/ [名] [C], [形] うつ病ₗ患者[にかかった].

mel·an·chol·ic /mèlənkálik|-kɔ́l-[移]/ [形] 憂うつな; うつ病の. ── [名] [C] うつ病患者; 陰気な人.

†**mel·an·chol·y** /mélənkàli|-kəli/ [名] [U] **1** 憂うつ, ふさぎ込み; (暗い)物思い. **2** もの悲しさ. **3** うつ病. **4** 黒胆汁 (black bile)《中世医学で 4 体液 (the cardinal humors) の 1 つ》. ── [形] **1**〔気分, 人などが〕憂うつな, 陰気な; 物思いに沈んだ. feel ～ 憂うつになる. **2** 物悲しい;〔ニュースなどが〕暗い. ～ music 物悲しい音楽. [＜ギリシア語 (＜*mēlās*「黒い」＋*kholḗ*「胆汁」); この体液が多いと憂うつになると考えられた]

Mel·a·ne·sia /mèlənì:ʒə, -ʃə|-zjə/ [名] メラネシア《オーストラリアの北東に連なる諸島》.

Mel·a·ne·sian /mèlənì:ʒ(ə)n, -ʃ(ə)n|-zjən [移]/ [形] メラネシア(人, 語)の. ── [名] [C] メラネシア人; [U] メラネシア語.

mé·lange /meilá:nʒ/ [名] [C] 〈普通, 単数形で〉混合物, 寄せ集め, 〈*of* ..の〉; ごたまぜ. [フランス語]

mel·a·nin /mélənən/ [名] [U] メラニン《人間の皮膚, 毛髪の色などを左右する黒又は褐色の色素》.

mel·a·no·ma /mèlənóumə/ [名] [UC] 黒色腫《tumor の一種》.

Mèl·ba saúce /mèlbə-/ [名] [UC] メルバソース《アイスクリームにかける raspberry のピューレ煮》.

Mél·ba tòast /mélbə-|⌐⌐⌐/ [名] [U] メルバトースト《薄切りをかりかりに焼いたトースト; オペラ歌手の名前から》.

Mel·bourne /mélbərn/ [名] メルボルン《オーストラリア南東部の港市》.

meld /meld/ [動] [他] を混ぜる; を合併する. ── [自] 混ざる; 合併する; 融合する.

me·lee, mê·lée /méilei, -⌐|mélei, méi-/ [名] [C] 〈普通, 単数形で〉(つかみ合いの)乱闘, 混戦; (ラッシュ時などの)雑踏, ごった返し. [フランス語; medley の異形]

mel·io·rate /mí:ljərèit/ [動] [他], [自] 〘雅〙(を)改良する[される], よくする[なる], (ameliorate). [＜ラテン語 *melior* 'better']

mèl·io·rá·tion [名] [U] 改良.

mel·io·rism /mí:ljərìz(ə)m/ [名] [U] (人間の努力による)世界改善(可能)論.

mel·lif·lu·ous /məlífluəs/ [形] 〘章〙〔声, 音楽などが〕(蜜(ᵐⁱᵗˢᵘ)のように)甘美な;〔言葉などが〕流暢(ʳʸᵘᵘᶜʰᵒᵘ)な.

***mel·low** /mélou/ [形] [e] 【熟成した】 **1**〔果実などが〕**熟して甘い**, 柔らかく熟した;〔ワインなどが〕芳醇(ʰᵒᵘʲᵘⁿ)な. ～ cheese 熟成したチーズ. a ～ flavor まろやかな味.
2〔人柄などが〕円熟した, 円満な. You get ～*er* as you get older. 人は年とともに人間が練れてくる.
【熟して豊かな】 **3**〔土壌などが〕肥えた.
4〔色彩, 音, 光などが〕**豊かで美しい**, (古くなるなどして)柔らかく落ち着いた. the ～ light of the late afternoon sun 遅い午後の柔らかな日の光.
5〘話〙にこやかな, 陽気な; ほろ酔いかげんの. After a few drinks, he becomes ～. 少し飲むと彼はにこやかになる.
── [動] [他] **1** を熟させる; を円熟させる. Age has ～*ed* him. 彼は年を取って円熟してきた. **2** を豊かに美しくする. **3**〘話〙を陽気[ほろ酔いかげん]にする.
── [自] **1** 熟する; 円熟する,〔ワイン, 人などが〕まろやかになる. Cheese ～*s* with age. チーズは時間をかけて熟成する. ～ overtime [the years] 年を取るとともにまろやかになる. **2** 豊かに美しくなる.
mèllow óut 〘米話〙くつろぐ, リラックスする; ほっとする.
[?＜古期英語 *melu*「(熟して)柔らかい」]
▷ **～·ly** [副] **～·ness** [名]

‡**me·lod·ic** /məládik|-lɔ́d-/ [形] **1** 旋律の; 旋律のある. **2** =melodious. ▷ **me·lod·i·cal·ly** /-k(ə)li/ [副] ◇[名] melody

me·lo·di·ous /məlóudiəs/ [形] 旋律の美しい, 音楽的な; 旋律の[に関する]. ◇[名] melody
▷ **～·ly** [副] 音楽的に, 美しい旋律で. **～·ness** [名]

mel·o·dist /mélədist/ [名] [C] 旋律の美しい作曲家[声楽家].

‡**mel·o·dra·ma** /mélədrà:mə, -dræ̀mə|-drà:mə/ [名] **1** [UC] メロドラマ《感傷的な通俗劇》. **2** [C] メロドラマ的な事件; [U] 感傷的で大げさな言動.

‡**mel·o·dra·mat·ic** /mèlədrəmǽtik [移]/ [形] メロドラマ風の, 芝居がかった, 感傷的で大げさな.
▷ **mel·o·dra·mat·i·cal·ly** /-k(ə)li/ [副]

‡**mel·o·dy** /mélədi/ [名] ([複] **-dies** /-z/) **1** [C] **歌曲**, 調べ.

> [連結] a lovely [a flowing; a graceful; a haunting; a limpid; a pleasant; a soft] ～ // compose [hum; play; sing] a ～

2 [C] 〘楽〙**旋律**, メロディー; 主旋律. [参考]「歌詞」は words. The violins carry the ～. ヴァイオリンが主要旋律部を受け持つ. **3** [UC] 快い調べ, 美しい音楽; (詩などが持つ)音楽性. a song of the sweetest ～ 非常に調べの美しい歌. joyous *melodies* of brooks and trees 快い小川のせせらぎと木々のささやき. [＜ギリシア語「歌」]

***mel·on** /mélən/ [名] ([複] **～s** /-z/) [C] メロン, スイカ; [U] (メロン, スイカの)果肉. a slice of ～ メロン 1 切れ.
cùt a mélon 〘米・カナダ俗〙特別配当をする.
[＜ギリシア語 (＜「リンゴ」＋「ヒョウタン」)]

‡**melt** /melt/ [動] (**～s** /-ts/|[過] [過分] **mélt·ed** /-əd/|**mélt·ing**) [自] 【溶ける】 **1** (**a**)〔氷, 雪, 金属などが〕**溶ける**; (水などに)溶ける;〔食べ物が〕(口の中で)とろける; ([類語] 主に加熱によって溶けること; →dissolve, fuse², thaw). The plastic dish will ～ on the stove. そのプラスチックの皿はこんろの火にかけると溶けるだろう. (**b**) [VA] (**～ *into* ..**) 溶けて..になる. Ice ～*s into* water. 氷は溶けて水になる.
2 【溶ける＞ほぐれる】〔心などが〕和らぐ,〔気持ちが〕くじける, 〈*with* ..〔同情, 哀れみなど〕で〉. My heart ～*ed* to see the girl crying over her dead mother. 亡くなった母を思って少女が泣くのを見てかわいそうになった.
3 【溶けるほど暑い】〘話〙〔人が〕うだるようである.
── [他] **1** を(熱で)溶かす; を溶解する. ～*ed* butter 溶けたバター. **2**〔心など〕を和らげる, 動かす.
mèlt awáy 溶けてなくなる, 次第になくなる;〔群衆などが〕消え去る;〘話〙〔人が〕そっと立ち去る. The fog ～*ed away* before noon. 霧は昼までには消えた. My anger ～*ed away*. 私の怒りはおさまった. All my money has ～*ed away*. 私の金は皆, 消えてしまった.
mèlt /../ awáy ..を溶かしてなくす; ..を消散させる.
mèlt /../ dówn 〔貨幣など〕を(再生のため)鋳(ⁱ)つぶす.
mèlt in the* [*a person's*] *mouth (1)〔食物が〕味が大変いい. This cake really ～*s in the mouth*. このケーキはほんとにおいしい. (2)〔食物が〕大変柔らかい.
mélt into.. (1) 次第に見えなくなる, 薄れる; 次第に変化[融合]する. The ocean ～*s into* the sky. 大洋が空と融合している《境界が見えない》. ～ *into* a crowd 群衆の中に消える. ～ *into* tears 泣きくずれる. (2) →[自] 1 (b).

―― 名 U 1 溶解. 2 溶解物《金属などの》. 3 (1回の)溶解量; 雪解け期. [<古期英語]

mélt·dòwn 名 1 UC (原子炉の)炉心溶融《チェルノブイリの原発事故 (1986年) がその典型的な例》. 2 U (株などの)大暴落; 崩壊.

mélt·ing 形 〔声などが〕優しい; ほろりとさせる; 感傷的な. in a ～ mood ほろりとする気持ちで. ▷ **～·ly** 副

mélting pòint 〖物理〗 融(解)点.

mélting pòt 1 るつぼ. 2 (人種・文化の)'るつぼ'《諸人種が融合する場所; 米国を指すことが多い》.

gò into the mélting pòt 変革される; 〔心が〕和む.

in the mélting pòt 考慮[検討]中で; 変わりつつある.

pùt [càst, thròw] .. into the mélting pòt ..を根本的に変革する.

Mel·ville /mélvil/ 名 **Her·man** /hə́ːrmən/ ～ メルヴィル (1819–91)《米国の作家; *Moby Dick*『白鯨』の著者》.

‡**mem·ber** /mémbər/ 名 (複 **～s** /-z/) C

【全体の構成部分】 1 (a) (団体の) 1 員, 構成員, 《会員, 部員, 団員など》; (動植物の科の) 1 つ. a regular ～ 正会員. the female ～*s* of a family 一家の女たち. all ～*s* of staff 全職員. I am a ～ of the tennis club. 私はテニスクラブの会員です. The lion is a ～ of the cat family. ライオンはネコ科の一種である.

> 連結 a full [a life; a permanent; an honorary; a temporary; a voting; a respected; an illustrious] ～ // admit [appoint; become] a ～

(b) 政党支部. (c) 下院議員 〈*for* ..選出の〉. a ～ of Congress 〖米〗 国会議員, 〈特に〉 下院議員, 《略 MC》. a *Member* of Parliament 〖英〗 下院議員《略 MP》. (d) 〈形容詞的〉 構成員の; 加盟した. (a) ～ discount 会員割引. a ～ nation [state] 加盟国.

2 〖章〗 体の 1 部; 〈特に〉 手足. a ～ of Christ キリストの手足, キリスト教徒. 3 〖婉曲〗 陰茎《the male ～とも言う》. 4 〖数〗 辺, 項. 5 (建物, 橋などの)構成要素. [<ラテン語 *membrum*「手足, 体の部分」]

***mem·ber·ship** /mémbərʃìp/ 名 1 U (団体の) 1 員であること; 会員[部員など]の地位[資格], 入会資格. obtain ～ in a club あるクラブの会員になれる. be given a ～ *to* ..の会員になる[会員資格を与えられる]. lose one's ～ 会員の資格を失う. apply for ～ *in* 〖米〗 [*of* 〖英〗] a club クラブの会員になろうと申し込む. expel .. from ～ ..を会から除名する. a ～ card 会員証. pay an annual ～ fee 年会費を支払う.

> 連結 life [temporary; regular; honorary] ～ // apply for [seek; grant] ～; renew [resign] one's ～

2 C 〈普通 the ～〉 〈単数形で複数扱いもある〉 会員(全体). The ～ approve(s) the plan. 会員はその計画に賛成している. 3 aU 会員数. have a ～ of just over 300 三百人ちょっとの会員数がある. How large is the club's ～? クラブの会員数はどのくらいですか.

†**mem·brane** /mémbrein/ 名 UC 〖解剖〗 (薄)膜, 膜皮, (レモンなどの中の)薄い皮.

mem·bra·nous /mémbrənəs/ 形 膜(状)の, 膜質の; 膜を形成する.

‡**me·men·to** /məméntou/ 名 (複 **～(e)s**) C (人, 出来事の)思い出となるもの, 記念品, 形見. [ラテン語 'remember' (命令形)]

memènto mó·ri /-mɔ́ːrai, -ri(ː)/ 名 (複 ～) C 死の象徴《頭蓋(ずがい)骨など; ラテン語 'remember that you must die'》.

†**mem·o** /mémou/ 名 (複 **～s**) 〖話〗 メモ (→memorandum). a ～ pad メモ帳.

†**mem·oir** /mémwɑːr/ 名 C 1 〈普通 ～s〉 回顧録, 見聞録; 自叙伝. 2 〖章〗 (友人などによる)追想録; 伝記. 3 研究報告, 論文; 〈普通 ～s〉 学会誌, 紀要. [<フランス語 'memory']

‡**mem·o·ra·bil·i·a** /mèmərəbíliə/ 名 〈複数扱い〉 (特に有名な人物, 事件についての)記憶[注目]すべきこと.

†**mem·o·ra·ble** /mém(ə)rəb(ə)l/ 形 1 記憶すべき, 忘れられない; 顕著な, 有名な. a ～ event in my childhood 子供時代の忘れられない出来事. 2 覚えやすい. a ～ melody 覚えやすい旋律.

▷ **-bly** 副 記憶に残るように; 顕著に, はっきり.

†**mem·o·ran·dum** /mèmərǽndəm/ 名 (複 **～s** /-z/, **mem·o·ran·da** /-də/) C 1 覚書き, 控え, メモ, (〖話〗 memo); (社内連絡用などの)回報, 文書. make a ～ of ..をメモしておく. 2 〖法〗 覚書き契約(書); (会社の)定款, (組合の)規約. 3 〖商〗 売買覚書き《売り手の返品承認書付き》. 4 〖外交〗 覚書き《問題の内容などを要約したもの》. [ラテン語「記憶されるべきもの」]

***me·mo·ri·al** /məmɔ́ːriəl/ 名 (複 **～s** /-z/) C 1 **記念物**, 記念碑, 記念館; 記念祭, 記念行事; 〈比喩的〉 記念碑 〈*to* ..の〉. visit the Lincoln *Memorial* リンカーン記念館を訪れる. The church service is a ～ *to* those killed in the plane crash. この礼拝は航空機墜落事故の犠牲者を追悼するものだ. 2 〈普通 ～s〉 (歴史的な)記録, 年代記. 3 (議会などへの)請願書, 陳情書, (★petition の方が普通).

―― 形 記念の; 追悼の; 記憶の. a ～ festival [ceremony] 記念祭[式典]. a ～ service for the late Mr. Smith 故スミス氏の追悼式. a ～ fund [scholarship] 記念基金[奨学金]. the George Orwell *Memorial* Prize ジョージ・オーウェル記念賞.

Memórial Dày 名 U 〖米〗 戦没者追悼記念日《Decoration Day とも言う; 以前は 5 月 30 日, 現在は普通 5 月最後の月曜日》.

M

me·mo·ri·al·ize /məmɔ́ːriəlàiz/ 動 他 1 を記念する. 2 に陳情する, 請願書を出す.

▷ **mem·ò·ri·al·i·zá·tion** 名

***mem·o·rize,** 〖英〗 **-rise** /méməràiz/ 動 (**-riz[s]·es** /-əz/ | 過 過分 **～d** /-d/ | **-riz[s]·ing**) 他 **を暗記する**, 覚える. ～ a poem 詩を暗記する. ▷ **mèm·o·ri·zá·tion** 名 U 暗記; 記銘.

‡**mem·o·ry** /mém(ə)ri/ 名 (複 **-ries** /-z/)

【記憶】 1 U **記憶**, 物覚え; C (個人の)記憶力; (類語 覚えておく力, 又は思い出す能力を意味する; →recollection, remembrance). sing a song *from* ～ 歌をそらで歌う. speaking from ～ 〖話〗 記憶で言えば. a child of quick ～ 物覚えの早い子供. if my ～ serves me (well[correctly, right]) 思い違いでなければ, 私の記憶が正しければ. suffer from loss of ～ [～ loss] 記憶喪失になる. The exact date escapes my ～. 正確な日付けは覚えていない. My ～ is playing tricks on me. 私の記憶はあやふやだ. Kate has a good [poor, bad] ～ *for* figures [names, faces]. ケイトは数字[名前, 人の顔]をよく覚えている[忘れる]. have a long ～ いつまでも(執念深く)覚えている. have a ～ like an elephant = have the ～ of an elephant 大変記憶がいい. The public ～ is a short one. 〖諺〗 人の噂も 75 日.

> 連結 have an infallible [an accurate, a photographic, a powerful, a retentive; a short] ～ // lose [refresh] one's ～; jog [slip; be imprinted on] a person's ～

2 U (時間的な)記憶の範囲. beyond the ～ of men 有史以前の. That's not within my ～. それは私の記憶にないことだ.

3 C (コンピュータの)記憶装置; 記憶容量 (**mémory capàcity**).

4 UC (金属, プラスチックなどの)形状記憶力.

【記憶される物事】 **5** [C] 思い出; 記憶に残る物[人]. live on one's happy *memories* of the past 過去の楽しい思い出に生きる. bring back *memories* 思い出をよみがえらせる. The *memories* of the air raid still haunt me. 空襲の記憶は今でも私の頭にこびり付いている. The palace is only a ～ now. その宮殿も今は(なく)記憶に名をとどめるのみ.

> [連結] a fond [a pleasant; a haunting; a bitter, a poignant; an unpleasant; a dim, a vague] ～ // awaken [evoke; cherish; blot out] a ～

6 [U] 死後の名声; 死者への追慕, 追慕の念. honor [praise] the ～ of Professor Smith スミス教授の遺業をたたえる. King George of blessed [happy] ～ 誉れ高き故ジョージ王《死んだ王侯などの名に添える》. His ～ lives on. 彼への追慕の念は今も残る.

commìt..to mémory 〖章〗..を暗記する.

****in mémory of..*** ..を記念して; ..を追悼して. a hospital founded *in* ～ *of* the great physician 偉大な医師を記念して建設された病院.

tàke a tríp [wálk, stróll] down mèmory láne 追憶の小径(こみち)をたどる《懐旧の情にひたる場合に言う》, 昔を懐かしく思い出す.

to the bést of my mémory →best.

to the mémory of.. ..の霊に捧(ささ)げて, ..をしのんで. a monument dedicated *to the* ～ *of* those who died in war 戦没者の霊に捧げる記念碑.

within [in] lìving mémory 今なお人の記憶に残る(範囲では). This city has never been visited by a great earthquake *within living* ～. この市が大地震に遭ったことは現存する人々の記憶にはない.

[＜ラテン語 *memoria*「記憶」(＜*memor*「記憶している, 入念な」)]

mémory bànk [名] [C] 〖電算〗メモリーバンク《記憶装置; 蓄積された情報量; →data bank》.

mémory spàn [名] 〈the ～〉記憶(の)範囲.

Mem·phis /mémfis/ [名] メンフィス《米国 Tennessee 州南西部, Mississippi 川に臨む同州最大の都市; Elvis Presley ゆかりの地》.

mem·sa·hib /mémsɑ̀ː(i)b/ [名] [C] 〖旧〗奥様《特に植民地時代, インド人が西洋の婦人を呼ぶ時に使った》.

men /men/ [名] man の複数形. the ～'s＝men's room.

***men·ace** /ménəs/ [名] ([複] **-ac·es** /-əz/) **1** [UC] **脅威**, 危険(人物); 脅迫. This kind of bomb is a serious ～ *to* the whole human race. この種の爆弾は全人類にとって重大な脅威である. with ～*s* 〖英〗脅迫して. say with ～ in one's voice おどし声で言う. **2** [C] 〖話・戯〗厄介者[物], 迷惑な人[物].

── [動] (**-ac·es** /-əz/|[過] [過分] **～d** /-t/|**-ac·ing**) [他] 〖章〗を**脅迫する**, おどす; に脅威を与える, をおびやかす, 〈*with*..で〉; (threaten). The country is constantly ～*d with* war. その国はたえず戦争の脅威にさらされている. [＜ラテン語 *mināx*「覆いかぶさっている」]

mén·ac·ing [形] 人を威嚇する(ような); 〔雪が〕すぐに降り出しそうな.

mén·ac·ing·ly [副] 脅迫的に; 威嚇的に.

mé·nage /meiná:ʒ|-ˊ-, ˊ-ˊ/ [名] [C] 家庭, 世帯, (*household*); [U] 家政. [フランス語]

ménage à trois /meinɑ̀:ʒ-ɑ:-trwɑ́:|meinɑ̀:ʒ-, mèinɑ:ʒ-/ [名] [C] 〈単数形で〉三角関係; 三角関係世帯《夫婦およびいずれか一方の愛人の 3 人が同居する》. [フランス語 'household of three']

me·nag·er·ie /mənǽdʒ(ə)ri/ [名] [C] **1** 〈集合的〉(見せ物の)動物たち《特に巡業サーカスなどの》. **2** (巡回)動物園. **3** 〈集合的〉風変わりな人々の集まり. [フランス語 'housekeeping']

Men·ci·us /ménʃiəs, -siəs/ [名] 孟子(もうし)(372?–289? B.C.)《中国・戦国時代の哲学者》.

***mend** /mend/ [動] (**～s** /-dz/|[過] [過分] **ménd·ed** /-əd/|**ménd·ing**) [他] 【正常にする】 **1** 〔靴下など〕を**繕う**; 〔壊れたいすなど〕を修繕する, 直す; ([類語] 比較的小さな, 手先で直せる修理に言う; 〖米〗では衣服や部品を取り換えないで直す物などに使い, 時計や家具の修理には repair を使うのが普通; →fix, repair[1]). I had my shirt ～*ed*. シャツを繕ってもらった. **2** 〔関係, 事態など〕を改善する; の欠点を除く; 〔誤りなど〕を正す, 〔行いなど〕を改める. Getting angry will not ～ matters. 怒ってみても事態はよくならない. Least said, soonest ～*ed*. 〖諺〗口は災いのもと《口数が少ないほど事態の改善は早い》. **3** (燃料を加えて)〔火勢〕を強くする. ～ the fire (弱くなった)火をおこす.

── [自] 〔病人などが〕快方に向かう; 〔事態などが〕よくなる; 〔傷などが〕いえる; 〔人が〕改心する. The bone will ～ in a month. 骨は 1 か月で元通りに直るだろう. It is never too late to ～. 〖諺〗改めるのに遅すぎることはない.

mènd one's páce 歩調を早める.

mènd one's wáys 行い[素行]を改める.

── [名] [C] 修繕した箇所; つぎ, 糸かがり; [U] 修繕, 修理. ***(be) on the ménd*** 〔病人が〕快方に向かって(いる); 〔事態, 関係が〕好転して(いる). [＜*amend*]

men·da·cious /mendéiʃəs/ [形] 〖章〗虚偽の, 真実でない, 〔報道など〕; よくうそをつく〔人など〕. ▷ **～·ly** [副]

men·dac·i·ty /mendǽsəti/ [名] ([複] **-ties**) 〖章〗 **1** [U] 虚言癖, うそつき. **2** [C] 虚偽, うそ, (falsehood).

Men·del /méndl/ [名] **Gregor Johann ～** メンデル (1822–84)《オーストリアの修道士・植物学者》.

men·de·le·vi·um /mèndəlí:viəm, -léi-/ [名] [U] 〖化〗メンデレビウム《放射性元素; 記号 Md》.

Men·del·ism /méndəliz(ə)m/ [名] [U] 〖生物〗メンデルの遺伝学説.

Mèndel's láws [名] 〈複数扱い〉〖生物〗メンデルの法則.

Men·dels·sohn /ménd(ə)ls(ə)n/ [名] **Felix** /fì:liks/ ～ メンデルスゾーン (1809–47)《ドイツの作曲家》.

ménd·er [名] [C] 繕う[修繕する]人.

men·di·can·cy /méndikənsi/ [名] [U] こじき(生活); 托鉢(たくはつ).

men·di·cant /méndikənt/ [形] こじきをする; 〔修道士などが〕托鉢(たくはつ)をする. a ～ friar 托鉢修道士. **──** [名] [C] こじき (beggar); 托鉢修道士. [＜ラテン語「物乞いをする」]

ménd·ing [名] [U] (衣類などの)繕い; 〈集合的〉繕い物. a ～ kit 裁縫用具.

Men·e·la·us /mènəléiəs/ [名] 〖ギ神話〗メネラオス《スパルタの王; →Helen of Troy》.

men·folk(s) /ménfòuk(s)/ [名] 〈複数扱い〉 **1** 〖話〗(特に家族, 又は社会の)男連中. **2** 男性の親戚(せき).

M Eng /èm-éŋ/ Master of Engineering (〖米〗工学修士(号)).

me·ni·al /mí:niəl/ [形] **1** 〔仕事などが〕卑しい; (退屈で)つまらない. Many ～ duties are involved in housekeeping. 家庭を営むのには数々の雑用が必要だ. **2** 〖しばしば軽蔑〗奉公人向きの. **──** [名] [C] 〖しばしば軽蔑〗奉公人, 下男, 下女. ▷ **～·ly** [副]

men·in·gi·tis /mènəndʒáitəs/ [名] [U] 〖医〗髄膜炎.

me·nis·cus /məní skəs/ [名] ([複] **～·es, me·nis·ci** /-nísai/) [C] **1** 新月形(の物); 凹凸レンズ. **2** 〖物理〗円筒内の液体の凹[凸]面.

Men·non·ite /ménənàit/ [名] [C] メノ派教徒《キリスト教プロテスタントの一派で, 幼児洗礼・誓言・公職・兵役を否定し, 成年時の洗礼をよしとする; 16 世紀にこれを創始した Menno Simons の名前から》.

men·o·pause /ménəpɔ̀:z/ [名] [U] 〈the ～〉月経閉止期, 更年期, (change of life); 閉経.

▷ **mèn·o·páu·sal** /-zl [形]/ [形] 閉経期の, 更年期の.

me·no·rah /mənɔ́:rə/ [名] [C] 〖ユダヤ教〗メノーラ《7

本または 9 本枝の燭台》.
mensch /menʃ/ 名 C 〘米話〙大変いい人, 人格者; 人. [ドイツ語 'person']
men·ser·vants /ménsə̀:rvənts/ 名 manservant の複数形.
men·ses /ménsi:z/ 名 〘章〙〘生理〙〈普通 the ～; 単複両扱い〉月経. [ラテン語 'months']
Men·she·vik /ménʃəvik/ 名 (複 **～s, Men·she·vi·ki** /mènʃəví:ki/) C 〘ロシア史〙メンシェヴィキ《穏健で少数派のロシア社会民主労働党員; →Bolshevik》.
mén's ròom 名 C 〈the ～〉〘主に米〙男子用トイレ (〘英話〙 Gents).
mens sa·na in cor·po·re sa·no /mènz-sɑ̀:nə-in-kɔ̀:rpəri-sɑ́:nou/ ラテン語 'a sound mind in a sound body' (→sound²).
men·stru·al /ménstruəl/ 形 月経の.
ménstrual cỳcle 名 〈the ～〉月経.
ménstrual pèriod 名 C 〘章〙月経(期間).
‡**men·stru·ate** /ménstruèit/ 動 自 月経がある. [<ラテン語 *mēnstruus*「毎月の」(<*mēnsis* 'month')]
mèn·stru·á·tion 名 U 月経; C 月経期間.
men·sur·a·ble /ménʃ(ə)rəb(ə)l/ 形 測定できる.
men·su·ra·tion /mènʃəréiʃ(ə)n|-sju(ə)-/ 名 U 測定, 測量; 〘数〙測定法, 求積法.
ména·wèar 名 U 男子用衣類, メンズウエア.
-ment /mənt/ 接尾 〈動詞に付けて名詞を作る〉「動作, 結果, 状態, 手段など」を表す. move*ment*. achieve*ment*. amaze*ment*. orna*ment*. [ラテン語]
‡**men·tal** /méntl/ 形 ⓒ **1 心** (mind) の, 精神の; **知能の**, 知力の; (↔physical). a person's ～ state 人の精神状態. ～ effort 精神的努力. ～ health 精神上の健康. Her problems are ～ rather than physical. 彼女が当面しているのは肉体より心の問題だ. ～ power(s) 知能, 知力.
2 〈限定〉(紙に書かずに)頭の中で行う; 口に出さない; そらの. make a quick ～ calculation すばやく暗算する. form a ～ picture of the scene 光景を頭の中に描く. **3** 〈限定〉精神病の. a ～ patient 精神病患者. a ～ specialist 精神病専門医. **4** 〈普通, 叙述〉〘話・軽蔑〙〔人が〕気違いで, 気がふれて, (mad).
màke a mèntal nóte of . . . .を心に刻む, 心にとめる, 覚えておく.
── 名 C 〘話〙精神病患者.
[<ラテン語「精神 (*mēns*) の」]
méntal àge / 〘英〙 ⌐ ̄ ̄ / 名 C 〘心〙精神年齢. He is 22, with a ～ of 12. 彼は 22 歳だが, 精神年齢は 12 歳だ.
mèntal aríthmetic 名 U 暗算.
mèntal crúelty 名 U 精神的虐待.
mèntal deféctive 名 C 〘心〙精神薄弱者.
mèntal defíciency 名 U 〘心〙精神薄弱.
mèntal hándicap 名 U 〘心〙精神障害 (★learning difficulties [disabilities] を好む人たちもいる).
mèntal héalth 名 U 精神衛生(学).
méntal hòspital [〘英旧〙 **hòme**] 名 C 精神病院.
mèntal íllness [**diséase**] 名 UC 精神病.
***men·tal·i·ty** /mentǽləti/ 名 (複 **-ties** /-z/) **1** U **知力, 知能**; 精神作用. a man of average [low, poor, weak] ～ 知力が普通の[低い]人. abnormal ～ 精神異常. **2** C **心的傾向**, 考え方; 精神状態, 心理. have a childish ～ 子供っぽい考え方をする. an "us and them" ～ 我々[俺たち]と連中[やつら]といった考え方. Films reflect a nation's ～ directly. 映画は国民精神を直接的に反映する. a medieval ～ 中世的な精神(状態).
mén·tal·ly /-t(ə)li/ 副 精神的に, 知的に; 頭[心]の中で. be ～ weak 頭が弱い. ～ defective 精神薄弱の.
mèntally disábled 形 **1** 知的障害を持つ.
2 〈the ～; 名詞的; 複数扱い〉知的障害者たち.
★mentally handicapped の PC 語.
mèntally hándicapped 形 **1** 〘心〙精神に障害を持つ〔人など〕. **2** 〈the ～; 名詞的; 複数扱い〉精神障害者たち.
mèntal retardátion 名 U 〘心〙精神遅滞, 精神薄弱.
mèntal sét 名 ＝mindset.
mèntal telépathy 名 ＝telepathy.
men·thol /ménθɔ:l, -θoul|-θɔl/ 名 U 〘化〙メントール, ハッカ脳.
men·tho·lat·ed /ménθəlèitid/ 形 メントールを含んだ, ハッカの香りのする.
‡**men·tion** /ménʃ(ə)n/ 動 (**～s** /-z/|過 過分 **～ed** /-d/|**～·ing**) 他 **1** のことを言う[書く], を口にする, 話に持ち出す, に(ついでに)言及する, 〈*to* . .〔人〕に〉; VO (**～ *doing*/*that* 節/*wh* 節**) . .すると/. .であると/. .かを言う; VOA (**～ X *as* . .**) X. .として話題に出す[述べる]; (類語 付随的に又は軽く言及すること; allude, refer) (★mention される内容は話し手と聞き手の共通の知識の一部である. したがって falsely などの副詞は共起できない). No one even ～*ed* it. だれもそれを口にすらしなかった. He ～*ed* the book *to* me. 彼がその本のことを私に言った. as ～*ed* above [has been ～*ed*] 前述の通り. too terrible to ～ 口に出すのも恐ろしい. ～ hav*ing* visited Kyoto 京都を訪れたことを口にする. Tom didn't ～ the price to me; only *that* he's willing to sell. トムは私に値段は言わないでただ売りたいとだけ言った. ～ in passing *that* . . ついでに. .と述べる. It is worth ～*ing that* . . . . であるということは触れるだけの価値がある. He didn't ～ *where* he would go. 彼はどこへ行くのかは触れなかった.
～ . . in the same breath →in the same BREATH.
2 (**a**) の名を挙げる; 〔名前など〕を挙げる. ～ useful books 有益な本の名を列挙する. Don't ～ me [my name]. 私の名は挙げないでほしい. (**b**) (功績などをたたえて)の名を公式に挙げる〈普通, 受け身で〉. be ～*ed* in dispatches →dispatch (成句). (**c**) VOA (**～ X *as* . .**) X を. .として名前を挙げる. ～ him *as* a possible candidate [replacement] 彼を候補[後任]の可能性として挙げる.
****Dòn't méntion it.*** どういたしまして《礼, わびなどに対する返事; 〘米〙では You're welcome. の方がよく使われる》.
****nòt to méntion . .＝without méntioning . .*** . .は言うまでもなく (to say nothing of); . .に加えて. I can play the violin, *not to* ～ the guitar. ギターはもちろんヴァイオリンも弾ける.
── 名 **1** U 話に持ち出す[言及する]こと. at the ～ of education 教育の話が出ると. The fact deserves special ～. この事実は特に言及する価値がある. **2** C 〈普通, 単数形で〉言及, 記載; 寸評. There is no [only a bare] ～ of the accident in the paper. その事故について新聞は何も[ほんのわずかしか]書いていない. get a ～ 触れられる, 名前を出される. **3** C 〈普通, 単数形で〉(名誉のために)名を挙げること; 評価; 表彰. receive an honorable ～ 選外佳作に挙げられる. She wanted first place, but she was happy with an honorable ～. 彼女は一等が欲しかったが, 選外佳作でもうれしかった.
màke méntion of . . . .に言及する, 触れる. No ～ was *made of* her achievements. 彼女の業績については全く触れられなかった.
[<ラテン語「思い起こすこと, 言及」(<*mēns* 'mind')]
men·tor /méntər|-tɔ:/ 名 **1** 〘ギ神話〙〈M-〉メントール《Odysseus の親友で息子の教育を任された》. **2** C 良い指導者[助言者], 師.
***men·u** /ménju:/ 名 (複 **～s** /-z/) C **1** (宴会で出る, 又はレストランでできる)**献立表**, メニュー, (bill of fare). Could we see the ～, please? メニューを見せてもらえますか. be on the ～ メニューに載っている. **2** (献立表にある)料理. The inn's ～ was plain but good. 宿の食事は簡単なものだったがうまかった.

連結 a simple [an elaborate; an exotic; an extensive; a limited; a monotonous, an unvarying] 〜

3〘電算〙メニュー《スクリーンに映し出されるコマンドや機能の選択肢》. **4** 一覧表, 予定表.
[フランス語 (<ラテン語 *minūtum*「こまかいこと」)]

ménu-drìven 形〘電算〙メニュー操作による〔プログラムなど〕.

me·ow /miáu/ 名, 動 =miaow.

MEP /èmi:pí:/ Member of the European Parliament (ヨーロッパ議会議員).

Meph·is·to·phe·le·an, -li·an /mèfəstəfí:liən/ 形 Mephistopheles の(ような); 冷酷で狡猾(こうかつ)な; 悪魔のような.

Meph·is·toph·e·les /mèfəstáfəlì:z|-tɔ́f-/ 名 **1** メフィストフェレス《Faust が魂を売ったというドイツ伝説中の悪魔》. **2** Ⓒ 悪魔のような人.

†**mer·can·tile** /mə́:rkəntì:l, -tàil|-tàil/ 形 **1** 商人(merchant) の; 商業の, 商売の, (commercial). **2**〘経〙重商主義の. [<イタリア語 *mercante*「商人」]

mèrcantile maríne 名〈the 〜〉=merchant marine.

mer·can·til·ism /mə́:rkənti:lìz(ə)m, -tail-|-təlì-/ 名 Ⓤ **1**〘経〙重商主義《16, 17 世紀のフランス・英国の輸入を抑え輸出を奨励する経済政策》. **2** 営利主義.

Mer·cà·tor('s) projéction /mə(:)rkèitər(z)-/ 名 Ⓤ メルカトル式投影図法《地球の表面を長方形で表す地図作製法; フランドルの地理学者 Gerardus Mercator (1512–94) が考案した》.

Mer·ce·des Benz /mərsèidiz-bénz/ 名 Ⓤ〘商標〙メルセデス・ベンツ《ドイツ製の高級乗用車; 単に Mercedes と呼ばれることが多い》.

M

‡**mer·ce·nar·y** /mə́:rsənèri|-s(ə)n(ə)ri/ 形 金銭ずくの, 報酬目当ての; 雇われた〔兵〕. have a 〜 attitude 欲得ずくの態度をとる. ── 名 (複 **-nar·ies**) Ⓒ (外国軍隊に雇われた)傭(よう)兵; 金銭ずくで働く人. [<ラテン語 *mercēs*「賃金」]

mer·cer /mə́:rsər/ 名 Ⓒ〘主に古〙(絹など高級服地を扱う)織物商, 呉服商, (draper).

mer·cer·ize /mə́:rsəràiz/ 動 他 をマーセライズ加工する《木綿の光沢・強度・染色性をよくするための苛(か)性アルカリ処理法; 発明者 John Mercer の名にちなむ》.

mèrcerized cótton 名 Ⓤ マーセライズ加工綿.

***mer·chan·dise** /mə́:rtʃ(ə)ndàiz/ 名 Ⓤ **1**〈集合的〉**商品**. The store's 〜 was badly damaged in the fire. 店の商品は火事でひどい損害を受けた. **2** 在庫品. ── 動 他 を取り引き[売買]する; (広告などで)の販売促進をする;〔新人歌手など〕を売り出す. ── 自 取り引き[売買]を行う. [<古期フランス語 (< *marchand* 'merchant')]

mér·chan·dìs·er 名 Ⓒ マーチャンダイザー, 販売促進活動担当者.

mér·chan·dìs·ing 名 Ⓤ〘商〙**1** マーチャンダイジング, 商品化計画,《ある製品を発売する際, その時期・広告法などすべてを含む作戦計画》. **2** キャラクターグッズ. a 〜 right (キャラクターなどの)商品化権.

‡**mer·chant** /mə́:rtʃ(ə)nt/ 名 (複 **〜s** /-ts/) Ⓒ **1** 商人;〈特に〉貿易商. The *Merchant* of Venice『ヴェニスの商人』《Shakespeare 作の喜劇》. **2**〘米・スコ〙小売商, 店主;〘英〙卸売商 (★〘英〙でも品物の名が前にくる時は小売商の意味に用いられる). a wine 〜 ワイン商. **3**〈形容詞的〉(**a**) 商人の; 貿易の, 商売の. a 〜 prince 豪商. (**b**) 商船の. a 〜 ship 商船. **4**〘話〙..狂. a speed [gossip] 〜 (車の)スピード狂[うわさ魔]. a con 〜 詐欺師. a 〜 of doom [gloom] 何でも悲観的に考える人. [<古期フランス語「商人」(<ラテン語 *mercārē* 'trade')]

mèrchant bánk 名 Ⓒ〘英〙マーチャント・バンク《手形引受と証券発行が主業務; 英国特有の金融機関で最も有名なのが N.M. Rothschild and Sons》.

mérchant·man /-mən/ 名 (複 **-men** /-mən/) Ⓒ 商船.

mèrchant maríne〘米〙[**návy**〘英〙] 名〈the 〜〉(一国の)全商船; 海運力; 全商船船員.

mèrchant of déath 名 Ⓒ 死の商人《国際市場での武器製造販売業者[会社]; 道義的考慮なしの利潤追求の故に非難される》.

mèrchant séaman 名 Ⓒ 商船隊員.

‡**mer·ci·ful** /mə́:rsif(ə)l/ 形 ⓜ **1 慈悲深い**, 情け深い〈*to*, *toward* ..に〉; (苦しみや不幸から解放してくれる)慈悲深い〔死など〕, 幸せな, 安らかな. Be 〜 *to* others. 他人には寛大にしなさい. **2**〔死などが〕神の恵みによる, 幸せな. Death came as a 〜 release. 死が苦しみ[不幸]から救ってくれた. ◇名 mercy ▷**〜·ly** 副 慈悲深く;〈文修飾〉ありがたいことに, 幸いにも, 幸運にも. **〜·ness** 名 Ⓤ 慈悲深さ; 幸運.

‡**mer·ci·less** /mə́:rsiləs/ 形 ⓜ **無慈悲な[で]**, 無情な; 残酷な;〈*to*, *toward* ..に〉. That August was 〜 in its heat. その年の 8 月は情容赦なく暑かった. The conquerors were 〜 *toward* their captives. 征服者たちは捕虜には無慈悲だった.
▷**〜·ly** 副 無情に, 容赦なく. **〜·ness** 名

mer·cu·ri·al /mə:rkjú(ə)riəl/ 形 **1** 水銀の, 水銀を含む. 〜 ointment 水銀軟膏(こう). **2** (Mercury 神のように)敏活な[で]; 快活な; 能弁な; 抜け目のない. **3**〔気性などが〕変わりやすい, 移り気な. a man of a 〜 temperament 気の変わりやすい男. ▷**〜·ly** 副

mer·cú·ri·al·ìsm 名 Ⓤ〘医〙水銀中毒.

mer·cu·ric /mə:rkjú(ə)rik/ 形 水銀の; 水銀を含む;〘化〙第 2 水銀の.

Mer·cu·ro·chrome /mə(:)rkjú(ə)rəkròum/ 名 Ⓤ〘薬〙〘商標〙マーキュロ(クローム), 赤チン.

***mer·cu·ry** /mə́:rkjəri/ 名 **1** Ⓤ〘化〙**水銀**《金属元素; 記号 Hg; quicksilver とも言う》. 〜 poisoning 水銀中毒. **2** Ⓤ〈the 〜〉(温度計, 気圧計の)水銀柱. The 〜 stands at 70° [seventy degrees]. 水銀柱は 70 度を指している. **3**〘ロ神話〙〈M-〉メルクリウス, マーキュリー,《神々の使者で, 商業・雄弁・盗賊などの守護神; ギリシア神話の Hermes に当たる》. **4**〘天〙〈M-〉水星.
The mèrcury is rísing. (1) 水銀柱が上がって行く《気温の上昇, (気圧計では)天気の好転を示す》. (2) 景気[機嫌]がよくなっていく. (3) ますます興奮する.
[<ラテン語 *Mercurius* (<*merx*「商品」)]

Mércury prògram 名〈the 〜〉マーキュリー計画《1958 年に開始された米国初の有人宇宙飛行計画; → Gemini program》.

mércury-vàpor làmp 名 Ⓒ 水銀灯.

‡**mer·cy** /mə́:rsi/ 名 (複 **-cies** /-z/) **1** Ⓤ (特に裁く権限を持つ人の)**慈悲**, 情け; 容赦, 寛大さ; 減刑(の勧告); ⓊⒸ〈時に -cies〉情け深い性質. divine 〜 神の慈悲. have 〜 on one's enemy 敵に情けをかける. plead for 〜 慈悲を乞う. show no 〜 toward ..に哀れみをかけない. punish a guilty man without 〜 罪人を容赦なく罰する. God's *mercies* know no limits. 神の慈悲心に限りはない.

連結 divine [infinite, tender] 〜 // beg for [plead for; exercise, show] 〜

2 Ⓒ 情け深い行為. do small *mercies* for elderly neighbors お年寄りの隣人にあれこれ小さな親切をする.
3 Ⓒ〈普通, 単数形で〉ありがたい[運のいい]こと. That's a 〜! そいつはありがたい. It's a 〜 that we survived at all. 我々がともかく生き残ったことはありがたいことだ.
◇形 merciful

*__at the mércy of . .__＝__at__ *a person's* __mercy__　..のなすがままになって, ..の言いなりになって, ..に翻弄(ほんろう)されて. The ship was *at the* ～ *of* the waves. 船は波に翻弄されていた.
__be gràteful [thànkful] for smàll mércies__ 大事に至らなくて[この程度で]よかったと思う, ささやかな恵みもありがたく思う.
__for mércy's sàke__ 後生だから, お願いだから. *For* ～*'s sake*, turn down that radio! お願いだからラジオの音を低くしておくれ.
__in mércy to . .__ ..を哀れんで, ..がかわいそうで.
__lèave /../ to the tènder mércies of__ *a pèrson*＝__lèave /../ to__ *a pèrson's* __tènder mércies__ ..を人のなすがままに任せる; 〈普通, 反語的に〉..を人の手でひどい目に遭わす.
__Mércy (on [upon] us)!__ おや, まあ, ひゃーたいへん, 《驚き, 恐怖などの間投詞》.
__thrów__ *oneself* __on [upon]__ *a person's* __mércy__ 〔人〕の情にすがる. I *throw* my*self on* your ～. あなたのお情けにおすがりします. *throw* oneself *on the* ～ *of* the court 法廷の恩情にすがる.
[＜ラテン語 *mercēs*「報酬＞神の与える報酬」]

__mércy flìght__ [名] [C] 救急飛行《僻(へき)地などの急患を病院に送る》.

__mércy kìlling__ [名] [UC] 安楽死 (euthanasia).

‡__mere__[1] /míər/ [形] [℃] (→[語法]) 〈限定〉ほんの, 単なる; たかが(..にすぎない). a ～ child ほんの子供. a ～ ten minutes [dollars] わずか 10 分[ドル]. Mr. Smith is no ～ professor, but a very distinguished scholar. スミス氏は決してただの教授ではなく非常にすぐれた学者である. *Mere* words will be of no use. 言葉で言うだけでは何の役にも立たない. The ～ fact that he is an American pleased my boss. 彼がアメリカ人だというだけで私の上司は喜んだ. the ～*st* folly 愚の骨頂. The ～ [～*st*] mention of his name made her angry. 彼の名前を言っただけで彼女は怒った. It's ～ [the ～*st*] nonsense. 全くばかげている ([語法] mere の比較級はないが, しばしば軽蔑などの意味を強める最上級 __mer·est__ /mí(ə)rəst/ は用いる).　[＜ラテン語 *merus*「純粋の」]

__mere__[2] [名] [C] __1__ 〖詩〗湖, 池. __2__ 〈複合要素〉..湖. Lake Winder*mere* ウィンダミア一湖. [＜古期英語]

__Mer·e·dith__ /mérədiθ/ [名] __George__ ～ メレディス (1828–1909) 《英国の小説家・詩人》.

‡__mere·ly__ /míərli/ [副] [℃] ただ(..だけで), 単に(..にすぎない), ([類語] only より形式ばった語). He's ～ a beginner. 彼はほんの初心者だ. I am not complaining. I am ～ telling you what happened. 私は不平を言っているのではありません. 起こったことをお話ししているだけです. I ～ wanted to please my mother. 私はただ母を喜ばせたかっただけだ.
__nòt merely__ *X̀* __but (àlso)__ *Ý* X あるばかりでなく Y もある. The girl is *not* ～ pretty *but* (*also*) clever. 少女はかわいいだけでなく利発だ.

__mer·e·tri·cious__ /mèrətríʃəs ⑱/ [形] 〖章〗一見よく見える, 安ぴかの; 〔文体などが〕俗悪な; けばけばしい; 誠意のない, 見かけだけの. ▷ __～·ly__ [副]　__～·ness__ [名]

†__merge__ /mə:rdʒ/ [動] [自] __1__ 〔会社などが〕合併する 〈*with* ..と〉; [VA] 合併して..なる 〈*into* ..に〉. The two firms ～*ed into* a single enterprise. 2 つの商社は合併して 1 つの企業になった.
__2__ (__a__) 溶け込む 〈*into* ..の中に〉; 〔流れ, 道などが〕合流する. ～ together 溶け合う. The sky seems to ～ *into* the sea. 空と海が溶け合って見える. ～ *into* the background 〖英話〗目立たないようにふるまう. (__b__) [VA] 次第に変化して..なる 〈*into* ..に〉. My anger against John gradually ～*d into* pity. ジョンへの怒りは徐々に哀れみに変わっていった.
―― [他] __1__ 〔会社など〕を合併する. __2__ を溶け込ませる, 没入させる.　[＜ラテン語「浸す, 沈める」]

†__merg·er__ /mə́:rdʒər/ [名] [UC] (企業などの)吸収合併, 合同. ～ and acquisition (会社の)合併と買収《普通 M & A と略す》.

__me·rid·i·an__ /mərídiən/ [名] [C] __1__ 子午線, 経線, (→longitude). __2__ 〈the ～〉正午 (midday). __3__ (繁栄, 発達などの)絶頂, 全盛期, (zenith). the ～ of life 働き盛り, 壮年. This novel marks the ～ of the author's literary career. この小説は作者の文学歴の頂点を記す.
―― [形] 子午線の; 正午の; 絶頂の, 全盛期の.
[＜ラテン語 (＜*medius*「まん中」＋*diēs*「日」)]

__me·ringue__ /məræŋ/ [名] [U] メレンゲ《泡立てた卵白に砂糖を加えて焼いたもの; パイなどの上部の飾りに使う》; [C] メレンゲ菓子. [フランス語]

__me·ri·no__ /mərí:nou/ [名] (複 ～s) __1__ [C] メリノ羊 (__merìno shéep__) 《スペイン原産でその毛は繊維が長くて細い》. __2__ [U] メリノ糸; メリノ織り; 《しばしば綿との混紡でカシミヤに似る》.

*__mer·it__ /mérət/ [名] (複 ～s /-ts/)
【値打ち】 __1__ [U] __価値__, 値打ち; 優秀さ. a novel of great ～ 大変すぐれた小説. judge..on artistic ～ ..を芸術的価値から判断する. __2__ [C] __長所__, 美点, (↔fault, demerit). Economy is one of the chief ～*s* of the plan. 経済性がその計画の主な利点の 1 つだ. ⌞be of [have] literary ～ 芸術的価値がある. ～*s* and demerits (→成句). __3__ [C] 〈普通 ～s〉真価, 実力; 賞[罰]すべき価値, 功罪; 理非曲直. →成句 on [according to] a person's [its] MERITS.
__4__【価値ある行い】[UC] __功績__, 手柄. a man of ～ 功績のある[優秀な]人. His ～*s* earned him rapid promotion. 彼は功績によりたちまち昇進した.
__màke a mérit of . .__ ..を手柄顔する, 誇る.
__mèrits and démerits__ (人の)長所と短所; 得失; 功罪. [注意] demerits /di:mérəts/ は対比を強調するためしばしば /dí:merəts/ となる.
__on [accòrding to]__ *a person's* __[its] mérits__ 人の[その]真価によって. Let's put aside our personal feelings and judge him *on* [*according to*] his (own) ～*s*. 個人的な感情は捨てて彼の真価を見て評価しようではないか. decide a case *on* its ～*s* 本件のみによって(付随的な事柄・個人的な感情は抜きで)判断する.
―― [動] [他] 〈進行形不可〉〖章〗[VO] (～ X/*doing*) X (賞賛, 罰, 信頼など) に/..するに値する. ～ consideration [reward] 考慮[報酬]に値する.
[＜ラテン語「報酬」(＜*merēre* 'earn')]

__mer·i·toc·ra·cy__ /merətákrəsi|-tɔ́k-/ [名] (複 __-cies__) __1__ [C] 能力[実力]主義の社会; 実力者による支配; 能力[実力]主義. __2__ [U] 〈単複両扱い〉(富, 家柄などでなく)実力でのしあがった人たち; 知的エリート. __3__ [UC] 飛び級制度 (成績次第で進級できる). ▷ __mèr·i·to·crát·ic__ [形] 能力[主義]の.

__mer·i·to·ri·ous__ /mèrətɔ́:riəs ⑱/ [形] 〖章〗賞賛[報酬]に値する, 立派な; 報酬を受けるのが当然な.
▷ __～·ly__ [副] あっぱれにも.

__mérit sỳstem__ [名] 〈the ～〉〖米〗(公務員の任官, 昇進に用いる)実力本位制度, 能力主義(人事制度), (→spoils system).

__Mer·lin__ /mə́:rlin/ [名] マーリン《Arthur 王物語に登場し王に味方する予言者・魔術師》.

__mer·lin__ /mə́:rlin/ [名] [C] 〖鳥〗コチョウゲンボウ《小型のハヤブサの一種》.

†__mer·maid__ /mə́:rmèid/ [名] [C] __1__ 女の人魚, 人魚姫, (→merman). __2__ 泳ぎのうまい女性; 女子水泳選手.
[＜中期英語; mere[2], maid]

__mer·man__ /mə́:rmæn/ [名] (複 __-men__ /-mèn/) [C] __1__ 男の人魚. __2__ 泳ぎのうまい男性; 男子水泳選手.

*__mer·ri·ly__ /mérili/ [副] __1__ __陽気に__; 楽しく. laugh

M

[sing] ～ 陽気に笑う[歌う]. **2** 憂いなく; (問題があるのに)平気で.

‡**mer·ri·ment** /mérimənt/ 名 U 陽気に騒ぐこと, 笑いさざめくこと[楽しむこと]; 面白さ.

‡**mer·ry** /méri/ 形 e (**-ri·er**|**-ri·est**) **1** 〖やや旧〗**陽気な**, 快活な, (類語 笑いさざめく陽気さを強調する; →gay, jolly). a ～ gathering 陽気な集まり. a ～ chap 愉快な奴. The more, the *merrier*. 人数が多ければ多いほど楽しい《パーティーなどに誘う時に使う》. *The ～ Wives of Windsor*『ウィンザーの陽気な女房たち』《Shakespeare 作の喜劇》. **2** 〔冗談などが〕笑わせる, 愉快な. a ～ joke 愉快なしゃれ. **3** きびきびした, 元気のいい. a ～ pace きびきびした足取り. **4** 〖英話・やや旧〗〈叙述〉ほろ酔い機嫌の. **5** 〖古〗心地よき, 爽快なる. the ～ month of June 爽快な 6 月.

***A mèrry* [*Mèrry*] *Chrístmas* (*to you*)!** よいクリスマスを(お迎えください); クリスマスおめでとう (=I wish you a ～ Christmas.).

màke mérry (飲み食いで)浮かれる, 陽気に騒ぐ.

màke mérry over .. ..をからかう (make fun of).

[＜古期英語] ▷**mer·ri·ness** 名

Mèrry [**Mèrrie** /mèri-/] **Éngland** 名 楽しきイングランド《英国人が自国を愛着を込めて呼ぶ時に用いる》.

†**mérry-go-ròund** 名 C **1** 回転木馬, メリーゴーラウンド, (〖米〗carrousel, 〖英〗roundabout). **2** めまぐるしい動きの連続; 急転回. the ～ of parties at this time of year この時期の次から次と続くパーティー.

mérry·màker 名 C 浮かれ騒ぐ人.

mérry·màking 名 U 浮かれ騒ぐこと, お祭り騒ぎ.

Mèrry Mén 名 〈複数扱い〉 **1** '陽気な仲間たち'《Robin Hood の部下たち》. **2** 〈m- m-〉〖戯〗仲間たち, 部下たち.

M

mérry·thòught 名 〖英〗=wishbone.

Mer·sey /mə́:rzi/ 名 〈the ～〉 マージー川《England 北西部を流れ Irish Sea に注ぐ》.

Mer·sey·side /mə́:rzisàid/ 名 マージーサイド《England 北西部の旧州; 州都 Liverpool》.

me·sa /méisə/ 名 C 〖米〗メサ《周囲が急な崖(がけ)になった台地状の地形; 米国南西部, メキシコなどの乾燥地に多く, butte より大きい》. [スペイン語 'table']

mé·sal·li·ance /meizǽliəns|mez-/ 名 UC 身分の低い者との結婚 (→misalliance). [フランス語]

mes·cal /meskǽl/ 名 **1** C 〖植〗リュウゼツラン《サボテンの一種》. **2** U メスカル酒《リュウゼツランから作る》.

mes·ca·lin(e) /méskəlì:n, -lən/ 名 U メスカリン《サボテンの一種から作る幻覚剤》.

Mes·dames /meidá:m|méidæm/ 名 Madam, Madame の複数形.

「2, 3 の複数形.

mes·dames /meidá:m|méidæm/ 名 madam 1,↑

mes·de·moi·selles /mèidəm(w)əzél/ 名 mademoiselle の複数形.

me·seems /mi(:)sí:mz/ 動 (過 **-seemed**) 自 〖古〗私には..と思われる, 思うに, 〈*that* 節〉 (→methinks). *Meseems that* he is disappointed. 彼は失望しているように思われる (★主語がないことに注意). [＜中期英語 *me semeth* 'it seems to me']

†**mesh** /meʃ/ 名 **1** C 網[編み物, ふるい]の目. a net of one-inch ～*es* 1 インチの目の網. **2** UC 網細工; 網織地, メッシュ; 〈普通 ～es〉 網, 網糸. a fine [coarse] ～ 目の詰んだ[粗い]網織. (a) wire ～ 金網. a pair of ～ shoes メッシュの靴 1 足. **3** C 〈しばしば ～es〉 入り組んだ網状のもの[機構, 組織など]; (法律などの)網; わな. a complex ～ of railways 入り組んだ鉄道網. be caught in the ～*es* of a spider's web [of the law] クモの巣[法の網]にかかる. a ～ of lies 虚言のわな.

in mésh 〔歯車が〕かみ合って.

―― 動 他 **1** 〔魚など〕を網で捕える. **2** 〔歯車など〕をかみ合わせる. ―― 自 **1** 網・わななどにかかる. **2** 〔歯車などが〕かみ合う 〈*with* ..と〉. **3** うまくいく, 調和する, 〈*with* ..と〉. [＜中期英語 (?＜オランダ語)]

mes·mer·ic /mézmerik, més-|méz-/ 形 〖旧〗催眠術の. [＜オーストリアの医師 F. A. *Mesmer* (1734–1815)]

mes·mer·ism /mézmərìz(ə)m, més-|méz-/ 名 〖旧〗=hypnotism. ▷**més·mer·ist** 名

mes·mer·ize /mézməràiz, més-|méz-/ 動 他 **1** 〖旧〗=hypnotize 1. **2** を魅惑する, うっとりさせる; を唖(あ)然とさせる.

més·mer·ìz·ing 形 魅惑的な.

▷**～·ly** 副 **～·ness** 名

mes·o·carp /mézəkà:rp/ 名 C 〖植〗中果皮.

mes·o·derm /mézədə:rm/ 名 C 〖生物〗中胚(はい)葉.

Mes·o·lith·ic /mèzəlíθik, mèsə-|mèsə- ㊥/ 形 中石器時代の.

mes·on /mézɑn, mí:-, -sɑn|mí:zɔn, mésɔn/ 名 C 〖物理〗中間子.

Mes·o·po·ta·mi·a /mès(ə)pətéimiə/ 名 メソポタミア《Tigris 川と Euphrates 川にはさまれた地域(今のイラク)で, 古代文明の一中心地》. [ギリシア語「2 つの河 (*potamós*) の間の国」]

Mes·o·po·ta·mi·an /mès(ə)pətéimiən ㊥/ 形, 名 C メソポタミアの(人).

mes·o·sphere /mèsousfíər/ 名 〈the ～〉 中間圏《stratosphere より上の層》.

Mes·o·zo·ic, m- /mèzəzóuik, mèsə-|mèsə- ㊥/ 形, 名 〖地〗〈the ～〉 中生代(の)《恐竜のいたジュラ紀 (the Jurassic period) を含む》.

mes·quite /meskí:t/ 名 C メスキート《マメ科の低木; 米国南西部からチリにわたる砂漠地帯に産する; とげがありさやに入った実は家畜の飼料》.

‡**mess** /mes/ 名 (複 **méss·es** /-əz/)

【混乱状態】 **1** aU **乱雑さ**, 取り散らかし, ごった返し; 不潔; (類語 単に乱雑さだけでなく, きたない感じも含む; →disorder). make a ～ 散らかす, きたなくする. make a ～ of..→成句. cannot stand ～ 散らかっているのに我慢ができない. Have you ever seen so much ～ and disorder? こんなに散らかっているのを見たことがありますか. The room is *in an* awful ～ right now. 部屋は今ひどく散らかっている.

2 C 面倒な事態, 困った立場, 窮境; 失敗, へま. be always getting into ～*es* しょっちゅう面倒な羽目に陥る. I'm *in a* real ～ and I need your help. 本当に困っているので君に助けて欲しい. A nice ～ you've got us into! えらい目に会わせてくれたな《nice は反語》.

3 UC 取り[食べ]散らかしたもの, ごみ, くずの山; こぼれたり焼けたりしたもの; (家畜などの)排泄(せつ)物, 糞. make a dreadful [an awful] ～ ひどく食べ散らかす. clear up the ～ made by a dog 犬の汚物を片付ける.

4 C 〈普通, 単数形で〉〖話〗だらしないやつ. Look at you, you're a ～. 見てごらん, 君のかっこうはひどいよ.

【ごったまぜの食物】 **5** C 〈普通, 単数形で〉 (特にどろどろした 1 食分の)食物; (猟犬などの)混合食.

6 UC 〈普通, 単数形で〉 (軍隊などの会食の)食事; C 会食室; C 〈単数形で複数扱いもある〉 会食仲間. be at ～ 会食中である.

a mess of 〖米話〗たくさんの. catch *a* ～ *of* trout マスをうんと捕る.

a mèss of póttage 一碗(わん)のあつもの《聖書『創世記』より; →Esau》; 高価な犠牲を払って得た物質的利益, 目先の小利.

「〔仕事など〕をしくじる.

màke a méss of .. 〖話〗〔計画など〕をだいなしにする;↑

màke a méss of it 〖話〗へまをやる.

―― 動 他 **1** 〖主に米話〗きたなくする. →成句 MESS /../ up. **2** に給食する. ―― 自 **1** 会食する 〈*with* ..

と〉. **2** へまをやる; むちゃなことをする.
mèss aróund [***abóut***] (1)〘話〙のらくらする, ぶらぶらする. (2)のんびりと働く, 気ままに過ごす. (3)ばか騒ぎをする; ばかを言う. There are some children *～ing around* near the house. 家の近くで子供たちがばか騒ぎをしている. (4)〘卑〙だれとでもやる《セックスを》.
mèss /../ aróund [***abóut***] 〘話〙〔人〕に手荒い[心ない]仕打ちをする, ..をこけにする, ..をもてあそぶ; ..を台無しにする; ..をいい加減に扱う.
mèss aróund [***abóut***] ***with ..*** (1)..を(下手に)いじくり回す, いじり回して気ままに時間を過ごす. Don't *～ around with* my camera. ぼくのカメラをいじくり回さないでくれ. (2)..と不倫をする.
mèss úp しくじる, へまをする, 〈*on* ..を〉.
mèss /../ úp (1)〔部屋など〕を散らかす; をよごす. Don't *～ up* my papers. 私の書類を散らかさないでくれ. (2)〔計画など〕を台無しにする, めちゃくちゃにする. Losing all our cash and traveler's checks really *～ed up* our vacation. 現金と旅行者用小切手をなくして我々の休暇はまったく台無しになった. (3)〘俗〙を荒々しく扱う, ぶったたく. (4)..に精神的外傷[後遺症]を与える.
méss with [***in***] ***..*** 〘話〙..におせっかいをする, 干渉する; ..とかかわりを持つ; 〔器械など〕をいじくる; 〈しばしば否定の命令文で〉.
[<後期ラテン語 *missus*「食卓に置かれた食物」(<ラテン語 *mittere* 'send, put')]

‡mes·sage /mésidʒ/ [名] (複 **-sag·es** /-əz/) [C]
【伝達】 **1** 伝言, ことづて; 書信; (電信, ラジオなどによる)通信, 報道, コマーシャル. a congratulatory ～ 祝辞[祝電]. leave a ～ for him with his secretary 秘書に彼あての伝言を頼む. I received his telephone ～ for you; he wants you to meet him at the station. 駅まであなたに迎えにきてほしいという電話の伝言が彼からありました. We've had a ～ (to say) that your son is ill. 君の息子さんが病気だという知らせを受けた. The doctor is not in today; ⌊may [can] I take a ～ [would you like to leave a ～]? 今日先生は不在ですが, ご用件をうかがっておきましょうか.

[連結] send [convey; dispatch; cable, wire; get] a ～ // a ～ says..; a ～ tells [informs] a person..

2 メッセージ; (大統領などの)教書. issue a ～ of protest 抗議の声明を出す. deliver a ～ of welcome 歓迎の辞を述べる. the State of the Union *Message* (米国大統領の)年頭[一般]教書.
3〘古〙用向き, 使い(走り), (errand). go on [do] a ～ 使いに行く. send a person on a ～ 人を使いにやる.
【伝達内容】 **4** 〈the ～〉(本などの)要旨, ねらい, 言いたいこと; 教訓. a movie with the ～ that crime doesn't pay 犯罪は引き合わないという趣旨の映画. I don't know how to get the ～ across. 私の言いたいことをどう伝えていいかわからない.
5 〈the ～〉神託, お告げ《宗教家の》.
gèt the méssage 〘話〙真意をつかむ, ピンとくる, よくわかる. (Do you) *get the ～*? わかったかい (★〘話〙では Do you が省略されることがある).
── [動] [他] をメッセージとして送る.
[<ラテン語 *missus*「送られた(もの)」(< *mittere* 'send'); -age]

mèssed-úp /[移]/ [形] (精神的に)悩みのある; 精神的後遺症に悩んでいる.
Mes·sei·gneurs /mèseinjɔ́:r(z)/ [名] Monseigneur の複数形.
‡mes·sen·ger /més(ə)ndʒər/ [名] (複 **～s** /-z/) [C] **1** 使いの者, 使者, 伝令; 郵便配達員, (公文書の)送達吏; (会社などの)使い走り. send a letter by (a) ～ 使いを立てて手紙を届ける. a diplomatic ～ 外交使節. a ～ boy 使い走りの少年. **2**〘生化〙伝達子《遺伝情報を伝える化学物質; messenger RNA (リボ核酸)など》.
shòot [***blàme, kìll***] ***the méssenger*** (責任のある人ではなく)(悪いニュースを伝える)下の人を責める[罰する].
[<古期フランス語 *messagier*; 中期英語で g の前に n が入った; message, -er[1]]

méss hàll [名] [C] 〘主に米〙(軍隊などの)食堂.
‡Mes·si·ah /məsáiə/ [名] **1** 〈the ～〉(ユダヤ人の)救世主, メシア; (キリスト教徒の)救世主 (Savior), キリスト. **2** [C] 〘話〙〈普通 m-〉(待望される)救済者.
Mes·si·an·ic /mesiǽnik/ [形] **1** 救世主の; 救世主キリストの. **2** 救世主的な.
Mes·sieurs /mésərz | mesjɔ́:/ [名] Monsieur の複数形.
Mes·si·na /mesí:nə/ [名] **the Strait of ～** メッシナ海峡《イタリア南部と Sicily との間》.
méss kìt [名] [C] 〘軍〙携帯用食器セット《兵隊用》.
méss·màte [名] [C] (特に軍艦, 船舶での)会食仲間.
Messrs., 〘主に英〙 **Messrs** /mésərz/ [名] Messieurs の略《Mr. の複数形として 2 人以上の男性の名前の前に付ける (→Mr.); 又会社名の前に付け, あて名などに用いる》. ～ Jones & Co. ジョーンズ商会御中.
méss-ùp [名] [C] 〘話〙混乱; 手違い.
‡mess·y /mési/ [形] [e] **1** 〔場所などが〕散らかった. **2** よごれた. **3** 〔仕事などが〕手をよごす(ような), きたない; めちゃくちゃな. **4** 厄介な, 面倒な.
▷ **mess·i·ly** [副] **mess·i·ness** [名]
mes·ti·zo /mestí:zou/ [名] (複 **～(e)s**) [C] (特にスペイン人とアメリカ先住民の)混血児.
Met /met/ [名] 〈the ～〉 **1** 〘英話〙気象庁 (the Meteorological Office, **the Mét Òffice**).
2 〘米話〙(New York 市の)メトロポリタン歌劇場[団] (the Metropolitan Opera House [Company]). **3** メトロポリタン美術館 (the Metropolitan Museum of Art). **4** 〘英話〙ロンドン警視庁 (the Metropolitan Police).
met /met/ [動] meet[1] の過去形・過去分詞.
met. metropolitan.
met- /met/ 〈複合要素〉→meta-.
met·a- /métə/ 〈複合要素〉〈母音とhの前では met-〉「変化して, 後に, 共に」などの意味. [ギリシア語 *metá* 'with, across, after']
met·a·bol·ic /mètəbálik | -bɔ́l- [移]/ [形] 〘生物〙(新陳)代謝の.
†me·tab·o·lism /mətǽbəlìz(ə)m, me-/ [名] [U] 〘生物〙(新陳)代謝, 物質交代. raise one's ～ 代謝作用を高める.
me·tab·o·lize /mətǽbəlàiz/ [動] [他] を新陳代謝させる.
met·a·car·pal /mètəkɑ́:rp(ə)l [移]/ 〘解剖〙 [形] 掌(しょう)部の; 中手骨の. ── [名] [C] 中手骨.
met·a·car·pus /mètəkɑ́:rpəs/ [名] (複 **met·a·car·pi** /-pai/) [C] 〘解剖〙掌(しょう)部, 中手, 《手首と指の付け根の間》; 〈特に〉その骨格.
‡met·al /métl/ [名] (複 **～s** /-z/) **1** [UC] **金属**, 合金; 〘化〙金属元素. a toy made of ～ 金属製のおもちゃ. a light [heavy] ～ 軽[重]金属. a precious [noble] ～ 貴金属. a base ～ 卑金属. **2** [U] 金属製品. **3** ＝mettle.
4 〘英〙 [U] (道路, 鉄道線路用の)砕石, 敷砂利, (road metal); [C] 〈～s〉(鉄道の)線路, レール. The train left the ～s. 列車が脱線した. **5** [U] 種ガラス《冷えて固まる前の液状ガラス》. **6** [U] 金属活字. **7** ＝heavy metal.
── [形] 金属(製)の.
── [動] (～s | 〘英〙 -ll-) [他] **1** に金属をかぶせる. **2** 〘英〙〔道路〕に砕石を敷く.
[<ギリシア語「鉱山, 石切場, 金属」]
met·a·lan·guage /métəlæ̀ŋgwidʒ/ [名] [UC] メタ言語《言語を分析・説明するのに用いるより高次な記号, 言語体系》.
métal detèctor [名] [C] 金属探知器.
métal fatìgue [名] [U] 金属疲労.
mét·al(l)ed [形] 砕石を敷いた〔道路など〕.

M

***me·tal·lic** /mətǽlik/ 形 **1** Ⓒ **金属(製)の**; 金属に似た; 金属を含む. a ～ element 金属元素. a ～ compound 金属化合物. ～ silver paint メタリックシルバーの塗装. **2** Ⓜ 〔音, 光沢などが〕金属性の, 金属的な. a ～ taste like blood 血のような金臭(かなくさ)い味. a ～ voice きんきん声. ▷**me·tal·li·cal·ly** /-k(ə)li/ 副

met·al·lif·er·ous /mètəlífərəs 移/ 形 金属を産する, 金属を含む.

met·al·lur·gi·cal /mètələ́ːrdʒik(ə)l 移/ 形 冶(や)金学の; 冶金(術)の.

met·al·lur·gist /métələ̀ːrdʒist|metǽlədʒist/ 名 Ⓒ 冶(や)金学者, 冶金家.

met·al·lur·gy /métələ̀ːrdʒi|metǽlədʒi/ 名 Ⓤ 冶(や)金学; 冶金(術). [＜ギリシア語「金属」＋「仕事」]

métal·wòrk 名 Ⓤ 金属細工; 金属製品; 金属工作; 金属の部分. ▷**～·er** 名 Ⓒ 金属細工師.

métal·wòrk·ing 名 Ⓤ 金属細工術.

met·a·mor·phic /mètəmɔ́ːrfik 移/ 形 **1** 変形の; 変質の; 〘生物〙変態の. **2** 〘地〙変成の. ～ rocks 変成岩.

met·a·mor·phose /mètəmɔ́ːrfouz/ 動 他 を変形[変質, 変態]させる 〈*from* ..から/*into* ..に〉; 〘地〙〔岩などを〕を変成させる. The country girl has been ～*d into* a stunning star of the screen. 田舎から出てきた娘が銀幕の目も覚めるようなスターに変わった. ── 自 変形[変質, 変態]する 〈*from* ..から/*into* ..に〉. A chrysalis ～*s into* a butterfly. 蛹(さなぎ)はチョウに変態する.

met·a·mor·pho·sis /mètəmɔ́ːrfəsəs/ 名 (複 **met·a·mor·pho·ses** /-sìːz/) UC **1** 〘生物〙変態 《オタマジャクシからカエル, 蛹(さなぎ)からチョウに変わるような急激な変化過程》; 〘医〙変性, 変態. **2** (魔法などによる)変形, 変身; 大変貌(ぼう). the social ～ in China 中国の社会的大変革. [ギリシア語「変身」]

met·a·nal·y·sis /mètənǽləsəs/ 名 (複 **met·a·nal·y·ses** /-sìːz/) UC 〘言〙異分析 《2 語[語群]の切れ目を誤って解釈する現象. an adder は本来 a nadder であった》.

†**met·a·phor** /métəfɔ̀ːr, -fər|-fə/ 名 UC 〘修辞学〙 **1** 隠喩(ゆ), 暗喩, メタファー, 《as, like による simile (直喩)に対し, これらを用いない比喩; 例えば a will *like* iron (鉄のような意志)は直喩であるが a will of iron (鉄の意志)は隠喩》. **2** 象徴, 具体例 〈for ..の〉. [＜ギリシア語「移動」(＜meta-「向こうへ」＋*phérein*「運ぶ」)]

†**met·a·phor·i·cal** /mètəfɔ́ːrik(ə)l|-fɔ́r- 移/ 形 隠喩(ゆ)的な, 隠喩を用いた; 比喩的な.
▷**～·ly** 副 隠喩で; 比喩的に.

‡**met·a·phys·i·cal** /mètəfízik(ə)l 移/ 形 **1** 形而上(けいじじょう)学の. **2** 純理的な; 高度に抽象的な; 難解な; 〘軽蔑〙空論的な. **3** 〈しばしば M-〉〔詩(人)が〕形而上派の 《17 世紀初期の英国の奇想や技巧を駆使する知性的な詩派》. ～ poetry 形而上派の[的な]詩.
▷**～·ly** 副 形而上学的に; 純理的に.

met·a·phy·si·cian /mètəfizíʃ(ə)n/ 名 Ⓒ 形而上(けいじじょう)学者.

met·a·phys·ics /mètəfíziks/ 名 〈単数扱い〉 **1** 形而上(けいじじょう)学; 純正哲学. **2** (難解な)抽象論; 〘軽蔑〙空論.

me·tas·ta·sis /metǽstəsis/ 名 (複 **me·tas·ta·ses** /-sìːz/) UC **1** 〘医〙(癌(がん)細胞などの)転移. **2** (話題の)急転換.

me·tas·ta·size /metǽstəsàiz/ 動 自 〔癌(がん)細胞などが〕転移する.

met·a·tar·sus /mètətáːrsəs/ 名 (複 **met·a·tar·si** /-sai/) Ⓒ 〘解剖〙中(足)骨.

me·tath·e·sis /mətǽθəsis/ 名 (複 **me·tath·e·ses** /-sìːz/) UC 〘言〙音[字]位転倒 《1 語中の文字[音]を逆にすること; 例えば古期英語の brid が, -ri- の逆転によって bird になったなど》.

‡**mete** /miːt/ 動 他 〘章〙 VOA (～ /X/*out*) X ((刑)罰など)を科する; X (報酬など)を割り当てる, 与える; 〈*to* ..に〉 (**allot**). ～ *out* penalties *to* the offenders 違反者に罰を与える. [＜古期英語「測る」]

me·tem·psy·cho·sis /mètem(p)saikóusis/ 名 (複 **me·tem·psy·cho·ses** /-siːz/) UC 生まれ変わり[変わること], 輪廻(りんね).

†**me·te·or** /míːtiər/ 名 Ⓒ **1** 流星, 隕(いん)石. **2** 流星の尾. [＜ギリシア語「高く上げられた」]

me·te·or·ic /mìːtiɔ́ːrik|-ɔ́r- 移/ 形 **1** 流星の. **2** 〔経歴などが〕彗(すい)星のような, 一時的に華々しい; 〔失墜などが〕急速な. a ～ rise to power たちまち権力の座にのし上がること. **3** 大気の, 気象上の.
▷**me·te·or·i·cal·ly** /-k(ə)li/ 副

‡**me·te·or·ite** /míːtiəràit/ 名 Ⓒ 隕(いん)石 《meteor が地上に達したもの》.

me·te·or·oid /míːtiərɔ̀id/ 名 Ⓒ 〘天〙流星体.

‡**me·te·or·o·log·i·cal** /mìːtiərəlɑ́dʒik(ə)l|-lɔ́dʒ- 移/ 形 気象の; 気象学上の. a ～ observatory 気象台. a ～ chart 天気図. a ～ satellite 気象衛星.

Meteorológical Òffice 名 〈the ～〉〘英〙気象庁 (〘米〙Weather Bureau; 〘英話〙Met (Office)).

me·te·or·ol·o·gist /mìːtiərɑ́lədʒist|-ɔ́l-/ 名 Ⓒ 気象学者, 気象予報官[士].

‡**me·te·or·ol·o·gy** /mìːtiərɑ́lədʒi|-ɔ́l-/ 名 Ⓤ 気象学.

‡**me·ter**[1] 〘米〙, **-tre** 〘英〙 /míːtər/ 名 (複 **～s** /-z/) Ⓒ メートル 《長さの単位; 略 m; 約 3.28 フィート》. [＜ギリシア語 *métron*「物差し, はかり」]

***me·ter**[2] 〘米〙, **-tre** 〘英〙 /míːtər/ 名 (複 **～s** /-z/) UC **1** (詩の)韻律, 格, 《英詩では強・弱の音節の規則的配合から成る詩脚 (foot) の構造と数で決まる; →iamb, trimeter, tetrameter, pentameter, hexameter》. **2** 〘楽〙拍子. [＜meter[1]]

***me·ter**[3] /míːtər/ 名 (複 **～s** /-z/) Ⓒ (ガス, 電気などの)メーター, 計器; ＝parking meter. a water ～ 水道のメーター. read the ～ 検針する. ── 動 他 をメーターで計る. [＜meter[1]]

-me·ter /míːtər, mətər/ 〈複合要素〉〈名詞を作る〉 **1** 「..計器」の意味. baro*meter*. thermo*meter*. **2** 韻律の「..歩格」の意味. tri*meter*. penta*meter*. **3** 「..メートル」の意味 (〘英〙-metre). centi*meter*. kil*ometer*. [ギリシア語 *métron*「物差し, はかり」]

mèter-kìlogram-sécond 形 MKS 単位系の 《略 mks》.

méter màid 名 Ⓒ 駐車違反取り締り係[婦人警官].

meth·a·done /méθədoun/ 名 Ⓤ 〘薬〙メタドン 《ヘロイン中毒の治療薬》.

meth·ane /méθein|míː-/ 名 Ⓤ 〘化〙メタン.

meth·a·nol /méθənɔ̀ːl, -nòul|-nɔl/ 名 ＝methyl alcohol.

meth·i·cil·lin /mèθəsílin/ 名 Ⓤ メチシリン 《抗生物質の 1 つ》.

me·thinks /miθíŋks/ 動 (過 **-thought**) 自 〘古・戯〙思うに, 私には..と思われる, 〈*that* 節〉 (it seems to me; →meseems). [＜古期英語 *mē thynceth* 'it seems to me']

‡**meth·od** /méθəd/ 名 (複 **～s** /-dz/) **1** Ⓒ (組織立った)**方法**, 方式; 方法 〈*of*, *of* [*for*] do*ing* ..の, する; ★*to* do は不可〉; 教授法, 研究方法; (類語 秩序立った論理的方法を意味する; →way 11). adopt a new ～ *of* [*for*] teach*ing* English 新しい英語教授法を取り入れる. Modern ～*s* have improved industry. 近代的方式で産業は向上した.

> 連結 an up-to-date [an obsolete, an old-fashioned; an ingenious, a novel, an original, a unique; a radical; a sound; a sure; a sophisticated; a crude] ～ // introduce [apply; design, devise; abandon, discard] a ～

2 Ⓤ (思考, 行為の)順序, 秩序; 順序正しさ, きちょうめんさ. a man of ～ (考え方や行動の)きちんとした人. read with [without] ～ 系統的に読書する[乱読する]. There's ～ in his madness. 彼の行為は見かけほど不合理でない《Shakespeare 作 *Hamlet* の「狂気とはいえ, ちゃんと筋が通っている」を基にした成句》(★〘米〙では *to* his madness も用いる).
3 〈the M-〉スタニスラフスキー・システム《俳優による役の内面的体験を重視する演技・演出方法; **Méthod Àcting**とも言う》.
[<ギリシア語「知識の追求, (調査の)方法」]

†**me·thod·i·cal** /məθɑ́dik(ə)l|-θɔ́d-/ 形 **1** 秩序立った, 組織的な, 体系的な, (systematic). Holmes made a ～ search of the room. ホームズはその部屋を順序立てて調べた. **2** (仕事などの)周到な, きちょうめんな.
▷～**·ly** 副 整然と, 体系的に; 周到に.

Meth·od·ism /méθədìz(ə)m/ 名 Ⓤ メソジスト派《John Wesley (1703–1791) の始めたキリスト教新教の1派》; メソジスト派の教義.

‡**Meth·od·ist** /méθədist/ 名 Ⓒ メソジスト教徒.
── 形 メソジスト教徒[派]の.

meth·od·ize /méθədàiz/ 動 他 を順序[秩序]立てる, 方式化する.

†**meth·od·ol·o·gy** /mèθədɑ́lədʒi|-ɔ́l-/ 名 (複 **-gies**) ⓊⒸ 方法論; (1系列の)方法. 注意 通俗には method (方法)の意味で使われることが多い.
▷**meth·od·o·log·i·cal** /mèθədəlɑ́dʒik(ə)l|-lɔ́dʒ-◎/ 形 **meth·od·o·log·i·cal·ly** /mèθədəlɑ́dʒik(ə)li|-lɔ́dʒ-/ 副

me·thought /miθɔ́:t/ 動 methinks の過去形.

meths /meθs/ 名〘英話〙＝methylated spirits.

Me·thu·se·lah /məθ(j)ú:z(ə)lə/ 名 **1**〘聖書〙メトセラ《969歳まで生きたという伝説の人;『創世記』より》. **2** Ⓒ〘しばしば戯〙長寿者; 非常に旧式な人.
3 Ⓒ〈m-〉ワイン用大びん《9リットル入り》.
as òld as Methúselah 非常に長命な.

meth·yl /méθəl|méθəl, mí:θail/ 名 Ⓤ〘化〙メチル.

mèthyl álcohol 名 Ⓤ メチルアルコール (wood alcohol, methanol).

meth·y·late /méθəlèit/ 名 Ⓤ〘化〙メチレート《メチルアルコール誘導体》. ── 動 他 にメチルアルコールを混ぜる; をメチル化する.

mèthylated spírits /-əd-/ 名 Ⓤ 変性アルコール《飲用に不適》.

‡**me·tic·u·lous** /mətíkjələs/ 形 細心の, 念入りな; 細心すぎる〈*in* [*about*] (do*ing*)..(すること)に〉. She was ～ *in* account*ing* for the money she had spent. 彼女は金の使途を細かく明らかにした.
[<ラテン語 *metus*「怖れ」] ▷～**·ly** 副 細心に. ～*ly* tidy 神経質なまでにきれい好きな. ～**·ness** 名

mé·tier /meitjéi|métiei/ 名 Ⓒ 職業, 商売; 専門, 得意の分野; 専門技術. [フランス語 'business, trade']

me·ton·y·my /mətɑ́nəmi|-tɔ́n-/ 名 (複 **-mies**) ⓊⒸ〘修辞学〙換喩(ゆ)《king の意味で crown, writer の意味で pen と言うなど》.

me-too /mì:tú:/ 形〘米話〙追従的な, 自主性のない. a ～ price hike 便乗値上げ.

mè·tóo·ism 名 Ⓤ〘米話〙模倣主義.

met·o·pe /métəpi|métoup/ 名 Ⓒ〘建〙メトープ, 小間壁,《ドリス式建築物で2個の triglyph の間の四角い壁》.

me·tre /mí:tər/ 名〘英〙＝meter[1,2].

-met·re /mí:tər/ 〈複合要素〉〘英〙＝-meter 3.

‡**met·ric** /métrik/ 形 **1** メートル(法)の. go ～ メートル法を採用する. **2** ＝metrical.

met·ri·cal /métrik(ə)l/ 形 **1** 韻律の; 韻律のある, 韻文の. **2** 測定の, 計量の. ▷～**·ly** 副

met·ri·cate /métrikèit/ 動 他, 自 (を)メートル法にする, (に)メートル法を採用する. ▷**mèt·ri·cá·tion** 名

met·ri·cize /métrəsàiz/ 動 他 ＝metricate.

met·rics /métriks/ 名〈単数扱い〉韻律学, 作詩法.

métric sỳstem 名〈the ～〉メートル法《英国では1995年10月1日に施行された》.

mètric tón 名 Ⓒ メートルトン《千キログラム; →ton》.

met·ro /métrou/ 名 (複 **～s**) ⓊⒸ〘話〙〈普通 the ～〉(パリなどの)地下鉄 (→underground). by ～ 地下鉄で.

Mètro-Gòld·wyn-Máy·er /-gòuldwin-méiər/ 名 メトロ・ゴールドウィン・メイヤー《米国 Hollywood にある映画会社; 略 MGM》. 「ム.

met·ro·nome /métrənòum/ 名 Ⓒ〘楽〙メトロノー↑

mèt·ro·nóm·ic 形 メトロノームの; 規則正しい.

†**me·trop·o·lis** /mətrɑ́p(ə)lis|-trɔ́p-/ 名 Ⓒ **1** (国, 州などの)主要都市, 大都市; 首都 (capital);〘英〙〘章・戯〙〈the ～, the M-〉ロンドン; (類語 都市のうちで最大, しかし数個の都市が集まった megalopolis ほどではない; →city). **2** (産業, 文化などの)中心都市, 大都市. **3**〘キリスト教〙首都大司教[大主教]管区. [ギリシア語 'mother city' (<*mḗtēr*「母」+*pólis*「都市」)]

*__met·ro·pol·i·tan__ /mètrəpɑ́lətn|-pɔ́l-◎/ 形 Ⓒ
1 首都の; 主要都市の; 大都市の. the ～ police 首都警察, 警視庁. the ～ area 首都[大都市]圏.
2〘キリスト教〙大司教[大主教]管区の.
3 (植民地に対して)本国の. Canadian French is different from what is spoken in ～ France. カナダのフランス語はフランス本国のものと異なっている.
── 名 Ⓒ **1** 首都[大都市]の住民; 都会人.
2〈しばしば M-〉〘キリスト教〙大司教, 大主教, (**metropòlitan bíshop**). [metropolis, -ite, -an]

metropólitan còunty 名 Ⓒ〘英史〙大都市州《1974–86年の制度で Greater Manchester など6つあった》.

Mètropolitan Muséum of Àrt 名〈the ～〉メトロポリタン美術館《New York 市にある;〘米話〙では the Met と言う》.

Mètropolitan Ópera Còmpany [Hòuse] 名〈the ～〉メトロポリタン歌劇団[場]《歌劇場は New York 市の Lincoln Center にある; 歌劇団はそこを根拠地とする;〘米話〙では the Met と言う》.

Mètropolitan Polı́ce 名〈the ～〉ロンドン警視庁 (〘話〙the Met)《the City は管轄外》.

-me·try /mətri/ 〈複合要素〉「測定法[学, 術]」の意味の名詞を作る. geo*metry*.
[ギリシア語 'measurement']

met·tle /métl/ 名 Ⓤ **1**〘章〙勇気; 気概, 根性. a man of ～ 勇敢な[根性のある]人. test a person's ～ 人の根性を試す. show [prove] one's ～ 気を吐く, 底力を見せる. **2** 気質, 気性.
kèep [*pùt, sèt*] *a pérson* ***on*** *his* [*her*] ***méttle*** 人を奮起させる.
on one's méttle 奮起して. [metal の異形]

met·tle·some /métls(ə)m/ 形〘雅〙元気のよい, 血気盛んな, 勇み立った〔馬など〕.

meu·nière /mənjéər/ 形〘料理〙ムニエルにした. sole à la ～ 舌ビラメのムニエル. [フランス語 '(in the manner of) a miller's wife']

Mev, MeV million electron volts (100万電子ボルト).

mew[1] /mju:/ 名 Ⓒ にゃー《猫, カモメなどの鳴き声; →miaow》. ── 動 自〔猫などが〕にゃーと鳴く. [擬音語]

mew[2] 名 Ⓒ〘鳥〙カモメ (sea mew). [<古期英語]

mewl /mju:l/ 動 自〔赤ん坊などが〕弱々しい声で泣く.

mews /mju:z/ 名 (複 ～) Ⓒ〘英〙**1** (昔, 住宅街の裏側の広場や通りに並んだ)馬小屋; 馬小屋の並んだ広場[通り]. **2** (馬小屋改造のしゃれた)アパート[ガレージ](の並ぶ広

M

場, 通り).

Mex. Mexican; Mexico.

†**Mex·i·can** /méksikən/ 形 メキシコ(人)の.
—— 名 C メキシコ人.

Mèxican-Américan 形 **1** メキシコ系アメリカ人の. **2** メキシコとアメリカの.
—— 名 C メキシコ系アメリカ人.

Mèxican stánd-off 名 C 〖米話〗行き詰まり.

[mews 1]

Mèxican Wár 名 〈the ～〉アメリカ・メキシコ戦争《米国とメキシコの戦争; その結果, 今日の米国南西部が米国領となった; 1846–48》.

Mèxican wáve 名 C 〖英〗(メキシカン)ウェーブ(〖米〗the Wave)《スポーツのスタジアムなどでの観客の波形連鎖式応援; 次々と立上がり手を振り着席する; 1986 年 Mexico City におけるワールドカップサッカーで初めて出現したことから》.

***Mex·i·co** /méksikòu/ 名 メキシコ《正式名 the United Mexican States; 首都 **Mèxico Cíty**》. [中米先住民語「戦争の神」]

mez·za·nine /mézəni:n/ 名 C 〖建〗**1** 中 2 階《普通 1 階と 2 階の間の》. **2** 〖米〗(劇場の) 2 階さじき(の前列); 〖英〗舞台下. [イタリア語]

mez·zo /métsou, médzou/ 副 〖楽〗半ばに, 適度に. ～ forte [piano] やや強く[弱く]. [イタリア語 'half']

M

mèzzo-re·lie·vo /-rilí:vou/ 名 (複 ～s) UC 半肉彫り, 中浮彫り. [イタリア語 'half relief']

mèzzo-sopráno 名 (複 ～s) 〖楽〗**1** U メゾソプラノ, 次高音,《soprano と contralto の中間》. **2** C メゾソプラノ歌手. [イタリア語]

mez·zo·tint /métsoutìnt, médzou-/ 名 U メゾチント 《線よりも明暗を主調とする柔らかい感じの銅版術の一種》; C その版画. [イタリア語]

MF medium frequency; Middle French.

mf mezzo forte.

MFA 〖米〗Master of Fine Arts.

mfd. manufactured.

mfg. manufacturing.

Mg 〖化〗magnesium.

mg milligram(s).

M Glam Mid Glamorgan.

MGM Metro-Goldwyn-Mayer.

Mgr. Manager; Monseigneur; Monsignor.

MHz megahertz.

MI 〖郵〗Michigan.

mi /mi:/ 名 UC 〖楽〗ミ《ドレミ音階の第 3 音》.

mi. 〖米〗mile(s).

MIA 名 C 〖米〗missing in action (戦闘中行方不明者).

Mi·am·i /maiǽmi/ 名 マイアミ《米国 Florida 州南東部の臨海都市; 避寒地; そのすぐ東にある島が **Miàmi Béach**》.

mi·aow, mi·aou /miáu, mjau/ 名 C にゃーお《猫の鳴き声》. —— 動 自 にゃーおと鳴く.

mi·as·ma /maiǽzmə, mi-/ 名 (複 ～s, **mi·as·ma·ta** /-tə/) UC **1** (沼などから発する)毒気. **2** 不吉な雰囲気; 悪影響. [ギリシア語「汚れ」] ▷**mi·as·mal** /-məl/ 形

Mic. Micah.

mic /maik/ 名 ＝microphone.

mi·ca /máikə/ 名 U 〖鉱〗雲母(うんも), きらら.

Mi·cah /máikə/ 名 〖聖書〗**1** ミカ《ヘブライの預言者》. **2**『ミカ書』《旧約聖書の一書; 略 Mic.》.

Mi·caw·ber /məkɔ́:bər/ 名 **Wil·kins** /wílkinz/ ～ ミコーバー《Dickens 作の小説 *David Copperfield* 中の人物で楽天家》.

mice /mais/ 名 mouse の複数形.

Mich. Michaelmas; Michigan.

Mi·chael /máik(ə)l/ 名 **1** 男子の名《愛称 Mick(e)y, Mike》. **2** 〖聖書〗**Saint** [**St.**] ～ ミカエル《大天使 (archangel) の 1 人; Satan を天国から追放した》.

Mich·ael·mas /mík(ə)lməs/ 名 ミカエル祭 (**Míchaelmas dày**)《Saint Michael の祭りで 9 月 29 日; 英国では四季支払日 (quarter days) の 1 つ》.

Míchaelmas dàisy 名 C 〖英〗〖植〗アスター (aster) の類《初秋に紫, ピンク, 白などの小さな花が咲く》.

Míchaelmas tèrm 名 UC 〈普通 the ～〉〖英〗大学の第 1 学期, 秋学期, 《9, 10 月から 12 月まで》.

Mi·chel·an·ge·lo /màikəlǽndʒəlou/ 名 ミケランジェロ (1475–1564)《イタリアの彫刻家・画家・建築家》.

Mich·e·lin /mítʃ(ə)lin, míʃ-/ 名 ミシュラン《フランスのタイヤメーカー; 料理店・ホテルなどのガイドブックやロードマップも出版している》.

Mich·i·gan /míʃigən/ 名 **1 Lake** ～ ミシガン湖《北米五大湖の1つ》. **2** ミシガン《米国中北部の州; 州都 Lansing; 略 MI 〖郵〗, Mich.》. [北米先住民語「大きな湖」]

mick /mik/ 名 C 〈しばしば M-〉〖俗・軽蔑〗アイルランド人 (Irishman)《アイルランドに多い名前 Michael から》; ローマカトリック教徒.

tàke the míck (***out of . .***) 〖英〗＝take the MICKEY (out of . .).

Mick·ey, Mick·y /míki/ 名 Michael の愛称.

mick·ey, mick·y /míki/ 名 ＝mickey finn.

tàke the míckey (***out of . .***) (. .を)からかってばかにする.

mìckey fínn 名 C 〈又は M- F-〉(アルコール類に入れた)催眠薬[緩下剤]入りの酒.

Míckey Mòuse /⌐-⌐/ 名 **1** ミッキーマウス《Disney の漫画映画の主人公》. **2** C 〖米俗〗くだらないもの, ちゃちな会社など. **3** C 〈m- m-〉(学生にとって)楽勝科目. **4** C 〖黒人俗〗あほ; 白人; おまわり, ポリ公.
—— 形 〖主に米俗〗**1** ちゃちな; 〔音楽などが〕単調な, 平凡な. a ～ company [computer] ちゃちな会社[コンピュータ]. **2** 単位の取りやすい〔科目〕. a ～ course ちょろい科目.

mick·le /mík(ə)l/ 〖古・スコ〗形, 名 C 〈単数形で〉多量(の), たくさん(の). Many a little [pickle] makes a ～. 〖諺〗塵(ちり)も積もれば山となる. [＜古期英語; much と同源]

mi·cra /máikrə/ 名 micron の複数形.

mi·cro /máikrou/ 名 ＝microcomputer.

mi·cro- /máikrou/ 〈複合要素〉「小さい, 微小な, 100 万分の 1」の意味 (↔macro-). [ギリシア語 *mīkrós* 'small']

mìcro·análysis 名 (複 →analysis) UC 〖化〗微量分析.

mi·crobe /máikroub/ 名 C 微生物; 細菌; 病原菌. [micro-, ギリシア語 *bíos* 'life']

mìcro·biólogy 名 U 微生物学, 細菌学.
▷**mìcro·bìológical** /⑱/ 形 **mìcro·biólogist** 名 C 微生物学者.

mícro·brèw 名 UC 〖主に米〗地ビール.

mícro·brèwery 名 C (複 -er·ies) 地ビール醸造所.

mi·cro·bus /máikrəbʌ̀s/ 名 C 〖米〗マイクロバス, 小型バス.

‡**mi·cro·chip** /máikrətʃìp/ 名 C 〖電〗マイクロチップ《これの集積が IC, LSI》.

mi·cro·cir·cuit /máikrəsə̀:rkit/ 名 C 〖電算〗小型回路; integrated circuit.

mìcro·compúter 名 C 超小型コンピュータ, マイコン (《話》 micro).

mi·cro·cop·y /máikrəkɑ̀pi|-kɔ̀pi/ 名 (複 **-cop·ies**) C (microfilm による)縮小複写, マイクロコピー.

mi·cro·cosm /máikrəkɑ̀z(ə)m|-kɔ̀z(ə)m/ 名 C **1** 小宇宙, 小世界, (↔macrocosm). **2** 〈一般に〉 縮図 〈*of* ..の〉; (宇宙の縮図としての)人間(社会). The classroom is a ～ *of* society. 教室は社会の縮図である. This town contains the whole of colonial America in ～. この町は植民地時代のアメリカの縮図である. [<ギリシア語 'little world'] ▷ **mìcro·cós·mic** /-kɑ́zmik|-kɔ́z-/ 形

mi·cro·dot /máikroudɑ̀t|-dɔt/ 名 C マイクロドット.

mi·cro·e·co·nom·ics /màikrəiːkənɑ́miks, -èk-|-nɔ́m-/ 名 〈単数扱い〉 ミクロ[微視的]経済学 (↔macroeconomics) 《個々の経済活動(工場, 家庭, 物価など)の研究》. ▷ **mìcro·èconómic** 形

mìcro·elèctrónics 名 〈単数扱い〉 マイクロエレクトロニクス, 超小型電子技術. ▷ **mìcro·elèctrónic** /㊎/ 形

mi·cro·far·ad /màikrəfǽrəd/ 名 C 《電算》 マイクロファラド《100 万分の 1 ファラド》.

mi·cro·fiche /máikrəfiː(ː)ʃ/ 名 (複 ～, ～s) UC **1** マイクロフィッシュ《何頁分もの情報がおさめられているシート状のマイクロフィルム》. **2** マイクロフィッシュ読み取り機 (microfiche reader). [micro-, フランス語 *fiche* 'small card']

mi·cro·film /máikrəfìlm/ 名 UC マイクロフィルム《文献などの縮写用フィルム》; マイクロフィルムにとった複写. keep the back issues on ～ (雑誌の)古い号をマイクロフィルムにとっておく. ── 動 他 をマイクロフィルムにとる.

mi·cro·form /máikrəfɔ̀ːrm/ 名 U マイクロフォーム《縮刷印刷物および印刷法; microfiche, microfilm など》.

mi·cro·gram, 《英》 **-gramme** /máikrəgræ̀m/ 名 C マイクログラム《100 万分の 1 グラム》.

mi·cro·graph /máikrəgræ̀f|-grɑ̀ːf/ 名 C 顕微鏡写真.

mícro·lìght 名 C 軽量飛行機《1, 2 人乗りで, 遊覧又はレース用》.

mícro·mèsh 形, 名 U 網目の特に細かい(ストッキング用の材料).

mi·crom·e·ter /maikrɑ́mətər|-krɔ́m-/ 名 C **1** (顕微鏡, 望遠鏡などに取り付ける)測微計. **2** マイクロメーター, 測微カリパス, (**micròmeter cálipers**) 《針金, 心棒の直径などを計る精密測定器具》. **3** マイクロメートル《1 メートルの 100 万分の 1; 記号 μm; 1967 年に micron に代わって用いられるようになった》.

mi·cron /máikrɑn|-krɔn/ 名 (複 **～s, mi·cra** /máikrə/) C 《旧》 ミクロン《記号 μ; →micrometer 3》.

Mi·cro·ne·sia /màikrəníːʒə, -ʃə/ 名 ミクロネシア《フィリピン諸島東方に点在する Mariana, Caroline, Marshall 群島などの総称》.

Mi·cro·ne·sian /màikrəníːʒən, -ʃən ㊎/ 形 ミクロネシア(人, 語)の. ── 名 C ミクロネシア人; U ミクロネシア語.

mìcro·órganìsm 名 C 微生物.

mi·cro·phone /máikrəfòun/ 名 (複 **～s** /-z/) C マイクロホン (《話》 mike). speak into a ～ マイクロホンを通じて話す. use a ～ マイクを使う. a hidden ～ 隠しマイク. [micro-, -phone]

mi·cro·pro·ces·sor /máikrəprɑ̀sesər | -rouprɔ̀u-/ 名 C 《電算》 マイクロプロセッサー《microcomputer の中央演算処理装置》.

mi·cro·scope /máikrəskòup/ 名 (複 **～s** /-s/) C **顕微鏡**. Bacteria can be seen through [under] a ～. バクテリアは顕微鏡で見える.

***put a person [thing] under the* ～** 〈比喩的〉 人[物]を念入りに観察する. [micro-, -scope]

†**mi·cro·scop·ic, -i·cal** /màikrəskɑ́pik|-skɔ́p- ㊎/, /-ik(ə)l ㊎/ 形 **1** 顕微鏡でしか見えない; 極端に小さい. a ～ organism 微生物 (microorganism). **2** 顕微鏡の; 顕微鏡による. a ～ examination 顕微鏡検査. a ～ photograph 顕微鏡写真. **3** 顕微鏡的な, 微視的な, (↔macroscopic). go into ～ detail 微に入り細にわたる. ▷ **mi·cro·scop·i·cal·ly** 副

mi·cros·co·py /maikrɑ́skəpi|-rɔ́s-/ 名 U 顕微鏡使用(法); 顕微鏡による検査, 検鏡.

mi·cro·sec·ond /máikrəsèkənd/ 名 C マイクロ秒《100 万分の 1 秒》.

Mi·cro·soft /máikrousɔ̀ːft|-sɔ̀ft/ 名 マイクロソフト社《米国のソフトウェア会社》.

mi·cro·spore /máikrəspɔ̀ːr/ 名 C 《植》 小胞子.

mícro·sùrgery 名 U 顕微外科(手術), マイクロサージャリー.

†**mícro·wàve** 名 C **1** 《電》 マイクロ波, 極超短波, 《普通, 波長の長さが 1mm から 30cm》. **2** ＝microwave oven. ── 動 他 を電子レンジにかける[で調理する]. ▷ **micro·wav(e)·a·ble** 形 〔食料品が〕 電子レンジ用の[に適した].

mìcrowave óven 名 C 電子レンジ.

***mid**[1] /mid/ 形 ℂ 〈限定〉 **中央の**, 中部の, 中間の. The man is in his ～ thirties. あの男は 30 代半ばである. in ～ May 5 月半ばに. the ～ nineteen nineties 1990 年代中ごろ. [<古期英語]

mid[2], **'mid** 前 《詩》 ＝amid.

mid- 〈複合要素〉 「中央の, 中部の, 半ばの」 などの意味. *mid*summer. *mid*night. *mid*day. [mid]

mìd·áir 名 U 中空, 宙, 空中. float in ～ 宙に浮く. a ～ collision (航空機などの)空中衝突. leave a person in ～ 人に待ちぼうけを食わす. be left in ～ 宙ぶらりんのままである.

Mi·das /máidəs|-dæs, -dəs/ 名 《ギ神話》 ミダス《手に触れるものをみな黄金に変える力を与えられた古代小アジア地方の王》.

Mídas tòuch 名 〈the ～〉 金もうけの才能.

mìd-Atlántic /㊎/ 形 〔英語(の訛(なま)りなど)が〕 英米混合の, 英米双方の特徴を持った.

míd·còurse 名 C (宇宙船などの)コースの中間点; (ロケットの)中間軌道.

‡**mid·day** /míddèi|-ˌ-/ 名 U **正午**, 真昼; 〈形容詞的〉 正午[真昼]の. at ～ 正午に. a ～ meal 昼食. the ～ sun 真昼の太陽. [<古期英語; mid-, day]

mid·den /mídn/ 名 C **1** 《考古学》 貝塚. **2** ごみの山; 糞(ふん)の山. [<北欧語]

‡**mid·dle** /mídl/ 形 ℂ 〈限定〉 **1** **中央の**; 中間の; 中頃の. stand in the ～ row 真ん中の列に並ぶ. She is in her ～ thirties. 彼女は 30 代半ばだ《34 歳から 36 歳頃》. He is the ～ child of the five. 彼は 5 人兄弟の真ん中だ. **2** **中等の**, 平均の, 中位の, 並の. a man of ～ height 中背の男. a ～ income family 中間所得の家庭. **3** 中道の. follow [steer, take] a [the] ～ course [path, way] 中道(の立場)をとる. **4** 〈M-〉 中世の(言語の歴史の); 中期の. →Middle English, Middle French.

── 名 U 〈普通 the ～〉 **1** **中央**(部), 真ん中; 中間, 中途; 中道; 中位; (類語 平面, 線, 時間などのほぼ真ん中(の部分); the center of the earth のような立体の中心には使えない). in the ～ of.. (→成句). part one's hair in the ～ 髪を真ん中で分ける. about the ～ of this month 今月の中ごろに. finish somewhere around the ～ 中位の成績で終わる.

2 《話》 (人体の)胴, 腰, (waist). become fat around the ～ 胴回りが太くなる, 腹が出る.

be (càught) in the míddle 板挟みになる.

down the míddle (1) (道の)真ん中を. (2) 半分に, 2 等分に; 真二つに. split [divide] a bill *down the* ～ 勘

M

定を折半する. split [divide] *down the* ～ 真二つに割れる. The truck kept right *down the* ～ of the road. トラックはずっと道の真ん中を進んでいた.

in the míddle of . . (1) . .の真ん中に[の], 中央に[の]; . .の中頃に[の]. *in the* ～ *of* the road 道の真ん中で. (2) . .の最中に[の]; . .の中途で[の]. The phone rang *in the* ～ *of* dinner. 食事の最中に電話が鳴った. (3) . .に没頭して(いる). I was *in the* ～ *of* writing when he came. 彼が来た時私は書き物に没頭していた.

in the mìddle of nówhere →nowhere.

knòck . .into the míddle of nèxt wéek 〖話〗. .を張り飛ばす.

tàke [fòllow, stèer] a [the] míddle còurse 中庸の道を取る, 中道路線で行く.

―― [動] [他] **1** を真ん中に置く. **2** 〔ボール〕を真ん中に当てる. [<古期英語 *middel*]

mìddle áge [名] [U] 中年, 壮年, 《およそ40–60歳》. ▷**mìddle-ág·er** /-éidʒər/ [名] [C] 中年の人.

***mid·dle-aged** /mìdléidʒd [移]/ [形] **1** 中年の. **2** 中年特有の. **3** 〈the ～; 名詞的; 複数扱い〉中年の人々.

mìddle-age(d) spréad [名] [U] 〖普通, 戯〗中年太り(〖米〗midriff bulge).

Mìddle Áges [名] 〈the ～〉(西洋史の)中世《およそ西暦500–1500年の間; 狭義には(特に〖英〗で)その後半を指し, 前半は the Dark Ages とする》.

Mìddle América [名] **1** (メキシコを含む)中米 (→Central America); 米国中西部. **2** [U] (保守的な)米国中産階級.

míddle·bròw /-bràu/ [形], [名] [C] 〖時に軽蔑〗趣味が月並みで教養もそこそこの(人) (→highbrow, lowbrow).

mìddle C [名] 〈単数形で〉〖楽〗(鍵盤)中央のハの音.

mìddle-cláss /[移]/ [形] 中産[中流]階級の; 中産階級特有の[的な].

mìddle cláss [名] [C] 〈単数形で複数扱いもある〉中産階級《知的専門職の人, 実業家などが含まれる》(→upper class, lower class). [語法] 普通 the (American) middle class「(アメリカの)中産階級」のように定冠詞を付けて使うが, America has a large middle class. のように不定冠詞の場合もある. また階層を考えて the middle classes も〖英〗ではしばしば使う. 「など」.

míddle-dìstance [形] 〈限定〉中距離の〔ランナー↑

mìddle dístance [名] 〈the ～〉**1** (絵画, 風景などの)中景 (→background, foreground). **2** (陸上競技の)中距離.

mìddle éar [名] [C] 〖解剖〗〈普通 the ～〉中耳. middle-ear infection 中耳炎.

Mìddle Éast [名] 〈the ～〉中東《北アフリカの Libya からアジア南西部の Iran (または Afghanistan) の間の国々 (Egypt, Sudan, Israel, Jordan, Lebanon, Syria, Turkey, Iraq および Saudi Arabia などのアラビア半島の諸国)を含む; →Far East, Near East》.

Mìddle Éastern [形] 中東の.

Mìddle Éngland [名] [U] 中産階級の英国人《伝統的ライフスタイルを守る傾向が強く, 選挙では重要な役割を果たす》. 「頃》.

Mìddle Énglish [名] [U] 中期英語《1100–1500年↑

mìddle fínger [名] [C] 中指.

Mìddle Frénch [名] [U] 中期フランス語《14–16世紀》.

mìddle gróund [名] [U] **1** (絵画などの)中景. **2** 中道(ちゅうどう)(の立場), 妥協案[点]. a *middle-ground* policy 中道路線. 「語の英訳》.

Mìddle Kíngdom [名] 〈the ～〉〖章〗中国《中国↑

‡**míddle·màn** /-mæ̀n/ [名] ([複] **-men** /-mèn/) [C] **1** 仲買人, ブローカー. cut out the ～ 中間業者を通さないで生産から直接買う. **2** 仲介者, 仲人.

mìddle mánagement [名] [U] 〈単数形で複数扱いもある〉中間管理職.

mìddle mánager [名] [C] 中間管理職《人》.

míddle·mòst [形] 真ん中の.

mìddle náme [名] [C] **1** 中間名, ミドルネーム, 《例えば John Stuart Mill の Stuart; →Christian name [語法]》. **2** 〖話〗(人の性格などの)目立つ点, 特徴. Gentility is her ～. 育ちの良さが彼女の特徴だ《人にあだ名を付ける場合, 例えば Jimmy 'the nark [light-fingers]' Smith (たれ込み屋[ちょろまかし])ジミー・スミスのように言うことから来ている》.

mìddle-of-the-róad /[移]/ [形] **1** 中庸の; 〔特に政治思想が〕中道主義の, 穏健な. **2** 〔音楽が〕イージーリスニングの. ―― [名] [U] スタンダードなポピュラー音楽, イージーリスニング, (easy listening).

mìddle of the róad [名] 〈the ～〉中道.

mìddle-ránking [形] 中位の.

míddle schòol [名] [UC] **1** ミドル・スクール, 中学校《小学校上級と中学1, 2年に相当する生徒を対象とする》. **2** 〖英〗中間学年《中等教育 (11–18歳)課程の真ん中 (14–15歳)の学年; →school 表》.

Mid·dle·sex /mídlsèks/ [名] ミドルセックス《もとイングランド南東部の1州; 1965年に大部分が Greater London に編入された》.

míddle·sìzed [形] 並みの大きさの; 中肉中背の.

Mìddle Témple [名] 〈the ～〉〖英〗ミドルテンプル法学院《London の4法曹協会の1つ; →Inns of Court》.

míddle (tèrm) [名] 〈the ～〉〖論〗中名辞.

míddle·wèight [名] [C] **1** ミドル級の選手《ボクシング, レスリング, 重量挙げで light heavyweight と welterweight の中間》. **2** 平均的体重の人[動物].

Mìddle Wést [名] 〈the ～〉米国中西部《東西はロッキー山脈とアパラチア山脈の間, 南北はオハイオ川およびミズーリ州・カンザス州の南境と五大湖の間の地域; Midwest とも言う》. 「western とも言う》.

Mìddle Wéstern [形] 米国中西部地方の《Mid-↑

mid·dling /mídliŋ/ [形] 〖話〗**1** (大きさ, 程度, 品質などが)並みの, 中位の; 〈特に〉〔商品が〕並製の, 中級品の. **2** まずまずの; 〈叙述〉まあ元気で; (fair to middling とも言う). I feel only ～ today. 今日は気分はまあまあです. a disappointingly ～ performance がっかりするような月並みなでき.

fàir to míddling まあまあの. The business is going *fair to* ～. 商売はまずまずです.

―― [副] 〖話〗まずまず; かなり (fairly).

―― [名] 〈～s〉中級品, 2級品; (ふすまの混じった)荒びきの小麦粉. [mid-, 中期英語 *-ling* (副詞語尾)]

Middx. Middlesex.

mid·dy /mídi/ [名] ([複] **-dies**) [C] **1** 〖話〗=midshipman. **2** (女性, 小児用の)セーラー服のブラウス (**míddy blòuse**). **3** 〖オース〗(ビールの)中ジョッキ《普通, 285ml》.

Míd·èast [名] 〈the ～〉〖主に米〗=Middle East.

míd·fìeld [名] [U] 〖サッカー〗ミッドフィールド《グラウンドの中央部分》. the ～ stripe 50ヤードライン. ▷**～·er** [名] [C] (チームの)ミッドフィールダー《主にグラウンドの中央でプレイする》.

midge /midʒ/ [名] [C] **1** (ブヨ, ユスリカなど蚊に似た)羽虫の総称. **2** 小柄な人, チビ. [<古期英語]

midg·et /mídʒət/ [名] [C] **1** (サーカスなどの)小人(こびと), 一寸法師. **2** 超小型の物. **3** 〈形容詞的〉豆. ., 超小型の; 子供用の, ちびっこの. a ～ car 豆自動車.

Mìd Gla·mór·gan /-gləmɔ́ːrg(ə)n/ [名] ミッドグラモーガン《Wales 南東部の州; 州都 Cardiff; 略 M Glam》.

MIDI /mídi/ [名] 〖楽〗ミディ《電子楽器のデジタル信号の

規格; ＜*m*usical *i*nstrument *d*igital *i*nterface の略》.

mid·i /mídi/ [名][C] ミディ《丈がふくらはぎまでのスカート, ドレスなど; maxi と mini の中間》.

míd·ìron [名][C]〘ゴルフ〙2 番アイアン.

MÍDI sỳstem [名][C] ミディ・システム《CD プレーヤー, カセットプレーヤーを含む》.

mid·land /mídlənd/ [名][C] **1**〈普通 the ～〉(国の)中部地方, 内陸部. **2**〈the Midlands〉イングランドの中部諸州;〈the M-〉米国中部地方. **3**〈M-〉米国[イングランド]中部方言 (**Mìdland dialect**).
— [形]〈限定〉**1** 中部の, 内陸の. **2**〈M-〉イングランド[米国]中部地方の.

Midland Bánk [名]〈the ～〉ミッドランド銀行《英国の主要銀行の 1 つ》.

Míd·land·er [名][C] the Midland(s) の住民[出身者].

míd·lànds [形]〈限定〉イングランド中部地方の.

mìd·life crísis [名][C] 中年の危機《40 歳から 50 歳頃, 無力感, 自信喪失などに陥り, その結果, 愚かな転身を試みたりする》.

Mid·lo·thi·an /midlóuðiən/ [名] ミッドロウジアン《もと Scotland 中央部の州; 現在は Lothian 州の一部》.

mìd·mórning [副] 午前の半ばに. — /[移]/ [形]〈限定〉午前半ばの.

míd·mòst〘主に雅〙[形]〈限定〉,[副] ちょうど真ん中の[に]; 真ん中近くの[に].

‡**mid·night** /mídnàit/ [名] **1** [U] **真夜中**; 夜の 12 時. We close at (twelve) ～. 夜の 12 時閉店です. **2**〈形容詞的〉真夜中の. ***bùrn the mídnight óil*** 夜中まで勉強[仕事]をする, 夜鍋をする. [＜古期英語; mid-, night]

mìdnight blúe [名][U] (黒に近い)濃紺.

mìdnight féast [名][C] (特に子供の)こっそり食べる夜食.

Mìdnight Máss [名][UC] 真夜中のミサ《クリスマスイブの真夜中に行われる》.

mìdnight sún [名]〈the ～〉(極地の夏に見られる)深夜の太陽.

míd·pòint [名][C]〈普通, 単数形で〉(線, 期間などの)中間点, 真ん中.

mid·rash /mídræʃ|-rɑːʃ/ [名][U]〈しばしば M-〉(古代ユダヤの学者による)旧約聖書注解集.

míd·rìb [名][C]〘植〙(葉の)中肋(ちゅうろく), 主脈.

mid·riff /mídrif/ [名] ([複] ～s) [C] **1** 横隔膜 (diaphragm). **2**〘話〙胴の中央部, みぞおち, 《胸と腰の間》. Ali's punch caught him in the ～. アリーのパンチが彼のみぞおちに当たった.

mìdriff búlge [名]〘主に米〙＝ middle-aged spread.

míd·sèason [名] (野球などの)シーズンの途中.

míd·sèction [名]〘米〙＝midriff.

míd·shìp [名][C], [形] 船の中央部(の); (自動車のエンジンが)ミッドシップ(の).

mídshìp·man /-mən/ [名] ([複] **-men** /-mən/) [C]〘米〙海軍兵学校生徒;〘英〙海軍少尉候補生.

míd·shìps [副] ＝amidships.

míd·síze(d) [形] 中型の, 中規模の.

†**midst** /midst, mitst/ [名][U]〘雅・古〙中央(の部分, 位置); (進行などの)最中 (middle); 中心(部) (center);〈主に次の成句で〉.
in our [***their, your***] ***midst*** 我々[彼ら, 君たち]の中の[に]. There is a spy *in our* ～. 我々の中にスパイがいる.
in the midst of ... ..の中央に; ..に囲まれて; ..の最中に. *in the* ～ *of* enemies 敵のただ中に. How can you work *in the* ～ *of* such confusion? こんな混乱の最中によく仕事ができるね.
— [前] ('midst ともつづる)〘古〙＝amidst.
[＜中期英語 mid＋*-es* (属格語尾); のちに -t が加わった]

mid·stream /ˌ-ˈ-, ˈ-ˌ-/ [名][U] **1** 川の中央; 中流. **2** (物事の)途中. The speaker stopped in ～ to blow his nose. 話し手は途中で話をやめ, 鼻をかんだ. ***chànge*** [***swàp***] ***hòrses in midstréam*** →horse.

†**mid·sum·mer** /mídsʌ̀mər/ [名][U] 真夏; 夏至のころ; 夏至 (summer solstice);〈形容詞的〉真夏の. *A Midsummer Night's Dream*『真夏の夜の夢』《Shakespeare 作の喜劇》.

mìdsummer mádness [名][U] 突飛なふるまい, 狂気のさた, 《Shakespeare 作の喜劇 *Twelfth Night* から》.

Mìdsummer('s) Dáy [名] 洗礼者ヨハネ (John the Baptist) の祭日《6 月 24 日; 英国では四季支払日 (quarter days) の 1 つ》.

míd·tèrm [名]〘米〙**1** [U] (学期, 大統領任期などの)中間;〈形容詞的〉中間の. a ～ election 中間選挙. **2** [C]〘話〙中間試験《学期半ばの》.

míd·tòwn〘米〙[名][U], [形], [副] ミッドタウン《ダウンタウン (downtown) と山の手 (uptown) の中間地区》(の, で, へ).

mid-Victórian /[移]/ [形], [名][C] ヴィクトリア朝中期の(人); お上品ぶった(人), 旧式な[お堅い](人).

Mid·way /mídwèi/ [名] **the ～ Islands** ミッドウェー諸島《太平洋中部にある米国領の群島》.

†**mìd·wáy** /[移]/ [形], [副] 中途の[に], 中ほどの[に]〈*along* ..の/*between* ..の間の〉. the ～ point 中間点. ～ *through* the journey 旅程の中ほどで. The swamp is located ～ *between* the two towns. その沼は 2 つの町の中ほどにある. — /ˈ-ˌ-/ [名] ([複] ～s) [C]〘米〙(博覧会などの)中間広場《余興場が並ぶ》; 中道(なかみち).

‡**mìd·wéek** /[移]/ [形], [名][U] 週の半ば(の); 火曜から木曜,〈特に〉水曜日. a ～ game (ウィークエンドではなく)ミッドウィークの試合.

Mìd·wést [名]〈the ～〉＝Middle West.
— /[移]/ [形] ＝Middle Western.

Mìd·wéstern /[移]/ [形] ＝Middle Western.

Mìdwésterner [名]〘米〙(米国の)中西部の人.

‡**míd·wìfe** [名] ([複] →wife) [C] 助産婦, 産婆. [＜古期英語「(産婦と)一緒にいる女性」(＜*mid* 'with'＋*wīf* 'woman')]

mid·wife·ry /mìdwíf(ə)ri, mídwàif-/ [名][U] 助産術, 産婆術, (obstetrics).

mìd·wínter [名][U] 真冬; 冬至のころ; 冬至 (winter solstice);〈形容詞的〉真冬の.

mid·year /mídjìər/ [名] **1** [U] 1 年の中ごろ;〈形容詞的〉1 年の中ごろの, 学年半ばの. **2**〘米話〙[C] 中間試験《1 科目》;〈～s〉中間試験; 《学年半ばの》.

mien /miːn/ [名] [aU]〘章〙風采(さい) (appearance); 面(おも)持ち, 態度 (manner); 物腰 (bearing). an old woman of gentle ～ 上品な物腰の老婦人. with a thoughtful ～ 思案の面持ちで.

mi·fep·ri·stone /mifépristòun/ [名] ＝RU-486.

miffed /mift/ [形]〈叙述〉〘話〙(怒って)ぷんとして[た]〈*at, by* ..に/*that* 節 ..ということで〉. She was ～ *at* her husband's forgetfulness. 彼女は夫が忘れっぽいのでぷんぷんしていた.

MI5 /èmaifáiv/ [名] 英国情報局保安部《Military Intelligence, section 5; 正式名 the Security Service; 国内のスパイ, 破壊分子を取り締まる》.

MIG, MiG /mig/ [名][C] ミグ《旧ソ連製ジェット戦闘機》.

‡**might**[1] /mait/ [助]〈may の過去形〉〈直説法; 普通, 時制の一致による〉**1** may 1《許可》, 3《可能性, 推量》, 4《認容, 譲歩》の過去形. Father said I ～ go. 父は行ってもよいと言いました. She asked the receptionist if she ～ borrow a pen and paper. 彼女は受付係に紙とペンを貸してもらえるか尋ねた (★"May I borrow ..?" の間接話法). I warned him that he ～ be late. 遅れ

るかもしれないよと私は彼に注意した. He was prepared for anything that ～ happen. 起こりそうなどんな事にも彼は覚悟ができていた. No one listened to him, whatever he ～ say. 彼が何を言おうとだれも彼に耳を貸さなかった.

2 may 2 の過去形〈従属節中で〉. The girl worked (so) that she ～ earn her living. 少女は生計を立てるために働いた.〈仮定法; 事実の反対を表すこともあるが, 多くの場合 may に比べて, より丁寧な態度, より控え目な発言を表す〉.

3〈条件節で〉may 1《許可》の過去形. I should be much obliged if I ～ have a few words with you. ちょっとお耳を拝借できれば大変有り難いのですが.

4 may 1《許可》の過去形. You ～ go out if it were not raining so hard. こんなに雨がひどくなければ君は外に出てもよいのだが. *Might* I see you for a few minutes, please? 2, 3 分お目にかかれませんでしょうか.

5 may 3《可能性, 推量》の過去形. (**a**)〈帰結節で; 事実の反対の仮定〉He ～ succeed if he did his best. 彼は全力を尽くせば成功するかもしれないのだが(それをしない). He ～ have succeeded if he had done his best. 彼は全力を尽くしたら成功したかもしれなかったのだが(それをしなかった).

(**b**)〈条件節を略して〉Things ～ be worse. これならまあまあ(の状況)だ《成り行きによってはもっとひどい状況になっているかもしれないのだが, という気持ち》. This book is not as well known as it ～ be. この本はもっと評判になってもよさそうだが(それほど知られていない). what ～ have been (そうなったかもしれない)可能性, 実在し得たかもしれないもの, (→might-have-been). Something ～ have been done. 何か手を打てたと思うのだが(何もなされなかった)《Something *may* have been done.「何かなされたのだろう」と比較》.

(**c**) ..と言ってもよさそうな. She's married to a man that ～ be her father. 彼女は父親と言ってもよさそうな(ほどの年齢の)男と結婚している. Coming back, he found the old town so little changed that he ～ have left it only the day before. 戻ってみると町は彼が出て行ったのが昨日の事であるかのようにほとんど元のままであった.

(**d**)〈may より意味が弱い〉I'm not very hopeful, but the plan ～ be worth trying. あまり望みは持てないが, その計画はやってみる価値があるかもしれない. This ～ seem strange to you. これは君には奇妙に見えるかもしれない. It ～ have been early last year. それは去年早くだったかもしれない. [語法] may と同様この意味では普通, 疑問文には用いず, can [could] などで代用する: Can [Could] she be in her office now? (彼女は今会社に居るのだろうか). Can [Could] he have missed the last train? (ひょっとして彼は最終電車に乗り遅れたのだろうか).

(**e**)〈wh 疑問文で〉(一体)..かしら. How old ～ she be? あの人いくつなんでしょうねえ. And what ～ your name be? で, あなたのお名前は?

6〈非難を込めて〉..して(くれて)もよさそうなものだ. I think he ～ say 'thank you'. あの男, ありがとうぐらいは言ってもよさそうなものだ. You ～ shut the door properly. ドアくらいちゃんと閉めたらどうだ. He ～ at least *have answered my letter*. 彼はせめて手紙の返事ぐらいくれたってよさそうなものだ. I ～ have known she would say no. 彼女に断られるのはわかっていたはずなのに《自責の念を表す》.

7〈軽い提案や依頼を表す〉..してみてはどうか; ..してください. Perhaps you ～ try this new medicine. 試しにこの新薬を飲んでみたら. You ～ drop me near the hospital. 病院の近くで降ろしてくださいな (＝Drop me near the hospital, will you?). [参考] この意味では could を使ってもほぼ同じ.

as mìght be* [*hàve been*] *expécted →expect.

***I mìght have knówn* [*guéssed*]..** ..なの[だったの]は驚くにはあたらない《よくあることだから》.

mìght as wèll dó as.. →well[1].

mìght* (*jùst*) *as wèll dó →well[1].

***might**[2] /mait/ 名 U **1** **権力**, 勢力, 影響力; 兵力. *Might* makes right.〖米〗＝*Might* is right.〖英〗〖諺〗勝てば官軍《力は正義である》. **2** 精神力, 腕力. Work with all your ～. 力いっぱい仕事をやりなさい. ◇形 mighty

by* [*with*] (*àll one's*) *mìght and máin 全力を尽くして.

[＜古期英語「力」; main と同根]

míght-have-bèen 名 C〖話〗出世しそこなった人;〈普通 the ～s〉過ぎてしまった可能性, そうなったかもしれないこと.

might·i·ly /máitili/ 副 **1** 力強く, 勢いよく. **2**〖雅〗大いに, 非常に, (very much). be ～ surprised びっくり仰天する.

might·n't /máitnt/〖話〗might not の短縮形.

might've /máitəv/〖話〗might have の短縮形.

***might·y** /máiti/ 形 e (-ti·er|-ti·est) **1** **力強い**, 強大な. a ～ nation 強国. He felled his opponent with a ～ blow. 彼は強打で相手を倒した. **2**〖雅〗広大な, 巨大な. cross the ～ ocean in a small boat 小舟で大海原を横断する. **3**〖話〗すばらしい, たいした; 大変な. a ～ achievement すばらしい業績. make ～ efforts 大変な努力をする.

hìgh and míghty →high.

── 副〖主に米話〗とても, うんと, (very). I'm ～ tired. 私はすごく疲れている. ▷ **might·i·ness** 名

mi·gnon·ette /mìnjənét/ 名 **1** (**a**) UC〖植〗モクセイソウ《香りのよい小さな緑白色の花が房状に付く》. (**b**) U 緑白色. **2** U 繊細で幅の狭い手編みのレース.

‡**mi·graine** /máigrein|mí(ː)-/ 名 UC 偏頭痛.

†**mi·grant** /máigrənt/ 名 C 渡り鳥; 回遊魚; 移住者; (移動して農作業に従事する)季節労働者. an economic ～ (政治的理由ではない)生活のための移民.

── 形 移動する, 移住する. ～ labor 季節労働(力). a ～ worker 季節[移住]労働者.

***mi·grate** /máigreit|-ˊ-/ 動 (～s /-ts/|過 過分 -grat·ed /-əd/|-grat·ing) 自 **1** **移住する**; (避暑などのため一時的に)転住する;〈比喩的〉移る;〈*from*..から / *to*..へ〉([類語] 職などを求めて一時的に(普通, 集団で)移住することを言い, 永住のためではない, migration も同様; →emigrate, immigrate). ～ *from* Chicago *to* Boston シカゴからボストンへ転住する. **2**〔鳥, 魚などが〕(季節の変化に伴って定期的に)移動する. [＜ラテン語「場所を変える」]

†**mi·grá·tion** 名 **1** UC 移住, 移転; (鳥などの)移動, 渡り. **2** C 移住者[渡り鳥など]の群れ.

mi·gra·to·ry /máigrətɔ̀ːri|-t(ə)ri/ 形 **1** 移住する; 移動性の〔動物など〕; 季節的に移動する, 出かせぎの, 〔労働者など〕. a ～ bird 渡り鳥. **2** 放浪性の; 遊牧の.

mi·ka·do, M- /məkáːdou/ 名 (複 ～s) C〈the ～〉帝(みかど)《日本の天皇》; *The Mikado*『ミカド』《Gilbert and Sullivan 作のオペレッタ (1885); 舞台は日本》.

Mike /maik/ 名 Michael の愛称. for the love of ～〖旧〗後生だから.

‡**mike** /maik/ 名 C〖話〗マイク (microphone).

── 動 他 VOA (～ /X/ *up*)〖話〗X にマイクを近うける[つける].

mil /mil/ 名 C〖電〗ミル《1000 分の 1 インチ; 電線の直径の単位》.

mi·la·dy, -di /miléidi/ 名 (複 -dies) C **1**〈時に M-〉令夫人, 奥方, (男 milord),《以前特にフランス人が英国の上流婦人に対して用いた呼び名》. **2**〖米〗上流婦人. [＜my lady]

mil·age /máilidʒ/ 名 ＝mileage.
Mi·lan /milǽn/ 名 ミラノ《イタリア北部 Lombardy 州の州都》.
Mil·a·nese /milǝní:z ⑱/ (複 〜) 名 C, 形 ミラノ(人)(の).
milch /miltʃ/ 形 〖旧〗乳の出る, 乳を取るために飼われる〔家畜〕.
mílch còw 名 C **1** 乳牛. **2** 〖まれ〗ドル箱《たやすく金が引出せる人など》.
‡mild /maild/ 形 e **1** 〔人, 性質, 態度などが〕**温厚な**, 穏やかな, 優しい, (類語 普通, 生まれつきの優しさ; →gentle). a 〜 answer 穏やかな返事. Mona Lisa has a 〜 but mysterious smile. モナリザは優しいが神秘的な微笑を浮かべている. 〜 *of* manner(＝〜-mannered) 態度が温厚な. **2** 〔規則, 刑罰, 病気などが〕軽い, **厳しくない**; 〔程度などが〕緩やかな. The discipline is rather 〜 at this school. この学校は規律がやや緩やかだ. a 〜 fever 軽い発熱. take 〜 exercise 軽い運動をする. **3** 〔気候が〕温暖な. Great Britain has a 〜 climate for its high latitude. 英国は緯度の高さのわりに気候が温暖である. **4** 〔飲食物などが〕軽い, **口当たりのいい**. 〜 beer 苦味の少ないビール. a 〜 tobacco 軽いたばこ. a 〜 curry あまり辛くないカレー. **5** 〔薬の〕効き目が緩やかな; 〔洗剤などが〕刺激の少ない. a 〜 soap 肌にやさしい石鹸.
── 名 U 〖英話〗苦味の少ないビール.
[＜古期英語]
mil·dew /míld(j)ù:/ 名 U **1** 〖植〗うどん粉病; うどん粉病菌《菌類の一種; →fungus》. **2** (食物, 植物, 革などに生える)白かび. ── 動 他, 自 (を)うどん粉病にかからせる[かかる]; (に)白かびを生やす[白かびが生える].
▷**mil·dew·y** /-i/ 形
míl·dewed 形 白かびの生えた.
†míld·ly 副 **1** 穏やかに, 優しく. The teacher smiled 〜 at the pupils. 先生は生徒たちに優しくほほえんだ. **2** 少し, わずかに, (slightly). I was 〜 disappointed. 私は少しがっかりした.
to pùt it míldly 控え目に言えば[言っても]. My opponent didn't play fair, *to put it* 〜. 私の相手は控え目に言っても公正な試合ぶりではなかった.
mìld-mánnered /⑱/ 形 態度が温厚な.
míld·ness 名 U 温厚さ; 温暖さ.
mìld stéel 名 U 軟鋼.
‡mile /mail/ 名 (複 〜**s** /-z/) C **1** マイル《1609.344 メートル》. The town is two 〜*s* away. その町は 2 マイル離れている. a ten-〜 [a ten 〜*s*'] drive 10 マイルのドライブ. I had to walk for 〜*s* in the airport. 空港の中をすごく歩かなくてはいけなかった. ★nautical mile と statute mile とがある. **2** 〈the 〜〉1 マイル競走.
3 〖話〗(**a**) 〈しばしば 〜s〉かなりの距離[程度]. I live 〜*s away* from the nearest station. 最寄りの駅から(何マイルも)遠く離れた所に住んでいる. win by a 〜 大勝する. miss..by a 〜 →成句. be better by 〜s はるかにいい. There's no one within 〜s [a 〜] of her as a figure skater. フィギュアスケートではだれも彼女にかなわない. (**b**) 〈〜s; 副詞的〉ずっと, はるかに. ★比較級, too を強めることが多い. He's 〜*s* bigger than you. 彼の方があなたよりずっと大きいわよ. That's 〜*s* too expensive. いくら何でも高すぎるよ. "The answer is 75, right?" "No, you're 〜*s* out."〖英話〗「答えは 75, そうでしょう」「いや, まるっきり違うよ」
a mìle a mínute 大変早く. talk *a* 〜 *a minute* まくしたてる.
A mìss is as gòod as a míle. →miss.
be míles awày (他のことを考えて)ぼんやりしている, 話を聞いていない.
be [lìve] mìles from ánywhere [nówhere] (町などから)遠く離れている.
can gò the [that] èxtra míle 〖話〗一層の努力をする.
like fìve [tèn] míles of bàd róad 〖米話〗楽しくない, ひどい.
mìles and míles (1) 何マイルも, 長い距離. (2) はるかに〔すぐれているなど〕.
mìss by a míle 大きくはずれる, 的はずれである, 大きな失敗をする.
miss..by a míle 〔的など〕を大きく外す.
rùn a míle (from..) 〖話〗(..から)逃げ出す[立ち去る]; 逃げ腰になる.
sèe [knòw, spòt, tèll].. a míle òff [awày] 〖話〗..がすぐ分かる, ..は一目瞭然である.
stànd [stìck] óut a míle 際立っている, きわめて明白である. It *stands out a* 〜 that she lies about her age. 彼女が年齢を偽っているのはだれの目にも明らかだ.
[＜ラテン語 *mille* (*passūs*) 'a thousand (of paces)']
†mile·age /máilidʒ/ 名 **1** aU マイル数; (特に車が走行した)総マイル数. an old car but with a very small 〜 古いがほんの少ししか走っていない車. **2** U (特定のタイヤ, 燃料で走り得る)走行距離; 燃費. 〜 per gallon (ガソリン) 1 ガロン当たりの走行距離. You get better 〜 on an open road. 交通量のない道路では走行距離が延びる. **3** aU (レンタカー, 鉄道などの)マイル当たりの費用; (支給される)マイル当たりの旅費 (**míleage allòwance**). **4** U 〖話〗有用性, 利益; 耐用期間, 持ち. I've certainly gotten a lot of 〜 out of this typewriter. このタイプライターは本当に長く使えた. have a lot of 〜 大変恩恵をこうむる; 〔新聞などが〕売れる.
míle màrker 名 C 〖米俗〗(ハイウェーの)マイル標識.
mile·om·e·ter /mailɑ́mǝtǝr|-lɔ́m-/ 名 C 〖英〗(自動車の)走行距離計 (〖米〗odometer).
míle·pòst 名 C 〖主に米〗マイル標柱, 里程標, 《特定の場所までの距離をマイル数で示す》.
mil·er /máilǝr/ 名 C 〖話〗1 マイル走者[競走馬]《1 マイルレースに出場[を得意と]する》.
†míle·stòne 名 C **1** マイル標石 (→milepost). **2** (歴史上, 人の一生での)画期的事件[時期] 〈*in*..の〉.
mil·foil /mílfɔ̀il/ 名 U 〖植〗ノコギリソウ属の植物.
†mi·lieu /mi:ljú:|mí:ljǝ:/ 名 (複 〜**s**, 〜**x** /-(z)/) C 〈普通, 単数形で〉周囲の状況, (社会的)環境, (類語 フランス語由来の形式ばった語で, 特に周囲の人々に重点がある; →environment).
[フランス語 (＜*mi* 'middle'＋*lieu* 'place')]
mil·i·tan·cy /mílǝt(ǝ)nsi/ 名 U 好戦[闘争]的なこと; 交戦状態.
†mil·i·tant /mílǝt(ǝ)nt/ 形 **1** 〖時に軽蔑〗〔特に主義などのための活動が〕闘争的な, 好戦的な. **2** 交戦中の.
── 名 C (政治活動などの)闘士, 好戦的な人.
[ラテン語「従軍中の」] ▷〜·**ly** 副
†mil·i·ta·rism /mílǝtǝrìz(ǝ)m/ 名 U 〖普通, 軽蔑〗軍国主義; 軍国思想. ── 形 軍国主義的な.
mil·i·ta·rist /mílǝtǝrist/ 名 C 軍国主義者.
mil·i·ta·ris·tic /mìlǝtǝrístik ⑱/ 形 軍国主義(者)の. ▷**mil·i·ta·ris·ti·cal·ly** /-k(ǝ)li/ 副
mil·i·ta·rize /mílǝtǝràiz/ 動 他 **1** の軍備を整える, を武装化する. **2** に軍国主義を吹き込む.
▷**militariz·ation** 名
míl·i·ta·rìzed 形 武装された[した]; 攻撃的な.
‡mil·i·tar·y /mílǝtèri|-t(ǝ)ri/ 形 Ⓒ **1 軍隊の**; 軍人の, 軍人らしい; 軍事の; (↔civil). 〜 training 軍事教練. a man in 〜 uniform 軍服を着た男. 〜 law 軍法. a 〜 band 軍楽隊. a 〜 junta 軍事政権. **2 陸軍の** (→naval). a 〜 hospital 陸軍病院. combined naval and 〜 operations 陸海軍合同作戦. **3** 軍隊式の. with 〜 precision 軍隊式の正確さで.
── 名 〈the 〜〉**1** (1 国の)軍隊, 軍部. the U.S. 〜 アメリカ軍. **2** 〈複数扱い〉軍人. The 〜 were called in to put down the riot. 暴動を鎮圧するために軍隊が投入された. [＜ラテン語「兵士 (*mīles*) の」]
▷**mil·i·tar·i·ly** 副 軍事的に.

M

míl·itary acàdemy 名 **1** 〈the 〜〉陸軍士官学校. the U.S. *Military Academy* (West Point の) 米国陸軍士官学校. **2** UC 〖米〗軍隊式(私立)男子高等学校.

Mìlitary Cróss 名 C 〖英〗戦功十字勲章《略 MC》.

mìlitary hónors 名 〈複数扱い〉軍葬の礼.

mìlitary-indústrial còmplex 名 C 軍産複合体.

mìlitary políce 名 〈the 〜; 複数扱い〉〈しばしば M- P-〉憲兵隊; 憲兵; 《略 MP》.

mìlitary polícеman 名 C 憲兵隊員.

mìlitary sérvice 名 U 兵役. be in 〜 兵役に服している.

mil·i·tate /míləteit/ 動 自 〖章〗 VA (〜 ***against***..) 〔事実, 証拠などが〕..に不利に働く[作用する]. Many factors 〜*d against* the launching of our project. 多くの要因が我々の事業の開始を阻んだ.

‡**mi·li·tia** /məlíʃə/ 名 C 〈単数形で複数扱いもある〉〈普通 the 〜〉義勇軍, 市民軍, 民兵隊. [ラテン語「兵役, 戦争」]

milítia·man /-mən/ 名 (複 **-men** /-mən/) C 義勇軍, 民兵.

‡**milk** /milk/ 名 (複 **〜s** /-s/) **1** U (哺(ほ)乳動物が分泌する)乳; (特に食品としての)**牛乳**. breast [mother's] 〜 母乳. a cow in 〜 乳が出る(状態の)雌牛. (as) white as 〜 牛乳のように真っ白な[で]. 〜 fresh from the cow しぼりたての牛乳. a bottle of 〜 1 瓶のミルク. drink a glass of 〜 (コップ) 1 杯の牛乳を飲む. Would you like some 〜 in your tea? 紅茶にミルクを入れますか. It's no use crying over spilt 〜. →spill[1] 1. 参考 本来の成分を完全に含んだ「全乳」は whole milk, 「脱脂乳」は skim milk, 「練乳」は condensed milk, 「粉ミルク」は dried [powdered] milk.

2 UC 〈時に 〜s〉(植物の)乳液, 樹乳, 《ゴムの樹液, ココヤシの果汁など》; (薬用などの)乳剤.

còme hóme with the mílk 〖英俗〗(徹夜パーティーなどの後で)朝帰りする《<牛乳が配達される早朝に》.

mìlk and hóney 乳と蜜(みつ)《豊かさと繁栄の象徴》. a land flowing with 〜 *and honey* 〖聖書〗乳と蜜の流れる地《Canaan のこと》.

mìlk and wáter 〖軽蔑〗つまらない考え, 感傷的な話; 〈叙述・形容詞的〉=milk-and-water.

mìlk for bábes [***bábies***] 子供向きの物語[説教など].

the mìlk of hùman kíndness 〖雅〗温かい人情《Shakespeare 作 *Macbeth* から》. be full of *the* 〜 *of human kindness* 優しい心の持ち主である.

—— 動 (**〜s** /-s/|過 過分 **〜ed** /-t/|**mílk·ing**) 他

1 〔牛, ヤギなど〕から**乳を搾る**; 〔木など〕から乳液を搾り取る; 〔蛇〕の毒液を抜く. 〜 a cow 牛の乳を搾る. **2** 〔人など〕を搾取する, 食いものにする; VOA (〜 X ***for, of*** Y/〜 Y ***from, out of*** X) X から Y を搾り取る[だまし取る], X から Y を聞き出す. 〜 the witness *for* information 目撃者から情報を聞き出す. 〜 Al *of* his savings=〜 Al's savings *from* [*out of*] him アルから預金を巻き上げる. The story was 〜*ed from* his secretary. その話は彼の秘書から聞き出した.

—— 自 **1** 乳が出る, 乳を出す. This cow is 〜*ing* well. この牛は乳の出がいい. The goat stopped 〜*ing*. ヤギの乳の出が止まった. **2** 搾乳する. do the 〜*ing* 乳しぼりをする.

mílk..drý ..から(金や情報などを)搾り取る. The bad man 〜*ed* her *dry* and left her. その悪い男は彼女から搾れるだけ搾ってさよならした.

mílk..for àll ⌊***it is wórth*** [***its wórth***]⌋ 〖主に米〗..をとことん利用する. [<古期英語]

mìlk-and-wáter /-ən(d)- 移/ 形 (水で割った牛乳のように)味気ない, こくのない〔文章など〕; 感傷的な〔賞賛など〕; 力のない, 無気力な.

mílk bàr 名 C ミルクバー《牛乳, アイスクリーム, サンドイッチなどを出す軽食堂》.

mìlk chócolate /⌐-⌐/ 名 U ミルクチョコレート(↔plain chocolate).

mílk chùrn 名 C 〖英〗(運搬用の)大型ミルク缶.

mílk còw, milking cow 名 C 乳牛.

mílk·er 名 C **1** 牛乳を搾る人; 搾乳器. **2** 乳を出す家畜《牛, ヤギなど》. This cow is my best 〜. これが私の一番よく乳を出す牛だ.

mílk fèver 名 U 授乳熱.

mílk flòat 名 C 〖英〗牛乳配達車《普通, 小型の電気自動車》.

mílk glàss 名 U 乳白ガラス.

mílk·i·ness /mílkinəs/ 名 U 乳白色; 乳状.

mílk·ing 名 U 乳搾り, 採乳.

mílking machìne 名 C 搾乳器 (milker).

mílking pàrlor 名 C 搾乳場.

mílk làke 名 C (特に EU 諸国の)余剰牛乳.

mílk lòaf 名 (複 **milk loaves**) C 〖英〗ミルク入り白い菓子パン.

mílk·maid /mílkmèid/ 名 C 乳搾りの女, 酪農場の農婦, (dairymaid).

mílk·man /mílkmæ̀n, -mən|-mən/ 名 (複 **-men** /-mèn, -mən|-mən/) C 牛乳配達人, 牛乳屋.

mìlk of magnésia 名 U 〖薬〗マグネシウム乳剤《下剤, 制酸剤》.

mílk pòwder 名 U 粉ミルク (dried milk).

mílk pròduct 名 C 乳製品.

mìlk púdding 名 UC 〖英〗ミルクプディング.

mílk ròund 名 C **1** 牛乳配達区域. **2** 〈the 〜〉〖英〗(企業が大学に出向く)会社説明会.

mílk rùn 名 C **1** 〖英話〗通い慣れた道[コース]《<牛乳配達のコース》. **2** 〖空〗〖話〗いつもどおりの平穏な飛行, '牛乳の配達', 《危険を避けて, 牛乳配達のように早朝繰り返す偵察・爆撃など》; いくつもの空港[駅]に寄る飛行[列車]便; 毎日のきまった仕事.

mílk shàke 名 UC ミルクセーキ.

mílk·sòp 名 C 〖軽蔑〗弱虫男, 腰抜け男.

mílk sùgar 名 U 乳糖 (lactose).

mílk tòast 名 =milquetoast.

mílk tòoth 名 (複 **milk teeth**) C 乳歯 (→second tooth).

mílk tràin 名 C 〖米話〗(早朝の)普通列車.

mílk trùck 名 C 〖米〗牛乳運搬トラック.

mílk·wèed 名 C トウワタ, タカトウダイなど, 《白い乳液を分泌する植物の総称》.

mílk·white 形 乳白色の.

mílk·wort /mílkwə̀ːrt/ 名 U 〖植〗ヒメハギ属の牧草.

*__milk·y__ /mílki/ 形 e (**milk·i·er**|**milk·i·est**) **1 乳状**の; 乳白色の〔肌など〕. **2** 〔液体, 宝石が〕白濁した, 不透明な. **3** 〔牛などが〕乳を多く出す; 〔木が〕樹液をよく出す; ミルクの入った〔コーヒーなど〕. I like my tea 〜. 紅茶はミルクをたっぷり入れたのが好きだ. **4** 〔男が〕軟弱な.

Mìlky Wáy 名 〈the 〜〉天の川, 銀河, (the Galaxy).

Mill /mil/ 名 **John Stuart** 〜 ミル (1806–73)《英国の経済学者・哲学者; 功利説を唱えた》.

*__mill__[1] /mil/ 名 (複 **〜s** /-z/) C **1 製粉場** (flour mill; →water mill, windmill). The peasants brought their wheat to the 〜 for grinding. 農夫たちは小麦を粉に碾(ひ)いてもらうために製粉所へ持って来た.

2 製粉機, 碾臼(ひきうす). The 〜 cannot grind with (the) water that is past. 〖諺〗好機逸すべからず《<流れ去った水で粉は碾(ひ)けない》. The 〜*s* of God grind slowly. 〖諺〗悪事はいつか必ず罰せられる《<神様の碾臼の碾き方はゆっくりだ(がいつかは全てを碾いてしまう)》. the low grindings of the 〜*s* of destiny 運命の碾臼の低くきしる音《確実に迫って来る運命のたとえ》.

3 粉砕器; (野菜, 果物などの)搾り機. a coffee 〜 コーヒーミル. a pepper 〜 こしょう碾き.

4 工場, 製作所, (〘類語〙 factory よりも談話体で, 主に製紙・製材・製鉄などの工場). a textile ～ 織物工場. a cotton ～ 綿糸工場. **5** (免許・卒業証書などの)乱発所, 機械的に作り出すところ. a diploma ～ 卒業証書工場《学校を軽蔑的に》. a propaganda ～ 宣伝機関.
6 (簡単な連続作業の)機械. a stamping ～ スタンプつき機.
gò* [*have been*] *through the míll (さんざん)苦労する[してきた]; 鍛えられる[ている], 試練を受ける; 経験する[を積んでいる].
pùt a pérson through the míll 人に苦労させる; 人を鍛える (★普通, 受け身で上の成句と同意になる; have [had] been に続けて用いることが多い).
── 動 他 **1** 〈普通, 受け身で〉〔穀物など〕を臼(うす)で碾(ひ)く〈*into* ..に〉; 粉にする; 〔粉〕を作る, 製粉する. **2** 〔金属〕を機械にかけて削る[成型する]. ～ steel *into* bars 鋼鉄を成型して延べ棒にする. **3** 〔硬貨の縁〕にぎざぎざをつける〈普通, 過去分詞で形容詞的に〉. a ～*ed* coin 縁にぎざぎざのある硬貨.
── 自 VA (～ ***around, about*** (..))〔群衆, 家畜の群れなどが〕(..を)ぞろぞろ動き回る; (いらいらしながら)(..を)うろつく, ぶらぶらする; (..に)ひしめき合う. There were people ～*ing around* the entrance. 人々が入口の所でぶらぶらしていた.
[＜後期ラテン語 *molīna*「製粉場」(＜*molere* 'grind')] ▷～·**ing** 形 ぞろぞろ歩く.

mill[2] 名 C 〘米〙ミル《1 セントの 10 分の 1; この単位は計算には用いるが相当する貨幣はない》.

Mil·lais /mílei/ 名 **Sir John Everett** /évərət/ ～ ミレー (1829–96)《英国ラファエル前派の画家》.

míll·bòard 名 U (本の)表紙用厚紙.

míll·dàm 名 C 水車用の堰(せき)《流れをせき止めて水車用貯水池 (millpond) を作る》.

[milldam]

mille·feuille /milfə́ːj/ 名 C ミルフィーユ《パイ皮を重ねた中にジャム・クリームなどをはさんだケーキ》. [フランス語 'thousand-leaf']

mil·le·nar·i·an /mìlənέ(ə)riən/ 名 C 至福千年の到来を信じる人 (→millennium).

mil·le·nar·y /mílənèri|milénəri/ 形 千個[年]の; 至福千年の. ── 名 (複 **-nar·ies**) C **1** 千年間. **2** 千年祭. **3** ＝millenarian. [＜ラテン語 *mille*「千」]

mil·len·ni·a /miléniə/ 名 millennium の複数形.

mil·len·ni·al /miléniəl/ 形 ＝millenary.

‡**mil·len·ni·um** /miléniəm/ 名 (複 **～s, mil·len·ni·a**) C **1** 千年間; 千年紀《1000 年を単位として西暦を数える方法》, 〈the ～〉ミレニアム《例えば西暦 1000 年, 2000 年など》; 〈the M-〉新ミレニアム《2000[2001]年から始まる 1000 年間》. celebrate the ～ ミレニアムを祝う. **2** 〈the ～〉千年祭. **3** 〈the ～〉至福千年《キリストが再臨して地上を統治するという千年間; 聖書から》. **4** 〈the ～〉(特に遠い未来の)理想の時代《幸福, 平和, 繁栄が広く行き渡る時》. [＜ラテン語 *mille*「千」＋(*bi*)*ennium*「(二)年間」]

millénnium bùg 名 〈the ～〉2000 年問題《年号を下 2 けたで識別しているコンピュータ・プログラムが西暦 2000 年を 1900 年と誤認し, 誤作動することによって生じるとされた》. →Y2K problem.

millénnium pròblem 名 〈the ～〉＝→millennium bug.

mil·le·pede /míləpìːd/ 名 ＝millipede.

Mill·er /mílər/ 名 ミラー **1 Arthur ～** (1915–)《米国の劇作家》. **2 Glenn ～** (1904–44)《米国のダンス音楽のバンドリーダー》. **3 Henry ～** (1891–1980)《米国の小説家》.

‡**mill·er** /mílər/ 名 C 粉屋, 製粉業者, 《特に水車, 風車を利用する》. Every ～ draws water to his own mill. 〘諺〙我田引水《＜粉屋はだれも自分の水車小屋に水を引く》.

Mil·let /miléi/ 名 **Jean François ～** ミレー (1814–75)《フランスの画家》.

mil·let /mílət/ 名 U 〘植〙キビ・アワ・モロコシの類; 〈集合的〉(食料としての)これらの穀粒.

mil·li- /milə/ 〈複合要素〉「千分の 1」の意味. [ラテン語 *mille* 'thousand']

mil·li·bar /míləbàːr/ 名 C 〘物理〙ミリバール《気圧の単位; 千分の 1bar; 略 mb; 日本では 1992 年 12 月 1 日から hectopascal に改称》.

‡**mil·li·gram,** 〘主に英〙 **-gramme** /míləgræ̀m/ 名 C ミリグラム《千分の 1 グラム; 略 mg》.

mil·li·liter 〘米〙, **-tre** 〘英〙 /míləlìːtər/ 名 C ミリリットル《千分の 1 リットル; 略 ml》.

‡**mil·li·meter** 〘米〙, **-tre** 〘英〙 /míləmìːtər/ 名 C ミリメートル《千分の 1 メートル; 略 mm》.

mil·li·ner /mílənər/ 名 C 婦人帽子製造[販売]業者. [Milan (イタリアの都市), -er[1]]

mil·li·ner·y /mílənèri|-n(ə)ri/ 名 U **1** 婦人帽子(の装飾)類. **2** 婦人帽子製造[販売]業.

míll·ing 名 U **1** 製粉. **2** (金属片, 特に硬貨の縁に)ぎざぎざを付けること; ぎざぎざ. **3** 〘機〙フライス削り, (金属面の)平削り.

⁑**mil·lion** /míljən/ 名 (複 **～, ～s** /-z/) C **1 100 万** (→billion, trillion). $8 ～ 800 万ドル. three ～(*s*) and a half 350 万. two hundred ～(*s*) 2 億. two ～ [several ～*s*] of these people これらの人々の中の 200 万人[数百万人] (★数詞の後では単数形が普通であるが, 複数形 ～*s* もある). His books sold in the ～*s*. 彼の本は何百万冊も売れた. Thanks a ～. 〘話〙大変ありがとう. a [one] chance in a ～＝a one-in-a-～ chance ごくわずかな可能性. **2** (金額の) 100 万《100 万ドル, 100 万ポンドなど》. The picture is worth two ～(*s*). その絵は 200 万(ドル, ポンドなど)の価値がある.
3 多数, 無数. ～*s* (and ～*s*) of people (何百万というほど)無数の人々 (★of.. が付く時は複数形が普通. ただし慣用的な a few ～ of them もある).
4 〈the ～(s)〉民衆, 大衆. 'Mathematics for the *Million*'『百万人の数学』《書名》.
a..in a míllion 万に 1 つ[1 人]の... This is *a* chance *in a* ～. これは千載一遇の好機だ. He's got *a* wife *in a* ～. 彼の奥さんは百万人に 1 人とも言うべき女性だ.
fèel* [*lòok*] *like a mìllion dóllars →dollar.
never* [*not*] *.. in a mìllion yéars どんなことがあっても[絶対に]..しない. 「けたもの[人].
óne in a míllion 百万に 1 つ, 百万人に 1 人; ずばぬ↑
── 形 ℂ **1 100 万の**. a [one] ～ miles 100 万マイル. Three ～ dollars *was* stolen from the bank. 銀行から 300 万ドルが盗まれた (★金額などの場合は単数扱い). several ～ dollars 数百万ドル (★～*s* は不可). More than one ～ copies of the novel *were* sold. その小説は 100 万冊以上売れた. **2** 多数の, 無数の. a ～ mistakes たくさんの誤り. I've heard that from you a

M

～ times. それは今までに何度も何度も聞いたよ.
[＜イタリア語 *millione* 'large thousand' (＜ラテン語 *mille*「千」)]

†**mil·lion·aire** /mìljənéər/ 名 C 百万長者; 大富豪; (→billionaire). [フランス語]

mìl·lion·áir·ess /-né(ə)rəs/ 名 C 女性の百万長者[大富豪].

míllion·fòld 形, 副 100 万倍の[に].

mil·lionth /míljənθ/ 形, 名 C **1** 〈普通 the ～〉100 万番目(の). **2** 100 万分の 1 (の). a ～ map 百万分の 1 の地図. a ～ of a second 100 万分の 1 秒.

mil·li·pede /míləpì:d/ 名 C 〖動〗ヤスデ (→centipede).

mílli·sècond 名 C ミリ秒《0.001 秒》.

míll·pònd 名 C 水車用貯水池 (→milldam). like a ～＝as calm as a ～ 〔海が〕鏡のように静かな[で].

míll·ràce 名 C 水車を回す水流; 水車用水路.

míll·stòne 名 C **1** (碾臼(ひきうす)の上下それぞれの)臼石. **2** (精神的な)重荷. a ～ (a)round a person's neck 人の首にかけられた碾臼; 厄介な重荷; 《聖書から》.

míll·whèel 名 C (製粉場の)水車.

míll·wòrk 名 U **1** (ドア, 窓などの)木工製品. **2** 水車の機械作業.

míll·wrìght 名 C **1** 水車[風車]大工. **2** (工場の)機械組立工.

Milne /miln/ 名 **A(lan) A(lexander)** ～ ミルン (1882-1956)《英国の作家・随筆家; →Winnie-the-pooh》.

mil·om·e·ter /mailámətər|-ɔ́m-/ 名 ＝mileometer.

mi·lord /milɔ́:r(d)/ 名 C 〈時に M-〉閣下, 御前(ごぜん), (図 milady)《以前特にフランス人が, 英国の貴族, 紳士に対して用いた呼び名》. [＜my lord]

M

milque·toast /mílktòust/ 名 C 〖米〗意気地なし《漫画の主人公の名から》.

milt /milt/ 名 U (魚の)白子, 魚精.

†**Mil·ton** /mílt(ə)n/ 名 **John** ～ ミルトン (1608-74)《英国の詩人; *Paradise Lost* の作者》.

Mil·ton·ic, -to·ni·an /miltánik|-tɔ́n-/, /-tóuniən/ 形 ミルトン(風)の; 荘厳な, 雄大な.

Mil·wau·kee /milwɔ́:ki/ 名 ミルウォーキー《米国 Wisconsin 州南東部, ミシガン湖畔の港市》.

‡**mime** /maim/ 名 **1** U パントマイム, 黙劇. **2** UC (黙劇などの)無言の所作; (口をきかずに意思を伝える)身ぶり, しぐさ; (→pantomime). **3** C マイム役者 (**míme àrtist**)《パントマイム専門の, 特に喜劇役者》. **4** C (古代ギリシア・ローマの)無言道化芝居《時の人, 時局などを風刺した》; その役者. ── 動 他 をパントマイムで演じる; のしぐさをふざけてまねる. ── 自 パントマイムをする.
[＜ギリシア語「物まねする人」]

mim·e·o·graph /mímiəgræ̀f|-grɑ̀:f/ 名 C 謄写版, がり版; 謄写版印刷物.
── 動 他 を謄写版で印刷する.

mi·me·sis /mimí:səs, mai-/ 名 U **1** 〖文芸〗模写, 模倣. **2** ＝mimicry 2.

mi·met·ic /mimétik/ 形 **1** 模倣の; 見せかけの. **2** ＝mimic 3.

***mim·ic** /mímik/ 動 (～s /-s/| 過 過分 **-icked** /-t/| **-ick·ing**) 他 **1** 〔人〕のまねをする; のまねをしてからかう[人を笑わせる]. ～ a teacher 先生のまねをする. **2** によく似ている. a string of beads that ～ real pearls 本物の真珠そっくりのビーズ(の 1 連). **3** 〖生物〗に擬態する.
── 名 C **1** 物まねのうまい人《特に人を笑わせるため》; 物まね師. **2** 人まねのできる動物, 人の声をまねる鳥, 《オウムなど》.
── 形 〈限定〉**1** 模擬の; 本物でない, 見せかけの. a ～ battle 模擬戦. ～ tears そら涙. **2** 模倣の, 物まねの, 〔習性など〕. **3** 〖生物〗擬態の. ～ coloring (動物の)保護色. [＜ギリシア語「物まね役者 (mime) の」]

mim·ic·ry /mímikri/ 名 U **1** まねること, 模倣. **2** 〖生物〗擬態.

mi·mo·sa /mimóusə, -zə|-zə/ 名 UC 〖植〗ミモザ《マメ科ネムリグサ属の総称; 特にオジギソウ (sensitive plant); 通俗には wattle 2 (アカシア属)を指す》.

Min. Minister; Ministry.

min. minimum; minute(s).

min·a·ret /mìnərét, ⌒⌒⌒/ 名 C ミナレット《イスラム教寺院 (mosque) の細長い尖(せん)塔; ここの露台から muezzin が祈りの時刻を知らせる; →mosque 写真》.

min·a·to·ry /mínətɔ̀:ri|-t(ə)ri/ 形 〖章〗おどしの, 威嚇的な, (threatening).

†**mince** /mins/ 動 他 **1** 〔肉など〕を細かく刻む; をひき肉にする; (類語 みじん切りを意味する; →cut). ～*d* meat ひき肉. **2** 〖軽蔑〗を気取って[お上品に]言う.
── 自 **1** 〖軽蔑〗VA 気取って小股(こまた)に歩く〈*across, along, down* ..を〉. **2** 気取った話し方をする.
nòt mìnce mátters [(*one's*) ***wórds***] 〈普通, 否定文で〉(不愉快な事を)あからさまに言う. He ～*s no words* in his reviews. 彼は書評でずけずけと物を言う.
── 名 U **1** 〖英〗肉の細切れ, ひき肉, メンチ, ミンチ. **2** 〖米〗＝mincemeat 1.
[＜古期フランス語(＜ラテン語 *minūtia*「細片」)]

mínce·mèat 名 U **1** ミンスミート《リンゴ, 干しブドウ, 香料, 牛脂などを細かく刻んで混ぜたもの; ミンスパイの詰め物にする; 普通, 肉は加えない》. **2** 〖米〗ひき肉.
màke míncemeat of .. (1) ..を細かく切り刻む. (2) 〖話〗〔人(の議論, 意見など)〕をこきおろす, たたきのめす.

mìnce píe 名 C ミンスパイ《mincemeat 入りのパイ, クリスマス用菓子》.

minc·er /mínsər/ 名 C (食物を)細かく刻む器具; 〈特に〉ひき肉機.

minc·ing /mínsiŋ/ 形 〔話し方, 態度などが〕気取った; 〔人が〕気取って歩く[話す]. walk with ～ steps 気取って小股(こまた)に歩く. ▷**～·ly** 副

míncing machìne 名 ＝mincer.

‡**mind** /maind/ 名 (複 **～s** /-dz/)
【心】**1** UC **心**, 精神; 気質; (類語 理解, 思考, 記憶など知性的な頭脳の働きを意味する; →soul). a man of gentle ～ 心の優しい男. peace of ～ 心の平安. a turn of ～ 気立て, 気質. a frame [state] of ～ (→成句). A sound ～ in a sound body. 〖諺〗健全なる身体に健全なる精神(を)《特に, 教育の理想として》. of unsound ～ →unsound (成句). listen with half one's ～ 上の空で聞く.
2 U 正気; 理性. absence of ～ 放心状態. go out of one's ～ 気が狂う; 〖話〗頭が変になる. What am I doing here? I must have lost my ～. 俺はここで何をしているのだ. 頭がおかしくなったに違いない. in one's right ～ (→成句). be bored out of one's ～ →成句 out of one's MIND (2).
【知性】**3** aU **知性**, 理知; **知力**, 頭脳, 思考(力). Reading improves the ～. 読書は知性を向上させる. Old age seems to have affected his ～. 年をとって彼は頭がぼけたらしい. I close my ～ to this subject. この問題はこれまでにする. be clear in one's ～ about.. ..のことがはっきりわかっている. keep an open ～ (→成句).

> 連結 have a brilliant [an astute, a keen, a sharp; a nimble, a quick; a creative; an inquiring; a logical; a disciplined; a subtle] ～

4 U 記憶(力); 注意(力). She's trying to put the event out of her ～. 彼女はその事件を努めて忘れようとしている. I can't get him out of my ～. 彼のことが忘れられない. apply one's ～ to [fix one's ～ on] earning money 金もうけに専念する[打ち込む, 没頭する]. A person's ～ wanders. 人の気が散る. Her ～ was on her mother's illness. 彼女は母の病気のことばかり考えてい

た. A person's ～ is not on one's . . . 人が. . に専念していない, . . に身が入らない.

5【知性の持ち主】Ⓒ 人;〈特に〉優れた頭脳の持ち主. She is [has] an analytical ～. 彼女は分析的な頭脳の人である. one of today's greatest ～*s* 当代の最も偉大な知性の持ち主の 1 人. Great ～*s* think alike. ＝All great ～*s* run in the same channel.〖戯〗すぐれた人というものは同じことを考えるものですね《あなたもそうお考えですか》.

【意向】 **6** Ⓒ〈普通, 単数形で〉**意向**, 意思; **意見**, 考え; (. . する)**気持ち**〈*to* do〉; 好み; 欲望. have a ～ of one's own (→成句). (Have you) changed your ～? ＝You changed your ～? 考えが変わったのかい. read a person's ～ 人の気持ちを読む. I am of your ～. 私はあなたと同じ考えです. I have no ～ *to* act on his advice. 彼の助言通りに実行する気はない.

a fràme [stàte] of mínd 気分, 気持ち, 精神状態. She's in *a* positive *frame of* ～ these days. 彼女は近頃はプラス志向だ.

at [in] the bàck of** a pèrson's **mínd (人の)心の奥に(ひそんで), 心の隅で, (人が)漠然と覚えていて. The scene is somewhere *at the back of* my ～, but I can't remember where it was. その風景はぼんやりとは覚えているが, どこだったか思い出せない.

be a lòad [wèight] off** a person's **mínd 〖話〗心の重荷の取れることである, ほっとすることである.

be àll [ònly] in the mínd 〔病気などが〕気のせい[思い過ごし]である. Your earache *is all in the* ～. 耳が痛いというのは気のせいだよ.

****bèar . . in mínd*** **. . を心に留める**, 覚えておく. *Bear in* ～ what I say. 私の言う事をよく覚えておきなさい (★目的語が節など長い場合は後に置かれる).

be of 〖米〗 ***[in*** 〖英〗***] twò mínds (about . .)*** (. . について)決心がつかずにいる, 迷っている.

be of [in] òne mínd (人が)同意見である〈*with* . . と/*that* 節 . . ということで〉. The students *were of one* ～. 学生たちは同じ意見だった. Bill *is of one* ～ *with* Tom on this subject. この問題に関してビルとトムの意見は一致している.

be of lìke mínd ＝be of [in] one MIND.

be of the sàme mínd (1) ＝be of [in] one MIND. (2) (同一人の)意見が変わらないでいる.

be of sòund [unsòund] mínd 〖主に法〗正常な精神(状態)である[でない]《責任能力がある[ない]》.

be the lást thìng on** a person's **mínd 最も人が考えそうにないことである. Wimbledon *is the last thing on* Tom's ～. ウィンブルドンは全くトムの考えにない.

blòw** a pèrson's **mínd (1)〖話〗(幻覚剤, 音楽などで)人を恍惚(こうこつ)とさせる. (2) (驚き, 喜びで)人をくらくらさせる; (すばらしくて, 異常なので)信じられない. It *blows* my ～! 驚いたね. (3) 頭がおかしくなる.

brìng . . to mínd ＝call . . to MIND.

****càll . . to mínd*** 〔人が〕**. . を思い出す**;〔物事が〕. . を思い出させる. What does this photo *call to* ～? この写真を見て何を思い出しますか.

càst** one's **mínd bàck 過去を思い出す.

còme [sprìng] to mínd＝còme ìnto** a pèrson's **mínd 心に浮かぶ; 思い出される.

cròss** a pèrson's **mínd →cross.

ènter** a person's **mínd 頭に浮かぶ.

from tìme out of mínd (人の記憶にない)大昔から.

gèt a lòad off** one's **mínd 考えていることを述べる.

gèt** one's **mínd round . . 〖英〗. . を理解する.

gèt . . out of** one's **mínd . . を忘れる, . . のことを考えないようにする.

gìve** a pérson **a bìt [pìece] of** one's **mínd →bit[1].

gìve** one's **mínd to . . . . に気を入れる, 専念する.

gò out of** a pèrson's **mínd (1) →2. (2)〔人, 物事が〕人に忘れられる, 失念される.

gò over . . in** one's **mínd . . を何度も(念入りに)考える.

****hàve a mìnd to dó*** **. . したい気持ちがある**[**する**]. I *had a* good [great] ～ *to* punch him, but I didn't. 奴にぜひ 1 発食らわしたかったが, やめた.

hàve a clòsed mínd (about . .) (. . のことで)了見が狭い, (. . を)受け入れようとしない.

hàve a mínd of** one's **ówn 自分自身の考え[意見]を持っている;〖しばしば戯〗〔機械などが〕自分の心を持っている.

***hàve hàlf a mínd to** do* . . しようかと思っている. I *have half a* ～ *to* quit this job. 僕はこの仕事をやめようかと思っている(が, 決心がまだつかない).

****hàve . . in mínd*** (1) **. . を考えている**, 念頭に置く; . . をしようかと思う. John told his teacher what he *had in* ～. ジョンは先生に自分が何を考えているか[頭に描いていること]を話した. (2) ＝bear . . in MIND.

***hàve it in mínd to** do* . . するつもりである.

hàve [kèep] an òpen mínd (about . .) (. . のことで)偏見がない, 寛大である. We are trying to *keep an open* ～. 我々は常に新しい考え方も受け入れようとしている.

hàve [have gòt] . . on** one's **mínd . . を気にかけている. The girl must *have* something [a lot] *on* her ～. 少女は何か[いろいろと]気がかりなことがあるに違いない.

in** one's **rìght mínd 正気で〈普通, 否定文, 条件文などで〉. No one *in* their *right* ～ would buy that land. 正気の人間ならそんな土地は買わないだろう. My husband was not *in* his *right* ～ when he signed the check. 小切手にサインした時, 夫は頭がどうかしていたのです.

kèep . . in mínd ＝bear . . in MIND.

kèep** one's **mínd on . . . . にたえず注意を向ける, 専念する. Stop talking and *keep* your ～ *on* the lecture. 話をやめてしっかり講義を聞きなさい.

knòw** one's **òwn mínd はっきりした意思[意向]を持っている, 思い惑わない,〈普通, 否定文で〉.

lòse** one's **mìnd →2.

****màke up** one's **mínd*** (1) **決心する**〈*to* do . . しようと/〈否定文, 疑問文で〉 *whether* . . かどうか〉; 腹を決める〈*about* . . について〉. *Make up* your ～. 決めてくれ; 選んでくれ. Don't worry. My ～ is *made up*. 御心配なく. 私の決心はついています. I've *made up* my ～ *to* go to Japan. 私は日本に行こうと決心してます. Have you *made up* your ～ *about* your future? これから先どうするか君は決めましたか. (2) 覚悟を決める〈*to* . . に対して〉; 仕方がないと思う〈*to doing* . . するのは〉. It's going to cost a lot of money; let's *make up* our ～*s to* that. だいぶ金がかかりそうだがそれは覚悟しよう. (3) 判断を下す, 決め込む,〈*that* 節 . . だと〉. Tom's *made up* his ～ *that* I lied to him. トムは私が彼にうそをついたと思い込んでいる.

***A person's* mìnd goes blánk [is a (complète) blánk].** 〖話〗頭の中が真っ白になる.

mìnd over mátter 精神による肉体[物質(界)]の支配, 意志の力.

on** a person's **mínd 気にかけて, 気にかかって. Is there something *on* your ～? 何か気になることがあるのですか. →have . . on one's MIND.

out of** one's **mínd (1)〖話〗気が狂って; 理性を失って, 我を忘れて,〈*with* . .〔悲しみ, 怒り, 心配など〕で〉. He's *out of* his ～ *with* worry. 彼は心配で頭がどうかなっている. (2) 大変, ひどく. be bored [drunk, frightened, stoned] *out of* one's ～ ひどく退屈する[酔っている, おびえている, らりっている]. You're *out of* your ～! ＝You've got to be *out of* your ～! (そんなことを言う[す

る]なんて)頭がおかしいんじゃない. go *out of* one's ～→2.
***Òut of síght, òut of mínd.** 〘諺〙去る者は日々に疎し《会わなくなれば忘れられる》.
pass through a person's mind ＝CROSS a person's mind.
pày..nò mínd＝pày no mínd to.. 〘米〙..に注意を払わない.
pùt a pérson in mínd of.. ..を人に思い出させる. What you say *puts* me *in* ～ *of* something I read the other day. 君の話でこの前読んだある事を思い出した.
pùt [sèt] one's mìnd at rést →rest¹.
put..out of one's mind →4.
pùt one's mínd to.. ..に気を入れる. if [when] you *put* your ～ *to* it その気になりさえすれば.
sèt one's mínd on.. ..を熱望してやまない; 固く決意する〈doing ..しようと〉. My daughter has *set* her ～ *on* becoming a stewardess. 娘は必ずスチュワーデスになると心を決めている.
sèt one's mínd to.. ＝give one's MIND to...
slíp a person's mínd 〔人, 物事が〕人に忘れられる, 失念される. The appointment *slipped* his ～. 彼はその約束のことをうっかり忘れた.
So màny mén, so màny mínds. 〘諺〙十人十色.
spèak one's mínd 率直に意見を述べる.
stíck in one's mínd はっきりと記憶に残っている.
tàke a lóad off a pèrson's mínd →load.
tàke a pèrson's mínd off.. 〔心配事など〕から人の気をそらす. Work helped to *take* my ～ *off* my grief. 仕事のおかげで私は悲しみを忘れることができた.
time out of mínd (1) 大昔. (2) ずいぶん前に.
to a pérson's [mý] mínd 人[私]の考えでは. You did that on purpose, *to my* ～. 私の思うところでは君はそれをわざとやったのだ.
tùrn one's mínd to.. ..に関心を向ける. Let's *turn* our ～*s to* the next problem. さあ次の問題を考えてみよう.
tùrn..óver [gò↑óver..] in one's mínd
with..in mínd ..を心に留めて, 考慮に入れて. Most of them are designed principally *with* adults *in* ～. その大部分は主に成人を考えて企画されている.

—— 動 (～s /-dz/|過 過分 **mínd·ed** /-əd/|**mínd·ing**)
他【心にかける】 **1** 〈普通, 命令文で〉 **(a)** 〔VO〕(～ X/*wh* 節) Xに/..かに気をつける, 用心する. *Mind* the [your] step! 〘掲示〙足もとに注意. ～ one's manners [language, tongue] 行儀[口のきき方]に気をつける. Don't ～ him. 彼のことは気にかけることはない. *Mind where* you go at night. 夜分出かける場所には用心しなさい. **(b)** 〔VO〕(～ ***that*** 節) ..するように気をつける, 必ず..する. *Mind* (*that*) you don't drop that vase. その花瓶を落とさないように注意するのよ. *Mind* (*that*) you come on time. 必ず定刻に来なさい.
2 〘米〙〔子供などが〕の言うことを聞く (obey). You should ～ your parents. 両親の言うことに従わなくてはいけない.
3 〔赤ん坊など〕の**世話をする**; の面倒を見る; の番をする. Who's ～*ing* the store? だれが店の責任者ですか. I want you to ～ the phone for ten minutes. 10分ほど電話番をしてください. Could you ～ my bag for *me while I go to the* restroom? トイレに行く間バッグを見てていただけないでしょうか.
【気にする】 **4** 〔VO〕(～ X/***that*** 節/*wh* 節) Xを/..ということを/..かを気にする, 気にかける[心配する], 〈普通, 否定文, 疑問文で〉. Go on with your work, please; don't ～ me [us]. 仕事を続けてください, 私[私たち]には構わずに. Don't ～ him. 彼のことを気にすることはありません. She ～*ed* very much *that* he had refused. 彼に断られたことを彼女は大いに気にした. I don't ～ *how* cold it is. どんなに寒くても気にならない. I don't really ～ *what* people think of me. 人が私をどう思うかは本当はどうでもいい.
5 〈普通, 否定文, 疑問文で〉 **(a)** をいやだと思う, は困る; 〔VO〕(～ (X('s)) ***doing/that*** 節) (Xが) ..するのを/..ということをいやだと思う. I don't ～ hard work, but I do ～ low pay. 仕事のきついのは平気だが給料の低いのは困る. Do you ～ pizza for dinner? 夕食にピザでいいですか. "Do you ～ shut*ting* the window?" "No, not at all [Certainly not]."「窓を閉めてくれませんか」「ええ, いいですよ」(★文法的ではないが, 承諾の返事に "Yes, certainly." "Sure." "Of course." などを使うことも実際にはある). Would you ～ *my* [*me*] smok*ing*? (＝Would you ～ if I smoke(d)? (→自 2)) たばこを吸ってもよろしいでしょうか (語法 Would you ～..? は Do you ～..? よりていねいな表現だが, どちらも重要な事の依頼には使えない; また my の代わりに me を用いるのは談話体 (→(b)). **(b)** 〔VOC〕(～ X (***being***) Y) XがYであるのをいやがる. "Do you ～ the door (*being*) open?" "Yes, I do (～)."「戸を開けておいていいですか」「困ります」

—— 自 **1** **(a)** **気をつける**, 用心する, 〈普通, 命令形で〉. *Mind* now, don't be late. 遅れないように気をつけなさい. **(b)** 〈～ and do の形で命令文で〉 気をつけて[必ず]..しなさい. *Mind* and come back before ten. 10時前にきっと帰ってくるのよ. **2** **気にする**; 心配する; いやだと思う; 〈普通, 疑問文, 否定文で〉. Don't ～! 気にするんじゃない. Do you ～ if I leave this minute? 今すぐおいとましても構いませんか. *Mind* if I smoke [join you]? たばこを吸って[そこに座って]もいいかい (★くだけた言い方では Do you が省略されることがある). "Would you ～ if I closed the window?" "Sure."「窓を閉めてもよろしいでしょうか」「どうぞ」(→他 5 (a) ★). **3** 〘米〙人の言うことを聞く; 素直である. The horse wouldn't ～, so I sold him. あの馬はなかなか思うようにならないので売った.
Do you mínd? 〘話〙(1) 〈困惑を表して〉やめてくれませんか. *Do you* ～? That's my bag you're taking down. やめてくれませんか. あなたがおろしているのは私のかばんです. (2) いいですか.
I dòn't mínd.＝I dòn't mìnd whích. どちら[どれ]でも結構です. "Would you like tea or coffee?" "*I don't* ～."「お茶がいいですかコーヒーがいいですか」「どちらでも結構です」
(I) dòn't mínd if I dó. 〘旧話・戯〙悪くはないですね, そうしましょう. "Will you have another cup of tea?" "*I don't* [*Don't*] ～ *if I do*."「お茶をもう1杯いかがですか」「いいですね」
I don't mìnd télling you.. はっきり言って...
if you dòn't mínd 〘話〙(1) おいやでなければ, あなたが構わないなら. (2) 失礼ですが.
if you don't mìnd my [me] sáying sò 失礼ながら, こう言っては失礼かもしれませんが. And now, *if you don't* ～ *my saying so*, you and Lucy have outstayed your welcome. ところで, 失礼ながら, あなたとルーシーは長居をしすぎたのです.
I should [would] nòt mínd.. 〘話〙..(するの)も悪くない, ..が欲しい(のだが), 《I should like などの遠回しな言い方》. *I shouldn't* ～ a few days' trip. 2, 3日旅行に出るのも悪くない.
Mìnd hòw you gó. 〘話〙じゃ気をつけてね《別れ際の文句》. *Mind how you go!* See you on Monday. それじゃ月曜まで元気でね.
Mìnd óut! 〘英〙〈命令形で〉(1) 気をつけろ〈*for* ..に〉. *Mind out for* the cars when you cross the street. 道路を渡る時は車に気をつけなさい. (2) どけ, どいてくれ.
mìnd one's P's /pì:z/ ***and Q's*** /kjú:z/ →P.
Mínd (you)! 〘話〙〈間投詞的〉いいかね(よく聞いておき

なさい, 忘れないでくれ). I'll lend you the money, but ～ *you*, this is the last time. その金は貸してあげるが, いいかね, これが最後だよ.

Mind your báchs! 〖話〗(人の後ろを通る時)ちょっと失礼《＜背中に気をつけて》.

Mìnd your éye! →eye.

Mínd your òwn búsiness! →business.

****nèver mínd*** 〖話〗(1) 気にするな; 何でもない; (そんな事は)どうでもいい. ★Don't mind! とは言わない. "What did you say?" "*Never* ～." 「何ですって?」「何でもないよ」 *Never* ～ what he said. 彼の言ったことなど気にすることはない. *Never* ～ (about) the children; I'll take care of them. 子供のことは気にしないで; 私が見てやります. (2)〈Never ～!〉大きなお世話だ. (3)〖話〗..はもちろん, まして(..ない), (much less). He hasn't even cut down on cigarettes, *never* ～ give them up. 彼はたばこをやめるのはおろか, 減らしてもいない.

Nèver you mínd. 〖話〗お前の知ったことか, あなたには関係のないことです. "What are you talking about?" "*Never you* ～!"「何のことを話しているんですか」「お前の知ったことか」

[＜中期英語 *mind(e)* (＜古期英語 *ġemynd*「記憶, 思考」)]

mínd-àltering 形 ＝mind-expanding.

mínd-bènding 形 〖話〗**1** 幻覚性の. **2** 奇妙で理解できない. **3** 圧倒的な, びっくりするような.

mínd-blòwing 形 〖話〗**1** 幻覚[恍惚状態]を起こす. **2** ひどく興奮させる, 衝撃的な.

mínd-bòggling 形 〖話〗驚嘆すべき, びっくるするような, 法外な.

mínd·ed /-əd/ 形 〈叙述〉**1** 気がある〈*to* do ..する〉. I'm ～ *to* agree to this proposal. 私はこの提案に同意する気でいる. **2**〈副詞を伴って〉〔..のように〕考えがちで; 〔..の方面に〕興味を持って. Bill is scientifically ～. ビルは科学に関心がある[科学者肌である]. You can follow in your father's footsteps if you are so ～. 君がその気ならお父さんの跡を継ぐのがいい.

-mind·ed /-əd/ 〈複合要素〉**1**〈形容詞に付けて形容詞を作る〉「..心の, ..気質のなど」の意味. strong-*minded*. narrow-*minded*. **2**〈名詞に付けて形容詞を作る〉「..に関心のある, ..に熱心ななど」の意味. air-*minded*. food-*minded*.

mínd·er 名 C **1**〖英俗〗ボディーガード, (犯罪者の)用人棒. **2** 世話する人《子供, 動物, 機械などを》. a baby-～ 子守. a machine-～ 機械係.

mínd-expànding 形 〔薬剤が〕意識を拡大する, 幻覚性の.

‡mind·ful /máin(d)f(ə)l/ 形 〈叙述〉〖章〗気をつける, 注意する, 〈*of*..に〉; 忘れない〈*of*..〔約束など〕を〉. You should be more ～ *of* your health. 君は健康にもっと気をつけるべきだ. ▷**～·ly** 副 注意深く. **～·ness** 名

‡mínd·less 形 **1**〈叙述〉気をつけない, 不注意な; 忘れて; 〈*of*..に, を〉. He went to the battlefield, ～ *of* the risk. 彼は危険をかえりみず戦場におもむいた. **2**〖軽蔑〗思慮のない, 愚かな, 心ない; 頭を使わない, 上の空での, 〔仕事など〕. ～ violence 愚かな[いわれのない]暴力.
▷**～·ly** 副 不注意に; 愚かに; ぼうっとしながら. **～·ness** 名

mínd-nùmbing 形 うんざりするほど退屈な. ▷**～·ly** 副

mínd rèader 名 C 読心術師.

mínd rèading 名 U 読心術.

mínd-sèt 名 C (固定化した)考え方, 発想, 思考傾向[様式]. be of a different ～ 考え方が違う.

mìnd's éye 名 〈the [one's] ～〉心眼, 想像力; 記憶力. in the [one's] ～ 頭の中で, 想像して; 記憶の中で.

‡mine[1] /main/ 代 〈Iの所有代名詞〉**1**〈単複両扱い〉私のもの (★「my＋名詞」の代用として, 名詞が文脈から明らかである場合に用いられる). Your house is larger than ～. 君の家は私の家より大きい. "Whose coat is this?" "It's ～."「これはだれの上着ですか」「私のです」 Your shoes are black but ～ *are* brown. 君の靴は黒だが私のは茶だ. Your place or ～? 〖米話〗あなたの家にする, それともうちにする?《男女の会う場所などについて》.
2〈of ～ で〉私の (★a(n), this, that, no などの付いた名詞の後に用いられる). a friend of ～ 私の友人(の1人) (★my friend は特定の友人). this hat of ～ 私のこの帽子 (★this *my* hat は擬古的語法).
3〖古・詩〗私の (my) (★母音又は h で始まる語の前, 時に名詞の後に用いる). ～ eyes [heart] 私の目[心]. O mother ～! おお我が母上よ.

mè and míne 私と私の家族[親戚(せき)]. He's like a Santa Claus to *me and* ～. 彼は我々家族にとってサンタクロースのような人だ. [＜古期英語 *mīn*]

‡mine[2] /main/ 名 (複 **～s** /-z/) C **1 鉱坑**; 鉱山; 地下の鉱物資源. a copper ～ 銅山. an abandoned ～ 廃坑. work in [〖英〗down] a coal ～ 炭坑で働く. **2** 豊富な供給源, 宝庫, 〈*of*..の〉. This book is a ～ *of* information *about* [*on*] stereo. この本はステレオの知識の宝庫だ. **3**〖軍〗地雷, 水雷, 機雷; 雷坑《敵地の下まで掘り爆薬をしかける》. lay a ～ 地雷[機雷]を敷設する. a submarine ～ 敷設機雷.
── 動 他 **1**〔石炭, ダイヤモンドなど〕を採掘する; 〔地面〕を掘る〈*for*..の採鉱のために〉; VOA (～ /X/ **out**)〔地域など〕から鉱物を掘り尽くす〈普通, 受け身で〉. The area is being ～*d for* uranium. その地域ではウラニウムが採掘されている. This lot has been ～*d out*. この鉱区は掘り尽くされてしまった. **2**〔敵陣など〕の下に地下道を掘る. **3** に地雷[機雷]を敷設する; を地雷[機雷]で爆破する; 〈普通, 受け身で〉. All the main roads had been heavily ～*d*. すべての主要道路には地雷がびっしり敷設されていた. **4** ＝undermine 2.
── 自 **1** 採掘する; 掘る〈*for*..を求めて〉. ～ *for* coal 石炭を掘り出す. **2** 鉱山で働く. **3** 坑道を掘る. **4** 機雷を敷設する. [＜古期フランス語]

míne detèctor 名 C 地雷[機雷]探知器.

mìne dispósal 名 U 地雷[機雷]処理作業.

‡míne·fìeld 名 C **1**〖軍〗地雷[機雷]敷設区域, 地雷原, 機雷原. **2** 危険地帯. a political ～ どんな大事件が突発するかもしれない政界の危機.

míne hùnter 名 C 〖英〗＝minesweeper.

míne·làyer 名 C 〖軍〗機雷敷設艦[航空機].

***min·er** /máinər/ 名 (複 **～s** /-z/) C **1 坑夫**, 鉱員. **2**〖軍〗地雷工兵.

‡min·er·al /mín(ə)rəl/ 名 (複 **～s** /-z/) C **1 (a) 鉱物**. Is it animal, vegetable, or ～? それは動物ですか, 植物ですか, 鉱物ですか. **(b)** 無機物. Hot springs often contain many ～*s*. 温泉にはしばしばたくさんの無機物が含まれている. **2**〖英〗〈普通 ～s〉＝mineral water 2 (〖米〗soda). ── 形 鉱物(質)の; 鉱物を含んだ; 無機の. ～ resources 鉱物資源. [＜中世ラテン語 *minera*「鉱山, 鉱石」]

mìneral kíngdom 名 〈the ～〉鉱物界.

min·er·a·log·i·cal /mìn(ə)rəlάdʒikəl|-lɔ́dʒ- ⑱/ 形 鉱物学の.

min·er·al·o·gist /mìnərǽlədʒist/ 名 C 鉱物学者.

min·er·al·o·gy /mìnərǽlədʒi/ 名 U 鉱物学.

míneral òil 名 UC 鉱油《石油など》.

míneral sprìng 名 C 鉱泉.

míneral wàter 名 UC **1** 鉱水, 鉱泉. **2**〖英〗ミネラルウォーター, 炭酸水, ソーダ水; (人工加味した炭酸入り)清涼飲料.

míneral wòol 名 U 鉱物綿《防音・断熱用の建材》.

Mi·ner·va /mənə́ːrvə/ 名 〖ロ神話〗ミネルヴァ《知恵, 技芸, 戦術の女神; ギリシア神話の Athena に当たる》.

min·e·stro·ne /mìnəstróuni/ 名 U ミネストローネ

M

《野菜, パスタなどの入った実だくさんのスープ》. [イタリア語]
míne·swèeper 名 C 〖軍〗(機雷除去の)掃海艇.
míne·swèeping 名 U 掃海作業.
Míng Dỳnasty /míŋ-/ 名 〈the ～〉〖史〗(中国の)明(王)朝 (1368-1644).
†**min·gle** /míŋg(ə)l/ 動 他 を混ぜる, 混ぜ合わせる, 〈*with*..と〉〈しばしば受け身で〉(類語 もとの成分が見分けられる場合に多く使われる; →mix). ～*d* feelings of hope and fear 希望と不安の入り混じった気持ち. Several lemons were ～*d with* oranges in the box. 箱の中にはレモンがいくつかオレンジに混じっていた. A cold rain was falling, ～*d with* snow. 雪まじりの冷たい雨が降っていた.
── 自 **1** 混じる, 混じり合う, 〈*with*..と〉.
2 混じる, 紛れ込む, 〈*with*..に〉. The robber ～*d with* the crowd and escaped. 泥棒は人込みに紛れて逃走した. **3** 付き合う, 交際する, (パーティーなどで動き回って)いろいろな人たちと話をする, 〈*together*/*with*..と〉; 参加する〈*in*..に〉. I asked Dick to ～ *with* the guests. 私はディックにお客さんの中に入って話をするように頼んだ.
[<古期英語 *mengan*「混ぜる」; -le[1]]
min·gy /míndʒi/ 形 〖英話〗けちな (stingy).
min·i /míni/ 名 C 〖話〗(同種類の中で)特別小さいもの《ミニスカート (miniskirt), ミニコンピュータ (minicomputer), 小型車 (minicar) など》.
mini- 〈複合要素〉名詞に付けて「小型..; 短い..」の意味の名詞を作る. *mini*bus. *mini*skirt.
[<*miniature*]
†**min·i·a·ture** /míniətʃ(u)ər, -nətʃər|-nə-, -njə-/ 名 **1** C 小型模型, ミニチュア. a ～ of the British Museum 大英博物館の模型. **2** C 細密画; 細密肖像画; U 細密画法. **3** (ブランデーなどの)ミニチュア瓶.
in míniature 小規模の[に], 小型の[に]. real life *in* ～ 実人生の縮図. The boy is his father *in* ～. その少年は父親を小型にしたようだ《よく似ている》.
── 形 〈限定〉小規模の, 豆..; 小型模型の. a ～ garden 箱庭. a ～ plane 模型飛行機.
── 動 他 を細密画に描く; を縮写する.
[<ラテン語「鉛丹 (*minium*) で色付けしたもの」; 中世の彩色写本が小型だったことから]
mìniature cámera 名 C 小型カメラ《35ミリ判以下》.
mìniature gólf 名 U ミニチュアゴルフ.
mín·i·a·tur·ist /-rist/ 名 C 細密画家.
mín·i·a·tur·ìze /-ràiz/ 動 他 〔電気製品など〕を小型化する. ▷**～d** 形 小型化した, 小型の. **mìn·i·a·tur·i·zá·tion** 名 U 小型化.
míni·bàr 名 C (ホテル客室の)アルコール飲料入り冷蔵庫.
míni·bùs 名 C マイクロ[小型]バス《6-12 人乗り》.
míni·càb 名 C 〖英〗ミニキャブ《街路で客を拾うことは許されず, 電話で依頼を受けるタクシー》.
min·i·cam /mínikæm/ 名 C 〖主に米〗ミニカム《小型ビデオカメラ》.
míni·càr 名 C (特に英国産の)小型車.
mìni·compúter 名 C ミニ[小型]コンピュータ《personal computer より大きく mainframe より小さい; 企業や団体が使用》.
Míni Dìsc, míni·dìsc 名 C ミニディスク《略 MD》.
min·im /mínəm/ 名 C **1** 〖英〗〖楽〗2 分音符 (〖米〗 half note). **2** ミニム《液量の最小単位; 1 ドラムの 60 分の 1; 略 min》. **3** 微小なもの.
min·i·ma /mínəmə/ 名 minimum の複数形.
†**min·i·mal** /mínəm(ə)l/ 形 最小の; 最小限度の, 最低の; (↔maximal). lead a ～ existence 最低生活を送る. ▷**～·ly** 副
mìnimal árt 名 U 〖美〗ミニマルアート (→minimalism).
mín·i·mal·ìsm 名 U 〖美〗ミニマリズム《装飾的要素を最小限に切りつめたシンプルなフォルムや, 小さな単位の反復をその手法とする現代芸術・文学などの一思潮; minimal art はその一表現》. ▷**mín·i·mal·ist** 名, 形
míni·màll 名 C ミニショッピングセンター.
mìnimal páir 名 C 〖言〗最小対立項《sit, shit のように 1 音の違いのみによって意味の異なる 2 語を言う》.
min·i·mart 名 C 〖主に米〗ミニストア《食料品, タバコなどを売る》.
†**min·i·mize** /mínəmàiz/ 動 他 **1** を最小(限度)にする. use a computer to ～ errors コンピュータを使って誤りを最小限に押さえる. **2** を最小限に評価する[見積もる]; を過小視する. The authorities tried to ～ the accident. 当局はその事故を実際より小さく見せようとした. ◇↔maximize
‡**min·i·mum** /mínəməm/ 名 (複 **min·i·ma** /mínəmə/, **～s** /-z/) C **1** 〈普通, 単数形で〉**最小限度**, 最低限; 最少数[量], 最低額, 最低点; (↔maximum). an absolute [a bare] ～ ぎりぎり[必要]最小限. This job will take a ～ of ten days. この仕事は最小限 10 日はかかるだろう. Meat prices reached a ～ in July. 肉は 7 月に最安値になった. **2** 〖数〗極小.
at the [a] mínimum 最低でも.
kèep [redúce] .. to a [the] mínimum ..を最低[小]に保つ, 抑える[減らす].
── 形 〈限定〉最小限度の; 最低の. make only a ～ effort 最小限の努力しかしない. today's ～ temperature 本日の最低気温.
── 副 少なくとも, 最低でも. get $250 a week ～ 週に少なくとも 250 ドルかせぐ.
[ラテン語 'least, smallest']
mìnimum lénding ràte 名 C (イングランド銀行の)最低貸出金利《1981 年に廃止》.
mìnimum secúrity 形 〖米〗制約[制限]の少ない. a ～ prison 制約の少ない刑務所.
mìnimum wáge 名 C 〈普通, 単数形で〉(法定又は労使協定の)最低賃金.
†**min·ing** /máiniŋ/ 名 U **1** 採鉱, 採炭; 採鉱業, 鉱山業. coal ～ 採炭. a ～ engineer 鉱山技師.
2 〖軍〗地雷[機雷]設置.
min·ion /mínjən/ 名 **1** C 〖主に雅〗〖軽蔑, また戯〗(権力者の)取り巻き, 子分; (君主の)寵(ちょう)臣, お気に入り. a ～ of fortune 運命の寵児. the ～*s* of the law 〖戯〗法律の手先《警官, 刑務官など》. **2** U 〖印〗ミニオン《活字の大きさ; 約 7 ポイント》.
míni·pìll 名 C 〖薬〗ミニピル《卵胞ホルモンを含まない経口避妊薬; →pill》.
mìni·róundabout 名 C 〖英〗ミニ・ロータリー.
min·i·scule /mínəskju:l/ 形 ＝minuscule.
míni·sèries 名 C (テレビの)ミニシリーズ《毎日少しずつ放映》.
míni·skìrt 名 C ミニスカート.
‡**min·is·ter** /mínəstər/ 名 (複 **～s** /-z/) C
【奉仕する人】 **1** **牧師**, 聖職者. parish priests and nonconformist ～*s* (英国国教系)教区牧師と非国教系牧師. ★英国では国教派以外の, 米国では一般に新教の牧師に用いる.
2 〈しばしば M-〉(ヨーロッパ諸国, 日本などの)**大臣**, 閣僚, (★米国で大臣に相当する役職は secretary (長官); 英国でも閣内相の多くは secretary と呼ばれる; →secretary). the Prime *Minister* 総理大臣. the *Minister* of Foreign Affairs (英米以外の)外務大臣. a ～ not in the cabinet 〖英〗閣外相 (→cabinet 2).
3 ＝minister of state.
4 公使《ambassador の次位》. the US *Minister* in Tokyo 東京駐在アメリカ合衆国公使.
── 動 自 〖主に雅〗 VA (～ *to*..) 〔病人など〕の看病をする; 〔人の窮状[必要]〕に手をさしのべる[こたえる].

[ラテン語「召し使い」(<*minus* 'less, lower')]

‡**min·is·te·ri·al** /mìnəstí(ə)riəl ㊙/ 形 **1** 大臣の; 内閣の; 政府側の, 与党の. talks at the ~ level 閣僚レベルの会談. *Ministerial* changes will be made after the election. 選挙後内閣改造が行われるだろう. the ~ party 与党. **2** 聖職者の.

▷**~·ly** 副 大臣として[らしく]; 牧師として[らしく].

mìnisterial responsibílity 名 UC 大臣の政治責任.

mìnistering ángel 名 C 〖主に雅〗'守護天使'; 「《親切な看護婦などの美称》.

mìnister of státe 名 (複 **ministers-**) C 〖英〗(大臣を補佐する)次官《例えば Home Office には 3 人の ministers of state がいる》.

mìnister withòut portfólio 名 C 〖英〗無任「所大臣.

min·is·trant /mínəstrənt/ 名 C 〖主に雅〗奉仕する人; 補佐する人. ── 形 〖主に雅〗奉仕する; 補佐する.

min·is·tra·tion /mìnəstréiʃ(ə)n/ 名 **1** U 仕えること; C 〈普通 ~s〉〖章・しばしば戯〗(病人, 貧困者などへの)世話, 奉仕. **2** U 牧師の職務の遂行; C 〈普通 ~s〉礼拝, お勤め.

***min·is·try** /mínəstri/ 名 (複 **-tries** /-z/)
1 UC 〈the ~〉**牧師の職務**[任期]; 〈単複両扱い; 集合的〉聖職者, 牧師. enter [go into] the ~ 牧師になる. leave the ~ 牧師をやめる. **2** UC 大臣[閣僚]の地位[職務, 任期]. **3** C 〈しばしば M-〉(ヨーロッパ諸国, 日本などの)**省**; その建物. the *Ministry* of Education (日本などの)文部省. →department「英国の主な省とその大臣」. **4** 〈しばしば M-〉 C 内閣 (cabinet); U 〈the ~; 単複両扱い〉〈集合的〉諸大臣, 閣僚, 《英国では閣外相も含める》. **5** UC 公使の職務[任期]. **6** C 奉仕, 援助.
[minister, -y²]

míni·vàn 名 C 〖米〗ミニバン. 「一部》.

min·i·ver /mínəvər/ 名 U 白い毛皮《貴族の礼装の

†**mink** /miŋk/ 名 (複 **~s, ~**) **1** C 〖動〗ミンク《イタチの類》; U その毛皮. wear a ~ coat ミンクのコートを着る. **2** C ミンクのコートなど. [<北欧語]

Minn. Minnesota.

Min·ne·ap·o·lis /mìniǽp(ə)lis/ 名 ミネアポリス《米国 Minnesota 州東部の Mississippi 川に臨む都市; 対岸の St. Paul と双子都市》.

Min·ne·so·ta /mìnəsóutə/ 名 ミネソタ《米国中北部の州; 州都 St. Paul; 略 MN〖郵〗, Minn.》. [北米先住民語「乳白色がかった青い水」]

▷**Min·ne·so·tan** /-tn ㊙/ 形, 名 C ミネソタ州の(人).

Mìn·nie Móuse /mìni-/ 名 ミニーマウス《漫画映画の主人公 Mickey Mouse のパートナーの雌》.

min·now /mínou/ 名 C ヒメハヤ《コイ科の小さな淡水魚で魚釣りの餌(え)》; 〈一般に〉小魚, 雑魚(ざこ).

Mi·no·an /minóuən/ 形 クレタ[ミノア]文明の《紀元前 3000–1100 ころ Crete 島を中心に繁栄》.

‡**mi·nor** /máinər/ 形 ⓒ 〈普通, 限定〉**1** (2 つ[2 人]のうち)**小さい方の**; より少ない; 少数の; (smaller) (★後に than や to を伴わない). a matter of ~ importance あまり重要でない事柄. We got only a ~ share of the profits. 我々は少ししか利益の分け前にあずからなかった. a ~ political party 少数派政党.
2 大して重要[重大]でない; 二流(以下)の; 〔病気, 怪我などが〕生命の危険を伴わない, わりに軽い. ~ writers [poets] 群小作家[マイナーな詩人]. ~ faults 小さな過失. a ~ illness [injury] 軽い病気[軽傷]. a ~ inconvenience ちょっとした不便. a ~ part [role] 端役(はやく). have a ~ operation on one's leg 足にちょっとした手術を受ける. **3** 〖法〗未成年の. **4** 〖英〗〖旧・戯〗〈名前の後に付けて〉(特に男子校の同姓の 2 生徒のうち) 年下の; 弟の. Hill ~ 年下の方[弟]のヒル.
5 〖米〗(大学での)副専攻の. a ~ subject 副専攻科目.
6 〖楽〗短音階の, 短調の. a sonata in E ~ ホ短調のソナタ. ◇↔major 名 minority

in a mìnor kéy 〖楽〗短調の[で]; 陰気な調子の[で].

── 名 C **1** 〖法〗未成年者《米国では普通 21 歳, 英国では 18 歳未満》. "No ~*s*."〖掲示〗未成年者お断り. **2** 〖米〗(大学の)副専攻科目[学生]. **3** 〖楽〗短調, 短音階. **4** 〈the ~s〉マイナーリーグ. ◇↔major

── 動 自 VA (~ *in..*)〖米〗..を副専攻科目として履修する. a history major ~*ing in* German ドイツ語副専攻の歴史主専攻学生. [ラテン語 'less, smaller']

‡**mi·nor·i·ty** /mənɔ́ːrəti, mai-|mainɔ́r-/ 名 (複 **-ties** /-z/) **1** aU 〈単複両扱い〉**少数**; (過半数に対して)半数以下. Only a ~ of the MPs is [are] in favor of passing the bill. 議員のほんのわずかしかその議案を通すことに賛成でない. **2** C (政治上, 宗教上などの)**少数派**, マイノリティ, 少数党; (1 国内の)少数民族. hear the ~'*s* views 少数派の意見を聞く. political *minorities* 少数政党. **3** 〈形容詞的〉少数の; 少ない方の, 少数派の, マイノリティの. a ~ race 少数民族. a ~ group (民族・宗教上などの)少数派, マイノリティ・グループ. the ~ vote 少ない方の投票数. a ~ program 低視聴率番組. **4** U 〖法〗未成年(期).

be in a [***the***] ***minórity*** 少数(派)である.

be in a minòrity of óne (意見などで)孤立無援である.

◇↔majority 形 minor [minor, -ity]

minòrity góvernment 名 C 少数党政府《野党全ての議員の総数には劣る与党政府》.

minórity lèader 名 C 〖米〗(連邦議会の少数党の)院内総務; 少数派の指導者.

mìnor léague 名 C (アメリカプロ野球などの)マイナーリーグ《major league より下位の連盟》.

mìnor plánet 名 C 〖天〗小惑星 (asteroid).

mìnor prémise 名 C 〖論〗小前提《三段論法中の真ん中の命題; →syllogism》.

mìnor scále 名 C 〖楽〗短音階 (→major scale).

mìnor súit 名 C 〖ブリッジ〗小札《ダイヤ又はクラブの組札; 得点が低い; →major suit》.

Mi·nos /máinəs/ 名 〖ギ神話〗ミノス《Crete 島の王; →labyrinth 3》.

Min·o·taur /mínətɔ̀ːr|máin-/ 名 〖ギ神話〗〈the ~〉ミノタウロス《人身牛頭の怪物; Crete 島の迷路 (Labyrinth) に住んでいたと言われる》.

Mi·nox /mənάks|-nɔ́ks/ 名 UC 〖商標〗ミノックス《ドイツ製の超小型精密カメラ, そのフィルムなど》.

min·ster /mínstər/ 名 C 〖英〗〈しばしば M-〉(もと修道院付属の)教会堂, 大寺院, ..大聖堂. York *Minster* ヨーク大聖堂. [monastery と同源]

min·strel /mínstrəl/ 名 C **1** (中世の)吟遊詩人《諸国を巡り王侯の前などで自作の詩歌を楽器に合わせて歌った》. **2** ミンストレルショーの芸人. **3** 〖古・詩〗詩人, 歌手.

mínstrel shòw 名 C ミンストレルショー《黒人に扮(ふん)した白人が歌い, 踊り, 漫才をする; 19 世紀から 20 世紀初頭に米国で流行したのが始まり》.

min·strel·sy /mínstrəlsi/ 名 U **1** 吟遊詩人の芸. **2** 〈集合的〉吟遊詩人の歌った詩[民謡]. **3** 〈集合的〉吟遊詩人たち.

†**mint**¹ /mint/ 名 **1** U 〖植〗ハッカ. **2** C ハッカ入りキャンディー[菓子]. [<ギリシア語]

†**mint**² 名 **1** C 造幣局. **2** aU 〖話〗ばく大(な金). The tour must have cost you a ~. 旅行にはうんとお金がかかったでしょう. make [win] a ~ 大もうけする.
3 〈形容詞的〉(造幣[印刷]局から)出たばかりの; 新品同様の, 真新しい.

in mìnt condítion 新品同様の[で]. My father's car is still *in* ~ *condition*. 父の車は今でも新車同様だ.

M

── 動 他 〔貨幣〕を鋳造する; 〔新語など〕を作る. ～ money 大もうけする.
[<ラテン語 *monēta*「貨幣」] ▷**mínt·ed** /-əd/ 形 〈newly [freshly] ～*ed* で〉新品の, 出来たての.

mint·age /míntidʒ/ 名 U **1** 貨幣鋳造; 鋳造貨幣; 造幣費. **2** 造語.

mínt·jèlly 名 U 〖米〗ミントソース.

mìnt júlep 名 C 〖主に米〗ミントジュレップ《かき氷の中に砂糖とウイスキー又はブランデーにハッカの葉を混ぜたカクテル》.

Min·ton /míntən/ 名 U 〖商標〗ミントン《英国製の陶磁器; 創業者の名前から》.

mìnt sáuce 名 U 〖英〗ミントソース《甘酢にハッカの葉を刻み込んだもの; 小羊の焼き肉にかける》.

mint·y /mínti/ 形 e ハッカの味[香り]のする.

min·u·et /mìnjuét/ 名 C メヌエット《3 拍子の緩やかで優雅な舞踏》; その曲.

‡**mi·nus** /máinəs/ 前 **1** 〖数〗..を引いて, マイナス... Ten ～ four is [leaves, equals] six. 10 引く 4 は 6 《10－4＝6》. **2** 〖話〗..なしで, ..のない, ..を除けば, (without). a book ～ eight leaves 16 ページ落丁のある書物. Ann left ～ her umbrella. アンは傘を持たずに出た.
── 形 ¢ 〈限定〉**1** マイナスの[を表す]; 〖数〗負の; 〔電気が〕陰の. a ～ number 負数. a temperature of ～ ten degrees 零下 10 度の温度. **2** 〈名詞の後に置いて〉..より少し劣る, 下(ゲ)の... I never got a grade higher than B ～. B マイナス(B⁻)より上の成績を取ったことがない. **3** 〖話〗不利な, マイナスの. a ～ point [factor]. 不利な点[要素].
── 名 C **1** マイナス記号, 負号, (**mínus sìgn**) 《－》. **2** 負数, 負量; 不足, 損失. **3** 不利(な点). a big ～ 大きな不利. The pluses and ～*es* are about equal. プラス・マイナスはほぼ同じだ.
◇↔plus [ラテン語 (*minor* 'less' の中性形)]

mi·nus·cule /mínəskjù:l, minʌ́skju:l/ 形 非常に小さい.

‡**min·ute**[1] /mínət/ 名 (複 **～s** /-ts/) C
【1 時間の 60 分の 1】 **1** 分《記号は ′; →second[1], hour》; ..分の距離. 1h20′43″ (＝one hour, twenty minutes, forty-three seconds) 1 時間 20 分 43 秒. start at five ～*s* past [〖米〗after] ten 10 時 5 分過ぎに出発する. It's ten ～*s* to [before, 〖米〗of] five. 5 時 10 分前です. It's fifteen ～*s* [fifteen ～*s*' walk] from here to the park. ここから公園まで 15 分[歩いて 15 分]です. 語法 時刻の表現で minutes を略せるのは five, ten, twenty, twenty-five の後に限る. It's *five* past ten. はよいが, It's *eight* to ten. は不自然.
2 【非常に短い時間】〈普通, 単数形で〉〖話〗(**a**) **瞬間**. a ～ ago ちょっと前に. Could you spare me [〈くだけて〉Do you have] a ～ of your time? ちょっとお時間をいただけませんか《外交員などの言葉》. Do you have a ～? ちょっといいですか. when you get a ～ 時間があれば《人に物を頼む時に》. Go *this* (very) ～. 今すぐ行きなさい. We're expecting him *every* [*any*] ～. 彼を今か今かと待っているところです. The rock looked like it might fall down *any* ～. その岩は今にも落下しそうに見えた. The river rose ⌞～ *by* ～ [by the ～, every ～]. 川は刻々増水した. (**b**) 〈*the* ～〉今. What are you doing at the ～? 今何をしているのですか. Every ～ counts. 一刻一刻が大切である.
3 【その時々に記したもの】覚え書き; (報告書などへの)短評; 〈～s〉議事録. the ～*s* of the meeting 会議の議事録. take [do] (the) ～*s* 議事を記録する.
【角度 1 度の 60 分の 1】 **4** 分《記号は ′; →second[2]》. longitude ten degrees and five ～*s* east 東経 10 度 5 分 (＝long. 10°5′E).

***any minute* (*nòw*)** ＝at any MINUTE.
at ány minute 〖話〗今すぐにでも, いつなんどき.
at the lást minute 時間ぎりぎりに, どたん場で.
by the minute 刻一刻《1 分ごとに》.→2 (a)最終例.
*‡**in a minute*** すぐに. I'll be back *in a* ～. すぐ戻ります.
nòt..for a* [*one*] *minute 〖話〗〈believe, suggest, think などと共に用いて〉決して..ない. I *never* suspected *for a* ～ that you were lying. あなたがうそをついているなんて疑ってもみなかった.
one minute (1) 〈one ～.., the next で〉今..してると思うと(次の瞬間には). *One* ～ he was here, *the next* he was gone. 彼は今ここにいたかと思うと, 次の瞬間にはいなくなっていた. (2) ちょっと待ってくれ. *One* ～, Dick. ディック, ちょっと待ってほしい.
***the minute* (*that*)..** 〈接続詞的〉..と同時に, するやいなや (as soon as). ★the moment [instant] that ..と同じ用法. I sensed something strange *the* ～ I walked in. 入った途端に何か変だと感じた.
the nèxt minute 次の瞬間に(は).
There's óne bòrn èvery minute. 〖諺〗だまされやすい人はいつもいるものだ.
to the minute 1 分もたがわず, きっかり. arrive at noon *to the* ～ 正午きっかりに到着する.
ùp to the minute 最新(流行)の[で] (up to date).
Wàit* [*Jùst, Hold òn, Hang òn*] *a minute. 〖話〗(1) ちょっと待って. (2) ちょっと待った《相手の誤りを正したり, 自分の意見を言いたい時に》.
within minutes すぐあとに.
── 動 他 を議事録に書く; を覚え書きにする.
[<中世ラテン語 *minūta*「小さく分割された部分」(minute[2] の名詞用法)]

*‡**mi·nute**[2] /main(j)ú:t, mi-/ 形 e (**-nut·er** | **-nut·est**)
【細かい】 **1** 微小な, 細かい, (tiny); ささいな, 取るに足らない. a ～ particle of dust ほこりの微粒子. The difference is ～, but important. 差異はわずかだが重要だ. **2** 〔記録, 描写などが〕詳細な; 〔調査などが〕綿密な; 細心の. ～ observation 綿密な観察. The study goes into the ～*st* detail. 研究は微に入り細をうがっている. **3** つまらない. [<ラテン語「細かい, 小さい」(<*minuere* 'diminish, lessen')] ▷**～·ness** 名

mínute bèll 名 C 〖英〗(教会の) 1 分間に 1 回ずつの鐘の音《葬式の列が教会に向かって進んできたり教会から出て行こうとする時鳴らされる》.

mínute bòok 名 C 議事録簿.

mínute gùn 名 C 分時砲《弔砲などを 1 分ごとに「発射する》.

mínute hànd 名 C (時計の)分針, 長針.

†**mi·nute·ly**[1] /main(j)ú:tli, mi-/ 副 **1** ほんの少し, わずかに. **2** 詳細に; 綿密に, 細心に. He examined the vase ～. 彼は花瓶を詳しく調べた. **3** 細かく.

min·ute·ly[2] /mínətli/ 形, 副 1 分おきの[に].

min·ute·man /mínətmæ̀n/ 名 (複 **-men** /-mèn/) C **1** 〖米史〗〈しばしば M-〉(独立戦争当時の)緊急応召民兵《<1 分で戦闘準備ができる》. **2** 〈M-〉ミニットマン《米国の 3 段式大陸間弾道弾》.

mínute stèak 名 UC ミニッツステーキ《すぐ焼ける薄切りのもの》.

mi·nu·ti·a /main(j)ú:ʃiə, mi-/ 名 (複 **mi·nu·ti·ae** /-ʃiì:, -ʃiai/) C 〈普通, 複数形で〉ささいな点; 細目. [ラテン語]

minx /miŋks/ 名 C 〖しばしば戯〗生意気な娘, ずうず「うしい女の子.

MIPS, mips /mips/ 名 U 〖電算〗ミップス《コンピュータの演算速度単位で, 1 秒間に処理可能な命令回数を百万単位で表す; *m*illion *i*nstructions *p*er *s*econd の略》.

‡**mir·a·cle** /mírək(ə)l/ 名 (複 **～s** /-z/) C **1** 奇跡. Christ is believed to have worked [performed]

many ～s. キリストは多くの奇跡を行ったと信じられている. **2** 奇跡的な出来事; 驚異的な実例 〈*of*..の〉. His recovery is a ～. 彼の回復は奇跡的だ. a ～ *of* skill 神技のような腕前. a ～ of engineering 驚異的な工業技術. Helen Keller's life was a ～ *of* courage and determination. ヘレンケラーの生涯は勇気と決意の驚異的な例だ. It was a ～ (that) they escaped alive. 彼らが死なずに逃げられたのは奇跡だ.

***dò* [*perfòrm, wòrk*] *míracles for* [*with*] ..** 〖話〗..のために[を使って]驚異的な効果をあげる.

◇形 miraculous [＜ラテン語「驚異」(＜*mirārī* 'wonder at')]

míracle cùre 名 ＝miracle drug.

míracle drùg 名 C 特効薬 (wonder drug).

míracle plày 名 C 奇跡劇《キリストや聖人の行った奇跡を題材とした中世の劇; mystery play とも言う》.

***mi·rac·u·lous** /mərǽkjələs/ 形 m **1** 奇跡の[による], 超自然の; 奇跡的な. make a ～ recovery (from a disease) (病気から)奇跡的に回復する. the gymnast's ～ feats その体操選手の妙技. **2** 奇跡を行う(能力のある); 驚異的な効力を持つ. a ～ cure for diabetes 糖尿病に特効のある治療法.

†mi·rac·u·lous·ly 副 奇跡的に(も); 不思議なほど. *Miraculously*, I escaped death. 私は奇跡的に死を免れた.

mi·rage /mirɑ́:ʒ|⌐–, –⌐/ 名 C **1** 蜃気楼(しんきろう). **2** 幻影; 幻想; (実現しそうもない)はかない望み. [フランス語; mirror と同源]

Mi·ran·da /mirǽndə/ 名 ミランダ **1** 女子の名. **2**《Shakespeare 作 *The Tempest* に出る Prospero の娘》.

Miránda càrd 名 C 〖米〗ミランダ・カード《警官が逮捕の際, 容疑者に黙秘権などを行使できること (Miranda rights) を知らせるカード; Ernesto A. *Miranda* 被告への 1966 年最高裁判決 (Miranda decision) で **Miranda rule** (ミランダ準則)が確立》.

Miránda decìsion 名 〈the ～〉ミランダ判決. → Miranda card.

Miránda rìghts 名 ミランダ権利《被疑者の権利; →Miranda card》.

mire /maiər/ 〖主に雅〗名 U **1** ぬかるみ, 泥沼; 泥. **2** 〈the ～〉(泥沼のような)汚辱; 窮地. drag a person [a person's name] through the ～ 人の名に泥を塗る. be (deep) in the ～ 〈比喩的〉泥沼にはまっている, (汚辱にまみれて)苦境に立つ. ── 動 他 〖章〗VOA (～ X *in*..) をぬかるみにはまらせる; を泥でよごす; を窮地に陥らせる; 〈普通, 受け身で〉〈*down*〉. ── 自 ぬかるみにはまる. [＜古期北欧語]

Mi·ró /miróu/ 名 **Joan** ～ ミロ (1893–1983)《スペインのシュールレアリスムの画家》.

‡mir·ror /mírər/ 名 (複 ～s /-z/) C **1** 鏡, 姿見, (looking glass); 反射鏡. look (at oneself) in the ～ 鏡で自分を見る. The sea was as smooth as a ～. 海面は鏡のようになめらかだった. a full-length ～ 姿見. **2** 忠実に映すもの, '鏡', 〈*of*..を, の〉. Television is *a* ～ *of* current life [a changing world]. テレビは現代生活[変わりゆく世界]の鏡だ.

── 動 他 を(鏡のように)映す〈*in, on*..に〉; を反映する. He likes to depict a mountain range ～*ed on* the water of the lake. 彼は好んで湖水に映る山並みを描く. Popular songs ～ the age. 流行歌は時代を反映する. [＜古期フランス語 (＜ラテン語 *mirārī*「驚嘆する」); miracle, mirage と同源]

mírror ìmage 名 C **1** 鏡像《左右が逆になる》. **2** そっくり; 対照的なもの. a ～ of my younger self 若き日の私とそっくり.

†mirth /mə:rθ/ 名 U 〖主に雅〗陽気な笑い, にぎやかなさざめき. His remark caused an outburst of ～. 彼の言葉にみんなどっと笑った. [＜古期英語; merry, -th¹]

mírth·ful /-f(ə)l/ 形 〖主に雅〗笑いさざめく, にぎやかな. ▷ **～·ly** 副 **～·ness** 名

mírth·less 形 〖主に雅〗楽しくない, 気の沈む(ような), 陰気な. a ～ laugh 少しもうれしそうでない笑い. ▷ **～·ly** 副 **～·ness** 名

MIRV /mə:rv/ 名 C 〖軍〗多弾頭独立目標再突入ミサイル《＜*m*ultiple *i*ndependently-targeted *r*eentry *v*ehicle》.

mir·y /mái(ə)ri/ 形 e 〖主に雅〗泥深い, ぬかった, (muddy); 泥まみれの, よごれた (dirty).

MIS management information system.

mis- /mis/ 接頭「悪く[い], 誤って[た], 不利に[な]など」の意味. *mis*behave. *mis*take. *mis*fortune. [古期英語 *mis-*; 古期フランス語 *mes-* (＜ラテン語 *minus* 'less')]

mìs·addréss 動 の宛先を間違える.

mìs·advénture 名 **1** 〖雅〗C 不運な出来事, 偶発事故; U 不運, 災難, (misfortune). by ～ 運悪く. **2** UC 〖法〗事故死 (**dèath by misadvénture**).

mìs·advíse 動 他 に間違った忠告をする, 不適当な助言をする, 〈普通, 受け身で〉.

mìs·alígn 動 他 〔部品など〕を正しく取りつけない.

mìs·allíance 名 C 不適当な[ふさわしくない]結びつき; (特に身分の)不釣合いな結婚.

mis·an·thrope /mísənθròup, míz-/ 名 C 〖章〗人間嫌いの人, 交際嫌いの人.

mis·an·throp·ic, -i·cal /mìs(ə)nθrɑ́pik, mìz-|-θrɔ́p- 形/, /-k(ə)l/ 形 〖章〗人間嫌いの, 人間不信の, 厭世(えんせい)的な. ▷ **mis·an·throp·i·cal·ly** 副

mis·an·throp·ist /misǽnθrəpist, miz-/ 名 〖章〗＝misanthrope.

mis·an·thro·py /misǽnθrəpi, miz-/ 名 U 〖章〗人間嫌い, 人間不信, 厭世(えんせい).

mìs·applicátion 名 UC 〖章〗用い方を誤ること; 誤用; 悪用.

mìs·applý 動 (-lies|過 過分 -lied|～·ing) 他 〖章〗の用い方を誤る; を悪用する, 〔公金など〕を不正使用する.

mìs·apprehénd 動 他 〖章〗を誤解する, を思い違いする, (misunderstand).

mìs·apprehénsion 名 UC 〖章〗誤解; 思い違い. under a ～ 思い違いをして, 誤解して. labor under a ～ 誤解をしている.

mìs·apprópriate 動 他 〖章〗〔公金など〕を横領する; を不正使用する. ▷ **mìs·appròpriátion** 名 UC 横領, 使い込み, 着服, 背任; 悪用, 不正目的使用.

mìs·becóme 動 (→become) 他 に合わない, 適しない, 似合わない.

mìs·begótten /形/ 形 **1** 〖軽蔑・戯〗〈限定〉(**a**) できそこないの〔人, 計画など〕. (**b**) 役に立たない, 無価値の. **2** 〖雅〗私生児の; 不幸な生まれの.

mìs·beháve 動 自 無作法をする; 不品行である; 不正を働く. ── 他 〈再帰形で〉無作法にふるまう.

mìs·behávior 〖米〗, **-iour** 〖英〗名 U 無作法; 不品行; 不正行為.

mìs·bránd 動 他 に誤った印を付ける, にせの商標を付ける. ▷ **～·ing** 名 U (商品の)ブランド不正表示.

misc. miscellaneous; miscellany.

‡mìs·cálculàte 動 他, 自 (の)計算を間違う; (の)判断を誤る.

‡mis·càlculátion 名 UC 誤算; 誤った判断, 見込み違い.

mìs·cáll 動 他 を誤った名で呼ぶ; VOC (～ X Y) X を Y と誤って呼ぶ〈普通, 受け身で〉. Helen is often ～*ed* Ellen. ヘレンはよく間違ってエレンと呼ばれる.

‡mis·cárriage 名 UC **1** 〖章〗(計画などの)失敗. **2** 〖章〗(手紙, 貨物などの)不着, 誤配. **3** 流産, 早産, 妊娠中絶, have a ～ 流産をする.

miscàrriage of jústice 名 UC 〖法〗誤審, 裁判の誤り.

mìs·cárry 動 (-ries|過 過分 -ried|～·ing) 自 **1**

M

〔計画, 意図などが〕失敗する. **2**〔手紙, 貨物などが〕不着になる, 誤配される. **3** 流産する, 早産する.

mìs·cást 動 (→cast) 他〈普通, 受け身で〉**1**〔俳優〕をミスキャストする;〔役〕を不適当な俳優にあてる〈as ..〔役〕として〉. **2**〔劇, 映画など〕の配役を誤る.

mis·ce·ge·na·tion /mìsədʒənéiʃ(ə)n/ 名 U 異人種間婚姻《(人種間の)雑婚;〈特に〉白人と有色人種との結婚》; 異人種性交.

mis·cel·la·ne·a /mìsəléiniə/ 名〈しばしば単数扱い〉雑録, (文学作品の)雑集.

†**mis·cel·la·ne·ous** /mìsəléiniəs ®/ 形 種々雑多な, いろいろな; 多方面にわたる. a ～ collection 雑多な収集品. ～ household tasks 種々雑多な家事. ～ talent 多芸多才. [＜ラテン語「混ぜられた」(＜*miscēre* 'mix')] ▷～·ly 副 ～·ness 名

mis·cel·la·ny /mísəlèini | miséləni, mísələni/ 名 (複 -nies) C **1** (種々雑多な)寄せ集め, ごた混ぜ. a ～ of art objects 多種多様な美術品. **2**〈しばしば -nies〉文集, 論集, 雑録.

「by ～ 不運にも.

mìs·chánce 名 UC〖章〗不運, 不幸, (bad luck).↑

***mis·chief** /místʃif/ 名 (複 ～s /-s/)

【いたずら】**1** U (子供などの)いたずら, 悪さ; おちゃめな仕業. get into [keep out of] ～ いたずらをする[しない]. My children are always up to ～. うちの子供たちはいたずらばかりしている. The mother suggested playing baseball to keep her children out of ～. 母親は子供たちがいたずらをしないように野球でもしたらと言った.

2 U いたずら心; ちゃめ気; いたずらっぽい表情. a young woman full of ～ ちゃめ気たっぷりな若い女. He took the money out of pure ～. 彼はほんのいたずら半分にその金を取ったのだ. **3** C〖話〗いたずら者, ちゃめ気のある人;〈特に〉いたずらっ子, わんぱく者. Tom is a regular ～. トムはいたずらの常習犯だ.

【害】**4** U (人, 動物などが与える物質的, 精神的な)害, 危害, 被害. mean ～ 害意を持つ. do (a lot of) ～ to ..に(大)損害[被害]を与える. **5** C 迷惑の種; 損害を与える物事. **6** U〖法〗器物損壊; 財産危害罪.

◇形 mischievous 「せる, 危害を加える.

dò a pèrson a míschief 〖主に英・戯〗人に傷を負わ↑

dò onesèlf a míschief 〖英・普通・戯〗怪我をする.

màke míschief (***between*..**) (..の間に)不和の種をまく, 水を差す.

[＜古期フランス語「まずい結果になる」(＜*mes-* 'mis-'＋*chever*「終わる」)] 「人の仲をさく人.

míschief-màker 名 C 故意に争いの種をまく人,↑

***mis·chie·vous** /místʃivəs/ 形 m 【いたずらな】**1**〔子供, その行いなどが〕いたずらな. a ～ child いたずら小僧. a ～ trick 悪ふざけ, 悪いたずら. **2** ちゃめ気のある,〔目つきなどが〕いたずらっぽい. She had a ～ smile on her lips. 彼女は口元にいたずらっぽい微笑を浮かべていた.

【有害な】**3** 有害な; 人を傷つける, 悪意の,〔うそなど〕. Someone's spreading a ～ rumor about us. だれかが我々について中傷的なうわさを広めている. ◇名 mischief [mischief, -ous] ▷～·ly 副 いたずら半分に; 有害に; 悪意を持って. ～·ness 名 U いたずら好き; ちゃめ気.

mis·ci·ble /mísibl/ 形〖化〗〔液体が〕混和可能な〈*with* ..と〉. 「不足; 誤った伝達.

mìs·communicátion 名 U コミュニケーションの↑

mìs·concéive 動 他〈普通, 受け身で〉**1**〔計画など〕を見当違いに案出する. **2**〖章〗〔人, 言葉など〕を誤解する.

mìs·concéived 形 愚かな, 見当違いの. The city authorities' plan of waterfront redevelopment is wholly ～. 市当局の臨水地帯再開発案は全く見当違いだ.

†**mìs·concéption** 名 UC 見当違いの考え, 勘違い; 誤解. It is a common [popular] ～ that men are not suited to the nursing profession. 男は看護の仕事に向いていないと普通は思われているが, それは誤りだ.

†**mis·con·duct** /miskándʌkt | -kɔ́n-/〖章〗名 U **1** 不品行, 不行跡;〈特に〉不義, 姦(かん)通. **2** (役人などの)違法行為, 職権乱用; (会社などの)ずさんな経営. gross ～ はなはだしい職権乱用.

—— /mìskəndʌ́kt/ 動 他〔業務など〕の処理を誤る.

miscondúct onesèlf 不品行なふるまいをする; 姦(かん)通する〈*with* ..と〉.

mìs·constrúction 名 UC 意味の取り違え, 誤解. Your actions are open to ～. 君の行為は誤解される恐れがある. 「誤解[曲解]する.

mìs·construe 動 他〔言葉, 行為, 人の意図など〕を↑

mìs·cóunt 動 他, 自 (を)数え誤る, 誤算する.

—— /⌐⌐/ 名 C (特に得票数の)数え違い.

mis·cre·ant /mískriənt/〖古〗名 C 悪人 (villain). —— 形 悪辣(らつ)な, 非道の, (wicked).

mìs·cúe 動 自 **1**〖ビリヤード〗突きそこなう. **2**〖劇〗(せりふの)きっかけを受けそこなう. —— 名 C **1** 突きそこない. **2**〖話〗しくじり, 間違い.

mìs·dáte 動 他〔手紙など〕の日付を書き誤る;〔歴史的事件など〕の日時[年代]を誤る.

mìs·déal〖トランプ〗動 (→deal²) 他, 自 (札を)配りそこなう. —— 名 C〈普通, 単数形で〉札の配りそこない.

mìs·déalt 動 misdeal の過去形・過去分詞.

mìs·déed 名 C〖主に雅〗悪行; 犯罪 (crime).

mìs·deméanor〖米〗, **-our**〖英〗名 C〖章〗不行跡, 不品行;〖法〗軽犯罪, 軽罪, (→felony).

mìs·descríption 名 U 記述の誤り.

mìs·diagnóse 動 他 を誤診する〈普通, 受け身で〉.

mìs·diréct 動 他 **1**〔人〕に誤った指図をする; に道[場所]を間違って教える. **2**〔手紙など〕に間違ったあて名を書く. **3**〔腕力, 能力など〕を正しくない目的に使う; を悪用する. **4**〔弾丸, 打撃など〕のねらいを誤る. **5**〖法〗〔判事が〕〔陪審員〕に誤った指示を与える.

mìs·diréction 名 U 間違った指図(をする[される]こと);〖法〗誤った説示; 道の教え違い; (手紙の)あて名違い; (方向, ねらいなどの)見当違い. 「悪事を行う.

mis·do /mìsdú:/ 動 (→do) 他, 自 (を)やりそこなう;↑

mìs·dóing 名〖主に雅〗〈普通 ～s〉＝misdeed.

mise en scène /mi:z-ɑ:n-séin/ (複 ～s /同/) **1** 舞台装置, 道具立て. **2** 周囲の状況, (事件の)舞台.

***mi·ser** /máizər/ 名 (複 ～s /-z/) C けちん坊, 守銭奴. [ラテン語「哀れな, みじめな」]

‡**mis·er·a·ble** /míz(ə)rəb(ə)l/ 形 m **1**〔人, 気持ちなどが〕みじめな, とても不幸な, 憂鬱な. feel ～ from hunger 空腹でみじめな思いをする. **2**〔境遇, 運命などが〕哀れな, つらい, ひどい;〔天候などが〕いやな;〔頭痛などが〕ひどい. lead a ～ life みじめな生活を送る. a cold wet ～ day 寒くてじめじめしたいやな日. a ～ failure 気が滅入(め)る失敗. **3**〈限定〉〔食事などが〕粗末な;〔演技などが〕お粗末な;〔給料などが〕わずかな; 取るに足りない. a ～ little house みすぼらしいちっぽけな家. the actor's ～ performance 俳優のお粗末な演技. **4**〈限定〉〔人, 性格などが〕卑しい, 軽蔑すべき. You ～ coward! この卑劣な臆(おく)病者め. **5**〈叙述〉〖話〗体調がすぐれない.

◇名 misery [＜ラテン語 *miserābilis*「哀れむべき」(＜*miserārī*「哀れむ」)]

†**mís·er·a·bly** 副 **1** みじめに, 哀れに; (情けなくなるほど)ひどく〔寒いなど〕. die ～ みじめな死に方をする. **2** 貧弱に; 不十分に.

mí·ser·ly 形 **1** けちな, 欲深い, (→miser). **2** なけなしの, わずかな. ▷**mi·ser·li·ness** 名

‡**mis·er·y** /míz(ə)ri/ 名 (複 -er·ies /-z/) **1** (**a**) U みじめさ, 悲惨, 不幸; 貧窮. live in ～ and want みじめな窮乏生活を送る. *Misery* loves company. 同病相憐れむ. (**b**) C〈しばしば複数形で〉苦しみ, 不幸; 苦悩の種. Her son's illness is a ～ to Ann. 息子の病気をアンは苦にし

ている. the *miseries* of mankind 人類の不幸.

[連結] deep [abject; sheer, unalloyed, utter; untold] ～ // cause ～; relieve a person's ～

2 [U] 苦痛; 苦悩. suffer ～ from a headache 頭痛で苦しむ. **3** [C] 〖主に英話・軽蔑〗ぐちっぽい人; ひがみ屋. ～ guts 不平や, 不満ばかり言うやつ. ◇[形] miserable

màke a pèrson's lífe a mísery 人の(日常)生活を苦痛の日々にする. These bullies *made* my school *life a* ～. これらのいじめっ子が私の学校生活をみじめなものにした.

pùt . . òut of his [her, its, etc.] mísery (1)〔動物など〕を安楽死させる. *put* an animal *out of its* ～ (苦しんでいる)動物を安楽死させる. (2)〔気をもんでいる人〕を安心させる. Let's *put* him *out of his* ～ by telling him the result of the interview. 彼に面接の結果を教えて安心させてやろう.

[＜ラテン語 *miseria*「悲惨」(＜*miser* 'wretched')]

mis·fea·sance /misfíːzns/ [名] [UC] 〖法〗失当行為, 不法行為, 過失.

mìs·fíeld 〖クリケット・ラグビー〗[動] [他], [自] (を)エラーする. ── /⌐⌐/ [名] [C] エラー.

mìs·fíle [動] [他] を誤った所にとじ(綴)じ込む[ファイルする].

mìs·fíre [動] [自] **1** 〔銃砲などが〕不発になる; 〔内燃機関が〕点火しない. **2** 〔計画などが〕不発に終わる, 失敗する; 〔しゃれなどが〕効果がない. ── /⌐⌐/ [名] [C] 不発; 不点火; 失敗.

‡**mís·fìt** [名] [C] **1** (体に)合わない物[服, 靴など]. **2** 適応できない人 〈*in* . .〔地位, 環境など〕に〉; 場違いな人. a social ～ 社会的不適応者. ── /⌐⌐/ [動] [自], [他] (に)うまく合わない.

‡**mis·for·tune** /misfɔ́ːrtʃ(ə)n/ [名] ([複] **～s** /-z/) **1** [U] **不運**, 不幸, 〈*to* do . . するという〉(★bad luck よりひどい不幸の場合に多く用いる). bear one's ～ bravely 雄々しく逆境に耐える. have the ～ ⌊to lose [of losing] one's parents 不幸にも両親を失う. fail in business due to ～ 運が悪くて事業に失敗する.

[連結] suffer [meet with; endure; overcome, rise above] ～ // ～ befalls a person

2 [C] **不幸な出来事**, 災難. The fire was quite an unexpected ～. 火事はとんだ災難だった. *Misfortunes* never come single. 〖諺〗泣きっ面にハチ《＜不幸は単独ではやって来ない》. ◇↔fortune [形] unfortunate [mis-, fortune]

†**mis·giv·ing** /mìsgíviŋ/ [名] [UC] 〖章〗〈しばしば ～s〉(未来についての)心配, 疑念, 不安; 心配[不安]な事. have some [serious, deep] ～*s* about the outcome 結果について多少[強い]不安を持っている. His only ～ was that his offer might offend her. 彼の唯一の心配は申し出が彼女の気に障りはしないかということだった.

mìs·góvern [動] [他] の支配を誤る, に悪政を行う. ▷**～·ment** [名] [U] 失政, 悪政.

mìs·guíde [動] [他] に誤った指導をする, を間違った方向に導く, 〈普通, 受け身で〉. ▷**mis·guid·ance** /-(ə)ns/ [名]

‡**mìs·guíded** /-əd [移]/ [形] 〔人や行動などが〕(誤った指導により)惑わされた, 判断を誤った; 見当[心得]違いの. ～ ideas 間違った考え. ～ boys riding motorcycles at midnight 夜中にバイクを乗りまわす心得違いの少年たち. ▷**～·ly** [副]

mìs·hándle [動] [他] **1** を乱暴に扱う, 虐待する. **2** の扱い[処理]を誤る. ▷**mis·hand·ling** [名]

‡**mis·hap** /míshæp, ⌐⌐/ [名] **1** [C] (軽い)災難, 不幸な出来事. a series of ～*s* 一連の小さな事故. have a slight ～ on an icy road 凍った路上で軽い事故に遭う. **2** [U] 不運, 不幸. without ～ 何事もなく, 無事に.

mìs·héar [動] (→hear) [他], [自] (を)聞き違える, 聞き誤る.

mìs·hít [動] (→hit) [他] 〔ボール〕を打ち間違う. ── /⌐⌐/ [名] [C] まずい打ち方; 凡打.

mish·mash /míʃmæʃ/ [名] [aU] 〖話〗ごた混ぜ, 寄せ集め, 〈*of* . . の〉. a ～ *of* strange ideas 奇妙な考えの寄せ集め.

Mish·nah /míʃnə/ [名] 〈the ～〉〖ユダヤ教〗ミシュナ《2 世紀に編集されたユダヤ教の口伝律法》.

mìs·infórm [動] [他] に誤り伝える, うそを教える; に誤解させる; 〈*about, on, as to* . . について〉. I was ～*ed about* the result. その結果を間違って聞いていた. [注意] inform と違い of は続かない.

mìs·informátion [名] [U] 誤報, 間違った情報; うそ.

‡**mìs·intérpret** [動] [他] を誤って解釈[説明]する, 誤解する; を誤訳する; 〈*as* . . と〉. ～ her smile *as* amiability 彼女の微笑を好意の表れと誤解する.

mìs·interpretátion [名] [UC] 誤解, 誤訳. be open to ～ 誤解されやすい.

MI6 /èmaisíks/ [名] 英国情報局秘密情報部《Military Intelligence, section 6; 正式名 the Secret Intelligence Service; 外国でのスパイ活動に従事する》.

mis·joind·er /mìsdʒɔ́indər/ [名] [U] 〖法〗不当併合.

‡**mìs·júdge** [動] [他], [自] (の)判断を誤る, (〔距離など〕を)読み違える, (を)誤審する, 誤解する; (を)不当に評価する.

mìs·júdg(e)ment [名] [UC] 判断の誤り, 誤審, 誤解; 不当な評価.

mis·laid /mìsléid/ [動] mislay の過去形・過去分詞.

mìs·láy [動] (→lay¹) [他] **1** を置き忘れる, しまい忘れる. I'm always ～*ing* my glasses. 私は眼鏡を置き忘れてばかりいる. **2** を置き違える.

‡**mis·lead** /mìslíːd/ [動] (**～s** /-dz/|[過] [過分] **-led** /-led/| **～·ing**) [他] **1** を誤り導く; を邪道に引き入れる. That old map *misled* us. その古い地図のおかげで道を間違えた. a young man *misled* by bad companions 悪い仲間のために道を誤った若者. **2** (**a**) 〔人〕**の判断を誤らせる**, を迷わす, ([類語] 判断を誤らせることに重点があるが, 故意にだます場合もある; →deceive). Don't be *misled* by appearances. 見かけにごまかされてはいけません. The Prime Minister was accused of seriously ～*ing* the Commons. 首相は下院に重大な思い違いをさせていると非難された《mislead は lie to (. . にうそを言う)の婉曲語》. (**b**) [VOA] (～ X ***into*** (***doing***) . .) X をだまして. . させる. The man's friendly words *misled* me *into* trust*ing* him. 親切な言葉に惑わされてその男を信じた. [mis-, lead¹]

‡**mis·lead·ing** /mìslíːdiŋ [移]/ [形] [m] **人を誤らせる**(ような); 〔表現などが〕誤解を招きやすい. a ～ advertisement 人を惑わす広告. ▷**～·ly** [副]

mìs·léd [動] mislead の過去形・過去分詞.

mìs·mánage [動] [他] の管理[運営, 取扱い]を誤る; をやり損なう. ▷**～·ment** [名] [U] 誤った管理[運営, 取扱い]; やり損ない, 不始末.

mìs·mátch [動] [他] を誤って[不適当に]組み合せる; に不釣合いな結婚をさせる; 〈普通, 受け身で〉. ── /⌐⌐, ⌐⌐/ [名] [C] ミスマッチ, 誤った組み合せ[結婚]. ▷**～ed** /-t/ [形] 不釣合いの. a ～*ed* couple 不似合いな夫婦.

mìs·náme [動] [他] を誤った[不適当な]名で呼ぶ《しばしば受け身で》. ▷**～d** [形]

mis·no·mer /mìsnóumər/ [名] [C] 誤った名, 不適当な名称; 呼び誤り, 誤称, 氏名誤記.

mi·sog·a·my /miságəmi|-sɔ́g-/ [名] [U] 結婚嫌い. [ギリシア語「憎悪」, -gamy] ▷**mi·sog·a·mist** [名] [C] 結婚嫌いの人.

mi·sog·y·ny /misádʒəni|-sɔ́-/ [名] [U] 女嫌い. ▷**mi·sog·y·nist** [名] [C] 女嫌いの男. **mis·o·gyn·is·tic** [形]

‡**mìs·pláce** [動] [他] **1** を置き忘れる. I've ～*d* my pen again. またペンを置き忘れた. **2** を誤った[不適当な]場所

に置く, 置き違える; の配置を間違える. The new furniture looks ～*d* in this old room. この古びた部屋では新しい家具が場違いに見える. He's ～*d* in that job. 彼はあの仕事に向いていない. **3**〔信用, 愛情など〕を誤って与える〈普通, 受け身で〉. My confidence in him was ～*d*. 私が彼を信用していたのは間違いだった.

▷ **～d** /-t/ 形 見当違いの, 誤った. ～*d* passion 見当違いの人[物]に傾けた情熱. **～·ment** 名 U 置き忘れ[違い, 誤り]; 見当違い.

mìs·pláy 動 (～s|過 過分 ～ed|～·ing) 他 (競技など で)をやり損なう, エラーする. ～ a ball ボールをエラーする. ── 名 (複 ～s) C ミスプレー, 失策.

***mis·print** /mísprìnt/ 名 (複 ～s /-ts/) C **誤植**, ミスプリント. a book full of ～*s* 誤植だらけの本. "Quite" was a ～ for "quiet".「quite」というのは「quiet」の誤植だった. ── /⌐⌐/ 動 他 を誤植する. [mis-, print]

mìs·pronóunce 動 他, 自 (を)誤って発音する.

mìs·pronunciátion 名 UC 誤った発音; 発音の誤り. 「用の誤り.

mìs·quotátion 名 UC 誤った[不正確な]引用; 引

mìs·quóte 動 他〔人名, 言葉など〕を誤って引用する.

mìs·réad 動 (→read[1]) 他 を誤読する, 読み違える; を誤解する, の解釈を誤る, を取り違える. Don't ～ me [my intentions]. 私[私の気持ち]を誤解しないで下さい.

▷ **～·ing** 名

mìs·repórt 動 他〈しばしば受け身で〉を誤って報告する. ── 名 UC 誤報.

‡**mìs·represént** 動 他 **1**〔人, 言葉, 行為など〕を誤り[ゆがめて]伝える, について間違った説明をする; VOA (～ X *as* ..) X を..と誤って伝える. **2** を正しく代表しない.

mìs·representátion 名 UC 誤り伝えること, ゆがめた説明[記述]. That is a ～ of my views. それは私の見解を曲げて伝えている.

mìs·rúle 動 他 ＝misgovern. ── 名 U 失政, 悪政;〘主に雅〙無秩序, 混乱; 無政府状態.

‡**Miss** /mis/ 名 (複 **Míss·es** /-əz/) C **1**〈独身女性の姓又は姓名の前に付けて〉..さん, ..嬢, (→Mr., Mrs., Ms.) (参考 既婚か未婚か分からない場合, また既婚でも女優や女流作家, 社会的に活躍している女性などの場合には Miss をしばしば用いる). ～ (Ann) Smith (アン)スミス嬢 (参考 姉妹を区別するには普通長女の場合は姓に, 次女以下は姓名に Miss を付ける). ～*es* Smith and Bell スミスさんとベルさん. the ～ Bells＝the ～*es* Bell ベル姉妹 (★後者の方が形式ばった言い方). This is ～ Green speaking. (電話で)こちらはグリーンです (★自分が独身女性であることを相手に知らせたい時に Miss をつける).

2〈美人コンテストなどで地方名, 国名などの前に付けて〉ミス... ～ Japan [World] 1994 1994 年ミス日本[ワールド]. ～ Universe ミスユニバース. the ～ America Pageant ミスアメリカページェント《毎年 New Jersey 州の Atlantic City で行われる華やかな選考会》.

3〈女性の姓名に代わる呼びかけとして; しばしば m-〉〘英〙では〘旧〙(**a**) (店員, バスの運転手などが未婚と思われる女性に対して)お嬢さん[様] (→madam); (女店員, ウエートレスなどに対して)(ねえ)君, おねえさん. *Miss*, two coffees, please. ちょっと, コーヒー 2 つ頼むよ《喫茶店での注文》. (**b**)〘主に英〙(生徒が女教師に対して)先生. Can I go to the toilet, Miss? 先生, トイレ行っていいですか.

4〘しばしば戯又は軽蔑〙〈m-〉娘, 若い女; (特に遊び好きな)女生徒, 女学生. a saucy *miss* 生意気な娘.

[＜*mis*tress]

‡**miss** /mis/ 動 (**míss·es** /-əz/|過 過分 **～ed** /-t/|**míss·ing**) 他 【し損なう】 **1**〔狙ったもの〕を**打ち損なう**, に当て損なう, (↔hit); に届かない. ～ the target by an inch 1 インチばかり的を外れる. ～ the goal〔ボールが〕ゴールをはずれる. The falling rock just ～*ed* our bus. 落石は我々のバスをわずかに外れた.

2 (**a**)〔ボールなど〕を掴(つか)み損なう,〔狙った場所〕に達しない, 届かない. ～ one's footing [hold] 足を踏み外す, すべる[手をすべらす]. ～ every guess どの推測も当たらない. The left fielder ～*ed* an important catch. レフトが大事なところでボールをキャッチし損ねた. The plane ～*ed* the landing deck of the carrier and fell into the sea. 飛行機は航空母艦の到着甲板に達せず海中に落下した. (**b**) VO (～ *doing*) ..し損なう. I ～*ed* win*ning* the election by 2,000 votes. 2 千票の差で当選を逸した.

3【し損なって助かる】 (**a**) を免れる. ～ death 死を免れる. (**b**) VO (～ *doing*) ..するのを逃れる. I narrowly ～*ed* be*ing* hit by the car. 危うくその車にはねられるところだった.

【捕え損なう】 **4** に**乗り損なう**, 遅れる, (↔catch);〔人〕に会えない; を見失う. I got up late and ～*ed* the train. 寝坊して列車に遅れた. I'm sorry I ～*ed* you yesterday. 昨日はお会いできなくて残念でした. My house is just around that corner; you can't ～ it. 僕の家はその角(かど)を曲がったすぐの所にあるから, 見落とすことはありませんよ.

5〔機会など〕を**逃がす**. ～ lunch 昼食を食べ損なう. ～ a chance to meet her 彼女に会う機会を逃がす. I wouldn't ～ it for the world. どんなことがあっても見逃しませんよ. a tourist destination which we cannot afford to ～ 絶対に行くべき観光地. That's a play not to be ～*ed*.＝That play is too good to ～. それは見逃せない芝居だ.

6 を**見[聞き]落とす**;〔要点など〕を理解できない. Be careful not to ～ a single word. 1 語たりとも聞き逃さないよう注意しなさい. I'm sorry, I ～*ed* what you said. すみません, あなたの言われたことを聞き落としました. ～ a line in reading 1 行抜かして読む. You ～ the whole point of my argument. 君は私の論点がまるで分かっていない. You can't ～ it [him]. すぐ分かりますよ (★建物, 物, 人物などに関して言う). be too good to ～ 見逃すには惜しい.

7【意図的に(見)逃す】 (**a**)〔学校, 教会など〕をさぼる, 休む (★生徒だけでなく, 教師にも使う);〔約束など〕を守らない. He is on the teacher's blacklist, ～*ing* classes, coming to school by motorcycle and so on. 彼は授業をさぼったり, オートバイに乗って学校に来たり, などなどで先生ににらまれている. a meeting that I cannot fail to ～ 欠席するわけにはいかない会合. (**b**) を省略する, 抜かす, 欠く, (→miss /../ out (成句)). (**c**) (意図的に)避ける. Go early to ～ the traffic. 混雑を避けるために早く出なさい.

【(有るはずのものが)見当たらない】 **8** のない[いない]のに**気付く**;〔人〕が**いなくて寂しく思う**;〔もの〕がなくて困る; VO (～ *doing*) ..したのを懐かしく思う. ～ the entry in a dictionary 辞書にその見出しが抜けているのに気づく. I didn't ～ my cash card until I came to the bank. 銀行に来て, キャッシュカードを持っていないのに気がついた. She ～*ed* her period and wondered if she was pregnant. 彼女は生理が来なかったので妊娠したのかと思った. I ～ my son terribly now that he is abroad. 息子が外国に行ってしまいひどく寂しい. I lost some money, but I don't ～ it. 金を少しなくしたが困りはしない. I ～ drink*ing* tea brewed by her of an evening. 夜, 彼女がいれてくれたお茶をよく飲んだのが懐かしい.

── 自 **1**〔矢などが〕的を外れる;〔人が〕的を外す. I aimed at the deer but ～*ed* by a mile. シカをねらって撃ったが遠く外れた. I swung and ～*ed*. 振ったが, 当たらなかった. **2**〔計画などが〕失敗する. **3**〔エンジンなどが〕点火しない.

be míssing.. 〔有るはずのもの〕を欠いている.., がない, (→missing). His coat *is* ～*ing* a button. 彼のコートのボタンが 1 つない.

mìss (..) by a míle →mile.
mìss fíre →fire.
mìss óut (1) 参加しない, 加わらない. (2) いい機会を逃す.
mìss /../ óut ..を落とす, 抜かす; ..を省略する. ～ *out* a name from a list 名簿から名前を落とす.
mìss óut on.. ..に失敗する; ..にありつけない, ..の恩恵を受け損なう. Working like a horse can mean that you ～ *out on* pleasures of family life. 猛烈に働くということは家庭生活の楽しみを逃すことになりかねない.
mìss the bóat [bús] →bus.
mìss the [one's] márk 的を外れる; 見当が外れる; 失敗する.
nòt mìss mùch (1)〖話〗(小さなことにも)よく気がつく. (2) あまり損はしない.
── 名 C **1** 当て損ない, 外れ; 失敗. six hits and four ～*es* 6回の当たりと4回の外れ. make a bad ～ ひどいへまをやる. **2** 回避, 免れること, (escape). a lucky ～ 運よく免れること. **3**〖話〗流産.
A miss is as gòod as a míle.〖諺〗少しでも外れは「外れ」.
give..a míss〖主に英・オース話〗〔人, 会合など〕を避ける, ほうっておく; 〔食事のコースの一部など〕をやめておく; 〔習慣的な事柄〕をしない; ..を回避する (★しばしば..の部分は前出の事柄を受けて it になる). I'll *give* my jogging *a* ～ today, I'm so tired. 今日はジョギングはやめだ, とても疲れてるんだ. [＜古期英語「当て損なう」]

Miss. Mississippi.

mis·sal /mís(ə)l/ 名 C〖カトリック〗〈しばしば M-〉ミサ典書《年間のミサの行い方などが説明してある》.

mis·shap·en /mìsʃéipən ⑱/ 形〔特に体の〕かっこうが悪い; 奇形の.

***mis·sile** /mís(ə)l|mísail/ 名 (複 **～s** /-z/) C **1** ミサイル, 誘導弾 (guided missile), 弾道弾 (ballistic missile). an intercontinental ballistic ～ 大陸間弾道弾 (ICBM). **2**〖章〗飛び道具《弾丸, 矢, 石など》. **3**〈形容詞的〉ミサイルの. a ～ base [site] ミサイル基地. [＜ラテン語「投げうる(もの)」(＜*mittere* 'send')]

‡**miss·ing** /mísiŋ/ 形 ⓒ **1 欠けている, 足りない**, 〈*from*..から〉; 行方不明の[で], (戦場から)帰還しない; 紛失した. Two leaves are ～ from [in] this book. この本は2葉《4ページ》欠けている. The boat is still ～. ボートはまだ見つからない. go ～〖英〗行方不明になる. **2**〈the ～; 名詞的; 複数扱い〉行方不明者, 生死不明者.
missing in áction 戦闘中行方不明になった, 戦場から帰還しない; 〈the ～ in action; 名詞的〉戦闘中行方不明者《略 MIA(s)》. My son was reported ～ *in action*. 息子は戦闘中行方不明になったと報告された.

mìssing línk 名 **1** C 一連鎖中の欠けた一環《完全な推論などをするのに欠けている部分》. **2**〈the ～〉〖生物〗ミッシング・リンク, 失われた環《進化論で人間と類人猿の間に存在すると想像される(が発見されていない)化石動物》.

mìssing pérson 名 C 行方不明者. *Missing Persons* (警察の)行方不明係.

Mìssing Pèrsons Búreau 名〈the ～〉行方不明者[尋ね人]係[部署].

‡**mis·sion** /míʃ(ə)n/ 名 (複 **～s** /-z/) C
【使節】 **1** (普通, 外国への政府の) **使節団**, 代表団. Japan sent a trade ～ to Russia. 日本はロシアに貿易使節団を送った. dispatch a goodwill ～ 親善使節団を派遣する. **2**〖米〗在外大[公]使館.
【使命】 **3 使節の任務**; 使命. The spy went to Paris on a secret ～. スパイは秘密の使命を帯びてパリに行った. **4** (自己の信ずる)使命, 天職. It's my ～ (in life) to teach children. 子供を教えることが私の(人生における)使命である. a sense of ～ 使命感.
5〖主に米軍〗特殊任務, 作戦; (特に空軍の)出撃 (★米軍では複数機による出撃に用い, 単機出撃は sortie); (宇宙船の)飛行任務. The flyer completed fifty combat ～*s*. 飛行士は50回の出撃を果たした. *Mission* accomplished, sir. 任務無事完了いたしました.
【伝道】 **6** 伝道者の派遣; 伝道, 布教; 〈～s〉伝道[社会]事業. foreign [home] ～*s* 国外[国内]伝道.
7 伝道団, 宣教師団; 社会事業団.
8〈しばしば M-〉(専任の牧師がいない伝道用の)教会; 伝道[救済]施設[センター]; 伝道区; (アメリカ西海岸の)伝道所; (貧民救済のための)セツルメント. The doctor works at the ～. 医者はその救済センターで働いている.
[＜ラテン語「派遣, 使節」(＜*mittere* 'send')]

***mis·sion·ar·y** /míʃənèri|-n(ə)ri/ 名 (複 **-ar·ies** /-z/) C (海外派遣の)**宣教師**, 伝道師; (慈善, 社会事業などのため派遣される)使節. ── 形 伝道の; 伝道者[宣教師]の(ような). ～ life 伝道生活. thanks to his ～ zeal (宣教師のような)彼の非常な熱意のおかげで.

míssionary posìtion 名〈the ～〉〖話〗(性交における)正常位《宣教師が未開人にそれが正しい体位だと教えたと言われていることから》.

míssion contròl 名 U (地上の)宇宙管制センター.

míssion stàtement 名 C (会社などの)社会的使命の宣言.

mis·sis /mísəz, -səs|-səz/ 名 C〖話〗**1**〈普通 the [one's] ～〉〖しばしば戯〗奥さん, かみさん, 女房, 妻, (wife). How's the ～? 奥さんは元気かね. My ～ can't come. 家内は行けません. **2**〖英〗〈知らない女性への呼びかけ〉奥さん. **3**〖まれ〗奥さま《使用人などの用語》. [＜mistress (のくずれた発音)]

Mis·sis·sip·pi /mìsəsípi/ 名 **1**〈the ～〉ミシシッピ川《米国中部を南流してメキシコ湾に注ぐ大河》. **2** ミシシッピ《米国中南部の州でメキシコ湾に臨む; 西の州境はミシシッピ川; 州都 Jackson; 略 MS〖郵〗, Miss.》. [北米先住民語「大きな河」]

Mis·sis·sip·pi·an /mìsəsípiən ⑱/ 形, 名 C ミシシッピ川の; ミシシッピ州の(人).

mis·sive /mísiv/ 名 C **1**〖主に戯〗(長い, 長たらしい)手紙, 書面, (類語 長たらしさを誇張的に言う語で古風な響きがある; →letter). **2** 公文書.

Mis·sou·ri /mizú(ə)ri/ 名 **1**〈the ～〉ミズーリ川《Mississippi 川の支流》. **2** ミズーリ《米国中部の州; 州都 Jefferson City; 略 MO〖郵〗, Mo.》.
be [còme] from Missóuri〖米話〗疑い深い, 証拠なしでは信じようとしない, 《Missouri 州選出の議員が議会で次のように言ったことから: "I'm *from* ～; you've got to show me." (私はミズーリ州選出だ, 証拠を見せなさい)》.
[北米先住民語「大きなカヌーにのる人々」]
▷ **～·an** /-ən/ 形, 名 C ミズーリ州の(人).

mìs·spéll 動 (→spell[1]) 他 のつづりを間違う, を誤ってつづる. ▷ **～·ing** 名 UC 間違ったつづり, つづり誤り.

mìs·spélt 動 misspell の過去形・過去分詞の1つ.

mìs·spénd 動 (→spend) 他〔時間, 金など〕を誤って使う, 浪費する.

mìs·spént 動 misspend の過去形・過去分詞.
── 形 浪費した. his ～ youth〖しばしば戯〗彼の過ち多き青春.

mìs·státe 動 他 を誤って[偽って]述べる. ▷ **～·ment** 名 UC 間違った陳述; 虚偽の申し立て.

mìs·stép 名 C **1** 踏み誤り; 足を踏み外すこと. **2** (行動, 判断などの)誤り; 過失.

mis·sus /mísəz, -səs|-səz/ 名 ＝missis.

miss·y /mísi/ 名 (複 **miss·ies**) C〖旧話〗お嬢さん, 娘さん, 《普通, 親しみを込めた呼びかけ; →Miss 3》.

‡**mist** /mist/ 名 (複 **～s** /-ts/) **1** UC **霧**, もや, (類語 fog より見通しのよいもので, 濃度順に fog＞mist＞haze となる). a season of ～*s* 霧の季節. The cottage was veiled in (a thick) ～. 小屋は(濃い)霧に包まれていた. *Mist* rose over the lake. 霧が湖上に立ち込めた.

連結 a thin [a dense, a heavy] ~ // ~ falls [descends; hangs [rests] over..; clears, disperses]; be enveloped [shrouded, wrapped] in ~

2 aU (涙による)目のかすみ; (水蒸気などによるガラス面などの)曇り(〖米〗fog). through a ~ of tears 涙で曇った目で. *Mist* formed on the window. 窓ガラスが水蒸気で曇った.
3 UC (判断, 記憶などを)曇らすもの, '霧'. a ~ of doubt 疑惑の霧. be lost [hidden] in the ~*s* of time (時の霧に覆われた)遠い昔のことで忘れられている[はっきりしない].
4 UC (香水などの)噴霧; (冬の白い)吐息. Our breath turned to ~. (寒さのため)我々の吐く息が白くなった.
―― 動 自 **1** 霧[もや]がかかる; 〔目などが〕かすむ, 〔ガラスなどが〕曇る. Her eyes ~*ed* with tears. 彼女の目は涙でかすんだ. **2** 〈it を主語として〉霧雨が降る, こぬか雨が降る. ―― 他 〔涙が目〕をかすませる; を曇らせる.
mìst óver (1) 霧[もや]がかかる. The lake began to ~ *over*. 湖にはもやがかかり始めた. (2)〔ガラスなどが〕曇る. (3)〔目が〕涙でかすむ.
mìst /../ óver ..を曇らせる. My glasses are ~*ed over* with steam. 眼鏡が蒸気で曇っている.
mìst úp =MIST over (2).
mìst /../ úp ..を曇らせる. [<古期英語]

mis·tak·a·ble /mistéikəb(ə)l/ 形 間違いやすい; 紛らわしい, 誤解されやすい.

‡mis·take /mistéik/ 動 (~s /-s/|過 **-took** /-túk/|過分 **~n** /-kən/|**-tak·ing**) 他 **1 (a)** を誤解する; の解釈を誤る; を(見)間違える; VO (~ *wh* 節) ..かを誤解する. I *mistook* your meaning [*what* you meant]. 私は君の意図を誤解した. You can't ~ him [his house]. 彼[彼の家]はすぐ分かりますよ. **(b)** VOA (~ X ***for..***) X を**..と間違える**; (~ X ***as..***) X を..と誤解する. I often ~ Jane *for* her younger sister. よくジェーンを妹と間違える. **(c)** VOC (~ X *to do*) X が..すると誤解する.
2 〔道など〕を取り違える, 誤る. We've ~*n* the road. 道を間違えてしまった.
―― 自 思い違いをする; 間違える, 誤る. if I ~ not 〖古〗間違っていなければ.
there's nò mistáking.. ..を間違うはずはない. *There's no mistaking* his intentions. 彼の意図ははっきりしている.
―― 名 (複 **~s** /-s/) C **誤り**, 間違い; 誤解, 思い違い; (類語 間違いを表す最も一般的な語で, 判断の誤りに重点がある; →blunder, boner, error, faux pas, goof, lapse, slip[1]). make a ~ 間違いをする, 誤解をする. We all make ~*s*. 〖話〗(間違えた人に)だれでも間違いをするものです. It's a great ~ to suppose that money is everything. 金がすべてと思ったら大間違いだ. There must be some ~. 何かの間違いにちがいない. There's no ~ about it. それは確かだ.

連結 a common [a slight, a trifling; a bad, a grave, a gross, a serious; a fatal; a costly; a careless; a foolish; a glaring] ~ // correct [rectify; point out] a ~

and nò mistáke 〖話〗〈前の言葉を強調して〉間違いなく, 確かに. I'll get my own back *and no* ~. 仕返しするよ, 本当に.
****by mistáke*** 間違って, 誤って. enter the wrong room *by* ~ うっかり違う部屋に入る.
Màke nò mistáke (about it) 〖話〗〈前後の言葉を強調して〉間違いなく, 確かに. *Make no* ~ *(about it)*, gentlemen, we're going to win. いいですか, 皆さん, 我々は必ず勝ちます.
[<古期北欧語「間違って取る」(<mis-+*taka* 'take')]

‡mis·tak·en /mistéikən/ 動 mistake の過去分詞.
―― 形 **1** m 〈叙述〉〔人が〕**間違って**; 誤解して; 〈*about, in*..を, について〉. If I'm not [Unless I'm very much] ~, Mr. Hill is over sixty. 私の思い違いでなければヒル氏は 60 歳を超えている. You are ~ *about* that [*in* thinking so]. 君はそれを誤解している[君がそう考えるのは間違っている]. I've been completely ~ *in* Mr. Elton. 私はエルトンさんを全くかいかぶっていた[エルトンさんの真価が少しも分からなかった] (★このように文脈によっては意味が逆になる).
2 ¢ 〔行為, 考えなどが〕誤った, 間違った. have a ~ opinion of a person 人の評価を誤る. in the ~ belief that ..と誤まって信じて. a comedy based on two cases of ~ identity 2 組の人違いを基にした喜劇. ~ kindness ありがた迷惑. ▷ **~·ly** 副 間違って; 誤解して.

mis·ter /místər/ 名 C **1** 〈M-〉 Mr. の省略しない形 (★時にこの形で用いられるが普通〖戯〗). **2** 〖米話・英卑〗〈しばしば M-〉だんな, あんた, もし, (sir) 《氏名の分からない男への呼びかけ; 特に, 子供, 商人などが用いる; →Miss 3》. **3** 〈普通, 単数形で〉 Mr. 以外の敬称が付かない人. a mere ~ (名もない)ただの人. **4** 〖話〗〈the [one's] ~〉夫, ご主人, (husband).
―― 動 他 〖話〗Mr. を付けて〔人〕の名を呼ぶ.

Mìster Chárley [Chárlie] 名 〖米俗〗白人.

mist·i·ly /místili/ 副 霧がかかって; ぼんやりと, かすんで.

mìs·tíme 動 他 の時機を誤る, をまずい時に言う[行うなど], 〔ボールなど〕を打つタイミングを誤る; の時[時代]を間違える; 〈しばしば過去分詞で〉. a ~*d* proposal 時宜を得ない提案.

mist·i·ness /místinəs/ 名 U 霧深いこと, おぼろなこと, あいまいさ.

mis·tle·toe /mís(ə)ltòu/ 名 U ヤドリギ《他の木(多くはリンゴの木)に寄生するヤドリギ科の常緑低木; 春, 淡青色の花を付ける; 小枝をクリスマスの飾りに用い, その下にいる異性にはキスしてよいという古い習慣がある》. [<古期英語]

mis·took /mistúk/ 動 mistake の過去形.

mis·tral /místrəl, mistrɑ́:l/ 名 C 〈the ~〉ミストラル《フランス南部, 特にローヌ川流域を北から吹きおろす乾燥した冷たい強風》.

mìs·translàte 動 他 を誤訳する.
▷ **mis·trans·la·tion** 名 UC 誤訳.

mìs·tréat 動 他 を虐待する; を乱暴に扱う, 酷使する. ▷ **~·ment** 名 UC 虐待.

‡mis·tress /místrəs/ 名 (複 **~·es** /-əz/) C
【支配する女性】 **1 女主人**, 主婦; (動物などの)女性飼い主; (男 master). May I speak to the ~ of the house? 《取り次ぎに出た人に向かって》奥様にお目にかかりたいのですが. **2** 女性支配者; 〈しばしば M-〉支配者, 女王, 《強国などを女性の支配者にたとえて》. a ~ of society 社交界の女王. the *Mistress* of the Adriatic アドリア海の女王《最盛時の Venice の別名》. Great Britain, ~ of the seas 海の女王, 大英帝国. **3** 女性の名人[大家] (男 master). a ~ of dressmaking 一流女性服飾デザイナー. **4** 〖主に英旧〗(学校の)女子教員 (schoolmistress; 男 master). **5** 〖古・スコ〗〈M-〉..夫人 (Mrs.), ..嬢 (Miss).
【愛人の女性】 **6** 情婦, めかけ, (男 lover). have [keep] a ~ 女を囲う.
7 〖詩・古〗恋人, 愛する女性.
be mistress of.. 〔女性が〕..を自由にできる; ..を制御[支配]できる; (→be MASTER of). She *is* ~ *of* her destiny. 彼女は宿命などに囚われない.
be one's òwn mistress 〔女性が〕独立している; 自分の思い通りにできる; (→be one's own MASTER).
[master, -ess]

mìs·tríal 名 C 〘法〙無効審理《陪審の評決前に無効と宣言され終了》; 〘米〙(陪審員が評決できないための)未決定審理.

†**mìs·trúst** 名 aU 不信, 疑惑, 〈*of, in* ..に対する〉. have a strong [deep] ～ *of* ..に強い[深い]不信を抱く.
── 動 他 を信用しない, 疑う, ((類語) 自分の能力などへの不信に用いる; →distrust). I ～ myself. 私は自信が持てない. ～ his motives 彼の動機にはあやしいところがあると思う. ── 自 疑いを抱く.

mìs·trústful /㊙/ 形 信用しない 〈*of* ..を〉.
▷～**·ly** 副 ～**·ness** 名

mist·y /místi/ 形 e **1** 霧のかかった, 霧の深い; 霧の(ような). a ～ morning 霧の深い朝. a ～ blue かすんだ青色. **2**〔目が〕涙にかすんだ; (水蒸気などで)曇った. wipe off a ～ window 曇った窓ガラスをぬぐう.
3〔考えなどが〕ぼんやりした, 漠然とした. ～ memories of one's childhood 子供時代のおぼろげな記憶.

místy-èyed 形 目が涙で潤んだ[かすんだ]; 涙もろい.

‡**mis·un·der·stand** /mìsʌndərstǽnd/ 動 (～s /-dz/|過 過分 **-stood** /-stúd/|～**·ing**) 他, 自 (〔言葉, 行為など〕を)**誤解する**, 思い違いする; (の)真意[本性]を理解できない. I'm afraid you ～ me [my intention]. あなたは私[私の意図]を誤解しているようだ. Don't ～ me. 誤解しないでほしい. [mis-, understand]

*__mis·un·der·stand·ing__ /mìsʌndərstǽndiŋ/ 名 (複 ～s /-z/) UC **1 誤解**, 考え違い. remove [clear up] a mutual ～ 相互の誤解を取り除く[解く]. There has been some ～ that... と誤解する向きもあった. **2** 意見の不一致, 不和, (遠まわしに)けんか, 〈*with* ..との/*between* ..間の〉. A ～ arose *between* the two nations. 2 国間に不和が生じた.

mis·un·der·stood /mìsʌndərstúd/ 動 misunderstand の過去形・過去分詞. ── 形 誤解されて. I'm very badly ～. 私はひどく誤解されている.

mìs·úsage 名 UC **1** (語句などの)誤用. **2** 虐待, 酷使.

†**mis·use** /mìsjúːs/ 名 UC (語句などの)誤用; (権力などの)乱用, 悪用. ～ of funds 資金の乱用.
── /-júːz/ 動 他 **1** を誤用する; を乱用[悪用]する; 〔道具など〕の使い方を間違える. **2** を虐待する, 酷使する.

M.I.T., MIT Massachusetts Institute of Technology (マサチューセッツ工科大学).

Mitch·ell /mítʃ(ə)l/ 名 **Margaret** ～ ミッチェル (1900-49)《米国の小説家; *Gone with the Wind* (1936) で知られる》.

mite /mait/ 名 **1** C 非常に小さなもの; (かわいそうな)小さな子. What a ～ of a child! なんといじらしい子. **2** (a) aU 〘旧〙わずかな量[額]. a ～ of dust かすかなほこり. (b) 〘話〙〈a ～; 副詞的〉ちょっぴり. Tom's a ～ foolish. トムはちょっと抜けている. **3** C 〘虫〙(貯蔵食品などにつく)ダニ. **4** C 小銭, 小額貨幣; 〈普通, 単数形で〉わずかだが精いっぱいの寄付[尽力].→widow's mite.
nòt..a míte 〘話〙全然..ない (not at all). She is *not a* ～ gentle. 彼女は全然優しくなんかない.
wìdow's míte →見出し語.

mi·ter 〘米〙, **-tre** 〘英〙 /máitər/ 名 C **1** 〘カトリック〙司教冠, ミトラ, 《bishop などが儀式の時かぶる》; bishop の位[職]. **2** 〘木工〙留め継ぎ《**míter jòint** とも言う; 額縁の角(かど)のような継ぎ方》.
── 動 他 **1** に司教冠を与える; を bishop の位に就ける. **2** 〘木工〙を留め継ぎにする. [＜ギリシア語「帯, ターバン」]

Mith·ras, -ra /míθræs/, /-rə/ 名 〘ペルシア神話〙ミトラ《光と真理の神, 太陽神》.
▷**Mith·ra·ism** /míθreiiz(ə)m/ 名 U ミトラ教[信仰].

MITI Ministry of International Trade and Industry ((日本の)通産省).

†**mit·i·gate** /mítəgèit/ 動 (～s /-ts/|過 過分 **-gat·ed** /-əd/|**-gat·ing**) 他 〘章〙〔苦痛, 悲しみなど〕を和らげる, 静める, 〔刑罰など〕を軽くする. ～ anger 怒りをなだめる. ～ the effects of ..の影響を弱める. [＜ラテン語 *mītis*「柔らかい, 穏やかな」]

mit·i·gat·ing 形 軽減する. ～ circumstances 〘法〙責任軽減事由.

mìt·i·gá·tion 名 U 緩和, 鎮静, 軽減. in ～ 罪[過失]を軽くするために. in ～ of ..の言い訳に.

mi·to·chon·dri·on /màitəkɑ́ndriən|-kɔ́n-/ 名 C (複 **-dri·a** /-driə/) 〘生〙ミトコンドリア. [ドイツ語(＜ギリシア語「糸」＋「小さな粒」)]

mi·to·sis /maitóusis, mi-/ 名 (複 **mi·to·ses** /-siːz/) C 〘生物〙(細胞の)有糸分裂, 間接核分裂.

mi·tre /máitər/ 名 〘英〙＝miter.

*__mitt__ /mit/ 名 (複 ～**s** /-ts/) C **1** (指なしの婦人用)**長手袋**. **2** (野球の)ミット; 〘俗〙＝mitten 3. **3** ＝mitten 1. **4** 〘俗〙手 (hand); げんこ (fist). Take your ～*s* off it! それから手を放せ.
gèt one's mítts on.. ..を手に入れる. [＜*mitten*]

†**mit·ten** /mítn/ 名 C **1** ミトン《親指以外の指が袋状に 1 つになった手袋; →glove》. a pair of ～*s* 1 組のミトン. **2** ＝mitt 1. **3** 〘俗〙ボクシンググローブ. [＜古期フランス語(?＜ラテン語 *medius* 'middle')]

Mit·ter·rand /mìterɑ́ːn|míːtərɔŋ/ 名 **François** ～ ミッテラン (1916-96)《フランスの大統領 (1981-95); 社会党出身》.

‡**mix** /miks/ 動 (**míx·es** /-əz/|過 過分 ～**ed** /-t/|**míx·ing**) 他 **1**〔2 つ以上のもの〕**を混ぜる**, かき混ぜる, 〈*together*〉; VOA (～ X *with*..) X を..と混ぜ合わす; (～ X *in, into*..) ..に X (調味料など)を加える; ((類語)「混ぜる」を表す最も一般的な語で, 普通, 成分が混合できることを含意する; →blend, mingle). *Mix* the ingredients *together* slowly. 材料をゆっくりと混ぜなさい. ～ blue *with* [*and*] white paint 青と[に]白の絵の具を混ぜる. I always ～ a little water *with* my whiskey. 私はいつもウイスキーに水を少し混ぜる. ～ the eggs *into* [*with*] the flour 小麦粉に卵を加える.
2 (a) を(混ぜて)作る, 調合する. ～ concrete コンクリートを作る. Do you know how to ～ the cake? その菓子の材料の合わせ方を知ってますか. (b) VOO (～ X Y)・VOA (～ Y *for* X) X に Y を(混ぜて) 作ってやる. *Mix* me a lemonade.＝*Mix* a lemonade *for* me. レモネードを 1 杯作ってください.
3 を結びつける, 組み合わせる; を仲間にする; 〈*with* ..と〉. I'll be in New York for a week, ～*ing* business *with* [*and*] pleasure. 仕事と遊びを兼ねてニューヨークに 1 週間行ってきます. ～ boys and girls in all classes すべての組を男女混合にする.
4〔動植物など〕の雑種を作る, を異種交配させる.
5 〘放送・電算〙をミキシング録音する.
── 自 **1** (a) **混ざる**; 混じり合う 〈*with* ..と〉. Oil and water don't ～.＝Oil doesn't ～ *with* water. 水と油は混ざらない. (b) 〈普通, 否定文で〉混じり合う. Politics and sports don't ～. 政治とスポーツは異質のものである.
2 交わる, 付き合う, 〈*with* ..と〉. Bill ～*es* well in any company. ビルはどんな仲間にもうまく溶け込む.
◇名 mixture
be [gèt] mìxed úp (1) かかわる, 巻きこまれる, 〈*in* ..〔悪事など〕に〉; 加わる, かかり合いになる, 〈*with* ..〔悪い仲間など〕に, と〉. The mayor *is* ～*ed up in* the scandal. 市長がスキャンダルに巻き込まれている. (2) 頭[気持ち]が混乱する 〈*about, over* のことで〉. I *was* all ～*ed up about* what happened. 事件にすっかりうろたえていた. (3) ごちゃまぜになる.
mìx and mátch.. を組み合わせる, コーディネートする.
mìx ín 交際する, つき合う, まじり合う, 〈*with* ..〔人〕と〉.

M

mìx /../ ín (ケーキ, 飲み物などの材料に)..を加えて混ぜる. Add the sugar to the milk, and then ~ *in* two eggs. 牛乳に砂糖を加え次に卵を2個入れて混ぜなさい.
míx it 〖主に英話〗殴り合いのけんかをする〈*with* ..と〉; 毅然と対応する〈*with* ..に〉.
mìx it úp 〖話〗口論する; (殴り合いの)けんかをする〈*with* ..〔人〕と〉.
mìx /../ úp (1)〔粉など〕をよく混ぜる. Gently ~ *up* the flour and sugar in a bowl. ボールで小麦粉と砂糖を静かに混ぜ合わせなさい. (2)..をごちゃまぜにする. Don't ~ *up* the papers. 書類をまぜこぜにするな. (3)..を混同する〈*with* ..と〉. ~ the twins *up* 双子の区別がつかない. ~ me *up with* my brother 私を兄[弟]と間違える. ~ *up* 'b' and [*with*] 'd' bとdを混同する. (4)(精神的に)..を混乱させる〈しばしば, 受け身で〉. You ~*ed up* the speaker with your question. 君が質問して議長は混乱したのだ. (→mixed-up, be [get] MIXed up (2)). (5)を巻き込む〈*in* ..に〉. Don't ~ me *up in* this problem. この問題に, 私を巻き込まないでほしい. →be [get] MIXed up.
── 名 **1** UC (即席用などに材料を配合してある)..の素(もと), ..ミックス. (a) cake ~ ケーキミックス. **2** aU 混合, 混成, 雑多な集まり; 混乱. **3** C ミキシングした録音[編集]. [<ラテン語 *miscēre*「混ぜる」]

***mixed** /mikst/ 形 ⓒ **1 混合の**, 混成の, 入り混じった; 取り合せた, 種々雑多な. ~ chocolates チョコレート菓子の詰め合わせ. a ~ reaction [response] (賛否)さまざまな反応. I have ~ feelings [emotions] about my daughter's marriage. 娘の結婚には(悲喜こもごも)複雑な気持ちである. **2** 男女混合の; 共学の; 〖楽〗混声の. a ~ dinner 男女同席の晩餐(さん). in ~ company 男女が同席している所で. The ~ school is the norm nowadays. 今や共学(の学校)が普通である. **3**〔結婚などが〕異種族[異教徒]間の; 異なる人種[宗教, 階層など]の人々から成る. **4**〖話〗(頭の)混乱した.

mìxed-abílity /㊥/ 形 〖教育〗学力によって区別されない〔クラス〕. a ~ class 能力別ではないクラス.
mìxed bág 名 C 〖話〗ごたまぜ, 種々雑多, いろいろ; ピンキリ, 玉石混淆(こう).
mìxed bléssing 名 C 良くもあり悪くもあること. be a ~ いいことずくめではない.
mìxed dóubles 名〈単数扱い〉〖テニス〗混合ダブルス (→double, single).
mìxed drínk 名 C 〖米〗カクテル, 混合酒.
mìxed ecónomy 名 C 混合経済《資本主義と社会主義との折衷》.
mìxed fárming 名 U 混合農業《穀物生産と畜産を兼ねる》.
mìxed gríll 名 C 取り合わせ焼き肉料理.
mìxed hérbs 名〈複数扱い〉ハーブ・ミックス.
mìxed márriage 異人種[異教徒]間の結婚. a child of a ~ between a Japanese and an American 国際結婚をした日本人とアメリカ人の子供.
mìxed média 名〈単数扱い〉〖美〗ミクストメディア《種々の材料, 方法, ジャンルの組み合わせ; 現代美術の表現媒体の1つ》; =multimedia.
mìxed métaphor 名 UC 〖修辞学〗混喩(ゆ)《連続して用いられた異なる性質の比喩; その結果ちぐはぐな印象を与える. 例: take arms against a sea of troubles (海なす困難に武器を取って立ち向かう) 《Shakespeare作 *Hamlet* から》では戦闘のイメージと海のイメージが衝突して, よく考えるとおかしい》.
mìxed númber 名 C 混数《$15^1/_3$など》.
mìxed séntence 名 C 〖文法〗混(合)文《重文と複文が混じり合った文》.
mìxed spíce 名 U 混合スパイス.
míxed-ùp 形 精神的[情緒的]に混乱した[不安定な], 社会的適応のできない.

‡**míx·er** 名 C **1** 混合器; (料理用)ミキサー (→blender); コンクリートミキサー. **2**〖放送・電算〗ミキサー《放送, 録音などの音量・音質・映像調節装置; その技師など》. **3**〖話〗交際家. be a good [bad] ~ 付き合い[交際]が上手[下手]である. **4**〖話〗親睦(ぼく)会. **5** 非アルコール飲料《アルコール飲料を薄めるためのソーダ水など》.
mìxer fáucet 名 C 〖米〗(湯と水の)混合水栓.
míxer tàp 名 〖英〗=mixer faucet.
míxing 名 U **1** 混ぜ合わせ. **2** (音声などの)ミキシング.
míx·ing bòwl 名 C ミキシングボウル, (大きな)混ぜ鉢,《ケーキ, パンなどの練り粉を混ぜるのに用いる》.
‡**mix·ture** /míkstʃər/ 名 (複 ~s /-z/) **1** UC **混合物**; 混ぜたもの;〈*of* ..の, を〉. a ~ *of* milk, eggs and flour 牛乳に卵と粉を混ぜたもの. **2** UC 〖化〗混合物 (→compound[1]); 調合薬《水薬》; 混紡糸. cough ~ せき薬. **3** aU (異なる要素の)混合, 混成. a strange ~ of beauty and ugliness 美と醜との奇妙な交錯.

連結 a harmonious [an incongruous; an indiscriminate, a random; a confused; an extraordinary; an unusual] ~ // make [create] a ~

4 U 〖章〗混ぜる[られる]こと.
the mìxture as befóre 従来通りの処方《成分が前と変わらないことを意味する薬瓶の指示》; 〖英話〗変わり映えしないもの. [<ラテン語 *mixtus* 'mixed'; -ure]
míx-ùp 名 C 〖話〗混乱(状態), 手違い; けんか.
miz·(z)en /míz(ə)n/ 名 C 〖船〗**1** 後檣(しょう) (miz(z)enmast) の縦帆. **2** =miz(z)enmast.
míz(z)en·màst 名 C 〖船〗後檣(しょう), ミズンマスト,《mainmast のすぐ後ろのマスト》.
miz·zle /mízl/ 〖主に米〗名 U 霧雨. ── 動 自 〈it を主語として〉霧雨が降る. ▷**miz·zly** 形 霧雨の降る.
Mk 〖通貨〗mark; (車で) mark (例: Mk II).
MKS, mks meter-kilogram-second《長さ・重さ・時間の基本単位》.
ML Medieval Latin.
ml mile(s); milliliter(s).
MLA The Modern Language Association (of America) (アメリカ近代語協会).
m'lady /miléidi/ 名 〖古〗=milady.
MLD minimum lethal dose (最少致死量).
MLitt /èm-lít/ 名 C 文学修士 (master of letters).
Mlle Mademoiselle.
Mlles Mesdemoiselles.
M'lord /məlɔ́ːrd/ 名 **1** 裁判官に対する呼びかけ. **2** ご主人様《<my lord》.
MLR minimum lending rate〖英〗(イングランド銀行の公定歩合).
M'lud /məlʌ́d/ 名 〖英〗裁判官に対する呼びかけ.
MM Messieurs.
mm[1] millimeter(s).
mm[2] /m/ 間 ウーム[ウーン]《相手の話に同意を示す時などに用いる》.
Mme Madame.
Mmes Mesdames.
MN〖郵〗Minnesota.
Mn〖化〗manganese.
M'Nágh·ten Rùles /məknɔ́ːt(ə)n-/ 名 〈the ~〉=McNaughten Rules.
mne·mon·ic /niːmɑ́nik|-mɔ́n-/ 形 記憶を助ける, 記憶術の, 記憶の. ── 名 C 記憶を助けるもの《覚え歌など》; 〈~s; 単数扱い〉〖章〗記憶術. [<ギリシア語「記憶の」] ▷**mne·mon·i·cal·ly** 副
MO mail order; medical officer (軍医); 〖郵〗Missouri; modus operandi; money order.
Mo〖化〗molybdenum.

mo /mou/ 名 (複 ~s) C 〘主に英話〙〈普通 a ~〉= moment 1. Wait [Half] a *mo.* ちょっと待ってくれ.
Mo. Missouri.
mo. 〘主に米〙 month.
mo·a /móuə/ 名 C モア《ダチョウに似た絶滅した飛べない巨鳥; New Zealand に多かった》.
***moan** /moun/ 名 (複 ~s /-z/) C **1** (苦痛, 悲しみの)うめき (groan); (セックスの喜びの)声, よがり声; 〘章〙(風, 波などの)うなり. give a low ~ 低いうめき声をあげる. give a little ~ of pleasure 小さく喜びの声を出す. Nothing was heard but an occasional ~ of wind. 時々風がうなる音のほかは何も聞こえなかった. **2** ぶつぶつ言うこと, 不平. have a ~ 〘英〙ぶつぶつ言う, 不満を言う.
── 動 (~s /-z/|過 過分 ~ed /-d/|**móan·ing**) 自 **1** うめく; 〔風などが〕うなる. ~ with pain 痛くてうめく. **2** 不平を言う, 愚痴をこぼす, 〈*about, over* ..について/*at* ..〔人〕に〉(grumble). What are you ~*ing about?* 何をぶつぶつ言っているのか.
── 他 **1** をうめくように言う; を嘆く, 悲しむ, 〈*out*〉. **2** VO (~ *that* 節/"引用") ..であると/「..」とうめきながら言う; [と嘆く, 不平を言う]. Mother is always ~*ing that* prices are high in Tokyo. 東京は物価が高いと母はいつもこぼしている.
[<中期英語] ▷**móan·er** 名 「る.
moan·ful /móunf(ə)l/ 形 悲しげにうめく, 悲嘆にくれ↑
mòaning mínnie /-míni/ 名 C 〘英話〙ぶつぶつ不平屋.
‡**moat** /mout/ 名 C **1** 堀《城, 町などに巡らした》. **2** (動物園の)堀.
móat·ed /-əd/ 形 堀を巡らした.
***mob** /mɑb|mɔb/ 名 (複 ~s /-z/) C **1** 〘しばしば軽蔑〙(人, 動物などの)群れ, 集団. a ~ of children 子供たちの群れ. ~*s* of workers going home 帰宅の途につく労働者の群. **2** 〈単数形で複数扱いもある〉**暴徒の群れ**; 烏合(うごう)の衆, やじ馬連; 〈形容詞的〉暴民の. The crowd soon became an angry ~. 群衆はやがて怒った暴徒と化した. ~*s* [a ~] of protesters 抗議者の群れ. ~ law [rule] 暴民による支配, リンチ. **3** 〘軽蔑〙〈the ~〉大衆; 愚民; 〈形容詞的〉大衆の. He obtained a seat in the Commons by appealing to the ~. 無知な大衆に訴えることにより彼は下院の議席を得た. a ~ orator 大衆扇動家. **4** 〘話〙〈the ~〉盗賊の一味, ギャング(の一団), 暴力団; 〈the M-〉マフィア.
── 動 (~s|-bb-) 他 **1** 〔人, 鳥が〕を集団で襲う. **2** 〔スターなど〕をわっと取り囲む; に殺到する. Shoppers ~*bed* the bargain counter. 買い物客は特売品売り場に殺到した. The singer was ~*bed* by his fans and friends. 歌手はファンや友人にもみくちゃにされた.
[<ラテン語 *mōbile* (*vulgus*) 'changeable (crowd)'; →mobile]
mób càp 名 C 室内用婦人帽《18-19 世紀に流行; あごの下でひもを結ぶ》. 「カー》.
Mo·bil /móub(ə)l/ 名 モービル《米国の石油製品メー↑
***mo·bile** /móub(ə)l, -bi:l|-bail/ 形 m
【動かし[動き]やすい】**1** 動かしやすい, 自由に動く, 移動できる[しやすい]. Bob won't be ~ until the wound in his leg heals. 脚の傷が治るまでボブは動けまい. I'm not ~ at the moment. 今は車が使えない. **2** (車で)移動する〔店舗など〕; 〘軍〙機動性のある. **3** 〔社会などが〕流動的な, 社会階層を移りやすい. a ~ society 流動的な社会. upwardly ~ people 上昇志向の人たち. **4** 〔表情などが〕変化に富んだ; 〔心などが〕変わりやすい, 気まぐれな. a ~ face = ~ features 表情豊かな顔.
── /móubi:l|-bail/ 名 C **1** 〘美〙モービル作品《針金などでつるした数個の金属片などが空気の流れで動くようにした抽象彫刻又は装飾》. **2** = mobile telephone.
[<ラテン語 *mōbilis*「動きやすい」(<*movēre* 'move')]

mòbile hóme 名 C **1** 〘米〙モービルホーム《移動可能な家》. **2** 〘英〙移動住宅(〘米〙trailer)《住宅用に設備したトレーラー; → motor home》.

[mobile home]

mòbile líbrary 名 C 〘英〙移動図書館 (〘米〙bookmobile).
mòbile phóne 名 = mobile telephone.
mòbile télephone 名 C 携帯電話, PHS, (〘主に米〙cellphone; →cellular phone).
†**mo·bil·i·ty** /moubíləti/ 名 U **1** 動きやすさ, 可動性; 流動性; (軍隊などの)機動性. American society is known for its ~. 米国社会はその流動性で知られている《階級が固定していないこと》. social ~ 社会的移動. upward ~ (社会の)上昇志向. **2** (表情などの)変わりやすさ; 移り気.
mobìlity allówance 名 C (身障者への)交通手当.
mò·bi·li·zá·tion 名 UC **1** (軍隊などの)動員. the full ~ of the nation's industry 一国の産業の総動員. **2** 運用; 流通. **3** 〘法〙〔不動産の〕動産化.
‡**mo·bi·lize** /móubəlàiz/ 動 他 **1** 〔軍隊など〕を動員する; 〔支持(者), 資源など〕を結集する, 集める; 〔産業など〕を戦時体制にする. The entire police force was ~*d* for the emergency. 緊急事態に警察力が総動員された. ~ support [public opinion] 支援[世論]を結集[動員]する. **2** を流通させる. ── 自 〔軍隊が〕動員される.
Mö·bi·us strip /móubiəs-strip, méi-|mòubiəs-stríp, mɜ̀:-/ 名 C メビウスの帯《位相幾何学の対象となる空間図形》.
mób psychòlogy 名 U 群集心理.
mob·ster /mɑ́bstər|mɔ́b-/ 名 C 〘主に米話〙ギャングの 1 員 (gangster).
Mo·by Dick /mòubi-dík/ 名 『モービー・ディック』(H. Melville の書いた小説; その中に現れる白鯨の名).
moc·ca·sin /mɑ́kəsən|mɔ́k-/ 名 C **1** 〈普通 ~s〉モカシン《普通シカの 1 枚革で作る, かかとなしで底の柔らかい靴; もとはアメリカ先住民の靴》. **2** = water moccasin. [<北米先住民語]

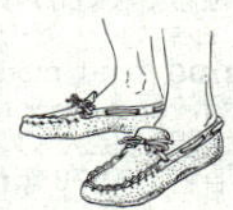
[moccasin 1]

mo·cha /móukə|mɔ́kə/ 名 U **1** 〈時に M-〉モカコーヒー《もとアラビア半島南西端の Mocha 港から積み出した上等品》. **2** モカ香味料《コーヒーとチョコレートから作る》. **3** アラビアヤギの革. **4** チョコレート色.
***mock** /mɑk|mɔk/ 動 (~s /-s/|過 過分 ~ed /-t/|**móck·ing**) 他 **1** 〘やや章〙をあざける, あざ笑う, ばかにする, まねしてからかう. His ~*ing* laughter made me angry. 彼の嘲(ちょう)笑に私はかっとなった. ~ the way the professor speaks その教授のしゃべり方をまねしてからかう. **2** 〘章〙〔法など〕を無視する; 〔他人の努力, 手腕など〕を無駄にする. The river ~*ed* all our efforts to cross it. 我々は川を渡ろうとあらゆる努力をしたが無駄に終わった. **3** 〔期待など〕を裏切る; 〔人〕を欺く. We will not be ~*ed* by false offers of conciliation. 我々は偽りの調停案などでだまされはしない.
── 自 あざける, ばかにする, 〈*at* ..を〉.
mòck /../ úp ..の実物大の模型をつくる.
── 名 **1** C あざけりの的, 笑いもの. **2** C にせもの, 模造品. **3** U 〘古〙あざけり (mockery). **4** C 〘英〙〈普通 ~s〉模擬試験《本試験の前に練習のために受ける》.
màke (a) móck of.. 〘章〙(1) ..をあざける, ばかにする. (2) ..を無効[無駄]にする.

M

—— 形〈限定〉まがいものの, にせの, 見せかけの; 模擬... ～ leather 模造革, 合成皮革. with ～ surprise [seriousness] さも驚いたように[真剣そうに]. a ～ battle [trial] 模擬戦[裁判]. ～ Tudor チューダー様式風の.
—— 副 さも..そうに. ～ serious さも真剣そうに.
[＜古期フランス語「あざける」]

móck·er 名C あざける人, (まねして)からかう人.
pùt the móckers on.. 〖英俗〗〔計画, 関係など〕をだめにする, じゃまする.

†**mock·er·y** /mákəri|mɔ́k-/ 名(複 **-er·ies**) **1** U あざけり, 愚弄(ぐろう); C〈しばしば複数形で〉あざけりの言葉[行為]. No ～ was intended, believe me. あざ笑う気はなかった, 本当に. **2** C〈普通, 単数形で〉あざけりの的, 笑いもの. We've become a ～ to the whole village. 我々は村中の笑いものになった.
3 aU へたな模倣, (形式的な)まねごと; にせもの. a ～ of democracy 民主主義のさるまね.
hòld..úp to móckery ..を笑いものにする.
màke a móckery of.. (1) ..をあざ笑う, 笑いものにする. (2)〔努力など〕を無駄にする; ..がまやかしであると証明する. The smallness of Mr. K's fine *makes a ～ of* justice. K 氏の罰金があんなに少額では司法も茶番だということになる.

móck·ing 形 人をあざける(ような).

móck·ing·bìrd 名C マネシツグミ《他の鳥の鳴きまねがうまい; 北米南部・西インド諸島産》.

móck·ing·ly 副 あざけって, ばかにして; からかって.

mòck órange 名C ユキノシタ科バイカウツギ属の低木の総称.

mòck sún 名 ＝parhelion.

mòck túrtle 名 **1** C タートルネック(のセーター, シャツ). **2**〈the M- T-〉ニセウミガメ《Lewis Carroll 作の *Alice in Wonderland* に出てくる涙もろいキャラクター》.

mòck tùrtle sóup 名U まがいのウミガメスープ《子牛の頭又は他の肉類, 香辛料, 時にはワインなどを用いて, ウミガメスープの味に似せて作る》.

móck-ùp 名C (飛行機, 機械などの)実物大の模型《実験用, 教授用など》.

MOD, MoD Ministry of Defence (〖英〗国防省).

Mod 名C ゲール文学と音楽の集い《スコットランド高地地方で秋に開かれるゲール語の詩のレシテーションや歌などのコンテスト; ＜ゲール語「集い」》.

mod /mad|mɔd/〈時に M-〉形〔服装が〕前衛的な, 最新流行の. —— 名C モッズ族《1960 年代英国に現れ, 大胆な服装でスクーターを乗り回して人目を引いた 10 代の若者; 1970 年代後半から 80 年代前半にかけて再度流行.》. [＜*modern*]

mod·al /móudl/ 形 **1** 様式 (mode) の, 形態上の. **2**〈限定〉〖論〗様相の; 〖楽〗旋法の, 音階の; 〖文法〗(叙)法 (mood²) の. —— 名C 法助動詞 (modal auxiliary). ▷ **～·ly** 副

mòdal auxíliary 名C 〖文法〗法助動詞《can, may, should, ought to など; **mòdal vérb** とも言う》.

mo·dal·i·ty /moudǽləti/ 名UC 様式性; 〖文法〗(叙)法(性) (→mood²); 〖論〗様式, 様相.

mòd cón /màd kán|mɔ̀d kɔ́n/ 名〈普通 ～s〉〖英話やや旧・戯〗最新設備(完備)《売り家広告などに用いる; ＜*mod*ern *con*venience(s)》.

ModE Modern English.

***mode** /moud/ 名(複 **～s** /-dz/) **1** C〖やや章〗**様式**, 方式; 仕方, 流儀; (物の存在などの)あり方, 形態. a new ～ of life 新しい生活様式. a strange ～ of writing 変わった書き方. a ～ of transport 輸送機関. **2** UC〈普通 the ～〉(時代の)はやり, 風潮; (婦人服などの)流行; (類語 最先端の流行, 又は流行の真っ最中という響きがある; →fashion 3). be in ～ 流行している. go out of ～ すたれる. be [follow] the latest ～ 最新流行である[を追う]. **3** 気分. be in holiday [work] ～ 休日[仕事をする]気分である. **4** (機械などの)モード. print ～ プリント・モード. put a VCR into its playback ～ ビデオを再生(モード)にする. **5**〖統計〗モード. **6** C〖楽〗音階 (scale), 旋法. the major [minor] ～ 長[短]音階. **7**〖文法〗＝mood². **8** C〖論〗様相. [＜ラテン語 *modus*「(測定の)尺度, 方法」]

***mod·el** /mádl|mɔ́dl/ 名(複 **～s** /-z/) C
【型】**1** (**a**) **模型**, ひな型; (ブロンズ像などの)原型. make a scale ～ of a ship 船の縮尺模型を作る. a wax ～ for a marble statue 大理石像のためのろうの原型. a working ～ of a car 自動車の実動模型. a ～ house モデルハウス. (**b**) (理論などの説明のための)模型, モデル; (将来)図. a ～ of a molecule 分子模型. an economic ～ 予想される将来の経済システム.
2〈普通, 単数形で〉〖英話〗そっくりな人[物]〈*of*..に〉. Ann is a [the] perfect ～ *of* her mother. アンは母親そっくりだ.
3 (自動車などの)型, デザイン. the latest ～ of Ford フォードの最新型(車). a deluxe ～ デラックス型.
【見本】**4 模範**, 手本. Make your father your ～. お父さんを見習いなさい. look a ～ of gentility お上品さの見本のようななりをしている. the very ～ of calmness 冷静を絵に描(か)いたような人. →role model.
5 (特に女性のファッション)モデル; (画家, 作家などの)モデル. a male ～ 男性モデル. the ～ for Yoknapatawpha in his novels 彼の小説のヨクナパトーファのモデル. **6**〖英〗(モデルが着て見せた)モデル服, (陳列中の)見本服など. **7**〖英〗〖婉曲〗売春婦《特に, 広告文中に使う》.
after [on] the módel of.. ..を模範[手本]にして.
—— 形 ©️ **1 模型の**, 見本の. a ～ airplane 飛行機の模型. **2 模範的な**. a ～ wife [student] 模範的な妻[学生]. a ～ school モデル校.
—— 動 (**～s** /-z/|過 過分 **～ed** /-d/, 〖英〗**～led** /-d/|**～·ing**, 〖英〗**～·ling**) 他 **1** の形を作る, 原型を作る, 〈*in, out of*..〔粘土など〕で〉; 〔粘土など〕を形に作る〈*into*..の〉; の模型を作る. ～ a dog *in* [*out of*] wax＝～ wax *into* a dog ろうで犬を作る. an exquisitely ～*ed* hand えも言われぬ美しい手.
2 VOA (～ X *on* [*upon*], *after*..) ..にならって X を作る; (～ *oneself on* [*upon*], *after*..) ..を手本にする. a school ～*ed after* the English public school イギリスのパブリック・スクールを模した学校. The heroine of this novel is ～*ed after* [*on*] a real person. この小説の女主人公は実在の人物をモデルにしている. She ～*s herself on* her mother. 彼女は母親をお手本にしている.
3〔服, 帽子など〕のモデルをする, を着て見せる. ～ a Thai silk dress タイシルクのドレスのモデルをする.
4 (数理的に)モデル化する.
—— 自 **1** 模型を作る〈*in*..で〉. ～ *in* clay 粘土細工をする. **2** (ファッション)モデルをする; (写真, 絵などの)モデルになる; 〈*for*..〔デザイナー, 画家など〕の〉.
[＜ラテン語 *modulus*「小さな *modus* (→mode)」]

mod·el·er, 〖英〗**-el·ler** /mád(ə)lər|mɔ́d-/ 名C **1** 模型を作る人; (ブロンズ像などの)原型制作者. **2** (理論的分析のための)モデル作成者.

mod·el·ing, 〖英〗**-el·ling** /mád(ə)liŋ|mɔ́d-/ 名U **1** 模型制作; 原型制作術. **2** (ファッション)モデルの仕事.

Mòdel T Fórd 名 T 型フォード《米国フォード社が, 1909–1927 にかけて初めて大量生産した車》.

mo·dem /móudem, -əm/ 名C〖電算〗モデム, 変復調装置, 《コンピュータと電話回線の接続などのために, 信号フォームを変換する》. [＜*mo*dulator＋*dem*odulator]

***mod·er·ate** /mád(ə)rət|mɔ́d-/ 形 m
【中程度の】 **1**〔要求などが〕**穏当**な, 極端に走らない, 〔運動などが〕適度な, 〔風などが〕穏やかな; (思想的に)穏健な; (参考 風の強さを言う時は light, gentle より強い; 風

以外では一般に mild より強い). a ～ climate 温和な気候. ～ policies 穏健な政策.
2 中くらいの, 並みの, 《中以下のニュアンスを持つことがある》. a house of ～ size 中くらいの大きさの家《あまり大きくない家》. bake a cake in a ～ oven 中火のオーブンでケーキを焼く. a ～ drinker ほどほどに飲む人.
3 期待ほどではない, わずかな. There has been a ～ improvement in his health. 彼の健康はわずかに良くなった. **4** 〖婉曲〗〔能力, 収入などが〕あまり高くない, まずまずの, 中以下の; 手ごろな〔値段〕. a hotel where the rates are ～ 料金が手ごろなホテル. a musician of only ～ ability 才能のあまりない音楽家.
── 名 C (思想の)穏健な人; 穏健派.
── /mάdərèit|mɔ́d-/ 動 (～s /-ts/|過 過分 **-at·ed** /-əd/|**-at·ing**) 他 【ほどほどにする】 **1** 〔要求など〕を和らげる, 穏やかにする; 〔言葉など〕を慎む, 控える. ～ one's anger 怒りを静める.
2 【調整役をする】 の議長[司会]をする.
── 自 **1** 和らぐ, 穏やかになる; 〔風などが〕静まる. **2** 議長[司会]をする. 「根」
[＜ラテン語 *moderāre*「ほどよく抑える」; modest と同↑

mòderate brèeze 名 C 〖気象〗和風《砂ぼこりが舞い上がる》. 「歩行は困難」.
mòderate gále 名 C 〖気象〗強風《風に向かって↑
†**mod·er·ate·ly** /mάd(ə)rətli|mɔ́d-/ 副 適度に, 控え目に; 中くらいに, 並に. a ～ priced camera 手ごろな値段のカメラ.
†**mod·er·a·tion** /mὰdəréiʃ(ə)n|mɔ̀d-/ 名 **1** U 適度, 節制; 穏健さ, 中庸. his ～ of speech 彼の節度ある言葉遣い. Alcohol can be good for you if taken in ～. 酒類も適度[ほどほど]にとれば体に良いこともある. The best advice of medical science is still ～ in all things. 医学の最善の教えは依然として万事ほどほどにである. **2** 軽減, 緩和, 〈*in* ..の〉. **3** 〖英〗〈Moderations; 複数扱い〉 BA 取得第一次試験《Oxford 大学の; **Hónour Moderàtions**, 又〖話〗では Mods とも言う; 最終試験は Greats》.
mod·e·ra·to /mὰdərά:tou|mɔ̀d-/ 〖楽〗 副, 形 モデラートで[の], 中ぐらいの速さで[の], (→tempo 参考).
── 名 (複 ～s) C モデラートの曲[楽章].
[イタリア語 'moderate']
mod·er·a·tor /mάdərèitər|mɔ́d-/ 名 C **1** 調停者, 仲裁者. **2** 議長 (chairman); (特に長老派教会会議の)議長; (討論会などの)司会者. **3** 調節器. **4** 〖物理〗減速体《原子炉中の中性子の》. **5** 〖英〗 BA 取得第一次試験官《Moderations (→moderation 3) の試験官》.
‡**mod·ern** /mάdərn|mɔ́d-/ 形 **1** ⓒ **現代の**, 近ごろの; 近代の; (類語 contemporary よりさらに遠くさかのぼった期間を含む). the ～ world 現代. ～ times 現代, 近代. ～ literature 現代[近代]文学. **2** ⓒ 近世以降の. →modern history. **3** ⓜ ⓔ **現代的な**, 当世風の, モダンな, 最新式の. This hotel has ～ facilities. このホテルは最新の設備が整っている. He is very ～ in outlook. 彼は考え方が極めて現代的だ (★多くの人に受け入れられないことを含意). **4** ⓒ 〖言〗〈しばしば M-〉 近代の. *Modern* Hebrew 現代ヘブライ語. **5** 実験的な. →modern dance. ── 名 C 〈普通 ～s〉 **1** 現代人 (↔ancient). **2** (思想などが)現代的な人. [＜後期ラテン語 *modernus* (＜ラテン語 *modō*「たった今」)]
mòdern árt 名 U モダンアート, 現代美術.
mòdern dánce 名 U モダンダンス.
‡**módern-dáy** 形 〈限定〉 今日の, 現代の, (★過去の有名な人[物]の名前が続くことが多い). a ～ Christ 現代のキリスト.
Mòdern Énglish 名 U 近代英語《1500 年頃以後》.
mòdern hístory 名 U 近世史《ヨーロッパではルネッサンス以後》.
‡**mód·ern·ìsm** 名 **1** U 現代[近代]的傾向, 現代風; 現代[近代]思想; 現代[近代]主義. **2** U (芸術上の)モダニズム. **3** 〈M-〉 U 〖宗〗近代主義《教義の基礎を近代科学に置こうとする》. **4** UC 現代語法, 現代的表現.
mód·ern·ist 名 C (新しい傾向, 思想などを支持する)現代[近代]主義者; 現代風の人; (芸術上の)モダニスト; 〖宗〗近代主義者. ── 形 現代[近代]主義(者)の.
mod·ern·is·tic /mὰdərnístik|mɔ̀d- ⑱/ 形 現代[近代]主義(者)の; 超現代風の, 前衛的な.
mo·der·ni·ty /mədə́:rnəti|mɔ-/ 名 (複 **-ties**) **1** U 現代[近代]性; 現代風. **2** C 現代的な[現代風の]もの.
mòd·ern·i·zá·tion 名 U 現代化, 近代化.
†**mod·ern·ize** /mάdərnàiz|mɔ́d-/ 動 他, 自 (を)現代[近代]化する, 現代風にする, 最新式にする.
mòdern jázz 名 U モダン・ジャズ.
mòdern lánguage 名 C 近代語《特にヨーロッパで現在使われている諸言語; 教科名として古典語に対する》.
‡**mod·est** /mάdəst|mɔ́d-/ 形 ⓔ 【控え目な】 **1** 謙遜(そん)な, 謙虚な, 〈*in, about* ..について〉 (類語 虚栄心のない美点を意味する; →humble). be ～ *about* winning the prize 受賞したことを鼻にかけない.
2 内気な, 遠慮がちな; 〔特に女性が〕慎み深い, しとやかな; (↔immodest). She's ～ in her speech. 彼女は話しぶりが慎み深い. The girl's ～ behavior gave a good impression. 少女のつつましい態度は好印象を与えた.
3 派手でない, 質素な; 〖旧〗〔服装などが〕慎みのある (★スカートなどが膝より長いことを含意). live in a ～ house 質素な家に住む. a ～ hotel 並のホテル.
4 〔数, 量, 規模, 価値などが〕大きくない; 〔贈り物などが〕ささやかな; 〔要求などが〕多くを望まない, 控え目な. a man of ～ means 資力の乏しい人. achieve a ～ success まずまずの成功を収める. The workers were ～ in their demands. 従業員たちは控え目な要求をした. by a ～ amount わずかに.
[＜ラテン語 *modestus*「適度を保つ」]
▷ **～·ly** 副 謙遜して, 遠慮がちに, 慎み深く, 控え目に.
***mod·es·ty** /mάdəsti|mɔ́d-/ 名 U **1** **謙遜**(そん), 謙虚さ; 内気; (女性の)しとやかさ, 慎み《胸などを露(あら)わにしない服装など》. natural ～ 生まれつきの謙虚さ. with false ～ 自慢したいのを押さえて. *Modesty* forbids. 〖話〗慎み深い私には言えないことです. **2** 質素; 地味; 適度, 控え目; ささやかさ.
in àll módesty 〖話〗自慢する気は毛頭ないが.
mod·i·cum /mάdikəm|mɔ́d-/ 名 〖章〗〈a ～ of で〉 少量の, わずかの. anyone with *a* ～ *of* common sense 多少とも常識のある人ならだれでも. (語法 of の後には不可算名詞がくる; しばしば否定文, 疑問文で用いられる). [ラテン語]
mod·i·fi·ca·tion /mὰdəfəkéiʃ(ə)n|mɔ̀d-/ 名 **1** U 修正する[される]こと, (形状などの)変更; 緩和, 加減. The plan needs slight ～. 計画は少し手直しの必要がある. **2** C (具体的な)修正, 変更, 〈*to* ..への〉. a few ～*s to* the condition 条件の 2, 3 の変更. **3** UC 〖文法〗修飾, 限定.
mod·i·fi·er /mάdəfàiər|mɔ́d-/ 名 C **1** 修飾語句《形容詞(句), 副詞(句)など; →qualifier》. **2** 修正[加減]する人[もの].
***mod·i·fy** /mάdəfài|mɔ́d-/ 動 (**-fies** /-z/|過 過分 **-fied** /-d/|**～·ing**) 他 **1** 〔計画, 意見など〕を**修正する**, に変更を加える, (類語 部分的変更を指し, 有形の物には用いない; →change). The terms of the contract were *modified*. 契約の条件が改められた. **2** 〔要求, 条件など〕を緩和する, 加減する. The workers *modified* their demands for higher pay. 労働者たちは賃上げ要求に

M

手加減を加えた. **3**〘文法〙を修飾[限定]する. Adjectives ～ nouns. 形容詞は名詞を修飾する. [＜ラテン語「制限を加える」(＜*modus* 'mode')]

Mod·i·glia·ni /mòudi:ljά:ni|mɔ̀dil-/ 名 **Amedeo** ～ モディリアーニ (1884–1920)《パリで活動したイタリアの画家・彫刻家》.

mod·ish /móudiʃ/ 形〘時に軽蔑〙流行を追う, 今(いま)風の, 当世風の, しゃれた. ▷ **～·ly** 副 流行を追って, 当世風に.

Mods /mɑdz|mɔdz/ 名〘英話〙→moderations 3.

mod·u·lar /mάdʒələr|mɔ́djə-/ 形 **1** 基準単位[寸法]による. **2** モジュール式の, 組み立てユニット式の. ～ furniture モジュール式家具《組み立て, 組み替えが容易なように規格型の部分から成る》. **3**〘教育〙モジュール方式の. →module 4. ◇名 module

mod·u·late /mάdʒəlèit|mɔ́djə-/ 動 他 **1**〔声など〕の調子を変える;〘楽〙を転調する. **2** を調節する; を調整する. **3**〘電〙の周波数[振幅, 位相など]を変える, を変調する. ── 自 (調子が)変わる;〘楽〙転調する; 〈*from* ..から/*to*, *into* ..へ〉. ▷ **mod·u·lat·ed** /-əd/ 形

mòd·u·lá·tion 名 UC **1** (音調の)変化, 抑揚;〘楽〙転調. **2** 調節; 調整. **3**〘電・電算〙変調. **4**〘言〙音調.

‡**mod·ule** /mάdʒu:l|mɔ́dju:l/ 名 C **1** (特に建築材料の)基準単位[寸法]. **2** (家具, 家屋の)組み立てユニット《例えば, 家屋の場合は台所, 寝室などが 1 つのユニット》;〘電算〙モジュール《モジュールの集まりがプログラム》. a memory ～ (コンピュータの)メモリ・モジュール. **3** モジュール《切り離して独立飛行できる宇宙船の構成部分》. a command ～ 司令船. a lunar ～ 月面着陸機. **4**〘教育〙〘主に英〙モジュール方式, 選択履修単位《いくつかを組み合わせて学科 (course) とすることが出来る》. [model と同源]

mod·u·lus /mάdʒuləs|mɔ́dju-/ 名 (複 **mod·u·li** /-lài/) C **1**〘物理〙率, 係数. **2** ＝absolute value.

mo·dus op·e·ran·di /mòudəs-àpərǽndi:|-ɔ̀p-/ 名 (複 **mo·di-** /mòudi-, -dai-/) C 〈普通, 単数形で〉(人の)仕事のやり方; (特に犯罪者の)手口;《略 MO》. [ラテン語 'way of operating']

mo·dus vi·ven·di /mòudəs-vivéndi:/ 名 (複 **mo·di-** /mòudi-, -dai-/) C 〈普通, 単数形で〉**1** 生き方, 生活形態. **2** (意見, 習慣を異にする人々の間の, 一時的)妥協〈*with* ..との〉. [ラテン語 'way of living']

mog /mɑg|mɔg/ 名 ＝moggie.

mog·gie, -gy /mάgi|mɔ́gi/ 名 C〘英話・戯〙猫.

Mo·gul /móugʌl, ⸗⸗/ 名 C **1** ムガール人《特に 16 世紀にインドを征服し帝国を樹立したモンゴル人》;〈一般に〉モンゴル[蒙古]人 (Mongol(ian)). **2**〈m-〉〘話〙大立て者, 成功者. a Hollywood movie *mogul* ハリウッド映画界の大物《プロデューサーなど》.

mo·gul /móug(ə)l/ 名 **1** C (雪の堅い)こぶ《スキーヤーによって作られる》. **2** モーグル《フリースタイルスキー競技の一種》.

MOH〘英〙Medical Officer of Health《(特定地域の)公衆衛生担当医》.

mo·hair /móuheər/ 名 UC モヘア《アンゴラヤギの毛》; モヘア織り; C モヘアの衣服.

Mo·ham·med /mouhǽməd, -med/ 名 マホメット (570?–632)《イスラム教の開祖; Mahomet, Muhammad ともつづる》.

Mo·ham·med·an /mouhǽməd(ə)n/ 形 マホメットの; イスラム教[回教]の (Muslim). ── 名 C イスラム教徒, 回教徒, (Muslim).

Mo·hám·med·an·ìsm 名 U イスラム教, 回教, マホメット教.

Mo·hà·ve Désert /məhὰ:vi-|mou-/ 名 ＝Mojave Desert.

Mo·hawk /móuhɔ:k/ 名 (複 **～, ～s**) **1**〈the ～(s); 複数扱い〉モーホーク族《ニューヨーク州中部に住んでいた北米先住民》; C モーホーク族の人. **2** U その言語. **3** C〘米〙モヒカン刈り.

Mo·hi·can /mouhí:k(ə)n/ 名 (複 **～, ～s**) **1**〈the ～(s); 複数扱い〉モヒカン族《Hudson 川周辺に住んでいた北米先住民》; C モヒカン族の人. **2** U その言語. **3**〈m-〉C〘英〙モヒカン刈り(〘米〙mohawk).

moi /mwɑ:/ 代〘戯〙私. Sarcastic, ～? 皮肉ですって, この私が? [フランス語 'me']

moi·e·ty /mɔ́iəti/ 名 (複 **-ties**) C 〈普通, 単数形で〉〘法〙(財産などの)半分 (half);〘章〙(2 つに分けた)一方, 一部分.

moil /mɔil/ 動 自 〈次の成句で〉***tòil and móil*** あくせく[こつこつ]働く. ── 名 U 骨折り仕事.

moi·ré /mwɑ:réi|⸗⸗/ 形 波紋(模様)の; 雲紋のある. ── 名 UC 波紋(模様); U 波紋織り, モアレ.

‡**moist** /mɔist/ 形 e **1** 湿り気のある, やや湿った;〔風, 空気などが〕湿気を含んだ; 〔気候, 季節などが〕雨の多い; (類語 damp に含まれる不快感はない). use a ～ rag to clean windows 窓ガラスをふくのに湿ったぼろを使う. The path was ～ with dew. 小道は露でぬれていた. **2**〔ケーキなどが〕しっとりした. **3** 涙ぐんだ, うるんで. eyes ～ with tears 涙でうるんだ目. ◇名 moisture [＜古期フランス語 (＜ラテン語 *mūcidus*「かびの生えた」)] ▷ **～·ly** 副 **～·ness** 名

†**mois·ten** /mɔ́is(ə)n/ 動 他 を湿らす, ぬらす. ── 自 湿る, ぬれる;〔目が〕うるむ.

***mois·ture** /mɔ́istʃər/ 名 U **湿気**, 水分; 細かい水滴; (空中の)水蒸気. Keep books free from ～. 本はしけないようにしなさい. ◇形 moist

mois·tur·ize /mɔ́istʃəràiz/ 動 他 **1** に湿気[水分]を与える, を湿らす. **2**〔クリームなどが〕〔肌〕に潤いを与える. *moisturizing* cream モイスチャ・クリーム. ▷ **mois·tur·iz·er** 名 C 加湿器; UC モイスチャ・クリーム.

Mo·jà·ve Désert /məhὰ:vi-|mou-/ 名〈the ～〉モハーヴェ砂漠《米国 California 州南部にある砂漠; Mohave ともつづる》.

mo·jo /móudʒou/ 名 C〘米話〙魔法, まじない. put [work] a ～ on ..に魔法をかける.

moke /mouk/ 名 C〘英話・主に戯〙ロバ (donkey); 馬;〘オース俗〙(見すぼらしい)駄馬.

mol /moul/ 名 C〘化〙モル《物質の量の単位》.

mo·lar /móulər/ 形, 名 C 臼歯(きゅうし)(の).

mo·las·ses /məlǽsəz/ 名 U **1**〘米〙糖蜜(みつ)(〘英〙treacle)《砂糖の精製過程に生じる黒色のシロップ》. **2** 糖液《刈ったばかりのサトウキビからとれる濃密な黒い液》. ***slòwer than molásses (in Jànuary)***〘米旧〙大変のろい, ぐずぐずして.

***mold**[1]〘米〙, **mould**[1]〘英〙/mould/ 名 (複 **～s** /-dz/) 【鋳型】 **1** C **型**; 鋳型; (ゼリーなどの)流し型. turn a mixture into a ～ and bake it 混ぜた物を型に流し込んで焼く. **2** C 型に入れて作った物《鋳物, プリン, ゼリーなど》. have a fruit ～ for dessert 食後にフルーツゼリーを食べる.
【類型】 **3** UC〈普通, 単数形で〉(人の)性格, タイプ; (..の)形, 姿, 様式. men of his (artistic) ～ 彼のような(芸術家)タイプの人たち. fit (into) the ～ of ..の型に当てはまる. The sisters are cast in the same [a different] ～. その姉妹は同じ[違った]タイプだ. a villa built in a Spanish ～ スペイン風に建てられた別荘. be out of the same ～ 大変似ている. **4**〘建〙＝molding 3.
brèak the móld 従来の型を破る.
from*〘米〙[*in*〘英〙] *the sàme móld (as ..) (..と)同じタイプの[で].
── 動 (**～s** /-dz/|過 過分 **mòld·ed** /-əd/|**mòld·ing**) 他 **1**〔像など〕を作る, 型に入れて作る,〈*in*, *from*, *out of* ..〔材料など〕で〉. ～ bars *out of* gold＝～ gold *into*

bars (→2) 金を延べ棒にする. **2**〔粘土など〕をこねて形にする; をかたどる, 形作る, 〈*into*, *to* ..に〉. ～ a piece of clay *into* a head 粘土をこねて頭の形にする. **3**〔性格, 世論など〕を作りあげる, の形成に強い影響を与える;〔文体など〕を練る 〈*on*, *upon* ..を手本にして〉. Education helps to ～ character. 教育は人格の形成を助ける.
4 VOA (～ X *to, around ..*) X を〔体などの〕輪郭にぴったり合わせる. Her wet clothes were ～*ed around* [*to*] her body. ぬれた服は彼女の体にぴったりまとい付いた.
── 自 VA (～ *to, around ..*) ..にぴったりする[合う].
[＜ラテン語 *modulus* 'model']

mold[2] 〖米〗, **mould**[2] 〖英〗 名 U かび; 糸状菌.
── 動 自, 他 〔食物などが〕 かびる; をかびさせる. a humidity-～*ed* book 湿気でかびの生えた本. [＜古期北欧語]

mold[3] 〖米〗, **mould**[3] 〖英〗 名 U 沃(よく)土, 耕土, 《有機物を多く含み耕作に適する》. leaf ～ 腐葉土. [＜古期英語]

Mol·da·vi·a /mɑldéiviə|mɔl-/ 名 モルダヴィア (→Moldova).

móld-brèaking 形 型破りの.

mólder[1] 〖米〗, **móulder**[1] 〖英〗 名 C 型を作る人.

móld·er[2] 〖米〗, **móuld·er**[2] 〖英〗 動 自 朽ちて行く; (しだいに)崩れる; 〈*away*〉.

móld·ing 〖米〗, **móuld·ing** 〖英〗 名 **1** U (型に入れて)作ること; 鋳造, 塑造; 造形. **2** C 型に入れて作った物; 塑造[鋳造]物. **3** C (建物, 家具などの)繰り形《凹凸面の装飾》.

Mol·do·va /mɑldóuvə|mɔl-/ 名 モルドヴァ《東ヨーロッパウクライナ南部に接する共和国; 首都 Kishinev; CIS 構成国の 1 つ; 英語の正式名 the Republic of Moldova; 別称 Moldavia》.

mold·y 〖米〗, **mould·y** 〖英〗 /móuldi/ 形 **1** かびた; (湿って)かび臭い. ～ cheese かびの生えたチーズ. go ～ かびが生える. **2** 〖話〗 古臭い, 時代遅れの. **3** 〖英俗〗〔食事などが〕ひどい. **4** 〖英〗〔金額などが〕わずかな, しみったれた, けちな; 意地の悪い, いやな.

***mole**[1] /moul/ 名 (複 ～s /-z/) C **1** 〖動〗 モグラ. be (as) blind as a ～ 全く目が見えない. **2** 〖話〗 'もぐら' 《政府機関などの高い地位にまでもぐり込んだスパイ》. [＜中期オランダ語]

mole[2] 名 C ほくろ, あざ. [＜古期英語]

mole[3] 名 C **1** 防波堤, 突堤. **2** 防波堤でできた(人工の)港.

mole[4] 名 ＝mol.

‡**mo·lec·u·lar** /məlékjələr/ 形 分子 (molecule) の; 分子から成る; 分子によって生ずる. ～ structure 分子構造.

molècular biólogy 名 U 分子生物学.

molècular wéight 名 C 〖化〗 分子量.

†**mol·e·cule** /mɑ́likjùːl|mɔ́l-/ 名 C **1** 〖物理・化〗 分子 (→atom). a water ～＝a ～ of water 水の分子. **2** 微量, ほんのわずか. [＜ラテン語 *mōlēs*「塊」; -cule]

móle·hìll 名 C モグラ塚; ささいなこと.
màke a móuntain out of a mólehill*＝*tùrn mólehills into móuntains ささいなことを大げさに言う[考える], 針小棒大に言う.

móle·skìn 名 **1** U モグラの皮. **2** U あや織り綿布の一種; 〈～s〉 その布で作ったズボン.

†**mo·lest** /məlést/ 動 他 **1** をいじめる, 悩ます, にいやがらせをする; をじゃまして苦しめる, に危害を加える. **2** 〔女性, 子供〕に(性的な)いたずらをする, 'セクハラ' をする; 〖婉曲〗 に乱暴する (rape). [＜ラテン語 *molestāre*「悩ます, わずらわせる」] ▷ **～·er** 名 C 痴漢. a child ～*er* 子供に性的いたずらをする人.

mo·les·ta·tion /mòulestéiʃ(ə)n/ 名 U いじめること, いやがらせ; 妨害; 悪さ. sexual ～ 'セクハラ'.

Mol·i·ère /mouljéər|mɔ́lieə/ 名 モリエール (1622–73) 《フランスの俳優・喜劇作家; Jean Baptiste Poquelin の筆名》.

Moll /mɑl|mɔl/ 名 **1** Mary の愛称. **2** C 〖俗〗 〈m-〉 (暴力団員などの)情婦; 売春婦.

mol·li·fi·ca·tion /mɑ̀ləfəkéiʃ(ə)n|mɔ̀l-/ 名 U なだめること; (怒りなどを)和らげること; 軽減.

mol·li·fy /mɑ́ləfài|mɔ́l-/ 動 (-fies|過 過分 -fied|～·ing) 他 〔人〕をなだめる; 〔怒り, 苦痛など〕を和らげる, 静める. [＜ラテン語 *mollis*「柔らかい, 穏やかな」]

mol·lusk 〖米〗, **-lusc** /mɑ́ləsk|mɔ́l-/ 名 C 〖動〗 軟体動物. ▷ **mol·lus·kan, mol·lus·can** /-kən/ 形

Mol·ly /mɑ́li|mɔ́li/ 名 Mary の愛称.

mol·ly·cod·dle /mɑ́likɑ̀dl|mɔ́likɔ̀dl/ 名 C 甘ったれ(の男); いくじなし.
── 動 他 を甘やかす, 猫かわいがりにかわいがる.

Mo·loch /móulɑk|-lɔk/ 名 **1** 〖聖書〗 モロク《セム族の神; 子供がいけにえに捧(ささ)げられた》.
2 C 多大の犠牲を伴う事件《戦争など》.

Mò·lo·tov cócktail /mɑ̀lətɔːf-|mɔ̀lətɔf-/ 名 C 火炎瓶《旧ソ連の政治家 V. M. *Molotov* の名から》.

molt 〖米〗, **moult** 〖英〗 /moult/ 動 自 (鳥の)羽毛が抜け替わる; (犬, 猫の)毛が抜け替わる; 〔蛇, 昆虫などが〕脱皮する. ── 他 〔羽毛, 毛〕を落とす; 〔皮〕を脱ぐ.
── 名 UC 抜け替わり, 生え替わり; 脱皮; その時期. Our cat's in ～ now. うちの猫は今毛が生え替わっている.

‡**mol·ten** /móultn/ 動 〖古〗 melt の過去分詞.
── 形 〈限定〉 **1** 〔金属, 岩などが〕溶けた, 溶解している. ～ lava (噴出した熱い)溶岩. **2** 〔像などが〕鋳造された.

mol·to /móultou|mɔ́l-/ 副 〖楽〗 非常に. ～ allegro きわめて速く. [イタリア語 'very']

Mo·luc·cas /məlʌ́kəz|mou-/ 名 〈the ～〉 マルク[モルッカ]諸島 《インドネシア東部の諸島; **the Molúcca Íslands** とも言う》.

mo·lyb·de·num /məlíbd(ə)nəm/ 名 U 〖化〗 モリブデン《金属元素; 記号 Mo》.

‡**mom** /mɑm|mɔm/ 名 (複 ～s /-z/) C 〖米話〗 **お母さん, ママ,** (〖英話〗 mum; →mother). *Mom* and Pop ママとパパ.

MOMA /móumə/ Museum of Modern Art.

mòm-and-póp /㊗/ 形 〖米話〗〔小さな店などが〕夫婦[家族]だけで営業している.

‡**mo·ment** /móumənt/ 名 (複 ～s /-ts/)
【瞬時】 **1** C **(a) 瞬間,** ちょっとの間, (類語 短いが時間としての長さは持つ, 従って It was a long ～. (ほんの短い間だったが長く感じた)のような言い方が可能; →instant). just at that ～ ちょうどその時. a fleeting ～ つかの間. Every ～ counts. 瞬間, 瞬間が重要である. knit at odd ～*s* 暇を見ては編み物をする. One ～ he was there, the next ～ he was gone. 彼は今そこにいたかと思うと, もういなかった. A ～'s thought will show you this. ちょっと考えればこれぐらい分かるだろう. Don't leave it to [till] the last ～. ぎりぎりまで延ばしてはいけない. just at the exact [precise] ～ when the car stopped 車が止まったまさにその瞬間に. **(b)** 〈副詞的; 普通 a ～〉 **ちょっと,** しばらく, (→mo). Wait a ～.＝One [Half a] ～. ちょっと待って. Just a ～. ちょっと待って; 〈前言を訂正して〉 いや, そうではない.
【時】 **2** C 〈普通, 単数形で〉 (ある定まった)**時;** 〈the ～〉 今(の瞬間), 目下. at the same ～ 同時に. in a ～ of great happiness 大変幸福な時に.

連結 a crucial [a critical; a decisive; a fatal; an opportune; a propitious] ～

3 〖話・しばしば戯〗 〈～s〉 得意な時, 盛りの時期. He has had his ～*s*. 彼にも得意の時期はあった. have one's ～*s* →成句.
4 C 〈普通, 単数形で〉 好機, 機会. 〈*for* ..の〉; 場合 〈*to* do ..する(べき)〉. await [seize] the ～ 時機を待つ

[とらえる]. Your ～ will come later. いずれ君の時機が来る. This is the ～ *for* decision [*to* decide]. 今が決断の時だ.

【重大な時＞重要さ】 **5** Ⓤ 〘章〙〈しばしば of ～ として〉重大さ, 重要性, (類語 importance より形式ばった語で, 特に分かりきった重要性). an affair of (great) ～ 〘旧〙(非常に)重大な事. a man of (no) ～ 重要(でない)人物《男》.

6 Ⓒ〈普通, 単数形で〉〘物理〙運動率, モーメント. the ～ of force 力のモーメント.

◇形 momentary, momentous

ány mòment nòw ＝(at) any MOMENT.

*(***at***) ***ány mòment*** 〈しばしば may を伴って〉いつなんどき(..か分からない), いつ(..してもよい); もうすぐ. This sick man may die *at any* ～. この病人はいつ死ぬかも分からない. I'm waiting for the answer *at any* ～. 返事が今来るか来るかと待っている.

(***at***) ***èvery mómont*** →every.

at the làst mómont 時間ぎりぎりに[来るなど]; いよいよという時に; すんでのところで. He canceled the appointment *at the last* ～. 彼は最後の最後になって約束を取り消した.

at the (***vèry***) ***mómont*** (ちょうど)今 (now), 今は; 当座は; (過去の)ちょうどその時 (then). Mother is [was] out *at the* ～. 母は今[その時]留守だ[だった].

at thìs [***the prèsent***] ***mómont*** 今.

at thís mòment in tíme 〘英〙現時点で(は).

a person's ***bìg mómont*** 人の力を発揮すべき[できる]場面, 見せ場. 「時に反語的に用いる).

chòose [***pìck***] *one's* ***mómont*** 適当な時を選ぶ (★↑

for a mómont (1) ちょっと[少し]の間, いっとき, 一時期. (2)〈not を伴って〉一瞬たりとも, 絶対に, (..ない). I don't *for a* ～ doubt your honesty. 君の正直さを決して疑いはしない.

for the mómont 今は, さしあたり, 当座は. I can't remember *for the* ～. 今のところ思い出せない.

from one mòment to the néxt しょっちゅう.

hàve *one's* [***its***] ***mómonts*** 〘話〙わくわくする[喜びに浸る, 楽しく感じられるなど]時もある, (ふだんは単調[平坦]なようでも)山もあれば谷もある; 〘英・戯〙〈反語的〉おもしろい[＝ひどい]こともある. That film *has its* ～*s*. あの映画にはおもしろい場面もある.

****in a mómont*** 今すぐに, たちまち. I'll be ready *in a* ～. すぐ用意ができます.

in a wèak mómont 気が弱くなっている時に.

jùst this mómont 今しがた.

never a dùll mómont 片時もじっとしていない.

not a mómont tòo sóon 時すでに遅く; ぎりぎりに.

of the mómont 現在の, 目下の; 今話題の[注目の]. the man [woman] *of the* ～ 時の人.

on the spùr of the mómont →spur.

the [***a***] ***mòment of trúth*** 決定的瞬間; 正念場; (闘牛士が)牛にとどめの一撃を刺す瞬間. She asked him if he still loved her. It was *a* ～ *of truth*. 今も愛しているのと彼女は彼にきいた. 決定的瞬間であった.

****the*** (***vèry***) ***mómont*** (***that***)***..*** 〈接続詞的〉..するやいなや (as soon as). I'll let you know *the* ～ Bill comes. ビルが来たらすぐに知らせます.

thís (***véry***) ***mómont*** たった今; まさにこの瞬間; 今すぐ. Let's get going *this* ～. 今すぐ出かけましょう.

to the (***vèry***) ***mómont*** (時間)きっかり.

[＜ラテン語 *mōmentum*「動き」(＜*movēre* 'move')]

mo·men·ta /mouméntə/ 名 momentum の複数形.

†**mo·men·tar·i·ly** /mòuməntérili, ⌐-⌐--|móumənt(ə)ri-/ 副 **1** ちょっとの間, 瞬間的に. shiver [pause] ～ 一瞬身震いする[ちょっと一休みする]. **2** 今か今かと; 刻一刻と. **3** 〘米〙すぐに, 直ちに. We will arrive ～ in Chicago. 間もなくシカゴに到着します《機内放送などで》.

***mo·men·tar·y** /móuməntèri|-t(ə)ri/ 形 Ⓒ **1 瞬間の**, つかの間の; はかない. give a ～ glance ちらっと見る. **2** 〘章〙〈限定〉刻一刻の, 今にも起こりそうな. in fear of ～ detection 今にも発見されるかと心配しながら. [moment, -ary]

mó·ment·ly 副 〘雅〙刻一刻と; 絶えず; 一瞬の間.

***mo·men·tous** /mouméntəs/ 形 ⓜ **重大な**, 大変重要な. ～ news 重大ニュース. The discovery will have a ～ effect on the treatment of cancer. その発見は癌(がん)の治療に重大な影響を及ぼすだろう.

▷ **～·ly** 副 **～·ness** 名

†**mo·men·tum** /mouméntəm/ 名 (複 **mo·men·ta** /-tə/, ～s) **1** ⓊⒸ 〘機〙運動量. **2** Ⓤ はずみ, 勢い. gain [gather, grow in, pick up] ～ はずみがつく, 勢いを増す. lose [keep up] ～ 勢いを失う[保つ].

[ラテン語 'movement']

MOMI /móumi/ Museum of the Moving Image.

mom·ma /mámə|mɔ́mə/ 名 〘米話〙＝mamma.

†**mom·my** /mámi|mɔ́mi/ 名 (複 **-mies**) Ⓒ 〘米話〙お母ちゃん, マミー, (〘英話〙mummy; mom の小児語).

Mon. Monday.

mon. monastery; monetary. 「前での異形.

mon- /mɑn|mɔn/ 〈複合要素〉＝mono-. ★母音の↑

Mon·a·co /mánəkou|mɔ́n-/ 名 モナコ《フランス南東部にある地中海に臨む小国; その首都》.

Mo·na Li·sa /mòunə-líːsə, -zə/ 名 〈the ～〉モナリザ《Leonardo da Vinci 作の女性肖像画》.

***mon·arch** /mánərk|mɔ́n-/ 名 (複 ～s /-s/) Ⓒ **1 君主**《王, 女王, 皇帝など》. an absolute [a constitutional] ～ 専制[立憲]君主. **2** '王者'; 大立て者. the ～ of mountains 山岳の王者《Mont Blanc など》.

3 〘虫〙オオカバマダラ (**mónarch bùtterfly**)《オレンジ色と黒の混ざった大きなチョウ; アメリカ大陸産》.

[＜ギリシア語「一人で支配する者」; mono-, -arch]

†**mo·nar·chic, -chi·al, -chi·cal** /məná:rkik|mɔn-/, /-kiəl/, /-kik(ə)l/ 形 君主の, 君主らしい; 君主国[政治]の; 君主制の. ～ rule 君主政治.

món·arch·ìsm 名 Ⓤ 君主(制)主義; 君主制(擁↓

món·arch·ist 名 Ⓒ 君主(制)主義者. ⌊護).

***mon·arch·y** /mánərki|mɔ́n-/ 名 (複 **-arch·ies** /-z/) **1** Ⓤ **君主政治**[政体]. **2** Ⓒ 君主国. an absolute ～ 専制君主国. a constitutional ～ 立憲君主国. **3** Ⓒ 王室, 皇室. [＜ギリシア語; mono-, -archy]

mon·as·te·ri·al /mànəstí(ə)riəl|mɔ̀n- 移/ 形 修道院の; 修道院的な.

‡**mon·as·ter·y** /mánəstèri|mɔ́nəst(ə)ri/ 名 (複 **-ter·ies**) Ⓒ (普通, 男子の)修道院, 僧院. 参考「修道士」は monk;「院長」は abbot;「女子修道院」は nunnery, convent. [＜ギリシア語「一人で暮らす所」]

mo·nas·tic /mənǽstik/ 形 **1** 修道院の, 僧院の; 修道士の. ～ vows 修道誓願《poverty (清貧), chastity (貞潔), obedience (従順)の誓い》. **2** 修道院的生活の; 隠遁(いんとん)的な; 禁欲的な. ── 名 Ⓒ 修道士 (monk). [＜ギリシア語「一人で暮らしている」]

▷ **mo·nas·ti·cal·ly** /-k(ə)li/ 副

mo·nas·ti·cism /mənǽstəsìz(ə)m/ 名 Ⓤ 修道院生活(の様式); 修道院制度.

mon·au·ral /mɑnɔ́ːr(ə)l|mɔn-/ 形 **1** 〔レコードなどが〕モノラルの (monophonic)《音再生が単一チャンネルによる; →binaural, stereo》. **2** 片耳(用)の.

▷ **～·ly** 副

‡**Mon·day** /mándi, -dei/ 名 (複 ～s /-z/) (用法は → Sunday 注意) **1** Ⓒ〈しばしば無冠詞〉**月曜日**《略 Mon.》. **2**〈形容詞的〉月曜日の. on ～ morning

[evening] 月曜日の朝[夕方]. the ～ morning feeling 月曜日の朝の憂うつ. He went home on the ～. 彼はその週の月曜日に帰宅した.
3〘話〙〈副詞的〉(**a**) 月曜に. See you again ～. ではまた月曜に (★〘英〙では〘話〙). (**b**)〈～s〉毎週[たいてい]月曜日は. The store is closed ～*s*. その店は月曜日は休業です. [＜古期英語「月 (*mōna*) の日」]

Mònday morning quárterback 名 C 〘米〙結果論で云々する批評家.

M1 /èmwʌ́n/ 名 〘英〙〈the ～〉高速 1 号線《London と Leeds を結ぶ高速道路》.

Mo·net /mounéi/ 名 **Claude** ～ モネ (1840–1926)《フランスの印象派画家》.

mon·e·tar·ism /mʌ́nətərìz(ə)m|mʌ́ni-/ 名 U マネタリズム, 通貨(至上)主義,《一国の経済を貨幣供給量の調整で制御できるとする; Thatcher 元英国首相はこの派》. ▷**món·e·tar·ist** 名 C マネタリスト, 通貨(至上)主義者.

†**mon·e·tar·y** /mʌ́nətèri|mʌ́nət(ə)ri/ 形 **1** 貨幣の, 通貨の. The yen is the ～ unit of Japan. 円は日本の貨幣単位である. **2** 金銭上の; 財政上の. ～ affairs 金銭問題.

mon·e·tize /mʌ́nətàiz|mʌ́ni-/ 動 他 を貨幣に鋳造する; を通貨と定める.

‡**mon·ey** /mʌ́ni/ 名 (複 **～s** /-z/, **mon·ies** /-z/)
1 U 金(かね), 金銭; 通貨(に相当するもの)《小切手, 未開種族の貝殻などを含む》. small ～ 小銭 (change). hard ～ 硬貨. paper ～ 紙幣. earn [save] money 金を稼ぐ[貯める]. change ～ 両替する. raise ～ 募金をする. Do you have [Have you got] any ～ on you? 金の持ち合わせがありますか. There's ～ [no ～] in sports. スポーツはもうかる[もうからない]. *Money* begets [makes] ～. 〘諺〙金は金を生む. *Money* talks. 〘諺〙金がものを言う. *Money* [The love of ～] is the root of all evil. 〘諺〙金は諸悪の根源. *Money* makes the world go round. 〘諺〙この世はすべて金しだい. *Money* does not grow on trees. 〘諺〙金のなる木はない. *Money* rolls in. 金がざくざく入る. *Money* is tight [short] at the moment. 今は金詰まりだ. ～ worries 金銭上の心配事.

> 連結 honest [dirty; easy] ～ // spend [use; lavish; squander, throw away, waste; borrow; lend; earn, gain, get, rake in; amass, lay up, save; be short of; run out of] ～

2 U (金融)資産, **財産**; 収入, 所得. You can't take your ～ with you (when you die). 死ぬ時に財産は持って行けない. get [make] good ～ 収入が多い. The politician made his ～ in dishonest ways. その政治家は不正なやり方で財を築いた. He has some ～ of his own. 彼はちょっとした資産を持っている. marry her for her ～ 彼女の資産を当てにして結婚する.
3 U 〘話〙(競馬などの)賞金. in [out of] the ～ 入賞して[入賞できなくて]. take second ～〔馬が〕2 位の賞金を獲得する.
4 U 〘話〙〈集合的〉富裕階級. There's a lot of ～ in Beverly Hills. ベヴァリーヒルズには金持ちが多い.
5 (**a**)〈～s 又は monies〉〘章・法〙金額. (**b**)〈～s〉金 (★シェークスピア『ベニスの商人』以来 moneys を単数と同じ意味で使うのはユダヤ人の用法とされる).
be rólling in mòney →be ROLLing in.. (roll の成句).
còin móney →coin.
for mý mòney 〘話〙私の意見では; 私がよいと思う〔人, もの〕. the one *for my* ～ 適切だと私には思える人.
gèt [***hàve***] *one's* ***móney's wòrth*** (十分楽しむなどして)払った金額に見合うだけのものを得る.
hàve móney to bùrn 捨てるほど[うなるほど]金がある.
in the móney 〘話〙金持ちで; 賞金がもらえて. be *in the* ～ 大金が入る.
lòse móney (***over..***) (..で)損をする.
máde of mòney 〘話〙(金でできている＞)大金持ちで. I'm not *made of* ～. 私は金持ちではないですよ.
màke *one's* ***móney*** 金持ちになる.
màke the mòney flý →fly[1].
màrry (***into***) ***móney*** 金持ち(の娘)と結婚する.
Móney bùrns a hóle in *a pèrson's* ***pócket.*** 金はもうけてもすぐになくなってしまう.
mòney for jám [***òld rópe***] 〘英話〙ただもうけ(の金[のようなもの]), ぼろい仕事[もうけなど], ちょろい仕事.
Mòney is nò óbject. 〘話〙金はいくらかかってもいい, 金に糸目は付けない.
My mòney is on.. 〘話〙..が勝つ[選ばれる]と思う.
pày good móney for.. ..に大金を払う.
pùt móney (1) 金をつぎ込む, 投資する,〈*into* ..に〉. (2)〈普通 put one's ～ で〉金を賭(か)ける〈*on* ..に〉. I'd *put* my ～ *on* it. 〘話〙確かだ. *put* ～ *on* a horse [race] 馬[レース]に金を賭ける.
pùt *one's* ***móney on a scràtched hórse*** 〘話〙負けるのが決まっているのに賭ける.
pùt *one's* ***móney where*** *one's* ***móuth is*** 〘話・しばしば戯〙約束した通りに[口先だけでなく]金を出す.
(***right***) ***on the móney*** 〘米話〙(1) 目的地点に; 的に当たって, 的を射て. (2)〔予想などが〕正確な, 的中して. (3) 申し分のない.
tàke the móney and rún (悪くならないうちに)引き下がる.
thròw góod mòney àfter bád 損の上塗りをする, '盗人(ぬすびと)に追い銭'をする.
thròw móney at .. ..を金で解決する, に金を投入する.
thròw *one's* ***móney aròund*** [〘英〙***abòut***] はでに[やたらに]金を使う.
You pàys your móney and you tàkes your chánce(***s***) [***chóice***]. 〘話〙＝***Pày your móney and tàke your chóice.*** どちら[どれ]が正しいかは決めかねる; 自分で決めることだ.
Your mòney or your lífe. 命が惜しければ金を出せ《おどし文句》.
[＜ラテン語 *Monēta* (Juno の別称で 'advisor' の意味); その神殿で造幣されたことによる]

móney·bàg 名 C **1** 金袋, 財布. **2**〘話・軽蔑〙〈～s; 単数扱い〉大金持ち《しばしば 'けち' の意味を含めて》.

móney·bòx 名 C 〘主に英〙貯金箱; 献金箱.

móney·chànger 名 C **1** (普通, 外貨の)両替商. **2**〘主に米〙両替機.

món·eyed /mʌ́nid/ 形 〘主に章〙 **1** 金持ちの, 富裕な, (類語 rich の誇張的な語で, 古風な響きがある). the ～ interest 資本家連, 財界. **2**〔援助などが〕金銭上の, 金銭による.

móney·grùbber 名 C 金貯め主義の人; 守銭奴.

móney·grùbbing 形 欲深の, 貪(どん)欲な.

móney làundering 名 ＝money washing.

móney·lènder 名 C 金貸し.

móney·less 形 金のない.

móney·màker 名 C **1** 金もうけのうまい人; 蓄財家. **2** もうかる仕事[製品など].

móney·màking 形 〈限定〉金もうけに熱心な[従事している]; 金もうけになる. —— 名 U 金もうけ.

móney màrket 名 C (リスクの低い)短期金融市場.

mòney-mínded /-əd ⊛/ 形 利にさとい.

mòney of accóunt 名 C 計算貨幣《相当する通貨を持たない; 例えば英国の guinea, 米国の mill など》.

móney òrder 名 C 〘主に米〙為替, 郵便為替 (〘英〙 postal order; 略 MO).

móney spìder 名 C 金運グモ《小さな黒いクモで, 這(は)う人に金運をもたらすとされる》.

M

móney-spìnner 名 C 〘主に英話〙よくもうかるもの《大当たりの芝居など》, ドル箱. 「貨供給(量).
móney supplỳ 名 C 〈普通 the ～〉(一国の)通↑
móney wàshing 名 U 不正資金浄化(行為), マネーロンダリング, 《麻薬取引などによる不正資金を(海外の)複数の銀行口座に預けて, その後転々と移し変えることで資金の出所[受益者]を不明にする手口》.
-mon·ger /mʌ́ŋgər/ 〈複合要素〉 **1** 〘主に英〙「..商, ..売り」の意味. fish*monger*. iron*monger*. **2** 〘軽蔑〙「(いやなことを宣伝, 助長したがる)..屋」の意味. scandal*monger*. war*monger*. [古期英語 *mangere* 'merchant']
Mon·gol /mɑ́ŋg(ə)l｜mɔ́ŋgɔl/ 名 **1** C モンゴル[蒙古(もうこ)]人《Mongolia に住む遊牧民》; U モンゴル語 (Mongolian). **2** C 〈m-〉〘旧・軽蔑〙ダウン症患者 (→mongolism). ── 形 ＝Mongolian.
Mon·go·li·a /mɑŋgóuliə｜mɔŋ-/ 名 **1** モンゴル, 蒙古(もうこ), 《モンゴル国と中国領の内蒙古 (Inner Mongol) を含む地域》. **2** モンゴル《東アジア中部の国; 首都 Ulan Bator》.
Mon·go·li·an /mɑŋgóuliən｜mɔŋ-/ 名 **1** C モンゴル[蒙古(もうこ)]人. **2** U モンゴル語.
── 形 モンゴル[蒙古](人種)の; モンゴル語の.
Mongòlian Pèople's Repúblic 名 〈the ～〉〘史〙モンゴル人民共和国《1992 年までの Mongolia 2 の名称》.
món·gol·ìsm 名 U 〘軽蔑〙ダウン症《先天性疾患; 〘医〙Down's syndrome》.
Mon·gol·oid /mɑ́ŋgəlɔ̀id｜mɔ́ŋ-/ 形 **1** モンゴル[蒙古(もうこ)]人に似た; モンゴル[蒙古]人種的な. **2** 〈m-〉ダウン症の. ── 名 **1** モンゴル[蒙古]人. **2** 〘米・軽蔑〙〈m-〉ダウン症の患者.
mon·goose /mɑ́ŋgu:s｜mɔ́ŋ-, mʌ́ŋ-/ 名 C マングース《イタチに似た肉食獣で蛇, 特にコブラを捕食する; インド産》.
mon·grel /mʌ́ŋgr(ə)l, mɑ́ŋ-｜mʌ́ŋ-/ 名 C **1** (動植物の)雑種; 〈特に〉雑種犬. **2** 〘軽蔑〙混血児. **3** 〈形容詞的〉雑種の; 混血の.
mon·ied /mʌ́nid/ 形 ＝moneyed.
mon·ies /mʌ́niz/ 名 money の複数形の 1 つ.
mon·ik·er, mon·ick·er /mɑ́nikər｜mɔ́n-/ 名 C 〘俗〙名前, あだ名.
mon·ism /móuniz(ə)m｜mɔ́n-/ 名 U 〘哲〙一元論 (→pluralism). ▷**mo·nís·tic** /mounístik｜mɔ-/, **mo·nís·ti·cal** /mounístik(ə)l｜mɔ-/ 形
mo·ni·tion /mouníʃ(ə)n, mə-/ 名 UC 忠告, 訓戒; 警告; 〘宗〙戒告; 〘法〙(裁判所の)召喚.
***mon·i·tor** /mɑ́nətər｜mɔ́n-/ 名 (複 ～s /-z/) C **1** 監視装置《心臓などの医療用機器; 機械, 航空機などを監視》; モニター《監視装置を操作する人》. **2** モニター《放送局などのスタジオ用; 放送についての意見を局に言う人; モニタースピーカー》; 〘電算〙モニター《ディスプレー; 機械やシステムを監視》. **3** モニター, 監視員, 《政策などを監視》. **4** モニター《外国放送聴取係, 外電受信者》. **5** 〘動〙オオトカゲの一種 (**mónitor lìzard**). **6** (学校の)(クラス)委員, 〘英〙級長. **7** 〘軍〙低舷甲鉄艦.
── 動 他, 自 **1** (を)モニター装置で監視[調整]する; (の)外電を受信する; (〔電話など〕を)傍受する. **2** (を)監督[監視]する. [ラテン語 *monēre*「忠告する」, -or¹]
†**monk** /mʌŋk/ 名 C (カトリックの)修道士; 〈一般に〉僧. 類語 俗世間から離れて monastery に住む; →friar, nun. [＜ギリシア語「一人で暮らす(人)」]
‡**mon·key** /mʌ́ŋki/ 名 (複 ～s /-z/) C **1** 〘動〙(普通, 尾のある)サル (→ape). **2** いたずらっ子, 悪がき; ものまね小僧. **3** 〘英俗〙500 ポンド. **4** 〘英俗〙背中の大きなこぶ. **5** (くい打ち用の)引き落とし槌(つち).
a* [*the*] *mònkey on one's báck 〘話〙(1) 麻薬中毒. have *a* ～ *on* one's *back* 麻薬中毒にかかっている. (2) 厄介なこと[問題]. prove to be *a* ～ *on* one's *back* 厄介であることが分かる.
gèt one's mónkey ùp 〘英話〙腹を立てる.
màke a mónkey* (*out*) *of .. 〔人〕をばかにする, 笑いものにする.
not gìve a mònkey's shít [***búm, fárt, etc.***] 〘英話〙何とも思わない, 平気である. She does*n't give a* ～*'s shit* what we think about her. 私たちが彼女をどう思っているかなんて彼女は気にしない.
pùt a pèrson's mónkey ùp 〘英話〙人を怒らせる.
── 動 (～s｜過 過分 ～ed｜～·ing) 自 **1** VA (～ *around, about*) 〘話〙ふざける. **2** VA (～ *with ..*) ..をいじくる, ..にいたずらをする, 〈*around, about*〉. Don't ～ (*around*) *with* matches. マッチをいじり回すな.
[?＜中期オランダ語] ▷**mon·key·ish** /-kiiʃ/ 形
mónkey bàrs 名 〘米〙(遊園地などにある)ジャングルジム (〘英〙climbing frame). 「いんちき.
mónkey bùsiness 名 U 〘話〙いたずら, 変なこと;↑
mónkey jàcket 名 C (ぴったりした)短い上着《以前, 水夫などが着た; 猿回しの猿の上着に似ていたため》.
mónkey nùt 名 〘英〙＝peanut.
mónkey pùzzle 名 C 〘植〙チリスギ《とげのある葉が密生してサルも登れない》.
mónkey·shìne 名 C 〘米話〙〈普通～s〉いたずら.
mónkey sùit 名 C 〘話〙 **1** 制服. **2** (男子用)礼服, タキシード.
mónkey trìcks 名 〈複数扱い〉〘英話〙＝monkeyshines.
mónkey wrènch 名 C **1** モンキー(レンチ), 自在スパナ. **2** 〘米話〙じゃま, 障害. throw a ～ in the works 〘米話〙計画を狂わせる[じゃまする]. throw a ～ into.. 〘米〙をだめにする, ぶちこわす.
monk·ish /mʌ́ŋkiʃ/ 形 修道士の; 〘普通, 軽蔑〙修道士じみた, 坊主くさい.
mon·o /mɑ́nou｜mɔ́n-/ 〘話〙 形 ＝monaural, monophonic. ── 名 (複 ～s) U **1** モノラルの音再生; C モノラルレコード. **2** ＝mononucleosis.
mon·o- /mɑ́nə, mɑ́nou｜mɔ́n-/ 〈複合要素〉「単.., 一..」の意味 (↔poly-; →bi-, di-). [ギリシア語 *mónos* 'alone']
mon·o·chro·mat·ic /mɑ̀nəkroumǽtik｜mɔ̀n-/ 形 単色画の, 単彩の; 〔写真が〕白黒の, モノクロの.
mon·o·chrome /mɑ́nəkròum｜mɔ́n-/ 名 **1** C 単色画, 単彩画; 白黒写真, モノクロ. **2** U 単色画法; モノクロ技法. ── 形 **1** 単色の; 〔テレビコンピュータのディスプレイなどが〕白黒の. **2** 単調な, おもしろくもない.
mon·o·cle /mɑ́nək(ə)l｜mɔ́nɔ-/ 名 C 片眼鏡.
mon·o·cot·y·le·don /mɑ̀nəkɑ̀təlí:dn｜mɔ̀nəkɔ̀t-/ 名 C 〘植〙単子葉植物.
mo·noc·u·lar /mənɑ́kjələr｜mɔnɔ́kjələ/ 形 単眼の, 片目の; 一眼レフの.
móno·cùlture 名 U (作物の)単一栽培; 単一産業構造《限られた農業生産物に依存する開発途上国の経済構造》.
mon·o·cy·cle /mɑ́nəsàikl｜mɔ́n-/ 名 C 一輪車《一輪の乗り物; 特に自転車型のものは unicycle》.
mon·o·dy /mɑ́nədi｜mɔ́n-/ 名 C **1** (ギリシア悲劇の)叙情的独唱部; 追悼の詩, 挽(ばん)歌.
2 〘楽〙(オペラ, オラトリオなどの)独唱曲; 単声部曲.
mo·nog·a·mist /mənɑ́gəmist｜mɔnɔ́g-/ 名 C 一夫一婦主義者.
mo·nog·a·mous /mənɑ́gəməs｜mɔnɔ́g-/ 形 **1** 一夫一婦の. **2** 一雌一雄の〔動物など〕. ▷**～·ly** 副
mo·nog·a·my /mənɑ́gəmi｜mɔnɔ́g-/ 名 U 一夫一婦制[主義] (→bigamy, polygamy). [mono-, -gamy]

mon·o·gram /mánəgræ̀m | mɔ́n-/ [名] [C] 組合せ文字, モノグラム, 《氏名の頭文字などを図案化したもの》.
▷**mon·o·grammed** [形] モノグラム入り[付き]の. a ～*med* shirt モノグラム付きのワイシャツ.

[monogram]

mon·o·graph /mánəgræ̀f | mɔ́nəgrɑ̀:f/ [名] [C] (特定のテーマに関する)学術論文, 専攻論文; (短い)専門書.

mon·o·ki·ni /mɑ̀noukí:ni | mɔ̀n-/ [名] [C] モノキニ《トップレスの女性用水着》. [＜*mono*-＋bi*kini*]

mon·o·lin·gual /mɑ̀nəlíŋgwəl | mɔ̀n- [移]/ [形] 一か国語(使用)の (→bilingual, multilingual). a ～ dictionary 一か国語辞典.

mon·o·lith /mánəlìθ | mɔ́n-/ [名] [C] **1** (建築, 彫刻用などの大きな)一本石, 一枚岩; 【考古】モノリス《一本石の碑[柱など]; 古代に宗教的目的などで建造された》. **2** 一枚岩的な統一体.

mon·o·lith·ic /mɑ̀nəlíθik | mɔ̀n- [移]/ [形] **1** 一本石の, 一枚岩から成る. **2** 【しばしば軽蔑】〔社会などが〕一枚岩的な, 完全に統制された, 全体主義的な. **3** 巨大な, がっしりと大きい. **4** 【電】モノリシックな, 単一の半導体チップ上に作られた〔回路など〕. ▷**mon·o·lith·i·cal·ly** /-k(ə)li/ [副]

‡**mon·o·logue,** 【米】 **-log** /mánəlɔ̀:g, -lɑ̀g | mɔ́nəlɔ̀g/ [名] [C] **1** 【劇】独白, モノローグ; 独白劇, 独り芝居, (→dialogue). **2** (コメディアンなどの)独演; 【話】独り占めの長演説.

mon·o·ma·ni·a /mɑ̀nəméiniə | mɔ̀n-/ [名] [UC] 〈普通, 単数形で〉1つの事に熱中すること; 偏執狂.

mon·o·ma·ni·ac /mɑ̀nəméiniæ̀k | mɔ̀n-/ [名] [C] 1つの事に熱狂する人, (極端な)凝り屋; 偏執狂の人.

mon·o·mer /mánəmər | mɔ́n-/ [名] [C] 【化】単量体, モノマー, (→polymer).

mon·o·me·tal·lic /mɑ̀noumitǽlik | mɔ̀n- [移]/ [形] 【経】(貨幣の)単本位制の.

mon·o·met·al·lism /mɑ̀noumétəlìz(ə)m | mɔ̀n-/ [名] [U] 【経】(貨幣の)単本位制 (→bimetallism).

mo·no·mi·al /manóumiəl | mɔn-/ 【数】 [形], [名] [C] 単項の[式].

mon·o·nu·cle·o·sis /mɑ̀noun(j)ù:klióusis | mɔ̀n-/ [名] [U] 【主に米】【医】単核症 (glandular fever).

mon·o·phon·ic /mɑ̀nəfánik | mɔ̀nəfɔ́n- [移]/ [形] **1** ＝monaural《略 mono; →stereophonic》. **2** 【楽】単旋律(曲)の.

mon·oph·thong /mánəfθɔ̀:ŋ | mɔ́nəfθɔ̀ŋ/ [名] [C] 【音声】単母音《/e/, /ɔ:/ など; diphthong に対して》.

mon·o·plane /mánəplèin | mɔ́n-/ [名] [C] 単葉飛行機 (→biplane).

Monòpolies and Mérgers Commìssion [名] 〈the ～〉【英】独占・合併審査委員会.

mo·nop·o·lism /mənápəlìz(ə)m | -nɔ́p-/ [名] [U] 独占[専売]主義[政策, 制度, 行為].

mo·nop·o·list /mənápəlist | -nɔ́p-/ [名] [C] 独占者, 専売者; 独占論者, 専売主義者. ▷**mo·nop·o·lis·tic** /mənɑ̀pəlístik | -nɔ̀p- [移]/ [形] 独占的(な), 専売の. **mo·nop·o·lis·ti·cal·ly** /mənɑ̀pəlístik(ə)li | -nɔ̀p-/ [副]

mo·nòp·o·li·zá·tion [名] [U] 独占; 専売.

***mo·nop·o·lize** /mənápəlàiz | -nɔ́p-/ [動] (**-liz·es** /-əz/ | [過] [過分] **～d** /-d/ | **-liz·ing**) [他] **1** 〔市場など〕を独占する; の専売権を得る. ～ the personal computer market パソコン市場を独占する. **2** 〔会話, テレビなど〕を独り占めする. ～ the conversation 他の人にはしゃべらせない. Her baby ～*s* her time. 彼女は赤ん坊にすっかり時間を取られている.

***mo·nop·o·ly** /mənáp(ə)li | -nɔ́p-/ [名] ([複] **-lies** /-z/) **1** [C] (市場などの)独占; 専売, 一手販売 〈*of, on, over* ..の〉. make a ～ *of* sugar 砂糖を一手販売する. **2** [C] (政府の認可する)専売[独占]権. gain [hold, secure] a ～ 専売[独占]権を得る. **3** [C] 専売品; 独占事業. The postal services are a government ～. 郵便事業は政府の独占事業である. **4** [C] 独占企業, 専売公社. **5** [aU] 〈一般に〉独占, 占有, 〈*of, on* ..の〉. have a ～ *of* [*on*] popularity 人気をさらう. Playing golf is almost the ～ *of* the well-to-do in this country. ゴルフはこの国では裕福な人にほとんど独占されている. You don't have a ～ *on* the truth! あなただけが真実を知っているわけではありませんよ. Is scientific achievement a male ～? 科学上の業績は男だけのものであろうか. **6** [UC] 【商標】〈M-〉モノポリー《不動産の売買をする双六(すごろく)ゲーム》. [＜ギリシア語「専売権」(＜mono-＋*pōlein* 'sell')]

mon·o·rail /mánərèil | mɔ́n-/ [名] [UC] モノレール, 単軌鉄道; モノレールの線路.

mon·o·sod·i·um glu·tam·ate /mɑ̀nəsòudiəm-glú:təmèit | mɔ̀nou-/ [名] 【化】グルタミン酸ナトリウム《化学調味料に用いる; 略 MSG》.

mon·o·syl·lab·ic /mɑ̀nəsilǽbik | mɔ̀n- [移]/ [形] 単音節(語)の; 〔人, 返事などが〕そっけない.
▷**mon·o·syl·lab·i·cal·ly** /-k(ə)li/ [副]

mon·o·syl·la·ble /mánəsìləb(ə)l | mɔ́n-/ [名] [C] 単音節語《sky, tree, rain など; →syllable, polysyllable》. answer in ～*s* (Yes とか No だけの)そっけない返事をする.

M

mon·o·the·ism /mánəθi:ìz(ə)m | mɔ́nou-/ [名] [U] 一神教, 一神論, 《キリスト教やイスラム教など; →polytheism》.

mon·o·the·ist /mánəθì:ist | mɔ́nou-/ [名] [C] 一神教信者; 一神論者.
▷**mon·o·the·is·tic** /mɑ̀nəθi:ístik | mɔ̀nou- [移]/ [形]

mon·o·tone /mánətòun | mɔ́n-/ [名] [aU] **1** (話し方などの)一本調子; (色彩, 文体などの)単調さ. speak in a dull ～ 退屈な一本調子で話す. an illustration in ～ 単色の挿絵. **2** 【楽】単調音.

***mo·not·o·nous** /mənátənəs | -nɔ́t-/ [形] [m] **単調な**, (変化がなくて)退屈な; 〔声, 抑揚などが〕一本調子の. a ～ job 単調な仕事. in a ～ voice 抑揚のない声で. [＜ギリシア語「一本調子の」; mono-, tone, -ous]
▷**～·ly** [副] 単調に; 一本調子で. **～·ness** [名]

†**mo·not·o·ny** /mənátəni | -nɔ́t-/ [名] [U] (生活などの)単調さ, 退屈さ; (声などの)一本調子.

mon·o·type /mánətàip | mɔ́n-/ [名] [C] **1** 【商標】〈しばしば M-〉モノタイプ《キーをたたくと活字が1字ずつ自動的に鋳造・植字される機械; →Linotype》. **2** 【生物】単型《それ1つで属, 科を構成する種族など》.
▷**mòn·o·týp·ic** /-típik [移]/ [形] 【生物】単型の.

mono·unsaturate /mɑ̀nəʌnsǽtʃurət | mɔ̀-/ [名] [C] 一価不飽和脂肪.

mon·ox·ide /manáksaid | mɔnɔ́k-/ [名] [UC] 【化】一酸化物. →carbon monoxide.

Mon·roe /mənróu/ [名] モンロー **1 James ～** (1758–1831)《米国第5代大統領(1817–25)》. **2 Marilyn ～** (1926–62)《米国の映画女優》.

Monròe Dóctrine [名] 〈the ～〉モンロー主義《ヨーロッパ諸国の圧力から米大陸を守るため, 相互の不干渉を主張した外交政策; モンロー大統領が1823年に発表した》.

Mon·róe·ism [名] [U] ＝Monroe Doctrine.

Mon·ro·vi·a /mənróuviə/ [名] モンロヴィア《アフリカ西部, リベリア共和国の首都; 名前は Monroe 1 より》.

Mon·sei·gneur /mɑ̀nsenjə́ːr|mɔ̀n-/ 名 (複 **Mes·seigneurs** /mèseinjə́ːr(z)/) Ⓒ 殿下, 閣下, 僧正,《フランスの王族又は高位の聖職者に対する敬称; Mgr. と略す》. [フランス語 'my seigneur']

†**Mon·sieur** /məsjə́ːr/ 名 (複 **Messieurs**) Ⓒ **1** ..君, 殿, 氏,《英語の Mr. に相当する敬称で名前の前に普通, 無冠詞で用いる; 単数形は M., 複数形は Messrs., MM. と略す》. **2** 〈m-〉君, あなた; お客さん, だんな, 先生,《英語の sir に相当する呼びかけ》. [フランス語 'my lord']

Mon·si·gnor /mɑnsíːnjər|mɔn-/ 名 (複 **~s, Mon·si·gno·ri** /mɑnsiːnjɔ́ːri|mɔn-/) Ⓒ 〖カトリック〗モンシニョール《高位の聖職者(に対する敬称); Mgr. と略す》. [イタリア語 'my seigneur']

mon·soon /mɑnsúːn|mɔn- 形/ 名 Ⓒ **1** 〈the ~〉季節風, モンスーン,《インド・東南アジアで吹く季節風; 夏は南西からの湿った風, 冬は北東からの乾いた風となる》. **2** (湿った季節風の吹く)雨期. **3** 〖話〗豪雨. [<アラビア語「季節」]

‡**mon·ster** /mɑ́nstər|mɔ́n-/ 名 (複 **~s** /-z/) Ⓒ **1 怪物**, 化け物,《例えば centaur, dragon, sphinx などの架空の動物》. the green-eyed ~ 緑眼の怪物《嫉妬(しっと)のこと; <Shakespeare 作 *Othello*》. The (Abominable) Snowman is a Himalayan ~. 雪男はヒマラヤの怪物だ. **2** 奇形の動物[植物, 人]. **3** 極悪非道の人. You ~ of cruelty! この残忍な人でなしが! **4** 〖しばしば戯〗(行儀の悪い)子供, がき. **5 (a)** (化け物のように)巨大なもの. a ~ of a dog 途方もなく大きな犬. **(b)** 〈形容詞的〉巨大な (gigantic). a ~ tree 巨木. [<ラテン語 *monstrum*「予兆, 怪物」(<*monēre* 'warn')]

mon·strance /mɑ́nstrəns|mɔ́n-/ 名 Ⓒ 〖カトリック〗聖体顕示台.

mon·stros·i·ty /mɑnstrɑ́səti|mɔnstrɔ́s-/ 名 (複 **-ties**) **1** Ⓒ (怪物のように)奇怪[巨大]なもの; 奇形動[植]物. an architectural ~ 醜悪な建物. **2** Ⓤ 怪異さ; 奇形.

***mon·strous** /mɑ́nstrəs|mɔ́n-/ 形 ⓜ **1 怪物のような**; 奇怪な; 〔動植物が〕奇形の. **2** 〔犯罪などが〕極悪非道の, ぞっとするような. That's ~. ひどすぎるよ. **3 巨大な**, 異常に大きい. The building is a ~ structure. そのビルは化け物みたいな建物だ. a ~ sum of money 巨額の金. **4** 〔誤りなどが〕途方もない. tell a ~ lie とんでもないうそをつく. a man of ~ greed ひどく欲張りな人. [monster, -ous] ▷ **~·ly** 副 ひどく, 恐ろしく.

mons ve·ne·ris /mɑ̀ns-vénərəs|mɔ̀ns-/ 名 Ⓒ (女性の)恥丘. [ラテン語 'mount of Venus']

Mont. Montana.

mon·tage /mɑntɑ́ːʒ|mɔn-/ 名 **1** 〖美・写〗Ⓒ 合成画, モンタージュ写真; Ⓤ 合成画法[写真技術]. **2** Ⓤ 〖映・テレビ〗モンタージュ《異なった材料の断片をつなぎ合わせて1つの画面[作品]に組み立てる[編集する]方法》. [フランス語]

Mon·taigne /mɑntéin|mɔn-/ 名 **Michel de ~** モンテーニュ (1533–92) 《フランスのモラリスト; 『随想録』(1580) を執筆した》.

Mon·tan·a /mɑntǽnə|mɔn-/ 名 モンタナ《米国北西部の州; 州都 Helena; 略 MT 〖郵〗, Mont.》. [スペイン語「山岳地帯」]

Mont Blanc /mɑ̀nt-blǽŋk|mɔ̀ːn-blɑ́ːŋ/ 名 モンブラン《フランス・イタリアの国境にあるアルプスの最高峰 (4,807m)》.

Mon·te Car·lo /mɑ̀nti-kɑ́ːrlou|mɔ̀n-/ 名 モンテカルロ《モナコの町; 国営とばく場で有名》.

Mon·te·ne·gro /mɑ̀ntəníːgrou|mɔ̀n-/ 名 モンテネグロ《アドリア海に面する新ユーゴスラヴィアの共和国; 首都 Podgorica》.

Mon·te·rey /mɑ̀ntəréi|mɔ̀n-/ 名 モンテレー《米国 California 西部の町; 1849 年まで州都》.

Mon·tes·quieu /mɑ̀ntəskjúː | mɔ̀ntes-/ 名 **Charles Louis de Secondat, Baron de la Brède et de ~** モンテスキュー (1689–1755)《フランスの政治思想家・歴史家; 主著は『法の精神』(1748)》.

Mòn·tes·só·ri Mèthod /mɑ̀ntisɔ́ːri-|mɔ̀n-/ 名 〈the ~〉〖教育〗モンテッソリ法《特別な教具などを用いて幼児に自由に表現させる教育法; イタリアの女医・教育家 Maria Montessori (1870–1952) が始めた》.

Mon·te·vi·de·o /mɑ̀ntəvədéiou|mɔ̀n-/ 名 モンテビデオ《南米ウルグアイの首都; 港湾都市》.

Mon·te·zu·ma's revénge /mɑntəzùːməz-|mɔn-/ 名 Ⓤ 〖米・戯〗モンテスマの復讐《メキシコでの旅行者の激しい下痢》.

Mont·gom·er·y /mɑn(t)gʌ́m(ə)ri|mən-/ 名 **1** 男子の名《姓にも用いる》. **2** モンゴメリー《米国 Alabama 州の州都》. **3 Bernard Law ~** モン(ト)ゴメリー将軍 (1887–1976)《英国陸軍元帥; 第2次世界大戦の英雄; 愛称 Monty》.

‡**month** /mʌnθ/ 名 (複 **~s** /mʌnθs, mʌn(t)s/) Ⓒ (暦の上での)月; 1か月. this ~ 今月. last ~ 先月. next ~ 来月. the ~ after next 再来月. the ~ before last 先々月. on the third of this ~ 今月の3日に. this day ~ 〖主に英〗〈副詞的〉来月[先月]の今日. come every ~ [every three ~*s*] 毎月 [3か月ごとに] 来る. What ~ were you born in? 何月の生まれですか. What day of the ~ is it today? 今日は何日ですか. My wife is in her sixth ~. 妻は妊娠6か月です. once [twice] a ~ 1か月に1[2]度. pay fifty dollars a ~ 1か月につき50ドル払う. a baby of three ~*s* = a three-~-old baby (生後) 3か月の赤ん坊. ~ after ~ 毎月毎月. This is the best film I've seen in ~*s*. この映画はこの数か月で私が見た一番いい映画だ. In the last ~ there have been signs of a business upturn. 過去1か月間に景気上昇の兆候が見られた. in the next few ~*s* あと数か月で.

a mònth of Súndays →Sunday.
by the mónth 月ぎめで〔支払うなど〕.
mònth after mónth =MONTH in, month out.
mònth by mónth 月ごとに.
mònth ín, mònth óut 来る月も来る月も.
..of the Mónth 月間最高[最良]の... Book *of the* ~ 月間最良の本. [<古期英語 *mōnath*]

‡**month·ly** /mʌ́nθli/ 形 Ⓒ **1 毎月の**, 月1回の; 月ぎめの. a ~ meeting 月例会. a ~ salary of $5,000 月給5千ドル. our six-~ meeting 我々の6か月ごとの例会. **2** 1か月間の; 1か月続く. the ~ distribution of rainfall in Tokyo 東京の月間降雨量の分布. a ~ [three-~] season ticket 〖英〗1[3]か月定期乗車券.
── 副 毎月, 月に1回; 月ぎめで.
── 名 (複 **-lies**) Ⓒ **1** 月刊雑誌 (→periodical 参考). **2** 〈-lies〉〖英旧〗メンス. [month, -ly²]

Mon·tre·al /mɑ̀ntriɔ́ːl|mɔ̀n-/ 名 モントリオール《カナダ南東部ケベック州にある同国最大の都市》.

mon·ty /mɑ́nti|mɔ́n-/ 名 Ⓤ 〖英話〗〈次の成句で〉
the fùll mónty 何もかも.

‡**mon·u·ment** /mɑ́njəmənt|mɔ́n-/ 名 (複 **~s** /-ts/) Ⓒ **1 記念碑**, 記念館, 記念像, 記念するもの, 〈*to* ..の, を〉; 墓碑. set up a ~ *to* (the memory of) a great man 偉人をたたえて記念碑を建てる. **2** 〈the M-〉ロンドン大火記念柱《London Bridge の近くにあり, 1666 年の大火を記念する》. **3** 記念物; 遺跡. a natural [historic] ~ 天然記念物[史跡]. **4** 記念すべき大業績[著作], 金字塔. a ~ of linguistic study 言語研究の金字塔. **5** 顕著な実例〈*to* ..の〉. Your conduct is a ~ *to* blind parental love. 君の行為は親ばかの典型だ. [<ラテン語「思い起こさせるもの」(<*monēre* 'remind')]

*__mon·u·men·tal__ /mɑ̀njəméntl|mɔ̀n- [移]/ [形] [m] (★1 は [C]) 【記念となる】 **1** 〈限定〉**記念碑**[館, 像]の; 墓碑の. a ～ pillar built in memory of a great fire 大火記念に建てられた記念柱. a ～ mason (墓石などの)石碑工. **2** 〔事業, 発見などが〕**記念すべき**, 歴史的な; 〔作品などが〕不滅の. The moon landing was a ～ achievement. 月着陸は歴史的な偉業であった.
【記録的な】 **3** 堂々とした, 巨大な. a ship of ～ size 巨船. **4** 〖話〗〈強意に用いて〉〔誤り, 愚かさなどが〕ひどい, 途方もない, とんでもない. ～ ignorance あきれた無知.
[monument, -al] ▷ **～·ly** /-t(ə)li/ [副] 記念(碑)として; 途方もなく〔愚かななど〕.

moo /muː/ [動] [自] 〔牛が〕モーと鳴く. ── [名] ([複] **～s**) [C] **1** モー《牛の鳴き声》. **2** 〖英俗〗愚かな[いけ好かない]女.

mooch /muːtʃ/ 〖俗〗 [動] [自] **1** [VA] うろつく, ぶらぶら歩く, 〈*around*, 〖英〗*about* (..の周[辺]りを)〉; (何もしないで)ぶらぶらする. **2** ねだる, せびる, 〈*off* ..に〉. ── [他] を盗む, かっぱらう; 〖米〗をねだる, せびる, たかる, 〈*off*, *from* ..に〉.

moo-cow /múːkàu/ [名] [C] モーモー《小児語で牛》.

‡**mood**[1] /muːd/ [名] ([複] **～s** /-dz/) [C] **1** (一時的な)**気分**, 機嫌; 気持ち 〈*for* (do*ing*), *to* do ..したい〉; (社会全体の)気分, 風潮. change one's ～ 気分を変える. He's in a good [bad] ～ today. 彼は今日機嫌がいい[悪い]. I'm in no ～ *for* danc*ing* [*to* dance]. 踊る気になれない. "Are you in the ～ *for* a walk [*to* walk]?"「散歩に出る気がありますか」"No, I'm not in the ～".「いや, その気になれない」Politicians should pay due regard to the ～ of the public. 政治家は大衆の気分を十分尊重せねばならない. put a person in a good [bad] ～ 人を機嫌よく[悪く]する.

> [連結] an angry [a bad, a good, a happy, a nostalgic, a sad, a thoughtful] ～

2 〈普通 ～s〉 (気の)ふさぎ, 不機嫌; むら気. a man of ～*s* むら気な人, 気分屋. be in a ～ 機嫌が悪い. She is in one of her ～*s* (again). 彼女はまたご機嫌ななめだ.
3 (場所, 作品などの持つ)雰囲気, 風潮. The novel reproduces the ～ of the age accurately. その小説は時代の雰囲気を正確に再現している.
[<古期英語「精神, 気分」]

†**mood**[2] /muːd/ [名] [C] 〖文法〗(動詞の)法, 叙法, 《話し手の表現意図を示す語形変化; →indicative, imperative, subjunctive》. [<mood[1]]

> [文法] **mood** (叙法) 動詞の内容に対する話し手(主語ではない)の心的態度を表す動詞の形を指す. 現代英語では仮定法現在と **were** の場合を除きはっきりした形はなく, 助動詞や時制の形によって示されることが多い.
> (1) 直説法 (Indicative mood). ある事柄を単に事実として述べる最も普通な述べ方. (2) 命令法 (Imperative mood). 命令文に使われる形. (3) 仮定法 (Subjunctive mood). ある事柄を事実としてではなく, 考えていること, あるいは仮定として述べる形. 詳しくは→subjunctive mood.

móod mùsic [名] [U] 〖米〗ムード音楽《気持ちを良くする音楽》.

†**mood·y** /múːdi/ [形] **1** 〔人, 気質などが〕気持ちの変わりやすい, むら気の; 気難しい. **2** 〔人, 表情などが〕不機嫌な, むっつりした. in ～ silence むっつり黙って.
[mood[1], -y[1]] ▷ **mood·i·ly** [副] むら気に; 不機嫌に.
mood·i·ness [名] [U] むら気; 不機嫌; 憂うつ.

moo·la, moo·lah /múːlə/ [名] [U] 〖米俗〗金 (money).

‡**moon** /muːn/ [名] ([複] **～s** /-z/) **1** [C] 〈普通 the ～〉(天体の)月 (★ある時期, 状態の「月」はしばしば不定冠詞を伴う). a full ～ 満月. a new ～ 新月. a half ～ 半月. a crescent ～ 三日月. an old ～ (満月を過ぎた)欠け月. a pale ～ おぼろ月. The ～ was up. 月が昇った. There's a ～ [no ～] tonight. 今夜は月が出ている[いない]. →harvest moon, hunter's moon.

> [連結] the ～ rises [climbs the sky; sets, sinks; waxes; wanes; shines; appears, comes out]

2 [C] (惑星の)衛星. the ～*s* of Saturn 土星の衛星.
3 [U] 〈普通 the ～〉 月光, 月明かり, (moonlight). The ～ fell brightly on the water. 月光は水面を明るく照らした. in the ～ 月明かりの中で.
4 [C] (陰暦の)月; 〖詩〗〈普通 ～s〉 =month. many ～*s* ago 〖詩・しばしば戯〗その昔.
5 [C] 月形のもの《三日月模様など》.
àsk for the móon =cry for the MOON.
bàrk [hòwl] at the móon 〖米〗いたずらに騒ぎ立てる.
bày (at) the móon →bay[2].
crỳ for [wànt] the móon 得られないものを欲しがる, 不可能な事を望む.
ònce in a blùe móon 〖話〗ごくまれに; めったに(..ない).
over the móon 〖話〗天にも昇る心地で, 有頂天で, 〈*about*, *with* ..で〉.
pròmise a pèrson the móon = ***pròmise the móon to a pèrson*** 人にできもしないことを請け合う, '空手形を出す'.
rèach for the móon =cry for the MOON.
shòot the móon (1) 〖米話〗尻をめくって見せる. (2) 〖英俗〗夜逃げする.
the màn in the móon 月中の人《月面の斑(はん)点を人の姿と見る》.
thròw a móon 〖英話〗=shoot the MOON (1).
── [動] 〖話〗 [自] [VA] 当てもなくうろつく 〈*about*, *around* (..を)〉. ── [他] 〔時〕をぼんやり過ごす 〈*away*〉.
móon over.. 〔好きな人〕を想ってぼぉーと過ごす; 〔写真など〕をぼけっと見る. [<古期英語 *mōna*]

móon bòot [名] [C] 〈普通 ～ boots〉〖英〗(厚く詰め物をした)防寒ブーツ《寒冷期用; 宇宙飛行士のブーツに似ていることから》.

móon·bèam [名] [C] (一条の)月の光, 月明かり.

móon·càlf [名] ([複] **-calves**) [C] **1** 生まれつきのばか, 間抜け. **2** 時をむだに過ごす人.

móon-fàced /-t/ [形] 丸顔の.

móon·flòwer [名] [C] 〖米〗〖植〗ヨルガオ《ヒルガオ科》; 〖英〗フランスギク.

Moon·ie /múːni/ [名] [C] 原理運動信者《文鮮明 (Sun Myung Moon) の統一教会員》.

moon·ing [名] [U] 尻の丸出し.

móon·less [形] 月の出ていない.

‡**moon·light** /múːnlàit/ [名] [U] **1 月光**. walk by [in the] ～ 月明かりで歩く. Fairies dance in the ～. 妖(よう)精は月光を浴びて踊る. **2** 〈形容詞的〉 月光の, 月に照らされた; 月夜に行う. a ～ night 月夜. a ～ drive 月夜のドライブ. ***dò a móonlight*** 夜逃げをする.
── [動] [自] 〖話〗 **1** (本職のほかに特に夜間の)内職をする. ～ *as* a waiter ウエーターのアルバイトをやる. **2** 〖英〗〔失業保険を受けている人が〕ばれないように働く.
▷ **～·er** [名] [C] 内職する人.

mòonlight flít [flítting] [名] [C] 〖英話〗夜逃げ. do a ～ 夜逃げをする.

móon·lìght·ing [名] [U] **1** 内職(すること). **2** = moonlight flit.

moon·lit /múːnlìt/ [形] 〈限定〉月に照らされた.

móon·rìse [名] [UC] 月の出(の時刻).

móon·scàpe [名] [C] 月面風景(の描写); 月面写真; (月面に似た)荒涼とした風景.

móon·sèt [名] [UC] 月の入り(の時刻).

M

móon·shìne 名 U **1** ＝moonlight 1. **2** ばかげた考え, たわごと. **3**〖米話〗密造[密輸]酒.
▷**moon·shin·er** 名 C 〖米話〗酒類密造[密輸]者.
móon·shòt 名 C (宇宙船の)月への打ち上げ.
móon·stòne 名 UC 月長石, ムーンストーン, 《乳白色の宝石; →birthstone ★》.
móon·strùck, móon·strìcken 形 気がふれた; 夢見心地の, ぼうっとした, 《昔, 月の霊気の影響とされた; →lunatic》.
moon·y /mú:ni/ 形 e **1**〖話〗ぼんやりした; 夢見がちな. **2** 月の(ような); 月形の.
Moor /muər/ 名 C ムーア人《アフリカ北西部に住むイスラム教徒, Arab 系の混血種族; 8–15 世紀にはスペインを占拠した》.
*__moor__[1] /muər/ 名 (複 **~s** /-z/) UC 〈普通~s〉(特に England や Scotland の)**荒野**, 荒れ地, 《酸性泥炭質の土で水はけが悪く農地に不適な高原でヒース (heather) が茂る; ライチョウ (grouse) などの猟場》. [<古期英語]
†**moor**[2] 動 他 〔船など〕をつなぐ, 停泊させる; をしっかりと固定する; 〈*to* ..に〉. a boat *~ed to* a buoy ブイにつながれたボート. ── 自 **1** 船をつなぐ; 〔船が〕停泊する. **2** しっかりと固定している. [?<低地ドイツ語]
moor·age /mú(ə)ridʒ/ 名 **1** C (船などの)係留所; 係留所使用料. **2** UC 係留; 停泊.
móor·còck 名 C 〖英〗〖鳥〗アカライチョウの雄.
Moore /muər/ 名 **Henry ~** ムーア (1898–1986)《英国の彫刻家》.
móor·fòwl, -gàme 名 (複 **~**) C 〖英〗〖鳥〗アカライチョウ.
móor·hèn 名 C **1** バン《水鳥の一種; water hen とも言う》. **2**〖英〗アカライチョウの雌.
moor·ing /mú(ə)riŋ/ 名 **1** U (船などの)係留; 停泊. **2** C 〈普通 ~s〉係留設備[用具]《ロープ・いかりなど》. **3** 〈~s〉係留所, 係船所. **4** 〈~s〉精神的拠(よ)り所, 支え. lose one's *~s* 心の拠り所を失う.
slìp one's móorings (1)〔船が〕係留が解けて[切れて]ただよい出る. (2)〔人が〕自制心を失う; 破目をはずす.
Moor·ish /mú(ə)riʃ/ 形 ムーア人 (Moor) の; ムーア風の.
móor·lànd /múərlənd, -lænd/ 名 UC 〈C は普通 ~s〉〖英〗＝moor[1].
‡**moose** /mu:s/ 名 (複 **~**) C 〖動〗**1** アメリカヘラジカ, ムース, 《カナダ・米国北部産》. **2** (ヨーロッパ)ヘラジカ (elk). [<北米先住民語]
‡**moot** /mu:t/ 形 **1** 議論の余地がある, 未解決の. a ~ point [question] 論点[未解決の問題]; 重要ではない問題. **2**〖米法〗実際的な意味がない, ほとんど無意味な.
── 動 他 を議題として提出する〈普通, 受け身で〉. [<古期英語「会合」]
móot cóurt 名 C 〖米〗模擬裁判《ロースクール (law school) で行われる》.
*__mop__ /mɑp|mɔp/ 名 (複 **~s** /-s/) C **1** モップ《長柄付き床ふき》; (皿洗い用の)柄付きスポンジ. **2** (モップに似た)ふき掃除具《柄が付いてなくてもよい》. **3** 〈普通, 単数形で〉(髪の)もじゃもじゃ. a ~ of curly red hair もじゃもじゃにカールした赤毛. **4** (モップでの)一ふき.
── 動 (**~s**|**-pp-**) 他 **1** 〔床など〕をモップで掃除する; をモップでふき取る 〈*from* ..から〉. **2** の涙[汗など]をふく, 〔涙, 汗など〕をぬぐう, 〈*from* ..から〉; 〔器など〕をぬぐう; 〈*with* ..で〉. ~ the plate *with* bread 皿の残った料理をパンでふき取る. ~ one's brow [forehead] *with* a handkerchief ハンカチで額の汗をふく.
mòp /../ awáy ..をふき取る.
mòp /../ dówn 〔床など〕をきれいにふく.
mòp /../ óff ..から(液体などを)ふき取る.
mòp the flóor with .. ＝wipe the FLOOR with...
mòp /../ úp (1)〔こぼした水など〕をぬぐい取る. (2)〖話〗〔仕事など〕を片付ける, ..の始末をつける; 〖軍〗..を掃討する, ..の残党狩りをする. (3)〖話〗〔資金など〕を使い果たす, 吸い取る. [?<ラテン語 *mappa*「ナプキン」]
mope /moup/ 動 自 ふさぎ込む, 意気消沈する; VA (~ *about, around* (..)) (..を)ふさぎ込んでぼんやり歩き廻る.
── 名 C **1** ふさぎ屋, 陰気な人. **2** 〈the ~s〉憂うつ, 意気消沈. have the *~s* しょげる.
mo·ped /móupèd/ 名 C 〖英〗小型原動機付き自転車, モペット. [<スウェーデン語; <*mo*tor+*ped*al]
mop·ish /móupiʃ/ 形 気抜けした, ふさぎ込んだ, 憂い顔の. ▷**~·ly** 副
mop·pet /mɑ́pət|mɔ́p-/ 名 C 〖話〗ちびちゃん (little child), 〈特に〉かわいい女の子.
mópping-ùp 形 掃討する, 残党狩りの. a ~ operation 掃討作戦.
móp-ùp 名 UC 〖話〗後始末, 総仕上げ; 〖軍〗(残敵などの)掃討.
mo·quette /moukét|mɔ-/ 名 U モケット織り《厚手でけばのある繊維; じゅうたん用など》.
mo·raine /məréin, mɔ:-|mɔ-/ 名 C 〖地〗氷堆(たい)石《氷河によって運び出された土, 岩石》.
‡**mor·al** /mɔ́:rəl|mɔ́r-/ 形 ¢ (★3 は m) **1** 〈限定〉**道徳の**, 道義上の; 倫理上の; (→nonmoral, unmoral). a man of high ~ principles [standards] 高い道徳的基準を持った男. a ~ dilemma 道徳上のジレンマ. a ~ responsibility [obligation, duty] 道義上の責任[義務]. Such a politician should retire from politics on ~ grounds. こんな政治家は道義上政治から引退すべきだ. **2** 〈限定〉道徳意識のある, 善悪の区別がつく, (→amoral). An animal has no ~ sense. 動物に道徳感はない.
3 〔人, 性格などが〕**道徳的な**, 行いの正しい; (性的に)身持ちのよい, 純潔な, (↔immoral). lead a ~ life 品行方正な生活をする. Young people living alone are open to ~ dangers. 一人住まいの若い者は身を持ちくずす危険にさらされている.
4 〔本などが〕**教訓的な**. a ~ play 教訓劇, 勧善懲悪の劇. a ~ lesson 教訓. **5** 〈限定〉精神的な, 心の, (↔physical). give a person ~ support 人に精神的支援を与える. show ~ courage 精神的勇気を示す.
── 名 (複 **~s** /-z/) C **1** (物語, 体験などが教える)**教訓**, 寓(ぐう)意. the ~ of this story この話の教訓. The event points a ~ to us. その出来事は我々に教訓を与える. You may draw a ~ from the story. 君はその話から教訓を引き出すことができよう.
2 〈~s〉(守るべき社会的)道徳, モラル; (個人の)品行, 身持ち. He has no *~s* and will do anything for money. 彼はモラルがないので, 金のためなら何でもやる (注意 日本語の「モラル」に相当するのは morals 又は morality). improve public *~s* 社会の風紀をよくする. a woman of loose *~s* 〖旧・戯〗身持ちの悪い女.
3 〈~s; 単数扱い〉倫理学, 修身.
[<ラテン語 *mōrālis*「慣習の, 道徳の」(<*mōs* 'manner, custom')]
mòral cértainty 名 C 〈単数形で〉〖章〗まず確実と考えてよい[間違いのない]こと.
†**mo·rale** /məræ̀l|mɔrɑ́:l/ 名 U (個人, 軍隊, 国民などの)士気, 志気, 意気込み. raise [boost, improve, lift, build] ~ 士気を高める. keep up [maintain] ~ 士気を維持する. [フランス語; moral と同源]
mòral fíber〖米〗, **-bre**〖英〗名 U 精神力.
mòral házard 名 C 〖経済学〗モラル・ハザード《保障が与えられると十分には努力しなくなること》.
mór·al·ìsm 名 **1** U 説教癖, 道徳家ぶること. **2** C 訓言, 格言. **3** U (宗教を離れた)道徳実践.
mór·al·ist 名 C **1**〖しばしば軽蔑〗(説教好きな)道徳家, 道学者; 道徳主義者. **2** (Montaigne などのような)人生論者.

mor·al·is·tic /mɔ̀ːrəlístik｜mɔ̀r- ㊙/ 形 〘しばしば軽蔑〙道学者的な, 説法好きな; 教訓的な; 道徳主義の.
▷ **mor·al·is·ti·cal·ly** /-k(ə)li/ 副

*__mo·ral·i·ty__ /mərǽləti/ 名 (複 **-ties** /-z/) **1** Ｕ **道徳性**, 道義性; (個人などの)徳性, 品行方正. question his 〜 彼のモラルを疑う. a man of lofty 〜 高徳の士. the 〜 of abortion 妊娠中絶の道義性. **2** Ｕ **道徳(律)**, 道義; 倫理学 (ethics); ＵＣ (ある社会の)道徳. public 〜 公衆道徳. Christian 〜 キリスト教の道徳. **3** Ｃ 教訓的な言葉, 訓話. **4** Ｃ ＝morality play.
◇↔immorality [moral, -ity]

morálity plày 名 Ｃ 道徳劇《善悪が擬人化されて登場する 15, 16 世紀の教訓劇》.

mor·al·ize /mɔ́ːrəlàiz｜mɔ́r-/ 動 自 〘しばしば軽蔑〙説教する 〈*about, on, upon* ..について〉. ── 他 **1** を道徳的に解釈する; から教訓を引き出す. **2** を教化する.
▷ **mor·al·iz·er** 名 **mòr·al·i·zá·tion** 名

†**mór·al·ly** 副 **1** 道徳的に, 正しく,〔暮らすなど〕(↔immorally). live [behave] 〜 道徳的に生きる[行動する]. **2** 道徳的に見て, 道義上. That may be legally right, but it's 〜 wrong. それは法律的に正しいかもしれないが, 道徳的に[道義上]は間違っている.
3 〘章〙まず間違いなく, 事実上, (most probably). 〜 certain 〘旧〙まず確実な[で] (→moral certainty). 〜 impossible 事実上不可能な.

mòral majórity 名 〈the 〜; 単複両扱い〉 **1** モラル・マジョリティ《1979 年に結成された米国の右翼的宗教団体》. **2** 〈m- m-〉道徳的多数派《伝統的な道徳を固守する人たち》.

mòral philósophy 名 Ｕ 道徳哲学, 倫理学, 「(ethics).

Mòral Re-Ármament (Mòvement) 名 〈the 〜〉道徳再武装運動《1930 年代に Oxford グループが始めた世界的な精神復興運動; その原理を国際問題の解決にも適用しようとした; 略 MRA》.

mòral víctory 名 Ｃ 精神的勝利《例えば形式的に投票[議論]では敗れても自分の主張の正しさを多くの人が認めてくれた場合などに言う》.

mo·rass /məræ̃s/ 名 Ｃ 沼地, 低湿地; ａＵ '泥沼' 《這(は)い出すのが困難な苦境[難局]》. a 〜 of debt 負債の泥沼.

†**mor·a·to·ri·um** /mɔ̀ːrətɔ́ːriəm｜mɔ̀r-/ 名 (複 **mor·a·to·ri·a** /-riə/, 〜**s**) Ｃ **1** 〘法〙支払い猶予(令), モラトリアム; 支払い猶予期間. **2** 一時停止[禁止](命令) 〈*on* ..〔ある行動〕の〉. call a 〜 *on* nuclear testing 核実験の一時停止を命じる. [ラテン語「遅延」]

Mo·ra·vi·a /məréiviə/ 名 モラヴィア《チェコ共和国の一地方》. ▷ **Mo·ra·vi·an** /-ən/ 形, 名

†**mor·bid** /mɔ́ːrbəd/ 形 ｍ **1** 病的な, 不健全な, 陰気なことばかり考える《死などに異常な関心を持つ》. have a 〜 fondness for murder mysteries 殺人推理小説を異常なほど好む. **2** 〘医〙病気の; 病変した; 病気による. a 〜 growth of cells 細胞の病的増殖. **3** 気味の悪い, ぞっとするような. [＜ラテン語「病気 (*morbus*) の」]
▷ **〜·ly** 副 病的に, 異常なほど.

mor·bid·i·ty /mɔːrbídəti/ 名 Ｕ 病的な状態[心理]; ａＵ (一地方の)罹(り)病率.

mor·dant /mɔ́ːrd(ə)nt/ 形 〘章〙 **1** 〔批評などが〕辛辣(らつ)な, 痛烈な (biting). 〜 wit 痛烈なウイット. **2** 〔酸などが〕腐食性の. **3** 〘染色〙媒染性の. ── 名 Ｃ 〘染色〙媒染剤《染料を定着するために使う》; (エッチングなどに用いる)金属腐食剤.

More /mɔːr/ 名 **Sir [Saint] Thomas 〜** モア(1478–1535)《英国の政治家・思想家; *Utopia* の作者》.

‡**more** /mɔːr/ 形 〈many, much の比較級; →most〉〈普通, 限定〉 **1** (数, 量, 程度などが)**もっと多い**, もっと大きい, 〈*than* ..より〉. **(a)** 〈many の比較級として; ↔fewer〉 fifty or 〜 people 50 人かそれ以上の人 (★日本語で「50 以上」は厳密に言えば 50 を含むが, more than fifty では 50 を含まない). There are 〜 stars in the sky *than* I can count. 空には数え切れないほど星が出ている. **(b)** 〈much の比較級として; ↔less〉 Bill had 〜 courage *than* the rest. ビルにはほかの人たちより勇気があった. *More* haste, less speed. 〘諺〙→haste 名.
2 それ以上の, これ以外の, 余分の (additional). There'll be 〜 news later. 後でもっとニュースが入ってくるだろう. I want no 〜 trouble from you. これ以上君から迷惑を被りたくない. We need some 〜 butter [eggs]. もう少しバター[卵]が要る. One 〜 word. もう一言(だけ言わせてください). There are many 〜 problems to be solved. 解決しなければならない問題がまだほかにたくさんある. You'll have to pay a little 〜 money. まだもう少し金を払わねばなるまい.

> 語法 some, any, no, a lot, lots などは more が数, 量, 程度のいずれを表す場合にもその前に付けて用いられるが, a few, (a good) many, 数詞などは数を表す more の前に, a little [bit], much, a good [great] deal などは量, 程度を表す more の前に限られる.

── 代 〈単複両扱い〉(★ 語法 many の比較級で複数の可算名詞に相当すれば複数扱い; much の比較級で不可算名詞に相当すれば単数扱い)
1 もっと多くのこと[人, もの, 数量, 程度など] 〈*than* ..より〉. Three years or 〜 have passed since I saw Tom last. この前トムに会ってから 3 年かそれ以上たっている (→形 1 (a) ★). *More* is meant *than* meets the eye. 目に映る以上の深い意味がある. He is 〜 of a writer *than* a scholar. 彼は学者というよりは作家である. There is 〜 of a gap between him and his wife *than* I thought. 彼と彼の妻との間には私が思ったより以上に大きな溝がある.
2 それ以上のこと[もの, 人など], これ以外のこと[もの, 人など]. Give me a bit 〜 of the chocolate, please. ねえ, そのチョコレートをもうちょっとちょうだい. I need as many 〜. さらに同じ数だけ必要です. I have no 〜 to say. もう言うことはない. I hope I'll see 〜 of you. あなた(方)にもっと度々お会いしたいものです (★「あなた方のもっと多くのお仲間にも会いたい」の意味になる場合もある).
── 副 〈much の比較級; →most〉 **1 (a)** もっと(多く), いっそう, 〈*than* ..より〉. explain 〜 in detail もっと詳しく説明する. Tom works far 〜 now (*than* he used to). 今ではトムは(以前より)はるかによく働く. I love you 〜 *than* I do anyone else. ほかのだれ(を愛する)よりも君を愛している. I couldn't agree 〜. 全く同意見だ.
(b) 〈普通, 大部分の 2 音節と 3 音節以上の形容詞, 副詞に付けて比較級を作る; →-er²; 1 音節の形容詞でも real, right, wrong, like のように比較級を more.. とするものもある〉 **もっと..** 〈*than* ..より〉. the 〜 useful book of the two 2 冊のうちより有益な方の本. Walk 〜 carefully. もっと気をつけて歩きなさい. Nothing is 〜 precious *than* time. 時ほど貴重なものはない. I felt 〜 miserable *than* I can say. 口では言えないほどの惨めな思いをした. Greek was ⌊a 〜 difficult language [〜 difficult a language] *than* I thought it would be. ギリシア語は私が思っていた以上に難しい言語だった. She is 〜 severely handicapped [handicapped 〜 severely] *than* Tom. 彼女の方がトムよりも重度の身体障害者だ. I am 〜 *fond* of cats *than* dogs. 犬より猫の方が好きです (語法 叙述用法にしか用いない形容詞は, 単音節語でも比較級に普通 more を用いる). Bob is (much) ⌊〜 *brave* [braver] *than* I thought. ボブは思ったより(ずっと)勇敢だ (語法 1 音節の -er 変化の形容詞も, 叙述的に用いられて次に than を伴う場合はしばしば more.. となる).
2 その上, さらに, なおまた. The troops advanced a

M

mile ～. 軍隊はさらに 1 マイル前進した. I want to talk to you some ～. 君にもう少し話がしたい.

3 むしろ〈*than* ..よりは〉(rather). The boy is ～ shy *than* timid. 少年は臆(おく)病というより内気だ (＝The boy is shy rather than timid.) (語法 同一人[物]の性質を比較する時は more..than.. となる; -er を付ける比較級を使えばこの場合 The boy is shier than he is timid. となる). Ann is ～ a singer *than* an actress. アンは女優というより歌手だ. I was ～ astonished *than* angered at his behavior. 私は彼のふるまいにあきれて怒る気もしなかった.

***àll the móre** (それだけ)いっそう, なおさら, (→the MORE). That made the matter *all the* ～ difficult. それで事はいっそう難しくなった.

ànd nò móre 〈前を受けて〉..にすぎない, それだけのことだ. I was lucky *and no* ～. 私は幸運だっただけのことだ.

(and) whàt is móre 〈挿入句的に〉その上, おまけに, さらに重要なことだが, (moreover).

àny móre →any.

lìttle móre than.. →little.

***mòre and móre** X (1) ますます[いよいよ] X (X は形容詞・副詞など). get ～ *and* ～ beautiful ますます美しくなる. be ～ *and* ～ convinced いよいよ確信を深める. ★ -er の変化の形容詞・副詞の場合は fast*er* and fast*er* のようになる. (2) ますます多くの X (X は名詞). There is ～ *and* ～ crime every year. 年々犯罪が増加する.

***mòre or léss** (1) 多かれ少なかれ. There is ～ *or less* snow on the top of Mt. Fuji the whole year round. 富士山の頂上には 1 年中多かれ少なかれ雪がある. We were ～ *or less* surprised at the news. その知らせに私たちは多かれ少なかれびっくりした《ある者は非常に, ある者はそれほどでなく, の意味》. (2) いくぶん; およそ, だいたい. I see ～ *or less* what you mean. 君の言いたい事はだいたい分かる. The book cost twenty dollars, ～ *or less*. その本は 20 ドル前後した. You are ～ *or less* right. 君はまずまず正しい.

M

móre sò 〈前を受けて〉もっと..で. John is good at golf, but Tom is even ～ *so*. ジョンもゴルフがうまいが, トムはもっと上手だ.

***móre than..** 〈than の後には名詞, 形容詞, 副詞, 動詞, 節などが来る〉(1) ..以上の[で]. write ～ *than* ten books 10 冊を超える本を書く (★10 を含まない 11 冊以上ということ; 日本語の「以上」と異なる). ～ *than* once 一度ならず, 何度も. *More than* one person was against the plan. (一人ならず)何人もの人が計画に反対した (★意味上複数の主語だが動詞は単数で受ける). (2) ..する能力以上の[で], ..できない, ..しない. That's ～ *than* I can stand. それは私には我慢できない. (3) ..の言葉以上の(もの); ..して余りある. We are ～ *than* friends with each other. お互いに友人以上だ (>「友人」では言い足りないほど親しい). The moonshine ～ *than* made up for the want of a lamp. ランプがなくても月光がそれを十二分に補った. (4)〖話〗..という言葉では表せないほど, とっても. I am ～ *than* ashamed. (ashamed では言い足りない>) 穴があったら入りたいほど恥ずかしい. I was ～ *than* surprised. 驚いたどころではなかった.

mòre than a líttle 〖章〗少なからず, 非常に.

mòre than éver いよいよ, ますます. I liked Keats ～ *than ever* after reading the poem. その詩を読んでキーツがますます好きになった.

mùch móre →much.

nèither móre nor léss than.. ちょうど..; まさに.., ..にほかならない, (simply). It's *neither* ～ *nor less than* absurd. ばかばかしいとしか言いようがない.

***nò móre** (1) もはや[それ以上は]..ない (no longer); 二度と..しない (never again). I can wait *no* ～.＝I can't wait *any* ～. これ以上待てない. After that I heard *no* ～ of him. その後ついに彼の消息を聞かなかった. (2)〖章〗〈前の否定を受けて〉..もまた..でない (neither); 実際に[確かに]..ない; (★肯定文の so に当たり (→so 副 4 (a), (b)), 主語の倒置もそれに従う). You did not come, and *no* ～ did Tom. 君は来なかったしトムも来なかった. (3)〖章〗死んで, なくなって, The great man is *no* ～. その偉大な人はもうこの世にない.

***nò móre than..** (1) ..だけ (only), ..ほど少ない, (★少ない数量に驚きの感情を示す; →no LESS than). We had progressed *no* ～ *than* one mile. 1 マイルしか進まなかった. (2) ..にすぎない. I'm *no* ～ *than* a stranger here. 私はここではよそ者にすぎない.

***nò móre** X **than** Y Y でないと同様 X でない. He is *no* ～ a genius *than* I (am). 彼は僕と同じで天才なんかではない (＝He is not a genius any ～ than I.). I could *no* ～ do it *than* fly in the air. 私にそれができないのは空中が飛べないのと同様だ. A whale is *no more* a fish *than* a horse is. 馬が魚でないのと同様に鯨は魚でない.

nòt..àny móre ＝no MORE (1).

nòt X **àny móre than** Y ＝no MORE X than Y.

nòthing móre than.. ＝no MORE than...

***nòt móre than..** ..より多くなく, 多くて.., (at most; →not LESS than). I spent *not* ～ *than* ten dollars. せいぜい 10 ドルしか使わなかった(それ以下かもしれない). 注意 *no* ～ than にすると「使ったのは 10 ドルにすぎない」の意味になる.

nòt móre X **than** Y Y ほど[より以上に] X でない. Emma is *not* ～ attractive *than* her younger sister. エマは(魅力的だが)妹以上に魅力的だとは言えない (★*no* ～ attractive.. なら「エマも妹と同様魅力に乏しい」). I am *not* ～ sure that I breathe *than* I am that he is the guilty one. 彼が犯人であることは私が今息をしていると同じくらい確実だと私は思う《絶対確実, の意味》. He looked completely astonished, but *not* ～ astonished *than* pleased. 彼はほんとにびっくりしたようだったが, うれしいと思った以上にびっくりしたのではなかった《びっくりしたと同じくらいうれしかった》.

***ònce móre** もう一度 (once again). Let me try *once* ～. もう一度やらせてください.

or móre 〈数量が〉あるいはそれ以上, 少なくとも. one *or* ～ 多少の (a few).

stìll móre ＝MUCH more.

the móre (1) それだけ多く; なおさら, かえって, 〈*because, as, for* ..だから〉(→all the MORE). I admire Sam *the* ～ *because* he told me the truth. 本当のことを言ってくれたことで余計にサムには感心している. *The* ～'s [*More* 's] the pity. ますます残念です. (2)〈形容詞相当の名詞に伴って〉よほど, ますます. *The* ～ [*More*] *fool* you to believe such a man. こんな男を信じるなんて君はよほどばかだ.

***the móre** X, **the móre** Y X すればするほど Y する, X になるに従って Y となる, (★more X [Y] の部分は意味に応じて形容詞, 副詞の比較級に置き換えることができる; →the 副 1). *The* ～ Lincoln read, *the* ～ he wanted to read. リンカーンは本を読めば読むほどますます読みたくなった. *The* ～ you argue with him, *the* ～ angry [angrier] you'll get. 彼と議論すればするほど君は腹が立ってくるだろう. *The* ～ old [older] we are, *the* ～ weak [weaker] we become. 年を取れば取るほど体は弱る (語法 単音節の形容詞でもしばしば more.. として用いられる).

[＜古期英語 *māra*「より大きい, より多い」]

more·ish, more-ish /mɔ́:riʃ/ 形 〖英話〗〔食物が〕もっと欲しくなるような, 美味しい.

mo·rel /mərél | mɔ-/ 名 C 〖植〗アミガサタケ《食用になるキノコ》; イヌホオズキ.

mo·rel·lo /mərélou/ 名 (複 ~s) Ⓒ 〖植〗スミノミザクラ.

‡**more·o·ver** /mɔːróuvər/ 副 ⓒ 〖章〗**その上**, さらに, (類語 追加の意味を表す副詞の1つ; →in addition, besides, further, furthermore). The day was cold, and ～ it was raining. その日は寒く, おまけに雨が降っていた.

mo·res /mɔ́ːriːz, -reiz|-riːz/ 名 〖章〗〖社会学〗〈複数扱い〉モーレス, 習律, 規範. [ラテン語]

Mo·resque /mərésk/ 形 Moor 式の〔建築, 装飾など〕(Moorish).

Mor·gan /mɔ́ːrgən/ 名 男子の名.

mòr·ga·nàt·ic márriage /mɔ̀ːrgənǽtik-/ 名 UC 貴賤(せん)相婚《貴族[王族]の男性と身分の低い女性との結婚; 妻子には身分・財産の継承が許されない》.

Mòrgan le Fáy /-ləféi/ 名 モーガンルフェイ《アーサー王伝説の魔女; アーサー王の妹[姉]》.

morgue /mɔːrg/ 名 Ⓒ **1** (身元不明の)死体公示所. **2**〖話〗(新聞社の保存する)資料; 資料室. **3**〖軽蔑〗陰気な場所. [パリの身元不明の死体公示所の建物名から]

MORI, Mori /mɔ́ːri/ 〖英〗Market and Opinion Research Institute (市場世論調査研究所).

‡**mor·i·bund** /mɔ́ːrəbʌ̀nd|mɔ́r-/ 形 〖章〗〔文明, 言語などが〕死にかかった, 瀕(ひん)死の; 滅びかけている.

Mor·mon /mɔ́ːrmən/ 名 Ⓒ モルモン教徒.

Mor·mon·ism /mɔ́ːrmənìz(ə)m/ 名 Ⓤ モルモン教《1830年 Joseph Smith が米国で始めたキリスト教の一派; 正式名は The Church of Jesus Christ of Latter-Day Saints (末日聖徒イエスキリスト教会)》.

morn /mɔːrn/ 名 Ⓒ 〖詩〗朝, あした, (morning). [＜古期英語]

‡**morn·ing** /mɔ́ːrniŋ/ 名 (複 ~s /-z/) **1** UC **朝**, 午前, 《日の出から昼食時又は真夜中から正午まで; →afternoon, evening》. early [late] *in* the ～ 朝早く[遅く]に. take a walk every ～ 毎朝散歩する. read all (the) ～ 午前中ずっと読書する. *on* Monday ～ 月曜日の朝に. *on* the ～ of May the 1st 5月1日の朝に (★特定の日の朝には in the early morning of.. のような形を除いては普通, 前置詞 on を用いる; this morning (今朝), tomorrow morning (明朝), yesterday morning (昨朝), the next morning (翌朝)などは前置詞なしで副詞的に用いる). What a lovely ～! 何てすばらしい朝なんでしょう. One ～ the invasion started. ある朝侵攻作戦が始まった. It's ～. 朝だ. He didn't stop working until two o'clock in the ～. 夜中[朝]の2時まで彼は仕事をやめなかった.

連結 a bright [a clear, a fine, a sunny; a cloudy; a rainy; a foggy, a misty; a frosty] ～

2 〈the ～〉明朝. We'll talk about it in the ～. その話は明日の朝のことにしよう《夕方の会話などで》. first thing in the ～ 明朝一番に. **3** 〈形容詞的〉朝の, 午前の. the ～ dew 朝露. a ～ walk 朝の散歩.
4〖章〗〈the ～〉初期, 初め, 〈*of* ..の〉. the ～ *of* Chinese culture 中国文化の初期. in the ～ *of* one's life 青春時代に. **5** Ⓤ 〖詩〗あけぼの, 暁, (dawn).
from mòrning till níght 朝から晩まで.
Good morning! →good.
mòrning, nòon, and níght 朝から晩まで, 一日中.
of a mórning (よく)午前中[朝]に (→of 2 (c)).
── 間 おはよう.
[＜中期英語 (evening にならった造語); morn, -ing]

mòrning áfter 名 〈the ～〉〖話〗二日酔い (hangover)《the morning after the night before とも言う》.

mòrning-áfter pìll 名 Ⓒ (事後服用)経口避妊薬.

mórning càll 名 Ⓒ (ホテルで客を起こすための)モーニングコール《午前中に限らない場合は wake-up call と言う》;〖古〗朝の(社交)訪問《実際には午後》.

mórning còat 名 Ⓒ モーニングコート《morning dress 1 の上着; cutaway とも言う; →tailcoat》.

mórning drèss 名 Ⓒ **1** (男子の)昼間の礼服《モーニングにシルクハット; →evening dress》. **2** (婦人の)家庭着.

mórning glòry 名 UC 〖植〗朝顔.

Mòrning Práyer 名 Ⓒ 〖英国国教〗朝禱(とう), 朝の礼拝, (matins).

mórning ròom 名 Ⓒ 〖旧〗(普通, 大きな家の)朝の間(ま)《朝日がさし込む方角に位置する》.

mórn·ings 副 〖米話〗(よく)朝方に; 毎朝(のように), 毎日午前中に. [morning, -s 3]

mórning sìckness 名 Ⓤ (妊娠初期の)つわり.

mòrning stár 名 〈the ～〉明けの明星《日の出前, 東の空に輝く惑星; evening star と同様季節によって異なるが, 金星 (Venus) が特に目立つのでその別名ともされる》.

mórning sùit 名 Ⓒ モーニングスーツ《男子が昼間結婚式などへ着て行くフォーマルスーツ》.

Mo·roc·can /mərɑ́kən|-rɔ́k-/ 形 モロッコ(人)の.
── 名 Ⓒ モロッコ人.

Mo·roc·co /mərɑ́kou|-rɔ́k-/ 名 **1** モロッコ《アフリカ北西岸の王国; 首都 Rabat》. **2** Ⓤ 〈m-〉モロッコ革《ヤギのなめし革; 本の表紙などに用いる》.

mo·ron /mɔ́ːrɑn|-rɔn/ 名 Ⓒ **1**〖心〗軽愚の人《知能が8–12歳程度の軽度の精神薄弱者; →idiot, imbecile》. **2**〖話・軽蔑〗低能, うすのろ. [ギリシア語「ばか」]

mo·ron·ic /mɔːrɑ́nik|-rɔ́n-/ 形 低能の.
▷ **mo·ron·i·cal·ly** /-k(ə)li/ 副

mo·rose /məróus/ 形 気難しい, 不機嫌な; 陰気くさい. ▷ **～·ly** 副 **～·ness** 名

mor·pheme /mɔ́ːrfiːm/ 名 Ⓒ 〖言〗形態素《意味を持つ最小の言語単位; 例えば boys の boy と -s; →phoneme》. ▷ **mor·phe·mic** /mɔːrfíːmik/ 形

mor·phe·mics /mɔːrfíːmiks/ 名 〖言〗〈単数扱い〉形態(素)論.

Mor·pheus /mɔ́ːrfiəs, -fjuːs/ 名 〖ギ神話〗モルペウス《夢と眠りの神》. in the arms of ～〖雅〗眠って.

mor·phi·a /mɔ́ːrfiə/ 名 〖旧〗＝morphine.

‡**mor·phine** /mɔ́ːrfiːn/ 名 Ⓤ 〖化〗モルヒネ《opium から採るアルカロイドで, 麻酔剤》.

morph·ing /mɔ́ːrfiŋ/ 名 Ⓤ 〖電算〗モーフィング《画像を滑らかに別の画像へ移行させる CG 技術; ＜meta*morphosing*》.

mor·phin·ism /mɔ́ːrfinìz(ə)m/ 名 Ⓤ 〖医〗モルヒネ中毒(症状).

mor·phol·o·gy /mɔːrfɑ́lədʒi|-fɔ́l-/ 名 Ⓤ **1**〖生物〗形態学. **2**〖文法〗語形変化, 語形論, (accidence); 形態論《morpheme の研究; →syntax》. **3** 構造. ▷ **mor·pho·log·i·cal** /mɔ̀ːrfəlɑ́dʒik(ə)l|-lɔ́dʒ- 移/ 形

Mor·ris /mɔ́ːris|mɔ́r-/ 名 **1** 男子の名. **2 William ～** モリス (1834–96)《英国の詩人・工芸家・社会主義者》.

mor·ris /mɔ́ːris|mɔ́r-/ 名 Ⓒ 〖英〗モリスダンス (**mórris dànce**)《伝説中の人物に仮装し鈴などを付けて男性(**mórris mèn**[**dàncer**])が踊る勇壮な踊り》.
▷ **mòrris dáncing** 名 Ⓤ

Mórris chàir 名 Ⓒ モリス型安楽いす《名前は William Morris から》.

mor·row /mɑ́rou, mɔ́ːr-|mɔ́r-/ 名 Ⓒ **1**〖雅〗〈the ～〉明日 (tomorrow); 翌日 (next day); (事件などの)直後 (↔eve 2). on the ～ of the war 戦争直後に.
2〖古〗朝 (morning)《主に挨拶(あいさつ)で》. Good ～!〖旧〗おはよう.

Morse /mɔːrs/ 名 Ⓤ 〖話〗モールス符号《米国人 Samuel F.B. Morse (1791–1872) が発明した電信符

号; A は・—, B は—… のように, トン (dot) とツー (dash) の組み合わせによる; 正式には **Mòrse códe** [**álphabet**]》.

‡**mor·sel** /mɔ́ːrs(ə)l/ 名 C **1** (食物の)ひと口, ひと切れ; 〈特に〉おいしいひと口. eat another ～ もうひと口食べる. **2** 〈a ～〉〈普通, 否定文, 疑問文, 条件文などで〉少量, ひとかけら, 〈*of* ..の〉. if you have a ～ *of* sense [wisdom] 君に少しでも分別[知恵]があれば. [＜ラテン語「ひと噛み」(＜*mordēre* 'bite')]

mor·ta·del·la /mɔ̀ːrtədélə/ 名 U モルタデラ《ソーセージの一種》.

*__mor·tal__ /mɔ́ːrtl/ 形 ¢ 【死を免れない】 **1** (やがては)死すべき, 死を免れない, (↔immortal). All human beings are ～. 人は(いつかは)死ぬもの.
2 〈限定〉人間の; この世の. That's beyond ～ understanding. それは人知の及ばぬところだ. in this ～ life (必滅の)この世で.
3 〖話〗〈no, any, every などを伴って〉(この世に)可能な限りの, どんな..も. of no ～ use まるで役に立たない. do every ～ thing to succeed 成功するためにはなりふり構わず何でもする. punishment out of all ～ proportion to the offense 罪とは全く釣合いな罰.
【死に至る】 **4** 〔病気などが〕致命的な, 命取りの, (deadly, fatal). receive a ～ wound [injury] 致命傷を負う. a ～ blow 致命的な打撃.
5 死の, 死に際の. the ～ moment 死の瞬間. lie in ～ agony 死の苦しみに横たわる.
6 〈限定〉死にもの狂いの; 〔憎しみなどが〕死ななければやまない. ～ combat 死闘. a ～ enemy [foe] 不倶戴天(ふぐたいてん)の敵.
7 〖キリスト教〗許されない (↔venial).
【死ぬほどの】 **8** 〈限定〉〖話〗〔痛み, 恐怖などが〕実にひどい; 非常な, 甚だしい. a ～ mistake とんでもない間違い. in a ～ hurry 恐ろしく急いで. in ～ fear [dread, terror] of killers 殺し屋を極度に恐れて.
9 〖話〗死にそうに退屈な, 長たらしい. wait for three ～ hours 延々3時間も待つ.
—— 名 C **1** 〖章〗〈普通 ～s〉(神などに対する)人間.
2 〖英話〗〈形容詞を伴って〉人, やつ. ordinary [lesser, mere] ～s like us 俺たちみたいなただのやつ.
[＜ラテン語「死 (*mors*) を免れない」]

†**mor·tal·i·ty** /mɔːrtǽləti/ 名 **1** U 死すべき運命, (生者)必滅 (↔immortality). **2** aU (戦争などによる)大量の死. If the bomb fell, there would be a large ～. その爆弾が投下されたら大量の死者が出るだろう. **3** aU (ある地域, 期間などの)死亡者数; 死亡率 (**mortálity ràte**). reduce (a high) infant ～ (高い)幼児死亡率を減らす.

mortálity tàble 名 C 〖保険〗死亡率統計表.

†**mor·tal·ly** /mɔ́ːrtəli/ 副 **1** 致命的に〔傷つくなど〕. He was ～ afflicted with cancer. 彼は命取りの癌(がん)に冒されていた. **2** ひどく, 非常に; 心底から〔怒るなど〕(deeply). get ～ drunk ひどく酔っ払う.

mòrtal sín 名 C 〖カトリック〗(地獄に落ちる)大罪.

*__mor·tar__ /mɔ́ːrtər/ 名 (複 ～**s** /-z/) **1** C 乳鉢, すり鉢, 《薬などを乳棒 (pestle) でするための鉢》.
2 U モルタル, しっくい, 《セメント[石灰]・砂・水の混合物; これに砂利を加えたのが concrete》. a house built of bricks and ～ れんがとモルタル[造り]の家《れんがをモルタルで接着させて積む英国の伝統的工法による》.
3 C 〖軍〗迫撃砲《砲弾を近距離に山なりに飛ばす》.
—— 動 他 をモルタルで接合する; にモルタルを塗る.
[＜ラテン語 *mortārium*「臼(うす)」]

mórtar·bòard 名 C **1** (モルタルを載せる)こて板《四角い板で下に取っ手が付く》. **2** 角帽《大学の卒業式などで教員・学生がかぶる; 形がこて板に似ている》.

†**mort·gage** /mɔ́ːrgidʒ/ 名 〖法〗 **1** UC (譲渡)抵当(に入れること), 住宅ローンの設定; 抵当権; C 抵当証書. lend money on ～ 抵当を取って金を貸す. take out a ～ (*on*..) (..に)抵当権を設定する. **2** C (**a**) 不動産抵当貸付, 住宅ローン. I bought a house on a twenty-year ～. 20 年の担保付きローンで家を買った. a ～ rate 不動産抵当貸付利率. monthly ～ payments 抵当貸付の月賦支払金. pay off a ～ 抵当貸付の支払を終える. (**b**) 抵当額, 住宅ローンの金額.
—— 動 他 **1** 〖法〗を抵当に入れる. This house is ～*d* (for £50,000). この家は (5 万ポンドの)抵当に入っている. be ～*d* to the hilt 〔家などが〕限定一杯に抵当に入っている. a heavily ～*d* country 巨額の累積債務を負った国. **2** 〔生命, 名誉など〕を捨ててかかる; 〔将来など〕を賭(か)ける. Running into foreign debt is like *mortgaging* the future of the country. 外債に頼るのは国の未来を抵当に入れるようなものだ. [＜古期フランス語「死んだ約束」(＜*mort* 'dead'＋*gage* 'pledge')]

mort·ga·gee /mɔ̀ːrgədʒíː/ 名 C 〖法〗抵当権者《金を貸した方》.

mórtgage repossèssion 名 C 抵当直流(じきながれ).

mort·ga·gor, -gag·er /mɔ̀ːrgidʒɔ́ːr/, /mɔ́ːrgidʒər/ 名 C 〖法〗抵当権設定者《金を借りた方》.

mor·tice /mɔ́ːrtəs/ 名, 動 ＝mortise.

mor·ti·cian /mɔːrtíʃ(ə)n/ 名 C 〖米〗葬儀屋 (undertaker).

mor·ti·fi·ca·tion /mɔ̀ːrtəfəkéiʃ(ə)n/ 名 **1** U 悔しさ, 屈辱; C 無念の種. To my (utter) ～, I failed the examination. (非常に)残念なことに試験に落第した. **2** U (修行として肉体を)責めさいなむこと (～ of the flesh), 禁欲, 苦行. **3** U 〖医〗壊疽(えそ).

mor·ti·fy /mɔ́ːrtəfài/ 動 (**-fies**|過 過分 **-fied**|～**ing**) 他 **1** を悔しがらせる, に屈辱感を与える. I was *mortified* by my child's poor behavior. 子供のお行儀が悪くて面目を失った. **2** (修行として)〔情欲など〕を抑え込む. ～ oneself [the flesh] (苦行として)肉体を責めさいなむ. —— 自 〖医〗壊疽(えそ)にかかる. [＜後期ラテン語「殺す」]
「の, 苦行の.

mór·ti·fỳ·ing 形 **1** しゃくにさわる; 無念な. **2** 禁欲↑

mor·tise /mɔ́ːrtəs/ 〖建〗名 C (木材などに開ける)ほぞ穴 (→tenon). —— 動 他 **1** VOA (～ X *to, into*..) X (木材など)を..にほぞ継ぎする; (～ X ***and*** Y ***together***) X と Y とをほぞ継ぎする. **2** にほぞ穴を開ける.

mórtise lòck 名 C 〖英〗箱錠, 彫り込み錠, (〖米〗dead bolt) 《ドアの端に埋め込みになった錠; かぎを回すと凸部が枠の凹部に掛かる》.

mort·main /mɔ́ːrtmèin/ 名 U 〖法〗死手《教会などの法人による不動産の永代所有; 他に譲渡はできない》.

mor·tu·ar·y /mɔ́ːrtʃuèri|-tjuəri/ 名 (複 **-ar·ies**) C 〖米〗葬儀場; 〖英〗死体仮置場《病院の霊安室, 葬儀場の遺体安置所など》. —— 形 死の; 埋葬の.
[＜中世ラテン語「死者の」]

mos. 〖略〗 months.

Mo·sa·ic /mouzéiik, mə-/ 形 モーセ (Moses) の.

*__mo·sa·ic__ /mouzéiik, mə-/ 名 (複 ～**s** /-s/) **1** U モザイク, 寄せ木細工; C モザイク細工[模様]の作品, モザイク画. a pattern in ～ モザイク模様. **2** C 〈普通, 単数形で〉モザイク風のもの; 寄せ集め. The field is a ～ of green and yellow. 野原は緑と黄色のモザイク模様を成している. —— 形 モザイク(風)の. a ～ pavement モザイク模様の歩道. —— 動 他 (～**s**|過 過分 **-icked**|**-icking**) をモザイクで作る[飾る]. [＜ラテン語 *mūsīvus*「Muse 神の」]

Mosàic Láw 名 〈the ～〉モーセの律法 (the Law (of moses)).

*__Mos·cow__ /mɑ́skau, -kou|mɔ́skou/ 名 モスクワ《ロシアの首都; ロシア語名 Moskva; →Muscovite》.

mo·selle /mouzél, mə-/ 名 U モーゼルワイン《モーゼル

川(ライン川の支流, フランス語名 Moselle, ドイツ語名 Mosel) のドイツ国内流域でできる白ワイン).

Mo·ses /móuzəz/ 名 **1**〘聖書〙モーセ《古代イスラエルの宗教的・民族的英雄で立法者; →Mosaic Law, law 2, Pentateuch》. **2** Ⓒ 指導者, 立法者.

Móses bàsket 名 Ⓒ〘英〙モーセの揺りかご《取っ手の付いた(乳児)運搬用の揺りかご; 赤子のモーセがナイル川の岸辺に, かごに入れて捨てられていたということから》.

mo·sey /móuzi/ 動 (~s|過 過分 ~ed|~·ing) 自〘米話〙 **1** VA ぶらぶら歩く[行く] (saunter)〈*along, around, on*〉. ~ *on down to* the beach 海岸までぶらぶら行く. **2** VA (急いで) 立ち去る〈*along*〉.

── 名 Ⓒ〈単数形で〉〘主に英〙ゆっくりとした散歩[ドライブ].

mosh·ing /mɑ́ʃiŋ|mɔ́-/ 名 Ⓒ (ロックに合わせての)「激しい踊り.

Mos·lem /mɑ́zləm|mɔ́zlem/ 名, 形 =Muslim.

†**mosque** /mɑsk|mɔsk/ 名 Ⓒ モスク《イスラム教寺院; →minaret》.

[mosque]

‡**mos·qui·to** /məskí:tou/ 名 (複 ~(e)s /-z/) Ⓒ 蚊. a swarm of ~*es* 蚊の群れ. [スペイン語(<ラテン語 *musca*「ハエ」)]

mosquíto nèt 名 Ⓒ 蚊帳(かや).

***moss** /mɔ:s|mɔs/ 名 (複 **móss·es** /-əz/) UC〘植〙苔(こけ). A rolling stone gathers no ~.〘諺〙→rolling stone. [<古期英語「沼, 苔」]

móss·bàck 名 Ⓒ〘米俗〙頭の古い人, 極端な保守主義者.「風な, 時代遅れの.

móss·gròwn 形 **1** 苔(こけ)の生えた, 苔むした. **2** 古↑

mos·sie /mɑ́si|mɔ́-/ 名 Ⓒ〘英・オース話〙蚊.

moss·y /mɔ́:si|mɔ́si/ 形 e **1** 苔(こけ)の生えた; 苔のような. a ~ rock 苔むした岩. ~ green (苔のように)黄色がかった緑. **2** 古くさい.

‡**most** /moust/ 形〈many, much の最上級; →more〉〈普通, 限定〉**1**〈しばしば the ~〉(数, 量, 程度などが)最も多い, 最大の. (**a**)〈many の最上級として; ↔fewest〉Al got (the) ~ votes. アルの得票が最も多かった. (**b**)〈much の最上級; ↔least〉Who has (the) ~ money of you all? 君たちみんなの中でだれが一番金持ちか. Which is ~, five, seven or ten? 5, 7, 10 のうちどれが一番多い数ですか. **2 大部分の**, たいていの, (★普通 the を付けない). I've read ~ novels by Hardy. ハーディの小説は大部分読んでいる. *Most* wealth is inherited rather than earned. たいていの富は自分で稼いだものでなく, 相続したものだ. *Most* nights we were in bed by ten. たいていの晩は我々は 10 時には床に就きました (★副詞句を形成している).

for the móst pàrt →part.

── 代 **1**〈単数扱い; 普通 the ~〉**最大量**, 最多数; 最大限度. try to get the ~ out of a new life 新生活からできるだけ多くを得ようと努める. The ~ you can expect for your old car is $1,000. 君の古い車はいくら高く売れても千ドル以上は期待できない. I did the ~ (that) I could. 私は精いっぱいやった.

2〈単複両扱い〉**大部分**〈*of* ..の〉; たいていのもの; (★ many の最上級で複数の可算名詞に相当すれば複数扱い; much の最上級で不可算名詞に相当すれば単数扱い; the は付けない; →many 代 語法). *Most of* the money came from Father. その金の大部分は父が出してくれた. He lived in Sendai for ~ *of* his life. 彼は生涯の大部分を仙台で過ごした. *Most of* these books are English novels. これらの本の大部分は英語の小説です. We were at home ~ *of* the weekend. 私たちはこの週末の大部分は家にいました (★副詞句を形成している).

3〘俗〙〈the ~〉最上のもの[人], 飛び切り上等のもの[人], (★普通, 補語として). That movie was the ~. あの映画は最高だったよ.

****at (the) móst*** 多くて, せいぜい; よくて; (↔at least). I can pay only five pounds *at (the)* ~. 多くて 5 ポンドしか払えません.

****màke the móst of ..*** (1)〔機会, 能力など〕を最大限に活用[利用, 発揮]する. *make the* ~ *of* one's free time 自由時間をできるだけ有効に使う. You'll only go to Greece once in your life, so *make the* ~ *of* it. ギリシアなんて一生に一度しか行かないだろうから思い切り楽しんできなさい. (2) ..を最高[最低]に見せる; ..を大いに重んじる.

mòst and léast〘詩〙1 人[1 つ]残らず, ことごとく.

── 副〈much の最上級; →more〉**1** (**a**) **最も**, 最も多く, 一番, (↔least) (★the はしばしば省かれる). This is what ~ annoys me [what annoys me ~]. これが私の一番の悩みの種です. I enjoyed my chats with Bob the ~. ボブとのおしゃべりが一番楽しかった.

(**b**) **最も..** (語法 (1) 普通, 大部分の 2 音節と 3 音節以上の形容詞, 副詞に付けて最上級を作る. (2) 限定用法の形容詞に付く most は普通 the を伴う). It was the ~ exciting holiday I've ever had. それはこれまで経験した中で一番楽しい休日だった. Which question do you think is (the) ~ difficult? どの問題が一番難しいと思いますか. Mother drives ~ carefully of all my family. 家中で母の運転が一番慎重です.

2〘章〙〈形容詞, 副詞に前置してその意味を強める〉(★強勢は普通 most の方が弱い) (**a**)〈形容詞に付けて〉とても, 非常に, (very). a *most* ínteresting bóok とても面白い本 (★a を the に替えてさらに強意を強める場合があるが,「最も面白い本」(the móst ìnteresting bóok) とは普通, 強勢で区別される). You have been ~ helpful. 本当に大助かりでしたよ. Everybody was ~ kind. だれもがとても親切だった. ★この意味の most は単音節語にも付く.

(**b**)〈副詞に付けて〉まったく (quite); 非常に (very). Ted will ~ probably come. テッドはまず間違いなく来る. ~ certainly [likely] ほぼ確実に[十中八九]. Beth lived ~ happily. ベスは大変幸せに暮らした. 語法 (1) 寸法, 速度など客観的な尺度を示す形容詞, 副詞の意味を強めるためには most の代わりに very などを使う(例えば very を使って, very tall [fast] などとする). (2) most はまれに動詞を修飾することがある: I ~ appreciate your kindness. (ご親切誠に痛み入ります).

3〘米話・英方〙ほとんど (almost). *Most* everyone attended the meeting. ほとんど皆会合に出席した.

4〘スコ〙=mostly.

****mòst of áll*** とりわけ, なかんずく. I want time ~ *of all*. なによりも時間が欲しい.

[<古期英語 *māst*「最大の, 最多の」]

-most /moust/ 接尾〈名詞, 形容詞に付けて最上級の形容詞を作る〉「最も.., 一番..など」の意味. end*most*. top*most*. southern*most*.

mòst-fàvored-nátion 形 最恵国(待遇)の. a ~ clause 最恵国条項[約款]. ~ trade [tariff] status 最恵国貿易[関税]待遇.

M

mòst fàvored nátion 名 C 最恵国.

‡**most·ly** /móustli/ 副 ⓒ **大部分は**, ほとんど; 主に; たいてい, 一般に. The audience were ～ women. 聴衆は大部分女性だった. He ～ goes fishing on Sundays. 彼は日曜日にはたいてい釣りに行く. He goes fishing ～ on Sundays. 彼はたいていは日曜日に釣りに行く《日曜日以外に行くこともたまにある》. [most, -ly[1]]

MOT, MoT /èmoutí:/ 名 C 〖英話〗(自動車の)車検(証)《車検は MOT test とも言う; ＜*M*inistry *o*f *T*ransport》.

mote /mout/ 名 C 〖雅〗(ほこりなどの)細片; ちり. ～*s* of dust in the air 空中の細かいほこり.

the mòte in a pèrson's éye 〖旧〗人の目の中のほこり《自分の大きな欠点には気うかないで, 他人に見いだす小さな欠点; 聖書から; →a [the] BEAM in one's (own) eye》.

‡**mo·tel** /moutél/ 名 (複 ～**s** /-z/) C **モーテル**. stay at a ～ モーテルに泊る. [＜*mo*tor ho*tel*]

mo·tet /moutét/ 名 C 〖楽〗モテット, 聖歌,《たいてい声楽のみ》.

***moth** /mɔ:θ|mɔθ/ 名 (複 ～**s** /-ðz, -θs|-θs/) C **1** 蛾(が). **2** 衣蛾(いが) (**clóthes mòth**); 〖主に英〗〈the ～〉(衣服の)虫食い. get the ～〔衣服が〕虫に食われる.

lìke a móth to the flàme [***càndle***] ＝***lìke móths around a flàme*** [***càndle***] 抗しがたい魅力で《＜蛾が炎に集まるように》. [＜古期英語]

móth·bàll 名 C 〈普通 ～s〉防虫剤の玉《ナフタリンなど》. ***in móthballs*** (1) しまい込んで[だ]; 第一戦から退いて, 保存されて. keep tools *in* ～*s* 道具を(使わずに)しまい込んでおく. (2) 棚上げにして; 使用中止で[の]. put a plan *in* ～*s* (実用価値がないと)計画を棚上げする.
── 動 他 を棚上げにする;〔工場など〕を閉鎖する.

M

móth-èaten 形 **1**〔衣服などが〕虫に食われた. **2**〖話〗使い古しの, ぼろぼろの; 時代遅れの.

‡**moth·er** /mʌ́ðər/ 名 (～**s** /-z/) C **1** (**a**) **母**, 母親, (★ (1) 広義では義母, 継母, 養母も含む; 子供のいる夫が妻に対しても使う; 妊婦を指すこともある. (2) 特に家庭内では無冠詞・大文字ではじめ固有名詞扱いになる. (3)〖話〗では mam(m)a, mammy, mom, mum, mommy などの言い方がある. (4) 形容詞は motherly, maternal). become a ～ 母になる, 子を産む. *Mother*, dear. ねえ, お母さん. Tommy, tell ～ everything. トミー, お母さんにみんな話しなさい. Like ～, like daughter.〖諺〗この母にしてこの娘あり. (**b**) (動物の)母.
2 〈the ～〉母性(愛). appeal to the ～ in her 彼女の母性に訴える.
3 母のような人, 母代わりの人; 寮母 (housemother); 〈年長の婦人に対する呼びかけとして〉おばさん. a ～ to all the students in the dorm 寮内の学生全員にとって母のような人.
4 〈M-〉＝Mother superior; 〖旧〗(年長の女性への男の呼びかけ)おばさん.
5 〈the ～〉'母', 根源, 〈*of* ..の〉. Necessity is the ～ *of* invention.〖諺〗必要は発明の母.
6 (ひな鳥の)保育器. **7**〖主に米話〗でっかいもの. How are we going to get this ～ loaded on the truck? このでっかいやつをどうやってトラックに乗せようか.
8 〈形容詞的〉母の; 母親らしい; 母のような関係にある. a ～ cat 母猫. ～ love 母性愛.

at one's mòther's knée 母のひざの上で, 幼いころに,〔学ぶなど〕.

èvery mòther's són だれもかれも.

the móther (***and fáther***) ***of àll..*** 〖話〗すごい... *the* ～ *of all* storms [hangovers] ひどい嵐[二日酔い].
── 動 他 **1** の母となる, を産む;〔作品, 思想など〕を産み出す. **2** を母親代わりに世話する; の世話をうるさく焼く. Stop ～*ing* me; I'm not a baby! うるさく世話を焼かないでよ, 赤ん坊じゃないんだから. **3** の母であると認める. [＜古期英語 *mōdor*]

móther·bòard 名 C マザーボード《CPU やメモリなどを搭載するプリント基板》.

Mòther Càrey's chícken /-ké(ə)riz-/ 名 C 〖鳥〗ウミツバメ (stormy petrel).

Móther Chùrch 名 〈普通 the ～〉〈擬人的〉(懐かしの) 教会; 〈又は m- c-〉(ある地方の) 本山.

móther cóuntry 名 C 〈普通, 単数形で〉〖章〗母国; (植民地から見て)本国.

mòther éarth 名 〈(the) ～〉(母なる)大地.

móther fìgure 名 C 母親のように頼れる女性, 'おかあさん'.

móther fùcker 名 C 〖卑〗いけすかない野郎; いい奴, なかなかの代物(しろもの).

Mòther Góose 名 マザーグース, グースおばさん,《英国古来の童謡集の伝説的作者; アヒルの背に乗って飛んで行く姿で絵に描かれている》; その歌.

Mòther Góose rhỳme 名 〖米〗＝nursery rhyme.

mòther hén 名 C **1** ひよこの母親. **2** 過保護な母親.

‡**móther·hòod** 名 U **1** 母であること; 母性. **2** 〈集合的〉母親.

Móthering Sùnday 名 〖英旧〗＝Mother's Day.

†**móther-in-làw** /-rin-/ 名 (複 **mothers-**;〖英〗では ～s もある) C 義母《夫[妻]の母》, しゅうとめ.

móther·lànd 名 C 母国, 故国; 先祖の国, 祖国; 発祥の地.

móther·less 形 母のない.

móther·lìke 形 母親のような[らしい].

móther lòde 名 C 〈普通, 単数形で〉〖米〗**1**〖鉱〗(ある地方, 鉱山の)主鉱脈. **2** '宝の山' 〈*of* ..の〉.

†**moth·er·ly** /mʌ́ðərli/ 形 母らしい, 優しい; 母としての. I'm not the ～ type. 私は母親タイプでない. [mother, -ly[2]] ▷**moth·er·li·ness** 名

Mòther Náture 名 U 母なる自然《擬人化》.

Mòther of Gód 名 〈the ～〉聖母マリア.

mòther-of-péarl /-rəv-/ 名 U 真珠層《真珠貝などの内側の硬質層; ボタンなどの材料》.

móther's bòy 名 C 〖話・軽蔑〗マザコンの男(の子).

Móther's Dày 名 母の日《〖米〗5 月の第 2 日曜日;〖英〗Lent (四旬節)の第 4 日曜日》.

móther shìp 名 C 〖英〗(潜水艦などの)母艦.

mòther's rúin 名 〖脚韻俗語〗＝gin.

mòther supérior 名 (複 ～**s, mothers-**) C 〈普通 M- S-〉女子修道院長, マザー.

Mòther Te·ré·sa /-tərí:sə|-zə/ 名 マザー・テレサ (1910–97)《インドのカトリック教会の修道女; 貧民・病人・孤児などの救済に献身; 1979 年ノーベル平和賞受賞》.

mòther-to-bé /㊈/ 名 (複 **mothers-**) C (近く)母になる人, 妊婦.

móther tòngue /⌐-⌐/ 名 C 母語.

mòther wít 名 U 生まれつきの知恵, 常識.

móth·pròof 形 〔布, じゅうたんなどが〕防虫加工してある. ── 動 他 に防虫加工をする.

moth·y /mɔ́:θi|mɔ́θi/ 形 (衣)蛾(が)に食われた; (衣)蛾の多い.

†**mo·tif** /moutí:f/ 名 (複 ～**s**) C **1** (文学, 芸術作品に繰り返し現れる)主題, モチーフ; (交響曲などの)主旋律. The ～ that runs through the poem is the sense of lost youth. その詩に繰り返し現れるモチーフは失われた青春の感覚だ. **2** (デザインなどの)主調, 主模様, 基調. [フランス語 'motive']

mo·tile /móut(ə)l|-tail/ 形 〖生〗自分で動ける, 運動性のある. ▷**mo·til·i·ty** /moutíləti/ 名

‡**mo·tion** /móuʃ(ə)n/ 名 (複 ～**s** /-z/)
【動き】**1** U **運動**, 動き, (天体の)運行; (船, 水面などの)動揺; (↔rest; 類語 動きそのものに重点がある; →movement). the laws of ～ 運動の法則. shoot a scene in

slow ～ シーンをスローモーション[高速度]撮影する. The ～ of the bus made me feel sleepy. バスの振動で眠くなった.

2【体の動き】Ⓒ (合図などの)動作, 身ぶり, (gesture); 身のこなし, 歩きぶり. With a ～ of his head [hand] he signaled me to go out. 首[手]をちょっと動かして彼は私に出て行くようにと合図した. the actress's graceful ～*s* 女優の優雅な物腰.

3 Ⓒ 〖英旧〗便通 (movement)《医者や看護婦が使う》; 〈～s〉排泄(せつ)物. regular ～*s* 規則正しい便通.

【事態に対する動き】**4** Ⓒ **動議**, 発議; 提案〈*to* do ..する/*that* 節 ..という〉. on the ～ of the chairman 議長の発議で. make a ～ *to* take a vote 採決の動議を出す. carry [pass] a ～ 動議を可決する. To everyone's surprise, he brought forward a ～ *that* the President (should) resign. 彼は社長は辞職すべしという動議を提出して皆を驚かせた.

> 連結 propose [put forward; second, support; adopt; reject; table] a ～ // a ～ is carried [defeated]

5 Ⓒ 〖法〗(裁判所の)命令申請.

gò through the mótions (***of..***) (..の)しぐさをする; 〖話〗(..の)かっこうだけする, (..を)お義理でやる[言う].

in mótion 〔乗り物, 機械などが〕動いている, 運転中の[で].

sèt [***pùt***] ***..in mótion*** 〔機械など〕を動き出させる; 〔計画など〕を実行に移す. You pull this lever to *set* the machine *in* ～. 機械を作動させるにはこのレバーを引くのです.

── 動 他 **1** を身ぶりで示す. I ～*ed* my approval. 私は認めることを身ぶりで合図した. **2** VOC (～ X *to* do) X が..するように合図する. The teacher ～*ed* everyone *to* sit down. 先生は皆に座るように合図した (語法 *for* everyone *to* sit down も使われる; →自). **3** VOA ..するように身ぶり[手]で合図する. He ～*ed* me *out*. 彼は私に出るように手で合図した. She ～*ed* him closer. 彼女は彼にもっと近づくように身ぶりで合図した.

── 自 VA 〔人〕に身ぶり[手]で合図する〈*to, at, for* ..〔人〕に/*to* do ..するよう〉. ～ *to* a boy (to come nearer) (近寄るよう)少年を手招きする.

[＜ラテン語「動き」(＜*movēre* 'move')]

***mo·tion·less** /móuʃ(ə)nləs/ 形 ℂ 動かない, 静止している. stand ～ じっと立っている.
▷ **～·ly** 副 **～·ness** 名

mòtion pícture 名 Ⓒ 〖米〗映画.

mótion sìckness 名 Ⓤ 乗り物酔い.

†**mo·ti·vate** /móutəvèit/ 動 他 **1** に動機 (motive) を与える〈しばしば受け身で〉; の学習意欲を高める. I've never been ～*d* by money. 私は金(かね)で動いたことはない.
2 VOC (～ X *to* do) X を刺激して..させる. ～ the children *to* work harder 子供たちに学習意欲を起こさせる.

mó·ti·và·ted /-əd/ 形 **1** やる気のある. be highly ～ やる気が十分ある. **2**〈副詞と共に〉..の動機の. a politically-～ decision 政治的な動機の決定. be racially ～ 人種問題が動機である.

***mò·ti·vá·tion** 名 (複 **～s** /-z/) UC **動機づけ**(されている状態); 誘因, 刺激, 意欲,〈*for, behind* ..の/*to* do ..する〉. They lack the ～ *to* study. 彼らは勉強する意欲に欠けている.

‡**mo·tive** /móutiv/ 名 (複 **～s** /-z/) **1** UC **動機**〈*for, behind* ..の〉; 目的; 〖心〗モーティベーション. help a person from ～*s* of kindness 親切心から人を助ける. The family could find no ～ *for* his disappearance. 家族は彼の失跡の動機に何の心当たりもなかった. of [from] one's own ～ 自ら進んで. lack ～ モーティベーションに欠ける.

> 連結 an altruistic [a greedy, a selfish; a noble, a pure; a base, an evil; the real, the underlying] ～

2 ＝motif.

── 形 〈限定〉**1** 動かす力のある, 起動力となる. ～ power 原動力; (特に機械の)動力. **2** 動機となる.
[＜後期ラテン語「動いている」(＜ラテン語 *movēre* 'move')] ▷ **～·less** 形 動機のない.

mot juste /mòu-ʒúːst/ 名 (複 **mots justes** /同/) Ⓒ 適語, ふさわしい言葉. [フランス語 'appropriate word']

mot·ley /mátli|mɔ́t-/ 形 **1** 雑多な, ごちゃ混ぜの. a ～ collection of paintings 寄せ集めの絵画コレクション. a ～ crew [assortment] 雑多な人たち[一団]. **2**〖雅〗〈限定〉〔特に衣服が〕色とりどりの, まだらな.
── 名 (複 **～s**) **1** Ⓤ 〖雅〗(昔の道化師が着た)まだら服. wear [put on] (the) ～ 道化の服装をする; 道化役を演じる. **2** Ⓒ ごた混ぜ. [?＜mote＋-ly²]

mo·to·cross /móutoukrɔ̀ːs/ 名 UC モトクロス (scrambling) 《オートバイのクロスカントリーレース; ＜*motor*＋*cross*-country》.

‡**mo·tor** /móutər/ 名 (複 **～s** /-z/) Ⓒ **1** (特に電動の) **モーター**, 発動機; (自動車などの)内燃機関, **エンジン**. an electric ～ 電動機, モーター. start [turn off] a ～ モーターを動かす[止める]. with the ～ running エンジンをふかして. **2**〖英話〗＝motorcar. **3** 原動力, 動かすもの. **4**〖解剖〗運動筋肉; 運動神経.
── 形 〈限定〉**1** モーターで動く, 発動機の; 自動車(用)の. a ～ ship 発動機船. a ～ trip 自動車旅行. the ～ industry [trade] 自動車産業. ～ insurance 自動車保険. a ～ accident 自動車事故. **2**〖解剖〗運動神経の; 運動(筋肉)の. ～ skills 運動能力.
── 動 自 **1** VA〖英旧〗(特に自家用の)車で行く, ドライブする; (帆走でなく) エンジンで船を走らせる[機走する]. go ～*ing in* Germany ドイツに自動車旅行に行く.
2〖話〗スピードを出す; スピードで仕事をする.
── 他〖英〗VOA を自動車で運ぶ.
[ラテン語「動かすもの」(＜*movēre* 'move'); -or¹]

Mo·to·rail /móutərèil/ 名 〖英〗〖商標〗モーターレール《自動車と人を一緒に運ぶ鉄道サービス》. [＜*motor*＋*rail*¹]

‡**mótor·bìke** 名 Ⓒ 〖話〗**1** ＝motorcycle. **2**〖米〗原動機付き自転車, モーターバイク, (〖英〗moped).

mótor·bòat 名 Ⓒ モーターボート.

mótor·bùs 名 Ⓒ 〖まれ〗バス.

mo·tor·cade /móutərkèid/ 名 Ⓒ (重要人物を乗せた)自動車の列; 自動車パレード. in a ten-car ～ 10台の車を連ねて. [＜*motor*＋caval*cade*]

‡**mo·tor·car** /móutərkɑ̀ːr/ 名 (複 **～s** /-z/) Ⓒ 〖主に英〗**自動車** (〖主に米〗automobile), 乗用車. 類語 car より形式ばった語.

mótor càravan 名 〖英〗＝motor home.

mótor·còach 名 Ⓒ (1階建の)バス.

mótor còurt 名 ＝motel.

†**mótor·cỳcle** 名 Ⓒ オートバイ. ── 動 自 オートバイに乗る[で行く].

mótor·cỳclist 名 Ⓒ オートバイに乗る人.

mótor·dròme 名 Ⓒ 〖米〗自動車[オートバイ]競走場.

mótor hòme 名 Ⓒ 〖米〗モーターホーム《バス又はトラックの車台に住宅用の設備をした車体を乗せた自動車; mobile home と異なり自走できる》.

mótor hotèl [**ìnn, lòdge**] 名 ＝motel.

‡**mó·tor·ing** /-riŋ/ 名 Ⓤ 自動車運転; (特に娯楽としての)ドライブ. a ～ offense 交通違反.

†**mó·tor·ist** /-rist/ 名 Ⓒ (特に自家用の)車を運転する人, ドライバー.

M

mò·tor·i·zá·tion 名 U (交通の)自動車化; 動力化.

mó·tor·ìze /-ràiz/ 動 他 **1** 〔車など〕にエンジンを付ける. **2** 〔農業など〕を動力化する《トラクターなどを使う》; 〔軍隊など〕に自動車を装備する. a ~d infantry regiment 自動車化歩兵連隊.

mótor lòrry 名 〖英〗=motor truck.

mótor·man /-mən/ 名 (複 **-men** /-mən/) C **1** (電車, 電気機関車などの)運転手. **2** モーター係.

mótor mòuth 名 C 〖主に米話〗(うるさい)おしゃべり《人》.

mótor mòwer 名 C 動力付き[電動]芝刈り機.

mòtor néuron disèase 名 U 〖医〗運動ニューロン疾患.

mótor pòol 名 C 〖米〗(軍隊の)自動車団《必要な時に派遣される》; 待機乗用車群, 配車センターの車.

mótor ràcing 名 U (スポーツとしての)カーレース.

mótor scòoter 名 C (モーター)スクーター.

Mótor Shòw 名 〈the ~〉(国際)自動車展示会《隔年に英国 Birmingham 市で開催》.

mótor trùck 名 C 〖米〗貨物自動車, トラック.

mótor vèhicle 名 C 自動車(の類)《乗用車, トラック, バスなど》.

‡**mótor·wày** 名 (複 ~s) C 〖英〗高速道路 (〖米〗expressway).

Mo·town /móutaun/ 名 U 〖商標〗モータウン《リズムアンドブルースとポップス, 又はゴスペルとモダンバラードを混ぜた音楽; 米国 Detroit の Motown Records 社から》.

mot·tled /mɑ́tld|mɔ́t-/ 形 まだらの[で], ぶちの. a ~ dog ぶち犬.

***mot·to** /mɑ́tou|mɔ́t-/ 名 (複 ~(e)s /-z/) C **1** (教訓的な)**標語**, モットー, 座右銘, (類語 個人又は団体が指針として採用した金言; →slogan). 'Study hard' is our school ~. 「勤勉」がわが校の校訓である. **2** (紋章, 貨幣などに刻まれた)題銘; (書物, 章などの初めに掲げられた)題辞. **3** 〖楽〗反復楽句. **4** 〖主に英〗(クリスマス・クラッカーなどの中に入っている印刷された)格言, 警句. [イタリア語 'word']

moue /mu:/ 名 C しかめっ面, ふくれっ面. ── 動 自 しかめっ面をする. [フランス語「唇>ふくれ面」]

mould /mould/ 〖英〗名, 動 =mold[1,2,3].

mould·er /móuldər/ 〖英〗動 =molder[1,2].

mould·ing /móuldiŋ/ 〖英〗名 =molding.

mould·y /móuldi/ 〖英〗形 =moldy.

moult /moult/ 〖英〗動, 名 =molt.

***mound** /maund/ 名 (複 ~s /-dz/) C **1** (土砂, 石などの)山; (特に墓の上などの)盛り土, 塚; 〖考古学〗古墳, 墳墓, (burial mound). **2** 防御用土塁; 土手. **3** (自然の)小山. We ascended the ~ for a better view. 我々はもっとよい眺望を得るために小高い丘に登った. **4** 〖野球〗(ピッチャーズ)マウンド. take the ~ 〔投手が〕登板する. on the ~ マウンドに上がって. **5** (干し草, ごみなどの)山; (手紙などの)山. I have a ~ of washing to do. 山のように洗濯物がある. ── 動 他 を積み上げる, 山にする. [<?]

‡**mount**[1] /maunt/ 動 (~s /-ts/|過 過分 **mòunt·ed** /-əd/|**móunt·ing**) 他
【高い場所に上がる】 **1** 〖章〗(**a**) 〔山, はしごなど〕に**登る**; 〔階段など〕を上がる. ~ the stairs 階段を登る. (**b**) 〔演壇など〕に上がる. ~ a platform 演壇に上がる. 類語 ascend に近いが, 「(..の上に)上がる」という意味ではこの方が普通; →climb. **2** 〔馬, 自転車など〕に乗る, またがる. ~ a bicycle 自転車に乗る. **3** 〔雄が〕〔雌〕に(交尾のために)乗る, マウンティングする.
【乗せる】 **4** 〔大砲など〕を搭載する; VOA を載せる, 据える, 〈*on, to* ..〔台など〕に〉. ~ a camera *on* a tripod カメラを三脚に載せる. **5** 〔人〕を乗せる〈*on* ..〔馬など〕に〉; 〔人〕に乗馬をあてがう. The wounded were ~*ed on* the mules. 負傷者たちはラバに乗せられた. **6** 〔写真など〕を張る〈*on* ..〔台紙〕に〉; 〔宝石など〕をはめ込む〈*in* ..に〉; 〔標本〕を固定する〈*on* ..〔検鏡用スライド〕に〉; 〔昆虫など〕を標本にする, 〔動物〕をはく製にする. ~ diamonds *in* platinum プラチナ台にダイヤをはめ込む. **7** 〔見張り〕を立てる. →成句 MOUNT guard. **8** 〖電算〗〔ディスクドライブなど〕をマウントする《本体に認識させる》.
9【舞台に乗せる】〖劇〗の上演準備をする《衣装道具類をそろえる》; を上演する.
【準備して行う】 **10** を準備し実行する. ~ an exhibition [a display] 展覧会[展示会]を企画実行する. ~ a campaign キャンペーンを行う. **11** 〔攻撃など〕を開始する, 仕掛ける. ~ an attack 攻撃を開始する.
── 自 **1** 登る; 上がる〈*to* ..に〉. ~ *to* the top of a tree 木のてっぺんまで登る. **2** 乗る〈*on* ..〔自転車など〕に〉(↔dismount). ~ up 馬に乗る. **3** 〔水位, 温度などが〕上がる; 〔興奮などが〕高まる; 〔費用などが〕かさむ〈*up*〉. A blush ~*ed* to the girl's face. 少女の顔が赤くなった. Our debts ~*ed* rapidly. 借金が急速に増えた. Expenses ~ *up* when you travel. 旅行をすると費用がかさむ.

mòunt guárd 見張り[番]をする, 歩哨(しょう)に立つ,〈*at, over* ..の〉.

mòunt the thróne 王位に就く.

── 名 C **1** 〈特に〉乗用馬; (自転車などの)乗り物. **2** (写真などの)台紙; (宝石などの)台; (検鏡用標本を固定する)スライド; 砲架.
[<古期フランス語「山に登る」(<ラテン語 *mōns*「山」)]

‡**mount**[2] /maunt/ 名 (複 ~s /-ts/) C **1** 〈M-〉〈固有名詞の前に用いて〉**..山**《略 Mt.》. *Mount* [*Mt.*] Etna エトナ山. **2** 〖古・詩〗山 (mountain). →Sermon on the Mount. **3** (手相の)宮, 丘, 《親指の付け根の手の平の盛り上がり》. [<古期英語 *munt*(<ラテン語 *mōns*「山」)]

‡**moun·tain** /máuntən/ 名 (複 ~s /-z/) C **1** 山 (→hill, peak); 〈~s〉山脈, 連山, 山岳地帯. climb a rocky [a bald] ~ 岩山[はげ山]に登る. Mount Everest is the highest ~ in the world. エヴェレスト山は世界最高峰です. the ~s and the sea 山岳地帯と海. the Rocky *Mountains* ロッキー山脈. If the ~ will not come to Mohammed, Mohammed must go to the ~. 〖諺〗向こうが来ないなら, こちらから行かねばならない.
2 山ほど, 多量, 〈*of* ..が〉. There's a ~ *of* papers on my desk. 私の机には書類が山積みしている. I have a ~ [~*s*] of work to do. 仕事が山ほどある.
3 多量の余剰在庫《値下がり防止のためのもので主に食料品》. the EU's butter ~ EU のバターの余剰在庫.
4 〈形容詞的〉山の; 山に住む[生える]; 巨大な. a ~ tribe 山岳部族. ~ plants 高山植物.
◇形 mountainous

hàve a móuntain to clìmb (目標を達成するのは)大変である.

màke a móuntain out of a mólehill →molehill.

mòve móuntains (1) 難しいことをやってのける. (2) できるだけのことをする.

remòve móuntains (山を動かすような)奇跡を行う《聖書『コリントの信徒への手紙 1』から》.

the mòuntain in lábor 大山鳴動してネズミ 1 匹《労多くして効少なし; *Aesop's Fables* から》.
[<古期フランス語 *montaigne* (<ラテン語 *mōns*「山」)]

mòuntain ásh 名 C **1** ナナカマド《赤又は黄の実がなる; バラ科》. **2** オーストラリア産ユーカリ (eucalyptus) 属の木の総称.

móuntain bìke 名 C マウンテンバイク《特に山野を走り回るのに適した自転車; **móuntain bìcycle** とも言う》.

móuntain chàin 名 =mountain range.

Mòuntain Dáylight Tìme 名 U 〖米〗山地夏時間《Mountain Standard Time より 1 時間早い; 略

MDT》. 「キー.

mòuntain déw 名 U 〘話〙(特に, 密造の)ウイス↑

†**moun·tain·eer** /màuntəníər/ 名 C **1** 登山家, 登山者. **2** 山国の人, 山地の住人. ── 動 自 登山する. [mountain, -eer]

***moun·tain·eer·ing** /màuntəní(ə)riŋ/ 名 U (スポーツとしての)**登山**.

móuntain gòat 名 C シロイワヤギ《北米ロッキー山脈に住む白い長毛のヤギ》.

móuntain làurel /⌐-⌐/ 名 C カルミア, ハナガサノキ, 《米国東部産のツツジ科の常緑低木; 花は白色で葉に毒↓

móuntain lìon 名 ＝cougar. ⌊がある》.

***moun·tain·ous** /máuntənəs/ 形 m **1 山の多い**, 山ばかりの. a ～ district 山地. **2** 〔波などが〕山のような, 山のように大きい. a ～ wave 山のような大波.

móuntain rànge 名 C 山脈, 連山.

móuntain sìckness 名 U 高山病.

‡**móuntain·sìde** 名 C 山腹.

Móuntain Stàndard Tìme 名 U 〘米〙山地標準時 (→standard time; 略 MST).

móuntain·tòp 名 C 山頂.

Mount·bat·ten /mauntbǽt(ə)n/ 名 **Louis ～** マウントバッテン (1900–79)《英国の海軍軍人; ヴィクトリア女王の孫; 第 2 次大戦中, 東南アジア連合軍最高指令官; インド総督 (1947–48); IRA の爆破で死亡》.

moun·te·bank /máuntəbæ̀ŋk/ 名 C 〘雅·軽蔑〙(いかさま薬を売り歩く)香具師(?), てきや; ぺてん師. [＜イタリア語 *Monta in banco!*「ベンチに上がれ」]

móunt·ed /-əd/ 形 **1** 馬に乗った; (自転車などの)乗り物に乗った. the ～ police〈集合的〉騎馬警官隊. **2** 据え付けられた; 台紙に張った; はめ込んだ.

Mount·ie, Mount·y /máunti/ 名 (複 **Mount·ies**) C 〘話〙カナダ騎馬警察隊員《Royal Canadian Mounted Police の隊員》.

móunt·ing 名 **1** U 乗ること; 乗馬. **2** U 据え付け, 取り付け; 表装(技術). **3** C (写真などの)台紙; (宝石などの)台; 砲架. ── 形〈限定〉ますます高まる[増える]. ～ anxiety [debts] つのる不安[ますます増える負債].

Mòunt Vér·non /-vɔ́ːrnən/ 名 マウントヴァーノン《George Washington が 1752 年から 1797 年に死ぬまで住んでいた場所; 米国の首都 Washington, D.C. に近い Virginia 州北東部》.

***mourn** /mɔːrn/ 動 (～s /-z/|過 過分 ～ed /-d/|**móurn·ing**) 自 **1 悼**(いた)**む**, 哀悼の意を表す; **悲しむ**; 嘆く;〈*for, over* ..〔死, 損失など〕を, に〉(類語 やや形式ばった語で, 特に人の死を悼むこと; →grieve). She still ～*s for* her dead child. 彼女は死んだ子を今でも悲しんでいる. **2** 喪に服する.

── 他〔人〕の死を悼む, 死に哀悼の意を表する;〔人の死〕を悼む, に哀悼の意を表する;〈一般に〉を悼む;〔不幸など〕を嘆く. ～ the deaths of seven brave Americans 7 人の勇敢なアメリカ人の死を悼む. [＜古期英語]

†**móurn·er** 名 C **1** 悲しむ人; 哀悼者,〈特に〉会葬者. the chief ～ 喪主. **2** 〘米〙懺悔(ざんげ)者.

***mourn·ful** /mɔ́ːrnf(ə)l/ 形 m **1 悲しみに沈んだ**; 〔表情などが〕悲しげな; 死を悼む〔歌など〕. a ～ look on his face 彼の悲しみの表情. **2** 哀れを誘う, 痛ましい; 陰気な. ▷ **～·ness** 名

†**móurn·ful·ly** 副 悲しそうに; 痛ましく.

†**móurn·ing** 名 U **1** 悲嘆; 哀悼(の意を表すこと); 服喪〈*for* ..〔亡くなった人〕への〉. hoist a flag at half-mast as a sign of ～ 哀悼の意を表して旗を半旗に揚げる. **2** 喪服; 喪章; 半旗. **3** 服喪期間, 喪中. be in [out of] ～ 服喪している[喪が明けている].

gò into móurning 喪に服す〈*for* ..の〉; 喪服を着る.

in* (*dèep*) *móurning (1) (黒ずくめの)喪服を着て. (2) (深く)哀悼の意を表して; (深い)悲しみに沈んで〈*for* ..の死に〉.

móurning bànd 名 C (腕に巻く)喪章.

móurning dòve 名 C 〘鳥〙ナゲキバト《北米産のハトの一種; 悲しげに鳴く》.

‡**mouse** /maus/ 名 (複 **mice** /mais/; 5は **móus·es** /-əz/ もある) C **1** ハツカネズミ, ネズミ, (★rat より小さい小形ネズミの総称; 色は茶, 灰色, 白など). a house [field] ～ 家[野]ネズミ. use a ～ for an experiment ハツカネズミを実験に使う. When the cat is away, the *mice* will play. →cat (成句). The mountain labors and brings forth a ～. 〘諺〙大山鳴動してネズミ 1 匹. **2** 小心者, 内気な人, 《特に女性》. **3** 〘米俗〙女の子, かわいい子; 恋人. **4** 〘俗〙黒あざ《殴られてできる目の周りの; blackeye》. **5** 〘電算〙マウス《机上で手で動かすとディスプレーのカーソルの動きに連動する入力装置; 形がネズミに似ていることから》. use the ～ マウスを使う. a ～ pad [〘英〙 mat] マウスパッド《その上でマウスを動かす》.

(as) pòor as a chùrch móuse →church.

(as) quìet [stìll] as a móuse 非常に静かな[おとなしい].

plày càt and móuse (with ..) (..を)もてあそぶ[なぶりものにする]; 〔警察が〕(..を)泳がす.

── /mauz/ 動 自 **1** 〔猫などが〕ネズミを捕える; ネズミを捜し回る. **2** 〘W〙〈一般に〉捜し回る; うろつく. **3** 〘電算〙マウスを操作する. ── 他 〘米〙を探り出す〈*out*〉. [＜古期英語]

mous·er /máuzər, -sər/ 名 C ネズミを捕る動物《特に猫》. She's a good ～. あの猫はよくネズミを捕る.

móuse·tràp 名 **1** C ネズミ捕り器《普通, バネ仕掛けでネズミを挟んで捕まえる; 餌(え)にはチーズを使う》. **2** U 〘主に英〙〘戯·軽蔑〙安くてまずいチーズ (**mòusetrap chéese**).

mous·sa·ka /musáːkə/ 名 U ムサカ《ひき肉とナスを主材料とするギリシア·トルコ風グラタン料理》.

‡**mousse** /muːs/ 名 UC **1** ムース《泡立てたクリーム, 卵白などをゼリー状に固めた甘い冷菓, 又は魚[肉]のすり身を加えた同様の料理》. **2** ＝hair mousse. [フランス語「泡, 苔」]

***mous·tache** /məstǽʃ|-táːʃ/ 名 〘主に英〙＝mustache. 「chio.

mous·ta·chio /məstǽʃiou|-táː-/ 名 ＝musta-↑

mous·y, -ey /máusi/ 形 e **1** 〘話〙ネズミに似た. **2** 〘軽蔑〙〔髪などが〕(つやが悪くて)ネズミ色がかった, くすんだ褐色の, さえない. **3** 物静かな, 内気な. **4** ネズミの多い. ▷ **mous·i·ness** 名

‡**mouth** /mauθ/ 名 (複 ～s /mauðz/) C

【口】 **1** 口, 口元, 唇, 口腔(こう). a girl with a lovely ～ 口元の愛らしい少女. wash one's ～ out 口をすすぐ. Don't talk with your ～ full. 口に食べ物を入れたまましゃべってはいけない. medicine to be taken by ～ 経口薬. My ～ waters. (食べたくて)よだれが出る; 欲しくてたまらない.

2 (話す[味わう]器官としての)口, 口のきき方, 言葉, 発言; 〘俗·軽蔑〙口先, 無礼な口. Shut your ～, you fool! 〘話〙黙れ, このばか. have a foul [dirty] ～ 口が悪い, 口汚い. That sounds odd in your ～. それを君が言うと変に聞こえる. Out of the ～*s* of babes (and sucklings). 〘諺·戯〙 (幼い)子供もしばしば賢いことを言う. The drink leaves a nasty taste in the ～. その飲み物は嫌な後味が残る. have a crude ～ 口のきき方がぞんざいである. have a big ～ →成句.

3 〘話〙 口先だけ(の話); へらず口, 生意気(な言葉). None of your ～! へらず口をたたくな.

4【食べる口】養うべき人, 家族, 《特に子供》, '口'. I have five (hungry) ～*s* to feed 5 人養ってゆかねばならない.

M

〖注ぎ口, 入り口〗 **5** (袋, 瓶などの)口; (吹奏楽器の)口, マウス; (洞穴, トンネルなどの)入り口; 河口. the ～ of a volcano 火口. inside [in, at] the ～ of a cave 洞穴の入り口内部で[の中で, のところで]. New York City is at the ～ of the Hudson River. ニューヨーク市はハドソン川の河口にある.

be àll móuth (***and*** ⌊***no áction*** [(***no***) ***tróusers***]) 〖話〗 全く口先だけの人間である.

by wòrd of móuth →word.

dòwn in [***at***] ***the móuth*** 〖話〗 がっかりして, しょげて, 〈*about*..のことで〉; 元気がない; 《口をへの字に曲げた表情から》.

from hànd to móuth →hand.

from mòuth to móuth (うわさなどが)口から口へ, 人から人へ.

gìve móuth to.. 〔考えなど〕を口にする, 話す.

hàve a bìg móuth 〖俗〗 がなる; 大口をたたく; おしゃべりである.

kèep *one's* ***móuth shùt*** 〖話〗 口が固い, 秘密を守る; 黙っている. *Keep* your ～ *shut*! お前は黙っていろ.

láugh on the òther [***wròng***] ***síde of*** *one's* ***móuth*** →laugh.

màke ⌊***a móuth*** [***móuths***] しかめっ面をする.

màke *a person's* ***móuth wàter*** →water 動.

Mé and my bìg móuth. 〖話〗 まずいことを言ってしまった. ★me, my は例のように変えても使われる. *You and your big* ～. まずいことを言ってくれたな.

òpen *one's* ***móuth*** (1) 口を開ける. (2) (言うべきでない状況で)口を開く; 口をきく. every time I *open* my ～ 私が口を開く[話す]たびに. I'm not going to *open* my ～ on this issue. この問題は黙っているよ[この問題には口を出さないよ].

pùt wórds in [***into***] *a pèrson's* ***móuth*** (1) 人に言うべきことを教える. (2) (実際には言わなかったことを)人が言ったことにする.

shòot *one's* ***móuth òff*** 〖話〗 (余計な[知りもしない]ことを)べらべらしゃべる; 誇張して言う, 自慢する; 〈*about*..について〉.

stòp *a pèrson's* ***móuth*** →stop.

tàke the wórds out of *a pèrson's* ***móuth*** 人の言おうとすることを先回りして言う.

― /mauð/ 動 他 **1** を気取って話す; をただ受け売りする, を唱えるが口先だけである; を声に出さないで口だけ動かして言う. **2** 〔食物〕を口に入れる; をくわえる.

― 自 **1** 気取って話す; 弁じ立てる; もぐもぐ口だけ動かす《本気に話さない》. **2** しかめっ面をする 〈*at*..に〉.

mòuth óff 〖話〗 がなりたてる; ぞんざいな口をきく, 口答えをする; 知ったかぶりをして話す; 〈*about*..のことで〉.

[＜古期英語 *mūth*]

M

-mouthed /mauðd/ 〈複合要素〉 **1** 「口が..な[で]」の意味. open-*mouthed*. small-*mouthed* (口が小さい). **2** 「話し方が..な[で]」の意味. foul-*mouthed*. loud-*mouthed*.

***mouth·ful** /máuθfùl/ 名 (複 **～s** /-z/) Ⓒ **1 口いっぱい**, ひと口分; ひと口, 少量(の食物). in large ～*s* ほおばって. I managed to get down another ～ of the soup. スープをもうひと口やっとのことで飲み込んだ. **2** 〖話・普通, 戯〗 〈単数形で〉 (長くて)発音しにくい語(句). What a ～! =〖英〗 That's a bit of a ～. 言いにくい言葉だ. **3** 〖英話〗 口汚い返答, 悪態. give a person a ～ 人に悪態をつく. **4** 〖米話〗 〈単数形で〉 名言, ご名答; 適切[重要]なこと.

sày a móuthful (1) 〈普通, 過去形で〉 的を射たことを言う. You *said a* ～! (いいこと)言ったね. (2) 思ったことを率直に言う.

móuth òrgan 名 Ⓒ ハーモニカ (harmonica).

móuth·pièce 名 Ⓒ **1** (楽器の)マウスピース; (パイプの)吸い口; (電話の)送話口; (水道管・容器などの)口; 〖ボクシング〗 マウスピース《ボクサーが口中を保護するために口にくわえるもの; gumshield とも言う》. **2** 〈普通, 単数形で〉 〖しばしば軽蔑〗 代弁者 〈*of, for*..の〉《人, 新聞など》; 〖米俗〗 (刑事被告人の)弁護士.

mòuth-to-móuth /㊜/ 形 口移しの〔人工呼吸など〕. ～ resuscitation 口移し人工蘇生法.

móuth·wàsh 名 ⓊⒸ 口内洗浄液, うがい薬.

móuth-wàtering 形 **1** 〔食物が〕よだれが出そうな, うまそうな. **2** 魅力的な, 'おいしい', (★主にジャーナリズムで用いる).

mou·ton /múːtɑn|-ɔn/ 名 Ⓤ ムートン《羊皮を加工してビーバーやアザラシなどの毛皮に似せたもの》. [フランス語 'sheep']

***mov·a·ble** /múːvəb(ə)l/ 形 **1** ⓜ **動かせる**, 移動できる, (↔immovable). a doll with ～ arms and legs 手足が動かせる人形. **2** ⓒ 〔祭日などが〕年によって日の変わる. **3** ⓒ 〖法〗 動産の (personal; ↔real). ― 名 Ⓒ (移動できる)家財, 家具, (↔fixture); 〈～s〉 動産. [move, -able 「が動く; Easterなど」]

mòvable féast 名 Ⓒ 移動祝祭日《年によって日付が変わる》.

⁑**move** /muːv/ 動 (**～s** /-z/|過 過分 **～d** /-d/|**móv·ing**) 他 【**動かす**】 **1** (**a**) 〔物, 人〕を**移動させる**, 動かす, 移す. Help me ～ this desk. この机を動かすのを手伝ってくれ. Famine ～*d* the tribe further west. 飢饉(ききん)のために部族は更に西に移動した. (**b**) 〔家など〕を引っ越す[しさせる], 移転させる; 〔人〕を異動させる. The company ～*d* her to Osaka. 会社は彼女を大阪に転勤させた. (**c**) 〔日時など〕を動かす, 変更する; 〔仕事など〕を変える. We ～*d* the meeting to Monday. 我々は会合の日取りを月曜に変えた. ～ jobs 仕事を転々とする.

2 〔手足など〕を**動かす**; を揺り動かす; 〔水車, 機械など〕を動かす, 回転させる. not ～ a muscle →muscle (成句). A light breeze is *moving* the leaves. そよ風に木の葉が揺れている.

3 【**心を動かす**】 (**a**) を**感動させる**, の気持ちを動かす; に起こさせる 〈*to*..〔怒りなどの感情〕を〉. The novelist can write only when the spirit ～*s* him. その小説家は霊感が湧(わ)かないと書けない. The music ～*d* me *to* tears. 私はその音楽に感動して涙が出た. We were greatly ～*d* by his speech. 我々は彼の演説に感動した. (**b**) VOC (～ X *to do*) Xを..する気にさせる. Nothing could ～ him *to* change his mind. どんなことも彼の考えを変えさせることができなかった.

4 〖チェス〗 〔こま〕を動かす.

5 (**a**) 〔腸〕の通じをつける. ～ the bowels 通じをつける. (**b**) 〔商品〕を売る, さばく.

6 【**事態を動かす**】 VO (～ X/***that*** 節) Xの/..という動議を出す, を提案する, 提議する; VOA (～ X ***for***..) X (法廷など) に..を申請[請求]する. ～ an amendment to the bill 法案修正の動議を出す. I ～ *that* the meeting (should) be adjourned. 休会の提案をします (★〖米〗では should は省かれ, 仮定法現在形が用いられる).

― 自 【**動く**】 **1 移動する**, 移る, 〈*along*〉; 〔車などが〕動く, 走る; 〔天体などが〕運行する; 〖話〗 速く動く[走る]. ～ aside to make way わきへ寄って道を空ける. Now, ～ *along* [*on*] there! さあ, あっちへ行って《巡査がやじ馬に対してなど》. The bus ～*d* off. バスは発車した. ～ toward.. (..の方)に近づく; ..を目指す. This car is really *moving*. この車は実に速い.

2 引っ越す, 移転する; 異動になる; 〈*to, into*..に〉. ～ *to* the country [out of town] 田舎に[町から]引っ越す. ～ *into* a flat アパートに入居する.

3 〖話〗 立ち去る, 出発する; 急ぐ. I'll have to get *moving*. すぐに出かけなければならない.

4 身動きする; 動作をする; 〔葉などが〕揺れ動く, 〔機械などが〕動く. Keep still—don't ～. じっとして動かないで. The dancer ～*s* gracefully. その踊り子の動きは優雅である. **5** (**a**) 〔腸が〕通じがつく. (**b**) 〔商品が〕動く, 売れる.

The new model just wouldn't ～. 新型はまったく売れなかった. **6**〘チェス〙こまを動かす.
7【事が動く】〔仕事, 事件などが〕進行する, 進展する; 〔時などが〕経過する; 〘話〙〔パーティーなどが〕活気づく, 盛り上がる. get things *moving* 事を進行させる.
8【動き回る】[VA] 出入りする, 交わる; 活躍する; 〈*in, within, among* ..〔社交界, 業界など〕に, で〉. ～ *in* literary circles 文学界で活躍する[に出入りする].
【事態に対して動く】 **9** 行動を起こす, 処置を取る, 〈*on* ..に対して〉. ～ *on* a grave issue 重大問題の対策を講じる. **10** [VA] (～ ***for***..)〔動議など〕を提出する, 提案する. ～ *for* a postponement of the decision 決定延期を提案する.
A person ***càn't móve*** (***for***..) 〘話〙〔人が〕身動きできないほど(..で)ごった返している[いっぱいである] (★not be able to move などとも言う). You *couldn't* ～ in the disco yesterday. きのうはディスコの中は立錐(りっすい)の余地もないほどだった.
mòve abóut [***aróund***] 動き回る; (特に仕事で)転々と住所[勤め先]を変える.
mòve /../ abóut [***aróund***] ..を動き回らせる.
mòve ahéad 前進する; 〔事が〕はかどる; 推進する〈*with, on* ..を〉. ～ *ahead* in one's career 出世[昇進]する.
mòve alóng (1) 先へ[中へ]進む, 立ち去る (→自 1). (2)〔事が〕はかどる.
mòve /../ alóng ＝MOVE /../ on.
mòve awáy (1)(住居などを)引き払う, 転居する. (2) 手を引く, 控える, やめる, 〈*from* ..から, を〉.
mòve dówn レベル[地位]が下がる (↔move up).
mòve /../ dówn ..のレベル[地位]を下げる (↔MOVE /../ up).
mòve hèaven and éarth (天地を動かすほどに)大いに努力する〈*to* do ..するために〉.
mòve hóuse [***hóme***] 〘英〙 引っ越す, 転居する.
mòve ín (1) 引っ越して来る, 入居する; 同居を始める. ～ *in* with my uncle おじの家に引っ越す. ～ *in* together〔恋人同士が〕同棲を始める. (2)〔会社などが〕進出する; 襲いかかる, 圧力をかける, 攻撃する; 迫る, 近づく; 〈*on* ..に, を〉.
móve it 〘話〙 急ぐ. *Move it!* ぐずぐずするな.
mòve ón (1)(立ち止まらずに)どんどん進む (→自 1). (Time's) *moving on*—I must be going. 〘英話〙もう時間がない[遅い]ので, おいとましなくては. (2)(議論などで)先へ進む; 転ずる〈*to* ..〔よりよい仕事, 家など〕に〉. ～ *on to* higher [better] things もっと責任ある地位に就く, 昇進する.
móve on.. 〘米俗〙..を誘惑する, 'ナンパ'する.
mòve /../ ón ..を前進させる; ..を立ち去らせる.
mòve óut 引っ越して行く, 立ち退く.
mòve óver (後輩に)席を譲る; (だれかが入れるように)席を詰める; 組織替えをする〈*toward* ..〔別のもの〕に〉; 切り替える〈*from* ..から/*to* ..に〉. *Move over* a bit, so I can sit down. 少し席を詰めて私に座らせてください.
mòve úp (1) レベル[地位]が上がる; 〔価格などが〕上がる; (↔move down). ～ *up* in the world 出世する. (2) 進学[進級]する〈*to*..へ〉. (3)(席や空間を)詰める (move over).
mòve /../ úp (1) ..のレベル[地位]を上げる (↔MOVE /../ down). (2)〔予定日など〕を繰り上げる, 早める.
mòve with the tímes 時流に合わせて考え方などを変えていく.
── 名 C **1** 動き; 移動; 移転, 引っ越し. plan a ～ to a larger house もっと大きい家への転居を計画する. **2** 手段, 打つ '手'; 政治的な動き. a clever ～ to win votes 票集めの巧妙な手段. in a ～ to pacify the strikers ストライキ参加者をなだめようとして.
3〘チェス〙こまの動かし方, 手; 手番. a good ～ うまい手. It's your ～. 君の番だ.
gèt a móve òn 〘話〙 急ぐ; 出発する; 〈しばしば命令文で〉.
hàve all the móves 〘米俗〙(スポーツなどが)抜群の腕前である.
màke a móve (1) 動く; 立ち去る; 転居する. If you *make a* ～, I'll shoot you. 動いたら撃つぞ. (2) 行動を起こす; 手段を取る, '手' を打つ; 〘米俗〙口説く〈*on* ..〔異性〕を〉. *make* one's ～ (重要な)動きを見せる. *make* the first ～ 最初に事に当たる; セックスのきっかけを作る.
on the móve (1) 動き回っている; (転々と)移動中で. Nomads are people *on the* ～. 遊牧民は常に転々と動いている人々である. (2)〔物事が〕進行中で; 活躍[活動]中で.
pùt the móve(s) [***a móve***] ***on***.. 〘米俗〙..に言い寄る, ..を口説く.
[＜ラテン語 *movēre*「動く, 動かす」]

móve·a·ble 形, 名 ＝movable.

***move·ment** /múːvmənt/ 名 (複 **～s** /-ts/)
【動き】 **1** UC **動くこと**, 動き; 移動; (天体などの)運行; ([類語] 特定の方向や目的を持った規則的な動き; →motion). *Movement* is painful to the sick old man. 病気の老人は動くのが難儀だ. a faint ～ of the lips 唇のかすかな動き. the ～ of the earth's crust 地殻の運動. **2** C **動作**; 身ぶり; 〈普通 ～s〉挙動, 動静. make a ～ of surprise 驚いた身ぶりをする. watch the ～*s* of the opposite party 相手方の動静を見張る.

> 1, 2 の [連結] a quick [a brisk; a slow; a steady; a smooth; a jerky; a rhythmic; an abrupt, a sudden; a large; a slight, a small] ～

3【動く部分】 C (時計などの)作動装置. the ～ of a clock 時計の作動装置.
【活動】 **4** C (**a**)(政治的, 社会的な)運動, 活動; 〈単数形で複数扱いもある〉活動グループ. the ～ for world peace 世界平和運動. the women's ～ 女権運動(活動家たち). (**b**)(部隊, 艦隊などの)移動, 配置; 軍事行動.

> [連結] a civil rights [a consumer, the feminist, a human rights, a revolutionary, an underground] ～ // launch [support; oppose] a ～

5 UC (小説などの)動きのある展開; 変化; (絵画などの)躍動性. This drama lacks ～. この芝居は動きに欠ける. **6** C 〘楽〙楽章; 拍子. **7** UC 〘章〙便通; 排泄(はいせつ)した便.
【変動】 **8** UC (人口などの)変動; (時代などの)動向; U (事態の)動向, 傾向, 成り行き. the ～ in modern music 現代音楽の動向. a steady ～ toward the unification of Europe ヨーロッパ統一への着実な動き. some ～ away from traditional methods of teaching 伝統的教授法から離れる傾向. **9** UC 〘商〙(市場の)景気; (株式などの)変動. [move, -ment]

mov·er /múːvər/ 名 C **1** 動かす人[物]; 動く人[物]. You're a beautiful ～. あなたの踊り方は美しい. a fast ～ 速く動く人[物]; 〘商〙売れ足の速い商品. **2** 動議提出者, 発議者. **3**〘米〙(引っ越し荷物の)運送業者.
a mòver and sháker 実力者, 大物.

***mov·ie** /múːvi/ 名 (複 **～s** /-z/) C 〘主に米話〙 **1 映画** (film, (motion) picture); 〈形容詞的〉映画の. a new science-fiction ～ 新しい SF 映画. direct a ～ 映画の監督をする. go to a ～ 映画を見に行く. (★「特定の映画を見に行く」は go to the ～). a ～ actress [fan] 映画女優[ファン].

> [連結] an action [an adult, an adventure, a historical, a horror, a romantic, a science fiction] ～ // make [produce; release] a ～

2 〈the ～s〉映画(の上映); 映画館(〘主に英〙cinema). go to the ～*s* 〈一般に〉映画を見に行く. I took her to the ～s. 彼女を映画に連れて行った.

M

3〈the ～s〉映画産業, 映画界. The ～*s* declined when television was developed. テレビが開発されて映画は衰退した. [< *moving* picture + *-ie*]
móvie càmera 名 C 〖米〗映画カメラ. 「ファン.
móvie·gòer 名 C 〖米〗よく映画に行く人, 映画↑
móvie-gòing 名 U 〖主に米〗映画鑑賞.
── 形 映画に行く[足を運ぶ], 映画好きの〔人など〕.
móvie hòuse 名 C 〖米話〗映画館 (〖主に英〗cinema).
móvie stàr 名 C 〖米話〗映画スター (film star).
***mov·ing** /múːviŋ/ 名 U 動かすこと; 引っ越し, 移転.
── 形 **1**〈限定〉(**a**) 動く, 移動する. a ～ target 移動標的. (**b**) 動かす. the ～ force [spirit] behind a plan 計画を促進する原動力[主導者]. **2** m〔話などが〕感動させる; 涙を誘う. a ～ performance 感動的な演技. ▷ **～·ly** 副 感動的に, 感銘深く.
mòving párt 名 C (機械の)動く部分.
mòving pávement 〖英〗[**sídewalk** 〖米〗] 名 C 動く歩道. 「picture.
mòving pícture 名 C 〖主に米章〗= motion↑
mòving stáircase [**stáirway**] 名 C 〖旧〗エスカレーター (escalator).
móving vàn 名 C 〖米〗家具運搬車, 引っ越しトラック (〖英〗removal van).
†**mow**[1] /mou/ 動 (～s | 過 ～ed | 過分 ～ed, ～n | ～·ing) 他 **1**〔草, 穀物などを〕刈る, 刈り取る;〔畑などの〕草を刈る, 作物を刈り取る. ～ a lawn by hand (芝刈り機でなく)刈りばさみで芝生を刈る. **2** VOA (～/X/*down*)〔砲火などが〕X をなぎ倒す;〔車が〕X を轢(ひ)き倒す; (試合などで) X に圧勝[圧倒]する, X をなで切りにする. The soldiers were ～*ed down* by machine-gun fire. 兵士たちは機関銃掃射でなぎ倒された. ── 自 刈る, 刈り入れる. [< 古期英語]
mow[2] /mau | mou/ 名 C **1** (納屋の中の)干し草[穀物]置き場. **2** 干し草[穀物]の山. [< 古期英語]
†**mow·er** /móuər/ 名 C **1** 刈り取り機;〈特に〉芝刈り機 (lawn mower). **2** 刈り取る人; 芝を刈る人.
†**mown** /moun/ 動 mow[1] の過去分詞の 1 つ. new-～ 刈りたての. 「[< 日本語]
mox·a /mɑ́ksə | mɔ́k-/ 名 U もぐさ (灸(きゅう)に使う).↑
mox·ie /mɑ́ksi | mɔ́k-/ 名 U 〖米話〗勇気, ガッツ.
Mo·zam·bique /mòuz(ə)mbíːk/ 名 モザンビーク (アフリカ南東部の共和国; 首都 Maputo).
Mo·zart /móutsɑːrt/ 名 **Wolfgang Amadeus** ～ モーツァルト (1756–91) (オーストリアの作曲家).
moz·za·rel·la /mɑ̀tsərélə | mɔ̀-/ 名 U モッツァレラ (イタリア産の軟らかい白チーズ).
moz·zie /mɑ́zi | mɔ́-/ 名 C 〖英・オース話〗蚊.
MP, M.P. Member of Parliament; Metropolitan Police; Military Police.
MPAA Motion Picture Association of America (米国映画協会) (映画の観客指定をする).
mpg miles per gallon (1 ガロン..マイル走行).
mph miles per hour (時速..マイル).
M. Phil. Master of Philosophy (哲学修士).
‡**Mr.,** 〖主に英〗**Mr** /místər/ 名 (複 **Messrs.,** 〖主に英〗**Messrs** /mésərz/) **1** ..さん, 様, 氏, 殿, 先生. (**a**)〈Dr., Sir, Lord など他の称号を持たない成年男子の姓又は姓名の前に付けて; 元来は Mister の略; →Mrs., Miss, Ms〉*Mr.* (Thomas) Brown (トマス)ブラウンさん. *Mr.* & Mrs. Brown ブラウン夫妻. *Messrs.* Brown and Smith ブラウン氏とスミス氏 (★ただし同名の「2 人のスミス氏」は the two *Mr.* Smiths). This is *Mr.* Green speaking. (電話で)こちらはグリーンです (★自分に Dr. などの肩書きがないことを相手に知らせたい時に Mr. を付ける). (**b**)〈官職名の前に付け呼びかけに用いて〉*Mr.* Chairman! 議長! (★女性は *Madam* Chairman). *Mr.* President 大統領閣下[学長先生]など.
2〈地名, スポーツ名などの前に付けて〉ミスター.. (その分野の男性の王者の意味; →Miss 2). *Mr.* Baseball "ミスター野球" (野球界の代表的人物). [< *master*]
MRA Moral Re-Armament.
MRBM medium range ballistic missile.
Mr. Ríght 名 C 〖話〗ふさわしい結婚相手 (男性).
‡**Mrs.,** 〖主に英〗**Mrs** /mísəz, -səs | -səz/ 名 (複 **Mmes.,** 〖主に英〗**Mmes** /meidɑ́ːm | méidæm/) **1**〈Lady など他の称号を持たない既婚婦人の姓又は姓名の前に付けて; 元来は Mistress の略; →Mr., Miss, Ms〉..夫人, 様, さん. ～ Thomas Brown トマス・ブラウン夫人 (★このように夫の姓名に付けるのが正式; しかし ～ Ann Brown (アン・ブラウン夫人)と女性自身の姓名に付けるのも〖米〗では一般的で,〖英〗でも従来の方式は古くなってきた; Mr. and Mrs. ..は夫の姓名の前). This is ～ Green speaking. (電話で)こちらはグリーン(の家内)です (★自分が既婚女性であることを相手に知らせたい時に Mrs. を付ける). ～ Brown and ～ Smith ブラウン夫人とスミス夫人. ★複数形 Mmes. の使用は既婚婦人の団体名などに限られる: *Mmes.* Bonns. (ボン夫人商会御中). **2**〈地名, スポーツ名などの前に付けて〉ミセス.. (→Mr. 2). [< *mistress*]
MRSA methicillin-resistant staphylococcus aureus (〖医〗メチシリン耐性黄色ブドウ球菌) (多くの抗生物質が効かない化膿菌; 院内感染の主な原因となる).
Mrs. Ríght 名 C 〖話〗ふさわしい結婚相手 (女性).
MS[1] Mississippi.
MS[2], **ms** 名 (複 **MSS, mss** /emésəz/) C = manuscript.
MS[3], **MSc** 名 C Master of Science.
MS[4] multiple sclerosis.
‡**Ms.,** 〖主に英〗**Ms** /miz/ 名 (複 **Ms(e)s., Ms.'s** 〖主に英〗**Ms(e)s, Ms's** /mízəz/)〈女性の姓, 姓名に冠して〉..さん. ★既婚・未婚を区別したくない場合, Miss, Mrs. の代わりに主に文書で用いる. *Ms.* Jane Dale ジェーン・デールさん. Dear *Ms.* Dale 拝啓, デール様 (改まった手紙で). [< *M*iss + Mr*s*]
MS-DOS /èmesdɑ́s | -dɔ́s/ 名 U 〖電算〗〖商標〗エムエスドス (Microsoft Disk Operating System) (米国の Microsoft 社が開発・販売しているパソコン用 OS).
msec millisecond.
MSG monosodium glutamate.
Msgr. Monsignor.
MST Mountain Standard Time.
MT Montana.
Mt. /maunt/ 名 (複 Mts) UC = mount[2] 1.
MTV Music Television (〖商標〗エムティーヴィー) (米国の音楽専門のケーブルテレビ会社).
M25 /èmtwentifáiv/ 名 〖英〗〈the ～〉高速 25 号線 (London を巡る環状高速道路).
mu /mjuː/ 名 UC ミュー (ギリシア語アルファベットの 12 番目の文字; M, μ; ローマ字の M, m に当たる).
‡**much** /mʌtʃ/ 形 (**more** | **most**) **1**〈普通, 限定〉多くの, たくさんの, 多額の, (↔little).

> 語法 (1) money, work, trouble など不可算名詞に伴う (→many). (2) 普通, 否定文, 疑問文などに用い, 肯定平叙文では代わりに a large quantity of, a great [good] deal of, 特に〖話〗では a lot of, lots of, plenty of が好まれる (Betty drinks *a lot of* milk. (ベティーは牛乳をたくさん飲む)を第 1 例と比較); 肯定平叙文で much が用いられるのは, 主語の限定, 又は as, so, too, how などに続く場合.

Betty doesn't drink ～ milk. ベティーはあまり牛乳を飲まない. *Much* care is needed. 十分用心が要る. There's too ～ noise here. ここはうるさすぎる. How ～

extra taxes must we pay? 追加の税金をいくら払わなければいけないのか (★複数形 taxes に much が付くのは異例だが, いろいろな tax の全体としての金額を言っているので, many は使えない).

2〘米方〙=many.

as múch〈名詞的にも用いる〉同量(の), それだけ(の). I have quite *as* ~ experience. 私にだって同程度の経験はある(注意 文脈に応じて, 例えば後に as you have のような節を補って解する). consume three times *as* ~ fuel その3倍の燃料を消費する. "I've quarreled with my wife." "I thought [expected] *as* ~." 「家内とけんかしたんだ」「そんな事だと思った」

a bìt múch →bit[1].

****as múch X as..*** **..と同じだけの X, 同じくらいの X.** I am saving *as* ~ money *as* I can to buy a computer. 私はコンピュータを買うためにできるだけお金をためている.

be tòo múch (for..) (1)(..には)多すぎる; ひどすぎる. Honest criticism is all very well, but this *is too* ~. 率直な批評も結構だが, これはひどすぎる. (2)(..の)手に負えない. My garden *is* getting *too* ~ *for* me. うちの庭が(年取った)私にはだんだん手に負えなくなって行く.

Hòw múch? →how.

Hòw múch is [are]..? →how.

nòt múch on..〘話〙..には役立たない[効果がない]; ..は下手くそ[ぜんぜんだめ]である.

****so múch***〈名詞的・副詞的にも用いる〉(1) **同量(の), それだけ(の); そんなにたくさん(の).** All these books are just *so* ~ waste paper. これらの本はみんな反故(ほ)同然だ. *So* ~ I hold to be true. それだけは本当だと思う. (2) いくらいくら. Pencils are sold at *so* ~ a dozen. 鉛筆は1ダースいくらで売られる. (3) とてもたくさん(の). I have *so* ~ (work) to do today. 今日はとてもたくさんすること[仕事]がある. (4) それほど, そんなに; とても (→副 1 (b)).

thìnk (it) múch〘古〙重要[厄介]だと考える〈*to* do「..するのが」〉.

tòo múch〘主に米俗〙すこぶるすてきだ, すごい, 抜群だ.

── 代〈単数扱い〉**1 多量, たくさん,** (★肯定平叙文での使用は特定の場合に限られる傾向がある; →形 語法 (2); しかし主語としての much にはそのような制限は強くない). eat *too* ~ 食べすぎる. *Much* of his talk was rubbish. 彼の話は大部分くだらない話だった (→many 代 語法). I haven't seen ~ of Paul recently. ポールにこのごろあまり会っていません. Nationally ~ of Japan is still covered with woods. 全国的に見れば日本の大部分はまだ森に覆われている. *Much* has changed since then. あれ以後多くのことが変わった. He was alone ~ of the time. 彼はたいていは1人でいた (★副詞句を形成している). *Much* will [would] have more. 〘諺〙人はあるがうえにも欲しがるもの.

2 重要なこと, 大したもの. There isn't ~ in what Tom told us. トムが我々に話した事には大した内容はない. The horse is not ~ to look at. その馬は見栄えがしない.

as mùch (X) agáin (as..) →again.

as múch as..〈副詞的にも用いる〉(1) ..と同じだけ(多く). Eat *as* ~ *as* you like. 好きなだけ食べなさい. I bought *as* ~ *as* I could afford. 私は金の許す限りたくさん買った. I hate drinking *as* ~ *as* smoking. たばこと同様酒も嫌いだ. *as* ~ *as* to say.. と言わんばかりに. (2) ..ほども(多く)《多さを強調する》. The maintenance costs amounted to *as* ~ *as* 10 thousand dollars. 維持費は1万ドルにも上った. (3) =MUCH as .. (1).

be nòt úp to múch (1)〘話〙あまりよくない. The meal *wasn't up to* ~. 食事は感心しなかった. (2)〘米〙あまり忙しくない.

by múch 大いに, 随分.

****màke múch of..*** (1) **..を重んじる, 重視する,** (↔ make LITTLE of). Other scientists didn't *make* ~ *of* his discovery. 他の科学者たちは彼の発見を重視しなかった. (2)〔子供など〕をちやほやする;〔出来事など〕で大騒ぎする. (3)〈普通, 否定文で〉..を理解する;〔本など〕から得るところが大きい.

nòthing [nòt ànything] múch 取り立てて言うほどではない事[物]. There's *nothing* ~ left to do. するべき事はほとんど残ってない.

nòt múch of a..〘話〙(1) 大した..でない; 劣った.., 悪い... be *not* ~ *of a* poet 大した詩人ではない. He does*n't* have ~ *of an* ability for that kind of thing. 彼はその種のことに関しては大した能力はない. (2)〈be not ~ of a one for ..で〉..はあまり好きではない. I'*m not* ~ *of a one for* coffee. コーヒーはそれほど好きではない.

****so múch for..*** (1) **..についてはこれだけ; ..の事を考えるのはやめよう, ..はあきらめよう.** *So* ~ *for* today. 今日はここで打ち切りにしよう. *So* ~ *for* Napoleon; I'd like now to go on to talk about France after his downfall. (十分話し尽くしてはいないが)ナポレオンの話はこれくらいにして, 彼の没落後のフランスの話に進もう. (2)〘軽蔑〙..とは結局そんな(程度の)もの; ..するからそんな目に遭う. *So* ~ *for* his loyalty. 彼の忠誠心とはそんなもんさ.

thìnk múch [híghly] of.. →think.

thís [thát] mùch →this, that.

── 副 (more|most) **1 大いに, 非常に;** しばしば. (**a**)〈単独で動詞, 叙述用法だけの形容詞, 副詞句などを強めて; →very 1 語法〉I don't ~ like jazz [like jazz ~]. ジャズはあまり好きでない. I don't swim ~. 私はあまり泳がない. Did he frequent the bar ~? 彼はあのバーにはよく出入りしてたのかい. The train was ~ delayed by heavy snow. 列車は大雪で非常に遅れた. The two cities are ~ alike. 2つの都市はよく似ている. I'm ~ afraid of snakes. 私は蛇がとても怖い (★ただし very (much) alike, very (much) afraid も可能). *Much* to my disappointment Kate got married during my stay abroad. とてもがっかりしたことにケートは僕の海外滞在中に結婚してしまった. He lives very ~ at ease. 彼は非常に安楽に暮らしている (★この2例のように前置詞句を修飾することもある).

> 語法 (1) much を単独で使うのは, 疑問文, 否定文などに多く, 肯定文では very などを付けて I like jazz *very* ~. (ジャズは大好きだ)とする; ただし少数の動詞 (admire, prefer, regret など)では, much がそれらの前に置かれる場合に肯定文にも使われる: I ~ appreciate your help. (ご援助非常に感謝しています(=I appreciate your help very ~.)); 又, 受け身の場合も肯定文で用いられる: He is ~ liked by the children. (彼は子供たちに非常に好かれている) (2) very much は応用範囲が広くたいていの場合使える. 例えば 1 (a) の alike, afraid などの例.

(**b**)〈so much, too much, very much, how much などとして〉Don't worry *so* ~. そんなにくよくよしなさんな. We *very* ~ enjoyed our trip. =We enjoyed our trip *very* ~. 旅行はとても楽しかった. She didn't know *how* ~ he loved her. 彼がどんなに彼女を愛していたか彼女には分かっていなかった. Are you always *this* ~ afraid of dogs? 君は犬をいつもこんなに怖がるのかい (→THIS much).

2 ずっと, はるかに, ((by) far). (**a**)〈形容詞, 副詞の比較級, 最上級を強めて; →very 1 語法〉Tom is ~ taller than Bob. トムはボブよりずっと背が高い. That's ~ the best choice. それは断然最高の選択だ. (**b**)〈too, rather などを強めて〉This coffee is ~ too hot to drink. このコーヒーはとっても熱くて飲めない.

3 ほとんど, 大体, (nearly). Things are ~ the same

as before. 事態は以前とほとんど同じだ. That job is pretty ～ finished. その仕事はほぼ終わった. The two dogs are ～ of a size. 2 匹の犬は大体同じ大きさだ.

(as) múch as .. (1) とても..であるが. *Much* [*As* ～] *as* we tried, we could do nothing. 我々は大いにやってみたが何もできなかった. (2) ..とほぼ同様に. We need sunlight, ～ *as* we need oxygen. 人間には酸素が必要だが, 同じように日光も必要だ.

* ***mùch léss*** (1) (..より)ずっと少なく[少ない]. (2) 〈否定的な語句の後に用いて〉 まして[なおさら]..ない (still less). I can't play the guitar, ～ *less* the violin. 私はギターは弾けません, ヴァイオリンはなおのこと.

* ***mùch móre*** (1) (..より)ずっと多く[多い]. (2) 〈肯定的な語句の後に用いて〉 なおさら, まして..だ. If you are to blame, ～ *more* am I. 君に責めがあるというなら私はもっと悪い.

Nòt múch! 〖話〗 (1) とんでもない (certainly not). "They say you're going to quit your job." "*Not* ～ (I'm not)!" 「君が仕事を辞めるっていううわさだけど」「とんでもないよ」 (2) 〈皮肉で〉 確かに, 全く(その通りで).

* ***nòt so múch* X *as* Y** Xというよりはむしろ Y. John is *not so* ～ a teacher *as* a scholar. ジョンは教師というよりは学者だ. I lay down *not so* ～ to sleep *as* to think. 眠るというよりも考えるために横になった.

nòt* [*nèver*] *so múch as .. ..すら(し)ない. I *never so* ～ *as* looked at his letter. 私はついに彼の手紙を見ることさえしなかった.

so múch so* ⌊*thàt* [*às to*] *.. とても(..)なので... I was afraid, *so* ～ *so that* I couldn't move. 私は怖かった, とても恐ろしくて動けなかった (★この文で第 2 の so は afraid の代わり). He is humble, *so* ～ *so as to* seem unsociable. 彼は謙虚だ, その程度たるや非社交的と見えるほどだ.

***so mùch the bétter* [*wórse*] (*for ..*)** (..のために)それだけますますよい[悪い]. I felt *so* ～ *the better for* having had a long holiday. 長い休暇を取ってそれだけますます気分がよくなった.

without so múch as .. ..さえしないで. She walked past me *without so* ～ *as* nodding [a nod]. 彼女は会釈もせずに私の横を通り過ぎた.

[＜古期英語 *mycel*「大きな, 多量の, 多数の」; mickle は北部方言形の発達]

mùch-héralded [形] 以前から話題にされてきた.

mùch-malígned [形] 大変非難されている.

múch·ness [名] [aU] たくさん, 多いこと, 〈次の成句で〉.

be mùch of a múchness 〖話〗〔2 つ以上のもの[人]が〕似たりよったりである, 大した違いはない.

mùch-tráveled [形] たびたび外国旅行をしている.

mu·ci·lage /mjúːsəlidʒ/ [名] [U] **1** ゴムのり (gum). **2** (植物の分泌する)粘液.

mu·ci·lag·i·nous /mjùːsilǽdʒənəs [移]/ [形] **1** 〖話〗 ねばねばする, 気持ちが悪い. **2** 粘液を出す.

‡muck /mʌk/ [名] [U] **1** (動物の)ふん; 肥やし, 堆肥(たいひ). Where there's ～ there's brass. 〖諺〗 汚いところには金がある. dog [dog's] ～ 犬のふん. **2** 〖話〗 ごみ; 嫌な物, 汚い物; 不潔さ, 乱雑さ. **3** 〖英話〗 下らないもの, くず, 《食べ物や読む物を指して》. be treated like ～ どうでもいいものとして扱われる. **4** (有機質を多く含む)黒土, 腐葉土.

(as) còmmon as múck 〖英旧〗 下層の, 粗野な.

in a múck 〖英話〗 乱雑な.

màke a múck of .. 〖主に英話〗 ..を汚す; ..を台無しにする.

── [動] [他] に肥やしをやる; を汚くする. ── [自] 〖主に英俗〗 ぶらぶらする; (あてもなく)うろつき回る.

***mùck abóut* [*aróund*]** 〖主に英話〗 うろつき回る; のらくらする.

***mùck /../ abóut* [*aróund*]** 〔人〕をいらいらさせる; 〔人〕を虚仮(こけ)にする; 〔物〕を邪険にする.

mùck abóut* [*aróund*] *with .. ..をいじくり回す, に口出しをする.

mùck ín 〖英話〗 (1) 仲良くする, 調子を合わせる, 〈*with* ..と〉. (2) 協力する; 共にする 〈*with* ..を〉.

mùck óut 馬小屋などの掃除をする.

mùck /../ óut 〔特に馬小屋など〕を掃除する; 〔馬など〕の小屋を(汚物を除いて)きれいにする.

mùck úp しくじる, へまをやらかす.

mùck /../ úp 〖主に英話〗 (1) ..を汚す. (2) ..を台無しにする, めちゃくちゃにする; 〔試験など〕にしくじる.

[?＜古期北欧語「(牛の)糞」]

múck·hèap [名] [C] 堆肥(たいひ)の山.

muck·luck /mʌ́klʌ̀k/ [名] ＝mukluk.

múck·ràke [動] [自] (政界などの)醜聞をあさる[暴く].

── [名] [C] 肥やし熊手. ▷**muck·rak·er** [名] [C] 醜聞を暴く人. **muck·rak·ing** [名] [U] 醜聞を暴く事.

múck·sprèader [名] [C] 堆肥(たいひ)散布機. ▷**múck·sprèading** [名]

múck-ùp [名] [C] 〖話〗 へま, どじ.

muck·y /mʌ́ki/ [形] 〖話〗 [e] **1** 肥やしの(ような); 汚い. **2** 〖主に英〗 (天気が)悪い (bad); 荒れ模様の. **3** 〔本や映画が〕みだらな, 猥褻(わいせつ)な.

mu·cous /mjúːkəs/ [形] 粘液(性)の; 粘液を分泌する.

mùcous mémbrane [名] [C] 粘膜.

mu·cus /mjúːkəs/ [名] [U] (動物が分泌する)粘液《鼻汁, 目やになど》; (植物の)やに. [ラテン語]

‡mud /mʌd/ [名] [U] **1** 泥; ぬかるみ. Her foot was stuck in the ～. 彼女の片足は泥にはまり込んだ. **2** つまらないもの; 〖話〗 嫌われている人[もの]. **3** 悪い評判. *Mud* sticks. 悪い評判はなかなか消えない. ◊[形] muddy

(as) clèar as múd 〖話・戯〗 ちんぷんかんぷんな, わけが分からない.

***dràg a pérson* [*a pèrson's nàme, reputàtion*] *through the múd* [*míre*]** 人の名を汚す, 辱める.

(Here's) mùd in your éye! 〖俗〗 (健康を祈って)乾杯《第 1 次世界大戦中, 塹壕(ざんごう)で生まれた表現》.

A pèrson's nàme is múd. 人の名声が地に落ちている, 人が困ったことになっている.

***thròw* [*flíng, slíng*] *múd* (*at ..*)** (..に)泥を投げる; ..をけなす, 中傷する. [?＜中期低地ドイツ語]

múd bàth [名] [C] **1** (美容・健康のための)泥風呂(ぶろ). **2** 〈単数形で〉 ぬかるみ.

†mud·dle /mʌ́dl/ [動] [他] **1** (**a**) をごちゃ混ぜにする 〈*up, together*〉; 〔討論など〕を混乱させる; 〔計画など〕を台無しにする. get ～*d up* with.. ..に紛れ込む; ..を取り違える. (**b**) [VOA] (～ X ***with ..***) X を..と混同する 〈*up*〉. She ～*d* me (*up*) *with* my brother. 彼女は私を兄と間違えた. **2** の頭を混乱させる, まごつかせる; (酒などで)〔頭, 人〕をぼんやりさせる. **3** 〔水, 液体〕を濁らせる; 〔言葉〕を濁す. **4** 〖米〗 〔カクテルなど〕を混ぜて作る, かき回す.

── [自] まごつく, もたもたする[考える], 〈*with* ..で, を〉.

***mùddle alóng* [*ón*]** もたもたしながらやっていく, 何とかやってのける; 人生の目標もなく生きる.

mùddle thróugh 何とか切り抜けていく.

── [名] [C] 〈普通, 単数形で〉 混乱(状態); 頭の混乱; もたつき. make a ～ of a program 計画をめちゃめちゃにする. ***be in a múddle*** (1) 〔物が〕ごっちゃ混ぜになっている. (2) 〔人が〕混乱している 〈*about, over* ..のことで〉. I *was* all *in a* ～. 私はすっかり頭が混乱していた. (★*get* in a muddle なら「混乱する」).

[mud, -le[1]] ▷**múd·dled** [形] 混乱した; 曖昧な.

mùddle·héaded /-əd [移]/ [形] 頭の混乱した, 間抜けの. ▷～**·ness** [名] [U] 間抜けなこと.

múd·dler [名] [C] **1** 何とかやっていく人; もたつく人. **2** 〔飲み物の〕かき回し棒.

***mud·dy** /mʌ́di/ [形] [e] (**-di·er**|**-di·est**) **1** 泥だらけの

[で];〔道などが〕泥んこの, ぬかるみの. ～ boots 泥靴. This road gets very ～ when it rains. この道路は雨が降ると泥んこになる. **2** 泥水の; (どろどろに)濁った. the ～ waters of the river 泥川. **3** 泥色の, さえない;〔顔色が〕土気色の;〔光などが〕鈍い. **4**〔考えなどが〕ぼんやりした, 不鮮明な.

── 動 (**-dies**|過 過分 **-died**|**～·ing**) 他 **1** を泥で汚す;〔水など〕を濁らせる. **2** の頭を混乱させる; を曖昧にする, 分かりにくくする. ***mùddy the wáters*** [***the íssue***] 事態を一層混乱させる.

[mud, -y[1]] ▷**mud·di·ly** 副 **mud·di·ness** 名

múd·flàp 名 C 〖英〗(トラックなどの)泥よけ (〖米〗splash guard).

múd flàt 名 C 〈しばしば複数形で〉**1** 干潟《潮の干満で現れたり没したりする》. **2**〖米〗(干上がった湖の)泥の底.

múd·flòw 名 C (噴火による)土石流.

múd·guàrd 名 C (自転車やオートバイの)泥よけ (★自動車の泥よけは〖米〗fender,〖英〗wing; →bicycle 図).

múd·pàck 名 C (美容の)泥パック.

múd pìe 名 UC (子供が作って遊ぶ)泥まんじゅう. toss ～*s* at each other 泥まんじゅうを投げ合う; 中傷合戦をする.

múd·slìde 名 C 土石流.

mud·sling·er /mʌ́dslìŋər/ 名 C (政敵などの)中傷をする人 (→throw[fling, sling] MUD (at..)).

mud·sling·ing /mʌ́dslìŋiŋ/ 名 U 中傷; 泥仕合.

múd·wrèstling 名 U 泥んこレスリング《ぬるぬるした泥を入れた枠の中で闘う見世物の女レスリング》.

mues·li /mjú:zli/ 名 U ミューズリ《朝食用シリアルの一種; ナッツやドライフルーツと混ぜ, 牛乳又はヨーグルトをかけて食べる》. [＜(スイス)ドイツ語]

mu·ez·zin /mju:ézən|mu(:)-/ 名 C (イスラム教寺院の)祈禱(き)時報係《minaret から 1 日 5 回祈りの時刻を(今はスピーカーで)信者たちに知らせる》. [＜アラビア語]

muff[1] /mʌf/ 名 (複 **～s**) C **1** マフ《両端から手を入れて温める毛皮製などの筒状の防寒具》. **2** ＝earmuff. [＜オランダ語]

muff[2] 名 (複 **～s**) C **1**〖球技〗球の受け損ない, 落球;〈一般に〉しくじり, へま. **2** へまをやる人《特に運動競技で》. ── 動 他 **1**〔球〕を受け損なう. ～ a catch 落球する. **2** をしくじる. ～ one's lines [words] せりふをとちる. ── 自 球を落とす;〖話〗へまをやる〈*up*〉.

múff it 機会を逃す; 落球する. [?＜muff[1]]

‡**muf·fin** /mʌ́fən/ 名 C マフィン《一種の菓子パンで熱いうちにバターをつけて食べる; 英国風マフィン (〖米〗English muffin) はイースト菌入りの練り粉を横半分に切り分けて焼く平らな丸型, 米国風はカップケーキ型で甘いのが普通》. [＜?]

†**muf·fle** /mʌ́f(ə)l/ 動 他 **1** を包んで音を消す[抑える, 小さくする], の声を殺す;〈一般に〉を弱める. ～ one's sobs behind a handkerchief すすり泣きをハンカチで抑える. speak in ～*d* tones 押し殺したような声で話す. **2**〔顔, 首など〕を覆う; を防寒具などにくるむ;〈*up*〉. ～ oneself *up* 寒くないように着込む. heavily ～*d* (*up*) in thick furs 厚い毛皮にすっぽりと身を包んで.

── 名 C **1** (音を消すための)覆い. **2** 押し殺された音. [＜古期フランス語「包み込む」; muff[1] と同源か]

▷**～d** 形 防寒具に身を包んだ; 押し殺した; 鈍い.

*__muf·fler__ /mʌ́flər/ 名 (複 **～s** /-z/) C **1**〖旧〗マフラー, 襟巻き. **2**〖米〗(自動車などの)消音装置, マフラー, (〖英〗silencer); (ピアノの)響き止め.

muf·ti /mʌ́fti/ 名 **1** U (軍人などの)私服, 平服, (↔uniform). in ～ 平服で[の]. **2** C (イスラム教国の)イスラム教法典解説者. [＜アラビア語]

*__mug__[1] /mʌg/ 名 (複 **～s** /-z/) C **1 大型コップ**, マグ, ジョッキ, 《普通, 取っ手の付いた陶[金属]製の円筒形のもので受け皿はない》. **2** マグ 1 杯分. a ～ of beer マグ 1 杯のビール. **3**〖俗〗つら (face)《多分マグに昔よく描かれた間抜けな顔の絵柄から》; 口 (mouth). **4**〖英俗〗(だまされやすい)間抜け, とんま, (→3). **5**〖米俗〗悪漢, ごろつき.

a múg's gàme〖英俗〗あほらしい[ばからしい]仕事[事], むだ骨.

── 動 (**～s**|**-gg-**) 他 **1**〖話〗(夜道などで)〔強盗が〕〔人〕に襲いかかる, を襲って強奪する. **2**〖米俗〗〔警察が〕〔犯人〕の顔写真を撮る (→mugshot). ── 自〖俗〗〔俳優などが〕大げさな表情をする, しかめっ面をする.

[?＜北欧語]

mug[2] 動 (**～s**|**-gg-**) 他 VOA (～ /X/ *up*)〖英話〗(試験前などに) X をガリ勉する, 詰め込む. ── 自 VA (**～ *up on*** ..) ..を詰め込む.

mug·ful /mʌ́gfùl/ 名 C ジョッキ[マグ] 1 杯分.

múg·ger 名 C〖話〗追いはぎ, 強盗.

mug·ging 名 UC (路上での)強盗.

mug·gins /mʌ́ginz/ 名 (複 **～**, **～·es**) C〖英俗·戯〗間抜け, とんま, (fool) (★しばしば自分を指す). ～ here どじな私奴(め).

mug·gy /mʌ́gi/ 形 e 蒸し暑い, 暑苦しい. Just before the thunderstorm, it got ～. 雷雨の直前で蒸し暑くなった. ▷**mug·gi·ness** 名

múg·shòt 名 C〖話〗(特に警察の)顔写真.

mug·wump /mʌ́gwʌ̀mp/ 名 C〖米〗**1** 独自路線を取る政界人, 一匹狼(おおかみ). **2** 有力者, ボス.

Mu·ham·mad /muhǽməd/ 名 ＝Mohammed.

Mu·ham·mad·an /muhǽməd(ə)n/ 形, 名 ＝Mohammedan. ▷**～·ism** /-ìz(ə)m/ 名 ＝Mohammedanism.

mu·ja·hed·din /mù:dʒəhedí:n/ 名 〈複数扱い〉ムジャヘディン《イスラム原理主義者のゲリラ》.

muk·luk /mʌ́klʌk/ 名 C〖米〗マクラク《極地地方ではくアザラシの皮製の柔らかい長ぐつ》.

mu·lat·to /mju(:)lǽtou, məl-|mju(:)-/ 名 (複〖米〗**～es**,〖英〗**～s**) C〖軽蔑〗白人と黒人の混血児《厳密には白人と黒人との間の 1 代混血児を言う; →quadroon, octoroon》. [スペイン語「若いラバ」]

mul·ber·ry /mʌ́lbèri|-b(ə)ri/ 名 (複 **-ries**) **1** C〖植〗桑 (**múlberry trèe**); 桑の実. **2** U 暗い赤紫色《桑の実の色》. [＜古期英語; ラテン語 *mōrum*「桑」, berry]

mulch /mʌltʃ/ 名 aU (植物の根元を保護する)根覆い《敷きわら, 腐葉土など》. ── 動 他 に根覆いをする.

mulct /mʌlkt/ 動 他〖章〗**1** VOO (～ X Y)·VOA (～ X *in* Y) X に Y の罰金を科する. **2**〔金など〕を詐取する, 巻き上げる, 〈*of* ..〔人〕から〉. ── 名 C 罰金, 科料.

†**mule**[1] /mju:l/ 名 C **1** ラバ《雄のロバ (ass) と雌馬 (mare) との雑種で荷物の運搬, 農作業などに使用する; 頑固, 強情のイメージがある》. (as) stubborn [obstinate] as a ～ 大変頑固な[強情な]. **2**〖話〗意地っ張り, 強情者. **3** ミュール精紡機 (spinning mule)《古い型を折衷して発明された紡績機の一種》. **4**〖俗〗麻薬の運び屋. **5**〈形容詞的〉雑種の. a ～ canary 雑種のカナリア. [＜ラテン語 *mūlus*, *mūla*「ラバ」]

mule[2] 名 C 〈普通 ～s〉つっかけ, サンダル.

múle dèer 名 C〖動〗ミュールジカ《北米西部産のシカ; black-tailed deer とも言う》.

múle skìnner 名〖米話〗＝muleteer.

mu·le·ta /mju:léitə|-létə/ 名 C ムレタ《闘牛士が棒に付ける赤い布》. [スペイン語]

mu·le·teer /mjù:lətíər/ 名 C ラバ追い.

mul·ga /mʌ́lgə/ 名 UC マルガ《オーストラリア産低木》.

mul·ish /mjú:liʃ/ 形 (ラバのように)強情な, 頑固な. ▷**～·ly** 副 **～·ness** 名

mull[1] /mʌl/ 動 他〔問題など〕を熟考する, 思いめぐらす; を検討する, 〈*over*〉. 類語 考えがあまりはかどらないことを暗示する; →think. ── 自 熟考する〈*over* ..を〉.

M

mull[2] 動 他 〔ワイン, ビールなど〕に砂糖や香料などを加えて温める. ▷ **~ed** 形
mull[3] 名 C 《スコ》岬 (promontory).
mul·la(h) /mʌ́lə/ 名 C 《旧》(イスラム教の)神学者, 律法学者; 先生, 師, 《その尊称として》.
mul·let /mʌ́lət/ 名 (複 **~s**, **~**) UC 《魚》ボラ; ヒメジ.
mul·li·ga·taw·ny /mʌ̀ligətɔ́:ni/ 名 U マリガトーニー・スープ《インド風のカレー味のスープ》.
mul·lion /mʌ́ljən/ 名 C 《建》(窓の)縦仕切り《石, 金属, 木の》, 中方(なかほう)立て. ▷ **~ed** 形
mul·ti- /mʌ́lti/ 〈複合要素〉「多い; 多様の; 多数倍の; 多重の」の意味. [ラテン語 *multus* 'much, many']
mùlti-áccess 名 U, 形 《電算》(コンピュータへの)マルチアクセス(の).
mùlti·céllular /㊑/ 形 多細胞の.
mùlti-chóice /㊑/ 形 =multiple-choice.
mùlti·cólored 《米》, **-oured** 《英》 形 多色の, 多彩な.
mùlti·cúltural /㊑/ 形 多文化[民族]から成る.
mùlti·cúltural·ism 名 U 多文化性; 多文化共存.
mùlti-diménsional 形 多次元の.
mùlti-disciplinary 形 多くの専門分野の[から成る].
mùlti-fácet·ed /-əd/ 形 多くの側面を持った; 多才な.
mùlti-fáith /㊑/ 形 〈限定〉宗教的に多様な, 雑多な宗教の, 〔礼拝, 社会など〕.
mul·ti·far·i·ous /mʌ̀ltəféə(ə)riəs ㊑/ 形 《章》多種多様な, 種々雑多な, 多岐にわたる. a man of ~ hobbies 趣味道楽の多い男. ▷ **~·ly** 副 **~·ness** 名
múlti·fòrm 形 種々の形[外観]を持った, 多形の; 雑多な.
mùlti·fúnction 形 =multi-functional.
mùlti·fúnctional /㊑/ 形 〈限定〉多機能の.
múlti·gỳm 名 C 《英》多機能トレーニング機械[室]《ウェートトレーニング以外も出来る》.
‡**mùlti·láteral** /㊑/ 形 **1** 3 か国以上が関係する, 多国間の; 多国籍の. a ~ treaty 多国間条約. ~ forces 多国籍軍. **2** 多面的な (many-sided); 多辺の. ▷ **~·ly** 副 **~·ism** 名 U
mùlti·língual /㊑/ 形 **1** 多言語を話す. a ~ secretary 多言語を操れる秘書. a ~ country 多言語国家. **2** 多言語を使った. a ~ pamphlet 多数の言語で書かれたパンフレット.
‡**mùlti·média** 名 〈単数扱い〉**1** マルチメディア《多メディアを用いた芸術; 又, 多メディアを組み合わせた総合的なコミュニケーション》. **2** 《教》マルチメディア教授法《テキストだけではなくテレビなども活用》.
mùlti·míllion /㊑/ 形 数[何]百万の.
‡**mùlti·mìllionáire** 名 C 億万長者, 大富豪.
†**mùlti·nátional** /㊑/ 形 **1** 多国籍(企業)の. a ~ force 多国籍軍. **2** 多民族[多国籍の人]から成る.
── 名 C 多国籍企業.
mul·tip·a·rous /mʌltípərəs/ 形 一度に多数の子を産む〔哺(ほ)乳動物〕.
mùlti·párty 形 多[政]党の.
***mul·ti·ple** /mʌ́ltəp(ə)l/ 形 ⓒ **1** 多くの部分[要素]から成る, 多数の; 《電気》複式の; **多様な**; 《植》〔果実が〕集合的な. The driver received ~ injuries. 運転者は多種類の外傷を負った. a ~ crash [collision, accident] 多重衝突. a ~ birth (同時に 2 人以上の)多重出産. a ~ passport 数次旅券. **2** 《数》倍数の. →common multiple, lowest [least] common multiple.
── 名 C **1** 《数》倍数. 15 is a ~ of 5. 15 は 5 の倍数である. bonds sold in ~*s* of $10,000 1 万ドル単位で売られる債券. **2** 《英》=multiple shop [store].
[<後期ラテン語(<ラテン語 *multiplex*「多層の, 多重の」)]
mùltiple-chóice /㊑/ 形 多肢選択の, マルチョイ式の. a ~ test 多肢選択式テスト.
mùltiple frúits 名 C 《植》多花果, 集合果, 《パイナップルの実など》.
mùltiple personálity 名 C 多重人格.
mùltiple sclerósis 名 U 《医》多発性硬化症《略 MS》.
mùltiple shóp [stóre] 名 《英》チェーンストア.
mul·ti·plex /mʌ́ltəplèks/ 形 **1** 複合的な. **2** 多重送信の. ── 名 **1** 多重送信方式. **2** 映画館センター《同じ建物の中にいくつかの映画館がある》. [ラテン語 'manifold']
múlti·plèx·er 名 C 多重チャンネル(《話》mux).
mul·ti·pli·cand /mʌ̀ltəplikǽnd/ 名 C 《数》被乗数 (→multiplication ★).
***mul·ti·pli·ca·tion** /mʌ̀ltəpləkéiʃ(ə)n/ 名 **1** aU 《数》**掛け算**, 乗法, (↔division). 4×5 is an easy ~. 4×5 は簡単な掛け算だ (★4×5=20 は普通 Four times five is [are, make(s)] twenty. と読み, 4 は multiplier, × は multiplication sign [symbol] (掛け算記号), 5 は multiplicand, 20 は product (積)と呼ぶ; →multiplication table). **2** U 増加; 増殖, 繁殖.
◇動 multiply
multiplicátion tàble 名 C (掛け算の)九九表《英米では 1×1 から 12×12 まである; 又表は Two threes are six. (3, 2 が 6) などと読む》.
mul·ti·pli·ca·tive /mʌ̀ltiplíkətiv, mʌ́ltiplikèitiv ㊑/ 形 **1** 増加する, 繁殖力のある; 掛け算の. **2** 《言》倍数詞の.
── 名 C 《言》倍数詞《double, threefold など》.
mul·ti·plic·i·ty /mʌ̀ltəplísəti/ 名 aU 多数(であること); 多様(性). For its inhabitants London has a ~ of aspects. (旅行者でなく)そこの住民にとってロンドンは実に多様な側面を持っている.
mul·ti·pli·er /mʌ́ltəplàiər/ 名 C **1** 《数》乗数 (→multiplication ★). **2** 増やす人[物]. **3** 《物理·電》倍率器.
‡**mul·ti·ply**[1] /mʌ́ltəplài/ 動 (**-plies** /-z/|過 過分 **-plied** /-d/|**~·ing**) 他 **1** 《数》を掛け合わせる〈*together*〉; VOA (~ X *by* ..) X に..を掛ける; (↔divide). One can make 6 by ~*ing* 2 and 3 (*together*). 2 と 3 を掛けると 6 になる. If you ~ 4 *by* 5 you get 20. 4 に 5 を掛けると 20 になる. 4 *multiplied by* 5 is 20 《4×5=20 の読み方の 1 つ; →multiplication ★》. **2** を倍加させる, 増大させる. Darkness *multiplies* the danger of driving. 暗いと運転の危険が何倍にも増す. **3** 〔動植物〕を繁殖させる (breed).
── 自 **1** 掛け算をする. **2** どんどん増加する (increase). Population continues to ~ in that country. その国では人口が増え続けている. **3** 繁殖する.
◇名 multiplication [<ラテン語「何倍にもする, 大きくする」(<*multiplex* 'multiplex')]
mul·ti·ply[2] /mʌ́ltəpli/ 副 (★multiple の副詞) **1** 多くの部分から成って. **2** 種々の仕方で, いろいろな点で.
mùlti·púrpose /㊑/ 形 多目的の.
mùlti·rácial /㊑/ 形 多人種[民族]の[から成る] (★協力·融和を含意する).
múlti·stàge 形 多段式の〔ロケットなど〕; 〔調査などが〕多段階の, 順を追っての.
mùlti·stóry 《米》, **-stórey** 《英》 /㊑/ 形 〈限定〉高層の, 多層の, 〔建物〕. ── 名 C 《英》立体駐車場.
mùlti-tásking 名 U 《電算》マルチタスキング《単一の CPU で同時に複数のタスクを行うこと》.
***mul·ti·tude** /mʌ́ltət(j)ù:d/ 名 (複 **~s** /-dz/) **1** C **多数**, たくさん; 〈~s〉多数; 〈*of*〉; U 数の多さ, おびただし

さ. a ～ [～*s*] *of* problems 幾多の問題. True happiness does not consist in a ～ *of* friends. 真の幸福は友達の多さにあるのではない. **2** [C] 〈the ～〉〘古〙〘聖書〙大群衆. **3** [C] 〈the ～(s)〉〘時に軽蔑〙大衆, 庶民層. appeal to the ～ 大衆に訴える.

còver* [*hìde*] *a múltitude of sìns 〘しばしば戯〙都合の悪いこと[欠点]を隠す, うまい言い訳になる.
[multi-, -tude]

mul·ti·tu·di·nous /mʌ̀ltət(j)úːdənəs [移]/ [形] 〘章〙多数の, おびただしい数の; 種々雑多な.
▷**～·ly** [副] **～·ness** [名]

mul·ti·va·lent /mʌ̀ltəvéilənt [移]/ [形] 〘化〙多原子価の; 〘遺伝〙多価の; 多くの意味を持つ.
▷**mul·ti·va·lence** /-ləns/ [名]

mul·ti·ver·si·ty /mʌ̀ltəvə́ːrsəti/ [名] [C] 〘主に米〙(校舎が分散した)マンモス大学. [＜*multi-*＋*university*]

mum[1] /mʌm/ [形] 〈叙述〉黙っている (silent). keep [stay] ～ (about the plan) (その計画について)何もしゃべらない. ── [間] 静かに, しっ.
── [名] 〈次の成句で〉 ***Mùm's the wórd!*** 〘話〙他言は無用, 絶対しゃべっちゃだめだよ; 絶対しゃべらないよ.
── [動] (～s|-mm-) [自] 無言劇を演じる《クリスマスの子供劇などで》. go ～*ming* 仮装して無言劇を演じて回る.
[擬音語]

‡**mum**[2] [名] ([複] ～s /-z/) [C] 〘英話〙**母さん**, ママ, (〘米話〙mom); ＝madam. my ～ and dad ママとパパ.
[＜*mum*my[2]]

†**mum·ble** /mʌ́mb(ə)l/ [動] [他] **1** をもぐもぐ言う; [VO] (～ *that* 節/"引用") ..だと/「..」とぶつぶつ言う; ([類語] 口を半ば閉じた状態での不明瞭(りょう)な発声に重点がある; →mutter). The old man ～*d* something which I couldn't catch. 老人は何やら分からないことをもぐもぐ言った. **2** を(歯のない人のように)もぐもぐかむ. ── [自] ぶつぶつ言う, もぐもぐ言う. ～ to oneself ぶつぶつ独り言を言う. ── [名] [C] もぐもぐ言うこと; 低くはっきりしない声. a ～ of conversation はっきり聞き取れない話し声.
[mum[1], -le[1]]

mum·bo jum·bo /mʌ̀mbou-dʒʌ́mbou/ [名] **1** [U] 〘話〙ばかげた宗教的儀式[呪文(じゅもん)]; (まじないのように)訳の分からない言葉, ナンセンス; 《西アフリカの黒人が崇拝する鬼神の名前に由来するとされる》. **2** [C] 迷信的崇拝物, 偶像.

mum·mer /mʌ́mər/ [名] [C] **1** 無言劇の役者《昔の英国でクリスマスに仮面を着け仮装して家々を回った》.
2 〘戯・古〙役者.

mum·mer·y /mʌ́m(ə)ri/ [名] ([複] **-mer·ies**) [UC]
1 (mummer による)無言劇(の上演). **2** 〘軽蔑〙ばかげた儀式, 虚礼, 茶番.

mum·mi·fi·ca·tion /mʌ̀məfəkéiʃ(ə)n/ [名] [U] ミイラ化.

mum·mi·fy /mʌ́məfài/ [動] (**-fies**|[過] [過分] **-fied**|**～·ing**) [他] をミイラにする; を(干して)干からびさせる.
── [自] (ミイラのように)干からびる.

†**mum·my**[1] /mʌ́mi/ [名] ([複] **-mies**) [C] **1** (特に古代エジプトの)ミイラ; ミイラのような死体. **2** やせこけた人. [＜アラビア語]

‡**mum·my**[2] /mʌ́mi/ [名] ([複] **-mies** /-z/) [C] 〘英話〙**お母ちゃん**, マミー, 《mum[2] の小児語》.

múmmy's bòy [名] 〘話〙＝mother's boy.

*****mumps** /mʌmps/ [名] 〈単数扱い〉 **1** 〘医〙〈(the) ～〉**流行性耳下腺(せん)炎**, お多福風邪. have ～ お多福風邪にかかっている. **2** 〈the ～〉 ふくれっ面, 不機嫌. [?＜北欧語]

mum·sy /mʌ́mzi/ [形] [e] 〘英話〙(女性が)やぼったい.

mùm-to-bé [名] [C] 〘話〙妊婦 (mother-to-be).

Munch /muŋk/ [名] **Edvard ～** ムンク(1863–1944) 《ノルウェーの画家》.

‡**munch** /mʌntʃ/ [動] [他] をむしゃむしゃ食べる《あごを動かして》. ── [自] むしゃむしゃ食べる 〈*at*, *on* .. を〉. ～ *away at* [*on*] an apple リンゴをむしゃむしゃ食べる.

Mun·chau·sen /mʌ́ntʃàuzn/ [名] [C] ほら話(をする人). [＜Baron *Münchhausen*「ミュンヒハウゼン男爵」; R. E. Raspe の『ほらふき男爵』のモデルとなった 18 世紀の実在人物].

munch·ies /mʌ́n(t)ʃiz/ [名] 〘米話〙 **1** 〈the ～; 単数扱い〉(スナックが食べたい)空腹感. have the ～ ちょっと何か食べたい. **2** 〈複数扱い〉スナック食品《ポップコーン, プレッツェルなど》.

‡**mun·dane** /mʌ̀ndéin [移]/ [形] **1** 日常的な; ありきたりの, 新味のない. **2** 現世の; 世俗的な; ([類語] 日常の平凡さに重点がある; →worldly). ── [名] 〈the ～〉ありきたりのこと. [＜ラテン語 *mundus*「世界, 宇宙」] ▷**～·ly** [副] **～·ness** [名]

mùng béan /mʌ̀ŋ-/ [名] [C] 〘植〙ヤエナリ, ブンドウ, 《東アジア産のアズキの一種; 主として食用》.

Mu·nich /mjúːnik/ [名] ミュンヘン《ドイツ Bavaria 州の州都; ドイツ語名 München》.

Mùnich Agréement [名] 〈the ～〉ミュンヘン協定《1938 年英仏独伊 4 国によって締結された; ドイツにチェコスロヴァキアの一部を割譲するもの; 戦争を避けるための宥(ゆう)和政策であったが, 結局はヒトラーに裏切られた; →appeasement》.

*****mu·nic·i·pal** /mju(ː)nísəp(ə)l/ [形] [¢] **都市の**, 市の, 町の; 地方自治体の, 市政の, 町政の; 市営の, 町営の. ～ government 地方自治体行政府; 市政. a ～ election 市議会議員選挙. a ～ hospital [library] 市立病院[図書館]. ～ transportation 市営交通. a ～ office 市役所. a ～ tax 市民税. [＜ラテン語 *mūnicipium*「住民がローマ市民権を持つ都市」; -al] ▷**～·ly** [副] 都市として; 市政上; 市営で.

munìcipal bónd [名] [C] 〘米〙地方債.

munìcipal corporátion [名] [C] 都市自治体, 地方公共団体.

†**mu·nic·i·pal·i·ty** /mju(ː)nìsəpǽləti/ [名] ([複] **-ties**) [C] **1** 自治体《市, 町など》. **2** 〈単数形で複数扱いもある〉市[町]当局.

mu·nic·i·pal·ize /mju(ː)nísəpəlàiz/ [動] [他] を自治体にする, に市政を敷く; を市営[市有]にする.

mu·nif·i·cence /mju(ː)nífəs(ə)ns/ [名] [U] 〘章〙気前のよさ, 物惜しみしないこと, (generosity).

mu·nif·i·cent /mju(ː)nífəs(ə)nt/ [形] 〘章〙〔人, 贈り物などが〕気前のいい (generous). ▷**～·ly** [副]

mu·ni·ments /mjúːnəmənts/ [名] 〈複数扱い〉〘章・法〙不動産権利証, 権利証書.

‡**mu·ni·tion** /mju(ː)níʃ(ə)n/ [名] **1** 〈～s〉軍需品; 〈特に〉兵器弾薬. **2** 〈形容詞的〉〘英〙軍需品の. ～(*s*) makers 軍需品製造業者. ── [動] [他] に軍需品を供給する. [＜ラテン語「壁で取り囲む＞守る」]

Mun·ster /mʌ́nstər/ [名] マンスター《アイルランド共和国南西部地方の州; 州都 Cork》.

‡**mu·ral** /mjú(ə)rəl/ [形] 〈限定〉〘章〙壁[天井]に描いた; 壁に掛けた; 壁の(ような). ～ decoration 壁飾り. ── [名] [C] 壁画; 天井画; 壁飾り. [＜ラテン語 *mūrus*「壁」] ▷**～·ist** [名] [C] 壁画家.

‡**mur·der** /mə́ːrdər/ [名] ([複] ～s /-z/) **1** [U] **殺人**, 殺害; 〘法〙謀殺 ([類語] 殺意のある殺人; →homicide); (戦争などによる多数の人の)虐殺; [C] 殺人事件. commit (a) ～ 殺人を犯す. solve a ～ 殺人事件を解決する. *Murder* will out. 〘諺〙悪事千里を走る《悪事は必ず露見するもの; out＝come out》.

[連結] a cold-blooded [a brutal, a cruel, a vicious; a grisly; a heinous; an indiscriminate; a wanton; a premediated, a willful; attempted] ～

M

2 Ⓤ (過失, 不注意などによる)生命の犠牲, 過失致死.
3 Ⓤ 〈be ..で〉〖話〗とてつもなく難しい[いやな, 危険な]事. The test was ～! テストはとてつもなく難しかったよ. This heat is ～. この暑さはひどすぎる. It's ～ on my feet [back]. 足[背中]が痛くなる.
crỳ [scrèam, shòut, yèll] blùe [blòody] múrder 大声で苦痛を訴える; 大騒ぎをする, 大騒ぎして抗議する.
gèt awáy with múrder 〖俗〗殺人を犯しても罰せられない; 好き放題にやって(罰せられずに)無事に済む[平気である].
── 動 (～s /-z/|過 過分 ～ed /-d/|～·ing /-d(ə)riŋ/) 他 1 を殺す (kill), 殺害する; 〖法〗を謀殺する. The President was ～*ed* by the terrorists. 大統領はテロリストたちによって殺された. If you're late again, I'll ～ you. 今度遅れたら, こてんぱんだぞ《比喩的用法》. 2 〖話〗(下手な演技, 発音などで)〔劇, 歌曲など〕を台無しにする, '殺す'. The actor ～*ed* the play. その役者が芝居をぶちこわした. 3 〖俗〗(試合で)をこてんぱんにやっつける.
── 自 殺人を犯す.
I could múrder a .. (1) を殺せれば殺したい気持ちだ. (2) ..がすごく食べたい[飲みたい]. I *could* ～ *a* beer. ああビールが飲みたい. [<古期英語]

*__mur·der·er__ /mə́:rdərər/ 名 (複 ～s /-z/) Ⓒ **殺人者**, 人殺し; 謀殺者. a mass ～ 大量殺人者.

mur·der·ess /mə́:rdərəs/ 名 Ⓒ 女の殺人者.

†__mur·der·ous__ /mə́:rd(ə)rəs/ 形 1 殺人の; 殺意のある; 人を殺せる. a ～ scheme 殺人計画. a ～ weapon 凶器. make a ～ attack upon ..を殺そうとして襲う. 2 残虐な, 凶悪な,〔犯人など〕; 殺意に満ちた〔表情など〕. in a ～ rage (相手を)殺さんばかりに激怒して. a ～ look [expression] 憤怒の形相. 3 殺人的な〔暑さなど〕; 危険きわまる, 極めて困難な[苦しい, 不快な]. a ～ heat 殺人的な[うだるような]暑さ. ▷ **～·ly** 副 殺意を持って; (相手が死ぬほど)ひどく. **～·ness** 名

Mur·doch /mə́:rdɑk|-dɔk/ 名 マードック 1 **Iris** ～ (1919-99)《アイルランド生まれの英国の女流小説家》. 2 **Rupert** ～ (1931-)《オーストラリア出身の実業家; 世界の新聞王; 伝統ある *The Times* 紙も今は彼の所有》.

murk /mə:rk/ 名 Ⓤ 〖雅〗〈the ～〉暗黒 (darkness); 薄暗がり (gloom). peer through [into] the ～ 暗闇(やみ)を透かして見る[のぞきこむ]. [?<古期北欧語]

‡__murk·y__ /mə́:rki/ 形 ⓔ 〖雅〗 1 〔夜などが〕暗い (dark); 薄暗い (gloomy); 〔鏡などが〕曇った; 黒ずんだ, 濁った. ～ water 濁り水. 2 〔やみ, 霧などが〕濃い; (霧, 煙などで)かすんだ, もうもうとした. 3 〖軽蔑・戯〗陰(かげ)での, 恥ずかしい, やましい, (shameful). The man has a ～ past. その男には暗い過去がある. 4 理解しにくい.
▷ **murk·i·ly** 副 **murk·i·ness** 名

*__mur·mur__ /mə́:rmər/ 名 (複 ～s /-z/) 1 Ⓒ (波, 風などの)ざわめき; さらさらという流水の音. the ～ of a brook 小川のせせらぎ. the ～ of bees ハチのぶーんという音.
2 Ⓒ ささやき; ぼそぼそ言う人声. a ～ of voices from the next room 隣の部屋から漏れるかすかな人の声. a ～ of approval 低い賛成の声.
3 Ⓒ (不平の)つぶやき, ぶつぶつ言う声. ～s of discontent 不満のつぶやき. without a ～ 不平も言わずに.
4 ⓊⒸ 〖医〗(聴診器で聞かれる心臓などの)雑音, 異常音.
── 動 (～s /-z/|過 過分 ～ed /-d/|～·ing /-m(ə)riŋ/) 自 1 ざわめく; 〔小川などが〕さらさら流れる. The wind ～*ed* in the trees. 風が木々の間でざわめいた. 2 ささやく; ぼそぼそ言う; (類語 近寄らないと聞こえないほどのささやき; →mutter). 3 ぶつぶつ不平を言う〈*at, against* ..に/*about* ..を〉. The maid ～*ed at* the demanding work. メードはきつ過ぎる仕事にぶつぶつ言った.
── 他 をささやく, 小声で言う; Ⅵ (～ *that* 節/"引用") ..である/「..」とつぶやく. ～ sweet words into a girl's ear 少女の耳に甘い言葉をささやく. He ～*ed that* he was sleepy. 彼は眠いとつぶやいた. [<ラテン語]

múr·mur·ing 名 ⓊⒸ 不平のつぶやき.

mur·mur·ous /mə́:rmərəs/ 形 ざわめく, ささやく; つぶやく(ような). ▷ **～·ly** 副

mur·phy /mə́:rfi/ 名 (複 **-phies**) Ⓒ 〖俗〗ジャガイモ (potato).

Múr·phy bèd /mə́:rfi/ 名 Ⓒ マーフィー式ベッド《畳んで戸棚にしまえる; 発明者名から》.

Múrphy's làw 名 Ⓤ 〖戯〗マーフィーの法則《If anything can go wrong, it will, and it will happen at the worst possible moment. (うまくいきそうにない事は必ず, しかも最悪の時に, 起こる)の類; ＝the Sod's law》.

mur·rain /mə́:rən|mʌ́r-/ 名 Ⓤ 瘟疫(おんえき)《家畜の伝染病の総称》.

mus. museum; music(al); musician.

Mus·ca·det /mʌ́skədèi, ⌣⌣⌣/ 名 ⓊⒸ ミュスカデ《フランス産辛口白ワイン》.

mus·cat /mʌ́skət/ 名 Ⓒ マスカット《ブドウの一種》.

mus·ca·tel /mʌ̀skətél/ 名 1 Ⓤ マスカテル《マスカットで作った薄色の甘口ワイン》. 2 ＝muscat.

‡__mus·cle__ /mʌ́s(ə)l/ 名 (複 ～s /-z/) 1 ⓊⒸ **筋肉**, 筋(すじ), (→flesh). voluntary [involuntary] ～s 随意[不随意]筋. the development of ～ 筋肉の発達. bulging [rippling] ～s 隆々たる筋肉. stretch one's back ～s 背筋を伸ばす. pull [strain, tear] a ～ 筋肉を痛める. ～ pain 筋肉痛. 2 Ⓤ 筋力, 腕力; 〈一般に〉力. Bob has a good deal of ～ for a boy of ten. ボブは 10 歳の子供にしては腕力がある. 3 Ⓤ (強制的な)力, 圧力. military ～ 軍事力. a political leader with plenty of ～ 多大の影響力を持つ政界のボス. ◇形 muscular
flèx one's múscle(s) (準備体操として)筋肉の屈伸をする; (大きな仕事の準備に)小手調べをする; 力を誇示する.
not mòve a múscle 顔の筋 1 つ動かさない, びくともしない. Do*n't move a* ～! 動いてはいけない!
pùt some múscle into it 〖話〗もっと力を入れる, もっとがんばる.
── 動 自 〖話〗割り込む. A young man ～*d* in front of me. 若者が私の前に割り込んだ.
mùscle ín 強引に割り込む〈*on* ..の前に〉; 縄張りを荒らす〈*on* ..の〉. ～ *in on* a person's ground 他人の土地を荒らす.
mùscle /../ óut 〖米話〗..を力ずくで追い出す.
[<ラテン語「小さなネズミ (*mūs*)」, -cle; 形, 動きの類似から]

múscle-bòund 形 1 (過度の運動による)筋硬直の[を起こした]; 弾力性が低下した, 柔軟性を欠く. 2 筋肉隆々とした (muscular).

mus·cled /mʌ́s(ə)ld/ 形 〈普通, 複合要素として〉..の筋肉の, 筋肉が..の. strong-*muscled* 筋肉の強い.

múscle·màn /-mæ̀n/ 名 (複 **-men** /-mèn/) Ⓒ 筋肉隆々たる男, 筋肉マン; 用心棒《普通, 雇われた暴力団員》.

mus·cly /mʌ́sli/ 形 ⓔ 〖話〗筋肉たくましい.

Mus·co·vite /mʌ́skəvàit/ 名 Ⓒ モスクワ (Moscow) 市民, モスクワっ子; 〖古〗＝Russian. ── 形 モスクワ市民の.

*__mus·cu·lar__ /mʌ́skjələr/ 形 ⓜ (★1 は ©) 1 **筋肉の**. the ～ system 筋肉組織. a ～ contraction 筋肉の収縮. ～ strength 腕力. 2 筋肉隆々とした; 腕力のある; 筋肉質で. a ～ arm たくましい腕. 3 力強い, 強そうな. ◇名 muscle ▷ **～·ly** 副

mùscular dýstrophy 名 Ⓤ 〖医〗筋ジストロフィー症.

mus·cu·lar·i·ty /mʌ̀skjulǽrəti/ 名 Ⓤ 筋肉のたくましさ, 強壮.

mus·cu·la·ture /mʌ́skjulətʃər/ 名 Ⓤ 筋肉組織.

Muse /mju:z/ 名 Ⓒ 1 〖ギ神話〗〈しばしば m-〉ミューズ《詩, 音楽など学芸の女神; Zeus の娘たちで 9 人いる》. the (Nine) ～s 9 人のミューズ神. 参考 museum は

「Muse の神殿」, music は「Muse の技芸」がそれぞれ原義. **2** 〈one's m- 又は the m-〉詩神; 詩的霊感《普通, 女性》. **3** 〈m-〉 Ⓒ 〖詩〗詩人.

†muse /mju:z/ 動 自 **1** 沈思する, 物思いにふける; 静かに考える〈*over, on, upon, about* ..について〉; (類語 回想などの物思いを意味する; →think). ～ *over* one's childhood 子供時代の追憶にふける. **2** (思索にふけりながら) じっと見つめる〈*on* ..を〉. ── 他 VO (～ *that* 節/"引用") (物思いにふけりながら)..であると/「..」とつぶやく; (心の中で)..である/「..」と言う. He ～*d that* it might take longer to drive than walk. 歩くより車で行く方が時間がかかるかもしれないと彼はつぶやいた. [＜古期フランス語]

‡mu·se·um /mju:zí:əm|-zíəm/ 名 (複 **～s** /-z/) Ⓒ **博物館**; 美術館 (art museum); 記念館; (史的資料などの) 陳列館; (→Muse 参考). the British *Museum* 大英博物館. a science ～ 科学博物館. a ～ attendant 学芸員. [＜ギリシア語「Muses の神殿」]

Musèum of Mòdern Árt 名 〈the ～〉近代美術館《米国ニューヨーク市にある; 略 MOMA》.

Musèum of the Mòving Ímage 名 〈the ～〉映画博物館《英国ロンドンにある; 略 MOMI》.

muséum pìece 名 Ⓒ **1** (博物館所蔵にふさわしい) 貴重品, 逸品. **2** 〖戯・軽蔑〗博物館行きのもの《古くさい人[物]》.

mush[1] /mʌʃ/ 名 **1** aU かゆ状の[どろどろした]もの; Ⓤ 〖米〗トウモロコシがゆ. **2** Ⓤ 〖話〗感傷的な言葉[文章など], おセンチ. This novel is just a load of ～! この小説はひどくセンチなものだ.

mush[2] 間 それ行け《そりを引く犬へのかけ声》.
── 動 自 (雪中を)犬ぞりで行く.
── 名 Ⓒ 〖米〗(雪中の)犬ぞり旅行.

mush[3] 名 〖英俗〗〈男への呼びかけ〉おまえ, おめえ《怒りを表す》.

†mush·room /mʌ́ʃru(:)m/ 名 Ⓒ **1** 〖植〗キノコ, マッシュルーム, 《特に食用のもの, 成長が速い; →fungus》. ～ soup キノコのスープ. **2** (核爆発による)キノコ雲, 原子雲, (**múshroom clòud**); キノコ形のもの(帽子など). the ～ cloud over Hiroshima 広島上空のキノコ雲《原爆の》. **3** (キノコのように)急に成長したもの; 成り上がり者. a ～ millionaire にわか成金. *Mushroom* towns sprang up all over the West. 雨後のタケノコのように西部一帯に都市が出現した.
── 動 自 **1** 急成長する〈*to, into* ..に〉; 〔建物などが〕どんどんできる. Highrise buildings have ～*ed* along the riverside. 川沿いに高層ビルがにょきにょき建った.
2 VA キノコ状になる; (急激に) 先端が広がる. The flames ～*ed out* against the ceiling. 炎はたちまち天井に広がった. **3** キノコを採る. go ～*ing* キノコ狩りに行く.
[＜後期ラテン語]

mush·y /mʌ́ʃi/ 形 e **1** かゆ状の, どろどろの. Ripe tomatoes turn ～ while being shipped. 熟したトマトは輸送中にぐじゃぐじゃになる. ～ peas 〖英〗つぶして煮たマローファット (marrowfat) 料理. **2** 〖話〗〔芝居, 文章などが〕ひどく感傷的な, センチメンタルな, 涙もろい. a ～ love scene センチなラブシーン.

‡mu·sic /mjú:zik/ 名 Ⓤ **1 音楽** (→Muse 参考). have a talent for ～ 音楽の才がある. vocal ～ 声楽. instrumental ～ 器楽. classical ～ クラシック(音楽). a ～ band 楽団. a ～ school 音楽学校. make ～ 合奏する. study ～ at college 大学で音楽を学ぶ. put on ～ 音楽をかける.

> 連結 beautiful [haunting; joyful; limpid; moving; relaxing; romantic; sad; soft; sweet; uplifting; harsh; loud; deafening] ～

2 音楽作品; 楽曲. Mozart's ～ モーツァルトの曲. listen to a lovely piece of ～ 美しい曲を聴く. write [compose] ～ 作曲する. set [put] a poem to ～ 曲に詩をつける.
3 楽譜. a sheet of ～ 1 枚の楽譜. play without ～ 楽譜なし[暗譜]で演奏する. I can't read ～. 楽譜は読めない.
4 (音楽のように)快い響き, 妙音, 《言葉, 小川のせせらぎ, そよぐ木の葉などの》. awake to the ～ of birds 小鳥のさえずりで目覚める. be ～ to a person's ears (聞いて)人に心地いい, 人にとって朗報である. **5** 音感, 音楽鑑賞力.
fàce the músic →face.
[＜ギリシア語「Muse の(技法)」]

‡mu·si·cal /mjú:zik(ə)l/ 形 m (★1 は ©) **1** 〈限定〉**音楽の**; 音楽に関する; 音楽に用いられる. a ～ composer 作曲家. a ～ performance 演奏. a ～ genius 音楽の天才. a ～ instrument 楽器. ～ scales 音階. a ～ evening 音楽の夕べ. a ～ society 音楽仲間《一緒に音楽を聞いたり演奏するグループ》.
2 〔声などが〕音楽的な, 聞いて気持ちのいい. a ～ voice of an operator 電話交換手の音楽的な声.
3 音楽好きの; 音楽が分かる; 音楽が上手な. a ～ family 音楽(好きの)一家. have a ～ ear 音楽の耳がある. John is ～. ジョンは音楽の才がある[が好きだ].
── 名 Ⓒ ミュージカル. [music, -al]
▷ **～·ly** 副 音楽的に, 調子良く; 音楽に関して(は).

músical bòx 名 〖主に英〗＝music box.

mùsical cháirs 名 〈単数扱い〉 **1** いす取り遊び《音楽がやむと同時に参加者が人数より 1 つ少ないいすを争う; 座れなかった人ははずされる》. **2** 〖しばしば軽蔑〗しょっちゅう変わること; (人事で役職の)持ち回り. The boss loves to play ～ with the staff. 上司はスタッフを次々に変えるのが好きだ.

mùsical cómedy 名 UC ミュージカル(の喜劇).

músical dirèctor 名 ＝music director.

mu·si·cale /mjù:zikǽl/ 名 Ⓒ 〖米〗(普通, 家庭に演奏家を招いて催す)音楽パーティー.

mu·si·cal·i·ty /mjù:zikǽləti/ 名 Ⓤ 音楽性.

músic bòx 名 Ⓒ 〖主に米〗オルゴール (〖英〗musical box).

músic cènter 名 Ⓒ オーディオ・セット[コンポ]《ラジオ, CD プレーヤー, カセットテープレコーダーが組み込まれている》.

músic dirèctor 名 Ⓒ 音楽監督.

músic hàll 名 **1** Ⓒ 音楽堂. **2** Ⓤ 〖英〗軽演劇, バラエティーショー, (〖米〗vaudeville); 軽演劇場, 寄席.

‡mu·si·cian /mju:zíʃ(ə)n/ 名 (複 **～s** /-z/) Ⓒ **音楽家**《特に演奏家, 楽士, 作曲家》; 音楽通, 音楽をやる人.
▷ **～·ship** /-ʃìp/ 名 Ⓤ 演奏技術, 楽才; 音楽の知識, 鑑賞力. [music, -ician]

mùsic of the sphéres 名 〈the ～〉天上の音楽《昔, 天体の運行によって生じると考えられた》.

mu·si·col·o·gy /mjù:zikálədʒi|-kɔ́l-/ 名 Ⓤ 音楽学, 音楽理論. ▷ **mu·si·col·o·gist** 名 Ⓒ

músic stànd 名 Ⓒ 譜面台.

músic stòol 名 Ⓒ ピアノ用腰掛け《高さの調節可能》.

músic sỳstem 名 Ⓒ ステレオ装置.

músic vìdeo 名 Ⓒ (歌や曲の演奏が中心の)ミュージックビデオ.

mus·ing /mjú:ziŋ/ 名 UC 〈しばしば ～s〉熟考, 沈思. ～*s* on God 神(について)の思い. ── 形 物思いにふける, 黙想の. ▷ **～·ly** 副 物思いにふけって.

musk /mʌsk/ 名 **1** Ⓤ じゃこう(の香り); じゃこうに似た分泌物. **2** Ⓒ じゃこうの香りのする植物《musk rose など》. [＜ペルシア語]

músk dèer 名 (複 ～) Ⓒ 〖動〗ジャコウジカ《中部・東部アジア産の角のない小形のシカ; 雄がじゃこうを分泌する》.

mus·ket /mʌ́skət/ 名 Ⓒ マスケット銃《ライフル銃

(rifle) 発明前の旧式銃; 兵器). 「銃士.
mus·ket·eer /mʌ̀skətíər/ 名 C 〖史〗マスケット↑
mus·ket·ry /mʌ́skətri/ 名 U 小銃射撃術; マスケット銃部隊.
músk·mèlon 名 C 〖植〗マスクメロン.
músk òx 名 C 〖動〗ジャコウウシ《北米極北地帯・グリーンランド産; じゃこうに似たにおいを発する》.
músk·ràt 名 C 〖動〗ジャコウネズミ (**múskrat bèaver**); U その毛皮.
músk ròse 名 C 〖植〗ヤマイバラ《地中海地方産; 芳香がある》.
musk·y /mʌ́ski/ 形 e じゃこうの(香りのする).
▷**musk·i·ness** 名
*__Mus·lim, -lem__ /mʌ́zləm|mús-, mʌ́z-/, /-ləm/ 名 (複 ~s /-z/) C **1** イスラム教徒, マホメット教徒. **2** 〖米〗ブラックムスリム団員 (Black Muslim). —— 形 イスラム教(徒)の, イスラム文化の. [＜アラビア語「(イスラムに)従う者」]
mus·lin /mʌ́zlən/ 名 U 綿モスリン《以前ブラウスなどに用いた薄手織り木綿生地》; 〖米〗〈一般に〉平織り綿布, キャラコ. [原産地のイラクの町 *Mosul* から]
mus·quash /mʌ́skwɑʃ|-wɔʃ/ 名 C 〖動〗ジャコウネズミ (muskrat); U 〖主に英〗その毛皮《高価》.
muss /mʌs/ 動 他 〖主に米話〗をめちゃくちゃにする; 〔髪など〕を乱す; 〔服など〕をしわくちゃにする; 〈*up*〉.
—— 名 UC 〖米〗乱雑さ, めちゃくちゃ; 混乱, 口論.
mus·sel /mʌ́s(ə)l/ 名 C ムラサキイガイ, ムール貝,《食用2枚貝の一種》. [muscle と同源]
Mus·so·li·ni /mùsəlíːni/ 名 **Benito** ~ ムッソリーニ (1883–1945)《イタリアのファシストで独裁者; 第2次大戦でドイツと同盟を結んだ》.

M

muss·y /mʌ́si/ 形 e 〖米話〗乱れた, めちゃくちゃになった, (untidy). ~ hair ばらばらの髪の毛.
‡**must**[1] /məst, 強 mʌst/ 助
|【..しなければならない】| **1**【義務, 必要】**(a)** *..*しなければならない; ..すべきだ; (類語 義務・必要の意味は must ＞ought＞should の順に弱くなる; →have 6 語法).
One ~ work in order to live. 人は生きるためには働かねばならぬ. You ~ do it quickly. 君は早くそれをしなくてはいけない (★受動態にすれば It ~ be done quickly.). *Must* I go now? もう行かなければいけませんか (★答えは Yes, you ~. (そう, 行かなければならない)又は No, you *need not* [*don't have to*]. (いえ, 行かなくてよい)). You ~ *not* run inside the school. 校舎の中で走ってはいけない (注意 must not は「..してはならない」という禁止を表す). I ~ be going now. そろそろおいとましなくては. I ~ admit [say] that... 確かに[はっきり申し上げて]..だ. Applicants ~ have finished at least a junior college course. 応募者は少なくとも短期大学課程を終了していなければならない (★4(b)と混同しないこと). **(b)** 〖古〗〈go など動詞を省略して副詞(句)を従える〉I ~ away. 行かねばならぬ.
2 〈you ~ で〉ぜひ..しなさい[して欲しい]; 〈I [we] ~ で〉ぜひ..したい(と思う). You ~ come round for dinner some time. そのうちぜひ食事にいらっしゃい. You ~ see his new movie. 彼の新作映画は必見だ. You ~ understand how she feels. 彼女の気持ち分かってあげてよ. I ~ introduce Miss Roberts to you. ロバーツさんを君にぜひ紹介したいんだ.
3【必然】必ず*..*する, ..せざるを得ない. All living things ~ die. すべて生きものは必ず死ぬ. Bad seed ~ produce bad corn. 悪い種からは悪い実しかできない.
|【..でなければならない】| **4**【断定】(★語り手の断定を表す; 疑問文はまれ) **(a)** *..*に違いない. That mountain ~ be Mt. McKinley. あの山はマッキンレーに違いない. You ~ be kidding. ご冗談でしょう. She ~ really love you. 彼女は本当に君を愛しているに違いない. No one answers the phone. The Joneses ~*n't* be at home. だれも電話に出て来ない. ジョーンズさんのうちは留守に違いない (★このように can't の意味で使うのは主に〖米〗). **(b)** 〈~ have＋過去分詞で〉..した[であった]に違いない. I ~ have been asleep. 私は眠っていたに違いない. Tom ~ have gone out. トムは出かけたに違いない. If you had looked more carefully, you ~ have found the letter. もっと気をつけて探したら君は必ず手紙を発見したであろう (★このような仮定的な用法は今では古風な言い方). 注意「..のはずはない[だったはずはない]」は cannot [cannot have＋過去分詞] で表す (→can 4 (b) 語法).
|【..しないでいられない】| **5**【固執】*..*(する)と言ってきかない (★must に強勢を置く). If you ~ know, I'll tell you. どうしても知りたいと言うのなら教えよう. He always ~ have a finger in every pie. 彼は何にでも手を出さなければ承知しない男だ. *Must* you bang the door? ドアをばたんと閉めなければ気がすまないのか《＞ばたんと閉めるのはやめてくれ》.
6【過去の不運】あいにく..した. Just as I was going out, it ~ begin snowing. 出かけようとしたその時に運悪く雪が降りだした.

> 語法 (1) must は変化しないので, 必要な変化形は have to を用いて作る: I *had to* get up at six this morning. (今朝は6時に起きなければならなかった) You will *have to* study harder next year. (来年は君はもっとしっかり勉強しなくてはならないでしょう) (2) 時制の一致のため must を過去形にする必要がある場合は, must をそのまま過去形として使うか had to を用いる: He said that he *must* [*had to*] leave at once. (彼はすぐおいとましなければなりませんと言った)

if you* [*I*] *múst どうしてもと言い張るなら[(私に)ぜひにと言うのなら](仕方がない).
I múst sày* [*admit, confèss*]*.. 本当に[実に, 確かに]..だ. Jim is so arrogant, *I must say*. ジムは全く(もって)横柄なやつだ.
mùst nèeds dó →needs.
nèeds mùst dó →needs.
—— 名 〖話〗 **1** aU 絶対欠かせ[見逃せ]ないもの. This course is a ~ for all freshmen. この科目は新入生には必修です. a tourist ~ 観光客のぜひ見るべきもの.
2 〈形容詞的〉欠かせない, 必須(ˢ)の, ぜひ見る[読むなど]べき. a ~ book for teenagers 10代の人の必読書. a ~ course 必修科目.
[＜古期英語 *mōste* (*mōtan*「..しなければならない」の過去形)]
must[2] 名 U (発酵前の)ブドウジュース. [＜ラテン語「新しい(ワイン)」]
*__mus·tache__ 〖米〗, **mous-** 〖主に英〗 /mʌ́stæʃ, məstǽʃ|məstɑ́ːʃ, mus-/ 名 (複 **-tach·es** /-əz/) C **1** 口ひげ; 〈~s〉長く伸びた口ひげ; (→beard ★). wear a bushy ~ もじゃもじゃした口ひげを生やしている. **2** (動物の口のあたりの)毛, ひげ. [＜ギリシア語「上唇, 口ひげ」]
mus·ta·chio /məstɑ́ːʃou/ 名 (複 ~s) C 〈普通 ~s〉(特に大きな)口ひげ. [＜スペイン語・イタリア語]
▷**~ed** 形
mus·tang /mʌ́stæŋ/ 名 C ムスタング《米国南西部の平原にいる小形の野生馬》.
†**mus·tard** /mʌ́stərd/ 名 U **1** からし, マスタード,《粉末又は練りがらし》. a dash of ~ からし少々. After meat, ~. 〖諺〗食後にからし《間に合わないことのたとえ》. →English mustard, French mustard. **2** カラシナ, クロガラシ, シロガラシなど,《辛味のあるアブラナ属の草本の総称》. **3** からし色, 暗黄色.
a gràin of mústard sèed 〖聖書〗'1粒のカラシ種'《小さいながら発展性のあるもの》.

(as) ***kèen as mústard*** = ***mústard kèen*** ひどく熱心な[で]; 頭がいい.
not cùt the mústard 〘米俗〙 期待された成果を上げない, 基準に達しない.
[<ラテン語 *mustum* 'must²'; からしを作るときに加えたことから]

mùstard and créss 名 U カラシナ・サラダ.

mústard gàs 名 U マスタードガス, イペリット,《第1次大戦で用いられた, びらん性毒ガスの一種》.

mústard plàster 名 UC からし泥《炎症を治す湿布用》.

mústard pòt 名 C からし入れ《食卓用》.

mústard pòwder 名 U 粉からし.

‡**mus·ter** /mʌ́stər/ 動 他 **1** 〔勇気など〕を奮い起こす; 〔反応など〕を呼び起こす; 〈*up*〉. ～ (*up*) courage [strength] 勇気を奮い起こす[力を振り絞る]. ～ (*up*) support (for ..) (..の)支持を集める. **2** (点呼, 検閲などのために) 〔兵隊, 船員など〕を召集する, 集合させる. 類語 「同志の人間」を意味する語か「勇気」のような抽象名詞を目的語にする; →gather.
── 自 〔兵隊などが〕集合する.
mùster /../ ín [***óut***] 〘米〙 ..を入隊[除隊]させる.
── 名 C **1** (検閲などのための)召集, 点呼; (人, 家畜などの)集合; 集合人員. a ～ point [station] 非常時集合場所. **2** 点呼[人員]名簿 (**múster ròll**). **3** 〘商〙 見本. ***pàss múster*** 検閲に合格する; 標準に達する; (外国語が)通じる.
[<ラテン語「示す」(<*monstrum* 'omen'); monster と同源]

múst-hàve 名 C どうしても手に入れたいもの.

‡**must·n't** /mʌ́s(ə)nt/ 〘話〙 must not の短縮形.

múst-sèe 形 必見の〔映画など〕.

must've /mʌ́stəv/ ＝must have の短縮形.

múst-wìn 形 どうしても勝たなくてはいけない〔試合など〕.

mus·ty /mʌ́sti/ 形 e **1** かびた, かびの生えた, (moldy); かび臭い. This attic smells ～. この屋根裏部屋はかび臭い. **2** 〔考えなどが〕古臭い, 時代遅れの.
[<*moisty*「じめじめした」(<moist＋-y¹)] ▷ **mus·ti·ness** 名 U かび臭さ; 古臭いこと, 時代遅れ.

mù·ta·bíl·i·ty 名 U 変わりやすさ. the ～ of life 人生の無常.

mu·ta·ble /mjú:təb(ə)l/ 形 変わりやすい.

mu·ta·gen /mjú:tədʒ(ə)n/ 名 C 〘生物〙 突然変異原《突然変異 (mutation) の誘発原因; 放射能など》.

mu·tant /mjú:t(ə)nt/ 名 C 〘生物〙 突然変異体.
── 形 突然変異の.

‡**mu·tate** /mjú:teit, -ˊ|-ˊ/ 動 自, 他 (を)変化する[させる]; 〘生物〙(に)突然変異をする[起こす]; 〘言〙(に)母音変異をする[起こす]; 〈*into* ..へ〉. [<ラテン語 *mūtāre*「変わる, 変える」]

‡**mu·tá·tion** 名 **1** 〘生物〙 UC 突然変異; C 突然変異体 (mutant). a ～ gene 突然変異した遺伝子. **2** UC (形, 質などの)変化; (人生の)浮沈, (世の中の)変遷. **3** UC 〘言〙 母音変異, ウムラウト, (umlaut).

mu·ta·tis mu·tan·dis /mu:tà:təs-mu:tá:ndəs, mju(:)tèitəs-mju(:)tǽn-/ 副 必要な変更を加えて; 細かい差異を考慮して. [ラテン語 'things being changed that have to be changed']

***mute** /mju:t/ 形 e (**mút·er**|**mút·est**) **1 無言の**[で], 黙っている, (silent), 〘法〙〔起訴認否手続きにおいて〕黙秘する; 声[言葉]に表されない. The accused man stood ～ on the charges against him. 被告人は容疑事項に関して黙秘した. remain ～ (about..) (..について)沈黙を守る. in ～ appeal 無言の訴えで.
2 〘旧〙 (障害で)**ものを言えない** (dumb); (驚きなどで一時的に)口のきけない; 〔猟犬が〕ほえない. ～ with wonder [admiration] 驚嘆[賛嘆]のあまり言葉が出ない.
3 〘言〙〔文字などが〕発音されない, 黙字の; 〘音声〙 閉鎖音の. a ～ letter 黙字《例えば climb の b など》.
── 名 C **1** 〘旧〙 口のきけない人. be a ～ since birth 生まれつき口がきけない. a deaf ～ 聾唖(ろうあ)者.
2 〘言〙 黙字; 〘音声〙 閉鎖音. **3** (楽器の)弱音器.
── 動 他 **1** (弱音器で)〔楽器〕の音を弱める. **2** 〔色調〕を弱める; 〔活動など〕を抑える.
[<ラテン語 *mūtus*「無言の, 無音の」] ▷ **múte·ly** 副 **múte·ness** 名

mut·ed /mjú:təd/ 形 **1** 〔色や音が〕ぼかされた, くすんだ. ～ red くすんだ赤. **2** 抑えた, 弱められた. a ～ utterance 抑えた発言. ～ criticism 控えめな批判. **3** 〘楽〙 弱音器を付けた[付けて演奏した].

mùte swán 名 C コブハクチョウ.

†**mu·ti·late** /mjú:təlèit/ 動 他 **1** 〔手足など〕を切断する; を不自由にする. The doll was ～*d* by the child. 人形は子供に手足をもぎ取られた. **2** (必要な部分まで削除して)〔作品〕を台無しにする, 骨抜きにする. The translation has ～*d* the original work beyond recognition. その翻訳は原作をずたずたに切って見るかげもないものにしてしまった. [<ラテン語「切り落とす」]

mù·ti·lá·tion 名 UC (手足などを)切断する[される]こと; ひどい損傷.

mu·ti·neer /mjù:təníər/ 名 C 暴徒, 暴動者; (特に軍隊, 艦船などで上官に対する)反逆者.

mu·ti·nous /mjú:tənəs/ 形 **1** 反乱[暴動]の, 反乱罪を犯した. ～ soldiers 反乱兵. **2** 反抗的な. a ～ look 反抗的な目つき. ▷ **～·ly** 副

†**mu·ti·ny** /mjú:təni/ 名 (複 **-nies**) **1** UC 反乱, 暴動; (特に兵士, 海員などの上官に対する)反抗, 謀反. be charged with ～ 反乱罪に問われる. the ～ on the Bounty バウンティ号の反乱《1789年南太平洋での英国軍艦バウンティ号上の反乱; 後に小説化・映画化された》. **2** U 〈一般に〉 反抗. ～ *against* one's parents 両親への反抗.
── 動 (**-nies**|過 過分 **-nied**|**～·ing**) 自 反乱を起こす; 反抗する; 〈*against* ..に〉.
[<フランス語「反乱者」(<ラテン語 *movēre* 'move')]

mutt /mʌt/ 名 C 〘話〙 **1** ばか, 間抜け, (fool)《<*mutton*head》. **2** 〘軽蔑〙 犬; 〈特に〉 雑種犬.

‡**mut·ter** /mʌ́tər/ 動 (**～s** /-z/|過 過分 **～ed** /-d/|**～·ing** /-t(ə)riŋ/) 自 **1** (低い声で)つぶやく, ぶつぶつ言う; 不平を言う 〈*about, at, against* ..に対して〉. ～ *about* their boss 彼らの上司の不平を言う. ～ darkly *about* .. ひそひそと..の噂をする. ～ to oneself ぶつぶつ独り言を言う. **2** 〔雷が〕(遠くで)低くごろごろ言う.
── 他 〔不平, 脅し文句など〕 をぶつぶつ言う; VO (**～** *that* 節/"引用") ..であると/「..」とつぶやく, 不満を言う; (類語 不平不満のつぶやきが普通; →mumble, murmur). He ～*ed* a curse. 彼はのろいの言葉をつぶやいた. He ～*ed* (to her) *that* he would catch up later. あとで追いつくと彼は(彼女に)つぶやいた.
── 名 C **1** 〈単数形で〉 つぶやき; 低い音. the ～ of distant thunder 遠雷の音. **2** 不平.
[<中期英語; 擬音語] ▷ **～·er** /-t(ə)rər/ 名

mútterings 名 〈複数扱い〉 (表には出ない)不平, 不満.

***mut·ton** /mʌ́tn/ 名 U **羊肉**, マトン, 《特に成長した羊の; →lamb, sheep》. a leg of ～ 羊の脚肉.
(as) ***dèad as mútton*** 完全に死んで[廃れて]いる.
mútton drèssed (***up***) ***as lámb*** 〘英話〙 〈けなして〉 若作りの中年[初老の]女.
to retùrn to our múttons 〘旧〙 さて本論に立ち戻って《<同じ意味を表すフランス語の直訳》.
[<中世ラテン語「羊」(?<ケルト語)]

mútton chòp 名 C (普通, あばら骨の付いた)羊のばら肉[腰肉]のひと切れ《焼き肉用》.

M

mútton·chòps [名] 〈複数扱い〉(上を狭く下を広く刈りそろえた)ほおひげ (**mùttonchop whískers**).

mútton·hèad [名][C] 〖話〗ばか, のろま.

***mu·tu·al** /mjúːtʃuəl/ [形][ⓒ] **1 相互の**, お互いの; ..同士の[で]; ([類語] 気持ちが通じているという意味が強い; →reciprocal). ~ respect 相互の尊敬. ~ aid 相互扶助[援助]. by ~ agreement [consent] 双方合意の上で. They are ~ enemies. 彼らはかたき同士だ. Their affection is ~. 彼らは互いに愛し合っている. a ~ admiration society 〖話・戯〗互いを褒め合う仲間(社会)《お互いにちょうちん持ちするグループを軽蔑して》.

2 共通の, 共同の, (★普通, 所有格の(代)名詞を伴う; 又この意味では common の使用が正しいとされるが, 実際には「我々の共通の友人」と言う場合には our common friend より our mutual friend の方が一般的). a ~ interest 共通の趣味. That will be to our ~ advantage. それは我々共通の利益になるだろう.

[<ラテン語「交換に行われた, 相互の」]

mútual fùnd [名][C] 〖米〗投資信託会社 (〖英〗unit trust).

mùtual insúrance còmpany [名][C] 相互保険会社.

mu·tu·al·i·ty /mjùːtʃuǽləti/ [名][U] 相互関係, 相関.

***mu·tu·al·ly** /mjúːtʃuəli/ [副][ⓒ] **相互に**, 互いに. a ~ beneficial project 相互の利益になる企画. ~ exclusive 相互排除的な, 二者択一の.

muu·muu /múːmùː/ [名][C] ムームー《派手な柄のゆったりした婦人用ワンピース; もとハワイのもの》.

mux /mʌks/ [名] =multiplexer.

Mu·zak /mjúːzæk/ [名][U] **1** 〖商標〗ミューザック《バックグラウンドミュージックとその送受信用の機械など》. **2** 味気ない音楽.

‡muz·zle /mʌ́z(ə)l/ [名][C] **1** (犬, 馬などの)突き出た鼻うら. **2** (鼻うらにかける)口輪. put a ~ on a dog 犬に口輪をはめる. **3** 銃口, 砲口. ── [動][他] **1** 〔犬, 馬〕に口輪をはめる. **2** 〔人〕に口止めする; 〔新聞など〕の言論を封じる. ~ the press 報道を封じる.

múzzle·lòader [名][C] 前装[前込め]銃[砲]《銃口から弾薬を込める旧式のもの》.

mùzzle velócity [名][UC] (弾丸の)銃口速度.

muz·zy /mʌ́zi/ [形][e] 〖英〗**1** (病気などで)頭がぼんやりした; 酔ってもうろうとした. **2** 〔テレビの画像, 視力などが〕ぼやけた. ▷**muz·zi·ly** [副] **muz·zi·ness** [名]

MV, mv motor vessel.

MVP most valuable player (最優秀選手).

MW medium wave; megawatt.

‡my /mai/ [代] 〈Iの所有格〉**1 私の**, 僕の. This is *my* pen. これは私のペンです (比較: This pen is *mine*. (このペンは私のです); →mine). I missed *my* train. 私は(乗る予定の)列車に乗り損なった. I'd like to have a car of *my* own. 私自身の車を持ちたいのです. **2** 〈親愛, 愛情, 敬意などを表す呼びかけに用いて〉*My* dear! ねえおまえ[あなた]. Tell me, *my* boy. 言ってごらん, 坊や. Yes, *my* Lord [Lady]. そうでございます, 閣下[令夫人さま].

── [間] おや, まあ, あら, 《驚き, 喜びなどを表す》. *My*, (but) how amusing! まあ何て面白いこと. Oh, *my!* おやまあ. ★ my God!, my eye!, my word! などのように名詞を伴う場合も多い.

[<中期英語 *mi, my* (<古期英語 *mīn*); h 以外の子音で始まる語の前で用いられた形]

Myan·mar /mjáːnmɑːr/ [名] ミャンマー《インドの東にある共和国, 正式名 The Union of Myanmar, 旧名 Burma; 首都 Yangon (旧名 Rangoon)》.

My·ce·nae /maisíːni(ː)/ [名] ミケーネ《古代ギリシアの都市》. ▷**My·ce·nae·an** /màisəníːən [移]/ [形]

my·col·o·gy /maikɑ́lədʒi|-kɔ́l-/ [名][U] 菌学.

my·e·li·tis /màiəláitəs/ [名][U] 〖医〗脊(せき)髄炎; 骨髄炎.

My·lar /máilɑːr/ [名][U] 〖商標〗マイラー《写真などに使われる強化ポリエステル》.

my·na(h) /máinə/ [名][C] 九官鳥 (**mýna(h) bìrd**) 《ムクドリ科》.

MYOB 〖米話〗=Mind your own business.

my·o·pi·a /maióupiə/ [名][U] **1** 〖医〗近視, 近眼, (short-sightedness; ↔hyperopia). **2** 視野の狭さ, 短見. [<ギリシア語「眼を閉じる」]

my·op·ic /maiɑ́pik|-ɔ́p-/ [形] **1** 〖医〗近視の (short-sighted). **2** 近視眼的な. the ~ pursuit of self-interest 自分の利益の近視眼的追求.

▷**my·op·i·cal·ly** /-k(ə)li/ [副]

‡myr·i·ad /míriəd/ 〖雅〗[名][C] **1** 無数 〈*of* ..の〉. There are ~*s* [a ~] *of* stars in the universe. 宇宙には無数の星がある. our ~-minded Shakespeare 万の心を持つシェークスピア 《S. T. Coleridge の言葉》. **2** 〖古〗1万. ── [形] 無数の (countless). [<ギリシア語「1万, 無数」]

Myr·mi·don /mə́ːrmədɑ̀n, -dən|-dɔ̀n/ [名][C] **1** 〖ギ神話〗ミュルミドン人《Achilles の部下としてトロイ戦争に加わった, Zeus がアリから人間に変えたとされる勇猛な部族の戦士》. **2** 〈m-〉(盲目的に命令を実行する)部下, 子分; 用心棒. *myrmidons* of the law 〖軽蔑〗法の手先《執行吏, 警察官など》.

myrrh /məːr/ [名][U] ミルラ, 没薬(もつやく), 《芳香性の熱帯産低木から採る樹脂; 香料, 薬剤用など》.

myr·tle /mə́ːrtl/ [名][C] **1** ギンバイカ《南ヨーロッパ産の常緑低木; 香りのよい白い花をつける; Venus の神木とされ愛の象徴》. **2** 〖米〗ヒメツルニチニチソウ《キョウチクトウ科の常緑のつる草》.

‡my·self /maisélf/ [代] ([複] **ourselves**) 〈I の再帰代名詞〉**1** 〈強意用法〉**私自身**. **(a)** 〈I の同格として〉I did the work ~. 自分でその仕事をした (★ myself の位置は固定的でなく, I ~ did the work. とも言える). **(b)** 〈独立分詞構文の意味上の主語として〉*Myself* a man of meager artistic talent, I nonetheless admire it in others. 私自身は芸術的才能は乏しい男だが, 他人がそれを持っているとすばらしいと思う.

2 〈再帰用法; 主語に呼応して他動詞, 前置詞の目的語となる〉**私自身を**[に]. I húrt *mysèlf*. 僕はけがをした (★強勢は /–⌣/ で動詞の方を強く発音する). I bought ~ a car. 自分用に車を買った. I kept the secret to ~. 秘密を自分の胸にしまっておいた. For ~ I would rather stay (at) home. 私としては家にいたい.

3 〖話〗〈I, me の代用として〉私. **(a)** 〈as, like, except, than などの後に〉Bob is a Southerner like ~. ボブは私同様に南部人です. **(b)** 〈等位接続詞で結合された目的語, 主語の一部として〉My sister and ~ (=I) went shopping. 姉さんと私とで買い物に行った.

4 〖雅・詩〗〈単独に主語として〉我れ. *Myself* when young did eagerly frequent Doctor and Saint. 我れ若きころ熱意もて学者聖者をば訪ねたり 《*Rubáiyát* から》.

5 いつもの私; 本来の自分 (→be oneself). I haven't been ~ since then. あの時以来私は本来の自分を失っている.

for mysélf 私としては.

★他の成句については →oneself.

[<中期英語 *mi self* (<古期英語 *mē selfum* [*selfne*] 'me self')]

‡mys·te·ri·ous /mistí(ə)riəs/ [形][m] **1 不可思議な**, 理解[説明]しがたい; なぞの〔人物など〕. a ~ disease 得体の知れない病気. a ~ letter [parcel] 中身や差出人不明の手紙[小包]. in ~ circumstances 不可解な状況で. **2** 〔表情などが〕なぞめいた; 神秘的な. Mona Lisa's ~

smile モナリザのなぞの微笑. **3** 秘密の (secret);〔人が〕秘密にしたがる〈*about* ..を〉. He's always so ～ *about* everything. 彼は何事によらずいつも本心を見せない. [mystery, -ous] ▷～**·ly** [副] 神秘的に; 不可解に; なぞめかして; 不思議なことに. ～**·ness** [名]

‡mys·ter·y /míst(ə)ri/ [名] ([複] **-ter·ies** /-z/) **1** [U] 神秘(性); 不可解, 不可思議. an air of ～ 神秘的な雰囲気. a murder shrouded [veiled] in ～ なぞに包まれた殺人事件. a ～ phone call なぞの電話. a ～ voice だれであるかすぐには分からない声. **2** [C] **神秘的な物事**, 理解[説明]しがたい物事, なぞ; なぞめいた人物; 秘密. explore the *mysteries* of life 生命の神秘を探る. remain a ～ 依然としてなぞである. It's a (complete) ～ to me why Sam resigned his office. 〖話〗サムがなぜ辞職したのか僕にはさっぱり分からない. with an air of ～ なぞめかして.

> 1, 2 の [連結] an unsolved ～ // present [pose; clear up, fathom, solve, unravel; remain] a ～ // be cloaked in ～

3 [C] (物語, 劇, 映画の)怪奇もの, 推理[探偵]もの, ミステリー. a ～ novel 推理小説. **4** [C] 〈普通 -ter·ies〉 (古代宗教の)秘儀, 奥儀. **5** [C] 〖キリスト教〗信仰の奥義, 秘儀, 《三位一体説などの超自然的真理》; 聖餐(さん)式; 〈普通 -ter·ies〉 聖体. **6** [C] ＝mystery play.

màke a mýstery of .. ..を秘密にする.

[＜ギリシア語「秘密の儀式」(＜「眼を閉じる」)]

mýstery plày [名] [C] (中世の)奇跡劇《特にキリストの生涯を扱った宗教劇; →miracle play》.

mýstery tòur [trìp] [名] [C] 行き先を伏せた観光旅行.

†mys·tic /místik/ [形] **1** 秘法の, 秘儀の. a ～ art 秘術. ～ words 呪文(じゅもん). **2** 神秘主義(者)の, 神秘主義(者)的な, (mystical). **3** 神秘的な, 霊妙な; 不可思議な; (mysterious). ── [名] [C] 神秘家, 神秘主義者.

†mys·ti·cal /místik(ə)l/ [形] **1** 霊妙な, 不可思議な. **2** 神秘主義(者)の, 神秘主義者的な. a ～ union with nature 自然との神秘的な合一. ▷～**·ly** [副]

†mys·ti·cism /místəsìz(ə)m/ [名] [U] **1** 神秘主義, 神秘論, 《神の存在, 究極の真理は個人の霊的体験と瞑(めい)想によって把握できるとする説》. **2** 神秘主義的思想[教説, 信仰]. **3** 非合理的思考, あいまいな考え.

mys·ti·fi·ca·tion /mìstəfəkéiʃ(ə)n/ [名] **1** [U] 当惑させる[られる]こと, 煙に巻く[かれる]こと; [C] 当惑させるもの. **2** [U] 神秘化.

†mys·ti·fy /místəfài/ [動] (**-fies** | [過] [過分] **-fied** | **～·ing**) [他] **1** を当惑させる, 面食らわせる; を煙に巻く, はぐらかす. I'm completely *mystified* at your behavior lately. 近ごろの君の行いには全く面食らってしまう. **2** を神秘化する. ▷～**·ing** [形] 〔人を〕当惑させる(ような), はぐらかすような; なぞにつつまれた. ～**·ly** [副]

mys·tique /mistíːk/ [名] [C] 〈普通, 単数形で〉 **1** (素人には不思議と思える専門家の)神業, 入神の技. **2** (教義, 制度, 個人などの持つ)神秘的な雰囲気. The ～ surrounding [attached to] Marxism has completely vanished. マルクス主義を取り巻く神秘的雰囲気は完全に消え失せた. [フランス語 'mystic']

***myth** /miθ/ [名] ([複] **～s** /-θs/) **1** [C] **神話**; [U] 〈集合的〉神話 (mythology). the Greek ～*s* ギリシア神話. a Creation ～ 創造神話. a hero famous in ～ 神話に名高い英雄. **2** [C] 作り話, 作り事; 架空の人[動物など]. The dragon is a ～. 竜は架空の動物である. **3** [UC] (一般に広まった)誤った信念, 根拠のない考え, '神話'. explode [dispel] a ～ 神話を打ちやぶる. White supremacy is a pure ～. 白人の優秀性は全く根拠のない考えだ. contrary to (the) popular ～ 一般的な通念とは違って. [＜ギリシア語「話, 物語」]

myth·ic /míθik/ [形] ＝mythical.

†myth·i·cal /míθik(ə)l/ [形] **1** 神話(上)の; 神話的な. ～ heroes 神話上の英雄. **2** 架空の; 想像上の, 事実無根の. ▷～**·ly** [副] 架空に, 想像上で.

my·thog·ra·pher /miθɑ́grəfər | -θɔ́g-/ [名] [C] 神話記録者[収集家].

my·thog·ra·phy /miθɑ́grəfi | -θɔ́g-/ [名] ([複] **-phies**) **1** [U] 神話集. **2** [UC] 神話美術《特に, 彫刻など》.

myth·o·log·i·cal /mìθəlɑ́dʒik(ə)l | -lɔ́dʒ- [形]/ [形] **1** 神話学の. ～ literature 神話文学. **2** ＝mythical.

my·thol·o·gist /miθɑ́lədʒist | -θɔ́l-/ [名] [C] 神話学者[作者].

my·thol·o·gize /miθɑ́lədʒaiz | -θɔ́l/ [動] [他] を神話化する. ── [自] 神話化する〈*about* ..を〉.

†my·thol·o·gy /miθɑ́lədʒi | -θɔ́l-/ [名] ([複] **-gies**) **1** [U] 〈集合的〉神話, 神話体系; [C] 神話集. Scandinavian ～ 北欧神話. **2** [U] 神話学. **3** [U] '神話', 通念.

myx·o·ma·to·sis /mìksəmətóusis/ [名] [U] 〖医〗粘液腫(しゅ)症; 粘液変性.

M

N

N, n /en/ 名 (複 **N's, Ns, n's** /-z/) **1** UC エヌ《英語アルファベットの第 14 字》. **2** C〈大文字で〉N 字形(のもの). **3** U〘数〙〈普通, 小文字で〉不定整数, 不定量. *n*th n 番目の.

N 〘電〙neutral; 〘化〙nitrogen; north; northern.

n neuter; nominative; noon; north; northern; note; noun; number.

'n /ən, n/ 〘話〙接 and 又は than の短縮形.
── 前 in の短縮形.

'n' /ən, n/ 接〘話〙and の短縮形. rock *'n'* roll ロックンロール.

NA North America(n); not applicable.

Na 〘化〙sodium. [<ラテン語 *na*(*trium*) 'sodium']

n/a 〘銀行〙no account (取り引きなし).

NAACP /èndʌbəlèisi:pí:/ 〘米〙National Association for the Advancement of Colored People (全米黒人地位向上協会).

NAAFI, Naaf·i /nǽfi/ 名 〘英〙 **1**〈the ～〉陸海空軍酒保部, ナーフィ, 《Navy, Army and Air Force Institutes》. **2** C (ナーフィ経営の) 酒保, 売店, (→PX).

naan /nɑ:n/ 名 ＝nan².

‡**nab** /næb/ 動 (～s|-bb-) 他〘話〙**1**〔犯人など〕を取り押さえる (seize). ～ a thief 泥棒を捕まえる. **2** をひっつかむ, ひったくる.

N

na·bob /néibɑb|-bɔb/ 名 C **1** (18, 19 世紀英国の) インド成金. **2**〘軽蔑〙大金持ち; 権力者, 大物. **3** ムガール帝国時代のインドの太守.

Na·bo·kov /nəbɔ́:kəf|-bóukɔf/ 名 **Vladimir ～** ナボコフ (1899–1977)《ロシア生まれの米国の小説家》.

na·celle /nəsél|næ-/ 名 C **1** 航空機のエンジン覆い; 航空機の乗客[乗務員, 貨物]室. **2** 気球のつりかご.

na·cho /nɑ́:tʃou|nǽtʃ-/ 名 (複 **～s**) C ナッチョ《トルティーヤの上にチーズなどをのせたメキシコ料理》.

na·cre /néikər/ 名 U 真珠層 (mother-of-pearl).

na·cre·ous /néikriəs/ 形〘雅〙真珠層の(ような色つやの).

Na·der /néidər/ 名 **Ralph ～** ネーダー (1934–)《米国の弁護士; 政治改革を唱え消費者運動を指導》.

na·dir /néidər|-diə/ 名 C **1**〘天〙〈the ～〉天底《天体観測者の真下に伸ばした直線が天球と交わる点; ↔ zenith》. **2**〈普通, 単数形で; the [one's] ～ として〉〘雅〙(絶望, 不幸などの) どん底. at the ～ of one's career 生涯のどん底に(落ちて).

nae·vus /ní:vəs/ 名 (複 **nae·vi** /ní:vài/)〘主に英〙＝nevus.

naff /næf/ 〘英俗〙形 ださい, 野暮ったい; 間抜けな, 役立たずの. ── 動 自〈命令文で〉去る, 失(う)せる. *Naff* off! 消え失せろ.

†**nag**¹ /næg/ 動 (～s|-gg-) 他 **1** (a) にがみがみ小言を言う; にうるさく言う〈*into* ..するように〉. She ～*ged* him *all day long*. 彼女は一日中彼にがみがみ言っていた. She ～*ged* him *into* doing what she wanted. 彼女は彼にがみがみ言って自分の望むことをさせた. (b) VOO (～ X *to do*)・VOA (～ X *for* Y) X (人)に..することを/X に Y をしつこくせがむ. My son ～*s* me ⌊*to* buy him [*for*] a motorcycle. 息子はオートバイを買ってほしいと私にうるさく言う. **2**〔痛み, 疑念などが〕を(しつこく)悩ます.
── 自 **1** がみがみ小言を言う〈*at* ..に〉; しつこくせがむ〈*for* ..を〉. ～ *for* a new camera 新しいカメラを買ってくれとせがむ. She ～*ged at* him.. ＝She ～*ged* him.. →他 1 (a). **2**〔心配事, 疑念などが〕(しつこく)悩ます〈*at* ..を〉. He's got some kind of worry ～*ging at* him now. 彼は今何か心配にさいなまれている.
── 名 C〘話〙うるさく小言を言う人,〈特に〉口やかましい女. [?<北欧語「かじる」]

nag² 名 C〘話〙**1** 老いぼれた[だめな]馬. **2**〘主に軽蔑〙馬,〈特に〉競走馬.

nág·ger 名 ＝nag¹.

nág·ging 形 がみがみ言う; しつこい〔頭痛など〕. a ～ suspicion いつも気になる疑念.

Nah Nahum.

Na·hum /néi(h)əm/ 名〘聖書〙ナホム《ヘブライの預言者》;『ナホム書』《旧約聖書の一書》.

nai·ad /néiæd, náiæd|náiæd/ 名 (複 **～s, nai·a·des** /-ədì:z/) C〘ギ神話〙ナーイアス《(川, 泉, 湖に住む少女の姿をした)水の精; nymph の一種》.

‡**nail** /neil/ 名 (複 **～s** /-z/) C **1** (人の)つめ; (鳥獣の)つめ; (★「手のつめ」は fingernail,「足のつめ」は toenail; →claw, talon). bite [chew] one's ～*s* (いらいらして)つめをかむ; はらはらする, 気をもむ. break a ～ つめを割る. cut [pare, trim] one's ～*s* つめを切る. paint [manicure] one's ～*s* つめにマニキュアをする. do [clean] one's ～*s* つめの手入れをする. file one's ～*s* つめやすりをかける. **2** くぎ, びょう. drive (in) [pull out] a ～ くぎを⌊打ち込む[抜く].

a nàil in ⌊***a pèrson's cóffin*** [***the cóffin of*** ..] 人の寿命を縮める[..の破局の]原因.

(as) hàrd [***tòugh***] ***as náils***〘話〙(1)〔体が〕丈夫[頑健]な. (2)〔心が〕冷酷な.

drive [***hàmmer***] ***a náil into a pèrson's cóffin*** [***the cóffin of*** ..] 人の寿命を縮める[..を破局に向かわせる], 人の命取りとなる[..を破滅させる]. The prince's assassination *drove* the final ～ *into the coffin of* peace in Europe. その皇太子の暗殺がヨーロッパの平和に最後のとどめを刺した.

hìt the (***rìght***) ***náil on the héad***〘話〙適切なことを言う[する], ずばり急所を突く.

on the náil〘話〙(1) 即座に; 即金で. pay (cash) *on the* ～ 即金で支払う. (2)〔問題などが〕差し当たっての関心で; 審議中で.

to the [***a***] ***náil*** 徹底的に.

── 動 他 (～s /-z/|過 過分 **～ed** /-d/|**náil·ing**) **1** (a) VOA をくぎで留める. The carpenter ～*ed* the boards *to* the floor. 大工は板を床に打ち付けた. (b) VOC (～X Y) X をくぎ付けにして Y の状態にする. All the windows were ～*ed* shut. 窓は全部くぎ付けにして閉められた. **2** VOA〔人, 目など〕をくぎ付けにする, 動けなくする. ～ *one's eyes on* ..に目を据える. Panic ～*ed* him *to* his chair. 彼は恐怖のあまりいすにくぎ付けになった. **3**〘話〙を仕留める, 撃ち落とす. **4**〘話〙を捕まえる, 検挙する,〈*for* ..(の容疑)で〉. **5**〘話〙のうそを暴く;〔スキャンダルなど〕を暴露する. **6**〘野球〙〔走者〕をアウトにする.

nàil a líe [***rúmors***] (***to the cóunter***)〘話〙うそを暴く《偽金を帳場にくぎ付けにして周知させたことから》.

nàil /../ dówn (1) ..をくぎで留める, くぎ付けにする. ～ *down* a carpet [window] カーペット[窓]をくぎで留める. (2)〘話〙..の性質を明確にする;〔原因, 理由など〕を突き止める; ..を確定する, はっきり取り決める. ～ *down* a contract 契約を取り決める. (3)〘話〙〔人〕の言質(げんち)をとる, ..を縛りつける〈*to* ..〔契約など〕に〉.

nàil /../ togéther 〔バラックなど〕を(ぞんざいに)くぎで留めて作る, くぎと金うちで簡単に作る. ***nàil** a person **to the wáll** [**cróss**]* 〖主に米〗人を「厳罰に処す. ***nàil /../ úp*** (1)〔絵画, 掲示など〕を(壁や柱に)くぎで留める. (2)〔開かないようにドア, 窓など〕をくぎ付けにする. [<古期英語]

náil-bìter 名 C **1** つめをかむ癖のある人. **2** 〖話〗サスペンス映画[ストーリー] (→nail-biting).

náil-bìt·ing /-bàitiŋ/ 形 はらはらさせるような〔出来事など〕《<(ひどく心配して)つめをかむこと》.

náil·brùsh 名 C つめブラシ.

náil clìpper 名 C つめ切り.

náil ènamel 名 〖米〗=nail polish.

náil·er 名 C **1** くぎを打つ人; くぎ製造者. **2** 自動くぎ打ち機.

náil fìle 名 C つめ磨きやすり.

náil·hèad 名 C くぎの頭.

náil pòlish 名 U マニキュア液 (→manicure).

náil scìssors 名 〈複数扱い〉つめ切りばさみ.

náil vàrnish 名 〖英〗=nail polish.

nain·sook /néinsùk/ 名 U ネーンスック《インド産の柔らかく目の細かい平織綿布》.

Nai·ro·bi /nairóubi/ 名 ナイロビ《Kenya の首都》.

†**na·ive, na·ïve** /nɑːíːv, naiːv/ 形 **1** 純真な, 無邪気な, 素朴な, 天真らんまんな, (↔sophisticated). We were moved by his ～ sincerity. 我々は彼の純真なまじめさに感動した. **2** 単純な, 幼稚な, 世間知らずの. I'm not so ～ as to believe that. それを信じるほど僕は単純ではないよ. [フランス語 (<ラテン語「生まれながらの」)] ▷**～·ly** 副 無邪気に(も), 単純に; 世間知らずに.

na·ive·té, na·ïve·té /nɑːíːv(ə)tei, naiːv-, ‐‐‐|nɑːíːv(ə)tei, naiːv-/ 名 **1** U 純真, 素朴, 単純さ. **2** C 〈普通 ～s〉 純真[単純]な行為[言葉]. [フランス語 (*naïve* の名詞形)]

na·ive·ty, na·ïve·ty /nɑːíːv(ə)ti, naiːv-/ 名 (複 -ties) =naiveté.

‡**na·ked** /néikəd/ 形 m **1** 裸の, 裸体の, (→bare 類語). go ～ 裸でいる, 裸で暮らす. ～ to the waist 上半身何も着けないで. stark ～ 素っ裸で. as ～ as his mother bore him 生まれたままの[一糸まとわぬ]姿で.
2 むき出しの, 覆いのない; 草木のない; 防護物[家具, 装飾品]のない. a ～ tree (葉が落ちて)裸の木. a ～ sword 抜き身. a ～ light (覆いのない)裸電灯. a ～ room 家具のない部屋.
3 〔動物(の子)が〕毛[羽, うろこなど]のない; 〔植物が〕子房[花被, 柔毛など]のない.
4 〈限定〉赤裸々な, ありのままの (plain); あからさまな, 露骨な, 〔感情, 言葉, 行為など〕. the ～ truth ありのままの真実. ～ hatred [aggression, ambition] 露骨な憎しみ[攻撃, 野心].
5 ない, 欠けている, 〈*of* ..が〉. a house ～ *of* furniture 家具のない家. **6** 無防備の, さらされた, 〈*to* ..〔侵略など〕に〉. **7** 〖法〗確証[裏付け]のない.
with the nàked éye 肉眼[裸眼]で. too small to see *with the ～ eye* 小さすぎて肉眼では見えない.
[<古期英語] ▷**～·ly** 副 裸で, むき出しに. **～·ness** 名 U 裸(の状態); ありのまま, 赤裸々.

NAM 〖米〗National Association of Manufacturers (全米製造業者協会).

Nam, 'Nam /nɑːm, næm/ 名 〖米話〗=Vietnam.

nam·a·ble /néiməb(ə)l/ 形 名付けられる, 命名できる; 記憶すべき.

nam·by-pam·by /næ̀mbipǽmbi ⑱/ 形 〔人, 話などが〕いやに感傷的な, 女々しい, にやけた. ── 名 (複 -bies) C 女々しい[にやけた]男; いやに感傷的な話[文章].

‡**name** /neim/ 名 (複 **～s** /-z/)
【名】 **1** C 名, 名前, 名称, 呼び名. a family ～ 姓, 名字, (surname). a Christian [given, personal] ～ →Christian name. one's first [middle, last] ～ 名[ミドルネーム, 姓] (→first name, middle name, last name; 注意 姓が先に来る日本人などの場合は, first [last] ～ よりも family [given] ～ を使った方が誤解が少ない). one's full ～ (略さない)正式の姓名. a common ～ 通称. a stage ～ 芸名. keep one's ～ on the books (学校, クラブなどに)在籍している, 会員でいる. take one's ～ off the books (学校, クラブなどの)名簿から名を削る, 退学[脱会]する. My ～ is Helen Brown. 私の名はヘレン・ブラウンです (★初対面の時の自己紹介の言い方). May I have [ask] your ～? (相手の名を聞く時)どなた様ですか (注意 Who are you? や What is your ～? は丁寧な言い方ではない). What ～, please? =What ～ shall I say? (取り次ぎの者が客に)どなた様ですか. What's in a ～? 名前に何(の意味)があるのか, 名前などどうでもいいではないか, 《Shakespeare 作 *Romeo and Juliet* より; →rose[1] 名 1》.

> 連結 a pet [a legal, an official; an assumed, a false] ～ // have [bear; adopt; be given, receive] a ～ // a ～ comes [derives] from ..

2 C あだ名, 通称. "Porky" was his ～. 「でぶ」というのが彼のあだ名だった. [NAMES 成句].
3【蔑称(べっしょう)】C〈普通 ～s〉悪口 (→call a person「NAMES 成句).
4【虚名】UC 名目, 名義; 名ばかりのもの. in one's own ～ 自分の名義で. lend one's ～ to ..に名義を貸す. Democracy has become a mere ～ in this country. この国では民主主義は名ばかりのものになった. in ～ only →成句.
【名声】 **5** aU 評判, 名声. have a good [bad] ～ 評判がよい[悪い]. a man of ～ [no ～] 有名な[無名な]男. leave a ～ behind (後世に)名を残す. Some Japanese tourists are giving their country a bad ～ overseas. 日本人観光客には海外で自国の評判を落としている者がいる.

> 連結 an established [a foremost, an illustrious] ～ // stain [sully] one's ～ // a ～ goes down in history [lives on; vanishes]

6 (a) C (有名な) 人, 名士, 《多く big, great, famous などの形容詞を伴う》. Shakespeare is the greatest ～ in English literature. シェークスピアは英文学史上最も偉大な作家である. (b)〈形容詞的〉〖主に米話〗有名な, 名の通った. a ～ brand 一流銘柄.
7 C Lloyd's の保険引受人.
8 C 家名; 一族, 家門. one of the great ～*s* of English aristocracy 英国の貴族の名門の1つ. disgrace one's ～ 家名を汚す.
*A **pèrson's nàme is múd.*** →mud.
by náme (1) 名前で; うわさで. I know him by sight, but not *by* ～. 彼の顔は知っているが名前は知らない. (2) 名は... He is Mark *by* ～. 彼の名はマークだ. (3) 名を言って, 名指しで. call a person *by* ～ 人を名指しする.
by the náme of .. (1) ..という名前の. a woman *by* [*of*] *the* ～ *of* Dorothy ドロシーという名の女性. (2) ..という名前[通称]で. go [pass] *by the* ～ *of* ..の名で通っている.
càll** a person **námes 人をののしる, 人の悪口を言う;「〔特に子供が〕人をからかう.
clèar** a person's **náme 人の汚名をそそぐ.
dròp námes =namedrop.
ènter** one's **náme for .. =put one's NAME down「for...
Gíve it a náme. 〖話〗望みのものを言いなさい《人に飲み物などをおごる時の言葉》.
in àll* [*èverything*] *but náme (名義はそうなっていないが)実質的に(は).
in Gòd's náme =in the NAME of God.

N

in náme (ònly) 名ばかりの; 単に, 名目上. He is the president of the company *in ~ only*. 彼は名目上だけその会社の社長だ《実際に動かしているのは別の人》.
in one's òwn náme (他の名義, 権威を借りずに)自力で, 独立して.
****in the náme of ..*** (1) **..の名にかけて**, ..に誓って; ..の名において, ..の権威をもって. *In the ~ of* the King, we place you under arrest. 王の名において汝(なんじ)を拘引する. I thank you *in the ~ of* all present. 出席者一同に代わって御礼申し上げます. (2) ..の名を掲げて, のために(と言って). oppress the people *in the ~ of* law and order 法と秩序の名のもとに人民を圧迫する. (3) ..の名義で. He registered the house *in the ~ of* his wife. 彼は妻の名義で家を登記した. (4)〈後に common sense, God, heaven, mercy などを伴い, 疑問詞を強めて〉一体全体. Why *in the ~ of heaven* did you do it? 一体なぜ君はそんなことをしたのだ.
in the nàme of Gód (語法 God という語をみだりに口にするのを避けて goodness その他の語を用いることがある) (1) 神の名にかけて, 神に誓って. (2) 後生だから, お願いだから. *In the ~ of God* [In God's ~], leave me alone! 後生だから私をほうっておいて. (3) →in the NAME of.. (4).
knòw a pèrson by náme →by NAME (1).
màke ⌞a náme for oneself [one's náme] 名を上げる, 有名になる. She *made* her ~ as a singer. 彼女は歌手として名を成した.
of the náme of .. =by the NAME of..(1).
pùt a náme to .. ..の(正確な)名前を思い出す.
pùt one's náme dòwn for .. ..の応募者[申込者]として名前を載せる; ..への参加[入学など]を申し込む.
pùt one's náme to .. 〔文書など〕に署名する.
tàke a pèrson's náme in váin 人の名をみだりに用いる《特に神の名を》.
the nàme of the gáme 一番大事な事, 眼目.
to one's náme 〖話〗(特に金銭に関して)自分の所有している〈普通, 否定語を伴って〉. I had *not* a penny *to* my ~. 自分の金は1銭もなかった.
under the náme (of) .. ..という(実名と違った)名で. He wrote *under the ~ (of)* Mark Twain. 彼はマーク・トゥエインという(筆)名で書いた.
── 動 (~**s** /-z/|過 過分 ~**d** /-d/|**nám·ing**) 他 **1** 〔人, 物〕に**名前をつける**, 命名する; VOC (~ X Y) XにYと名前をつける, XをYと呼ぶ. What are you going to ~ your first child? 君は最初のお子さんには何という名前をつけるつもりですか. a girl *~d* Martha マーサという女の子.
2 の名を言う, 名前を挙げる; 〔理由, 例など〕を示す. Can you ~ the days of the week in English? 英語で曜日の名を全部言えますか. He *~d* several people involved in the plot. 彼はその陰謀に関係した数人の名を挙げた.
3 VOC (~ X (*to be*) Y)・VOA (~ X *for* [*as*] Y) X(人)をY(地位, 職など)に指名する, 選ぶ; VOC (~ X *to do*) X(人)を..するよう指名する. They *~d* him chairman. 彼らは彼を議長に選んだ. He was *~d as* [*for*] the next principal of the school. 彼は次期校長に選ばれた. She was *~d to* represent the government at the conference. 彼女はその会談における政府代表に指名された.
4 〔日時, 値段など〕をはっきり決める, 指定する, 〈*for* ..に対して〉. The young couple have *~d* June 9th *for* their wedding day. 若い2人は結婚式の日取りを6月9日と決めた. *Name* your price. 値段を言いたまえ.
****náme*** X (Y) ***after*** [〖米〗 ***for***] Z **Zの名を取ってXに(Yと)名をつける**. I *~d* him (William) *after* his grandfather. 私は彼に彼の祖父の名を取って(ウィリアム)と名付けた.
nàme námes (特に犯罪関係者などの)名を挙げる.
nàme the dáy (行事の)日取りを決める; 〔特に女性が〕結婚式の日を決める.
to nàme (but [only]) a féw 〈列挙したものの後に副詞的に用いて〉(例として)ごく少数の名を挙げると. Lots of movie stars were present at the party; Dustin Hoffman, Jack Nicholson and Meryl Streep, *to ~ but a few*. たくさんの映画スターがそのパーティーに出席していた. 2,3 名を挙げるとダスティン・ホフマン, ジャック・ニコルソン, メリル・ストリープがいた.
You náme it. 〖話〗たとえ何であろうと[お好きなものを何でも]言ってごらん. "Will you do me a favor, Tom?" "*You ~* [*Name*] *it*."「トム, お願いがあるんだけど」「何でも言ってごらん」. [＜古期英語]

náme·a·ble 形 =namable.
náme-càlling 名 U 悪口を浴びせること, 罵(ば)倒.
náme dày 名 C **1** 〖古〗聖名[霊名]祝日《命名に際して名を取った聖者の祝日; 例えば David という人には St. David's Day (3月1日)がそれ》. **2** 洗礼日, 命名日.
náme·dròp 動 (~**s**|-**pp**-) 自 〖話・軽蔑〗(いかにもよく知っているように)有名人の名をひけらかす.
▷**~·per** 名 C 有名人の名をひけらかす人. **~·ping** 名 U 有名人の名をひけらかすこと.
náme·less 形 **1** 名前のない[分からない]. a ~ pond 名のついてない池. a ~ grave 名前の分からない墓.
2 世に知られていない, 有名でない. a ~ poet 無名の詩人. **3** 庶出[私生]の (illegitimate).
4 名前を伏せた, 匿名の. a certain person who must [shall] be ~ 名前を明かせないある人. one's ~ benefactor 匿名の恩人.
5 〔特に感情などが〕名状しがたい, 言いようのない. She was worried by ~ fears. 彼女は名状しがたい恐怖に悩まされた. **6** 口に出して言えない, 言語道断の. ~ cruelties 言語道断の残虐行為.
***name·ly** /néimli/ 副 ℂ すなわち, 言い換えれば, (語法 既に述べたことの意味をより具体的に明らかにする説明を導くための語). There are three colors in the French flag, ~ blue, white and red. フランス国旗には3つの色がある, すなわち青, 白, 赤だ.
náme pàrt 名 =title role.
náme·plàte 名 C ネームプレート, 名札, 標札.
náme·sàke 名 C **1** 同名の人[もの]. Those two gentlemen are *~s*. その2人の男の人は同じ名前です. **2** (..の)名を取って名付けられた人[もの]. He was especially fond of his first grandson, his ~. 彼は特に自分の名にちなんで名付けられた初孫が好きだった. Paris's ~ in Texas テキサス州にある(フランスの)パリと同名の都市.
Na·mib·i·a /nəmíbiə/ 名 ナミビア《1990年に独立したアフリカ南西部の共和国; 首都 Windhoek》.
nan[1] /næn/ 名 C 〖英話〗おばあちゃん (granny).
nan[2] /nɑːn/ 名 U ナン《インド料理に添えるパンの一種; 20センチ位の木の葉型》.
Nan·cy /nǽnsi/ 名 Ann, Anne の愛称.
nan·cy /nǽnsi/ 名 (複 **-cies**) C 〖俗〗なよなよした男, 〖旧・軽蔑〗同性愛の男.
Nan·jing /nændʒíŋ/ 名 ナンキン(南京)《揚子江に臨む港市; 中国の首都 (1928-37,46-49)》.
nan·keen, -kin /nænkíːn, -kín|næŋ-/ 名 **1** U ナンキン木綿《中国ナンキン原産》. **2** 〈~s〉ナンキン木綿製ズボン.
Nan·king /nænkíŋ/ 名 =Nanjing.
Nan·ny /nǽni/ 名 Ann, Anne の愛称.
‡**nan·ny** /nǽni/ 名 (複 **-nies**) C **1** 乳母, ばあや, ベビーシッター. **2** 〖幼〗おばあちゃん (〖話〗 grandma, granny). **3** 雌ヤギ (**nánny gòat**; →goat 参考).

nànny státe 名 〈the ～〉〘主に英〙過保護福祉国家.

nan·o- /nǽnə/ 〈複合要素〉「ナノ単位, 10 億分の 1」の意味. [ギリシア語「こびと」]

náno·mèter 〘米〙, **-tre** 〘英〙 名 C ナノメートル《10 億分の 1 メートル; 記号 nm》.

náno·sècond 名 C ナノ秒《10 億分の 1 秒; 記号 ns, nsec》.

nan·o·tech·nol·o·gy /næ̀nouteknáləd͡ʒi|-nɔ́l-/ 名 U ナノテクノロジー, 超々精密工学, (→nano-).

Nantes /nænts/ 名 ナント《フランス北西部 Loire 川河口の港市・史都》.

Na·o·mi /neióumi|néiəmi/ 名 女子の名.

nap**[1] /næp/ 名 (複 **～s** /-s/) C (特に日中の)うたた**寝**, 昼寝, 居眠り. take [have] a (short, little) ～ (ちょっと)うたた寝をする. ── 動 (**～s**|**-pp-**) 自 **1** うたた寝をする, 昼寝をする. **2** 油断をする. ***càtch a pèrson nápping (1) 人が居眠りしているところを見つける. (2)〘話〙人の不意を襲う, 人の油断に付け込む. [<古期英語]

nap[2] 名 U (ラシャなどの)けば. ▷**náp·less** 形

nap[3] 名 U **1** ナップ (napoleon)《トランプ遊びの一種》. **2**〘英〙優勝候補馬の予想.

na·palm /néipɑ:m, nǽ-/ 名 **1** U〘化〙ナパーム《ガソリンをゼリー化した物質; 焼夷(しょうい)弾や火炎放射器に用いられる》. **2** C ナパーム(爆)弾 (**nápalm bòmb**).

nape /neip, næp|neip/ 名 C うなじ, 襟首. ★普通 the nape of the [one's] neck として用いる.

na·per·y /néipəri/ 名〘古〙 =table linen.

naph·tha /nǽfθə, nǽp-/ 名 U ナフサ《揮発性石油蒸留物》.

naph·tha·lene, -line /nǽfθəlì:n, nǽp-/ 名 U〘化〙ナフタリン《防虫剤, 染料などに用いる》.

***nap·kin** /nǽpkən/ 名 (複 **～s** /-z/) C **1** (食卓用の布, 紙製の) **ナプキン** (参考 2, 3 の意味と区別するため table napkin, serviette とも言う). **2**〘英章〙 = nappy. **3**〘米〙 =sanitary napkin. [<ラテン語 *mappa*「布」; -kin]

nápkin rìng 名 C ナプキンリング《ナプキンを巻いて挟んでおくための環》.

[napkin ring]

Na·ples /néip(ə)lz/ 名 ナポリ《イタリア南西部ナポリ湾に臨む景色の美しさで有名な港市; イタリア名 Napoli; →Neapolitan》. See ～ and die.〘諺〙ナポリを見て死ね《>生きているうちにナポリを見ておけ》.

Na·po·le·on /nəpóuliən/ 名 **1** ナポレオン (1 世) (1769–1821)《フランス皇帝 (1804–15); Napoleon Bonaparte とも言う》. **2** ～ **III** /-ðə-θɚ́:rd/ ナポレオン 3 世 (1808–73)《1 の甥(おい), Louis Napoleon とも言う; フランス大統領 (1848–52), 皇帝 (1852–70)》. **3** 〈n-〉 =nap[3]. **4** ナポレオン《フランス Cognac 原産のブランデーの最上級品》. **5** 〈n-〉〘米〙 =millefeuille.

Na·po·le·on·ic /nəpòuliánik|-ɔ́n- 移/ 形 ナポレオン 1 世(時代)の; ナポレオン 1 世のような, 独裁的な. the ～ Wars ナポレオン戦争 (1792–1815).

Napoleònic Códe 名 〈the ～〉 ナポレオン法典《1804 年に公布されたフランス民法典; 後, 市民法典の範となる》.

nap·py /nǽpi/ 名 (複 **-pies**) C 〘英〙おむつ (〘米〙 diaper). change *nappies* おむつを替える. [nap(kin), -y[3]]

náppy ràsh 名 U 〘英〙おむつかぶれ (〘米〙 diaper rash).

narc /nɑ:rk/ 名 =nark[1] 1.

nar·cis·si /nɑ:rsísai/ 名 narcissus の複数形.

nar·cis·sism /ná:rsəsìz(ə)m/ 名 U〘心〙ナルシシズム, 自己陶酔(症), 自己中心主義.

nar·cis·sist /ná:rsəsist/ 名 C 自己陶酔者.

nar·cis·sis·tic /nà:rsəsístik 移/ 形 自己陶酔的な, 自己中心的な.

Nar·cis·sus /nɑ:rsísəs/ 名 〘ギ神話〙ナルシス, ナルキッソス,《水に映った自分の美しい姿に恋いこがれて水死し, スイセンになったという美少年》.

nar·cis·sus /nɑ:rsísəs/ 名 (複 **～·es, nar·cis·si**) C 〘植〙スイセン《ヒガンバナ科スイセン属の植物の総称; daffodil (ラッパズイセン), jonquil (キズイセン)などがある》.

nar·co·lep·sy /ná:rkəlepsi/ 名 U 〘医〙発作性睡眠, ナルコレプシー.

nar·co·sis /nɑ:rkóusis/ 名 U (麻酔剤などによる)昏睡(こんすい)状態. [ギリシア語「麻痺(まひ)」]

†**nar·cot·ic** /nɑ:rkátik|-kɔ́t-/ 形 **1** 麻酔(性)の, 催眠性の; 眠気を催させる. a ～ drug 麻薬. a ～ speech 眠気を催す演説. **2** 〈限定〉 麻酔剤中毒の, 麻薬常用者(用)の.

── 名 C 〈しばしば ～s〉 麻酔剤, 麻薬,《heroin, morphine, opium など; marijuana などの幻覚剤と異なり習慣性がある》. be on ～*s* 麻薬を常用している.

nar·co·tism /ná:rkətìz(ə)m/ 名 U 麻酔(にかかった状態); 麻薬中毒.

nar·co·tize /ná:rkətàiz/ 動 他 に麻酔をかける; を麻痺(まひ)させる.

nard /nɑ:rd/ 名 =spikenard.

nark[1] /nɑ:rk/ 名 C **1**〘米俗〙(警察の)麻薬捜査官《<*narc*otics agent》. **2**〘英俗〙警察の回し者, 密告者.

nark[2] 動 他 〘英俗〙をうんざりさせる; を怒らせる; 〈普通, 受け身で〉. be ～*ed* at [by] her sauce 彼女の生意気さが頭に来る. ── 自 ぐずぐず[不平を]言う.

nark·y /ná:rki/ 形 e 〘英俗〙おかんむりの, 怒りっぽい (badtempered); 愚痴っぽい (complaining).

***nar·rate** /nǽreit, ─́|nəréit, næ-/ 動 (**～s** /-ts/|過 過分 **-rat·ed** /-əd/|**-rat·ing**) 他 〘章〙の**話をする**, を語る, 述べる. The sailor ～*d* his adventures. 水夫は冒険談を語った. ── 自 (放送, 劇などで)語り手となる, ナレーターを務める, 物語る. ◇名 narration, narrative [<ラテン語「知らせる>物語る」]

***nar·ra·tion** /næréiʃ(ə)n/ 名 (複 **～s** /-z/) **1** U **物語ること**, 叙述, ナレーション, (類語 出来事を物語ること; →description 1). **2** UC **物語**, 話, (類語 narrative と異なり内容そのものよりも, その構成や物語る動作に重点を置く; →story[1]). **3** U〘文法〙話法, 叙法. direct [indirect] ～ 直接[間接]話法. ◇動 narrate

> 文法 **narration** 言われた事, 考えられた事を伝えるのにその言葉をそのまま伝えるのと, 自分の言葉に直して内容を伝えるのと, 2 つの方法がある. 前者が直接話法 (direct narration), 後者が間接話法 (indirect narration) である.
>
> (直) He said to me, "I have an idea."
> (間) He told me (that) he had an idea.
> (彼は私にいい考えがあると言った)
>
> この際, 人称・時制・副詞などについて常識に従った変更を加えることが必要. 疑問文は次のようになる.
>
> (直) I said to her, "Are you all right?"
> (間) I asked her if [whether] she was all right.
> (私は彼女に大丈夫かと尋ねた)
> (直) She said to him, "When are you leaving?"
> (間) She asked him when he was leaving.
> (彼女は彼にいつ出発ですかと尋ねた)
>
> 両者の中間とも言うべき話法として represented speech (描出話法)がある. 上例の伝達部を省略し, 被伝達部の語順は直接話法のまま, 人称, 時制などを間接

N

話法に従った形にすれば描出話法になる.
（描）When was he leaving?
（いつ出発ですか; 彼はいつでかけるのだろう）
これは小説などで文脈上話し手(及び聞き手)が明らかな場合, 登場人物の実際の発言・内的独白を, 話者に直接的に伝える効果をもつ.

†**nar·ra·tive** /nǽrətiv/ 名 **1** UC 話, 物語; (物語の会話の部分に対して)地の文; (類語 story¹ より文章体; 普通は創作でなく実話を指す; narration と異なり, 話の内容に重点がある). a personal ～ 身の上話. The mystery contains more dialogue than ～. その推理小説は地の文よりも会話の方が多い. **2** U 話術, 語り口.
── 形 物語の, 物語体の; 話術の. a ～ poem 物語詩. ～ style 物語体 (→descriptive style). ～ skill 話術(のうまさ). ◇動 narrate
▷ **～·ly** 副 物語るように, 物語調に.

*__nar·ra·tor__ /nǽreitər, ‒́‒̀‒|nəréitə, næ-/ 名 (複 ～s /-z/) C **語り手**, ナレーター; 物語る人.

‡**nar·row** /nǽrou/ 形 e
【狭い】 **1** (幅が)狭い, 細い, (↔broad, wide). a ～ street [river] 細い街路[川]. a ～ face 細面(ほそおもて). Enter by the ～ gate. 〖聖書〗狭き門より入れ《広い門は破滅に至るから》. the ～ way [path] 〖聖書〗狭くて困難な道《正義の道のこと; 『マタイによる福音書』より》.
注意 日本語の「狭い国[部屋]」は narrow でなく普通 a *small* country [room] と言う.
【限定された】 **2** 〔広さ, 範囲, 意味が〕**限られた**, 狭い, 窮屈な. a ～ space 狭い場所. She has a ～ circle of acquaintances. 彼女は知人が少ない. in the ～*est* sense of the word その語の最も狭い意味で. take a ～ view of things 物事を狭い見地から見る.
3 心の狭い, 狭量な. a ～ mind 狭量. He is ～ in opinion. 彼は見解が狭い. take a ～ attitude 狭量な態度を取る.
【余裕のない】 **4** 〔資力などが〕乏しい, 窮乏した. a ～ income 乏しい収入. in ～ circumstances 窮乏して.
5 〈限定〉辛うじての, やっとの, 僅差(きんさ)の. a ～ victory 辛勝. a ～ defeat 惜敗. have a ～ escape 九死に一生を得る. It was a ～ squeak. 〖英〗間一髪のところで助かった; 危うく成功した. There is a ～ margin of difference between the two. 2つの間には非常にわずかな違いがある. win by [with] a ～ majority 辛うじての過半数で[わずかな人数の差で]勝つ.
【透き間のない】 **6** 〖章〗精密な, 厳密な, (strict). a ～ examination of the facts 事実に関する厳密な調査.
7 〖音声〗 (**a**) 〔音声表記が〕精密な (↔broad). ～ transcription 精密表記(法). (**b**) 〔母音が〕狭窄(きょうさく)音の, 緊張音の (tense), 《/iː/, /uː/ など》.
── 動 他 **1** を狭くする, 細くする. ～ one's eyes 目を細める《まぶしい時, また怒り, 当惑, 怪しみ, 精神集中などの表情》. ～ the distance 距離を詰める. Poverty ～*s* the mind. 貧乏は心を狭くする. **2** 〔範囲など〕を制限[限定]する, 絞る, 〈*down*〉〈*to* ..に〉. ～ the choice *down to* three applicants 選択の範囲を3人の応募者に絞る. ── 自 狭くなる; 〔違いなどが〕狭まる.
── 名 C **1** (道などの)狭まった所; 狭い部分[場所]. **2** 〈～s; 単数扱い〉海峡, 瀬戸; 河峡. the *Narrows* ナローズ水道《ニューヨーク港に通じる狭い海峡》.
[<古期英語] ▷ **～·ness** 名 U (幅, 範囲などが)狭いこと; 狭量; 厳密さ.

nárrow bòat 名 C 〖英〗(運河用の)細長い船.

nàrrow gáuge [gáge] 名 C 〖鉄道〗狭軌 (↔broad gauge [gage]).

*__nar·row·ly__ /nǽrouli/ 副 m **1** やっと, 辛うじて; 僅差(きんさ)で. I ～ escaped being killed. 私は危うく命を落とすところだった. **2** 〖章〗精密に, 厳密に(は); 念入りに. examine the evidence ～ 証拠を厳密に検討する. **3** 限定されて; 狭量に; 狭義に〔解釈するなど〕.

nàrrow-mínded /-əd ⊛/ 形 狭量な; 偏見を持った; (↔broad-minded). ▷ **～·ly** 副 **～·ness** 名

nar·w(h)al /nάːr(h)wəl/, **-whale** /-(h)wèil/ 名 C イッカク《北極洋にいるイルカの一種》.

na·ry /né(ə)ri/ 副 〖話・方〗少し[1つ, 1人]の..もない (not a..). *Nary* a sound was heard. 物音ひとつしなかった. [<*ne'er a* 'never a']

NAS National Academy of Sciences (米国科学アカデミー).

NASA /nǽsə/ National Aeronautics and Space Administration (米国航空宇宙局, ナサ).

†**na·sal** /néiz(ə)l/ 形 (★普通, Ⓒ) **1** 鼻の. the ～ cavity 〖解剖〗鼻腔(こう). **2** 鼻にかかる, 鼻声の. a ～ voice 鼻にかかった声. **3** 〖音声〗鼻音の. a ～ sound 鼻音 (/m/ /n/ /ŋ/ など). ── 名 C 〖音声〗鼻音 (nasal sound). [<ラテン語 *nāsus* 'nose'] ▷ **～·ly** 副 鼻音で; 鼻(にかかった)声で.

na·sal·ize /néizəlàiz/ 動 他, 自 (を)鼻にかかった声で言う; 鼻音化する. ▷ **nà·sal·i·zá·tion** 名 U 鼻音化.

nas·cence, -cen·cy /nǽs(ə)ns/, /-si/ 名 U 発生, 起源.

nas·cent /nǽs(ə)nt/ 形 〖章〗 生まれかかった, 発生期の; 初期の; 新興の. ～ industries 新興諸産業.

NASDAQ /nǽzdæk/ 名 全米証券業者協会相場報道システム, ナスダック, 《インターネットを利用; <*Nation*-*al* *A*ssociation of *S*ecurities *D*ealers *A*utomated *Q*uotation》.

Nash·ville /nǽʃvil/ 名 ナッシュヴィル《米国 Tennessee 州の州都》.

Nas·sau /nǽsɔː/ 名 ナッソー《バハマ連邦(Bahamas)の首都》.

Nas·ser /nǽsər/ 名 **Gamal Abdal ～** ナセル (1918–70) 《エジプトの軍人・政治家; 初代大統領 (1956–70)》.

nas·ti·ly /nǽstili/ 副 汚く; 不快に; 意地悪く.

nas·ti·ness /nǽstinəs/ 名 **1** U 汚さ; 不快. **2** C 汚いもの[事, 言葉].

nas·tur·tium /nəstə́ːrʃəm/ 名 C キンレンカ《ノウゼンハレン科の観賞草本; 赤, 黄, オレンジ色の花をつけ, 実は食用にする》.

‡**nas·ty** /nǽsti|nάːs-/ 形 e (**-ti·er**|**-ti·est**)
【不快な】 **1** 〈普通, 限定〉**嫌な**, 不快な, むかつくような; あいにくの, 困った, (↔nice). a ～ day 不愉快な日. a ～ sight むかつくような光景. This room has a ～ smell. この部屋は嫌な[不快な]においがする. ～ medicine まずい薬. cheap and ～ →cheap (成句). I had a ～ feeling that I was being tailed. 尾行されているようないやな感じがした.
2 【嫌らしい】〈普通, 限定〉(道徳的に)**不潔な**, みだらな, 汚らわしい. a ～ story 猥(わい)談. a ～ joke みだらな冗談.
3 【扱いにくい】 手に負えない〔問題など〕; 厄介な〔立場など〕.
【敵意のある】 **4** **意地の悪い**, 悪意のある; 卑劣な; 不機嫌な. Why are you so ～ to her? どうして君は彼女にそんなに邪険にするのか. It is ～ of you to make fun of him. 彼をからかうなんて君は意地が悪いね. a ～ look 陰険な目つき. turn [get] ～ 意地悪く[不機嫌に]なる; 〖主に英〗攻撃的になる. a ～ question 意地の悪い質問.
5 【危険な】〔天候などが〕**険悪な**, 荒れた, 危険な. a ～ sea 荒れた海. The weather turned ～. 天候は荒れ模様となった.
6 ひどい, 重大な, 由々しい. a ～ accident 重大事故. have a ～ fall ひどい転び方をする. give him a ～ one 彼に一発見舞う《one は blow の代わり》.
a násty pìece [bìt] of wòrk 〖話〗嫌なやつ.
lèave a nàsty [bàd] táste in the mòuth →

taste.

—— [名] (複 -ties) [C] 嫌らしい人[物]; 残虐ビデオ (video nasty). [＜中期英語(＜?)]

Nat /næt/ [名] Nathan, Nathaniel の愛称.

nat. national; native; natural.

na·tal /néitl/ [形] 〈限定〉出生の, 誕生の, (★pre*natal*, post*natal* などの結合以外はまれ). one's ～ day 誕生日.

na·tal·i·ty /neitǽləti, nə-/ [名] [U] 〖主に米〗出生率 (birthrate).

na·tant /néit(ə)nt/ [形]〖植〗〔水生植物が〕浮水性の.

na·ta·to·ri·al /nèitətɔ́:riəl ⊛/ [形]〖章〗〈限定〉遊泳の[に適する]; 泳ぐ習性のある.

na·ta·to·ri·um /nèitətɔ́:riəm/ [名] (複 **～s, na·ta·to·ri·a** /-riə/) [C]〖米〗(特に屋内の)水泳プール.

na·ta·to·ry /néitətɔ̀:ri|-t(ə)ri/ [形] ＝natatorial.

natch /nætʃ/ [副]〖俗〗もち(ろん), あったりまえだ(が). [＜*natu*rally]

na·tes /néiti:z/ [名]〖解剖〗〈普通, 複数扱い〉しり, 臀部(でんぶ), (buttocks).

Na·than /néiθən/ [名] 男子の名. [ヘブライ語「贈物」(Jonathan の短縮)]

Na·than·iel /nəθǽnjəl/ [名] 男子の名. [ヘブライ語「神の贈物」]

‡**na·tion** /néiʃ(ə)n/ [名] (複 **～s** /-z/) [C] 〈まれに単数形で複数扱いもある〉**1 (a)** 〈全体としての〉**国民** ([類語] 1つの政府の支配下にまとまった, 同じ制度, 法律を持つ人々の集団; the Americans, the English はそれぞれこの意味の nation である; people 3, race²). the Japanese ～ 日本国民. The entire ～ celebrates Independence Day. 全国民が独立記念日を祝う.
(b) 民族《人種, 言語, 文化などを共有する人々の集団》. The Jewish ～ is scattered all over the world. ユダヤ民族は世界中に散らばっている.
2 国, 国家, ([類語] country に近い意味では人々の集団よりも「国土」の感じが強い; 政治的組織の意味では the United States, the United Kingdom もそれぞれ nation であり, この意味では state に近い). an industrial [agricultural] ～ 工業[農業]国. developing ～*s* 発展途上国. the law of ～*s* 国際法.

> [連結] a strong [a mighty; an advanced; an affluent; a third-world; an independent, a sovereign; a neutral; a peace-loving; a belligerent] ～ // establish a ～ // a ～ grows [develops]

3〖米〗(特に北米先住民の)部族 (tribe). the entire Apache ～ 全アパッチ族. [＜ラテン語「出生＞種族」(＜*nāsci*「生まれる」)]

‡**na·tion·al** /nǽʃ(ə)nəl/ [形] [C] 〈普通, 限定〉**1 国民の**, 国民的な. the ～ character 国民性. a ～ game [sport] 国技. a ～ costume [dress] ある国民特有の服装, 民族衣装. a ～ holiday (国定)祝祭日. ～ pride 国民としての誇り.
2 国家の《一方で local (地方的), 他方で international (国際的)と対立する》. ～ affairs 国務. ～ defense 国防. the ～ flag [flower] 国旗[国花]. a ～ government (地方政府に対し)中央政府;〖英〗(戦争中などの超党派による)挙国一致内閣. ～ security 国家の安全保障. sign a treaty in the ～ interest(s) 国益のために条約に調印する.
3 国立の, 国有の, 国定の. a ～ theater [university] 国立劇場[大学]. **4** 全国的な, 国民[国家]全体の, (↔local). a ～ newspaper 全国紙. a ～ election 全国選挙. ～ advertising 全国的な広告. **5** 愛国的な, 国粋的な.

—— [名] [C] **1** 〈普通 ～s〉..国籍者, (ある国の)国民《特に外国にいる場合》. British ～*s* living abroad 在外英国民. a British ～ 英国籍の人. **2**〖米〗〈しばしば ～s〉(スポーツなどの)全国大会. **3** 〈普通 ～s〉全国紙. **4** 〈the N-〉＝Grand National. **5** 〈the N-〉＝Royal National Theatre. [nation, -al]

nàtional ánthem [名] [C] 国歌.

nàtional bánk [名] [C] **1** 国立銀行《the Bank of England など》. **2**〖米〗ナショナルバンク《連邦政府認可の商業銀行》.

Nàtional Convéntion [名] 〈the ～; 時に n- c-〉〖米〗全国党大会《正副大統領候補者の指名・政綱の決定などをする大会で, 4年ごとに開催される》.

nàtional currículum [名] 〈the ～; しばしば N-C-〉〖英〗ナショナルカリキュラム《大学以前の公立学校教育に対し, 政府が10の基本教科の段階的学習を定めたもの; 1989年よりイングランドとウェールズで実施》.

nàtional débt [名] [C] 国債 (〖米〗public debt).

nàtional énsign [名] [C] 国旗.

nàtional fórest [名] [C]〖米〗国有林.

Nàtional Frónt [名] 〈the ～〉〖英〗国民戦線《極右政党; 略 NF》.

Nàtional Gállery [名] 〈the ～〉(ロンドンの)国立美術館.

Nàtional Geográphic [名] 『ナショナルジオグラフィック』《地理学知識の普及を目的とする米国の National Geographic Society が発行する月刊誌》.

nàtional gríd [名] [C]〖英〗**1** (主要発電所を結ぶ)全国高圧電線網. **2**〖地理〗(メートル法の)全国距離座標系《イギリス諸島の地図に碁盤状に示される》.

Nàtional Guárd [名] 〈the ～〉〖米〗州兵, 州軍《州が組織する民兵団; 非常時には正規軍に編入される》.

Nàtional Héalth Sèrvice [名] 〈the ～〉〖英〗国民健康保険(制度)《略 NHS》.

nàtional íncome [名] [U] (年間)国民総所得.

Nàtional Insúrance [名]〖英〗(失業者・老齢者・病人を救済する)国民保険制度《略 NI》.

***na·tion·al·ism** /nǽʃ(ə)nəlìz(ə)m/ [名] [U] **1 国家主義**, 国粋主義, (↔internationalism); 愛国心[主義]. **2 民族(独立)主義**. The world has recently seen a resurgence of ～. 最近世界には民族主義の復活が見られる.

†**ná·tion·al·ist** [名] [C] **1** 国家[国粋]主義者. **2** 民族(自治)主義者. —— [形] 国家[国粋]主義(者)の, 民族主義(者)の.

‡**na·tion·al·is·tic** /nǽʃ(ə)nəlístik ⊛/ [形] 〈しばしば非難〉国家[国粋]主義の, 国家[国粋]主義者の[ぶる]. ▷ **nà·tion·al·ís·ti·cal·ly** /-k(ə)li/ [副] 国家主義的に[の立場で].

‡**na·tion·al·i·ty** /næ̀ʃənǽləti/ [名] (複 **-ties** /-z/) **1** [UC] **国籍**. a man of French ～ フランス国籍の男性. dual ～ 二重国籍. take British ～ 英国籍を取る. What ～ is he?＝What is his ～? 彼はどこの国の人ですか. the ～ of a ship 船籍. We encounter people of many *nationalities* in this city. この市ではたくさんの国籍の人たちに出会う.
2 [U] 一国家であること, 国家的存在[独立]. win [attain] ～〔国が〕独立する. **3** [C] 国民; 国家; 民族, (一国家内の)種族. the conflict between different *nationalities* within a state 国家内での異民族の争い.
4 [U] 国民性; 愛国心. [national, -ity]

nà·tion·al·i·zá·tion [名] [U] **1** 国有[国営]化(する[される]こと). the ～ of the railways 鉄道の国有化. **2** 全国的普及, 国民化.

†**na·tion·al·ize** /nǽʃ(ə)nəlàiz/ [動] [他] **1** を国有[国営]化する (↔denationalize, privatize). ～ the railways 鉄道を国有化する. **2**〔運動, 規模など〕を全国的にする[普及させる], 国民化する. ～ the news coverage 報道範囲を全国的なものにする. **3** を独立の国家[国民]にする. **4** に国籍を与える, を帰化させる.

Nàtional Léague [名] 〈the ～〉(米国プロ野球の)ナショナルリーグ (→major league).

†ná·tion·al·ly 副 **1** 全国的に(見ると), 全国(的規模)で. a ～ broadcast speech 全国に放送された演説. **2** 国家[国民]として, 国家的立場[見地]から. a ～ supported project 国家事業.

nàtional mónument 名 C 〖主に米〗国定記念物《史跡, 天然記念物など》.

Nàtional Organizàtion for Wómen 名 〈the ～〉〖米〗全米女性機構《米国最大の女性解放運動の組織; 1966 年結成; 略 NOW》.

nàtional párk 名 C (国が管理する)国立公園.

Nàtional Pórtrait Gàllery 名 〈the ～〉(ロンドンの)国立肖像画美術館.

nàtional séashore 名 〈しばしば N- S-〉 UC 〖米〗(連邦政府管理の)国定海浜保養地.

Nàtional Secúrity Còuncil 名 〈the ～〉〖米〗国家安全保障会議《略 NSC》.

nàtional sérvice 名 U 〖英〗〈しばしば N- S-〉義務兵役(制度, 期間)《1959 年廃止; 〖米〗selective service》.

Nàtional Sócialism 名 〖史〗 ＝Nazism.

Nàtional Théatre 名 〈the ～〉 Royal National Theatre の旧称 (1976–1988).

Nàtional Trúst 名 〈the ～〉〖英〗ナショナル・トラスト《1895 年創立; 会費と寄付で土地や建造物を購入しその保全を図る》.

Nàtional Wèather Sérvice 名 〈the ～〉米国気象局《商務省に所属する政府機関》.

nátion·hòod 名 U 独立国家の地位; 国民的統一.

nátion-stàte 名 C (単一)民族国家.

†nàtion·wíde /㊥/ 形 全国的な. a ～ network 全国放送(網). —— 副 全国的(規模)に. be broadcast ～ 全国放送される.

N

‡na·tive /néitiv/ 形 ⓔ **1** 〈限定〉**出生地の**, 生[母]国の, 故郷の. one's ～ place (生まれ)故郷. one's ～ town [land, country] 故郷の町[故国]. Though he uses English in business, his ～ language is Spanish. 仕事では英語を使うが彼の母語はスペイン語だ.
2 〈限定〉〔人が〕**その土地[国]に生まれた[育った]**, 生え抜きの, 生っ粋の, 土着の; 〖しばしば軽蔑〗(普通, 白人から見て)原[先]住民の, 土着民の. a ～ New Yorker 生っ粋のニューヨークっ子. ～ tribes 原住民. ～ customs 土着民の習慣.
3 〔動植物, 産物などが〕固有の〈*to* ..〔ある土地〕に〉, 国内産の. plants, ～ and foreign 国内産及び外国産の植物. ～ industries 国内諸産業. Sequoia trees are ～ *to* California. セコイアはカリフォルニア原産だ.
4 〔性質などが〕**生まれつきの**, 生来の. He has a ～ ability in music. 彼には生まれつき音楽の才能がある.
5 自然(状態)の, 天然の, 純粋な. ～ gold 自然金. ～ diamond 天然ダイヤ.
gò nátive 〖話・しばしば戯〗〔特に欧米人が〕原住民[その土地の人]と同じ生活をする, 原住民化する.
—— 名 (複 ～s /-z/) C **1 生まれの人**〈*of* ..〔ある土地〕の〉; (ある地域のもとからの)住民, 土地の人. a ～ *of* Ohio オハイオ州生まれの人. He spoke English like a ～. 彼は英語を母語とする人のように(訛(なま)りなしに)英語を話した. **2** 原産の植物[動物]〈*of* ..〔ある土地〕の〉. Coffee is a ～ *of* Africa. コーヒーはアフリカ原産である. **3** 〖しばしば軽蔑〗〈しばしば ～s〉先[原]住民, 土着民, 《特にヨーロッパ人以外の住民》.
[＜ラテン語「生まれながらの」(＜*nāscī*「生まれる」)]
▷**～·ly** 副 **～·ness** 名

Nàtive Américan 名 C 北米先住民《従来 (American) Indian と呼んでいたが, 今はこの方が好まれる》.

nàtive béar 名 C 〖オース〗＝koala.

nàtive-bórn /㊥/ 形 その土地[国]生まれの, 生っ粋の.

nàtive són 名 C 〖米〗その州で生まれ育った人.

nàtive spéaker 名 C 母国語話者, ネイティヴスピーカー. a ～ of English 英語を母語として話す人.

ná·tiv·ìsm 名 U **1** 〖哲〗生得説. **2** 土着文化保護(主義). **3** 〖米〗(移民に対して)先住民優先(主義).

na·tiv·i·ty /nətívəti/ 名 (複 **-ties**) **1** UC 〖章〗〈大げさに〉誕生, 出生, (birth). the place of his ～ 彼の出生地. **2** 〈the N-〉キリストの降誕; 降誕祭, クリスマス; 聖母マリア誕生の祝日《9 月 8 日》; 聖ヨハネ誕生の祝日《6 月 24 日》. **3** C 〈N-〉キリスト降誕の絵[彫刻]. **4** C 〖占星〗(人の出生時の)天宮図 (→horoscope).

nativity plày 名 〈しばしば N- p-〉 C キリスト降誕劇.

natl national.

NATO, Nato /néitou/ 名 北大西洋条約機構《旧ソ連に対抗するために結成されたが, その崩壊とともに存在意義が薄れた; ＜*N*orth *A*tlantic *T*reaty *O*rganization》.

nat·ter /nǽtər/ 〖英話〗 動 自 (つまらぬことを)ぺちゃくちゃしゃべる; ぶつぶつ言う; 〈*away*, *on*〉〈*about* ..について〉. —— 名 aU おしゃべり.

nat·ty /nǽti/ 形 ⓔ 〖話〗 きちんとした, 小ざっぱりした, スマートな, (neat). a ～ suit きちんとした服. ▷**nat·ti·ly** 副 スマートに, 小ざっぱりと. **nat·ti·ness** 名

‡nat·u·ral /nǽtʃ(ə)rəl/ 形 ⓜ 【自然の】 **1** 〈限定〉**自然の**, 天然の, 自然界の. ～ phenomena 自然現象. a ～ disaster 天災. the ～ world 自然界.
2 (a) (成り行きが)**自然の**, 当然の, 無理からぬ. a ～ result 当然の結果. die a ～ death [of ～ causes] (事故死などでなく, 老衰で)自然死をする. **(b)** 〈It is ～ (*for* X) *to* do で〉(X が)..するのは当然[当たり前]である. It's (quite) ～ *for* him *to* help his ailing father. 彼が病弱の父親に手を貸すのは(全く)当然のことだ. **(c)** 〈It is ～ (*that*)節で〉..は当然[当たり前]である. It is (only) ～ *that* she should decline your invitation. 彼女が君の招待を辞退するのは(至極)当然のことである.
【ありのままの】 **3 自然のままの**, 加工してない, (↔artificial). ～ food 自然食品. ～ curls 天然パーマ. Part of Hokkaido still remains in its ～ state. 北海道の一部分はまだ自然のままの状態で残っている.
4 気取らない, 飾り気のない; あるがままの, 自然体の. a ～ smile 気取らない微笑. I like her ～ manner. 私は彼女の気取らない態度が好きだ. try to look ～ (構えないで)自然に見せようとする.
5 【生来の】〈普通, 限定〉**生まれつきの**〈*to* ..にとって〉; 先天的な; 生みの, 実の. one's ～ charm 生まれつき備わっている魅力. a ～ poet 天性の詩人. with tenderness ～ *to* him 彼の持ち前の優しさで. ～ parents (養父母 (foster parents) に対して)生みの親 (★最近は natural の代わりに biological がよく使われる). a ～ son (養子 (adopted son) に対して)実の息子; 〖旧〗庶出の息子 (→6).
6 〖旧〗〈限定〉私生の, 庶出の, (illegitimate). a ～ child 私生児; 実子 (→5).
【元と同じの】 **7** 生き写しの, 実物そっくりの. a ～ likeness 生き写し(の人). ～ size 実物の大きさ.
8 〖楽〗(シャープもフラットもつかない)本位の, ナチュラルの. a ～ sign 本位記号 (→名 2).
◇↔unnatural 名 nature
còme nátural to .. 〖話〗..にとってわけなくできる[生まれつき備わっている]. Sports always *come* ～ *to* him. どんなスポーツでも彼にはわけなくできる.
—— 名 C **1** 〈普通, 単数形で〉〖話〗(仕事の)適任者, ぴったりの人[物]; 天成の人; (劇の)適役, はまり役; 成功間違いなしの人. He is a ～ for the post. 彼はその地位に適任だ. He is a ～ to win the championship. 彼は選手権の獲得間違いなしの人だ.
2 〖楽〗本位音; 本位記号 (natural sign) 《♮》; (ピア

ノ, オルガンの)白鍵(ㇼ). **3**〘古・婉曲〙白痴の人 (idiot) 《'生まれたままの人' という意味から》. [nature, -al]
▷ **～·ness** 名 U 自然(のまま)であること; 当然さ; 飾り気のなさ.

nàtural-bórn /㊕/ 形 〔特性や状態が〕生まれつきの, 生得の. a ～ American citizen 生得の市民権を持つアメリカ人.

nàtural chíldbirth 名 U 自然分娩(ᵕ).

nàtural gás 名 U 天然ガス.

nàtural hístory 名 U 博物学《生物学・鉱物学・地質学などの旧式な総称だが今でも時に用いる》.

nát·u·ral·ìsm 名 U 〘芸術・哲〙自然主義.

†**nát·u·ral·ist** 名 C **1** 博物学者. **2** (芸術, 哲学などの)自然主義者.

nat·u·ral·is·tic /nætʃ(ə)rəlístik ㊕/ 形 **1** (特に芸術, 哲学などで)自然主義の, 写実的な; 自然そのままの. **2** 博物学(者)の.

nàt·u·ral·i·zá·tion 名 U **1** (外国人を)帰化(させること); (動植物の)帰化, 移植. **2** (外国の言語, 習慣などの)借入, 導入.

***nat·u·ral·ize,** 〘英〙**-ise** /nǽtʃ(ə)rəlàiz/ 動 (**-iz[s]·es** /-əz/|過 過分 **～d** /-d/|**-iz[s]·ing**) 他 〈普通, 受け身で〉 **1** 〔外国人〕を**帰化させる**, に市民権を与える. be ～*d* in Japan 日本に帰化する. ～*d* immigrants 帰化した移民. a ～*d* Japanese 帰化日本人.
2 〔外国の言語, 習慣など〕を同化する, 取り入れる. Japanese words ～*d* in English 英語に入った日本語.
3 〔動植物〕を帰化させる, 移植する. a ～*d* plant (外国からの)帰化植物. **4** を自然に ⌞する[見せる]; 〔超自然に見えるもの〕を合理的に説明する.
— 自 **1** 帰化する, 新しい風土に慣れる. **2** 博物学を研究する.

nàtural lánguage 名 UC 自然言語《人工言語に対して》.

nàtural láw 名 **1** U 自然法《人間性に根元的に備わる行動の規則》. **2** UC 自然法則 (law(s) of nature).

nàtural lífe 名 U 天寿, 天命.

‡**nat·u·ral·ly** /nǽtʃ(ə)rəli/ 副 m **1** (特に努力をしないで)**自然に**, 気楽に; 飾らずに, 普段のように. behave ～ 自然にふるまう. Try to speak ～ before your audience. 聴衆の前で自然に話せるよう努力しなさい.
2 (人手を加えず)**自然に**, 天然に; ひとりでに. grow ～ 〔植物が〕自生する. The land in this area is ～ fertile. この地域の土地はもともと肥沃(ᵕ)なのだ.
3 生まれつき, 生来. a ～ obedient boy 生来従順な少年. Her hair is ～ curly. 彼女の髪は天然パーマです.
4 〈文修飾〉**当然**(のことだが), もちろん (of course); その通り (yes). She asked me to join the party; ～ I accepted her offer. 彼女はパーティーに加わってくださいと言った. もちろん私は彼女の申し出に応じた. "You like wine, don't you?" "*Naturally!*" 「ワインお好きでしょう」「その通りです」.
còme náturally to.. ＝come NATURAL to...

nàtural númber 名 C 〘数〙自然数《1, 2, 3.. と続く正の整数》.

nàtural philósophy 名 U 〘旧〙自然哲学《主に現在の物理学》.

nàtural resóurces 名 〈複数扱い〉天然資源.

nàtural scíence 名 UC 自然科学.

nàtural seléction 名 U 〘生物〙自然淘汰(ᵕᵕ), 自然選択, (→survival of the fittest).

nàtural wástage 名 U (雇用者数の)自然減《退職者の補充をしない》(〘主に米〙attrition).

Na·ture /néitʃər/ 名 『ネイチャー』《英国の週刊科学誌; 1869 年創刊》.

‡**na·ture** /néitʃər/ 名 (複 **～s** /-z/)
【人間に対する自然】 **1** 〈時に N-〉 U **自然**, 自然界[力], 自然の景観, 自然の生物; 自然の女神, 造化の神, 造物主. the beauties of ～ 自然の美. the laws of *Nature* 自然(界)の法則. The human female form is the most beautiful form in ～. 女性の姿は自然[造化の世界]で最も美しい形である. draw from ～ 写生する. all ～ 万物, 万人.
2 U 自然[原始]状態, 野生的生活; 〈特に〉動植物(の世界). go [get] back to ～ (文明世界を去って)自然に帰る. Let's study ～. 自然を観察しよう.
【人間を支配する自然】 **3** U 体, 体力; 〘婉曲〙肉体的[生理的]要求. ease [relieve] ～ 便を出す, 通じがつく. sustain ～ 体力を維持する. feel a [the] call of ～ 生理的要求を感じる 《便意を催す》. John went to answer a call of ～. ジョンはトイレに行った.
4【生まれつき】 UC (人, 動物の)**性質**, 天性, 本性; C ..の性質の人; (類語 生まれつきの性質, つまり天性である; →character). human ～ 人間性. the animal ～ 動物性. the ～ vs. nurture debate 生まれか育ちか(どちらが重要か)の論争. reveal one's ～ 本性を露呈する. a man of good [ill] ～ よい[悪い]性質の男. appeal to a person's better ～ 人の善意に訴える. an evil ～ 意地悪な人. He has a friendly ～. 彼は人なつっこい性質だ. It is ⌞not (in) [against] her ～ to be cruel. 彼女は邪険にできないたちだ. →second nature.

> 連結 a kindly [a generous; a carefree; a trusting; a gullible; an honest; a deceitful; an emotional, a passionate; a shy; a peaceful; an aggressive; an impetuous, an impulsive; a stubborn] ～

【物の性質】 **5** U (物の)本質, 特質. the ～ of the atom 原子の本質. a problem of a personal [delicate] ～ 個人的な[扱いにくい]性質の問題.
6【性質の違い】 C 〈普通, 単数形で〉 種類 (kind²) (類語 外面の類似点でなく, 本質的な特性に基づくものを言う). support a plan with cash or something of that ～ 計画を現金あるいはそれに近いもので援助する. Problems of this ～ are beyond my power. こういう種類の問題は私の手に余る.
against náture (1) 人道にもとる, 不道徳な, (immoral). (2) 自然の理法に背く, 奇跡的な[に].
by náture 生来, 生まれつき; 本来. He is *by* ～ an optimist. 彼は生来楽天家だ.
by one's (very) náture その性質上, 本質的に.
in a [the] stàte of náture (1) 未開[野蛮, 野生]の状態で. (2) 丸裸で (naked). (3) 神の恩恵を受けない(罪深い)状態で.
in náture (1) 本来は. He is generous *in* ～. 彼は気前がよい性分だ. (2) 〈否定語, 疑問詞, 最上級などを強めて〉どこにも; 一体全体; 全く, 断然.
in the còurse of náture →course.
in [of] the náture of.. ..の性質を持って[帯びて]いる, ..に似た[ている]. We want something *in the* ～ *of* an agreement on paper. 何か(合意を)紙に書いたものが欲しい.
in [by, from] the náture of thìngs 理の当然として, 道理上; 必然的に.
let nàture tàke its cóurse 〘話〙自然の成り行きに任せる.
like àll náture 〘米話〙完全に, すっかり.
pày one's débt to náture＝pày the débt of náture 死ぬ《<自然への借りを返す》.
trúe to náture 実物通りで, 真に迫って.
[<ラテン語「生まれ(つきの性質)」(<*nāscī*「生まれる」)]

náture conservàtion 名 U 自然保護.

náture cùre 名 U 自然療法 (naturopathy).

-na·tured /néitʃərd/ 〈複合要素〉「..の性質を持った」の意味. good-*natured*. ill-*natured*.

náture resèrve 名 C 自然保護区域.

N

náture stùdy 名 U (初等・中等教育の教科としての)自然研究[観察], 理科.
nàture tráil 名 C (自然観察のための)遊歩道.
náture wòrship 名 U 自然崇拝[愛好].
na·tur·ism /néitʃəriz(ə)m/ 名 U **1** 裸体主義 (nudism). **2** 自然崇拝. ▷**ná·tur·ist** /-rist/ 名
na·tu·ro·path /néitʃərəpæθ/ 名 C 自然療法医.
na·tu·rop·a·thy /nèitʃərɑ́pəθi|-rɔ́p-/ 名 U 自然療法.
naught /nɔːt/ 名 **1** UC 〖主に英〗ゼロ, 零(点), (★この意味では nought が普通). get a ～ (試験で)零点を取る. two ～ ～ one (電話番号の読み方で) 2001. **2** U 〖古・詩〗無 (nothing).
còme to náught＝*gò for náught* 〖章〗むだになる, 無に帰する.
sèt..at náught 〖章〗..を無視する.
[＜古期英語 *nāwiht* 'nothing']
*__naugh·ty__ /nɔ́ːti/ 形 e (-ti·er|-ti·est) **1** 腕白な, 言うことをきかない, いたずらな, 行儀の悪い, 《普通, 子供について用いる》. a ～ child いたずらっ子. It's ～ of you [You're ～] to torment a cat. 猫をいじめるなんて悪い子だ. **2** 〖主に英・戯〗よくない, 感心できない, 《大人について言う》. It was ～ of you to speak ill of your uncle behind his back. 君のおじさんの陰口をきくなんてよくない. **3** 〖話〗いかがわしい, 猥褻(わいせつ)な, みだらな, (indecent). a ～ picture エロ写真. [naught, -y[1]]
▷**naugh·ti·ly** 副 行儀悪く, 腕白に. **naugh·ti·ness** 名 U 腕白, 行儀の悪さ.
Na·u·ru /nɑːúːruː/ 名 ナウル《南太平洋上の島, 共和国》.
†**nau·se·a** /nɔ́ːziə, -ʃ(i)ə|-siə, -ziə/ 名 U **1** 吐き気, むかつき; 船酔い. feel some ～ 吐き気を催す. **2** (吐きそうなほどの)ひどい不快感[嫌悪]. [ラテン語(＜ギリシア語「船酔い」)]
nau·se·ate /nɔ́ːzièit, -ʃi-|-si-, -zi-/ 動 他 **1** に吐き気を催させる, をむかつかせる. The sight of blood ～*d* me. 血を見て吐き気を催した. **2** に不快感を起こさせる. ── 自 吐き気を催す, 胸が悪くなる; ひどく嫌う; 〈*at* ..で, を〉.
náu·se·àt·ing 形 吐き気を催させる(ような); ひどく嫌な. a ～ smell ひどい臭い. ▷**～·ly** 副
nau·seous /nɔ́ːʃəs, -ziəs|-siəs, -zi-/ 形 **1** 〈叙述〉〔人が〕吐き気がする, むかつく. **2** ＝nauseating. ▷**～·ly** 副 **～·ness** 名
-naut 〈複合要素〉「航行者」,「推進者」の意味. Argo*naut*. astro*naut*. [ギリシア語 'sailor']
†**nau·ti·cal** /nɔ́ːtik(ə)l/ 形 船員の, 船舶の, 航海(術)の. a ～ almanac 航海暦. ～ terms 海事用語. [ギリシア語「船の」] ▷**～·ly** 副 航海上.
nàutical míle 名 C 海里《1852m》.
nau·ti·lus /nɔ́ːtələs/ 名 (複 **～·es, nau·ti·li** /-lài/) **1** C オウムガイ (**chàmbered [pèarly] náutilus**). **2** C アオイガイ (**pàper náutilus**). **3** 〈the N-〉ノーチラス号《米国が建造した世界最初の原子力潜水艦》. [ギリシア語「船乗り」]
nav. naval; navigable; navigation; navy.
Nav·a·ho, Nav·a·jo /nǽvəhou, nɑ́ː-/ 名 (複 ～, ～(e)s) **1** 〈the ～(es); 複数扱い〉ナヴァホ族(の人)《米国南西部に住む北米先住民の一部族》; C ナヴァホ族の人. **2** U ナヴァホ語.
†**na·val** /néiv(ə)l/ 形 〈限定〉海軍の (→military); 軍艦の. the *Naval* Academy 〖米〗海軍兵学校《Annapolis にある》. ～ architecture 造船工学. a ～ battle 海戦. ～ forces 海軍(部隊). a ～ officer 海軍士官. a ～ port 軍港. a ～ power 海軍国. [＜ラテン語 *nāvis*「船」; -al]
nave[1] /neiv/ 名 C 〖建〗身廊(しんろう)《教会堂の中央部分; 会衆席があるところ》, 外陣(げじん).
nave[2] 名 C こしき《車輪の中心部》(hub).
‡**na·vel** /néiv(ə)l/ 名 C **1** 臍(へそ). **2** 中心(点). **3** ＝navel orange.
còntemplate [gàze at, stàre at] one's nável 〖戯〗瞑想にふける, 考え込むばかりで何もしない.
nàvel órange 名 C 〖植〗ネーブル(オレンジ)《花落ちが臍(へそ)に似ている》.
nável strìng 名 C 臍(へそ)の緒(お) (umbilical cord).
nàv·i·ga·bíl·i·ty 名 U **1** (川, 海の)航行可能性. **2** (船舶, 航空機の)操縦(可能)性.
†**nav·i·ga·ble** /nǽvəgəb(ə)l/ 形 〖章〗**1** 〔川, 海などが〕航行に適する. **2** 〔船舶, 航空機などが〕航行に耐える, 操縦可能な. a ～ raft 操縦できるいかだ.
*__nav·i·gate__ /nǽvəgèit/ 動 (～s /-ts/|過 過分 -gat·ed /-əd/|-gat·ing) 他
1 〔船, 航空機, 乗り物, 誘導ミサイルなど〕を**操縦[運転, 誘導]**する. ～ a ship 船を操縦する. **2** 〔海, 川など〕を**航海[航行]**する; 〔空〕を飛ぶ[横切る], 飛行する; 〔鳥などが〕〔..の距離など〕を特定方向に進む. ～ the sea 航海する. **3** 〖話〗〔危ない場所, 時期など〕をうまく乗り切る; 〔法案など〕を首尾よく通過させる〈*through* ..を〉. ～ a steep flight of stairs 急な階段をうまくこなす. ～ one's way *through* the crowd 人混みの中をうまく通り抜ける.
── 自 **1** (航空機, 乗り物, 誘導ミサイルなどを)操縦[運転]する, 航行する. We ～*d* by the stars. 我々は星を頼りに(方向を定めて)航行した. **2** (車に同乗して)運転者に(道路やスピードなどいろいろな)指示を与える. **3** 〔鳥, 魚, 昆虫などが〕特定の進路をとる. Carrier pigeons ～ back home from a long distance. 伝書鳩は長距離を飛んで帰巣する. **4** 〖話〗通り抜ける, 切り抜ける, 〈*through* ..〔困難など〕を〉; 回避する〈*around* ..〔障害物など〕を〉.
[＜ラテン語「船を進める」(＜*nāvis*「船」＋*agere*「動かす, 進める」)]
*__nav·i·ga·tion__ /nævəgéiʃ(ə)n/ 名 U **1 航海[航行]**(すること), 航空. inland ～ (川, 湖, 運河などによる)内陸航行. ocean ～ 遠洋航海. **2** 航海術[学], 航空術[学], 航法. aerial ～ 航空術[学]. **3** 〈集合的〉航行する船舶; 航行量.
†**nav·i·ga·tor** /nǽvəgèitər/ 名 C **1** (船の)航海士, (飛行機などの)航空士, 《目的地への正しい進行を確認するのが主な任務》. **2** ナビゲーター《navigate 自 2 をする人》. **3** (航空機の)自動操縦装置. **4** (昔の)海洋探検家.
nav·vy /nǽvi/ 名 (複 **-vies**) C 〖英〗(建築現場などの未熟練の)人夫, 労務者.
‡**na·vy** /néivi/ 名 (複 **-vies**) **1** C 〈普通 the ～ [N-]; 単数形で複数扱いもある〉**海軍** (→army, air force). be in the ～ 海軍にいる. join the ～ 海軍に入る. the Royal *Navy* 英国海軍. the Department of the *Navy* 〖米〗海軍省 (〖英〗the Admiralty)《陸・空軍省と共に国防総省 (the Department of Defense) の下位部門》. the Secretary of the *Navy* 〖米〗海軍長官. **2** C 〈集合的〉海軍の全艦船; 〈集合的〉海軍軍人. **3** U ＝navy blue.
◇形 naval [＜ラテン語「船団」(＜*nāvis*「船」)]
návy bèan 名 C 〖米〗白インゲン(マメ).
nàvy blúe 名 U 濃紺色《英国海軍制服の色》.
návy yàrd 名 C 〖米〗海軍 造船所[工廠(こうしょう)].
nay /nei/ 副 **1** 〖古〗否(いな) (no; ↔yea). **2** 〖章〗〈接続詞的〉いやそれどころか. He was a ruthless, ～, (a) barbarous tyrant. 彼は無慈悲な, いやそれどころか野蛮な暴君だった.
── 名 **1** (複 ～s) C 反対(投票); 反対投票者; (↔ay(e), yea). the yeas and ～*s* 賛否の投票. **2** U 拒否. I will not take ～. 反対は認めません, 嫌だとは言わせません.
sày a pèrson náy 〖雅〗人に「否(いな)」と言う.
The náys hàve it! 〖議会〗反対者多数です《議案否決の宣言》. [＜古期北欧語 'not ever']

Naz·a·rene /næzərí:n/ 名 C **1** ナザレ (Nazareth) 人. **2** 〈the ～〉 イエス・キリスト. **3** C キリスト教信者《イスラム教徒, ユダヤ人が軽蔑的に用いた》.
Naz·a·reth /nǽzərəθ/ 名 ナザレ《パレスティナ北部の町; キリストが少年時代を過ごした土地》.
‡**Na·zi** /ná:tsi/ 名 C **1** ナチ党員; 〈the ～s〉 ナチ党《1919 年ドイツに作られ Adolf Hitler が指導した国家社会主義ドイツ労働者党》. **2** 〈しばしば n-〉 ナチ党の支持者. ── 形 ナチ党の, ナチ信奉者の.
［ドイツ語 *Na(tionalso)zi(alist)* 'National Socialist'］
‡**Na·zism, Na·zi·ism** /ná:tsiz(ə)m/, /-tsiìz(ə)m/ 名 U ドイツ国家社会主義, ナチズム.
NB New Brunswick.
‡**NB, n.b.** nota bene (ラテン語で「よく注意せよ」の意味で. この辞書の 注意 に当たる).
Nb 〖化〗 niobium.
NBA 〖米〗 National Basketball Association (全米バスケットボール協会)《プロの組織》.
NBC National Broadcasting Company《米国の 3 大テレビ放送会社の 1 つ; 他は ABC, CBS》.
NbE north by east.
N-bomb /énbɑ̀m|-bɔ̀m/ 名 =neutron bomb.
NbW north by west.
NC 〖郵〗, **N.C.** North Carolina.
NCO 〖話〗 Noncommissioned Officer.
NC-17 /-sevntí:n/ No children under seventeen (17 歳以下禁止; →film rating).
ND 〖郵〗 North Dakota.
Nd 〖化〗 neodymium.
n.d. no date (日付なし).
-nd 接尾 2 で終わる数字の後につけて序数を作る. 2nd (second). 22nd (twenty-second). ★但し 12 は例外で 12th (twelfth); →-st; -th.
N. Dak. North Dakota.
NE 〖郵〗 Nebraska; New England; northeast(ern).
Ne neon 1.
Ne·an·der·thal /niǽndərtɑ:l, -θɔ:l/ 名 C **1** 〈普通 ～s〉 ネアンデルタール人. **2** 〖戯〗 粗野で鈍感な大男. **3** 石頭の保守主義者. ── 形 **1** ネアンデルタール人[期]の. **2** ネアンデルタール人のような; 粗野な; 旧弊な.
Neánderthal màn 名 〈単数形・無冠詞で〉 ネアンデルタール人《ドイツの Neanderthal でその化石が発見された旧石器時代の原始人》.
neap /ni:p/ 形 潮の干満の差が最小の, 小潮の.
── 名 C 小潮 (**néap tìde**; →spring tide).
Ne·a·pol·i·tan /nì:əpɑ́lət(ə)n 米|niəpɔ́l-/ 形 **1** ナポリ (Naples) の, ナポリ人の. **2** 〔アイスクリームが〕ナポリ風の《色と味の違ったアイスクリームを数層重ねる》.
── 名 C ナポリ人.
Neapòlitan íce (crèam) 名 UC ナポリ風アイスクリーム.
‡**near** /niər/ 副 e (**near·er** /ní(ə)rər/|**near·est** /ní(ə)rəst/) **1** (空間的, 時間的に) **近く(に)**, 接近して, (↔far). come [draw, go] ～ 近づく, 接近する. stand [sit] ～ 近くに立つ[座る]. The house is ～ *to* the lake. その家は湖に近い (★→前 1; near は主語に視点が置かれているので to の代わりに from は不可).
2 (程度, 関係, 質などが)近く, 接近して; 親密に; よく似て, 精密に. You've ～ enough got it right. 君の理解はだいたい正しい. I never felt so ～ to him. 私はその時ほど彼に親近感を感じたことはなかった.
3 〖話〗 ほとんど, だいたい, もう少しで, (語法 しばしば複合要素として用いるが, それ以外は nearly のほうが普通). a ～-catastrophic mistake 破局的と言ってもいいほどの間違い. The task is ～ impossible. その仕事はほとんど不可能だ.
as nèar as one can guéss [***júdge, etc.***] 察し[判断し]得る限りでは.
as nèar as ⌊***dámmit*** [***màkes no dífference***]⌋ 〖英話〗 そこら辺(の距離[金額など]). The book will cost £100 or *as* ～ *as dammit*. その本は 100 ポンドかそのあたりするだろう.
còme néar to .. →come.
fàr and néar →far 5.
*** nèar at hánd*** 手近(な所)に; 間近の[に]. He always keeps the book ～ *at hand*. 彼はいつもその本を手近な所に置いている. Christmas is ～ *at hand*. もうすぐクリスマスだ.
*** nèar bý*** 近くに (→nearby). Is there a grocery store ～ *by?* 近くに食料品屋がありますか.
néar on [***upon***] ***..*** 〖古〗 (時間的に)ほとんど.., ..に近い. be ～ *upon* sixty もうじき 60 歳になる.
néar to .. =near 前. 注意 この to が落ちると 前 near になる; ただし比較級・最上級では to を省略しないほうが普通: He drew ～*er to* the fire. (彼はいっそう暖炉に近寄った). Mary was sitting ～*est to* me. (メリーが私の一番近くに座っていた)
nèar togéther →together.
nòt néar=nòwhere néar=not ànywhere néar 〖話〗 決して..でない. She is *not* ～ so rich as before. 彼女は決して以前ほど豊かではない. Breakfast is *nowhere* ～ ready. 朝食の準備は全然できていない.
so nèar and yèt so fár 近くにあってなお遠い, うまく行きそうでうまく行かない.
── 前 e (注意 もとは形容詞・副詞だったので比較変化した形が用いられる場合がある) **1** (空間的, 時間的に) **..の近くに**, ..のそばに, ..に接近して. the house ～ the lake 湖の近くの家 (→by 1 (a)). somewhere ～ here この近くのどこかに. It is drawing ～ Christmas. もう間もなくクリスマスだ. He is ～*er* seventy than sixty. 彼は 60 歳より 70 歳に近い. Tom lives ～*est* the school. トムが学校の一番近くに住んでいる.
2 (状態, 状況などが)..に近い, ..しそうである. be ～ (to) death [tears] 死にかけている[泣き出しそうだ] (★to を伴う副詞用法の方が普通). The project is very ～ completion. 計画はほぼ完成しかけている.
cóme near .. →come.
── 形 e **1** (時間的, 空間的に)**近い**, 接近した, (↔far). in the ～ future 近い将来. the ～*est* way 一番の近道. ～ sight 近視. the ～ distance (絵画などの)近景. take a ～ [～*er*] view of ..をもっと近くから見る.
2 (程度, 関係が)近い, 親密な, (★この意味では close のほうが普通). a ～ friend 親友. one's ～*est* relatives 一番近い親戚(せき).
3 〈限定〉 (**a**) Ⓒ きわどい, やっとの; ほとんど..に近い. have a ～ escape [touch] 九死に一生を得る. a ～ victory 辛勝. The nation was suffering from ～ starvation. 国民は飢餓に近い状態にあった. (**b**) 〈～est として〉 技量伯仲の, 手ごわい, 〔相手, ライバル〕.
4 原物[実物]によく似た; 代用の, 模造の. a ～ guess 当たらずといえども遠からざる推測. a ～ resemblance 酷似. ～ silk 模造絹. This is the translation ～*est* to the original. これが原文に最も近い翻訳だ. the ～*est* thing to a father (父親のない人にとって)最も父親的な存在.
5 けちな (↔generous). a ～ man けちん坊. be ～ *with* one's money 金離れが悪い.
6 〈限定〉 (馬, 車などの)左側の, 左手の, 《馬は左側から乗るので, それに近い方; ↔off》. the ～ side 左側. the ～ front wheel 左前輪.
a person's ***nèarest and déarest*** 〖戯〗 (特に, 同居している)家族.
to the nèarest .. ..(の単位)で(大ざっぱに)数えて[計って]. How large is the city's population *to the* ～*est* million? 市の人口は約何百万ですか.
── 動 〖章〗 他 に近づく (approach). The train was ～*ing* the station. 列車は駅に近づいていた. He is ～*ing* his end. 彼は死期が迫っている. ── 自 近づく. The time for action ～*s*. 行動を起こすべき時が近づく.

N

[＜古期英語「より近い」(*nēah* 'nigh' の比較級)]

nèar béer 名 U 弱いビール《アルコール分 0.5% 以下》.

†**near·by** /nìərbái ㊙/ 形 〈限定〉 近くの, 隣接する. a ~ village 隣村. He hid behind the ~ building. 彼は近くのビルの陰に隠れた. a store ~ 近所の店.
── /ニ-ニ/ 副 近くで, 近所に. live ~ 近くに住む.

Nèar Éast 名 〈the ~〉 近東《普通, バルカン諸国, トルコからエジプトに至る地中海東部に臨む諸国; 近ごろではこの地域も含めて Middle East ということが多い; →Far East》. ▷**Nèar Éast·ern** 形

nèar gó 名 →GO 名 (成句).

‡**near·ly** /níərli/ 副 m **1** ほとんど, ほぼ; 危うく[もう少しで] (..するところで); (類語 *nearly* well と *almost* well とでは almost の方が接近度が近い). ~ every day ほとんど毎日. It's ~ ten o'clock. もうかれこれ 10 時だ. He was ~ dead when I found him. 私が見つけた時彼は死にかけていた. He very ~ drowned. 彼は溺死寸前だった. I was ~ run over by a truck. 私は危うくトラックにひかれるところだった. **2**〖古〗密接に; 綿密に (closely). be ~ related 密接な関係がある.
nòt néarly . . 〖話〗決して..でない (by no means). He was*n't* ~ as wise as people thought him to be. 彼は人が思っているほど決して賢くはなかった. There's *not* ~ enough wine to go around. 皆にわたるほどのワインは到底ない.

nèar míss 名 C **1**〖空〗(飛行機などの)異常接近, ニアミス; 辛くも逃れたこと. **2**〖軍〗至近弾. **3** (成功寸前の)惜しい失敗.

néar·ness 名 U **1** 近いこと, 接近; 親密; 密接. **2** 似ていること, 近似. **3** けちなこと.

néar·sìde 形 〈限定〉〖主に英〗(車, 道路, 馬などの)左側の (↔offside). ── 名 〈the ~〉 左側.

nèar·síghted /-əd ㊙/ 形 **1**〖主に米〗近視[眼]の (shortsighted; ↔farsighted). **2** 近視眼的な, 見通しのきかない. ▷**~·ly** 副 **~·ness** 名 U〖主に米〗近視[眼]; 先見の明がないこと.

nèar thíng 名 〖話〗やっとの成功[勝利など]; 危機一髪.

‡**neat** /ni:t/ 形 e (★4 は ©) **1** きちんとした; 〔服装などが〕こざっぱりした, 小ぎれいな; (類語 neat は整然として清潔であるの意味; →tidy). fold one's clothes in a ~ pile 自分の衣服をたたんできちんと重ねる. Keep your room a little ~*er*. 部屋をもう少しきちんとしておきなさい. The kitchen looks ~ and tidy. 台所はきちんと片づいている様子だ.
2 〔人, 行動が〕きれい好きな; 趣味のいい; 上品な, 端正な. a ~ habit きれい好きな習慣. It's not like Jim to wear a dirty shirt. He's always so ~. 汚れたワイシャツを着ているのはジムらしくない. 彼はいつも大変きれい好きなんだから. a ~ design すっきりしたデザイン. ~ handwriting きれいな筆跡.
3 手際のいい, 気の利いた, 器用な; 〔言葉などが〕適切な, 簡にして要を得た. a ~ job of carpentry 出来のいい大工仕事. a ~ translation きちんとした翻訳.
4〖話〗〔酒が〕水を割らない, 生(き)の, (straight). Father drinks his whiskey ~. 父はウイスキーをいつもストレートで飲む. **5**〖米話〗すばらしい, すてきな, (wonderful). have a ~ time すてきな時を過ごす.
(as) nèat as a nèw pín →pin.
[＜フランス語 *net* (＜ラテン語 *nitidus*「輝くような」)]

neat·en /ní:tn/ 動 他 をきちんとする, 小ぎれいにする.

'neath /ni:θ/ 前〖詩〗＝beneath.

†**néat·ly** 副 **1** きちんと, 小ぎれいに, すっきりと. **2** 手際よく, てきぱきと.

néat·ness 名 U 小ぎれいさ, きちんとしていること; 手際のいいこと.

NEB New English Bible.

Neb. Nebraska.

neb·bish /nébiʃ/ 形, 名 C 〖話〗意気地なしの[おどおどした] (人).

NEbE northeast by east.

NEbN northeast by north.

Nebr. Nebraska.

Ne·bras·ka /nəbrǽskə/ 名 ネブラスカ《米国中部の州; 州都 Lincoln; 略 NE〖郵〗, Neb(r).》.
[北米先住民語「浅い川」] ▷**~n** 名, 形

Neb·u·chad·nez·zar /nèbjəkədnézər/ 名 ネブカドネザル《Babylonia の王 (在位 605–562 B.C.); Jerusalem を征服した》.

neb·u·la /nébjələ/ 名 (複 **neb·u·lae** /-lì:/, **~s**) C 〖天〗星雲. [ラテン語「雲, 霧」]

neb·u·lar /nébjələr/ 形 星雲(状)の.

nèbular hypóthesis [théory] 名 〈the ~〉 星雲説《太陽系の起源を説明しようとした宇宙進化論》.

neb·u·lize /nébjəlàiz/ 動 他 を霧状[噴霧状]にする; 〔薬液〕を吹きかける.

néb·u·lìz·er 名 C 〖医〗噴霧器, ネブライザー, 《薬液投与などに用いる吸入器具》(→atomizer).

neb·u·los·i·ty /nèbjəlάsəti|-lɔ́s-/ 名 (複 **-ties**) C 星雲状の物質; U あいまいさ, 不明瞭(りょう).

neb·u·lous /nébjələs/ 形 **1** ぼんやりとした, 漠然とした, あいまいな. a ~ idea 漠然とした考え. **2** 星雲(状)の; 曇った, 雲のような. ▷**~·ly** 副 **~·ness** 名

‡**nec·es·sar·i·ly** /nèsəsérəli|nésəs(ə)r-, nèsəsér-/ 副 © 必ず, 必然的に, もちろん; どうしても. Lots of people will ~ lose their jobs. 多くの人が必ず失業するだろう. An old man is ~ afraid to embark on a new enterprise. 老人はどうしても新しい事業に乗り出すのを怖がる.
****nòt necessárily*** 必ずしも..でない. The rich are *not* ~ happy. 金持ちが幸福だとは限らない. "He's to blame, then." "*Not* ~." 「それじゃ彼が悪いわけ」「そうとも限らない」.

‡**nec·es·sar·y** /nésəsèri|nésəs(ə)ri/ 形 m **1** (**a**) 必要な, なくてはならない, 〈*for*, *to* ..にとって〉(類語 必要性を表す一般的な語で, 特に差し当たり必要とされるという意味; →essential, indispensable, requisite, vital). take all the ~ precautions against fire 火災予防のために必要なあらゆる措置をとる. Sunshine is ~ *to* (the) health [*for* life]. 日光は健康に[生きていくために]欠くことができない. Setting the alarm is hardly ~—I'm an early riser. 目覚ましを掛ける必要はほとんどない. 私は早起きだから. We tried not to buy any more than is absolutely ~. 我々は絶対必要なもの以上は買わないように努めた. (**b**) 〈It is ~ that 節で〉..ということが必要である. *It is* [seems] ~ *that* you (should) attend the conference with me. 君は私とその会議に出席する必要がある[あるようだ]. (**c**) 〈It is ~ (*for* X) *to* do で〉(X は)..する必要がある; 〈make it (*for* X) *to* do で〉(X が)..することを必要とさせる. *It's* ~ *for* you *to* see a doctor at once. 君は今すぐ医者に診てもらう必要がある (語法 You are ~ to see ..は不可). *Is it* really ~ *to* attend such a meeting! こんな会合に出る必要があるのかね《不満を表して》. The bad harvest *made it* ~ *to* import rice in quantity. 凶作が米の大量輸入を必要にさせた.
2 必然的な, 避けられない; 当然の. a ~ result [consequence] 必然的な結果. a ~ evil 必要悪.
◇名 necessity
if nécessary →if.
── 名 (複 **-ries**) **1** C 〈普通 -ries〉 必要な物, 必需品, (類語 単なる必要品; →necessity 2). daily *necessaries* 日用品. pack the *necessaries* for a journey 旅行の必需品を詰める. **2**〖話〗〈the ~〉 必要な措置[行動]; 〖英〗(必要な)金. do the ~ 必要な処置を講じる.
[＜ラテン語「譲れない」(＜*ne-* 'not' ＋ *cēdere*「譲る」);

-ary]

†ne·ces·si·tate /nəsésətèit/ 動 他 〖章〗 **1** 〔物事が〕を必要とする; VO (〜 *doing*/X('s) *doing*) やむなく (Xに) ..させる. The threat of a riot 〜*s* prompt action by the police. 暴動のおそれがある場合には警察の迅速な行動が必要になる. Your plan will 〜 (us [our]) lay*ing* off many employees. 君の計画では(我々は)多くの社員を一時解雇しなければならなくなる.
2 〖主に米〗 VOC (〜 X *to do*) Xに..することを余儀なくさせる〈主に受け身で〉. I was 〜*d to* accompany her. 彼女に同行せざるを得なかった.

ne·ces·si·tous /nəsésətəs/ 形 〖章〗 **1** 困窮している (類語 poor の婉曲語). **2** 必要な (necessary); 緊急の (urgent). ▷ **〜·ly** 副

‡ne·ces·si·ty /nəsésəti/ 名 (複 **-ties** /-z/)
1 U **必要(性)** 〈*of, for* ..の/*to* do ..する〉. the 〜 *of* sleep 睡眠の必要. the 〜 *of* [*for*] studying hard 一生懸命勉強する必要. There will be no 〜 for you *to* attend the meeting. 君がその会に出る必要はないだろう. from [out of] 〜 必要に迫られて. in case of 〜 必要な場合には. *Necessity* is the mother of invention. 〖諺〗 必要は発明の母. *Necessity* knows [has] no law. 〖諺〗 背に腹は代えられぬ《必要の前に法律はない》.
2 C **必要[不可欠]なもの**, 必需品, (類語 死活にかかわるほど必要度の高いもの; →necessary 名). the bare *necessities* of life 最低限の生活必需品. Food is a basic 〜 of life. 食物は生きていくためには基本的に欠くことができない. **3** U 貧困(状態), 窮乏. She was in great [dire] 〜. 彼女は非常に貧困であった.
4 UC 必然(性), 不可避なこと. as a 〜 必然的に. bow to 〜 避けられないこととして従う, 運命とあきらめる. a logical 〜 論理的必然. ◇形 necessary 動 necessitate
be under the necéssity of dóing ..する必要がある, やむを得ず..する, ..せざるを得ない.
màke a vìrtue of necéssity やむを得ないことを潔く行う; 当然の事をして手柄にする. Having no money, I *made a virtue of* 〜 by working hard. 金がないから一生懸命働いたまでのことだ.
of* [*by*] *necéssity 必然的に, 必ず, 当然, (necessarily). We were, *of* 〜, involved in the trouble. 我々は必然的にごたごたに巻き込まれた. [necessary, -ity]

‡neck /nek/ 名 (複 **〜s** /-s/) 【首】 **1** C **首**, 頸(けい)部, 首の骨, (競走馬などの)首の長さ; (生命にかかわるものとしての)首. the nape [back] of the 〜 襟首, うなじ. bend one's 〜 to ..に屈する. fall on one's 〜 (高い所から)真っ逆さまに落ちる. make a long [crane one's] 〜 (物を見ようとして)首を伸ばす. win [lose] by a 〜 (競馬で)首の差で勝つ[負ける]; 辛勝[惜敗]する. escape with one's 〜 命からがら逃げる. 参考 「肩がこっている」に相当する英語は have a stiff 〜; 英米人は緊張などによる疲労は肩より首に感じる.
2 C (衣服の)ネック, 襟ぐり; 襟. a sweater with a round 〜 丸首のセーター. This blouse is too low at the 〜. このブラウスは襟ぐりが深すぎる.
3 U (羊などの)首の肉. 〜 of mutton 羊の頸(けい)肉.
【くびれたもの】 **4** C (瓶, つぼなどの)首, くびれ(た部分), (ヴァイオリンなどの)棹(さお). the 〜 of a bottle 瓶の首.
5 C 海峡, 地峡. a 〜 of land [the sea] 地峡[海峡].
bòw the néck to.. ..に屈服する.
brèak* [*wrìng*] *a pèrson's néck 〖話〗 人の首をへし折る[ひねる], 殺す, 《脅し文句で》.
brèak one's néck (1)(馬から落ちるなどして)首の骨を折る[折って死ぬ]; 〖話〗 (危険を冒して)事故死する. (2) 〖話〗 一生懸命働く 〈*to* do, do*ing* ..しようと〉. I *broke* my 〜 *to* meet the deadline. 私は期限に間に合わせようと大いに努力した.
brèak the néck of.. 〔仕事など〕の最も骨の折れる部分をやり遂げる, ..の峠を越す.
brèathe down a pèrson's néck 〖話〗 (競走などで)人の背後に迫る; 人を監視する.
déad from the nèck úp 〖話〗 首から上が全然だめ《頭が悪い》.
gèt it in the néck 〖話〗 ひどく罰せられる[しかられる], ひどい目に遭う.
(hàng) around* [*round*] *a pèrson's néck (1) 人の首のまわりに(掛かる). (2) 〔問題, 難局などが〕人に重荷[責任]として(のしかかる).
hàve the néck to dó 〖英俗〗 ずうずうしくも..する.
nèck and cróp 何もかも(とりまとめて), 身ぐるみ, 全く (completely).
nèck and néck 〖話〗 (競技で)競り合って, 互角に, 〈*with* ..と〉. The two runners were 〜 *and* 〜 until the last twenty meters. 2人の走者は最後の20メートルまで互角だった.
nèck of the wóods 〖話〗 地域, 界隈(わい), 付近.
nèck or nóthing のるかそるかで, 命懸けで.
rìsk one's néck 命を懸ける, 危険を冒す.
sàve one's néck 絞首刑を免れる; 危ないところを助かる.
tálk through* [*out of*] (*the bàck of*) *one's néck 〖主に英俗〗 いいかげんな[愚にもつかない]ことを言い出す.
stìck one's néck òut 〖話〗 あえて危険な事をする[言う], '火中の栗を拾う'.
***ùp to the* [*one's*] *néck* [*éyes, éars*]** 〖話〗 深くはまり込んで, 没頭して, 〈*in* ..に〉. He's *up to* his 〜 *in* debt. 彼は借金で首が回らない.
wrìng* [*brèak* ↑] *a pèrson's néck
── 動 自, 他 〖話〗 (と)ネッキング (necking) をする.
[<古期英語「(首の)うなじ」]

néck·bànd 名 C **1** (カラーを取り付ける)ワイシャツの襟. **2** (ひもやレースの)首飾り.

néck·clòth 名 (複 →cloth) =cravat.

-necked /nekt/ 〈複合要素〉「首が..の, ..首の」の意味. a narrow-*necked* bottle (細首の瓶). a V-*necked* sweater (Vネックのセーター).

neck·er·chief /nékərtʃəf, -tʃìːf/ 名 (複 **〜s**) C ネッカチーフ, 首[襟]巻き.

néck·ing 名 U 〖話〗 ネッキング《男女が抱き合ってキスや愛撫(ぶ)を楽しむこと》.

***neck·lace** /nékləs/ 名 (複 **-lac·es** /-əz/) C **首飾り**, ネックレス.

neck·let /néklət/ 名 C 短いネックレス.

néck·lìne 名 C ネックライン《婦人服の襟ぐりの線》; 襟足. a low 〜 深い襟ぐり.

†neck·tie /néktài/ 名 C 〖主に米・英旧〗 ネクタイ《〖英〗では普通 tie》.

néck·wèar 名 U 〖商〗 〈集合的〉 首につける服飾品《ネクタイ, 襟巻き, カラーなど》.

nec·ro- /nékrou, -rə/ 〈複合要素〉「死, 死体」の意味を表す. *necro*mancy. *necro*philia. [ギリシア語 *nekrós* 「死体」]

ne·crol·o·gy /nekrálədʒi|-rɔ́l-/ 名 (複 **-gies**) C 死亡記事[広告] (obituary); 死亡者名簿.

nec·ro·man·cer /nékrəmæ̀nsər/ 名 C (死者の霊との交信による)占い師, 降霊術者; 〈一般に〉 魔法使い.

nec·ro·man·cy /nékrəmæ̀nsi/ 名 U 占い, 降霊術; 魔術, 魔法. ▷ **nec·ro·man·tic** /nèkrəmǽntik 移/ 形

nécro·phìle 名 C 屍体嗜好者, 屍姦者.

nec·ro·phil·i·a /nèkrəfíliə/ 名 U 屍姦(しかん); 屍体嗜好(しこう)症.

nècro·phóbià 名 U 屍体恐怖症.

ne·crop·o·lis /nəkrápələs|-krɔ́p-/ 名 C 〖雅〗 (特に古代都市の)大墓地. [necro-, ギリシア語 *pólis* 「都市」]

ne·cro·sis /nekróusəs/ 名 (複 **ne·cro·ses** /-siːz/) UC 〖医〗 壊死(えし) 《体の組織の一部が死ぬこと》.

nec·tar /néktər/ 名 U **1**〖ギ・ロ神話〗神々の飲み物《人間には不死の効があると信じられた; →ambrosia》. **2**〈一般に〉おいしい飲み物, 甘露. **3**(花から分泌される)花蜜(ミツ).

nec·tar·ine /nèktəríːn, ⸗⸗⸗|nékt(ə)rən/ 名 C〖植〗ネクタリン, ズバイモモ,《桃の一種; 果皮に毛がない》; その木.

「の愛称.

Ned /ned/ 名 Edward, Edmund, Edgar, Edwin↑

Ned·dy /nédi/ 名 **1** Edward の愛称. **2** (複 **-dies**) C〖英話〗〈n-〉ロバ (donkey).

née, nee /nei/ 形 旧姓..《既婚婦人の名の後につけて旧姓を示す; →maiden name》. Mrs. Miller, 〜 Brown ミラー夫人, 旧姓ブラウン. [フランス語 'born']

‡need /niːd/ 名 (複 **〜s** /-dz/)

【必要, 欲求】 **1** aU (**a**) **必要**, 入用; 欲求, 要求; 〈*of, for* ..の〉(→lack 類語). There's a growing 〜 *for* reducing household garbage. 家庭のごみを減らす必要性がますます高まっている. as the 〜 arises 必要とあらば(いつでも). There is 〜 *of* drastic reform in the political system. 政治制度の根本的改革が必要である. The old mansion stands in 〜 *of* extensive repair. この古い邸宅は大々的な修理が必要だ. You're in 〜 *of* a little rest. あなたには少し休息が必要です.
(**b**) (Xが..する)必要, 義務 (obligation), 〈(*for* X) *to* do〉. There's no 〜 (*for* you) *to* attend the meeting if you don't want to. (君が)出たくなければ会に出席する必要はない.

> 連結 a daily [a constant; a crying, an immediate, a pressing, an urgent] 〜 // meet [satisfy, serve, create] a 〜

【必要なもの】 **2** C〈普通 〜s〉**必要[入用]な物[事]**, ニーズ; 欲しい物. camping 〜*s* キャンプ用品. The nurse took care of the baby's 〜*s* whenever it cried. 赤ん坊が泣くと保母はいつも必要な世話をしてやった. meet the local 〜*s* 地域住民のニーズを満たす.

【必要が生じた事態】 **3** U **まさかの時**, いざという場合. Sound Alarm Only In Case Of *Need*.〖掲示〗非常時にだけ警報を鳴らしてください. A friend in 〜 is a friend indeed.〖諺〗困った時の友こそ真の友.

【必要な物の欠乏】 **4** U〖章・婉曲〗**窮乏**, 困窮, (poverty). The refugees were in great 〜. その難民たちは非常に困窮していた.

at néed いざという時, 必要な[非常の]時に.

dò one's néeds 大[小]便をする;〖スコ〗使い走りをする.

had néed* (*to*) *dò 〖古〗..すべきである.

hàve néed of .. 〖章〗..を必要とする.

hàve néed to do ..する必要がある.

if néed(s) be →if.

―― 動 (〜s /-dz/|過 過分 **néed·ed** /-əd/|**néed·ing**)

他 **1** を**必要とする**, が**必要である**. Where were you when I 〜*ed* you? あなたに用があったのにどこにいたの. What this town really 〜*s* is a good library. この町に本当に必要なものは良い図書館である. Dictionaries 〜 revision from time to time. 辞書は時々改訂される必要がある(→2 語法 (1)). **2** VO (〜 *doing*) ..する[される]必要がある. This house badly 〜*s* repair*ing* [*to* be repaired]. この家は大修繕をしなければならない.

> 語法 (1) 上例のように行為を表す抽象名詞, 動名詞が目的語になると受け身の意味になることがある; 同類の動詞に require, want などがある. (2) This car 〜*s* repaired. (この車は修理する必要がある)のように, 'need *done* (..される必要がある)'の型もあるが, 非標準用法である.

3 VO (〜 *to do*) **..する必要がある.** She 〜*s to* see a doctor. 彼女は医者に診てもらう必要がある. All you 〜 *to* do is (to) sign here. こちらにサインをいただくだけで結構です. You don't 〜 *to* carry an umbrella today. 今日は傘を持って行く必要はないよ (語法 助動詞表現は You *need*n't carry an umbrella today. となる; 助動詞を使う場合には, 必要性に対する話者の主観的判断が含まれる). **4** VOC (〜 X *to do*/X Y) Xに..して/Xに Y(の状態)でいてもらう必要がある. I 〜 you *to* see her. 君に彼女に会ってもらいたい. It does not 〜 finance ministers *to* meet to discuss this: there is a thing called the telephone. これを議論するために大蔵大臣らが会う必要はない, 電話というものがある. **5** VO (〜 X *done*) Xが..される[Xを..してもらう]必要がある (注意 Xは普通, 主語の所有物に限られる). She 〜*s* her eyesight *tested*. 彼女は視力を検査してもらう必要がある.

―― 自 **1** 窮乏している, 不自由している. **2**〖古〗必要である. There 〜*s* (to be) no apology for this. この事になにも言い訳の必要はない (★今は to be を入れる).

Thàt's áll I nèed(ed). 〖話〗〈反語的〉嫌になっちゃう, 最悪だ.

Whó nèeds ..? 〖話〗..(なんか)は要らない.

―― 助 **1** **..する必要がある**, ..しなければならない.

> 語法 (1) 普通, 否定文, 疑問文, 条件文に用いる; 従って, You *need* stay here. (君はここに居る必要がある)は不可で You *need to* stay here. とする. (2) 助動詞 need は常に現在形なので, 過去, 未来の意味を表したい時は本動詞の need のほか have to, be necessary などの過去形, 未来形で代用する.ただし, 時制の一致による過去形には need をそのまま用いてもよい.
> (3) 否定形は need not, needn't であるが, これは「..しなければならない」の意味の have to の否定に相当する; →have 動 6 ★

Your sister 〜 not come. 君の妹さんは来るに及ばない (本動詞表現は Your sister doesn't 〜 to come. となる). You hardly 〜 come. 君はまず来るには及ばない. "*Need* Mary sing, too?" "No, she *need*n't [Yes, she must]." 「メリーも歌う必要がありますか」「いいえ, 歌うには及びません[はい, 歌わなければなりません]」. Why 〜 their mothers come along? なぜ彼らの母親たちも一緒に来る必要があるのか. He *need*n't know anything about that. それについて彼に何も知らせる必要はない. Nobody 〜 feel guilty about that. その件については誰も後ろめたさを感じる必要はない. Her parents told Dorothy that she 〜 not worry. 両親はドロシーに心配しなくてもいいと言った (★主節の動詞が過去形でも従属節の need はそのまま; →語法 (2)). 語法 明確な否定文でなくても, 以下の例文で only, all, before には否定的な含意があるので助動詞用法が可能: The check 〜 *only* be signed. 小切手は署名さえすればいい(ようになっている). *All* you 〜 tell the man is this. あの男にはこの事だけ言ってやればよい. We have two hours *before* we 〜 start moving. 動きだすのが必要になるまでに 2 時間ある.

2〈〜 not have done の形で〉..しなくてもよかったのに. Harry 〜*n't have* come. ハリーは来るには及ばなかった(それなのに来た) (語法 本動詞を用いた Harry didn't 〜 to come. は単に「ハリーは来る必要がなかった」という意味で, 彼が来たか来なかったかについては触れていない).

3〈否定文で〉 必ずしも..しない[とは限らない]. Speed and safety 〜 not be incompatible. スピードと安全性は両立しないとは必ずしも言えない. [<古期英語]

need·ful /níːdf(ə)l/ 形〖まれ〗入用な, 必要な, (necessary)〈*for* ..に〉. money 〜 *for* his tour 彼の旅行に必要な金. ―― 名〖俗〗〈the 〜〉現金, 先立つもの.

dò the néedful 必要な行動をとる《特に金を提供するなどして》. ▷ **〜·ly** 副 **〜·ness** 名

‡nee·dle /níːdl/ 名 (複 **〜s** /-z/) **1** C **縫い針** (sewing needle); 〈一般に〉針. a knitting [crochet] 〜 編み[か

ぎ]針. a ~'s eye＝the eye of a ~ 針のめど; ごく小さな透き間. a ~ and thread 〈単数扱い〉 糸を通した針.
2 Ⓒ 注射針, (鍼(はり)術の)針; レコード用の針 (stylus); (計器類の)指針 《羅針盤の針, 磁石の針など》; 〖米話〗 注射. 注意 時計の針は hand. **3** Ⓒ (松, モミなどの)針葉 (類語 針のように細いもの; →leaf); とがった岩[峰]; 方尖(せん)塔 (obelisk). a pine ~ 松葉. **4** Ⓒ 〖鉱〗 針状結晶. **5** Ⓤ 〖話〗 (対抗意識から来る)とげとげしい感情.
(as) shàrp as a néedle 頭が切れる, 鋭い.
gèt the néedle 〖話〗 いらいらする; 腹を立てる.
gìve a pèrson the néedle 〖話〗 人をいらいらさせる, 怒らせる.
(lòok for) a nèedle in a háystack 干し草の山の中の針(を探す) 《不可能な事, むだ骨などのたとえ》.
on the néedle 〖米俗〗 麻薬常習の.
pìns and néedles →pin.
thrèad the néedle 針に糸を通す; 難事をやり遂げる.
— 動 他 **1** 〖話〗 にちくちく嫌味を言う, をいじめる, 〈*about* ..のことで〉; VOA (~ X *into doing*) X (人)を突っついて..させる. Anne is always *needling* her husband *about* his poor taste in clothes. アンは夫に着る物の趣味が悪いと嫌味ばかり言っている. ~ him *into* attend*ing* the interview 彼にうるさく言って会見に出席させる. **2** を針で縫う[刺す], に針を通す. **3** VOA 〔道など〕を縫うように進む. ~ one's way *through* a thicket やぶの中を縫うようにして進む.
— 自 針仕事をする. [＜古期英語]
néedle bànk [exchànge] 名 Ⓒ 注射針交換所 《麻薬常用者などからのエイズ蔓(まん)延を防ぐため》.
néedle·càse 名 Ⓒ 針箱.
néedle·cràft 名 ＝needlework.
néedle exchànge 名 ＝needle bank.
néedle·fìsh 名 (複 →fish) Ⓒ 〖魚〗 ダツ 《平たく細長く体長が 1m に及ぶ海魚; 口先は長くとがってくちばし状》.
néedle gàme [màtch] 名 Ⓒ 〖英〗 白熱戦, 接戦.
néedle·pòint 名 Ⓒ 針の先端; Ⓤ 針編みレース.
‡**need·less** /níːdləs/ 形 ⓒ **不必要な**, 無用な, むだな. ~ labor むだな労力. Your worries are ~—your son will be all right. あなたの心配はご無用です. 息子さんは元気になりますよ. Carelessness can cause ~ loss of life. 不注意は無くて済むはずの人命の損失をもたらすことがある.
****nèedless to sáy*** 言うまでもなく, もちろん. *Needless to say*, we wasted no time getting home. 言うまでもないが我々は家へ飛んで帰った. ▷~·**ness** 名
néed·less·ly 副 必要もないのに, むだに, いたずらに. spend money ~ 金銭をむだ使いする. Mother worries ~. お母さんはいたずらにやきもきしている.
néedle tìme 名 Ⓤ 〖英〗 (ラジオの)レコード音楽(番組)の時間.
néedle·wòman 名 (複 **-women** /-wìmən/) Ⓒ 針仕事を(上手に)する女性; お針子.
†**néedle·wòrk** 名 Ⓤ 針仕事, 縫い物, 刺繍(しゅう); Ⓒ その製作品.
†**need·n't** /níːdnt/ need not の短縮形.
needs /niːdz/ 副 〖古・戯〗 ぜひとも (necessarily) 〈普通, 次の成句で〉.
mùst nèeds [nèeds mùst] dó (1) どうしても..しなければならない. This work *must* ~ be done within the week. この仕事はどうしても今週中に片付けねばならない. *Needs must* when the devil drives. 〖諺〗 背に腹は代えられない 《悪魔に追い立てられればしないわけにはいかない》. (2) (強情にも)..すると言ってきかない[きかなかった]; 必ず[決まって]..する; 《皮肉などを込めて》. Dick had a temperature, but he *must* ~ go to school. ディックは熱があったが学校へ行くと言ってきかなかった.
†**need·y** /níːdi/ 形 ⓔ 貧しい, 困窮している, (類語 外部からの援助がなければ生活が困難な状態を暗示する; →poor). a ~ family 貧困家庭. help the ~ 貧困者たちを助ける. ▷**need·i·ness** 名
ne'er /neər/ 副 〖詩〗 ＝never.
ne'er-do-well /néərduwèl/ 名 Ⓒ ろくでなし, ごくつぶし. —— 形 〈限定〉 ろくでなしの, 役立たずの.
ne·far·i·ous /niféəriəs/ 〖章〗 形 〔人, 行為が〕極悪非道の, 言語道断の, 不埒(らち)千万な. their ~ cruelty 彼らの言語に絶する残虐さ. [＜ラテン語「神のおきてに背いた」] ▷~·**ly** 副 ~·**ness** 名
neg. negative.
ne·gate /nigéit/ 動 他 〖章〗 **1** を無効[むだ, 無意味]にする. His gross blunder ~*d* our previous efforts. 彼の大失策のために我々のそれまでの努力は水の泡となった. **2** を否定[否認]する, 打ち消す.
ne·ga·tion /nigéiʃ(ə)n/ 名 **1** Ⓤ 否定, 否認, 打ち消し, (↔affirmation). **2** 〖章〗 Ⓒ 否定[否認]するもの. Dictatorship is a ~ of freedom. 独裁は自由の否定である. **3** 〖章〗 Ⓤ 存在しないこと, 欠如. He sought, not happiness, but simply the ~ of pain. 彼の求めたのは(積極的な)幸福ではなくてただ苦痛のないことであった.
‡**neg·a·tive** /négətiv/ 形 **1** (a) ⓒ **否定の**, 否認の; **不賛成の**, 拒絶的な; (↔affirmative). give a ~ answer 否定の答えをする 《そうではない, 賛成しないなどと返事をする》. a ~ vote 反対投票. the ~ side (討論会などで提案などに)反対する側. a ~ sentence 否定文. (b) ⓜ 否定的な. ~ criticism 否定[非建設]的批評. Their reactions to my proposal were largely ~. 私の提案に対する彼らの反応は概して否定的だった.
2 ⓜ **消極的な**, 積極的でない, (↔positive); 〔人, 態度などが〕無気力な, 悲観的な. a very ~ person 極めて消極的な人. ~ virtue (悪い事をしないだけの)消極的美徳.
3 ⓜ (結果が)よくない, 期待に反する; 有害な; (↔positive). Our research proved ~. 我々の調査は期待に反する結果となった. This medicine is free from ~ effects. この薬に(有害な)副作用はありません.
4 ⓒ 〖数〗 負の, マイナスの, (minus); 〖電〗 負の, 陰の; 〖写〗 陰画の, ネガの; 〖医〗 (検査結果が)陰性の; (↔positive). a ~ quantity 負数, 負量. the ~ sign 負号 《−》. a ~ number 負数 《−(マイナス)のついた数》. the ~ pole 〖電〗 陰極. ~ electricity 陰電気. a ~ film ネガ, 陰画フィルム. Three minus five equals ~ two. 〖米〗 3 引く 5 は −2.
— 名 Ⓒ **1** 否定(的陳述), 否認; 拒絶, 反対; (物事の)否定[消極]的側面[要素]. reply with [return] a ~ 「否」という答えをする. meet with a stony ~ 断固とした反対にあう. **2** 〖文法〗 否定語(句) 《no, not, never, nor, nothing, nowhere, hardly など》. Two ~*s* make an affirmative. 否定語が 2 つあると肯定になる. **3** 〈the ~〉 (討論の)反対者側. speak for the ~ 反対者側を代表して話す. **4** 〖数〗 負数, 負量; 〖電〗 陰電気, 陰極板; 〖写〗 ネガ, 陰画, 原板.
in the négative 否定で[の], 反対で[の], (↔in the affirmative). answer *in the* ~ 「ノー」と答える, 拒絶の返事をする.
— 動 他 〖章〗 **1** を否定[否認, 否決]する, に反対する, 〈しばしば受け身で〉. **2** を無効にする (negate). **3** の誤りを証明する.
[＜ラテン語 *negāre*「ノーという, 否定する」; -ive]
nég·a·tive·ly 副 **1** 否定的に; 拒否して. shake one's head ~ 否定[拒絶]の意味で首を横に振る. **2** 消極的に.
「反抗[反対]癖.
nég·a·tiv·ìsm 名 Ⓤ **1** 否定主義; 消極論. **2** 〖心〗↑
‡**ne·glect** /niglékt/ 動 (~s /-ts/| 過 過分 **-glect·ed** /-əd/| ~·**ing**) 他 **1** 〔義務, 仕事など〕**を怠る**, おろそかにする; をほうっておく, 無視[軽視]する; (類語 ignore より意図的な含みは弱い). ~ one's business 仕事を怠ける. ~

N

one's family [health] 自分の家族[健康]を顧みない. These problems have been ～*ed* by politicians. これらの問題は政治家からなおざりにされてきた.
2〖章〗Ⓦ (～ *to do/doing*) (不注意で, 忘れて)..しない. Don't ～ *to* turn [〖まれ〗turn*ing*] off the stove before you leave. 出かける前にストーブを消すのを忘れないでください.
◇名 negligence 形 neglectful, negligent
── 名 Ⓤ **怠慢**; 無視[軽視, 放置](する[される]こと), なおざり; (類語 主に義務, 仕事などをなおざりにすること; → negligence). ～ of duty 義務[職務]を怠ること. ～ of traffic signals 交通信号無視. fall into ～ 次第になおざりにされる[忘れ去られる]. The old house has been in ～ for years. その古い家はもう何年間もほったらかしになっている.

連結 complete [appalling, disgraceful, shameful, shocking; deliberate, willful] ～

[＜ラテン語 *neglegere*「選ばない」(＜*nee-* 'not'＋*legere*「集める, 選ぶ」)] ▷ **～ed** /-əd/ 形 ほったらかしの, 無視された. a long ～*ed* garden 長くほったらかされた庭.

ne·glect·ful /nigléktf(ə)l/ 形 (職務などに)怠慢な, 無頓(とん)着な, 不注意な; なおざりにする 〈*of* ..を〉. a ～ parent 子供を構わない親. a policeman ～ *of* his duties 職務怠慢な警察官. ▷ **～·ly** 副 怠慢に, なおざりに, 投げやりに. **～·ness** 名

†**neg·li·gee, nég·li·gé** /nèɡləʒéi, ⌐–⌐|néɡli(ː)ʒèi/ 名 **1** Ⓒ (寝巻きの上に着る女性用)部屋着 (dressing gown) 《日本語で言う「ネグリジェ」とは異なる》. **2** Ⓤ 略服, ふだん着. [フランス語 'neglected']

***neg·li·gence** /néɡlidʒ(ə)ns/ 名 **1** Ⓤ **怠慢**, 不注意. As a result of your ～, three people were injured. 君の不注意の結果 3 人がけがをした.
2 Ⓤ 無頓(とん)着, 投げやりなこと; Ⓒ 怠慢[無頓着]な行為; (類語 主に怠慢な性質や習慣を指す; →neglect). ～ of dress 服装に構わないこと. Not locking the door at night was a ～. 夜ドアにかぎをかけないとは不注意だった.
3 Ⓤ 〖法〗過失. criminal ～ 刑事過失《結果的に犯罪を構成するような重大過失》. professional ～ resulting in death 業務上過失致死.

***neg·li·gent** /néɡlidʒ(ə)nt/ 形 ⓜ **1 怠慢な**, 不注意な; 怠る, 忠実に行わない, 〈*of* ..を/*in* doing ..することを〉. be ～ *of* one's duties 職務怠慢である. They have been ～ *in* bringing up their children. 彼らは子育てをまじめに行わなかった. **2** (物事に)こだわらない, 無造作な, 気取らない, 《悪いニュアンスはない》. She wore her hat with ～ grace. 彼女は無造作だが品よく帽子をかぶっていた. [＜ラテン語 *neglegere* 'neglect'; -ent]
▷ **～·ly** 副 怠慢に; 無頓(とん)着に.

***neg·li·gi·ble** /néɡlidʒəb(ə)l/ 形 ⓜ **無視してよい**, 取るに足らない, ささいな; ごくわずかの. a ～ loss ほんのわずかな損失. have a ～ knowlege of Chinese ほんの少し中国語が分かる. The effect of the weather on our experiment was ～. 我々の実験への天候の影響は無視していいくらい軽微であった. ▷ **nèg·li·gi·bíl·i·ty** 名

nég·li·gi·bly 副 無視していい程度に; ごくわずかに, 無いに等しいぐらい.

‡**ne·go·ti·a·ble** /niɡóuʃ(i)əb(ə)l/ 形 **1** 交渉[協議]の余地がある. Their demand isn't ～. 彼らの要求は交渉の余地がない. Salary *Negotiable*. 《求人広告で》給料面談の上. **2**〖話〗〔道路, 丘, 川などが〕(なんとか)通過できる; 〔障害などが〕克服可能な. **3**〖経〗〔手形, 小切手などが〕譲渡[換金]できる. ▷ **ne·gò·ti·a·bíl·i·ty** 名

***ne·go·ti·ate** /niɡóuʃièit/ 動 (～s /-ts/|過 過分 -at·ed /-əd/|-at·ing) 他 **1** を(交渉して)**取り決める**, 協定する, 〈*with* ..と〉. ～ a new contract *with* ..と新契約を結ぶ. A truce was finally ～*d* after months of talks. 何か月もの会談の後ようやく休戦協定が締結された. **2** 〔困難, 障害など〕を乗り越える, 切り抜ける; 〔難しい事〕をやってのける. That hairpin bend is hard to ～ in my old car. 私の古い車であのヘアピンカーブをこなすのは難しい. **3**〖経〗〔手形, 証券, 小切手など〕を譲渡する, 売却する, 換金する; を買い取る.
── 自 **交渉する**; 協議する; 〈*with* ..と/*for, about* ..について/*to* do ..するために〉. North Korea agreed to ～ *with* South Korea *for* peace. 北朝鮮は韓国と和平の交渉をするのに同意した. The two banks are *negotiating to* merge into a big one. 2 つの銀行は合併して大銀行になる協議を進めている.
***còme to the negótiating tàble* (*about* ..)** ..について協議のテーブルに着く.
[＜ラテン語「ひまのないこと, 商売」(＜*neg-* 'not'＋*ōtium*「ひま」); -ate]

***ne·go·ti·a·tion** /niɡòuʃiéiʃ(ə)n/ 名 (複 **～s** /-z/)
1 ⓊⒸ 〈しばしば ～s〉**交渉(すること)**, 商議, 談判, 話し合い. peace [truce] ～*s* 和平[休戦]交渉. ～ for the wage increase 賃上げ交渉. be in ～ with ..と交渉中である. enter into [resume] ～*s* with.. と交渉を開始[再開]する. the proposal under ～ 折衝中の提案. The terms of the agreement are still open to ～. 協定の条件はまだ交渉の余地がある.

連結 direct [high-level; lengthy, prolonged] ～*s* // conduct [open; break off, suspend] ～*s*

2 Ⓤ (困難などの)突破, 克服. **3** Ⓤ〖経〗(小切手などの)譲渡, 流通.

†**ne·go·ti·a·tor** /niɡóuʃièitər/ 名 Ⓒ **1** 交渉者, 協議者. a tough ～ 手ごわい交渉相手. **2** (手形などの)裏書人, 譲渡者.
「→Negro.

Ne·gress, ne- /níːɡrəs/ 名 Ⓒ〖軽蔑〗黒人女性.↑

Ne·gri·to /niɡríːtou/ (複 **-to(e)s**) 名 Ⓒ ネグリト《アフリカ・東南アジアの小柄な黒人種》

neg·ri·tude /néɡrət(j)ùːd, níː-/ 名 Ⓤ 〈しばしば N-〉黒人の特性[文化, 精神]《特にアフリカ黒人の》.

***Ne·gro, ne-** /níːɡrou/ 名 (複 **～es** /-z/) Ⓒ〖旧・軽蔑〗(アフリカ系)**黒人**. 注意 19 世紀に用いられていた colored に代わる名称であったが, 第 2 次大戦後は black [B-]が盛んになり, 1980 年代からは African American が好まれている; →nigger. ── 形 黒人の. the ～ race 黒人種. a ～ state〖米〗奴隷州《南北戦争以前の南部の州》. [スペイン語「黒い」]

Ne·groid /níːɡrɔid/ 形 黒色人種の. ── 名 Ⓒ 黒色人種の人, 黒人. [negro, -oid]

Nègro spíritual 名 Ⓒ 黒人霊歌.

ne·gus /níːɡəs/ 名 Ⓤ ニーガス酒《ワインに湯, 砂糖, 香料, レモンなどを加えた飲み物》.

Neh. Nehemiah.

Ne·he·mi·ah /nìː(h)əmáiə/ 名 〖聖書〗ネヘミヤ《紀元前 5 世紀のユダヤの指導者》;『ネヘミヤ記』《旧約聖書の一書》.

Neh·ru /né(i)ruː|né(ə)ruː/ 名 **Jawaharlal ～** ネルー (1889–1964)《インド共和国の初代首相 (1947–64)》.

†**neigh** /nei/ 名 ⓊⒸ 馬のいななき《ひひーんという鳴き声》. give a ～ いななく. ── 動 自〔馬が〕(ひひーんと)いななく. [＜古期英語]

‡**neigh·bor**〖米〗**, -bour**〖英〗/néibər/ 名 (複 **～s** /-z/) Ⓒ **1 隣の人**, **隣人**; **近所の人**. a next-door ～ 隣家の人. a good [bad] ～ 近所付き合いのいい[悪い]人.
2 (a) 隣り合った人[物, 場所]; 隣国(の人); 近くにある(同種の)もの. Who was your ～ at the table? 食卓で君の隣に座った人はだれなの. Canada and the United States are ～*s*. カナダと合衆国は隣国同士である. The giant tree deprives its smaller ～*s* of sunlight. そ

の大木に周りの小さな木々は日光を奪われる. (**b**)〈形容詞的〉隣の; 近隣の. a ～ country 隣国.
3〖旧・雅〗仲間; 同胞. be a good ～ to everyone だれとでも付き合いがいい. Love thy ～ as thyself. 自分を愛するようにあなたの隣人を愛せよ《聖書から》.
── [動] [他] の隣にある[いる]. ── [自] 隣接する〈*on* ..に〉; 仲良く付き合う〈*with* ..と〉.
[＜古期英語「近くに住む人」(＜*nēah* 'nigh'＋*ġebūr* 'dweller')]

‡neigh·bor·hood〖米〗, **-bour-**〖英〗/néibərhùd/ [名] ([複] **～s** /-dz/) [C] **1**〈単数形で〉**近所**, 近隣, 付近; 地区, 地域; ([類語] neighbor (隣人) の派生語だから, そこに住む人が強く意識される; →vicinity). in this ～ この付近に[で]. a fashionable [very quiet] ～ 上流階級の住む[とても静かな]地区. a ～ convenient to everywhere どこに行くのにも近くて便利な地区. Our ～ has a large shopping center. うちの近所には大きなショッピングセンターがある.

> [連結] a middle-class [a working-class; a poor; a squalid; a rough; a safe; an inner-city; a residential; a suburban] ～

2〈the ～; 単数形で複数扱いもある〉近所の人々. He was laughed at by the whole ～. 彼は近所一帯の笑い者になった. The ～ held a barbecue last Saturday. この前の土曜日に近所の人たちがバーベキューパーティーを催した. **3**〈形容詞的〉近所の, その地区の. a ～ school 地元の学校.
in the néighborhood of .. (1) ..の近くに, 近所に. (2) およそ.. (about). The desk cost *in the* ～ *of* $100. その机はおよそ百ドルした. [neighbour, -hood]

nèighborhood wátch [名] [U] (町内会など)近隣の自衛[防犯]組織.

***neigh·bor·ing**〖米〗, **-bour-**〖英〗/néib(ə)riŋ/ [形] [C]〈限定〉**隣の; 近くの**. a ～ country [village] 隣国[隣村]. buy two ～ lots of land 隣り合った 2 つの地所を買う.

neigh·bor·li·ness /néibərlinəs/ [名] [U] よい隣人であること, 人付き合いのよさ, 隣人愛; 親切.

néigh·bor·ly [形] 人付き合いのいい; 隣人としての〔義務など〕; 親切な (friendly).

‡nei·ther /níːðər, nái-|nái-, níː-/ (↔either) [形] (2 つ, 2 人の)**どちらの..も..ない[しない]**. *Neither* car is here. どちらの車もここにはない (★neither の後は単数名詞). *Neither* one of you has the right answer. 君たちどちらも答えが間違っている. He will agree to ～ proposal. ＝He will not agree to either proposal. どちらの提案にも彼は賛成しないだろう (★〖話〗では not..either の方を多く用いる).
── [代] (2 つ, 2 人の中の)**どちらも..ない** ([語法] (1) 3 つ[3 人]以上の否定には none を用いる (→none 1 [語法]). (2) of の次の名詞句には必ず the, his などの特定化を表す限定詞が伴う; 従って *neither of* boys という言い方はない). We ～ of us will go. 私たちはどちらも[2 人とも]行きません (★この例のように代名詞の後に同格句の一部として置かれることがある). *Neither* (of the brothers) knows [know] the story. (その兄弟は) 2 人ともその話を知らない ([語法] neither が主語の時は動詞の単数形を用いるのが原則であるが,〖話〗では複数形を用いることもある). Both are my students, but I know ～ of them well. 2 人とも私の学生だが, どちらもよく知らない. "Which wine would you like to drink?" "*Neither*."「どちらのワインをお飲みになりますか」「どちらもいただきません」.
── [接] **1**〈～ X nor Y の形で〉**X でもなく Y でもない, X もせずまた Y もしない**, (↔both X and Y, either X or Y). Beth ～ smokes *nor* drinks. ベスはたばこも酒もやらない (＝Beth doesn't smoke or drink.) He is ～ diligent *nor* clever. 彼は勤勉でもないし利口でもない. She ～ wrote *nor* telephoned me all summer long. 彼女は夏中私に手紙もくれなかったし電話もかけてこなかった. He could ～ eat *nor* sleep *nor* weep *nor* think. 彼は食べることも眠ることも泣くことも考えることもできなかった.
2〖古〗又..もしない[でもない] (nor).

> [語法] (1) X, Y は同じ品詞又は同じ文法的成分. (2) neither X nor Y が主語用法の場合, 動詞の語形は Y に呼応させるのが原則であるが, 実際には (特に〖話〗で) Y が単数でも複数扱いされることが多い: *Neither* he *nor* I am [are] to blame. (彼が悪いのでも私が悪いのでもない); この形を避けて, *Neither* he is to blame, *nor* I am. や He is *not* to blame, *nor* am I. などの言い方もしばしば行われる. (3) neither.. nor.. nor.. と 3 項目以上接続させることもある (→[接] 1 の最後の例).

nèither hère nor thére →here.
nèither mòre nor léss than .. →more.
── [副] **1**〈否定の文, 節を受けて〉**..もまた..ない** (not either) ([語法] 文[節]の始めに neither が来ると動詞[助動詞]＋主語の語順になる; 前出の肯定文を受ける表現については →so [副] 4(b)). As you won't go, ～ will I. 君が行かないから僕も行かない. "I can't speak German." "*Neither* can I."「私はドイツ語が話せない」「私も話せない」(★*Nor* can I. と言うこともある). **2**〈非標準; 否定形のあとで〉..も又 (either). If he won't quit, I won't ～. 彼が辞めないのなら, 私も辞めない.
Mè néither.〖話〗〈否定の発言を受けて〉私もです ([語法] Bill *neither*. (ビルもだ) のように, Me 以外の言い方もある)."I don't like Bach." "Me ～."「バッハは好きじゃない」「私もよ」(★〖主に米話〗では Me either. とも言う).
[＜古期英語「どちらでもない」(＜*nā* 'no'＋*hwæther* 'whether')]

Nell /nel/ [名] Ellen, Eleanor, Helen の愛称.

Nel·lie, -ly /néli/ [名] ([複] **-lies**) **1** Ellen, Eleanor, Helen の愛称. **2** [C]〖俗〗〈n-〉女々しい男.
nòt on your nélly〖英俗〗とんでもない, 絶対にだめだ, (certainly not).

Nel·son /néls(ə)n/ [名] **Ho·ra·tio** /həréiʃou/ ～ ネルソン (1758–1805)《英国の提督; Trafalgar 海戦でフランス・スペインの連合艦隊を破ったが戦死した; →Trafalgar》.

nel·son /néls(ə)n/ [名] [C]〖レスリング〗首固め (→full↑ [half] nelson).

Nèlson's Cólumn [名] ネルソン記念塔《上にネルソン提督像が立つ高い円柱; ロンドンの Trafalgar Square 中央にある》.

nem·a·tode /némətòud/ [名] [C]〖虫〗線虫《ぎょう↑ 「虫・回虫など」》.

nem con /nèm-kɑ́n|-kɔ́n/〖法〗満場一致で (unanimously). [＜ラテン語 *nem(ine) con(tradicente)* 'nobody contradicting']

Nem·e·sis /néməsəs/ [名] ([複] **Nem·e·ses** /-sìːz/) **1**〖ギ神話〗ネメシス《復讐(しゅう)の女神》. **2** [C]〈n-〉悪事を罰する人[もの]; 手ごわい相手[敵]. The Better Business Bureau is the ～ of swindling advertisers. 商事改善協会はインチキ広告主のお目付け役である. **3** [U] 因果応報, 天罰. meet one's ～ 天罰を受ける.

ne·o- /níːou/〈複合要素〉「新しい; 最近の; 近代のなど」の意味. neolithic. *Neo*-Latin (近代ラテン語). [ギリシア語 *néos*「新しい」]

nèo·clássic, -sical /[移]/ [形] 新古典主義の.

nèo·clássicism [名] [U] 新古典主義《特に 17, 18 世紀ヨーロッパの》.

nèo·colónialism [名] [U] 新植民地主義《第 2 次大戦後の新興独立国に対する大国の外交政策》.

ne·o·dym·i·um /nìːoudímiəm/ [名] [U]〖化〗ネオジム

N

《希土類元素; 記号 Nd》.
nèo-impréssionìsm 名U 〈しばしば Neo-I-〉新印象主義《1880 年代のフランスの絵画運動で, 点描(てんびょう)主義とも言う》.
ne·o·lith·ic /nì:əlíθik/ 限/ 形 〈又は N-〉新石器時代の (→paleolithic). the *Neolithic* Age 新石器時代. [neo-, ギリシア語 *líthos*「石」]
ne·ol·o·gism /ni:ɑ́lədʒìz(ə)m|-ɔ́l-/ 名 **1** C 新語(義), 新造語. **2** U 新語(義)の創造[使用].
ne·o·my·cin /nì:əmáisin/ 名U ネオマイシン《抗生物質の一種》.
‡**ne·on** /ní:ɑn|ní:ən, -ɔn/ 名 **1** U〘化〙ネオン《希ガス元素; 記号 Ne》. **2** =neon light; neon sign. [ギリシア語「新しい」]
ne·o·nate /ní:ənèit/ 名C〘医〙(生後 1 か月以内の)新生児. ▷**nèo·ná·tal** /-néitl/ 限/ 形
Ne·o-Na·zi /nì:ouná:tsi/ 名C, 形 ネオナチ(の)《ナチズムを信奉する極右グループの一員》.
néon lìght [làmp] 名C ネオン灯.
néon sìgn 名C ネオンサイン《ネオン灯を用いた広告など》.
nèo·phília 名U 新しいもの好き.
nèo·phóbia 名U 新しいもの嫌い.
ne·o·phyte /ní:əfàit/ 名C〘章〙**1** 初心者, 初学者, 新参者. **2** 新改宗者, 新帰依者; 〘カトリック〙修練士《新参の聖職者》.
ne·o·plasm /ní:əplæ̀zm/ 名C〘医〙新生物, 腫瘍(しゅよう), (tumor). ▷**nèo·plástic** /限/ 形
Ne·pal /nəpɔ́:l, -pá:l/ 名 ネパール《インドとチベットの間, ヒマラヤ山脈南側にある王国; 首都 Katmandu》.
Nep·a·lese /nèpəlí:z|-pɔ:-/ 限/ 形 ネパール(人, 語)の. ── 名 (複 ~) **1** C ネパール人. **2** U ネパール語.
Ne·pa·li /nəpɔ́:li, -pá:-/ 形, 名 (複 ~s, ~) =Nepalese.
ne·pen·the /nəpénθi/ 名C〘詩〙苦痛や悲しみを忘れさせる薬[もの].
***neph·ew** /néfju:|névju:, néf-/ 名 (複 ~s /-z/) C おい《自身の兄弟姉妹の息子だけでなく配偶者の兄弟姉妹の息子にも言うことがある; ↔niece》. [<ラテン語 *nepōs*「孫, 子孫」]
ne·phri·tis /nəfráitəs/ 名U〘医〙腎(じん)炎.
ne·phro·sis /nəfróusəs/ 名U〘医〙ネフローゼ, 腎(じん)症.
ne plus ul·tra /nì:-plʌs-ʌ́ltrə, nèi-plus-últrɑ:/ 名〘雅〙〈the ~〉極致, 頂点, 〈*of* ..の〉. reach the ~ *of* prosperity 繁栄の絶頂に達する. [ラテン語 'no more beyond']
nep·o·tism /népətìz(ə)m/ 名U (官職などへの)縁故者登用, 身内びいき. [<ラテン語 *nepōs* 'nephew'] ▷**nép·o·tist** 名 **nep·o·tis·tic** /nèpətístik 限/ 形
†**Nep·tune** /népt(j)u:n/ 名 **1**〘ロ神話〙ネプチューン《海神; ギリシア神話の Poseidon に当たる; →Trident》. **2**〘天〙海王星.
nep·tu·ni·um /nept(j)ú:niəm/ 名U ネプツニウム《放射性超ウラン元素; 記号 Np》.
nerd /nə:rd/ 名C〘話〙間抜け, どじな奴; (専門)ばか, 'おたく'. ▷**nérd·y** 形
Ne·re·id /ní(ə)riəd/ 名C **1**〘ギ神話〙ネレイス《海の女精[ニンフ]》. **2**〘天〙ネレイド《海王星の 2 つの衛星の 1 つ; →Triton》.
Ne·ro /ní(ə)rou/ 名 ネロ (37–68)《ローマ皇帝 (在位 54–68); 暴君として有名》.
‡**nerve** /nə:rv/ 名 (複 ~s /-z/) 【神経】**1** C (a) 神経(繊維). optic ~s 視神経. ~ strain 神経過労. (b) 〈~s〉(精神的重荷を担うものとしての)神経. My ~s won't stand more of this strain. 私の神経はこの緊張にこれ以上耐えられない. ~s of iron [steel] 鉄[鋼鉄]のような神経. a war of ~s 神経戦.
【神経に似たもの】**2** C〘植〙葉脈; 〘虫〙翅(し)脈. **3**〘詩〙腱(けん), 筋.
【神経の緊張】**4** 〈~s〉神経過敏[異常], 神経質, いらだち; 臆(おく)病. suffer from ~s ノイローゼである. calm [steady] one's ~s 神経を静める. have no ~s 落ち着いている, 平気でいる. a fit of ~s 発作的な神経過敏, ヒステリーの発作. He knows no ~s. 怖いもの知らずである.
【神経のずぶとさ】**5** U 勇気, 度胸, 気力; 落ち着き, 冷静さ. a man of ~ 物に動じない男. keep [hold] one's ~ 冷静さを保つ. get one's ~ back 落ち着きを取り戻す. It takes a lot of ~ to speak to a stranger. 見知らぬ人に話しかけるのには相当勇気がいる. Her ~ failed her at the last moment. いよいよという時になって彼女はおじけづいた.
6 aU〘話〙厚かましさ, ずうずうしさ. have a ~ 厚かましい. What a ~!=Of all the ~! なんてずうずうしい. The ~ of that boy! あの子のずぶとさといったら. I like your ~!〘米俗〙君はなんて厚かましいんだ〈反語的〉. have the ~ to do →成句.
be a bàg [bùndle] of nérves 〘話〙神経のかたまり(のよう)である, 極度に緊張している.
be àll nérves びくびくしている, (神経が)ぴりぴりしている.
gèt on a pèrson's nérves 〘話〙人の癇(かん)に触る, 人をいらいらさせる. That squeaky voice of his *gets on* my ~s. 彼のあのきーきー声は私の神経に触る.
get ùp the nérve 勇気を奮い起こす.
give a pèrson the nérves =get on a person's NERVES.
hàve the nérve to dò (1) ..する勇気がある. The old father simply *hadn't the* ~ to turn out his bad son. 老父には親不孝な息子を追い出す勇気はとてもなかった. (2)〘話〙..するずぶとさがある, 厚かましくも..する. He *had the* ~ *to* ask me to marry him. 厚かましくもあの人は私に結婚してくれなんて言ったのですよ.
hìt [tòuch] a (raw) nérve (人の)痛い所[泣き所, 弱点]に触れる. You *touched a* ~ when you mentioned his dismissal. 解雇されたことを君に持ち出されたのは彼には痛かった.
lìve on one's nérves いつもびくびくして暮らす.
lòse one's nérve 〘話〙おじけづく, 気後れする; 恐慌を来す.
stràin èvery nérve (to dò) (..しようと)全力を尽くす.
── 動 他〘章〙を勇気[元気]づける, 励ます. I ~*d* myself for some bad news. 悪い知らせを聞くべく私は気持ちを引き締めた. He ~*d* himself to propose to her. 彼は彼女にプロポーズしようと勇気を出した. [<ラテン語「腱, 筋, 神経」]
nérve blòck 名C〘医〙神経ブロック(法)《局所麻酔の一種》.
nérve cèll 名C〘解剖〙神経細胞.
nérve cènter 名C 神経中枢; (組織, 業務, 活動などの)中枢.
nérve ènding 名C〘解剖〙神経終末《神経細胞から長く突起した軸索の根状の末端》.
nérve fìber 名C〘解剖〙神経繊維.
nérve gàs 名U 神経ガス《神経を冒す毒ガスの一種》.
nérve ìmpulse 名U〘生理〙神経衝動.
nérve·less 形 **1** 活気[元気, 気力]のない, 弱々しい; 力が入らない〔手など〕; 〔文体などが〕締まりのない. **2** 落ち着いた, 怖いもののない. **3**〘解剖・動〙神経のない; 〘植・虫〙葉脈[翅(し)脈]のない. ▷**~·ly** 副 **~·ness** 名
nérve-ràck·ing, -wràck·ing /-ræ̀kiŋ/ 形 ひどく神経にこたえる, 神経を参らせる. ~ traffic noise 神経に触る交通騒音. Waiting for the results of the test was really ~. テストの結果を待つことで神経が全くすり減った.
‡**nerv·ous** /nə́:rvəs/ 形 m **1** 〔人, 行為が〕**神経質な**, 神経過敏な, いらいらしている, (過度に)**緊張した**. ~ ex-

haustion [prostration] 神経疲労. a person of a ～ temperament [disposition] 神経質な性分の人. The student was very ～ at the examination. その学生は試験の時とてもあがっていた. the ～ clasping of one's hands 緊張して両手を握り締めること.
2 びくびくしている, 心配でたまらない; 〖英〗少し怖い〈*of* ..が〉. I feel ～ about letting you go alone. おまえを1人で行かせるのはとても心配だ. (as) ～ as a cat [kitten] とてもびくびくして. He did the round *of* the house every night, for he was ～ *of* fire. 彼は毎晩家を見回った. 火が心配でたまらなかったのだ. I was ～ that someone might notice me. だれか私に気がつかないかとびくびくしていた.
3 神経(症)の. a ～ disease 神経症. ～ indigestion 神経性消化不良. **4** 〔文体などが〕力強い, きびきびした.
[nerve, -ous] ▷**～·ness** 名 U 神経過敏; 臆(おく)病, 小心.

nèrvous bréakdown 名 C ノイローゼ, 神経衰弱, 《医学では使わない通俗的名称》.

†**nérv·ous·ly** 副 神経質に, いらいらして; こわごわ. She walked ～ up and down the platform. 彼女はいらいらしてホームを行きつ戻りつした.

nèrvous Néllie 名 C 〖米話〗臆(おく)病者.

nérvous sỳstem 名 C 神経系(統).

nèrvous wréck 名 C 〖話〗神経がぼろぼろの[極度に参っている]人.

ner·vure /nə́ːrvjuər/ 名 C 〖植〗葉脈; 〖虫〗翅(し)脈.

nerv·y /nə́ːrvi/ 形 e **1** 〖米話〗ずうずうしい, 無遠慮な, (impudent). **2** 〖英話〗神経質な, びくびくしている, (nervous). **3** 〖古〗筋骨たくましい, 力強い.
▷**nerv·i·ly** 副 **nerv·i·ness** 名

nes·ci·ence /néʃ(i)əns|nésiəns/ 名 U 〖章〗無知, 無学; 〖哲〗不可知論 (agnosticism).

nes·ci·ent /néʃ(i)ənt|nésiənt/ 形 〖章〗無知[無学]の; 知らない〈*of* ..を〉; 〖哲〗不可知(論)の (agnostic).

Ness /nes/ 名 →Loch Ness.

-ness /nəs/ 接尾 形容詞·分詞に添えて「性質, 状態」を示す名詞を作る. hard*ness*. loveli*ness*. tired*ness*.
[＜古期英語 *-nes*]

Nes·sie /nési/ 名 ネッシー《ネス湖に住むと言われた怪物; **Lòch Ness Mónster** とも言う》.

‡**nest** /nest/ 名 (複 **～s** /-ts/) C **1** (鳥, 虫, 魚, 小動物の)**巣**, 巣穴, (→lair, den, hive). a squirrel's [a rabbit's, an ants'] ～ リス[ウサギ, アリ]の巣. a ～ box 巣箱. build [make] a ～ 巣を作る. leave a ～ 〔鳥が〕巣立つ. **2** 居心地のいい場所, 休み場所, 隠れ場所, 避難所. a ～ for one's old age 老後の安住の場所.
3 (盗賊などの)巣窟(そうくつ); (犯罪などの)巣, 温床. a ～ of criminals [vice] 犯罪者の巣窟[悪の温床].
4 〈集合的〉巣の中のもの《卵, ひななど》. a ～ of chicks (巣の中の)ひとかえりのひな. rob a ～ 巣から卵[ひな]を盗む, 巣を荒らす. **5** 入れ子式家具[容器など]のひとそろい《大きいものに小さいものを順に入れ込むようになっている》. a ～ of measuring spoons 大小そろいの計量スプーン. a ～ of tables 入れ子式テーブルセット. **6** (悪者などの)一味; (虫, 鳥などの) 群れ. **7** (火器の)陣地, 基地. a machine-gun ～ 機関銃陣地.

[nest 5]

fèather one's nést →feather.
flỳ* [*lèave*] *the nést 〔子供が〕巣立つ, 親元を離れる.
It is an ìll bírd that fòuls its òwn nést. 〖諺〗自分の家[国]の悪口を公に口にすべきでない《＜自分の巣を汚すのは悪い鳥だ》.
── 動 自 **1** 巣を作る; 巣ごもりする. A bird ～*ed* in a tall pine tree. 鳥が高い松の木に巣をかけた. ～ing sites 巣をかける[作る]場所. **2** 野鳥の巣を捜す〈普通, 次の表現で〉. go ～*ing* 野鳥の巣捜しに行く《主に卵を取るため》. **3** 〔容器, 家具などが〕入れ子式にはまり込む.
── 他 **1** を巣ごもらせる; に巣を作ってやる. **2** 〔容器, 家具など〕を入れ子式にする, 重ね合わせる. a set of ～*ed* boxes 入れ子式の箱ひと組.
[＜古期英語「(鳥が)座る場所」]

nést bòx 名 C (鳥の)巣箱.

nést ègg 名 C **1** (めんどりの産卵を促すための)抱き卵, 擬卵. **2** 〖話〗(将来のための)準備金, 蓄え.

nésting box 名 C ＝nest box.

†**nes·tle** /nés(ə)l/ 動 自 **1** VA (巣, 居心地のいい場所などに) 潜り込む, 落ち着く. Grandma ～*d* (*down*) *in* front of the fireplace. 祖母は暖炉の前に腰を落ち着けた.
2 VA 寄り添う, 擦り寄る, 〈*against*, *beside*, *by* ..に〉. The infant ～*d* (up) *against* its mother's breast and quickly fell asleep. 幼い子供は母親の胸に擦り寄ってすぐ寝入った.
3 VA 〔家, 村などが〕(心地よさそうに)位置する, 囲まれている, 〈*among*, *between*, *in* ..に〉. The tiny village ～*s in* the heart of the mountains. その小さな村は山の懐に抱かれている.
── 他 **1** VOA (愛情を込めて)〔頭, 肩など〕を擦り寄せる, もたせかける, 〈*against*, *on* ..に〉. She ～*d* her head *against* John's shoulder. 彼女はジョンの肩に頭をもたせかけた. **2** VOA (～X *in, into* ..) (大事そうに) X を..に抱える, 抱く; X (卵など)を..にそっと置く, 入れる. ～ a doll *in* one's arms 人形を腕の中に抱く.
[＜古期英語; nest, -le[1]]

nest·ling /nés(t)liŋ/ 名 C 巣立ち前のひな.

Nes·tor /néstər|-tɔː/ 名 **1** 〖ギ神話〗ネストル《トロイ戦争の時のギリシア軍の聡(そう)明な長老》. **2** C 〖雅〗〈時に n-〉賢い長老; 大家, 第一人者, 〈*of* ..(界)の〉.

‡**net**[1] /net/ 名 (複 **～s** /-ts/) **1** C **網**, ネット. a fishing ～ 漁網 (fishnet). a hair ～ ヘアネット. an insect ～ 捕虫網; 防虫網. a mosquito ～ 蚊帳(かや). a spider's ～ クモの巣. a tennis ～ テニス用ネット. cast [throw] a ～ 投網(とあみ)を打つ. haul in a ～ 網を引く. lay a ～ to catch thrushes ツグミを取るために網をかける.
2 U 網織物; (ベール, カーテン用などの)網レース.
3 (**a**) C (特にラジオ, テレビの)放送網 (network).
(**b**) 〈the ～ [N-]〉〖電算〗＝Internet.
4 C (犯人を捕えるための)捜査網, 包囲網; (人を陥れる)わな, 落とし穴. be caught in a ～ of lies and pretense うそと見せかけのわなに引っ掛かる.
5 C 〖英〗〖テニスなど〗ネットに当たった球.
6 C (サッカー, ホッケー, バスケットボールなどの)ゴール(の網).
càst one's nèt wíde 広く網を打つ《比喩的には, 広く探す[情報を求めるなど]の意味》.
fàll through the nét 網からこぼれ落ちる; 救援体制などしからもれる[の恩恵に浴せない].
slìp through the nét (1) 網の目をすり抜ける. (2) 捜査網をくぐる[逃れる]. (3) ＝fall through the NET.
sprèad one's nét '網を張る'《犯人などを捕えるため》.
── 動 (～s|-tt-) 他 **1** 〔魚, 鳥, 虫など〕を網で捕える. **2** (**a**) 〔犯人など〕を(わなにかけて)捕まえる. (**b**) を(首尾よく)得る; VOO (～X Y)·VOA (～Y *for* X) X のために Y を獲得する. ～ (oneself) a wealthy husband 裕福な夫を見つける.
3 を網で覆う, に網をかぶせる; に網を張る. ～ strawberries (鳥に食われないように)イチゴに網をかぶせる. ～ a tennis court テニスコートにネットを張る. **4** 〔糸, ひも〕を網に編む. **5** 〖テニスなど〗〔球〕をネットにひっかける; 〖サッ

N

カーなど〕〔ボール〕をゴールに入れる.
── 自 網を編む. [＜古期英語]

*net[2] /net/ 形 C 〈普通, 限定〉 **1 正味の**, 掛け値なしの, (↔gross). a ～ price 正価. a ～ profit 純益. the ～ weight (容器, 包装などを除いた)正味の目方. The label on the jar says 400 grams ～. びんのラベルに正味400グラムとある. the income ～ of tax 税引き後の収入. **2** (あらゆる考慮を加えた)最終的の (final). the ～ result of the new economic policy 新しい経済政策がもたらした(功罪を差し引いた)正味の結果. Japan is now a ～ importer of silk. 今日, 日本は輸出入差し引くと絹の輸入国だ.
── 動 (～s|-tt-) 他 〔人, 会社などが〕の純益を上げる; VOO (～ X Y)・VOA (～ Y *for* X) XにYの純益を与える. We ～*ted* a good profit from the deal.＝The deal ～*ted* us a good profit. 我々はその取引で十分な純益を上げた. The show ～*ted* the promoter $50,000 [～*ted* $50,000 *for* the promoter]. そのショーで興行師は5万ドルの純益を上げた. [＜フランス語 *net* 'neat']

nét·bàll 名 **1** U 《主に英》 ネットボール《バスケットボールに似た女子の競技》. **2** C 《米》《テニスなど》ネットインしたボール.

nèt cúrtain 名 C 〈普通 ～s〉 (窓用の)網レースカーテン《日光は通すが, 外から中をのぞけない》.

Neth. Netherlands.

neth·er /néðər/ 形 《主に雅》〈限定〉 下方の (lower); 地下の. the ～ lip 下唇. the ～ regions ＝ netherworld 1. ～ garments 《戯》ズボン. one's ～ man [person] 《戯》足.

Neth·er·land·er /néðərlændər, -lən-/ 名 C オランダ人 (Dutchman).

*__Neth·er·lands__ /néðərləndz/ 名 〈the ～; 普通, 単数扱い〉 **オランダ**, ネーデルランド, 《オランダ (Holland) の公式名; ヨーロッパ北西部の王国; 首都 Amsterdam; 政庁所在地は The Hague; 略 Neth.; →Dutch》. [＜オランダ語「低い土地」]

neth·er·most /néðərmòust/ 形 〈nether の最上級〉《雅》最下の, 最低の, (lowest; ↔uppermost). the ～ hell 地獄のどん底.

néther·wòrld 名 C 〈単数形で〉 **1** 〈the ～〉 冥(めい)土; 地獄. **2** 暗黒街, 下層社会, (underworld).

net·i·quette /nétikət/ 名 U ネチケット《インターネット上で書き込みなどする際の最低限のマナー》.

nèt nàtional próduct 名 U 《経》国民純生産《GNP から減価償却額を引いたもの; 略 NNP》.

Nét·scàpe Nàvigator 名 《商標》ネットスケープナビゲーター《インターネットのウェブブラウザの一つ》.

nét sùrfer 名 C net surfing する人.

nét sùrfing 名 UC ネットサーフィン《インターネット上にあるホームページを次々見て回ること》.

nett /net/ 形, 動 《英》 ＝net[2].

net·ting /nétiŋ/ 名 U 〈集合的〉 網細工, 網製品. fish ～ 漁網. wire ～ 金網.

†**net·tle** /nétl/ 名 C **1** 《植》イラクサ《荒地の雑草; 茎, 葉にとげがあり刺さると皮膚が赤くなり猛烈にかゆい》. **2** いらいらさせるもの[事].
gràsp the néttle 思い切って[恐れることなく](嫌な)仕事に取り組む.
on néttles そわそわ[いらいら]して.
── 動 他 **1** をいらだたせる, 怒らせる. Joe's questions ～*d* the chairman. ジョーの質問に議長はむっとした. **2** をイラクサで刺す.

néttle ràsh 名 UC 《医》じんましん《皮膚の赤い斑(はん)点がイラクサに刺された跡に似ていることから》.

nét·tle·some /-səm/ 形 いらいらさせる, しゃくにさわる.

‡**net·work** /nétwə̀ːrk/ 名 (複 ～s /-s/) **1** C (鉄道, 電線, 導管, 血管などの)**網状組織**, 網の目状のもの. a ～ of railroads [roads, canals] 鉄道[道路, 運河]網. a ～ of lies うそ八百.
2 C 《ラジオ・テレビ》(同一番組などを放送する)ネットワーク, 放送網; 放送協会[会社]. The three largest TV ～s in the U.S. are NBC, CBS and ABC. 米国の3大テレビ網は NBC, CBS, ABC である.
3 C (同じ目的を持った人, 組織などの)連絡網, 情報網. a ～ of government agencies 政府機関の連絡組織. the old-boy ～ 学閥, 同業者閥.
4 UC 網, 網細工 (netting). a ～ of wires 金網.
5 C 《電》回路網; 《電算》コンピュータネットワーク.
── 動 他 〈普通, 受け身で〉 **1** 《主に英》〔地方局番組など〕をネットワークで放送する. **2** 《電算》〔コンピュータ〕をつないでネットワークを形成する; 〔人〕をコンピュータネットワークで結ぶ. ～*ed* fellow workers コンピュータネットワークで結ばれた仕事仲間. ── 自 **1** ネットワークを形成する. **2** (同業者間などの)情報網を作る[活用する].

nét·work·ing 名 U **1** 〈特に〉コンピュータネットワーク組織(の活用). **2** (個人的交際による)情報交換網作り[活用], コネ作り. **3** 販売網組織(による売り込み).

neur- /n(j)uər/ 〈複合要素〉 →neuro-.

‡**neu·ral** /n(j)ú(ə)rəl/ 形 《解剖》 神経の; 神経細胞の, 神経系統の.

neu·ral·gia /n(j)u(ə)rǽldʒə/ 名 U 《医》 (顔面)神経痛. ▷**neu·ral·gic** /-dʒik/ 形

nèural nétwork 名 C 《電算》神経回路網《神経細胞をモデル化して, 脳の働きを模した人工知能システム》.

neu·ras·the·ni·a /n(j)ù(ə)rəsθíːniə/ 名 U 《旧》神経衰弱(症).

neu·ri·tis /n(j)u(ə)ráitəs/ 名 U 《医》神経炎. ▷**neu·rit·ic** /n(j)u(ə)rítik/ 形

neu·ro- /n(j)ú(ə)rou/ 〈複合要素〉「神経」の意味《母音の前では neur-》. [ギリシア語 *neûron*「神経」]

‡**neu·ro·log·i·cal** /n(j)ù(ə)rəlɑ́dʒik(ə)l|-lɔ́dʒ- 移/ 形 神経学の, 神経(系)の.

neu·rol·o·gist /n(j)u(ə)rɑ́lədʒist|-rɔ́l-/ 名 C 神経(病)学者, 神経科医.

neu·rol·o·gy /n(j)u(ə)rɑ́lədʒi|-rɔ́l-/ 名 U 神経「(病)学.

neu·ron /n(j)ú(ə)rɑn|-rɔn/ 名 C ニューロン, ノイロン, 神経単位, 《細胞とその樹枝状突起を含む》. [ギリシア語「神経」]

nèuro·pathólogy 名 U 神経病理学.

nèuro·physiólogy 名 U 神経生理学.

nèuro·scíence 名 U 神経科学《総合的名称》.

nèuro·scíentist 名 C 神経科学者.

†**neu·ro·sis** /n(j)u(ə)róusəs/ 名 (複 **neu·ro·ses** /-siːz/) UC 《医》神経症, ノイローゼ. [neur-, -osis]

nèuro·súrgeon 名 C 神経外科医.

nèuro·súrgery 名 U 神経外科(学). ▷**neu·ro·sur·gi·cal** /-sə́ːrdʒik(ə)l 移/ 形

†**neu·rot·ic** /n(j)u(ə)rɑ́tik|-rɔ́t-/ 形 《医》神経症の; ノイローゼにかかっている; 《話》ひどく神経質な.
── 名 C 神経症患者; 《話》神経過敏な人.

nèuro·transmítter 名 C 《生化》神経伝達物質.

neut. neuter; neutral.

neu·ter /n(j)úːtər/ 形 **1** 《文法》中性の (→masculine, feminine). a ～ noun 中性名詞《ドイツ語・ロシア語などにある》. **2** 《生物》無性の, 生殖器官のない[未発達の]. ── 名 C **1** 《文法》中性(の語, 語形変化). **2** 無性動物[植物]. **3** 去勢された動物《不妊手術を受けた犬, 猫など》. ── 動 他 《主に英・婉曲》〔動物を〕去勢する (castrate) 〈普通, 受け身で〉. a ～*ed* kitten 去勢された子猫. [ラテン語 'neither (of the two)']

*__neu·tral__ /n(j)úːtrəl/ 形 m **1 中立の**; 中立国の. a ～ nation [state] 中立国. a ～ zone 中立地帯. During the First World War, Spain remained ～. 第1次世界大戦中スペインは中立を保持した.

2 どちらにも加勢しない, 不偏不党の; 公平な. a ～ opinion [position] 中立的な意見[立場].
3 (特徴, 種類などが)中間的な, はっきりしない;〔色が〕くすんだ, 灰色の;〔声, 表情などが〕感情を抑えた, 冷静な. a ～ color 中間色; 灰色. say in a ～ voice 淡々とした声で話す. 4〔言葉が〕(先入観や偏見のない)無色の, 中間的な. 5〖生物〗無性の (asexual);〖化・電〗中性の.
6〔自動車などのギアが〕ニュートラルの.
7〖音声〗〔舌の位置が〕中間の, あいまいな. a ～ vowel あいまい母音《/ə/ など》.
mèet on nèutral gróund [***térritory***] 中立地帯で会合する; 当事者それぞれに関わりのない中間的な場所で会う.
── [名] 1 [C] 中立国(民). 2 [C] 中立的立場の人. 3 [U]〖機〗(ギアの)ニュートラル(の位置). The car is in ～. 車のギアはニュートラルに入っている.
[neuter, -al] ▷ **～·ly** [副] 中立(的)で; どっちつかずで.

néu·tral·ìsm [名][U] (外交上の)中立主義[政策].
▷ **néu·tral·ist** [名][C] 中立主義国[者].

†neu·tral·i·ty /n(j)uːtrǽləti/ [名][U] 1 中立(状態); 不偏不党. armed [strict] ～ 武装[厳正]中立. 2 特徴のないこと, あいまいさ. 3〖生物〗無性;〖化・電〗中性.

nèu·tral·i·zá·tion [名][U] 1 中立[無力, 無効]にする[される]こと. 2〖化〗中和;〖電〗中性化.

†néu·tral·ìze [動][他] 1 の効力を中和する, を(逆の力で)無効[無力]にする, 帳消しにする;〔時限爆弾〕を無力化する. ～ the effects of poison 毒を中和する. High prices ～*d* increased wages. 高物価が昇給を帳消しにした. 2〖化〗を中和させる;〖電〗を中性にする. 3〔国, 地域など〕を中立化する, 中立宣言する. a ～*d* city 中立宣言をした都市.

néu·tral·ìz·er [名][C] 1 中立化[無効に]させる人. 2 中和剤.

neu·tri·no /n(j)uːtríːnou/ [名](複 **～s**)[C]〖物理〗中性微子, ニュートリノ,《電価はゼロ, 質量が極めて小さい素粒子》.

neu·tron /n(j)úːtrɑn|-trɔn/ [名][C]〖物理〗中性子, ニュートロン,《原子核を構成する素粒子の 1 つ; →nucleus 2》.

néutron bòmb [名][C] 中性子爆弾《人命殺傷はするが建物などへの被害は少ない》.

néutron stàr [名][C]〖天〗中性子星.

Nev. Nevada.

Ne·va·da /nəvǽdə, -vɑ́ː-|-vɑ́ː-/ [名] ネヴァダ《米国西部の州; 州都 Carson City; 略 NV〖郵〗, Nev.》.
[スペイン語「雪をいただいた(山脈)」]
▷ **Ne·va·dan** /-d(ə)n/ [形], [名][C] ネヴァダ州の(人).

né·vé /neivéi|névei/ [名][U] (氷河上層の)粒状(万年)雪; [C] 粒状雪に覆われた雪原. [スイスフランス語「氷河」]

‡nev·er /névər/ [副] 1 **どんな時でも..ない** (not..at any time); 一度も..(したことが)ない, とうとう[ついに]..ない. I've ～ seen such beautiful roses. こんな美しいバラは見たことがない. She began *The Watsons*, but ～ finished it. 彼女は『ワトソン家の人たち』を書き始めたが, ついに完結させなかった. *Never* did I dream of meeting him there. 彼にそこで会おうとは夢にも思わなかった ([語法] 強調のため never が文頭に来ると語順倒置が起きる). "You yourself wrote the letter, then?" "No, I ～ did."「それじゃあの手紙は君自身が書いたんだね」「いや書きませんよ」([語法] 本動詞が省かれる場合又は代動詞が用いられる場合, never は助動詞・代動詞の前に置く).
2 **決して..ない**, 少しも[全く, 絶対に]..ない, (not..at all). She ～ goes out at night. 彼女は夜間は決して外出しない ([語法] She does*n't* go out at night. より否定の意味が強い). You ～ told me you were married. 君は結婚しているなどとは全然僕に言わなかった. You should ～ swim alone in this river. この川では絶対に 1 人で泳いではいけない. You ～ càn téll. (世の中の事は)分からないものです ([語法] 一般に never は助動詞の後, 本動詞の前に来るが, 助動詞を強調する時はその前に来る). *Never* fear! 怖がるんじゃない, 心配は無用だ. "You broke the window!" "No, I ～."「お前だろ, 窓をこわしたのは」「僕じゃないよ」《主に〖英話〗で, 子供などが用いる》.

> [語法]〖話〗では, 過去時制で単に not の (やや強意的) 代用語として用いられることがある: I ～ knew (＝didn't know) you were married. (君が結婚してるなんて知らなかったよ) He ～ used to smoke. (彼は以前はたばこを吸わなかった)

3〈文中の特定の語(句)を否定して〉..ない (★not より強意的). Mother spoke ～ a word to me. 母は私にただの一言も口をきかなかった. ～ a one 何 1 つ[だれ 1 人](..ない).
4〖話〗〈感嘆, 驚き, 疑いを表して〉まさか..では[することは]あるまい, とんでもない. You'll ～ tell! まさか人にしゃべりはしないでしょうね. She's ～ 50! 彼女が 50 歳だなんて(信じられない)! "Your boy won the first prize." "*Never!*"「君のお子さんは 1 等賞をもらいましたよ」「まさか」.
I nèver díd! ＝Well, I NEVER!
néver dó but.. ..すれば必ず.. ([語法] but の後は節; →never do WITHOUT doing). It ～ rains *but* it pours. →pour. Dick and Joe ～ meet *but* they quarrel. ディックとジョーは会えば必ずけんかになる.
nèver éver..〖話〗〈never より強意的〉絶対に..ない. She ～ *ever* wears jewelry. 彼女は宝石類は決して身に着けません.
Néver is a lòng dáy [***wórd***].〖諺〗「決して」などと軽々しく言うな《あまり悲観的になるな, という教え》.
nèver mínd →mind.
Nèver sày díe! →die[1].
Nèver [***Dòn't***] ***téll me..!*** →tell.
néver the (＋比較級) →none [副] 1.
nèver dó without dóing →without.
nòw or néver →now [副] (成句).
Wèll, I néver!〖話〗まああきれた, まさか.
[<古期英語 *nǣfre* (<*ne* 'not'＋*ǣfre* 'EVER')]

‡nèver-énding /-rendiŋ [移]/ [形] 果てしない, 終わりのない.

never·more /nèvərmɔ́ːr/ [副]〖雅〗二度と..しない (never again).

nèver-néver [名] 1〖英俗・戯〗〈the ～〉分割払い (hire-purchase). on the ～ 分割払いで. 2 ＝never-never land.

nèver-néver lànd [名][C] 1〖話〗夢の国《< Barrie の Peter Pan 物語に出る, 子供がいつまでも子供でいる国》. 2 遠い所, 僻(へき)地;〖オース〗Queensland 州北部の内陸.

‡nev·er·the·less /nèvərðəlés/ [副][C]〖章〗**それにもかかわらず, それでも, やはり.**

> [語法] (1) 文[節]の最初, 中間, 末尾に置ける. (2) 接続詞 but や (al)though の意味を強めて; これらと共に使うことがある.

They were told to stay home, but they went to the movie ～. 彼らは家にいるように言われたが, それでも映画を見に行った. He was exhausted with walking all day. *Nevertheless*, he continued onward. 一日中歩いて彼はくたくたになっていた. にもかかわらずなお先へと進んだ. Though it was raining, we ～ insisted on going on the picnic. 雨天だったがそれにもかかわらず我々はピクニックに行くと言い張った.

> [語法] 上の文は It was raining; ～ we insisted ...と

N

も言え, 2 つの節の中間にある場合は接続詞と見なすこともできる; 他の接続詞と異なり, この場合は前にコンマでなくセミコロンを置く.

ne·vus /níːvəs/ 名 (複 **ne·vi** /níːvài/) C 母斑(ぼはん), (生まれつきの)あざ, ほくろ.

‡**new** /n(j)uː/ 形 e 【新しい】 **1** (**a**) 新しい; 今までになかった, 新たに[最近]作られた[現れた, 発見されたなど]; (↔old). a ～ book by Professor Smith スミス教授の新著. a ～ government 新政府. ～ information 新情報. a ～ kind of paint 新しい種類のペンキ. There is nothing ～ [no ～ thing] under the sun. 〖諺〗太陽のもと[この世]には新しいものはない《すべてのものにはその元となるものがある; 聖書より》.
(**b**) 〈the ～; 名詞的; 単数扱い〉新しいもの[こと]. The new is not always better than the old. 新しいものが必ずしも古いものより良いとは限らない.
2 〈限定〉**新任の**, 今度の; **新参の**. a ～ teacher 新任の先生. a ～ member 新会員. a ～ arrival 新参者, 新入り. a ～ mother 母親になったばかりの女性.
3 なじみのない, 目新しい, 初めての, 〈*to* ..〔人〕にとって〉; 〔人が〕慣れていない 〈*to* ..〔物事〕に〉. That was a ～ word *to* me. その単語は私にはなじみのないものだった. He was quite ～ *to* the job. 彼にはその仕事は全く未経験だった.
【新しくなった】 **4** 〈限定〉一新した, 改められた. enter a ～ life 新生活を始める. The experience made a ～ man of me. その経験で私は生まれ変わったような人間になった. feel (like) a ～ man [woman] 生まれ変わったような気がする. **5** 〈限定〉別の, 新たに始まる, 次の. a ～ era 新時代. a ～ chapter 次の章. **6** 〈限定〉(古い方に対して)新しい方の; 新式の, 新型の. a ～ edition 新版. **7** 〈限定〉〈普通 the ～〉現[近]代的な. the ～ education 新教育. the ～ woman (特に 20 世紀前半の, 自由を求める)新しい女性.
【古くない】 **8** C できた[取った]ばかりの, 新鮮な; 出て来たばかりの 〈*from* ..から〉. a youth ～ *from* the country 地方から出て来たばかりの青年. ～ potatoes 新ジャガ. ～ milk しぼりたての牛乳.
類語 fresh も「新鮮な」の意味であるが「時間の経過に関係なく本来の性質を保っている」という点を強調する: *fresh* fruit ((缶詰でない)生の果物).
9 C 使い古しでない, 新品の, (↔secondhand, used, old). buy a ～ bicycle 新しい自転車を買う. deal only in ～ books (古本に対して)新本だけを販売する.
(as) gòod as néw 新品同様で.
be a néw òne on a pérson 〖話〗人にとって初めてのもの[こと]である, 初耳である.
Whàt's néw? 何か変わったことはありませんか, お変わりありませんか, 《親しい人たちの間の挨拶(あいさつ)》.
[＜古期英語]

new- 〈複合要素〉「近ごろ」「新たに」の意味. a *new*-built house (新築の家). *new*-laid eggs (産みたての卵). *new*-fallen snow (降ったばかりの雪, 新雪).

Nèw Áge 名 U, 形 新時代主義(の), ニューエージ(の), 《1980 年代から 90 年代初めにかけての, 西洋的な価値観・文化を拒絶し, 神秘的・全体的観点から環境問題, 医学, 人間関係などを見直すことに関心が高まった時期》. the ～ Movement ニューエージ運動《主に 1980 年代英米に出現》. ～ music ニューエージミュージック《クラシック, ジャズなどさまざまな音楽ジャンルを総合した音楽》. ～ travellers 〖英〗'ニューエージの旅人たち'《トレーラーハウスなどで移動生活をする》. ▷ **Nèw Áger** 名

Nèw Ámsterdam 名 ニューアムステルダム《オランダ植民時代の New York City の名称》.

New·ark /n(j)úːərk/ 名 ニューアーク《米国 New Jersey 州の港市; Hudson 川を挟んだ New York の対岸にある; 国際空港の所在地》.

new·bie /n(j)úːbi/ 名 C (インターネットの)初心者, 不慣れな新規ユーザー, (↔oldbie).

nèw blóod 名 U '新しい血'《組織などを活性化する新しい有能なスタッフ》.

†**néw·bòrn** 形 〈限定〉 **1** 生まれたばかりの, 新生の. a ～ baby 新生児. **2** 生まれ変わった, 更生した. a ～ man 更生した人. a ～ hope 新たな希望.
—— 名 (複 ～s, ～) 新生児.

Nèw Brítain 名 ニューブリテン島《ニューギニア島北東部, 南太平洋の島; パプア・ニューギニアの一部》.

nèw bróom 名 C 改革に熱心な新任管理職.
[＜A new broom sweeps clean. (→broom 1)]

Nèw Brúns·wick /-brʌ́nzwik/ 名 ニューブランズウィック《カナダ南東部の州; 略 NB》.

Nèw Caledónia 名 ニューカレドニア《オーストラリア東部, 南西太平洋の島; フランスの海外領》.

New·cas·tle /n(j)úːkæs(ə)l|-kɑ̀ːs-/ 名 ニューカッスル《イングランド北東部の港湾工業都市; かつて石炭の積み出し港として有名; **Nèwcastle-upon-Týne** /-táin/ (タイン河畔のニューカッスル)の略称》.
càrry [tàke] cóals to Néwcastle →coal.

†**néw·còmer** 名 C 新しく来た人; 新参者, 新入者, 新入生[社員]; 〈*to* ..へ(の)〉. He's a ～ *to* London. 彼はロンドンへ来たばかりだ[ロンドンに住み始めたばかりだ]. a ～ *to* the game of chess チェスの初心者.

Nèw Cómmonwealth 名 〈the ～〉新英連邦《第二次大戦以降に独立してイギリス連邦に加わった国々》.

Nèw Críticism 名 〈the ～〉新批評《米国に起こった文学研究法で, 作家の伝記などと無関係に作品自体の客観的分析に重点を置く》.

Nèw Déal 名 **1** 〈the ～〉ニューディール, 新経済政策, 《米国大統領 Franklin D. Roosevelt が 1933 年に始めた社会保障と経済復興を主とする新政策; 原義は「トランプ札の配り直し」》. **2** 〈n- d-〉 C 〈一般に〉強力な社会保障政策. ▷ **～·er** 名 C New Deal 政策の支持者.

Nèw Délhi 名 ニューデリー《インド共和国の首都; インド北部にある》.

new·el /n(j)úːəl/ 名 C **1** (らせん階段を支える中央の)軸柱. **2** (階段の手すりの上端[下端]の)親柱 (**néwel pòst**).

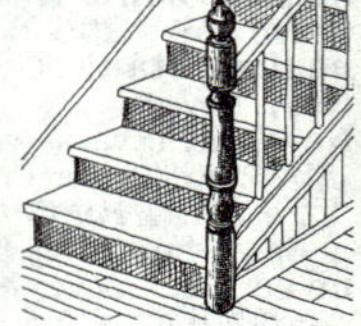
[newel post]

Nèw Éngland 名 ニューイングランド《米国北東部の 6 州 (Connecticut, Maine, Massachusetts, New Hampshire, Rhode Island, Vermont) から成る; 略 NE》.

Nèw Énglander 名 C ニューイングランド地方の人.

Nèw Énglish Bíble 名 〈the ～〉新英訳聖書《新約 1961, 旧約 1970 年出版; 略 NEB; →Bible 1》.

nèw fáce 名 C 新顔, 新人.

new·fan·gled /n(j)ùːfǽŋg(ə)ld ⑧/ 形 〖軽蔑・戯〗〈限定〉〔考え, 発明などが〕新奇さを追う, 目先だけ変わった. a ～ gadget 目新しさだけの器具. a ～ idea 新奇をてらった思いつき.

nèw-fáshioned ⑧ 形 〈限定〉新式[型]の, (最)新流行の (↔old-fashioned).

‡**nèw·fóund** ⑧ 形 〈限定〉新発見の, 今まで気付かれなかった.

New·found·land /n(j)úːfəndlænd, -lənd|njuː-fəndlǽnd; 3 ではまた n(j)uːfáundlənd/ 名 **1** ニューファンドランド島《カナダ東部の大きな島; 略 Nfld, NF》. **2** ニューファンドランド《1 と Labrador から成るカナダの州; 州都 St. John's; 略 Nfld, NF》. **3** C ニュー

ファンドランド犬 (**Nèwfoundland dóg**)《大型で毛深く強い犬; 普通, 黒色》. ▷ **～·er** [名]

Nèw Frontíer [名] 〈the ～〉〖米史〗新開拓者(精神), ニューフロンティア(政策).《J. F. Kennedy の唱えた政策目標》.

New·gate /n(j)úːgeit|-gət, -geit/ [名] 〖英史〗ニューゲイト《ロンドンにあった有名な監獄; 1902 年廃止》.

Nèw Guínea [名] ニューギニア《オーストラリア北方の島; 略 NG》.

Nèw Hámpshire [名] ニューハンプシャー《米国北東部の州; 州都 Concord; 略 NH〖郵〗, N.H.》.

Nèw Hámp·shir·ìte /-ʃəràit/ [名] [C] ニューハンプシャーの人.

Nèw Há·ven /-héiv(ə)n/ [名] ニューヘイヴン《米国 Connecticut 州の港市; Yale 大学の所在地》.

new·ish /n(j)úːiʃ/ [形] やや新しい.

Nèw Jérsey [名] ニュージャージー《米国東部の州; 州都 Trenton; 略 NJ〖郵〗, N.J.》.

Nèw Jér·sey·ìte /-dʒə́ːrziàit/ [名] [C] ニュージャージーの人.

Nèw Jerúsalem [名] **1**〖聖書〗新しきエルサレム, 天上の都. **2**〈the ～〉天国のような所, 地上の楽園.

nèw-láid /[移]/ [形] 産みたての〔卵〕.

Nèw Látin [名] [U] 近代ラテン語《多く近代の科学術語として用いられるもの; 略 NL》.

Nèw Léft [名] 〈the ～〉ニューレフト, 新左翼(派),《1960 年代以降急進的な政治・社会改革を主張する若い知識人・大学生のグループ》.

nèw lóok [名] [C] 〈普通 the ～〉(衣服などの)最新(流行)型;〈一般に〉新様式, 新型.

***new·ly** /n(j)úːli/ [副] [m] 〈後に来る過去分詞, 形容詞を修飾して〉 **1 最近**, このほど. a ～ imported product 最近輸入された製品. Cathy is ～ married. キャシーは結婚したばかりだ. a ～ independent country 最近独立した国. **2 新たに**, 新しく; 新しいやり方で. a ～ designed car 新しいデザインの車. **3** 再び, また, (again). a ～ revived rumor また蒸し返されたうわさ.

néwly·wèd [名] [C] 〖話〗新婚の人;〈～s〉新婚夫婦.

Nèw Mán [名] [C] 〈又は n- m-〉'新しき男性', マイホーム型男性,《1980 年代以降みられる男性のタイプ; 職業生活や出世よりも家庭・育児に関心が強い》.

New·man /n(j)úːmən/ [名] **John Henry ～** ニューマン (1801-90)《英国の神学者・著述家》.

New·mar·ket /n(j)úːmὰːrkət/ [名] **1** ニューマーケット《イングランド東部 Suffolk 州の都市; 競馬で有名》. **2** [U]〖英〗〈しばしば n-〉トランプ遊びの一種. **3** [C]〈しばしば n-〉ぴったり体に合う長めのコート (**Nèwmarket cóat**).

nèw máth [**mathemátics, máths**〖英〗] [名] [U] 新数学《1960 年代初めから初等学校レベルで導入されるようになった集合論に基づく数学》.

Nèw Méxican [名] [C] ニューメキシコの人.

Nèw México [名] ニューメキシコ《米国南西部の州; 州都 Santa Fe; 略 NM〖郵〗, N. Mex.》.

nèw móon [名] [C] 〈普通, 単数形〉新月, 三日月;〈the ～〉新月の時期.

nèw-mówn /[移]/ [形] 〔干し草, 芝生などが〕刈りたての.

néw·ness [名] [U] 新しいこと, 新しさ, 新奇(さ); 不慣れなこと.

Nèw Ór·le·ans /-ɔ́ːrliənz/ [名] ニューオーリンズ《米国 Louisiana 州南東部の海港; Mississippi 川に臨む; カーニバルの祭典とジャズで有名》. 「[参考]).

nèw pénny [名] [C] (英国の)新ペニー(→penny 1 (b)↑

New·port /n(j)úːpɔːrt/ [名] ニューポート《米国 Rhode Island 州の港市; 海軍基地がある》.

nèw-rích /[移]/ [形] (にわか)成金の; 成金特有の.

—— [名] 〈the ～; 複数扱い〉=nouveau riche.

Nèw Ríght [名] 〈the ～〉ニューライト, 新右翼,《1960 年代末から 70 年代にかけての, 新左翼 (New Left) や既成の保守主義に対抗する運動》.

‡news /n(j)uːz/ [名] [U] **1** (**a**) **ニュース**, 報道, 新聞記事, 〈*of, about* ..についての/*that* 節..という〉([参考] 数える時は a piece [a bit, an item] of ～ ([複] pieces [bits, items] of ～) とする). an important piece of ～ 重大ニュース. ～ *of* the world 世界のニュース. the ～ ⌞*about* the rescue operation at the Japanese ambassador's residence in Lima [*that* all but one of the 72 hostages were rescued] リマの日本大使公邸救出作戦についての[72 人の人質は 1 人を除き他は全員救出された]というニュース. There isn't much ～ today. 今日はあまりニュースがない. according to the latest ～ 最新の報道によれば. ～ articles (新聞・雑誌の)報道記事. Japan has been very much in the British ～ lately. 日本は最近英国でよく新聞種になっている. (**b**) 〈the ～〉(テレビ・ラジオの) **ニュース (番組)**. listen to the ～ ニュースを聞く. turn on the ～ (テレビ, ラジオの)ニュースをつける. Here is the 7 o'clock ～. 7 時のニュースをお伝えします《アナウンサーの言葉》. It was on the ～ at noon. それは正午のニュースでやっていました.

> [連結] current [hot, up-to-the-minute; sensational; official; local; national; international, world] ～ // receive [gather; present; publish; censor] ～

2 便り, 知らせ, 消息, うわさ, 〈*of, about* ..についての/*that* 節 ..という〉; 変わったこと, 目新しい情報. I have some ～ for you. あなたにお知らせしたいことがあります. We haven't had [heard] any ～ from Tom. トムから何の便りもない. That's ～ [no ～] to me. それは全く初耳だ[とっくに知っている]. The ～ *of* their marriage is a great pleasure to me. 彼らの結婚の知らせを聞いて私はとてもうれしい. We were surprised at the ～ *that* John had met with a car accident. ジョンが自動車事故に遭ったという知らせにびっくりした. No ～ is good ～. どの知らせもよい知らせでない; 便りによいものはない;〖諺〗便りのないのはよい便り (→no [形] 1 (b)). Ill [Bad] ～ travels [runs] apace. →apace.

3 〈N-; 新聞名として〉..新聞. the Daily *News*『デイリーニューズ』紙.

4 新聞種になるような人[事件]. make (the) ～ 新聞種になる. Tony Blair, leader of the Labour Party, was big ～ when it won a landslide victory in Britain's general election in 1997. 1997 年英国の総選挙で労働党が地滑り的圧勝をした時, 党首のトニー・ブレアは大いに新聞をにぎわした.

***be gòod* [*bàd*] *néws* (*for* [*to*] ..)** (1) (..にとって)吉[凶]報である. This treatment will *be good* ～ *for* cancer patients. この治療法は癌患者に朗報となるだろう. (2)〖話〗〔人が〕(..に)福[災]をなす. You'd better break with him. He's *bad* ～. 彼とは手を切った方がいい. あいつは疫病神だ.

brèak the néws〖話〗(悪い)ニュースを最初に伝える〈*to* ..に〉. I didn't want to be the one to *break the* ～ *to* her. 彼女にその(悪い)知らせを伝える役にはなりたくなかった. 「詞化した]

[＜中期英語「新しいもの」; new([形])を複数形にして名↑

néws àgency [名] [C] 通信社.

néws·àgent [名] [C] 〖英〗新聞(雑誌)販売業者 (〖米〗 newsdealer).

néws ànalyst [名] =commentator 2.

néws blàckout [名] [C] 報道管制.

néws·bòy [名] ([複] **～s**) [C] 新聞売り子《子供に限らない》, 新聞配達人, (paper boy).

néws·brèak [名] [C] 報道価値のある事件[出来事].

néws bùlletin [名] [C] ニュース放送.

N

néws·càst 名 C ニュース放送[番組].

‡**néws·càster** 名 C ニュース放送者, キャスター.

néws cònference 名 C 記者会見. call [give] a ～ 記者会見を行う.

Nèw Scòtland Yárd 名 (ニュー)スコットランドヤード《ロンドン警視庁 (the Metropolitan Police) の本部; かつて Scotland Yard にあった警視庁は 19 世紀末 Westminster 橋近く地区に移転し *New* Scotland Yard となったが, 1967 年再度移転した今でも最初の名称がよく使われる》.

néws·dèaler 名 C 〖米〗新聞(雑誌)販売業者 (〖英〗newsagent).

néws·dèsk 名 〈the ～〉(マスコミの)ニュース編集部.

néws·flàsh 名 C ＝flash 名 4.

néws·gìrl 名 C (女性の)新聞売り子, 新聞配達人, (paper girl).

néws gròup 名 C ニューズグループ《インターネットで情報を交換し合う》.

néws·hàwk, néws·hòund 名 C 〖話〗(積極的・精力的にニュースをあさる)新聞記者, 'ブン屋'.

‡**néws·lètter** 名 C (官庁の)公報; (会社の)社報; 回報, PR 誌など, 《関係者のために定期的に発行する》.

néws·màgazine 名 C (多く週刊の)ニュース雑誌.

néws·màn /n(j)ú:zmæ̀n/ 名 (複 **-men** /-mèn/) C 〖米〗**1** 新聞売り子[配達人]. **2** 新聞記者, (テレビ, ラジオの)放送記者.

néws mèdia 名 〈the ～; 普通, 複数扱い〉報道媒体[機関]《テレビ・ラジオ・新聞などの総称》.

néws·mònger 名 C 〖しばしば軽蔑〗うわさ好きの人, おしゃべり屋.

Nèw South Wáles 名 ニューサウスウェールズ《オーストラリア南東部の州; 州都 Sydney; 略 NSW》.

‡**news·pa·per** /n(j)ú:zpèipər, n(j)ú:s-|njú:s-/ 名 (複 **～s** /-z/) **1** C **新聞** (参考 〖話〗では単に paper とも言う). a daily [weekly] ～ 日刊[週刊]紙. What ～ do you take? 何新聞を取っていますか. a file for ～ cuttings 新聞の切り抜き用のファイル.

> 連結 a leading [a quality; a popular, a tabloid; a national; a local, a regional; an evening; a morning] ～ // read a ～

2 C 新聞社. **3** U 新聞(印刷)用紙 (newsprint). I wrapped it up in ～. それは新聞紙に包みました.

néws·paper·màn /-mæ̀n/ 名 (複 **-men** /-mèn/) C 新聞記者, ジャーナリスト; 新聞発行人[経営者].

néwspaper stànd 名 ＝newsstand.

néwspaper·wòman 名 (複 **-women** /-wìmən/) C (女性の)新聞記者, ジャーナリスト; (女性の)新聞発行人[経営者].

néw·spèak 名 U 〖軽蔑〗ニュースピーク, 新言語, 《政府の役人などが世論操作のために用いる真実を隠蔽(いんぺい)したあいまいで欺瞞(ぎまん)的な表現》. [英国の小説家 Orwell の『1984 年』での造語]

néws·pèople 名 〈複数扱い〉新聞[報道]関係者たち (reporters など).

néws·pèrson 名 C 新聞[報道]関係者 (reporter など).

néws·prìnt 名 U 新聞(印刷)用紙.

néws·rèader 名 〖英〗＝newscaster.

néws·rèel 名 C 短編ニュース映画.

néws relèase 名 〖主に米〗＝press release.

néws·ròom 名 C **1** (新聞社, 放送局の)ニュース編集室. **2** 〖英〗新聞(雑誌)閲覧室. **3** ＝newsstand.

néws·shèet 名 C (紙 1 枚の)簡易新聞.

néws·stànd 名 C (街頭の)新聞・雑誌売店.

néws stòry 名 (複 **-ries**) C 新聞[報道]記事《論評を加えないで事実のみを伝えるもの; →editorial, feature story》.

nèw stár 名 〖天〗＝nova.

Nèw Stýle 名 〈the ～〉新[グレゴリオ]暦《略 NS; →Gregorian calendar》.

néws·vèndor 名 C 〖英〗(街頭の)新聞(雑誌)売り子.

Néws·wèek 名 『ニューズウィーク』《*Time* などと並ぶ米国の週刊誌》.

néws·wèekly 名 (複 **-lies**) C 〖米〗ニュース[時事]週刊誌.

néws·wòrthy 形 報道価値のある, 新聞記事になる. ▷**news·wor·thi·ness** 名

news·y /n(j)ú:zi/ 形 e 〖話〗(とりとめもない)ニュース[話題]に富んだ. have a ～ chat on the telephone 電話でとりとめもないうわさ話をする. ▷**news·i·ness** 名

newt /n(j)u:t/ 名 C 〖動〗イモリ (eft).

Nèw Téstament 名 〈the ～〉新約聖書《聖書の後半部でキリストの教え, 使徒たちの活動を記した部分; 略 NT; →Old Testament》.

New·ton /n(j)ú:t(ə)n/ 名 **1 Sir Isaac ～** ニュートン (1642–1727)《英国の物理学者・数学者; 万有引力の法則の発見者》. **2** 〈n-〉 C 〖物理〗ニュートン《力の単位》.

New·to·ni·an /n(j)u:tóuniən/ 形 ニュートン(の学説)の. ── 名 C ニュートン学説の信奉者.

nèw tówn 名 C 〖英〗ニュータウン《1946–75 年に Hertfordshire の Stevenage を初めとして計画的に建設された新都市; 約 30 ほどある》.

Nèw Wáve 名 **1** 〈the ～〉ヌーヴェルバーグ《1950 年代後半に始まったイタリア・フランス映画界の前衛的な新傾向》. **2** 〈n- v-〉 C (一般に, 芸術・政治などの)新傾向. [フランス語 *nouvelle vague* の英訳]

Nèw Wórld 名 〈the ～〉新世界《南北アメリカ大陸; ↔Old World》.

nèw wòrld órder 名 〈the ～〉(ソ連崩壊, 東西冷戦終結後の)新世界秩序《抗争ではなく融和を目指す》.

Nèw Yéar, nèw yéar 名 **1** 〈the ～〉年頭, 年始め. **2** aU 〈N- Y-〉新年, 正月. ～*'s* greetings 新年の挨拶(あいさつ), 年賀. I wish you a happy ～!＝(A) Happy ～ (to you)! 新年おめでとう (参考 これへの返答はしばしば The same to you!).

Nèw Year's (Dáy) 名 U 元日《英国でも 1974 年から休日となった; Day を省くのは〖米話〗》.

Nèw Year's Éve 名 U 大みそか.

Nèw Year's resolútion 名 C 年頭の誓い.

‡**New York** /n(j)ù:-jɔ́:rk/ 名 **1 ニューヨーク**(市)《New York 州南東部, Hudson 河口の海港; 米国最大の都市で商業・金融の中心地; 正確には **Nèw York Cíty**; 略 NYC, N.Y.C.》. **2 ニューヨーク**(州)《米国北東部の州; 州都 Albany; 略 NY〖郵〗, N.Y.; 正確には **Nèw York Státe**》. [(*Duke of*) *York* (のちの James II にちなむ)]

Nèw Yórk·er 名 **1** C ニューヨーク市民[州民]. **2** 〈the ～〉『ニューヨーカー』《米国の週刊誌; 1925 年創刊》.

Nèw York Stóck Exchànge 名 ニューヨーク株式取引所《世界最大の株式取引所; 略 NYSE》.

Nèw York Tímes 名 〈the ～〉『ニューヨークタイムズ』《米国の代表的な新聞で, 全国紙; 1851 年創刊》.

‡**New Zea·land** /n(j)ù:-zí:lənd/ 名 **ニュージーランド**《オーストラリアの南東にあり, 南北 2 つの主島から成る英連邦の一員; 首都 Wellington; 略 NZ》; 〈形容詞的に〉ニュージーランドの. the ～ Prime Minister ニュージーランドの首相. ▷**Nèw Zéa·land·er** 名 C ニュージーランド人.

‡**next** /nekst/ 形 ⓒ **【順序が次の】** **1** (語法 next を名詞の前に置いて副詞的に用いる場合, 前置詞は付けない) (**a**) 〈無冠詞〉(現在から見て)(**この**)**次の**, 今度の, 来..., (↔last). ～ June＝〖英〗(in) June ～ 今度の[来年の] 6 月に. *Next* Friday is a holiday. 今度の金曜は休日

だ. Come ~ Thursday.＝Come on Thursday ~. 次の[今度の]木曜日に来なさい (★来週の木曜日とは限らない). on Thursday ~ week 来週の木曜日に. ~ summer 今度の夏(に); 来年の夏(に). in summer ~ year 来年の夏に. early ~ May＝early in May ~ 今度の5月早々に. ~ week [month, year] 来週[来月, 来年] (注意「明日」は next day ではなくて tomorrow と言う; 同様に「明日の朝[午後, 夕方, 夜]」は tomorrow morning [afternoon, evening, night] となる). (**b**) 〈the ~〉(過去, 未来の一定の時点から見て)**その次の**, その翌..,(参考 the ~ day (その翌日)の the は省略されることがある). I first met Teresa on Thanksgiving Day and promised to date her the ~ week. 私は感謝祭の日に初めてテリーザに会い, 次の週にデートする約束をした.

2 〈普通 the ~〉**次の**, 次に来る. My uncle is arriving on the ~ flight. おじは次の飛行機[便]でやって来る. the ~ bus [train] 次のバス[列車]. a store in the ~ street この次の通りにある店. You may skip the ~ ten pages. 次の 10 ページは飛ばしてもいい. I'll be away from home the ~ week. 向こう1週間家を留守にします. Let's ask the ~ man we see. 今度会う男の人に尋ねてみよう.

3 〔序列, 評価などが〕次の, 次位の. the ~ prize 2等賞. 【最も近い】 **4** **隣の**, 最も近い; どこにでも有る[いる]ような. the ~ house 隣の家. the ~ .. but one [two] → 成句. She doesn't want to look like the ~ girl. 彼女はそこら辺にいる女の子と同じかっこうはしたくない.

as..as the néxt màn [***wòman, fèllow, pèrson***] 〖話〗だれにも負けないほど... Tom is *as* strong *as the ~ man* of his size. トムは彼と同じくらいの大きさの者だったらだれにも負けないくらい強い.

gèt néxt to.. 〖米話〗(1)..となじみになる, 懇意になる. (2)..が分かる, ..に感づく.

in the nèxt pláce 次に, 次は, 2番目に.

****néxt to..*** 《next が起源的に副詞である場合もここに含める》(1)〈前置詞句として〉(**a**) **..の隣に**, のすぐそばに; ..に最も近く, にくっついて. I sat ~ *to* her on the bench. 私はベンチに彼女の隣に腰掛けた. *Next to* his wife, he looked like a giant. 妻の横に並ぶと彼は大男に見えた. come ~ *to* last in a race レースでびりのすぐ前に入って来る. wear flannel ~ *to* one's skin フランネルを肌にじかに着る. (**b**) **..の次に**; ..に続いて. the man ~ *to* the general in rank 将軍に次いで地位の高い人. John came in ~ *to* Tom in the race. 競走でジョンはトムに続いてゴールインした. *Next to* eating he likes baseball. 彼は食べることの次に野球が好きだ.
(2)〈副詞句として主に否定の意味を含む語の前で〉ほとんど, まず, (almost). I bought the article for ~ *to* nothing. その品物をただ同様で買った. be ~ *to* impossible まず不可能である. an idea ~ *to* ridiculous こっけいと言ってもいい考え.

pùt [***lèt***] *a pèrson* ***néxt to..*** 〖米俗〗人に..を知らせる[教える].

the néxt .. but óne [***twó***] 1つ[2つ]おいて次の, 2[3]番目の.

(the) néxt thìng (I knèw) 次に気がついたら. *The ~ thing I knew*, I was in my own bed, the operation being over. 次に気がついたら手術は終わって私は自分のベッドにいた.

(the) nèxt tíme (1) 今度(は), この次に(は). I'll beat him at chess *(the) ~ time*. この次はチェスで彼を負かしてやろう. (2)〈接続詞的〉今度..したら. *(The) ~ time* you come I'll show you some foreign stamps. 今度君が来たら外国の切手を見せてやろう.

the nèxt to lást .. 最後の1つ前[終わりから2番目]の...

—— 副 Ⓒ **1** **次に**, この[その]次は, 次の時に. When I ~ see John, I'll tell him. 今度ジョンに会ったら話してやろう. What shall we do ~? 我々は次に何をしよう. My name comes ~ on the list. 名簿では私の名前が次に来る. I love apples best, and pears ~. 私が一番好きなのはリンゴ, 次がナシです.

2 〈最上級, 比較級を伴って〉次に[2番目に]..な; すぐ..の. the ~ best policy 次善の策. my ~ oldest sister 私の2番目の姉. the ~ tallest girl in the class クラスで2番目に背の高い女生徒. my ~ older brother 私のすぐ上の兄.

néxt to.. →形 の成句.

Whàt(ever) néxt? 驚いたね, あきれた話だ,《<次は何が起きるだろう》. John has left school. *What(ever)* ~? ジョンは学校をやめてしまった. 驚いたね.

—— 前〖古〗＝NEXT to (1).

—— 名 Ⓤ **次のもの**[**人**] (★次に名詞が省略された用法). the week after ~ 再来週. in my ~ (letter) 次の手紙で. Mrs. Smith was the ~ to arrive. 次に来たのはスミス夫人だった. To be concluded in our ~. 次号完結. *Next* (please)! 次の方(どうぞ); 次(の質問)は?

nèxt of kín →kin.

[<古期英語「最も近い」(*nēah* 'nigh' の最上級)]

nèxt dóor 副 隣に, 隣の. run ~ 急いで隣へ行く. ~ but one 1軒おいて隣に.

nèxt dóor to.. (1)..の隣に[の]. the people ~ *to* you 君の隣の人たち. (2)..に近い, ..と言ってよい;〈副詞的〉ほとんど (almost). The look on his face was ~ *to* hatred. 彼の表情は憎しみに近いものだった. ~ *to* miraculous ほとんど奇跡的な.

the bóy [***gírl***] ***nèxt dóor*** (いささか面白味に欠けるが配偶者にふさわしい)しっかりした男性[女性].

—— 名 Ⓤ 〖英話〗お隣りさん[の人々]. Mrs ~ 隣の奥さん. ~'s dog 隣りの犬. 「neighbors 隣の人たち.

nèxt-dóor /⑱/ 形 〈限定〉隣の, 隣家の. one's ~

nèxt fríend 名 〈the ~〉〖法〗(指定)代理人《未成年者などに代わって訴訟を起こす》.

nèxt wórld 名 〈the ~〉あの世, 来世.

nex·us /néksəs/ 名 (複 **~, ~·es**) Ⓒ **1** 結び(つき), 関係, 関連, 結合. Money has become the chief ~ among men. 金銭が人々の間をつなぐ主要な結合のひもとなってしまった. **2**〖文法〗ネクサス《Birds fly. などの文や, We found *him dead*. の斜体部分のように文の一部でも, 意味上, 主語−述語の関係が認められる語群; → junction》. [ラテン語「結合」]

NF Newfoundland; Norman French.

NFL 〖米〗National Football League (ナショナルフットボールリーグ)《プロのリーグ》.

Nfld Newfoundland.

NG National Guard; New Guinea; no good.

n.g. 〖話〗no good (だめ).

NGO nongovernmental organization.

NH〖郵〗, **N.H.** New Hampshire.

NHS 〖英〗National Health Service.

NI 〖英〗National Insurance; Northern Ireland.

Ni 〖化〗 nickel.

ni·a·cin /náiəsən/ 名 ＝nicotinic acid.

†**Ni·ag·a·ra** /naiǽg(ə)rə/ 名 **1** ＝Niagara Falls. **2** 〈the ~〉ナイアガラ川《米国とカナダの国境を流れる川》. **3** 〈又は n-〉Ⓒ (滝のような)殺到, 洪水. a ~ of letters of protest 抗議の手紙の洪水.

shòot Niágara ナイアガラの滝をこぎ降りる《命知らずの大冒険の喩(たと)え》.

Niàgara Fálls 名 〈普通, 単数扱い〉ナイアガラ瀑(ばく)布《Erie 湖と Ontario 湖の間の Niagara 川にかかる大瀑布; カナダ滝とアメリカ滝に分かれる (★この両滝を意識する時は複数扱い)》.

nib /nib/ 名 Ⓒ **1** (鳥などの)くちばし. **2** ペン先. **3** 〈一般に〉とがった先端.

N

†**nib·ble** /níb(ə)l/ 動 他 **1** を少しずつ食べる[かじる], 軽くかむ, (類語 少しずつ bite すること). **2** 〔穴など〕をかじって作る. ~ a hole かじって穴を開ける.
── 自 **1** 少しずつ食べる[かじる], 軽くかむ, 〈*away*〉〈*at*, *on* ..を〉. The squirrels were *nibbling* (*away*) *on* the nuts. リスは木の実を(せっせと)かじっていた. **2** VA (~ *at*..) 〔申し出, 誘惑など〕に(ちょっぴり)手を出す, 乗り気なそぶりを示す. **3** VA (~ *at*..) ..に難癖[けち]をつける.
nìbble (***awáy***) ***at*** .. (1) ..をせっせとかじる (→自 1). (2) ..を少しずつ[徐々に]減らす[損なう]. Inflation is *nibbling away at* old men's savings. インフレで老人の蓄えがどんどん目減りしている.
── 名 C **1** 少しかむこと, (魚などが)軽く食いつくこと. have a ~ at ..を少しかじる[つつく]. **2** ひとかじり(の量), ひと口, 少量. I didn't have a ~ all day. 1 日中ひと口も食べられなかった. **3** 〘電算〙 ニブル 《1/2 バイトまたは 4 ビット》.

Ni·be·lung·en·lied /ní:bəluŋənli:t, -li:d/ 名 〈the ~〉 ニーベルンゲンの歌 《中世ドイツの大叙事詩》.

nib·lick /níblik/ 名 C 〘ゴルフ〙 ニブリック 《9 番アイアンの旧称》.

nibs /nibz/ 名 〘旧話〙 〈普通 his [her] ~; 単数扱い〉 (あの)お偉いさん, 大将, 《His [Her] Majesty などの称号に似せて作ったもの》.

NIC 〘電算〙 Network Information Center (ネットワーク情報センター); 〘電算〙 network interface card (ネットワーク⌞インターフェイスカード[アダプター]).

ni·cad /náikæd/ 名 C ニッケルカドミウム電池 《充電可能な乾電池》. [＜*ni*ckel＋*cad*mium]

Nic·a·ra·gua /nìkərá:gwə|-rǽgjuə/ 名 ニカラグア 《中央アメリカの国; 首都 Managua》. ▷**~n** /-ən ⑱/ 名 C, 形 ニカラグア人; ニカラグア(人)の.

Nice /ni:s/ 名 ニース 《フランス南東部地中海に臨む海港で, 避寒・保養地》.

N

‡**nice** /nais/ 形 e (**níc·er**|**níc·est**)
【快い】 **1** (**a**) すてきな, 快い, 楽しい, 愉快な, (↔ nasty); 〔食べ物などが〕おいしい; 〔態度などが〕感じのいい. a ~ day 天気のいい日. ~ to the ⌞taste [feel] 味[手触り]がいい. This flower smells ~. この花はいいにおいがする. have a ~ time 楽しい時を過ごす. It's ~ [*Nice*] to meet you. お目にかかれてうれしいです, どうぞよろしく, 《紹介された時のあいさつの言葉》. It's been ~ [*Nice*] seeing [meeting] you. お会いできてうれしゅうございました 《別れのあいさつ; この seeing は普通, 既知の間柄で》. It's ~ that we can all live togeter. みんないっしょに住めてうれしい. I served the customer in the *nicest* possible way. 私はできるがぎり愛想よくそのお得意様に応対した. He was paid 500 dollars to give a short lecture—that's ~ work if you can get it! 彼は短い講演をして 500 ドルもらった—できるものならやってみたい 《＜それが手に入れば結構な仕事だ》. "Father promised to help us buy a house." "*Nice* one!" 〘英話〙「父さんが私たちの家を買う援助をすると約束してくれた」「すてき!」. 注意 nice は, 特に話し言葉で漠然と「よい」意味に多用されすぎるため, 書く場合は, より明確な意味の形容詞を用いた方がよいとされる. (**b**) 適した, 快適な, 〈*for* ..に/*to* do ..するのに〉. ~ *weather for* an outing ピクニック日和. This cottage is ~ *to* live in. この別荘は住み心地がいい. (**c**) 〈形容詞の前に付けて〉 とてもすてきな[快い] ... a ~ new dress すばらしい新調のドレス.
【すばらしい】 **2** 見事な, 上手な. Some ~ pictures hung on the wall. 壁にいくつか見事な絵が掛かっていた. a ~ shot 見事なショット[一撃], いい当たり.
3 〈反語的〉 困った, ひどい, 厄介な. a ~ mess 困った状態. It's a ~ time to start a thing like this! 全くいい(＝嫌な)時にこんな事を始めるもんだな. This is a ~ state of things. 全くひどい事態だ.
【すてきな＞気配りが細やかな】 **4** (**a**) 親切な, 思いやりのある; 〔人柄が〕いい. He is always ~ to us. 彼は私たちにいつも親切にしてくれる. (**b**) 〈It is ~ *of* X (人) *to* do で〉 X が..してくれて[するとは]親切だ. It's [How] ~ *of* you *to* meet me. 迎えに来てくださってありがとう. My neighbors are all ~ people. 私の近所の人は良い人ばかりです. **5** 〘やや旧〙 〔ふるまい, 言葉などが〕上品な, 立派な, 教養のある; 〈皮肉〉 お上品な. ~ manners 上品な作法. a ~ accent 品のいい[お上品な]話し方. *Nice* girls don't do such things. 良家の子女はそんな(はしたない)事はしないものです.
【細かい】 **6** 〘章〙 〈普通, 限定〉 微妙な; 〔仕事, 機械などが〕細心の注意を要する, (取り扱いの)難しい, デリケートな, 手練のいる; 〔仕事, 機械などが〕正確な, 精密な. ~ distinction 細かい[微妙な]区別. Synonyms usually differ in ~ shades of meaning. 類義語はたいてい意味の細かい綾(あや)が異なるものである. The operation requires very ~ timing. 手術は慎重に時期を決める必要がある. **7** (**a**) 〔好み, 気質などが〕気難しい, きちょうめんな, 〈*about*, *in* ..に(関して)〉; 〔感覚が〕鋭い, 綿密な. a ~ critic 口やかましい批評家. be ~ *in* one's dress 服装にうるさい. He is very ~ *about* his wine. 彼はワインにとてもうるさい. have a ~ ear for music 音楽に対する鋭い耳を持つ. (**b**) 〈普通, 否定文で〉 真っ正直な; 潔癖な. She's not too ~ in money matters. 彼女には金銭問題にいいかげんなところがある.
Have a nìce dáy. 〘話〙 →day.
níce and /náisn/.. 〘話〙 とても.., 申し分なく... It's ~ *and* warm. とても暖かい. Keep your clothes ~ *and* neat for the party. パーティーに行くのだから服をきちんとしておきなさい. 「＋*scire* 'know'」
[＜中期英語「愚かな」＜ラテン語「無知な」＜*ne* 'not'↑

nìce gúy 名 C 〘米話〙 いい奴(やつ) 《控え目で信頼の置ける好人物; しばしば Mr. *Nice Guy*》.

nìce-lóoking 形 ＝good-looking.

†**nice·ly** /náisli/ 副 **1** 〘話〙 具合[調子]よく, うまく, きちんと. The couple are getting on ~. 2 人の仲はうまく行っている. This will do ~. これで十分役に立つ. That tie suits you ~. そのネクタイは君にぴったりだ.
2 (相手に)気持ちのよいように; 上手に, すばらしく, 見事に. She knows how to speak ~ to anybody. 彼女はだれにでも気持ちいいように話す術を心得ている. How ~ she sings! 何と上手に彼女は歌うことか. He is ~ though not expensively dressed. 彼は高価な服ではないが見事な着こなしだ.
3 親切に; 上品に, 行儀よく. The host family treated the student ~. 受け入れた家庭は学生を親切に扱った.
4 〘章〙 精密に, 微妙に. a ~ calculated diet 細かく計算された食事療法. One finds it hard to ~ distinguish foreign sounds. 外国語の音を精密に聞き分けるのは難しい.
be dòing nícely (***for oneséIf***) 〔事業などが〕順調である, もうかっている; 〔人の〕健康が回復している.

Nì·cene Créed /náisi:n-/ 名 〈the ~〉 〘宗〙 ニケーア⌞信条[信経] 《325 年にニケーア (Nicaea (Asia Minor の古都)) で開かれたキリスト教最初の世界会議で採択され以後いくつかの修正を経てキリスト教信仰の基本を成す》.

nìce Nélly 名 C 〘米〙 お上品ぶる人.

nìce-Nélly ⑱/ 形 〘米〙 お上品ぶった. 「気難しさ.

níce·ness 名 U **1** 心地よさ. **2** 精密[綿密]なこと. **3**↑

ni·ce·ty /náisəti/ 名 (複 **-ties**) **1** U 〘章〙 正確, 精密, 綿密. ~ of [in] judgment 判断の正確さ. a scene described with great ~ 非常に細かく描写された情景. **2** C 〈普通 -ties〉 細かい点, 微妙な差異. He is aware of all the *niceties* of social behavior. 彼は社交の細かい点をすべて心得ている. **3** U 気難しさ, きちょうめん; 上品さ; 取り扱いにくさ. She has an air of ~. 彼女にはど

こか気難しさがある. **4** Ⓒ〈普通 -ties〉優雅なもの[事], 楽しい[すてきな]物事. one of the *niceties* of urban life 都市生活の楽しみの1つ.

to a nícety〘章〙少しの狂いもなく, 正確に, (exactly). They carried out the plan *to a* ～. 彼らは計画をきっちりと実行した.

†**niche** /nɪtʃ | niːʃ, nɪtʃ/ 名 Ⓒ **1** 壁龕(へきがん)《像, 花瓶などを置くための壁のくぼみ》. **2** (人, 物に)ふさわしい場所[地位, 仕事], 適所. **3**〈単数形で〉〘経〙市場の隙間. ～ industry 隙間産業. **4**〘生物〙生態的地位.

càrve [***crеàte, fìnd***] ***a níche for onesèlf*** 所を得る, うまく納まる, 〈*in* ..に〉.

── 動 他 を壁龕(へきがん)に置く〈普通, 受け身で〉; に落ち着ける (ensconce). ～ oneself (適所に)落ち着く.

[<フランス語(<ラテン語「巣」)]

Nich·o·las /níkələs/ 名 **1** 男子の名《愛称 Nick》. **2 St.** ～ 聖ニコラス《4世紀ごろの小アジアの司教; 子供・船乗り・商人の守護聖人; またロシアの守護聖人; → Santa Claus》. **3** ～ **II** ニコライ2世 (1868–1918)《ロシア皇帝 (1894–1917); ロマノフ王朝最後の皇帝; ロシア革命で退位, のち一家全員銃殺された》. [ギリシア語「人々の勝利者」]

Ni·chrome /náikroum/ 名 Ⓤ〘商標〙ニクロム《ニッケル (nickel) とクロム (chrome) を主成分とする合金》.

Nick /nik/ 名 **1 Nicholas** の愛称. **2** 悪魔(普通 **Òld Níck** として用いる).

†**nick** /nik/ 名 Ⓒ **1** 小さな傷, 欠け目. make a ～ in the rim of a glass コップの縁を欠く. **2** 刻み目, 切り込み. cut ～*s* in a stick 棒に刻み目を付ける. **3**〘英話〙〈the ～〉'ぶた箱' (prison); 'さつ' (police station).

in gòod [***bàd***] ***níck***〘英話〙良い[悪い](健康)状態で.

in the nìck of tíme ぎりぎりで, 間に合って.

── 動 他 **1** に刻み目[小さな傷]を付ける. **2**〘英話〙を捕まえる, しょっぴく, 〈*for* ..のかどで〉; をかっぱらう. **3**〘米話〙をだます; 〔人〕にふっかける〈*for* ..〔法外な金〕を〉.

***nick·el** /ník(ə)l/ 名 (複 ～**s** /-z/) **1** Ⓤ〘化〙ニッケル《金属元素; 記号 Ni》. ～ steel ニッケル鋼. **2** Ⓒ〘米・カナダ〙**5 セント硬貨**《米国のものは cupro-nickel, カナダのものは nickel》. ── 動 (～s|〘英〙-ll-) 他 にニッケルめっきをする. [<ドイツ語 (*Kufer*)*nickel*「(銅の)小鬼」; ニッケル鉱が銅に色が似ているが銅を含まないことから]

nìckel-and-díme /㊥/〘米話〙形 安っぽい, つまらない, 下らない. ── 動 他 を(少額[ささいな事]の積み重ねで)弱らせる, 参らせる.

nick·el·o·de·on /nìkəlóudiən/ 名 Ⓒ〘米〙**1** (昔の) 5 セント映画館. **2** (昔の)ジュークボックス《5セント貨を投入した》.

níckel plàte 名 Ⓤ ニッケルめっき.

nìckel-pláte 動 ＝nickel.

nìckel sílver 名 Ⓤ 洋銀 (German silver).

nìckel stéel 名 Ⓤ ニッケル鋼.

nick·er /níkər/ 名 (複 ～) Ⓒ〘英旧俗〙ポンド《貨幣単位》.

nick·nack /níknæ̀k/ 名 ＝knickknack.

‡**nick·name** /níknèim/ 名 (複 ～**s** /-z/) Ⓒ **1** ニックネーム, あだ名, 《赤毛の人を Red と呼ぶなど》. **2** 愛称《Elizabeth を Bess と呼ぶなど; →pet name》.

── 動 他 をあだ名[愛称]で呼ぶ; VOC (～ X Y) X に Y というあだ名をつける. He was ～*d* "Shortie". 彼は「ちび」とあだ名された. [<中期英語 (*a*)*n ekename*「付加した名」; 冠詞の n が語頭についた]

Nic·o·si·a /nìkəsíːə/ 名 ニコシア《キプロス (Cyprus) の首都》.

‡**nic·o·tine** /níkətiːn/ 名 Ⓤ〘化〙ニコチン.

nícotine pàtch 名 Ⓒ ニコチン・パッチ《禁煙のため皮膚にはる》.

nic·o·tin·ic /nìkətínik ㊥/ 形〘化〙ニコチンの.

nicotìnic ácid 名 Ⓤ〘化〙ニコチン酸.

nic·o·tin·ism /níkətiːnìz(ə)m/ 名 Ⓤ〘医〙ニコチン依存症.

NICS /niks/〘旧〙Newly Industrializing Countries (新興工業国)《1988年以降は NIES と言う》.

‡**niece** /niːs/ 名 (複 **níec·es** /-əz/) Ⓒ めい《自身の兄弟姉妹の娘だけでなく配偶者の兄弟姉妹の娘にも言うことがある; ↔nephew》. [<ラテン語 *neptis*「孫娘」]

Níel·sen ràting /níːlsən-/ 名 Ⓒ〈しばしば ～s〉〘米〙(テレビの, ニールセン)視聴率《米国のマーケットリサーチ会社 A.C. Nielsen 社が調査する》.

NIES /niːz/ Newly Industrializing Economies (新興工業国・地域)《旧称 NICS》.

Nie·tzsche /níːtʃə/ 名 **Friedrich** ～ ニーチェ (1844–1900)《ドイツの思想家》. ▷～**·an** /níːtʃiən/ 形

niff /nif/〘英話〙名 Ⓤ 臭気, 悪臭.

── 動 自 (いやな)においがする, 臭い, (stink).

niff·y /nífi/ 形 ⓔ〘英話〙臭い, 悪臭のする.

nif·ty /nífti/ 形〘話〙**1** すばらしい, 見事な; いきな. **2** 巧みな, 器用な; 便利な, 気の利いた, 〔道具など〕.

Ni·ger /náidʒər/ 名 ニジェール《アフリカ西部の共和国; 1960年フランスから独立; 首都 Niamey》.

Ni·ger·i·a /naidʒí(ə)riə/ 名 ナイジェリア《アフリカ中西部の連邦共和国; 英連邦の一員; 首都 Lagos》. ▷**Ni·ger·i·an** /-ən/ 名 Ⓒ, 形 ナイジェリア人(の), ナイジェリアの.

nig·gard /nígərd/ 名 Ⓒ〘軽蔑〙けちん坊, しみったれ, (miser).

níg·gard·ly 形〘軽蔑〙**1** 〔人が〕けちな〈*with* ..〔金〕に〉; 出し惜しみする〈*of* ..を〉. **2** 非常に小さい, わずかの. give ～ aid すずめの涙ほどの援助しかしない.

── 副 けちけちして, しみったれて.

▷**nig·gard·li·ness** 名 Ⓤ けちな[けちくさい]こと.

‡**nig·ger** /nígər/ 名 Ⓒ〘軽蔑〙黒人 (Negro). 注意 軽蔑を含む言葉であるから用いない方がよい. 次の成句も同様.

a nìgger in the wóodpile [***fénce***] 隠れた動機[魂胆, 障害, 事実].

nig·gle /níg(ə)l/ 動 自 こだわる, くよくよする, 〈*about*, *over* ..〔つまらない事〕に〉; 粗探しばかりする〈*at* ..の〉. ～ *over* every detail 細かい点に一々こだわる. ── 他〘話〙をいらいらさせる, 悩ませる.

── 名 Ⓒ 気がかり(な事); 気になる点.

níg·gling 形 〈限定〉こせこせした〔人〕, 下らない〔点など〕; 面倒な, こうるさい, みみっちい. ▷～**·ly** 副

†**nigh** /nai/〘古・詩〙形, 副, 前 ＝near.

nígh on.. ＝NEAR on... ***wéll nígh*** ＝well-nigh.

[<古期英語 *nēah*「近い」]

‡**night** /nait/ 名 (複 ～**s** /-ts/) **1** (**a**) ⓊⒸ **夜**, 晩, 《日没から夜明けまで; ↔day; →evening》. a still ～ 静かな夜. in the [at] dead of ～ 真夜中に. last ～ ゆうべ (★次例と同様, 副詞的にも用いる). the ～ before last 一昨夜. the other ～ 先日の夜 (★副詞的). on Saturday ～ 土曜の夜に. on the ～ of May 13 5月13日の夜に (語法 特定の日を表す語句を伴う場合は前置詞 on を用いる; →at night). in [during] the ～ 夜のうちに. all through the ～ 夜通し. have [take] a ～ off 仕事からひと晩解放される. Good ～! おやすみなさい. at this time of ～ 夜分こんな(遅い)時間に. The accident happened *the* ～ we left for Guam. 我々がグアムに出発した夜にその事故が起こった (★*the* ～ ＝on *the* ～ that..). Mary had come to my apartment for the ～. メリーは私のアパートへ泊まりがけで来ていた. He lay awake many ～*s* worrying about his family. 彼は家族のことを心配して幾晩も眠れない夜を過ごした. have an early [a late] ～ 早寝[夜更かし]をする.

> 連結 a clear [a moonlight, a starlit, a starry; a dark; a stormy] ～ // ～ approaches [closes in, descends, falls; advances, wears on; reigns]

(**b**) Ⓒ (催しなどの行われる)夜, 夕べ. the opening [first]

〜(興行などの)初日.
2 Ⓤ 夜のやみ, 夜陰. as dark [black] as 〜 真っ暗な. escape under cover of 〜 夜陰に乗じて逃げる. The building was gray granite, rising up into the 〜. ビルは灰色の花崗(こう)岩でできており, 夜のやみへとそびえていた.
3 Ⓤ (死, 無知, 忘却などの)暗やみ, 暗黒. The long, dark 〜 of tyranny was finally over. 長く暗い圧政の時代が遂に終わった.
4 〈形容詞的〉夜の. 〜 air 夜気, 夜風. a 〜 flower 夜咲く花《月見草など》. a 〜 train [bus] 夜行列車[バス]. 〜 flying 夜間飛行. a 〜 game 夜間試合, ナイター. a 〜 view of San Francisco サンフランシスコの夜景.
◇形 nightly, nocturnal
***àll níght＝all nìght lóng** ひと晩中, 夜通し.
***at níght** 夜に, 夜間(に); 夕方(に), 日暮れに;《厳密には日没から真夜中まで; それ以後は in the morning》. late *at* 〜 夜遅く. sit up (till) late *at* 〜 夜遅くまで起きている.
at níghts 夜な夜な, 毎夜[晩].
by níght (1) 夜間は (↔by day). He was a mechanic by day, a bartender *by* 〜. 彼は昼は機械工で夜はバーテンだった. (2) 夜陰に乗じて.
càll it a níght 〖話〗(夜間の仕事などを)打ち切る (→call it a DAY).
dày and níght ＝NIGHT and day.
fàr [dèep] into the níght 夜更けまで.
hàve a gòod [bàd] níght よく眠る[眠れない].
hàve a [the] nìght óut 外出して夜を楽しむ, 一夜を外で遊び明かす.
lást thìng at níght 〈副詞的〉夜寝る前に.
màke a níght of it 〖話〗楽しく一夜を過ごす, 飲み[遊び]明かす.
nìght after níght 夜な夜な, 毎晩(きまって).
***nìght and dáy** 〈副詞的〉**日夜**, 昼夜(の別なく), 昼夜兼行で, 四六時中, いつも. work 〜 *and day* 夜を日に継いで働く.
nìght by níght 夜ごとに, 一晩一晩(と).
nìght ín, nìght óut 夜な夜な, 来る夜も来る夜も, 毎晩, (→DAY in (and) day out).
of a níght＝of níghts ＝〖米話・英古〗***o' nights*** 夜に, 夜はいつも.
pàss a gòod [bàd] níght ＝have a good [bad] NIGHT.
spènd the níght with .. ..と一夜を過ごす[ベッドを共にする]《性的な関係を婉曲にいう》.
tùrn níght into dáy 昼間すべきことを夜する, 夜を昼にして働く. [＜古期英語 *niht*]

níght·bìrd 名 Ⓒ **1** 夜鳥《ナイチンゲール, フクロウなど》. **2** ＝nighthawk 2.
níght-blìnd 形 夜盲(症)の, 鳥目の.
níght blìndness 名 Ⓤ 夜盲症, 鳥目.
níght·càp 名 Ⓒ **1** (昔, 夜寝る時にかぶった)ナイトキャップ. **2** (夜寝る前に飲む)寝酒.
níght·clòthes 名 〈複数扱い〉寝巻き《パジャマなど》.
†**níght·clùb** 名 Ⓒ ナイトクラブ. ▷**〜·bing** 名 Ⓤ ナイトクラブを遊び歩くこと.
níght cràwler 名 Ⓒ〖米〗大ミミズ《earthworm の一種》.
níght depòsitory 名〖米〗＝night safe.
níght·drèss 名 **1** ＝nightgown 1. **2** ＝nightclothes.
†**níght·fàll** 名 Ⓤ 夕暮れ, 夕方, たそがれ. at 〜 夕暮れに.
níght fìghter 名 Ⓒ 夜間戦闘機.
†**níght·gòwn** 名 Ⓒ **1**〖主に米〗(女性・子供の)ゆったりした寝巻き. **2**〖古〗＝dressing gown.
níght·hàwk 名 Ⓒ **1**〖鳥〗アメリカヨタカ. **2**〖主に米話〗夜更かしをする人, 宵っぱり, (night owl); 夜出歩く人《特に夜盗》.
níght·ie /náiti/ 名 Ⓒ〖話〗寝巻き (nightgown).

Níght·in·gale /náitiŋgèil/ 名 **Florence 〜** ナイチンゲール (1820–1910)《英国の看護婦; クリミヤ戦争に従軍; 近代的看護法を開拓》.
†**níght·in·gale** /náitiŋgèil/ 名 Ⓒ **1** ナイチンゲール《ヨーロッパ産ツグミ科の渡り鳥の総称; 春, 雄鳥の美しい鳴き声が特に夜間によく聞かれる》. **2** 美声の持ち主. [＜古期英語「夜の歌い手」]
níght·jàr 名 Ⓒ〖鳥〗ヨーロッパヨタカ.
níght làtch 名 Ⓒ ナイトラッチ《内側からは開けられるが外側からは鍵(かぎ)がないと開けられないドアの錠》.
níght lètter 名 Ⓒ〖米〗(低料金の)夜間取り扱い電報.
níght·lìfe 名 Ⓤ (歓楽街での)夜の生活, 夜遊び.
níght-lìght 名 Ⓒ (寝室などの薄暗い)常夜灯.
nìght·lóng /⊛/〖雅〗形 〈限定〉夜通しの, 徹夜の.
── 副 夜通し, 徹夜で.
†**níght·ly** 形 〈限定〉夜の, 夜間の; 毎夜の, 夜ごとに起こる. a 〜 news program 毎晩のニュース番組.
── 副 毎夜, 夜ごとに, (every night).
***níght·mare** /náitmèər/ 名 (複 **〜s** /-z/) Ⓒ
1 (**a**) **悪夢**, 恐ろしい夢;〖話〗悪夢のような経験[事態]; 頭から離れない恐怖. have a 〜 悪夢を見る[にうなされる]. scream in one's 〜 悪夢にうなされて叫ぶ. The train crash was a 〜 I shall never forget. その列車事故は私にとって忘れることのできない恐ろしい経験だった. (**b**) 〈形容詞的に〉悪夢のような, 最悪の. a 〜 journey 実にひどい旅. **2** 絶えずつきまとう心配[恐怖]〈*of* ..への〉. the 〜 *of* an earthquake disaster 震災へのおののく恐怖. **3**〖旧〗夢魔(むま)《睡眠中人を息苦しくさせるという魔女; →incubus 1, succubus》. [night, 中期英語 *mare*「悪霊」]
níghtmare scenàrio 名 Ⓒ 悪夢[戦慄(りつ)]のシナリオ《懸念している事が現実化した場合の恐ろしい状況》.
níght·mar·ish /náitmè(ə)riʃ/ 形 悪夢のような. ▷**〜·ly** 副 **〜·ness** 名
nìght-níght 間 〖話・幼〗おやすみなさい (good night).
níght nùrse 名 Ⓒ 夜勤看護婦.
níght òwl 名 Ⓒ〖話〗宵っぱり(の人).
níght pèrson 名 Ⓒ 夜型の人.
níght pòrter 名 Ⓒ (ホテルなどの)夜勤のボーイ[玄関番].
níghts /naits/ 副〖米話〗夜に, 夜ごと, (→days). He works 〜. 彼は夜働く.
níght sàfe 名 Ⓒ (銀行の)夜間金庫.
níght schòol 名 ⓊⒸ 夜学校 (↔day school).
níght·shàde 名 ⓊⒸ ナス属のある種の有毒植物《特に black 〜 (イヌホウズキ), belladonna, henbane》.
níght shìft 名 Ⓒ (昼夜交替制の)夜勤(時間); 〈the 〜; 単複両扱い〉(集合的に)夜勤者[班] (↔day shift).
níght·shìrt 名 Ⓒ ゆったりした寝巻き《シャツをひざ下まで長く伸ばしたようなもの; 男子用; →nightgown》.
níght sòil 名 Ⓤ〖婉曲〗下肥(しもごえ)《夜間に汲み取る; 肥料にする》.
níght·spòt 名〖話〗＝nightclub.
níght·stànd 名〖米〗＝night table.
níght·stìck 名 Ⓒ〖米〗警棒(〖英〗truncheon).
níght tàble 名 Ⓒ ナイトテーブル《ベッドのそばに置く小テーブル》.
‡**níght·tìme** 名 Ⓤ 夜 (↔daytime). in [during] the 〜＝at night 夜間に.
níght·wàlker 名 Ⓒ 夜歩き回る人《夜盗, 売春婦など》; 夢遊病者.
níght wàtch 名 **1** Ⓤ 夜警《行為》; 〈the 〜; 単複両扱い〉夜警(団). **2** 〈the 〜es〉昔の夜番当直時間. in the 〜*es*〖主に古〗夜寝つかれない時に《聖書から》.
nìght wátchman 名 (複 **-men** /-mən/) Ⓒ 夜警《人》.
níght·wèar 名 ＝nightclothes.
níght-wòrk 名 Ⓤ 夜なべ(仕事); 夜勤の仕事.
níght·y /náiti/ 名 ＝nightie.
nìghty-níght 間 ＝night-night.

ni·hil·ism /náiəlìz(ə)m, níhil-|nái(h)il-/ 名 U 1〘哲〙(あらゆるものの意義, 価値を否定する)虚無主義, ニヒリズム; 極端な懐疑論. 2 無政府主義; 〈N-〉(19 世紀後半ロシアの急進派が唱えた)虚無主義. [ラテン語 *nihil*「無」, -ism]

ni·hil·ist /náiəlist, níhil-|nái(h)il-/ 名 C 虚無主義者, ニヒリスト; 無政府主義者.

ni·hil·is·tic /nàiəlístik, nìhil-|nài(h)il- ®/ 形 虚無的な; 虚無主義の; 無政府主義の.

-nik /nik/ 接尾 〈俗語・談話体の名詞を作る〉「..に熱心に携わる人, ..の熱心な関係者」の意味. beat*nik*. computer*nik* (コンピュータ狂). [イディッシュ語, ロシア語 *-nik* '-er']

Ni·ke /náiki:/ 名 1〘ギ神話〙ニケ《勝利の女神》. 2 C ナイキ《米陸軍の対空[迎撃用]誘導ミサイル》. [ギリシア語「勝利」]

Nìk·kei áverage [índex] /nìkei-/ 名 〈the ～〉〘経〙日経平均株価.

†**nil** /nil/ 名 U 1 無, 皆無, (nothing). 2〘英〙零, ゼロ, (★主にスポーツの得点について用いる). win the game (by) two goals to ～ 2 対 0 で試合に勝つ. [ラテン語 (*nihil*「無」の縮約)]

Nile /nail/ 名 〈the ～〉ナイル川《Victoria 湖から発した白ナイル (**the White Níle**) と Ethiopia の Tana 湖から発した青ナイル (**the Blùe Níle**) が Sudan の Khartoum で合流し, Egypt を経て地中海に注ぐ; 長さ約 6,700km で世界 3 大河の 1 つ》. [古代エジプト語「川」]

Ni·lot·ic /nailátik|-lɔ́t-/ 形 ナイル川の; ナイル川流域「(住民)の.

nim·bi /nímbai/ 名 nimbus の複数形の 1 つ.

***nim·ble** /nímb(ə)l/ 形 e (～r|～st) 1 敏捷(しょう)な, 素早い. be ～ of foot 足が速い. a ～ dancer 動きの軽い踊り子. sew with ～ fingers 素早く指を動かして縫う. He was not ～ enough to catch the butterfly. 彼はその蝶(ちょう)を捕えられるほどすばしこくなかった. as ～ as a goat 非常にすばしこい. 2 〔頭などが〕回転[のみ込み]の速い, 機転の利く. He has a ～ mind [brain]. 彼は頭がよく働く. [＜古期英語「つかまえるのが早い」]
▷ **～·ness** 名 U 敏活さ, 素早さ.

ním·bly 副 素早く, 機敏[敏速]に, 身軽に.

nim·bo·stra·tus /nìmboustréitəs/ 名 (複 **nim·bo·stra·ti** /-tai/) C〘気象〙乱層雲《雨, 雪を降らす》.

nim·bus /nímbəs/ 名 (複 **～·es, nim·bi** /-bai/) 1 C (神や女神の周囲に漂うという)光雲; (絵画で神や聖者などの頭の後ろに描かれる)光輪, 後光. 2 C (人, 物を取り巻く)輝かしい雰囲気, 栄光. 3 UC〘気象〙乱雲, 雨雲.

nim·by, NIM·BY /nímbi/ 名 (複 **～s, -bies**) C〘軽蔑〙ニンビー, エゴ住民,《核廃棄物処理場などを他所に作るのは結構だが, 近隣に作るのは絶対反対という住民; *n*ot *i*n *m*y *b*ackyard の頭字語》.

nim·i·ny-pim·i·ny /nìmənipíməni ®/ 形 気取った, つんとした, (affected).

Nim·rod /nímrɑd|-rɔd/ 名 1〘聖書〙ニムロデ《Noah のひ孫で大狩猟家》. 2 C〈又は n-〉狩猟家.

nin·com·poop /nínkəmpù:p, níŋ-/ 名 C〘旧話〙ばか, 間抜け.

‡**nine** /nain/ (★用法 →five) 名 (複 **～s** /-z/) 1 U (基数の) 9, 九. dial 911[999] →dial 他 1. ～ tenths 10 分の 9, 九分(くぶ)どおり. 2 U (a) 9 時, 9 歳; 9 ドル[ポンドなど]; (★何の量かは前後関係で決まる). (b) 9 分; 9 インチ; 9 セント[ペンスなど]《より低い単位の量を示す》. 3 〈複数扱い〉9 人; 9 つ, 9 個. 4 C 9 人[9 つ]ひと組のもの; (野球などの)ナイン. 5 C (文字としての) 9, 9 の数字[活字]. 6 C (トランプの) 9 の札. 7 C 〈普通, 単数形で〉〘ゴルフ〙(18 ホールのコースで前[後]半の) 9 つのホール. the front [back] ～ 行き[帰り]の 9 ホール. 8〘ギ神話〙〈the N-〉9 人の学芸・学問の女神 (the Muses). 9 C〘米話〙ナイン《9 ミリ口径の拳銃》.
drèssed (úp) to the nínes →dressed.
nìne to fíve (会社員などの)典型的勤務時間; 〈副詞的〉9 時から 5 時まで, 《朝 9 時から夕方 5 時まで》.
── 形 9 つの, 9 個[人]の; 〈叙述〉9 歳で.
a nìne dàys' wónder →wonder.
nìne tìmes [in nìne càses] out of tén〘話〙十中八九, たいてい. I beat him at chess ～ *times out of ten*. チェスでは 10 回のうち 9 回までは私が彼に勝つ.
[＜古期英語]

níne·fòld 形, 副 9 倍の[に], 9 重の[に].

níne·pìn 名 1 〈～s; 単数扱い〉9 柱戯《9 本の柱をボールを転がして倒す; ボウリングの原型; →tenpins》. 2 C 〈しばしば ～s〉9 柱戯に使う柱[ピン]. like (a lot of) ～*s*〘主に英〙将棋倒しのように〔倒れる, 転ぶなど〕.

‡**nine·teen** /nàintí:n/ 名 1 U (基数の) 19. 2 U (a) 19 時; 19 歳; 19 ドル[ポンドなど]. (b) 19 分; 19 セント[ペンスなど]. 3 〈複数扱い〉19 個[人].
tàlk nineteen to the dòzen →dozen.
── ®/ 形 19 の; 19 個[人]の; 〈叙述〉19 歳で. the ～-hundreds →hundred.

Nìneteen Eighty-Fóur 名『1984 年』《George Orwell が 1948 年に書いた未来小説; 全体主義に支配される英国を描いた》;『1984 年』的な世界.

‡**nine·teenth** /nàintí:nθ ®/ 〈19th とも書く〉形 1 〈普通 the ～〉第 19 の, 19 番目の. the ～ hole〘ゴルフ〙19 番目のホール《クラブハウスのこと; hole は 18 個だから》. 2 19 分の 1 の. ── 名 (複 **～s** /-θs/) C 1 〈普通 the ～〉第 19 番目(の人, 物). 2 (月の) 19 日. January the ～ [19th] 1 月 19 日. 3 19 分の 1.

***nine·ti·eth** /náintiəθ/ 〈90th とも書く〉形 1 〈普通 the ～〉第 90 の, 90 番目の. 2 90 分の 1 の.
── 名 (複 **～s** /-θs/) C 1 〈普通 the ～〉第 90 番目(の人, 物). 2 90 分の 1.

nìne-to-fíve /-tə- ®/ 形 〈限定〉〘話〙朝 9 時から夕方 5 時までの (→NINE to five); サラリーマン(勤め)の.
▷ **nìne-to-fíver** /-ər/ 名 C サラリーマン, 勤め人.

‡**nine·ty** /náinti/ 名 (複 **-ties** /-z/) 1 U (基数の) 90. 2 U 90 歳; 90 ドル[ポンドなど]. 3 〈複数扱い〉90 個[人]. 4 〈the -ties〉(世紀の) 90 年代 (the '90's), (温度の) 90 度台; 〈one's -ties〉90 歳代. He is in his *nineties*. 彼は 90 代だ.
── 形 90の; 90 個[人]の; 〈叙述〉90 歳で.

nìnety-níne ®/ 名 U, 形 99 (の), 99 人[個](の).
nìnety-nine tìmes out of a húndred ほとんど(いつでも)《＜100 回中 99 回までも》.

Nin·e·veh /nínəvə/ 名 ニネヴェ《古代アッシリア帝国の首都; 現イラク領のティグリス河東岸にあった; 遺跡が発見されている》.

nin·ny /níni/ 名 (複 **-nies**) C〘旧話・軽蔑〙ばか.

‡**ninth** /nainθ/ 〈9th とも書く〉形 (★用法 →fifth) 1 〈普通 the ～〉第 9 の, 9 番目の. 2 9 分の 1 の.
── 名 (複 **～s** /-θs/) C 1 〈普通 the ～〉第 9 番目(の人, 物). 2 (月の) 9 日. 3〘楽〙9 度(音程). 4 9 分の 1. ── 副 (第) 9 番目に.

nínth·ly 副 9 番目に; 第 9 位に.

Ni·o·be /náiəbi:/ 名 1〘ギ神話〙ニオベ《Tantalus の娘; 自慢にしていた 14 人の子供を皆殺しにされ, 悲しみのあまり石に化したがその後も涙を流したと言う》. 2 C 子を失って悲嘆に暮れる女.

ni·o·bi·um /naióubiəm/ 名 U〘化〙ニオビウム《金「属元素; 記号 Nb》.

Nip /nip/ 名 C〘軽蔑・俗〙日本人.

†**nip**[1] /nip/ 動 (～s|-pp-) 他 1 をつねる, つまむ, 挟む, かむ. ～ one's finger in the door ドアに指を挟む. The cur ～*ped* me on the leg. のら犬が私の足にかみついた. 2 を挟み取る, 摘み[切り, むしり]取る, 〈*off*〉. ～ *off* the ends of the celery セロリの端を摘み取る.

N

3〔風, 霜, 寒気などが, 花など〕を痛めつける, 枯らす, 凍えさす; 〔手など〕をかじかませる. The biting March wind ~*ped* her ears. 身を切るような 3 月の風で彼女の耳は痛かった. **4**〔成長, 発達など〕を妨げる, 阻止する. ~ a plan 計画を妨害する. **5**〖米俗〗をひったくる, 盗む.

── [自] **1** つねる, つまむ, 挟む, かむ, 〈*at* ..を〉. **2**〔風などが〕肌を刺す. **3**〖主に英話〗[VA] 急いで行く, ちょっとひと走りする, (hurry); 急いで..する. ~ *off* 慌てて立ち去る. ~ *out* to mail a letter 手紙を出しにひと走りする.

nìp ín (1) 急いで(中に)入る (→[自] 3). (2) (競走, 道路で)間に割り込む.

nìp..ín 〔衣服(の幅, 丈(たけ)など)〕を縮める, 詰める.

nìp..in the búd 〖話〗〔事件など〕を未然に防ぐ《<つぼみのうちに摘み取る》.

── [名] [aU] **1** ひとつねり[つまみ, かみ]; 小量. A crab gave my toe a ~. カニが私の足指を挟んだ. **2** 厳しい寒さ, 冷たい風. There's a ~ in the air. 空気はぴりっと寒い. **3** ぴりっとする味.

nìp and túck 〖米話〗(1) (競走などで)互角で[の], 負けず劣らずに[の], (neck and neck). (2) 整形手術 (plastic surgery). [<古期北欧語「突く」]

nip[2] [名] [C] 〖話〗〈普通, 単数形で〉(ウイスキーなどの)ひと口, ほんの少し.

níp·per [名] [C] **1** 挟む[つねる]人; 挟む[摘み取る]もの. **2**〈~s〉やっとこ, くぎ抜き, ペンチ, ニッパ; 〖古・俗〗手錠 (handcuffs). **3** (カニ, エビなどの)大きいはさみ. **4**〖主に英話〗(特に男の)子供, ちび.

níp·ping [形] **1**〔風, 寒さなどが〕肌を刺すような, 身を切るような. **2**〔言葉などが〕辛辣(らつ)な, 痛烈な.

‡**nip·ple** /níp(ə)l/ [名] [C] **1** 乳首 (★teat は特に動物のもの). **2**〖主に米〗哺(ほ)乳瓶の(ゴム製の)乳首, 吸い口, (〖英〗teat). **3** (機械の)給油口; 接管《パイプの短い継ぎ手》. [たぶん nib の指小語]

N

Nip·pon /nipán, ⌐-|nípɔn/ [名] 日本.

Nip·pon·ese /nìpəní:z [移]/ [形], [名] ([複] ~) [C] 日本人(の) (Japanese).

nip·py /nípi/ [形] 〖話〗[e] **1**〔寒さなどが〕身を切るような, 〔味が〕ぴりっとする. **2**〖主に英話〗すばしこい, 機敏な; 〔車が〕加速性能がよい. **3**〔犬などが〕かみつく癖のある. ▷**nip·pi·ness** [名]

nir·va·na /niərvá:nə, nə(:)r-, -vǽnə|nə:-/ [名] [U] **1**〖仏教・ヒンドゥー教〗〈又は N-〉涅槃(ねはん). **2** [UC] 至福の境地. [サンスクリット語「吹き消すこと」]

Ni·sei, n- /ni:séi, ⌐-/ [名] ([複] ~, ~s) [C] 〖米〗2 世《米国に移住した日本人 1 世の子で, 米国で生まれ教育を受けた人》. [<日本語]

ni·si /náisai/ [形] 〖法〗〈名詞の後に置いて〉一定期間内に異議申し立てがなければ成立する. [ラテン語 'unless']

Níssen hùt /nísn-/ [名] 〖英〗 =Quonset hut.

nit[1] /nit/ [名] [C] (シラミなどの)卵, 幼虫.

pìck níts =nitpick [自].

nit[2] [名] 〖英話〗 =nitwit.

ni·ter 〖米〗, **-tre** 〖英〗 /náitər/ [名] [U] 〖化〗硝石, 硝酸カリウム, 《火薬などの原料》; 硝酸ナトリウム (Chile niter)《肥料などの原料》.

nít·pìck [動] 〖話〗[自] 下らない事にこだわる, '重箱の隅を楊枝(ようじ)でつつく'. ── [他] のあら探しをする.
▷ **~·er** [名] [C] nitpick する人. **~·ing** [形], [名] [U] (つまらぬ)あら探しをする(こと).

ni·trate /náitreit, -trət/ [名] [UC] 〖化〗硝酸塩; 硝酸カリウム; 硝酸ソーダ《肥料用》. ── /náitreit/ [動] [他] を硝酸で処理する.

ni·trá·tion [名] [U] 〖化〗硝化, ニトロ化.

ni·tre /náitər/ [名] 〖英〗 =niter.

ni·tric /náitrik/ [形] 〖化〗〈限定〉窒素の, (普通, 5 価の)窒素を含む. ~ acid 硝酸 (HNO_3). ~ oxide 酸化窒素 《NO》.

ni·tride /náitraid/ [名] [U] 〖化〗窒化物.

ni·tri·fy /náitrəfài/ [動] [他] 〖化〗を窒素と化合させる; を硝化する. ▷ **nì·tri·fi·cá·tion** [名]

ni·trite /náitrait/ [名] [U] 〖化〗亜硝酸塩.

ni·tro- /náitrou/ 〈複合要素〉「硝酸; 窒素」の意味. [ギリシア語「天然の炭酸ソーダ」]

nìtro·bénzene [名] [U] 〖化〗ニトロベンゼン. 「綿.

nìtro·céllulose [名] [U] 〖化〗ニトロセルロース, 硝化↑

†**ni·tro·gen** /náitrədʒ(ə)n/ [名] [U] 〖化〗窒素《記号 N》.

nítrogen cỳcle [名] 〈the ~〉〖生〗(無機物と有機体との間の)窒素循環. 「毒》.

nìtrogen dióxide [名] [U] 二酸化窒素《NO_2; 有↑

nítrogen fixàtion [名] [U] 〖化〗窒素固定《土壌中のバクテリアによる空気中の窒素の化合物化》; 窒素固定法《肥料生産法の 1 つ》.

ni·trog·e·nous /naitrádʒənəs|-trɔ́dʒ-/ [形] 窒素の; 窒素を含む.

nìtrogen óxide [名] [C] 〖化〗窒素化合物《大気汚染の原因となる》.

ni·tro·glyc·er·in, -er·ine /nàitrəglísərən/, /-glísərən, -rì:n|-glisərí:n/ [名] [U] 〖化〗ニトログリセリン《ダイナマイト, ロケット推進材, また狭心症の薬》.

ni·trous /náitrəs/ [形] 〖化〗〈限定〉亜硝酸の, (普通, 3 価の)窒素を含む. ~ acid 亜硝酸. ~ oxide 亜酸化窒素, 笑気, 《麻酔剤》.

nit·ty-grit·ty /nìtigríti/ 〖話〗[名] ([複] -ties) [C] 〈普通 the ~〉(問題などの)核心[最重要点], 基本(的事実). get down to the ~ 問題の核心に触れる.
── /[移]/ [形] 核心の, 肝要な.

nit·wit /nítwìt/ [名] [C] 〖話〗ばか, 間抜け.
▷ **nit·wit·ted** /-əd/ [形] 間抜けの.

nix /niks/ 〖米話〗[名] [U] 無, ゼロ, (nothing); 拒否.
── [副] いいえ, いや, (no); 全然..ない (not at all).
── [間] 〈仲間などへの警戒の言葉として〉注意しろ, 気をつけろ, (警察などが)来たぞ. ── [動] [他] をはねつける, 承諾しない, 《主に新聞見出し用語として》.

Nix·on /níksn/ [名] **Richard M(il·hous)** /mílhaus/ ~ ニクソン (1913–94)《米国第 37 代大統領 (1969–74); Watergate 事件で中途辞任》.

NJ 〖郵〗, **N.J.** New Jersey.

NL National League; New Latin.

NM 〖郵〗, **N.Mex.** New Mexico.

nm nanometer.

NNE north-northeast.

NNP net national product.

NNW north-northwest.

No[1] 〖化〗nobelium.

No[2] /nou/ [名] [U] 能. [日本語]

‡**no** /nou/ [形] [C] 〈限定〉**1**〈主語, 目的語などに付けて〉([語法] have, there is[are] の次では, 〖話〗では普通 not any の方が好まれる) **(a)**〈可算名詞に付けて〉**1 つ** [**1 人**] **の..もない**, だれ 1 人[何 1 つ]..しない, (not any). I had *no* visitor today. 今日は来客はなかった. *No* cars are permitted to enter this area. 車はこの区域に立入り禁止です. There is *no* flower [=〖話〗There is*n't any* flower] in the vase. 花瓶には花が 1 本もない ([語法] There is *not a* flower in the vase. とすると「1 本もない」という意味がもっと強められる; →NOT a (single)..). *No* polite person would talk like that. 礼儀正しい人だったらそういう口のきき方はしないだろう. *No* one man could do it. だれでも 1 人でそれはできないだろう. The widow has *no* children [=〖話〗has*n't any* children]. その未亡人には子供がいない. [語法] no に続く可算名詞は単数形・複数形の両方が可能であるが, My grandmother has *no teeth*. (私の祖母は歯が 1 本もない), She's got *no* husband. (彼女には夫はいない)のよう

に，複数[単数]で存在するのが普通と考えられる名詞の場合には複数[単数]形にするのが一般的．
(**b**)〈不可算名詞に付けて〉**少しの..もない** (not any). He usually carries *no* cash with him. 彼はいつもは現金を持ち歩かない. We have had *no* rain since last week. 先週からこの方ちっとも雨が降らない. *No* news is good news. 〖諺〗便りのないのはよい便り（★この場合 no news は「便りのないこと」の意味の語否定であって，文全体は否定文ではない）. (**c**)〈非標準〉＝any.
2〈be の補語となる名詞に付けて〉**決して..でない**. He is *no* coward. 彼は決して卑怯(ひきょう)者などではない(どころかその反対だ)（★He is not a coward.（彼は卑怯者ではない）よりも強意的表現). It is *no* joke. それは冗談どころでない(真剣な話だ). I am *no* match for him. 私は彼にはとても歯が立たない. He is *no* scholar. 彼は学者なんていうものじゃない(＝無学だ)（★次と比較: He is *not* a scholar, but a businessman. 彼は学者ではなくて実業家だ).
3〈no＋形容詞＋名詞〉**決して..でない**（語法 この用法の no は 副 とみなすこともできる). He showed me *no* small kindness. 彼は私に一方ならぬ[大変な]親切を尽くしてくれた. a factor of *no* little importance 相当重要な要因. That's *no* easy job. それは生易しい仕事じゃないよ(＝大層困難な仕事だ).
4 ほとんどない《少ないことを誇張した表現》. in *no* time すぐに，たちまち. It's *no* distance. すぐそこです.
5〈省略文に用いて〉..してはならない，..すべからず，..禁止；..反対；（参考 主に掲示文や標語に見られる). *No* parking. 駐車禁止. *No* smoking. 禁煙. *No* thoroughfare. 通り抜けお断り.
nó òne →見出し語.
There is nó dòing →there.
—— 副 ⓒ **1**〈肯定の疑問文などに対して，また一般に相手の発言・命令・依頼を否定・拒否して〉いいえ，いや；〈否定の疑問文や発言に対して〉はい (↔yes)（注意 この場合，日本語の返事との違いに注意；英語では応答文が否定文または否定的内容ならば no で導入する). "Will you go?" "*No*, I won't."「行くのですか」「いいえ，行きません」. "Haven't you been to London?" "*No*, I haven't."「ロンドンに行ったことはないのですか」「ええ，ありません」. "Help him." "*No*, why should I?"「彼を手伝ってあげなさい」「いやです，どうして私が手伝わなければならないの」.
2〈前言を取り消したり，さらに表現を強めて〉いや，そうじゃない. John—*No*, James is his first name. ジョン，じゃなくてジェームズというのが彼の名前だ《前に述べたことの訂正》. The view was beautiful; *no*, in fact, it was simply glorious. 景色は美しかった，いや，ただもう壮麗と言うほかなかった.
3〈否定文を受けて，さらに強く否定する〉いやそれどころか，うんそうだ. I couldn't find the book at any bookshop; *no*, not even in the library. どの書店にも，いや図書館にもその本はなかった.
4〈比較級の前に用いて〉少しも..ない (not any). She went *no* further than the station. 彼女は駅より遠くは行かなかった. The man was *no* heavier than (＝as light as) a child. その男は子供ほどの体重しかなかった. 参考 その他に慣用的な結びつき: *no* better than, *no* fewer than, *no* less than, *no* longer, *no* more than, *no* sooner..than. 注意 different では原級でも用いられる: It's *no* different.（少しも変わっていない).
5〈間投詞的〉まさか，えっ(本当ですか). "Mr. Brown has passed away." "*No!* When?"「ブラウンさんが亡くなりました」「えっ，いつ」. "It's ten past six." "Oh, *no!* The plane leaves at six thirty."「6 時 10 分過ぎだよ」「あっ，どうしよう. 飛行機は 6 時半に出るんだ」.
6〖スコ〗＝not.
Nò can dó. 〖話〗(それは)私にはできない[無理だ]，お断り，《もと pidgin English》.
..or nó ..であろうとなかろうと. Member *or no*, you have to pay the admission fee. 会員であろうとなかろうと君は入場料を払わなくてはならない. Whether *or no*→whether (成句).
—— 名 (複 **noes, no's**) C **1**〈普通，単数形で〉no という語[言葉，返事]，拒否，否定，(↔yes). say *no*「ノー」と言う，拒否する. I won't take *no* for an answer. いやとは言わせませんよ. **2**〈普通 ～es〉反対投票；反対投票者；(↔ay(e), yes).
The nóes hàve it. 反対者多数(よって否決されました)《議長などの言葉》.
[形 ＜古期英語 *nā*(*n*) (＜*ne* 'not'＋*ān* 'one')；副 ＜古期英語 *nā* (＜*ne* 'net'＋*ā* 'always')]

No.[1]**, no**[1]**.** north, northern.

*__No.__[2]**, no.**[2]**, N**º /nʌ́mbər/ 名 (複 **Nos., nos., N**ºˢ) C〈数字の前に付けて〉**第..番**，第..号，..番地. *No.* 1 ＝number one. My room is *No.* 5. 私の部屋は 5 号室です. *Nos.* 6, 7 and 8 6 号と 7 号と 8 号. *No.* 10 Downing Street ダウニング街 10 番《英国首相官邸の家屋番号》. [＜ラテン語 *n*(*umer*)*ō* 'in number']

nò-accóunt /⑧/ 形，名 C 〖米話〗役立たずの(人)，無能な(人).

No·ah /nóuə/ 名 **1** 男の名. **2**〖聖書〗ノア《信心深いヘブライ人の家長；大洪水 (the Flood) の時，神のお告げにより箱舟 (ark) を作り，それに自分の家族と動物ひとつがいずつを乗せて難を免れた》. [ヘブライ語「休息」]

Nòah's árk 名 **1**〖聖書〗ノアの箱舟；C (おもちゃの)'ノアの箱舟'. **2** C 旧式な大型トランク[大型車].

nob[1] /nɑb|nɔb/ 名 C 〖英俗〗頭 (head).

nob[2] 名 C〖英旧話・戯〗〖軽蔑〗お偉方，金持ち.

nò-báll〖クリケット〗名 C 反則投球《例えば crease 2 を踏み越す》. —— 動 他 に反則投球を宣告する.

nob·ble /nɑ́b(ə)l|nɔ́b(ə)l/ 動 他〖英俗〗**1**〖競馬〗〔馬〕を勝てなくする《薬物などを与えて》. **2** (賄賂(わいろ)などで)〔人〕を抱き込む；(不正な手段で)を手に入れる，だまし取る. **3**〔犯人〕を捕まえる.

No·bel /noubél/ 名 **Alfred B.** ～ ノーベル (1833–96)《スウェーデンの科学者でダイナマイトの発明者；Nobel prize の基金を遺贈した》.

No·bel·ist /noubélist/ 名 C ノーベル賞受賞者.

no·bel·i·um /noubéliəm/ 名 U 〖化〗ノーベリウム《放射性元素；記号 No》.

Nobel prize /⌐–⌐, –⌐⌐/ 名 C ノーベル賞《Nobel の遺産を基金とする；化学，物理学，生理学医学，文学，経済学，平和の 6 部門の業績に対して毎年授与される》.

*__no·bil·i·ty__ /noubíləti/ 名 **1** U **気高さ**，高潔；荘厳. one's ～ of purpose 目的の崇高さ. **2**〈the ～；単複両扱い；集合的〉貴族(階級)；(特に英国の爵位を持った)貴族 (→duke 参考). marry into the ～ 貴族の家に嫁ぐ. He is a member of the ～. 彼は貴族だ. **3** U 高貴な身分[生まれ].

*__no·ble__ /nóub(ə)l/ 形 e (～r|～st) **1 気高い**，高潔な，崇高な，(↔ignoble)；〔人，行為が〕立派な，賞賛するに足る. a ～ person 高潔の士. a ～ deed [mind] 崇高な行い[心]. It was ～ of her to save the baby from the fire. 彼女が赤ん坊を火事から救出したのは立派だった.
2 壮大な，堂々とした. a ～ sight 雄大な光景. a ～ solitary oak atop the hill 丘の上に 1 本立っている堂々たるカシの木.
3 ⓒ 身分の高い，高貴の，**貴族の**. a ～ family 貴族. He was of ～ birth. 彼は高貴の生まれだった. the ～ lady〖英〗令夫人. the ～ Lord〖英〗閣下.
4 ⓒ〔金属が〕酸化[腐食]しない，貴重な，(↔base[2])；〖化〗〔気体が〕不活性の，希の，(→inert). ～ metals 貴金属. a ～ gas 希[不活性]ガス.
—— 名 C〈普通 ～s〉(特に封建時代の)貴族.
▷ **～·ness** 名 U 高潔，高貴[気高]さ.
[＜ラテン語「知られるに足る，周知の」]

N

nòble árt 名 〈the ～〉〖旧〗ボクシング, 拳(けん)闘.
no·ble·man /nóub(ə)lmən/ 名 (複 **-men** /-mən/) Ⓒ 貴族 (女 noblewoman).
nòble-mínded /-əd ⑱/ 形 気高い, 高潔な(心を持った); 度量の広い. ▷ **～·ly** 副 **～·ness** 名 Ⓤ 心[精神]の気高[高潔]さ.
nòble sávage 名 〈the ～〉 高貴なる野蛮人 《J. J. Rousseau などのロマン主義思想で理想化された概念》.
nòble science 名 〈the ～〉＝noble art.
no·blesse o·blige /noublès-oublíːʒ|-ɔb-/ 名 Ⓤ 高い身分に伴う(道徳上の)義務. [フランス語 'nobility obliges' (高い身分は義務を伴う)]
nóble·wòman 名 (複 **-women** /-wìmən/) Ⓒ 貴族の婦人 (男 nobleman).
no·bly /nóubli/ 副 **1** 気高く, 高貴に; 堂々として, 立派に, 雄大に. He performed ～ in battle. 彼の戦いぶりは堂々としていた. **2** 貴族として; 貴族にふさわしく. He was ～ born. 彼は貴族として生まれた.
‡**no·bod·y** /nóubədi, -bədi|-bədi, -bɔdi/ 代 **だれも..ない, 1人も..ない**, (no one) (語法 no one よりくだけた語; 代名詞の呼応は普通 he [his, him] か she [her] になるが,〖話〗では they [their, them] になることもある: *Nobody* went there, did *they?* (そこにはだれも行かなかったんですね) *Nobody* could believe *their* eyes. (だれも自分の目を疑った)). *Nobody* was seen on the road. 路上にはだれも見えなかった. He had ～ (else) to talk to. 彼には(他には)だれも話し相手がいなかった(＝He didn't have anybody (else) to talk to.). Everybody's business is ～'s business. →everybody.
be nòbody's fóol →fool.
like nòbody's búsiness →business.
── 名 (複 **-dies**) Ⓒ 〈普通, 単数形で〉 取るに足らない人, 名もない[つまらない]人 (→anybody, somebody). somebodies and *nobodies* 有名無名の人々. He felt like a ～ in their presence. 彼らの前に出ると彼は自分がつまらない人間に思えた.
[＜中期英語 *no bodi* 'no body']
nock /nɑk|nɔk/ 名 Ⓒ **1** 弓筈(ゆはず)《弓の両端にある, 弦を掛ける刻み目》. **2** 矢筈(やはず)《矢の, 弦につがえるための刻み目》.
── 動 他 〔矢〕を弓につがえる; 〔弓, 矢〕に筈を付ける.
no-cláims bònus 名 Ⓒ〖英〗無事故報奨金 《(自動車)保険で1年間無事故の場合, 次期の払い込み金から割引される額》.
nò-cónfidence 名 Ⓤ 不信任. a motion [vote] of 不信任動議[投票].
noc·tam·bu·lism /nɑktǽmbjulìz(ə)m|nɔk-/ 名 Ⓤ 夢遊(病), 夢中歩行.
noc·tám·bu·list /-list/ 名 Ⓒ 夢遊病者 (sleepwalker).
†**noc·tur·nal** /nɑktə́ːrn(ə)l|nɔk-/ 形〖章〗 **1** 夜の, 夜間の, 夜起こる[行われる]. ～ activity 夜間活動. **2** 〔植物が〕夜開く, 夜咲きの; 〔動物が〕夜活動する, 夜行性の; (↔diurnal). a ～ flower 夜咲く花. ～ habits 夜行性. ◇名 night [＜ラテン語 *nox*「夜」]
▷ **～·ly** 副 夜間に; 毎夜 (every night).
noctùrnal emíssion 名 Ⓤ〖生理〗夢精 (wet dream).
noc·turne /nɑ́ktəːrn|nɔ́k-/ 名 Ⓒ **1**〖楽〗ノクターン, 夜想曲,《特に, 静かなピアノ曲》. **2**〖美〗夜景画. [フランス語(＜ラテン語 *nox*「夜」)]
‡**nod** /nɑd|nɔd/ 動 (～s /-dz/|過 過分 **nód·ded** /-əd/| **nód·ding**) 自 **1 (a)** (同意, 納得などを示して)うなずく; 会釈する; 〈*to, at* ..に〉. He ～*ded to* me in approval. 彼は私にうなずいて賛成した. I'm on ～*ding* terms with him. 彼とは会えば会釈するくらいの知り合いです.
(b) VA (～ *at, to* ..) ..にうなずいて合図をする 〈*to* do ..するように〉; (～ *to, towards* ..) うなずいて..の方を指す. I ～*ded to* her *to* take a rest. 私は彼女にひと休みするようにうなずいて知らせた. ～ *towards* the kitchen うなずいて台所の方を指す.
2 (眠くて)こっくりする, 居眠りする; うっかりする, 油断する; 間違いをする. The grandmother was ～*ding* over her knitting. おばあさんは編み物をしているうちに居眠りをし始めた. catch a person ～*ding* 人が油断しているところを見つける, 人のすきに乗ずる. (Even) Homer sometimes ～*s.*〖諺〗弘法も筆の誤り《ホメロスでも時にはうっかりして間違いをする》.
3 〔花などが〕揺れる, なびく; 〔建物などが〕かしぐ, 傾く. ～ to its fall 〔建物, 木などが〕今にも倒れそうに傾く.
── 他 **1** 〔頭〕を前に傾ける. ～ one's head うなずく.
2 (a) をうなずいて示す; VO (～ *that* 節) ..ということをうなずいて示す. ～ one's approval [satisfaction] うなずいて承諾[満足の意]を表す. I ～*ded* (to her) *that* everything was all right. 万事うまくいったことを(彼女に)うなずいて伝えた. **(b)** VOO (～ X Y)・VOA (～ Y *to* X) X に Y (あいさつ, 同意など)をうなずいて示す. He ～*ded* me a greeting. ＝He ～*ded* a greeting *to* me. 彼は私にうなずいてあいさつした. ～ good-bye *to* a friend 友人にうなずいてさようならをする. He ～*ded* me yes. ＝He ～*ded* yes *to* me. 彼は私に「うん」とうなずいた.
3 VOA うなずいて〔人など〕を招く[去らせるなど]. My boss ～*ded* me *into* [*out of*] the room. 上司はうなずいて私を部屋に入れた[から立ち去らせた].
hàve a nòdding acquáintance with .. →acquaintance.
nòd óff〖話〗眠り込む.
nòd óut〖俗〗(麻薬で)昏(こん)睡状態になる.
nòd thróugh〖話〗うなずいて賛成する.
── 名 (複 ～s /-dz/) Ⓒ 〈普通, 単数形で〉 **1** うなずき, 会釈, 黙礼. a friendly ～ 好意の込もった会釈. give a ～ うなずく, 会釈する. A ～ is as good as a wink (to a blind horse [man]).〖諺〗一を聞いて十を知る《「盲目の馬[人]にとってはうなずくのも目くばせするのも同じ(＞役に立たない)」という文字どおりの意味と反対の意味になっている》. **2** 居眠り, こっくり. **3** 揺れる[なびく, 傾く]こと.
be at a pèrson's nód 人の支配下にある, 人にあごで使われる.
gèt the nód〖話〗(多数の中から)選ばれる; 認められる, 「承認を得る.
gìve the nód to ..〖話〗..を承認[オーケー]する.
hàve a pèrson at one's nód 人を支配して[あごで使って]いる.
the lànd of Nód [*nód*] 夢の国, 眠り,《nod 名 2 の意味を聖書『創世記』にある「ノドの地」にひっかけたもの》.
on the nód〖英話〗掛けで, 信用で, (on credit); (議論も票決もせず)うなずくだけで〔承認するなど〕.
[＜中期英語 (?＜「(首を)振る」)]
nod·al /nóudl/ 形 こぶ[節, 結節]の(ような).
nod·dle /nɑ́dl|nɔ́dl/ 名 Ⓒ〖英旧話〗頭 (head).
nod·dy /nɑ́di|nɔ́di/ 名 (複 **-dies**) Ⓒ **1** ばか, 間抜け. **2**〖鳥〗アジサシの類.
node /noud/ 名 Ⓒ **1** (木の幹や人の体の)こぶ, 節. **2**〖植〗(茎の)節《茎から葉などが分かれる部分》; 枝分かれ点, 節点. **3**〖天〗交点《天体の軌道が黄道面などの面と交わる点》;〖数〗結節点《曲線の交点》. **4**〖医〗結節. a lymph ～ リンパ節[腺(せん)]. **5** 〈一般に〉 中心点.
nod·u·lar /nɑ́dʒələr|nɔ́dju-/ 形 こぶ[節]のある, 結節状の.
nod·u·lat·ed /nɑ́dʒulèitəd|nɔ́dju-/ 形 ＝nodular.
nod·ule /nɑ́dʒuːl|nɔ́djuːl/ 名 Ⓒ **1** (植物(の根)や人体の)小さなこぶ[節], 小結節. **2** 小塊;〖鉱〗団塊.
No·el /nouél, 2 では nóuəl/ 名 **1**〖詩〗Ⓤ クリスマス(の季節); Ⓒ 〈n-〉 クリスマスの歌 (Christmas carol). **2** 男子又は女子の名. [フランス語 (＜ラテン語「(キリスト)生誕の」)]
noes /nouz/ 名 no の複数形の1つ.
nò-fáult /⑱/ 形〖米〗無過失の《どちらに責任があるか

を問題にしない》. ～ divorce 協議離婚. ～ insurance 無過失保険《(自動車)事故を起こした責任と無関係に損害賠償をする》.

nò-flý zòne 名 C 飛行禁止区域.

no-frills /⌐⌐|⌐⌐/《英》は ⑱/ 形 〈限定〉余計な飾りのない; 〔旅客機などが〕余分なサービスをしない.

nog[1] /nɑg|nɔg/ 名 C 木くぎ, 木栓(せん); 木れんが《くぎを打つためにれんがの間に詰める》. ── 動 (-s|-gg-) 他 を木くぎで支える; に木れんがを詰める.

nog[2] 名 U 1 ＝eggnog. 2《英》ノッグ《強いビールの一種》.

nog·gin /nágən|nɔ́g-/ 名 C《旧》1 小ジョッキ. 2 〈普通, 単数形で〉(飲み物の)少量, 1 杯,《普通 4 分の 1 pint》. 3 〈普通, 単数形で〉《話》(人の)頭.

nò-gó /⑱/ 形 1《俗》不都合な. 2《英》特定の者以外は入れない. a ～ area 部外者立入り禁止区域.

nò-góod /⑱/ 形, /⌐⌐/ 名 C《話》だめな[役立たずの](人, 物).

Noh /nou/ 名 ＝No[2].

nó-hìt 形《野球》無安打の, 被安打ゼロの. a ～, no-run game ノーヒットノーラン試合.

nò-hítter 名 C《野球》無安打試合.

nó·hòw 副《話・方》少しも[決して]..ない (in no way).

‡**noise** /nɔiz/ 名 (複 **nóis·es** /-əz/) 1 UC (不快な)**物音**, 騒音, 雑音; 騒がしい声; 〔都会などの〕喧噪(けんそう); (類語 普通, 大きな不快な物音を意味するが, 時に小さな音, 快い音も指す; →sound[1]). traffic ～(s) 交通騒音. Don't make so much ～. そううるさい音を立てるな. My next-door neighbor's ～ kept me awake. 隣の物音がうるさくて眠れなかった. Hold your ～! (うるさい,)黙っていろ.

> 連結 (a) loud [(a) deafening; (a) constant, (an) incessant] ～ // emit [suppress] (a) ～ // (a) ～ abates [dies away [down], subsides; grows]

2 U (ラジオ, テレビ, 電話の)雑音, ノイズ;《電算》ノイズ《信号に影響し, 情報をゆがめる》.

màke a nóise about ..《話》..について盛んに不平を言う; ..のことで大騒ぎをする.

màke a nóise in the wórld 世間の評判になる, 世間を騒がせる; 有名になる;《良い意味でも用いる》.

màke nóises (1)《話》それとなくあいまいに言う, もごもご言う; 文句を言う; 騒ぎを起こす; 〈*about* ..について〉. (2)〈普通, 形容詞を伴って〉..のように聞こえることを言う. *make* polite [sympathetic, encouraging] ～*s* いかにも丁寧な[同情的な, 励ますような]ことを言う.

màke (àll) the right [pròper, corrèct] nóises さも関心がありそうに言う, 調子を合わせる; そつなく適当な応対をする.

── 動 他《旧》VOA のうわさをする, を言いふらす, 〈*about, around*〉〈しばしば受け身で〉. It is being ～*d around* that.. というもっぱらのうわさだ.

[＜古期フランス語「争い, 騒音」(＜ラテン語 *nausea* 'nausea')]

†**nóise·less** 形 音を立てない, 静かな; 低騒音の〔機械など〕. 類語 文字どおり消極的に「音の無さ」に重点がある; →quiet. ▷ **～·ly** 副 音を立てずに, そっと. **～·ness** 名

nóise·màker 名 C (大きい)音を出す人[もの]; 騒々しい人[もの].

nóise·màking 形 騒々しい, やかましい.

nóise pollùtion 名 U 騒音公害.

nóise·pròof 形 騒音を防ぐ, 防音の, (soundproof).

noi·sette /nwɑːzét/ 形 ヘーゼルナッツで味付けした[作った]. ── 名 C ヌワゼット《骨のない小さな丸いラム肉》. [フランス語 'hazelnut']

†**nois·i·ly** /nɔ́izili/ 副 やかましく, 騒々しく.

nois·i·ness /nɔ́izinəs/ 名 U やかましさ, 騒がしさ.

noi·some /nɔ́is(ə)m/ 形《雅》1 有害な, 有毒の. 2 〔においなどが〕嫌な, むっとするような.
▷ **～·ly** 副 **～·ness** 名

‡**nois·y** /nɔ́izi/ 形 e (**nois·i·er**|**nois·i·est**) 1 やかましい, うるさい, 騒音を立てる, (↔quiet). a ～ room 騒々しい部屋. Don't be ～! 静かにしなさい. 2 (主張などを)やかましく言い立てる, 口うるさい. 3 〔衣服, 色彩などが〕派手な, けばけばしい, (loud). 4 〔テレビ, ラジオなどが〕雑音の入る.

nó-knòck 形 警察の無断立入りを認める〔法律など〕.

no·lens vo·lens /nòulenz-vóulenz/ 副《章》いやおうなしに (willy-nilly). [ラテン語 'unwilling, willing']

no·lo con·ten·de·re /nòulou-kənténdəriː|-kɔn-téndəri/ 名《法》不抗争(の答弁)《被告人が, 有罪を自認はしないが, 検事の主張にも反対しない》. [ラテン語 'I do not wish to contend']

nom.《文法》nominal; nominative.

†**no·mad** /nóumæd|-məd/ 名 C 1 〈しばしば ～s〉遊牧民. 2 流浪者, 放浪者, (wanderer). ── 形 ＝nomadic.

‡**no·mad·ic** /noumǽdik/ 形 遊牧(民)の; 放浪(者)の; 放浪性の. a ～ tribe 遊牧民族.
▷ **no·mad·i·cal·ly** /-k(ə)li/ 副

nó·mad·ìsm 名 U 遊牧; 放浪(生活).

‡**nó-man's-lànd** /-mænz-/ 名 1 U《軍》〈時に N-〉《(向き合う)両軍の最前線の間の》無人地帯. 2 aU (所有者のない)荒れ地. 3 aU 不明確な[未開発の]領域[分野] (gray area).

nom de guerre /nɑ̀m-də-géər|nɔ̀m-/ 名 (複 **noms-** /同/) C 仮名, 芸名. [フランス語 'name of war']

nom de plume /nɑ̀m-də-plúːm|nɔ̀m-/ 名 (複 **noms-** /同/) C 筆名, 雅号, ペンネーム, (pen name, pseudonym). [英国製フランス語 'name of feather']

no·men·cla·ture /nóumənklèitʃər|noumén-klə-/《章》名 UC 1 (分類学的な)命名法. 2 〈集合的〉学名, 専門語, 学術用語. [＜ラテン語「命令, 名簿」]

†**nom·i·nal** /nɑ́mən(ə)l|nɔ́m-/ 形 1 名目上の, 名ばかりの, (↔real). the ～ ruler (実権のない)名だけの支配者. The peace is only ～, and the fighting still goes on. 平和といっても名ばかりで戦闘が依然として続いている. 2 〔金額, 給料などが〕名ばかりの, ほんのわずかな, 申し訳程度の. I paid a ～ sum of ten dollars for the car. 私は車の代金としてたった 10 ドル払っただけです. 3 名前を載せた, 氏名の; 〔株券などが〕記名式の. a ～ list of alumni 同窓生名簿. 4《文法》名詞(用法)の.
── 名 C 名詞相当語句, 名詞類,《例えば動名詞》.
[＜ラテン語「名の」]
▷ **～·ly** 副 名目上は; 名義上は; 名目だけ.

nóm·i·nal·ìsm 名 U《哲》唯名[名目]論 (→realism). ▷ **nóm·i·nal·ist** 名

nòminal válue 名 U (株式, 通貨などの)額面価格.

nòminal wáges 名 名目賃金 (↔real wages).

***nom·i·nate** /nɑ́mənèit|nɔ́m-/ 動 (**～s** /-ts/|過 過分 **-nat·ed** /-əd/|**-nat·ing**) 他 1 (a) を**候補者に指名[推薦]する**; を受賞候補にノミネートする; 〈*for, as* ..の〉. The Democratic Party ～*d* him *for* [*as*] Mayor [*for* the office of the Presidency]. 民主党は彼を市長[大統領]候補として指名した. His novel was once ～*d for* the Booker Prize. 彼の小説は 1 度ブッカー賞候補に推薦された. (b) VOC (～X *to do*) X を..する候補に指名する. ～ Jane *to* represent us ジェーンを我々の代表に指名する. 2 (a) を任命する〈*to* ..〔官職など〕に〉. be ～*d to* the post その職に任ぜられる. (b) VOC (～ X (*to be*) Y)・VOA (～ X *as* Y) X (人)を Y に任命する (appoint). They were ～*d as* [*to be*] class monitors. 彼らはクラス委員に任命された. 3 〔日取りなど〕を正式に指定する.
[＜ラテン語「命名する」(＜*nōmen*「名」)]

†**nom·i·na·tion** /nɑ̀mənéiʃ(ə)n|nɔ̀m-/ 名 UC 指名[任命, 推薦](する[される]こと); U 任命[指名, 推薦]権; 〈*for, as* ..として〉. ～ of candidates *for* the presi-

N

dency 大統領候補者の指名.
nom·i·na·tive /nám(ə)nətiv|nɔ́m-/ 形 **1**〘文法〙主格の. the ~ case 主格. **2** 指名の[された, による], 任命された. The position is ~ rather than elective. その地位は選挙でなく指名で決まる. ── 名〘文法〙〈the ~〉主格(→case 文法); Ⓒ 主格の語. a noun in the ~ 主格の名詞.
nom·i·na·tor /námənèitər|nɔ́m-/ 名 Ⓒ (候補)指名[推薦]者; 任命[叙任]者.
†**nom·i·nee** /nàməníː|nɔ̀m-/ 名 Ⓒ 指名[任命, 推薦]された人, 被指名[任命, 推薦]者, 〈*for* ..に, の〉.
nom·o·gram, -graph /námәgræ̀m|nɔ́m-/, /-græf|-grɑ̀ːf/ 名 Ⓒ〘数〙計算図表.
-no·my /nəmi/ 〈複合要素〉「..学」「..法」の意味を表す. astro*nomy*. eco*nomy*. [ギリシア語 *nómos*「慣習, 法」]
non- /nan|nɔn/ 接頭 〈名詞, 形容詞, 副詞に付けて〉「無」「非」「不」「欠」の意味. *non*smoker, *non*stop.

> 語法 (1) non- は dis-, in-, un- ほど強くなく一般に非難などの価値判断を伴わない, 例えば *non*democratic「民主制を採用していない」の意味で *un*democratic「非民主(主義)的な」のような非難の意味合いはない. (2) 大文字で始まる語の前ではハイフン《-》を用いるのが普通: *non*-Communist (非共産主義の). (3) この接頭辞は自由に他の語の前に付けられるので, 以下見出し語として挙げたのは比較的よく使われるものに限る.

[ラテン語 *nōn* 'not']
non·age /nánidʒ, nóun-|nóun-, nɔ́n-/ 名 Ⓤ **1** (法律上の)未成年 (minority)《普通 18 歳未満》. **2** 未成熟(期).
non·a·ge·nar·i·an /nànədʒəné(ə)riən, nòun-|nòun-/ 形, 名 Ⓒ 90 歳(代)の(人).
nòn·aggréssion 名 Ⓤ 不侵略, 不可侵. a ~ pact 不可侵条約.
non·a·gon /nánəgàn|nɔ́nəgən/ 名 Ⓒ〘数〙9 角形, 9 辺形, (→triangle 参考).
nòn·alcohólic 形 アルコールを含まない.
nòn·alígned 形 非同盟の, 中立の. ~ nations [countries] 非同盟諸国.
nòn·alígnment 名 Ⓤ 非同盟(主義), 中立(状態).
nòn·appéarance 名 Ⓤ 不参(加); (特に法廷への)不出頭.
nòn·atténdance 名 Ⓤ 欠席, 不参(加); (特に義務教育の)不就学.
nòn·bánk 名 Ⓒ〘米〙ノンバンク《銀行以外の金融機関》.
nòn·belíever 名 Ⓒ 無信仰者.
nòn·bellígerent 形 非交戦(国)の.
nòn·bí·o /-báiou/ 形 =nonbiological.
nòn·biológical 形 〔洗剤が〕非有機性の《酵素などを含まない》.
nón·bòok 名 Ⓒ〘米〙(内容の貧弱な)きわもの本.
nón·càndidate 名 Ⓒ 非立候補者, 不出馬表明者.
nonce /nans|nɔns/ 名 〈次の成句で〉
for the nónce〘雅・旧〙当分, 差し当たって.
[<中期英語 (*for the*)*n anes* 'for the once'; 定冠詞末尾の n が語頭についた]
nónce wòrd 名 Ⓒ (その時だけしか用いられない)臨時語《It's easier to marry than to unmarry. (結婚する方が離婚するより易しい)の unmarry の類》.
non·cha·lance /nànʃəlɑ́ːns, nánʃələns|nɔ́nʃələns/ 名 aⓊ 無関心, むとんじゃく; 平気, 冷淡.
‡**non·cha·lant** /nànʃəlɑ́ːnt, nánʃələnt|nɔ́nʃələnt/ 形 〔態度などが〕無関心な, むとんじゃくな; 平気な, 冷淡な. [<フランス語「暖かさを欠く」] ▷ **~·ly** 副
non·com /nánkàm|nɔ́nkɔ̀m/ 名〘話〙=noncommissioned officer.
nòn·cómbatant 名 Ⓒ 非戦闘員; (戦時中の)一般市民. ── 形 非戦闘員の.
nòn·combústible 形 燃えない, 不燃性の.
nòn·commércial 形 非営利的な. ▷ **~·ly** 副
nòn·commíssioned 形 任命されていない; (将校辞令を持たない)下士官の.
noncommìssioned ófficer 名 Ⓒ〘陸軍〙下士官《略 NCO》.
nòn·commíttal 形 言質(げんち)を与えない, はっきりした態度を示さない; あいまいな, 当たり障りのない. His answer was completely ~. 彼の返事は全く煮え切らないものだった. give a ~ grunt (どうでもいいというような)あいまいな声を発する. ▷ **~·ly** 副
nòn·complíance 名 Ⓤ (規則・命令などへの)不服従.
non com·pos men·tis /nàn-kàmpəs-méntəs|nɔ̀n-kɔ̀m-/ 形 〈叙述〉〘法〙精神が正常でない, 心神喪失して, (insane). [ラテン語 'not of sound mind']
nòn·condúcting 形〘物理〙不伝導の.
nòn·condúctor 名 Ⓒ〘物理〙不導体, 絶縁体.
nòn·cónfidence 名 Ⓤ 不信任. a vote of ~ 不信任投票.
nòn·confórmism 名 =nonconformity.
nòn·confórmist 名 Ⓒ **1** 一般的慣行[思想]に従わない人, 反体制の人. **2**〘英〙〈しばしば N-〉非国教徒 (Dissenter)《英国国教会に従わない(イングランドの) Presbyterian, Congregationalist, Methodist, Quaker, Baptist など新教各派の総称》. ── 形 大勢[体制]に従わない;〘英〙〈しばしば N-〉非国教徒の.
nòn·confórmity 名 Ⓤ **1** 従わないこと〈*to* ..〔慣行など〕に〉, 非協調; 不一致[調和]. **2**〘英〙〈しばしば N-〉国教背反, 非国教主義; 〈集合的〉非国教徒.
nòn·contríbutory 形 〔特に年金が〕拠出制でない, (雇用者側)全額負担の; 役に立たない.
nòn·cooperátion 名 Ⓤ **1** 非協力, 協力拒否. **2** 消極的反抗運動《特に独立前のインドの Gandhi 派が展開した非暴力反英運動》.
nòn·crédit 形〘米〙〈限定〉卒業[修了]必須単位にならない〔科目〕.
nòn-custódial 形 〔親が〕子供の法的保護監督権を有しない.
nòn-dáiry 形 牛乳[乳製品]を含まない.
nòn·delívery 名 Ⓤ (郵便物などの)配達不能; 引き渡し不能.
nòn·denominátional 形 特定宗派に属さない[関係しない].
non·descript /nàndəskrípt|nɔ́ndəskrìpt/ 形〘章〙これという特徴のない, 分類しがたい; 得体の知れない, ぱっとしない. ── 名 Ⓒ 得体の知れない人[もの].
nòn-discriminátion 名 Ⓤ 差別(待遇)をしないこと.
nòn·drínker 名 Ⓒ〘米〙酒を飲まない人.
nòn-dríp 形 〔塗料が〕滴らない, ぼたぼた垂れない.
nòn·dúrable 形 非耐久性の. ~ goods 非耐久財《食品, 衣料, 燃料など》.
‡**none** /nʌn/ 代 **1** どれも[いずれも, だれも]..ない, 何も[少しも]..ない, 〈*of* ..の〉.

> 語法 (1) of の次の名詞句は the, my, those などの限定詞を伴ったものに限られる; 従って, *none of* students [money] などとしない. (2) of の次が複数(代)名詞の時は, 動詞は単複両扱いであるが,〘話〙では複数扱いが多い; 不可算名詞の時は常に単数扱い. (3) 2 つ[2 人]については用いない (→neither).

None of us were [was] at the party last night. 我々のだれも昨夜パーティーに行かなかった. *None of* the information is useful to me. その情報のどれも私には役に立たない. You should waste ~ *of* your money. 君はお金を少しでも浪費すべきでない. They ~ *of* them supported the candidate. 彼らのだれもその候補者を支持しなかった (語法 *none of* them は They と同格).
2 〈先行する名詞を受けて〉少しも..ない, 1 人[1 つ]も..

ない. "How many students went there?" "*None* did."「何人の学生がそこへ行きましたか」「1 人も行きませんでした」. I wanted an apple, but there were ～ left. 私はリンゴが欲しかったが 1 つも残っていなかった.

3〈先行する名詞を受けず *of* 句も伴わない〉 だれ[1 人]も..ない ([語法] 主語にしか用いず, この用法では no one や nobody の方が一般的; 明らかに単数の人や物を指している場合以外は普通, 複数扱いにする). *None* can tell. だれにも分からない. There are [is] ～ to help me. 私を助けてくれる人は 1 人もいない. *None* are so blind as those who won't see.〖諺〗見ようとしない者ほど盲目の者はいない.

***hàve* [*wànt*] *nóne of* ..** ..を許さない[認めない], 拒絶する, (NONE of ..(2)★). I will have ～ of it. そんなのはごめんだ.

***nóne but* ..**〖章〗..でなければ..しない, ..だけが..する, (only). *None but* his most loyal disciples remained with him. 最も忠実な弟子たちだけが彼のもとに残った. *None but* the brave deserves the fair. 勇者のみが美人を得るに値する《Dryden の詩の 1 行》.

****nóne of* ..** (1) **..のだれも[何も]..ない** (→1). (2) 決して[少しも]..でない ([語法] しばしば None of ..! として禁止などの表現に用いる). It is ～ *of* my business. 私の知ったことではない. *None of* your business! 余計なお世話だ. *None of* your impudence. 生意気言うな (★前に I will have などを補って考える). *None of* that nonsense! そんなばかなまねはするな.

***nòne óther than* ..** →other.

── [形]〖古〗少しも..ない (no) (★次に母音で始まる語が来るときのみ). Thou shalt have ～ other gods before me.〖聖書〗あなたは私のほか何物をも神としてはならない.

── [副] **1**〈～ the＋比較級の形で〉**それだけ..ということはない**〈*for* ..だからといって〉([参考] none の代わりに never を用いることもできる). I am afraid I am ～ [never] the wiser *for* your explanation. あなたの説明を聞いても少しも分かりません.

2〈～ too [so]＋形容詞[副詞]で〉少しも..(過ぎ)ない. ～ too soon (早過ぎず)ちょうどよい時に. It's ～ so pleasant. 少しも愉快ではない.

nòne the léss →less.

***nòne the wórse for* ..** →worse.

[＜古期英語 *nān* (＜*ne* 'not'＋*ān* 'one')]

non·éntity [名] ([複] **-ties**)〖章〗**1** [C] 取るに足らない人[物]. **2** [C] 実在しない物, 架空の物; [U] 実在しないこと.

nones /nounz/ [名]〈単複両扱い〉**1** (古代ローマ暦で)ノーネス《3[5, 7, 10]月の 7 日, 他の月の 5 日; ides の 9 日前》. **2**〖カトリック〗第 9 時の祈禱(きとう), 九時課, 《もとは午後 3 時ごろ, 今はもっと早い; →canonical hours》.

nòn·esséntial /[移]/ [形] 本質的[肝要]でない.

── [名] [C] 重要でない人[もの].

none·such /nʌ́nsʌ̀tʃ/ [名] [C]〖雅〗〈普通, 単数形で〉比類のない[抜群の]人[もの].

no·net /nounét/ [名] [C]〖楽〗9 重奏[唱](曲); 9 重奏[唱]団.

†**none·the·less** /nʌ̀nðəlés/ [副] それにもかかわらず (nevertheless). →none the LESS.

nòn-Euclídean /[移]/ [形]〖数〗非ユークリッド(幾何学)の.

nòn-evént [名] [C]〖話〗期待外れの行事[出来事], 評判倒れ.

nòn-exècutive diréctor [名] [C] (会社の)非常勤取締役.

nòn·exístence [名] [UC] 存在[実在]しないこと[物], 無.

‡**nòn·exístent** /[移]/ [形] 存在[実在]しない.

nòn·fát /[移]/ [形] 無脂肪の, 脱脂の. ～ milk 脱脂乳.

non·fea·sance /nɑ̀nfíːz(ə)ns|nɔ̀n-/ [名] [U]〖法〗義務不履行, 不作為, (→malfeasance).

nòn·férrous /[移]/ [形] 鉄を含まない; 鉄以外の, 非鉄の. ～ metals 非鉄金属.

nòn·fíction [名] [U] ノンフィクション, 実録, 《伝記, 史実, 紀行文など現実の記録》. ▷ **～·al** /[移]/ [形]

non-fínite fòrm [名] [C]〖文法〗非定形 (→finite [文法]).

nòn·flámmable /[移]/ [形] 不燃性の (↔flammable, inflammable).

nòn-governméntal /[移]/ [形] 非政府の, 民間の. a ～ organization 非政府組織《略 NGO》.

nòn·húman /[移]/ [形] 人間以外の (→inhuman).

── [名] [C] 人間以外の生物.

nòn-idéntical [形] 二卵性の. ～ twins 二卵性双生児.

nòn·inflámmable /[移]/ [形] ＝nonflammable.

nòn·intervéntion [名] [U] (内政)不干渉, 不介入. ▷ **～·ist** [名] [C], [形] 不干渉主義 ⌞者[の].

nòn·íron /[移]/ [形] (衣料品などが)ノーアイロンの《洗濯後アイロンがけ不要; →drip-dry》.

nòn·judgméntal /[移]/ [形] (個人的[道徳的]基準による)判断を避けた.

nòn·júror [名] [C] (忠誠の誓いなどの)宣誓拒否者;〖英史〗〈N-〉忠誠宣誓拒否者《王政復古後 William III と Mary II に臣従の誓いを拒んだ国教の聖職者》.

nòn·línear /[移]/ [形] 非直線状の.

nòn·magnétic /[移]/ [形] 磁気を帯びない.

nòn·mémber [名] [C] 非会員, 非組合員.

nòn·métal [名] [U]〖化〗非金属. ▷ **nòn·metállic** /-mitǽlik [移]/ [形]

nòn·móral /[移]/ [形] 道徳[倫理]に関係のない; 道徳の領域外の; (→amoral, immoral).

nòn·negótiable /[移]/ [形]〔契約条項などが〕話し合い(で変更)の余地はない;〔小切手が〕譲渡できない.

nòn·núclear /[移]/ [形] **1**〔国家が〕核兵器を保有しない, 非核の. **2** 核爆発[エネルギー]によらない.

── [名] [C] 核兵器非保有国.

nó-nò [名] ([複] **～'s, ～s, ～es**) [C]〖話〗考えてはならないこと, 使ってはならない手段; (子供が親に)禁じられた事.

nòn·objéctive /[移]/ [形] 客観的でない;〖美〗具象的な, 抽象的な.

nòn·obsérvance [名] [U] (義務, 慣例, 規則などを)守らないこと, 違反.

‡**nò-nónsense** /[移]/ [形]〈限定〉**1** 軽薄さがない; まじめな, 冗談ごとでない. **2** てきぱきとした, 実際的な. a ～ approach to the labor-management dispute 労資の紛争に対するてきぱきした対応.

non·pa·reil /nɑ̀npərél|nɔ́np(ə)rəl/ [形]〖雅〗無比の, 無類の. ── [名] [C] **1** 無比の人, 絶品. **2**〖印〗ノンパレル活字《6 ポイント活字》.

non·partisan /nɑ̀npɑ́ːrtəzən|nɔ̀npɑ̀ːtəzǽn [移]/ [形]〔政治家が〕超党派の, 無所属の; 不偏不党の.

nòn·páyment [名] [U] 不[未]払い, 未納.

nòn·perfórmance [名] [U] (契約などの)不履行[不実行].

non·plus /nɑ̀nplʌ́s|nɔ̀n-/ [動] (**～es**|〖英〗**-ss-**) [他] を途方に暮れさせる, 困惑させる, 〈普通, 受け身で〉. I was ～*ed* by his remarks. 彼の言葉に私は面食らった.

── [名] [C] 当惑, 困惑. at a ～ 当惑して, 進退窮まって. put [reduce] a person to a ～ 人を途方に暮れさせる.

nòn·polítical /[移]/ [形] 非政治的な; 政治に無関心の, ノンポリの.

nòn·prescríption /[移]/ [形]〈限定〉処方箋(せん)なしで買える〔薬など〕.

nòn·prodúctive /[移]/ [形] **1** 非生産的な, 生産能力のない, (unproductive). **2** 生産に直接携わらない〔従業員など〕.

nòn·proféssional /[移]/ [形] 専門[本職]でない, ノンプロの, 素人の. ── [名] [C] 素人, 非専門家.

‡**nòn·prófit** /[移]/ [形]〖米〗営利を目的としない, 非営利的な, 〔公社, 法人など〕, (〖英〗**nòn-prófit-màking**).

‡**nòn·proliferátion** [名] [U] (核兵器の)拡散防止.

nòn·rácist /[移]/ [形] 非人種差別の, 人種差別のない.

nòn·réader [名] [C] 不読者《読書しない人, 特に児童》. 「ない.

nòn·refúndable /㊇/ 形 〔内金などが〕払い戻しでき↑

nòn·representátional /㊇/ 形 【美】抽象的な, 非写実的な, (abstract).

nòn·résident /㊇/ 形 任地などに居住しない; =nonresidential. ── 名 C 任地などに居住しない人; (寮生に対して)通学生; (ホテルの)泊まりでない客.

nòn·residéntial /㊇/ 形 〔職, 地位が〕職場に居住する必要のない.

nòn·resístant /㊇/ 形 無抵抗(主義)の.
── 名 C 無抵抗主義者.

non·restrictive /nɑ̀nristríktiv|nɔ̀n- ㊇/ 形 【文法】非制限的な (↔restrictive). a ～ clause 非制限的関係(詞)節. ～ use 非制限用法.

nòn·retúrnable /㊇/ 形 〔びんなどが〕(再利用のための)回収ができない.

nòn·schéduled /㊇/ 形 〔航空機などが〕不定期(運航)の. 「宗派の.

nòn·sectárian /㊇/ 形 どの宗派とも無関係の, 無↑

nòn·sélf 名 C 【免疫】非自己《免疫システムによる攻撃を引き起こす体外からの抗原物質》.

‡**non·sense** /nɑ́nsens|nɔ́ns(ə)ns, -sens/ 名 **1** aU 無意味な言葉, ナンセンス; ばかばかしい[つまらない]事[もの]; ばかげたふるまい. talk a lot [load] of ～ 散々下らない事を言う. None of your ～! ばかなまねはよせ. stand no ～ from a person 人のばか[勝手]なまねは容赦しない. Why do you spend your money for such ～? なぜそんな下らない物に金を使うんだい. It's (a) ～ to destroy the natural environment. 自然環境を破壊するのはばかげている.

> 連結 absolute [arrant, complete, outright, pure, ridiculous, sheer, total, utter] ～

N

2 〈形容詞的〉ばかげた, 無意味の. a ～ question 愚かな問い. a ～ book ナンセンス本《ばかばかしさが売り物の娯楽本》. ～ verse ナンセンス詩, 戯詩.

màke (a) nónsense of.. ..をだめ[無意味]にする (spoil). *make (a)* ～ *of* a plan 計画を台無しにする.

── 間 ばかな, ばかを言うな. [non-, sense]

non·sen·si·cal /nɑnsénsək(ə)l|nɔn-/ 形 ばかげた, 愚かな, 無意味の. ▷**～·ly** 副

non seq. non sequitur.

non se·qui·tur /nɑ̀n-sékwətər|nɔ̀n-/ 名 C 【章】不合理な推論, 誤った結論; (今までの事と)無関係な発言. [ラテン語 'it does not follow']

nòn·séxist /㊇/ 形 非性差別の, 性差別のない.

nòn-shrínk /㊇/ 形 〔布, 衣料品が〕洗っても縮まない, 防縮加工の.

nòn·skéd /-skéd ㊇/ 【米話】形 =nonscheduled.
── 名 C 不定期 ∟フライト[航空会社].

nòn·skíd /㊇/ 形 (表面に)滑り止めの(模様や凹凸を付けた)〔タイヤ, 路面など〕.

nòn·slíp /㊇/ 形 滑り止めの(付いた).

‡**nòn·smóker, nòn-smóker** 名 C **1** たばこを吸わない人. **2** 【鉄道・空】禁煙車[席].

‡**nòn·smóking, nòn-smóking** /㊇/ 形 〈限定〉禁煙の. a ～ section 禁煙席《乗り物, 映画館などの》.

nòn·sócial /㊇/ 形 社会との関連はない.

nòn·specífic /㊇/ 形 〔病気, 症状などが〕非特異性の; 〔表現などが〕非特定的な, 包括的な.

nòn·stándard /㊇/ 形 〔言葉, 用法などが〕標準的でない, 非標準的な, (→substandard).

nòn·stárter 名 C **1** 間際に出場を取り消す競走馬[競走車など]. **2** 【英話】〈普通, 単数形で〉成功の見込みのない人[考え].

nòn·stíck /㊇/ 形 表面に料理がくっつかないように特殊加工した〔なべなど〕.

‡**nòn·stóp** /㊇/ 形 〈限定〉途中で止まらない, ノンストップの, 直行の; 休みなしの〔おしゃべりなど〕. a ～ flight to Paris パリ行きの直行飛行便.
── 副 直行[無着陸]で; 【話】(音楽演奏などで)休みなしに, ぶっ続けで. fly ～ to London ロンドンまでノンストップで飛ぶ. ── /⌐-⌐/ 名 C 直行列車[バスなど].

non·such /nʌ́nsʌ̀tʃ/ 名 =nonesuch.

nòn·súit 名 UC 【法】訴えの却下. ── 動 他 〔原告〕の訴えを却下する.

nòn·suppórt 名 U 【法】扶養義務不履行. 「壁.

nòn·táriff /㊇/ 形 非関税の. ～ barriers 非関税障↑

nòn·thíng 名 C 存在しないもの; 取るに足らないもの.

nòn·títle /㊇/ 形 【スポーツ】(選手権のかからない)ノンタイトルの.

non trop·po /nɑ̀n-tróupou|nɔ̀n-trɔ́pou/ 副 【楽】ノントロッポ, 適度に, 度を過ごさずに. [イタリア語 'not too much']

non-U /nɑ̀njúː|nɔ̀n- ㊇/ 形 【主に英話】〔言葉, 行動などが〕上流階級のものでない (↔U)《U=upper (class)》.

nòn·únion /㊇/ 形 〈限定〉労働組合に属さない[加入していない]; 労働組合を認めない. ▷**～·ìsm** 名 U 反労働組合主義. **～·ist** 名 C 労働組合反対者; 労働組合↓
∟未加入者.

nòn·úse 名 U 不使用.

nòn·úser 名 C 不使用者; 権利放棄者.

nòn·vérbal /㊇/ 形 言葉を用いない, 言語によらない. ～ communication 非言語的伝達《例えば身ぶりによるもの》. ▷**～·ly** 副 「義).

nòn·víolence 名 U (特に圧政に対する)非暴力(主↑

‡**nòn·víolent** /㊇/ 形 非暴力(主義)の. ▷**～·ly** 副 (暴力によらず)平和的手段で.

nòn·vóter 名 C 投票棄権者; 選挙権のない人.

‡**nòn·whíte** /㊇/ 形, 名 C 白人でない(人), 非白人(の).

***noo·dle**[1] /núːdl/ 名 (複 **～s** /-z/) C 〈普通 ～s〉ヌードル《パスタの一種; きしめんに似ている》.
[＜ドイツ語 *Nudel*]

noo·dle[2] 名 C **1** 【旧】ばか者. **2** 【米俗】頭 (head).

nook /nuk/ 名 C 【戯・雅】 **1** (部屋などの)隅, かど. the chimney ～ 炉隅《炉火のそばの居心地のよい場所》. **2** 奥まった[引っ込んだ]場所. a quiet ～ in the forest 森の中の静かな一角.

èvery nòok and cránny [córner] 【話】隅々, いたる所. Search *every* ～ *and cranny* till you find the child. 子供が見つかるまであらゆる場所を探したまえ.
[＜中期英語 (?＜北欧語)] 「ス.

nook·ie, nook·y /núki/ 名 U 【話】性行為, セック↑

‡**noon** /nuːn/ 名 **1** U **正午**, 真昼, (midday); 〈形容詞的〉正午[真昼]の. at ～ 正午に. Twelve ～ is the deadline. 昼の 12 時が締め切りです 《twelve midnight に対する》. Let's have lunch before ～. 12 時前に食事をしよう. the ～ sun 真昼の太陽. **2** 〈the ～〉全盛期, 絶頂. at the ～ of one's career 生涯の全盛期に. **3** U 【詩】〈～ of night で〉真夜中.
[＜古期英語 (＜ラテン語 *nōna* (*hōra*)「(日の出後) 9 番目の(時間)」; 現在の午後 3 時)]

nóon·dày 名 U 【雅】正午, 真昼; 〈形容詞的〉正午[真昼]の; 〈the ～〉最盛期. the ～ sun 真昼の太陽. (as) clear as ～ きわめて明白な.

‡**no one, no-one** /nóu-wʌ̀n/ 代 〈単数扱い〉**だれも..ない** (★nobody よりエレガントな語とされる). There was ～ in the room. 部屋にはだれもいなかった. *No one* has failed. だれも落第しなかった (語法 of 句が続く場合は no one ではなく none を用いる: None of the students have [has] failed. 学生たちはだれも落第しなかった; ただし, nò óne と発音して「どの 1 つ[1 人]もない」の意味では of 句の前で用いられる: *No one* of his friends knew this. (彼の友だちはだれ 1 人としてこの事を知らなかった)). *No one* brought their [【章】his] racket. だ

れも自分のラケットを持ってこなかった (語法 最近, 特に〘話〙では no one を they で受けることが多い. これは英語に男女共通の単数人称代名詞がないためである). *No one* was hurt, were they? だれもけがしなかったね.

nóon·tìde 名 ＝noon.

nóon·tìme 名 ＝noon.

noose /nuːs/ 名 C **1** (一端を引くと締まるように結んだ)輪縄. **2** 〈the ～〉くびり縄 (**hàngman's nóose**) 《絞首刑に用いる》; 絞首刑. **3** 〘戯〙(夫婦の)きずな.

pùt one's héad* [*néck*] *in the* [*a*] *nóose 〘話〙自分からのっぴきならない羽目に陥る.

── 動 他 **1** を輪縄で捕える; をわなにかける. **2** 〔縄〕を引き結びの輪にする.

nope /noup/ 副 〘話〙＝no (↔yep). 注意 /p/ 音は破裂させないで止める.

nó·plàce 副 〘米話〙＝nowhere.

‡**nor** /nər, 強 nɔːr/ 接 **1** 〈neither X nor Y の形で〉X も Y も..(し)ない (→neither 接 語法). *Neither* you ～ he is [are] to blame. あなたが悪いのでも彼が悪いのでもない. He *neither* drinks ～ smokes. 彼は酒も飲まないしたばこも吸わない. It is *neither* gold ～ silver ～ platinum. 金でも銀でも白金でもない.

2 〈not など否定詞の後で〉..もまた..ない, (また)..でもない. She is not a singer ～ a composer. 彼女は歌手でもないし作曲家でもない. Not a man, a woman ～ a child could be seen. 男も女も子供も見えなかった. He has no brother ～ sister. 彼には兄弟も姉妹もいない. ★このような場合, nor でなく or を用いる方がより日常的.

3 〈否定の節[文]の後で〉..もまた..ない (語法 (1) nor の後の語順は「助 [be] 動詞＋主語」となる; →neither 副. (2)〘英〙では nor の前に, and 又は but を入れることがある). John isn't here today, ～ is Mary. 今日はジョンは来ていない, またメリーもそうだ. He does not borrow, ～ does he lend. 彼は借りもしないし, また貸しもしない. "I cannot swim." "*Nor* can I."「私は泳げない」「僕も泳げない」.

4 〈肯定の節[文]の後で〉そしてまた..ない. His new project is too expensive. *Nor* is this the only fault. 彼の新しい企画は金がかかり過ぎる. そして欠点はこれだけではない.

5 〘詩・古〙〈nor (＝neither) X nor Y で〉X も Y も..ない. *Nor* gold ～ silver can buy it. 金銀をもってしてもそれは買えぬ. **6** 〘スコ・方〙＝than.

[＜中期英語(*nother* 'neither'の短縮)]

Nor. Norman; North; Norway; Norwegian.

No·ra /nɔ́ːrə/ 名 Eleanor の愛称.

NORAD /nɔ́ːræd/ 名 北米大陸防空司令部《＜*Nor*th *A*merican Air *D*efense (Command)》.

Nor·dic /nɔ́ːrdik/ 形 **1** 北欧(人)の. a ～ face 北欧系の顔だち. **2** 〘スキー〙〈時に n-〉ノルディック(競技)の《ジャンプとクロスカントリーを含む; →Alpine 2》.

── 名 C 北欧人《北欧, 特にスカンジナヴィアの長身・金髪・碧(へき)眼の人種》. [＜フランス語「北の」]

nor'·east /nɔːríːst/ 名 〘海〙 ＝northeast.

▷ **～·er** 名 〘海〙 ＝northeaster.

Nor·folk /nɔ́ːrfək/ 名 ノーフォーク《England 東部の州》.

Nòrfolk jácket 名 C ノーフォークジャケット《腰にベルトの付いた緩い上着; もと狩猟用に着たもの》.

†**norm** /nɔːrm/ 名 C **1** 〈普通 ～s〉(行動などの)基準, 規範; 〈the ～〉標準的方式. conform to the ～*s* of behavior in society 社会の行動基準に従う. Computerization will be the ～ in dictionary making before long. 遠からずコンピュータ化が辞書作りの標準的方式となるだろう. **2** ノルマ《労働基準量》; 平均. The store didn't reach its ～ in sales this year. 今年度その店は売り上げ目標に達しなかった. Tom's IQ is far above the ～. トムの知能指数は平均をはるかに超えている. [＜ラテン語「(大工の)物差し, 定規」]

‡**nor·mal** /nɔ́ːrm(ə)l/ 形 m **1** 普通の, 標準的な, 平均的な, (average; ↔abnormal). the ～ temperature of the human body 人体の平熱. lead [live] a ～ life 普通の生活をする. speak at a ～ speed 普通の速度で話す. in [under] ～ circumstances 普通の状況では. It's only ～ for us to want to be happy. 幸福を願うのはごく普通のことだ. I'm at the office during ～ business hours 私は通常の営業時間帯にはオフィスにいます.

2 (発育が)標準(的)の; (心身の)正常な. a ～ child of 12 years 12 歳の標準児. The baby showed a perfectly ～ development. 赤ん坊は全く正常な発育を示した. **3** ℂ〘数〙(線が)垂直の, 直角の, 〈*to* ..に対して〉. **4** ℂ〘化〙(溶液が) 1 規定の《1 リットルの溶媒中に 1 グラムの溶質を含む》.

── 名 **1** U 普通の[正常な]状態, 常態, 標準; 平均値. above [below] ～ 標準以上[下]で[の]. return [be back] to ～ 常態に戻る[戻っている]. The river rose six feet above ～. 川は平常より 6 フィート水位が上昇した. **2** C 〘数〙法線, 垂直線. [norm, -al]

nor·mal·cy /nɔ́ːrm(ə)lsi/ 名 〘主に米〙 ＝ normality. a return to ～ 正常への復帰.

nòrmal distribútion 名 U 〘統計〙正規分布《グラフでは平均値を中心に釣り鐘状の(正規)曲線になる》.

‡**nor·mal·i·ty** /nɔːrmǽləti/ 名 U 〘章〙常態, 正常さ.

nòr·mal·i·zá·tion 名 U 正常化, 標準化.

‡**nor·mal·ize** /nɔ́ːrməlàiz/ 動 他 〔(特に友好)関係〕を正常化する, 常態に戻す; を標準に一致させる, 〔言語, 表記など〕を統一する. ～ diplomatic relations with China 中国と外交関係を正常化する.

── 自 〔(国家間の)関係が〕正常化する.

†**nor·mal·ly** /nɔ́ːrməli/ 副 **1** 普通(の程度)に, 正常に. The patient is eating ～. 患者は普通に食事をとっている. **2** 〈文修飾〉普通は, いつもは. In Japan students ～ spend four years in college. 日本では学生は普通大学で 4 年間過ごす.

nórmal schòol 名 C 〘米〙(2 年制)師範学校《現在は 4 年制の teachers college に変った》.

Nor·man /nɔ́ːrmən/ 名 **1** C ノルマン人《10 世紀に北部フランスの Normandy を征服し, そこに住みついたスカンジナヴィア民族(の一員); 彼らとフランス人との混血民族(の一員); →Norman Conquest》. **2** ＝Norman French. **3** 男子の名.

── 形 ノルマンディーの; ノルマン(民族)の; ノルマン風の; ノルマン建築[様式]の. ～ architecture (11–12 世紀の英国の)ノルマン建築《簡素で重厚な様式, Ely の大聖堂はその傑作》. [＜古期北欧語「北の人」]

Nòrman Cónquest 名 〈the ～〉ノルマン征服《1066 年ノルマンディー公(後の称号 William the Conqueror) の率いたノルマン軍による英国征服》.

Nor·man·dy /nɔ́ːrməndi/ 名 ノルマンディー《フランス北部の海沿いの地方; ノルマンディー半島から東へ現在は 5 県に分かれている》.

Nòrman Frénch 名 U, 形 〘言〙ノルマン(フランス)語[の]《フランス語の中世期 Normandy 方言》; ノルマンディー方言[の].

nor·ma·tive /nɔ́ːrmətiv/ 形 〘章〙基準となる[を定める]; 規範的な. ～ grammar 規範文法.

Norn /nɔ́ːrn/ 名 〘北欧神話〙ノルン《運命をつかさどる三女神の 1 人》.

Norse /nɔːrs/ 形 **1** 古代スカンジナヴィアの; 古代スカンジナヴィア人[語]の. *Norse* myths and legends 北欧神話・伝説. **2** ＝Norwegian.

── 名 **1** U 古(期)ノルド語 (**Òld Nórse**)《8–14 世紀にアイルランド, スカンジナヴィアで用いられた; 現代の北欧諸語の祖先》. **2** 〈the ～; 複数扱い〉古代スカンジナヴィア人; (現代の)ノルウェー人.

Nórse·man /-mən/ 名 〘雅〙(複 **-men** /-mən/) C 古

代スカンジナヴィア人 (→Viking).

‡**north** /nɔːrθ/ 名 U **1** 〈普通 the ～〉 **北**, 北方, 《略 N, n, 〖米〗 No., Nor. 〖英〗 Nth.など; 参考 4つの基本方位は cardinal points と言う; 日本語の「東西南北」と異なり, north, south, east, west の順が普通》. magnetic ～ 磁北. true ～ 真北. The wind is from [in] the ～. 風は北風だ. Tell me which way is ～. どっちが北か教えてください.
2 〈the ～ 又は the N-〉 **北部(地方)**. He is from the ～ of Italy. 彼はイタリア北部の出身です.
3 〈the N-〉 (**a**) 米国北部地方 《特に Maryland 州, Ohio 川, Missouri 州を南限とする北方の地方》; (南北戦争における)北部諸州. (**b**) 北部イングランド 《東はハンバー(Humber)川, 西は Liverpool 以北》. (**c**) 欧米など主に北半球の豊かな国々.
in the nórth (of ..) (..の)北部に. Paris is *in the ～ of* France. パリはフランスの北部にある.
on the nórth 北(側)は. North Carolina lies between Virginia *on the* ～ and South Carolina on the south. ノースカロライナは北はヴァージニア, 南はサウスカロライナに挟まれている.
to the nórth (of ..) (..の)北方に(当たって). Kyoto is [lies] *to the ～ of* Osaka. 京都は大阪の北方に位置する. ◇↔south
── 形 ¢ 〈限定〉 **1** **北の**; **北への**; **北に**; 北寄りの; 北向きの. the ～ side [coast] 北側[海岸]. the ～ country 北国. a ～ light (窓からの)北明かり《アトリエなどに好適》.

> 語法 地理的・政治的に明確な区分には north, south, east, west を, 境界があいまいな場合には northern, southern, eastern, western を用いることが多い; South America, the North Pole; Southern France, Western Europe (形容詞は West European とすることが多い)など. しかし Northern Ireland のような場合もある.

2 北からの〔風〕. a cold ～ wind 冷たい北風.
3 北部の. *North* Japan 北日本.
── 副 ¢ **1** **北へ[に]**, 北方へ[に]. sail due ～ 真北(まきた)に向かって航海する. The window faces ～. その窓は北向きだ. The business area lies ～ and south. 商業地区は南北に伸びている. The wind is blowing (toward the) ～. 風は北へ吹いている《南風である; ★ The wind is blowing ⌊from the ～ [northerly]. なら「北風である」の意》. **2** 北に 〈*of* ..の〉. The city is [lies] (about 50 miles) ～ *of* New York. その市はニューヨークの北(約50マイルの所)にある.
ùp nórth 〖話〗 北へ[に], 北部で, (↔down south). He moved *up* ～ to be near his parents. 彼は両親の近くに住もうと北部へ引っ越した. [＜古期英語]

Nòrth América 名 北アメリカ, 北米(大陸), 《中米も含む》. 「米人.

Nòrth Américan 形 北米(人)の. ── 名 C 北↑

North·amp·ton·shire /nɔːrθǽmptənʃər/ 名 ノーサンプトンシャー《イングランド中部の州, 略 Northants.; 州都 Northampton》.

North·ants. /nɔ́ːrθæ̀nts/ Northamptonshire.

Nòrth Atlàntic Tréaty Organizàtion 名 〈the ～〉 北大西洋条約機構《略 NATO》.

nórth·bòund 形 〔船, 飛行機, 列車などが〕北行きの. a ～ air route 北方行きの航空路.

Nòrth by éast 名 U, 形, 副 北微東(の, へ, に)《略 NbE》.

Nòrth by wést 名 U, 形, 副 北微西(の, へ, に)《略 NbW》.

Nòrth Carolína 名 ノースカロライナ《米国南東部の州; 略 NC 〖郵〗, N.C.; 州都 Raleigh》. [＜Charles I のラテン語名 *Carolus*] 「(人).

Nòrth Carolínian 形, 名 C ノースカロライナ州の↑

Nòrth Chánnel 名 〈the ～〉 ノース海峡《スコットランドと北アイルランドの間》.

Nórth Cóuntry 名 〈the ～〉 **1** 〖英〗 ＝north 3 (b). **2** 〖米〗 アラスカとユーコンを含む地域.

nòrth·cóuntryman /-mən/ 名 (複 **-men** /-mən/) C 〖英〗 North Country (1) の人, 北イングランド人.

Nòrth Dakóta 名 ノースダコタ《米国北中部の州; 州都 Bismarck; 略 ND 〖郵〗, N. Dak》. [→Dakota]

Nòrth Dakótan 形, 名 C ノースダコタ州の(人).

Nòrth Dówns 名 〈the ～; 複数扱い〉 ノースダウンズ《イングランド南東部 (主に Kent 州と Surrey 州) に延びる丘陵》.

***north·east** /nɔːrθíːst/ 名 **1** U 〈普通 the ～, しばしば N-〉 **北東(の方角)**; 北東部(地方); 《略 NE》 (→nor'east). **2** 〈the N-〉 米国北東部地方 《New England 地方; 時に New York 市を含む》.
── /㊞/ 形 〈限定〉 **1** 北東の[にある]. **2** 北東からの〔風〕; 北東への〔旅行〕. ── 副 北東へ[に].
northèast by éast 北東微東(へ) 《略 NEbE》.
northèast by nórth 北東微北(へ) 《略 NEbN》.

Nòrtheast Córridor 名 〈the ～〉 米国北東部人口密集地域《およそ Boston から Washington, D.C. まで》.

nòrth·éast·er 名 C 北東からの暴風[強風].

nòrth·éast·er·ly ㊞/ 形 **1** 北東への; 北東にある. a ～ route 北東方面に走るハイウェー. **2** 北東からの〔風〕. 参考 英国では冬期, 大陸から来るこの方向の風が特に冷たい. ── 副 **1** 北東へ[に]. fly ～ 北東へ飛行する. **2** 北東から〔風が吹く〕. ── 名 (複 **-lies**) C 北東風.

†**nòrth·éast·ern** /-ərn ㊞/ 形 m **1** 北東の[にある]; 北東への; 北東部(地方)の. the ～ part of the state 州の北東部. **2** 北東からの〔風〕.

nòrth·éast·ward /-wərd ㊞/ 形 北東への. in the ～ direction 北東の方向に(当たって).
── 副 北東へ[に]. ▷ **～·ly** 形, 副

nòrth·éast·wards 副 ＝northeastward.

north·er /nɔ́ːrðər/ 名 C 〖米南部〗 (冬期メキシコ湾に向かって吹き下ろす)北風.

†**north·er·ly** /nɔ́ːrðərli/ 形 m **1** 北方(へ)の; 北方にある. in a ～ direction 北の方向へ[に]. **2** 北からの〔風〕.
── 副 **1** 北へ[に]. **2** 北から〔風が吹く〕.
── 名 (複 **-lies**) C 北風.

‡**north·ern** /nɔ́ːrðərn/ 形 ¢ 〈普通, 限定〉 **1** 〈しばしば N-〉 〔特に国土などが〕**北の[にある]**; **北への**; **北部の**, 北国(特有)の; 北からの〔風など〕; (→north 語法). *Northern* Europe 北ヨーロッパ《厳密な用語ではないが, 常識的に Sweden, Norway, Denmark, Finland を含む》. The ～ pass is closed by deep snow. 北の峠は深い雪で閉ざされている. **2** 〈N-〉 〖米〗 米国北部の. the *Northern* States 米国北部諸州.
── 名 〈N-〉 U 〖米〗 北部方言.

nórth·ern·er 名 C **1** 北国(生まれ)の人, 北部地方の人. **2** 〈N-〉 米国北東部(生まれ)の人; (米国南北戦争で)北部側の人.

Nòrthern Hémisphere 名 〈the ～〉 北半球.

Nòrthern Íreland 名 北アイルランド《アイルランド北部にあり, 連合王国 (United Kingdom) の一部; 首都 Belfast》.

nòrthern líghts 名 〈the ～; 複数扱い〉 ＝aurora↓

nórthern·mòst 形 最北(端)の. ⌊2.

Nòrthern Rhodésia 名 北ローデシア《Zambia の英国植民地時代の名称》.

Nòrthern Térritory 名 〈the ～〉 **1** ノーザンテリトリー《オーストラリア中北部の準州; 州都 Darwin; 略 NT》. **2** 〈-ries〉 北方領土《第2次大戦以降, ロシア

(旧ソ連)に占有されている千島南部諸島の日本領土).

Nórth Ìsland 名 〈the ～〉(ニュージーランドの2つの本島のうちの)北島.

Nòrth Koréa 名 北朝鮮《正式名 the Democratic People's Republic of Korea (朝鮮民主主義人民共和国); 北緯38度線以北》.

north·land /nɔ́ːrθlənd, -lǽnd/ 名 **1** Ⓒ 北国, 北部地方. **2** 〈N-〉 スカンジナヴィア半島. ▷ **～·er** 名

Nórth·man /-mən/ 名 (複 **-men** /-mən/) ＝Norseman.

nòrth-nòrtheást 名 Ⓤ 〈普通 the ～〉 北北東《略 NNE》. ── 形 北北東(へ)の; 〔風が〕北北東(から)の. ── 副 北北東へ[に].

nòrth-nòrthwést 名 Ⓤ 〈普通 the ～〉 北北西《略 NNW》. ── 形 北北西(へ)の; 〔風が〕北北西(から)の. ── 副 北北西へ[に].

Nòrth Póle 名 〈the ～〉 北極(圏); 〈the n- p-〉(磁石の) N 極.

Nòrth Séa 名 〈the ～〉 北海《Great Britain 島とヨーロッパ本土の間の海》. ～ gas [oil] 北海(海底)から得る天然ガス[石油].

nòrth-sóuth /㊇/ 形 〈しばしば North-South; 限定〉 南北(間)の 《北半球に集中する豊かな先進国と南半球の貧しい低開発国の関係に用いる》. the ～ divide 南北(格差)のへだたり.

Nòrth Stár 名 〈the ～〉 北極星 (polestar).

North·um·ber·land /nɔːrθʌ́mbərlənd/ 名 ノーサンバランド《イングランド北東部の州; 州都 Morpeth》.

North·um·bri·a /nɔːrθʌ́mbriə/ 名 ノーサンブリア《イングランド北部の古王国》. ▷**～n** 形, 名

Nòrth Vietnám 名 北ヴェトナム. →Vietnam.

*__north·ward__ /nɔ́ːrθwərd/ 副 ⓒ **北へ**[に]. travel ～ 北へ旅する. ── 形 ⓒ **北への**, 北へ向かっての. a ～ journey 北方への旅行. ── 名 Ⓤ 〈the ～〉 北方.

nórth·ward·ly 形 北向きの; 〔風が〕北からの. ── 副 ＝northward.

north·wards /nɔ́ːrθwərdz/ 副 ＝northward.

*__north·west__ /nɔ̀ːrθwést/ 名 **1** Ⓤ 〈普通 the ～, しばしば N-〉 **北西(の方角)**; 北西部(地方); 《略 NW》(→nor'west). The wind is in the ～. 風は北西である. **2** 〈the N-〉 米国北西部(地方)《特に Washington, Oregon, Idaho の3州》. ── /㊇/ 形 〈限定〉 **1** 北西の; 北西への. **2** 北西からの〔風〕. ── 副 北西へ[に]. The river runs ～. 川は北西へ流れている.

northwèst by nórth 北西微北(へ)《略 NWbN》.

northwèst by wést 北西微西(へ)《略 NWbW》.

Nòrthwest Áirlines 名 ノースウェスト航空《米国の航空会社; 東洋への路線を強調するための名称 Northwest Orient で知られる》.

nòrth·wést·er 名 Ⓒ 北西からの暴風[強風].

nòrth·wést·er·ly /㊇/ 形 **1** 北西(部)の; 北西への. **2** 北西からの〔風〕. ── 副 **1** 北西へ[に]. **2** 北西から〔風が吹く〕.

†__nòrth·wést·ern__ /-ərn ㊇/ 形 **1** 北西の[にある]. **2** 北西からの〔風〕. **3** 北西部(地方)の; (米国)北西部特有の.

Nòrthwest Pássage 名 〈the ～〉〖史〗北西航路《大西洋からカナダの北を回って太平洋に出る航路; パナマ運河開通まで盛んに探険された》.

Nòrthwest Térritories 名 〈the ～; 単数扱い〉 ノースウェストテリトリーズ《カナダ北部の準州; 首都 Yellowknife》.

nòrth·wést·ward /-wərd ㊇/ 形 北西への; 北西へ向かっての. ── 副 北西へ[に]. ▷ **～·ly** 形, 副

nòrth·wést·wards 副 ＝northwestward.

Nòrth York Móors 名 〈the ～; 複数扱い〉 ノースヨークムア《イングランドの North Yorkshire 州と Cleveland 州にまたがる国立公園》.

Nòrth Yórkshire 名 ノースヨークシャー《イングランド北東部の州》.

Norw. Norway; Norwegian.

*__Nor·way__ /nɔ́ːrwèi/ 名 ノルウェー《スカンジナヴィア半島西部の王国; 首都 Oslo》. [古期北欧語 'north way']

†__Nor·we·gian__ /nɔːrwíːdʒ(ə)n/ 形 ノルウェーの, ノルウェー人[語, 文化]の. ── 名 **1** Ⓒ ノルウェー人. **2** Ⓤ ノルウェー語.

nor'·west /nɔːrwést/ 名〖海〗＝northwest. ▷ **～·er** 名〖海〗＝northwester; southwester 2.

Nor·wich /nɔ́ːridʒ, -itʃ, nɑ́r-|nɔ́r-/ 名 ノリッジ《イングランド中東部の Norfolk 州の州都》.

Nos., nos., N^os /nʌ́mbərz/ No., no., N^o の複数形. *Nos.* 3-5 3番[号]から5番[号]まで (★Numbers three to five と読む).

‡__nose__ /nouz/ 名 (複 **nós·es** /-əz/) **【鼻】** Ⓒ **1 鼻** (類語 動物の「鼻」を表す語は→muzzle, snout, trunk). a flat ～ 平べったい鼻. the bridge of the ～ 鼻柱. blow one's ～ 鼻をかむ. hold one's ～ (臭いので)鼻をつまむ. pick one's ～ 鼻をほじる. have a running ～ 水鼻が出る. give him a punch on [in] the ～ 彼の鼻に一発見舞う. get a broken ～ (けがなどで)鼻をつぶされる. before a person's ～ 人の面前で. ～ to ～ 鼻を付き合わせて, 向かい合って. speak through one's ～ 鼻声でしゃべる. 注意 「高い鼻」は a *high* ～ とは言わず a *long* ～ が普通.

> 連結 an aquiline [a hooked, a Grecian, a pug, a Roman; a snub; a handsome, a large, a prominent, a ruddy] ～

2【鼻に似たもの】 突き出た部分; (自動車, 道具などの)先端; (飛行機の)機首; 船首; 銃口, (ホースの)筒先. the ～ of an airplane 飛行機の機首.

【かぎつける力】 **3** 〈単数形で〉 嗅(きゅう)覚; かぎつける能力, 勘, 〈*for* ..を〉. have a good [keen] ～ 〔犬, 刑事などが〕鼻が利く. The publisher has a ～ *for* what will sell. その出版者は売れそうな物には独特の勘を持っている. **4** (ワインなどの)芳香. **5** 〈one's ～〉〖話〗(無関係な物事についての)異常な関心, 詮索(せんさく)好き. Keep your ～ out of my business. 私の仕事に余計な口出しをしないでくれ.

(as) plàin as the nòse on your fáce →plain.

beneath [under↓] a pèrson's (vèry) nóse

be nò skín off a pèrson's nóse →skin.

by a nóse 〖競馬〗鼻の差で; 〈一般に〉 ごくわずかの差で. I missed the train *by a* ～. わずかなところで列車に乗り遅れた.

cóunt nóses 〔出席者などの〕人数を数える.

cut òff *one's* ***nóse to spite*** *one's* ***fáce*** 〖話〗短気を起こして損をする.

fòllow *one's* ***(òwn) nóse*** 〖話〗まっすぐ進む; 足の向くままに歩く; 勘を頼り[思った通り]にやる; 《鼻の向いている方に行く》. Just *follow* your ～ along this street and you'll find the post office. この通りをまっすぐ行きさえすればお尋ねの郵便局があります.

gèt up a pèrson's nóse 〖英話〗人をいらいらさせる, 悩ませる.

hàve a nòse róund 〖英話〗ぐるっと見て[探し]回る.

hàve (got) *one's* ***nóse in..*** 〖話〗..を熱心に読む. He's always *got* his ～ *in* a book. 彼はいつも読書に余念がなかった.

hòld *one's* ***nóse*** (1) →1. (2) (鼻をつまんで)意に添わぬことをやる.

kèep *one's* ***nóse clèan*** 〖話〗ごたごたを起こさない, 文句をつけられないようにふるまう.

kèep a pèrson's [one's] nóse to the gríndstone →grindstone.

lèad a pèrson (aròund) by the nóse 人を自分の思う通りにする《鼻面をとって引きずり回す》. His wife *leads* him *by the* ～. 彼の細君は彼を尻(しり)に敷いている.

lòok down *one's* ***nóse at..*** 〖話〗..を見下す. Hal

looks down his ～ *at* any kind of manual labor. ハルはどんな種類の肉体労働もばかにする.
màke a lòng nóse at .. (鼻の先に親指を当て他の 4 本の指を広げて振って) ..をばかにする《〖英〗cock a SNOOK at ..; 〖話〗thumb one's NOSE at ..》.
nòse to táil 〖主に英〗(車が)数珠つなぎに(なって), ぴったりと車間を詰めて.
on the nóse 〖米話〗きっかり, きっちり, (exactly). I was there at 4 o'clock *on the* ～. 僕は 4 時きっかりにそこに(来て)いた.
pày through the nóse 〖話〗法外な金を払う, ぼられる, 〈*for* ..に, ..の(代金として)〉. I *paid through the* ～ *for* this book because it is out of print. 絶版なのでこの本にべらぼうな金を払った.
pòke [***stìck, thrùst***] ***one's nóse into ..*** 〖話〗..に余計な口出し[おせっかい]をする; ..に好奇心を示す. Don't *poke* your ～ *into* what doesn't concern you. おまえに関係のないことに口を出すな.
pòwder one's nóse 〖旧〗化粧直しをする《女性が「トイレに行く」を婉曲に》.
pùt a pèrson's nóse out of jóint (1)〖主に英話〗(特に愛情, 愛顧などを横取りして)人の鼻をあかす, 鼻柱をくじく. (2)(人の自尊心をくじくなどして)いらいらさせる.
rùb a pèrson's nóse in ⌊***it*** [***the dìrt***] 〖話〗(過去の誤ち, 失敗など)人の嫌がる[触れてほしくない]ことを言い続ける.
sèe no fùrther than [***not sèe beyond*** (***the ènd of***)] ***one's nóse*** 目先のことしか考えない《鼻から先は見えない》.
stìck one's nóse in the áir 偉そうな[高慢な]態度をとる.
stìck one's nóse into .. ..に鼻を突っ込む[干渉する] (→keep one's nose out of .. →名 5).
thùmb one's nóse at .. 〖話〗..を軽蔑する, 嘲弄(ちょうろう)する, 《親指を鼻先につけ他の指を広げる》. He *thumbed* his ～ *at* us as we drove by. 我々の車が通りかかった時彼は我々に軽蔑のしぐさをした. He *thumbed* his ～ *at* the rules. 彼は規則を鼻先であしらった.
tùrn one's nóse ùp at .. 〖話〗..をばかにする, せせら笑う. He *turned* his ～ *up at* our suggestions. 彼は我々の提言をせせら笑った.
under a pèrson's (***vèry***) ***nóse*** 〖話〗(1) 人の鼻先[目の前]で[に]. I thrust the paper *under* his ～. 私はその書類を彼の目の前に突きつけた. We had the victory snatched from *under* our ～. (手にしかけた)勝利をあれよあれよと言う間にもぎ取られる. "Have you seen my pen any where?" "Right there, *under* your ～."「私のペン見なかった」「そこよ, 目の前にぶらさがってるじゃない」. (2) 人の鼻先で(こっそり). This conspiracy was going on right *under* the King's ～. この陰謀はすべて国王のおひざ元で進行していた.
with one's nòse in the áir 〖話〗鼻をつんと上げて, そっくり返って, 高慢な態度で.
── 動 他 **1** をにおいで見つけ出す, 〈*out*〉. The dog ～*d* the snipe. 犬はシギ(の居場所)をかぎつけた. **2** (**a**)〔動物が〕に鼻を押しつける[こすりつける]. The horse ～*d* my hand. 馬は私の手に鼻をこすりつけた. (**b**) VOC (～ X Y) X を鼻で押して Y の状態にする; VOA を〔..の方に〕鼻で押す. The dog ～*d* ⌊the door *open* [his food bowl *aside*]. 犬は鼻で押して戸を開けた[えさ入れをわきにのけた].
3 (**a**) VOA を用心しながら押す[動かす, 進ませる]. ～ a car *out* 車を静かに外へ出す. (**b**) VOA 〈目的語は one's way〉用心しながらゆっくり進む[動く]. The ship ～*d* its *way through* the ice. 船は用心しながら氷を分けてゆっくりと進んで行った.
── 自 **1** においをかぐ〈*for, after* ..の〉; (においで)捜す〈*for, after* ..を〉. The puppy ～*d at* my legs. 子犬は私の脚をくんくんかいだ. **2** VA (～ *into* ..)〖話〗..を詮索(せんさく)する, ..に口出しする. ～ *into* other people's affairs 他人の事にくちばしを入れる.
3 VA ゆっくりと[用心深く]進む.
nòse abóut [〖米〗***aróund***] 〖話〗かいで回る, あちこち捜し回る, 〈*for* ..を求めて〉.
nóse about [〖米〗***around***] ***..*** 〖話〗〔場所〕をかぎ回る, 捜し回る. The policemen ～*d about* the office for clues. 警官たちは手がかりを求めて事務所を捜し回った.
nòse /../ óut 〖話〗(1)(捜し回って)..を見つけ出す. ～ *out* another's secret 人の秘密をかぎ出す. (2)〖米〗..にわずかな差で勝つ. We were ～*d out* in the bidding. 我々は小差で入札に敗れた. [＜古期英語]
nóse·bàg 名 C (馬の首につるす)かいば袋(〖米〗feedbag).
nóse·bànd 名 C (馬具の)鼻革.
nóse·blèed 名 aU 鼻血(を出すこと). have a ～ 鼻血を出す.
nóse càndy 名 U 〖米俗〗粉末コカイン[ヘロイン]《吸引用》.
nóse còne 名 C (宇宙ロケットの)頭部, (ミサイルの)弾頭, 《本体と分離できる》.
-nosed /-d/ 〈複合要素〉「..鼻の」の意味. long-*nosed* (鼻が高い). flat-*nosed* (鼻が扁(へん)平な).
nóse·dìve 名 C **1** (飛行機の機首を地上に向けての)急降下. **2** 〖話〗(物価, 株式などの)暴落.
── 動 (→dive) 自 **1**〔飛行機が〕急降下する. **2**〔物価, 株式などが〕暴落する. 「形.
nose·dove /nóuzdòuv/ 動 〖米〗nosedive の過去
nóse·gày 名 (複 ～s) C 〖雅〗(普通ドレスなどに付ける)小さな花束, コサージュ.
nóse jòb 名 C 〖話〗鼻の美容整形手術《英米では鼻を低くすることが多い》.
nóse·pìece 名 C **1** (かぶとの)鼻当て; (馬具の)鼻革. **2** 眼鏡の鼻に当てる部分.
nóse rìng 名 C (牛などの)鼻輪; (未開人の)鼻輪飾り.
nóse·whèel 名 C (飛行機の)前輪.
nos·ey /nóuzi/ 形 ＝nosy.
nosh /nɑʃ|nɔʃ/ 動 自 〖英話〗食う (eat); 〖米話〗間食をする. ── 名 **1** U 〖英話〗食い物 (food). **2** aU 〖英話〗食事; 〖米話〗軽食.
nò-shów 名 C 〖話〗欠席客《飛行機などの座席予約をしておきながら現れない》.
nósh-ùp 名 aU 〖英話〗(盛り沢山な)ごちそう.
nos·i·ly /nóuzili/ 副 おせっかいに, 詮索(せんさく)好きに.
nos·i·ness /nóuzinəs/ 名 おせっかい, 詮索(せんさく)好き.
‡**nos·tal·gi·a** /nɑstǽldʒ(i)ə|nɔs-/ 名 U **1** ノスタルジア, 郷愁, 〈*for* ..への〉. I have no feelings of ～ *for* Britain. 私は英国に対する郷愁の念は持っていない. **2** 懐旧の念, 追憶, 〈*for* ..への〉. [近代ラテン語 (＜ギリシア語「帰郷」＋「痛み」)]
‡**nos·tal·gic** /nɑstǽldʒik|nɔs-/ 形 郷愁の, 郷愁を感じさせる, 懐古的な; 郷愁を感ずる〈*for* ..に〉.
▷**nos·tal·gi·cal·ly** /-k(ə)li/ 副
Nos·tra·da·mus /nɑ̀strədɑ́:məs|nɔ̀s-/ 名 ノストラダムス (1503–66)《フランスの医者・占星家》.
†**nos·tril** /nɑ́strəl|nɔ́s-/ 名 C 鼻の穴, 鼻孔. [＜古期英語 'nose-hole']
nos·trum /nɑ́strəm|nɔ́s-/ 名 C 〖章・軽蔑〗 **1** いんちき特効薬. **2** (問題解決の)妙案[決め手](と称するもの). [ラテン語 'our own (make)']
nos·y /nóuzi/ 形 e 〖話・軽蔑〗おせっかいの, 詮索(せんさく)好きの.
nòsy párker 名 C 〖英話・軽蔑〗おせっかい屋.
‡**not** /nɑt|nɔt/ 副

> 語法 〈語形〉〖話〗では not は助動詞, be 動詞, have 動詞の後で n't と短縮され, do*n't*, wo*n't*, is*n't*, have*n't*, などとなる.
> 〈用法〉《語否定》否定する語, 句の前に置かれる: I was here, ～ there. (私はここにいたのであって, そこにいたのではなかった) He told me ～ to work too

hard.（彼は私にあまり働きすぎるなと言った）
《文否定》(1) 否定の平叙文では，助動詞及び be 動詞，have 動詞の後に置かれる: You must ～ go alone.（君は1人で行ってはいけない）They are ～ students.（彼らは学生ではない）I have*n't* a cold.（僕は風邪を引いてはいない）
(2) 否定の命令文では，動詞の前に do not 又は don't を置く: Do ～ touch it.（それに触るな）Do*n't* be noisy.（騒ぐな）
(3) 否定の疑問文の場合，not が主語の後に置かれる: Is Mary ～ here?（《章》では Is ～ Mary here? とすることもある）Are you ～ tired?（お疲れではありませんか）Do you ～ know Madonna?（あなたはマドンナを知らないのですか）;《話》では普通 are*n't*, do*n't*, is*n't*, ca*n't* などの短縮形が主語の前に置かれる; また付加疑問の場合は，普通 is*n't*, do*n't* などの短縮形を用いる: Are*n't* you tired?（お疲れではありませんか）Do*n't* you know Madonna?（あなたはマドンナを知らないのですか）You're tired, are*n't* you?（お疲れのようですね）
(4) 助動詞が2つ以上続く時は not は第1助動詞の後に置く: You should*n't* have done so.（君はそうすべきではなかった）Has*n't* the building been finished yet?（建物はまだ完成していないのか）
(5) be 動詞，have 動詞以外の一般動詞の後に not を置くのは《古・詩》: Cast ～ your pearls before swine.（《聖書》豚に真珠を投げ与えるな）; ただし《章》(の成句など)では，特に know など少数の動詞がこの語順を取ることがある: He went I know ～ where.（彼はどこか私の知らない所へ行ってしまった）
(6) 提案・必要などを表す that 節では，仮定法現在の動詞の前に not が置かれる: I requested that ⌞they ～ smoke [the door ～ be closed].（彼らがたばこを吸わない[ドアを閉めない]ように求めた）
(7) 主節の動詞 think, believe, suppose などが後に名詞節を伴っている場合，I think it is ～ a fact.（それは事実ではないと思う）とするよりも I do*n't* think it is a fact. のように主節の動詞を否定する構文を用いるのが普通.

1〈文否定: 述語動詞を否定〉(**..**で)ない，(**..**)しない. I'm ～ tired at all. 私は少しも疲れていない (★am には短縮形 n't は付かない; →ain't, aren't). Dora was*n't* very happy in her marriage. ドーラの結婚はあまり幸福でなかった. We do*n't* have [《英》have*n't*] any friends here. 我々はここでは友達がいない. Man does ～ live by bread alone. 人はパンのみにて生きるものではない. 注意 not 以下に副詞句[節]が続く場合，not の作用域によって意味があいまいになることがある: I did*n't* sleep until midnight.（真夜中まで眠らなかった）《文否定》;（真夜中までは眠らなかった(それ以前に目を覚ました)）《語否定》.

2〈語否定〉(**a**) ..でない，でなく. My car is parked ～ far from here. 車はここから遠くない所に止めてある (far を否定). (**b**)〈否定的な意味の語句の前〉..でなくもない; 大いに..である. ～ unkind 親切でないことはない; 親切な. ～ without reason ちゃんとした理由があって. ～ a few [a little] 少なからぬ. ～ once or twice 一再ならず. ～ seldom しばしば. ～ reluctantly いやいやどころか大喜びで. (**c**)〈文，節の要素を否定〉(★節の省略とも考えられる) The jury declared the man ～ guilty. 陪審は男は無罪であると宣言した《目的補語 guilty を否定》. She hates John, ～ me. 彼女は私ではなくジョンが嫌いだ《目的語 me を否定》.

3〈不定詞，動名詞，分詞の否定〉(★not の位置に注意) Mother told me ～ to go out late at night. 母は夜遅く外出しないようにと私に言った. She regretted ～ having taken an umbrella with her. 彼女は傘を持って出なかったことを悔やんだ. *Not* having finished the task, the secretary couldn't go home. 仕事を終えていなかったので秘書は家に帰れなかった.

4〈部分否定〉..とは限らない，必ずしも..でない，(★all, both, every, always, necessarily, altogether, quite などと共に用いる). All is ～ gold that glitters.《諺》輝くもの必ずしも金ではない. All cats do*n't* dislike water. 猫はみんな水が嫌いとは限らない (★All を最も強く発音する; 文脈によって，又 don't を最も強く発音すると，「猫はみんな水を嫌わない」〈全体否定〉の意味になる; *Not* all cats dislike water. とすれば常に部分否定). Both of his parents are ～ alive. 彼の親は両方とも生きているわけではない《片方は死んだ》. He is ～ always idle. 彼はいつも怠けているわけではない. *Not* all the students took the examination. 学生全員がその試験を受けたわけではない.

5〈全体否定〉何も[少しも，いずれも]..ない (★any, either などの前で用いる). There is*n't* any money left. ＝ There is no money left. 金は少しも残っていない. He lent me two books, but I have*n't* read either of them. 彼は私に本を2冊貸してくれたがどちらもまだ読んでいない.

6〈否定の語，句，節，文の代用〉Please come if you can; if ～ (＝if you ca*n't* come), just give me a call. 来られたらどうぞ来てください，もし来られない時はちょっと電話してください. "Will you be inviting Beth?" "No, definitely ～!"「ベスは招待するのかい」「いや，とんでもない」. Whether you like it or ～, you must study hard. 好むと好まざるとにかかわらず君は一生懸命勉強しなければならない. "Do you have any small change?" "I'm afraid ～."「小銭をお持ちですか」「あいにく持っていません」(語法 (1) この not は肯定文の so に対応する; →so 3. (2) この用法が可能な主な動詞は say, think, believe, suppose, expect, fear, hope, seem, appear などである)."I'll bet you're rolling in it." "*Not* me."「君はきっと大金持ちなんだろうね」「とんでもない」.

7〈否定の反復的強調〉(★not＋代名詞を付加する) He will *nòt* succéed, *nòt* hé. 彼は成功しないだろう，するものか.

8〈感嘆文中に特に意味なく挿入して〉(★not がない場合と意味は同じ) What have I ～ suffered! ひどい目に遭ったもんだ (★修辞的疑問文 What have I ～ suffered?（私は何を被らなかったか）と混交した).

9《話・戯》〈間投詞的〉というのは冗談[うそ]. We got divorced—～! 私たち離婚したの. なーんちゃって，うそ.

10〈二重否定〉→double negative.

***nót a* (*sìngle*)..** ただ1つ[1人]の..もない. *Not a* (*single*) word did he say.（たったの)一言も彼はしゃべらなかった. *Not a* person was to be seen. 人っ子ひとり見当たらなかった.

nòt at áll →at ALL (1).

****nót* X *but* Y** XではなくY (★XとYには同種の文成分が用いられる). Mr. Brown is ～ a diplomat, *but* a politician. ブラウン氏は外交官ではなくて政治家だ. He thought ～ of his friend, *but* of himself. 彼は友人のことではなく自分自身のことを考えた. It's ～ that I don't want leisure, *but* that I can't afford it. 私は余暇が欲しくないのではなくその余裕がないのだ.

***nót but* (*what, that*)** →but.

****nòt ónly* [*mérely, símply*] X *but* (*àlso*) Y** XのみならずまたY (★XとYには同種の文成分が用いられる). She is ～ *only* pretty, *but also* bright. 彼女はきれいなばかりでなく利口だ. *Not only* he *but also* I am to go. 彼だけでなく僕も行くことになっている (★動詞はYに一致させる; →as WELL as ..(2)). *Not only* did he refuse my request, *but* he did so in a very rude manner. 彼は私の要求を拒否したというだけではなく，大変失礼な方

法でそうした (★not only が文頭に来ると後続する文に倒置が起こる).

> 語法 (1) X と Y が論理的にパラレルでないことがある: He ～ *only* bought a word processor *but also* a personal computer. (彼はワープロだけでなくパソコンも買った). (2) but (also) Y の部分は次のような形になることもある: She speaks ～ *only* English *but* French *as well*./She speaks ～ *only* English; she ˪*also* speaks French [speaks French *as well*]. (彼女は英語だけでなくフランス語も話す)

nót that.. ..だというわけではないが. Tom has been going around with Mary a lot lately. *Not that* it makes me jealous. トムは近ごろ盛んにメリーと付き合っている. それで僕が妬(ﾔ)けるわけではないが.

[＜中期英語; nought の短縮]

no·ta be·ne /nóutə-bíːni, -béni/ (よく)注意せよ《略 NB, n.b.》. [ラテン語 'Note well!']

nò·ta·bíl·i·ty 名 (複 **-ties**) U 著名(なこと), 顕著; C〈普通 -ties〉＝notable.

***no·ta·ble** /nóutəb(ə)l/ 形 m **1** **注目すべき, 著名な,** 〈*for*..で/*as*..として〉. a ～ artist [event] 有名な画家[事件]. a boy ～ *for* his cleverness 利発さで目立つ少年. **2** 顕著な, 相当(大き)な. a ～ increase in profits 利潤の著しい増大. a ～ part of my income 私の収入の相当な部分. With one ～ exception, all of her novels were well recieved. 1 つだけ目立った例外はあるが, 彼女の小説はどれも受けがよかった.

── 名 C 〈普通 ～s〉著名な人, 重要人物, 名士.

†nó·ta·bly 副 **1** 目立って, 著しく. His health declined ～. 彼の健康は目立って衰えた. **2** 特に (especially). Some important men were there; ～ the president of the Rotary Club. 名士たちがそこに居合わせた, 特にロータリークラブの会長が.

N

no·tar·i·al /nouté(ə)riəl/ 形 公証人の[が作成した].

no·ta·rize /nóutəràiz/ 動 他 〖章〗〔文書〕を正式なものと証明する.

no·ta·ry /nóutəri/ 名 (複 **-ries**) C 公証人 (**nòtary públic** とも言う; この public は 形).

no·ta·tion /noutéiʃ(ə)n/ 名 UC **1** 表記(法); 表示; 記号《数学, 音楽, 化学, 音声学などで用いる特殊な文字, 記号, 符号の体系》. musical ～ 記譜法; 音符. chemical ～ 化学記号(法). phonetic ～ 音声表記(法). Arabic ～ アラビア数字.

2 〖米〗メモ (note), メモを取ること.

†notch /nɑtʃ|nɔtʃ/ 名 C **1** (物の端, 表面などに付ける) V 字形の刻み目, 切り込み. a ～ cut in the edge of the desk 机の縁に彫り込まれた刻み目. **2** 〖話〗段(階), 級, (degree). The level of our mathematical education has been raised a ～ in recent years. 我が国の数学教育のレベルは近年ちょっとだけ上がった. **3** 〖米〗山あいの細道.

── 動 他 **1** に刻み目を付ける; 〔数, 得点など〕を刻み目を付けて記録する. **2** 〖話〗〔勝利など〕を記録する, 勝ち取る, 〈*up*〉. The team ～*ed up* their sixth victory. チームは 6 回目の勝利を得た. Our company is expected to ～ *up* a record £8 million in profits this year. 当社は本年度に過去最高の 800 万ポンドの利益を挙げるものと思われる.

[＜中期英語 (*a*)*n otch* (＜古期フランス語「刻み目」); 冠詞の n が語頭についた]

notched /-t/ 形 刻み目[切り込み]のある.

‡note /nout/ 名 (複 **～s** /-ts/)

【要点を書き記したもの】 **1** C 〈しばしば ～s〉 **メモ, 覚え書き.** make [take] a ～ [～*s*] of.. を書き留める, ノートに取る. Please make a ～ to phone me. 私に電話するようメモしておいてください. He always speaks without [by, from] ～*s*. 彼はいつもメモなしで[を見ながら]話をする. 注意 日本語のノート (notebook) の意味はない.

2 C **短い手紙,** 短信, (類語 用件だけの短い letter). send a ～ of thanks [thankyou ～] 礼状を送る. leave a ～ 置き手紙をする. Please drop us a ～ when you get there. 向こうに着いたら一筆書き送ってください.

3 C **注(釈),** 注解, (→footnote). marginal ～*s* 欄外の注. Consult the ～*s* at the back of the book. 本の後ろの注を調べてみなさい. →liner notes.

【公的な書き付け】 **4** C (政府間の)外交通牒(ﾁｮｳ), 覚え書き, 通達(文書). a diplomatic ～ 外交通牒.

5 C 〖英〗**紙幣** (bank note; 〖米〗bill). a ten-pound ～ 10 ポンド紙幣. I want the money in ～*s*, not in coins. お金は硬貨でなくお札でください.

6 C (証明書など諸種の)..書[状], 手形. a sick ～ 病気証明書. a promissory ～ [～ of hand] 約束手形.

【しるし, 記号】 **7** C 記号, 符号. a ～ of exclamation [interrogation] 感嘆[疑問]符.

8 C 〖楽〗音符. a whole [half] ～ 全音[半音]符. a quarter [an eighth] ～ 4 分 [8 分]音符.

【音符＞音】 **9** C (楽器の 1 つの)音, 音色, 調子; (ピアノ, オルガンなどの)鍵(ｹﾝ) (key); 〖古〗(鳥の)鳴き声. strike a high ～ on the piano ピアノで高い音を出す. a warbler's sweet ～*s* ウグイスの美しい声. the black [white] ～*s* of a piano ピアノの黒[白]鍵.

10 C 〈単数形で〉(話の)調子, 語気, 話しぶり; 感じ, 雰囲気, 印象. speak with a ～ of disgust [anger] うんざりした[怒った]調子で話す. The speech ended on a very optimistic ～. 演説はごく楽観的な調子で終わった. furniture with an autique ～ 古風な感じの家具. On that ～ we parted. そんな雰囲気のうちに我々は解散した.

> 連結 a positive [a negative, a pessimistic; a cheerful, a happy, a pleasant; a discordant] ～

【要点＞注目】 **11** U 〖章〗**注目,** 注意. a matter worthy [deserving] of ～ 注目に値する事柄.

12 U 〖章〗**著名,** 高名; 顕著, **重要性.** a man of ～ 名士. a poet of little ～ あまり有名でない詩人.

chànge one's nóte ＝change one's TUNE.

compàre nótes →compare.

hìt [strìke↓] a fàlse [the wròng] nóte

hìt [strìke↓] the rìght [corrèct] nóte

màke a mèntal nóte (1) 銘記する, (書き留めないで)しっかり覚えておく, 〈*of*..を〉. (2) 忘れずに心がける〈*to* do..するように〉.

sòund [strìke] ˪a nóte [the nótes] of.. ..の意見[気持ち]をはっきり打ち出す. *The Guardian* started by *sounding the* ～*s of* reform. 『ガーディアン』紙は改革の声を強く打ち出すことから出発した.

strìke [hìt] a fàlse [the wròng] nóte (ピアノなどの)間違った鍵をたたく; 的外れなことをする[言う].

strìke [hìt] the rìght [corrèct] nóte 適切な意見を述べる, 適切なことをする.

tàke nóte (of..) (..に)注意を払う, 留意する; (..に)気づく. The government *took* no ～ *of* public opinion. 政府は世論に全然耳を貸さなかった.

── 動 (**～s** /-ts/|過 過分 **nót·ed** /-əd/|**nót·ing**) 他

【要点に注目する】 **1** **を書き留める,** のメモを取る, 〈*down*〉; VO (～ *that* 節/*wh* 節·句) ..ということを/..かを書き留める; (類語 要点を素早く書き留めること; →write). I ～*d down* his telephone number. 私は彼の電話番号を書き留めた. ～ *down how* to make French dressing フレンチドレッシングの作り方を書き留める.

2 〖章〗**に注意する;** に気づく; VO (～ *that* 節/*wh* 節) ..ということに/..かに注意する. Frank ～*d* a trace of insincerity in her voice. フランクは彼女の声にかすかに不

誠実さがあるのに気づいた. Please ~ *that* a check is enclosed herewith. 小切手が同封してありますのでご注意ください.
3 〖章〗【気づかせる】に言及する; についてひと言述べる; [VO] (~ *that* 節/*wh* 節) ..ということに/..かに言及する. The newspaper does not ~ *what* the cause of the fire was. 新聞は火事の原因が何であったかには触れていない. [＜ラテン語 *nota*「しるし」]

‡**note·book** /nóutbùk/ [名] ([複] ~s /-s/) [C] **1** ノート, 手帳, 筆記帳; 約束手形帳. **2** ノート型パソコン《小型の携帯用》(**nòtebook compúter**).

nóte·càse [名] [C] 〖英〗 札(さつ)入れ (wallet).

***not·ed** /nóutəd/ [形] [m] **有名な**, 著名な, 〈*for* ..で/*as* ..として〉 ([類語] 特別な能力などのためにある分野で有名な, の意味). a ~ musician 有名な音楽家. The professor is ~ *for* his originality. その教授は独創性で有名だ. He is ~ *as* a baseball player. 彼は野球選手として有名だ. ▷ **~·ness** [名]

nót·ed·ly [副] 著しく, 目立って.

nóte·less [形] **1** 注目されない, 無名の. **2** 旋律のない; 非音楽的な. 「用の小さなカード.

note·let /nóutlət/ [名] [C] (普通, 絵柄のある)短い手紙↑

nóte·pàd [名] [C] (はぎ取り式の)便箋(せん), メモ帳.

nóte·pàper [名] [U] 便箋(せん), 書簡箋. headed ~ レターヘッドを印刷してある便箋.

note·wor·thi·ness /nóutwə̀ːrðinəs/ [名] [U] 注目すべき価値のあること.

†**note·wor·thy** /nóutwə̀ːrði/ [形] 〔特に, 物事, 事件などが〕注目すべき, 目立った, 顕著な.

nòt-for-prófit /[移]/ [形] 〖米〗 =nonprofit.

‡**noth·ing** /nʌ́θiŋ/ [代] 〈単数扱い〉 **何も..(で)ない** (not anything) (★形容詞を付ける時は後に置く: →次の例). There's ~ wrong with your car. 君の車はどこも悪いところはない. I have ~ to tell you. お話することは何もありません. *Nothing* great is easy. 偉大な事で容易なものはない. The man has ~ in him. その男には何の取り柄もない. Doing ~ is doing ill. 〖諺〗 小人閑居して不善をなす《＜何もしないことは, 良くない事をすることになる》. *Nothing* you say will change my mind. 君が何を言おうと僕の考えは変わらない. sleep with ~ on 何も着ないで寝る. We had to drink muddy water—there was ~ else to drink. 我々は泥水を飲むしかなかった. ほかには何も飲むものがなかったから.

—— [名] ([複] ~s /-z/) **1** [U] **無**, 空(くう); [C] 〖数〗 ゼロ, 零. stare at ~ 空を見つめる. all or ~ 全部かゼロか. *Nothing* comes of ~. 〖諺〗 無から有は生じない, まかぬ種は生えぬ. He is five feet [foot] ~. 彼は身長が5フィートちょうどだ. His telephone number has two ~*s* at the end. 彼の電話番号は終わりにゼロが2つ付いている.

2 [C] つまらない人[物, 事], 値打ちのない人[物, 事]. whisper sweet ~*s* たわいのない甘い言葉をいろいろとささやく. He felt like a mere ~ in the presence of such a great man. あんな偉い人の前に出て彼は自分を本当につまらない者だと感じた.

be gòod for nóthing 何の役にも立たない. This room *is good for* ~; it's too small. この部屋は役に立たない, 小さすぎる.

be nóthing to .. (1) ..にとって何でもない, どうでもいい. A hundred dollars will *be* ~ *to* him. 100ドルという金は彼にとって何でもない. (2) ..とは比較にならない. Their difficulties *are* ~ *to* ours. 彼らの困難など我々のとは比べものにならない. 「with ..(1).

be nóthing to dó with .. =have NOTHING to do↑

còme to nóthing 実を結ばない, だめになる, (fail). All his efforts *came to* ~. 彼の努力はすべて水泡に帰した.

dò nóthing but dó ..ばかりする. Susie *does* ~ *but* read all day long. スージーは1日中本ばかり読んでいる.

****for nóthing*** (1) ただで, 無料で. You can have it *for* ~. ただで上げるよ. (2) むだに[で]. All my hard work has gone *for* ~.=I have worked hard all *for* ~. 私が骨折った仕事がすべてむだになってしまった. (3) 理由なしに, いわれなく, 〈not の後に用いる〉. He has lived very well in his time; he isn't gouty *for* ~. 彼は随分ぜいたくして来たのだ. 痛風になったのも無理はない.

hàve nòthing between the éars ばかである《両耳の間に何もない＞脳みそがない》.

hàve nóthing on a pèrson →have.

hàve nóthing to dó with .. (1) ..と全然関係がない. His failure *has* ~ *to do with* me. 彼の失敗は私に何のかかわりもない. (2) 〔人〕と全く交渉がない, 付き合わない. She would *have* ~ *to do with* him. 彼女は彼とどうしても付き合おうとはしなかった.

in nòthing flát 〖話〗 すぐに, あっという間に. cook a meal *in* ~ *flat* あっという間に食事を作る.

It's nóthing. (礼を言われたのに応じて)どういたしまして, お安い御用です. 「る, 感じるなど).

like nòthing on éarth この上なく変に[醜く]〔見え↑

màke nóthing of .. (1) ..がさっぱり分からない. I can *make* ~ *of* her attitude to me. 私に対する彼女の態度が全く分からない. (2) ..を何とも思わない (think nothing of ..).

nèxt to nóthing 無いも同然 (almost nothing; →NEXT to (2)). I admit I know *next to* ~ about international politics, but ... 国際政治についてほとんど何も知らないことは認めるよ, だけど...

nò nóthing 〖話〗 何にもない 〈否定語を並べたあとで〉. No food, no clothing, *no* ~. 食べ物もなし, 着る物もなし, ないないづくしだ.

****nóthing but ..*** 〖章〗 (1) **..にほかならない**. He is ~ *but* a fool. 彼こそ正真正銘のばか者だ. (2) **ただ..だけ** (only; →do NOTHING but do). I felt ~ *but* despair. 私は絶望を感ずるばかりだった. *Nothing but* peace will save mankind. ただ平和だけが人類を救うだろう.

nòthing dóing 〖話〗 (1) 〈間投詞的〉 嫌だ, だめだ, 《拒絶, 見込みのなさなどを表す》. You want me to go in there and face them? *Nothing doing!* 中に入って彼らに面と向かってくれって? とんでもない. (2) 〈there [it] is に続けて〉 効果がない, だめである. I put the proposal to George, but there [it] was ~ *doing*. ジョージにその提案をしてみたがだめだった. (3) 何も行われていない. There's ~ *doing* around here, so let's drive to the town. この辺りじゃ何も面白いことがないから車で町まで出ようぜ.

nóthing if not 〖話〗 それこそ..である. Ben is ~ *if not* studious. ベンは勤勉なのが身上だ《勤勉でないとすれば何ものでもない》.

nòthing léss than →less.

nòthing móre than →more.

nòthing múch →much.

nóthing of .. 〖章〗 (1) 少しも..でない, ..のところが全然ない, (→ANYTHING of .., SOMETHING of ..). Henry Smith is ~ *of* a scholar. ヘンリー・スミスは学者なんてものじゃない. (2) ..のほんの少しも..しない. I remember ~ *of* my early days in France. 私はフランスで過ごした若いころを少しも覚えていない.

nòthing of the kínd [sórt] (想定されるものと)懸け離れた事, 全く違う事. They say his show is fantastic but I think it is ~ *of the sort*. 彼のショーはすばらしいとのうわさだが全く逆だと思う.

stòp at nóthing →stop.

There is nóthing (else) for it but to dó 〖英〗 ..するよりほかない. The snow blocked our way. *There was* ~ *for it* now *but to* turn back. 雪で道が閉ざされた. 今や引き返すほかなかった.

There is nóthing like.. ..に匹敵するものはない. *There is* ～ *like* beer on a hot day. 暑い日にはビールが一番だ.
(there's) nóthing in it (1)(話などに)何の根拠もない, 真実ではない. (2)大差なし, 大同小異.
(there's) nóthing to it (1)大変簡単だ. (2)=(there's) NOTHING in it.
thìnk nóthing of X →think.
to sày nóthing of.. →say.
wànt nóthing to dó with.. ..と全く関わりたくない.
── 副 **1** 少しも[決して]..ない (in no way). care ～ for fame 名誉は少しも気にしない[欲しくない]. The costly blunder left him ～ wiser. その手痛い失策の後も彼は少しも利口にならなかった《失敗から何も学ばなかった》. His advice helped us ～. 彼の助言は我々に何の役にも立たなかった. ～ daunted [loath] →daunt [loath] (成句). **2**〖米話〗〈前の語を強く打ち消して〉..なんてとんでもない, ..どころではない. "You have a nice husband." "Nice husband ～. He won't lift a hand to tidy the house."「いいご主人ね」「いい亭主なもんですか. 家の中片付けるのに指 1 本動かさないのよ」.
nóthing like [near].. 〖話〗ちっとも..らしくない, ..とは似ても似つかない. That picture looks ～ *like* my aunt. その絵はおばさんにちっとも似ていない.
nòthing líke [néar] as X ***as*** Y 〖話〗Y に比べて少しも X でない [X どころではない]. His new work is ～ *like* [*near*] *as* good *as* his last. 彼の今度の作品はこの前のに及びもつかない.
nòthing shórt of.. →short 形 成句.
── 形〖話〗つまらない, 取るに足りない, 下らない.
[＜古期英語 (＜no＋thing)]

nóth·ing·ness 名 U **1** 無, 空(くう), 実在しないこと. pass [fade] into ～ 無に帰する. **2** 無価値; むなしさ **3** 無意識, 人事不省.

N

‡no·tice /nóutəs/ 名 (複 **-tic·es** /-əz/)
【注目】 **1** U **注意**(する[される]こと), 注目, (類語 attention より意味が弱い). attract [draw] ～ (人の)注目を引く. The girl paid him no ～. 少女は彼を気にかけなかった. tiptoe quietly to escape ～ (a person's) (人に)気うかれないようにそっとつま先立ちで歩く. His latest novel is worthy of ～. 彼の最新小説は注目に値する.
2 C (新刊書, 劇などの)短い評, 寸評. The new movie received good ～*s*. 今度のあの映画はいい批評を受けた.
【注意を促すこと】 **3** U **警告**; **通知**, 告知, 通告; 予告(期間). *Notice* is hereby given that ..ということをここに告知します《新聞紙上などで役所が公告する場合の文句》. If you had given me more ～, I could have changed my plans for you. もっと前に通知をくれていたら, 君のために私の計画を変えられたのに.
4 U (退職, 解雇, 解約などの)**(事前)通告**, 届け出. give a month's ～ 1 か月前に通告をする. receive ～ to leave 解雇[退去要求]の通知を受ける. He was fired without ～ [at a week's ～]. 彼は予告なしに 1 週間前の予告で首になった.
5 C 通知書; **掲示**(板), (短い)**広告**, 告知記事; びら, 張り紙. an obituary ～ 死亡広告. post [place, put up] a ～ 掲示を出す.
at [on] shòrt [at a mòment's] notice 短い[ほんのわずかの]予告期間で; すぐ, 急に, 即刻. They say delivery *at* such *short* ～ is impossible. そう短期間で配達するのは不可能だと彼らは言う.
beneath a pèrson's nótice 〖章〗人にとって注意する値打ちがない, 無視してもいい. Our offer was considered *beneath* his ～. 我々の申し出は彼に考慮する価値なしとされた.
brìng..to a pèrson's nótice 〖章〗..に人の注意を促す, ..を人に知らせる. The incident was never brought *to* my ～. その事件のことはだれも私に教えてくれなかった.
còme into [to, under] nótice 〖章〗(世の中の)注意を引く, (世間に)知れる.
còme to a person's nótice 人に気うかれる, 人に知らされる. It has *come to* my ～ that he has been deceiving me. 彼はずっと私をだまし続けてきたのだということに私は気うい た.
hànd [gìve] in one's nótice 辞表を出す, 退職を申し出る.
sèrve nótice 〖章〗通告する, 警告する, 〈*of* ..を/*that* ..と〉. The Town Council *served* ～ *of* its intention to amalgamate the two schools. 町議会はその 2 校を合併する意向を公示した.
tàke nótice (of..) 〈しばしば否定形で〉(..に)注意を払う, (..を)気にかける; (..に)気うく. The boy never *took* any ～ *of* what his father told him. 少年は父親の言うことを意に介さなかった. I shouted at him, but he *took* no ～. 大声で彼に叫んだのに彼は無視した[気うかなかった]. sit up and *take* ～ →sit.
until fùrther nótice 〖章〗次の知らせがあるまで, 追って通知するまで. The theater will be closed *until further* ～. 当劇場は追ってお知らせするまで休館いたします.
── 動 他 (-tic·es /-əz/| 過 過分 **～d** /-t/| -tic·ing)
1 (a) に**気づく**, を認める, 見つける; に注目する; VO (～ *that* 節/*wh* 節·句) ..ということ/..かに気うく. without being ～*d* 人に気うかれないで. She ～*d* a hole in her sock. 彼女は靴下の穴に気がついた. They had not ～*d how* fast the time passed. 彼らは時間が大層早くたったことに気がつかなかった. Young actresses are trying hard to be ～*d* by eminent film directors. 若い女優たちは有名な映画監督の目に留まろうと一生懸命だ.
(b) VOC (～ X *do*/X *doing*) X が..するのに気がつく. I ～*d* John cross [cross*ing*] the street. 私はジョンが通りを横断する[している]のに気がついた. 語法 この受け身は John was ～*d to* cross [cross*ing*] ..となるはずだが, 不定詞を用いる形は一般的でない.
2 (新刊書, 劇など)を紹介する, の評を書く. His new book was favorably ～*d* in a newspaper. 彼の新しい本はある新聞で好意的な批評を受けた.
── 自 注意[注目]する, 気がつく. Bill winked at Gill, but she didn't seem to ～. ビルはジルにウインクしたが, 彼女は気がつかなかったようだ.
[ラテン語「知(られ)ること, 知識, 名声」]

***no·tice·a·ble** /nóutəsəb(ə)l/ 形 m **1** すぐ気がつく, 目立つ, 著しい, (類語 人目につきやすいことに重点がある; →conspicuous, outstanding, prominent, salient, striking). ～ improvement [effect] 目に見える改善[効果]. Her blonde hair was quite ～ among all the brunettes. 茶色の髪の人たちに交じって彼女のブロンドの髪はとても目立った. It's ～ that the nights are getting longer day by day. 日ごとに夜の長くなるのが感じられる. **2** 注目すべき, 重大[重要]な. make a ～ discovery 重大な発見をする.
▷**-bly** 副 目立って; 目立つほど, 著しく.

nótice bòard 名 C 〖英〗掲示板 (〖米〗bulletin board).

no·ti·fi·a·ble /nóutəfàiəb(ə)l/ 形 届け出るべき. a ～ disease 法定伝染病 《cholera など》.

‡no·ti·fi·ca·tion /nòutəfəkéiʃ(ə)n/ 名 〖章〗 **1** UC 通知, 通告, 告示, 届け出. **2** C 通知書[状], (出生, 死亡などの)届け.

†no·ti·fy /nóutəfài/ 動 他 〖章〗 **1** を通知する, 届け出る, 〈*to* ..に〉; に通知する 〈*of* ..を/*about* ..について〉. ～ a birth 出生を届け出る. He *notified* the post office *of* his change of address. 彼は住所変更を郵便局に連絡した. I want to be *notified* in case of any changes. 何か変更があったら通知してもらいたい. ～ the police 警察に届ける.

2 🅦 (〜 X *to do*/X *that* 節/X *wh* 節・句) X に..することを/..ということを[と]/..かを届け出る, 通報する. Paul *notified* me *that* he would attend the meeting. ポールは会に出席すると通知してきた. **3**〖主に英〗を公告する, 公示する. [<ラテン語「知らせる」]

‡no·tion /nóuʃ(ə)n/ 名 C **1 考え**, 見解, 概念, 心像; 見当; 〈*of*..についての〉 (類語 idea とほぼ同じ意味であるが, まだ固まっていない不完全な考え, 気まぐれ, むら気なども指す). Shakespeare's 〜 *of* religion シェークスピアの宗教観. your 〜 *of* a good wife 君が持っている良妻の概念《良妻とはこういうのだと君が思っていること》. He has no 〜 *of* time. 彼は時間の観念がない《時間にずぼらだ》. I haven't the slightest 〜 (*of*) where he is now. 彼が今どこにいるのか全然見当がつかない.
2 (ある特定の)**観念**; **考え方**, 意見; 〈*that* 節 ..という〉. abhor such 〜*s* as liberty and equality 自由とか平等といった観念を毛嫌いする. That's a silly 〜. それはばかげた考えだ. I scorn the 〜 *that* circumstances govern character. 環境が性格を支配するという考えを私は軽蔑する.
3 意向, つもり, 〈*of*..の〉; 奇抜な考え, 気まぐれ, 〈*to* do ..しようとする〉. I have no 〜 *of* doing business on my own. 独立して商売を始めるつもりはない. He took [had] a sudden 〜 *to* go out in the snow. 彼は突然雪の中を出かける気になった. He is continually getting one 〜 after another into his head. 彼はいつも突拍子もない事を次から次に思いつく.
4〖主に米〗〈〜s〉小間物類《ピン, 糸, ボタン, 針など》. a 〜*s* store 小間物店. [ラテン語「認知, 認識」]

no·tion·al /nóuʃ(ə)nəl/ 形 **1** 観念的な, 概念上の; 抽象的な; 理論上の. **2**〖文法〗概念を表す; 概念語の. **3**〖米〗気まぐれな, 夢想にふける. ▷ **〜·ly** 副

‡no·to·ri·e·ty /nòutəráiəti/ 名 U 悪評, 悪名; C 悪名高い人物. 〜 *for* taking bribes 賄賂(わいろ)を取るので有名なこと.

***no·to·ri·ous** /noutɔ́:riəs/ 形 m **1 悪名の高い**, (悪い意味で)評判の, 〈*for* ..で/*as* ..として〉 (類語「悪いことで評判の」の意味; →famous). a 〜 murderer 有名な殺人犯. The city is 〜 *for* its high crime rate. その都市は犯罪発生率が高いので有名である. Nero is 〜 *as* a tyrant. ネロは暴君として悪名が高い. **2**〖古・又は戯〗周知の. [<中世ラテン語「よく知られた」] ▷ **〜·ness** 名

†no·tó·ri·ous·ly 副 悪名高く. a 〜 difficult man to get along with 折り合って行くのが難しいので評判の男.

No·tre Dame /nòutr(ə)-dá:m/ 名 **1** 聖母マリア (Our Lady). **2** (特にパリにある)ノートルダム寺院. [フランス語 'Our Lady']

nò-trúmp /㊇/〖トランプ〗形 (ブリッジなどで)切り札なし(の手)の, ノートラ(宣言)の. ── 名 C 切り札なし[ノートラ]の宣言[勝負, 手], ノートラ.

Not·ting·ham /nátiŋəm|nɔ́t-/ 名 ノッティンガム《イングランド中部の Nottinghamshire の州都》.

Not·ting·ham·shire /nátiŋəmʃər|nɔ́t-/ 名 ノッティンガムシャー《イングランド中部の州; 州都 Nottingham》.

Notts. Nottinghamshire.

†not·with·stand·ing /nàtwiθstǽndiŋ, -wið-|nɔ̀t-/〖章〗前 ..にもかかわらず (in spite of). The estate was finally sold, 〜 its high price. その地所は高値にもかかわらずとうとう売れた. 語法 .., its high price 〜. のように目的語の後に置く場合がある.
── 副 それにもかかわらず (nevertheless). He agreed to participate 〜. それにもかかわらず彼は参加に同意した. The weather was very bad; we pushed on 〜. ひどい天気であった, にもかかわらず私たちは進んで行った.
── 接 ..であるにもかかわらず. *Notwithstanding* (that) the weather was bad, we pushed on. 天気が悪かったにもかかわらず私たちは進んで行った.
[<*not withstanding*「..に逆らわず」(独立分詞構文)]

Nou·ak·chott /nuá:kʃat|-ʃɔt/ 名 ヌアクショット《モーリタニア (Mauritania) の首都》.

nou·gat /nú:gət|-gɑ:/ 名 UC ヌガー《砂糖, 蜜(みつ), 木の実などの入った菓子》. [フランス語 (<ラテン語 *nux* 'nut')]

†nought /nɔ:t/ 名 **1** UC〖英〗(数字の)ゼロ, 零. 〜 point one 零点 1《0.1》. point 〜 seven 零点零 7《0.07》. **2** U〖古・詩〗無, 皆無, (nothing). come to 〜 無に帰す. bring .. to 〜 ..を無に帰せしめる. ★ naught ともつづる.
[<古期英語 'nothing' (<no＋aught')]

nòughts and crósses 名 U〖英〗＝tick-tack-toe.

‡noun /naun/ 名 (複 **〜s** /-z/) C〖文法〗**名詞**. a 〜 phrase [group] 名詞句. [<ラテン語 *nōmen*「名」]

> 文法 **noun** 8品詞のうちの1つ. 主語, 目的語, 補語になる品詞で, 普通, 生物や物事を表す. 固有名詞 (proper noun), 普通名詞 (common noun), 物質名詞 (material noun), 抽象名詞 (abstract noun), 集合名詞 (collective noun) に分けられる.
> また複数になり得るかどうかという見地からは可算名詞 (countable; 本書で C) と不可算名詞 (uncountable; 本書で U) に分けられる. 前者には普通名詞と多くの集合名詞が, 後者には物質名詞と抽象名詞が属する.
> 固有名詞: John, England, Williams
> 普通名詞: boy, girl, dog, river, book, year
> 物質名詞: water, iron, air, milk
> 抽象名詞: beauty, kindness, motion, heat
> 集合名詞: group, family, committee, crew
> 普通名詞の単数形は必ず a(n) かそれに代わるもの (the, some, any など)を付ける必要があるが, 物質名詞と抽象名詞は a(n) を付けない (the その他は必要に応じて付く; →uncountable).
> 集合名詞の扱いについては →concord.

nòun of múltitude 名 C 衆多名詞《単数形だが複数扱い(にも)する集合名詞; 例えば My *family* are all well. の family》.

***nour·ish** /nɔ́:riʃ|nʌ́r-/ 動 (**〜·es** /-əz/|過 過分 **〜ed** /-t/|**〜·ing**) 他 **1** (食物, 栄養物などを与えて)を**養う, 育てる**; 〔土地など〕を肥やす. a well [badly] 〜*ed* child 栄養のよい[不良の]子供. Water and sunlight 〜 plants. 水と日光は植物を育てる. Strict vegetarians 〜 themselves only on [with] vegetable foods. 厳格な菜食主義者は植物性食品だけから栄養を取る. Good books 〜 people's minds. 良書は人々の心の糧になる. **2**〔計画, 活動など〕を助長する, 奨励する. 〜 the arts 芸術活動を奨励する. **3**〖章〗〔感情, 信念など〕をはぐくむ, 抱き続ける. He 〜*es* a hatred for me. 彼はかねがね私に憎悪の念を抱いている.
[<ラテン語 *nūtrīre*「養育する, 世話をする」]

nóur·ish·ing 形 栄養になる, 滋養分が多い. 〜 food 栄養のある食物.

†nour·ish·ment /nɔ́:riʃmənt|nʌ́r-/ 名 U〖章〗**1** 栄養(物), 食物; 栄養(になること). take 〜 栄養を取る. poor 〜 栄養不良. **2** 助長, 育成.

nous /nu:s, naus|naus/ 名 U **1**〖哲〗理性, 知性. **2**〖英話〗常識 (common sense). [ギリシア語 'mind']

nou·veau riche /nù:vou-rí:ʃ/ 名 (複 **nou·veaux riches** /同/) C にわか成金. [フランス語 'new rich']

nou·velle cui·sine /nù:vel-kwizí:n/ 名 U ヌーヴェルクイジーン《フランスに始まった果物や野菜を多く用い, あっさりした味付けの料理法》. [フランス語 'new cuisine']

N

Nou·velle Vague /nù:vel-vá:g/ 名 (複 **Nouvelles Vagues** /同/) Ⓒ ＝New Wave 1.
[フランス語 'New Wave']

Nov. November.

no·va /nóuvə/ 名 (複 **no·vae** /-vi:/, ～s) Ⓒ 《天》 新星《突然明るくなり, やがて元に戻る; →supernova》.
[近代ラテン語 'new (star)']

No·va Sco·tia /nòuvə-skóuʃə/ 名 **1** ノヴァスコシア半島《カナダ東部》. **2** ノヴァスコシア《1を含むカナダの州; 州都 Halifax; 略 NS》. [近代ラテン語 'New Scotland'] ▷**Nò·va Scó·tian** 名Ⓒ, 形 ノヴァスコシア人; ノヴァスコシア(人)の.

‡**nov·el**[1] /náv(ə)l|nɔ́v-/ 名 (複 **～s** /-z/) Ⓒ **(長編)小説** (→fiction 参考). a historical [autobiographical, detective] ～ 歴史[自伝, 推理]小説. a realistic [psychological, popular] ～ 写実[心理, 大衆]小説. a serial ～ in a magazine 雑誌の連載小説.
[<イタリア語 *novella* 'novella']

*__nov·el__[2] /náv(ə)l|nɔ́v-/ 形 ⓜ **目新しい**, 斬(ざん)新な, 奇抜な. a ～ approach to the problem of population 人口問題に対する斬新な取り組み方. ◇名 novelty
[<ラテン語「新しい」]

nov·el·ette /nàvəlét|nɔ̀v-/ 名 Ⓒ 中編小説《長さは novel と short story の中間; 多く大衆小説的内容を持つ》.

*__nov·el·ist__ /náv(ə)list|nɔ́v-/ 名 (複 **～s**/-ts/) Ⓒ 小説家.

nov·el·is·tic /nàvəlístik|nɔ̀v-/ 形 《章》 小説の; 小説風の, 小説的な.

nóv·el·ìze 動 他 を小説化する《特に映画台本を基にする》. ▷**nòv·el·i·zá·tion** 名

no·vel·la /nouvélə/ 名 (複 **～s, no·vel·le** /-li:, -lei/) Ⓒ 中編小説. [イタリア語 (<ラテン語 'new (story)')]

*__nov·el·ty__ /náv(ə)lti|nɔ́v-/ 名 (複 **-ties** /-z/) **1** Ⓤ 目新しさ, 新奇さ. The first ～ of country life soon wore off and I grew bored with it. 田園生活の最初の目新しさはやがて消え, 私はそれに退屈するようになった.
2 Ⓒ 目新しい物[事件, 経験など]. A foreign-born sumo wrestler has ceased to be a ～. 外国生まれの相撲取りは珍しくなくなった.
3 Ⓒ (目先の変わった)新型商品《小型で安いおもちゃ, 服飾品, 土産物など》. Christmas *novelties* クリスマス用の新型小物商品. ◇形 novel [novel[2], -ty[1]]

‡**No·vem·ber** /nouvémbər/ 名 **11月** 《略 Nov.》.
[ラテン語「9番目の(月)」; →December]

no·ve·na /nouví:nə/ 名 (複 **～s, no·ve·nae** /-ní:/) Ⓒ 《カトリック》 連続9日間の祈り.

†**nov·ice** /návəs|nɔ́v-/ 名 Ⓒ **1** 初心者, 未熟者, 〈*in, at* ..の〉. a ～ *at* photography 写真撮影の新米. a ～ driver 新米運転者. **2** 《カトリック》 修練士[女] 《修道士[女]になるため修業中の信者》.
[<ラテン語「新入りの(者)」]

no·vi·ci·ate, no·vi·ti·ate /nouvíʃiət/ 名 **1** Ⓤ 修業期間; (特に修練士[女]の) 修練期間; 見習い[初心者]であること, 修練士[女]の身分.
2 Ⓒ (修練士[女]が修業する)修練院.

No·vo·caine /nóuvəkein/ 名 Ⓤ 〈時に n-〉 《商標》 ノボカイン 《歯の治療などに用いられる局所麻酔剤》.

NOW National Organization for Women; negotiable order of withdrawal (ナウ・アカウント) 《小切手が切れる利子付き預金口座》.

‡**now** /nau/ 副 ⓒ **1** 今, 現在, 目下, (注意「現在」とは言っても, 純粋に「現在時点」を表す場合ばかりではない). What are you doing ～? 今何をしているのですか. He's not here ～, but he'll be back in an hour. 彼は今ここにいませんが1時間したら戻ってくるでしょう. He is ～ teaching at Eton. 彼は今イートン校で教えている. even ～ →even (成句).

2 今までで, これで. My father has been dead fifteen years ～. 父が亡くなってから15年になる.
3 たった今, 今しがた. just ～ →成句. Didn't you hear anything ～? 今何か聞こえなかったかい.
4 《物語などで過去の事柄につき》 今や; それから, 次に; (語法 語り手が心理的に過去の中に身を置いて述べる表現法; 過去を客観的に表すには then を用いる). The orphan was brought up by a distant relative; he was ～ fifteen years old. そのみなし子は遠縁の者に育てられたが, 今や15歳であった.
5 (今)すぐに, ただちに, これから. I must do this ～. 私はすぐにこれをしなければならない. We'll ～ hear a report from the chairman. これから委員長の報告を聞くことにしよう. I'm going away very soon ～. もうすぐ失礼します.
6 今では, こうなった以上は. We missed the last bus, so ～ we must spend the night here. 最終バスに乗り遅れたので我々は今やここで1夜を過ごさなければならない.
7 この次は, 今度は. I have finished this assignment; what shall I do ～? この受け持ちの仕事は終えました, 次は何をしましょうか.
8 〈間投詞的〉 さて, ところで, さあ, そら, (★相手の注意を引いたり, なだめたり, 慰めるためなどに用いる). *Now* listen to me, you all! さあ, みんなよく聞きなさい. *Now*, let's go on to the next topic. さて, 次の話題に移りましょう. come ～ →成句. *Now*, ～ →成句.
9 《話》 〈対照を表して〉 けれども, でも. I'm very busy today. *Now*, if you asked Sam, he'd help you. 私は今日はとても忙しい. でもサムに頼めば手伝ってくれるだろう.

cóme nòw さあさあ《催促》; おいおい, これこれ, 《驚き, 非難》; まあまあ《慰め》.

*__(èvery) nòw and__ ⌊__thén__ [__agáin__]__ 時々, 時折. I see him ～ *and then*, not often. 彼には時々会うよ, しばしばではないが.

hère and nów →here.

*__jùst nów__ (★now の意味に対応して過去, 現在, 未来の3時制の用法がある) **(1) つい今しがた** (語法 過去を指すので現在完了と共に用いないのが原則であるが, 《米》では時に現在完了と共に用いることもある). Maggie left for the post office *just* ～. マギーはたった今郵便局へ出かけました. **(2) ちょうど今**, 今は. I can't see anyone *just* ～. 今ちょうどだれにも会えない. **(3)** すぐに. I'll be coming *just* ～. すぐに参ります.

nòw and thén →(every) NOW and then [again].

nów for .. 次に..を取り上げる. "*Now for* the final baseball scores," said the announcer. 「次に野球の最終結果を申し上げます」とアナウンサーは言った.

nòw, nów ねえ, これこれ, まあまあ, おいおい, 《注意, 慰め, 叱(しっ)責》. *Now*, ～, boys, behave yourselves. これこれ君たち行儀をよくしなさい.

nów .. nów [thén] .. 時には..又時には... *Now* he's studying medicine, ～ engineering. 彼は医学を勉強しているかと思うと今度は工学を勉強している.

nòw or néver 今を外して時無し, ..するのは今だ. Well, it's ～ *or never*―we'll never get another chance! さあ今だ. 二度と好機はやって来ない.

nów thèn さて, さあ; おい, これこれ, (now, now). *Now then*, let's get down to business. さて仕事に取りかかろう.

rìght nów 今すぐ; ちょうど今; (just now).

thére (nòw) ほらほら, さあさあ; それごらん; (→there 間 1).

―― 接 〈普通 ～ that として〉 **..ので**, ..だから, ..からには. *Now* (*that*) the boss is gone, we can talk freely. 上司が行ってしまったから, 我々は自由に話ができる. ～ (*that*) you mention it (そう)言われてみると.

―― 名 Ⓤ **今**, 目下, 現在. *Now* is the best time for a clearance sale. 在庫一掃の売り出しには今が絶好の

時だ. as of ～ 現在の(時点では). till [until] ～ 今まで. She should have arrived here before ～. 彼女はもう到着していいはずだ. Up to ～ there have been no applicants for the job. 今までのところその職への応募者はまだない.

***by nów** 今ごろは(もう). He's safely home *by* ～, I hope. 彼はもう無事に家に着いていると思う.

for nów 今(のところ)は, 差し当たり. Good-bye *for* ～. ではさようなら, それでは又.

****from nów*** (***òn***) これからは, 今後は. I'll quit smoking *from* ～ *on*. 今後はたばこをやめます.

── 形 〈限定〉今の, 現在の, (★the ～ として用いる; →then 形); 〖話〗最新(流行)の, ナウな. the ～ chairman 現議長. [＜古期英語]

‡**now·a·days** /náuədèiz/ 副 ⓒ 近ごろは, 今日(こんにち)では. *Nowadays* a great many people can drive a car. 現在では極めて多くの人が車を運転できる. [＜中期英語 (＜now＋*adays* 'during the day')]

no·way(s) /nóuwèi(z)/ 副 ⓒ 全く..ない (not at all).

‡**no·where** /nóu(h)wèər/ 副 ⓒ どこにも..ない, どこへも..ない, (not anywhere). My wallet is ～ to be found(＝not to be found anywhere). 私の財布はどこにも見当たらない. Our discussions ultimately went [led] ～. 我々の論議は結局うやむやになってしまった. Ten dollars goes ～ now. 今時, 10 ドルでは大したものは何も買えない.

be [***còme*** (***in***)] ***nówhere*** 〖話〗(競争などで)着外になる; 大差で敗れる.

gèt nówhere (***fást***) (1)どこにも(早く)達しない. (2)〖話〗何の成果も得られない; うまくいかない 〈*with*..〔物事〕が/〔人〕と〉; (→get ANYWHERE, get SOMEWHERE). We're *getting* ～ *with* these problems. これらの問題は我々にはどうにもならない.

gèt a pèrson nówhere (***fást***) 〔物事が〕人に何の役にも立たない. Just complaining will *get* us ～ *fast*. 愚痴ばかり言っていてどうなるものでもない.

nòwhere néar →near.

── 名 Ⓤ **1** どこも..ない所. He had ～ (else) to go. 彼には(ほかに)行く所がなかった. **2** どこと も知れない場所[身分, 地位]. A spring bubbled up from ～ in the sand. 泉が砂のどこからともなくわいてきた. come from [out of] ～ どこからともなく現れる; 無名から身を起こす.

in the middle of nówhere ＝***miles from nówhere*** 〖話〗全く辺鄙(ぴ)な所に(ある), 周りに何もない所で[の].

nó-wìn 形 〈限定〉勝ち目のない〔戦争など〕, 八方ふさがりの〔状況など〕.

nó·wìse 副 〖雅·古〗＝noway(s).

nowt /naut/ 代 〖英方〗＝nothing.

NOx /nɑks|nɔks/ nitrogen oxide(s).

†**nox·ious** /nɑ́kʃəs|nɔ́k-/ 形 〖章〗 **1** 有害な; 有毒な; 不快な. a ～ chemical 有害な化学物質. a ～ smell 嫌なにおい. **2** 〔思想などが〕不健全な. ～ reading 不健全な読み物. [＜ラテン語 *noxa*「害」] ▷ **～·ly** 副 **～·ness** 名

†**noz·zle** /nɑ́z(ə)l|nɔ́z(ə)l/ 名 Ⓒ **1** (ホース, パイプ, ふいご, ガスバーナーなどの)噴出口, ノズル. **2** 〖俗〗鼻. [nose の指小語]

NP no protest; notary public; noun phrase.

Np 〖化〗neptunium.

NPT Nuclear Nonproliferation Treaty (核拡散防止条約).

nr, NR near (..近郊の)《小さな村の場所などを表す時に使う》.

NRA 〖米史〗National Recovery Administration (国家復興庁 (1933–36)); National Rifle Association (全米ライフル協会).

NRC 〖米〗Nuclear Regulatory Commission.

NS New Style; not specified; nuclear ship; Nova Scotia.

ns nanosecond.

NSC 〖米〗National Security Council.

nsec nanosecond.

NSF 〖米〗National Science Foundation (国立科学振興会); 〖銀行〗not sufficient funds.

NSPCC 〖英〗National Society for the Prevention of Cruelty to Children (全国児童虐待防止協会).

Ń-sùb 名 Ⓒ 原子力潜水艦, 原潜.

NSW New South Wales.

NT 〖英〗National Trust; New Testament; Northern Territory.

-n't →not.

NTB nontariff barrier.

Nth. 〖英〗North

nth /enθ/ 形 n 番目の; 〖数〗n 次の, n 乗の. This is the ～ time I've told you to be quiet. 一体静かにしろと何べん言ったらいいのだ. ***to the ǹth degrée*** [***pówer***] (1)〖数〗n 次[乗]まで. (2)極端に, ぎりぎりまで.

NTP normal temperature and pressure.

nt. wt. net weight.

NU Name Unknown.

nu /n(j)u:/ 名 ⓊⒸ ニュー《ギリシア語アルファベットの 13 番目の文字; N, ν; ローマ字の N, n に当たる》.

†**nu·ance** /n(j)ú:ɑ:ns, −´|−´/ 名 Ⓒ (色, 音, 意味などの)微妙な違い, ニュアンス, 陰影. [フランス語「(色の)濃淡」(＜ラテン語「雲」)]

nub /nʌb/ 名 Ⓒ **1** こぶ; (石炭などの)小塊. **2** 〈単数形で; the ～〉〖話〗(話, 議論などの)要点, 骨子, 核心.

nub·bin /nʌ́bən/ 名 Ⓒ 〖米〗 **1** トウモロコシの小さい[出来損ねた]穂; 育ちの悪い木の実. **2** 小さな塊.

nub·by /nʌ́bi/ 形 小さな塊の, こぶだらけの.

Nu·bi·a /n(j)ú:biə|-bjə/ 名 ヌビア《現在の南エジプトからスーダンにかけてあった古代王国, またその地方》.

Nù·bi·an Désert /n(j)ù:biən-|-bjən-/ 名 〈the ～〉ヌビア砂漠《スーダン北東部の Nile 川と紅海の間》.

nu·bile /n(j)ú:b(ə)l|-bail/ 形 〖章·戯〗 **1** 〔女性が〕若くて性的魅力にあふれている. **2** 〔女性が〕妙齢の, 結婚適齢期の, (marriageable).

▷ **nu·bil·i·ty** /n(j)u:bíləti/ 名

‡**nu·clear** /n(j)ú:kliər/ 形 ⓒ **1** 原子力[核]の; 核利用の. a ～ explosion 核爆発. the ～ industry 原子力産業. **2** 核兵器の[による]; 核兵器保有の. a ～ holocaust 核兵器による大量虐殺. a ～ nation＝a nuclear power 2. **3** 〖物理〗原子核の; 〖生物〗細胞核の, 核を形成する. ◇名 nucleus

gò núclear (1)核保有国となる, 核武装化する; 〔戦争が〕核兵器使用となる. (2)(突然)かんかんに怒りだす. [nucleus, -ar]

nùclear bómb 名 Ⓒ 核爆弾 (atomic bomb).

nùclear capabílity 名 Ⓤ (ある国の)核兵器保有の可能性.

nùclear capácity 名 ⓊⒸ (ある国の)核兵器保有「数.

nùclear clúb 名 Ⓒ 〈the ～; 単数形で複数扱いもある〉核クラブ《核兵器保有国群》.

nùclear detérrence 名 Ⓤ 核抑止.

nùclear disármament 名 Ⓤ 核軍縮.

nùclear énergy 名 Ⓤ 核エネルギー, 原子力.

nùclear fámily 名 Ⓒ 核家族《夫婦と子供だけの》.

nùclear físsion 名 Ⓤ (原子)核分裂.

nùclear-frée /⊛/ 形 核保有を禁止された. a ～ zone 核保有禁止区域, 非核武装地帯.

nùclear fúel 名 ⓊⒸ 核燃料.

nùclear fúsion 名 Ⓤ 核融合.

nùclear médicine 名 Ⓤ 核医学.

nùclear phýsicist 名 Ⓒ 核物理学者.

N

nùclear phýsics 名〈単数扱い〉核[原子]物理学.
nùclear pówer 名 **1** =nuclear energy. a ～ station [plant] 原子力発電所. **2** Ⓒ 核(兵器)保有国.
nùclear reáction 名 UC 核反応.
nùclear reáctor 名 Ⓒ 原子炉.
Nùclear Régulatory Commìssion 名〘米〙原子力規制委員会《略 NRC》.
nùclear reprócessing 名 Ⓤ (使用済み)核燃料の再処理.
nùclear shélter 名 Ⓒ 核シェルター.
nùclear submaríne 名 Ⓒ 原子力潜水艦.
nùclear tést 名 Ⓒ 核実験.
nùclear wár 名 UC 核戦争.
nùclear wáste 名 Ⓤ (原子炉から出る)核廃棄物.
nùclear wéapon 名 Ⓒ 核兵器 (→conventional).
nùclear wínter 名 aU 核の冬《核爆発後, 日光が遮られ光も熱も断たれると予測される時期》.
nu·cle·ate /n(j)úːklièit/ 形 核のある. ── 動 他, 自 (を)核とする[なる]; (を)凝集させる[する].
▷**nù·cle·á·tion** 名
nu·cle·i /n(j)úːkliài/ 名 nucleus の複数形.
nu·clè·ic ácid /n(j)uːklìːik-/ 名 UC〘生物〙核酸《DNA, RNA など》.
nu·cle·o·lus /n(j)uːklíːələs/ 名 (複 **nu·cle·o·li** /-lài/) Ⓒ〘生物〙(細胞核内の)小核, 仁(じん).
nu·cle·on /n(j)úːkliɑ̀n|-ɔ̀n/ 名 Ⓒ〘物理〙核子《原子核を構成する陽子と中性子の総称》.
▷**nu·cle·on·ic** /n(j)ùːkliɑ́nik|-ɔ́n-/ 形
nu·cle·on·ics /n(j)ùːkliɑ́niks|-ɔ́n-/ 名〈単数扱い〉原子核工学.
***nu·cle·us** /n(j)úːkliəs/ 名 (複 **nu·cle·i** /-kliài/, **～·es** /-əz/) Ⓒ **1** **中核**, 中心部. The ～ of this group was made up of three activists. この集団の中核は 3 人の活動家であった. **2**〘物理〙原子核《proton と neutron との集合体; その回りを回る electron とで atom を形成する》. **3**〘生物〙核, 細胞核. **4**〘音声〙(音節の)核. an intonation ～ 音調核. ◇形 nuclear [ラテン語「核」(*nux* 'nut'の指小語)]
nu·clide /n(j)úːklaid/ 名 Ⓒ〘物理〙核種.
†**nude** /n(j)uːd/ 形 **1** 裸の, 裸体の, (類語 naked と違って主に芸術的観点から裸になっていることを強調する; →bare). a ～ picture 裸体画. pose ～ for *Playboy*『プレイボーイ』誌のヌードモデルをする[にヌードで登場する]. **2**〈限定〉ヌード[全裸]でする. a ～ party ヌードパーティー.
── 名 Ⓒ **1** 裸体画, ヌード写真. **2** 裸体の人, 裸婦;〈the ～〉裸体.
in the núde 裸の[で]. sleep *in the* ～ 裸で寝る. paint .. *in the* ～ ..のヌードを描く.
[＜ラテン語 'naked'] ▷**núde·ly** 副 **～·ness** 名
†**nudge** /nʌdʒ/ 動 他 **1** (注意を引くため)をひじなどで軽くつつく. ～ a person in the ribs (合図に)人の横腹をつつく. **2** VOA〔人や物の群れ〕をわきへ押しのけながら進んで行く; をやんわりと押す. ～ one's way *through* the crowd 群衆の中を押し分けて進む. ～ a person *aside* 人をそっとわきの方へ押しやる. Higher prices for fresh food ～*d* the inflation rate *up* by 0.5%. 生鮮食品の高価格がインフレ率を 0.5% だけ押し上げた. **3** (**a**) VOA (～X *into*[*toward*] (*doing*)..) ..するように X をやんわり説得する. ～ them *into* (mak*ing*) a compromise 静かに説いて彼らを妥協させる. (**b**) VOC (～X *to do*) X に..するよう軽く勧める. ～ a person *to* accept a proposal 提案を受け入れるよう人にやんわり勧める. **4**〔ある数量〕に近づく. ── 自 **1** (ひじなどで)軽くつつく. **2** VA (..の方向に) 動く.
nùdge núdge (***wìnk wínk***)〘英話〙つまりナニってことだよ[あれだよ, あれ]《前言の性的な含みに注意をうながす表現》
── 名 Ⓒ ひじでのひと突き. give a person a ～ (in the ribs) 人(の横腹)をひじでそっと突く.
nud·ism /n(j)úːdiz(ə)m/ 名 Ⓤ 裸体主義.
nud·ist /n(j)úːdist/ 名 Ⓒ 裸体主義者, ヌーディスト.
── 形 裸体主義(者)の, ヌーディストの. a ～ colony [camp] ヌーディスト村.
‡**nu·di·ty** /n(j)úːdəti/ 名 Ⓤ 裸(である[いる]こと).
nu·ga·to·ry /n(j)úːgətɔ̀ːri|njúːgət(ə)ri/ 形〘章〙取るに足らない (trifling), 無価値の (worthless); 有効でない.
nug·get /nʌ́gət/ 名 Ⓒ **1** (地中から発見された)貴金属の塊,〈特に〉金塊. a gold ～ 金塊. **2** 貴重なもの(の塊). ～*s* of information 情報の宝庫. **3**〘米〙チキンなどのひと口揚げ.
***nui·sance** /n(j)úːs(ə)ns/ 名 (複 **-sanc·es** /-əz/) **1** Ⓒ〈普通単数形〉**迷惑をかける人[物]**, 厄介もの; 不愉快なこと. The motorcycle gang is a real ～. 暴走族はほんとに迷惑だ. I'm sorry to be a ～. ご迷惑かけてすみません. It's a ～ to [having to] lecture to such inattentive students. こんな怠慢な学生たちに講義する[しなければならない]のは迷惑だ. It was a ～ that the room was not air-conditioned. 部屋にエアコンがないのには閉口した. What a ～! I've forgotten my wallet.〘話〙しまった.財布を忘れてきた.
2 UC〘法〙生活妨害. →public nuisance.
Commìt no núisance!〘掲示〙小便[ごみ捨て]無用.
màke a núisance of oneself 迷惑をかける, はたを困らせる. The man *made a* ～ *of* him*self* by asking the speaker a lot of questions. その男は講演者に質問を浴びせかけてうるさがられた.
[＜古期フランス語「(損)傷」]
núisance tàx 名 Ⓒ 小額消費税.
núisance vàlue 名 aU〘英〙いやがらせの効果, 抑制力としての価値.
nuke /n(j)uːk/〘話〙動 他 **1** を核兵器を使って攻撃する. **2** を電子レンジで温める. ── 名 Ⓒ 核兵器 (nuclear weapon); 原子力発電所. [*nu*clear の短縮]
null /nʌl/ 形 **1** 効力のない, 無効な. **2** 存在しない;〘数〙零の. ***nùll and vóid***〘法・章〙無効な[で]. [＜ラテン語 'not any']
nul·li·fi·ca·tion /nʌ̀ləfəkéiʃ(ə)n/ 名 Ⓤ 無効にする[される]こと, 破棄; 帳消し.
†**nul·li·fy** /nʌ́ləfài/ 動 (**-fies** 過 過分 **-fied**|**～·ing**) 他 **1** (法的に)を無効と判決する, 破棄する;〈一般に〉を取り消す. **2** の効果をなくする, を帳消しにする. What you've done will ～ all the good work we've begun here. 君のやった事は我々がここで始めたよい仕事を帳消しにしてしまう.
nul·li·ty /nʌ́ləti/ 名 (複 **-ties**)〘章〙**1** Ⓤ 無効(であること),〈特に〉婚姻の無効. a ～ suit〘法〙婚姻無効訴訟. the ～ of a marriage 婚姻無効. **2** Ⓤ 味気なさ, 下らなさ; Ⓒ 下らない人[もの].
Num. Numbers.
num. number; numeral.
***numb** /nʌm/ 形 e (**numb·er** /nʌ́mər/|**numb·est** /nʌ́məst/) m **感覚を失った**, しびれた; 凍えた; すくんだ;〈*with* ..〔寒さ, 恐怖など〕で〉. Her fingers were [went] ～ *with* cold. 彼女の指は寒さでかじかんでいた[だ]. He was ～ *with* the shock of the news. 彼はその知らせにショックを受けて茫然(ぼうぜん)としていた.
── 動 (**～s** /-z/|過 過分 **～ed** /-d/|**númb·ing**) 他 の**感覚を失わせる**, を麻痺(まひ)させる,〈しばしば受け身で〉. my arms ～*ed* in the icy wind 氷のような風で感覚を失った私の両腕. She was ～*ed* with grief at her dog's death. 彼女は愛犬に死なれた悲しさで何も感じなくなった.
[＜中期英語 *nomen* 'taken (with paralysis)']
‡**num·ber** /nʌ́mbər/ 名 (複 **～s** /-z/)
【数】 **1** (**a**) Ⓒ **数**. an even [odd] ～ 偶[奇]数. a

high [low] ～ 大きい[小さい]数. in round ～s (半端を切り捨てた)概数で. a ～ of five figures＝a five-figure [digit] ～ 5 けたの数. **(b)** Ⓤ〖文法〗数.

2 Ⓒ **(a)** **数字**. Arabic [Roman] ～s アラビア[ローマ]数字. **(b)** 数詞 (numeral). a cardinal ～ 基数. an ordinal ～ 序数.

3〖話〗〈～s; 単複両扱い〉算数. be good at ～s 算数がよくできる.

4【数字合わせ】〖米〗〈the ～s〉数当て富くじ《新聞に発表される競技の得点などの数に少額の金を賭(か)ける非合法な賭(と)博》.

5 ⓊⒸ **(総)数** 〈*of* ..の〉, 合計; 〈～s〉(参加者などの)総数. The ～ *of* the wounded was estimated at 100. 負傷者の数は 100 名と見積もられた (語法 the number of.. が主語の時, 述語動詞は number に一致して単数; →成句 a number of). Student ～s are increasing. 学生数が増え続けている.

連結 a large [a huge, a vast; a record; a substantial; a modest; a small; a tiny ～ // the ～ grows [increases, rises, swells; levels off; drops, plummets]

6 〈Numbers; 単数扱い〉『民数記』《旧約聖書中の一書; 略 Num.》.

【多数】 **7** 〈～s〉多数, 沢山; (数の)優勢. ～s of.. → 成句. The enemy beat us by (force of) ～s. 敵は数(の力)で我々を負かしたのだ. There is safety in ～s. → safety 1. **8**〖章〗Ⓒ〈集合的〉集団, グループ, 仲間. be among the ～ of the dead 死者の仲間入りをしている. one of our ～ 我々(仲間)の 1 人. Dora is not of our ～. ドーラは我々の仲間ではありません.

【順序を表す数字】 **9** Ⓒ **番号**; 第..番, ..番地など; (参考 普通, アラビア数字の前で No., no., Nº (→見出し語) と略記する; 〖米〗では数字の前に # とも記す). a house ～ 家屋番号. a license ～ 免許証番号, 自動車登録番号. Give me your telephone ～, please. あなたの電話番号を教えてください. (The) ～ is engaged. → line[1] 名 7. I'm afraid you have the wrong ～. 間違っておかけになったんじゃありませんか《電話で》. Room *No.* 120 120 号室. *Number* Fifteen, Baker Street ベーカー通り 15 番(地)《所番地を口頭で言う場合》(語法 Number を付けず数字だけを言うこともある: 15 Baker Street).

10【順番に出る物】Ⓒ (演芸などの)出し物; (雑誌などの)号, (本の)分冊; 曲目. the first ～ on the program 番組の第 1 番目. the current [April] ～ of 'Science' 雑誌『科学』の今月 [4 月]号. a back ～ バックナンバー, 既刊号. one's favorite ～ 自分の好きな曲目.

11【出し物＞代物】〖話〗Ⓒ〈普通, 単数形で〉品物, もの, 状況; (商品としての)衣服, 〈特に〉ドレス; 人, 〈特に〉若い娘(こ); (★修飾語を付けて用いる). That dress is a cute ～. あのドレスすてきだわ. The job as my father's secretary is a real cushy ～. 父の秘書の仕事は本当に楽だ.

12【音の順番】〖古・詩〗〈～s〉韻, リズム; 詩, 韻文.

a gòod númber of.. 相当数[かなりたくさん]の...

*‡**a làrge [grèat] númber of..*** **多数の..**, たくさんの ... *a large* ～ *of* [*large* ～*s* of] tourists 多数の観光客.

*‡**a númber of..*** **ある数の..**, いくつかの.., (several); たくさんの.. (many). There are *a* ～ *of* reasons why I don't like Will. 僕がウィルを嫌う理由はいくつか[たくさん]ある (語法 a number of.. が主語の場合, これを受ける述語動詞は, 普通 of の後の複数名詞に一致して複数形になる). *A* ～ *of* passengers were injured in the accident. その事故で, かなりたくさんの人がけがをした.

àny númber of.. 〖話〗たくさんの.., (..は)いくら[いくつ]でも. We've made a demand for higher wages *any* ～ *of* times. 我々は何度も賃上げ要求をしてきた.

a smàll númber of.. 少数の.., 数少ない... *a small* ～ *of* true friends 数少ない誠実な友達.

beyònd númber 数え切れないほど(で).

by númbers (1) 数の力で (→7). (2) 番号で表される指示に従って.

by wèight of númbers ＝by NUMBERS (1).

dò a númber on.. 〖米俗〗..を虐待する, こき下ろす, ..に恥をかかせる; 〔人〕を操る, だます.

dò it by the númbers 所定の手続きに従う.

gèt [hàve] a pèrson's númber 〖話〗人の弱点[手の内]を知る.

hàve a pèrson's númber on it 〔弾丸などが〕人に当たる[を殺す]運命になっている.

in númber 数は(と言えば). They are few *in* ～, but solidly united. 彼らは数こそ少ないが団結が固い.

in númbers (1) 分冊で (→名 10). (2) 大勢で (→名 7). Apathetic voters mocked democracy by staying from the polls *in* record ～*s*. 有権者の無関心層は記録的な数で棄権することで民主主義を虚仮(こけ)にした.

A pèrson's númber ⌞is úp [has còme úp]. 〖話〗人が進退窮まっている; 人の命数(めいすう)が尽きかけている, 人が死にかけている.

númbers of.. 多数の... ～*s of* trees たくさんの木. 語法 前に修飾語を伴うこともある: considerable ～*s of* errors 相当数の誤り.

quite a númber of.. かなり多数の...

to the númber of.. 〖章〗(数が)..に達するほどの, ..の数ほどの (as many as). refugees *to the* ～ *of* 4,000 4 千人もの難民.

without [out of] númber 数え切れないほどの, 無数の. times *without* ～ 何回となく, 瀕々(ひんぴん)と.

── 動 **(～s** /-z/|過 過分 **～ed** /-d/|**～·ing** /b(ə)riŋ/) 他〖章〗 **1** を(1 つ 1 つ)**数える**; VOA を数え入れる, 含める, 〈*among, in, with, as* ..の中に〉. ～ stars 星を数える. We ～ him *among* our closest friends. 我々は彼を親友の 1 人に数えている. **2** 総数が..に達する; を総数として持つ. The school's library ～*s* about 50,000 books. その学校の蔵書は全部で約 5 万冊である.

3〖話〗〈受け身で〉〔数, 日数などが〕限られる. ⌞The days of his life [His days] are ～*ed*. 彼の余命はいくばくもない. **4** に**番号を付ける** 〈*from*..から/ *to*..まで〉; VOC (～X Y) X に Y という番号を付ける; 〈しばしば受け身で〉. ～ the tickets (from) 1 to 100 切符に 1 から 100 まで番号をふる. the seats ～*ed* for reservation purposes 予約のために番号を付けられた座席.

── 自 **1** VA (**～ *in* ..**)〔総数が〕..になる. His followers ～*ed in* the thousands. 彼の信奉者は数千人に達した. **2** VA (**～ *among* ..**) ..(の中)に数えられる, 含まれる.

nùmber óff 〖英軍〗〔兵士が〕(整列して)番号を唱える (〖米〗count off). All the soldiers were ordered to ～ *off*. 全兵士が順番に番号を言うよう命令された.

[＜ラテン語 *numerus*「部分, 数」]

númber crùncher 名 Ⓒ〖話〗コンピュータ; 会計士, 経済学者, 統計学者; 《複雑な計算をする機械[人]》.

númber crùnching 名 Ⓤ 複雑な計算(をすること).

númbering machìne 名 Ⓒ 番号印字器, ナンバリング.

†**num·ber·less** /nʌ́mbərləs/ 形〖主に雅〗 **1** 無数の (innumerable). **2** 数字[番号]のない.

nùmber óne 名 Ⓤ〖話〗 **1** 自分自身. take care of [look after, look out for] ～ 我が身の利益を図る. **2** 第 1 人者, 筆頭; 第 1 位のもの. **3** 形〈形容詞的〉最も大事な, 第一級[流]の. The service at that hotel is ～. あのホテルの客扱いは第一級だ. You're really a *nùmber-one fóol*. おまえは本当にこの上なしのばかだ.

númber·plàte 名 C 《英》(自動車などの)ナンバープレート (《米》license plate; →car 図).

númbers gàme 名 〈the ～〉 **1** 《米》=number 4 (**númbers ràcket**ともいう). **2** 《軽蔑》(政治家などの)数字遊び 《やたらに数字, 統計を持ち出してごまかそうとする》.

Nùmber Tén 名 《英》=(No.) 10 Downing Street ダウニング街 10 番地《首相官邸》.

nùmber twó 名 U 第 2 の実力者, 'ナンバーツー', (→number one 2).

numb·ing·ly /nʌ́miŋli/ 副 しびれさせるように.

numb·ly /nʌ́mli/ 副 しびれて, しびれたように; 無感動に.

numb·ness /nʌ́mnəs/ 名 U 無感覚, しびれ.

númb·skùll 名 =numskull.

nu·mer·a·ble /n(j)úːm(ə)rəb(ə)l/ 形 数えられる, 勘定[計算]できる.

nu·me·ra·cy /n(j)úːm(ə)rəsi/ 名 U 《主に英》基本的計算能力; 算数・数学の基礎知識. 参考 literacy (読み書きの能力)に対応して作られた語.

†**nu·mer·al** /n(j)úːm(ə)rəl/ 名 C **1** 数字, 数を表す記号. →Arabic numeral, Roman numeral. **2** 数詞. **3** 〈～s〉 《米》年度賞《運動選手などに与えられる; 卒業年度の下 2 けたの数字を示した布》. ── 形 数の, 数を表す. [<ラテン語「数の」]

nu·mer·ate /n(j)úːm(ə)rət/ 形 《主に英》基本的計算力のある; 算数・数学の基礎知識がある. 参考 literate (読み書きのできる)に対応して作られた語. ── /-mərèit/ 動 他 **1** 〔数式〕を読む. **2** を数える (enumerate). ◇名 numeracy

nu·mer·a·tion /n(j)ùːməréiʃ(ə)n/ 名 U **1** 計算(すること); 計算法, 数え方. decimal ～ 10 進法. **2** 数字の読み方, 命数法.

nu·mer·a·tor /n(j)úːmərèitər/ 名 C 《数》(分数の)分子 (↔denominator).

nu·mer·ic /n(j)u(ː)mérik/ 形 =numerical.

†**nu·mer·i·cal** /n(j)u(ː)mérik(ə)l/ 形 数の; 数字の. a ～ value 数値. Arrange the numbered sheets in ～ order. 番号の付いた用紙を番号順にそろえなさい.
▷～·ly 副 数の上で, 数的に.

nu·mer·ol·o·gy /n(j)ùːmərɑ́lədʒi|-mərɔ́l-/ 名 数秘学, 数占い.

nu·me·ro u·no /n(j)ùːmərou-úːnou/ 名 《米》= number one. [イタリア語, 又はスペイン語 'number one']

***nu·mer·ous** /n(j)úːm(ə)rəs/ 形 《章》 **1** m 多数の, たくさんの, (very many). his ～ friends 彼の多くの友人たち. on ～ occasions 多くの[いろいろな]機会に. **2** 〈主に集合名詞の単数形を修飾して〉 C 多数から成る. a ～ collection of butterflies たくさんのチョウの収集. a ～ family 大人数の家族. [<ラテン語 *numerus*「数」; -ous] ▷～·ly 副 ～·ness 名

nu·mi·nous /n(j)úːminəs/ 形 《雅》 神聖な, 畏敬(いけい)の念を抱かせる. ▷～·ness 名

nu·mis·mat·ic /n(j)ùːməzmǽtik ◎/ 形 **1** 貨幣[古銭]の. **2** 貨幣学(者)の, 古銭収集(家)の.

nù·mis·mát·ics 名 〈単数扱い〉 貨幣学, 古銭学; 古銭[記章など]の収集.

nu·mis·ma·tist /n(j)uːmízmətist/ 名 C 貨幣[古銭]学者, 貨幣[古銭]収集家[研究者].

num·skull /nʌ́mskʌ̀l/ 名 C 《話》ばか者.

***nun** /nʌn/ 名 (複 ～s /-z/) C 修道女, 尼僧, (→monk). [<古期英語 (<後期ラテン語 'old lady')]

nun·ci·o /nʌ́nʃiòu/ 名 (複 ～s) C 教皇使節《ローマ教皇が外国へ派遣する》. [<ラテン語「使者」]

nun·ner·y /nʌ́nəri/ 名 (複 -ries) C 女子修道院; 尼僧院; (convent; →monastery).

nup·tial /nʌ́pʃ(ə)l/ 《章·旧》 形 〈限定〉 結婚(式)の. the ～ day 結婚式の当日. a ～ ceremony 結婚式. ～ bliss 結婚の喜び.
── 名 〈～s〉 結婚式, 婚礼, (wedding).

Nu·rem·berg /n(j)ú(ə)rəmbə̀ːrg/ 名 ニュルンベルク《ドイツ南部の都市, 第 2 次大戦後ナチスに対する戦争裁判が行われた所; ドイツ名 Nürnberg》.

‡**nurse** /nəːrs/ 名 (複 **núrs·es** /-əz/) C **1** 看護婦[士], 看護人; 保健婦. a hospital ～ 病院看護婦. a male ～ (精神病院などの)男子看護人. *Nurse* Baker ベイカー看護婦. Thank you, *Nurse*. 看護婦[士]さん, ありがとう (★《英》では, 女性なら Sister とも呼びかける). →district nurse, practical nurse, registered nurse, visiting nurse. **2** 《古》 乳母 (wet nurse); 《旧》保母, 子守, 《授乳しない》(dry nurse, nursemaid). **3** 《虫》保母虫《アリやハチの中で幼虫の保護役をするもの》.
── 動 (**núrs·es** /-əz/|過 過分 ～**d** /-t/|**núrs·ing**) 他
【大事に世話をする】 **1** を看護する, 看病する, 介抱する; の子守をする. Silvia ～*d* her husband back to health. シルビアは夫を看病して健康を取り戻させた.
2 〔傷など〕をいたわる, かばう; 〔病気〕を治そうと努める, 養う. ～ a cold 風邪に大事を取る.
3 〔母親が〕〔乳児〕に母乳を飲ます, 授乳する. **4** を大事に育てる, はぐくむ; 〔芸術など〕を育成する; 〈受け身で〉 を育てる 〈*in*..の境遇で〉. ～ a young plant (along) 若木を育てる. be ～*d* in luxury [poverty] 豊かに[貧しく]育つ. **5** の面倒を見る; VOA を大事に守って切り抜けさせる 〈*through, along*..を〉. ～ a flickering fire 消えそうな火を消さないようにする. ～ a company *through* hard times 会社を大事にかばって不景気を切り抜けさせる.
【大事に持っている】 **6** を大事に抱く, 抱いてかわいがる. ～ a baby on one's knee 赤ん坊をひざであやす. ～ a kitten against one's chest 猫を優しく胸に抱く. ～ a glass vase in one's arms ガラス製の花びんを両腕に抱える. **7** を(大事にして)長持ちさせる, 少しずつ使う; を少しずつ飲む. Desert travelers ～ their supply of water. 砂漠の旅行者は水の蓄えを大事にする.
8 〔根深い感情〕を心に抱く; 〔計画など〕を温めている. ～ a grudge against ..に恨みを抱く. ～ one's pride (誇りを傷つけられたと感じて)いつまでもぷりぷりしている.
── 自 **1** 看病[看護]する; 〈普通, 進行形で〉 看護婦[士]として働く. **2** 授乳する. **3** 〔赤ん坊が〕乳を飲む 〈*at*..〔乳房〕から〉. a baby *nursing at* its mother's breast 母親の乳を飲んでいる赤ん坊.
nùrse one's constítuency 《英》〔政治家が〕選挙区の面倒を見る《地盤固めのため》.
[<ラテン語「養育者」(<*nūtrīre* 'nourish')]

nurse·ling /nə́ːrsliŋ/ 名 =nursling.

núrse·màid 名 C 《旧》子守女.

nùrse practítioner 名 C 臨床看護婦[士]《基本的な医療行為ができる資格を持つ》.

***nurs·er·y** /nə́ːrs(ə)ri/ 名 (複 -er·ies /-z/) C **1** 託児所 (day nursery 1); =nursery school; (会社, デパートなどの)託児室. **2** 子供部屋, 育児室. **3** 苗床, (販売用の)苗木仕立て場; 養成所, 温床. a ～ for electronics specialists 電子工学専門家の養成所.

núrsery·man /-mən/ 名 (複 **-men** /-mən/) C 苗木栽培業者, 種苗園の経営者[雇い人].

núrsery nùrse 名 C 《英》保母[父]; 小児科の看護婦.

núrsery rhỳme 名 C (昔から伝わる)童謡, わらべ歌, (《米》では Mother Goose rhyme とも言う).

núrsery schòol 名 C 保育園《普通 3–5 歳の幼児を保育する; →school 表》.

núrsery slòpe 名 C 〈普通～s〉 《英》(スキー場の)初心者用ゲレンデ (《英》bunny slope).

nùrse's áide 名 C 看護助手, 病棟婦.

N

‡**nurs·ing** /nə́ːrsiŋ/ 名 U 看護(の仕事); 授乳; 保育.
núrsing bòttle 名 C 哺(ほ)乳瓶.
núrsing càre 名 U 介護, 看護.
núrsing hòme 名 C (普通, 私立の)老人ホーム; 〖主に英〗(入院できる)医院, 個人病院; 産院.
núrsing mòther 名 C 乳母; 養母.
nurs·ling /nə́ːrsliŋ/ 名 C **1** (乳母に育てられている)幼児; 乳飲み子. **2** 大事に育てられた人[物], 秘蔵っ子, 〈..に, の〉.
nur·tur·ance /nə́ːrtʃərəns/ 名 U 〖米〗(愛情のこもった)世話[養育], 愛育.
†**nur·ture** /nə́ːrtʃər/ 〖章〗 動 他 〈しばしば受け身で〉 **1** を養育する. **2** を仕込む, 育成する, 教育する. **3** 〔感情など〕を育(はぐく)む. ── 名 U 養育; 育成, 教育, しつけ. nature and ～ 氏[生まれ]と育ち. [＜ラテン語「養育」(＜*nūtrīre* 'nourish')]
‡**nut** /nʌt/ 名 (複 ～s /-ts/) C **【(堅い)木の実】** **1** 木の実; 堅果, ナッツ, 《クルミ, ハシバミ, ドングリなど堅い shell で仁(じん) (kernel) を包む; →berry》. **2** (nut の) 仁, 実(さね), (kernel).
【木の実状のもの】 **3** 〖機〗ナット, 留めねじ, (→bolt). **4** 〖英〗〈～s〉 石炭の小塊. **5** 〖主に米卑〗〈～s〉 睾丸(こうがん) (balls). **6** 〖俗〗頭. Use your ～! 頭を使ったらどうだ.
【頭のおかしいやつ】 **7** 〖俗〗変わり者; 気違い. **8** 〖俗〗..狂, ..ファン. a Beatles ～ ビートルズ狂.
a hàrd [tòugh, dìfficult] nút (to cráck) 〖話〗手ごわい問題; 扱いにくい人, 厄介な相手.
dò one's nút 〖英話〗ひどく腹を立てる.
for núts 〖英話〗〈普通 can't と共に〉 さっぱり, からっきし, 〔..できない〕 (at all). He can't play the piano *for* ～*s!* 彼は全くピアノが弾けない.
off one's nút 〖俗〗頭がおかしい.
the nùts and bólts (of ..) 〖話〗 (1) (〔問題など〕の)基本, 初歩, 'いろは'. (2) (〔機械など〕の)仕組み, からくり.
── 動 自 (～s|-tt-) 木の実を拾う. go ～*ting* 木の実拾いに行く. ── 他 〖英話〗〔人〕と鉢合わせする, に頭をごっつんする. [＜古期英語]
nùt-brówn /㊄/ 形 クリ[ハシバミ]色の.
nút·càse 名 C 〖話・戯〗狂人.
nút·cràcker 名 C 〈時に ～s〉 クルミ割り. a ～＝a pair of ～*s* クルミ割り 1 丁.
nut·hatch /nʌ́thæ̀tʃ/ 名 C 〖鳥〗 ゴジュウカラ.
nút·hòuse 名 (複 →house) C 〖俗〗精神病院.
nút·mèat 名 U 仁(じん) 《→nut 2; 多く食用になる》.
‡**nut·meg** /nʌ́tmèg/ 名 **1** C 〖植〗ニクズクノキ 《熱帯アジア原産の常緑高木》; ニクズク 《ニクズクノキの種子》. **2** U ナツメグ 《ニクズクを粉末にしたもの; 香味料・薬用》.
nút·pìck 名 C ナットピック 《木の実を殻から取り出す食卓用具》.
nu·tra·sweet /n(j)úːtrəswìːt/ 名 U 〖商標〗ニュートラスウィート 《米国製の人工甘味料》.
nu·tri·a /n(j)úːtriə/ 名 **1** U ヌートリア 《coypu の毛皮》. **2** ＝coypu.
nu·tri·ent /n(j)úːtriənt/ 〖章〗 形 栄養のある[になる]. ── 名 C 食物; 栄養物, 栄養素.
nu·tri·ment /n(j)úːtrəmənt/ 名 UC 〖章〗滋養物, 栄養物; 食物.
***nu·tri·tion** /n(j)uːtríʃ(ə)n/ 名 U **1** 栄養の摂取[供給]. **2** 栄養(物), 食物. **3** 栄養学. [＜ラテン語 *nūtrīre* 'nourish'; -tion]
‡**nu·tri·tion·al** /n(j)uːtríʃ(ə)nəl/ 形 栄養(学)上の. the ～ value 栄養価.
nu·trí·tion·ist 名 C 栄養士.
†**nu·tri·tious** /n(j)uːtríʃəs/ 形 栄養のある. ～ food 栄養のある食物. ▷ **～·ly** 副 **～·ness** 名
nu·tri·tive /n(j)úːtrətiv/ 形 〖章〗 **1** ＝nutritional. **2** ＝nutritious.
nuts /nʌts/ 形 〈叙述〉〖話〗気が変で (crazy); 夢中で〈*about, on, over* ..に〉. Joe's ～ *about* the girl. ジョーはその女の子にすっかり参っている. drive a person ～ 人の頭を狂わせる. go ～ 気が狂う, 'いかれる'. ── 間 〖主に米旧俗〗ばかめ; ばかな, くそ食らえ, 《強い拒絶》. *Nuts* to you! このばか野郎.
nút·shèll 名 C 木の実の殻.
in a nútshell 〖話〗手短に(言えば), つまり; 簡潔に (very briefly). (To put it) *in a* ～, I don't like his way of doing things. 端的に言うと私は彼のやり方が気に食わないんだ.
nut·ter /nʌ́tər/ 名 C 〖英話〗 狂人.
nut·ty /nʌ́ti/ 形 e **1** ナッツの味がする. **2** 実がよくなる〔木〕; (粒にした)木の実がたくさん入った〔ケーキなど〕. **3** 〖話〗一風変わった (strange); 頭のおかしな (crazy); 夢中で, ほれ込んで, 〈*on, about* ..に〉.
(as) nùtty as a frúitcake →fruitcake.
▷ **nut·ti·ly** 副 **nut·ti·ness** 名
nux vom·i·ca /nʌ̀ks-vάmikə|-vɔ́m-/ 名 (複 ～) 〖植〗マチン; その種子 《strychnine を含む》.
nuz·zle /nʌ́z(ə)l/ 動 他 〔動物, 子供などが〕に鼻をすり[押し]つける; 〔鼻など〕をすりつける 〈*against, to* ..に〉.
── 自 VA 鼻をすり[押し]つける. The puppies are *nuzzling up* ˪*against* [*to*] their mother. 子犬が親犬に鼻をすりつけている. [＜中期英語; nose, -le[1]]
NV 〖郵〗 Nevada.
NW northwest; northwestern.
NY 〖郵〗, **N.Y.** New York.
Ny·as·a·land /naiǽsəlæ̀nd, ni-/ 名 ＝Malawi.
NYC, N.Y.C. New York City.
***ny·lon** /náilɑn|-lən, -lɔn/ 名 (複 ～s /-z/) **1** U ナイロン; 〈形容詞的〉 ナイロン製の. a ～ slip ナイロンのスリップ. **2** 〖旧〗〈～s〉 ナイロンの(パンティ)ストッキング[タイツ]. a pair of ～*s* ナイロンの靴下 1 足. *in* ～*s* ナイロンの靴下をはいて[た]. [もと商標名; ? ＜*vinyl*＋*rayon*]
***nymph** /nimf/ 名 (複 ～s /-s/) C **1** 〖ギ・ロ神話〗ニンフ 《少女の姿をした精; 木, 森, 山, 小川などに住む; 予言と詩的霊感の力を持つと考えられている》. **2** 〖詩〗(美)少女. **3** 〖虫〗若虫 《トンボやバッタなど不完全変態をする昆虫の幼虫》. [＜ギリシア語「花嫁, 若妻」]
nym·phet /nimfét, nímfət/ 名 C 〖話〗 (ローティーンの)性的魅力のある少女, 小妖(よう)精.
nym·pho /nímfou/ 名 (複 ～s) C 〖話・しばしば軽蔑〗＝nymphomaniac.
nym·pho·ma·ni·a /nìmfəméiniə/ 名 U 女性の色情症.
nym·pho·ma·ni·ac /nìmfəméiniæk ㊄/ 形, 名 C 色情症の(女性).
NYSE New York Stock Exchange.
NZ, N Zeal New Zealand.

N

O

O, o /ou/ 名 (複 **O's, Os, o's** /-z/) **1** UC オー《英語アルファベットの第 15 字》. **2** C 〈大文字で〉O 字形のもの. **3** C ゼロ, 零. ★電話番号では 1005 は one o o five 又は one double o five などと読む; 小数の 1.02 は one point o two と読む. **4** U 〈大文字で〉(血液型の) O 型.

†O¹ /ou/ 間 **1**〘古・詩・雅〙〈名前の前に付け, 呼びかけに用いて〉おお, やあ. *O* Lord! ああ主よ.
2〈種々の感情を表して〉おお, あっ, (語法 常に大文字で書き, 単独に用いることはまれ; O の後には挿入語句のある場合以外はコンマを用いない; 今日では普通 oh で置き換えられる; →oh). *O* dear (me)! おやまあ, あらあら.
3〈強い願望, 懇請を表して〉ああ欲しい〈*for* ..が〉; であったらなあ〈*that* 節 ..ということ〉. *O for* a glass of wine! ああワインが 1 杯あればなあ. *O that* I were young again! ああもう一度若くなれたら. *O*, for heaven's sake, leave her alone. ああ後生だから彼女をそのままにしておいて. **4**〈肯定・否定を強めて〉まさしく. *O* yes. まさしくそのとおり. [擬音語]

O² ohm; 〘化〙 oxygen.

O. Ocean; October; Ohio; Ontario; Old.

†O' 接頭 〈アイルランド系の姓に付けて〉「..の息子」の意味 (→Fitz-, Mac-). *O'*Brien. *O'*Hara. *O'*Neill. [アイルランド語「子孫」]

†o' /ə/ 前 **1** of の略. three *o'*clock 3 時. a jack-*o'*-lantern カボチャ提灯(ちょうちん). a cup *o'*tea 〘話〙 紅茶 1 杯. **2**〘古・雅〙 on の略. *o'*nights 夜に.

o- 接頭 ob- の異形〈m の前で用いる〉.

-o- 〈複合語を作る連結辞〉**1** 同格関係などを表す. Ang*lo*-American. Russ*o*-Japanese. **2** ギリシア語系の複合語を作る. aristocracy. technology. [<ギリシア語]

oaf /ouf/ 名 (複 **～s**) C 間抜けな無骨者.

oaf·ish /óufiʃ/ 形 間抜けな; 無骨な.
▷**～·ly** 副 **～·ness** 名

Oa·hu /ouɑ́:hu:/ 名 オアフ島《Hawaii 諸島中 3 番目に大きな島; 主要な町 Honolulu》.

‡oak /ouk/ 名 (複 **～s** /-s/) **1** C **オーク**《カシワ, ナラ, カシなどの類の落葉広葉樹木の総称; 材質が堅く大木になり, the Monarch of the Forest (森の王者)と称される; 実は acorn》. Tall [Great] ～*s* from little acorns grow.〘諺〙 大きなオークも小さなどんぐりから育つ《大物も最初は小物》. **2** U オーク材《家具, 床, 船などに用いる》. **3**〈形容詞的〉オーク(製)の. an ～ door [cabinet] オークの扉[飾りだんす]. [<古期英語]

óak àpple 名 C カシワ没食子(もっしょくし) (oak gall)《葉にフシムシが作るこぶ; 以前はインクの原料にした; →gall³》.

oak·en /óukən/ 形 〘主に雅・詩〙 オーク(材, 製)の. ★現在では名詞 oak を形容詞的に用いるのが普通.

óak gàll 名 ＝oak apple.

Oak·land /óuklənd/ 名 オークランド《米国 California 州サンフランシスコ湾岸の都市》.

Oak·ley /óukli/ 名 **Annie ～** オークレー (1860–1926)《米国の射撃の名手; ミュージカル『アニーよ銃を取れ』の女主人公アニーのモデル》.

Oaks /ouks/ 名 〈the ～〉オークス競馬《普通 Derby と同じ週の金曜日に同じく英国 Epsom で催される classic race の 1 つ; 明け 4 歳の牝馬のレース》.

óak trèe 名 ＝oak 1.

oa·kum /óukəm/ 名 U まいはだ《古い麻綱をほぐしたもの; 木造船の外板の透き間などに詰めて浸水を防ぐ》.

OAP 〘英〙 old age pension(er).

OAPEC /ouéipek/ Organization of Arab Petroleum Exporting Countries (アラブ石油輸出国機構, オアペック)《OPEC が石油政策の協議機関であるのに対し, アラブ諸国の石油化学プラントやタンカー用のドックの建設など実際の事業を推進する》.

‡oar /ɔ:r/ 名 (複 **～s** /-z/) C **オール**, 櫂(かい), (類語 paddle と異なり, 支点が舟に固定されているのが普通). dip the ～*s* into the water and row オールを水に入れて漕(こ)ぐ. pull a good [bad] ～ 上手に[下手に]漕(こ)ぐ. toss the ～*s* (敬礼のため)オールを立てる.
***pùt* [*shòve, stìck*] *one's* óar *ìn*＝*pùt* [*shòve, stìck*] *ín one's* óar** 〘英話〙 余計なお節介をする.
***rèst* [〘米〙 *lày*] *on one's* óars** オールを水平にして漕ぐ手を休める; 一息入れる. [<古期英語]

óar·lòck 名 C 〘米〙 (ボートの)オール受け, 櫂(かい)受け, (〘英〙 rowlock).

oars·man /ɔ́:rzmən/ 名 (複 **-men** /-mən/) C (ボートの, 特にレースでの)漕(こ)ぎ手. ▷**～·ship** /-ʃip/ 名 U 漕艇(そうてい)の技量《特にレースでの》.

OAS Organization of American States.

***o·a·sis** /ouéisəs/ 名 (複 **o·a·ses** /-si:z/) C **1** オアシス《砂漠の中の水のある緑地》. **2** 憩いの場所; 退屈を紛らわせてくれるもの. [ギリシア語「肥沃な場所」]

oast /oust/ 名 C 〘主に英〙 (ホップなどの)乾燥かまど.

óast hòuse 名 C 〘主に英〙 (ホップ, 葉タバコなどの)乾燥場.

***oat** /out/ 名 (複 **～s** /-ts/) **1** C〈普通 ～s; 単複両扱い〉**オートムギ** [カラスムギ, エンバク] (の穀粒); U (穀草としての)オートムギ; 《イネ科の穀物; 寒冷地で栽培され穀粒は人の食料, 馬の飼料になる; →wheat 参考》. **2**〈～s; 単数扱い〉オートミール (oatmeal). eat so much ～*s* オートミールを大変多く食べる.
***be gètting one's* óats** 〘英話〙 定期的にセックスをする.
***be off one's* óats** 〘英話〙 食欲がない.
***fèel one's* óats** 〘話〙 (1) 活力がみなぎっている. (2) 〘米〙 いい気になる, もったいぶる.
***sòw one's* (*wìld*) óats** 若い時に(女)道楽をする.
[<古期英語]

óat·càke 名 C オートケーキ《oatmeal で作ったビスケット; スコットランドでよく食べる》.

oat·en /óut(ə)n/ 形 カラスムギの; カラスムギのわらで作った; オートミールの.

***oath** /ouθ/ 名 (複 **～s** /ouðz, ouθs/) **1** C **誓い**, 誓約, 〈*of* ..の/*to* do ..する/*that* 節 ..という〉; 〘法〙 (法廷での)宣誓(の形式). a false ～ 偽誓. administer an ～ 宣誓させる. swear an ～ *of* allegiance 忠誠の誓いを立てる. take an ～ *of* office 就任の宣誓を行う. He took an ～ *to* tell [*that* he would tell] the whole story. 彼は一部始終を話すと誓った.
2 C 神名乱用《怒り, 驚きなどを神の名や神聖な言葉を口にして表すこと; 例えば Good God! (べらぼうめ), God damn you! (この野郎)など》; 〘旧・章〙 (神名乱用の)ののしり言葉, 悪罵(あくば), (swearword). shout ～*s* in anger 怒ったあまり畜生呼ばわりをする.
***on* [*under*] óath** 〘法〙 (真実を述べると)宣誓して. You are *under* ～ to tell the truth in the court. あなたは宣誓により法廷で真実を述べなければならない.

on one's óath 〖旧〗 誓って, 断じて, 〈強意語〉. I never, *on* my ～, told the story to anyone. その話は断じてだれにもしなかった. 「宣誓させる.
pùt* [*plàce*] *a pèrson on* [*under*] *óath 〖法〗 人に↑
tàke the óath 〖法〗 (真実を述べると)宣誓する.
[＜古期英語]

†oat·meal /óutmìːl/ 名 U **1** ひき割りオートムギ. **2** オートミール (**òatmeal pórridge**) 《ひき割りカラスムギから作るかゆ》. **3** オートミール色 《茶色の斑点の混ざった灰色がかった黄色》. [oat, meal²]

OAU Organization for African Unity (アフリカ統一機構) 《アフリカ諸国の連帯と協力の強化が目的》.

OB obstetric; obstetrician; obstetrics; 〖米〗 off-Broadway; 〖英〗 old boy.

Ob /ɑb, ɔːb|ɔb/ 名 〈the ～〉 オビ川 《ロシア連邦を流れ,↓

Ob. Obadiah. 「北極海のオビ湾に注ぐ》.

ob. obiit (死す; ラテン語 'he [she] died') 《年号の前に置く: *ob*. 1963 1963年死す》; obiter (ついでに; ラテン語 'in passing'); oboe.

ob- /ɑb, əb|ɔb, əb/ 接頭 〈普通 c, f, p の前ではそれぞれ oc-, of-, op- に, m の前では o- になる〉 「. .に向かって; . .に反対して; 完全に」 などの意味. *ob*cupy. *ob*serve. *ob*ject. *of*fer. *op*pose. *o*mit.
[ラテン語 *ob* 'toward, against']

Obad. Obadiah.

O·ba·di·ah /òubədáiə/ 名 〖聖書〗 『オバデヤ書』 《旧約聖書中の一書》; オバデヤ 《ヘブライの預言者》.

ob·bli·ga·to /àbləgáːtou|ɔ̀b-/ 形 〖楽〗 (伴奏などが) 欠くことのできない, 省けない, 《楽譜の指示に用いる; →ad libitum》. ── 名 (複 **～s, ob·bli·ga·ti** /-tiː/) C 不可欠な助奏, オブリガート. [イタリア語 'obligatory']

ob·du·ra·cy /ábd(j)ərəsi|ɔ́b-/ 名 U 〖章〗 強情, 頑固; 冷酷.

ob·du·rate /ábd(j)ərət|ɔ́b-/ 形 〖章〗 **1** 強情な, 頑固な, (stubborn). an ～ refusal かたくなな拒絶. **2** 冷酷な, 無情な. an ～ criminal 冷酷な犯人.
[＜ラテン語 'hardened' (＜ob-＋*dūrus*「堅い」)]
▷ **～·ly** 副 強情に; 冷酷に. 「[動章]).

OBE Order of the British Empire (大英帝国勲位↑

***o·be·di·ence** /oubíːdiəns, əb-/ 名 U **服従**, 従順, 〈*to* . .への〉 (↔ disobedience). blind ～ 盲従. make passive ～ *to* one's father しぶしぶ父親に服従する. *Obedience to* the law is expected of every citizen. 法律に従うことはあらゆる市民に求められている. ◇動 obey

> 連結 absolute [strict; unquestioning] ～ // demand [exact] ～ from . .; instill ～ in . .; owe [pledge, swear; profess] ～ to . .

***o·be·di·ent** /oubíːdiənt, ə-/ 形 m **従順な**, 忠実に従う, 素直な, 〈*to* . .〔規則, 命令, 人など〕に〉 (↔ disobedient). an ～ child [servant] 従順な子供[召使]. A soldier must be ～ *to* his superior. 兵士は上官(の命令)に従わなければならない. Your ～ servant 〖英旧〗 敬具 《公用書簡などの結び文句》. ◇動 obey
[＜ラテン語 (*obēdīre* 'obey' の現在分詞)]
▷ **～·ly** 副 従順に, 素直に.

o·bei·sance /oubéis(ə)ns/ 名 〖章〗 **1** C お辞儀, 敬礼. make an ～ to a general 将軍に敬礼する. **2** U 敬意; 恭順. do [make, pay] ～ to (重要人物)に敬意を表す. [＜中期フランス語 *obeir* (＜ラテン語 *obēdīre* 'obey'); -ance] 「従的な.

o·bei·sant /oubéis(ə)nt/ 形 〖章〗 敬意を表する; 屈↑

ob·e·lisk /ábəlisk|ɔ́b-/ 名 C **1** 方尖(せん)柱, オベリスク, 《古代エジプトで国王の功績などを記念するために建てた石柱》. **2** 〖印刷〗 ＝dagger 2. [＜ギリシア語「小さな串(くし)」]

O·ber·on /óubərɑ̀n, -rən|-rən, -rɔ̀n/ 名 **1** オベロン 《中世伝説中の妖精の王で, Shakespeare 作の *A Midsummer Night's Dream* の中で Titania の夫》. **2** オベロン 《天王星の第4衛星》.

‡o·bese /oubíːs/ 形 〖章〗 〔人が〕肥満した (類語 医学用語として病的な肥満を表す; →fat). [＜ラテン語「(むさぼり食って)太った」(＜ob-＋*edere*「食べる」)]

o·be·si·ty /oubíːsəti/ 名 U 〖章〗 (病的な)肥満.

***o·bey** /oubéi, ə-/ 動 (**～s** /-z/|過 過分 **～ed** /-d/|**～·ing**) 他 **1** 〔人, 命令, 規則, 法など〕に**従う**, 服従する, (↔ disobey). ～ a command without question 黙って命令に従う. ～ one's parents 両親に従う. **2** 〔自分の気持ちなど〕に従って行動する. ～ one's conscience 良心に従う. ～ common sense 常識に従って行動する.
── 自 **服従する**. The sailor ～*ed* reluctantly. 水兵はしぶしぶ(命令に)従った.
◇名 obedience 形 obedient [＜ラテン語 *obēdīre*「耳を傾ける」(＜ob-＋*audīre*「聞く」)]

ob·fus·cate /ábfʌskèit, ─́─̀─|ɔ́bfʌskèit/ 動 他 〖章〗 **1** 〔問題, 要点など〕を分かりにくくする. **2** 〔人〕を混乱させる (confuse); 〔人の頭〕を朦朧(もうろう)とさせる.
▷ **òb·fus·cá·tion** 名

ob-gyn /àbgáin|ɔ̀b-/ 名 〖米話〗 C 産婦人科医; U 産婦人科. [＜*ob*stetrics and *gyn*ecology]

o·bi /óubi/ 名 (複 **～s**) C 帯. [日本語]

O·bie /óubi/ 名 C オービー賞 《off-Broadway の演劇に与えられる》. [＜OB(＜*o*ff-*B*roadway)]

o·bit /óubət|ɔ́b-/ 名 〖話〗 ＝obituary.

ob·i·ter dic·tum /àbitər-díktəm|ɔ̀b-/ (複 **obiter dic·ta** /-tə/) 〖法〗 (判決中の)付帯的意見; 〖章〗 傍論, 付言. [ラテン語 '(something) said in passing']

‡o·bit·u·ar·y /əbítʃuèri|-tju(ə)ri/ 名 (複 **-ries**) C (新聞などの)死亡記事, 死亡広告, 《普通, 故人の略歴を付け加える》. the ～ page of a newspaper 新聞の死亡記事掲載面. an ～ notice (新聞の)死亡記事. [＜ラテン語「死 (*obitus*) の」]

obj. object; objection; objective.

***ob·ject** /ábdʒikt|ɔ́b-/ 名 (複 **～s** /-ts/) C
【物】 **1 物**, 物体; 物品; 実物. look at distant ～*s* with a telescope 望遠鏡で遠方の物を見る. an art ～ 美術品. inanimate ～*s* 無生物.
【行為, 感情などの対象(物)】 **2 対象**(となる人[もの]); 的(まと); 〈*of* . .の〉. the ～ *of* one's studies 研究の対象. an ～ *of* pity [attention] 同情[注目]の的. Professional baseball players are ～*s of* admiration for most boys. プロ野球の選手はたいていの少年のあこがれの的である. **3** 〖主に英話〗 哀れな[ばかげた, こっけいな, 奇妙な]もの[人]. What an ～ she looks in those lousy clothes! あのひどい着物を着た彼女のざまはどうだ. **4** 〖哲〗 対象, 客体, (↔subject).
【対象＞目標】 **5** 〈普通, 単数形で〉 **目的**, ねらい (aim), 目当て (purpose), 〈*of* . .の〉. the ～ *of* the exercise やろうとすることのねらい. with the ～ *of* earning money 金をもうける目的で. The ～ *of* his visit was to ask for my help. 彼の訪問の目的は私の援助を求めることだった. Jack has no ～ in life. ジャックは人生に何の目的も持たない. realize one's ～ 目的を達成する. The government has failed in its ～ *of* reducing land prices. 政府は地価を下げるという目的を達成し損ねた.

> 連結 the main [the primary, the principal; the ultimate] ～ // further [accomplish, achieve, attain, fulfill] one's [the] ～

6 〖文法〗 **目的語**. the direct [indirect] ～ 直接[間接]目的語.
(be) nò óbject . .は問わない 《広告などでの文句》; . .は問題[重要]ではない. Age (*is*) *no* ～. 年齢は問いません.

O

I'd like to buy a house in Beverly Hills—money *is no* ～. ベヴァリーヒルズに家を買いたいと思っている. 金は(いくらかかっても)問題ではない.

—— /əbdʒékt/ 動 自 **反対する**, 抗議する; 異議を唱える, 不賛成である; 〈*to* ..に〉(類語 争点について反感を持って反対すること; →oppose). We'd like to go there today if you don't ～. もし君が反対でないなら私たちは今日そこに行きたい. The girls ～*ed to* our plans. 女の子たちは僕らの計画に反対した. You won't ～ *to* being asked a few questions, will you, Mr. Smith? スミスさん, 2, 3 質問してもよろしいでしょうか. —— 他 VO (～ *that* 節/"引用") ..である/「..」と言って反対する, ..ということを反対理由として挙げる. He ～*ed that* the plan would cost too much time and money. その計画は時間と金がかかり過ぎると言って彼は反対した.
[＜ラテン語「行く手に投げられた(もの)」(＜ob-＋*jacere*「投げる」)]

óbject bàll 名 C 〖ビリヤード〗的球(まと) (↔cue ball).

óbject còde 名 ＝machine code.

óbject glàss 名 C 対物レンズ (→eyepiece).

ob·jec·ti·fy /əbdʒéktəfài|ɔb-/ 動 (-fies|過 過分 -fied|～·ing) 他 を客観化する; を具象化する.

:ob·jec·tion /əbdʒékʃ(ə)n/ 名 (複 ～s /-z/) **1** UC **反対**, 異議, 苦情, 不服, 〈*to* ..に対する/*to* do*ing* ..することに対する〉. Do you have any ～ if I smoke here? ここでたばこを吸っても差し支えありませんか. I have no ～ *to* your work*ing* abroad. 君が外国で働くのに反対はしない. *Objection*! 異議あり.

> 連結 a serious [a strong, a vigorous, a violent; a legitimate, a valid] ～ // make [lodge, put forward, raise, voice; deal with; sustain; brush aside; overrule; withdraw] an ～

2 C **反対理由**, 難点, 不満(の種), 〈*to, against* ..に対する〉. My main ～ *to* this climate is its dampness. この土地の気候に対する私の主な不満は湿気が多いということである. The only ～ is that the project is too expensive. 唯一の難点は, その計画では費用がかかりすぎるということだ. [object 動, -ion]

†ob·jec·tion·a·ble /əbdʒékʃ(ə)nəb(ə)l/ 形 m 不愉快な, 嫌な, 好ましくない; 反対すべき, 異議のある. ～ language 不愉快な言葉. I hope nobody found my behavior ～. 私の行動をだれも不快に思わなかったでしょうね. ▷**-bly** 副 不愉快に, 気に障るように.

***ob·jec·tive** /əbdʒéktiv/ 形 m **1 客観的な**, 偏見のない, 公平な, (↔subjective). an ～ description of an accident 事故についての客観的な記述. She tried hard to be ～ even where her boy was concerned. 彼女は自分の息子に関係がある場合にも公平であるように努めた. **2**〖章〗物的な; 実在の, 現実の. ～ reality 現実. **3**〖文法〗目的格の.

—— 名 C **1** (努力などの)目標, 目的; 〖軍〗目標地点. achieve [attain, win] one's ～ 目的を達する. Our ～ was to reach the top of the mountain. 我々の目標は山の頂上に到達することであった.
2〖文法〗目的格の語; 〈the ～〉目的格.
3 対物レンズ (object glass [lens]).

objéctive càse 名 〈the ～〉〖文法〗目的格 (→case 文法).

objèctive cómplement 名 C 〖文法〗目的(格)補語 (→complement 文法).

ob·jéc·tive·ly 副 客観的に, 公平に; 客観的[公平]に言うと. *Objectively* (speaking), the challenger will be no match for the champion. 公平に言って挑戦者はチャンピオンには歯が立たない.

ob·jec·tiv·ism /əbdʒéktivìz(ə)m/ 名 U 客観主義; 客観論. ▷**ob·jec·tiv·ist** /-vist/ 名 C, 形 客観主義者; 客観主義(者)の.

ob·jec·tiv·i·ty /àbdʒektívəti|ɔb-/ 名 U 客観性; 公平な判断, 偏見のなさ.

óbject lèns 名 ＝object glass.

óbject lèsson 名 C 実物教育; 教訓となる実例; 「〈*in* ..の〉.

ob·jec·tor /əbdʒéktər/ 名 C 反対者, 異議を唱える人. →conscientious objector.

ob·jet d'art /ɔ̀:bʒei-dá:r|ɔ̀b-/ (複 **objets d'art** /同/) 小美術品. [フランス語 'object of art']

ob·jur·gate /ábdʒərgèit|ɔ́bdʒə:-/ 動 他 〖雅〗を叱(しっ)責する (scold). ▷**òb·jur·gá·tion** 名 U 叱(しっ)責. **ob·jur·ga·to·ry** /əbdʒə́:rgətɔ̀:ri|-gət(ə)ri/ 形

ob·late /ábléit, ⸗–|ɔ́bleit, –⸗/ 形 〖数〗扁(へん)円の (ミカンのような形). an ～ sphere 扁球.

ob·la·tion /əbléiʃ(ə)n/ 名〖章·宗〗C 〈しばしば ～s〉(神仏への)寄進, 供え物, (offering).

ob·li·gate /ábləgèit|ɔ́b-/ 動 他 〖章〗 **1** VOC (～ X *to do*) X に..することを義務づける (oblige) 〈普通, 受け身で〉. You are ～*d to* fulfill your contract. 君は契約を履行する義務がある. **2** VOA (～ X *to* ..) 〔人〕に対して義務感[責任感, 感謝の念]を X に持たせる 〈普通, 受け身で〉. I feel ～*d to* him because he did me a favor. 私の願いを聞いてくれたので彼には恩義を感じている.
[＜ラテン語 *obligāre* 'oblige']

:ob·li·ga·tion /àbləgéiʃ(ə)n|ɔ̀b-/ 名 (複 ～s /-z/) **1** UC (法律上, 道徳上の)**義務**(感), 責任(感). carry out [discharge, fulfill, meet] one's moral ～*s* 道徳上の義務を果たす. We have an ～ to support our family. 我々には自分の家族を扶養する義務がある. a sense of ～ 義務感. You may try out our fan heater for 10 days without ～ (to buy). わが社の温風ヒーターは, 10 日間無料でお試しいただけます.
2 UC 恩義, 負い目; 感謝の念. repay [fulfill] an ～ 恩に報いる. I feel an ～ to those who helped me. 私を援助してくれた人たちに恩義を感じている.
3 UC 〖法〗債務; C 債務証書, 債券.
under ⌞***(an)***⌟ ***[no] obligátion*** (1) 恩義がある[ない]〈*to* ..に〉. We were placed [put] *under an* ～ by their great kindness. 彼らに非常に親切にされて我々は恩義を受けた. (2) 義務がある[ない]〈*to* do ..する〉. I'm *under an* ～ *to* report once a week. 私には週 1 回報告をする義務がある. We are *under no* ～ *to* attend the meeting. 我々はその会合に出席する義務はない.
[＜ラテン語 *obligāre* 'oblige'; -ation]

†ob·lig·a·to·ry /əblígətɔ̀:ri, áblig-|ɔblígət(ə)ri/ 形 〖章〗 **1** (法律上, 道徳上の)義務の, (規則などで)義務うけられている, 〈*on, upon* ..に〉. At that school, chapel attendance is ～ *upon* all the students. その学校では規則上学生は皆礼拝に出ることになっている. It is ～ (for us) to pay our dues every month. (我々は)毎月会費を払うことが義務うけられている. **2** 〔学科などが〕必修の (↔elective, optional, voluntary); 〖文法〗義務的な (↔optional). ▷**ob·lig·a·to·ri·ly** 副

:o·blige /əbláidʒ/ 動 (**-blig·es** /-əz/|過 過分 **～d** /-d/|**-blig·ing**) 他 **1** VOC (～ X *to do*) X に**..することを義務づける**, 強制する, 余儀なくさせる, 〈普通, 受け身で〉(類語 やむを得ず強いることで, 強制の意味は compel より弱い; →force). Living with grandfather ～*d* me *to* get up early every morning. 祖父と一緒に暮らしていたので僕はどうしても毎朝早起きしなければならなかった. Parents are ～*d to* pay for damage caused by their minor children. 未成年者が原因の損害は親に弁償する義務がある.
2〖章〗〔人〕に**親切にする**, 〔人〕の頼みをかなえてやる, 〔人〕をありがたく思わせる, 喜ばす, 〈*with* ..で/*by* do*ing* ..して〉(★丁寧な言い方). Will you ～ me *by* lend*ing* me your pen? あなたの万年筆を貸してくださいませんか. Susan will now ～ (us) *with* a song. 今度はスーザン

が歌を聞かせてくれるでしょう (★目的語を略すと自動詞用法). I'd *be* ～*d* if you'd shut up! 黙ってくれるとありがたいんだが (★皮肉な言い方). —— 自 好意を示す, 親切にする. If you need any help, I'd be glad [ready] to ～. 手助けが必要でしたら, 私が喜んで致します. Anything to ～. 〖話〗《依頼に対し》承知しました. (<I'll do anything to ～ (you). (喜んでくださることならなんでもします))

(I'm) mùch oblíged (to you). 大変ありがとう (★Thank you より丁寧な言い方).

[<ラテン語 *obligāre*「結びつける」(<ob-+*ligāre*「結ぶ」)] 「ligor).

ob·li·gee /àbləʤíː | ɔ̀b-/ 名 C 〖法〗債権者 (↔ob-↑

*__o·blig·ing__ /əbláiʤiŋ/ 形 m **面倒見のいい**, 親切な, 喜んで手を貸す. an ～ librarian 親切な司書. I found him most ～ when I asked him a favor. 彼に頼み事をした時彼はとても親切な人だと分かった. ▷ **～·ly** 副 親切に(も), ありがたいことに. 「ligee).

ob·li·gor /àbləgɔ́ːr | ɔ̀b-/ 名 C 〖法〗債務者 (↔ob-↑

†**ob·lique** /əblíːk/ 形 **1** 斜めの, はすの, 傾斜した. an ～ course 斜めの進路. draw an ～ line 斜線を引く.
2 〈普通, 限定〉遠回しの, 間接の. an ～ answer 遠回しの返事. make ～ references to official corruption 官界の腐敗についてそれとなく触れる. **3** 不正な; 不誠実な. **4** 〖植〗〔葉などが〕不等辺の, ひずみ形の. **5** 〖文法〗斜格の. ～ cases 斜格《主格と呼格以外の名詞・代名詞の格》. —— 名 UC 斜めのもの, 斜線《/》(**oblíque stròke**). [<ラテン語] ▷ **～·ly** 副 **～·ness** 名

oblìque ángle 名 C 斜角《直角 (right angle) 以外の角度》.

ob·liq·ui·ty /əblíkwəti/ 名 (複 **-ties**) **1** U 傾斜(していること); 傾斜度. **2** C あいまいな言葉[記述]. **3** U 不正; C 不正行為.

†**ob·lit·er·ate** /əblítərèit/ 動 他 〖章〗**1** 〔文字など〕を消し去る, 抹消する; 〔記憶, 感情など〕を消す; 〔景色など〕を見えなくする. The spilled ink ～*d* his signature. こぼしたインクで彼の署名が見えなくなった. He tried to ～ all memories of the war. 彼は戦争の記憶をすべて消そうとした. **2** の痕(こん)跡をぬぐい去る; を壊滅させる. The entire village was ～*d* by eruptions. 火山の爆発で全村壊滅した. [<ラテン語「文字を消す」(<ob-+*littera* 'letter')]

ob·lìt·er·á·tion 名 U 消し去ること, 抹消; 壊滅.

†**ob·liv·i·on** /əblíviən/ 名 U **1** 忘れ去っていること, 我を忘れていること, 気がつかないこと, 無意識. The politician accepted the money in complete ～ of the law. その政治家は法律のことをすっかり忘れて金を受け取ってしまった. **2** 忘れ去られること, 忘却. be buried in [fall into, sink into] ～ 世間から忘れ去られる. **3** 〖法〗大赦. [<ラテン語「忘却, 忘れっぽさ」]

†**ob·liv·i·ous** /əblíviəs/ 形 〈普通, 叙述〉気づいていない; 忘れて; 〈*of, to* ..に, を〉. The explorers were ～ *of* the natives' hostility. 探検家たちは原住民の敵意に気づかなかった. Our boy becomes ～ *to* everything when he plays the guitar. ギターを弾いている時うちの息子はあらゆる事を忘れている. ▷ **～·ly** 副 **～·ness** 名

†**ob·long** /ɑ́blɔːŋ | ɔ́blɔŋ/ 形 長方形の (rectangular); 楕(だ)円形の. —— 名 C 長方形; 楕円形.

ob·lo·quy /ɑ́bləkwi | ɔ́b-/ 名 〖章〗U **1** (世間での)悪口, 非難. **2** 不名誉, 汚名.

†**ob·nox·ious** /əbnɑ́kʃəs | -nɔ́k-/ 形 不愉快極まる (very disagreeable); 忌み嫌われている 〈*to* ..に〉. a man ～ *to* his associates 仲間の嫌われ者. [<ラテン語「危害にさらされた>有害な」] ▷ **～·ly** 副 **～·ness** 名

o·boe /óubou/ 名 C オーボエ《木管楽器の一種》. [<フランス語 *haut bois* 'high wood' (「高音を出す木管」の意; →hautboy)]

o·bo·ist /óubouist/ 名 C 〖楽〗オーボエ奏者.

obs. observation; observatory; obsolete.

†**ob·scene** /əbsíːn/ 形 **1** 猥褻(わいせつ)な, 卑猥な. an ～ book 猥褻な本. **2** むかむかさせる(ような), 実にひどい, 醜悪な. It is ～ that millions of children should be starving in the world. 世界中で何百万人もの子供たちが飢えているのは実に恐ろしいことだ. an ～ bloated face 醜悪な膨れ上がった顔. [<ラテン語「汚れた」]
▷ **～·ly** 副

†**ob·scen·i·ty** /əbsénəti, -síːn- | əbsíːn-/ 名 (複 **-ties**) **1** U 猥褻(わいせつ)(性). **2** C 猥褻な言葉[行為など]. **3** C むかむか[ぞっと]させるような事件[行為].

ob·scur·an·tism /əbskjú(ə)rəntìz(ə)m | ɔ̀bskju(ə)rǽn-/ 名 U 反啓蒙(もう)主義, (事実などを)故意に分かりにくくすること; (芸術の)非明晰(せき)主義.
▷ **ob·scúr·an·tist** /-tist/ 名, 形

ob·scu·ra·tion /ɑ̀bskju(ə)réiʃ(ə)n | ɔ̀b-/ 名 U ぼんやりさせること; あいまいにすること.

*__ob·scure__ /əbskjúər/ 形 e (**-scur·er** /-rər/ | **-scur·est** /-rəst/) 【**はっきりしない**】 **1** ぼんやりした, はっきりしない. an ～ figure in the fog 霧の中のぼんやりした人の姿. the ～ outlines of the distant shore 遠い岸辺のぼんやりした輪郭.
2 不明瞭(りょう)な, 晦(かい)渋な, 分かりにくい, (類語 判断の材料がないため, 又は知識や理解力が不足のためはっきりしないさま; →ambiguous). an ～ explanation [excuse, answer] はっきりしない説明[言い訳, 返事]. Modern poetry is often most ～. 現代詩はしばしばきわめて難解だ. The cause of the accident is still ～. 事故原因はまだはっきりしていない. For some ～ reason the man gave up his job. よく分からない理由でその男は仕事を投げ出した. **3** 〔音, 音声が〕不明瞭な. an ～ vowel 〖音声〗あいまい母音 (schwa)《/ə/》. **4** (薄)暗い; 〔色が〕薄黒い, ぼやけた.
【**目立たない**】 **5** 〔土地が〕辺鄙(ぴ)な, 人目につかない; 〔人が〕**名の知れない**, 世に埋もれた. an ～ country doctor 無名の田舎医者. a person of ～ origin 素姓の知れない人. an ～ little village 辺鄙な小さな村.
—— 動 他 **1** を覆い隠す; を見えにくくする; をぼんやりさせる. Dark shadows ～*d* the path. 暗がりで道は見えにくかった. The makeup ～*d* the lines of her face. 化粧で彼女のしわが隠れていた. The new building ～*s* our view of Mt. Fuji. 新しい建物ができたために我が家から富士山が見えなくなった.
2 〔事実, 問題点など〕をはっきりさせない, 分かりにくくする, あいまいにする. The accused tried to ～ his real motives. 被告人は自分の真の動機をぼかそうとした.
3 〖音声〗〔母音〕をあいまい母音にする.
[<ラテン語「暗い, 覆われた」]
▷ **～·ly** 副 ぼんやりと; 名も知れずに; あいまいに.

*__ob·scu·ri·ty__ /əbskjú(ə)rəti/ 名 (複 **-ties** /-z/) **1** U 暗さ, 暗がり. **2** U はっきりしないこと, 不明瞭(りょう), 晦(かい)渋, 分かりにくさ, あいまいさ. The ～ of the passage still puzzles scholars today. その一節の意味不明には今日の学者もなお頭を悩ましている. **3** C 不明瞭な[理解しにくい]点[物事]. The essay is full of *obscurities*. その論文には不明瞭な点がいっぱいある.
4 U 人[世]に知られないこと, 無名; C 無名の人[場所]. rise from ～ 無名の境涯から身を起こす. sink into ～ (名声などを失って)世間から忘れられる. The artist has been lost in ～ for years. その画家は何年もの間名を知られずに埋もれていた.

ob·se·quies /ɑ́bsəkwiz | ɔ́b-/ 名 〈複数扱い〉〖章〗葬儀 (funeral ceremonies).

ob·se·qui·ous /əbsíːkwiəs/ 形 媚(こ)びへつらう, ご機嫌取りをする, 〈*to, toward* ..に〉. make an ～ smile 愛想笑いをする. ▷ **～·ly** 副 **～·ness** 名

O

ob·sérv·a·ble [形] **1** 観察できる; 注意を引く; 注目すべき. The new model has no ～ improvements. 新型車には目につく改良点はひとつもない. **2** 守るべき〔休日, しきたりなど〕. ▷**-bly** [副] 目立って, 著しく.

***ob·serv·ance** /əbzə́ːrv(ə)ns/ [名] (複 **-anc·es** /-əz/) **1** [U] **守ること, 遵守**, 〈*of* ..〔法規, 慣例など〕を〉. strict ～ *of* all rules あらゆる規則を厳重に守ること. **2** [U] 祝うこと 〈*of* ..〔祭日など〕を〉. the ～ *of* Thanksgiving Day 感謝祭を(正式に)祝うこと. **3** [C] 〈しばしば ～s〉(宗教上の)式典. **4** [C] 慣習, 慣例. superstitious ～*s* 迷信的なしきたり. **5** [U] 〖米〗観測, 観察, (observation). ◇[動] observe

†**ob·serv·ant** /əbzə́ːrv(ə)nt/ [形] **1** すぐ気がつく, 目ざとい, 早く見て取る, (↔unobservant). How ～ of you! 本当に目が早いですね. **2** 〖章〗 厳重に守る, 遵守する, 〈*of* ..〔法規, 祝祭など〕を〉. Drivers must be ～ *of* traffic rules. 運転者は交通規則を守らなければならない. ◇[動] observe ▷**～·ly** [副] 目ざとく, いち早く.

‡**ob·ser·va·tion** /àbzərvéiʃ(ə)n|ɔ̀bzə(ː)-/ [名] (複 **～s** /-z/) 【観察】 **1** [UC] **観察(すること)**; 観測; 監視. make a careful ～ 注意深く観察する. It's a good night for ～ of the stars. 星を観測するにはもってこいの夜だ. take an ～ 天測する. **2** [U] **人から見られること, 人目(につくこと)**. He tried to escape his friends' ～. 彼は友達の目につかないようにしようとした. avoid ～ 人目を避ける. **3** [U] **観察力**, 注意力. powers of ～ 観察力. a man of keen ～ 観察力の鋭い人.
【観察の結果】 **4** 〈～s〉〖章〗 **観察[観測]した事実**, 観察[観測]結果[資料, 記録]. a record of his ～*s* on the life of snakes 蛇の生態についての彼の観察の記録.
5 [C] 報告; 所見, 感想. an astute [a shrewd] ～ 手抜かりのない報告. The speaker concluded with the ～ that we were already in an electronic age. 講演者は我々が既に電子時代に入っていると感想を述べて話を終えた. ◇[動] observe
under observátion 観察して(いる), 観察中で[の]; 監視されて(いる). The suspect was *under* ～ by the police. 容疑者は警察に監視されていた. The patient was kept *under* close ～. 患者は徹底した看護を受けていた.

ob·ser·va·tion·al /àbzərvéiʃ(ə)nəl|ɔ̀bzə(ː)- [移]/ [形] 観察[観測]の; 観察[観測]に基づく. ▷**～·ly** [副]

observátion càr [名] [C] (列車の)展望車.

observátion pòst [名] [C] 〖軍〗(敵の動きを見る)監視所.

observátion tòwer [名] [C] 展望台.

†**ob·serv·a·to·ry** /əbzə́ːrvətɔ̀ːri|-t(ə)ri/ [名] (複 **-ries**) [C] **1** 天文台; 観測所. a meteorological ～ 気象台, 測候所. **2** 展望台.

‡**ob·serve** /əbzə́ːrv/ [動] (**～s** /-z/|[過] [過分] **～d** /-d/|**-serv·ing**) [他] 【注意して見る】 **1** [VO] (～ X/*wh* 節・句) X を/**..かを観察する**; X を/..かを注意して見守る; X を/..かを注視する, 監視する. ～ the growth of a plant 植物の成長を観察する. The hero of the play is closely ～*d*. その劇の主人公は綿密な観察力で(リアルに)描かれている. Let's ～ *where* and *when* the horse will take the lead in the race. その馬がいつどこで競走の先頭に立つかよく見ていよう. *Observe* that man's every move closely. あの男のあらゆる動きを厳重に監視してくれ.
2 【目に留める】 [VO] (～ X/*that* 節) X を/..ということを認める, 目にする, X に/**..ということに気づく**; [VOC] (～ X *do*/X *doing*) 〔X が..する[している]のに〕気づく. Several polyps were ～*d* in his colon. 彼の結腸にいくつかのポリープが認められた. The young man ～*d that* she was weeping. 青年は彼女が泣いているのに気づいた. We ～*d* a plane *sweep* westward. 我々は飛行機が 1 機西方にさっと飛び去るのを認めた ([語法] 受け身にすると原形不定詞が to 不定詞になる: A plane was ～*d to sweep* westward.). I ～*d* a cat watch*ing* the goldfish in the pool. 猫が池の中の金魚をねらっているのを目にした.
3 【気づいたことを言う】 〖章〗 [VO] (～ X/*that* 節/"引用") X と/..であると/「..」と言う, (所感として)述べる, ([類語] say より形式ばった語で, 熟慮や観察の後に述べること). I ～*d that* it was unusual for him to be late. 彼が遅れるなんて普通ではないと言った. "The man was obviously lying", Laura ～*d*. 「あの男は明らかにうそをついていたのです」とローラが言った.
【注意して守る】 **4** 〔規則, 命令, 習慣など〕を固く守る, 遵守する. ～ a rule 規則を守る. You must ～ silence in the library. 図書館では静粛を守らねばならない.
5 〔祭日, 式典など〕を正式に守る, 祝う. ～ one's birthday 誕生日を祝う.
── [自] **1** 観察[観測]を行う. **2** [VA] (～ ***on***[***upon***] **..**) ..について意見[感想]を述べる. He ～*d* critically *on* the government's performance. 彼は政府のやり方に批判的な意見を述べた. ◇[他] 1, 2, 3 と [自] の [名] observation; [他] 4, 5 の [名] observance [形] observant
[<ラテン語「観察する」(<ob-+*servāre*「注意する」)]

Ob·serv·er /əbzə́ːrvər/ [名] 〈the ～〉『オブザーヴァー』《英国の日曜新聞》.

***ob·serv·er** /əbzə́ːrvər/ [名] (複 **～s** /-z/) [C] **1** (**a**) **観察者**, 観測者; 見守る人; 目撃者. I was only an ～ of the fight. 僕はただけんかを見ていただけだ. A casual ～ might have taken the figure for a woman. 偶然目撃者がいてもその人影は女性だと思ったかもしれない. (**b**) 〖軍〗機上偵(てい)察員. **2** (会議の)**オブザーヴァー**《会議に出席するだけで議決権・発言権を持たない者》. **3** (専門分野で)意見を述べる人, 評論家. a political ～ 政治評論家. **4** 〔規律, 習慣などを〕守る人, 遵奉者. a strict ～ of the Sabbath 安息日を厳格に守る人. **5** 祝う人 〈*of* ..〔祭日など〕を〉. an ～ *of* Easter イースターを祝う人.

ob·sérv·ing [形] 注意深い, 油断のない; 観察力の鋭い.

†**ob·sess** /əbsés/ [動] [他] 〔ある観念, 恐怖, 欲望などが人〕に取りついて離れない, つきまとう, 〈普通, 受け身で〉. The dream of great riches ～*ed* him. 彼は大金持ちになる夢に取りつかれていた. Why are you so ～*ed* by [with] sin? 君はなぜそんな罪の観念にとらわれているのか.
[<ラテン語「包囲された」(<ob-+*sedēre*「座る」)]

†**ob·ses·sion** /əbséʃ(ə)n/ [名] **1** [U] (固定観念, 妄想, 欲望などが[に])取りつく[つかれる]こと.
2 [C] つきまとって離れない妄想[欲望など], 固定観念, 強迫観念, 執念, 執着, 〈*about, with* ..に対する〉. Young men and women today have an ～ *about* going on a foreign tour. 今日の若い男女は海外旅行はどうしても行かなければならないものと思っている.

ob·ses·sion·al /əbséʃ(ə)nəl/ [形] 強迫観念の, 取りついて離れない.

‡**ob·ses·sive** /əbsésiv/ [形] **1** ＝obsessional. **2** 強迫観念にとらわれている, やたらに神経質な, 〈*about* ..について〉. be ～ *about* ⌞personal safety [detail] 身の安全を異常なほど気にする[細部にやたらこだわる]. ── [名] [C] 固定[強迫]観念に取りつかれた人; 〖医〗妄想狂.
▷**～·ly** [副] 取りつかれたように, 異常に.

ob·sid·i·an /əbsídiən|ɔb-/ [名] [UC] 〖鉱〗 黒曜石, 「十勝(とかち)石.

ob·so·les·cence /àbsəlés(ə)ns|ɔ̀b-/ [名] [U] 廃れてきたこと; 老朽化; 廃用; 〖生物〗(器管などの)退化, 萎縮. → planned obsolescence.

ob·so·les·cent /àbsəlés(ə)nt|ɔ̀b- [移]/ [形] 〔言葉, 習慣などが〕廃れかかっている, 時代遅れの, 〖生物〗退行性の, (→obsolete). ～ technology 廃れかかった工業技術.

†**ob·so·lete** /àbsəlíːt, ⌐-⌐|ɔ́bsəlìːt/ [形] **1** 〔単語, 習慣などが〕現在用いられていない, 廃れた, (→obsolescent). an ～ word 廃語. an ～ custom [idea] 廃れた風習[考え]. **2** 時代遅れの, 旧式の. an ～ firearm 旧式な火器. **3** 〖生物〗未発達の; 退化した, 痕跡だけの.
[<ラテン語「消耗した」] ▷**～·ly** [副] **～·ness** [名]

***ob·sta·cle** /ɑ́bstək(ə)l|ɔ́b-/ 名 (複 ～s /-z/) Ⓒ **障害(物)**, 妨害, じゃま(もの), 〈*to* ..に対する〉 (類語 取り除くか回り道をしなければ通れないもの; →barrier). overcome a lot of ～s 多くの障害を乗り越える. put [place] ～*s* in the way of a person's promotion 人の昇進をじゃまする. The mountains were an ～ *to* the pioneers' progress. 山が開拓民の行く手を遮っていた. Laziness is an ～ *to* success. 怠けていては成功はおぼつかない.

連結 a great [a formidable, a serious; an insurmountable; an unforeseen] ～ // encounter [come across; overcome, surmount] an ～

[<ラテン語「じゃまするもの」(<ob-+*stāre*「立つ」); -cle]

óbstacle còurse 名 Ⓒ **1** (軍隊の)障害物のある訓練場. **2** 障害物競走の一連の障害物; 〈一般に〉乗り越えるべき一連の障害.

óbstacle ràce 名 Ⓒ 障害物競走.

obstet obstetrical; obstetrics.

ob·stet·ric, -ri·cal /əbstétrik|ɔb-/, /-kəl/ 形 〖医〗 産科の, 助産(術)の. [<ラテン語「助産婦」(<*obstāre*「(産婦の)前に立つ」; →obstacle)]

ob·ste·tri·cian /ɑ̀bstətríʃən|ɔ̀b-/ 名 Ⓒ 産科医. ★婦人科医は gynaecologist.

ob·stét·rics /-s/ 名 〈単数扱い〉 産科学, 助産術.

†**ob·sti·na·cy** /ɑ́bstənəsi|ɔ́b-/ 名 (複 **-cies**) **1** Ⓤ **頑固さ**, 強情さ. with ～ 頑固に. the ～ of mules ラバの頑固さ《ラバは頑固な性格を持つと言われる》.
2 Ⓒ 頑固な言動. **3** Ⓤ (病気の)難治(なこと).

***ob·sti·nate** /ɑ́bstənət|ɔ́b-/ 形 ⓜ **1 頑固な, 強情な**, (stubborn); 頑強な, 執拗な, 〔抵抗など〕; 根強い. an ～ child 強情な子供. He remained ～ in his opinion. 彼はあくまで自分の意見を変えようとしなかった. ～ habits 抜きがたい慣習. **2** 〈限定〉〔病気が〕なかなか治らない, しつこい, 難治の. an ～ cough しつこい咳(せき).
[<ラテン語「固く決心した」]
▷ **～·ly** 副 頑固に, 強情に; 慢性的に.

ob·strep·er·ous /əbstrép(ə)rəs/ 形 〖章〗〔子供, 行為などが〕騒がしく暴れる, 手に負えない.
▷ **～·ly** 副 **～·ness** 名

***ob·struct** /əbstrʌ́kt/ 動 (**～s** /-ts/|過 過分 **～·ed** /-əd/|**～·ing**) 他 **1** 〔通路など〕をふさぐ, 遮断する, (block). Fallen trees ～ the road. 倒木が道路をふさいでいる. **2** 〔進行, 実施など〕を**妨げる**, 妨害する; 〖スポーツ〗〔相手の選手〕を妨害する《反則》; (類語 妨害物によって自由円滑な進行をさせないこと; →hinder[1]). Late snows ～*ed* the completion of the tennis court. 遅くまで雪が降ってテニスコートの完成が遅れた. They ～*ed* our plan. 彼らは我々の計画のじゃまをした. ～ a policeman 警官(の公務執行)を妨害する.
3 〔光, 眺望など〕を遮る. A large pillar ～*ed* our view of the lake. 大きな柱が湖水の眺めを遮っていた.
[<ラテン語「さえぎる(ように建てる)」(<ob-+*strere*「建てる」)] ▷ **～·er** 名 =obstructor.

***ob·struc·tion** /əbstrʌ́kʃ(ə)n/ 名 (複 **～s** /-z/) **1** Ⓤ **妨害(する[される]こと)**, 障害, 支障, じゃま; 〈特に〉公務執行妨害; 〖スポーツ〗オブストラクション《反則》. We met little ～ from the enemy in our progress. 前進の際我々は敵の妨害にほとんど遭わなかった. He was arrested for ～. 彼は公務執行妨害で逮捕された.
2 Ⓒ (通路などの)**障害物**, じゃまもの; ふさぐ物. remove an ～ in the drain [throat] 排水管[のど]に詰まった物を取り除く. The road to success was strewn with ～*s*. 成功への道には多くの障害があった.

ob·strúc·tion·ism 名 Ⓤ (会議などの)進行妨害, 議事妨害.

ob·strúc·tion·ist 名 Ⓒ 議事妨害者.

ob·struc·tive /əbstrʌ́ktiv/ 形 じゃまになる, 妨害をする, 〈*to*, *of* ..の〉. ── 名 Ⓒ 障害[妨害]物. ▷ **～·ly** 副 **～·ness** 名

ob·strúc·tor /-tər/ 名 Ⓒ 妨害者[物], じゃま者.

‡**ob·tain** /əbtéin/ 動 (**～s** /-z/|過 過分 **～ed** /-d/|**～·ing**) 他 〖章〗 **1** を**得る**, 獲得する, 手に入れる, (類語 得るために多少の努力と時間を要するという含みがある; →get). I ～*ed* the painting at an auction. 競売でその絵画を手に入れた. ～ a prize [position] 賞[地位]を獲得する. ～ one's object 目的を達する. ～ permission *from* one's parents 両親から許可を得る.
2 VOO (～ X Y)・VOA (～ Y *for* X) 〔物・事が〕XにYを得させる, もたらす. The qualification ～*ed* him a good job [a good job *for* him]. その資格のおかげで彼はよい職を得た. ── 自 〖章〗〔規則, 慣習などが〕広く行われている, 通用する, (prevail). Shaking hands is a custom that ～*s* in many countries. 握手は多くの国で行われている慣習である. That rule no longer ～*s*. その規則はもはや通用していない.
[<ラテン語「捕える, 保持する」(<ob-+*tenēre*「保つ」)]

†**ob·táin·a·ble** 形 得られる, 手に入る, 獲得できる, (↔unobtainable).

ob·trude /əbtrú:d/ 動 〖章〗 他 **1** を突き出す. ～ one's head out of the window 窓から顔を突き出す. **2** 〔意見など〕を押し付ける, 無理強いする, 〈*on*, *upon* ..に〉; 〈～ oneself として〉出しゃばる, 割り込む, 〈*on*, *upon*, *into* ..に〉. ～ one's opinions *on* others 自分の意見を他人に押し付ける. May I ～ my*self into* this debate? この討論に口出ししてもよろしいですか (★丁寧な言い方). ── 自 **1** 突き出る. **2** 出しゃばる, 口を出す, 〈*on*, *upon* ..に〉. Do not ～ *upon* her sorrow. 悲しんでいる彼女をそっとしておきなさい.
[<ラテン語「前方へ突く」(<ob-+*trūdere*「押す, 突く」)] ▷ **ob·trúd·er** 名

ob·tru·sion /əbtrú:ʒən/ 名 Ⓤ 〖章〗 無理強い; Ⓒ 「押し付けられたもの[事]」.

ob·tru·sive /əbtrú:siv/ 形 押し付けがましい, でしゃばりの, 目立ちすぎの, 出過ぎた; 目[耳]障りな. He tried to be less ～. 彼はでしゃばらないようにしようとした. ▷ **～·ly** 副 **～·ness** 名

ob·tuse /əbt(j)ú:s/ 形 **1** 〔刃, 角(かど), 葉先などが〕尖(とが)っていない, 先が丸い; 〔痛みなどが〕鈍い. **2** 〖数〗鈍角の. **3** 〖章〗(頭の)鈍い, 鈍感な, 愚鈍な, (stupid). [<ラテン語「たたいて鈍くした」] ▷ **～·ly** 副 **～·ness** 名

obtùse ángle 名 Ⓒ 〖数〗鈍角 (↔acute angle).

ob·verse /ɑ́bvə:rs|ɔ́b-/ 名 Ⓒ 〈the ～〉 〖章〗 **1** (貨幣, メダルなどの)表(おもて), 表面, (↔reverse); (一般に物の)表側. **2** 反対(の物事); 〖数〗(定理の)裏. The ～ of peace is war. 平和の反対は戦争である. [<ラテン語「..の方に向けられた」(<ob-+*vertere*「回す, 向ける」)]

†**ob·vi·ate** /ɑ́bvièit|ɔ́b-/ 動 他 〖章〗〔危険, 障害など〕を取り除く, 回避する; を未然に防ぐ. ～ a risk 危険を未然に防ぐ. Proper care of one's car can ～ the need for much repair. 車を大事に扱っていれば大して修理をしないですむ. [<後期ラテン語「道で出会う>防ぐ」(<ラテン語 ob-+*via*「道」)]

‡**ob·vi·ous** /ɑ́bviəs|ɔ́b-/ 形 ⓜ **1** 〔物事が〕**明らかな**, 明白な; (見れば)すぐ分かる(ような), 見え透いた; (類語 見てすぐ分かるということ; →clear 4). an ～ blunder 明らかな大間違い. an ～ remark 分かりきった言葉. state the ～ 言うまでもないことを言う (★名詞的用法). tell an ～ lie 見え透いたうそをつく. It was ～ (to everyone) that the driver had not been careful enough. 運転者が十分注意していなかったことは(だれの目にも)明らかだった. Tax cuts will be the ～ choice for economic recovery. 減税が景気回復のため明らかに選ぶべき道だろう. The ～ thing (to do) is to rest from your work. (すべき)明白なことは, 君は仕事を休むことだ.

2〔人が, 感情などを〕隠そうとしない, むき出しにする. My mother is very ～ about her dislikes. 私の母は嫌いなものは隠さずはっきり示す.
[＜ラテン語「道の途中の」(＜ob-＋*via*「道」); -ous]
▷～·ness [名]

***ob·vi·ous·ly** /ɑ́bviəsli|ɔ́b-/ [副] [m] 明らかに, 明瞭(ﾘｮｳ)なことであるが. He was ～ wrong in his choice. 彼は明らかに選択を誤った. *Obviously,* the hikers have lost their way. 明らかにハイカーたちは道に迷ってしまったのだ.

OC oral contraceptive (経口避妊薬).

Oc, oc ocean.

o/c overcharge.

oc- /ə(k), ɑ(k)|ə(k), ɔ(k)/ [接頭] ob- の異形《c の前で》.

oc·a·ri·na /ɑ̀kəríːnə|ɔ̀k-/ [名] [C] オカリーナ《陶製又は金属製小型吹奏楽器》. [イタリア語「小さなガチョウ」]

occas occasional(ly).

‡oc·ca·sion /əkéiʒ(ə)n/ [名] ([複] ～s /-z/)
【事が起こる機会】 1 [C] (ある事が起こる)時機, 場合. on this [that] ～ この[あの]際に. on one ～ かつて, ある時. on endless ～*s* 数え切れないほど何度も. I visit the athletic club only on rare ～*s*. 体育クラブにはたまにしか行かない. The last ～ I saw Tom was at his house a month ago. 最後にトムに会ったのは1か月前, 彼の家でであった.
【適当な時機】 2 [UC] 〈普通, 単数形で〉(よい)機会, 好機, 〈*to* do ..する/*for* (do*ing*) ..(する)ための〉 ([類語] 具体的な行動などを暗示する; →opportunity). if (the) ～ arises 〖章〗もし機会があれば; 必要とあれば. I'll contact him on the first ～. 機会があり次第彼と連絡を取ります. The party gave us an ～ *to* know each other. パーティーで我々は互いに知り合う機会を得た. I have little ～ *for* (us*ing*) a car in this city. 当市では車を使う機会がほとんどない.
【出来事のきっかけ】 3 [U] 〖章〗(直接の)原因, 理由; 誘因, 必要; 〈*for* ..の /*to* do ..する〉. There is no ～ *to* be angry [*for* anger]. 腹を立てる理由は何もない. We have no ～ *for* quarreling. 我々には口論する理由は全くない. I have never had ～ *to* consult a doctor. 今まで医者にかかる必要は全然なかった. The ～ of the fight was a trivial matter. けんかのきっかけはつまらない事だった.
【特別な出来事】 4 [C] (特別な)行事; 式典, 盛儀; 式日, 祭日. on great ～*s* 特別な行事の時に. celebrate the ～ その(めでたい)日を祝う. Those may be the wrong clothes for the ～. その服装はその式典には不向きかもしれない. The opening ceremony was quite an ～. 開会式はとても盛大だった.

> [連結] a formal [a ceremonial, a happy, a historic, a memorable, a solemn, a special, an unforgettable] ～ // observe [mark] an ～

a sènse of occásion →sense.
be èqual to the occásion 臨機応変の処置が取れる.
gìve occásion to .. ..を引き起こす. The tax hike *gave* ～ *to* much grumbling. 増税は非常な不平の種をまいた.
on occásion 〖章〗折にふれて, 時々, (occasionally); 必要な時はいつでも. He shows remarkable ability *on* ～. 彼は必要とあらばすばらしい能力を発揮する.
on the occásion of .. 〖章〗..に際して, の時に. *on the* ～ *of* her wedding 彼女の結婚式に際して.
rìse to the occásion 臨機応変の処置を取る, とっさの場合にうまく対処する.
tàke [ùse] occásion to dó 機会をとらえて..する. I'd like to *take* this ～ *to* thank you all. この機会にご一同にお礼を申し上げたいと思います.
── [動] [他] 〖章〗 1 を引き起こす (cause), のきっかけになる. What in the world ～*ed* his outburst? 一体何がきっかけで彼が激高したのか. 2 [VOO] (～ X Y)・[VOA] (～ Y *for* [*to*] X) X に Y を(起こ)させる. The smallest movement ～*s* me great pain [great pain *for* [*to*] me]. ほんの少し動いてもとても痛い. 3 [VOC] (～ X *to do*)〔物・事が〕X に..させる. The sight ～*ed* her *to* cry out. その光景を見て彼女は悲鳴を上げた.
[＜ラテン語「落ちること＞ふりかかること」(＜ob-＋*cadere*「落ちる, 倒れる」)]

***oc·ca·sion·al** /əkéiʒ(ə)nəl/ [形] [ⓒ] 〈普通, 限定〉
1 時々の, 時折の. take an ～ trip to Europe 時々ヨーロッパへ旅行する. Cloudy with ～ showers. 曇時々にわか雨《天気予報で》. I get an ～ letter from Sam. 時々サムから便りがある. 2 補助用の, 臨時に使われる, 〔家具〕; 臨時雇いの. an ～ factory worker 臨時工.
3 〖章〗〔詩, 楽曲などが〕特別な場合のための[ために作られた], 祝いのための. an ～ poem 機会詩.

‡oc·ca·sion·al·ly /əkéiʒ(ə)nəli/ [副] [ⓒ] 時々, 時たま; 臨時に, 特別な場合に. *Occasionally,* I have a quarrel with my brother. 時には兄と口げんかをする. very ～ ごくまれに (very infrequently). He visits his parents only ～. 彼はたまにしか両親を訪ねない.

occásional tàble [名] [C] 補助テーブル.

†Oc·ci·dent /ɑ́ksədənt|ɔ́k-/ [名] 〖章〗〈the ～〉西洋 (the West), 西欧, 欧米, (↔Orient). [＜ラテン語「太陽の沈む方向」(＜*occidere*「落ちる」)]

†Oc·ci·den·tal /ɑ̀ksədént(ə)l|ɔ̀k- ⑱/ [形] 〖章〗〈しばしば o-〉西洋の, 欧米の, (↔Oriental). ── [名] [C] 西洋人.

oc·cip·i·tal /ɑksípətl|ɔk-/ [形] 〖解剖〗後頭(部)の; 後頭骨の.

occípital bòne [名] 〈the ～〉後頭骨.

oc·clude /əklúːd|ɔk-/ [動] [他] 1 〔穴, 通路など〕をふさぐ; を閉め込む[出す]. 2 〖化〗〔固体が, 気体〕を吸蔵する.
── [自] 〖歯科〗〔歯が〕よくかみ合う.

occlùded frónt [名] [C] 〖気象〗閉塞(ｿｸ)前線.

oc·clu·sion /əklúːʒən|ɔk-/ [名] [U] 1 閉塞(ｿｸ); 〖化〗吸蔵. 2 〖歯科〗咬(ｺｳ)合.

oc·clu·sive /əklúːsiv|ɔk-/ [形] 閉塞(ｿｸ)する, 閉塞性の.

‡oc·cult /əkʌ́lt|ɔk-/ [形] 1 (一般人には)知ることのできない. 2 神秘的な, 超自然的な. 3 〈the ～; 名詞的〉秘学, オカルト《占星術, 錬金術など》. [＜ラテン語「隠された」]

oc·cult·ism /əkʌ́ltiz(ə)m, ɑ́kʌltiz(ə)m|ɔ́kʌlt-iz(ə)m/ [名] [U] 神秘[オカルト]信仰[研究]; 秘術. ▷～·**ist** [名] [C] オカルト術者[信仰者].

‡oc·cu·pan·cy /ɑ́kjəpənsi|ɔ́k-/ [名] ([複] -cies)
1 [U] 〖章〗(土地, 家屋の)占有, 居住; [C] 占有[居住]期間. 2 [U] 〖法〗先捕, 占拠.

†oc·cu·pant /ɑ́kjəpənt|ɔ́k-/ [名] [C] (土地, 家屋, 部屋, 乗り物, 座席, ベッド, 地位などを)占めている人《占有者, 居住者, 乗客, 在住者など》; 〖法〗占拠者. ◇[動] occupy

‡oc·cu·pa·tion /ɑ̀kjəpéiʃ(ə)n|ɔ̀k-/ [名] ([複] ～s /-z/)
【時間を占めるもの】 1 [UC] 〖章〗**職業, 仕事**, (→business, calling, career, employment, job, profession, pursuit, trade, vocation, work). Mr. Smith often changes his ～. スミスさんはよく職業を変える. people out of ～ 失業中の人々. He is a salesman by ～. 彼の職業はセールスマンである.

> [連結] a reputable [a rewarding; a lucrative, a well-paid; a gainful; a sedentary; a stressful; a dangerous; a humble, a menial] ～

2 [UC] (余暇に趣味として)何かすること, '暇つぶし'. Gardening is his favorite ～. 庭いじりは彼が大好きな暇つぶしである.
【場所, 地位を占めること】 3 [U] **占領**, 占拠, 〈*of* ..の〉.

O

the Roman ～ *of* Britain ローマ軍のブリテン島占領. an ～ army 占領軍.
4 [U] **占有**; 居住; 在任; [C] 占有期間. The family's ～ of this stately mansion dates back to the days of Cromwell. 一家はこの広壮な邸宅にクロムウェルの時代から居住している. ◇[動] occupy [occupy, -ation]

‡oc·cu·pa·tion·al /àkjəpéiʃ(ə)nəl|ɔ̀k- ⑱/ [形] 〈普通, 限定〉職業(上)の. ～ guidance 職業指導. ▷ **～·ly** [副]

occupàtional diséase [名] [C] 職業病 (vocational disease).

occupàtional házard [名] [C] 職業上の危険[リスク].

occupàtional thérapist [名] [C] 作業療法士.

occupàtional thérapy [名] [U] 作業療法《心身障害者に軽作業を課しながら行う治療法》.

oc·cu·pi·er /ákjəpàiər|ɔ́k-/ [名] [C] **1** 〖主に英〗(土地, 家屋の)占有者; (特に一時的な)居住者, 借地[借家]人, (→tenant). **2** 占領する人[もの]; 占領軍の 1 員.

‡oc·cu·py /ákjəpài|ɔ́k-/ [動] (**-pies** /-z/|[過] [過分] **-pied** /-d/|**～·ing**) [他]

【占める】 **1** 〔領土〕を**占有する**, 〔建物など〕を占拠する. The army succeeded in *～ing* the hill after a three-day battle. 3 日間の戦闘後軍は丘陵を占領することができた. The strikers *occupied* the building by force. ストの参加者は力ずくでその建物を占拠した.
2 〔場所〕を**占める**, ふさぐ; 〔土地, 住居など〕を占有する, に居住する (live in); 〔地位〕を占める. The palace *occupies* a large area in the center of the city. 宮殿は市の中心部の広い場所を占めている. All the hotel rooms were *occupied*. ホテルの部屋は全部ふさがっていた. *'Occupied'* 「使用中」《浴室, 便所などの表示; ↔ 'Vacant'》. ～ a flat アパートに住みつく. ～ an important position 重要な地位を占める.
3 〔時間〕を費やす, 占める. The dinner and entertainment *occupied* two hours. 食事と余興で 2 時間かかった. Reading novels *occupies* most of his spare time. 小説を読むことで彼の余暇は大部分費やされる.
4 〔心〕を占める; の時間[関心など]を占める; を専念[没頭]させる, を忙しくさせる. His mind was *occupied* with [by] worries. 彼の頭の中は心配事でいっぱいだった. You need something to ～ you after your retirement. 退職後は何かやりたい[時間をつぶせる]ものが必要だ. This new game will keep children *occupied* for hours. この新しいゲームは子供たちを何時間も夢中にさせるだろう.
◇[名] occupation [形] occupational

***be óccupied with [in]..＝óccupy onesèlf with [in]..** ..に従事している; ..で忙しい, ..に没頭している. Susie *is occupied with* [*in* doing] her needlework. スージーは針仕事に余念がない. The committee *occupied* itself *with* the problem of pollution. 委員会は公害問題と取り組んだ.
[＜ラテン語「つかむ, 入手する」(＜ob-＋*capere*「取る」)]

‡oc·cur /əkə́ːr/ [動] (**～s** /-z/|[過] [過分] **-curred** /-d/|**-cur·ring** /-riŋ/) [自] **1** 〔思いがけないことが〕**起こる**, 持ち上がる, ([類語] happen より文章語的で, 普通, 具体的な時・場所の修飾語句を伴う). A terrible railroad accident *～red* that night. その晩ひどい鉄道事故が起こった. It rarely *～s* that my cat catches a mouse. うちのネコがネズミを捕まえることはめったにない.
2 [VA] (～ *to..*) 〔考えなどが〕**..に浮かぶ**, 思い出される. A good idea *～red to* me then. その時ふといい考えが浮かんだ. It never *～red to* me to ask him for help. 彼に助けを求めることは思いつかなかった. It never *～red to* me (that) you didn't like coffee. 君がコーヒーが好きでないなんて思いもよらなかった (★1 の第 2 例の that は省略不可だが, この例では可).
3 〔物・事が〕現れる, 存在する, 見いだされる, 〈*in, among* ..に〉. Vitamin C *～s* abundantly *in* lemons. レモンにはビタミン C が多量に含まれている. Cholera rarely *～s in* our country. コレラは我が国ではまれにしか例をみない.
[＜ラテン語「..の方へ駆けよる, 出会う」(＜ob-＋*currere*「走る」)]

***oc·cur·rence** /əkə́ːrəns|əkʌ́r-/ [名] (複 **-renc·es** /-əz/) **1** [C] **出来事**, 事件. an everyday ～ 日常茶飯事. A total eclipse of the sun is a rare ～. 皆既日食はまれにしか起こらない.

> [連結] a common [a constant; a regular; a daily; an unusual; an accidental; an unexpected, an unforeseen; a regrettable, an unfortunate] ～

2 [U] 〖章〗(事件などの)発生. the ～ of skincancer 皮膚癌(がん)の発生. Earthquakes are of frequent ～ in Japan. 地震は日本ではしばしば起こる. [occur, -ence]

‡o·cean /óuʃ(ə)n/ [名] (複 **～s** /-z/) **1** [C] **大洋**, 海洋; 〈the O-〉..洋. *the* Pacific [Atlantic, Indian] *Ocean* 太平[大西, インド]洋. the Arctic [Antarctic] *Ocean* 北極[南極]海. **2** [U] 〈the ～〉〖主に米〗海 (the sea). go swimming in the ～ 海に泳ぎに行く. We can hear the ～ from here. ここから海の音が聞こえる.
3 [C] **(a)** 〈～s〉〖話〗莫(ばく)大な量, どっさり, 無数, 〈*of* ..の〉. *～s of* money 数え切れないほどの大金. **(b)** 〈an ～〉(海のような)広がり. an ～ of sand 広々とした砂浜[砂丘, 砂漠].
4 〈形容詞的〉大洋[海洋]の, 遠洋の. ～ currents 海流. an ～ voyage 遠洋航海. an ～ liner 大洋航路船.
a dròp in the ócean →drop.
[＜ギリシア語「(地中海に対して)外洋」; 地球を取り巻いていると考えられた河]

o·cean·ar·i·um /òuʃəné(ə)riəm/ [名] (複 **～s, o·cean·ar·i·a** /-iə/) [C] 海洋水族館.

òcean engineéring [名] [U] 海洋工学.

ócean·gòing [形] 遠洋航行用の (seagoing).

O·ce·an·i·a /òuʃiǽniə|-éin-/ [名] オセアニア, 大洋州, 《太平洋中南部の Melanesia, Micronesia, Polynesia の総称; 時に Australia, New Zealand, Malay 諸島をも含む》.

o·ce·an·ic /òuʃiǽnik ⑱/ [形] **1** 〖章〗大洋の, 遠海の; 大洋に住む〔魚類など〕. an ～ climate 海洋性気候 (↔ continental climate). **2** 〖章〗大洋のような, 広大な. **3** 〈O-〉大洋州の.

Òcean of Stórms [名] 〈the ～〉あらしの大洋《月面の最大の暗黒部》.

o·cea·nog·ra·pher /òuʃənágrəfər|-nɔ́g-/ [名] [C] 海洋学者.

o·cean·o·graph·ic /òuʃənəgrǽfik ⑱/ [形] 海洋学の.

o·cea·nog·ra·phy /òuʃənágrəfi|-nɔ́g-/ [名] [U] 海洋学.

O·ce·a·nus /ousíːənəs/ [名] 〖ギ神話〗オーケアノス《Uranus と Gaea の子で海洋の神》.

o·cel·lus /ouséləs/ [名] (複 **o·cel·li** /-lai/) [C] 〖動〗(クモなどの)単眼; (クジャクの羽などの)目玉模様.

o·ce·lot /óusəlɑ̀t, ásə-|ɔ́sələt, óusə-/ [名] [C] オセロット《米国 Texas 州から南米にかけて生息するヒョウに似た山猫の一種》.

och /ɑx|ɔx/ [間] 〖スコ・アイル〗おお, ああ, (oh)《驚き, 残念, 不賛成, 強意などを表す》.

o·cher 〖米〗, **o·chre** /óukər/ [名] [U] **1** 黄土(おうど)《鉄の酸化物を含む黄色又は赤色の粘土で絵の具の原料》. **2** 黄土色, オークル. ── [形] 黄土色の, オークルの.

o·cher·ous /óukərəs/ [形] 黄土(おうど)のような; 黄土色の.

ock·er /ákər|ɔ́kə/ [名] [C] 〖オース・ニュー話〗(粗野で無教養な)オーストラリア男《★男同士の呼びかけにも用いる》.

‡o'clock /əklák|əklɔ́k/ [副] **1 ..時**. It's 10 ～. 10 時です. at two ～ in the morning 午前 2 時に.

[参考] (1) dine at two (2 時に昼食をとる)のように誤解の恐れがなければ省略できる;「..時..分」と分まで言う時は o'clock は用いない: It's ten (minutes) past eight. (8 時 10 分) It's half past six. (6 時半) (2) the 8:00 express (8 時の急行列車) は the eight o'clock express と読み, the 10:20 express は the ten-twenty express と読む. [注意] 8:00 という表記は〖米〗, 8.00 が〖英〗.

2 ..時の方角 (★話し手が時計の文字盤の中央に 12 時に向かって立っていると仮定する). an enemy fighter approaching at one ～ 1 時の方角から接近する敵戦闘機《正面より 30 度右寄り》.
── [名] 〈the ～〉..時着[発]の汽車[バス, 飛行機, 船]. He must be on the eight ～. 彼は 8 時の汽車に乗っているに違いない.
like one o'clóck 〖旧話〗猛烈に, 勢いよく.
[<*of* (*the*) *clock*]

OCR optical character reader [recognition].

Oct. October.

oct. octavo《**8vo** とも略す》.

oct(a)- /ákt(ə)|ɔ́k-/ 〈複合要素〉「8..」の意味. [ギリシア語 *oktṓ*「8」]

oc·ta·gon /áktəgàn|ɔ́ktəgən/ [名] [C] 8 角形, 8 辺形, (→triangle); 8 角形の建物. [octa-, -gon]

oc·tag·o·nal /ɑktǽgən(ə)l|ɔk-/ [形] 8 角[辺]形の.

oc·ta·he·dral /àktəhíːdrəl|ɔ̀ktəhéd- [移]/ [形] 8 面体の.

oc·ta·he·dron /àktəhíːdrən|ɔ̀ktəhéd-/ [名] ([複] **～s, oc·ta·he·dra** /-drə/) [C] 8 面体. [octa-, ギリシア語 *hédra*「側, 面」]

oc·tal /ákt(ə)l|ɔ́k-/ [形] 〖数〗8 進法の.

oc·tane /áktein|ɔ́k-/ [名] **1** [U] 〖化〗オクタン《石油中の無色の液体炭化水素》. **2** [UC] 〈普通, 数詞か形容詞を前につけて〉オクタン価. 84 ～ =an ～ of 84 84 オクタン. →high-octane. **3** =octane number.

óctane nùmber [ràting] [名] [C] オクタン価《エンジンはオクタン価が高いほどノッキングが少ない》.

oc·tant /áktənt|ɔ́k-/ [名] [C] **1** 八分円《中心角が 45° の弧》. **2** 八方儀.

†**oc·tave** /áktəv, -teiv|ɔ́k-/ [名] [C] **1** 〖楽〗(**a**) オクターヴ, 8 度音程. (**b**) (任意の音から数えて)第 8 音, オクターヴ音. (**c**) (任意の音とその第 8 音との)オクターヴ和音. **2** 〖韻律学〗8 行連句; 〈特に〉14 行詩 (sonnet) の最初の 8 行 (octet). [<ラテン語「8 番目の」]

Oc·ta·vi·an /ɑktéiviən|ɔk-/ [名] オクタヴィアヌス《Augustus が皇帝になる前の名》.

oc·ta·vo /ɑktéivou|ɔk-/ [名] ([複] **～s**) [U] 8 つ折り判《全紙を 8 つ折り(すなわち 16 ページ)にした判型; 略 8vo, oct.; →folio [参考]》; [C] 8 つ折り判の本. [<近代ラテン語「(全紙の) 8 分の 1 (に)」]

oc·tet(te) /ɑktét|ɔk-/ [名] [C] **1** 〖楽〗8 重奏[唱]曲; 8 重奏[唱]団; (→solo, duet, trio, quartet). **2** = octave 2. [<*octo-*+du*et*]

oc·til·lion /ɑktíljən|ɔk-/ [名] [C] オクティリオン《〖米〗10^{27}; 〖英〗10^{48}》.

octo- /áktou, -tə|ɔ́k-/ 〈複合要素〉=oct-.

‡**Oc·to·ber** /ɑktóubər|ɔk-/ [名] **10 月**《略 Oct.》. [ラテン語「8 番目の(月)」; →December]

oc·to·ge·nar·i·an /àktədʒəné(ə)riən|ɔ̀ktou-/ [名] [C] 80 歳代の人. ── /[移]/ [形] 80 歳代の.

†**oc·to·pus** /áktəpəs|ɔ́k-/ [名] ([複] **～es, oc·to·pi** /-pài/) **1** [C] 〖動〗タコ; [U] タコの身《欧米ではイタリア人, ギリシア人, スペイン人などを除いて食用としない》. **2** [C] 四方八方に有害な勢力を持つ組織. [<ギリシア語「8 本足の」(<octo-+*poús*「足」)]

oc·to·roon /àktərúːn|ɔ̀k-/ [名] [C] 黒人の血を 8 分の 1 受けている混血児 (→mulatto, quadroon). [<*octo-*+quad*roon*]

oc·to·syl·lab·ic /àktəsəlǽbik|ɔ̀k- [移]/ [形] 〔詩句が〕8 音節から成る. 「語; 8 音節の詩句.

oc·to·syl·la·ble /áktəsiləb(ə)l|ɔ́k-/ [名] [C] 8 音節

oc·u·lar /ákjələr|ɔ́k-/ [形] 〖章〗**1** 目の, 視覚の. **2** 目による, 目撃による. ～ proof 目撃による証拠. [<ラテン語「目(*oculus*)の」] ▷ **～·ly** [副]

oc·u·list /ákjəlist|ɔ́k-/ [名] [C] 眼科医 (→optician).

OD[1] Officer of the Day; overdraft; overdrawn.

OD[2] /òudíː/ 〖主に米俗〗 [名] ([複] **～s, ～'s**) [C] 麻薬のやり過ぎ[過量]. ── [動] (**～s, ～'s** | [過] [過分] **～'d, ～ed** | **～'ing**) [自] 麻薬をやり過ぎて病気になる[死ぬ]; 使い過ぎる 〈*on* ..〔麻薬〕を〉. [<*overdose*)]

ODA Official Development Assistance, 〖英〗 Overseas Development Administration, (政府開発援助).

o·da·lisque /óudəlisk/ [名] [C] 〖雅〗(昔のイスラム教国の)女奴隷, (特に旧トルコ皇帝の)側室. [<トルコ語「小間使い」]

‡**odd** /ɑd|ɔd/ [形] [e] (★1, 2 以外は [C])
【標準から外れた】 **1 変な, 奇妙な**, 風変わりな. an ～ odor 妙なにおい. an ～ girl who likes snakes 蛇が好きな変わった女の子. an ～ [a queer] fish 奇人, 変人. It is ～ ˛that he is [of him to be] so late. 彼がこんなに遅いとは変だ. The ～*est* thing is the door remains locked. 何より変なのは戸(口)の鍵がかかったままなことだ.
2 〔場所などが〕へんぴな.
【半端の】 **3** 〈限定〉**片方だけの**; 半端の; 残り物の. an ～ glove [shoe] 片方だけの手袋[靴]. wear ～ socks 左右そろわない靴下をはいている. an ～ volume (全何巻かの本の)端本(はほん). make soup out of ～ vegetables 残り物の野菜でスープを作る. He's the ～ man; so we'll have him referee. 彼 1 人だけ余る, だから審判にしよう.
4【2 で割ると半端の出る】**奇数の** (↔even). an ～ number 奇数. an ～ month 大の月《31 日ある》.
5 はしたの, 端数の; 〖話〗〈10 の倍数の後に付けて〉**..余りの**. ～ change 釣り銭. two hundred and ～ [two hundred-～] people 200 人余り. 40 ～ dollars 40 ドルと少し. The poet lived here twenty years ～. その詩人はここに 20 年余り住んでいた([語法] この例は「20 年と 1 年足らず[数か月]」の意味; twenty ～ years と言うと「20 数年《せいぜい 25 年》」となる).
6 〈限定〉余分の, 余った; 〔時間などが〕割ける. have a few ～ dollars for lunch ランチ代に 2, 3 ドル余っている. If you've got an ～ ten minutes, I'll make you a cup of tea. 10 分ほど割いてくだされば, 1 杯お茶を入れましょう. **7** 〈限定〉**臨時の**, 片手間の; 時折の. an ～ hand 臨時雇い. at ～ moments [times] 手の空いた時に, 合い間合い間に. have the ～ drink 時たま少し酒を飲む. John does ～ jobs during the summer vacation. ジョンは夏休みの間アルバイトをする.
òdd and [or] éven 丁半遊び《物事を決める時に子供がする方法で, 1 人が odd と言って何本かの指を出し, 相手の出した指の数との合計が奇数なら勝ち, 偶数なら負け; even と言えばこの逆》.
the òdd man [woman, one] óut (1) 組分けから半端になった人[にする方法]. Whenever the boys play basketball, Mike is *the* ～ *man out*. 少年たちがバスケットボールをする時はいつもマイクが半端になる. (2) 他とは違うもの[人]; 〖話〗仲間外れの人, グループに溶け込めない人.
── [名] [C] はんぱ物.
[<古期北欧語「先端>三角形>(頂点の数が)奇数, 半端」] ▷ **ódd·ness** [名] [U] 奇妙さ, 風変わり.

ódd·bàll [名] [C] 〖話〗変わり者, 変人, 偏屈者.
── [形] 風変わりな, 変人[偏屈者]の.

odd·i·ty /ádəti|ɔ́d-/ [名] ([複] **-ties**) **1** [U] 風変わり, 奇妙さ, 奇癖. the ～ of his behavior 彼の風変わりな行動. **2** [C] 変人, 奇人; 奇妙なもの[点].

òdd jóbber 名 〖英〗＝odd job man.

òdd jób màn 名 C 〖英〗(半端仕事をする)臨時雇い.

ódd-lòoking 形 奇妙に見える[な顔つきの].

†**ódd·ly** 副 **1** 奇妙に, 異様に. The child looked at me ～. 子供は妙な目つきで私を眺めた. an ～ shaped statue 妙な形をした彫像. **2** 奇妙なことに. *Oddly* (enough), she has forgotten her own phone number. 妙なことだが彼女は自分の電話番号を忘れてしまった.

ódd·ment 名 C **1** 〖話〗〈普通 ～s〉残り物, 半端物; がらくた. **2** 〖印〗付き物《書籍の本文以外の口絵, 索引など》.

***odds** /ɑdz|ɔdz/ 名〈普通, 複数扱い〉

【同等でないこと】 **1** (事態発生などの有無に関する) **見込み**, 公算. even ～ 五分五分のチャンス. The ～ are that he will be able to come. 彼は来られる見込みだ. The ～ *against* success are high. 不成功の確率は高い. What are the ～ *on* her winning? 彼女が勝つ公算はどうだろう. shorten [lengthen] the ～ 見込みを大きく[小さく]する.

2 【差】 **(a)** 優劣の差; 勝算. fight against heavy [enormous] ～ 勝ち目の少ない戦いをする, 強敵と戦う. upset the ～ (勝敗の)予想をひっくり返す. The ～ are against us [in our favor]. 我々には勝ち目がない[ある]. In a tug of war the ～ are with the heavier team. 綱引きでは体重の重い方のチームが有利だ. **(b)** 〖英話〗違い, 差. What's the ～? (いずれにせよ)どうでもいいじゃないか (★このように時に単数扱いとなる). It makes no ～ when he goes. 彼がいつ行こうと構わない.

3 (賭(か)け事の)分(ぶ); 〖競馬〗オッズ《概算払い戻し率》. give [receive] ～ ハンディキャップをつける[もらう]. lay [offer] ～ of three to one 相手の 1 に対して 3 の割合で賭ける《相手が勝ったら賭け金を 3 倍払う》. The ～ are four to one that my horse will win. 私の馬の勝つ分は 4 対 1 だ《勝つ見込みは 80%》. The ～ *against* a general election next summer have been reduced. 来年の夏の総選挙に対するオッズが小さくなった《例えば賭け屋の発表で 6-1 だったのが 6-3 になったような場合に言う; それだけ可能性が高まった》.

4 (強者が弱者に与える)ハンディキャップ.

agàinst (àll) the ódds 猛烈な反対[苦境]にもかかわらず.

at ódds 不和で, 争って, 〈*with* ..と/*on, over* ..のことで〉; 釣り合わない, 調和しない, 〈*with* ..と〉. He and I are *at* ～ *on* this problem. 彼と僕はこの問題で意見が食い違う.

by àll ódds 十中八九, 断然. Dora will be the next Miss Universe *by all* ～. ドーラは間違いなく次のミス・ユニヴァースになる. *by all* ～ the best player 飛び抜けて最優秀の選手.

lòng ódds (20 対 1 のような)大差のある[勝算の低い]賭け率[勝ち目]. There are *long* ～ against our winning. こちらに勝算はほとんどない.

òdds ón →odds-on.

〔***pày, chàrge***〕 ***over the ódds*** 〖英話〗予測以上に[法外に]〔支払う, 請求する〕.

shòrt ódds (3 対 2 のような)小差の[勝算の高い]賭け率.

òdds and énds 名〈複数扱い〉残り物, 半端物, がらくた.

òdds and sóds 名 〖英話〗＝odds and ends.

ódds·màker 名 C (賭け率を決める)オッズ屋.

‡**odds-on** /ニ ニ ◎/ 形 〔競走馬などが〕勝ちそうな, 勝ち目のある; ほぼ確実な. an ～ favorite 本命馬. It is ～ [*odds on*] that he will pass the exam. まず間違いなく彼は試験に合格するだろう.

ódd-sòunding 形 奇妙に聞こえる.

ode /oud/ 名 C オード, 頌賦(しょうふ), 《特定の人, 物事をたたえる崇高な叙情詩》. *Ode* to Autumn『秋に寄せる頌賦』《J. Keats 作》. [＜ギリシア語「歌」]

O·der /óudər/ 名〈the ～〉オーデル川《ドイツとポーランドの国境を流れバルト海に注ぐ》.

O·des·sa /oudésə/ 名 オデッサ《ウクライナの黒海に臨む都市》.

O·din /óudən/ 名 〖北欧神話〗オーディン《芸術・文化・戦争・死をつかさどる最高神; →Woden》.

†**o·di·ous** /óudiəs/ 形 憎らしい; 非常に嫌な. an ～ job 嫌な仕事. [odium, -ous] ▷～**·ly** 副 ～**·ness** 名

o·di·um /óudiəm/ 名 U 〖章〗 **1** 悪評, 汚名, (世間の)非難. **2** 憎悪, 嫌悪. [ラテン語「憎しみ」]

o·dom·e·ter /oudɑ́mətər|ɔdɔ́m-/ 名 C 〖米〗(自動車などの)走行距離計 (mileometer). [ギリシア語 *hodós*「道」, -meter]

o·don·tol·o·gy /òudɑntɑ́lədʒi|ɔ̀dɔntɔ́l-/ 名 U 歯科学; 歯科術. [ギリシア語 *odoús*「歯」, -ology]
▷**o·don·tol·o·gist** 名 C 歯科医学者; 歯科医.

***o·dor** 〖米〗, **o·dour** 〖英〗 /óudər/ 名 (複 ～**s** /-z/) 〖章〗 **1** UC におい (類語 良いにおいを指すこともあるが, 多くはトイレなど特定の場所や物の強い悪臭をいう; →smell). a foul ～ of sweat 汗の嫌なにおい. What a sweet ～! ああいい香りだ. This insecticide has little ～. この殺虫剤にはほとんどにおいがない.
2 〈an ～〉気配, 'におい'. An ～ of scandal surrounded the mayor. 市長の周りはスキャンダルの気配でいっぱいだった. **3** U 評判. He's in good [bad] ～ with the chief. 彼は上司に受けがいい[悪い].
[＜ラテン語 *odor*「香り」] ▷～**·less** 形 無臭の.

o·dor·if·er·ous /òud(ə)ríf(ə)rəs ◎/ 形 〖章〗においのある; 〈特に〉いい香りのする. ▷～**·ly** 副 ～**·ness** 名

o·dor·ous /óud(ə)rəs/ 形 〖旧章〗芳しい.

o·dour /óudər/ 名 〖英〗＝odor.

O·dys·seus /oudísju:s, -siəs|əd-/ 名 〖ギ伝説〗オデュッセウス《トロイ戦争でギリシア軍に参加したイタカ (Ithaca) の王; 叙事詩 Odyssey の主人公; ラテン語名 Ulysses》.

Od·ys·sey /ɑ́dəsi|ɔ́d-/ 名 **1** 〈the ～〉オデッセー《Odysseus のトロイ戦争後の放浪の経験を歌ったギリシア語叙事詩; Homer の作と伝えられる》.
2 (複 ～**s**) C 〈普通 o-〉(波乱万丈の)長い流浪の旅.

OE Old English.

OECD Organization for Economic Cooperation and Development (経済協力開発機構).

oec·u·men·i·cal /èkjuménik(ə)l|ì:kju(:)-/ 形 ＝ecumenical.

OED Oxford English Dictionary.

oed·i·pal, O- /édəpl|í:d-/ 形 Oedipus (complex) の.

Oed·i·pus /édəpəs|í:d-/ 名 〖ギ伝説〗オイディプス, エディプス, 《Sphinx の謎(なぞ)を解いてテーベ (Thebes) の王となった人; それとは知らずに父を殺し母を妻とした》.

Óedipus còmplex 名 C 〖精神分析〗エディプスコンプレックス《幼少の男児が無意識に母親を慕い父親に反発する傾向; ↔Electra complex》.

o'er /ɔ:r|óuə/ 前, 副 〖詩〗＝over.

oe·soph·a·gus /i(:)sɑ́fəgəs|-sɔ́f-/ 名 〖英〗＝esophagus.

oes·tro·gen /éstrədʒ(ə)n|í:s-/ 名 〖英〗＝estrogen.

oeu·vre /ú:vrə|ɔ́:vrə/ 名 (複 ～**s** /同/) C (1 人の作家, 芸術家などの)全作品. [フランス語 'work']

OF Old French.

‡**of**[1] /(ə)v, 強 ɑv, ʌv|(ə)v, 強 ɔv/ 前

【隔たり, 分離】 **1** ..から(離れて), ..を外れて. to the north *of* London ロンドンの北方に. ten miles west *of* New York ニューヨークの西方 10 マイルに. We were within a mile *of* each other and didn't know it. 我々はお互いに 1 マイルと離れていない所にいてそれに気づかなかった. The arrow fell wide *of* the mark. 矢は的から ひどく外れた.

2【時間が隔たった】(**a**)〖米〗〈時刻〉(..分)前 (→to; ↔after). five minutes *of* nine 9 時 5 分前. at ten *of* two 2 時 10 分前に. (**b**)〔ある時点〕より前[後]に. within a year *of* his birth 彼の生後[前] 1 年以内に. (**c**)〖旧〗〈習慣的行為などに関する時の副詞句を作る〉 *of* late 近ごろ. *of* recent years 近年は. He often drops in *of* an evening. 彼は夕方よくやって来る. What do you do *of* a Sunday (=on Sundays)? 日曜など君は何をしますか.

3 (**a**) ..から(免れて); ..がなくなって, ..を除かれて. get rid *of* trouble 煩わしさを免れる. rob a person *of* his money 人の金を奪う. cure a person *of* a disease 人の病をいやす. free *of* charge 負担なしで, 無料で. independent *of* all assistance どんな援助も受けないで, 独力で. a tree bare *of* leaves 葉のない裸の木. (**b**)〈要求, 依頼などの対象〉..から, ..に. ask too much *of* him 彼に過大なことを要求する. demand an apology *of* her 彼女に謝罪を求める.

【部分】 **4** **..の**. the top *of* a tower 塔のてっぺん. the legs *of* a desk 机の脚. at the end *of* the street この通りの端で.

5 **..の中の**, ..の. several members *of* the team チームの団員数名. one *of* the poet's last works 詩人の最後の作品の 1 つ. the best *of* racehorses 競走馬中の最優秀馬. *of* all men (すべての人の中で>)人もあろうに (→of ALL..).

6 **..の**, ..のうちの; ..の入った. I want some *of* that cake. そのケーキが少し欲しい. two sheets *of* notepaper 便箋(せん) 2 枚. five pounds *of* potatoes ジャガイモ 5 ポンド《重量》. the 27th *of* March 3 月 27 日. a cup *of* tea 1 杯の紅茶. a glass *of* wine (グラス) 1 杯のワイン. a spoonful *of* sugar スプーン 1 杯の砂糖.

【分類, 種別】 **7** **..(という種類)の**. a magazine *of* that kind そういう種類の雑誌. people *of* all sorts あらゆる種類の人々. 語法 この場合 of の前後の名詞が入れ替わることがある: that kind *of* magazine, all sorts *of* people →11.

【内容, 材料, 性質】 **8** **..からできている**, **から成る**. a plate *of* silver 銀製の皿. The gown is made *of* silk. そのガウンは絹でできている (→MAKE X from Y). He made a doctor *of* his son.=He made his son a doctor. 彼は息子を医者にした. a house *of* five rooms 5 室から成る家屋. Mine is a family *of* six. うちは 6 人家族である. a large population *of* immigrants 移住者の大人口.

9 ..という特徴を持つ, のある. a man *of* genius 天才(の男). an official *of* ability 有能な役人. a matter *of* no importance 取るに足らない事柄. The book is *of* great value. その書物は非常に価値がある. ★上のような場合 of 句は限定的又は叙述的に用いられた形容詞に相当することが多い: a man *of* tact=a tactful man (手腕のある男), a girl *of* ten (years)=a ten-year-old girl (10 歳の少女), a car *of* Japanese make=a Japanese-made car (日本製の自動車). They are *of* ⌞an [the same]⌟ age. 彼らは同じ年齢です. vegetables *of* my own growing 私自身が栽培した野菜.

【対等, 同格】 **10** **..という**. the three *of* us (=we three) 我々3 人. the City *of* New York (=New York City) ニューヨーク(という)市. the journey *of* life 人生という旅. at the age *of* nine 年齢 9 歳で. the fact *of* his seeing her (=the fact that he saw [had seen] her) 彼が彼女に会ったという事実.

11 〈X (名詞)+of+Y (名詞)〉 X のような Y (★X+of が形容詞的修飾語で置き換えられる). that palace *of* a house (=that palatial house) あの宮殿のような家. some fool *of* a man (=some foolish man) あの愚かな男. his striking beauty *of* a French wife 彼の目の覚めるような美人であるフランス人妻. a mountain *of* a wave (=a mountainous wave) 山のような大波.

【起源, 根源】 **12** **..から(の)**, **から出た[出て]**; **..による[よって]**, **のための[ために]**. be born *of* a good family 名門の生まれである. He's a man *of* Texas. 彼はテキサス出身の男である.

13 **..(の原因)から**, **のために**, ..で; ..(の理由)で. die *of* cancer 癌(がん)で死ぬ (→die 1 (a)). study Spanish *of* necessity 必要からスペイン語を学ぶ. It comes *of* her carelessness. それは彼女の不注意が原因だ. accuse him *of* murder 彼を殺人罪で告発する. He is suspected *of* having taken the money. 彼はその金を取ったのではないかと疑われている. 語法 次の 3 例のように慣用的に形容詞に続いて用いられることがある. be glad [proud] *of* his son's success 彼の息子の成功を喜ぶ[自慢する]. be ashamed *of* one's ignorance 自分の無知が恥ずかしい. be tired *of* the long winter 長い冬に飽き飽きする.

14【行為者】(**a**) **..の**, **による**, **が行った[作った, など]**; ..によって. the plays *of* Shakespeare シェークスピア作の戯曲. the *Iliad of* Homer ホーマー作の『イリアッド』. He is beloved *of* (=by) everyone.〖章〗彼はみんなに愛されている. (**b**)〈of の前の名詞の意味上の主語を導いて〉..が行う. the love *of* God toward men 人間に対する神の愛. the revolt *of* the oppressed 圧迫された者たちの謀反. the appearance *of* a new power 新しい強国の出現. 語法 上例のうち, 例えば the love *of* God toward men では, love の行為者は God であるから, God loves (men) という文の意味に相当する (→15).

15【行為の対象】 **..(に対して)の**, **..を**〔..すること〕. (**a**)〈of の前の名詞の意味上の目的語を導いて〉 men's love *of* God 人間の神に対する愛《人間が神を愛すること》. love *of* nature 自然愛《自然を愛すること》. the discovery *of* America by Columbus コロンブスによるアメリカの発見. loss *of* appetite 食欲をなくすこと. 語法 最初の例 men's love *of* God では, love の行為者は men, 対象が God であるから, Men love God. という文の意味に相当する. (**b**)〈of の前の行為者の意味上の目的語を導いて〉 the writer *of* this letter この手紙の書き手. teachers *of* English 英語の教師.

16 〈形容詞の後で〉..を. his manner (which is) indicative *of* his wish to help 援助したいという気持ちを示す彼の態度. her cry (which is) expressive *of* acute pain 激しい苦痛を表す彼女の叫び. 語法 このような場合 be+形容詞は文の述語動詞に, of 句はその目的語に相当する. 例えば (which is) *indicative of* his wish to help は (which) *indicates* his wish to help と書き換えることができる.

【所属, 所有】 **17** (**a**) **..の**, **に属する**, **のものである**. remember the name *of* the store その店の名を覚えている. the role *of* a chairman 議長の役割. the duties *of* a policeman 警官の職務. visit the tomb *of* Lenin=visit Lenin's tomb レーニンの墓を訪れる (語法 of のほか 's の形を用いても所属, 所有の意味を表すことができる). the sons and daughters *of* the President 大統領の息子と娘たち. (**b**)〔ある時期〕に属する, の. the military coup *of* 1970 1970 年に起きた軍事クーデター. (**c**)〈固有名詞などの一部として〉..にある. the Gulf *of* Mexico メキシコ湾. the University *of* Oxford オックスフォード大学 (Oxford University).

【限定, 修飾】 **18** **..の**, **について(の)**, **に関して(の)**, (類語 軽い言及 (Talking of ..のような場合)や比較的固定した結合で使うことが多い; →about 前 8 及び 参考). (**a**)〈of 句が形容詞的に〉 a long story *of* adventures 長い冒険物語. I know little *of* him. 彼のことはほとんど知らない. I've never heard much *of* the actress. その女優のうわさはあまり聞いたことがない. He

told me nothing *of* his past. 彼は自分の過去について私に何も語らなかった.
(b) 〈of 句が副詞的に〉 think well *of* him 彼をよく思う. dream *of* one's mother country 母国を夢見る. His talk is always *of* swimming. 彼の話はいつも水泳のことだ. Are you certain *of* his honesty? 彼の正直なことは請け合うか. The man is blind *of* one eye. その男は片方の目が見えない《=One of the man's eyes is blind.》. The ostrich is very swift *of* foot. ダチョウは足がとても速い.
19 〈It+be+Y+*of* X(+*to* do)〉(★Y は good, wise, clever, foolish, thoughtful, careless など人の性質を表す形容詞; →for 23). X(人)が(..するのは)Y である. *It is* kind *of* you *to* meet me. お出迎えご親切さま. How mean *of* you *to* say that! そんなことを言うとはなんて卑劣な. 語法 この場合 kind of you, how mean of you は意味上それぞれ you are kind, how mean you are に相当する.
20 〈名+of+独立所有格〉 **..の, である**, (who [which] is). Tom is a friend *of* mine. トムは私の友人だ. This dress *of* Mary's is beautiful. このメリーの服は美しい. that long nose *of* his 彼のあの高い鼻. 語法 a friend *of* mine/this dress *of* Mary's の構文は英語では a my friend (1 人の私の友人)/this Mary's dress (このメリーの服)という言い方が許されないことから来る. a painting *of* my uncle's おじがかいた[所有している]絵 (★独立所有格を用いないで a portrait *of* my mother (私の母を描いた肖像画)とすると of が行為の対象(15)を表すことに注意).
21 〖米話〗〈X(形容詞)+*of*+a+Y(名詞)〉 X な Y (★ that, how, too などを伴う; 非標準語法とする向きもある). It won't be that difficult *of* a job. それはそんなに難しい仕事ではないだろう.
of áll thìngs →of ALL.. (→all 形)
of cóurse →course.
[<古期英語 'away (from)']
of[2] /əv/ 助 〖話・俗〗弱形の have.
of- /əf/ 接頭 ob- の異形 〈f の前で用いる〉.
‡off /ɔːf|ɔf/ 副 Ⓒ 【離れて】 **1** (..から)**離れて, 外れて; 立ち去って; わきへ(それて)**. far ~ 遠く離れて. come ~ 外れる, 離れ落ちる, はがれる. cut ~ a slice of chicken チキンをひと切れ切り分ける. break ~ a twig 小枝を折り取る. fence ~ the land 土地を囲いで仕切る. run ~ 走り去る. We must get ~ at the next station. 次の駅で降りなくてはいけない. I must be ~ now. そろそろおいとましなくては. They're ~! (競走の放送で)一斉にスタートしました. He's ~ to Chicago this afternoon. 彼は今日の午後シカゴへたちます. The station is a mile ~. 駅は 1 マイル先です. Hands ~! 手を触れるな. Keep ~! 近寄るな《この 2 例は掲示などの文句》. The lid was ~. ふたは取れていた. turn ~ into a bystreet (本道からそれて)わき道へ入る.
2 (ある時点から)**離れて, 先に[へ]**. My birthday is only two weeks ~. あとわずか 2 週間で私の誕生日です. put ~ one's departure 出発を延期する.
【外れて】 **3** (着物などを)**脱いで, 外して, 取れて**, (↔on). take ~ one's shoes 靴を脱ぐ. with one's coat ~ 上着を脱いで. leave a bottle with the top ~ 瓶の栓を外したままにしておく.
4 【外れて>間違って】 誤って, 変で; (食品が)傷んで, 悪くなって. His behavior is a bit ~. 彼の行動は少しおかしい. Your estimate is ~ by a large margin. 君の計算は大幅に間違っている. This meat has gone ~. この肉は傷んでいる.
【離れて>切れて】 **5** **(a)** (関係などが)**切れて, 中止して, 中断して**. break ~ diplomatic relations with the country その国と外交関係を断つ. Their engagement is ~. 彼らの婚約は解消された. **(b)** (機能, 作動が)**止まって, 切れて**, (↔on). turn ~ the lights 明かりを消す. turn the motor ~ モーターを止める. The switch is ~. スイッチは切れている. The water is ~. 水道が止まっている. **(c)** (供給が)切れて, 品切れで. be ~ for money 金が切れている[足りない]. The mince pie is ~. ミンスパイは切らしています. **(d)** (活動などが)中断して, 中止で; 休みで, 休暇で. The party is ~ tonight. 今夜のパーティーは中止です. I took a day ~. 私は 1 日仕事を休んだ. Miss Anderson is ~ on her Christmas vacation. アンダーソンさんはクリスマス休暇です. I enjoyed my month ~. 1 カ月の休暇を楽しんだ.
【減って】 **6** **(a)** (次第に)減って; 衰えて; 冷めて. cool ~ →cool (成句). drop ~ →drop (成句). **(b)** (定価を)割り引いて. buy a radio 20% ~ ラジオを 2 割引で買う. **(c)** 少し体調が悪く. I'm feeling a bit ~ today. 今日は少し具合が悪い.
【なくなって】 **7** **すっかり** (..し尽くす), **最後まで**(..し通す). drink the glass ~ グラス(の酒)を飲み干す. pay ~ the debt 負債を皆済する. kill the wild animals ~ 野生動物を絶滅させる. clear ~ the table テーブルを片付ける.
8 〈well, badly などの様態の副詞を伴って〉 **暮らし向きが..で**; 〖話〗(手持ちの)量が十分で〈*for* ..の〉. They are badly ~. 彼らは生活に困っている. Are you well ~ *for* wine? ワインは十分にありますか. How are you ~ *for* cash? 現金はいくら持っているか.
9 舞台の裏[袖(そで)]で. noises ~ 舞台の陰からの物音.
10 〖米俗〗酔っ払って, もうろうとして.
be òff and rúnning 〔物事が〕活況を呈している; 〔人が〕活発に活動し(はじめ)ている.
òff and ón=òn and óff 〈副詞的〉 時々, 断続的に. I play the piano ~ *and on*, just to relax. 私はほんの気晴らしに時々ピアノを弾く.
óff of.. 〖米話〗..から(外れて). The child fell ~ *of* the chair. 子供はいすからずり落ちた.
óff with.. ..を取り去る, 脱ぐ, (★命令文的に用いる). *Off with* your hat! 帽子を脱げ (★Take your hat ~! の強調形). *Off with* his head! 彼の首をはねろ (★Cut his head ~! の強調形). *Off with* you!=Be ~! 行ってしまえ, 消えてなくなれ.
rìght* [*stràight*] *óff →straight.
—— 前 【離れて, 外れて】 **1** **(a)** **..から離れて, から離れた所に, の沖に**. The plane was more than ten miles ~ course. その飛行機は航路から 10 マイル以上それていた. the Pacific Ocean ~ South America 南米沖の太平洋. The fishermen fished ~ Cape Cod. 漁師たちはコッド岬の沖で漁をした.
(b) **..から取れて, から外れて**; ..をそれて. A button is ~ your coat. 君の上着のボタンが 1 つ取れている. His argument was quite ~ the mark. 彼の議論はまったく的外れだった. He licked the cream ~ his lips. 彼は唇からクリームをなめとった.
(c) (本道)**から離れて[た]**, ..からわきにそれて[た]. a lane ~ the main street 大通りからわきへ入った小路. The theater is on 47th Street ~ Broadway. その劇場はブロードウェーを横に入った 47 番街にある. go ~ the subject 本題からそれる.
(d) (別の部屋)に通じて. a bathroom ~ the bedroom 寝室に通じている浴室.
2 **..から, から取り去って**. get ~ a bus バスから降りる. take one's hat ~ one's head 帽子を脱ぐ. cut a slice ~ the loaf パンの塊からひと切れ切り取る. An apple fell ~ the tree. リンゴが 1 つ木から落ちた. eat ~ silver plates 銀の皿から取って食べる. Mother took the dishes ~ the table. 母はテーブルから皿を片付けた. I borrowed ten dollars ~ him. 彼から 10 ドル借りた

(★この off は〘話〙で, 一般的には from を用いる).
【離れて, 切れて】 **3** (**a**)〔仕事など〕を中止して, を離れて. ～ duty 非番で (→duty). (**b**)〔薬など〕をやめて; 〘話〙〔食物, たばこなど〕を取らないで, を控えて; 〘米話〙..するのを控えて, やめて, 〈*doing*〉. be ～ drugs 麻薬をやめている. I'm ～ candy. 私はキャンディーを控えています《太らないようになど》. My husband is ～ his food. うちの主人は(病気で)食が進まない. Bob's ～ nurs*ing* his wounded pride.　ボブはプライドを傷つけられたことをもうくよくよと考えてはいない.
【減って】 **4** ..から割り引いて, から差し引いて; ..の標準を下回って. We sell it 10% ～ the list price. 当店は表示価格の 1 割引で売ります. be ～ one's game (試合で)ふだんの調子が出ない.
5 (時間的に)..から離れて, 以前で. It was a few days ～ Christmas. クリスマスまであと数日だった.
── 形 Ⓒ **1**〈限定〉離れた, 遠い方の, 向こう側の; (馬, 車の)右側の《馬は左側から乗るのでそれに遠い方; ↔ near》. the ～ side of a fence 垣根の向こう側. the ～ front wheel 右前輪.
2 (中心, 本道から)外れた, それた; わき道の; 枝葉の. an ～ street 横町. an ～ issue 枝葉の問題.
3 休みの, 非番の; 季節外れの. one's ～ day 非番[休み]の日. in one's ～ time 余暇に. an ～ season 閑散期; シーズンオフ.
4〔水道, ガス, 電気などが〕オフの, 止まった. in the ～ position〔レバーなどが〕オフの位置になって.
5 (**a**) 本調子でない,〔人が〕調子が狂った. an ～ day 調子の悪い日 (cf. 3 の第 1 例). (**b**)〘話〙〈叙述〉失礼で, 無愛想で,〈*with* ..に〉(★特に rather, very, slightly などの次に用いる). That's a bit ～. そいつはけしからん[いただけない]. He was very ～ *with* me. 彼は私にとても失礼な態度を取った.
***on the óff chànce of* [*that*]..** →chance.
── 名 Ⓤ **1**〘クリケット〙〈the ～〉(打者と反対側の)前方. **2**〘英話〙〈the ～〉スタート(の合図), 出走. **3**〘南ア話〙休み(の日). during my ～ 休みの日[とき]に.
── 動〘話〙他〘米〙を'消す', 殺す. ── 自 立ち去る.
***óff* (*it*)**〘米俗〙死ぬ.　「全に of と別語]
[強勢のある位置で用いられた of の異形; 17 世紀には完↑

off. office; officer; official.

off- 接頭 **1**「..から離れて」の意味を表す. *off*-limits. **2**「(色が)他の色が混じった」の意味を表す. *off*-white.

of·fal /ɔ́:f(ə)l|ɔ́f-/ 名 Ⓤ **1**〘主に英〙(獣の)臓物, (下等とされる)くず肉. **2** くず, ごみ, 廃物.

òff·béat /⑱/ 形〘話〙型破りな, とっぴな, (unusual).

òff-Bróadway 名 Ⓤ オフ・ブロードウェイ《ニューヨークのブロードウェイに対抗してブロードウェイ街以外の実験劇場で上演される(制作費の安い)演劇》;〈集合的〉その劇場. ★これよりも前衛的なものを off-off-Broadway と言う. ── 形, 副 オフ・ブロードウェイの[で].

òff·cénter, -céntre〘英〙/⑱/ 形 中心を(少し)外れた; バランスの狂った.

òff-cólor,〘英〙**-cólour** /⑱/ 形 **1** 色が正常でない;〘主に英〙顔色がよくない, 健康がすぐれない (unwell). **2** わいせつな, いかがわしい,〔冗談など〕.

óff·cùt 名 Ⓒ〘主に英〙(木材, 紙などの)切りくず, 切れ↓はし.

òff-dúty 形 非番の (→off DUTY (成句)).

of·fence /əféns/ 名〘英〙＝offense.

‡of·fend /əfénd/ 動 (～s /-dz/|過 過分 ～·ed /-əd/|～·ing) 他 **1** を怒らせる, の感情を害する;〔戒律, 規律など〕に背く, を犯す. His rude answer ～*ed* her.＝He ～*ed* her by his rude answer.＝She was ～*ed* by [at] his rude answer. 彼の失礼な答えに彼女は怒った. I am sorry if I've ～*ed* you. お気に障ったらごめんなさい. She was deeply ～*ed* that her boyfriend didn't answer her letter. 彼女は恋人に出した手紙に返事をくれなかったことで深く傷ついた. **2**〔人, 感覚など〕に不快感を与える,〔人の気持ちなど〕を傷つける. Those glaring colors ～ the eye. あのぎらぎらした色は目障りだ.
── 自 **1** 罪を犯す;〘章〙VA (～ *against*..) ..に背く, 反する. ～ *against* custom [the law] 習慣[法律]に反する. **2** 感情を害する; 不快感を与える. ◇名 offense 形 offensive [＜ラテン語 *offendere*「..を打つ, ぶつかる」(＜ob-＋*fendere*「打つ」)]

***of·fend·er** /əféndər/ 名 (複 ～s /-z/) Ⓒ **1** 犯罪者, 違反者. a first ～ 初犯者. an old [a hardened] ～ 常習犯. **2** (悪い事の)原因, 張本人. Among the causes of this disease, stress is the worst ～. この病気の原因のうち, ストレスが一番の悪者だ.

‡of·fénd·ing 形〘しばしば戯〙〈限定〉癪(しゃく)にさわる, 不愉快な, 不都合な.

‡of·fense〘米〙, **-fence**〘英〙/əféns/ 名 (複 -fens[c]·es /-əz/) **1** Ⓒ 違反, 罪,〈*against* ..に対する〉(類語 意味の範囲が広い語; 罪の軽重に関係なく crime, sin の両方に適用できる). an ～ *against* the law [the rule] 法律[規則]違反. an ～ *against* humanity 人道に反する行為. Stealing is a criminal ～. 窃盗は刑事犯罪である.

> 連結 a serious [a grave; a capital; a minor, a petty; an indictable] ～ // commit [punish] an ～

2 Ⓒ 不愉快な物事, 感情を害する物事,〈*to* ..にとって〉; Ⓤ (欠礼, 侮辱などによる)不快, 立腹; 無礼. an ～ *to* the eye 目障りなもの. Rock music is an ～ *to* my sense of harmony. ロックミュージックは私のハーモニー感には不愉快なものだ. He took ～ at what I said. 私が言ったことで彼は気を悪くした. If I gave [caused] any ～ (to you), please forgive me. 何かお気に障ることをしましたらどうぞお許しください. No ～!〘話〙＝I mean [meant] no ～. 悪気ではない[なかった]のです.
3〘章〙Ⓤ 攻撃 (attack; ↔defense). *Offense* is the best defense.〘諺〙攻撃は最善の防御である (→defense 1 ★). **4** Ⓒ〘球技〙攻撃法;〈単数形で複数扱いもある〉攻撃側(のチーム); Ⓤ 攻撃(力); (↔defense). be on the ～ 攻撃側である.
[＜ラテン語 *offendere* 'offend' (の過去分詞)]

***of·fen·sive** /əfénsiv/ 形 ⓜ **1** 不愉快な, 嫌な; 腹立たしい, 気に障る, 無礼な. an ～ sound 耳障りな音. ～ remarks 失礼な評言. Helen's loud laughter was ～ to her quiet friends. ヘレンの大きな笑い声は静かにしている友人たちには不愉快だった. It was ～ to see the cruel treatment.　その残虐な仕打ちを見て腹が立った.
2 攻撃的な; 攻撃(用)の; 攻勢の; (↔defensive). ～ weapons 攻撃用の武器. ◇動 offend 名 offense
── 名 Ⓒ〈普通 the ～〉(軍隊による大規模で継続的な)攻撃;〈一般に〉攻勢; (↔defensive).「好き]である.
be on the offénsive　攻撃中である; 攻撃的[けんか↑
tàke* [*gò on* (*to*)] *the offénsive 攻勢に出る.
▷ **～·ly** 副 不愉快に; 攻撃的に. **～·ness** 名

‡of·fer /ɔ́:fər|ɔ́fə/ 動 (～s /-z/|過 過分 ～ed /-d/|～·ing /-f(ə)riŋ/) 他【差し出す】 **1** (**a**) を提供する, 申し出る, 提議[提案]する, 差し出す;〔忠告, 謝罪など〕を述べる;〔慰め, 同情など〕を示す, 与える. ～ help 援助を申し出る. ～ money 金銭を提供する. ～ one's passport パスポートを差し出す.　～ an opinion　意見を出す[述べる]. (**b**) VO (～ *to do*/"引用") ..しようと/「..」と申し出る. Bob ～*ed to* pay for the damage. ボブはその損害の賠償をしようと申し出た. "Shall I give you a lift to the station?" he ～*ed*.「駅まで(車に)お乗せしましょうか」と彼は申し出た. (**c**) VOO (～ X Y)・VOA (～ Y *to* X) X に Y を申し出る, 提供[提案]する; X に Y を述べる, 示す. They ～*ed* me a better position.＝I was ～*ed* a better

position. = A better position was ~*ed* (*to*) me. 私にもっといい地位を与えようとの話があった (★Yを主語とする受け身構文ではXが代名詞の場合 to は省略されることがある). ~ comfort *to* the earthquake victims 震災の被害者を慰問する.
2 (**a**) を売りに出す〈*for* ..の金額[価格]で/*at* ..の価格で〉;〔金額〕を**申し出る**〈*for* ..の代金として〉. ~ the car *for* $500 その車を500ドルで売ろう[買わないか]と言う. ~ $20 *for* the book その本に20ドル出そうと言う. We ~*ed* the house *at* a fair price. 我々は適正な価格でその家を売りに出した. (**b**) VOO (~ X Y)・VOA (~ Y *to* X) X に Y を買わないかと言う〈*for* ..の金額で〉; X に Y の価格で売らないかと言う〈*for* ..を〉. I'll ~ you the picture *for* $50. 50ドルでその絵を買いませんか. I'll ~ you $50 *for* the picture. 50ドル出すからその絵を売りませんか.
【好意を示す(贈物をする)】 **3**〖章〗〔物事が〕の機会を与える. The contract ~*s* prospects of making a fortune. その契約のおかげで一財産できるかもしれない. The oak ~*s* a good shade. そのオークはいい日陰を作ってくれる.
4〔祈りなど〕を**ささげる**,〔いけにえなど〕を供える,〈*up*〉〈*to* ..〔神など〕に/*for* ..を求めて〉. ~ (*up*) a prayer in thanksgiving 神に感謝の祈りをささげる. ~ *up* a calf as a sacrifice *to* a god 神にいけにえとして子牛をささげる.
5【敵意を示す】〔戦いなど〕を挑む;〔抵抗など〕を試みる, 企てる; VOO (~ X Y)・VOA (~ Y *to* X) Y を X に試みる. ~ resistance *to* the government 政府に対し抵抗を試みる.
— 自 **1** 現れる, 起こる. as occasion ~*s* 機会があれば. He will travel abroad any time the opportunity ~*s*. 彼は機会があればいつでも外遊するつもりだ. **2** 申し出る, 提供する. **3** 供え物をする.
hàve..to óffer 提供できる〔物〕がある; 売り込める[役立つ]..がある;〈*to* ..に対し〉. This district *has* a great deal *to* ~ *to* tourists. この地域には, 観光客に見てもらえるところがたくさんある.
óffer itsèlf [***themsèlves***]〖章〗現れる, 生じる,〔機会などが〕到来する. Take the first opportunity that ~*s itself*. 最初にやって来る機会を利用しなさい.
òffer (*a person*) ***one's hánd***〖章〗(握手するために)(人に)手を差し出す.
òffer one's hánd (***in márriage***)〖章〗女性に求婚する.
— 名 (複 **~s** /-z/) C **1 申し出, 提案**,〈*of* ..の/*to* do ..しようという〉; 提供. an ~ *of* support 支持の申し出. an ~ *of* marriage 結婚の申込み. an ~ *to* help 援助の申し出. make an ~ *to* act for a person 人の代理をしようと申し出る. refuse [accept] an ~ 申し出を断る[受け入れる].

> 連結 an attractive [a generous; a tempting; an irresistible] ~ // get [receive; consider; agree to; decline, reject, spurn, turn down; withdraw] an ~

2 (売品の)提供; 売り物, (特別)提供品; 値引き. a ~ for sale 売り出し. a cut-price ~ 値引き商品. the best ~ 一番のお買得品. a special ~ 特別提供(品). on ~→成句. **3** (買い手の)付け値, 指し値. make [put in] an ~ of $5,000 for the used car その中古車に5,000ドルの値を付ける.
be òpen to óffer(*s*) (売り手が)客の言い値を考慮する.
on óffer (1) 売り物の, 手に入る, 購入できる; 利用できる. (2)〖英〗値引きして売りに出て(いる), 特売の[して]. Apples are *on* ~ this week. 今週はリンゴを特売している. (3)〔賞金などが〕提供されて. get the prize *on* ~ 懸賞金[品]を得る.
under óffer〖英〗〔特に, 家屋が〕商談中で[の].

[<ラテン語「前に置く, 提示する」(<ob-+*ferre*「運ぶ」)] ▷ **~·er** /-rər/ 名 C 提案[提供]者; 申込人.

†of·fer·ing /ɔ́:f(ə)riŋ|ɔ́f-/ 名 **1** U (神への)奉納. **2** C (神への)供え物, いけにえ; (教会への)献金; 贈り物. a freewill ~ 喜捨. a peace ~ 仲直りの贈り物. → burnt offering. **3** U 申し出, 提供. the ~ of bribes 贈賄. **4** C 売り物, 目玉商品; (芸能などの)提供作品, 出し物. **5** C (開設された)講義科目.

of·fer·to·ry /ɔ́:fərtɔ̀:ri|ɔ́fət(ə)ri/ 名 (複 **-ries**) C **1** 奉納唱《教会で献金を集める時に歌われる聖句[聖歌]・賛美歌・オルガン曲》. **2** (礼拝式で集められる)献金. **3** 奉納の儀《聖餐(さん)式の中でパンとワインをささげること》.

†off·hand /ɔ̀:fhǽnd|ɔ̀f-/ 副 **1** 即座に, 用意なしに. make a speech ~ 即席に演説する. **2** 無造作に, ぶっきらぼうに.
— /⁽ᵉ⁾/ 形 **1**〈限定〉即座[即席]の. an ~ reply 即答. He made a few ~ remarks. 彼は即座に2, 3の意見を述べた. **2** そっけない, ぞんざいな; 形式ばらない, くつろいだ. an ~ refusal ぶっきらぼうな拒絶. The villagers were ~ with us. 村人たちは我々にそっけなかった.

òff·hánd·ed /-əd ⁽ᵉ⁾/ 形 =offhand.
▷ **~·ly** 副 **~·ness** 名

‡of·fice /ɔ́:fəs|ɔ́f-/ 名 (複 **-fic·es** /-əz/)
【事務を執る場所】 **1** (**a**) C **事務所[室]**, 営業[事業]所, **会社**, ..所; 職場, 勤め先;〖米〗診療室; (大学教員の)研究室. a lawyer's ~ 弁護士[法律]事務所. a doctor's ~ 診療室. a ticket [booking〖英〗] ~ (駅の)出札所. a baggage [lost property] ~ 手荷物[遺失物]取扱所. an information ~ 案内所. the main [a branch] ~ 本[支]社 (→head office). work in an ~ 会社に勤める. an insurance ~ 保険会社. Our ~ is on the third floor. うちの社[職場]は3階にあります. He's away on a trip with the guys from [at] the ~. 彼は今職場仲間と旅行中です.
(**b**)〈形容詞的に〉事務(所)の, 会社の. ~ work 事務. a ~ job 事務職. ~ equipment 事務所の備品.
2〈the ~; 集合的; 単数扱い〉全従業員[職員]. Half the ~ is out [off] with the flu. 社員[事務員]の半数が流感で休んでいる.
3 C **役所**, 官庁;〖英〗〈O-〉省;〖米〗〈O-〉庁, 局. a tax ~ 税務署. →foreign office, post office.
4【役職】 UC **官職**, 公職. hold (public) ~ 公職に就いている. in ~ 在職中で[の];〔政党が〕政権を握って. out of ~ 在職していない,〔政党が〕政権を離れて. leave [resign one's] ~ 辞任する. lay down (one's) ~ 現職を退く. run〖米〗[stand〖英〗] for ~ 立候補する. take ~ 就任する. come into ~ (特に大臣に)就任する.
【職務, つとめ】 **5** UC 仕事, 役目. discharge the ~ of the President 大統領の職務を果たす. She performed the ~ of hostess very graciously. 彼女はたいそう愛想よく女主人役を果たした.
6〖章〗〈~s〉世話, 尽力. Through your good ~*s*, we obtained an interview with the Premier. あなたのお骨折りで首相との会談ができました. use one's good ~*s* to do ..するのに大いにコネを利用する.
7 C〖宗〗〈普通 O-〉儀式, 礼拝(式);〖カトリック〗聖務(日課). say (one's) ~ 日課祈禱(とう)を唱える. perform the last ~*s* 埋葬を執り行う. the *Office* for the dead 葬儀. ◇形 official, officious
[<ラテン語「務め(を果たすこと)」(<*opus*「仕事」+*facere*「する」)]

óffice·bèarer 名〖英〗=officeholder.
óffice blòck 名〖英〗=office building.
óffice bòy [**gìrl**] 名 C〖旧〗(会社などの)使い走り, 雑用係.
óffice bùilding 名 C〖米〗オフィスビル (〖英〗office block).
óffice·hòlder 名 =officer 4.

O

óffice hòurs 名 〈複数扱い〉勤務[営業]時間;〖米〗診療時間; (大学の研究室で教授が学生と接する)面談時間. I'll phone you outside [out of] ～. 勤務[診療など]時間外に電話します.
òffice júnior 名 C 〖英〗(学校出たての)新入社員, 新人,《使い走り, 雑用などをする》. 「正取引局.
Òffice of Fair Tráding 名 〈the ～〉〖英〗公↑
Òffice of Mànagement and Búdget 名 〈the ～〉〖米〗行政管理予算局《連邦政府予算の編成, 各省庁の政策調整を担当; 略 OMB》.
óffice pàrk 名 C オフィスパーク《オフィスビル, 駐車場, 広場などからなる複合商業地区》.
òffice párty 名 C 職場のクリスマスパーティー《クリスマスイヴ(の直前)に行う》.
‡**of·fi·cer** /ɔ́:fəsər|ɔ́f-/ 名 (複 ～s /-z/) C **1** 将校, 士官, (→soldier, sailor). a naval [navy] ～ 海軍将校. a military [an army] ～ 陸軍将校. a commissioned [noncommissioned] ～ 将校[下士官]. an ～ of the day 当直士官.
2 (商船の)高級船員《船長, 航海士など; 一般の sailor より高級》. the chief [first] ～ 1 等航海士. ～*s* and crew 高級船員と下級船員, 全乗組員.
3 (会社, 団体などの)役員, 幹事.
4 (要職に就いている)**公務員**, 役人; 〈特に〉政府高官; (→office 4). a public ～ 公務員. a customs ～ 税関吏. an ～ of state 大臣.
5 警官, 巡査; お巡りさん〈呼びかけで〉. an ～ of the law＝a police ～ 警察官. ★〖米〗では *Officer* Smith (スミス警官)のように肩書きにも用いる.
óffice sèeker 名 C 公職志願者.
óffice wòrker 名 C 事務員, 会社員, サラリーマン.
‡**of·fi·cial** /əfíʃ(ə)l/ 形 m **1** 公の, 公務上の; 公用の; 政府の, 役所の. ～ duties [affairs, business] 公務. an ～ gazette 官報. an ～ document 公文書. an ～ residence 官舎, 官邸. an ～ language 公用語. You need ～ permission to build a house. 家を建てるには役所の許可が要る. **2** 公式の, 公認の; 〔理由などが〕表向きの. an ～ record 公認記録. an ～ report 公報. pay an ～ visit to the King 国王を公式訪問する. an ～ event 公式行事. The news is ～. そのニュースは, 公にされたものだ. The ～ motive of his sudden retirement can hardly be believed. 彼が突然に引退する表向きの動機はとても信じられない. **3** 役人らしい, 役人ぶった, お役所風の. an ～ manner 官僚的な態度. ◇名 office —— 名 C **1** (普通 officer より下級の)役人, **公務員**. a government ～ 国家公務員. **2** (会社などの)役員, 役職者. **3** 〖米〗〖スポーツ〗審判員.
Offìcial Bírthday 名 〈the ～〉〖英〗女王[国王]誕生日《6 月の第 2 土曜日; 実際の誕生日ではない; → Queen's birthday》.
of·fi·cial·dom /əfíʃ(ə)ldəm/ 名 U 〖軽蔑〗〈集合的〉官僚, 役人; お役所の[官僚的]やり方.
of·fi·cial·ese /əfìʃ(ə)lí:z/ 名 UC お役所風の言葉遣い, 官庁語法,《形式ばって回りくどい; 例: explore the possibility of a joint research effort to discover the practicability of making use of this principle (この原理を利用することの実用性を発見するための共同の研究努力の可能性を探る)》.
of·fi·cial·ism /əfíʃ(ə)lìz(ə)m/ 名 U 官僚主義; (官庁の)形式主義.
***of·fi·cial·ly** /əfíʃ(ə)li/ 副 ¢ **1** 職務[公務]上. **2** 公式[正式]に; 職権によって. The birth of a prince was ～ announced this morning. 王子の誕生が今朝公式に発表された. **3** 正式[公式]には, 表向きは. *Officially*, he was absent owing to illness; actually he was on a trip with his wife. 彼は表向きは病気で欠勤だが実際は妻と旅行中だった.

offìcial recéiver 名 〈しばしば O- R-〉＝receiver↓
offìcial sécret 名 C 〖英〗国家機密. ⌊4.
of·fi·ci·ate /əfíʃièit/ 動 自 職務を行う, 役目を務める, 〈*as* ..の〉; 司式する, (スポーツの)審判を務める; 〈*at* ..で〉. ～ *as* host *at* a dinner 晩餐(さん)会で主人役を務める. Father Gimson ～*d at* the funeral. ギムスン神父が葬儀を司(つかさど)った.
of·fi·cious /əfíʃəs/ 形 〈非難して〉差し出がましい, 出過ぎた, おせっかいな. ▷ **～·ly** 副 **～·ness** 名
off·ing /ɔ́:fiŋ|ɔ́f-/ 名 〈the ～〉沖, 沖合.
in the óffing (1) 沖合に. (2) 遠からず起こりそうで. Our pay hike is *in the* ～. そろそろ賃上げがあるはずだ.
off·ish /ɔ́:fiʃ|ɔ́f-/ 形 〖主に英話〗＝stand offish.
òff-kéy /㊙/ 形 調子外れの, 音程の狂った; 的外れの, 不適当な.
óff-lìcence 名 〖英〗 U (売るだけで店内では飲ませない)酒類販売免許 (↔on-licence); C 酒類小売店 (〖米〗package store).
óff-lìmits 形 立入禁止の〈*to* ..に対して〉.
òff-líne /㊙/ 形, 副 〖電算〗オフラインの[で]《普通, ホストコンピュータと直結されていない方式の; →on-line》.
òff-lóad 動 他 ＝unload.
òff-òff-Bróadway 名 U オフ・オフ・ブロードウェイ(劇場)《off-Broadway よりも前衛的な実験劇(場)》.
—— 形, 副 オフ・オフ・ブロードウェイの[で].
òff-péak /㊙/ 形 〈限定〉ピークを過ぎた, 最盛期を外れた. hotel rates at ～ times 最盛時でない時のホテル料金. 「トの, 〔店, 品物〕.
òff-príce /㊙/ 形 〈限定〉〖米〗安売りの, ディスカウン↑
óff·prìnt 名 C (論文の)抜き刷り. —— 動 他 を抜き刷りにする. 「する.
óff-pùtting 形 〖主に英話〗面食らわせる, 不快に↑
òff-róad /㊙/ 形 オフロード(用)の《舗装されていない道路又は道路以外の場所を走行する(ための)》. ～ racing オフロード競走. an ～ tire [vehicle] オフロード用のタイヤ[乗り物(自動車, オートバイなど)].
òff-róading 名 U オフロード競走 (off-road racing). 「の)くず, 浮浪者.
óff·scòuring 名 C 〈普通 ～s〉くず, 廃物; (社会↑
òff·scréen /㊙/ 形, 副 〔俳優が〕実[私]生活で(の)《スクリーンに映っていない所で(の)》.
óff-sèason 名 C, 形 季節外れ(の); シーズンオフ(の). ★season-off とは言わない.
†**off·set** /ɔ́:fset|ɔ́f-/ 名 C **1** オフセット印刷(法) (**óffset pròcess**). ～ printing [lithography] オフセット印刷[版]. **2** 相殺するもの, 埋め合わせ. **3** ＝offshoot.
—— 動 (→set) 他 **1** を相殺する, 埋め合わせる. Tom's energy ～*s* his lack of experience. トムの精力は経験不足の埋め合わせになっている. **2** をオフセット印刷にする.
‡**óff·shòot** 名 C (幹から分かれ出た)分枝; 支流, 分流; 分派; (氏族, 民族などの)分かれ, 分家.
‡**òff·shóre** 副 沖(合)に (↔inshore); 〔風が〕沖に向かって. two miles ～ 2 マイル沖に[で]. The ship anchored ～. 船は沖にいかりを下ろした.
—— /㊙/ 形 **1** 沖(合)の; 〔風が〕沖に向かう; (↔inshore). ～ fishing 沖合漁業. an ～ island 沖合の島. ～ oil 沖合[海底]原油《海底油田から採れる》. **2** 〖商〗国外での. ～ fund 在外投資信託《税金の安い国に本拠を置いて行うもの; 例えばカリブ海の Cayman 諸島などを利用する》.
‡**òff·síde** /㊙/ 形, 副 **1** 〖フットボール・ホッケー〗オフサイドの[に], 反則の位置の[に], (↔onside). **2** 〖主に英〗〈限定〉(自動車, 道路, 馬などの)右側の (↔nearside).
—— 名 **1** U 〖フットボール・ホッケー〗オフサイド. **2** 〈the ～〉〖主に英〗(自動車, 道路, 馬などの)右側.
òffside tráp 名 C オフサイド・トラップ《攻撃する相手

O

方を意図的にオフサイドさせる守備側の戦術》.

*off·spring /ɔ́:fspriŋ|ɔ́f-/ 名 (複 ~) C 【章】 1 子供(たち), 子孫; (動物の)子; (語法 1人にも2人以上にも用いるが単数の場合でも a, an は付けない). His ~ all left him in his old age. 彼が年を取ると子供はみんな彼のもとを去って行った. A mule is the ~ of an ass and a horse. ラバはロバと馬の子である.
2 結果, 所産, (product). His success was the ~ of his diligence. 彼の成功は勤勉さの所産であった.

òff·stáge /㊥/ 形 舞台の陰の, 舞台裏[横](から)の; 〔俳優が〕舞台を離れての, 私生活での. ~ sound effects 舞台裏での音響効果. ── 副 舞台裏[横]で[に]; 舞台を離れて, 私生活で.

òff-stréet /㊥/ 形 〈限定〉大通りから離れた, 横町の. ~ parking facilities 裏通りの駐車施設.

òff-the-cúff /㊥/ 形 〈普通, 限定〉〔スピーチなどが〕即席[興]の.

òff-the-pég /㊥/ 形 【英】=off-the-rack.

òff-the-ráck /㊥/ 形 【米】既製品の, 'つるし' の, (↔made-to-measure).

òff-the-récord /㊥/ 形, 副 議事録などにとどめない(ように); 非公開の[で], オフレコの[で].

òff-the-shélf /㊥/ 形 〔商品が〕既製の, 出来合いの.

òff-the-wáll /㊥/ 形 【話】おどけた; 奇妙な, 異様な.

òff-tráck /㊥/ 形 【米】場外の〔競馬の賭(か)け〕.

òff-whíte /㊥/ 名 U, 形 オフホワイト(の)《灰色[黄色]がかった白色》.

óff-yèar 形 1 大統領選挙(などの主要選挙)のない年の. an ~ election 中間選挙. 2 不作の年の.

óff yèar 名 C 1 【米】大統領選挙(などの主要選挙)のない年. 2 (作物などの)不作の年, 裏年.

oft /ɔ:ft|ɔft/ 副 【詩】=often (★【詩】以外では普通, 複合要素として). an ~-quoted saying よく引用される言葉. [<古期英語]

‡of·ten /ɔ́:f(t)(ə)n|ɔ́f(t)(ə)n/ 副 e m しばしば, たびたび; 多くの場合; (↔seldom; 類語 frequently より一般的な語).

> 語法 (1) 文中では普通, 動詞の前, be 動詞·助動詞の後に置く. (2) 強調のために文頭や文尾に置くことがある; 文頭に置かれた場合, 主語の前に助動詞を置くことがある.

He ~ sat alone in the wood all day long. 彼はしばしば1日中森の中で独りで座っていることがあった. He is ~ absent. 彼はしばしば欠席する. I've ~ been to England. 私は何度も英国へ行ったことがある. *Often* did it snow there. そこでは雪が降ることがよくあった. I must see my parents *more* ~ [【話】~*er*]. 私は両親にもっと頻繁に会わなくてはならない. This kind of wound ~ heals up in a week or two. 多くの場合この種の傷は1, 2週間で治る.

as óften as.. (1) ..度ぐらい, ..回ほど[も]. He goes to the movies *as* ~ *as* three times a week. 彼は1週間に3回も映画を見に行く. (2)〈接続詞的〉..するたびに (whenever). Just come *as* ~ *as* you feel like it. 気が向いたらいつでもいらっしゃい.

as òften as nót (かなり)頻繁に, よく, 《頻度は少なくとも50%ぐらい》. *As* ~ *as not*, he is late for school. 彼はしょっちゅう学校に遅れる.

èvery so óften →every.

****hòw óften*** 幾度, 何回, どれほど頻繁に. *How* ~ have you met him? 彼には何度会ったことがありますか. *How* ~ do the trains run? 列車はどれくらいの間隔で走っていますか.

mòre òften than nót =as OFTEN as not.

ònce too óften →once.

[<中期英語; 母音や h で始まる語の前での oft の変形]

óf·ten·tìmes, óft·tìmes 副 【古】=often.

Og·den /ɑ́gdən|ɔ́g-/ 名 C(harles) K(ay) ~ オグデン (1889–1957)《英国の言語学者; I. A. Richards とともに Basic English を考案した》.

o·gle /óug(ə)l/ 動 他, 自 (特に, 女性に)色目を使う 〈*at*〉. ── 名 C 〈普通, 単数形で〉色目.

o·gre /óugər/ 名 C (おとぎ話の)人食い鬼; (鬼のように)恐ろしい人[もの], 怪物.

o·gr(e)·ish /óug(ə)riʃ/ 形 鬼のような.

o·gress /óugrəs/ 名 C ogre の女性形.

OH 【郵】Ohio.

‡oh /ou/ 間 1 おお, ああ, おや, 《驚き, 恐怖, 願望, 苦痛, 喜び, 悲しみなどを表す》(★O と違って, あとにコンマ, 感嘆符などの句読点を用いる). *Oh!* how awful! まあ, ひどい.
2 ねえ, ちょっと, 〈呼びかけ〉; そうとも, まったく, 〈強意〉. *Oh*, Sam! ねえサム. *Oh*, yes! そうとも. right ~=righto.
3 えーと, その一, まあ, 《ためらいを表したり, 返答などの前で》. It happened in, ~, the late 1960s. それは, えーと, 1960年代後期に起きた. "I'll go with you." "*Oh*, thanks."「一緒に行ってやろう」「そりゃありがたい」"Jane has married again, you know." "*Oh*, has she?"「ジェーンが再婚したのよ」「あらそう(知らなかった)」

Óh for..! =O for..! (→O[1] 3)

Óh that.. =O that..! (→O[1] 3)

[<中期英語; たぶん O[1] の強調形]

O'Ha·ra /ouhǽrə|-hɑ́:-/ 名 Scarlett ~ オハラ《Margaret Mitchell 作 *Gone with the Wind* の女主人公》.

O'Hare /ouhéər/ 名 オヘア《米国 Illinois 州シカゴの空港》.

O.Henry /òu-hénri/ 名 オー・ヘンリー (1862–1910)《米国の短編小説家; 本名 William Sydney Porter》.

O·hi·o /ouháiou/ 名 1 オハイオ《米国北東部の州; 州都 Columbus; 略 OH【郵】, O.》. 2〈the ~〉オハイオ川《Mississippi 川の支流; オハイオ州とウエストヴァージニア州及びケンタッキー州の州境を流れる》.
[北米先住民語「美しい[大きな]川」; 州名は川にちなむ]

O·hi·o·an /ouháiəwən/ 名 C オハイオ州の人.
── 形 オハイオ州の(人の).

ohm /oum/ 名 C 【電】オーム《電気抵抗の単位; 記号 Ω》.

ohm·ic /óumik/ 形 【電】オームの.

óhm·mèter 名 C 【電】オーム計, 抵抗計.

OHMS On His [Her] Majesty's Service.

Ohm's láw /òumz-/ 【電】オームの法則《導体を流れる電流の強さは, 両端の電圧に比例し, 抵抗に反比例する》.

o·ho /ouhóu/ 間 【雅·古】おほう, ほほう, おやおや, 《驚き, 満足, 軽蔑などを表す》.

OHP overhead projector.

oi /ɔi/ 間 【英】おい, こら, 《怒って注意を引く発声》.

-oid /ɔid/ 接尾 「..のような(もの), ..状の(もの)」の意味. alkal*oid*. anthrop*oid*. [<ギリシア語 *eidos*「形」]

‡oil /ɔil/ 名 (複 ~s /-z/) UC 1 (a) 油《動物油, 植物油, 鉱物油のいずれをも指す》. mineral [animal, vegetable] ~ 鉱物[動物, 植物]性油. lubricating ~ 潤滑油. machine ~ 機械油. olive ~ オリーヴ油. salad ~ サラダ油. whale ~ 鯨油. Bill and Tom mix like ~ and water. ビルとトムは水と油のような仲だ(>そりが合わない; ★英語では「油」が先). (b) (化粧品などの)油状の物. suntan ~ 日焼け用オイル. →bath oil, hair oil.
2 石油. heavy ~ 重油. an ~ stove 石油ストーブ.
3 〈普通 ~s〉油絵の具; 油絵; (→watercolor). paint in ~*s* 油絵をかく.

bùrn the mìdnight óil →midnight.

pòur óil on the fláme(s) '火に油を注ぐ', 怒りをあおる, 事態を余計悪くする.

pòur óil on tròubled wáters 騒ぎ[争い]を鎮める.

O

strìke óil 油脈を掘り当てる; 幸運[富など]を探し当てる.
── 動 他 **1** に油を塗る[差す, 引く], 油を注ぐ. ～ a squeaky hinge きしむ蝶番(ちょうつがい)に油を差す.
2〖米話〗に賄賂(わいろ)を使う.
òil a pèrson's hánd [***pálm***] ＝GREASE a person's hand [palm].
òil the whéels〖話〗(賄賂などで)事が円滑に運ぶようにする《＜車輪に油を差す》.
[＜ギリシア語 *élaion*「オリーブ油」]

óil-bèaring 形〖地〗石油を含有する〔地層など〕.

óil bùrner 名 C (燃料油を燃やす)オイルバーナー, ボイラー.

óil càke 名 C (家畜の飼料用, 肥料用の)固形油かす.

óil·càn 名 C 油差し.

óil·clòth 名 U **1** 油布《テーブル, 棚, 家具などのカバーに用いる防水布》. **2**〖英〗リノリウム (linoleum).

óil còlor 名〈普通 ～s〉＝oil paint.

óil dòllars 名 オイルダラー《産油国が原油輸出によって得た余剰外貨資金として保有するドル》.

óil drùm 名 C 石油ドラム缶.

oiled /ɔild/ 形 **1** 油を塗った; 油に漬けた. **2** 滑らかにした. **3**〖俗〗酔っ払った (well-oiled).

óil èngine 名 C 石油エンジン.

óil·er 名 C **1** 給油者, 注油係. **2** 給油器, 油差し. **3** 油槽船, タンカー. **4**〖米〗油井(ゆせい) (oil well).

óil·fìeld 名 C 油田.

óil-fìred 形 石油を燃料にする〔集中暖房装置など〕.

óil làmp 名 C 石油ランプ.

oil·man /ɔ́ilmæ̀n, -mən/ 名 (複 **-men** /-mən/) C〖話〗石油屋《製油業者, 石油販売業者のこと》.

òil of vítriol 名 U〖化〗濃硫酸.

óil pàint 名 UC 油絵の具.

óil pàinting 油絵画法; 油絵.
be nò óil pàinting〖話・しばしば戯〗全く美しくない.

óil pàlm 名 C〖植〗油ヤシ《やし油を採る》.

óil pàn 名 C〖米〗〖機〗油受 (sump).

óil·pàper 名 U 油紙, 桐(とう)油紙.

óil plàtform 名 C (海底からの)石油採掘装置.

óil·rìg 名 C (陸地, 海底からの)石油採掘装置; ＝oil platform.

óil·sèed 名 U 油料種子《油を採る種子[穀物]》.

òil·seed rápe 名 ＝rape[2].

óil shàle 名 U〖地〗油頁(けつ)岩.

óil·skìn 名 **1** U 油布, 防水布. **2** C 油布製防水コート[ズボンなど]; 〈～s〉(船員用などの上下そろいの)油布製防水服.

óil slìck 名 C (水面に浮いた)油の帯, 油膜,《特にタンカーの事故による》.

óil tànker 名 C 油槽船, タンカー; 石油運搬車, タンクローリー.

óil wèll 名 C 油井(ゆせい).

†**oil·y** /ɔ́ili/ 形 **1** 油の, 油性の, 油を含んだ[のような], 油でぬるぬるした. ～ rags 油のしみたぼろきれ. ～ food 油っこい食品. **2**〔皮膚が〕脂性の. **3**〖軽蔑〗〔人, 態度が〕調子が良すぎる, 口がうまい.

oink /ɔiŋk/〖話〗動 自〔ブタが〕ぶーぶー鳴く.
── 名 C (ブタの)ぶーぶーいう鳴き声.

†**oint·ment** /ɔ́intmənt/ 名 UC 軟膏(こう), 膏薬; (化粧用)クリーム. ***a*** [***the***] ***flỳ in the óintment*** →fly[2].

OJ〖米話〗orange juice.

‡**OK**[1] /òukéi, 〖米では又〗ˊˊ/ (★okay ともつづる)〖話〗形 ©̸ **1**〈普通, 叙述〉よろしい, 問題ない, 大丈夫; (十分ではないが)まあいい, ほどほどの[で]. Everything's *OK*. 万事うまくいっている. "Will you come by ten?" "It's *OK* with [by] me."「10 時までに来ますか」「私は大丈夫だ」Is it *OK* if I [for me to] borrow your typewriter? 君のタイプライターを借りても構わないか. an *OK* performance まずまずの演技. Most of the students are *OK*, but a few are very lazy. 大部分の学生はいいのだが, ひどい怠け者も少しいる.
2〈叙述〉〔人が〕元気で, 具合がいい; 安全で. You look pale. Do you feel *OK*? 顔色が悪いけれど, 大丈夫ですか. You'll be *OK* here. ここなら安全だ.
3〔人が〕ちゃんとした, 助けになる, 正直な. He is an *OK* guy. 彼はいいやつだ.
4〈間投詞的に〉(**a**) (同意, 承知などして)**オーケー**, よろしい. He said, "*OK*, I'll do it."「オーケー, 僕がやるよ」と彼は言った. (**b**) (相手に念を押して)いいね, 分かったか. Don't forget to take the medicine. *OK*? 薬を飲み忘れないように. いいね. (**c**) (話題を転じて)では, それはそうと.
── 副 うまく, 順調に. The machine worked *OK*. 機械はちゃんと動いた.
── 動 (**OK's**|過 過分 **OK'd**|**OK'ing**) 他 に OK と(書いて)承認する (類語 正式には approve). He is busy *OK 'ing* new orders. 彼は新規の発注に承認を与えるのに忙しい.
── 名 (複 **OK's**) C 承認, 許可; 賛成. I have to get an *OK* from my boss. 上司から許可をもらわなくてはならない. give a person the *OK* to leave early 人に早退の許可を与える.
[＜*o*ll *k*orrect ('all correct' のふざけた綴り誤り); 1840 年の Van Buren 大統領再選運動で, 大統領の生地 Kinderhook にちなむ後援組織 Old Kinderhook Club が頭文字 OK を用いて普及した]

OK[2]〖郵〗Oklahoma.

o·ka·pi /oukáːpi/ 名 C〖動〗オカピ《アフリカ中部に住む; キリンに似てそれより小さく首が短い》.

o·kay /òukéi/ 形, 副, 間, 動 (**～s**|過 過分 **～ed**|**～·ing**), 名 (複 **～s**) ＝OK[1].

o·key·doke, -do·key /òukidóuk ⑱/ /-dóuki ⑱/ 形, 副, 間〖米話〗＝OK[1].

O·khotsk /oukátsk|-kɔ́tsk/ 名 **the Sea of ～** オホーツク海.

O·kie /óuki/ 名 C〖米話・しばしば軽蔑〗**1** オクラホマ人. **2** (考え方の狭い)無教養な人.

ok·ker /ákər|ɔ́kə/ 名 ＝ocker.

Okla. Oklahoma.

O·kla·ho·ma /òukləhóumə/ 名 オクラホマ《米国南部の州; 州都 Oklahoma City; 略 OK〖郵〗, Okla.》.
[北米先住民語「赤い人々」]

O·kla·ho·man /-mən/ 名 (複 **～s**) C オクラホマ州の人. ── /⑱/ 形 オクラホマ州の(人の).

o·kra /óukrə/ 名 **1** C オクラ《熱帯アジア原産のアオイ科の低木; さやは食用になる》. **2** U〈集合的〉オクラのさや《スープ, シチューに入れる》. [＜西アフリカ現地語]

‡**old** /ould/ 形 e (**～·er** /-ər/, **eld·er**|**～·est** /-əst/, **eld·est**) (★4, 6, 7, 8, 9 は比較変化しない)
【年齢の】 **1** (**a**)〔年齢が〕**..歳の**[で], ..の期間存在[存続]した, ..年[月, 日など]経過した. a boy ten years ～＝a boy of ten (years)＝a ten-year-～ boy 10 歳の少年. a tree a hundred years ～ 樹齢 100 年の樹. a newspaper three days ～ 3 日前の新聞. This baby is eight months ～. この赤ん坊は生後 8 か月だ. How ～ are you? あなたは何歳ですか. I'm fifteen years ～. 私は 15 歳です. She's ～ enough to marry. 彼女は結婚してもいい年齢だ. She is ～ enough to be your mother. 彼女は君の母親に当たるほどの年だ《親子ほどの年齢差がある》. The castle is 500 years ～. あの城は 500 年の歴史を持つ. It was September 1741, and the voyage was already a year ～. 時は 1741 年の 9 月, 航海の旅は 1 年になんなんとしていた. A man is as ～ as he feels. A woman is as ～ as she looks.〖諺〗男の年は気の持ちよう, 女の年は見かけどおり.
(**b**)〈比較級・最上級で〉もっと[最も]古い[年上の]. How much ～*er* is he than I? 彼は僕よりどれくらい年長ですか. He is three years ～*er* than you.＝He is ～*er* than you by three years. 彼は君より 3 歳年上です. My *elder* brother is the *oldest* boy in the choir.

〘英〙私の兄は聖歌隊で最年長だ.

> 語法 〘英〙では同一家族で年の順を言う時は elder, eldest を用いる; 〘米話〙では older, oldest を用いることが多い. 〘英〙〘米〙ともに叙述形容詞として elder, eldest を用いることはない: John is *older* than I. (ジョンは(私の)兄です)

【年齢を重ねた】 **2** (**a**) **年取った**, 老齢の, (↔young; 類語 aged より一般的な語). an ～ man of eighty 80 歳の老人《男性》. an ～ tree 老木. get [grow] ～ 年取る, 老ける. ～ and gray [hoary] 老いて(髪が白い). young and ～＝～ and young 老いも若きも. He looks ～ for his age. 彼は年の割には老けて見える. He is ～*er* and wiser now. 彼は今は少し大人になって分別がついている. (**b**) 〈the ～; 名詞的; 複数扱い〉老人たち. Be kind to the ～. 老人たちには親切にしなさい. Rich and poor, young and ～ were all gathered there. 金持ちも貧しい人も, 若者も老人も皆そこに集まってきていた (★この例のように対句になる場合は the をとらないことが多い).

3 年寄りじみた, 老人くさい. an ～ face 老人くさい顔. an ～ gait 年寄りじみた歩き方.

4 ⓒ 〘章〙老練の, 老巧な. He is ～ in wrongdoing. 彼は悪事にたけている.

【古い】 **5** (**a**) **古い**, 古びた, 使い古した, (↔new). an ～ suit 古いスーツ. ～ wine 年数を経た[年代物の]ワイン. an ～ joke 古くさいしゃれ. (**b**) 〈the ～; 名詞的; 単数扱い〉古い物, 昔懐かしい物.

6 ⓒ **昔の**, 古代の, (類語 ancient より一般的な語). an ～ Roman road 古代ローマ時代の道路. ～ civilizations 古代の諸文明. in ～ times 昔.

7 ⓒ 〈限定〉**もとの**, 以前の. one's ～ name 旧姓. the ～ year 旧年《the new year (新年)に対して》. an ～ student of mine 私の昔の教え子. visit ～ haunts 以前よく行った場所へ行ってみる.

8 ⓒ 〈限定〉 **昔からの**, 古なじみの; いつもの, よくある; 〘話〙〈呼びかけなどに用いて〉 親愛な, 懐かしい. an ～ friend 旧友. ～ familiar faces 昔なじみの人々. an ～ custom 昔からの習慣. the same ～ story よくある話, お決まりの言い訳. ～ chap [fellow] おい, 君, 〈呼びかけ〉. the good ～ times [days] 懐かしいあのころ.

9 ⓒ 〘話〙〈普通, 形容詞の後に置いて; 強意的〉すばらしい, 大変な. We had a high [good] ～ time at the party. そのパーティーではとても楽しい思いをした.

ány òld 〘話〙どんな..でも《any を強調》. *Any* ～ gloves will do. どんな手袋でも構わない. Come at *any* ～ time. 本当にいつでもいいからいらっしゃい.

(as) òld as the hills とても古い.

for òld tímes' sàke 昔が懐かしくて, 昔よしみで.

òld beyond one's yéars 年の割には賢い, ませた.

── 名 **1** Ⓒ 〈普通 -year-old で〉..歳の人[動物]. a class for seven-year-～*s* 7 歳児のクラス. **2** Ⓤ 昔. of ～ →成句.

of óld 昔(の); 昔から. days [men] *of* ～ 昔[昔の人たち]. from *of* ～ 昔から. I know him *of* ～. 昔から彼を知っている. *Of* ～, much of the city was good farm land. 昔, その都市の大半はよい耕地だった.

[＜古期英語; 原義は「育てられた, 成長した」]

òld áge 名 Ⓤ 老年, 老齢, 《普通 65 歳以後》.

òld age pénsion 名 Ⓤ 〘英〙老齢年金.

òld age pénsioner 名 Ⓒ 〘英〙老齢年金受給者.

Old Báiley 名 〈the ～〉ロンドン中央刑事裁判所 (Central Criminal Court) の俗称.

òld bát 名 Ⓒ 〘話〙老いぼれ《女》.

old·bie /óuldbi:/ 名 Ⓒ (インターネットの)熟練ユーザー (↔newbie).

Old Bíll 名 〈the ～〉〘英話〙〈複数扱い〉警察, 'サツ'.

óld bòy 名 Ⓒ 〘英〙 **1** 卒業生, 同窓生. an ～s' association 同窓会. **2** 〘話〙おい君《親しみを込めた呼びかけ》. **3** 〘話〙お年寄り.

óld-bòy nètwork 〘英〙〈the ～〉〈しばしば非難して〉(特にパブリックスクールの)学閥; 〈単複両扱い〉学閥主義の同窓生.

òld búffer 名 Ⓒ 〘話〙老いぼれ, ぼけじじい《男》.

óld còuntry 名 〈the ～〉(移民の)本国, 母国; (特に英国植民地から見た)英本国; (米国から見た)欧州.

Òld Domínion 名 〈the ～〉米国 Virginia 州の俗称.

old·e /óuldi/ 形 〘しばしば戯〙＝old《昔風のつづり》. ye ～ shoppe (＝the old shop) 古くからの店.

old·en /óuld(ə)n/ 形 〘雅・古〙〈限定〉昔の, 古い, (old). in ～ days [times] 昔は.

Òld Énglish 名 Ⓤ 古期英語《700–1100 年ごろの英語; 略 OE; 〘旧〙Anglo-Saxon ともいう》.

Òld English Shéepdog 名 Ⓒ 〘英〙オールドイングリッシュシープドッグ《英国原産の(もと)牧羊犬》.

Òld Etónian 名 Ⓒ 〘英〙イートン校 (Eton College) 出身者《富裕特権階級とされる》.

òlde-wórl·de /-wɔ́:rldi ㊥/ 形 〘英話・時に軽蔑〙古めかしい[さをてらった], 古風な[を装った].

Òld Fáithful 名 オールドフェイスフル《米国の Yellowstone 国立公園にある大間欠泉》.

***old-fash·ioned** /òuldfǽʃ(ə)nd ㊥/ 形 ⓜ **1** 旧式の, 古風な; 流行遅れの; (★よい意味(「古くていい」)でも用いられる). an ～ radio 旧式のラジオ. an ～ girl 古風な娘. an ～ dress 流行遅れの服. **2** 〈限定〉〘英話〙〔表情などが〕非難するような. an ～ look とがめるような顔つき.

── 名 〈又は O- -F-〉Ⓒ 〘米〙オールドファッションド《ウイスキーに甘味料, 水などを加えたカクテル》.

òld fláme 名 Ⓒ 昔の恋人.

òld fóg(e)y 名 Ⓒ 〘話・軽蔑〙時代遅れの人, 旧弊な人.

óld fòlk(s) 名 〈複数扱い〉〘話〙年寄りたち.

òld fólks' hòme 名 〘話〙＝old people's home.

Old Frénch 名 Ⓤ 古期フランス語《800–1400 年ごろのフランス語; 略 OF》.

óld gìrl 名 Ⓒ 〘英〙 **1** (女性の)卒業生, 同窓生. **2** 〘話〙ねえ君《女性への親しみを込めた呼びかけ》. **3** 〘話〙年輩の女性.

Òld Glóry 名 Ⓤ 〘米〙米国国旗, 星条旗, (the Stars and Stripes).

òld guárd 名 〈the ～; 単複両扱い〉(政党内などの)保守派, 右派.

òld hánd 名 Ⓒ 熟練者, ベテラン, 〈*at* ..の〉. an ～ *at* gardening 園芸のベテラン.

Òld Hárry 名 ＝Old Nick.

òld hát 形 〈叙述〉〘話・軽蔑〙旧式の, 時代遅れの, (old-fashioned); ありふれた.

Òld Hìgh Gérman 名 Ⓤ 古(期)高地ドイツ語《11 世紀までの高地ドイツ語; 略 OHG; →High German》.

old·ie /óuldi/ 名 Ⓒ 〘話〙老人; 時代遅れの人; 古い映画[流行歌など].

old·ish /óuldiʃ/ 形 やや年取った, 幾分古い.

òld lády 名 〈one's [the] ～〉〘俗〙 **1** 女房, かみさん. **2** おふくろ.

Òld Làdy of Thréadneedle Strèet 名 〈the ～〉イングランド銀行《the Bank of England の俗称》.

òld lág 名 Ⓒ 〘主に英話〙(何度も刑務所に入った)前科者.

òld-líne /㊥/ 形 古風な, 旧弊な; 保守的な; 伝統的な.

òld máid 名 Ⓒ 〘軽蔑〙 **1** オールドミス, 老嬢. **2** こうるさい人《男にも言う》.

old·maid·ish /òuldméidiʃ ㊥/ 形 〘軽蔑〙オールドミスの(ような); 細かいことにうるさい (★男にも言う).

òld mán 名 **1** Ⓒ 老人. **2** 〈one's [the] ～〉〘俗〙とうさん《夫; →old lady 1》; おやじ. **3** 〘話〙〈しばしば O- M-〉(雇い主, 上司などを指して)おやじ. **4** 〘英話〙おい君

O

《仲間などに対する親愛の情を込めた呼びかけ》.
Òld Màn Ríver 名 〈the ～〉〖米〗'ミシシッピじいさん'《ミシシッピ川の俗称》.
òld máster 名 C **1** (特に 15–18 世紀ヨーロッパの)主要画家, 古大家. **2** 主要画家[古大家]の絵.
Òld Níck 名 〖話・戯〗悪魔 (the Devil).
Òld Nórse 名 U 古期ノルド[北欧]語《スカンディナヴィア・アイスランドで 700–1350 年ごろに用いられた》.
òld pèople's hóme 名 C 老人ホーム.
Òld Preténder 名 〈the ～〉〖英史〗老僭王(せんおう)《James II の子 James Edward Stuart (1688–1766); その子とともに James II の失った英国王位を奪回しようと試みた; →Young Pretender》.
òld sált 名 C 〖旧〗老練な水夫.
old school 名 **1** 〈the ～〉/ˊ-ˋ/ 保守派, 保守的な人たち. a diplomat of the ～ 保守的な外交官. **2** 〈a person's ～〉/ˊ-ˋ/ 母校.
òld school tíe 名 **1** C 〖主に英〗出身校(特にパブリックスクール)を示すネクタイ. **2** 〈the ～〉学閥意識.
Òld Sérpent 名 〈the ～〉〖聖書〗悪魔; 誘惑者.
òld sóldier 名 C **1** 老兵; 古つわもの, 古参; (海千山千の)老練家. **2** 〖俗〗空いた酒瓶 (dead soldier).
Òld Sóuth 名 〈the ～〉〖米〗南北戦争以前の南部.
Òld Spárky 名 U 〖米俗〗電気いす (the electric chair).
òld stáger 名 C 〖英話〗老練家, ベテラン.
old·ster /óuldstər/ 名 C 〖主に米話・しばしば戯〗お年寄り (↔youngster).
Òld Stýle 名 〈the ～〉(ユリウス暦に基づく)旧暦《略 OS》.
òld swéat 名 C 〈普通 an ～〉〖英旧話〗老兵, 古つわもの.
Òld Téstament 名 〈the ～〉旧約聖書《略 OT》.
‡**òld-tíme** /㊙/ 形 昔の, 昔からの; 昔風の, 旧式の.
òld-tímer 名 C **1** 古参者, 古顔. **2** 〖主に米〗老人.
Òld Víc /-vík/ 名 〈the ～〉オールドヴィック(座)《London の Thames 川南岸の劇場; 正式名は the Royal Victoria Theatre》.
òld wíves' tàle 名 C (老女の信じるような)たわいもない話[考え], 迷信.
òld wóman 名 **1** C 老女. **2** 〈one's [the] ～〉〖俗〗女房, かみさん; おふくろ. **3** C 〖軽蔑〗(老婆のような)気の小さい[心の狭い]男.
òld-wómanish /㊙/ 形 〖軽蔑〗老婆じみた; こうるさい (★男についても言う).
Òld Wórld 名 〈the ～〉旧世界《ヨーロッパ・アジア・アフリカ; ↔New World》; 東半球 (the Eastern Hemisphere); 〖主に米〗ヨーロッパ大陸.
òld-wórld /㊙/ 形 〈限定〉**1** 昔の; 古風な. **2** 〈しばしば Old-World〉(米大陸から見て)旧世界の; ヨーロッパ大陸の.
o·lé /ouléi/ 間 オーレ, いいぞ, 《喜び, 賛成, 激励などの発声》. [＜スペイン語]
o·le·ag·i·nous /òuliǽdʒənəs/ 形 **1** 〖章〗油質の, 脂性の, 油っぽい, 油気のある. **2** お世辞たらたらの.
o·le·an·der /óuliæ̀ndər, ˌ-ˌ-ˊ-/ 名 C セイヨウキョウチクトウ《有毒の常緑低木; 夏, 香りのよい赤, 白の花を付ける》.
o·le·o /óuliou/ 名 〖話〗＝oleomargarine.
o·le·o·graph /óuliəgræ̀f|-grɑ̀:f/ 名 C 油絵風石版画.
o·le·o·mar·ga·rine /òulioumɑ́:rdʒ(ə)rən, -rì:n|òuliəmɑ̀:dʒərí:n/ 名 U 〖米〗マーガリン (margarine).
O level /óu-lèv(ə)l/ 〖英〗**1** O 級の試験《O は ordinary の頭文字; 1988 年までの GCE 取得試験で A level より程度が低い; 現在は GCSE 試験ができて, これは廃止》. **2** 〈形容詞的〉O 級の.
ol·fac·tion /ɑlfǽkʃ(ə)n|ɔl-/ 名 U 嗅(きゅう)覚; においをかぐこと.
ol·fac·to·ry /ɑlfǽkt(ə)ri|ɔl-/ 形 嗅(きゅう)覚の. the ～ organs 嗅覚器官. ── 名 (複 **-ries**) C 〈普通 -ries〉嗅覚器官.
ol·i·garch /ɑ́ləgɑ̀:rk|ɔ́l-/ 名 C 寡頭政治の執政者.
ol·i·gar·chic, -chi·cal /ɑ̀ləgɑ́:rkik|ɔ̀li- ㊙/, /-kik(ə)l/ 形 寡頭政治の.
ol·i·garch·y /ɑ́ləgɑ̀:rki|ɔ́l-/ 名 (複 **-chies**) **1** U 寡頭政治 (→monarchy). **2** C 寡頭政治国. **3** C 〈集合的; 単複両扱い〉寡頭政治の執政者たち, 少数独裁者たち. [ギリシア語 *olígos*「小さい, 少ない」, -archy]
Ol·i·go·cene /ɑ́ligousì:n|ɔ́l-/ 〖地〗形 漸新世[統]の. ── 名 〈the ～〉漸新世[統].
ol·i·gop·o·ly /ɑ̀ləgɑ́pəli|ɔ̀ləgɔ́p-/ 名 U 〖経〗(少数)売り手寡占《市場を少数の売り手[企業]が占めてしまうこと》.
ol·i·gop·so·ny /ɑ̀ləgɑ́psəni|ɔ̀ləgɔ́p-/ 名 U 〖経〗(少数)買い手寡占《市場を少数の買い手[企業, 消費者]が占めてしまうこと》.
o·li·o /óuliòu/ 名 (複 **～s**) **1** U ごった煮, シチュー. **2** C ごたまぜ; (楽曲などの)雑集. [＜スペイン語 'stew']
***ol·ive** /ɑ́ləv|ɔ́l-/ 名 (複 **～s** /-z/) **1** C **オリーヴの木**《南ヨーロッパなど温暖地方産のモクセイ科の常緑高木》; U オリーヴ材《家具などの材料》. an ～ cabinet オリーヴ材の飾り戸棚. **2** C **オリーヴの実**《ピクルスにしたり, 搾って油を採ったりする》. **3** U オリーヴ色《未熟のオリーヴの実の色; 黄緑色》; 〈形容詞的〉オリーヴ色の. an ～ dress オリーヴ色のドレス. ～ brown 緑がかった茶色. ～ skin 黄褐色の肌. [＜ギリシア語 *elaíā*「オリーヴの木」; →oil]
ólive brànch 名 C オリーヴの枝《平和の象徴》. hold out [offer, extend] an [the] ～ 平和的妥結の意思を示す.
ólive cròwn 名 C オリーヴの葉で作った輪[冠]《古代ギリシア時代競技の勝者に与えた》.
òlive dráb 名 **1** U 灰色がかったオリーヴ色. **2** U 灰色がかったオリーヴ色の生地《米国陸軍で軍服などに用いる》; 〈～ drabs〉米陸軍の軍服.
òlive gréen 名 ＝olive 3.
ólive òil 名 U オリーヴ油《オリーヴの実から採った油; 料理用また石けん, 薬品, 化粧品の原料》.
Ol·i·ver /ɑ́ləvər|ɔ́l-/ 名 男子の名. [ゲルマン語 'elf-army']
Ol·ives /ɑ́ləvz|ɔ́l-/ 名 〖聖書〗**the Mount of ～** オリーヴ山《エルサレム東方の丘; キリストが昇天した所》.
O·liv·i·a /oulíviə|əl-/ 名 女子の名. [ラテン語「オリーヴ」]
O·liv·i·er /oulívièi/ 名 **Laurence (Kerr) ～, Baron of Brighton** オリヴィエ (1907–89)《英国の舞台・映画俳優》.
ol·i·vine /ɑ́ləvì:n|ɔ̀lví:n/ 名 U 〖鉱〗かんらん石.
-ol·o·gist /ɑ́lədʒist|ɔ́l-/ 接尾「..学者, ..論者」の意味. bi*ologist*. soci*ologist*.
-ol·o·gy /ɑ́lədʒi|ɔ́l-/ 接尾「..学, ..論」の意味. bi*ology*. soci*ology*. [＜ギリシア語 *lógos*「ことば, 理論」]
O·lym·pi·a /oulímpiə|ə-/ 名 **1** オリンピア《ギリシア南西部の平原; 古代ここで Olympic games が開かれた》. **2** 女子の名.
†**O·lym·pi·ad** /oulímpiæ̀d|ə-/ 名 C **1** 〖章〗オリンピック大会 (the Olympic Games 1). **2** (古代ギリシアで)オリンピア紀, 4 年紀, 《1 つのオリンピア競技から次の競技までの期間; 年数を数えるのに用いられた》.
O·lym·pi·an /oulímpiən|ə-/ 形 **1** オリンポス (Olympus) 山の. **2** オリンポスの神々の. **3** 〖章〗神のような, 堂々とした; 恩着せがましい; 超然とした. **4** オリンピアの; オリンピック競技の. the ～ games オリンピア競技 (the Olympic Games 2). ── 名 C **1** 〖ギ神話〗オリンポス山の神《12 神のうちの 1 人》. **2** (態度が堂々とした)神のような人; オリンピック競技の出場選手.
***O·lym·pic** /oulímpik|ə-/ 形 ©〈限定〉**1** オリンピック(競技)の. the ～ flame オリンピックの聖火. **2** オリンピアの; オリンポス山の.

Olỳmpic Gámes [名]〈複数扱い; the ～〉**1** 国際オリンピック競技大会 (Olympiad)《1896 年アテネで第 1 回が行われ, 現在 4 年ごとに開催されている》. **2** (古代ギリシアの)オリンピア競技《Olympia で 4 年ごとに行われた体育・音楽・詩などの競技大会》.

O·lým·pics [名]〈the ～〉＝Olympic Games.

O·lym·pus /oulímpəs|ə-/ [名] **1** オリンポス山《神々が住んでいたと伝えられるギリシアの北部にある山》. **2** [U] (神々の住む)天, 空, (heaven).

OM 〖英〗Order of Merit.

O·ma·ha /óuməhɔ̀:, -hà:/ [名] ([複] ～, ～s) **1** オマハ《米国 Nebraska 州東部 Missouri 河畔の都市》. **2**〈the ～(s); 複数扱い〉オマハ族《北米先住民の 1 部族; 現在 Nebraska 州に住んでいる》; [C] オマハ族の人. **3** [U] オマハ語.

O·man /oumá:n/ [名] オマーン《アラビア半島南東端のアラブ首長国; 首都 Muscat》. ▷**O·ma·ni** /-ni/ [名], [形]

O·mar /óuma:r/ [名] ～ **Khayyám** オマルハイヤーム (?–1123?)《ペルシアの詩人・天文学者・数学者; *Rubáiyát* の原作者》.

o·ma·sum /ouméisəm/ [名] ([複] **o·ma·sa** /-sə/) [C] 〖動〗重弁胃《反芻(すう)動物の第 3 胃》.

OMB 〖米〗Office of Management and Budget.

‡**om·buds·man** /ámbudzmən|ɔ́m-/ [名] ([複] **-men** /-mən/) [C] オンブズマン, 行政監察官,《行政機関に対し一般の人々が申し立てた苦情を調査する》. [スウェーデン語「代理人, 代表」]

O·me·ga /oumí:gə, -méi-, -mé-|óuməgə/ [名] [C] 〖商標〗オメガ《スイスの Omega 社製の時計》.

o·me·ga /oumí:gə, -méi-, -mé-|óuməgə/ [名] [UC] **1** オメガ《ギリシア語アルファベットの最後の第 24 字; *Ω*, *ω*; ローマ字の長音の O, o に当たる; →alpha》. **2** 終わり, 最後. the alpha and ～ →alpha. [ギリシア語「大きな o」]

***om·e·let, -lette** /ám(ə)lət|ɔ́m-/ [名] ([複] ～**s** /-ts/) [C] オムレツ. a cheese ～ チーズオムレツ. a plain ～ プレーンオムレツ《卵だけ》. You cannot make an ～ without breaking eggs. 〖諺〗播(ま)かぬ種は生えぬ; 何事をなすにも厄介は付きもの;《<卵を割らずにオムレツは作れない》. [<フランス語(<ラテン語 *lāmella*「薄板」)]

***o·men** /óumən|-men/ [名] [UC] (未来の運命を示す)前兆, 前触れ,〈*of* ..の/*for* ..に対する〉(★善悪いずれにも用いる). an event of bad [ill] ～ 縁起の悪い出来事. an ～ *of* defeat 敗北の前兆. The fine weather is a good ～ *for* our trip. この快晴は旅行の幸先(さいさき)がいいしるしだ. ◇[形] ominous [ラテン語]

om·i·cron /ámәkràn|oumáikrən/ [名] [UC] オミクロン《ギリシア語アルファベットの第 15 字; *O*, *o*; ローマ字の短音の O, o に当たる》. [ギリシア語「小さな o」]

om·i·nous /ámənəs|ɔ́m-/ [形] [m] **1** 不吉な, 悪い前兆の, 悪い事が起こりそうな, 険悪な. Dark, ～ clouds foretold a storm. 無気味な黒い雲があらしの近いことを告げた. **2** 前兆である[となる]〈*of* ..の〉. [omen, -ous] ▷～**·ly** [副] ～**·ness** [名]

o·mis·si·ble /oumísəb(ə)l/ [形] 省略できる.

***o·mis·sion** /oumíʃ(ə)n, əm-/ [名] ([複] ～**s** /-z/) **1** [U] 省略, 抜かすこと, 脱落; 手抜かり, 怠慢. He was surprised at the ～ of his name from the list. 彼は自分の名前が名簿から脱落しているのに驚いた. sins of ～ 〖章〗怠慢の罪. **2** [C] 省略されたもの[事]. Several notable errors and ～*s* are found in the book. その本には幾つか目立った誤りと脱落が見られる. ◇[動] omit

> [連結] a major [a serious; a conspicuous, a glaring; a shocking; an inexcusable; a minor; a curious, a strange; a deliberate; an accidental, an inadvertent] ～

‡**o·mit** /oumít, əm-/ [動] (～**s** /-ts/|[過] [過分] ～**ted** /-əd/|～**ting**) [他] **1** を省略する, 落とす, 抜かす. ～ a word 1 語抜かす. This example may be ～*ted*. この例は省いてもよい. **2** [VO] (～ *to do*/*doing*) ..し損なう, ..するのを忘れる[怠る]. He ～*ted to* pack [pack*ing*] his toothbrush. 彼は歯ブラシを荷物に入れるのを忘れた. Please don't ～ *to* sign the document. 書類にサインするのをお忘れなく. ◇[名] omission [<ラテン語「放っておく, 無視する」(<ob-+*mittere*「送る」)]

om·ni- /ámni|ɔ́m-/ 〈複合要素〉「全.., 総..」の意味. *omni* potent. [ラテン語 *omnis* 'all']

om·ni·bus /ámnibəs, -bʌ̀s|ɔ́mnibəs/ [名] ([複] ～**es**) [C] **1** 〖章・古〗乗合馬車; 乗合自動車, バス. **2** 作品集, オムニバス版,《普通, 同一作家の同種作品を 1 冊に集めた大部の本》; オムニバス番組《元来は独立していた幾つかの放送番組を一緒に扱う》. an ～ of detective stories 探偵物語集. a Henry Miller ～ ヘンリー・ミラー選集. **3**〈形容詞的〉〔法律などが〕多項目を含む; オムニバス(版)の; 多目的の. an ～ bill 総括的な議案. an ～ edition オムニバス版. [ラテン語「すべての(人の)ための」(<*omnis* 'all'); 語尾 *bus* が名詞化した]

om·ni·far·i·ous /àmnifé(ə)riəs|ɔ̀m- [移]/ [形] あらゆる種類の, あらゆる方面にわたる.

om·nip·o·tence /amnípət(ə)ns|ɔm-/ [名] [U] **1** 全能. **2**〈O-〉神, 全能の神.

†**om·nip·o·tent** /amnípət(ə)nt|ɔm-/ [形] 〖章〗全能の. the *Omnipotent* 全能なる存在, 神. [omni-, potent]

om·ni·pres·ence /àmnipréz(ə)ns|ɔ̀m-/ [名] [U]↑〖章〗遍在.

om·ni·pres·ent /àmnipréz(ə)nt|ɔ̀m- [移]/ [形] 〖章〗遍在する, 同時にどこにでも見られる.

om·nis·cience /amníʃ(ə)ns|ɔmnísiəns/ [名] [U] 〖章〗全知. [omni-, science]

om·nis·cient /amníʃ(ə)nt|ɔmnísiənt/ [形] 〖章〗全知の. the *Omniscient* (全知なる)神.

om·niv·o·rous /amnív(ə)rəs|ɔm-/ [形] **1** 〔特に動物が〕何でも食べる, 雑食の, (→carnivorous, herbivorous). **2** 手当たり次第に取り入れる. an ～ reader 乱読家. [<ラテン語 (<omni-+*vorāre*「むさぼり食う」)]

‡**on** /an, ɔ:n|ɔn/ [前] (★〖章〗では多くの場合に upon となる; →upon [語法])

【表面への接触, 固定】 **1** ..の上に[で, の], ..にくっついて(いる), に乗って[た], を覆って[た]. a paradise *on* earth 地上の楽園. *on* the island [continent, territory] 島[大陸, 領地]に[で]. *on* board 船上に[へ]; 〖米〗(列車, バス, 飛行機の)車中[機上]に[へ]. *on* the street 〖米〗通りで (〖英〗in the street). travel *on* 〖米〗[in 〖英〗] a train 列車で旅行する. swans *on* the pond 池に浮かんでいる白鳥. sit *on* a chair いすに座る[軽く腰を掛ける] (★sit in a chair との違いについては →sit 1). get *on* a horse [bus] 馬[バス]に乗る. with a smile *on* one's face 顔に微笑を浮かべて. See notes *on* page 10. 10 ページの注を見よ. a man *on* the throne of power 権力の座にいる男. I'm *on* my third wife. 今の妻は 3 人目[3 番目]だ.

> [語法] on は接触している場合に用いるが, 基準になる面の上に載っている場合, 例えば a book *on* the desk (机の上の本); 下面にくっついている場合, 例えば, a fly *on* the ceiling (天井に止まっているハエ); 垂直面にくっついている場合, 例えば a picture *on* the wall (壁に掛かっている絵)がある. [類語] on は上述のように「表面への接触」に重点がある; →above, over.

2 ..(の身)に着けて, ..を身に着けて. put [have] a hat *on* one's head 頭に帽子をかぶる[かぶっている]. put [wear] a ring *on* one's finger 指に指輪をはめる[はめている]. Blue looks well *on* a man with blue eyes. 青

い服は青い目の人 ⌊ に[が着たら]よく似合う. I don't have a cent *on* me. 私は1セントも持ち合わせていない (→about 前 4 〔語法〕). The dog is *on* the chain. 犬は鎖につながれている. tinsels *on* a Christmas tree クリスマスツリーに付けられた光る金属片. What's *on* your mind? 何を心配しているのか.

【時間の固定＞期日】 3 ***..*の日に**, 〔特定の日, その朝, 晩, 午後など〕に. *on* Sunday(s) 日曜日に. *on* Sunday next 次の日曜日に. *on* May 1st 5月1日に. *on* my birthday 私の誕生日に. *on* New Year's Eve 大みそかの晩に. *on* and after Jan.1 1月1日以降. *on* the morning of the 5th 5日の朝に. *on* that evening その日の夕方. *on* a cold morning 寒い朝に.

> 〔語法〕 (**1**) (*on*) that day (その日に)では普通 on は付けない. (**2**) next [last] Sunday などではその前に on を付けない. (**3**) 一般的に言う場合は in the morning [evening] のように in を用いるが特定の morning, evening には上例のように on を用いる. しかし early や last など形容詞が付くと, 特定の日の朝でも in the early morning of the 5th (5日の早朝に)のように in を用いる.

【固定した目標, 対象】 4 ***..*に向かって**, 対して; ..の正面に, ..と向き合って. make an attack *on* him 彼に襲いかかる. march *on* the enemy's camp 敵陣目がけて進軍する. He just walked in *on* her and took her in his arms. 彼はつかつかと彼女のいる部屋に入って来て彼女を抱き締めた. call *on* a person 人を訪問する. close the door *on* him 彼の鼻先でぴしゃりと戸を閉める. bet *on* a horse 馬に賭(か)ける. turn one's back *on*.. ..に背を向ける, ..を見放す. cross the street *on* the green light 青信号で通りを渡る. This medicine will have a good effect *on* her. この薬は彼女によく効くだろう.

5【影響, 不利】 (**a**) ..に対して, ..にとって困ったことに; ..に不利に. The intense heat told *on* her. ひどい暑さが彼女にこたえた. There is a tax *on* tobacco. たばこには税金がかかる. spend a lot of money *on* books 本に大金を費やす. The joke was *on* me. その冗談は私に当て付けたものだった. Her husband walked out *on* her. 彼女の夫は彼女を置き去りにした[捨てた]. His wife died *on* him. 彼は細君に死なれて困った. She blamed the accident *on* him. 彼女は事故の責任を彼に負わせた. We'll call the police *on* you. 君のことで警察に来てもらおう. (**b**) 〘話〙 ..の費用[負担]で, のおごりで. Lunch is *on* me. 昼食は私が払います.

【固定した支え＞よりどころ】 6 ***..*を支えとして(の)**, ..に頼って(の); ..中毒で. hang a picture *on* a peg 掛けくぎに絵を掛ける. lie *on* one's back [face] あお向け[うつ伏せ]に寝る. fall *on* one's knees ひざまずく. walk *on* tiptoe つま先で[抜き足差し足で]歩く. turn *on* one's heel かかとでくるりと回転する. turn *on* hinges ちょうつがいで動く. live *on* one's pension [a friend] 年金で[友人の厄介になって]暮らす. buy *on* credit 掛けで買う. live *on* bread [fish, grass] パン[魚, 草]を常食とする. lunch *on* a sandwich and tea サンドイッチと紅茶で昼食を済ます. be *on* tranquilizers 精神安定剤を常用している.

7【根拠, 原因, 理由】 ***..*に基づいて[た]**, ..によって(いる). act *on* a principle 主義に従って行動する. a story founded *on* fact 事実に基づいた話. I heard it *on* good authority. そのことを確かな筋から聞いた. *on* one's honor 名誉に懸けて. I congratulate you *on* your marriage. 結婚おめでとう.

8【手段, 道具】 ***..*を用いて(の)**, ..によって(の). play Chopin *on* the piano ショパン(の曲)をピアノで弾く. watch the game *on* TV その競技をテレビで見る. have a talk *on* the telephone 電話で話をする. Reservation can be made direct with the Hotel *on* 10-370-5757. 予約は直接ホテルへ 10-370-5757 番に願います. *on* foot 歩いて. *on* a typewriter タイプライターで. leave here *on* the 5 o'clock train 5時の列車でここを離れる. Most cars run *on* gasoline. 自動車はたいていガソリンで走る.

【固定＞近接】 9 (**a**) ***..*に接して**, ..との境に, ..の近くに, ..に面して, 沿って, ..の側に. a town *on* the border 国境の町. a house *on* the road 道路沿いの家. *on* this side of the river 川のこちら側に. *on* the north of.. ..の北側に, ..の北に接して. London is *on* the Thames. ロンドンはテムズ川のほとりにある. We saw Lake Michigan *on* our left. 左手にミシガン湖が見えた. I'm *on* his side. 私は彼の味方だ. (**b**) ..に比べて. 10% up *on* a year ago 1年前に比べて10%のアップ.

10【時間の近接】 ***..*するとすぐ**, ..した上で. *on* demand [call, request] →demand, call, request, (成句). *On* arriving [*On* my arrival] in London, I called on him. ロンドンに着くとすぐ彼を訪問した. We arrived just *on* time. 定刻ちょうどに到着した. *on* further reflection さらによく考えて. cash *on* delivery →cash (成句).

【固定した範囲】 11 ***..*について(の)**, 関して(の), (〔類語〕 普通 about より on の方がより専門的学問的な題目である; 例えば a book *on* stars は a book *about* stars より科学的な内容を期待させる; →about 前 8). an essay [a lecture] *on* modern poetry 近代詩に関する小論[講演]. an authority *on* Africa アフリカに関する権威者. my opinion *on* liberty 自由に関する私の意見. agree *on* a plan 計画に賛成する. write *on* democracy デモクラシーについて書く.

12 ..のメンバー[一員]で. He is *on* the board of directors. 彼は理事会の一員です《理事だと言うのに同じ; a member of に置き換えられる》.

【活動の固定＞進行＞反復】 13 ***..*して(いる)**, ..中で[の]. a hut *on* fire 燃えている小屋. a union *on* strike ストライキ中の組合. a house *on* sale 売りに出ている家. *on* business 用事で, 商用で. go *on* an errand 走り使いに行く. *on* a journey [trip] 旅行中で[の]. *on* one's way home [to school] 帰宅の[登校の]途中. *on* the go 活動して. *on* the quiet ひそかに. *on* the move あちこち動いて; 旅行して; 〔事が〕進行中で. *on* the watch 警戒して, 見張って. be *on* a diet ダイエット中である. be *on* duty 当直である.

14 ..に加えて, 重ねて. He committed error *on* error. 彼は重ね重ね失敗した. There were row *on* row of test tubes on the table. 卓上には試験管が何列も並んでいた.

15 〘古〙 ＝of.

hàve nóthing* [*sómething*] *on a person →have.

ón it 〘オース話〙 酒を飲んで.

── 副 Ⓒ **1 上に**, 乗って, (↔off). get *on* 乗る, 乗車する. put a kettle *on* やかんをかける. The cat jumped *on* to [onto] the mantelpiece. 猫はマントルピースに飛び乗った. ★「..の上へ」の意味の時〘米〙では普通 onto を用いる.

2 (**a**) **身に着けて**, 着て, かぶって, はいて, (↔off). put a hat *on*＝put *on* a hat 帽子をかぶる. have nothing *on* 何も身に着けていない. with one's spectacles *on* 眼鏡を掛けて. Is my tie *on* straight? ネクタイはまっすぐになっていますか. (**b**) 正しい位置に付いて[乗って], (物の)一部となって, (↔off). The lid of the box was *on*. 箱のふたはちゃんと閉まっていた. Leave the fountain pen with the cap *on*. 万年筆にキャップをしておきなさい. sew a pocket *on* ポケットを縫い付ける.

3 (**a**) 進んで, 先へ; 向かって. further *on* さらに進んで, さらに先の方へ. later *on* もっと後になって. from that day *on* その日以後. The army pushed *on*. 軍隊は突進し

O

た. hurry *on* to the station 駅へ(向かって)急ぐ. It was well *on* in the night. 夜もだいぶ更けてきた. How well *on* are you with the translation? 君は翻訳がどれくらい進んだか. He moved *on* to a better paying job. 彼はもっと割のいい仕事に変わった. Please send the mail *on* to my new address. 郵便物は私の新しい住所へ転送してください. (**b**)(ある部分を)前にして, 接触させて. broadside *on* 〔船が〕舷側を向けて. collide head *on* with a bus バスと正面衝突する.

4 続けて, いつまでも. walk [talk, work, sleep] *on* 歩き[話し, 働き, 眠り]続ける. go *on* speaking しゃべり続ける. keep *on* working 働き続ける. Please go *on*. (話を)どうぞお続けください.

5 〔機械, 装置が〕作動して, かかって, 〔ガス, 水道などが〕**出て**, 通じて; 〔電気が〕オンで; (↔off). turn *on* the light [gas] スイッチ[栓]をひねって電灯をつける[ガスを出す]. Don't leave the water [tap] *on!* 水を出しっぱなしにするな. The radio is *on*. ラジオがかかっている. Was the hand brake *on?* 手動ブレーキがかかっていたか.

6 始まって, 起こって, 行われて, 進行中で; 〔劇などが〕上演されて. The storm is *on* [still *on*]. あらしが始まった[いまだやまない]. What's *on?* 何が起こって[始まって]いるのか. I have a lot *on*. 今やることがたくさんあって忙しい. The strike is still *on*. ストライキはまだ続行中だ. What's *on* at the Empire? エンパイア劇場では今何が上映されているのか.

7 予定されて. There is a party *on* tonight. 今夜パーティーがある予定です. I've nothing *on* tomorrow, so let's play tennis. あしたは何の予定[約束]もないのでテニスをしよう.

8 〔俳優などが〕舞台に出て; 勤務に就いて. You're *on* in five minutes. 5分で出番です. My father is *on* today. 父は今日は仕事です.

9 〖野球〗出塁して. with two men *on* 塁に走者を2人置いて.

10 〖米俗〗麻薬中毒で.

a bit ón 〖英俗〗ほろ酔い機嫌で.

and só òn →and.

be ón 〖話〗実行可能な; 適切な, 受け入れられる; 賭(か)けなどに応じて. It's not *on*. そいつはいただけない. You'*re on!* それで手を打とう[決まりだ]. I'*m on*. 私も一口乗ろう[一枚加わろう].

be [gò, kèep] ón about .. 〖話・軽蔑〗..についてぐだぐだ言う, 愚痴をこぼす.

be [gò, kèep] ón at a pèrson 〖話・軽蔑〗人にがみがみ言う; 人にせがむ〈*to* do ..するようにと〉.

be ón for .. 〖話〗..に参加する (take part in).

be ón to .. 〖話〗〔たくらみ, 秘密など〕に気づいている. The police *are on to* the secret. 警察はその秘密に気づいている. I'*m on to* your games. 君のたくらみは知っているよ.

òn and óff＝òff and ón →off.

òn and ón 続けて, 休まずに. He worked *on and on* from dawn till dusk. 彼は夜明けから暗くなるまで働き続けた.

ón with .. (1)〈命令文で〉..を身に着けなさい. *On with* your coat! 上着を着なさい. (2)..を始め[続け]なさい. *On with* the work! 仕事を始め[続け]なさい.

── 名 〖クリケット〗〈the ～〉(右)打者の左前方.

[＜古期英語]

òn-again, óff-again /⑱/ 形 〖米〗現れては消える, 一時的な; はっきりしない, いつ変わるか分からない; (**òff-again, ón-again** とも言う). The picnic is *on-again, off-again*; it depends on the weather. ピクニックはあるのかないのかはっきりしない. 天候次第だから.

ón-àir 形 〈限定〉放送の; 放送中の, 生(なま)放送の; 録音[画]中の.

o·nan·ism /óunənìz(ə)m/ 名 U 自慰 (masturbation); 中絶性交; 《聖書の『創世記』にある Onan についての話から》.

O·nas·sis /ounǽsəs/ 名 **Aristotle (Socrates) ～** オナシス (1906–75) 《ギリシアの海運王; Kennedy 大統領の未亡人と結婚した》.

‡**once** /wʌns/ 副 **1** **1度**, 1回; 1倍; (→twice). more than ～ 1度ならず. ～ a week 週に1度. ～ (in) every three months 3か月ごとに1度. ～ or twice 1度か2度, 何回か. *Once* one is one. 1×1＝1. I have not seen him ～. まだ1度も彼に会ったことがない. Did he ～ help you? 彼は1度でも君を助けたことがありますか. *Once* bit(ten), twice shy. 〖諺〗あつものに懲りてなますを吹く《1度かまれると2度目からは怖がる》.

2 以前に, **かつて**, (→ever 1 語法 (1)). a ～ famous poet かつて有名であった詩人. We ～ lived in Canada. 以前カナダに住んでいたことがあります.

3 いったん, かりにも. If she ～ starts talking, she is hard to stop. 彼女はいったん話しだすとなかなか止めようにも止められない. *Once* a beggar, always a beggar. 〖諺〗1度こじきをすると抜け出せない.

ònce agáin →again.

ònce and agáin 何べんでも, 再三再四.

****ònce (and) for áll*** **今度だけ**, 1度限り, これを最後に; 最終的に, きっぱり(と). I'm telling you this ～ *and for all*. これは今度だけしか言わないよ. I told him ～ *and for all* that I wouldn't go there. そこへは行かないときっぱり彼に言った.

****(every) ònce in a whíle*** [〖主に英〗***wáy***] **時々**. We go swimming together ～ *in a while*. 私たちは時々一緒に泳ぎに行きます.

ònce móre →more.

ònce too óften (図に乗って)またもや《(最後の) 1回だけが余計だった》. He was speeding ～ *too often* and got stopped by the police. 彼はまたもスピード違反をして今度は警察に止められた.

****ònce upon a tíme*** **昔々** (★おとぎ話の始まりの決まり文句). *Once upon a time*, there was a big bad wolf. 昔々大きな悪いオオカミがいました.

── 名 U 1度, 1回. I say ～ is enough. 本当に1度でたくさんだ. *Once* is an accident, twice is carelessness. 1度目は事故と言えるが2度目(の失敗)は不注意だ.

****àll at ónce*** (1) **突然** (suddenly). *All at* ～ the child burst into tears. その子は突然わっと泣き出した. (2) みんな同時に, 一斉に. They started talking *all at* ～. みんなが同時に話し始めた.

****at ónce*** (1) **すぐに**, 直ちに. I want this done *at* ～. これをすぐやってください. (2) 同時に, 一斉に. All the guests arrived *at* ～. 全部のお客が同時に到着した.

at ónce X and Y X でもあり Y でもある (both X and Y). The story is *at* ～ interesting *and* instructive. その話は面白くもあり, ためにもなる.

(just) for (thìs) ónce＝jùst thìs ónce 今度だけ(は), (例外として) 1回限り. I'll allow you to miss class (*just*) *for* (*this*) ～. 君が授業を欠席するのは今回限りということで許そう.

── 接 ***..***するやいなや, いったん..すれば(必ず). I don't wake easily ～ I get to sleep. 私はいったん寝つくと容易に目が覚めない.

[＜中期英語 *ones* (*on* 'one' の属格; 副詞に用いた)]

ónce-òver 名 C 〈普通, 単数形で〉〖話〗ちょっと目を通すこと, ざっと見る[調べる]こと. He gave the letter the ～ before he told the secretary to answer it. 彼は手紙にざっと目を通してから秘書に返事を出すように命じた.

on·co·gene /ɑ́ŋkoudʒìːn|ɔ́ŋ-/ 名 C 発癌(がん)遺伝子.

on·col·o·gy /ɑnkɑ́lədʒi|ɔnkɔ́l-/ 名 U 腫瘍(しゅよう)学.

ón·còming 形 〈限定〉近づいて来る. the ～ storm 近づいて来るあらし. ── 名 U 〖章〗近づくこと, 接近. the ～ of summer 夏の接近.

O

òn-deck círcle 名 〈the ～〉〖野球〗次打者席, ネクストバッターズサークル (★この訳語は和製).

‡**one** /wʌn/ 形 C **1** 1つの, 1個の, 1人の; 〈叙述〉1歳の. ～ man 1人の男. ～ thousand 千. ～ half 半分. ～ third 3分の1. in ～ word ひと言で言えば. *One* man ～ vote 1人1票. Our child is just ～. うちの子はちょうど1歳です. 語法 不定冠詞の a [an] にも「1つ, 1人」の意味があるが, 特に数を強調する時は one を用いる.
2 (**a**) ある (some). ～ day [night] (過去又は未来の)ある日[晩]. at ～ time ひところは. *One* winter morning I met him. ある冬の朝私は彼に会った. ～ fine morning ある晴れた朝; (天気に関係なく)ある朝. (**b**)〖章〗〈人名の前に置いて〉..という (a certain). The clerk was ～ (Miss) Hawkins (＝a Miss Hawkins). 店員はホーキンズさんという人でした (語法 この例のように姓の前に one を置く時は Mr., Miss などの称号はなくてもいいが, 不定冠詞の時は省略できない).
3 唯一の (only) (語法 (1) the や所有格の後に置かれる. (2) one に強勢を置く). The ～ way to reach the island is by helicopter. その島に行く唯一の方法はヘリコプターだ.
4 〈another, (the) other と相関して〉**一方の**, 片方の. from ～ end of a street to *the other* 通りの一方の端から他の端まで. in ～ way or *another* どうにかこうにかして. ～ thing and *another* あれやこれやで. To say is ～ thing, to practice *another*. 口で言うのと実行するのとは別だ《言うは易(やす)く行うは難し》. I must take a definite step, ～ way or *the other*. あれかこれか(いずれにせよ)明確な一歩を踏み出さなくてはならない.
5 同一の. in ～ direction 同じ方向へ[に]. They hold ～ opinion. 彼らは意見が一致している. with [in] ～ voice 声をそろえて, 異口同音に. I am ～ with you on this point. この点では私は君と同じ意見です. We are all ⌊of ～ mind [at ～] on the subject. 我々はその問題についてはみんな同じ考えです.
6〖米話〗非常な, とびきりの, (語法 a, an の代わりに用い, 後の名詞(句)を強調する). She's ～ beautiful girl! あの子は全く美人だ. ～ hell of a good actor すごくいい役者.
7〖西インド〗〈叙述〉ひとりで (alone). He ～ knows the truth. 彼だけが真実を知っている.
becòme [be màde] óne 一体となる, 1つになる; 結婚する.
for óne thìng →thing.
òne and ónly ただ1つ[1人]の. my ～ *and only* hope 私のたった1つの希望. Ladies and gentlemen, please welcome the ～ *and only* Perry Como. さあ皆さん, 天下ただ1人のペリーコモさんをお迎えください《司会者が歌手などを紹介するときに用いるので, あまり意味はない》.
òne and the sáme →same.
òne or twó 1または2の; 2, 3の. in ～ *or two* weeks 1, 2 [2, 3] 週間で.
the óne thìng 〖アイル俗〗セックス.
── 名 (複 **～s** /-z/) (★用法 →five) **1** U 〈基数の〉**1, 一**. **2** U (**a**) **1時, 1歳**; 1ドル[ポンドなど]《何の量かは前後関係で決まる》. (**b**) 1分; 1インチ; 1セント[ペニーなど]《(a) より低い単位の量を示す》. **3** C 〈文字としての〉1, 1の数字[活字]. **4** C (さいころの) 1の目. **5** U 〈O-〉〈普通, 修飾語を伴って〉..なもの, ..な存在. the *One* above 上なるもの. (the) Holy *One* 聖なるもの. (★この2例は実際には「神」を表す). the Evil *One* 悪魔. **6** C〖話〗〈単数形で〉変わった人. Did you try to hit a policeman? You are a ～! 警官を殴ろうとしたのか, 全くあきれるよ. **7** U〖話〗(酒の) 1杯; 一撃. ～ for the road →(成句). I socked [landed] him ～. 彼にげんこつを一発見舞ってやった.
(àll) in óne (1) 1つ[1人]で全部を兼ねて. She was doctor and nurse *all in* ～. 彼女は医者と看護婦を兼ねていた. (2) みんな一致して. (3)〖話〗1回で, 一気に.
àll óne (1) 全く同じで, どうでもいいことで, 〈*to* ..〔人〕にとって〉. It's *all* ～ *to* me whether we go now or later. 今出かけても後にしても私には同じことだ. (2) 一体の, 全く同じの. We are *all* ～ in wishing you success. 君の成功を願う気持ちは我々みんな1つです.
as óne ＝as one MAN.
at óne 〖章〗同意見で, 一致して, 一体となって, 〈*with* ..と〉. I am *at* ～ *with* you about the idea. その考えについては私はあなたと同意見です.
for óne 1例としては, 1つには; 個人としては. The smog, *for* ～, makes it hard to live in town. スモッグは第一に町中に住むのを難しくする. I, *for* ～, am going home. How about you? 私は家へ帰るつもりだ. 君はどうする?
gèt it in óne 〖話〗理解が早い. "We should change our schedule." "Exactly, you've *got it in* ～!"「我々は予定を変更すべきだ」「そのとおり, 君は飲み込みが早い」
gèt óne over.. 〖話〗..に一歩⌊優位に立つ[先んじる].
in [by] ònes and twós 1つ2つ[1人2人]と, ぽつぽつ.
in the yèar óne 大昔.
òne and áll →all.
òne and ónly 〖話〗最愛の人, 恋人.
****òne by óne*** **1つ[1人]ずつ**. The children went out of the room ～ *by* ～. 子供たちは1人ずつ部屋から出て行った.
òne dày →day.
òne for the róad 〖話〗最後の1杯《酒; 酒場を切り上げる前に半ば冗談で「道路(で歩くの)に備えて1杯」ということから》.
òne únder 〖英(警察)俗〗鉄道自殺.
òne úp 一歩優位に立って, 一歩先んじて, 〈*on* ..に〉. Bill's marriage to a beautiful woman put him ～ *up on* his friends. ビルは美女と結婚して友達に一歩差をつけた.
the óne about.. ..についての冗談[ほら]話. Do you know *the* ～ *about* the haunted house? その幽霊屋敷についての冗談話を知っていますか.
── 代 **1**〖章〗〈話者を含めて一般に〉**人**. *One* can read this book in an hour. だれでもこの本は1時間で読める. *One* often fails to see his [*one* 's] own mistakes. 人はしばしば自分の誤りには気がつかない.

> 語法 (1) 代名詞であるから無冠詞で用いる. (2)〖話〗では普通 we, you などを用いる: You can't learn a language in one year. (どんな言語であれ1年で習得することはできない) ★→you 5, we 2. (3) one を受ける 代 は本来 one, one's, oneself であるが, 実際には (特に〖米〗では one の繰返しは形式ばった語法とされ) he, his, him, himself や (例えば, 女性だけの文脈の場合) she, her, herself を用いることが多い. ただし, 性差別表現と意識されれば he or she, him or her など又は they (及びその変化形)などが用いられる (→she 語法 (1)). (4) one は婉曲に話者[筆者]自身を指すことがある: What does ～ have to do to make you believe? (君に信じてもらうためには何をしたらいいんだ) (5) 辞書などで人称代名詞の代表形として用いる: as.. as ～ can (できるだけ..)

2 〈普通, 修飾語を伴い前出の名詞の代用として〉**..なもの[人]**.

> 語法 (1) 単数の時は普通 a を伴う: His collection of stamps is a most valuable ～. (彼の切手の収集はとても価値のあるものだ) (2) 複数の時は ones を用いる: I have many coffee cups, but I want better ～*s*. (私はたくさんコーヒー茶わんを持っているがもっといいのが欲しい) (3) 所有格のすぐ後には用いない. 例えば my *one*, John's *one* とせず, mine, John's を用いる:

O

My black dog runs faster than your white ～. (僕の黒い犬は君の白いのより速く走る (★所有格の後に形容詞が入れば one が用いられる)) (4) 前に出た名詞が物質名詞や集合名詞の時は, 形容詞で打ち切り, one は用いない: I like red wine better than white. (私は白ワインより赤ワインが好きだ) (5) 基数詞 (two, three など), both, my [your, his, her, our, their] own の後には one(s) は付けない: He likes my car better than his own. (彼は自分のより私の車の方が好きだ) (6) this [that] one はよいが, 特に〘章〙では修飾語を伴わない限り these [those] の後では ones は省く: Compare these pearls with those. (こちらの真珠とそちらのとを比べてみなさい) (7) 〈the ～(s) で〉修飾語としては, one の前に置く 形 などのほか, one の後に置く形容詞句[節]がある: That question is ～ of great importance. (その問題は極めて重要な問題である) 《a very important ～ と同じ意味》 This novel is more interesting than the ～ I lent you the other day. (この小説はこの間貸してあげたのより面白い) ★前出の名詞が不可算名詞の場合, および of 句の前では普通 that, those を用いる; →that 代 3 (a).

3 〈修飾語を伴わずに前出の名詞の代用として〉 **1 つ, 1 人, それ.**

語法 (1) 不定の同種のものを指す: Everybody seems to have a camera. I think I must have ～ (＝a camera), too. (カメラを持っていない人はいないみたいだ, 私も 1 つ買わなければならないと思う) (2) 同種ではなく同一のものならば it を用いる: I have a camera. Shall I lend it (＝the camera) to you? (カメラを持っています. 貸してあげましょうか) (3) この用法では複数形 ones は用いない: They sell good apples at that store. I will buy *some*. (あの店ではおいしいリンゴを売っている. いくつか買おうと思う)

4 〈単数形で〉〈any, every, no, some などを伴って; 常に one に強勢を置く〉 **人, もの,** (→anyone, everyone, no one, someone). Every ～ of us was tired to death. 我々一人残らず疲れ切っていた.

5 (特定の人・もののうちの) **1 人, 1 つ.** *One* of my friends lost his camera. 私の友達の 1 人がカメラをなくした. Not ～ of his plays succeeded commercially. 彼の戯曲は 1 つとして商業的に成功しなかった.

6 〘戯〙〈形容詞(句)を伴って〉 **人, もの.** my [the] little ～*s* 私の[その]子供たち. such a ～ そういう人[もの]. many a ～ 多くの人.

7 〘章〙〈後に形容詞(句)を伴って〉 **人** (★無冠詞で用いる). behave like ～ mad 気違いじみたふるまいをする. I'm not ～ to distrust people. 私は人を疑うような人間ではない. *One* who overeats will not live long. 食べ過ぎる人は長生きしない (→HE who).

8 〈another, the other(s) と相関して〉 **一方,** 1 つ, 1 人. the ～..*the other* 前者..後者. *One* says one thing, and *another* says another. 1 人がこう言えば別の 1 人はああ言う. I have two dogs. *One* is black and *the other* is white. 私には犬が 2 匹いるが 1 匹は黒い犬でもう 1 匹は白い犬だ.

9 〘古〙だれか (someone).

(be) óne for.. ..が上手な; ..に熱中している. He *is* ～ *for* building model airplanes. 彼は模型飛行機の組み立てがうまい.

òne after anóther [*the óther*] →after.

òne anóther →another.

****òne of thèse (fìne) dáys*** →day.

[＜古期英語 *ān* (→a); 中期英語の方言で語頭に /w/ が付き, 標準化した]

òne-ármed /㊙/ 形 片腕の; 片腕式の.

òne-armed bándit 名 C 〘話〙スロットマシーン (〘米〙slot machine, 〘英〙fruit machine).

òne-bág·ger /-bǽgər/ 名 〘俗〙＝one-base hit.

òne-base hít 名 C 〘野球〙シングルヒット, 単打.

òne-diménsional /㊙/ 形 1 次元の; 深味に欠ける, 浅薄な.

òne-éyed /㊙/ 形 1 つ目の, 片目の.

òne-hit wónder 名 C 一発屋《レコードが 1 枚ヒットしたあとは鳴かず飛ばずの歌手など》.

òne-hórse /㊙/ 形 〈限定〉 **1** 1 頭立て[引き]の. **2** 〘話〙貧弱な, ちっぽけな. a little ～ town ちっぽけなしけた町.

O·nei·da /ounáidə/ 名 (複 **～s, ～**) **1 Lake ～** オナイダ湖《米国 New York 州中部にある》. **2** 〈the ～(s); 複数扱い〉オナイダ族《北米先住民の 1 部族; もとオンタリオ湖の東に住んでいた; the Five Nations の 1 つ》; C オナイダ族の人. **3** U オナイダ語.

O'Neill /ouní:l/ 名 **Eugene (Gladstone) ～** オニール (1888–1953) 《米国の劇作家; Nobel 文学賞受賞 (1936)》.

òne-lég·ged /-gəd ㊙/ 形 **1** 片足の, 1 本足の. **2** ＝one-sided.

òne-líner 名 C 〘話〙(喜劇などの)短いジョーク[面白い言葉]《＜1 行で済むほど短い》.

one-man /wʌ̀nmǽn ㊙/ 形 〈限定〉 1 人の[で行う], 1 人だけの. a ～ show 個展; (歌手などの)ワンマンショー. a ～ bus ワンマンバス.

òne-man bánd 名 C **1** 1 人楽団《種々の楽器を 1 人で演奏する》. **2** 単独行動, '独演'.

óne·ness 名 U **1** 単一性, 統一; 同一性. **2** 一致, 調和.

òne-night stánd 名 C **1** 一夜[1 回]興行. **2** 〘話〙一晩限りの情事; その相手.

òne-of-a-kínd /㊙/ 形 〘主に米〙類を見ない, ユニークな.

òne-óff /㊙/ 〘主に英〙 形, 名 ＝one-shot.

òne-on-óne /㊙/ 形 1 対 1 での〔対話など〕.

òne-parent fámily 名 C 片親家族 (single-parent family).

òne-píece /㊙/ 形 〈限定〉ワンピースの〔特に水着〕.

‡**on·er·ous** /ɑ́n(ə)rəs|ɔ́n-/ 形 〘章〙〔仕事, 責任などが〕重荷になる, 厄介な, 面倒な.
[onus, -ous] ▷ **～·ness** 名

‡**one's** /wʌnz/ 代 one の所有格 (→one 代 1 語法).

‡**one·self** /wʌnsélf/ 代

語法 (1) 〘米〙では one's self の形も用いる. (2) 辞書などでは myself, yourself, themselves など -self, -selves の付く再帰代名詞の代表形として用いる; 従って kill oneself (自殺する)は主語に応じて kill himself [herself, themselves など]となる. (3) 一般的な「人は」の意味の one が主語の時, これを oneself で受けるが, 特に〘米〙では himself などになることがある (→one 代 1 語法).

1 〈再帰用法; 主語に呼応して他動詞, 前置詞の目的語となる; 普通, 強勢は /-ˊ/ で動詞の方を強く発音する〉 **自分自身を[に].** teach ～ 独学する. absent ～ from school 学校を欠席する. To listen to ～ on a tape recorder is sometimes fun. テープレコーダーで自分の声を聞くのも時には面白い.

2 〈強意用法; 主語や目的語と同格に用いる〉 **自分自身で[が],** (他人の助けを借りずに)自分で. He him*self* came to see me. (代人でなく)彼自身が面会に来た.

be oneself 正常である; 自然に[気取らずに]ふるまう. I'*m* not my*self* today. 今日は普段の自分でない[具合が悪い]. You'd better *be* your*self* when you talk with your boss. 上司と話す時は気取らない方がいい.

beside oneself →beside.

****by oneself*** (1) 1 人だけで, 孤立して, (alone). The tree stands *by* it*self* on a hill. その木は丘の上に 1 本だけ立っている. (2) 自分で, 独力で. Did you build this house (all) *by* your*self*? 君は(たった) 1 人でこの家

O

を建てたのですか. (3) ひとりでに. The door opened *by* itself. 戸はひとりでに開いた.

***for oneself** (1) 自分で, 独力で. I'll go and see *for* myself what has happened. 何が起こったのか自分で行って見てこよう. You should decide *for yourself*. 君は自分で決めるべきだ. (2) 自分のために. Every man *for* him*self* in this desert of selfishness they call life. 人が人生と称するこの我欲の砂漠ではみんな自分の事だけしか考えないのだ. They take everything *for* them*selves* and leave nothing for anybody else. 彼らは自分らだけで全部取ってほかのだれにも何も残さない.

***in oneself** それ自体で(は); 元来, それだけで. TV *in* it*self* is not necessarily bad for children. テレビ自体必ずしも子供に悪いわけではない.

of oneself (1) =by ONESELF. (2) =in ONESELF. (3)〖章〗ひとりでに, 自然に, (by oneself). The car started to move *of itself* down the hill. 車はひとりでに坂を下の方へ動きだした. (4) 自発的に, 自ら進んで. I didn't bring these girls. They have come *of* them*selves*. この少女たちは私が連れて来たんじゃありません. 自分たちの方からやって来たんです.

to oneself 自分自身に; 自分専用に; 心中ひそかに. I want a room *to* my*self*. 自分の個室が欲しい. say [keep] *to oneself* →say, keep, (成句).

óne-shòt 形, 名 C 〖米〗1 回で達成した(こと); 1 回限りの(もの).

‡òne-síded /-əd 移/ 形 **1** 片側(だけ)の. a ~ street 片側だけ家並みのある通り. **2** 偏見を持った, 片寄った, 不公平な. a ~ account of an accident 事故の一方的な説明. **3** 互角でない, 一方的な. a ~ game 一方的な試合, ワンサイドゲーム. ▷ **~·ly** 副 **~·ness** 名

one's sélf 代〖米〗=oneself.

òne-stár /移/ 形 〈限定〉1 つ星の《ホテルなどが最下級の; 最高級は普通 five-star》.

óne-stèp 名 C ワンステップ《4 分の 3 拍子のダンス》; その曲. —— 動 (~s|-pp-) 自 ワンステップを踊る.

O

óne-tìme 形 〈限定〉かつての, 以前の. a ~ singer かつての歌手.

òne-to-óne /移/ 形 1 対 1 の〔対応など〕.

òne-tráck /移/ 形 〔鉄道が〕単線の;〖話〗一時に 1 つのことしか考えられない, 融通の利かない. a ~ mind 融通の利かない頭.

òne-twó 名 (複 ~s) C **1**〖ボクシング〗ワンツー(パンチ). **2**〖サッカー〗ワンツー(パス).

òne-úp〖話〗動 他 の上手(うわて)を行く, より一歩先んじる. —— 形 〈叙述〉上手を行って〈*on* ..の〉.

one-up·man·ship /wʌ̀nʌ́pmənʃìp/ 名 U 〖話〗人の上手(うわて)を行くこと.

‡òne-wáy /移/ 形 〈限定〉**1** 一方通行の, 一方向(だけ)の. ~ traffic 一方通行. a ~ street 一方通行路. a ~ mirror マジックミラー. **2** 一方的な. a ~ love 片思い. **3**〖米〗片道の (〖英〗single; ↔roundtrip). a ~ ticket 片道切符.

óne-wòman 形 〈限定〉1 人の女性の[で行う], 1 人の女性だけの, (↔one-man). a ~ show 女性の個展[ひとりショー].

†ón·gòing 形 〈普通, 限定〉前進する; 進行[継続]中の.

on·ion** /ʌ́njən/ 名 (複 ~s /-z/) UC 〖植〗タマネギ. There's too much ~ in the stew. シチューにタマネギが入りすぎている. ***knòw one's ónions〖英話〗万事心得ている, そつがない. [<ラテン語 *uniō* (?<*ūnus* 'one')]

ónion·skìn 名 **1** C タマネギの薄皮. **2** U〖米〗薄い半透明の用紙《タイプライター, コピー用など》.

ón-lìcence 名〖英〗U (店内での飲酒を認める)酒類販売免許 (↔off-licence); C この免許を持つ店.

òn-líne /移/ 形, 副 オンラインの[で]《普通, ホストコンピュータと直結方式の》. an ~ system オンラインシステム. be connected ~ to ..とオンラインでつながっている.

‡ón·lòoker 名 C 見物人, 傍観者, やじ馬, (looker-on).

ón·lòoking 形 傍観的な, 見物している.

‡on·ly /óunli/ 形 ℂ 〈限定〉**1**〈普通 the ~, one's ~〉〈単数名詞と共に用いて〉**ただ 1 つの**, **ただ 1 人の**, 唯一の;〈複数名詞と共に用いて〉..だけの. the ~ student that came late 遅刻した唯一の学生. the ~ way to solve the problem 問題を解決するただ 1 つの方法. our ~ worry 我々のただ 1 つの心配. an ~ son 一人息子 (★一人っ子 (an ~ child) の場合に言う; これに対し the ~ son (一人息子)では他に娘があってもいい; an ~ daughter についても同じ). They are the ~ people who know the fact. その事実を知っているのは彼らだけだ. **2**〈the ~〉**並ぶもののない**, 比べようのない, 最良の. the ~ thing for winter wear 冬着に最良のもの.

òne and ónly →one 形.

—— 副 ℂ **1 ただ..だけ**, 単に, ..のみ. It's ~ a joke. ただの冗談だ. He's ~ a child. 彼はほんの子供だ(比較: He's an ~ child. →形 1). I have ~ ten cents. 10 セントしか持っていない. That's ~ one of many charming features of the book. それはその本の多くの魅力的な特質の一つにすぎない《ほかにも魅力が多くあるということ》. We play the game for pleasure ~. 単に楽しみとして試合をするのです《職業としてするのではないなどの意味》. Ladies ~. 婦人専用《鉄道などでの客室の掲示》. *Only* time will tell that I am right. 私が正しいことは時がたたないと分からない《<時のみが語る》. She despises him ~ because he is poor. 彼が貧しいというだけの理由で彼女は彼を軽蔑している. That's incredible. I can ~ assume that it is a false report. そんなこと信じられない. 誤報としか考えられない. We can ~ hope that she will get well soon. 彼女のすみやかな回復をひたすら祈るばかりだ. That would ~ complicate the matter. そんなことすれば問題が複雑になるだけだ.

2〈時の副詞と共に〉**(a) ..になってやっと**. It was ~ a week later that I received [*Only* a week later did I receive] an answer from him. 彼から返事を受け取ったのは 1 週間もたってからだった (★only に修飾される句が文頭に来ると倒置が起こる). I had long wanted to go to England; my wish came true ~ last year. 長いこと英国へ行きたいと思っていたが, 去年になってやっと願いがかなった. **(b)** ほんの(..したばかり). That controversial building, which was opened ~ last year, is to be redesigned. あの問題のある建物は去年開いたばかりだが, 模様変えすることになった. I came back from London ~ yesterday. つい昨日ロンドンから帰ったばかりです.

> 語法 only はそれが修飾する語の直前か直後に置くのが原則である: I ~ lent the book to him. (彼に本を貸しただけ—やったのではない) I lent ~ the book to him. (彼に貸したのはその本だけ) I lent the book to him ~. (本を貸したのは彼にだけ); しかし実際には, ことに〖話〗では, よく only は動詞の前に置かれ, 修飾される語には文強勢が置かれる: I ~ lent the bóok to him (=I lent ~ the book..), I ~ came back yésterday. (私は昨日帰って来たばかりだ) You're ~ young ónce. (若い時は二度とない—今のうちに楽しむがよい)

hàve ònly to dó →have.

***if ónly..** (1) **..しさえすれば**. He will succeed *if* ~ he works hard. 彼は一生懸命働きさえすれば成功するだろう.〈If 節 だけで〉*If* ~ I could go swimming! 泳ぎに行けさえすればなあ. *If* my father would ~ agree! 父がうんと言ってくれたらなあ. ★この 2 例とも how happy I would be のような帰結節が省略されたものと解釈される.

(2) たとえ..でも. You must attend the meeting, *if* ～ for an hour. たとえ1時間でも会合に出席しなくてはならない.
nòt ónly X but (àlso) Y →not.
ónly if.. ..する場合だけ. He'll succeed ～ *if* he works hard. 一生懸命働いた場合だけ彼は成功するだろう《..しない限り成功しない》.
ònly júst (1) 今しがた, たった今. I've ～ *just* come. 今来たばかりです. (2) やっと, かろうじて.
ònly to dó (1) ただ..するだけのために. (2) 結局..する[になる]. The police rushed to the spot, ～ *to* discover the robber had gone. 警察は現場に急行したが, 何の事はない強盗は逃げた後だった.
ònly tóo →too.
—— 接 **1** ただ, だがしかし. It is handy, ～ a little expensive. それは重宝だ, ただし少し値段が高い. **2** 〖話〗..でなければ. I would come ～ (that) I am engaged. 先約さえなければ行くのですが(★that の省略は〖話〗; only 節の中では常に直説法).
[＜古期英語 *ānlīc* (＜one＋-ly²)]

on·o·mat·o·poe·ia /ɑ̀nəmæ̀təpíːə|ɔ̀n-/ 名 **1** 〖言〗U 擬声; C 擬声語, オノマトペ,《ticktack (時計の音), cuckoo (カッコー)など》. **2** U 〖修辞学〗声喩(ゆ)法. [＜ギリシア語「名称を作ること」]
on·o·mat·o·poe·ic /ɑ̀nəmæ̀təpíːik|ɔ̀n-㊐/ 形 擬声(語)の.
on·o·mat·o·poe·i·cal /ɑ̀nəmæ̀təpíːikəl|ɔ̀n-/ 形 ＝onomatopoeic. ▷**～·ly** 副
on·o·mat·o·po·et·ic /ɑ̀nəmæ̀təpouétik|ɔ̀n-/ 形 ＝onomatopoeic. ▷**on·o·mat·o·po·et·i·cal·ly** /-ik(ə)li/ 副
o.n.o. 〖英〗 or near offer (..前後で)《広告などで》. £500 *o.n.o.* 500ポンド前後.
ón-ràmp 名 C 〖米〗 オンランプ《高速道路への進入路》.
ón·rùsh 名 C 〈普通, 単数形で〉 突進, 突撃; 奔流.
ón·rùsh·ing 形 〈限定〉 突進する〔車など〕.
òn-scréen /㊐/ 形, 副 **1** 映画・テレビの[で]. **2** コンピュータのスクリーンに写るような[に].
‡**ón·sèt** 名 C 〈the ～〉 **1** 襲撃, 襲来. **2** (不快な物事の)到来, 始まり. at the ～ of the cold winter 寒い冬の始まった時に.
òn·shóre /㊐/ 形 陸(の近く)の; 陸への, 陸に向かう. an ～ wind 海風. —— 副 陸上で, 陸の近くで; 陸へ向かって.
òn·síde /㊐/ 形, 副 〖フットボール・ホッケー〗(反則でなく)正規の位置の[に] (↔offside).
ón-sìte 形 現場(で)の, 現地の. ～ inspection 現地視察[査察, 検証].
‡**ón·slàught** 名 C 猛攻撃 〈*on* ..に対する〉.
òn·stáge /㊐/ 形, 副 舞台の上の[で] (↔offstage).
òn·stréam /㊐/ 形, 副 操業中の[で]; すぐに操業できる(状態で).
Ont. Ontario.
On·tar·i·o /ɑntéə(ə)riòu|ɔn-/ 名 **1** オンタリオ《カナダ東南部の州; 略 Ont.》. **2 Lake** ～ オンタリオ湖《北アメリカ5大湖中最小; →Great Lakes》.
òn-the-jób /㊐/ 形 その職場で行われる. ～ training 職場内訓練.
òn-the-spót /㊐/ 形 現場での; 即座の, 即決の. an ～ report 現場からの報告.
***on·to** /ántə, ɔ́ːntə, 強-tuː|ɔ́ntə, 強-tuː/ 前 **1** *..*の上へ. get ～ the boat 船に乗る. get down ～ one's knees ひざまずく. She tried to shift the responsibility ～ us. 彼女は我々に責任を転嫁しようとした.

> 語法 (1) 一般に on はある面に接触している状態を意味するが, onto はそのような状態に移行することやその方向を表す. (2) on も移行の意味に用いられ得るので, 上例の onto の代わりに on を用いてもよい. 又〖英〗ではしばしば on to とつづる: He jumped *onto* [*on to*, *on*] the platform. (彼は演壇に跳びのった) (3) on と先行する動詞との結合が緊密な時には We moved *on to* the river. (我々は川まで移動を続けた)のように on to で onto とはならない.

2 ..にしっかりと, ぴったりと, 〔くっついてなど〕 (★hold, hang, latch などと結合して用いる). The child was clinging ～ [*on to*] her mother. 子供は母親にしがみついていた.
3 (**a**) 〖話〗〔たくらみなど〕に気づいて; 〔重大な事を知る〕ための手がかり[決め手]を持って. I'm ～ your game [you]. 君のたくらみ[腹]は知っているよ. be ～ a winner [good thing] (大)成功[ヒットなど]間違いなしである. (**b**) 〖主に英話〗〔人〕と接触して, 連絡を取って, 〈*about* ..のことで〉. I've been ～ my doctor *about* the headache. その頭痛のことは主治医に話してある. (**c**) 〖話〗〔警察などが人〕を追って. The police are ～ the suspect. 警察は容疑者を追っている. (**d**) 〔人〕にせがんで 〈*to* do ..するように〉.
—— 形 〈限定〉〖数〗上への〔写像〕. [on 副, to]
on·to·ge·ny /ɑntádʒəni|ɔntɔ́-/ 名 U 〖生物〗個体発生 (↔phylogeny).
on·to·log·i·cal /ɑ̀ntəládʒik(ə)l|ɔ̀ntəlɔ́dʒ- ㊐/ 形 〖哲〗存在論の. ▷**～·ly** /-k(ə)li/ 副
on·tol·o·gy /ɑntálədʒi|ɔntɔ́l-/ 名 U 〖哲〗存在論, 本体論.
o·nus /óunəs/ 名 C 〈the ～〉〖章〗重荷, 負担; 義務, 責任; 〈*of* ..という, の〉. The ～ *of* proof [housekeeping] lies [rests] on you. 立証の[家事を切り回す]責任は君にある. [＜ラテン語「荷物」]
***on·ward** /ánwərd|ɔ́n-/ 副 ⓒ **1** (時間的, 空間的に)前へ, 先へ; (旅などを)さらに続けて. *Onward!* 前へ進め《命令》. from now ～ 今後. from this day ～ 今日以後. travel ～ to the next destination 次の目的地へと旅を続ける. **2** 前進して, 発展して. move ～ into new territory 新しい領域に進出する.
—— 形 ⓒ 〈限定〉 **1 前方への**; さらに先へ行く〔旅, 交通手段など〕. Go as far as Calais, and there are ～ trains to Paris. カレーまで行けば, (そこから)パリ行きの列車が出ている. **2** 前進[発展]する. the ～ march of computer science コンピュータ科学の発展.
[on 副, -ward]
on·wards /ánwərdz|ɔ́n-/ 副 ＝onward.
on·yx /ániks|ɔ́n-/ 名 UC 〖鉱〗しまめのう (→birthstone ★). [＜ギリシア語「爪」; 色の類似から]
oo·dles /úːdlz/ 名 〖話〗〈複数扱い〉 どっさり, うんと, 〈*of* ..が〉. ～ *of* water 多量の水.
oof /uːf/ 間 うーん《腹などを殴られて出す声》. —— 名 (複 ～s) **1** C うーん(というめき声). **2** U 〖英俗〗金(かね).
ooh /uː/ 間 おおっ, わあっ,《驚き, 感嘆などの発声》.
—— 名 C 〈普通 ～s〉 おおっ, わあっ(という声).
—— 動 自 おおっ[わあっ]と叫ぶ.
ooh la la /ùː-laː-láː/ おーやおや, あーらまあ,《驚き, 感嘆などの発声》.
oo·long /úːlɔːŋ|-lɔŋ/ 名 U ウーロン茶.
oomph /umf/ 名 U 〖俗〗 **1** 魅力, 〈特に〉性的魅力 (sex appeal). **2** 馬力, 踏ん張り, (energy).
oops /(w)ups|u(ː)ps/ 間 〖話〗おっと, しまった,《失敗などの時》.
óops-a-dàisy 間 〖話〗(★特に幼児に向かって言う)あれあれ, おっとっと,《転んだのを見て》; そーれ, よいしょ,《抱き上げたりするときに》.
†**ooze**¹ /uːz/ 動 自 **1** VA 〔液体などが〕だらだら流れ出る, にじみ出る, しみ出す, 漏れる, 〈*out*〉〈*from*, *out of* ..から〉. The oil was *oozing out* (*of* the tank). (タンクから)油が漏れていた. **2** 〔物が〕にじむ, じくじくする, 〈*with* ..〔液体など〕で〉; 〔人に〕にじみ出る 〈*with* ..〔魅力など〕が〉 (→他). The wound is still *oozing* (*with* pus). 傷はまだ(うみが)じくじくしている. **3** 〔情報などが〕漏れる, だんだんに広がる, 〈*out*〉; 〔勇気, 自信などが〕だんだんなくなる 〈*away*,

out〉. The secret began to ～ *out* into the press. 秘密は報道関係者に漏れ始めた. His courage began to ～ (*away*). 彼の勇気はだんだん失(う)せ始めた.
── ㊀ をにじみ出させる; を発散する, ふりまく. He was [His pores were] *oozing* perspiration. 彼の体[毛穴]から汗がにじみ出ていた. She ～s charm. 彼女からは魅力がにじみ出ている[彼女はあいきょうをふりまく].
── 名 U 〖章〗滲(しん)出; 分泌(物), 漏出(物).
[＜古期英語「樹液」] ▷**oo·zy** /-i/ 形 じくじくしみ出す, たらたら流れる.

ooze[2] 名 U (水底の)ぬるぬるした泥, 軟泥. [＜古期英語「ぬかるみ」] ▷**oo·zy** 形 泥の, 軟泥質の; どろどろした.

OP observation post; out of print.

Op. opus.

op /ɑp|ɔp/ 名 C **1** 〖英話〗手術; (軍事)作戦; (operation). **2** 〖米話〗チャンス, 好機, (opportunity).

op. opera; operation; opposite; opus.

o.p. out of print.

op- /ə(p), ɑ(p)|ə(p), ɔ(p)/ 接頭 ob-の異形〈p の前で用いる〉.

o·pac·i·ty /oupǽsəti/ 名 U **1** 不透明さ. **2** あいまいさ, 晦(かい)渋. ◇形 opaque

o·pah /óupə/ 名 C アカマンボウ, マンダイ,《温帯海産の大形魚》.

†**o·pal** /óup(ə)l/ 名 UC 〖鉱〗オパール, たんぱく石, (→birthstone ★). [＜サンスクリット語「宝石」]

o·pal·es·cence /òup(ə)lés(ə)ns/ 名 U 乳白光を発していること[状態].

o·pal·es·cent /òup(ə)lés(ə)nt ㊥/ 形 オパールのような, 乳白光の.

o·pal·ine /óupəlàin/ 形 オパールのような; 乳白色を発する.

†**o·paque** /oupéik/ 形 **1** 不透明な, 光線を通さない, (↔transparent; →translucent). **2** 光沢のない, くすんだ. **3** 〔意味が〕はっきりしない, 不明瞭(りょう)な. **4** 愚かな. ◇名 opacity [＜ラテン語「蔭の, 暗い」] ▷**～·ly** 副 **～·ness** 名

op art /ɑ́p-ɑ̀ːrt|ɔ́p-/ 〖美術〗オプ・アート《目の錯覚を利用した抽象画の様式; 1960 年代に米国で流行した》. [＜*op*tical *art*]

‡**op. cit.** opere citato (前掲書に). [ラテン語 'in the work cited']

ope /oup/ 動 自, 他, 形 〖詩〗＝open.

OPEC /óupek/ Organization of Petroleum Exporting Countries (石油輸出国機構; →OAPEC).

òp-éd (pàge) /ɑ̀péd(-)|ɔ̀péd(-)/ 名 C 〈普通 the ～〉〖米〗(新聞の)特別記事面《社説面の反対ページにある》. [＜*op*posite *ed*itorial]

‡**o·pen** /óup(ə)n/ 形 m, e

【開かれた】 **1** (**a**) あいた, 開かれた; 蓋(ふた)をしてない. an ～ window あいている窓. an ～ book 開いた本. pull a drawer ～ 引き出しをあける. with ～ mouth (驚いたりして)あいた口がふさがらない(で). an ～ drain 蓋をしていない排水溝. Who has left the door ～? だれがドアをあけっ放しにしたのか. The blossoms are all ～. 花はみな開いている. Keep your eyes ～. →eye (成句).
(**b**) 〈限定〉 **蓋のない**, 無蓋(がい)の; 〔衣服が〕襟の開いた. an ～ car オープンカー. an ～ shirt オープンシャツ.

2 〈限定〉開けた, **広々とした**. ～ country 広々とした平野地域. →open sea.

3 【常に開かれた】 氷の張らない, 雪の降らない, 霜の降りない. an ～ harbor 不凍港. an ～ river (氷結しない)航行可能な川. an ～ winter (霜の降りない)暖かい冬. ～ weather (霜や雪のない)しのぎやすい天候.

4 (法的)制限のない; 〔試合などが〕オープンの《プロ, アマの区別なく行われる》; 無指定の, 持参人払いの, 〔小切手〕; 〔帰りの切符が〕期日制限のない. an ～ town 酒, 賭博(とばく)など放任の町. an ～ tennis tournament オープンテニストーナメント. an ～ check (持参人払いの)普通小切手.

【あけ放しの】 **5** あらわな, 隠さない; **秘密でない**; **公然の**. in ～ disregard of the law 公然と法を無視して. ～ warfare 公然たる戦争. ～ hatred むき出しの憎悪. ～ and aboveboard →aboveboard 形. →open secret.

6 あけ放しの, 不用心な; **無防備の**; **受けやすい**, さらされて[た], 〈*to* ..を, に〉. an ～ city 無防備都市. ～ *to* criticism 批判されやすい. His remark is ～ *to* question. 彼の評言は疑問の余地がある. a boy ～ *to* temptation 誘惑に陥りやすい少年. a staircase ～ *to* the weather 吹きさらしの階段.

7 **開放的な**, 排他的でない; 公開の〈*to* ..に〉; 寛容な, 偏見のない. have [keep] an ～ mind about [on] the new idea 新案を受け入れる用意がある. an ～ court 公開の法廷. be ～ *to* offer(s) 買い手の言い値を考慮する. I'm always ～ *to* suggestions. 提案はいつでも歓迎します. The palace is not ～ *to* the public. その宮殿は一般公開されていない.

8 **率直な**, 隠し立てしない, 親しみやすい (friendly). an ～ character あけっ放しの性格. Let me be ～ with you. 腹蔵なくお話ししましょう. He is quite ～ about having been in prison. 彼は刑務所にいたことがあるのを隠そうとしない.

9 〖音声〗〔母音が〕開音の《口を大きくあけて発音する /ɑː/, /ɔ/ など; ↔close》; 〔子音が〕開口の《舌, 唇, 歯など調音器官が接触しない /s/, /ʃ/ など》; 〔音節が〕母音で終わる. an ～ vowel [syllable] 開母音[音節].

10 〔織物, 格子などが〕目が粗い. an ～ weave 目の粗い織り(方).

11 〖楽〗〔弦が〕開放の《指で押さえない》; 〔オルガンの音栓が〕開いている.

【(入るように)開放されている】 **12** ふさがっていない, あいている, (empty); 利用できる, 可能で, 〈*to* ..に〉. The job is still ～. その仕事口はまだ欠員のままだ. Only one lane was ～ because of the accident. その事故のため一車線しか通行できなかった. I have only one evening ～ next week. 来週はひと晩だけあいています. The new bridge is not ～ yet. 新しい橋はまだ通行できない. Two courses of action are ～ *to* us. 我々には(進むべき)道が 2 つ開いている.

13 〈普通, 叙述〉 **営業中の**[で], **開催中の**[で]. The store is not ～ today. その店は今日はお休みです. What time is the bank ～? 銀行は何時にあきますか. an art exhibition now ～ at Ueno Park 上野公園で開催中の美術展覧会. We are ～ today. 本日開館中《博物館など》.

14 【まだ閉じられていない】 継続した[て]; **未解決**[**未決定**]**の**[**で**]. Is your offer of funds still ～? あなたの資金提供の申し出はまだそのまま[締め切っていない]ですか. an ～ question 未解決の問題. The murder case is still ～. その殺人事件はまだ未解決だ. leave the date ～ 日取りを未定にしておく. keep one's bank account ～ 銀行口座を(解約しないで)開いておく.

lày onesèlf (wìde) ópen to .. 〔攻撃, 非難など〕に身をさらす. Don't *lay yourself* ～ *to* malicious criticism. 悪意のある批評を受けないようにしたまえ.

lày /../ ópen ..を開けておく; ..を暴く; ..をさらす〈*to* ..〔非難など〕に〉.

lèave the dóor òpen →door.

── 動 (～s /-z/|過 過分 ～ed /-d/|～·ing) 他 **1** を開く, あける; を広げる〈*out*〉; VOO (～ X Y)・VOA (～ Y *for* [*to*] X) X に Y をあけてやる; (↔shut, close). ～ a gate [window] 門[窓]をあける. ～ (*out*) a map 地図を広げる. ～ an umbrella 傘を広げる. ～ a letter 手紙を開封する. ～ one's mouth 口を開く; 話し始める. *Open* your books to 〖米〗[at 〖英〗] page 10. 本の 10 ページをあけなさい. He ～*ed* the door *for* us (to come in). 彼は我々(が入れるよう)にドアをあけてくれた. Please ～ the bottle *for* me. 瓶をあけてください.

2 (**a**)〔店, 運動, 会など〕を**始める**, 開業[開店]する, 開始する, (start). ～ a new store 新しい店を開く. ～ a business 事業を始める. ～ a discussion 討論を開始する. ～ an account at a bank 銀行に口座を開く. ～ fire on a warship 軍艦に対して砲撃を開始する. The host ～*ed* the party with a speech of welcome. 主人は歓迎のあいさつでパーティーを始めた. (**b**)〔議会など〕の開会を宣する,〔公共の建物など〕の開場[開館]を宣する. (**c**)〖法〗の冒頭陳述をする.
3〔土地, 道, 新分野など〕を**切り開く**, 開拓する. ～ ground 開墾する. ～ a road through the hill 丘を切り開いて道をつける. ～ a new highway 新幹線道路を開通させる. Railroads helped to ～ the West. 鉄道は西部の開拓に役立った.
4 を**公開[開放]する**; を打ち明ける; を暴露する; 〈*to* ..に〉. ～ one's garden *to* the public 自分の庭園を一般公開する. ～ one's heart [mind] *to* one's friend 友達に心[考え]を打ち明ける.
5〔心など〕を開かせる〈*to* ..に向けて〉. ～ a person's eyes →eye (成句). Traveling to foreign places helps to ～ your mind. 外国旅行は心を広くするのに役立つ. **6**〖海〗の見える所まで来る. **7**〖医〗に通じをつける.
── ⾃ **1** **開く**, あく;〔花が〕咲く, 開く,〈*out*〉; 本などをあける. The door won't ～. ドアがどうしてもあかない. The curtains ～*ed*. カーテンがあいた. Doors ～ at 6 p.m. 午後6時開場. The roses are ～*ing*. バラが咲いてきた. The wound ～*ed* when the patient fell down. 患者が転んだ時傷口が開いた. *Open* to〖米〗[at〖英〗] page 10. 10ページをあけなさい.
2〔店などが〕**始まる**, 開く, あく, 開始される, (begin);〔劇団が〕興業を始める;〔映画などが〕公開される; 開通する. School ～*s* today. 学校は今日から始まる. The meeting ～*s* at 10. 会議は10時に開かれる. The service ～*ed* with a hymn. 礼拝は賛美歌で始まった. The bridge ～*ed* last Sunday. 橋は先週の日曜に開通した.
3 ⅥA (～ ***into, onto, on, to*** ..に)〔戸, 部屋などが〕..に通じ(てい)る; ..に向いている, 面している. The door ～*s* (out) *into* the parlor [*onto* the garden]. このドアは居間に通じる[庭に面している]. The window ～*s to* the east. 窓は東向きです. 語法 場所などの中へ通って入れる意味の時は into, 場所の表面に重点を置く時は on 又は onto を用いる.
4 (**a**) ⅥA〔視界などが〕広がる; 見えてくる, 広々と見晴らせる. A new vista was ～*ing before* her. 新しい眺望が彼女の前に開けてきた. (**b**)〔心が〕開かれる. Jane's heart ～*ed* to his tender importuning. 彼に優しくせがまれてジェーンの心は柔らいだ.
5〔猟犬が〕ほえ始める《臭跡をかぎつけて》.
òpen óut (1) 開く, 広がる;〔花が〕咲く; (→⾃ 1). (2)〔人格などが〕発達する. (3) ＝OPEN up (1).
òpen /../ óut ..を広げる, 開く, (→⑯ 1).
òpen úp〖話〗(1) 心を開いて話す. Why don't you ～ *up* to me? どうして打ち解けて話してくれないんだ. (2)〈命令形で〉戸(の鍵(かぎ))をあける. Police! *Open up*! 警察だ. 開けなさい.
òpen /../ úp (1)〔店など〕を開く;〔傷口など〕を開かせる. (2)〔箱, 包みなど〕をすっかりあける.
── 名 Ⓤ〈the ～〉**1** 戸外, 野外. in the ～ 野外で, 戸外で. **2** 周知, 知れ渡っていること. Our secret is in the ～. 我々の秘密は暴露された. **3**〈しばしば O-〉(ゴルフなどの)オープントーナメント(→形 4). the British *Open* (ゴルフの)全英オープン.
brìng ..(óut) into the ópen ..を明るみに出す.
còme (óut) into the ópen (1) 真意を表明する. (2) 明るみに出る. His deep-rooted hatred finally *came out into the* ～. ついに彼の根深い憎悪が表に現れてきた.
[＜古期英語; たぶん up と同源] ▷**～·ness** 名 Ⓤ 開放; 公然; 率直; 心の広さ.

òpen admíssions 名 Ⓤ〈単複両扱い〉〖米〗大学自由入学制度《学歴や成績を問わず希望に応じて入学させる》.
òpen áir 名〈the ～〉野外, 戸外. in *the* ～ 戸外で(の).
‡ópen-àir 形〈限定〉野外の, 戸外の. an ～ school 野外[林間]学校. an ～ stage 野外舞台.
òpen-and-shút /-ən-㊥/ 形 容易に解決がつく, 単純な. an ～ case 単純な事件.
òpen-ármed /㊥/ 形 両腕を広げての; 心からの〔歓迎など〕.
òpen bár 名 Ⓒ〖米〗(招待会の)無料バー.
òpen bóok 名 Ⓒ 一見して分かるもの[事]; (秘密のない)あけっぴろげの人(→closed book).
ópen·càst 形〖主に英〗〖鉱山〗露天掘りの.
òpen círcuit 名 Ⓒ〖電〗開回路.
òpen clássroom 名〖米〗Ⓤ 自由授業《個人と個性を重視した柔軟なスタイルの授業》; Ⓒ 自由授業の行われる教室.
Òpen Cóllege 名〈the ～〉〖英〗放送大学《主として職業訓練や再教育を目的とする; →Open University》.
ópen-cùt 形〖米〗＝opencast.
òpen dáy 名 Ⓒ〖英〗(特別な場所の)公開日, 授業参観日.
òpen dóor 名 Ⓒ〈単数形で〉出入自由; 門戸開放, 機会均等. 「～ policy 門戸開放政策.
òpen-dóor /㊥/ 形 門戸開放の, 機会均等の. the
òpen-énded /-əd ㊥/ 形 無期限の; 制限なしの; (選択肢なしの)自由回答式の〔アンケートなど〕.
òpen enróllment 名 Ⓤ〖米〗**1** (居住地と無関係の)自由入学制. **2** ＝open admissions.
‡ó·pen·er 名 Ⓒ **1** 開けるもの[道具], 缶切り, 栓抜き. a can ～〖米〗＝〖英〗a tin ～ 缶切り. a bottle ～ 栓抜き. **2** 第1[開幕]試合; (ヴァラエティーショーなどの)最初の出し物, 皮切り. **3** 開く人, 開始者.
for ópeners〖話〗まず最初に, 皮切りに, (to begin with).
òpen-éyed /㊥/ 形, 副 **1** 大きな目を開けた[て], (びっくりして)目を見張った[て]. **2** 用心深い[く], 油断のない[なく]. **3** 承知の上で(の).
òpen-fáced /-t ㊥/ 形 無邪気な顔をした; 素顔の.
òpen-faced sándwich 名〖米〗＝open sandwich.
òpen-hánded /-əd ㊥/ 形 **1** 手のひらを開いた. **2** 物惜しみしない, 気前のよい, (generous; ↔closefisted). ▷**～·ly** 副 気前よく. **～·ness** 名
òpen-héarted /-əd ㊥/ 形 **1** 率直な. **2** 寛大な, 気前のいい. ▷**～·ly** 副 **～·ness** 名
òpen-héarth /㊥/ 形〖冶金〗平炉(法)の; 平炉鋼の.
open-héart sùrgery /〖英〗ˌ-ˌ-ˈ--/ 名 Ⓤ〖医〗開胸心臓手術.
òpen hóuse 名 **1** Ⓤ 私宅開放パーティー; 客をいつでも歓迎すること. keep ～ いつでも来客を歓迎する. **2** Ⓒ〖米〗(学校, 寮などの)一般公開日(〖英〗open day); (売家などの)下見公開日.
‡o·pen·ing[1] /óup(ə)niŋ/ 名 (複 **～s** /-z/)
【開くこと】**1** (**a**) Ⓤ あくこと, 開くこと, **開始**; 開業, 開会, 開通, 開花. the ～ of a battle 戦闘の開始. the ～ of an expressway 高速道路の開通. (**b**) Ⓒ 開館[開業, 開通など](記念)式. attend the ～ of a new library 新しい図書館の開館式に出席する.
2【初め】Ⓒ〈普通, 単数形で〉(興行などの)初日, **最初の部分**, 冒頭;〖チェス〗序盤. the ～ of a program 番組の初めの部分. The play has had a full house every night since its ～. 芝居は初日から毎晩大入り満員だ.
【あいている所】**3** Ⓒ 穴, 裂け目, 割れ目, 透き間. an ～ in the wall 壁の割れ目. an ～ in the clouds 雲の切れ間. **4** Ⓒ〖米〗(森の中の)空き地.
5【空き】Ⓒ 就職口, 欠員. There is an ～ in our

O

firm. 私たちの会社では職に 1 つ空きがある.
6【乗じる透き間】[C] 好機 (opportunity), チャンス, 〈*for* ..の /*to* do ..する〉. wait for an ～ ⌊*for* employment [*to* give one's opinions] 雇用の[自分の意見を述べる]機会を待つ.

ó·pen·ing[2] [形] 〈限定〉 始まりの, 冒頭の, 最初の. an ～ address 開会の辞. an ～ ceremony 開会式 (↔ closing ceremony). ～ remarks 冒頭の言葉.

ópening hòurs [名] 〈複数扱い〉(パブ, レストランなどの)営業時間.

òpening níght [名][C]〈普通, 単数形で〉(新作芝居, 映画の公開などの)初日の夜 (→first night).

ópening tìme [名] **1** [U] 始業時刻, (図書館などの)開館時刻;〖英〗パブの開店時間. **2**〈～s; 複数扱い〉= opening hours.

òpening-úp [名][U] **1** 地域開発への足掛かり《道路, 鉄道などの建設》. **2** (国際関係などの)雪解け状態; 制限↓

òpen létter [名][C] 公開状. ⌊[規制]緩和.

*__o·pen·ly__ /óup(ə)nli/ [副][m] **1 率直に**. We talked ～ about marriage. 我々は結婚について率直に話し合った. **2 公然と**, あからさまに. The students ～ attacked the Dean. 学生たちは公然と学部長を非難した.

òpen márket [名] =free market.

òpen márriage [名][C] 自由結婚《社会的, 性的に独立した個人であることを互いに認める》.

†**òpen-mínded** /-əd [移]/ [形] 偏見のない, 心の広い. ▷**～·ly** [副] **～·ness** [名] 「をぽかんと開いた.

òpen-móuthed /-ðd [移]/ [形] (驚き, ショックなどで)口↑

òpen-nécked /-t [移]/ [形] 〔シャツなどが〕開襟の, オープ↓

ópen-pìt [形]〖米〗=opencast. ⌊ンの.

òpen plán [名][C]〖建〗オープンプラン《大きな部屋をつい立てなどで仮り仕切りしておく方法》.

òpen-plán /[移]/ [形]〖建〗〔大きな部屋が〕間仕切りされていない, オープンプランの.

òpen prímary [名][C]〖米〗開放予備選挙《党員資格の有無に関係なく投票できる直接選挙; →primary election》. 「ない》.

òpen príson [名][C]〖英〗開放型刑務所《制約が少↑

òpen sándwich [名][UC]〖英〗オープンサンド《上にパンを重ねていないサンドイッチ》.

òpen séa [名] 〈the ～〉 **1** 大海原, 外洋. **2** 公海.

òpen séason [名] **1**〈the ～〉(狩猟, 漁労の)解禁期. **2** [aU] 非難[批判]などの解禁 〈*on* ..〔人〕に対する〉. The report declared ～ *on* the police. その報道をきっかけに警察は猛烈な非難を浴びることになった.

òpen sécret [名][C] 公然の秘密.

òpen sésame [名] →sesame (成句).

òpen shóp [名][C] オープンショップ《労働組合員以外の者も雇用する事業所; →closed shop, union shop》.

òpen socíety [名][C] 開かれた社会《秘密で政治的粛正が行われたりせず, 言論の自由な》.

ópen sỳstem [名][C]〖電算〗オープンシステム《他社製のシステムと接続できるコンピュータシステム》.

Òpen Univérsity [名]〈the ～〉〖英〗放送大学《ラジオ, テレビ, 通信, 夏期講習などで自然科学・人文科学の授業を行う; →Open College》. 「明の評決.

òpen vérdict [名][C] 〖英法〗(検死陪審の)死因不↑

ópen·wòrk [名][U] 透かし⌊彫り[細工], 透かし編み.

*__op·er·a__[1] /áp(ə)rə|ɔ́p-/ [名] ([複] **～s** /-z/) **1** [UC] **オペラ**, 歌劇. a comic ～ 喜歌劇. a grand ～ 正歌劇, グランドオペラ. a light ～ 軽歌劇. I like ～ very much. 私はオペラが大好きだ. go to the ～ オペラを見に行く. **2** [C] ..歌劇団《団名の一部として》; =opera house. the Royal *Opera* ロイヤルオペラ《ロンドンの歌劇団》. [＜イタリア語(＜ラテン語「仕事, 骨折り」)]

o·pe·ra[2] /óupərə, áp-|ɔ́p-/ [名] opus の複数形.

op·er·a·ble /áp(ə)rəb(ə)l|ɔ́p-/ [形] **1** 実施[使用]できる. This machine won't be ～ for another forty-eight hours. この機械はあと 48 時間は使用できないだろう. **2**〔病気などが〕手術可能の.

o·pe·ra co·mique /àp(ə)rə-kɑmí:k|ɔ̀p(ə)rə-kɔ-/ オペラコミーク《対話を交えた喜歌劇》. [フランス語 'comic opera'] 「用の小型双眼鏡》.

ópera glàsses [名] 〈複数扱い〉オペラグラス《観劇↑

ópera hàt [名][C] オペラハット《シルクハットの一種; 屋内では中のスプリングを外して畳む》.

ópera hòuse [名][C] オペラハウス, オペラ劇場.

‡**op·er·ate** /ápərèit|ɔ́p-/ [動] (**～s** /-ts/|[過] [過分] **-at·ed** /-əd/|**-at·ing**) [自] **1**〔機械, 器官などが〕動く, **作動する**;〔計画, 制度などが〕実行される. These machines ～ automatically. これらの機械は自動的に動く. The new school system is now *operating*. 新しい学校制度が実行に移されている.
2 [VA]〔企業などが〕営業する;〔漁船などが〕操業する. 〈*in*, *within* ..(の中)で/*from* ..を本拠地[地盤, 基地]として〉. The bank ～*s from* offices in Liverpool. その銀行はリヴァプールを地盤として営業している.
3 [VA] **作用する**, 影響する;〔薬品などが〕効く;〈*on*, *upon* ..に〉;〔法律などが〕働く〈*against* ..不利に/*in favor of* ..有利に〉; 機能する〈*as* ..として〉. Some drugs ～ harmfully *on* the body. 薬の中には人体に害を与えるものがある. The new tax law ～*s against* small businesses. 新しい税法は小企業に不利に働く. The word 'shock' can ～ *as* a noun and a verb. 'shock' という語は, 名詞と動詞(両方)に使える.
4 手術をする〈*on* ..〔患者〕に /*for* ..〔病気〕の〉. The surgeon ～*d on* him *for* stomach cancer. 医師は彼に胃癌(がん)の手術を施した. The pitcher had his elbow ～*d on* last year. その投手は昨年ひじの手術を受けた.
5 [VA]〔人が〕活動する, (ある)やり方をする;〈特に〉軍事行動をとる. *How* does he ～? 彼ならどうやるだろうか.
6〖話〗うまく操る〈*with* ..〔人〕を〉; (策を講じて)巧みに立ち回る. He knows how to ～ in the political world. 彼は政界での泳ぎ方を知っている.
── [他] **1** を**運転する**, 操縦[操作]する. Can you ～ that truck? あのトラックの運転ができますか. **2**〔企業など〕を経営する, 運営する. **3**〔方式, 形式など〕を使うことにする, 取り入れる. Some countries ～ new variants of the capitalist system. 新しい種類の資本主義体制を取り入れている国もある. ◇[名] operation [形] operative [＜ラテン語「仕事をする, 骨折る」]

‡**op·er·at·ic** /àpərǽtik|ɔ̀p- [移]/ [形] 歌劇の, オペラの; 歌劇風の, オペラ向きの. an ～ tenor オペラのテナー歌手. ▷**op·er·at·i·cal·ly** /-k(ə)li/ [副]

óperating còsts [名] 〈複数扱い〉運営[経営]費.

óperating ròom [名][C]〖米〗(病院の)手術室.

óperating sỳstem [名][C]〖電算〗オペレーティングシステム《プログラムや周辺装置を管理する基本ソフト; 略 OS》.

óperating tàble [名][C] 手術台.

óperating thèater [名][C] (階段式)手術教室《見学ができる席のある手術室;〖英〗=operating room》.

‡**op·er·a·tion** /àpəréiʃ(ə)n|ɔ̀p-/ [名] ([複] **～s** /-z/)
1 [U] (機械などの)動き方, **作動**; (器官などの)**作用**, **働き**; 効力, 影響, 〈*on*, *upon* ..への〉. in ～ →成句. the ～ of breathing 呼吸作用. the ～ of a medicine 薬の効力. the ～ of alcohol *on* the brain アルコールの脳への影響. **2** [U] (機械の)運転, 操作; (事業の)運営, 経営. the ～ of a business 企業の経営. Careful ～ makes an engine last longer. 気をつけて運転すればエンジンは長持ちする. **3** [U] (法律などの)**実施**, 施行. the ～ of a law 法律の実施.
4 [C] (捜査, 警備などの組織的な)**活動**;〈普通 ～s〉**作戦**, 軍事行動;〈O-; 名詞の前で〉..作戦, ..計画. launch

a large-scale rescue 〜 大規模な救助活動を開始する. The 〜 to supply the flood victims with food began at once. 洪水の被災者に食糧を供給する活動が直ちに始まった. a plan of 〜*s* 作戦計画. naval 〜*s* 海上作戦. *Operation* Desert Storm 砂漠の嵐作戦《1991 年の湾岸戦争 (the Gulf War) で多国籍軍がイラクからクウェートを解放するために行った》.

5 [C] 〖医〗**手術** (〖英話〗op) 〈*on* ..〔患者, 患部〕への / *for* ..〔病気〕の /*to* do ..する〉. a surgical 〜 外科手術. a heart transplant 〜 心臓移植手術. have an 〜 *to* remove a polyp ポリープを取る手術を受ける. perform an 〜 *on* a patient *for* appendicitis 患者に盲腸炎の手術をする.

[連結] a major [a delicate; a risky; a routine; a minor; a successful; an emergency] 〜 // undergo an 〜

6 [C] (特に大規模な)企業, 会社. a multinational 〜 多国籍企業. **7** [C] 作業; 〈普通 〜s〉(会社などの行う)**事業**, 業務, 操業; 生産工程. Repairing a computer is a delicate 〜. コンピュータの修理は精密さを要する作業だ. close down 〜*s* 操業を中止する. banking 〜*s* 銀行業務.

8 [UC] 〖数〗運算, 演算, 《加減乗除など》; 〖電算〗作業.

brìng [pùt] ..into operátion ..を実施[施行]する; 〔機械など〕を動かす, 作動させる.

còme [gò] into operátion 運転[活動]を始める; 施行される, 効力を生じる. The law *came into* 〜 on April 1st last year. その法律は昨年の 4 月 1 日に施行された.

****in operátion*** (1) **運転中で[の]**; 活動中で[の]; 施行中で[の]. We watched a printing press *in* 〜. 我々は運転中の印刷機を見学した. The committee has been long *in* 〜. 委員会は長いこと活動してきた. (2) 経営[運営]して(いる).

‡**op·er·a·tio·nal** /àpəréiʃ(ə)nəl|ɔ̀p- [移]/ [形] 〖章〗 **1** 経営[運営]上の; 操作[作業]上の. 〜 costs [expenditure] (機械などの)運転費用. **2** 〔機械などが〕操作[使用]可能で.

operàtional reséarch [名] [U] オペレーションズリサーチ 《企業経営上の問題を解決するための科学的調査研究》. ▷ **〜·ly** [副] 「research.

operátions resèarch [名] ＝operational↑

operátions ròom [名] [C] 軍の作戦室.

†**op·er·a·tive** /áp(ə)rətiv, ápərèi-|ɔ́p-/ [形] **1** 働く, 動く, 運転している; 作用する. **2** 施行中の, 効力のある, 〔薬が〕効き目のある; 〈限定〉 非常に重要[適切]な. The manager is really furious with me— 'furious' is the 〜 word. 支配人は僕に本当にかんかんになっている. いいかい, この「かんかん」という言葉が重要なんだ. The regulations are no longer 〜. その条例はもう効力がない. **3** 作業の, 操業の. 〜 arts 手工芸. **4** 手術の.

── [名] [C] 〖章〗 **1** 工員, 熟練工. **2** 私立探偵; 情報部員, スパイ.

***op·er·a·tor** /ápərèitər|ɔ́p-/ [名] (複 **〜s** /-z/) [C]

1 (機械の)**運転者**, 操縦者, 技師, 技手. an X-ray 〜 X 線技師. **2** (電話の)**交換手** (telephone operator). **3** 企業(の経営者). a supermarket 〜 スーパーの経営者. →tour operator. **4** 〖話・しばしば軽蔑〗 やり手, 'すご腕'. a clever [smooth, shrewd] 〜 (抜け目のない)やり手.

op·er·et·ta /àpərétə|ɔ̀p-/ [名] [C] オペレッタ, 喜歌劇. [イタリア語「小さな opera」]

O·phe·li·a /oufí:liə|əf-/ [名] オフィーリア 《Hamlet の恋人; 狂乱の末水死する》.

oph·thal·mi·a /ɑfθǽlmiə|ɔf-/ [名] [U] 〖医〗眼炎.

oph·thal·mic /ɑfθǽlmik|ɔf-/ [形] 目の; 眼科の; 眼炎の.

ophthàlmic optícian [名] 〖英〗＝optician 2.

oph·thal·mol·o·gist /àfθælmálədʒist|ɔ̀fθælmɔ́l-/ [名] [C] 眼科医.

oph·thal·mol·o·gy /àfθælmálədʒi|ɔ̀fθælmɔ́l-/ [名] [U] 眼科学. [ギリシア語 *ophthalmós*「眼」, -logy]

oph·thal·mo·scope /ɑfθǽlməskòup|ɔf-/ [名] [C] 検眼鏡.

o·pi·ate /óupiət/ [名] [C] **1** 〖章〗アヘン剤; 麻酔剤; 鎮静剤. **2** 〈一般に〉 鎮静させるもの. ── [形] アヘンを含む; 麻酔[鎮静]の.

o·pine /oupáin/ [動] [他] 〖章〗〈大げさに〉 [VO] (**〜 *that*** 節) ..であると考える, ..という意見を述べる[抱く].

***o·pin·ion** /əpínjən/ [名] (複 **〜s** /-z/) **1** [UC] **意見**, 見解, 〈*of, about, on* ..についての〉 ([類語] 十分考慮の末に到達した考え(だが反対意見の可能性は否定しない); →sentiment 3, view 3). political 〜*s* 政見. a matter of 〜 見解上の問題. We have a difference of 〜. 我々の間には意見の相違がある. I am of (the) 〜 that ...＝It is my 〜 that ... 〖章〗 私は..という意見を持っている (★the のある方が普通). in my 〜＝if you want my 〜 私の意見では. act up to one's 〜 所信を実行する. express [give] one's 〜 自分の意見を述べる. exchange 〜*s* 意見を交換する. What is your 〜 *of* the new Cabinet? 新内閣をどう思われますか. Ask your parents' 〜 *about* [*on*] your marriage. 君の結婚については両親の意見を聞きなさい. May I have your 〜? ご意見をお聞かせ願えませんか. In the 〜 of the President, it is the wrong time to make a statement. 大統領の考えでは今は声明を出すべき時でないというのだ. You have formed the wrong 〜 *of* this matter. 君はこの件を誤解している.

[連結] a frank [a candid, an honest; a considered; an expert; an influential; an opposing; a personal; a prevailing; a strong] 〜 // embrace [entertain, have, hold; air, pass, state, venture, voice] an 〜

2 [U] **世論** (public opinion), 世評. *Opinion* turned against the police. 世論は警察側に不利になってきた.

3 [C] **判断**, 評価. She has a bad [low, poor] 〜 of your work. 彼女は君の仕事を低く評価している. have a good [high, favorable] 〜 of the painting その絵画を高く評価する. I have no 〜 of his speech. 彼の演説は感心しない.

4 [C] (専門家の)意見; 助言; 鑑定. seek a second medical 〜 (念のため)他の医者の意見を求める. You should get a lawyer's 〜. 弁護士の意見を聞くべきだ.

5 [C] 〖法〗(裁判の)判決趣旨.

[＜ラテン語「考えていること」] 「独断的な.

o·pin·ion·at·ed /əpínjənèitəd/ [形] 独り善がりの,↑

o·pin·ion·a·tive /əpínjənèitiv/ [形] **1** 意見の, 意見に関する[から成る]. **2** ＝opinionated.

opínion pòll [名] [C] 世論調査. 「の汁」]

†**o·pi·um** /óupiəm/ [名] [U] アヘン. [＜ギリシア語「ケシ↑

ópium dèn [名] [C] アヘン吸飲所[窟(くつ)].

ópium èater [名] [C] アヘン常用者.

o·pos·sum /əpásəm|əpɔ́s-/ [名] [C] 〖動〗オポッサム, フクロネズミ, (possum) 《北米南部・中米・南米産; 夜行性の有袋動物; 驚くと死んだふりをする》. [北米先住民語↓

opp. opposite. 「白い動物」]

***op·po·nent** /əpóunənt/ [名] (複 **〜s** /-ts/) [C] (試合, 議論などの)**相手**, 対抗者, 敵; 反対者; ([類語] 紛争, 競争, 論争などの反対側にいる相手を指す; →adversary; antagonist, enemy, foe, rival). I beat my 〜 by three points. 私は 3 点差で相手に勝った. a strong 〜 of a tax increase 増税に猛反対する人.

> 連結 a formidable [a worthy; a determined, a resolute, a staunch; an avowed; an ardent, a bitter, a fierce, a vehement, a violent] 〜

[＜ラテン語 (*oppōnere* 'oppose' の現在分詞)]

‡op·por·tune /àpərt(j)úːn ㊥|ɔ́pətjùːn/ 形 〖章〗(時間が)都合のいい; (時間的に)適切な, 時宜を得た; 〈*for* ..に〉. There won't be a more 〜 time *for* getting the work done. その仕事を片付けるのにこれ以上好都合な時はないだろう. an 〜 notice タイミングのいい通知. [＜ラテン語「(風向きが)港の方へ」(＜ob-＋*portus* 'port')] ▷**〜·ly** 副 折よく, タイミングよく.

op·por·tun·ism /àpərt(j)úːniz(ə)m|ɔ̀pətjúːn-/ 名 Ⓤ 日和見主義, ご都合主義.

‡op·por·tun·ist /àpərt(j)úːnist|ɔ̀pətjúː-/ 名 Ⓒ 日和見主義者, ご都合主義者.

‡op·por·tu·ni·ty /àpərt(j)úːnəti|ɔ̀p-/ 名 (複 **-ties** /-z/) ⓊⒸ **機会**, 好機, チャンス, 〈*for* ..の〉; 機会, チャンス, 〈*of* doing /*to* do ..する〉; (出世などの)見込み; (類語 機会の意味の一般的な語; →break, chance, occasion, opening¹). equal [equality of] 〜 機会均等. the land of 〜 (成功の)機会に満ちた国《かつて, 移民たちにとっての米国がその例》. at the first [earliest] 〜 機会があり次第. speak in English at every 〜 機会がありさえすれば英語で話す. a good 〜 ⌊*to* try [*for* try*ing*] the new ice skates 新しいスケート靴を試すいい機会. I don't have much 〜 *of* [*for*] travel*ing* these days. 近ごろは旅行する機会があまりない. a business 〜 商機[ビジネスチャンス]. Job *opportunities* are diminishing now. 今は雇用[就業]機会が減っている. a job with few *opportunities* 将来の見込みの少ない仕事.

> 連結 a golden [a rare, a unique; a lost] 〜 // give [offer, provide; find; grab, grasp, seize; lose, miss] an 〜 // an 〜 arises [presents itself]

O

tàke the opportúnity (of dóing [to dó]) (..する)好機をつかむ. I *took the* 〜 *of* call*ing* on my old friends while I was in Paris. 私はパリ滞在中に機会を利用して旧友たちを訪ねた. I would like to *take this* 〜 *to* thank.. この機会を利用して..に感謝の気持ちを表したい.

op·pós·a·ble 形 反対できる, 対立しうる; 抵抗できる.

oppòsable thúmb 名 Ⓒ (同じ手の)他の指と向き合わせにできる親指《人類の親指》.

‡op·pose /əpóuz/ 動 (**-pos·es** /-əz/|過 過分 **〜d** /-d/|**-pos·ing**) 他 **1** ⅥⓄ (〜 X/*doing*) X に/..することに**反対する**; に反抗[敵対, 対立]する, (類語 oppose は人の意見, 圧力などに抵抗する意味で一般的な語, resist, withstand ほど意味は強くない; →object). 〜 a bill [plan] 議案[計画]に反対する. 〜 the enemy [dictator] 敵[独裁者]に反抗する. The mayor 〜*d* ⌊the construction of [construct*ing*] a new airport. 市長は新空港の建設には反対だった.

2 に抵抗する, を妨害する; 〖章〗に対抗する. A barbed wire fence 〜*d* our advance. 有刺鉄線の柵(さく)が我々の前進を阻んだ. Is anyone *opposing* him in the election? 選挙で彼に対抗する者がだれかいるのか.

3 を対照させる; を対立させる; 〈*against, to* ..に対して〉. 〜 light and shadow in a picture 画面で光と影を対照させる. The businessman 〜*d* risks *to* profits, and decided to take a chance. その実業家は利益と危険をはかりにかけて, 一か八かやってみようと決心した.

oppóse onesèlf to.. 〖章〗..に反対する.

[＜古期フランス語＜ラテン語 *oppōnere*「対立させる」(＜ob-＋*pōnere*「置く」)]

‡op·pósed 形 向かい合った; 反対の, 対立する. two 〜 opinions 2つの対立する意見.

as oppósed to.. ..に対立するものとして(の), とは対照的に. expenditure *as* 〜 *to* income 収入に対しての支出.

be oppósed to.. ..に反対である, と対抗する; ..に対立する. Hope *is* diametrically 〜 *to* fear. 希望は不安の正反対である. His mother *is* 〜 *to* his riding a motorcycle. 彼の母親は彼がオートバイに乗ることに反対している.

‡op·pós·ing 形 〈限定〉反対の, 対立する, 〔見解, 傾向など〕; 対抗する, 反対側の, 敵対する, 〔チーム, 勢力など〕.

‡op·po·site /ɑ́pəzət|ɔ́p-/ 形 Ⓒ **1 反対側の[で]**, 向こう側の[で], 〈*to* ..の〉; 向き合って(いる) 〈*to* ..と〉. on the 〜 side of the street [river] 通りの向こう側[川の向こう岸]に. the 〜 page 反対側のページ. The house is 〜 *to* the post office. その家は郵便局の向かい側である. The old couple sat at 〜 ends of the table. 老夫婦は, テーブルの両端に向かい合って座った. Mr. and Mrs. White live in the house 〜. ホワイト夫妻は向かいの家に住んでいる (★この例のように opposite は名詞の後に置かれることもある). **2 反対の[で]**, 逆の[で], 背中合わせの, 〈*to* ..と〉(類語 2つのものが位置, 立場, 性格, 主張, 考えなどで相いれないとか反対であることを示す; →contrary). the 〜 sex 異性. words of 〜 meanings 反意語. go in the 〜 direction 反対の方向に行く. a thing 〜 *to* [*from*] what one expected 期待していたのと反対のもの. Black is 〜 *to* white. 黒は白に対して正反対である.

◇動 oppose 名 opposition

—— 名 Ⓒ **反対の人[もの, 事]**. I thought quite the 〜. 私は全く逆に考えた. Darkness and daylight are 〜*s*. 暗黒と昼の光は反意語である.

—— 前 **1 ..に向き合って**, の反対 ⌊側[方向]に. the house 〜 mine 私の家の向かいの家. The waiter stood 〜 him. ウェイターは彼と向き合って立っていた. The stationer's shop is 〜 the school. その文房具店は学校の向かい側にある. take a seat 〜 ..の向かいに座る[席をとる]. **2** 〔俳優〕の相手役として. appear 〜 John Wayne ジョン・ウェインの相手役として出演する.

—— 副 向こう側に, 反対の位置[方向]に, 〈*to* ..の〉. The man sitting 〜 (*to* us) was my teacher. (私たちの)向かい側に座っていた男性は私の先生だった.

[＜ラテン語 (*oppōnere* 'oppose' の過去分詞)]

▷**〜·ly** 副 **〜·ness** 名

òpposite númber 名 Ⓒ 〈普通, 単数形で; one's 〜〉 (他の職場などの)対等の(地位にある)人 (counterpart).

***op·po·si·tion** /ɑ̀pəzíʃ(ə)n|ɔ̀p-/ 名 **1** Ⓤ **反対**, 対立, 敵対; 抵抗; 〈*to* ..に対する〉. keen 〜 *to* high taxes 重税に対する猛反対. in 〜 *to* ..に反対して. offer determined 〜 *to* ..に断固として反対する. His plan met (with) 〜. 彼の計画は反対に遭った.

> 連結 strong [fierce, stiff, vigorous, violent; direct; open] 〜 // arouse [encounter; overcome] 〜

2 Ⓒ 〈普通, 単数形で; 単複両扱い〉〈the 〜〉《数に関係なく》反対する者, ライバル; 相手チーム; 〈しばしば the O-〉反対党, 野党. The 〜 is [are] training hard for the match against us. 相手チームは, 我々との対戦に備え猛練習中だ. be in 〜 野党[在野]である. the 〜 parties 野党 (↔the ruling party). Her [His] Majesty's *Opposition* 〖英〗'陛下の反対党'《野党を指す; その存在を重要視した表現》. **3** ⓊⒸ 〖章〗向かい合わせ; 正反対; 対照, 対比. the 〜 between 'fair' and 'foul'「きれい」と「きたない」の対立(する概念).

◇動 oppose 形 opposite [opposite, -ion]

***op·press** /əprés/ 動 (**〜·es** /-əz/|過 過分 **〜ed** /-t/|**〜·ing**) 他 **1** を**圧迫する**, 弾圧する, 虐げる. 〜 the poor

貧者を虐げる. **2** 〖主に雅〗に**重圧感を与える**, を悩ます, をふさぎ込ませる, 〈普通, 受け身で〉. be ~*ed* by [with] anxiety 心配でふさぎ込む. feel ~*ed* by [with] the heat 暑さにうだる. It ~*es* me to hear of her loneliness. 彼女が孤独だと聞くと私の気持ちは重くなる.
[<ラテン語「押さえつける」(<ob-+*premere* 'press')]

op·pressed 形 虐げられた〔人, 階級など〕; 〈名詞的に; the ~〉 虐げられた人々.

***op·pres·sion** /əpréʃ(ə)n/ 名 (複 **~s** /-z/) **1** U **圧迫**(する[される]こと), 弾圧; 圧制; 虐待. political ~ 圧政. groan under ~ 圧制のもとに苦しむ. **2** aU 圧力になるもの, 心の重荷, 苦痛; 憂うつ, うっとうしさ. A deep ~ of spirits came over him. 非常に重苦しい気分が彼を襲った.

***op·pres·sive** /əprésiv/ 形 m **1 圧制的な**, 弾圧的な; 過酷な. an ~ ruler 圧制的な支配者, 暴君. **2** 〔雰囲気, 天候などが〕重苦しい, 息の詰まるような, うっとうしい. a day of ~ heat うだるような暑さの日. ▷ **~·ly** 副 弾圧的に; 重苦しく; 耐えがたいほどに. **~·ness** 名

†**op·pres·sor** /əprésər/ 名 C 圧制[弾圧]者, 暴君.

op·pro·bri·ous /əpróubriəs/ 形 〖章〗〔特に, 言葉が〕侮辱的な, 無礼な, (abusive). use ~ language (口汚い)無礼な言葉を使う. ▷ **~·ly** 副

op·pro·bri·um /əpróubriəm/ 名 U 〖章〗汚名, 不面目, 不名誉, (disgrace); 非難, 悪評. [ラテン語]

ops. 〖話〗operations (軍事行動[作戦]).

op·so·nin /ápsənin|ɔ́p-/ 名 U 〖生化〗オプソニン《血清中にある物質でバクテリアの力を弱める》.

†**opt** /apt|ɔpt/ 動 自 VA (**~ *for*../*to do***) ..を/することを選ぶ, 選択する, (類語 普通, 物でなく進路や行為の選択に用い, 有益かどうか考慮した上での選択を暗示する; →choose). The conservatives finally ~*ed for* Kennedy. 保守主義者たちは結局ケネディを選んだ. I ~*ed to* go abroad instead of staying home. 私は国内にいるより外国へ行く方を選んだ. ◇名 option

***òpt óut* (*of*..)** 〖話〗(..への)不参加を選ぶ, (..から)脱退する, 手を引く. I'd like to ~ *out of* the project. その計画からは手を引きたい.
[<ラテン語 *optāre*「選ぶ, 望む」]

op·ta·tive /áptətiv|ɔ́p-/ 形 〖文法〗願望を表す. an ~ sentence 願望文.

‡**op·tic** /áptik|ɔ́p-/ 形 〈限定〉目の, 視力の, 視覚の. the ~ nerve 視神経.

†**op·ti·cal** /áptik(ə)l|ɔ́p-/ 形 〈限定〉**1** 視覚の, 視力の; 視力を助ける. an ~ illusion 目の錯覚. **2** 光学(上)の. an ~ instrument 光学器械. [<ギリシア語「視覚の, 光の」] ▷ **~·ly** 副

óptical àrt 名 =op art.

òptical cháracter rèader 名 C 〖電算〗光学式文字読取り装置《略 OCR》.

òptical cháracter recognìtion 名 U 〖電算〗光学式文字認識《略 OCR》.

òptical dísk 名 =laser disk.

òptical fíber 名 UC 光ファイバー.

òptical scánner 名 C 〖電算〗光学走査器.

op·ti·cian /ɑptíʃ(ə)n|ɔp-/ 名 C **1** 光学器械商, 眼鏡商, (→oculist). **2** 〖英〗検眼士 (optometrist).

‡**óp·tics** /-s/ 名 〈単数扱い〉光学.

op·ti·ma /áptəmə|ɔ́p-/ 名 optimum の複数形.

op·ti·mal /áptəm(ə)l|ɔ́p-/ 形 =optimum.

†**op·ti·mism** /áptəmìz(ə)m|ɔ́p-/ 名 U 楽天主義, 楽観, (↔pessimism). No ~ is warranted. 楽観は許されない. His cheery ~ about this problem will ruin him. 彼はこの問題を陽気に楽観していると身を滅ぼすことになる.

連結 boundless [unreserved; unflagging; unshakable; incurable; blind; cautious] ~

[optimum, -ism]

†**op·ti·mist** /áptəmist|ɔ́p-/ 名 C 楽天主義者, 楽天家, (↔pessimist).

***op·ti·mis·tic** /àptəmístik|ɔ̀p-/ 形 m **楽天的な**, 楽観的な, 楽天主義の, のんきな, 〈*about* ..について〉(↔pessimistic). You are a bit ~ *about* your future. 君は自分の将来についていささかのんきだ. I am ~ that business will soon pick up. 景気は間もなく良くなると私は楽観している. It's ~ to think that the economy will improve rapidly. 経済が急速に好転すると思うのは甘い. ▷ **op·ti·mis·ti·cal·ly** /-k(ə)li/ 副

op·ti·mize /áptəmàiz|ɔ́p-/ 動 他 を最も効果的にする, 完全にする.

†**op·ti·mum** /áptəməm|ɔ́p-/ 〖章〗名 (複 **optima, ~s**) C (成長, 繁殖などの)最適条件.
── 形 〈限定〉最適の, 最善の, 最高の. ~ conditions 最適条件. an ~ temperature for hatching 孵(ふ)化に最適の温度. [ラテン語「最善」]

***op·tion** /ápʃ(ə)n|ɔ́p-/ 名 (複 **~s** /-z/) **1** UC **選択**(権), 選択の自由, 〈*to* do, *of* do*ing* ..することの〉. at one's ~ 随意に. take an easy ~ 安易な選択をする (→soft option). He had no ~ but *to* go. 彼は行かざるを得なかった. We have the ~ *of* giv*ing* an oral report or tak*ing* a written exam. 我々は口頭で発表しても筆記試験を受けてもどちらでもよいことになっている.
2 C (**a**) 選択可能なもの[事]; オプション《好みで選べる標準装備以外の部品》. consider every ~ before deciding 決定する前に選択できるすべてを考慮する.
(**b**) 〖英〗選択科目.
3 C 〖商〗選択(売買)権, オプション, 〈*on* ..に対する〉《権利金を払って一定期限内に一定価格で自由に売買できる権利》. You have a week's ~ *on* the land. あなたはその土地について 1 週間の選択売買権がある.
kèep* [*lèave*] *one's óptions òpen 選択の自由を残しておく, 慌てて選択を行わない.
[<ラテン語「自由選択」(<*optāre* 'opt')]

†**op·tion·al** /ápʃ(ə)nəl|ɔ́p-/ 形 随意の, 任意の, 〔科目などが〕選択の, (〖主に米〗elective; ↔compulsory, obligatory). an ~ subject 選択科目. Dress ~. 服装随意《パーティーなどの招待状に添えられる注意》. ▷ **~·ly** 副

op·tom·e·ter /aptámətər|ɔptɔ́m-/ 名 C 視力測定装置.

op·tom·e·trist /aptámətrist|ɔptɔ́m-/ 名 C 検眼士, 視力測定者.

op·tom·e·try /aptámətri|ɔptɔ́m-/ 名 U 検眼, 視力測定. ▷ **òp·to·mét·ri·cal** /-təmétrik(ə)l/ 形

op·u·lence /ápjələns|ɔ́p-/ 名 U 富; 豊富さ.

op·u·len·cy /ápjələnsi|ɔ́p-/ 名 =opulence.

‡**op·u·lent** /ápjələnt|ɔ́p-/ 形 〖章〗**1** 富んだ, 富裕な. an ~ gift 高価な贈り物. an ~ life style 贅沢(ぜいたく)なライフスタイル. **2** 豊富な, 豊かな, 繁茂した, (abundant). ~ hair 豊かな髪. **3** 飾り立てた, 豪華(ごうか)な. an ~ home 豪奢(ごうしゃ)な住宅.
[<ラテン語 *ops*「力, 富」] ▷ **~·ly** 副

‡**o·pus** /óupəs/ 名 (複 **opera, ~es**) C 〈普通, 単数形で〉**1** 〈しばしば O-〉音楽作品《普通, 出版順に番号の入っている作品; 略 op., Op.》. Beethoven *op.*73 ベートーヴェン作品 73. **2** 〖章〗〈一般に〉芸術作品, 文学作品. an ~ magnum=a magnum ~ 大作, 主要作品.
[ラテン語「仕事, 作品」]

OR operations research; 〖郵〗Oregon.

‡**or**[1] /ər, 強 ɔːr/ 接 **1 ..か又は..**, ..かあるいは..; 〈否定文で〉..も..も(ない). in one *or* two days=in a day *or* two 1 日か又は 2 日以内に, 一両日中に. be without money *or* power 金も権力もない. She did*n't* sing *or* dance. 彼女は歌いも踊りもしなかった (=She *neither* danced *nor* sang.) (★肯定文なら She (both) sang *and* danced. のように and を使う). Do you know it *or* not? それをご存じですか; ご存じではありません

か. Which do you like better, tea *or* coffee? お茶とコーヒーとどちらが好きですか. If you touch me *or* anything, I'll scream. 私に触るか何かしたら叫び声を上げますよ.

> 語法 (1) or の前後に置くものは, 文法的に対等の語[句, 節]: black *or* white (黒か白); he *or* I (彼か私); To be, *or* not to be: that is the question. (生きているか死ぬか, それが問題だ) (2) 対等の語句 3 つ(以上)が or で連結される時は X, Y(,) *or* Z とも, X *or* Y *or* Z ともする. (3) 述語動詞は最も近い語の人称・数と一致する: You *or* I am to go. (あなたか私が行くことになっている) Are you *or* I to go? (あなたか私が行くのですか); ただし Are you *or* is he to go there? (あなたがそこに行くことになっているのですか, それとも彼がですか)のような場合は, 普通 Are you to go there *or* is he? という構文が選ばれる. (4) 選択疑問の場合は or の前は上昇調, 後は下降調で発音し or は /ɔːr/ と強形で発音する; この場合の返事には Yes, No は使わない: Would you like tea↗*or* coffee↘? (お茶が飲みたいですか, それともコーヒーを飲みたいですか) (5) これに対し Would you like tea *or* coffee↗? のように tea or coffee を一まとめにして上昇調で発音し, or は /ər/ と弱形で発音すると「お茶かコーヒーでも飲みますか(, それとも何もいりませんか)」の意味になり, 一般疑問と同じく Yes, No で答えられる.

2 (**a**) すなわち, 別の言葉で言えば, 言い換えれば, (★or の前に普通コンマを置く). a vaccine against hydrophobia *or* rabies 狂水病, すなわち狂犬病のワクチン. Sumo, *or* Japanese wrestling, dates back hundreds of years. 相撲, すなわち日本式のレスリングの起源は何百年も昔にさかのぼる. Twenty-four pupils in my class, *or* as many as 60%, have once been abroad. 私のクラスのうち 24 人, すなわち 60% もの生徒が外国へ行った経験がある. (**b**)〈前言を考え直して〉いや... He hit three home runs in the game—*or* did he? 彼はその試合でホームランを 3 本打った. いや, そうだったかな (★下降調で or did he↘? と発音する). She is, *or* was, a singer. 彼女は歌手です, いや, でした.

3〈命令文などの後で, しばしば else を伴って; →or ELSE〉**さもないと** (→and 11). Hurry, *or* (else) you'll miss the train. 急ぎなさい, さもないと列車に遅れますよ. You'd better go, *or* you'll be sorry. 行った方がいい, でないと後悔するよ.

4〈譲歩を表す句〉**..でも..でも**, ..であれ..であれ. sooner *or* later 遅かれ早かれ. Rain *or* no (rain), we'll play football tomorrow. 雨であろうとなかろうと我々はあしたフットボールをする. All men, rich *or* poor, have equal rights under the law. 金持ちでも貧乏人でもすべての人は法の下で平等の権利を持っている.

5〘詩〙〈or (=either) X or Y の形で〉X かそれとも Y か.

éither..or.. →either 接.

or élse →else.

or ràther もっと正確に言えば, もとい,《前言をより正確に言い直したり訂正する時に用いる》. She agreed, *or rather* she didn't disagree. 彼女は同意した, というよりはむしろ異議を唱えなかった.

****..or sò*** ..ばかり, ..かそこら. two hours *or so* 2 時間ばかり. Please buy a dozen *or so* postal cards. はがきを 1 ダースかそこら買ってください.

or sómebody [***sómething, sómewhere***]〘話〙..かだれか[何か, どこか] (★疑問文・否定文などでは or *any*body などになる→1 の最後の例). He is a detective *or something*. 彼は刑事か何かだ.

sòme..or óther →some.

****or twó***〈単数名詞に続けて〉**1 つか 2 つ**, 1, 2. in a day *or two* 一両日で, 一両日中に.

[<中期英語(接 として用いられた other の縮約)]

or[2] /ɔːr/〘古〙接〈普通 or ever, or ere で〉..(する)より前に. —— 前 ..の前に, に先立って.

-or[1] /ər, まれ ɔːr/ 接尾〈動詞に付けて行為者の名詞を作る〉「..する人, 物」の意味. sail*or*. elevat*or*. [ラテン語 *-or*]

-or[2] /ər/ 接尾 「動作」,「状態」,「性質」などの意味の名詞を作る. terr*or*. harb*or*. ★〘英〙では harb*our*, hon*our* など -our とつづる語がある. [古期フランス語 *-our* (<ラテン語 *-or*)]

or·a·cle /ɔ́ːrək(ə)l|ɔ́r-/ 名 C **1** (古代ギリシア, ローマの)神託, 託宣. **2** (古代ギリシア, ローマの)神託を告げる場所; (エルサレム神殿内の)至聖所. **3** (古代ギリシア, ローマの) (神託を告げる)みこ, 祭司. **4**〈時に皮肉〉ご託宣を下す人, 賢人.

wòrk the óracle〘話〙(裏工作などをして)うまくやる《僧侶などに贈賄して神託に工作を加えてもらうことから》.

[<ラテン語「神のお告げ」(<*ōrāre*「話す」)]

o·rac·u·lar /ɔːrǽkjələr|ɔr-/ 形 **1** 神託の(ような). **2** 意味が分かりにくい, なぞめいた. ▷ **~·ly** 副

‡**o·ral** /ɔ́ːrəl/ 形 ⓒ **1 口頭の**, 口述の[による]. an ~ examination 口述試験. the ~ method (外国語の)口頭教授法, オーラルメソッド. **2**〘主に医〙口の, 口部の; 〔薬が〕経口の. the ~ cavity 口腔(こう). ~ hygiene 口腔衛生. an ~ contraceptive 経口避妊薬, ピル. an ~ surgeon 口腔外科医;〘米〙歯科医. **3**〘精神分析〙口唇(こうしん)(愛)期の (→genital 2). —— 名 C〈〘米〙ではしばしば ~s〉(特に, 外国語の)口述試験.

[<ラテン語「口(ōs)の」] ▷ **~·ly** 副 口頭で, 口述で; 経口で.

òral hístory 名 U 口述歴史《史実関係者の口述による資料による》.

òral séx 名 U オーラルセックス《口を使って行う; fellatio, cunnilingus など》.

òral socíety 名 U (文字を持たない)口頭社会.

òral súrgery 名 U〘医〙口腔(こう)外科.

‡**or·ange** /ɔ́ːrəndʒ|ɔ́r-/ 名 (複 **-ang·es** /-əz/) **1** C〘植〙**オレンジ**《柑橘(かんきつ)類の果物の総称》; その木 (orange tree). a navel ~ ネーヴルオレンジ. a sour [bitter] ~ ダイダイ. **2** U **オレンジ色**, ダイダイ色. **3** UC オレンジジュース. —— 形 オレンジ(色)の, ダイダイ(色)の. an ~ grove オレンジ畑. ~ juice オレンジジュース. an ~ ribbon オレンジ色のリボン. [<サンスクリット語]

or·ange·ade /ɔ̀ːrəndʒéid|ɔ̀r-/ 名 U オレンジエード《オレンジの果汁に砂糖と水を加えた気泡性飲料》.

órange blòssom 名 UC オレンジの花《白色; 純潔の象徴として結婚式で花嫁の頭に付けたり花束にする》.

Or·ange·man /ɔ́ːrəndʒmən|ɔ́r-/ 名 (複 **-men** /-mən/) C **1** オレンジ党員《1795 年に結成されたアイルランド北部のプロテスタント秘密結社の一員》. **2** 北アイルランドの新教徒.

órange pèel 名 UC オレンジの皮《マーマレードにしたり砂糖漬けにする》.

òrange pékoe 名 U オレンジペコー《インド・スリランカ産の高級紅茶》.

or·ange·ry /ɔ́ːrəndʒri|ɔ́rəndʒəri/ 名 (複 **-ries**) C オレンジ畑; (寒冷地での)オレンジの温室.

órange squàsh 名 UC〘英〙オレンジスカッシュ.

órange stìck 名 C (オレンジの木を削った)マニキュア棒.

o·rang·(o)u·tan, -ou·tang /ɔːrǽŋutæ̀n|ɔːræ̀ŋuːtǽn/, /-utæ̀ŋ|-uːtǽŋ/ 名 C〘動〙オランウータン《ボルネオ・スマトラ産の類人猿; →gorilla, chimpanzee》. [<マレー語「森の人」]

o·rate /ɔːréit, ⌐⌐|⌐⌐/ 動 自〘戯〙演説する, 演説口調で話す. [<*ora*tion]

o·ra·tion /əréiʃ(ə)n/ 名 C (公式の, 又改まった)演説; 式辞. 類語 儀礼の場などで, 内容よりも雄弁を誇示する美文調の speech. [<ラテン語「話, 熱弁」(<*ōrāre*「話

す」)〕「弁家.

†**or·a·tor** /ɔ́ːrətər|ɔ́r-/ 名 C 演説者, 講演者; 雄↑

†**or·a·tor·i·cal** /ɔ̀ːrətɔ́ːrik(ə)l|ɔ̀rətɔ́r- ⑱/ 形 〖章〗 **1** 演説の, 雄弁の. an ~ contest 弁論大会. **2** 〖時に軽蔑〗演説家(風)の; 美辞麗句を連ねた. ▷ **~·ly** 副 演説風に.

or·a·to·ri·o /ɔ̀ːrətɔ́ːriòu|ɔ̀r-/ 名 (複 **~s**) UC 〖楽〗 オラトリオ, 聖譚(たん)曲, 《聖書に基づく劇詩を管弦楽の伴奏で独唱[合唱]する楽曲》. [イタリア語 'oratory²'; 最初の演奏場所から]

†**or·a·to·ry**¹ /ɔ́ːrətɔ̀ːri|ɔ́rət(ə)ri/ 名 U **1** 雄弁[弁論]術. **2** 〖時に軽蔑〗(美辞麗句を連ねた)能弁. [<ラテン語「雄弁の(技術)」]「テン語「祈る場所」]

or·a·to·ry² 名 (複 **-ries**) C (付属)小礼拝堂. [<ラ↑

orb /ɔːrb/ 名 C **1** 〖章〗球(体). **2** 〖章〗天体《太陽, 月, 星など》. **3** 〖詩〗〈普通 ~s〉(美女の)まなこ, 明眸(ぼう). **4** 十字架の付いた宝珠《王権の標章; →regalia 図》.

—— 動 他 **1** を円形[球状]にする. **2** 〖古〗を取り囲む. [<ラテン語 *orbis*「輪, 円」]

***or·bit** /ɔ́ːrbət/ 名 (複 **~s** /-ts/) **1** UC (天体, 人工衛星, 電子などの)**軌道**(の 1 周). put an artificial satellite in [into] ~ around the earth 人工衛星を地球を回る軌道に乗せる. The rocket made ten ~*s* of the earth. ロケットは地球を 10 周した. **2** UC 〈普通, 単数形で〉勢力[活動]範囲. Acoustics is not within the ~ of my department. 音響学は私の専門分野からは外れている. **3** C 〖解剖〗眼窩(か) (eye socket).

—— 動 他 〔人工衛星〕を軌道に乗せる; 〔天体〕の周囲を軌道を描いて回る. Neptune ~*s* the sun. 海王星は太陽の周囲を回る. —— 自 軌道を描いて回る, 〔人工衛星が〕軌道に乗る.

[<ラテン語 *orbita*「(車の)わだち, 道」(<*orbis* 'orb')]

or·bit·al /ɔ́ːrbətl/ 形 軌道の; 〔道路が〕都市の周囲を環状に通る.

ór·bit·er 名 C 軌道を回るもの; 人工衛星.

orc, or·ca /ɔːrk/, /ɔ́ːrkə/ 名 C 〖動〗サカマタ, シャチ,↓

orch. orchestra. ⌊(killer whale).

***or·chard** /ɔ́ːrtʃərd/ 名 (複 **~s** /-dz/) C **果樹園** (類語 特に柑橘(かんきつ)類以外の果樹園をいう; →grove 2); 〈集合的〉(果樹園の)果樹. apple ~*s* リンゴ園. [<古期英語「(囲いのある)庭, 果樹園」(?<ラテン語 *hortus* 'garden'+古期英語 *geard* 'yard')]

‡**or·ches·tra** /ɔ́ːrkəstrə, -kes-/ 名 (複 **~s** /-z/) C **1** 〈単数形で複数扱いもある〉**オーケストラ**, 管弦楽団. play the cello in an ~ 管弦楽団でチェロを弾く. **2** =orchestra pit. **3** 〖米〗(劇場の) 1 階席; 〈特に〉舞台近くの特別席 (〖英〗~ stalls). [ギリシア語「(合唱隊の)踊る場所」]

or·ches·tral /ɔːrkéstrəl/ 形 オーケストラ(用)の.

órchestra pìt 名 C オーケストラ席《劇場で舞台の手前の一段低い場所》.「tra 3.

órchestra stàlls 名 〈複数扱い〉〖英〗=orches-↑

†**or·ches·trate** /ɔ́ːrkəstrèit/ 動 他 **1** 〔曲〕を管弦楽用に編曲する. **2** 〈しばしばけなして〉(内輪の裏工作などで)を入念に準備する, 巧妙に画策[操作]する. The political campaign was brilliantly ~*d*. その政治運動は巧みに演出されていた. ▷ **òr·ches·trá·tion** 名 U 管弦楽編曲(法); C 管弦楽組曲.

or·chid /ɔ́ːrkəd/ 名 **1** C 〖植〗ラン(の花)《特に熱帯性の温室栽培のもの; →orchis》. **2** U 淡紫色. —— 形 淡紫色の. [<近代ラテン語(<orchis)]

or·chis /ɔ́ːrkəs/ 名 C 〖植〗ラン《特に, 野生のもの; →orchid》. [ギリシア語「睾丸」; 球根の形から]

†**or·dain** /ɔːrdéin/ 動 他 **1** 〖宗〗**(a)** を牧師に任命する. **(b)** VOC (~ X Y) X に Y(聖職)を授ける, X を Y(牧師など)に任命する. be ~*ed* priest in the Church of England 英国国教会の牧師に任命される. **2** 〖章〗**(a)** VO (~ X/*that* 節) 〔神, 宿命, 法律などが〕X を/..ということを定める, 規定[制定]する; 命じる. He ~*ed that* the ban on exports be lifted. 彼は輸出禁止を解くように命じた. **(b)** VOC (~ X *to do*) X が..するように定める. Fate has ~*ed* us *to* meet [~*ed that* we meet] here. 我々はここで出会う運命にあった.

[<ラテン語「整える, 任命する」(<*ordō* 'order')]

†**or·deal** /ɔːrdíːl/ 名 **1** C 厳しい試練, 苦しい体験. **2** U 神明裁判《昔ゲルマン民族の間で行われた罪人判別法で, 古代日本の探湯(くかたち)に当たる》. [<古期英語「審判, 判決」]

‡**or·der** /ɔ́ːrdər/ 名 (複 **~s** /-z/) 【順序】 **1** U **順序**, 順番; 配列; 〖文法〗語順 (word order). in alphabetical [chronological, numerical] ~ アルファベット[年代, 番号]順に[の]. in ~ of age [height] 年齢[身長]順に. The three tallest boys in this class are John, Tom and Fred, in that ~. この組の一番背の高い 3 人の男子は, 高い順にジョン, トム, フレッドだ.

【正しい順序>秩序】 **2** U **整頓**(とん); (正常な)状態; (良好な)調子; (→成句 in ORDER (2), (3), out of ORDER (2)) (↔disorder); 〈形容詞をつけて〉..な状態, 調子. leave [retire, retreat] in good ~ (周囲の騒ぎをよそに)平然と退場する.

3 U (社会的)**秩序**, 治安; 規律; (↔disorder). public ~ 公安. restore peace and ~ 安寧秩序を回復する. You should have ~ in your life. 生活は規律正しくすべきだ. The police kept ~ during the big fire. その大火の間警察が秩序維持に当たった. →law and order.

4 C 〈単数形で〉(社会[政治])体制, 体系, 組織. the present economic ~ 現在の経済体制. the emergence of a new world ~ after the collapse of the USSR ソ連崩壊後の新しい世界体制の出現.

5 U 自然界の理法, 摂理, 条理. the ~ of nature [things] 自然界[万物]の摂理.

【秩序を保つ手段】 **6** U (会議などの)慣行; 規則, 議事規則. speak to ~ 議事規則にのっとって話す (call..to ~ →成句). *Order! Order!* 規則違反!, 静粛に!, 《議員に議事規則遵守を要求する議長などの声》.

7 C 〈the ~〉宗教的儀式; 〈普通 ~s〉聖職叙任(式). the ~ of Holy Baptism 洗礼式.

【(秩序を求める)指示>命令】 **8** C 〈しばしば ~s〉**命令**, 指図, 指令, 〈*to* do, *that* 節 ..せよとの〉. →a court order. obey an ~ *to* halt 止まれという命令に従う. I don't take ~*s* from you. 君なんかから指図されるのはごめんだ. under the ~*s* of a colonel 陸軍大佐の命令を受けて. I am under ~*s to* search your house. 私はあなたの家を捜索するように命令を受けている. The Mayor gave ~*s* ⌊*that* the streets (should) [*for* the streets *to*] be kept more clean. 市長は街路をもっと清潔に保つよう指令した (→should 6 語法). *Orders* are ~*s*. 命令は命令だ《文句なしに従わねばならない》.

> 連結 a direct [an explicit, an express; a specific] ~ // receive [issue; carry out, execute; cancel, revoke; defy, disregard, violate] an ~

【取引上の指示】 **9** C **注文** 〈*for* ..の〉; 注文書; 〈集合的〉注文品; (レストランでの)注文(料理). make an ~ *for* a cup of coffee コーヒーを 1 杯注文する. give out [cancel] an ~ 注文を発する[取り消す]. fill an ~ 注文に応じる. four ~*s* of fried chicken 4 人前のフライドチキン. May [Can] I have [take] your ~, please? (レストランなどで)ご注文は? I placed [made] an ~ with them *for* a tea set. 私はあの店に紅茶道具一式の注文を出した. →standing order.

10 C 郵便為替, 為替手形; 指図書. buy a $500 money ~ at the post office 郵便局で 500 ドルの為替

O

を組む. an ～ to view (家屋などの)下見指図書《不動産業者が書く》.

【順序＞階級, 集団】 **11** Ⓒ 〖章〗社会階級; 〈しばしば ～s〉〖旧・軽蔑〗(ある)社会階級の人たち. all *～s* of society 社会のすべての階級. the military ～ 軍人社会. the higher [lower] *～s* 〖英旧〗上層[下層]階級の人たち.

12 Ⓒ 教団, 修道会; 〖英史〗騎士団; 〈～s〉牧師職, 聖職; 聖職の位階; 聖職者たち, 修道士たち, (★〖英〗ではしばしば単数形で複数扱い). the Franciscan ～ フランシスコ修道会. take [be in] (holy) *～s* 聖職に就く[在る].

13 Ⓒ 団体, 結社. the *Order* of Masons＝the Masonic *Order* フリーメーソン結社. join a religious ～ 宗教団体に加わる.

14 Ⓒ 勲位, 勲章; 〈集合的〉勲爵士団. wear an ～ 勲章を帯びる. 参考 普通 the *Order of..* の形を取り, その勲位受章者は Bath 勲章を例とすれば Knight [Dame] Grand Cross (of the Bath) を最高とし, Knight [Dame] Commander (of the Bath) 及び Companion (of the Bath) の 3 等級がある.

【等級＞種類】 **15** Ⓒ 〖章〗等級; 程度; 種類. His work is usually of a high ～. 彼の仕事はいつも質が高い. a literary critic of the first ～ 第一級の文芸評論家. a budget reduction of this [that] ～ この[その]規模の予算削減. an ～ of magnitude 重大さの度合い.

16【複雑さの等級】 Ⓒ 〖数〗(微分方程式の)階数; (行列式の)次数; (有限群の)位数.

17 Ⓒ 〖生物〗目(もく)《class (綱(こう))と family (科)との中間; →classification 参考》. the ～ of primates 霊長目《哺乳綱の下位区分で, ヒト, サルなどが含まれる》.

【様式】 **18** Ⓒ 〖建〗(古代ギリシアなどの柱の)様式, 柱式. the ˌDoric [Ionic, Corinthian] ～ ドーリア[イオニア, コリント]柱式.

19 Ⓤ 〖軍〗隊形; 軍装. battle [close, open] ～ 戦闘[密集, 散開]隊形. marching ～ 行進隊形. review ～ 観兵式用の軍装. ◇形 orderly

by órder (of..) (..の)命令によって[従って].

càll..to órder (1)〔議長などが〕..に静粛[議事規則を守ること]を命じる. (2)〔会議など〕を開く, 開会を宣する. The meeting was *called to* ～ a little late. 少し遅れて開会が宣せられた.

****in órder*** (↔out of order) (1) **順序正しく[い]**. *in* regular ～ 正しい順序で. take things *in* ～ 物事を順に取り上げる. Someone moved these books; they're not *in* the right ～. だれかこの本を動かしたな, 順序が狂っている. (2) **整然と(して[した])**, きちんと(した). put [set] things *in* ～ 物を整頓(とん)する. be *in* bad [good] ～ 雑然[整然]としている. (3)〖章〗所定の手順を踏んで[だ]; 議事進行上の手続きを経て[た], 規則にかなって[た]. Nominations for treasurer are now *in* ～. 会計係選出の手続きはすっかり整っています. Isn't it *in* ～ to interrupt? 中途妨害するのは議事規則に反しませんか. Your passport is *in* ～. あなたのパスポートはˌ正規のもの[まだ有効]です. (4)〖章〗適切な, ふさわしい. I'm afraid your suggestion is not *in* ～ at this time. 君の提案は今は適当でないと思うのだが.

****in órder that a pèrson [a thìng] may [can] dó*** 〖章〗＝***in órder for a pèrson [a thìng] to dó*** 人[物]が..するために (語法 (1) so that a person [a thing] may do や for a person [a thing] to do よりも形式ばった言い方. (2) 主節と主語が同一の場合, in order to do で書き換えられる). I'll lend you the translation *in* ～ *that* you *may* [*in* ～ *for* you *to*] understand the original better. 君が原文がもっとよく分かるよう翻訳を貸してあげよう.

****in òrder to dó*** ..するために＝〖章〗***in órder that a person may [can] dó*** (語法 (1) 単なる to do よりも「目的」が強調される. (2) 主節と異なる主語を表すためには for＋(代)名詞を to do の前に入れる; →前項). They'd do anything *in* ～ˌ*to* win [*that* they *can* win]. 勝つために彼らはどんなことでもするだろう.

in rùnning [wòrking] órder 〔機械などが〕調子よく[よい]; 運転できるように整備されて. The typewriter is *in* perfect *working* ～. このタイプライターは手入れが完全に行き届いている.

in shòrt órder 直ちに, 早速, (quickly). cook a meal *in short* ～ 手っ取り早く食事を作る.

in [of] the órder of.. 〖英章〗＝on the ORDER of ..(2), (3).

on órder 注文して, 注文中[済み]で. two pairs of pants *on* ～ 注文中の 2 本のズボン.

on the órder of.. (1) ..の命令で. They set out for new lands *on the* ～ *of* the King. 彼らは王の命令で新しい土地を目指して出発した. (2) ..に似通った[て]. He has a mind *on the* ～ *of* a genius. 彼は天才にも似た知性を備えている. (3)〖米〗およそ.., 約.., (about) (★普通 be 動詞の後に用いる). His annual income is *on the* ～ *of* 50,000 dollars. 彼の年収はおよそ 5 万ドルです.

****out of órder*** (↔in order) (1) **順序がでたらめで, 乱れて**. The books on the bookshelf are *out of* ～. 棚の上の本は順序が狂っている. (2)〔機械などが〕**調子が悪くて[狂って]**, 故障して. The radio is *out of* ～. ラジオが故障している. My stomach is *out of* ～. 胃の調子が悪い. (3)〖章〗所定の手続きを踏まないで; 議事進行上の手続きを経ないで. (4)〖英話〗〔行動などが〕不適切な[で].

the òrder of the dáy (1) (会議などの)議事日程. (2) 当面の重大関心事; (時代の)風潮, (当今の)流行.

to órder 注文で[に応じて] 〔作られた, なされたなど〕. a jacket made *to* ～ オーダーメイドの上着.

── 動 (～s /-z/|過 過分 ～ed /-d/|～·ing /-riŋ/) 他

【整頓(とん)する】 **1** 〖章〗を(組織立てて)**整える**; を整理[整頓]する; を配列する, 分類する. ～ one's affairs [thoughts] 自分のˌ問題を処理する[考えを整理する]. ～ the authors' names alphabetically 著者名をアルファベット順に並べる. They *～ed* their lives carefully and took few risks. 彼らは注意して規律正しい生活をし危険を冒すことはあまりなかった.

【指示する】 **2** VO (～ X/*that* 節)〔神, 運命などが〕X と/..するように定める. The fates *～ed that* he (should) spend his old age alone. 彼は年老いて独り住まいをするように運命づけられていた.

3 (a) VO (～ X/*that* 節) **X を/..せよと命じる**; VOO (～ X Y) X に Y を命じる; (類語「命令する」の意味の最も一般的な語; →bid, charge, command, direct, enjoin 1, instruct 1). The chairman *～ed* silence. 議長は静かにせよと命じた. ～ an investigation into the murder case その殺人事件を調査するように命じる. The doctor has *～ed that* I (should) take a complete rest for a week.＝The doctor has *～ed* me a complete rest for a week.＝The doctor has *～ed* me *to* take a complete rest for a week. (→3 (b); should の省略については →should 6). 医者は私に 1 週間絶対安静にするようにと言った.

(b) VOO (～ X *to do*) X に..せよと命じる; VOC (～ X *to be done*) X を..せよと命じる; VOA 〔人〕に(..と)命じる. He *～ed* me *to* go out. 彼は私に出て行けと命じた. ～ the house (*to be*) pulled down 家を取り壊すように命じる (★to be を省くのは〖米〗). ～ a person *away* [home] 人に立ち去れ[家へ帰れ]と命じる. ～ a person *into* the house [room] 人に家[部屋]に入れと命じる. ～ a player *off* 選手に退場を命じる. ～ the police *out* to restore order 秩序回復のため警察に出動するように命じ

る.

4 (**a**) 〔品物〕を注文する 〈*from* ..に〉; (レストランなどで)〔料理〕を注文する. ~ dinner 食事を注文する. ~ a taxi タクシーを呼ぶ. ~ a special cake *from* the baker's パン屋に特製のケーキを注文する. We must ~ the book *from* London. その本をロンドンから取り寄せなければならない. (**b**) VOO (~ X Y)・VOA (~ Y *for* X) X に Y を注文してやる. Mrs. Smith ~*ed* her daughter a new dress. =Mrs. Smith ~*ed* a new dress *for* her daughter. スミス夫人は娘のために新しい服を注文した.

── 自 **1** 注文する; VA (~ *out*) 出前を頼む; 〈*for* ..を, の〉. Have you ~*ed* yet? (料理などの)注文はもうお済みですか. **2** 命令する.

***òrder a pèrson abóut* [*aróund*]** 人にあれこれ指図する, 人をこき使う.

Òrder árms! 立て銃(つつ)《号令》.

[<ラテン語 *ordō*「順序, 列」]

órder bòok 名 C 〖主に英〗注文控え帳.

ór·dered 形 整然と[きちんと]した. a well ~ study 整然とした書斎.

òrdered páir [**cóuple**] 名 C 〖数〗順序対《2 つの数[要素]に順序をつけて並べたもの; 例: (1, 2)》.

órder fòrm 名 C 注文用紙.

***or·der·ly** /ɔ́:rdərli/ 形 m **1** 〔物が〕**整頓**(とん)[**整理**]**されている** (類語 秩序だった配列が根本的な意味; →tidy). She keeps the house clean and ~. 彼女は家を清潔に整頓しておく. **2** 〔人が〕きちょうめんな, きちんとした; 行儀のいい. **3** 〖軍〗伝令[命令]の; 当直の.

── 名 (複 **-lies**) C **1** 将校付きの兵士, 伝令兵, 《将校の命令を伝達したり身の回りの世話をする兵士》. **2** (病院の)(男性)看護補助者, 用務員, 雑役夫, (**mèdical órderly**).

[order, -ly[2]] ▷ **or·der·li·ness** 名 U 整頓[整理]のよさ.

órderly òfficer 名 C 〖英〗当直将校.

órderly ròom 名 C 〖軍〗(兵舎内の)中隊事務室.

òrder nísi 名 C 〖法〗仮命令.

Òrder of Mérit 名 〈the ~〉〖英〗メリット勲位《文武の殊勲者 24 名に与えられる; この制度は 1902 年に制定; 略 OM》.

Òrder of the Báth 名 〈the ~〉バス勲位《3 階級あり, それぞれが文武 2 部門に分かれる; これを授かる前に沐浴(もくよく)の儀式があった》.

Òrder of the Gárter 名 〈the ~〉〖英〗ガーター勲位 (→garter 名 3).

Òrder of the Thístle 名 〈the ~〉〖英〗あざみ勲位《16 名(主にスコットランド貴族)が受ける》.

órder pàper 名 C (英国議会の)議事日程表.

or·di·nal /ɔ́:rdən(ə)l/ 形 順序の[を表す].

── 名 =ordinal number.

òrdinal númber [**númeral**] 名 C 序数詞, 序数, (→cardinal number [numeral]).

‡**or·di·nance** /ɔ́:rd(ə)nəns/ 名 C 〖章〗**1** 法令, 〈特に〉市[町]条例, (類語 地方自治体, 特に市が定める条例; →law). **2** 〖キリスト教〗儀式; 聖餐(せいさん)式.

or·di·nand /ɔ́:rd(ə)nænd/ 名 C 聖職叙任候補者 (→ordination).

†**or·di·nar·i·ly** /ɔ̀:rd(ə)nérəli, ⌐⌐⌐⌐⌐|ɔ́:d(ə)n(ə)r-/ 副 **1** 普通は, 大抵の場合. *Ordinarily*, I don't smoke. 普通私はたばこを吸わない. **2** 普通に, ほどほどに, 普通のやり方で; 人並みに. an ~ intelligent boy 普通の知能を持った少年.

‡**or·di·nar·y** /ɔ́:rd(ə)nèri|-n(ə)ri/ 形 m **1 普通の**, 通常の, いつもの, (↔special). follow one's ~ routine いつもの日課を行う. **2 並の**, 平凡な, ありきたりの, (↔extraordinary). a man of ~ ability 普通の才能の人, 凡人. The movie star lives in a very ~ house. その映画スターはごく平凡な家に住んでいる. His new novel is no ~ work. 彼の新刊小説は秀作だ.

in an* [*the*] *órdinary wày いつものとおりならば, 普通ならば; いつものように. *In the* ~ *way* he would have won the race, but he was feverish. 普段どおりなら彼はレースに勝っただろうが, 熱があったのだ.

── 名 〈the ~〉普通の状態〈主に次の成句で〉.

in órdinary 〖英〗常任の 〈*to* ..に〉. a physician *in* ~ *to* the king 国王の侍医.

out of the órdinary (1) 並外れた, 異常の. His behavior was *out of the* ~. 彼の行動は異常だった. (2) 特別によい, 素晴らしい.

[<ラテン語「秩序正しい」(<*ordō* 'order')]

▷ **or·di·na·ri·ness** 名 U 普通なこと.

órdinary lèvel 名 →O level.

òrdinary séaman 名 (複 **-men**) C 〖海〗2 等船員[水兵]《able-bodied seaman の下位》.

òrdinary sháre 名 C 〈普通 ~s〉〖株式〗普通株.

or·di·nate /ɔ́:rd(ə)nət/ 名 C 〖数〗縦座標 (↔abscissa).

‡**or·di·na·tion** /ɔ̀:rdənéiʃ(ə)n/ 名 UC 〖キリスト教〗聖職叙任(式); 〖カトリック〗叙階(式)《聖職に就く者にその権能と恵みを授ける秘跡[儀式]》.

ord·nance /ɔ́:rdnəns/ 名 U 〈集合的〉**1** 大砲類. **2** 軍需品; (政府の)軍需品部.

órdnance sùrvey 名 〖英〗**1** UC 国土測量. **2** 〈the O- S-〉(政府の)陸地測量部; 〈集合的〉大ブリテンの陸地測量地図.

Or·do·vi·cian /ɔ̀:rdəvíʃən/ 〖地〗形 オルドヴィス系[紀]の. ── 名 〈the ~〉オルドヴィス系[紀].

or·dure /ɔ́:rdʒər|ɔ́:djuə/ 名 U 〖章・婉曲〗糞(ふん) (dung), 排泄物 (excrement); 汚物; みだらな言葉.

†**ore** /ɔ:r/ 名 UC 鉱石, 原鉱. iron ~ 鉄鉱石. [<古期英語「真鍮(しんちゅう)」]

ö·re /ɔ́:rə/ 名 (複 ~) C オーレ **1** デンマーク・ノルウェーの通貨単位; 100 分の 1 krone. **2** スウェーデンの通貨単位; 100 分の 1 krona.

Ore. Oregon.

o·re·ad /ɔ́:riæd/ 名 〈又は O-〉〖ギ・ロ神話〗オレイアス《山の精》.

Oreg. Oregon.

o·reg·a·no /ərégənòu|ɔ̀rəgɑ́:nou/ 名 U ハナハッカ《シソ科ハナハッカ属の植物の総称; 香辛料》; オレガノ《香辛料》.

Or·e·gon /ɔ́:rəgən, -gɑn|ɔ́rəgən/ 名 オレゴン《米国太平洋岸北部の州; 州都 Salem; 略 OR〖郵〗, Ore., Oreg.》. [?<北米先住民語「カンバの樹皮製の皿」; もとは Columbia 川の現地名]

Or·e·go·ni·an /ɔ̀:rəgóuniən|ɔ̀r-/ 名 C オレゴン州の人. ── /形/ 形 オレゴン州の(人の).

Óregon Tràil 名 〈the ~〉オレゴン山道《米国の Missouri 州の Independence から Oregon 州 Portland までの約 3,200km の山道; 特に 1840–60 年に開拓者・移民者が利用した》.

O·re·o /ɔ́:riòu/ 名 (複 ~**s**) C **1** 〖商標〗オレオ《米国 RJR Nabisco 社製の白いヴァニラクリームが中に入ったチョコレートクッキー》. **2** 〖米俗〗〈けなして〉白人に迎合する黒人《1 から》.

O·res·tes /ɔ:résti:z/ 名 〖ギ神話〗オレステース《Agamemnon (父親)を殺した Clytemnestra (母親)とその愛人に復讐した》.

‡**or·gan** /ɔ́:rgən/ 名 (複 ~**s** /-z/) C 【**道具**】**1** (生物の)器官, 臓器. a sense ~ 感覚器官. internal ~*s* 内部器官, 内臓. a digestive ~ 消化器. ~*s* of speech 音声器官. an ~ transplant 臓器移植(手術). an ~ donor 臓器提供者. The leaf, the stem and the root are ~*s* of a plant. 葉, 茎, 根は植物の器官だ. **2** 〖婉曲〗陰茎 (penis), 'いちもつ', 《特に male organ として用いる》. **3** 〖章〗(政治などの)公的機関. ~*s* of government 政治機関《議会など》. **4** 〖章〗〈しばしば ~s〉機関誌[紙], (新聞, ラジオ, テレビなど)情報機関, マスコミ. an

～ of the conservative party 保守党の機関誌[紙]. ～*s* of public opinion (新聞, 雑誌など)世論報道の機関, マスメディア. **5**【伴奏の道具】**オルガン**《パイプオルガン, 電子オルガンなどを含む》. →pipe organ, mouth organ. [＜ギリシア語「道具」]

or·gan·dy〖米〗**, -die** /ɔ́:rgəndi/ [名] [U] オーガンディー《薄手で堅目の綿布; 婦人服, カーテン, 装飾品などに用いる》. an ～ dress オーガンディー(製)のドレス.

órgan grìnder [名] [C] (街頭で手回しオルガンを弾いて金を集める)オルガン弾き.

***or·gan·ic** /ɔ:rgǽnik/ [形] [m] (1,2,3 は [¢]) **1**〖章〗器官の, 器質性の, 臓器の. an ～ disease [disorder] 器質性疾患[障害] (器官自体の疾患; →functional).
2〈限定〉**有機体の**, 生物の;〖化〗有機の; (↔inorganic). ～ life 生物. ～ chemistry 有機化学. ～ matter 有機物. ～ compounds 有機化合物.
3〈限定〉有機質の, (化学肥料でなく)有機肥料を用いた, 無農薬の. ～ food 無農薬[自然]食品. ～ farming [fertilizers] 有機農業[肥料].
4〖章〗〈限定〉有機的な, 組織的な, 系統的な. an ～ whole 有機的統一体. **5** 根本構造上の, 基本的な; 不可欠な[で]〈*to* ..に〉. **6**〖章〗〔変化, 成長などが〕緩やかな, 自然な. ～ economic growth 緩やかな経済成長.
▷**or·gan·i·cal·ly** /-k(ə)li/ [副] 有機的に; 系統的に; 有機栽培で.

òr·gan·i·sá·tion [名]〖英〗＝organization.

or·gan·ise /ɔ́:rgənàiz/ [動]〖英〗＝organize.

***or·gan·ism** /ɔ́:rgəniz(ə)m/ [名] [C] **1** 有機体, **(微)生物**. a living ～ 生物. a microscopic ～ 微生物. **2** 有機的組織体《社会, 国家など》. an economic ～ 経済的組織体.

or·gan·ist /ɔ́:rgənist/ [名] [C] オルガン奏者.

‡**or·gan·i·za·tion,**〖英〗**-i·sa-** /ɔ̀:rgənəzéiʃ(ə)n|-nai-/ [名] ([複] **～s** /-z/) **1** [U] (**a**) **組織化**(する[される]こと); 結成, 編成;〖発生学〗形成;〈*of* ..の〉. the ～ *of* a political campaign 政治運動の組織化. the ～ *of* a club クラブの設立. This office needs better ～. この会社は機構改革の必要がある. (**b**) 系統だてること; 秩序, まとまり. The book shows a lack of ～. その本はまとまりを欠いている. **2** [U] 体制, 機構. social ～ 社会機構. peace [war] ～〖軍〗平時[戦時]編制.
3 [C] 組織体, **団体**; 組合, 協会. a religious [charity] ～ 宗教[慈善]団体.

> [連結] a civic [an educational, a government, a humanitarian, an international, a local, a nonprofit, a political, a volunteer] ～ // form [establish; dissolve] an ～

‡**or·gan·i·za·tion·al** /ɔ̀:rgənəzéiʃ(ə)nəl|-nai- [移]/ [形] **1** 組織化[編成]する. ～ ability 組織化する能力. **2** 組織体の; 組織化した. ▷**～·ly** [副]

organizátion màn [名] [C] 組織人間《個人よりも組織を優先して考える人》.

Organizàtion of Amèrican Státes [名]〈the ～〉米州機構《米国と中南米諸国が加盟し, 社会・政治・経済の諸問題を扱う; 略 OAS》.

Organizàtion of (Àrab) Petròleum Expòrting Cóuntries [名]〈the ～〉(アラブ)石油輸出国機構《略 OPEC, OAPEC; →OAPEC》.

‡**or·gan·ize,**〖英〗**-ise** /ɔ́:rgənàiz/ [動] (**-iz·es, -is·es** /-əz/|[過] [過分] **～d** /-d/|**-iz·ing, -is·ing**) [他] **1**〔団体〕を**組織する**, 編成[結成]する;〔人〕を編成する〈*into* ..に〉. ～ a good football team 立派なフットボールチームを編成する. ～ a political party 政党を組織する. ～ the pupils *into* five classes 生徒を5クラス編成にする.
2〔労働者〕を組合組織化する;〔会社, 工場など〕に労働組合を作る. ～ workers into a labor union 労働者を組織して労働組合を作る.
3 (**a**) を組織化する, 系統立てる;〔考えなど〕を(組織立てて)まとめる. It's difficult to ～ your day when you have a baby. 赤ん坊がいては毎日の生活にきちんと計画を立てることは難しい. The ideas are ～*d* well in this essay. この論文では考えがよく構成されている. (**b**)〈～ oneself〉〖話〗〔自分〕の気を落ち着ける, 頭を整理する.
4〖英〗を計画準備する, 主催する;〔必要な物〕を整える, 用意する. ～ a dance ダンスパーティーを主催する. She ～*d* a car for me. 彼女は私に車を用意してくれた.
── [自] **1** 組織化する. **2** 団体[労働組合]を組織する; 団結する. The citizens ～*d* for a cleaner government. 市民はもっと清潔な政府を求めて団結した.
[organ, -ize]

†**ór·gan·ìzed** [形] **1** 組織化された; 労働組合に加入した. ～ labor〈集合的〉組織労働者. ～ crime 組織犯罪《マフィアなどの》. ～ medicine 社会保険医療.
2 (組織化されて)能率のいい. Their office is well ～. 彼らの会社は能率的に組織化されている. a highly ～ person 仕事を非常にてきぱきとやる人. Two weeks after moving in I am at last getting ～. 引っ越して来てから2週間経って, やっと生活が軌道に乗ってきた.
3 (あらかじめ)計画された; よく整った. go on an ～ holiday 団体で休暇に出かける.

†**ór·gan·ìz·er** [名] [C] **1** 組織者, 創立者; 主催者, 世話役, 幹事; オルグ《労働組合などの勧誘員》. **2**〖発生学〗形成体. **3** (書類などを)整理する物 (★しばしば形容詞的に用いられる). an ～ bag (仕切りが多く付いた)整理ハンドバッグ.

órgan lòft [名] [C] (教会などで張り出した2階に設けた)オルガン席.

órgan pìpe [名] [C] (パイプオルガンの)音管.

‡**or·gasm** /ɔ́:rgæz(ə)m/ [名] [UC] **1** オルガスム《性交時の絶頂感》. achieve (an) ～ オルガスムに達する. **2**〖章〗歓喜, 極度の興奮. ▷**or·gas·mic** /ɔ:rgǽzmik/ [形]

or·gi·as·tic /ɔ̀:rdʒiǽstik [移]/ [形] 酒神祭の(ような); 飲めや歌えの; (→orgy).

‡**or·gy** /ɔ́:rdʒi/ [名] ([複] **-gies**) [C] **1**〈-gies〉(古代ギリシア・ローマで)秘密祭, 〈特に〉酒神 (Bacchus) の祭り《飲み歌い踊る大酒宴》. **2**〈普通 -gies〉飲めや歌えの大騒ぎ, 底抜け騒ぎ; 乱交パーティー. **3**〖話〗やり過ぎ, 過度の熱中,〈*of* ..に対する〉. an ～ *of* eating 暴食. I used to have these *orgies of* studying before exams. 私は試験前にはこのようにがむしゃらに勉強したものだ. [＜ギリシア語「秘儀」]

o·ri·el /ɔ́:riəl/ [名] [C] (階上の壁に付けられた)出窓, 張り出し窓, (**óriel wìndow**).

‡**o·ri·ent** /ɔ́:riənt/ [名]〖主に雅〗〈the O-〉**東洋**, アジア(の国々); 極東;〖古〗地中海より東の国々; (↔Occident).
── [形]〖詩〗**1** 東(方)の. **2** 昇る〔太陽など〕.
── /ɔ́:riènt/ [動] [他] **1** を順応させる, 適応させる,〈*to, toward* ..に〉. She tried hard to ～ her son *to* the new surroundings. 彼女は息子を新しい環境になじませようと努力した.
2〈普通, 受け身で〉[VOA] (**～ X *to, toward* ..**) X の興味を..へ向ける; X を..に向けて特別に作る. ～ the students *toward* human sciences 学生の興味を人間科学に向ける. Our business is ～*ed toward* exports. 我が社は輸出志向型です. This course is ～*ed to* freshmen. この科目は1年生向けのものだ.
3 [VOA] を..(の方向)に位置づける. The building was ～*ed* south to catch the light. その建物は採光のため南向きになっていた. His life has been ～*ed* around business. 彼の人生は商売が中心だった.
4〔建物など〕を東向きにする;〈特に〉〔教会〕の内陣を東にして建てる; の足を東に向けて埋葬する.
órient onesèlf (1) 自分の位置[居場所]を確認する. I

〜*ed* my*self* by the landmarks. 私は陸上の目印によって自分の位置を確かめた. (2) 順応する, 慣れる, 〈*to* ..〔新しい環境など〕に〉. The new students need time to 〜 them*selves to* the campus. 新入生が学校の構内に慣れるには時間が要る.
[＜ラテン語「昇りつつある(太陽)」(＜*orīrī*「昇る」); -ent]

*__o·ri·en·tal__ /ɔ̀:riént(ə)l 移/ 形 C 〈時に O-〉 **東洋の**, 東洋人の; m 東洋風の[的な]. ◇↔Occidental
—— 名 C 〖旧・しばしば軽蔑〗〈O-〉 東洋人 《特に, 中国人と日本人》. ▷ **〜·ist** 名 C 東洋学者.

o·ri·en·tal·ism /ɔ̀:riént(ə)lìz(ə)m/ 名 U 東洋風[趣味]; 東洋文化; 東洋学.

ò·ri·én·tal·ize 動 他 を東洋的にする, 東洋化する. —— 自 東洋的になる.

o·ri·en·tate /ɔ́:riəntèit, -rien-/ 動 〖主に英〗 ＝ orient. [＜*orientat*ion]

†**o·ri·en·ta·tion** /ɔ̀:riəntéiʃ(ə)n, -rien-/ 名 UC **1** オリエンテーション 《新生活への適応を目的とした, 新入生[社員]教育》. an 〜 course (新入生などの)指導講座. **2** (新しい環境などへの)順応, 適応. **3** 方針, 態度, 志向. give a revolutionary 〜 革命的な方針を打ち出す. **4** (建築物などの)方位. the 〜 of the wall 壁の向き. **5** 〖心理〗 見当識 《時間と空間; およびこれに関連して, 周囲の人物を正しく認識する機能》. [orient, -ation]

†**ó·ri·ènt·ed** /-əd/ 形 ..に関心を持った, ..を重視する, ..志向の, (★しばしば複合要素として). a male- [an information-]〜 society 男性本位の[情報化]社会. a mathematically 〜 student 数学志向の学生.

o·ri·en·teer·ing /ɔ̀:rientí(ə)riŋ/ 名 U オリエンテーリング 《地図と磁石を用いて(原野の)一定の地点間をできるだけ早く徒歩で回る競技》.

Òrient Expréss 名 〈the 〜〉 オリエント急行 《もとパリ-イスタンブール間を走った豪華列車; 1977 年廃止; 再開後はロンドン-ヴェニス間を走る》.

or·i·fice /ɔ́:rəfəs|ɔ́r-/ 名 C 〖章〗 (人体の)開口部 《耳, 口, 鼻など》; (管, 煙突などの)穴, 口; (opening). the nasal 〜s 鼻孔. [＜ラテン語「開口」(＜*ōs*「口」＋*facere*「作る」)]

orig. origin; original(ly).

‡**or·i·gin** /ɔ́:rədʒən/ 名 (複 **〜s** /-z/) **1** UC **起源**, 根源; 原因, 発端. a word of Greek 〜 ギリシア語源の単語. the 〜 of the rumor うわさの元. the 〜 of civilization 文明の起源. in 〜 元々, 元来. "On the *Origin* of Species"『種の起源(について)』《Charles Darwin の著書》. I want to trace down the 〜 of these goods. これらの品物の出所を突き止めたい.

> 連結 ancient [remote, unknown; recent; modern; native; foreign] 〜 // ..has its 〜 in.. [owes its 〜 to..]

2 U 〈又は 〜s〉 **出身**, 血統, 素性. a man of noble [humble] 〜*s* 高貴な出の[素性の卑しい]人. an Italian by 〜 血統はイタリア人. His 〜 is obscure. 彼の素性は明らかでない. **3** C 〖数〗 (座標の)原点.
◇形 original 動 originate [＜ラテン語「日の出＞始まり」(＜*orīrī*「昇る」)]

‡**o·rig·i·nal** /ərídʒən(ə)l/ 形 m (★1, 2 は C) **1** 〈限定〉 本来の, 最初の; 原始の. the 〜 inhabitants 原住民. the wilderness left in its 〜 state 原始状態のままの荒れ地. **2** 〈普通, 限定〉 (複製, 複写, 翻訳などでない)原物の, 原文の, 原型の, 原作の. the 〜 plan 原案. the 〜 version of a book 書物の元版. As far as I know, that poem was 〜 with him. 私の知る限り, その詩は彼の原作だった. That's an 〜 Van Gogh. それは肉筆のヴァン・ゴッホ(の絵)である.
3 (**a**) 〈しばしば賞賛〉 **今までにない**, 目新しい, 独創的な. an 〜 approach to the problem その問題の斬新な研究方法. 〜 ideas 独創的な考え. (**b**) 新作の, 書き下ろしの, 初演の. He has published two 〜 novels this year. 彼は今年書き下ろし小説を 2 冊出版した. **4** 〈しばしば賞賛〉〔人, 能力が〕**独創的な**, 独創性に富む. an 〜 writer 独創的な作家. have an 〜 mind 独創的な頭脳を持つ. ◇名 origin, originality
—— 名 (複 **〜s** /-z/) C **1** 〈the 〜〉 **原物**, **原型**, 原作, 原文, 原書, 原画, 原本. This is a reproduction—the 〜 is in the Tate Gallery. これは複製画だ. 原画はテイトギャラリーにある. **2** (肖像, 写本などの)本人. **3** 〈the 〜〉 原語, 原典. read the *Iliad* in the 〜『イリアッド』を原語で読む. **4** 〖時に戯・軽蔑〗 〈普通, 単数形で〉 変わり者. [origin, -al]

*__o·rig·i·nal·i·ty__ /ərìdʒənǽləti/ 名 U **1 独創性**, 創造力, 創作力. lack 〜 独創性を欠く. His 〜 attracted the attention of critics. 彼の独創性は批評家の注意を引いた. **2** 目新しさ, 斬(ざん)新さ, 奇抜さ. ◇形 original

*__o·rig·i·nal·ly__ /ərídʒən(ə)li/ 副 m (★1 は C) **1 元来**, もともと; 初めは. *Originally* the city was just a small seaport. その都市は最初はほんの小さな港町だった. **2 独創的に**; 斬(ざん)新に. an 〜 designed curtain 独創的にデザインされたカーテン.

orìginal sín 名 U 〖キリスト教〗 原罪 《アダムとイヴが犯した罪に基づく人類固有の罪業》.

*__o·rig·i·nate__ /ərídʒənèit/ 動 (**〜s** /-ts/|過 過分 **-nat·ed** /-əd/|**-nat·ing**) 〖章〗 他 を**起こす**, 始める; を創始[創作, 創設]する; を発明する, 考案する. 〜 new fashions 新しい流行を起こす. The Egyptians are said to have 〜*d* paper. エジプト人は紙を発明したと言われる.
—— 自 VA **起こる**, 始まる, 端を発する, 〈*in* ..〔場所, 状況など〕に/*from, with* ..から〉. The Renaissance 〜*d in* Italy. 文芸復興はイタリアに始まった. Quarrels often 〜 *from* misunderstandings. けんかはしばしば, 誤解から生ずる. This idea 〜*d with* [*from*] him. この考えは彼の創始したものだった.
◇名 origin [origin, -ate]

o·rìg·i·ná·tion 名 U 開始; 創作, 発明.

o·rig·i·na·tive /ərídʒənèitiv/ 形 独創的な; 創作力のある. ▷ **〜·ly** 副

o·rig·i·na·tor /ərídʒənèitər/ 名 C 創始[創作, 創設]者; 考案者; 発起人; 元祖.

O·ri·no·co /ɔ̀:rənóukou/ 名 〈the 〜〉 オリノコ川 《ベネズエラを流れ大西洋に注ぐ》.

o·ri·ole /ɔ́:riòul/ 名 C 〖鳥〗 コウライウグイス; アメリカムクドリモドキ.

O·ri·on /əráiən/ 名 **1** 〖ギ神話〗 オリオン 《巨人の猟師; 過って彼を殺した Artemis はこれを悼んで星座にした》. **2** 〖天〗 オリオン座.

Orìon's Bélt 名 〖天〗 オリオン座の 3 つの(明るい)星.

or·i·son /ɔ́:rəz(ə)n|ɔ́r-/ 名 C 〖古〗 祈り (prayer).

Òrk·ney Íslands /ɔ̀:rkni-/ 名 〈the 〜〉 オークニー諸島 《スコットランドの北東海上にある》.

Or·lan·do /ɔ:rlǽndou/ 名 オーランド 《米国 Florida 州中部の都市; 近郊に Walt Disney World がある》.

Or·lé·ans /ɔ́:rliənz, ɔ:rlíənz/ 名 オルレアン 《フランス中北部の都市; 1429 年に Joan of Arc が英国軍の攻囲から解放した》.

Or·lon /ɔ́:rlɑn|-lɔn/ 名 U 〖商標〗 オーロン 《合成繊維の一種》.

Or·ly /ɔ́:rli:, -⌐/ 名 オルリー 《Paris 南東の郊外; 国際空港がある》.

or·mo·lu /ɔ́:rməlù:/ 名 U オルモル 《銅, 亜鉛, 錫(すず)の合金; 家具, 時計, 装飾品などの金(色の)めっき用》; 〈集合的〉 (模造)金めっき製品; 模造金箔(ぱく). an 〜 clock 金めっきの時計.

‡**or·na·ment** /ɔ́:rnəmənt/ 名 (複 **〜s** /-ts/) **1** U 〖章〗 **装飾**. for [by way of] 〜 飾りとして. The stage was rich in 〜. 舞台はきらびやかに飾られていた. **2** C **装飾品**, 装身具, 装飾家具. personal 〜*s* 装身具. the Christmas tree 〜*s* クリスマスツリーの飾り物. gay 〜*s*

O

きらびやかな装飾品. **3** [C] 〘旧〙光彩を添える[誉れになる]人[物] 〈*to* ..に〉. Mr. Bryan is an ~ *to* his profession. ブライアン氏は同業の誉れである. **4** [C] 〘楽〙装飾音.

── /ɔ́ːrnəmènt/ [動] [他] を飾る 〈*with* ..で〉 ([類語] ある物の全体的な効果や美しさを高めるもので, しばしば永久的に飾ること; →decorate). The mantelpiece was ~*ed with* a vase and several photos. マントルピースは花瓶と数枚の写真で飾られていた.
[＜ラテン語「装備」(＜*ōrnāre*「装備する」)]

***or·na·men·tal** /ɔ̀ːrnəméntl(ə)l [形]/ [形] [m] **1** 飾りの, 装飾用の. an ~ lake 泉水, (鑑賞用の)池. **2** 〘しばしば軽蔑〙**装飾的な**; 飾り立てた; '飾り' だけの. The secretary is not useful; she's merely ~. あの秘書は役に立たない; ただの飾り物だ.

or·na·men·ta·tion /ɔ̀ːrnəmentéiʃ(ə)n/ [名] [U] 装飾; 〈集合的〉装飾品.

†**or·nate** /ɔːrnéit/ [形] 〘時に軽蔑〙飾り立てた, 華美な; 〔文体が〕華麗な. an ~ style of writing 凝りすぎた文体. [＜ラテン語 *ōrnāre*「装備する」]
▷ **~·ly** [副] **~·ness** [名]

or·ner·y /ɔ́ːrn(ə)ri/ [形] 〘主に米・戯〙**1** 強情な, つむじ曲がりの. **2** 卑しい, 下等な. [ordinary の変形]

or·ni·tho·log·i·cal /ɔ̀ːrnəθəlɑ́dʒikəl|-lɔ́dʒ- [形]/ [形] 鳥類学の.

or·ni·thol·o·gy /ɔ̀ːrnəθɑ́lədʒi|-θɔ́l-/ [名] [U] 鳥類学. [ギリシア語 *órnis*「鳥」, -logy] ▷**or·ni·thol·o·gist** [名] [C] 鳥類学者.

o·ro·tund /ɔ́ːrətʌ̀nd|ɔ́(ː)rou-/ [形] 〘章〙**1** 〔声などが〕朗々と響く (resonant). **2** 〔口調, 文体などが〕大げさな, 仰々しい, (pompous).
[＜ラテン語「口を円くして」(＜*ōs*「口」＋*rotundus*「円い」)] ▷**ò·ro·tún·di·ty** /-iti/ [名]

***or·phan** /ɔ́ːrf(ə)n/ [名] ([複] **~s** /-z/) [C] **孤児**, みなしご, 《片親だけの子供についてもいうことがある》. be left an ~ みなしごになる. adopt an ~ 孤児を養子にする. an ~ asylum 〘古〙孤児院 (orphanage).

── [動] [他] を孤児にする〈普通, 受け身で〉. The sisters were ~*ed* when their parents were killed in an airplane accident. その姉妹は両親が飛行機事故で死んで孤児になった. [＜ギリシア語「親と死別した」]

‡**or·phan·age** /ɔ́ːrf(ə)nidʒ/ [名] [C] 孤児院; [U] 孤児であること.

Or·phe·an /ɔːrfíːən, ɔ́ːrfiən/ [形] オルフェウスの; (オルフェウスの音楽のように)うっとりさせる.

Or·phe·us /ɔ́ːrfiəs, -fjuːs|-fjuːs/ [名] 〘ギ神話〙オルフェウス《岩や木までもうっとりさせたという竪琴(たてごと)の名手》.

Or·phic /ɔ́ːrfik/ [形] **1** オルフェウスに関する; 神秘的な. **2** ＝Orphean.

or·rer·y /ɔ́ːrəri|ɔ́r-/ [名] ([複] **-ries**) [C] 太陽系儀《太陽・惑星・衛星の位置や運動を示す器具》.

or·ris /ɔ́ːrəs|ɔ́r-/ [名] [C] 〘植〙ニオイアヤメ.

órris·ròot [名] [C] ニオイアヤメ (orris) の根茎《芳香があり香水などに用いる》.

or·th(o)- /ɔ̀ːrθ(ə), -θ(ou)/ 〈複合要素〉「正..」,「直..」の意味を表す (★母音の前では普通 orth-). *ortho*graphy. *ortho*gonal. [ギリシア語 *orthós*「まっすぐな, 正しい」]

or·tho·clase /ɔ́ːrθəklèis|-θou-/ [名] [U] 〘鉱〙正長石.

or·tho·don·tics /ɔ̀ːrθədɑ́ntiks|-dɔ́n-/ [名] 〈単数扱い〉歯列矯正(術). ▷**or·tho·don·tic** /[形]/ [形] **or·tho·don·tist** /-tist/ [名]

***or·tho·dox** /ɔ́ːrθədɑ̀ks|-dɔ̀ks/ [形] [m] **1 正統的な** (↔unorthodox). the ~ way of singing jazz ジャズの正統的な歌い方. **2** 因習的な; 月並みな. ~ political views 月並みな政治観. **3** (特に, 宗教上)正統派の (↔heterodox). **4** 〈O-〉ギリシア正教会の; ユダヤ教正統派の. [＜ギリシア語「正しい意見」]

Òrthodox Chúrch [名] 〈the ~〉東方正教会 (the Greek (Orthodox) Church, the Eastern (Orthodox) Church).

Òrthodox Jéw [名] [C] 正統派ユダヤ教徒.

Òrthodox Júdaism [名] [U] 正統派ユダヤ教《伝統的な教義を厳格に守る》.

‡**or·tho·dox·y** /ɔ́ːrθədɑ̀ksi|-dɔ̀ksi/ [名] ([複] **-xies**)
1 [C] 〘章〙〈普通 -xies〉(宗教上の)正統派, 正統主義. **2** [U] 〈一般に〉正統的慣習(を守ること), 因習的な意見. ◇↔heterodoxy

or·tho·e·py /ɔːrθóuəpi, ɔ́ːrθouèpi|ɔ́ːθouèpi/ [名] [U] 正しい発音法, 正音法. ▷**or·tho·ep·ist** [名] [C] 正音学者.

or·thog·o·nal /ɔːrθɑ́gənl|-θɔ́g-/ [形] 〘数〙直角の, 直交の.

or·tho·graph·ic, -i·cal /ɔ̀ːrθəgrǽfik/, /-k(ə)l [形]/ [形] 正字法の; つづりの正しい.
▷**or·tho·graph·i·cal·ly** [副]

or·thog·ra·phy /ɔːrθɑ́grəfi|-θɔ́g-/ [名] [U] つづり (spelling); 正字法.

or·tho·p(a)e·dic /ɔ̀ːrθəpíːdik [形]/ [形] 〘医〙整形外科の.

or·tho·p(a)e·dics /ɔ̀ːrθəpíːdiks/ [名] 〈単数扱い〉〘医〙整形外科. [ORTHO-, ギリシア語 *paideíā*「(子供の)養育」]

or·tho·p(a)e·dist /ɔ̀ːrθəpíːdist/ [名] [C] 〘医〙整形外科医.

or·to·lan /ɔ́ːrtələn/ [名] [C] キノドアオジ《ヨーロッパ産; ホオジロの類の小鳥; よく人家に来る; 肉が美味》.

Or·well /ɔ́ːrwəl/ [名] **George ~** オーウェル (1903–50) 《英国の小説家; 本名 Eric Arthur Blair》.

Or·well·i·an /ɔːrwéliən/ [形] オーウェル(風)の, 全体主義世界風の, (→*Nineteen Eighty-Four*).

-or·y /ɔ̀ːri, əri|əri/ [接尾] **1**「..のような, ..の性質を持つ」の意味の形容詞を作る. compuls*ory*. **2**「..の場所, ..する物」の意味の名詞を作る. dormit*ory*. observat*ory*. [ラテン語 1 *-ōrius*; 2 *-ōrium*]

o·ryx /ɔ́ːriks|ɔ́r-/ [名] ([複] **~es, ~**) [C] 〘動〙オーリックス《アフリカ産の大形レイヨウ》.

OS Old Style; operating system; ordinary seaman.

Os 〘化〙osmium.

os[1] /ɑs|ɔs/ [名] ([複] **ossa**) [C] 〘解剖〙骨. [ラテン語 'bone']

os[2] [名] ([複] **ora**) [C] 〘解剖〙口, 穴. [ラテン語 *ōs* 'mouth']

Os·born /ɑ́zbərn, -bɔ̀ːrn|ɔ́z-/ [名] **John (James) ~** オズボーン (1929–) 《英国の劇作家・俳優》.

Os·car /ɑ́skər|ɔ́s-/ [名] **1** 男子の名. **2** [C] 〘映〙オスカー《毎年アカデミー賞受賞者に贈られる小型の金色の像; →Academy Award》. [1 古期英語「神の槍」; 2 アカデミー賞審査委員会の書記が「この像は私のオスカーおじさんそっくり」と言ったことから]

os·cil·late /ɑ́səlèit|ɔ́s-/ [動] [自] **1** (振り子のように)揺れ動く〈*between* ..の間を〉. **2** 〘章〙〔心, 意見などが〕動揺する, ぐらつく, 〈*between* ..の間で〉. **3** 〘物理〙振動する.
[＜ラテン語「(酒神バッカスの)小さな面」(＜*ōs*「口, 顔」); ぶどう園の樹に吊した面が風で揺れたことから]

òscillating cúrrent [名] [C] 〘電〙振動電流.

òs·cil·lá·tion [名] 〘章〙**1** [UC] 振動; 変動. **2** [UC] (心, 意見などの)動揺, ぐらつき. **3** [C] 〘物理〙振幅, ひと振り.

os·cil·la·tor /ɑ́səlèitər|ɔ́s-/ [名] [C] **1** 揺れ動く人[もの]. **2** 〘電〙発振器; 〘物理〙振動子.

os·cil·la·to·ry /ɑ́sələtɔ̀ːri|ɔ́silət(ə)ri/ [形] 振動する; 変動する.

os·cil·lo·graph /əsíləgræ̀f, əs-|ɔsíləgrɑ̀ːf/ [名] [C] 〘電〙オシログラフ《電気的振動を記録する装置》.

os·cil·lo·scope /ɑsíləskòup|ɔs-/ [名] [C] 〘電〙オシロスコープ《電流の変化を曲線で表示する装置》.

os·cu·late /ɑ́skjəlèit|ɔ́s-/ [動] [自], [他] 〘戯〙〘誇張〙(に)

キスする (kiss). [＜ラテン語 ōs「口」] ▷**òs·cu·lá·tion** 名 **os·cu·la·to·ry** /áskjulətɔ̀ːri|ɔ́skjələt(ə)ri/ 形

-ose /ous/ 接尾 **1**「..の多い, ..性の, ..状の」の意味の形容詞を作る. grandi*ose*. mor*ose*. **2**〘化〙「炭水化物」の意味の名詞を作る. cellul*ose*.
[1 ラテン語 *-ōsus*; 2 フランス語 *-ose* (gluc*ose* の類推)]

-o·ses /óusiːz/ 接尾 -osis の複数形.

o·sier /óuʒər|óuziə/ 名 C ヤナギ《ヤナギ属の植物の総称》; ヤナギの枝《かご, 家具などの材料》.

O·si·ris /ousái(ə)rəs/ 名 〘エジプト神話〙オシリス《幽界の王・神; Isis の夫で兄》.

-o·sis /óusəs/ 接尾「..の状態, 過程; 病的な状態」の意味の名詞を作る. hypn*osis*. neur*osis*. [ギリシア語 *-ōsis*]

-os·i·ty /ásəti|ɔ́s-/ 接尾 -ose, -ous で終わる形容詞から名詞を作る. joc*osity*. curi*osity*. gener*osity*. [フランス語 *-osité* (＜ラテン語 *-ōsitās*)]

Os·lo /ázlou, ás-|ɔ́z-, ɔ́s-/ 名 オスロ《ノルウェーの首都》.

os·mi·um /ázmiəm|ɔ́z-/ 名 U 〘化〙オスミウム《金属元素; 記号 Os》.

os·mo·sis /azmóusəs|ɔz-/ 名 U **1**〘物理〙浸透. **2** (文化などの)吸収, 同化.

os·mot·ic /asmátik|ɔzmɔ́t-/ 形 浸透性の.

os·prey /áspri|ɔ́s-/ 名 (複 **~s**) C 〘鳥〙ミサゴ (fish hawk)《魚を主食とするタカの一種》.

os·sa /ásə|ɔ́sə/ 名 os[1] の複数形.

os·se·ous /ásiəs|ɔ́s-/ 形 〘医〙骨(質)の.

os·si·fi·ca·tion /àsəfəkéiʃ(ə)n|ɔ̀s-/ 名 **1**〘医〙U 骨化(作用); C 骨化したもの. **2** U〘章〙(習慣などの)固定[硬直]化.

os·si·fy /ásəfài|ɔ́s-/ 動 (**-fies**|過 過分 **-fied**|**~·ing**) 他, 自 **1**〘医〙(を)骨化する. **2**〘章〙(を)固定化する; (を)硬直させる[する]; (を)冷淡にする[なる]. [os[1], -ify]

os·te(·o)- /ástiə, -ou|ɔ́s-/ 〈複合要素〉〘医〙骨の.
[ギリシア語 *ostéon* 'bone']

‡**os·ten·si·ble** /asténsəb(ə)l|ɔs-/ 形 〘章〙〈限定〉表面上の, うわべの, 見せかけの, (↔real). an ~ reason 表面上の理由. one's ~ purpose 表向きの目的.
[＜ラテン語「見せる, 展示する」(＜ob-＋*tendere*「張る, 伸ばす」)] ▷**-bly** 副 表向きは, 建て前上は.

os·ten·sive /asténsiv|ɔs-/ 形 **1** 実物で(具体的に)示す. **2** ＝ostensible.

os·ten·ta·tion /àstəntéiʃ(ə)n|ɔ̀s-/ 名 U 〘軽蔑〙虚飾, 見えっ張り, 見せびらかし, 誇示. They're well off, but they live without ~. 彼らは裕福だが, 生活は派手ではない.

†**os·ten·ta·tious** /àstəntéiʃ(ə)s|ɔ̀s- 移/ 形 〘軽蔑〙〔人, 行動が〕見えを張る, これ見よがしの; 派手な. an ~ residence けばけばしい住まい. ▷**~·ly** 副

os·te·o·ar·thri·tis /àstiouɑːrθráitəs|ɔ̀s-/ 名 U 〘医〙骨関節炎.

os·te·ol·o·gy /àstiálədʒi|ɔ̀stiɔ́l-/ 名 U 骨学.

os·te·o·path /ástiəpæθ|ɔ́s-/ 名 C 整骨医.

os·te·op·a·thy /àstiápəθi|ɔ̀stiɔ́p-/ 名 U 整骨療法, もみ療治.

os·te·o·po·ro·sis /àstioupəróusəs|ɔ̀s-/ 名 U 〘医〙骨粗鬆(しょう)症《骨が多孔質になり折れやすくなる》.

ost·ler /áslər|ɔ́s-/ 名 〘主に英〙＝hostler.

ost·mark /ɔ́ːstmɑ̀ːrk, ást-|ɔ́st-/ 名 C 〘史〙オストマルク《旧東ドイツの貨幣単位》.

os·tra·cism /ástrəsìz(ə)m|ɔ́s-/ 名 U **1**〘章〙追放, 放逐, 村八分. **2**〘史〙(古代ギリシアの)オストラシズム, 陶片[貝殻]追放,《国家の治安を乱す恐れのある危険人物の名を陶片や貝殻に書いて投票し, 10 年間(後に 5 年間)国外に追放したこと》.

os·tra·cize /ástrəsàiz|ɔ́s-/ 動 他 **1** を追放[放逐, 排斥]する, のけ者にする. **2**〘史〙を陶片[貝殻]追放する.
[＜ギリシア語 *óstrakon*「陶片」]

†**os·trich** /ɔ́ːstritʃ, ás-|ɔ́s-/ 名 C **1**〘鳥〙ダチョウ. **2**〘話〙現実逃避型の人, 事なかれ主義の[傍観的な]人,《ダチョウは危険を感じると砂の中に頭を突っ込んで隠れた気になると信じられた》.

hàve the digéstion of an óstrich 〘戯〙なんでもがつがつ食べる, 非常に胃腸が強い,《ダチョウは砂のうの働きを助けるために石などを食べる》.
[＜ラテン語 *avis*「鳥」＋後期ラテン語 *strūthiō*「ダチョウ」(＜ギリシア語「(大きな)スズメ」)]

Os·tro·goth /ástrəgàθ|ɔ́strəgɔ̀θ/ 名 〈the ~s〉東ゴート族《イタリアに王国を建設 (493–552); →Visigoth》; C 東ゴート人.

O.T. Old Testament.

OTB off-track betting (場外での馬券購入).

OTC over the counter.

O·thel·lo /ouθélou, ə-/ 名 オセロ《Shakespeare の 4 大悲劇の 1 つ; その主人公》.

‡**oth·er** /ʌ́ðər/ 形 C 〈限定〉**1** ほかの, 他の, 別の, (語法 other だけで単数名詞を修飾することはなく, one, any, some, no などを伴う; そうでなければ another となる). in ~ words 言い換えれば. at ~ times ほかの時には, 平生は. I'd like to see you some ~ time. またいつかあなたと会いたい. Not Jane but some ~ girl came. ジェーンでなく別の少女がやって来た. John and some ~ pupils were late for school. ジョンと他の何人かの生徒は学校に遅刻した. I have many ~ things to worry about. ほかにも心配なことがたくさんあります (★比較: I have another thing to worry about. (もう 1 つ心配なことがあります)). You have no ~ choice. 君にはこれ以外の選択はない. What ~ alternatives are available? ほかにどんな道が選べるのか. Any ~ question(s)? ほかに何か質問は(ありませんか). I want to buy this and one ~ blouse. このブラウスともう 1 枚別のを買いたい. I visited Boston, Chicago and ~ places. ボストンとシカゴにその他の場所を訪れた.

2〘章〙**同じでない**, 別の, 〈*than* ..とは〉. He has no tie ~ *than* this (＝no ~ tie). 彼はこれ以外のネクタイは持っていない. The result of the race was quite ~ *than* they had expected. レースの結果は彼らの予想とはまったく違っていた. He was quite ~ *than* he seemed. 彼は見かけとはまったく違っていた.

3〈普通 the [one's] ~〉(2 つ[2 人]の中で残った)**もう一方の**, (3 つ[3 人]以上で)残り全ての (★残りが 1 つ[1 人]の場合に用いることもある). the ~ world あの世. She lost her ~ glove. 彼女は手袋の片方をなくした. Show me your ~ hand. もう一方の手をお見せなさい. There was no one in that room, so I went into the ~ one. その部屋にはだれもいなかった. それで私はもう 1 つの部屋に行った. the ~ three あとの[残る] 3 つ[3 人](全部). the ten ~ [the ~ ten] pencils 他の(全部で) 10 本の鉛筆. Susie is here, but the ~ girls are still out in the yard. スージーはここにいるけれど, ほかの女の子たちは皆まだ庭にいる.

4〈the ~〉向こう側の (opposite); 裏の (reverse). the ~ side of the road [river] 道路[川]の向こう側. the ~ end of the table テーブルの向こう端. the ~ side of the paper [coin] 紙[貨幣]の裏側.

among óther thìngs →AMONG others.

èvery óther →every.

nòne [nò] óther than .. ..にほかならない. The man in the car was *none* [*no*] ~ *than* Jim. その車に乗っていたのはほかでもないジムだった.

òne or óther どの, どれか[だれか]の. You should place the advertisement in *one or* ~ newspaper. その広告はどこかの新聞に出すべきだ.

on the óther (hànd) →hand.

òther thìngs being équal →equal.

the òther dáy →day.

the òther níght [***évening, wéek***] 〈副詞的〉この間の夜[晩, 週].
the òther way abóut [***róund, aróund***] →way.
── [代] ([複] **~s** /-z/) **1** ほかのもの[人], 他人, ほかの何か[だれか], (★普通, 複数形で用いる; 単数形の時は普通 any, some, no などを伴うが, an の場合は another となる). I don't like this typewriter. Do you have any ~(*s*)? このタイプライターは気に入らない. ほかにありますか. She is always kind to ~*s*. 彼女はいつも人に優しい. The salesman showed me some ~*s*, but all were too expensive. セールスマンはほかに幾つか見せたが, みんな値段が高すぎた. How many ~*s* are coming? ほかの人は何人来るのか. Some listened to him, ~*s* didn't, still ~*s* left the room. 彼の話には耳を傾ける者もいたし, そうでない者もいた, さらに部屋を出て行く者もいた. The TV drama was more interesting than any ~ I have seen recently. そのテレビドラマは最近見たほかのどれよりも面白かった. She was absent for some reason or ~. 彼女は何らかの理由で欠席した. novelists, poets and ~*s* 小説家や詩人など.
2 〈the ~〉 (2つ[2人]の中で)**もう一方**, (3つ[3人]以上の中で)残りの1つ[1人]; 〈the ~s〉 (3つ[3人]以上で)**残り(全て)のもの[人]**. from one side to the ~ 一方の側から他の側へ. Each loved the ~. (2人は)互いに相手を愛した. One went on, the ~ stayed behind. (2人のうち) 1人は先へ進み1人は後に残った ([語法] この文で ..the ~*s* stayed behind. とすると「3人以上いて, そのうち1人だけが先へ進み, 他の者は皆後に残った」となる; もっと強めて all the ~*s* とすることもある). One of my cats is black, another is white and the ~ is brown. 私の猫のうち1匹は黒, もう1匹は白で残りの1匹は茶色です. The original and the copy are easily distinguished since the one is much more vivid than the ~. 原版とコピーは容易に見分けがつく, 前者(=原版)は後者(=コピー)よりずっと鮮明だから ([語法] the one..the ~ の時, the one は普通, 前者を指す).
3 〖話〗〈(a bit of) the ~; 婉曲〉'あれ', セックス.
among óthers →among.
èach óther →each.
nò óther 〖古〗他のことは何も (nothing else).
of àll óthers すべての中で特に, なかんずく.
òne after anóther [***the óther***] →after.
òne or óther どれ⌞か(でも), だれ⌞か[でも]. *One or* ~ of the boys must stay behind. 少年たちのだれかが居残らなくてはならない.
sòme.. óther →or.
thìs, thàt and the óther →this.
── [副] 〈主に ~ than ..で〉 ..以外に; ..とは別の方法で 〈主に否定文で〉. *Other than* you, there's no one who can do it. 君以外にそれができる人はほかにいない. You can't get to the top of the mountain ~ *than* on foot. その山頂には歩いて登るしかない. I could do no ~. ほかにしようが無かった.
[＜古期英語「2番目(の)」]

òther-dirécted [形] 他人に左右される, 主体性のない.
òther hálf [名] 〈one's ~〉〖話・戯〗妻, 夫, (→better half).
óther·ness [名] [U] 〖章〗別物[異質]であること.
òther pláce [名] 〈the ~〉〖英・戯〗**1** (天国に対して)地獄. **2** (Oxford 大学から見た) Cambridge 大学《またはその逆》. **3** (上院から見た)下院《またはその逆》.
‡oth·er·wise /ʌ́ðərwàiz/ [副] [C] **1** 〖章〗**違った風に**, ほかのやり方で, 〈*than* ..とは〉; そうでないと. You seem to think ~. あなたは別な考えのようですね. Jane couldn't do ~. ジェーンはほかにやりようがなかった. be ~ engaged [occupied] 〖章〗ほかの仕事で忙しい. Margaret Thatcher, ~ known as 'the Iron Lady'「鉄の女」の別称を有するマーガレット・サッチャー. We should get rid of him, legally or ~. 我々は彼を追放しなければならぬ, 合法非合法いずれの方法によってでも. If you do ~ *than* you're told, you'll regret it. 言われたとおりしないと後で悔やむぞ. All the books in this catalog were published in London, unless ~ stated. そうでないと述べていない限り, このカタログ中の本はすべてロンドン発行です.
2 他の点では. The kitchen is a bit too small, but ~ the house is satisfactory. 台所がちょっと狭いが, それを別にすればこの家は満足できる.
3 ほかのどんな状況でも; そうでなければ. On holidays the ~ silent village became crowded with people. ほかの日には静かな村も休日には人々でごった返した.
4 〈接続詞的〉 **さもなければ**. The story was told to me in confidence, ~ I would tell you. それは私との内密の話です, そうでなければお話しするのですが.
── [形] 〈叙述〉違った, 異なった. I thought they'd all greet me with smiles, but it was ~. 私はみんなほほえみで迎えてくれるだろうと思っていたが, そうではなかった. Some are wise, and some are ~. 〖諺〗賢者もいればそうでないのもいる. The store has all kinds of clothes, expensive and ~. その店にはいろいろの衣類がある, 高価なものやらそうでないものやら. I don't care if she's wealthy or ~. 彼女が金持ちであろうとなかろうと構わない.
[＜古期英語 '(in) another manner'; other, -wise]

òther wóman [名] [C] 〈普通, 単数形; the ~〉(妻帯者の)ほかの女, 不倫相手.
òther wórld [名] 〈the ~〉来世, あの世.
òther·wórldly /[移]/ [形] **1** あの世の, 来世の. **2** 超世俗的な.
o·ti·ose /óuʃiòus|-ti-/ [形] 〖章〗〔考え, 言葉などが〕不必要な, 無駄な, 余計な, (unnecessary). [＜ラテン語「暇な」]
OTT over-the-top. ▷ **~·ly** [副]
Ot·ta·wa /átəwə|ɔ́t-/ [名] オタワ《カナダの首都》.
‡ot·ter /átər|ɔ́tə/ [名] **1** [C] 〖動〗カワウソ. **2** [U] カワウソの毛皮.
ot·to·man /átəmən|ɔ́t-/ [名] ([複] **~s**) [C] **1** オットマン《背・ひじ掛けがないソファ; しばしばクッションの下にシーツ, 毛布などを収納する》. **2** 足載せ台. **3** 〈O-〉トルコ人, オスマン人, 《旧トルコ帝国人》.
Òttoman Émpire [名] 〈the ~〉オスマン帝国, オスマントルコ, 《旧トルコ帝国》.
OU 〖英〗Open University; Oxford University.
ou·bli·ette /ù:bliét/ [名] [C] (城などにあった天井に入り口が付いている)秘密地下牢(ろう). [＜フランス語「忘れる」]
ouch /autʃ/ [間] あいた, あちっ, 《急に痛みを感じたときに発する》.
‡ought[1] /ɔ:t/ [助]

> [語法] (1) 否定短縮形は **oughtn't**. (2) 後に to 不定詞を伴う: He ~ *to* go there. (彼はそこへ行くべきだ); ただし〖米話〗では否定文, 疑問文の場合 to を省くことがある. (3) 疑問文では ought を主語の前に置く: *Ought* I *to* obey him? (私は彼に従うべきでしょうか) (4) ought には過去形がないので, 時制の一致が必要な場合 ought がそのまま過去形として用いられる: I felt I ~ not *to* say so. (そう言ってはいけないと思った) (5) 否定形 ~ not to do の代わりに didn't [hadn't, shouldn't] ~ to do としたり, ~ not to have done の代わりに didn't [hadn't] ~ to have done などとするのは非標準.

【**義務・当然**】 **1** (**a**) 〈~ *to* do〉 **..すべきである, ..するのが当然[適当]である**, ([類語] 義務・必要の表現としては should より強く, must, have to より弱い). We ~ *to* follow the rules at all times. 我々は常に規則に従うべきである. He ~ *to* be paid more highly. あの男にはもっと高い賃金を支払うべきだ. The piano ~ *to* sound better when it is tuned. 調律した後のピアノがいい音がするのは当然です. We ～ *to* leave now if we are not to be late. 遅れないようにするのなら今出かけなくてはいけない. His mother told him he ～ not *to* go there. 彼の母は彼にそこへ行ってはいけないと言った. You ～ *to* take light exercise every day. 毎日軽い運動をした方がいい《忠告》. I think I ～ *to* leave now. もう帰らなくてはいけないんです《丁寧な表現》.

(b) 〈～ *to have* done〉 **..すべきであったのに** (語法 過去の実現しなかったこと, 又はしてしまったことについての非難, 後悔を表すのに用いる). You ～ *to have* said so. そう言うべきだったのに(言わなかったのはまずい). The play was very amusing; you ～ *to have* been there. 芝居はとても面白かった; 君も行けばよかったのに. His mother told him he ～ not *to have* gone there. 彼の母は彼にそこへ行くべきではなかったと言った.

(c) 〈～ *to have* done〉 **..し終わっているべきである** (語法 未来のある時点までに完了すべきことを表すのに用いる). You ～ *to have* obtained a passport before going abroad. 外国へ行く前にパスポートを取っておかなくてはならない.

【推量・可能性】 **2 (a)** 〈～ *to* do〉 **..のはずである.** Dinner ～ *to* be ready soon. すぐ食事の支度ができるはずだ. If he started at seven, he ～ *to* be there by now. 7時に出発したのなら彼は今ごろは向こうに(着いて)いるはずだ. **(b)** 〈～ *to have* done〉 **..したはずである.** He ～ *to have* arrived home by now. 彼は今ごろはもう家に着いているはずだ. [<古期英語 (*āgan* 'owe'の過去形)]

ought[2] 名, 副 =aught.

ought·n't /ɔ́ːt(ə)nt/ ought not の短縮形.

Ouí·ja bòard, ouí- /wíːdʒɑː-, -dʒə-|-dʒə-/ 名 Ⓒ 〖商標〗ウィージャ, 霊応盤, 《心霊術で死者のメッセージを受けるのに用いる板; 単に **Ouija** とも言う》.

‡**ounce** /auns/ 名 (複 **ounc·es** /-əz/) Ⓒ **1 オンス** 《重さの単位; 16分の1ポンド=約28.35グラム; 貴金属, 薬量の場合は12分の1ポンド=約31.1グラム; 略 oz.》. Ham and cheese are sold by the ～. ハムとチーズは1オンスいくらで売られている.

2 オンス 《液量の単位; fluid ounce とも言う; 〖米〗では16分の1パイント (pint)=約29.6cc; 〖英〗では20分の1パイント=約28.4cc》.

3 〖話〗〈単数形で; 主に否定文で〉少し〈*of* ..の〉 (a bit). There isn't an ～ *of* truth in what she says. 彼女の言うことには真実のひとかけらもない. spend every (last) ～ of courage [energy] ありったけの勇気[力]をふりしぼる. [<ラテン語「(ポンド, フットの) 1/12」]

‡**our** /auər, ɑːr/ 代 〈we の所有格〉 **1 (a) 我々の, 私たちの,** (→ours). ～ country わが国. **(b)** 〈人名につけて〉〖北英話〗うちの, (親しい)知り合いの. *Our* Kate is really hard-working. うちのケイトはほんとによく働くよ.

2 〈総称的用法〉 (一般人としての)我々の, 人の. We should act according to ～ conscience. 我々(人間)は自分の良心に従って行動すべきだ. **3** 〈国王が my の代わりに用いて〉 **わが, 朕(ちん)の.** **4** 〈新聞の社説などで my の代わりに用いて〉 **筆者の,** わが社の. **5** 〈your の代用; →we 5〉あなたの (語法 子供, 病人などに対して共感の気持ちを表すため). Come along, let's take ～ medicine. さあ, 薬を飲んで. **6** 〈共通に関心のあるものを指して〉例の, 問題の. Meantime, ～ villain was racing through the forest on a black steed. その間, 例の悪党は黒い馬にまたがり森を突っ走っていた. [<古期英語]

-our /ər/ 接尾 〖英〗 =-or[2].

Òur Fáther 名 (われらの父なる)神; 〖話〗主の祈り (the Lord's prayer).

Òur Lády 名 聖母マリア.

Our Lórd 名 (われらが主)キリスト.

‡**ours** /auərz, ɑːrz/ 代 〈we の所有代名詞〉

1 〈単複両扱い〉 **我々のもの** (語法「our+名詞」の代用として, 名詞が文脈から明らかである場合に用いられる). the nearest house to ～ (=our house) 私たちの家に一番近い家. *Ours* (= our team) is the best team in the league. わがチームはリーグで最高のチームです. All these books are Father's; ～ (=our books) are in our room. この本はみんな父のです; 我々のは我々の部屋にあります. **2** 〈of ～ で〉 **我々の** (語法 our は a, an, the, this, that, these, those, no などと共に名詞の前に置くことができないので of ours として名詞の後に置く). this car *of* ～ うちのこの車 (★*our* this car, this *our* car とは普通言わない). [<中期英語; our, -'s 1]

our·self /auərsélf, ɑːr-/ 代 **1** (我々)みずから《総称的用法の ourselves の代わり; 誤用とされることもある》. **2** 朕(ちん)みずから, 私自身, 《国王, 新聞の論説委員などが myself の代わりに用いる; →we 3, 4》.

‡**our·selves** /auərsélvz, ɑːr-/ 代 〈we の再帰代名詞〉

1 〈強意用法; 文中で強勢を置く〉 **(a)** 〈we 又は us と同格〉 **我々自身(で),** みずから. We ～ are responsible for the affair. 我々自身がそのことについて責任がある. Let's do it ～. 我々自身でそれをやろう. **(b)** 〈we 又は us の代用〉我々. →myself 3.

2 〈再帰用法; 動詞の目的語になる時は強勢は /-ˋ/ で動詞の方を強く発音する〉 **我々自身を[に],** 我々の体を[に]. We dressed ～. 我々は衣服を着た. We are thinking of buying a car for ～. 我々は自分たちのために車を買おうと思っている.

3 いつもの[正常な]我々 (→be ONESELF). We were not quite ～ yesterday. 昨日は我々はどうかしていた. ★成句については →oneself.

[中期英語 *our(e)-self(e)* 'ourself', -(e)s 1]

-ous /əs/ 接尾 「..を有する, ..の多い, ..性の, ..の特性を持つ, ..に似た」の意味の形容詞を作る. danger*ous*. joy*ous*, vigor*ous*. curi*ous*. gener*ous*. ★最後の2語については →-osity. [古期フランス語(<ラテン語 *-ōsus*)]

Ouse /uːz/ 名 〈the ～〉ウーズ川 《**1** イングランド東部を流れ the Wash 湾に注ぐ. **2** Humber 川の支流》.

ou·sel /úːz(ə)l/ 名 =ouzel.

†**oust** /aust/ 動 他 〖章〗 **1** を追い出す, 放逐する, 〈*from* ..〔地位, 職(場)など〕から〉. My father was ～*ed from* his job. 父は職を奪われた. **2** 〖法〗〔人〕から取り上げる〈*of* ..〔財産〕を〉. [<アングロノルマン語「取り上げる」(<ラテン語「じゃまする」)]

óust·er 名 ⓊⒸ 放逐, 追放; 〖法〗(不動産の)占有「剝(はく)奪.

‡**out** /aut/ 副 ⓒ (★be ～ の形では形容詞とみることもできるものがある)

【内から外へ】 **1 外へ[に]** (↔in). take ～ one's purse 財布を取り出す (★多く動詞の後に置かれ「..出る[出す]」と訳される: go ～, come ～, find ～, pick ～, search ～ など, それぞれの動詞の項にある). put one's tongue ～ 舌を出す《診察を受ける時, 軽蔑する時など》. single him ～ as the candidate 彼を候補者として選び出す. *Out* you go!=Go ～! 出て行け. *Out!* 〈間投詞的〉出てけ.

2 (a) 戸外に[へ]; 不在で, 外出して; 町[市, 国]の外に[へ]; **海外へ[に];** (類語 go ～ と go outside の相違は → outside 副). walk ～ (外へ)出て行く. dine ～ 外食する. Father is ～. 父は外出中です. go ～ dancing ダンスに出かける. The family live ～ in the country. その一家は(都会を離れて)田舎に住んでいる. go on the voyage ～ there そこまでの航海に出る. The tide is far ～. (海岸から)ずっと遠くまで潮が引いている. The riot police are ～ to suppress the demonstrators. デモ隊を制するために機動隊が出動している. Mary is now ～ in America. メリーは現在米国に出かけている. **(b)** 〔本, レコードなどが〕貸出し中で. Both of the books are ～. その2冊とも貸出し中です.

3 (a) (遠く)**海上に, 沖に, 空中に.** a boat ～ at sea 海に乗り出している小舟. The plane was four hours ～

from Narita. 飛行機は成田を発(た)って 4 時間のところにいた. (**b**) 中央へ[に] 〈*into, in* ..の〉. step ~ *into* the street 通りの真ん中へ歩み出る.

【外へ現われて】 **4** (**a**) **出て**, 現れて, 咲いて; 世に出て; **出版されて**; 〔秘密などが〕**露見して**, 公になって; 社交界に出て. The full moon came ~ from behind the cloud. 雲の陰から満月が現れた. The tulips are ~. チューリップが咲いている. The magazine will be ~ in a few days. 雑誌は 2, 3 日中に出るでしょう. Our secret leaked ~. 我々の秘密が漏れた. (**b**) ゲイであると公言して (→(他) 4).

5 目立って; **はっきりと** (clearly), **大声で** (loudly). call ~ →call (成句). speak ~ →speak (成句). The man shouted ~ in answer. 男は大声で返事をした.

【中心から離れて】 **6** (外へ)**突き出て**, 張り出して, 広がって. The branches jut ~. 枝が四方に張っている. stretch ~ one's arms 両腕を左右いっぱいに伸ばす. spread ~ a carpet じゅうたんを広げる. hand ~ pamphlets to visitors 来た人にパンフレットを配る.

【常態から離れて】 **7** (**a**) **外れて**; 抜けて; 狂って; 破れて; 不調で; 不和で; 損をして. His shoulder is ~. 彼は片方の肩が外れている. This cardigan is ~ at the elbows. このカーディガンは両肘(ひじ)が抜けている. be ~ in one's estimate 見積りを誤る. This clock is five minutes ~. この時計は 5 分狂っている. My calculations were ~. 私は計算違いをした. He is badly ~ in his reckoning. 彼はひどく計算を間違えている. I'm ~ with Jack. 僕はジャックと仲たがいしている. He's ~ ten dollars. 彼は 10 ドル損をしている. be way ~ there→OUT there. (**b**) 故障して, 停止して. The generator is ~ now. 発電機は今故障しています. (**c**) 〖米俗〗 気が狂って.

8 【除外】 除いて, 除外して; 追い出して. count a person ~ 人を除外する. leave an object ~ 目的語を省く. throw a person ~ 人を追い出す.

9 仕事[学校]を休んで; ストライキをして. He was ~ on account of illness. 彼は病気で休んだ. It's the servants' day ~. 奉公人の公休日だ. The miners are ~. 坑夫はスト中である.

【離れて＞なくなって】 **10** **なくなって**, 消えて, 尽きて, 品切れで; 期限切れで; 廃れて, 流行遅れで, (↔in). blow a candle ~ ろうそくを吹き消す. stub ~ a cigarette たばこをもみ消す. brush ~ the wrinkles in a skirt ブラシをかけてスカートのしわを取る. when school is ~ 授業が終わると. before the year is ~ 年が暮れる前に. The fuel is running ~. 燃料が尽きかかっている. The lights were ~ when I reached home. 家に着いた時明かりは消えていた. The copyright of this novel will be ~ in two years' time. この小説の著作権はあと 2 年ほどで切れる. Long skirts are now ~. ロングスカートは今や流行遅れだ.

11 政権[職, 地位など]から離れて (↔in). The Democrats are ~. 民主党は野(や)に下っている.

12 〖話〗〔考え, 案などが〕問題外で, 不可能で. Her proposal is absolutely ~. 彼女の提案はまったく受け入れられない.

13 気を失って; 寝入って. I was ~ for a while. 僕はしばらく気を失っていた. pass ~ 意識を失う. The boy went ~ like a light. 少年は床(とこ)に就くとすぐ寝入った.

14 〖野球・クリケット〗 アウトになって; 〖ボクシング〗 ノックアウトになって; (テニス, バドミントンなどで)〔ボールが〕アウトになって (↔in). The batter is ~. 打者はアウトだ.

【出し切って】 **15** **最後まで**, 終わりまで; 十分に, 完全に (completely); **徹底的に**. fight [argue] it ~ 最後まで戦う[議論する]. wash the dirt ~ 泥をすっかり洗い落とす. Clean ~ the closet, please. 戸棚をすっかり掃除してください. You should hear me ~. 私の言うことを最後まで聞きなさい. Let's play the game ~. 最後まで試合を投げないでやろう. I was tired ~ from running three miles. 3 マイル走って疲れ果てた.

16 〈最上級の形容詞を強調して〉 これまでで, 現存する中で. This is the best movie ~. これは今までで最高の映画だ.

àll óut →all.

be òut and abóut 〔病気の人などが〕治って外出できる[動き回れる]ようになっている (→UP and around [about]).

be óut for .. ..を得ようと躍起になっている. Our team *is* ~ *for* the championship. 我々のチームは優勝をねらって張り切っている.

be òut to dó ..しようと躍起になっている. He *is* ~ *to* win in the next contest. 彼は次の競技会でどうしても勝つつもりだ.

òut and awáy →away.

òut and hóme [***báck***] 往復ともに.

òut and óut 完全な[に], 徹底的な[に].

òut lóud 声を出して[立てて] (aloud). laugh [read] ~ *loud* 声を立てて笑う[読む].

****òut of*** /àutə(v)/ ***..*** (**1**) **..の中から外へ** (↔into, in). come ~ *of* a room 部屋から出て来る. get ~ *of* bed 起きる. get ~ *of* the way (じゃまにならないように)よける. look ~ *of* the window 窓から外を眺める. He took a watch ~ *of* the case. 彼は箱から時計を取り出した. Get ~ *of* here! ここから出て行け. (**2**) 〔ある数〕**の中から**, の間から. in nine cases ~ *of* ten 十中八, 九(は). one ~ *of* every ten people 10 人につき 1 人. Two ~ *of* five students said so. 5 人に 2 人の生徒がそう言った. (**3**) ..の範囲外に, ..から離れて, 外れて, の外へ[で]; ..から脱して. ~ *of* hearing 聞こえない所に[へ]. ~ *of* doubt 疑いもなく. twenty miles ~ *of* Boston ボストンから 20 マイルのところで. stay ~ *of* the sun 日の当たらない所にいる. Keep it ~ *of* the children's reach. それを子供たちの手の届かない所に置いておきなさい. ~ *of* fashion 廃れて. The patient is ~ *of* danger. 患者は危機を脱している. *Out of* sight, ~ *of* mind. 〖諺〗 →mind (成句). (**4**) ..がなくなって, ..を切らして, ..が不足して. We are ~ *of* coffee [cash]. コーヒー[現金]を切らしている. ~ *of* breath 息を切らして. ~ *of* work 失職して. (**5**) 〈材料〉 ..から, ..で, ..を用いて. The building is made ~ *of* bricks. そのビルはれんが作りである (★out of＝of). Butter is made ~ *of* milk. バターは牛乳から作られる (★out of＝from). (**6**) 〈動機〉 ..から. ask ~ *of* curiosity 好奇心から聞いてみる. ~ *of* necessity [embarrassment] 必要に迫られて[当惑から]. She cried ~ *of* sympathy. 彼女は同情して泣いた. (**7**) 〈起源, 出所〉 ..から, ..から出た. drink ~ *of* the cup 茶わんから飲む. a man ~ *of* the South 南部出身の男. passages ~ *of* the Bible 聖書からの数節. pay for one's trip ~ *of* one's savings 預金から旅行の費用を支払う. squeeze the juice ~ *of* the lemon レモンから果汁を絞り取る. swindle money ~ *of* him 彼から金をだまし取る. (**8**) 〈結果〉 ..を失うように; ..しないように; (↔into). He cheated me ~ *of* my share. 彼は私の分け前をだまし取った. We persuaded him ~ *of* going. 我々は彼を説得して行くのをやめさせた.

óut of it (**1**) 締め出されて; 孤立して. I felt rather ~ *of it*, but I soon made some friends. ひとりぼっちのような感じがしたが, すぐに何人か友達ができた. (**2**) (真相を)誤って, 間違って. (**3**) 困って, 途方に暮れて. (**4**) 関係がない, 掛かり合いがなくて. It's a crazy scheme and I'm glad to be ~ *of it*. それはばかげた計画で, 私は掛かり合いがなくてうれしい. (**5**) 〖話〗 酔っ払って; ぼうっとして, もうろうとして.

òut thére 〖話〗 ぶっ飛んで 《普通でない, 奇妙[異常]なという意味》. Ridley Scott's new film is way ~ *there*. スコットの今度の映画はぶっ飛んでるぜ.

óut to it 〖オース・ニュー話〗 (酔って)眠りこけて, 意識を

失って.
òut one's wáy 〚話〛近所に[で].
Óut with ..! 〚話〛..を出せ. *Out with* you! 出て行け. *Out with* it! 言ってしまえ.
—— 前 **1** 〚主に米〛〔窓, ドアなど〕から, を通り抜けて, の外へ[に], (〚英〛~ of [through]). look ~ (〚英〛~ *of*) the window 窓から外を見る. He went ~ the window. 彼は窓から出て行った. **2** 〚米〛..を通って外へ (~ along). He drove ~ Elm Street. 彼はエルム通りを市外に向かって車を走らせた.
—— 形 Ⓒ 〈限定〉(★副 の中には形容詞の叙述的用法とみることができるものもある) **1** 外の; 外側の, 外向きの. the ~ sign 出口を示す標識. **2** 中心から離れた. the ~ country へんぴな田舎. **3** 〚クリケット〛守備の; アウトになった. the ~ side 守備側.
—— 名 Ⓒ **1** 失業者; 勢力[地位]を失った人, 〈特に〉落ちぶれた政治家. **2** 〈the ~s〉野党. the ins and ~s 与党と野党. **3** 〚話〛〈単数形で〉逃げ道; 言い訳, 口実. find an ~ 口実を見つける. **4** 〚野球〛アウト; アウトになった選手. **5** Ⓒ 〚印〛脱落; 脱落した語. **6** 〚話・方〛不利, 欠陥.
at óuts (*with ..*) =on the OUTS (with ..).
from òut to óut 端から端まで.
màke a pòor óut うまくいかない, ぱっとしない.
on the óuts (*with ..*) 〚米話〛(と)意見が合わないで, 不和で.
the ìns and óuts (*of ..*) →in.
—— 動 他 **1** 〔火〕を消す. **2** 〚話〛を追い出す. **3** 〚ボクシング〛をノックアウトする. **4** 〔有名人など〕を同性愛者であると公にする; 〚話〛〔..の正体など〕を暴露する 〈*as* ..と〉.
—— 自 〈普通 will ~〉現れる, 露見する. The truth will ~. 真実は明らかになるものだ. Murder will ~. 〚諺〛→murder 名 1. [<古期英語]

out- 接頭 **1**「外(側)の[に, へ, から, で], 外国に」,「離れた[て]」などの意味. *out* side. *out* bound. *out* lying. *out* spread. **2**「..以上に, より多く[長く], に勝って」などの意味. *out* do. *out* live. *out* run. **3** 固有名詞の前に付けて「同じ方面で..をしのぐ」の意味の動詞を作る《Shakespeare の造語 out-Herod (→見出し語)の模倣》. *out*-Beethoven Beethoven (音楽家としてベートーヴェンをしのぐ).

out·age /áutidʒ/ 名 UC **1** (輸送[貯蔵]中に生じた商品の)目減り. **2** (機械の)作動停止; (水道, エネルギーの)供給停止, 〈特に〉〚主に米〛停電(時間).

out-and-out /àutən(d)áut ㊙/ 形 〈限定〉全くの, 徹底的な. an ~ lie 真っ赤な嘘(うそ).

òut-and-óut·er 名 Ⓒ 〚旧・話〛極端な人, 徹底主義者.

óut·bàck 名 〈the ~〉(オーストラリアの)未開拓の奥地; 奥地, 僻(へき)地.

òut·bálance 動 他 より重い; より重要である; に勝る. The risks are ~*d* by the gains. 利益の方が危険より大きい.

òut·bíd 動 (~s|過 ~|過分 ~, ~·den|~·ding) 他 (競売などで)〔他の人〕より高い値を付ける 〈*for* ..〔品物〕に〉, に競り勝つ.

òut·bídden 動 outbid の過去分詞.

óut·bòard 形 〈限定〉, 副 **1** 船外の[に]; (飛行機の)機体外の[に]. **2** (船, 飛行機の)中心を離れて[た]. **3** 船外(発動)機を動力とした. —— 名 Ⓒ 船外(発動)機《ボートの縦尾の外側に取り付けた取り外しのできるエンジン. **òutboard mótor** とも言う》.

óut·bòund 形 〈普通, 限定〉〔飛行機, 船が〕外国行きの; 〔列車などが〕下りの; (↔inbound).

òut·bráve 動 他 〔危険など〕に勇敢に立ち向かう, をものともしない; より勇気がある.

＊**out·break** /áutbrèik/ 名 (複 ~s /-s/) Ⓒ **1** 発生, 勃(ぼっ)発, 〈*of* ..〔伝染病, 暴動, 戦争など〕の〉. an ~ *of* rain 突然のにわか雨. **2** (感情の)激発. **3** 暴動, 反乱.

óut·bùild·ing 名 Ⓒ 離れ家 (〚英〛outhouse)《ガレージ, 納屋など》.

＊**out·burst** /áutbə̀ːrst/ 名 (複 ~s /-ts/) Ⓒ 〔激しい感情などの〕**爆発**, 激発; 〔エネルギー, 活力などの〕噴出, 奔出; 〔火山などの〕爆発, 噴火; 〔暴動などの〕突発; 〈*of* ..の〉. in an ~ *of* anger 怒りを爆発させて.

‡**óut·càst** 名 Ⓒ (社会, 家庭などから)追放された人[動物], 宿なし, 浮浪者. an ~ *from* society 社会の落ちこぼれ. —— 形 追い出された, 見捨てられた, 宿なしの.

óut·càste 名 Ⓒ (インドで)自分の属する階級 (caste) から追放された人; (caste 外の)賤(せん)民.

òut·cláss 動 他 よりはるかに勝る, をしのぐ, 〈しばしば受け身で〉.

⁑**out·come** /áutkʌ̀m/ 名 (複 ~s /-z/) Ⓒ 〈普通, 単数形で〉**結果**, 成り行き, (類語 注目されている事柄の(最終的)結果; →result). The ~ of the race disappointed me. そのレースの結果に僕はがっかりした.

óut·cròp 名 Ⓒ **1** (鉱脈, 岩石などの)露出, 露頭. **2** (事件などの, 突然の)発生, 露呈, 表面化. —— 動 自 〔地層などが〕露出する, 表面に表れる.

†**óut·crỳ** 名 (複 -ries) **1** Ⓒ 叫び(声), わめき(声), 悲鳴. **2** UC (大衆の強い)抗議 (protest) 〈*about, against, over* ..に対する〉; 強い要求 〈*for* ..を求める〉. raise an ~ *against* the decision その決定に対して抗議する.

‡**òut·dáted** /-əd ㊙/ 形 時代遅れの, 旧式の, 廃れ(かかっ)た, (out-of-date).

òut·díd 動 outdo の過去形.

òut·dístance 動 他 〔他のランナー, 競争相手など〕を引き離す, 抜く. Japan has ~*d* the U.S. in producing VTRs. 日本はビデオテープレコーダーの生産で米国を引き離してしまった.

†**òut·dó** 動 (→do) 他 に勝る, をしのぐ, に打ち勝つ, 〈*in* ..において〉(類語 他に優れるための努力を暗示する; →surpass). He can ~ me *in* every subject but science. 彼は理科以外のすべての科目で僕より優れている. Not to be *outdone* he worked hard on the difficult problem. 彼は他人に負けてなるものかとその難問に一生懸命取り組んだ.
outdó onesèlf 今までになく[思ったよりも]よくやる, 最善を尽くす.

òut·dóes 動 outdo の3人称単数形.

òut·dóne 動 outdo の過去分詞.

⁑**out·door** /áutdɔ̀ːr/ 形 Ⓒ 〈限定〉**戸外の**, 野外の; 野外活動を好む; (↔indoor). an ~ game 屋外のゲーム. ~ sports 屋外スポーツ. ~ exercise 戸外運動. ~ clothes 屋外着. an ~ type [person] 野外活動を好むタイプの人.

⁑**out·doors** /àutdɔ́ːrz/ 副 Ⓒ **戸外で[へ]**, 野外で[へ], (↔indoors). go ~ 戸外へ出る.
—— 名 〈the ~; 単数扱い〉戸外, 野外. the great ~ (特に都会を離れた) 野外.

outdóors·man /-mən/ 名 (複 -men /-mən/) Ⓒ 野外活動を好む人; 主に野外で暮らす人.

òut·door·sy /àutdɔ́ːrzi/ 形 〚話〛野外活動を好む〔人〕.

òut·dráw 動 (→draw) 他 〚米〛**1** より多くの観衆[観客]を集める. She *outdrew* any of the male stars. 彼女は男性スターのだれよりも多くの観衆を集めた. **2** より速く銃を抜く.

òut·dráwn 動 outdraw の過去分詞.

òut·dréw 動 outdraw の過去形.

⁑**out·er** /áutər/ 形 Ⓒ 〈限定〉**外の**, 外部の, 外側の, (↔inner); 中心から離れた. ~ clothes 上着 (↔underclothes). an ~ island 離れ島. the ~ world 外界; 世間. the ~ suburbs 遠郊.

òuter éar 名 Ⓒ 〚解剖〛外耳 (↔inner ear).

Òuter Hébrides 名 〈the ~〉アウター・ヘブリディーズ諸島《the Inner Hebrides の西方》.

òuter mán 名 〈the ~〉(男性の)風采(さい), 外見.

Òuter Mongólia 名 外蒙古 (Mongolia 2).

óuter·mòst 形 ＝outmost.
òuter skín 名 U 〖解剖〗外皮.
òuter spáce 名 U 宇宙空間.
óuter·wèar 名 U 〈集合的〉外套(ᵍᵃⁱᵗᵒ)[上着]類.
òuter wóman 名〈the ～〉(女性の)風采(ᶠᵘᵘˢᵃⁱ), 外見.
òut·fáce 動 他 **1** に大胆に立ち向かう. **2**〔相手〕をじっと見て ⌊視線をそらさせる[威圧する, ひるませる]. 「れ]口.
óut·fàll 名 C 川口, (湖の)落ち口; (下水の)はけ[流↑
óut·fìeld 名〖野球・クリケット〗〈the ～〉**1** C 外野. **2** U〈集合的; 単複両扱い〉外野(陣). ◇↔infield ▷ **～·er** 名 C 外野手.
òut·fíght 動 (→fight) 他 (議会, 戦闘, 格闘技などで)〔相手〕に打ち勝つ, を圧倒する.
***out·fit** /áutfìt/ 名 (複 **～s** /-ts/) C **1 道具一式**, (旅行などの)用品, 装備. a camping ～ キャンプ用品. a fishing ～ 釣り道具. a carpenter's ～ 大工道具一式. **2** (ある目的のための)服装のひとそろい. a fashionable tennis ～ 流行のテニス着. **3**〈単数形で複数扱いもある〉〖話〗(人の集団としての)会社, 企業; 部隊; 一隊, 一行, グループ. a small printing ～ 小さな印刷会社.
── 動 (**～s**|過 過分 **-fit·ted**|**-fit·ting**) 他 に供給する, 支度してやる, 装備する, 〈*with* ..を〉(類語 equip よりくだけた語). The Antarctic expedition was *～ted with* the latest equipment. その南極探検隊は最新装備を整えていた. 「商, 装身具商.
óut·fìtter 名 C 洋品店主, 旅行用品商, 運動具↑
òut·flánk 動 他 **1**〔敵〕の側面を迂(ᵘ)回し後方から攻撃する. **2**〔相手〕の裏をかく, を出し抜く.
óut·flòw 名 UC 流出; 流出量; 流出物. ◇↔inflow
òut·fóught 動 outfight の過去形・過去分詞.
òut·fóx 動 他 を出し抜く, だます, の裏をかく.
òut frónt〖米話〗形 率直な, あけっぴろげな. ── 副 **1** 家の前に. **2** 率直に(言って). **3** (活動などの)先頭に立って, 陣頭指揮をして. 「戦[戦術]で勝つ.
òut·géneral 動 (**～s**|〖英〗**-ll-**) 他〔敵, 相手〕に作↑
óut·gò 名 (複 **～es**) **1** U 出て行くもの[こと]. **2** C 出費, 支出, (↔income).
‡**òut·góing** /⊛/ 形 **1**〈限定〉出て[去って]行く, 出発する. an ～ ship 出船. the ～ tide 引き潮. **2** 人付き合いのいい, 外向性の, 社交的な. **3**〈限定〉引退する, 去って行く. the ～ chairman 引退する議長.
── /⌐⌐‐/ 名 **1** UC 出て[去って]行くこと, 出発. **2**〖主に英〗〈～s〉支出, 出費.
òut·gréw 動 outgrow の過去形.
óut-gròup 名 C〈単数形で複数扱いもある〉〖社会〗外集団, 他者集団, 《内集団に属さない他者たち》(↔in-group).
†**òut·grów** 動 (→grow) 他 **1** より大きくなる, 早く成長する. Emily will ～ her older sister. エミリーは姉さんよりも大きくなるだろう. The world population is *～ing* food supplies. 世界の人口は食料の供給が追いつかないほど増大しつつある. **2** を着用できない[が体に合わない]ほど大きくなる. ～ one's clothes 体が大きくなって服が着られなくなる. **3** (成長して)〔癖, 習慣など〕から抜け出す. ～ one's selfishness 成長してわがままを言わなくなる. Mary had *outgrown* dolls by the age of nine. メリーは成長して9歳になると人形(遊び)は卒業した.
outgròw one's stréngth (幼年期に)体が早く大きくなって体力が追いつかない.
òut·grówn 動 outgrow の過去分詞.
óut·gròwth 名 C **1** 自然[当然]の結果; 副産物. a new ～ of leaves on an old tree 老樹に生じた新しい葉. **2** 発生[成長]する[した]もの《若枝など》.
òut·gúess 動 他 の計画[先行きなど]を読み取る; を出し抜く (outwit).
òut·gún 動 他 より武器が多い, 武力で勝る; を負かす.
òut-hérod, -Hérod 動 他〈次の用法で〉～ Herod 残虐さでヘロデ王をしのぐ《Shakespeare 作 *Hamlet* から; →out- 3》.
óut·hòuse 名 (複 →house) C **1**〖米〗屋外便所. **2**〖英〗＝outbuilding.
†**óut·ing** 名 C 小旅行, 遠出, 遠足, (類語 hiking, picnic などを含む; →travel). go on [for] an ～ ピクニックに行く.
òut·láid 動 outlay の過去形・過去分詞.
óut·lànd 名 C **1**〈普通 ～s〉遠隔地, 辺地. **2**〖古〗外国. ── 形 **1** 遠隔の, 辺地の. **2**〖古〗外国の.
óut·lànd·er 名 C 外国人, 外来者; 局外者.
‡**out·land·ish** /àutlǽndiʃ/ 形〖主に軽蔑〗見慣れない, 異様な, (strange). ～ clothing 異様な服装. ▷ **～·ly** 副 **～·ness** 名
òut·lást 動 他 より長続き[長持ち, 長生き]する.
***out·law** /áutlɔ̀ː/ 名 (複 **～s** /-z/) C **1 無法者**, 犯罪者. **2**〖史〗法喪失者; 法外放置宣告を受けた者.
── 動 他 **1**〖史〗〔人〕に法喪失[法外放置]宣告をする. **2**〔あるもの[事]〕を非合法化する, 禁止する. ～ the sale of alcohol in vending machines 自動販売機での酒類の販売を法律で禁じる.
[＜古期英語「追放された(者)」＜古期北欧語]
out·law·ry /áutlɔ̀ːri/ 名 U **1**〖史〗法喪失宣告; 法外放置. **2** 非合法化, 禁止.
‡**óut·lày** 名 (複 **～s**) U 投資, 支出; C〈単数形で〉費用, 経費, 〈*on, for* ..の〉. the ～ *on* clothes 衣料費.
── /⌐⌐/ 動 (→lay¹) 他〖主に米〗を費やす, 支出する, 〈*on, for* ..のために〉.
†**out·let** /áutlèt/ 名 C **1** (水, ガスなどの)**出口**, 放水[放出]口, (↔inlet). an ～ for water [smoke] 水[煙]の出口. **2**〖米〗(電気の)差込み, コンセント (〖英〗point; ★「コンセント」は和製英語). **3 はけ口**〈*for* ..〔感情, エネルギーなど〕の〉. Painting is a good ～ *for* emotion. 絵をかくことは感情のよいはけ口になる. **4** (商品の)販路, 市場; 特約店, 直売店.
óut·li·er /-làiər/ 名 C **1** 職場外居住者. **2** 局外者, 部外者. **3**〖地〗外座層《古い地層に囲まれた新しい岩層》;〖統計〗外れ値《通常の分布から大きく外れた値》.
‡**out·line** /áutlàin/ 名 (複 **～s** /-z/) C **1**〈しばしば ～s〉**輪郭**, 外形; 略図; 〈*of* ..の〉(類語 物の輪郭を明示するもので, ざっと描いた sketch とは異なる). the ～*(s) of* the tower barely visible in the thick fog 濃い霧の中にやっと見える塔の輪郭. draw the ～ *of* the United States 合衆国の略図を描く. **2 概要**, あらまし, アウトライン; 〈～s〉要点, 骨子; 〈*of* ..〔計画, 理論など〕の〉. give an ～ of a story 話の粗筋を述べる.
in óutline (1) 輪郭で[の]. a picture *in* ～ 輪郭図. (2) あらましの; 概略は. describe one's idea *in* (broad) ～ 自分の考えを大まかに説明する.
── 動 (**～s** /-z/|過 過分 **～d** /-d/|**-lin·ing**) 他 **1** の**輪郭を描く**[際立たせる]; の略図を描く; 〈しばしば受け身で〉. the important passage *～d* in red 赤線で囲まれた重要な一節. The hill is *～d* clearly against the sky at sunset. 小山の稜(ʳʸᵒᵘ)線が夕焼け空にくっきり見える. **2** の**要点を述べる**, を概説する. I'm going to ～ the events during my stay in America. これから私のアメリカ滞在中の出来事のあらましをお話しします.
[out-1, line]
óutline màp 名 C 白(地)図.
óutline skètch 名 C 輪郭図, 略図.
†**out·live** /àutlív/ 動 他 より長生きする, 長く続く[残る]; を生き延びる, 無事に切り抜ける; 長生きして..を失う. ～ one's son 息子より(親が)長生きする, 息子に先立たれる. ～ an accident 事故にあっても無事生き長らえる. This old typewriter has *～d* its usefulness. この古いタイプライターは今ではもう役に立たなくなった《＜有用さよりも長生きしている》. Mr. Wright *～d* the bad reputation

of his youth. ライト氏は若いころ悪評を流したが死ぬまでには消えていた.

‡**out·look** /áutlùk/ [名] ([複] **~s** /-s/) [C] 〈普通, 単数形で〉 **1 見晴らし**, 展望, 眺望. a room with an ~ on [over] the sea 海の見晴らせる部屋.
2 前途, 見込み, 見通し, 予想; 天気予報; 〈*for* ..に対する〉. The ~ *for* our business isn't good. 我々の商売の見通しはよくない. The ~ *for* tomorrow is cloudy and clear later. 明日の予報は曇り後晴れだ.

[連結] a bright [a dismal, a gloomy] ~

3 観点, 見地; 見解 〈*on* ..についての〉. the English ~ *on* life イギリス人の人生観. a man with a very narrow ~ 非常に視野の狭い人.

[連結] a broad [a cheerful, a healthy, an optimistic, a positive; a gloomy, a negative, a pessimistic] ~

‡**óut·lỳing** [形] 〈限定〉 中心を離れた; へんぴな. an ~ area へんぴな地域.

òut·manéuver 〖米〗, **-manóeuvre** 〖英〗 [動] [他] に戦略[策略]で勝つ, の裏をかく, を出し抜く.

òut·mátch [動] [他] に勝る, より上手である, 〈*in* ..で〉 〈しばしば受け身で〉.

out·mod·ed /àutmóudəd [移]/ [形] 流行[時代]遅れの.

óut·mòst [形] 〈限定〉 一番外(側)の, 最も中心から遠い, (↔inmost).

†**òut·númber** [動] [他] より数で勝る, 多い. They ~*ed* us three to one. ＝We were ~*ed* three to one by them. 彼らは3対1の割合で我々より数が多かった.

òut-of-bódy /[移]/ [形] 体外離脱の. an ~ experience 体外離脱体験《魂が離れた肉体を外から眺めるような一種の臨死体験》.

òut-of-bóunds /[移]/ [形], [副] 〖球技〗〔ボールが〕境界線の外に出た[て], (ゴルフの) OB の[で].

òut-of-cóurt /[移]/ [形] 法廷外の, 訴訟によらない. an ~ settlement 示談.

‡**òut-of-dáte** /[移]/ [形] 時代[流行]遅れの, 旧式の, (↔up-to-date).

òut-of-dóor /[移]/ [形] ＝outdoor.

òut-of-dóors /[移]/ [形] ＝outdoor. ── [副], [名] ＝outdoors.

òut-of-pócket /[移]/ [形] 現金払いの. ~ expenses 現金支払経費《クレジットなどではなく》.

òut-of-síght /[移]/ [形] 〖米〗 **1** 〔価格などが〕法外な, やたらに高い. **2** 〖俗〗べらぼうにいい, 抜群の.

‡**òut-of-the-wáy** /[移]/ [形] **1** 人里離れた, へんぴな. an ~ hotel へんぴな所にあるホテル. **2** 人のあまり知らない, 珍しい. ~ bits of information 珍しい情報.

òut-of-tówn /[移]/ [形] 〈限定〉 **1** 町はずれ[市外]の〔大店舗, 施設など〕. **2** 住民以外の〔人〕.

òut-of-wórk /[移]/ [形] 失業中の[で], 仕事のない.

òut·páce [動] [他] より足[速度]が速い; を追い越す; をしのぐ.

‡**óut·pàtient** [名] [C] (病院の)外来患者 (↔inpatient).

òut·perfórm [動] [他] 〔機械などが〕を作業能力でしのぐ; より良い業績を上げる.

òut·pláce [動] [他] に再就職を斡(あっ)旋する.
▷ **~·ment** [名]

òut·pláy [動] [他] より試合がうまい, を負かす.

òut·póint [動] [他] (特にボクシングで)より多くの点数[ポイント]を取る.

‡**óut·pòst** [名] [C] **1** 前哨(しょう)基地[地点]; 〈集合的〉前哨隊[兵]. **2** 辺境植民地.

òut·póur [動] [他] を流出させる. ── /⌐⌐/ [名] [C] 流出物.

óut·pòuring [名] [C] **1** 流出(物). **2** 〈普通 ~s〉 (感情などの)ほとばしり, 流露. ~*s* of enthusiasm 情熱のほとばしり.

‡**out·put** /áutpùt/ [名] ([複] **~s** /-ts/) [UC] 〈普通, 単数形で〉 **1 生産高**, 産出高. the literary ~ of the year その年出版の文芸作品の総数. The coal mine's daily ~ is 1,000 tons. その炭坑の日産量は千トンである. **2** 〖機・電〗出力 (↔input). **3** 〖電算〗アウトプット, 出力, 《コンピュータを使って得られる情報; ↔input》.
── [動] (**~s** | [過] [過分] **~, ~·ted** | **~·ting**) [他] 〖電算〗〔情報〕をアウトプット[出力]する.

*__out·rage__ /áutrèidʒ/ [名] ([複] **-rag·es** /-əz/) **1** [UC] **乱暴**, 暴行, 暴力行為, 〈*against, on, upon* ..に対する〉. commit an ~ *on* a girl 少女に暴行を働く (★rape の婉曲表現). an ~ *against* humanity 人道に反する暴虐行為. **2** (**a**) [C] 憤慨させる行為[出来事], 侮辱行為. It is an absolute ~ that the President should be accused of perjury. 大統領が偽証罪に問われるとは憤慨に耐えない事件だ. (**b**) [U] (暴力, 侮辱などに対する)激怒, 憤慨. have a feeling of ~ 憤慨の気持ちを抱く.
── [動] (**-rag·es** /-əz/ | [過] [過分] **~d** /-d/ | **-rag·ing**) [他] **1** を激怒させる, **憤慨させる**, 〈普通, 受け身で〉. I was ~*d* at his insolence. 彼の生意気さに私は憤慨した. **2** を侮辱する; の感情を傷つける; 〈普通, 受け身で〉. He felt his dignity was ~*d*. 彼は人格(の尊厳)を傷つけられたと感じた. **3** に乱暴する, 暴行を加える.
[＜古期フランス語「度を越した行為」(＜ラテン語 *ultrā* 'beyond')]

*__out·ra·geous__ /àutréidʒəs [移]/ [形] [m] **1 法外な**, 話にならない; とんでもない, 風変わりな. The price of the used car is ~. その中古車の値段は法外である. in an ~ costume 突拍子もない衣装を身に着けて. **2** 不届きな, ふらちな. his ~ behavior 彼の無礼な行為. the policeman's ~ manners 警官の乱暴な態度. It is ~ that he was dismissed without notice. 彼が予告なしに解雇されたのは理不尽だ. ▷ **~·ly** [副] **~·ness** [名]

òut·rán [動] outrun の過去形.

òut·ránge [動] [他] より着弾距離が長い.

òut·ránk [動] [他] 〔同じグループの人〕より上に位する, 地位が高い.

ou·tré /u:tréi | ⌐⌐/ [形] 〖軽蔑又は戯〗常軌を逸した; 一風変わった, 突飛な. [フランス語 'exceeded']

òut·réach [動] [他] **1** の先まで達する. **2** を策略にかける.
── [自] 度が過ぎる.

òut·rídden [動] outride の過去分詞.

òut·ríde [動] (→ride) [他] 〔相手など〕より巧みに[速く, 遠くまで]乗る, を追い越す; 〔困難など〕を乗り切る.

óut·rìder [名] [C] 警護の警官《オートバイ(又は馬)に乗って貴人, 要人などの乗り物を先導・護衛する》.

óut·rìgger [名] [C] **1** 〖海〗舷(げん)外浮材《舟の安定を保つため, また帆のすそを結びつけるために舟の側方に取り付けた木材》. **2** (南太平洋などで用いられる)舷外浮材付きの舟[カヌー]. **3** アウトリガー《競漕(そう)用ボートの舷外に張り出したオール受け》.

†**òut·ríght** [副] **1** 徹底的に, 完全に. **2** あからさまに, 率直に, 公然と. laugh ~ 無遠慮に笑う. **3** その場で, 即座に; 即金で. be killed ~ 即死する. buy a car ~ 即金で自動車を買う. ── /⌐⌐/ [形] 〈限定〉 **1** 徹底的な, 完全な. an ~ lie 全くのうそ. **2** あからさまな, 率直な. give an ~ refusal きっぱり断る.

òut·ríval [動] (**~s** | 〖英〗 **-ll-**) [他] 〔ライバル〕に(競り)勝つ.

òut·róde [動] outride の過去形.

òut·rún [動] (→run) [他] **1** 〔相手〕より速く[遠くまで]走る, を走って追い越す. We tried to ~ the storm, but it caught up with us. 我々はあらしより速く走ろうとしたが, 追いつかれた. **2** の範囲を越える, ..以上である. My expenses *outran* my income this year. 今年は私の支出は収入を上回った.

òut·séll [動] (→sell) [他] **1** 〔人〕より多く[速く]売る. **2** 〔他の物〕より多く売れる.

†**óut·sèt** [名] 〈the ~〉 最初, 始め.

O

***at* [*from*] *the óutset* (*of* ..)** (..の)最初に[から].

òut·shíne [動] (→SHINE) [他] **1** より明るく光る, 光が強い. **2** に勝る, を顔負けさせる. Tom ~*s* the other boys on the playing field. 運動場ではトムにかなう少年はいない.

òut·shóne [動] outshine の過去形・過去分詞.

‡out·side /àutsáid, ⌐⌐/ [名] ([複] **~s** /-z/) [C] 〈普通 the ~〉 **1** (↔inside) (**a**) (物の)**外側**, 外面; 表面. paint the ~ of the box white 箱の外側をペンキで白く塗る. broil chicken until its ~ is browned チキンの表面がきつね色になるまで焼く. (**b**) (建物, 囲みなどの)外, 外部; (組織などの)部外; 外界; →成句 on the ~ (1). walk around the ~ of a church 教会の外回りを歩く. (**c**) (カーブしたトラックなどの)外回りの走路, アウトコース; = outside lane; →成句 on the ~ (2); (歩道などの)外側《車道寄り》. **2** 外観, 見かけ. Don't judge a person from the ~. 人を外観で判断してはいけない.

at the* (*vèry*) *óutside せいぜい (at (the) most). This theater seats 500 *at the* ~. この劇場の収容人数はせいぜい 500 人だ.

on the outsíde (1) 外側に; 部外者の位置に; 外界の[で]. need help from those *on the* ~ 部外者からの援助を必要とする. The prisoner dreamed of a free life *on the* ~. その囚人は, 外界の自由な生活を夢に見た. (2) ((高速)道路で)最も〖米〗端の [〖英〗中央分離帯寄りの]車線を使って. overtake him *on the* ~ 〖英〗追い越し車線を使って彼を追い越す. (3) 見かけは, 外見は. *On the* ~ he appears a gentleman. 彼はうわべは紳士に見える.

—— /⌐⌐/ [形] [c] 〈限定〉 **1 外側の**; 外の, 外部の; (↔inside). the ~ wall 外側の壁. the ~ world 外界.
2 〖野球〗(投球が)外角の (↔inside).
3 戸外[屋外]の (↔inside). an ~ toilet 屋外トイレ. ~ temperature 戸外の気温.
4 外部[局外者, 他人](から)の. ask for advice from ~ experts 外部の専門家に助言を求める. Get ~ help. 外部の助けを借りなさい.
5 〔機会, 可能性が〕ごくわずかな (slight). There's an ~ chance of winning. 勝利のチャンスは千に一つだ.
6 最大(限度)の, 最高の. an ~ estimate (多めに見た)最高の見積もり. **7** 本務以外の, 余暇の. ~ activities 余暇[課外]の活動.

—— /⌐⌐/ [副] [c] (↔inside) **1 外側に[を]**; (建物などのすぐ)外に[で]. The barn is painted green ~. 納屋は外側が緑色に塗ってある. There are lots of people ~ waiting for the store to open. たくさんの人が外で開店を待っている. **2** 戸外で[へ], 屋外(では. go ~ 戸外へ出る ([類語] ちょっと外に出ること; go out は遠く出かけるのもいう). take one's dog ~ 犬を外へ連れ出す. **3** (境界, 囲いなどの)外部で[へ], 外界へ. The Japanese were once forbidden to travel ~. 日本人はかつて海外渡航を禁止されていた.

***outsíde of* ..** 〖米話〗 (1) =outside [前]. (2) ..を除いて (except for). *Outside of* that, we have no worries. それ以外には我々は何も心配はない.

—— /⌐⌐, ⌐⌐/ [前] **1 ..の外側に[へ, の]**; 〔建物などの〕(すぐ)外で; (↔inside). staircases ~ a hotel ホテルの外階段. Let's meet ~ the post office at noon. 正午に郵便局の外で会おう. Don't smoke here. Please go ~ the room. ここでたばこを吸ってはいけません. どうぞ部屋の外へ出てください. **2** 〔市, 国などの〕外で[へ, の]; ..の近くにある. *Outside* Spain, such bullfighting can rarely be seen. スペイン以外ではこのような闘牛はめったに見られない. a small village just ~ Bath バスのすぐ近くの小村. **3** 〔組織, 集団などの〕外部で[の]. a minister from ~ the political party 政党外からの大臣. **4** ..の範囲を越えて (↔within); ..以外に. Marketing is ~ my field. マーケティングは私の専門分野外だ. John has few interests ~ his job. ジョンは仕事以外にほとんど関心事がない. ~ the rush hours ラッシュアワー以外の時に.

òutside bróadcast [名] [C] 〖英〗スタジオ外[野外]放送.

òutside cáll [名] [C] (電話の)外線(通話). make an「~ 外線(電話)をかける.

òutside édge [名] [C] 〖スケート〗(刃の)外側エッジ.

òutside ínterest [名] [C] 本務以外の関心; 趣味.

òutside láne [名] [C] 〈普通 the ~〉(高速道路などの)外側車線《右側通行の〖米〗では道端寄りの走行車線 (slow lane), 左側通行の〖英〗では中央分離帯寄りの追越し車線 (fast lane)》.

òutside líne [名] =outside call.

†out·sid·er /àutsáidər/ [名] [C] **1** 部外者; 門外漢, 素人; (↔insider). The ~ sees ⌞most [the best] of the game. 〖諺〗部外者は目が高い; '岡目(おかめ)八目(もく)'. **2** 勝てそうもない馬[人]. a rank ~ まったく勝ち目のなさそうな[だった]人[馬], '大穴'.

òutside tráck [名] [C] (トラック競技の)アウトコース.

òutside wórk [名] [U] 外勤; 本務外の仕事, アルバイト.

òut·síze [移] [形] 〔衣服, 人などが〕特大の.

†out·skirts /áutskə̀:rts/ [名] 〈the ~; 複数扱い〉郊外, (町などの)周辺, 外れ, ([類語]「中心を外れた周辺」という位置関係に重点がある; →suburb). He lived on [at, in] the ~ of Boston. 彼はボストン郊外に住んでいた.

òut·smárt [動] [他] 〖話〗よりうわてである, を出し抜く, (outwit). ***outsmárt onesèlf*** 利口すぎて失敗する, '上手の手から水が漏れる'.

òut·sóld [動] outsell の過去形・過去分詞.

òut·spóken [移] [形] 率直な, 遠慮のない. ~ criticism 歯に衣(きぬ)を着せない批判. Be ~ in your remarks. 遠慮なくずばずば言ってくれ. ▷ **~·ly** [副] **~·ness** [名]

òut·spréad [移] [形] 広げられた, 伸ばされた. The eagle was about to fly with ⌞wings ~ [~ wings]. ワシは翼を広げて飛ぼうとしているところだった.

‡out·stand·ing /àutstǽndiŋ/ [移] [形] [m] **1 傑出した**, 特に優れた, ([類語] ある分野で群を抜いたさま; →noticeable). an ~ statesman 傑出した政治家. an ~ achievement 卓越した業績. **2** 〈普通, 限定〉**目立つ**, 顕著な; 突出した. put an ~ mark on a tree 木にはっきりと目立つ印を付ける. make ~ progress 目立って進歩する. **3** 未解決の, 未払いの, 未決済の. Some problems are still ~. 幾つかの問題はなお未解決である. an ~ debt of $1,000 千ドルの未払いの借金. ▷ **~·ly** [副] 目立って, 顕著に.

òut·stáre [動] =outface.

óut·stàtion [名] [C] **1** (辺境にある)出張所, 支所; (ラジオ放送の)支局; 〖軍〗駐屯地. **2** 〖オース〗(辺境の)牧羊[牛]地.

òut·stáy [動] (**~s** | [過] [過分] **~ed** | **~·ing**) [他] 〔他のもの〕より長く居座る. ~ one's welcome 長居しすぎて嫌われる.

‡òut·strétched /-t [移] [形] 〔手足などが〕広げられた, 伸ばされた. lie ~ on the floor 床の上に大の字に横たわる. with ~ arms=with arms ~ 両腕を広げて.

†òut·stríp [動] (**~s** | **-pp-**) [他] **1** より速く走る, を追い越す. **2** より勝る, を凌駕(りょうが)する, (surpass).

óut-tàke [名] [C] (映画・テレビの上映[放映]されない)失敗場面, NG 場面.

òut·tálk [動] [他] より上手に[早く, 大声で]話す; をしゃべり負かす.

óut-tray [名] ([複] **~s**) [C] 既決書類入れ (↔in-tray).

òut·vóte [動] [他] より多くの投票を得る, に投票多数で勝つ.

‡out·ward /áutwərd/ [形] [c] 〈限定〉**1 外側の**, 外部の, 外[表]面的な, うわべの. ~ cheerfulness うわべの快活さ. an ~ and visible sign 歴然と外に表れた印. **2 外へ向かう**; (帰りに対し)行きの〔旅〕. an ~ voyage 往

路の航海. an ～ flow of traffic (中心から)外へ向かう交通の流れ. **3** (精神面に対して)物質的な, 肉体的な. ～ beauty 肉体的な美しさ.
to (àll) òutward appéarances 外見上, 見たところ.
—— 副 Ⓒ **1 外側に[へ]**; (中心から)外へ; (↔inward). This door opens ～. この戸は外側に開く. The town has spread ～. その町は周辺へと広がってきた. **2** 岸[港]から外洋へ(→outward bound 形); 国外へ. The government needs to look ～ now. 政府は今国外へ目を向ける必要がある. ◇↔inward

òutward bóund /㊐/ 形 外国[外洋]へ向かう; 往路の〔列車など〕. an ～ ship 外国[外洋]へ向け航行中の船.

†**óut·ward·ly** 副 外面的には, 表面上は, うわべは. look ～ happy うわべは幸せそうに見える.

òutward mán 名 〈the ～〉＝outer man.

óut·wards 副 〖主に英〗＝outward.

òut·wéar 動 (→wear) 他 **1** より長持ちする. **2** を着古す, 使い古す; をへとへとに疲れさせる.

‡**òut·wéigh** 動 他 **1** より重要である, 価値がある, に勝る. Let nothing ～ your love of truth. 君の真実に対する愛を何物より大切にしなさい. **2** より重い, 目方がある.

òut·wít /àutwít/ 動 (～s|-tt-) 他 を出し抜く, の裏をかく. I was ～*ted* by a sharp dealer. 私は抜け目のない売り手に一杯食わされた.

òut·wóre 動 outwear の過去形.

óut·wòrk[1] 名 **1** Ⓒ 〖築城〗〈普通 ～s〉(城の)外堡(ほ), 外とりで, 外塁, 《城, 塁, 要塞(さい)の外側にある保塁》. **2** Ⓤ 〖英〗屋外仕事; 職場外の仕事《家庭での内職など》.

òut·wórk[2] 動 他 よりよく[速く]仕事をする.

óut·wòrker 名 Ⓒ 〖英〗屋外[職場外]労働者; 下請職人, 内職者.

òut·wórn 動 outwear の過去分詞.
—— /㊐/ 形 (→worn-out) **1** 使い古した; 使われなくなった, 〔習慣などが〕廃れた, 時代遅れの. ～ clothes よれよれの着物. an ～ custom 廃れた慣習. **2** 疲れ切った. an ～ racehorse よぼよぼの競走馬.

ou·zel, -sel /ú:z(ə)l/ 名 Ⓒ 〖鳥〗クビワツグミ (**ríng òuzel**), カワガラス (**wáter òuzel**).

ou·zo /ú:zou/ 名 (複 ～s) ⓊⒸ ウーゾー《アニスの実で味付けしたギリシア産の強い蒸留酒》.

o·va /óuvə/ 名 ovum の複数形.

***o·val** /óuv(ə)l/ 形 Ⓒ **卵形の**, 長円形の, 楕(だ)円形の.
—— 名 **1** Ⓒ 卵形(の物); 楕円; (長円形の)競技場, スタジアム. **2** 〈the O-〉オーヴァル《ロンドンのケニングトン (Kennington) にあるクリケット競技場》. [＜ラテン語 *ovum* 'egg'] ▷**～·ly** 副

Òval Óffice 名 〈the ～〉(米国 White House 内の)大統領執務室.

‡**o·var·i·an** /ouvé(ə)riən/ 形 卵巣の; 子房の. an ～ cyst 卵巣嚢(のう)胞. ～ cancer 卵巣癌(がん).

‡**o·va·ry** /óuv(ə)ri/ 名 (複 **-ries**) Ⓒ 〖動·解剖〗卵巣; 〖植〗子房.

o·vate /óuveit/ 形 卵形の.

‡**o·va·tion** /ouvéiʃ(ə)n/ 名 Ⓒ (聴衆などの)盛大な拍手, (民衆の)熱烈な歓迎. a standing ～ 立ち上がっての拍手喝采(かっさい). [＜ラテン語「歓喜する」]

***ov·en** /ʌ́v(ə)n/ 名 (複 ～s /-z/) Ⓒ (料理用の)**オーブン**(★日英の発音の違いに注意), 天火; (陶器などを焼く)炉, かまど. a microwave ～ 電子レンジ. hot from the ～ 焼きたての. in a medium [moderate] ～ 中火の天火で. Bread is baking in the ～. オーブンでパンが焼けています. like an ～ 〖話〗(部屋などが暑くて)蒸し風呂のような[で]. [＜古期英語]

óven·a·ble /-əb(ə)l/ 形 (食品, 皿などが)オーブンにかけられる.

óven·pròof 形 〔皿などが〕オーブン耐熱製の.

òven·réady /㊐/ 形 〔食品が〕オーブンにかけるだけの《下ごしらえ済みの》.

óven·wàre 名 Ⓤ 〈集合的〉(耐熱性の)オーブン用食器.

***o·ver** /óuvər/ 前 **【より高い位置に】 1 ..の上に; ..の上方に**; (↔under; 類語 標準の線又は面から離れて「その上方に」「真上に」の意味で, 接触を表す on と異なり, 同じく「上方」でも真上の関係を示す点で above と異なる; 接触を表す場合は全面を覆う感じが on より強い). bend [stoop] ～ the baby 赤ん坊の上に身をかがめる. with a hat ～ one's eyes 目深に帽子をかぶって. The clouds were ～ our heads. 雲が我々の頭上にあった. My bedroom is ～ the living room. 私の寝室は居間の上にある. There is no bridge ～ the river. その川には橋がかかっていない. The boys stretched their hands ～ the fire. 少年たちは手を火にかざした.
2 **..の上位に**, ..を支配して, 制圧して. A colonel is ～ a major. 大佐は少佐より位が上です(★この場合は over より above が普通). rule ～ a country 一国を支配する. preside ～ the table テーブルで主人役を務める. have no control ～ oneself 自制心がない. gain a glorious victory ～ socialism 社会主義に対して輝かしい勝利を収める.
3 割る(ことの), (分数を表して)..分の... seventeen ～ seventy-three 17 割る 73 [73 分の 17]. My blood pressure is 130～80.→blood pressure.
【全体を覆うように】 4 ..を覆って, ..一面に; ..の至る所に; (語法 接触していても一面に覆う場合には on ではなく over を用いる). spatter paint all ～ the floor 床一面にペンキをはねかす. spread butter ～ bread パンの上一面にバターを塗る. Put a blanket ～ his legs. 彼の脚の上に毛布を掛けてやりなさい. put a hand ～ one's mouth 手で口をおさえる. wear a robe ～ one's bathing suit 水着の上にローブをまとっている. walk in the rain with a jacket ～ one's head 頭に上着をかぶって雨中を歩く. hit a person ～ the head 人の頭を殴る. A look of sadness came ～ her face. 悲しみの表情が彼女の顔を覆った. glance ～ a brochure パンフレットにざっと目を通す. travel all ～ the world 世界中を旅行する. The news spread ～ the country. そのニュースは国中に広がった. show a person ～ the museum 人を博物館の隅々まで案内する. My room looks out ～ the park. 私の部屋からその公園が見渡せる.
5【全体を通して】 ..の端から端まで, **終わりまで**, **..中ずっと**, ..を通じて. stay with him ～ the weekend 週末の間彼のところに滞在する. ～ the past few [next 20] years 過去数年[向こう 20 年間]にわたって. ～ the next month 来月いっぱい.
【越えて】 6【向こう側へ】 (a) 〈動作を表す動詞と共に用いて〉**..を越えて**, 渡って; 〈状態を表す動詞と共に〉..の向こうに; (類語「限界を乗り越えて向こう側へ」という動的な意味を表す; →beyond). cross ～ a river 川を渡る. jump ～ a hedge 生け垣を跳び越える. fall [look] ～ the cliff 崖(がけ)から落ちる[下をのぞき込む]. The yacht sailed gracefully ～ the waves. ヨットは優雅に波を越えて進んだ. speak ～ one's shoulder (振り向いて)肩越しに話す. fly ～ the ocean 大洋を飛行機で越える. We talked ～ the fence. 我々はフェンス越しに話した. They live just ～ the street. 彼らはちょうど通りを渡ったところに住んでいる.
(b) 〔障害, 病気など〕を乗り越えて, 終わって; ..を無視して. ～ the objections of one's parents 両親の反対を押し切って. He is ～ his illness. 彼は病気から回復している. I'm not ～ her. 彼女のことがまだ忘れられない. The atomic power station was built ～ the protests of the townspeople. 原子力発電所は町民の抗議を無視して建てられた.
7【伝わって】〔線〕を伝って; 〔電話, ラジオなど〕**によって**, ..で. ～ the telephone 電話で. Some news has just come ～ the wire. ニュースが今電報で入って来ました. Tom heard the sad news ～ the radio. トムはその悲しいニュースをラジオで聞いた.

O

8【超過して】 ***..*以上**; ..をしのいで, ..に優先して; (語法 普通 more than を用いる; over ten, more than ten は 10 を含まない; 10 を含める場合は ten and [or] over と言う; →副 7). He is ～ fifty. 彼は 50 歳を越している. the ～-60s 60 過ぎの人々. *Over* a hundred people were injured in the accident. 100 人以上の人々がその事故で負傷した. Anne was chosen as May Queen ～ the other candidates. アンは他の候補者をしのいで「5 月の女王」に選ばれた. The water was ～ my shoulder. 水は私の肩より上まであった.

‖上にかがみ込んで＞集中して‖ **9** ***..*に従事して**, ..しながら. talk ～ ⌊a cup of coffee [a game of golf] コーヒーを飲みながら[ゴルフをひと試合しながら]話をする. She went to sleep ～ her book. 彼女は本を読んでいるうちに寝込んでしまった. spend two hours ～ an assignment 宿題に 2 時間かける. sit up all night ～ the work 仕事をして夜明かしする.

10 ***..*について**, 関して, ..のことで, (類語 継続的な行為, 議論などを暗示する; →about 前 8). mourn ～ his death 彼の死を嘆く. Don't grieve ～ the past. 過去のことをくよくよするな. The children were fighting ～ the TV channels. 子供たちはテレビのチャンネルのことで争っていた. They were arguing [quarreling] ～ their legacy. 彼らは遺産のことで議論[口論]していた.

11【比較】..に比べて. increase sales by ten percent ～ the previous year 前年に比べて売り上げを 10 パーセント伸ばす.

***òver and abóve* ..** ..に加えて, ..以上に. There were ten dollars ～ *and above* what we counted on. 我々が当てにしていたお金のほかにあと 10 ドルあった.

── 副 (★be ～ の形では形容詞とみなせるものがある)

‖上に‖ **1 上方に**, 頭上に, 高所に; 上方から; 突き出て. A plane flew ～. 飛行機が頭上を飛んで行った. The moon is right ～. 月は真上にある.

2 一面に. travel all the world ～ 世界中至る所を旅行する (→前 4). coffee lovers the world ～ 世界中のコーヒー愛好者. The valley was covered ～ with snow. 谷間は一面雪に覆われていた.

‖越えて＞向こう側へ‖ **3 越えて**, 向こうに, 渡って; あちらへ[で], こちらへ[で]. live ～ in Brazil 遠くブラジルに住む. Who's the boy standing ～ there? あそこ[向こう]に立っている男の子はだれですか《指さしながら言う》. Come ～ here. こちらへ来なさい. go ～ to France (船, 飛行機で)フランスへ渡る. come ～ to Japan はるばる日本にやって来る. When will you come ～? いつやって来れますか. Jane asked me ～ for dinner. ジェーンは私に家へ食事に来ないかと誘ってくれた.

4 一方から他の側に, 移って, 譲って, 渡して; 相互に場所を移して. go ～ to the other side 変節して向こう側につく. I was asked to hand ～ the money. 私はその金を渡すように言われた. Chuck the ball ～. ボールをこっちへほうってくれ. I eventually won him ～ to my way of thinking. 私は結局彼を私の考えになびかせた. change the two vases ～ 2 つの花瓶の位置を取り替える.

5 倒れて, ひっくり返して[返って]; 〖米〗裏面も焼いた〔卵〕(→OVER easy (成句)). The tree fell ～. 木が倒れた. turn ～ a page ページをめくる. Fold this sheet of paper ～. この紙片を折り返しなさい. *Over* 〖米〗裏面へ続く (PTO).

6【縁を越えて】あふれて, こぼれて. flow ～ 流れこぼれる. The soup boiled ～. スープが吹きこぼれた.

7【超過して】(**a**) (数量が)越して, それ以上に, 余計に; 過度に, あまり(に); 余って, 残って; (語法 後の形容詞とともに自由に複合語を作る: *over*long; *over*careful (気を遣い過ぎる)). a yard and ～ 1 ヤード余り. Three into ten goes three (times) with [and] one ～. 10 割る 3 は 3 が立って 1 余る. He worked nine hours or ～. 彼は 9 時間又はそれ以上働いた (→前 8). He weighs three hundred pounds and something ～. 彼の目方は 300 何ポンドかある. His speech ran five minutes ～. 彼の演説は予定を 5 分越えた. I don't feel ～ well. あまり気分がよくない. The business has not been ～ good for some years. ここ数年商売が余りうまくいっていない. Is there any meat left ～? 肉は残っていますか.

(**b**) 〖主に米〗(ある期間の)間中[を越えて]. stay ～ until Monday (予定を越えて)月曜日まで滞在する.

‖終わりまで‖ **8** ずっと通して, すっかり. talk the matter ～ 問題をよく話し合う. read a newspaper ～ 新聞を隅から隅まで読む. think it ～ そのことについて十分考え抜く.

9 終わって, 済んで; 〖米俗〗(もはや)廃れて, 過去のこと[もの, 人]で. Winter is ～. 冬は終わった. The game is ～. ゲームは終わった. It's not ～ till it's ～. 勝負は土壇場まで分からない, 最後まであきらめるな《米国の野球選手 Yogi Berra の言葉》.

10 (無線電話などで) (終わりました)どうぞ. ★こちらからの送信を終え相手に発信させるときの言葉; *Over* to you! とも言う.

11【また終わりまで】**繰り返して**, 再び; 〖主に米〗もう一度 (again). three times ～ 3 回繰り返して. Write the letter ～. 手紙を書き直しなさい. I read the novel many times ～. その小説を何回も繰り返して読んだ.

***all over*(*..*)** →all 副.

(***àll***) ***over agáin*** →again.

***óver against* ..** ..に面して, ..と向かい合って, ..に対して; 〖章〗..と対照して. take a seat ～ *against* her 彼女と向かい合って座る.

òver and abóve その上, さらに, (→前置詞の成句).

òver and dóne with 〖話〗〔嫌な事が〕すっかり⌊けりがついて[終わって]. And first, let's get our business ～ *and done with*. まず最初に我々の仕事を片付けよう.

****óver and òver*** (***agáin***) **何度も何度も**, 再三再四.

òver éasy 〖米〗〔卵が〕(黄身が生焼けになるように)片面はさっと焼いた[て] 《もう一方の面はやや長く焼く; sunny-side up は片面のみを焼く》.

***óver to* ..** さて次は..さんの番です《テレビやラジオで司会者が言う》. *Over to* you, Jack. さあああなたの番ですよ, ジャック.

── 名 C 〖クリケット〗オーバー《一方の三柱門から 1 人の投手が連続で 6 回ボールを投げること》.

── 動 他 **1** を(跳び)越える. **2** 〖方〗を克服する, が直る.

[＜古期英語]

over- 接頭 **1**「上(位)の, 上から」の意味. *over* head. *over* coat. **2**「余分に; 過度に」の意味. *over* time. *over* load. *over* tired. **3**「向こうへ, 越えて, 渡って」の意味. *over* seas. **4**「倒して, ひっくり返して」の意味. *over* turn.

òver·abúndance /-rəbʌ́ndəns/ 名 aU 過剰, 過多. ▷**over·abundant** /-dənt/ 形

òver·achíeve /-rətʃíːv/ 動 自 **1** (試験などで)期待以上の成績を収める. **2** すべてを思いどおりにしたがる. ▷**over·achiev·er** 名

òver·áct /-rǽkt/ 動 他 〔役者が持ち役〕を余りに誇張して演じる. ── 自 誇張しすぎた演技をする.

òver·áctive /-rǽktiv ®/ 形 活動[活躍]しすぎる. ▷**～·ly** 副

òver·áge /-réidʒ ®/ 形 〔人が〕年を取りすぎた; 〔物が〕耐用年数を越えた.

***o·ver·all** /óuvərɔ̀ːl/ 名 (複 **～s** /-z/) C **1** 〖米〗〈～s〉(作業用)**胸当てズボン** (〖英〗dungarees). **2** 〈〖英〗では ～s〉(上下続きの)**作業衣**, 'つなぎ', (coveralls). **3** 〖英〗(作業用の)上っ張り (〖米〗smock).

── /⌐-⌐ ®/ 形 ©〈限定〉**全体[全般]的な**, 全部の; 端から端までの. the ～ impression of the garden その庭園の全体的印象. What is the ～ cost of our vacation? 休暇中に使った費用は全部で幾らか.

—— /⌐-⌐/ [副] [C] **1** 全体[全般]的に, 概して. *Overall* it's a good library. 全体的にはいい図書館です. **2** 端から端まで; 全部で. How much did it cost ～? 全体で幾らかかったのか.

òverall majórity [名] [C] 〈普通, 単数形で〉(得票や議席の)絶対多数.

òver·ambítious /-ræmbíʃəs/ [形] 野心が強すぎる.

òver·ánxious /-rǽŋkʃəs [移]/ [形] 心配しすぎる.

òver·árch /-rɑ́:rtʃ/ [動] 〖主に雅〗 [他] の上にアーチを架ける. The pavement is ～*ed* by plane trees. その歩道の上にスズカケノキがアーチのようにかぶさっている.

—— [自] アーチのように架かる.

óver·àrm /-rɑ̀:rm/ [形], [副] (野球, クリケットなどで)上手投げの[で]; 〖水泳〗 抜き手の[で]; (overhand).

o·ver·ate /òuvəréit|-ét/ [動] overeat の過去形.

òver·áwe /-rɔ́:/ [動] [他] に畏敬(いけい)の念を起こさせる, を威圧する, 〈普通, 受け身で〉. He was ～*d* into submission. 彼は脅されて屈服した.

òver·bálance [動] [他] **1** にバランスを失わせる. **2** より重い, 重要である. —— [自] バランスを失う; 倒れる.

òver·béar [動] (→bear) [他] 〖章〗 を押さえつける, 制圧する, 〈普通, 受け身で〉.

†**over·bearing** /òuvərbé(ə)riŋ [移]/ [形] 横柄な, 威張り散らす. ▷ **～·ly** [副]

òver·bíd [動] (**～s**|[過] **～**|[過分] **～, ～·den**|**～·ding**) [他] **1** (特に競売で)〔人〕より高値をつける; (ブリッジで)〔相手・手札〕より高く競る. **2**〔物〕に値打ち以上の高値をつける. —— [自] **1** (人より)高値をつける. **2** (ブリッジで)手札以上に高く競る. —— [名] [U] 高値をつけること.

òver·bídden [動] overbid の過去分詞.

òver·blówn /[移]/ [形] **1**〔花などが〕満開[盛り]を過ぎた. **2** 吹き飛ばされた. **3** 〖章〗〔文体, 身振りなどが〕大げさな, 誇張した. **4** 太り気味の.

†**óver·bòard** [副] 船外へ, (船から)水中へ. fall ～ 船から水中へ落ちる.

gò óverboard 〖話〗 夢中になる 〈*for, about* ..に〉. *go* ～ *about* the Beatles ビートルズに夢中になる.

thròw..óverboard (1) ..を船外に投げ出す. (2) ..を見捨てる, ほうり出す.

òver·bóok [動] [他] 〔飛行機, ホテルなど〕に定員以上の予約を受け付ける.

òver·bóre [動] overbear の過去形.

òver·bórne [動] overbear の過去分詞.

òver·búild [動] (→build) [他] 〔ある地域〕に家[建物]を建てすぎる.

òver·búrden [動] [他] 〔人〕に荷を負わせすぎる; に負わせすぎる 〈*with* ..〔責任, 負担など〕を〉〈普通, 受け身で〉. Hospital nurses are often ～*ed with* work. 病院看護婦は労働過重になっていることが多い.

òver·búy [動] (→buy) [他], [自] (品物を)買いすぎる.

òver·cáll [動] [自], [他] 〖トランプ〗 (ブリッジで)〔相手又は手札〕より高く競る. —— /⌐-⌐/ [名] [UC] 高く競ること.

over·came /òuvərkéim/ [動] overcome の過去形.

òver·cápitalìze [動] [他] **1**〔事業など〕に資本金を掛けすぎる. **2**〔企業など〕の資産を過大評価する.

▷ **òver·càpitalizátion** [名]

òver·cáreful /[移]/ [形] 用心しすぎる.

òver·cást /[移]/ [形] 〔空が〕一面雲で覆われた; 〔顔が〕曇った 〈*with* ..〔悲しみなど〕で〉. —— /⌐-⌐/ [動] (→cast) [他] **1** を雲[暗やみ]で覆う. **2**〔生地〕の縁(ふち)をかがる. —— /⌐-⌐/ [名] **1** [U] 一面の雲; (全天の)曇り. **2** [C] 縁(ふち)かがり.

òver·cáutious /[移]/ [形] 用心すぎる, 小心な.

‡**òver·chárge** [動] [他] **1** (**a**) に法外な値段をふっかける 〈*for* ..の代金として〉. ～ a customer 客に高い値段をふっかける. be ～*d for* a meal 法外な食事代を請求される. (**b**) [VOO] (～ X Y)・[VOA] (～ X *by* Y) X (人)に Y (金額)を余分に請求する[払わせる]. They ～*d* me (*by*) 5 pounds. 5 ポンドも余計に払わされた. **2** に充電しすぎる; に荷を積みすぎる. ～ a battery 電池に充電しすぎる. a performance ～*d* with feeling 感情を込めすぎた演奏. —— [自] 法外な値段をつける[請求する].

—— /⌐-⌐/ [名] [C] 〈普通, 単数形で〉 **1** 法外な値段(の請求). **2** 過充電; 積みすぎ.

òver·clóud [動] [他] **1**〔空など〕を曇らせる, 暗くする, 〈普通, 受け身で〉. **2**〔顔など〕を曇らせる, 陰うつにする.

—— [自] 〔空などが〕曇る; 陰うつになる.

‡**o·ver·coat** /óuvərkòut/ [名] ([複] **～s** /-ts/) [C] オーバー(コート), 外套(とう).

‡**o·ver·come** /òuvərkʌ́m/ [動] (**～s** /-z/|[過] **-came** /-kéim/|[過分] **～**|**-com·ing**) [他] **1** 〖章〗〔敵など〕に**打ち勝つ**; を征服する; ([類語] 克服すべきものの強大さを暗示する; →defeat). The enemy was ～ about dawn. 夜明け近くに敵は屈服した. **2**〔困難, 感情, 誘惑など〕を**克服する**, に打ち勝つ, を乗り越える. ～ all difficulties あらゆる困難に打ち勝つ. He couldn't ～ the desire for another cigarette. 彼はもう 1 本たばこを吸いたいという欲望に勝てなかった. **3** を圧倒する, 参らせる, 〈普通, 受け身で〉〈*by, with* ..で〉. Tom was ～ *with* weariness after his long trip. トムは長旅のあと疲労で参ってしまった. Three people died in the fire ～ *by* smoke. その火事で 3 人が煙に巻かれて死んだ.

—— [自] 打ち勝つ.

òver·commít [動] [他] を(のっぴきならないほど)深く関わり合わせる, に能力以上の約束をさせる, 〈普通, 受け身又は ～ oneself として〉.

òver·cómpensàte [動] [他] の補償をしすぎる.

—— [自] 過剰補償をする 〈*for* ..〔欠点, 誤りなど〕を補うために〉. ▷ **òver·còmpensátion** [名]

òver·cónfidence [名] [U] 自信過剰.

òver·cónfident /[移]/ [形] 自信過剰の, 自信満々の. ▷ **～·ly** [副]

òver·cóok [動] [他] 〔食物〕を煮[焼き]すぎる.

òver·crítical [形] 批判的すぎる.

òver·cróp [動] (**～s**|**-pp-**) [他] 〔土地〕に多作しすぎる, 〔土地〕を連作でいためる.

òver·crówd [動] [他] 〔場所, 乗り物〕に詰め込みすぎる 〈*with* ..を〉; を混雑させる; 〔人が〕に入りすぎる. The train was ～*ed with* tourists. 列車は観光客でひどく混んでいた.

‡**òver·crówded** /-əd [移]/ [形] 超満員の, 混雑した. an ～ bus すし詰めのバス.

‡**òver·crówding** [名] [U] 超満員(の状態), 過密.

òver·cúrious [形] 好奇心が強すぎる, せんさくしすぎる.

òver·délicate [形] 神経質すぎる.

òver·devélop [動] [他] 〔フィルム〕の現像を過度にする; を過度に発達させる. ▷ **～·ment** [名]

over·did /òuvərdíd/ [動] overdo の過去形.

***o·ver·do** /òuvərdú:/ [動] (**-does** /-dʌ́z/|[過] **-did** /-díd/|[過分] **-done** /-dʌ́n/|**～·ing**) [他] **1** をやりすぎる, の度を過ごす; を**使いすぎる**. ～ exercise 運動しすぎる. I'm afraid I *overdid* the scolding and made her cry. 彼女をしかりすぎて泣かしたのではないかと思う. Be careful not to ～ the salt. 塩を使いすぎないように注意しなさい.

2〔表現, 言葉, 演技など〕を**誇張しすぎる**. The tragic scene of the play was *overdone*. その劇の愁嘆場の演技はくどすぎた.

3〔魚, 肉など〕を**煮[焼き]すぎる** 〈普通, 受け身で〉.

overdó it＝overdò thíngs (仕事, スポーツなどを)やりすぎる.

over·done /òuvərdʌ́n/ [動] overdo の過去分詞.

—— /⌐-⌐ [移]/ [形] 煮[焼き]すぎた (↔underdone; →rare[2]). ～ meat 焼きすぎた肉.

‡**óver·dòse** [名] [C] (薬の)盛りすぎ, 過量.

—— /⌐-⌐/ [動] [他] に薬を盛りすぎる; に過剰投与する 〈*with* ..〔薬〕を〉. —— [自] 飲みすぎる 〈*on* ..〔薬〕を〉.

óver·drâft [名] [C] 当座貸し越し(高), 超過引き出し, (小切手の)過振り, 《英国で認められている制度で, 銀行の許可を得た上で残額以上に引き[振り]出すこと; 略 OD》.

óverdraft facìlity 名 C 〖英〗(銀行との)超過引き出し契約.

òver·dráw 動 (→draw) 他 **1** 〔預金〕の超過引き出しをする,〔小切手〕を過振りする, (→overdraft). **2** を誇張(して描写)する. ── 自 超過引き出しをする.

òver·dráwn 動 overdraw の過去分詞. ── 形 〈普通, 叙述〉〔当座預金が〕借り越しの,〔小切手が〕過振りの. His account is ～ by 3,000 dollars. 彼の預金口座は3千ドルの当座借り越しになっている.

òver·dréss 動 他 に過度に着飾らせる; に着せすぎる, 厚着をさせる;〈普通, 受け身で〉. I felt ～*ed* in that new gown at the party. あの新しいドレスを着てパーティーへ行って着飾りすぎた感じがした. ── 自 着飾りすぎる; 厚着をする.

òver·dréw 動 overdraw の過去形.

óver·drìve 名 C (自動車の)オーバードライブ《ギアの一種; 一定の速度を保ちながらエンジンの回転を下げ燃料を節約する装置》.

be in óverdrive 大童(わらわ)である.

gò into overdríve (1) オーバードライブを使う. (2) 猛然と働き出す.

‡**òver·dúe** /⑧/ 形 **1** 〔小切手などが〕支払い期限が切れても未払いの;〔図書が〕貸出期限の切れた. I am two months ～ with my rent. 私は家賃が2か月分(未払いで)たまっている. **2** 〈叙述〉〔列車, バス, 船などが〕定刻に遅れた[ている];〈一般に〉遅れている. The baby is ～. 出産予定日は過ぎている(がまだ産まれない). **3** 〈叙述〉久しく待ち望まれてきた, 遅きに失している,〈*for* ..が〉. A resumption of the official dialogue is long ～. 公式の話し合いの再開が久しく待ち望まれている. The tax system is ～ *for* reform. 税制はとっくに改革の時期にきている.

òver·éager 形 熱心すぎる.

*__o·ver·eat__ /òuvəríːt/ 動 (～s /-ts/| 過 -ate /-réit/| 過分 -eat·en /-(ə)n/| ～·ing) 自 食べすぎる. Don't ～, or you will get fat. 食べすぎるな, さもないと太るぞ.

o·ver·eat·en /òuvəríːtn/ 動 overeat の過去分詞.

òver·égg /-rég/ 動 他 〖英話〗〈次の成句で〉.

overègg the púdding 余計なものを加えて物事を複雑にする.

òver-eláborate 形 手のこみすぎた, 念の入りすぎな. ── 動 (に)念を入れすぎる.

òver·emótional 形 感情的にすぎる.

òver·émphasis 名 aU 強調しすぎ〈*on* ..の〉. an ～ *on* freedom 自由を強調しすぎること.

òver·émphasìze /-rémfəsàiz/ 動 他 を強調しすぎる; に力を入れすぎる.

òver·enthúsiasm 名 UC 度のすぎた熱狂[熱中].

‡**òver·éstimàte** /-réstəmèit/ 動 他 を過大評価する, 買いかぶる. ── /-mət/ 名 C 過大評価, 買いかぶり. ◇↔underestimate ▷**ò·ver·ès·ti·má·tion** 名

òver·excíted /-riksáitəd ⑧/ 形 興奮しすぎた.

òver·expóse /-rikspóuz/ 動 他 を露出しすぎる;〖写〗を露出過度にする.

òver·expósure /-riks-/ 名 UC 露出過度.

òver·exténd 動 他 **1** 〔事業など〕を拡大[拡張]しすぎる. **2** 〔人〕を過度に働かせる;〈～ oneself〉過労になる.

óver·fàll 名 C (強い流れの激突による)荒波, 逆波(さかなみ); (運河, 水門の)落水装置.

òver·famíliar 形 よく知りすぎている〈*with* ..を〉; なれなれしすぎる.

òver·féd 動 overfeed の過去形・過去分詞.

òver·féed 動 (→feed) 他 に必要以上に食べさせる. ～ oneself 食べすぎる. ── 自 食べすぎる.

òver·fíll 動 他 を詰め込み[いっぱいにし]すぎる. ── 自 ぎゅうぎゅう[いっぱい]になる.

òver·físhing 名 U 魚の濫獲.

òver·fléw 動 overfly の過去形.

*__o·ver·flow__ /òuvərflóu/ 動 (～s /-z/| 過 -flew /-flúː/| 過分 -flown /-flóun/| ～·ing) 自 **1** 〔液体が〕(容器などから)あふれ出る;〔人が〕(会場などから)あふれ出る, はみ出す〈*into, onto* ..へと〉(→他 1, 2番目の例). The water will ～ if you don't turn it off. 栓を閉めないと水があふれるよ.
2 〔容器などが〕あふれる,〔川などが〕氾濫(はんらん)する. The bathtub ～*ed* while I was on the telephone. 私が電話に出ている間に浴槽があふれた. The river ～*ed* (at) the bank. 川が土手から氾濫した(★at がなければ 他 1).
3 〔場所が〕あふれるほどいっぱいになる[である]〈*with* ..〔人, 物など〕で〉;〔人(の心)が〕あふれるばかりである〈*with* ..〔喜び, 感謝などで〕〉; (類語 いっぱいであることを強調する; →abound). Professor Smith's office is ～*ing with* books [students]. スミス教授の研究室は本[学生]であふれている. Her heart just ～*s with* happiness. 彼女の心は幸福であふれんばかりだ. ～*ing with* confidence 自信満々.

── 他 **1** 〔水などが〕の外へあふれ出る,〔場所, 容器〕からあふれる〈*into* ..に〉;〔容器など〕をあふれさせる. ～ the bathtub 浴槽をあふれさせる. The cocoa ～*ed* the cup *into* the saucer. ココアがカップから受け皿にあふれ出た. The audience ～*ed* (the hall) *into* the lobby. 聴衆は(ホールから)ロビーにあふれ出ていた. (★the hall がなければ 自 1) **2** を水浸しにする, に氾濫する. The river ～*ed* the whole town. 川は町一面に氾濫した.

fùll [fìlled] to overflówing (1) あふれるほど(いっぱいで). My suitcase is *full to* ～*ing*. 私のスーツケースはいっぱいであふれそうだ. (2) あふれんばかりに気持ちを込めて.

── /⌐-⌐/ 名 C **1** 〈普通, 単数形で〉(水, 人, 物などの)氾濫, あふれ出ること, 洪水, 流出(量). the ～ of the crowd into the street 群衆が(会場などに入りきらないで)街路にまであふれていること. **2** 過剰. an ～ of population 人口過剰. **3** =overflow pipe.

òver·flówn 動 overfly の過去分詞.

óver·flow pìpe 名 C (あふれた水を流す)排水管[路].

òver·flý 動 (→fly) 他 の上(空)を飛ぶ.

óver·glàze 形 (陶器などに)重ね塗りする[用の].

òver·gráze 動 他 〔牧草地〕に過度に放牧する.

òver·gréw 動 overgrow の過去形.

óver·gròund 形, 副 /⌐-⌐/ 〔交通機関の路線が〕地上の[に], 路面の[に], (↔underground).

òver·grów 動 (→grow) 他 **1** 〔雑草などが〕にはびこる, 一面に生える. **2** より成長する, 大きくなりすぎる, (★outgrow の方が普通). The geranium soon *overgrew* the window box. ゼラニウムはすぐに窓の植木箱に入りきらないほど大きくなった. ── 自 はびこる; 大きくなりすぎる.

†**òver·grówn** 動 overgrow の過去分詞.
── /⑧/ 形 **1** 〈普通, 限定〉大きくなりすぎた, 育ちすぎた. He acts like an ～ baby. 彼は大きな赤ん坊のようなふるまいをする. **2** 一面に生い茂っている〈*with* ..が〉. the stone walls ～ *with* vines つる草の生い茂った石塀.

óver·gròwth 名 **1** C〈単数形で〉一面に生えたもの. an ～ of moss 一面に生えた苔(こけ). **2** U 繁茂; はびこり; 育ちすぎ.

óver·hànd 形 〖球技〗上手投げ[打ち]の, オーバーハンドの, (overarm; ↔underhand),〖テニス〗打ち下ろしの;〖水泳〗抜き手の. an ～ pitch 上手投げの投球.
── 副 上手投げで, オーバーハンドで, (overarm). He pitches ～. 彼はオーバーハンドで投げる.

òverhand knót 名 C ひとえ結び.

†**o·ver·hang** /òuvərhǽŋ/ 動 (～s| 過 過分 -hung, ～ed| ～·ing) 他 **1** の上に差しかかる[覆いかぶさる, 突き出る]. The cliff ～*s* the sea. 崖(がけ)が海面に突き出ている. **2** 〔危険などが〕に迫る, を脅(おびや)かす. ── 自 張り出す, 覆いかぶさる;〔危険などが〕差し迫る. an ～*ing* danger 差し迫った危険. ── /⌐-⌐/ 名 C (崖の)張り出し, オーバーハング, 突出(部); (屋根などの)張り出し.

†**o·ver·haul** /òuvərhɔ́ːl/ 動 他 **1** 〔機械〕を分解修理

する, オーバーホールする; を徹底的に検査[検討]する. ～ the annuity system 年金制度を全面的に洗い直す. **2** に追いつく (overtake). ── /ㄧ-ㄧ/ 名 C (自動車などの)オーバーホール; 精密な検査[検討].

***o·ver·head** /òuvərhéd/ 副 ℂ **頭上に**; 上空に; 階上に. A helicopter was flying ～. ヘリコプターが1機頭上を飛んでいた. Children were romping on the floor ～. 頭上の床で子供たちが跳び回っていた.

── /㊇/ 形 ℂ 〈限定〉 **1 頭上の**; 高架の. an ～ railway 〖英〗高架鉄道. **2** (経費が製造販売に直接関係しない)一般の, 諸掛かり込みの. ～ expenses 一般諸経費《家賃, 税金, 賃金, 光熱費など》.

── /ㄧ-ㄧ/ 名 **1** 〖米〗 U《〖英〗では ～s》一般諸経費 (overhead expenses). **2** C 〖テニス・バドミントン〗頭上からの打ち込み.

òverhead projéctor 名 C オーバーヘッドプロジェクター《視聴覚機器の1つ; 操作者の頭を越して背後の幕に像が写る; 略 OHP》.

***o·ver·hear** /òuvərhíər/ 動 (～s /-z/|過 過分 **-heard** /-hə́ːrd/|～·**ing** /-hí(ə)riŋ/) 他 **をふと耳にする**, 聞くともなしに聞く, 立ち聞きする; VOC (～ X *do*/X *doing*) X が..するのをふと耳にする. I ～*d* their conversation. 彼らが話しているのをふと耳にした. Someone might ～ us talk [talk*ing*]. だれかが我々の話を立ち聞きするかもしれない.

over·heard /òuvərhə́ːrd/ 動 overhear の過去形・過去分詞.

‡**òver·héat** 動 他 **1** 〔エンジンなど〕を過熱[オーバーヒート]させる; 〔部屋など〕を暖めすぎる; 〔料理など〕を加熱しすぎる. **2** 〔人〕を過度に興奮させる; 〔経済〕を過熱させる, インフレ傾向にする. ── 自 オーバーヒートする.

òver·héated /㊇/ 形 **1** オーバーヒートした; 熱くなりすぎた. **2** かっかと興奮した[て]; 過熱した〔経済〕.

o·ver·hung /òuvərhʌ́ŋ/ 動 overhang の過去形・過去分詞.

o·ver·in·dulge /òuvərindʌ́ldʒ/ 動 自 食べ[飲み]すぎる; おぼれる, ふける 〈*in* ..〔酒など〕に〉. ── 他 〔人〕を甘やかす.

òver·indúlgence /-rindʌ́ldʒ(ə)ns/ 名 U **1** 甘やかしすぎ. **2** ふけりすぎること 〈*in* ..に〉.

▷**over·indulgent** /-dʒ(ə)nt ㊇/ 形

òver·íssue /-ríʃuː/ 名 ⓐU (株券などの)乱発, 限外発行.

òver·jóy 動 他 を大喜びさせる, 狂喜させる.

òver·jóyed /㊇/ 形 〈普通, 叙述〉大喜びで[の], うれしくてたまらない, 〈*to* do, *that* 節 ..して〉. They were ～ *to* watch the game. 彼らはその試合を見て大喜びだった.

óver·kìll 名 C (特に核兵器の)過剰殺傷[破壊]力; 過剰, やりすぎ.

òver·láden /㊇/ 形 荷を積みすぎた.

òver·láid 動 overlay の過去形・過去分詞.

òver·láin 動 overlie の過去分詞.

‡**óver·lànd** / 〖英〗ㄧ-ㄧ/ 副 陸上で, 陸路を.

── /ㄧ-ㄧ|ㄧ-ㄧ ㊇/ 形 陸上の, 陸路の.

***o·ver·lap** /òuvərlǽp/ 動 (～s /-s/|過 過分 **-lapped** /-t/|**-lap·ping**) 他 **1 と重なる**. Waves ～*ping* waves broke upon the shore. 波が次から次へと重なり合って岸に砕けた. **2** と部分的に重なり合う; を部分的に重ねる. The roof tiles ～ each other. 屋根がわらは1つ1つが重なっている. My vacation ～*s* (*with*) his. 私と彼の休暇が一部分重なり合う. (★with があれば 自)

── 自 重なる, 部分的に重複する, 〈*with* ..と〉. His field of research ⌞and hers ～ [～*s with* hers]. 彼と彼女の研究分野は[彼の研究分野は彼女のと]一部分重なり合っている.

── /ㄧ-ㄧ/ 名 UC (部分的)重複, 一致; 重複部分; 重複の程度; 〈*between* ..の間の〉. An ～ of several centimeters is needed on each roof tile. それぞれの屋根がわらには数センチの重なりが必要だ. There's no ～ *between* these two books. この2冊の本に重複部分はない.

‡**òver·láy**[1] 動 (→lay[1]) 他 **1** を乗せる 〈*on* ..の上に〉; を張る, 敷く, 〈*on* ..に〉; を重ね合わす. ～ shingles *on* a roof 屋根に屋根板を張る. **2** にかぶせる, 張る, 敷く, 〈*with* ..を〉〈普通, 受け身で〉. The table top was *overlaid with* marble. テーブルの天板(てんばん)に大理石が張られた. ── /ㄧ-ㄧ/ 名 (複 **～s**) C 覆うもの, かぶせるもの, 上張り, めっき. an ～ of gentleness うわべだけの温厚さ.

òver·láy[2] 動 overlie の過去形.

óver·lèaf 副 このページを⌞めくって[めくると]《裏またはその次のページ》. See figure ～. 裏[次]ページの図を見よ.

òver·léap 動 (→leap) 他 **1** を跳び越す. **2** を見落とす, 省略[無視]する.

overléap onesèlf やりすぎて失敗する, 勇み足をする.

òver·líe 動 (→lie[1]) 他 の上に横たわる, 上を覆う; 〔赤ん坊〕を添い寝で窒息させる.

‡**òver·lóad** 動 他 **1** に積みすぎる, 定員以上に乗せる, 〈*with* ..〔荷, 乗客など〕を〉; 〔人〕に過重な負担をかける 〈*with* ..〔仕事, 責任など〕を〉. ～ a truck トラックに荷を積みすぎる. **2** に充電しすぎる. ── /ㄧ-ㄧ/ 名 C 〈普通, 単数形で〉積みすぎ, 積みすぎた荷; 〖電〗過負荷.

òver·lóng 形 /㊇/, 副 〔時間, 距離などが〕長すぎる[て], あまりにも長い[く].

‡**o·ver·look** /òuvərlúk/ 動 (～s /-s/|過 過分 **～ed** /-t/|～·**ing**) 他 **1 を見落とす**, 見過ごす; を無視する. ～ grammatical mistakes 文法上の間違いを見落とす. The fact has been ～*ed* in the history books. その事実はこれまで歴史書の中で見過ごされてきた. Tom was ～*ed* for the post. トムは無視されてそのポストに就けなかった.

2 を大目に見る, 見逃す, (類語 軽い過失に用い, 目的語に人を取らない; →pardon). I'll ～ your mischief just this once. 今度だけは君のいたずらを見逃してやろう.

3 〔人, 場所が〕**を見下ろす**; を見渡す, 見下ろす位置にある. This window ～*s* the whole city. この窓からは全市が見渡せる. We ～ the bay from our house. 私たちの家からは下に湾が見える.

4 を監督[監視]する (oversee).

── /ㄧ-ㄧ/ 名 C 〖米〗見晴らしのよい場所[高台]; 見晴らし.

óver·lòrd 名 C (封建時代に諸侯の上に君臨した)大君主.

‡**ó·ver·ly** 副 〈しばしば否定文で〉あまりに, 過度に, (too much); 非常に (very). I'm not ～ interested in the event. その成り行きにはあまり興味がない.

òver·lýing 動 overlie の現在分詞.

òver·mán 動 (～s|-nn-) 他, 自 (に)過剰に人員を配置する. The factory is ～*ned*. 工場は人員過剰だ.

òver·mánning 名 U (工場などの)配置人員過剰.

óver·màntel 名 C 暖炉上の飾り棚.

òver·máster 動 他 〖章〗〔人, 感情など〕を圧倒する, に打ち勝つ.

òver·mástering /-riŋ ㊇/ 形 圧倒的な, 抵抗できないほどの.

òver·mátch 動 他 〖主に米〗に圧倒的にまさる[勝つ]; を格上の相手と戦わせる.

òver·múch 副 過度に; 〈否定文で〉あまり(..でない). I don't like the movie ～. その映画はあまり好きではない.

── /ㄧ-ㄧ ㊇/ 形 過度の, 過多の.

‡**o·ver·night** /òuvərnáit/ 副 ℂ **1 夜の間に**; ひと晩中; 前夜(中)に. stay ～ ひと晩泊まる. The fish will not keep ～. 魚は朝までもたないだろう《腐るだろう》. **2** 〖話〗一夜のうちに; 急に, 突然. The movie made her a star ～. その映画は一夜にして[たちまち]彼女をスターにした. **3** 前の晩に.

── /ㄧ-ㄧ ㊇/ 形 〈限定〉 **1** ひと晩中の, 夜通しの. an ～ trip on the train 車中泊の1泊旅行. **2** ひと晩だけの, ひと晩泊まりの; 短期旅行用の. an ～ guest ひと晩泊まりの客. an ～ bag 1泊旅行用のかばん. We made an

O

～ stop in Kyoto. 我々は京都にひと晩泊まった. **3** 《話》一夜のうちの, 突然の, 急激な. an ～ success 突然の成功. **4** 翌日配達の〔手紙など〕. 「る, 楽観的すぎる.

òver-optimístic /-rɑp-|-rɔp- ㊙/ 形 楽観しすぎ↑

òver·páid 動 overpay の過去形・過去分詞.

óver·pàss 名 C 《米》高架道路, 跨(こ)線橋, 陸橋, 歩道橋, (《英》flyover).

òver·páy 動 (→pay) 他 **1** だけ余計に払う (↔underpay). He *overpaid* a dollar for that cap. 彼はその帽子を 1 ドル高く買ってしまった. **2** 〔人, 仕事〕に報酬を余計に払う, 払いすぎる. ▷ **～·ment** 名

òver·pláy 動 (→play) 他 **1** を実際より誇張する. **2** 〔俳優が, 役割〕を大げさに演じる.

overplày one's hánd 自分の腕を過信してやりすぎる↓

óver·plùs 名 C 過剰; 余り. 《トランプ遊びから》.

òver·pópulate 動 他 を人口過剰にする.

òver·pópulated /-əd ㊙/ 形 人口過剰の.

òver·populátion 名 U 人口過剰.

‡**òver·pówer** 動 他 **1** を圧倒する, 負かす, に打ち勝つ, (類語 相手より勢力などが勝ることを強調; →defeat). **2** に強い(精神的)打撃を与える. I was *～ed* by grief and couldn't speak. 悲しみに打ちのめされて私は声も出なかった.

‡**òver·pówering** /-páu(ə)riŋ ㊙/ 形 抵抗できないほど強い[激しい]; 〔人が〕強い性格の, 〔性格が〕強い. ～ heat 耐えられない暑さ. a man of an ～ character 有無を言わせぬ強い性格を持った男. ▷ **～·ly** 副

òver·príce 動 他 に高値をつけすぎる.

òver·prínt 動 他 **1** 《印》〔すでに印刷してあるもの, 特に切手など〕に刷り込む[重ねる] 〈*with* ..〔文字, 色など〕を〉; 〔文字など〕を刷り込む 〈*on* ..〔すでに印刷してあるもの〕に〉. **2** 《写》〔印画紙〕を焼きすぎる. **3** 〔書物などの部数〕を刷りすぎる. ── /ﾆ-ﾆ/ 名 UC 重ね刷り(したもの).

òver·prodúce 動 他 を過剰生産する.

òver·prodúction 名 U 生産過剰.

O

òver·próof /㊙/ 形 アルコール含有量が標準強度以上の (↔underproof). →proof spirit.

òver·protéct 動 他 をかばいすぎる, を過保護にする.

òver·protéctive /㊙/ 形 過保護の, 保護しすぎる.

òver·quálified /㊙/ 形 資格過剰の, 経験[能力など]がありすぎる, 〈*for* ..〔特定の仕事〕につくには〉.

over·ran 動 overrun の過去形. 「underrate).

†**òver·ráte** 動 他 を過大に評価する, 買いかぶる, (↔↑

òver·réach 動 他 **1** ..以上に達する, を越えてのびる. **2** (策を弄(ろう)したりして)を出し抜く.

overréach oneself 無理を[背のび]してしくじる.

òver·reáct 動 自 過度[過敏]に反応する 〈*to* ..〔困難, 危険など〕に対して〉. ▷ **over·reaction** 名

òver·rídden 動 override の過去分詞.

‡**òver·ríde** 動 (→ride) 他 **1** 〔他人の命令, 要求, 意見など〕を無視する, 取り上げない; 〔決定など〕をくつがえす. The King *overrode* Parliament and declared the law null and void. 国王は議会を無視してその法律を無効と宣した. **2** に優先する. Safety measures ～ any other considerations. 安全対策はほかのどんな考慮すべき問題よりも優先する. **3** を踏みつぶす, 踏みにじる.

‡**òver·ríding** /㊙/ 形 最も重要な; 他に優先する.

òver·rípe /㊙/ 形 熟しすぎた.

òver·róde 動 override の過去形.

†**òver·rúle** 動 他 **1** を(権力で)覆す, 却下[破棄]する, 無効にする. The superior court *～d* the judgment of the lower court. 上級裁判所は下級裁判所の判決を破棄した. **2** を支配する, 抑えつける. I wanted to buy a car, but my wife *～d* me. 私は車が買いたかったが, 妻の反対でだめになった.

†**òver·rún** 動 (→run) 他 【範囲を荒らし回る】 **1** 〈主に受け身で〉 (**a**) を荒らす, 侵略する. The country was ～ by the invading army. その国は侵入軍によって蹂躙(じゅうりん)された. (**b**) 〔雑草, 害虫などが〕〔場所〕にはびこる, 群がる. The weeds have ～ the garden. 雑草が庭にはびこってしまった. The barn is ～ with rats. 納屋にはネズミが跳び回っている.

【限界を越える】 **2** (**a**) の限度[範囲]を越える. ～ the time set for him 彼に割り当てられた時間を超過する. (**b**) 《野球》〔塁〕をオーバーランする; 〔飛行機などが〕〔滑走路など〕をオーバーランする. **3** 〔川や水が〕に氾濫(はんらん)する.

── 自 **1** 〔費用などが〕超過する; 〔会合, 人などが〕時間を超過する; 〈*by* ..だけ〉. The meeting *overran by* half an hour. 会合は 30 分長びいた. **2** あふれる, 氾濫する.

── /ﾆ-ﾆ/ 名 C (予定の時間, 費用などの)超過. a cost ～ of $10,000 1 万ドルの予算超過.

òver·sáw 動 oversee の過去形.

‡**over·seas** /òuvərsíːz/ 副 ¢ **海外へ[に]**, 外国へ[に]. The company sent him ～. 会社は彼を海外に派遣した. Japanese students ～ 国外日本人留学生. make a trip ～ 海外旅行をする.

── /㊙/ 形 ¢ 〈限定〉 **海外(で)の**, 外国(で)の; 海外向けの; 外国からの. the newspaper's ～ office 新聞社の海外支社. ～ forces 海外駐留軍. an ～ broadcast 海外向け放送. ～ students 外国人留学生.

[over-＋sea, -s 3] 「る, 見張る, 管理する.

†**òver·sée** 動 (→see) 他 〔仕事, 従業員など〕を監督す↑

òver·séen 動 oversee の過去分詞.

óver·sèer 名 C 監督者, 職長; 現場監督.

òver·séll 動 (→sell) 他 **1** を売りすぎる. **2** 《話》〔人〕を売り込みすぎる, 褒めそやす.

òver·sénsitive /㊙/ 形 神経過敏な.

òver·sét 動 (→set) 他 **1** の気を動転させる. **2** をひっくり返す; 〔政府など〕を転覆させる. ── /ﾆ-ﾆ/ 名 C 転覆. 「dersexed).

òver·séxed /-t ㊙/ 形 性意識[性欲]過剰の (↔un-↑

†**òver·shádow** 動 他 **1** に影を投げかける, を暗くする. That new office block *～s* this square. あの新しい高層ビルがこの広場に影を作っている. Troubles *～ed* his life. いろいろな苦労が彼の生活を憂うつなものにした. **2** の影を薄くする, を見劣りさせる; より勝っている, 目立つ. This incident was *～ed* by a more sensational event. この出来事はさらに驚くべき事件で影が薄くなった.

óver·shòe 名 C 〈普通 ～s〉 オーバーシューズ. a pair of *～s* オーバーシューズ 1 足.

òver·shóot 動 (→shoot) 他 **1** 〔標的〕を越して撃つ[射る], 射損ねる; 〔標的〕を飛び越す. **2** 〔飛行機, 列車, 人などが目標地点〕を行き過ぎる, 通り越す. The rocket *overshot* its landing site by 100 miles. ロケットは着陸(予定)地を 100 マイルも飛び越した.

overshòot the márk 度を越す, やりすぎ(て失敗す)る.

òver·shót 動 overshoot の過去形・過去分詞.

── /ﾆ-ﾆ/ 形 **1** 〔水車が〕上から水を受ける, 上射式の, (↔undershot). an ～ wheel 上射式水車. **2** 〔犬などが〕上あごが突き出ている.

o·ver·side /ﾆ-ﾆ, ﾆ-ﾆ/ 副 舷(げん)側から(水中へ).

†**óver·sìght** 名 **1** UC 見落とし, 手抜かり. by [through] (an) ～ 手落ちで. **2** U 《章》監督, 監視, (supervision).

òver·sìmplificátion 名 UC 過度の単純化.

òver·símplifỳ 動 (**-fies**|過 過分 **-fied**|**～·ing**) 他 〔物事, 表現〕を過度に単純化する.

òver·síze(d) /㊙/ 形 大きすぎる, 特大の.

óver·skìrt 名 C 上スカート.

†**òver·sléep** 動 (→sleep) 自 寝過ごす. I *overslept* and was late for school. 寝坊して学校に遅刻した.

òver·slépt 動 oversleep の過去形・過去分詞.

òver·sóld 動 oversell の過去形・過去分詞.

óver·sòul 名 〈O- または the ～〉 大霊《Ralf Waldo

Emerson などの思想で万物を生成させるという霊》.
òver·spénd [動] (→spend) [他] ..以上に金を使う;〈～ oneself で〉資力以上に金を使う. ～ one's income 収入以上に金を使う. ── /ˊ-ˋ-/ [名] [C] 〈普通, 単数形で〉〖英〗(予算)超過 (overrun).
óver·spìll [名] [UC] 〖主に英〗〈普通, 単数形で〉あふれたもの; (特に大都市から周辺にあふれ出た)過剰人口.
òver·spréad [動] (→spread) [他] の一面に広がる.
òver·stáffed /-t [移]/ [形] 〔会社などが〕従業員が多すぎる, 人員過剰の, (↔understaffed).
‡**òver·státe** [動] [他] を大げさに言う, 誇張する, (↔understate). ～ one's case 自分のことを大げさに言う. ▷ **～·ment** [名] [U] 誇張; [C] 誇張した表現.
òver·stáy [動] [他] の限度を越えて長居する. ～ one's welcome 長居しすぎて嫌われる.
òver·stéer [動] [自] 〔車などが〕ハンドルが利きすぎる. ── /ˊ-ˋ-/ [名] [U] オーバーステア《車がカーブを曲がる時運転者の意図よりも小さく曲がること》. ◇↔understeer
òver·stép [動] (～s|-pp-) [他] を踏み越える, の限度を越える. ～ one's authority 権限を逸脱する. Mike used terrible language to his guests—he *～ped* the mark. マイクが客にひどい言葉を使ったのは度を越したふるまいだった.
òver·stóck [動] [他] に供給しすぎる, 仕入れすぎる, 〈*with* ..を〉. The government warehouses are *～ed with* grain. 政府の倉庫には穀物の在庫が過剰である. ── [自] 仕入れすぎる. ── /ˊ-ˋ-/ [名] [U] 〈または ～s〉過剰供給[在庫].
òver·stráin [動] [他] を緊張させすぎる, 無理に使う. ～ oneself 緊張し[働き]すぎる.
òver·strétch [動] [他] **1** を伸ばし[引っ張り]すぎる; 〔資力など〕の限度を超える. **2** 〈しばしば ～ oneself で〉に無理を強いる. ～ one*self* to buy a house 家を買うために無理をしすぎる.
òver·strúng /[移]/ [形] **1** 緊張しすぎた; 神経過敏な. **2** /ˊ-ˋ-/ 〔ピアノが〕弦を斜めに交差させて張ってある.
òver·stúffed /-t [移]/ [形] 〔ソファーなどが〕たくさん詰め物をして座り心地がいい.
òver·subscríbe [動] [他] 〔公債など〕を募集額以上に申し込む〈普通, 受け身で〉. ▷ **òver·subscríption** [名]
òver·subscríbed /[移]/ [形] 〔新発行の株式, 商品, 興行の切符などが〕申し込みが多すぎる.
óver·supplỳ [名] ([複] -lies) [UC] 供給過剰. ── /ˊ-ˊ--/ [動] (-lies|[過] [過分] -lied|～·ing) [他] を過剰に供給する.
‡**o·vert** /ouvə́ːrt, ˊ-/ [形] 〖章〗〈普通, 限定〉公然の, 公開の; 明白な; (↔covert). an ～ criticizm あからさまな非難. [<古期フランス語「開かれた」] ▷ **～·ly** [副]
‡**o·ver·take** /òuvərtéik/ [動] (～s /-s/|[過] -took /-túk/|[過分] -tak·en /-téikən/|-tak·ing) [他] **1** 〔人, 車など〕に**追いつく**; (追いついてから)を追い越す. Our car soon *overtook* Jane's. 私たちの車は間もなくジェーンの車⌞に追いついた[を追い越した].
2 と(程度, 数量などが)並ぶ; を凌(しの)ぐ, に優る. South Korea has tried hard to ～ Japan economically. 韓国は経済で日本に追いつけ追い越せとがんばってきた.
3 〈普通, 受け身で〉〔あらし, 災難などが〕を**突然襲う**; 〔恐怖, 驚きなどが〕を急に捉える; 〔出来事が〕〔対策など〕を手遅れにする. The boys were *～n* by a storm in the mountains. 少年たちは山の中で突然あらしに襲われた. be *～n* by a strange fear 突然妙な恐怖に襲われる. Our plan was *～n* by events. 我々の計画は後手後手に回ってしまった《事態が急激に変化して計画は取り止めになった[不成功に終わったなど]》.
── [自] 〖英〗追い越す. No *overtaking*. 追い越し禁止《標識; 〖米〗No passing》. 「分詞.
o·ver·tak·en /òuvərtéikən/ [動] overtake の過去↑
òver·tásk [動] [他] に過度の仕事をさせる, を酷使する.
òver·táx [動] [他] **1** に負担をかけすぎる, 無理を強いる. ～ oneself [one's strength] 無理をする. He is *～ed*. 彼は疲れ切っている. Mr. Smith has been *～ing* his brain with work and worry. スミスさんはこのところ仕事と心配で頭に負担をかけすぎている.
2 に重税を課する, 課税しすぎる.
òver-the-cóunter /[移]/ [形] 〈限定〉 **1** 〔株券などが〕店頭取引の. **2** 〔薬が〕医師の処方なしで売れる.
òver-the-tóp /[移]/ [形] 〖英話〗度を超した, やり過ぎの[で] (→成句 over the TOP[1]).
òver-the-tránsom /[移]/ [形] 〖米〗〔原稿などが〕勝手に送られてくる, 持ち込みの《<transom 越しに投げ込まれる》.
o·ver·threw /òuvərθrúː/ [動] overthrow の過去形.
*__o·ver·throw__ /òuvərθróu/ [動] (～s /-z/|[過] -threw /-θrúː/|[過分] -thrown /-θróun/|～·ing) [他] **1** 〔政府など〕を**転覆させる**; 〔制度など〕を覆す. The rebel army *overthrew* the Government. 反乱軍が政府を倒した.
2 を**ひっくり返す**, 倒す. The storm *overthrew* the tree. あらしで木が倒れた.
3 〖野球・クリケット〗〔塁など〕へ高投する.
── /ˊ-ˋ-/ [名] [C] **1** 〈the ～〉〈普通, 単数形で〉転覆, 打倒, 〈*of* ..の〉. **2** 〖野球・クリケット〗(ボールの)高投《高い暴投》. ★日本で「上手投げ」を「オーバースロー」というのは誤りで正しくは overhand pitch. 「去分詞.
o·ver·thrown /òuvərθróun/ [動] overthrow の過↑
*__o·ver·time__ /óuvərtàim/ [名] [U] **1 時間外勤務**, 超過勤務, 残業; 残業手当; (→time and a half). pay extra for ～ 超過勤務に手当を払う. on ～ 残業して.
2 〖米〗 (試合の)延長時間 《サッカーなどで同点の時の》. lose in ～ 延長戦で敗れる.
── [副] 時間外に. do ～ 超過勤務をする, 残業する.
wòrk óvertime (*to dó*) (..しようと)残業する; 〖話〗(..しようと)精一杯努力する[働く]. 「手当をもらう.
── [形] 超過勤務の, 時間外の. receive ～ pay 残業↑
òver·tíre [動] [他] 〈～ oneself として〉〔病人などが〕疲れ果てる. Be careful not to ～ your*self* [be ～*d*]. 疲れすぎないように気をつけなさい.
†**óver·tòne** [名] [C] **1** 〖楽〗上音, 倍音, 《ある発音体の基調音と同時に出て, それよりも振動数の多い(整数倍の)音》. **2** 〈普通 ～s〉(言葉などの)含み, ほのめかし, ニュアンス, (→undertone). The word 'reactionary' carries with it *～s* of censure. 'reactionary' という語には非難の響きがある.
o·ver·took /òuvərtúk/ [動] overtake の過去形.
òver·tóp [動] (～s|-pp-) [他] 〖章〗 **1** より高い, の上にそびえる. **2** に勝る, をしのぐ, (excel).
òver·tráin [動] [他] を練習[訓練]させすぎる. ── [自] 練習しすぎる. 「切り札を出す.
òver·trúmp [動] [自], [他] 〖トランプ〗(〔相手〕より)上の↑
‡**o·ver·ture** /óuvərtʃər|-tjùə/ [名] [C] **1** (**a**) 〖楽〗(歌劇, オラトリオなどの)序曲; 前奏曲. (**b**) 前置き, 導入部, 〈*to* ..への〉. the ～ *to* a discussion 討論の前置き. **2** 〈普通 ～s〉(協定, 友好などのための)提案, 申し出. make *～s* of peace to the enemy country 敵国に平和交渉の申し入れをする. [<古期フランス語「入口」(<ラテン語 *aperire*「開く」)]
*__o·ver·turn__ /òuvərtə́ːrn/ [動] (～s /-z/|[過] [過分] ～ed /-d/|～·ing) [他] **1** を**ひっくり返す**, 横転させる. The table was *～ed* in the middle of the fight. 取っ組み合いの最中にテーブルがひっくり返った. **2** 〔評決, 決定など〕を覆す. The Supreme Court *～ed* his death sentence. 最高裁判所は彼の死刑判決を覆した. **3** 〔政府など〕を転覆させる (overthrow). The rebels *～ed* the government. 反乱軍は政府を倒した.
── [自] ひっくり返る; 転覆[横転]する. The boat *～ed*

O

in a high sea. ボートは荒れる海で転覆した.

òver·úse /-júːz/ 動 他 を使いすぎる, 乱用する, 酷使する. ── /-júːs/ 名 U 使いすぎ, 乱用, 酷使.

òver·válue 動 他 を過大評価する, 重視しすぎる.

‡**óver·vìew** 名 C 概観, 大要.

òver·wátch 動 他 を見張る, 監視する.

o·ver·ween·ing /òuvərwíːniŋ/ 形 〈限定〉〖章〗思い上がった, うぬぼれた, 尊大な, (presumptuous). ▷~·ly 副

òver·wéigh 動 他 **1** より重い, 重要である. **2** を圧迫する, に重圧をかける.

‡**óver·wèight** 名 U 超過重量; 体重過大, 太りすぎ; (⇔underweight). a diet to reduce ~ 減量のための食事. ── /⌐⌐/ 形 重すぎる, 過重の; 太りすぎの. ~ luggage 重量超過の手荷物. be five kilos ~ 5キロ重すぎる. ── /⌐⌐/ 動 他 〖章〗**1** に積みすぎる〈*with* ..〔荷物など〕を〉. The truck was ~*ed with* sand. トラックは砂を積みすぎていた. **2** を強調[重視]しすぎる.

*****o·ver·whelm** /òuvər(h)wélm/ 動 (~s /-z/|過 過分 ~ed /-d/|~·ing) 他

1 (数量, 勢力などで)を**圧倒する**, 制圧する. be ~*ed* by the enemy 敵(の軍勢)に圧倒される.

2 (感情的に)を**圧倒する**; を途方に暮れさせる; を困惑させる〈*with* ..〔質問など〕を浴びせて〉. be ~*ed* by [with] grief 悲しみにうちひしがれる. I was ~*ed* by the news of my father's sudden death. 父の急死の知らせに接して途方に暮れた. Your kindness ~*s* me. ご親切に恐縮しております. ~ a person *with* questions [gifts] 人を質問[贈物]攻めにする.

3 〔災害, 病気などが〕を打ちのめす; 〔仕事, 問題などが〕に重くのしかかる; 〔洪水, 雪崩などが〕に襲いかかる, を埋め[覆い]尽くす. He is ~*ed* with work. 彼は仕事に押しつぶされている. [over-, whelm]

*****o·ver·whelm·ing** /òuvər(h)wélmiŋ/ 形 m (数量, 勢力などが)**圧倒的な**; (抗しきれないほど)ひどい, 強い; 実にありがたい, 感動的な. an ~ number of people 圧倒されるほどの多人数. an ~ victory 圧勝. He was chosen chairman by an ~ majority. 彼は圧倒的多数で議長に選ばれた. The loneliness was ~. 孤独の思いは耐えがたいものだった. Their offense is just ~. 彼らの侮辱はなんともやりきれない. The new symphony is an ~ piece of music. 今度の交響曲は実に人を圧倒するような作品だ. ▷~·ly 副 圧倒的に; 耐えがたいほど強く.

O

òver·wínd /-wáind/ 動 (→wind²) 他 〔時計〕のねじを巻きすぎる.

òver·wínter 動 自 〔植物などが〕冬を越す, 越冬する.

*****o·ver·work** /òuvərwə́ːrk/ 動 (~s /-s/|過 過分 ~ed /-t/|~·ing) 他 **1** を**働かせすぎる**, 酷使する. I'm sick of being ~*ed* and I'm ready to quit. 僕はこき使われるのにうんざりした, やめようと思っている. **2** 〔語句, 言い訳など〕を使いすぎる. an ~*ed* phrase 常套(とう)句. He ~*s* that silly joke. 彼はあのばかばかしい冗談を使いすぎる. ── 自 働きすぎる.

── /⌐⌐/ 名 U **過度の労働**, 過労; 超過労働. fall ill from ~ 過労で病気になる.

òver·wríte 動 (→write) 他 **1** を詳しく書き込みすぎる; を凝りすぎた[誇張した]文体で書く. **2** 〖電算〗〔(画面上の)文字など〕に上書きする《重ね打ちして入力されていたものを消去する》. ── 自 過度に詳しく[誇張して]書く.

òver·wróught 形 **1** 興奮しすぎた, 緊張しすぎた. ~ nerves ぴりぴりしている神経. **2** 念入りすぎる, 非常に凝った.

òver·zéalous 形 熱心すぎる.

Ov·id /ɑ́vəd|ɔ́v-/ 名 オヴィディウス (43 B.C.–A.D. 17?) 《ローマの詩人》.

o·vi·duct /óuvədʌ̀kt/ 名 C 〖解剖・動〗(輸)卵管 (Fallopian tube).

o·vi·form /óuvifɔ̀ːrm/ 形 卵形の.

o·vip·a·rous /ouvípərəs/ 形 〖動〗卵生の (→viviparous).

o·vi·pos·i·tor /òuvəpɑ́zətər|-pɔ́z-/ 名 C 〖虫〗産卵管.

o·void /óuvɔid/ 〖章〗形 卵形の, 卵状の, (★主に立体に用い, 平面には oval を用いることが多い). ── 名 C 卵形のもの, 卵状体.

o·vu·late /ɑ́vjəlèit, óu-|ɔ́-, óu-/ 動 自 〖生理〗排卵する. ▷**ò·vu·lá·tion** 名

o·vule /óuvjuːl/ 名 C 〖植〗胚珠(はいしゅ).

o·vum /óuvəm/ 名 (複 **ova**) C 〖生物〗卵(らん), 卵子. [ラテン語 'egg']

ow /au/ 間 おう, おや, 《驚き, 苦痛などの声》.

‡**owe** /ou/ 動 (~s /-z/|過 過分 ~d /-d/|**ów·ing**) 他 【借りがある】〈普通, 進行形不可〉

1 (a) VOO (~ X Y)・VOA (~ Y *to* X) **X に Y の借りがある**, X に Y を支払う義務がある, 〈*for* ..の代金として〉. I ~ you ten dollars.=I ~ ten dollars *to* you. 君に10ドルの借りがある (★略式の借金の証文として IOU $10. と書くことがある). He ~*d* me two pounds *for* the ticket. 彼は切符を買うのに私から2ポンド借用した. How much [what] do I ~ you? 君に幾ら借りがありますか; 幾らですか (★商店でいろいろ買い物をした客が代金を払う時の言葉; これに対して店の主人又は店員は普通, That will be 7.50. (7ドル50セントです)のように答える). The housekeeper claims she is ~*d* $500 *for* overtime. 家政婦は超過勤務で500ドル貸しがあると主張している.

(b) の借りがある〈*on* ..代の残金として〉; 〔人〕に借りがある〈*for* ..の代金の〉. I don't ~ anything *on* my new car. 私の新しい車での借金はない. I ~ you *for* my book. 君に本代の借りがある.

2 (a) VOA (~ X *to* Y) **X を Y に負うている, X は Y のおかげである.** (語法 この意味では普通, VOO の型は用いられないが, I ~ you my life. (あなたは私の命の恩人です)は可). I ~ my career as a singer *to* my parents [good luck]. 私は両親[幸運]のおかげで歌手として立つことができた. I ~ everything *to* you. 何もかもあなたのおかげです. His success ~*s* much *to* his wife. 彼の成功は奥さんに負うところ大だ. I ~ *to* you what I am today. 私の今日あるはあなたのおかげです. **(b)** VOO (~ X Y)・VOA (~ Y *to* X) 〔人が〕X に Y (多く)の恩恵を受ける. (★Y は a lot, a great deal, much など) I ~ ⌞my friends a great deal [a great deal *to* my friends]. 私は友人たちに大変恩義がある. **(c)** 〖話〗〔人〕に恩義がある, 負い目がある. I can't turn down her offer. I ~ her. 彼女の申し出は断れない. 彼女には世話になっているから. Never in the field of human conflict was so much ~*d* by so many *to* so few. 人間の闘争の場でかくも多くの人がかくも少数の人にかくも多くの恩恵を受けたことはなかった《Churchill が英空軍勇士をたたえた言葉》.

3 VOO (~ X Y)・VOA (~ Y *to* X) X に Y を(義務として)**負う**, 行う義務がある; X に Y (感謝, 忠誠, 尊敬など)の気持ちを抱いて当然である. ~ a person a grudge →grudge (成句). I ~ you an apology for not calling you yesterday. 昨日電話をしなかったことで君におわびをしなければなりません. He ~*s* me a favor. 彼は私の頼みを聞く義理がある. I ~ it *to* Henry to help him in need. 私にはヘンリーが困った時援助する義務がある. I ~ him a letter. 彼に手紙1通出す義務がある《出すべきなのにまだ出していない》. You ~ (it to) yourself (*to* take) a holiday. (随分働いたから)休暇を取るのは(君の体に対する)君の義務だ, 休暇を取って当然だ. We ~ loyalty *to* our country. 我々が国に忠誠心を抱くのは当然だ.

── 自 **1** VA (*~ on, for ..*) ..の代金の借金がある. We still ~ *on* the car, *on* the house, *on* everything. 我々はまだ車に, 家に, 何もかもに借金がある. **2** VA (*~ to ..*) ..に負うている, のおかげである. This ~*s to* the fact that... これは..という事実のおかげだ.

I ówe you òne〘話〙お世話になりました(このお返しはいつかします)《感謝の言葉》.
〔*think*〕***that the wòrld òwes*** *one* ***a líving*** (働かなくても)世間が養ってくれて当然だ〔と思う〕.
you ówe me (***òne***) 〘話・戯〙あなたに1つ貸しをつくったよ.
[<古期英語「所有する, (義務として)持つ」]

Ow·en /óuən/ 名 **Robert** ～ オーエン (1771–1858)《英国の空想社会主義者》.

***ow·ing** /óuiŋ/ 形〈叙述〉**借りになっている, 未払いの**. bills that are ～ 未払いの請求書. There's still $10 ～ on my last purchase. この前の買い物で私は10ドルがまだ借りになっている.
*＊**ówing to . .*** ..のために, ..が原因で, (because of; → due to) (★owing to は叙述的にも前置詞的にも用いられる). *Owing to* the typhoon, all flights have been cancelled. 台風のため空の便はすべて取りやめになった. This mess is all ～ *to* your stupidity. この困った事態はみんなおまえがばかなせいだ.

***owl** /aul/ 名 C **1**〘鳥〙**フクロウ, ミミズク** (horned owl), (参考 暗黒, 知恵などの象徴; 「鳴き声」, 「鳴く」は hoot). **2** 夜更かしする人. a night ～ 夜型人間.
3 取り澄ました人; 利口ぶったばか者.
(***as***) ***wise as an ówl*** 大変賢い. ★普通 look, seem などの後に用いて皮肉的な意味を表す. [<古期英語]

owl·et /áulət/ 名 C フクロウの子; 小形のフクロウ.

owl·ish /áuliʃ/ 形 **1**〔人が〕フクロウのような《丸顔で目が大きく, 眼鏡を掛けている人などについて言う》. **2** おつに澄ました, しかつめらしい; 賢そうな顔をした. ▷ ～**·ly** 副

‡own /oun/ 形 ©〈限定〉〈代, 名の所有格の後に置かれて「所有」「関係」「自主性」「独自性」などの意味を強調する〉**1** (**a**) **自分自身の, ..所有の**. I'd like to have my (very) ～ house. (借家でなく)自分の持ち家が欲しい. my ～ child 私自身の子. I saw him go out with my ～ eyes. 彼が出て行くのを私はこの目で見た. He loves truth for its ～ sake. 彼は真理のために真理を愛する. He would lend money on his ～ terms. 彼は自分の条件でなら金を貸してくれるだろう.
(**b**) (助けなしで)自分でする, 自己責任の. cook one's ～ meals 自炊する. make one's ～ dresses 自分のドレスを自分で仕立てる. reap the harvest of one's ～ sowing 自分自身のまいた種を刈り取る. (**c**) 特有の, 独特の. in one's ～ way 独特のやり方で. Each country has its ～ customs. 各国にはそれぞれ特有の風習がある.
2〈one's ～; 所有代名詞的〉**自分自身のもの**. This room is his ～. この部屋は彼の部屋である. I don't have a room to call my ～. 私には自分専用と呼べる部屋がない. The fault is my ～. (だれのせいでもない)私自身のせいだ. May I not do what I will with my ～? 自分のものをどうしようと僕の勝手ではないか. He made the role of Hamlet his ～. 彼はハムレット役を自分のものにした《当たり役になった》. The place has a charm all its ～. この場所にはこの場所独特の魅力がある (★The place has its ～ charm. より強意的; →1 (c)).
(***àll***) ***on one's ówn*** (1) 独力で, 自力で; 自立して; それ自体で(は). You can't do it *on* your ～, you'll need help. 君は1人ではやれない, 他人の助けが必要だ. My son has come of age and is now *on* his ～. 息子は成人してもう自立している. (2)〘主に英話〙1人で, 1人ぼっちで, (alone). go on a trip *on one's* ～ 1人旅に出る. She was (*all*) *on* her ～ with two kids to feed and clothe. 彼女は2人の子供をかかえて1人身だった《離婚して, 又は夫と死別してなど》. Don't sit too close to a woman *on* her ～ in a railway carriage. 列車では1人ぼっちの女性にくっついて座らないように. (3)〘英話〙すばらしい, 非凡な. As a comedian, he is *on* his ～. コメディアンとして彼は非凡だ.
be one's òwn mán [***wóman***] 他人に束縛[影響]されない, 自由である; 自分の主張を持つ.
còme into one's ówn 本来の価値[権利]が認められる, 当然の成功[名誉, 信用]を得る. This four-wheel drive car *comes into* its ～ on bad roads. この四輪駆動車は悪路で本領を発揮する.
hàve [***gèt***] ***one's ówn bàck*** (***on a pèrson***)〘話〙(人に)仕返しをする《<自分の物を取り戻す; back は副詞》. The defeated champion said to himself, "I'll *get* my ～ *back on* him some day." 敗れたチャンピオンは「いつかあいつにお返ししてやるぞ」と自分に言い聞かせた.
hòld one's ówn →hold[1].
＊***of one's ówn*** (1) **自分自身の**, 自分だけの. a villa *of* one's ～ 自分(自身)の別荘. For some reason *of* his ～ he quit college. 彼にしか分からない何かの理由で, 彼は大学を中退した. (2) 独特の. John has a personality *of* his ～. ジョンには彼特有の個性がある.
── 動 (～s /-z/|過 過分 ～ed /-d/|～·ing) 他〈普通, 進行形不可〉**1 を所有する, の所有権を持つ**, (類語 財産として, 法律上正当に所有すること; →have). Do you ～ this company? あなたがこの会社を持っているのですか. as if [like] one ～s the place〘話〙我が物顔に[自分の縄張りのように](新人などがふるまう).
2〘章〙(**a**) **を自分のものと認める**; VO (～ X/*that* 節) X **を/..ということを認める**. The mother refused to ～ the child. 母親はその子供を認知するのを拒んだ. I ～ (*that*) I was at fault.＝I ～ to being at fault (→自). 自分が間違っていたことを認めます. (**b**) VOC (～ X (*to be*) Y)・VOA (～ X *as* Y) X が Y であることを認める. Do you ～ yourself beaten? 君は敗北したと認めますか. The rebels ～*ed* him ⌞*to be* [*as*] their leader. 暴徒たちは彼を指導者だと認めた.
── 自〘章〙VA (～ *to . .*) ..を告白する, 自認する. I ～ *to* being at fault. 自分が間違っていたことを認めます.
òwn úp (***to . .***)〘話〙(..を)(素直に)認める, 白状する. ～ *up to* one's mistakes 自分の間違いを認める. He wouldn't ～ *up to* the part he played in the plot. 彼はその陰謀で自分が演じた役割を白状しようとしなかった. [<古期英語「所有された」(owe の過去分詞)]

òwn bránd 名 U〘英〙自社ブランド (〘米〙store brand). ── /⌒/ 形 自社ブランドの.

‡own·er /óunər/ 名 (複 ～s /-z/) C **持ち主, 所有者**. the proud ～ of a Rolls-Royce ロールスロイスの愛車が自慢の人. a pet ～ ペットを飼っている人. →homeowner, landowner.

連結 the legal [the lawful, the legitimate, the rightful; the original; the exclusive, the sole; a joint] ～

òwner-dríver 名 C〘主に英〙オーナードライバー.

ówner·less 形 持ち主のない. an ～ cat 野良ネコ.

òwner-óccupied /⌒/ 形〘主に英〙〔家などが〕持ち主が住んでいる.

òwner-óccupìer 名 C〘主に英〙持ち家居住者.

***own·er·ship** /óunərʃip/ 名 U **持ち主であること; 所有権**. The ～ of the land has long been disputed. その土地の所有権は長い間争われてきた. The forest should be under [in] public ～. その林は公有にすべきだ.

òwn góal 名 C〘主に英〙**1**〘サッカー〙自殺点.
2〘話〙ばかげた誤り, へま.

òwn lábel 名 ＝own brand.

‡ox /ɑks|ɔks/ 名 (複 **ox·en** /-(ə)n/) C **雄牛**, (特に食用・労役用の)去勢した雄牛;〘旧〙〈主に ～en〉〈一般に〉牛. 参考 bull は「去勢しない雄牛」; bullock は普通4歳以下の去勢牛; cow は「雌牛」又は「〈一般に〉牛」; calf は「子牛」; 総称 cattle; 形「牛の(ような)」は bovine. [<古期英語]

O

ox·al·ic /ɑksǽlik|ɔk-/ 形 カタバミの; 〖化〗蓚(しゅう)酸の. ～ acid 蓚酸.
ox·a·lis /ɑ́ksəlis|ɔ́k-/ 名 C 〖植〗カタバミ.
óx·blòod 名 U, 形 深紅色(の).
ox·bow /ɑ́ksbòu|ɔ́ks-/ 名 C **1** (牛の首の回りにはめる)くびき (yoke) の U 字形の部分.
2 川の U 字形屈曲部.
Ox·bridge /ɑ́ksbrìdʒ|ɔ́ks-/〖英〗名 U オックスブリッジ《Oxford, Cambridge 両大学を, その伝統的名声の故にひっくるめて呼ぶ名称》. ── 形 オックスブリッジの(ような). [＜*Ox*(*ford*)＋(*Cam*)*bridge*]
óx·càrt 名 C 牛車.
ox·en /ɑ́ks(ə)n|ɔ́ks(ə)n/ 名 ox の複数形.
óx·èye 名 C 〖植〗周辺花のあるキク科の植物の総称《フランスギクなど》.
óx·èyed 形 (牛のように)大きな目をした.
Ox·fam /ɑ́ksfæm|ɔ́ks-/ 名 オックスファム《発展途上国民救済のための慈善機関; 中古品や途上国の製品を売る店を英国各地に持つ; 本部 Oxford 市; ＜*Ox* ford Committee for *Fam* ine Relief》.
Ox·ford /ɑ́ksfərd|ɔ́ks-/ 名 **1** オックスフォード《イングランド南部の都市でオックスフォード大学の所在地》. **2** ＝Oxford University. an ～ man オックスフォード大学出身者 (→Oxonian). **3** ＝Oxfordshire. **4** C オックスフォード種の羊《大形で角がない; **Òxford Dówn** とも言う》. [＜古期英語「牛 (ox) を渡す浅瀬 (ford)」]
óx·ford 名 **1** C (ひもで縛る普通の)男子用短靴 (**Òxford shóe**). **2** U オックスフォード(織り)《厚地のなこ織り; ワイシャツ, ブラウスなどに用いる》.
Òxford áccent 名 〈the ～〉オックスフォード訛(なま)り《オックスフォード大学関係者の発音の仕方》.
Òxford blúe 名 U 濃紺色《Cambridge blue (明るい紺色)に対して》.
Òxford Énglish 名 U 〖旧〗オックスフォード英語《Oxford accent を用いる英語; いわゆる RP と大体同じであるが, これを気取っていると感じる人もある》.
Òxford Ènglish Díctionary 名 〈the ～〉オックスフォード英語辞典 《歴史的原理に基づく世界最大の英語辞典; 略 OED》.
Òxford gráy 名 U 暗灰色(の服地).
Òxford Gròup 名 〈the ～〉オックスフォードグループ《米国の福音伝導者 F. Buchman を中心に 1920 年代に Oxford で生まれた私的·社会的道徳の向上を目指すグループ; 後に MRA に発展》.
Óxford Mòvement 名 〈the ～〉オックスフォード運動《1833 年ごろ Oxford 大学で起こった宗教運動; 英国国教会内にローマカトリック主義を復興させようとした》.
Óxford·shire /-ʃər/ 名 オックスフォード(シャー)《イングランド南部の州; 州都 Oxford; 略 Oxon.》.
Óxford Strèet 名 オックスフォード通り《ロンドン中央部の大通りの 1 つで有名店が並ぶ》.
Òxford Univérsity 名 オックスフォード大学《12 世紀の創立; Cambridge 大学と共に英国の代表的大学》.
ox·i·dant /ɑ́ksədənt|ɔ́k-/ 名 UC 〖化〗オキシダント《光化学スモッグの主要原因; オゾンなど強酸化性物質の総称》.
ox·i·da·tion /ɑ̀ksədéiʃ(ə)n|ɔ̀k-/ 名 U 〖化〗酸化.
ox·ide /ɑ́ksaid|ɔ́k-/ 名 UC 〖化〗酸化物.
òx·i·di·zá·tion 名 U 〖化〗酸化.
‡**ox·i·dize** /ɑ́ksədàiz|ɔ́k-/ 動 他 を酸化させる, さびさせる. ── 自 酸化する, さびる.
óx·i·dìz·er 名 UC **1** 〖化〗酸化剤. **2** オキシダイザー《ロケットの燃料強化剤》.
óx·lìp 名 C 〖植〗サクラソウの一種.
Oxon /ɑ́ksɑn|ɔ́ksɔn/ Oxfordshire; of Oxford University《しばしば, 称号, 学位の後に付ける; →Cantab; 例 John Brown, M.A. (*Oxon*) オックスフォード大学修士ジョン·ブラウン》.
Ox·o·ni·an /ɑksóuniən|ɔk-/ 形 Oxford (大学)の. ── 名 C Oxford 大学の学生[卒業者; 教員], オックスフォードの住人, (→Cantabrigian). [＜ラテン語 *Oxōnia* 'Oxford'; -an]
óx·tàil 名 UC 牛の尾《特にスープやシチュー用》.
óx·tòngue 名 UC 牛の舌, 牛タン, 《料理用》.
ox·y·a·cet·y·lene /ɑ̀ksiəsétəlì:n|ɔ̀k-/ 名 U, 形 酸素アセティレン(の). an ～ torch 酸素アセティレン吹管《金属の溶接, 切断に用いる》.
‡**ox·y·gen** /ɑ́ksidʒ(ə)n|ɔ́k-/ 名 U 〖化〗**酸素**《記号 O》. You can't live without ～. 酸素がなければ生きられない. under ～ 酸素吸入をしながら.
[＜フランス語(＜ギリシア語 *oxús*「鋭い, 酸の」＋-gen)]
ox·y·gen·ate /ɑ́ksidʒənèit|ɔksídʒ-/ 動 他 に酸素を供給する; を酸化させる, 酸素処理する.
▷**òx·y·ge·ná·tion** /ɑ̀ksidʒənéiʃ(ə)n|ɔ̀k-/ 名
ox·y·gen·ize /ɑ́ksidʒənàiz|ɔksí-/ 動 他 **1** ＝oxidize. **2** ＝oxygenate.
óxygen màsk 名 C 酸素マスク.
óxygen tànk 名 C 酸素ボンベ.
óxygen tènt 名 C (重症患者用の)酸素吸入テント.
ox·y·he·mo·glo·bin /ɑ̀ksihí:məglòubən, -hém-|ɔ̀ksihì:məglóubən/ 名 U 〖生化〗酸素ヘモグロビン, オキシヘモグロビン.
ox·y·mo·ron /ɑ̀ksimɔ́:rɑn|ɔ̀ksimɔ́:rən/ 名 (複 **ox·y·mo·ra** /-rə/, **～s**) C 〖修辞〗撞着(どうちゃく)[矛盾]語法《harmonious discord, open secret のように互いに矛盾した語を並べる語法》. [ギリシア語 'sharp-stupid']
o·yez, o·yes /oujéz/, /oujés/ 間 静粛に, 謹聴, 《法廷の廷吏や昔の布告の触れ役がこの言葉を普通三度言って注意を促した》. [＜古期フランス語「聞け」]
oys·ter** /ɔ́istər/ 名 (複 **～s** /-z/) C **1** 〖貝〗**カキ**《食用又は真珠養殖用 (pearl oyster); →r months》. **2** 〖話〗無口な人; 口の固い人. ***The wòrld is one's óyster. (世界は自分のものだ)好きなことは何でもできる《Shakespeare 作 *The Merry Wives of Windsor* より》. [＜ギリシア語;「骨, 固い殻」が原義]
óyster bàr 名 C カキ料理店《普通カウンターで生ガキを食べさせる》.
óyster bèd 名 C (浅い海底の)カキ養殖場.
óyster càtcher 名 C 〖鳥〗ミヤコドリ.
óyster cràcker 名 C 〖米〗オイスタークラッカー《カキのシチュー[スープ]などに砕いて入れて食べる塩気のあるクラッカー》.
óyster fàrm 名 C カキ養殖場.
óyster plànt 名 ＝salsify.
Oz /ɑz|ɔz/ 名 〖俗〗＝Australia.
oz. ounce(s).
o·zone /óuzoun, -⌐/ 名 **1** U 〖化〗オゾン; 〖話〗(海浜などの)新鮮な空気. **2** ＝ozone layer. [＜ドイツ語(＜ギリシア語「におう」)]
ózone deplètion 名 U オゾン層破壊.
òzone-fríendly /㊥/ 形 〔製品が〕オゾン層を破壊しない《破壊する化学物質を含まない》.
ózone hòle 名 C オゾンホール《オゾン層でオゾンが破壊されている領域》.
ózone làyer 名 C 〈普通, the ～〉〖気象〗オゾン層.
o·zo·no·sphere /əzóunəsfìər/ 名 〈the ～〉＝ozone layer.
ozs. ounces.
Oz·zie /ɑ́zi|ɔ́zi/ 名, 形 〖俗〗＝Aussie.

O

P

P, p /piː/ 名 (複 **P's, Ps, p's** /-z/) **1** UC ピー《英語アルファベットの第 16 字》. **2** C 〈大文字で〉P 字形のもの.
mind* [*wàtch*] *one's P's /pìːz/ ***and Q's*** /kjúːz/ [***p's and q's***] 言行ₗに注意する[を慎む]《p と q は混同されやすいことから》.

P parking; 〖チェス〗pawn; peseta; peso; 〖化〗phosphorus.

p[1] pence; penny. 注意 5 *p* (5 ペンス)は five p /piː/ 又は five pence と読む.

p[2], **p.** (複 **pp, pp.**) page: *p* 12＝page twelve 12 ページ. *pp* 12, 16＝pages twelve and sixteen 12, 16 ページ. *pp* 12–16＝pages twelve to sixteen 12–16 ページ. 264 *pp*＝two hundred and sixty-four pages 264 ページ《本の全体のページ数など》.

p[3] piano[2]; pico-; 〖理〗pressure.

p[4], **p.** part; participle; past; per; pint; 〖野球〗pitcher; population.

PA 〖郵〗Pennsylvania; personal appearance; personal assistant; press agent; Press Association; public-address (system).

Pa pascal; Pennsylvania; protactinium.

†**pa** /pɑː/ 名 (複 **～s** /-z/) C 〖旧話〗〈しばしば P-〉お父ちゃん (→ma). [＜*pa*pa]

p.a. per annum.

pab·u·lum /pǽbjələm/ 名 U **1** 〖雅〗食物. **2** (心の)糧(かて) (mental pabulum). [ラテン語「飼料, 食料」]

Pac. Pacific.

*‡***pace**[1] /peis/ 名 (複 **pác·es** /-əz/) C
【歩み】 **1** 1 歩; (1 歩の)**歩幅**《2.5–3.5 フィート》. He stepped [took] a ～ or two backward [forward]. 彼は 1, 2 歩あとへ下がった[前に進んだ].
2 〈単数形で〉**歩調**, 歩く[走る]速さ; (仕事の進行, 進歩などの)**速度**, テンポ, ペース. go at a good ～ かなりの速度で行く. walk at a slow and steady ～ ゆっくり, しっかりした歩き方をする. at one's own ～ 自分自身(に最適)の速度で〔歩く, 仕事をするなど〕. the slow ～ of country life 田舎の生活ののんびりしたテンポ.

> 連結 a brisk [a fast, a lively, a swift; a frantic, a furious; a grueling; a moderate; an easy, a gentle; a slow, a sluggish; a measured] ～ // maintain [change; quicken; slacken] the ～

3 (人の)歩きぶり; 馬の歩き[走り]方; 側対歩《同じ側の前後の脚を同時に動かして歩く》.
fòrce the páce (1) (他の走者を疲れさせるために)ペースを上げる. (2) (無理をして普通より)早める, 早く行う, 〈*of* ..を〉.
gàther páce 速度が早くなる, 加速する.
gò the páce 〖話〗(1) 大速力で進む. (2) (道楽に)金を浪費する.
gò through one's páces 自分にできるいろいろなₗ芸[事]をやって力量をみせる《paces は →名 3》.
kèep páce with .. ..と足並みをそろえる; ..に遅れないようにする; ..(の変化)について行く.
pùt a pèrson* [*a thìng*] *through his* [*her, its*] *páces 人の力量・能力[機械などの性能]を試す《馬にいろいろな走り方をさせてみることから; →名 3》.
sèt* [*màke*] *the páce (先に立って)歩調を示す[定める], (レースなどで)ペースメーカー役をする; 先頭を走る; 手本を見せる.
shòw one's páce 能力[力量]を示す.
stànd the páce (生活・仕事のペースで)他人に遅れずについて行く.
── 動 (**pác·es** /-əz/|過 過分 **～d** /-t/|**pác·ing**) 自 **1** VA ゆっくりと歩調正しく歩く; 歩く. ～ up and down [about, around] (いらいらしたりして)行ったり来たりする. **2** 〔馬が〕側対歩で歩く.
── 他 **1** 〔場所〕を行ったり来たりする. ～ the room nervously そわそわして部屋の中をあちこち歩き回る. **2** VOA (～/X/*out, off*) X ((..の)距離)を歩測する. ～ *off* [*out*]ₗthe distance [100 yards] その距離 [100 ヤード] を歩測する. **3** 〔走者, 騎手など〕に適当な速度[歩調]を示す, のペースメーカーになる.
páce onesèlf (競走で)自分に合った速度を守る; マイペースで行う. [＜ラテン語 *passus*「歩(幅)」]

pace[2] /péisi, pάːkei/ 前 ..には失礼ながら (★異なる意見を述べる時に使う). ～ Professor Long ロング教授には失礼ながら. [ラテン語 (*pāx* 'peace'の奪格形)]

páce·màker 名 C **1** (競走で先頭に立って走る)速度設定者, ペースメーカー; 先導者[車, 馬], 他の模範となる人. **2** 〖医〗ペースメーカー《心臓の鼓動を正常に保たせるための装置》.

pac·er /péisər/ 名 C **1** 歩調をとって歩く人. **2** 歩測者. **3** 側対歩で歩く馬. **4** ＝pacemaker.

páce·sètter 名 ＝pacemaker 1.

pa·cey /péisi/ 形 〖英〗〔物語, 映画などが〕ペースのよい, スピード(感)のある.

pach·y·derm /pǽkidə̀ːrm/ 名 C **1** 厚皮動物《象, カバ, サイなど皮膚の厚い有蹄(てい)動物》. **2** 鈍い人; 面の皮の厚い人. [＜ギリシア語 (＜'thick'＋'skin')]

pach·y·der·ma·tous, -der·mous /pæ̀kidə́ːrmətəs 移/, /-də́ːrməs 移/ 形 **1** 厚皮動物の. **2** (人の感情などに)鈍感な, 厚顔無恥な.

***pa·cif·ic** /pəsífik/ 形 m **1** 〖章〗**平和(的)な**, 平和を愛する, 平和を助長する, (↔warlike). **2** 〖章〗温和な, 平穏な, 穏やかな. a ～ nature 温和な性質. **3** 〈P-〉太平洋(沿岸)の. ── 名 〈the P-〉**太平洋**. on both sides of the ～ 日米両国の[で].
[＜ラテン語 *pāx* 'peace'＋*facere* 'make'; -fic]

pa·cif·i·cal·ly /pəsífik(ə)li/ 副 平和的に, 穏やかに.

pac·i·fi·ca·tion /pæ̀sifikéiʃ(ə)n/ 名 U **1** 和解; 鎮圧, 制圧, 平定. **2** 講和(条約).

pa·cif·i·ca·tory /pəsífikətɔ̀ːri|-kətri, -kèit(ə)ri/ 形 和解的な; なだめるような.

Pacìfic Northwést 名 〈the ～〉米国の太平洋岸北西部《Washington 州, Oregon 州, California 州北部にわたる; 美しい自然で有名》.

Pacìfic Ócean 名 〈the ～〉太平洋.

Pacìfic Rím 名 〈the ～〉環太平洋ₗ地域[諸国].

Pacìfic (Stándard) Tìme 名 〖米〗太平洋標準時 (→standard time).

Pacìfic Wár 名 〈the ～〉太平洋戦争《1941–1945》.

pac·i·fi·er /pǽsəfàiər/ 名 C **1** なだめる人[物], 調停者. **2** 〖米〗乳児がしゃぶるための乳首, おしゃぶり, (〖英〗dummy).

pac·i·fism /pǽsəfiz(ə)m/ 名 U 平和主義, 反戦論.

‡**pac·i·fist** /pǽsəfist/ 名 C 平和主義者, 反戦論者. ── 形 平和主義の, 反戦の. the ～ movement 平和[反戦]運動.

†**pac·i·fy** /pǽsəfài/ 動 (**-fies**|過 過分 **-fied**|**～·ing**)

㊀ **1** を静める, なだめる, 和らげる. ～ a crying child 泣く子をなだめる. ～ one's hunger 空腹をいやす. **2** に平和を回復する; 〔国, 暴徒など〕を(武力で)平定[制圧]する, 鎮定する; (類語 しばしば力ずくで争いを鎮めること; →appease). [＜ラテン語 *pāx* 'peace'＋*facere* 'make'; -fy]

***pack** /pæk/ 名 (複 **～s** /-s/) Ⓒ
【包み】 **1 (a) 包み, 荷物, 束**; 包装, パック; (類語 特に人や動物の背に載せて運べるようにしたもの; →package; なお牛乳容器などを指す「パック」は carton). put one's belongings into a ～ 所持品を一つにまとめる.
(b) 〘英〙 背負い袋, リュックサック, (backpack, rucksack). with a ～ on one's back リュックを背負って.
2 (a) 〘医〙 湿布; (止血用に詰める)綿, ガーゼ. **(b)** パック《美顔用の栄養湿布剤; →face pack》.
3 (パラシュートの)パック《すぐ使えるように折り畳んである》.
4 〘米〙 (同種の物を特定の数まとめた)**ひと包み, ひと箱,** 《これを 10 個ほどまとめたものが carton; 〘英〙 packet》. a ～ of (20) cigarettes (20 本入りの)たばこ 1 箱. →six-pack. **5** 〘英〙 (トランプなどの)ひと組, セット, (〘主に米〙 deck). a ～ of cards トランプひと組. **6** (ある目的のために色々なものをそろえた)セット, パック, 一式. an information ～ 案内資料一式.
【ひと包み＞ひとまとまりの群れ】 **7** (オオカミ, 猟犬, 悪者などの)**一群, 一隊,** (→herd[1] 類語). a ～ of wolves [thieves] オオカミ[盗賊]の群れ. in a ～ 一団となって. in ～*s* 群れを成して. lead the ～ 先頭に立つ. **8** 〘軍〙 (飛行機; 潜水艦などの)一隊. **9** ボーイ[ガール]スカウト年少団小隊《地域的に cub scout 又は Brownie 数十名で組織される》. **10** 〘ラグビー〙 (スクラム中の)前衛 《全体》. **11** たくさん, 多数, 多量. a ～ of lies うそ八百. **12** パック《量目の単位; 参考 羊毛は 240 ポンド, 穀類は 280 ポンド, 石炭は 3 ブッシェル, 金箔(ぱく)は 500 枚を言う》.

── 動 (**～s** /-s/|過 過分 **～ed** /-t/|**páck·ing**) ㊀
【包む】 **1 (a)** を**荷造りする**, 梱(こん)包[包装]する; に詰める 〈*with* ..を〉, を詰める 〈*in, into* ..に〉. ～ *up* (→成句). ～ clothes *into* a trunk＝～ a trunk *with* clothes トランクに着物を詰める. **(b)** VOO (～ X Y)・VOA (～ Y *for* X) X に Y を詰めてやる, 包んでやる. Would you ～ me some sandwiches [a lunch box]? 私にサンドイッチを包んで[弁当箱を詰めて]くださいませんか.
2 に湿布をする; 〔傷口など〕を止血用綿[ガーゼ]でふさぐ; 〔顔など〕にパックを当てる.
【詰める】 **3** 〔人など〕を**ぎっしり詰め込む, 押し込む,** 〈*into* ..に〉; にぎっしり詰め込む 〈*with* ..を〉; 〔人が〕〔場所, 乗り物〕を**埋める**. We were all ～*ed into* the bus. 我々はみんなそのバスに詰め込まれた. His trip schedule was ～*ed with* talks and consultations. 彼の旅行日程は会談や協議の予定でぎっしり詰まっていた. The theater is ～*ed* out. 〘話〙 劇場は満員である.
4 に[の周りに]詰め物をする 〈*with, in* ..で〉; を詰め物にする 〈*around* ..の周りに〉. ～ a leak *with* cement セメントで漏れ口をふさぐ. The dishes were ～*ed in* straw. ＝Straw was ～*ed round* the dishes. 皿類の周りに麦わらの詰め物がしてあった. **5** 〔食品など〕を缶詰にする, 容器に詰める. ～ fruit 果物を缶詰にする.
6 【特定人物を詰める】 〘普通, 軽蔑〙 〔委員会など〕を自派に都合よく人選する 〈*with* ..〔賛同者など〕で〉.
7 【詰める＞固める】 〔土など〕を固める. ～ a handful of snow *into* a tight snowball ひとつかみの雪を固い玉に丸める. The traffic ～*ed* the dirt *down*. 人や車の通行が土を固めた. The wind ～*ed* the snow *against* the wall. 風が雪を塀際に吹き固めた.
【荷造りして運ぶ】 **8** 〔動物〕に荷物を載せ(て運ばせ)る.
9 【持ち運ぶ】 〘話〙 〔銃など〕をいつも身に着けている. ～ a rod ピストルを肌身離さず持ち歩く.

── ㊂ **1** 荷造りをする. ～ *for* camp キャンプの荷造りをする. **2** VA 〔物が〕(..に) 荷造りできる, 収まる, たためる. The whole barbecue ～*s* into this case. バーベキューの道具一式はこのケースに収まる. ～ easily 荷造りしやすい. **3** VA (～ *into, onto* ..) 〔人, 動物が〕..に群がる, 密集する. They ～*ed into* the sleigh. 彼らはそりにぎゅうぎゅう詰めに乗り込んだ. **4** 〔土, 雪などが〕固まる 〈*down*〉.

pàck a (hàrd) púnch 〘話〙 (1) 〔ボクサーが〕パンチ力が強い. (2) よく効く; (効果的に)激しい言葉を使う.
pàck awáy 荷物をまとめてさっさと出て行く.
pàck /../ awáy (1) ..を(入れ物に入れて)片付ける. (2) 〔食べ物など〕を平らげる.
pàck..ín 〘話〙 (1) 〈しばしば pack it in として; 命令形で〉〔仕事, 悪習, (恋愛)関係など〕をやめる; ..をあきらめる; (→PACK .. up (2)). It's not like him to ～ *it in*. (仕事を)投げてしまうなんて彼らしくない. (2) 〔多くの人〕を引き寄せる, 引きつける. The film is still ～*ing* them *in*. その映画はまだ多くの人を引きつけている.
pàck óff ＝PACK away.
pàck..óff ..を(急いで)追い払う, 送り出す.
pàck úp (1) 荷物をまとめる; 店を閉める, 仕事をしまう. *Pack up* and leave right now. 荷物をまとめて今すぐ出て行け. (2) 〘英話〙 〔機械などが〕(故障で)止まる; 体調などをくずす; 死ぬ.
pàck..úp (1) 〔荷物〕を詰め込む, まとめる. Have you ～*ed* your things *up?* 荷造りはできましたか. (2) 〘英話〙 (道具をしまって)〔仕事など〕をやめる (→PACK..in (1)). ～ *up* the discussion 討論をやめる.
sènd a pèrson pácking 〘話〙 人を追い払う; 人をさっさと首にする. [＜低地ドイツ語]

***pack·age** /pǽkidʒ/ 名 (複 **-ag·es** /-əz/) Ⓒ
1 包み, 小包; 包装物; (類語 〘米〙 では特に郵便小包を指す; →pack, parcel). a special [an express] delivery ～ 速達小包. a ～ [〘英〙 packet] of (20) cigarettes 〘米〙 (20 本入りの)たばこひと箱. undo a ～ 包みを解く. **2** (荷造り用の)容器, 箱, ケース; 包装紙.
3 ひとまとめにすること; ひとまとめになったもの; 一括[抱き合わせ]法案; ＝package deal; 〈形容詞的〉 一括の, 抱き合わせの. a ～ (*deal*) of room, meals, and guide (観光地などで)宿泊, 食事, 案内人すべて込みの代金.
4 (コンピュータの)パッケージソフト《注文に応じたものではなく出来合いのソフト (software package)》; (機械などの)ユニット完成品.

── 動 ㊀ **1** を荷造りする, 包みにする; をひとまとめにする; 〔商品, 食品など〕を包装する, パックに詰める; 〈*up*〉. I ～*d* the books (*up*) and mailed them. 本を荷造りして郵送した. **2** 〔商品, 人など〕を紹介する[示す] 〈*as* ..〔魅力あるもの[人]〕として〉. [pack, -age]

páckage dèal 名 Ⓒ 一括取引.
pàckage hóliday 名 〘主に英〙 ＝package tour.
páckage stòre 名 Ⓒ 〘米〙 酒類小売店《酒類を瓶入り・缶入りで販売するが店内では飲ませない; 〘英〙 off-licence》.
páckage tòur 名 Ⓒ パッケージツアー《旅行会社の企画する費用一切込みのセット旅行》.
†páck·ag·ing 名 Ⓤ **1** (商品などの)梱(こん)包[包装]材料《紙, 容器など》. **2** 荷作り, (食品などの)パック詰め(作業).
páck ànimal 名 Ⓒ (牛馬など)荷物を運ぶ動物.
páck drìll 名 Ⓒ 〘軍〙 (懲罰としての)軍装行進.
†packed /-t/ 形 **1** 〔場所, 乗り物などが〕いっぱい詰まった, 満員の, 〈*with* ..で〉; 固まった. an action-～ film アクションの連続する波瀾万丈の映画. a ～ train 満員列車. a ～ lunch 〘英〙 弁当 (〘米〙 box lunch). ～ snow 固まった雪. ★受け身用法は →pack 動 ㊀ 3. **2** (出発前に)〔人が〕荷造りを終えた. He was ～ and about to leave. 彼は荷造りを終えて出かけようとしていた.
pàcked óut 形 〘英話〙 〈普通, 叙述〉 〔場所, 建物などが〕満員の, すし詰めの.
páck·er 名 Ⓒ **1** 荷造り人[機], 包装機. **2** (引っ越

P

し, 移転荷物などの)荷造り業者, 包装業者. **3** 缶詰業者, 食料品包装業者.

pack·et** /pǽkət/ 名 (複 ～s /-ts/) C **1** 小さい包み, 小包; (小さい)束; (類語 package 又は bundle の小さいもの; 〖主に英〗で box, bag, pack, package の代わりに使う). a ～ of letters ひと束の手紙. a ～ of pansy seeds パンジーの種(たね)ひと袋. a ～ of [〖米〗pack, package] cigarettes 〖英〗たばこひと箱. **2** 〖旧〗郵便船, 定期船, (**pácket bòat**). **3** 〖英話〗かなりの大金. ～*s* of money 大金. make [lose] a ～ ひと財産を作る[大金を失う]. The car's repair cost (me) a ～. 車の修理にしこたまかかった. **4** 〖電算〗パケット《データの転送の単位》. ***càtch [gèt, còp, stòp] a pácket 〖英旧俗〗ひどい目に遭う《けが, 罰, 災難など》; 殺される.
[＜古期フランス語; pack, -et]

pácket-swìtching 名 C 〖電算〗パケット交換《電話回線を利用し, 長いメッセージを分解して送り, 受信側がそれを復元するデータ送信法》.

páck·hòrse 名 C 駄馬, 荷馬.

páck ìce 名 U 積氷《流氷が寄り集まってできた氷原; ice pack とも言う》.

†páck·ing 名 U **1** 荷造り, 包装. I must do my ～. (旅行の)荷造りをしなければならない. 20 dollars plus postage and ～ 20 ドルプラス郵送料と包装代. **2** 包装材料, (壊れ物の包装用) 詰め物, パッキング. ★水・空気の漏れを防ぐための「パッキン」は washer. **3** (製品, 政策, 政治家などの, 具合の悪い所は隠した)良いイメージ作り.

pácking bòx [càse, cràte] 名 C (木製の)荷箱.

pácking plànt [hòuse] 名 C 〖米〗缶詰工場, (冷凍)食品包装工場.

páck ràt 名 C モリネズミ《北米産のネズミの一種; 小さなきらきら光るものを巣に蓄える習性がある》; 〖話〗下らないものを貯(た)め込む人.

páck·sàddle 名 C 荷鞍(にぐら).

páck·thrèad 名 U 荷造り用のひも.

páck trìp 名 C 〖米〗騎馬遊覧[旅行] (〖英〗pony-trekking に相当するもの).

†pact /pǽkt/ 名 C 協定, 条約; 契約, 申し合わせ. sign a peace ～ 平和協定に調印する. form a ～ with ..と共闘を組む. [＜ラテン語「同意されたこと」]

pa·cy /péisi/ 形 ＝pacey.

***pad**[1] /pǽd/ 名 (複 ～s /-dz/) C **1** (衝撃, 摩擦などを防ぐ)**当て物, 詰め物**, クッション; パッド《肩用の shoulder ～, ひざ用の knee ～, すね用の shin ～ などがある》; (ガーゼ, 脱脂綿などの)当て物; 生理用ナプキン; 枠のない鞍, 鞍敷き. **2** (はぎ取り式の)**用箋**(せん), **帳面**, メモ帳. a writing [note] ～ はぎ取り式の便箋(せん)[メモ用紙]. **3** 肉趾(し)《犬, キツネなどの足の裏の柔らかいところ》, (人間の手足の指の)腹; (特に女性の尻(しり)などの)皮下脂肪. **4** スタンプインク台, 印肉台, (inkpad). **5** (スイレンなど水草の)大きな浮き葉. **6** ミサイル[ロケット]発射台 (launch(ing) pad); (ヘリコプターの)発着場所. **7** 〖旧話〗部屋, 家, 'ねぐら'.
── 動 (～s /-dz/| 過 過分 **pád·ded** /-əd/| **pád·ding**) 他 **1** に**詰め物をする**, に当て物をする; にパッドを付ける; 〈*out*〉〈*with* ..で〉. The seats were ～*ded with* foam rubber. 腰掛けにはフォームラバーが詰めてあった. **2** 〔文章, 物語など〕を(余計な言葉を入れて)水増しする 〈*out*〉〈*with* ..で〉; 〔経費など〕を水増しして書く. The politician's speech was ～*ded out with* banalities. その政治家のスピーチは陳腐な言葉でやたらに長くなっていた.

pad[2] 動 (～s|-dd-) 自 VA, 他 (を)足音を立てないで(比較的足早に)歩く, (を)徒歩で旅行する, 〈*along*〉. ── 名 C 〈単数形で〉忍び足で歩く音.

pád·ded /-əd/ 形 当て物付きの, パッド付き[入り]の; 皮下脂肪たっぷりの. a ～ envelope (壊れ物の郵送用の)当て物付き封筒. a ～ bra パッド付きブラジャー.

pàdded céll 名 C クッション壁収容室《狂暴な患者のけがを防ぐ精神病院の病室など》.

pád·ding 名 U **1** 詰め物をすること. **2** 詰め物. **3** (文章などの余計な)埋め草; (経費などの)水増し.

Pad·ding·ton /pǽdiŋtən/ 名 パディントン《ロンドンの主要駅の 1 つ; 主に Wales 方面への列車が出る》.

***pad·dle**[1] /pǽdl/ 名 (複 ～s /-z/) C **1** (カヌーなどをこぐ)櫂(かい), パドル, (類語 ボートの oar と違い, 短くてへら状のもの; 舟に固定されていない). a double ～ 両端にかく部分のある櫂. **2** 〈普通, 単数形で〉こぐこと, ひとこぎ, ひとこぎの時間. **3** 櫂状のもの《ピンポンなどのラケット, 料理用のへら, 体罰用のへら, ペンギン[カメなど]のひれ状の足など》. **4** ＝ paddle wheel.
── 動 他, 自 **1** (を)櫂でこぐ, ゆっくり静かにこぐ; (を)犬かきで泳ぐ. He ～*d* the canoe down the river. 彼はカヌーをこいで川を下った. **2** 〖話〗(体罰のため, へら, 平手などで)(を)ぴしゃりと打つ. **3** 水面を動き回る《カモ, アヒルのように》. ***pàddle one's òwn canóe*** 〖話〗1 人立ちしている, 人に頼らない.

pad·dle[2] 動 自 (水の浅いところをはだしで)ぱちゃぱちゃ歩く[遊ぶ] (wade); 水の中で手足をばたばたさせる.
── 名 C 〈普通, 単数形で〉〖英〗水遊び; 波打ち際のばちゃばちゃ歩き. go for a ～ 水際歩きに行く.

páddle bòat 名 C 外輪船.

páddle·fìsh 名 (複 →fish) C 〖魚〗ヘラチョウザメ《Mississippi 川に生息》.

páddle stèamer 名 〖英〗＝ paddle boat.

páddle whèel 名 C (外車[外輪]船の)外車, 外輪.

[paddle wheel]

páddling pòol 名 C 〖英〗(公園などにある)子供用の浅いプール; (ゴム, ビニール製の)小プール; (〖米〗wading pool).

pad·dock /pǽdək/ 名 C **1** 小牧場《馬を調教したり, 運動させるための馬小屋近くの囲い地》; 〖オース〗(囲いのある)牧草地, 耕作地.
2 パドック, 下見所, 《競馬場のレース前の馬の待機場》.

Pad·dy /pǽdi/ 名 (複 **-dies**) C 〖話・しばしば軽蔑〗パディ《アイルランド人のあだ名; 守護聖人 St. Patrick にちなみ, Patrick の愛称から; →Pat 3》.

pad·dy[1] /pǽdi/ 名 (複 **-dies**) C **1** 水田, 稲田, (**páddy fìeld**). **2** 刈り取った稲; もみがら付きの米.

pad·dy[2] 名 aU 〖英旧話〗(つまらないことに)腹を立てること. be in a ～ すっかり頭にくる.

páddy wàgon 名 〖米話〗＝patrol wagon.

pad·lock /pǽdlɑ̀k|-lɔ̀k/ 名 C 南京(なんきん)錠.
── 動 他 に南京錠をかける.

pa·dre /pɑ́:dri, -drei/ 名 C 〖話〗〈しばしば P-〉〈特に呼びかけに用いて〉**1** 神父, 牧師, 《スペイン, イタリア, ポルトガル, 南米などで》. **2** 従軍牧師 (chaplain). [スペイン語, イタリア語, ポルトガル語 'father']

Pa·dres /pɑ́:driz, -dreiz|pɑ́:driz/ 名 〈the ～〉パドレス《米国大リーグ National League 西地区に属する野球チーム; 正式名 The San Diego Padres》. 「市」.

Pad·u·a /pǽd(j)u:ə/ 名 パドヴァ《イタリア北東部の都↑

pae·an /pí:ən/ 名 C 〖章〗賛美[喜び, 感謝, 勝利]の歌. [＜ギリシア語「アポロへの賛歌」]

paed·e·rast /pédəræ̀st/ 名 〖英〗＝pederast.

pae·di·a·tri·cian /pì:diətríʃ(ə)n/ 名 〖英〗＝pe-

diatrician.
pae·di·at·rics /pìːdiǽtriks/ 名 〘英〙＝pediatrics.
pae·do·phile /píːdəfàil/ 名 〘英〙＝pedophile.
pae·do·phi·li·a /pìːdəfíliə/ 名 〘英〙＝pedophilia.
pa·el·la /pɑːélə, -éiljə|paiélə/ 名 UC パエリア《魚介類・鶏肉・タマネギ・米などを浅い平なべで煮てサフランを香辛料として入れた料理》. [カタロニア語「なべ」]
pae·o·ny /píːəni|píə-/ 名 (複 **-nies**) ＝peony.
†**pa·gan** /péigən/ 名 C **1** 異教徒《特にキリスト教，ユダヤ教，イスラム教などの信者から見て，信者でない人; →heathen》. **2** 〘古〙非キリスト教徒; (特に古代ギリシア・ローマの)多神教者. **3** 不信心者，無宗教者. ── 形 異教(徒)の，邪教の; 無宗教の. [＜ラテン語「田舎の住人，村人」]
Pag·a·ni·ni /pæ̀gəníːni/ 名 **Niccolò** ～ パガニーニ (1782–1840)《イタリアのヴァイオリン奏者・作曲家》.
pa·gan·ism /péigəniz(ə)m/ 名 U **1** 異教信仰[宗儀など] **2** 異教徒[無宗教者]であること.
‡**page**[1] /peidʒ/ 名 (複 **pág·es** /-əz/) C **1 (a)** (書物，新聞，手紙などの)ページ (★単数は p. または p.，複数は pp または pp. と略す; →p[2]); ページに書かれた[印刷された]もの，(新聞の)..欄. Open your books *to* 〘米〙[〘英〙*at*] ～ 23. 本の 23 ページを開きなさい. See [Turn to] ～ 53. 53 ページを参照のこと. Study the problems *on* ～ ten. 10 ページの問題を考えなさい. over the ～ 次のページに. a ～ number ページの数字，ノンブル. the front ～ (新聞の)第一面. the sports ～ スポーツ欄. **(b)** (書物などの用紙の) 1 枚 (leaf). turn ～*s* ページをめくる. tear out one of the ～*s* (本などの)一葉を破り取る.

連結 a blank [a left-hand, a right-hand; an even, an odd; an opposite; the back, the front] ～

2 〘雅〙〈しばしば ～s〉記録(文書)，書物.
3 (歴史の一ページになるような)重大事件[時期]. a reign that formed a glorious ～ in French history フランスの歴史上輝かしい一時期を形成した治世.
4 〘電算〙ページ《記憶領域の一区画》.
── 動 他 にページ付けをする. ── 自 VA (～ *through* ..) ページを(ぱらぱらと)めくる. ～ *through* a magazine 雑誌のページをぱらぱらめくる.
[＜ラテン語 *pāgina*「束ねたパピルス＞ページ」]
page[2] 名 C **1** 給仕，ボーイ;〘米〙(国会議員の)走り使いのボーイ. **2** 〘米〙(結婚式で)花嫁に付き添う男の子 (〘英〙pageboy). **3** 〘古〙小姓(こしょう)，近習(きんじゅう)，《特に宮廷などで貴人に仕える》; 騎士見習い.
── 動 他 **1** (特に PA system などで名前を繰り返し呼んで)を呼び出す，捜す; (ポケベルで連絡して)に折返し電話するよう促す. He asked the hotel clerk to ～ Mr. Smith. 彼はスミス氏を呼び出してほしいとホテルの係に頼んだ. *Paging* Mr. John Smith. お呼び出し申し上げます，ジョン・スミス様. You're ～*d*. 呼ばれてますよ. **2** 〔人〕に給仕[ボーイ]として仕える. ── 自 給仕を務める.
[＜古期フランス語(?＜ギリシア語「少年」)]
‡**pag·eant** /pǽdʒ(ə)nt/ 名 **1** C ページェント，野外劇，《歴史的出来事を次々に繰り広げるように演出した見せ物》;〈単数形で〉(一大)歴史絵巻. **2** C 壮麗な見もの[行列]; (歴史的出来事を祝う)お祭り騒ぎ. a ～ of events 大事件の連続. a flag ～ 旗行列. **3** C 〘主に米〙美人コンテスト (**béauty pàgeant**). **4** U 虚飾，こけおどし. [＜中世ラテン語「芝居の場面」(＜ラテン語 *pāgina* 'page')]
pag·eant·ry /pǽdʒ(ə)ntri/ 名 U **1** 壮観，華やかさ. the ～ of the crowning of Queen Elizabeth II 女王エリザベス 2 世の戴(たい)冠式の盛観. **2** 見せかけ，虚飾，こけおどし. We're tired of pomp and ～. 我々は華美虚飾にあきあきしている.
páge·bòy 名 (複 ～s) C **1** 〘英〙＝page[2] 2. **2** 給仕，ボーイ，(page). **3** 肩ぐらいまで垂らした髪を内側にカールさせる女性の髪型.
pag·er /péidʒər/ 名 C ポケ(ット)ベル (〘米〙beeper).
pàge thrée gìrl 名 C 〘英〙三面ガール《大衆紙の第 3 ページに豊満な胸をあらわにした姿の写真が載る》.
páge tùrner 名 C 〘旧話〙読み出したら(ページをめくるのを)やめられないスリラー物など.
pag·i·nal /pǽdʒənl/ 形 **1** ページの. **2** ページごとの，ページ対ページの，〔翻訳など〕.
pag·i·nate /pǽdʒənèit/ 動 他 〔本など〕にページを付ける. ▷**pàg·i·ná·tion** 名 U ページ付け; ページの数字; (本全体の)ページ数.
pa·go·da /pəgóudə/ 名 C パゴダ《仏教やヒンドゥー教の寺院の塔》; パゴダ風の塔《庭園の装飾にする》. [＜ポルトガル語 (＜サンスクリット語「神聖な」)]
pah /pɑː/ 間 ふうん，ちえっ，《不満，軽蔑などを表す》.
paid /peid/ 動 pay の過去形・過去分詞.
── 形 **1** 有給の. a ～ vacation [holiday, leave] 有給休暇. a ～ assistant 有給助手. **2** 支払い済みの. put ～ to .. →pay 成句.
pàid-úp /⑱/ 形〈限定〉会費などを納入済みの; 熱狂的な. a (fully) ～ member 会費納入済み会員; 熱心な会員，お常連.
***pail** /peil/ 名 (複 ～s /-z/) C 〘主に米・英旧〙**手おけ，バケツ**; 手おけ[バケツ] 1 杯(の量).
pail·ful /péilfùl/ 名 C 手おけ[バケツ] 1 杯分. two ～*s* of water 手おけ 2 杯分の水.
pail·l(i)asse /pæljǽs|´--/ 名 ＝palliasse.
‡**pain** /pein/ 名 (複 ～s /-z/)
【痛み】 **1** U (肉体的)**痛み**; C (体の局部的)痛み; (類語 痛みを表す最も一般的な語で，体のどの部分のどの程度の痛みにも用いる; →ache, pang, smart, twinge). suffer [be in] ～ 痛みで苦しんでいる. writhe in ～ 痛みにのたうちまわる. Do you feel any ～? 痛みますか. cry with ～ 痛くて泣く. have a ～ in one's leg 脚が痛む. aches and ～*s* (→ache 成句).

連結 an acute [a severe; an excruciating, an unbearable; a sharp; a dull; a slight; a burning, a stabbing, a stinging, a throbbing; a constant, a gnawing, a nagging] ～ // give [cause, inflict; stand, tolerate; ease, kill, relieve] (a) ～

2 UC (精神的)**苦痛，苦悩**，苦しみ. His son's criminal activities ⌞caused him great ～ [inflicted great ～ on him]. 息子の犯罪行為は彼に大きな苦悩を与えた. the ～ of parting 別れのつらさ. a story of her married life with its ～*s* and pleasures さまざまな苦しみや喜びを綴った彼女の結婚生活の物語.
【苦痛の連続＞苦労】 **3** 〈～s〉**骨折り，苦労**; 産みの苦しみ，陣痛，(**lábor pàins**). with great ～*s* 非常に骨を折って. They spared no ～*s* ⌞to make [*in* making] me feel at home. 彼らは私がくつろげるようによく尽くしてくれた. take a lot of ～*s* 大いに骨を折る. Much ～*s* were taken. 〘古〙多大の労が取られた. (注意 複数形だが意味を重視して many でなく much を用いる). No ～*s*, no gains. 〘諺〙苦は楽の種.
4 【苦労の種】 C 〘話〙〈普通，単数形で〉うんざりすること; うんざりさせるもの[人，事]. Mary's a regular ～ (in the neck); she's always late for appointment. メリーのやつ，ほんとに嫌になるよ，いつも約束の時間に遅れるんだ.
a pàin in the ⌞néck [***báckside,*** 〘英卑〙***árse,*** 〘米卑〙***áss***] 〘話〙悩みの種，うんざりさせるもの[人，事] (→

图 4). 「っきになって]いる.
be at pàins to dó ..しようと骨を折って[苦心して, や↑
for one's páins 骨折り賃として; 骨折ったにもかかわらず. He told her the truth and was slapped *for* his ~*s*. 彼は彼女に本当のことを言って平手打ちを食らった.
gò [plày] through the páin bàrrier 〔スポーツ選手が〕激痛にめげず[疲労の極にありながら]頑張り通す.
on [upon, under] páin of .. 〖章〗違反したら..の罰を受けるものと覚悟して. The prisoners were forbidden to climb over the wall *on* ~ *of* death. 捕虜たちは壁を乗り越えるのは禁止, 違反すれば死刑と申し渡された.
tàke [gò to] (grèat) páins 非常に骨を折る[気を使う]〈*to* do ..しようとして/*with, over* ..に〉.
—— 動 他 **1** 〔物(事)が〕に(肉体的)苦痛を与える (★受け身不可). Do your teeth ~ you? 歯が痛みますか. **2** 〈It ~s a person to do [that 節]で〉〔..することが[..ということ]が〕〔人〕を苦しめる, 心痛させる, 悲しませる〈進行形不可〉. It ~*s* me sorely *to* hear of the death of my former pupil. 昔の教え子の死を聞くと実に心が痛む.
[<ギリシア語「支払い, 罰」]

Paine /pein/ 图 **Thomas [Tom]** ~ ペイン (1737–1809)《英国生まれの米国の著述家; *Common Sense*などの著述を通して米国独立に貢献した》.

‡**pained** 形 心を傷つけられた, 感情を害した, 〈*at* ..に〉; 腹立たしげな. The mother cast a ~ look at her naughty son. 母親はいたずらな息子を腹立たしげに見やった.

‡**pain·ful** /péinf(ə)l/ 形 m 【痛い】 **1** 痛い, 痛みを感じる[与える]; 痛烈な. suffer from a ~ back 背骨の痛みに悩む. get a ~ blow on the nose 鼻を痛打される. **2** 痛ましい, つらい, 悲しい. avoid a ~ topic 悲しい話題を避ける. the premier's ~ decision to resign 辞職という首相の苦渋の決断. ~ memories of lost love つらい失恋の思い出. It's sometimes ~ to know the truth. 真相を知るのはつらいこともある.
3 〈大げさに〉(下手で)見ておれない, (痛ましいほど)まずい, ひどい. His performance was ~ to see. 彼の演技は見るも無残だった.
【痛い>苦しい】 **4** 骨の折れる, つらく困難な. Our progress was slow and ~ in the driving snow. 吹雪の中で我々の進みは遅く難渋した. ▷ **~·ness** 图

***pain·ful·ly** /péinf(ə)li/ 副 m **1** 痛みを伴って[与えて]; 痛みを感じて, 痛みに苦しんで. My wounded thumb was throbbing ~. 傷ついた親指はずきんずきんと痛んでいた. Victims of this poison die slowly and ~. この毒にやられると痛みに苦しみ続けた挙句に死ぬ. **2** 苦労して. I ~ explained to him how to operate the computer again. 苦労して彼にコンピュータの操作法をもう一度説明した. **3** 痛いほど, 骨身にしみて; 痛々しい[気の毒な]ほど; ひどく. I am ~ aware of the flaws in my character. 自分の性格の欠点は私には痛いほどよく分かっている. He sang ~ out of tune. 彼の歌は気の毒なほど調子外れだった. ~ slow progress in the peace talks 和平交渉の遅々とした進展.

‡**páin·kìller** 图 C 鎮痛剤, 痛み止め.

‡**páin·less** 形 **1** 痛みを与えない, 痛みを感じさせない, 苦しませない. new ~ surgical techniques 新しい無痛の手術法. wish for a quick and ~ death 長く苦しまないで死ねることを願う. **2** 〖話〗骨の折れない, 困難でない, 楽な, 簡単な. There is no ~ way of learning anything. 何事であれ楽をして覚える方法はない.
▷ **~·ly** 副 痛みを与えず; 楽に, 簡単に

***pains·tak·ing** /péinztèikiŋ, -stèik-/ 形 m **1** 入念な, 苦心した; 骨の折れる. ~ research into the dialect その方言の入念な調査. a ~ task 骨の折れる仕事. **2** 〔人が〕骨身を惜しまない, 勤勉な. She is ~ with her study. 彼女は骨身を惜しまず勉強する.
▷ **~·ly** 副 苦労して, 丹念に.

‡**paint** /peint/ 图 (複 **~s** /-ts/) **1** U ペンキ, 塗料; 〈the ~〉塗られたペンキ. They gave the fence two coats of ~. 垣根にペンキを2度塗りした. Wet [〖英〗Fresh] *Paint!* 〖掲示〗ペンキ塗り立て. scuff *the* ~ ペンキをこすり落とす. **2** UC **絵の具**. oil ~*s* 油絵の具. a tube of oil ~ 油絵の具のチューブ1つ. **3** U 〖しばしば軽蔑〗(化粧用の)ほお紅, 口紅, 化粧用カラー.
—— 動 (~s /-ts/|過 過分 **páint·ed** /-əd/|**páint·ing**) 他 **1 (a)** にペンキ[ニスなど]を塗る. The fence needs ~*ing* [to be ~*ed*]. 柵(さく)は塗装が必要だ.
(b) VOC (~ X Y) X を Y (色)にペンキで塗る. ~ the table red テーブルをペンキで赤く塗る.
2 (絵の具で)〔絵〕を描(か)く, の**絵を描く**; に彩色する, 着色する. ~ (a picture of) Mt. Fuji 富士山(の絵)を描く. a landscape ~*ed* in oils [water colors] 油絵[水彩]の風景画. **3 (a)** 〖戯・旧〗(おしろいや紅で)に化粧する. a heavily ~*ed* face 厚化粧した顔. **(b)** に(薬などを)塗る. ~ the wound with iodine = ~ iodine on the wound 傷にヨードチンキを塗る. **4** 〈しばしば paint a .. picture of として〉を描写する[表現する]. He ~*ed* a rosy [black, gloomy, grim] picture of the situation. 彼は事態について全く楽観的[悲観的]な説明をした.
—— 自 ペンキを塗る; 絵を描く; 化粧する.
nòt as [so] bláck as .. is páinted 言われるほど悪い〔人, もの〕ではない. The economic situation is *not as black as* it is ~*ed* by some people. 経済状態はある人々の言うほど悪いものではない.
pàint /../ ín 〔細部, 署名, 年号など〕を(後で)描き加える, 書き込む.
pàint /../ óut 〔絵, 壁などに描かれたものの一部〕を(絵の具[ペンキ]で)塗りつぶす[消す]. 「す].
pàint /../ óver ..をペンキで上塗りする[上塗りして消↑
pàint the tòwn (réd) 〖話〗(祝い事があってバーやナイトクラブなどに出かけて)どんちゃん騒ぎをする.
pàint .. with a bròad brúsh ..を大まか[大うかみ]に述べる.
[<古期フランス語「塗られた」(<ラテン語 *pingere*「いれずみをする, 塗る」)]

páint·bàll 图 U ペイントボール《ゲーム用の空気銃でペンキが入っている弾を撃ち合う戦争[サバイバル]ゲーム》(**páintball gàme**); C その弾.

páint·bòx 图 C (水彩)絵の具箱《固形絵の具の小さなブロックからなるブリキ製の薄型で, そのまま水でぬらして使えるもの》.

páint·brùsh 图 C 絵筆; ペンキ用のはけ.

páint·ed /-əd/ 形 **1** 絵に描(か)かれた; ペンキ[絵の具]を塗った; 彩色した. **2** 化粧した; 〈特に〉厚化粧の. **3** 描かれた(に過ぎない), 空しい; 人工的な.

‡**paint·er**[1] /péintər/ 图 (複 **~s** /-z/) C **1 画家**. a portrait [watercolor] ~ 肖像[水彩]画家. **2** 塗装工, ペンキ屋.

paint·er[2] 图 C 〖海〗もやい綱《船のへさきに付いていて, 他のボートやくいなどに結びつける》.

páint·er·ly 形 画家(として)の, 画家的な.

‡**paint·ing** /péintiŋ/ 图 (複 **~s** /-z/) **1** U **絵を描(か)くこと**; 画法; 〈集合的〉絵画. study ~ 絵を勉強する. Victorian ~ ヴィクトリア朝絵画. **2** C **絵画, 絵**; 油絵, 水彩画, (→drawing). a ~ in oils = an oil ~ 油絵. a ~ in watercolors 水彩画. **3** U (ペンキ)**塗装**; 着色, 彩色; 化粧. 「し(剤).

páint strìpper 图 U 塗料剥離(はくり)剤, ペンキはが↑

páint·wòrk 图 U (自動車, 家などの)塗装(面).

‡**pair** /peər/ 图 (複 **~s** /-z/) C
【2つひと組】 **1 一対, ひと組**, (語法 同種の物2つが一対になっている場合に言う; 従って Every couple is not

a *pair*. (何でも２つあれば一対というわけではない) という諺が成り立つ). a new ～ of gloves＝a ～ of new gloves 新しい手袋ひと組. 注意 a pair of.. は普通, 単数扱い. This ～ of shoes is made to order. この靴はあつらえ品です. I have only one ～ of hands.〖話〗手は２本しかないよ《これ以上何かしろと言われても無理だ》. a matching ～ うり二つ(のもの同士).
2 1個, 1着,《眼鏡, ズボンなど》. a ～ of glasses 眼鏡1個. a ～ of scissors はさみ１丁. two ～(*s*) of trousers ズボン２着 (注意 複数の数詞が前にある場合でも時には単数形).
3〈単数形で複数扱いもある〉(普通, ２人[２頭]ひと組として行動する人や動物の)ひと組. a carriage and ～ ２頭立て馬車. a ～ of dancers (２人)ひと組の踊り手.
4〈単数形で複数扱いもある〉**夫婦**; 婚約者[恋人]のひと組; (組になった)２人; (鳥獣の)ひとつがい. The happy ～ is [are] going to honeymoon in Hawaii. 新郎新婦は新婚旅行にハワイに行くことにしている. a nice ～ お似合いのカップル. a ～ of burglars ２人組強盗.
5〖議会〗申し合わせ棄権者(のひと組)《反対党同士で１名ずつ申し合わせて棄権する》.
6〖トランプ〗同点の札２枚 (→singleton). a ～ of aces エースのペア. **7** (対になっているものの)片方, 相手. the ～ *to* this slipper このスリッパの片方.
be* [*have*] *a sàfe pàir of hánds 安心して仕事を任せられる.
in páirs ２つ[２人]ひと組になって.
── 動 自 **1** 一対になる, ペアに組む,〈*up*〉〈*with* ..と〉. Joe ～*ed up with* Meg for the dance contest. ダンスのコンテストにジョーはメグとペアを組んだ. **2** 夫婦[恋人同士, つがい]になる. ── 他 **1**〈しばしば受け身で〉を一対にする, ペアを組む; VOA (～ X *with* Y) X と Y を一対にする. ～ Jane (*up*) *with* John＝～ Jane and John *together* ジェーンとジョンをペアにする. **2**〔靴など〕を一対にする[そろえる]. **3** を夫婦[つがい]にする.
pàir óff (1) ２人[２つ]ずつの組に分かれる. (2)〖主に英〗(特に恋愛, 結婚のために)ペア[カップル]になる〈*with* ..と〉.
pàir /../ óff (1) ..を２人[２つ]ひと組に分ける. (2)〖主に英〗..をペア[カップル]にする〈*with* ..〔異性〕と〉.
pàir úp (1) (仕事, 活動などのために)ペアを組む[組んで力を合わせる]〈*with* ..と〉. (2)〖米〗＝PAIR off (2).
pàir /../ úp (1) (仕事, 活動などのために)〔人〕をペアに組む〈*with* ..と〉. (2)〖米〗＝PAIR /../ off (2).
[＜古期フランス語 (＜ラテン語 *paria*「同等のもの」＜ *pār* 'par')]

pair·ing /péəriŋ/ 名 UC (選手, 出演者などの)組み合わせ.
pai·sa /paisáː/ 名 (複 インドでは **pai·se** /-séi/, 他国では ～) C パイサ **1** インド, パキスタン, ネパールの通貨単位(＝rupee). **2** バングラデシュの通貨単位(＝1/100 taka).
pais·ley /péizli/ 名 (複 **～s**) UC〈時に P-〉ペーズリー《細かい模様を織り込んだ柔らかい毛織物; 原産地 Scotland の Paisley》; その図柄.
pajáma pàrty 名 C〖米〗パジャマパーティー《10代の少女が寝巻き姿で仲間と語り明かすこと; slumber party とも言う》.
***pa·ja·mas**〖米〗, **py-**〖英〗/pədʒǽməz, -dʒáː-|-dʒáː-/ 名〈複数扱い〉**パジャマ** (注意 a pair [suit] of ～ (パジャマ１着) とすれば単数扱い). He is in ～. 彼はパジャマ姿だ. 参考 (1) 上着は top と言い, ズボンは bottoms と言う. (2) 限定形容詞的に用いる場合は普通, 単数形: *pajama* bottoms (パジャマのズボン).
[＜ヒンディ語「ゆったりしたズボン」(＜ペルシア語「足を覆う衣服」)]
Pa·ki /pǽki/ 名 C〖英俗・軽蔑〗パキスタン人.
Pak·i·stan /pæ̀kistǽn, pɑ̀ːkistɑ́ːn|pɑ̀ːkistɑ́ːn/ 名 パキスタン《インドの西に接するイスラム共和国; 首都 Islamabad; 旧名 West Pakistan; →Bangladesh》.
Pak·i·stan·i /pæ̀kistǽni, pɑ̀ːkistɑ́ːni|pɑ̀ːkistɑ́ːni/ 形 形 パキスタン(人)の.
── 名 (複 **～s, ～**) C パキスタン人.
***pal** /pæl/〖話〗名 (複 **～s** /-z/) C **1 友達, 仲間**, 仲良し, 相棒; 共犯者. a pen ～ ペンパル. drinking ～*s* 飲み仲間. **2**〖主に米話〗ねえ, 君,《親しくない男への呼びかけ》. Listen, ～, you should know better. ねえ君, もっと分別を持つべきだよ.
── 動 (**～s** /-z/|過 過分 **～led** /-d/|**pál·ling**) 自 VA (**～ *up***)〖英〗仲良しになる; (**～ *around***)〖米〗友達付き合いをする〈*with* ..と〉. He ～*led up* [*around*] *with* a bartender. 彼はバーテンと仲良くなった[付き合っていた].
[＜ジプシー語 (＜サンスクリット語「兄弟」)]
‡**pal·ace** /pǽləs/ 名 (複 **-ac·es** /-əz/) C **1** (王侯の)**宮殿**;〈the P-〉〖英話〗＝Buckingham Palace;〈the ～〉(国王又は女王を中心とする)宮廷の有力者たち. **2**〖主に英〗(大主教などの)公邸. **3** (豪華な)**大邸宅**. **4** 大娯楽場. a great Broadway movie ～ ブロードウェイの大映画劇場. ◇形 palatial [＜ラテン語 *Palātium* 'Palatine Hill']
Pàlace of Westmínster 名〈the ～〉英国の国会議事堂《the Houses of Parliament の正式名; もとこの地に王宮があったことから》.
pàlace revolútion [**cóup**] 名 C 宮殿革命《最高権力者の側近によるクーデター》.
pal·a·din /pǽlədin/ 名 C **1** パラディン《シャルルマーニュ (Charlemagne) 麾(き)下の 12 人の勇士の１人》; 武者修行者. **2**〖雅〗(ある主義主張の)主唱者.
pa·lae·o- /péiliou|pǽ-/ ＝paleo-.
pa·lais /pæléi|pǽlei/ 名 (複 **～** /-z/) C **1** 宮殿. **2** (公共の豪華な)ダンスホール (**palais de danse** /pæléidə-dǽns|pǽlei-də-dɑ́ːns/). [フランス語 'palace']
pal·an·quin, -keen /pæ̀lənkíːn/ 名 C 肩かご, 輿(こし),《中国, インドなどで用いた１人乗りのかご; →litter》. [＜サンスクリット語「寝いす」]
‡**pal·at·a·ble** /pǽlətəb(ə)l/ 形 **1**〔食物が〕おいしい, 味がよい, 口に合う, (類語 delicious ほど積極的なうまさでなく, (意外に[まずまず])口に合うというほどの意味; ↔ unpalatable). **2**〔物事が(まずまず)〕快い, 好ましい, (acceptable). a ～ compromise 受け入れやすい妥協案. ▷**-bly** 副
pal·a·tal /pǽlətl/ 形 口蓋(がい)(音)の.
── 名 C〖音声〗(硬)口蓋音《/j/ など》.
pal·a·tal·ize /pǽlətəlàiz/ 動 他〖音声〗を口蓋(がい)音にする《例えば /k/ 音を /tʃ/ の音に近づけること》.
‡**pal·ate** /pǽlət/ 名 **1** C〖解剖〗口蓋(がい)《口内の天井に当たる部分; 奥半分が軟口蓋 (soft palate), 前半分が硬口蓋 (hard palate)》. **2** UC 味覚〈*for* ..に対する〉(注意 英語では味覚がある場所は舌 (tongue) でなく palate であるとされる; tongue は専ら言語能力と関係づけられる). My father has a delicate ～ *for* food. 父は食物の好みがうるさい. **3** UC 趣味, (知的な)好み, 鑑賞眼,〈*for* ..の〉. That type of movie doesn't suit my ～. あの手の映画は私の趣味に合わない. He has a good ～ *for* wines. 彼はワイン通である.
pa·la·tial /pəléiʃ(ə)l/ 形 宮殿 (palace) の(ような); 広壮な, 壮麗な. ▷**～·ly** 副
pa·lat·i·nate /pəlǽt(i)nət/ 名 C パラチン伯所領.
pal·a·tine /pǽlətàin/ 形 **1**〖史〗王権(又はそれに相当する権力)を持つ; パラチン伯(所領)の. a count [an earl] ～ パラティン伯. **2** 宮殿のような. ── 名 **1** C〖史〗パラチン伯《自領内で王権行使を許された領主》. **2**〈the P-〉＝Palatine Hill.
Pàlatine Híll 名〈the ～〉パラティヌスの丘《古代ローマ７丘の中心で, Augustus 帝が宮殿を築いた場所》.
Pa·lau /pɑ́ːlau/ 名 **Republic of ～** パラオ《フィリピン

東方, 西太平洋の小島群(旧称, the Palau Islands) から成る共和国 (1981 年より); 首都 Koror /kɔ́ːrɔːr/》.

pa·lav·er /pəlǽvər|-lɑ́ːv-/ 名 **1** Ⓤ 〖話〗おしゃべり, むだ話. **2** Ⓤ 〖話〗甘言, おべっか. **3** Ⓤ 〖話〗面倒, わずらわしさ, (bother); 空騒ぎ (fuss). **4** Ⓒ 〖史〗商談, 話し合い, 《探検家や貿易商人とアフリカなどの先住民との間の》. ── 動 自 おしゃべり[むだ話]をする; ぺちゃくちゃ話し合う〈*on*〉. ── 他 にお べっかを言う[言ってだます]. [＜ポルトガル語「言葉, 話」]

‡**pale**[1] /peil/ 形 ⓔ (**pál·er**|**pál·est**) **1** 〔人(の顔色)が〕**青ざめた, 青白い**. He turned [went] ～ with fear. 彼は恐怖で真っ青になった. You look ～. 顔色が悪いですね. The mother's face was ～ and wan. 母親の顔は青ざめていた. **2** 〔色合いが〕**薄い, 淡い**, (↔deep). ～ ale (アルコール分も色も)薄いビール. ～ blue eyes 薄青い目. **3** 〔光が〕**弱い**, 淡い; 〔月が〕おぼろな; (↔bright). A ～ afternoon sun peered dimly out of the thick haze. 弱々しい午後の太陽が濃いもやの中からぼんやりと現れてきた. **4** 〔力が〕弱い, 活気のない; 〔政策などが〕迫力のない. ◇名 paleness

── 動 自 **1** 〔人, 顔が〕青くなる, 青ざめる. Her face ～*d* at the news. 彼女の顔はその知らせを聞いて青くなった. **2** 見劣りがする, 存在が色あせる, かすんでしまう. All his other anxieties ～*d* (into insignificance) beside [before, in comparison with] the fear of being fired. 首にされるかもしれないという恐れに比べれば, 彼のほかの心配事は物の数ではなかった.

── 他 を青くする, 青ざめさせる; を薄い色にする.

[＜ラテン語 *pallidus*「青ざめた」]

pale[2] 名 Ⓒ **1** (柵(さく)を作る, 先のとがった)杭(くい), 棒杭. **2** 境界(内); 範囲, 領域. **3** 〖紋章〗(盾の中央の)縦帯.

beyond* [*outside*] *the pále 〔言動が〕妥当な線[許容の範囲]を越えた, 常軌を逸した. The captain's treatment of the prisoners was *beyond the* ～ of acceptable human behavior. 大尉の捕虜の扱いは人間として許容し得るものではなかった.

── 動 他 を柵で囲む, に囲いをする.

[＜ラテン語 *pālus*「杭(くい)」]

pále·fàce 名 Ⓒ 〖戯・軽蔑〗白人《北米先住民が用いたと言われる呼び方》.

pale·ly /péilli/ 副 青ざめて, 青白く; 色薄く; ほの暗く.

pále·ness 名 Ⓤ 青白さ, 蒼(そう)白; 色の薄さ; ほの暗さ.

pa·le·o- /péiliou|pǽ-/ 〈複合要素〉「古」の意味. [ギリシア語 *palaiós* 'ancient, old']

Pa·le·o·cene /péiliəsìːn|pǽ-/ 〖地〗名 〈the ～〉 暁新世[統]. ── 形 暁新世[統]の.

pa·le·o·graph·ic /pèiliəgrǽfik|pæ̀l- 移/ 形 古文書(学)の.

pa·le·og·ra·phy /pèiliɑ́grəfi|pæ̀liɔ́g-/ 名 Ⓤ 古文書学. ▷**pa·le·og·ra·pher** /-fər/ 名 Ⓒ 古文書学者.

pa·le·o·lith·ic /pèiliəlíθik|pæ̀l- 移/ 形 〈しばしば P-〉 旧石器時代の (→neolithic). [paleo-, ギリシア語 *líthos*「石」]

pa·le·on·tol·o·gy /pèiliɑntɑ́lədʒi|pæ̀liɔntɔ́l-/ 名 Ⓤ 古生物学. ▷**pa·le·on·tol·o·gist** 名 Ⓒ 古生物学者.

Pa·le·o·zo·ic /pèiliəzóuik|pæ̀l- 移/ 形, 名 〈the ～〉 〖地〗古生代(の). the ～ (era) 古生代.

Pal·es·tine /pǽləstàin/ 名 パレスティナ《アジア南西部, 地中海とヨルダン川に挟まれた地域の古代王国; 聖書の Canaan; 第 1 次大戦後英国の委任統治地; 第 2 次大戦後イスラエルがここに建国し, 一部分はヨルダン領となった》.

Pal·es·tin·i·an /pæ̀ləstíniən 移/ 形 パレスティナの. ── 名 Ⓒ パレスティナ人[出身者]《アラブ民族に属するが独自の国家を持たず, the Palestine Liberation Organization (パレスティナ解放機構)がイスラエルを倒して国家を建てようと戦って来た》.

‡**pal·ette** /pǽlət/ 名 Ⓒ **1** パレット, 調色板. **2** (ある画家, 画派の用いる)独特の色彩[色調](の範囲). This painter uses a very restricted ～. この画家は非常に限られた色しか使っていない. [フランス語「小さなシャベル」(＜ラテン語 *pāla*「鋤(すき)」)]

pálette knìfe 名 Ⓒ パレットナイフ《油絵用; それに類似の料理用ナイフ》.

pal·frey /pɔ́ːlfri/ 名 (複 ～s) Ⓒ 〖古・詩〗(特に婦人の)乗用馬.

Pa·li /pɑ́ːli/ 名 Ⓤ パーリ語《古代インドの仏教教典に用いられた言語で Sanskrit の後身; 現在でもタイやミャンマーで文語として使用》.

pal·i·mo·ny /pǽləmòuni|-məni/ 名 Ⓤ 〖主に米話〗パリモニー《同棲(せい)して別れた一方が他方に支払う手当; →alimony》. [＜*pal*＋ali*mony*]

pal·imp·sest /pǽləmpsèst/ 名 Ⓒ パリンプセスト《最初に書いた文字を消して重ね書きした[できる]羊皮紙など》.

pal·in·drome /pǽləndròum/ 名 Ⓒ 回文(かいぶん)《前後どちらから読んでも同一になる語・句・文:eye; Madam, I'm Adam. など》. [＜ギリシア語「走って戻って来る」]

pal·ing /péiliŋ/ 名 **1** Ⓤ 杭(くい)打ち. **2** Ⓤ 〈集合的〉杭 (pales). **3** 〈～s〉 杭で作った柵(さく).

pal·i·sade /pæ̀ləséid/ 名 Ⓒ **1** 矢来(やらい)《防御用にとがった杭(くい)を地面に並べて打ちつけたもの》. **2** 〖米〗〈～s〉(川沿いなどの)断崖(がい). ── 動 他 に矢来を巡らす.

pal·ish /péiliʃ/ 形 やや青ざめた, 青白い.

‡**pall**[1] /pɔːl/ 名 Ⓒ **1** (普通, 黒や紫色のビロードの)棺覆い, 棺衣; 〖米〗(遺体の納まった)棺. **2** 〈単数形で〉(覆って暗くする)幕, とばり, 重苦しい[憂うつな]雰囲気, 《陰うつな空模様など》. a ～ of smoke [darkness] 煙の幕[闇(やみ)のとばり]. cast a ～ over [on] ..をつまらないものにする, に暗い影を投げかける. A ～ of pessimism fell upon us. 悲観的な考え方が我々をすっかり覆った. [＜ラテン語 *pallium*「外套(がいとう)」]

‡**pall**[2] 動 自 〔物事が〕つまらなくなる, 興味がなくなる, 〈*on*, *upon* ..にとって〉〈進行形不可〉. His jokes are beginning to ～ *on* me. 彼の冗談は私にとって退屈になってきた. [＜ap*pal*]

Pal·la·di·an /pəléidiən/ 形 〖建〗パラディオ式の《16 世紀イタリアの建築様式; 18 世紀英国で流行》. [Andrea *Palladio*《イタリアの建築家 (1508–80)》]

Pal·la·di·um /pəléidiəm/ 名 (複 **Pal·la·di·a** /-diə/) **1** Ⓒ パラディオン《Pallas の像; 特に Troy にあって町の守り神とされたもの》. **2** ⓊⒸ 〈p-〉 保護, 守護; 守護神.

pal·la·di·um /pəléidiəm/ 名 (複 **pal·la·di·a** /-diə/) Ⓤ 〖化〗パラジウム《金属元素; 記号 Pd》.

Pal·las /pǽləs/ 名 〖ギ神話〗パラス《女神 Athena の一つの呼び名; **Pàllas Athéna** とも言う》.

páll·bèarer 名 Ⓒ (葬式で)棺に付き添う人, 棺を担ぐ人.

pal·let[1] /pǽlət/ 名 Ⓒ (床にじかに置く)わら布団, 固い狭いベッド.

pal·let[2] 名 Ⓒ **1** パレット《フォークリフトで積み降ろしできるように貨物や商品を載せておく台》. **2** (陶芸家の)こて. **3** ＝palette. **4** 〖機〗つめ, 歯止め.

pal·liasse /pæljǽs|⌐⌐/ 名 Ⓒ わらの布団[マットレス].

pal·li·ate /pǽlièit/ 動 他 〖章〗 **1** 〔病気, 痛みなど〕を(一時的に)和らげる, 楽にする (★cure は「治す」,「完治させる」). The disease could be ～*d* to some extent but not cured. その病気はある程度抑えることはできるかもしれないが全治はできない. **2** 〔罪, 過失など〕を弁解する, 言い繕う.

pàl·li·á·tion 名 〖章〗 Ⓤ (病気などの一時的)緩和; Ⓒ (過失の)言い訳, 弁解.

pal·li·a·tive /pǽlièitiv|-ət-/ 形 緩和する, 軽減する; 弁解の. ── 名 Ⓒ **1** (病気などの)(一時的)緩和剤, 鎮静剤; 対症療法; 一時しのぎ, 弥縫(びほう)策. **2** 言い訳.

pal·lid /pǽləd/ 形 **1**〔顔色が〕さえない, 青白い. **2**〔色彩が〕さえない, くすんだ. **3** 生彩のない, 無味乾燥な, 退屈な. ▷**～·ly** 副 **～·ness** 名

Pall Mall /pǽl-mǽl,〖旧〗pèl-mél/ 名 ペルメル街《ロンドンの Trafalgar Square から St. James's Palace までの街路; クラブの会館が多い》.

†**pal·lor** /pǽlər/ 名 aU (顔, 肌の病的な)青白さ. the deathly ～ of her face 彼女の顔の死人のような青白さ.

pal·ly /pǽli/ 形 e 〖話〗〈叙述〉仲がいい〈*with* ..と〉, 愛想のいい〈*toward* ..に〉, (friendly).

*__palm__[1] /pɑ:m/ 名 (複 **～s** /-z/) C **1** 手のひら, たなごころ, (参考 指は含まない;「手の甲」は the back (of the hand) と言う). The fortuneteller read her ～. 易者は彼女の手相を見た. rub one's ～*s* together in supplication 手のひらを擦り合わせて嘆願する. The grip of the gun fitted into the ～ of my hand. 銃把はしっくりと私の手になじんだ. **2** 手袋の手のひらの部分. **3** 手尺《手の幅の長さの 7.5cm–10cm 又は手の長さの約 21.3 cm; →span》. **4** 手のひら状の物《オールの水かきなど》.

***cròss a pèrson's pálm* (*with sílver*)** →cross.

grèase* [*òil*] *a pèrson's pálm →grease.

hàve an ìtching* [*ìtchy*] *pálm 〖話〗賄賂(ワイロ)を欲しがる; 欲が深い.

hàve* [*hòld*] *..in the pálm of one's hánd*＝*hàve* [*gèt*] *.. éating out of the pàlm of one's hánd ..を完全に掌中のものにする, 掌握[支配]する.

knòw .. like the pàlm of one's hánd 〖米話〗..をよく知っている, 熟知している.

── 動 他 **1** を手のひらに[ひらで]隠す;〖婉曲〗を(手のひらに隠して)盗む; をこっそり拾う. ～ cards トランプの札を手のひらに隠す《手品, いかさまなどで》. **2** を手のひらに入れる, 手に握る; をなでる, に触る; と握手する.

pàlm /../ óff 〖話〗(1)〔偽物など〕をだまして売りつける[押しつける]〈*on, onto* ..に/*as* ..だとして〉. ～ *off* a useless gadget *on* an old woman 役に立たない道具を老婦人に売りつける. ～ *off* a fake diamond *as* genuine 偽のダイヤモンドを本物だと言ってつかませる. (2)〔人〕をだます〈*with* ..をつかませて〉;〔人〕をはぐらかす, 追い払う, 厄介払いする;〈*with* ..〔うそ, 言い訳など〕で〉. ～ a person *off with* false promises 人をうその約束をして追い払う. (3)〔人〕をうその紹介をする〈*as* ..だとして〉. ～ a person *off as* a doctor 人を医者だとうそをついて紹介する. [<ラテン語 *palma*「手のひら」]

†**palm**[2] 名 C **1**〖植〗ヤシ, シュロ, (**pálm trèe**). **2** シュロの葉《勝利[成功, 栄誉]の象徴として》;〈the ～〉勝利, 栄誉, (→成句).

bèar* (*awày*) [*càrry òff*] *the pálm 〖旧章〗勝利を占める, 栄冠を得る.

gìve* [*yìeld*] *the pálm to .. 〖旧章〗..に勝ちを譲る; ..に自分の敗北を認める.

[<ラテン語 *palma*「手のひら>シュロ」; 葉の形が手のひらに似ていることから]

pal·mar /pǽlmər/ 形 手のひらの.

pal·mate /pǽlmeit/, **-mat·ed** /-meitəd/ 形 (指を広げた)手のひらのような; 水かきのある〔水鳥の足など〕. a ～ leaf 掌状の葉《トチノキの葉など》.

pálm bàll 名 C 〖野球〗パームボール《親指と手のひらでボールを握って投げる投球》.

Pàlm Béach 名 パームビーチ《米国 Florida 州南東の海岸沿いの観光地》.

Palm·er /pɑ́:mər/ 名 **Samuel ～** パーマー (1805–81)《英国の幻想的風景画家》.

palm·er /pɑ́:mər/ 名 C **1**〖史〗聖地巡礼者《中世のパレスティナ巡礼者が記念にシュロ (palm) の枝を持ち帰ったことから》;〈一般に〉巡礼(者); 托鉢僧. **2** (釣りの)毛針.

Palm·er·ston /pɑ́:mərst(ə)n/ 名 **Henry John Temple ～**, 3rd Viscount パーマストン (1784–1865)《英国の政治家・首相 (1855–58, 59–65)》.

pal·met·to /pælmétou/ 名 (複 **～(e)s**) C 〖植〗パルメット《北米南部産の小形のヤシの一種》.

palm·ist /pɑ́:mist/ 名 C 手相見 (**pálm rèader**).

palm·is·try /pɑ́:mistri/ 名 U 手相術[判断, 占い] (**pálm rèading**).

pálm òil 名 U ヤシ油.

Pàlm Spríngs 名 パームスプリングス《米国 California 州 Los Angeles 東方の都市・保養地》.

Pàlm Súnday 名 U パームサンデー, シュロの日曜日, 《復活祭直前の日曜日; キリストがエルサレムに着いた時人々がシュロの枝を道にまいて祝ったことから》.

pálm·tòp 形, 名 C パームトップの[手のひらサイズの](パソコン).

palm·y /pɑ́:mi/ 形 e **1** ヤシ[シュロ]の木の茂った; ヤシ[シュロ]のような. **2** 繁栄している, 意気盛んな. in my ～ days 私の全盛時代に.

Pal·o·mar /pǽləmɑ̀:r/ 名 **Mount ～** パロマー山《米国 California 州 San Diego の北東にある; 標高 1,867 m; 世界最大級の反射望遠鏡を有する天文台 (Mount Palomar Observatory) がある》.

pal·o·mi·no /pæ̀ləmí:nou/ 名 (複 **～s**) C 〈時に P-〉パロミノ種の馬《黄金色の馬体に白っぽいたてがみと尾》.

pàl·pa·bíl·i·ty 名 U 触知できること; 明白さ.

pal·pa·ble /pǽlpəb(ə)l/ 形 〖章〗**1** 明白な, 容易に分かる[見てとれる]. ～ inconsistencies in the argument その議論の明瞭(メイリョウ)な矛盾点. a ～ lie 見え透いたうそ. **2** (手で)さわれる, 触れられる; 触知[診]できる. ▷**-bly** 副 〖章〗明らかに.

pal·pate /pǽlpeit/ 動 他 を触診する. ▷**pàl·pá·tion** 名

pal·pi·tate /pǽlpətèit/ 動 自 **1**〖医〗〔心臓が〕激しく動悸(キ)を打つ, どきどきする. **2**〖章〗〔体が〕震える〈*with* ..〔興奮, 恐怖など〕で〉(tremble).

pàl·pi·tá·tion 名 UC 〈しばしば ～s〉動悸(キ); (興奮などのための)震え. get ～*s* 動悸がする.

pal·sied /pɔ́:lzid/ 形 〖古〗**1** 中風にかかった, 麻痺(マヒ)した. **2**〈叙述〉体がきかない, しびれた,〈*with* ..〔興奮など〕で〉.

pal·sy /pɔ́:lzi/ 名 U 〖古〗中風, 麻痺(マヒ), (手足の)しびれ, (paralysis).→cerebral palsy. [<古期フランス語; paralysis と同源]

pal·sy-wal·sy /pǽlziwǽlzi/ 形 〖俗〗(いかにも)仲が良さそうな〈*with* ..と〉. ── 名 (複 **-sies**) C 〖米俗〗〈しばしば呼びかけ〉友達, 仲間, (buddy, pal).

pal·ter /pɔ́:ltər/ 動 自 **1** VA (～ ***with ..***) ..をいいかげんにあしらう; ..をごまかす. **2** 駆け引きをする; 値切り交渉をする;〈*with* ..と/*about* ..について〉.

‡**pal·try** /pɔ́:ltri/ 形 e **1** 取るに足らない, くだらない; 卑劣な, 唾棄(ダキ)すべき. **2**〔金額などが〕わずかな. a ～ sum of $100 100 ドルのはした金. ▷**pal·tri·ly** 副

Pa·mir(s) /pəmíər(z)/ 名 〈the ～〉パミール高原《アジア中部 タジキスタン, 中国, インド, アフガニスタンにまたがる;「世界の屋根」と呼ばれる》.

pam·pas /pǽmpəz, -pəs/ 名 〈the ～; 単複両扱い〉(★〖米〗ではまた pampa (単数扱い)も用いる) パンパス, 大草原, 《南米, 特にアルゼンチンの草原地帯》.

pámpas gràss 名 U パンパスグラス, シロガネヨシ, 《パンパスに生えるススキに似た背の高いイネ科の多年草; ふさふさした大きな銀白色の穂を付ける》.

‡**pam·per** /pǽmpər/ 動 他 を甘やかす, の好き勝手にさせる;〔味覚, 欲望〕を満足させる;〈*with* .. で〉; (類語 spoil より形式ばった語). Jane ～*s* her children. ジェーンは子供たちを甘やかす. He has a ～*ed* taste. 彼は口がおごっている. Please ～ yourself *with* our luxurious hot spring bath. 当館の豪華な温泉風呂でゆっくりおくつろぎ下さい. ～ one's skin 肌を十分に手入れする.

*__pam·phlet__ /pǽmflət/ 名 (複 **～s** /-ts/) C パンフレッ

ト, 小冊子, (→booklet, brochure); 時事論説の小冊子. [＜中世ラテン語 *Pamphilus* (12 世紀に人気を呼んだラテン語の恋愛詩)]

pam·phlet·eer /pæmflətíər/ [名] [C] (政治問題などを扱う)パンフレット作者. ── [動] [自] パンフレットを書く.

Pan /pǽn/ [名] 〘ギ神話〙パン, 牧羊神, 《森, 野, 羊飼い, 家畜などの神; ヤギの角・耳・脚・尾を持ち, 笛を吹く; 岩陰から不意に現れて旅人を驚かしたと言う; panic の語源》.

‡**pan**[1] /pǽn/ [名] ([複] ～s /-z/) [C]

【平なべ】 **1** (普通, 片手の)なべ; 平なべ; 〘米〙(オーブン用などの)皿, パン, (〘英〙 baking [roasting] tin). a frying ～ フライパン. a stew ～ シチューなべ《比較的深い》. pots and ～*s* なべかま類, 炊事道具.

【平なべ状のもの】 **2** 平なべに似た容器; 〘英〙便器[〘米〙 bowl]; (steel band の)ドラム; (★bed*pan*, dust*pan* などしばしば複合語に用いられる). **3** 選鉱なべ《砂金などを水で洗ってより分ける道具》.

4 天秤(びん)ばかりの皿. **5** (旧式銃の)火皿. **6** 〘地〙硬盤 (**hárd pàn**). **7** 浮氷の小片. **8** 〘俗〙顔, 面(つら).

【平なべに載せ(て加熱す)ること】 **9** 〘話〙酷評.

a flàsh in the pán →flash.

gò down the pán 〘俗〙使いものにならなくなる, 無駄「[だめ]になる.

pùt..on the pán 〘話〙..をひどく叱(しか)る, 酷評する, 《＜平なべに載せる, 'まな板に載せる'》.

── [動] (～s /-z/|[過] [過分] ～ned /-d/|pán·ning) [他] **1** 〘主に米〙をなべで料理する. **2** (砂金などを捜して)〔泥など〕を洗い流す; 〔砂金〕を(選鉱なべで)選別する; 〈*out, off*〉. **3** 〘話〙を酷評する.

── [自] 選鉱なべで洗い分ける〈*for* ..〔砂金〕を〉.

pàn óut (1)〔砂利, 川, 地域などが〕金(きん)を産出する. (2)〈普通, 否定文・疑問文で〉〔物事, 事態などが〕うまく行く; 〈様態を表す副詞を伴って〉..になる, 運ぶ, 成り行く. The project will ～ *out* well [badly]. その計画はうまく行く[行かない]だろう. [＜古期英語]

pan[2] [動] (～s|-nn-) [自] 〘写・映・テレビ〙〔カメラが〕パンする《対象の動きを追ったり広角的な画面を写すためにカメラを左右, 上下にゆっくり振ること》; カメラをパンする.

── [他] 〔カメラ〕をパンする; をパンで写す.

── [名] [C] パンすること. [＜*pan*orama]

pan- /pæn/ 〈複合要素〉「全, 総など」の意味. *pan*demic. *Pan*-American. ★「汎(はん)」は pan- の音訳. [ギリシア語 *pân* (*pâs* 'all' の中性形)]

‡**pan·a·ce·a** /pæ̀nəsí(ː)ə/ [名] [C] 〘しばしば軽蔑〙万能薬; 万能の対策[解決策]; 〈*for* ..の〉.

‡**pa·nache** /pənǽʃ/ [名] **1** [U] 威風堂々, 見せびらかし, かっこ良さ, さっそうとしていること. with great flair and ～ かっこ良く[さっそうと]. **2** [C] (かぶとの)羽根飾り.

Pan·a·ma /pǽnəmɑ̀ː, ⌐‐⌐/ [名] **1** パナマ《中央アメリカの共和国》; その首都. **2** [C] ＝Panama hat.

Pànama Canál [名] 〈the ～〉パナマ運河.

Pànama Canál Zòne [名] 〈the ～〉パナマ運河地帯 (→Canal Zone).

Pànama hát [名] [C] 〈しばしば p- h-〉パナマ帽.

Pan·a·ma·ni·an /pæ̀nəméiniən [米]/ [形] パナマ(人)の. ── [名] [C] パナマ人.

Pàn-Américan /[米]/ [形] 全米の, 汎(はん)米の, 《北・中・南米全体の》. ▷**～·ism** [名] [U] 全[汎]米主義《北・中・南米の連合, 協力を唱道する思想[運動]》.

Pàn-Árabism [名] [U] 汎アラブ主義.

pan·a·tel·(l)a /pæ̀nətélə/ [名] [C] 細長い葉巻の一種.

†**pan·cake** /pǽnkèik/ [名] **1** [C] パンケーキ, ホットケーキ, 《英国のものはクレープのように薄い; 米国のものは厚く数枚重ねて朝食に食べることが多い》 (hot cake, griddlecake, 〘米〙 flapjack). **2** [UC] パンケーキ《固形おしろいの一種; 普通, 湿らせたスポンジを使って用いる; 商標から》. **3** [C] 〘空〙平落ち, 失速着陸, 《失速して機尾から水平に着陸すること》.

(*as*) ***flàt as a páncake*** 〘話〙 (1) 平べったい. (2) 期待外れの, 予想外につまらない.

── [動] [自] 〔飛行機が〕平落ち着陸する. ── [他] 〔飛行機〕を平落ち着陸させる; 〔車など〕をぺちゃんこにする.

Páncake Dày [名] 〘英話〙 Shrove Tuesday の俗称《この日伝統的に pancake を食べる》.

pàncake lánding [名] ＝pancake 3.

pàncake róll [名] 〘英〙＝spring roll (〘主に米〙 egg roll).

pan·chro·mat·ic /pæ̀nkroumǽtik [米]/ [形] 〘写〙パンクロの, 全整色の. ～ film パンクロフィルム《可視域の全色光に感光する性質を持つ》.

‡**pan·cre·as** /pǽŋkriəs/ [名] [C] 〘解剖〙膵(すい)臓. [pan-, ギリシア語 *kréas*「肉」]

pan·cre·at·ic /pæ̀ŋkriǽtik [米]/ [形] 膵(すい)臓の. ～ juice 膵液.

‡**pan·da** /pǽndə/ [名] [C] 〘動〙 **1** (オオ)パンダ, シロクログマ, (giant panda). **2** レッサーパンダ (lesser panda; red panda とも言う)《キツネぐらいの大きさで赤褐色, 尾は長く, 環状の縞(しま)がある; 顔と耳が白い; ヒマラヤ山中に住む》. [＜ネパール語]

pánda càr [名] [C] 〘英〙パトロールカー《青白の縞模様がパンダに似ていることから》(patrol car).

pan·dect /pǽndekt/ [名] [C] **1** 総覧, 要覧. **2** 〈しばしば ～s〉法典(集). **3** 〈the Pandects〉〘ローマ法〙学説彙(い)集《Justinian I が編纂(さん)させた 50 巻からなる古代ローマ法曹家の見解の集成; Justinian Code の一部を構成する》.

pan·dem·ic /pændémik/ [形], [名] [C] 全国的[世界的]に流行の(病気) (→endemic, epidemic).

pan·de·mo·ni·um /pæ̀ndəmóuniəm/ [名] **1** [U] 大混乱, 無秩序. At this, ～ broke out [loose] on the floor. この言葉で議場は大混乱になった. **2** [C] 大混乱の場所[状況], 修羅場 **3** 〈P-〉伏魔殿, 悪魔の住みか; 地獄; 《Milton の *Paradise Lost* での造語》. [pan-, demon, -ium]

‡**pan·der** /pǽndər/ [名] [C] **1** 売春婦の仲介人 (pimp); 悪事の取り持ちをする人. **2** 人の弱みに付け込む人.

── [動] [自] **1** 売春の仲介をする; 悪事などを取り持つ; 〈*to* ..に〉. **2** [VA] (～ *to* ..) 〔人(の下劣な欲望など)〕に迎合する, 媚(こ)る; 〔人の弱み〕に付け込む. ～ *to* people (with vulgar tastes) (下品な趣味を持った)人たちにおもねる. [＜ラテン語 *Pandarus* (ボッカチオやチョーサーの作品に登場する人物)] ▷**～·er** /-d(ə)rər/ [名]

pan·dit /pʌ́ndit, pǽn-/ [名] [C] 〈時に P-〉＝pundit 1.

P and L, P & L profit and loss.

Pan·do·ra /pændɔ́ːrə/ [名] 〘ギ神話〙パンドラ《Prometheus が火を盗んだ罰として Zeus が地上に送った最初の女性》. [ギリシア語「あらゆる贈り物を与えられた女」]

Pandòra's bóx [名] **1** パンドラの箱《Zeus は Pandora に 1 つの箱を持たせて地上に送ったが, 彼女が禁を犯して箱を開けたため, 中に入っていた人間の諸悪と災いのもとが地上に飛び散り, 箱の中には「希望」だけが残った》. **2** 諸悪[災厄]の根源.

òpen (*a*) ***Pandòra's bóx*** 思いがけない災厄を招く.

pan·dow·dy /pændáudi/ [名] ([複] -dies) [C] 〘米〙パンダウディ《アップルパイの一種》. 「料).

p. & p. 〘英〙 postage and packing (郵送料と包装↑

*****pane** /pein/ [名] ([複] ～s /-z/) [C] **1** (1 枚の)窓ガラス (windowpane). put a new ～ of glass in the window 窓に新しいガラスを入れる. **2** (戸などの)鏡板 (panel). **3** (物の方形の)面《ボルトの頭部, ダイヤモンドのカット面など》. [＜ラテン語 *pannus*「布切れ」]

pan·e·gyr·ic /pæ̀nədʒírik/ [名] [C] 〘章〙賛辞の文, 賞賛の演説, 〈*on, upon* ..〔人, 物〕に対する〉《特に公式な場における》; [U] 激賞; べたほめ.

▷**pan·e·gyr·i·cal** /-k(ə)l [米]/ [形] 賛辞の. **pan·e·**

gyr·ist 名 Ⓒ 賛辞を述べる人; 賛辞の文を書く人.

*__pan·el__ /pǽn(ə)l/ 名 (複 **~s** /-z/) Ⓒ
【板・布の一片】 **1** 羽目板, 鏡板, 《ドア, 壁, キャビネットなどの一部を引き立たせるため浮き上がらせたり, へこませたり, 嵌(は)め込んだりしたもの》. **2** パネル飾り 《ドレスやスカートなどに長方形の別色[別種]の生地を縫い込んだもの》.
3 (油絵などの)画板; 画板に描いた絵, パネル画; (連続漫画の)コマ; 〖写〗 パネル版 《約 21×10.5 センチの長方形》.
4 (車や飛行機の)パネル 《隔壁や外壁を構成する 1 区画の金属板》. **5** パネル盤 《車, 航空機の計器盤, ラジオ・テレビの制御盤など操縦器, 計器を取り付ける台板》. a control [instrument] ~ 制御[計器]盤.
【紙片に書いた人名リスト】 **6** 〈単数形で複数扱いもある〉 委員会; (パネルディスカッションの)討論者 (panelist) 団; =panel discussion; (審査, 研究などのために選ばれた)グループ, 委員会; (テレビ, ラジオのクイズ番組などの)解答者団. an advisory ~ 諮問委員会. a ~ of experts 専門家グループ.
7 〖法〗 (ある 1 つの事件の)陪審員名簿; 〈単数形で複数扱いもある〉 陪審員(全員); 〖英旧〗 健康保険医名簿.
be on the pánel 討論者団[審査委員団, クイズ解答者団など]の一員である; 陪審員である; 〖英〗 健康保険医である.
── 動 (~s|〖英〗 -ll-) 他 にパネル[鏡板]をつける, パネル飾りをする, 〈*in, with* ..で〉. walls ~*ed with* oak オーク材のパネルを付けた壁.
[<ラテン語「小さな布 (*pannus* 'pane')」]

pánel-bèater 名 Ⓒ 〖英〗 車体修理工.

pánel discùssion 名 Ⓒ パネルディスカッション 《数人の討論者が特定の問題について行う公開討議》.

pánel gàme [shòw] 名 Ⓒ (レギュラーの解答者による)クイズ番組.

pánel hèating 名 Ⓤ パネルヒーティング, 放射暖房, 《床・壁の内部に熱を通す》.

pán·el·ing 〖米〗, **-el·ling** 〖英〗 /pǽn(ə)liŋ/ 名 Ⓤ 〈集合的〉 羽目板; 羽目板の建材.

pan·el·ist 〖米〗, **-el·list** 〖英〗 /pǽn(ə)list/ 名 Ⓒ パネルディスカッションなどの参加者; テレビ[ラジオ]のクイズ番組の出場者[解答者]. ★和製英語の「パネラー」に相当する.

P

pánel pìn 名 Ⓒ パネルピン 《薄板用の細く短い釘(くぎ)》.

pánel trùck 名 Ⓒ 〖米〗 (van 型の)荷物配送小型車.

pán-frỳ 動 他 を(少量の油で)フライパンでいためる.

†**pang** /pæŋ/ 名 Ⓒ **1** (突然の短い)激痛, さしこみ, (類語 急激な一時的痛み; →pain). be seized by a sudden sharp ~ 突然激痛に襲われる. the ~*s* of toothache きりきり歯が痛むこと. hunger ~*s* 激しい空腹感. **2** (精神的)苦痛, 苦悶(もん); 激情. the ~*s* of conscience 良心の呵責(かしゃく). a ~ of homesickness 堪え難い望郷の念.
[<中期英語 *pronge*「激痛」(?<ゲルマン語)]

Pan·gaea /pændʒíːə/ 名 〖地〗 パンゲア 《三畳紀以前に存在し, その後 Laurasia と Gondwana に分離したとされる大陸》.

pan·go·lin /pǽŋgələn/ 名 Ⓒ センザンコウ 《有鱗(りん)目の哺(ほ)乳動物; 全身固いうろこで覆われ, アリを好んで食う; アフリカ・熱帯アジア産》. [<マレー語「体を丸める者」]

pán·hàndle 名 Ⓒ **1** フライパンの柄. **2** 〖米〗 〈しばしば P-〉 突出地域 《州など大きな地域のフライパンの柄のような突出部; 例えば Oklahoma 州で西に, Texas 州で北に伸びた部分》. ── 動 自, 他 〖米話〗 (特に街頭で)(に[を])物乞(ご)いする (beg). ▷ **~r** 名 Ⓒ 〖米話〗 乞食.

Pànhandle Stàte 名 〈the ~〉 米国 West Virginia 州 の俗称.

*__pan·ic__ /pǽnik/ 名 (複 **~s** /-s/) **1** aU **恐慌**, 狼狽(ろうばい), (類語 特にはっきりしない理由で急に広がる群集心理による不安, 恐怖; →fear). The fire caused (a) ~ in the theater. 火事のために劇場に大混乱が起きた. be in a ~ うろたえている, パニック状態にある, 〈*about* ..で〉. get into a ~=be thrown into (a) ~ パニックに陥る, うろたえる. (a) ~ terror [fear] いわれのない突然の恐怖. a ~ attack パニックの発作.
2 aU 〖英話〗 (常軌を逸した)大急ぎ. That can wait. There's no ~. それは延ばしてもいい. あわてることはないよ.
3 Ⓒ 経済恐慌, パニック.
4 〖米話〗 〈a ~〉 非常に珍妙[滑稽(こっけい)]な人[もの].
── 動 (~s /-s/|過 過分 **-icked** /-t/|**-ick·ing**) 他 **1** に恐慌を起こさせる; VOA にあわてて..させる 〈*into* (do*ing*) ..を〉. The enemy was ~*ked* into flight. 敵軍はパニックを起こして逃走した. **2** 〖米俗〗 〔観客など〕をやんやと言わせる, 熱狂させる. ── 自 あわてふためく, 恐慌をきたす, 〈*at* ..で〉.
[Pan, -ic; 古代ギリシアで Pan が恐慌を引き起こすと信じられたことから]

pánic bùtton 名 Ⓒ (緊急時に押す)非常ボタン. push [press, hit] the ~ 〖話〗 あわてふためく, 周章狼狽する.

pánic bùying 名 Ⓤ (株の)飛びつき買い 《上がると予測しての》; (品物の)パニック買い 《品不足になると予測しての》.

pan·ick·y /pǽniki/ 形 〖話〗 恐慌(状態)の, あわてふためいた; 恐慌による. the ~ reaction to the demagoguery デマに対するあわてふためいた反応.

pánic sèlling 名 Ⓤ (株の)狼狽売り 《下がると予測しての》; パニック売り 《品余りを予測しての》.

pánic stàtions 名 〖英旧話〗 〈無冠詞〉 緊急事態, 混乱状態. be at ~ over ..を急いでしなければならない; ..のためにあわてふためいている. It was ~ when there was an explosion. 爆発があったときは混乱状態だった.

pánic-strìcken 形 恐慌をきたした[て], あわてふためいた[て].

Pan·ja·bi /pʌndʒɑ́ːbi/ 名 =Punjabi.

pan·jan·drum /pændʒǽndrəm/ 名 Ⓒ 〖戯〗 お偉いさん 《特に尊大な役人や高官を皮肉って》.

Pank·hurst /pǽŋkhəːrst/ 名 **Em·me·line** /éməliːn/ ~ (1858–1928) パンクハースト 《英国の女性参政権獲得の先鋭な運動家; 英国で女性選挙権は彼女の死の年に認められた》.

pan·nier /pǽnjər, -niər/ 名 Ⓒ **1** 荷しかご[袋, 箱] 《特に馬など荷役動物の背や自転車, オートバイなどに振り分けて付ける一対のかごの 1 つ》. **2** (人が荷物を背負うための)しょいかご. **3** パニエ(スカート) 《昔スカートを広げるためクジラの骨やひげで作った枠》.

[pannier 1]

pan·ni·kin /pǽnikən/ 名 Ⓒ 〖英旧〗 金属製の小コップ; そのコップ 1 杯分の量.

pan·o·ply /pǽnəpli/ 名 (複 **-plies**) 〖章〗 **1** Ⓤ 絢爛(けんらん)と並べ立てたもの, 豪華な装い[取り揃え]. the full ~ of a royal wedding 王族の結婚式の豪華絢爛さ. The woods wore a full ~ of autumn colors. 森は秋の紅葉の絢爛たる装いを凝らしていた. **2** Ⓒ よろい・かぶと[物の具]一式. ▷ **pan·o·plied** 形

pan·op·tic /pænɑ́ptik|-ɔ́p/ 形 すべてが一目で見渡せる; 総括的な.

†**pan·o·ra·ma** /pænərǽmə|-rɑ́ːmə/ 名 Ⓒ **1** (**a**) 全景; 広々とした眺め; (類語 普通, 高い所から見た眺め; →sight). Before us was an unbroken ~ of azure sea. 眼前に紺碧(こんぺき)の海の果てしなく広い眺めがあった. (**b**) 全景画[写真]. **2** (問題などの)概観, 展望; (事件の)全容. a complete ~ of Chinese history 中国全史概

観. **3** 次々に展開する光景; パノラマ. [pan-; ギリシア語 *hórāma*「眺め」]

pan·o·ram·ic /pæ̀nərǽmik ⓢ/ 形 (パノラマのように)次々と展開する; 広々とした, 全景が眺望できる. a ～ view of the Grand Canyon グランドキャニオンの広大な眺望. a ～ camera パノラマカメラ.

▷**pan·o·ram·i·cal·ly** /-k(ə)li/ 副 パノラマのように.

pán·pìpe 名 C 〈又は P-; しばしば ～s〉 パンパイプ《管を長いものから短いものへ順に並べて束ねた素朴な吹奏楽器; Pan's pipes とも言う》.

Pàn's pípes 名 ＝panpipe.

‡**pan·sy** /pǽnzi/ 名 (複 **-sies** /-z/) C **1** 〖植〗サンシキスミレ(の花), パンジー(の花) (参考 花言葉は「物思い」). **2** 〖話・軽蔑〗女性的な若い男; 同性愛の男, ホモ. [＜フランス語 *pensée*「物思い」(＜ラテン語 *pēnsāre*「熟考する」)]

***pant**[1] /pænt/ 動 (～s /-ts/|過 過分 **pánt·ed** /-əd/|**pánt·ing**) 自 **1** あえぐ, 息を切らしてはあはあ言う (pant for breath), (類語 特に, 激しい運動や労働の結果の息切れ; 驚きで息をのむ場合には用いない; →gasp). The stout man went ～*ing* up the hill. 太った男はあえぎながら坂を登って行った. **2** VA あえぎながら動く[走る] 〈*along, down*〉. **3** 〔汽車などが〕ぱっぱっと煙や水蒸気を吐き出す.

4 VA (**～ *for, after* ..**) **..を熱望する**, 待ち焦がれる, ..にあこがれる; (**～ *to do***) ..することを切望する; 〈普通, 進行形で〉. be ～*ing for* the chance チャンスが来るのを待ち焦がれる. The painter was ～*ing after* fame. その画家は名声を渇望していた. He was ～*ing to* get a more responsible position. 彼はもっと責任の重い地位を強く望んでいた. **5** 〔心臓が〕激しく動悸(き)を打つ.

── 他 VO (～ X/"引用") **X を/「..」とあえぎながら言う** 〈*out, forth*〉. ～ *out* a few words 一言二言あえぎながら言う.

── 名 (複 **～s** /-ts/) C **あえぎ, 息切れ**; (汽車などが)ぱっぱっと煙などを吐き出す音; (心臓の)動悸.

[＜ギリシア語「幻[悪夢]を見る＞(うなされて)あえぐ」(＜*phantasíā* 'fantasy')]

pant[2] 名 →pants 1.

pan·ta·let(te)s /pæ̀ntəléts/ 名 〈複数扱い〉 パンタレット《女性用の足首まである長い緩いズロース; 19 世紀の下着》.

pan·ta·loon /pæ̀ntəlúːn/ 名 C **1** 〈時に P-〉 老いぼれ道化, パンタローネ, 《古いイタリア喜劇やパントマイム劇で, からかわれる道化役》. **2** 〈～s〉 **(a)** パンタロン《普通, くるぶしの所を縛るだぶだぶズボン; 特に女性用の》. **(b)** (体にぴったり合った昔の)ももひき風ズボン. **(c)** 〖主に米・戯〗ズボン.

pan·tech·ni·con /pæntéknikɑ̀n, -kən|-kən/ 名↑「〖英旧〗＝moving van.

pan·the·ism /pǽnθiːìz(ə)m/ 名 U 汎(はん)神論《自然と人間を超えた存在としての唯一絶対神でなく, 神は自然と同一と見る》.

pan·the·ist /pǽnθiːist/ 名 C 汎(はん)神論者.

pan·the·is·tic, -ti·cal /pæ̀nθiːístik ⓢ/, /-k(ə)l ⓢ/ 形 汎(はん)神論の.

pan·the·on /pǽnθiɑ̀n, -ən|pǽnθiən, pænθí(ː)ən/ 名 **1** 〈the P-〉 (ローマの)パンテオン, 万神殿, 《ローマの諸神の神殿として 27B.C. に建立; 7 世紀以降は教会》. **2** C 〈一般に〉 万神殿《あらゆる神々を祭った建物》. **3** C パンテオン《国家の功績者を祭る殿堂; 例えばパリの **Panthéon** /pɑːŋteiɔ́ːŋ/; また比喩的に用いる》; そうそうたる偉人[著名人]たち 〈*of* ..の(分野の)〉. earn a place in the ～ *of* English drama 英国演劇の殿堂の中に座るべき場所をかち得る. **4** 一国民の信じるすべての神々. the ancient Japanese ～ 古代日本の八百万(やおよろず)の神々. [＜ギリシア語「すべての神々のための(神殿)」]

‡**pan·ther** /pǽnθər/ 名 (複 **～s, ～**) C 〖動〗ヒョウ (leopard) 《特にクロヒョウ》; ジャガー (jaguar); 〖米〗アメリカライオン (cougar).

pan·tie /pǽnti/ 〈複合要素〉 ＝panty.

pántie gìrdle 名 C パンティーガードル《パンティー型のコルセット; 〖英〗**pántie bèlt**》.

pant·ies /pǽntiz/ 名 〈複数扱い〉 (女性用の)パンティー; 〖話〗(子供用の)パンツ.

pan·ti·hose /pǽntihòuz/ 名 ＝pantyhose.

pan·tile /pǽntàil/ 名 C 桟瓦(さんがわら)《波形の瓦》.

pánt·ing·ly 副 あえぎあえぎ, はあはあ言いながら.

pan·to /pǽntou/ 名 (複 **～s**) UC 〖英話〗＝pantomime 名 2.

pan·to·graph /pǽntəgræ̀f|-grɑ̀ːf/ 名 C **1** 写図器《平面上の図形を拡大[縮小]する器具》. **2** パンタグラフ《電車の屋根にある集電装置》.

‡**pan·to·mime** /pǽntəmàim/ 名 **1** U 身ぶり, 手まね. **2** UC パントマイム, 無言劇; 〖英〗(普通, クリスマスに演じられる)おとぎ芝居. **3** 〖主に英話〗ばかげた[法外な]行動, 茶番(劇). ── 動 他 〔意思〕を身ぶり[手まね]で表す. [＜ギリシア語「すべてをまねる(人)」]

pántomime hòrse 名 C 〖英〗パントマイムホース《パントマイムに出てくる, 人が 2 人入る馬の縫いぐるみ》.

pan·to·mim·ic /pæ̀ntəmímik ⓢ/ 形 パントマイム↓

pán·to·mì·mist 名 C パントマイム役者. ↳の.

pan·try /pǽntri/ 名 (複 **-tries**) C 食器室, 食料品置き場, (larder) 《普通, 食堂や台所のそばにある》. [＜古期フランス語「パンの貯蔵所」(＜ラテン語 *pānis* 'bread')]

‡**pants** /pænts/ 名 〈複数扱い〉 **1** 〖米〗ズボン (trousers, slacks). 注意 複合語の第 1 要素としては pant とすることがある: pant legs (ズボンの脚の部分) **2** 〖主に英〗ズボン下, パンツ, (underpants); (女性, 子供用)パンティー (panties). wet one's ～ (興奮のあまり)おしっこを漏らす.

bèat* [*bòre, chàrm, scàre*] *the pánts off a pérson 〖話〗 人をこてんぱんにやっつける[ひどく退屈がらせる, すっかり魅了する, ものすごく脅かす].

càtch a pèrson with his* [*her*] *pánts dòwn 〔人の〕不意を突く, 虚を突く.

flỳ* [*drìve*] *by the sèat of one's pánts →by the SEAT of one's pants.

in lòng pánts 〖米〗〔人が〕大人になって.

in shòrt pánts 〖米〗〔人が〕まだ子供で.

shìt* [*pìss*] (*in*) *one's pánts 〖卑〗(失禁するほど)ひどく怖がる, ぶったまげる.

wèar the pánts ＝wear the TROUSER.

[＜*pantaloons*]

pant·suit /pǽnts(j)ùːt/ 名 C 〖米〗パンツスーツ(〖英〗trouser suit) 《上着とズボンから成る女性用スーツ》.

pan·ty /pǽnti/ 〈複合要素〉 複合語の第 1 要素として「パンティー」(panties) の意味.

pánty·hòse 名 〖主に米〗〈複数扱い〉 パンティーストッキング, パンスト, (**pánty hòse**; 〖主に英〗 tights).

pánty·lìner 名 C パンティーライナー《下着に接着させる生理用ナプキン》.

pánty ràid 名 C 〖米〗パンティーレイド《大学の男子学生が女子寮に押しかけ下着を戦利品に持ち帰るいたずら》.

pánty·wàist 名 C 〖米〗 **1** 幼児用下着《ウエストの部分でパンツとシャツをボタンで留める》. **2** 〖話〗めめしい(若い)男.

pan·zer /pǽnzər/ 形 〖軍〗機甲(部隊)の. a ～ division 機甲師団《戦車を中心とする》. ── 名 C 戦車; 機甲師団. [ドイツ語「鎖かたびら」]

pap /pæp/ 名 **1** U (幼児, 病人のための)かゆ, 流動食; 柔らかいどろどろしたもの. **2** U 〖主に米〗(内容のない)興味本位の読み物, テレビ番組など; 価値[実質]のないもの. **3**

Ⓒ (女性の)乳首 (nipple).

†pa·pa /pɑ́ːpə|pəpɑ́ː/ 名Ⓒ お父さん, パパ. ★ (1)〘英〙では昔, 特に幼児語の丁寧な言い方として用いられた.〘米〙では father の意味の会話体の語. (2) 一般に dad, daddy の方が多く用いられる. [＜ギリシア語]

pa·pa·cy /péipəsi/ 名 (複 **-cies**) **1** Ⓤ 〈the ～〉ローマ教皇 (Pope) の権威[地位], 教皇権. **2** Ⓒ ローマ教皇の任期. **3** Ⓤ 〈しばしば P-〉教皇制度.

‡pa·pal /péip(ə)l/ 形 〈限定〉ローマ教皇 (Pope) の; 教皇制度の; ローマカトリック教会の.

pàpal cróss 名Ⓒ 教皇十字《横棒 3 本の十字》.

pap·a·raz·zo /pæpərǽtsou/ 名 (複 **-zi** /-tsi/) Ⓒ パパラッチ《有名人を追いかけ回すフリーのカメラマン; ＜フェリーニの映画『甘い生活』の登場人物》[イタリア語]

pa·paw /pəpɔ́ː/ 名 **1** Ⓒ ポポー《北米温帯地方産の果樹》; ⓊⒸ ポポーの果実《強い香りを持ち, 長円形で, 果肉は黄色くバナナのような味がする》. **2** ＝papaya.

pa·pa·ya /pəpáiə/ 名Ⓒ パパイア《熱帯アメリカ原産の果樹》; ⓊⒸ パパイアの果実.

Pa·pe·e·te /pɑ̀ːpiéiti/ 名 パペーテ《フランス領ポリネシアの首都; Tahiti 島の北西岸にある》.

‡pa·per /péipər/ 名 (複 **～s** /-z/)

【紙】 **1** Ⓤ **紙** (語法 数える時は a piece of ～「1 枚の紙」, two sheets of ～「(定形の) 2 枚の紙」のように言う). a pad of ～ メモ帳. brown ～ (茶色の)包装紙. ruled ～ 罫(けい)紙. Japan(ese) ～ 和紙. I wrapped the book *in* ～. 私は本を紙に包んだ. This diaper is made *of* ～. このおむつは紙でできている.

> 連結 blank [lined; strong; rough; fine; glossy; opaque; acid-free; recycled] ～

【書かれた紙】 **2** Ⓒ **新聞**, 新聞紙, (注意 newspaper よりもくだけた言い方). a daily [weekly] ～ 日刊[週刊]紙. a morning [an evening] ～ 朝刊[夕刊]. be in [get into] the ～(*s*) 新聞に出ている[出る] (★the paper(s) は総称的に「新聞」の意味). Have you read today's ～? 今日の新聞を読みましたか. This ～ says so. この新聞にそう出ている. What ～ do you take? 新聞は何を取ってますか.

P

3 Ⓒ **研究論文** 〈*on, about* ..に関する〉; (学生の)学期末レポート (term paper) (注意 この意味では report と言わない). I wrote a ～ *on* the habits of koala bears. 私はコアラの生態に関する論文を書いた. He gave [read] a ～ *on* global warming at Yale University. 彼はエール大学で地球の温暖化に関する論文を発表した. Hand in a ～ by the end of the week. 週の終わりまでにレポートを提出しなさい.

4 Ⓒ **試験問題**(用紙); **答案**(用紙). Today's English ～ was pretty difficult. 今日の英語の試験はかなり難しかった. She took [failed] the history ～. 彼女は歴史の試験を受けた[に失敗した]. Miss Norman was busy grading [marking] ～*s*. ノーマン先生は答案の採点で忙しかった.

5 〈～s〉 **書類**, **文書**; (身分, 戸籍, 国籍などの)証明書《謄本, パスポートなど》. ship's ～*s* 船籍証明書.

6 Ⓒ (政府, 委員会などの刊行する)公式文書, 報告書. → Green Paper, White Paper.

【特定の目的・用途の紙】 **7** Ⓤ 紙幣; 手形. **8** Ⓒ 紙製の入れ物, 紙包み. **9** ⓊⒸ 壁紙 (wallpaper).

10 〈形容詞的〉 (**a**) **紙(製)の**. a ～ bag 紙袋. a ～ napkin [towel] 紙ナプキン[タオル]. (**b**) 紙のように薄い. (**c**) 紙上での, 架空の. ～ warfare 紙上での論戦. a ～ plan 机上の空論. ～ profits 紙上利益《実際は無いのに帳簿上有るように見せかけたもの》. a ～ qualification 形だけの資格.

commìt ..to páper 〈大げさに〉..を書き留める.

not wòrth the páper it is wrítten [prínted] on 全く無価値である《＜書く紙がもったいないほどだ》.

on páper 書かれた形で(の), 文書で(の); 理屈の上では[の]; 帳面づらだけ(の). get [put] .. down *on* ～ ..を書き留める. put an agreement *on* ～ 意見の一致を文書にする. *On* ～ the program looks easy. 机上ではその計画はたやすく見える.

pùt [sèt] pén to páper →pen¹.

—— 動 他 に(壁)紙を張る; VOC (～ X Y) X に Y (色)の壁紙を張る. I want the room ～*ed* (in) light green. この部屋に薄緑色の壁紙を張りたい. —— 自 VA (～ *over* ..) ..を紙に包んで隠す; ..の上に紙を張る; 〔間違いなど〕を取り繕う, ごまかす; 〈受け身可〉. The drawbacks of the policy were ～*ed over*. その政策の欠陥は包み隠されていた.

pàper òver the crácks (in ..) (..の)欠点などを隠してごまかす, 欠陥を糊塗(こと)する. [＜papyrus]

‡páper·bàck 名Ⓒ 紙装(廉価)本; ペーパーバック, (↔ hardcover, hardback). —— 形 〈限定〉ペーパーバックの〔本〕.

páper·bòund 形 ＝paperback.

páper bòy 名Ⓒ 新聞配達少年.

páper chàse 名Ⓒ **1** ＝hare and hounds. **2** 〘米話〙学位獲得の試み.

páper clìp 名Ⓒ 書類留めクリップ.

pàper dóll 名Ⓒ (折り)紙人形.

páper fàstener 名Ⓒ 〘英〙(丸くて薄い)書類クリップ (〘米〙brad).

páper·gìrl 名Ⓒ 新聞配達少女.

páper·hànger 名Ⓒ 壁紙張り職人.

páper-hànging 名Ⓤ 壁紙張り.

páper knìfe 名Ⓒ ペーパーナイフ (letter opener)《本来は本のページを切るためのもの》.

páper·less 形 (パソコンによる情報処理で)紙を使わない, ペーパーレスの, 〔仕事, オフィスなど〕.

pàper móney 名Ⓤ 紙幣.

páper-pùsher 名 ＝pen-pusher.

páper ròute 〘米〙 [**ròund** 〘英〙] 名Ⓒ 新聞配達《仕事》; 新聞配達区域[ルート].

páper shòp 名 〘英〙 ＝newsstand.

pàper-thín /⑧/ 形, 副 **1** 紙のように薄い[く]. **2** 〔口実などが〕不十分な[に], 説得力に欠けた[て].

pàper tíger 名Ⓒ '張り子のトラ', 見掛け倒し(で力のない人, 組織, 国など).

páper tràil 名Ⓒ 〈単数形で〉〘主に米〙文書足跡《ある人物の行動がたどれる帳簿, 裁判記録など》.

páper·wàre 名Ⓤ 〈集合的〉(使い捨ての)紙食器類《皿, コップなど》.

páper wèdding 名Ⓒ 紙婚式《結婚後 1 年; →wedding》.

páper·wèight 名Ⓒ 文鎮, 紙押さえ.

‡páper·wòrk 名Ⓤ 文書業務, 机上の仕事; 書類.

pa·per·y /péip(ə)ri/ 形 紙のような, (紙のように)薄い[もろい]. dry ～ skin 紙のようにかさかさした肌.

pa·pier-mâ·ché /pèipərməʃéi|pæpjeimǽʃei/ 名Ⓤ パピエマシエ, 紙粘土, 《紙の細片や煮て溶かした紙に, にかわなどを混ぜ合わせたもの; 張り子の材料》. [フランス語 'chewed paper']

pa·pil·la /pəpílə/ 名 (複 **pa·pil·lae** /-liː/) Ⓒ **1** 〘解剖〙乳頭; 小乳頭状突起. **2** 〘植〙柔軟小突起.

pa·pist /péipist/ 名Ⓒ 〘軽蔑〙ローマカトリック教徒.

pa(p)·poose /pæpúːs|pə-/ 名Ⓒ **1** 〘旧〙(アメリカ先住民の)赤ん坊, 幼児. **2** 赤ん坊を背負う袋.

pap·py¹ /pǽpi/ 形 ⓔ パンがゆ状の; どろどろの.

pap·py² 名 〘米旧話〙 ＝papa.

pa·pri·ka /pæpríːkə, pǽpri-/ 名 〘植〙Ⓒ シシトウガラシ; Ⓤ パプリカ《シシトウガラシの実の粉末, 香辛料》.

Páp smèar [tèst] 名 〘米〙 ＝smear test.

Pap·u·a /pǽp(j)uə/ 名 パプア(島)《New Guinea の別名》.

Pap·u·an /pǽp(j)uən/ 形 パプアの; パプア人[語]の.
── 名 C パプア人.
Pàpua New Guínea 名 パプアニューギニア《オーストラリア北東の島 New Guinea の東半分と Solomon 諸島北西部および周辺の島々から成る共和国; 首都 Port Moresby》.
pap·ule /pǽpju:l/ 名 C 〖医〗丘疹(きゅうしん).
pa·py·rus /pəpái(ə)rəs/ 名 (複 **~es, pa·py·ri** /-rai/) **1** U パピルス, カミガヤツリ,《エジプトに産する水生植物; 古代エジプト人はこれを材料にして紙を作った》.
2 U パピルス紙. **3** C (パピルス紙に書かれた)古文書.
[ラテン語(<ギリシア語 *pápūros*「パピルス」)]
†**par** /pɑːr/ 名 **1** U (質, 量, 程度などの)標準, 平均; (健康, 調子などの)常態. His latest novel is *above* [*below, under*] ~ for him. 彼の最新の小説は彼としては標準以上[以下]だ. **2** aU 同等, 同位, 同水準. The two brothers are on a ~ (with each other) in brains. その2人の兄弟は知力では(互いに)優劣がない.
3 U 〖経〗(証券の)額面価格, 平価, (**pàr válue**). above [below] ~ 額面価格以上[以下]で. at ~ 額面価格で. ~ of exchange 為替平価.
4 C 〖ゴルフ〗基準打数, パー, (参考 1つのホール, 又は1コースを幾つの打数 (strokes) で回るかという基準. 1つのホールで par より3つ少ないのが albatross, 2つが eagle, 1つが birdie, 1つ多いのが bogey). The first hole is a ~ four. 一番ホールはパーフォーです. go round the course in three over [below, under] ~ コースをスリーオーバー[アンダー]で回る.
below* [*under*] *pár (1) =not up to PAR. I feel well *below* ~. 普段よりだいぶ体の調子が悪い. (2)〖ゴルフ〗アンダーパーで (→名 4).
(be) pàr for the cóurse 当たり前で(ある), 予想どおりで(ある), 典型的で(ある).
(nòt) ùp to pár 〖話〗(体, 仕事などの)調子が普通で(ない), 標準に達して(いない).
[<ラテン語 *pār*「等しい, 同等の」]
par. paragraph; parallel; parenthesis; parish.
par·a[1] /pǽrə/ 名 C **1**〖主に英話〗=paratrooper; 〈普通 the ~s〉落下傘部隊. **2**〖話〗=parachutist.
par·a[2], **par·a.** paragraph.
par·a-[1] /pǽrə/ 〈複合要素〉「..の側の; を越えた; によく似た, に関係の近い, に副次的ななど」の意味. *para*graph. *par*allel. *para*medical. [ギリシア語 *pará* 'beside, beyond, amiss']
par·a-[2] 〈複合要素〉「保護, 防御」の意味. *para*chute; *para*sol. [フランス語 *para-* (<ラテン語 *parāre*「備える」)] 「noia. [→para-[1]]
par·a-[3] 〈複合要素〉「病気の, 異常な」の意味. *para*-
†**par·a·ble** /pǽrəb(ə)l/ 名 C (教訓, 真実などを教えるための)寓(ぐう)話, たとえ話; 比喩. 類語 原義の「比較する」の意味が感じられる語で, 道徳的・宗教的教訓を教える(特に聖書の)たとえ話; →fable.
spèak in párables 〖雅〗〈大げさに〉たとえ話をする《イエスがしばしばしたように》.
[<ギリシア語「比較, 類推」] 「ラボラアンテナ.
pa·rab·o·la /pərǽbələ/ 名 C **1**〖数〗放物線. **2** パ
par·a·bol·ic[1] /pæ̀rəbɑ́lik|-bɔ́l- ⑱/ 形 〖数〗放物線(状)の. [<parabola]
par·a·bol·ic[2], **-i·cal** 形 たとえ話の, 比喩的な.
[<parable] ▷**-i·cal·ly** 副
parabòlic anténna 名 =parabola 2.
par·a·ce·ta·mol /pæ̀rəsíːtəmɑl|-mɔl/ 名 UC 〖英〗パラシータモル《鎮痛剤》.
†**par·a·chute** /pǽrəʃuːt/ 名 C パラシュート, 落下傘. a ~ jump [drop] パラシュート降下.
── 動 他 VOA をパラシュートで降下させる[落とす]〈*into, on, to* ..へ〉. The squad was ~*d into* the valley. 分隊は谷間にパラシュートで降下した. ── 自 (スポーツ, 娯楽として)パラシュート降下をする; VA パラシュートで降下する〈*into* ..に〉.
[<フランス語 (<para-[2]+*chute*「落下」)]
pár·a·chùt·ist 名 C 落下傘兵, 落下傘降下者.
*†**pa·rade** /pəréid/ 名 (複 **~s** /-dz/)
【行列】 **1** UC (記念日, 祝日などの)パレード, **行列行進**; 示威行進, 宣伝の行列. the Fourth of July ~ 7月4日合衆国独立記念日パレード. a circus ~ サーカスの顔見せ行進. →Easter parade, fashion parade, hit parade, identification parade.
2 UC 〖軍〗**閲兵**, 観兵式. on ~ 〔軍隊が〕閲兵中で.
3 C 多くの人[物]の列. a ~ of petitioners 嘆願者の列. a ~ of C's (成績表の)オール C.
4 【行列の場所】 C =parade ground; 遊歩道, プロムナード; 〖英〗(本通りから引っ込んだ小規模の)商店街.
【並べ立てること】 **5** C 〖しばしば軽蔑〗**見せびらかし, 誇示**. She is always making a ~ of her wealth. 彼女はいつも自分が金持ちであることを誇示している.
on paráde (1) パレードに参加して. (2) 展示されて, 誇示されて. (3) →名 2. (4) (俳優などが)総出演で, オンパレードで.
── 動 (~s /-dz/|過 過分 **-rad·ed** /-əd/|**-rad·ing**) 他
1 〔通りなど〕をパレードで練り歩く; 〔軍隊〕を閲兵行進[整列]させる, 閲兵する. **2** を見せびらかす, 誇示する, 〈*in front of* ..〔人〕の前で〉, (show off, flaunt); 〈普通, 受け身で〉〔人〕を(自分の利益のために)ことさらに見せびらかす, 広告塔に使う. ~ one's knowledge [wealth] 自分の知識をひけらかす[富を誇示する]. Children were ~*d* around the dictator to show how kind he was to everyone. だれにでも親切だということを示すために独裁者の周りには子供たちがこれ見よがしに並べられた.
3 (自分を見せびらかして)を歩き回る. Jennie ~*d* the lobby in her new dress. ジェニーは新しい衣装でロビーを得意そうに歩き回った. **4** VOA 〔旗, 像など〕を持って練り歩く; 〔捕虜, 囚人など〕を公衆の前で引き回す, 報道陣の目にさらす; 〈普通, 受け身で〉.
5 VOA (~ X *as* ..) X を〔重要な[良い]もの〕としてまかり通らせる〈普通, 受け身で〉.
── 自 **1** VA 行列行進で練り歩く, パレードする, 〈*through* ..〔町など〕の中を〉; (注意を引こうと)あちこち歩く, 歩き回る, 〈*up and down* (..)〉. **2** 閲兵のため行進[整列]する. **3** VA (~ *as* ..)〔重要な[良い]もの〕としてまかり通る.
[フランス語「準備」(<ラテン語 *parāre* 'prepare'); -ade]
paráde gròund 名 C 閲兵場; 練兵場.
pa·rád·er 名 C 行進する人, パレードに参加する人.
par·a·digm /pǽrədàim, -dìm|-dàim/ 名 C **1** 〖章〗典型, 範例. a ~ of classic Greek tragedy 古典ギリシア悲劇の代表作. **2** 〖文法〗語形変化(表)《man, man's, men, men's のような》; パラダイム《文中のある場所に来ることのできる語(句)の系列》. **3** 〖章〗パラダイム《特定の時代のある分野で暗黙のうちに共有される理論的枠組み; もと科学・哲学の用語》.
par·a·dig·mat·ic /pæ̀rədigmǽtik ⑱/ 形 **1** 模範となる, 典型的な. **2** 〖文法〗語形変化(表)の; パラダイムの. ▷**par·a·dig·mat·i·cal·ly** /-k(ə)li/ 副
*****par·a·dise** /pǽrədàis/ 名 (複 **-dis·es** /-əz/) **1** U 〈普通 P-〉**天国**, 天の楽園.
2 aU **楽園**; C 〖話〗美しい[楽しい, すてきな]場所; 〈*for* ..にとっての〉. a fisherman's ~ 釣り人の楽園. →fool's paradise.
3 U **この上ない幸福**, 至福, 極楽. His home was [felt like] ~ to him after two months of hospitalization. 2か月入院したあとの我が家は彼には天国だった.
4 〈P-〉エデンの園 (the Garden of Eden).

P

[＜ギリシア語「(囲い込んだ)猟場＞庭園」]

Pàradise Lóst 名 『失楽園』《John Milton 作の Adam と Eve のエデンの園追放を主題とする叙事詩》.

par·a·di·si·a·cal /pærədəsáiək(ə)l/ ⑱/ 形 天国の(ような), 極楽の.

***par·a·dox** /pǽrədὰks|-dɔ̀ks/ 名 (複 ～·es /-əz/) **1** UC **逆説**, パラドックス, 《一見矛盾して聞こえるが, 実際はある真実を伝える言説:The more a man has, the more he wants. (人はたくさん持てば持つほど一層欲しくなる)など》. **2** UC 矛盾していて正しくない言説, つじつまの合わない陳述; C 矛盾を含む事[もの, 人]. It is a ～ [The ～ is] that such a rich country should have such poor welfare services. そんなに裕福な国の福祉事業が全く不十分なのはつじつまが合わない. She is a creature full of ～(*es*). 彼女は矛盾の塊だ.

[＜ギリシア語「定説から外れる」(＜para-¹＋*dóxa*「見解」)]

‡**par·a·dox·i·cal** /pærədάksik(ə)l|-dɔ́k- ⑱/ 形 **1** 逆説的な[で]. **2** 矛盾する[して], つじつまの合わない.
▷ **～·ly** 副 逆説的に(言えば); 矛盾しているようだが.

paradòxical sléep 名 U 〖医〗逆説睡眠《睡眠中に眼球が激しく動く時期; REM sleep とも言う》.

par·af·fin, -fine /pǽrəfən/, /-fin, -fiːn/ 名 U **1** パラフィン, 石ろう, (**páraffin wàx**)《石油から採ったろう状の物質; ろうそくや瓶などの封ろう, 全身美容などに使う》. **2** 〖英〗灯油 (**páraffin òil**) (〖米〗kerosene).

pára·glìder 名 C パラグライダー **1**《宇宙船・ロケットの減速などに用いる, 空気で膨らむ翼のあるグライダー》. **2**《hang glider と同様に滑空を楽しむための長方形のパラシュート》.

pára·glìding 名 U パラグライディング《パラグライダー 2 で楽しむスポーツ》.

‡**par·a·gon** /pǽrəgὰn|-gən/ 名 C **1** 典型, 模範, 手本; 完璧(ぺき)な人間. a ～ of virtue 美徳の権化. a ～ of beauty 絶世の美人. **2** 100 カラット以上の完全無傷のダイヤモンド; 真ん丸な特大真珠. **3** パラゴン [20 ポイント] 活字. [＜古期イタリア語「試金石」]

***par·a·graph** /pǽrəgræ̀f|-grὰːf/ 名 (複 **～s** /-s/) C **1** (文章の)**段落**, パラグラフ, (参考 1 つのまとまった内容を, 普通いくつかの文を連ねて述べた, 文章の 1 単位; 書き出しは改行をして, 何文字か引っ込めて始める). Write a few ～*s* about your summer vacation. 夏休みについて数パラグラフの作文を書きなさい.

> 連結 the first [the opening; an introductory; the next-to-last, the penultimate; the closing, the final, the last; the preceding, the previous; the next; a new; a short; a lengthy] ～

2 (新聞などの)短い(ニュース)記事. an editorial ～ 短い社説. **3** パラグラフ記号 (¶).

── 動 他 〔文章〕を段落に分ける; 〔ニュースなど〕を短い(新聞)記事に書く.

[＜ギリシア語「わきに書いたもの」(対話の話者の交代などに注意をうながすために引いた傍線); para-¹, -graph]

par·a·graph·ic /pærəgrǽfik ⑱/ 形 **1** 段落の; 段落を構成する. **2** 小記事の.

Par·a·guay /pǽrəgwài, -gwèi/ 名 パラグアイ《南米中部の共和国; 首都 Asunción》.

Par·a·guay·an /pærəgwáiən, -gwéiən ⑱/ 形 パラグアイ(人)の. ── 名 C パラグアイ人.

par·a·keet /pǽrəkìːt/ 名 C 〖鳥〗インコ《オウム科小形インコの総称; 多種あり羽の色が鮮明》.

pàra·légal 名 C 〖主に米〗弁護士見習い[助手].

pàra·linguístics 名 〈単数扱い〉パラ[周辺]言語学《声の調子, 身ぶりなど言語以外の伝達行為を研究する》.

par·al·lax /pǽrəlæ̀ks/ 名 UC 〖天〗視差; 〖写〗パララックス《レンズの視野とファインダーの視野との間のずれ》.

‡**par·al·lel** /pǽrəlèl/ 形 ⓒ **1** 〔線, 面が〕**平行の[して]** 〈*to, with* ..〔他の線, 面〕と〉; 〔2 つ以上の線, 面が互いに〕平行の[して]. ～ lines 平行線. The road runs ～ *with* [*to*] the stream. 道路は川と平行して走っている.
2 〔意味, 傾向などが〕同様の, 類似した; 対応する, 一致する; 〔物事が〕同時に行われる[進行する]; 〈*to* ..と〉. Our situations are ～ *to* yours. 我々の立場はあなた方の立場に似ている. I've never encountered a ～ case before. 以前これに似た事件に出遭ったことはない.
3 〖電〗〔電池などのつなぎ方が〕並列(式)の. a ～ circuit 並列回路. **4** 〖電算〗パラレルの《1 つの処理を複数のコンピュータでまたは複数の処理を 1 つのコンピュータで行う》.

── 名 (複 **～s** /-z/) **1** C **平行線[面]**; 平行する物; 〈*to, with* ..と(の)〉. *Parallels*, however long, never intersect. 平行線はどんなに長くても決して交差しない.
2 C 類似(点) 〈*between* ..〔2 つのもの〕の〉; 匹敵する人[もの], 対等者, (equivalent); 〈*to, with* ..と(の)〉. There is no ～ *between* them. それらの間には共通点はない. I know of no ～ *to* this phenomenon. この現象に類するものを知らない. As a historian˛there was no ～ *to* him [he had no ～]. 歴史家として彼に匹敵するものはいなかった.
3 C 緯度線 (**pàrallel of látitude**). on the 30th ～ north of the equator 北緯 30 度線上に.
4 U 〖電〗(回路の)並列 (↔series).

dràw a párallel between X ***and*** Y X と Y を対比させる[対比させて類似点を引き出す]. *draw a* ～ *between* the modern democracies *and* ancient Greece 近代の民主主義国家と古代ギリシアを対比(して共通点を明らかに)する.

in párallel (1) 並行して; 同時に; 〈*with, to* ..と〉. (2) 〖電〗並列式で.

on a párallel with.. (1) ..と平行して. The helmsman steered *on a* ～ *with* the enemy. 舵(だ)手は敵と平行して進むように舵(かじ)を取った. (2) ..と互角で. The air disaster is *on a* ～ *with* the terrible one ten years ago. その航空大惨事は 10 年前に起きた恐ろしい惨事に匹敵する.

without (a) párallel = ***with nò párallel*** 比べるものがない(ほどの). Newton was a scientist *without* ～ in his age. ニュートンはその時代には並ぶ者のない科学者だった.

── 動 (**～s** /-z/| 過 過分 **～ed** /-d/, 〖英〗**～led** /-d/| **～·ing**, 〖英〗**～·ling**) 他 **1** と**平行する**, 一致する. The road ～*s* the river. その道路は川に平行している. What he says here ～*s* my own thinking. 彼がここで言っているのは私自身の考えと一致している.
2 に**匹敵する**; に対応する; に類似する; 〔物事が〕と同時に[平行して]起こる. Leonardo's versatile genius has never been ～*ed*. レオナルドの万能の天才はこれに匹敵するものが今まで無かった. Some of the habits of ants closely ～ ours. アリの習性のいくつかは我々のと非常によく似ている.
3 VOA (～ X ***with*** ..) X を..と対比する, 類似するものとして示す. Carlyle ～*ed* a collection of books *with* a university. カーライルは蔵書を大学にたとえた.

[＜ギリシア語「互いのそばにある」]

pàrallel bárs 名 〈複数扱い〉〖体操〗平行棒.

par·al·lel·ism /pǽrəleliz(ə)m/ 名 **1** U 平行.
2 UC 類似; 対応; C 類似した人[もの], 匹敵する人[もの]. a striking ～ between nationalism and militarism 国家主義と軍国主義との著しい類似.
3 UC (対句などを用いた文章上の)平行構造 《例:Marriage has many pains, but celibacy has no pleasures. 結婚には多くの苦労があるが, 独身には喜びがない (Samuel Johnson)》.

par·al·lel·o·gram /pærəléləgræm/ 名 C 〖数〗

P

平行四辺形. the ～ of forces 力の平行四辺形.
pàrallel procéssing 名 U 〖電算〗 パラレル[並列]処理.
Par·a·lym·pics /pæ̀rəlímpiks/ 名 〈the ～〉 パラリンピック《身障者の国際スポーツ大会》. [＜*para*plegic ＋O*lympics*]
†**par·a·lyse** /pǽrəlàiz/ 動 〖英〗 ＝paralyze.
†**pa·ral·y·sis** /pərǽləsəs/ 名 (複 **pa·ral·y·ses** /-sì:z/) UC **1** 〖医〗 麻痺(ひ), 不随; 中風. infantile ～ 小児麻痺. cerebral ～ 脳性麻痺. **2** 麻痺状態; 機能停滞. moral ～ 道徳心の麻痺. a ～ of industry 産業の麻痺状態. [＜ギリシア語「(体の)片側のゆるみ[不全]」]
par·a·lyt·ic /pæ̀rəlítik ⑱/ 形 **1** 〈限定〉 麻痺(ひ)した[て]; 中風の[で]. **2** 〈限定〉 麻痺状態の, 無力の. **3** 〈叙述〉 〖主に英話〗 ひどく酔っ払った.
—— 名 C 中風患者; 〖主に英話〗 酔っ払い.
▷ **par·a·lyt·i·cal·ly** /-k(ə)li/ 副 麻痺状態で.
†**par·a·lyze** /pǽrəlàiz/ 動 他 〈しばしば受け身で〉 **1** を麻痺(ひ)させる; (中風で)を不随にする. His left arm is ～*d*. ＝He is ～*d* in the [his] left arm. 彼の左腕は麻痺している. He became half ～*d* because of a traffic accident. 彼は交通事故で半身不随になった. **2** を無力にする, 活動できなくする. The child was ～*d* with [by] fear. その子供は恐怖ですくんでしまった. A rush-hour crash almost ～*d* central London. ラッシュ時の衝突事故でロンドン中央部(の交通)はほとんど麻痺状態になった. [＜*paralys*is]
par·a·me·cium /pæ̀rəmí:ʃ(i)əm|-siəm/ 名 (複 **par·a·me·cia** /-ʃə|-siə/) C 〖動〗 ゾウリムシ.
par·a·med·ic /pæ̀rəmédik/ 名 C 医療補助員《検査技師, 助産婦, 救急隊員など》; 落下傘部隊の衛生兵.
pàr·a·méd·i·cal /-k(ə)l ⑱/ 形 医療補助の.
—— 名 ＝paramedic.
‡**pa·ram·e·ter** /pərǽmətər/ 名 C **1** 〖数〗 媒介変数, パラメーター. **2** 〖統計〗 母数. **3** 〈普通 ～s〉 (制約)要因, (限定)要素; 限界, 範囲. Temperature, pressure and humidity are ～*s* of the atmosphere. 温度, 気圧, 湿度は大気の状態を定める要因である. Money is the dominant ～ in our politics. 我が国の政治では金が支配的要素だ. within the ～*s* of time and space set [established, laid down] by.. ..によって定められた時間と空間の範囲内で.
par·a·met·ric /pæ̀rəmétrik ⑱/ 形 パラメーターの.
pàra·mílitary /⑱/ 形 〈限定〉 **1** (しばしば非合法の)軍隊組織の. an ultranationalist ～ organization 超国家主義者の軍隊組織. **2** 軍を補助する, 軍の役割をする. —— 名 C (非合法[準])軍隊組織の一員.
†**par·a·mount** /pǽrəmàunt/ 形 ⓒ 〖章〗 **1** 最高の, 最も優れた; 卓絶した; 最優先事項の; (類語 普通, 重要性の点で「最上位の」; →supreme). a thing of ～ importance 最重要事. Tax reduction should be ～ in the new government's policy. 新政府の政策では減税が最優先されるべきだ. **2** 最高の権威[権力]を持つ.
[＜古期フランス語「山頂の方に(ある)」]
▷ **～·cy** 名 **～·ly** 副
par·a·mour /pǽrəmùər/ 名 C 〖雅・古〗 情夫; 情婦; (既婚の)愛人, 不倫の相手.
‡**par·a·noi·a** /pæ̀rənɔ́iə/ 名 U **1** 〖医〗 偏執狂《schizophrenia の一種で, 誇大[被害]妄想が特徴》. **2** 〈俗に〉 被害[誇大]妄想, パラノイア. [ギリシア語「狂気」(＜para-¹ ＋*nóos*「心」)]
par·a·noi·ac, par·a·noic /pæ̀rənɔ́iæk ⑱/, /-nɔ́ik ⑱/ 形, 名 ＝paranoid.
‡**par·a·noid** /pǽrənɔ̀id/ 形 パラノイアの[にかかった]; 被害[誇大]妄想の. be [get] ～ about .. について被害妄想になる, 病的に心配する. a ～ schizophrenic 偏執性分裂病患者. —— 名 C 偏執狂患者; 偏執的な人.
pàra·nórmal /⑱/ 形 超自然的な. ～ phenomena 超常現象. —— 名 〈the ～〉 超常現象. ▷ **～·ly** 副
par·a·pet /pǽrəpət, -pèt/ 名 C **1** 胸壁《城壁(rampart)などの縁に巡らした土や石造りの低い壁》. **2** (バルコニー, 屋上, 橋などの)手すり, 欄干.
pùt** one's **héad above** [**kèep** one's **héad below**] **the párapet 〖主に英〗 危ないこと[冒険]をする[避ける].
‡**par·a·pher·na·lia** /pæ̀rəfərnéiljə/ 名 U 〈単複両扱い〉 (★現在は普通, 単数扱い) **1** (個人のこまごました)手回り品. **2** (必要な)道具一式. fishing ～ 釣り道具一式. **3** 〖話〗 不用品, がらくた; (ある事に付随する不必要な)もの[事]. **4** 〖古・法〗 (夫から与えられた)妻の所有物《衣服, 宝石など》.
†**par·a·phrase** /pǽrəfrèiz/ 名 C パラフレーズ, 言い換え, 《別の言葉で(分かりやすく)言い換えること, また言い換えた言葉》. make a ～ of .. を言い換える.
—— 動 他, 自 (〔人(の言ったこと)〕を)パラフレーズする, 別の言葉で言い換える, 《例えば ascend を go up とするように, 分かりやすい言葉で言い換えること》. ～ a sentence [Plato] 文[プラトンの言葉]を分かりやすく言い換える.
par·a·phras·tic /pæ̀rəfrǽstik ⑱/ 形 パラフレーズの, 言い換えの.
par·a·ple·gia /pæ̀rəplí:dʒə/ 名 U 〖医〗 対麻痺(ついまひ)《下半身の麻痺》. ▷ **par·a·ple·gic** /-plí:dʒik/ 形, 名 C 対麻痺の(患者).
pàra·proféssional 名 C, 形 (教師, 看護婦など専門家の)助手(の).
pàra·psychólogy 名 U 超心理学《テレパシー, 透視, 念力などを研究する》. ▷ **-gist** 名
pár·a·quat /pǽrəkwɑ̀t|-kwɔ̀t/ 名 U パラコート《＜商標; 除草剤》.
pára·sàil 名 C parasailing 用のパラシュート. —— 動 自 パラセーリングをする.
pára·sàiling 名 U パラセーリング《パラシュートを付けモーターボートに引かれて空中を遊泳するスポーツ》.
†**par·a·site** /pǽrəsàit/ 名 C **1** 寄生虫《tapeworm, louse など》, 寄生植物《mistletoe など》, 寄生物, (↔ host) 〈*on, of* ..の〉. **2** 居候(いそうろう), 食客; 'ダニ'; 〈*on* ..の〉 (sponger). a ～ *on* a company 会社の寄生虫的存在《人》. [＜ギリシア語「他者の食料を食べるもの」]
par·a·sit·ic, -i·cal /pæ̀rəsítik ⑱/, /-k(ə)l ⑱/ 形 **1** 寄生する, 寄生性の; 寄生虫による. a ～ plant [animal] 寄生植物[動物]. a ～ disease 寄生虫病. **2** 居候している, 寄生している, 〈*on* ..に〉.
par·a·sit·i·cide /pæ̀rəsítəsàid/ 名 UC 寄生虫駆除剤, 虫下し.
par·a·sit·ism /pǽrəsətìz(ə)m, -sai-/ 名 U **1** 寄生; 居候生活. **2** 〖医〗 寄生虫感染.
par·a·sol /pǽrəsɔ̀:l, -sɑ̀l|pǽrəsɔ̀l, ⌐－⌐/ 名 C (特に女性用の)日傘, パラソル, 《今では sunshade の方が一般的; →umbrella》. [＜イタリア語「日よけ」]
pàra·súicide 名 UC 狂言自殺(行為); C 狂言自殺をする人.
pàra·sympathétic 形 〖解剖〗 副交感神経の.
pàra·sýnthesis 名 U 〖言〗 併置総合《複合(composition)と派生(derivation)が同時に起こること; 例えば kind-hearted, proof-reading など》.
▷ **paràsynthétic** 形
par·a·tax·is /pæ̀rətǽksəs/ 名 U 〖言〗 並列(構造)《接続詞なしに句と句, 節と節を並べる構造; 例えば Spare the rod, spoil the child.など →hypotaxis》.
▷ **par·a·tac·tic** 形
par·a·thi·on /pæ̀rəθáiən/ 名 U パラチオン《猛毒の農薬》.
par·a·thy·roid /pæ̀rəθáirɔid ⑱/ 〖解剖〗 形 副甲状腺(せん)の. —— 名 C 副甲状腺 (**parathýroid glànd**).
pára·tròoper 名 C 〖軍〗 落下傘兵.
pára·tròops 名 〈複数扱い〉 落下傘部隊.

P

pàra·týphoid [名][U] 〖医〗パラチフス.
par a·vion /pɑ̀ːrævjɔ́ːŋ/ 航空便で (by airmail). ［フランス語 'by airplane'］
par·boil /pɑ́ːrbɔ̀il/ [動][他] (普通, 短時間で)を半ゆで[半煮え]にする; 湯がく《後で料理する下ごしらえなどに》.
‡**par·cel** /pɑ́ːrs(ə)l/ [名] (複 **～s** /-z/)
【小さく分けたもの】 **1** [C] 包み, **小包**, 紙包, **小荷物**, ([類語] 〖英〗では特に郵便小包; →package). a ～ of books 本の⌊小包[ひと包み]. wrap up [undo, unwrap] a ～ 小包を作る[ほどく].

[連結] a heavy [a bulky] ～ // deliver [mail, send; get, receive; open, unwrap] a ～

2 [C] 〖主に米・法〗(大きな土地を分割した) 1 区画. a ～ of land 一区画の土地.
3 [aU] 一団, 一群; ひと山; 取り引き 1 回分の商品; 〈*of*..〔人, 物〕の〉. *a* ～ *of* bad boys 不良少年の一団.
pàrt and párcel →part [名].
—— [動] (～s|〖英〗-ll-) [他] **1** [VOA] (～/X/**out**) X を分割する, 分与する, 分配する. ～ *out* bread to the poor 貧者にパンを分配する. **2** を小包に(包装)する 〈*up*〉. She ～*ed* (*up*) some old clothes for the refugees. 彼女は難民用に古着を何着か小包にした. **3** [VOA] (～/X/**off**) X を(分売するために) 小分けする.
［<古期フランス語「一部分」(<ラテン語 *particula* 'particle')］
párcel bòmb [名][C] 〖英〗小包爆弾《小包に見せかけて郵送する》.
párcel pòst [名][U] 小包郵便《略 P.P., p.p.》.
†**parch** /pɑːrtʃ/ [動][他] **1** 〔熱気, 炎暑などが〕をからからに乾燥させる, 干からびさせる; 〔人, のどなど〕を渇かす 〈普通, 受け身で〉. ～*ing* heat 炎暑. The hot sun ～*ed* the corn. 熱い太陽がトウモロコシを干からびさせた. His throat was ～*ed* from the dry air. 空気が乾燥していて彼はのどがからからに渇いた. **2** 〔穀物など〕を炒(い)る, あぶる. —— [自] からからに乾燥する, 干上がる, 干からびる.
parched /-t/ [形] **1** 〔土地などが〕からからに乾いた; 〖話〗のどがからからで. moisten one's ～ lips 乾いた唇を(なめて)湿らす. **2** 炒(い)った. ～ beans 炒り豆.
parch·ment /pɑ́ːrtʃmənt/ [名] **1** [U] 羊皮紙《羊, ヤギなどの皮を写字用に精製したもの; →vellum》; 模造羊皮紙《卒業証書, 公文書などの他, ランプシェードや料理の包み焼きなどに用いる》. **2** [C] (模造羊皮紙の)証書, 卒業証書. **3** [C] 羊皮紙に書いた古代の文書[写本]. ［<ギリシア語 *Pérgamos* (小アジアの町で羊皮紙の産地)］
pard[1] /pɑːrd/ [名] 〖古・詩〗=leopard.
pard[2] [名][C] 〖米話〗相棒, 仲間. ［<*pard*ner］
pard·ner /pɑ́ːrdnər/ [名][C] 〖米方言〗相棒, 仲間. ★しばしば知らない人への呼びかけに用いる. ［<*partner*］
‡**par·don** /pɑ́ːrdn/ [名] (複 **～s** /-z/) [UC] **1 許すこと**, 勘弁すること, 容赦すること, 〈*for*..〔人の過ち, 無礼など〕を〉. ask for ～ 許しを乞(こ)う. ask [beg] his ～ *for* being late 彼に遅くなったおわびをする. A thousand ～*s for* my interruption. おじゃまして誠にすみません.
2 〖宗教〗(罪の)赦免, 許し; 〖法〗(有罪者の刑罰からの)特赦, 恩赦; 特赦状. give [grant] a person a ～ 人に恩赦を与える.
****I bèg your párdon.*** (1)〈下降調で〉**失礼しました**, ごめんなさい. [参考] 人の体をうっかり押したり, げっぷ, あくびをしたり, 言い間違いをしたような場合など軽い落ち度をわびる時に用いる. Pardon me., I'm sorry. とも言う. *I* do *beg your* ～. これはこれは失礼[大そうご無礼]しました. (2)〈下降調で〉失礼します, すみません. [参考] 見知らぬ人に話しかける場合や人混みを押し分けて通ろうとする時などに用いる. Pardon me., (I'm) sorry., Excuse me. とも言う. (3)〈上昇調で;?をつけて〉 **すみませんがもう一度お願いします**. [参考] よく聞こえ[分から]なかったことを聞き返す時に用いる. くだけた会話では Beg pardon?, Pardon? (〖主に米〗Pardon me?). とも言う. (4)〈上昇調で; ? または ! をつけて〉 何ですって. [参考] 相手の言ったことに驚きや不快感を表す時に用いる; くだけた会話では, Beg pardon?, Pardon?, Pardon me? 〖主に米〗, Excuse me? 〖主に米〗とも言う. (5)〈下降上昇調で〉失礼ですが ([参考] 人を呼び止めたり, 人に話しかけたりする時に用いる; Pardon me. 〖主に米旧〗とも言う; Excuse me. より丁寧). *I beg your* ～, but could you direct me to the Atlantic Hotel? 恐れ入りますがアトランティックホテルへどう行くのか教えていただけませんか. (6)〈下降上昇調で〉失礼ですが ([参考] 相手の意見, 発言などに賛成できない時などに用いる; Pardon me.とも言う.抑揚は(4)と同じ). "*I beg your* ～," the boy said, "but what you have just said is not true."「失礼ですが, あなたの今言われたことは真実ではありません」と少年は言った.
—— [動] (～s /-z/|[過][過分] **～ed** /-d/|**～·ing**) [他] **1** (**a**) 〔人〕を**許す**, **勘弁する**, 〈*for* (*doing*)..(する[した]こと)に対して〉; 〔人の行為〕を許す; [VO] (～ X(**'s**) *doing*) X が..するのを許す; ([類語] やや形式ばった語で, 厳密な用法では公の機関などが処罰しないという意味; →condone, excuse, forgive, overlook). *Pardon* ⌊me *for* ask*ing* [me ask*ing*, my ask*ing*], but where did you go to college? こんなこと聞いてすみませんが, 大学はどちらへ行きましたか. He is hard of hearing and may be ～*ed for* not answer*ing* at once. 彼は耳が遠いのですぐに答えられなかったのも無理はない. *Pardon* me *for* exist*ing* [liv*ing*, breath*ing*]. (叱(しか)られた時などに皮肉を込めて)生きていて悪うございましたね. *Pardon* my frankness [rudeness], but ... 率直に[失礼なことを]言わせてもらうなら... (**b**) [VOO] (～ X Y) X に Y (その行為) を許す, 勘弁する. *Pardon* me my interruption, but... 話の腰を折って恐縮ですが... ★me の次に for を入れれば [VO]; また *Pardon* my [me (**for**)] interrupting, but... なども言える; →(a).
2 〖法〗〔(有罪判決を受けた)人, 罪など〕を赦免する, 特赦する; [VOO] (～ X Y) X (人)の Y (罪など) を赦免する. The prisoner was ～*ed* ⌊at the last minute [two years of his sentence]. 囚人は⌊最後の瞬間になって赦免[刑期を 2 年免除]された.
***Párdon* (*me*).** →I beg your PARDON.
［<中世ラテン語「完全に許す」(<ラテン語 per-+*dōnāre*「与える」)］
par·don·a·ble /pɑ́ːrd(ə)nəb(ə)l/ [形] 許せる, 勘弁できる; 無理もない, 理解できなくはない. ▷**-bly** [副] 許せる程度に.
par·don·er /pɑ́ːrd(ə)nər/ [名][C] **1** 許す人. **2** 〖史〗免罪符売り (→indulgence 3).
‡**pare** /peər/ [動][他] **1** 〔果物など〕の皮をむく; 〔皮〕をむく; 〈*off*〉〈*with*..〔ナイフなど〕で〉. ～ an apple リンゴの皮をむく. ～ the rind *from* a slab of cheese チーズの上皮をそぎ取る. [参考] バナナの皮などを手でむくのは peel と言う. **2** 〔爪(つめ)〕を切る; 〔縁, 角など〕をそぎ[削り]取る; 〈*off*, *away*〉. **3** を切り詰める, 削減する, 〈*away*, *down*, *back*〉. ～ (*down*) expenses in the family to the bone [minimum] 家計をぎりぎりまで切り詰める.
pàred-dówn /[移]/ [形] 無駄を徹底してそぎ落とした. Hemingway's simple, ～ style ヘミングウェイの簡素なぜい肉の取れた文体.
par·e·gor·ic /pæ̀rəgɔ́(ː)rik/ [名][U] 〖医〗アヘン安息香チンキ《昔, 小児用下痢止め・せき止め薬として広く用いられた》.
paren. parenthesis.
‡**par·ent** /pé(ə)rənt/ [名] (複 **～s** /-ts/) [C] **1 親**《父親又は母親》, 養父[母]; (動物, 植物の)親(木); 〈(one's) ～s〉 **両親**, 父母. fond ～*s* 甘い親. a single [one]-～ family 片親家庭.

[連結] a strict [a harsh; an authoritarian; a

doting; an indulgent, a permissive] ～; adoptive [foster; biological, natural] ～*s* // obey [honor, respect] one's ～*s*

2〖古・雅〗〈普通 ～s〉祖先 (ancestor).
3〖雅〗〈大げさに〉原因, 起源, もと. Industry is the ～ of success. 勤勉は成功のもと (→mother).
4〈形容詞的〉親の; 親のような; もとの. a ～ bird [tree] 親鳥[親木]. a ～ language〖言〗祖語. a ～ company 親会社.
── [動] [他] の親になる, 親のようにふるまう (★目的語を省いた使い方もある). learn how to ～ 親としてどうふるまうかを学ぶ. [＜ラテン語「生み出す者」]

‡**par·ent·age** /pé(ə)rəntidʒ/ [名] **1** [U] 生まれ, 出身, 血統, 氏素姓. a man of noble [unknown] ～ 高貴の出である[氏素性のはっきりしない]男性. He is of mixed (Japanese and American) ～. 彼は(日米の)混血だ. **2** ＝parenthood.

***pa·ren·tal** /pərént(ə)l/ [形] [C]〈普通, 限定〉**親の**, 親としての; 親らしい. ～ duties 親としての義務. obtain ～ approval 親の承諾を得る. ◇[名] parent
▷ **～·ly** [副] 親として; 親らしく.

parèntal léave [名] [UC] 育児休暇.

***pa·ren·the·sis** /pərénθəsəs/ [名] ([複] **pa·ren·the·ses** /-siːz/) [C] **1** (普通, かっこ, ダッシュ, コンマで囲んだ) **挿入語句**《話し言葉ではイントネーションでそれと分かる》.
2〈普通 -ses〉**丸がっこ**, パーレン, 《( ); →brace, (round) bracket》. enclose a word in *parentheses* 単語を丸がっこで囲む. **3** 余談; (劇の)幕間(あい).
in parénthesis ほんのつけ足しとして, ついでに; ついでに言えば, ちなみに.
[＜ギリシア語「わきに置かれるもの, 挿入」]

pa·ren·the·size /pərénθəsàiz/ [動] [他] **1** を丸がっこに入れる[でくくる]. **2** を挿入句として入れる.

par·en·thet·ic, -i·cal /pæ̀rənθétik [移]/, /-k(ə)l [移]/ [形] **1** 挿入句の; 挿入句的な. **2** 補足的な, 敷衍(ふえん)的な; ついでの. ▷**par·en·thet·i·cal·ly** [副] 挿入句として; 挿入的に, ついでに; ちなみに, ついでに言えば.

‡**par·ent·hood** /pé(ə)rənthùd/ [名] [U] 親である[となる]こと; 親の身分.

pár·ent·ing [名] [U] 子育て(術); ＝parenthood; (★raising や bringing up に代わって社会学的・教育学的な文脈で近年使われ始めた).

pàrent-téacher associàtion [名] [C] 父母と教師の会, PTA.

par ex·cel·lence /pɑ̀ːr-èks(ə)lɑ́ːns|-⌐-⌐/ [形], [副] 特に抜きんでた[て], 最も優れた[て]; 際立った[て]; (★[形] は普通, 名詞の後につける). English is the international language ～. 英語はずば抜けた国際語である. [フランス語 'by (way of) excellence']

par·fait /pɑːrféi/ [名] [UC] パフェー《デザートの一種; アイスクリーム・シロップや泡立てたクリーム・果物などを重ねたもの; 又は泡立てたクリームとカスタードを凍らせたもの》. [フランス語 'perfect']

par·he·li·on /pɑːrhíːliən/ [名] ([複] **par·he·li·a** /-liə/) [C]〖気象〗幻日(げんじつ) (sundog, mock sun).

pa·ri·ah /pəráiə|pəráiə, pǽriə/ [名] [C] **1** (社会からの)のけ者 (outcast). **2**〈時に P-〉パーリア《インド南部の下層民; 四姓 (castes) より下の者》.

pa·ri·e·tal /pəráiət(ə)l/ [形] **1**〖米〗学内寮居住に関する. ～ regulations [rules] 学内寮規則《特に異性間の訪問時間に関するもの》. **2**〖解剖〗頭蓋(がい)骨頭頂の; 体腔壁の. ── [名]〈～s〉〖米〗学内寮規則 (→[形] 1).

par·i·mu·tu·el /pæ̀rimjúːtʃuəl/ [名]〖競馬〗**1** [U] トータリゼーター (totalizator) 方式《優勝馬に賭(か)けた人で手数料を除いた全賭け金を分配する方法; 英国の伝統的な賭け方は bookmaking》. **2** [C]〖米〗競馬[ドッグレース]賭け金表示器(〖英〗totalizator, tote). [フランス語 'mutual wager']

par·ing /pé(ə)riŋ/ [名] **1** [C]〈普通 ～s〉(野菜, 果物などの)薄くむいた皮; かんな屑(くず); 削り屑; 切った爪(つめ). potato ～*s* ジャガイモのむいた皮. **2** [U] 皮をむくこと.

pari passu /pɑ̀ːri-pǽsuː/ [副]〖主に法〗同時に, 同等に, 同じ歩調で. [ラテン語 'with equal step']

***Par·is**[1] /pǽrəs/ [名] パリ《フランスの首都》. ◇[形], [名] Parisian

Par·is[2] [名]〖ギ神話〗パリス《Troy 王 Priam の息子; →Helen of Troy》.

Pàris Commúne [名]〈the ～〉＝Commune (of Paris).

Pàris-Dákar Ràlly [名]〈the ～〉パリ・ダカール・ラリー《パリからセネガルのダカールまでの自動車・オートバイレース》.

***par·ish** /pǽriʃ/ [名] ([複] **～·es** /-əz/) [C] **1 教区**《キリスト教で 1 つの教会と 1 人(以上)の教区牧師 (parish priest) を持つ教会行政上の 1 区域; 宗派によって正確には「小教区, 牧会区, 聖堂区」などと呼ぶ; →diocese》.
2〖米〗(Louisiana 州の)郡 (★他州の county に相当). **3**〖英〗(行政)教区 (civil parish)《地方自治の最小単位, 特に村 (village)》.
4〈the ～〉(**a**)〈単数形で複数扱いもある〉〖英〗(行政)教区の住民. (**b**)〖米〗1 つの教会の全信者.
gò on the párish〖英史〗(救貧法 (poor law) があった時代に)〔貧民が〕教区の扶助(金)を受ける.
◇[形] parochial [＜ギリシア語「そばに住む人」]

pàrish chúrch [名] [C]〖英〗教区教会.

pàrish clérk [名] [C]〖英〗教区教会事務係.

pàrish cóuncil [名] [C]〖英〗教区会《[名] 1 の教区の行政機関》.

pa·rish·ion·er /paríʃ(ə)nər/ [名] [C] 教区民.

pàrish-púmp [移]/〖英旧〗[形]〈限定〉'井戸端会議'的な, その土地の人にとってだけ関心[利害]のある. ～ politics 地元の利害優先の政治.

pàrish régister [名] [C] 教区記録簿《教区内の洗礼, 結婚, 埋葬などを記載した帳簿》.

†**Pa·ri·sian** /pəríʒ(ə)n, -ziən/ [形] パリの; パリ市民の, パリジャン風の. ── [名] [C] パリ市民, パリっ子, パリジャン.

‡**par·i·ty** /pǽrəti/ [名] [U] **1** (力量, 地位, 程度, 価値などの)同等性, 互角, 均等, 〈*with* ..との〉(equality). the ～ of pay 給与の均等. Blue-collar workers will demand ～ (in pay scales) *with* white-collar workers. 工場労働者は(給与体系で)頭脳労働者と対等になることを求めるだろう. **2** 類似, 類推. by ～ of reasoning 類推によって. **3**〖金融〗平衡価格, 平価. ～ of exchange (為替)平価《他国通貨との交換比率》.
4〖米〗農産物価格水準, パリティ方式, 《農家の購買力を一定に保つために政府が維持する》.

‡**park** /pɑːrk/ [名] ([複] **～s** /-s/) **1** [C] **公園, 遊園地**; 自然公園, 国立公園; 《単に広場にベンチ, 池などを配した小規模のものから, 自然の山野そのままの景観を保存した広大なものまで》. Central *Park* セントラルパーク《New York 市にある》. Yellowstone National *Park* (米国の)イエローストーン国立公園. ★複合語の第 2 要素として用いられる: →amusement park. safari park. theme park.
2〈the P-〉〖英〗＝Hyde Park. **3** [UC]〖英〗私園《田舎にある貴族などの本宅 (country [manor] house) を囲んだ広大な土地; しばしば牧草地, 森林, 湖水などもある》.
4 [C]〈複合語で〉(特定の活動, 用途のための, 広大な)敷地, ..用地. an industrial ～〖米〗工業団地. a trailer ～ トレーラーハウス用キャンプ地. →business [office] park. **5** [C]〖米〗競技場, スタジアム, 野球場 (ballpark);〖英話〗〈the ～〉サッカー[ラグビー]競技場.
6 [C]〖軍〗(銃砲などの)軍用品置き場.
7 [C]〖英〗駐車場 (car park;〖米〗parking lot).
8 [U] パーク《オートマチック車の変速レバーの駐車の位置;

P

P と略す》. put the car in ～ [*P*] 車のシフトレバーをパークにする.

── 動 (～s /-s/|[過] [過分] ～ed /-t/|**párk·ing**) [他]

1 〔車, 自転車など〕を**駐車させる**. You can't ～ your car on [〘英〙in] this street. この通りに駐車してはいけない. Your car is [You are] illegally ～*ed*. 君(の車)は駐車違反だ.

2 〘話〙[VOA] (一時的に, 時には迷惑をかえりみず)を置く, 置きっ放しにする, 預けておく. They ～*ed* their things ⌊*in* the baggage room [*with* him]. 彼らは手回り品を⌊手荷物取扱所に置いてきた[彼に預けておいた].

── [自] 〔人が〕駐車する.

párk oneself 〘話〙ひとまず腰を落ち着ける; 居座る.

[＜中世ラテン語「囲い地」(＜ゲルマン語)]

par·ka /pάːrkə/ [名] [C] パーカ《登山, スキーなどに用いるフード付きの防寒ジャケット; anorak より長い; もとはイヌイット (Inuit) の服》.

pàrk and ríde [名] [U] 〘英〙パーク アンド ライド方式《交通緩和のため市街の外で自家用車を駐車し, 所定のバスで市中に入る》.

Pàrk Ávenue [名] パークアヴェニュー《New York 市 Manhattan 区のほぼ中央を南北に走る大通りで高級住宅街》.

Par·ker /pάːrkər/ [名] パーカー **1** [C] 〘商標〙《米国の The Parker Pen Co. 社製の万年筆・ボールペン》. **2** **Charlie** ～ (1920–55)《米国のジャズ作曲家・アルトサキソフォン奏者; bebop の開拓者; 愛称 Bird, Yardbird》.

par·kin /pάːrkin/ [名] 〘英〙パーキン《オートミール・糖蜜で作るショウガ入りのケーキ》.

park·ing** /pάːrkiŋ/ [名] [U] **1** (車の)**駐車**. **2** 駐車場所. ***Nò párking. 〘掲示〙駐車禁止.

párking garàge [名] [C] 〘米〙駐車ビル.

párking lìght [名] [C] 〘米〙〈普通 ～s〉(自動車の)駐車灯《夜間駐車時に点灯; 〘英〙sidelight》.

párking lòt [名] [C] 〘米〙駐車場 (〘英〙car park).

párking mèter [名] [C] 駐車メーター.

párking òrbit [名] [C] (宇宙船の)中継軌道.

párking tìcket [名] [C] 駐車違反のチケット. write a ～ 〔警官が〕駐車違反のチケットを切る.

par·kin·son·ism /pάːrkinsənìz(ə)m/ [名] ＝Parkinson's (disease).

Pár·kin·son's (disèase) /pάːrkinsnz-/ [名] [U] 〘医〙パーキンソン病. [＜James *Parkinson* (1755–1824)《英国の外科医》]

Párkinson's làw [名] [U] パーキンソンの法則《英国の経済学者 C. N. *Parkinson* (1909–93) が唱えた諷刺的な経済法則; 「公務員の数は仕事の量とは関係なく一定の割合で増加する」などいくつかある》.

párk kèeper [名] [C] 〘英〙(公立公園の)管理人.

párk·lànd [名] [U] **1** 〘英〙貴族などの大邸宅の周辺の(樹木のある広い)緑地. **2** 公園.

Pàrk Láne [名] パークレーン《ロンドン中央部のハイドパークの東端に沿う通り; 高級住宅やホテルが並ぶ》.

párk·wày [名] (複 ～s) [C] 〘米〙パークウェー, 公園道路, 《両側に並木, 芝生などのある大通り; また中央分離帯のある自動車専用道路》; 〘英〙駐車場の設備のある駅.

park·y /pάːrki/ [形] [e] 〘英話〙〔空気, 天候などが〕ひんやりした (chilly).

par·lance /pάːrləns/ [名] [U] 〘章〙話しぶり, 口調; 言葉遣い. in medical ～ 医学用語で(は). in common ～ 俗な言葉で(は). [＜古期フランス語 *parler*「話す」; -ance]

par·lay /pάːrlei, -li/ 動 (～s|[過] [過分] ～ed|～·ing) [他] 〘米〙**1** 〔元金ともうけた金〕をそっくり次の賭(か)けに賭ける(〘英〙double up). **2** 〘話〙[VOA] (～ X *into* ..) X (資本など)を..までうまく殖やす; X (能力・実績など)を..に利用する. ── [名] [C] 〘米〙元金ともうけた金を次の賭けに賭けること.

par·ley /pάːrli/ [名] (複 ～s) [C] 〘旧〙(紛争解決のための)会談, 交渉; (特に敵側との休戦などについての)談判. hold a ～ (with ..) (..と)交渉する, 談判する. peace ～*s* 和平交渉. ── 動 (～s|[過] [過分] ～ed|～·ing) [自] 会談[談判]する 〈*with* ..と〉.

‡**par·lia·ment** /pάːrləmənt/ [名] (複 ～s /-ts/) **1** [C] 〈単数形で複数扱いもある〉**議会**, **国会**; 会期中の議会. convene [summon] a ～ 議会を召集する. the British [French] ～ 英国[フランス]議会. dissolve a ～ 議会を解散する. prorogue [adjourn] a ～ 議会を休会する.

2 〈P-; 無冠詞で〉**英国議会**《the House of Commons (下院)と the House of Lords (上院)から成るが, 特に前者を指す; →congress, diet²》. stand for *Parliament* 国会議員に立候補する. *Parliament* is sitting [in session]. 議会は開会中だ. →Houses of Parliament, Member of PARLIAMENT.

ènter [gò into, gèt into] Párliament 〘英〙下院議員になる.

òpen Párliament 〘英〙〔国[女]王が〕議会の開会を正式に宣する.

[＜古期フランス語「話すこと」(＜*parler*「話す」)]

†**par·lia·men·tar·i·an** /pὰːrləmenté(ə)riən/ [名] [C] **1** 議会通《議会の法規, 慣習などに通じた人》; 議会運営のベテラン. **2** 〈時に P-〉〘英〙国会議員. **3** 〈P-〉〘英史〙議会党員 (Roundhead).

†**par·lia·men·ta·ry** /pὰːrləmént(ə)ri [移]/ [形] **1** 議会の, 国会の; 議会で制定された. ～ government 議会政治. (a) ～ democracy 議会制民主主義(国家). ～ procedures 議会運営手続き. a ～ candidate 国会議員候補者. **2** 〔言動などが〕議会[国会]の法規に従った; 議会に適した; 丁寧な.

Parliamèntary Commíssioner (for Administrátion) [名] [C] 〘英〙国会行政監察官.

***par·lor** 〘米〙, **-lour** 〘英〙 /pάːrlər/ [名] (複 ～s /-z/) [C] **1** 〘主に米〙(ある種の職業の)営業室, **店舗**. a beauty ～ 美容院. an ice cream ～ アイスクリーム(主体の)喫茶店. a funeral ～ 葬儀社. a billiard ～ 玉突き場. →massage parlor.

2 〘旧〙客間. [参考] 一般住宅の場合は現在では living [〘英〙sitting] room (居間)と言うことが多い.

3 〘旧〙(ホテル, クラブなどの)**談話室**, 休憩室.

[＜古期フランス語「(女子修道院の)応接室＜話す場所」(＜*parler*「話す」)]

párlor càr [名] [C] 〘米〙特別客車 (Pullman)《座席指定制で豪華な設備がある; 〘英〙saloon car; →coach》.

párlor gàme [名] [C] 室内ゲーム《クイズや言葉遊びなど》.

párlor·màid [名] [C] 〘英〙(昔の)給仕係メード (→maid).

párlor trìck [名] [C] (ちゃちな)お座敷芸, 隠し芸.

par·lous /pάːrləs/ [形] 〘古·戯〙危険な, 不安定な, 一触即発の, 〔国際関係, 経済状況など〕; 扱いにくい. ～ state of the Japanese economy 日本経済の危機的な状況. [＜*perilous*]

Par·ma /pάːrmə/ [名] パルマ《イタリア北部の都市》.

Par·me·san /pάːrməzæ̀n|⌐-⌐, ⌐-⌐/ [名] [U] パルメザンチーズ (**Pàrmesan chéese**)《北イタリア Parma 原産の味の濃い乾いた堅いチーズ; おろしてスパゲッティなどに振りかける》.

Par·nas·si·an /pɑːrnǽsiən/ [形] **1** パルナソスの. **2** 詩の; (フランスの)高踏派の.

── [名] [C] 高踏派の詩人《Baudelaire など》.

Par·nas·sus /pɑːrnǽsəs/ [名] **1** 〘ギ神話〙**Mount** ～ パルナソス山《Apollo と Muses が住んでいたと伝えられるギリシア中部の山》. **2** [C] 文芸の中心地. **3** [U] 詩壇, 文壇; 詩集, 文学作品集.

‡**pa·ro·chi·al** /pəróukiəl/ [形] **1**〈限定〉教区(parish)の. **2** 地方的な; 視野の狭い, 偏狭な. ～views 偏狭な見解. ▷**～·ly** [副]

pa·ró·chi·al·ìsm [名] [U] **1** 狭量さ; 地方根性. **2** 教区制度.

paróchial schòol [名] [C] 〖米〗教区立学校《宗教団体, 特にカトリックが経営する私立中学校[高等学校]》.

par·o·dist /pǽrədist/ [名] [C] パロディー作者, もじり詩文作家.

‡**par·o·dy** /pǽrədi/ [名] ([複] **-dies**) **1** [UC] パロディー, もじり詩文, 替え歌, 〈*of, on* ..の〉《周知の文学作品, 楽曲などを風刺的, 諧謔(かいぎゃく)的に模倣したもの》. **2** [C] 下手なまねごと, 拙劣な模倣作, 〈*of, on* ..の〉. a ～ *of* a factory 名ばかりの工場. a ～ *of* justice 正義を愚弄(ぐろう)する[不公平極まる]もの.

── [動] (**-dies**|[過] [過分] **-died**|**～·ing**) [他] をもじり詩文にする; を滑稽(こっけい)に模倣する, (まねして)茶化す. He is good at ～*ing* Oscar Wilde. 彼はオスカー・ワイルドのパロディーを書くのがうまい.

[＜ギリシア語「まねて歌う歌」(＜para-¹ ＋*ōidē*「歌」)]

‡**pa·role** /pəróul/ [名] [U] **1** 仮釈放, 仮出所; 仮出所[仮釈放]の期間. **2**〖軍〗(戦線復帰または逃亡しないという捕虜の)釈放宣誓. **3**〖言〗パロール《言語の具体的使用; →langue》.

brèak (one's) paróle 仮出所したまま逃亡する;〖軍〗釈放宣誓を破る.

on paróle 仮出所して;〖軍〗宣誓釈放されて. release ..*on* ～＝parole [動].

── [動] [他] を仮釈放[出所]させる;〖軍〗を宣誓釈放する.

[フランス語 'speech, promise']

pa·rol·ee /pəròulíː/ [名] [C] 仮釈放[出所]者.

pa·rot·id /pərɑ́təd|-rɔ́t-/ [形] 〖医〗耳下腺(せん)の.

── [名] [C] 耳下腺 (**parótid glànd**).

par·o·ti·tis /pæ̀rətáitəs/ [名] [U] 〖医〗耳下腺(せん)炎, おたふくかぜ, (mumps).

par·ox·ysm /pǽrəksìz(ə)m/ [名] [C] **1** (感情などの)激発 (fit). in a ～ of grief [rage] 突然悲しみに襲われて[激怒して]. **2** (病気, 痛みなどの)発作, けいれん, (spasm). the ～*s* of an epileptic seizure てんかんの発作.

par·ox·ys·mal /pæ̀rəksízməl [移]/ [形] 発作の; 発作的な.

par·quet /pɑːrkéi|⌐⌐/ [名] **1** [UC] 寄せ木細工の床(張り). **2** [C] 〖米〗(劇場の) 1 階正面席(〖英〗stalls).

── [動] [他] 〖米〗に寄せ木細工で床を張る. [＜中期フランス語「小さな囲い地」(＜*parc* 'park')]

pàrquet círcle [名] [C] 〖米〗(劇場の) 1 階後部席《parquet [名] 2 の後ろ, 2 階席の下;〖英〗pit》.

par·quet·ry /pɑ́ːrkətri/ [名] [U] (床張りなどの)寄せ木細工, 寄せ木張り.

parr /pɑːr/ [名] ([複] **～s, ～**) [C] サケ (salmon) の子魚.

par·ra·keet /pǽrəkìːt/ [名] ＝parakeet.

par·ri·cid·al /pæ̀rəsáidl [移]/ [形] (父)親殺しの.

par·ri·cide /pǽrəsàid/ [名] **1** [U] 親殺し《特に父親殺し (patricide); →matricide》; 近親者殺し. **2** [C] (父)親殺しの犯人.

***par·rot** /pǽrət/ [名] ([複] **～s** /-ts/) [C] **1**〖鳥〗オウム《オウム科の鳥の総称》. **2**〖普通, 軽蔑〗訳も分からず[機械的に]他人の言葉[行為]をまねする[繰り返す]人; 人の受け売りをする人. play the ～ 人の口まねをする.

(as) sìck as a párrot 〖主に英話〗ひどく失望して.

párrot fàshion 〈副詞的に〉おうむ返しに; 猿まねして.

── [動] [他] 〖普通, 軽蔑〗をおうむ返しに言う; を(意味も分からず)機械的にまねして繰り返す.

párrot crỳ [名] [C] おうむ返しにされる言葉, (闘争の)「スローガン.

párrot fèver [diseàse] [名] [U] 〖医〗オウム病《オウムなどの鳥の病原菌が人に感染して起こる》.

par·ry /pǽri/ [動] (**-ries**|[過] [過分] **-ried**|**～·ing**) [他] **1**〔剣, 打撃など〕を払いのける, かわす, 受け流す. **2**〔質問など〕の矛先をそらす; を言い逃れる. The prime minister *parried* awkward questions skillfully. 首相は都合の悪い質問をうまく言い抜けた.

── [名] ([複] **-ries**) [C] **1** (フェンシングなどで相手の剣先の)受け流し, かわし, (↔pass). **2** 言い逃れ, 逃げ口上.

parse /pɑːrs|pɑːz/ [動] [他] 〖文法〗〔文〕を解剖する《文の各構成要素の品詞・語形・構文上の相互関係などを分析・決定する》. **──** [自] 文の解剖をする.

par·sec /pɑ́ːrsèk/ [名] [C] 〖天〗パーセク《3.26 光年に等しい距離単位》. [＜*par*allax *sec*ond]

Par·see, -si /pɑ́ːrsiː, ⌐⌐|⌐⌐/ [名] [C] 〖史〗パルシー教徒《7, 8 世紀にイスラム教徒によってペルシアからインドに追われた人々の子孫の 1 人; ゾロアスター教徒》.

pars·er /pɑ́ːrzər/ [名] [C] 〖電算〗パーザー《キーワードによってコンピュータに入力された情報を翻訳処理する構文分析用のプログラム(の一種)》.

par·si·mo·ni·ous /pɑ̀ːrsəmóuniəs [移]/ [形] 〖章〗吝嗇(りんしょく)な (stingy), 出し惜しみする, 〈*with* ..に, を〉.

▷**～·ly** [副] けちけちして. **～·ness** [名] [U] 吝嗇, けち.

par·si·mo·ny /pɑ́ːrsəmòuni|-məni/ [名] [U] 〖章〗極端な倹約, 吝嗇(りんしょく), 出し惜しみ.

†**pars·ley** /pɑ́ːrsli/ [名] [U] 〖植〗パセリ《セリ科の栽培植物》; パセリの葉《調味料, 香辛料にする》.

pàrsley sáuce [名] [U] パセリソース《パセリのみじん切りを混ぜたホワイトソース; 英国で主に魚にかけて食べる》.

pars·nip /pɑ́ːrsnəp/ [名] [C] 〖植〗アメリカボウフウ, パースニップ, 《セリ科の栽培植物; 根は食用》. Fair [Fine, Kind, Soft] words butter no ～*s*. 〖諺〗口先だけのお世辞は何の役にも立たぬ.

†**par·son** /pɑ́ːrs(ə)n/ [名] [C] 〖旧〗**1** (英国国教会の)教区牧師《rector, vicar など》. **2**〖話〗(特に新教の)聖職者, 牧師. [person と同源]

par·son·age /pɑ́ːrs(ə)nidʒ/ [名] [C] 〖旧〗牧師館《教区牧師の住居》.

pàrson's nóse [名] [C] 〖英話・戯〗料理された鶏[七面鳥]の尻(しり)肉 (〖米俗〗pope's nose).

‡**part** /pɑːrt/ [名] ([複] **～s** /-ts/)

【部分】 **1** [C] (全体中の)**一部分** ([類語] 部分を意味する一般的な語; →portion 1, section, segment). the lower ～ of the garden 庭の低い部分. in the early ～ of the summer その夏の初めごろ. the greater ～ of his life 彼の生涯の大部分. [注意] 独立した 1 個のものは piece と言う: a *piece* of cake (ケーキ 1 つ). (a) ～ of .. →成句

[連結] an important [an essential; a large, a major, a significant; a minor, a small] ～

2 [C] (体の)器官;〖話〗〈普通 ～*s*〉陰部, 局部. the inner ～*s* of the body 内臓. one's (private) ～*s* 陰部. **3** [C] (機械の)部品, パーツ. auto ～*s* 自動車の部品. spare ～*s* 予備の部品, 部品のスペア.

4【国土の部分】 [C]〈普通 ～*s*〉〖話〗**地方**, **地域**, 区域. travel in foreign ～*s* 外国の各地を旅行する. I'm a stranger in these ～*s*. 私はこの辺りの事情[地理]に暗いのです. What ～ of the States are you from? アメリカのどの地方のご出身ですか.

5【等分した部分】 [C] **(a)**〈序数詞に添えて〉..分の 1. A cent is a 100th ～ of a dollar. 1 セントは 1 ドルの 100 分の 1 である. **(b)**〈基数詞に添えて〉(等分した) 1 つの部分, 割合. This salad dressing is two ～*s* vinegar, and three ～*s* oil. このサラダドレッシングは酢 2 油 3 の割合です. A good gin and tonic should be no more than four ～*s* tonic. おいしいジントニックはトニックが 5 分の 4 より多くてはいけない.《一般にこの型の句では ～*s* の前に置かれる基数詞は(表現されていない)分母より 1 つ少ない数》. with equal ～*s* of fear and curiosity 恐怖心半分と好奇心半分で.

【区分】 6 Ⓒ (文学作品, 論文などの)編, 部. *Part* Two 第2部, 第2編. a long poem in five ~*s* 5部からなる長詩. 7 Ⓒ 〖楽〗(声楽, 器楽の)声部, 音部; 楽曲の一部. What ~ do you sing? Tenor? 何のパートを歌うのですか. テノールですか.

【仕事の区分＞役割】 8 Ⓒ 〈普通, 単数形で〉(仕事の)**役割**, 役目; 本分, 務め, (duty). act [do] one's ~ admirably 自分の役目を立派に果たす.

9 Ⓒ (俳優の)**役** (role); 役のせりふ. the main ~ in a play 芝居の主役. play the ~ of Hamlet ハムレットの役を演ずる.

10【役割を持つこと】 Ⓒ 〈普通, 単数形で〉 **関係**, かかわり, 〈*in* ..との〉. his ~ *in* the crime 犯罪への彼の関与. play a [no] ~ *in* the movement その運動に関与している[していない]. I want no ~ of [*in*] the project. その計画にはかかわりたくない.

11【役割を果たす能力】 Ⓒ 〖やや古〗〈普通 ~s〉(種々の)才能. a man [woman] of (many) ~*s* 多才な人.

【分割】 12 Ⓤ (競技, 論争, 合意などの)側(がわ), (相手)方(かた). Neither ~ agreed to the mediation. どちらの側も調停に合意しなかった.

13 Ⓒ 〖米〗 頭髪の分け目 (〖英〗 parting).

◇形 partial 副 partly, partially

(a) part of .. (1) ..の一部分, 幾分か, (★普通, 無冠詞; of に続く名詞が単数形の名詞の時は単数扱い, 可算名詞の複数形及び集合名詞の時は複数扱い; 不定代名詞に近い用法). *Part of* the apple *is* rotten. そのリンゴ(1個)のある部分は腐っている. *Part of* (=Some of) the apples *are* rotten. リンゴのうちの数個は腐っている (★次に来る名詞が複数の時は some of を使う方が普通). *Part of* our class take French lessons. クラスの何人かはフランス語を取っている. a good [large] ~ of the budget 予算の大部分, 半分以上 (★part に形容詞がつく時は a をつける). (2) ..の(重要な)一員[一部], 要素. *an* indispensable ~ *of* the team チームの不可欠な一員. Discipline forms (*a*) ~ *of* teaching. しつけは教育の一環である.

drèss the párt 役柄[地位など]にふさわしい服装をする.

****for a pérson's pàrt*** (他の人はとにかく)〔人〕としては, 〔人〕だけは. *for* her ~ 彼女としては. *For* my ~, I have no objection to the plan. 私としてはその計画に異存ありません.

****for the móst pàrt*** **大体は**, 概(おおむ)ね, 大部分は; たいてい(の場合)は. *For the most* ~ I agree with what he said. 彼の言った事に大部分賛成です.

in làrge [gòod] párt ほとんど, 非常に.

****in párt*** **部分的に**; 幾分か. It's my fault *in* (small) ~, too. 幾分かは私の罪でもある.

in párts 部分に分かれて; 分冊で; 所々; =in PART.

lòok the párt その役柄[地位など]にふさわしい態度をしている; =dress the PART.

on a pèrson's párt=on the párt of a pèrson 人の方の, 人の側の[では]. A little more cooperation *on the* ~ *of* the members would be appreciated. 会員諸氏の側の一層のご協力をいただきたく存じます.

pàrt and párcel 重要な部分, 眼目, 〈*of* ..の〉.

plày a párt (1) 役目を果たす, (ある)役割を演じる, 〈*in* (doing) ..(すること)に〉. She *played a* leading ~ *in* Women's Lib. 彼女は女性解放運動で主導的な役割をした. (2) お芝居をする, 装う, 偽りの行動をとる, 《play the ~ of.. は →名 9》. Tom is *playing a* ~, so ignore him. トムはお芝居をしているんだから彼は無視しなさい.

tàke..in gòod párt 〖旧〗〔人の言動〕を善意にとる, に怒らない.

****tàke párt (in ..)*** (..に)**参加する**, 関係を持つ, (類語 participate より日常語的). *take* ~ *in* a demonstration デモに参加する.

tàke párt with a pérson=tàke the pàrt of a pérson=tàke a pèrson's párt 人に味方する, 人の側につく, 人の肩を持つ.

the bèst párt of .. →best.

── 動 (~s /-ts/|過 過分 **párt·ed** /-əd/|**párt·ing**) 他 を分ける; を引き離す; 〈*from* ..から〉; 分割する, 分配する; 〔頭髪〕を分ける. The father ~*ed* the fighting sons. 父親は取っ組み合いのけんかをしている息子たちを引き離した. The child was ~*ed* from its mother. 子供は母親から引き離された. ~ the curtains to look out 外を見ようとカーテンを(左右に)開ける. ~ one's hair in the middle 髪を真ん中で分ける. ~ the rope [apple] in two 綱[リンゴ]を2つに切る.

── 自 1 〔綱, 布などが〕切れる; 割れる. The chain ~*ed* at the weakest link. 鎖は一番弱い鐶(かん)の所で切れた.

2 〔物が〕(別々の方向に)**分かれる**. The road ~*ed* at the milestone. 道は里程標のところで2つに分かれた.

3 別れる 〈*from* ..と〉; VA (~ *as* X)・VC (~ X) X として別れる. I ~*ed from* my friend in anger. 私は友達とけんか別れをした. We ~*ed* (*as*) friends. 我々は友人として(仲良く)別れた.

pàrt cómpany (1) 絶交する, 袂(たもと)を分かつ, 係わりを絶つ, 〈*with* ..と〉. (2) 別れる. (3) 意見が分かれる 〈*with* ..と/*on* ..について〉.

párt with .. 〔所有物など〕を(しぶしぶ)手放す. The girl refused to ~ *with* her old doll. 少女は自分の古い人形を手放すのを拒んだ.

── 副 ある程度は, 一部分, (partly). ★普通, 用例のように ~ X, ~ Y として用いる. What he said is ~ right, ~ wrong. 彼の言ったことは一部正しいが一部間違っている.

── 形 部分的の, 一部の, (partial). in ~ payment 分割払いで. a ~ owner 共有者.

[＜ラテン語 *pars*「部分, 分け前, 側, 方向」]

part. participle; participial; particular.

par·take /pɑːrtéik, pər-/ 動 (~s /-s/|過 **-took** /-túk/|過分 **~n** /-(ə)n/|**-tak·ing**) 自 〖章・雅〗 1 VA (~ *in*..) ..に参加する; (~ *in, of*..) 〔苦楽など〕を共にする; (類語 share より形式ばった語; →participate). ~ *in* the festivities 祭りに加わる. ~ *in* each other's sorrows 悲しみを分かち合う.

2 性質を帯びる, 気味がある, 〈*of* ..の〉. The policeman's manner *partook of* insolence. その警察官の態度には傲(ごう)慢なところがあった.

3 〖旧・戯〗 相手をする 〈*of* ..〔飲食〕の〉, (幾らか)食べる[飲む] 〈*of* ..を〉. ~ *of* their dinner 彼らの食事のお相伴にあずかる. Let's ~ *of* a meal before we set forth. 出かける前に一緒に食事をしましょう. [＜*part take*r]

par·tak·en /pɑːrtéik(ə)n, pər-/ 動 partake の過去分詞.

par·terre /pɑːrtéər/ 名 Ⓒ 1 〖米〗 =parquet circle. 2 パルテア《庭園の中で, 花壇と芝生や通路を美的に配列した部分》. [＜フランス語 'on (the) ground']

pàrt exchánge 名 ⓊⒸ 〖主に英〗 (商品の)下取り (→trade-in).

par·the·no·gen·e·sis /pɑ̀ːrθənoudʒénəsəs/ 名 Ⓤ 〖生物〗 単性[処女]生殖. ▷**-gen·é·tic** /-dʒənétik/ 形

Par·the·non /pɑ́ːrθənɑ̀n|-nən/ 名 〈the ~〉 パルテノン《ギリシアの Athens にある Acropolis 丘上の女神 Athena の神殿; 紀元前5世紀の建造》. 「(の).

Par·thi·an /pɑ́ːrθiən/ 名 Ⓒ, 形 (古代)パルティア人↑

Pàrthian shót 名 Ⓒ 捨てぜりふ《昔パルティア人が退却の途中でも矢を射たことから》.

***par·tial** /pɑ́ːrʃ(ə)l/ 形 m

【部分の】 1 ⓒ **一部分の, 部分的な**, 局部的な; 不完全な; (↔total, complete). a ～ loss 部分的損失. a ～ eclipse 部分日[月]食. make a ～ recovery from one's illness 病気から少し回復する. a ～ knowledge of the subject その問題についての生半可な知識.
【一部分に片寄る】 **2** えこひいきする 〈*to*, *toward* ..を, に〉; 不公平な; (↔impartial). The teacher is ～ *to* his brighter students. その教師はよくできる学生をえこひいきする. He is ～ in his judgments. 彼の判断は公平でない.
3 〈叙述〉 大好きで 〈*to* (do*ing*) ..(すること)が〉. I am ～ *to* black coffee. 私はブラックコーヒーに目がない. He is ～ *to* intellectual women. 彼は知的な女性が好きだ.

‡**par·ti·al·i·ty** /pɑ̀:rʃiǽləti/ 名 **1** U 部分[局部]的であること. **2** U 不公平; えこひいき; 〈*to*, *toward* ..への〉; (↔impartiality). without favor or ～ 公平無私に. **3** aU 特別に好むこと 〈*for*..を〉, 大好き 〈*for* ..が〉. Dad has a ～ *for* pickles. お父さんはピクルスが好物だ.

†**par·tial·ly** /pɑ́:rʃ(ə)li/ 副 **1** (程度が)部分的に, 一部分だけ, (↔fully; →partly). a ～ blind [sighted] old man あまりよく目の見えない老人. He is ～ to blame for the accident. 彼には事故の責任の一端がある. **2** 不公平に, えこひいきして.

pàrtial negátion 名 U 〖文法〗 部分否定.

***par·tic·i·pant** /pərtísəpənt, pɑ:r-|pɑ:-/ 名 (複 **～s** /-ts/) C **参加者**, 参与者, 関係者, 〈*in* ..への〉.
—— 形 携わる, 関係[関与]する.

par·tic·i·pate** /pərtísəpèit, pɑ:r-|pɑ:-/ 動 (～s /-ts/|過 過分 **-pat·ed** /-əd/|**-pat·ing**) 自 **1 参加する**, 加わる, 〈*in* ..に〉; **関係[関与]する**, 加担する, 〈*in* ..に〉; **共にする** 〈*in* ..〔利益, 苦しみなど〕を〉; (類語 形式ばった語で, 積極的な役割に重点がある; →join, partake, share, take part in). ～ *in* an international convention 国際大会に参加する. I ～*d* with him *in* the gains. 私は彼ともうけを共にした. **2** 〖古章〗 VA (～ ***of ..) ..の性質を少し持っている, 気味がある. His speech ～*d of* wit. 彼のスピーチはウィットがあった.
[＜ラテン語「参加する」(＜ *pars* 'part' + *capere* 'take')] ▷**-pa·tor** 名

†**par·tìc·i·pá·tion** 名 U 参加 〈*in* ..への〉; 関係, 関与, 〈*in* ..との〉. Your ～ *in* this meeting will be appreciated. この会にご参加くだされば光栄に存じます《招待状などの文句》.

> 連結 full [active; enthusiastic, whole-hearted; willing; reluctant; compulsory; voluntary] ～

par·tic·i·pa·tive /pɑ:rtísəpətiv, -pèitiv|-pətiv/ 形 〈普通, 限定〉 (特に経営方式が)全員参加(型)の.

par·tic·i·pa·to·ry /pɑ:rtísəpətɔ̀:ri|pɑ:tìsəpéit(ə)ri ⓢ/ 形 〈普通, 限定〉 参加(方式)の. ～ democracy 直接民主主義.

par·ti·cip·i·al /pɑ̀:rtəsípiəl ⓢ/ 形 〖文法〗 分詞の. ▷ **～·ly** 副

pàrticipial ádjective 名 C 分詞形容詞《現在分詞, 過去分詞から生じた形容詞: an *interesting* book, a *retired* officer など》.

pàrticipial constrúction 名 C 分詞構文.

> 文法 **participial construction** (分詞構文)
> *Sitting* down on the sofa, he began to read the newspaper. (ソファーに腰を下ろして彼は新聞を読み始めた)で *Sitting*..sofa は After he sat..sofa と書き変えることができ, 副詞節と同じ役をしている. この言い方を分詞構文と呼ぶ.
> 　分詞構文にはほかに, 理由を表す場合: *Being* the oldest of the group, I had to take the leadership. (グループの最年長だったので私はリーダーにならなければならなかった), 付帯状況を表す場合:We went on in the dark, *taking* every care we could. (できる限りの注意を払いながら我々は暗闇(ゃみ)の中を進んだ)や, 条件や譲歩を表す場合もある.
> 　過去分詞も分詞構文に用いられる. *Born* in 1919, he is a pretty old man. (1919 年生まれだから彼はかなりな老人である)
> 　上に挙げた分詞構文はすべて文の主語と分詞の意味上の主語が同一である. 両者が異なる場合は独立分詞構文となる (→absolute participial construction).
> 　一般に分詞構文は文章体である.

†**par·ti·ci·ple** /pɑ́:rtəsip(ə)l/ 名 C 〖文法〗 分詞. the present [past] ～ 現在[過去]分詞.

> 文法 **participle** (分詞)
> 動詞の非定形 (nonfinite form) の 1 つ. 現在分詞 (present participle) と過去分詞 (past participle) とがある. 前者は進行形 (progressive form), 後者は受動態 (passive voice) と完了時制 (perfect tense) を作るのが主な役割である. 両者とも修飾語として, また分詞構文 (→participial construction) としても用いられる.
> 　修飾語として他動詞の現在分詞は能動的な意味に, 過去分詞は受動的な意味に用いることが多い.
> a *loving* son—a *loved* one/ scorch*ing*—heat*ed*
> 　自動詞の現在分詞は動作が進行していることを, 過去分詞は完了の意味を表すのが普通.
> *running* water; a *going* business; a *retired* man (＝a man who has retired).

[＜ラテン語「(機能を)併せ持つもの」]

***par·ti·cle** /pɑ́:rtik(ə)l/ 名 (複 **～s** /-z/) C
1 微小な粒; **微量**, 極少量. small ～*s* of grease and dirt on my glasses 私の眼鏡に付いた微細な油汚れとごみ. There is not a ～ of doubt about his statement. 彼の陳述にはいささかも不審な点はない.
2 〖物理〗 (素)粒子. a ～ accelerator 粒子加速器. ～ physics 素粒子物理学. an elementary ～ 素粒子. a ～ beam(weapon) 粒子ビーム(兵器).
3 〖文法〗 不変化詞《冠詞, 前置詞, 接続詞, 一部の副詞, 間投詞のように語形変化のない語》; 接辞 (affix).
[＜ラテン語 *particula*「小さな部分」(＜*pars* 'part'); -cle]

párticle bòard 名 ＝chipboard.

par·ti-col·ored /pɑ̀:rtikʌ́lərd ⓢ/ 形 **1** さまざまな色の, 雑色の, まだらの. **2** 多彩な, 変化[波乱]に富んだ.

‡**par·tic·u·lar** /pərtíkjələr/ 形 m (★1, 2, 3 は ⓒ)
1 〈限定〉 特別の, 際立った, (special). Pay ～ attention to the announcement. アナウンスに特に注意を払いなさい. He spoke on Russia with ～ emphasis on her economic conditions. 彼はロシアについて特にその経済状態に焦点を置いて話した.
2 〈限定〉 **とりわけ[まさに]この[その]**, 特定の, (他のものと区別して)取り立ててこれという, (類語 あるものに特に注意が向けられて同種の他のものと区別されることを表す; →peculiar). She came late on that ～ day. 彼女はその日に限って遅れて来た. Sam quit his job for no ～ reason. サムは特別な理由も無しに仕事を辞めてしまった. I have nothing ～ to do this evening. 今夜はこれと言って特にすることが何も無い. He had many girl friends, but was not attached to any ～ girl. 彼は女友達は多かったが, 特定の女性に惹(ひ)かれるということはなかった.
3 〈限定〉 **特有の**, 固有の. Each tribe has its own ～ problems. 銘々の部族はそれ特有の問題を抱えている.
4 〈普通, 叙述〉 **好みがやかましい[うるさい]**; 口やかましい; 気難しい; 〈*about*, *over*, *as to* ..について〉 (fussy, fastidious). Roy is very ～ *about* his appearance. ロイ

P

は自分の身なりにうるさい. I'm not ～ who does it. 私はだれがそれをしようと構わない.

5 〈普通, 限定〉〖章〗**詳細な; 念入りな.** He gave a full and ～ account of his trip to Japan. 彼は自分の日本旅行について細大漏らさず話をしてくれた.

── [名] ([複] **～s** /-z/) **1** [C] (個々の)事項, 項目. an attempt to generalize from ～*s* 個々の事項から一般論を引き出そうとする試み.

2 〈～s〉 **詳細**(な事実), 詳しい情報[説明], (details). I don't know the minute ～*s* of his divorce. 彼の離婚についてあまり詳しい事は知りません. give full ～*s* 詳しい事実を述べる. take [write] down a person's ～*s* 人の名前, 住所, 職業, 年齢などを書き留める.

gò [ènter] into partículars 細目に立ち入る, 詳細にわたる.

in évery partícular＝in áll partículars すべての(細かい)点まで. The plan was perfect *in every* ～. その計画は一から十まで完璧(ぺき)である.

****in partícular*** 特に, とりわけ, (particularly, especially↔in general). I have nothing *in* ～ to say. 特に言う事はありません. He mumbled something to nobody *in* ～ and lowered his eyes. 彼はだれにともなく何かつぶやき, そして目を伏せた. Of the whole play I liked the third act *in* ～. 劇全体の中で特に第 3 幕が気に入った. *In* ～, Tom was praised for his fielding. とりわけ, トムはその守備を褒められた. [particle, -ar]

par·tic·u·lar·i·ty /pərtìkjəlǽrəti/ [名] ([複] **-ties**) 〖章〗 **1** [U] 特殊性; [C] 特性, 特徴. **2** [U] 詳細さ; 念入り; 緻密; [C] 〈普通, 複数形で〉 細目, 詳細. **3** [U] 気難しさ, 口やかましさ; きちょうめん.

par·tìc·u·lar·i·zá·tion [名] [U] 詳述(する[される]こと); 列挙.

par·tic·u·lar·ize /pərtíkjələràiz/ [動] [他], [自] **1** (を)詳細に述べる. **2** (の項目を)列挙する.

‡**par·tic·u·lar·ly** /pərtíkjələrli/ [副] [m] **1 特に**, とりわけ, (especially, in particular); いつになく (unusually, exceptionally); 著しく (remarkably). This is a nice place to live, ～ in summer. ここは住むのにいい所だ, 特に夏は. I was not ～ interested in the book. その本は特別面白いとは思わなかった 《「(あまり)面白くなかった」を和らげた表現》. **2** (1 つ 1 つ)詳細に. explain the plan ～ 計画を(項目別に)詳しく説明する.

par·tic·u·late /pɑːrtíkjələt, -lèit/ [形] 微粒子の[から成る]. ── [名] 微粒子; 〈～s〉(車の排気ガスなどに含まれる)有害浮遊微粒子.

***part·ing** /pɑ́ːrtiŋ/ [名] ([複] **～s** /-z/) **1** [UC] **別れ, 別離**; いとまごい; 死去. The ～ of the lovers was very sad. 恋人たちの別れは実に悲しかった. have an amicable ～ 仲良く別れる. **2** [U] 分離, 分割, 分ける[分かれる]こと; [C] (道路の)分岐点. **3** [C] 〖英〗(頭髪の)分け目 (〖米〗 part). He has long ginger hair with a center [side] ～. 彼は赤い長髪を頭の真ん中[わき]で分けている.

a [the] pàrting of the wáys (行動, 人生行路などの)分かれ目, 岐路.

── [形] [C] 〈限定〉 **1** 別れ(に際して)の; 最後の, 臨終の. ～ words 別れ(際(ぎわ))の言葉. a ～ gift 餞(せん)別. a ～ cup [kiss] 別れの杯[キス]. **2** 去って行く. a ～ train 遠ざかって行く列車. the ～ day 暮れて行く日, 夕暮れ. **3** 分離する, 分割する. a ～ layer of rock 岩の分離層.

pàrting shót [名] ＝Parthian shot.

†**par·ti·san** /pɑ́ːrtəz(ə)n|pɑ̀ːtəzǽn/ [名] [C] **1** (人, 党派, 主義などの熱心なまた盲目的な)支持者, 一味の者, 同志; 党員. **2** (占領下における)ゲリラ(隊員), パルチザン.

── /〖英〗は [移]/ [形] **1** 党派的な; 偏見に満ちた, 偏向した. **2** パルチザンの. [＜古期イタリア語「党派にくみする者」(＜ラテン語 *pars* 'part')]

par·ti·san·ship /pɑ́ːrtəz(ə)nʃìp|pɑ̀ːtəzǽn-/ [名] [U] 党派心, 党人根性, 派閥心, 派閥的行為.

par·ti·ta /pɑːrtíːtə/ [名] [C] 〖楽〗 パルティータ《17–18 世紀のバロック時代の組曲または一連の変奏曲》. [イタリア語「区分された(曲)」]

†**par·ti·tion** /pɑːrtíʃ(ə)n, pər-/ [名] **1** [U] (国の)分割; 区分, 仕切ること. the ～ of Poland in 1795 1795 年のポーランド分割. **2** [C] (分割された)部分, 区画. **3** [C] (部屋などを区分する)仕切り, 隔壁.

── [動] [他] を分割する, 区分する, 〈*into* ..に〉; 〔特に部屋〕を仕切る 〈*off*〉. Germany was ～*ed* after the war. ドイツは戦後分割された. They ～*ed off* the room *into* two parts with a screen. 彼らは部屋を衝立(ついたて)で二つに仕切った. [＜ラテン語「部分に分けること」]

par·ti·tive /pɑ́ːrtətiv/ [形] **1** 区分する. **2** 〖文法〗 部分を示す. the ～ genitive 部分属格《物事の部分を表す属格:most of us の *of us* など》. ── [名] [C] 〖文法〗 部分詞《部分を表す語:some of us の *some* など》.

▷ **～·ly** [副] 区分して; 部分詞として.

†**par·ti·zan** /pɑ́ːrtəz(ə)n|pɑ̀ːtəzǽn/ [名] ＝partisan.

‡**part·ly** /pɑ́ːrtli/ [副] [C] (全体のうちの)**一部分は**, 部分的に(は); **ある程度は**; (↔wholly; [類語] partly は全体に対してその一部分を, partially は完全に対して不完全な程度を表す). His story is only ～ true. 彼の話は部分的にしか本当でない. He resigned ～ because he was old, and ～ because he was bored with the work. 彼が辞職したのは, 一つには老齢であるため, もう一つには仕事に飽きたためである. ～ cloudy 所により曇り《天気予報などで》.

‡**part·ner** /pɑ́ːrtnər/ [名] ([複] **～s** /-z/) [C] **1** (**a**) **協力者**, 仲間, 〈*with* ..〔人〕の/*in, of, to* ..の〉; (特に事業などの)共同経営[出資]者. a senior [junior] ～ *in* a firm of solicitors 法律事務所の筆頭[次席]弁護士. his ～ *in* crime 彼の共犯者. Smith is a business ～ *with* Dodge. スミスはドッジと事業を共同経営している《社名は Smith & Dodge, Ltd. のようになる》. choose a desirable ～ 好ましい協力者を選ぶ. → acting [active] partner, silent [sleeping] partner. (**b**) 〖米話〗 相棒 (★男性が男性に対して主に呼びかけに用いる).

2 (テニス, ブリッジなど 2 人で組んでする勝負の)味方, 相棒. Bill was Helen's ～ at tennis. ビルがテニスでヘレンと組んだ. **3** (ダンスなどの)相手, パートナー. a dancing ～ ダンスの相手.

4 配偶者《妻又は夫》, 同棲の相手; (恋愛や性交渉の)相手, パートナー. one's life ～ 生涯の伴侶(はんりょ).

── [動] [他] **1** と組になる, の相手を務める, 〈*at, in* ..で〉. **2** [VOA] を組ませる 〈*up, off*〉 〈*with, by* ..と〉. Ellen was ～*ed* (*up*) *with* Henry. エレンはヘンリーと組まされた.

── [自] 組になる 〈*up, off*〉 〈*with* ..と〉.

[＜中期英語 *parcener*「分かちあう人」; part の影響で変形]

†**part·ner·ship** /pɑ́ːrtnərʃìp/ [名] **1** [UC] 協力, 共同, 提携. go [enter] into ～ with a banker 銀行家と提携する. The two comedians enjoyed a longlived successful ～. 二人のコメディアンのコンビは長続きし成功を収めた. **2** [C] 合名[合資]会社; 商会, 組合; 〈複数扱い〉 組合員; [U] 共同事業[経営]. a limited [general] ～ 合資[合名]会社.

in pártnership (***with ..***) (..と)共同で, 提携して; (..と)合資で. The project was undertaken *in* ～ *with* the Ford Foundation. その計画はフォード財団と提携して着手された.

pàrt of spéech [名] [C] 〖文法〗 品詞.

[文法] **parts of speech** (品詞):語を語形変化や機能を基準にして 8 品詞に分類するのが一般的である. 名詞 (noun), 代名詞 (pronoun), 形容詞 (adjective), 副

詞 (adverb), 動詞 (verb), 接続詞 (conjunction), 前置詞 (preposition), 間投詞 (interjection) である. 冠詞 (article) は形容詞に, 助動詞 (auxiliary verb) は動詞に含まれる. もちろん 1 つの語でいくつもの品詞に属するものもある(例えば round).

par·took /pɑːrtúk, pər-/ 動 partake の過去形.

párt òwner 名 C 〖法〗共同所有者.

par·tridge /pάːrtridʒ/ 名 (複 **-tridg·es**, ～) **1** C ヤマウズラ《ヨーロッパ産のキジ科の猟鳥の総称; 特にヨーロッパヤマウズラ》. **2** C 〖米〗エリマキライチョウ, コリンウズラなどの猟鳥の総称. **3** U ヤマウズラの肉.

párt-sòng 名 C (普通, 3 声部以上からなる無伴奏「の)合唱曲.

***part-time** /pὰːrttáim ◈/ 形, 副 ℂ パートタイムの[で], 非常勤の[で], 時間ぎめの[で], (↔full-time). a ～ job 時間ぎめの仕事, パート. a ～ teacher 非常勤講師. a ～ high school 定時制高校. They were paid on a ～ basis. 彼らは時給で賃金をもらった. work ～ as a housekeeper 家政婦としてパートで働く.

pàrt time 名 U パートタイム, 短時間勤務, (→full time).

pàrt-tím·er 名 C パートタイマー, 非常勤勤務者.

par·tu·ri·ent /pɑːrt(j)ú(ə)riənt/ 形 **1** 出産の; 出産間近の. **2** 〔新しいアイディアなどを〕生み出そうとしている.

par·tu·ri·tion /pὰːrtʃəríʃ(ə)n/ 名 U 〖医〗出産, 分娩(ぶん), (childbirth).

párt-wày 副 〖話〗ある程度まで, 幾分かは; 途中まで; 途中で.

párt wòrk 名 C 分冊出版物《百科事典, 全集など「1 冊ずつ出版されるもの》.

‡par·ty /pάːrti/ 名 (複 **-ties** /-z/) C

【集会】 **1** (社交的な)**集まり**, **パーティー**, (..の)会. a birthday ～ 誕生日のパーティー. be invited to a wild ～ どんちゃん騒ぎのパーティーに招かれる. give [hold, have] a garden ～ ガーデンパーティーを開く. a ～ dress パーティー用の服. →hen [stag] party.

連結 an all-night [a card, a cocktail, a dinner, an engagement, a farewell, a welcome] ～ // arrange [organize, throw; attend, go to] a ～ // a ～ takes place [breaks up]

【集団>仲間】 **2** 〈単数形で複数扱いもある〉(共通の目的を持つ)**仲間**, 連中, **集団**, 一隊, 一行. a ～ of workers 労働者の一団. a ～ of 100 tourists 100 人からなる観光団. a camping ～ キャンパーの一行. a search [rescue] ～ 捜索[救助]隊. a discount to school *parties* 学生団体割引.

3 (主義, 利害などによって団結した)**党派**, 政党. a political ～ 政党. the Republican [Democratic] *Party* 共和[民主]党. the Conservative [Labour] *Party* 保守[労働]党. the opposition [ruling, government] ～ 野党[与党]. ～ organization 党の組織. a ～ leader 党首. the ～ leadership 党首脳[指導]部.

連結 the majority [the ruling; a minority, an opposition; a left-wing; a centrist, a middle-of-the-road, a moderate; a right-wing; an extremist, a radical; a progressive; a reactionary] ～

【仲間>(関係のある)人】 **4** (訴訟, 契約などの)当事者, 利害関係者, 〈*to*, *in* ..の〉. a third ～ 第三者. the other ～ 相手方. the guilty [injured] ～ 〖法〗加害者[被害者](側). the *parties* concerned 当事者[関係者]たち. Your ～'s on the line. 先方がお出になりました《電話交換手の言葉》.

5 〖話・戯〗人 (person). Susie is a sweet old ～ after all. やはりスージーはかわいいお年寄りです.

be (a) párty to.. 〖しばしば軽蔑〗〔悪事など〕に加担する, ..の仲間になる[である]. John refused to *be a* ～ *to* their mischief. ジョンは彼らのいたずらの仲間入りを断った.

―― 動 自 〖主に米話〗 **1** パーティーに出かける[を開く]. **2** (パーティーなどで)楽しむ, 浮かれ騒ぐ, 〈*down*〉. ―― 他 〔人〕をパーティーでもてなす. [＜古期フランス語「席者.

párty ànimal 名 C 〖話〗パーティー好き《人》.

pàrty-cólored /◈/ 形 ＝parti-colored.

Pàrty Cónference [〖米〗**Convéntion**] 名 C 党大会 《米国の政党が年 1 回開いて翌年の計画を討議する》.

párty·gòer 名 C パーティー好きの人; パーティー出「席者.

párty líne 名 C **1** /⌐–⌐/ (電話の)共同加入線. **2** 〈普通, 単数形で〉/⌐–⌐/ (政党の)路線, 政策; (特に共産党の)綱領. follow [toe] the ～ 党の政策[路線]に従う.

párty pìece 名 C 〖話〗(パーティーなどで披露する歌などの)十八番, おはこ.

pàrty-polítical /◈/ 形 〖主に英〗〈限定〉党利党略の, 党利に関する. a ～ broadcast (政党の選挙前などの)政見放送.

pàrty pólitics 名 〈単複両扱い〉党利党略; 政党[党派]活動. play ～ 党利党略に走る.

párty pòoper 名 C 〖話〗座を白けさせる人.

párty pòpper 名 C クラッカー《円錐状でひもを引くと大きな音がして, 紙テープ片が飛び出す》.

pàrty spírit 名 U **1** 愛党精神; 党派心; (政治家などの)派閥根性. **2** パーティー好き; お祭り気分.

pàrty wáll 名 C (隣家との間の)境界[仕切り]壁《両家の共有》.

par·ve·nu /pάːrvən(j)ùː/ 名 C, 形 〖章・しばしば軽蔑〗成り上がり者(の) (upstart), 成金(の). [フランス語 'arrived']

pas /pɑː/ 名 (複 ～ /pɑːz/) C 〖バレエ〗パ《ステップの総称》. [フランス語 'step'; pace と同源]

PASCAL /pæskǽl, ⌐–, -kάːl/ 名 U パスカル《コンピュータのプログラム言語の 1 つ; *P*hilips *A*utomatic *S*equence *Cal*culator から》.

Pas·cal /pæskǽl, ⌐–, -kάːl/ 名 **Blaise ～** パスカル (1623–62)《フランスの哲学者・数学者・物理学者・発明家》.

pas·cal /pæskǽl, pǽskəl/ 名 C 〖物理〗パスカル《国際単位系の圧力および応力の単位; 1 パスカルは $1\mathrm{m}^2$ 当たり 1 ニュートンの大きさ; 略 Pa》. [＜*Pascal*]

pas·chal /pǽsk(ə)l | pάːs-/ 形 〈しばしば P-〉 **1** (ユダヤ人の)過ぎ越しの祝い (Passover) の. **2** 〖古・雅〗復活祭 (Easter) の.

pàschal lámb 名 〈the ～〉過ぎ越しの祝いの子羊《古代ヘブライでその日に犠牲にされた》; 〈the P- L-〉キリスト.

pàs de déux /-də-dɚ́ː/ 名 (複 ～ /同, -dɚ́ːz/) C 〖バレエ〗パドドウ, 2 人の舞踏; (両者間の)ややこしい関係, もつれ. [フランス語 'step for two']

pa·sha, pa·cha /pάːʃə, pǽʃə/ 名 C パシャ《昔トルコの高官の名前の後に付けた尊称》.

pas·quin·ade /pæ̀skwənéid/ 名 C (公共の場所に張られた)風刺文, 落首.

‡pass /pæs | pɑːs/ 動 (**páss·es** /-əz/ | 過 過分 **～ed** /-t/ | **páss·ing**) 自 【通って行く】 **1** VA **進む**, **通る**, 行く; 〔道などが〕走る, 通じる. ～ *along* the street 町を通って行く. We ～*ed* from Oregon into California. 私たちはオレゴン州からカリフォルニア州へと足を延ばした. The water ～*es through* a pipe. 水はパイプの中を(通って)流れる. The road ～*es through* the prairie. その道は大草原の中を走っている.

2 通り過ぎる[抜ける] 〈*across*, *through*, *over* ..を〉; 追い越す. Let me ～, please. どうぞ通してください. A cloud ～*ed across* the moon. 雲が月を過(よ)ぎった.

P

Some trains ～ *through* this station. この駅に停車しない(で通過する)列車もあります. No *passing*. 〖掲示〗追い越し禁止.
3 〖トランプ〗パスする, 棄権する, (★パスする時は "*Pass*." 又は "I ～." と言う). **4** 〖話〗(クイズなどで)降参する, 質問に答えられない; 断る, 辞退する, 〈*on* ..〔提案など〕を〉. "Who invented the telephone?" "*Pass*." 「電話を発明したのはだれ」「分かりません」I'll ～ *on* that question. その質問の答えは分かりません. I have to ～ *on* the picnic this time. 今度のピクニックには行けません.
【うまく通り抜ける】 **5** (試験などに)**合格する**, 通る. ～ into a college (入試に合格して)大学に入る. Anne ～*ed* first in the examination. アンは試験にトップで合格した.
6 〔議案などが〕**通過する**, 可決される. When a bill ～*es*, it becomes law. 法案は通過すると法律になる.
7【見とがめられない】大目に見られる, 見逃される; VC (～ X) X のまま見過ごされる. let .. ～ (→let[1] 成句). Her strange manner ～*ed* unnoticed. 彼女の奇妙な態度は人に気うかれずにすんだ.
8【本物と認められる】(**a**) VA (..として) 通用する, 通る. ～ *for* [*as*] .. (→成句). That man ～*es by* [*under*] the name of Count Bevin. あの人はベビン伯爵という名で通っている. (**b**) 〖米〗〔黒人(の血筋の人)が〕白人として通る.
【過ぎ去る】 **9** 〔時が〕**たつ**, 経過する. Several months have ～*ed* (away) since the event. 事件以来数か月がたった. The afternoon ～*ed* quickly. その日の午後はあっという間に過ぎた.
10 過ぎ去る; 終わる, やむ, 消える. ～ from this life 死ぬ. ～ out of mind 記憶から消える, 忘れられる.
【移行する】 **11** (**a**) VA (～ *to, into* ..) 〔財産などが〕..に渡る. Political power ～*ed into* Republican hands. 政権は共和党の手に渡った. (**b**) ボール, パックなどをパスする 〈*to* ..に〉. (**c**) 〔言葉, 手紙などが〕交わされる. Dirty jokes ～*ed* between them. 彼らの間でみだらな冗談が交わされた.
12【変化する】VA (～ ***into, to*** ..) ..に(**変化して**)なる, 変化する, 〈*from* ..から〉. ～ *into* disuse 廃れる. Water ～*es from* a liquid *into* a solid form at 0℃. 水は摂氏 0 度で液体から固体に変わる. Some Japanese words have ～*ed into* the English language. 日本語の単語には英語になったものがある.
【事態が変化する＞実現する】 **13** 〖章〗〔事件などが〕起こる, 生じる, (take place). Tell me all that has ～*ed* between you and her. 君と彼女の間にあったことをすっかり話しなさい.
14【実現する＞意志を明確にする】判決などを下す, 宣告を与える; (意見などを)述べる; 〈*on, upon* ..について〉. The jury ～*ed upon* the case. 陪審員は事件について答申した.
── ㊀【通り過ぎる】 **1** のそばを通る. Do you ～ the post office on your way? 途中で郵便局(の前)を通りますか.
2 を**通り過ぎる**, 通り越す; を**追い越す**. Have we ～*ed* Shizuoka yet? もう静岡を過ぎましたか. I ～*ed* her on the street. 通りで彼女と擦れ違った[を追い越した] (→PASS by ..). Not a word ～*ed* his lips. 彼の口からはひと言も出なかった. Someone ～*ed* us in a fast car. だれかが速い車で我々を追い越した. Honda ～*ed* Nissan to become Japan's No.2 automaker. ホンダは日産を抜いて日本第 2 位の自動車メーカーになった.
3 を通り抜ける; 〔道路などが〕を通る. ～ the gates 門を通る. ～ the canal 運河を通過する.
4【届かない所を通過する】の上を行く, に勝る; (の理解)を超える; (surpass). Recent articles on linguistics mostly ～ my understanding [comprehension]. 最近の言語学の論文はたいてい私には理解できない. ～ belief 信じがたい.
【通過させる】 **5** VOA 〔手, 目など〕を動かす; 〔ロープなど〕を通す, 巻く; 〈*around, into, over, through* ..に〉. Please ～ your eye *over* these papers. この書類にざっと目を通してください. ～ a string *through* a hole 穴に糸を通す. ～ a rope *around* a cask たるにロープをかける. **6** (**a**) 〔物〕を**渡す** (hand), 回す, 〈*on, around*〉; VOA (～ X ***to*** ..) X (情報, 財産など) を..に伝える, 譲る. *Pass* the salt, please. 塩を取ってください《他人の面前にぬっと手を出すのは失礼》. Read this article and ～ it *on*. この記事を読んで次(の人)に回してください. A box of chocolates was ～*ed around*. チョコレートの箱が(皆の間に)回された. The secret process was ～*ed* (*down*) from father to son. 秘密の製法は父から子へと伝えられた. (**b**) VOO (～ X Y)・VOA (～ Y ***to*** X) (食卓などで) **X に Y を回す**, (取って) 渡す. Could you ～ me the pepper, please? コショウを回して頂けませんか. Dick ～*ed* me the photo. ＝Dick ～*ed* the photo *to* me. ディックは私に写真を渡した. (**c**) 〖球技〗〔球など〕をパスする; 〖野球〗〔打者〕を四球で出塁させる (walk).
7 〔便など〕を排泄(せつ)する. ～ blood 血便を出す.
【(関門を)通過させる[する]】 **8** 〔試験など〕に**合格する**, 通る; 〔人〕を合格させる; VOC (～ X Y)・VOA (～ X ***as*** Y) X を Y として認める[パスさせる]. ～ an entrance examination 入学試験に合格する. The movie film was ～*ed* by the censor. その映画は検閲に合格した. They ～*ed* only ten of the candidates. 彼らは受験者のうちたった 10 名しか合格させなかった. The water was ～*ed* (*as*) fit for drinking. その水は飲料に適すると認められた.
9 〔議案など〕を通す, **可決する**; 〔議案が議会など〕を通過する. Congress ～*ed* the new bill quickly. 国会は新法案を迅速に可決した. The bill ～*ed* the Diet. 法案が国会を通った.
10 〔判決など〕を下す; 〔意見〕を述べる; 〈*on, upon* ..に(ついて)〉. ～ sentence [judgment] *on* ..に判決を下す. ～ a remark [comment] *on* the matter その問題について一言批評する.
11 〔偽物など〕を通用させる; VOO (～ X Y) X (人)に Y (偽物など) をつかませる. ～ a person a forged $10 note 人に偽の 10 ドル札をつかませる.
【経過させる】 **12** 〔時間〕を**過ごす**, 送る, 〈*doing* ..をして〉; を経験する, 耐え抜く. read magazines to ～ the time 時間つぶしに雑誌を読む. ～ the evening (by [in]) reading 読書をして夕方を過ごす. The Browns ～*ed* the summer pleasantly at the seaside. ブラウン一家は海岸で夏を楽しく過ごした. (★この意味では spend を使うことが多い) **13** 〖主に米〗〔配当など〕を支払わない. ～ a dividend 無配当にする.
lèt .. páss →let[1].
páss as .. ＝PASS for (1).
*****pàss awáy*** (1) 〖婉曲〗**亡くなる**, みまかる, (die). (2) 去る, いなくなる; 消え去る. All our hopes have now ～*ed away*. 私たちの希望は今はすべて消え失せた. (3) 〔雨などが〕やむ, 過ぎ去る, 終わる. The storm ～*ed away* at last. ようやくあらしが過ぎ去った.
pàss bý 〔時が〕過ぎる; 通り過ぎる. Twenty years ～*ed by*. 20 年が過ぎた. ～ *by* on the other side (救いの)手を差し伸べない, 見捨てる.
páss by .. ..(のそば)を通る, ..を通り過ぎる; ..を素通りする; ..と擦れ違う. I ～*ed by* Joe's on my way home. 私は帰路ジョーの家のそばを通った. The bus ～*ed by* us without stopping. バスは止まらないで行ってしまった. I ～*ed by* her on the street. 通りで彼女と擦れ違った (注意 I passed her. だと「彼女を追い越した」という意味にもなる; →㊀ 2).
pàss /../ bý ..を無視する; ..を大目に見る; ..を避けて

通る. We can't ～ such remarks *by*. そのような所見を無視することは出来ない. Economic prosperity ～*ed* us *by*. 経済的繁栄は我々を素通りした. Life ～*ed* her *by*. 彼女は人生の楽しみを知らずに終わった.

pàss /../ dówn ＝PASS /../ on.

****páss for ..*** (1)〔偽物などが〕**..で通用する, と見なされる**. Very fair-skinned, she could almost ～ *for* white. とても色白だから彼女は白人と言っても通るだろう. (2)〖米俗〗..の費用をもつ, ..をおごる.

pàss gó 〖米俗〗(なんとか)やりとげる, うまく行く.

pàss in revíew (閲兵式のように)次々と眼前を通過する. The years of his childhood ～*ed in review* before his very eyes. 幼年時代のことが彼の目の前にまざまざとよみがえってきた.

pàss..in revíew を閲兵する

pàss óff (1)〔感情, あらし, 痛み, 薬の効果などが〕次第に消える, おさまる. The pain ～*ed off* after an hour or so. 痛みは1時間かそこらでおさまった. (2)〔物事が〕経過する, 運ぶ, 終了する. ★普通 successfully, smoothly などの副詞(句)を伴う.

pàss /../ óff 〔偽物など〕をつかませる〈*on* ..に〉; ..を通す, 通用させる, 〈*as* ..だとして〉. ～ a sculpture *off as* a Rodin 彫刻をロダンの作だと偽って通す. He ～*ed* himself *off as* a tourist. 彼は旅行者だと偽った.

pàss ón 先へ進んで行く, 次へ進む, 〈*to* ..へと〉; 〖婉曲〗〔人が〕亡くなる (pass away).

pàss /../ ón (1)..を回す[伝える, 譲る]〈*to* ..〔次(の人)〕へ〉〈しばしば受け身で〉. (2)〔技能など〕を伝授する. (3)〔病気など〕をうつす, 遺伝させる, 〈*to* ..に〉.

pàss óut (1)〖主に英〗(軍や警察の学校で課程を修了して)卒業する. (2)〖話〗意識がなくなる (faint; ★～ out cold とも言う); 〖米俗〗酔いつぶれる.

pàss /../ óut 〖米〗..を配る〈*to* ..に〉.

pàss óver ＝PASS away (1).

páss over .. (1)..を渡る, 越える. (2)..にざっと目を通す.

pàss /../ óver (1)..を省く, 無視する; ..を大目に見る. I ～*ed over* his question on purpose. 私は彼の質問をわざと無視した. (2)..の昇進を考慮しない〈普通, 受け身で〉. be ～*ed over* for the board of directors 重役になるのを見送られる.

pàss the hát (aròund) →hat.

pàss the time of dáy 日常のあいさつを交わす〈*with* ..と〉. ★知り合いと顔を合わせた時 Good morning! Hello! などと言ったり, ごく短い会話を交わすこと.

pàss thróugh 通り抜ける; (滞在せずに)町などを通り抜ける. Please shut the door as you ～ *through*. 通り抜ける時ドアを閉めてください. ～ *through* a person's mind 心を過ぎる.

páss through .. (1)..を通り抜ける[過ぎる] (→自 2). (2)〔危機, 困難など〕を経験する. ～ *through* the hard times 厳しい時代を経験する.

pàss /../ úp 〔チャンスなど〕を逃がす (miss); 〖話〗..を断る. If you ～ *up* this chance, you'll never get another. この機会を逃がしたら二度と得られないだろう.

── 名 (複 **páss·es** /-əz/)

【通過】 C **1 入場[通行]許可(証); 無料乗車[入場]券**, 定期(乗車)券, パス, 通し乗車[入場]券. pay $25 for a four-day ～ 4日間通用の通し入場券に25ドル払う. **2**〖トランプ〗パス《札を出し入れしないで順番を次の人に回すこと》. **3** (試験の)通過, **合格**, 及第; 〖英大学〗及第《honours (優等)ではなく普通の》. get a ～ in French フランス語で合格点を取る.

【狭い通路】 **4** 山道, 峠, 《しばしば軍事的に重要な意味を持つ》; 狭い通路, 水路. a mountain ～ 山道. the Great St. Bernard *Pass* 大サンベルナール峠.

5 〈単数形で〉 苦境, (..な)羽目, (痛い)目, 段階, 事態. Things came to a pretty [fine] ～ through his negligence. 彼の怠慢でひどく困ったことになった. Who in the world brought things to such a ～? 一体全体こんな状況にしたのはだれだ.

【通過＞素早い動き】 **6** (奇術師, 催眠術師などの)手さばき. **7**〖フェンシング〗(剣での)突き (↔parry). **8**〖球技〗(球などの)パス, 送球; 〖野球〗四球による出塁.

9〖古〗気の利いた文句, 警句.

brìng..to páss 〖章〗〔物事〕を引き起こす; ..を実現させる. Science has *brought* many wonders *to* ～. 科学は数々の奇跡を実現させた.

còme to páss 〖章〗〔物事が〕起こる; 実現する. It *came to* ～ that all the land was ravaged by a plague. 全土に疫病が蔓(まん)延するという事態になった.

màke a páss (1)〖フェンシング〗(剣で)突きをする. (2)〖話〗ちょっかいを出す, 言い寄る, 〈*at* ..〔女性〕に〉.

sèll the páss 裏切り行為をする.

tàke a páss 〖米俗〗断る, 遠慮する, 〈*on* ..を〉.

[＜古期フランス語「通り過ぎる, 凌駕(りょうが)する」; pace と同源]

pass. passage; passenger; passive.

‡**pass·a·ble** /pǽsəb(ə)l|pɑ́ːs-/ 形 C **1** まずまずの, そこそこの, どうにか目的[要求]にかなう; **かなりよい, 相当の**. a ～ knowledge of geography まずまずの地理の知識. **2**〔道が〕通行[通過]できる, 〔川が〕(徒歩や馬で)渡れる. Overgrown with bushes, the path was hardly ～. 灌(かん)木が生い茂って道はほとんど通れなかった.

▷**-bly** 副 そこそこに, かなり. speak English *passably* well 英語をそこそこに話す.

‡**pas·sage** /pǽsidʒ/ 名 (複 **-sag·es** /-əz/)

【通過】 **1** aU **通行, 通過**. force [elbow] a ～ through a crowd 群衆の中を押し分けて通る. **2** U 通行権, 通行許可. be given free ～ across the country その国を自由に通行することが許される. **3** U (議案などの)通過, 可決. The congressman expected swift ～ of the bill. その議員は議案が速やかに通ることを期待した. **4** U 移動, 移行, 〈*from* ..から/*to* ..への〉; (熱などの)伝導. a rite of ～ 通過儀礼. a bird of ～＝a ～ bird 渡り鳥.

5【通過する場所】 C **通路, 出入り口**, 抜け口; **廊下** (passageway); 水路, 航路; (体内の)導管《鼻腔, 気管など》. an air ～ 通風孔. the back ～〖話〗肛門《＜後ろの口》. →Northwest Passage.

【旅】 **6** aU (特に空路, 海路の長途の)**旅行, 航海**. book [engage] a ～ to India インドへの乗船[航空]券を予約する. They had a pleasant ～ on the Queen Elizabeth II. 彼らはクイーンエリザベス2世号で楽しい船旅をした.

7 aU **旅行費用**, 船賃, 航空運賃, 〈*to* ..への〉. Father offered to pay my ～ *to* San Francisco. 父は私のサンフランシスコまでの旅費を払ってやると言った. work one's ～ (→成句).

【経過】 **8** 〈the ～〉(時の)**経過**, 推移. with the ～ of time 時がたつにつれて.

9【経過の中の一部】 C **(a)** (引用, 抜粋した文章, 談話の)**一節**, ひとくだり. a ～ *from* the Old Testament 旧約聖書の一節. **(b)** (音楽の)楽句, 楽節. ◇動 pass

give .. a ròugh pássage (1)〔船〕を時化(しけ)に遭わせる. (2)(仕事などで)〔人など〕に試練を与える, をひどい目に遭わせる.

hàve a ròugh pássage (1)時化(しけ)に遭う. (2)〔仕事などが〕難航する, ひどい目に遭う.

wòrk** one's **pássage 船中で働いて船賃に代える.

[pass, -age]

pàssage at [of] árms 名 C 殴り合い; いさかい.

‡**pássage·wày** 名 (複 ～s) C 通路; 廊下.

pas·sant /pǽs(ə)nt/ 形 〖紋章〗〈名詞の後に置いて〉(獣が)向かって左に右前足を上げて歩く姿勢で.

páss·bòok 名 C (銀行)通帳 (bankbook);〘英〙住宅金融組合 (building society) の通帳.

pas·sé /pæséi | pá:sei, pǽsei/ 形 古くさい, 旧式の;〔特に女性が〕盛りを過ぎた. [フランス語 'passed']

pássed bàll 名 C 〘野球〙パスボール.

pas·sel /pǽs(ə)l/ 名 〘米旧〙=parcel 3.

‡**pas·sen·ger** /pǽs(ə)ndʒər/ 名 (複 **~s** /-z/) C **1** (列車, 飛行機, バスなどの)**乗客**, 旅客, (参考 乗組員は crew と言う); (ドライバーでなく)同乗者. a ~ boat [train, aircraft] 客船[旅客列車, 旅客機]. a ~ list 乗客名簿. a foot ~ 通行人.

> 連結 carry [transport; accommodate; pick up, take on; drop (off)] ~*s*

2 〘英話〙'お荷物'《チーム内などの無能者》.
[<古期フランス語「通行する(人)」; passage, -er[1]]

pássenger càr 名 C 乗用車;〘米〙客車.

pássenger mìle 名 C 〘交通〙旅客マイル《旅客1名を1マイル運んだとする輸送量の単位》.

pássenger pìgeon 名 C リョコウバト《北米に多かった大形のハト; 絶滅》.

pássenger sèat 名 C 搭乗者席, (特に, 車の)助手席 (→car 図).

passe-par·tout /pæ̀s-pɑ:rtú:/ **1** C マスターキー (master key). **2** C 挟み額縁《ガラスと台紙の間に絵・写真を挟み粘着テープでとめる》; U (挟み額縁の)粘着テープ. [フランス語 'pass everywhere']

***pass·er·by, pass·er-by** /pæ̀sərbái | pɑ̀:s-/ 名 (複 **passersby, passers-by** /-z-/) C **通行人**, 通りがかりの人. I asked a ~ the way to the station. 通りがかりの人に駅へ行く道を尋ねた.

pas·ser·ine /pǽsəràin, -rən/ 〘鳥〙形 スズメ目の.
── 名 C スズメ目の鳥《大部分が木などにとまる鳴鳥で, 鳥のすべての種類の半分以上を含む》.

pas·sim /pǽsim/ 副 あちこちに, 諸所に, 《ある語句, 問題などが1つの作品[書物]の各所に現れることを注などで示すための用語; イタリック体で使う》. About this idea, see Chapter III ~. この考え方については第3章の諸所を参照のこと. [ラテン語 'scattered']

‡**pass·ing** /pǽsiŋ | pá:s-/ 形 〈限定〉 **1** 過ぎて行く, 移って行く. this ~ life 移り行くこの人生. with each [every] ~ day [week, year] 日[週, 年]ごとに.
2 通過する; 通りがかりの; 大まかな, ざっとした. a ~ car 通り過ぎて行く車. give a ~ glance 通りがかりにちらっと見る; (本などに)ざっと目を通す. a ~ acquaintance ちょっとした知り合い. She bears a ~ resemblance to you. 彼女は君に少し似ている.
3 一時の, つかの間の. ~ joys つかの間の喜び. a ~ fashion 一時のはやり. a ~ shower 通り雨.
4 偶然の; なにげない; ついでの; (casual). make a ~ reference to his character 事のついでに彼の性格について触れる. **5** 合格の, 及第の. a ~ grade 合格点.
── 名 U **1 通過, 通行**; (車の)追い越し. "No ~," read the road sign. 道路標識には「追い越し禁止」と記してあった. **2** (時の)推移. with the ~ of the years 年がたつにつれて. **3** 消滅;〘婉曲〙死. the ~ bell 葬送の鐘. **4** (議案, 法案の)通過, 可決; 合格.
in pássing ついでに〔言うなど〕; ついでながら, ついでに言えば.
── 副 〘古〙大変, とても, (very).

pássing làne 名 C 〘米〙追い越し車線(〘英〙overtaking lane).

pássing shòt [stròke] 名 C 〘テニス〙パッシングショット《ネットに出た相手の横を抜く》.

‡**pas·sion** /pǽʃ(ə)n/ 名 (複 **~s** /-z/) **1** UC (愛情, 憎しみ, 怒り, 信念などの)**激情**, **情熱**, (類語 各種の激しい感情を表すが, 今では主に性的な情熱を表す →2; →feeling 5 類語). with ~ 情熱を込めて. *Passion* choked him in his speech. 激情のあまり話の途中で彼はのどを詰まらせた. At the debate on politics ~*s* ran high. その政治討論会は激しい議論で盛り上がった.

> 連結 strong [ardent, frenzied, violent] ~ ‖ excite [inflame, rouse, stir up] (a person's) ~; gratify [indulge, satisfy; control, govern, restrain] one's ~

2 UC **情欲**, 色情, 恋情, 〈*for* ..への〉. a story of tragic ~ 痛ましい愛欲の物語. The man had a burning ~ *for* Kate. 男はケートに燃える思いを抱いていた. the brute ~*s* 劣情.
3 C 〈普通, 単数形で〉**熱中**, 強い愛好, 〈*for* ..への〉; 熱愛[熱望]するもの, 大好きなもの. Tom has a ~ *for* (listening to) folk music.=Folk music is a ~ with Tom. トムはフォークミュージック(を聞くの)が大好きだ. have a consuming ~ *for* tidiness and order 異常なほど整理整頓(とん)が好きだ.
4 〘キリスト教〙〈the P-〉(最後の晩餐(さん)から十字架上の死に至るまでの)キリストの受難(物語[曲, 劇]).
gèt* [*flỳ*] *into a pássion 思わずかっとなる.
[<後期ラテン語「苦しみ」]

‡**pas·sion·ate** /pǽʃ(ə)nət/ 形 m **1 情熱的な; 熱烈な**; (感情の起伏が)激しい; (類語「理性が圧倒されている」の意味; →eager). a ~ kiss [embrace] 熱烈なキス[熱い抱擁]. a ~ believer in Nazism 熱狂的なナチス崇拝者. make a ~ speech on whaling 捕鯨について激越な演説をする. a ~ rage 激しい怒り. **2** 怒りやすい, すぐかっとなる. He has a ~ nature. 彼は激しやすい. **3** 情欲に燃えた, 好色な.
be pássionate about .. ..に大そう熱心である[執心している]; ..が大好き[に夢中]である. They *are* ~ *about* conservation. 彼らは自然保護にとても熱心である. *be* ~ *about* tennis テニスが大好きである.
[passion, -ate[1]] ▷ **~·ness** 名

†**pás·sion·ate·ly** 副 熱烈に, 情熱的に; かっとなって. speak ~ about ..について熱を込めて話す. be ~ fond of golf ゴルフがものすごく好きである. be ~ in love with ..を熱烈に愛している. be ~ opposed to Christianity キリスト教に猛烈に反対である.

pássion·flòwer 名 C トケイソウ《熱帯アメリカ産の常緑つる性の低木; 花の形と色がキリストの十字架の受難を思わせるための命名; 果実は食用》.

pássion·frùit 名 (複 ~) UC トケイソウの果実《卵型で甘酸っぱい》.

pás·sion·less 形 情熱の無い, 冷淡な; 感情に動かされない, 冷静な. ▷ **~·ly** 副 冷静に; 冷淡に. **~·ness** 名

pássion plày 名 C 〈しばしば P-〉キリスト受難劇.

Pàssion Súnday 名 U 〈無冠詞で〉〘キリスト教〙受難の主日《四旬節 (Lent) の第5日曜日; 復活祭の前々日曜日》.

Pássion Wèek 名 〈the ~〉聖週間, 受難週間, (Holy Week).

***pas·sive** /pǽsiv/ 形 m (★3, 4, 5は ©) **1 受動的な, 受け身の**; 活動[主体]的でない, 消極的な; (↔active). play only a ~ role 消極的な役割しか果たさない. In spite of my efforts my collaborator remained ~. 私の努力にもかかわらず協力者は依然として動こうとはしなかった. There is no pleasure in teaching ~ students. 活気のない学生たちは教えても張り合いがない.
2 無抵抗の, いいなりになる; 〔動物が〕おとなしい, 危険の無い. ~ obedience 逆らわずにただ従うこと, 黙従.
3 〘文法〙**受け身の**, 受動態の, (↔active). a ~ sentence 受動文. **4** 〘化〙不活性の; 腐食しにくい.
5 〔借金などが〕無利息の.
── 名 〘文法〙 **1** 〈the ~〉=passive voice. **2** C 受動態の文. [<ラテン語「苦しみに耐えている」]
▷ **~·ly** 副 受け身で; 消極的に; 〘文法〙受動態として.

〜·ness 名 ＝passivity.
pàssive resístance 名 U 消極的抵抗《非協力, 不服従などで行う抵抗; nonviolence とも言う》.
pàssive smóker 名 C 受動[間接]喫煙者.
pàssive smóking 名 U 受動[間接]喫煙《喫煙者の近くで煙を吸わされること》.
pàssive vocábulary 名 UC 受容語彙(ごい)《聞いたり読んだりするのに必要な語彙; ↔active vocabulary》.
pàssive vóice 名 〈the 〜〉〘文法〙受動態, 受け身.

> 文法 **passive voice** (受動態): John *loves* Mary. を能動態 (active voice) と呼ぶのに対し John *is loved* by Mary. を受動態と呼ぶ.「be＋過去分詞」で作られる.
> 動作の受動と状態の受動に分けることができる. The gate *is shut* by the keeper at seven every day. (あの門は毎日 7 時に門衛によって閉められる)《動作》. The door *is shut* all the year round. (あの門は一年中閉まっている)《状態》. The gate *is shut* at seven every day. (あの門は毎日 7 時に閉められる[7 時には閉まっている]).《動作と状態の両方に解せる》.
> look into, put up with のような成句も, 1 つの他動詞であるかのように受動態を作ることができる. The paper *was looked into*. (その書類は調べられた) Such an insult cannot *be put up with*. (あのような侮辱は我慢できない)
> VOO の動詞 (give, send など)はそれぞれの目的語を主語にした受動態ができる (→give 1 語法). 他動詞であっても受動態を作らない動詞がある (resemble など). また John *reached* London. を London *was reached* by John. とはしない. しかし London can *be reached* by air or by sea. (ロンドンは空からでも海からでも行ける)という受動態は可能である.

pas·siv·i·ty /pæsívəti/ 名 U **1** 受動性; 消極性; (↔activity). **2** 無抵抗; 従順.
pas·siv·ize /pǽsəvàiz/ 動〘文法〙他〔動詞, 文〕を受動態にする. ── 自 受動態になる. ▷ **pàs·siv·i·zá·tion** 名
páss·kèy 名 (複 〜s) C **1** 親かぎ (master key). **2** (限られた人の持つ)合いかぎ.
Páss·òver 名 **1** U 〈(the) 〜〉過ぎ越しの祝い《3 月末か 4 月初めに行われる; 祖先がエジプトから脱出したことを記念するユダヤ教の祭り》. **2** 〈p-〉＝paschal lamb.
‡**pass·port** /pǽspɔ̀ːrt|pάːs-/ 名 (複 〜s /-ts/) C **1 旅券**, パスポート,《自国民が外国に旅行する際その身分を証明し通行の安全を依頼するため政府が発行する》;〈一般に〉通行証, 入場許可証. get [issue] a 〜 パスポートを取る[発行する]. travel on a Japanese 〜 日本政府発行のパスポートで旅行する.

> 連結 a valid [an invalid; a false, a forged] 〜 // apply for [obtain; renew] a 〜 // a 〜 expires

2 〈普通, 単数形で〉確実な手段〈*to* ..を手に入れる〉. a 〜 *to* a good job [success, happiness] 良い就職[成功, 幸福]への確実な道.
[＜フランス語「出入港許可」; pass, port[1]]
pássport contròl 名 U 出入国管理.
páss·wòrd 名 C **1** (歩哨(しょう), 警備員などの用いる)合い言葉《相手が「山」と言ったら「川」と答えるなど》. **2** (コンピュータの)パスワード《あるシステム, データファイルに付けられた, または個々のユーザーの暗号文字列; これを知らなければアクセスできない》.
‡**past** /pæst|pɑːst/ 形 © **1 過去の**, 以前の, 昔の, (★pass 動 の古い過去分詞に由来する形容詞). 〜 experience 過去の経験. in times 〜 過去(の時代)に, 昔. in 〜 days＝in days 〜 以前.
2 過ぎ去った, 終わった, (finished). The danger is 〜 now. 危険はもう過ぎ去った. Winter is 〜. 冬は去った.
3 過ぎたばかりの; この前の〔週, 月など〕. the 〜 week [month, year, century] 先週[先月, 去年, 前世紀]; ここ 1 週間[ひと月, 1 年, 100 年間]. He's been unwell for some time 〜. 彼はしばらく前から体の調子が悪い. I can't believe what I've been through in the 〜 hour. この一時間自分が何を経験したか信じられない. I have lived in Sendai for the 〜 three years. ここ 3 年私は仙台に住んでいる.
4 〈限定〉元の, 前任の, (former). the 〜 presidents of Harvard University ハーヴァード大学の元学長たち.
5 〈限定〉〘文法〙過去の. →past tense.
── 名 **1** U 〈普通 the 〜〉**過去**(の時点), **過ぎ去った物事**. in the 〜 過去に, 従来, これまで(は); 昔は. live in the 〜 過去の思いに浸って生きる. a thing of the 〜 今は廃れたもの, 過去の遺物. You should not worry about the 〜. 過ぎ去った事をくよくよしても仕方がない.

> 連結 the distant [the long, the remote; the near, the recent; the immediate] 〜 // recall [look back on, remember; forget] the 〜

2 aU 過去の歴史[生活];〘旧〙〈特に〉いかがわしい経歴. England's glorious 〜 英国の輝かしい過去の歴史. a lady with a 〜 (いかがわしい)過去を持つ女性.
3 UC〘文法〙〈普通 the 〜〉＝past tense; 過去形.
── 前 **1**〔場所〕**を通り越して**, の先に. The bus went 〜 his stop. バスは彼のいる停留所を通り過ぎた. I rode 〜 my station while I was sleeping. 居眠りしている間に乗り越してしまった. The ball rolled 〜 the player. ボールは選手を通り越して転がって行った. The library is about two hundred yards 〜 the gate. 図書館は門の約 200 ヤード先にある.
2〔時間〕**を過ぎて** (↔to);〔年齢, 数量〕**を越して**, ..以上; (語法「何分過ぎ」という時,〘米〙では普通 after を用いる). It's ten minutes 〜 two. 今 2 時 10 分過ぎです. at half 〜 ten 10 時半に. at half 〜 the hour 毎時 30 分に. It's long 〜 your bedtime. おまえの寝る時間はとっくに過ぎているよ. an old woman 〜 sixty [her sixties] 60 歳過ぎの[70 歳代の]老婦人.
3〔能力, 限界など〕を越えた, の及ばない,〔ある状態〕を乗り越えた, 脱却した. The patient is 〜 hope of recovery. 患者は回復の望みがない. 〜 endurance →endurance (成句). be 〜 belief 信じられない. I'm 〜 caring what she thinks of me. 彼女が私のことをどう思おうと, もうどうでもよくなった. My computer is long 〜 its prime. 私のコンピュータはもうすっかり古くなった. Johnny is 〜 all the mischief he used to do. ジョニーは昔やっていたようないたずらは卒業した.
be pàst práying for →pray.
pást it〘話〙(年を取って)昔のようにできなくなった;〔機械などが〕がたがきた, 役に立たなくなった. One morning he suddenly realized he was [had got] 〜 *it*. ある朝突然彼は自分がもう使いものにならなくなったと気がついた.
pàst oneséłf〘アイル俗〙愚かな; 正気でない.
wouldn't pút it pàst** a pèrson **to dó〘話〙ある人なら..しかねないと思う. I *wouldn't put it* 〜 him *to* make a pass at his own sister-in-law. 彼なら自分の義理の妹にだってちょっかいを出しかねないと思う.
── 副 **1** 通り越して, 過ぎ(去っ)て. watch the parade march 〜 パレードが行進して行くのを見守る. **2**〔時刻が..分〕過ぎに (★何時か分かっている場合に). at half 〜 半過ぎに. **3**〔時が〕..前に. five years 〜 5 年前に.
[pass の(古い)過去分詞]
†**pas·ta** /pάːstə|pǽstə/ 名 U パスタ《マカロニなどを作るための練り粉; それで作ったものの総称; マカロニ, スパゲッティ, ラヴィオリなど》; C パスタ料理. [イタリア語]

P

*__paste__ /peist/ 名 (複 ~s /-ts/) **1** UC 糊(のり); 糊状のもの. a jar of ~ 瓶入りの糊. tooth ~ 練り歯磨き. stick two pieces of paper (together) with ~ 2枚の紙を糊で張り合わせる. **2** UC ペースト《パン, クラッカーなどに塗ったり調理の材料にする》. fish [meat, tomato] ~ 魚[肉, トマト]のペースト. liver ~ レバーペースト.
3 UC 練り粉 (dough)《小麦粉とバターやラードを水などで練って作ったパン菓子 (pastry) やパイの材料》. Meg mixed the flour and milk to a ~. メグは粉とミルクを練ってペーストを作った.
4 U (模造宝石製造用)鉛ガラス; 模造宝石.
── 動 他 **1** VOA を糊で(張り) 付ける〈*down, up; together*〉〈*on, to, into, over* ..に〉; に糊で張る〈*with* ..を〉. He ~*d down* the flap of the envelope. 彼は封筒の垂れぶたを糊で張った. ~ this paper and that *together* この紙とあの紙を糊で張り合わせる. The notice was ~*d* (*up*) *on* [*to*] each door. 掲示が各戸に張り付けられた. ~ a wall (*up*) *with* wallpaper 壁に壁紙を張る. **2** (紙片などを張り合わせて)を作る. cut and ~ a small paper box 紙を切り張り合わせて小さな箱を作る.
3 〖電算〗〔データ〕をファイルにコピーする, 張り付ける.
4 〖旧話〗をぶん殴る; VOO (~ X Y) X (人)に Y (一発など)を見舞う; (punch). She ~*d* him one across the mouth. 彼女は彼の口に一発かませた.
pàste /../ ín 〔写真など〕を(アルバムなどに)糊で張る.
***páste* X *into* Y** X (写真など)を Y (アルバムなど)に糊で張る.
[<後期ラテン語 *pasta*「練り粉」(<ギリシア語「大麦のかゆ」)]

__páste·bòard__ 名 **1** U 厚紙, ボール紙. **2** 〈形容詞的〉ボール紙製の; もろい, 中身のない, 安っぽい; 偽の.

‡__pas·tel__ /pæstél|pǽst(ə)l/ 名 **1** UC パステル(クレヨン). **2** C パステル画; U パステル画法; C 〈普通 ~s〉淡い色調, パステル調. **3** 〈形容詞的〉パステル調の《柔らかな淡い色合い》; パステルで描かれた. ~ colors [shades] パステルカラー[パステルの色調].

__pas·tern__ /pǽstərn/ 名 C 繋(けい), つなぎ, 《馬など有蹄(てい)類の脚の球節 (fetlock) とひづめ (hoof) の間の部分》.

P

__Pas·ter·nak__ /pǽstərnæk/ 名 **Boris Leonidovich ~** パステルナーク (1890–1960)《旧ソ連の叙情詩人・小説家・翻訳家; *Doctor Zhivago* 他; ノーベル文学賞を辞退させられた (1958)》.

__páste-ùp__ 名 **1** C 〖印〗割付け用台紙. **2** UC コラージュ (collage).

__Pas·teur__ /pæstə́ːr/ 名 **Louis ~** パスツール (1822–95)《フランスの化学者・細菌学者》.

__pas·teur·ism__ /pǽstʃəriz(ə)m, -tər-/ 名 U 〖医〗(狂犬病の)パスツール接種(法).

__pàs·teur·i·zá·tion__ 名 U (液体, 特に牛乳の)低温殺菌(法)《パスツールがこの処理法を発見した》.

__pas·teur·ize__ /pǽstʃəràiz, -tər-/ 動 他 〔液体, 特に牛乳〕を低温殺菌する. [Pasteur, -ize]

__pas·tiche__ /pæstíːʃ/ 名 C パスティーシュ《模造した芸術作品; また諸作品から取った寄せ集め》; U その手法. [フランス語 'piecrust']

‡__pas·tille__ /pæstíːl|pǽstəl/ 名 **1** C のどあめ, トローチ. **2** U 芳香練り香.

*‡__pas·time__ /pǽstàim|páːs-/ 名 (複 ~s /-z/) C 娯楽, 慰み, 気晴らし, (→hobby 類語). Gardening is his favorite ~. 庭いじりは彼のお気に入りの気晴らしだ.
[<pass+time; フランス語 *passe-temps* の翻訳]

__past·ing__ /péistiŋ/ 名 **1** C 〈普通, 単数形で〉〖主に英話〗ぶん殴ること; やっつけること; 酷評; 大敗. Our team got [took, was given] quite a ~. 我がチームはぼろ負けした. **2** U 〖電算〗(データの)張り込み (→paste 動 3).

__pàst máster__ 名 C 名人, 達人, 〈*at, in, of* ..の〉(expert). a ~ *at* chess チェスの名人. My aunt is a ~ *of* gentle persuasion. おばは人を優しく説得する術にかけては達人だ.

‡__pas·tor__ /pǽstər|páːs-/ 名 C **1** 牧師《教区教会を受け持つ牧師; 英国ではカトリック教会・英国国教会・スコットランド教会以外の牧師; 米国では新教各派特にルーテル派, メソジスト派の牧師; →minister, clergyman》. **2** 精神的指導者. ── 動 他 〔教会〕の牧師を務める.
[<ラテン語「羊飼い」]

‡__pas·to·ral__ /pǽst(ə)rəl|páːs-/ 形 **1** 〖主に雅〗田園生活の, 牧歌的な; 羊飼いの; 田園生活を描いた. ~ poetry 田園詩. ~ life 田園生活. a ~ scene 田園風景. **2** 草地の, 牧羊に適する〔土地〕.
3 牧師 (pastor) の, 〈特に〉司祭 (bishop) の; 聖職者(として)の. a ~ visit 牧会訪問《一般的な生活指導のための牧師による家庭訪問》. a teacher's ~ duties (勉強以外の)教師による生徒の生活補導職務.
── 名 C **1** 牧歌, 田園詩, 《美しい田園生活を描いた詩, 劇, 絵画, 音楽など》. **2** 教書 (**pàstoral létter**)《司教 (bishop) が管区へ, 牧師 (pastor) が教区民に与える》.

__pàstoral cáre__ 名 U (牧師が信徒に与える)助言; (教師が学生・生徒に行う)助言, 生活指導.

__pas·to·rale__ /pæstəráːl, -ráːli/ 名 C 〖楽〗パストラル, 田園曲.

__Pàstoral Epístles__ 名 〈the ~〉牧会書簡《新約聖書の『テモテ書』(1 と 2) と『テトス書』》.

__pas·to·ral·ism__ /pǽstərəliz(ə)m/ 名 U 牧畜(生活[文化]).

__pàstoral stáff__ 名 C 牧杖(ぼくじょう)《司教・修道院長が持つ職杖》.

__pas·tor·ate__ /pǽst(ə)rət|páːs-/ 名 **1** U 牧師の職務[地位, 任期]. **2** U 〈集合的〉牧師団. **3** C 〖米〗牧師館.

__pàst párticiple__ 名 C 〖文法〗過去分詞.

__pàst pérfect progrèssive ténse__ 名 〈the ~〉〖文法〗過去完了進行時制.

__pàst pèrfect ténse__ 名 〈the ~〉〖文法〗過去完了時制.

__pàst progrèssive ténse__ 名 〈the ~〉〖文法〗過去進行時制.

__pas·tra·mi__ /pəstráːmi/ 名 U パストラーミ《香辛料のきいた牛肩肉の燻(くん)製》.

†__pas·try__ /péistri/ 名 (複 -tries) **1** U ペーストリー《小麦粉・油脂などを水でこねて焼いたもの, パイ皮などになる》; 〈集合的〉それで作った練り粉菓子. Don't eat too much ~. ペーストリーの類を食べ過ぎてはいけない.
2 C 練り粉菓子, ペーストリー, 《種類を言う》. pie, tart and other *pastries* パイやタルトやその他の練り粉菓子類.→Danish pastry.

__pástry-còok__ 〖英〗名 C ケーキ職人.

__pàst ténse__ 名 〈the ~〉〖文法〗過去時制.

__pas·tur·age__ /pǽstʃəridʒ|páːs-/ 名 U **1** 牧草. **2** 牧草地 (pasture). **3** 放牧権.

*__pas·ture__ /pǽstʃər|páːs-/ 名 (複 ~s /-z/) **1** UC 牧草地, 放牧場. **2** U 牧草.
grèener* [*nèw*] *pástures = 〖英〗***pàstures néw* [*gréener*]** 今よりよい仕事[活動の場].
pùt ..óut to pásture 〔家畜〕を牧草地に出す; 〖話〗〔老人〕を引退させる, 〔老朽品〕をお払い箱にする. We *put* the cows *out to* ~. 我々は牛を牧草地へ追い出した.
── 動 他 〔家畜〕を放牧する; 〔家畜〕に草を食べさせる; 〔家畜が〕〔牧草〕を食う.
── 自 〔家畜が〕牧草を食う〈*on, in* ..で〉(graze). sheep *pasturing in* a field 牧草地で草を食べている羊.
[<後期ラテン語「草を食わせること」]

__past·y__[1] /péisti/ 形 e **1** 糊(のり)のような. a ~ feel 糊のような感触. **2** 〔顔色が〕(病的に)青ざめた. a ~ complexion 青白い顔色.

pas·ty[2] /pǽsti/ 名 (複 -ties) C 〖主に英〗パスティ《肉・野菜・チーズなどを入れて1人用に小型に焼いたパイ》.
pasty-faced /pèistiféist ◈/ 形 青白く不健康な顔をした.
PÁ system public-address system.
Pat /pǽt/ 名 **1** Patrick の愛称. **2** Patricia の愛称. **3** 〖話〗パット《アイルランド人のあだ名; 守護聖人の St. Patrick にちなむ》.
‡pat[1] /pǽt/ 名 (複 ~s /-ts/) C **1** (ぱたぱた, ぽんぽんと)**軽くたたくこと, 軽いひとたたき[ひとなで]; ぱたぱた[ぽんぽん]と言う音**. She gave me an affectionate ~ on the head. 彼女は私の頭を優しく軽くたたいた. **2** (たたいて平らな形にした)小さな塊. a ~ of butter バターの塊.
a pàt on the báck 〖話〗背中のひとたたき《賞賛や激励のしぐさ》; 褒め[励ましの]言葉; 〈*for* ..〔行為など〕に対する〉. He received quite *a* ~ *on the back for* his achievements. 彼はその功績のために少なからず賞賛の言葉を受けた.
── 動 (~s /-ts/|過 過分 **pát·ted** /-əd/|**pát·ting**) 他 **1** を(特に手のひらで何度も)**軽くたたく** 〈*on* ..〔体の部分〕を〉《親しみ, 同情, 賞賛などの気持ちを込めて》. ~ a person *on* the shoulder 人の肩をぽんとたたく.
2 を手で[に持った物で]軽くたたく 〈*down*〉〈*into* ..〔ある形〕になるように〉; VOC (~ X Y) 軽くたたいて X を Y の状態にする. She ~*ted* her hair *into* place. 彼女は髪の毛をなでて形を整えた. ~ one's forehead dry with a handkerchief ハンカチで額を軽くたたいて(汗を)ぬぐう. My mother ~*ted* the flour off her hands. 母は手をぽんぽんとたたいて粉を払い落とした.
pàt a pèrson on the báck 人を(背中をたたいて)褒める[激励する] 〈*for* (*doing*) ..(した)ので〉. ~ oneself *on the back* (我ながらよくやったと)自賛する. [擬音語]
pat[2] 形 〔返事などが〕即座に出る, (まるで用意してあったように)ぴったりした. a ~ answer 即座の返答. His story was too ~. 〈悪い意味で〉彼の話は調子よすぎた.
── 副 即座に; (まるで用意してあったように)すらすらと. Her answer came ~. 彼女は即座に返答をした.
hàve* [*knòw*] *..dòwn 〖米〗[***òff*** 〖英〗] ***pát*** ..を完全に覚え込んでいる《すぐ話せ書けるほど》.
stànd pát 〖主に米話〗(いったん決めたことなどを)頑張り通す《トランプのポーカーで, 配られた札だけで勝負することから》; 現状維持で行く.
[＜pat[1]; 「軽く」の意味で副詞に転用]
pat. patent; patented.
Pat·a·go·nia /pæ̀təgóunjə, -niə/ 名 パタゴニア《アルゼンチン南部の高原地方》. ▷**Pat·a·go·nian** /-njən, -niən ◈/ 形, 名
***patch** /pǽtʃ/ 名 (複 **pátch·es** /-əz/) C
【小片, 小部分】 **1** (衣類などの)**継ぎきれ, 当て布**. a coat with ~*es* on [at] the elbows ひじに継ぎの当たった[パッチの付いた]上着. put a ~ on a shirt シャツに継ぎを当てる. iron-on ~*es* (糸針不用の)アイロンをかけるだけで付着する継ぎ布.
2 眼帯 (eyepatch); 傷当て, 包帯. wear a ~ on one's right eye 右目に眼帯をしている.
3 寄せ布細工 (patchwork) 用の布切れ.
4 破片, 断片; (文章などの)一節.
5 (色彩などが周囲と違う)部分, 斑(はん)点, ぶち. I see a little ~ of blue sky through the clouds. 雲間を通してほんの一部分青空が見える. icy ~*es* on the road 路面のところどころ凍った部分. a beauty ~ [spot] (17-18世紀に流行した)付けぼくろ.
6 土地の一区画《野菜栽培用の畑など》. a cabbage ~ ＝a ~ of cabbage. キャベツ畑.
7 〖英話〗受け持ち区域《特に警察官の》, なわ張り.
8 〖電〗(電子回路などの)応急の接続; 〖電算〗パッチ《プログラムの応急の修正》.
in pátches (1) 部分的に, ある面では. (2) あちこちに散らばって; ときどき間を置いて. The tablecloth was stained *in* ~*es*. テーブルクロスはあちこち汚れていた.
nòt a pátch on .. 〖英話〗..とは比べものにならない(ほど劣る). I'm *not a* ~ *on* you at golf. ゴルフではとても君にかなわない.
strìke* [*hìt, gò through, hàve, be in*] *a bàd* [*ròugh, etc.*] *pátch 〖主に英〗苦労をする, 不幸な目に遭う.
── 動 (**pátch·es** /-əz/|過 過分 ~**ed** /-t/|**pátch·ing**) 他 **1** に継ぎを当てる, を繕う, 〈*up*〉. ~ a hole in a sock 靴下の穴を繕う. If you ~ it *up*, you can still use it. それは継ぎ当てをすればまだ使える.
2 (一時の間に合わせに)を繕っておく, つなぎ合わせておく, 〈*up*〉; VOA (~ X *together*) X を急造ででっち上げる. ~ *up* a broken dish 壊れた皿をくっつけておく.
3 をパッチワークで作る 〈*together*〉. ~ a quilt 小ぎれをつないでキルティングの布団を作る.
4 〖電〗VOA 〔電子回路, 装置など〕をパッチコードなどで接続する 〈*through*〉〈*to, into* ..に〉; 〖電算〗〔プログラムなど〕にパッチをあてる.
pàtch it úp (***with ..***) (..と)仲直りする.
pàtch /../ úp (1) 〔人(の傷)〕に包帯を当てる, 応急手当をする. (2) 〔争い事など〕を一時的に収める, 〔関係など〕を修復する, 〔意見の相違など〕を調整する. ~ *up* a quarrel けんかをひとまずやめる. (3) 〔取り引きなど〕を(苦労して)まとめる.
[?＜フランス語 'piece']
pátch còrd 名 C 〖電〗パッチコード《両端にプラグがついた短いコード》.
pátch pòcket 名 C パッチポケット, 張り付けポケット《服の外に縫い付けたフラップのないポケット》.
pátch tèst 名 C 〖医〗パッチテスト《薬剤を塗った布切れを皮膚に張りアレルギー反応を調べる》.
‡pátch·wòrk 名 **1** UC 継ぎはぎ細工, パッチワーク. a ~ quilt パッチワークのベッドカバー. do ~ パッチワークをする. I saw a ~ of fields from the airplane. 飛行機からパッチワークのような畑が見えた. **2** aU 〖軽蔑〗(糊(のり)とはさみで)継ぎはぎしたもの; 小さな物の寄せ集め. This is a mere ~ of quotations. これはただ人からの引用の継ぎはぎにすぎない.
‡patch·y /pǽtʃi/ 形 e **1** 継ぎはぎ(だらけ)の, 寄せ集めの; まだら(模様)の. **2** 〔霧, もやなどが〕切れぎれの, まばらの. **3** 出来不出来のある, むらのある, 不完全な, あまり当てにならない. ▷**patch·i·ly** 副 **patch·i·ness** 名
patd. patented.
pate /péit/ 名 C 〖古・戯〗頭 (head), 脳天. a bald ~ はげ頭.
‡pâ·té /pɑːtéi|pǽtei/ 名 UC パテ《肉や魚の練ったものを詰めた小型のパイ; ペースト状にした魚, 肉やレバーなどの料理; ★窓ガラス固定剤などの「パテ」は putty》. [フランス語 'paste']
pâté de foie gras /pɑːtèi-də-fwɑ̀ː-grɑ́ː|pæ̀tei-/ 名 U (パテド)フォワグラ《ガチョウの肥大肝臓のパテ, 珍味とされる》. [フランス語 'pâté of fat liver']
pa·tel·la /pətélə/ 名 (複 ~s, **pa·tel·lae** /-liː/) C 〖解剖〗膝蓋(しつがい)骨 (kneecap). ▷**pa·tel·lar** /-lər/ 形
pat·en /pǽtn/ 名 C **1** 〖カトリック〗パテナ《聖餐(さん)用パン皿》. **2** (金属製の)平皿.
pat·en·cy /pǽtnsi, péit-/ 名 U 明白さ.
***pat·ent** /pǽt(ə)nt|péit-, pǽt-/ 名 (複 ~s /-ts/) C **1** **特許**, パテント, 特許権, 〈*for, on* ..の〉; 専売特許; 特許証. He got [took out, was granted] an American ~ *for* [*on*] his invention. 彼は自分の発明について米国の特許を得た. apply for [file] a ~ *on* [*for*] ..の特許を申請する. ~ infringement 特許侵害. The ~ expires in 2010. 特許は2010年に切れる.
2 特許を受けた物件[方法], 特許品.
3 特権[権利](証); 表れ, しるし. receive a ~ of nobility 爵位を授けられる.

P

Pàtent pénding. 特許出願[申請]中《pat. pend. と略す; Patent applied for. とも言う》.
── 形 m **1** 〈限定〉 **特許の**, 特許を受けている. → patent medicine, letters patent.
2 〖話〗〈限定〉(その人)独自の, 独特な. her ～ way of making salad 彼女独自のサラダの作り方.
3 /péit(ə)nt, pǽt-/ 〖章〗〔事柄が〕明白な, 分かりきった, (obvious); あからさまな. It is ～ that she is lying. 彼女がうそをついていることは明らかだ. a ～ impossibility 明らかな不可能事.
── 動 他 の特許(権)を取る.
[<ラテン語 *patēns* 'lying open';「特許」の意味は letters patent の省略形から]

pat·ent·ee /pæt(ə)ntíː|pèi-, pæ̀t-/ 名 C (専売)特許権所有者.

pàtent léather 名 U (黒の)エナメル皮 (★合成皮革もある).

pát·ent·ly /péit(ə)ntli, pǽt-/ 副 〖章〗〈悪い意味で〉明らかに, はっきりと. a ～ absurd remark 明らかにばかげた言葉.

pàtent médicine 名 C 特許医薬品; 〖普通, 軽蔑〗売薬.

Pátent Òffice 名 〈the ～〉 特許局.

pat·en·tor /pǽt(ə)ntər, pæ̀t(ə)ntɔ́ːr|pèit(ə)ntɔ́ː, pæ̀t-/ 名 C (専売)特許を認可する人.

pátent rìght 名 U 特許権.

Pa·ter /péitər/ 名 **Walter** (**Horatio**) ～ ペイター (1839–94)《英国の批評家・小説家》.

pa·ter /péitər/ 名 C 〖英学生俗〗おやじ. [ラテン語 'father']

pa·ter·fa·mil·i·as /pɑ̀ːtərfəmíːliəs|pèitəfəmíliæ̀s/ 名 (複 **pa·tres·fa·mil·i·as** /pèitriːsfəmíliəs|-fəmíliæ̀s/) C 〖章・戯〗〈普通, 単数形で〉家長, 家父(長). [ラテン語 'father of the family']

†**pa·ter·nal** /pətə́ːrn(ə)l/ 形 **1** 父の; 父らしい; 父親のような. ～ love for ..に対する父性愛. **2** 父方の; 父親ゆずりの〔性格の特徴など〕. She is my ～ grandmother. 彼女は私の父方の祖母だ. **3** 〔政治, 立法などが〕温情主義の. ◇↔maternal [ラテン語 *paternus*「父 (*pater*) の」, -al] ▷**～·ly** 副 父として, 父のように.

P

pa·ter·nal·ism /pətə́ːrn(ə)lìz(ə)m/ 名 U (雇用[人間]関係, 政治における)父親的温情主義, (押し付けがましい)干渉主義, 《往々にして, 相手は自由や責任能力を失う》. ▷**pa·tér·nal·ist** 名, 形

pa·ter·na·lis·tic /pətə̀ːrn(ə)lístik 移/ 形 父親的温情主義の. ▷**pa·ter·na·lis·ti·cal·ly** /-k(ə)li/ 副

pa·ter·ni·ty /pətə́ːrnəti/ 名 U 〖章〗 **1** 父であること (fatherhood). **2** 〖主に法〗父性, 父権; 父系. **3** 起源 (origin). Most proverbs are of doubtful ～. たいていの諺は起源が疑わしい.

patérnity lèave 名 U (子供誕生時の)父親休暇.

patérnity sùit 名 C 〖法〗父子関係認知訴訟《主に非嫡出子の母親が起こす》. start [take out] a ～ 認知訴訟を起こす.

patérnity tèst 名 C (血液型などによる)父子鑑別検査.

pa·ter·nos·ter, Pà·ter Nós·ter /pæ̀tərnɑ́stər, pɑ̀ːtərnɔ́ːstər|pæ̀tənɔ́s-/ 名 C **1** 〖キリスト教〗(ラテン語による)主の祈り (the Lord's Prayer). **2** ロザリオの大きな珠(たま). **3** (停止しない)循環エレベーター《動いている間に乗降する》. [ラテン語 'our father';「主の祈り」の出だし]

‡**path** /pæθ|pɑːθ/ 名 (複 **～s** /pæðz, pæθs|pɑːðz/) C **1** (自然にできた)**小道**, 細道, (pathway); (庭などに作った)細い散歩道; 競走路 (track); (類語 人が踏んでできた自然の道, 又は山林や庭園の中の細い道; →way¹). Follow [Carry on along] this ～ to the main road. この小道をたどって大通りまで行きなさい. a gravel ～ 砂利道. **2** **通り道**; 〈a person's〉行く手. a ～ shoveled through the snow シャベルで雪を掻(か)いて作った道. Don't stand in my ～. おれの(通り道の)じゃまをするな. **3** 〈しばしば the ～〉 (**a**) **進路**, 軌道. the moon's ～ round the earth 地球を回る月の軌道. Their houses are under the flight ～ of airplanes. 彼らの家は飛行経路の真下にある. (**b**) (行動の)**道**, 進路; 方針. The statesman followed the ～*s* of glory. その政治家は栄光の道をたどった. the ～ to success [victory] 成功[勝利]への道. take the ～ to independence 独立への道を進む. Their ～*s* will never cross again. 彼らは二度と出会うことはないだろう.
bèat a páth 道を開く.
bèat a páth to** a person's **dóor 駆けつける, 押しかける. A lot of cameramen *beat a* ～ *to* his *door*. カメラマンが大勢彼のところへ押しかけた.
cròss** a pèrson's **páth (1) 人の(行こうとする)前を横切る. A black cat *crossed* my ～. 黒猫が行く道を横切った《迷信では災難の前兆》. (2) 人に出会う. I never *crossed* his ～. 私は彼と出会ったことはない.
lèad** a pèrson **up** [**down**] **the gàrden páth → garden. [<古期英語]

path. pathological; pathology.

Pa·than /pətɑ́ːn/ 形, 名 C パターン人(の)《アフガニスタン及びパキスタン西部に居住》.

páth-brèaking 形 ＝trailblazing.

†**pa·thet·ic, -i·cal** /pəθétik/, /-k(ə)l/ 形 **1** 哀れな, 悲しい, 痛ましい. It was a ～ thing to see. それは見るも痛ましい事柄だった. ～ cries 哀れな泣き声. a ～ scene (芝居の)愁嘆場. **2** 〖話〗気の毒なほど下手な[駄目な], いらいらするほどひどい[情けない]. a ～ performance どうしようもないほど下手な演技.
◇名 pathos [<ギリシア語「感じやすい」(<pathos)]

pa·thét·i·cal·ly 副 哀れなほど, 悲しそうに.

pathètic fállacy 名 〈the ～〉 感傷の虚偽《無生物に人間的感情があるように表現すること: the whimsical skies (移り気な空), treacherous weather (裏切り者の天気)》.

páth·fìnder 名 C 〖主に米〗 **1** (未開地の)探検者, 開拓者; 先駆者, (ある分野の)草分け; (trailblazer). **2** (爆撃の)先導機. **3** 〈P-〉 パスファインダー《1997 年に火星に着陸した米国の無人火星探査船》.

páth·less 形 道のない; 前人未踏の.

páth·o- /pǽθə/ 〈複合要素〉「病気」の意味を表す. *patho*logy. [ギリシア語; →pathy]

path·o·gen /pǽθədʒən/ 名 C 〖医〗病原菌; 病原体.

path·o·gen·e·sis /pæ̀θədʒénəsəs/ 名 U 発病, 病因. ▷**path·o·ge·net·ic** /-dʒənétik 移/ 形

path·o·gen·ic /pæ̀θədʒénik 移/ 形 病原の; 発病させる.

pa·thog·e·ny /pəθɑ́dʒəni|-θɔ́dʒ-/ 名 ＝pathogenesis.

pathol. pathological; pathology.

‡**path·o·log·i·cal, -log·ic** /pæ̀θəlɑ́dʒik(ə)l|-lɔ́dʒ- 移/, /-ik 移/ 形 **1** 病理学の, 病理上の. **2** 〖話〗病的な, 異常な. a ～ liar (うそが性癖となった)病的なうそつき.

pàth·o·lóg·i·cal·ly 副 病理(学)的に.

pa·thol·o·gist /pəθɑ́lədʒist|-θɔ́l-/ 名 C 病理学者.

pa·thol·o·gy /pəθɑ́lədʒi|-θɔ́l-/ 名 **1** U 病理学. **2** UC 病理, 病状, 異常. [patho-, -logy]

†**pa·thos** /péiθɑs|-θɔs/ 名 U (しみじみとした)悲哀(感), ペーソス, (→bathos); 〖芸術・哲〗情念, パトス, (→ethos, logos). music filled with ～ 哀切さあふれる音楽. with touching ～ 切々たる哀感を込めて. ◇形 pathetic [ギリシア語「苦悩」]

†**páth·wày** 名 (複 **～s**) C **1** 小道, 細道, (path). **2** (通り)道, 進路, (行動の)方針, 〈*to* ..への〉. The ～ through life is rocky. 人生の旅路は岩だらけである.

-pa·thy /pəθi/ 〈複合要素〉「療法; 感情; 苦痛, 病気」などの意味. a*pathy*. osteo*pathy*. psycho*pathy*. tele*pathy*. [ギリシア語 *páthos* 'emotion, suffering']

‡pa·tience /péiʃ(ə)ns/ 图 Ⓤ **1 忍耐**, 辛抱; 忍耐力, 根気; (↔impatience; 類語 困難, 不幸などをじっと我慢するという受け身的な意味が強い; →endurance, perseverance). wait one's turn with ～ 辛抱強く順番を待つ. It takes [requires] a lot of ～ to look after a small child. 小さな子供の面倒を見るにはたいへん忍耐力がいる. have the ～ to endure misfortune 不幸に耐えるだけの我慢強さがある. lose (one's) ～ with one's subordinates 部下に我慢できなくなる. try [test] a person's ～ 人をひどくいらいらさせる.

連結 endless [boundless, inexhaustible, infinite] ～ ∥ show [exercise; run out of] ～; tax a person's ～ ∥ a person's ～ runs out [wears thin]

2 〖英〗 ペイシェンス 《1 人トランプの一種; 〖米〗 solitaire》. **3** 〈P-〉女子の名 《愛称 Patty》.

be out of pátience with .. = ***hàve nò pátience with ..*** ..に我慢ができない. He *has no* ～ *with* a lazy person. 彼は怠け者には我慢ならない.

(***hàve***) ***the pàtience of Jób*** [***a sáint***] (ヨブ[聖者]のような)非常な忍耐力(がある).

[<ラテン語「耐え苦しむこと」]

‡pa·tient /péiʃ(ə)nt/ 形 ⓜ **1 忍耐心のある**, 辛抱強い; 腹を立てない, 我慢する, 〈*with, to* ..〔人〕に〉; 忍耐できる, 辛抱する, 〈*of, with, to* ..〔物事〕に〉. a ～ teacher 辛抱強い教師. The farmer was ～ *with* the unruly horse. 農夫は荒くれ馬にじっと我慢した. be ～ *of* toil 労働に耐える. **2** 根気よく働く, 勤勉な. a ～ worker 根気よく働く人. ◇↔impatient

—— 图 (複 ～s /-ts/) Ⓒ (治療を受けている)**患者** (→inpatient, outpatient); (医者から見ての)**病人**. The doctor made the daily rounds of his ～*s*. 医者は毎日患者を回診[往診]した.

[<ラテン語「耐え苦しんでいる」]

†pá·tient·ly 副 辛抱強く, 根気よく.

pat·i·na /pǽti:nə, pǽtənə|pǽtənə/ 图 aU **1** (青銅器などの)緑青(ろくしょう); (石などの表面に生じた)こけ. **2** (年代ものの家具, 木工品などの持つ)つや, 古色(こしょく); (経験者の示す)貫禄(かん), 風格. **3** (外観上の[表面的な])見てくれ, 特徴.

‡pa·ti·o /pǽtiòu, pá:-|pǽt-/ 图 (複 ～s) Ⓒ パティオ **1** 家屋にくっついた屋根無しのテラス (terrace); そこで食事, 休息などもする. **2** スペイン風建築物の中庭. [スペイン語 'courtyard']

[patio 2]

pa·tis·se·rie /pətísəri(:)/ 图 **1** Ⓒ (フランス風)パイ・ケーキの店. **2** Ⓤ (そのような店の)パイ[ケーキ]. [フランス語(<後期ラテン語 *pasta* 'paste')]

pat·ois /pǽtwɑ:/ 图 (複 ～ /-wɑ:z/) UC 《しばしば軽蔑》(特にフランスの)地域方言; 田舎言葉; (仲間内の)隠語. [フランス語「粗野な言葉」]

pat. pend. Patent pending. (→patent 图 の成句).

pat·ri- /pǽtri, péit-/ 〈複合要素〉「父の」の意味. [ラテン語 *pater* 'father']

pa·tri·al /péitriəl, pǽt-/ 图 Ⓒ 〖英〗 ((祖)父母が英国生まれのため)英国在住権を有する人.

pa·tri·arch /péitriɑ̀:rk/ 图 Ⓒ **1** 家長, 族長, 《一族, 一家の長である男性; →matriarch》. **2** 〖聖書〗 イスラエル民族の先祖 《特に Abraham, Isaac, Jacob の 3 人》. **3** (宗教, 学派などの)創始者, 開祖. **4** 長老, 古老. **5** 〖キリスト教〗 (ローマカトリック教会の)総大司教 《Pope に次ぐ位》; (東方正教会の)総司教; (初期キリスト教会の)司教 (bishop). [<ギリシア語「家族の支配者」]

pa·tri·ar·chal /pèitriɑ́:rk(ə)l ⑱/ 形 **1** 家長の, 族長の; 父権制の; 男性中心の. a ～ society 父権社会; 男社会. **2** 長老[古老]のような; 〔男性が〕風格のある, 堂々たる.

pàtriarchal cróss 图 Ⓒ 総大司教十字 (→cross 図).

pa·tri·arch·ate /péitriɑ̀:rkət/ 图 Ⓒ 総大司教の位[職権, 任期, 管区, 官邸].

pa·tri·ar·chy /péitriɑ̀:rki/ 图 (複 **-chies**) **1** Ⓤ 家父長[族長]政治[制度]; 父権制 (↔matriarchy). **2** Ⓒ 父権社会, 家父長制社会; 男社会.

Pat·ri·ci·a /pətríʃiə/ 图 女子の名 《愛称 Pat, Patty》.

pa·tri·cian /pətríʃ(ə)n/ 图 Ⓒ **1** (古代ローマの)貴族. **2** 〈一般に〉貴族, 高貴な生まれの人, 育ちのいい人.

—— 形 貴族の 《特に古代ローマの》; 〈一般に〉高貴な生まれの; 〔人, 好みなどが〕貴族的な; (→plebeian). ～ arrogance 貴族のような横柄さ[傲岸(ごうがん)さ].

pat·ri·cid·al /pæ̀trəsáidl ⑱/ 形 父殺しの.

pat·ri·cide /pǽtrəsàid/ 图 **1** UC 父親殺し(の行為) (→matricide). **2** Ⓒ 父殺し(の犯人). [patri-, -cide]

Pat·rick /pǽtrik/ 图 **1 St.** ～ 聖パトリック (389?–461?) 《アイルランドの守護聖人; ブリテン島生まれでアイルランドで伝道した》. **2** 男子の名 《愛称 Pat》. [ラテン語「貴族」]

pat·ri·li·ne·al /pæ̀trəlíniəl ⑱/ 形 父系(制)の.

pat·ri·mo·ni·al /pæ̀trəmóuniəl ⑱/ 形 世襲の, 先祖伝来の. ▷ **～·ly** 副

pat·ri·mo·ny /pǽtrəmòuni|-məni/ 图 aU 〖章〗 **1** (先祖よりの)遺産, 世襲財産. **2** (先人よりの)伝承(されるもの); (国などの)文化遺産. **3** (教会などの)財産, 基本財産. [<ラテン語「父の(相続)財産」]

Pa·tri·ot /péitriət|pǽt-/ 图 Ⓒ パトリオット 《米国製のレーダー誘導式地[艦]対空ミサイル》.

†pa·tri·ot /péitriət|pǽtri-, péitri-/ 图 Ⓒ 愛国者, 憂国の士. [<ギリシア語「同胞」(<*patrís*「祖国」)]

†pa·tri·ot·ic /pèitriɑ́tik|pæ̀triɔ́t- ⑱/ 形 愛国(的)の, 愛国心の強い. ▷ **pa·tri·ot·i·cal·ly** /-k(ə)li/ 副

***pa·tri·ot·ism** /péitriətìz(ə)m|pǽtri-, péitri-/ 图 Ⓤ **愛国心**.

pa·tris·tic /pətrístik/ 形 (初期キリスト教会の)教父の; 教父の著作[教義]の.

***pa·trol** /pətróul/ 图 (複 ～s /-z/) **1** UC **巡回**, 巡視, パトロール. go on ～ 巡回する. soldiers on (a routine) ～ (日課の)巡察を行っている兵隊. carry out regular [hourly] ～*s* of .. を定期的に[一時間ごとに]パトロールする. **2** Ⓒ 巡回者, 斥候兵; 〈単数形で複数扱いもある〉巡察隊, 偵察隊; 哨(しょう)戒機[艦, 艇]. **3** Ⓒ 〈単数形で複数扱いもある〉ボーイ[ガール]スカウトの班 《普通, 8 人又は 6 人で構成される》. **4** Ⓒ 〖英〗 (子供の道路横断を指導する)交通指導員.

—— 動 (～s|-ll-) 自, 他 (を)巡回[巡視]する, パトロールする; (街路などを)集団で歩く[徘徊する].

[<フランス語「泥の中を歩き回る」] ▷ **～·ler** 图

patról càr 图 Ⓒ (警察の)パトロールカー (〖米〗 squad car, 〖英〗 panda car).

patról·man /-mən/ 图 (複 **-men** /-mən/) Ⓒ **1** 〖主に米〗 巡回警官, 巡査, (**patról òfficer**). **2** 〖英〗 自動車救難巡回員 《高速道路を巡回して事故車を救助する》. an AA ～ AA の巡回員.

patról wàgon 图 Ⓒ 〖米〗 囚人護送車 (paddy-wagon, 〖英話〗 Black Maria).

***pa·tron** /péitrən/ 图 (複 ～s /-z/) Ⓒ **1 後援者**, 保護[庇護]者, パトロン. a ～ of the arts 芸術の擁護者.

P

2〘主に章〙お得意, ひいき客, 利用者, (類語 customer, client より上品な語, より頻繁に利用する「ひいき客」を言う; →guest). regular ～s of a hotel ホテルの常連.
3 =patron saint. [<中世ラテン語 *patrōnus*「保護者, 手本」(<ラテン語 *pater*「父」)]

†**pat·ron·age** /péitrənidʒ, pǽt-|pǽt-/ 名 1 Ⓤ 後援, 賛助; (芸術, 事業などの)保護. 2 aⓊ〘主に章〙(商店などに対する)ひいき, 愛顧, 引き立て; 〈集合的〉得意客, 常連. The ～ of that store has dropped drastically. あの店のお客はひどく減った. have a large [small] ～ 得意客が多い[少ない]. We thank you for your ～. 毎度お引き立てありがとうございます. 3 Ⓤ〘旧〙〘普通, 軽蔑〙恩着せがましい態度, 恩人ぶること. 4 Ⓤ〈時にけなして〉(支持などの見返りとしての重要な地位への)任命権; そのような地位.
with [***under***] ***the pátronage of a pèrson*** [***a pèrson's pátronage***] ..の後援[賛助]のもとに.

pa·tron·ess /péitrənəs/ 名 Ⓒ〘まれ〙女性のスポンサー[パトロン]; 女性の守護聖人; (★今は女性でも patron が普通).

†**pa·tron·ize,**〘英〙**-ise** /péitrənaiz, pǽt-|pǽt-/ 動 他 1〘軽蔑〙に恩着せがましい[横柄な]態度をとる, を見下す, ばかにする. Don't ～ him; he's quite capable of understanding the subject. 彼をばかにしてはいけない, 彼はこの問題を十分理解できるのだ. 2 を後援する, 奨励する. She ～d several would-be men of letters. 彼女は何人かの文学志望者の庇護者だった. 3〘主に章〙〔店など〕をひいきにする, 〔店〕の得意客である. a poorly ～d restaurant お得意客の少ないレストラン.

‡**pá·tron·iz·ing** 形〘軽蔑〙恩着せがましい, 横柄な, (一見誠実そうで実は)人を小ばかにした, (condescending). a ～ manner 横柄な態度. ▷ **～·ly** 副 もったいぶって.

pàtron sáint 名 Ⓒ〘キリスト教〙守護聖人《特定の人や土地の保護者とされる聖人; イングランドの St. George, スコットランドの St. Andrew, アイルランドの St. Patrick, ウェールズの St. David, 旅人を守る St. Christopher など》.

P

pat·ro·nym·ic /pæ̀trənímik/ 名 Ⓒ 1 父称《父祖の名を採った名; Peterson=son of Peter, MacDowell=son of Dowellなど》. 2 姓, 名字, (family name). ── /形/ 形 父祖の名から採った〔姓〕. [<ギリシア語(<*patḗr* 'father'+*ónoma* 'name')]

pa·troon /pətrúːn/ 名 Ⓒ〘米史〙(オランダ治下の New York 及び New Jersey の特権的な)大地主.

pat·sy /pǽtsi/ 名 (複 **-sies**) Ⓒ〘米話〙だまされやすい人, 'カモ'; ばかにされる人; 責めを負わされる人, スケープゴート.

pat·ten /pǽtn/ 名 Ⓒ パッテン《鉄枠などで底を高くした昔の(木)靴; 泥道用》.

‡**pat·ter**[1] /pǽtər/ 動 自 VA ぱたぱた音を立てる; 〔雨が〕ぱらぱら降る; 〈*against, on* .. に〉; ぱたぱた走る〈*along* .. を〉. Rain ～*ed on* [*against*] the windowpanes. 雨がぱらぱらと窓ガラスを打った. ～ *along* the corridor 廊下をぱたぱたと走る. ～ *down* the stairs 階段をぱたぱたと下りる. ── 他〔水など〕にぱたぱた[ぱらぱら]と音を立てさせる.
── 名 aⓊ〈しばしば the ～〉(雨などの)ぱらぱら打つ音; ぱたぱた走る音. the ～ of little feet on the corridor 廊下を走る子供の足音.
the pàtter of tìny féet〘戯〙これから生まれてくる[生まれて間もない]赤ちゃん《<赤ちゃんのぱたぱたという足音》. They'll soon hear *the* ～ *of tiny feet*. 彼らにはすぐ赤ちゃんができるだろう. [pat[1], -er[3]]

pat·ter[2] 名 1 aⓊ (物売り, 客引き, 手品師, コメディアンなどが)まくし立てる口上, 早口; (人の気をそらさない)おしゃべり, 口のうまさ; 早口歌. her usual ～ about dieting 彼女のダイエットに関するいつものおしゃべり. He tried not to be taken in by the sales ～. 彼は売り込み口上に乗せられまいとした. 2 Ⓤ (特定集団の)隠語. thieves' ～ 泥棒の隠語. ── 動 他, 自 (を)ぺらぺらしゃべる, (棒読み的に)早口に言う[唱える]. [<*pater*noster]

‡**pat·tern** /pǽtərn/ 名 (複 **～s** /-z/) Ⓒ
【繰り返される型】 1 (行動などの)型, (物事の)起こり方, (芸術などの)様式; (製品などの)型, 形式; (詩の韻律, 音楽のリズムなどの)基本型, パターン. There's a ～ in his way of thinking. 彼の考え方には(一定の)型がある. the migration ～ of the swallow ツバメの渡り方. a sentence ～ 文型. a machine of a new ～ 新型の機械. behavior(al) ～s 行動様式. follow a set ～ お決まりの形式に従う.
2 模様, 柄, 意匠, (注意 水玉やチェックのようにある形や色などが繰り返し現れる模様を言う). geometrical ～s 幾何学的な模様. a dress with a flower ～ 花柄模様のドレス. an overworked ～ 凝りすぎた意匠. Do you like the ～ on the new curtains? 新しいカーテンの模様は気に入ってますか.
【基本となる型】 3 原型, 型紙, 鋳型; 模型. a sewing ～ (裁縫用の)型紙. It's just a dress I've made from a ～. 型紙に従って私が作った洋服に過ぎません.
4〈普通, 単数形で〉模範, 手本. set a ～ for ..にとっての手本となる. a ～ teacher 模範的な教師.
5【ひな型】(布地, 壁紙などの)見本, サンプル; 例, 例証. a ～ book サンプル帳.
── 動 他〈しばしば受け身で〉1 VOA を作る, 模造する, 行う; をそっくりまねする; 〈*after, on, upon* ..にならって, ..をまねして〉. The boys tried to ～ their lives *after* the Indians'. 少年たちはインディアンの生活をまねて暮らしてみようとした. ～ oneself *upon* one's father 父親を手本とする. His opinion on the matter is ～*ed on* his teacher's. その問題に関する彼の意見は先生の(意見の)受け売りだ. 2 に模様を付ける〈*with* ..という〉.
[<中世ラテン語 *patrōnus* 'patron']

‡**pát·terned** 形 模様のある. a carpet ～ with flowers 花模様のあるじゅうたん.

pát·tern·ing 名 Ⓤ 1〘章〙(行動, 慣習などの)様式(化). 2 (動物の体などの)模様《しま, 斑(ふ)点などの》. geometric ～ 幾何学模様.

páttern màker 名 Ⓒ 鋳型[模型]製作者; 図案家.

páttern shòp 名 Ⓒ (工場などの)鋳[木]型製作室.

Pat·ty /pǽti/ 名 Patricia, Patience の愛称.

pat·ty /pǽti/ 名 (複 **-ties**) Ⓒ 1〘米〙パティー《ひき肉, 魚, 刻んだ野菜などを小さく平たく固めたもの》. a hamburger ～ ハンバーガーパティー. 2 小型のパイ (pasty).

pau·ci·ty /pɔ́ːsəti/ 名 aⓊ〘章〙少数; 少量; 不足 (lack). a ～ of rain in August 8月の雨不足. a ～ of evidence 証拠不十分.

Paul /pɔːl/ 名 1 男子の名. 2 **St.** ～ 聖パウロ《キリストの使徒; 12使徒中には含まれないが, キリスト教の伝播(ぱ)に最大の功績がある》. [ラテン語「小さな」]

Pàul Búnyan 名 →Bunyan.

Paul·ine[1] /pɔ́ːlain/ 形 聖パウロ (St. Paul) の. the ～ Epistles (新約聖書中の)パウロ書簡.

Pau·line[2] /pɔːlíːn/ 名 女子の名. [Paul, -ine[1]]

Pàul Prý 名 Ⓒ 詮索(せんさく)好きな人《英国喜劇 *Paul Pry* の表題の人物名から》.

paunch /pɔːntʃ/ 名 Ⓒ〘戯・軽蔑〙腹, 〈特に〉(男性の)太鼓腹 (→potbelly). He is getting quite a ～. 彼はだいぶ太鼓腹になってきた.

paunch·y /pɔ́ːntʃi/ 形 e〘戯・軽蔑〙太鼓腹の. ▷ **paunch·i·ness** 名

pau·per /pɔ́ːpər/ 名 Ⓒ〘旧〙(生活保護を受ける)貧困者; 〈一般に〉貧窮者.

pau·per·ism /pɔ́ːpərìz(ə)m/ 名 Ⓤ〘旧〙(救済が必

要なほどの)貧困, 貧窮.

pau·per·ize /pɔ́:pəràiz/ 動 他 を貧困化する.
▷**pàu·per·i·zá·tion** 名

‡**pause** /pɔ:z/ 名 (複 **páus·es** /-əz/) C **1** (一時的な)**小休止, 中断**, 話などの途切れ; 躊躇(ちゅうちょ), 滞り; (読んだり話したりする時の)息つぎ, 間(ま), 区切り. a pregnant ～ 意味深長な沈黙[話の途切れ]. There was a long ～ before the man answered the question. 長い間(ま)を置いてから男は質問に答えた. come to a ～ 中断される. without a ～ 休みなしに. **2**〖楽〗フェルマータ《音符や休止符の上又は下に付けて普通より長い停止を示す記号; 𝄐又は 𝄑》. **3**〖韻律学〗(行間の)休止.
give páuse to a pérson [***gìve a pèrson páuse***] (***for thought***) 〔物事が〕人に立ち止まってひと思案させる[再考をうながす], 人を躊躇させる.
── 動 (**páus·es** /-əz/|過 過分 **～d** /-d/|**páus·ing**) 自 **1 小休止する**, (話などを一時)中断する, 〈*for* ..のために/*to* do ..するために〉; 立ち止まる. ～ *for* a word 適当な言葉を捜してためらう. He ～*d*⌞and looked [*to* look] around *for* questions. 彼は話をちょっと中断して質問はないかとぐるりと見回した. ～ *for* [*to* get one's] breath (話の途中で)息をつく. **2** ためらう, 思案する, 〈*on, upon* ..のこと[所]で〉; 〖楽〗音を長く伸ばす〈*on, upon* ..の(所で)〉. ～ *on* a matter あることを思案する.
[<ラテン語 *pausa*「休止」(<ギリシア語 *paúein*「止める」)]

pa·vane /pəvɑ́:n, -vǽn|-vǽn, pǽvən/ 名 UC パヴァーヌ《16, 17 世紀に流行した優美な宮廷舞踊; そのための曲》. [<イタリア語「Padua の(踊り)」]

*__pave__ /peiv/ 動 (**～s** /-z/|過 過分 **～d** /-d/|**páv·ing**) 他 **を舗装する**〈*with* ..で〉; に敷く, 敷きつめる, 〈*with* ..を〉〈しばしば受け身で比喩的に〉. ～ the roads *with* concrete [asphalt] 道をコンクリート[アスファルト]で舗装する. They thought that the streets of Paris were ～*d with* gold. 彼らはパリの通りは金(きん)で舗装してある(＝パリへ行けば金持ちになれる)と思った. Hell is ～*d with* good intentions. 〖諺〗地獄は善意で満ちている《善意を持っていても実行しないと地獄に落ちてしまう》.
pàve the wáy for [***to***] ***..*** ..への道を開く, ..を容易にする. The use of Arabic numerals ～*d the way for* modern mathematics. アラビア数字の使用によって近代数学への道が開かれた. [<ラテン語「打ちつける」]

‡**pave·ment** /péivmənt/ 名 (複 **～s** /-ts/) **1** C 〖米〗舗装道路《車道》; UC (舗装した)路面. **2** C 〖英〗**歩道** (〖米〗sidewalk)《車道に沿った舗装した人道》. **3** U 舗装(材料); UC 舗装面[箇所]. a stone ～ 石だたみ.

pávement àrtist 名 C 〖英〗大道画家 (〖米〗sidewalk artist)《歩道にチョークで絵を描いたり, 大道に自作の絵を並べたりして金を得る画家》.

pavement café /⌐‐‐⌐|⌐‐⌐‐/ 名 C (テーブルを店の前に並べた)歩道カフェ.

‡**pa·vil·ion** /pəvíljən/ 名 C **1** パビリオン《博覧会, 公園などの普通, 臨時の展示館; 休憩, コンサート, 娯楽などにも用いる》. **2** (普通, 先端のとがった)大型のテント(〖英〗marquee). **3** 〖米〗(病院などの)別館[棟]. **4** 〖英〗(クリケット場など屋外競技場わきの)付属建物《観覧席, 選手席など》. a cricket ～ クリケット場付属建物.
[<ラテン語「チョウ>テント」; チョウが羽根を広げたのに似ていることから]

pav·ing /péiviŋ/ 名 **1** U 舗装(工事); 舗装材料; UC 舗装道路, 舗装面. **2** C 〈普通 ～s〉(四角の)舗装用敷石 (→cobblestone).

páving stòne 名 〖英〗＝paving 2.

Pav·lov /pǽvlɔ:v|-lɔv/ 名 **Ivan** ～ パヴロフ (1849–1936)《条件反射の研究で有名なロシアの生理学者》.
▷**Pav·lov·i·an** /pævlóuviən/ 形

pav·lo·va /pævlóuvə/ 名 UC パヴロワ(ケーキ)《クリームと果物を飾ったメレンゲケーキ》. [<Anna *Pavlova*《ロシアのバレリーナ (1885–1931)》]

*__paw__ /pɔ:/ 名 (複 **～s** /-z/) C **1** (犬, 猫, 熊などのように肉趾 (pad) の先につめ (nail, claw) のある動物の)**足** (→hoof). **2**〖話・主に戯〗(大きくて不器用な)人の手. Wash your dirty ～*s!* その汚い手を洗いなさい. Keep your ～s off me! 私に触らないで.
── 動 他 **1** 〔犬, 猫などが〕を前足でかく《怒ったり, 怖がったり, じゃれたりして》, 〔馬・牛が〕〔地面など〕をひづめでたたく[ひっかく]. **2** 〖話〗を手荒く扱う; (なれなれしく)〔人〕の体に触(さわ)る[を撫(な)でる]; 〈*about*〉. He likes to ～ girls at parties. 彼はパーティーで女性に触るのが好きだ.
── 自 **1** 前足[ひづめ]でかく[たたく]〈*at* ..を〉. The cat ～*ed at* the dead bird. 猫は死んだ小鳥を前足でかいた. **2** 〖話〗手荒く扱う; なれなれしく触れる[触(さわ)る, 撫(な)でる]〈*at* ..を, に〉. [<古期フランス語(<ゲルマン語)]

pawk·y /pɔ́:ki/ 形 e 〖主にスコ〗こすい, '食えない'; ひょうきんな. ～ humor (冗談かまじめか分からないような)とぼけたユーモア. ▷**pawk·i·ly** 副 **pawk·i·ness** 名

pawl /pɔ:l/ 名 C 〖機〗歯止め, つめ, 《歯車の逆回転を防ぐ》.

‡**pawn**[1] /pɔ:n/ 名 **1** U 質(しち), 入質. The diamond ring is in [at] ～. そのダイヤの指輪は質に入っている[抵当に取られている]. put .. in ～ ..を質に入れる. get .. out of ～ ..を質から出す. **2** C 質草, 抵当(物), (pledge); 人質 (hostage).
── 動 他 **1** を質入れする. I ～*ed* everything to pay my debts. 借金を払うために何もかも質に入れた. **2** 〔生命, 名誉など〕を賭(か)ける, 賭けて誓う.
[<古期フランス語「抵当」(<ラテン語 *pannus*「衣類」); 衣類がしばしば質草に使われたことから]

‡**pawn**[2] 名 C **1** 〖チェス〗ポーン《将棋の「歩(ふ)」に当たる一番小さく価値の低い駒(こま)》. **2** (他人の)手先, お先棒(を担ぐ者). [<中世ラテン語「歩兵」(<ラテン語 *pēs* 'foot')]

páwn·bròker 名 C 質屋(の主人).

Paw·nee /pɔ:ní:/ 名 (複 **～s, ～**) **1** 〈the ～(s); 複数扱い〉ポーニー族《北米先住民; 以前は Nebraska 州の渓谷に, 現在は Oklahoma 州に住む》; C ポーニー族の人. **2** U ポーニー語.

páwn·shòp 名 C 質屋, 質店.

páwn-tìcket 名 C 質札.

paw·paw /pɔ́:pɔ:/ 名 ＝papaw.

pax /pæks/ 名 **1** 〈P-〉〖ロ神話〗平和の女神《ギリシア神話の Irene にあたる》. **2** U 平和. **3** ＝kiss of peace. **4** 〖英話〗〈間投詞的〉(けんかの中止, 遊びの中断などを要求して)待った, タイム. [ラテン語 'peace']

Pàx Americána [**Británnica** /-britǽnikə/] 名 U アメリカ[大英帝国]の(支配による)平和.

Pàx Romána /-roumɑ́:nə/ 名 U ローマ帝国の(支配による)平和; 〈一般に〉強大国による押し付けの平和.

‡**pay** /pei/ 動 (**～s** /-z/|過 過分 **paid** /peid/|**páy·ing**) 他 【支払う】 **1** (**a**) 〔金〕**を払う**, 〔人〕**に支払う**, 〈*for* ..の代金として〉; に報酬[賃金など]を払う; 〔勘定書き, 借金, 税金, 罰金など〕を支払う, 弁済する; VOA (～ X *into* ..) X (金) を〔銀行, 口座など〕に払い込む, 預金する. How much did you ～ *for* that dictionary? その辞書にいくら払いましたか. I haven't *paid* my tailor yet. まだ洋服屋に代金を払っていない. He is highly [poorly] *paid*. 彼は高給[薄給]である. ～ one's debts [taxes] 借金[税金]を支払う. ～ a bill 勘定を払う. *Paid*. 領収済み. We get *paid* by the hour. 私たちは時間ぎめで給料をもらう. I've *paid* £100 *into* your account. 君の口座に 100 ポンド振り込んだ.
(**b**) VOO (～ X Y)・VOA (～ Y *to* X) X (人)に Y (金)を払う; VOC (～ X *to do*) X (人)に金を払って..させる (★pay X *to* do には X の後に金額を示すことがある). We *paid* him (200 dollars) *to* do the cleaning. 私たちは彼に (200

P

ドルの)金を払って掃除をしてもらった. She *paid* him 100 dollars [100 dollars *to* him] for the gloves. 彼女は彼に手袋の代金として 100 ドル払った.

2【報酬を支払う＞報いる】(**a**)〔物事が〕に**利益を与える, 報いる**. It will ～ you to study hard. 一生懸命勉強することは君のためになる. (**b**)〔人〕に報酬[収入]をもたらす; [VOO] (～ X Y)〔物事が〕X (人)に Y (報酬など)をもたらす. The job ～*s* $600 a week. その仕事は週 600 ドルになる. This investment will ～ (you) monthly dividends. この投資で君は毎月配当がもらえるだろう.

【報いる＞与える】 **3** (**a**)〔注意など〕**を払う**. ～ a compliment 賛辞を呈する. (**b**) [VOO] (～X Y)・[VOA] (～ Y *to* X) X (人)に Y (注意, 敬意など)を払う, 与える (★X が物事の場合は [VOA] のみ). I *paid* her a compliment on her sewing. ＝I *paid* a compliment *to* her on her sewing. 私は彼女に裁縫が上手だとお世辞を言った. You must ～ attention *to* the problem. 君はその問題に対して注意を払わなくてはいけない. ～ one's respects to .. →respect (成句).

4 (**a**)〔訪問〕をする. ～ a call on a person 人を訪問する. (**b**) [VOO] (～ X Y)・[VOA] (～ Y *to* X) X を Y (訪問)する. I *paid* him a visit. 私は彼を訪問した. I *paid* a visit *to* my uncle. 私はおじを訪問した.

【仕返しをする】 **5** に**復讐**(ふくしゅう)する, 報復する, 〈*back*〉〈*for* ..に対して〉. I'll ～ you (*back*) *for* your trick. 君のいたずらには仕返ししてやるつもりだ. **6**〖オース話〗を(正しいと)認める. **7**〖海〗＝PAY /../ out (3).

── ⓐ **1 代金[報酬]を払う, 支払いをする**; 借金を返す, 弁済をする; 〈*for* ..の〉. The tourist *paid* to see the play. 旅行者はその劇を見るために金を払った. I *paid for* the meal. 私が食事代を払った. My car has been *paid for*. 私の車の支払いは済んでいる. His firm ～*s* well. 彼の会社は給料が高い. Are you ～*ing* in cash or by check? 現金でですか, それとも小切手でお支払いですか.

2〔物事が〕**引き合う**; (骨折りの)かいがある, 有利である. The business hasn't been ～*ing* for the last six months. 事業はこの 6 か月間採算が取れていない. It always ～*s* to buy things of good quality. 良い品質の品物を買えばいつでも損はない. Crime doesn't ～. 犯罪は割に合わない.

3 [VA] (～ *for*..) ..の償いをする, 代償を支払う, 報いを受ける. You'll ～ *for* this. 君はきっとこの報いを受けるだろう. ～ dearly *for* one's careless mistake 不注意なミスをして高い代償を払う.

◇[形] payable [名] pay, payment

pày as you gó 現金払い[収入の範囲内]でやっていく.

pày /../ awáy〖海〗＝PAY /../ out (3).

****pày /../ báck*** (1)〔借金など〕**を返す**; 〔人〕に借金などを返す. I want you to ～ the money *back* (to her). 例の金を(彼女に)返してほしい. I'll ～ you *back* next week. 来週返済します. (2) の返礼[返報]をする; 〔人〕に仕返しをする〈*for* ..に対して〉(→ⓣ 5).

pày X ***báck*** Y X (人)に Y (借金など)を返す. I'll ～ you *back* that ten bucks tomorrow. あの 10 ドルは明日返すよ.

pày a pérson (bàck) in his òwn [in the sàme] cóin →coin.

pày /../ dówn ..を即金で払う; 〔頭金〕を払う.

pày for itsélf 元[採算]が取れる. This machine, which cost $10,000, should ～ *for itself* within a year. この機械は 1 万ドルしたが 1 年で元がとれるはずだ.

pày /../ ín ..を(銀行の口座に)払い込む, 振り込む; ..を預金する.

páy ..into a bánk accòunt ..を銀行口座に振り込む.

pày óff〔危険, 困難な事などが〕(ある)利益をもたらす; よい結果をもたらす, うまく行く. My investment *paid off* handsomely. 私の投資はすごくもうかった. Years of hard work seemed finally to ～ *off*. 長年の猛勉強が遂に報われそうに見えた.

****pày /../ óff*** (1)〔借金など〕を**全部払う**, 〔人〕に借金などを全部返す. It took four years to ～ *off* the debt. 借金を皆済するのに 4 年かかった. I'll ～ you *off* next month. 来月あなたからの借金を全部払います. (2) ..に給料を全額払って解雇する; を金を与えて追い払う. *Pay* him *off* and get rid of him. 彼に給料を全額払って追い払ってしまえ. (3)〔人や仕打ちなど〕に仕返しする. He was *paid off* by the opposition. 彼は反対派に報復された. (4)〖話〗〔人〕に賄賂(わいろ)を使う; 〔脅迫者など〕に要求額[口止め料]を払う.

pày /../ óut (1) ..を(定期的に)支払う; 〔大金〕を支出する[投じる]. We're ～*ing out* more than we can afford. 我々は分不相応に支出している. (2)〖英〗..に仕返しをする. (3)〔綱など〕を繰り出す ([注意] この意味では過去形・過去分詞に payed も用いる). I ～*ed out* all the line I had. 手元の綱を全部繰り出した.

pày /../ óver ..を正式に支払う.

pày through the nóse →nose.

pày úp 借金を全部払う.

pày /../ úp〔借金など〕を(しぶしぶ)全部払う, 全額払い込む.

pày one's ⌊wáy [ówn wày] 借金せずに暮らす, 自活する; 〔会社などが〕借り入れなしでやっていく. He *paid* his *own way* through college. 彼は自分で働いて大学を卒業した.

pùt páid to ..〖主に英話〗..を打ち砕く; ..を阻む; ..を終わりにする, ..にけりをつける. The scandal *put paid to* his hopes of becoming mayor. そのスキャンダルは彼の市長になる希望を打ち砕いた.

── [名] (複 **～s** /-z/) **1** [U] **給料**, 俸給, 賃金, ([類語] 給料, 賃金を表す一般的な語; →emolument, salary, wage). full[half] ～ 本俸[半俸, 休職俸]. I got my ～ yesterday. 昨日給料をもらった. a raise〖米〗[rise〖英〗] in ～ 賃上げ. **2** [C]〖英軍俗〗主計官. **3** [U]〖アイル俗〗魚卵, はららご, (yoe). **4**〈形容詞的〉有料の; 自費の; 〔鉱脈などが〕採算が合う. a ～ toilet 有料トイレ.

in the páy of ..〖軽蔑〗..に(秘密に)雇われて. *in the* ～ *of* the Opposition 反対党側に買収されて.

[＜ラテン語「(債権者を)なだめる」(＜*pāx* 'peace')]

†**páy·a·ble** [形] **1**〈叙述〉〔勘定書き, 借金などが〕支払い得る; 〔小切手, 郵便為替などが〕支払うべき〈*to* ..に〉; 支払い期限の来た[満期の]; 〔税金が〕かかる〈*on, to* ..に〉. This bill is ～ today. この請求書は今日が支払い期限である. a check ～ *to* Mr. A 受取人 A 氏の小切手. **2**〔鉱山などが〕採算が取れる, もうかる.

pày-as-you-éarn [名] [U], [形]〖英〗源泉課税方式(の)《略 PAYE》.

pày-as-you-énter [名] [U], [形] 乗車時料金支払い方式(の)《略 PAYE》.

pày-as-you-gó〖米〗[名] [U], [形] 現金払い(方式)(の); 源泉課税[徴収](方式)(の).

páy·bàck [名] [C]〈普通, 単数形で〉〖主に米〗(投資に対する)払い戻し(金); (努力などに対する)見返り, 返礼. a ～ period (投資金の)回収期間.

páy·bèd [名] [C]〖英〗(公立病院の)有料[差額]ベッド, 私費患者用ベッド.

páy·chèck〖米〗, **páy·chèque**〖英〗[名] [C] 給料小切手; 給料.

páy clàim [名] [C] 賃上げ要求.

páy·dày [名] (複 **～s**) [UC]〈しばしば無冠詞〉給料日, 支払い日; (株式市場の)清算日.

hàve a bìg páyday〔スポーツ選手が〕多額の賞金を手にする (★ジャーナリズムで用いる表現).

páy dìrt [名] [U]〖米話〗採算の取れる鉱土[採掘地];〖米俗〗掘り出し物, 金うる. strike [hit] ～ 大当たりをする, 掘り出し物を手にする.

PAYE pay-as-you-earn; pay-as-you-enter.

pay·ee /peií:/ 名 C (手形などの)被支払人, 受取人.
páy ènvelope 名 C 〖米〗給料袋.
páy·er 名 C 支払人, 払渡し人. a good [bad, late] ～ 払いのいい[悪い]人.
páy·ing 形 **1** 金のもうかる, 利益になる. a ～ investment 採算の取れる投資. **2** 支払いをする.
páying guèst 名 C 〖英〗(普通, 短期間の)下宿人 (lodger). take in ～*s* 下宿人を入れる.
pàying-ín bòok 名 C 〖英〗銀行通帳.
pàying-ín slìp 名 C 〖英〗=deposit slip.
páy·lòad 名 UC **1** 有料荷重《船舶, 飛行機の貨物, 乗客, 手荷物など料金収入の対象となる積載量》.
2 ペイロード《ロケット, 宇宙船などで直接飛行に必要なもの以外の積み荷; 観察機器類, 乗員など》; (ミサイルの)弾頭.
páy·màster 名 C **1** 会計係, 給料支払い係; 〖軍〗主計官. **2** 〖軽蔑〗〈普通 ～s〉(人をあごで使う)雇用者, 親方, 金主(きんしゅ); (政党などの)政治資金提供者[企業など].
pàymaster géneral 名 (複 **paymasters general, paymaster generals**) C 〖米〗陸[海]軍主計総監; 〖英〗(大蔵省の)主計長官.
‡**pay·ment** /péimənt/ 名 (複 **～s** /-ts/) **1** UC **支払い**, 納入, 払い込み; C 支払い額. the ～ of taxes 税金の支払い. a mortgage ～ 月賦の支払い. on an easy ～ plan 分割払いで. ～ in advance [full, part, kind] 前[全額, 一部, 現物]払い. make a cash ～ 現金で支払う. by [in] ten monthly ～*s* of ¥2,000 2千円の10か月月賦で. the balance of ～*s* 支払い状態の収支.
2 aU 報酬, 見返り; 報復, 罰; 〈*for* ..に対する〉. Furious criticism was all the ～ he got *for* his efforts. ひどい非難が彼が努力して得たすべての報酬だった.
◇動 pay
in páyment for .. ..の支払いに; ..の代償[報酬]として. Please accept these flowers *in* ～ *for* your hospitality. ご親切なおもてなしのお礼にこの花をお受け取りください.
‡**páy·òff** 名 (複 **～s**) C 〖話〗**1** 〈普通, 単数形で〉(給料, 借金などの)支払い(日). **2** (物語などの思いがけない)結末, クライマックス. **3** 報酬, 利益, 見返り; 報復, 処罰. **4** 清算[手打ち]金; 賄賂(わいろ). make a ～ to a politician 政治家に賄賂を贈る.
pay·o·la /peióulə/ 名 〖主に米話〗**1** U (商品の販売促進を目的とする)賄賂(わいろ). **2** C 〈単数形で〉(そのような)賄賂金.
páy·òut 名 aU 〖話〗(保険などの高額の)支払い金, 支出; 配当金, 賞金.
páy pàcket 名 〖英〗=pay envelope.
pày-per-víew /㊀/ 名 U, 形 〈限定〉有料放送(の)《CATV, 衛星放送などの番組が》.
páy phòne 名 C 公衆電話.
páy·ròll 名 C 給与支払い簿; 〈普通, 単数形で〉(全従業員の)支払い給与総額.
off* [*on*] *the páyroll 解雇されて[雇われて].
páy·slìp 名 C 給与明細書.
páy stàtion 名 C 〖米〗公衆電話(ボックス).
payt., pay't. payment.
páy tèlephone 名 =pay phone.
páy tèlevision [TV́] 名 =subscription television.
PB Pharmacopoeia Britannica (英国薬局方); Prayer Book.
Pb 〖化〗plumbum (鉛). [ラテン語 'lead']
PBS 〖米〗Public Broadcasting Service (公共放送協会).
PBX private branch exchange (構内電話システム).
PC Peace Corps; personal computer; 〖英〗police constable; politically correct; Privy Council(lor).
pc. piece; price(s).
p/c, P/C petty cash; price(s) current.
p.c. percent; post card.
PCB polychlorinated biphenyl《ポリ塩化ビフェニール; 環境汚染源の1つとみなされている物質》; 〖電算〗printed circuit board (プリント基板).
pcm per calendar month (暦月で)《例えば賃貸住宅の広告で家賃の表示に使用》; pulse code modulation.
PCP phencyclidine hydrochloride《幻覚剤, 覚醒(せい)剤の一種; *P*hen*c*yclidine (Peace) *P*ill の略と考えられる》.
pct. 〖米〗percent.
PD per diem; 〖米〗Police Department.
Pd 〖化〗palladium.
pd paid.
p.d. per diem; potential difference.
Pde (住所などの通りの名前で) parade.
PDQ, pdq 副 〖俗〗大急ぎで, 大至急, 《<*p*retty *d*amn [*d*arn] *q*uick》. Come back ～. 大急ぎで戻ってきなさい.
PDSA 〖英〗People's Dispensary for Sick Animals (動物施療院).
PDT 〖米〗Pacific Daylight Time.
PE physical education; printer's error; Professional Engineer; Protestant Episcopal.
‡**pea** /pi:/ 名 (複 **～s** /-z/, 〖古〗**pease** /pi:z/) C **1** 〖植〗エンドウ; エンドウマメ《普通, さやの中の実を言う; → bean》. green ～*s* グリーンピース, 青エンドウ. split ～*s* (スープ用の干して割った)グリーンピース. shell ～*s* エンドウマメをむく. **2** エンドウマメに似た[豆粒大の]もの.
(as) lìke as twò péas (in a pód)=lìke twò péas in a pód 〖話〗非常によく似て, うりふたつで.
[<*pea*se; -se を複数形と誤解して除いた]
péa·bràin 名 C 〖英話〗大ばか者. ▷**～ed** 形
‡**peace** /pi:s/ 名 **1** aU (戦争に対して)**平和**; 平和な期間; (↔war). a ～ of 50 years 50年続いた平和. a brief ～ ほんのしばしの平和. in ～ and war 平時にも戦時にも. a ～ agreement 和平協定. threaten world ～ [the ～ of the world] 世界平和を脅かす. scupper the ～ process 平和の進展をぶち壊す. On earth ～ and good will toward men. 地には平和を, 人に対しては善意を《クリスマスに関してよく用いられる; 聖書から》. the *Peace* Movement [Campaign] (特に反核)平和運動.

連結 enduring [lasting, permanent, unbroken] ～ // achieve [bring about] ～

2 aU 〈しばしば P-〉**講和**, 平和条約, (peace treaty); **和睦**(ぼく). *Peace* negotiations were held in Geneva. 平和交渉がジュネーヴで幾度も重ねられた. conclude (a) ～ 平和条約を結ぶ. sign a *Peace* 講和条約に調印する.
3 U 〈普通 the ～〉治安, 秩序. break [disturb] the ～ 治安を乱す. (a) breach of the ～ 〖法〗治安妨害. the King's [Queen's] ～ 〖英〗治安.
4 U 平穏, 無事, 安らぎ; 静穏, 静寂; 円満, 調和. the ～ and quiet of country life 田園生活の平穏と静寂. in ～ 安らかに[な], 平穏に[な]. The roars of hotrodders broke the ～ of the night. 暴走族の騒音が夜のしじまを破った. live in ～ and plenty 平穏に裕福に暮らす. live [work] in ～ with others 他人と協調して暮らす[仕事をする]. leave a person in ～ 人をそっとしておく, 人のじゃまをしない. ～ of mind 心の安らぎ, 安心. May he rest in ～. 彼の霊よ安らかなれ《墓碑銘などによく見られる》. ◇形 peaceful, peaceable
****at péace*** (1) **平和で[な]**, 平穏に[な], (↔at war); 仲良くして[仲の良い], 友好関係にある, 〈*with* ..と〉. He has been *at* ～ (*with* himself [the world]) these days. 最近彼の心は安らかだ. (2) 〖婉曲〗死んで[だ].
hòld* [*kèep*] *one's péace 〖旧〗(あえて)沈黙を守る.

kèep the péace (1)〔軍隊, 警察などが〕治安を維持する〈*in, over* ..の〉. (2)〔人などが〕治安を守る[乱さない].
màke péace (1)仲裁する〈*between* ..の間を〉. (2)和解する〈*with* ..〔他国など〕と〉.
màke** one's **péace (主に謝ることで)和解する, 仲直りする, 〈*with* ..と〉.
[<古期フランス語 *pais* (<ラテン語 *pāx*「平和」)]

†**péace·a·ble** [形]〘章〙**1** 平和を好む, 争いを好まない. **2** 平和な, 平穏な, (peaceful). ▷**-bly** [副]〘章〙平和に, 穏やかに. live *peaceably* together 平和に共存する.

péace càmp [名][C] 平和キャンプ《平和運動家たちが武器増強に反対して軍事施設の外側に設営する》.

péace cònference [名][C] 平和会議.

Péace Còrps [名]〈また p- c-; the ～〉〈単複両扱い〉平和部隊《開発途上国の教育, 技術などを援助するために民間人協力者を派遣する米国の政府機関; 略 PC; →VSO》.

péace dìvidend [名][C]〈普通, 単数形で〉平和の配当[分け前]《軍事費削減によって他をうるおす(ことが期待される)国家の富; 冷戦終結後のことば》.

‡**peace·ful** /píːsf(ə)l/ [形][m] **1** 平和な, 平和のための, 平和的な. ～ trade between nations 国家間の平時の交易. ～ means 平和的な手段. ～ coexistence 平和共存. ～ uses of atomic energy 原子力の平和(的)利用. **2** 平和を好む, 友好的な, (↔warlike); 穏やかな, 安らかな, 静かな. a ～ tribe 平和を好む部族. a ～ man 温和な性格の男. a ～ demonstration (暴力などに訴えない)穏やかなデモ. the ～ countryside 静かな田園. ～ sleep 安らかな眠り. ▷～**·ness** [名]

†**péace·ful·ly** [副] 平和(的)に; 穏やかに, 静かに, 安らかに. He died ～. 彼は安らかに死んだ.

péace·kèeper [名][C] 和平[休戦]監視者[団, 国]. play the role of a ～ 調停役を務める.

†**péace·kèeping** [名][U] 平和維持. the ～ forces 平和維持軍《略 PKF》.

Péace·kèeping Operátions [名]〈複数扱い〉(国連)平和維持活動《略 PKO》.

péace-lòving [形] ＝peaceable 1, peaceful 2.

péace·màker [名][C] **1** 調停者, 仲裁人. **2**〘米〙〘戯〙ピストル (revolver).

péace·màking [名][U], [形] 調停(の), 仲裁(の).

péace màrch [名][C] 平和運動デモ行進.

peace·nik /píːsnik/ [名][C]〘話・しばしば軽蔑〙(特にベトナム戦争時の)反戦[平和]運動家.

péace òffering [名][C]〘話〙和解の贈り物; (神への)感謝の供え物.

péace òfficer [名][C] 治安官《保安官, 警官など》.

péace pìpe [名] ＝pipe of peace.

péace sìgn [名][C] ピースサイン《平和(の期待)のしるし; 形は V-sign と同じ》.

péace tàlks [名]〈複数扱い〉平和会談.

†**péace·tìme** [名][U], [形] **1** 平時(の) (↔wartime).

péace trèaty [名][C] 平和条約.

‡**peach**[1] /piːtʃ/ [名] ([複] **péach·es** /-əz/) **1** [C] **桃(の実)**; 桃の木 (peach tree). **2** [U] 桃色《ややオレンジがかったピンク色》;〈形容詞的〉桃色の, ピンクの. **3** [C]〘話〙〈普通 a ～〉とびきり上等なもの; すてきな女の子 (→lemon). a ～ of a new car すばらしい新車. [<ラテン語 (*mālum*) *persicum* 'Persian (fruit)']

peach[2] [動][自]〘主に学生俗〙密告する〈*against, on* ..を〉.

pèaches-and-créam /[移]/ [形]〔顔の肌が〕薄桃色「のきれいな.

pea·chick /píːtʃìk/ [名][C]〘鳥〙クジャクのひな.

pèach mélba [名][UC]〈p- M-, P- M-〉ピーチメルバ《桃とアイスクリームにラズベリーソースをかけたデザート》.

peach·y /píːtʃi/ [形][e] **1** (味, 匂い, 色が)桃のような. **2**〘俗〙すばらしい (★ ～ keen とも言う).

*__pea·cock__ /píːkɑ̀k|-kɔ̀k/ [名] ([複] **～s** /-s/, 〈集合的〉～) [C] **1**〘鳥〙クジャク(の雄) (→peafowl, peahen). strut like a ～ クジャクのように気取って[そっくり返って]歩く. **2** (服装, 見てくれにこだわる)見え坊. **3**〘虫〙クジャクチョウ (**pèacock bútterfly**). **4**〘天〙〈the P-〉くじゃく座.
(as) pròud as a péacock 大威張りで, 得意気に.
[古期英語 *pāwa* (<ラテン語 *pāvō*「クジャク」), cock[1]]

pèacock blúe [名][U], [形] つやのある緑がかったブルー(の).

pea·fowl /píːfàul/ [名] ([複] **～s, ～**) [C]〘鳥〙クジャク. ★雌雄ともに言う.

pèa gréen [名][U], [形] 青豆色(の).

pea·hen /píːhèn/ [名][C]〘鳥〙クジャクの雌.

péa jàcket [名][C] ピーコート《水夫の着る厚地のダブルのショートコート; **péa·còat**とも言う》.

‡**peak**[1] /piːk/ [名] ([複] **～s** /-s/) [C] **1** (とがった)**山頂**, **峰**; (頂がとがった)山; 峰状のもの; ([類語] とがっている山頂, グラフなどの最高点を意味する; →top). the snowcapped ～*s* 雪を頂いた峰々. →widow's peak.
2 (a) **絶頂**, **最高点**, ピーク;〘電〙ピーク(周期的増量の最高点), 最大値. the ～ of production 生産の頂点. He was at the ～ of his career. 彼は生涯の絶頂にあった. reach a ～ ピークに達する. at one's ～ 最高で, ピークで, 絶頂期で. have ～*s* and troughs [valleys] 浮き沈み[好不調]がある. (b)〈形容詞的〉最高の, ピークの. the ～ hours of traffic 交通ラッシュのピーク. in the ～ season 最も混雑する時期に. buy a house at the ～ price 家を値段が最高の時に買う.
3 (とがった物の)**先端**; 突起, とんがり. the ～ of the roof 屋根のてっぺん. **4** (船首, 船尾の)狭尖(せん)部; 斜桁(しゃこう)の先端. **5** (帽子の)前びさし (visor).
—— [動][自] **1** とがる, そびえる. **2** 頂点[ピーク]に達する[達して横ばいになる]〈*at* ..で〉. Toy sales ～ in December. おもちゃの売り上げは 12 月がピークだ.
[?<pike[1]]

peak[2] [動][自]〘古〙やつれる. ***pèak and píne*** (恋わずらいなどで)やつれる, 悲しみのあまり病気になる.

Péak Dìstrict [名]〈the ～〉英国 Derbyshire 北部の高原地帯.

peaked[1] /-t/ [形]〈限定〉とがった; 峰のある〔山〕;〔帽子「が〕前びさしの付いた.

peak·ed[2] /-əd/ [形]〘主に米〙やせて骨ばった, やつれた; 体調が悪い, 病気の.

péak tìme [名]〘英〙**1** [C] ピーク時. ～*s* for electricity consumption 電力消費のピーク時. **2** [U] (テレビの)ゴールデンアワー《→prime time; **péak-tìme** で限定形容詞としても使う》.

peak·y /píːki/ [形][e]〘主に英話〙＝peaked[2].

‡**peal** /piːl/ [名][C] **1** (鐘などの鳴り渡る)響き, (雷, 笑いなどの)とどろき. The bells sent their ～*s* across the valley. 鐘の音は谷間中に響き渡った. a ～ of thunder 雷鳴. burst into ～*s* of laughter はじけるようにどっと笑い出す. **2** (音楽的に調子を整えた)ひと組の鐘(の音), チャイム. —— [動][他]〔鐘など〕を鳴り響かせる, とどろかせる. —— [自]〔鐘などが〕鳴り響く, 〔雷, 笑いなどが〕とどろく, 〈*out*〉.
[<中期英語 *apele* 'appeal'「(教会への)招集(の鐘の「音)」]

pe·an /píːən/ [名]〘米〙＝paean.

*__pea·nut__ /píːnʌ̀t/ [名] ([複] **～s** /-ts/) [C] **1** ピーナッツ, ナンキンマメ, 落花生, 《マメ科 (legume) の豆, その木;〘英〙では groundnut とも言う》. **2**〘俗〙つまらない人. **3**〘話〙〈～s〉はした金; つまらないもの. get (paid) ～*s* for ..に対して雀の涙ほどの金をもらう. [pea, nut]

péanut brìttle [名][UC] (かりかりの)ピーナッツキャン「ディー.

péanut bùtter [名][U] ピーナッツバター.

péanut gàllery [名][C]〘米話〙(劇場の) 2 階桟敷(さじき)の最後部席.

péanut òil 名U 落花生油.

***pear** /peər/ 名(複 **~s** /-z/) C 〖植〗**セイヨウナシ** (pear tree); セイヨウナシの実. [< 古期英語(< ラテン語 *pirum*)]

‡**pearl** /pəːrl/ 名(複 **~s** /-z/) **【真珠】** **1** C **真珠** (→ birthstone ★); 〈~s〉真珠の装身具. an imitation [artificial] ~ 模造真珠. a cultured [cultivated] ~ 養殖真珠. a string of ~*s* 一連の真珠; 真珠のネックレス. **2** U 真珠色. **3** U 真珠層[母] (mother of pearl). **4** C 〖印〗パール《5 ポイント活字》.
【真珠に似たもの】 **5** C 水滴, 涙など. ~*s* of dew 露のしずく.
6【貴重なもの】 C 〈普通, 単数形で〉選(え)り抜きのもの[人], 逸品, 貴重な人[もの], 〈特に〉美しい女性. a ~ among women 特にすばらしい女性, 女の鑑(かがみ). a ~ of great price 非常に価値のあるもの[こと]《金銭的にではなく; 聖書『マタイによる福音書』から》. ~*s* of wisdom 〈しばしば皮肉で〉貴重な忠告, 金言.
càst péarls before swíne 豚に真珠を与える, '猫に小判', 《聖書『マタイによる福音書』7:6 から》.
── 形 〈限定〉真珠の(ような); 真珠状[色]の; 真珠をちりばめた. a ~ necklace 真珠のネックレス.
── 動 自 真珠(貝)を採る[捜す]; 真珠状になる. ── 他 を真珠で飾る, に真珠をちりばめる; を真珠状[色]にする.
[< ラテン語「股 > ムラサキ貝」; 開いた形が股に似た二枚貝から真珠が採れたことから]

péarl bàrley 名U (挽(ひ)いて小さな玉にした)精白玉麦《スープに入れる》.

pèarl bútton 名C 真珠貝のボタン.

péarl dìver 名C 真珠貝採り《潜水夫》.

pearled 形 真珠状[色]の; 真珠で飾った.

péarl fìshery 名U 真珠採取業; C 真珠貝漁場.

pèarl gráy 名U, 形 真珠色(の)《やや青みを帯びた灰白色》.

Pèarl Hárbor 名 真珠湾《米国 Hawaii 州, Oahu 島にある軍港; 1941 年 12 月 7 日(日本時間 8 日), 日本海軍機の奇襲攻撃を受けた》.

péarl òyster 名C 真珠貝《アコヤガイなど》.

pearl·y /pə́ːrli/ 形 e 真珠のような, 真珠色の; 真珠で飾った. ~ teeth 真珠のような(色の)歯.

Pèarly Gátes 名〈the ~; 複数扱い〉〖戯・話〗天国の門.

pèarly kíng [quéen] 名C 〖英〗(果物, 野菜などの)特定露店商人[その妻]《ロンドンの露店商のうち真珠貝のボタンを無数に取り付けて飾った黒い服 (**pearlies**) を着てチャリティー募金をつのることを許されている者》.

pèarly náutilus 名 →nautilus 1.

pear·main /péərmèin/ 名C 〖英〗ペアメイン《リンゴの一種》.

péar-shàped /-t/ 形 **1** 〔宝石, 女性《腰部が大きい》などが〕セイヨウナシ形の. **2** 〔(歌)声などが〕まろやかな, 朗々とした.

***peas·ant** /péz(ə)nt/ 名(複 **~s** /-ts/) C **1** (昔の, あるいは発展途上国の)**小作農**, 小百姓; 小作人, 農場労働者; 《現在先進国では概して大規模に農業を経営する farmer はいるが, peasant はいない》. **2** 〖話・軽蔑〗田舎者, 無骨者. [< ラテン語「田舎(の人)」]

†**peas·ant·ry** /péz(ə)ntri/ 名U 〈the ~; 単複両扱い; 集合的〉農民; 農民階級.

pease /piːz/ 名 〖古〗pea の複数形.

pèase púdding 名UC 〖主に英〗ピープディング《乾燥したエンドウマメで作り肉料理に添える》.

péa·shòoter 名C (おもちゃの)豆鉄砲; 〖米〗(威力のない)小口径のピストルなど.

péa sòup 名U **1** 干しエンドウマメのスープ. **2** = pea-souper.

pea-soup·er /pìːsúːpər/ 名U 〖英話〗黄色い濃霧《19 世紀と 20 世紀前半の London 名物, 今は煤(ばい)煙規制が厳しくほとんど見られない》.

peat /piːt/ 名U ピート, 泥炭; C 泥炭の塊《乾燥して燃料・肥料に用いる》.

péat bòg 名C 泥炭地.

péat mòss 名U ピートモス, 泥炭ゴケ, 《泥炭の主成分》.

peat·y /píːti/ 形 e 泥炭の, 泥炭の多い.

***peb·ble** /péb(ə)l/ 名(複 **~s** /-z/) **1** C (海岸などにある, 水や砂のために磨滅して丸くなった)**小石**, 玉石, (→ cobble(stone), boulder; →stone[1] 類語). **2** U (無色透明の)水晶; C 水晶製のレンズ. **3** U (皮革などの)石目, 石目皮.
be nòt the ónly pèbble on the béach ほかに(いい人が)いないわけではない; 大勢の中の 1 人にすぎない; 《< 浜辺の唯一の玉石ではない; 失恋した人などを慰めたり, うぬぼれを戒めるために用いる》.
── 動 他 **1** を小石で舗装する. **2** 〔革, 紙などの表面〕に石目模様を付ける.
[< 古期英語 *papol(stān)* 'pebble(stone)']

pébble·dàsh 名U 〖英〗(家などの外壁用の)小石打ち込みセメント (〖米〗rock dash).

peb·bly /pébli/ 形 m e 小石の多い[だらけの].

pec /pek/ 名 〖話〗= pectoral 1.

pe·can /pikáːn, -kǽn|-kǽn/ 名C ペカン《クルミ科の高木; 北米産》; ペカンの実 (**pecán nùt**)《食用》.

pec·ca·ble /pékəb(ə)l/ 形 〖章〗(道徳的)罪を犯しやすい, 誘惑に屈しやすい.

pec·ca·dil·lo /pèkədílou/ 名(複 **~(e)s**) C 〖章〗軽い罪, 微罪, 小さな落ち度[過ち]. [スペイン語「小さな罪」]

pec·ca·ry /pékəri/ 名(複 **-ries, ~**) C 〖動〗ペッカリー, ヘソイノシシ, 《イノシシの一種; 熱帯アメリカ産》.

***peck**[1] /pek/ 動 (**~s** /-s/|過 過分 **~ed** /-t/|**péck·ing**) 他 **1** 〔鳥が〕(くちばしで)をつつく; をついばむ; 〈*up*〉. The canary ~*ed* my finger. カナリヤは私の指をつついた. **2** 〔穴〕をつついて開ける 〈*in* ..に〉. **3** 〖話〗(急いで軽く[おざなりに])にキスをする. ~ her (on the) cheek 彼女のほおに軽くちゅっとキスをする. **4** 〖話〗を少しばかり[いやいや]食べる. **5** 〔手紙など〕をタイプライターでぱちぱちたたいて書く 〈*out*〉.
── 自 **1** (くちばしで)つつく, ついばむ, 〈(*away*) *at* ..を〉. The sparrows were ~*ing at* the seeds. スズメが種をついばんでいた. **2** 〖話〗VA (**~ *at* ..**) ..を少しばかり[いやいや]食べる. He just ~*ed at* his dinner. 彼は食事にちょっと口をつけただけだった. **3** VA (**~ *at* ..**) 〔人〕にしつこく[がみがみ]言う 〈*to* do ..してくれと〉.
pèck /../ óut をつつき出す. ~ *out* a snake's bowels 〔鳥が〕蛇の内臓をつつき出す.
── 名C **1** くちばしでつつくこと. **2** つついて開けた穴[傷]. **3** 〖話〗急いでする[おざなりの]軽いキス. give her a little ~ on the cheek 彼女のほおにちゅっとする.
[pick の変形?]

peck[2] 名C **1** ペック《乾量の単位; 8 quarts; 4 分の 1 bushel; 8.81 liters》. **2** 1 ペック計量器[容器]. **3** 〖話〗〈a ~〉かなりたくさん. a ~ of troubles 多くの面倒.

peck·er /pékər/ 名C **1** つつく人[物]; くちばし. **2** 〖鳥〗キツツキ (woodpecker). **3** 〖米俗〗= penis.
Kèep one's pécker ùp. 〖英話〗しょげないで元気を出せ《この pecker は元来 'くちばし' の意味》.

péck(ing) òrder 名C 〖しばしば戯〗'つつき序列'《鳥の社会で, 弱い者をつつき, 強い者からはつつかれるという集団中の序列; 人間社会についても言う》.

peck·ish /pékiʃ/ 形 **1** 〖主に英話〗ひもじい, やや腹が減った. **2** 〖米話〗怒りっぽい, すぐかっとなる.

pec·ten /péktən/ 名(複 **~s, pec·ti·nes** /-təniːz/) C **1** 〖動〗(鳥類・爬(は)虫類の眼にある)櫛(くし)状突起, くし膜. **2** 〖貝〗ホタテガイ.

pec·tin /péktin/ 名U 〖化〗ペクチン《成熟した果物など

に含まれる砂糖に似た化合物). ▷**pec·tic** /péktik/ 形

pec·to·ral /péktərəl/ 形 〈限定〉 **1** 胸部の. large ～ muscles 大胸筋. a ～ fin 〖魚〗胸びれ. a ～ cross 胸十字架 《bishop などが胸に付ける》. **2** 胸部疾患治療用の. ── 名 C **1** 〖しばしば戯〗〈～s〉胸筋. **2** 〖魚〗胸びれ. **3** (特にユダヤ教高僧の)胸飾り, 胸当て.

pec·u·late /pékjəlèit/ 動 自, 他 〖章〗(公金, 受託金を)横領する. ▷**pec·u·la·tor** /-tər/ 名

pèc·u·lá·tion 名 UC 公金費消, 委託金横領.

‡**pe·cu·liar** /pikjúːljər|-liə/ 形 m **1** (時に不快に感じるほど)**一風変わった**, 奇妙な, 普通でない, 異様な, 変な. ～ behavior 一風変わったふるまい. a ～ smell 変なにおい. This ham tastes ～—is it fresh? このハムは変な味だ. 新鮮なんですか. It's ～ that he went off without leaving a message. 彼が伝言も残さずに立ち去ったのは奇妙だ. **2** ¢ **特有の**, **独特の**, 固有の, 〈*to* ..に〉(類語 あるものに特有な性質のあること; →particular, special, specific). The practice is quite ～ *to* Japan. その習慣は全く日本独特のものだ. He solved the problem in his own ～ fashion. 彼はその問題を彼独特のやり方で解決した.
3 〈普通, 限定〉 **特別な**, 特殊の. a ～ talent 特異な才能. a matter of ～ interest 特に興味深い問題.
4 〖婉曲〗(頭が)おかしい, 気の狂った.
5 〖主に英話〗病気で, 気分が悪くて, (ill). I'm feeling a bit ～. 少し気分が悪い.
◇名 peculiarity [＜ラテン語「私有財産の」]

pecùliar institútion 名 〈the ～〉〖米史〗奴隷制度 《＜(南部に)特有の制度》.

***pe·cu·li·ar·i·ty** /pikjùːliǽrəti/ 名 (複 **-ties** /-z/) **1** UC **特性**, 特質, 特色. national *peculiarities* 国民的特色. **2** U **風変わり**; C 奇習, (妙な)癖. Our neighbor is noted for his *peculiarities*. うちの隣人はその変人ぶりで知られている. affect ～ in dress 服装で奇をてらう. **3** C 特有[独特]なもの; 変わったもの[点]. Each tribe has its own *peculiarities*. 各部族にはそれぞれ特有な点がある. ◇形 peculiar

P

†**pe·cu·liar·ly** /pikjúːljərli|-liəli/ 副 **1** 特別に, 特に, (especially). a ～ difficult situation 特に難しい状況. **2** 異様に, 妙に. The room was ～ dark. 部屋は妙に暗かった. behave ～ 異様な行動をする. **3** 〈形容詞の前で〉独特に, 特有に, 勝(すぐ)れて. a ～ American problem アメリカ特有の問題.

†**pe·cu·ni·ar·y** /pikjúːnièri|-niə-/ 形 〖章〗〈主に大げさに〉 **1** 金銭(上)の. ～ condition 財政状態, 金回り. ～ embarrassment 経済(上の)困難. obtain a ～ advantage 利得を手にする. **2** (罪などが)罰金に相当する. [＜ラテン語 *pecūnia* 'money']

-ped /ped/ 〈複合要素〉「..の足を持つ」の意味 (→-pede). bi*ped*. quadru*ped*. [ラテン語 *pēs* 'foot']

ped·a·gog /pédəgɑ̀g, -gɔ̀ːg|-gɔ̀g/ 名 〖米〗＝pedagogue.

ped·a·gog·ic, -i·cal /pèdəgɑ́dʒik|-gɔ́dʒ- ㊇/, /-k(ə)l ㊇/ 形 〈限定〉〖章〗教育学の, 教授法の. ▷**ped·a·gog·i·cal·ly** 副

pèd·a·góg·ics 名 〈単数扱い〉 ＝pedagogy.

ped·a·gogue /pédəgɑ̀g, -gɔ̀ːg|-gɔ̀g/ 名 C **1** 〖古・戯〗教師. **2** 学者ぶった[規則などにうるさい]教育者.

ped·a·go·gy /pédəgòudʒi, -gɑ̀dʒi|-gɔ̀dʒi, -gɔ̀gi/ 名 U 教育学, 教授法; 教育, 教授, 教職.

***ped·al**[1] /pédl/ 名 (複 ～**s** /-z/) C (自転車, 自動車のブレーキ[アクセル], ピアノ, ミシンなどの)ペダル, 踏み板 (→bicycle 図). ── 動 (～**s**|〖英〗**-ll-**) 自 ペダルを踏む; VA ペダルを踏んで自転車で行く 〈*along* ..を〉. ～ up a hill 自転車で丘を登る. ── 他 〔自転車など〕をペダルを踏んで走らす[動かす]. ── 形 〈限定〉ペダルの, ペダルを使う. [＜pedal[2]]

ped·al[2] /píːdl/ 形 〈限定〉足の. [＜ラテン語 *pedālis* 「足の」(＜*pēs* 'foot')] 「ミ箱.

pédal bìn /pédl-/ 名 C (ペダルを踏むとふたの開く)ゴ↑

pédal·bòat /pédl-/ 名 C ペダルボート 《足踏み式の娯楽用のボート》(pedalo).

ped·a·lo /pédəlòu/ 名 (複 ～**s**) 〖英〗＝pedalboat.

pédal pùshers /pédl-/ 名 〈複数扱い〉女性の(もとサイクリング用の)長めの半ズボン.

ped·ant /péd(ə)nt/ 名 C 〖軽蔑〗 **1** 学者ぶる人, 衒(げん)学者; 空論家. **2** 微細な事[規則]にうるさい人.

†**pe·dan·tic** /pidǽntik/ 形 〖軽蔑〗学問を衒(てら)う, 学者ぶる, 物知りぶる. a ～ teacher 学者ぶった教師. ▷**pe·dan·ti·cal·ly** /-k(ə)li/ 副

ped·ant·ry /péd(ə)ntri/ 名 (複 **-ries**) U 〖軽蔑〗学者ぶること, 知識を衒(てら)うこと; 杓(しゃく)子定規な理屈; C 学者ぶった言葉[行為].

ped·ate /pédeit/ 形 **1** 〖動〗足のある; 足状の; 足に似た. **2** 〖植〗〔葉が〕鳥足状の.

‡**ped·dle** /pédl/ 動 他 **1** を行商する, 売り歩く; 〖主に米話〗〔粗悪品〕を売りつける. **2** 〖軽蔑〗〔うわさ, 情報など〕を言いふらす, ばらまく. **3** 〔麻薬など〕を密売する. ── 自 行商をして歩く. [＜*peddler*]

péd·dler 名 C **1** 〖米・英旧〗行商人 (〖主に英〗pedlar). **2** 麻薬密売人 (pusher). **3** 思想などを切り売りする人; うわさなどをばらまく人.

-pede /piːd/ 〈複合要素〉「..の足を持つ」の意味 《-ped の異形》. centi*pede*. milli*pede*. [-ped]

ped·e·rast /pédəræ̀st/ 名 C (特に少年を相手にする)男色家. [＜ギリシア語 'boy lover']

ped·e·ras·ty /pédəræ̀sti/ 名 U 男色, 少年愛.

‡**ped·es·tal** /pédəst(ə)l/ 名 C **1** (彫像, 飾り壺(つぼ)などの)台, 台座; (柱の)台座, 柱脚. a ～ table 一脚テーブル. **2** 机の袖(そで) 《引き出しの付いた箱状の支柱》. **3** 基礎, 根拠.
knòck a pèrson off his [her] pédestal 人を尊敬を受ける立場から突き落とす.
sèt [plàce, pùt] a pèrson on a pédestal 人を偶像化[理想化]する, 完璧なものとしてあがめ奉る.
[＜古期イタリア語「屋台の脚」]

***pe·des·tri·an** /pədéstriən/ 名 (複 ～**s** /-z/) C (車が走る道路を歩く)**歩行者**, 徒歩旅行者; 競歩者. No *Pedestrians*. 〖掲示〗歩行者通行禁止.
── 形 **1** ¢ 〈限定〉徒歩者のための, 歩行の.
2 m 〔文章, 談話などが〕(てくてく歩くように)平凡な, つまらない, 退屈な; 〔人が〕独創的でない, 想像力に乏しい. a ～ speech つまらない演説. [＜ラテン語「徒歩の」]

pedèstrian cróssing 名 C 〖英〗横断歩道 (〖米〗crosswalk; →pelican crossing, zebra crossing).

pe·dés·tri·an·ìsm 名 U **1** 徒歩, 散歩; 徒歩主義. **2** (文章, 談話などの)平凡, 単調.

pe·dés·tri·an·ìze 動 他 〔道路, 街など〕を歩行者専用[歩行者天国]にする. ～*d* streets 歩行者天国.

pedèstrian máll 〖米〗[**précinct** 〖英〗] 名 C (都心の)自動車通行禁止区域, 歩行者天国.

pedèstrian wálkway 名 C 歩行者専用道路.

pe·di·at·ric /pìːdiǽtrik ㊇/ 形 〖米〗小児科の.

pe·di·a·tri·cian /pìːdiətríʃ(ə)n/ 名 C 〖米〗小児科医.

pè·di·át·rics 名 〖米〗〈単数扱い〉小児科(学).

ped·i·cab /pédikæ̀b/ 名 C (東南アジアなどの)輪タク 《客を乗せる 3 輪自転車》.

ped·i·cel /pédisèl/ 名 C **1** 〖植〗小花梗(こう). **2**↓

ped·i·cle /pédikl/ 名 ＝pedicel. ⌊〖動〗肉茎.

ped·i·cure /pédikjùər/ 名 **1** (**a**) U 足の治療 《たこ, まめを取るなど》. (**b**) C 足の治療[専門]医. **2** UC ペディキュア 《足指, 爪(つめ)の手入れなど; →manicure》. have a

～ ペディキュアをしてもらう.
[＜ラテン語 *pēs* 'foot'＋*cūra* 'cure'] ▷**péd·i·cùr·ist** /-kjù(ə)rist/ 名 C ペディキュア(美容)師.

†**ped·i·gree** /pédəgrìː/ 名 **1** UC 家系, 家柄, 血統; 由緒ある家柄; 赫々(かくかく)たる経歴[実績]. He is by ～ a nobleman. 彼は貴族の生まれだ. a dog of unknown ～ 血統が不明の犬. a family of ～ 名門. a man with a distinguished business ～ 実業界で卓越した実績を上げた男. **2** C 系図 (family tree); 血統表[書]《特に純血種の動物の》. **3** 〈形容詞的〉 純血種の (pedigreed) (→purebred, thoroughbred). a ～ poodle 純血種のプードル犬.

péd·i·grèed 形 由緒ある家系の; 〔動物が〕純血種の, 血統の明らかな.

ped·i·ment /pédəmənt/ 名 C 〖建〗ペディメント《特に古代ギリシア建築の, 柱廊玄関上部の三角形の切妻壁》. ▷**ped·i·men·tal** /pèdəméntl ®/ 形

ped·lar /pédlər/ 名 〖英・米古〗＝peddler.

pe·dom·e·ter /pidámətər|-dɔ́m-/ 名 C 万歩計, 歩数計.

pe·do·phile /píːdəfàil/ 名 C 小児(性)愛者.

pe·do·phil·ia /pìːdəfíliə/ 名 U 小児(性)愛《小児を性愛の対象にする性的倒錯》.

pe·dun·cle /pidʌ́ŋkl/ 名 C **1** 〖植〗花柄(かへい), 花梗(かこう). **2** 〖動〗肉茎. **3** 〖解剖〗脚(きゃく). ▷**pe·dun·cu·lar** /pidʌ́ŋkjulər/ 形

‡**pee**[1] /piː/ 〖話〗動 (～s|過 過分 ～d|pée·ing) 自 小便をする (urinate). —— 名 aU 小便(をすること). have [go for] a ～ 小便に行く.

pee[2] 名 (複 ～) 〖英話〗＝penny《頭字の発音から》.

†**peek** /piːk/ 動 自 〖話〗こっそり見る, ちょっとのぞく, 〈*at*, *into*, *in* ..を〉 (類語 peep とほぼ同義; →see). —— 名 C 〈単数形で〉〖話〗のぞき見. take [have] a ～ at the list リストをのぞき見する.

peek·a·boo /pìːkəbúː/ 名 U, 間 (赤ん坊, 幼児をあやす)いないいないばあ (〖英〗では peepbo とも言う). play ～ 「いないいないばあ」をする.

Peel /piːl/ 名 **Robert** ～ ピール (1788–1850)《英国の政治家・首相; 英国の警察制度の確立に功があった》.

***peel** /piːl/ 名 (複 ～s /-z/) UC (果物, 野菜の)**皮, むいた皮**,《食べる前に皮をむく果物, 野菜に用い, 特にむいた後の皮を言う; →rind, skin》; 樹皮. lemon ～ レモンの皮. candied ～ 柑橘(かんきつ)類の果物の皮の砂糖漬け. slip on a banana ～ バナナの皮を踏んで滑る.

—— 動 (～s /-z/|過 過分 ～ed /-d/|péel·ing) 他 **1** 〔果物, 野菜〕**の皮をむく** (→pare 1); VOO (～ X Y)・VOA (～ Y *for* X) X に Y (果物など) の皮をむいてやる. ～ potatoes ジャガイモの皮をむく. ～ him an orange＝～ an orange *for* him 彼にオレンジの皮をむいてあげる. **2** VOA (～ /X/*off*, *away*) X (樹皮など) をはぐ, はがす, 〈*from* ..から〉. ～ the bark *off* a tree 木の皮をはぐ.

—— 自 **1** 〔果物(の皮)が〕むける. Bananas ～ easily. バナナの皮は簡単にむける. **2** 〔人の体の一部, 皮膚などが〕むける; 〔壁など(のペンキなど)が〕はげ落ちる, はがれる; 〈*off*, *away*〉. My back ～*ed* because of the hot sun. 日差しが強かったので背中の皮がむけた. The plaster is ～*ing off*. 漆喰(しっくい)がはげてきた.

kèep one's éyes pèeled 〖話〗目を皿のようにしている〈*for* ..を見逃さないように〉《用心や見張りをするさま》.

pèel /../ awáy ＝PEEL /../ off (1).

pèel óff (1)〖話〗衣服を(全部)脱ぐ. (2)〖空〗(急降下爆撃などのため)〔飛行機が〕編隊から急に離れる, 〔車などが〕グループから急に離れる.

pèel /../ óff (1) →他 2. (2) 〔表皮, 張ってある物など〕をはがす, むく, はぎ[むき]取る. (3) 〔手袋, 靴下, (ぴったりした)衣服など〕を脱ぐ, 脱ぎ捨てる.
[＜ラテン語 *pilāre* 「毛髪を奪う」(＜*pilus* 'pile[3]')]

péel·er[1] 名 C **1** 皮むき器. **2** 〖米俗〗ストリッパー.

péel·er[2] 名 C 〖英旧俗〗警官 (→Robert Peel).

péel·ing 名 C 〈普通 ～s〉(特にジャガイモの)むいた皮.

***peep**[1] /piːp/ 名 C 〈単数形で〉 **1 のぞき見, ちらりと見ること**. get a ～ *of* [*at*] the sea over the roofs 屋根越しに海がちらっと見える. have [take] a ～ *into* the library [at one's watch] 書庫をちょっとのぞく[時計をちらっと見る]. **2** 〈普通 the ～〉 見え始め, 出現.

at* (*the*) *pèep of dáy 〖雅〗夜明けに.

—— 動 (～s /-s/|過 過分 ～ed /-t/|péep·ing) 自 **1 のぞき見する**, すき見する, 〈*in*, *out*〉〈*at*, *into* ..を〉, (類語 peek より「盗み見る」感じがさらに強い; →see). ～ *through* a hole in the fence 塀の穴からのぞく. **2** VA 〔物が〕(透き間, 下などから)見え(始め)る, 現れる, 顔をのぞかせる; 〔性格などが〕自然に外に出る; 〈*out*〉〈*from* ..から/*through* ..越しに〉. The sun ～*ed out from* behind the clouds. 太陽が雲の後ろから顔を出した. sunlight ～*ing through* the curtains カーテンの間からさし込む日光. [peek の変形か]

peep[2] 名 C **1** (ひな鳥などの)ぴーぴー[ぴよぴよ]鳴く声, (ネズミなどの)ちゅーちゅー鳴く声. **2** 〈単数形で; 普通, 否定文で〉〖話〗話し声; 便り; 不平, 泣き言. I'd like not to hear a ～ out of you for a while. しばらく黙っていてほしい. We haven't had [heard] a ～ ⌞out of [from] her for a year. 1年も彼女から何とも言ってこない. make [give] a ～ 苦情[泣き言]を言う. **3** C 〖主に幼〗車の警笛 (**pèep péep**).

—— 動 自 ぴーぴー[ぴよぴよ, ちゅーちゅー]鳴く.

peep·bo /píːpbou/ 名, 間 〖英〗＝peekaboo.

péep·er[1] 名 C **1** 〖旧話〗〈普通 ～s〉目. **2** 〖普通, 軽蔑〗のぞき見する人.

péep·er[2] 名 C ぴーぴー[ぴよぴよ, ちゅーちゅー]鳴く鳥[動物]; (かん高い音で鳴く)アマガエル.

péep·hòle 名 C (ドア, 壁などの)のぞき穴.

Pèeping Tóm 名 ピーピング・トム《Godiva 夫人の裸身をのぞき見した罰で目が見えなくなったとされる Tom という名の仕立屋》; 〈しばしば p- T-〉 のぞき趣味の男.

péep shòw 名 C のぞき見ショー, のぞきからくり,《箱の中の絵などを小さな穴などからのぞかせる見せ物の一種》; いかがわしい見せ物.

***peer**[1] /piər/ 名 (複 ～s /-z/) C **1** 〖章〗(地位, 身分, 能力, 年齢などにおいて)**同等の人, 匹敵するもの; 同輩**, 仲間. He is the ～ of any worker in the factory. 彼はその工場のどんな労働者にも引けを取らない. **2 貴族** (女 peeress; 階級は→duke 参考); 〖英〗上院議員. a hereditary [life] ～ 〖英〗世襲[一代]貴族.

hàve nò péer＝be without a péer 匹敵するもの[者]がない. [＜ラテン語 *pār* 'par']

***peer**[2] /piər/ 動 (～s /-z/|過 過分 ～ed /-d/|peer·ing /pí(ə)riŋ/) 自 **1** VA (目をこらして) **じっと見る** 〈*at*, *into* ..を〉 (類語 探るような鋭い目つきで見据えること; →see). ～ *into* the darkness 暗闇(くらやみ)の中を目をこらして探り見る. You must be shortsighted, the way you ～ *at* people. 目を細めて人を見るところからみると君は近視に違いない. **2** かすかに現れる, 次第に見えてくる. The moon ～*ed* over the hill. 月が山の上にかすかに[ぼんやりと]見えてきた. [?＜ap*pear*]

‡**peer·age** /pí(ə)ridʒ/ 名 **1** UC 貴族の身分[地位]. inherit a ～ 貴族の地位を受け継ぐ. be given a ～ 貴族に列せられる. **2** U 〈the ～; 集合的〉 貴族, 貴族階級[社会]. be raised [elevated] to the ～ 貴族に列せられる. **3** C (個人名と家系を記した)貴族名鑑《英国では Debrett のものが有名》.

peer·ess /pí(ə)rəs/ 名 C 貴族の夫人; 爵位を持つ女性; (男 peer).

péer gròup 名 C (同じ社会的背景・地位・立場・年齢などにある)同輩集団, 仲間集団.

P

péer (group) prèssure 名 U (画一行動を要求する)同輩集団圧力.
péer·less 形 ⓒ 〘章〙比類のない, 無比の. ～ beauty 比類のない美しさ. ▷～**·ly** 副 ～**·ness** 名
pèer of the réalm 名 (複 **peers of the realm**) C (英国の)世襲貴族 (hereditary peer)《1 代限りの貴族 (life peer) に対する; 成人になれば上院に列席できる》.
peeve /piːv/ 動 他 〘話〙〔物事が〕〔人〕をいらいらさせる, 怒らせる, (類語 annoy よりくだけた語). It ～*s* a person that ..... ということが人をいらいらさせる. —— 名 C 〘話〙いらいら, 腹立ち; いら立ちの種. in a ～ いらいらして[した]. [＜*peevish*]
peeved 形 〈普通, 叙述〉〘話〙いらいらしている, 怒った, 〈*about* ..に/*to* do ..して/*that* 節 ..ということに〉.
pee·vish /píːviʃ/ 形 気難しい, 怒りっぽい; いらいらした, 不機嫌な; (bad-tempered). [＜中期英語「悪意に満ちた」] ▷～**·ly** 副 ～**·ness** 名
pee·wee /píːwiː/ 名 C **1** 〘米話〙非常に小さい少年[動物, 物], ちび. **2** ＝pewee. —— 形 ちびの, ちっぽけな.
pee·wit /píːwət/ 名 C **1** 〘鳥〙タゲリ (lapwing); 「ぴーうぃー」と鋭い声を出す鳥の総称. **2** ユリカモメ.
Peg /peg/ 名 ＝Peggy.
‡**peg** /peg/ 名 (複 ～**s** /-z/) C
【留めくぎ】 **1** (木製, 金属製の)留めくぎ; (帽子やコートの)掛けくぎ; (テントなどを張る)くい; (土地の境界を示す)くい; (たるなどの)栓. put [hang] one's hat [coat] on the ～ 帽子[コート]を掛けくぎにかける.
2 〘英〙洗濯ばさみ (clothes ～; 〘米〙clothespin).
3 (楽器の弦を締める)糸巻き, ねじ, (tuning peg [pin]).
4【くぎ状のもの】〘話〙＝peg leg; 〘戯〙脚.
5【くぎ＞引っ掛かり】(議論, 交渉などの)手がかり; 口実, きっかけ. The vicar used the incident as a ～ to hang his sermon [resignation] on. 牧師はその事件を˪説教のまくら[辞職の理由]にした.
【くぎ留め＞狙い打ち】 **6** 〘話〙〘野球〙(特に野手による, 素早く正確な)送球.
7【目印のくぎ＞目盛】(評価の)段階, 等級, (★しばしば a ～ (or two) として副詞的に用いる). come down a ～ 自分の評価を下げる, 面目を失う, 鼻っ柱を折られる.
8 〘主に英〙少量のアルコール飲料《主にウイスキーやブランデー》.
a squàre pég in a ròund hóle →hole.
off the pég 〘主に英〙〔服などが〕既製で, つるしで, (〘米〙off the rack). buy a suit *off the* ～ 既製服を買う. *off-the-*～ clothes 既製服.
***tàke* [*brìng*] *a pèrson dówn a pèg* (*or twó*)** 〘話〙人に思い知らせる, 人をやりこめる, 〈普通, 受け身で〉.
—— 動 (～**s** /-z/|過 過分 ～**ged** /-d/|**pég·ging**) 他
1 をくぎ[くい]で留める, くぎうけにする; にくぎ[くい]を打つ; にくぎ[くい]でしるしをつける; 〘英〙を洗濯ばさみで留める〈*on* ..〔綱〕に〉. **2** 〔価格, 賃金など〕を凍結する, 〔為替レート, 公定歩合など〕を固定する, くぎうけにする, 〈*at, to* ..に〉. ～ the wages *at* last year's level 賃金を昨年の水準に据え置く. **3** 〘話〙(的をねらって)〔石ころなど〕を投げる.
4 〘野球〙(素早く)〔球[牽(けん)制球]〕を投げる; 〔走者〕を送球して˪アウトにする[刺す]〈*out*〉. ～ the runner (*out*) at second 走者を 2 塁で刺す.
5 〘米話〙VOA (～ X *as* ..) X (人) を..と認める, 特定する. She ～*ged* her husband *as* a miser. 彼女は夫はけちん坊だとみなした.
—— 自 〘話〙VA (～ *away*) こつこつと懸命にやる, 精を出す, 〈*at* ..〔仕事など〕を, に〉.
pèg /../ dówn (1) ..をくぎ[くい]で留める. (2) ..を拘束する〈*to* ..に〉; ..を確約させる〈*to* ..に対して〉. I ～*ged* her *down to* that job. 彼女をその仕事に拘束した.
pèg it 〘米俗〙死ぬ.
pèg óut 〘主に英話〙(1) 疲れ果てる, へばる. (2) 死ぬ, くたばる. (3) 〔機械などが〕動かなくなる, へたる.
pèg /../ óut (1) 〔境界など〕にくいでしるしをつける. (2) 〔洗濯物など〕を洗濯ばさみを使って干す. (3) ..を地面に広げてくいで留める. (4) (特にクリベッジ (cribbage) で)〔得点〕をボードにくいを刺して示す. (5) →他 4.
[?＜低地ドイツ語]
Peg·a·sus /pégəsəs/ 名 **1** 〘ギ神話〙ペガサス《Perseus が殺した怪物 Medusa の血から生まれたという天馬; Bellerophon の乗馬; 翼があり, 詩神 (Muse) たちはこれに乗って詩興を得た》. **2** 〘天〙ペガサス座.
pég·bòard 名 C **1** ハンガーボード《peg や hook を刺して物をつるす》. **2** (ゲームの点数計算用)くぎ差し盤.
Peg·gy /pégi/ 名 Margaret の愛称.
pég lèg 名 C 〘旧話〙(木製の)義足; 義足をした人.
pég tòp 名 C **1** 木製のこま. **2** 〈～ tops〉こま形のズボン (**pègtop tróusers**)《上部が太く足首の方が細い》.
pég-tòp 形 〔ズボンなどが〕こま形の.
PEI Prince Edward Island.
peign·oir /peinwɑ́ːr|ˊ–/ 名 C (女性用のゆったりした)化粧着, 部屋着, (dressing gown). [フランス語「髪をとかすときに着るもの」]
Peirce /pəːrs/ 名 **Charles Sanders** ～ パース (1839–1914)《米国の哲学者・数学者; プラグマティズム, 記号論の創始者の一人》.
pe·jo·ra·tive /pidʒɔ́ːrətiv|pidʒɔ́rə-/ 形 〘章〙〔言葉が〕軽蔑的な(意味の) (derogatory), 見下す[見くびる]ような (disparaging). —— 名 C 軽蔑的な語[句]《例:poet, small に対する poetaster, puny》. ▷～**·ly** 副
pe·ke /piːk/ 名 〘英話〙＝Pekinese 1.
Pe·kin·ese /pìːkəníːz ㊕/ 形 ペキン(の人)の.
—— 名 (複 ～) **1** C ペキニーズ, ちん,《中国原産の小形犬》. **2** C ペキン市民, ペキン生まれの人. **3** U (中国語の)ペキン方言, ペキン官話.
***Pe·king** /pìːkíŋ, ˊˊ/ 名 ペキン(北京)《中華人民共和国の首都; 最近では普通 Beijing と書く》.
Pèking dúck 名 U ペキンダック《焼いたアヒル(の皮)をネギと特別なたれとともに食べる中国料理》.
Pe·king·ese /pìːkiŋíːz ㊕/ 形, 名 ＝Pekinese.
Pèking mán 名 U 〘人類学〙ペキン原人.
pe·koe /píːkou/ 名 U ペコー《木の先の若葉を用いる高級紅茶; orange pekoe とも言う》.
[中国語 *pek ho*《「白毫」; 白い軟毛に覆われた若葉を摘むことから》]
pel·age /pélidʒ/ 名 UC (四足獣の)毛皮, 毛,《hair, wool, fur などを総称的に言う》.
pe·lag·ic /pəlǽdʒik/ 形 〘章〙遠洋の; 遠洋に生息する. ～ fishery 遠洋漁業.
pel·ar·go·ni·um /pèlɑːrgóuniəm|pèlə-/ 名 C 〘植〙ゼラニウム (geranium).
pelf /pelf/ 名 U 〘雅・軽蔑〙金銭, 富; 悪銭 (lucre).
pel·i·can /pélikən/ 名 C 〘鳥〙ペリカン. [?＜ギリシア語「おの」; くちばしの形から]
pélican cròssing 名 C 〘英〙押しボタン式横断歩道《＜*pe*destrian *li*ght *con*trolled crossing》.
Pèlican Státe 名 〈the ～〉ペリカン州《米国 Louisiana 州の俗称》.
pe·lisse /pəlíːs/ 名 C ペリース **1** 毛皮の裏[縁取り]を付けた長いコート. **2** (絹やビロードなどの)女性用外套(とう).
pel·la·gra /pəlǽgrə, -léi-/ 名 U ペラグラ病《ナイアシン(ニコチン酸)欠乏による皮膚疾患, 神経機能障害などを伴う全身病; ヨーロッパ南部・米国南部に多い》.
‡**pel·let** /pélət/ 名 C **1** (紙などを丸めた)玉, 紙鉄砲の玉. **2** 小弾丸, 鉄砲[空気銃の]玉; 散弾. **3** (昔の投石器の)石の玉. **4** (食物, 薬などの)小球; 丸薬. —— 動 他 **1** を pellet で撃つ. **2** を丸める, 玉にする. [＜古期フランス語

「小さな玉」(<ラテン語 *pila* 'ball')]

pel·li·cle /pélikl/ [名] [C] 薄膜, 薄皮, 皮膜.

pell-mell /pèlmél [移]/ [副] 〖旧〗ごちゃごちゃに, 乱雑に; めちゃくちゃに慌てて. run [rush] ～ すっとんで行く. ── [形] 〈限定〉〖旧〗めちゃくちゃな, 混乱した; 大慌ての. ── [名] [UC] 〖旧〗ごちゃまぜ; 混乱; 大慌て.

pel·lu·cid /pəlú:səd/ [形] 〖雅〗 **1** 透明な. **2** 〔文章など が〕明晰(せき)な. ▷ **～·ly** [副] **～·ness** [名]

pel·met /pélmət/ [名] [C] 〖英〗(木またはカーテンのともぎれの)カーテンレール隠し (〖米〗 valance).

Pel·o·pon·ne·sian /pèləpəní:ʒən, -ʃən|-ʃən [移]/ [形] ペロポネソス半島の. the ～ War ペロポネソス戦争 (431–404B.C.)《スパルタがアテネに勝った戦い》.

Pel·o·pon·ne·sus, -sos /pèləpəní:səs/ [名] 〈the ～〉 ペロポネソス半島《ギリシア南部の半島》.

pe·lo·ta /pəlóutə|-lɔ́tə, -lóutə/ [名] ＝jai alai. [スペイン語 'ball']

pelt[1] / pelt/ [動] [他] **1** (**a**) に物を続けざまに投げつけ(て攻撃す)る. (**b**) [VOA] (～ X ***with*** Y/Y ***at*** X) X に Y (石, 悪口など) を続けざまに投げつける[浴びせかける]. We ～*ed* him *with* snowballs.＝We ～*ed* snowballs *at* him. 我々は彼に雪玉をぶつけてやった. ～ incessant questions *at* the speaker 講演者に次から次へと質問を浴びせる. **2** 〔雨, あられが〕に強く降りつける. The hail ～*ed* the roof. あられが激しく屋根に打ちつけた.

── [自] **1** 石などを投げつける 〈*at* ..に〉. **2** 〈普通, 進行形で〉〔雨, あられが〕激しく降る[たたきつける] 〈*down*〉. a ～*ing* rain たたきつけるような雨. The rain is ～*ing down*.＝It is ～*ing down*.＝It is ～*ing* (*down*) with rain. 雨がたたきつけるように激しく降っている. **3** [VA] 〖話〗速く走る 〈*along, down, up*〉.

── [名] [U] 投げつけること, 強打; [C] ひどい降り; [U] 疾走. (***at***) ***fùll pélt*** 〖話〗全速力で. [?<pellet]

pelt[2] [名] [UC] **1** (毛のついたまま[毛を除いて]剥いだ動物の)生皮; (生きている動物の)毛皮; (→leather [参考]). **2** 〖戯〗人の皮膚.

pelt·ry /péltri/ [名] [UC] 〈集合的〉毛皮, 生皮.

pel·vic /pélvik/ [形] 〖解剖〗〈限定〉骨盤の.

‡**pel·vis** /pélvəs/ [名] ([複] **～·es** /-əz/, **pel·ves** /-vi:z/) [C] 〖解剖〗骨盤.

pem·(m)i·can /pémikən/ [名] [U] ペミカン《乾燥肉の粉末に脂肪・果実を混ぜて固めた保存食品[非常食]; 北米先住民起源》.

PEN /pen/ International Association of Poets, Playwrights, Editors, Essayists and Novelists (国際ペンクラブ).

‡**pen**[1] /pen/ [名] ([複] **～s** /-z/) [C] **1** (**a**) ペン (★ペン軸 (penholder) にペン先 (nib) が付いたもの). [参考] 状況により万年筆 (fountain pen), ボールペン (ball-point pen), 鵞(が)ペン (quill pen), フェルトペン (felt-tip pen) を指すこともある. a ～ cap 〖米〗[lid 〖英〗] 万年筆のキャップ. write a letter in [with] ～ and ink 手紙をペンとインクで書く. Write your name and address in [with] ～ and ink. あなたの名前と住所をペンで書いてください (★対句となっている時は冠詞をつけずに使う). a slip of the ～ →slip[1] [名] 2. (**b**) ペン先.

2 〈普通 the [one's] ～; 単数形で〉 **文筆**, 著述(業); 〖雅〗作家. live by one's ～ 文筆で生活する. The ～ is mightier than the sword. 〖諺〗文は武よりも強し.

3 〈普通, 単数形で〉 文体, 表現力. write with a lively ～ 生き生きとした文体で書く.

pùt [***sèt***] ***pén to páper***＝***tàke ùp*** *one's* ***pén*** 〖章〗〈大げさに〉書き始める, ペンを執る.

── [動] (**～s**|**-nn-**) [他] 〖章〗〈大げさに〉〔手紙など〕を認(したた)める, 〔本など〕を書く, 〔文章, 詩〕を作る.

[<後期ラテン語「(鵞)ペン」<ラテン語 *penna*「羽根」]

***pen**[2] /pen/ [名] ([複] **～s** /-z/) [C] **1** (動物を入れる)囲い, 檻(おり), 畜舎, ([類語] fold[2] は特に羊を入れる囲い). **2** 〈単数形で複数扱いもある〉 檻の中の動物. **3** (赤ん坊を入れる)(ベビー)サークル (playpen). **4** 潜水艦の防空待避所.

── [動] (**～s**|[過] [過分] **～ned, pent**|**pén·ning**) [他] 〈普通, 受け身で〉 **1** を檻(おり)[囲い]に入れる, 閉じ込める, 〈*up, in*〉. The winter snows ～*ned* the beast in his cave. 冬の雪で獣は洞穴に閉じ込められた. **2** 〔感情など〕を抑える 〈*up*〉. [<古期英語]

pen[3] [名] 〖米話〗＝penitentiary 1.

pen[4] [名] [C] 雌の白鳥 (↔cob).

pen., Pen. peninsula.

†**pe·nal** /pí:n(ə)l/ [形] 〈主に限定〉 **1** 刑罰の; 刑法(上)の. ～ laws 刑法. a ～ institution 受刑者収容施設《刑務所など》. a ～ colony [settlement] 流刑地. **2** 刑罰に値する. a ～ offense 刑事犯罪. **3** 非常に厳しい, 過酷な, 懲罰的な, 〔税金など〕. a ～ tax 酷税. [<ラテン語 *poena*「処罰」; -al] ▷ **～·ly** [副]

pénal còde [名] [C] 刑法(典), 刑法制度.

‡**pe·nal·ize,** 〖英〗 **-ise** /pí:n(ə)làiz/ [動] [他] **1** 〖法〗に刑を科す, 有罪を宣告する; を罰する; 〈*for* ..の咎(とが)で〉. **2** 〖競技〗〔反則者〕に罰則[ペナルティ]を科す 〈*for* ..〔反則〕に対して〉; (試験などで)〔人〕を減点する 〈*for* ..に対して〉. **3** を不利な立場に置く, に損をさせる. The new tax on tobacco ～*s* smokers and will discourage some from smoking. 新しいタバコ課税は喫煙者を不利な立場に置くものであり, 喫煙をやめる者も出るであろう. Women have been ～*d* for their sex in point of wages. 女性は賃金の点で女性であるがために損をしてきた. **4** を法で罰することができるようにする.

▷ **pèn·al·i·zá·tion** [名]

pènal sérvitude [名] [U] 〖英史〗懲役《重労働を課した; 1948 年廃止》.

***pen·al·ty** /pén(ə)lti/ [名] ([複] **-ties** /-z/) [C]

1 刑罰, 処罰, 〈*for* ..に対する〉. a stiff [heavy] ～ 厳罰. impose a ～ of five years' imprisonment on a person 人に 5 年の禁固刑を科す. The ～ *for* murder is often death in some countries. ある国々では殺人に対する罰はしばしば死刑である.

> [連結] a heavy [a harsh, a severe, a stiff; a light; the maximum] ～ // exact [inflict, meet out] a ～

2 罰金, 科料; 違約金. a ～ of £1,000 *for* default on the contract 契約不履行に対する千ポンドの違約金.

3 報い, 代償; 不利(益), マイナス, 不都合; 〈*of* (*doing*), *for* ..の〉. the *penalties of* fame [liv*ing* in a tourist resort] '有名税'[観光地住まいのマイナス].

4 〖競技〗 (**a**) (反則 (foul) に対する)ペナルティ; 〖サッカー・ラグビーなど〗 ペナルティキック, ペナルティゴール. be awarded a ～ (kick) ペナルティキックを与えられる. concede a ～ (相手に)ペナルティキックによる得点を許す. (**b**) ハンデ(ィキャップ).

on [***under***] ***pénalty of ..*** ＝on [under] PAIN of ...

pày the pénalty 罰金[違約金]を払う; (当然の)報いを受ける; 〈*of, for* ..の〉. He *paid the* ～ *of* [*for*] his folly. 彼は愚行の報いを受けた. [penal, -ty[1]]

pénalty àrea [名] [C] 〖サッカー〗ペナルティエリア.

pénalty bòx [名] [C] 〖英〗〖サッカー〗＝penalty area; 〖アイスホッケー〗反則者席.

pénalty clàuse [名] [C] 〖商〗(契約書中の)違約[罰則]条項.

pénalty gòal [名] [C] 〖サッカー・ラグビー〗ペナルティゴール.

pénalty kìck [名] [C] 〖サッカー・ラグビー〗ペナルティキック.

pénalty pòint [名] [C] 〖英〗交通違反の罰則点数.

pènalty shóot-out [名] [C] 〖サッカー〗PK 合戦《試

合が引き分けに終わった場合，両チームのペナルティキックの成功数によって勝敗を決める方法》.

†**pen·ance** /pénəns/ 名 **1** UC 悔い改め，償いの行為，ざんげ[罪ほろぼし]の苦行. in ～ of one's sins 自分の罪を後悔して. **2** U 〖カトリック〗〈しばしば P-〉告解(こっかい)[改悛(かいしゅん)]の秘跡《contrition, confession, satisfaction, absolution の 4 段階を含む》. **3** C〈普通，単数形で〉嫌だがしなければならないこと，苦行，苦しい仕事.

dò pénance 償いとして[ざんげのために]難行苦行をする，償いをする，〈*for* ..の〉; 〖戯〗(愚かな行為の報いに)ひどい目に遭う.

pèn-and-ínk /㊥/ 形〈限定〉ペンで書いた[描いた]. a ～ drawing ペン画.

Pe·nang /pənǽŋ/ 名 ペナン《マライ半島西岸沖の島; マレーシアのペナン州; ペナン州の首都》.

Pe·na·tes /pənéiti:z|pənɑ́:ti:z/ 名〈又は p-〉〖ロ神話〗ペナーテース《家庭の守護神; →lares and penates》.

pence /pens/ 名 ペンス《penny の複数形》.

‡**pen·chant** /péntʃənt|pɑ́:ŋʃɑ:ŋ/ 名 C〈普通，単数形で〉強い好み[傾向]〈*for* (doing) ..(すること)への〉. have a ～ *for* jazz music ジャズが大好き. [フランス語「傾いている」]

‡**pen·cil** /péns(ə)l/ 名 (複 ～s /-z/) **1** C **鉛筆**. sharpen a blunt ～ 丸くなった鉛筆を削る. a letter written ⌞with a ～ [in ～] 鉛筆書きの手紙. **2** C 鉛筆形のもの; まゆ墨，口紅. a brown eyebrow ～ 茶色のまゆ墨棒. **3** C 〖光学〗光束.

── 動 (～s|〖英〗-ll-) 他 **1** を鉛筆で書く[描く]. a ～*ed* letter 鉛筆書きの手紙. **2** 〔まゆ〕をまゆ墨でかく. **3** VOA (～ /X/*in*) X (日付，金額など)を仮に書き入れる，X (リストなど) にとりあえず記入する; をとりあえず予定する. Their names were ～*ed in*. 彼らの名前が鉛筆で[仮に]記入されていた.

[＜ラテン語「絵筆」(＜*pēniculus*「小さなしっぽ」; →penis)]

péncil càse [bòx] 名 C 筆箱.

pén·cil·(l)er 名 C 鉛筆で書く人.

péncil pùsher 名 〖米話〗＝penpusher.

péncil shàrpener 名 C 鉛筆削り.

pèncil-thín 形 大そう細い[細身の].

†**pend·ant** /péndənt/ (★4, 5はまた /pénənt/) 名 C **1** ペンダント《宝石などの下げ飾り; 下げるチェインを含めても言う》. **2** つりランプ，シャンデリア. **3** (懐中時計の)鎖環. **4** 〖海〗短索《横帆式の帆船のマスト (mainmast か foremast) の操帆用滑車の付いた索具》. **5** (軍艦の)標識旗 (pennant). ── 形 ＝pendent. [＜古期フランス語「ぶら下がっている」(＜ラテン語 *pendēre* 'hang')]

pend·ent /péndənt/ 形 〖章〗 ⓒ **1** 垂れ[吊り]下がった. the ～ branches of a willow 柳の垂れ下がった枝. **2** 張り出している，〔岩などが〕突き出た，(jutting). **3** 〔問題などが〕未解決の，未決定の，宙ぶらりんの，(pending). The suit remains ～. 訴訟はまだ係争中である. **4** 〖文法〗(構文が)不完全な.

── 名 ＝pendant. [pendant の変形]

*__pend·ing__ /péndiŋ/ 〖章〗 形 ⓒ **1** 〈主に叙述〉〔問題などが〕**未決定の**，未解決の，係争中の. The question is still ～. その問題はまだ解決されていない. Pay £5 per hour, increase ～. 給与は 1 時間 5 ポンド，増額も考慮中《求人広告で》. **2** 差し迫った，目前の，(impending). ～ dangers 切迫した危険.

── 前 **1** ..(が行われる)まで (until), ..を待つ間. Accused persons should be released ～ trial. 起訴された者は公判までの間釈放されるべきだ. **2** ..の間中 (during).

[＜フランス語 *pendant* (*pendre*「ぶら下がる」の現在分詞); 語尾を英語式に -ing に変えた]

pénding fìle [trày] 名 (複 ～s) C 〖英〗未決書類入れ.

pen·du·lous /péndʒələs|-djə-/ 形 〖章〗ぶら下がった; 垂れ下がった，たるんだ，〔ほおなど〕(saggy); 垂れてぶらぶら揺れる〔乳房など〕. ▷ **～·ly** 副

*__pen·du·lum__ /péndʒələm|-djə-/ 名 (複 ～s /-z/) C **1** (時計などの) **振り子**. If you push a ～ too far, it will swing back with a clang. 振り子を一方へ押しやり過ぎると勢いよく戻って来てがーんとぶつかる. **2** (振り子のように)両端に激しく動揺[変化]するもの; 意見[心]の定まらない人. The ～ of public opinion has swung back to the other extreme. 世論の振り子が逆の極端へと揺れた.

the swìng of the péndulum 振り子の動き; (政党などに対する)世論の揺れ《両極の間を往復する》.

[＜ラテン語「ぶら下がった」(＜*pendēre* 'hang')]

Pe·nel·o·pe /pinéləpi, pə-/ 名 **1** 〖ギ神話〗ペネロペ《Odysseus の貞節な妻》. **2** C 貞節な妻.

pe·ne·plain, -plane /pí:nəplèin, ⌣⌣⌣/ 名 C 〖地〗準平原. [ラテン語 *paene*「殆ど」, plain]

pen·e·tra·ble /pénətrəb(ə)l/ 形 浸透[貫通]できる; 看破できる，見抜きうる; (↔impenetrable). ▷ **pèn·e·tra·bíl·i·ty** 名 U 浸透性，貫通できること，透徹性.

*__pen·e·trate__ /pénətrèit/ 動 (～s /-ts/|過 過分 -**trat·ed** /-əd/|-**trat·ing**) 他

【貫き通す】 **1** 〔刀，弾丸などが〕を**貫通する，貫く**; 〔人が〕に**侵入する**，潜入する，(infiltrate); 〔商品，企業が〕〔市場など〕に進出する (get into); 〔性交の相手〕に(男性器を)挿入する. The arrow ～*d* the warrior's chest. 矢は戦士の胸板を貫いた. ～ enemy territory 敵の領土に侵入する.

2 【見通す】〔真相など〕を見抜く，見破る，看破する; を見通す，理解する. I could not ～ the mystery. 私は秘密を見破れなかった. My eyes [I] could not ～ the heavy gloom. 私は濃い暗闇を見通すことができなかった.

【しみ通す】 **3** 〔液体などが〕にしみ込む; 〔におい，光などが〕に入り込む，〔声，音が〕に通る. The rain ～*d* his thick coat. 雨が彼の厚いコートにしみ通った. The odor has ～*d* the house. そのにおいが家中にしみ込んでしまった. The searchlight ～*d* the fog. サーチライトが霧を貫いて光った. **4** 〔思想などが〕に**浸透する**; を感動させる，に強い影響を与える; 〈*with* ..で〉〈主に受け身で〉. He is ～*d with* patriotic feeling. 彼は愛国心が骨の髄までしみ込んでいる. She was ～*d with* horror. 彼女は恐怖に射すくめられていた.

── 自 **1** 貫く，貫通する; 入り込む; しみ通る，浸透する; 広がる; 〈*into, to, through* ..に〉. His voice does not ～. 彼の声は(よく)通らない. The rain ～*d through* (his clothes) to his skin. 雨が(服を通って)彼の肌までしみ通った. **2** VA (～ ***into, to, through*** X) X を見抜く，洞察する. ～ *into* a secret 秘密を見抜く. **3** 〖話〗〔話の中身などが〕理解される; 意味が通じる. My explanation didn't ～. 私の説明は通じなかった.

[＜ラテン語「奥深く入る」]

†**pén·e·tràt·ing** 形 **1** 洞察力のある; (人の心を)見通す[している]ような，鋭い. a very ～ mind 鋭い洞察力. a ～ glance [look, stare] 鋭い視線. ～ eyes 見透すような眼光. **2** 貫通する; 突き刺すような; 〔風などが〕身を刺すような; 〔声，音が〕よく通る. a ～ sound 耳をつんざくような音. **3** (四方八方へ)広がる，浸透する. ▷ **～·ly** 副

†**pèn·e·trá·tion** 名 U **1** 浸透力; 〈また ～s〉侵入[浸透，潜入]すること; 貫通; (性器の)挿入. peaceful ～ (資本の投下などによる)平和的侵入. **2** 〖章〗看破すること，洞察力，眼識. a man of great ～ 眼識の高い人.

pen·e·tra·tive /pénətrèitiv|-trə-/ 形〈限定〉**1** 浸透する，貫通力のある. **2** 身にしむ，心に徹する. **3** 洞察力のある，炯(けい)眼な. **4** 性器挿入を伴う〔性行為〕. ▷ **～·ly** 副

*__pen friend__ /pénfrènd/ 名 (複 ～s /-dz/) C 〖英〗ペ

ンフレンド, 文通友達, (〖米〗pen pal).

***pen·guin** /péŋgwən, péŋ-|péŋ-/ 名 (複 ～s /-z/) C 〖鳥〗ペンギン. [?<ウェールズ語 (<*pen*「頭」+*gwyn*「白い」)]

pén·hòlder 名 C ペン軸; ペン置き台, ペン掛け.

pen·i·cil·lin /pènəsílən/ 名 U 〖薬〗ペニシリン.

pen·i·cil·li·um /pènəsíliəm/ 名 (複 ～s, **pen·i·cil·li·a** /-liə/) C アオカビ《その一種はペニシリンの原料》.

pe·nile /píːnail/ 形 〖章〗〈限定〉陰茎 (penis) の.

***pen·in·su·la** /pənínsə)lə|-sju-/ 名 (複 ～s /-z/) **1** C **半島**. **2** 〈the P-〉イベリア半島. [<ラテン語 (<*paene*「殆ど」+*insula*「島」)]

pen·in·su·lar /-lər/ 形 半島(状)の.

†**pe·nis** /píːnəs/ 名 (複 ～·es, **pe·nes** /-niːz/) C 〖解剖〗陰茎, ペニス. [ラテン語「しっぽ」]

pènis énvy 名 U 〖精神分析〗ペニス羨望(せんぼう)《女性の性格を説明するためのフロイド派の観念》.

pen·i·tence /pénət(ə)ns/ 名 aU 〖章〗後悔, 悔い, 〈*for*..に対する〉; ざんげ. with ～ 後悔して. He showed his ～ by abstaining from alcoholic drinks. 彼はアルコール類を絶つことによって後悔の気持ちを示した.

‡**pen·i·tent** /pénət(ə)nt/ 形 〖章〗罪を悔いている, 後悔した, 〈*for* ..に対して〉 (↔impenitent). a ～ criminal 悔い改めた犯罪者. ── 名 C 後悔している人, 悔悟者; 〖カトリック〗告解(こっかい)者.

▷ **～·ly** 副 罪を悔いて, 後悔して.

pen·i·ten·tial /pènətén∫(ə)l ⑱/ 形 〖章〗後悔の, 悔悟の, ざんげの(ための); 〖カトリック〗告解(こっかい)の.

▷ **～·ly** 副

pen·i·ten·tia·ry /pènətén∫(ə)ri/ 名 (複 **-ries**) C **1** 〖米〗(州[連邦])刑務所 (類語 重罪者を収容する prison). **2** 懲治監, 教護院. **3** 〖カトリック〗(ローマ教皇庁内)内赦院《告解(こっかい), 赦免など良心の問題を扱う》. ── ⑱/ 形 **1** 悔悟の, 後悔の. **2** 懲戒の, 懲罰の. **3** 〖米〗刑務所入りの[に値する]〔罪など〕.

pén·knìfe 名 (複 →knife) C 小型のポケットナイフ《2つに折れるもの; →jackknife》. [もと鵞(が)ペンの製作, 修理に用いたことから]

pén·lìght 名 C ペンライト《万年筆型の小型懐中電灯》.

pen·man /pénmən/ 名 (複 **-men** /-mən/) C **1** 能筆家, ペン習字の先生. **2** 字を書く人. a good [bad] ～ 字がうまい[下手な]人. **3** 作家, 文士.

pénman·shìp /-∫ip/ 名 U 〖章〗ペン習字, 書法 (calligraphy); 筆体, 筆跡. practice ～ 字を練習する.

Penn /pen/ 名 **William ～** ペン (1644-1718)《米国 Pennsylvania 州の創建者となった英国のクエーカー教徒》.

Penn., Penna. Pennsylvania.

pén nàme 名 C ペンネーム, 筆名.

‡**pen·nant** /pénənt/ 名 C **1** ペナント, 長旗; 校旗, 《普通, 三角形の細長い小旗; 学校や運動チームのシンボルとして用いる》. **2** (軍艦などがマストに掲げる)標識旗 (★ pendant とつづられることがある; →banner, flag). **3** 〖米〗優勝旗《プロ野球などで, そのシーズンの優勝チームが授けられる》. win the ～ (野球で)リーグ優勝する. lose the ～ to A by two games A チームに 2 ゲーム差でリーグ優勝をゆずる.

pen·nies /péniz/ 名 penny の複数形.

†**pen·ni·less** /pénilәs/ 形 Ⓒ 一文無しの, 無一物の.

Pen·nine /pénain/ 名 〈the ～s〉ペニン山脈 (**the Pènnine Cháin**)《イングランド中央を北から南に走る山脈》.

pen·non /pénən/ 名 C **1** 槍(そう)旗《中世の騎士が槍(やり)の先に付けた長細い三角形[燕(えん)尾形, 吹き流し形]の小旗》. **2** 小旗; ペナント; (昔の軍船の儀式用)長旗. **3** 〖詩〗=wing 1.

pen·n'orth /pénərθ/ 名 〖英旧話〗=pennyworth.

hàve [pùt ín] one's twò pénn'orth 〖英〗少々言いたいことを述べる, いささか苦言を呈する.

Penn·syl·va·nia /pèns(ə)lvéinjə|-niə/ 名 ペンシルヴァニア《米国東部の州; 州都 Harrisburg; 略 Pa., Penn(a), 〖郵〗PA》. [「Penn の森 (<ラテン語 *silva*) の地」]

Pennsylvània Ávenue 名 ペンシルヴァニア通り《White House や国会議事堂のある Washington, D.C.を東西に走る》.

Pennsylvània Dútch 名 **1** 〈the ～; 複数扱い〉ドイツ系ペンシルヴァニア人《17-18 世紀に Pennsylvania 東部に植民した; Dutch はドイツ語 *Deutsch* 'German' の訛(なま)り》. **2** U ペンシルヴァニア・ダッチ (**Pennsylvània Gérman**)《1の話す英語の混じったドイツ語方言》.

Penn·syl·va·nian /pèns(ə)lvéinjən|-niən ⑱/ 形 **1** ペンシルヴァニア州(人)の. **2** 〖地〗ペンシルヴァニア紀(の). ── 名 **1** C ペンシルヴァニア州の人. **2** U 〖地〗ペンシルヴァニア紀.

‡**pen·ny** /péni/ 名 (複 金額の時は **pence** /pens/, 硬貨の時は **pen·nies** /péniz/) C **1** (**a**) 〖英〗**ペニー硬貨**《青銅製》. Don't you have some *pennies?* 1 ペニー(硬貨)をいくつか持っていませんか. (**b**) ペニー, (複数の時は)ペンス, 《英国の貨幣単位, 1/100 ポンド; 略 p》. a fifty *pence* piece 50 ペンス硬貨. I paid five pounds 50 *pence* [£5.50] for the oranges and they were worth every *penny*. そのオレンジに 5 ポンド 50 ペンス払ったが, それだけの金を払った価値はあった. Take care of the *pence* [*pennies*], and the pounds will take care of themselves. 〖諺・主に英〗小事に気をつければ大事は自然に成就する. A ～ saved is a ～ gained [earned]. 〖諺〗一銭の節約は一銭のもうけ. In for a ～, in for a pound. 〖諺・主に英〗やりかけたことは大変でも最後までやり通せ.

> 参考 (1) 英国では 1971 年 2 月から 10 進法による貨幣制度に変わり, 1 ポンド (pound) が 100 ペンスとなった; それ以前は 1 ポンドが 20 シリング (shilling), 1 シリングは 12 ペンスであった. (2) penny, pence の略語は p で決して p. とはしない; 発音は /piː/; 旧制度での略語は d (→denarius) であった. (3) 2 ペンスから 11 ペンスまでと 20 ペンスは数詞と pence を続けて 1 語に書くこともある; その形容詞は -penny を用いる; 発音上 twopence, twopenny, threepence, threepenny は注意を要する《その項参照》.

(**c**) 〖米・カナダ〗1 セント銅貨 (→cent 2). (→dime, nickel)

2 〈単数形で〉**小銭**; 金銭; 金額; 〈a ～; 普通, 否定文で〉. The doctor didn't charge a ～ for poor people. その医者は貧しい人々には一銭も(診察代を)請求しなかった.

A pènny for your thóughts [them]. 〖話〗何を考えてるんですか《何かを考え込んでいる人に向かって》.

a prètty pénny 〖話〗かなりの金額, 大金.

if a pénny →if.

nót hàve a pénny to** one's **náme 一文無しである.

nót hàve twò pénnies [hàlfpénnies] to rúb togèther 〖英話〗=not have a PENNY to one's name.

pènnies from héaven 〖話〗思いがけない幸い, '棚ぼた'.

spènd a pénny 〖英旧話・婉曲〗トイレに行く《有料公衆便所が 1 ペニーだったことから》.

The pènny (has) drópped. 〖英話〗(言われた事の)意味がやっと分かった.

tùrn [màke, èarn] an hònest pénny まじめに働いて小金を稼ぐ.

tùrn úp like a bàd pénny 〖英話〗〔いやな奴が〕(しょっちゅう)望ましくない[都合の悪い]時に現れる.

P

twò [tèn] (for) a pénny 〖英話〗二足三文の; ありふれた, ざらに有る[いる] (→a DIME a dozen).

-pen·ny /pəni/ 接尾 価格が..ペニー[ペンス]の. an eight〜 stamp 8ペンス[ペニー]の切手 (→penny 参考(3)).

pènny ánte 名 U **1** 〖トランプ〗(1セントの賭(か)け金の)ポーカーゲーム. **2** 〖米話〗つまらないこと, けちな取り引き;〈形容詞的〉おそまつな, とるにたらない..

pènny arcáde 名 C 〖米〗娯楽場, ゲームセンター, 《遊園地などで小銭を入れて遊ぶ機械の並んだ所》(〖英〗amusement arcade).

pènny bláck 名 C ペニーブラック《英国で1840年に発行された世界最初の切手》.

pènny dréadful 名 C 〖英〗三文犯罪[冒険]小説.

pènny-fárthing 名 C 〖英〗(19世紀の)前輪が大きく後輪の小さい旧式自転車.

pènny-hálfpenny /-héip(ə)ni/ 名 (複 →penny) UC (旧通貨時代の) 1ペニー半 (three-halfpenny).

pénny pìncher 名 C 〖話〗けちん坊 (pinch-penny).

pénny-pìnching 形, 名 U けち(な).

pènny·róyal 名 **1** C 〖植〗(欧州産)メグサハッカ; (北米産)ハッカの一種. **2** U ハッカ油.

pénny·wèight 名 UC ペニーウェイト《貴金属の重量単位; 20分の1オンス (1.555g); 略 pwt.; →troy》.

pènny·whístle 名 C 呼び子笛; おもちゃの笛《ブリキ製で6穴》.

pènny-wíse /移/ 形 わずかな費用を惜しむ. *Penny-wise* and pound-foolish. 〖諺〗一文惜しみの百失い.

penny·worth /péniwə:rθ|pénəθ, péniwə:θ/ 名 (複 **〜s** /-θs/, 〜) C **1** 1ペニー分(の物);〈a 〜; 否定文で〉少額[量]. 5 〜 of sweets お菓子5ペンス分.He never paid a 〜 of attention to his doctor's advice. 彼は医師の勧告を少しも気にかけなかった. **2** 買い物 (bargain). a good [bad] 〜 得な[損な]買い物.

pe·nol·o·gy /pi:nálədʒi|-nɔ́l-/ 名 U 行刑学, 刑務所管理学.

***pén pàl** 名 (複 **〜s** /-z/) C 〖主に米〗ペンパル, 文通友達, (〖英〗pen friend).

P

pén·pùsher 名 C 〖英話・軽蔑〗(ペンを走らせるだけの)書記, 事務屋.

pén·pùshing 名 U 〖英話・軽蔑〗退屈な事務.

‡**pen·sion**[1] /pénʃ(ə)n/ 名 (複 **〜s** /-z/) C **年金**. an old-age [a retirement] 〜 老齢[退職]年金. a disability 〜 傷害年金. a (company) 〜 plan [〖英〗scheme] (企業の)退職年金積立プラン (〖米〗retirement plan). draw [receive] a small 〜 少額の年金をもらう. live on a 〜 年金を受けて生活する.

retíre on a pénsion 年金の資格を得て退職する.

── 動 他 に年金[恩給]を与える.

pènsion /../ óff ..に年金[恩給]を与えて退職させる; 〖話〗〔人, 物〕をお払い箱にする;〈普通, 受け身で〉. be 〜*ed off* at 60 60歳で退職し年金受給者となる.

[<ラテン語「支払い」]

pen·si·on[2] /pá:nsiàn|pá:ŋsiɔ̀:ŋ/ 名 C (ヨーロッパ大陸の)賄い付き小ホテル, ペンション; 下宿屋《英国のは boarding house》. [フランス語; <pension[1]]

pén·sion·a·ble 形〈普通, 限定〉年金を受ける資格がある〔年齢〕; 年金のつく〔職など〕. be of 〜 age 年齢的に年金受給の資格がある. have 〜 earnings [pay, salary] 給料から年金の積立てを天引きされている.

pen·sion·ar·y /pénʃ(ə)nèri|-ʃən(ə)ri/ 形 年金の; 年金を受けている. ── 名 (複 **-ries**) =pensioner.

pénsion bòok 名 C 〖英〗年金受給手帳.

†**pén·sion·er** 名 C (老齢)年金生活[受給]者.

†**pen·sive** /pénsiv/ 形 **1** 物思いに沈んだ, 悲しげに考え込んだ. What are you so 〜 about? 何をそう深刻に考え込んでいるの. **2** 物寂しい, 憂いに満ちた. in a 〜 mood 物悲しい気分で. 〜 music 哀愁漂う音楽.

[<フランス語 *penser*「考える」] ▷ **〜·ly** 副 物思わしげに; しずんで. **〜·ness** 名

pén·stòck 名 C 〖主に米〗**1** (水車などの)導水管, (水力発電所の)水圧管. **2** 水門; 水路.

pent /pent/ 動 pen[2] の過去形・過去分詞. ── 形 閉じ込められた, 幽閉された; 抑圧された;〈*in, up*〉(→pent-up).

pent-, pen·ta- /pent/, /péntə/〈複合要素〉「5..」の意味. [ギリシア語 *pénte* 'five']

pen·ta·cle /péntəkl/ 名 =pentagram.

‡**pen·ta·gon** /péntəgàn|-gən/ 名 **1** C 〖数〗五角形, 五辺形. **2** 〈the P-〉(**a**) ペンタゴン《米国 Virginia 州 Arlington にある国防総省 (Department of Defense) の建物; 五角形をしているところから》. (**b**) 米国国防総省, 米軍当局, 《俗称》.

pen·tag·o·nal /pentǽgən(ə)l/ 形 五角形の, 五辺形の. ◇名 pentagon

pen·ta·gram /péntəgræ̀m/ 名 C 星形五角形, 星印, 《☆; 昔, まじないの印に用いた》.

pen·ta·he·dron /pèntəhí:drən/ 名 (複 **〜s, pen·ta·he·dra** /-drə/) C 五面体.

pen·tam·e·ter /pentǽmətər/ 名 C 〖韻律学〗5歩格《詩脚 (foot) が5つある詩行; 特に弱強5歩格 (iambic pentameter) は英詩に広く用いられる; →meter[2]》.

pen·tane /péntein/ 名 U 〖化〗ペンタン.

Pen·ta·teuch /péntət(j)ù:k/ 名 〈the 〜〉モーセの5書《旧約聖書の最初の5巻》.

pent·ath·lete /pentǽθli:t/ 名 C 5種競技選手.

pen·tath·lon /pentǽθlən/ 名 C 〈単数形で; 普通 the 〜〉近代5種競技《競走・馬術・水泳・フェンシング・射撃の総得点を競う; →decathlon》. [ギリシア語 (<pent-+*âthlon*「賞品, 競技」)]

Pen·te·cost /péntəkɔ̀:st|-kɔ̀st/ 名 **1** 〖キリスト教〗聖霊降臨祭 (Whitsun(day))《復活祭 (Easter) から7週目の日曜日》. **2** 〖ユダヤ教〗ペンテコステ《収穫祭; 過ぎ越しの祝い (Passover) の後50日目の日》.

Pen·te·cost·al /pèntəkɔ́:st(ə)l|-kɔ́st- /移/ 形 **1** 聖霊降臨祭の; ペンテコステの. **2** 〖キリスト教〗ペンテコステ派の《fundamentalism に近い考え方を持つ》. ── 名 C ペンテコステ派の信者. ▷ **〜·ism** 名 U ペンテコステ派. **〜·ist** 名, 形

pént·hòuse 名 (複 →house) C **1** 屋上住宅《ビルの屋上に作った住宅》; 塔屋. **2** ペントハウス《高層マンション[ホテル]最上部の豪華な住居[客室]》. a 〜 suite in the hotel ホテル最上階のスウィート. **3** 差し掛け小屋, 下屋(げや), 《建物や壁にもたせかけたもの》; ひさし.

‡**pènt-úp** /移/ 形 閉じ込められた; 〔感情などが〕抑えつけられた; 鬱(うっ)積した. 〜 resentment 鬱憤.

pe·nult /pí:nʌlt, pinʌ́lt/ 名 C 最後から2番目の音節 (→antepenult, ultima).

‡**pe·nul·ti·mate** /pinʌ́ltəmət/ 形〈限定〉〖章〗最後から2番目の(音節の).

pen·um·bra /pənʌ́mbrə/ 名 (複 **pen·um·brae** /-bri:/, **〜s**) C **1** 〖天〗(日食, 月食の)半影部; (太陽の黒点の)半影; 《本影 (umbra) の周辺の少し明るい部分》. **2** 半影部《影の周囲にあるやや明るい部分》. **3** 〖章〗曖昧な領域; 周辺部. [<ラテン語 *paene*「殆ど」+ *umbra*「影」]

pe·nu·ri·ous /pən(j)ú(ə)riəs/ 形 〖章〗赤貧の, 窮乏した; けちな. ▷ **〜·ly** 副 **〜·ness** 名

pen·u·ry /pénjəri/ 名 U 〖章〗窮乏, 赤貧. [<ラテン語「欠乏」]

pe·on /pí:ɑn, -ən|pí:ən/ 名 C **1** 日雇い労働者《米国南西部, 中・南米の, 特に借金弁済の代わりに働かされる》. **2** (インドなどの)(使い走りの)下男. [<中世ラテン語

「歩兵」(＜ラテン語 *pēs*「足」)]

pe·on·age /píːənidʒ/ 名 U **1** 日雇い労働者の身分. **2** 借金弁済の代わりに強制労働させる制度[慣習].

pe·o·ny /píːəni|píə-/ 名 (複 **-nies**) C 〖植〗ボタン; シャクヤク; その花; 《キンポウゲ科》. blush like a ～ (恥ずかしくて)赤面する. [＜ギリシア語 *paiṓn*「医者」; 昔, 薬用にされたことから]

‡**peo·ple** /píːp(ə)l/ 名 (7 のみ 複 **～s** /-z/)

【人々】**1**〈複数扱い〉(不特定の)**人々** (類語 folk より一般的な語). There were twenty ～ present at the meeting. 会には 20 人出席していた. Two ～ noticed the mistake. 二人の人がその間違いに気づいた. rich [young, lazy] ～ 裕福な[若い, 怠け者の]人々.

語法 普通, 無冠詞; two 以上の数詞や a lot of, many, those などの修飾語を伴うことがある; a person に対する複数形と考えてよい; persons は文章体であり, *a* person or persons のように 1 人かそれ以上かに重きを置く時などに用いる; →person 1.

2〈複数扱い〉〈漠然と〉**世間の人たち**, 世人, (they), (語法 無冠詞, 修飾語なしで不定代名詞的に用いる). *People* [They] say that Tom and Mary are going to marry. トムとメリーは結婚するといううわさだ.

3〈複数扱い〉(他の動物と区別して)人, 人間. I found two dogs but no ～ in that house. その家は犬が 2 匹いたが人はいなかった. I like [hate] ～. 私は人間が好きだ[嫌いだ].

【特定の人々(の集団)】**4**〈複数扱い〉**住民**, **..界の人々**, ..関係者たち. the village [city] ～ 村[都市]の人々. the ～ of New England ニューイングランドの人々. media [theater] ～ マスコミ関係者[演劇界の人々].

5〈the ～; 複数扱い〉(主権者, 特権階級に対して)**庶民**, 平民. the ～ and the nobles 平民と貴族. a man [woman] of the (common) ～ 庶民的な人《例えば庶民しに人気のある[出身の]政治家》. The Government lost the support of the ～. 政府は庶民の支持を失った. **6**【居合わせた人々】〈複数扱い〉〖話〗(ここの)みなさんがた (★呼びかけにも用いる). Are ～ clear now about what I mean! これでみなさんは私の言わんとすることが分かりましたか.

【国の人々】**7** C **国民**, **民族**, (類語 政治的統一よりも文化的社会的な統一に重点があり, また地理的な関連を強く意識させる語; →nation, race[2]). The ～*s* of the world should live in peace. 世界のすべての民族は共に平和に暮らすべきである. The Swedes are a Germanic ～. スウェーデン人はゲルマン系の民族である. an industrious ～ 勤勉な国民. the Japanese ～＝the ～ of Japan 日本国民[民族], 日本人.

8〈the ～; 複数扱い〉(国家, 地方自治体などを構成する)人々, **一般国民**, 人民, 民衆. government of the ～, by the ～, for the ～ 人民の人民による人民のための政治《Abraham Lincoln の Gettysburg Address 中の一節で, 民主主義精神の要約とされる》.

【家の人々】**9**〖旧話〗〈one's ～; 複数扱い〉家族(の人たち), 家人, 一族; 両親 (parents), 親兄弟 (folks). I spent the holidays with my ～ in Hakone. 私は家族の者たちと箱根で休みを過ごした.

10〈one's ～; 複数扱い〉(君主などに対して)臣民; 部下; (神に対して)僕(しもべ). God's ～ 神の僕.

gò to the péople 〔政党の党首が〕総選挙[国民投票]に訴える.

of áll pèople (1)〈名詞, 代名詞の後で〉だれよりもまず. The teacher *of all* ～ should have noticed the change in the boy. だれよりもまず教師が少年の変化に気付くべきだった. (2)〈普通, 挿入句的に〉人もあろうに, よりによって. He revealed the secret to Tom, *of all* ～. 彼は人もあろうにトムに秘密をもらした.

── 動 他 **1**〈普通, 受け身で〉(**a**) に(人を)住まわせる〈*with* ..を〉. The Government ～*d* Siberia *with* outcasts of society. 政府は社会の追放者でシベリアに植民した. a thickly [sparsely] ～*d* area 人口稠(ちゅう)密[希薄]な地域. The novel is ～*d with* romantic young lovers. その小説にはロマンチックな恋をする青年たちがよく出てくる.
(**b**)〈けなして〉をいっぱいにする, 満たす, 〈*with* ..〔特定の人々〕で〉. Our office is ～*d with* screwballs. 我が社は変人だらけだ.

2〔人, 動物が〕に住む[みつく] (inhabit). the first tribe to ～ this island この島に最初に住みついた部族. the varied figures who ～ my memory 私の記憶の中に住むいろいろな人々. [＜ラテン語 *populus*「民衆」]

pèople's repúblic 名 C **1**〈P- R-〉人民共和国. the *People's Republic* of China 中華人民共和国. **2** 〖英・戯〗〈普通けなして〉左派の金城湯池(きんじょうとうち).

‡**pep** /pep/ 名 U 〖旧話〗元気, 活気, 活力 (vigor). be full of ～ 元気いっぱいである. ── 動 (**～s**|**-pp-**) 他 〖話〗VOA (～/X/*up*) X を元気[活気]づける, ぴりっとさせる. I have some news that will ～ you *up*. あなたを元気づけるようなニュースがあります. [＜*pep*per]

pep·lum /pépləm/ 名 (複 **～s, pep·la** /-lə/) C ペプラム《ブラウスなどのウエスト部分に付けた飾り布》.

‡**pep·per** /pépər/ 名 (複 **～s** /-z/) **1** U (粉)コショウ(胡椒). He put salt and ～ on his soft-boiled eggs. 彼は半熟卵に塩とコショウを振りかけた. →black pepper, white pepper. **2** C コショウ属の植物; トウガラシ属の植物; トウガラシの実 (capsicum). →green pepper, red pepper, sweet pepper. **3** U 辛辣(らつ)さ (pungency); 酷評.

── 動 他 **1** にコショウを振りかける, コショウで味付けをする. **2** に振りかける, 振りまく, ちりばめる, 〈*with* ..を〉; に振りかかる. **3**〖話〗に浴びせかける, 乱射する, 〈*with* ..〔弾丸, 難問, 非難など〕を〉; 厳しく罰する. **4**〔文章など〕を生き生きとさせる[辛辣にする]〈*with* ..で〉.

pèpper-and-sált /-rənsɔ́ːlt ⑱/ 形 〈限定〉〔布地などが〕霜降りの; (頭, ひげが)ごま塩の.

pépper·bòx 名 ＝pepper pot.

pépper·còrn 名 **1** C 干した黒コショウ (black pepper) の実 《粒のまま, 又は挽(ひ)いて香辛料とする》. **2** 〖英〗UC 名目(だけで少額の)地代[家賃] (**péppercorn rènt**).

pépper mìll 名 C (手回し式の小さな)コショウ挽き.

‡**pep·per·mint** /pépərmìnt/ 名 **1** U ハッカ《シソ科ハッカ属の多年草; 芳香がありハッカ油を採取する》. **2** U ハッカ油. **3** C 〖話〗ハッカ入りキャンディ (mint).

pep·per·o·ni /pèpəróuni/ 名 UC ペパローニ《香辛料の強いイタリアソーセージ》.

pépper pòt 名 C **1** 〖英〗コショウ入れ (pepperbox). **2** ペッパーポット《西インド諸島の辛いシチュー》.

pépper shàker 名 〖米〗＝pepper pot.

pep·per·y /pépəri/ 形 e **1** コショウの(ような), ぴりっと辛い. **2**〔言葉, 文章が〕辛辣(らつ)な, 痛烈な. **3** 怒りっぽい, 短気な.

pép pìll 名 C 〖旧話〗(錠剤の)覚醒(せい)剤.

pep·py /pépi/ 形 e 〖話〗元気いっぱいの (lively).

pép ràlly 名 C 〖話〗(学生が競技会などの前に行う)激励会.

Pep·si /pépsi/ 名 UC 〖商標〗ペプシ《米国 Pepsi-Cola Co. 製の清涼飲料》.

pep·sin /pépsən/ 名 U 〖生化〗ペプシン《胃液に含まれている蛋(たん)白質を分解する酵素》; ペプシン入り消化剤.

pép tàlk 名 C 〖話〗(スポーツの監督などの)激励(の言葉), 'はっぱ'; 激励演説.

pep·tic /péptik/ 形 ペプシンの[による]; 消化を助ける.

pèptic úlcer 名 C 〖医〗(胃部の)消化性潰瘍(かいよう).
pep·tide /péptaid/ 名 U 〖生化〗ペプチド.
pep·tone /péptoun/ 名 U 〖生化〗ペプトン《蛋(たん)白質が pepsin によって分解されると peptone になる》.
Pepys /pi:ps/ 名 **Samuel ～** ピープス(1633-1703)《英国の海軍官吏; 一部暗号で書かれた私生活と 1660-69 年のロンドンの生活(大火, ペスト大流行などを含む)を克明にしるした日記で有名》.
PER price-earnings ratio.
‡**per** /pər, 強 pə:r/ 前 **1** ..につき, ..ごとに. $10 ～ day 1 日につき 10 ドル (語法 主に商業[専門]用語で, 一般には ten dollars *a* day のように a を用いる; →a 1 (b)). 60 miles ～ hour [60 m.p.h.] 時速 60 マイル. beer consumption ～ head of the population 人口 1 人当たりのビール消費量. →per annum, per capita, per diem. ～ cent ＝percent.
2 ..によって, ..で, (by, through). ～ post 郵便で. ～ rail 鉄道便で (語法 一般には *by* rail, *by* special delivery (速達で)のように *by* が使われる).
3 〖話〗〈普通 as ～ として〉..に従って, の指示どおり. Please ship the merchandise *as* ～ the enclosed instructions. 同封の指示どおりに商品を送られたし. Salary *as* ～ ability. 給料は能力次第《求人広告で》.
as per úsual 〖話〗いつものとおり (as usual).
── 副 /pə:r/ 1 つにつき, 各.... a sale at five dollars ～ 5 ドル均一セール.
[ラテン語 'through, by means of, by']
Per. Persia; Persian.
per. period; person.
per- 接頭 **1**「すっかり, 完全に」「非常に」の意味. *per*fect. *per*suade. **2** 〖化〗「過..」の意味. *per*oxide. **3**「通して, ずっと」(through(out)) の意味. *per*spective. *per*sist. **4** 破壊. *per*dition. [ラテン語 *per* 'per']
per·ad·ven·ture /pà:rədvéntʃər|pər-/ 副 〖古〗 **1** 恐らくは (perhaps). **2**〈if [lest] 節の中で〉万が一 (by chance).
per·am·bu·late /pərǽmbjəlèit/ 動 他, 自 〖章〗(場所を)ゆっくりと楽しく歩き回る; (を)巡察する, 踏査する.
▷ **per·àm·bu·lá·tion** 名 UC 巡回; 散策.
per·am·bu·la·tor /pərǽmbjəlèitər/ 名 C 〖主に英章〗(4 輪の)乳母車《〖話〗では pram; 〖米〗では baby carriage》.
†**per an·num** /pər-ǽnəm/ 副 〖章〗〈数量, 比率を表す語句の後で〉1 年につき[ごとに]《略 pa》. [ラテン語 'per year']
per·cale /pərkéil/ 名 U パーケール《シーツ, パジャマなどに用いる柔らかで軽く目の細かい綿織物》.
†**per cap·i·ta** /pər-kǽpətə/ 形〈限定〉, 副 〖章〗1 人当たり(の), 頭割りで[の]. The ～ income was very low. 1 人当たりの収入は非常に低かった. [ラテン語 'per head']
per·céiv·a·ble 形 知覚されうる; 感知できる.
▷ **-bly** 副 感知できるほどに.
‡**per·ceive** /pərsí:v/ 動 (**～s** /-z/|過 過分 **～d** /-d/|**-ceiv·ing**) 他 〖章〗〈進行形不可〉
1 (a) (五官で)を**知覚する**, 感じる; 感知する, に気づく. On my entering, they ～*d* me at once. 入って行くと彼らはすぐに私だと気がついた.
(b) VOC (～ X *doing* /X *do*) **X が..しているのに /X が..するのに気づく**. Fred ～*d* a UFO fly*ing* in the air. フレッドはユーフォーが空中を飛んでいるのを認めた. We ～*d* a small animal *cross* the road in the dark. 我々は暗闇(やみ)の中に小さな動物が道を横切るのを認めた.
2 (a) を**認める**, が**分かる**. He ～*d* the error in his own argument. 彼は自分の論拠に誤りを認めた.
(b) VO (～ ***that*** 節 / ***wh*** 節) ..であると / ..かが分かる. We soon ～*d that* he was a man of literary taste. 我々は彼が文芸趣味の人であるとすぐ分かった. It is difficult to ～ *when* he changed his mind. 彼がいつ気持ちを変えたのかを知るのは難しい.
(c) VOC (～ X (***to be***) Y)・VOA (～ X ***as*** Y) X が Y であると分かる; VOA (～ X ***as doing***) X が..しているのが分かる. Reading his article, I ～*d* ⌞the writer *to be* [that the writer was] a competent scholar. 論文を読んで筆者が有能な学者であるということが分かった. Such a disaster was ～*d* likely to occur. このような災害は起こりそうだと分かっていた. I ～*d* all this *as* a plot to overthrow me. これはみな私を失脚させるための陰謀だと分かった. That book is ～*d as* encouraging suicide. その本が自殺を使嗾(しそう)していることが分かっている.
◇名 perception 形 perceivable, perceptible, perceptive [＜ラテン語 *percipere*「把握する」(＜per-＋*capere*「つかむ」)]
‡**per·cent** 〖英〗, **per cent** /pərsént/ 副 100 につき; ..パーセントだけ. I agree with you a hundred ～. ＝ I am a hundred ～ in agreement with you. 私はあなたに 100 パーセント同意する (★a [one] hundred ～＝ totally, completely).
── 名 (複 ～) C パーセント, 百分率, 《記号 %》. increase by thirty ～ 30 パーセント増加する《30%, 30 p.c. とも書く》. (zero) point one two ～ 0.12%. charge interest at four ～ 4 パーセントの利息をとる. What ～ of the answers were correct? 正解は何パーセントでしたか. A large ～ of the students *were* out of the dormitory. 学生の大部分は寮から外出していた. 語法 (1)「100 につき」が原義だから第 1 例で thirty percents とするのは誤り. (2)「..～ of＋名」が主語になる場合の述語動詞の数は普通 of に続く名詞の数と一致する →第 4, 5 例. (3) →percentage point.
── 形〈限定; 数字を伴って〉**..パーセントの**. a five ～ rise in prices 5 パーセントの物価上昇. We will make a ten ～ discount if you pay in cash. 現金支払いならば 10 パーセント値引き致します.
[＜ラテン語 *per cent*um「百につき」]
***per·cent·age** /pərséntidʒ/ 名 (複 **-ag·es** /-əz/)
1 C〈普通, 単数形で〉**百分率**; 百分比; 歩合. What ～ of the profit can I get? 利益の何パーセントをもらえるのか. on a ～ basis (報酬などについて)歩合制で. in ～ terms (比)率から言えば.
2 C 割合, 比率, 〈*of* ..の〉. Formerly only a small ～ of young people could travel abroad. 昔は若い人のうち少数しか海外旅行はできなかった. Personnel expenses account for a high [large] ～ *of* the cost. 原価に占める人件費の比率が高い. 語法「..～ of＋名」が主語になる場合の述語動詞の数については →percent 語法. **3** U 〖話〗〈主に否定的に用いて〉利益, もうけ; 利点. There's no ～ in pessimism. 悲観していてはいい事はない.
plày the percéntages 損得を計算して行動する.
percèntage póint 名 C パーセントポイント.

> 語法 全体を 100 とした時のパーセント数のことで, 例えば The rates were raised by five ～*s* from 10% to 15%. (率は 5 パーセントポイント引き上げられ, 10% から 15% となった).比較:The former rates (10%) were raised *by five percent* making 10.5%. (以前の率 (10%)は, (その) 5%引き上げられ 10.5% となった).

per·cen·tile /pərséntail/ 名 C 〖統計〗百分位数《記号 P で表し, He is in P_{90} (the ninetieth percentile と読む). は, 例えば成績序列の場合, 彼の下に 90% の競争者がいること, すなわち自分が上位 10% 内にいることを示す》.
per·cèp·ti·bíl·i·ty 名 U 〖章〗知覚できること.
†**per·cep·ti·ble** /pərséptəb(ə)l/ 形 〖章〗 **1** (わずかに)

知覚することのできる[それと分かる, 認知されうる]. a small but ~ flaw 小さいがそれと分かるきず. **2** 気づくほどの, 目立つ, 相当の. There is no ~ change in his attitude. 彼の態度には気のつくほどの変化はない.
◇↔imperceptible 動 perceive ▷**-bly** 副 〖章〗(わずかに)感知できるほどに; 気づくほどに, 目に見えて, かなり.

***per·cep·tion** /pərsépʃ(ə)n/ 名 (複 **~s** /-z/) 〖章〗 **1** Ⓤ **知覚(作用)**; 知覚力, 理解力. a man of keen ~ 知覚の鋭い人. **2** Ⓒ 認識; 理解, 洞察. have a clear ~ ⌞of [that] ..を[ということを]はっきり認識している. **3** Ⓒ 知覚[感得, 認識, 理解]した事柄. express one's ~s through music 知覚した事を音楽を通して表現する.
◇動 perceive [<ラテン語 *perceptiō*「把握」; perceive, -tion] ▷**~·al** /-n(ə)l/ 形

percéption gàp 名 Ⓒ 感じ方の違い, 認識のずれ.

‡**per·cep·tive** /pərséptiv/ 形 〖章〗 **1** 知覚の; 知覚力のある. ~ faculties [powers] 知覚能力. **2** 理解[洞察]力の鋭い, 明敏な. have a very ~ insight into .. に対する非常に鋭い洞察力を持つ.
▷**~·ly** 副 **~·ness** 名

per·cep·tiv·i·ty /pə̀rseptívəti/ 名 Ⓤ 知覚力; 鋭敏, 明敏; (perceptiveness).

per·cep·tu·al /pərséptʃuəl|-tju-/ 形 〖章〗〈限定〉 知覚の[による]. ▷**~·ly** 副

***perch**[1] /pəːrtʃ/ 名 (複 **pérch·es** /-əz/) Ⓒ **1** (鳥の)**止まり木**. The bird sat on the ~ in its cage. 鳥は籠(かご)の中の止まり木に止まっていた. **2** 〖話〗(人が座ったり, 物が置いてある)高くて不安定な場所[座席]. settle on a bar-stool ~ and order a whiskey バーの高い止まり木に座ってウイスキーを注文する. **3** パーチ《長さの単位; 約5.03m=1rod》; パーチ《面積の単位; 約 25.3m^2》.
còme off one's pérch お高くとまるのをやめる.
knòck a pèrson off his [her] pérch (1) 人に身の程を思い知らせる. (2) 人を打ち負かす, 滅ぼす.
── 動 (**pérch·es** /-əz/|過 過分 **~ed** /-t/|**pérch·ing**) 自 VA (**~ *on* [*upon*] ..**) **1** 〔鳥が〕**..に止まる**. The sparrow ~*ed on* the clothesline. スズメは物干し綱に止まった. **2** VA 〔人が〕腰を下ろす[座る]; 〔物が〕位置する; 〈*on* .. 〔高い[狭い, 危なっかしい]場所など〕に〉. ~ *on* a wall 塀の上に座る.
── 他 VOA 〔鳥〕を〔止まり木など〕に止まらせる; 〔高い[危険な]場所など〕に..を置く[据える]. ~ oneself [be ~*ed*] *on* the railing 手すりに腰を掛ける. a restaurant ~*ed* high (up) *on* a hill 丘の上高く危なげに建っているレストラン. [<ラテン語「棒」]

perch[2] 名 (複 **~, ~·es**) Ⓒ スズキの類の淡水魚《食用, 釣り用》.

per·chance /pərtʃǽns|-tʃáːns/ 副 〖古・雅〗 **1** 〈if [lest] 節の中で〉 偶然にも, 万が一, (by chance). **2** 恐らくは (perhaps).

per·cip·i·ent /pərsípiənt/ 形 〖章〗 知覚[洞察]力のある, 明敏な, (perceptive). ── 名 Ⓒ 知覚者; 千里眼の人. ▷**per·cip·i·ence** /pərsípiəns/ 名 Ⓤ 知覚(力), 認知(力); 明敏さ.

per·co·late /pə́ːrkəlèit/ 動 自 **1** VA (**~ (*down*) *through* X**) X に[を通って]〔液体, 光などが〕浸透する, しみ出し, 濾(こ) 過される. **2** VOA (**~ *through* [*down*] (*to* X)** /**~ (*down*) *through* X**) 〔思想, 感情, 情報などが〕X に徐々に浸透する. **3** (パーコレーターで)〔コーヒーが〕出る.
── 他 を濾過する〈*through* ..を通して〉; 〔コーヒー〕をパーコレーターでいれる (〖話〗 perk).
[<ラテン語「濾器 (*cōlum*) を通す」]

pèr·co·lá·tion 名 ⓊⒸ 濾(ろ)過; 浸透.

per·co·la·tor /pə́ːrkəlèitər/ 名 Ⓒ **1** パーコレーター《濾(ろ)過式コーヒー沸かし》. **2** 濾過器.

per·cus·sion /pərkʌ́ʃ(ə)n/ 名 Ⓤ **1** (普通, 固い物同士の)衝突, 激突; 衝撃(の音, 震動). **2** 〖医〗打診. **3** 〈the ~; 単複両扱い; 集合的〉(オーケストラの)打楽器(部) (**percússion sèction**). be *on* ~ 打楽器を受け持つ. **4** 打楽器の演奏. ▷**~·ist** 名 Ⓒ 打楽器奏者.

percússion càp 名 Ⓒ 雷管.

percússion ìnstrument 名 Ⓒ 打楽器《drum, cymbal, xylophone, tambourine, piano など》.

per·cus·sive /pərkʌ́siv/ 形 **1** 衝撃の; 〖医〗打診の. **2** 打楽器の.

per di·em /pər díːəm, -dáiem/ 〖章〗 副, 形 1 日につき; 1 日当たりで[の]; 日雇いで[の]. be paid ~ 日給で支払われる. a ~ employee 日雇い《人》. ── 名 Ⓒ 〖主に米〗 日給, 日当; (出張)旅費. [ラテン語 'by (the) day']

per·di·tion /pərdíʃ(ə)n/ 名 Ⓤ 〖章〗 **1** (霊魂の)喪失, 永遠の破滅; 地獄(に落ちること). **2** 〖古〗 完全な破滅[滅亡].

per·dur·a·ble /pərd(j)ú(ə)rəbl/ 形 永続する, 永久不変の. ▷**per·dùr·a·bíl·i·ty** 名

per·e·gri·nate /pérəgrənèit/ 動 自, 他 〖雅・戯〗 (を)(歩いて)回遊[遍歴]する, 旅行する.

pèr·e·gri·ná·tion 名 ⓊⒸ 〖雅・戯〗〈しばしば ~s〉 流浪の旅, 遍歴, 《特に異国での》. a period of ~ 遍歴の期間.

per·e·grine /pérəgrən/ 名 Ⓒ 〖鳥〗 ハヤブサ《**pèregrine fálcon** とも言い, 昔タカ狩り (falconry) に用いた》. ── 形 **1** 外国の. **2** 放浪[遍歴]の, 移住の.

per·emp·to·ry /pərémp(p)t(ə)ri/ 形 〖章〗 **1** 〔命令などが〕有無を言わせない, 断固とした. **2** 〈けなして〉〔人, 態度などが〕命令的な, 横柄な. **3** 〖法〗 確定的な, 最終的な; 絶対の. a ~ writ 〖英法〗 強制召換状[執行令状].
▷**per·emp·to·ri·ly** 副 断固として, 有無を言わせぬ態度で. **per·emp·to·ri·ness** 名

†**per·en·ni·al** /pəréniəl/ 形 **1** 年中絶えない, 1 年中続く; 長期間続く, 永続的な; 永遠の; 〔積雪, 流れなど〕年中絶える[涸(か)れる]ことのない. the ~ value of this study この研究の持つ永続的な価値. the ~ theme of love 愛という永遠のテーマ. **2** 〖植〗 多年生の. a ~ plant 多年草. ◇→annual, biennial ── 名 Ⓒ 多年生植物.
▷**~·ly** 副 年中絶え間なく; 長年の間, 永遠に.

pe·re·stroi·ka /pèrəstrɔ́ikə/ 名 Ⓤ ペレストロイカ《「立て直し, (政治, 経済の)改革」の意味; 旧ソ連 Gorbachev 時代の合い言葉; →glasnost》. [ロシア語 'reconstruction']

perf. perfect; perforated; perforation.

‡**per·fect** /pə́ːrfikt/ 形 Ⓒ (1 は ⓜ) **【完全な】** **1 (a)** **完全な**, 申し分のない, 完璧(ぺき)な; 無傷の (flawless), (類語 質的な完全さに重点がある; 従って「全集」は perfect でなく complete works と言う; ↔imperfect). Your answer is just ~. 君の答えは正に完璧だ. a ~ gentleman 完璧な[理想的な]紳士. a ~ crime 完全犯罪. Nobody is ~. 完璧な人はいない. She speaks ~ English. 彼女は申し分のない英語を話す. a ~ pearl 傷のない真珠. **(b)** 絶好の, 最適の, 〈*for* .. にとって〉 (ideal). a ~ day for swimming 水泳に絶好の日. **(c)** 熟達した, すぐれた 〈*in* ..に〉. He is ⌞a ~ horseman [~ *in* horsemanship]. 彼は乗馬の達人だ.
2 欠けていない, 全部そろっている, (complete). a ~ set of kitchen utensils 全部そろっている台所道具一式.
【完全にそっくりの】 **3 正確な**, 寸分たがわない. a ~ copy 本物と寸分たがわない写し. a ~ square 正方形. His memory of the night is ~. その夜についての彼の記憶は正確だ.
4 〈限定〉〖話〗 全くの (utter), 純然たる; 甚だしい. That's ~ nonsense. それは全く下らないことだ. We are ~ strangers in this neighborhood. 我々はこの辺の地理には全く不案内だ.

P

|【完全に終わった】| **5** 〈限定〉〖文法〗完了(形)の.
◇↔imperfect
── 图〖文法〗**1** 〈普通 the ～〉完了時制. **2** Ⓒ (動詞の)完了形[構文]. the present [past, future] ～ (tense) 現在[過去, 未来]完了(時制).
── /pərfékt/ 動 (～s /-ts/|過 過分 ～·ed /-əd/|～·ing) 他 **を完成する**, 仕上げる; を完全なものにする; を熟達させる〈*in* ..に〉. The scientist finally ～*ed* his new theory. その科学者は新しい理論をようやく完成した. *Perfect* yourself *in* one thing. 1つの事に熟達せよ.
◇图 perfection [＜ラテン語「完全に作られた」(＜per-＋*facere*「作る」)]

pèrfect gáme 图 Ⓒ〖野球〗完全試合, パーフェクトゲーム;〖ボーリング〗パーフェクト.

pèrfect gérund 图 Ⓒ〖文法〗完了動名詞.

per·fect·i·ble /pərféktəb(ə)l/ 形 完成可能な.
▷ **per·fèct·i·bíl·i·ty** 图 Ⓤ 完成可能性.

pèrfect infínitive 图 Ⓒ〖文法〗完了不定詞.

***per·fec·tion** /pərfékʃ(ə)n/ 图 Ⓤ **1 完全(性)**, 完璧(ぺき). as near ～ as possible できるだけ完全に近く. to ～ (→成句). **2 完成**, 仕上げ, 〈*of* ..の〉. come [bring ..] to ～ (→成句). busy with the ～ *of* detail 細部の仕上げに忙しい. **3** 〈普通 the ～〉極致, 理想の姿, 典型, 〈*of* ..の〉. the ～ *of* beauty 美の典型. the very ～ *of* a dress for you あなたにとって申し分のないすばらしい服. **4** 完璧な人[物]. As an actress, she is ～ itself. 女優としては, 彼女は完成の域に達している.
brìng .. to perféction ..を完成させる, 完全なものにする.
còme to perféction 完成する, 完全になる.
to perféction 完璧に, 申し分なく; 正確に; (perfectly). He acted the part of the rejected lover *to* ～. 彼はひじ鉄をくらった恋人の役を実に見事に演じた.
[perfect, -ion]

per·féc·tion·ìsm 图 Ⓤ 完全主義.

‡**per·féc·tion·ist** 图 Ⓒ 完全主義者《何事にも完全を求める人; しばしば行き過ぎになるため, 非難をこめて使われることがある》. ── 形 完全主義の.

***per·fect·ly** /pə́ːrfiktli/ 副 **1** ⓜ〈動詞を修飾して〉**完全に**, 申し分なく. do a task ～ 仕事を完全無欠にやる. **2** ⓒ〈形容詞・副詞を修飾して〉**全く**, 本当に; 完璧に;〖話〗〈悪い意味で〉ひどく, どえらく, (utterly). I'm ～ satisfied with the result. 私はその結果に全く満足している. a ～ cute girl 本当にかわいい女の子. ～ terrible weather めちゃくちゃにひどい天候. You know ～ well what it may lead to. そのためにどんな事になりそうかよく分かっているはずだ.

pér·fect·ness 图 Ⓤ 完全(性); (道徳的な)完璧(ぺき), 申し分のなさ.

pèrfect númber 图 Ⓒ〖数〗完全数《その数を除くすべての約数の和がその数に等しい自然数; 例 28 (＝1＋2＋4＋7＋14)》.

per·fec·to /pərféktou/ 图 (複 ～s) Ⓒ〖米〗両端の細い葉巻.

pèrfect párticiple 图 Ⓒ〖文法〗完了分詞 (past participle).

pèrfect pítch 图 Ⓤ〖楽〗絶対音感.

pèrfect ténse 图〈the ～〉〖文法〗完了時制.

> 文法 **perfect tense** (完了形):「have＋過去分詞」で作る (過去完了 (past perfect) は「*had*＋過去分詞」, 未来完了 (future perfect) は「will [shall]＋*have*＋過去分詞」となる).
>
> 以下 **現在完了** について述べる. この形は過去に起こった事が現在と何らかの点でつながっていることを表す. その用法を大別すると
>
> (1) 完了とその結果: Spring *has gone*, and Summer *has come*. (春は行ってしまい, 夏が来た) I *have written* three letters this morning. (今朝は手紙を3通書いた)
>
> (2) 経験: I *have met* that man before somewhere. (どこかで前にあの人と会ったことがある) *Have* you ever *eaten* a mango? (マンゴーを食べたことがありますか)
>
> (3) 継続: I *have lived* in this house for twenty years. (私はこの家に20年間住んでいる)
>
> 注意 現在完了は現在と何らかの関係があることを意味するので, はっきり過去の時を示す副詞的修飾語と共に用いることはできない (I have met him *last week*. は誤り).
>
> **過去完了** は過去のある時を基準に, **未来完了** は未来のある時を基準にして現在完了をずらしたものと考えればよい.
> I *had* just *written* a letter to you when you came. (君が来た時, 君への手紙を書き終えたばかりだった) At that rate, you *will have saved* £10,000 by the end of next year. (その割で行けば君は来年末までには1万ポンド貯蓄することになるだろう)

per·fer·vid /pəːrfə́ːrvəd/ 形〖章〗熱狂的な.

per·fid·i·ous /pə(ː)rfídiəs/ 形〈普通, 限定〉〖雅〗人を欺く, 不信の, 不誠実な, 裏切りの, (treacherous). ～ Albion →Albion. ▷ **～·ly** 副 不実に, 裏切って. **～·ness** 图

per·fi·dy /pə́ːrfədi/ 图 (複 -dies)〖雅〗Ⓤ 裏切り, 不実, 背信; Ⓒ 裏切り[背信]行為; (treachery).

per·fo·rate /pə́ːrfərèit/ 動 他 **1** に穴を開ける; を突き通す[破る]. ～ the lid of a jar 瓶のふたに(通気のため)穴を開ける. a ～*d* eardrum 破れた鼓膜. **2** 〔穴〕を開ける. **3** 〔切手シートなど〕にミシン目を入れる. a ～*d* excursion ticket 切り取り線のついた回遊券.
── 自 突き通る; 穴を開ける; 〈*through*, *into* ..に〉.

pèr·fo·rá·tion 图 **1** Ⓤ 穴を開ける[開けられる]こと, 穿孔(せんこう), 貫通. **2** Ⓒ〈しばしば ～s〉(切手, 切符, クーポンなどの)ミシン目, 切り取り線. ～*s* in a sheet of postage stamps 郵便切手シートのミシン目.

per·fo·ra·tor /pə́ːrfərèitər/ 图 Ⓒ 穴を開ける人; 穴開け器, 穿孔(せんこう)機; 切符切りばさみ.

per·force /pərfɔ́ːrs/ 副〖古・雅〗必然的に, 否応(いやおう)なしに, 是が非でも.

‡**per·form** /pərfɔ́ːrm/ 動 (～s /-z/|過 過分 ～ed /-d/|～·ing) 他 **1** 〔人が〕〔仕事など〕**を成し遂げる**, 〔義務など〕を果たす, 遂行[履行]する. ～ a task 仕事を成し遂げる. ～ one's promise 約束を果たす. ～ a contract 契約を履行する.
2 〔人, 機械などが〕〔単純でない仕事〕**を行う**, なす; 〔人が〕〔儀式など〕を執(と)り行う; (類語 (1 も併せて)約束や義務の履行のほか, 手術や実験のような熟練を要する事にしばしば用いる; →discharge 7, do 他 1, execute, carry out). ～ an operation on the patient 患者に手術を施す. ～ scientific research 科学的調査を行う. Each of these machines ～*s* a different function. これらの機械はそれぞれ違った仕事をする. ～ a miracle 奇跡を行う. ～ funeral rites 葬式を執り行う.
3 〔劇〕**を上演する**; 〔芝居の役〕**を演じる**; 〔音楽, 楽器〕を演奏する; 〔芸, 奇術など〕を(して)見せる. ～ a musical comedy ミュージカルを上演する. He ～*ed* (the part of) Hamlet. 彼はハムレットの役を演じた. ～ a piece of music on the flute フルートで1曲演奏する.
── 自 **1** 仕事をする; 義務[任務]を果たす.
2 (**a**) VA (A は様態の副詞)〔機械, 装置などが〕うまく[まずく]作動する, 機能する; 〔薬などが〕うまく[まずく]作用する. The ship ～*ed well* in the heavy storm. 船は大しけの中をうまく航行した. (**b**)〖話〗VA (A は様態の副詞) よい[まずい]成績を出す, うまく[まずく]やる. Men ～*ed better* [*worse*] than women in the test. そのテストでは男性の

ほうが女性より良い[悪い]成績だった. Both teams ～*ed* very *well* in the match. 両チームは試合で見事に技量を発揮した.
3 (芝居で)演技する, 役を演じる; 演奏する〈*on* ..を〉; 〔動物が〕芸当をする. ～ skillfully *on* the violin ヴァイオリンを見事に演奏する. ～ live 生演奏をする.
4 VA ふるまう, 態度を取る,〈*like* ..のように[な]〉. ～ *like* a fool ばかみたいなまねをする.
[＜古期フランス語「完全に供給する」]

per·fórm·a·ble 形 実行[上映, 演奏]できる.

‡**per·form·ance** /pərfɔ́ːrməns/ 名 (複 **-anc·es** /-əz/) **1** C (劇, 音楽などの)**公演**, 上演, 興行; 公演されるもの, 出し物. a concert ～ 音楽会の公演. The Royal Ballet is giving 26 ～*s* in ten cities in Japan. ロイヤル・バレエは日本の 10 都市で 26 公演することになっている. a two-picture ～ (映画の) 2 本立て興行. the evening ～ 夜の公演, 夜の部.
2 C **演奏**, **演技**; 演奏[演技]ぶり. The orchestra gave a beautiful ～. オーケストラは見事な演奏をした. a live ～ 生[ライブ]演奏. a repeat ～ of .. の再演[再現, 二の舞].

連結 a breath-taking [a brilliant, a splendid, a superb; a flawless, a perfect; an impressive; a disappointing] ～

3 U (任務, 仕事, 義務などの)**遂行**, 実行, 履行; (儀式などの)挙行. The new clerk is faithful in the ～ of his duties. 今度の店員は職務の遂行に忠実だ.
4 U 働きぶり, (仕事などの)出来栄え, 成績, 業績; (機械, 車などの)性能; (人の)遂行能力. his poor ～ in the contest 競技会での彼のぱっとしない成績. the economic ～ 経済達成度. a (high-)～ car 高性能車.
5 aU 〖主に英話〗滑稽(こっけい)な[みっともない]ふるまい; 面倒なこと. What a ～! なんというざまだ.
6 U 〖言〗言語運用 (↔competence). ◇動 perform

perfórmance àrt 名 U 〖芸術〗パフォーマンス・アート《1970 年代に始まった新しい芸術; 踊り, 演技などの肉体的動きと絵画, 音楽, 映像などの芸術とを 1 つのものに統合しようとする試み》.

perfórmance pày 名 U 上乗せ歩合給《従業員の仕事に応じて追加支給される》.

perfórmance-relàted 形 〔賃金などが〕歩合給の.

*__per·fórm·er__ 名 (複 ～s /-z/) C **1 演技[演奏]者**, 芸能人. a street ～ 大道芸人. a radio ～ ラジオタレント.
2〈名詞を伴って〉(..を)する人;〈形容詞などを伴って〉(有能な, 無能ななど)実行者. a good [skillful] ～ in the diamond 内野守備の名手.

perfòrming árts 名〈the ～; 複数扱い〉舞台芸術《演劇, ダンスなど》.

‡**per·fume** /pə́ːrfjuːm, pərfjúːm|pə́ː-/ 名 (複 ～**s** /-z/) UC **1 香水**; 香料. spray ～ over one's dress 服に香水をふりかける. I don't wear ～ in the office. 私は会社では香水をつけません. **2** (花などの)芳香, 香り, (類語 fragrance と同じく, 花などの快いにおい; →smell). exhale [give off] a pleasing ～ 芳香を放つ. ★1, 2 とも〖英〗では scent とも言う.
── /pə(ː)rfjúːm, ⌐-|⌐-, -⌐/ 動 他 に香水をつける; に香料を入れる[加える]; に香りをつける; 〔石けんなど〕に香料を添加する; 〖章・詩〗〔場所, 空気など〕を芳香で満たす. a garden ～*d with* roses バラの香りのたちこめる庭.
[＜フランス語 *parfum*; per-, fume]

per·fumed /⌐-, -⌐/ 形 香料入りの.

per·fúm·er 名 C 香水商, 香水製造者.

per·fum·er·y /pə(ː)rfjúːməri/ 名 (複 **-ries**) **1** U 香水製造[販売]業. **2** C 香水製造所[販売店, 売り場]. **3** U〈集合的〉香水類.

per·fum·i·er /pərfjúːmiər/ 名 〖英〗＝perfumer.

per·func·to·ry /pərfʌ́ŋkt(ə)ri/ 形 〖章〗 **1** 〔言動, 仕事などが〕おざなりの. a cold, ～ kiss 冷たいおざなりのキス. **2** 〔人が〕本気でない, 熱意のない.
▷ **per·func·to·ri·ly** 副 おざなりに, いい加減に. **per·func·to·ri·ness** 名 U おざなり.

per·go·la /pə́ːrgələ/ 名 C パーゴラ《格子, 桟(さん)を屋根状に柱の上に組み, 蔓(つる)性の植物をはわせた通路[あずまや]》. [イタリア語]

[pergola]

perh. perhaps.

‡**per·haps** /pərhǽps, 〖話〗præps/ 副 ¢ **1**〈低い可能性を表して〉**ことによると**, ひょっとしたら; **たぶん**, 恐らく; (類語 probably に比べ, 事の起こる可能性が小さい時に用いる; → maybe, possibly). *Perhaps* I'll change my mind later. ことによると私は後で気が変わるかもしれません. "Will you be able to come here once again?" "*Perhaps* not."「ここへもう 1 度来られますか」「たぶんだめでしょう」
2〈程度を弱めて〉 まあ..でも; 恐らく..くらい. You'd better keep pets—a dog or a cat ～. ペットを飼うといい. まあ犬か猫でも. I found ～ seventy students in the classroom. 教室には恐らく 70 人ほどの学生がいた.
3〈提案や依頼の表現を和らげて〉(..と思うの)ですが, (..したら)どうでしょう; できましたら, お差し支えなければ. All should ～ be done before he comes. 彼が来る前にすべてをやっておくべきだと思うのですが. *Perhaps* you would be good enough to do me a favor? ちょっとお願いがあるんですが聞いていただけましょうか (★この例では perhaps が依頼の語調を丁寧にしており, 普通の依頼文 Would you be..? とほぼ同じニュアンスになる).
[＜中期英語 *by happes* 'by chance'; 後に *by* が *per* に変わった]

pe·ri /pí(ə)ri/ 名 C **1** 〖ペルシア神話〗ペリ《美しい妖(よう)精》. **2** (妖精のように優雅な)美女.

per·i- /pérə/ 接頭「..のまわりの」「..を囲んだ」「..の近くの」の意味. *peri*meter. *peri*scope. *peri*cardium. *peri*helion. [ギリシア語 *perí*, *péri* 'around, near, about']

per·i·anth /périænθ/ 名 C 〖植〗花被, 花蓋(かがい).

per·i·car·di·um /pèrəkɑ́ːrdiəm|-djəm/ 名 (複 **per·i·car·di·a** /-diə, -djə/) C 〖解剖〗心嚢(しんのう), 心膜.

per·i·carp /pérəkɑ̀ːrp/ 名 C 〖植〗果皮.

Per·i·cles /pérəkliːz/ 名 ペリクレス (495?–429 B.C.)《古代ギリシアのアテネの政治家・将軍》.

per·i·gee /pérədʒìː/ 名 C 〖天〗〈普通, 単数形で〉近地点《月, 人工衛星がその軌道上で地球に最も近くなる点; ↔apogee》.

per·i·he·li·on /pèrəhíːliən/ 名 (複 **per·i·he·li·a** /-liə/) C 〖天〗〈普通, 単数形で〉近日点《惑星, 彗星などがその軌道上で太陽に最も近くなる点; ↔aphelion》.

*__per·il__ /pérəl/ 名 (複 ～s /-z/) 〖章〗 **1** U (破壊, 損傷, 死傷, 厄介などを招きそうな大きな)**危険**, 危難, (類語 身近に迫った重大な危機; →danger). in the hour of ～ 危険の際に. in ～ (of ..)→成句.
2 C〈普通 ～s〉**危険なもの[こと]**. They dared the ～*s* of antarctic air travel. 彼らはあえて南極上空飛行の危険を冒した. Icy roads are a ～ to cyclists. 凍った道路は自転車に乗る人にはとても危険だ.
at one's péril 危険を覚悟で. If you insist on climbing the mountain in this weather, do it [so] *at* your own ～. この(悪)天候にどうしても山に登ると言い張るなら, 危険を承知で[自分の責任で]そうしなさい《私は責任を負わない》. This is a book which English

P

teachers will neglect *at* their ～. これは英語教師が無視すると大きな損をする[無視できない]本だ.

***in péril* (*of*..)** (..の)危険にさらされて. He is *in* ～ *of* his life. ＝His life is *in* ～. 彼は生命を失う危険がある.

── 動 (～s|〖英〗-ll-) 他 〔生命〕を危険にさらす (imperil). ［＜ラテン語「試行, 実験」］

†per·il·ous /pérələs/ 形 〖章〗危険な. a ～ voyage into space 危険な宇宙旅行. ▷**～·ly** 副 危険なほど. **～·ness** 名

per·i·lune /pérəlùːn/ 名 C 〈普通, 単数形で〉〖天〗近月点《人工衛星がその軌道上で月に最も近づく点》.

‡pe·rim·e·ter /pərímətər/ 名 C (区画された土地などの)境界線(の長さ); (平面図形の)周囲(の長さ). the ～ fence of a military camp 軍事基地の境界フェンス.

per·i·na·tal /pèrənéitl ⑧/ 形 〈限定〉〖医〗周産期[出産前後]の[に起こる]. the rate of ～ mortality 周産期の死亡率.

per·i·ne·um /pèrəníːəm/ 名 (複 **per·i·ne·a** /-níːə/) C 〖解剖〗会陰(えん)《肛門と性器の間》. ▷**per·i·ne·al** /-níːəl/ 形

‡pe·ri·od /pí(ə)riəd/ 名 (複 **～s** /-dz/) C

〖期間〗 **1 期間**, 時期. for a long ～ of time 長い間. in a [the] brief ～ of one or two days わずか1日2日のうちに. during the last five-year ～ 過去5年間に. during his ～ of office as Minister of Education 彼の文部大臣としての任期中に. The ～ of mild weather is very short here. ここでは穏やかな天気の続く期間はごく短い. a trial ～ 試行[試用]期間. a cooling-off ～ →見出し.

2 時代, 期, (類語 時の長短に関係なく一般に国の歴史や人生におけるある期間; →age, epoch, era); 〔病気, 発達などの〕段階, ..期. in the ～ of Queen Elizabeth I [Elizabethan ～] エリザベス女王時代に. The painting belongs to Gogh's early ～. その絵はゴッホの初期の時代のものだ. a latency ～ (病気の)潜伏期(間).

3 〈the ～〉現代, 当代. Jessie is a girl of the ～. ジェシーは現代娘だ. **4** 〖地〗紀《地質時代の「代」(era) の下位区分; →epoch》. **5** (学校の授業の)**時限** (lesson). a free ～ (学校の)自由[休み]時間. a ～ of 60 minutes 60分の授業時間. We have four ～*s* on Saturday. 土曜日は4時限ある.

〖一巡の期間〗 **6** 〖物理・天・医〗周期. **7** 〈しばしば ～s〉月経(期間), 生理. a menstrual ～ 月経. have a [one's] ～ 生理中で. ～ pain 生理痛(〖米〗cramps).

〖一巡の区切り〗 **8** 〖主に米〗 (**a**) 終止符, ピリオド, (〖主に英〗full stop); 終わり, 終結. come to a ～, put a ～ to ..→成句. (**b**) 省略符号《Mr., U.S.A. などの》. **9** 〖修辞学〗＝periodic sentence; 〖雅〗〈～s〉(掉(とう)尾文を多く用いた)美文, 美辞.

còme to a périod 終わる.

***pùt a périod to*..** ..に'終止符を打つ', ..を終わりにする. The outbreak of the war *put a* ～ *to* their peace and quiet. 戦争の勃(ぼっ)発で彼らの平和と静穏は終わりを告げた.

── 形 〈限定〉〔家具, 衣服などが〕(過去の)ある時代(特有)の, 時代物の; 時代がかった, 骨董(こっとう)的な. a ～ play 時代劇. ～ furniture [costumes] 時代物の家具[衣装].

── 間 〖主に米話〗〈発話の完結を強調して〉以上終わり; それだけだ; (〖英話〗full stop). I won't meet him, ～! あいつには会わない, それだけだ《もう議論の余地はない》. ［＜ギリシア語「一巡り」(＜peri-＋*hodós*「道」)］

‡pe·ri·od·ic /pì(ə)riɑ́dik|-ɔ́d- ⑧/ 形 ¢ 〈普通, 限定〉 **1** 周期的な; 定期的な. the ～ ebb and flow of the tide 潮の周期的干満. the ～ election of the president 定期的な会長選挙. **2** 繰り返し起こる; 間欠的な. a ～ outbreak of cholera in Southeast Asia 東南アジアでのコレラの間欠的な発生.

***pe·ri·od·i·cal** /pì(ə)riɑ́dik(ə)l|-ɔ́d- ⑧/ 形 ¢ 〈普通, 限定〉 **1 定期刊行(物)の**. **2** ＝periodic.

── 名 (複 **～s** /-z/) C **定期刊行物**《日刊 (daily) 以外のもの; 特に学術的なもの》. 参考 periodicals には, 発行の回数によって weekly 週刊誌, biweekly 隔週誌, semimonthly 月2回刊行誌, monthly 月刊誌, bimonthly 隔月誌, quarterly 季刊誌, annual 年刊誌[年報]などの種類がある. ▷**～·ly** 副 周期[定期]的に; 時々, 間(ま)をおいて.

pe·ri·o·dic·i·ty /pì(ə)riədísəti/ 名 U **1** 周期性. **2** 〖電〗周波.

periòdic láw 名 〈the ～〉〖化〗周期律.

periòdic séntence 名 C 〖修辞学〗掉(とう)尾文《文尾にきて初めて文意が完成する文; 例 It was at Rome, on the 15th of October, 1764, as I sat musing amidst the ruins of the Capitol, while the barefoot friars were singing vespers in the Temple of Jupiter, that the idea of writing the decline and fall of the city first started to my mind.—Gibbon 作 *Autobiography* より》.

periòdic táble 名 〈the ～〉〖化〗(元素)周期(律)表.

per·i·o·don·tal /pèriədɑ́ntl|-dɔ́n- ⑧/ 形 〈限定〉〖歯〗歯周囲の, 歯根膜の. ～ disease 歯周病.

périod pìece 名 C **1** (芸術作品, 家具などの)時代物. **2** 〖話・戯〗時代遅れの人[もの].

per·i·os·te·um /pèriɑ́stiəm|-ɔ́s-/ 名 (複 **peri·os·te·a** /-tiə/) C 〖解剖〗骨膜.

per·i·pa·tet·ic /pèrəpətétik ⑧/ 形 **1** 〈普通, 限定〉〖章〗歩き回る, 巡回の; (場所から場所へと)渡り歩く. a ～ preacher 巡回説教師. a ～ teacher (複数の学校で教える)かけもち教師. a ～ fruit stand 移動果物売店. **2** 〈P-〉〖哲〗逍遙(しょうよう)学派の, アリストテレス学派の, 《古代アテネの Lyceum 学園を散歩しながら Aristotle が哲学を教えたことから》. ── 名 C **1** 歩き回る人, 巡回者. **2** 〈P-〉逍遙学派の人. ▷**per·i·pa·tet·i·cal·ly** /-k(ə)li/ 副

‡pe·riph·er·al /pərífərəl/ 形 〖章〗 **1** 〔地域などが〕周辺部の, 中心部でない. **2** 比較的重要でない, 瑣(さ)末な, 〈*to* ..に比べて〉. **3** 〖医〗末端部の. ～ nerves 末梢(しょう)神経. **4** 〖電算〗周辺装置の. a ～ device 周辺装置 (→periphery 4). ── 名 C 〈普通 ～s〉〖電算〗周辺装置 (periphery). ▷**～·ly** 副

‡pe·riph·er·y /pəríf(ə)ri/ 名 (複 **-er·ies**) C 〈普通, 単数形で〉 **1** 周囲; (地域, 問題などの)周辺部. **2** 〈the ～〉(政界, 運動, 団体などの)傍系, 非主流派. **3** 〖医〗末端部. **4** 〖電算〗周辺装置《中央処理装置 (CPU) に対して, 入出力・補助記憶装置の総称》. ［＜ギリシア語「運び回ること」］

pe·riph·ra·sis /pərífrəsəs/ 名 (複 **pe·riph·ra·ses** /-siːz/) UC **1** 〖章・時に軽蔑〗遠回しの回りくどい言い方[語句]. **2** 〖文法・修辞〗迂(う)言(語)法 (→periphrastic comparison, periphrastic conjugation, periphrastic genitive). ［＜ギリシア語「遠回しに言うこと」］

per·i·phras·tic /pèrəfrǽstik ⑧/ 形 **1** 〖時に軽蔑〗遠回しで回りくどい. **2** 〖文法〗迂(う)言的な. ▷**per·i·phras·ti·cal·ly** /-k(ə)li/ 副

periphràstic compárison 名 U 〖文法〗迂(う)言的比較変化《more, most を用いて比較級, 最上級を作る》.

periphràstic conjugátion 名 U 〖文法〗迂(う)言的活用 《助動詞を使っての動詞活用; came を did come とするなど》.

periphràstic génitive 名 〈the ～〉〖文法〗迂(う)言的属格《(John)'s の代わりに of (John) を用いる》.

per·i·scope /pérəskòup/ 名 C **1** 潜望鏡, ペリスコー

プ,《潜水艦, 戦車, 塹壕(ざんごう)などの中から外部に出した管を通して辺りを見るのに用いる》. **2** 潜望鏡のレンズ. [<ギリシア語「あたりを見回すもの」; peri-, -scope]

per·i·scop·ic /pèrəskápik|-kɔ́p- ⑱/ 形 潜望鏡の(ような); 四方の見える.

‡**per·ish** /périʃ/ 動 (~·es /-əz/|過 過分 ~ed /-t/|~·ing) 自 **1** 〘章〙 **死ぬ**, 〈特に〉**非業の死を遂げる**, (類語 不慮の災難などで死ぬこと; →die[1]). Five people *~ed* in the flood. その洪水で5人が死んだ. Many colonists *~ed* from hunger and disease. 多くの植民者が飢餓と病気で死んだ. **2** 滅びる, 消滅する. The painting *~ed* in the fire. その絵画は火事で焼失してしまった. **3** 〘主に英〙〔ゴム, 皮革などが〕老化[劣化]する.
── 他 **1** 〈主に受け身で〉を苦しめる. be *~ed* with cold 凍え死にしそうである. **2** 〘主に英〙〔ゴム, 皮革など〕を老化[劣化]させる.
Pèrish the thóught! 〘話〙 とんでもない, よしてくれよ, (それぱかりは)ご勘弁を. Marriage? *Perish the thought!* 結婚だって. 冗談じゃない. [<ラテン語「行ってしまう」]

†**pér·ish·a·ble** 形 〔食物などが〕腐敗しやすい.
── 名 〈~s〉 腐りやすい物, 生鮮食料品.

pér·ished /-t/ 形 **1** 〔ゴム, 革などが〕劣化した. **2** 〘英話〙〈叙述〉とても寒い. I'm ~. 寒くてたまらない.

pér·ish·er 名 C 〘英旧話〙 困った人[子供], 嫌なやつ. You little ~! 困った子だねえ.

pér·ish·ing 〘主に英話〙 形 **1** 〔天候, 人が〕とても寒い. I'm ~. 寒くて死にそうだ. walk in the ~ cold 凍え死ぬほどの寒さの中を歩く. **2** 〘旧話〙 ひどい, いまいましい, (damned). Those ~ brats! あのがきたちめ. ── 副 =perishingly. ▷ **~·ly** 副 〘主に英俗〙 やたらに, むやみに.

per·i·stal·sis /pèrəstɔ́:lsəs, -stǽl-/ 名 (複 **per·i·stal·ses** /-si:z/) UC 〘生理〙 (特に消化器官の)蠕(ぜん)動.
▷ **per·i·stal·tic** /-tik ⑱/ 形

per·i·style /pérəstàil/ 名 C **1** 〘建〙 (建物, 中庭などを囲む)柱列. **2** 柱列に囲まれた場所[中庭].

per·i·to·ne·um /pèrətəní:əm/ 名 (複 ~s, **per·i·to·ne·a** /-ní:ə/) C 〘解剖〙 腹膜.
▷ **per·i·to·ne·al** /pèrətəní:əl ⑱/ 形

per·i·to·ni·tis /pèrətənáitəs/ 名 U 〘医〙 腹膜炎.

per·i·wig /périwìg/ 名 =peruke.

per·i·win·kle[1] /pérəwìŋk(ə)l/ 名 **1** UC ツルニチニチソウ《つる状にはうキョウチクトウ科の常緑植物; creeping[trailing] myrtle とも言う》. **2** U 薄青紫色.

per·i·win·kle[2] 名 C 〘貝〙 タマキビ《海産巻き貝の一種; しばしば食用にされる; winkle とも言う》.

per·jure /pə́:rdʒər/ 動 他 〘法〙〈次の用法で〉
pérjure onesèlf (特に法廷で, 宣誓後に)偽証する.

pér·jured 形 〘法〙 偽証した, 偽証の.

per·jur·er /pə́:rdʒərər/ 名 C 〘法〙 偽証者.

per·ju·ry /pə́:rdʒ(ə)ri/ 名 (複 **-ries**) 〘法〙 U 偽証(罪); C (主に法廷での宣誓後の)偽り, うそ. commit ~ 偽証罪を犯す.

‡**perk**[1] /pə:rk/ 動 自 〘話〙 VA (~ *up*) 〔人が〕元気を回復する, 快活になる, 自信を取り戻す; 〔景気や物価が〕持ち直す. ── 他 **1** VOA (~ /X/ *up*) 〔人, 動物が〕 X(頭, 耳など)をつんと上げる[立てる]. **2** VOA (~ /X/ *up*) 〔物事が〕 X を元気づける, 活気づける. Nothing *~s up* business like an energetic ad campaign. 精力的な広告宣伝ほど商売を活発にするものはない. **3** VOA (~ /X/ *up, out*) X(人)を美しく見せる (★しばしば受け身で); X(衣服など)を引き立たせる. a woman all *~ed out* in a new dress 新しいドレスでめかしこんでいる女性. ~ *up* a dark dress with a large shiny brooch 大きな輝くブローチで暗い色のドレスを引き立たせる.

‡**perk**[2] 名 C 〈普通 ~s〉〘主に英話〙 (職務に伴う)役得, 特典,《公用車や宿泊施設の使用など》; (職務から生じる給料以外の)臨時の収入, 余得. [<*per*quisite]

perk[3] 動 〘話〙 =percolate.

perk·y /pə́:rki/ 形 e 〘話〙 **1** 元気一杯の, 意気盛んな. **2** 〘しばしば軽蔑〙 うぬぼれた, 自信過剰の; 生意気な.
▷ **perk·i·ly** 副 **perk·i·ness** 名

‡**perm**[1] /pə:rm/ 名 C 〘主に英話〙 パーマ (permanent wave, 〘主に米話〙 permanent). ── 動 他 〔髪〕にパーマをかける. have [get] one's hair *~ed* パーマをかけてもらう. ── 自 髪にパーマをかける. ▷ **~ed** 形

perm[2] 〘英話〙 名 C (サッカー賭博(とばく)で)選んだ勝ちチーム名の組み合わせ. ── 動 他 〔チーム名〕を選んで組み合わせる〈*from* ..から〉. [<*perm*utation]

per·ma·frost /pə́:rməfrɔ̀:st|-frɔ̀st/ 名 U ((亜)極地方の)永久凍土層. [<*perma*nent+*frost*]

†**per·ma·nence** /pə́:rmənəns/ 名 U 永久不変性; 永続性; 耐久性. ◇形 permanent

per·ma·nen·cy /pə́:rmənənsi/ 名 (複 **-cies**) **1** = permanence. **2** C 永久不変のもの[人], 永続的な仕事.

‡**per·ma·nent** /pə́:rmənənt/ 形 m (★2は C)
1 永久の, 不変の, 永遠の; いつもある, 恒常的な; 長持ちする, 耐久性のある; (↔temporary; 類語 不変性を強調; →never-ending, lasting). ~ peace 永久平和. ~ damage 元に戻らない傷害. seek for ~ employment [a ~ job] 定職を求める. She gave me her address for the next week and her ~ address in Scotland. 彼女は次の1週間の間の(仮の)宛(あ)て先とスコットランドの(郵便連絡用の)定住所[連絡先]を教えてくれた. the ~ smile on her face いつも彼女の顔に浮かんでいる微笑. a ~ traffic jam 恒常的な渋滞.
2 常設の, 常任の; 終身の. a ~ member of the committee 常任委員. a ~ employee 終身被雇用者.
── 名 C 〘米話〙 =permanent wave.
[<ラテン語「最後まで残る」]

†**per·ma·nent·ly** /pə́:rmənəntli/ 副 m 永久に; いつまでも変わらないように; いつも. The gate was kept ~ closed. その門はいつも閉まっていた.

pèrmanent préss 名 U (ズボンなどの)パーマネントプレス.

pèrmanent résident 名 C (市民権を得た)永住者.

pèrmanent sécretary 名 C 〘英〙 事務次官.

pèrmanent tóoth 名 C 永久歯.

pèrmanent wáve 名 C 〘章〙〘美容〙 パーマネント(ウエーブ), パーマ.

pèrmanent wáy 名 C 〘英〙 (鉄道の)路盤, 軌道.

per·man·ga·nate /pərmǽŋgənèit, -nət/ 名 U 〘化〙 過マンガン酸塩. potassium ~ 過マンガン酸カリ.

pèr·me·a·bíl·i·ty 名 U **1** 〘章〙 透過性, 浸透性. **2** 〘物理〙 導磁性, 透磁率.

per·me·a·ble /pə́:rmiəb(ə)l/ 形 〘章〙〔物質が〕浸透性の (porous); 浸透される〈*by, to* ..〔液体, 気体〕に〉 (↔impermeable). ~ *by* water 水を通す.

‡**per·me·ate** /pə́:rmièit/ 動 他 〘章〙 **1** に浸透する, しみ込む. This chemical *~s* the material very quickly. この化学物質は原料に急速に浸透する.
2 に広がる, 行き渡る; に充満する. A feeling of anger *~d* the whole town. 怒りの感情が町中に広がった.
── 自 VA しみ透(とお)る〈*into, through* ..に〉; 広がる, 行き渡る, 〈*into, through, among* ..に〉. A gloomy mood *~d among* the mourners. 会葬者の間に沈んだ気持ちが広がった. ▷ **pèr·me·á·tion** 名

Per·mi·an /pə́:rmiən/ 形 〘地〙 二畳紀の, ペルム紀の.
── 名 〈the ~〉 二畳紀, ペルム紀,《約2億年前; 古生代 (Paleozoic Era) の最後の時期; **the Pèrmian Périod** とも言う》.

per·mis·si·ble /pərmísəb(ə)l/ 形 〘章〙 許されてよい 〈*to* do ..するのは〉; 許容できる, 差し支えない(程度の). a

～ level of [for] exhaust gas 排気ガスの許容水準.
▷**-bly** [副]

‡per·mis·sion /pərmíʃ(ə)n/ [名] ([複] **～s** /-z/) **1** [U] **許可**, 許し; 認可; 〈*for* ..に対する/*to* do ..してよいという〉. without ～ 許可なしで. ask ～ from the city authorities *for* the residential land development 宅地開発に対する市当局の認可を求める. The teacher has given ˪us ～ [～ for us] *to* use the room. 先生はその部屋を使うことを許してくれた. You have my ～ for this once. 今度だけは許可してあげる. With your ～ I'd like to go home now. お許しがあれば帰らせていただきとうございます. a passage reprinted by ～ of the author 著者の許しを得て転載された一節.

[連結] ask (for) [request; get, obtain; accord, grant; deny, refuse] ～

2 [C] 〈普通 ～s〉(公式の)許可[認可]書.
◇[動] permit [形] permissive, permissible
[＜ラテン語 *permissiō*; permit, -sion]

per·mis·sive /pərmísiv/ [形] [m] **1** 〖しばしば軽蔑〗寛大すぎる, 厳しくない; 〈特に〉性に関して寛大な, 放任の; 〈*toward* ..に対して〉. Some parents are too ～ with their children. 子供に甘すぎる親もいる. the ～ society (1960 年代以降の)性などに関して寛大な社会. **2** 〔特に法規が〕許可する, 許可を与える. a ～ nod 承知したという頷(うなず)き. ▷**～·ly** [副] **～·ness** [名]

‡per·mit /pərmít/ [動] (**～s** /-ts/|[過] [過分] **～·ted** /-əd/| **～·ting**) 〖章〗[他]
1 (a) を**許可する**, 許す; [VOA] (～ X *in* [*out, near, etc.*]) X が入る[出る, 近づくなど]のを許す; [VO] (～ *doing* (★ do*ing* は自動詞に限る)) ..することを許す; ([類語] allow より形式ばった語; 禁止する権限を持った者が許可を与える, という感じが強い; →allow). Smoking is not ～*ted* in this room. この部屋では喫煙は許可されていない. ～ a dog *in* 犬が中に入るのを許す. The spectators were ～*ted into* the stadium one hour before the game. 観客は試合の 1 時間前にスタジアムへの入場を許された (★上の二つの例ではそれぞれ to come, to go が省略されたと考えられる; →2). The teacher would not ～ go*ing out* during class. 先生は授業中に外に出ることをどうしても許さなかった. **(b)** [VOO] (～ X Y) X(人)に Y を許可する. Will you ～ me a few words? ちょっとお話してもかまいませんか. She ～*s* herself (to eat) just a little meat because she is on a diet. 彼女はダイエット中なので肉はほんの少しだけ食べるようにしている (★to eat が入ると 2 の文型となる).
2 [VOC] (～ X *to do*) X(人) **が..することを許す**. *Permit* me *to* help you up with the trunk. トランクを持ち上げるお手伝いをさせてください.
3 〔状況などが〕を可能にする, の余地を与える; [VOC] (～ X *to do*) X に..をさせておく, X が..するのを可能にする; X が..する余地を与える. Those words in the contract hardly ～ doubt. 契約中のその文言(もんごん)には疑いの余地がない. Mike was not ～*ted to* stay with his uncle so long. マイクをそんな長い間おじさんの家に泊まらせておくわけにはいかなかった.
── [自] **1** 〔物事が〕**可能にする**, 許す. so far as health ～*s* 健康の許す限りは. I wish to see the sights of the *town if time* ～*s*. 時間が許せば町の観光をしたい.
2 [VA] (～ *of* ..) 〔物事が〕**..の余地がある**, ..を許す. The circumstances ～ *of* no delay. 事態は一刻の猶予も許さない.
wèather permítting* = *if* (*the*) *wèather permíts 天気が許せば (★weather の位置に time, circumstances なども使われ, 「時間[事情]が許せば」の意味). We are to make an assault on the summit tomorrow, *weather* ～*ting*. 我々は天候さえ許せば明日登頂を試みる予定だ.
── /pə́:rmit/ [名] ([複] **～s** /-ts/) [C] **許可証**, 免許状. a hunting ～ 狩猟免許証. a work ～ (外国人の)労働許可証. without a ～ 許可証なしで(は).
[＜ラテン語「通って行かせる」(＜per-＋*mittere*「送る」)]

per·mu·ta·tion /pə̀:rmjutéiʃ(ə)n/ [名] **1** 〖章〗[C] 順序の変更, 並べ換え. **2** 〖英〗[C] (サッカー賭博(とばく)で)試合の組み合わせ (perm). **3** [UC] 〖数〗順列.

per·mute /pərmjú:t|pə(:)-/ [動] [他] の順序を変える; を並べ換える. [＜ラテン語 (＜per-＋*mūtāre*「動かす, 変える」)]

‡per·ni·cious /pərníʃəs/ [形] 〖章〗 **1** (ひどく)有害な, 有毒な, 〈*to* ..にとって〉(★特に, 気づかないうちに徐々に悪影響を及ぼす場合について言う). Air pollution is ～ *to* health. 大気の汚染は健康にごく悪い. Gambling is a ～ habit. 賭博(とばく)は有害な習慣だ. **2** 致命的な, 命にかかわる, (deadly). a ～ disease 致死性の病気.
▷**～·ly** [副] 有害に, 致命的に. **～·ness** [名]

pernìcious an(á)emia [名] [U] 悪性貧血.

per·nick·et·y /pərníkəti/ [形] 〖話〗 **1** 〖しばしば軽蔑〗つまらない事にくよくよする[こだわる], 気の小さい, (fussy). **2** 細心の注意を要する〔仕事など〕(fiddly).

per·o·rate /pérərèit/ [動] [自] 〖章〗(要点をまとめて)演説をしめくくる; 〖話〗長広舌をふるう.

per·o·ra·tion /pèrəréiʃ(ə)n/ [名] [UC] **1** 〖章〗(演説などの)結び《特に, 要点をまとめて述べる部分》.
2 〖話〗〈しばしばけなして〉長広舌, 大演説.

per·ox·ide /pərάksaid|pə(:)rɔ́k-/ [名] [U] **1** 〖化〗過酸化物. **2** ＝hydrogen peroxide; 〖話〗過酸化水素溶液《殺菌, 髪の漂白用》.
── [動] [他] 〔髪など〕を過酸化水素液で漂白[脱色]する.

peròxide blónde [名] [C] 〖普通, 軽蔑〗脱色して金髪にした女性.

perp /pə:rp/ [名] [C] 〖米俗〗犯人 (perpetrator).

perp. perpendicular; perpetual.

†per·pen·dic·u·lar /pə̀:rp(ə)ndíkjələr [移]/ [形] **1** 垂直の, 直立した, (↔horizontal); 〖幾何〗垂直の, 直角の, 〈*to* ..〔特定の線・面〕に対して〉([類語] 本来, 数学での専門用語で水平面に対し厳密な直角を意味する; →upright, vertical). a ～ line 垂線. **2** 〔坂, 崖(がけ)などが〕急勾(こう)配の, 非常に険しい, 切り立った. **3** 〖建〗〈しばしば P-〉垂直様式の《14-15 世紀の英国ゴシック建築様式》.
── [名] **1** [C] 垂直線, 垂線; 垂直面; 錘(おもり)重《垂直方向を知る器具》. **2** [U] 〈普通 the ～〉垂直の位置[方向]. be out of (the) ～ 垂直になっていない.
[＜ラテン語「測鉛」] ▷**～·ly** [副]

per·pen·dic·u·lar·i·ty /pə̀:rp(ə)ndikjəlǽrəti/ [名] [U] 垂直, 直立.

‡per·pe·trate /pə́:rpətrèit/ [動] [他] 〖章・戯〗〔悪事, 過失など〕を犯す; 〔ばかげた事, こっけいな事など〕を行う, 演じる, しでかす 〈*on* [*upon*], *against* ..に対して〉(commit). ～ a crime 罪を犯す. ～ a (bad) pun だじゃれを飛ばす.

pèr·pe·trá·tion [名] [U] 〖章〗悪事[ばかげた事]を行うこと; [C] 悪事, 犯罪; 愚行.

per·pe·tra·tor /pə́:rpətrèitər/ [名] [C] 〖章〗犯人, 悪事[愚行]を行う者.

***per·pet·u·al** /pərpétʃuəl/ [形] [¢] 〈普通, 限定〉
1 永久の, 永遠に続く, (permanent). ～ snowfields 万年雪原. **2 終身の**, 全生涯の. ～ imprisonment 終身禁固. a ～ annuity 終身年金. **3** 〖しばしば軽蔑〗**絶え間のない**, 年がら年中の, ([類語] 絶え間ない繰り返しに重点がある; →eternal, continual). ～ chatter [noise] ひっきりなしのおしゃべり[騒音]. **4** 四季咲きの. a ～ rose 四季咲きのバラ.
── [名] [C] 四季咲きの植物.
[＜ラテン語「普遍の」(＜per-＋*petere*「追求する」)]

P

▷～·ly 副 永遠に; 一生涯; (年中)絶え間なく, 常に.

perpètual cálendar 名 C 万年暦《毎年の月日の曜日が分かるカレンダー》.

perpètual mótion 名 U (機械の)永久運動《エネルギーを補給せず永久に続くという想像上の運動》.

‡**per·pet·u·ate** /pərpétʃuèit/ 動 他 〘章〙〔好ましくないものなど〕を永久のものにする, 恒常化させる; を不朽にする, 永続させる.

per·pèt·u·á·tion 名 U 〘章〙 永遠[不朽]化, 永続化, 恒常化.

per·pe·tu·i·ty /pə̀ːrpət(j)úːəti|-tjú(ː)-/ 名 (複 **-ties**)〘章〙 **1** U 永遠, 不滅, 永続性. **2** C 永続するもの, 不滅なもの; 終身年金. **3** U 〘法〙(財産の)永久拘束, 永代所有権.

in* [*for*] *perpetúity 〘章〙 永久に; 無期限に.

***per·plex** /pərpléks/ 動 (～·es /-əz/|過 過分 **～ed** /-t/|**～·ing**) 他 〘章〙 **1** 〔人, 物事が〕〔人〕を**当惑させる**, まごつかせる, 〈*with* ..で〉 (類語 puzzle より上品な感じを与える). Children often ～ their parents *with* questions about sex. 子供はよく性に関する質問をして親を困らせる. We were greatly ～*ed* by his refusal to participate. 我々は彼の参加拒否で大いに当惑した.

2 〔事態, 問題など〕を**混乱させる**, 紛糾させる. Your interference will further ～ the affair. 君が口出しすると事件はますます面倒になるだろう.

◇名 perplexity [<ラテン語「すっかりもつれた」(<per-+*plectere*「編む, 織る」)]

†**per·pléxed** /-t/ 形 **1** (理解できなくて)当惑した, 途方に暮れた. look ～ = wear a ～ look 当惑した表情をする. **2** 〔問題などが〕複雑な, 困難極まる. a ～ problem こじれた問題.

「途方に暮れて.

per·plex·ed·ly /pərpléksədli, -kstli/ 副 当惑して,↑

per·pléx·ing 形 〔問題などが〕頭を混乱させる, 不可解な, 込み入った. ▷～·**ly** 副

‡**per·plex·i·ty** /pərpléksəti/ 名 (複 **-ties** /-z/) 〘章〙 **1** U 当惑; 混乱. in ～ 当惑して. to one's ～ 困ったことには. **2** C 〈普通 -ties〉 当惑させる《複雑な》問題, 面倒[困難]な物事; U 複雑(さ), 困難. I had to face those discouraging *perplexities*. そのやる気をなくさせるような厄介事に直面しなければならなかった. a problem of ～ 複雑[困難]な問題. [perplex, -ity]

per·qui·site /pə́ːrkwəzit/ 名 C 〘章〙 〈しばしば ～s〉 **1** 給料外の給付[手当], 余禄(よろく); 臨時収入; (〘主に英話〙 perk). **2** 役得, 特典.

Per·rault /peróu, ⌐⌐/ 名 **Charles ～** ペロー (1628–1703)《フランスの(童話)作家》.

Per·ry /péri/ 名 **Matthew Cal·braith** /kǽlbreiθ/ ～ ペリー (1794–1858)《米国の提督; 通称 Commodore Perry; 1853 年浦賀に来航し, 開国を求めた》.

per·ry /péri/ 名 U 〘主に英〙 ペリー《西洋ナシ酒》.

Pers. Persia(n).

pers. person; personal.

per se /pər-séi/ それ自体で(は), 本質的に. Power ～ is neither good nor bad; it becomes either according to how it is used. 権力そのものは善でも悪でもない. それがどう使われるかでどちらかになる. [ラテン語 'in itself']

***per·se·cute** /pə́ːrsikjùːt/ 動 (～s /-ts/|過 過分 **-cut·ed** /-əd/|**-cut·ing**) 他 **1** 〈主に受け身で〉 を**虐待する**; 〔特に異教徒, 少数民族など〕を**迫害する**; 〈*for* ..〔人種, 信仰, 主義信条など〕のゆえに〉. He was being ～*d for* his beliefs. 彼は信仰上の理由で迫害されていた.

2 を**しつこく悩ます**, いじめる, 〈*with*, *by* ..で〉 (harass). be ～*d by* knotty questions 難問に悩まされる. [<ラテン語「しつこく追いかける」]

†**pèr·se·cú·tion** 名 UC 虐待(する[される]こと); 迫害; 〈*for* ..のゆえの〉. suffer ～ *for* one's political beliefs 政治上の考え方を理由に迫害を受ける.

persecútion còmplex [mània] 名 C 〘心〙 被害妄想.

per·se·cu·tor /pə́ːrsikjùːtər/ 名 C 迫害者.

Per·seph·o·ne /pərséfəni/ 名 〘ギ神話〙 ペルセポネー《穀物と死を象徴する女神; Zeus と Demeter の娘で Hades の妻; ローマ神話の Proserpina》.

Per·seus /pə́ːrsuːs, -siəs|-siəs/ 名 **1** 〘ギ神話〙 ペルセウス《怪物 Medusa を退治し, 後に Andromeda を救った英雄》. **2** 〘天〙 ペルセウス座.

***per·se·ver·ance** /pə̀ːrsəví(ə)r(ə)ns/ 名 U **頑張り**, **根気**; 不屈の努力; (類語 困難に負けずに目的達成に努力するという積極性を強調; →patience). with unabated [unyielding] ～ たゆまぬ根気で. his ～ in fighting for freedom 自由のために戦う彼の不屈の努力.

◇動 persevere [persevere, -ance]

***per·se·vere** /pə̀ːrsəvíər/ 動 (～s /-z/|過 過分 **～d** /-d/|**-ver·ing** /-ví(ə)riŋ/) 自 **我慢強くやり通す**, (屈せず)頑張る, 〈*at*, *in*, *with* ..を〉; 辛抱強く接する 〈*with* ..〔人〕に〉; (類語「辛抱強い」という良い意味; →persist). ～ *in* [*at*] one's studies たゆまず研究を続ける. ～ *with* one's plan 自分の計画を達成しようと頑張り通す. The teacher ～*d with* the lazy student. 先生はその怠け者の学生を辛抱強く教えた. ◇名 perseverance [<ラテン語「厳しく続ける」; per-, severe]

per·se·ver·ing /pə̀ːrsəví(ə)riŋ/ 形 我慢強い, 根気のいい, たゆまぬ. ▷～·**ly** 副

Per·shing /pə́ːrʃiŋ/ 名 C パーシング (**Pèrshing míssile**)《米国の核弾頭搭載可能な地対地弾道弾》.

Per·sia /pə́ːrʒə|-ʃə/ 名 ペルシア《Iran の旧称 (1935 年まで)》.

†**Per·sian** /pə́ːrʒ(ə)n|-ʃ(ə)n/ 形 ペルシア[イラン](人)の; ペルシア語の. ── 名 **1** C ペルシア[イラン]人. **2** U ペルシア語《イラン語派の一つ》. **3** C =Persian cat.

Pèrsian cárpet [rúg] 名 C ペルシアじゅうたん.

Pèrsian cát 名 C ペルシア猫.

Pèrsian Gúlf 名 〈the ～〉 ペルシア湾《アラビア半島とイランの間の湾》.

Pèrsian lámb 名 C ペルシア子羊; U その毛皮.

per·si·flage /pə́ːrsəflɑ̀ːʒ/ 名 U 〘章〙 軽い冗談, 軽口; ひやかし, からかい, (banter). [フランス語(<ラテン語「口笛を吹く」)]

per·sim·mon /pəːrsímən/ 名 C 〘植〙 カキ《東アジア・熱帯アメリカ産の高木, 低木》; カキの実. [<北米先住民語]

‡**per·sist** /pərsíst/ 動 (～s /-ts/|過 過分 **～·ed** /-əd/|**～·ing**) 自 **1** (反対, 困難などにめげず)**固執する**, **あくまで主張する**[**し続ける**], 〈*in* (*doing*), *with* .. (すること)を〉 (語法「主張する」の意味では他動詞的に直接話法の伝達動詞としても用いる) (類語「頑固さ」,「しつこさ」,「理不尽さ」の悪いニュアンスがある; →persevere). ～ *in* one's opinion 自分の意見を主張してやまない. If you ～ (*in* such folly), I'll break with you. 君が(そんなばかげた事をし続けることに)固執するなら君とは縁切りだ. Edison ～*ed with* his experiments despite failures. 失敗にもめげずエジソンはあくまで実験を続けた. He ～*s in* smoking in spite of his doctor's advice. 彼は医師の助言を無視して頑として喫煙を続けている. "I can't agree with you," he ～*ed*.「賛成出来ません」と彼は言い張った. **2 いつまでも続く**, **残存する**, なくならない. The beautiful melody ～*ed* in my mind for a long time after. その美しいメロディーはそのあと長い間私の心から離れなかった. The pain ～*ed* far into the night. 痛みは夜遅くなっても消えなかった.

── 他 VO (～ "引用")「..」としつこく言う. "But what about your boyfriend?" Susie ～*ed*.「でもあなたのボーイフレンドはどう」とスージーはしつこく言った.

P

[＜ラテン語「しっかりと立つ」]

†**per·sist·ence** /pərsístəns/ 名 U **1** (**a**) 〈良い意味で〉根気のよさ (perseverance). (**b**) 〈悪い意味で〉頑固さ; しつこさ. He wooed Betty with ～. 彼はベティーをしつこく口説いた. **2** 持続(性), 存続, 永続. the ～ of bad weather 悪天候続き. the ～ of smallpox 天然痘が(現在でも)なくならないこと.

per·síst·en·cy 名 ＝persistence.

***per·sist·ent** /pərsístənt/ 形 m 〖しばしば軽蔑〗
1 〔人, 行為が〕**粘り強い**, 根気のある; しつこい, **頑固**な. a ～ job seeker 粘り強い求職者. He is very ～ about [in] seeing you. 彼は君に会うと言ってきかない.
2 急にはなくならない, いつまでも続く. a ～ headache 頑固な頭痛. ～ rain 降り続く長雨.

per·sist·ent·ly 副 根気よく; しつこく, 頑固に, 性懲(こ)りもなく; 永続的に.

per·snick·e·ty /pərsníkəti/ 形 〖主に米話〗＝pernickety.

‡**per·son** /pə́ːrs(ə)n/ 名 (複 **～s** /-z/; →語法 (1)) **1** C (man, woman, child の区別なしに, 一般的に)**人**, **人間**; 者, 人物; 〖法〗人; 〈時に軽蔑[親愛]の意をこめて〉やつ.

> 語法 (**1**) person の複数形は people を用いることが多い; persons は, 個性を持った人間としてより個体数として扱われ, よそよそしく響くことがある (→people 1): missing ～*s* (〖法〗失踪者) (**2**) -man, -woman で終わる複合語の代わりに, 性別を表さない -person を用いた複合語を使うことが最近多くなった: chair*person*, sales*person*, business*person*

How many ～*s* will this elevator hold? このエレベーターは何人乗れますか. Bill is a nice ～. ビルはいいやつだ. Who is that ～ over there? あそこにいるやつは何者だ. I like him as a ～, but not as a teacher. 人間としての彼[彼の人柄]は好きだが教師としての彼は好きではない. an artificial [a legal] ～ 法人. A certain ～ told me the story. (名前は伏せるが)ある人が私にその話をしてくれた. She was murdered by a ～ or ～*s* unknown. 〖法〗彼女は氏名不詳の人物もしくは人物らによって殺害された.
2 C 〖話〗〈名詞の修飾語を伴って; 主語は普通 I〉..の[する, 好きな]人, ..型の人, ..人間. I'm not a tea [dog, night] ～. 私は紅茶党[犬好き, 夜型]ではない.
3 C 〖章〗〈普通, 単数形で〉**身体**, 人体, (body). carry a knife concealed on [about] one's ～ ナイフを隠し持っている. The police searched his ～. 警察が彼の身体検査をした. He felt fear for his ～. 彼は身の危険を感じた.
4 C 〈普通, 単数形で〉**容姿**, 風采(さい). neat about one's ～ 身なりがきちんとしている. a young woman of an agreeable ～ 姿のいい若い女性.
5 UC 〖文法〗**人称**.

> 文法 **person** (人称): A が B に C について話す, というのが発言の一般的な構造である. このように 1 つの発言を構成する 3 者をそれぞれ 1 人称 (first person), 2 人称 (second person), 3 人称 (third person) と呼ぶ.
>
> 人称の違いを最もよく表すのが人称代名詞 (personal pronoun) で, 1 人称 I, we, 2 人称 you, 3 人称 he, she, it, they であり, それぞれに目的格と所有格がある.
>
> 動詞では be が人物と数に応じて変化する(現在時制で am, are, is, 過去時制の was, were) 以外には, 一般動詞で直説法 3 人称単数現在に -s を付けるだけである.

6 C 〖神学〗〈又は P-〉(三位(み)一体 (Trinity) を構成する)位《父 (the Father) と子 (the Son) と聖霊 (the Holy Spirit) をそれぞれ the First [Second, Third] *Person* と言う》.

in pérson 本人自身で, みずから; (代理や手紙・電話などでなく)直接に, じきじきに; (personally; ↔by attorney). He went to see the editor *in* ～, instead of phoning him. 彼は電話でなく, じかに編集者に会いに行った.

in the pérson of.. 〖章〗(具体的に言えば)..という(人になって). The conservationists had a good friend *in the* ～ *of* Senator Green. 環境保護論者たちはグリーン上院議員というよい味方を持った. We found another troublesome problem *in the* ～ *of* Robert Brown. 我々にはロバート・ブラウンというもう 1 つの厄介な問題ができた.

[＜ラテン語 *persōna*「(役者の)仮面＞登場人物＞人」]

-per·son 〈複合要素〉 **1**「人」の意味を表す (★性差別を避けるため -man, -woman に代わって用いられる; 複数形は ～*s* とする代わりに -people を用いることが多い; →person 語法 (2)). **2** 数詞のあとにつけて「..人からなる」「..人用の」の意味の形容詞を作る. a one-～ show (個展). a two-～ tent (2 人用テント).

‡**per·so·na** /pərsóunə/ 名 〖章〗(複 **～s**, 3では **per·so·nae** /-niː/) C **1** 人. **2** 〖心〗ペルソナ, 仮面, 外的人格, 《ユング心理学の用語; 仮面をかぶった人格》; 〈一般に〉外面(そとづら). a public ～ 外面. **3** (劇などの)登場人物.
[ラテン語; →person]

pér·son·a·ble 形 風采(さい)のいい; 人柄のいい.
▷**-bly** 副

per·son·age /pə́ːrs(ə)nidʒ/ 名 C 〖章〗 **1** 〈大げさに〉名士, 偉い人, 要人. **2** 〈一般に〉人, 個人; 歴史上の人物; (小説, 劇などの中の)人物 (character).

persòna gráta /-grǽtə|-grɑ́ːtə/ 名 (複 **per·so·nae gra·tae** /-tiː/) C 好ましい人物; (受け入れ国にとって)好ましい外交官. [ラテン語 'acceptable person']

‡**per·son·al** /pə́ːrs(ə)nəl/ 形 (★3のみ m; 他は ¢)
1 〈限定〉**個人の**[に関する], 個人的な; **私的な**; (↔impersonal; 類語 個々人が強調される; →private). a ～ letter 親展書. This is my ～ opinion [view]. これは私の個人的な意見だ. ～ belongings 個人の持ち物; 身の回り品. one's ～ life 私生活. a ～ matter 私事, 個人的な問題. ～ gain (地位利用による)個人的利得. a ～ account 銀行[住宅金融共済組合]の個人名義口座. She gave the ～ touch to her salad. 彼女はサラダに(ひと工夫して)個性を出した. He won the race in a ～ best of 49 seconds. 49 秒の自己最高記録でレースに勝った.
2 〈限定〉本人自ら行った. make a ～ visit [appearance] 自ら訪問をする[じきじきに顔を出す]. a ～ interview 直接の面接, 個人面接.
3 〔人, 報告などが〕**私事に立ち入る**; 〔批評などが〕個人に向けられた; 個人攻撃の. You're getting too ～. 君はあまりに私事に立ち入ろうとしている. It's not polite to ask ～ questions. 私事に関する質問をするのは礼儀正しいことではない. make ～ remarks [comments] 人身攻撃をする. (It's) nothing ～. 〖話〗別に悪気はありません.
4 〖章〗〈限定〉体の; 姿かたちの, 風采(さい)の. ～ hygiene 身体の衛生. His ～ appearance was neat. 彼はこざっぱりした姿をしていた.
5 〖文法〗人称の. **6** 〖法〗動産の, 対人の, (↔real).
── 名 C 〖米〗〈普通 ～s〉(新聞, 雑誌の)個人消息(欄); 個人宛(あ)て連絡(欄); 個人広告(欄); (「..欄」の意味では普通, 複数形; →personal column).
[person, -al]

pérsonal àd 名 C 交際相手募集広告.

pèrsonal allówance 名 C 〖英〗個人所得税控除(額).

pèrsonal assístant 名 C 個人秘書《略 PA》.

pérsonal còlumn 名 C 〖英〗(新聞, 雑誌の)個人消息[広告]欄, 個人宛て連絡欄.

pèrsonal compúter 名 C パソコン《略 PC》.

pèrsonal effécts 名 〈複数扱い〉私財; 身の回り品.

pèrsonal equátion 名 C (観察, 判断などの)個人差, 個人誤差.

pèrsonal estáte 名 =personal property.

pèrsonal fóul 名 C 〖スポーツ〗パーソナルファウル《バスケットボールなどで相手選手に触れるなどの反則》.

pèrsonal identificátion nùmber 名 = PIN.

‡**per·son·al·i·ty** /pə̀ːrsənǽləti/ 名 (複 -ties /-z/)
1 UC (a) **個性, 人格**; 強い個性, 優れた人格, 人間的魅力; (類語 人に与える印象としての総体的な特徴のことで, 他の人との相違を強調する; →character). a crucial period of ～ formation 人格形成のきわめて重大な時期. a man ⌞with a great deal of ～ [of great ～] 個性豊かな男. a ～ clash 性格不一致, 相性の悪さ. He lacks ～ [has (a very strong) ～]. 彼は個性が欠けている[強い]. He is not smart but he has lots of ～. 彼は頭は切れないが人間的魅力を大いに持っている. (b) (場所, 物などの)独特な雰囲気, 特性. This room has ～ [a warm ～]. この部屋には独特の[暖かい]雰囲気がある.

連結 an attractive [a charming; a magnetic; a dynamic; an aggressive, a forceful, an overbearing; a weak] ～

2 U 人としての存在; 人間であること, 人間性, 人格(性).
3 C 有名人, 名士, (celebrity); 〖放送〗パーソナリティー《ディスク・ジョッキーや司会者として独特な個性を持っている人》. TV [film] *personalities* テレビの有名人, タレント[映画界のお歴々].
4 C 〈普通 -ties〉〖英旧〗人物批評, 人身攻撃. indulge in *personalities* みだりに人身攻撃をする. Let there be no *personalities* in our talk. 話に人身攻撃は持ち込まないようにしよう. [personal, -ity]

personálity cùlt 名 C 〈しばしば非難して〉(有名人, 成功者, 独裁者などに対する)個人崇拝.

personálity disòrder 名 UC 〖心〗人格障害.

personálity tèst 名 C 〖心〗性格検査.

per·son·al·ize /pə́ːrs(ə)nəlàiz/ 動 他 **1** を個人専有のものとする, (自分の物であることを明らかにするため)に個人の住所[名前, イニシャルなど]を入れる[付ける]; を個人の必要[好みなど]に合わせる. a ～d mug 個人専用の[名入りの]マグ. **2** 〖しばしば軽蔑〗〔議論など〕を個人的な問題[個人攻撃]に擦り替える. **3** =personify.
▷ **pèr·son·al·i·zá·tion** 名

***per·son·al·ly** /pə́ːrs(ə)nəli/ 副 m
【自身で】 **1** 〈主語に対応して〉**自分自身で**, 自ら; 直接に; 〈目的語に対応して〉**直接本人を[に]**. The President wrote the letter ～. 大統領が自分自身でその手紙を書いた. She wrote a letter to the President ～. 彼女は大統領本人に直接手紙を書いた. know him ～ 個人的に彼を知っている[会ったことがある].
【(自分)個人として】 **2** 〈話者[筆者]に対応して; 文修飾〉 **個人的には**, 自分としては. *Personally* (=For myself), I don't agree with him. 自分としては彼に賛成できない. **3** 個人[自分]に向けられたものとして. Vera took his remark ～. ヴェラは彼の言葉を自分に対する当てつけと思った. **4** 一個人[人間]として(は), 人格については, (as a person). *Personally* he is very attractive, but I have some doubt about his ability. 彼の人柄は非常に魅力があるがその力量は疑わしい.
【個人的に】 **5 個人的に**, もっぱら自分[本人]が. He was ～ responsible for the company's bankruptcy. 会社の倒産はもっぱら彼のせいだった. I'm ～ interested in the outcome of the suit. その訴訟の成り行きに個人的に興味がある. **6** (他人を交えず)内密に, 私的に. I talked with him ～ about his retirement. 彼の退職について彼と 2 人だけで話し合った.

pèrsonal náme 名 C (姓に対して)名.

pèrsonal órganizer 名 C システム手帳 (→Filofax); 電子手帳.

pèrsonal pénsion plàn 名 C 個人年金プラン《個人が保険会社と取り決める》.

pèrsonal prónoun 名 C 〖文法〗人称代名詞.

pèrsonal próperty 名 U 〖法〗動産 (↔real property).

pèrsonal spáce 名 U 個人空間《肉体的不快感が生じない程度の他人との距離; 又は 1 人で自由に使える時空間》.

pèrsonal stéreo 名 C 携帯用ステレオ (→walkman).

per·son·al·ty /pə́ːrs(ə)nəlti/ 名 U 〖法〗動産 (personal property) (↔realty).

persóna nòn gràta 名 (複 →persona grata) C 好ましくない人物; (受け入れ国にとって)好ましくない外交官《入国を拒否される》. [ラテン語 'unacceptable person']

per·son·ate /pə́ːrsənèit/ 動 他 **1** の役を演じる. **2** の名をかたる, を詐称する. **3** を擬人化する. (→impersonate) ▷ **pèr·son·á·tion** 名 **pér·son·à·tor** /-tər/ 名

†**per·son·i·fi·ca·tion** /pərsɑ̀nəfəkéiʃ(ə)n|-sɔ̀n-/ 名 **1** UC 〖修辞学〗擬人法《動物, 無生物などを人間として扱って表現する方法》; **人格化**, 擬人化. the ～ of the virtues as females 諸徳を女性として擬人化する表現. **2** C 〈普通 the ～〉**権化**, 化身, 典型, 〈*of* ..の〉. the ～ of selfishness 利己主義の権化.

‡**per·son·i·fy** /pərsɑ́nəfài|-sɔ́n-/ 動 (-fies|過|過分 -fied|～·ing) 他 **1** を擬人化する. Zephyr *personifies* the west wind. (ギリシア神話で) ゼピュロスは西風を擬人化したものである. **2** の化身になる, を具現する, の典型である. Satan ⌞*personifies* evil [is evil *personified*]. サタンは悪の化身だ.

pèrson·kind 名 U 〈単複両扱い〉人類; 人間; (humankind)《*man*kind の男性偏重を避けたもの》.

***per·son·nel** /pə̀ːrsənél/ 名 **1** 〈複数扱い〉〈集合的〉**人員**, 職員, 社員, 隊員, (★「多数の人員」の意味で a large ～ と集合名詞扱いも可能). The ～ of this department number about 60. この課の人数は約 60 名です. Our ～ are carefully chosen people. うちの職員は慎重に選ばれた人たちだ. with fewer ～ もっと少ない人員で. military ～ 軍人, 兵員. a ～ carrier 兵員輸送船[機, 車]. **2** U 人事課[部] (personnel department). He works in ～. 彼は人事部で働いている. a ～ manager 人事担当取締役. [フランス語 'personal']

pèrson-to-pérson /形/ 形 **1** 〖主に米〗(長距離電話が)指名通話の. a ～ call 指名通話《指名された相手が電話に出てから料金を計算する; → station-to-station》. **2** 個人対個人の, ひざうめの. ── 副 ひざうめで〔話すなど〕.

***per·spec·tive** /pərspéktiv/ 名 (複 ～s /-z/)
1 U **遠近[透視]画法**; C 透視画; 遠景の見通し, (遠くへ広がる)眺(ちょう)望. You should use ～ in your drawing. (遠い物を小さく描くなどして)描くのに遠近法を使わなければいけない. draw a ～ of a place ある場所を遠近法で描く. get a ～ of the harbor 港が一望できる.
2 UC (物事の)距離感, 遠近感, 展望. You need a proper ～ to appreciate a literary work. 文芸作品の鑑賞には適当な距離を置いて眺める必要がある.
3 UC (経験や主義などに裏打ちされた総体的な)**見方, 観点**, 視点, 〈*on* ..についての〉(view). lack (a) historical ～ 歴史的観点に欠ける. look at the world from a

P

variety of ～s いろいろな観点から世界を見る. my ～ *on* this problem この問題に関する私の見方. from my ～ 私の見方からすれば. The Tokugawa Era has been thrown into a fresh ～ by this book. 徳川時代は本書によって新しい見方で見られるようになった.
4 Ⓒ 将来の見通し, 展望. get the right ～ on the use of atomic energy 原子力利用に関して正しい見通しを持つ.
in perspéctive (1) 遠近法によって. draw .. *in* ～ .. を遠近法で描く. (2)〈しばしば in one's proper ～ で〉(物の見方が)釣り合いが取れて. get [keep] the situation *in* ～ 事態を大局的にとらえる. Living abroad helps you to see your own country *in* (its) proper ～. 外国に住むことは自分の国をバランスのとれた見方で見る助けになる.
out of perspéctive (1) 遠近法から外れて. (2)(見方が)釣り合いを失って, 誤って.
── 形〈限定〉遠近法の, 遠近法によった.
[＜ラテン語「見通す」(＜per-＋*specere*「見る」)]

per·spex /pə́ːrspeks/ 名 Ⓤ 〖英〗〖商標〗〈時に P-〉パースペックス《航空機風防ガラスなどに用いる透明アクリル樹脂; 〖米〗Plexiglas》.

per·spi·ca·cious /pə̀ːrspəkéiʃəs ㊙/ 形 〖章〗明敏な, 洞察力のある, (discerning); 抜け目ない (astute).
▷ **～·ly** 副 **～·ness** 名

per·spi·cac·i·ty /pə̀ːrspəkǽsəti/ 名 Ⓤ 〖章〗聡(そう)明さ; 洞察力; 抜け目なさ.

per·spi·cu·i·ty /pə̀ːrspəkjúːəti/ 名 Ⓤ 〖章〗(言語・文章などの)明快さ.

per·spic·u·ous /pərspíkjuəs/ 形 〖章〗〔話などが〕明快な; 〔人が〕分かりやすく物を言う, 頭脳明晰(せき)な.
▷ **～·ly** 副 **～·ness** 名

‡**per·spi·ra·tion** /pə̀ːrspəréiʃ(ə)n/ 名 Ⓤ 〖婉曲〗 **1** 発汗(作用). **2** 汗 (類語 sweat と違い, 普通, 動物や物体には用いない上品な語). The ～ was dripping off his brow. 彼の額から汗が流れ落ちていた.

‡**per·spire** /pərspáiər/ 動 自 〖婉曲〗汗をかく, 発汗する, (sweat). The heat made us ～ profusely. 暑気のため私たちはひどく汗をかいた. [＜ラテン語「通して息をする」]

P

per·suád·a·ble 形 説得できる.

‡**per·suade** /pərswéid/ 動 (～s /-dz/|過 過分 -suad·ed /-əd/|-suad·ing) 他
1 (a) を説き伏せる (注意 単に説得するだけでなく, その気にならせること; 普通はさらに実際にその行動をすることまで含む; ただ説得するだけは try to persuade と言う). You can't ～ me. 君は私を説き伏せられないよ.
(b) VOO (～ X *to do*) X (人)を説得して..させる, X (人)に勧めて..させる. Tom was ～*d to* give up the attempt. トムは計画を放棄するよう説き伏せられた. He barely managed to ～ his wife *to* attend the party with him. 彼はやっとのことでパーティに同行するよう妻を説き伏せた.
(c) VOA (～ X ***into*** [***out of***] (*doing*) Y) X (人)を説得して Y(すること)をさせる[やめさせる]. He ～*d* me *into* go*ing* to the movies with him. 彼は私を説得して一緒に映画を見に出かけさせた. ～ him *out of* this plan 彼を説得してこの計画を断念させる.
2 〖章〗 VOO (～ X ***that*** 節)・VOA (～ X ***of*** ..) X (人)に..と[..を]納得させる, 確信させる, 〈しばしば受け身で〉(convince). I ～*d* him (*that*) it was best for him to go in person. 私は彼自身が行くのが最善だと彼を納得させた. She was completely ～*d of* his innocence. 彼女は彼の無罪を完全に信じていた. He ～*d* himself (*that*) he could win the race. 彼はレースに勝てると確信した. ◇↔dissuade
[＜ラテン語「強く勧める」(＜per-＋*suādēre*「忠告する」)]

per·suád·er 名 Ⓒ 説得者; 〖俗〗言うことをきかせる物《おどしに使う銃など》.

‡**per·sua·sion** /pərswéiʒ(ə)n/ 名 (複 **～s** /-z/)
1 aU **説得**, 説得力; 説得されること, 納得; (↔dissuasion). powers of ～ 説得力[の技術]. We've tried ～; now let's try force. 我々はまず説明を試みた(がだめだったので), 次は武力だ. 注意 persuade と異なり, 単に説得するだけの場合にも用いる.
2 〖章〗 aU **確信**, 信念. He is of the ～ that might is right. 力は正義だと彼は確信している.
3 Ⓒ 信仰, 宗派; 政治的信念, 政党, 党派. men of various religious ～s いろいろな宗派の人々.
4 Ⓒ 〖章・話では戯〗〈普通, 単数形で〉種類, 性別; 〈修飾語を伴って〉..型, ..派. pitchers of the Nolan Ryan ～ ノーラン・ライアン型[タイプ]の投手たち.
[persuade, -sion]

†**per·sua·sive** /pərswéisiv/ 形 説得力のある, 説得の上手な. a very ～ argument 非常に説得力のある議論. ～ powers 説得力. ▷ **～·ly** 副 説得力を持って. **～·ness** 名 Ⓤ 説得力〈*with* ..に対する〉

PERT /pəːrt/ 名 Ⓤ 〖経営〗パート《計画管理方法の1つ; ＜*P*rogram *E*valuation *R*eview *T*echnique》.

pert /pəːrt/ 形 ⓔ **1** 〔特に若い娘やその言動が〕生意気な, 無遠慮な. a ～ reply 生意気な返答. ～ manners 出しゃばりな態度. **2** 〔若い娘などが〕いきいきとした, 小柄でセクシーな; 〔服装などが〕粋(いき)な, しゃれた; 〔尻などが〕きゅっと締まった, 〔鼻などが〕小造りでキュートな.
▷ **pért·ly** 副 **pért·ness** 名

pert. pertaining.

†**per·tain** /pərtéin/ 動 自 〖章〗 **1** VA (～ ***to*** ..) ..に関係する. laws ～*ing to* civil rights 公民権に関する諸法. **2** VA (～ ***to*** ..)〈進行形不可〉..に属する, 付属[付随]する. the lands ～*ing to* the mansion その屋敷に属する土地. **3** VA (～ ***to*** ..) ..に適する, ふさわしい. the enthusiasm ～*ing to* youth 若者らしい熱意.
[＜ラテン語「達する, 属する」(＜per-＋*tenēre*「保つ」)]

Perth /pəːrθ/ 名 パース **1** スコットランド中部の都市; 12–15 世紀間スコットランドの首都. **2** オーストラリア南西部の都市; Western Australia 州の州都.

per·ti·na·cious /pə̀ːrtənéiʃəs ㊙/ 形 〖章・時に軽蔑〗根気のいい; しつこい, 頑固な; (tenacious).
▷ **～·ly** 副

per·ti·nac·i·ty /pə̀ːrtənǽsəti/ 名 Ⓤ 〖章〗頑張り; しつこさ, 頑固さ; (tenacity).

per·ti·nence, -nen·cy /pə́ːrtənəns/, /-nənsi/ 名 Ⓤ 〖章〗適切, 適当; 密接な関係.

‡**per·ti·nent** /pə́ːrtənənt/ 形 〖章〗(密接に)関係する; 適切な, 要を得た; 〈*to* ..に〉(relevant). The suggestion is not ～ *to* the matter in hand. その提案は当面の問題に関係がない. make a ～ remark 適切なコメントをする. ◇動 pertain ▷ **～·ly** 副

per·turb /pərtə́ːrb/ 動 他 〖章〗 **1** 〔人, 心〕をかき乱す, 動揺させる, 狼狽(ろうばい)させる; を不安にする, 〈普通, 受け身で〉. →perturbed. **2** 〔事態など〕を混乱させる. [＜ラテン語「混乱に陥れる」(＜per-＋*turbāre*「乱す」)]

per·túrb·a·ble 形 動揺させられる, かき乱されやすい.
▷ **per·tùrb·a·bíl·i·ty** 名

per·tur·ba·tion /pə̀ːrtərbéiʃ(ə)n/ 名 〖章〗 UC **1** 動揺(する[させる]こと), 混乱, 不安. be in great ～ of mind 心が非常に動揺している. the ～s of the period of revolution 革命期の混乱. **2** 〖天〗摂動《物体にはたらく(主要な力以外の)付加的な小さな力の作用; 他の天体の引力によって生じる天体の軌道のずれなど》.

per·túrbed 形 〈叙述〉動揺した, 狼狽(ろうばい)した, 〈*at, about, by* ..に/*to* do ..して/*that* 節 ..ということに〉. She was deeply ～ *to* hear of his death. 彼女は彼の死の知らせを聞いてひどく心を乱した.
▷ **per·turb·ed·ly** /-ədli/ 副

per·tus·sis /pərtʌ́səs/ 名 U 《医》百日咳 (whooping cough).

Pe·ru /pərúː/ 名 ペルー《南米の西岸にある共和国; 首都 Lima; →Peruvian》.

pe·ruke /pərúːk/ 名 C かつら (wig)《特に 17, 18 世紀に男子がつけたもの; periwig とも言う》.

pe·rus·al /pərúːz(ə)l/ 名 aU 《章》 **1** 熟読, 精読; 《時に戯》流し読み. The book will repay a careful ～. その本は注意深く熟読する価値がある. **2** 精査.

pe·ruse /pərúːz/ 動 他 **1** 《章》を熟読する, 精読する; 《時に戯》を読む (read); を読み流す. **2** を精査する, 詳細に調べる, 〔顔色など〕を読む. [＜中期英語「使い切る」; per-, use]

Pe·ru·vi·an /pərúːviən/ 形 ペルーの; ペルー人の.
── 名 C ペルー人.

Perùvian bárk 名 U キナ皮《キニーネの原料》.

perv /pəːrv/ 名 《英話》＝pervert. ▷ **perv·y** 形

per·vade /pərvéid/ 動 他 《章》〔匂い, 雰囲気などが〕〔場所など〕に**一面に広がる**, 行き渡る, みなぎる; にいっぱいになる. The scent of flowers ～*d* the garden. 花の香りが庭にたちこめていた. There was a gloom which ～*d* the meeting. 会場には一種の暗い気分がみなぎっていた. [＜ラテン語「行き渡る」(＜per-＋*vādere*「行く」)]

per·va·sion /pərvéiʒ(ə)n/ 名 U 《章》行き渡ること, 広がること, 充満, 浸透.

‡**per·va·sive** /pərvéisiv/ 形 《章》広がる, 行き渡る, 浸透する. the ～ influence of computers in daily life 日常生活に浸透するコンピュータの影響力.
▷ **～·ly** 副 行き渡って, あまねく. **～·ness** 名

‡**per·verse** /pərvə́ːrs/ 形 《章》 **1** 〔人, 行動が〕つむじ曲がりの, ひねくれた, 手に負えないほど理不尽な. take a ～ pleasure [delight] in troubling one's wife 妻を困らせることに歪(ゆが)んだ喜びを感じる. **2** 〔行動, 態度, 性格などが〕曲がった, 正道を外れた, 強情な, 邪悪な.
[＜ラテン語「ひっくり返された」; →pervert] ▷ **～·ly** 副 ひねくれて, つむじ曲がりに, よこしまに. **～·ness** 名

‡**per·ver·sion** /pərvə́ːrʒ(ə)n|-ʃ(ə)n/ 名 UC **1** 堕落する[させる]こと; (正道からの)逸脱, 悪化; 悪用.
2 変態, 倒錯, 《特に性欲の》. sexual ～ 性的倒錯. a ～ of the appetite 食欲の倒錯, いかもの食い.
3 (意味を)歪(ゆが)める[られる]こと, こじつけ, 曲解; 悪く変えられたもの, 茶化したもの. a ～ of justice [truth] 正義[真実]をねじ曲げること. ◇動 pervert

per·ver·si·ty /pərvə́ːrsəti/ 名 (複 -ties) U 片意地, つむじ曲がり; C ひねくれた行為; 倒錯行為. ◇形 perverse

†**per·vert** /pərvə́ːrt/ 動 他 **1** を正道から踏み外させる, 〔特に若い人(の心)〕を堕落させる, 誤らせる, 歪(ゆが)める. ～ (the mind of) a boy 少年(の心)を歪める. ～ the course of justice 《法》正義の道を歪める《偽証, 証拠ねつ造, 他人へのぬれぎぬなど》. **2** の意味を曲げる, を曲解する. ～ the meaning of an idiom 成句の意味を曲解する. **3** を悪用する. ～ one's talent 才能を悪用する.
4 を性的に倒錯させる. ◇名 perversion
── /pə́ːrvəːrt/ 名 C 《軽蔑》変態, 変質者, 性的倒錯者; 堕落者, 背教者.
[＜ラテン語「ひっくり返す, 誤った方向に向ける」(＜per-＋*vertere*「回す, 向ける」)]
▷ **～·ed** /-əd/ 形 邪道に陥った, 曲がった, 歪んだ; 背徳の; 性的に倒錯した, 変態の. **～·ed·ly** 副

per·vi·ous /pə́ːrviəs/ 形 **1** 透過させる, 通す, 〈*to* ..〔水, 光など〕を〉. **2** 受けやすい 〈*to* ..〔影響など〕を〉.

pe·se·ta /pəséitə/ 名 C ペセタ《スペインの貨幣単位; 100 centimos》; 1 ペセタ銀貨.

pes·ky /péski/ 形 e 〈限定〉《主に米話》厄介な, 面倒な, こうるさい.

pe·so /péisou/ 名 (複 ～s) C ペソ《ボリビア, チリ, コロンビア, キューバ, ドミニカ共和国, ギニア＝ビサウ, メキシコ, ウルグアイ, フィリピンの貨幣単位; 記号 $ (フィリピンは P)》; 1 ペソ貨幣[紙幣].

pes·sa·ry /pésəri/ 名 (複 -ries) C 《医》ペッサリー《女性用避妊具》; 子宮圧定器《子宮転位を矯正する》; (膣(ちつ)内に挿入する)座薬.

†**pes·si·mism** /pésəmìz(ə)m/ 名 U 悲観(的)思想, 悲観主義[論], 厭(えん)世主義, (↔optimism).

†**pes·si·mist** /pésəmist/ 名 C 悲観論者, 厭(えん)世主義者, (↔optimist).

***pes·si·mis·tic** /pèsəmístik 移/ 形 m **悲観的な**, 厭(えん)世的な, 〈*about* ..について〉(↔optimistic). I am ～ *about* the results. 私はその結果については悲観的だ. take a ～ view of life 人生を悲観的に見る.
[＜ラテン語 *pessimus*「最悪の」; -ist, -ic]
▷ **pes·si·mis·ti·cal·ly** /-k(ə)li/ 副

†**pest** /pest/ 名 **1** C 有害な動物[虫, 植物]. insect ～*s* 害虫. ～ control 害虫駆除. **2** C 《話》〈普通, 単数形で〉有害な人[もの], 迷惑な存在《特に面倒な子供》. **3** UC 《古》ペスト, 悪疫, (pestilence).
[＜ラテン語「悪疫」]

†**pes·ter** /péstər/ 動 他 《話》をしつこく悩ます, (うるさくして)困らせる, 苦しめる, 〈*with* ..で〉; にせがむ〈*for* ..を〉; VOC (～ X *to do*) X (人) に..してくれとせがむ. Mosquitoes ～*ed* the campers. 蚊がキャンパーたちを悩ました. ～ a person *with* questions うるさく質問ばかりして人を悩ませる. The boy ～*ed* his mother ⌊*for* money [*to* give him some money]. 少年は母親に金をくれとうるさくせがんだ.

‡**pest·i·cide** /péstəsàid/ 名 UC 殺虫剤《除草[殺鼠(そ), カビ防除]剤などを含めて言うこともある》.

pes·tif·er·ous /pestíf(ə)rəs/ 形 **1** 《戯》うるさい, 厄介な, (annoying). **2** 病気を運ぶ; (道徳的に)有害な.

pes·ti·lence /péstələns/ 名 《章》 **1** UC 悪疫, (悪性の)流行病《特に bubonic plague》. **2** C 弊害, 害悪.

pes·ti·lent /péstələnt/ 形 **1** 《章》〔伝染病などが〕生命にかかわる (deadly); 〔病気が〕伝染性の. **2** 《章》〔思想などが〕有害な〈*to* ..に〉.
3 《話》しつこい, うるさい, 執拗(よう)な. flap away ～ flies しつこいハエをはたいて追い払う.

pes·ti·len·tial /pèstələ́nʃ(ə)l 移/ 形 **1** 《章》伝染病の(ような); 伝染病の原因となる. **2** 《章》＝pestilent 2; 〈限定〉〔動物が〕有害な《群れをなして農作物を荒らすなど》. **3** 《話》＝pestilent 3. ▷ **pès·ti·lén·tial·ly** 副

pes·tle /pés(t)l/ 名 C 乳棒(にゅうぼう)《乳鉢(にゅうばち) (mortar) の中で物をすりつぶす道具》; すりこぎ.
── 動 他 を乳棒でする, つぶす, こねる.

pes·to /péstou/ 名 U ペスト《バジル・ガーリック・松の実・パルメザンチーズをすりつぶし, オリーブオイルであえたパスタ用ソース》.

PET 《化》 polyethylene terephthalate (ポリエチレンテレフタレート). a ～ bottle ペットボトル《炭酸飲料容器などに用いる》.

****pet**[1] /pet/ 名 (複 ～s /-ts/) C **1** ペット, 愛玩(がん)用動物. 参考 最近はこの語の代わりに **compànion ánimal** (伴侶(はんりょ)動物)が用いられることもある. Betty keeps a cat as [for] a ～. ベティはペットに猫を飼っている. **2** お気に入り(の人[もの]), えこひいきされる人[もの]. a teacher's ～ 先生のお気に入り(の生徒)《しばしば非難して》. **3** 〈しばしば呼びかけに用いて〉かわいい[かわいがられる]人; すてきなもの[人]; (dear). Be a ～ and go to buy some butter for me. いい子だからバターを買って来てちょうだい. Would you like some cake, (my) ～? お菓子欲しくない, 僕ちゃん[お嬢ちゃん].
4 〈形容詞的〉 (**a**) ペットとして飼われている; ペット用の; 甘やかされている. go for a walk with one's ～ dog 愛

P

犬と散歩に行く. ～ food ペット用の餌(え). a ～ shop ペット動物店. (**b**) お気に入りの, お得意の; 特別の, 最大の. his ～ theory 彼の持論. one's ～ project (長年温めている)お得意の計画. my ～ hate [aversion] 私の大嫌いな人[もの].

màke a pét of . . 〔子供, 動物など〕を大そうかわいがる.

── 動 (～s|-tt-) 他 **1** をかわいがる; をなでさする, 愛撫(ぶ)する. ～ a horse on the nose 馬の鼻うらをなでてやる. **2**〖話〗〔異性〕にペッティングをする. ── 自〖話〗〔男女が〕ペッティングをする. [?＜*petty*]

pet[2] 名C (子供っぽい)不機嫌, すねること; かんしゃく. She's in a ～ about something. 彼女は何かですねている.

Pet.〖聖書〗Peter.

pet. petroleum.

***pet·al** /pétl/ 名 (複 ～s /-z/) C〖植〗**花弁**, 花びら. [＜ギリシア語「葉」]

pet·aled,〖英〗**-alled** /pétld/ 形 花弁のある. five-～ 5 弁の. pink-～ blossoms ピンク色の花びらの花.

pe·tard /pətá:rd/ 名C (昔, 城門などを破壊するのに用いた)爆破火具. ***be hóist(ed) with [by] one's òwn petárd*** 自分のかけた罠(わな)にはまる, 自業自得となる, (*hoist*〖古〗＝hoisted; Shakespeare 作 *Hamlet* の中の言葉から).

Pete /pi:t/ 名 Peter の愛称.

Pe·ter /pí:tər/ 名 **1** 男子の名《愛称 Pete》. **2 Simon** ～ ペトロ《キリストの 12 使徒の 1 人》. **3**『ペトロの手紙』《新約聖書中の書; 第 1 と第 2 の二書; 略 Pet.》. ***ròb Péter to pày Pául*** 甲から取って乙に与える, 借金を借金で返す.

pe·ter[1] /pí:tər/ 動 自 VA (～ *out, away*) 次第になくなる[尽きる, 終わる], 尻(しり)切れとんぼになる; 消えうせる.

pe·ter[2] 名C〖俗〗(刑務所の)独房; 金庫.

péter·man 名 (複 **-men** /-mən/) C〖英俗〗金庫破り《人》.

Pèter Pán 名 **1** ピーター・パン《J. M. Barrie 作の児童劇 (1904) の主人公》; いつまでも童心を失わない[歳よりずっと若く見える]人. **2** C (婦人服, 子供服などの)丸襟 (**Pèter Pan cóllar**).

Pèter Rábbit 名 ピーター・ラビット《Beatrix Potter 作の童話 *The Tale of Peter Rabbit* (1900) 中のいたずらな子ウサギ》.

Pèter the Gréat 名 ピョートル大帝 (1672–1725) 《ロシア皇帝ピョートル I 世》.

pet·i·ole /pétiòul/ 名C〖植〗葉柄.

pet·it /péti, pəti:/ 形〖主に法〗小さい, ささいな; 重要でない; (minor). [フランス語 'little']

pet·it bour·geois /pəti:-burʒwá:, -búrʒwa:, pèti-|pèti-búəʒwa:, -bɔ́:-/ (複 **petits bourgeois** /pəti:-burʒwá:(z), -búrʒwa:(z)|-búəʒwa:(z), -bɔ́:-/) 名U 〈the ～; 単複両扱い〉, 形 プチブル(ジョア)(の), 小市民階級(の). [フランス語 'small bourgeois']

petit bour·geoi·sie /-zi:/ 名 ＝petit bourgeois.

‡**pe·tite** /pəti:t/ 形〔女性などが〕小柄で品のある, かわいらしい. [フランス語 'little' (*petit* の女性形)]

pet·it four /pèti-fɔ́:r|-fúə, -fɔ́:/ 名 (複 **petits fours** /pèti-fɔ́:r(z)|-fúəz, -fɔ́:z/) C プチフール《アーモンドの粉を使ったひと口ケーキ[クッキー]》. [フランス語 'little oven']

***pe·ti·tion** /pətíʃ(ə)n/ 名 (複 ～s /-z/) C **1 嘆願**, 請願;〖章〗祈願. grant [reject] a ～ 請願を許可する[却下する]. file a ～ for [against] . . を求める[に反対する]請願を提出する. **2 嘆願書**, 陳情書. circulate a ～ 陳情書を(賛同を得るために)回覧する. **3**〖法〗(裁判所への)申立て(書).

── 動 (～s /-z/|過 過分 ～ed /-d/|～·ing) 他 に**嘆願する**, 請願する, 〈*for* . . を/*against* . . に反対して〉; VOO (～ X *to do*/X *that* 節) X(人)に. . するように/. . ということを請願する. ～ the mayor *for* [*against*] the new road 道路の新設[新設反対]を市長に請願する. Let's ～ the president *to* listen to our side of the case. 我々の言い分を聞いてくれるように社長に要請しよう. The townspeople ～*ed* the town council *that* a new park (should) be laid out. 町民たちは新しい公園が設けられるように町議会に請願した.

── 自 請願する, 請う, 〈*for* . . を(求めて)/*about* . . のことで/*against* . . に反対して/(*for* X) *to* do X が. . するようにと〉. ～ *for* divorce 離婚(許可)を(裁判所に)願い出る. [＜ラテン語「求めること」]

pe·ti·tion·ar·y /pətíʃənèri|-ʃ(ə)nəri/ 形 請願[祈願]の(ための).

pe·tí·tion·er 名C **1** 請願者, 陳情者. **2**〖法〗申し立て人;〖主に英〗離婚訴訟の原告.

Petìtion of Ríght 名〈the ～〉〖英史〗権利請願《1628 年に議会が Charles I に承認させたもの; 議会の同意のない課税や正規の裁判によらない監禁などを禁止した; 趣旨は後の権利章典 (→bill of rights) に含まれる》.

pètit júry 名 ＝petty jury.

pètit lárceny 名 ＝petty larceny.

pét nàme 名C (人, 動物などの)愛称《Ted は Edward, Cathy は Catherine の pet name》.

Pe·trarch /pí:tra:rk|pé-/ 名 **Francesco** ～ ペトラルカ(1304–74)《イタリアの詩人・人文主義者》.

Pe·trar·chan /pitrá:rkən/ 形 ペトラルカ(風[流])の. a ～ sonnet ペトラルカ風[イタリア風]ソネット.

pet·rel /pétrəl/ 名C ウミツバメ《海鳥》; 〈特に〉＝stormy petrel.

pet·ri·fac·tion, pet·ri·fi·ca·tion /pètrəfǽkʃən/, /-fəkéiʃ(ə)n/ 名 **1** U (化)石化(する[される]こと); C 化石, 石化物. **2** U 茫(ぼう)然自失, (恐怖などによる)硬直[金縛り]状態.

Pètrified Fórest Nàtional Párk 名 〈the ～〉ペトリファイドフォレスト国立公園《米国の Arizona 州東部にある; 岩石の表面に木の化石が見られる》.

‡**pet·ri·fy** /pétrəfài/ 動 (-fies|過 過分 -fied|～·ing) 他 **1** を石化する, 化石化する (fossilize). a *petrified* elephant in the desert 砂漠の中の象の化石. **2** を驚き[恐怖]ですくませる, 茫(ぼう)然自失させる. Mary was *petrified* (*with* fright) at the sight of a big snake. 大きな蛇を見てメリーは恐怖ですくんだ. **3**〔組織など〕を硬直させる《成長や変化できなくする》.

── 自 **1** 石[化石]になる; 石のように(堅く)なる. **2** 体がすくむ. **3**〔組織などが〕硬直する.

pet·ro- /pétrou/ 〈複合要素〉「岩, 石; 石油」の意味. [ギリシア語 *pétrā*「岩」, *pétros*「石」]

‡**pètro·chémical** 形, 名C 石油化学製品(の).

pètro·chémistry 名U 石油[岩石]化学.

pétro·dòllar 名C 〈普通 ～s〉石油ドル, オイルダラー[マネー], 《原油輸出によって得た外貨》.

Pet·ro·grad /pétro(u)græd/ 名 ペトログラード《St. Petersburg の旧称 (1914–24)》.

pe·trog·ra·phy /pətrágrəfi|-rɔ́g-/ 名U 岩石分類[記載]学.

***pet·rol** /pétrəl/ 名U〖英〗**ガソリン** (〖米〗gas, gasoline). [＜フランス語 (*essence de*) *pétrole* '(essence of) petroleum']

pet·ro·la·tum /pètrəléitəm/ 名U〖化〗〖米〗ペトロラタム (petroleum jelly), ワセリン (Vaseline); 鉱油.

pétrol bòmb 名〖英〗＝Molotov cocktail.

***pe·tro·le·um** /pətróuliəm/ 名U **石油**《略 pet.》. [＜ラテン語 *petra* 'stone'＋*oleum* 'oil']

petròleum jélly 名〖主に英〗＝petrolatum.

pe·trol·o·gy /pətrálədʒi|-rɔ́l-/ 名U 岩石学.

▷ **pe·trol·o·gist** 名C 岩石学者.

pétrol stàtion 名C〖英〗ガソリンスタンド (→filling station;〖米〗gas station).

pétrol tànk 名C〖英〗(車の)ガソリンタンク (〖米〗

gas tank).

†**pet·ti·coat** /pétikout/ 名 C **1** ペチコート《女性の下着; ウエストから下だけのスカート状のもの又は(肩からの)スリップ》. **2**〖話〗女性, 娘. **3**〖戯・軽蔑〗〈形容詞的〉女性の, 女性支配の. ～ government (家庭, 政界などでの)嬶(かかあ)天下, 女性支配. ***wèar* [*be in*] *pétticoats*** (1) 女性である, 女性らしくふるまう. (2) まだ幼少である. [petty, coat]

pet·ti·fog /pétifàg|-fɔ̀g/ 動 (～s|-gg-) 自〖旧〗(ささいな事で)小理屈をこねる; いんちきな弁護をする.
▷ **～·ger** 名 C いんちき弁護士; ぺてん師. **～·gery** 名

pét·ti·fòg·ging 形〖旧〗〈限定〉**1** 些事(さじ)にこだわる, こうるさい〔役人など〕. **2** ささいな, 取るに足りない. **3** 悪知恵のある, ずるい. a ～ lawyer 悪徳弁護士.

pét·ting 名 U ペッティング, 愛撫(ぶ) (→necking).

pet·tish /pétiʃ/ 形 **1**〔人が〕むかっ腹を立てる, すぐつむじを曲げる. **2**〔言動が〕腹立ち紛れの.
▷ **～·ly** 副 むかっ腹を立てて, すねて. **～·ness** 名

†**pet·ty** /péti/ 形 e (-ti·er|-ti·est) **1**〈普通, 限定〉取るに足りない, ささいな, つまらない. (a) ～ crime 微罪. ～ quarrels 下らないいさかい. **2**〈普通, 叙述〉卑しい, 卑劣な; 心の狭い. ～-minded 狭量な(心の). **3**〈限定〉下級の; 小規模な. a ～ official 小役人. a ～ farmer 小農. [＜petit] ▷ **pet·ti·ly** 副 卑劣に; 小規模に. **pet·ti·ness** 名 U ささいな[取るに足らぬ]こと; 狭量.

pètty bourgeóis 名, 形 ＝petit bourgeois.

pètty bourgeoisíe 名 ＝petit bourgeoisie.

pètty cásh 名 U〖主に英〗(会社などで小口支払いのために用意しておく)小口現金.

pètty júry 名 C〖法〗小陪審《普通 12 名から構成されるもので, 事実の審理に当たり, 有罪か無罪かの評決を出す》(petit [trial] jury; →grand jury).

pètty lárceny 名 U〖米法〗軽窃盗罪.

pétty òfficer 名 C〖海軍〗下士官《略 PO; →noncommissioned officer》.

pet·u·lance /pétʃələns/ 名 U (駄々っ子のように理不尽な)いらだち, かんしゃく; 不機嫌; 短気な言動.

‡**pet·u·lant** /pétʃələnt/ 形 いらいらした, 怒りっぽい; すねた, 不機嫌な; 短気な. [＜ラテン語「求める, 攻撃する」]
▷ **～·ly** 副 腹を立てて; すねて; 不機嫌に.

pe·tu·nia /pət(j)ú:njə|-tjú:-/ 名 C ペチュニア, ツクバネアサガオ,《熱帯アメリカ原産; ナス科の観賞用植物; 漏斗状の花を咲かせる》. [＜フランス語(廃語)「タバコ」(＜南米先住民語)]

‡**pew** /pju:/ 名 C **1** (教会内の一般参列者用の背もたれの付いた)ベンチ. a family ～ 教会の家族席. **2**〖英戯〗いす, 座席. Take [Grab] a ～. まあ座れや. [＜ラテン語 *podium*「バルコニー」(＜ギリシア語 *poús*「足」)]

pe·wee /pí:wì:/ 名 C ヒタキの類の小鳥の総称《北米産; 鳴き声からつけた名称》. [擬音語]

pe·wit /pí:wit/ 名 ＝peewit.

pew·ter /pjú:tər/ 名 U **1** しろめ《すず, 銅, アンチモンなどの合金; 以前, 食器として広く用いられた》. **2** しろめ製品 (**péwter wàre**).

pe·yo·te /peióuti/ 名 C ウバタマ《アメリカ南西部・メキシコ産のサボテンの一種》; U ペヨーテ《ウバタマから得られる幻覚剤》. [＜中米先住民語]

pf. perfect; pfennig; pianoforte; preferred (〖株式〗優先の, 先取権のある); proof.

PFC, Pfc〖米〗private first class.

pfen·nig /(p)fénig/ 名 (複 **～s, pfen·ni·ge** /-gə/) C ペニッヒ《ドイツの貨幣単位; 100 分の 1 ドイツマルク; 略 pf.》.

pfft /fʌt, fət/ 名〖米〗＝phut.

PFLP Popular Front for the Liberation of Palestine《パレスティナ解放人民戦線》.

PG[1] /pì:dʒí:/ 形, 名 C〖英〗親の同伴指定の(映画)《＜*P*arental *G*uidance; →film rating》.

PG[2]〖英〗paying guest.

Pg. Portugal; Portuguese.

pg. page.

PGCE /pì:dʒi:sì:í:/ 名 (複 **～s**) C〖英〗(公立学校)教員免許《学位取得後 1 年のコースで取得; *P*ost*g*raduate *C*ertificate of *E*ducation》.

PG-13 /pì:dʒi:θə̀rtí:n/ 形, 名 C〖米〗13 歳未満は親の同伴指定の(映画)《＜*P*arental *G*uidance suggested for children under *13*; →film rating》.

PH Purple Heart.

Ph〖化〗phenyl.

‡**pH** /pì:éitʃ/〖化〗ペーハー(水素イオン濃度指数)《＜ドイツ語 *potentz* ('power')＋H (水素の元素記号)》.

ph. phase.

Pha·ë·thon /féiəθən/ 名〖ギ神話〗パエトーン《太陽神 Helios の子; 父の日輪の馬車で天空を駆ったが, 御し損ない地球を焦がしそうになったので Zeus が雷電を放って殺した》.

pha·e·ton /féiətn|féitn/ 名 C 2 頭立て 4 輪馬車;〖米〗幌(ほろ)型自動車 (touring car).

phag·o·cyte /fǽgəsàit/ 名 C〖生理〗食細胞《白血球など》. ▷ **phag·o·cyt·ic** /fæ̀gəsítik/ 形

pha·lan·ger /fəlǽndʒər/ 名 C ユビムスビ属の有袋動物《オーストラリア産; ユビムスビ, クスクスなど》.

pha·lanx /féilæŋks|fǽl-/ 名 (複 **～·es, pha·lan·ges** /-dʒi:z/) C (★1, 2は単数形で複数扱いもある) **1** (古代ギリシアの)方陣《盾と槍(やり)とで歩兵が作る密集戦闘隊形》. **2** (人や動物が敵に対して取る)密集隊形, 結束集団; 同志の集まり;〈一般に〉(人, 物の)集団, 密集. **3** (複 **phalanges**)〖解剖〗指骨.

phal·lic /fǽlik/ 形 **1** 男根(崇拝)の, 陰茎の(ような). **2**〖精神分析〗男根期 (**phàllic pháse**) の《肛門期に次ぐ男児性欲の発達段階で性器に関心が向く; 3–6 歳頃》.

phal·li·cism /fǽləsìz(ə)m/ 名 U 男根崇拝.

phal·lo·cent·ric /fæ̀ləséntrik|fæ̀lou-/ 形〖章〗男性中心[本位]の.

phal·lus /fǽləs/ 名 (複 **phal·li** /-lai/, **～·es**) C (勃起した)男根像, ファルス,《ある宗教では生殖力の象徴》;〖解剖〗陰茎 (penis). [＜ギリシア語]

phan·er·o·gam /fǽnərəgæ̀m|fǽnərou-/ 名 C〖植〗顕花植物 (↔cryptogam).

phan·tasm /fǽntæz(ə)m/ 名 C〖章〗**1** 幻影; 幻想. **2** 幽霊 (ghost). [＜ラテン語 *phantasma* (＜ギリシア語「現れるもの」)]

phan·tas·ma·go·ri·a /fæntæ̀zməgɔ́:riə|fæ̀ntæzməgɔ́r-/ 名 C (夢想の中でのように)次々に去来する幻影[光景]; 走馬灯. ▷ **phan·tas·ma·go·ric, -ri·cal** /-rik/, /-rik(ə)l/ 形 目まぐるしく移り変わる.

phan·tas·mal, -mic /fæntǽzm(ə)l/, /-mik/ 形 幻影の; 空想の.

phan·ta·sy /fǽntəsi, -zi/ 名〖古〗＝fantasy.

†**phan·tom** /fǽntəm/ 名 C **1** 幽霊; 幻覚, 錯覚; (類語 夢の中に現れるような幻影を指すことが多い; →ghost). **2** 有名無実の人[もの]; 実体のない人[もの]. a ～ of a king 実権のない(名目だけの)王. **3**〈形容詞的〉幽霊の(ような); 架空の; 見せかけの;〖戯〗下手人[犯人]不明の. a ～ ship 幽霊船 (→Flying Dutchman). a ～ company 幽霊会社. ～ withdrawals from ATMs 知らない間の ATM からの現金引出し. [＜ラテン語 *phantasma* 'phantasm']

phàntom límb 名 C 幻想肢(し)《手足の切断後, その部分がまだあるように錯覚すること》.

phàntom prégnancy 名 C〖医〗想像妊娠.

Phar·aoh /fé(ə)rou|féər-/ 名 C〖史〗〈時に p-〉ファラオ, パロ,《古代エジプトの王又はその称号》.

phar·i·sa·ic, -i·cal /fæ̀rəséiik 移/, /-ik(ə)l 移/ 形 **1**〈しばしば P-〉パリサイ人の, パリサイ人的な.

P

2 (特に宗教上, 道徳上)内容より形式を重んじる; 独善的な, 偽善的な.
▷**phar·i·sa·i·cal·ly** [副] 形式にこだわって; 独善的に.

Phar·i·sa·ism /fǽrəsèiiz(ə)m/ [名] [U] パリサイ主義[派]; 〈p-〉形式主義; 独善, 偽善.

Phar·i·see /fǽrəsìː/ [名] [C] **1** パリサイ人《古代ユダヤ教の一派の人; 儀式や律法に厳格に従うあまり, その精神を忘れたと言われる; Sadducee と対立》. **2** 〈p-〉〖軽蔑〗(宗教上, 道徳上の)形式主義者; 独善家, 偽善者.

‡**phar·ma·ceu·ti·cal** /fɑ̀ːrməsúːtik(ə)l [移]/ [形] 薬学の, 調剤学の, 薬剤(師)の; 製薬の (★pharmaceutic /-tik/ ともつづる). ── [名] [C] 〈主に ～s〉調合薬.
▷**phar·ma·ceu·ti·cal·ly** [副] 薬学上(は).

phàr·ma·céu·tics [名] 〈単数扱い〉＝pharmacy 2.

†**phar·ma·cist** /fɑ́ːrməsist/ [名] [C] 薬剤師 (→druggist, chemist); 〖章〗薬種商《人》; 〖主に英〗〈また ～'s〉薬局 (〖米〗drugstore, 〖英〗chemist's (shop)).

phar·ma·col·o·gy /fɑ̀ːrməkɑ́lədʒi|-kɔ́l-/ [名] [U] 薬物学, 薬理学. ▷**phar·ma·col·o·gist** /-dʒist/ [名] [C] 薬理学者.

phar·ma·co·poe·ia /fɑ̀ːrməkəpíːə/ [名] **1** [C] 薬局方(ほう)《薬剤の種類・用法などを書いた本; 特に政府刊行のもの》. **2** [U] 薬物類.

***phar·ma·cy** /fɑ́ːrməsi/ [名] ([複] **-cies** /-z/) **1** [C] **薬局**, 薬種商; (病院内の)薬局; ([類語]「薬屋」の意味で〖米〗では一般に drugstore と言うが, これは薬品よりも雑貨を多く扱う; 〖英〗では chemist's (shop); →dispensary). **2** [U] 薬学, 調剤学; 製薬業. [＜ギリシア語「呪法, 毒, 薬」; -y²]

Phar·os /fé(ə)rɑs|féərɔs/ [名] **1** 〖史〗〈the ～〉ファロス灯台《昔エジプトのアレキサンドリア湾内の Pharos 島にあったと言われる巨大な灯台; 世界 7 不思議の 1 つ》. **2** [C] 〈p-〉灯台 (lighthouse); 航路標識.

pha·ryn·ge·al, -ryn·gal /fərín dʒiəl, fæ̀rindʒíːəl [移]/, /fəríŋ(ə)l/ [形] 〖解剖〗咽(いん)頭の; 〖音声〗咽頭音の.

pha·ryn·ges /fəríndʒiːz/ [名] pharynx の複数形.

phar·yn·gi·tis /fæ̀rindʒáitəs/ [名] [U] 〖医〗咽(いん)頭炎.

phar·ynx /fǽriŋks/ [名] ([複] **～·es, pha·ryn·ges**) [C] 〖解剖〗咽(いん)頭.

***phase** /feiz/ [名] ([複] **phás·es** /-əz/) [C] **1** (変化, 発達の)**段階**; 期間, 時期; (成長, 発達期における一過性の)局面, 状態. The negotiations have entered upon a new ～. 交渉は新段階に入った. the last ～ of Byron's life バイロンの生涯の最後の局面. She is going through a ～ of chasing after her favorite pop group. 彼女はお気に入りのポップグループの追っかけをする年頃だ. The boy's defiant behavior is just a (passing) ～. 少年の反抗的態度はじきに治まるよ.

> [連結] a critical [a crucial; the initial, the opening; the final, the closing; a transitional] ～ // go [pass] through a ～ // a ～ begins

2 (問題, 現象などの)**側面**, 様相. The problem has many ～*s*. 問題は種々の側面を持っている.
3 〖天〗象(しょう), 相, 《地球から見て, 月や他の惑星が周期的に見せる特定の形; 新月, 半月, 満月など》. The moon goes through its ～*s*. 月は満ちたり欠けたり種々の姿を見せる. **4** 〖化〗相; 〖物理〗位相.
***in* [*out of*] *pháse* (*with* ..)** (..と)同調して[しないで], 一致して[しないで].
── [動] [他] を段階的に扱う[実行する]〈普通, 受け身で〉. a ～*d* withdrawal of the occupation army from the country その国からの占領軍の段階的撤退.
phàse /../ dówn ..を段階的[徐々]に削減する.
phàse /../ ín ..を段階的に取り入れる[導入する].
phàse /../ óut ..を段階的に廃止[除去]する. ～ *out* nuclear power within 15 years 原子力発電を 15 年以内に段々と廃止する. [＜ギリシア語「現れる姿」]

phâse·òut [名] [C] 〖主に米〗段階的廃止[撤去].

phat·ic /fǽtik/ [形] 〔言葉が〕交感的な《意味の伝達を目的としない, 挨拶(あいさつ)などのような社交儀礼的な言語使用に言う》. ～ communion 交感的言語使用.

†**Ph.D., PhD** /pìːeitʃ-díː/ [名] ([複] **～s, ～'s**) [C] (哲学)博士(号); 〖米〗博士(号); 《＜ラテン語 *Ph*ilosophiae *D*octor＝'Doctor of Philosophy'; D.Phil., D Phil ともつづる》. She has a *Ph.D.* in anthropology. 彼女は人類学の博士号を持っている. a ～ thesis 博士論文.

***pheas·ant** /féz(ə)nt/ [名] ([複] **～s** /-ts/, ～) **1** [C] 〖鳥〗キジ; キジの類の鳥《特に〖米〗ではエリマキライチョウ (ruffed grouse) など》. a golden ～ キンケイ《キジ科の金色と赤色の羽を持つ鳥》. **2** [U] キジの肉. [＜ギリシア語「Phasis (黒海沿岸の古代国家 Colchis にあった川)の鳥」]

phe·nac·e·tin /finǽsətən/ [名] [U] 〖薬〗フェナセチン《解熱鎮痛剤》.

Phe·ni·ci·a /finíʃ(i)ə/ [名] ＝Phoenicia.

Phe·ni·ci·an /finíʃ(i)ən/ [形] ＝Phoenician.

phe·nix /fíːniks/ [名] 〖米〗＝phoenix.

phe·no·bar·bi·tal 〖米〗, **-bi·tone** 〖英〗/fìːnoubɑ́ːrbətl/, /-bətoun/ [名] [U] フェノバルビタール《強い睡眠剤》.

phe·nol /fíːnoul, -nɔːl|-nɔl/ [名] [U] 〖化〗フェノール, 石炭酸 (carbolic acid).

phe·nom /fíːnɑm, fənɑ́m|fənɔ́m/ [名] [C] 〖米俗〗天才, 神童. [＜*phenom*enon]

phe·nom·e·na /finɑ́mənə|-nɔ́m-/ [名] phenomenon の複数形.

‡**phe·nom·e·nal** /finɑ́mən(ə)l|-nɔ́m-/ [形] **1** 驚くべき; 尋常でない. a ～ memory すばらしい記憶力. **2** 〖章〗(自然)現象の. **3** 〖章〗知覚できる.

phe·nóm·e·nal·ly [副] **1** 〖章〗現象的に(は), 現象として. **2** 〖話〗驚くほど, 信じがたいほどに. a ～ successful project 驚くほど成功した計画.

phe·nom·e·nol·o·gy /finɑ̀mənɑ́lədʒi|-nɔ̀mənɔ́l-/ [名] [U] 〖哲〗現象学. ▷**phe·nòm·e·no·lóg·i·cal** /-nəlɑ́dʒik(ə)l|-lɔ́dʒ-/ [形] 現象学的な.

***phe·nom·e·non** /finɑ́mənɑ̀n, -nən|-nɔ́mənən/ [名] ([複] **phe·nom·e·na** /-nə/, 2 ではまた **～s** /-z/) [C] **1 現象**, 知覚できる事象. A rainbow is a beautiful natural ～. 虹(にじ)は美しい自然現象だ.

> [連結] a common [a widespread; a global; a universal; a rare, an unusual; a strange; an inexplicable; a transient; a natural] ～

2 異常な出来事; 非凡な人, 天才; 並外れた物. an infant ～ 神童. [＜ギリシア語「現れるもの」]

phe·no·type /fíːnətàip/ [名] [C] 〖生物〗表現型《genotype と環境とによって生物の外見に現れた諸性《記質》. 「号 Ph》.

phen·yl /fénəl, fíː-, fíːnail/ [名] [U] 〖化〗フェニル基

pher·o·mone /férəmòun/ [名] [C] 〖生物〗フェロモン《ある種の生物(アリ, ガなど)が分泌して, 同種の他の個体に危険を知らせたり, 異性を惹(ひ)きつける作用がある》.

phew /fjuː/ (★実際の会話ではややかすれた口笛に似た音) [間] ちぇっ, ひゃあ, 《安堵(ど), 不快感, 疲労感, 驚きなどで思わず口をつく音を書き表したもの》. [擬音語]

phi /fai/ [名] [UC] ファイ《ギリシア語アルファベットの 21 番目の文字; Φ, φ; ローマ字の ph, f に当たる》.

phi·al /fái(ə)l/ [名] [C] 〖章〗水薬瓶, ガラス瓶, (vial).

Phì Bèta Káppa [名] 〖米〗ファイベータカッパクラブ《1776 年創立; 普通, 全米の大学の卓抜な優等生だけが入会を許される終身制の優等学生友の会; 会のモットー

'Philosophy the Guide of Life' に当たるギリシア語の略字 *ΦBK* から》; Ⓒ その会員.

Phid·i·as /fídiəs|-æs/ 名 フィディアス《紀元前5世紀のギリシアの彫刻家》.

Phil /fil/ 名 Phil(l)ip の愛称.

Phil. Philemon; Philharmonic; Philippians; Philippine(s).

phil- 〈複合要素〉 →philo-.

-phil /fil/ -phile の異形.

Phil·a·del·phi·a /filədélfiə/ 名 フィラデルフィア《米国 Pennsylvania 州の都市; 1776年米国独立宣言の行われた場所; 俗称 Philly》. [ギリシア語「兄弟愛」]

Philadèlphia láwyer 名 Ⓒ 〖米〗やり手の弁護士.

phi·lan·der /fəlǽndər/ 動 自 〖旧〗〔男が〕女あさりをする, 戯れの恋[浮気]をする,〈*with* ..と〉.
▷ **~·er** /-d(ə)rər/ 名 Ⓒ 女たらし (womanizer). **~·ing** /-dəriŋ/ 形, 名

phil·an·throp·ic, -i·cal /filənθrápik|-θrɔ́p- ⑧/, /-ik(ə)l ⑧/ 形 博愛(主義)の, 慈善的な, 慈悲心に富む. ▷ **phil·an·throp·i·cal·ly** 副

phi·lan·thro·pist /fəlǽnθrəpist/ 名 Ⓒ 博愛家, 慈善家, 社会貢献事業家. ▷ **phi·lán·thro·pìsm** 名 Ⓤ 博愛主義.

phi·lan·thro·py /fəlǽnθrəpi/ 名 (複 **-pies**) **1** Ⓤ 博愛主義, 人類愛, 慈善, 社会貢献. **2** Ⓒ 慈善活動[行為], (財団や富豪のする)社会貢献事業; 社会貢献事業[団体]. 注意 単なる「貧民への同情」ではなく, 広く社会全般の利益のために私費を投じることを意味する.
[<ギリシア語「人を愛すること」]

phil·a·tel·ic /filətélik ⑧/ 形 切手収集の.

phi·lat·e·list /fəlǽt(ə)list/ 名 Ⓒ 切手収集家.

phi·lat·e·ly /fəlǽt(ə)li/ 名 Ⓤ 切手収集, 郵趣.

-phile /fail/ 〈複合要素〉「愛する人」の意味 (★**-phil** ともつづる; ↔-phobe). Anglo*phile*. biblio*phile*. Franco*phile* (親仏家). [ギリシア語 *phílos* 'loving']

Philem. Philemon.

Phi·le·mon /filí:mən|-mɔn/ 名『フィレモンへの手紙』《新約聖書中の一書; St. Paul によって書かれた; 略 Phil., Philem.》.

‡**phil·har·mon·ic** /filərmánik, filhɑ:r-|fil(h)ɑ:mɔ́n- ⑧/ 形 〈限定〉音楽愛好の;〈普通 P- として名称に用いて〉交響楽団の. a ~ society 音楽愛好協会. the Berlin *Philharmonic* Orchestra ベルリンフィルハーモニー交響楽団. ── 名〈普通 P- として名称に用いて〉Ⓒ 交響楽団《略 Phil.》.

phil·hel·lene /filhéli:n/ 名 Ⓒ ギリシア(人)びいきの人, ギリシア愛好家. ▷ **phil·hel·lén·ic** /-həlénik ⑧/ 形

-phil·i·a /fíliə, -ljə/ 〈複合要素〉「(病的な)傾向, 愛好」の意味 (↔-phobia). necro*philia*.haemo*philia*. [ギリシア語 *phílos* 'loving']

-phil·i·ac /filiæk/ 〈複合要素〉「(病的な)傾向の人, 愛好者」「(病的)傾向の, 愛好の」の意味を表す名詞, 形容詞を作る. hemo*philiac*. pedo*philiac* (小児愛者).

Phil·ip, Phil·lip /filəp/ 名 **1** 男子の名《愛称 Phil》. **2**〖聖書〗フィリポ《キリスト12使徒の1人》. **3 Prince ~** フィリップ (1921–)《英国女王 Elizabeth 2世の夫君 (the Duke of Edinburgh)》.

Phi·lip·pi·ans /fəlípiəns/ 名 〈単数扱い〉『フィリピの信徒への手紙』《新約聖書中の一書; St. Paul によって書かれた; 略 Phil.》.

phi·lip·pic /fəlípik/ 名 Ⓒ 〖雅・章〗激しい弾劾演説. [マケドニア王 *Philip* 2世を弾劾した Demosthenes の演説から]

Phil·ip·pine /filəpi:n/ 形 フィリピンの; フィリピン人[群島]の;《略 Phil.》. 注意「フィリピン人」は Filipino.

Phìlippine Íslands 名 〈the ~〉フィリピン群島《略 P. I.》.

***Phil·ip·pines** /filəpi:nz/ 名 **1**〈the ~; 複数扱い〉フィリピン群島 (the Philippine Islands). **2**〈単数扱い〉フィリピン《東南アジアの共和国; 首都 Manila; 正式名は the Republic of the Philippines》.
[スペイン王 *Philip* 2世 (1527–98) にちなむ]

Phil·is·tine /filəsti:n, filístən|filəstàin/ 名 Ⓒ **1** ペリシテ人《古代 Palestine の住民; 旧約聖書中にイスラエル人の敵として書かれている》. **2**〖章・軽蔑〗〈時に p-〉(芸術を理解しない)教養のない俗物. ── 形 **1** ペリシテ(人)の. **2**〖章・軽蔑〗〈時に p-〉教養のない, 俗物の.

Phil·is·tin·ism /filəsti:niz(ə)m, filístəniz(ə)m|filəstiniz(ə)m/ 名 Ⓤ 〈時に p-〉無教養, 俗物根性; 実利主義.

Phíl·lips scrèw /filips-/ 名 Ⓒ 〖商標〗十字溝付きねじ《**Phíllips scrèwdriver** (十字形[プラス]ねじ回し)で回す》.

Phil·ly /fíli/ 名 〖米話〗=Philadelphia.

phil·o- /filou/ 〈複合要素〉「愛する」の意味〈母音, h の前では phil-〉. *philo*gyny (女好き). *philo*logy.
[ギリシア語 *phílos* 'loving']

phil·o·log·i·cal /filəládʒik(ə)l|-lɔ́dʒ- ⑧/ 形 文献学の; 言語学の. ▷ **~·ly** 副 文献[言語]学上.

phi·lol·o·gist /fəlálədʒist|-lɔ́l-/ 名 Ⓒ 文献学者; 言語学者.

phi·lol·o·gy /fəlálədʒi|-lɔ́l-/ 名 Ⓤ 文献学; (史的[比較])言語学. 参考 元来は文献学と言語学の両方の意味を兼ねた; 最近の傾向では文献学を philology, 言語学を linguistics と呼んで区別する. [<ギリシア語「言葉を愛すること」]

phil·o·mel, phil·o·me·la /filəmèl/, /filəmí:lə/ 名 〖詩〗=nightingale. [<ギリシア語 *Philomēlā* (〖ギ神話〗で nightingale に変えられたアテネの王女)]

***phi·los·o·pher** /fəlásəfər|-lɔ́s-/ 名 (複 **~s** /-z/) Ⓒ **1 哲学者**; 哲人, 賢人. **2** (困難に遭っても)冷静沈着な人; 悟りすました人. **3**〖話〗思慮深い人. [<ギリシア語「知を愛する(人)」(<philo-+*sophós* 'wise'); -er¹]

philòsopher's [philòsophers'] stóne 名 〈the ~〉賢者の石 (elixir)《中世の錬金術師が卑金属を金銀などに変える力があると信じて捜した物質》.

phil·o·soph·ic /filəsáfik|-sɔ́f- ⑧/ 形 =philosophical.

†**phil·o·soph·i·cal** /filəsáfik(ə)l|-sɔ́f- ⑧/ 形 **1** 哲学の, 哲学的な. a ~ approach 哲学的接近法. **2** 哲学者らしい, 哲人のような; 達観した, 悟りきった; 物事に動じない. He has a ~ attitude toward life. 彼は達観した態度で人生に処する. He is ~ about his enormous losses on the stock market. 彼は株式市場で大損しても平然としている.

phìl·o·sóph·i·cal·ly 副 哲学的に; 賢明に; 冷静「(沈着)に.

phi·los·o·phize /fəlásəfàiz|-lɔ́s-/ 動 自 哲学的に思索する[論じる]; 哲学者気取りの長広舌をふるう, 長々と浅薄な哲学談義[説教]をする;〈*about, on* ..について〉. ── 他 に哲学的考察を加える. ▷ **phi·los·o·phiz·er** 名

‡**phi·los·o·phy** /fəlásəfi|-lɔ́s-/ 名 (複 **-phies** /-z/)
1 Ⓤ **哲学**《元来人生・自然の根本原理を思索する学問; これを基礎とする諸科学, 例えば「倫理学」はもと moral ~ (道徳哲学),「物理学」は natural ~ (自然哲学)と呼ばれた》. **2** Ⓒ (特定の)哲学(体系). the ~ of Plato プラトン哲学. the *philosophies* of the East 東洋(の諸)哲学. **3** ⓊⒸ **人生観**(としての哲学), (筋道の立った)考え方; (根本)原理. a sound ~ of [on] life 健全な人生観. the ~ of grammar 文法の原理.
4 Ⓤ (人生に対する)達観, 悟り; 冷静沈着. take one's tragedy with ~ 身の不幸を冷静に受けとめる.
[<ギリシア語「知を愛すること」]

phil·ter 〖米〗, **-tre** 〖英〗 /fíltər/ 名 Ⓒ **1** ほれ薬,

P

媚(び)薬, (love potion). **2** 魔法の薬.

phiz, phiz·og /fiz/, /fízɑg|-ɔg/ 名 C 〖主に英・戯〗〈普通, 単数形で〉顔, 表情. [<*phys*(*iog*)nomy].

phle·bi·tis /flibáitis/ 名 U 〖医〗静脈炎.

phlegm /flem/ 名 U **1** 痰(たん); (鼻から出る)粘液. cough up ~ せきをして痰を出す. **2** (中世医学で)粘液《4 体液 (the cardinal humors) の 1 つ; これが多いと粘液質, すなわち無精, 冷淡などを起こすと考えられた; →sanguine 参考》. **3** 〖章〗〈ほめて〉冷静, 沈着; 無感動, 無気力. [<ギリシア語「炎症」]

phleg·mat·ic, -i·cal /flegmǽtik/, /-ik(ə)l/ 形 〖章〗痰[粘液]の[を出す]; 粘液質の; 〈ほめて〉冷静沈着な; 冷淡な, 無気力な; 鈍重な.
▷ **phleg·mat·i·cal·ly** 副 冷淡に; 冷静に.

phlox /flɑks|flɔks/ 名 (複 ~, ~·es) C フロックス《北米原産; クサキョウチクトウ属の草本の総称; 白, 赤, ピンク, 青, 紫などの小花を開く》.

Phnom Penh /(pə)nɑ̀m-pén|-nɔ̀m-/ プノンペン《カンボジアの首都》.

-phobe /foub/ 〈複合要素〉「..を怖がる[嫌う]人」の意味 (↔-phile). Anglo*phobe*. [ギリシア語 *phóbos* 'fear']

‡**pho·bi·a** /fóubiə/ 名 UC 恐怖症. I have a ~ *about* reptiles. 私は爬(は)虫類の動物が大嫌いだ.

-pho·bi·a 〈複合要素〉「..恐怖症, ..嫌い」の意味の名詞を作る (↔-philia). acro*phobia* (高所恐怖症). hydro*phobia* (狂水病, 狂犬病). [ギリシア語 *phóbos* 'fear']

pho·bic /fóubik/ 形 **1** (いわれなき)強い恐怖[憎悪]に起因する. **2** 理由もなく怖がる[毛嫌いする]〈*about* ..について〉. ── 名 C 恐怖症の人.

-phó·bic 〈複合要素〉「恐怖症の(人)」の意味の形容詞・名詞を作る (↔-philiac). Angro*phobic*.

Phoe·be /fí:bi/ 名 **1** 〖ギ神話〗ポイベ《月の女神としての Artemis の名; ローマ神話の Diana に当たる》. **2** U 〖詩〗月. **3** フィービー《女子の名》.

phoe·be /fí:bi/ 名 C フィービー《タイランチョウ科の鳥の総称; 鳴き声からきた名称》.

P

Phoe·bus /fí:bəs/ 名 **1** 〖ギ神話〗ポイボス (**Phòebus Apóllo**)《太陽神 Apollo の別名》. **2** U 〖詩〗太陽.

Phoe·ni·ci·a /finíʃ(i)ə/ 名 〖史〗フェニキア《地中海東部沿岸, 現在の Lebanon 付近にあった古代国家; 海上貿易に励んだ》.

Phoe·ni·ci·an /finíʃ(i)ən/ 形 フェニキアの, フェニキア人[語]の. ── 名 C フェニキア人; U フェニキア語.

Phoe·nix /fí:niks/ 名 フェニックス《米国 Arizona 州の州都》.

phoe·nix /fí:niks/ 名 (複 ~·es /-əz/) **1** C 〖エジプト・ギリシア神話〗不死鳥, フェニックス, 《アラビアの砂漠の中で 5, 6 百年ごとに自ら炎の中に飛び込んで死に, その灰の中から生き返るといわれる想像上の鳥》. **2** C 無類の人[物]; 逸品; 災難や破滅などから復活[復旧]した人[物]. **3** 〈P-〉〖天〗鳳凰(ほうおう)座.
rìse like a [***the***] ***phóenix from the áshes*** 不死鳥のように蘇(よみがえ)る, 壊滅状態から復興を遂げる.

phon /fɑn|fɔn/ 名 C 〖理〗フォン, ホーン, ホン, 《音の強さの単位》. [<ギリシア語「音」]

‡**phone**[1] /foun/ 名 (複 ~s /-z/) 〖話〗 **1** U **電話**; C **電話器**, 受話器; (telephone). The ~ rang. 電話が鳴った. I talked with Jane on [over] the ~. ジェーンと電話で話した. be on the ~ 電話をかけ[に出]ている; 〖英〗電話を引いている. by ~ or by wire 電話か電報で. Someone wants you on the ~. 君に電話がかかっているよ. May I use your ~? 電話をお借りしてもよろしいですか. a pay [public] ~ 公衆電話. answer the ~ 電話に出る. pick up the ~ 受話器を取り上げる. put down [hang up] the ~ 受話器を置く, 電話を切る. He rudely slammed down the ~ on me. 彼は無礼にも私との話の途中でがちゃんと電話を切った.
2 =earphone.
── 動 (~s /-z/|過 過分 ~d /-d/|**phón·ing**) 自 **電話をかける**, 電話する, 〈*up*〉〈*to* ..に〉. ~ *to* the office 事務所に電話をかける. Martin just ~*d up* to tell us he'd be late. マーティンは遅れるかもしれないと, 今電話してきた.
── 他 に**電話をかける**〈*up*〉(call); VOO (~ X Y)・VOA (~ Y *to* X) X(人)に Y を電話で知らせる; VOO (~ X *that* 節/*wh* 句) X(人)に..と/..かを電話する; VOC (~ X *to do*) X(人) に..するように電話をかける. June ~*d* Bob (*up*). ジューンはボブに電話をかけた. I'll ~ her the news. =I'll ~ the news *to* her. 私が彼女に電話でそのニュースを伝えよう. I ~*d* him (to say) *that* I couldn't come. 彼に行けないと電話した. I ~*d* him *to* come at once. すぐ来るようにと彼に電話した. *Phone* our office *on* Newton 2121. ニュートン 2121 番の私どもの事務所にお電話ください. You can't ~ me at work. 仕事中は電話しないで下さい.
phòne ín (1)(職場などに)電話を入れる. ~ *in* sick 病欠の電話連絡をする. (2) 電話で TV 番組などに参加する.
phòne /../ ín (1)を電話で知らせる[連絡する]. (2)〔視聴者が〕〔意見など〕を電話で寄せる (→phone-in).
[<tele*phone*]

phone[2] 名 C 〖音声〗言語音, 単音.

-phone 〈複合要素〉 **1**「音」の意味. micro*phone*. tele*phone*. **2**「..語を話す(人)」の意味. Franco*phone* (フランス語を話す[の話者]). [ギリシア語 *phōnḗ* 'sound']

phóne bòok 名 C 〖話〗電話帳 (telephone book [directory]).

phóne bòoth 〖米〗[**bòx** 〖英〗] 名 C 公衆電話ボックス (〖英〗call-box).

phóne càll 名 C 電話の呼び出し, 通話. make a ~ 電話をかける.

phóne·càrd, phóne càrd 名 C テレフォンカード.

phóne-ìn 名 C 〖英〗(ラジオ, テレビの電話による)視聴者参加番組 (〖米〗call-in).

pho·neme /fóuni:m/ 名 C 〖言〗音素, フォニーム, 音韻, 《個々の言語において意味を区別する機能を持つ最小の音単位》. ▷ **pho·ne·mic** /fəní:mik, fou-/ 形

pho·ne·mics /fəní:miks, fou-/ 名 〈単数扱い〉〖言〗音素論.

phóne nùmber 名 C 電話番号.

phóne·tàpping 名 U (特殊器具による)電話の盗聴.

†**pho·net·ic** /fənétik, fou-/ 形 音声(学)の, 音声上の; 〔つうりが〕表音(式)の, 発音に合った. English spelling is not ~. 英語のつうりは表音的ではない.

pho·nét·i·cal·ly /-k(ə)li/ 副 発音通りに; 音声学的に, 音声学上.

pho·ne·ti·cian /fòunətíʃ(ə)n/ 名 C 音声学者.

pho·nét·ics 名 **1** 〖言〗〈単数扱い〉音声学. **2** 〈複数扱い〉(1 つの言語の)音声(総体).

phonètic sýmbol [**sígn**] 名 C 音標文字, 発音[音声]記号.

‡**pho·ney** /fóuni/ 形, 名 (複 ~s) =phony.

phon·ic /fɑ́nik|fɔ́-/ 形 音の, 音声(上)の.

phón·ics 名 〈単数扱い〉 **1** 音響学 (acoustics). **2** フォニックス《初歩的なつうり字と発音との関係を教える教科》.

pho·no- /fóunə/ 〈複合要素〉「音, 声」の意味. [ギリシア語 *phōnḗ* 'sound, voice']

phó·no·gràm 名 C 表音文字.

pho·no·graph /fóunəgræ̀f|-grɑ̀:f/ 名 C 〖米・英旧〗蓄音機; レコードプレーヤー; (〖英〗gramophone).

pho·no·graph·ic /fòunəgrǽfik ⑳/ 形 **1** 蓄音機の[による]. **2** 表音式つうり方[速記法]の.

pho·nog·ra·phy /fənɑ́grəfi, fou-|founɔ́g-/ 名 U 表音式つづり方[速記法].

pho·no·log·i·cal /fòunəlɑ́dʒik(ə)l|-lɔ́dʒ- 形/ 形 音韻論の; 音韻組織[体系]の. ▷ **～·ly** 副

pho·nol·o·gy /fənɑ́lədʒi, fou-|-nɔ́l-/ 名 U 〘言〙音韻論 《特定言語の音韻を研究対象とする言語学の一部門; phonemics と同義に, 又は phonetics と phonemics を包括した名称として用いることもある》; (1 つの言語の)音韻体系. ▷ **pho·nol·o·gist** 名 C 音韻学者.

pho·ny /fóuni/ (★〘米〙で普通のつづり; 〘英〙では phoney が普通) 〘話〙〘普通, 軽蔑〙 形 e 偽の, いんちきの, 本物でない. a ～ address でたらめな住所.
── 名 (複 **-nies**) C まやかしもの; にせ者; いかさま師.
▷ **pho·ni·ness** 名

-pho·ny /fəni/ 〈複合要素〉「音, 声」の意味. eu*phony*. sym*phony*.

phòny wár 名 C 〈単数形で〉〘主に英〙本格化していない戦争状態(の時期) 《第 2 次大戦開始直後など》; (まだ本格的な実力行使にはならない)抗争状態, にらみ合い.

phoo·ey /fúːi/ 間 〘話〙へーん, ふーん, ぺっ, ちぇっ, 《疑い, 軽蔑, 失望などの感情を表す》. [?＜phew]

‡**phos·phate** /fɑ́sfeit|fɔ́s-/ 名 UC **1** 〘化〙燐(りん)酸塩. **2** 〈しばしば ～s〉燐酸肥料. **3** 燐酸入り炭酸水 《清涼飲料》.

phòsphate róck 名 U 燐鉱石 《燐酸肥料の原料》.

phos·phide /fɑ́sfaid|fɔ́s-/ 名 U 燐(りん)化物.

phos·phor /fɑ́sfər|fɔ́s-/ 名 **1** C 燐(りん)光体. **2** 〘詩〙〈P-〉明けの明星 (morning star, 特に Venus).

phos·pho·resce /fɑ̀sfərés|fɔ̀s-/ 動 自 燐(りん)光を発する.

phos·pho·res·cence /fɑ̀sfərés(ə)ns|fɔ̀s-/ 名 U 燐(りん)光(を発すること), 青光り.

phos·pho·res·cent /fɑ̀sfərés(ə)nt|fɔ̀s- 形/ 形 燐(りん)光を発する, 青光りする. ▷ **～·ly** 副

phos·phor·ic /fɑsfɔ́ːrik|fɔsfɔ́r-/ 形 燐(りん)の, (5 価の)燐を含む. ～ acid (正)燐酸.

‡**phos·pho·rous** /fɑ́sfərəs|fɔ́s-/ 形 燐(りん)の, (3 価の)燐を含む. ～ acid 亜燐酸.

†**phos·pho·rus** /fɑ́sf(ə)rəs|fɔ́s-/ 名 U 〘化〙燐(りん) 《非金属元素; 記号 P》. [＜ギリシア語「光を運ぶ」]

phot /fɑt, fout|fɔt, fout/ 名 C フォト 《照明の単位; 1 フォトは 1 万ルクスに相当》.

‡**pho·to** /fóutou/ 名 (複 **～s** /-z/) C 〘話〙**写真** (photograph). a ～ contest 写真コンクール.
[＜*photo*graph]

pho·to- /fóutou/ 〈複合要素〉「光, 写真」の意味. [ギリシア語 *phōs* 'light']

photo·cell /fóutəsèl/ 名 ＝photoelectric cell.

phòto·chémical 形/ 形 光化学の. a ～ smog 光化学スモッグ. ▷ **～·ly** 副

phòto·chémistry 名 U 光化学.

phòto·compóse 動 他 を写真植字する.

phóto·compòser 名 C 写真植字機.

phòto·composítion 名 U 写真植字.

phóto·còpier 名 C 写真複写機.

‡**phóto·còpy** 名 (複 **-cop·ies**) C 写真複写 《Photostat, Xerox など写真による複写の総称》. ── 動 (→copy) 他 を写真複写する.

phòto·eléctric 形/ 形 〘物理〙光電子の.

phòtoelectric céll 名 C 光電管, 光電池.

phòto·eléctron 名 C 〘理〙光電子.

phòto·engráve 動 他 の写真製版を作る.
▷ **photo·engrav·er** 名

phòto·engráving 名 U 写真製版(法); C 写真製版印刷物.

phòto fínish 名 C (競馬, ドッグレースなどの)写真判定; 際どい勝負. be beaten in a ～ 写真判定で敗れる.

Phóto·fìt 名 C 〘英〙〘商標〙フォトフィット 《モンタージュ写真》 (**Phòtofit pícture**; composite photograph, identikit picture).

phóto·flàsh 名 ＝flashbulb.

phóto·flòod 名 C 撮影用白熱電球.

pho·tog /fətɑ́g|-tɔ́g/ 名 C 〘米話〙写真を撮る人, 写真家. [＜*photog*rapher]

pho·to·gen·ic /fòutədʒénik 形/ 形 **1** 〔人, 顔などが〕写真向きの[写りのよい], 写真になる. **2** 〘生物〙発光性の.

‡**pho·to·graph** /fóutəgræ̀f|-grɑ̀ːf/ 名 (複 **～s** /-s/) C **写真** (★談話体では略して photo, picture, 短縮形 pic なども用いられる). take a ～ of John playing tennis ジョンがテニスをしている写真を撮る. develop [print; enlarge, blow up] a ～ 写真を現像[焼き付け, 引き伸ばし]する. sit for a ～ 写真を撮ってもらう. take a good ～ 写真写りがよい (be photogenic).

> 連結 a black-and-white [a color(ed); a clear; a blurred; a close-up] ～

── 動 (～s /-s/|過 過分 ～ed /-t/|～·ing) 他 **の写真を撮る**; VOC (～ X Y/X *doing*) X が Y の状態の/X が. . するところの写真を撮る. The police ～*ed* the scene of the accident. 警察は事故現場の写真を撮った. Some people hate being ～*ed*. 写真を撮られるのを嫌がる人もいる. ～ her nude [leav*ing* a hotel] 彼女のヌードの[ホテルを出るところの]写真を撮る.
── 自 写真を撮る; VA 〈A は様態の副詞〉写真写りが. . である. He ～*s* taller than he is. 彼は実際より背が高く写る. ～ well [badly] 写真写りがよい[悪い].
[「光で書くこと」; photo-, -graph]

***pho·tog·ra·pher** /fətɑ́grəfər|-tɔ́g-/ 名 (複 **～s** /-z/) C **写真を撮る人**; (プロの)写真家; 写真屋. be a good [keen] ～ 写真を撮るのがうまい. a press ～ 新聞カメラマン.

***pho·to·graph·ic** /fòutəgrǽfik 形/ 形 **1** C **写真**(術)の, 写真用の. ～ supplies (フィルム, フラッシュなど)カメラ用品. a ～ studio フォトスタジオ. **2** m 写真のよう(に鮮明)な; 写真による; 〔記憶, 記述などが〕正確な[で]. ～ evidence 写真による証拠. have a ～ memory 記憶が正確である. ▷ **pho·to·graph·i·cal·ly** /-k(ə)li/ 副 写真によって; 写真のように.

***pho·tog·ra·phy** /fətɑ́grəfi|-tɔ́g-/ 名 U **写真術**; 写真撮影.

phòto·gravúre 名 〘印〙U グラビア[凹(おう)版]印刷; C グラビア写真.

phòto·jóurnalism 名 U フォトジャーナリズム 《新聞・雑誌類における写真主体の編集方式》. ▷**-ist** 名 C 報道写真家.

pho·tom·e·ter /foutɑ́mətər|-tɔ́m-/ 名 C 〘物理〙測光器, 光度計; 〘写〙露出計.

pho·to·met·ric /fòutəmétrik 形/ 形 光度計の; 光度測定の.

pho·tom·e·try /foutɑ́mətri|-tɔ́m-/ 名 U 光度測定(法); 測光学.

phòto·mícrograph 名 C 顕微鏡写真.

phòto·montáge 名 〘写〙U モンタージュ[合成]写真製作法; C その写真.

‡**pho·ton** /fóutɑn|-tɔn/ 名 C 〘物理〙光子 《光・電磁放射の素粒子; 質量はゼロ》.

phòto opportúnity 名 C 〘主に米〙(政府の高官, 有名人などが写真家・報道カメラマンに与える)撮影機会.

phòto·réalism 名 U フォトリアリズム 《写真であるかのように写実的な絵画・彫刻の作風》.

phòto·sénsitive 形/ 形 感光性の. ～ paper 感光紙.

phòto·sénsitize 動 他 〔紙など〕を感光性にする.

phóto shòot [sèssion] 名 C (プロの)広告写真撮影.

phóto·sphère 名 C 〘天〙光球 《太陽や恒星の表面

の白熱光を放つ層》.

pho·to·stat /fóutəstæt/ 名 C フォトスタット, 直接複写写真, 《直接複写するため白黒逆転する》; 〖商標〗〈P-〉直接複写写真機. ── 動 (〜s|-t(t)-) 他 をフォトスタットで複写する. ▷ **phò·to·stát·ic** ⑱/ 形

phòto·sýnthesis 名 U 〖植〗(炭水化物などの)光合成. ▷ **phòto·synthétic** /-sinθétik ⑱/ 形

phòto·sýnthesize 動 他, 自 (..を)光合成する.

phòto·telégraphy 名 U 写真電送 (facsimile).

pho·tot·ro·pism /foutátrəpìz(ə)m|fòutətróu-/ 名 U 〖植〗屈光性《向日性, 背日性の総称》.

phr. phrase.

phras·al /fréiz(ə)l/ 形 句の, 句を成す, 句から成った.

phràsal vérb 名 C 〖文法〗句動詞《動詞＋副詞(＋前置詞)又は動詞＋前置詞の結合で単一動詞に対する; 例 go down (＝descend), get in (＝enter), look up to (＝respect) など》.

:phrase /freiz/ 名 (複 **phrás·es** /-əz/) C **1** 〖文法〗**句, フレーズ,** 《略 phr.; →下段 文法》.

> 連結 a well-chosen [an apt, a felicitous; a well-turned; a common; a hackneyed; a glib; an empty; an idiomatic; an illustrative] 〜

2 名言, 警句, スローガン; 決まり文句, 慣用句. a set 〜 成句. **3 言い回し**, 言葉遣い; 〈〜s〉空言, 下らない文句. a happy [nice] turn of 〜 巧みな言い回し. a catchy 〜 人の注意を引く表現. **4** 〖楽〗楽句《数小節から成るメロディーの一単位》.

to còin a phráse 新語を作って恐縮だが; 〈反語的〉陳腐な文句(で恐縮)だが.

tùrn a phráse 気の利いたことを言う.

── 動 他 **1** VOA 〈A は様態の副詞〉を(..に)言い表す, (..な)言葉で述べる; (〜 X ***as*** Y) X を Y として表現する. 〜 an answer carefully 字句をよく選んで答える. **2** 〖楽〗を(うまく, 巧みに, など)楽句に分ける.

> 文法 **phrase** (句): 2 つ以上の語から成って 1 語のような働きをするものを句と呼ぶ. 働きから分類すれば
> (1) 名詞句: *To help the poor* became his object in life. (貧しい人々を助けるのが彼の人生の目的となった). Stop *crying so loudly*. (そんなに大声を出すのはやめなさい)
> (2) 形容詞句: a person *of importance*/ the problem *on my hands*/ the first person *to arrive at the party* (パーティーに最初に来た人)
> (3) 副詞句: meet a person *at a station* /There are two birds *in the cage*./ They'd do anything *to win*. (→infinitive 文法)
> なお in spite of, on account of, owing to のように数語がまとまって 1 個の前置詞のような働きをするもの, in case (that), in order that, so far as などのように 1 個の接続詞のような働きをするもの, look down on (＝despise), make out (＝understand)などのように 1 個の動詞の働きをするものがある. これらはそれぞれ句前置詞, 句接続詞, 句動詞と呼ぶことができる.

[＜ギリシア語「話し方」]

phráse bòok 名 C (外国語の)熟語集, 慣用表現集, 《特に海外旅行者用で対訳付き》.

phra·se·ol·o·gy /frèiziálədʒi|-ɔ́l-/ 名 U 語法, 語句; 言い回し, 言葉遣い. in legal 〜 法律用語で. ▷ **phrà·se·o·lóg·i·cal** /-k(ə)l ⑱/ 形 表現上の, 言葉遣いの.

phras·ing /fréiziŋ/ 名 U **1** 語法; 言葉遣い (wording). **2** 〖楽〗フレージング《旋律を楽句に区切ること》; (朗読などで)句切り法.

phre·net·ic /frinétik/ 形 ＝frenetic.

phren·o·log·i·cal /frènəládʒik(ə)l|-lɔ́dʒ- ⑱/ 形 骨相学の. ▷〜**·ly** 副 骨相学上.

phre·nol·o·gy /frinálədʒi|-nɔ́l-/ 名 U 骨相学. ▷ **phre·nol·o·gist** 名 C 骨相学者.

Phryg·i·a /frídʒiə/ 名 フリジア, フリュギア, 《紀元前 12 世紀から同 6 世紀まで小アジアにあった古代の王国》.

Phryg·i·an /frídʒiən/ 形 フリジア[フリュギア](人)の. ── 名 C フリジア[フリュギア]人; U フリジア[フリュギア]語.

Phrỳgian cáp [bónnet] 名 C フリジア[フリュギア]帽《先の折れた円錐(すい)形の帽子; 自由の象徴とされる》.

PHS 〖米〗Public Health Service (公衆衛生局).

phthi·sis /θáisəs, tái-/ 名 U 〖医〗(特に重症の)肺結核; (肺結核に似た)消耗性疾患.

phut /fʌt/ 名 C ぱん, ぽん, (という小さな破裂[衝撃]音) (〖米〗pfft). ***gò phút*** 〖話〗(1) 〔計画, 事業などが〕完全に失敗する. (2) 〔機械などが〕故障する, だめになる; 〔タイヤが〕パンクする, ぺちゃんこになる.

phy·la /fáilə/ 名 phylum の複数形.

phy·lac·ter·y /filǽkt(ə)ri/ 名 (複 **-ries**) C **1** 〖ユダヤ教〗聖句箱《聖書の文句を書いた羊皮紙の札を収めた革の小箱; ユダヤ人は朝の祈りの時にこれを身に付けた》. **2** 〖古〗お守り, 護符, (amulet).

Phyl·lis /fíləs/ 名 女子の名.

phyl·lo /fí:lou, fái-/ 名 ＝filo.

phyl·lox·e·ra /filɑksí(ə)rə|filɔ́k-/ 名 (複 **phyl·lox·e·rae** /-ri:/, 〜s) C 〖虫〗フィロキセラ, ブドウノコブムシ, 《ブドウの木に壊滅的害を与える》.

phy·log·e·ny /failádʒəni|-lɔ́dʒ-/ 名 U 〖生物〗系統発生; 系統発生学; (↔ontogeny).

phy·lum /fáiləm/ 名 (複 **phy·la**) C **1** 〖生物〗門《動植物分類の最高区分; 植物の分類では division を用いるのが普通; →classification 参考》. **2** 〖言〗語族.

phys. physical; physician; physics; physiology.

phys. ed. 〖米話〗physical education.

phys·ic /fízik/ 名 U 〖古・戯〗**1** 医薬《特に下剤》. a dose of 〜 薬 1 回分. **2** 医術, 医業. ── 動 (〜s|過 過分 -icked|-ick·ing) 他 〖主に古・戯〗に薬を与える. [＜ラテン語 *physica*「自然学＞医学」(→physics)]

:phys·i·cal /fízik(ə)l/ 形 ⓒ (★2 のみ ⓜ)
1 (**a**) 〈普通, 限定〉**身体の, 肉体の,** (↔mental, spiritual). be in good 〜 condition 体の調子がよい. 〜 exercise 体操, 運動. 〜 activity 体力を使う活動[仕事]. 〜 force 腕力. (**b**) 肉欲の, 性的な. 〜 relationships 肉体[性]関係. It got 〜 between the two. 二人は性的関係ができた.
2 ⓜ (**a**) 〖話〗やたらに人の体に触りたがる, 好色な. (**b**) 〖婉曲〗〔運動選手やその行為などが〕荒っぽい (rough); 体を激しく動かす〔スポーツなど〕. a 〜 tackle [slide] 乱暴なタックル[滑り込み]. get 〜 手荒なプレーをする.
3 (**a**) 〈限定〉**物質の,** 物質的な; **自然(界)の,** 自然の法則に従った; 《略 phys.》(↔spiritual, moral). the 〜 world 自然界. (**b**) (概念的ではなく)実在の, 現実の, 具体的な, (real). 〜 evidence 具体的な証拠.
4 〈限定〉**物理的な;** 物理学(的)の; 自然科学(的)の; (→physics). a 〜 change 物理的変化. a 〜 process 物理作用.
── 名 〖話〗＝physical examination.
[physics; -al] ▷ **phy·si·cal·i·ty** /fìzikǽləti/ 名 U 〖章〗(行為などの)力強さ, 激しさ, 荒々しさ.

phỳsical anthropólogy 名 U 自然人類学.

phỳsical chéckup 名 C 健康診断.

phỳsical chémistry 名 U 物理化学.

phỳsical educátion 名 U 体育《略 PE》.

phỳsical examinátion 名 C 身体検査.

phỳsical geógraphy 名 U 自然地理学.

phỳsical jérks 名 〈複数扱い〉〖英旧話・戯〗体操,

身体運動.

†**phýs·i·cal·ly** [副] **1** 肉体的に, 身体的に. ～ handicapped [challenged] 身体が不自由な. **2** 物質的に; 物理(学)的に. **3**〘話〙物理的に, 全く. ～ impossible 物理的に[全く]不可能で[な].

phỳsical scíence [名] [UC] (生物学を除く)自然科学; 〈特に〉物理学.

「マッサージなどによる》.

phỳsical thérapy [名] [U] 物理[理学]療法《熱,↑

phỳsical tráining [名] ＝physical education.

***phy·si·cian** /fəzíʃ(ə)n/ [名] (複 **～s** /-z/) [C] **1**〘米章・英旧〙**医師**; **内科医**; 《略 phys.》([類語] 狭義では内科医を指し, surgeon と区別する;「医師」の意味では〘英〙ではほとんど使われない; →doctor). *Physician*, heal thyself.〘諺〙医者よ, 自分自身を治せ《医者の不養生; 新約聖書『ルカによる福音書』4:23 から》. **2**〈比喩的〉(悩みなどを)癒(いや)す人[物, 事]. [→physics; -ician]

†**phys·i·cist** /fízəsist/ [名] [C] 物理学者.

phys·i·co·chem·i·cal /fìzikoukémikəl [移]/ [形] 物理化学 (physical chemistry) の; 物理学と化学の. ▷ **～·ly** [副]

‡**phys·ics** /fíziks/ [名] 〈単数扱い〉**物理学**《略 phys.》. nuclear [theoretical] ～ 原子[理論]物理学. [＜ラテン語 *physica*「(アリストテレスの)自然学」(＜ギリシア語 *phúsis*「自然」); -ics]

phys·i·o /fíziou/ [名] (複 **～s**)〘話〙 **1** ＝physiotherapist. **2**〘英〙＝physiotherapy.

phys·i·og·nom·i·cal /fìziə(g)námək(ə)l | -ziənɔ́m- [移]/ [形] 人相(学)の. ▷ **～·ly** [副]

phys·i·og·no·mist /fìziá(g)nəmist | -ɔ́nə-/ [名] [C] 人相学者, 観相家.

phys·i·og·no·my /fìziá(g)nəmi | -ɔ́nə-/ [名] (複 **-mies**) **1** [C] 〘章〙(性格の表れとしての)人相, 顔つき. the ～ of an honest man 正直者の人相. **2** [U] 人相学, 観相学. **3** [U] (土地などの)地勢, 地形; (事物の)外観.

phys·i·og·ra·phy /fìziágrəfi | -ɔ́g-/ [名] **1** ＝physical geography. **2** ＝geomorphology. ▷ **phys·i·o·graph·ic, -i·cal** /fìziəgrǽfik [移]/, /-fik(ə)l [移]/ [形]

phys·i·o·log·i·cal /fìziəládʒik(ə)l | -lɔ́dʒ- [移]/ [形] **1** 生理学的な. **2** 生理的な, 病理的でない, 正常な. ▷ **～·ly** [副]

†**phys·i·ol·o·gy** /fìziálədʒi | -ɔ́l-/ [名] [U] **1** 生理学《略 phys.》. **2**〈普通 the ～〉生理(機能). ▷ **phys·i·ol·o·gist** [名] [C] 生理学者.

phys·i·o·ther·a·py /fìziouθérəpi/ [名] [U] 物理[理学]療法《投薬でなくマッサージ, 運動などによる》. ▷ **phys·i·o·ther·a·pist** [名] [C] 物理[理学]療法士 (physio).

†**phy·sique** /fizí:k/ [名] [UC] (特に男の)体格. a man of fine [poor] ～ 立派な[貧弱な]体格の男. The old man has the ～ of a man of fifty. その老人は 50 歳の人の体です. [フランス語 'physical, natural']

P.I. Philippine Islands.

pi /pai/ [名] (複 **～s**) **1** [UC] パイ《ギリシア語アルファベットの 16 番目の文字; *Π*, *π*; ローマ字の P, p に当たる》. **2** [U] 〘数〙パイ《円周率, 約 3.1416; 記号 *π*》.

pi·a ma·ter /páiə-méitər/ [名] 〘解剖〙〈the ～〉(脳・脊(せき)髄の)軟膜 (→dura mater). [ラテン語 'tender mother']

pi·a·nis·si·mo /pì:ənísəmòu | pjæ-, pjɑ:-/ 〘楽〙[副], [形] 極めて弱く[弱い]《略 pp.》. **──** [名] (複 **～s**) [C] ピアニシモ, 最弱奏の楽句. ◊↔fortissimo [イタリア語 (*piano*「弱音の」の最上級)]

‡**pi·an·ist** /piǽnist, pí:ən- | pí:ən-, pjǽn-/ [名] (複 **～s** /-ts/) [C] ピアニスト, ピアノ演奏者[家].

‡**pi·an·o**[1] /piǽnou | pjǽnou, pjá:-/ [名] (複 **～s** /-z/) [C] ピアノ (→grand piano, spinet, upright piano); [U] 〈しばしば the ～〉ピアノの演奏. play the ～ ピアノを弾く. the ～ Beethoven played on ベートーヴェンが弾いたピアノ (★特定の楽器を弾く場合は play *on* とすることが多い). play Bach on the ～ ピアノでバッハの曲を弾く. a composition for the ～ ピアノ曲. a sonata for violin and ～ ヴァイオリンソナタ. a ～ teacher [lesson] ピアノの先生[稽古(けいこ)]. [＜*piano*forte]

pi·a·no[2] /piá:nou | pjá:-/ 〘楽〙[副], [形] 弱く[弱い]《略 p.》. **──** [名] (複 **～s**) [C] 弱く演奏する楽句. ◊↔forte [イタリア語「弱音の」]

pi·an·o·forte /piǽnəfɔ̀:rt, piæ̀nəfɔ́:rti | pjæ̀noufɔ́:ti/ [名] [C] 〘旧章〙ピアノ《piano[1] はこの語の短縮形; 略 pf.》. [＜イタリア語「弱音 (*piano*) と強音 (*forte*) の出せるハープシコード」]

Pi·a·no·la /pìənóulə/ [名] [C] **1**〘英・商標〙〈しばしば p-〉自動ピアノ (→player piano)《piano organ に似た原理で機械的に一定の曲を演奏する》. **2**〈p-〉楽な仕事, '朝飯前'.

piáno òrgan [名] [C] 手回しオルガン (barrel organ).

piáno plàyer [名] **1** ＝pianist. **2** [C] 自動ピアノ (player piano).

piáno stòol [名] [C] ピアノ用のいす.

piáno wìre [名] [C] ピアノ線.

pi·as·ter,〘英〙**-tre** /piǽstər/ [名] [C] ピアストル《トルコ, エジプト, シリアなどの貨幣単位; 100 分の 1 pound》.

pi·az·za /piǽtsə; 2 では又 piǽzə/ [名] [C] **1** (特にイタリアの)都市の広場, 広小路. **2**〘米〙ヴェランダ (verandah), ポーチ (porch). [イタリア語「市場」(＜ラテン語 *platēa* 'place')]

pi·broch /pí:brɑk | -brɔk, -brɔx/ [名] [C] ピーブロック《スコットランドのバグパイプ (bagpipe) で演奏される曲》. [＜ゲール語 'pipe music']

pic /pik/ [名] (複 **～s, pix** /piks/) [C] 〘話〙**1** 映画. **2** 写真. [＜*pic*ture]

pi·ca /páikə/ [名] [U] パイカ **1**〘印〙12 ポイント大の活字. **2** タイプライターでは 1 インチ間に 10 文字打てるもので elite 活字より大きく標準的な大きさ.

pic·a·dor /píkədɔ̀:r/ [名] [C] ピカドール, 騎馬闘牛士, 《馬上から槍(やり)で牛の背や首を刺して牛を怒らせ, 弱らせる役; →matador》. [スペイン語 'pricker']

pic·a·resque /pìkərésk [移]/ [形] 〔小説が〕悪漢を題材とする, 悪漢ものの. a ～ novel 悪漢[ピカレスク]小説. [＜スペイン語「悪漢の」]

pic·a·roon /pìkərú:n/ [名] [C] **1** 悪漢, 盗賊. **2** 海賊; 海賊船.

Pi·cas·so /piká:sou | -kǽs-/ [名] **Pablo ～** ピカソ (1881-1973)《スペイン生まれのフランスの画家・彫刻家》.

pic·a·yune /pìkəjú:n [移]/〘米話〙[形] **1** つまらない, ささいな. **2**〔人が〕けちな, 心の卑しい. **──** [名] [C] **1** ピカユーン《昔, 米国南部の一部で使用したスペイン貨幣》; (5 セント硬貨など)小額の硬貨. **2**〘米話〙下らないもの[人].

Pic·ca·dil·ly /pìkədíli/ [名] ピカデリー街《ロンドン中心部の大通り》.

Pìccadilly Círcus [名] ピカデリー広場《ピカデリー街の東端にある; Eros の像がある》.

pic·ca·lil·li /píkəlìli | ⌐-⌐-/ [名] [U] ピカリリ《インド東部起源の香辛料の強い野菜の漬け物》.

pic·ca·nin·ny /píkənìni/ [名] ＝pickaninny.

pic·co·lo /píkəlòu/ [名] (複 **～s**) [C] 〘楽〙ピッコロ《フルートより 1 オクターヴ高い小型の横笛》. [イタリア語「小さな(笛)」]

pic·co·lo·ist /-ist/ [名] [C] ピッコロ奏者.

‡**pick** /pik/ [動] (**～s** /-s/ | [過] [過分] **～ed** /-t/ | **píck·ing**) [他] 【多数の中からつまんで取る】 **1** (**a**) を選ぶ, 選択する, ([類語] select よりくだけた語; →choose). ～ one's words 言葉を気をつけて選ぶ. You can ～ whichever tie you like. どちらでも好きなネクタイを選んでいいよ. ～ a winner (時に皮肉として)うまい[すばらしい]選択をする.

(**b**) を選ぶ〈*as* ..に〉; VOC (〜 X *to do*) X (人) を選んで..させる. Why don't you 〜 her *as* your secretary? 彼女を君の秘書に選んだらどうですか. Helen was 〜*ed to* represent our company. ヘレンがうちの会社の代表に選ばれた.
2 (**a**) VOA を抜き取る〈*out of, from, off* ..から〉; VOA (〜 X *of* ..) X (ポケットなど) から..を盗む. 〜 a person's pocket *of* his purse 人のポケットから財布をする. (**b**)〔ポケット(の中の物)〕を抜き取る, すり取る. 〜 a person's pocket すりを働く (→pickpocket).
3〔花や実など〕を**摘む**, 摘み取る; VOO (〜 X Y)・VOA (〜 Y *for* X) X (人) に Y を摘んでやる. We 〜*ed* apples all day. 我々は 1 日中リンゴもぎをした. 〜 her a rose＝〜 a rose *for* her 彼女にバラを摘んでやる. 語法 この意味では pick up とはしない. 成句 pick up (1) 参照.
【ほじって取る】 **4**〔歯, 鼻など〕をほじってきれいにする, ほじる. 〜 the wax in [of] one's ear 耳あかをほじる. 〜 one's teeth 歯をほじる. 〜 one's nose 鼻くそをほじる.
5【ほじくり出す】のきっかけを捜す, 〔けんか〕を吹っかける,〈*with* ..に〉; 〔あら〕を探す. 〜 acquaintance with.. 行きずりに..と知り合いになる. She 〜*ed* a quarrel *with* him and lost. 彼女は彼にけんかを吹っかけて負けた. 〜 holes in.. ..の欠点をほじくり出す.
6 (**a**)〔骨〕から肉を少しずつそぎ取る; をむしり取る〈*from* ..から〉; (調理できるように)から**羽毛**などを**むしる**; 〔果物〕の**皮をむく**. 〜 a chicken ひな鳥の羽毛をむしる. (**b**) VOC (〜 X Y) X (骨など)から Y (肉など)を取る. 〜 a bone clean (しゃぶったり, つついたりして)きれいに骨から肉を取る.
【とがったものでつつく】 **7** を**突く**, **掘る**; 〔穴〕を**開ける**. 〜 the ground with a pickax つるはしで地面を掘る. 〜 (up) ground (つるはしなどで)地面を掘り上げる. 〜 a hole 穴を開ける.
8〔鳥などがえさ〕を(くちばしで)**つついて食べる**, ついばむ; 〔人が〕を少しずつ[えり好みして]食べる, つつく; 《俗》を食う. 〜 grains 穀物をついばむ.
9 (針金やとがった道具で)〔錠〕をこじ開ける. The burglar 〜*ed* the lock. 泥棒が錠をこじ開けた.
10〔織物, 布地など〕をほぐす, ほどく, ばらばらにする.
11《米》〔ギターなど〕を指でかき鳴らす, 爪弾(つまび)く, (pluck). 〜 (the strings of) a banjo バンジョー(の弦)をひき鳴らす. **12**《オース・ニュー話》を予言[推測]する.
── 自 **1** 入念に選ぶ, 精選する, (→成句 PICK and choose). **2** 花を摘み取る, 果実を(もぎ)取る; VA〔果実が〕摘み取れる, もげる. These strawberries 〜 easily. このいちごは摘みやすい. **3** (とがったもので)突く, つつく,〈*at* ..を〉. **4**〔鳥などが〕えさをつついて食べる; 少しずつ食べる; (→成句 PICK at..).
pìck and chóose 丹念に選ぶ, よりすぐる.
pìck and stéal くすねる, こそどろをする.
pìck..apárt ..をばらばらにする; ..を酷評する; ..のあら探しをする.
píck at.. (1)〔食物〕を食べる気がなくつつきまわす, ほんの少ししか食べない. Stop 〜*ing at* your food and eat it up! つついてばかりいないでさっさと食べてしまいなさい. (2)《話》＝PICK on.. (1).
pìck hóles [a hóle] in.. →hole.
****pìck /../ óff*** (1) ..を狙(ねら)い撃ちにする. (2) ..をもぎ取る, 摘み取る. (3)《野球》(牽(けん)制球で)〔走者〕を刺す.
píck on [upon].. (1)《話》〔人, 物事〕のあら探しをする, ..をいじめる. (2) ..を選ぶ.
pìck oneself óff やっと立ち上がる.
píck onesèlf off 〔the floor〕〔床(ゆか)〕からやっと立ち上がる.
pìck onesèlf úp (1) (転んだのが)起き上がる. (2) 元気を出す, 持ち直す. He 〜*ed* him*self up* after the first failure. 彼は最初の失敗から立ち直った.
****pìck /../ óut*** (1) ..をひっこ抜く, つつき出す. (2)〔人, 物〕を**選び出す**. *Pick out* a good one for me. 私にいいのを選んでください. (3)〔人, 物〕を**見つけ出す**, 見分ける. He 〜*ed* her *out* in the crowd. 彼は群衆の中から彼女を見つけ出した. (4)〔意味〕を骨折って理解する, くみ取る; 〔曲〕を聞き覚えで弾く. (5)〔色〕を引き立てる〈*with, in* ..〔他の色〕で〉〈しばしば受け身で〉. The boat in the painting was 〜*ed out* in orange. 絵の中のそのボートはオレンジ色で引き立てられていた.
pìck /../ óver [thróugh] 《話》 (1) (選び出すために)〔たくさんの物〕をよく[神経質に]調べる. She 〜*ed over* her entire wardrobe before deciding on the blue dress. 彼女は青いドレスに決めるまで衣装だんすの中をかきまわした. (2)〔不快な物事〕を話し[考え]続ける.
pìck one's stéps ＝PICK one's way.
pìck..to píeces ＝PICK..apart.
pìck úp (1) 元気づく, 健康を回復する; 〔状態が〕よくなる. Business is beginning to 〜 *up*. 商売が上向き始めている. (2)〔風などが〕強まる. (3) 部屋などを片付ける, 整頓(とん)する; 後片付けをする〈*after* ..の〉. (4) (中断後, 会議[関係など]を)再び始める. Let's 〜 *up* where we left off last week. 先週終わったところから続けましょう.
****pìck /../ úp*** (1) ..**を拾い上げる**, 持ち[取り]上げる; ..**を拾い出す**. 〜 *up* a handkerchief [pebble] ハンカチ[小石]を拾い上げる. (2)〔乗り物が客〕を**乗せる**; 〔人が〕を車で迎えに行く, (途中で)車に乗せる; を受け取る. What time shall I 〜 you *up?* 何時に迎えに行きましょうか. (3)〔元気など〕を**出す**, ..を元気づける; 〔健康〕を取り戻す; 〔商売など〕を改善する, 回復する. 〜 *up* (one's) courage 勇気を出す. (4)《話》〔特に男性が〕〔女性〕と会ってすぐ親しくなる. Where did you 〜 *up* that girl? あの女の子をどこで拾ったんだ. (5) (偶然に)〔掘り出し物など〕を入手する, 買う; 〔小金など〕にありつく, かせぐ; 〔賞など〕をもらう; 《俗》..を盗む. 〜 *up* a living 生計の道にありつく. (6) (ラジオなどで)..を傍受する, 聞き取る; (無線受信機, レーダーなどで)..を捕らえる; 〔うわさなど〕を小耳にはさむ. (7) (耳学問などで断片的に)〔知識など〕を習得する, 覚える; 〔習慣, 技能など〕を身につける. I've 〜*ed up* a little Spanish in Spain. スペインに居てスペイン語を少し覚えました. (8)《話》〔犯人〕を捕らえる. (9)〔痕跡など〕を見つける, 〔犬が臭跡〕を嗅(か)ぎつける. (10) ..を集めまとめる; ..を片付ける, 整頓(とん)する. (11)〔スピード〕を上げる, 〔テンポ〕を早める. (12)〔病気〕にかかる. 〜 *up* a cold 風邪を引く. (13)〔遭難者など〕を救助する. (14) ..を厳しく叱(しか)る, とがめる,〈*for, on* ..のことで〉. (15) (中断したあと)〔議論など〕を再び始める.
pìck úp and léave 《話》荷物をまとめてさっさと出て行く.
pìck úp on.. (1) ..を敏感に察知する; ..に気付く. The boy hinted that he would like to change the topic, but no one 〜*ed up on* it. 少年は話題を変えたいことをほのめかしたがだれもそれに気付かなかった. (2) ..を採り上げる, ..に言及する.
pìck ùp the bíll [táb, chéck] 《話》勘定を持つ; 支払いを引き受け(させられ)る〈*for* ..(の代金)の〉.
pìck úp with.. ..と偶然知り合いになる.
pìck one's wáy 道を拾って[ぬかるみなどを避けながら]歩く, 慎重に進む,〈*along* ..を〉.
── 名 **1** U 選択(すること), 選択権. You can take [get] your 〜. 好きなのを取っていい. have one's 〜 of ..を自由に選べる. **2** (**a**) U〈普通 the 〜〉えり抜き, 最上のもの[人, 部分],〈*of* ..の〉. the 〜 *of* the bunch 一群中のえり抜きの人々[もの]. (**b**) C 選ばれた人[物]. **3** C (1 シーズンに摘み取った)収穫物[量]. **4** C つるはし (pickax(e)); (ほじる[つつき壊す]ための)先のとがった道具《ice pick, toothpick など》; (ギターなどの)ピック (plectrum). [<中期英語 *piken*「突く」]

pick·a·back /píkəbæk/ 副, 形, 名 ＝piggyback.

pìck-and-míx 形 ＝pick'n'mix.
pick·a·nin·ny /píkənìni/ 名 (複 -nies) C 〖軽蔑〗黒人[オーストラリア先住民]のちび.
pick·ax(e) /píkæks/ 名 (複 -ax·es) C つるはし(pick). ―― 動 他, 自 (を)つるはしで掘る.
picked /-t/ 形 〈限定〉精選された, えり抜きの; 摘みたての.
píck·er 名 C 摘み取る人[機械], 収穫する人[機械], 〈普通, 複合要素として〉. a cotton ～ 綿摘み人.
pick·er·el /pík(ə)rəl/ 名 (複 ～, ～s) C 〖米〗カワカマス属の淡水魚の総称; 〖英〗カワカマス (pike) の幼魚.
‡**pick·et** /píkət/ 名 C **1** (労働争議などでスト破り防止の)ピケ(ライン) (picket line), ピケ隊(員); 抗議デモ隊. set up a ～ ピケを張る. **2** 〈しばしば ～s〉先のとがった杭(くい), 棒杭. **3** 〖軍〗哨(しょう)兵, 見張りの兵隊; 〈単数形で複数扱いもある; 集合的〉警戒部隊.
―― 動 他 **1** にピケを張る, をピケ隊で囲む. **2** 〔哨兵〕を配置する. **3** に柵(さく)を巡らす, を杭で囲う. **4** 〔馬など〕を杭につなぐ. ―― 自 ピケ隊(員)を務める, ピケを張る; 見張り役をする. [＜フランス語「とがった杭」]
pìcket fénce 名 C 杭垣, 杭柵.
pícket lìne 名 C **1** (労働争議, 抗議デモの)ピケライン. **2** 〖軍〗前哨線.
pick·ing 名 **1** U 摘み取ること, 採取; 掘ること, ほじること. **2** 〈～s〉〖話〗摘み残し, 落ち穂; (まだ役に立つ)残り物. **3** 〈～s〉〖話〗盗品; (特に不正な)もうけ. easy [rich] ～*s* ぼろもうけ. slim ～*s* 薄いもうけ.
***pick·le** /pík(ə)l/ 名 (複 ～s /-z/) **1** C 〈普通 ～s〉ピクルス《塩, 酢などを用いた野菜の漬け物; 特に〖米〗ではキュウリ, 〖英〗ではタマネギ》. **2** U ピクルスの漬け汁; ピクルスソース. **3** U 希薄酸水《金属の酸化皮膜を取り除くのに用いる》. **4** C 〖話〗〈普通 a ～〉困った状況, 苦境; 〖英話〗めちゃくちゃの[混乱した]状態. in a (sad [nice, pretty, fine, sorry]) ～ 苦境に陥って; 混乱状態になって. **5** C 〖英話〗わんぱく小僧, いたずらっ子.
―― 動 他 をピクルスにする, 酢漬けにする.
[＜中期オランダ語]
píck·led 形 **1** 漬け物にした. **2** 〖話〗〈叙述〉酔っ払った (drunk).
píck·lòck 名 C 錠前破り(の侵入盗); 錠前破りの道具.
píck-me-ùp 名 C 〖話〗元気をつける酒[薬など], 元気回復薬, '気付け薬'.
pìck'n'míx /pìk(ə)nmíks/ 形 〈限定〉(異種のものの)寄せ集めの.
píck-òff 〖野球〗名 C ピックオフ《牽(けん)制球による刺殺プレー》. ―― 動 他 〔走者〕を牽制球でアウトにする.
pick·pock·et /píkpɑ̀kət|-pɔ̀k-/ 名 C すり.
†**píck·ùp** 名 **1** UC 拾い上げること; 集めること; (郵便物などの)集配. **2** UC (人, 荷物を)車に乗せること; C 〖話〗拾った乗り手, 便乗者, 《特に女性の》; 行きずりの(情事の)相手. **3** C (レコードプレーヤーの)ピックアップ. **4** C 小型トラック (**píckup trùck**). **5** C 〈普通 a ～〉〖話〗回復, 好転, 上昇, 〈*in* ..〔景気など〕の〉. **6** U 〖米〗(自動車の)加速性能. **7** C 〖球技〗バウンドした球をすくい上げること. **8** 〈形容詞的〉有り合わせの〔食事など〕; 混成の, 寄せ集めの, 〔チームなど〕.
Pick·wick·i·an /pikwíkiən/ 形 **1** ピックウィック(流)の《素朴な, 寛大な, 陽気な, 人に好かれるなど》. **2** その場だけの特別な意味に用いられた〔用語など〕. in a ～ sense その場限りの意味で; 妙な意味で. [Dickens 作 *The Pickwick Papers* の主人公から]
pick·y /píki/ 形 e 〖主に米話〗えり好みする, 好き嫌いの激しい, 気難しい, (choos(e)y). ▷ **pick·i·ness** 名
‡**pic·nic** /píknik/ 名 (複 ～s /-s/) C **1 ピクニック, 遠足,** (類語 外での食事に重点がある; →hiking); 〈形容詞的〉ピクニック(用)の. have [go on] a ～ at the seaside 海辺へピクニックに行く. a ～ basket [table] ピクニック用の手さげかご[テーブル]. a ～ lunch 〖主に米〗ピクニックの弁当 (★〖英〗では a ～ だけでよい; →2).
2 〖英〗ピクニック[屋外]での食事[弁当]. eat [have, make] a ～ 野外で食事をする. take a ～ (with one) お弁当を持っていく. They stopped and spread their ～ on a rock. 彼らはひと休みして岩の上で弁当を広げた.
3 〖話〗〈普通, 単数形; 否定文で〉楽しい[楽な]仕事. Acting as a courier to a tourist party is no ～. 団体旅行の添乗員を務めるのは生易しいことではない.
4 〖米〗豚の肩肉ハム (**pìcnic hám**).
―― 動 (～s|過 過分 **-nick·ed**|**-nick·ing**) 自 ピクニックに行く; ピクニック[屋外]の食事をする.
[＜フランス語 (＜?)]
pícnic àrea 名 C ピクニック場《駐車場やピクニックテーブルなどが用意されている》.
píc·nick·er 名 C ピクニックをする人.
pic·nick·y /píkniki/ 形 ピクニックの(ような).
pi·co- /pí:kou/ 〈複合要素〉「1兆分の1 (＝10^{-12})」の意味. *pico*gram (1兆分の1グラム). *pico*second (1兆分の1秒). [スペイン語 'peak, beak']
pi·cot /pí:kou/ 名 C ピコー, ピコット, 《レースやリボンのへりに付ける小さな環状の飾りの1つ》. ―― 動 他, 自 (を)ピコーで縁飾りする. [フランス語 'small point']
pic·ric /píkrik/ 形 〖化〗ピクリン酸の.
pìcric ácid 名 U ピクリン酸《染料, 爆薬用》.
Pict /pikt/ 名 C ピクト人《3-9世紀ごろ, スコットランド北部に住んでいた古代人》; 〈the ～s〉ピクト族.
pic·to·graph /píktəgræ̀f|-grɑ̀:f/ 名 U (原始時代の)絵文字, 象形文字; 絵グラフ; 絵で示した標識[記号など]. ▷ **pìc·to·gráph·ic** /-grǽfik/ 形
***pic·to·ri·al** /piktɔ́:riəl/ 形 **1 絵[写真]の(ような).** a ～ symbol 絵文字. **2** (挿)絵入りの〔本など〕. a ～ English dictionary for children 子供向けの絵入りの英語辞書. **3** 〔描写, 叙述が〕生き生きした, 真に迫った. a ～ description of the beauty of the heroine ヒロインの美しさの活写. ―― 名 C 画報; 写真中心の記事; 絵入りの郵便切手. [＜後期ラテン語「画家の」] ▷ **～·ly** 副 絵によって; 写真的に.
‡**pic·ture** /píktʃər/ 名 (複 ～s /-z/)
【描かれたもの】 **1** C **絵, 絵画,** (★ painting, drawing, print を含む); 画像. sit for one's ～ 肖像を描(か)いてもらう. look as pretty as a ～ 絵のように美しい.
【映像】 **2** C **写真.** have [get] one's ～ taken 写真を撮ってもらう. hate having one's ～ taken 写真を撮られるのが嫌いである. take a ～ of Mary riding on horseback メリーが馬に乗っている写真を撮る.
3 C (テレビ, 映画の)画面, 画像. The TV ～ was blurred. テレビの画像はぼやけていた.
4 C (個々の)映画 (motion picture); 〖主に英旧話〗〈the ～s〉映画(の上演); 〈～s〉映画界[産業]. be in ～*s* 映画に出演している[を作製している]. Let's go to the ～s tonight. 今夜映画に行こう.
【心的映像】 **5** C 〈普通, 単数形で〉イメージ. a mental ～ 心に浮かぶイメージ. He had a vivid ～ of the day he first met her. 彼は彼女に初めて会った日のことをありありと憶(おぼ)えていた.
6 【イメージを作るもの】 C (言葉による)**写実的な描写**; (絵を見るような)生き生きとした記述. make a ～ *of* ..を絵にする, 描く. This book gives [paints] realistic ～*s of* New York City. この本はニューヨーク市を生き生きと描写している.
7 【全般的イメージ】〈the ～〉状況, 事情, 事態, (situation). realize the present financial ～ of this country 我が国の現在の財政事情を真に理解する. the whole [big] ～ of ..の全体像, 全貌.
【絵に描いたようなもの】 **8** aU 絵のように美しいもの[人, 光景]; 景観, 見物(みもの). My garden is a ～ when it's in bloom. 花盛りのころの我が家の庭は絵のように美しい.

His face was a 〜 when he saw the sight. その光景を見た時の彼の顔ったらなかった《驚き, 怒りの表情》.
9 Ⓒ 〈a [the] 〜 of ..で〉..の生き写し, ..にそっくりなもの; 〔性質など〕の具現[化身], ..を絵に描いたようなもの. He is the 〜 *of* his father. 彼は父親そっくりだ. She was the [a] 〜 *of* innocence. 彼女は天真爛(ら)漫そのものに見えた.
còme* [*ènter*] *into the pícture 事態にかかわってくる, (場面に)躍り出る, 重要になってくる.
gèt* [*gìve*] *the pícture 〖話〗(事情を)了解する[させる]. Okay, Okay, I *get the* 〜. よし, よし, (状況は)よく分かった.
in the pícture 〖話〗(1) よく事情に通じて, よく知らされて. put a person *in the* 〜 人に事情をのみ込ませる. keep oneself *in the* 〜 on international affairs by reading foreign papers 外国の新聞を読んで国際事情に通じる. (2) 事態にかかわりを持って. With a rich man like John *in the* 〜 I stood no chance of winning her heart. 金持ちのジョンが割り込んできては僕が彼女の心を射止める見込みは無かった. (3) 目立って, 重要で.
out of the pícture 〖話〗(1) 無関係で, 問題外で. (2) よく事情[状況]を知らされないで, 'かやの外で'. They must be kept *out of the* 〜. 彼らには事情を知らせてはいけない.
── 動 他 **1** を絵に描(か)く; を描写する; の写真[絵]を(新聞などに)載せる; 〈主に受け身で〉. The writer 〜*d* the suffering of the poor. 作者は貧しい人々の困苦を目の当たりに描き出した. The actress was secretly 〜*d* going out with the singer. その女優は歌手とデートしているところをひそかに撮影された. He was 〜*d* on the front page as the man of the hour. 彼は時の人として一面に写真が載った.
2 (**a**) VO (〜 X/*wh* 節) X を/..かを心に描く, 想像する, (imagine). I can't 〜 life without him. 彼のいない人生なんて想像できないわ. Just 〜 to yourself *what* sort of a man the boy will be. あの子がどんな大人になるかちょっと想像してみなさい. *Picture* my surprise when I found my watch had stopped! 時計が止まっているのを知った時の驚きといったら. (**b**) VOA (〜 X *as* Y) X が Y であると想像する; VOC (〜 X *doing*) X が..するのを想像する. Just 〜 yourself *as* an actress. 女優になった自分を想像してごらん. Can you 〜 your father play*ing* baseball? 君はお父さんが野球をしている姿を想像できるか.
[＜ラテン語 *pictūra*「絵画」(＜*pingere*「塗る, 画く」)]
pícture bòok 名 Ⓒ 絵本.
pícture càrd 名 Ⓒ (トランプの)絵札.
pícture fràme 名 Ⓒ 額縁.
pícture gàllery 名 Ⓒ 画廊; 美術館.
pícture hàt 名 Ⓒ ピクチャーハット《つばの広い飾りの付いた婦人帽》.
pìcture-pérfect /㊙/ 形 〖米〗〔質, 外観などが〕申↑ 「し分ない.
pícture-pòstcard 形 〈限定〉(絵はがきのように)美しい[魅力的な].
pìcture póstcard 名 Ⓒ 絵はがき.
pícture pùzzle 名 →JIGSAW puzzle.
pícture ràil 名 Ⓒ (壁の)額長押(なげし)《絵を下げるための横桟(さん)》.
***pic·tur·esque** /pìktʃərésk ㊙/ 形 ⓜ **1 絵のように美しい**. a 〜 villa [village] 絵のように美しい別荘[村]. **2** 〔描写, 表現が〕**真に迫った**, 生き生きした. **3** 〔人, 性格などが〕人目を引く, 一風変わった. [picture, -esque]
▷ **〜·ly** 副 絵のように美しく; 生き生きと. **〜·ness** 名
pícture tùbe 名 Ⓒ (テレビの)ブラウン管.
pìcture wíndow 名 Ⓒ 見晴らし窓《展望をよくするための大きな 1 枚ガラスの窓》.
pícture wrìting 名 Ⓤ 絵文字(による記録法).
pic·tur·ize /píktʃəràiz/ 動 他 を映画化する; を絵に描く.
pid·dle /pídl/ 動 自 **1** 〖話・幼〗おしっこをする (urinate). **2** 〖米話〗(当てもなく)のらくらする, 時間をむだに費やす 〈*around, about*〉. ── 他 〖話〗〔時間〕を浪費する 〈*away*〉. ── 名 Ⓤ 〖話・幼〗おしっこ.
pid·dling /pídliŋ/ 形 〖話・軽蔑〗〈限定〉つまらない, 取るに足りない.
pidg·in /pídʒən/ 名 ⓊⒸ 混合語《2 つ(以上)の言語の特徴が混合した言語; 語彙(い)・文法が簡略化され相互の言語を知らない人々の間に通用する; →Creole》; 〈形容詞的〉(簡略化された)片言の〔言語〕. [*business* の中国語訛りから]
pìdgin Énglish 名 Ⓤ ピジン英語《もと, 商取引の必要から中国東海岸で生まれた中国語などとの混合片言英語; また西アフリカ, オーストラリアなどで現地語と混合した同様の英語についても言う》.
‡**pie**[1] /pai/ 名 (複 **〜s** /-z/) **1** ⓊⒸ パイ《肉, 果物などをパイ皮 (piecrust) に包んで焼いたもの》; パイ状の物. bake an apple 〜 アップルパイを焼く. a meat 〜 ミートパイ. 参考 〖米〗では詰め物の上に皮が無いものも pie と言うが, 〖英〗ではそれは tart と言う. 〜 and mash 〖英〗パイアンドマッシュ《小さなミートパイとマッシュポテト; 安価な料理》.
2 Ⓤ 〖米〗(分けるべき利益などの総体をたとえて) 'パイ'. Labor demands a bigger slice [share, piece] of the 〜. 労働者側は'パイ'のもっと大きな分け前を要求する.
3 Ⓤ 〖米俗〗'朝飯前'; すごく好ましいもの.
(*as*) *èasy as píe* 〖話〗とても簡単な[たやすい].
èat hùmble píe →humble.
hàve a fínger in the* [*èvery*] *píe →finger.
pìe in the ský 〖話〗当てにならない先の楽しみ, 夢のようなうまい話.
[＜中期英語; 何でも集めるカササギ (pie[2]) の習性から?]
pie[2] 名 Ⓒ 〖鳥〗カササギ (magpie).
pie·bald /páibɔ̀:ld/ 形 (特に白と黒の)まだらの, ぶちの.
── 名 Ⓒ 〖話〗白黒まだらの馬[動物].
‡**piece** /pi:s/ 名 (複 **píec·es** /-əz/) Ⓒ **1 断片**, 破片, かけら. sweep up the 〜*s* of glass ガラスの破片をきれいに掃き取る. in 〜*s*, to 〜*s* (→成句).
2 (**a**) (機械などの)**部品**; (セットの中の) 1 点, 1 品. One of the 〜*s* of my model plane is missing. 僕の模型飛行機の部品の 1 つが見当たらない. a dinner set of 52 〜*s* ひと組 52 個の食器セット(＝a 52-piece dinner set (→(b))). (**b**) 〈数詞を伴って複合要素として〉..(個, 点, 品, 人など) 1 セットの, ひと組の. a hundred-〜 orchestra 100 人編成のオーケストラ. →three-piece, two-piece.
3 〈普通 a 〜 of として不可算名詞の前に置いて〉(**a**) **1 個**, **1 片**, 1 枚, 1 本, 1 つ, (語法 piece を複数にできるので不可算名詞を可算的に扱うことができる). a hundred yen a 〜 1 つ 100 円. a 〜 *of* paper 紙 1 枚 (→sheet). two 〜*s of* white chalk 白いチョーク 2 本. a 〜 *of* land 土地のひと区画. a 〜 *of* good news 吉報 1 つ. a useful 〜 *of* information 有益な情報 1 つ. a beautiful 〜 *of* furniture 美しい家具 1 点. several 〜*s of* clothing 衣類数点. (**b**) 〈普通, 単数形で〉(動作, 性質などの具体的な) **1 例**, 1 件. a 〜 *of* advice 1 回の忠告. a 〜 *of* impudence 無礼な言行.
4 (音楽, 美術, 文芸などの)**作品**; 1 曲, 1 編; (新聞・雑誌の)短い記事. He wrote a short 〜 for the piano. 彼はピアノのための小品を 1 曲書いた. a dramatic 〜 戯曲 1 編.
5 (商品としての繊維製品などの) 1 反(たん), ひと巻き. a 〜 of wallpaper 壁紙ひと巻き《12 ヤール》. sell cloth by the 〜 生地を 1 反単位で売る.
6 〈the 〜〉(仕事の)出来高. We are paid by the 〜. 我々は仕事の出来高に応じて賃金をもらう.
7 貨幣 (coin). a five-cent 〜 5 セント銅貨. a 10p 〜

10ペンス銀貨. five ～s of gold 金貨5枚.
8 (チェスなどの)こま. a chess ～ チェスのこま.
9 〖旧〗銃, 大砲; 〖米俗〗ピストル. a fowling ～ 鳥撃ち銃. a field ～ 野砲. **10** 〖米俗〗(性交の対象としての)女 (**pìece of áss [skírt, táil]**).
(àll) of a [one] píece 同種類の, 等質の, 〈*with* ..と〉; 一致[調和]した〈*with* ..と〉; 首尾一貫した.
a pìece of cáke →cake.
a pìece of góods 〖英旧俗〗女, 'すけ'
a pìece of the áction →action.
a pìece of wórk (1) 作品; 骨折り仕事. (2) 〖話〗騒ぎ. (3) 〖話〗(..な)やつ. *a* nasty ～ *of work* →nasty.
bìts and píeces →bit[1].
còme to píeces (壊れて)ばらばらになる; 〖英〗(分解[解体]して)ばらばらになる[できる].
fàll to píeces ＝go (all) to PIECES.
gìve a pérson a pìece [bìt] of one's mínd →bit[1].
gò (àll) to píeces ばらばらに壊れる; 〖話〗(肉体的, 精神的に)すっかり参る.
in òne píece 〖話〗(物が)割れないで, 無傷のまま; (人が)無事に. I am glad to get through the exams (all) *in one* ～. 無事に試験を切り抜けることができてうれしい.
****in píeces*** ばらばらになって, 壊れて; ばらで. The vase lay *in* ～*s* on the floor. 花びんは床の上でばらばらになっていた.
****into píeces*** →to PIECES.
pìck [pùll, rìp] .. to píeces ＝take..to PIECES (2).
pìck up the píeces 事態の改善[収拾]に当たる, (関係などの)正常化を図る.
pìece by píece 1つずつ, 少しずつ.
spèak [sày] one's píece (1) あらかじめ用意した通りに述べる. (2) 自分の意見を述べる, 言いたいことを(全部)言う.
tàke .. to píeces (1) ..をばらばらにする. I *took* the clock *to* ～*s*. 私は時計を分解した. (2) 〔人, 作品など〕を酷評する.
****to [into] píeces*** ばらばらに. cut..*to* ～*s* ..をずたずたにする; 敵などを壊滅させる. tear [break]..*to* [*into*] ～*s* ..をずたずたに引き裂く, ばらばらに壊す; ..を(精神的に)痛めつける.
── 動 他 **1** VOA (～ X *together*) X を継ぎ合わせる, 接合する; 〔断片的な話など〕をまとめる, 総合する. ～ fragments of cloth *together* 布片を継ぎ合わせる. **2** を継ぎ布をあてて繕う (patch) 〈*up*〉.
pìece /../ óut (部分を補って)..を完全なものにする〈*with, by* ..で〉.
[＜古期フランス語(＜平俗ラテン語「一片の土地」)]

pi·èce de ré·sis·tance /piːès-də-rəzistɑ́ːns/ 名 (複 **pièces-** /同/) C 〈普通, 単数形で〉(一連のものの中の)一番大事なもの[事], 白眉(はくび); (最後に登場する)'真打ち'; 主要作品[項目]; 料理献立中の主品. [フランス語 'piece of resistance']

píece gòods 名 〈複数扱い〉切り売りされる生地[反物].

‡**píece·mèal** 副 (一度に)少しずつ, 切れ切れに. work done ～ 少しずつやった仕事. ── 形 〈けなして〉切れ切れの, 少しずつの, 散発的な.

pìece of éight 名 C 〖史〗スペインドル銀貨《主にアメリカのスペイン領植民地で使われた》.

píece·wòrk 名 U 出来高払いの仕事《日給や時間給でない; →timework》. be paid on a ～ basis 出来高に応じて報酬をもらう.

píe chàrt [gràph] 名 C 円グラフ, パイ図表.

píe·crùst 名 UC パイの皮. Promises are, like ～, made to be broken. 〖諺〗約束はパイの皮のように破れやすいもの.

pied /paid/ 形 まだらの, 雑色の.

pied-à-terre /pièidəːtéər/ 名 (複 **pieds-** /同/) C セカンドハウス, 別宅, 《ビジネス用などに(特に都心部に)確保してあるアパートなど》. He lives in Edinburgh and has a ～ in London. 彼はエディンバラに住んでいるがロンドンに(来た時に使うため)セカンドハウスを持っている. [フランス語 'foot on (the) ground']

píe dìsh 名 C パイ皿.

Pied·mont /píːdmɑnt|-mɔnt/ 名 **1** ピエモンテ《イタリア北西部にありフランス・スイスに隣接する農業・工業地域》. **2** ピードモント《米国の大西洋岸の平野とアパラチア山脈の間の高原》. **3** 〈p-〉 C 山麓(さんろく)地帯.

Pìed Píper (of Hám·e·lin) /-hǽmələn/ 名 **1** 〈the ～〉ハーメルンのまだら服の笛吹き《ハーメルンの町の人々を悩ましていたネズミの大群を笛を吹いておびき出し, 川に溺(おぼ)れさせて退治したが, 約束の報酬の金をもらえなかったので, 笛の音で町中の子供を誘い出して山中に隠してしまったという, ドイツの伝説の主人公》. **2** C 人を巧みに誘惑する者.

pìe-éyed /移/ 形 〖話〗酔っ払った (drunk).

***pier** /piər/ 名 (複 **～s** /-z/) C **1 桟**(さん)**橋**, 埠(ふ)頭, (類語 海, 湖の中へ突き出た架橋; 遊歩用にレストラン・娯楽設備のあるのもある; →wharf). **2** (アーケードなどのアーチを支える)支柱, 橋脚. **3** 〖建〗窓間(まどあい)壁《窓, 戸などの間の壁》.

‡**pierce** /piərs/ 動 (**pierc·es** /-əz/|過 過分 **～d** /-t/|**pierc·ing**) 他 **1** (とがったものが)を**刺し通す**, 突き通す; を貫く, 貫通する; 〔人が〕を突き刺す〈*with* ..で〉. A nail ～*d* the tire. くぎがタイヤに刺さった. ～ the potato *with* a fork フォークでジャガイモを突き刺す. A tunnel ～*s* the mountain. トンネルが山を貫いている. **2** に穴を開ける; 〔穴〕を開ける. ～ a hole *in* the wall 壁に穴を開ける. have one's ears ～*d* to wear earrings イアリングができるように耳に穴を開ける. ～*d* earrings ピアス.
3 に侵入する, を突破する. ～ the enemy's defense lines 敵の防御線を突破する. I couldn't ～ his obstinate manner. 彼の頑固な態度を突きくずすことができなかった.
4 〔音などが〕を突き抜ける, つんざく; 〔光が〕〔闇など〕を切り裂く; 〔痛みなどが〕〔体〕を突き刺す. A sharp cry ～*d* the darkness. 鋭い叫びが闇をつんざいて聞こえた. be ～*d* by the cold 寒さが身にしみる.
5 〔心〕を突き刺す, を感動させる; 〔相手の心理的構えなど〕を突き破る. Her tale ～*d* my heart. 彼女の話に私は深く感動した. His heart was ～*d with* grief. 悲しみが彼の胸を貫いた.
6 を見抜く, 洞察する. Sam ～*d* my arguments and found all the faults. サムは私の議論を見通して間違いをみな見つけた.
── 自 VA (～ *into, to* ..) ..に突き刺さる, 突き進む; (～ *through* ..) ..を貫通する, 突破する.
pierce one's wáy through .. ..の間を突き破るようにして進む.
[＜ラテン語「突き通す」]

‡**pierc·ing** /píərsiŋ/ 形 **1** 〔音が〕つんざくような; 〔寒さ, 風などが〕刺すような. a ～ scream 耳をつんざくような悲鳴. ～ cold 身を切るような寒さ. **2** 心にしみる[迫る], 痛感される. **3** (刺すように)鋭い, 洞察力のある. ～ eyes 射すくめるような眼. a ～ glance 鋭い一瞥(べつ). ▷ **～·ly** 副 耳をつんざくように; 身を刺すように〔寒いなど〕; 射すくめるように〔見るなど〕.

píer·hèad 名 C 桟(さん)橋[埠(ふ)頭]の突端.

Pi·er·rot /píːəròu|píərou/ 名 C **1** ピエロ《だぶだぶのズボンをはき顔を真っ白に塗った昔のフランスのパントマイムの道化役》. **2** 〈p-〉(ピエロの格好をした)道化役. [フランス語 (*Pierre* 'Peter'の指小語)]

Pi·e·tà /pìeitɑ́ː|pìetɑ́ː/ 名 C 〈しばしば p-〉ピエタ《キリストの遺体を抱いた聖母マリア (Virgin Mary) の画像[彫像]》. [イタリア語 'pity' (＜ラテン語 *pietās* 'piety')]

P

pi·e·tism /páiətiz(ə)m/ 名 U **1** 敬虔(ㅤ)(piety); 信心家ぶること. **2**〘史〙〈P-〉(17 世紀末ドイツのルーテル派教会内の)敬虔主義. ▷**pí·e·tist** 名

pi·e·tis·tic, -ti·cal /pàiətístik 移/, /-tik(ə)l 移/ 形 敬虔(ㅤ)な; 信心家ぶる. ▷**pi·e·tis·ti·cal·ly** 副

***pi·e·ty** /páiəti/ 名 (複 **-ties** /-z/) **1** U **敬虔**(ㅤ), 敬神, 信心深さ, (↔impiety); 孝心. be full of ～ 敬虔の念に満ちている. filial ～ 孝行心. **2** C 信心深い行為; 〈-ties〉(道徳家ぶった)お題目. ◇形 pious [＜フランス語 (＜ラテン語 *pietās*); pity と同源]

pi·e·zo·e·lec·tric·i·ty /pièizouilèktrísəti/ 名 U 〘物理〙圧電気, ピエゾ電気. ▷**pi·è·zo·e·léc·tric** /-iléktrik 移/ 形

pif·fle /píf(ə)l/ 〘旧話〙 名 U ばかげた話 (nonsense). ── 動 自 たわごとを言う, 下らないことをする.

pif·fling /píflinŋ/ 形 〘旧話〙下らない, 取るに足りない; ちっぽけな; (trivial).

‡**pig** /pig/ 名 (複 **～s** /-z/) **1** C **豚**, 食用豚. 参考 (1) → hog. (2) boar は去勢しない雄豚, sow は成長した雌豚, swine は〘英〙では〘古〙又は学術用語; 鳴き声,「鳴く」は grunt, oink, squeal. keep ～*s* 豚を飼う.
2 C 〘米〙子豚《特に 120 ポンド以下のもの》.
3 U 食用豚肉 (pork). roast ～ 焼き豚, 豚の丸焼き.
4 (**a**) UC なまこ《長方形の金属の塊; 特に溶鉱炉から取り出した未精錬のもの》; 鋳型. (**b**) ＝pig iron.
5 C (**a**) 豚野郎《不潔な, 食い意地の張ったやつ; 利己的で貪欲でいやなやつ》; でぶ. a male chauvinist ～ 男性優越主義者. (**b**)〈単数形で〉〘英話〙嫌な事, 難しい事;〈a ～ of ..として〉嫌な[難しい]... a ～ (*of* a job) 嫌な仕事. **6** C 〘俗〙〘軽蔑〙おまわり, ポリ公, (police officer). ◇形 porcine

blèed like a (stùck) píg ひどく出血する.

brìng one's pígs to the wròng márket 見当違いをする, やまが外れる.

bùy a píg in a póke 〘話〙物をろくに見ないで買う.

in píg 〔雌豚が〕(子を)はらんで.

màke a (rèal) píg of onesèlf 〘話〙がつがつ飲み食いする, 食い[飲み]過ぎる.

màke a píg's èar (out) of .. 〘話〙..をしくじる, やり損ねる.

Pìgs might flý. 〘戯〙そりゃあ豚だって空を飛ぶと言えなくはないからね《君の言ってる事はそれと同じぐらい有り得ない事だ》. "We might win a big prize in the lottery." "Well, ～*s might fly.*"「くじが大当たりするかもしれないよ」「うん豚が空を飛んだらね」

── 動 (**～s**|**-gg-**) 自 **1** 〔豚が〕子を産む. **2** 豚のように振舞う. ── 他 **1** 〔豚が〕〔子〕を産む. **2** をがつがつ食う.

píg it 豚のよう(に不潔)な生活をする, 雑居生活をする.

píg onesèlf 〘主に英話〙＝PIG out.

pìg óut 〘主に米俗〙がつがつ大食いする〈*on* ..を〉.

pìg togéther ＝PIG it. [＜中期英語]

píg·bòat 名 C 〘米俗〙潜水艦 (submarine).

***pi·geon** /pídʒən/ 名 (複 **～s** /-z/) **1** (**a**) C 〘鳥〙ハト (類語 ハト科の鳥の総称で, 飼いバト, 野生バトの両方を指す; →dove). →homing [carrier] pigeon. (**b**) U (a) の肉《食用になる》. **2** C 〘俗〙間抜け, だまされやすい人, 'かも'. **3** C 若い娘. **4** ＝clay pigeon. **5**〈one's ～〉〘英旧話〙関心事, 仕事, 責務. That's not my ～. それは私の知ったことではない.

sèt [pùt] the cát among the pígeons 〘話〙(秘密をばらしたりして)大騒ぎを起こす.
[＜後期ラテン語「ひな鳥」]

pígeon brèast [chèst] 名 U 〘医〙はと胸.

pìgeon·bréasted, -chésted /-əd 移/ 形 はと胸の.

pìgeon-héarted /-əd 移/ 形 気の弱い, 臆(ㅤ)病な.

pí·geon·hòle 名 C **1** (ハト小屋の中の)仕切り巣箱. **2** (書類棚, 机などの)小仕切り.

[pigeonhole 2]

pùt .. into a pígeon-hole ..を固定観念[色眼鏡]で見る.

── 動 他 **1** (**a**)〔書類, 手紙など〕を小仕切りに整理して入れる; を分類整理する. (**b**) を頭の中に整理しておく; を(不当に)分類分けする, 決めつける,〈*as* ..と〉(label). **2** を'棚上げする', あと回しにする, 握りつぶす. The boss ～*d* most of our plans. 我々が出した案のほとんどが上役に握りつぶされた.

pígeon-tòed 形 〔人が〕足指[足先]の内側に曲がった, 内またの.

pig·ger·y /pígəri/ 名 (複 **-ries**) **1** C 〘主に英〙養豚場; 豚小屋; (pigsty). **2** C 不潔な場所. **3** ＝piggishness.

pig·gish /pígiʃ/ 形 〘軽蔑〙豚のような; (豚のように)がつがつ食べる, 貪欲な; 不潔な; 〘英話〙＝pigheaded. ▷**～·ly** 副 貪(ㅤ)欲に. **～·ness** 名 U 貪欲さ; 不潔.

pig·gy /pígi/ 名 (複 **-gies**) C **1**〘話〙子豚. **2**〘幼〙ぶうちゃん《豚のこと》. ── 形 e **1** ＝piggish. **2**〈限定〉豚のように小さい〔眼〕.

píggy·bàck 副 肩車で, 背負って. ── 形〈限定〉背負われた, 肩車の. ── 名 C 背負う[おぶう]こと; 肩車. Give me a ～, dad. とうさん, おんぶして.

píggy bànk 名 C (豚の形をした)貯金箱;〈一般に〉小型の貯金箱.

pìggy-in-the-míddle 名 ＝pig-in-the-middle.

pìg·héaded /-əd 移/ 形 〘軽蔑〙頑固な, 強情な, (stubborn). ▷**～·ly** 副 頑固[強情]に. **～·ness** 名 U 頑固, 強情.

pìg-in-the-míddle 名 U **1**〈また P- in- the- M-〉ピッグインザミドル《真ん中にいる人に取られないように 2 人でボールを投げ合う子供の遊び;〘英〙keep-away》. **2** 板挟みになっている人.

píg ìron 名 U 銑鉄.

pig Làtin 名 U ピッグラテン語《語頭の子音(群)を語尾に回し ay /ei/ を付け加える子供の遊びで使われる隠語; 例 girl →irlgay》.

pig·let /píglət/ 名 C 子豚; 小豚.

‡**pig·ment** /pígmənt/ 名 **1** UC (主に粉末の)絵の具, 顔料. **2** U 〘生物〙色素《人の皮膚, 眼, 髪などに含まれる melanin など》. ── 動 他 を(絵の具で)着色する. [＜ラテン語 *pingere* 'paint']

pig·men·ta·tion /pìgməntéiʃ(ə)n/ 名 U 〘生物〙(動植物の組織の)着色; 色素沈着.

Pig·my /pígmi/ 名, 形 ＝Pygmy.

pig·nùt 名 C 〘植〙クルミの類《北米産; hickory など》; その実; ＝earthnut 1.

píg·òut 名 C 〘話〙大食い.

píg·pèn 名 C 〘米〙**1** 豚小屋; 養豚場; (pigsty). **2** 不潔な場所.

píg·skìn 名 **1** U (細工用になめした)豚皮. **2** C 〘米話〙アメリカンフットボールの球.

píg·stìcking 名 U イノシシ狩り《昔インドなどで馬に乗り槍(ㅤ)を用いて行った》; 豚の屠(ㅤ)殺.

pìg's tróttters 名〈複数扱い〉豚足(ㅤㅤ)《料理》.

pig·sty /pígstài/ 名 (複 **-ties**) C **1** 豚小屋; 養豚場; (〘米〙pigpen,〘主に英〙piggery). **2** 汚い部屋[家など].

píg·swìll 名 〘英〙＝pigwash.

píg·tàil 名 C **1**〘主に英〙お下げ髪 (plait,〘米〙braid)《編んで後ろに垂らした主に少女の頭髪; →ponytail》. **2** 細くねじったたばこ. ▷**píg·tàiled** 形 お下げ髪の.

píg·wàsh 名 U **1** 豚に与える残飯. **2** まずい食物.

píg·wèed 名 C 〘植〙アカザ.

pike[1] /paik/ 名 C **1** 矛(ほこ), 槍(やり), 《昔の歩兵用》. **2** 〖北イング〗とがった峰, 尖峰(せんぽう), 《英国湖水地方の地名に用いる》. ── 動 他 を矛[槍]で刺す[刺し殺す]. [<古期英語「とがった先」]

pike[2] 名 (複 ~, ~s) C カワカマス《体長 1m 以上にもなる大形の食用淡水魚の総称》. [<pike[1]; 口先がとがっていることから]

pike[3] 名 =turnpike.

còme down the píke 〖米話〗現れる, 出現する; 起こる.

píke·man /-mən/ 名 (複 **-men** /-mən/) C **1** 〖史〗槍(やり)兵, 矛(ほこ)兵. **2** (有料道路の)料金所係員.

pik·er /páikər/ 名 C 〖米俗〗小心なばくち打ち; けちん坊; 意気地なし.

Pìkes Péak /pàiks-/ パイクス山《米国 Colorado 州中部, ロッキー山脈中にある高峰; 標高 4,341m》.

píke·stàff 名 (複 **-staves** /-stèivz/) C 槍(やり)(pike[1])の柄; (下端に金属のとがった先の付いた)ステッキ.

(as) plàin as a píkestaff →plain.

pi·laf(f) /piláːf|pílæf/ 名 (複 **~s**) =pilau.

pi·las·ter /pəlǽstər/ 名 C 〖建〗壁柱, 柱形(はしらがた), 《壁面から張り出した柱形の装飾》.

Pi·late /páilət/ 名 **Pontius ~** 〖聖書〗ピラト《紀元1世紀初期のローマの総督; ユダヤを治め, キリストの処刑を許可した》.

pi·lau, pi·law /piláu, -lɔ́ː, -lóu|piláu/ 名 UC ピラフ《中近東起源の米飯料理》.

pil·chard /píltʃərd/ 名 C 〖魚〗マイワシ, ピルチャード, 《西ヨーロッパ沿岸産のイワシの一種; しばしば缶詰にする》.

‡**pile**[1] /pail/ 名 (複 **~s** /-z/) C **1** (物の)山, 堆(たい)積, (類語 特に整然と積み重ねたもの; →heap). a ~ of old papers 古新聞の山. **2** 大[高層]建築物(の群). **3** 〖話〗〈普通 ~s〉たくさん, 大量, 多数. a ~ of.., ~s of .. (→成句). **4** 〖話〗〈普通, 単数形で〉大金, 一財産. He made an[his] enormous ~ in business. 彼は事業で大金をもうけた. **5** (**a**) =atomic pile《reactor の旧称》. (**b**) 電堆(でんたい), 電池. **6** (火葬用の)たきぎの山 (funeral pile).

****a píle of..=píles of..*** 〖話〗たくさんの.., 山のような.. I've got ~s *of* things to do today. 今日はやるべきことが山ほどある. ~s and ~s *of* money うなるほどの金.

at the bòttom [tòp] of the píle 〖話〗(社会, 組織の)下層[上層]部の[にいる].

── 動 (~s /-z/|過 過分 **~d** /-d/|**pil·ing**) 他 **1** VOA を積み重ねる, 積み上げる, 〈*up*〉〈*on* ..に〉; に山のように積む〈*with* ..を〉; を詰め込む〈*into* ..に〉. He ~*d* books high *on* the desk.=He ~*d* the desk high *with* books. 彼は机の上に本を高く積み上げた. ~ it high (and) sell it cheap 〖主に英〗(商品を)大量生産して安く売る. **2** を蓄積する, ためる, 〈*up*〉. ~ *up* money 金をためこむ. ~ *up* debts 借金をためる.

── 自 VA **1** 積み重なる, 積もる; たまる; 〈*up*〉. The snow has ~*d* thick *on* the ground. 雪は地上に厚く積もった. **2** 〖話〗VA どやどやと移動する〈*into* ..へ/*out of* ..から〉; どっと入る[乗り込む]〈*in*〉, どっと出る[降りる]〈*out*〉.

pìle it ón 〖話〗大げさに言う (exaggerate).

pile òn the ágony 〖英話〗つらいことをわざと哀れっぽく話す.

pìle úp (1) 積み重なる, たまる, (→自 1); 山積みする. (2)〖話〗〔何台もの車が〕(玉突き)衝突する. (3)〔船が〕座礁する.

pìle /../ úp (1) →他 1, 2. (2)〖話〗〔何台もの車〕を(玉突き)衝突させる. [<ラテン語 *pīla*「柱」]

pile[2] 名 C 〈普通 ~s〉(建築の際, 土台に打ち込む木, 金属, コンクリートの)杭(くい), パイル. ── 動 他 に杭を打ち込む. [<ラテン語 *pīlum*「投げ槍」]

pile[3] 名 U **1** 綿毛, 柔らかい毛. **2** パイル織り《ビロード, タオル, じゅうたんなどの表面を細かく輪状に織ったり, それを切りそろえたりしたもの; nap より大きい》. [<ラテン語 *pilus*「毛髪」] ▷**piled** 形 〔布が〕けばのある.

píle drìver 名 C **1** 杭打ち機. **2** 〖話〗(ボクシングで)強打.

piles /pailz/ 名 〈単複両扱い〉痔(じ) (hemorrhoids).

píle·ùp 名 C 〖話〗**1** (車の)玉突き衝突[事故]. a 12-car ~ 車 12 台の玉突き事故. **2** (仕事などの)山積み.

pil·fer /pílfər/ 動 自, 他 (を)(特に, 職場から)盗む, くすねる, ちょろまかす, (類語 盗む対象のささいなことを暗示する; →steal). ▷**~·er** /-f(ə)rər/ 名 C くすねる人, こそどろ.

pil·fer·age /pílf(ə)ridʒ/ 名 UC くすねること, 窃取, 「抜き取り.

***pil·grim** /pílgrəm/ 名 (複 **~s** /-z/) C **1** 巡礼者, 聖地参拝者. **2** さすらい人; 旅人. **3** 〈P-〉Pilgrim Fathers の 1 人. the *Pilgrims*=the Pilgrim Fathers.

── 動 自 巡礼(の旅を)する; 流浪する. [<ラテン語 *peregrinus*「外国の(人)」(<per-+*ager*「野」)]

‡**pil·grim·age** /pílgrəmidʒ/ 名 **1** UC 巡礼の旅, 聖地もうで. go on (a) ~=go in ~=make a ~ 巡礼の旅に出る. **2** C (名所旧跡などへの)長途の旅行. my annual ~ to the Edinburgh Festival 私の毎年のエディンバラ祭もうで. **3** C 〈比喩的〉人生(行路).

── 動 自 巡礼の旅に出る.

Pìlgrim Fáthers 名 〈the ~〉〖米史〗ピルグリムファーザーズ《1620 年 Mayflower 号に乗って英国からアメリカへ渡り, New England に Plymouth 植民地を開拓した 102 人の清教徒たち》.

Pìlgrim's Prógress 名 〈the ~〉『天路歴程』《John Bunyan 作の寓(ぐう)意物語》.

pil·ing /páiliŋ/ 名 U 杭(くい)打ち; 〈集合的; しばしば ~s〉杭材; 杭を用いた建造物.

Pi·li·pi·no /pìləpíːnou/ 名 =Filipino.

***pill** /pil/ 名 (複 **~s** /-z/) C

【丸い薬】**1** 丸薬, 錠剤, (類語 tablet や capsule を含む錠剤一般; →tablet, capsule). sugarcoated ~s 糖衣錠. take two sleeping ~s 睡眠薬を 2 錠飲む.

2 〖話〗〈the ~, the P-〉経口避妊薬, ピル. She is on the ~. 彼女はピルを服用中である. go on [come off] the ~ ピルの服用を始める[やめる].

3 〖話・戯〗(特にゴルフ, 野球などの)球, ボール; 砲弾.

【飲みにくい薬】**4** 〖話〗〈普通, 単数形で〉不愉快な[退屈な]やつ; 扱いにくい子供.

a bìtter píll (to swállow) 我慢しなければならない嫌な事, 受け容れざるをえない苦い現実, 《<飲むには苦い薬》. Dismissal from his job was *a bitter* ~ for him *to swallow*. 解雇は彼にとって飲むには苦い薬だった.

sùgar [gìld, swèeten] the píll 嫌な物事をそんなに不快でなくする[見せかける]. [<ラテン語「小さな球」]

‡**pil·lage** /pílidʒ/ 〖章〗名 **1** U (特に戦争中の)略奪, ぶんどり. **2** UC 略奪物, ぶんどり品. ── 動 自, 他 (〔場所, 物〕を)略奪する.

pil·la·ger /pílidʒər/ 名 C 略奪者.

***pil·lar** /pílər/ 名 (複 **~s** /-z/) C **1** 柱, 支柱; 記念柱. The roof is supported by four ~s. 屋根は 4 本の柱で支えられている. **2** (火, 煙などの)柱, 柱状のもの. raise a ~ of dust もうもうと砂ぼこりを立てる. **3** (**a**) 中心的人物[存在], 柱石, 重鎮, 要(かなめ). a ~ of the state 国家の柱石. (**b**) 重要な項目, '柱'. **4** 〖採鉱〗鉱柱.

from pìllar to póst 1 箇所から次の箇所へと, あてもなく, 〔追い立てられるなど〕.

[<ラテン語 *pīla*「柱」; pile[1] と同源]

píllar-bòx 名 C 〖英旧〗(太い円柱形の赤い)郵便ポスト《昔, 日本にあったポストの原型; 米国のは箱型で mailbox と言う》.

P

Pìllars of Hércules 名 〈the ～〉ヘラクレスの柱《Gibraltar 海峡の東端を挟む 2 つの岬; ヨーロッパ側の the Rock of Gibraltar とアフリカ側の Jebel Musa; 2 つとも Hercules が作ったとされる》.

píll·bòx 名 Ⓒ **1** 丸薬入れ《浅い円筒形の小箱》. **2** 〖軍〗(コンクリート造りの)トーチカ《主に海岸線の》. **3** ピルボックス(ハット)《上部が平らな円形の縁なし婦人帽》.

pil·lion /píljən/ 名 Ⓒ 相乗り座席 (**píllion sèat**)《馬の鞍(くら)やオートバイなどのシート後部に付けた座席》.
rìde píllion 相乗りする (★この pillion は 副 と考えられる).

pil·lock /pílək/ 名 Ⓒ 〖英俗〗間抜け, ばか.

pil·lo·ry /píləri/ 名 (複 **-ries**) Ⓒ **1** (首と手首を固定させる)さらし台《昔の刑具》. **2** (公衆の嘲(ちょう)笑や軽蔑の)さらしもの, 物笑い.
── 動 (**-ries** | 過 過分 **-ried** | **～·ing**) 他 をさらし台にさらす; 〈普通, 受け身で〉〖章〗をさらしものにしてあざ笑う.

[pillory 1]

‡pil·low /pílou/ 名 (複 **～s** /-z/) Ⓒ **1** まくら; まくらの代わりになるもの; 〖米〗(ソファーの上に置く小型の)クッション. **2** 〖機〗軸受け (**píllow blòck**). **3** (ひざの上に置く)手編みレース台 (**láce pìllow**).
consùlt with [***take cóunsel of***] ***one's píllow*** 一晩寝てじっくり考える.
── 動 他 **1** 〔頭〕を載せる, もたせかける, 〈*on* ..に〉. Lucy ～*ed* her head *on* her lover's shoulder. ルーシーは恋人の肩に頭をもたせかけた. **2** 〔物が〕のまくらになる.
[＜ラテン語 *pulvīnus*「クッション」]

‡píllow·càse, -slìp 名 Ⓒ まくらカバー.

píllow fìght 名 Ⓒ (特に子供の)まくらの投げ合い, まくらでのたたき合い.

píllow tàlk 名 Ⓤ (夫婦, 恋人同士の寝室での)親密な会話, 睦言(むつごと).

‡pi·lot /páilət/ 名 (複 **～s** /-ts/) Ⓒ **1** (航空機, 宇宙船の)**操縦士**, パイロット, (→navigator). a jet [a fighter, an airline] ～ ジェット機[戦闘機, 旅客機]のパイロット. **2** (港湾などの)**水先案内人**. **3** 先達, 指導者; 〖米俗〗(野球チームの)監督. **4** ＝pilot light. **5** ＝pilot film. **6** 〖米〗(機関車の)排障器.
dròp the pílot 〖旧話〗優れた助言者を遠ざける[退ける].
── 形 〈限定〉**1** 案内の(役目をする), 先導的な. a ～ boat 水先案内船. a ～ engine (安全確認用の)先行機関車. **2** 試験的な, 試行的な, 予備の. a ～ project [scheme] 試行計画《本格的計画の前にする小規模な試験的計画》.
── 動 他 **1** の水先案内をする; 〔航空機, 宇宙船〕を操縦する. **2** の案内役を務める, を指導[先導]する, 〈*through* ..を, の中を〉. She ～*ed* me through the crowd to the exit. 彼女は群衆をかき分けて私を出口へ導いてくれた.
3 (**a**) VOA (～ X ***through*** ..) X (法案など)を〔議会など〕を通過させる. (**b**) の試行〔予備実験, テスト販売〕をする.
[＜フランス語 (＜ギリシア語 *pēdón*「櫂(かい)」)]

pi·lot·age /páilətidʒ/ 名 Ⓤ **1** 水先案内(術); 水先案内料. **2** 航空機操縦(術).

pílot bùrner 名 ＝pilot light 1.

pílot fìlm 名 Ⓒ 〖放送〗見本用フィルム[ビデオ]《スポンサー獲得のために製作する》.

pílot fìsh 名 Ⓒ 〖魚〗ブリモドキ《船を追って来たり, サメなどの大魚と共に泳ぐ習性がある》.

pílot·hòuse 名 (複 →house) Ⓒ 〖海〗操舵(だ)室.

pílot làmp 名 ＝pilot light 2.

pílot lìght 名 Ⓒ **1** (ガス器具などの)口火. **2** パイロットランプ《機械に電力が入ったのを表示する小灯》.

pílot òfficer 名 Ⓒ 〖英〗空軍少尉《略 P.O., p.o.》.

Pil·s(e)ner /pílznər/ 名 Ⓤ ピルスナー《ホップの苦味の強い軽いビール; ＜チェコ共和国の原産地ピルゼン》.

Pìltdown mán /pìltdaun-/ 名 Ⓤ 〖人類〗ピルトダウン人《1912 年に英国 East Sussex の Piltdown で発見された頭骨の化石をもとに, 存在が想定された有史前人類; 1953 年にこの頭骨は偽物と判明した》.

pi·men·to /pəméntou/ 名 (複 **～s**) **1** Ⓒ 〖植〗ピメントの木; Ⓤ ピメントの実から採った香辛料 (allspice). **2** ＝pimiento. [スペイン語 'pepper plant'; pigment と同源]

pi·mien·to /pimjéntou/ 名 (複 **～s**) Ⓒ アマトウガラシ, ピーマン. [スペイン語 (pimento の変形)]

‡pimp /pimp/ 名 Ⓒ 売春あっせん屋, ポン引き; 'ひも' (ponce). ── 動 自 売春をあっせんする 〈*for* 〔売春婦[宿]〕のために〉.

pim·per·nel /pímpərnèl, -n(ə)l/ 名 Ⓒ ルリハコベ, 〈特に〉ベニバナルリハコベ, 《サクラソウ科の草本》.

pim·ple /pímp(ə)l/ 名 Ⓒ 吹き出物, にきび. 参考 病気としての acne のために生じるのが pimple.

pim·pled, pim·ply /pímp(ə)ld/, /pímpli/ 形 〔人, 顔が〕にきびだらけの, 吹き出物のできた.

PIN /pin/ 名 Ⓒ (キャッシュカード・クレジットカードの)暗証番号 (**PÍN nùmber**). [*p*ersonal *i*dentification *n*umber]

‡pin /pin/ 名 (複 **～s** /-z/) Ⓒ **1** ピン, 刺し針, 留め針. You could [might] hear a ～ drop. 針 1 本落ちても聞こえるほど静かだ. **2** 〈しばしば複合語を作る〉(**a**) **飾りピン**《ブローチ, 記章, ネクタイピンなど装飾物に留め針の付いたもの》. →hairpin, hatpin, tiepin. (**b**) (金属製, 木製の)留め具, 掛けくぎ; ピン状のもの; (手榴弾の)安全ピン (safety pin). →clothespin, drawing pin.
3 (楽器の弦を締める)糸巻き (peg). **4** めん棒 (rolling pin); 〖海〗索止栓 (belaying pin). **5** 〖ボウリング〗ピン (→ninepin, tenpins). **6** 〖ゴルフ〗(ホールを示す)旗ざお. **7** つまらないもの; ほんの少し; 〈否定文で〉. not worth a ～ 全然価値がない. **8** 〖英旧話〗〈～s〉脚 (legs). be quick on one's ～*s* 足が速い.
(***as***) ***brìght*** [***clèan, nèat***] ***as a nèw pín*** とてもぴかぴかして, とてもさっぱりして[した].
for twò píns 〖話〗《ピン 2 本と引き換えで＞》二つ返事で, すぐにでも, 〔承知するなど〕; チャンス[きっかけ]さえあれば〔..しかねない〕.
nòt càre [***gìve***] ⌊***a pín*** [***twò píns***] 〖話〗ちっとも「気にしない.
on one's làst píns 〖話〗死にかかって (on one's last LEGS; →名 8).
on one's píns 〖話〗立って[歩いて](いる時は); 健康で; (→名 8).
on pìns and néedles 〖米〗やきもきして, そわそわして, (on tenterhooks).
pìns and néedles (手足がしびれた後, 血行が戻る時)ちくちくすること. My leg went to sleep and now it's all ～*s and needles*. 足がしびれてちくちくしてたまらない.
── 動 (**～s** /-z/ | 過 過分 **～ned** /-d/ | **pín·ning**) 他 **1** VOA (～ /X/ ***up***) X を**ピンで留める, 刺し通す**, 〈*on, to* ..に〉; (～ X ***together***) X をピンで留め合わせる, まとめて刺し通す. ～ *up* a notice *on* the wall 壁に掲示をピンで留めて出す. She ～*ned up* the hem of the dress. 彼女はドレスのすそを上げてピンで留めた. ～ *up* one's hair 〔女性が〕髪をピンで留めて(束髪 (bun) などに)まとめ上げる. ～ the papers *together* 書類をまとめてピンで留める.
2 (**a**) VOA (～ X ***against, to, under*** Y) X を Y (一定の場所)に押さえつける, くぎ付けにする. ～ a person *against* the wall [*to* the floor] 人を壁[床]に押さえつける. (**b**) 〖レスリング〗にフォール勝ちする. (**c**) 〖チェス〗〔相手

の駒]を動けなくする, くぎ付けにする.
3 (**a**) VOA (～ X *on* Y) X(罪など)をY(人)のせいにする. The police tried to ～ the crime *on* the stranger. 警察は犯罪をそのよそ者のせいにしようとした. (**b**) VOA (～ X *on* Y) X(自分の希望, 信頼など)をYに掛ける. Tom ～*ned* his hopes *on* his son [his son's success]. トムは息子[息子の成功]に望みを託した.
pìn /../ dówn (1)(持ち上がらないように)..を留める. ～ *down* the bed covers ベッドカバーを留める. (2) ..を動けなくする, くぎ付けにする. The army was ～*ned down* in the woods by enemy fire. 敵の砲火で軍隊は森の中にくぎ付けにされた. (3)〔人〕を縛りつける, 同意させる, 〈*to* (do*ing*) ..(すること)に〉. ～ her *down to* her promise 彼女に約束を実行せざるを得ないようにする. (4)〔事実など〕を突き止める, (これだと)明示する; 〔人〕に本音を吐かせる. The doctor couldn't ～ *down* the cause of my ill health. 医者は私の体の不調の原因が突き止められなかった. a difficult person to ～ *down* つかまえどころのない人.
Pìn your éars bàck! 〖英話〗(これから言うことを)良く聞け. [＜古期英語]
pi·ña co·la·da /pìːnəkəláːdə, pìːnjə-|-kou-/ 名 UC ピーニャコラーダ《ココナッツジュース, パイナップルジュースを使ったラムベースのカクテル》. [スペイン語 'strained pineapple']
pin·a·fore /pínəfɔ̀ːr/ 名 C **1** エプロン, エプロンドレス, 《主に子供用; 〖英話〗では pinny とも言う》. **2** ピナフォア, ジャンパー, (**pínafore drèss**; 〖米〗jumper)《エプロンに似た袖(そで)なしの家庭着》.
pín·bàll 名 U ピンボールゲーム《**pínball machìne** (ピンボールゲーム機)でするコリントゲームに似た遊戯; 我が国の「パチンコ」もこの類》.
pince-nez /pǽnsnèi/ 名 (複 ～ /-z/) C 〈単複両扱い〉(つるなしの)鼻眼鏡《昔, 使用された》. a man *in* ～ 鼻眼鏡の男. [フランス語 'pinch-nose']
pin·cer /pínsər/ 名 C 〈普通 ～s〉 **1** やっとこ, ペンチ; くぎ抜き, 毛抜き. a pair of ～*s* ペンチ1丁. **2** (カニ, エビの)はさみ.
píncer mòvement 名 C 〖軍〗挟(きょう)撃作戦, はさみ撃ち.
***pinch** /pintʃ/ 動 (**pínch·es** /-əz/|過 過分 **～ed** /-t/|**pínch·ing**) 他
【つまむ】 **1** (親指と人差し指などで)をつまむ, つねる; を挟む 〈*in* ..に〉. Daddy, Beth ～*ed* my arm. パパ, ベスが私の腕をつねったよ. I ～*ed* my finger *in* the door. ドアで指を挟んだ. I had to ～ myself to make sure ⌞it was real [I was not dreaming]. それが本当だということを確かめるために我とわが身をつねった.
2 をつまんで取る, 摘み取る, 〈*off*, *out*〉. ～ *out* young shoots 新芽を摘み取る.
【締めつける】 **3** 〔靴などが〕〔人(の足など)〕を締めつける. These shoes ～ me [my feet]. この靴は(きつくて)足が痛い (→自 1).
4 〈普通, 受け身で〉〔人〕を苦しめる, 困らせる; 〔人, 顔など〕をやつれさせる, 衰えさせる; (→pinched).
5 〔経費など〕を切り詰める.
【つまむ＞取る, 捕まえる】 **6** 〖話〗〔特にあまり価値のないもの〕を盗む, くすねる.
7 〖話〗〈しばしば受け身で〉を逮捕する (arrest).
── 自 **1** 〔靴などが〕締めつける, 窮屈で痛い. New shoes often ～. 新しい靴は窮屈なことが多い (→他 3). **2** けちけちする, 切り詰める, 〈*on* ..を〉. **3** 〔鉱脈が〕細くなる 〈*out*〉.
(knów) whère the shòe pínches どこに苦労[困難, 問題]があるか(を知る).
pìnch and sáve [scrápe]＝pìnch pénnies 爪(つめ)に火をともす, (必要以上に)けちけちする.
── 名 (複 **pínch·es** /-əz/) C **1** つまむこと, つねること; 挟むこと. I gave my dad a ～ (on the face) to wake him up. 父さんを起こすために(顔を)つねった.
2 ひとつまみ, わずかな量, 少し, 〈*of* ..の〉. a ～ *of* sugar 砂糖ひとつまみ.
3 〈the ～〉 **苦痛**, 窮乏; **危機**, ピンチ. the ～ of hunger 飢えの苦しみ. When [If] it comes to the ～, you can come to me. まさかの時には私の所へ来たまえ.
4 〖話〗逮捕, 手入れ; 盗み.
at a pínch 〖英〗＝in a PINCH (2).
fèel the pínch 〖話〗(貧乏, 不景気などを)痛切に感じる.
in a pínch (1) せっぱつまって[困って]. (2) 〖米〗必要とあれば, いざとなれば.
tàke..with a pìnch [gràin] of sált →grain.
[?＜ラテン語「突く」]
pinch·beck /píntʃbèk/ 名 **1** U ピンチベック, 金色銅, 《銅と亜鉛の合金; 金に見せかけた安物を作るのに用いる》. **2** C 偽物, まがい物. ── 形 金色銅の; まがい物の, いんちきの.
pinched /-t/ 形 **1** 〔顔が〕やつれた, (寒さなどで)縮み上がった. a ～ look やつれた顔つき. be ～ with cold 寒さで縮み上がる. **2** 〈叙述〉困り果てて; 足りない, 無くて困る, 〈*for* ..が〉. be ～ with poverty 貧窮する. be ～ *for* time [money] 時間[金]がとても足りない.
pínch·er 名 C **1** 挟む[つまむ]人[物]. **2** 〈～s〉＝pincer.
pìnch-hít 動 (→hit) 自 **1** 〖野球〗ピンチヒッターに立つ. **2** 〖主に米話〗〈一般に〉代役を務める 〈*for* ..の〉.
pìnch hítter 名 C **1** 〖野球〗ピンチヒッター, 代打者. **2** 代役.
pínch·pènny 名 (複 **-nies**) C ＝penny pincher.
pìnch rúnner 名 C 〖野球〗ピンチランナー, 代走者.
pín cùrl 名 C ピンカール《ピンやクリップで癖をつけて作った巻き毛》.
pín·cùshion 名 C (裁縫用の)針刺し.
***pine**[1] /pain/ 名 (複 **～s** /-z/) **1** C **松**(の木) (**píne trèe**)《松属の常緑針葉樹の総称》. **2** U 松材. **3** 〖話〗＝pineapple. [＜ラテン語 *pīnus*「松の木」]
†**pine**[2] 動 自 **1** 恋い焦がれる[慕う] 〈*for*, *after* ..〔還(かえ)らぬ人[日々], 手の届かない人[物]など〕を〉; VA (～ *to do*) ..することを切望する. ～ *for* the old days 昔を恋しがる. He is *pining to* see his love. 彼はしきりと恋人に会いたがっている. **2** (悲しみ, 病気などで)やつれる, 憔悴(しょうすい)する, 〈*away*〉. [＜ラテン語「罰, 苦痛」]
pin·e·al /píniəl/ 形 **1** 松かさ形の. **2** 〖解剖〗松果体の. the ～ body [gland] 松果⌞体[腺(せん)].
***píne·àp·ple** /páinæ̀pl/ 名 (複 **～s** /-z/) **1** C 〖植〗パイナップル(の木[実]); U パイナップルの果肉. **2** C 〖俗〗手榴(しゅりゅう)弾. [pine[1], apple; ＜中期英語「松かさ」(果肉が松かさに似ていることから)]
píne·còne 名 C 松かさ.
píne màrten 名 C 〖動〗マツテン《ヨーロッパ産のテン》.
píne nèedle 名 C 〈普通 ～s〉松葉.
píne nùt 名 C 〈普通 ～s〉松の実《食用》.
pin·er·y /páinəri/ 名 (複 **-ries**) C **1** パイナップル畑[温室]. **2** 松林.
píne·wòod 名 C 〈しばしば ～s〉松林; U 松材.
pin·ey /páini/ 形 ＝piny.
pín·fèather 名 C 鳥のうぶ毛.
‡**ping** /piŋ/ 名 C ぴん, ちゃりん, (という音)《弾が石に当たる音, スプーンが皿に当たる音など》. ── 動 自 **1** ぴんと飛ぶ[当たる]. **2** 〖米〗〔車のエンジンなどが〕ノッキングを起こしてがたがたいう (pink[3]). [擬音語]
†**ping-pong** /píŋpɑ̀ŋ, -pɔ̀ːŋ|-pɔ̀ŋ/ 名 U 〖話〗ピンポン, 卓球, (table tennis). [擬音語]
pín·hèad 名 C **1** ピンの頭. **2** 非常に小さなもの. **3** 〖話〗うすのろ, まぬけ.
pín·hòle 名 C 針の穴, 小さな穴.

P

pin·ion[1] /pínjən/ 名 C **1** 鳥の翼の先端部，羽先．**2** 羽毛;〈集合的〉風切り羽．**3**〖詩〗翼 (wing).
── 動 他 **1**〈普通，受け身で〉〔鳥〕の羽先を切って飛べなくする．**2**〖章〗〔人〕を羽交い締めにする;〔人の両腕〕を縛って[押さえつけて]動けなくする．**3** を固定する，縛りつける，〈*to* ..に〉.

pin·ion[2] 名 C 〖機〗(大きな歯車にかみ合って働く)小↑「歯車．

‡**pink**[1] /piŋk/ 名 (複 ~s /-s/) **1** UC ピンク，桃色，(★赤ん坊の肌色を連想させる健康・新鮮などのイメージの語で，日本語のようなポルノ的連想はない); ピンク色の衣装[服]. a girl dressed in ~ ピンク色の服を着た娘．**2** U〈the ~〉最高の状態，極致．My grandfather is still in the ~ (of condition [health]).〖普通，戯〗祖父はまだとてもぴんぴんしている．**3** C ナデシコ属の草本の総称《ナデシコ，セキチク，カーネーションなど》．**4** C〖話・しばしば軽蔑〗左翼がかった人《red ほどではない》.
── 形 e **1** ピンクの，桃色の．go ~ with embarrassment [anger] 当惑[立腹]して赤くなる．**2**〖話・しばしば軽蔑〗左翼がかった，シンパの．**3** ホモの．the ~ dollar〖米〗[pound〖英〗] (市場における)ホモの購買力.
[?<〖廃〗*pink(-eyed)*「小さな(眼をした)」; ナデシコを形容した]

pink[2] 動 他 **1** (剣先，銃弾などで)を傷つける，刺す，突く．**2** (ほつれないように pinking scissors で)〔布の縁など〕をぎざぎざに切る．**3**〔革，生地〕に飾り穴を開ける.

pink[3] 動〖英〗= ping 2.

pìnk-cóllar /⑱/ 形〈限定〉〔職業などが〕ピンクカラーの《看護婦・秘書など従来女性の携わってきた職業について言う; 時に「低賃金の」という軽蔑の意を含む; →white-collar, blue-collar》.

pìnk élephants 名〖戯〗(深酒，麻薬使用などによる)幻覚.

Pin·ker·ton /píŋkərt(ə)n/ 名 **Allan ~** ピンカートン (1819–84)《スコットランド生まれの米国の私立探偵; 1850 年米国で最初の探偵事務所を開設》.

pínk·èye 名 U (人，家畜の)流行性結膜炎，はやり目，《conjunctivitis の俗称》.

pìnk gín 名 UC ピンクジン《ジンとアンゴスチュラビターズを混ぜた飲み物》.

P

pink·ie /píŋki/ 名 C〖米・スコ話〗小指.

pínking shèars [scìssors] 名〈複数扱い〉ジグザグばさみ《裁縫師が使うはさみ; 切り口をジグザグにするため刃に刻み目が入っている》.

pink·ish /píŋkiʃ/ 形 ピンク[桃色]がかった.

pink·o /píŋkou/ 名 (複 ~s, ~es), 形〖話・軽蔑〗= pink[1] 名 4, 形 2.

pìnk sálmon 名 C〖魚〗カラフトマス.

pínk-slìp 動 他〖米話〗をお払い箱にする.

pìnk slíp 名 C〖米話〗解雇通知.

pink·y /píŋki/ 名 (複 -kies) = pinkie.

pín mòney 名 U (妻の)小遣い銭，へそくり; はした↑「金(かね).

pin·nace /pínəs/ 名 C〖海〗(艦船に積載する)中型ボート (→cutter 3, launch[2] 2).

†**pin·na·cle** /pínək(ə)l/ 名 C **1** (岩，山の)頂点，尖(せん)端; 鋭鋒．**2**〈普通 the ~〉〖章〗絶頂，頂点．The writer reached [was at] the ~ of his fame. その作家は名声の頂点に達した[あった]．**3**〖建〗(屋根や buttress 上の)小尖塔．── 動 他 **1** を高所[頂点]に置く．**2** に小尖塔を付ける.

pin·nate /píneit, -nət/ 形 **1** 羽のような(構造の)．**2**〖植〗対生葉の.

pin·ny /píni/ 名 (複 -nies)〖英話〗= pinafore 1.

Pi·no·cchi·o /pinóukiou/ 名 ピノッキオ《童話 'The Adventures of Pinocchio' の主人公; 木の操り人形だが生命を得る; うそをつくと鼻が伸びる》.

pi·noc(h)·le /píːnʌk(ə)l/ 名 U〖米〗〖トランプ〗ピノクル《日本の花札遊びに似たゲーム》.

pi·ñon /pínjən/ 名 (複 ~s, **pi·ño·nes** /pinjóuniːz/) C ピーニョン《Rocky 山脈南部地方産の松の総称》; その実《食用になる》. [スペイン語 '松の実']

pín·pòint 名 C **1** ピンの先; 非常に小さいもの; ごくわずか〈*of* ..の〉. a ~ of light (ピンの先のように)小さく見える光．**2**〖軍〗(爆撃の)標的点，精密照準点.
── 形〈限定〉**1**〔目標などが〕(針先ほどの)非常に小さな．**2** 精密な，正確な．~ bombing〖軍〗精密照準爆撃．with ~ accuracy [precision] 極めて正確に.
── 動 他 **1**〔..の位置など〕を(地図上などで)正確に指摘する[見つけ出す，つきとめる](locate); の起きた時点を特定する．**2** 🅦 (~ X/*wh* 節) X (性質，原因など)を/..かを(ピンで指すように)正確に示す[決定する，見つけ出す，指摘する] (identify).

pín·prìck 名 C **1** (針で開けたような)小さな穴，小さな点．**2**〈普通 ~s〉ちくりと痛い事，(ちょっとした)嫌がらせ.

pín·strìpe 名 C **1** ピンストライプ《細い縦縞(じま)》．**2**〈しばしば ~s〉その柄の衣服《ビジネスマンがよく着る》.
▷ **pin·striped** /-t/ 形 ピンストライプの．a ~ suit ピンストライプのスーツ.

‡**pint** /paint/ 名 (複 ~s /-ts/) C **1** パイント《液量の単位 = 1/8 gallon;〖米〗0.473 l,〖英〗0.568 l》．**2** パイント《乾量の単位;〖米〗0.55 l,〖英〗0.568 l》．**3** 1 パイントの量[容器];〖英話〗1 パイントのビール．go out for a ~ 一ぱいやりに出かける.

pint·a /páintə/ 名 C〖英旧話〗1 パイントの飲み物《特にミルク; <*pint of*》.

pín·tàble 名〖英〗→PINBALL machine.

pín·tàil 名 (複 ~, ~s) C〖鳥〗**1** オナガガモ．**2** ホソオライチョウ《北米産》.

pin·to /píntou/〖米〗形 まだらの，ぶちの，《特に 2 色の斑(はん)点のある馬，豆など》．── 名 (複 ~s) C まだら馬; まだら模様のウズラ豆 (**pínto bèan**).

pínt-sìze(d) 形〖話〗ごく小さい，小型の，小柄な.

pín·ùp 名 C **1** ピンナップ写真《壁にピンで留める(セミ)ヌードの(特に女性の)写真》．**2** (そのような写真の)モデル，ピンナップガール，(**pínup gìrl**).── 形 **1** ピンナップ(向き)の．**2** 壁掛け用の〔ランプなど〕.

pín·whèel 名 C **1** 回転花火．**2**〖米〗(プラスチックや紙製の)おもちゃの風車 (windmill).

pín·wòrm 名 C〖虫〗蟯(ぎょう)虫.

pin·y /páini/ 形 e **1** 松の木の(ような)．**2** 松の木に覆われた〔山腹など〕.

Pin·yin /pìnjín/ 名 U (中国語の固有名詞の)拼音(ピンイン)式ローマ字表記法.

pin·yon /pínjən/ 名 = piñon.

***pi·o·neer** /pàiəníər/ 名 (複 ~s /-z/) C **1 開拓者.** The ~s changed the barren land into rich fields. 開拓者たちは不毛の地を豊かな畑に変えた．**2 先駆者，創始者，パイオニア，**〈*in, of* ..〔思想，研究など〕の〉. a ~ *in* the study of electricity 電気の研究の先駆者．**3**〖軍〗(先発)工兵《本隊のために道路・橋作りなどの技術的任務に服する》．**4**〈形容詞的〉最初の，草分けの，先駆的な.
── 動 他 を開拓する; を創始する，の先駆けとなる.
── 自 開拓者[先駆者]になる．The Wright brothers ~*ed* in air travel. ライト兄弟は飛行の先駆者となった.
[<古期フランス語「歩兵」]

pi·o·neer·ing /-ní(ə)riŋ ⑱/ 形〈限定〉先駆(者)的な，草分けの.

***pi·ous** /páiəs/ 形 m **1 敬虔(けん)な，信仰心のあつい，**(類語 pious には 2 の意味があるので devout の方が好まれる)．**2**〈非難して〉〔人，言動などが〕さも信心深そうな，偽善的な; もっともらしい．Despite ~ talk, the Government wastes a lot of money. しかつめらしい事を言いながら政府は大金を無駄遣いしている．a ~ fraud 宗教[善意]に名を借りたぺてん．**3** 賞賛に値する，立派な;〖古〗

孝行な. **4** 宗教的な〔文学など〕.
◇↔impious 名 piety, piousness [<ラテン語 *pius*「務めを果たす」] ▷～**·ness** 名 U 敬虔.

pìous hópe [wísh] 名 C 実現する見込みのない希望. 「るなど].

pí·ous·ly 副 **1** 敬虔に, 信心深く. **2** 得々と〔しゃべ↑

pip[1] /pip/ 名 C **1** (リンゴ, オレンジなどの)種 (★core の中の1つぶ1つぶの seed を言う). **2** 〖話〗すばらしいもの[人]. ── 動 (～s|-pp-) 他 の種を取る[除く].
[<*pip*pin]

pip[2] 名 C 〖話〗 **1** (さいころ, トランプなどの)目, 点, 星. **2** 〖英〗(軍人の肩章の)星《階級を示す》. **3** (スズランなどの)根茎.

pip[3] 名 〈the ～〉 **1** ニワトリなどの舌やのどの病気. **2** 〖主に英話〗気のふさぎ, いらいら. have the ～ ふさぎこんでいる; いらいらしている. give a person the ～ 人をいらいらさせる.

pip[4] 名 C 〈普通 the ～s〉〖主に英〗(公衆電話の料金不足を知らせる音, ラジオの時報, レーダー上などの)ぴっという音, (〖米〗beep).

pip[5] 動 (～s|-pp-) 他 〖英話〗 **1** を撃つ, 撃ち落とす, 撃ち殺す. **2** (競争などで)を負かす (defeat). be ～*ped* at [to] the post 土壇場で負ける《<ゴールポストのところで負ける》. **3** 〔試験〕に落第する; 〔人〕を落第させる. **4** を排斥[追放]する. ── 自 VA (～ *out*) 死ぬ.

pi·pal /píːp(ə)l/ 名 C 〖植〗テンジクボダイジュ.

‡**pipe** /paip/ 名 (複 ～s /-s/) 【管】 **1** C (液体, 気体を通す金属, ガラスなどの)**管, パイプ, 導管**. lay a gas ～ ガス管を埋設する. a water ～ 水道管. The sewer ～'s blocked. 下水管がつまった.
2 C (刻みたばこを吸うための)**パイプ**《普通ブライア (brier) の根や陶土で作ったもの; →cigarette holder》; 〈a ～〉パイプたばこ一服(分の量). fill and light a ～ たばこをつめて一服つける. have [smoke] a ～ パイプで一服する.
3 C 〖米俗〗楽な仕事, '楽勝科目', 《<*pipe* dream; 「幻想>楽観」》.
【音を出す管】 **4** C 笛, (フルートのような)管楽器; 〖話〗〈the ～s; 複数扱い〉=bagpipes; (パイプオルガンの)パイプ, 音管 (**órgan pìpe**); 〖海〗(甲板長の鳴らす)号笛, 呼び子(の音). **5** U =piping 3. **6** 〈～s〉(人の)呼吸器官; 〈～s〉(人の)声帯.
【管状のもの】 **7** C パイプ《液量の単位; 約 477 リットル》; 1 パイプ入るワインだる. **8** C 〖鉱〗管状鉱脈.
Pùt [Stìck] thát in your pípe and smóke it. 〖話〗(嫌かもしれないが)今言ったことを黙って受け入れるんだね《忠告, 小言の後などに言う》.
── 動 他 **1** VOA 〔水, ガスなど〕を管で送る 〈*in, away*〉〈*from* ..から/*to, into* ..へ〉〈普通, 受け身で〉. ～ *in* water for irrigation *from* the river 川から灌漑用水を管で引き込む. The oil is ～*d from* the wells *to* the port. 石油は油井(ゆせい)から港まで送油管で送られる.
2 〔家など〕に導管を設置する. ～ a house for gas 家にガス管を取り付ける.
3 〔衣服など〕を玉縁[パイピング]で飾る; 〔ケーキ〕をアイシング (icing) で飾る. **4** 〔音楽〕を笛[管楽器]で奏でる.
5 VO (～ X/"引用") かん高い声で X と/「..」と言う[歌う]. **6** 〔音楽〕を有線放送する.
7 〖海〗 VOA を号笛(の合図)で..する. ～ a person ⌞*aboard* [*on* board] (偉い)人を号笛で船上に迎える. The boatswain ～*d* lights *out*. 甲板長は号笛で消灯の命令をした. **8** 〖米俗〗を見る, に注目する.
── 自 **1** かん高い音[声]を出す; ぴーぴー鳴る; 〔鳥が〕さえずる. **2** 笛を吹く; 管楽器を演奏する. **3** (甲板長の)号笛で⌞(船員に)命令する[召集する].
pìpe dówn 〖話〗〈普通, 命令文で〉黙る, 静かになる.
pìpe /../ dówn (1) ..を黙らせる. (2) 〖海〗..に号笛を吹いて終業を命じる.
pìpe úp 〖話〗(かん高い声で, 急に)歌い[しゃべり]だす 〈*with* ..を〉.
pìpe /../ úp ..を吹奏[演奏]し始める; ..を(かん高い声で)歌い[しゃべり]始める.
[<ラテン語「(鳥が)ぴーぴー鳴く」]

pípe bòmb 名 C (鉄)パイプ爆弾.

pípe clày 名 U パイプ白土《パイプを作る白い粘土》.

pípe clèaner 名 C パイプクリーナー《たばこパイプの掃除具》.

pìped músic 名 U (レストラン, ホテルなどでひっきりなしに低い音量で流す)バックグランドミュージック, ムード音楽.

pípe drèam 名 C (実現不可能な)はかない希望[計画]《<アヘンを吸って見た幻想》.

pípe fìtter 名 C 配管工.

pipe·ful /páipfùl/ 名 C (たばこなどの) 1 服分.

pípe·lìne 名 C **1** (ガス, 液体を運ぶ)パイプライン, 導管, 送油管. **2** 〖米〗(重要な情報, 物資供給などの)ルート.
in the pípeline (1) 〔商品などが〕輸送中で. (2) 〔計画などが〕準備[進行]中で, 着手寸前で.
── 動 他 に導管を取り付ける; VOA を導管で送る 〈*from* ..から/*to* ..へ〉.

pìpe of péace 名 C 平和のたばこ (peace pipe). smoke the ～ *of peace* 〔北米先住民が〕和睦(わぼく)の印にきせるを吸い合う; 仲直りをする.

pípe òrgan 名 C パイプオルガン.

Pip·er /páipər/ 名 パイパー《米国の軽飛行機メーカー Piper Aircraft Corp. の略称》; C パイパー機.

pip·er /páipər/ 名 C **1** 笛吹き; バグパイプ奏者. → Pied *Piper* of Hamelin. **2** 〖魚〗ホウボウの類.
pày the píper (1) 費用を負担する. He who *pays the* ～ calls the tune. 〖諺〗金を出す者は口も出す(のが当然)《金を出す者が曲を注文できることから》. (2) (逸楽の)報いを受ける.

pípe ràck 名 C パイプ立て[掛け].

pi·pet(te) /paipét, pi-|pi-/ 名 C 〖化〗ピペット《化学実験などで液体を移したり量を測ったりする細い管》.

pip·ing /páipiŋ/ 名 U **1** 配管(系統); 配管の敷設[埋設]. **2** 笛の音, 管楽; 笛を吹くこと. the ～ of a flute フルートの音色. **3** 〈普通 the ～〉鳥のかん高い鳴き声, かん高い人声. **4** (衣服, 家具, ケーキなどの)飾り, 玉縁, ふち飾り, パイピング. ── 形 〈限定〉〔音, 声が〕かん高い.
── 副 (液体, 飲食物が)しゅうしゅう音を立てるほど〔熱い〕.
pìping hót 〈ほめて〉(1) 〈形容詞的に〉〔食べ物, 液体などが〕とても熱い. (2) 〈副詞的に〉熱々で〔供されるなど〕.

pip·it /pípət/ 名 C タヒバリ《セキレイ科タヒバリ属の鳴鳥の総称》.

pip·pin /pípən/ 名 C **1** ピピン《生食用の良質リンゴの一種; しばしば Golden *Pippin* のように品種名の一部に用いられる》. **2** 〖話〗すばらしい人[もの].

pip·squeak /pípskwiːk/ 名 C 〖話・軽蔑〗(出しゃばりたがる)下らないやつ; 青二才. Fuck off, you ～! うせろ, 青二才.

pi·quan·cy /píːkənsi/ 名 U 〖章〗 **1** (味の)ぴりっとしたうまさ. add ～ to .. 〔食物など〕にぴりっとした風味を添える; 〔状況など〕に新鮮な興味[刺激]を与える. **2** 辛辣(しんらつ)さ, 小気味よさ.

pi·quant /píːkənt/ 形 〖章〗 **1** 〈ほめて〉〔味が〕ぴりっとする, ぴりっと辛い. a ～ sauce ぴりっと利くソース. **2** 刺激的で気持ちがいい, 痛快な, 'わさびの利いた'; (謎(なぞ)めいて)興味をそそる (intriguing). a ～ remark 痛快な評言. [<フランス語「突くような」; pique, -ant]
▷～**·ly** 副 ぴりっと; きびきびと; 辛辣(しんらつ)に.

pique[1] /piːk/ 名 UC 〖章〗(自尊心を傷つけられたりした)立腹, 不機嫌, 不興. take a ～ *against* a person 人に腹を立てる. He felt some ～ *at* her words. 彼は彼女

P

の言葉で幾分感情を害した. in a fit of [out of] ～ 腹立ち紛れに.

—— [動] [他] 〖章〗 **1** 〈しばしば受け身で〉を怒らす, の感情を害する. I was [did feel] quite ～*d* at his comment. 彼の批評には本当に腹が立った.

2 〔物事が〕〔..の好奇心, 興味〕をかき立てる, そそる, (arouse). The ad ～*d* my curiosity [interest]. その広告は私の好奇心を刺激した.

píque onesèlf on [***upon***] ***..*** ..を自慢する, 誇らしく思う. [＜フランス語 *piquer*「突く, 刺す」]

pi·que², **pi·qué** /pikéi|píːkei/ [名] [U] ピケ《綿・絹・レーヨンのうね織にした厚手の生地》. [フランス語「キルト」(＜'pricked')]

pi·quet /pikét, -kéi|pikét/ [名] [U] ピケット《32 枚の札で 2 人でするトランプ遊びの一種》.

pi·ra·cy /pái(ə)rəsi/ [名] ([複] **-cies**) [UC] **1** 海賊行為. commit ～ 海賊行為をする. **2** 著作権[特許]侵害. literary ～ 剽窃(ひょうせつ).

pi·ra·nha /pərɑ́ːnjə, -nə/ [名] ([複] **～s, ～**) [C] ピラニア《鋭い歯を持つ南米の淡水肉食熱帯魚》. [＜南米先住民語「歯のある魚」]

***pi·rate** /pái(ə)rət/ [名] ([複] **～s** /-ts/) [C] **1** **海賊**; 海賊船. **2** 著作権[特許]侵害者, 剽窃(ひょうせつ)者; 〈形容詞的〉著作権[特許]侵害の, 海賊版の. a ～ video 海賊版ビデオ. **3** [UC] 〖英〗 もぐり放送(局)《特に船の上から電波を送る》(**pìrate rádio** [**TV́**]). —— [動] [他] **1** に海賊(行為)を働く, を略奪する. **2** を剽窃する, の著作権[特許]を侵害する; の海賊版を作る. a ～*d* edition 海賊版. [＜ギリシア語「攻撃者」]

pi·rat·i·cal, -ic /pai(ə)rǽtik(ə)l/, /-ik/ [形] **1** 海賊の(ような). **2** 著作権侵害の; 海賊版の.

▷ **pi·rat·i·cal·ly** [副]

pir·ou·ette /pìruét/ [名] [C] ピルエット《古典バレエのつま先旋回》. —— [動] [自] ピルエットを行う, ピルエットで旋回する. [フランス語 'こま']

Pi·sa /píːzə/ [名] ピサ《イタリア中部の都市; **the Lèaning Tòwer of Písa**(ピサの斜塔)がある》.

pis·ca·to·ri·al, pis·ca·to·ry /pìskətɔ́ːriəl [移]/, /pískətɔ̀ːri|-t(ə)ri/ [形] **1** 魚の; 魚獲りの. **2** 漁業で生活する; 漁夫の. 「の(人).

Pi·sce·an /páisiən/ [名] [C], [形] 〖占星〗 双魚宮生まれ↑

Pis·ces /páisiːz, pís-/ [名] **1** 〖天〗 魚座. **2** 〖占星〗 双魚宮《12 宮の 12 番目; →zodiac》; [C] 双魚宮生まれの人 《2 月 19 日～3 月 20 日に生まれた人》. [ラテン語 (*piscis*「魚」の複数形)]

pis·ci·cul·ture /písikʌ̀ltʃər/ [名] [U] 養魚(法).

▷ **pìs·ci·cúl·tur·ist** /-tʃərist/ [名] [C] 養魚家.

pish /piʃ/ [間] 〖まれ〗 ふん, へん, ちぇっ, 《軽蔑, 不快, いらだちなどを表す》.

‡**piss** /pis/ 〖卑〗 [名] [U] 小便 (urine); 〈a ～〉 小便をすること. go for [have, take] a ～ 小便に行く.

a pìece of píss 〖英〗 朝飯前の[ちょろい]こと[もの].

be on the píss 〖英〗 大酒をくらっている.

fúll of pìss and vínegar 〖米〗 元気いっぱいの[で].

tàke the píss (***out of ..***) 〖英〗 (..を)からかう, あざける.

—— [動] [自] **1** 小便をする (urinate). **2** 〖英〗 〈it を主語にして; 普通, 進行形で〉 雨が激しく降る 〈*down*〉. It's ～*ing* (*down* [*with* rain]). 雨が激しく降っている.

—— [他] を小便でぬらす; 〔血など〕を尿とともに出す.

Go pìss up a rópe! 〖米〗 とっとと失せろ, 消えてなくなれ.

nòt hàve [***be without***] ***a pót to pìss ìn*** 〖米〗 貧乏のどん底である《＜おまるさえない》.

pìss abóut [***aróund***] だらだら過ごす; ばかなまねをする.

pìss /../ abóut [***aróund***] 〖英〗 のらりくらりと〔人〕をじらす, 〔人〕の鼻面を引き回す.

pìss all over .. 〔人, 相手チームなど〕をこてんぱんに負↓かす.

pìss /../ awáy 〖米俗〗 ..をむだ使いする.

pìss in the wínd (不可能なことをしようとして)時間をむだにする, むだ骨を折る.

pìss óff 〈命令形で〉 出て行け!; 〈依頼に対して〉 やだよ.

pìss /../ óff ..を怒らせる, いらいらさせる; ..をうんざりさせる; 〈しばしば受け身で〉.

píss onesèlf (1) 小便をもらす[ちびる]. (2) 〈また ～ oneself laughing [with laughter]〉 〖主に英〗 (小便をちびるほど) 笑いころげる. [擬音語]

píss·ànt [形], [名] [C] 〖米俗〗 くだらない[やつ].

píss·àrtist [名] [C] 〖英俗〗 大酒飲み, 酔っ払い; とんま.

píss·àss [形] 〈限定〉 〖米俗〗 あほらしい, くだらない.

‡**pissed** /-t/ [形] 〖卑〗 **1** 〈しばしば ～ off〉 怒って, いらいらして; うんざりして, 〈*at, with, about* ..に〉. **2** 〖主に英〗 酔っ払って. (as) ～ as a newt [fart] ＝ ～ out of one's head [mind, skull] 泥酔して.

píss·er [名] [C] 〖主に米俗〗 **1** ひどいもの[こと]. **2** すばらしい[すごい]もの[こと]. **3** ＝toilet.

píss·hèad [名] [C] 〖英俗〗 大酒飲み.

piss·oir /piːswɑ́ːr|píswɑː/ [名] [C] 公衆便所《男子の小便用》. [フランス語 'urinal']

píss-pòor /[移]/ [形] 〖俗〗 貧乏な[で], からっけつの[で], おそまつな[で].

píss-tàke [名] [C] 〖英俗〗 **1** 冗談(を言うこと). **2** 物まね. do a ～ of a person 人の物まねをする.

píss-ùp [名] [C] 〖英俗〗 大酒盛り.

pis·sy /písi/ [形] [e] つまらない, けちな; うんざりさせる.

pis·ta·chi·o /pistǽʃiòu, -tɑ́ː-/ [名] ([複] **～s**) **1** [C] ピスタチオ《ウルシ科の小木; ヨーロッパ南部・小アジア産》; ピスタチオナッツ (**pistáchio nùt**)《淡緑色の実で食用》. **2** [U] 淡緑色 (**pistàchio gréen**).

piste /píːst/ [名] [C] (スキーの)ゲレンデ. [フランス語「走路」(＜ラテン語「踏み固める」)]

pis·til /pístl, -til/ [名] [C] 〖植〗 めしべ, 雌蕊(しずい), (→stamen). 「蕊(ずい)だけの.

pis·til·late /pístəlèit, -lit/ [形] 〖植〗 めしべのある; 雌↑

****pis·tol** /pístl/ [名] ([複] **～s** /-z/) [C] **ピストル**, 拳(けん)銃, ([類語] 輪胴式でない小型で軽便なもの; →gun).

> [連結] fire [carry; draw; brandish; cock; aim; load] a ～; point [level] a ～ at.. // a ～ fires [discharges, goes off]

hòld [***hàve***] ***a pístol to a pèrson's héad*** ピストルを人の頭に突きつける; 人を脅迫する.

—— [動] (～s|〖英〗 **-ll-**) [他] をピストルで撃つ. [＜チェコ語「パイプ, 笛」]

pístol-whìp [動] [他] 〖米〗 をピストルで殴る.

†**pis·ton** /pístən/ [名] [C] **1** 〖機〗 ピストン. **2** 〖楽〗 ピストン《金管楽器のポンプ式弁装置》. [＜ラテン語「つぶす, 続けて打つ」]

píston rìng [名] [C] 〖機〗 ピストンリング.

píston ròd [名] [C] 〖機〗 ピストン棒.

***pit**¹ /pit/ [名] ([複] **～s** /-ts/) [C] 【穴】 **1** (**a**) (地面に掘った, 又は自然にできた)穴, くぼ地; 落とし穴, 〈比喩的に〉 落とし穴 (pitfall), わな (trap). (**b**) 〈しばしば the ～〉 炭坑 (coal mine); 砂利[粘土など]採取坑. a gravel [clay] ～ 砂利[粘土]採掘場[採掘後の穴].

2 (**a**) (物の表面の小さい)傷穴, (道路の)穴. (**b**) (体の)くぼみ; 〖米話〗 ＝armpit; (皮膚の)小さいくぼみ, あばた. have a heavy feeling in [at] the ～ of the stomach (不安などで)みぞおちに圧迫感がある.

【低くなった場所】 **3** (一段低くしてある)闘鶏場, 闘犬場; (低地に安全に囲ってある動物園の)猛獣運動場.

4 (**a**) 〈普通 the ～, 〖英〗 the ～s〉 (自動車レースの)ピット《燃料補給および応急点検所》; (自動車修理工場の)ピット 《車両下部の点検・修理用の壕(ごう)》. (**b**) ＝

cockpit. **5** 〈the ～〉 **(a)** (舞台前の)オーケストラ席 (orchestra pit). **(b)** 〚英旧〛劇場の平土間 《1 階 stalls の後ろの席; 現在は普通, 1 階全部を stalls といい, the pit は無い》; 〈集合的〉平土間の観客.
6 〚米〛〈普通 the ～; 複合要素として〉(商品取引所内の)..取引場. the corn ～ トウモロコシ取引場.
【どん底】 **7** 〈the ～〉〚聖書〛地獄, 奈(な)落の底. the ～ of hell＝the bottomless ～ 地獄.
8 〚話〛〈the ～s〉最悪(の場所[状態, 人, ものなど]).
【最低の状態】 **9** 〚話〛むさくるしい場所, 乱雑な穴ぐら.
10 〚英旧戯〛〈普通, 単数形で〉(自分の)寝床, 寝室.
dìg a pít for .. 〔人〕をわなにかけようとする.
── 動 (～s|-tt-) 他 **1** に穴をあける, くぼみを作る; に(あばたなどの)跡をつける. iron ～*ted* by rust さびで穴があいた鉄. a face ～*ted* with pockmarks あばた面.
2 VOA (～ X ***against*** ..) X (鶏, 犬など)を..と戦わせる, 取り組ませる; X (人, 知力など)を..と戦わせる, 対抗させる. The peasants ～*ted* themselves [were ～*ted*] *against* the tyrant. 小作農たちは暴君にたち向かった. ～ one's wits *against* the tax office 税務署と知恵比べをする. **3** 〚園芸〛〔野菜など〕を穴に貯蔵する.
── 自 あばた[くぼみ]ができる.
pit /../ óut 〚米話〛(汗で)〔シャツ(のわき)〕に染みを作る.
[<ラテン語「井戸, 縦穴」]

pit[2] 〚米〛名 C (桃, サクランボ, アンズなどの)核 (stone).
── 動 (～s|-tt-) 他 の核を取り除く.

pi·ta /píːtə|pítə/ 名 〚米〛＝pitta.

pit-a-pat /pítəpæ̀t/ 名, 副, 動 ＝pitter-patter.

pìt bull térrier 名 C ブルテリア《小形の闘犬の一種; pìt búllとも言う》.

‡pitch[1] /pitʃ/ 動 (**pítch·es** /-əz/|過 過分 **～ed** /-t/|**pítch·ing**) 他 【ねらって投げる】 **1** を**投げる**, ほうる, (類語 一定方向に正確に投げる; →throw); VOA (～ X ***into*** Y) X を急に Y (状態) に陥れる. *Pitch* the newspaper onto the porch. 新聞をポーチに投げておいてくれたまえ. The whole audience was ～*ed into* utter confusion. 全観衆は大混乱に陥った. **2** 〚野球〛を**投球する**; 〔試合〕の投手を務める. ～ a fast ball 速球を投げる. ～ a perfect game 完全試合をする.
3 【ねらって打つ】〚ゴルフ〛〔ボール〕をピッチショットする.
【ねらいを持って話す】 **4** 〚主に米話〛〔品物〕を(強引に)売り込む, 宣伝する. **5** 〚話〛〔話, 言い訳など〕をする. ～ a tale [yarn, line] ほら話を聞かせる.
【定まった場所に投げる＞固定する】 **6** 〔杭(くい)など〕を**地面に打ちこむ**, 立てる. **7** 〔テントなど〕を**張る**. ～ a camp キャンプを張る. **8** をある位置に据える, 置く.
9 VOA 〚楽〛〔曲, 楽器〕の高さ[音程]を調節する 〈*in* ..〔ある調子〕に〉. ～ the strings a little higher 弦楽器をやや高めに調弦する.
【定める】 **10** VOA の高さを定める, レベルを置く, 〈*at, to* ..に〉. ～ one's hopes too high 高望みし過ぎる.
11 【傾斜を定める】〔屋根など〕を傾斜させる.
── 自 【投げる】 **1** 物を投げる. **2** 〚野球〛投球する; 投手を務める; 〚ゴルフ〛ピッチショットをする.
【下方に投げられる】 **3** VA 真っ逆さまに落ちる. ～ on one's head 真っ逆さまに落ちる.
4 〔船, 航空機が〕縦揺れする, ピッチングする, (→roll).
【固定する】 **5** テントを張る, 設営する.
【傾斜する】 **6** 下方に傾斜する. The roof ～*es* sharply. 屋根は急勾(こう)配で傾斜している.
in thère pítching 〚米話〛せっせと働いて.
pítch for .. ..を説得によって得ようとする.
pìtch ín 〚話〛(1) 張り切ってとりかかる. (2) 協力する, 支援する, 〈*with* ..で〉. ～ *in with* an offer to help 助けてあげようと申し出る. (3) もりもり食べ始める.
pítch into .. 〚話〛(1) ..と懸命に取り組む; ..をさかんに食べる. (2) ..をしかりとばす, 殴る.
pítch on [upon] .. ..を選ぶ; ..に偶然に出会う.
pìtch óut 〚野球〛ピッチアウトする《相手チームの盗塁やスクイズを妨げるため投手がわざと打者に遠い[高い]球を投げる; →pitchout》.
pìtch /../ óut 〚話〛〔人〕を(無理やり)ほうり出す.
pìtch úp 〚話〛突然現れる.
── 名 (複 **pítch·es** /-əz/)
【ねらいを定めて投げること】 **1** C **投げること**, 投げたもの; 〚野球〛**投球**. a ～ of hay 1 回に投げ上げた干し草. a wild ～ 暴投《a wild throw は「悪送球」》. **2** C 〚ゴルフ〛ピッチショット (**pítch shòt**) 《グリーンに落下後球がころがらないように高く打ち上げる打法》. **3** C 〚話〛(セールスマンなどの強引な)口上, 売り込み文句; コマーシャル.
【定まった高低】 **4** aU 〚楽・音声〛**音の高低**, **調子**. out of ～ 調子はずれで. **5** aU **程度**, 度合い; **頂点**, 極度; 〈*of* ..の〉. cry out at the ～ *of* one's voice 声を限りに叫ぶ. He was at a high ～ of excitement. 彼は極度に興奮していた. **6** aU (屋根などの)傾斜の角度, 勾(こう)配; 傾斜. a roof with a high ～ 勾配の急な屋根.
7 【上下動】 C 〈単数形で〉(船, 航空機の)縦揺れ (→roll). give a ～ 縦揺れする.
【定まった場所】 **8** C 〚英〛(露店商などの)店を出す場所. **9** C 〚英〛(サッカーなどの)競技場, 試合場.
màke a [one's] pítch (1) 宣伝口上を述べる, 大いに弁じる, ひと肌脱ぐ, 〈*for* ..のために〉. (2) 得ようと努力する 〈*for* ..を〉.
quèer a pèrson's pítch＝quèer the pítch for a pèrson →queer.
[<中期英語「(地中に)突き刺す, 逆さまに落ちる」(?<古期英語)]

***pitch**[2] /pitʃ/ 名 U **1** ピッチ《コールタール, 原油などを蒸留したあとに残る黒いねばねばした物質; 舗装, 防水などの材料》. **2** 松やに.
(as) dàrk [blàck] as pítch 真っ暗[黒]な.
── 動 他 にピッチを塗る. [<古期英語 (<ラテン語)]

pítch àccent 名 U 〚音声〛高さアクセント《英語のアクセントのように強弱 (stress) ではなく, 日本語のように高低によるもの; →stress accent》.

pìtch-and-pútt 名 U 〚英〛ミニゴルフ.

pìtch-and-tóss 名 U 銭投げ《標的に硬貨を投げて勝負を争うゲーム》.

pìtch-bláck /移/ 形 真っ黒[暗]な. ▷ **～·ness** 名

pitch·blende /pítʃblènd/ 名 U 〚鉱〛瀝(れき)青ウラン鉱《ウラニウム, ラジウムを含んでいる》.

pìtch-dárk /移/ 形 真っ暗な〔場所, 夜など〕. ── 名 U 〈the ～〉真っ暗やみ(の状態). ▷ **～·ness** 名

pitched /-t/ 形 傾斜のある (slanting). a ～ roof 斜め屋根.

pìtched báttle 名 C 激戦, 決戦; (前もって準備した, 昔の)会戦《遭遇戦 (encounter) でない》; 激論.

***pitch·er**[1] /pítʃər/ 名 (複 **～s** /-z/) C **1** 〚米〛**水差し**《口が広く, 差し口 (spout) と取っ手の付いたもの; 〚英〛jug》. *Pitchers* have ears. 〚諺〛壁に耳あり《ears は(水差しの)取っ手と耳の意味を懸(か)けてある》. **2** 〚英〛(口の狭い取っ手が 2 つ付いた陶製の)大きい水差し. **3** ＝pitcherful. [<ラテン語「ビーカー」]

***pitch·er**[2] /pítʃər/ 名 (複 **～s** /-z/) C **1** 投げる人; 〚野球〛**投手**. a fastball ～ 速球投手. a left-handed [right-handed] ～ 左[右]腕投手. the winning [losing] ～ 勝ち[負け]投手. a starting [relief] ～ 先発[救援]投手. the ～'s mound [plate] ピッチャーズマウンド[プレート]. a ～s' battle 投手戦. **2** (道路の)敷石.
3 〚ゴルフ〛7 番アイアン (→iron 7).

pitch·er·ful /pítʃərfùl/ 名 C 水差し 1 杯分(の量).

pítcher plànt 名 C 袋葉植物《袋状の葉を持った食虫植物の総称; ウツボカズラ, タヌキモなど》.

pítch·fòrk 名 C 干し草用長柄の熊手(くまで) 《2 (又は

P

3) 叉のフォーク状》. ── 動 他 1 (熊手で)〔干し草〕を投げ上げる[入れる]〈*into* ..〉. 2 VOA (〜 X *into* ..) X (人)を〔ある地位, 状況など〕にむりやり押し込む.

pítch·ing 名 U 1 pitch する[される]こと. 2 (船, 航空機の)縦揺れ, ピッチング, (↔rolling). 3 〖野球〗投球, ピッチング; 〈形容詞的〉投球の. a 〜 coach ピッチングコーチ. a 〜 duel 投手戦. 4 〈集合的〉(道路の)敷石.

pítch invàsion 名 C (サッカーなどで)観衆のグランド(pitch)へのなだれ込み.

pítch·man /-mən/ 名 (複 **-men** /-mən/) C 〖米話〗露天[大道]商人, 香具師(やし); (ラジオ, テレビで)商品の宣伝をする人.

pítch·òut 名 C 〖野球〗ピッチアウト《盗塁・スクイズを防ぐためにバットの届かないコースへ投げる投球》.

pítch pìne 名 C ヤニマツ《北米産; 松やにを採る》; U ヤニマツ材.

pítch pìpe 名 C 〖楽〗調律笛.

pitch·y /pítʃi/ 形 e 1 ピッチ (pitch² 1)のような; ピッチにまみれた; ピッチの多い. 2 真っ黒な.

pit·e·ous /pítiəs/ 形 〖章〗哀れをさそう, 痛ましい, (類語「哀れみを催すような」の意味で, 同情の気持ちが強い; →pitiable). 〜 groans 悲痛なうめき声.

▷ **〜·ly** 副 哀れに, 悲しそうに **〜·ness** 名 U 哀れさ.

†**pít·fàll** 名 C 1 落とし穴. 2 〈しばしば 〜s〉隠れた危険, 陥穽(かんせい); 誘惑; 〈*for* ..にとっての〉.

†**pith** /piθ/ 名 U 〈普通 the 〜〉 1 〖植〗髄《茎の中心のスポンジ状の柔らかい組織》; 髄状の柔らかいもの《グレープフルーツの外皮 (peel) の内側の白い部分など》. 2 〖章〗精髄, 重要点, 核心, (**pìth and márrow**). enterprises of great 〜 and moment 非常に重要な諸事業. 3 〖英章〗体力; 気力, 元気.

pít·hèad 名 C 〈普通, 単数形で〉坑道入り口; 鉱山の地上施設.

pith·e·can·thro·pus /piθikǽnθrəpəs|-kænθróu-/ 名 (複 **pith·e·can·thro·pi** /-pài/) C 〖人類学〗ピテカントロプス, 猿人, 《今は絶滅したピテカントロプス属の原始人類》.

Pithecànthropus eréctus 名 C 直立猿人, ピテカントロプス(エレクトス), 《頭骨が Java で発見されたため Java man とも言う》.

píth hèlmet [**hàt**] 名 =topee.

pith·y /píθi/ 形 e 1 髄のような, 髄の多い. 2 〖章〗〔表現などが〕簡にして要を得た, 端的な. a 〜 saying 直截(ちょくせつ)な格言.

▷ **pith·i·ly** 副 簡潔に, 端的に. **pith·i·ness** 名

†**pit·i·a·ble** /pítiəb(ə)l/ 形 1 〖章〗哀れむべき, かわいそうな, (類語「人の哀れみをさそう」という客観的性質を表す; →piteous, pitiful).

2 〖軽蔑〗情けない, あさましい. Her clothes were in a 〜 condition. 彼女の身なりはひどい状態だった.

◇名 pity ▷**-bly** 副 哀れに(も), 情けないほど.

†**pit·i·ful** /pítif(ə)l/ 形 1 哀れをさそう, 哀れな, (類語 軽蔑的に「哀れむべき」という意味に重点がある; →pitiable). What a 〜 sight! なんと哀れな光景だ.

2 そまつ極まる, 話にならない. 3 〖古〗同情的な, 情け深い. ◇名 pity. ▷ **〜ness** 名 U 哀れさ.

pit·i·ful·ly 副 みじめにも, 哀れなほど; 話にならないほど.

†**pit·i·less** /pítiləs/ 形 〔人などが〕同情心のない, 無情な; 〔天候, 暑さなどが〕苛酷な, 容赦しない, きびしい. ▷ **〜·ly** 副 無情に, 冷酷に. **〜·ness** 名 U 無情, 薄情.

pit·man /pítmən/ 名 (複 **-men** /-mən/) C 坑夫, 炭坑夫.

pi·ton /pí:tɑn|-tɔn/ 名 C ハーケン, ピトン, 《頭部に穴のあいた釘(くぎ); 岩や氷に打ち込み登山用ザイルやカラビナを通したりする》. [フランス語 'ringbolt']

pít pòny 名 C 〖英〗坑内用ポニー《昔, 炭坑内で運搬作業に用いた》.

pít stòp 名 C 1 (自動車レースの)ピットイン《燃料補給, 応急修理などのためにピットに停車すること》. make a 〜 ピットインする. 2 〖主に米〗(自動車旅行中の)トイレ[食事, 給油]停車(の場所).

Pitt /pit/ 名 **William 〜** 1 大ピット (Pitt the Elder) (1708-78)《英国の政治家》. 2 小ピット (Pitt the Younger) (1759-1806)《1の息子; 政治家》.

pit·ta /pí:tə|pítə/ 名 UC 〖英〗ピータ《中にハム, サラダなどを詰めて食べる平たい楕円形のパン; **píta** (**brèad**) とも言う》. [<現代ギリシア語「ケーキ」]

pit·tance /pít(ə)ns/ 名 C 〈普通, 単数形で〉わずかな手当[給料]; ほんのわずか, 少量. earn [get paid] a 〜 安い給料をかせぐ[もらう]. work for a 〜 低賃金で働く.

pit·ted[1] /pítəd/ 形 〔物の表面が〕穴だらけの; あばた面の; 〈*with* ..で〉

pít·ted[2] 形 〖米〗〔果物が〕核を取り除いた (stoned). 〜 olives 核を除いたオリーヴ.

pit·ter-pat·ter /pítərpæ̀tər/ 名 U 〈普通 the 〜〉ぱらぱら《雨の音など》; ぱたぱた《足音など》; どきどき《心音など》; 〈*of* ..の〉. ── 副, 形 ぱらぱらと(いう); ぱたぱたと(いう). My heart went 〜. 心臓がどきどきした.

── 動 自 ぱらぱら[ぱたぱた]音を立てる. [<patter¹]

Pitts·burgh /pítsbə:rg/ 名 ピッツバーグ《米国 Pennsylvania 州の鉄工業都市》.

pi·tu·i·tar·y /pət(j)ú:itèri|-tjú(:)ət(ə)ri/ 名 (複 **-ries**) C 〖解剖〗脳下垂体 (**pitúitary glànd**). ── 形 脳下垂体の.

pít vìper 名 C 〖動〗マムシ亜科の毒蛇(の総称)《頭の両側に熱を感知するくぼみがある》.

‡**pit·y** /píti/ 名 1 U **哀れみ, 同情**, 〈*for* ..に対する〉(類語「困っている者, 不幸な者に対する同情」の意味で相手を見下だしている感がある; →sympathy, compassion). I really feel 〜 *for* him. 彼のことは全く気の毒に思う. She is an object of 〜 among her neighbors. 彼女は近所の人々の同情の的だ. *Pity* is akin to love. →akin 1.

> 連結 deep [profound] 〜 // arouse [show] 〜; be filled with 〜, be moved [stirred] to 〜

2 aU **残念なこと**, 惜しいこと. What a 〜 (that) you can't come tonight. 君が今晩来られないとはなんとも残念だ. It's a 〜 (that) he had to be hospitalized. 彼が入院せざるを得なくなったのは残念だ(★It's a も省略して *Pity* he had to be hospitalized. とすることも可能). It was a 〜 to part with the old but still usable car. 古いがまだ使える車を手放すのは残念だった. 3 U 慈悲, 許す心. show no 〜 toward the losers 敗者に対して容赦しない. ◇形 pitiful, piteous, pitiable

for píty's sàke →sake.

hàve píty on [***upon***] ***..*** ..を哀れに思う[思って容赦する].

It's a thòusand píties that .. ..は残念至極である.

Mòre's the píty. 〖話〗それは(ますます)残念だ; 〈普通, 文尾に付加して〉残念ながら, あいにく, (unfortunately). You don't want them? *More's the* 〜. お入り用ないって. それは残念です. He's gone home on leave, *more's the* 〜. 彼はあいにく休暇を取って帰省しました.

out of píty 気の毒と思って〈*for* ..を〉. He gave her the money *out of* 〜 *for* her child. 彼は子供がかわいそうで彼女にお金をあげた.

tàke píty on [***upon***] ***..*** ..を気の毒に思って助ける.

The píty (***òf it***) ***is that ...*** 残念なことに..である. *The* 〜 *is that* I woke up when it was too late. 残念なことに目が覚めた時はもう遅かった.

── 動 (**pit·ies** /-z/| 過 過分 **pit·ied** /-d/|**〜·ing**) 他 〈普通, 進行形不可〉1 を哀れに思う, 気の毒に思う, に同情する, 〈*for* ..のために〉; VOC (〜 X *doing*) X が..するのを気の毒に思う. I 〜 my cousin *for* his misfortune [(*for*) having married that woman]. 私はいとこの不

幸[いとこがあの女と結婚したこと]を気の毒に思う. **2**〘軽蔑〙を哀れなやつと思う. ── [自] かわいそうに思う.
[＜ラテン語 *pietās*「信心深さ＞同情」(＜*pius* 'pious')]

pít·y·ing [形]〘時に軽蔑〙哀れみの, 同情の. give . . a ~ look . .に哀れむような(軽蔑の)眼差しを向ける.
▷**~·ly** [副] 哀れんで, 同情して.

†**piv·ot** /pívət/ [名] [C] **1** (**a**)〘機〙回転軸, ピボット. (**b**) (軸を中心として)旋回すること; '回れ右'. He made a quick ~ to face us. 彼は急に振り向いて我々と向かい合った. **2** (全体が依存する)中心人物; 枢軸, 中心点; 要(かなめ), '目玉'. In baseball the catcher is ⌞the ~ of the defense [the ~ on which the defense turns]. 野球ではキャッチャーは守備の要である. **3**〘軍〙(旋回などの中心となる)軸兵.
── [動] [他] をピボットに付ける; にピボットを付ける.
── [自] **1** 回転する; くるりと回る, 回れ右する; 〈*on* . .を軸にして〉. The dancer *~ed on* one toe. ダンサーは片足のつま先で回転した. **2** [VA] (**~ *on* . .**) . .に依存する, かかる. The future *~s on* what is done today. 将来は今日何がなされるかによって決まる.

‡**piv·ot·al** /pívətl/ [形] **1** 回転軸の. **2** 枢軸の, 中心的な; (成功の)鍵を握る. a ~ event in British history 英国史の(展開上での)重大事件. play [have] a ~ role in a conference 会議で中心的な役割を果たす.

pix[1] /piks/ [名] pic の複数形.

pix[2] [名] ＝pyx.

pix·el /píks(ə)l/ [名] [C]〘電算〙画素, ピクセル, 《スクリーン上の画像の最小単位; ＜*pic*ture *el*ement》.

pix·ie /píksi/ [名] ([複] **~s**) [C] 小妖(よう)精.

píxie hàt [hòod] [名] [C] (子供用の)とんがり帽子.

pix·i·l(l)at·ed /píksəlèitəd/ [形] 頭が少し変な, 突飛な; 酔っ払った.

pix·y /píksi/ [名] ([複] **-x·ies**) ＝pixie.

Piz·ar·ro /pizá:rou/ [名] **Francisco ~** ピサロ (1475?–1541)《スペインのインカ帝国征服者》.

***piz·za** /pí:tsə/ [名] ([複] **~s** /-z/) [UC]〘料理〙ピザ, ピッツア. [イタリア語]

pízza pàrlor [名] [C] ピザの店.

pi(z)·zazz /pəzǽz/ [名] [U]〘話〙元気, 精力; 派手やかさ, かっこよさ.

piz·ze·ri·a /pì:tsərí:ə/ [名] [C] ピザ料理店.

piz·zi·ca·to /pìtsiká:tou [移]/〘楽〙[形] ピチカートの《弦を指ではじく奏法》. ── [副] ピチカートで《略 pizz.》.
── [名] ([複] **~s, piz·zi·ca·ti** /-ti:/) [C] ピチカート(で弾く音[部分]). [イタリア語「はじかれた」]

pj's /pì:dʒéiz/ [名]〘米話〙〈複数扱い〉＝pajamas (★形容詞的に用いる時は **pj**).

pk ([複] **pks**) pack; park; peak; peck[2].

PKF Peacekeeping Forces《国連の》.

pkg ([複] **pkgs**) package.

PKO Peacekeeping Operations《国連の》.

pkt packet.

pkwy. parkway.

PL programming language; product liability.

Pl, Pl. Place《地名で》.

pl, pl. place; plate; plural.

plac·a·ble /plǽkəb(ə)l, pléik-/ [形] なだめやすい; 温和な, おとなしい; 寛容な. ▷**plàc·a·bíl·i·ty** [名] **-bly** [副]

***plac·ard** /plǽkɑ:rd/ [名] ([複] **~s** /-dz/) [C] **1** プラカード, ポスター, 《公共の場所に張り出したり, デモ行進などで持ち歩く, 大きな掲示, 張り紙》. **2** 名札, 標札.
── [動] [他] 〔場所〕にポスターを張る; をプラカードで公示[宣伝]する. [＜古期フランス語「薄い金属板」]

‡**pla·cate** /pléikeit, plǽk-|pləkéit/ [動] [他]〘章〙〔怒り, 敵意など〕をなだめる, 静める; 〔人〕をなだめる; (appease).
▷**pla·ca·tion** /pleikéiʃ(ə)n|plə-/ [名] [U] なだめること.

pla·ca·to·ry /pléikətɔ̀:ri|pləkéit(ə)ri/ [形]〘章〙和解的な, なだめる(ような), 〔言葉など〕(appeasing).

‡**place** /pleis/ [名] ([複] **~s** /-z/) 【空間】**1** [U]〈一般に〉空間 (space), 余地. time and ~ 時間と空間. leave ~ for revision 修正の余地を残す. Sentiment has little ~ in political decisions. 政治的決定に感傷の入りこむ余地はほとんど無い.
【空間の一部分】**2** [C] **場所, 所**. from ~ to ~ あちらこちら(へ). a ~ of business 仕事の場所, 事業所. a ~ of amusement 娯楽場. ~*s* of interest 観光名所. a ~ of worship 礼拝所. The taxi driver took me to the wrong ~. タクシーの運転手は私を間違った所へ連れて行った. There's no ~ like home. →home [名] 1.
3 [C] (特定の)**箇所**. a rough ~ in [on] the road 道のでこぼこした箇所.
4 [C] (本などの読んでいる)箇所; くだり. I use a bookmark to keep my ~. 私は読んでいる所が分かるように本にしおりをはさむ.
【人の住む場所】**5** [C] 市, 町, 村; **地方, 地域**; 〈固有名詞と共に用いて〉〈P-〉. .広場, . .通り. What ~ does he come from? 彼の出身地はどこですか. one's native ~ 生地, 故郷. Hamilton *Place* ハミルトン通り.
6 [C] (**a**) 建物(の一部); **住宅**, 住所; 〘話〙住まい, 家. have a ~ in the country 田舎に家[別荘]がある. I had trouble finding her ~. 彼女の家を見つけるのに苦労した. (**b**) 〈P-〉. .邸《田舎の大きな屋敷名に》. Park *Place* パーク館.
【人の占める場所】 **7** [C] (劇場, 食堂などの)**席**, 座席, (順番を待つ列の中の)番, 場所; 〘俗〙便所. lay [put, set] a ~ for a person 人の食事の席を用意する. Please take your ~*s* at the table. どうぞ皆さん席にお着きください. Tom gave up his ~ on the bus to an old woman. トムはバスで老婦人に席を譲った. Will you please keep my ~ for a moment? ちょっとの間私の場所をとっておいてくれませんか.
【人の占める地位】**8** [C] 適所, あるべき[ふさわしい]場所. Put everything back in its proper ~. みんなそれぞれ元の場所に戻しなさい. be no ~ for a child 子供の来る[居るなど]所ではない.
9 [C] **地位**, 身分; 役, **仕事, 職**; ([類語] 勤め人として占める地位に重点がある; →job 3). hold a high ~ 高い地位を占める. Mary has found a new ~ in the bank. メリーは銀行に新しい勤め口を見つけた. lose one's ~ 失職する. **10** [C] 高い地位[身分].
【置かれた立場】**11** [C] **立場, 境遇**. If I were in your ~, I would propose to her. 私があなたの立場だったら彼女に求婚するだろう. be shown one's ~ 身のほどを知らされる.
12 [C]〈単数形で〉(地位に伴う)責任, 任務. It's the teacher's ~ to instruct the pupils. 生徒を教えるのは教師の務めだ.
【地位＞順位】**13** [C]〈普通, 単数形で〉**順序, 順位**. finish in third ~ (競技などで) 3 位になる. take first ~ 最優先される. take second ~ to . . . .より重要ではない, . .の次の順番である.
14 [C] (競技, レースの) 1 位から 3 位までの入賞順位.
15 [C]〘米〙競馬の第 2 位.
16 [C]〘数〙けた, 位(くらい). to three decimal ~*s*＝to three ~*s* of decimals 小数点以下 3 けたまで.
àll over the plàce〘話〙(1) 至る所に[で]. (2) あちこちに(散らかして); 乱雑に. Bill left his toys spread *all over the* ~. ビルはおもちゃをそこらじゅうに散らかったままにした.
a plàce in the sún →sun.
chànge plàces (1) 席[場所]を変える〈*with* . .と〉. (2) 立場[境遇]を交換する〈*with* . .と〉.
fàll [clìck, fìt, slòt] into plàce 〔事実関係などが〕明らかになる; 〔話が〕辻褄(つじつま)が合う.

P

gìve pláce to.. ..に席[道]を譲る; ..に代わられる. Coal has largely *given* ～ *to* petroleum as fuel. 石炭は燃料として大部分石油に代わられた.

gò pláces (1) あちこちへ行く, 遊び歩く. (2)〖話〗成功する. She's really talented; I think she'll *go* ～*s*. 彼女は本当に才能がある, 今にものになると思うよ.

******in pláce*** あるべき場所に, 適所に; ふさわしく (↔out of place). The artist likes all his brushes to be *in* ～. その画家は筆をすべていつもの場所に置いておきたいと思っている.

******in pláce of* X＝*in* X's *pláce*** X の代わりに. *In* ～ *of* a final exam I'd like you to write a term paper. 期末試験の代わりに君たちにレポートを書いてもらいたい.

in the fìrst [sècond] pláce →first, second.

kèep [pùt ↓] a pèrson in his [her] pláce

knòw one's pláce 身のほどを知っている, 分相応にふるまう.

màke pláce for.. ＝give PLACE to....

******out of pláce*** 所定の位置にない, 場違いで; 不適切で (↔in place); 失職して.

pùt a pèrson in his [her] pláce 人に身のほどを知らせる, 人の高慢をたしなめる.

pút (onesèlf) in a pèrson's pláce 人の身になってみる.

******tàke pláce*** 〔事が〕起こる, 生じる; 行われる; (類語 予定された行事に用いるのが普通で, 地震などには用いない; →happen). When will the meeting *take* ～? 会合はいつ催されますか.

tàke one's pláce (1) (所定の)位置につく, 席に着く, (→7). (2) 仲間入りをする, 一員と見なされる, 〈*among* ..の〉.

******tàke the pláce of* X＝*tàke* X's *pláce*** X に代わる; X の代わりをする. Television has almost *taken the* ～ *of* the theater. テレビがほとんど演劇の座を奪った.

―― 動 (**plác·es** /-əz/|過 過分 **～d** /-t/|**plác·ing**) 他

【場所に置く】 **1 (a)** VOA を置く, 据える; を配置する, 整頓(ん)する, 並べる; (類語 put より形式ばった語で, 慎重な整然とした配置に重点がある). Mother ～*d* a large vase *on* the shelf. 母さんは棚の上に大きな花瓶を置いた. Words are ～*d in* alphabetical order in most dictionaries. たいていの辞書では単語はアルファベット順に並べられている.

(b) VOA (～ X ***in, under..***) X を〔ある状態〕に置く; X を〔..の支配など〕にゆだねる. ～ a person *in* a dilemma 人を進退きわまらせる. ～ a person *under* arrest 人を逮捕する. ～ .. at risk ..を危険にさらす. be ～*d under* the care of.. ..の管理に託される.

2 (a) に仕事などを世話する; VOA (～ X ***in, with..***) X を〔地位, 立場, 職場など〕に置く, 就かせる; X を..に預ける, 任せる. He ～*d* all his friends *in* powerful positions. 彼は友人を全部有力な役職につかせた.

(b) VOA (～ X ***as..***) X (人) を..として任命する, 採用する. ～ her *as* a secretary 彼女を秘書に雇う.

3 VOA (～ X ***in, on..***) ..に X (信用, 希望, 重点など)をかける, 置く. ～ one's confidence *in* a friend 友人に信頼を置く. Our school ～*s* equal emphasis *on* academic studies and extracurricular activities. 我が校は学業と課外活動の両方を同じくらい重視している. ～ a bet *on* that horse その馬に賭(か)ける.

【場所を決める】 **4** 〔注文〕を出す; 〔問題など〕を出す, 提起する; 〔金〕を投資する; 〔商品など〕をさばく, 処分する. ～ an order for a book with the store その店に本の注文をする.

5 〔(人と会った)場所など〕を思い出す; を(だれ[なに]であると)見分ける, 聞き分ける. I've seen that girl before, but I can't ～ her. あの女の子には会ったことがあるのだが, (いつ)どこで会ったか思い出せない.

6 〔電話(の呼び出し)〕を入れる. ～ a person-to-person call to.. ..に指名通話をかける.

【順位を決める】 **7** 〖競馬〗〖主に英〗を入賞させる《3 着以内; 又は 2 着か 3 着》; 〖米〗を 2 着にさせる; VOA を..位に入賞させる, を..位とみなす, 〈普通, 受け身で〉. be ～*d first* 1 位になる.

8 VOA (他と比較して) を位置づける, みなす. I would ～ her *among* the most outstanding pianists in Japan. 私としては彼女は日本で最もすぐれたピアニストの 1 人と考えています. ～ one's work *above* everything else 仕事を最優先する. ～ Ed *on* a par with Bob エドとボブを同等と見なす.

9 〖フットボール〗〔点〕を place kick でとる.

―― 自 **1** VA ..位になる. ～ second 2 着になる. **2** 〖米〗(競技, 競馬で)上位 3 位に入る, 入賞する《〖英〗では上位 4 位》; (競馬で) 2 位に入る.

[＜ラテン語 *platēa*「道路, 広場」(＜ギリシア語「巾の広い, 平坦な, (道)」)]

pláce bèt 名 C 〖競馬〗複勝式の賭(か)け.

‡pla·ce·bo /pləsí:bou/ 名 (複 **～(e)s**) C **1** 偽薬《薬と称して患者に与えられる有効成分を含まない物質; 気休め用, また対照実験用》. the ～ effect(s) プラシーボー効果《偽薬による治療効果》. **2** 気休めの言葉[行為]. **3** 〖カトリック〗死者のための晩課 (the vespers).

[＜ラテン語 *Placēbō* (*Dominī*) 'I shall please (the Lord)'; 「死者のための晩課」の出だしの文句]

pláce càrd 名 C (正式ディナーなどのテーブルの)座席札.

placed /-t/ 形 〈well, badly などの副詞を伴って; しばしば複合要素として〉〖主に英〗〔人が〕能力が..である 〈*for* ..〔仕事〕に/*to* do ..するのに〉; ..な状態[状況]である 〈*for* ..の面で〉; 〔場所が〕立地条件[便]が..である 〈*for* ..に〉. well [poorly] ～ *to* take the chair 議長に適任[不適]である. How is he ～ *for* money? 彼の金銭状況はどうか《十分持っているか》. a well-～ inn *for* doing the sights of the city 町の観光に便利な宿屋.

pláce hìtter 名 C 〖野球〗プレースヒッター《ねらった方向に打てる打者》.

pláce-kìck 名 C 〖フットボール〗プレースキック《ボールを地上に置いて蹴(け)ること; →dropkick, punt[2]》; プレースキックする人 (**pláce-kìcker**). ―― 動 自, 他 (〔ボール〕を)プレースキックする.

pláce·man /-mən/ 名 (複 **-men** /-mən/) C 〖英〗(腐敗)官吏[役人].

pláce màt 名 C 食卓マット《各自の食器, ナイフ, フォークなどの下に敷く》.

‡pláce·ment 名 **1** aU 置くこと, 置かれること; 配置. **2 (a)** UC 就職の斡(あっ)旋. **(b)** C 〖話〗勤め口《特に, 実習生, 研修生などに紹介される期限付きのもの》. **3** UC 〖フットボール・ラグビー〗プレースメント《プレースキックのためボールを地上に置くこと》; 〖テニス〗プレースメント《相手が返球できない場所にショットすること》. **4** C (自立できない幼児などを収容する)施設, ホーム, (home).

plácement òffice 名 C 〖米〗(大学などの学生・卒業生の)就職相談室.

plácement tèst 名 C (学生の)クラス分け(実力)試験.

pláce nàme 名 C 地名.

pla·cen·ta /pləséntə/ 名 (複 **～s, pla·cen·tae** /-ti:/) C 〖解剖〗胎盤; 〖植〗胎座.

plac·er /plǽsər/ 名 C 〖採鉱〗(砂金などを含んでいる)漂砂鉱床, 砂鉱. ～ mining 砂金採取.

pláce sètting 名 C プレースセッティング《(食卓に並べられた) 1 人分のナイフ, フォーク, スプーン, プレートなど食器類ひとそろい》.

†plac·id /plǽsəd/ 形 〔人, 動物が〕おとなしい, 落ち着いた; 〔物, 環境などが〕穏やかな, 静かな, 落ち着いた. [＜ラテン語 *placēre* 'please'] ▷ **pla·cid·i·ty** /plæsídəti, plə-/ 名 U 静穏. **～·ly** 副 おとなしく; 静かに, 落ち着いて.

plác·ings 名 〈複数扱い〉(リーグ戦などの)順位(表).

plack·et /plǽkət/ 名 C (女性のドレス, スカートの)わきあき, 背あき, 《着脱を楽にするための》.

pla·gia·rism /pléidʒərìz(ə)m/ 名 U 剽窃(ひょうせつ), (他人の作品, アイディアなどの)盗用; C 剽窃したもの.

pla·gia·rist /pléidʒərist/ 名 C 剽窃(ひょうせつ)者, 盗用者.

pla·gia·rize /pléidʒəràiz/ 動 他 〔他人の作品, アイディアなど〕を盗用する, 剽窃(ひょうせつ)する; を剽窃して作る〈*from* ..から〉. He ~*d* a part of his book *from* a noted writer. 彼は自分の本の一部を有名作家から盗用した. ── 自 剽窃する. [<ラテン語「誘拐(者)」; -ize]

***plague** /pleig/ 名 (複 ~s /-z/) **1** UC **疫病**, (死亡率の高い猛烈な)伝染病, (epidemic); U〈しばしば the ~〉ペスト (bubonic plague). a mysterious ~ rampant in that area その地域で蔓(まん)延している謎(なぞ)の疫病. the Great [London] *Plague* 大疫病《1664-65 年にロンドンに大流行したペスト》. avoid a person like the ~ 人を疫病[ペスト]のように嫌って[恐れて]近寄らない.
2 C **災難**, 天災; はびこること, 異常(大量)発生, 〈*of* ..の〉. a ~ *of* rats ネズミがはびこること.
3 C 〖話〗〈普通, 単数形で〉厄介なもの, 人を悩ます物事. That child is the ~ of my life. あの子は私の一生涯の厄介者だ.
A plágue on it [*him, etc.*]*!*=***Plàgue táke it*** [*him, etc.*]*!* 〖旧・戯〗えい, いまいましい; (そんなもの[あんなやつ])くそくらえだ.
── 動 他 **1** を疫病にかからせる. **2** に災害を与える. **3** 〖話〗〔人, 物事が〕をしつこく悩ます, 苦しめる, 〈*with* ..で/*for* ..を求めて〉. Don't ~ me *with* silly questions. くだらない質問で私を悩ませないでくれ. poverty and crime *plaguing* the city その町を悩ます貧困と犯罪. [<ラテン語「一撃」]

plaice /pleis/ 名 (複 ~, ~s) C 〖魚〗カレイ・ヒラメの類 (flatfish); U その身《食用》.

‡**plaid** /plæd/ 名 **1** U 格子じま(の織物) (→kilt). **2** C (スコットランド高地人が用いる)格子じまの肩掛け.
▷ **pláid·ed** /-əd/ 形 格子じまの; plaid を掛けた.

Plaid Cym·ru /plàid-kʌ́mri/ 名 ウェールズ独立党. [ウェールズ語 'Party of Wales']

‡**plain** /plein/ 形 e 【はっきり分かる】 **1** はっきりした, 明白な, (類語 複雑さが無く分かりやすいことで, 単純明快さに重点がある; →clear 4). It is ~ that she has some hidden purpose. 彼女が何か目的を隠しているのは明らかな事実だ. I made it ~ (to them) that I wanted to quit my job. 私は仕事をやめたいということを(彼らに)明らかにした.
2 【明白な】〈限定〉全くの, ..そのものの. ~ nonsense 全くばかげたこと. **3** **よく見える[聞こえる]**. in ~ sight [view] よく見えるところに.
【平明な】 **4** 理解しやすい, 分かりやすい; 暗号でない, 平文の. be written in ~ Japanese やさしい日本語で書かれている. in ~ language 平文で, 分かり易い言葉で.
5 【余計な飾りがない】 **率直な**, 歯にきぬを着せない. He believes in ~ talking. 彼は率直な物の言い方を重んじる男だ. To be ~ with you, Bill, I don't like the idea. ビル, 率直に言うと, 僕にはその考えは気に入らない. The ~ truth [fact] is (that) .. 率直に[赤裸々に]事実を言えば..である.
【飾らない】 **6** 〔暮らしぶり, 服装などが〕飾らない, **質素な**; 〔物が〕飾りのない; 〔布が〕模様のない, 無地の; 〔服が〕(制服でなく)平服[私服]の; 〔絵が〕彩色(さい)してない. a ~ way of life 質素なライフスタイル. Her dress is very simple and ~. 彼女のドレスはとても質素で飾りが無い. ~ cloth 無地の布. ~ paper 罫(けい)などのない紙.
7 〔料理などの味が〕あっさりした, 薄味の, 淡泊な; 何も加えてない, プレーンの. ~ yoghurt プレーンヨーグルト. →plain chocolate.
【平凡な】 **8** (地位も名声も無い)普通の, 平凡な. ~ people 一般庶民, 普通の人々. He is just ~ Mr. Baker. 彼は(肩書きなどのない)ごく普通のベーカーさんです.
9 〔女性, 容貌が〕不器量な, '十人並みの', (〖米〗 homely) 《ugly の婉曲語》.
(*as*) ***plàin as dáy*** [***a píkestaff, the nòse on your fáce***] 〖話〗'火を見るよりも明らかで[な]'.
in plàin Énglish →English.
in plàin térms [***wórds***] 率直に言うと.
màke onesèlf pláin 自分の意図[考え]をはっきり伝える.
── 副 はっきり; 明らかに; 全く. speak ~ はっきり物を言う. It's ~ wrong. それは断然間違いだ (注意 It's *plainly* wrong. は「明らかに間違いだ」の意味).
── 名 (複 ~s /-z/) **1** C **平原**, 平地; 〈しばしば ~s; 単数扱い〉大草原. →Great Plains. **2** U 〖編み物〗表編み (**plàin stítch**).
[<ラテン語 *plānus*「平坦な, 明瞭な」]

plàin·chànt 名 =plainsong.

plàin chócolate 名 U 〖英〗(牛乳の入らない)チョコレート (↔milk chocolate; 〖米〗 dark chocolate).

plàin clóthes 名 (警官, 刑事の)平服, 私服. a police officer in ~ 私服の警官. ── /⌐⌐/ 形 私服の.

plàin·clóthes·man /-mən/ 名 (複 **-men** /-mən/) C 私服警官[刑事].

plàin déaling 名 U (特に取引上の)公正なやり方; 率直さ, 正直.

plàin flóur 名 U 〖英〗ふくらし粉の入っていない小麦粉.

***plain·ly** /pléinli/ 副 m **1** **明白に**, はっきりと, よく分かるように, (clearly); 〈文修飾〉明らかに, ..は明らかである, (undoubtedly). He explained his ideas ~. 彼は自分の考えをはっきりと説明した. *Plainly*, it would be better if I waited outside. どうやら僕は外で待っていたほうがよさそうだ. **2** **率直に**, 包み隠さずに, (frankly). Let's speak ~ to one another. お互いに腹蔵なく話そう. **3** **質素に**, 地味に. Susie dresses very ~. スージーは質素な服装をしている.

plàin·ness 名 U **1** 明白さ. **2** 率直さ. **3** 質素, 簡素. **4** 不器量.

plàin sáiling 名 U **1** 平穏な航海; 順調な進行. The bill is expected to have ~ in both Houses. その議案は両院とも順調に行きそうである. **2** =plane sailing.

plàin sérvice 名 UC 〖キリスト教〗(教会での)略式礼拝《音楽なしのもの》.

Plàins Índians 名 〈複数扱い〉平原インディアン《北米の大平原 (the Great Plains) に住んでいた先住民部族の総称》.

pláins·man /-mən/ 名 (複 **-men** /-mən/) C 平原の住民; 北米の大平原 (the Great Plains) の住民.

pláin·sòng 名 U 〖キリスト教〗単旋律聖歌《中世の教会音楽の形式; 英国国教会, ローマカトリック教会で歌われる》.

plàin·spóken /⌐⌐/ 形 〈ほめて〉率直にものを言う, 包み隠しのない, 遠慮のない. ▷ **~·ness** 名

plaint /pleint/ 名 **1** UC 不平, 抗議, (complaint). their ~*s* to the papers 彼らが新聞に寄せた抗議.
2 C 〖法〗告訴(状). **3** C 〖詩〗悲嘆, なげき.

plàin·tèxt 名 C 平文(ひらぶん)《暗号に組む前の通信文; →ciphertext》.

‡**plain·tiff** /pléintəf/ 名 (複 ~s) C 〖法〗原告 (complainant; ↔defendant).

‡**plain·tive** /pléintiv/ 形 〔声, 音などが〕もの悲しげな, 哀れな, 哀調を帯びた. a ~ folk song うら悲しい民謡.
▷ **~·ly** 副 悲しそうに, 哀れに. **~·ness** 名

‡**plait** /pleit|plæt/ 名 C **1** 〈しばしば ~s〉〖主に英〗編んだもの, (髪の)編んだお下げ, 三つ編み, (〖米〗 braid). wear one's hair in ~*s* [a ~] 髪をお下げに編んでいる.

2 ひだ(pleat). ── 動 他 1〘主に英〙〔髪, 麦わらなど〕を編む(〘米〙braid). 2〔布など〕にひだをとる, 折り目をつける.

‡plan /plæn/ 名(複 ~s /-z/) C 1 (a) **計画**, 案, プラン; 〈普通 ~s〉予定 (arrangements); 〈*for*, *of*.. の/*to* do, *for* do*ing*..する〉; 予定[計画]表(類語 計画を表す最も一般的な語; 実行に移されることを前提とした具体的なものを指す; →design, program, project, scheme). a three-year economic ~ 経済3か年計画. the best-laid ~ 周到この上ないプラン. *Plan* A[B] 第1[第2]案. keep [stick] to a ~ 計画を忠実に実行する. change one's ~*s* 計画[予定]を変更する. Have you got any ~*s for* the holiday? 休暇に何かプラン[予定]はおありですか. I'm making ~*s to* visit Canada this summer. 私はこの夏カナダに行く計画を立てている. His ~*s* fell through. 彼の計画は失敗に終わった. a ~ *of* campaign 作戦計画.
(b) 企て, 意図. Their ~ is to take over the firm. 彼らのもくろみはその会社を乗っ取ることである.
(c) 方式. on the installment ~ 分割払い方式で. →American [European] plan.

連結 a detailed [a rough; a provisional] ~ ‖ devise [draw up, map out, think out [up]; adopt; carry out, execute, implement] a ~

2 図面; 〘建〙平面図(→elevation); 〈~s〉(機械の)設計図(一式); (市街の詳細な)案内図. organize a seating ~ for the attendants 出席者の座席表を作る. draw a floor ~ for a new house 新しい家の平面図[間取り図]を書く. ~*s* for an airplane 飛行機の設計図一式.
gó accòrding to plán 計画どおり事が運ぶ.
wòrk to plán 計画に沿って仕事を進める.
── 動 (~s /-z/|過 過分 **~ned** /-d/|**plán·ning**) 他
1 (a) を**計画する**, もくろむ, 〈*out*〉. The picnic has been ~*ned* for this Sunday. この日曜日にピクニックが計画されている. (b) VO (~ *to do*/*doing*) **..するつもりである**. I'm ~*ning to* invite my friends on my birthday. 誕生日に友人たちを招くつもりだ. (c) VO (~ ***that*** 節/***wh*** 節[句]) ..という/..か計画を立てる. ~ what to buy first 最初に何を買うべきか計画する. 2 **を設計する**, の設計図を書く. ~ a house 家を設計する.
── 自 1 計画[予定]を立てる〈*for*, *on* ..の〉; 予期[予測]する〈*on* ..を〉. ~ ahead 先を見通して計画を立てる. ~ *for* the future 将来の計画を立てる. ~ *for* 30 guests at a party 30人のパーティー客(の来訪)を予定する. They hadn't ~*ned on* triplets. 彼らは3つ子(が生まれること)は予期していなかった. 2 VA (~ ***on doing***) 〘話〙..するつもりである(→他 1(b)). Do you ~ *on* go*ing* fishing? 釣りに行くつもりですか.
plàn /../ óut ..を綿密に計画する.
[<フランス語「平面(図)」(<ラテン語 *plānus* 'plain')]

plan·chette /plænʃét|plɑːn-/ 名 C プランシェット《2つの小輪と1本の鉛筆の付いた小さな板; 死者の霊が乗り移ってこの板が動きお告げを書くと信じられている》. [フランス語「小さな板」]

‡plane[1] /plein/ 名(複 ~s /-z/) C 1 **平面**, 面. an inclined ~ 斜面. a vertical ~ 垂直面. be in the same ~ 同一平面上にある. 2 (発達などの)**程度**, 段階; 水準, レベル. keep one's work on a high ~ 仕事の水準を高く保つ.
── 形〈限定〉平らな, 平面の. a ~ surface 平らな表面. a ~ figure 平面図形. a ~ chart 平面海図. a ~ angle〘数〙平面角. a ~ table〘測量〙平板.
[<ラテン語「平面, 平地」(<*plānus* 'plain')]

‡plane[2] /plein/ 名(複 ~s /-z/) C 〘話〙**飛行機** (airplane, 〘英〙aeroplane), 水上飛行機 (hydroplane); (飛行機の)翼板. board a ~ 飛行機に乗る. go [travel] by ~ 飛行機で行く. take a ~ to Paris パリへ飛行機で行く. a paper ~ 紙飛行機. a ~ crash 飛行機(の墜落)事故.

連結 a passenger [a cargo, a transport] ~ ‖ fly [pilot; get on; get off] a ~ ‖ a ~ flies [arrives, lands; departs, leaves, takes off]

── 動 自 1 VA〔飛行機などが〕滑空[滑走]する; 〔鳥などが〕(翼を動かさずに) 滑べるように飛んで行く; 〈*down*, *away*〉. 2〔モーターボートなどが〕滑走する〈*across* ..〔水面など〕を〉. 3 VA〘話〙飛行機で旅行する〈*from* ..から/*to* ..へ〉. [<air*plane*]

plane[3] 名 C かんな.
── 動 他 1 (かんなで)を平らに削る, にかんなをかける; VOC (~ X Y) かんなでXをY(ある状態) に削る. ~ a board smooth 板を削ってなめらかにする. 2 をかんなで削り取る〈*away*, *off*〉. ── 自 かんなをかける[使う].
plàne /../ dówn ..をかんなで削る[削り落とす].
[<ラテン語「平らにするもの」(<*plānus* 'plain')]

plane[4] 名 C 〘植〙プラタナス, スズカケノキ, (**pláne trèe**)《ヨーロッパ・アジア産と北米産の2種類がある; 北米産は sycamore, buttonwood とも言う》. [<ギリシア語]

plàne geómetry 名 U 平面幾何学.

pláne·lòad 名 C 飛行機1機分の乗客[積み荷].

plan·er /pléinər/ 名 C かんなをかける人, かんな工; 電動かんな.

plàne sáiling〘海〙名 U 平面航法.

***plan·et** /plǽnit/ 名(複 ~s /-ts/) C 1〘天〙**惑星**(→fixed star). the ~ Earth 地球. He's on another ~. 〘話・戯〙彼の考えは突拍子もない[浮世ばなれしている]《<他の惑星上にいる; What ~ is he on? と言ってもほぼ同義》. the ~ Venus 金星. 2〘占星〙運星. [<ギリシア語「放浪するもの」]

参考 **màjor plánet** 大惑星《Mercury, Venus, Earth, Mars, Jupiter, Saturn, Uranus, Neptune, Pluto の9つ》.
mìnor plánet 小惑星 (asteroid).
prìmary plánet 惑星.
sècondary plánet 衛星 (satellite).

plan·e·tar·i·um /plæ̀nətéəriəm/ 名(複 **~s**, **plan·e·tar·i·a** /-riə/) C プラネタリウム《星座投影装置》; プラネタリウム館.

‡plan·e·tar·y /plǽnətèri|-t(ə)ri/ 形 1 惑星の(ような). a ~ nebula 惑星状星雲. 2 地球[地上]の; 現世の. 3〘占星〙運星の影響下にある. 4 さまよう, 進路不定の.

plan·et·oid /plǽnətɔ̀id/ 名 =asteroid.

plan·e·tol·o·gy /plæ̀nətɑ́lədʒi|-ɔ́l-/ 名 U 惑星学.

plan·gent /plǽndʒənt/ 形 〘雅〙〔波, 鐘の音などが〕殷々(いんいん)と鳴り響く; もの悲しく響く. ▷ **~·ly** 副

plan·i·sphere /plǽnəsfiər/ 名 C 平面球形図; 〘天〙星座早見表, 平面天体図.

†plank /plæŋk/ 名 C 1 厚板, 板材, 《board より厚い; 普通, 厚さ 5-15cm, 幅 20cm 以上》; 〈比喩的〉支え[頼み]となるもの. 2 政党などの綱領中の主要項目《板張りの壇上から演説することから; →platform》. the main [central] ~*s* of our election campaign わが党の選挙戦の柱となる政策.
(as) thìck as twò shòrt plánks →thick.
wàlk the plánk (1) 船の舷(げん)から海上に突き出した板の上を目隠しされて歩く《昔, 海賊が捕虜を殺した方法》. (2)〘米話〙否(いや)応なしに職をやめさせられる.
── 動 他 1〔床など〕を板張りにする. 2〘米〙〔肉, 魚〕を板の上で焼いて出す. 3〘話〙〔物, 特に金銭〕を(どさっと)置く〈*down*〉, 〔金〕をその場で払う〈*down*, *out*〉. I ~*ed*

down the money right then. すぐその場で金を支払いました. ［＜後期ラテン語「平らな板」］

plánk bèd [名][C] (刑務所などの)板ベッド《マットレスなしの》.

plánk·ing [名][U] **1** 〈集合的〉(床に張った)厚板, 張り板. **2** 床張り(すること).

plank·ton /plǽŋktən/ [名][U] プランクトン, 浮遊微生物. ［＜ギリシア語「漂うもの」］ ▷**plank·tón·ic** /-tάn-|-tɔ́n-/ [形]

planned [形] 〈限定〉計画的な.

plànned ecónomy [名][U] 計画経済.

plànned obsoléscence [名][U] 計画的旧式[陳腐]化《すぐに流行遅れになるように商品を生産すること; 買い換えを促すために行う》.

plànned párenthood [名][U] 家族計画《産児制限のこと》.

†**plán·ner** [名][C] 計画者, 立案者; 都市計画の立案者 (**tòwn plánner**).

†**plán·ning** [名][U] (主に社会的・経済的な)計画, 立案; 都市計画 (**tòwn plánning**). family ～ 家族計画, 計画出産.

> [連結] detailed [careful, meticulous; wise; bad; hasty; inadequate] ～

plánning permìssion [名][U] 〖英〗(新築・増改築の際の)建築許可.

plà·no-cóncave /plèinou-[移]/ [形] 〖光学〗〔レンズが〕平凹(へいおう)の.

plà·no-cónvex /plèinou-[移]/ [形] 〖光学〗〔レンズが〕平凸(へいとつ)の.

‡**plant** /plænt|plɑːnt/ [名] ([複] **～s** /-ts/)

【植物】 **1** [C] **植物**, 草木. ～*s* and animals 動植物.

2 [C] (樹木に対して)**草**, 草本. The sunflower and other ～*s* grow very tall. ヒマワリなどの草花はずいぶん背が高くなる.

> [連結] a garden [a house, a greenhouse; an alpine, a mountain; a climbing; a creeping; a foliage; a medicinal; a poisonous; a tropical; a water] ～

3【植え付けられるもの】 [C] 植木; 苗木, 苗. water the ～*s* 植木に水をやる.

【据え付けられるもの】 **4** [C] 生産設備, プラント,《建物, 機械, 道具などの一式》; **工場**; ([類語]〖米〗に多い使い方で, 大規模なもの; →factory). a manufacturing [car] ～ 製造[自動車]工場. a power ～ 発電所. **5** [U] 〖英〗**機械装置**(一式), 建設重機類. the heating ～ for a school building 校舎用暖房設備. invest in new ～ 新しい設備投資をする. **6** [C] 施設《研究所, 学校など》. a hospital ～ 病院施設.

【仕掛けられるもの】 **7** [C] 〖話〗〈普通, 単数形で〉回し者, スパイ; おとり捜査官; わな; (無実の人を罪におとすための)おとりの品物.

── [動] (**～s** /-ts/|[過][過分] **plánt·ed** /-əd/|**plánt·ing**) [他] **【植える】** **1** 〔木, 草〕を**植える**; 〔種子〕をまく; ([類語] 種子を「まく」だけでなく, 一般に植物, 苗木を「植える」の意味で, seed や sow¹ よりも広義). We ～*ed* a small tree to commemorate the occasion. この機会を記念するため小さな木を植えた.

2 〔庭, 畑など〕に植え付ける, 作付けする; にまく; 〈*with* ..を〉. ～ the field *with* cabbages＝～ cabbages in the field 畑にキャベツを植える.

【植え付ける】 **3** 〔思想, 主義, 疑惑の念など〕を吹き込む, 教え込む, 〈*in* ..に〉. The idea was firmly ～*ed in* his mind. その思想はしっかりと彼の心に植え付けられた.

4 〔カキなど〕を養殖する; に放す, 放流する, 〈*with* ..〔魚〕を〉. ～ a river *with* fry＝～ fry in a river 稚(ち)魚を川に放流する.

5 [VOA] 〔打撃など〕を加える; 〔キス〕をする; 〈*on, in* ..に〉; 〔ナイフなど〕をぐっと突き刺す 〈*in, into* ..に〉. She ～*ed* a kiss *on* me [my cheek]. 彼女は私のほおにキスをした.

【据え付ける】 **6** [VOA] を**据える**, 置く; をしっかりと立てる; 〈*on, in* ..に〉. ～ one's feet firmly *on* the ground 足を地につけてしっかりと立つ.

7 を**設立する**, 設置する; 〔人〕を植民[入植]させる. ～ a colony 植民地をつくる.

【仕掛ける】 **8** 〖話〗〔爆弾, 策略, わななど〕を仕掛ける; 〔スパイなど〕をもぐり込ます 〈*in* ..に〉. ～ a bomb on a bridge 橋に爆弾を仕掛ける. ～ friends *in* the audience 聴衆の中に友人を('さくら' として)もぐり込ませる.

9 〖話〗〔盗品〕を隠す; (嫌疑がかかるように)〔武器, 麻薬など〕をこっそり置く〈*on* ..〔人の身の回り〕に〉.

plánt onesèlf しっかりと立つ; 〔いすなどに〕腰をおろす; 身を落ち着ける.

plànt /../ óut (1)(鉢などから)〔草木〕を外の地面に移植する. (2)〔草木〕を間隔を取って植え込む.

［＜ラテン語「苗, 挿し木」］

Plan·tag·e·net /plæntǽdʒənət/ [名] プランタジネット王家(の人)《1154 年から 1485 年までイングランドを治めた王家; Henry II から Richard III まで》.

plan·tain¹ /plǽntən/ [名][C] 〖植〗オオバコ.

plan·tain² [名][UC] 〖植〗プランテーン; プランテーンの実, 料理用バナナ,《大形でそのままでは食べない》.

*__plan·ta·tion__ /plæntéiʃ(ə)n/ [名] ([複] **～s** /-z/) **1** [C] (特に, 熱帯の大規模な)**農園** ([類語] 普通, 綿, タバコ, 砂糖などの 1 種類だけを大規模に栽培する; →farm). a coffee ～ in Brazil ブラジルのコーヒー園. **2** [C] 植林地. **3** 〖史〗[C] 植民地; [U] 植民地化. ［plant, -ation］

plánt·er [名][C] **1** 植える人, 栽培者. **2** 種まき機. **3** 農園主, 農園管理人. **4** プランター《装飾用に草花を植える箱, 鉢》. **5** 〖史〗植民者, 入植者.

plánt hìre [名][U] 〖英〗大型機械などの賃借.

plánt kìngdom [名] 〈the ～〉＝vegetable kingdom.

plánt lòuse [名][C] 〖虫〗アブラムシ (aphis).

plánt pòt [名][C] 〖英〗植木鉢 (flowerpot, planter).

‡**plaque** /plæk|plɑːk/ [名] **1** [C] (金属, 陶磁器, 木製などの)飾り額, 標識板, 銘板,《建物, 記念碑の側面にはめこんでその由緒を示すもの》. a blue ～ 〖英〗(昔, その家に住んでいた名士の名を記した)青い銘板. unveil a memorial ～ 記念額の除幕を行う. **2** [U] 〖医〗歯垢(しこう).

［＜古期フランス語 'tablet'; placard と同源］

[plaque 1]

plash /plæʃ/〖主に雅〗[名][C] 〈単数形で〉(水の)ぴしゃぴしゃ[ばちゃばちゃ, ぽちゃぽちゃ]いう音 (splash); 水たまり. with a ～ ぴちゃんと音を立てて.

── [動] [他] 〔水〕にぴしゃぴしゃ音を立てさせる.

── [自] 〔水が〕ぴしゃぴしゃ音を立てる. ［擬音語］

plasm /plǽz(ə)m/ [名] ＝plasma.

‡**plas·ma** /plǽzmə/ [名][U] **1** 〖生理〗血漿(けっしょう), プラズマ, (**blóod plàsma**)《血液の液体成分である黄色の透明体》. **2** ＝protoplasm. **3** 〖物理〗プラズマ.

*__plas·ter__ /plǽstər|plɑ́ːs-/ [名] ([複] **～s** /-z/) **1** [U] しっくい, 壁土. **2** [U] 焼き石膏(こう) (**plàster of Páris**)《plaster cast や石膏細工の材料》. a sculpture in ～ 石膏像. have an arm in ～ 腕にギプスをしている. **3** [UC] 膏薬; 〖英〗**ばんそう膏** (sticking plaster; 〖米〗Band-Aid). He had a mustard ～ put on his chest. 彼は胸にからし軟膏の湿布をしてもらった.

―― 動 他 〈しばしば受け身で〉 **1** にしっくいを塗る, 膏(こう)薬[軟膏]を張る[塗る], 〈*over*〉; 〔手, 足など〕をギプスで固定する. 〜 (*over*) walls 壁にしっくいを塗る.
2 VOA に(べったり)塗りつける[張る] 〈*with* ..を〉; を(一面に) 塗りつける[張る] 〈*on*, *over* ..に〉. 〜 one's face *with* cream 顔にクリームを塗りたくる. 〜 oneself *in* sunscreen 体中に日焼け止めを塗る. The candidate 〜*ed* posters *all over* town. 候補者はポスターを町じゅうに張りつけた. They 〜*ed* the walls *with* placards. =They 〜*ed* placards *on* the walls. 彼らは壁にポスターを張った. The photos of the disaster were 〜*ed all over* the front page of the evening paper. 災害の写真が夕刊の第 1 面に大きく取り上げられた.
3 VOA 〔髪〕をべったりなでつける〈*down*〉〈*with* ..〔油など〕で/*to* ..に〉. After the swim his hair was 〜*ed down to* his head. 一泳ぎしたあとで彼の髪はべったり頭に張り付いていた. **4** 〔人〕に浴びせる 〈*with* ..〔賛辞〕を〉. 〜 her *with* praise 彼女をほめちぎる.
5 〖話〗をさんざんに負かす, 打ちのめす.
plàster /../ óver ..をしっくいで覆う; 〔欠点など〕を包み隠す. [＜ギリシア語「塗りつける」(＜「形うくる」)]

plás·ter·bòard 名 U 石膏ボード《石膏を芯(しん)にした板紙; 壁, 間仕切り, 天井などに用いる》.
plàster cást 名 C **1** 石膏像. **2** ギプス包帯.
plás·tered 形 〖話〗〈叙述〉 酔っ払って.
plás·ter·er /-t(ə)rər/ 名 C 左官.
plás·ter·ing /-t(ə)riŋ/ 名 C **1** しっくいのひと塗り. **2** 〖話〗みじめな敗北.
plàster sáint 名 C 〈皮肉〉 (聖人君子のように)非の打ちどころのない人.
‡**plas·tic** /plǽstik/ 形 m **1** プラスチックの, 合成樹脂の; ビニール製の. a 〜 toy プラスチック製のおもちゃ. a 〜 bag (スーパーマーケットなどでくれる)ビニール袋, ポリ袋. **2** 自由な形に作られる, 可塑(そ)性の. a 〜 substance 可塑物質《粘土, 蠟(ろう)など》. **3** 〔性格などが〕順応性のある. **4** 造形の, 塑像の; 造形力のある, 創造力のある. **5** 〖軽蔑〗人工的な, 不自然な, 見せかけの. a 〜 smile 作った微笑. **6** 〖医〗形成の. →plastic surgeon.
―― 名 **1** UC プラスチック, 合成樹脂, ビニール; C 〈〜s〉 プラスチック[ビニール]製品; プラスチック化学(の分野). **2** U 〖話〗クレジットカード(での支払い) (**plàstic móney**). stick .. on the 〜 ..をクレジットカードで支払う. take 〜 〔店などが〕クレジットカードを扱う[受け取る]. [＜ギリシア語「形うくれる, 可塑性の」; plaster と同源]
plàstic árts 名 〈the 〜〉 造形美術《彫刻, 陶芸など; →graphic arts》.
plàstic bómb 名 C 〖主に米〗プラスチック爆弾.
plàstic búllet 名 C プラスチック弾《暴動鎮圧用》.
plàstic cárd 名 C プラスチックカード《credit card, debit card など》.
plàstic explósive 名 UC プラスチック爆薬[爆弾].
plàstic fílm 名 =cling film.
Plas·ti·cine /plǽstəsìːn/ 名 U 〖主に英〗〖商標〗プラスティシン, 工作用粘土.
plas·tic·i·ty /plæstísəti/ 名 U **1** 自由な形に作られること, 可塑(そ)性. **2** 柔軟性, 適応性.
plàstic mác 名 C 〖英〗ビニールのレインコート《安物》.
plàstic móney 名 〖話〗=plastic 2.
plàstic súrgeon 名 C 形成外科医.
plàstic súrgery 名 U 形成外科(手術).
plàstic wráp 名 U 〖米〗ラップ (〖英〗clingfilm).
plas·tron /plǽstrən/ 名 C **1** (よろいの下に着る)鉄製胸当て; 〖フェンシング〗皮の胸当て. **2** (婦人服用の)胸飾り; (男性用ドレスシャツの)いか胸《糊でかためた前部; 取りはずし可能》. **3** 〖動〗(カメなどの)腹甲.
plat[1] /plæt/ 〖米〗名 C **1** 小さい地所. **2** 地図, (地所の)図面.
plat[2] 名, 動 (〜s|-tt-) =plait.

Pla·ta /plάːtə/ 名 **Rio de la** /rìːou-də-lə/ 〜 ラプラタ(川)《アルゼンチンとウルグアイの間にある河口域; La Plata とも言う》. [スペイン語 '(river of the) silver'; 銀輸出の拠点]
plat du jour /plὰː-də-ʒúər/ (複 **plats du jour** /同/) (レストランの)本日のおすすめ料理. [フランス語 'plate of the day']
‡**plate** /pleit/ 名 (複 〜s /-ts/)
【金属の板】 **1** (a) C **金属板**, 板金(いたがね). a steel 〜 = a 〜 of steel 鋼板. (b) U 〈しばしば複合要素として〉めっき(したもの), ..めっき. The necklace is only 〜. そのネックレスはただのめっきだ. a gold-[silver-]〜 watch chain 金[銀]めっきの時計鎖. **2** C 標識板, 標札; (特に医者の)看板; (車の)ナンバープレート (number plate, license plate). put up one's 〜 (医者が)看板を出す, 開業する.
【平らな板】 **3** C 平板(ひらいた); ガラス板. **4** C 〖印〗版, 刷版, 《インキをつけて印刷する腐蝕(しょく)させたアルミニウム板など》; 版で印刷したもの; (本の別丁)図版《本文とは別刷りの, 1 ページ大のもの》; 版画. **5** C 〖写〗感光板; 乾板; (顕微鏡の)プレートガラス, プレパラート (slide). a negative 〜 写真の原板, ネガ. **6** C 〖電〗電極板; 〖主に米〗陽極; 〖英〗(電子レンジの)プレート《加熱する容器を載せる》. **7** C 〖話〗〖歯科〗義歯床 (dental plate), (義歯床を含めた)入れ歯, 義歯; =brace 2. **8** 〈the 〜〉〖野球〗ホームプレート (home plate); (ピッチャーズ)プレート (pitcher's plate). **9** C 〖地〗プレート《大陸・海を乗せてゆっくり移動する, 地球の表層を成す巨大な岩板; → plate tectonics》. **10** C 〖動〗(アルマジロなどの, 板金よろい状の)甲. **11** U (牛の)薄肉, ばら肉.
【平板＞平皿】 **12** C (a) 平皿, 皿, (類語 dish 又は platter から料理を取り分ける銘々皿). a soup 〜 スープ皿. dinner 〜*s* 正餐(さん)用の皿. clear [empty] one's 〜 皿の料理をきれいに平らげる. (b) (皿に盛った) 1 人前の食事. a 〜 of vegetables 野菜料理 1 皿. The banquet cost twenty dollars a 〜. その宴会は 1 人前 20 ドルかかった. a 200-〜 dinner (出席者) 200 人の食事会. **13** 〈the 〜〉(教会の)献金皿; 献金額.
14【皿を含む食器類】 U (a) 〈集合的〉 金銀製[金銀メッキ]の食器類. a piece of 〜 食器 1 つ. (b) (教会の礼拝に用いる金銀製の)聖なる器《杯, 皿など》.
hànd [gìve] a pérson ..[.. to a pèrson] on a pláte 〖主に英話〗〔物〕を人に据え膳(ぜん)で[やすやすと]与える. The post of prime minister was *given to* him *on a* 〜. 首相のポストが彼に転がりこんだ.
on one's pláte 〖主に英話〗(仕事, 厄介事などを)かかえて. I've got enough [a lot (of work)] *on* my 〜 at the moment. 現在かかえている仕事がうんとある.
―― 動 他 **1** をめっきする 〈*with* ..で〉. a gold 〜*d* watch 金張り時計. **2** 〔船体など〕に金属板などを張る.
3 〖印〗を電気版[ステロ版]にする.
[＜古期フランス語「平らなもの＞薄い金属板」(?＜ギリシア語「平らな」)]
pláte àrmor 名 U 板金よろい; (軍艦などの)装甲板.
‡**pla·teau** /plætóu|⌐-, -⌐/ 名 (複 〜s, **pla·teaux** /-z/) C **1** 高原, 台地. **2** (ある程度上昇した後の)横ばい状態[期間], 停滞(期), 頭打ち. After a short uphill trend, foreign trade reached a 〜 again. 短期間の上り坂傾向のあと外国貿易は再び停滞期に達した.
―― 動 自 安定水準[状態]に達する, (ある程度進歩して)それ以上伸びなくなる, 〈*out*〉.
[＜古期フランス語「平らなもの」]
plate·ful /pléitfùl/ 名 C **1** 皿 1 杯(分), ひと皿(分).
2 〖話〗手に余るほどの仕事.
plàte-gláss /⑱/ 形 〔窓などが〕(厚板)ガラス張りの; 〔建物などが〕総ガラス張りの, 超モダンな; 〖英〗〔大学が〕新設の《1960 年代に新設された大学について言う》.

plàte gláss 名 U (ショーウインドー, 鏡などの)厚板ガラス.
pláte·làyer 名 C 〖英〗(鉄道の)保線員 (〖米〗tracklayer).
plate·let /pléitlət/ 名 C 〖医〗血小板.
plat·en /plǽtn/ 名 C (印刷機の)圧盤; (タイプライターの)プラテン, ローラー.
pláte ràck 名 C 水切り用皿立て.
pláte ràil 名 C (絵皿などを並べる)細い飾り棚.
plàte tec·tòn·ics /-tektɑ́niks|-tɔ́n-/ 名 〈単数扱い〉〖地〗プレートテクトニクス《プレートの移動によって地殻変動が起こるとする説》.
plàte úmpire 名 C 〖野球〗球審, 主審.
‡**plat·form** /plǽtfɔ̀ːrm/ 名 (複 ～s /-z/) C
1 (a) **演壇**; 教壇; 〈the ～〉壇上の人々《特に演説者》. mount [take, climb on to] the ～ (演説のため)登壇する. share a ～ with a person 人と同じ席[機会]にスピーチをする. I have a question to ask the ～. 壇上の方々に質問したいことがある. (b) 公開討論会(場); 意見発表の機会[場]. provide a ～ for the minority 少数派に意見発表の場を与える.
2 (a) (駅の)**プラットホーム**(〖米〗track); 〖英〗(二階建てバスの)後部乗降口[昇降段]; 〖米〗(客車の)デッキ. Which ～ does the train for Osaka leave from? 大阪行きの列車は何番線から出ますか. (b) 作業用の高い足場(海底油田, ガスの採掘の足場など).
3 〈普通, 単数形で〉(政党の)綱領, 政策(宣言), 〈特に〉選挙前の公約, 《演壇の上から選挙演説を行うことから; →plank》. campaign on a ～ of tax reduction 減税の公約を掲げて選挙活動をする.
4 〈～s〉厚底の靴 (**plàtform shóes**). **5** 〖電算〗プラットフォーム《あるシステムのベースとなるソフトとハードの(使用)環境》. [＜中期フランス語 'flat form']
plátform tìcket 名 C 〖英〗(駅の)入場券.
plat·ing /pléitiŋ/ 名 U 金[銀]めっき; めっき術; 装甲.
‡**plat·i·num** /plǽtənəm/ 名 U 〖化〗プラチナム, 白金, 《金属元素; 記号 Pt》; (貴金属としての)プラチナ. [＜スペイン語「小さな銀」]
plàtinum blónde 名 C 〖話〗プラチナ色[薄い銀白色]の髪の若い女性《普通は染めたり, 漂白したりして》.
plat·i·tude /plǽtət(j)ùːd/ 名 〖章〗 **1** C (言い古された)平凡[陳腐]な発言, 決まり文句. **2** U 平凡, 陳腐.
plat·i·tu·di·nous /plæ̀tət(j)úːdənəs ®/ 形 〖章〗〔発言が〕平凡な, 陳腐な; 〔人が〕陳腐なことを言う(ような). ▷ **～·ly** 副
Pla·to /pléitou/ 名 プラトン (427?-347? B.C.) 《ギリシアの哲学者》.
Pla·ton·ic /plətɑ́nik, plei-|-tɔ́n-/ 形 **1** プラトンの; プラトン哲学[学派]の. **2** 〈普通 p-〉〔男女関係などが〕精神的な, 肉体を超越した. *platonic* love 純精神的恋愛, プラトニックラヴ. **3** 〈時に p-〉純理論的な, 非実践的な, 無害な. ▷ **Pla·tón·i·cal·ly, pla-** /-k(ə)li/ 副
Pla·to·nism /pléitəniz(ə)m/ 名 U プラトン主義[哲学, 学派]; 〈普通 p-〉純精神的恋愛 (platonic love).
‡**pla·toon** /plətúːn/ 名 C **1** 〖軍〗〈単数形で複数扱いもある〉(歩兵)小隊《lieutenant が指揮する; →company 6 参考》. **2** (行動・活動を共にする)集団, 仲間.
── 動 他, 自 〖スポーツ〗(を)別の同ポジションの選手と交替で試合に出す.
‡**plat·ter** /plǽtər/ 名 C **1** 〖米〗大皿; それに盛った料理; (類語 特に肉又は魚料理を盛った普通, 長円の平皿; →dish). **2** 〖英古〗木製の大皿. **3** 〖主に米旧話〗レコード.
plat·y·pus /plǽtəpəs/ 名 ＝duckbill.
plau·dit /plɔ́ːdət/ 名 C 〖章〗〈普通 ～s〉拍手喝采(かっさい), 賞賛. win [receive, earn] ～*s* 絶賛を浴びる.
†**plau·si·ble** /plɔ́ːzəb(ə)l/ 形 **1** 〔話, 議論などが〕もっともらしい, 一応信頼できそうな, (↔implausible). **2** 〔人が〕口のうまい. ▷ **plàu·si·bíl·i·ty** 名 U もっともらしさ, 本当らしいこと. **-bly** 副 もっともらしく.
‡**play** /plei/ 動 (～s /-z/|過 過分 ～ed /-d/|**pláy·ing**)
自 【仕事を離れて活動する】 **1** 〔子供, 動物などが〕**遊ぶ**, 戯れる, 〈*with* ..と/で〉. He works hard and ～*s* hard too. 彼はよく学びよく遊ぶ. The child has no friends to ～ with. その子は遊び仲間がいない. ～ *with* a doll 人形で遊ぶ.
2 VA (～ at ..) ..のまねをして遊ぶ; VC (～ X) X のふりをする, X のようにふるまう. ～ *at* pirates →PLAY at.. (成句). ～ safe 安全策をとる. ～ dead [sick, dumb] 死んだ[病気の, 口のきけない]ふりをする.
3 ふざける; たわむれる (→成句 PLAY with..).
【娯楽として行う】 **4** (a) **競技[ゲーム]に参加する**, 出場する; **試合をする**. ～ against.. と試合をする. ～ as first baseman [for the Giants] 1塁手をする[ジャイアンツの選手としてプレーする]. Paul ～*s* well at badminton. ポールはバドミントンが上手だ. (b) VA 〈A は様態の副詞〉〔競技場が〕(使用するのに) ..の状態である. The golf course ～*ed well* [*badly*]. ゴルフ場のコンディションは良かった[悪かった].
5 〖チェス〗こまを動かす; 〖トランプ〗札を出す.
6 賭(か)け事をする; VA 賭ける〈*for*..〔金〕を/*at*..で〉. ～ *for* money 金を賭けてゲームをする. ～ *for* love [pleasure] (金を賭けずに)楽しみでゲームをする. ～ *at* the slot machine スロットマシーンで賭け事をする. He is ～*ing for* a large fortune. 彼はひと財産ねらって大ばくちを打っているのだ.
7 音楽を演奏する. ～ in an orchestra オーケストラで演奏する.
8 〈普通, 進行形で〉〔楽器, 音楽が〕演奏される; 〔ラジオ, レコードなどが〕鳴らされる, かかる; 鳴る, 音を出す. Some melancholy music was ～*ing* in the background. 何か悲しげな音楽が背景として演奏されていた. The radio is ～*ing* too loudly. ラジオの音が高すぎる.
【役を演じる, 芝居をする】 **9** 出演する, 演じる. ～ in a musical comedy ミュージカルに出演する. He has ～*ed* opposite many famous actresses. 彼はこれまで多くの有名女優の相手役を演じてきた.
10 〔劇, 映画などが〕上演[上映]される; VA 〈A は様態の副詞〉〔脚本などが〕上演[放映]に適する[適さない]. The movie is ～*ing* on Broadway. その映画はブロードウェーで上映中だ. **11** 〖話〗〈普通, 否定文で〉協力[参加]する; 要求通りやる.
【自由に動く】 **12** VA 〔光, 波などが〕ゆらゆらする, ゆらめく, ちらちら動く. A smile ～*ed about* her lips. 彼女の口元にちらっと微笑が浮かんだ. The light of the moon ～*ed on* the waves of the sea. 月の光が波間にちらちらとゆれていた.
13 【十分に機能する】〔砲口などが〕(効果を発揮するよう)操作される《発射[発砲]されるなど》; 〔噴水などが〕水を噴き出す. The fire hoses ～*ed* over the burning houses. 消火ホースは燃えている家屋の上へ万遍なく水を注いだ. **14** VA 〈A は様態の副詞〉〔考えなどが〕(..に)受け取られる. Her policy ～*ed well* with the students. 彼女の方針は学生に好評だった.
── 他 【遊ぶ】 **1** ..遊びをする. ～ ball [catch] ボール投げ[キャッチボール]をする. ～ hide-and-seek かくれんぼうをして遊ぶ.
2 〔特に子供が〕のまねをして遊ぶ, ..ごっこをする; VO (～ *doing*) ..するまねをして遊ぶ; VO (～ *that* 節) ..であるというふりをして遊ぶ. ～ house [war, soldiers] ままごと遊びをする[戦争ごっこ, 兵隊ごっこをする]. Jane likes to ～ nurse [cook*ing*]. ジェーンは看護婦さんごっこ[料理のまねをして遊ぶの]が好きだ. The children ～*ed* ((*that*) they were) Indians. 子供たちはインディアンのまねをして遊んだ.
3 VOO (～ X Y)・VOA (～ Y *on* X) X (人)に Y (いたずらなど)を

P

しかける, する. ～ a person a trick [joke]＝～ a trick [joke] *on* a person 人にいたずらをする.

【役を演じる, 芝居をする】 **4** (劇中で)の役を演じる; 〔役〕を演じる. ～ (the part of) Hamlet ハムレットを演じる.

5 (a) の**役割を務める**. ～ the host [hostess] 主人[女主人]役を務める. **(b)** 〈受け身不可〉 のふりをする, ..らしくふるまう, ..ぶる. ～ the man 男らしくふるまう. ～ the fool ばかなまねをする. 語法 5 (a), (b) の目的語は普通「the＋単数名詞」; 2 では「無冠詞単数[複数]名詞」を用いることに注意.

(c) VOA・VOC 〈it を目的語にして〉 ..にふるまう. ～ it straight 公平にやる. ～ it cautious 用心深くする. →play it COOL.

6 〔人・物・事が役目, 役割, 任務〕を果たす. Electricity ～*s* an important part [role] in our daily life. 電気は日常生活で重要な役割を果たしている.

7 (a) 〔劇, 映画など〕を上演[上映]する. ～ an Elizabethan comedy エリザベス朝の喜劇を上演する. **(b)** 〔ある場所〕で興行する. We were ～*ing* a little country town. 我々は小さい田舎町で興行していた.

【娯楽として行う】 **8 (a)** 〔音楽〕を演奏する 〈*on* ..で〉, 〔楽器〕を演奏する, 弾く; VOO (～ X Y)・VOA (～ Y *for* [*to*] X) Y (音楽)を X に演奏して聞かせる. ～ Chopin *on* the piano ショパンの曲をピアノで弾く. ～ the violin ヴァイオリンを弾く (★楽器名には the が付くことが多い). ～ a waltz *to* an audience 聴衆にワルツを演奏する. *Play* us some dance music.＝*Play* some dance music *for* us. 何かダンス曲を演奏して[かけて]ください (→9). **(b)** VOA 演奏して〔人〕を導く. The orchestra ～*ed* the audience *out*. オーケストラが演奏して聴衆を送り出した.

9 〔CD, テープなど〕をかける; VOO (～ X Y)・VOA (～ Y *for* [*to*] X) X に Y (CD, テープなど)をかけてやる (→8 (a) 最後の用例).

10 【**競技をする**】 〔競技, ゲームなど〕に**参加する**, 出場する; の**試合をする**. ～ football [badminton, golf] フットボール[バドミントン, ゴルフ]をする (★目的語の球技名などは普通, 無冠詞になる). ～ a game of tennis with him 彼とテニスの試合をする. ～ cards トランプをする.

11 〔相手〕と試合する, 対戦する. We ～*ed* the American team last year. 我々は去年アメリカチームと対戦した. I ～*ed* her at chess. 彼女を相手にチェスをした.

12 (試合などで)の選手を務める, ポジションを守る. ～ first base 1 塁を守る (★目的語は普通, 無冠詞).

13 〔人〕を起用する 〈*as* ..〔選手〕として〉. The manager will ～ Roy ⌞*as* pitcher [at second base]. 監督はロイを投手[2 塁手]に起用するだろう.

14 〔ボール〕を(一定方向に)打つ, 〔ショット, ボレーなど〕を打つ; 〖チェス〗〔こま〕を動かす; 〖トランプ〗〔札〕を出す.

15 【**賭**(か)**け事をする**】 〔金〕を賭ける; に賭ける. ～ one's last ten dollars 最後の 10 ドルを賭ける. ～ the horses 競馬に賭ける. ～ the casinos カジノで賭け事をする. ～ the stock-market (金もうけのために)株式の売買をする.

【自由に動かす, 十分に機能させる】 **16** VOA 〔光など〕をちらちらさせる; 〔水, 砲火など〕を浴びせかける; (～ X *on*, *onto* ..) X (ホースなど)を(放水のために)..に向ける. ～ a flashlight about one's feet 足元を懐中電灯でちらちら照らす. The firemen ～*ed* water *on* the blaze. 消防夫たちは炎に水を浴びせた.

17 〔かかった魚〕を遊ばせる《泳がせて弱らせる》.

18 〔勘など〕を働かせる, に基づいて行動する. ～ one's hunch →hunch (成句).

***plày abóut* [*aróund*]** (1) ぶらぶら遊んでいる. Stop ～*ing around* and take your studies seriously! 遊んでばかりいるのはやめて勉強を真剣に考えなさい. (2) いじりまわして遊ぶ 〈*with* ..を〉; 〖話〗 浮気をする 〈*with* ..と〉.

plày alóng 〖話〗 同意するように見せかける, ごたごたを避ける, 協力する, 〈*with* ..〔人, 物〕に〉.

plày /../ alóng 〔人〕を返事をしないで待たせておく.

****pláy at ..*** (1) 〔競技, ゲームなど〕をする; ..ごっこをして遊ぶ. ～ *at* cards トランプで遊ぶ. ～ *at* (being) pirates 海賊ごっこをする. (2) ..を遊び半分にする. ～ *at* a job 仕事を遊び半分にする. What do you think you're [What are you] ～*ing at*? 何を(ばかなこと)してるんだ《いらだちなどを表す》.

plày a wáiting gàme 引き延ばし作戦をとる.

plày /../ awáy 〔財産〕を遊んでつぶす; ..を浪費する.

plày awày from hóme 〖話〗 浮気をする.

plày /../ báck (1) 〔録音テープ〕を再生する, かけ直す. (2) 〔ボール〕を返す.

plày báll →ball[1].

plày bòth énds against the míddle 対立する両者を張り合わせて自分がうまい汁を吸う, '漁夫の利を占める'.

plày /../ dówn ..を(ことさら)軽く扱う, 軽視する; ..から注意をそらさせる (↔PLAY /../ up). He tried to ～ *down* his blunder. 彼は自分の大失敗を大した事でないように言った. The affair was ～*ed down* in the press. 事件は新聞では軽く取り扱われた.

plày dówn to .. 〔人〕に迎合する.

plày fáir →fair[1].

plày fálse →false 副.

plày fàst and lóose with .. →fast.

pláy X for Y X (人)を Y とみなす, 思う. Don't ～ me *for* a fool. 私を馬鹿者扱いするな.

plày for sáfety →safety.

plày for tíme (決断しないで)時間をかせぐ.

plày hàrd to gét 〖話〗 わざとその気がないふりをしてじらす (★hard to get は「手に入れるのがむずかしい」).

plày hóoky →hooky.

plày /../ ín ..の入場を音楽演奏で迎える (→他 8 (b); ↔PLAY /../ out).

plày into the hánds of .. 〔相手〕の思うつぼにはまる.

pláy it by éar →ear[1].

***plày it cóol* [*sáfe*]** →cool, safe.

plày óff (play-off の)決勝戦をする.

plày /../ óff 〔引き分け試合など〕の決定戦をする《試合をして同点の状態を解消させる, というのが字義》.

plày X óff against Y (自分が得をしようとして) X と Y を対抗させる. He ～*ed* his two rivals *off against* each other and got the chance to be a monitor. 彼は 2 人のライバルを対抗させておいて級長になる機会を得た.

plày ón (1) 〖スポーツ〗 プレーを続行する. (2) 演奏を続ける.

***pláy on* [*upon*] ..** (1) 〔人の心, 性質など〕につけこむ. She ～*ed on* his generous nature. 彼女は彼の寛大な性格につけこんだ. (2) 〔言葉など〕をもじる. ～ *on* words しゃれを言う. (3) 〔楽器〕を演奏する. ～ *on* the flute フルートを吹く (★on のない他動詞用法の方が普通; →他 8 (a)).

plày oneself ín (いきなり全力を出さないで)試合に徐々に体を慣らして行く.

plày óut (1) 少しずつ展開を見せる[進展する]. (2) 終わる, 尽きる.

plày /../ óut (1) 〔競技, ゲームなど〕を最後までやる. (2) ..を実行する, 演ずる. (3) ..を出し尽くす, 使い尽くす. He had already ～*ed out* all his aces. 彼は既に切り札を出し尽くしていた. (4) 〈しばしば受け身で〉 ..を疲れさせる, 使い古す. The pitcher is ～*ed out*. その投手はもう疲れている. The machine proved to be ～*ed out*. 機械は使い物にならないと分かった. (5) ..の退場を音楽演奏で送る (→他 8 (b); ↔PLAY /../ in).

plày trúant →truant.

plày úp (1) (試合で)頑張る. (2) 〖話〗 〔子供が〕悪ふざけする, いたずらする. (3) 〖話〗 (体, 機械などの)調子[具合]

が悪い.

plày /../ úp (1)〔物事〕を大げさに言う, 重視する; ..に注意を向けさせる; (↔PLAY /../ down);〖米話〗を宣伝する. (2)〖話〗〔人〕に迷惑をかける,〔人〕を困らせる.

plày úp to.. (1)〖話〗..のご機嫌取りをする, ..におべっかを使う. ～ *up to* one's boss 上役にごまをする. (2) (演劇で)..の助演をする; ..に助力する.

****pláy with..*** ..をもてあそぶ; ..をいじくりまわす; ..を遊び半分に扱う, 軽く見る;〔言葉など〕を巧みに使う. She was ～*ing with* a handkerchief. 彼女はハンカチをもてあそんでいた. The cat caught a mouse and ～*ed with* it. 猫はネズミを捕らえてもてあそんだ. You have no time to ～ *with*. 悠長にしている時間なんてないよ. ～ *with* fire →fire (成句). ～ *with* oneself〖婉曲〗自慰をする (masturbate).

── 名 (複 ～s /-z/) **1 (a)** U **遊び**, 遊戯, (類語 単なる気晴らしのための遊び; →game[1]). All work and no ～ makes Jack a dull boy.〖諺〗勉強ばかりで遊ばないと子供はだめになる. **(b)** aU (言葉の)遊び, 冗談. a ～ on words しゃれ, 地口, (pun).

2 C **戯曲**, 脚本; **演劇**, 芝居. go to the ～ 芝居を見に行く. write a TV ～ テレビドラマの脚本を書く. put a ～ on the air 劇を放送する.

連結 a tragic [a comic; a satirical; an avant-garde] ～ ∥ perform [present, produce, stage; rehearse] a ～ ∥ a ～ opens [closes; runs]

3 U (競技, ゲームなどの)**やり方**, プレー; aU (ゲームをする)番 (turn). fine ～ ファインプレー. It's your ～. 君の(プレーする)番だ.

4 U **(a) 働き**, 活動, 作用. give (full) ～ to ..〔怒りなど〕を発散させる,〔想像力など〕を十分に働かせる. in full ～ →成句. **(b)** 行為; やり方, 態度. →fair [foul] play.

5 aU (光, 色などの)ちらちらすること, 軽やかな動き; 筋肉の自由な動き. the ～ of sunlight on the leaves 木の葉にちらつく日光.

6 U (機械などの)動きの余地, '遊び'; (ロープなどの)ゆるみ. There's too much ～ in this steering wheel. このハンドルには遊びが多すぎる.

7 U 賭博(とばく). lose $10,000 ⌞at ～ [in one night's ～] 賭博 [1 晩の賭博]で 1 万ドルをする.

at pláy 遊んでいる; 賭博で (→名 7).

brìng [càll] .. into pláy ..を活動させる, 活用する. *bring* all one's powers of persuasion *into* ～ 全力で説得する.

còme into pláy 活動し出す, 作用し始める.

give frèe pláy to.. =give free REIN to...

in fùll pláy 全面的に活躍[活動]して. All the machines in this factory are *in full* ～. この工場の機械はすべてフル操業している.

in pláy (1) 働いて, 活動[作用]して; 影響を及ぼして. (2) ふざけて, 冗談に. *I said it in* ～, but she took it seriously. 私は冗談に言ったのだが彼女はまじめに受け取った. (3)〖球技〗ボールが生きて, セーフで, (↔out of PLAY).

màke ⌞a bìg [〖旧〗grèat] pláy of.. ..を力説[重要視]する, 大げさに言う.

màke a [one's] pláy for..〖主に米話〗〔異性〕にいろいろと言い寄る; ..を得ようと努める.

màke pláy (1) 効果的に[手際よく]やる, てきぱき行動する. (2) 派手に利用[活用]する ⟨*with* ..を⟩.

out of pláy〖球技〗ボールが死んで, アウトで, 《例えば野球でファウルになったゴロや死球の球などに言う; ↔in PLAY》. [＜古期英語「運動する, 忙しく動く」]

play·a·ble /pléiəb(ə)l/ 形 **1**〔競技場などが〕使用可能な[で]. **2** (ゴルフなどで)〔ボールが〕打つことができる. **3** 上演[演奏]できる《難度など》. ◊↔unplayable

pláy·àct 動 自 **1** 芝居に出演する. **2** 'お芝居をする', 仰々しくふるまう.

pláy·àcting 名 U (芝居の)演技; 見せかけの行動.

pláy·àctor 名 C〖軽蔑〗役者.

***play·back** /pléibæ̀k/ 名 (複 ～s /-s/) C (ビデオ, カセットテープなどの)**録音[録画]再生**(replay); その装置.

pláy·bìll 名 C 芝居の広告ビラ[ポスター];〖米〗(芝居の)プログラム.

pláy·bòok 名 C **1** (劇の)脚本(集). **2**〖アメフト〗プレイブック《作戦図を載せたノート》.

pláy·bòx 名 C〖英〗おもちゃ箱.

pláy·bòy 名 (複 ～s) C 金のある道楽者, プレイボーイ, (→playgirl).

plày-by-pláy /⑱/〖米〗形 実況の《＜競技の一動作ごとの》. ── 名 (複 ～s) UC (スポーツなどの)実況放送.

Pláy-Dòh /-dòu/ 名 U〖商標〗工作粘土.

plàyed-óut /⑱/ 形 **1**〔人が〕過去のものとなった, 昔日のおもかげのない. **2** 時代遅れの.

‡**play·er** /pléiər/ 名 (複 ～s /-z/) C **1 競技者**, 〈競技名の後で〉..**選手**, 遊戯[ゲーム]をする人. a professional baseball ～ プロ野球選手. a chess ～ チェスの指し手.

連結 a star [a leading; a great; a world-class; a veteran; a promising; a professional; an amateur] ～

2〖旧〗**役者**, 俳優, (actor). a stage ～ 舞台俳優. **3** 〈楽器名の後で〉..**演奏者**, 弾き手, 吹奏者. an accomplished violin ～ 熟達したヴァイオリン奏者. **4** 自動演奏装置; レコード[カセット, CD] プレーヤー.

plàyer piáno 名 C 自動ピアノ (→Pianola).

pláy·fèllow 名〖旧〗＝playmate.

†**play·ful** /pléif(ə)l/ 形 **1** ふざけたがる, 遊び好きの. **2** 冗談の, ふざけた, たわむれの. She gave me a ～ glance. 彼女は私をいたずらっぽい目つきでちらりと見た. ▷ **～·ly** 副 ふざけて, たわむれに. **～·ness** 名 U 茶目っけ, 陽気さ.

pláy·gìrl 名 C プレイガール (→playboy).

pláy·gòer 名 C 芝居をよく見に行く人, 演劇ファン.

‡**play·ground** /pléigràund/ 名 (複 ～s /-dz/) C **1 遊園地** (recreation ground)《娯楽設備などのある公園》. **2** (学校の)**運動場**. **3** 行楽地, 保養地; ⟨*of* ..〔金持ちなど〕の⟩; 活動領域 (domain).

pláy·gròup 名 C〖主に英〗(私営の)託児所, 保育園《特に 3–5 歳の幼児を預かって遊ばせる》.

pláy·hòuse 名 (複 →house) C **1** 劇場 (theater); 〈P-; 名称に用いて〉..劇場. **2** おもちゃの家《中で子供が遊べる》(〖英〗Wendy house).

pláy·ing 名 U 遊ぶこと; 演奏すること; プレーすること.

pláying càrd 名 C〖章〗トランプ(の札) (card[1] 2).

pláying fìeld 名 C 競技場, 球技場, 運動場. →level playing field.

pláy·màte 名 C **1** 遊び友達[仲間]. one's childhood ～ 幼なじみ. **2** (雑誌などの)ピンナップガール; セックスフレンド.

pláy-òff 名 (複 ～s) C (同点, 引き分けの場合の)決勝試合; 優勝[順位]決定試合. a third-place ～ 三位決定戦.

pláy·pèn 名 C ベビーサークル《幼児が中で遊ぶ;「ベビーサークル」は和製英語; →cot, crib》.

pláy·ròom 名 C (子供の)遊戯室.

pláy·schòol 名〖英〗＝playgroup.

pláy·sùit 名 C (子供の)遊び着.

pláy·thìng 名 C **1**〖章〗おもちゃ (toy). **2** 慰みもの, 'おもちゃ', ⟨*of* ..の⟩. vulgar weeklies treating women as ～*s* 女性を慰みものにする低俗な週刊誌. a ～ *of* Destiny 運命にもて遊ばれる者.

pláy·tìme 名 UC 遊び時間《特に学校の休み時間》.
†**pláy·wrìght** 名 C 劇作家, 脚本家, (dramatist). [→play, -wright]
‡**pla·za** /plɑ́:zə, plǽzə/ 名 C **1** (市, 町の)広場, 市場(いちば). **2**〘米〙ショッピングセンター (shoppingcenter; →mall). **3**〘米〙(高速道路の)サービスエリア. [スペイン語(<ラテン語 *platēa* 'place')]
PLC, Plc, plc〘英〙Public Limited Company (公開有限責任会社)《例えば British Airways Plc》.
†**plea** /pli:/ 名 C **1**〘章〙懇請, 嘆願; 訴え; 〈*for* ..の/*to* ..への/*to* do ..してくれという/*that* 節 ..という〉(appeal). make a ~ *for* mercy [pity, help] 慈悲[同情, 援助]を懇願する. make an impassioned ~ *for* peace 平和を熱っぽく訴える.

連結 a desperate [an urgent; a fervent, a heartfelt, an impassioned; a moving] ~

2〘章〙〈単数形で〉弁解, 言い訳, 〈*for* ..の〉(excuse). Illness was his ~ *for* being absent. 病気というのが彼の欠席の言い訳だった. **3**〘法〙〈普通, 単数形で〉抗弁, 申し立て. enter [make] a ~ of not guilty 無罪の申し立てをする. ◇動 plead
còp a pléa〘米俗〙〔被告が〕(重い刑罰を免れようと)罪状を認める, 白状する.
on the pléa of [***that***] ..〘章〙..を[..ということを]口実にして. She declined the invitation *on the* ~ ˪*of* illness [*that* she was ill]. 彼女は病気と称して招待を断った.
[<中世ラテン語「喜ばせるもの>裁判所の命令」]
pléa bàrgain 名 C, 動 自 司法取り引き(をする).
pléa bàrgaining 名 U〘米法〙司法取り引き, 有罪答弁の取り引き, 《刑事事件で被告がより軽い罪を認める代わりに他の罪を免責してもらうなど検察側と交渉すること》.
pleach /pli:tʃ/ 動 他 〔枝と枝〕を組む《特に生け垣を作るため》; を編む.
*__plead__ /pli:d/ 動 (~s /-dz/|過 過分 **pléad·ed** /-əd/, ~ /pled/,〘米・スコ〙**pled** /pled/|**pléad·ing**) 自
1 **嘆願[懇願]する** 〈*for* ..を/*to* be done ..されるように〉; VA (~ ***with*** X ***for*** Y /(***with*** X) ***to do***) X(人)に Y を[..してくれと]懇願する (beg). ~ *for* mercy [forgiveness] ゆるしを乞う. ~ *to be allowed* to go home 帰してくれるよう懇願する. She ~*ed for* her husband's life. 彼女は夫の命ごいをした. ~ *with* the management ˪*for* reconsideration of the matter [*to* reconsider the matter] その件を再考してほしいと経営者側に懇請する. **2** 弁護[言い訳]になる 〈*for* ..の〉. His lack of experience ~*ed for* him. 経験不足が彼の言い訳になった.
3〘法〙抗弁する, 申し立てをする, 〈*against* ..に対して〉. be unfit to ~ because of feeblemindedness 心神耗弱(こうじゃく)のため法廷での弁論が不適格である.
4 VA (~ ***for*** ..)〔主張, 大義, 運動など〕を弁護する, 擁護して弁じる. ~ *for* (the cause of) environmental protection 環境保護を訴える.
── 他 **1** を言い訳[口実]にする, を申し立てる 〈*as* ..〔口実〕として〉; VO (~ ***that*** 節/"引用") 言い訳[弁明]として ..であると/「..」と言う. I ~*ed* exhaustion from my camping trip (*as* my excuse). 私はキャンプ旅行に行って疲れているからと言い訳をした. I can only ~ ignorance [*that* I didn't know]. 私は言い訳として知りませんでしたと言えるだけです. ~ insanity 心神喪失状態であったと主張する.
2〔訴訟事件〕の弁護をする, を弁護する;〘法〙を抗弁として主張する〈受け身不可〉. I asked a lawyer to ~ my case [cause]. 私は弁護士に弁護を頼んだ.
3〔主張, 大義, 運動など〕を弁護する, のために大いに弁じる, (→自 4); VO (~ ***that*** 節) ..であると弁じる[主張する]. ~ ˪a ban on diesel vehicles [*that* diesel vehicles be banned] ディーゼル車追放を力説する.
4 VO (~ ***that*** 節/"引用") ..するように/「..」と懇願する. She ~*ed that* her father give up drinking. 彼女は父親に酒をやめてくれるように必死に頼んだ (★give は仮定法現在形). ◇名 plea, pleading
plèad guílty [***nòt guílty, ínnocent***]〔被告が〕自分の罪を認める[認めない]〈*to* ..〔告発内容〕に対して〉.
[<ラテン語 *placēre*「喜ばせる」; plea と同源]
pléad·er 名 C〘法〙弁護人, 抗弁人; 嘆願者.
‡**pléad·ing** 名 U 嘆願; 申し開き; 〈~s〉〘法〙訴答(書面). ── 形 嘆願するような, 訴えるような, 〔目付き, 声の調子など〕. ▷ **~·ly** 副 嘆願して, 訴えるように.
‡**pleas·ant** /pléz(ə)nt/ 形 e, m 【人を楽しませる】 **1** 〔物・事が〕**気持ちのいい**, 心地よい, 快適な; **楽しい**, 愉快な, (注意「私は楽しい」を I am *pleasant*. としてはいけない) (類語 自分が「楽しい」のではなく,「人を楽しませる」の意味; →agreeable, delightful, enjoyable, pleasing). a ~ trip 楽しい旅. a ~ surprise うれしい驚き, 思いがけない喜び. a ~ little apartment こじんまりした快適なアパート. The book is ~ to read. その本は読んで楽しい本だ. It was ~ for her to talk with her old friend. 昔の友達と話をして彼女は楽しかった.
2〔人, 態度, 性格などが〕感じのいい, 愛想のいい, 人好きのする, 〈*to* ..に対して〉. a ~ young man 感じのいい青年. He tried to be ~ *to* the guests at the party. 彼はパーティーで客に好感を持たれるように努めた. She had a ~ smile on her face. 彼女は(見て)気持ちのいい微笑を浮かべていた.
3〔天気が〕(晴れで)気持ちがいい. a ~ spring day 天気のいい春の日. ◇↔unpleasant 動 please 名 pleasure
hàve a plèasant tíme 愉快に[楽しく]過ごす. We *had* many ~ *times* together. 私たちは何度も一緒に楽しく過ごす機会がありました.
màke oneself pléasant 感じよくふるまう〈*to* ..〔人〕に対して〉. 「よさ.
[please, -ant] ▷ **~·ness** 名 U 気持ちよさ; 愛想の↑
*__pleas·ant·ly__ /pléz(ə)ntli/ 副 m **楽しく**, 愉快に; **愛想よく**; 快適に, 心地よく. The girl smiled ~ at me. 少女は私に愛想よくほほえみかけた. It's ~ warm here. ここは暖かくて快適だ. be ~ surprised to find .. 思いがけず..と分かってうれしい.
pleas·ant·ry /pléz(ə)ntri/ 名 (複 **-ries**) C 〈普通 -ries〉〘章〙(当たり障りのない)社交辞令; ひょうきんな言葉[動作], 冗談, 軽口. exchange *pleasantries* with one's friend 友だちと軽口をたたき合う.
‡**please** /pli:z/ 動 (**pléas·es** /-əz/|過 過分 **~d** /-d/|**pléas·ing**) 他 **1** を喜ばせる, 楽しませる, 満足させる; 〔人〕の気に入る, 意にかなう; (↔displease). Nothing ~*s* him more than good music. よい音楽ほど彼を楽しませるものはない. John is easy [hard] to ~. ジョンは˪喜ばせるのが楽だ[気難しい] (★It is easy [hard] to ~ John. とも書き換えられる). It ~*d* him to sing a duet with her. 彼女とのデュエットは彼には楽しいことだった. ~ oneself →成句.
2 〈as, what(ever) などに導かれる関係詞節などで〉をしたいと思う, 好む, (like) (★目的語 anything, anyone, any+名 を先行させた節の中でも用いられる). Do *what* [*whatever, anything*] you ~. 何でも好きなことをしなさい. Take ˪as many *as* [*whichever, any* one] you ~. ˪好きなだけいくつでも[どちらでも/どれでも好きなのを]お取りなさい. Tell him to invite *who(m)ever* [*anyone*] he ~*s*. だれでも呼びたい人を呼ぶよう彼に言いなさい.
── 自 **1 人を楽しませる**, 人に喜びを与える; 人の気に入られる. Betsy was always anxious [eager] to ~. ベツィーはいつも人に気に入られようと努めていた. **2** 〈as, if

などに導かれる関係詞節, 副詞節で〉 したいと思う, 好む. Do *as* you ～. 好きなようにしなさい. Go *where* [*wherever, anywhere*] you ～. どこなりと好きなところへ行きなさい. *if* you ～ →成句.

―― 間 (副詞的な性質を持つ) (**a**) 〈依頼, 丁寧な命令に添えて〉 どうぞ, すみませんが, (★if you please や may it (so) please you (それがあなたの意にかないますように)の省略形と考えられる; 副詞的な働きをする). 参考 人に物を手渡すときの「どうぞ」は please ではなく Here you are. など. Will you ～ pass the salt? = Will you pass the salt, ～? = *Please*, will you pass the salt? その塩を回してくださいませんか. Some more cakes, ～. すみません, もう少しお菓子をください. *Please* don't make a noise. 音を立てないでくださいね. *Please* can I have a look at it? ちょっと見せていただけますか. He asked everybody to ～ be serious. 彼はみんなにどうか真剣になってくださいと言った. *Please*, it's getting late. あの, もう遅くなりました《散会しよう, 帰らなければなど》(★このような please は文末には置けない).

(**b**) 〈Yes, ～. で; 「何かをしてあげよう」という申し出などに対する返答として〉 (どうぞ)お願いします (↔No, thank you). "Would you like some more tea?" "Yes, ～." 「お茶をもっといかがですか」「ええ, お願いします」

(**c**) 是非ともお願いします《(b) を強調した言い方》; 是非どうぞ, ええいいですとも. "Can I use your phone?" "*Please* do." 「電話借りていいですか」「ええ どうぞどうぞ」

(**d**) 〈Please! で〉 やめて!, よして!, (★しばしば /iː/ が長く発音される) "*Please!*" she said. "Don't touch me!" 「やめて」と彼女は言った.「私に触らないで」

(**e**) 〈文頭で〉〖英〗すみませんが《主に子供が大人, 先生に対して》. *Please* Miss [Sir], I don't understand. すみません, 先生, 分からないんですが.

◇名 pleasure 形 pleasant, pleasing

(*as*) .. *as you pléase* 〖話〗非常に..なことに《★..の部分には 形 副 が来る; 人の行為に対する驚きを表す》. Bold *as you* ～, he picked a fight with me. 大胆にも彼は私にけんかを売った.

if you pléase (1)〖章〗お許しを願って, よろしければ, どうぞ, (参考 please は「楽しませる」という意味で, もとは if it please(s) you と言い, you は目的語であったが, it が省かれ you が please の前に来ると, その主語であるかのような感じを与えるようになった). *If you* ～, I'd like to finish what I'm saying. お差し支えなければ最後まで言わせていただきます. (2)〖旧〗〈抗議, 憤懣(ﾏﾝ)を表して〉 ところがどうだろう; こんな事があってたまるか; 事もあろうに. And then, *if you* ～, the fellow had the nerve to show up the next day. ところが, 恐れ入ったことに, やつは次の日ずうずうしくも顔を見せた. My son is impossible as always. Now he wants a horse. A thoroughbred, *if you* ～. うちの息子は相変わらず手に負えないよ.今度は馬が欲しいってんだ.事もあろうに, サラブレッドをだよ.

plèase Gód 〖章〗 神のおぼしめしならば, うまくいけば, 《<if it please God; please は仮定法現在》.

pléase oneself 〈しばしば命令形で; 時に皮肉〉 好きなようにする. I am going home. You can ～ your*self*. 私は家に帰りますが, あなたは好きなように.

[<古期フランス語 *plaisir* (<ラテン語 *placēre* 「滑らかにする>喜ばせる」)]

‡pleased /pliːzd/ 形 ㊞ 喜んでいる, 満足している, 気に入っている, 〈*with, at, about* ..を/*that* 節..ということを (that は省略可能)/*to* do ..するのを〉 (↔displeased) (語法 もとは「喜ばされた」という受け身の形であるが, 今では pleased は形容詞と見られるので, be much pleased より be very pleased の方が普通). with a ～ look [smile] うれしそうな顔つきをして[微笑を浮かべて]. be not very ～ いささかおかんむりである. be none too ～ 少しもうれしくない. I'm ～ *with* this new camera. この新品のカメラが気に入っている. look ～ with oneself (自分のしたことに)満足そうな顔をする. I'm ～ *at* your success. ご成功うれしく存じます. She wasn't ～ *about* her son's having quit the company. 彼女は息子が会社を辞めたことが気に入らなかった. I'm really ～ (*that*) you have come. おいで下さって本当にうれしいです. be ～ to do (*as*) *plèased as Púnch* →Punch. →成句.

be plèased to dó (1) ..してうれしい (happy); 〈未来時制で〉 喜んで..する (willing); 〈丁寧な言い方〉. We were very ～ *to* hear from you again. またあなたからお便りをいただいて非常にうれしかった. (I'*m*) ～ *to* meet you. お目にかかれてうれしく思います《初対面のあいさつ》. I'*m* ～ *to* say that .. ..ということをお伝えするのはうれしい, うれしい[結構な]ことですが... I shall *be* ～ *to* see you tomorrow. 喜んで明日お目にかかります. We will [would] *be* only too ～ *to* help you. 私どもは大喜びでお手伝いをさせていただきます. (2)〖章〗〔元首などが〕(かたじけなくも)..して下さる. The royal couple *was* graciously ～ *to* lead the procession. 国王ご夫妻はありがたいことに行列の先頭にお立ち下さった.

***pleas·ing** /plíːziŋ/ 形 ㊞〖章〗気持ちのいい, 感じのいい; 〔物事が〕楽しい, 愉快な; 満足を与える; 〈*to* ..に(とって)/*to* do ..するのに〉 (類語 pleasant より形式ばった語で, 人に与える印象に重点がある; →agreeable). She has a very ～ manner. 彼女は態度がとてもいい. sounds ～ *to* the ear [*to* listen to] 耳に心地よい音.

▷ **～·ly** 副 =pleasantly.

‡pleas·ur·a·ble /pléʒ(ə)rəb(ə)l/ 形 〖章〗人に楽しみ[満足]を与える, 愉快な, 気持ちのいい, (enjoyable). a ～ experience 楽しい経験. ▷ **～·ness** 名 **-bly** 副 楽しく, 愉快に, 浮き浮きと.

‡pleas·ure /pléʒər/ 名 (複 **～s** /-z/)

【楽しみ】 **1** Ⓤ 喜び, 楽しみ, 満足(感), 愉快な気分, 〈*of* ..という〉 (類語 喜びの意味の最も一般的な語; →bliss, delight, enjoyment, glee, joy). take great [no] ～ *in* work 仕事が大いに楽しい[全然楽しくない]. get [derive] much ～ *from* books 読書を大いに楽しむ. He finds great ～ *in* watching birds. = Watching birds gives him great ～. 彼は鳥を観察するのが大きな楽しみだ. He asked for the ～ *of* her company. 彼は彼女に同行願えないかと頼んだ.

> 連結 genuine [real; hearty, intense; material, physical, sensual; intellectual] ～ // feel [experience, taste] ～; give [afford] ～ to ..

2 Ⓒ 楽しいこと, 喜び(のもと). It's a great ～ to see an old friend after a long time. しばらくぶりで旧友に会うのはうれしいことだ. the ～*s* and pains of his younger days 彼の若き日のいろいろな楽しみや苦労. A ～ to meet you. 始めまして《初対面の時の挨拶》.

3 ⓊⒸ (肉体的な)喜び, 悦楽. a man of ～ 放蕩(ﾄｳ)者. a life given to ～ 逸楽[放縦]一辺倒の生活.

【喜び>好み】 **4** Ⓤ 〖章〗〈a person's ～〉 都合, 意向, 好み. consult [ask] a person's ～ 人の意向を聞く. For dessert, what's your ～? デザートは何になさいますか. ◇動 please 形 pleasant, pleasurable

at his [her] Màjesty's pléasure = ***at the Kìng's [Quèen's] pléasure*** 〖英・法〗(刑が)不定期で《<国王の意向次第で(刑期途中の釈放もある)》.

at one's pléasure 勝手に, 好きなように.

for pléasure 楽しみに, 遊びに, (↔on business). He works *for* ～; he doesn't need the money. 彼は楽しみに働いているだけで金など必要ないのだ.

hàve the pléasure of (*dòing* ..) 幸いに..することができる; 〈時に皮肉で〉 ..させていただく. I *had the* ～ *of* meet*ing* your father last night. 昨夜お父上にお会い

P

できて幸せでした. May I *have the* ～ *of* the next dance with you? 次のダンスのお相手をお願いできますか.

It's mỳ [a] pléasure.*＝*The plèasure is míne. どう致しまして《Thank you. などのお礼の言葉に対して「楽しいのは私の方です」; 単に My ～. とも言う》.

****with pléasure*** 喜んで, 快く. Yes, *with* ～. (依頼に対して)はい, 結構ですとも[喜んで].

[＜古期フランス語 *plaisir* 'please'; -ure]

pléasure bèach 名 C 《英》海辺の遊園地.

pléasure bòat [cràft] 名 C 遊覧船.

pléasure gròund 名 C 遊園地; 公園.

pléasure prìnciple 名 〈the ～〉《心》快楽本能[原則]《不快を避け快を求める傾向; Freud から》.

‡**pleat** /pliːt/ 名 C (スカートなどの)ひだ, プリーツ.
── 動 他 にひだをつける. a ～*ed* skirt プリーツスカート.

pleb /pleb/ 名 《話・軽蔑》 **1** C 下賤(せん)な[粗野な]者 (plebeian). **2** 〈the ～s; 集合的〉〈単複両扱い〉(古代ローマの)平民; 〈複数扱い〉大衆, 庶民, 下賤なやから.

pleb·by /plébi/ 形 e 《英話》下品な; 平凡な, つまらない.

plebe /pliːb/ 名 C 《米》最下級生《米国 West Point の陸軍士官学校, Annapolis の海軍兵学校の》.
[＜*plebeian*]

ple·be·ian /plibíːən/ 名 C **1** (古代ローマの)平民. **2** 《軽蔑》平民, 一般庶民, 下賤の出の者; 粗野な人.
── 形 《軽蔑》平民の, 下賤の; 庶民の; 粗野な, 下卑た; (→patrician). ～ tastes 卑しい趣味.

‡**pleb·i·scite** /plébəsàit, -sət/ 名 C 国民投票, 住民投票, (referendum). hold a ～ 国民投票を行う. be decided by (a) ～ 国民投票で決定される (★*by* bus [bicycle etc.] のように無冠詞も可).

plec·trum /pléktrəm/ 名 (複 **plec·tra** /-trə/, **～s**) C (ギターなど弦楽器演奏用の)ピック, つめ, ばち, (pick).

pled /pled/ 動 《米・スコ》plead の過去形・過去分詞.

***pledge** /pledʒ/ 名 (複 **plédg·es** /-əz/) **1** UC **誓約**, 固い約束, (promise); 公約; 〈*to* do ..するという〉. give [make] a ～ *to* keep the secret 秘密を守ると誓う. under ～ of secrecy 秘密厳守を誓って. redeem [make good] a campaign ～ 選挙の公約を果たす. **2** C (借金などの保証としての)担保品, 抵当物件, 質物; U 質入れ, 抵当(にとられていること). put [give, lay] a camera *in* [*to*] ～ カメラを質に入れる[担保にする]. take a pearl necklace *out of* ～ 真珠のネックレスを質受けする. **3** C 保証, 印(しるし), 〈*of* ..〔愛情など〕の〉. Sam gave her a brooch as a ～ *of* love. サムは愛情の印として彼女にブローチを与えた. **4** C 《米》(大学の友愛クラブ (fraternity) などの)仮入会者. **5** C 乾杯 (toast) 〈*to* ..への〉.

tàke [sígn] the plédge 《しばしば戯》禁酒の誓いを立てる.

── 動 他 **1 (a)** を誓う, 約束する; VO (～ *to do*/*that* 節) ..すること/..ということを誓う. ～ (one's) allegiance to.. ..に忠誠を誓う (→allegiance). They ～*d* their support. 彼らは援助を固く約束した. The boy ～*d* never *to* steal again.＝The boy ～*d that* he would never steal again. その少年は2度と盗みをしないと誓った. **(b)** VOO (～ X Y)・VOA (～ Y *to* X) X(人)に Y を誓う[固く約束する]. With this ring I ～ you my love. この指輪にかけて私はあなたに愛を誓う. I ～ my undying loyalty *to* you. あなたに対し変わらぬ忠誠を誓います.

(c) VOC (～ X *to do*) X(人)に..すると誓約させる; VOA・VOC (～ *oneself to* ../*oneself to do*) ..を/..することを誓う. He is ～*d to* marry Dora. 彼はドーラと婚約している. The President ～*d* him*self* not *to* raise taxes. 大統領は税金を上げないと約束した.

2 VOA (～ X *to* Y/X *that* 節) X(名誉など)にかけて Y を/..ということを誓う. ～ one's honor [word] *that*.. ..を名誉にかけて誓う[..という言質を与える]. She ～*d* her life *to* the feminist cause. 彼女は生涯を女権拡張運動にささげようと誓った.

3 を質に入れる, 担保にする, 〈*as* ..として〉(guarantee). All her jewels have been ～*d*. 彼女の宝石類はみな質に入っている. **4** 《章》のために乾杯する. ～ a person's health [success] 人の健康[成功]を祈って乾杯する.

plèdge [plìght] one's tróth →plight².

[＜後期ラテン語「保証」]

pledg·ee /pledʒíː/ 名 C 《法》(動産の)質権者.

Plèdge of Allégiance 名 〈the ～〉忠誠の誓い《'I pledge allegiance to the flag' で始まる米国民の自国への誓約》.

plédg·er 名 C **1** 質入れ主; (禁酒などの)誓約者. **2** ＝pledgor.

pledg·or /pledʒɔ́ːr/ 名 C 《法》(動産の)質権設定者.

Ple·ia·des /plíːədìːz|pláiə-/ 名 〈the ～; 複数扱い〉 **1** 《天》プレアデス星団, すばる, 《牡(お)牛座の星群》. **2** 《ギ神話》プレイアデス《Atlas の7人の娘たち; Zeus が星に変え天に置いたと言う》.

Plei·o·cene /pláiəsìːn/ 名, 形 ＝Pliocene.

Pleis·to·cene /pláistəsìːn/ 《地》 形 更新[洪積]世の. ── 名 〈the ～〉更新[洪積]世.

ple·na /plíːnə/ 名 plenum の複数形.

ple·na·ry /plíːnəri/ 形 **1** 全員出席の. a ～ meeting [assembly] 総会. **2** 完全な, 絶対的な. ～ powers 全権, 絶対権. ── 名 (複 **-ries**) C 総会, 本会議, (plenum 2). ▷**ple·na·ri·ly** 副

plènary indúlgence 名 U 《カトリック》全贖宥(しょくゆう)《罪のすべてが免除される》.

plènary séssion 名 C (議会の)本会議.

plen·i·po·ten·tia·ry /plènəpəténʃ(ə)ri, -ʃièri|-ʃ(ə)ri/ 名 (複 **-ries**) C 全権大使[委員].
── 形 **1** 〈名 の後で〉全権を有する. an ambassador extraordinary and ～ 特命全権大使. **2** 絶対的権力の. grant a person ～ powers to do 〔人〕に..する全権を与える.

plen·i·tude /plénət(j)ùːd/ 名 aU 《章》〈大げさに〉充実, 充溢; 多量, 豊富, 大量. a ～ of food 豊富な食物. natural resources in ～ あり余るほどの天然資源.

plen·te·ous /pléntiəs/ 形 《主に詩》＝plentiful.
▷ **～·ly** 副 **～·ness** 名

†**plen·ti·ful** /pléntif(ə)l/ 形 豊富な, たくさんの, たっぷりした, (↔scarce; 類語 需要を十二分に満たす数量の豊富さ; →abundant, bountiful, copious). a ～ food supply 豊富な食糧の供給. a ～ harvest 豊作.
▷ **～·ly** 副 豊富[十分]に, たくさん. **～·ness** 名

‡**plen·ty** /plénti/ 名 U **1 豊富**, たくさん, 十分; 多量, 多数. "Another cup of tea?" "No, thank you. I've had ～." 「お茶をもう1杯いかが」「もう結構です, 十分いただきました」 **2** (ぜいたくなほどの)豊かさ; 繁栄. a year of ～ 豊年. live in an age of unprecedented peace and ～ かつてない平和と繁栄の時代に生きる. Our country is called the land of ～. 我が国は豊饒(じょう)の国と呼ばれている. We wish you peace and ～ for the New Year. 新年にあたってご一家の平和とご繁栄を祈ります《年賀状の挨拶(あいさつ)文》.

****in plénty*** (1) たくさん, 十分に, あり余るほど. (2) 豊かに, 裕福に. live *in* ～ 何不自由なく暮らす.

****plénty of ..*** 〈《米》しばしば a ～ of〉たくさんの.. (★..は U 名詞又は C 名詞の複数形). There are ～ *of* books in his study. 彼の書斎には本がたくさんある. We had ～ *of* rain last year. 去年は雨がたくさん降った.

> 語法 (1) plenty of は上例のように普通, 肯定文に用いる (→a LOT² of ..); 否定文には much, many を, また疑問文には enough を用いる: We don't have

P

much time. (あまり時間が無い) Do you have *enough* money? (お金は十分持っていますか). (2) 述語動詞は plenty of に続く名詞の数と一致する.

── [形] 〘話〙 たくさんの[で], 十分な[で], 豊富な[で]. We have ～ things to do today. 今日我々にはやることがたくさんある. Mosquitos are ～ here. ここは蚊がやたらと多い.

── [副] **1** 〘話〙〈普通, [形] の原級[比較級]＋enough や more とともに用いる〉十分に. ～ big [large] enough 本当に十分すぎるくらいに大きい. We need ～ more evidence. もっともっと証拠が必要だ. **2** 〘米〙 非常に (very; a lot). It's ～ hot. とても暑い. He slept ～. 彼は大いに眠った. [＜ラテン語「十分」]

ple·num /plíːnəm/ [名] ([複] **～s, ple·na** /-nə/) [C] **1** 物質が充満した空間 (↔vacuum); 高圧状態; 充満. **2** (立法府などの)総会 (plenary).

ple·o·nasm /plíːənæ̀z(ə)m/ [名] [U] 〘修辞学〙 冗語法, 冗言; [C] 冗語句 《a false lie (false が冗語)など; →tautology》.

ple·o·nas·tic /plìːənǽstik [移]/ [形] 冗長な, 冗言の.

ple·si·o·saur, -sau·rus /plíːsiəsɔ̀ːr, -ziə-/, /plìːsiəsɔ́ːrəs, -ziə-/ [名] [C] 〘古生物〙 プレシオサウルス, 長頸(けい)竜, 《首が長く尾が短くひれ状の四肢を持つジュラ紀および白亜紀の恐竜》.

‡**pleth·o·ra** /pléθərə/ [名] **1** [aU] 〘章〙 過多, 過剰, 〈*of* ..の〉. a ～ *of* food [material] あり余るほどの食糧[資料]. **2** [U] 〘医〙 多血症; 赤血球過多症.

▷**ple·thor·ic** /pliθɔ́ːrik|pleθɔ́r-/ [形]

pleu·ra /plú(ə)rə/ [名] ([複] **pleu·rae** /-riː/) [C] 〘解剖〙 肋(ろく)膜, 胸膜. ▷**pleu·ral** [形]

pleu·ri·sy /plú(ə)rəsi/ [名] [U] 〘医〙 肋(ろく)膜炎.

▷**pleu·rit·ic** /plu(ə)rítik/ [形]

Plex·i·glas /plékṣəglæ̀s|-glɑ̀ːs/ [名] [U] 〘米〙〘商標〙 プレクシガラス 《窓ガラスの代用などに用いるアクリル合成樹脂の一種; →perspex, Lucite》; プラスチック.

plex·us /pléksəs/ [名] ([複] **～·es, ～**) [C] **1** 〘解剖〙 (神経, 血管の)網, 叢(そう), 網状組織; 〈一般に〉 網状組織; 網細工. →solar plexus. **2** 錯綜(そう), もつれ.

pli·a·bíl·i·ty [名] [U] 柔軟; 適応性.

pli·a·ble /pláiəb(ə)l/ [形] **1** 曲げやすい, しなやかな, 柔軟な. Copper tubing is ～. 銅管は曲げやすい. **2** 〔性質などが〕適応性のある, 柔軟な. a ～ personality 柔軟な性格. **3** ＝pliant 1. ▷**-bly** [副]

pli·an·cy /pláiənsi/ [名] ＝pliability.

pli·ant /pláiənt/ [形] **1** 人に影響されやすい, 言いなりになる, 従順な. **2** ＝pliable 1, 2. ▷**～·ly** [副]

plied /plaid/ [動] ply¹ の過去形・過去分詞.

pli·ers /pláiərz/ [名] 〈複数扱い〉 やっとこ, ペンチ. a pair of ～ やっとこ 1 丁.

plies /plaiz/ [動] ply¹ の 3 人称・単数・現在形.

── [名] ply² の複数形.

†**plight¹** /plait/ [名] [C] 〈普通, 単数形で〉 ひどい状態; 苦境, 窮状. the ～ of the refugees 難民たちのひどい有り様. Will no one help me in my ～? 苦境に陥っている私をだれも助けてくれないのか.

plight² [動] [他] 〘古〙 を誓う (pledge); を約束する. ～ one's word [promise] 約束する, 誓う.

plíght onesèlf* [*be plíghted*] *to .. ..と婚約する[している]. 「約束をする.

plìght* [*plèdge*] *one's tróth 〘古〙 誓約する, 夫婦↑

plim·soll /plíms(ə)l/ [名] 〘英〙〈～s〉 ゴム底ズック靴, 運動靴, (〘米〙 sneakers). [＜*Primsoll* line]

Plímsoll lìne [màrk] [名] [C] 〘海〙 満載喫水線[標] 《船腹のこの線が海面下に沈むほど積み荷をしてはいけない; ＜商船法 (1876) の制定に尽力した英国の政治家 Samuel *Plimsoll*》.

plink /pliŋk/ [名] [UC] ちりん[かちん, ぴん, ぽろん]という音 《軽くかん高い音; ピアノ, コオロギの鳴く声など》. ── [動] [自] ちりん[かちん, ぴん, ぽろん]と鳴る. ── [他] 〔楽器など〕をちりん[かちん, ぴん, ぽろん]と鳴らす. [擬音語]

plinth /plinθ/ [名] [C] 〘建〙 柱の台座, 柱礎; (像の)四角い土台.

Plin·y /plíni/ [名] **1 ～ the Elder** 大プリニウス (23–79) 《古代ローマの博物学者; ラテン語名 Plinius》. **2 ～ the Younger** 小プリニウス (62?–113?) 《古代ローマの政治家・著述家; 1 の甥(おい), のち養子》.

Pli·o·cene /pláiəsìːn/ 〘地〙 [形] 鮮新世の.

── [名] 〈the ～〉 鮮新世. 「ナ解放機構).

PLO Palestine Liberation Organization (パレスチ↑

‡**plod** /plɑd|plɔd/ [動] (**～s**|**-dd-**) [自] **1** [VA] とぼとぼと歩く〈*on, along* (..を)〉. We ～*ded along* (the muddy path). 私たちは(ぬかるみ道を)とぼとぼと歩いて行った. **2** [VA] (苦労しながら[いやいや]) こつこつやる; こつこつ[地道に]仕事[勉強]をする; (やる気, 熱意がなく)のんびり[ゆっくり]とやる; 〔物事が〕遅々として進まない[捗(はかど)らない] 〈*along, away, on*〉〈*at, through, with* ..〔勉強, 仕事など〕を〉. He's ～*ding away at* that math problem. 彼はこつこつとあの数学の問題に取り組んでいる. ～ *through* a tedious job 退屈な仕事を地道にやり通す.

── [他] 〔道〕をとぼとぼとたどる.

plòd one's wáy 疲れた足を引きずって歩く; どうやらこうやら進む[こぎつける]; (→way¹ 2 [語法]).

── [名] [C] とぼとぼ歩くこと; こつこつ働く[勉強する]こと. [擬音語]

plód·der [名] [C] とぼとぼ歩く人; こつこつ働く[努力する]人 (★しばしば地道に努力はするが, 切れ味の鈍い人をけなしていう).

plód·ding [形] とぼとぼ歩く; こつこつ働く[努力する]; のろのろとした. ▷**～·ly** [副] とぼとぼと; こつこつと; のろのろと.

plonk¹ /plɑŋk|plɔŋk/ [動], [名], [副] 〘主に英話〙 ＝↓

plonk² [名] [U] 〘主に英話〙 安ワイン. ⌊plunk.

plónk·er [名] [C] 〘英俗〙 **1** ばか, 能なし. **2** ＝penis.

plop /plɑp|plɔp/ 〘話〙 [名] [C] 〈単数形で〉 (水の中に)ぼちゃん[どぶん]と落ちること; その音. ── [動] (**～s**|**-pp-**) [自] [VA] ぽちゃん[ぽとん]と落ちる[音を立てる]. ── [他] [VOA] をぽちゃん[ぽとん]と落とす. He ～*ped* a cube of sugar *into* his coffee. 彼はコーヒーに角砂糖を 1 つぽとんと入れた. ── [副] ぽちゃん[ぽとん]と.

plòp* (*onesèlf*) *dówn 〘話〙 どさっと座る. [擬音語]

plo·sive /plóusiv/ [名] [C], [形] 〘音声〙 破裂音(の) 《/p/, /t/, /k/ など; stop (閉鎖音)とも言う》.

*__plot__ /plɑt|plɔt/ [名] ([複] **～s** /-ts/) [C]

【計画】 **1 陰謀**, たくらみ; (ずるい)秘密の計画; 〈*against* ..に対する/*to* do ..しようという〉 (conspiracy). hatch a ～ *to* rob the bank 銀行強盗をたくらむ.

[連結] a bold [a daring; a cunning; an evil, a sinister; a treacherous] ～

2 (小説, 戯曲などの)**筋**, 構想, プロット. a complicated ～ 入り組んだ筋.

[連結] a thrilling [a compelling; a complex; an ingenious; a well-made; a poor; an unconvincing] ～

【区割り】 **3 小さい地所**[地面], 小区画地. a garden ～ 庭地. a vegetable ～ 菜園. a burial ～ 墓地の 1 区画. **4** 〘米〙 (建物, 地所の)見取り図; 図表.

The plòt thíckens. 事[話(の筋)]が一層こみいってなぞめいてくる.

── [動] (**～s** /-ts/|[過] [過分] **plót·ted** /-əd/|**plót·ting**) [他] **1** 〔悪い事〕をたくらむ, 計画する; [VO] (～ *to do*/*wh* 節・句) **..することを/..かをたくらむ**, 計画する; (conspire). ～ the overthrow of the government＝～

to overthrow the government 政府を倒す陰謀をたくらむ. ～ *how* to obtain the document その文書の入手方法を計画する. **2**〔小説など〕の筋を立てる, 構想を練る, 〔行動など〕の計画を立てる,〔戦術, 構想など〕を練る,〈*out*〉. **3**〔土地〕を区分する〈*out*〉. **4** の略地図[平面図]をかく, 〔位置など〕を地図[図面]の上にかき入れる. The data were ～*ted* on a graph. データはグラフに記入された.
── 自 陰謀をたくらむ, 悪事をもくろむ,〈*against* ..に対して〉. They are ～*ting against* us. 彼らは我々に対し陰謀を企てている. [＜古期英語「小地面, 区割り」]

plót·ter 名 C **1**〈しばしば ～s〉陰謀者 (conspirator). **2** 航路図などの作成者. **3** 製図道具;〖電算〗プロッター《図形[図表]作成の出力装置》.

plough /plau/ 名, 動 〖英〗＝plow.

plóugh·bòy 名 〖英〗＝plowboy.

plóugh·man /-mən/ 名 (複 **-men** /-mən/) 〖英〗＝plowman.

plòughman's lúnch 名 C 〖英〗"いなか軽食"《パン・チーズ・ピクルスだけのもの; パブの昼食のメニューなどにあり, 単に ploughman's とも言う》.

plóugh·shàre 名 〖英〗＝plowshare.

plov·er /plʌ́vər/ 名 C 〖鳥〗チドリ.

‡plow 〖米〗, **plough** 〖英〗 /plau/ 名 (複 **～s** /-z/)
1 C 犂(すき)《普通, 牛馬やトラクターに引かせて耕作する》. **2** C 犂のような器具; 除雪機 (snowplow). **3** U 〖英〗耕された土地, 耕地. 500 acres of ～ 500 エーカーの耕地. **4**〈the P-〉大熊座《Ursa Major; 北斗七星を含む星座》; 北斗七星 (Charles's Wain;〖米〗the Big Dipper).
be at* [*fòllow, hòld*] *the plów 農業に従事する.
pùt* [*sèt*] *one's hánd to the plów 〖雅〗(困難な仕事に)取り掛かる, 着手する,《聖書より》.
under the plów 耕されて[た]. The vast wilderness has been put [brought] *under the* ～. 広大な荒地が耕地化された.
── 動 (～s /-z/|過 過分 ～ed /-d/|plów[plóugh]·ing) 他 **1**〔土地, 土壌〕を犂(すき)で耕す, に畔(あぜ)を作る; をすき起こす, (すき起こして)を掘り出す,〈*up*〉; をすき埋める〈*under, in*〉. ～ the land 土地を耕す. ～ *up* old roots 古い根をすき起こす. ～ the fertilizer *in* [*under*] 肥料をすき込む.
2 (a) VOA 〔道など〕を骨折って進む, 押し進む,〈*through* ..をかき分けて〉. ～ one's way *through* the crowd 群衆の中をかき分けて進む. (b)〔波〕を切って進む. The fishing boats ～*ed* the north seas. 漁船は北の海の波を分けて進んだ. **3**〖英話〗〔人〕を落第させる;〔試験〕に落第する. **4** VOA (～ X *into* Y) X (資本)を Y に投資する.
── 自 **1** 犂(すき)で耕作する, すく. **2** VA 〔土地が〕(楽に[骨折ってなど]) 耕される. land that ～s well よくすける土地. **3** VA 骨折って進む〈*through* ..の中を〉; (～ *through* ..) こつこつと〔難しい問題, 本など〕に取り組む; (～ *on*) 何とか続ける〈*with*..を〉. The ship ～*ed through* the storm. 船はあらしの中を難航しながら進んだ. **4**〖英話〗落第する.
plòw a lònely fúrrow 独力で仕事をする; 孤独な生活を送る.
plòw /../ báck (1)〔すき起こした草〕を畑に埋め戻す《肥料として》. (2)〈普通, 受け身で〉〔利益〕を再投資する〈*into* ..に〉. He ～*ed* all the profits *back into* the business. 彼は利潤をことごとくその事業に再投資した.
plów into .. 〖米話〗(1)〔車などが〕..に衝突する, 突っ込む. (2)〔仕事〕に元気よく取り掛かる.
[＜古期英語「耕地(の広さの単位)」]

plów·bòy 名 (複 **～s**) C 犂(すき)を付けた牛馬を引く若者; 田舎の若者.

plów·lànd 名 U 耕地, 田畑.

plów·man /-mən/ 名 (複 **-men** /-mən/) C 犂(すき)を使う人, 農夫; 田舎者.

plów·shàre 名 C 犂(すき)の刃. ***tùrn* [*bèat*] *swòrds into plówshares*** 仲直りする, 和解する,《＜剣を犂に鍛え直す》.

ploy /plɔi/ 名 (複 **～s**) C 〖話〗(人の同情を引く, 人をだますなどの)手, 策略.

***pluck** /plʌk/ 動 (～s /-s/|過 過分 ～ed /-t/|plúck·ing) 他 【ぐいと引っ張る】 **1** をぐいと引く, 引っ張る; をひょいと(つまみ)取る;〈*from, out of, off* ..から〉. ～ a purse *out of* the pocket ポケットから財布を抜き出す. ～ a person's sleeve 人のそでを引っ張る.
【引っ張って取る】 **2**〔羽, 毛など〕を引き抜く, むしり取る; の羽をむしる; (毛抜き (tweezers) で)〔まゆ毛〕を抜く. ～ up weeds 雑草をむしり取る. ～ the feathers from a chicken＝～ a chicken 鶏の羽をむしる.
3【むしり取る】〖俗〗から金などをだまし取る, 盗む. **4**〖雅〗〔花, 果実など〕を摘む, もぐ, 採る, (pick); VOO (～ X Y)・VOA (～ Y *for* X) X に Y (花, 果実など)を摘んでやる. He ～*ed* (her) some berries [some berries (*for* her)]. 彼は(彼女に)イチゴの実を摘んでやった.
5【指でつまむ】〔楽器の(弦)など〕をかき鳴らす(pick). ～ (the strings of) a guitar ギター(の弦)をかき鳴らす.
【引っ張って出す】 **6** (a) VOA (～ X *from, off, out of* Y) X を Y (困難, 危機など)から救出する〈普通, 受け身で〉. He has several times ～*ed* me *out of* financial difficulties. 彼は何回か私を財政困難から救い出してくれた. be ～*ed to* safety 無事に助け出される. (b) VOA 〔人〕を拾い上げる, 抜擢する,〈*from* ..〔無名, 低い地位〕から/*to* ..〔有名, 高い地位〕に/*to* do ..するように〉〈普通, 受け身で〉. be ～*ed from* obscurity 無名の状態から抜擢される.
── 自 **1** VA (～ *at* ..) ..をぐいと引く[引っ張る], つかむ. Don't ～ *at* my skirt. スカートを引っ張らないでよ.
2 VA (～ *at* ..)〔楽器〕をかき鳴らす.
plùck ..out of the áir 〔考えなど〕を急に思いつく, よく検討しないで口にする.
plùck úp 勇気[元気]を出す; 気分がよくなる, うれしくなる.
plùck /../ úp (1)〔勇気など〕を奮い起こす. ～ *up* (the [one's]) courage to do ..する勇気を出す. (2) を根こそぎにする.
── 名 **1** aU ぐいと引くこと〈*at* ..を〉. give a ～ *at* ..をぐいとひと引きする. **2** U 〖話〗勇気, 決意. show lots of ～ 大いに勇気を示す. **3** U〈the ～〉(動物の)臓物. [＜古期英語「むしる, 摘む」]

pluck·y /plʌ́ki/ 形 e 〖話〗勇気のある, 大胆な.
▷ **pluck·i·ly** 副 大胆に, 元気よく. **pluck·i·ness** 名

‡plug /plʌg/ 名 (複 **～s** /-z/) C **1** (穴をふさぐ)栓 (stopper); ＝earplug. take the ～ out of the bathtub 浴槽の栓を抜く. put the ～ in the sink 流しのシンクに栓をする. use a rag as a ～ 詰め物にぼろ布を使う.
2〖電〗差し込み, プラグ (→outlet);〖話〗ソケット《壁のプラグ差し込み口》. a two[three]-pin ～ 2 点[3 点]プラグ. put the ～ in the outlet 差し込みをコンセントに入れる.
3 かみたばこ《板状に固めたもの》; カット綿の固まり.
4 消火栓 (fireplug, hydrant);〖話〗〖機〗点火プラグ (spark〖米〗[sparking〖英〗] plug).
5〖話〗(ちょっと差しはさむ)売り込みの言葉, 宣伝; (ラジオ, テレビなどの)スポット広告. give .. a ～＝put in a ～ for .. ..をほめる, 売り込む. **6**〖米俗〗おいぼれ馬.
pùll the plúg on .. 〖話〗〔計画, 事業など〕を(力ずくで[資金をストップして]突然)中止する;〔資金援助など〕を取り止める; ..の息の根を止める;〔回復見込みのない病人〕の生命維持装置をはずす; 《＜コンセントからプラグを引き抜く》.
── 動 (～s /-z/|過 過分 ～ged /-d/|plúg·ging) 他
1〔穴, 漏れ口など〕に栓をする, をふさぐ[詰める];〔高度など

が〕〔耳〕を詰まらせる; 〈*up*〉〈*with* ..で〉(↔unplug). ～ *up* the hole in the wall 壁の穴に詰め物をする. Something has ～*ged* the drainpipe. 何かが排水管に詰まった. **2**〖話〗〔(自分の)本, 映画など〕を(ラジオ・テレビに出演して)繰り返し宣伝[広告]する. ～ a new CD 新しいCDをしつこく宣伝する. **3**〖主に米話〗に(ピストルなどの)弾丸を撃ち込む; をこぶしでぶん殴る. ～ a person full of lead [holes] 人に鉛の弾をしこたまぶち込む[弾をぶち込んで蜂の巣のようにする] (★VOC の文型).

── 自 **1**〖話〗〔耳が〕(気圧の変化で)詰まる〈*up*〉. **2** VA (～ *away, along*) (困難にめげず) こつこつ仕事[努力]をする〈*at* ..を〉. ～ *away at* one's studies こつこつと勉強する. **3**〖俗〗銃で撃つ〈*away*〉〈*at* ..を〉; 〖話〗しつこい宣伝をする〈*for* ..の〉.

be plúgged into .. ..にくわしい, 精通している.

plùg ín プラグでつながる; 電源につながる.

plùg /../ ín ..のプラグを差し込む, ..をプラグで接続する; ..を電源につなぐ; ..の電源を入れる. ～ *in* a vacuum cleaner 電気掃除機のプラグを差し込む.

plúg into .. (1)..にプラグで結ばれる[接続される]; 〔コンピュータシステムなど〕にアクセスする. (2)〖主に米話〗〔人, 考えなど〕になじむ, 同調する.

plúg X ***into*** Y (1)XをYにプラグで接続する. ～ the radio *into* an outlet ラジオ(のプラグ)をコンセントに差し込む. (2)XをY(より大きな組織など)につなぐ, 組み込む. He is ～*ged into* the old school network. 彼は出身校の学閥に属している. (3)X(実弾)をY(薬室)に送り込む.

plùg the gáp(s) 不足を補う.

[<中期オランダ語「木栓」]

plùg hát 名 C 〖米話〗シルクハット.

plúg·hòle 名 C 〖英〗(流し, 風呂などの)栓でふさぐ穴, 排水口, (〖米〗drain). ***gò down the plúghole*** 失われる; 失敗する; 《<下水に流れてしまう》.

plúg-ìn 形 〈限定〉プラグ接続[差し込み]式の.

plúg·ùgly 名 (複 -lies) C 〖米俗〗悪漢, ならず者.

***plum** /plʌm/ 名 (複 ～**s** /-z/) **1** C 〖植〗**セイヨウスモモ(の実)**, プラム (★種は stone); セイヨウスモモの木 (**plúm trèe**). **2** C 〖話〗一番いいもの, (だれもが望む)すばらしい地位[職]. take all the ～ いいものを1人占めにする. **3** U 濃紫色. **4** =sugarplum. ── 形 e 〈限定〉すばらしい, 最高の. a ～ job 最高の[おいしい]仕事.

hàve a plúm in one's mòuth 〖英〗(朗々とした)上流階級気取りの話し方をする (→plummy 4).

[<古期英語; prune[2] と同源]

‡plum·age /plú:midʒ/ 名 U 〈集合的〉羽毛, 鳥の羽, (→plume).

‡plumb[1] /plʌm/ 名 C (水深を測る)測鉛, (釣り糸の)おもり; 下げ振り. ***off*** [***out of***] ***plúmb*** 垂直でない.

── 形 **1** 垂直の. **2**〖米話〗全くの. That's ～ nonsense! それは全くばかげたことだ.

── 副 **1** 垂直に. **2**〖話〗〈形容詞(句), 副詞(句)を修飾して〉正確に, まともに. hit the target ～ in the middle 的のど真ん中に当たる. **3**〖米話〗全く. You're ～ crazy! 君は全く気が変だ.

── 動 他 **1**〔水深, 垂直線〕を測鉛[下げ振り糸]で測る, を測深する. ～ the depth of the well 井戸の深さを測る. **2** を垂直にする. **3**〖章〗を推し測る, 〔心の底など〕を見抜く, 見極める, (fathom). Her work ～*s* the mystery of human existence. 彼女の作品は人間存在の神秘に探りを入れている.

plùmb new dépths (of ..) 〔物, 物事が〕(〔堕落など〕の)極みに達する.

plùmb the dépths (of ..) 〖普通, 軽蔑〗〔人が〕(〔絶望など〕の)どん底[極み]を経験する. [<ラテン語「鉛」]

plumb[2] 動 他 〔建物など〕に鉛管を敷設する, 配管工事を施す, 〈*into* ..〔排水管など〕につないで〉. ── 自 plumber として働く.

plùmb /../ ín 〖主に英〗〔洗濯機, トイレなど〕を排水管につなぐ.

plum·ba·go /plʌmbéigou/ 名 U 黒鉛, 石墨.

†plumb·er /plʌ́mər/ 名 C (水道, ガス工事の)鉛管(敷設)工, 配管工, 水道業者.

plúmber's frìend [**hèlper**] 名 〖米話〗= plunger 2.

†plumb·ing /plʌ́miŋ/ 名 U **1** (水道, ガスの)配管工事; 配管業. **2** (建物内の)配管(系統).

plúmb lìne 名 C 測鉛線, 下げ振り糸《先におもりをつける》.

plùm dúff 名 UC 〖主に英〗干しブドウ入りプディング.

†plume /plu:m/ 名 (複 ～**s** /-z/) C **1** 〈普通 ～s〉(飾り用の大きい)羽, 羽毛. a fan made of peacock ～*s* 孔雀(くじゃく)の羽根でできた扇. **2** 〈しばしば ～s〉(帽子などの)羽毛飾り. **3** (羽の形に)空中に舞い上がるもの《煙, 炎, 水柱, 雲など》. a rising ～ of smoke 立ちのぼる煙の柱. **4**〖動〗羽状毛; 〖植〗(アザミなどの)冠毛.

drèssed in bòrrowed plúmes 〖雅〗借り着をして[した]《イソップ物語から》.

── 動 他 **1** を羽毛で飾る, に羽毛飾りを付ける. **2**〔鳥が〕〔羽〕を(くちばしで)整える[羽繕いをする]. The bird was *pluming* itself [its feathers] on a branch. 鳥は枝の上で羽繕いをしていた.

plúme onesèlf (1)着飾る. (2)自慢する, 鼻にかける, 〈*on, upon* ..を〉. [<ラテン語「(鳥の)わた毛」]

plumed 形 〈限定〉羽毛のある; 羽飾りのある[ついた].

‡plum·met /plʌ́mət/ 名 C (釣り糸や下げ振り糸に付けた)おもり, 測鉛; =plumb line. ── 動 自 まっすぐに落ちる[飛び込む]〈*down*〉; 〔物価, 量, 率などが〕急落する〈*from* ..から/*to* ..へ〉.

plum·my /plʌ́mi/ 形 e **1** プラムの入った[味がする]. **2** プラム色の. **3**〖話〗大いに結構な, 耳寄りな, 〔仕事など〕. **4**〔声が〕ことさらに野太い, 大らかさを気取った, 《特に〖英〗では, (上流)気取りを暗示する; →plum 成句》.

***plump**[1] /plʌmp/ 形 e 〔人(の体), 食用動物, 果物などが〕まるまると太った; ふっくら[ぽっちゃり]とした; (類語 健康な肉づきのよさを指し, 普通よい意味で使うが, fat の婉曲な表現として使うこともある; →fat). a ～ girl 丸ぽちゃの女の子. a nice ～ turkey 見事な肉付きの七面鳥. a ～ cushion ふっくらとしたクッション.

── 動 他 をまるまると太らせる; をふくらませる; 〈*up, out*〉. ～ *up* a pillow (振ったり叩いたりして)枕をふくらませる. ── 自 まるまると太る; ふくれる; 〈*up, out*〉.

[<中期オランダ語「鈍い」] ▷ **plúmp·ish** 形 **plúmp·ness** 名 U ふっくらした肉付き, 丸味.

plump[2] 動 自 **1** VA (～ *down*) どしんと落ちる[座る]. We ～*ed down* on the sand to enjoy the view. 私たちは景色を眺めようと砂の上にどしんと座り込んだ. **2** VA (～ *for* ..)〖話〗..を絶対支持する; (比較考量のうえ)..を選ぶ; ..に投票する. They always ～ *for* the man who is most likely to win. 彼らはいつでも最も勝ちそうな人を支持する.

── 他 **1** VOA (～/X/ *down*) Xをどしんと落とす[置く]〈*on, in, into* ..へ〉. She ～*ed* herself *down into* the nearest chair. 彼女は一番近くにあるいすにどすんと腰をおろした. **2** VOA (～/X/ *out*) Xを出し抜けにしゃべる. **3** を絶賛する.

── 副 **1** どしんと. **2** 出し抜けに. **3** まっすぐに, まともに. He ran ～ into me. 彼はまともに私にぶつかった. **4** ぶっきらぼうに, あからさまに. ── 名〖話〗aU どすんと落ちる[落とす]こと; どすんという音.

plùm púdding 名 UC 〖英では旧〗プラムプディング《干しブドウなど乾燥果実を多く用いて作り, ブランデーなどを加えることもある; 特に英国ではクリスマス用; 〖英〗では普通 Christmas pudding という》.

plum·y /plú:mi/ 形 e 羽毛で飾った; 羽毛のような.

P

†**plun·der** /plʌ́ndər/ [動] [他] **1**〔場所, 人〕から品物を略奪する; から強奪[収奪, 横領]する〈*of* ..を〉. The enemy soldiers ~*ed* the town. 敵兵が町を略奪した. ~ the citizens *of* their valuables 市民たちから貴重品を略奪する. **2** を盗み出す〈*from* ..〔人, 場所〕から〉. ── [自] 略奪する. ── [名] [U] **1** 略奪, 収奪, 横領; 〈集合的〉略奪品, 盗品, (loot). **2**〖話〗利益, もうけ.

plún·der·er /-rər/ [名] [C] 略奪者.

*‡***plunge** /plʌndʒ/ [動] (**plúng·es** /-əz/|[過] [過分] **~d** /-d/|**plúng·ing**) [他] **1** [VOA] を突っ込む, 投げ込む, 〈*in*〉〈*into* ..に〉; 前[下]方へ突きやる〈*forward*〉. I ~*d* my hands *into* the suds. 私は石けん水の中に手を突っ込んだ. He ~*d* all his money *into* the scheme. 彼はその企画に金を全部投入した. A sudden braking of the car ~*d* me *forward*. 車に急ブレーキがかかって私はつんのめった.

2 (**a**) [VOA] (**~ X *into, in* ..**) X を..の状態に陥れる. be ~*d into* despair [gloom] 絶望[暗い気分]に陥れられる. This diplomatic error nearly ~*d* our country *into* war. この外交上のミスはもう少しで我が国を戦争状態に陥れるところだった. (**b**) [VOA] (**~ X *into, in* ..**) X に〔活動など〕を(急に) 始めさせる; X を..にのめり込ませる. be ~*d* [~ oneself] *into* work 仕事に没入している[する].

── [自] **1** [VA] **飛び込む**, 落ちる; 突入する, 突進する; つんのめる〈*forward*〉. The boys ~*d in* [*into* the river] from the bridge. 少年たちは橋から飛び込んだ[川に飛び込んだ]. ~ *down* the slope 坂をまっしぐらに駆け下りる. The car ~*d over* the cliff. 車が崖(がけ)から落ちた. The aircraft ~*d from* the sky. 飛行機が空から急降下して来た.

2 (**a**) [VA] (**~ *into* ..**)〔ある状態〕に突入する, **陥る**. ~ *into* a depression 不景気に落ち込む.

(**b**) [VA] (**~ *into* ..**)〔活動など〕を始める, ..に(急に) のめり込む, 没頭する. The players ~*d into* a free fight. 選手たちは乱闘を始めた.

3〖話〗賭(か)け事[事業]に多額の金を賭ける; 借金をこしらえる.

4 (**a**)〔道などが〕急に下り坂になる; 下向きになる.

(**b**)〔株価, 量, 率などが〕急落する (plummet). The shares have ~*d to* an all-time low this week. 株価はこの一週間空前の下げを見せた. The company's profits ~*d* by 75%. 会社の利益は 75% も急減した.

5〔船が〕縦に揺れる;〔馬が〕後脚を上げてはね上がる.

── [名] [C] **1**〈単数形で〉飛び込み; 突進, 突入; 思い切った言動; (急な)没頭, 熱中. **2**〔価格などの〕急落. a ~ in the yen 円の急落. **3** (船の)縦揺れ; (馬の)後脚を上げたはね上がり.

tàke the plúnge (1)〔価格などが〕急落する. (2)〖話〗(ためらいを捨てて)思い切った事をする; (迷いを捨てて)結婚する. [<ラテン語「測鉛で測る」]

plung·er /plʌ́ndʒər/ [名] [C] **1** 飛び込む人[物]; 突入者, 突進者. **2** 排水管掃除器《棒の先にゴム製の椀(わん)が付いたもので, トイレなどが詰まった時これで吸い出す; plumber's friend [helper] とも言う》. **3**〖機〗(押し上げポンプの)ピストン. **4**〖話〗無謀な賭博(とばく)師.

plúng·ing [形]〈限定〉襟ぐりの深い. a dress with a ~ neckline 胸の V 字の切れこみの深いドレス.

plunk /plʌŋk/〖主に米話〗[動] [他] **1**〔弦楽器(の弦)〕をぽろんと鳴らす, はじく;〔曲〕をぽろんと奏する〈*away, out*〉. **2** [VOA] をどすんと投げ落とす〈*down*〉. ~ oneself *down in* a chair [*on* a sofa] いす[ソファ]にどすんと腰をおろす.

── [自] **1** [VA] どすんと落ちる[倒れる]; どすんと腰をおろす〈*down*〉. **2** ぽろんと奏でる〈*on* ..〔楽器〕を〉;〔弦楽器などが〕ぽろんぽろんと鳴る; 〈*away*〉.

── [名] [C]〈単数形で〉**1** ぽろんと鳴らすこと[鳴る音]. **2** どすんと投げる[落ちる]こと[音]. **3**〖米〗ごつんと殴ること. ── [副] **1** ぽろんと; どすんと. **2** もろに, まともに. [擬音語]

plu·per·fect /plu:pə́:rfikt/ [名] [U]〈the ~〉, [形]〖文法〗大過去(の), 過去完了(の), (past perfect).

plur. plural; plurality.

*‡***plu·ral** /plú(ə)rəl/ [形] [C] **1**〖文法〗**複数の** (↔singular), 2 つ以上の,《略 pl., plur.》. the ~ number 複数. **2**〈限定〉〖章〗多元的な《複数の異なった集団で構成される》. a ~ society 多元的社会.

── [名]〖文法〗[U] 複数 (the plural number); [C] 複数形(の語). The ~ (form) of 'louse' is 'lice'. 'louse (しらみ)' の複数形は 'lice'である. A verb in the ~ follows this noun. この名詞のあとには複数形の動詞がくる. an irregular ~ 不規則複数形.

[<ラテン語 *plūs* 'plus']

plú·ral·ìsm [名] [U] **1** (国家, 社会などの)多元的共存《異なる宗教, 文化, 思想などを持つ複数の集団から成り立つこと》; 多元的共存主義. **2** 複数性. **3**〖哲〗多元論 (→monism). **4**〈普通, 非難して〉(特に教会制度における)兼職.

▷ **plú·ral·ist** [名], [形] **plù·ral·ís·tic** /-lístik [移]/ [形]

plu·ral·i·ty /plu(ə)rǽləti/ [名] ([複] **-ties**) **1** [U] 複数(性), 多元(性). **2**〖章〗[C] 多数;〈普通, 単数形で〉過半数 (the majority). a ~ *of* ball games 多数の球技. **3** [C]〖米〗〈普通, 単数形で〉(過半数に達しない)最高得票数; (次点者との)得票差 (→majority). have a ~ of 25 次点との得票差 25 を得る. win a ~ in the election 選挙で最高得票数を得る. **4** [U] =pluralism 4; [C] 兼職の仕事.

plu·ral·ize /plú(ə)rəlàiz/ [動] [他]〖文法〗を複数形にする.

plú·ral·ly [副] 複数で;〖文法〗複数形で.

plùral márriage [名] [U] 重婚 (polygamy).

*‡***plus** /plʌs/ [前] **1**〖数〗**..を加算して**, 足して. Two ~ three is [equals] five. 2 足す 3 は 5 (2+3=5). cost $100 ~ tax 税別で 100 ドルかかる.

2〖話〗(**a**)〈X plus Y〉X に加えて Y も, X の上に Y も, (and also). He's had measles ~ mumps. 彼ははしかだけでなくお多福風邪にもかかってしまった.

(**b**) ..を持って, 手に入れて; ..を身につけて. return ~ a small fortune ひと財産もうけて戻る.

── [形] [C] **1**〈限定〉**プラスの**, 有利な; 余分の. a ~ factor [point] 有利な要因[点].

2〈限定〉〖数〗プラスの, 加の, 正の; (温度が)プラスの;〖電〗陽の (positive). a ~ quantity 正数.

3 (**a**)〈名詞の後に置いて〉〖話〗..の外に何か. Jack has intelligence ~. ジャックは頭の良さの外に何か持っている. (**b**)〈評点の後に置いて〉(成績評価で)**..の上位の**. a grade of A ~ A プラスの点《A⁺と書く》. (**c**)〈数量の後に置いて〉..以上の. She is 30 ~. 彼女は 30 歳を過ぎている. 1 million-~ citizens 100 万人以上の市民.

── [副]〖主に米〗〈接続詞的〉その上, おまけに. This book is instructive, ~ it is cheap. この本はためになるし, しかも安い.

── [名] ([複] **plús·es**,〖米〗**plús·ses**) [C] **1**〖数〗プラス記号, 正符号, (**plús sìgn**)《+》; 正数. **2**〖話〗余分; 利益; 有利な条件. A knowledge of English is a ~ in today's world. 英語の知識は今日の世の中では有利な条件である. **3**〖ゴルフ〗ハンディキャップ. ◇↔minus

[ラテン語 'more' (*multus*「多い」の比較級)]

plùs fóurs [名]〈複数扱い〉(昔風の)ゴルフズボン《たっぷりした膝(ひざ)下までの半ズボン; 普通の knickers より 4 インチ長いことからこの名前が付いた》.

‡**plush** /plʌʃ/ [名] [U] フラシ天《ビロードよりけばの長い布地; クッション, カーテンなどに用いる》. ── [形]〈限定〉**1** フラシ天製の. **2** [e]〖話〗〔ホテルなどが〕豪華な.

plush·y /plʌ́ʃi/ [形] [e]〖話〗=plush 2.

▷ **plush·i·ness** [名]

Plu·tarch /plú:tɑ:rk/ [名] プルターク, プルタルコス,

(46?–120?)《ギリシアの歴史家;『英雄伝』の作者》.

Plu·to /plú:tou/ 图 **1**〖ギ神話〗プルートー《冥(めい)府(Hades)の支配者で Hades とも言う》. **2**〖天〗冥(めい)王星《太陽系で最も外側の惑星; ただし 1979–99 の間, 海王星の内側に軌道があった》. **3** プルートー《(**a**) Walt Disney の漫画に出てくる Mickey Mouse の愛犬. (**b**) Poe の『黒猫』の語り手の飼い猫》.

plu·toc·ra·cy /plu:tákrəsi|-tɔ́k-/ 图 (複 **-cies**) **1** Ⓤ 金権政治, 金持ち支配. **2** Ⓒ 金権国家[政府, 社会]. **3** 財閥, 富裕権力階級.

plu·to·crat /plú:təkræt/ 图 Ⓒ 金権政治家; 富豪, 金持ち.

plu·to·crat·ic /plù:təkrǽtik ⑱/ 形 金権政治「(家)の, 財閥の.

Plu·to·ni·an /plu:tóuniən/ 形 **1** Pluto 1, 2 の. **2** 地獄の (infernal).

Plu·ton·ic /plu:tánik|-tɔ́n-/ 形 **1** ＝Plutonian. **2** 〈p-〉〖地〗深成の.

‡**plu·to·ni·um** /plu:tóuniəm/ 图 Ⓤ〖化〗プルトニウム《放射性元素; 記号 Pu》.

plu·vi·al /plú:viəl/ 形 雨の(多い);〖地〗雨の作用による. [＜ラテン語「雨の」]

plu·vi·om·e·ter /plù:viámətər|-ɔ́mitə/ 图 Ⓒ 雨量計 (rain gage).

plu·vi·ous /plú:viəs/ 形 雨の; 雨の多い.

PLWA people living with AIDS (エイズと共に生きる人) ★「エイズ患者」の婉曲表現.

†**ply**[1] /plai/ 動 (**plies** /-z/|過 過分 **plied**|**plý·ing**) 他 **1**〔道具など〕を精出して使う, せっせと動かす. She *plies* her needle every day. 彼女は毎日せっせと針仕事をする. **2**〔仕事など〕に精を出す, 励む. He *plied* his trade in his native town. 彼は生まれ故郷の町で商売に精を出した. ～ drugs [goods] 麻薬[品物]をしつこく売りつけ(ようとす)る. **3** VOA (～ X *with* Y) X (人)に Y (飲食物など)を強いる, しつこく勧める; X (人)に Y (質問, 要求など) でしつこく迫る. The host *plied* him *with* wine. その家の主人は彼に盛んにワインを勧めた. ～ the newlyweds *with* questions 新婚のカップルに質問を浴びせる. **4**〔船などが〕〔(川, 湖, 海峡などの)航路〕を(定期的に)往復する, 通う. The small craft *plies* the channel in all weathers. その小さな船はどんな天気でも海峡を往復する.

── 自 VA〔船, 車などが〕(定期的) に往復する, 通う, 〈*between* ..の間を/*across* ..を渡って〉. The buses ～ *between* the station and the zoo. バスが駅と動物園の間を往復している.

plỳ for híre [***tráde, búsiness***]〔タクシー運転手などが〕客待ちをする, '流す'. ～ *for hire* in front of a station 駅の前で客待ちをする. [＜ap*ply*]

ply[2] 图 (複 **plies**) Ⓒ (複合要素に用いる場合は Ⓤ) **1** (**a**) (重ね織りの布地や合板などの)層, (一重, 二重の)重(え). a box of 2-～ tissues 2 枚重ねのティッシュペーパーひと箱. The collar is triple ～ for good wear. 襟は長持ちするように(織りが)三層になっている. (**b**) ＝plywood. **2** (綱, 糸などの)より, 絢(こ). a 3-～ rope 3 つより綱. a two-～ yarn ふた絢糸. **3** 傾向. [＜ラテン語「たたむ」]

Plym·outh /plíməθ/ 图 プリマス **1**《イングランド南西部イギリス海峡に臨む港市; 1620 年 Mayflower 号の出港地》. **2**《米国 Massachusetts 州南東部, 大西洋岸の都市; 1620 年 Mayflower 号に乗った Pilgrim Fathers がここに上陸, 植民地 (**Plýmouth Còlony**) を建設した》.

Plỳmouth Bréthren 图〈the ～; 複数扱い〉プリマス同胞教会《1830 年頃 Plymouth 1 で始まったピューリタン的な厳しい戒律をもつキリスト教の一派》.

Plỳmouth Róck 图 **1** プリマスの岩《Pilgrim Fathers が第 1 歩をしるしたという岩; Plymouth 2 にある》. **2** Ⓒ プリマスロック《米国産の卵肉兼用鶏》.

plý·wòod 图 Ⓤ 合板, ベニヤ板, (→veneer ★).

Pm〖化〗promethium.

pm. paymaster, premium.

P.M.[1], **PM** Past Master; Postmaster; postmortem; Prime Minister; Provost Marshal.

‡**P.M.**[2], **p.m., pm** /pì:ém/ 午後 (↔A.M., a.m.; ★ 普通, 小文字を用い, 数字の後におく; o'clock はつけない). at 6:30 *p.m.* 午後 6 時半に《at six-thirty p.m. と読む; 数字は普通〖米〗は 6:30,〖英〗は 6.30 と書く》. at 12:30 *p.m.* 午後零時半に. [＜ラテン語 *post meridiem* 'after noon']

PMG Paymaster General; Postmaster General.

PMS premenstrual syndrome.

PMT〖英〗premenstrual tension.

P/N, p.n. promissory note.

pneum. pneumatic; pneumatics.

pneu·mat·ic /n(j)u:mǽtik/ 形 **1** (圧搾)空気の作用による. a ～ brake エアブレーキ. **2** 空気入りの. a ～ tire 空気タイヤ. [＜ギリシア語「息の, 空気の」]

pneu·mát·i·cal·ly /-k(ə)li/ 副 (圧搾)空気の作用「で[を利用して].

pneumàtic dríll 图〖英〗＝jackhammer.

pneu·mát·ics 图〖物理〗〈単数扱い〉気学.

pneu·mo·co·ni·o·sis /n(j)ù:moukòunióusəs/ 图 Ⓤ〖医〗塵(じん)肺症.

†**pneu·mo·nia** /n(j)u(:)móunjə, -niə/ 图 Ⓤ〖医〗肺炎. acute ～ 急性肺炎.

Pnom·penh /(pə)nàmpén|-nɔ̀m-/ 图 ＝Phnom「Penh.

PO, p.o. passport office; petty officer; pilot officer; postal order; post office.

Po[1]〖化〗polonium.

Po[2] /pou/ 图〈the ～〉ポー川《イタリア北部を流れアドリア海に注ぐ; イタリアで最長》.

po /pou/ 图 (複 **～s**) Ⓒ〖英話・戯〗室内便器, おまる, (chamber pot).

‡**poach**[1] /poutʃ/ 動 他 **1**〔鳥獣, 魚〕を密猟[密漁]する. He was found guilty of ～*ing* deer. 彼はシカの密猟で有罪と判決された. **2** (**a**) (密猟[密漁]の目的で)〔他人の土地など〕に侵入する;〔他人の領域, 権利など〕を侵す. (**b**)〔人の考えなど〕を(こっそり)横取りする;〔人材, 顧客など〕を(こっそり)引き抜く. **3**〔土地〕を踏み荒ら「す[してぬかるみにする].

── 自 **1** 密猟[密漁]する〈*for* ..を〉. ～ *for* salmon サケの密漁をする. **2** (密猟[密漁]のため)侵入する〈*on, upon* ..に〉; 侵す〈*on, upon* ..〔人の縄張り, 権利など〕を〉. ～ *on* another's preserve(s) 人の狩猟地で密猟する; 人の縄張りを荒らす. **3** 盗作[剽窃]する〈*from* ..から〉. **4**〔土地が〕踏み荒らされ(てぬかるみになる).

▷ **～·ing** 图 Ⓤ 密猟, 密漁; 引き抜き.

‡**poach**[2] 動 他 **1**〔卵〕をポーチする《殻を割り, 黄身をこわさずに熱湯でゆでる》. a ～*ed* egg 落とし卵. **2**〔魚, 果物など〕を熱湯で軽くゆでる[ゆがく]. ▷ **～·ing** 图 Ⓤ (熱湯などで)ゆがくこと.

póach·er[1] 图 Ⓒ 密猟者, 密漁者; 侵入者. a ～ turned gamekeeper〖英〗取り締まられる側[反体制]から取り締まる側[体制]への転向者 《＜猟場管理人に変じた密猟者》.

póach·er[2] 图 Ⓒ 落とし卵用の (2 重底)鍋(なべ).

POB, PO Box post-office box.

po·chette /pouʃét|pɔ-/ 图 Ⓒ (横封筒型の)小物用ハンドバッグ, ポシェット,《男性も用いる》. [フランス語 'little pocket']

pock /pak|pɔk/ 图 Ⓒ 痘瘡(とうそう); あばた; (→pox).

pocked /-t/ 形 ＝pockmarked

‡**pock·et** /pákət|pɔ́k-/ 图 (複 **～s** /-ts/) Ⓒ

【ポケット】 **1** (**a**) (衣類の)ポケット. He took a few coins out of[from] his ～. 彼はポケットから硬貨を数個

P

取り出した. empty [turn out] one's ～*s* ポケットを空にする[裏返しにして中身を出す]. He was standing with his hands in his ～*s* 彼は両手をポケットに入れて立っていた. (**b**)〈形容詞的〉ポケットに入るぐらいの, **小型の**, 携帯用の. a ～ comb 小型の(折りたたみ式)くし. a ～ radio 小型ラジオ. a ～ dictionary 小型辞典. a ～ phone 携帯電話.

2【ポケットの中身】〈普通, 単数形で〉所持金, 小遣い銭, **資力**, '懐'. My ～ is empty. 私の財布は空だ. have a deep ～ 十分な資力がある. pay from [out of] one's own ～ 自腹を切って[自己資金で]払う. The ring is beyond my ～. その指輪は私の財布では無理だ. suit ⌊people's ～*s* [every ～] だれにでも買える[払える].

【ポケット状のもの】 **3** (かばんの)ポケット, (車のドアなどの)物入れ, (カンガルーなどの)腹袋 (pouch), (座席の背部に付いている)網袋など.

4〖ビリヤード〗ポケット《玉突き台の四隅と両側にある玉受け》; 〖野球〗ミット[グラブ]のボールを受ける部分, ポケット. **5**〖鉱〗鉱脈瘤(りゅう)《鉱脈中で鉱物が多い箇所》.

6 (**a**) ポケット地帯, 孤立した小地帯, 孤立した小集団. ～*s* of poverty in large cities 大都会の(スラム街のような)貧困地区. (**b**) エアポケット (air pocket). a ～ of turbulence 乱気流. (**c**)〈形容詞的〉孤立した; 局地的な〔戦い, 反乱など〕.

be* [*lìve*] *in each òther's póckets 〖主に英話・軽蔑〗いつも2人でべたべたしている.

be in a pèrson's pócket 〖話〗人の意のままになっている. The directors *are* completely *in* the ex-president's ～. 重役たちは完全に前社長の意のままである.

be in pócket 金を手元に持っている[もうけている]. He *was* still *in* ～ after that loss. 彼はあれで損してからもまだ金を持っていた.

be out of pócket 〖英〗損している. I'*m* ⌊a bit [$10,000] *out of* ～ as a result of this deal. この取り引きのために少々[1万ドル]損した.

dìg déep into one's pócket 大金をはたく.

hàve* [*gèt*] *.. in one's pócket 〔人〕を完全に支配している; 〔物事〕を完全に自分のものにしている[掌中におさめている].

kèep one's hánds in one's póckets 懐手をしている, 働かないでいる, 怠けている.

lìne one's* (*òwn*) *póckets →line².

Móney bùrns a hóle in one's pócket. →burn¹.

pìck a pèrson's pócket 人の懐中物を掏(す)る.

pùt one's hánd in one's pócket (気前よく)金を出す[払う]《<ポケットに手を入れる》.

pùt one's príde in one's pócket 自尊心を抑える, 恥を忍ぶ.

—— 動 (～s /-ts/|過|過分 ～·ed /-əd/|～·ing) 他

1 をポケットに入れる[しまう] (★時に, 盗む[隠す]つもりで). He ～*ed* the small change. 彼は小銭をポケットにしまい込んだ. **2** 〔公金など〕を着服[横領]する. ～ all the profits 利益を独り占めする. **3**〖話〗〔金〕をもうける; 〔賞など〕をせしめる; (★「少々きたないやり方で」のニュアンスがある). **4** 〔感情〕を押し殺す; 〔侮辱など〕を我慢する. ～ one's pride 自尊心を抑える. ～ the insult with a grimace 侮辱をしかめ面をしながら我慢する. **5**〖ビリヤード〗〔玉〕をポケットに入れる (→名 4). **6**〖米〗〖政〗〔議案など〕を握りつぶす (→pocket veto).

[<アングロノルマン語「小さな袋」]

pòcket báttleship 名 C 小型戦艦《特に1930年代のドイツが軍縮条約の制限内で建造した》.

‡**pocket·book** /pákətbùk|pɔ́k-/ 名 C **1**〖米〗女性用小型ハンドバッグ《特に肩ひものないもの》. **2**〖米〗札入れ (wallet); 資力, 財源, 懐具合. **3** 小型ノートブック, 手帳. **4**〖米〗(紙表紙の)小型本, ペーパーバック, 文庫本, (**pócket bòok**).

pòcket bórough 名 C〖英史〗独占選挙区《下院議員の選出権が特定個人[家庭]に握られていた選挙区; 1832年に廃止; →rotten borough》.

pòcket cálculator 名 C ポケット電卓.

pock·et·ful /pákətfùl|pɔ́k-/ 名 C **1** ポケット1杯分. **2**〖話〗たくさん〈*of* ..の〉. a ～ *of* troubles たくさんの悩み.

pócket gòpher 名〖動〗=gopher 1.

pòcket-hándkerchief 名 (複 ～s) C〖英旧〗(普通の)ハンカチ; 〈形容詞的〉〖主に英話〗猫の額ほどの四角い〔庭など〕.

pócket·knìfe 名 (複 →knife) C 折りたたみ式ナイフ (penknife).

pócket mòney 名 U 小遣い銭 (spending money); はした金; 〖英〗(子供などへの)小遣い (〖米〗allowance).

pócket·sìze, -sìzed 形 ポケット型の, 小型の.

pócket vèto 名 C〖米〗(大統領, 州知事などによる)議案の握りつぶし《反対意見を述べて拒否権を発動するのでなく, 法案通過後10日間それに大統領が署名せず, その間に議会が休会になった場合に起こる》.

póck·màrk 名 C〈普通 ～s〉痘痕(とうこん), あばた.

póck·màrked /-t/ 形 痘痕(とうこん)[あばた, 弾痕]のある; 〈叙述〉あばた状に(でこぼこに)なって〈*with* ..で〉.

POD, p.o.d. pay on delivery (現物引き換え払い).

†**pod**¹ /pɑd|pɔd/ 名 C **1** (エンドウ, 大豆などの)さや. beans in the ～ さや入りの豆. They are as like as two peas in a ～. 彼らは瓜(うり)二つである. **2**〖空〗ポッド《燃料, 武器, 荷物などを入れて飛行機の翼下に取りつける紡錘形の格納器》. **3** (蚕の)繭(まゆ); (イナゴなどの)卵嚢(のう).

in pód 〖話〗妊娠して.

—— 動 (～s|-dd-) 自 さやを生じる; さやのようにふくらむ; 〈*up*〉. —— 他 〔豆〕のさやをむく.

pod² 名 C 〔アザラシ, 鯨などの〕小群.

podg·y /pádʒi|pɔ́dʒi/ 形 e〖主に英話〗〔人が〕太ってずんぐりした; 〔顔などが〕ふっくらとした (〖米〗pudgy).

▷**podg·i·ness** 名

po·di·a·trist 名 C〖米〗足治療医 (〖英〗chiropodist).

po·di·a·try /pədáiətri, pou-/ 名 U〖米〗(まめ, たこなどの)足治療(〖英〗chiropody).

po·di·um /póudiəm/ 名 (複 **po·di·a** /-diə/, ～s) C **1** (オーケストラの)指揮台; (講演者の立つ)演壇 (dais, rostrum); 〖米〗=lectern; 表彰台. **2**〖建〗(列柱などの台座の役目をする)腰壁. **3**〖動〗足(のような器官).

[ラテン語; →pew]

Po·dunk /póudʌŋk/〖米〗名 ポーダンク《小さな田舎町の典型的な名前として使う》.

—— 形〖話・軽蔑〗〈p-〉ちっぽけな, 田舎の, 〔町など〕.

[米国 Connecticut 州 Hartford の近くの村の名から].

Poe /pou/ 名 **Edgar Allan** ～ ポー (1809–49)《米国の詩人・小説家・評論家》.

p.o.(**e**)**d** /pì:óud/ 形〖米俗〗腹を立てた. [<*p*issed *o*ff; -ed]

‡**po·em** /póuəm/ 名 (複 ～s /-z/) C **1** (1編の)**詩** (→poetry). compose [write] a ～ 詩を作る[書く]. an epic [a lyric] ～ 叙事[叙情]詩. **2** 詩趣に富んだもの. ◇形 poetic [<ギリシア語「作られたもの」]

po·e·sy /póuəzi, -si|-zi/ 名 U〖古・詩〗**1**〈集合的〉詩, 詩歌, (poetry). **2** 作詩法.

‡**po·et** /póuət/ 名 (複 ～s /-ts/) C **詩人**; 詩心を持った人, 詩人肌の人. Romantic ～*s* ロマン主義詩人. ◇形 poetic 名 poetry, poem, poesy [<ギリシア語「(詩を)作る人」]

po·et·as·ter /póuətæ̀stər|⌐–⌐–/ 名 C へぼ詩人, 下手な詩を書く人.

po·et·ess /póuətəs/ 名 C 女流詩人. ★今では女性の

詩人でも poet を用いるのが普通.

‡po·et·ic /pouétik/ 形 ㊞ **1 詩(歌)の.** ～ language 詩の言語. **2** 詩の特性を持つ, 詩的な. a ～ description of the landscape 詩的な風景描写. **3** 詩人の, 詩人らしい. ～ impulses 詩的衝動. ◇↔prosaic 名 poet, poem, poetry

†po·et·i·cal /pouétik(ə)l/ 形 **1**〈限定〉詩の(形をとった), 韻文で書かれた. Byron's ～ works バイロン詩集[の詩作品]. **2** ＝poetic. ▷**～·ly** 副 詩的に.

poètic díction 名 U 詩の用語(法)《例えば casement, isle, steed, vale》.

poètic jústice 名 U 詩的正義《文学作品に見られる, 因果応報, 勧善懲悪の思想》.

poètic lícense 名 U 詩的許容《詩などで効果のために文法などの破格, 事実などからの逸脱が許されること》.

po·ét·ics 名〈単数扱い〉詩学, 詩論.

pòet láureate 名 (複 **-laureates, poets-**) C〈普通 the P- L-〉〖英〗桂冠詩人《国王任命の王室付き詩人; 国家的行事に際して詩を作るのがその任務》; 当代随一の詩人.

‡po·et·ry /póuətri/ 名 **1** U〈集合的〉(文学ジャンルとしての)**詩**, 韻文 (↔prose; →verse); 詩作(集) (★1 編の詩は a poem). A History of English *Poetry* 英国詩史《書名》. a book of ～ 詩集.

> 連結 lyric [epic, pastoral, romantic] ～ // write [compose; memorize; read; recite; scan] ～

2 aU 詩的情趣, 詩情. He has no ～ in his soul. 彼には心に詩情がない. [＜中世ラテン語; poet, -ry]

Pòets' Córner 名〈(the) ～〉ポエッツコーナー《ロンドンの Westminster Abbey の一画で, 有名な詩人の墓や記念碑がある》.

pò-fáced /pòu- ㊈/ 形 〖英話〗まじめくさった顔をした, 無表情の, 仏頂面の; ユーモアのない. [?＜*po*＋poker-*faced*]

pó·go stìck /póugou-/ 名 C ポーゴー, ホッピング.

po·grom /póugrəm, pəgrám | pógrəm/ 名 C (官憲による組織的)虐殺, (特に帝政ロシアでの)ユダヤ人虐殺. [＜ロシア語「破壊」]

poi /pɔi, póui/ 名 C ポイ《タロイモ (taro) を煮てつぶして丸め(て醱酵させ)るハワイ料理》. [＜ハワイ語]

poign·an·cy /pɔ́inənsi, -njən-/ 名 U 〖章〗鋭さ, 痛烈; 強烈; 痛切, 悲哀. His photograph captures the ～ of that moment. 彼の写真はその瞬間の心痛む情景をとらえている.

†poign·ant /pɔ́inənt, -njənt/ 形 〖章〗**1** 痛切な, 心を痛ませる; 〔話などが〕感動的な. a ～ love story 涙を誘う恋物語. **2** 強烈な; 鋭い; 図星を指す. ～ sarcasm 辛辣(らつ)な皮肉. a ～ argument ぴったりの議論. **3**〔味, 匂(にお)いが〕ぴりっと辛い, つんと鼻にくる. a ～ sauce ぴりっと辛いソース. [＜ラテン語「刺す(ような)」]
▷**～·ly** 副 痛切に; 鋭く, 痛烈に.

poin·set·ti·a /pɔinsétiə/ 名 C ポインセチア《メキシコ・中米原産の常緑小低木; 花は小さいが赤く広い包(ほう)葉 (bract) が美しく, 室内装飾用》. [＜J. R. *Poinsett* (1799–1851)《米国の外交官》]

‡point /pɔint/ 名 (複 **～s** /-ts/)
【とがった先端】 **1** C (とがったものの)**先端**, 先. The pencil had a sharp ～. その鉛筆の先はとがっていた. the ～ of a needle 針の先. the ～ of a nose 鼻の先っぽ[頭]. stand on the ～ of one's toes つま先で立つ.
2 C 先のとがったもの[道具]《剣など》; シカの枝角; 〈～s〉(犬・馬の)四肢; 〖ダンス〗〈～s〉つま先; 〖ボクシング〗あごの先端. dance on ～*s* つま先立ちして踊る.
3 C〈しばしば P-〉岬, ..崎. *Point* Barrow extends into the Arctic Sea. バロー岬は北極海に突き出ている. There is a lighthouse at the end of the ～. この岬の先に灯台がある.
【突いてできた跡＞点】 **4** C **点**; 句読点, 〈特に〉終止符 (〖主に米〗period); 〖幾何〗点; 〖数〗小数点 (decimal point). the ～ where two lines meet [cross] 2 つの線が合する[交差する]点. a full ～ 終止符 (full stop). six ～ seven two 6.72.
5【空間上の点】 C **地点**, 場所, 箇所. a ～ of contact 接触点. at this ～ この地点で. ～*s* of interest (観光地などの)見所. **6** C 〖クリケット〗〈単数形で〉3 柱門 (wicket) の右側の野手(の守備位置).
7【時間上の点】 C (**a**) **時点**, 時, 瞬間; 段階 (stage). At that ～ the speaker paused for a while. その時点で演説者はしばし口をつぐんだ. at this ～ in time 今の[この]時点で, 歴史の今正にこの瞬間に. at some ～ ある時点[段階]で. be the high [low] ～ of ..のハイライト[どん底]である. (**b**)〈普通 the ～〉決定的瞬間; 間際. when [if] it comes to the ～ いざという[いよいよという]時には[になれば, になると]. (→成句 at the point of.., on the point of..).
【測定単位としての点】 **8** C (温度計などの目盛りの)点, **度**; (羅針盤の)**方位**, 点, 《360° を 32 等分したマーク》, その方位間の角度《11°15′》. five ～*s* below zero 零下 5 度. the boiling [freezing, melting] ～ 沸点[氷点, 融点]. **9** U 〖印〗ポイント《活字の大きさの単位; 72 分の 1 インチ》.
10 C **程度**, 限度. self-assurance to the ～ of impudence 厚かましいと言ってよいほどの自信. up to a (certain) ～ ある程度(までは).
【得点, 評点】 **11** C (スポーツなどの)**得点**, 点数; (株価, 物価などの)ポイント. They won [lost] by three ～*s*. 彼らは 3 点差で勝った[負けた]. win [be beaten] on ～*s* (ボクシングで)判定勝ち[負け]する. The dollar fell five ～*s* today. ドルは今日 5 ポイント下げた.
12 C 〖米〗学科の履修単位; (成績の)点. He was worried about his grade ～ average. 彼は自分の成績の平均点を気にしていた《成績 A が 4 points, B が 3 points などで, 1 学期の得点数を履修科目数で割ったものが平均点》.
【問題点＞事柄】 **13** C **事柄**, 問題(点). the most important ～ 一番重要な点. ～ by ～ 一点一点(順を追って). a ～ of issue 論争点. →point of honor, point of order, point of conscience.
14 C **項目**, 細目, 個々の点. He destroyed my arguments ～ by ～. 彼は 1 つ 1 つ[逐一]私の論点を打ち破っていった. ～ for ～ 1 つ 1 つ(比較して). We couldn't agree on several ～*s*. 我々が同意できない点がいくつかあった. the finer ～*s* of.. の(細々とした)詳細, 最も複雑な側面. a three-～ request 3 項目の要求.

> 13, 14 の 連結 a crucial [a controversial, a moot; a major; a minor; a salient; a sore] ～ // raise [argue, discuss; explain; emphasize, stress, underscore] a ～

【要点】 **15** C (**a**)〈普通 the ～〉**要点**, 主眼, ポイント; 論旨. Come [Get] to the ～. 肝心な点を述べなさい. The ～ is (that) [The ～ is,] we have no more ammunition. 要はもう武器がないということだ. That's the ～. そこが肝心だ. catch [get] the ～ of a joke 冗談の真意をつかむ. keep [stick] to the ～ 要点をはずさない. You missed [didn't see] the whole ～ of my argument. 君は私の議論の主眼を全然理解できなかった. (**b**) 有効な論点, もっともな理屈. That's a ～. それには一理ある, 言われて見ればその通りだ. You've got a ～ there. →have a POINT (成句).
16 C 〖話〗(有益な)ヒント, 暗示. get some ～*s* on.. について助言してもらう.
17【主眼＞利点】 U〈普通, 否定文・疑問文で〉**目的**;

効果, 意味, 〈*of* [*in*] (do*ing*) ..する, の〉. What's the ~ *of* your com*ing* here? 君がここへ来た訳は何か; 〈反語的〉 君がここへ来てもしようがない. There isn't much ~ *in* discuss*ing* the matter further. この事をこれ以上議論してもあまり意味[効果]がない.
18【性格の要点】 Ⓒ **特性**, 特質, 特徴. have one's ~*s* (→成句). That's her strong [weak] ~. そこが彼女のいい所[弱点]です. the main selling ~ of the computer そのコンピュータの主要なセールスポイント.
【分岐点, 接点】 **19** Ⓒ 〖英〗〖鉄道〗〈~s〉ポイント, 転轍(てつ)器, (〖主に米〗switch); 〖電〗コンセント(power point; 〖米〗outlet).
at áll pòints あらゆる点で, 全く.
****at the póint of ..*** (1) **..の間際で**, 今にも..するところで. The girl was *at the* ~ *of* tears [crying]. 少女は今にも泣き出しそうだった. (2)〔武器, 凶器など〕を突き付けられて. *at the* ~ *of* a gun=at gun ~ 銃を突き付けられて.
beside the póint 見当はずれの[で]; 要点からそれた[て]; 当面の問題と無関係の[で]; (↔to the point).
càrry* [*gàin*] *one's póint 自分の主張を通す, 人を納得させる.
còme to a póint 〔猟犬が〕獲物の在りかを示す.
gìve póints to a pèrson=gìve a pèrson póints (弱い)相手にハンディキャップを許す; 相手に勝る.
hàve a póint (言う事が)もっともである. You*'ve* (got) *a* ~ there. 君のその意見には一理ある, 言われて見ればその通りだ (=I can see your ~.=That's a ~.).
hàve one's* (*gòod*) *póints (それなりの)いい点[長所]がある. Tea *has* its ~*s*, but I prefer coffee. お茶にもいいところがあるがコーヒーの方が好きだ.
in póint (事例などが)適切な, (説明として)この場合にぴったりの. That's a case *in* ~. それは(まさに)ぴったりの例だ.
****in póint of ..*** 〖章〗**..の点では**, ..に関しては. *In* ~ *of* accuracy, his report was far from satisfactory. 正確さについて言えば, 彼の報告書はとても満足できるものではなかった.
in pòint of fáct =in FACT.
làbor the póint (分かりきったことなどを)くどくどと述べる[説明する].
màke a póint (1) 論点を認めさせる, '一本取る'. The criticism is a bit unfair, but it *makes a* ~. その批評はやや公正を欠くが, 一理はある. (2) =come to a POINT.
màke a póint of .. ..を重視[強く主張]する. He'll come if you *make a* ~ *of* it. あなたがぜひにと言えば彼は来るでしょう.
****màke a pòint of dóing*** (1) **必ず..する**, ..するのを常とする. He *makes a* ~ *of* jogg*ing* three miles a day. 彼は必ず1日に3マイルジョギングをすることにしている. (2) ..することを重視する[主張する, 心掛ける], わざわざ..する. Father *makes a* great ~ *of* our wash*ing* our hands before a meal. 父は私たちに食前に手を洗うようにとやかましく言う.
****màke it a pòint to dó*** =make a POINT of doing.
màke one's póint 自分の主張が正しいことを証明する, 自分の主張を押し通す, 〈*with* ..について〉. OK, you've *made* your ~. 君の言い分は分かった.
màke póints with .. 〖話〗..の機嫌をとる《<点をかせぐ》.
***Mý pòint* (*exàctly*).** 〈他人の言ったことに対して〉同じく同感だ; 今私が言ったばかりだ.
nòt to pùt tóo fìne a póint on it 有体(ありてい)[あからさま]に言えば.
off the póint =beside the POINT.
****on the póint of* (*doing*)..** **今にも..しそうで**; まさに..するところで. The boy was *on the* ~ *of* drown*ing* when the rescue arrived. 救助隊が来た時少年は今にもおぼれるところだった. *on the* ~ *of* death 死に瀕(ひん)して.
Pòint táken. 〖話〗(自分の誤りを認めて)分かりました, おっしゃる通りです, 《<一本取られました》.
pròve one's póint =make one's POINT.
scòre póints* [*a póint*] *off* [*against, over*] *.. ..を(議論などで)やりこめる.
stràin* [*strètch*] *a póint (理を曲げて)大目に見る, 譲歩する; 誇張する; こじつける.
tàke a pèrson's póint 人の論点[趣旨]を理解する〈*about* ..について〉. I *take* your ~ but... お話はごもっともですが...
****to the póint*** **要領を得た**, 要領よく, 適切な[に], 的を射た, (↔beside the point). His explanation was short and *to the* ~. 彼の説明は手短で要を得ていた.

── 動 (~**s** /-ts/|過 過分 **póint·ed** /-əd/|**póint·ing**) 他 **1** VOA (~ X *at, to, toward ..*) X(指先, 銃口など)を**..に向ける**. He ~*ed* the gun *toward* the bird. 彼は鳥に銃を向けた. He ~*ed* his finger angrily *at* me. 彼は怒って私を指差した《人を指差すのは普通, 失礼な行為; →point the [a] FINGER at..》.
2 (**a**) (指などで)を**指し示す**; を指摘する (→成句 POINT /../ out). ~ the way to ..への道を指で指して教える. ~ the way for future research 今後の研究の道を指し示す. (**b**) を強調する, 力説する, (→成句 POINT /../ up). **3**〔猟犬が〕(静止して顔を向けて)〔獲物の所在〕を指し示す, 教える.
4 をとがらせる, 鋭くする, (sharpen); に先端(部)を付ける〈*with* ..で〉. ~ a pencil 鉛筆を削る. a walking stick ~*ed with* steel 鋼鉄の先端を付けたステッキ.
5〔つま先〕を立てる《トーダンスで》.
6〔文〕に句読点を付ける; 〔数字〕に小数点を打つ〈*off*〉. ~ a sentence 文に句読点を打つ.
7〔れんがの壁など〕の目地にしっくい[セメント]を塗る.
── 自 **1** (人を)指差す; VA (~ *at, to ..*)〔方向, 場所など〕を指差す, 示す, 指す; (~ *at ..*) ..をねらう; (~ *to ..*) ..の方向に面している, 向いている. He ~*ed to* the door, signaling for me to get out. 彼はドアの方を指して出て行くよう合図した. It's not polite to ~ (*at* people). 人を指差すのは失礼なことだ. ~ (*to* the) east 〔建物などが〕東に面している[東向きである].
2 (**a**) VA (~ *to, toward ..*) ..を示す, 暗示する; (~ *to, toward ..*) ..の可能性[傾向, 前兆]を示す. The alibi definitely ~*s to* his innocence. アリバイは明確に彼の無罪を指し示している. (**b**) VA (~ *to ..*) (証拠として) ..を指摘する. **3**〔猟犬が〕獲物の在りかを教える.
pòint óut 指摘する〈*that* 節 ..ということを/*wh* 節 ..かを〉. ~ *out that* the proposal has a serious drawback その提案には重大な欠点があることを指摘する.
****pòint /../ óut*** (1) 指し示す. My daughter shouted and ~*ed out* a shark. 娘は叫び声を上げてサメを指し示した. (2)〔事実, 誤りなど〕を**指摘する**. She ~*ed out* my errors to me. 彼女は私に誤りを指摘してくれた.
pòint /../ úp 〔違いなど〕を強調する. ~ *up* the similarities in the two approaches その2つの研究方法の類似点を強調する. [<ラテン語「突き通す」]

‡**pòint-blánk** /⊛/ 形 **1** 直射[直撃]の, 至近距離で発射した. The officer was shot at ~ range. 将校は至近距離から撃たれた. **2** 率直な, 単刀直入の; そっけない, ぶっきらぼうな. a ~ denial にべもない拒絶.
── 副 **1** 直射で, 至近距離で. **2** 率直に, 単刀直入に; そっけなく, にべもなく. refuse ~ きっぱり断る.

póint dùty 名 U 〖英〗(交通巡査の)立ち番勤務.

***point·ed** /pɔ́intəd/ 形 m **1** (先の)とがった. a ~ roof とがった屋根. **2** 鋭い, 辛辣(らつ)な. make ~ remarks 辛辣な言葉を述べる. **3** (特定の人, グループに)向けられた, 当てつけた. **4** 目立った, 強調された; 明らかな.
▷ ~·**ly** 副 とがって; 鋭く, 辛辣に; あからさまに, 当てつけ

に. ～·ness 名

†póint·er 名 C 1 指し示す人[もの]. 2 指示棒, 教鞭(べん), 《教師や講演者が黒板, 掛け図などを指すのに用いる長い棒》. 3 (時計, 計器などの)指針; (コンピュータ画面の)ポインター. 4 ポインター種の猟犬《立ち止まって鼻を獲物のいる方に向けることから; →point 他 3, 自 3; →setter》. 5 〖話〗ヒント, 助言, 〈on ..についての〉. Give me a few ～s on improving my golf. ゴルフがうまくなるようにちょっと助言してください. 6 暗示(となるもの), 予兆, 手がかり, 指標, 〈to ..の〉. The police have no ～ to the true culprit. 警察は真犯人への手がかりが全く無い. 7 〈the Pointers〉〖天〗指極星《大グマ座のα, β星; この2つの星を結ぶ直線上に北極星がある》.

poin·til·lism /pɔ́intəlìz(ə)m, pwǽn-/ 名 U 〖美〗(新印象派の)点描(画)法. ▷ **póin·til·list** /-list/ 名 C 点描画家《例えば George Seurat》.

póint·ing 名 U れんがの目地塗り(用セメント).

póint làce 名 ＝needlepoint.

‡**póint·less** 形 1 先のない, 先のとがっていない. 2 無意味な; 不適切な, 要領を得ない. Many soldiers have been killed in ～ wars. 無意味な戦争で多くの兵士が死んだ. It's ～ searching [to search] in the dark. 暗やみの中を探しても[探すのは]無駄だ. 3 〔試合が〕(双方)得点がない. ▷ ～·**ly** 副 不得要領に. ～·**ness** 名 U 無意味さ.

póint màn 名 C 〖米〗1 斥候隊の先導兵. 2 (事業などの)先端部担当者.

pòint of víew 名 C 観点, 物を見る視点, (viewpoint). from the ～ of results 結果論で言えば.

pòint of depárture 名 C 旅行の出発地点[時間]; 議論[事業など]の出発点.

pòint of hónor [cónscience] 名 C 名誉[良心]に関わる問題. He made it a ～ never to tell a lie. 彼は名誉にかけてうそを言わないように努めた.

pòint of nò retúrn 名 C 〈普通 the ～〉帰還不能点《航空機がそこを越すと燃料不足で帰れなくなる》; 後戻りできない段階.

pòint of órder 名 C (議会などで)議事進行上の問題(に関する異議). raise (an objection on) a ～ 議事進行に異議を唱える.

pòint of réference 名 C 評価[判断]の基準, 視座.

pòint of sále 名 C 〖商〗売り場, 店頭.

póints·man /-mən/ 名 (複 **-men** /-mən/) C 〖英〗1 〖鉄道〗転轍(てつ)手 (〖米〗switchman). 2 (point duty の)交通巡査.

póint sỳstem 名 C 1 〖印〗ポイント式. 2 (盲人用)点字法《例えば Braille など》. 3 (学業成績の)点数評価制, 単位進級制. 4 (交通違反などの)点数制.

pòint-to-póint /-tə-/ 名 C 〖英〗(アマチュアの)クロスカントリー障害競馬.

póint·y 形 e 先のとがった.

Poi·rot /pwɑːróu|⌐-/ 名 **Hercule** ～ ポワロ《Agatha Christie の創造したベルギー出身の名探偵》.

***poise** /pɔiz/ 動 (**póis·es** /-əz/|過 過分 ～**d** /-d/|**póis·ing**) 他 1 VOA 〔体など〕の**均衡をとる**, バランスを保つ, (類語 balance より文章体). *Poise* yourself *on* your toes. つま先立ちで体のバランスをとりなさい. 2 VOC (～ *oneself to do*) ..しようとしている〈しばしば受け身で〉. → poised 3. ── 自 バランスを保っている; (宙に)浮かぶ.
── 名 1 U (気持ち, 態度の)落ち着き, 平静さ. His ～ was shattered by the emergency. 彼は突発事件で落ち着きを失った. 2 U 平衡, 釣り合い, バランス.
3 C 身のこなし, 態度, 姿勢. her social ～ 彼女の社交の場における立ち居ふるまい. [＜ラテン語「重さを量る」]

‡**poised** 形 ¢ 1 〈叙述〉動揺している, 不安定な, どっちつかずの, 〈*between* ..の間で〉. The patient was ～ *between* life and death [at the brink of death]. 病人は生死の境[死の淵(ふち)]をさまよっていた.
2 〈叙述〉空中に浮かんだ, 宙ぶらりんの. a hummingbird ～ above the flower 花の上の空中に舞いながら停止しているハチドリ. His hands were ～ over the keyboard, ready to play. 彼の手は鍵盤の上にあり, 演奏に入れる状態にあった. "How many children?" said Miss Brodie, her teapot ～.「子供は何人」ミス・ブロウディーは(つぎかけた)ティーポットを止めたまま言った.
3 〈叙述〉用意ができて〈*for* ..の〉, ..しそうな形勢[勢い]で〈*to* do〉. Our economy is ～ *for* another year of improvement. 我が国の経済は来年もまた向上する態勢にある. be ～ *to* run in the coming election 来たる選挙に出馬する用意がある.
4 落ち着きのある. a very ～ and capable young lady 落ち着きのある有能な若い女性.

‡**poi·son** /pɔ́iz(ə)n/ 名 (複 ～**s** /-z/) UC 1 **毒**, 毒薬. a deadly ～ 猛毒. rat ～ 殺鼠(そ)剤. He killed himself by taking a dose of ～. 彼は(1服の)毒を飲んで[仰いで]自殺した. hate a person like ～ 人をひどく嫌う. One man's meat is another man's ～. 〖諺〗甲の薬は乙の毒《この場合の meat は「食べ物」で古い意味》.
2 (社会に対する)**害毒**, 弊害; 有害な人[思想]. a ～ *to* morals 道徳を乱すもの. spread ～ in society 社会に害毒を流す. 3 〖戯・話〗酒. What's your ～?＝Name your ～. 酒は何にしますか.
── 動 他 1 を**毒殺する**, に毒を飲ます[盛る]. She ～*ed* her husband. 彼女は夫を毒殺した.
2 に**毒を入れる**, を有毒なものにする. ～ a person's food [drink] 人の食べ[飲み]物に毒を入れる. The Indians ～*ed* their arrows. インディアンたちは矢に毒を塗った.
3 〔水, 空気, 土壌など〕を汚染する〈*with* ..で〉. Factory wastes ～*ed* the stream. 工場廃棄物が川の水を汚染した.
4 (a) 〔物事が〕〔人〕を(精神的に)害する, 蝕(むしば)む; 〔雰囲気, 人間関係など〕をだめにする. Some violent movies ～ the minds of young people. 暴力映画のなかには若者の精神を毒するものがある. (b) VOA (～ X ***against*** Y) X (人の心)に Y (人)に対する敵意を持たせる. They're just trying to ～ your mind *against* me. 彼らは私に対する偏見をあなたに植えつけようとしているのだ.
[＜ラテン語「(毒入りの)飲み物」]

pòisoned chálice 名 C '毒杯'《与えられ時はすばらしいように見えるが, 後に大層厄介なことがわかる任務, 地位など》.

pói·son·er 名 C 害毒を与える物[人]; 毒殺者.

pòison gás 名 U 毒ガス.

pòison hémlock 名 ＝hemlock 2.

pói·son·ing 名 U 1 毒殺(未遂). 2 中毒. food [acute alcohol] ～ 食[急性アルコール]中毒. 3 汚染. radiation ～ 放射能汚染.

pòison ívy 名 U ツタウルシ属の植物《触れるとかぶれることがある》; そのかぶれ.

pòison óak 名 U (かぶれのひどい)ウルシ属の低木.

‡**poi·son·ous** /pɔ́iz(ə)nəs/ 形 m 1 **有毒の**, 毒性の. a ～ snake 毒蛇. ～ gas 有毒ガス. 2 有害な; 悪影響を持つ. a ～ novel 害毒を流す小説. 3 悪意に満ちた, '毒'のある. a ～ tongue (中傷するのが平気な)毒舌. She had a ～ personality. 彼女は底意地の悪い性質だった.
4 非常に不快な, いやな. ▷ ～·**ly** 副

pòison-pén lètter 名 C 匿名の中傷の手紙.

pòison píll 名 C 1 〖経〗ポイズンピル《企業買収に対する防衛策の1つ; 買収に必要な資金をつり上げるなどして買収者に計画を断念させる》. 2 ポイズンピル《秘密諜(ちょう)報部員が切羽詰まった時に自殺に使う毒薬》.

***poke**[1] /pouk/ 動 (～**s** /-s/|過 過分 ～**d** /-t/|**pók·ing**) 他 1 をつつく, 突く, 〈*with* ..〔棒などとがったもの〕で〉(prod); 〔火など〕をかきたてる. He ～*d* me in the ribs

with his elbow. 彼はひじで私のわき腹を(意味ありげに)つついた. **2** VOA (~ X *in* [*out*]) X (頭など)を突っ込む[突き出す]; (~ X *into* Y/~ X *out* (*of*), *through* Y) X を Y (穴など) に突っ込む/X を Y から突き出す. ~ one's finger *in* [*into* a bottle] 指を中に[びんに]突っ込む. ~ one's head *out* (*of* the door) (ドアから)頭を突き出す.
3 VOA (~ X *in, through* Y) Y に X (穴) をあける. He ~*d* a hole *in* the plank with a nail. 彼はくぎで板に穴をあけた.
4 VOA (~/X/*up*)〖話〗(狭苦しい場所などに) X を閉じ込める. ~ oneself *up* (in a room) (部屋に)閉じこもる.
5〖話〗を(げんこで)殴る. **6**〖卑〗〔女性〕と性交する, ‘やる’.
── 自 **1** VA (~ *at* ..) ..を(何回も)突く, (軽く) つつく, 〈*with* ..で〉. **2** VA (~ *out of, through* ..)〔物などが〕..から突き出る, はみ出る, ‘顔を出す’. **3** VA (~ *about, around*)〖話〗あちこち捜し回る; せかせか動き回る; 〈*in* ..の中を〉. I ~*d around* in the bookstore for the atlas. 私は本屋の中をあちこちその地図帳を捜し回った.
4 VA (~ *into* ..) ..にお節介をする, 鼻を突っ込む.
5 VA (~ *along*) だらだら[のらりくらり]と過ごす, のろのろ動く[歩く].
pòke fún at .. ＝make FUN of...
póke (*onesèlf*) ***into ..*** ＝poke one's NOSE into...
pòke one's nóse into .. →nose.
pòke one's wáy (***through ..***) (..の間を)押し分けて突き進む (→way¹ 2 語法).
── 名 C **1** 突くこと, ひと突き;〖話〗(げんこで)殴ること. give a person a playful ~ in the ribs ふざけて人のわき腹をつつく. **2** ポークボンネット (**póke bònnet**) 《前ひさしが大きく前に突き出た婦人帽》. **3**〖話〗のろま[ぐうたら]な人. **4**〖卑〗性交. [＜中期英語]
poke² 名 C 袋〈次の成句で〉.
bùy a píg in a póke →pig.
†**pok·er¹** /póukər/ 名 C **1** 突く人[もの]. **2** (暖炉などの)火かき棒.
as stìff as a póker 〔態度などが〕ひどく堅苦しい[く].
†**pok·er²** 名 U ポーカー《トランプ遊びの一種》.
póker fàce 名 C〖話〗ポーカーフェース(の人)《ポーカーで手の内を読まれないよう無表情を装うことから》. keep a ~ ポーカーフェースでいる.
pòker-fáced /-t 移/ 形 無表情な.
póker-wòrk 名 U 焼き絵《焼きごてなどで木材・竹材・皮などに描く》. 「の薬用》.
póke·wèed 名 C アメリカヤマゴボウ《根は催吐剤など↑
pok·y, pok·ey /póuki/ 形 e〖話〗**1**〖主に米〗非常にのろまな, ぐずな. **2** 狭苦しい〔部屋など〕; みすぼらしい, つまらない. ── 名 (複 **pokies, pokeys**) C〖米俗〗刑務所, 豚箱. ▷**pok·i·ly** 副 **pok·i·ness** 名
Pol. Poland; Polish.
pol /pɑl|pɔl/ 名 C〖米話〗(老練な)政治家 (politician).
pol. political; politician; politics. 「の人.
Po·lack /póulæk/ 名 C〖米俗・軽蔑〗ポーランド系↑
†**Po·land** /póulənd/ 名 ポーランド《ヨーロッパ中央部の共和国; 首都 Warsaw》. ◇形 Polish 名 Pole
*__po·lar__ /póulər/ 形 ¢〈限定〉**1** 南[北]極の, 極地の. the ~ circles (南北の)両極圏. ~ expeditions 極地探検. **2** (磁石, 電池などの)極の, 磁極の, 磁気のある. **3**〖章〗〔主義, 性格などが〕正反対の. Darkness and daylight are ~ opposites [extremes]. 暗黒と光明は全く対立するものである. **4** 中枢の, 中心となる; (北極星のように)導いてくれる, 指針となる.
pòlar béar 名 C〖動〗北極グマ, シロクマ.
Po·lar·is /poulǽrəs|-lɑ́:r-/ 名 **1**〖天〗北極星 (North Star, polestar). **2** C ポラリス《米国の中距離弾道ミサイル; 普通, 潜航中の潜水艦から発射される》.
po·lar·i·scope /poulǽrəskòup/ 名 C〖光学〗偏光器.
po·lar·i·ty /pouléərəti/ 名 (複 **-ties**) **1** UC〖物理〗(磁石などの)両極性(があること); (陽[陰])極性.
2 aU〖章〗対立, 正反対, 両極端, 〈*of, between* ..〔主義, 見解など〕の(間の)〉. There is a ~ *of* public opinion on the proposed Constitutional amendment. 憲法改正の提案について世論は両極端に分かれている.
pò·lar·i·zá·tion 名 **1** U 極性化; 偏光. **2** UC 対立, 分裂, 両[分]極化, 〈*between* ..間の/*into* ..への〉.
‡**po·lar·ize** /póuləràiz/ 動 他 **1** に極性を与える; 〔光〕を偏光させる. **2**〔意見, 勢力など〕を分極化させる, 分裂させる, 〈*into, between* ..〔2つ〕に〉. **3** を偏向させる〈*toward* ..へ〉. ── 自 分極[偏光]する; 分裂[対立]する〈*around* ..をめぐって/*into* ..へ〉. ▷**po·lar·iz·er** 名 C〖光学〗偏光子. 「(aurora).
pòlar líghts 名〈the ~; 複数扱い〉(南・北)極光↑
Po·lar·oid /póulərɔ̀id/ 名〖商標〗**1** U ポラロイド《まぶしさを防ぐためサングラスなどに用いる人造偏光板》; C〈~s〉ポラロイド眼鏡. **2** C ポラロイドカメラ (**Pòlaroid cámera**); その写真.
pòlar stár 名〈the ~〉北極星 (polestar).
pol·der /póuldər/ 名 C 干拓地《オランダの海を埋めた土地; 昔, 風車で排水した》.
Pole /poul/ 名 C ポーランド (Poland) 人; 〈the ~s〉ポーランド国民. ◇形 Polish
‡**pole¹** /poul/ 名 (複 **~s** /-z/) C **1** 棒, 柱, さお; 棒状のもの; (棒高跳びの)ポール; (スキーの)ストック. a flag ~ 旗ざお. a fishing ~ 釣りざお. →barber('s) pole. a telegraph ~ 電柱. **2** ポール《長さの単位, 5.03m》.
under bàre póles (1)〖海〗(あらしのため)帆を巻いて. (2) 裸にされて, 困り果てて.
up the póle〖主に英話〗(1) 少し気が変で. (2) 困り切って[た]. (3) 間違って.
── 動 他 **1** を棒で押す; 〔船〕をさおで押し進める〈*off*〉; 〔穀物など〕を棒で支える, 〔土地〕を棒で区画する.
2〖俗〗〖野球〗〔特に長[安]打〕をかっとばす.
── 自 船をさおで押し進める. [＜ラテン語「くい」]
‡**pole²** /poul/ 名 (複 **~s** /-z/) C **1**〖天・地〗**極**, 極地《地軸 (axis) の両端》. the North [South] *Pole* 北[南]極. **2**〖電・物理〗電極, 磁極. the positive [negative] ~ 陽[陰]極. the magnetic ~ 磁極. **3** (意見, 性格などの)正反対, 極端. be at opposite ~*s*〔意見などが〕正反対である. **4**〖生物〗(細胞などの)極. ◇形 polar
be pòles apárt [***asúnder***] 極端にかけ離れている, 正反対である, 〈*in* ..において〉.
from pòle to póle 世界中(至る所)で.
[＜ギリシア語「回転軸」]
póle·àx,〖英〗**-àxe** 名 C **1**〖史〗長柄の戦斧(せんぷ). **2** 屠(と)殺用の斧(おの). ── 動 他〔家畜など〕を斧で切り殺す; を殴り倒す, 殴って気絶させる. be ~*ed* (頭をごつんとやられるほどの)精神的ショックを受ける, びっくり仰天する.
póle·càt 名 C **1** ケナガイタチ《ヨーロッパ産; 攻撃されると悪臭を放つ》. **2**〖米話〗＝skunk 1.
póle jùmp [**jùmping**] 名 ＝pole vault.
‡**po·lem·ic** /pəlémik/ 名 **1** C〖章〗論争; (文章又は言葉による強い)擁護論〈*for* ..への〉, 論難〈*against* ..に対する〉. **2**〈~s; 単数扱い〉論争法;〖神学〗論証法. **3** ＝polemicist. ── 形 ＝polemical.
po·lem·i·cal /pəlémik(ə)l/ 形〖章〗論争の[を引き起こすような]; 論争的な, 〔人が〕議論好きな.
▷**po·lem·i·cal·ly** 副
po·lem·i·cist, po·lem·ist /pəléməsist/, /pəlémist, pɑ́lə-|pɔ́lə-/ 名 C 論客, 論争家.
póle posìtion 名 UC ポールポジション《自動車レースで, 最前列一番内側の(有利な)スタート位置》; 〈比喩的〉

有利な位置[立場].

*pole·star /póulstɑ̀ːr/ 名 (複 ~s /-z/) 1 〈the ~〉北極星 (Polaris). 2 C 指針(となるもの); 注目の的.

póle vàult 名 〈the ~〉棒高跳び; C その試技.

póle-vàult 動 自 棒高跳びをする.

póle-vàult·er 名 C 棒高跳びの選手.

‡po·lice /pəlíːs/ 名 1 aU 〈しばしば the ~〉警察, 警察力, (políce fòrce). The city has an efficient ~. その市は強力な警察を持っている. Call the ~! 警察を呼んで. report the accident to the ~ 事故を警察に届け出る. 2 〈複数扱い〉警察官 (★1人の警官は a policeman [policewoman], a police officer). a squad of ~ 警官隊. What are those local ~ doing? 地元警察は一体何をしてるのか. There are a few ~ on guard at the gate. 門のところで2, 3人の警官が見張っている. 3 U 治安, 公安; 〖米〗警備隊; 〈複数扱い〉警備隊員. the campus ~ 学校守衛(隊). the railway ~ 鉄道警察隊.
4 〈形容詞的〉警察の. a ~ car パトカー. ~ power 警察権, 治安権. a ~ academy 〖米〗警察学校. None of them had a ~ record. 彼らのだれも前科は無かった.
── 動 他 を警備する, 取り締まる; の治安を保つ; を管理[監視]する. ~ the streets 街を警備する.
[<ギリシア語「市民権, 市政」(<*pólis*「都市(国家)」)]

políce àction 名 U (平和維持のための, 特に局地的な)治安[軍事]活動.

políce bòx 名 C (日本の)派出所, 交番, (★英米にはこの種のものはない).

(polìce) cónstable 名 C 〖英〗巡査《略 P.C., PC; →policeman「主な警官の階級」》.

políce còurt 名 UC 〖米〗警察裁判所《最下級の裁判所; 〖英〗では magistrates' court の俗称》.

políce dòg 名 C 警察犬; =German shepherd.

‡po·lice·man /pəlíːsmən/ 名 (複 -men /-mən/) C 警(察)官.

> 主な警官の階級
> 米国(自治体警察)
> patrol officer, patrolman, 巡査/sergeant 巡査部長/lieutenant 警部補/captain 警部/major, inspector, 警視/chief of police 警察(局)長
> 英国
> (police) constable 巡査/(police) sergeant 巡査部長/(police) inspector 警部/superintendent (of police) 警視/commissioner (of police) 警視総監

políce òffice 名 C 〖英〗警察署.

(políce) òfficer 名 =policeman, policewoman.

(polìce) sérgeant 名 C 〖英〗巡査部長《→policeman「主な警官の階級」》.

políce stàte 名 C 〈非難して〉警察国家《市民の行動が(秘密)警察に厳しく監視されている》.

políce stàtion 名 C (地元の)警察署 (〖米〗station house).

pólice wàgon 名 〖米〗=patrol wagon.

políce·wòman 名 (複 -women) C 婦人警官, 婦警.

‡pol·i·cy[1] /pɑ́ləsi | pɔ́l-/ 名 (複 -cies /-z/) 1 UC (政府などの)政策, 政略; (会社などの)経営方針; (人の)行動の指針. a foreign ~ 外交政策. defense ~ 防衛政策. continue the general ~ line laid down by one's predecessor 前任者が立てた大筋の政策方針を踏襲する. Honesty is the best ~. →honesty.

> 連結 a wise [a judicious, a sound; a mistaken, a wrong; a farsighted, a shortsighted] ~ // adopt [carry out, implement] a ~

2 U (物事を処理する)知恵, 思慮深さ; 抜け目なさ. It is good ~ not to stay up late at night. 夜ふかしをしないのが利口だ. [police と同源]

pol·i·cy[2] 名 (複 -cies) 1 C 保険証券; 保険契約. a fire insurance ~ 火災保険証券. He took out a life insurance ~ on his wife. 彼は妻に生命保険を掛けた. You are advised to check the small print of your life insurance ~. 生命保険証券の小さい字で印刷してあることを検討することを薦めたい. 2 U 〖米〗数当て《回転抽選器から出る数に賭(か)ける博打(ばくち)の一種》.
[<ギリシア語「誇示, 証明」]

pólicy·hòlder 名 C 保険契約者.

‡pólicy·màker 名 C (特に政府の)政策立案者.

pólicy·màking 名 U 政策立案.

‡po·li·o /póuliòu/ 名 〖話〗=poliomyelitis.

po·li·o·my·e·li·tis /pòulioumàiəláitəs/ 名 U 〖医〗小児麻痺(ひ), ポリオ. ~ vaccine=polio vaccine.

pólio vàccine 名 U ポリオワクチン《Salk vaccine など》.

pò·li scí 名 〖米話〗=political science.

*Po·lish /póuliʃ/ 形 ¢ ポーランドの; ポーランド人[語]の.
── 名 U ポーランド語. ◇名 Poland, Pole

‡pol·ish /pɑ́liʃ | pɔ́l-/ 動 (~·es /-əz/ | 過 過分 ~ed /-t/ | ~·ing) 他 1 を磨く; のつやを出す; 〈*up*〉; VOC (~ X Y) X を Y の状態に磨く. ~ (up) the floor 床を磨く. *Polish* my shoes. 靴を磨いておいてくれ. ~ an old copper coin bright 古銅貨をぴかぴかに磨く. 2 に磨きをかける; を仕上げる, を洗練する, 〈*up*〉. He ~*ed* (*up*) his speech for tomorrow. 彼は明日行う演説の仕上げをした.
── 自 つやが出る, 磨きがかかる. This table won't ~ well. このテーブルは(磨いても)どうも良いつやが出ない.
pòlish /../ óff (1)〖話〗〔(未完了の)仕事など〕をさっさと仕上げる[片づける]; ..を急いで食べて[飲んで, 平らげて]しまう. He ~*ed off* half a bottle of gin before dinner. 彼は食事前にジンを半瓶空けてしまった. (2)〖話〗〔敵など〕に楽勝する. (3)〖俗〗〔人〕を殺す, '片づける'.
pòlish /../ úp (1)→他 1, 2. (2)(勉強[練習]して)〔技能の低下したものなど〕を上達させる, の錆落としをする. ~ *up* one's English 英語に磨きをかける.
── 名 (複 ~·es /-əz/) 1 aU 磨くこと; 一磨き. He gave his glassses a quick ~ with his handkerchief. 彼はハンカチで眼鏡をさっと磨いた. 2 aU つや, 光沢, 磨き, (類語 磨いた結果としての光沢; →luster). The table has a fine ~ on it. このテーブルはいいつやがある. 3 UC 磨き粉, つや出し, 光沢剤. shoe ~ 靴墨. nail ~ マニキュア液. apply ~ to.. ..につや出しを塗る. 4 U 洗練, 上品さ; (芸術作品, 演奏などの)完成度. Her manners lack ~. 彼女の行儀は上品さに欠ける.
[<ラテン語 *polīre*「滑らかにする」; -ish[2]]

‡pól·ished /-t/ 形 1 磨き込まれた, 磨き上げられた, つやのある. 2 磨き抜かれた, 洗練された, 完成された. a very ~ performance 至芸の演技[演奏].

pól·ish·er 名 C 1 磨く人. 2 (金属[木]製品の)磨き屋. 3 つや出し器[剤], 研磨器.

po·lit·bu·ro /pɑ́lətbjù(ə)rou | pɔ́-/ 名 (複 ~s) C 〈しばしば the P-〉(特に旧ソ連の)共産党政治局. [ロシア語 'political bureau']

‡po·lite /pəláit/ 形 e (-lit·er | -lit·est), m 1 礼儀正しい, 丁寧な, (↔impolite; 類語 他人に気配りをして失礼にならないように振る舞うことを指す; →civil, courteous, gallant 4, mannerly). He is ~ *to* [*with*] his elders. 彼は年長者に対して礼儀正しい. She has a ~ way of speaking. 彼女の言葉遣いは丁寧です. It was ~ of you to see me off.=You were ~ to see me off. お見送りいただいて恐縮しました. When he said so, he was just being ~. 彼がそう言ったのはただ外交辞令としてだった. 2〔文章などが〕洗練された, 優雅な. ~ letters 純文学. 3 教養のある, 上品な; 上流の; 上品ぶった, お高く止まった. ~ society[company] 上流社会. do the ~ 〖話〗上品に振る舞う. [<ラテン語「滑らかにさ

れた, 磨かれた」(*polīre* 'polish'の過去分詞)]

po·lite·ly /pəláitli/ 副 m 丁寧に; 上品に.

po·lite·ness /pəláitnəs/ 名 (複 ~es /-əz/) U 丁寧さ, 礼儀正しさ; C 丁寧な[思いやりのある]行為.

pol·i·tesse /pɑ̀lités|pɔ̀l-/ 名 U (形式的な)礼儀正しさ. [フランス語 'politeness']

pol·i·tic /pálətik|pɔ́l-/ 形 《章》 **1** 思慮深い, 慎重な, (政策的に)賢明な. It wasn't very ~ of him to mention it. 彼がそれに触れたのは余り賢明でなかった. **2** 時宜を得た, 周到な. **3** 抜け目のない, 狡猾(こうかつ)な. **4** 政治上の〈次の句のみ〉. →body politic.

‡po·lit·i·cal /pəlítik(ə)l/ 形 m **1** Ⓒ **政治(上)の, 国政(上)の**; 政党政治(上)の. a major ~ party 大政党. a ~ enemy 政敵. a ~ prisoner 政治犯. a ~ crime [offense] 政治[国事]犯罪. **2** m 政治的な, 政治に関心のある. a ~ animal 政治的人間, 政治好きの人. **3** m 《普通, 軽蔑》 政略的な (→party-political). **4** Ⓒ 市民の[に関する]. ~ rights 市民(の参政)権. [<ギリシア語「市民の」(<*pólis*; →police)]

political áction committee 名 C 《米》 政治活動委員会 《合法的な政治資金募金機関》.

political asýlum 名 U 《法》 政治的亡命者保護. seek ~ in the United States 米国に政治亡命を求める. grant .. ~ ..に政治亡命を許可する.

political corréctness 名 U 政治的に正しいこと 《略 PC; →politically correct》.

political ecónomy 名 U 政治経済学; 《古》 経済学 《economics の旧称》.

political fóotball 名 C 《主に英》 政争の具 《政党間で攻撃や自己弁護のために持ち出される解決の困難な問題》.

political geógraphy 名 U 政治地理(学).

po·lít·i·cal·ly 副 政治上, 政略上; 政治的に(巧妙に, 如才なく); 政治的 ⌞には[に言うと] (~ speaking).

politically corréct 形 政治的に正しい 《性, 人種, 肉体的特徴などについて差別的な言語や行動を避ける態度を意味する; 例えば「議長」を chair*man* とするのは男性優位の考えに基づくとして, 性を表さない chair*person* を使う; 極端な場合には「背が低い」の short を避け vertically challenged (垂直方向に問題がある)と言ったりする》.

politically incorréct 形 政治的に正しくない (→politically correct).

political machíne 名 C 《米》 政治的黒幕機構 《自派に有利な政策などを工作する》.

political scíence 名 U 政治学.

political scíentist 名 C 政治学者.

‡pol·i·ti·cian /pɑ̀lətíʃ(ə)n|pɔ̀l-/ 名 (複 ~s /-z/) C **1 政治家** (statesman) 《特に国会議員》. corrupt ~*s* 腐敗政治家たち.

> 連結 a great [a distinguished; a capable; an experienced; an honest; a crooked; an ambitious, a power-hungry] ~

2 《普通, 軽蔑》 政治屋 《私利のために政治活動をする人; statesman と対比される》; '業師(わざし)'.

po·lit·i·cize /pəlítəsàiz/ 動 他 を政治(問題)化する; 〔人〕に政治的関心を持たせる. ~ a private strife 個人的な争いを政治問題化する. ~ the young 青少年に政治的関心を持たせる. become ~*d* 政治(問題)に見覚める. ── 自 政治に関わる[関心を持つ]; 政治を論じる.

▷ **po·lìt·i·ci·zá·tion** 名 U 政治問題化(すること). the ~ of the environmental movement 環境(保護)運動の政治問題化.

pol·i·tick·ing /pálitìkiŋ|pɔ́l-/ 名 UC 《しばしば軽蔑》 政治活動[工作], 政治的駆け引き.

po·lit·i·co /pəlítikou/ 名 (複 ~s, ~es) 《話》 = politician. 「味.

po·lit·i·co- /pəlítikou/ 〈複合要素〉「政治の」の意↑

‡pol·i·tics /pálətìks|pɔ́l-/ 名 **1** (**a**) 〈単複両扱い〉 **政治**; 政治活動. We discussed ~ all night. 我々は一晩じゅう政治を論じた. go into [enter] ~ 政界に入る. retire from ~ 政界を引退する.

> 連結 national [international; party; local; grass-roots] ~

(**b**) 〈単数扱い〉 **政治学** (political science). major in ~ at college 大学で政治学を専攻する. read ~ at Oxford 《英》 オックスフォードで政治学を学ぶ.

2 〈単複両扱い〉 政策; 〈一般に〉 駆け引き, 運営; (組織内の)力関係, 政争. play ~ 策を弄(ろう)する. the ~ of a business 事業の運営. be not practical ~ (非現実的で)議論に値しない. get involved in campus ~ 学内政治[抗争]に巻き込まれる.

3 〈複数扱い〉 政見, 政治上の意見. What are your ~? あなたはどんな政見をお持ちですか. His ~ are a bit radical. 彼の政治的考えはいささか過激だ.

[political, -ics]

pol·i·ty /páləti|pɔ́l-/ 名 (複 -ties) 《章》 **1** U 政治形態[組織], 政体. **2** C 政治的組織体, 国家; 教会の行政組織. **3** UC 〈単複両扱い〉〈集合的〉 (国家を形成する)市民 (citizens).

Polk /pouk/ 名 **James Knox** /nɑks|nɔks/ ~ ポーク (1795–1849) 《米国の第 11 代大統領 (1845–49)》.

pol·ka /póu(l)kə|pɔ́l-/ 名 C ポルカ 《ボヘミア起源のダンス》; その曲. ── 動 自 ポルカを踊る.

pólka-dòt, -dòtted /póukə-|-pɔ́lkə-/, /-əd/ 形 水玉模様の.

pólka dòts /póukə-|pɔ́lkə-/ 名 〈複数扱い〉 小さい水玉模様(の布地).

Poll[1] /pɑl|pɔl/ 名 ポル 《物語などでしばしばオウム (parrot) につける名前》.

Poll[2] 名 Mary の愛称.

***poll** /poul/ 名 (複 ~s /-z/) **1** C 〈普通, 単数形で〉 **投票; 選挙**. What were the results of the ~? 投票[選挙]の結果はどうだったか. **2** C 〈単数形で〉 投票数, 投票結果. a heavy [light] ~ 高い[低い]投票率. head the ~ 最高の票数を得る. declare the ~ 投票結果を公式発表する. **3** 〈the ~s〉 選挙; 《主に米》 投票所. go to the ~*s* 選挙[投票(所)]に行く. **4** C 選挙人名簿. **5** C **世論調査** (opinion poll). We took [carried out, conducted] a ~ of the opinions of the laborers. 労働者の世論調査を行った. The ~ gives Bush a clear lead. 世論調査ではブッシュがはっきり優勢だ. →Gallup poll. **6** C 《古》 頭 《特に頭髪のある部分》. **7** =poll tax.

gò to the pólls (1) →名 3. (2) (政策などについて)選挙民の判断を仰ぐ.

── 動 他 **1** (選挙で)〔ある数[パーセント]の投票〕を得る. The candidate ~*ed* over 75% of the vote(s). その候補者は投票数の 75 パーセント以上を獲得した. **2** 〔票〕を投ずる 〈*for* ..に〉. **3** 〔選挙区, 選挙民〕に投票させる 〈普通, 受け身で〉. **4** 〔人々〕に世論調査をする 〈*on* ..について〉 〈普通, 受け身で〉. ~ the public 世論を調査する. **5** 〔牛の角, 頭髪, 羊毛, 樹木の枝先など〕を切る, 切り取る, 刈る.

── 自 **1** 投票する 〈*for* ..に〉. **2** VA 票を得る. ~ well 多くの票を獲得する.

[<中期オランダ語「頭(のてっぺん)」]

pol·lard /pálərd|pɔ́l-/ 名 C **1** 角を落とした[切られた]ヤギ[シカ, 牛など]; 角の無い種類のヤギなど. **2** (下の枝を成長させるため)上部の枝を刈り込んだ樹木.

── 動 他 〔木〕の上部を刈り込む.

poll·ee /poulí:/ 名 C 世論調査の対象者.

†**pol·len** /pɑ́lən|pɔ́l-/ 名 UC 〖植〗花粉.
póllen còunt [lèvel] 名 C (特定区域・時間帯における空気中の)花粉(指)数《花粉症の人のために毎日計測して発表される》.
pol·len·o·sis /pɑ̀lənóusəs|pɔ̀l-/ 名 〖医〗=pollinosis.
pol·li·nate /pɑ́lənèit|pɔ́l-/ 動 他 〖植〗〔植物(の花)〕に授粉する. ▷**pol·li·na·tor** 名 C 授粉媒体《特に昆虫》.
pòl·li·ná·tion 名 U 〖植〗授粉(作用), 受粉(作用).
‡**póll·ing** 名 U (選挙の)投票 (voting). *Polling* will be heavy[light]. 投票率は高く[低く]なるだろう.
pólling bòoth 名 C 〖主に英〗(投票所の)記入用仕切り(〖米〗voting booth).
pólling dày 名 U 〖英〗投票日(〖米〗election day).
pólling plàce 〖米〗[**stàtion** 〖英〗] 名 C 投票所.
pol·li·no·sis /pɑ̀lənóusəs|pɔ̀l-/ 名 U 〖医〗花粉症 (hay fever).
pol·li·wog /pɑ́liwɑ̀g|pɔ́liwɔ̀g/ 名 C 〖主に米〗オタマジャクシ (tadpole).
póll pàrrot 名 C 陳腐な決まり文句ばかり使う人; =parrot.
poll·ster, -tak·er /póulstər/ /-tèikər/ 名 C 〖話〗世論調査員.
póll tàx 名 U 〈しばしば the ～〉〖史〗人頭税《今でも community charge の俗称として用いられる》.
‡**pol·lu·tant** /pəlú:t(ə)nt/ 名 UC 汚染物(質)《自動車の排気ガス, 産業廃棄物など》.
***pol·lute** /pəlú:t/ 動 (～s /-ts/|過 過分 **-lut·ed** /-əd/|**-lut·ing**) 他 **1** 〔大気, 水, 土壌など〕を汚染する〈*with* ..で〉. The air is ～*d with* car exhaust. 空気が車の排気ガスで汚されている. **2** 〔神聖な場所〕を冒瀆(ぼうとく)する. **3** を堕落させる. magazines that ～ the minds of the young 青少年の心をけがす雑誌.
[<ラテン語「汚す」] ▷**pol·lút·ed** /-əd/ 形 汚染された. **pol·lút·er** 名 C 汚染する者[物質].
‡**pol·lu·tion** /pəlú:ʃ(ə)n/ 名 (複 ～s /-z/)
1 U 汚染(する[される]こと), 公害. Our cities create serious environmental ～ problems. 我が国の都会は深刻な環境汚染問題を作り出している. air ～ 大気汚染. noise ～ 騒音公害.

連結 industrial [environmental; atmospheric; marine; water; noise; man-made] ～

2 U 汚染物質; C 汚染地域. **3** U 堕落.
Pol·lux /pɑ́ləks|pɔ́l-/ 名 **1** 〖天〗ポルックス《双子座 (Gemini) の中の1等星; Castor に最も近い位置にある》. **2** 〖ギ神話〗ポルックス《Castor の双子の兄弟; →Castor and Pollux》.
póll wàtcher 名 C (選挙の)投票立合い人.
Pol·ly /pɑ́li|pɔ́l-/ 名 Mary の愛称.
Pol·ly·an·na /pɑ̀liǽnə|pɔ̀l-/ 名 C 〈時にけなして〉非常な楽天家, 極楽とんぼ, 《何事も良いほうに解釈する Eleanor H. Porter (1868–1920) の小説 *Pollyanna* (1913) の主人公の少女の名から》.
pol·ly·wog /pɑ́liwɑ̀g|pɔ́liwɔ̀g/ 名 =POLLIWOG.
Polo /póulou/, **Marco** →Marco Polo.
po·lo /póulou/ 名 U 〖競技〗**1** ポロ《4人1組の2チームが馬上から木球を長柄の木づち (mallet) で打ち合って相手のゴールに入れる》. **2** 水球 (water polo).
[<チベット語「球」]
pol·o·naise /pɑ̀lənéiz|pɔ̀l-/ 名 C **1** ポロネーズ《ポーランド起源のダンス; 2列縦隊で行進しながら踊る》; ポロネーズ舞曲. **2** ポロネーズ《18世紀に流行した婦人服》.
po·lo-neck /póulounèk/ 名 〖英〗=turtleneck.
pólo nèck (swèater) 名 C 〖英〗タートルネック(のセーター).
po·lo·ni·um /pəlóuniəm/ 名 U 〖化〗ポロニウム《放射性元素; 記号 Po》.
po·lo·ny /pəlóuni/ 名 (複 **-nies**) UC 〖英〗ポロニー (〖米〗Bologna 2)《豚肉ソーセージの一種》.
pólo shìrt 名 C ポロシャツ.
Pol Pot /pɑ̀l-pɑ́t|pɔ̀l-pɔ́t/ 名 ポル・ポト (1925–98)《カンボジアの政治家; 首相 (1976; 1977–79); Khmer Rouge に属し, 在任中国民を多数虐殺した》.
pol·ter·geist /póultərgàist|pɔ́l-/ 名 C ポルターガイスト, 《姿は見せないのに音を立てたり, 家の中のものを動かしたりすると言われる》. [ドイツ語「音を立てる幽霊」]
pol·troon /pɑltrú:n|pɔl-/ 名 C 〖古〗腰抜け, 臆(おく)病者, (coward). ▷**～·ery** /-nəri/ 名 U 臆病.
pol·y /pɑ́li|pɔ́li/ 名 (複 ～s) 〖主に英話〗=polytechnic.
poly- /pɑ́li:|pɔ́li/ 〈複合要素〉「複..., 多..」の意味 (↔mono-). [ギリシア語 'much, many']
pol·y·an·dry /pɑ́liæ̀ndri|pɔ́l-/ 名 U **1** 一妻多夫 (→polygamy, bigamy, monogamy). **2** 〖植〗多雄蕊(ずい)性. ▷**pòl·y·án·drous** /-drəs/ 形
pol·y·an·thus /pɑ̀liǽnθəs|pɔ̀l-/ 名 UC 〖植〗ポリアンサス《西洋桜草 (primrose) の一種》.
póly bàg 名 C 〖英〗ポリ袋(〖米〗plastic bag).
póly·chròme 形 多彩色の《特に陶器, 彫刻, 建築などが》; 多色刷りの. ―― 名 C 多彩色[多色刷り]のもの.
pòly·clínic 名 C 総合病院.
†**pol·y·es·ter** /pɑ́lièstər|pɔ́l-/ 名 U 〖化〗ポリエステル《高分子化合物の一種; 衣料用》; C ポリエステルの衣料.
pol·y·eth·y·lene /pɑ̀liéθəli:n|pɔ̀l-/ 名 U 〖米〗ポリエチレン (〖英〗polythene).
po·lyg·a·mist /pəlígəmist/ 名 C 一夫多妻(主義)者 (→monogamist).
po·lyg·a·mous /pəlígəməs/ 形 **1** 一夫多妻の. **2** 〖植〗雌雄混株の.
po·lyg·a·my /pəlígəmi/ 名 U **1** 一夫多妻制, 〖まれ〗一妻多夫, (→monogamy, polyandry, polygyny). **2** 〖植〗雌雄混株.
pol·y·glot /pɑ́liglɑ̀t|pɔ́liglɔ̀t/ 形 〔人が〕数か国語[多言語]に通じた; 数か国語で書かれた; (multilingual); 〔社会が〕多言語が話される. ―― 名 C 数か国語[多言語]に通じた人; 数か国語で記した本《特に聖書》. a ～ bible (数か国語の)対訳聖書.
pol·y·gon /pɑ́ligɑ̀n|pɔ́ligən/ 名 C 〖数〗多角形 (→heptagon, hexagon, octagon, pentagon quadrilateral, triangle). a regular ～ 正多角形.
▷**po·lyg·o·nal** /pəlígən(ə)l|pɔ-/ 形
pol·y·graph /pɑ́ligræ̀f|pɔ́ligrɑ̀:f/ 名 C ポリグラフ, うそ発見器, (lie detector). take[pass] a ～ test うそ発見器のテストを受ける[パスする].
po·lyg·y·ny /pəlídʒəni/ 名 U 一夫多妻制; 〖植〗多雌ずい. ▷**po·lyg·y·nous** /-nəs/ 形
pol·y·he·dron /pɑ̀lihí:drən|pɔ̀l-/ 名 (複 **pol·y·he·dra** /-rə/, ～s) C 〖数〗多面体. ▷**pol·y·he·dral** /-drəl/ 形
Pol·y·hym·ni·a /pɑ̀lihímniə|pɔ̀l-/ 名 〖ギ神話〗ポリュヒュムニア《the Muses の1人で, 聖歌の女神》.
pol·y·math /pɑ́limæθ|pɔ́l-/ 名 C 〖章〗博学多識の人, 大学者.
pol·y·mer /pɑ́limər|pɔ́l-/ 名 C 〖化〗重合体, ポリマー. ▷**pol·y·mer·ic** /pɑ̀limérik|pɔ̀l- ⑱/ 形
pol·y·mor·phous, -phic /pɑ̀limɔ́:rfəs ⑱/, /-mɔ́:rfik ⑱/ 形 多形の; 〖生物〗多形態の《カエルなどのように成長の過程で様々な形をとる》.
Pol·y·ne·sia /pɑ̀ləní:ʒə, -ʃə|pɔ̀liní:ziə, -ʒə/ 名 ポリネシア《太平洋上の諸島の3大区分の1つ; 中南部のハワイ諸島, サモア諸島, ニュージーランドなどを含む》.

P

Pol·y·ne·sian /pɑ̀ləníːʒ(ə)n, -ʃ(ə)n|pɔ̀liníːziən, -siən/ [形] ポリネシア(人, 語)の. ── [名] **1** [C] ポリネシア住民[人]. **2** [U] ポリネシア(諸)語.

pol·y·no·mi·al /pɑ̀linóumiəl|pɔ̀li- [移]/ [形], [名] [C] 多名(の); 〘数〙 多項式(の).

pol·yp /pɑ́ləp|pɔ́l-/ [名] [C] **1** 〘動〙 ポリプ《イソギンチャクなどの類》. **2** 〘医〙 ポリープ《粘膜の肥厚による突起》. a benign[malignant] ～ 良性[悪性]ポリープ. [＜ギリシア語「たくさんの足を持った」]
▷**pol·yp·ous** /-pəs/ [形] polyp の[状の].

pol·y·pha·gi·a /pɑ̀liféidʒ(i)ə|pɔ̀l-/ [名] [U] 〘医〙 多食症; 〘動〙 雑食性. ▷**po·lyph·a·gous** /pəlífəgəs/ [形]

pol·y·phon·ic /pɑ̀lifɑ́nik|pɔ̀lifɔ́n- [移]/ [形] **1** 多音の. **2** 〘楽〙 多声楽の; 対位法の.

po·lyph·o·ny /pəlífəni/ [名] [U] **1** 多音. **2** 〘楽〙 多声音楽 (↔monophony, homophony); 対位法.

pol·y·pro·py·lene /pɑ̀lipróupəliːn|pɔ̀l-/ [名] [U] 〘化〙 ポリプロピレン《熱可塑性合成樹脂; フィルム・ロープなどを作るのに用いる》.

pol·y·pus /pɑ́ləpəs|pɔ́l-/ [名] ([複] **pol·y·pi** /-pài/, ～·**es**) 〘主に英〙 ＝polyp 2.

pol·y·se·mous /pɑ̀lisíːməs|pəlísiməs/ [形] 〘言〙 〔語が〕多義の. ▷**poly·se·my** /pɑ̀lisíːmi|pəlísimi/ [名] [U] 多義.

pol·y·sty·rene /pɑ̀listái(ə)riːn|pɔ̀l-/ [名] [U] 〘主に英〙 ポリスチレン《断熱材用などの合成樹脂の一種; →styrofoam》.

pol·y·syl·lab·ic /pɑ̀lisilǽbik|pɔ̀l- [移]/ [形] 多音節の. ▷**pol·y·syl·lab·i·cal·ly** /-k(ə)li:/ [副]

pol·y·syl·la·ble /pɑ́lisiləb(ə)l|pɔ́l-/ [名] [C] 多音節語《特に4音節以上の; →monosyllable》.

pol·y·tech·nic /pɑ̀litéknik|pɔ̀l-/ [名] [C] 工芸学校; 〘英〙 (工業)高等専門学校《ほぼ短大レベルのもので, further education の一環を成したが, 1992年以降全て university となった; →technical college》. ── [形] 工芸の, 工業[科学]技術の.

pol·y·the·ism /pɑ́liθiːiz(ə)m|pɔ́l-/ [名] [U] 多神教, 多神論, (→monotheism).

pol·y·the·ist /pɑ́liθiːist|pɔ́l-/ [名] [C] 多神教徒; 多神論者.

pol·y·the·is·tic /pɑ̀liθiːístik|pɔ̀l- [移]/ [形] 多神教の, 多神論の.

pol·y·thene /pɑ́ləθiːn|pɔ́l-/ [名] 〘英〙 ＝polyethylene.

pol·y·un·sat·u·rate /pɑ̀liʌnsǽtʃərət/ [名] [C] 〈普通 ～s〉 多価不飽和脂肪(酸).

pol·y·un·sat·u·rat·ed /pɑ̀liʌnsǽtʃərèitəd|pɔ̀l-/ [形] 〘化〙 〔脂肪・油脂が〕不飽和結合の多い《血液中のコレステロールを減らす働きがある》.

pol·y·u·re·thane /pɑ̀lijú(ə)rəθein|pɔ̀l-/ [名] [U] 〘化〙 ポリウレタン《化学繊維, 合成ゴムなどの原料》.

pom /pɑm|pɔm/ [名] [C] **1** ＝Pomeranian. **2** 〘オース俗〙 ＝pommy.

pom·ace /pʌ́məs/ [名] [U] (リンゴ, 魚などの)しぼりかす.

po·ma·ceous /pouméiʃəs/ [形] リンゴ類の.

po·made /pouméid, -mɑ́ːd|pou-, pə-/ [名] [U] ポマード. ── [動] [他] 〔髪〕にポマードをつける.

po·man·der /póumændər, ─⁻─|─⁻─/ [名] [C] におい玉 (***pómander bàll***)《球状の臭気止め》; その容器.

pome /poum/ [名] [C] 〘植〙 ナシ状果《ナシ, リンゴ, マルメロなど》.

pome·gran·ate /pɑ́m(ə)grænət, pʌ́mg-|pɔ́m(ə)-/ [名] [C] 〘植〙 ザクロ(の木, 実). [＜古期フランス語「種子の多いリンゴ」]

pom·e·lo /pɑ́məlòu|pɔ́m-/ [名] ([複] ～s) [C] 〘植〙 **1** ＝grapefruit. **2** ザボン (shaddock).

Pom·er·a·ni·an /pɑ̀məréiniən|pɔ̀m-/ [名] [C] ポメラニアン《毛の長い小型犬》.

pom·mel /pʌ́m(ə)l/ [名] [C] **1** 鞍(くら)がしら《鞍の前部の上方に突起した部分》. **2** (剣などの)柄(つか)がしら《柄の先端のこぶ状に丸くしてある部分》. ── [動] (～s|〘英〙 -ll-) [他] をこぶし[柄がしら]で続けざまに打つ.

pómmel hòrse [名] 〘英〙 ＝side horse.

pom·my, -mie /pɑ́mi|pɔ́mi/ [名] [C] 〘オース俗・軽蔑〙 (オーストラリアへの)英国人移民.

Po·mo·na /pəmóunə/ [名] 〘ロ神話〙 ポモーナ《果樹の女神》. [＜ラテン語 *pōmum* 'fruit']

‡**pomp** /pɑmp|pɔmp/ [名] 〘章〙 **1** [U] (式典などの)壮観, 華麗; 盛儀. with ～ and state[ceremony] きわめて華麗に, 威風堂々と. **2** [UC] 虚飾, 見せびらかし, 仰々しさ. the ～*s* and vanities of the world 世の中の虚飾と虚栄. ***pòmp and círcumstance*** (1) 堂々たる威儀. with great ～ *and circumstance* 麗々しく, 華やかに. (2) 〈P- and C-〉「威風堂々」《Elgar 作曲 (1901) の行進曲》. [＜ギリシア語「行列」]

pom·pa·dour /pɑ́mpədɔ̀ːr|pɔ́mpədùə/ [名] [U] **1** オールバック《男性の髪型; →quiff》. **2** ポンパドール《前髪を分け目をつけずすき上げて, ふっくらと高く結う》. [＜フランス王ルイ15世の愛妾(しょう)の名]

pom·pa·no /pɑ́mpənou|pɔ́m-/ [名] ([複] ～, ～s) [C] 〘魚〙 コバンアジ《北米南部の大西洋, メキシコ湾産; 食用》.

Pom·pei·i /pɑmpéi, -péiiː|pɔm-/ [名] ポンペイ《イタリア南西部の古都; 79年 Vesuvius 火山の噴火で埋没したが大部分発掘されている》.

Pom·pey /pɑ́mpi|pɔ́m-/ [名] ポンペイウス (106-48 B.C.)《ローマの軍人・政治家; シーザーに敗れた》.

Pom·pi·dou /pɑ́mpidùː|pɔ́m-/ [名] **Georges** ～ ポンピドー (1911-74)《フランスの政治家; 大統領 (1969-74)》.

Pómpidou Cènter [名] 〈the ～〉 ポンピドー・センター《20世紀の主要画家の作品を展示しているパリの美術館》.

pom-pom[1] /pɑ́mpɑm|pɔ́mpɔm/ [名] [C] (第2次世界大戦時の)艦載対空2ポンド高射砲; (Boer 戦争時の)機関銃. [擬音語]

pom·pom[2], **-pon** /pɑ́mpɑm|pɔ́mpɔm/ /-pɑn|-pɔn/ [名] [C] **1** 玉房飾り《毛糸などで作り帽子やひもの先に付ける》; ポンポン《応援団のチアリーダーが両手に持つ》. **2** 〘植〙 ポンポンダリア[キク].

pom·pos·i·ty /pɑmpɑ́səti|pɔmpɔ́s-/ [名] ([複] -ties) **1** [U] もったいぶること, 尊大さ; 大げさ. **2** [C] 大げさな行為[言葉]; 尊大な態度.

†**pomp·ous** /pɑ́mpəs|pɔ́m-/ [形] **1** (ばかばかしいほど)もったいぶった, 尊大な. in a ～manner 横柄な態度で. **2** 〔言葉, 態度などが〕大げさな, 誇張した. **3** 〔建築物, 儀式などが〕壮大な. ▷～·**ly** [副] 尊大に; 大げさに. ～·**ness** [名] [U] 尊大さ, 横柄さ.

ponce /pɑns|pɔns/ 〘英話〙 [名] [C] **1** (売春婦の)'ひも' (pimp). **2** 〘軽蔑〙 にやけた[めめしい, なよなよした]男. ── [動] [自] **1** 'ひも' の暮らしをする. **2** [VA] (～ ***about, around***) (女のように) なよなよふるまう[歩きまわる]; ぐうたらする. **3** [VA] (～ ***off*** ..) ..にたかる, せびる.

pon·cho /pɑ́ntʃou|pɔ́n-/ [名] ([複] ～s) [C] ポンチョ《南米先住民のコート; 1枚の布の中央にあけた穴から頭を出して着る》; ポンチョ式レインコート.

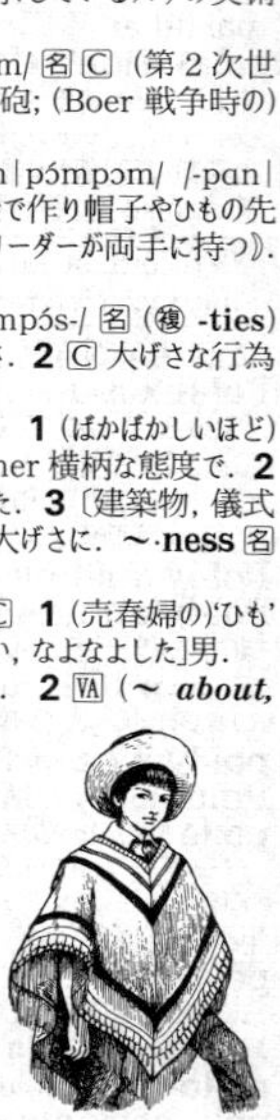
[poncho]

ponc·y, ponc·ey /pɑ́nsi|pɔ́nsi/ [形] [e] 〘英話〙 なよなよした, にやけた, 〔男など〕; 女っぽい〔衣服など〕.

‡**pond** /pɑnd|pɔnd/ [名] ([複] ～s

/-dz/) **1** Ⓒ 池, 沼, 《lake より小さく, しばしば人工的なものをさす》.
2 〖英戯〗〈the ～〉 海, (特に)大西洋 (the Atlantic Ocean). across [on the other side of] the ～ 海の向こう側で(は) 《英国から見て米国, またはその逆について言う》. [<中期英語「囲い地>水を囲った所」]

***pon·der** /pándər|pɔ́n-/ 動 (～s /-z/|過 過分 ～ed /-d/|～·ing /-d(ə)riŋ/) 〖章〗 他 を熟考する; VO (～ *doing* / ～ *wh* 節・句) ..しようかと/..かを熟考する; (類語 種々の角度から検討すること; →think). ～ an offer of transfer 配置転換の提案を熟考する. ～ divorc*ing* one's husband 夫との離婚をよく考える.
— 自 熟考する 〈*over, on, upon, about* ..について〉. ～ *over* the meaning of life 生きることの意味を十分に考える. ～ (*on*) when to release the information その情報をいつ公開するか熟慮する (★on を省けば 他). [<ラテン語「重さを量る」]

pon·der·a·ble /pánd(ə)rəbl|pɔ́n-/ 形 熟慮に値する; 〔重さが〕量ることができる, 重さのある.

pon·der·ous /pánd(ə)rəs|pɔ́n-/ 形 〖章〗 **1** (やたら)大きくて重い, ずっしりとした. **2** 重くてのそのそした; 重くて扱いにくい. **3** 〔文章, しゃべり方などが〕重苦しい, 退屈な, 冗長な. ▷ **pon·der·os·i·ty** /pàndərásəti|pɔ̀ndərɔ́s-/ 名 Ⓤ 重さ; 重苦しさ. **～·ly** 副 ずっしりと; のっそりと; 重苦しく. **～·ness** 名

pónd lìfe 名 Ⓤ 池に生息する小動物類 《特に無脊椎(せきつい)動物》.

pónd lìly 名 =water lily.

pone /poun/ 名 〖米話〗 =corn pone.

pong /paŋ|pɔŋ/ 〖英話〗 名 Ⓒ 悪臭. — 動 自 いやなにおいがする, 悪臭を放つ. ▷ **pong·y** /páŋi|pɔ́ŋi/ 形

pon·gee /pandʒíː|pɔn-/ 名 Ⓤ 絹紬(けんちゅう) 《サクサン(カイコに似た昆虫)の糸で織った織物》. [<中国語「自家織りの」]

pon·iard /pánjərd|pɔ́n-/ 名 Ⓒ 短剣の一種 《刃の断面が三角か四角; 昔の武器》. — 動 他 を短剣で刺す.

pons /panz|pɔnz/ 名 (複 **pon·tes** /pántiːz|pɔ́n-/) Ⓒ 〖解剖〗 脳橋 《延髄と中脳の中枢神経組織》.

pon·tiff /pántəf|pɔ́n-/ 名 (複 ～s) Ⓒ 〖キリスト教〗 **1** 〈普通 the (Supreme) P-〉 ローマ教皇 (Pope). **2** 高位聖職者; 〖古〗 司教 (bishop).

pon·tif·i·cal /pantífək(ə)l|pɔn-/ 形 **1** 教皇の; 高僧の; 司教の. **2** 〖章〗〖軽蔑〗 権威主義的な, 独断的な. — 名 〈～s〉 司教[高僧]の祭服. ▷ **～·ly** 副

pon·tif·i·cate /pantífəkət|pɔn-/ 名 Ⓒ 教皇[司教]の職[任期]. — /-kèit/ 動 自 **1** 〖章〗 権威ありげに言う[書く], 尊大な態度を取る, 〈*about, on* ..について〉. **2** pontiff (特に bishop) の役を務める 《特にミサなどで》.

pon·toon[1] /pantúːn|pɔn-/ 名 Ⓒ **1** 平底船; 〖軍〗 舟橋用鉄舟. **2** 〖空〗 (水上飛行機の)フロート 《離着水のとき機体を支える》. **3** =caisson 1. [<ラテン語「橋」]

pon·toon[2] 名 Ⓤ 〖英〗〖トランプ〗 '21' (blackjack, 〖米〗 twenty-one). [?<フランス語 *vingt-et-un*「21」]

póntoon brìdge 名 Ⓒ 舟橋 《鉄舟を横に並べてその上に板を渡した浮き橋》.

***po·ny** /póuni/ 名 (複 **-nies** /-z/) Ⓒ **1** ポニー 《体高 4.8 feet 以下の小型種の馬; →horse 参考》. **2** 〈一般に〉 小さい馬. **3** 〖米話〗 学生用とらの巻, あんちょこ, (trot) 《特に外国語のテキストの翻訳[対訳]本, 又は要約書などの自習書; 〖英〗 study-aid》. **4** 〖話〗 (ウイスキーなどの)小さなグラス 1 杯分, ほんの少し. **5** 〖英旧俗〗 25 ポンド. **6** 〖米俗〗 競走馬.
gó on shànk's póny →shank.
— 動 他 VOA (～ /X/ *up*), 自 VA (～ *up*) 〖米話〗 (〔残金など〕を)精算する. [<ラテン語「動物の仔」]

pòny expréss 名 Ⓤ 〖米史〗 ポニー便 《早馬の乗り継ぎによるミズーリ州 St Joseph とカリフォルニア州 Sacramento 間の速達便; 1860–61》.

póny·tàil 名 Ⓒ ポニーテール 《髪を頭の後ろで束ねて馬の尾のように垂らす》.

póny-trèkking 名 Ⓤ 〖英〗 ポニー乗り 《野外スポーツ, リクリエーション》.

‡**poo** /puː/ 名 〖話・幼〗 Ⓤ うんち; aU うんちをすること. do a ～ うんちをする. — 動 自 うんちをする.

pooch /puːtʃ/ 名 Ⓒ 〖米俗〗 犬 (dog).

‡**poo·dle** /púːdl/ 名 Ⓒ プードル 《愛玩(がん)犬の一種; 長い縮れ毛を種々の形に刈り込む》. *be a pèrson's póodle* 〖英・戯・軽蔑〗 人の言いなりになる.

poof[1] /puf, puːf/ 名 (複 **～s, pooves** /puːvz/) Ⓒ 〖英俗・軽蔑〗 女のような男; (男の)ホモ. ▷ **póof·y** 形

poof[2] 間 **1** パッ 《マジックなどで何かが突然現れたり消えたりすることを示す》. He waves his hand and ～! the dove disappears. 手を振るとパッとハトが消える. **2** =↓

poof·ter /púftər, púːf-/ 名 =poof[1]. ⌊pooh[1].

pooh[1] /puː/ 間 へえー, ふん, 《軽蔑, 不信, じれったさ, あざけり, 嘲笑などを表す》.

pooh[2] 間 〖英話〗 ひゃー, くさーい, 《悪臭に対する不快を表す》. — 名, 動 〖英話〗 =poo.

Pòoh (Béar) /puː-/ =Winnie-the-Pooh.

pòoh-póoh 動 他 〖話〗 をばかにする, 鼻であしらう.

‡**pool**[1] /puːl/ 名 (複 **～s** /-z/) Ⓒ **1** 水たまり, (自然にできた)池. After the rain there were many small ～*s* in the field. 雨のあと, 野原には小さな水たまりがたくさんできた. **2** プール (swimming pool). **3** (液体や光の)たまり. a ～ of blood (床などに流れた)血の海. a ～ of sweat びっしょりの汗. a ～ of sunlight 日だまり. **4** (川などの深い)淀(よど)み, 淵(ふち).
— 動 他 を水たまりにする. — 自 〔液体が〕水たまりになる; 〔血液が〕うっ血する. [<古期英語]

***pool**[2] /puːl/ 名 (複 **～s** /-z/) **1** Ⓒ **共同出資(金)**, 合同基金; 企業連合; (企業間の排他的な)談合. →car pool.
2 Ⓒ (**a**) 共同利用施設[組織], 共同管理; 置き場, たまり. a motor ～ (官庁などの)配車センターの自動車群, モータープール. (**b**) 予備の労働力, 予備要員団. →typing pool. **3** Ⓒ (ゲーム, レースなどの)総賭け金, 共同賭け金; 〖英〗 〈the ～s〉 サッカー賭博(とばく) (football pools). do the ～s サッカー賭博をする. **4** Ⓤ プール 《ビリヤードの一種; 米国では, 1 つの手球で 15 個の球をポケットに入れるゲーム; 英国では他の競技者の球をポケットに入れる賭(か)け事で, 勝者が賭け金を独占する》. play[shoot] ～ with a person 人とプールをする.
— 動 (～s /-z/|過 過分 ～ed /-d/|**póol·ing**) 他 〔資金など〕を**共同出資する**, プールする; 〔考え, 情報など〕を出し合う, プールする; を共同利用[共有利権と]する. We ～*ed* our money and bought a coffee pot for the office. 我々は金を出し合って事務所用にコーヒーポットを買った. We ～*ed* our ideas. 考えを出し合った.
[<フランス語「めんどり, 〖俗〗 賭け金」]

póol hàll 名 =poolroom 1.

póol·ròom 名 Ⓒ 〖米〗 **1** 玉突き場 《プール (pool) その他の賭(か)け事をする; しばしば非行青年のたまり場になる》. **2** (非合法な)賭博(とばく)場.

póol tàble 名 Ⓒ 玉突き台.

poop[1] /puːp/ 名 Ⓒ 船尾楼 (↔forecastle); 船尾楼甲板 (**póop dèck**) 《船尾の一番高くなった甲板》.

poop[2] 動 〖米話〗 他 をへとへとにさせる. — 自 へとへとになる; 故障する, 作動しなくなる; 〈*out*〉.
pòop óut (1) (へとへと[いや]になって), 仕事[レース]などをやめる, ほうり出す, 投げる. (2) (へとへと[いや]になって)約束をすっぽかす 〈*on* ..〔人〕に対して〉.

poop[3] 名 Ⓤ 〈普通 the ～〉 〖米俗〗 (適切な)情報; 真相.

poop[4] 名, 動 〖米話〗 =poo.

pòoped (óut) 形 〈叙述〉 〖米話〗 へとへとに疲れた.

póop·er 名 ＝party pooper.
poo-poo /púːpùː/ 名 U 〖米・幼〗うんち (poo). make ～ うんちをする.
póop-scòop(er), póoper-scòoper 名 C プープスクープ《散歩中の犬の糞(ふん)を拾う小シャベル》.
póop shèet 名 C 〖米話〗(記者会見用などの)配布[説明]資料.
‡**poor** /puər | pɔː, puə/ 形 e (**poor·er** /pú(ə)rər | pɔ́ːrə, púərə/ | **poor·est** /pú(ə)rəst | pɔ́ːrəst, púərəst/)
【貧しい】 **1** 〔人, 国, 地域などが〕**貧しい, 貧乏な**; 貧民の; (↔rich; 類語「貧しい」の意味で最も一般的な語; → destitute, indigent, necessitous, needy, penurious, poverty-stricken). a ～ neighborhood 貧民街. come from a ～ family 貧しい家の出である.
2 〈the ～; 名詞的; 複数扱い〉**貧しい人々**.
3【乏しい】 **(a) 少ない**, 乏しい, わずかな. a ～ crop 不作. a ～ three days' holiday わずか 3 日間の休み. a ～ eater 食の細い人. stand a ～ chance of being reelected 再選の見込みはあまりない.
(b) 〈叙述〉乏しい, 不足した, 〈*in* ..が〉. Your diet is ～ *in* fiber. 君の食事には繊維質が欠けている.
【質が良くない】 **4 劣った**, 出来の良くない; 〔天候が〕不順な. be in ～ health 健康がすぐれない; 病弱である. ～ in spirits 意気上がらない, 元気がない. ～ working conditions 劣悪な労働条件. have ～ eyesight [hearing] 目[耳]が悪い. ～ soil やせた土地. He made a ～ job of painting the fence. 彼はフェンスにペンキを塗ったがひどい出来上がりだった. The pupil made [got] a very ～ score in the examination. その生徒は試験でひどい点をとった. be a ～ second 大差の 2 位[着]である.
5 (a) へたな, 不得意な; できの悪い, 欠陥のある. a ～ swimmer 泳ぎがへたな人. be ～ *in* [*at*] English 英語がへただ. the ～*est* kind of excuse 一番まずい言い訳の仕方. **(b)** 〔住居, 衣服, 食事などが〕粗末な, みすぼらしい; 取るに足りない《話し手が謙遜(けんそん)して》. ～ meals 粗末な食事. in my ～ opinion 愚見では.
6 卑劣な, あさましい; 潔(いさぎよ)くない. a ～ loser 負けっぷりの悪い人.
【運が良くない】 **7** C 〈限定〉不幸な; **哀れな**, 気の毒な. I'm sorry for him, ～ fellow [thing]. かわいそうなやつだよ, あいつは. The ～ little dog was starving. かわいそうに小犬は飢え死にしかかっていた. 参考 この語義は話者の主観的感情を表すもので, 日本語では副詞的に訳すのが自然な場合が多い.
8 〈限定〉故人になった, 亡くなった. My ～ old father used to say so. 亡父はいつもそう言っていた.
◇名 poorness, poverty
(as) pòor as a chùrch móuse →church.
grìnd the fàces of the póor →grind.
tàke a pòor [dìm] víew of .. →dim.
the pòor mán's .. 貧乏人の..《安い代用品について言う》, 本物[有名な人, 物]より劣った... Chemical weapons are sometimes called *the* ～ *man's* H-bomb. 化学兵器は貧乏人の水素爆弾と呼ばれることがある.
[＜ラテン語 *pauper*「貧しい」]
póor bòx 名 C 〖旧〗慈善用の箱《特に教会に設けてあるもの》.
póor bòy 名 〖米話〗＝hero sandwich.
póor·hòuse 名 (複 →house) C (昔の)救貧院 (→workhouse 2). in the ～ ひどく貧乏で.
póor làw 名 C 〖英史〗救貧法.
***poor·ly** /púərli | pɔ́ː-, puə-/ 副 m **1 不成功に, まずく**, へたに. He did ～ on the test. 彼はテストでしくじった.
2 貧しく, みすぼらしく; 貧弱に, 不十分に. be ～ dressed みすぼらしい身なりだ. ～-lighted streets 照明の乏しい街路. The employees are ～ paid. 雇い人たちは十分な給料をもらっていない.
be pòorly óff (1) 貧しい (↔be well off). (2) 乏しい 〈*for* ..が〉 (→be WELL off). The expeditionary party *was* ～ *off for* provisions. その探検隊は食糧が十分でなかった.
thìnk póorly of .. 〖やや旧〗..を重く見ない, 軽視する, (↔think highly of..).
── 形 〖主に英話〗〈叙述〉気分がすぐれない (sick); 加減が悪い. feel[look] ～ 気分がすぐれない[加減が悪そうだ].
póor-mòuth 動 〖話〗自 貧乏なのをこぼす[口実にする]. ── 他 をけなす.
póor·ness 名 U **1** 不足, 不十分, 貧弱. **2** 拙劣, ひどさ; 粗悪, 劣等; 病弱. ★貧困の意味では poverty が普通.
pòor relátion 名 C 劣っている物[人] 〈*of* ..〔同類〕の中で[の], 〔同類〕に比べて〉.
pòor-spírited /-əd 形/ 形 〖章・軽蔑〗臆(おく)病な, 気力のない, 気の弱い. ▷ **～·ly** 副
pòor whíte 名 C 〖軽蔑〗(特に米国南部の)下層白人 (**pòor white trásh**).
pooves /puːvz/ 名 ＝poof[1] の複数形.
‡**pop**[1] /pɑp | pɔp/ 動 (**～s** /-s/ | 過 過分 **～ped** /-t/ | **póp·ping**) 自 **1 ぽんと音を立てる; ぽんと音を立ててはじける**[破裂する]. I heard the champagne corks ～*ping*. シャンペンの栓をぽんぽん抜く音が聞こえた.
2 〖話〗ぱんと発砲[発射]する 〈*at* ..を狙って〉.
3 〖話〗VA ひょいと入る 〈*in*〉, ひょいと出て行く 〈*out*〉; 不意に行く[来る]; 突然[すぐ]出る[現れる] 〈*out, up*〉; **急に動く**. We just ～*ped in* to say hello. ちょっと挨拶(あいさつ)に立ち寄りました. ～ *out of* bed ベッドから急に飛び起きる.
4 〖話〗〔目が〕(びっくりして)突き出る, 見開く; 〔耳が〕(気圧の変化で)きゅーんとなる. His eyes almost [nearly] ～*ped out* (of his head) when he saw the price tag. 彼は正札を見ると驚いて目の玉が飛び出るほどであった.
5 〖野球〗VA (**～ *up***) 凡フライ (pop fly) を打ち上げる; (**～ *out***) 凡フライを打ってアウトになる.
── 他 **1** をぽんといわせる[破裂させる]; 〔トウモロコシ, クリなど〕を煎(い)ってはじけさす. ～ a bubble gum 風船ガムをぱんとはじかす. ～ the cork off a wine bottle ワインボトルの栓をポンと抜く. ～ corn ポップコーンを作る.
2 〖話〗VOA を急に動かす, ひょいと出す[入れる, 置く, 身につける]. ～ the magazine *in*[*into*] a trash can 雑誌をポイとごみ入れに入れる. ～ one's head *out of* the window 窓からひょいと首を出す. He ～*ped* his jacket *on* and darted out. 彼は上着をひっかけて飛び出して行った.
3 〔弾丸〕をぱんと発射する 〈*at* ..に向けて〉.
4 〖話〗を突然言い出す 〈*at* ..に向かって〉. ～ a question *at* a person 人に急に質問をする. **5** 〖英俗〗を質入れする (pawn). **6** 〖俗〗〔薬〕を常用する, 注射する. ～ pills 麻薬をやっている.
póp for .. 〖俗〗..をおごる(と申し出る).
pòp óff 〖話〗(1) 急に[そっと]出て行く. (2) ぽっくり死ぬ. (3) 大声でまくし立てる 〈*about* ..について〉.
pòp the quéstion 〖話〗〔特に男性が〕結婚を申し込む, 求婚する, (propose).
pòp úp (1) →自 5. (2) 〖話〗〔事件などが〕突然持ち上がる; 〔人, 物が〕ひょいと現れる.
── 名 **1** C ぽん[ぱん; ぱちん]という音; 発砲(の音). **2** ＝pop fly. **3** U 〖旧話〗炭酸清涼飲料(〖主に米〗soda)《栓を抜く時の音から》.
a póp 〖米俗〗1 つ[1 回]につき (apiece, each). the lessons cost $50 *a* ～. レッスン料は 1 回 50 ドルだ.
in póp 〖英俗〗質に入って.
── 副 ぽんと; ひょいと, ふいに; 〔抜ける, はじける, 破裂す

るなど〕. The cork[The front right tyre] went ～. 栓がぽんと抜けた[右前輪がパンクした]. 〔擬音語〕

*pop[2] /pɑp|pɔp/ 形 ⓒ 〈限定〉〘話〙ポピュラー(ミュージック)の; 大衆的な《特に商業主義的見地からみて》. a ～(s) concert ポピュラーコンサート. a ～ song [group] ポピュラーソング[ポピュラーミュージックのグループ]. a ～ novel 大衆[通俗]小説. ── 名 1 Ⓤ ポピュラーミュージック, 流行歌; Ⓒ その曲. 2 ＝pop art. [＜*pop*ular]

pop[3] 名 Ⓒ 〘米話〙 1 パパ, お父ちゃん (＜*pop*pa). 2 〈呼びかけ〉おじさん.

pop. population; popular; popularly.

pop·a·dam, -dom, -dum /pɑ́pədəm/ 名 Ⓒ ポパダム《インドの薄くて平らな円盤状の油で揚げたパン; カレーと一緒に食べる》.

pòp árt 名 Ⓤ ポップアート《漫画, 広告, 映画など一般大衆の身近な文化を主題とする前衛美術の運動》.
▷**póp àrtist** 名 Ⓒ ポップアート作家.

pop·corn /pɑ́pkɔ̀ːrn|pɔ́p-/ 名 Ⓤ ポップコーン.

pòp cúlture 名 Ⓤ 大衆文化.

Pope /poup/ 名 **Alexander** ～ ポープ (1688–1744)《英国の詩人》.

*pope /poup/ 名 (複 ～s /-s/) Ⓒ 1 〈普通 the P-〉ローマ教皇《ローマカトリック教会の首長; →pontiff 1》. *Pope* John Paul II 教皇ヨハネ-パウロ 2 世 (★肩書の時は無冠詞). 2 絶対的権威者, '法王'. reign as the *Pope* of Fine Art 美術界の法王として君臨する. ◇形 papal

Is the Pòpe (a) Cátholic? 〘話・戯〙当たり前でしょう, 言わずもがなだ.《＜教皇はカトリック教徒か; わかり切ったことへの返答》. [＜ギリシア語「父, パパ」]

pop·er·y /póupəri/ 名 Ⓤ ローマカトリック教(の制度, 教義など)《新教徒が非難して使う語》.

pòpe's nóse 名 〈the ～〉〘米俗〙(料理した)鳥の尻(しり)肉 (〘英話・戯〙parson's nose).

Pop·eye /pɑ́pai|pɔ́p-/ 名 ポパイ《アメリカの漫画の主人公; →sailorman》.

pop·eyed /pɑ̀páid|pɔ̀p-㊕/ 形 〘話〙 1 (興奮, 仰天などで)目を丸くした. 2 目の突き出た, 出目の.

pòp flý 名 Ⓒ 〘野球〙(高く上がった)凡フライ.

póp·gùn 名 Ⓒ コルク[紙]鉄砲《ぽんと音を立ててコルクや紙の球を発射するおもちゃの鉄砲》.

pop·in·jay /pɑ́pəndʒèi|pɔ́p-/ 名 (複 ～s) Ⓒ 〘古・軽蔑〙おしゃべりな気取り屋[しゃれ者].

pop·ish /póupiʃ/ 形 〈非難して〉カトリック教の; 教皇制の. ▷**～·ly** 副 **～·ness** 名

‡**pop·lar** /pɑ́plər|pɔ́p-/ 名 1 Ⓒ ポプラ《セイヨウハコヤナギの類のヤナギ科の落葉高木の総称; →aspen 図》; Ⓤ ポプラ材. 2 〘米〙＝tulip tree.

pop·lin /pɑ́plən|pɔ́p-/ 名 Ⓤ ポプリン《普通, 木綿, レーヨンなどの丈夫な光沢ある薄手の織物》.

póp·òver 名 ⓊⒸ 〘米〙マフィンの一種《小麦粉, 卵, バターを混ぜて焼く》.

pop·pa /pɑ́pə|pɔ́pə/ 名 〘米話〙＝papa.

pop·pa·dam, -dom, -dum /pɑ́pədəm|pɔ́p-/ 名 ＝popadam.

pop·per /pɑ́pər|pɔ́pə/ 名 Ⓒ 1 〘主に米〙ポップコーン煎(い)りなべ. 2 〘英話〙スナップ, ホック, (press-stud, 〘米〙snap).

pop·pet /pɑ́pət|pɔ́p-/ 名 Ⓒ 1 〘英話〙かわいい子《子供, ペットなどに対する愛称[呼びかけ]》. 2 〘機〙ポペット弁 (**póppet vàlve**).

pòp psychólogy 名 Ⓤ 通俗心理学《大衆向けの実生活への助言などを扱う》.

*pop·py /pɑ́pi|pɔ́-/ 名 (複 -pies /-z/) 1 Ⓒ ケシ《畑, 庭に栽培される 1 年草; **ópium pòppy** とも言い, その実の乳液から阿片を採る》, ケシの花; ケシ属の植物の総称. 2 Ⓤ けし色《明るいオレンジがかった赤色》.

póppy·còck 名 Ⓤ 〘旧話〙ばかげた話, ナンセンス.

Póppy Dày 名 〘英〙'けしの日'《英霊記念日 (Remembrance Sunday) の俗称; 傷痍(い)軍人救済のために赤いケシの造花が売られ, 買った人はそれをつけて死者を悼む》.

póppy sèed 名 Ⓤ ケシの種[実]《料理に用いる》.

póp qùiz 名 Ⓒ 〘米〙抜き打ち小テスト.

pops /pɑps|pɔps/ 形 〘米〙ポップスの《オーケストラが演奏するポピュラーミュージックの》. a ～ concert ポップスコンサート.

póp·shòp 名 Ⓒ 〘英俗〙質屋.

Pop·si·cle /pɑ́psikl|pɔ́-/ 名 Ⓒ 〘米〙〘商標〙(棒付きの)アイスキャンデー (〘英〙ice lolly).

pòp sínger 名 Ⓒ ポピュラー歌手.

póp·stàr 名 Ⓒ ポピュラーミュージックのスター.

pop·sy, -sie /pɑ́psi|pɔ́p-/ 名 (複 -sies) Ⓒ 〘英俗・しばしば軽蔑〙ガールフレンド.

‡**pop·u·lace** /pɑ́pjələs|pɔ́p-/ 名 Ⓤ 〘章〙〈普通 the ～; 単複両扱い〉 1 (ある地域の)全住民, 人口. 2 一般大衆, 民衆.

‡pop·u·lar /pɑ́pjələr|pɔ́p-/ 形 ⓜ **1 人気のある**, 評判のいい; 受けがいい, 人望のある; 〈*with, among* ..に〉. a ～ TV program 人気の高いテレビ番組. That song is very [increasingly] ～ *with* [*among*] young people. あの歌は若い人たちに非常に人気がある[どんどん人気が出てきている]. You'll be ～ when they know you're not joining them in the action. 君がその行動に加わらないことがわかったらさぞかし人気が出るだろうよ《皮肉;「彼らは怒るだろう」の意味》.
2 一般的な, 普通によくある; 普及している, 支持されている. contrary to ～ belief(s) 一般に信じられていること[俗信]とは反対に.
3 ⓒ 〘章〙〈限定〉**人民の**[による], 一般民衆の. ～ government 民主政治. ～ opinion 世論. ～ education 普通教育. a ～ uprising 大衆蜂起. the ～ front 人民戦線. the ～ vote 〘米〙大統領選挙人 (elector) を選ぶ一般国民投票. win ～ support 民衆の支持を得る.
4 〘時に軽蔑〙〈限定〉**大衆向きの**, 通俗な; 平易な. ～ entertainment 大衆娯楽. the ～ press 大衆紙《新聞》. I prefer ～ music to classical. 私はクラシックよりポピュラーミュージックの方が好きだ. in ～ language 平易な言葉で.
5 〈主に限定〉普通の人にも買える; 〘婉曲〙安い (cheap). at ～ prices 廉価で. a ～ edition 普及版.
◇↔unpopular 名 popularity
── 名 Ⓒ 〘英〙大衆紙[誌].
[＜ラテン語「民衆の」]

pòpular cápitalism 名 Ⓤ ポピュラーキャピタリズム《1980 年代に英国でもてはやされた右寄りの政治経済体制; 税金を低くして国民の住宅購入・事業創業意欲を高めようとする》.

pòpular etymólogy 名 ＝folk etymology.

‡pop·u·lar·i·ty /pɑ̀pjəlǽrəti|pɔ̀p-/ 名 Ⓤ **人気**, 人望, 支持; 通俗性, 流行. Her ～ *among* [*with*] the boys is surprising. 男の子の間での彼女の人気は大したものだ. acquire [gain (in)] ～ 人望[支持]を得る. win [lose] ～ 人気を得る[失う]. establish one's ～ 人気を不動のものにする. Organic foods are increasing in ～. 自然食品は人気が増大している.

pòp·u·lar·i·zá·tion 名 Ⓤ 大衆化; 普及.

‡**pop·u·lar·ize** /pɑ́pjələràiz|pɔ́p-/ 動 他 を大衆化する; を普及させる, 広める. a ～*d* version of a classical novel 古典小説を通俗化したもの.

‡**póp·u·lar·ly** 副 1 一般に; 通俗的に, 大衆向きに. parotitis, ～ called the mumps 俗におたふくかぜと呼ばれる耳下腺炎. It is ～ believed that black cats bring luck. 黒ネコは幸運をもたらすと俗に信じられている. 2 〘婉曲〙値段が安く. 3 人民によって. a ～ supported

P

[elected] government 人民の支持のある[民主的に選ばれた]政府.

‡**pop·u·late** /pάpjəlèit|pɔ́p-/ 動 他 **1**〔ある地域〕に住民を定住させる, 植民する, (people)〈しばしば受け身で〉. The place was ~*d* by the Vikings a thousand years ago. その土地は 1000 年前にバイキングによって植民された. **2**〔人や動物などが〕に住む (inhabit, live in)〈しばしば受け身で〉. the most densely [sparsely] ~*d* areas 人口が最も稠密(ちゅうみつ)な[希薄な]地域. Some 800 lions ~ the area. 約 800 頭のライオンがその地域に生息している. **3**〔特定の人々が〕〔部署, 分野など〕を占める;〔映画など〕に盛んに登場する.

‡**pop·u·la·tion** /pɑ̀pjəléiʃ(ə)n|pɔ̀p-/ 名 (複 **~s** /-z/) **1** UC (特定の国, 地域の)**人口**, 全住民数. Do you know what [how large] the ~ of London is? ロンドンの人口はどれだけか知っていますか. a fall [decrease] in ~ 人口の減少. a rise [an increase] in ~ 人口の増加. a city with a ~ of 50,000 人口 5 万の市. a ~ explosion 爆発的人口増加, 人口爆発. The urban ~ is expanding in this country. この国では都市の人口が膨張している.

連結 a large [a crowded, a dense, a teeming; a sparse; a small; a growing, an increasing, a rising; a decreasing, a shrinking; a stable] ~

2 U〈単複両扱い〉(一定地域の)全住民; (一定地域のある階層, 人種などの)全住民. All the ~ of the village came to help. その村の全住民が助けに来た. the white [French] ~ 白人[フランス系]住民. **3** C 〖生物〗(一定区域内の)個体数, 個体群. the dog ~ of the city その市の犬の総数. **4** C 〖統計〗母集団.
[<ラテン語「人々を住まわせること」]

Pop·u·list /pάpjəlist|pɔ́p-/ 名 C, 形 **1**〖米史〗人民党員(の)《Populist [People's] Party (人民党)の活動は 1891–96》. **2**〈p-〉人民主義者(の); 大衆迎合主義者(の). ▷ **Póp·u·lìsm** 名 U 人民党の政策[主義];〈p-〉人民主義, 大衆迎合主義[政策].

***pop·u·lous** /pάpjələs|pɔ́p-/ 形 m 〖章〗**人口の多い**; 人口稠密(ちゅうみつ)な. ▷ **~·ly** 副 **~·ness** 名

póp-ùp 形〈限定〉(自動的に)ぽんと飛び上がる[出す]構造の《トースター, 絵本, カメラのフラッシュなどについて言う》. ~ headlights (車の)ポップアップ式のヘッドライト.
—— 名〖野球〗=pop fly.

†**por·ce·lain** /pɔ́ːrs(ə)lən/ 名 U 磁器;〈集合的〉磁器製品; (類語 ガラス質を含み半透明, 茶わん類は多くこれで, earthenware より堅い; china は俗称) (→ceramics ★).

pòrcelain cláy 名 =kaolin.

‡**porch** /pɔːrtʃ/ 名 (複 **pórch·es** /-əz/) C **1 玄関**, ポーチ, 《入り口から突き出た屋根のある部分; →church 図》. **2**〖米〗ヴェランダ (veranda). [<ラテン語「柱廊, 玄関」]

por·cine /pɔ́ːrsain/ 形〖しばしば軽蔑〗豚の(ような).

‡**por·cu·pine** /pɔ́ːrkjəpàin/ 名 C〖動〗ヤマアラシ《全身に長いとげ (quills) のある哺(ほ)乳動物; 主に熱帯産で土中の穴に住む》.

†**pore**[1] /pɔːr/ 動 自 **1** VA (~ *over* ..) ..を熟読する, じっと見る, 夢中になって研究する; (~ *through* ..)〔厚い本など〕をじっくり読み通す. ~ *over* a book 本を読みふける. **2** (~ *on* [*upon*], *over* ..) ..をじっくり考える.

pore[2] 名 C〈普通 ~s〉毛穴;〖植〗(葉の)気孔.
from èvery póre あらゆる毛穴から, 全身から. sweat *from every* ~ 汗びっしょりになる. He oozed anger *from every* ~. 彼は全身から怒りを発散させていた.

por·gy /pɔ́ːrdʒi/ 名 (複 **~, -gies**) C〖米〗〖魚〗タイの一種《食用》.

‡**pork** /pɔːrk/ 名 U **1 豚肉** (→pig, hog). **2**〖米俗〗(議員が選挙区に取り入るため政府に支出させる)国庫交付金. [<ラテン語「豚」]

pórk bàrrel 名 U〖米俗〗(政治的目的で優遇的に国庫金を投入する)地域開発事業; =pork 2. ~ politics 利益誘導型政治.

pórk bùtcher 名 C〖英〗(ソーセージなど)豚肉製品販売業者.

pórk·er 名 C **1** 食用のために太らせた若豚. **2**〖戯〗豚 (pig). **3**〖俗〗うそ (lie).

pórk pìe 名 UC ポークパイ《豚肉のミンチ入りのパイ》.

pòrk·pie (hát) 名 C 頂部が浅くて丸いソフト帽《形が pork pie に似ている》.

pòrk ríndS 名〈複数扱い〉〖米〗=scratchings.

pork·y /pɔ́ːrki/ 形 e **1** 豚肉の(ような). **2**〖話〗〔人が〕太った;〖俗〗生意気な.
—— 名 C〖英俗〗うそ《**pórk(y) pìe** とも言う》.

‡**porn** /pɔːrn/ 名, 形〖話〗=porno.

por·no /pɔ́ːrnou/〖話〗名 =pornography.
—— 形 =pornographic.

por·nog·ra·pher /pɔːrnάgrəfər|-nɔ́g-/ 名 C pornography の制作者[作家].

‡**por·no·graph·ic** /pɔ̀ːrnəgrǽfik ◎/ 形 ポルノ文学[絵画, 写真, 映画, ビデオ, 雑誌]の, ポルノ的な.
▷ **por·no·graph·i·cal·ly** /-k(ə)li/ 副

‡**por·nog·ra·phy** /pɔːrnάgrəfi|-nɔ́g-/ 名 U ポルノ(グラフィー), ポルノ映画[ビデオ, 雑誌, 本, 絵画, 写真].

pórn shòp 名 C ポルノショップ.

po·ros·i·ty /pɔːrάsəti|-rɔ́s-/ 名 (複 **-ties**) **1** U 多孔性. **2** C 穴.

‡**po·rous** /pɔ́ːrəs/ 形 **1** 小穴の多い, 多孔性の. **2** 浸透性の《水, 空気などを通す》. **3**〈比喩的〉〔守備などが〕穴だらけで. ▷ **~·ly** 副 **~·ness** 名

por·phy·ry /pɔ́ːrfəri/ 名 U〖地〗斑(はん)岩.
▷ **por·phy·rit·ic** /pɔ̀ːrfərítik/ 形

por·poise /pɔ́ːrpəs/ 名 (複 **~, -pois·es**) C〖動〗ネズミイルカ《dolphin に似ているが鼻先はとがっていないで丸い》. [<ラテン語 (<「豚」+「魚」)]

‡**por·ridge** /pɔ́ːridʒ|pɔ́r-/ 名 U **1**〖主に英〗かゆ《オートミールその他の穀物のひき割りを牛乳などでどろどろに煮たもの; 朝食用;〖米〗oatmeal》. **2**〖英俗〗(刑務所での)刑期. do (one's) ~ 服役する.
sàve one's bréath to còol one's pórridge むだ口をたたかない, よけいな口出しを控える.

por·rin·ger /pɔ́ːrəndʒər|pɔ́r-/ 名 C かゆ皿《普通, 柄(え)のついた浅いボウル; 子供用》.

‡**port**[1] /pɔːrt/ 名 (複 **~s** /-ts/) C **1**〈しばしば無冠詞〉港, 港町, 港市, (類語 商業貿易に重点を置く海[川]の港で, 波止場だけでなく背後の都市も含む; →harbor, haven). clear [leave] (a) ~ 出港する. come into [enter, make] (a) ~ 入港する. reach ~ 港に着く. call at a ~ 寄港する. a naval ~ 軍港. a ~ of delivery [distress] 荷おろし[避難]港. All the ships in ~ were destroyed by the bombing. 停泊中の船舶はみな爆撃でやられた. **2** =port of entry. **3**〖話〗空港《inland port とも言う》.
Àny pórt in a stórm. 急場逃れ[しのぎ]にはどんな手段でもよい. [<ラテン語「港」]

port[2] 名 C **1** =porthole 1; 荷役口; (昔の軍船, 戦車などの)砲門; 舷(げん)窓の覆い. **2**〖機〗蒸気排出口, シリンダーの穴. **3**〖電算〗ポート《データの受け渡しをする部分》.

port[3] 名 U〖軍〗控え銃(つつ)のかまえ[位置]. at the ~ 控え銃の姿勢で. —— 動 他〔銃〕を控え銃にする. *Port* arms!〖軍〗控え銃《号令》.

‡**port**[4] 名 U (船, 航空機の進行方向に向かって)左舷(げん) (↔starboard; 類語 古くは larboard が使われたが starboard (右舷) と聞き間違えられるので port が使われるようになった). The ship turned to ~. 船は左に転回した.

── 形, 副 左舷の[に]. ～ tack →tack 名 3 (a). ── 動 他, 自 (〔舵(かじ)〕を)左にとる; 取り舵にする. *Port* (the helm)! 〖海〗取り舵《号令》.

port[5] 名 **1** U ポートワイン (**pòrt wíne**)《甘味のある強い赤(時には白)ワイン; 普通, 食後に飲む; ポルトガルの出荷港 Oporto の名から》; C その 1 杯. **2** U 深紅色. **3** 〈形容詞的〉深紅色の.

Port. Portugal; Portuguese.

pòrt·a·bíl·i·ty 名 U 持ち運びできること, 軽便さ; 〖電算〗可搬性.

*__port·a·ble__ /pɔ́ːrtəb(ə)l/ 形 ⓒ **1** **持ち運びできる**, 携帯用の, 軽便な; 移動できる. a ～ (tele)phone [TV] 携帯電話[ポータブルテレビ]. ～ baggage 手荷物. **2** 〖電算〗〔ソフトウェアなどが〕可搬的な《他のシステムでも利用できる》. ── 名 C (ラジオ, テレビ, コンピュータなどの)ポータブル(型の製品); 携帯用器具.
[＜ラテン語「運ぶ」; -able] ▷**-bly** 副 **～·ness** 名

por·ta·crib /pɔ́ːrtəkrìb/ 名 〖米〗〖商標〗＝carrycot.

por·tage /pɔ́ːrtidʒ/ 名 **1** UC 連水陸路運搬《2 つの水路[湖など]の間を陸路でボート・貨物などを運搬すること》. **2** C 連水陸路. **3** aU 運送費, 輸送費.
── 動 他 を連水陸路運搬する. ── 自 VA 〔ボートが〕連水陸路運搬される〈*to* ..へ〉.

Port·a·kab·in /pɔ́ːrtəkæ̀bin/ 名 C 〖英〗〖商標〗ポータキャビン《移動可能なプレハブ式仮説小屋[住宅・事務所など]》.

por·tal /pɔ́ːrtl/ 名 C 〖章〗 **1** 〈～s〉(壮大で, 堂々とした)玄関, (正)門; 〈一般に〉入り口. the ～*s* of the White House ホワイトハウスの入り口. **2** 〈～s〉出発点, '門(かど)'. stand at the ～s of bliss 至福の門に立つ. **3** 〖解剖〗門脈 (**pòrtal véin**). **4** ポータルサイト《インターネットの検索サイト》. ── 形 〖解剖〗門脈の.

pòrtal-to-pórtal 形 〈限定〉(実働時間ではなく出社から退社までの)拘束時間払いの〔賃金〕.

por·ta·men·to /pɔ̀ːrtəméntou/ 名 (複 **-ti** /-tiː/) C 〖楽〗ポルタメント《1 つの音から他の音へ滑らかに移行すること》. [イタリア語「運ぶこと」]

Pòrt Árthur 名 ポートアーサー《タスマニアのタスマン半島南岸にあったオーストラリアの流刑地 (1833–70)》.

port·cul·lis /pɔːrtkʌ́ləs/ 名 C (城門, 要塞(さい)などの入り口の)落とし格子.

porte-co·chere /pɔ̀ːrtkouʃéər|-kɔ-/ 名 C 〖米〗(屋根のある)車寄せ. [フランス語 'carriage entrance']

[porte-cochere]

por·tend /pɔːrténd/ 動 他 〖章〗〔物事が〕〔凶事, 重大事など〕を警告[予告]する, の前兆となる. The revolt ～*ed* the downfall of the dictatorchip. その反乱は独裁政治の崩壊の前触れとなった.

por·tent /pɔ́ːrtent/ 名 〖章〗 **1** C (特に凶事, 重大事などの)前兆, 予兆, 前触れ; 〈～s〉(さまざまな予兆から見た)見通し, 前途. The economic ～s for this year are gloomy. 今年の経済の見通しは暗い. **2** U (未来についての)意味合い. an event of great ～ 将来に関して重大な意味をもつ出来事. **3** C 驚異(的な物[人]).

por·ten·tous /pɔːrténtəs/ 形 **1** (特に凶事の)前兆となる, 不吉な (ominous). **2** 驚異的な, 信じがたいほどの. **3** 〖軽蔑〗しかつめらしい, いやにもったいぶった. ▷**～·ly** 副 不吉にも; 驚異的に; しかつめらしく.

Por·ter /pɔ́ːrtər/ 名 ポーター. **Katherine Anne ～** (1890–1980)《米国の女流作家》.

‡**por·ter**[1] /pɔ́ːrtər/ 名 (複 **～s** /-z/) C **1** (駅, 空港などの)**ポーター**, 赤帽, (〖米〗redcap); 荷物運び, 運搬人, 《例えば登山のシェルパなど》. **2** 〖米〗〖鉄道〗(寝台車, 特別客車 (parlor car) の)ボーイ. **3** 〖米〗(ビル, 店などの)用務員, 掃除夫. [＜ラテン語「運ぶ人」]

por·ter[2] 名 C 〖英〗(ホテル, 病院, 学校などの)門衛, 門番, (concierge; 〖米〗doorman).

por·ter[3] 名 U ポーター《黒ビールの一種; ＜*porter's* ale》.

por·ter·age /pɔ́ːrt(ə)ridʒ/ 名 U **1** (ポーターの行う)運搬作業. **2** aU 運搬料.

pórter·hòuse 名 UC (テンダーロインなど)上肉の大きなビーフステーキ (**pòrterhouse stéak**).

pòrter's lódge 名 C 〖英〗門衛詰め所.

†**port·fo·li·o** /pɔːrtfóuliòu/ 名 (複 **～s**) **1** C (**a**) (大型で薄い)書類かばん, 折りかばん, 書類入れ; かばんに入れた書類. (**b**) (求職の際などの自己 PR 用の)作品サンプル(写真)集. **2** U 〖主に英章〗(特定の省の長としての)大臣の職務[地位]. hold the foreign affairs ～ 外務大臣の地位にある. a minister without ～ 無任所大臣.
3 C 〖経〗ポートフォリオ《特定の投資家や金融機関が保有する各種有価証券類の集合》. a ～ manager 金融資産運用担当マネージャー. diversify one's share ～ 自分の株式を(多くの銘柄に)分散させる.

pórt·hòle 名 C **1** (船の)舷(げん)窓, (飛行機の)機窓, 《明かりとりの丸窓》. **2** (要塞(さい), 城壁などの)銃眼, 砲門.

Por·tia /pɔ́ːrʃə/ 名 ポーシャ《Shakespeare 作の *The Merchant of Venice* の女主人公》.

por·ti·co /pɔ́ːrtikòu/ 名 (複 **～(e)s**) C 〖建〗ポーチコ, 柱廊玄関. [イタリア語; porch と同源]

[portico]

por·tiere /pɔːrtjéər/ 名 C ドアカーテン《玄関のドアの代用, 又は装飾用》. [＜フランス語 'door keeper']

‡**por·tion** /pɔ́ːrʃ(ə)n/ 名 (複 **～s** /-z/) C **1** **部分**, 一部, (類語 ある目的に割り当てられた比較的独立性の強い部分 (part) を意味する). a small ～ of land 少しばかりの土地. give food out in ～*s* 食べ物を少しずつ分配する. bear [accept] a ～ of the blame for .. ..の責任の一端を負う.
2 **分け前**, 割り当て, (類語 share よりも形式ばった語). Each boy had his ～ of the cake. 少年たちはそれぞれケーキを分けてもらった.
3 (レストランなどで料理の) 1 人分, 1 人前. order two ～*s* of French fries フライドポテトを 2 人前注文する. The ～*s* are generous in this restaurant. この店は盛りがいい. a child's ～ 子供向きの盛り. a half ～ 半盛り. a dinner at $10 a ～ 1 人前 10 ドルのディナー.
4 〖法〗分与財産; 持参金 (dowry). a marriage ～ (花嫁の)結婚持参金.
5 〖雅〗〈単数形で〉運命 (類語 神に「割り当て」られたという気持ち; →fortune). What will be Taro's ～ in life? 太郎のその後の運命やいかに.
── 動 他 **1** VOA (～/X/***out***) X を分配する, 分けし与える[合う]〈*among*, *between* ..の間で〉. We ～*ed out* the cookies *among* us [*between* the two of us]. 私たち[2 人]の間でクッキーを分けた.
2 を分け前として与える; に持参金を持たせる.
[＜ラテン語「分け前」]

Port·land /pɔ́ːrtlənd/ 名 **1** ポートランド《(**a**) 米国 Oregon 州北西部の大都市で港市. (**b**) 米国 Maine 州南西部の港市; 州の主要都市》. **2** **the Isle of ～** ポートランド島《英国 Dorset 州の半島; 石灰岩の産地》.

Pòrtland cemént 名 U ポートランドセメント《普通のセメント; 凝固すると青みがかった灰色が Portland stone に似ている》.

P

Pòrtland stóne 名 U ポートランド石《建築用石灰石; Portland 2 産》.
port·ly /pɔ́ːrtli/ 形 e 〖婉曲・戯〗〔年配の特に男性が〕でっぷりしている, かっぷくのよい, (類語 堂々として押し出しのよいさま; →fat). ▷**port·li·ness** 名
port·man·teau /pɔːrtmǽntou/ 名 (複 **~s, ~x** /-z/) C 〖主に英〗(両開き革製の)旅行かばん.
—— 形 〈限定〉(単一目的のために)広範なもの⌞から成る[を包括する].
portmánteau wòrd 名 C かばん語 (blend)《2 語の一部が合わさって 1 語になった混成語; brunch (<*b*reakfast＋l*unch*), motel (<*mo*tor＋ho*tel*) など》.
pòrt of cáll 名 C (船の)寄港地; 〖話〗(人の)旅行途中の立ち寄り先, よく訪れる場所.
pòrt of éntry 名 C 通関手続《外国への出入り口である港[空港]》.
Por·to Ri·co /pɔ̀ːrtə ríːkou | -tou-/ 名 Puerto Rico の旧称《1932 年までの》.
‡**por·trait** /pɔ́ːrtrət, -trèit/ 名 (複 **~s** /-ts/) C **1** 肖像(画), 人物画[写真], ポートレート. **2** (人物, 風景などの)生き生きした描写[記述]. give[paint] a vivid ~ of .. を生き生きと描き出す. **3** 生き写し; 典型; 〈*of* ..の〉.
◇動 portray [<中期フランス語「描かれた(もの)」]
por·trait·ist /pɔ́ːrtrətist/ 名 C 肖像画家, 人物写真家.
pórtrait mòde 名 C 〖印〗(紙, 写真などの)縦長 (↔ landscape mode).
por·trai·ture /pɔ́ːrtrətʃər/ 名 〖章〗 **1** U 肖像画法; 人物描写. **2** C 肖像(画) (portrait) (★集合的にも用いる).
†**por·tray** /pɔːrtréi/ 動 他 **1** 〔人, 映画, テレビ番組, 本, 絵画などが〕を(言葉, 映像などで)描写する, (生き生きと)描く; VOA (~ X *as* ..) X を..として描く. ~ him *as* brave [a brave man] 彼を勇敢に描く. **2** の肖像⌞を描く[写真, 彫刻で表現する]. **3** (舞台, 映画で)の役を演じる. [<ラテン語「引き出す, 明らかにする」]
‡**por·tray·al** /pɔːrtréiəl/ 名 C 〈普通, 単数形で〉 **1** 描写(の仕方), 肖像画製作; 記述. character ~ 性格描写. **2** 描写したもの, 肖像画. a brilliant ~ of events 事件の見事な描写. **3** 〈普通 one's ~〉(映画や演劇で)役を演じること, 演技, 〈*of* ..の〉. Gielgud's famous ~ of Hamlet ギールグッドの有名なハムレット演技.
Pòrt Sa·íd /-saːíːd, -sáid/ 名 ポートサイド《エジプト北東部の海港; Suez 運河の地中海側入口にある》.
Ports·mouth /pɔ́ːrtsməθ/ 名 ポーツマス **1**《英国南部の港市で軍港》. **2**《米国 New Hampshire 州の港市・軍港; 1905 年の日露講和条約締結地》.
***Por·tu·gal** /pɔ́ːrtʃəgəl/ 名 ポルトガル《ヨーロッパ南西部の共和国; 首都 Lisbon》.
***Por·tu·guese** /pɔ̀ːrtʃəgíːz/ 名 (複 ~) **1** C ポルトガル人; 〈the ~〉ポルトガル人(全体). **2** U ポルトガル語.
—— /⊛/ 形 ポルトガルの; ポルトガル人[語]の.
Pòrtuguese man-of-wár 名 (複 **-men-**) C 〖動〗カツオノエボシ, 電気クラゲ.
por·tu·lac·a /pɔ̀ːrtʃulǽkə/ 名 C 〖植〗スベリヒユ属の総称《マツバボタンなど》.
POS point of sale.
pos. positive.
***pose**[1] /pouz/ 名 (複 **pós·es** /-əz/) C **1** (肖像画, 写真撮影のための)ポーズ, 姿勢, 構え. We struck [assumed] a silly ~ for the photograph. 我々は写真のためにふざけたポーズをとってみせた.
2 〖軽蔑〗 **見せかけ**, ふり, ポーズ, 気取り. Her politeness is a mere ~. 彼女の礼儀正しさは単なる見せかけだ. Though a rich man, he assumed the ~ of the champion of the proletariat. 金持ちだったが彼はプロレタリアの擁護者のふりをした.
—— 動 (**pós·es** /-əz/| 過 過分 **~d** /-d/| **pós·ing**) 自 **1** ポーズをとる, ある姿勢をとる, 〈*for* ..〔写真撮影(者)など〕のために〉. The model ~*d* ⌞in the nude[topless] *for* the painter. モデルは画家のためにヌードで[上半身裸で]ポーズをとった.
2 (気取って)格好をつける, 'ぶる'; VA (~ ***as*** ..) ..のように見せかける, ..のふりをする. He was *posing as* a police officer. 彼は警察官を装っていた.
3 〖軽蔑〗(印象づけようとして)不自然な[気取った]態度を取る, 不自然なことを口にする.
—— 他 **1** (写真撮影などのために)〔人〕にポーズをとらせる; 〔被写体〕を適当な位置に置く. The sculptor ~*d* his model carefully. 彫刻家はモデルに念入りにポーズをとらせた. **2** 〖章〗 **(a)** (会議などで)〔質問, 要求など〕を**持ち出す** (raise); 〔問題, 困難など〕を引き起こす. the question he ~*d* in his latest novel 最新の小説の中で彼が行った問いかけ. **(b)** VOO (~ X Y)・VOA (~ Y ***to***, ***for*** X) X に Y (問題など) を持ち出す, 引き起こす. The influx of refugees ~*d* a serious problem *for* the city. 難民の流入はその都市に深刻な問題を引き起こした. ~ a hazard to .. に危険をもたらす. ◇名 position
[<ラテン語「休止する」; pause と同源]
pose[2] 動 他 を(難問などで)困らせる, 閉口させる.
Po·sei·don /pousáidn, pə- | pə-, pɔ-/ 名 〖ギ神話〗ポセイドン《海神; ローマ神話の Neptune に当たる》.
pos·er[1] /póuzər/ 名 C **1** (絵, 写真などの)モデル. **2** = poseur.
pos·er[2] 名 C 〖旧話〗難問, 難題.
po·seur /pouzə́ːr/ 名 C 〖軽蔑〗気取り屋. [フランス語 'poser']
†**posh** /pɑʃ | pɔʃ/ 形 e 〖話・時に軽蔑〗 **1** 〔場所, 物などが〕豪勢な, ぜいたくな, 高価な, 超一流の. a ~ hotel 高級でぜいたくなホテル. **2** 〖主に英〗〔人, 話し方, アクセントなどが〕上流社会(風)の. **3** 〈副詞的〉スマートに, 気取って, お上品に. talk ~ 気取った話し方をする. act ~ スマートにふるまう. —— 動 他 VOA (~ /X/ ***up***) X をスマートに[こぎれいに]する. ▷**pósh·ly** 副 **pósh·ness** 名
pos·it /pάsit | pɔ́z-/ 動 他 〖章〗を自明のこととみなす (postulate); VO (~ ***that*** 節) ..と仮定する.
—— 名 UC 仮定.
‡**po·si·tion** /pəzíʃ(ə)n/ 名 (複 **~s** /-z/)
【置かれた所】 **1** C (人や物のある)**位置**, 場所. From my ~, I can't see Tom. 私のいる場所からはトムは見えない. find out the ~ of Ben Nevis on the map 地図上でベン・ネヴィス山の位置を見つける. take up a ~ by the fireplace 暖炉のそばに陣取る.
2 C 〈普通, 単数形で〉**立場**, 境遇, 〈*to* do ..する[できる]〉; (物事の)情勢, 状況, 局面. an enviable ~ 人もうらやむ境遇. I am ⌞not in a [in no] ~ to help you at the moment. 私は今あなたを助けられる立場[境遇]にはない. Put yourself in my ~. 私の立場にもなってみてください. put a person in a difficult [an awkward] ~ 人を厄介な立場に立たせる. the ~ of affairs 事態, 局面. in a false ~ →false 成句.
3【あるべき場所】 UC **適所**, 所定の位置, 配置; (選手などの)守備位置, ポジション, 部署; (戦いなどの)有利な立場; 陣地. in ~ 正しい位置に[の], 元の位置に[の]. out of ~ 適所をはずれて[た], 間違った位置に[の]. take up (one's) ~ 配置につく. He could play any ~ on the baseball team. 彼なら野球チームのどんなポジションでもやれるだろうに.
【地位, 身分】 **4** UC 社会的地位, 身分, (会社などでの)ポスト; 高い地位; (レースなどでの)順位, (クラスでの)席次. abuse one's ~ 地位を悪用[職権を濫用]する. a high [low] ~ in society 高い[低い]社会的地位. a man of ~ 身分のある人. be in (a) ~ of authority [responsibility] 権力の座にある[責任ある地位にある]. His team finished in second ~. 彼のチームは 2 位でゴールした.

P

> 連結 the foremost [a leading, a prominent; an important; an influential; a responsible; an inferior, a minor, a secondary, a subordinate] ~ // fill [hold, occupy; achieve, acquire] a ~; resign [relinquish] one's ~

5 Ⓒ 〘章〙**職**, **勤め口**, (類語 job より形式ばった語). *Position* wanted. 職を求む《新聞広告》. apply for a ~ in a big company 大会社に就職を申し込む.
【身の置き方】 **6** Ⓒ (人の)**姿勢**, 態度, 様子; (物の)置かれ方, (置かれた)位置; (セックスの)体位. lie in a comfortable ~ 楽な姿勢で横になる. a sitting ~ 座った姿勢.

> 連結 a challenging [a lucrative, a well-paid; a poorly-paid; a permanent; a temporary] ~ // apply for [look for, seek; find; take (up)] a ~

7 【心の姿勢】 Ⓒ 〈普通, 単数形で〉 態度; 見方, 見解; 〈*on* ..についての/*that* 節 ..という〉 (attitude, stance). explain the government's ~ *on* disarmament 軍縮に対する政府の見解を説明する. They took the ~ *that* no troops should be sent overseas. 彼らは軍隊の海外派遣はすべきではないという見解を示した.
── 動 他 **1** を適当な場所に置く; VOA を〔..に〕置く. ~ the chairs in a half circle 半円形にいすを並べる. ~ oneself next to ..の隣に陣取る. **2** の位置を定める.
[<ラテン語「置くこと」]

po·sí·tion·al /-nəl/ 形 位置(上)の; 地位の; 〘スポーツ〙守備上の, ポジションの.

posítion pàper 名 Ⓒ (組織体が出す)方針[政策]声明書.

‡**pos·i·tive** /pázətiv|pɔ́z-/ 形 ⓜ (★2, 6, 7, 8 は Ⓒ)
【明確な】 **1** 〈限定〉〔陳述, 発言が〕疑う余地のない, **確実な**, 疑いを許さない; **明確な**, きっぱりした. make a ~ statement 明確な声明を出す. a ~ promise 確約. a ~ fact 確固とした事実. ~ evidence [proof] 確証.
2 〘旧話〙〈限定〉全くの (complete). a ~ delight 心からの喜び. a ~ liar 大うそつき.
3 〈叙述〉**確信している** 〈*of, about* ..を/*that* 節 ..ということを〉; 〔人, 態度が〕自信満々の; (類語 confident などより強意的; →sure). He is too ~ *about* everything. 彼は何事にも自信が強すぎる. "Was it Sam you saw?" "(I'm) ~ (=Yes)." 「あなたが見たのはサムだったのですか」「間違いありません」
【前向きの】 **4 肯定的な** (↔negative). a ~ answer 肯定的な返事.
5 〈普通, 限定〉**建設的な**, 実際的な; 積極的な; 楽観的な; 〈*about* ..について〉 (↔negative). Give us some ~ help. 積極的に援助してほしい. a ~ attitude toward [outlook on] life 人生に対する積極的な態度. ~ suggestions [criticisms] 建設的な提案[批評].
【明確に存在する】 **6** 現実の, 実在する, 〘哲〙実証的な. If light is ~, darkness is negative. 光を陽とすれば闇(やみ)は陰である. ~ philosophy 実証哲学.
7 〘写〙陽画の, ポジの; 〘電〙正の, プラスの, 陽(電気)の; 〘医〙〔検査の結果が〕陽性の; 〔血液が〕Rh (factor が)プラスの; 〘数〙正の, プラスの; (↔negative). the ~ pole 〘電〙陽極, 正極, (anode). His blood type is B ~. 彼の血液型は B Rh プラスだ.
8 【修正されないままの】 〘文法〙原級の (→comparative, superlative).
── 副 〘話〙前向きに, 自信を持って, 積極的に. think ~ about ..について前向き[肯定的]に考える.
── 名 **1** Ⓒ 〘写〙陽画, ポジ; 〘数〙正の数; 正量. **2** 〘文法〙〈the ~〉 原級; Ⓒ 原級の語. What is the ~ of 'chillier'? 'chillier' の原級は何ですか.
[<ラテン語「置かれた」]

pòsitive degrée 名 〈the ~〉 〘文法〙原級.

pòsitive discriminátion 名 Ⓤ 〘英〙肯定的差別《性・人種差別で不当に扱われる人々を優遇しようとする考え方; →affirmative action》.

†**pós·i·tive·ly** 副 **1** 明確に, はっきりと, 断定的に; 積極[肯定, 楽観]的に. **2** 〘話〙〈強意的に〉絶対に, 全く, 本当に, (indeed). think ~ 楽観的[肯定的]に考える. That's ~ outrageous! そりゃ全くけしからんことだ. **3** 〘米〙〈間投詞的〉もちろんです《yes の強意語として; しばしば /ˈ-ˌ-ˈ-/ と発音される》. "Do you think he's in earnest?" "*Positively!*" 「彼は本気だと思いますか」「ええ, 思いますとも」 **4** 〘電〙正[陽]電気で. ~ charged 正[陽]電荷を帯びて.

pós·i·tive·ness 名 Ⓤ 確実性; 明確; 積極性.

pòsitive sígn 名 Ⓒ 〘数〙正符号 (plus sign) 《+》.

pòsitive vétting 名 Ⓤ 〘英〙(政府職員などの)身元調査, 適格性審査.

pos·i·tiv·ism /pázətivìz(ə)m|pɔ́z-/ 名 Ⓤ **1** 実証哲学, 実証主義, 《抽象的思考より確実な事実の観察を重んじる; フランスのコント (Auguste Comte) が唱えた》. **2** 確実[積極]性; 確信.

pos·i·tiv·ist /pázətivist|pɔ́z-/ 名 Ⓒ 実証哲学者; 実証主義者. ▷ **pòs·i·tiv·ís·tic** /-tik ⑧/ 形

pos·i·tron /pázətràn|pɔ́zətrɔ̀n/ 名 Ⓒ 〘物理〙陽電子 《<*posi*tive+elec*tron*; →proton, neutron; ↔ electron》.

poss /pɑs|pɔs/ 〘英話〙 =possible (★if ~ と as soon as ~ の形で). I'll go tomorrow *if* ~. できたら明日行きます.

poss. possessive; possession; possibly.

pos·se /pási|pɔ́si/ 名 Ⓒ **1** 〘米〙追跡[捜索]隊, 民間警防団, 《保安官 (sheriff) が犯人捜索などの際, 協力を求めて召集する民間人》. **2** 〘話〙(共通の特徴, 仕事, 目的などを持った)集団, 群衆. **3** (ジャマイカ人の)麻薬ギャング団. **4** 〘話〙遊び仲間.

‡**pos·sess** /pəzés/ 動 (~·es /-əz/|過 過分 ~ed /-t/|~·ing) 他 **1** 〈受け身, 進行形不可〉〔資産, 才能, 性質など〕を**所有する**, 持つ; 〔非合法な物〕を所持する; (類語 own より形式ばった語; →have). He ~*es* great wealth [talent]. 彼は大きな資産[才能]を持っている.
2 (a) 〔悪霊, 感情, 考えなどが〕〔人〕に**取りつく**, をとりこにする, 〈しばしば受け身で〉. He was ~*ed with* [*by*] ambition. 彼は野心に取りつかれていた. She was ~*ed by* [*with*] a devil. 彼女は悪魔に取りつかれていた. What ~*ed* you? 何でまたそんなことを(したんだ). (b) VOC (~ X *to do*) X(人)に取りついて..させる. What (on earth) ~*ed* you to do so? 一体全体何で君はそんな事をしたのか《<一体何が君に取りついて》.
3 〔心〕を保つ; 〈~ one*self*〉 自制する; 〈*in* ..(ある状態)に〉; 〔感情など〕を抑える. ~ one's soul [one*self*] in patience じっとこらえる. ~ one's temper 怒りを抑える. **4** 〔女〕と情交を結ぶ. ◇名 possession 形 possessive
[<ラテン語「占有する」(<「能力のある」+「座る」)]

‡**pos·sessed** /-t/ 形 **1** ものに取りつかれた(ような), 気がふれたような. He fought like one ~. 彼は(何かに)取りつかれた人のように(夢中で)戦った. **2** =self-possessed.
be possèssed of .. 〘雅〙..を所有している.

‡**pos·ses·sion** /pəzéʃ(ə)n/ 名 (複 ~s /-z/) **1** Ⓤ **所有する[される]こと**, 保有; 入手すること; 〘主に法〙占有, 所持; 〈*of* ..を, の〉. regain ~ *of* one's house (手放した)自分の家を再度手に入れる. in ~ 〔人が〕所有して, 〔物が〕所有されて. He came into ~ *of* a large fortune. 彼は大財産を手に入れた. The diamond came into a duchess's ~. そのダイアはある公爵夫人のものとなった. be prosecuted for [charged with] illegal ~ *of* cocaine コカインの不法所持で起訴[告発]される.
2 Ⓒ 〈普通 ~s〉 **所有物**, 所持品; 財産. We lost all our ~*s* in the fire. 我々は火事で全財産を失った. **3**

[C]〈普通 ～s〉属領, 領地. **4** [U]（悪霊などに）取りつかれていること. ◇[動] possess [形] possessive

ènter into posséssion of.. 〘章〙＝get POSSESSION of..

gèt* [*tàke*] *posséssion of.. ..を所有[占有]することになる, 手に入れる, 取得する;〔軍隊が〕..を占領する. The billionaire *took* ～ *of* the strad. その億万長者はそのストラディヴァリウスを手に入れた.

in a pèrson's posséssion 人の所有になって. according to the data *in* my ～ 私の持っている資料によると.

in posséssion of.. ..を所有[所持]して. countries *in* ～ *of* nuclear weapons 核兵器を保有している国々. The old man is still *in* full ～ *of* his faculties. 老人はまだかくしゃくたるものだ.

in the posséssion of..〔物が〕..に所有されて. the extensive forests *in the* ～ *of* the Imperial Household Agency 宮内庁の所有している広大な森林.

Posséssion is nine ténths* [〖英〗 *póints*] *of the láw. 〘諺〙占有は9分の利《実際に法律でこう規定されてはいないが, 社会の通念》.

†pos·ses·sive /pəzésiv/ [形] **1** 所有の;〘軽蔑〙所有[独占]欲の強い〈*about, of, with* ..について/*toward* ..に対して〉. ～ rights 所有権. a ～ wife [mother]（夫[子供]に対して）独占欲の強い妻[母親]. The kid is very ～ *with* [*about*] his tricycle. あの子供は3輪車の独占欲がとても強い《だれにも貸さない, 触らせないなど》.
2 〘文法〙所有を表す, 所有格の.
── [名] 〘文法〙〈the ～〉所有格; [C] 所有格の語; 所有代名詞[形容詞].
▷ **～·ly** [副] 我が物顔に. **～·ness** [名] [U] 独占欲.

possèssive ádjective [名] [C] 〘文法〙所有形容詞《my, her, their など, 形容詞的用法の possessive pronoun》.

possèssive cáse [名]〈the ～〉〘文法〙所有格.

possèssive prónoun [名] [C] 〘文法〙所有代名詞《personal pronoun の所有格のことを指すが, 特に mine, hers, theirs など名詞的に用いられるものについて言う》.

P

***pos·ses·sor** /pəzésər/ [名] (複 ～s /-z/) [C] **所有者**, 持ち主. the proud ～ of ..（しばしば〘戯〙）..の(栄えある)所有者.

pos·set /pásət|pɔ́s-/ [名] [U] ミルク酒《熱い牛乳に, ワイン, ビールなどを混ぜた飲料; 昔は風邪薬として飲んだ》.

‡pos·si·bil·i·ty /pàsəbíləti|pɔ̀s-/ [名] (複 **-ties** /-z/)
1 [U] **可能性**, 実現性,〈*of* ..の/*of* doing ..する/*that* 節 ..という〉(→probability [類語]; ★possibility *to* do の形では使わない). within [beyond] the range [realms, bounds] of ～ 可能な範囲内に[範囲外に]. Is there any ～ ⌞*of* our success [*of* our succeeding, *that* we will succeed]? 我々が成功する可能性がいくらかでもありますか.
2 [C]（1つの）可能性, 起こり得る事, 可能なもの. a great [good] ～ かなりの[高い]可能性（★high possibility とはしない). His arrest is a very real ～. 彼が逮捕されることも大いにありうる. There were only two *possibilities* left [open] for the man. その人には2つの可能性[取るべき道]しか残っていなかった. He is a ～ for the job. 彼にその仕事をさせることも考えられる.

[連結] a bare [a limited, a remote; a fair; a strong] ～ // deny [question] the ～ of ..

3 〈-ties〉**見込み**〈*for* ..の〉; 将来性, 発展の可能性. *possibilities for* improved relations between the two countries 両国間の関係改善の見込み. The house has *possibilities*. その家は(改造すれば)良くなる見込みがある. **4** [C] 〘話〙ふさわしい人[物]〈*for* ..にとって〉. ◇↔impossibility [形] possible

by àny possibílity 万が一にも, ひょっとして;〈否定文で〉どうしても..(ない).

by sòme possibílity あるいは, ひょっとして.

‡pos·si·ble /pásəb(ə)l|pɔ́s-/ [形] [m]（★1以外は比較はまれ）**1**〔物事が〕ありうる, 起こりうる;〈It is ～ (that) 節で〉(もしかしたら)**..となりそうである**,（[類語] possible は単に理論的に起こり得るという低い可能性を, probable は実際に起こりそうだというかなり高い可能性を表す, likely はその中間: It's ～, but hardly probable.（それはありえないことではないが実際にはまず起こるまい)). It's ～ *that* they will divorce. 彼らが離婚することは有り得ることだ（[語法] It's ～ for them to divorce. とすると「彼らは(法律上その他の障害が無いので)離婚することができる」の意味になる). With the overthrow of the king anything seemed ～. 国王打倒とともに何が起こっても不思議ではないように思えた. There's a ～ chance of winning, I suppose. 勝つチャンスがあるかもしれない. discuss a ～ merger of the two banks 両銀行の合併が可能かどうかを話し合う.
2〔物事が〕**可能な**;〈It is ～ (for X) to do の形で〉(X が)**..することができる**. do all that is humanly ～ 人間にできるあらゆることをする, 人事を尽くす. No escape was ～ from the prison. 脱獄は全く不可能だった. Is it ～ *for* me to see the President? 社長さんに会うことができますか（[語法] (1) 人を主語にして Am I ～ to see the President? とは言わない, Can I see the President? ならよい; →impossible 1. (2) 物を主語にして This fruit is *possible* to eat. とするのも不可). The scholarship made it ～ for me to study abroad. 奨学金で僕は海外留学ができるようになった.
3〈形容詞の最上級や all, every などを強調して〉可能な限りの. at the highest ～ score それこそ最高点で（★at the highest score ～ の語順も可能). The doctor did everything ～ for the patient. 医者は患者のためにできることは何もかもやった. Get here with all ～ haste. できるだけ急いで来なさい. What ～ reason did she have for doing that? 彼女は一体どんな理由があってあんなことをしたのだ《これは疑問詞の強調》.
4（満足とは言えないが）まあだいたいよい, 我慢できる. He's ～ as a boyfriend but not as a husband. 彼はボーイフレンドとしてはまあまあだけど夫としては考えられない.
5〈限定〉潜在能力のある, 見込みのある. We feel he's the only ～ presidential candidate. 大統領候補になれそうなのは彼ぐらいのようだ.
◇↔impossible [名] possibility

as..as póssible →as.

if* (*at àll*) *póssible できれば. *If* ～, deliver it to my office on Friday. できれば金曜日に私の事務所に届けてください.

── [名] **1** [U]〈the ～〉ありうる[なしうる]事. Politics is the art of the ～. 政治とは可能性の技術である《いろいろな要求の間に可能な妥協点を見いだす術》. **2** [C] 適当な人[物]〈*for* ..に〉,（仕事, チームなどへ採用する）候補者;〈普通 ～s〉可能なこと. a game between 'probables' and '～s' 一軍候補選手とその補欠選手との試合.

scòre a póssible（射撃などで）最高点を出す.
[＜ラテン語「力のある, できる」]

‡pos·si·bly /pásəbli|pɔ́s-/ [副] [m] **1**〈文修飾〉ことによると, もしかすると,（[類語] 可能性がないわけではない, くらいの気持ちで perhaps よりも可能性が少ない; may ～ では可能性が更に少ない; →probably). *Possibly* you're right, but I think differently. もしかするとあなたが正しいかもしれないが, 私の考えは違う. "Will he pass the examination?" "*Possibly* [Quite ～]."「彼は試験に合格するだろうか」「ひょっとしたらね[まず間違いなく受かるね]」 Can you ～ come tomorrow? もしかして明日来ることができますか.

2 〈can, could に伴って〉 (**a**) **何とかして**, できる限り. We'll do everything we ～ *can* for you. 私たちはあなたのためにできるだけのことはしましょう.
(**b**)〈否定文で〉とても[どうしても](..できない[..のはずはない]);〈疑問文で〉一体どうして(..できるのか[..でありうるのか]), 一体(..なのか); (by any possibility). That *could*n't ～ be true. そんなことは本当のはずがない. I *can*'t ～ overlook his neglect of duty 彼の職務怠慢は到底見逃せない. How *can* that ～ be true? どうしてそれが本当だということがあろうか. (**c**)〈控え目な依頼をする疑問文で〉ひょっとして, 何とか. *Could* you ～ give me a ride to the station? 駅まで車で送っていただけないでしょうか (★Could you give..? より更に丁寧).

pos·sum /pásəm|pɔ́s-/ 名 (複 ～, ～s)〖米〗= opossum. ***plày póssum*** 〖話〗眠っている[死んだ]ふりをする, たぬき寝入りをする; 知らないふりをする.

‡**post**[1] /poust/ 名 (複 **～s** /-ts/) **1** Ｕ〈the ～ 又は無冠詞で〉〖主に英〗**郵便**(制度) (→mail[1] 2 ★). send .. by ～ ..を郵送する. The parcel must have been damaged in the ～. その小包は郵送中に痛んだに違いない. The cheque is in the ～ and you will receive it tomorrow. 小切手は郵送したから明日届くだろう.
2 aU〖主に英〗〈普通 the ～; 集合的〉郵便物, (1回に集配される)郵便物; (1回分の集配)便; (→mail[1] 1 ★). She gets a lot of ～ every day. 毎日たくさんの郵便物が彼女のもとに届く. The ～ is heavy [light] today. 今日は郵便物が多い[少ない]. We had [There was] no ～ yesterday. 昨日は郵便が来なかった. Go and see if the ～ has come [arrived] yet, will you? 郵便がもう来たか見てきてくれないか. I missed [caught] the last ～. 最後の(集配)便に間に合わなかった[間に合った]. We will send the bill by a later ～. 請求書は後便で送ります.
3 Ｃ 〖英〗〈the ～〉郵便ポスト (〖米〗mailbox; →postbox); 郵便局 (post office). Put this letter in the ～, please. この手紙をポストに入れてください.
4 Ｃ〖古〗宿場《昔, 旅行者が休んだり, 馬を乗り換えたり, 飛脚が郵便物を取り次いだ場所》; 早馬, 飛脚.
5 Ｕ〈the..P-〉..ポスト《新聞名の一部に用いて》. the Evening *Post* イヴニングポスト.
by retùrn (of) póst →return.
── 動 (～s /-ts/|過 過分 **póst·ed** /-əd/|**póst·ing**) 他
1〖主に英〗(★〖米〗では mail) (**a**) を**郵送する**, **ポストに入れる**, 〈*off*〉. *Post off* the letter for me, please. 私の手紙を出してください. (**b**) VOO (～ X Y)・VOA (～ Y ***to*** X) X(人)に Y を郵送する. *Post* me a card by airmail when you get there. 向こうへ着いたら航空便ではがきをください. (**c**)〖話〗〔鍵など〕を中に入れる〈*through* ..〔ドア(の郵便受け)など〕を通して〉
2〖話〗に最新の情報を与える〈*on, about, with* ..について〉〈普通, 受け身で〉. be well ～*ed* (up) (事情などに)よく通じている. I'll keep you ～*ed on* what happens while you're away. あなたの留守中は起こった事をその都度お知らせします. **3**〖簿記〗を仕訳帳から元帳に転記する, 〔元帳〕に事項を記入する, 〈*up*〉.
── 自 急行する; 〖古〗早馬で旅行する.
[<中期フランス語「宿場, 飛脚」(<ラテン語「置く」)]

‡**post**[2] /poust/ 名 (複 **～s** /-ts/) Ｃ **1** (木, 石, 鉄などの)**柱**, 棒くい; (椅子の背などの)支柱; 標柱. a telegraph ～ 電柱. gate ～*s* 門柱.
2 (**a**)〈普通 the ～〉(競馬など競走の出発点, 決勝点としての)標識柱. The horses are at the ～. 馬は出発点に並んだ. the starting [winning, finishing] ～ 発走[決勝]点. (**b**)〖話〗=goalpost.
pìp* [*bèat*] *a pérson at the póst 人を土壇場[僅差]で負かす.
── 動 他 **1**〔ビラなど〕を張る〈*up*〉〈*on* ..〔壁など〕に〉; 〔壁など〕に張る〈with ..〔ビラなど〕を〉. They ～*ed* (*up*) a notice *on* the bulletin board. 彼らは掲示板に知らせを張った. ～ a wall (*over*) *with* placards 壁(一面)に張り紙をする. *Post* no bills. 貼り紙禁止《掲示》.
2 を公示[発表]する; VOC (～ X Y)・VOA (～ X ***as*** Y) X を Y と発表する. The cargo ship was ～*ed* (*as*) missing [overdue]. その貨物船は行方不明になった[遅れて到着する]と公式に発表された.
3〖米〗〔運動選手が〕〔ある成績〕を記録[達成]する; (一般に)を記録する. Japan ～*ed* a record trade surplus in fiscal 1994. 日本は1994会計年度に空前の貿易黒字を記録した. [<ラテン語「戸口の杖」]

‡**post**[3] /poust/ 名 (複 **～s** /-ts/) Ｃ **1 地位**; **職**; 任務; (類語 job 3 より形式ばった語で, 普通, 責任あるものを指す; →position). get a ～ as a professor 教授の地位を得る. remain at one's ～ 現職にとどまる, 留任する. be offered the ～ of .. ..の地位に就くようにという話がある. He was relieved of his ～. 彼は職を解かれた.

> 連結 a good [a high, an important] ～ // offer [accept; decline, turn down; fill, hold, occupy] a ～; resign [give up] one's ～

2 (兵士, 警官などの)**部署**, 持ち場. sentinels *at* their ～ 持ち場についている番兵. desert [leave] one's ～ 持ち場を放棄する[離れる].
3 (特に遠隔地の)駐屯部隊; 駐屯地[基地]. **4** (未開地などの)交易所 (trading post); (証券取引所内の)特定銘柄取引場. **5**〖米〗退役軍人会の地方支部. **6**〖英〗(日没時に鳴らす)帰営らっぱ(の音); 就床らっぱ《2回鳴らされる》;〈普通次の句で〉. the first ～ (1回目の)就床らっぱ. the last ～ (2回目の)就床らっぱ; 軍葬らっぱ.
── 動 他 **1** (**a**) VOA〔兵士, 警官など〕を部署につかせる, 配置する, 〈*at, on* ..に〉; 〔軍, 組織が〕を配属する, 転属させる, 〈*to* ..〔場所〕に〉(station); 〈しばしば受け身で〉. (**b**) を司令官などに任ずる. I was ～*ed at* this door to greet visitors. 来客を迎えるために私はこのドアのところに立つように言われた. Mr. Brown was ～*ed* *to* Paris [overseas]. ブラウン氏はパリに[海外に]配属[転任]になった. **2**〖米〗〔債券, 保釈金など〕を供託する. ～ bail (for ..) →bail[1] 名 成句. [<ラテン語「置かれた(場所)」]

post- /poust/ 接頭「後の, 後部の, 次のなど」の意味 (↔ante-, pre-). *post*doctoral. *post*erior. *post*pone. *post*script. *post*war. [ラテン語 'after, behind']

‡**post·age** /póustidʒ/ 名 Ｕ **郵便料金**, 郵税. How much ～ should I pay for [on] this parcel? この小包の料金[送料]はいくら払えばいいですか. return ～ 返信料. ～ due 郵便不足料金. ～ free 送料無料.

póstage mèter 名 Ｃ〖米〗郵便料金別納証印刷機《郵便物などの個数と郵便料金を記録する; 〖英〗franking machine》.

póstage stàmp 名〖章〗=stamp 名 3.

***post·al** /póust(ə)l/ 形 ©〈限定〉**1 郵便**(**局**)**の**. ～ charges 郵便料金. a ～ worker 郵便局員. **2** 郵便[郵送]による. a ～ vote 郵送投票.

póstal càrd 名 Ｃ〖米〗官製はがき; 絵はがき; (→postcard).

póstal còde 名 =postcode.

póstal còurse 名 Ｃ 通信講座〈*in* ..の〉.

póstal mèter 名 =postage meter.

póstal òrder 名 Ｃ〖主に英〗郵便為替 (〖主に米〗money order).

pòstal sérvice 名 Ｕ 郵便事業;〈the P- S-〉〖米〗郵政公社《日本の郵政省に相当; 1971年 Post Office Department に代わって誕生》.

póstal vòte 名 Ｃ 郵送による不在者投票者の票.

póst·bàg 名〖英〗**1** Ｃ 郵便袋 (〖米〗mailbag). **2** aU〖話〗1回に個人[新聞社, テレビ局など]に配達される郵便物(の総体). get a huge ～ of protest 大量の抗議の手紙を受け取る.

P

post·bel·lum /pòustbéləm [移]/ [形] 戦後の; (米国の)南北戦争後の (↔antebellum).

póst·bòx [名][C] **1** 〘英〙 (投函(とうかん)用の)郵便ポスト (letterbox, pillar-box, 〘米〙 mailbox). **2** 郵便受け (letterbox).

póst càrd [名] ＝POSTCARD.

‡**post·card** /póus(t)kɑ̀ːrd/ [名] ([複] ～s /-dz/) [C] (官製または私製の)**郵便はがき**; **絵はがき** (picture postcard); (→postal card).

pòst cháise [名][C] 〘史〙 駅伝馬車.

‡**póst·còde** [名][C] 〘英〙 郵便番号 《あて名の終わりにつける; アルファベットと数字を組み合わせたもの; 例 CB1 2AL (CB は Cambridge); 〘米〙 の zip code は数字のみの組合わせ》.

pòst·dáte [動] [他] **1** 〔手紙, 手形, 記録など〕に実際より後の日付を記す. a ～*d* check 先付け小切手. **2** (時間的に)の後に起こる. ◇↔antedate

pòst·dóctoral /[移]/ [形] 〘米〙 博士号取得後の(研究の).

*__post·er__ /póustər/ [名] ([複] ～s /-z/) [C] **1** (広告宣伝用の)ポスター, ビラ; (室内に装飾用に張る)ポスター 《大判の印刷されたポートレートなど》. put up [stick] ～*s* on a wall 壁にポスターを張る. **2** ビラをはる人.

póster còlor [名] [UC] ポスターカラー.

poste res·tante /pòust-restɑ́ːnt|ニニ-/ [名] 〘英〙 ＝general delivery. [フランス語 'mail remaining']

pos·te·ri·or /pɑstí(ə)riər|pɔs-/ [形] 〘章〙 **1** 〈限定〉 後部の, 後方にある; 後の (↔anterior). **2** 〈叙述〉 後の, 次の, 後に続く, 〈*to* ..の〉 (↔anterior, prior). a series of events ～ *to* the war 戦後に起こった一連の事件.
── [名][C] 〈しばしば ～s〉 〘戯〙 お尻(しり).

†**pos·ter·i·ty** /pɑstérəti|pɔs-/ [名][U] 〈集合的〉 〘章〙 **1** 後世(の人々). hand works of art down to ～ 芸術作品を後世の人々に伝える. leave [preserve] historical monuments for ～ 史的記念物を後世(の人々)に遺(のこ)す. **2** 〈普通 one's ～; 単複両扱い〉 子孫, 後裔(えい), (descendants; ↔ancestry).

pos·tern /póustərn/ [名][C] **1** 〘雅〙 (城, 要塞(さい)などの)裏門. **2** 裏口; 通用門.

póster pàint [名] 〘英〙 ＝poster color.

póst exchànge [名][C] 〘米軍〙 ピーエックス, 酒保, 《軍専用の購買部; 略 PX; →canteen》.

pòst-frée /[移]/ [形], [副] 〘主に英〙 **1** 郵便料金無料の[で]. **2** ＝postpaid.

pòst·gràd [名] 〘英話〙 ＝postgraduate.

‡**pòst·gráduate** /[移]/ [形] 大学卒業後の; 大学院の. ★現在, 特に 〘米〙 では単に graduate と言う. a ～ course 大学院課程.
── [名][C] 大学院生 (→undergraduate).

pòst·háste [副] 〘雅〙 大至急に, 大急ぎで.

póst hòrn [名][C] ポストホルン 《金管らっぱ; 18–19 世紀に郵便馬車の御者が警笛として吹いた》.

‡**post·hu·mous** /pɑ́stʃəməs|pɔ́stju-/ [形] **1** 死後の; 死後に出版された〔作品など〕. ～ fame 死後の名声. ～ works 遺作集. receive a ～ award for bravery 死後に武勇勲章を受ける. **2** 父の死後に生まれた〔子供など〕. ▷ **～·ly** [副] 死後に.

pos·til·ion, -til·lion /poustíljən|pɔs-/ [名][C] 左馬騎手 《御者なしの数頭立て馬車の左先頭の馬に乗る》.

pòst·impréssionìsm [名][U] 〘美〙 後期印象派 《19 世紀末から 20 世紀初頭のフランス画壇でゴッホ, セザンヌに代表される; 字義は「印象派以後」》.

pòst·impréssion·ist [形], [名][C] 後期印象派の(画家).

pòst·indústrial /[移]/ [形] 〈限定〉 脱工業化(時代)の 《重工業に代わって情報, サービスに重点が移った》.

póst·ing [名][C] 〘主に英〙 (特に軍隊, 会社などでの)任命; 配置, 配属; 転勤; 〈*at, on* ..〔部署〕への/*to* ..〔場所〕への〉. an overseas ～ 海外転勤.

Póst-it [名][C] 〘商標〙 ポスティット 《メモ用の小さなのり付き付箋紙》.

*__post·man__ /póus(t)mən/ [名] ([複] **-men** /-mən/) [C] **郵便配達人[集配人]** (〘米〙 mailman).

pòstman's knóck [名] 〘英〙 ＝post office 2.

póst·màrk [名][C] (郵便物の)消印.
── [動] [他] 〔郵便物〕に消印を押す; [VOC] (～ X Y) X (郵便物)に Y という消印を押す; 〈普通, 受け身で〉. The letter was ～*ed* London. その手紙にはロンドンの消印があった.

póst·màster [名][C] 郵便局長. ◇[女] postmistress

pòstmaster géneral [名][C] 郵政公社総裁; (諸外国の)郵政大臣[長官] 《英国は 1969 年, 米国は 1971 年に郵政事業を民営化し大臣[長官]は廃止された》.

post me·rid·i·em /pòust-mərídiəm/ [副] 〘章〙 午後に 《普通 p.m., P.M.と略して使う; ↔ante meridiem》. [ラテン語 'after noon']

póst·mìstress [名][C] 女性郵便局長. ◇[男] postmaster

pòst·módern [形] 〈普通, 限定〉 ポストモダンの.

pòst·módernìsm [名][U] ポストモダニズム 《新旧の形式を異様に取り混ぜた特に 1980 年代の建築, 芸術, 文芸運動などの様式》. ▷ **post·modernist** [名] [形]

‡**post·mor·tem** /pòus(t)mɔ́ːrtəm [移]/ [形] **1** 死後に起こる, 死後になされる. a ～ examination 検死. **2** 〘話〙 事後の[に起こる]. ── [名][C] **1** 検死(解剖) (autopsy). **2** 事後の検討[分析, 反省] 〈*on* ..〔事故, 失敗, 敗北の原因など〕についての〉. hold a ～ *on* ..について の反省会を催す. [ラテン語 'after death']

post·na·tal /pòus(t)néitl [移]/ [形] 〈限定〉 出生後の, 生後に起こる; 産後の; 新生児の. ～ depression 産後の抑うつ症. ▷ **～·ly** /-t(ə)li/ [副]

‡**póst òffice** [名] ([複] **-fic·es** /-əz/) **1** [C] **郵便局**; 〈the P- O-〉 〘英〙 郵政公社. **2** [U] 〘米〙 郵便局ごっこ 《郵便局長役が客役の異性を別室に連れて行き, 手紙を渡す報酬としてキスをしてもらうという子供の遊び; 〘英〙 postman's knock》.

póst-office bòx [名][C] 私書箱 《略 POB, PO Box》.

pòst·óperative /[移]/ [形] 〈限定〉 (手)術後の[に生ずる].

pòst·páid /[移]/ [形], [副] 〘主に米〙 郵便料金前納[払い済み]の[で] (〘主に英〙 post-free). a ～ reply card 郵便料金払い済みの返信用はがき.

post·par·tum /pòustpɑ́ːrtəm [移]/ [形] 〈限定〉 (出)産後の, 分娩(ぶんべん)後の.

‡**post·pone** /pous(t)póun/ [動] (～s /-z/|[過] [過分] ～d /-d/|-pon·ing) [他] **を延期する**, 後に延ばす, 〈*until, to* ..まで〉 ([類語] 一定期限まで延期することで defer[1] より強意的; →delay, put off, stay[1]); [VO] (～ *doing*) ..するのを延期する. The game was ～*d until* Tuesday because of (the) rain. 試合は雨のため火曜日まで延期になった. be ～*d* indefinitely 無期延期になる. I would like to ～ giv*ing* my report for a few days. 私の報告を数日後に延ばしたいと思います. [＜ラテン語「あとに置く (*pōnere*)」] ▷ **～·ment** [名] [UC] 延期, 後回し.

pòst·posítion [名] **1** [U] 後に置く[置かれる]こと. **2** 〘文法〙 [U] 後置; [C] 後置詞 (↔preposition).

pòst·pósitive /[移]/ [形] 〘文法〙 後置の (↔prepositive).

post·pran·di·al /pòustprǽndiəl [移]/ [形] 〈限定〉 〘章・戯〙 食後の 《特に正餐(さん)後の》.

†**post·script** /póus(t)skrìpt/ [名][C] **1** (手紙の)追伸, 二伸, 《略 P.S., PS》. add a ～ to a letter 手紙に二伸を添える. **2** 後記, 追記, あとがき, 〈*to* ..〔著書など〕への〉.

pòst-tràumatic stréss disòrder [名][U] 〘精神分析〙 心的外傷後ストレス障害 《略 PTSD》.

pos·tu·lant /pɑ́stʃələnt|pɔ́stju-/ [名][C] 聖職志願者.

‡**pos·tu·late** /pɑ́stʃəlèit|pɔ́stju-/ [動] [他] 〘章〙 **1** 〔未

証明の事柄]を自明のこととみなす; 🄦 (〜 *that* 節) ..ということを当然のこととみなす; ..だと仮定する. The detective 〜*d that* the murderer had left by the back door. 探偵は当然殺人犯は裏口から逃げたと考えた. **2** を要求する, 主張する. ── /-lət/ 名 C **1** 自明の原理, (証明不要の)真理; 〖論・数〗公準, 要請. **2** 仮説, 仮定. **3** 必要条件, 先決要件.

pòs·tu·lá·tion 名 UC 仮定; 要求, 主張.

†**pos·ture** /pástʃər|pɔ́s-/ 名 **1** UC (身体の)姿勢, 身構え, ポーズ. in a 〜 of defiance 挑みかかるように身構えて. in a sleeping 〜 眠っている姿勢で. improve one's 〜 姿勢を良くする. **2** U 形勢, 情勢. the country's weak economic 〜 その国の経済的に弱い状態. the present 〜 of affairs 目下の形勢. **3** C 〈普通, 単数形で〉(事に対する)姿勢, 態度, 心構え, 心組み, 心的態度.

── 動 自 〈普通, 進行形で〉〖しばしば軽蔑〗 **1** ポーズをとる; 気取る. Don't 〜 so! そんなに気取るな. **2** 🄥 (〜 *as* ..) ..に見せかける. 〜 *as* an art-lover 美術愛好家ぶる. ── 他 〔人〕にポーズをとらせる.

▷ **pós·tur·al** 形 〈限定〉姿勢の[に関する].

pós·tur·ing /-tʃ(ə)riŋ/ 名 UC 〈主に 〜s〉気取って立って[座って]いること; 気取った態度; 見せかけ, てらい.

pòst-vìral sýndrome 名 U 〖医〗ウィルス後症候群《ウィルス性疾患後続く疲労感や筋肉痛》.

***post·war** /pòustwɔ́ːr ⊛/ 形 ⓔ 〈普通, 限定〉**戦後の**《特に第 1 次または第 2 次大戦について言う; ↔ prewar》. Japan's 〜 economic development 日本の戦後の経済発展.

po·sy /póuzi/ 名 (複 -sies) C (小さな)花束.

‡**pot** /pat|pɔt/ 名 (複 〜s /-ts/) **1** C **深なべ**; (ジャムなどの)つぼ, かめ, (植木)鉢, 瓶; (紅茶やコーヒーの)ポット; (類語 pot は金属, 陶磁器, ガラスなどの円筒形の容器, 調理器で, ふたや取っ手のあるものとないものがある. pan は広く浅い金属製の調理器. kettle は注ぎ口の付いた金属製の湯沸かし). a coffee 〜 コーヒーポット. 〜*s* and pans 〈集合的〉なべかま類, 炊事道具. a flower 〜 植木鉢. The 〜 calls the kettle black. 〖諺〗猿の尻(しり)笑い, 目くそ鼻くそを笑う,《自分のことを棚に上げて人を非難する》. A watched 〜 never boils. 〖諺〗待つ身は長い《<見つめられているポットはなかなか沸騰しない》.

2 C ひとつぼ[瓶]の量, (なべなどの) 1 杯分, 〈*of* ..の〉. make a 〜 *of* tea [coffee] ポット 1 杯のお茶[コーヒー]をいれる. **3** C 〖俗〗(スポーツ競技の)賞; 銀杯. **4** =potty[2]; =chamber pot. **5** C 〖話〗どっさり; 大金. He made a 〜 [〜*s*] *of* money on the stock market. 彼は株で大もうけした. inherit a 〜 大金を相続する. **6** U 〖主に米〗〈普通 the 〜〉(**a**) (ポーカーなどで) 1 回の総賭(か)け金 (pool). (**b**) 共同積立金 (kitty). **7** =potbelly. **8** U 〖旧俗〗マリファナ (marijuana); カナビス (cannabis). **9** C 〖英〗〖ビリヤード〗ポケット(に玉を入れるひと突き). **10** =potshot.

gò to pót 〖話〗(見捨てられたりして)荒廃する, だめになる, (質が)低下する.

kèep the pòt bóiling (1) (なんとか)暮らしを立てていく; (活動などを)景気よく続けていく. (2) (子供のゲームなどで)さっさとやる〈しばしば命令形で〉.

tàke a pót at .. 〖話〗(よく狙わず)..に発砲する.

── 動 (〜s|-tt-) 他 **1** を(植木)鉢に植える〈*up*〉. 〜 a plant 草花を鉢に植える. **2** 〔食物〕を瓶[つぼ]に入れて保存する. **3** を深なべで煮込む[料理する]. **4** (食料にするために)〔鳥, 獣〕を撃つ. **5** 〖話〗〔子供〕をおまるに座らせる. **6** 〖ビリヤード〗〔玉〕をポケットに入れる (pocket).

── 自 よく狙いをつけず発砲する〈*away*〉〈*at* ..に〉.

pòt /../ ón 〖英〗〔植木〕を大きな鉢に植えかえる.

[<古期英語 (?<ラテン語「飲み物」)]

po·ta·ble /póutəb(ə)l/ 形 〖主に米章・戯〗〔特に水が〕飲用可の. ── 名 C 〈普通 〜s〉飲料, 飲み物.

po·tage /poutáːʒ|pɔ-/ 名 U ポタージュ《濃いスープ; →consommé》. [フランス語 'pottage']

pot·ash /pátæʃ|pɔ́t-/ 名 U 炭酸カリウム; カリ《せっけん, 肥料などの原料; ガラス製造に用いるカリウムを含んだ物質》. [<*pot ashes*]

po·tas·si·um /pətǽsiəm/ 名 U 〖化〗カリウム, ポタシウム,《金属元素; 記号 K》. 〜 cyanide シアン化カリウム, 青酸カリ.

po·ta·tion /poutéiʃ(ə)n/ 名 **1** 〖章・戯〗 U 飲むこと; C 〈普通 〜s〉痛飲. **2** U アルコール飲料, 酒.

‡**po·ta·to** /pətéitou/ 名 (複 〜es /-z/) UC **1** ジャガイモ《植物全体 (potato plant) 又はその根茎》(★〖米〗ではサツマイモと区別する時は Irish potato). a baked 〜 ベークトポテト《ジャガイモの丸焼き》. mashed 〜*es* マッシュポテト. a 〜 masher ジャガイモつぶし器. **2** 〖米〗サツマイモ (sweet potato). **3** 〈a hot 〜 で〉へたに触れると危ない[不快な思いをする]問題[状況など], '羹(あつもの)'.

dròp ..like a hòt potáto 〖話〗(惜(お)しげもなく)..を捨てさる; (あわてて)..との関係を絶つ.

smàll potátoes 〖米話〗取るに足りないもの[者].

[<南米先住民語「サツマイモ」]

potáto bèetle [bùg] 名 C ジャガイモ虫《羽虫の一種で害虫; Colorado beetle とも言う》.

potáto chìp 名 C **1** 〖米〗ポテトチップ《ジャガイモを薄いせんべい状にかりかりに揚げたもの》(〖英〗(potato) crisp). **2** 〖英〗フライドポテト《ジャガイモを小指ほどの大きさで揚げたもの》(〖米〗French fries).

potàto crísp 名 C 〖英〗ポテトチップ (〖米〗potato chip).

Potáto Fàmine 名 〈the 〜〉〖史〗ジャガイモ飢饉(きん)《1845 年の Ireland のジャガイモの不作; 多くの人々が死に, またイングランドや米国へ移住した》.

potáto pèeler 名 C ジャガイモの皮むき器.

pot·bel·lied /pàtbélid|pɔ̀t- ⊛/ 形 **1** 〖しばしば軽蔑・戯〗太鼓腹の. **2** 〔ストーブ, 容器が〕太鼓型の, 下(しも)ぶくれ型の.

pót·bèlly 名 (複 -lies) C 〖しばしば軽蔑・戯〗太鼓腹; 太鼓腹の人.

pòtbelly stóve 名 C だるまストーブ.

pót·bòiler 名 C 〖話〗金儲けが目的の(つまらない)文学[美術]作品, 銭もうけ仕事; そうした作品を作る人間.

pót-bòund 形 〔植物が〕鉢いっぱいに根を張った《それ以上成長できない》(rootbound).

po·teen /pətíːn|pɔ-/ 名 U 〖アイル〗密造ウイスキー.

po·ten·cy /póut(ə)nsi/ 名 U **1** 潜在能力(のあること); 勢力, 影響力; (議論などの)力強さ, 説得力. **2** (薬などの)効力, 〔武器などの〕威力. the 〜 of a drug 薬の効力. **3** (男の)性的能力 (↔impotence). reduced 〜 精力減退.

†**po·tent** /póut(ə)nt/ 形 **1** 〖雅〗(政治的に)勢力のある, 影響力のある, 有力な. His influence is still 〜. 彼の勢力は依然として強力である. **2** 〖章〗〔議論などが〕力強い, 説得力のある. **3** 〔薬, 飲料などが〕効き目が強い[速い]; 〔武器などが〕強力な. **4** 〔男が〕性的能力がある (↔impotent). [<ラテン語「能力のある」] ▷ **〜·ly** 副 有力に, 有効に.

po·ten·tate /póut(ə)ntèit/ 名 C 〖章〗(昔の専制)君主 (autocrat); (ある分野での)実力者.

***po·ten·tial** /pəténʃ(ə)l/ 形 ⓔ **可能な**, (将来起こる)可能性のある; **潜在的な**; (類語 条件が整えばいずれは表面化するはずの可能性に重点がある; →latent). a 〜 disaster 起こりうる災害. a 〜 winner 優勝する素質[見込み]のある人. 〜 resources (使おうとすれば)利用できる資源. There is 〜 trouble brewing in that group. あのグループには厄介な問題が起こりそうな気配がある.

── 名 **1** aU 〈また 〜s〉可能性, 潜在性, 将来性,

P

〈*for* ..の/*for* do*ing*, *to* do ..する〉; 潜在(する物事), 潜在能力. the enormous ～ for expansion of trade 貿易拡大の大いなる可能性. achieve one's full ～ 潜在能力をフルに発揮する.

連結 great [hidden, latent; untapped] ～

2 Ⓤ 〖物理〗電位 (electric potential). [<ラテン語「力」]

potèntial énergy 名 Ⓤ 〖物理〗位置エネルギー.

po·ten·ti·al·i·ty /pətènʃiǽləti/ 名 (複 **-ties**) **1** Ⓤ 潜在性. **2** Ⓒ 〖章〗〈普通 -ties〉潜在的力[能力], 発展する見込み, 可能性. have [show] enormous *potentialities* 極めて大きな(発展)可能性を秘めている.

po·tén·tial·ly 副 潜在的に, 可能性を持って. a ～ rich country 潜在的に富んだ国《開発すれば豊かになり得る国》. 「量).

pot·ful /pɑ́tfùl|pɔ́t-/ 名 Ⓒ なべ[つぼ, ポット]1杯(の↑

pót hàt 名 Ⓒ 〖英俗〗山高帽 (bowler hat).

pót·hèad 名 Ⓒ 〖旧俗〗マリファナの常用者.

poth·er /pɑ́ðər|pɔ́ð-/ 名 aU **1** 息詰まるような煙[ほこり]. **2** 〖話〗(つまらない事での)大騒ぎ. make [raise] a ～ 騒ぎ立てる.

pót·hèrb 名 Ⓒ 煮て食べる野菜《ホウレン草など》; (家庭菜園で栽培する)香辛料としての野菜《セージ (sage), タイム (thyme) など》. 「のパッド).

pót hòlder 名 Ⓒ なべつかみ《熱いなべなどをつかむため↑

pót·hòle 名 Ⓒ **1** (道路にできた)穴ぼこ. **2** 〖地〗甌穴(おうけつ)《河床(の石灰岩)が流れでえぐられてできる穴》. ── 動 自 〖英〗(趣味として)洞窟(くつ)探検をする. ▷**pot·hol·ing, pot·hol·er** 名

pót·hòled 形 穴ぼこだらけの. a ～ road でこぼこ道.

pót·hòok 名 Ⓒ **1** (なべを火の上につるす)自在かぎ《普通S字形》. **2** かぎつき棒《熱いなべのふたや, ストーブのふたなどを開けるための》. **3** (習字の) S字形の筆づかい.

pót·hùnter 名 Ⓒ **1** 手当たり次第に撃つ狩猟家. **2** 賞品目当ての競技参加者.

po·tion /póuʃ(ə)n/ 名 Ⓒ 〖主に雅〗(水薬, 特に液体状の毒薬, 麻薬の) 1服. a love ～ 媚(び)薬.

pót·làtch 名 Ⓒ 〖米〗ポトラッチ《北米先住民の間で冬期行われる贈り物パーティー》.

pót·lùck 名 Ⓤ **1** 有り合わせの料理. **2** 〖米〗(料理)持ち寄りパーティー (**pòtluck dínner [súpper]**). **3** 思いがけない発見[収穫].

tàke pótluck (1)〔不意の客などが〕有り合わせの物を食べる. Come home with me if you don't mind *taking* ～. もしよかったらいっしょに家に来て有り合わせのもので食事しませんか. (2)(十分な情報がないままに)一か八かで選ぶ〈*with* ..を〉.

pòt of góld 名 ＝crock of gold.

Po·to·mac /pətóumək/ 名 〈the ～〉ポトマック川《米国 West Virginia に発し Washington, D.C., Virginia 州, Maryland 州を貫流する》. 「チュー.

pót·pìe 名 UC 肉入りなべ焼きパイ; 肉だんご入りシ↑

pót plànt 名 Ⓒ **1** 〖主に英〗鉢植え(の植物) (houseplant). **2** 〖話〗＝marijuana.

pot·pour·ri /pòupurí:|poupúri(:)/ 名 **1** UC ポプリ《乾燥させた花弁や葉や香料を混ぜたもの; 部屋などを芳香で満たすために用いる》. **2** Ⓒ (音楽の)混成曲, メドレー. **3** Ⓒ (文学作品の)雑録, 抜粋; 寄せ集め. [フランス語 'rotten pot']

pót ròast 名 UC 牛のポット料理《いためた肉に野菜とスープを加えて深なべで煮込んだもの》.

Pots·dam /pɑ́tsdæm|pɔ́ts-/ 名 ポツダム《ドイツ東部の都市; 1945年連合国首脳が日本に対し無条件降伏を勧告するポツダム宣言 (the Potsdam Declaration) を出した場所》.

pót·shèrd 名 Ⓒ 土器・陶器の破片《特に考古学的調査のため発掘したもの; →shard 1》.

pót·shòt 名 Ⓒ 〖話〗 **1** 近距離からの(きちんとねらいを定めない)めちゃ撃ち, 乱射; (食料をとるためだけの)規則無視の銃猟. take a ～ at .. ..をめちゃ撃ち[でまかせに非難]する. **2** 思いつきの評言[非難].

pot·tage /pɑ́tidʒ|pɔ́t-/ 名 Ⓤ 〖米・英古〗(野菜, 肉などの入った)シチュー.

pot·ted /pɑ́təd|pɔ́t-/ 形 〈限定〉 **1** 〔草花などが〕鉢植えの. a ～ orchid 鉢植えのラン. **2** 〖主に英〗ペースト状にして瓶[つぼ]に詰めた. ～ shrimps 瓶詰めの小エビ. **3** 〖英俗〗〔本などが〕(安直に)要約した, 簡略化した. a ～ version of "Othello"『オセロ』の簡略版. **4** 〖俗〗酔っ払った (drunk).

Pot·ter /pɑ́tər|pɔ́t-/ 名 **Be·a·trix** /bí:ətriks|bíə-/ ～ ポッター (1866–1943)《英国の動物物語の作家; →Peter Rabbit》.

pot·ter[1] /pɑ́tər|pɔ́t-/ 名 Ⓒ 陶工, 陶芸家.

pot·ter[2] 動 〖主に英〗＝putter[1].

pótter's clày 名 Ⓤ 陶土.

pòtter's fíeld 名 Ⓒ 〖米〗無縁墓地《聖書から》.

pòtter's whéel 名 Ⓒ 陶芸用ろくろ.

***pot·ter·y** /pɑ́təri|pɔ́t-/ 名 (複 **-ter·ies** /-z/) **1** Ⓤ 陶器(類)《磁器 (porcelain) を除く焼き物の総称》. a nice piece of ～ 1個のいい陶器. **2** Ⓤ 製陶(業), 陶芸. **3** Ⓒ 陶工の仕事場, 陶器工場. **4** 〈the Potteries〉英国 Staffordshire 北部の製陶地帯.

pótting còmpost 名 UC (鉢植え用)培養土.

pótting-shèd 名 Ⓒ 苗の育成小屋《植え替え前の鉢植えの苗を保護する》.

pot·ty[1] /pɑ́ti|pɔ́t-/ 形 ⓔ 〖主に英話〗 **1** 〔人が〕頭が変な, ばかな; 〔考え, 行動が〕ばかげた, くだらない. **2** 取るに足りない, つまらない, ちっぽけな. a ～ little house ちっぽけな家. **3** 〈叙述〉夢中で〈*about* ..に〉. Dad is ～ *about* golf. おやじはゴルフに目がない. ▷**pot·ti·ness** 名

pot·ty[2] 名 (複 **-ties**) Ⓒ 〖話〗おまる; 子供用便器いす (**pótty chàir**).

pótty-tràin 動 他 〖英〗〔幼児〕におまるの使い方を教える, トイレのしつけをする, (toilet-train). ▷**potty-trained** 形 おむつの取れた. **potty-training** 名

‡**pouch** /pautʃ/ 名 Ⓒ **1** (皮などでできた)小袋, 小物入れ, 《主にたばこを入れる; 昔は火薬, 小銭などを入れた》; 郵便袋 (mailbag). a tobacco [key] ～ たばこ[鍵]入れ. **2** 袋状のもの; (カンガルーなど有袋類の雌の)腹袋; (老人, 病人などの)目の下のたるみ. **3** (ハムスターなど齧歯(げっし)類の)ほお袋. **4** 〖植〗嚢(のう)状胞. ── 動 他 **1** を袋のようにする[垂らす]. **2** を袋[ポケット]の中に入れる.

pouched /-t/ 形 有袋の; 袋状の.

pouf[1], **pouffe** /pu:f/ 名 (複 ～s) Ⓒ プーフ《座ったり, 足を載せる大きく厚いクッション》.

pouf[2] 名 〖英俗〗＝poof.

poult /poult/ 名 Ⓒ (七面鳥, キジなどの)ひな.

poul·ter·er /póult(ə)rər/ 名 Ⓒ 〖英旧〗鳥肉商.

poul·tice /póultəs/ 名 Ⓒ パップ(剤), 湿布(薬). ── 動 他 にパップ剤を当てる, 湿布をする.

***poul·try** /póultri/ 名 **1** 〈複数扱い〉**家禽(きん)**《鶏, 七面鳥, アヒルなど, 主に肉, 卵を食用とする鳥の総称》. **2** Ⓤ 家禽の肉. [<古期フランス語「家禽商」]

póultry fàrm 名 Ⓒ 養鶏場. ▷**～·er** 名 Ⓒ 養鶏場主[業者].

póultry·man /-mən/ 名 (複 **-men** /-mən/) Ⓒ 養鶏業者; 鳥肉商.

†**pounce** /pauns/ 動 自 **1** 急に飛びかかる[襲いかかる]〈*on, upon, at* ..に〉. The jaguar ～*d on* its prey. アメリカライオンは獲物に襲いかかった. **2** すばやく捕える, 見逃さない, 〈*on, upon* ..〔機会, 誤り, 言葉尻など〕を〉. Bill ～*d on* my mistake and criticized me harshly. ビルはすかさず僕の間違いをとらえて厳しくとがめた.

P

── 名 C 〈普通, 単数形で〉急に飛びかかること.

Pound /paund/ 名 **Ezra (Loomis)** 〜 エズラ・パウンド (1885–1972)《米国の詩人・批評家》.

‡**pound**[1] /paund/ 名 (複 〜s /-dz/) C **1** ポンド《重量の単位; 常衡は 16 オンス(約 454g), 金衡は 12 オンス(約 373g); 記号: 単数は lb, lb., 複数は lb, lb. 又は lbs, lbs.》. a 〜 and a half 1 ポンド半. a quarter 〜 of butter バター 4 分の 1 ポンド. Butter is sold *by the* 〜. バターは 1 ポンドいくらで売られる.
2 ポンド (pound sterling)《英国の通貨単位; 記号£; 100 pence; 1971 年以前の旧制度では 20 shillings》; ポンド紙幣[硬貨]. a 〜 note 1 ポンド紙幣. £6=six 〜*s* 6 ポンド. £5.10s. 6d. (旧制度で)=five 〜*s*, ten (shillings) and six(pence) 5 ポンド 10 シリング 6 ペンス. a 〜's worth of butter (金額が) 1 ポンド分のバター (★「重さが 1 ポンドのバター」は a 〜 of butter).
3 ポンド《アイルランド, エジプト, ガーナ, イスラエル, レバノン, スーダン, リビアなどの通貨単位》.
4 〈the 〜〉ポンド相場.
a pòund of flésh '肉 1 ポンド'《一応筋は通っているが過酷な要求, 無理難題のたとえ; Shakespeare 作 *The Merchant of Venice* から》. demand one's 〜 *of flesh* 過酷な要求[取り立て]をする.　[<ラテン語「重さ」]

pound[2] 名 C **1** (野犬, 迷い猫などの)動物収容所; 放置[違法駐車]自動車の留め置き場. **2** (昔, 迷った家畜を収容しておいた)囲い柵(さく).

***pound**[3] /paund/ 動 (〜s /-dz/|過 過分 〜·ed /-əd/|**póund·ing**) 他 **1** を(繰り返し)**強くたたく**, どしんどしん打つ. 〜 the door with one's fist=〜 one's fist on the door こぶしでドアをどんどんたたく. 〜 the hot iron on the anvil 金床(かなとこ)の上で灼(しゃく)熱した鉄をたたく.
2 をつき砕く, すりつぶす, 〈*down, up*〉〈*to, into* ..〔粉, ペーストなど〕に〉. The ship was dashed against the rocks and 〜*ed to* pieces. 船は岩にたたきつけられ木っ端微塵(みじん)に打ち砕かれた. 〜 corn *into* meal トウモロコシをついて粉にする. 〜 tomatoes *into* a paste トマトをすりつぶしてペースト(状)にする. **3** 〔ピアノ, 太鼓, タイプライターなど〕をたたく〈*away*〉; をたたいて出す[作る]〈*out*〉. The reporter 〜*ed out* his copy *on* the typewriter. 報道員はタイプをたたいて原稿を作った.
4 〔嵐などが〕を襲う; 〔敵陣〕を'たたく', 重砲火で攻撃する.
── 自 **1** どんどんたたく, 強く打つ, 〈*against, at, on* ..を〉. 〜 *on* the piano ピアノをがんがんたたく. The orator 〜*ed on* the table. 演説者はテーブルをたたい(てしゃべっ)た. **2** 〔心臓が〕どきどき打つ〈*with* ..〔興奮など〕で〉; 〔太鼓などが〕どんどんと音を立てる. **3** VA どたばた歩く[走る]〈*along* ..を〉. 〜 *down* the stairs 階段をどすんどすんと降りる. **4** 激しく砲撃[攻撃]する〈*away*〉〈*at* ..を〉. Our heavy guns 〜*ed away at* the fort. 我が軍の重砲は要塞(さい)を猛攻撃した. **5** 精力的に仕事をする〈*away*〉. 〜 *away* on a report せっせと報告書を書く.
pòund the béat →beat[1].
pòund the pávement 〖米話〗(職を捜して)根気よく街を歩き回る.　[<古期英語「打ち砕く」]

pound·age /páundidʒ/ 名 U **1** 重量[金額]1 ポンドについての手数料; 重量 1 ポンドについての手数料支払い. **2** 〖話〗重量 (weight).

pound·al /páundl/ 名 C 〖物理〗パウンダル《質量 1 ポンドの質点に作用し毎秒 1 フィートの加速度を生じる力》.

póund càke 名 C 〖米〗パウンドケーキ《もと, バター, 砂糖, 小麦粉 1 ポンドずつの割合で作った》.

póund·er 名 C 打つ人[もの].

-pound·er /páundər/ 〈複合要素〉..ポンドの重量のあるもの《普通, 魚, 動物, 大砲, 時に人についても言う》. That gorilla is a two-hundred-*pounder*. (あのゴリラは目方 200 ポンドだ) a 32-*pounder* (32 ポンド砲)《その重さの砲弾を発射する》; (32 ポンドの魚). a quarter-*pounder* クオーターパウンダー《4 分の 1 ポンドのハンバーグをはさんだハンバーガー》.

pòund-fóolish /㊕/ 形 大金の扱いが下手な (→penny-wise).

póund·ing 名 **1** UC どんどんたたくこと[音], 砲音; 動悸(き). **2** C 〖話〗(試合, 選挙などでの)大敗; (爆撃などによる)大打撃[被害]. get [take] a 〜 大敗を喫する.

pòund stérling 名 C 英貨 1 ポンド.

‡**pour** /pɔːr/ 動 (〜s /-z/|過 過分 〜ed /-d/|**póur·ing** /-riŋ/) 他 【注ぐ】 **1** 〔液体など〕を注ぐ, つぐ, 〈*out*〉〈*into* ..に〉; を注ぎ込む〈*in*〉; を流す, こぼす, 〈*out*〉; VOO (〜 X Y)・VOA (〜 Y *for* X) X(人)に Y をつぐ; をかける〈*on, over* ..(の上)に〉. 〜 tea *into* a cup out of the teapot ティーポットから茶わんに茶をつぐ. 〜 *out* water 水をあける. She 〜*ed* (*out*) a drink *for* me.=She 〜*ed* me (*out*) a drink. 彼女は私に飲み物をついでくれた. 〜 water *on* [*over*] a flower 花に水をやる.
2 〔金, 労力など〕をつぎ込む, 投入する; 〔光など〕を降り注がせる; を浴びせかける; 〈*out, forth*〉〈*into* ..に〉. He 〜*ed* a small fortune *into* his son's education. 彼は息子の教育に一財産つぎ込んだ. 〜 scorn *on* a person 人にあざけりの声を浴びせる.
【大量に流す】 **3** VOA 〔建物などが〕〔人〕を大量に吐き出す; 〔煙など〕を吐き出す; を大量生産する; 〈*out*〉〈*from* ..から/*into* ..に〉. The ball park 〜*ed* tens of thousands of people *into* the streets. 球場は何万人もの人を通りへ吐き出した. The tall chimney was 〜*ing out* white smoke. 高い煙突は白煙を吐いていた.
4 VOA (〜 /X/ *out, forth*) X(心配事, 考えなど)を**吐露する**, 滔(とう)々と述べる. 〜 *out* words of reproach 非難の言葉を並べ立てる. 〜 one's thoughts *out* to a person 人に自分の考えを滔々と述べる. 〜 *out* one's heart [soul] to .. ..に胸の内を吐露する.
── 自 **1** VA 〔水, 煙などが〕**流れ出る**〈*out, forth*〉; 流れ込む, 注ぐ, 〈*in*〉; 〈*from* ..から/*into* ..に〉; 〔雨が〕ざあざあ降る, 激しく降り注ぐ, 〈*down*〉. Tears 〜*ed* down my cheeks. 涙が滝のようにほおを伝わって流れた. Blood 〜*ed from* his wound. 血が彼の傷から流れ出た. The bombs 〜*ed down*. 爆弾が雨あられと落ちてきた. the 〜*ing* rain どしゃ降り. The Mississippi 〜*s into* the Gulf of Mexico. ミシシッピ川はメキシコ湾に注ぐ.
2 VA 〔話, ニュース, 愚痴などが〕とめどなく出て来る, 口をついて出る, 〈*out*〉; 〔情報などが〕(外から)入って来る〈*in*〉〈*into* ..に〉.
3 〈非人称の it を主語として; 普通, 進行形で〉(雨が)激しく降る〈*down*〉. It was 〜*ing* [〖英〗〜*ing* with rain] last night. ゆうべはどしゃ降りだった.
4 VA 〔人々, 物が〕どっと押し寄せる[出る]〈*in, out*〉〈*into* ..に/*out of* ..から〉. The crowd 〜*ed into* the square. 群衆は続々と広場へ繰り込んだ. The audience 〜*ed out of* the theater. 聴衆が劇場から一斉に出てきた. Orders for the dictionary 〜*ed in*. その辞書の注文が殺到した. Refugees 〜*ed in across* the border. 難民が大挙して国境を越えて入ってきた.
5 〖話〗(客などに)お茶[酒]をつぐ, 接待する, 〈*out*〉.
6 VA 〔容器が〕注げる. This teapot doesn't 〜 *very well*. このティーポットはあまりうまくつげない.
It nèver ráins but it póurs. 〖諺〗降れば必ずどしゃ降り《悪いことはたくさん重なって起こる》.
pòur còld wáter on [*upon, over*] ***..*** →water.
pòur it òn thíck =LAY[1] it on thick.
pòur óil on the fláme(*s*) →oil.
pòur óil on tròubled wáters →oil.
── 名 C 注ぐこと; 流出; どしゃ降り, 豪雨.　[<?]

‡**pout** /paut/ 動 自 **1** (不快, 不機嫌などで)口をとがらす, ふくれっ面をする; すねる. He always 〜*s* when he

P

doesn't get his own way. 彼は自分の思い通りにならないといつでもふくれる. **2** (媚(こ)びて)唇を突き出すしぐさをする; 〔唇などが〕突き出る, とがる. Her lips ~ a little. 彼女の唇はちょっと突き出ている.
— 他 〔唇〕をとがらす; 〔V〕(~ "引用")「..」と唇をとがらせて言う. ~ (*out*) the lips 唇をとがらす.
— 名 C **1** 〈非難して〉口をとがらすこと, むくれること. have the ~*s*=be in a ~ ふくれっ面をしている. **2** (媚びて)唇を突き出すこと. She shot me an alluring ~. 彼女は誘うように私に向かって唇を突き出した.
▷ **póut·ing·ly** 副 ふくれっ面をして. **póut·y** 形

póut·er 名 C **1** ふくれっ面をする[すねる]人. **2** 〖鳥〗パウター《胸をふくらませて鳴く家バト》.

‡**pov·er·ty** /pávərti|pɔ́v-/ 名 **1** U ひどい貧乏, 貧困. live in ~ 貧しい生活をする. die in abject ~ 赤貧のうちに死ぬ. ~, chastity, and obedience →MONASTIC vows.

> 連結 appalling [dire, extreme, grinding] ~ // breed [eradicate, wipe out] ~

2 aU 〖章〗**欠乏**, 欠如, 不足, 〈*of, in* ..〔必要なもの〕の〉. (a) ~ *of* vision [ideas] ビジョンの欠如[着想の乏しさ]. ~ *in* nourishment 栄養不良.
3 U 不毛; 貧弱さ; 〈*of, in* ..〔土地など〕の〉. ◇形 poor

póverty lìne 名 〈the ~〉貧困線, 最低生活水準《最低限の生活を維持するだけの収入限度》. live *on* [*below*] the ~ 最低生活水準の[以下の]暮らしをする.

póverty-strìcken 形 貧乏に打ちひしがれて[た], 極貧で[の].

póverty tràp 名 C 〖英〗'貧困のわな'《収入を増やすとそれだけ扶助金が減らされるので結局貧乏から脱却できないという状況》.

POW, PoW prisoner of war.

pow /pau/ 間 ばん, ぼかっ, 《漫画などで人が殴られたことや物の破裂や銃の発射を表す音》.

‡**pow·der** /páudər/ 名 (複 **~s** /-z/) **1** UC **粉**, 粉末. grind .. into (a) ~ ..をひいて粉にする. **2** U 粉おしろい (face powder), 髪粉; 料理用の粉, 歯磨き粉. wear (face) ~ おしろいをつけている. baking ~ ふくらし粉. baby ~ ベビーパウダー. tooth ~ 歯磨き粉. soap [milk] ~ 粉石けん[ミルク]. **3** UC 粉薬, 散薬, (→medicine 類語). He took a sleeping ~. 彼は粉の睡眠薬を飲んだ. **4** U 火薬 (gunpowder). **5** U = powder snow.
kèep one's pówder drỳ 万一の場合に備える (→名 4).
not wòrth (the) pòwder and shót やってみるかいがない.
smèll pówder 実戦を経験する, 弾の下をくぐる.
tàke a pówder 〖俗〗さっさと逃げる, ずらかる.
— 動 (~s /-z/|過 過分 ~ed /-d/|~·ing /-d(ə)riŋ/) 他 **1** を粉にする, 粉砕する. **2** (粉をふりかけるように)にまき散らす, ふりかける, 〈*with* ..を〉; にふりかかる. Snow ~*ed* the rooftops. 屋根の上に雪がうっすら積もった. **3** に粉おしろいをつける, (ベビー)パウダーをはたく. Excuse me while I go and ~ my nose. ちょっと化粧直しをしてくる間失礼します《女性がトイレに立つ時に言う》.
— 自 **1** 粉になる. **2** 化粧をする.
[<ラテン語 *pulvis*「埃(ほこり)」]

pòwder blúe 名 U 淡青灰色.

‡**pów·dered** 形 粉状の; 粉に覆われた, 粉をふりかけた; おしろいをつけた. ~ milk 粉ミルク (milk powder). a heavily ~ face おしろいをべたべた塗った顔.

pówder flàsk 名 C (昔の携帯用)火薬入れ.

pówder hòrn 名 C (牛の角をくりぬいた)携帯用火薬入れ.

pówder kèg 名 C **1** 火薬だる《金属製で火薬貯蔵用》. **2** (いつ爆発するか分からない)危険物, 危険状態; '火薬庫'.

pówder magazìne 名 C 火薬庫[室].

pówder pùff 名 C 化粧用パフ.

pówder ròom 名 C (ホテルなどの)化粧室, 女性用手洗い.

pówder snòw 名 U 粉雪.

pow·der·y /páud(ə)ri/ 形 粉の, 粉状の; 粉だらけの; 粉になりやすい, もろい. ~ snow 粉雪.

‡**pow·er** /páuər/ 名 (複 **~s** /-z/) 【力】 **1** U (**a**) **能力**, 力, 〈*to* do ..する/*of* ..の〉. have no [not enough] ~ *to* win the race 競走に勝つ力がない. to the best of my ~ 私の力の及ぶ限り. purchasing ~ 購買力. have the ~ of speech [speaking] 言語を使う[話す]能力がある. I'll do everything in my ~. 私にできるだけの事はします.
(**b**) (人, 動物, 自然現象などの)物理的な力. the enormous ~ of the storm そのあらしの猛烈な力.

> 類語 power は力を意味する最も普通な語; strength は本質的に内に備わっている力を, force は発揮されて外に表れた力を意味することが多い.

2 〈~s〉**体力**; **知力**, 精神力. I admire his great ~*s* of mind. 彼のすばらしい精神力には感嘆する. lose one's ~*s* 体力をなくす. develop one's intellectual ~*s* 知力を発達させる.
3 U **力強さ**, 迫力; **影響力**. a speech of great ~ 迫力のある演説. the ~ of the Pope's words in the Middle Ages 中世におけるローマ教皇の言葉の影響力.
【勢力】 **4** U (国家, 軍隊などの)**政治力**, **国力**, 軍事力. Sparta had great military ~. スパルタには強大な軍事力があった. political ~ 政治力. air [sea] ~ 空軍[海軍]力.
【権力】 **5** (**a**) U **支配力** 〈*over* ..に対する〉; **権力**; 政権(の座). He has great ~ *over* his family. 彼は家族に対して大きな支配力がある. a man of ~ 権力のある人. take [seize] ~ 権力の座につく, 政権を手にする. lose [run out of] ~ 失脚する; 政権を失う, 下野する. a ~ struggle 権力闘争. (**b**) U (法的な)**権限**, 法的能力; C 〈主に ~s〉(委任された)権限. the ~ of law 法律の権能. a position of great ~ 大きな権限を有するポスト. the ~*s* of the police 警察の権限. exceed one's ~*s* 越権行為をする.

> 4, 5 の 連結 full [absolute, supreme; enormous, mighty] ~ // gain [achieve; assume, seize; exercise, exert, wield] ~

【科学理論上の力】 **6** C 〈主に単数形で〉〖数〗乗; 乗の数. four (raised) to the ~ of three [third ~]=the third ~ of four 4 の 3 乗《4^3 の読み方》.
7 U 〖機〗**動力**, 機械力; **電力** (electric power); エネルギー. man ~ 労働力. steam ~ 蒸気力. water ~ 水力. nuclear ~ 原子力. hydroelectric ~ 水力電力. at full ~ 全動力を出して. ~ supply 電力の供給.
8 U 〖物理〗(レンズの)倍率, 度. binoculars of high ~ 高倍率の双眼鏡.
【力を持つ存在】 **9** C **勢力**[**影響力**]**のある人**, 実力者; **強国**, 大国. He is a big ~ in the government. 彼は政府内の有力者だ. a major ~ 主要国. the Great *Powers* (世界の)強大国.
10 C 〈普通 ~s〉神; 悪魔. the ~*s* of evil 悪霊ども, 悪の力.
11 〈~s〉〖キリスト教〗能天使《9 つある階級の第 6 位の天使; →angel》.
a pòwer in the lánd 勢力のある人[組織など], 有力者.
a pówer of .. 〖話〗たくさんの.., 多数[量]の... I did *a* ~ *of* work. うんと仕事をした. My holiday at the seaside did me *a* ~ *of* good. 海岸で休暇を取ったので大いに元気を回復した.

be beyond [***out of, outside, not within***] ***a person's pówer***(***s***) 〔人の〕能力[権限]を越えて[いる] 〈*to* do ..するのは〉. It *was beyond* my ~ to persuade him. 彼を説得するのは私の力に余った.
be in a pèrson's pówer (1) (人の)支配下に. She was now completely *in* his ~. 彼女は今や完全に彼の思うままの状態にある. (2) 〔人〕の権限内[能力のうち]である 〈*to* do ..するのは〉
còme to [***into***] ***pówer*** 権力[政権]を握る.
in pówer 政権を握って. the party *in* ~ (政府)与党, 政権党.
Mòre pówer to ⌞***you*** [***your élbow***]. 〖話〗ご成功を祈ります, ますます頑張ってください.
retùrn to pówer 政権の座に返り咲く.
the (***rèal***) ***pòwer behind the thróne*** 陰の実力者.
the pòwers that bé 〖しばしば戯〗当局, その筋, (どこかの)お偉いさんたち.
── 動 他 **1** に動力[電力]を供給する 〈普通, 受け身で〉. This sports car is ~*ed* by a 300-horsepower engine. このスポーツカーは300馬力のエンジンを搭載している. This generator ~*s* my lodge. この発電機が私の小屋に電力を供給する. **2** に活力を与える.
── 自 VA 〖話〗猛スピードで走る.
pòwer úp [***dówn***] ..〔装置〕への動力を増す[減らす], 電源を入れる[切る].
[<ラテン語 *posse*「出来る」]
pówer bàse 名 C (政治家, 政治活動などの)支持母体[基盤, 地域], 地盤.
pówer·bòat 名 C (高速)モーターボート.
pówer bràkes 名 〈複数扱い〉 動力ブレーキ.
pówer brèakfast 名 C (財界人の)朝食会.
pówer bròker 名 C 政界の黒幕, フィクサー.
pówer cùt 名 C 停電(期間) (★意図的に行う場合も含む; →power failure).
pówer dive 名 C 〖空〗エンジンをかけたままの急降下.
pówer-dìve 動 (→dive) 自, 他 〖空〗(エンジンをかけたまま)急降下する[させる].
pówer drèssing 名 U パワードレッシング《女性の専門職や政治家などの地味だが高価・高級・上品で有能さや権力を象徴するような着こなし》.
pówer drìll 名 C 電動ドリル.
pów·ered 形 〈しばしば複合語を作る〉 **1** (..の)動力を備えた. an engine-~ pump 動力ポンプ. a battery-~ TV 電池式テレビ. **2** 〔レンズ, 望遠鏡などが〕..倍率の. high-~ binoculars 高倍率の双眼鏡.
pówer fàilure 名 UC 停電.
‡**pow·er·ful** /páuərf(ə)l/ 形 m **1** (**a**) **強力な**; 〔肉体, 機械, 武器などが〕力強い. a ~ enemy 強敵. a ~ engine 強力なエンジン. a ~ speaking voice 大きく力強い声. a ~ wrestler 強いレスラー. (**b**) **強烈な**; 〔レンズなどが〕倍率の高い. a ~ kick 強烈なひとけり. a ~ smell 強烈な[すさまじい]におい. a ~ telescope 高倍率の望遠鏡. **2** 〔言葉, 作品などが〕**人を動かす**, 説得力のある, 効果的な; 〔薬などが〕**効力のある**, 強い. a ~ drama 心を打つ戯曲. He had many ~ reasons for his actions. 彼は自分の行動についてなるほどと思わせる理由をたくさん持っていた. **3 勢力**[**権力**]**のある**, 支配力[影響力]を持った. a ~ leader 実力のある指導者. ▷ **~·ly** 副 強力に, 力強く, 強烈に, 効果的に.
pówer gàme 名 C 権力闘争, パワーゲーム.
pòwer hítter 名 C 〖野球〗強打者.
pówer·hòuse 名 (複 →house) C **1** 発電所. **2** 〖話〗精力的な人; 強力な(スポーツ)チーム. **3** (影響力のある)強力な組織[国家, 個人など], 原動力. The merger has brought into being a new media ~. 合併によって新たに強大なメディアグループが実現した. Japan's status as an economic ~ in Asia アジアにおける経済の原動力としての日本の地位.
†**pówer·less** 形 m **1** 能力[権力, 権限]のない, 無力な; 効力のない; 〈*against* ..に対して〉. **2** 弱い, 力のない; 力[権限]がない 〈*to* do ..する〉. The citizens were ~ *to* resist the enemy. 市民たちは敵に抵抗する力がなかった. ▷ **~·ly** 副 **~·ness** 名
pówer lìne 名 C 電線, 送電線.
pówer lùnch 名 C (財界人の)昼食会.
pòwer of attórney 名 UC 〖法〗代理権; 委任状.
pówer òutage 名 〖主に米〗=power cut.
pówer plànt 名 C 動力装置; 〖米〗発電所.
pówer pòint 名 C 〖英〗コンセント《単に point とも言う; 〖米〗outlet, socket》.
pòwer pólitics 名 U 武力外交.
pówer sàw 名 C 電動のこぎり.
pówer-shàring 名 U (政党間の)権力分担, 連立政権.
pówer shòvel 名 C パワーシャベル.
pówer stàtion 名 C 発電所.
pòwer stéering 名 U パワーステアリング《自動車の動力操舵(だ)装置; ハンドル操作を軽くする》.
pówer tòol 名 C 電動機械[機器].
pow·wow /páuwàu/ 名 C **1** パウワウ《北米先住民の祈禱(きとう)儀式; まじない師 (medicine man) を中心に踊ったり酒宴をしたりして病気の平癒, 狩りや戦いの成功を祈る》; まじない師. **2** 北米先住民(と)の会議, 集会. **3** 〖話・戯〗〈一般に〉会議, 集会. a family ~ 家族会議.
── 動 自 powwow の集まりをする; 会合する, 協議する〈*about* ..について〉.
[<北米先住民語 'he dreams']
pox /pɑks|pɔks/ 名 **1** 〖話〗〈the ~〉 梅毒 (syphilis). **2** U 〖古〗水泡性疾患《水疱瘡(ぼうそう) (chicken pox), 天然痘 (smallpox) など》.
póx·y /-i/ 形 e 〈限定〉〖英話〗けちな, しみったれた.
pp[1] pages (→p[2]); pianissimo.
pp[2] per procurationem (ラテン語「..の代わりに」)《署名に用いて, 例えば "A.E. Jones *pp* J.A. Thomas" なら J.A. Thomas の代わりに秘書などの A.E. Jones が署名したことを表す》.
pp. pages.
p.p. past participle; parcel post; postpaid.
ppd. postpaid; prepaid.
ppm parts per million《3 *ppm* なら '100万分の3'》.
ppr., p.pr. present participle.
PPS 〖英〗Parliamentary Private Secretary (大臣私設秘書議員); post postscriptum (ラテン語「追々伸」)《P.S. にさらに追加する場合》.
PR proportional representation; public relations; Puerto Rico.
Pr 〖化〗praseodymium.
pr. pair(s); price; present; pronoun.
pràc·ti·ca·bíl·i·ty 名 U 実行可能なこと, 実際性; 実用性; (feasibility; ↔impracticability).
†**prac·ti·ca·ble** /prǽktikəb(ə)l/ 形 〖章〗 **1** 〔計画などが〕実行可能な, 実施されうる, 実際的な, (feasible). The plan is ingenious, but hardly ~. その計画は思いつきはいいが, ほとんど実行不可能だ. **2** 使用できる 〈*for* ..に〉; 〔橋などが〕通行できる. a ~ road 通行できる道路. ◇↔impracticable
▷ **-bly** 副 実行可能に; 実際的に. **~·ness** 名
‡**prac·ti·cal** /prǽktik(ə)l/ 形 m **1 実際的な**, 実地の, (↔theoretical). ~ difficulties 実際上の困難. (a) ~ knowledge of ..の実際的知識. ~ experience 実地の経験. The president's son is in charge of the company for [to] (all) ~ purposes. 社長の息子が実際には会社を取り仕切っている.
2 実用的な, 実際に役立つ, (↔impractical); 実行可能な. ~ English 実用英語. It had no ~ uses. それは実用性がなかった. The method is too expensive to

be ～. その方法は高くつきすぎて実行不可能だ.
3 〔人が〕実際的な, 現実的な, 堅実な, 足が地についた (down-to-earth); 分別のある; (お堅いばかりで)面白味のない. Be ～; you can't have it both ways. 実際的に考えなさい, 両天秤(びん)はかけられないんです. a ～ suggestion 気のきいた提案. He is too ～ to see any joke. 彼はがちがちの堅物で冗談も通じない.
4 〔人が〕実地を踏んだ; 実務向きの. a ～ carpenter 実地で鍛えた腕のいい大工. She is not a ～ housewife. 彼女は切り盛り上手な主婦ではない.
5 事実上の, 実質的な. the ～ ruler of the country その国の事実上の支配者. ◇名 practice
── 名 C 〖話〗(理科, 料理などの)実験[実技試験]; 実習.

‡**prac·ti·cal·i·ty** /prӕktikǽləti/ 名 (複 **-ties**) **1** U 現実性; 実用性; 実務能力. **2** C 〈普通 -ties〉 現実的[実用的]な事物, 実際面, 現実. We can't ignore the *practicalities*. 現実は無視できない.

pràctical jóke 名 C 悪いいたずら, 悪ふざけ. play ～*s* on .. ..に悪ふざけをする. ▷ **～r** 名

*__prac·ti·cal·ly__ /prǽktik(ə)li/ 副 m (3のみ) **1** ¢ **事実上**, 実際には. He is ～ the boss. 彼は事実上ボスだ. *Practically*, there is no rule without exceptions. 実際問題として例外のない規則はない.
2 ¢ 〖話〗**ほとんど** (almost). ～ all the people present 居合わせたほとんどすべての人々. It's ～ time for the class to end. もうかれこれ授業の終わる時間です.
3 m **実用的に**, 実際的に, 現実的に, 実地に, (↔theoretically). Let's look at the problem (a little more) ～. その問題を(もう少し)実際的な立場から見てみよう. ～ speaking 現実に(は), 実際的見地から言えば.

pràctical núrse 名 C 〖米〗(正式の免許を持たない)看護助手, 準看護婦, (→licensed practical nurse, registered nurse).

‡**prac·tice** /prǽktəs/ 名 (複 **-tic·es** /-əz/)
【行うこと】 **1** U **実行**, 実施, 実践, (↔theory). Theory is useless without ～. 実践を伴わない理論は役に立たない. put the plan in [into] ～ その計画を実行に移す. the ～ of one's religion 自分の宗教を信奉すること.
2 【反復して行うこと】 (**a**) U **練習**, 稽(けい)古, 実習; C 練習時間; (類語 exercise より繰り返し行って技能の完成を目的とする練習; →drill[1]). baseball ～＝～ in baseball 野球の練習. a ～ game [match] 練習試合. It needs a lot of ～ to be able to play the piano well. ピアノがうまく弾けるようになるには多くの練習が必要だ. *Practice* makes perfect. 〖諺〗習うより慣れろ《＜練習を積めば完全になれる》. (**b**) U (練習を積んだ結果の)熟練, 技量. in ～, out of ～ →成句.
【常習的に行うこと】 **3** UC 〈普通, 単数形で〉 **習慣**; 慣例, 慣行; 〈普通 ～s〉 風習; (類語 意識して規則的に行う習慣や習わし; →habit). It is his ～ to get up early. 早起きが彼の習慣だ. She makes it a ～ to go [〖旧〗 a ～ of going] to bed at eleven. 彼女は常に 11 時に就寝することにしている. It is common ～ for writers to have their own pen names. 作家が独自のペンネームを持つことはよくある習わしだ. follow normal [standard] ～ 慣例に従う. do away with the ～ of feigned business trips 空出張の慣行を廃止する.

連結 a widespread [a general; a universal; a regular; an established; a traditional] ～

4 UC 〖古〗策略, 陰謀. sharp ～ (不法すれすれの)悪賢い行為[策略].
【職業として行うこと】 **5** U 実地, 実務; (医者, 弁護士などの)業務(を行うこと). the ～ of medicine 医業. a lawyer's ～ 弁護士の職業. retire from ～ 廃業する.
6 C 〈集合的〉 (医者, 弁護士などの)患者[依頼人]の総体. The doctor has a large ～. その医者は患者をたくさん抱えている.
*__*in práctice*__ (1) **実際上は**, 事実上, 実際に. *In* ～, it's not so easy as it looks. 実際には見かけほど容易ではない. This idea will work *in* ～. この考えは実際にうまくゆくだろう. (2) 練習を積んで(腕がたしかで). keep *in* ～ 腕が落ちないようよく練習する. I'm not *in* ～ on the piano, but I can try to play something. ピアノの練習をあまりよくしてはいませんが何か弾いてみましょう. (3) 開業して. be *in* ～ 〔医者, 弁護士が〕開業している.
out of práctice 練習不足で; 腕が落ちて[なまって].
── 動 〖米〗 (**-tic·es** /-əz/|過 過分 **～d** /-t/|**-tic·ing**) (★〖英〗では practise とつづる) 他 **1** を**実行する**, 実践する; (習慣として)を行う. *Practice* what you preach. 人に説くことを自ら実行せよ. ～ economy 節約を励行する.
2 を**練習する**, 稽古(けい)する; VO (～ *doing*) ..することを稽古する. She ～*s* (play*ing*) the piano. 彼女はピアノの稽古をしている. **3** 〔魔法など〕を使う; 〈普通, 受け身で〉〔残虐行為など〕を行う 〈*on* ..に〉. The witch is said to ～ magic. 魔女は魔法を使うと言われる. various tortures ～*d on* suspects in the Middle Ages 中世に被疑者に加えられたさまざまな拷問.
4 〔医者, 医業, 弁護士(業)など〕を開業している, に従事している. He ～*d* medicine [law] for twenty years in Tokyo. 彼は東京で 20 年間医師[弁護士]を開業していた.
── 自 **1** 練習する, 稽古する, 〈*at, on, in* ..を〉. I'm learning French, but have no French friend to ～ *on*. 私はフランス語を勉強しているが稽古台にするフランス人の友人がいない.
2 開業する 〈*as* ..〔医者, 弁護士など〕として〉. ～ *as* a lawyer 弁護士を開業している. →practicing.
práctice on [***upon***] **..** 〔人〕をだます; 〔人の弱みなど〕につけこむ. [＜ギリシア語「行われるべきこと」]

prác·ticed 〖米〗, **-tised** 〖英〗 /-t/ 形 **1** 熟練した 〈*in, at* ..に〉, 練習を積んだ; 経験のある. a ～ hand 熟練家. with a ～ hand 慣れた手つきで. be ～ *in* [*at*] teaching 教えることに慣れている. **2** 〈けなして〉 わざとらしい, 不自然な. with a ～ smile 作り笑いを浮かべて.

práctice tèacher 名 C 教育実習生.

práctice tèaching 名 U 教育実習.

prác·tic·ing 形 〈限定〉 **1** 開業している, 現役の, (→practice 動 自 2). a ～ doctor [school teacher] 開業医[現役教師]. **2** (特に, 宗教の教えを)実践している, 厳格に戒律を守る. a ～ [non-～] catholic 厳格な[厳格でない]カトリック教徒.

†**prac·tise** /prǽktəs/ 動 〖英〗 ＝practice.

†**prac·ti·tion·er** /prӕktíʃ(ə)nər/ 名 C **1** 開業医; 弁護士. a general ～ 〖英〗 一般開業医《略 GP》. a medical [legal] ～ 開業医[弁護士]. **2** (慣習などを)実行する人, 実践家; 実務家.

prae·sid·i·um /prisídiəm/ 名 ＝presidium.

prae·tor /príːtər/ 名 C 〖ローマ史〗 法務官, プラエトル, 《執政官 (consul) に次ぐ高官》.

prae·to·ri·an /priːtɔ́ːriən/ 形, 名 C 〖ローマ史〗 法務官(の); (皇帝)親衛隊員(の). the *Praetorian* Guard (古代ローマ皇帝の)親衛隊.

‡**prag·mat·ic, -i·cal** /prӕgmǽtik/, /-tik(ə)l/ 形 **1** 実用的な, 実際的な. a ～ way of looking at things 実際的なものの見方. **2** 〖哲〗 実用主義 (pragmatism) の. **3** 〖言〗 語用論 (pragmatics) の.
▷ **prag·mat·i·cal·ly** 副 実用(主義)的に.

prag·mat·ics /prӕgmǽtiks/ 名 〈単数扱い〉 〖言〗 語用論《発話の意味と効果をその状況に応じて分析》.

‡**prag·ma·tism** /prǽgmətìz(ə)m/ 名 U 〖哲〗 実用主義, プラグマティズム, 《19 世紀末米国で起こった哲学の

P

体系); 〈一般に〉現実主義, 実際主義.

prag·ma·tist /prǽgmətist/ 名 C 実用主義者, 実際論者.

Prague /prɑːg/ 名 プラハ《Czech 共和国(および旧 Czechoslovakia)の首都; チェコ語では Praha》.

Prà̀gue Spríng 名 プラハの春《1968年, 旧チェコスロヴァキアで起きた民主化運動; ソ連の介入により抑圧された》.

***prai·rie** /pré(ə)ri/ 名 (複 **~s** /-z/) C 〈しばしば ~s〉プレーリー《北米の草原地帯; 米国では主として Mississippi 川流域に広がるのを指すが, 現在では大部分農地になっている; →steppe, pampas》. [<ラテン語「牧草地」]

práirie chìcken 名 C 〖鳥〗ソウゲンライチョウ《北米産》.

práirie dòg 名 C プレーリードッグ《北米の prairie に穴を掘って群生するリス科の動物; 鳴き声が犬に似ている》.

práirie òyster 名 **1** U プレーリーオイスター《生卵(の卵黄)に塩, コショウ, ウスターソースなどを混ぜた二日酔いの薬》. **2** C (食用としての)子牛の睾丸(こう).

práirie schòoner 名 C 〖米〗ほろ馬車《開拓者が prairie の横断に用いた》.

práirie wòlf 名 =coyote.

‡praise /preiz/ 名 (複 **práis·es** /-əz/) **1** U **ほめること, 賞賛**. deserve [be worthy of] great ~ for .. ..のことで大いに賞賛の価値がある. be full of ~ for ..〔人が〕..をべたぼめである. He was loud in his ~ of [for] the new mayor. 彼は声を大にして新市長をほめた. This new novel is beyond all ~. この新小説はいくらほめてもほめきれない.

> 連結 high [hearty, lavish, unstinting, warm; exaggerated, undue] ~ // receive [earn, win] ~; heap [shower] ~ on..

2 U 〖雅〗(神を)たたえること, 賛美. *Praise* be (to God)! 神をたたえよ/ありがたや (★be は仮定法).

3 〈~s〉 ほめ言葉; 〖章〗神をたたえる言葉[歌]. The teacher was always singing ⌊the ~*s* of his students[his students' ~*s*]. その先生はいつも自分の生徒のことをほめちぎっていた.

in práise of .. ..をほめて; ..をたたえて. The teacher spoke fervently *in ~ of* the pupil. 先生はその生徒を熱心にほめたたえた. sing a hymn *in ~ of* God 神をたたえて賛美歌を歌う.

sìng one's òwn práises 〈しばしば非難して〉自画自賛する.

── 動 (**práis·es** /-əz/|過 過分 **~d** /-d/|**práis·ing**) 他 **1**〔人, 物, 事〕をほめる, 賞賛する, 〈*for* (do*ing*) ..の故に/*as* ..として〉(類語 commend より一般的な語). The boy was highly ~*d for* his good deeds. 少年はよいことをしてとてもほめられた. a widely ~*d* film 広く賞賛されている映画. **2** 〖雅〗〔神〕を賛美する, たたえる.

pràise .. to the skíes →sky (成句).

[<ラテン語 *pretium*「等価物>価格, 価値」]

†praise·wor·thy /préizwə̀ːrði/ 形 m (成功する[した]か否かは別にして)ほめる価値がある, 賞賛に値する. a ~ attempt to help the handicapped 障害者を助けようとする賞賛すべき努力.

pra·line /prɑ́ːliːn/ 名 UC プラリーン《ナッツを砕いて砂糖をからめたもの; デザートやチョコレートの詰め物に用いる》.

pram /præm/ 名 C 〖英〗乳母車 (〖米〗baby carriage [buggy]). [<*peram*bulator]

prance /præns|prɑːns/ 動 自 **1** VA 威張って[気取って, 意気揚々として]歩く; 踊り歩く, はね回る, 〈*about, around*〉. She ~*d into* the hall in her new dress. 彼女は新調のドレスを着て意気揚々と広間へ入って来た. **2**〔馬などが〕後足を蹴り上げて跳ね回る, 跳ね上がりながら進む〈*along*〉.

── 名 aU (馬の)跳ね上がり; (人が)威張って歩くこと. ▷ **pránc·er** 名 C はね回る人; 跳ね上がる馬.

prang /præŋ/ 〖英話〗動 他 **1**〔自動車, 飛行機など〕を衝突で壊す, ぶっこわす. **2** を爆撃する.

── 名 C (車(同士)の軽い)衝突; 爆撃.

†prank /præŋk/ 名 C 〖旧〗(時に悪意のある)いたずら, 悪ふざけ. Jim is always playing ~*s* on me. ジムはいつも僕にいたずらばかりしている. ▷ **pránk·ish** /-kiʃ/ 形 悪ふざけする.

prank·ster /prǽŋkstər/ 名 C 〖旧〗いたずら者.

pra·se·o·dym·i·um /prèizioudímiəm/ 名 U 〖化〗プラセオジム《希土類原素; 記号 Pr》.

prat /præt/ 名 C 〖俗〗**1** 〖英〗間抜け, ばか. **2** 〖主に米〗けつ (buttocks). ▷ **prat·tish** 形

prate /preit/ 動 自 〖旧〗〔つまらないことを〕べちゃくちゃしゃべる, しゃべりまくる, 〈*on*〉〈*about, on* ..について〉.

── 名 U むだ話.

prát·fàll 名 C 〖米俗〗**1** 尻(しり)もち(をつくこと). **2** みっともないしくじり, 失態.

prat·tle /prǽtl/ 動 自 **1**〔子供が〕片言をしゃべる; 〖話〗〈けなして〉(子供のように)片言の話し方をする〈*away*〉; 〈非難して〉むだ話をする〈*on*〉〈*about* ..について〉. Stop *prattling on about* nonsense. ばかげたことをぺちゃぺちゃしゃべるのはやめなさい. **2** 〖軽蔑〗べらべら人のうわさ話をする. ── 他 をぺちゃくちゃしゃべる.

── 名 U 片言; むだ話, おしゃべり. ▷ **prat·tler** 名 C 片言を言う人《特に子供》; おしゃべりをする人.

Prav·da /prɑ́ːvdɑː, -də/ 名 プラウダ《ロシアの日刊新聞; 元ソ連共産党中央委員会機関紙》. [ロシア語「真理」]

‡prawn /prɔːn/ 名 〖主に英〗C クルマエビの類の総称 (〖主に米〗shrimp; →lobster); U クルマエビの身《食用》. (a) ~ cocktail エビサラダ《主に前菜用》.

prax·is /prǽksis/ 名 U (理論に対する)実践, 実際.

‡pray /prei/ 動 (**~s** /-z/|過 過分 **~ed** /-d/|**~·ing**) 自 (神に)**祈る**, 祈願する, 〈*for* ..〔人〕のために〉; **願い求める**, 懇願する, 〈*to* ..〔神など〕に/*for* ..を/*to* do ..することを〉. She knelt to ~. 彼女はひざまずいて祈った. ~ *for* rain 雨乞(ご)いをする. ~ *for* peace 平和を祈願する. He ~*ed to* God ⌊*for* forgiveness [*to* forgive him]. 彼は許しを求めて神に祈った.

── 他 **1** (**a**)〔神など〕に**願う, 祈る**, 〈*for* ..を〉; を**願い求める**; VO (**~ *that*** 節/"引用") ..するように/「..」と祈る; VO (**~ *to do***) ..することを祈る. ~ God 神に祈る. ~ God's mercy = ~ God *for* mercy 神の恵みを祈り求める. He ~*ed that* God would help his family. 彼は神が家族を助け給(たま)うようにと祈った. She ~*ed*, "Oh, Lord, protect him."「主よ彼を守りたまえ」と彼女は祈った. I was ~*ing* ⌊*that* I could meet [*to* meet] her again. 彼女にまた会えることを願っていた.
(**b**) VOO (**~ X *that*** 節) X(神, 人など)に..するようにと祈る. You had better ~ God *that* the teacher doesn't catch you. 先生に見つからないように神様に祈った方がいいよ. (**c**) 〖章〗VOC (**~ X *to do***) X に..するように懇願する. I ~ you *to* forgive me. なにとぞお許しください.

2 〖雅〗〈副詞的〉(★I pray you の短縮で please に近い) (**a**) 〈命令文の調子をやわらげて〉どうぞ, お願いだから. *Pray* don't do that. どうぞそんなことしないで下さい.
(**b**) 〈疑問文で; しばしば皮肉をこめて〉どうぞ, 願わくば. And what, ~ tell me, is the reason for this? これはどういう訳かおっしゃっていただきたいものだね.

be pàst práying for (実にひどくて)祈ってもむだである《past は前置詞で「..を通り越して」の意味》.

[<ラテン語「懇願する」]

pray·er[1] /préiər/ 名 C 祈る人.

‡prayer[2] /preər/ (注意 発音は prayer[1] と異なる; 分綴はしない) 名 (複 **~s** /-z/) **1** UC **祈り**, 祈願, 〈*for* ..を求

める〉. morning [evening] ～ 朝[夕べ]の祈り. Our ～ *for* rain was answered 雨乞(ごい)の祈りは聞きとどけられた. They clasped [folded] their hands in ～. 彼らは手を組んで祈った. be at ～ お祈りをしている.

連結 a devout [a pious; an earnest, a sincere; a fervent; a silent] ～

2 Ⓒ 祈禱(きとう)の言葉, 祈りの文句; 〈～s〉(集団で行う非公式の)祈禱式. The children said their ～*s* before going to bed. 子供たちは寝る前にお祈りをした. offer ～*s* for the dead 死者に祈りの言葉をささげる. have family [school] ～*s* every morning 毎朝家族の祈禱[学校での礼拝]を行う. **3** Ⓒ (神への)願いごと, (権力者への)嘆願. a humble ～ つまらぬお願い.

haven't gòt [don't hàve] a práyer 〖話〗わずかな見込みもない〈*of* do*ing* ..する〉. They *did'nt have a* ～ *of* winn*ing* the game. 彼らには試合に勝つ見込みはなかった.

práyer bòok 名 **1** 祈禱(きとう)書. **2** 〈the P- B-〉(英国国教会の)祈禱書《the Book of Common Prayer の略称》.

prayer·ful /préərf(ə)l/ 形 〔人が〕よく祈る, 〔人, 言葉などが〕信心深い. The woman wore a ～ expression on her face. 女は信心深い顔つきをしていた.
▷ **～·ly** 副 **～·ness** 名

práyer màt [rùg] 名 Ⓒ (イスラム教徒が祈りの時に用いる)膝(ひざ)敷き.

práyer mèeting 名 Ⓒ (キリスト教新教の)祈禱会.

práyer whèel 名 Ⓒ (ラマ教の)祈禱(きとう)輪筒, マニ車, 《経文を入れた回転する筒; 1 回転が 1 回の祈りに相当》.

pràying mántis 名 Ⓒ 〖虫〗カマキリ《祈りに似た姿勢で前肢を振り上げることから; 単に mantis とも言う》.

PRB Pre-Raphaelite Brotherhood.

PRC The People's Republic of China.

pre- /prì:, pri/ 接頭 「(時, 場所, 順序などが)前[先]の, 以前の, 前もって」などの意味を表す (↔post-). *pre*cede. *pre*marital. *pre*pay. *pre*school. [ラテン語 *prae* 'before']

P

***preach** /pri:tʃ/ 動 (**préach·es** /-əz/|過 過分 **～ed** /-t/|**préach·ing**) 自 **1** 〔聖職者が〕**説教する**, 教えを説く, 〈*to* ..に/*about, on* ..について〉. The minister ～*ed to* the congregation *on* "Dishonesty". 牧師は会衆に「不誠実」について説教した. **2** 〖しばしば軽蔑〗**説論する**, (お)説教する, 〈*at, to* ..に〉. ～ *against* violence 暴力を戒める. Don't ～ *at* [*to*] me *about* my marriage. 私の結婚のことでくどくどお説教しないで下さい.

── 他 **1** 〔神の教えなど〕を説く, 〔説教〕をする; VO (～ ***that*** 節/"引用") ..であると説く. ～ the Gospel 福音を説く. ～ a sermon on ..について説教をする. The Vicar ～*ed that* we should curb our desires. 牧師は我々は欲望を抑制すべきだと説いた.

2 を勧告する, 説き勧める; VOO (～ X Y)・VOA (～ Y ***to*** X) X に Y を説き勧める, 教えさとす; 〖軽蔑〗とくどくどお説教する. The headmaster ～*ed* us patience. 校長は我々に忍耐の必要を説いた. ～ peace 平和を唱導する.

pràctice what one préaches 人に説くことを自ら実行[率先垂範]する.

prèach to the convérted 釈迦(しゃか)に説法する《<既に改宗した人々に改宗を説く; 余計な事のたとえ》.

†**préach·er** 名 Ⓒ **1** 説教師, 牧師, 伝道師; お説教をする人. **2** 唱導[主導]者.

preach·i·fy /prí:tʃəfài/ 動 (**-fies**|過 過分 **-fied**|**～·ing**) 自 〖話·軽蔑〗くどくどとお説教をする.

préach·ment 名 Ⓤ 説教すること; Ⓒ 退屈な説教.

preach·y /prí:tʃi/ 形 ⓔ 〖話〗お説教じみた; 説教好きな. a ～ woman 説教癖のある女性.

pre·am·ble /prí:æmb(ə)l, ⌐⌐/ 名 UC 〖章〗(法規, 法令などの)前文; 序文, 序言, 前置き, 〈*to, of* ..(へ)の〉. without ～ 前置き[前触れ]なしに, 単刀直入に, 〔言うなど〕.

pre·amp /prí:æmp/ 名 〖話〗＝preamplifier.

pre·am·pli·fi·er /pri:ǽmpləfàiər/ 名 Ⓒ 〖電〗プリアンプ《弱い信号を増幅して主アンプへ送る装置》.

pre·ar·range /prì:əréindʒ/ 動 他 を前もって打ち合わせる, あらかじめ手はずを整える. The outcome of this horse race was ～*d*. この競馬の結果はあらかじめ仕組まれていた《八百長だ》. ▷ **～·ment** 名 UC (事前の)打ち合わせ, 予定.

pre·a·tom·ic /prì:ətámik|-tóm-/ 形 原子力エネルギー使用以前の.

preb·end /prébənd/ 名 Ⓒ (司教座聖堂参事会の受ける)聖職禄(ろく).

preb·en·dar·y /prébəndèri|-d(ə)ri/ 名 (複 **-dar·ies**) Ⓒ 受禄(ろく)聖職者.

pre·bóarding 形 優先搭乗の〔老人, 子供, 身障者など〕.

prè·búilt /⊛/ 形 〖米〗＝prefabricated.

Pre·cam·bri·an /pri:kǽmbriən/ 名, 形 〖地〗先カンブリア代(の), 先カンブリア地層(の), 《最古の地質時代; 生命が最初に出現したころ; →Cambrian》.

pre·cáncerous 形 前癌症状の. ～ growths 前癌性腫瘍.

†**pre·car·i·ous** /priké(ə)riəs/ 形 **1** (状況などが)不安定な, 当てにならない, 不確かな. make a ～ living as a painter 画家として不安定な生活をする. His health was in a ～ condition. 彼の健康は不安定だった. **2** 根拠の不十分な, あやふやな. ～ assumptions 根拠の薄弱な仮定. **3** 危険な, 危なっかしい. He got a ～ foothold on the side of the cliff. 彼は絶壁の側面に危ないながら足場を確保した. [<ラテン語「懇願して手に入れた>他人の意向次第の」] ▷ **～·ly** 副 不安定に, 危なっかしく; あやふやに. **～·ness** 名 Ⓤ 不安定さ, 不確かさ.

prè·cást /⊛/ 形 〔コンクリートが〕既製の, 前もって成形した.

***pre·cau·tion** /prikɔ́:ʃ(ə)n/ 名 (複 **～s** /-z/) **1** Ⓤ **用心, 警戒**; Ⓒ 予防策; 〈*against* ..に対する〉. take an umbrella as a ～ 用心に雨傘を持って行く. fire ～*s* 防火策. They should have taken ～*s against* hijackers. ハイジャックに対して予防策を講じておくべきだった. take the ～ ⌞of doing [to do] .. 用心のために..する.

連結 simple [elaborate; adequate; sensible; special; strict] ～*s*

2 Ⓒ 〈～s〉〖話〗避妊具の使用. take ～*s* 避妊具を用いる.

pre·cau·tion·ar·y /prikɔ́:ʃənèri|-n(ə)ri/ 形 予防の, 用心の(ための), 警戒の. ～ measures 予防策.

***pre·cede** /prisí:d/ 動 (**～s** /-dz/|過 過分 **-ced·ed** /-əd/|**-ced·ing**) 他 **1** (時, 順序などにおいて)に**先立つ**, 先行する, 先立って行われる; 〔人などが〕を先導する, の前に立って進む; 〔物が〕の前にある[位置する]. Women ～ men through doors in public. 公共の場所ではドアを通るのは女が男より先である. The conference was ～*d* by a reception. 会議に先立って歓迎会が催された. There was a sudden fall of the barometer *preceding* the rainstorm. 暴風雨の前に急に気圧計が下がった. Mr. White ～*d* me as manager of the team. ホワイト氏は私の前任の監督だった.

2 (重要性などにおいて)にまさる, 優先する. Money ～*s* everything else in such matters. こういうことでは何よりも先立つものは金である.

3 VOA (～ X ***with ..***) X に先立って..を行う, ..を X の前置きとする. He ～*d* his address *with* a word of thanks for the invitation. 彼は講演の前置きに招待されたことに対し一言(ひとこと)謝辞を述べた.

── 自 先行する, 先立つ. [<ラテン語「前を行く」]

†**pre·ce·dence, -den·cy** /présəd(ə)ns, prisí:d(ə)ns/, /-si/ 名 U **1** (時間, 順序の)先行. **2** 上位にある[優先順位が上にある]こと〈*over*, *of* ..より〉. **3** (公式の場での)席次; 上席; 優先権. ◇動 precede

give precédence to .. ..に上位[上席]を与える, ..の優位を認める, ..を優先させる.

in òrder of precédence 席次[重要度]に従って. discuss the subjects *in order of* ～ 議題を重要な順に討論する.

tàke [hàve] precédence over [of] .. ..より上席を占める; ..に優先する.

†**prec·e·dent**[1] /présəd(ə)nt/ 名 **1** C 先例, 前例, 慣例; 〖法〗判例; 〈*for* ..の/*of* ..という〉. There is no ～ *for* this kind of case. この種の事件には判例がない. cite a ～ 先例を挙げる. make a ～ of ..を先例とする. set [create, establish] a ～ *for* (doing) ..(する)上での先例を作る. **2** U 先例に従うこと. break with ～ 先例[慣例]を破る. without ～ 先例のない[がなく].

pre·ce·dent[2] /prisí:dənt, présəd(ə)nt/ 形 先行する; 優先する; 〈*to* ..に〉. a problem ～ *to* profit seeking 利潤の追求に先行する(もっと重要な)問題.

***pre·ced·ing** /prisí:diŋ/ 形 ⓒ 〈限定〉〖章〗(時間・順序・場所などで)**先行する**, 前の, 先の; **前述の**, 上記の; (↔following). the ～ president 前大統領. the ～ year 前年. in the ～ chapter 前章に[の].

pre·cen·tor /priséntər/ 名 C 先唱者《聖歌隊などの音頭をとって歌う人》.

†**pre·cept** /prí:sept/ 名 UC 〖章〗**1** (道徳上の)教え, 戒め, (行動の)指針, 規範; 格言. Practice [Example] is better than ～. 〖諺〗論より証拠《実行[実例]は訓戒に勝る》. **2** 〖法〗命令書; 令状. 「訓戒者.

pre·cep·tor /priséptər/ 名 C 〖章〗教授者, 教師;↑

pre·cep·to·ri·al /prìseptɔ́:riəl ⑧/ 形 教授者の, 教師の. ── 名 C 〖米〗(大学の)個人指導授業《小グループの学生が各自の勉強の成果を持ち寄り教師の指導のもとで討論する》.

pre·ces·sion /priséʃ(ə)n/ 名 UC **1** 〖物理〗すりこぎ運動《回転するこまなどの行う, 首を振るぐらつき運動》. **2** 〖天〗歳差《春分・秋分が年々早くなってゆく変化; the precession of the equinoxes とも言う》.

▷ **～·al** /-ʃ(ə)nəl/ 形

‡**pre·cinct** /prí:siŋkt/ 名 C **1** 〖米〗(市, 町の行政上の)管区; 選挙区 (election precinct); (大都市警察の)分署管轄区; 所轄署 (precinct house). the 87th ～ 87 分署. **2** 〈普通 ～s〉(教会, 公共施設などの)境内(けいだい), 構内. the school ～*s* 学校の構内. the sacred ～*s* 聖域. **3** 〈～s〉付近, 周辺, 近郊; 境界(線). the city and its ～*s* 市とその周辺. **4** 〈修飾語句を伴って〉〖英〗..区域. a shopping ～ 商店街. a pedestrian ～ 歩行者天国.

pre·ci·os·i·ty /prèsiɑ́səti|-ɔ́s-/ 名 (複 **-ties**) 〖章〗**1** U (言葉遣い, 趣味などの)気取り, 凝りすぎ; 不自然な堅苦しさ. **2** C 〈しばしば -ties〉凝り過ぎた言葉遣い. ★precious 3 に対する名詞.

‡**pre·cious** /préʃəs/ 形 ⓜ **1** (希少であるが故に)**高価な**, 貴重な; 高く評価される. ～ gems 高価な宝石. Freedom is ～. 自由は貴重だ. I'm very sorry to have taken up much of your ～ time. 貴重なお時間をたいそうお取りして申し訳ありません.

2 大切な, 大事な, かわいい, 〈*to* .. にとって〉. This watch is not very valuable, but is ～ to me for sentimental reasons. この時計は大して高価なものではないが, 心情的な理由で私には大切だ. 類語 上の例で分かるように valuable と対立させると主観的な価値を意味する. Our children are very ～ *to* us. 子供たちは私たちにとって非常に大切な存在です. ～ memories 大事な思い出. My ～ darling! かわいい人《呼び掛けの言葉》.

3 〔言葉遣い, 態度などが〕ひどく気取った, (完璧であろうとして)不自然に堅苦しい, どうでもよいことにやたらこだわる; 〔芸術品などが〕凝り過ぎた; (◇名 preciosity). speak in a ～ manner 気取った口のきき方をする. ～ pronunciation いやに気取った発音.

4 〈限定〉〖話〗〈強意的にまた皮肉に〉大した, ひどい, 全くの; ご立派な, 大層な. Bob is a ～ liar. ボブは大したうそつきだ. You've got your ～ honesty. ご大層な誠実さをお持ちですね. A ～ lot of people were present. ごくわずかな人しか出席しなかった《＜えらく大勢来た; 皮肉》.

── 副 〈little, few の前に用いて〉〖話〗ひどく, とても, えらく, (very). I had ～ little money. 私はほんのちょっぴりしか金がなかった. *Precious* few (people) can afford a Mercedes in this town. この町には(メルセデス)ベンツを持てるような人はほんの少ししかいない (★people が無いと 形 4).

── 名 C 〖話〗かわいい人《呼び掛け》.

[＜ラテン語「価値のある」＜*pretium* (→praise)]

▷ **～·ly** 副 高価に, 大切に; 大そう凝って, 気取って. **～·ness** 名 U 貴重, 高価; 大切; 気取り, 凝り過ぎ.

prècious métal 名 UC 貴金属 (↔base metal).

prècious stóne 名 C 宝石 (類語「宝石」の意味の一般的表現; gem, jewel, jewelry; →semiprecious).

prec·i·pice /présəpəs/ 名 C **1** 絶壁, 断崖(がい), (類語 普通 cliff より険しい). stand [be] on the edge [brink] of a ～ 絶壁の縁に立っている; 〈比喩的に〉危機に瀕している. **2** 危機, '崖っぷち'. stand at the ～ of ..の危機に瀕している. [＜ラテン語「頭から先に, まっ逆さまに」(＜*prae* 'before'＋*caput* 'head')]

pre·cip·i·tance, -tan·cy /prəsípətəns/, /-tənsi/ 名 U 大急ぎ, 大慌て; 〈-tances, -tancies〉慌てた[軽率な]行為.

pre·cip·i·tant /prəsípətənt/ 形 ＝precipitate.

── 名 C 〖化〗沈殿剤.

‡**pre·cip·i·tate** /prəsípətèit/ 動 他 **1** 〖章〗〔重大事など〕を突然引き起こす[もたらす] (bring about); 〔..(の到来)〕を早める, を促進する, (hasten). The depression ～*d* a change in policy. 不景気が政策の変更を促した. **2** 〖章〗VOA を真っ逆さまに(投げ)落とす. ～ oneself *upon* the enemy 敵に向かって突進する.

3 〖章〗VOA (～ X ***into*** ..) X をいきなり..の状態に陥らせる. He ～*d* the firm *into* bankruptcy. 彼は会社を急に破産に追い込んだ. **4** 〖気象〗〔水蒸気〕を凝結させる《雨, 雪などに変える》; 〖化〗を沈殿させる〈*out*〉.

── 自 **1** 〖気象〗〔水蒸気が〕凝結する, 雨や雪になって降る; 〖化〗沈殿する〈*out*〉. **2** 真っ逆さまに落下する.

── /prəsípətət, -tèit/ 名 UC 〖気象〗(水分からの)凝結物《雨, 雪など》; 〖化〗沈殿物.

── /prəsípətət/ 形 **1** 真っ逆さまの, まっしぐらの, 〔墜落など〕. **2** 〖章〗慌ただしい, 軽率な. a ～ retreat 慌ただしい退却. be ～ in one's choice [decision] 早まった選択[決定]をする.

[＜ラテン語「真っ逆さまに投げ落とす」; →precipice]

▷ **～·ly** /-tətli/ 副 真っ逆さまに; 慌ただしく. **～·ness** /-tətnəs/ 名

pre·cip·i·ta·tion /prəsìpətéiʃ(ə)n/ 名 **1** UC 〖気象〗降水《大気中の水蒸気が凝結して降下する; 降雨, 降雪などを含める》; 降水量. **2** U 〖化〗沈殿. **3** U 落下, 墜落. **4** U 〖章〗軽率, 大慌て; 慌ただしさ.

‡**pre·cip·i·tous** /prəsípətəs/ 形 **1** 〖章〗絶壁の, 切り立った; (危険なほど)急勾(こう)配の, 急峻な. **2** 突然の, 急激な. a ～ decline [fall] in ..の急激な減少. **3** ＝precipitate 2. ▷ **～·ly** 副 切り立って, 険しく; 急激に. **～·ness** 名

pré·cis /preisí:, ⌐–|⌐–/ 名 (複 ～ /-z/) C (論文などの)

P

大意, 概略, 要約, (summary). ── 動 (-cises /-síːz/|過 過分 -cised /-síːd/|-cis·ing /-síːiŋ/) 他 の大意を書く, を要約する. [フランス語 'precise']

‡**pre·cise** /prisáis/ 形 m, e (-cis·er|-cis·est)
1 正確な, 明確な, 的確な; **精密な**, 綿密な; (類語 細部に至るまで正確であること; →correct). His answer was very ～. 彼の答えは非常に的確だった. I am 22 years old—22 years and 45 days to be ～. 私は 22 歳—細かく言えば 22 歳と 45 日です. **2** ¢ 〈限定〉寸分違わない, ちょうどの, かっきりの, (exact). the ～ amount ちょうどきっちりの量. at the ～ moment かっきりその瞬間に. **3** 〈しばしばけなして〉きちょうめんな[過ぎる]; (些(さ)細なことに)やかましい; 〈*about, in* ..について〉. He is very ～ *in* [*about*] matters of dress. 彼は服装のことに非常にやかましい. ◇名 precision
[<ラテン語「前もって切る, 短くする」(<pre-+*caedere*「切る」)] ▷ **～·ness** 名

***pre·cise·ly** /prisáisli/ 副 **1** m **正確に**, 明確に; きちょうめんに. explain the reason ～ 理由を正確に説明する. **2** ¢ ちょうど, まさに, (exactly). for ～ the same reason まさに同じ理由で. That's ～ ⌞what I was thinking [because he knows the secret]. それはまさに私が考えていた事だ[彼が秘密を知っているからだ]. ～ at nine きっかり 9 時に. **3** ¢ 〈同意を示す返事〉全くその通り, そうですとも, (quite so). "Was it Jane who said so?" "*Precisely.*"「そう言ったのはジェーンですか」「その通りです」

***pre·ci·sion** /prisíʒ(ə)n/ 名 U **1 正確**, 精密. with unerring ～ 誤りのない正確さで. His paper lacks ～. 彼の論文は正確さに欠ける. **2** 明確, 的確; きちょうめんさ. He chose his words with ～. 彼は的確に言葉を選んで話した. **3** 〈形容詞的〉正確な; 精密な(性能を持つ). ～ landing 定点着陸. ～ instruments 精密機械. a ～ gauge 精密計器. ～ bombing 精密照準爆撃 (↔ carpet bombing). ◇形 precise

‡**pre·clude** /priklúːd/ 動 他 【章】 **1** VO (～ X/*a person's doing*) 〔物事が〕X(行動, 事物)を/人が..するのを妨げる, できなくする; VOA (～ X *from doing*) 〔物事が〕X(人)が..するのをじゃまする. Ignorance of Japanese often ～*s* foreigners *from* appreciat*ing* kabuki. 日本語の知識がないために外国人に歌舞伎の真価が分からないことがよくある. **2** を除外する, 排除する. ～ all objections 異議がいささかも起きないようにする. [<ラテン語「閉ざす」(<pre-+*claudere*「閉める」)]

pre·clu·sion /priklúːʒ(ə)n/ 名 U 【章】防止; 排除.

pre·clu·sive /priklúːsiv/ 形 【章】防止する; 排除する. ▷ **～·ly** 副

‡**pre·co·cious** /prikóuʃəs/ 形 **1** 〔子供が〕早熟の, ませた, こましゃくれた; 〔知識, 才能などが〕発達[開花]が早い, 大人びた. a ～ boy 早熟な少年. a ～ talent for music 早熟な音楽の才能. **2** 〔物事が〕発達の早い. the ～ development of the economy 早い経済発展. **3** 〔植物が〕早咲きの, 早生(な)りの.
[<ラテン語「早生りの」(<pre-+*coquere*「熟す」)]
▷ **～·ly** 副 早熟(なまで)に. **～·ness** 名 =precocity.

pre·coc·i·ty /prikɑ́səti|-kɔ́s-/ 名 U 【章】早熟; 早咲き, 早生(な)り.

pre·cog·ni·tion /prìːkɑgníʃ(ə)n|-kɔg-/ 名 U 【心】(特に超感覚的な)予知.

prè-Colúmbian /prìː- 移/ 形 コロンブスのアメリカ大陸発見以前(のアメリカ)の.

pre·con·ceive /prìːkənsíːv/ 動 他 を前もって考える, 予想する.

prè·con·céived /移/ 形 〈限定〉前もって考えられた, 予想した. a ～ idea [notion] 先入観.

‡**pre·con·cep·tion** /prìːkənsépʃ(ə)n/ 名 C 予想; 先入観, 偏見; 〈*about* ..についての〉.

pre·con·cert /prìːkənsə́ːrt/ 動 他 (協定などにより)を前もって決める.

‡**pre·con·di·tion** /prìːkəndíʃ(ə)n/ 【章】 名 C 前提条件 〈*for, of, to* ..の〉. ── 動 他 の状態を前もって整える.

pre·cook /prìːkúk/ 動 他 を前もって料理しておく《あとで温めなおして食べられるように》.

‡**pre·cur·sor** /prikə́ːrsər/ 名 C 先駆者, 先達, 前任者; 前兆, 前触れ; 〈*of, to* ..の[に至る]〉.

pre·cur·so·ry /prikə́ːrsəri/ 形 先駆の; 前兆となる.

pred. predicate; predicative.

pre·da·ceous, -cious /pridéiʃəs/ 形 捕食[肉食]の; 肉食動物の.

pre·date /prìːdéit/ 動 =antedate.

‡**pred·a·tor** /prédətər/ 名 C **1** 捕食[肉食]動物《ライオン, オオカミ, ワシ, タカなど》. **2** 略奪者; (金銭的, 性的に)他人を食いものにする人《強欲な地主, 金貸しなど》.

‡**pred·a·to·ry** /prédətɔ̀ːri|-t(ə)ri/ 形 **1** 【章】捕食性の《他の生物を捕えて食べる》, 肉食の. ～ birds 猛禽(きん)類. **2** 〔人, 制度などが〕収奪的な; (金銭やセックス目当てに)他人を食いものにする. be oppressed by a ～ landed class 強欲な地主階級にしいたげられる. the ～ pricing of some manufacturers 一部製造業者の暴利をむさぼる価格設定.

pre·dawn /prìːdɔ́ːn 移/ 形 夜明け前の.

pre·de·cease /prìːdisíːs/ 動 他 【法】〔人〕より先に死ぬ. ～ one's wife *by* 10 years 妻より 10 年早く死ぬ.

***pred·e·ces·sor** /prédəsèsər, ˌ-ˌ-ˊ-|príː-/ 名 (複 ～s /-z/) C **1 前任者**; 先輩. He was my ～ in the job. 彼は仕事で僕の先任者だ. **2** 祖先. **3** 前にあったもの; 旧型, 前のタイプ. This sewing machine is far better than its ～. このミシンは前のよりもずっといい. ◇↔ successor

pre·des·ti·nate /pri(ː)déstənèit/ 動 【章】=predestine. ── /-nət/ 形 (前もって)運命づけられている, 宿命の, (predestined).

pre·des·ti·na·tion /priːdèstənéiʃ(ə)n|prìːdes-/ 名 U **1** 運命, 宿命. **2** 【神学】**(a)** (運命)予定説《この世に起こる事はすべて神が決めてあるとする, Calvinism の重要な教義の 1 つ》. **(b)** 救霊予定説《霊魂の救いは全く神意により, 人間の善行とは無関係とする; 例えば Jansenism の信条の 1 つ》.

pre·des·tine /pri(ː)déstən|prìːdéstən/ 動 他 【章】〔神などが〕〔人〕を運命づける, 予定する, 〈*to, for* ..に〉; VOC (～ X *to do*) X を..するように運命づける; 〈しばしば受け身で〉. The writer was ～*d to* success [succeed]. その作家は成功するように運命づけられていた.
▷ **～d** /【英】は 移/ 形

pre·de·ter·mi·na·tion /prìːditə̀ːrmənéiʃ(ə)n/ 名 U 宿命, 予定; 前もって決めること.

pre·de·ter·mine /prìːditə́ːrmən/ 動 他 【章】をあらかじめ決める; VOC (～ X *to do*) X が..するように前もって定める; 〈普通, 受け身で〉. One's eyesight is often ～*d* by his parents. 目の良し悪しは親次第で決まることが多い. ▷ **～d** /移/ 形 前もって決められた.

prè·de·tér·min·er 名 C 【文法】前限定詞《限定詞 (determiner) の前に用いることができる語; 例 *all* the dogs, *both* my parents の all, both など》.

pred·i·ca·ble /prédikəb(ə)l/ 形 断定できる.

‡**pre·dic·a·ment** /pridíkəmənt/ 名 C 苦境, 困った立場, 窮境. be in an awkward ～ どうにも具合の悪い立場にいる. put a person in a financial ～ 人を財政的苦境に陥らせる.

†**pred·i·cate** /prédikət/ 名 C **1** 【文法】述部, 述語, 《主部[主語]をうけて文を完成させる》. **2** 【論】賓辞. ◇↔ subject ── 形 述部[述語]の.
── /prédəkèit/ 動 他 【章】 **1** を(真実であると)断定する, 断言する; VO (～ *that* 節) ..であると断定する; VOC

(～ X *to be* Y) X を Y であると断定する. We could not properly ～ honesty *of* this politician. この政治家について正直さをその性質として認めることは不当であろう.
2 VOA (～ X *on* [*upon*] (*doing*) ..) X の根拠[基礎, 前提]を..(すること) に置く, 基づかせる, 〈しばしば受け身で〉. a social structure ～*d on* fair competition 公平な競争に基づいた社会構造.
3 を含意する, ほのめかす. The mayor's attitude ～*d* his resignation. 市長の態度には辞任の意がうかがえた. [＜ラテン語「公言する」(＜pre-＋*dīcere*「言う」)]

prèdicate vérb 名C 〖文法〗述語動詞《述部の中心となる動詞》.

prèd·i·cá·tion 名UC 断定すること; 〖論〗＝predicate 2.

pred·i·ca·tive /prédəkèitiv|pridíkə-/ 〖文法〗形 〔形容詞などが〕叙述的な 《名詞(句)や代名詞を be 動詞などを間にはさんで間接的に修飾する; 本辞典では〈叙述〉と示してある; ↔attributive》. ── 名C 叙述語《一般に complement (補語)に当たる》. ▷～**·ly** 副 〖文法〗叙述的に. 「容詞.

prèdicative ádjective 名C 〖文法〗叙述形↑

*****pre·dict** /pridíkt/ 動 (～**s** /-ts/|過 過分 ～**·ed** /-əd/|～**·ing**) 他 〔人, 調査(結果)などが〕を**予言する**; を予報する; VO (～ *that* 節/*wh* 節/"引用") ..であると/..かを/「..」と予言する; VOC (～ X *to do*) X が..すると予言[予報]する (類語「予言する」の意味で最も一般的な語; 特に経験や調査研究を基にした予想の場合この語が用いられる; →forebode, forecast, foretell, prophesy). The coach ～*s* victory for his team in tomorrow's game. コーチは明日の試合で彼のチームが勝つと予言している. ～ *which* (team) will win どちら(のチーム)が勝つかを予測する. You can't ～ her. 彼女は何をやるか[何を考えているか]わからない. The weather forecast ～*s* ⌞rain for [*that* it will rain] tomorrow. 天気予報は明日は雨と言っている. [＜ラテン語「前もって言う」(＜pre-＋*dīcere*「言う」)]

†**pre·díct·a·ble** 形m **1** 予言できる, 予想できる, (↔unpredictable). **2** 〖軽蔑〗〔人が〕(何をするか)初めから分かっている, 意外性のない. Talk shows have become boringly ～. (テレビの)対談番組は退屈なほどマンネリになってしまった. ▷**pre·dic·ta·bíl·i·ty** 名U (内容, 状況などが)予見できること; 予測可能性.

pre·díc·ta·bly 副 予想[予言]どおりに; 〈文修飾〉予想どおり, 案の定. *Predictably* (enough), Ned failed the examination. 予想どおりネッドは試験に失敗した.

†**pre·díc·tion** 名C 予言, 予報; U 予言[予報]すること. make a ～ *about* [*of*/*for*/*that*] ..について/..の/..がどうなるか/..という予言[予報]をする. His ～ came true. 彼の予言は的中した.

連結 a correct [an accurate; a mistaken; an optimistic; a gloomy; a confident] ～

pre·dic·tive /pridíktiv/ 形 予言[予報]する; 前兆となる; 〈*of* ..を, の〉. ～ value 予報能力. a dark sky ～ *of* rain 雨の前触れの暗い空. ▷～**·ly** 副

pre·dic·tor /pridíktər/ 名C 予言者, 予報者; 予測する計器; 占うもの 〈*of* ..を〉.

pre·di·gest /prìːdədʒést, -dai-/ 動 他 **1** (病人, 幼児などのために) 〔食物〕を消化しやすいように加工する. **2** 〔読み物など〕を平易に書き換える. ▷～**·ed** /-əd ㊞/ 形

pre·di·lec·tion /prèdilékʃ(ə)n, prìː-|prìː-/ 名C 〖章〗偏愛, 特別な好み, ひいき, 〈*for* (*doing*)..(すること)に対する〉. have a ～ *for* (*keeping*) reptiles 爬(は)虫類(を飼うこと)が特に好きである.

pre·dis·pose /prìːdispóuz/ 動 他 〖章〗VOA 〔物事が〕〔人など〕を傾かせる, 陥りやすくする, 〈*to*, *toward* ..に〉; (～ X *to* Y) X を Y (病気)にかかりやすくする; VOC (～ X *to do*) X に前もって..するようにし向ける, X が..しやすくする; 〈普通, 受け身で〉. Fatigue ～*s* us *to* illness. 疲れると我々は病気にかかりやすい. He is ～*d to* inertia after a spell of hard work. 彼はきつい仕事をひとしきり行ったあとは無気力になりがちだ. Those rumors ～*d* me ⌞*in* her favor [*against* her]. そういううわさを聞いて私は彼女に好感[反感]を抱いていた. What ～*d* him *to* act so rashly? 何が彼にそんなに軽はずみな行動をさせたのか.

pre·dis·po·si·tion /prìːdispəzíʃ(ə)n/ 名C 傾向, 素質, 〈*to*, *toward* ..しやすい〉; 傾向 〈*to* do ..しがちな〉; 体質 〈*to* ..〔病気〕にかかりやすい〉. have a hereditary [genetic] ～ *to* cancer 遺伝的に癌(がん)にかかりやすい体質を持つ.

pre·dom·i·nance /pridɑ́mənəns|-dɔ́m-/ 名 aU 〖章〗優勢, 優位, 卓越; (数量的)支配; 〈*over* ..に対する〉. the ～ of the military *over* the civil powers 文官に対する軍部の優勢. A ～ of water colors marked the exhibition. 展覧会は水彩画の多いのが目立った.

*****pre·dom·i·nant** /pridɑ́mənənt|-dɔ́m-/ 形m **1** 優勢な, 支配的な, 〈*over* ..に対して〉; 有力な. He had the ～ voice in the discussion. その討議で彼の発言は他を圧していた. **2** 際立った, 顕著な, 主要な. Cotton is the ～ choice for summer dresses. 夏服には主に木綿が選ばれる. a ～ color 目立つ色, 主色, 主調. ▷～**·ly** 副 優勢に, 有力に; 際立って; 主として, 大部分は. a ～*ly* black area 黒人が圧倒的に多い地域.

†**pre·dom·i·nate** /pridɑ́mənèit|-dɔ́m-/ 動 自 〖章〗 **1** (力, 数量において) 優勢である, 主位[優位]を占める. Blue ～*s* in this pattern. この模様では青が主調をなしている. Oil paintings ～ in this gallery. この美術館では油絵が圧倒的に多い. **2** 支配[圧倒]する 〈*over* ..を〉. Hate ～*d over* reason in his action. 彼の行動では憎悪が理性に勝っていた.

pre·dóm·i·nate·ly /-nətli/ 副 ＝predominantly.

pree·mie /príːmi/ 名C 〖米話〗早産児, 未熟児. [＜*pre*mature＋-ie]

pre·em·i·nence /pri(ː)émənəns/ 名U 優秀, 傑出; 優位.

‡**pre·em·i·nent** /pri(ː)émənənt/ 形 〖章〗抜群の, 卓越した, 傑出した, 〈*in*, *at*.. (の分野, の点)で〉. a scientist ～ *in* nuclear physics 核物理学の傑出した科学者. ▷～**·ly** 副 抜群に, 卓越して.

pre·empt /pri(ː)ém(p)t/ 動 他 〖章〗 **1** を先取りする, 他に先んじて買う[入手する]; に先んじ(て阻止す)る, の機先を制する. **2** を先買権で獲得する. **3** 〖米〗〔公有地〕を先買権を得るために占有する. **4** 〖米〗(テレビ, ラジオなどで)〔予定番組〕に代わって放映[放送]される. Special newscasts often ～ a popular program. 特別ニュース(放送)が人気番組に取って代わることがよくある.
── 自 〖ブリッジ〗(高くせり上げて)相手を封じる.

pre·émp·tion 名U 〖章〗先制, 機先を制すること; 先買; 〖米〗(公有地などの)先買権.

pre·emp·tive /pri(ː)ém(p)tiv/ 形 **1** 先買(権)の, 先買権のある. **2** 先制の. a ～ strike 先制攻撃. ▷～**·ly** 副 「[所有]者.

pre·emp·tor /pri(ː)émptər/ 名C 先買権⌞獲得↑

preen /priːn/ 動 他 〔鳥が〕〔羽〕をくちばしで整える.
── 自 ＝PREEN oneself (1).
préen onesèlf (1)〔鳥が〕羽づくろいをする; 〔人が〕身づくろいをする, めかす. (2) 悦に入る; 鼻にかける 〈*on* ..を/*for* (*doing*) ..したことを〉.

pre·ex·ist /prìːigzíst/ 動 自 〖章〗前から存在する; 〔人が〕前世から存在する, 〔霊魂が〕先在する. ▷～**·ing** 形

pre·ex·ist·ence /prìːigzístəns/ 名U 先在, (肉体と結合する前の)霊魂の存在; 前世. 「の.

pre·ex·ist·ent /prìːigzístənt ㊞/ 形 先在の, 前世↑

P

pref. preface; prefatory; preference; preferred; prefix.

pre·fab /priːfǽb|ーー/ 名 C 〖話〗プレハブ住宅《< *prefab*ricated house》.

pre·fab·ri·cate /priːfǽbrəkèit/ 動 他 **1** (規格的に前もって大量生産した部分品で)〔建物, 船など〕を組み立てる,〔部品〕を生産する. **2** を前もって作る;〔うそ, 小説の筋など〕を一応もっともらしく(型どおりに)作り上げる.
▷**-cat·ed** /-əd/ 形 プレハブの. a ～*d* house プレハブ住宅 (prefab).

pre·fab·ri·ca·tion /priːfæ̀brəkéiʃ(ə)n/ 名 U プレハブ部品の製造, プレハブ生産; 前もって作ること.

***pref·ace** /préfəs/ 名 (複 **-ac·es** /-əz/) C **1 序文**, 前書き, 〈*to* ..の〉《自分の著作に自分で書くもの; →foreword, introduction》.
2 (演説などの)前置き; 前触れ, きっかけ; 〈*to* ..の〉.
── 動 他 **1** に序文を書く[付ける]; の序文[前書き]とする 〈*with* ..を〉; 〔話など〕を始める 〈*with*, *by* ..で/*by* do*ing* ..して〉. She ～*d* each chapter *with* a quotation from the Bible. 彼女は各章の前置きにバイブルの句を引用した. He ～*d* his speech *with* a word of thanks to the organizers. 彼は演説の冒頭に主催者たちに対する感謝の言葉を述べた.
2 の前置きになる, きっかけとなる. Light music ～*d* the dinner party. 晩さん会の冒頭に軽音楽が演奏された.
[<ラテン語「前もって言う」(<pre-＋*fārī*「話す」)]

pref·a·to·ry /préfətɔ̀ːri|-t(ə)ri/ 形 序文の, 前置きの. ～ remarks 前置きの言葉.

pre·fect /príːfekt/ 名 C **1**〖主に英〗監督生《学校の規律に関する監督責任を与えられた上級生》. **2** (古代ローマの)長官, 将軍, 提督. **3** (フランス, イタリアの)知事《prefecture の長》; 長官. the *Prefect* of Police of Paris パリの警視総監.

pre·fec·tur·al /priféktʃ(ə)rəl/ 形 県(立)の, 府(立)の. the ～ office 県庁, 府庁. a ～ school 県立[府立]学校.

***pre·fec·ture** /príːfektʃər|-tjuə/ 名 (複 **～s** /-z/) C **1** (フランス, イタリア, 日本の)県, 府, (→county). Nara *Prefecture* 奈良県《「東京都」は Tokyo Metropolis が普通》. **2** (フランス, イタリアの)知事公邸. **3** prefect の職[管轄区, 権限]. [<ラテン語「長官の職・管区」]

‡**pre·fer** /prifə́ːr/ 動 (**～s** /-z/|過 過分 **～red** /-d/|**～·ring** /-riŋ/) 他 **1** (**a**) (の方)を好む; VOA (～ X *to* [〖主に米〗*over*] Y) Y より X を好む; VO (～ *doing*/*to do*/*that* 節) **..する方/..ということの方を好む**. I ～ dogs *to* cats. 猫より犬が好きです (=I like dogs better than cats). He ～*red* study*ing* [*to* study] at night. 彼は夜勉強する方が好きだった. I ～ not *to* go alone. 一人では行きたくない. Which do you ～, reading or music? 読書と音楽とどちらが好きですか. He ～*red that* nothing (should) be said about it. 彼はそれについては何も言われたくなかった. I'd ～ it if you didn't smoke here. ここではたばこはご遠慮頂きたいのですが. I ～ stay*ing* here *to going* with them. 彼らと出かけるよりここにいた方がいい (語法 この用例の動名詞 staying, going を不定詞で言い換えることはできるが, ～ *to* stay here *to to* go with them のように to 付き不定詞を to の目的語にすることはできないので rather than を使って ～ to stay here *rather than* (to) go with them とする. rather も省略できる).
(**b**) VO (～ X *to do*) X (人)が..することを望む (★〖米〗では ～ *for* X *to* do (VO) の形も使う). I should ～ (*for*) you *to* come later. あなたにはもっと後に来てもらった方がいいのですが. (**c**) VOC (～ X Y) X は Y であることを望む. I ～ the steak well-done. ステーキはよく焼いた方が好きだ.
2 (裁判所などに)を提起する 〈*against* ..に対して〉. The victim ～*red* charges [a charge] *against* the driver. 被害者は運転者を告発した.
3〖章〗VOA (～ X *to*..) X を..に昇進させる《特に教会で》.
if you prefér その方がよければ. I will go, *if you* ～. その方がよければ私は行きます.
◇形 preferable 名 preference; 3 では preferment
[<ラテン語「前に持ってくる」(<pre-＋*ferre*「運ぶ」)]

***pref·er·a·ble** /préf(ə)rəb(ə)l/ 形 ©〈普通, 叙述〉**一層好ましい**, むしろ望ましい, まだましである, 〈*to* ..より〉. Health is ～ *to* wealth. 富より健康の方が望ましい (★more preferable とはしない). Knowledge of English (is) ～ but not essential. 〈求人広告で〉英語の知識はある方がよいが不可欠ではない.

†**préf·er·a·bly** 副 むしろ, なるべく, できることなら. We want a secretary, ～ one who can speak Spanish. 秘書が 1 人欲しい, できればスペイン語の話せる人を.

***pref·er·ence** /préf(ə)rəns/ 名 (複 **-enc·es** /-əz/)
1 UC **好むこと** 〈*to*, *over* ..〔他〕よりも〉, 好むこと 〈*for*, *to* ..を〉; 選択, (えり)好み, ひいき. in ～ *to* .. →成句. a matter of personal ～ 個人的好みの問題. I give ～ *to* your picture *over* his. 彼の絵よりもあなたの絵の方が好きです. She has a distinct ～ *for* men with money. 彼女は金のある男性が明らかに好きだ. I have no strong[particular] ～ in food. 食べ物について特にえり好みはしない. A teacher should not show ～ *for* particular children. 教師は特定の生徒をひいきしてはいけない.

> 連結 a marked [a clear, a definite; a strong; an individual, a personal] ～ // acquire [display; express] a ～ for..

2 C 他より好まれる物[人]; 好きな物, 選択の対象. Her ～ in reading is a novel. 彼女の読書の好みは小説だ. I'm putting on some records; do you have any ～*s*? レコードをかけますが, 何かお好みがおありですか. Which is your ～, Chinese or French food? 中国料理とフランス料理とではどちらがお好きですか.
3 UC 優先(権); (貿易上の)特恵; 優遇措置, 特別待遇. You have your ～ of seats. あなたは席を優先的に選ぶことができる. offer [give] ～ to .. に優先権を与える.
◇動 prefer 形 preferential
by préference (すき)好んで. live in the country *by* ～ 好んで田舎に住む.
in préference to.. ..をさしおいて, ..よりはむしろ. choose to study German *in* ～ *to* French フランス語よりまずドイツ語を勉強することにする.

préference shàres [stòck] 名 〖英〗＝preferred shares [stock].

‡**pref·er·en·tial** /prèfərénʃ(ə)l ◈/ 形 〈限定〉優先の, 優先権のある; 特恵を受ける, 優遇される. ～ duties 特恵関税. get [receive] ～ treatment 特別[特恵]待遇を受ける. You are given ～ seating. あなたは席を優先的に選ぶことができる (→preference 3).
▷**～·ly** 副 優先的に, 優遇的に.

preferèntial shóp 名 C 組合員優先雇用工場.

pre·fér·ment 名 UC 〖章〗昇進, 昇任, 登用, 〈*to* ..〔高い地位〕への〉(promotion).

preférred shàres [stòck] 名〖米〗優先株《普通株式に優先して固定した配当を受ける;〖英〗preference shares [stock]》.

pre·fig·u·ra·tion /priːfìgjəréiʃ(ə)n|-gə-/ 名 UC 〖章〗前兆; 予想, 予測.

pre·fig·ure /priːfígjər|-gə/ 動 他 〖章〗**1** をあらかじめ(形に)表す[示す], の伏線をなしている. **2** を前もって心に描く, 予想する.

pre·fix /príːfiks/ 名 C **1**〖文法〗接頭辞 (↔suffix; →affix). **2**〖旧〗(人名に冠する)敬称《Mr., Dr. など》.

3〘英〙=dialling code.
— /príːfiks, --/ 動 他 を前に置く, 冒頭に置く[付ける, しゃべる], 〈to ..の〉; を接頭辞として付ける〈to ..〔語など〕に〉; の冒頭[始め]に付ける〈with ..を〉. ~ Dr. to a name=~ a name with Dr. 人の名の前に Dr. の敬称を付ける. a phone number ~ed with [by] 03 03で始まる電話番号.

†**preg·nan·cy** /prégnənsi/ 名 (複 -cies) **1** UC 妊娠, 妊娠期間. cut out drinking and smoking during ~ 妊娠中は酒, たばこを控える. This is her fourth ~. これで彼女は4度目の妊娠である. a ~ test 妊娠検査《尿検査によるのが普通》. The court overruled the precedent which said a woman has a constitutional right to abort a ~. 今法廷は女性には妊娠を中絶する憲法で保障された権利があるとする前判決を覆した.
2 U〘雅〙意味深長, 重大な意味をはらむこと.

*__preg·nant__ /prégnənt/ 形 m (★1 では ©) **1 妊娠している**, 孕(はら)んでいる, 〈with ..〔子〕を/by ..の子を〉. get [become, 〘旧〙fall] ~ 妊娠する. get .. ~ ..を妊娠させる. She was five months ~ *with* her second son. 彼女は2番目の息子がおなかで5か月になっていた. She is now ~ *by* her late husband. 彼女は今亡くなった夫の子を宿している.
2〈限定〉〘章〙意味深長な, 重大な意味をはらむ. There was a ~ silence [pause] in the room. 部屋には意味深長な沈黙が続いた. **3**〈叙述〉〘章〙満ちた, 富んだ, はらんでいる〈with ..に, を〉. ~ *with* meaning 意味深長で. a situation ~ *with* danger 危険をはらんだ状況.
4〘章〙〔心などが〕創意[工夫]に富む. a ~ mind 創意豊かな心.
[<ラテン語「生まれる前の」(<pre-+(*g*)*nāscī*「生まれる」)] ▷ **~·ly** 副 意味深長に.

pre·heat /prìːhíːt/ 動 他 〔オーブンなど〕を前もって熱する〈to ..度まで〉.

pre·hen·sile /prihéns(ə)l|-sail/ 形 〔動物の手足, 尾などが〕(巻きついて)物をつかむのに適する; 把握力のある.

*__pre·his·tor·ic, -i·cal__ /prìː(h)istɔ́ːrik|-tɔ́r- ⑱/, /-k(ə)l ⑱/ 形 © **1 有史以前の**, 先史時代の, (↔historic). ~ times 先史時代. the study of ~ man 先史時代の人類の研究. **2**〘話・戯〙旧式の, 時代遅れの, (out-of-date). Her ideas on moral education are really ~. 彼女の道徳教育に対する考え方は時代遅れもはなはだしい. ▷ **pre·his·tor·i·cal·ly** 副

pre·his·to·ry /prìːhíst(ə)ri/ 名 **1** U 先史学; 先史時代. **2** aU 初期段階; 経緯, いきさつ.

pre·in·dus·tri·al /prìːindʌ́striəl ⑱/ 形 産業化[産業革命]以前の (→postindustrial).

pre·judge /prìːdʒʌ́dʒ/ 動 他, 自 (を)前もって判断する, 十分に調査[審理]せずに ι判定する[決めつける], 早まって判決を下す; (について)予断する.

pre·judg(e)·ment /prìːdʒʌ́dʒmənt/ 名 UC 予断, 速断; 予断裁定, (根拠のない)決めつけ.

‡**prej·u·dice** /prédʒədəs/ 名 (複 -dic·es /-əz/)
1 UC **先入観, 偏見**, 〈about ..についての/that 節 ..という〉; 悪感情, 毛嫌い; 〈against, toward ..に対する〉; えこひいき〈in favor of ..に対する〉. racial [sexual] ~ 人種的偏見[性差別]. be free from ~ 先入観[偏見]がない. the ~ *that* religion is an opiate 宗教はアヘンだとする偏見. He seemed to act with ~ *toward* me. 彼は私に対して偏見を持って接したようだ. have [hold, show] a ~ *against* jazz ジャズを毛嫌いする. have a ~ *in* our *favor* 我々をひいきする.

連結 strong [confirmed; deep(-seated), ingrained, inveterate; irrational; overt] ~ // arouse [overcome; eliminate, eradicate, remove] ~

2 U 〘章〙(偏見による)不利益, 損害; 〘法〙権利の侵害; (→次の2つの成句).
to the préjudice of .. 〘章〙..の不利益になるように; ..を(侵)害して. I will do nothing *to the* ~ *of* my son. 息子の不利になることは何もしたくない.
without préjudice 〘章〙(1) 偏見なしに. (2) 損なう[侵害する]ことなしに, 〈to ..を〉. accept the offer *without* ~ *to* the negotiations 交渉を不利にすることなくその申し出を受け入れる.
— 動 (-dic·es /-əz/|過 過分 ~d /-t/|-dic·ing) 他
1〔人, 物事が〕〔人〕に**偏見を持たせる**, 先入観を植え付ける, 〈*against* ..を嫌うように/*in favor of* ..に好意的に〉. be ~*d against* [*in favor of*] domestic cars 国産車を毛嫌いする[ひいきにする]. His good manner ~*d* the umpire *in* his *favor*. 彼のりっぱな態度に接して審判は彼をひいき目に見るようになった.
2〔人, 物事が〕〔人の権利, 利益, チャンスなど〕を不利にする, 損なう, 害する, に不利に働く. This incident may ~ your chances of promotion. この事件は君の昇格に不利に作用するかもしれない.
[<ラテン語「前もっての判断[判決]」]

†**préj·u·diced** /-t/ 形 偏見を持った; 偏った; (biased). a ~ opinion 偏見. be racially ~ 人種的偏見を持つ.

prej·u·di·cial /prèdʒədíʃ(ə)l ⑱/ 形 〘章〙 **1**〈叙述〉不利になる, 害になる, 〈to ..に〉(harmful). Sleeplessness is ~ *to* health. 不眠は健康を損なう. have a ~ effect on ..〔物事が〕..に悪影響を及ぼす, 不利に働く. **2** 偏見を抱かせるような〈to ..〔人〕に〉. ~ remarks 偏見を植えつけるような言辞. ▷ **~·ly** 副

prel·a·cy /préləsi/ 名 (複 -cies) **1** C 高位聖職者 (prelate) の地位[職権, 管区]. **2**〈the ~; 単複両扱い〉高位聖職者たち.

prel·ate /prélət/ 名 C 〘章〙高位聖職者《bishop, archbishop, cardinal など》.

pre·lim /príːlim, prilím/ 名 C 〘話〙 **1**〈普通 ~s〉予選; =preliminary examination. **2**〈~s〉(本の)前付け《序文とその前にある部分》.

†**pre·lim·i·nar·y** /prilímənèri|-mən(ə)ri/ 形 〈普通, 限定〉予備の, 準備の, 本番に先立つ; 予選の; 前置きの. a ~ investigation [experiment] 予備調査[実験]. ~ talks 予備会談. ~ remarks 序言, 前置きの言葉. a ~ contest (競技などの)予選.
prelíminary to .. (1) ..に先立つ, ..の準備としての. (2)〈前置詞的〉..に先立って, ..の準備として. A committee met ~ *to* the faculty meeting. 教授会に先立って委員会が開かれた.
— 名 (複 -nar·ies) C **1**〈普通 -ries〉予備的行為, (下)準備; 前置き. without *preliminaries* 予告なしに, 出し抜けに. **2** (試合などの)予選; 予備試験.
[<ラテン語「敷居 (*līmen*) の前の」]

prelìminary examinátion 名 C 〈普通 ~ examinations〉予備試験《主に英国の大学で進学の適性などを検査する》. ▷ **pre·lim·i·nar·i·ly** 副

pre·lit·er·ate /priːlít(ə)rət/ 形 〔民族, 社会などが〕文字使用以前の.

†**prel·ude** /prél(j)uːd, 〘主に米〙préi-/ 名 C **1**〈普通, 単数形で〉前触れ, 前兆, 幕開け, 序の口, '序曲', 〈to ..(へ)の〉. a ~ *to* a storm あらしの前触れ. This traffic strike may be a ~ *to* a general strike. この交通ストはゼネストの前兆かもしれない. **2**〘楽〙(オペラなどの)序曲, 前奏曲, 〈to ..(へ)の〉; (ピアノ・オルガン用の)小曲, 序曲, プレリュード.
— 動 他, 自 (の)前触れ[前兆]となる; (を)前奏曲として演奏する. [<ラテン語「前に演奏する (*lūdere*)」]

pre·mar·i·tal /prìːmǽrətl ⑱/ 形 〈限定〉結婚前

P

の. ～ sex 婚前交渉. ▷ ～·ly [副]

prèmarital cóntract [名] [C] 〖米〗婚姻前契約《離婚した場合の財産分配に関して婚前に決めておく》(prenuptial agreement).

***pre·ma·ture** /prì:mət(j)úər, -tʃúər, prè-|prémətʃ(u)ə, prì:mətʃúə [移]/ [形] [¢] **1** (予定より)**早すぎた**, 時期尚早の, 時ならぬ; 早産の. die a ～ death 若死に[早死に]をする. a ～ birth 早産. a ～ baby 早産児. Our daughter was (born) two months ～. うちの娘は2か月早く生まれた. a ～ fall of snow 季節はずれの早い降雪. ～ baldness 若はげ. Her father's death put a ～ end to her studies. 父親の死によって彼女は早く学業を捨てなければならなかった. **2** 早まった, 早すぎた. make a ～ decision [be ～ in deciding] on the matter その件について早まった決定をする. It would be ～ to regard the project as a failure. その計画を失敗とみなすのは早計に過ぎるだろう.

▷ **～·ly** [副] (普通よりも)早く, 早まって, 早すぎて. be born ～*ly* 予定日よりも早く生まれる. **～·ness** [名]

pre·med /prì:méd/ 〖話〗 [形] ＝premedical.

── [名] [C] 医学部予科(の学生).

pre·med·i·cal /prì:médik(ə)l [移]/ [形] 医学部予科の, 医学部進学課程の.

pre·med·i·tate /pri:médətèit/ [動] [他] 〖章〗〔犯罪, 攻撃など〕をあらかじめ考える[計画する]〈普通, 受け身で〉. a ～*d* act 計画的な行為. a ～*d* murder 謀殺.

pre·mèd·i·tá·tion [名] [U] **1** 〖章〗あらかじめ計画する[考える]こと. **2** 〖法〗故意, 予謀. kill .. with ～ ..を謀殺する.

pre·men·stru·al /prì:ménstruəl [移]/ [形] 〈限定〉月経(期)前の.

prèmenstrual ténsion [名] [U] 月経前の緊張症状《頭痛, いら立ちなど; 略 PMT; **prèmenstrual sýndrome** (月経前症候群)の1つ》.

***pre·mier** /primíər, prí:miər|prémjə/ [名] ([複] **～s** /-z/) [C] **1** 〈しばしば P-〉(フランス, イタリアなどの)**首相**, 総理大臣, ([参考] 英国では prime minister だが新聞では premier も使う). **2** (カナダ・オーストラリアの)州知事 ([参考] これらの国の首相は prime minister という). a provincial[state] ～ (カナダ[オーストラリア]の)州知事.

── [形] [¢] 〈限定〉**1** 〖雅〗**第1位の**, 最重要な, 主要な. of ～ importance 最も重要な. all the world's ～ tennis players 世界の一流のテニス選手全員. the ～ producer of diamonds ダイヤモンドの最大の生産地. take [hold] the ～ place 第1位を占める.

2 最古の, 最初の. [＜古期フランス語 'first, chief']

‡**pre·mière, -miere** /primjéər, -míər|prémièə/ [名] [C] **1** (演劇, 映画の)初日, 初演, 封切り; (映画などのテレビでの)初放映. **2** 主演女優. **3** 〈形容詞的〉初日の. a ～ showing (映画などの)初日, 封切り. ── [動] [他] を初演する〈普通, 受け身で〉. ── [自] 初演される; 初めて演じる〈*as* ..の役を〉. [フランス語 'first']

premier·ship /-ʃìp/ [名] [U] 首相の地位[任期].

†**prem·ise** /prémis/ [名] ([複] **-is·es** /-əz/) [C] **1** 〖論〗前提; 〈一般に〉前提〈*that* 節 ..という〉; (理由づけの)根拠. *on the* ～ *that* the market will improve 市場が回復すると言う前提で. What is your ～ for such an assertion? そんなことを断言する[言い張る]根拠は何だ. →major [minor] premise. **2** 〈～s〉家屋敷《土地と建物を含めて》; 構内, 店内. These ～*s* are private. この家屋敷は個人所有のものです. Keep off the ～*s*. 構内に立ち入るべからず. on the ～*s* 建物[店]の中で.

3 〖法〗〈the ～s〉既述事項, 前記物件.

── /prémis, primáiz/ [動] [他] 〖章〗[VO] (～ X/*that* 節) Xを前提として述べる, 前置きする, 〈*on* ..に基づいて〉/..ということを前提として述べる. an argument ～*d* on several assumptions いくつかの仮定を前提とした議論. Leadership is ～*d on* the willingness to make sacrifices for the weak and less advantaged. リーダーシップというものは弱者のために進んで犠牲を払えるかどうかにかかっている.

prem·iss /prémis/ [名] [C] 〖論〗〖英〗前提 (premise).

***pre·mi·um** /prí:miəm/ [名] ([複] **～s** /-z/) [C] **1 プレミアム, 割増金**; 〈形容詞的〉割増(金)の. a ～ for express delivery 速達の割増料金. a ～ price 割増価格. **2** 褒賞(金), 奨励金. give a ～ for good conduct 善行賞を与える. **3** 保険料, 保険掛け金. **4** [U] 〖主に米〗ハイオク(タン)・ガソリン(～ gasoline).

at a prémium 〔株式が〕プレミアム付きで[の], 額面以上で[の]; 〔品物が〕供給不足で(値上がりして), 入手困難で, 重んじられて, 大きな需要があって. Land is *at a* ～ in Tokyo. 東京では土地は入手困難だ.

pùt [plàce] a prémium on .. ..を高く評価する, ..に重きを置く; ..を有利にする; ..を助長する. Mr. Smith *puts a* ～ *on* punctuality. スミス先生は時間厳守を重視される.

── [形] 高品質の, 高級な; 高価な ～ gasoline ハイオクガソリン.

[＜ラテン語「獲物, 報酬」(＜pre- ＋*emere*「買う, 取る」)]

prémium bònd /また ⌣–⌣–´/ [名] [C] 〖英〗〈又 P- B-〉割増金付き債券《無利子だが毎月くじ引きで賞金が出る》.

pre·molar /pri:móulər/ [名] [C], [形] 小臼(きゅう)歯(の).

‡**pre·mo·ni·tion** /prì:məníʃ(ə)n, prè-/ [名] [C] 〖章〗(悪い)予感; 予告, 警告; 〈*of* ..の/*that* 節 ..という〉. feel [have] a ～ *of* danger 危険が起こりそうな予感がする.

pre·mon·i·to·ry /primánətɔ̀:ri|-mɔ́nət(ə)ri/ [形] 〖章〗予告の, 警告を与える(ような). ～ symptoms of disease 病気の前駆症状.

pre·na·tal /prì:néitl [移]/ [形] 〈限定〉〖主に米〗出生前の, 産前の, (〖英〗antenatal). ▷ **～·ly** /-t(ə)li/ [副]

pre·nup·tial /prì:nʌ́pʃ(ə)l [移]/ [形] 婚姻前の.

prènuptial agréement [名] 〖米〗＝premarital contract.

‡**pre·oc·cu·pa·tion** /pri:àkjəpéiʃ(ə)n|-ɔ̀k-/ [名] **1** [aU] 没頭[傾倒]すること, 夢中になること, 〈*with* ..に〉. **2** [C] 没頭している物事; 最大の関心事. My first ～ was to find a job. 第一に私の頭を占めていたのは仕事を見つけることだった. the ～*s* of daily life 毎日なにやかやと念頭を去らない種々の事. **3** [U] 先取り, 先に占めること.

‡**pre·oc·cu·pied** /pri:ákjəpaid|-ɔ́k-/ [形] 夢中の, 心を奪われている, 〈*with* ..に〉; うわの空で. She was so ～ *with* cooking that she didn't hear the bell. 彼女は料理に夢中でベルが聞こえなかった.

pre·oc·cu·py /pri:ákjəpài|-ɔ́k-/ [動] (**-pies**|[過] [過分] **-pied**|**～ing**) [他] **1** の関心を奪う, の頭の中をいっぱいにする, を夢中にする, 〈しばしば受け身で〉(→preoccupied). **2** を先取りする, 先に占領する.

pre·or·dain /prì:ɔ:rdéin/ [動] [他] [VO] (～ X/*that* 節) 〔神, 運命が〕Xを/..するようにあらかじめ定める, 予定する; [VOC] (～ X *to do*) Xが..するようにあらかじめ定める. ▷ **～·ment** [名] ＝preordination.

pre·or·di·na·tion /prì:ɔ:rdənéiʃ(ə)n/ [名] [UC] (神, 運命などが定める)予定.

prep /prep/ [動] (**～s**|**-pp-**) 〖米〗[自] (大学進学のための)私立高校 (preparatory school) に通う; 準備をする〈*for* ..の〉. ── [他] **1** 〔特に患者〕に手術前の準備[処置]をする, 〔生徒〕に(試験などの)準備をさせる. **2** (料理で)を下ごしらえする. ── [名] 〖話〗**1** [UC] 〖英〗(主に寄宿学校の)宿題 (homework); 予習復習(時間). **2** 〖米〗(**a**) ＝preparatory school. (**b**) ＝preppie.

prep. preparation; preparatory; preposition.

pre·pack /prìːpǽk/ 動 ＝prepackage.

pre·pack·age /prìːpǽkidʒ/ 動 他 〔食料品など〕を(一定の量に)パック詰めする《製造元または販売店でする》.

pre·paid /prìːpéid/ 動 prepay の過去形・過去分詞.
── /⑱/ 形 前払いの, (料金)前納の. a ～ envelope 切手を張った[料金前納の]封筒. a ～ card プリペイドカード.

‡prep·a·ra·tion /prèpəréiʃ(ə)n/ 名 (複 ～s /-z/)
1 aU **準備すること** 〈*of* ..を〉, 準備されていること[状態]; 用意 〈*for* ..のための〉. do a lot of ～ 大そう準備する. make a hurried ～ *of* breakfast あわただしく朝食の支度をする. Supper is now in ～. 夕食は目下準備中です. study all night in ～ *for* the exam 試験の準備に徹夜で勉強する. **2** C 〈普通 ～s〉 (具体的なこまごまとした)準備 〈*for* ..のための/*to* do ..するための〉. We're making ～*s for* the school festival. 我々は学園祭の準備中です. *Preparations* are well under way *for* .. の準備は着々と進んでいる.

> 1,2 の 連結 detailed [meticulous; adequate, proper, thorough; elaborate; hasty; last-minute; careless] ～(s)

3 〖英〗＝prep 1. **4** U (薬品, 化粧品の)調製, 調合; (食品の)調理; C 調剤薬品; 調製食品, (調理した)料理. a new ～ for the hair[burns] 毛髪[火傷]用の新薬.
◇動 prepare 形 preparatory

pre·par·a·tive /pripǽrətiv/ 形 ＝preparatory.
── 名 C 準備(となるもの).

‡pre·par·a·to·ry /pripǽrətɔ̀ːri|-t(ə)ri/ 形 ⓒ 〖章〗 〈限定〉 **1 準備の**, 予備の; (上級学校などへの)進学準備の. ～ talks 予備会談. ～ training 予備訓練. ～ drills 予備練習. a ～ course 予科. **2** 前置き(として)の. ～ remarks 前置きの言葉.
preparatory to .. 〈前置詞的〉〖章〗..の準備として, ..に先立って. *Preparatory* to writing the story, the author did a lot of background research. 物語を書くに先立って著者は十分背景の調査をした.

preparatory schòol 名 UC **1** 〖英〗(public school の予備学校としての)私立小学校 (→school 表). **2** 〖米〗(大学進学のための予備学校としての)私立中等学校; (→prep).

‡pre·pare /pripéər/ 動 (～s /-z/|過 過分 ～d /-d/|**-par·ing** /-pé(ə)riŋ/) 他 **1** (**a**) を**用意する**, 整える, 整備する, 〈*for* ..のために〉; の準備をする; 〔勉強〕の予習をする; VO (～ *to do*) ..する準備をする; (類語 〖話〗では get ready の方が多用されるが, 〖章〗では prepare の方が多い). The farmer ～*d* the soil *for* seeding. 農夫は種まきのために土ごしらえをした. ～ a speech 講演の準備をする. The teacher ～*d* her lessons. 先生は授業の予習をした. ～ *to* go on a trip 旅行に出かける準備をする.
(**b**) VOC (～ X *to do*) X が..するのを用意[準備]する. They ～*d* the ship *to* sail. 彼らは出帆できるように船の準備をした.
2 〔薬, 料理など〕を作る, 調合する, 調理する; VOO (～ X Y)・VOA (～ Y *for* X) X に Y (料理など) **をこしらえる**, 調理する; 〔計画書など〕を作成する 〈*for* ..の〉. We set the table while Mother was *preparing* us supper [*preparing* supper *for* us]. おかあさんが私たちの夕飯の支度をしている間に食卓の準備をした. My uncle ～*d* plans *for* a villa. おじは別荘の建築設計をした.
3 〈しばしば受け身で〉〔人〕に心の準備をさせる, 覚悟を決めさせる, 〈*for* ..の〉; VOC (～ X *to do*) X に..する覚悟を決めさせる; (★この語義では過去分詞がしばしば形容詞的に使われる; →prepared). I ～*d* her *for* the bad news. 私は彼女に悪いニュースに対する覚悟をさせた. ～ a person *to* confront a difficulty 困難に立ち向かう覚悟をさせる. I'm ～*d* [willing] *to* do whatever is necessary. なんでも必要なことは喜んでするつもりです. I'm not ～*d to* give in. 〖話〗折れるのは真っ平ごめんだね. I was ～*d* [ready] *for* the worst (to happen). 私は最悪の事態(が起こるの)を覚悟していた.
── 自 **1 準備をする** 〈*for* ..のための/*against* ..〔良くないこと〕に備えて〉. Susie is busy *preparing for* the wedding. スージーは結婚式の準備をするのに忙しい. ～ *for* [*against*] disaster 災害に備える. ～ *for* action 行動[戦闘]準備をする. **2** 覚悟をする 〈*for* ..の〉. *Prepare for* a shock. ショックを受ける覚悟をしなさい.
◇名 preparation 形 preparatory
prepáre onesèlf (心の)準備をする; 覚悟を決める; 〈*for* ..の/*to* do ..する〉. ～ one*self* ˪for death [*to* die] 死の覚悟をする.
prepàre the gróund →ground¹.
[＜ラテン語「あらかじめ用意する」(＜pre-＋*parāre*「用意する」)]

pre·páred 形 (前もって)準備[用意]された; (あらかじめ)調理された. read a ～ statement あらかじめ用意しておいた声明文を読む. Be ～. 常に備えよ《Boy [Girl] Scouts のモットー》. be well [badly] ～ for ..への備えがよくできている[よくない]. (★このような叙述用法については →prepare 他 3 の受け身例).
▷ **～·ly** /-pé(ə)rədli, -péərdli/ 副

pre·par·ed·ness /pripé(ə)rədnəs, -péərdnəs/ 名 U 〖章〗(災害などに対する)準備, 覚悟; 〈特に〉軍備. Everything was in a state of ～. 準備万端整っていた. We lost the match for lack of ～. 私たちは準備不足のため試合に負けた.

pre·pay /prìːpéi/ 動 (～s|過 過分 **-paid**|**～·ing**) 他 を先払い[前払い]する, 前納する. ▷ **～·ment** 名

pre·pon·der·ance /pripɑ́nd(ə)rəns|-pɔ́n-/ 名 aU 〖章〗(数量, 力量などにおける)優位, 優勢; まさること; 〈*over* ..より〉. The committee has a great ～ of women members. その委員会は女性の数が圧倒的に多い. French has the ～ *over* English in this region. この地域ではフランス語が英語より優勢である.

pre·pon·der·ant /pripɑ́nd(ə)rənt|-pɔ́n-/ 形 〖章〗(数量, 力量, 影響力などにおいて)優勢な, まさっている, 〈*over* ..より〉; 圧倒的な, 特に目立つ; 大半を占める.
▷ **～·ly** 副 主として, 圧倒的に.

pre·pon·der·ate /pripɑ́ndərèit|-pɔ́n-/ 動 自 〖章〗(数量, 力量, 重要性などにおいて)優勢である 〈*over* ..より〉; 圧倒する 〈*over* ..を〉. Oaks ～ in those woods. その林にはオークの木が特に多い.

***prep·o·si·tion** /prèpəzíʃ(ə)n/ 名 (複 ～s /-z/) C 〖文法〗**前置詞**. [＜ラテン語「前に置かれるもの」]

> 文法 **preposition**. 名詞またはその相当語句の前に置いて形容詞句または副詞句を作る. 代表的なのは at, from, in, of, on, with などであるが, 他の品詞から転用された except, during, notwithstanding のようなものもある. さらに数語で 1 つの前置詞の働きをする句前置詞 (phrasal preposition) もある: because of, owing to, instead of; in front of, by means of, on account of, in addition to など.
>
> 文の構造上の必要から前置詞が目的語から離れて後置されることがある. His house is not much to look *at*. (→LOOK at .. (1)) / What are you looking *for?* (何を探しているのですか) この場合, 前置詞は強勢を置かないけれども発音は強形を用いる (上の例では /æt/, /fɔːr/).
>
> また上の look for のように緊密性の高い動詞句の場合に前置詞を疑問詞の前に置いて *For* what are you looking? とするのは非常に不自然. *With* whom did you go to the theater? (だれと芝居を見に行きましたか) は不自然ではないが, この場合でも Who did you go to the theater *with?* のほうが自然である.

P

prep·o·si·tion·al /prèpəzíʃ(ə)nəl [移]/ [形] 〘文法〙 前置詞の, 前置詞的な. a ～ phrase 前置詞句《*in* the pond のように前置詞とその目的語とから成る句》.

pre·pos·i·tive /prìːpázətiv|-póz- [移]/ [形] 〘文法〙 前置の (↔postpositive).

pre·pos·sess /prìːpəzés/ [動] [他] 〈普通, 受け身で〉 〘章〙 **1** 〔感情, 考えが〕の心を占める, に先入観としてしみ込む,. He was *～ed with* that queer notion. 彼はその妙な考えにとらわれていた. **2** に好意を抱かせる, (よい)第一印象を与える. I was *～ed by* his manner. 私は彼の態度に初めから好印象を受けた.

prè·pos·séss·ing /[移]/ [形] 〈しばしば否定文で〉 〘章〙 〔人, 性質が〕好感を与える, 非常に感じがいい; 〔物事が〕人の気[興味]をひく. her ～ behavior 好感を抱かせるような彼女の挙動. The house's appearance was not very ～. その家の外観はそう印象のよいものではなかった.

pre·pos·ses·sion /prìːpəzéʃ(ə)n/ [名] 〘章〙 [UC] **1** 先入観, 偏見; 好感, ひいき. a ～ *against* [*in favor of*] ..に対する反感[好感]. **2** 夢中, 没頭. an inordinate ～ *with* money matters 金銭に関する異常な執着.

†**pre·pos·ter·ous** /pripást(ə)rəs|-pós-/ [形] 不合理な, ばかげた, 途方もない, (absurd); みっともない. That's ～! そんなばかな. [＜ラテン語「前が後ろの, さかさまの」] ▷ **～·ly** [副] ばかげて, 途方もなく.

prep·pie, -py /prépi/ [名] ([複] **-pies**) [C] 〘米話〙 プレッピー《prep school の生徒[出身者]や Ivy Leaguer; 裕福な家庭出身の身だしなみのよい保守的・体制順応的なエリート階級の若者》. ── [形] [e] 〔人, 服装, 態度などが〕プレッピー(風)の. [＜*prep*＋*-ie*]

pre·pran·di·al /prìːprǽndiəl [移]/ [形] 〈限定〉 〘章・戯〙 食前の.

prép schòol [名] 〘話〙 ＝preparatory school.

pre·pu·bes·cent /prìːpjuːbés(ə)nt/ [形] 〘章〙 思春期 (puberty) 前の.

pre·puce /príːpjuːs/ [名] [U] 〘解剖〙 (ペニスの)包皮 (foreskin); (クリトリスの)包皮.

pre·quel /príːkwəl/ [名] [C] 前編 〈*to* ..〔既存の小説・映画など〕の〉《時系列でヒット作などの内容の前につなげた作品; →sequel》.

Pre-Raph·a·el·ite /prìːrǽf(i)əlàit/ [名] [C] ラファエル前派の画家《ラファエロ以前のイタリアの画法を理想として, 1848 年, Hunt, Rossetti, Millais などが起こしたイギリスの美術改新運動の一派 (**the Pre-Ráphaelite Bròtherhood**; 略 PRB) に属する》. the *～s* ラファエル前派(の画家たち). ── [形] ラファエル前派の; ラファエル前派風の[の絵に描かれた(ような)]〔女性など〕.

pre·record /prìːrikɔ́ːrd/ [動] [他] を前もって録音[画]する.

‡**pre·req·ui·site** /prìːrékwəzət [移]/ 〘章〙 [形] あらかじめ必要な, 不可欠な, 〈*to, for, of* ..に〉. This qualification is ～ *to* being hired. この資格は雇用の必要条件である. a ～ course 先要科目《ある科目の履修のために前もって取る必要がある科目》. ── [名] [C] 必要条件(となるもの) 〈*to, for, of* ..の〉; 前提 〈*that* 節 ..という〉.

‡**pre·rog·a·tive** /prirágətiv|-róg-/ [名] [C] 〘章〙 〈普通, 単数形で〉 (君主, 官職などの)特権, 特典. the President's [presidential] ～ 大統領の特権. the royal ～ (英国の)国王大権《国会の召集や解散, 宣戦などの権限; 形式的には国王としての権限であるが実質的には内閣の助言に基づく》. exercise[use] one's ～ to do ..する権利を行使する.

Pres. Presbyterian; President.

pres. present; presidency; presumptive.

pres·age /présidʒ/ 〘章〙 [名] [C] **1** 前兆, きざし, 警告. **2** 予感, 虫の知らせ. ── /présidzh, prəséidzh/ [動] [他] の前兆になる, を予告する; を予感する. The clouds ～ a storm. あの雲はあらしの前触れである.

pres·by·ter /prézbətər/ [名] [C] 〘キリスト教〙 (初期教会, 長老教会の)長老, 世話役. [＜ギリシア語 'elder']

‡**Pres·by·te·ri·an** /prèzbətí(ə)riən [移]/ [形] 〘キリスト教〙 長老教会の, 長老組織の, (→Presbyterianism). ── [名] [C] 長老教会員, 長老制支持者.

Presbytèrian Chúrch [名] 〈the～〉 長老教会.

Pres·by·te·ri·an·ism /prèzbətíəriəniz(ə)m/ [名] [U] 〘キリスト教〙 長老教会主義, 長老制度, 《bishop を置かず同一階級の長老たちが教会を運営する制度で Scotland 教会はこれによる》.

pres·by·ter·y /prézbətèri|-t(ə)ri/ [名] ([複] **-ries**) [C] 〘キリスト教〙 **1** (長老教会の)中会, 長老会, 《ある管轄区の司祭と長老から組織される役員会》. **2** 中会の管轄区域; 〈集合的〉 中会管轄下の全教会. **3** (教会堂内の)司祭席, 内陣, 《東の一郭で聖歌隊席の奥》; (カトリックの)司祭館.

pre·school /prìːskúːl [移]/ [形] 〈限定〉 就学前の, 学齢に達しない, 《およそ 2 歳から 5 歳までの》. children of ～ age＝～ children 学齢に達しない子供たち. ── [名] [C] 〘主に米〙 保育園. ▷ **～·er** [名] [C] 学齢前児童.

pre·sci·ence /préʃiəns, príː-|présі-/ [名] [U] 〘章〙 予見, 予知, 先見.

pre·sci·ent /préʃiənt|-si-/ [形] 〘章〙 予知する, 先見の明がある. ▷ **～·ly** [副]

pre·scribe** /priskráib/ [動] (**～s** /-z/|[過] [過分] **～d** /-d/| **-scrib·ing**) [他] **1** 〘章〙 〔人, 規則などが〕〔行動, 罰則など〕を**規定する**, 指示する, 〈*to, for* ..に〉; [VO] (**～ *wh 節・句/***that*** 節) ..か/..ということを規定する. procedures *～d* by law 法により規定された手続き. The rules ～ *how* the members should act [*to* the members *how* to act]. 会則は会員がいかに行動すべきかを規定している.

2 〔医者が〕〔薬, 療法〕を指示する, **処方する**, 〈*for* ..〔病気など〕に/*to, for* ..〔人など〕に〉; [VOO] (～ X Y)・[VOA] (～ Y ***for*** X) X(病人)に Y(薬) を処方する. The doctor *～d* this drug as the best cure *for* me [my cough]. 医者はこれが一番良いといって私[私の咳]にこの薬を処方してくれた. The doctor has *～d* a long rest *for* him. 医者は彼に長期休養を命じた.

── [自] **1** 規定する, 命令[指示]する. **2** 処方を書く 〈*for* ..〔患者, 病気など〕に対して〉. ～ *for* a patient 患者に処方を書いてやる.

◇[名] prescription [形] prescriptive [＜ラテン語「前もって書く」(＜pre-＋*scribere*「書く」)]

pre·scríbed [形] 規定された, 所定の, 指示された; 処方された. a ～ text (試験などのための)指定教科書. the *～d* form 所定の用紙.

pre·script /príːskrìpt/ [名] [UC] 〘章〙 規定, 指令, 命令; 法令.

***pre·scrip·tion** /priskrípʃ(ə)n/ [名] ([複] **～s** /-z/) **1** [U] 規定(すること); [C] 命令, 規則. **2** [U] 〘医〙 **処方**(すること); [C] **処方箋**(せん); 処方薬 (～ drug); (医者が指示した)治療法; 〈*for* ..に対する〉. a ～ *for* the cold 風邪の処方箋. make up a ～ 処方通りに薬を調合する. the government's ～ *for* vitalization of the stagnant economy 停滞した経済の活性化のための政府の指針. This medicine is available on ～ only. この薬は処方箋がないと手に入らない. **3** [U] 〘法〙 時効(による取得).

◇[動] prescribe

prescríption chàrges [名] 〈複数扱い〉 〘英〙 薬の患者負担金《残りは国民健康保険から支払われる》.

prescrìption drúg [名] [UC] (医師の処方が必要な)薬, 処方薬, (↔over the counter).

pre·scrip·tive /priskríptiv/ [形] 〘章〙 **1** 規定する, 規範的な. ～ attitudes to ..に対する規範的な態度. **2** 〘法〙 時効による; 長年の慣例により認められた. ～ rights (取得)時効による権利《長期の時間的経過により取得したもの》. ▷ **～·ly** [副]

prescrìptive grámmar [名] [U] 〘文法〙 規範文

法《文法事実をあるがままに記述説明するのではなく，ある基準を与えてそれに従うのが正しい，と教える文法；↔descriptive grammar》.

pre·scríp·tiv·ist 名 C 規範主義者，規範文法家.

‡pres·ence /préz(ə)ns/ 名 (複 **-enc·es** /-əz/)
【ある場所に存在すること】 **1** U **存在**，ある[いる]こと；現存. He noted the ～ of gas in the room. 彼は部屋の中にガスが漏れているのに気がついた. make one's ～ felt 自分がいることを知らせる；自己の存在をアピールする，(何かをして)自分に一目(いちもく)置かせる. feel the ～ of God 神の存在を感じる.
2 U **出席**，臨席，立ち会い. We are honored by the ～ of Dr. Smith at this meeting. この会合には光栄にもスミス博士にご臨席いただいております. Your ～ is requested at the next meeting. 次回の会議にはご出席をお願い致します.
3 U **面前**，目の前. Don't talk about it in my ～. 僕のいる所でその話はするな. in the ～ of other people [death] 他人の前で[死に直面して]. be admitted to the royal ～ 拝謁(はいえつ)を許される.
4【軍事的存在】 aU (軍隊，警官などの)駐留(隊)，プレゼンス. The U.S. maintains a naval ～ in the Mediterranean. 米国は地中海地域に海軍を駐留させている.
【存在の仕方】 **5** aU **態度**，(立派な)風采(さい)，押し出し，(他を圧する)存在感. He had a fine ～: he was a tall, handsome man, somewhat stout, but this gave him an air of solidity. 彼は押し出しが立派だった一背が高く美男子で，太ってはいたがこれが重量感を与えていた.
【存在するもの】 **6** C 〈普通，単数形で〉霊(気)，亡霊，もののけ. sense an evil ～ 妖(よう)気を感じる.
◇↔absence 形 present
prèsence of mínd (非常時に際しての)平静，落ち着き，(↔absence of mind). have the ～ *of mind* to do 冷静沈着に..する. When the fire started, he showed great ～ *of mind* by leading everybody out of the building. 彼は火事が起きた時，建物から全員を連れ出して非常な平静さを示した.

‡pres·ent[1] /préz(ə)nt/ 形 ⓒ 【ある場所に存在する】
1 〈叙述〉 **(a)** (そこに)**在る**，存在する，いる，〈*at* ..〔場所〕に/*in* ..の中に/*on* ..の上に〉 **出席している** 〈*at* ..に〉；(↔absent). Almost no water is ～ on Mars. 火星には水はほとんど存在しない. Many students were ～ *at* the lecture. 多くの学生が講義に出席した. All the people ～ wept. 居合わせた人々はみな泣いた (語法 この意味では名詞・代名詞を修飾する時は，その後に置く；→2). **(b)**【章】〔物事が〕忘れられないで(残って)いる 〈*in* ..〔心，記憶〕に〉. The accident is still ～ in his mind. その事件は今でも彼の心の中に残っている.
【現在時に存在する】 **2** 〈限定〉 **現在の**，目下の. The ～ manager is very understanding. 今のマネージャーはとても物分かりがいい. the ～ government 現政府. at the ～ moment [time] 現時点で. in the view of the ～ writer 筆者の見解では. one's ～ address 現住所. the ～ day 現代，現在，今日(こんにち)，(today).
3 〈限定〉 当面の；今扱われている，考慮中の. in the ～ case この場合は.
4【文法】〈限定〉 **現在(時制)の**，現在形の. a ～ verb ＝a verb in the ～ (tense) 現在形の動詞 (→名 2).
prèsent còmpany excépted＝***excèpting prèsent cómpany*** ここにおられる方々は別としまして《批判めいたことを口にする時，儀礼的に添える言葉》.
── 名 (複 **～s** /-z/) **1** 〈the ～〉 **現在**，今. the past, the ～, and the future 過去と現在と未来. Up to the ～ very little has been done. 今日に至るまでほとんど何もなされていない. There is no time like the ～. 今こそ絶好のチャンスだ. **2** 〈the ～〉【文法】現在時制，現在形，(present tense). Verbs are in the ～ in synopses. 粗筋では動詞は現在形だ. **3** 〈～s〉【法】本文書，本証書. by these ～*s* 本書類により.
at présent 今(は)，現在，目下. I'm free *at* ～ and can help you. 今は暇なのでお手伝いできます.
for the présent 当分は，差し当たり，今のところ，(for the time being). That's a secret *for the* ～. 今のところそれは秘密です.
[＜ラテン語「前にある」]

‡pres·ent[2] /préz(ə)nt/ 名 (複 **～s** /-ts/) C **贈り物**，プレゼント，(類語 gift より一般的な語). give a ～ to him 彼に贈り物をする. wrap [unwrap] one's ～ プレゼントを包装する[の包みを開ける]. I'll make you a ～ of it [make a ～ of it to you]. それはあなたに進呈します. Here is a small [little] ～ for you. これ，あなたへのささやかな贈り物です. [＜present[3]]

‡pre·sent[3] /prizént/ 動 (**～s** /-ts/|過 過分 **～·ed** /-əd/|**～·ing**) 他 【贈呈する】 **1 (a)** 〔人が〕〔賞など〕を**贈る**，授与する，〈*to* ..〔人，団体など〕に〉；VOA (**～ X *with* ..**) 〔人が〕X(人，団体など)に〔賞など〕を**贈る**，進呈する；(類語 儀礼的な感じがある；→give). We ～*ed* a trophy *to* him. 我々は彼にトロフィーを贈呈した. He ～*ed* me *with* his favorite watch. 彼は私に彼の愛用の腕時計をくれた. The actress was ～*ed with* a bunch of roses after the performance. 女優は演じ終わった時バラの花束を贈られた. **(b)** 〔敬意，弁解など〕を(うやうやしく)述べる〈*to* ..〔人〕に〉. ～ one's compliments *to* ..によろしくとあいさつする.
【差し出す】 **2** 〔人〕を(公式に)**紹介する**，対面させる，謁(えっ)見させる；〈*to* ..〔目上の人〕に〉. May I ～ Mr. Johnson *to* you? ジョンソン氏をご紹介いたします. The general was ～*ed to* the king. 将軍は国王に謁見を賜った.
3【章】**(a)** VOA 〈～ oneself として〉〔人が〕**出頭する**，姿を現す，〈*in*, *at*, *to* ..に〉. He was warned to ～ him*self in* court the following day. 彼は次の日に出廷するように通告された. **(b)** VOA 〈～ itself として〉〔機会などが〕おとずれる；〔障害，問題などが〕起こる，現れる，生じる；〈*to*, *in* ..に〉. A good idea ～*ed itself to* him [*in* his mind]. 彼にいい考えが浮かんだ.
4 (a) 〔劇〕を上演する；〔番組〕を放映[放送]する；〔俳優など〕に出演させる. The company ～*ed* a three-act play. その一座は 3 幕ものの劇を上演した. **(b)**【英】〔劇場のショー，テレビ番組など〕を司会する.
5【突き出す】〔武器〕を向ける 〈*at* ..に〉；〔銃〕をささげ銃(つつ)にする. ～ a gun *at* a bird 銃で鳥をねらう. *Present* arms!【軍】ささげ銃《号令》.
【提示する】 **6 (a)** 〔パスポート，切符など〕を示す，見せる〈*to* ..に〉. The bill was ～*ed to* me for payment. 支払いの勘定書きが私に渡された. **(b)** 〔書類，考えなど〕を示す，提出する；VOA (**～ X *to* Y/Y *with* X**) X(人)に Y(考え，書類，情報など)を提案[提出，提供]する. He could ～ no solution to the problem. 彼はなんら問題の解決の道を示すことができなかった. He ～*ed* his ideas *to* the committee[the committee *with* his ideas]. 彼は委員会に自分の考えを提案した.
7 VOA (**～ X *as* ../X *in* ..**) X(人，物)を..として/..のように描く，描写する. He was ～*ed in* a favorable light. 彼は好意的に描かれた. The British are ～*ed as* a nation of dog-lovers. 英国人は犬好きな国民と言われる.
8 〔人，物が〕〔外観，様子など〕を見せる，〔事柄が〕〔..な光景[様相]〕を呈する. The scene of the accident ～*ed* a horrible sight. 事故の現場は惨状を呈した.
9 VOA (**～ X *to* Y/Y *with* X**) 〔事柄が〕X(困難など)を Y(人，事)に引き起こす[もたらす]. This scandal will ～ great difficulties *to* the party [the party *with*

P

great difficulties]. このスキャンダルはその政党に多大の困難をもたらすだろう.
[＜ラテン語「前に置く, 差し出す」]

pre·sént·a·ble 形 **1**〔人, 服装などが〕人前に出られる[出せる], 見苦しくない. I'm sorry things aren't ～; I wasn't expecting you. 見苦しく取り散らかしていて恐縮です, 突然のご訪問なので. make oneself ～ (人前に出るために)身なりを整える. **2** 贈り物に適した. a ～ gift 恥ずかしくない贈り物. ▷**pre·sènt·a·bíl·i·ty** 名 **-bly** 副

‡**pre·sen·ta·tion** /prìːzentéiʃ(ə)n, prèz(ə)n-|prèz(ə)n-/ 名 **1** UC 贈呈, 授与; C 贈り物, 寄付. a ～ of awards 賞の授与, 授賞. **2** UC 上演, 上映, 公開; 演出. a successful ～ of a play 成功を収めた劇の上演. **3** UC 表現, 発表(の仕方); 紹介, 披露. The content of the article is good, but not its ～. その論文は内容はよいが提示の仕方がまずい. give a ～ on gene therapy 遺伝子治療に関する(口頭)発表をする. **4** UC (書類などの)提示, 提出. the ～ of papers *to* the authorities concerned 関係当局への書類提出. **5** UC 〖医〗胎位《分娩(ぶん)時の胎児の姿勢; 正常であるか逆(さか)子であるかの》. a breech ～ 骨盤位, 逆子.

presentátion còpy 名 C 贈呈本, 献本.

†**prèsent-dáy** /㊫/ 形 〈限定〉今日の, 現代の. (類語 特に, ある物の現在と過去を対比させる語; →recent). ～ English 現代英語《20世紀の英語》.

pre·sént·er 〖主に英〗名 C (テレビ・ラジオのニュースショーなどの)司会者 (〖米〗 anchorman, anchorwoman).

prèsent fórm 名 C 〖文法〗現在形.

pre·sen·ti·ment /prizéntəmənt/ 名 C 〖章〗(悪い)予感, 虫の知らせ, 胸騒ぎ. feel a ～ ⌞of ..[that ..]⌟ ..の[..という]予感がする. as if by ～ 虫の知らせのように.

‡**pres·ent·ly** /préz(ə)ntli/ 副 ⓒ 〖章〗**1** 〈文頭, 文尾で用いて〉やがて, 間もなく, (今ではないが)すぐに, (soon). *Presently* the judge entered the court. ほどなく裁判官が法廷に入場した. **2** 〈文中で用いて〉〖主に米・スコ〗ただ今, 目下, (at present). He is ～ out of the country. 彼は現在国外にいます.

P

prèsent párticiple 名 C 〖文法〗現在分詞.

prèsent pèrfect (ténse) 名 〈the ～〉〖文法〗現在完了(時制).

prèsent progréssive 名 〈the ～〉〖文法〗現在進行形.

prèsent ténse 名 〈the ～〉〖文法〗現在時制.

pre·sérv·a·ble 形 〔食品などが〕保存できる, 保存が効く.

***pres·er·va·tion** /prèzərvéiʃ(ə)n/ 名 U **1** 保存, (健康などの)維持; 貯蔵. a picture ⌞in a good state of [in good]⌟ ～ 保存状態のよい絵. the ～ of historical landmarks 歴史的記念物の保存. **2** (自然物の)保護. the ～ of wildlife 野生動物の保護. ◇動 preserve ▷**～·ist** 名 C 保存主義者.

preservátion òrder 名 C 〖主に英〗(歴史的重要建築物などの)保存命令.

‡**pre·serv·a·tive** /prizə́ːrvətiv/ 形 保存力のある; 防腐の. ── 名 UC 防腐剤, 保存料; 予防[保健]薬. aritificial [added] ～*s* 人工[添加]保存料. Salt is a good ～. 塩はよい食物保存料だ.

‡**pre·serve** /prizə́ːrv/ 動 (**～s** /-z/|過 過分 **～d** /-d/|**-serv·ing**) 他 【保持する, 保存する】 **1** 〔現状など〕を**維持する**, 保持する, 保存する; 〔秩序など〕を保つ; 〔記憶, 名声など〕を失わない. ～ one's health [sanity] 健康[精神衛生; 正気]を保つ. She is well ～*d* for her age. 彼女は年のわりには老いを見せない. ～ historic sites 史跡を保存する. ～ order [peace] 秩序[平和]を保つ. The substitute teacher was unable to ～ discipline. 代理の先生は(教室の)規律を保つことができなかった.
2 (塩漬け, 砂糖煮, 薫製などにして)〔食物〕を**貯蔵する**, 保存加工する; 〔木材など〕を防腐処理する. peaches ～*d* in a heavy syrup 濃いシロップ漬けにした桃. ～ meat in cans 肉を缶詰にして蓄える.
【保護する】 **3** 〖章〗〔人〕を**保護する**, 守る, 〈*from* ..から〉. May God ～ us *from* such misery. かかる困難に陥らぬよう神よ守りたまえ. ～ our teacher *from* humiliation 先生を屈辱から守る.
4 〔鳥獣, 魚など〕を保護する〈*from* ..から〉; を禁猟[漁]区とする. ～ the species *from* extinction その種(の生物)を絶滅から救う. These woods are ～*d*. この森は禁猟区域です. ◇名 preservation
── 名 **1** UC 〈普通 ～s〉(果物の)ジャム, 砂糖漬け. **2** C 自然保護区域 (reserve); 禁猟区域. a wildlife ～ 野生動物保護区. **3** (活動)分野, 領域; 責任; 〈one's own ～で〉自分だけのもの.
[＜後期ラテン語「前もって保つ」(＜ラテン語 pre-＋*servāre* 'keep')]

pre·sérv·er 名 C **1** 保護する人, 守護者, 救助者. **2** 禁猟区管理人.

pre·set /prìːsét/ 動 (→set) 他 〔ミサイル(の誘導装置)など〕を前もってセットする, 〔ビデオなど〕のチャンネル予約をする; VOC 〈～ X *to do*〉X が..するようにセットする. ── 形 /⌐⌐/ 前もって決められた.

prè·shrúnk 形 〔衣服, 布地などが〕(前もって)防縮加工を施された.

***pre·side** /prizáid/ 動 (**～s** /-dz/|過 過分 **-sid·ed** /-əd/|**-sid·ing**) 自 **1** VA (**～ *at, over* ..**) **..の司会をする**, 議長(の役) をする, 主宰する. He always ～*d over* the conferences. 彼は常に会議の司会役を務めていた. ～ *at* a dinner[funeral] 晩餐(さん)会の主人役を務める[葬儀を司(つかさど)る]. **2** VA (**～ *over* ..**) **..を統轄する**, 支配する, とりしまる. ～ *over* a company 会社を率いる. **3** VA (**～ *over* ..**) 〈一般的に〉〔非常に御しにくい事柄〕の舵とりをする. **4** VA (**～ *at* ..**) (公衆の前で)〔鍵盤楽器〕の奏者を務める. [＜ラテン語「前に座る (*sedēre*)」]

†**pres·i·den·cy** /prézəd(ə)nsi/ 名 (複 **-cies**) UC **1** 〈普通 the ～〉大統領[社長, 学長]の職[任期]. **2** 〈又は P-〉米国大統領の職[任期].

‡**pres·i·dent** /prézəd(ə)nt/ 名 (複 **～s** /-ts/) C **1** 〈又は P-〉(共和国, 特に米国の)**大統領** (Chief Executive) (★呼びかける時は Mr.[Madam] President と言う)《略 Pres., pres., P., p.》. the *President* of the United States アメリカ合衆国大統領. *President* Clinton クリントン大統領. At 43, Kennedy was the youngest man ever elected President. 43歳でケネディは大統領に選ばれた最年少であった.
2 (学会, 協会, クラブなどの)会長; 〈しばしば P-〉(大学の)**総長**, 学長. the ～ of a chess club チェスクラブの会長. He ran for ～ of the student council. 彼は学生自治会の会長に立候補した.
3 〖米〗〈しばしば P-〉**社長**, 会長; 頭取, (chief executive officer, CEO). They elected Mr.Oliver president of the company. 彼らはオリバー氏を会社の社長に選出した. **4** 議長, 司会者. The vice ～ of the United States is ～ of the Senate. 合衆国の副大統領は上院の議長である (★下院の議長は speaker).
[＜ラテン語「前に座る人」; preside, -ent]

prèsident-eléct 名 C 大統領当選者《当選から就任式までの名称》.

†**pres·i·den·tial** /prèzədénʃ(ə)l ㊫/ 形 〈限定〉大統領の. The ～ election is held in November. 大統領選挙は11月に行われる.

presidèntial yéar 名 C 〖米〗大統領選挙の年《米国では4年に1回, 4で割り切れる西暦の年》.

Présidents' Dày 名 大統領誕生日《2月の第3月曜日(法定休日); Lincoln's Birthday (2月の第1月曜日)と Washington's Birthday (2月の第3月曜

日)をまとめてこうする州が多くなっている》.

米国大統領

〈代〉	〈氏 名〉	〈党〉	〈任 期〉
1	George Washington	F	1789–1797
2	John Adams	F	1797–1801
3	Thomas Jefferson	D-R	1801–1809
4	James Madison	D-R	1809–1817
5	James Monroe	D-R	1817–1825
6	John Quincy Adams	D-R	1825–1829
7	Andrew Jackson	D	1829–1837
8	Martin Van Buren	D	1837–1841
9	William H.Harrison	W	1841
10	John Tyler	W→D	1841–1845
11	James K. Polk	D	1845–1849
12	Zachary Taylor	W	1849–1850
13	Millard Fillmore	W	1850–1853
14	Franklin Pierce	D	1853–1857
15	James Buchanan	D	1857–1861
16	Abraham Lincoln	R	1861–1865
17	Andrew Johnson	D	1865–1869
18	Ulysses S. Grant	R	1869–1877
19	Rutherford B. Hayes	R	1877–1881
20	James A. Garfield	R	1881
21	Chester A. Arthur	R	1881–1885
22	Grover Cleveland	D	1885–1889
23	Benjamin Harrison	R	1889–1893
24	Grover Cleveland	D	1893–1897
25	William McKinley	R	1897–1901
26	Theodore Roosevelt	R	1901–1909
27	William H. Taft	R	1909–1913
28	Woodrow Wilson	D	1913–1921
29	Warren G. Harding	R	1921–1923
30	Calvin Coolidge	R	1923–1929
31	Herbert Hoover	R	1929–1933
32	Franklin D. Roosevelt	D	1933–1945
33	Harry S Truman	D	1945–1953
34	Dwight D. Eisenhower	R	1953–1961
35	John F. Kennedy	D	1961–1963
36	Lyndon B. Johnson	D	1963–1969
37	Richard M. Nixon	R	1969–1974
38	Gerald R. Ford	R	1974–1977
39	James Earl Carter	D	1977–1981
40	Ronald W. Reagan	R	1981–1989
41	George Bush	R	1989–1993
42	William J. Clinton	D	1993–2000

★政党略語
F = Federalist
D-R = Democratic-Republican
D = Democratic
W = Whig
R = Republican

Prèsident's Énglish 名 U アメリカ英語 (American English; →the King's English).

pre·sid·i·um, prae- /prisídiəm/ 名 (複 **〜s, -i·a** /-iə/) C (旧ソ連などの)最高会議幹部会.

Pres·ley /présli, préz-/ 名 **Elvis** (**A(a)ron**) 〜 プレスリー (1935–77) 《米国のロック歌手》.

‡press[1] /pres/ 動 (**préss·es** /-əz/|過 過分 **〜ed** /-t/| **préss·ing**) 他 【押して圧力を加える】 **1** (**a**) 〔人, ベルなど〕を押す, 圧する. 〜 the shutter (カメラの)シャッターを切る. He 〜*ed* a button to summon his secretary. 彼はボタンを押して秘書を呼んだ. The crowd tried to advance but were 〜*ed* back by the police. 群衆は進もうとしたが警察に押し返された. (**b**) VOA を押しつける, 押し当てる, 〈*to, against* ..に〉. 〜 a handkerchief *to* one's forehead ハンカチを額に押し当てる. The child 〜*ed* its nose *against* the window. 子供は窓に鼻を押しつけた. 〜 a coin *into* a boy's hand コインを少年の手にぎゅっと握らせる. 〜 one's lips *together* 唇をぎゅっと結ぶ. (**c**) VOC (〜 X Y) X を押して Y の状態にする. 〜 a lid firmly shut 蓋(ふた)を押してしっかりとしめる.

2 にアイロンをかける, をプレスする, 平らにする; VOC (〜 X Y) X にアイロンをかけて Y の状態にする. He wore a freshly 〜*ed* shirt. 彼はアイロンをかけたばかりのワイシャツを着ていた. 〜 trousers ズボンをプレスする. 〜 flowers 押し花をする. 〜 the wrinkles flat しわにアイロンをかけて平らにする.

3 を押して[プレスして]作る 〈*from, out of* ..から〉; を圧縮して..の形にする 〈*into* ..の形に〉. 〜 a pan *from* a sheet of steel 鋼板をプレスして平なべを作る. 〜 a CD CD をプレスする. 〜 clay *into* small balls 粘土を押しつけて小さなボールにする.

4 【押し上げる】〖重量挙げ〗をプレス (→名 3)で挙げる.

【締めつける】 **5** 〔靴などが〕〔足など〕を締めつける; 〔手など〕を握り締める; を抱き締める. 〜 his hand 彼の手を握り締める. The mother 〜*ed* her baby to her breast. 母親は赤ん坊を胸にひしと抱き締めた.

6 を押し固める, 圧搾する. 〜 beef (缶に詰めるために)牛肉を圧搾する. 〜 hay 干し草を押し固める.

7 〔汁, 液〕を搾る, 搾り出す, 〈*from, out of* ..から〉; 〔果物など〕を搾る. They 〜*ed* the juice *from* grapes. 彼らはブドウから汁を搾った. 〜 grapes to make wine ワインを作るためにブドウを搾る.

【精神的に圧迫する】 **8** (**a**) を言い張る, 強調する; VOA (〜 X ***on*** [***upon***] ..) ..を X に強いる, 押しつける. 〜 one's claim 権利を主張する. Don't 〜 your opinions *on* others. あなたの意見を他人に押しつけてはいけない. 〜 a gift *upon* a person 人に贈り物を無理に受け取らせる. (**b**) をせきたてる, 急がせる; VOA (〜 X ***for*** ..) X に..をせがむ, 強要する; (〜 X ***into*** (***doing***) ..) X に..(すること)を無理にさせる; VOC (〜 X ***to do***) X (人) に..するようにせがむ. It is no good 〜*ing* him. 彼をせき立てても無駄だ. The police 〜*ed* their search for the escaped prisoner. 警察は脱獄囚の捜索を急いで進めた. 〜 a person *for* an answer 回答をしつこく迫る. be 〜*ed into* marriage 無理やり結婚させられる. 〜 a guest *to* stay another day もう 1 日ぜひ滞在するようにと客を引き止める. They 〜*ed* the management *to* raise their salaries. 彼らは経営者側に給料を上げるよう迫った.

9 を攻[責]めたてる. **10** 〖古〗を苦しめる, 悩ます.

— 自 【押す】 **1** 押す, 押しつける 〈*on, upon, against* ..を〉; VA (〜 ***on*** [***upon***] ..) 〔心〕に圧力を加える. He 〜*ed* down *on* the brake pedal. 彼はブレーキペダルを踏んだ. The scene 〜*ed* heavily *upon* my mind. その光景は私の心に重くのしかかった.

2 アイロンかけをする; VA アイロンがかかる. This cloth 〜*es well* [*easily*]. この布はアイロンのかかりがいい.

3 VA **押し進む, 突進する,** 〈*on, forward*〉; どっと押し寄せる, 群がる, ひしめく, 〈*around* ..の周りに〉; 押し分けて進む 〈*through* ..を〉; (断固として) 押し進める, 推進する, 〈*ahead, forward, on*〉 〈*with* ..を〉. The crowd 〜*ed forward* as the star appeared. スターが現れると群衆がどっと押し寄せた. He 〜*ed through* the crowd. 彼は人込みの中を押し分けて進んだ. 〜 *ahead with* fiscal and administrative reforms 行財政改革を押し進める. Despite setbacks they decided to 〜 *on with* their business. 度重なる挫折(ざせつ)にもかかわらず彼らは事業を続けることに決めた.

【圧迫する】 **4** VA (〜 ***for*** ..) ..を強く求める, 執拗(しつよう)に要求する. He 〜*ed for* payment. 彼は支払いを催促した.

5〚話〛〔時間が〕切迫する; 〔仕事が〕急を要する. Time ～es [is ～ing]. 時間が切迫している. 6〚ゴルフなど〛力み過ぎ(て打ち損ね)る. ◇名 pressure

be hàrd préssed to do ..するのにひどく苦労する. He *was hard ～ed to* finish the job in a week. 彼はその仕事を1週間で終えるのにひどく苦労した.

be préssed for .. ..が不足している, なくて困っている. We *were* hard ～*ed for* money last year. 去年我々は金にひどく困った.

prèss /../ hóme (1)..を(きちんと)押し込む. He closed the door and ～*ed* the bar *home*. 彼は戸を閉めてかんぬきをぐっと(奥まで)押し込んだ. (2)〔攻撃など〕を効果的に加える; 〔議論〕を十分納得されるように説く. ～ *home* one's advantage 自分の利点[好機]を最大限に活用する. She ～*ed* her argument [point] *home* again and again. 彼女は自分の主張を十分に納得されるように繰り返し説いた.

prèss ín on .. ..を攻[責]めたてる.

prèss (the) flésh 〚話〛人と握手をする(特に, 選挙中に候補者が).

prèss one's wáy 押し分けて進む〈*through* ..を〉.

── 名 (複 **préss·es** /-əz/) 【押すこと】 1 C〈普通, 単数形で〉**押すこと**, 押し; 握ること. He gave the doorbell another ～. 彼は玄関のベルをもう一度押した. We parted with a warm ～ of the hand. 〚旧〛我々は心から握手をして別れた.

2 C〚話〛アイロンかけ; U アイロンをかけた状態.

3【押し上げること】C〚重量挙げ〛プレス《肩の高さまで挙げてから, 頭上に挙げる; →snatch 3, jerk[1] 3》.

4【押し入れ】C 戸棚, 書棚, 洋服だんす.

5【押し合い】U 群衆の押し合いへし合い, ひしめき, 雑踏; 群衆〈*of* ..の〉. make one's way through the ～ 雑踏の中を進む. be lost in the ～ (*of* people) 人込みの中で迷子になる.

6【押されること】U **圧迫**, 重圧; 緊急, 切迫. The ～ of household chores keeps mother busy. 家庭の雑用に追われてお母さんは忙しい. the ～ of poverty 貧しさの重圧.

【押す機械[器具]】 7 C〈しばしば複合語を作る〉搾り器, 圧搾機, 型押し機; 押しボタン. a wine ～ ブドウ搾り器.

8【印刷機>出版】C 印刷機; 〈普通 P-〉印刷所, 出版部; U〈しばしば the ～〉印刷(術), 出版(業). a printing ～ 印刷機. a rotary ～ 輪転機. Oxford University *Press* オックスフォード大学出版局. come [go] to (the) ～ 印刷に付される. be in [at] (the) ～ 印刷中である. be off the ～ 印刷が終わって[出版されて]いる. send to (the) ～ 印刷に回す. correct the ～ 校正する.

【出版物>報道】 9 U〈普通 the ～; 集合的〉**新聞**, 雑誌, 出版物; 報道; 報道業界. the daily ～ 日刊新聞. write for the ～ 新聞, 雑誌に書く. Freedom of the ～ [*Press* freedom] must be jealously guarded. 報道の自由は油断なく守られなければならない.

10 U〈普通 the P-; 単複両扱い〉報道陣, 新聞[雑誌]記者団. The President meets the ～ on Monday. 大統領は月曜日に記者会見する.

11 aU (マスコミの)論評, 受け. get (a) good [bad] ～ (新聞雑誌で)好評を博する[悪評を受ける].

Stòp the présses. 〚米話〛作業中止, ちょっと待った, はいそのままで.

[＜ラテン語 *pressāre*「押し続ける」(＜*premere*「押す」)]

press[2] 動 他 1〚史〛を強制的に徴兵する. 2〔人, 物〕を徴発[徴用]する; VOA (～ X *into* ..)(緊急の場合などに) X を無理に..に使う, X を..に代用する, 〈*as* ..として/*to* do ..するため〉. The old car was ～*ed into* service *as* an ambulance. その古い車が引っ張り出されて救急車として使われた. [＜〚廃〛 *prest*「徴兵(の前払い金)」(＜古期フランス語 'loan')]

préss àgency 名 C 通信社.

préss àgent 名 C (芸能人, 映画会社などの)宣伝[広報]係, 報道係.

préss bàron [lòrd] 名 C〚話・時に軽蔑〛新聞王.

préss bòx 名 C (グラウンドを一望できる)新聞記者席.

préss campàign 名 C プレスキャンペーン《ある主張のため新聞紙上でする組織的運動》.

préss clìpping 〚主に米〛 **[cùtting** 〚英〛**]** 名 C〈普通 ～s〉(新聞や雑誌の)切り抜き.

préss cònference 名 C 記者会見.

préss còrps 名〈普通 the ～; 単複両扱い〉記者団.

préss·er 名 C 圧搾機; アイロンかけ職人.

préss gàllery 名 C (主に議会内の)新聞記者席.

préss·gàng 名 C 〚史〛強制徴募隊. ── 動 他 VOA (～ X *into doing*) X に..するように強(し)いる.

***press·ing** /présiŋ/ 形 m 1 **緊急の**, 差し迫った. We have some ～ problems to solve. 解決せねばならぬいくつかの緊急課題がある. a ～ need 差し迫った必要. 2 切なる, たっての, 〔頼みなど〕. a ～ invitation たっての招待. ── 名 C (原盤からプレスして作られた)レコード. ▷～·ly 副 差し迫って; しつこく.

préss·man /-mən/ 名 (複 **-men** /-mən/) C 印刷工; 〚英話〛新聞記者.

préss·màrk 名 C〚主に英〛書架番号《図書館の図書の在りかを示すため蔵書に張る番号・記号・文字(の組み合わせ)》. [[者].

préss òfficer 名 C (政府, 企業などの)広報担当官↑

préss photògrapher 名 C 新聞カメラマン.

préss relèase 名 C (報道用の)公式発表, 声明文.

préss sècretary 名 C〚米〛広報係秘書; 大統領報道官.

préss stùd 名 〚英〛＝snap fastener.

préss-ùp 名 〚英〛＝push-up.

****pres·sure** /préʃər/ 名 (複 **～s** /-z/) 【押すこと】 1 (a) U 押す[押しつける]こと, 圧力(を加えること); 圧縮; 圧迫[圧縮]感. The door would not open without a great deal of ～. ドアは強く押さなければどうしても開かなかった. (b) UC〚物理〛圧力; 〚気象〛気圧; 〚電〛超電力. the ～ of gas ガスの圧力. atmospheric ～ 気圧. high [low] ～ 高[低](気)圧. a ～ of 3kg to the square cm 1平方センチに3キロの圧力.

【圧迫】 2 U 強制, 圧力, 圧迫. yield [give in] to the ～ of public opinion. 世論の圧力に屈する. The Government resisted ～ to lower income taxes. 政府は所得減税をせよという圧力に抵抗した.

3 U 切迫, 緊急; 繁忙, 忙殺. The ～ of business left him weary at the end of the day. 業務多忙で彼は1日の終わりには疲れ果てた.

4 UC 窮迫; 苦悩, 困難, ストレス. the ～ of grief ひしひしと迫る悲しみ. ～ for money 金詰まり. due to ～ of work 仕事のストレスのため. I have (got) a lot of ～ *on* me. ストレスが沢山ある. She is under great mental ～. 彼女は非常な精神的重圧に苦しんでいる. ◇動 press

> 2, 3, 4 の 連結 intense [strong; inexorable, relentless; excessive; intolerable, unbearable] ～ // ～ builds up [increases, intensifies, rises; eases, falls]

at hìgh [lòw] préssure 猛然と[のんびりと].

brìng préssure (to bèar) on .. ..に圧力を加える, 無理強いする, 〈*to* do ..するように〉. *bring* ～ *to bear on* the government *to* reduce taxes 減税するように政府に圧力をかける.

exèrt [pùt] préssure on .. ..に圧力を加える, ..を圧迫する, 〈*to* do ..するように〉. The party has *put* ～

on him *to* run for a second term. 党は彼が 2 期目も立候補するように圧力をかけた.

under préssure (1)〔液体・気体が〕圧力をかけられて, 加圧されて. (2) 強要されて; いやおうなく; 圧力をかけられて, 迫られて 〈*from* ..から/*to* do ..するように〉. He only agreed *under* ～ *from* his superior. 彼は上司に強要されてやっと同意した. I've been *under* ～ to resign for some time. 辞職するよう圧力をかけられている. He is *under* financial ～ *to* work overtime. 財政難で彼は残業を余儀なくされている. (3) (時間に)迫られて[急(せ)かされて]. He worked well *under* ～, 時間がないところ彼はよくやった. (4) ストレスがたまって. The manager is always *under* ～, which is bad for his health. 監督はいつもストレスがたまっていて健康に悪い.

***under* (*the*) *préssure of* ..** 〔貧困, 飢えなど〕に迫られて; 〔仕事など〕に追われて, 急(せ)かされて. a news story written *under the* ～ *of* time 締め切りに追い立てられて書いた記事.

── 動 他 **1** 〔人〕に圧力をかける 〈*for* ..を求めて〉; VOC (～ X *to do*) X に..するように圧力をかける; VOA (～ X ***into*** (*doing*)) X に圧力をかけて..させる; (～ X ***out of*** ..) X に圧力をかけて..をやめさせる. I was ～*d to* agree [*into* agree*ing*] to their proposition. 私は彼らの提案に同意するように強要された. ～ a person *out of* an action 人にある行動をする[やめる]よう強要する. **2** ＝pressurize 1. [press[1], -ure]

préssure càbin 名 C 〖空〗気密室, 与圧室.

préssure còoker 名 C **1** 圧力なべ[がま]. **2** プレッシャーのかかる状態[状況]. **3** いつ紛争が起こるかわからない状況[地域].

préssure gàuge 名 C 圧力計.

préssure gròup 名 C 圧力団体.

préssure pòint 名 C 〖医〗圧覚点《皮膚上の非常に敏感な点》; (マッサージ, 指圧, 鍼灸などの)つぼ, 急所; 止血点《そこを押すと血行が止まる》.

préssure sùit 名 C 〖空〗(飛行士などの着る)与圧服, 気密服.

près·sur·i·zá·tion 名 U 加圧, 与圧.

pres·sur·ize /préʃəràiz/ 動 他 **1** 〔航空機, 潜水器具などの内部〕を気圧調節する, 一定の気圧に保つ. **2** 〖主に英〗＝pressure 動 1.

prèssurized súit 名 ＝pressure suit.

préss·wòrk 名 U 印刷機操作, 印刷作業.

Pres·tel /préstel/ 名 〖商標〗プレステル《電話回線を利用して加入者のテレビスクリーンに情報を提供するサービス; 英国の British Telecom が行っている》.

pres·ti·dig·i·ta·tion /prèstədìdʒətéiʃ(ə)n/ 名 U 〖戯・章〗手品.

pres·ti·dig·i·ta·tor /prèstədídʒətèitər/ 名 C 〖戯・章〗手品師.

***pres·tige** /prestí:ʒ/ 名 **1** U **威信**, 名声, 信望. loss of national ～ 国威の失墜. damage [injure] British ～ in South America 南米における英国の威信を傷つける. **2** 〈形容詞的〉＝prestigious. a ～ school 名門校. a ～ car 高級車. [＜ラテン語「幻, 奇術のわざ」(＜*praestringere*「幻惑する」)]

†**pres·ti·gious** /prestídʒəs/ 形 世評の高い, 世評を高める(ような), 権威ある. ▷ **～·ly** 副 **～·ness** 名

pres·to /préstou/ 副 **1** たちまち, すぐに. Hey ～! → hey (成句). **2** 〖楽〗プレストで, 速いテンポで, (→tempo 参考). ── 形 〖楽〗プレストの, 速い. ── 名 C (複 ～s) プレストの曲[楽章]. [イタリア語 'quick(ly)']

prè·stréssed /-t 形/ 形 プレストレス(あらかじめ圧縮力)を導入した〔コンクリート〕.

pre·sum·a·ble /priz(j)ú:məb(ə)l/ 形 〖章〗推測できる, 推定される; ありそうな, もっともらしい. ◇動 presume

‡**pre·súm·a·bly** 副 恐らく, たぶん, 察するに.

pre·sume** /priz(j)ú:m/ 動 (～s /-z/|過 過分 ～d /-d/|-sum·ing) 他 【先に取る】 **1** 【先走って考える】 **(a)** を**仮定する**, 推定する; と考える, 思う. ～ a person's guilt [innocence] 人が有罪である[無罪である]と推定する. **(b)** VO (～ ***that 節) ..と推測すると思う. I ～ from what you say *that* the story is true. あなたの言うことから推測してその話は本当だと思います. She is innocent, I ～. 彼女は恐らく潔白なのでしょう. Dr. Livingston, I ～? リヴィングストン先生でしょうか. "Do you think she's guilty?" "I ～ so [not]."「彼女は有罪だと思いますか」「そうじゃないか[そうではない]と思う」(★この so [not] は that 節の代用). **(c)** VOC (～ X (***to be***) Y) X を Y と**見なす**, 考える. An accused man is ～*d* (*to be*) innocent until he is proved guilty. 被告人は有罪が立証されるまでは潔白であると想定される. The court ～s ⌊him (*to be*) dead [*that* he is dead]. 法廷は彼を死んだと見なす. Three people are missing, ～*d* dead. 3 人が行方不明であるが, 死亡したものと推定される. **(d)** VO (～ X/***that*** 節) 〔事, 理論などが〕X を/..ということを前提とする.

2 【出過ぎたことをする】 VO (～ ***to do***) **あえて..する**, 厚かましくも[おこがましくも]..する. May I ～ *to* tell you that you are wrong? 失礼ですがあなたが間違っておいでです.

── 自 **1** 〖章〗出過ぎたことをする; 生意気になる, つけ上がる; VA (～ ***on*** [***upon***] ..) 〔人の好意, 友情など〕につけ込む. Don't ～ *on* her kindness. 彼女の親切心につけこんではいけない. **2** 推測する.

◇名 presumption 形 presumptive, presumptuous [＜ラテン語「前もって取る (*sūmere*)」]

***pre·sump·tion** /prizʌ́m(p)ʃ(ə)n/ 名 (複 ～s /-z/) **1** UC **推定**(の根拠), 仮定; ありそうなこと, 見込み; 推測 〈*that* 節 ..という〉. make a lot of ～s いろいろと推測を働かす. Is it your ～ *that* the missing ring was actually stolen? その行方の分からない指輪は実際には盗まれたのだというのが君の推定なのか. on this ～ この推定に基づいて. ～ of innocence 無罪の推定《被疑者が有罪と認定されない限り》. **2** U 〖章〗でしゃばり, 僭(せん)越; 厚かましさ 〈*to* do ..する〉. He had the ～ *to* ask for my assistance. 彼はずうずうしくも私に援助を求めた. ◇動 presume

pre·sump·tive /prizʌ́m(p)tiv/ 形 〖主に法〗推定の, 推測による. →heir presumptive. ▷ **～·ly** 副

pre·sump·tu·ous /prizʌ́m(p)tʃuəs/ 形 〖章〗生意気な, 厚かましい, おこがましい, つけ上がった. It is ～ of him to comment on this matter. この件でコメントを言うとは彼はつけあがっている. ▷ **～·ly** 副 **～·ness** 名

pre·sup·pose /prì:səpóuz/ 動 他 〖章〗 **1** VO (～ X/***that*** 節) 〔人, 物事が〕X を/..ということをあらかじめ仮定する, 前提とする, 予想する. ～ the truth of the story [*that* the story is true] その話が本当だと仮定する. **2** を前提とする; VO (～ ***that*** 節) ..ということを前提する[当然のことと決め込む]. An effect ～s a cause. 結果(というからに)は原因(があったこと)を前提とする. This project ～s *that* the total budget will be increased. この計画は予算全体が増額されることを前提としている.

prè·sup·po·sí·tion 名 UC 〖章〗推定; 憶測; 予想; 前提(条件).

pret. preterit(e).

prêt-à-por·ter /prètɑ:pɔ:rtéi/ 名 C プレタポルテ, 高級既製服 (→haute courture). ── 形 プレタポルテの. [フランス語 'ready to wear']

prè·táx /形/ 形 〈限定〉, 副 税込みの[で], 税引き前の[で]. ～ income [profit] 税込みの収入[税引き前の利益].

pre·teen /prì:tí:n 形/ 名 C, 形 11～12 歳((用)の).

pre·tence /priténs/ 名 〖英〗＝pretense.

‡**pre·tend** /priténd/ 動 (～s /-dz/|過 過分 ～·ed /-əd/|～·ing) 他 【それらしく装う】 **1** のふりをする, に見せかける; VO (～ ***that*** 節/***to do***) ..であるような/..するふ

りをする. He ～*ed* illness [*to* be ill; *that* he was ill]. 彼は病気のふりをした.
2 を言い張る, 偽って言う; 〔Ⅵ〕(～ ***that*** 節)..だと言い張る;〖話〗〔Ⅵ〕(～ ***to** do*/***that*** 節)あえて..しようとする/あえて..であるとうぬぼれる,〈普通, 否定文で〉. ～ ignorance 知らないと言い張る. I do not ～ *that* this would be an easy task. これが簡単な事だなどと私は(強がりを)言うつもりはない. I do not ～ *to* be [*that* I am] a scholar. 私は自分が学者だなどとは言えません.
【まねごとをする】 **3** 〔Ⅵ〕(～ *to do*)(子供の遊びで)..するまねをして遊ぶ, ..ごっこをする; 〔Ⅵ〕(～ ***that*** 節)..であるというふりをして遊ぶ[というつもりになる]. Let's ～ *that* we are Red Indians. インディアンごっこをしよう. The children ～*ed to* eat the mud pies. 子供たちは泥のパイを(作って)食べるまねをして遊んだ.
── 自 **1** ふりをする, うわべを装う. We're only ～*ing*. ふりをしているだけですよ. **2** まねごと遊びをする. **3** 〔ⅥA〕(～ ***to*** ..) ..を不当に要求する, 主張する; ..があるとうぬぼれる. ～ *to* the throne 王位を要求する. He ～*ed to* a certain refinement. 彼は自分には上品なところがあるとうぬぼれていた.
── 形〖話・幼〗想像上の; うその. a ～ spaceship うその宇宙船.
◇名 pretense, pretension [<ラテン語「前に伸ばす, 権利を主張する」(<pre-+*tendere* 'stretch')]

pre·ténd·ed /-əd/ 形〖しばしば軽蔑〗〈限定〉見せかけの, うわべだけの. ～ illness 仮病. ▷**～·ly** 副

pre·ténd·er 名 C **1** 見かけを装う人, ふりをする人. **2** (周囲からは)不当と見なされる要求者〈*to* ..〔王位など〕に対する〉. →Old [Young] Pretender.

***pre·tense**〖米〗, **pre·tence**〖英〗/priténs, prí:tens|priténs/ 名 (複 **-tens[c]·es** /-əz/) **1** UC 見せかけ, ふり; 口実, かこつけ, 言い訳. He made a ～ of being interested. 彼は興味があるようなふりをした. John made a ～ of illness.=John made ～ ˪to be [that he was] ill. ジョンは仮病を使った. under [on] false ～s 偽りの口実を設けて. You needn't keep up this ～ with me. 僕に対してこんなお芝居を続けなくてもいいよ.
2 U〖章〗見栄(ᵃ), 虚飾. It was a simple ceremony without ～ or frills of any kind. それは見栄や飾りの少しもない簡素な儀式であった.
3 U 自任, 自称, 主張,〈*to* ..の〉〈普通, 否定文で〉. I make no ～ *to* being an artist. 私は芸術家だなどと自任してはいない. He has no ～ *to* great musical talent. 彼はすぐれた楽才があるなどと自負してはいない.
◇動 pretend
under* [*on*] (*the*) *preténse of .. ..にかこつけて, ..という口実で; ..と見せかけて. *under* (*the*) ～ *of* justice 正義の美名に隠れて.

†**pre·ten·sion** /priténʃ(ə)n/ 名 **1** C〈しばしば ～s〉要求, 主張(する権利),〈*to* ..に対する〉; 自負, 自任,〈*to be*/*to being* ..の〉. I have [make] no ～*s to* (*be* [*being*]) a scholar. 私は学者であるなどとうぬぼれてはいない. a man without any political ～*s* 政治に野心を持っていない人. **2** UC〖章〗見せかけ, 虚飾, てらい. a restaurant of great ～*s* 外見だけは立派なレストラン.
◇動 pretend

†**pre·ten·tious** /priténʃəs/ 形 見栄を張った, これ見よがしの. a ～ hotel これ見よがしに飾り立てたホテル.
▷**～·ly** 副 **～·ness** 名

pret·er·ite, -er·it /prét(ə)rət/〖文法〗名 U〈the ～〉過去(形). 注意 the past ともいうが現実世界の「過去(past)」と明確に区別するために用いる. ── 形 過去(形)の《略 pret.》. the ～ tense 過去時制. [<ラテン語(<*praeter* 'beyond, past'+*ire* 'go')]

prè·términal /㊥/ 形 死の直前の; 死の直前に起こる.

pre·ter·nat·u·ral /prì:tərnætʃ(ə)rəl ㊥/ 形〖章〗超自然[超人]的な, 不可思議な. [ラテン語 *praeter* 'beyond', natural] ▷**～·ly** 副

†**pre·text** /prí:tekst/ 名 C 口実, かこつけ,〈*for* (*doing*) ..の, ..する/*to* do ..する〉. He was absent from work for three days on [under] the ～ of illness. 彼は病気を口実にして仕事を 3 日間休んだ. find a ～ ˪*for* not attend*ing* [not *to* attend] a concert 音楽会に出席しない口実を見つける. on some ～ or other なんだかんだと理由をこしらえて. [<ラテン語「前もって織る(*texere*)」]

pre·tor /prí:tər/ 名 =praetor.

Pre·to·ri·a /pritɔ́:riə/ 名 プレトリア《南アフリカ共和国の行政府所在地》.

pre·to·ri·an /pri:tɔ́:riən/ 形, 名 =praetorian.

pret·ti·fy /prítəfài/ 動 (**-fies**|過 過分 **-fied**|**～·ing**) 他〖普通, 軽蔑〗(結果はともかく)をきれいに見せかける, 美しく飾り立てる; 〔好ましくないことなど〕をより良く見せる[美化する]. ▷**pret·ti·fi·ca·tion** /pritəfəkéiʃ(ə)n/ 名

†**pret·ti·ly** /prítəli/ 副 きれいに, かわいらしく. She is ～ dressed. 彼女はきれいな服装をしている.

‡**pret·ty** /príti, prúti|príti/ 形 e (**-ti·er**|**-ti·est**)
1 きれいな, かわいらしい, (類語 かわいらしい美しさを強調して, 特に女性, 子供などに用いる; →beautiful). a ～ girl きれいな女の子. You look very ～ in that dress! その服を着るとあなたはとてもきれいだ. He's [She's] not just a ～ face. あの人は見た目がいいだけの男[女性]じゃない《>頭脳もある》.
2〖軽蔑〗〈限定〉〔男の子が〕かわいい, なよなよした.
3〔庭, 家屋, 町などが〕こぎれいな; 〔ゴルフのショットなどが〕器用な, 見事な; 気持ちがいい. a ～ voice きれいな声. a ～ poem 上手な詩. a ～ stroke 見事な一撃.
4〖やや旧〗〈限定〉〈皮肉〉ひどい, 嫌な, とんでもない. A ～ mess you have made! おまえはえらいへまをしてくれた. I had a ～ time of it yesterday. 昨日はひどい目に遭った. **5**〖話〗〈限定〉(金額, 数量などが)かなりの, 相当な. a ～ sum of money かなりの額の金. cost a ～ penny 大金がかかる.
(as) prètty as a pícture とてもきれいな.
be not a prètty síght 見られたものではない.
còme to a prètty páss〖旧・戯〗厄介なことになる, 困ったことになる.
── 副 ⓒ〖話〗**1** (**a**)〈形容詞, 他の副詞を修飾して〉かなり, 相当に, (fairly). a ～ good student かなりいい学生. "How are you feeling?" "*Pretty* well, thanks."「いかがですか」「元気ですよ, どうも」He'll be back ～ soon. まもなく彼は戻って来ます. (**b**)〈much, nearly, well,〖米〗near を修飾して〉ほとんど. The economy has recovered ～ *well*. 経済はほとんど回復した. ～ *much* the same ほとんど同じ. The concert is ～ *much* finished. コンサートはほとんど終わったよ.
2 非常に (very). The wind was blowing ～ hard all night. 一晩中風が非常に強く吹いていた.
prètty pléase (with súgar on tòp [it])!〖話〗(主に子供が)お願い! Oh, let me go, too, ～ *please with sugar on it!* 私も連れてって, お願い!
sìtting prétty〖話〗裕福な; 有利な立場の; 幸運な.
── 名 (複 **-ties**) C〈呼びかけ〉いい子;〈-ties〉こぎれいなもの. Come on, my ～! こっちにおいで, お前.
── 動 他 をきれいにする〈*up*〉.
[<古期英語 *prættig*「抜け目ない」(<*prætt* 'craft')]
▷**pret·ti·ness** 名 U きれいさ, かわいらしさ.

prétty-prètty 形〖軽蔑〗ただきれいなだけの.

pret·zel /préts(ə)l/ 名 C プレッツェル《塩をまぶして焼いたクラッカー; 棒状又はひもを結んだ形のものが多い》. [ドイツ語]

‡**pre·vail** /privéil/ 動 (**～s** /-z/|過 過分 **～ed** /-d/|**～·ing**) 自【優勢である】**1** 一般に行われる, 普及している;

P

流行する; 〈*among*, *in* ..に〉; はびこる, 蔓延(まんえん)する. That custom still ～*s in* that region [*among* the townspeople]. その習慣はその地域[町民の間]で今でも行われている. Sadness ～*ed in* our minds. 悲しみが我々の心を占めた. Silence ～*ed*. しんと静まりかえっていた.

【勝つ】〖章〗**2 勝つ**, 勝る, 〈*over*, *against* ..に〉; うまくいく, 成功する. His strong wishes ～*ed over* her. 彼のたっての願いに彼女も折れた. Truth [Justice] will ～ in the end. 結局は真実[正義]が勝つ(ものだ).

3〖章〗VA (**～ *on* [*upon*] ..**) ..を説き伏せる〈*to* do ..するよう〉(persuade). He ～*ed on* the farmers *to* try the new seeds. 彼は農場主たちに新しい種を使ってみるよう説得した. He was ～*ed upon to* attend the meeting. 彼は会議に出席するように説得された.

◇名 prevalence 形 prevalent, prevailing [＜ラテン語「より強い力を持つ」(＜pre-＋*valēre* 'have power')]

***pre·vail·ing** /privéiliŋ/ 形 ℂ 〈限定〉**1 一般に行われている**, 現行の; 流行の. the ～ opinion among young people 若者たちに普及している見解. under the ～ social conditions 現在のような社会情勢では. **2** 有力な, 優勢な, 支配的な. ～ winds〖気象〗卓越風《ある地域又はある季節に常時吹く風》. ▷ **～·ly** 副

†**prev·a·lence** /prévələns/ 名 U 広く行われていること, 普及, 流行; 蔓延. the ～ of long hair 長髪の流行. ◇動 prevail 形 prevalent

***prev·a·lent** /prévələnt/ 形 m 〖章〗**1 一般に行き渡っている**, 普及している; 流行している; 〈*in*, *among* ..の間に〉. a ～ belief 世間一般に信じられていること. Colds are ～ this winter. この冬は風邪が大流行である. **2** 優勢[支配的]である. ◇動 prevail 名 prevalence ▷ **～·ly** 副

pre·var·i·cate /privǽrəkèit/ 動 自 **1**〖章〗あいまいなことを言う, 言葉を濁す; はぐらかす. **2**〖婉曲〗うそを言う (lie). ▷ **pre·vàr·i·cá·tion** 名 UC ごまかし, はぐらかし. **pre·var·i·ca·tor** /-tər/ 名

‡**pre·vent** /privént/ 動 (**～s** /-ts/｜過 過分 **～ed** /-əd/｜**～·ing**) 他 【先回りして止める】**1 (a)**〔人, 物事が〕〔人, 物事〕を**妨げる**, じゃまする. I'll come at two if nothing ～*s* me. 何事も起こらなければ2時に参ります. Barred windows ～*ed* their escape [them from escaping (→(b))]. 窓に桟が入っていて彼らの逃亡を妨げた. **(b)** VOA (**～ X *from doing***)・VO (**～ X('s) *doing***) Xが..するのを妨げる, (語法 X's doing は使われなくなりつつある). The storm ～*ed* us (*from*) arriv*ing* on time. ＝We were ～*ed from* arriv*ing* on time by the storm. あらしのため我々は定時に到着できなかった (★受け身では from は省略できない). They tried to ～ the secret (*from*) leak*ing* out. 彼らは秘密が漏れないように努めた. There is nothing to ～ my go*ing*.＝There is nothing to ～ me (*from*) go*ing*. 私が行くことに支障は何もありません.

2〔病気, 事故など〕を**防ぐ**, 起こらないようにする; を**予防する**. ～ juvenile crimes 青少年の犯罪を防止する. Careful driving ～*s* accidents. 注意深い運転は事故を防止する.

◇名 prevention [＜ラテン語「先を行く, 先回りする」(＜pre-＋*venire* 'come')]

†**pre·vént·a·ble, -i·ble** 形 防止[予防]可能な.

pre·ven·ta·tive /privéntətiv/ 形, 名 ＝preventive.

‡**pre·ven·tion** /privénʃ(ə)n/ 名 U **防ぐこと, 妨げる[られる]こと**, 防止; 予防. accident ～＝～ of accidents 事故防止. by way of ～ 予防のために. This is Fire *Prevention* week. 今週は火災予防週間です. *Prevention* is better than cure. 〖諺〗治療より予防. the Society of *Prevention* of Cruelty to Animals 動物愛護協会《略 SPCA》. ◇動 prevent

Prevèntion of Térrorism Àct 名〈the ～〉〖英法〗暴力行為防止法《特に IRA 対策》.

†**pre·ven·tive** /privéntiv/ 形 〈限定〉〔病気, 犯罪などを〕防ぐ; 妨げる; 予防する; 〈*of* ..を〉. ～ measures against disease 病気の予防策. specialize in ～ medicine 予防医学を専攻する.

── 名 C 予防策; 予防薬; 予防[防止]するもの. Vaccination is a ～ against smallpox. ワクチン接種は天然痘の予防策である. ▷ **～·ly** 副

prevèntive deténtion 名 U 〖英法〗予防拘禁《常習犯を長期間拘置する》; 〖米法〗予防拘留《犯罪を犯すおそれのある容疑者を保釈せずに裁判まで拘留する》.

prevèntive ófficer 名 C 〖英〗密輸取締官.

prevèntive wár 名 C 予防戦争《敵の先手を打って仕掛ける》.

prè·vérbal /⑱/ 形 〈限定〉**1**〔子供が〕言語習得以前の. **2**〖文法〗動詞の前の[に生起する].

‡**pre·view** /príːvjùː/ 名 C **1** (映画, 劇, 展覧会・新製品などの一般公開前の)試写[試演, 内覧](会). **2** (映画, テレビなどの広告, 宣伝のための)予告編[番組] (prevue ともつづる; →trailer). ── 動 他 の試写[試演など]を見せる[見る]; を下見する.

‡**pre·vi·ous** /príːviəs/ 形 ℂ **1**〈限定〉**前の, 先の**, (preceding; ↔following). on the ～ day その前日に. Have you any ～ appointments next Sunday? 今度の日曜日に何か先約がありますか. as I pointed out in a ～ chapter 前の方の章で指摘したように (★in the ～ chapter なら「前章で」). a ～ conviction 前科.

2〈叙述〉〖話〗早まった. The report was a little [bit] ～. 報道はいささか早まったものだった. They were ～ in putting the bill to the vote. 彼らは議案を採決するのを早まった.

prévious to .. 〈前置詞的〉..に先立って, ..より前に[の]. *Previous to* his departure for England, he phoned me to say goodby. 英国へ出発するに先立ち彼はお別れを言うために私に電話をかけてきた.

[＜ラテン語「先を行く」(＜pre-＋*via* 'way')]

†**pre·vi·ous·ly** /príːviəsli/ 副 前に, 以前に[は]; 先立って, あらかじめ. principles ～ unknown 以前は知られていなかった原理. He had arrived two days ～. 彼は2日前に着いていた.

prè·vísion 名 UC 〖章〗予知, 先見. ▷ **～·al** /-nəl/ 形

pre·vue /príːvjùː/ 名 ＝preview 2.

†**pre·war** /prìːwɔ́ːr ⑱/ 形 〈限定〉戦前の《特に, 第1次, 第2次世界大戦前の; ↔postwar》. in ～ days 戦前には. ── 副 戦前に.

prex·y /préksi/ 名 (複 **prex·ies**) C 〖米俗〗学長. [president の短縮・変形, -y[3]]

***prey** /prei/ 名 (複 **～s** /-z/) **1** U 〈しばしば集合的に〉**餌食**(えじき), 獲物. Mice are the ～ of cats. ネズミは猫の獲物だ.

2 U (他の鳥獣を)捕食すること. a beast of ～ 猛獣. a bird of ～ 猛禽(もうきん)《ワシ, タカなど》. a fish of ～ 肉食魚.

3 aU 犠牲(者), 餌食, 食い物, 〈*to*, *for* ..の〉. The rich, lonely widow was (an) easy ～ *to* the trickster. 金持ちで孤独な未亡人は詐欺師のいい'カモ'だった.

fàll* [*becòme*] (*a*) *préy to .. ..の餌食になる; ..に大いに悩まされる, ..の犠牲[とりこ]になる. She *fell* [*became*] (*a*) ～ *to* melancholy. 彼女は憂うつ症のとりこになった.

── 動 (**～s** /-z/｜過 過分 **～ed** /-d/｜**préy·ing**) 自 **1** VA (**～ *on* [*upon*] ..**) **..を捕食する**, 餌食にする. Larger fishes often ～ *upon* smaller ones. 大きい魚はしばしば小さい魚を餌食にする. **2** VA (**～ *on* [*upon*] ..**)〔弱い者

P

など〕を食い物にする; ..を略奪する, ..から奪い取る. They are ～*ing on* the elderly. 彼らはお年寄りの人たちを食いものにしているのだ. The pirates ～*ed on* unarmed merchant ships. 海賊は非武装商船を餌食にした.
3 VA (～ *on*[*upon*] ..)〔物事が〕..を苦しめる, 悩ます. Care ～*ed on* his mind [health]. 心配事が彼の心を悩ました[健康をむしばんだ].
[<ラテン語 *praeda*「獲物, 戦利品」]

prez·zie /prézi/ 名 C 〖主に英話〗贈り物《<*present*》. a birthday ～ 誕生日プレゼント.

Pri·am /práiəm/ 名 〖ギ神話〗プリアモス《トロイ戦争の時のトロイ王; Hector, Paris[2], Cassandra の父》.

pri·ap·ic /praiǽpik/ 形 ＝phallic.

‡**price** /prais/ 名 (複 **príc·es** /-əz/) 【値段】 **1** C **価格**, 代価; 〈～s〉(**諸**)**物価**; (類語 売買のときの, ことに売り手のつけた値段を意味する; →cost). at a high [low] ～ 高[低]値で. a market ～ 市価. a fixed [net] ～ 定価[正価]. at a reduced ～ 割引価格で. buy .. half ～ ..を半値で買う. at the ～ of $10 10ドルの値で. get a good ～ for ..を高値で売る. What's the ～ of this one? これはいくらですか. *Prices* are coming down. 物価が下落している. come down *in* ～〔物の〕値段が下がる. The ～ is right. 〖しばしば戯〗(ただで手に入った物など が)それ相当のものだね. 語法「値段が高い」は The price is *high*. で expensive や costly は使わない; 具体的な「物」(hat とか watch というような)が主語ならば expensive や costly を使う. the watch is high [low] in price (その時計は値段が高い[安い])のようには言える.

> 連結 an exorbitant [a steep, a stiff; a fair, a good; a moderate, a reasonable] ～ // pay [set] a ～; increase [hike, raise; cut, lower, slash] ～*s* // ～*s* go up [drop, fall, go down]

2 C (お尋ね者などに懸ける)**懸賞金**; 報償, 買収費, 賄賂(わいろ); 賭(か)け率, (競馬の)オッズ. set a ～ of $5,000 on the robber's head 強盗に5千ドルの賞金を懸ける. Every man has his ～.＝Everyone has their ～. だれでも賄賂には弱い[金で動く]. the starting ～ (競馬の)出走直前のオッズ.

P

【代価】 **3** aU **代償**, 犠牲, 〈*for* (do*ing*) ..(すること)に対する〉. the ～ of freedom [success] 自由[成功]の代償. He paid a high [terrible, heavy] ～ *for* his freedom. 彼は自由を得るために多大の代償を払った. Lack of privacy is often the ～ one pays *for* fame. プライヴァシーを失うことは名声を得るためにはしばしば支払わねばならぬ犠牲だ.

【値打ち】 **4** U **価値**, 貴重さ. a vase of great ～ 大変な値打ちの花瓶. The critic put a high ～ on her work. その批評家は彼女の作品を高く評価した.

at a príce (1) 高値で. There are plenty of apartments available in Tokyo—*at a* ～! 東京には貸しアパートはたくさんある―金さえ(たくさん)出せば. (2) 大きな代償[犠牲]を払って. We won, but *at a* heavy ～. 我々は勝った, しかし大きな犠牲を払って.

****at ány prìce*** どんなに高くても; いかなる犠牲を払っても; どんなことをしても. I wouldn't sell this picture *at any* ～. どんなに高値がついてもこの絵は売らない. The people wanted peace *at any* ～. 人民はどんな犠牲を払っても平和を得たいと望んだ.

at the príce of .. ..を犠牲にして; ..という代償を払って.

beyond [***above, without***] ***príce*** 値がつけられない(ほど貴重な).

pùt [***sèt***] ***a príce on ..*** ..に値をつける. You can't *put* [*set*] *a* ～ *on* their kindness. 彼らの親切は金では換算できない(ほど価値がある).

Whàt price ..? 〖主に英話〗(1)〖軽蔑・皮肉〗..はどうなっているのだ; ..は一体何たるざまだ. *What* ～ justice? 正義はどうなっているというのだ. *What* ～ progress? これでも進歩と言えるのか. (2) ..はどうですか, ..の見込みはどうかね. *What* ～ a holiday in Spain? 休暇にスペインはどうかね. *What* ～ your passing the exam? 君が試験にパスする可能性はあるのか(ないだろう).

── 動 (**príc·es** /-əz/|過 過分 **～d** /-t/|**príc·ing**) 他 **1** に**値段をつける**, の価値を決める; VOA (～ X *at* ..) Xに..の値段をつける; 〈しばしば受け身で〉. At Christmas, many stores ～ their goods higher than usual. クリスマスには多くの店が商品にいつもより高い値段をつける. a reasonably ～d menu 手ごろな値段のメニュ. The watch is ～*d at* two thousand dollars. その時計には2,000ドルの値がついている.
2 〖話〗の値段を聞く[調べる]. He ～*d* several different types of cars. 彼は何種類かの車の値段を調べた.

prìce .. out of the márket [***jób***] (1) (価格[給料]の高さが)..を市場[職]から締め出す. Japanese cameras have ～*d* ours *out of the market*. 日本のカメラのせいで我国のは買れなくなった. The high wages they demand ～ them *out of jobs*. 彼らは高給を要求するので就職できない. (2) 〈oneself を目的語として〉買い手がつかない; 〔人が〕職などから締め出される. If you charge so much, you'll ～ your*self out of market*. そんな値段を請求すると買い手はつきません[仕事はありません]よ.
[<古期フランス語 *pris* (<ラテン語 *pretium*「値打ち, 報酬」); prize と同源]

príce contròl 名 U 価格統制.

priced /-t/ 形 定価のついた. a ～ catalog 定価表.

prìce-éarnings ràtio 名 UC 〖経〗株価収益率《略 PER》.

príce-fìxing 名 U **1** (政府による)物価の固定[決定]. **2** (生産者と販売者との間の)価格協定《多くの国では違法》.

príce ìndex 名 C 物価指数.

‡**price·less** /práisləs/ 形 **1** 値をつけられないほどの, きわめて貴重な, (valuable). The picture was ～. 絵画はとても貴重なものだった. **2** 〖話〗〔人, 言葉などが〕とても愉快な, 腹を抱えるような; 実にばかげた. The expression on his face was ～. 彼の表情は何ともこっけいだった. a ～ old fellow とても愉快なやつ. ▷ **～·ly** 副

príce lìst 名 C 価格表.

prìces and íncomes pòlicy 名 C 物価および所得政策《インフレ抑制のため物価と所得を抑えようとする》.

príce suppòrt 名 U 〖経〗(政府助成金や買い上げによる)価格維持.

príce tàg 名 C 正札(しょうふだ); 価格, 値段.

príce wàr 名 C 価格戦争《競合する企業間の値引き競争》.

pric·ey /práisi/ 形 e 〖主に英話〗値段の高い.

***prick** /prik/ 動 (**～s** /-s/|過 過分 **～ed** /-t/|**príck·ing**) 他 **1** を**ちくりと刺す**, 突く, にちくりと刺さる; 〔穴〕を突いて開ける; 〈*with, on* ..で〉に小さな穴をあけて輪郭をつける, 〔輪郭〕を小さな穴[点]でつける〈*off, out*〉. She ～*ed* her finger *on* [*with*] a needle. 彼女は指を針で刺した. ～ a hole in a piece of paper *with* a pin ピンで紙に穴を開ける. **2** (精神的に)を**ちくちく突っつく**, 苦しめる, とがめる. The guilty recollection ～*ed* his conscience. 罪の思い出が彼の良心を苦しめた. My conscience ～*ed* me when I told the lie. うそを言った時, 私の良心が痛んだ.
── 自 **1** ちくりと刺さる. **2** ちくちく痛む. My sunburnt skin ～*ed*. 日焼けした皮膚がひりひりした.

prìck /../ óut [***óff***] (掘った穴に)〔苗木〕を移植する.

prìck the búbble (***of ..***) →bubble (成句).

prìck up its [***one's***] ***éars*** 〔犬, 馬などが〕耳をぴんと立てる; 〔人が〕耳をそばだてる, 聞き耳を立てる.

── 名 (複 **～s** /-s/) C **1** (ちくっと)**刺すこと**; ちくちくする痛み. I felt the ～ of the thorn. とげがちくちくするのを感じた. **2** (精神的)**痛み**, とがめ. feel the ～*s* of con-

science 良心のとがめを感じる. **3** 刺した穴, 刺し傷. **4** とがった物, とげ. Roses are full of ~*s*. バラにはとげがいっぱいある. **5**〘卑〙ペニス. **6**〘卑〙とんま, 嫌な奴(ヤツ).
kick against the pricks〘雅〙むだな抵抗をしてけがをする[ばかをみる].
[<古期英語] ▷**prick·er** 名 C 刺す[突く]人[物, 道具];〘米〙とげ, いばら.

prick·le /prík(ə)l/ 名 C **1** (植物, 動物の)とげ, いが, 針. **2**〈単数形で〉(皮膚の)ちくちくする痛み[感覚].
—— 動 他 をちくちく痛ませる, ちくりと刺す.
—— 自 **1** ちくちく痛む; (恐怖などで)〔肌に〕粟(あわ)を生じる. My arm went to sleep and began to ~. 腕がしびれてちくちくしてきた. **2** VA (~ *with* ..)〔怒り, 興奮など〕でかっかする.

prick·ly 形 e **1** とげの多い, 針のある. **2** (布地などが)ちくちくする. **3**〘話〙怒りっぽい (touchy). **4**〔問題などが〕めんどうな, 厄介な. ▷**prick·li·ness** 名

prickly heat 名 U あせも (heat rash).

prickly pear 名 C〘植〙ヒラウチワサボテン(の実)《セイヨウナシの形をした実のなるサボテン; 果実は食べられる》.

pric·y /práisi/ 形 e =pricey.

‡**pride** /praid/ 名 (複 ~s /-dz/) 【自尊心】 **1** U **自尊心**, 自負心. proper ~ 自尊心. a blow to his ~ 彼の自尊心への打撃. hurt a person's ~ 人の自尊心を傷つける. The actor has too much ~. その俳優は自尊心が強すぎる. give a person his ~ back〔物事が〕〔人〕に自尊心を取り戻させる.
2【過度の自尊心】U **うぬぼれ**, 思い上がり, 高慢. false ~ うぬぼれ. His excessive ~ was the only flaw in his character. 過度のうぬぼれは彼の性格の唯一の欠点であった. *Pride* goes [comes] before a fall.〘諺〙驕(おご)る者久しからず.《<没落には驕りが先んじる》.
【自慢】 **3** aU **誇り**, 自慢, 満足感,〈*in* ..に対する〉; 自慢の種. You should feel [have] ~ in your profession. 君は自分の職業に対して誇りを感じる[持つ]べきだ. That child is his father's ~ and joy. あの子は父親の喜びと自慢の種です. with ~ 誇りを持って.

> 1, 2, 3 の 連結 arrogant [haughty, lofty, overweening; modest; injured, wounded] ~ // awaken [hurt] a person's ~; beam [glow] with ~

4【誇りの頂点】C〈単数形で〉〘雅〙**盛り**, 全盛期, 頂上. He was, at 30, still in the ~ of his football career. 彼は 30 歳の時でもまだフットボール選手としての全盛期にあった. in the ~ of one's youth 青春期に.
5【誇り高い集団】C〈普通, 単数形で〉(ライオンの)群れ. a ~ of lions ライオンの 1 群.
pride of place 最高位; (それから来る)傲(ごう)慢. *Pride of place* went to a small water color sketch. 第 1 位は小さな水彩のスケッチに与えられた. take [have] ~ *of place* 最高の地位を占める[占めている].
put one's pride in one's pocket〘旧〙=swallow one's PRIDE.
swallow one's pride 自尊心を抑える.
take (a) pride in (doing).. ..(すること)を誇りにする, 自慢する. He *takes* (*a*) great ~ *in* his collection of old stamps. 彼は古い切手のコレクションを大層自慢にしている.
—— 動 他〈次の成句で〉***pride oneself*** 誇る, 自慢する; 鼻にかける,〈*on* [*upon*] (doing) ..を/*that* 節 ..ということを〉. Bill ~*s* him*self upon* his photographic skill. ビルは自分の写真の腕を自慢にしている.
◇形 proud [<古期英語 *prȳde* (<*prūd* 'proud')]

pride·ful /-f(ə)l/ 形 誇り高い; 高慢な; 得意満面の; (proud). ▷~**·ly** 副

pried /praid/ 動 pry[1], pry[2] の過去形・過去分詞.

prie-dieu /pri:djə́:|ˊ-ˋ/ 名 C 祈禱(とう)台. [フランス語 'pray God']

pri·er /práiər/ 名 C 詮索(せんさく)する[好きの]人.

pries /praiz/ 動 pry[1], pry[2] の 3 人称・単数・現在形.

‡**priest** /pri:st/ 名 (複 ~s /-ts/) C **1**〘キリスト教〙**司祭**《ローマカトリック教会, ギリシア正教会, 英国国教会で bishop に次ぐ職階名; →clergyman, minister》; (一般に, 教会をあずかる人としての)**牧師**. **2** (キリスト教以外の)聖職者, 僧, (女 priestess). [<古期英語]

priest·ess /prí:stəs/ 名 C (キリスト教以外の)女性の僧, 尼, (男 priest).

‡**priest·hood** 名 U〈the ~〉**1** 聖職, 僧職. enter the ~ 聖職に就く, 僧侶(りょ)になる. **2**〈単複両扱い〉聖職者, 僧たち.

Priest·ley /prí:stli/ 名 プリーストリ **1 J(ohn) B(oynton)** ~ (1894–1984)《英国の作家》. **2 Joseph** ~ (1733–1804)《英国の化学者・政治理論家・聖職者; 酸素の発見者》.

priest·like 形 =priestly.

priest·ly 形 聖職者の; 聖職者としての; 聖職者のような, 聖職者にふさわしい. ▷**priest·li·ness** 名

priest-ridden 形 聖職者の(不当な)支配を受けている, 聖職者の権力下にある.

prig /prig/ 名 C **1**〘軽蔑〙(道徳, 作法などについての)やかまし屋, 堅苦しい人; 道徳家ぶる人. **2**〘主に英俗〙こそどろ, すり. —— 動 他〘主に英俗〙を盗む.

prig·gish /prígiʃ/ 形 (道徳, 礼儀作法に)やかましい, 堅苦しい. ▷~**·ly** 副 ~**·ness** 名

prim /prim/ 形 e (-mm-) **1**〘普通, 軽蔑〙〔主に女性やその態度が〕堅苦しい, いやに形式ばった, 取り澄ました, 上品ぶった. ~ and proper 上品ぶった, 取り澄ました, すぐショックを受ける. **2**〔服装などが〕きちんと[こざっぱり]した.
▷**prim·ly** 副 **prim·ness** 名

prim. primary; primitive.

pri·ma /prí:mə/ 形 第 1 の, 主位の.

prima ballerina 名 C プリマバレリーナ《バレエの主役女性ダンサー》. [イタリア語 'first ballerina']

pri·ma·cy /práiməsi/ 名 U **1**〘章〙第 1 位, 首位;〈the ~〉優越, 至上(性),〈*of* ..の/*over* ..に対する〉. have ~ in the commercial world 商業界において首位を占める. **2** (英国国教会の)大主教 (primate) の地位[職].

prima donna 名 C **1** プリマドンナ《オペラの主役女性歌手》. **2**〈非難して〉尊大な[気難しい, 気ままな, 驕慢(きょうまん)な]女[男]. behave like a ~ 我が物顔に振舞う. [イタリア語 'first lady']

pri·mae·val /praimí:v(ə)l/ 形〘英〙=primeval.

pri·ma fa·cie /pràimə-féiʃi(:), -ʃii:/ 形/〘主に法〙〈副詞的, 限定形容詞的〉一見したところでは[の]. ~ evidence〘法〙一応の証拠《反証がなければそれで十分な》. [ラテン語 'at first face']

‡**pri·mal** /práim(ə)l/ 形〘章〙〈限定〉**1** 最初の, 第 1 の; 原始の, 根源的な. **2** 最も重要な; 根本の, 主要な.

‡**pri·mar·i·ly** /praimérəli, praimèr-|práim(ə)r-/ 副 ⓒ **第一に**, なによりも(まず); **主に**; 一義的に, 本来. the illusion that man is ~ a reasonable being 人間はまず第一に理性的存在であるという錯覚. This is ~ a question of ethics. これは本来は倫理の問題だ.

‡**pri·ma·ry** /práimèri, -m(ə)ri|-m(ə)ri/ 形 ⓒ〈限定〉**1 最も重要な**, 主要な; 第 1 位の. His ~ reason for going was to see Helen. 彼が出かける主要な理由はヘレンに会うことだった. a matter of ~ importance 最も重要な事項.
2〔順序が〕**最初の**, 第 1 (番目)の; 初期段階の, 初等の; (→secondary, tertiary); 原始的な, 原始時代の.
3〘教育〙〘英〙初等の, 初等教育の. a ~ teacher 小学校の先生. →primary education, primary school.

P

4 根本の, 基礎的な, (basic, fundamental); 直接的な. the ～ meaning of a word 語の根本義《hand なら「手」》. **5**〖医〗原発の. a ～ tumor 原初腫瘍. **6**〖生物・地〗初生の. **7**〖電〗1 次の.
—— 名 (複 -ries) C **1** 第一の物事, 主要な物事. What are the *primaries* in this case? この場合一番重要なことは何か. **2** ＝primary election; ＝primary feather.
[＜ラテン語「第一級の, 主要な」(＜*prīmus* 'first')]

prìmary áccent [stréss] 名 C 〖音声〗第 1 アクセント《この辞典では /´/ で示す》.

prìmary cáre [héalth càre] 名 U 一次医療[診療], プライマリーケア.

prìmary céll 名 C 〖電〗1 次電池.

prìmary cólor 名 C 〈普通 ～s〉原色《絵の具では red, blue, yellow, カラーテレビなど光の三原色は red, green, blue》.

prìmary educátion 名 U 初等教育.

prímary elèction 名 C 〖米〗予備選挙《政党が選挙区で公職候補者又は大統領指名全国党大会代議員を選ぶ》.

prìmary féather 名 C (鳥の)初列風切り羽.

prìmary plánet 名 C 惑星.

prímary schòol 名 UC 〖英〗小学校《5 歳から 11 歳まで; →school 表》; 〖米〗下級小学校《elementary school の最初の 3 又は 4 年間, 又は kindergarten を含めることもある》.

pri·mate /práimeit, 1 は práimət もある/ 名 C **1** 〈しばしば P-〉(ローマカトリック, 英国国教会などの)大主教, 主席司教. the *Primate* of All England 全英首席主教《カンタベリー大主教がなる》. the *Primate* of England イングランド首席主教《ヨーク大主教がなる》. **2** 霊長類; 霊長目 (Primates) の動物《人, 猿など》. [＜ラテン語「第一位の」]

***prime** /praim/ 形 ¢ 〈限定〉**1 主要な**, 最も重要な, 第 1 位の. His ～ object was to see the King. 彼の主な目的は国王に会うことだった. a matter of ～ importance[concern] 最も重要な[関心のある]事柄.
2 第 1 級の, 最上等の; (同種の物の中で)最良の; 一等地の. O. J. Simpson is a ～ example of fame gone badly wrong. オー・ジェー・シンプソンは名声が地に落ちた最も良い例である. be a ～ candidate [target] (for..) (..の)第一候補である. ～ ribs (of beef) 牛の最上等あばら肉 (★FDA の牛肉の等級は prime が最上等で, 以下 choice, good と下がる; →standard). in ～ condition 絶好の状態で.
3 最初の, 初期の, 原始的な. the ～ cause 最初の原因. **4**〖数〗素の, 素数の. a ～ factor 素因数.
—— 名 **1** U 〖雅〗〈普通 the ～〉初め, 初期. the ～ of the year 春. **2** U 〈普通 the ～〉最良の部分. Give me the ～ of it. 一番いいところをください.
3 U 〈普通 the [one's] ～〉最良の時期, **盛り**; 全盛. be ⌞in one's ～ [in the ～ of life] 人生の盛りである. be (well) past one's ～ 人生の盛りを過ぎている. be cut off in one's ～ 若くして死ぬ. **4** U 〖キリスト教〗〈しばしば P-〉1 時課. **5** C プライム記号《′; 例: 1′20″ (one minute twenty seconds), A′ (A /ei/ prime)「A ダッシュ」》, 〖数〗素数 (prime number).
—— 動 他 **1** (エンジンを起動させるために)〔キャブレター〕にガソリンを入れる. **2**〔ポンプ〕に呼び水する. **3**〔キャンバスなど〕に下塗りをする. **4 (a)**〔人〕に前もって教えておく, 入れ知恵する; VOA (～ *oneself* ..) 前もって準備しておく〈*with* ..を/*that* 節 ..であることを/*for* ..に備えて〉; VOC (**～** *oneself to do*) ..するよう前もって準備しておく. **(b)** VOC (～ X *to do*) ..するよう X にあらかじめ教えておく; ..するよう X (細胞など) に情報を与えておく; 〈普通, 受け身で〉. **5**〔銃〕に装弾しておく; 〔爆発物など〕をセットする〈*to* do ..するように〉. **6**〔人〕にたっぷり食べさ[飲ま]せる〈*with* ..を〉. ***prìme the púmp*** →pump[1].
[＜ラテン語 *prīmus*「第一の, 最初の」]

prìme cóst 名 UC 〖経〗素価《直接の原料費と賃金の合計; →overhead》; 仕入れ原価.

prìme fáctor 名 C 〖数〗素因数《因数のうちの素数のもの》.

prìme merídian 名 C 〈the ～〉＝first meridian.

prìme mínister 名 C 〈普通 the ～〉総理大臣, 首相, 《略 PM; →premier》.

英国首相

〈氏 名〉	〈党〉	〈任 期〉
Sir Robert Walpole	W	1721–1742
Earl of Wilmington	W	1742–1743
Henry Pelham	W	1743–1754
Duke of Newcastle	W	1754–1756
Duke of Devonshire	W	1756–1757
Duke of Newcastle	W	1757–1762
Earl of Bute	T	1762–1763
George Grenville	W	1763–1765
Marquis of Rockingham	W	1765–1766
Earl of Chatham	W	1766–1768
Duke of Grafton	W	1768–1770
Lord North	T	1770–1782
Marquis of Rockingham	W	1782
Earl of Shelburne	W	1782–1783
Duke of Portland	c	1783
William Pitt	T	1783–1801
Henry Addington	T	1801–1804
William Pitt	T	1804–1806
Lord William Grenville	W	1806–1807
Duke of Portland	T	1807–1809
Spencer Perceval	T	1809–1812
Earl of Liverpool	T	1812–1827
George Canning	T	1827
Viscount Goderich	T	1827–1828
Duke of Wellington	T	1828–1830
Earl Grey	W	1830–1834
Viscount Melbourne	W	1834
Duke of Wellington	T	1834
Sir Robert Peel	C	1834–1835
Viscount Melbourne	W	1835–1841
Sir Robert Peel	C	1841–1846
Lord John Russell	W	1846–1852
Earl of Derby	C	1852
Earl of Aberdeen	c	1852–1855
Viscount Palmerston	L	1855–1858
Earl of Derby	C	1858–1859
Viscount Palmerston	L	1859–1865
Earl Russell	L	1865–1866
Earl of Derby	C	1866–1868
Benjamin Disraeli	C	1868
William Ewart Gladstone	L	1868–1874
Benjamin Disraeli	C	1874–1880
William Ewart Gladstone	L	1880–1885
Marquis of Salisbury	C	1885–1886
William Ewart Gladstone	L	1886
Marquis of Salisbury	C	1886–1892
William Ewart Gladstone	L	1892–1894
Earl of Rosebery	L	1894–1895
Marquis of Salisbury	C	1895–1902
Arthur James Balfour	C	1902–1905
Sir Henry Campbell-Bannerman	L	1905–1908
Herbert Henry Asquith	L	1908–1916

David Lloyd George	c	1916–1922
Andrew Bonar Law	C	1922–1923
Stanley Baldwin	C	1923–1924
James Ramsay MacDonald	La	1924
Stanley Baldwin	C	1924–1929
James Ramsay MacDonald	c	1929–1935
Stanley Baldwin	c	1935–1937
Neville Chamberlain	c	1937–1940
Winston Spencer Churchill	c	1940–1945
Clement Richard Attlee	La	1945–1951
Sir Winston Spencer Churchill	C	1951–1955
Sir Anthony Eden	C	1955–1957
Harold Macmillan	C	1957–1963
Sir Alexander Douglas-Home	C	1963–1964
Harold Wilson	La	1964–1970
Edward Heath	C	1970–1974
Harold Wilson	La	1974–1976
James Callaghan	La	1976–1979
Margaret Thatcher	C	1979–1990
John Major	C	1990–1997
Tony Blair	La	1997–

★政党略語
W = Whig
T = Tory
C = Conservative
L = Liberal
La = Labour
c = coalition

prìme mínistership 名 UC 総理大臣の地位[職権, 任期].

prìme móver 名 C 〈普通 the ～〉 **1** 原動力《水力, 風力など》. **2** 主動者, 原動力(になる人), 黒幕, 〈*behind, in* ..(の影)の〉. **3** 神.

prìme númber 名 C 〖数〗素数《その数か 1 以外では割り切れない正整数》(→composite number).

prim·er[1] /prímər|prái-, prí-, 2 では prímər/ 名 **1** C 〖旧〗初級読本, 子供用国語教科書; 〈一般に〉入門書. a Latin ～ ラテン語入門書. **2** U 〖印〗プリマ《活字の名》. great [long] ～ 18 [10] ポイント活字.

prim·er[2] /práimər/ 名 **1** C 導火線, 雷管. **2** UC (画布, ペンキ塗装などの)下塗り.

príme ràte 名 C 〈普通 the ～〉 プライムレート, 最優遇貸出金利, 《銀行が大企業などに融資する際の金利; 貸出金利としては最低; →base rate》.

prìme ríb(s) 名 C プライムリブ《極上の(ロースト)ビーフ》.

prìme tíme 名 U 〖主に米〗(テレビなどの)ゴールデンアワー(〖英〗 peak time)《視聴率が最高の時間帯, 普通, 英国では午後 7:30–10:30, 米国では午後 8:00–11:00》.

†**pri·me·val** /praimí:v(ə)l/ 形 **1** 原初の, 原始(時代)の, 初期の. a ～ forest 原生林. **2** 〔感情などが〕原始的な, 本能的な. ▷ **～·ly** 副 「料」.

prim·ing /práimiŋ/ 名 U **1** 点火剤. **2** 下塗り(塗料).

*****prim·i·tive** /prímətiv/ 形 m **1** (発達の)**初期(段階)**の, 原始(時代)の, 太古の. ～ man 原始人. ～ society 原始社会. **2 原始的な**, (文化の影響を受けないで)未発達な, 素朴な, 幼稚な; 旧式の. ～ living conditions 原始的な生活状態. make fire in a ～ way 原始的なやり方で火を起こす. **3** 基本の; 根源の. ～ colors 原色 (primary colors). **4** 〔画家などが〕独学の. **5** 〖生物・地〗初生の (primary); 〖言〗語根の; 祖語の.
── 名 C **1** 原始人. **2** 独学の(素朴なスタイルの)芸術家, プリミティヴ絵画の画家; ルネッサンス以前の芸術家(の作品). **3** 〖言〗語根; 祖語.
[＜ラテン語 *prīmitīvus*「最初の, 原始の」]
▷ **～·ly** 副 最初に; 原始的に; 素朴に. **～·ness** 名

prim·i·tiv·ism /prímətivìz(ə)m/ 名 U 原始性; (芸術, 宗教などの)原始主義.

pri·mo·gen·i·tor /pràimədʒénətər, -mou-/ 名 C 始祖; 先祖.

pri·mo·gen·i·ture /pràimədʒénətʃər, -mou-/ 名 U 長子であること; 〖法〗長子相続権 (right of ～).

pri·mor·di·al /praimɔ́:rdiəl/ 形 〖章〗原始(時代から)の, 初期の; 原初の, 最初の. the ～ seas 原初の海. ～ soup 原始スープ《生命体の元となった有機物の溶液》. ▷ **～·ly** 副

primp /primp/ 動 自, 他 ＝prink.

‡**prim·rose** /prímròuz/ 名 **1** C 桜草; その花. **2** U 桜草色《淡い緑がかった黄色》(**prìmrose yéllow**).

prìmrose páth 名 〈the ～〉(破滅を招く)快楽追求の生き方《＜Shakespeare, *Hamlet*》.

prim·u·la /prímjulə/ 名 C サクラソウ属の植物.

pri·mus /práiməs/ 名 C 〖英〗〖商標〗〈しばしば P-〉 プリマスストーブ《**prímus stòve**; 料理用石油コンロの一種》.

prin. principal; principle.

*****prince** /prins/ 名 (複 **prínc·es** /-əz/) C **1** 王子, 親王, (女 princess). **2** (小国家の)**君主**; 公《公国の君主》. *Prince* Rainier レニエ公. the *Prince* of Monaco モナコ公. **3** (英国以外の国の)公爵など《英国の公爵は duke》, 貴族, ..公. **4** 〈普通, 単数形で〉**第一人者**, 大家, 王者, 〈*of, among* ..の〉. the ～ *of* poets 詩壇の第一人者.
(as) hàppy as a prínce 非常に幸せな.
lìve like a prínce 王侯のような暮らしをする.
[＜ラテン語 *princeps*「第一位を占める者」(＜*prīmus* 'prime'＋*capere* 'take')]

Prìnce Álbert 名 **1** ＝Albert 2. **2** C 〖米〗長いダブルのフロックコート.

Prìnce Chárming 名 C 〖話・戯〗理想の男性[恋人]《Cinderella 物語に出る王子のような》.

prìnce cónsort 名 (複 **princes-**) C 〈又 P- C-〉 女王の配偶者《国王の地位及び称号を持たない》.

prince·dom /prínsdəm/ 名 U prince の地位[権威]; C prince の領土, 公国, (principality).

Prìnce Èdward Ísland 名 〈the ～〉 プリンスエドワード島《カナダの St. Lawrence 湾にある島で, 同国最小の州》.

prince·ling /prínsliŋ/ 名 C 幼君, 小公子.

prínce·ly 形 **1** 王子[君主]らしい[にふさわしい]; 堂々とした, 気品のある. He looked very ～ in his formal costume. 彼は正装をしてとても威厳があった. **2** 豪勢な; 鷹(おう)揚な, たっぷりした. a ～ sum 大金; 〈反語的に〉はした金. a ～ gift 気前のよい贈り物. ▷ **prince·li·ness** 名

Prìnce of Dárkness 名 〈the ～〉 魔王, サタン, (Satan).

Prìnce of Péace 名 〈the ～〉 平和の君, キリスト.

Prìnce of Wáles 名 〈the ～〉 英国皇太子の称号.

prìnce régent 名 C 摂政の宮.

prìnce róyal 名 C 第 1 王子, 皇太子.

Prìnces in the Tówer 名 〈the ～; 複数扱い〉 ロンドン塔の王子たち《1483 年にロンドン塔で殺害された幼少の Edward II と弟の Richard》.

*****prin·cess** /prínsəs, -ses|prinsés, ⌐-/ 名 (複 **～·es** /-əz/) C **1 王女**, 内親王, (男 prince). a ～ of the blood 王女. the ～ royal 第 1 王女. **2** (小国の)女王; 王妃. the late *Princess* Grace of Monaco モナコ公国の故グレース王妃. **3** 王子の妃, 親王妃. the late *Princess* Diana 故ダイアナ妃. **4** (英国以外の国の)公爵夫人《英国では duchess》. **5** 傑出した女性.
[prince, -ess]

P

prìncess dréss 名 C プリンセス・ドレス《胴を引き締め, すそに大きくフレアーを入れたワンピース》.

Prìncess of Wáles 名 〈the ～〉英国皇太子妃.

Prince·ton /prínstən/ 名 プリンストン《米国 New Jersey 州中部の町; プリンストン大学の所在地》.

Prìnceton Univérsity 名 プリンストン大学《米国 New Jersey 州 Princeton にある; Ivy League の1つ》.

‡**prin·ci·pal** /prínsəp(ə)l/ 形 ⓒ 〈限定〉**主な**, **主要な**, **最も重要な**, **第1の**; (類語 chief とほぼ同義; →main). the ～ uses of atomic energy 原子力の主な利用法. Their ～ food is rice. 彼らの主食は米である.

── 名 (複 ～s /-z/) **1** C 〖米〗(小・中・高等学校の)**校長**(〖英〗head teacher); 〖英〗(ある種の college の)**学長**; (団体の)長, 社長, 会長. **2** C (劇などの)**主役**, 主人公; (オーケストラの各楽器の)第一奏者; 主導者, (活動の)指導者. **3** C 〖法〗主犯, 正犯, (↔accessory). **4** C 〖章〗(代理人, 保証人に対して)本人. **5** aU 元金; 基本財産. ～ and interest 元金と利息, 元利.

[＜ラテン語「最初の, 本来の」(＜*princeps* 'prince')]

prìncipal bóy 名 C 〖英〗(伝統的な無言劇(pantomime; 例えば Jack and the Beanstalk)の)主役少年《女性がなる》.

prìncipal cláuse 名 C 〖文法〗(複文中の)主節(main clause).

prin·ci·pal·i·ty /prìnsəpǽləti/ 名 (複 -ties) **1** C (prince 2 の統治する)公国, 侯国, 《Monaco, Liechtenstein がその例》. **2** U 公国君主の地位[権力]. **3** 〖キリスト教〗〈-ties〉権(ごん)天使《9つある階級の第7位の天使; →angel》. **4** 〈the P-〉〖英〗Wales の異称.

†**prín·ci·pal·ly** 副 主として, 主に. Osaka is ～ a commercial city. 大阪はまず第一には商業都市である.

prìncipal párts 名 〈the ～; 複数扱い〉〖文法〗動詞の主要形《英語では原形[現在形], 過去形, 過去分詞形の3つ》.

‡**prin·ci·ple** /prínsəp(ə)l/ 名 (複 ～s /-z/)

【根源】**1** C 〖章〗本質, 本源; 〖化〗素, 精. the first ～ of all things 万物の根源. the bitter ～ of a medicine 薬の苦味の素.

【根本原則】 **2** C **原理**, **原則**. a fundamental [basic] ～ of politics 政治の根本原則の1つ. the ～*s* of economics 経済学の一般原理. It's the ～ of thing 〖話〗それが(物の)道理というものだ. the first ～*s* of ..の第1原理, ..のイロハ. a society based on the patriarchal ～ 家父長制原理に基づく社会.

3 C (機械, 器官などの)作用の原理, 仕組み. Bell understood the basic ～ of the ear. ベルは聴覚の基本的な原理を理解した. the ～ of the jet engine ジェットエンジンの原理.

【根本方針】**4** C 〈しばしば ～s〉**主義**, 信念, 信条; 基本的な知識. The underlying ～*s* of American government are written in the Constitution. 米国政治の根本精神は憲法に記されている. stick to one's ～*s* 主義を曲げない. make it a ～ to lead an honest life 正直に暮らすのを主義とする. as a matter of ～ 主義として. on the ～ that ..という主義[信念]で.

5 U 道義(心), 高潔, 節操, 律儀さ. a man[woman] of ～ 節操のある人.

****in príncìple*** 原理[理論]的には; (実際はとにかく)**原則としては**; (細部はともかく)大すじは. The jet engine is very simple *in* ～. ジェットエンジンは原理はごく簡単である. *In* ～ I believe in complete disarmament; in practice, I think the time for it has not yet come. 私は軍備撤廃に原則的には賛成ですが, 現実問題としてはまだその時期は来ていないと思う.

on príncìple 信念に基づいて, 主義として; 道徳的見地から. I avoid strong language *on* ～. 主義として私は乱暴な言葉は遣わないことにしている.

[＜ラテン語「初め, 根源」(＜*princeps* 'prince')]

prín·ci·pled 形 道義心のある, 節操のある; 〈複合語で〉主義が..の. a high-～ man (主義の)高潔な人. take a ～ stand 信念をもって自分の立場を貫く, 右顧左眄(べん)しない.

prink /priŋk/ 動 自, 他 (を)めかし立てる, 着飾る, 〈*up*〉.

prink oneself úp 〔特に女性が〕おめかしをする.

‡**print** /print/ 動 (～s /-ts/|過 過分 **print·ed** /-əd/|**print·ing**) 他 【押して跡をつける】 **1** 〔印, 跡, 型など〕をつける 〈*on, in* ..に〉; 〔布〕に捺染(なっせん)する, プリント模様をつける, 〈*with* ..〔の模様〕で〉; 〔模様〕を捺染[プリント]する 〈*on* ..〔布地など〕に〉; を刻み付ける 〈*on, in* ..〔心, 記憶など〕に〉. ～ a seal 印を押す. ～ cotton cloth 木綿の布に捺染する. The scene was indelibly ～*ed in* [*on*] his memory. その光景は彼の記憶にぬぐうことができないほど焼き付いた.

2 〔写真〕を**焼き付ける**, プリントする, 〈*off, out*〉(→enlarge, develop). ～ a negative ネガからプリントする.

【印刷する】 **3** 〔文字, 絵, 原稿など〕を**印刷する** 〈*on* ..に〉; 〔紙など〕に印刷する 〈*with* ..を〉; を出版する, を(新聞, 雑誌などに)掲載する; 〔新聞, 雑誌などが〕を掲載する. His picture was ～*ed on* the front page. 彼の写真は(新聞の)第一面に載っ(てい)た. They ～*ed* 10,000 copies of the novel. その小説は1万部刷られた. The book was ～*ed* and bound in Taiwan and published in Tokyo. その本は台湾で印刷・製本され, 東京で出版された. the ～*ed* media 出版ジャーナリズム, 活字メディア.

4 【印刷字体で書く】〔文字〕を**活字体[ブロック体]で書く**. Please ～ or type your answers. 解答は活字体で書くかタイプで打ってください.

5 を画面[モニター]に表示する.

── 自 **1** 〔機械が〕印刷する; VA 〔印刷や写真などが〕写る; 〔紙などが〕印刷される; プリントアウトされる; VA ..に焼き付けされる. the word processor is ready to ～. ワープロはプリントの準備ができている. The photo ～*ed* well [badly]. 写真は焼き付けがうまく出た[出なかった]. **2** 出版する, 印刷業を営む. **3** 活字体で字を書く. **4** 画面[モニター]に表示される.

prìnt móney 〔政府が〕やたらに紙幣を発行する.

prìnt /../ óut [óff] (1)〔コンピュータが〕〔結果〕を打ち出す, プリント(アウト)する. (2)を画面[モニター]に表示する.

── 名 (複 ～s /-ts/) 【押されてできた跡】**1** C **跡**, 痕(こん)跡; 指紋(fingerprint); 足跡(footprint), 〈しばしば複合語をつくる〉. He took the suspect's finger～*s*. 彼は容疑者の指紋を取った. the ～ of one's education on one's character 人格に現れた教育の影響.

【型を押すこと】 **2** U **印刷**; C 出版物; 〈普通 ～s で〉新聞. high quality ～ 高品位の印刷. the ～ media 活字メディア. **3** C 打ち型, 型版, スタンプ; U 活字(体). in large[small] ～ 大きい[小さい]活字で[の].

【押して写されたもの】 **4** C 版画. a woodblock ～ (板目)木版画. **5** C 捺染(なっせん)模様, プリント模様; プリント地(の服). **6** C (写真の)陽画, 焼き付け, プリント; (映画の)プリント《原版からのコピーフィルム》.

gèt into prínt 〔人(の書いたもの)が〕印刷[出版]される, 公刊される.

****in prínt*** 印刷になった[て]; 出版された[て]; 絶版にならないで. Is the book still *in* ～? その本はまだ出(版され)ていますか. appear *in* ～ 出版される.

out of prínt 〔本が〕絶版になった[て].

rùsh into prínt 慌てて書物を出版する, 急いで新聞[雑誌]に書く.

rùsh .. into prínt 〔本など〕を急いで印刷[出版]する.

[＜ラテン語 *premere*「押す」]

print·a·ble 形 **1** 印刷できる, 焼き付けできる. **2** 印刷

出版の価値がある; 印刷[出版]してもさしさわりのない.
prìnted círcuit 名 C 〘電〙プリント配線回路.
prìnted círcuit bòard 名 C 〘電〙プリント配線基板.
prínted màtter 名 U 印刷物.
prìnted pápers 名〈複数扱い〉〘主に英〙=printed matter.
prìnted wórd 名〈the ～〉印刷された言葉《口頭による発言や他の伝達媒体に対して, 新聞・雑誌や著書などを指して; →the WRITTEN word》.
***print·er** /príntər/ 名 (複 ～s /-z/) C **1** 印刷業者, 印刷工; 捺染(なっせん)工. **2** 印刷機; 捺染機械. **3**〘電算〙プリンター《データを印字体に変える印字装置》. a laser [dot-matrix, ink-jet] ～ レーザー[ドットマトリックス, インクジェット]プリンター.
prìnter's dévil 名 C 印刷見習い工.
prìnter's érror 名 C 〘印〙(植字工による)誤植.
prínter's ìnk 名 =printing ink.
‡**print·ing** /príntiŋ/ 名 (複 ～s /-z/) **1** U **印刷(術)**, 印刷業. **2** C (1回の)**印刷部数**, 版, (第..)刷(ずり). a first ～ of 3,000 copies 初刷り3千部. the second ～ of the first edition 初版の第2刷. **3** U (写真の)焼き付け; 捺染(なっせん). **4** U 活字体の書体;〈集合的〉活字体の文字.
príntíng ìnk 名 U 印刷用インク.
príntíng machìne [prèss] 名 C 印刷機.
príntíng òffice [hòuse] 名 C 印刷所.
prínt·màkìng 名 U 版画製作.
prínt·òut 名 C (コンピュータの)プリントアウト, ハードコピー,《印字して出てきたデータ》.
prínt rùn 名 C (本, 新聞など1回の)刷り[出版, 発行]部数.
prínt·shòp 名 C **1** 版画店. **2** (小さな)印刷所.
***pri·or**[1] /práiər/ 形 ¢ **1** (時間, 順序が)**先の, 前の**, (↔posterior). I have a ～ engagement. 私には先約がある. Did you have any ～ knowledge of this movement? あなたはこの運動について前もって知っていたか. **2** より重要な, 優先する. a matter of ～ urgency より緊急な問題. have a ～ claim on ..について優先権を持つ.
príor to.. 〘章〙〈前置詞的〉..より先に, ..に先立って, (before); ..より優先して. Item 218 was sold ～ *to* receiving your order. 218番の品はご注文を受ける前に売れました. [ラテン語 'former, elder' (比較級)]
pri·or[2] 名 C 修道院次長《abbot の次の位》; 小修道院 (priory) の院長.
pri·or·ess /práiərəs/ 名 C 女性修道院次長《abbess に次ぐ》; 小修道院 (priory) の女性院長.
pri·or·i·tize /praiɔ́ːrətàiz|-ɔ́r-/ 動 他 〔物事〕を優先する; 〔為すべき事など〕に優先順位をつける.
***pri·or·i·ty** /praiɔ́ːrəti|-ɔ́r-/ 名 (複 -ties /-z/) **1** U (順序, 重要性が)**先であること**, 先行; 優先(権); 〈*over* ..より〉. have [get, be given] ～ 優先される. give ～ to ..に優先権を与える. This project should have ～ *over* all others. この企画は他のすべてに優先させるべきだ. In his case baseball took ～ *over* [*of*] homework. 彼の場合野球の方が宿題に優先した. make a ～ of ..を優先する. **2** C 最優先すべき事[もの]. Conserving nature is a top[first] ～ of the present government. 自然保護は現政府の最優先(政策)項目だ. a high[low] ～ 非常に大切な[あまり重要でない]もの. get one's *priorities* ⌞wrong[right, in order] 何を優先させるべきか判断を誤る[見極める].
── 形 〈限定〉他に優先する, 優先すべき, 優先的な. [prior[1], -ity]
pri·o·ry /práiəri/ 名 (複 -ries) C 小修道院《abbey の次の位; prior[2] 又は prioress が管理する》.
prise /praiz/ 動 =prize[3].
***prism** /príz(ə)m/ 名 (複 ～s /-z/) C **1**〘光学〙プリズム. through the smoky ～ of time 「時」というくすんだプリズムを通して〔見るなど〕. **2**〘数〙角柱. [<ギリシア語「のこぎりで切られたもの」]
pris·mat·ic /prizmǽtik/ 形 **1** プリズムの(ような); プリズムで分光した. ～ colors スペクトルの虹(にじ)色. **2** 多彩の, 虹色の. ▷**pris·mat·i·cal·ly** /-k(ə)li/ 副
‡**pris·on** /príz(ə)n/ 名 (複 ～s /-z/) **1** C **刑務所**, 監獄, 拘置所, (類語 刑務所を表す一般的な語で, 普通, 正式なものに用いる; →gaol, jail, lockup, penitentiary). be sentensed to ten years in ～ 懲役10年を宣告される. be in ～ 刑務所に入っている; 服役中である. break ～ 脱獄する. He was ⌞sent to[put in] ～ for stealing money. 彼は金を盗んで刑務所に送[入れ]られた. come out of ～ 出獄する. (語法 以上5例のように建物そのものでなく機能を意味する時は無冠詞) The reporter went to the ～ to see the political offender. 記者はその政治犯に会うために刑務所へ行った. a ～ cell 刑務所の独房. He regarded marriage as a sort of ～ without bars. 彼は結婚は格子のない牢(ろう)獄のようなものだと思った. **2** U **投獄**(されること), 監禁, 幽閉. *Prison* certainly serves to decrease crime. 投獄は確かに犯罪を減らす役には立っている.
── 動 他 〘詩〙を監禁する, 投獄する, (imprison). [<ラテン語 *prēnsiō*「捕らえること」(<*prehendere* 'seize')]
príson-brèaking 名 U 脱獄.
príson càmp 名 C 捕虜[政治犯]収容所.
‡**pris·on·er** /príz(ə)nər/ 名 (複 ～s /-z/) C **1 囚人**; 刑事被告(人). discharge [release] a ～ 囚人を釈放する. The ～*s* raised a riot. 囚人たちは暴動を起こした.
2 とりこ, 自由を奪われた人[動物]; **捕虜** (prisoner of war). The ambassador and his family became ～*s* in their own house. 大使とその家族は自宅に閉じ込められた. a ～ to one's room (病気, 仕事などのために)部屋から離れられない人. hold [keep] a person ～ 人を捕虜にしておく. He was ⌞taken [made (a)] ～ by the enemy. 彼は敵によって捕虜にされた.
3〈比喩的に〉とりこ. a ～ of love 恋のとりこ.
tàke nó prísoners (1) 捕虜とせずに皆殺しにする. (2) あくまでも目的を遂げる; 容赦なくやっつける〈*against* ..〔相手〕を〉. [prison, -er[1]]
prìsoner at the bár 名 C 公判中の被告人.
prìsoner of cónscience 名 C 確信犯《政治犯, 思想犯, 国事犯など》.
prìsoner of Státe 名 C 国事犯人.
prìsoner of wár 名 C 捕虜《略 POW, PW》.
prìson vísitor 名 C 囚人面会者《囚人の相談相手になる》.
pris·sy /prísi/ 形 e 小うるさい, 口やかましい, 神経質な. ▷**pris·si·ly** 副 **pris·si·ness** 名
‡**pris·tine** /prísti:n|-tain/ 形 〘雅〙**1** 原始の; 本来の, 新品(同様)の, 汚れていない. in ～ condition 元のままの(損傷のない)状態で. **2** 素朴な; 清純な.
prith·ee /príði:/ 間 〘古〙なにとぞ, お願いだから, (please)《<I *pray thee*》.
***pri·va·cy** /práivəsi|prí-, prái-/ 名 U **1** 私的自由, プライバシー. intrude on [invate] a person's ～ 人の私事に立ち入る. have ～ プライバシーがある[保たれている]. *Privacy* Please「起こさないで下さい」《米国のホテルで Do Not Disturb の代わりで用いられる表現》.
2 隠遁(とん), 独居; 人目を避けること. They concluded the deal in the ～ of his home. 彼らは彼の家でひそかに取り引きを結んだ.
3 秘密, 内密, (↔publicity). ◇形 private
in prívacy ひそかに, 隠れて. [private, -cy]
‡**pri·vate** /práivət/ 形 m まれに e (**-vat·er**|**-vat·est**)

P

〖個人に限られた〗 **1**〈普通, 限定〉**私有の**, 私用[個人用]の, (類語「公的 (public)」に対する語; →personal). He wanted a ～ room. 彼は個室を望んだ. a ～ car 自家用車, 専用車. ～ property 私有財産. a ～ house 私宅, 個人住宅. a ～ beach 私有海浜《普通, 自宅から庭続きで海に出られるもの》. my ～ secretary 私の私設[個人]秘書. The door is marked 'Private'. ドアには「一般の人立入禁止」の掲示がある.
2 個人的な, 私的な, 私事にわたる, (personal). This is my ～ opinion. これは私の個人的な意見です. These are my ～ affairs, and none of your business. これらは私の一身上の事柄で, あなたにかかわりのないことだ.
3 内輪だけの. a ～ joke 内輪の人にしかわからない冗談.
〖人目を避ける〗 **4 内密の**, 秘密の; 〔手紙が〕親展の. keep the matter ～ 事柄を秘密にしておく. a ～ wedding, with just the family present 家族だけの内輪の結婚式. *Private* and confidential 親展《封筒の上書き》. **5**〔場所が〕プライバシーが保てる, 隠れた, ひっそりした; 〔人が〕他人と付き合わない, 独りを好む.
〖公的でない〗 **6**〈限定〉公職に就いていない, 平民の; (公人ではなく)個人としての. a ～ citizen (公務員でない)一般市民; (軍人, 警察官でない)民間人. one's ～ life (仕事を離れた)個人としての生活.
7〈普通, 限定〉(政府の援助を受けない)**民間の**, **私立の**, 私設の, (↔public); 個人負担の. a ～ university 私立大学. a ～ road 私道. ～ lessons 個人指導[教授]. a ～ pupil for the piano ピアノの個人レッスンの生徒.
── 名 C **1** 兵士, 兵卒, 《階級が最下級の》. **2**〈～s〉＝private parts.
in private こっそり, 秘密に; 非公式に; (↔in public). The matter is very delicate, and I should like to discuss it with you *in* ～. その問題は非常に微妙だから君と二人で極秘に話し合いたい.
[＜ラテン語 *prīvātus*「公職を退いた, 私的な」(＜*prīvāre*「奪う, 孤立させる」)]

prìvate bíll 名 C 〖法〗個別法律案 (→public bill).

prìvate detéctive [invéstigator] 名 C 私立探偵. hire a ～ 私立探偵を雇う.

prìvate educátion 名 U 私教育 (→public education).

prìvate énterprise 名 U 私企業, 民間企業.

pri·va·teer /pràivətíər/ 名 C 私掠(りゃく)船《敵国の商船などを拿捕(だほ)する許可を政府から得ている民有の武装船》; その船長[船員]. ▷ **～·ing** /-tí(ə)riŋ/ 名

prìvate éye 名 〖話〗＝private detective.

prìvate fìrst cláss 名 C 〖米陸軍〗上等兵《略 PFC》.

prìvate hotél 名 C 〖英〗特定ホテル《予約なしの客は断る》.

prìvate íncome 名 UC 不労所得.

prívate làw 名 UC 〖法〗私法《個人(の財産など)に関する; →public law》.

†**prí·vate·ly** 副 **1** 人に知られずに, (心)秘かに, 内緒に; 個人として, 非公式に, (↔publicly). a ～ published book 自費出版の本, 私家版. a ～-owned computer 私有のコンピュータ. ～-owned stock 非公開株. I would like to speak to you ～. 2人きりで話し合いたいのですが. **2**〈文修飾〉内緒の話だが.

prìvate méans 名〈複数扱い〉事業所得《給与でない所得》.

prìvate mémber 名 C 〖英〗(閣僚でない下院の)平議員.

prìvate móney 名 U 民間事業(用の)資金.

prìvate párts 名〈複数扱い〉〖婉曲〗陰部.

prìvate práctice 名 U 〖米〗(医師, 弁護士などの)個人営業; 〖英〗国民健康保険制度によらない, 費用患者負担の医療.

prìvate schóol 名 UC 私立学校《〖米〗では州の援助がないか少ない学校; 〖英〗では純粋に個人経営の学校》.

prìvate séctor 名〈the ～; 集合的〉私企業 (→public sector).

prìvate sóldier 名 C 〖章〗兵卒 (private).

prìvate víew(ing) 名 C (美術品などの一般公開前の)展示内覧.

pri·va·tion /praivéiʃ(ə)n/ 名 UC 〖章〗(生活の慰安, 必需品などの)欠乏; (生活の)不自由, 不便. die of ～ 窮乏のために死ぬ. He found it a great ～ not being allowed to smoke. 喫煙を許されないのを彼は大変不自由だと感じた. suffer many ～*s* 幾多の困難に苦しむ.
[＜ラテン語 *prīvāre*「奪う」]

pri·va·tism /práivətiz(ə)m/ 名 U (自分に直接関係ないことには関心を持たない)個人主義.

priv·a·tive /prívətiv/ 形 **1** 奪う. **2** 欠如の; ある性質の欠如を示す. ── 名 C 〖文法〗欠如語《属性の欠如を表す: blind, dumb など》; 欠如辞《*a*symmetry, *un*kind, tree*less* の a-, un-, -less など》.

†**pri·vat·ize** /práivətàiz/ 動 他 **1**〔国有[公営]企業〕を私企業[民営]化する (↔nationalize). **2**〔公的な物事〕を個人的なものとして考える; を私物化する.
▷ **prì·vat·i·zá·tion** 名 UC 民営化.

prí·vat·ìz·er 名 C 〖主に英〗民営化論者.

priv·et /prívət/ 名 U イボタノキ《白い小花をつける常緑低木; 生け垣に用いられる》.

***priv·i·lege** /prívəlidʒ/ 名 (複 **-leg·es** /-əz/)
1 UC (官職や身分などに伴う)**特権**, 特典. Education is a right, not a ～. 教育は権利であって, 特権ではない. be born to ～ 特権階級に生まれる. have [enjoy] diplomatic ～ 外交官としての特権を持っている《専門的には diplomatic immunity》. parliamentary ～*s* (英国下院で)議員特権《自由な発言の権利, また会期中は民法上の問題では逮捕されないなど》. a breach of ～ 特権乱用.

> 1, 3 の 連結 a great [an exclusive; a rare] ～ // have [receive; exercise; award, grant; suspend; revoke; surrender] a ～

2 C〈the ～〉基本的な市民権. the ～ of equality 平等の権利. **3** C (特別に与えられる)**恩恵**, 恩典; 特典; **特別な名誉**. enjoy the ～ of interviewing the actress alone その女優と単独会見する特典を得る. It was a [my] ～ to discuss [I had the ～ of discussing] mathematics with the famous professor. 高名な教授と数学を論ずるのは特別な名誉だった.
── 動 他〔人〕に特権を与える; VOC (～ X *to do*) X に..する特権を与える. →privileged.
[＜ラテン語「個人のための法規, 特権」(＜*prīvus* 'single'＋*lēx* 'law')]

†**priv·i·leged** /prívəlidʒd/ 形 **1**〈しばしば非難して〉特権のある; 〈the ～; 名詞的; 複数扱い〉特権階級の人々. a member of the ～ class 特権階級の一員. the ～ few 少数の特権者. **2**〈叙述〉**(a)** 特権がある, 機会に恵まれる, 〈*to* do ..する〉. He is ～ *to* do what he likes when he is here. 彼はここにいる時は好きなことをしてよい特権が与えられている. She feels ～ to work at a university. 彼女は大学で働けることを名誉と思っている. **(b)**〈be ～ *from* ..で〉(特権で)..から免れている. **3** 〖法〗証言拒否できる, 免責特権のある. a ～ communication 秘匿特権付き情報《情報の送り手および受け手が証言などを拒否できる情報》.

priv·i·li·gen·tsi·a /prìːvələdʒéntsiə, -gén-/ 名 U (改革以前の共産圏国の)知的官僚の特権階級; 〈一般に〉特権階級; 《＜*privi*lege＋intel*ligentsia*》.

priv·i·ly /prívili/ 副 〖古〗ひそかに, 内密に.

‡**priv·y** /prívi/ 形 **1**〈叙述〉〖章〗内々知らされている; ひそかに関与している; 〈*to* ..〔秘密など〕を〉. He is clearly

～ *to* even the most highly classified national secrets. 彼は明らかに極秘の国家機密に関与している. be ～ *to* the plot 陰謀に加担している. **2**〖古〗秘密の (secret); 個人的な (private). ── 名 (複 **-priv·ies**) Ⓒ〖英では古〗屋外便所 (outhouse).

Prìvy Cóuncil 名 〈the ～〉〖英〗枢密院《国王の諮問機関; 略 P.C.》.

Prìvy Cóuncillor [Cóunsellor] 名 Ⓒ〖英〗枢密顧問官《略 P.C.》.

Prívy Pùrse 名 〈the ～〉〖英〗王室手元金.

Prìvy Séal 名 〈the ～〉〖英〗玉璽(じ)《1885 年以前の英国で用いられた, the Great Seal の次に重要な書類に押す印章》.

‡**prize**[1] /praiz/ 名 (複 **príz·es** /-əz/) Ⓒ **1 賞品**, 賞金, 賞, ほうび 〈*for* ..への〉. He won [gained, carried off, took] (the) first ～ in the spelling bee. 彼は綴(つづ)り字競技で 1 等賞を取った. (The) first ～ was a week in Hawaii. 1 等賞は 1 週間のハワイ旅行であった. → Nobel prize.

> 連結 a big [a magnificent, a major, a valuable; a small; a consolation] ～ // award [give; get, receive] a ～

2 価値のある努力目標, 追求に[手に入れるのに]値する人[もの]. the ～*s* of life 人生の目標《富, 名声など》. Do you consider her a ～ to be won? 君は彼女と何としても結婚したいと思っているのか.

3 〈形容詞的〉 (**a**) 入賞した, 入賞候補の; 賞金[賞品]の, 賞としての. a ～ poem 入選詩. a ～ cup 賞杯. (**b**)〖しばしば戯〗賞の価値がある, すばらしい, 表彰ものの, 大変な. What a ～ idiot you are! 君のばかさたるや表彰ものだね.

(***There are***) ***nó prìzes for guéssing ..*** ..なんてだれだってわかる《<..を当てても賞品は出ない》.

── 動 (**príz·es** /-əz/| 過 過分 **～d** /-d/| **príz·ing**) 他 **を高く評価する** 〈*above* ..より〉; を尊重する, 珍重する, 大切にする. He ～*d* his family *above* everything. 彼は家族を何よりも大切にした.

[<古期フランス語 *pris*; price と同源]

prize[2] 名 Ⓒ **1** (特に戦時中海上での)捕獲物, 拿捕(だほ)船舶. **2** 掘り出し物.

prize[3] 動 他 **1** VOA をてこで上げる 〈*up, out*〉; VOC (～ X Y) X が Y になるようにこじる. ～ a box open 箱をこじ開ける. **2** VOA (～ X ***out of*** ..) ..から X (秘密, 情報など)を聞き出す.

prized 形 とても大事な. one's most ～ possession 人の最も大切なもの[所蔵品].

príze dày 名 Ⓒ〖英〗(中学, 高校の)優等生表彰日.

príze·fìght 名 Ⓒ **1**〖米〗プロボクシング試合. **2** (昔, 素手で行った)懸賞ボクシング試合.

▷ **～·er** 名 Ⓒ プロボクサー (fighter); (昔の)懸賞ボクサー. **～·ing** 名 Ⓤ ボクシング; 懸賞ボクシング.

príze-gìving 名 Ⓒ〖英〗表彰式.

príze·man /-mən/ 名 (複 **-men** /-mən/) Ⓒ〖主に英〗(学術関係などの)受賞者.

príze mòney 名 Ⓤ (懸)賞金.

príze rìng 名 Ⓒ プロボクシング場, リング.

príze wìnner 名 Ⓒ 受賞者; 受賞作品.

príze-wìnning 形 〈限定〉受賞した.

PRO the Public Record Office; public relations officer.

‡**pro**[1] /prou/ 名 (複 **～s**) Ⓒ〖話〗プロ, 職業選手; 専門家; (professional; ↔amateur). ── 形 プロの〔選手; スポーツなど〕. turn [go] ～ プロ転向する.

pro[2] 名〖英話〗=prostitute.

pro[3] 副, 形, 前 (..に)賛成して(いる). ***prò and cón*** 賛否両様に. The proposal was debated ～ *and con*. その提案には賛否両論が戦わされた. the ～ side 賛成派. He is ～ the plan. 彼はその計画に賛成している.

── 名 (複 **～s**) Ⓒ 賛成(論), 賛成意見(の人), 賛成投票(者), (↔con). ***the pròs and cóns*** (1) 賛否両論. debate *the* ～*s and cons* of (doing) ..(すること)の賛否を論じる. (2) 良し悪し, メリットとデメリット.

[ラテン語 'for, on behalf of']

pro- 接頭 **1**「賛成の, ひいきの」の意味 (↔anti-). *pro*-slavery. **2**「前の, 前方へ, 外へ」の意味. *pro*logue. *pro*gress. *pro*ject. **3**「..の代わり, 代用」の意味. *pro*noun. [ラテン語 *prō*; →pro[3]]

prò·áctive 形 革新的な, 進取の気象に富む, (↔re-active).

pro-am /pròuǽm/ 形, 名 Ⓒ (主にゴルフで)プロアマ参加の(競技).

prob. probable; probably; problem.

prob·a·bi·lis·tic /pràbəbilístik|prɔ̀-/ 形 蓋(がい)然論の; 蓋然性の; 見込みの[に基ういた].

***prob·a·bil·i·ty** /pràbəbíləti|prɔ̀b-/ 名 (複 **-ties** /-z/) **1** UC **見込み**, 公算, 蓋(がい)然性, 確率, 〈*of* ..の/*of* do*ing* ..する/*that* 節 ..するという〉 (類語 確実性は certainty＞probability＞likelihood＞possibility の順に低くなる). There is little [not much] ～ *of* any such changes being made. そんな変革がなされる見込みはあまりない. There is a high [strong] .. ..である公算が高い. Is there any ～ *that* he will come? 彼が来る見込みはあるのか.

2 Ⓒ **ありそうな事柄**. Her marriage is ˪only a [a real] ～. 彼女の結婚はあり得るだろうというに過ぎない[まず間違いない]. The ～ is [It is probable] that the talks will be held before June. 会談はまず間違いなく 6 月以前に開かれることになるだろう.

3 UC〖数〗確率. a ～ of one in three 3 分の 1 の確率. ◇形 probable

in àll probabílity たいてい, ほとんど確実に, まず間違いなく. *In all* ～, business will pick up next year. まず確実に景気は来年は良くなるだろう. [probable, -ity]

‡**prob·a·ble** /prábəb(ə)l|prɔ́b-/ 形 ⓜ **起こりそうな**, 事実らしい, かなり確かと思われる; 見込みのある, 有望な; 〈It is ～ that 節で〉..ということはほぼ確実だろう(類語 possible より高い可能性を示す). The realization of his hope is possible but seems hardly ～. 彼の希望の実現は不可能ではないが見込みはほとんどなさそうだ. Heavy snow is ～ in the mountains. 恐らく山地は豪雪になるでしょう. It is highly ～ that he will quit after this. 彼がこのあと辞職するのはほとんど確実だ (語法 It is highly ～ for him to quit.. としたり, 人を主語にして He is highly ～ to quit.. としたりはしない). Fog was the ～ cause of the accident. その事故の原因は恐らく霧と思われる. a ～ cost 見積もり費用. a ～ winner [loser] 勝ち[負け]そうな人[馬など].

◇↔improbable 名 probability

── 名 Ⓒ〖話〗起こりそうなこと; 予想される勝利者[選手, 候補者など].

[<ラテン語「証明可能な」(<*probāre* 'prove, test')]

***prob·a·bly** /prábəbli|prɔ́b-/ 副 ⓜ **恐らく**, **たぶん**, (類語 可能性はかなり高く, probably＞likely＞perhaps, maybe＞possibly の順に低くなる). He'll ～ come back soon.＝It is *probable* that he'll come back soon. たぶん彼はすぐ戻って来る.

pro·bate /próubeit|-beit, -bət/ 名〖法〗Ⓤ 遺言の検認; Ⓒ 遺言検認証 (**pròbate cópy**).

── /próubeit/ 動 他〖米〗〖法〗〔遺言書〕を検認する (〖英〗prove).

próbate còurt 名 Ⓒ〖法〗(遺言)検認法廷.

‡**pro·ba·tion** /proubéiʃ(ə)n|prə-/ 名 Ⓤ **1** (能力, 適性などの)試験, 審査; 試験の期間, 仮採用の期間〔身

分]. pass two months' ～ 2 か月の仮採用期間を無事に過ごす. **2**〘法〙執行猶予; (少年に対する)保護観察.
on probátion 仮採用で, 見習いとして; 執行猶予で; 仮入学[及第]で. release a convict *on* ～ 受刑者を執行猶予で釈放する. be (put) *on* ～ for three years 執行猶予 3 年の刑を受けている[受ける].
▷ **～·al** 形 ＝probationary.

pro·bá·tion·ar·y /-nèri|-n(ə)ri/ 形 〈限定〉 仮採用(中)の, 見習い(中)の; 執行猶予[保護観察](中)の; 〔人, 期間など〕.

pro·bá·tion·er 名 C **1** 仮採用者, (病院の)見習い看護婦. **2** 執行猶予[保護観察]中の人. **3** (宗教団体の)修練者.

probátion hòstel 名 C (保釈中の人のための)保護観察寮.

probátion òfficer 名 C 保護観察官.

†**probe** /proub/ 名 C **1**〘医〙探り針《傷や体内の空洞などの深さを調べる外科用具》. **2** 宇宙探査用ロケット[人工衛星] (space probe). **3** 調査; 徹底的調査, 精査; 〈*into* ..の〉.
── 動 自 **1** 探り針で探る 〈*into* ..〔傷など〕を〉. **2** (尋問などして)突っ込んで調べる, 徹底的に調査する, 〈*into* ..を〉. ～ *into* the causes of crime 犯罪の原因を徹底的に調べる. ── 他 **1**〔傷など〕を探り針で探る. **2** を(尋問などして)厳しく調べる, 突っ込んで調査する; VO (～ X/"引用") X に/「..」と探りを入れる. try to ～ one's lover's thoughts 恋人の胸の内を深く探ろうとする. "Did she come here?" he ～*d*. 「彼女はここへ来たのですか」と彼は探りを入れた. **3**〔場所など〕に探りを入れる. **4**〔守りの弱い所など〕を探る.
[＜ラテン語 *probāre*「試す, 調べる」]

prob·ing /próubiŋ/ 形 探りを入れる; 徹底的な. ── 名 C (根ほり葉ほりの)詮索(せんさく). ▷ **～·ly** 副

pro·bi·ty /próubəti/ 名 U〘章〙誠実, 廉潔, (integrity). a man of strict ～ きわめて廉潔な人.

‡**prob·lem** /prάbləm|prɔ́b-/ 名 (複 **～s** /-z/) C **1** (難しい)**問題**, **難問**, 〈*of* ..という/*with* ..についての〉. He was always having money ～*s*. 彼はいつも金銭問題を抱えていた. a ～ to solve 解決すべき問題. We don't have any effective solution to the water pollution ～ now. 我々は今水質汚染問題に対する有効な解決策を持っていない. Did you have any ～*s* driving to the airport? 空港に車で行くのは大変でしたか. This should present little ～. これは大して問題ないはずだ《この場合 U》. What's the [your] ～? どうかしましたか[どうしたのだ]. That's your ～. それは君の問題だ, 自分で考えなさい; 問題は君の方だ. It's [That's] not my ～. 私には関係のないことだ. Then arose the ～ (of) who should bell the cat. 次いでだれが猫の首に鈴をつけるのかという問題が生じた. The ～ is that ...問題は..ということである.
2 (試験, 教科書中などの)問題 (類語 question と対比すると, problem は「文章題」, 前者は単純な計算問題を指す). solve a ～ 問題を解く《比較: answer a question》. a ～ in mathematics 数学の問題.

> 1, 2 の 連結 a major [a serious; a basic; a complex, a difficult, a knotty, a perplexing, a thorny; a minor; a simple; a delicate] ～ // cause [create, pose; face, deal [wrestle] with, tackle; settle] a ～

3 〈普通, 単数形で〉〘話〙**厄介な人間**. That girl is a ～ for us. あの女の子は我々の悩みの種だ.
4 〈形容詞的〉 問題のある; 社会問題を主題にした. a ～ family 問題のある家庭. a ～ drinker 酒癖の悪い人, 問題飲酒者, 《しばしば「アル中患者」の婉曲語》. a ～ play [novel] 問題劇[小説] 《例えば女性の独立, 労資の対立というような特定の問題を主題とする》.

hàve a próblem with .. (1)〔機械など〕がおかしい, 具合が良くない. I'm *having a* ～ *with* the dishwasher. (＝There's a ～ with the dishwasher.) 皿洗機がおかしい. (2) ..の問題をかかえている. adults *having* ～*s with* simple sums 単純な計算もよくできない成人たち. We *have a* ～ *with* noise from our neighbors. 私たちは隣人の騒音問題をかかえている. (3)〔人〕ともめごとがある. I'm *having* ～*s with* my in-laws again. 私は義理の親とまたうまくいっていない. (4)〔事〕には反対である. (I *have*) no ～ *with* that. (私は)それでいい (＝That's OK with me.). Do you *have a* ～ *with* that? 反対だと言うのかい.
Nò próblem. 〘話〙 問題ない, (そうしてもらって)構わない, (OK); 〈依頼に対する返事として〉 いいとも; 〈感謝・お礼の言葉に対して〉 どういたしまして. "The busmen are on strike today." "*No* ～. We can walk." 「バスは今日ストライキだよ」「大丈夫だ. 歩けばいいよ」 "Can you repair my car by noon?" "*No* ～." 「正午までに車を修理してもらえますか」「いいですとも」 "Thank you." "*No* ～." 「ありがとう」「どういたしまして」
[＜ギリシア語 *próblēma* 「(議論のために)前へ投げられたもの」]

prob·lem·at·ic, -i·cal /prὰbləmǽtik|prɔ̀b- ⑱/, /-k(ə)l ⑱/ 形 問題をはらむ; 未解決の, 疑わしい; 多事多難の. Whether he will succeed is highly ～. 彼が成功するかどうかはたいへん疑問だ.
▷ **prob·lem·at·i·cal·ly** 副 問題として, 疑わしく.

próblem chìld 名 C 扱いにくい子供, 問題児.

próblem sòlving 名 U 問題解決《難問を解決する活動》.

pro bo·no pub·li·co /prou-bὸ:nou-pú:blikou|-bòunou-púb-/ 形, 副 公共の利益のための[に].
[ラテン語 'for the public good']

pro·bos·cis /proubάsəs|-bɔ́s-/ 名 (複 **～·es, pro·bos·ci·des** /-sədì:z/) C **1** 象[バクなど]の鼻 (trunk); (昆虫などの)吻(ふん). **2**〘戯〙(人間の特に長い)鼻.

pro·caine /próukein/ 名 U〘薬〙プロカイン《局所麻酔薬用》.

‡**pro·ce·dur·al** /prəsí:dʒ(ə)rəl/ 形〘章〙手続き上の.

‡**pro·ce·dure** /prəsí:dʒər/ 名 (複 **～s** /-z/) UC **1** (物事を行う)**手順**, 手続き, 順序. follow the correct ～ in (doing).. 正しい手順に従って..を行う. Let's solve the problem by democratic ～. 民主的方法でその問題を解決しよう.

> 連結 the proper [the established, the normal, the standard; a complicated; a troublesome] ～

2 (訴訟など公的行為の)手続き. legal ～ 訴訟手続き. a parliamentary ～ 議事運営手続き. [procede, -ure]

‡**pro·ceed** /prəsí:d/ 動 (**～s** /-dz/|過 過分 **～·ed** /-əd/|**～·ing**) 自 【**進む**】 **1** (**a**)〘章〙〔人などが〕**前進する**; 進む, 赴く; 〈*to* ..の方へ〉. The mourners ～*ed* from the church *to* the graveyard. 会葬者たちは教会から墓地へ(行列で)歩いた. (**b**)〔物事が〕(中断せず)進行する. How is the work ～*ing*? 仕事の進み具合はどうだね.
2【手順を踏んで進む】〘法〙 VA (**～ *against* ..**) ..に対して訴訟手続きを取る. ～ *against* the magazine for libel その雑誌を名誉毀損で訴える.
3【再び進む】〘章〙 VA (**～ *with* ../*to do*/"引用"/*etc*.**) 〔人などが〕..を/..することを/「..」と(いったんやめた状態から再び)**続行する**, 続けて言う, (continue); (**～ *to* ..**) (1 つのことから)〔別のこと〕に進む, 移る; (**～ *from* ..**) ..から話を始める[続ける]. Please ～ *with* your story. どうぞお話を続けてください. Let's ～ *to* the next question. 次の問題に取りかかりましょう. Let's ～ *from* this assumption. この仮定から始めよう. He then ～*ed to* devour the roast beef. それから彼はローストビーフをむしゃむしゃ食い始めた. "As for the problem of unem-

ployment," he ～ed, "we did not come to any conclusion."「失業問題に関しては」と彼は言葉を続け,「結論には達しなかった」と言った. 4〖英〗自(～ to ..)(さらに高い)..の学位を取る. ～ to (the degree of) MA さらに進んで文学修士の学位を取る.

【進行の基点となる】 5 自(～ from, out of ..) ..から発する, 生じる, 起こる. Superstition ～s from ignorance. 迷信は無知から生まれる.

◇名 process, procession, procedure, proceeding [＜ラテン語「前進する」(＜pro-＋cēdere 'go')]

***pro·ceed·ing** /prəsíːdɪŋ/ 名 (複 ～s /-z/) 【進行】 1 U 進行, 続行; C 行為, 〈～s〉(会議, 儀式などでの)一連の行為[出来事], 事のなりゆき; 処置, 処分, 段どり. a rash ～ 軽率な行為. an illegal ～ 不法な処置.

【進行の記録】 2 〈the ～s〉 学会の会報, 会議録; 議事録. 3〖法〗〈～s; 複数扱い〉 訴訟手続き 〈against ..に対する〉(legal action). take divorce ～s against him. 彼に対して離婚訴訟を起こす. institute [start] (legal) ～s against ..に対して訴訟を起こす. Criminal ～s were brought against her. 彼女に対して刑事訴訟が起こされた.

†pro·ceeds /próusiːdz/ 名 〈the ～; 複数扱い〉 収益, 純益; 収入, 所得; 〈of, from ..(から)の〉.

‡proc·ess[1] /práses|próuses/ 名 (複 ～·es /-əz/) 1 C 方法, 手順; 製法, (製造)工程. Salt is now produced by an entirely new ～. 塩は現在全く新しい製法で造られる.

連結 a simple [an elaborate; an efficient; a complex, an intricate; a tedious; a natural] ～

2 UC (進行)過程, プロセス, 作用; 経過. the ～ of digestion 消化作用. 3 C〖法〗訴訟手続き; 召喚状. 4 C〖生物〗突起, 隆起. 5〖写〗写真製版法.

due pròcess of láw〖法〗法の正当な過程[手続き]《米国憲法の主要概念の一つ》. No person shall be deprived of life, liberty, or property, without *due ～ of law*. 何人も法の適正過程なしに生命, 自由または財産を奪われることはない.

in prócess 〔作業などが〕進行中で[の].

in the prócess その過程で; 同時に.

in (the) prócess of (doing).. ..の途中[最中]で[の]. a building *in ～ of* construction 建築中の建物.

in pròcess of tíme 時がたつにつれて (as time goes on).

―― 動 (～·es /-əz/|過 過分 ～ed /-t/|～·ing) 他 1〔書類, 人など〕を処理する, 整理する. 2〔食品など〕を(特殊な方法で)製造する, 加工[処理]する 〈into ..に〉;〖米〗〔縮れた髪〕を薬品で真っすぐにする. ～ed food 加工食品. This cloth has been ～ed to make it strong. この布地は特殊加工で強化されている. 3〖電算〗〔情報, データなど〕を(コンピュータ)処理する. 4〔フィルム〕を焼き付ける, 現像する.

[＜ラテン語「前進」(＜prōcedere 'proceed')]

proc·ess[2] /prəsés/ 動 自 自 行列して歩く 〈down, through ..を〉.

prócess(ed) chèese 名 UC プロセスチーズ.

prócess·ing 名 U 加工, 処理. nuclear fuel ～ 核燃料再処理. data [information] ～ データ[情報]処理.

‡pro·ces·sion /prəséʃ(ə)n/ 名 (複 ～s /-z/) 1 U (行列の)行進. The troops marched by in smart ～. 軍隊は見事な行列を作って行進していった. 2 C 行列. The funeral ～ moved slowly. 葬列はゆっくりと進んだ. a ～ of cars [visitors] 次々と続く車[訪問客]の列. ◇動 proceed [＜ラテン語「行列」(＜prōcedere 'proceed')]

pro·ces·sion·al /prəséʃ(ə)nəl/ 形 〈限定〉 行列の, 行進用の. ―― 名 C〖キリスト教〗行列聖歌(集).

próc·es·sor 名 C 1 農産物[食品]加工業者. 2 フードプロセッサー (food processor). 3〖電算〗(中央)処理装置; プログラム. →word processor.

prò-chóice /pròu-/ 形 形 妊娠中絶容認派の (↔ pro-life). ▷ **pro-chóicer** 名

***pro·claim** /proukléim, prə-/ 動 (～s /-z/|過 過分 ～ed /-d/|～·ing) 他 1〖章〗(a)〔人などが〕〔事〕を宣言する(declare); 公告する, 布告する, (announce) 〈as ..と〉; 他(～ *that* 節) ..と宣言する; (類語 特に, 重大な事柄(しばしば国家的事件など) の正式発表に用いる; →announce); 他(～ *that* 節/"引用") ..ということを/「..」とはっきり[確信をもって]言う. ～ one's independence 独立を宣言する. ～ a great victory 勝利宣言をする. Peace was ～ed. 平和宣言がなされた. They ～ed that he was a traitor to his country. 彼らは彼が国事犯であると宣言した. (b) 他(～ X Y/X *to be* Y)〔人などが〕X(事)を Y であると宣言する. The people ～ed him (*to be*) king. 国民は彼を王であると宣言した.

2〖雅〗(a)〔物事が〕〔事〕を(明らかに)示す, 表す; 他(～ *that* 節) ..であることを示す; (show). Her accent ～ed her birthplace. 訛りから彼女の出生地は明らかだった. Her every act ～s *that* she is well-bred. 彼女の一挙一動が育ちのよさをよく示している. (b) 他(～ X Y/X *to be* Y)〔物事が〕X(人, 物, 事)が Y であることを明示する. His own actions ～ him (*to be*) a liar. 彼自身の行動が彼がうそつきであることを証明している. I still ～ myself a Marxist. 私はいまだにマルキストと言ってはばからない.

[＜ラテン語「大声で叫ぶ」(＜pro-＋clāmāre 'shout')]

†proc·la·ma·tion /pràkləméiʃ(ə)n|prɔ̀k-/ 名 1 U 宣言, 布告, 公布. 2 C 声明(文), 宣言書. make [issue] a ～ 声明を出す. a ～ of independence 独立宣言.

pro·cliv·i·ty /prouklívəti/ 名 (複 -ties) C〖章〗(悪い)傾向, 性向, 性癖, 〈to, toward ..への/to do, for doing ..する〉(tendency). a ～ to steal 盗癖. a ～ for telling lies うそを言う性癖.

pro·con·sul /proukáns(ə)l|-kɔ́n-/ 名 C 1〖古ローマ〗地方総督. 2 植民[占領]地総督. ▷ **～·ar** /-s(ə)lər|-sjulə/ 形

pro·cras·ti·nate /proukræ̀stənèit, prə-/ 動 自〖章〗ぐずぐずする, 手間取る. ▷ **pro·cras·ti·na·tor** 名

pro·cràs·ti·ná·tion 名 U〖章〗引き延ばし, 遅延.

pro·cre·ate /próukrièit/ 動 他, 自〖章〗(〔子孫〕を)作る, (〔子〕を)もうける. ▷ **pro·cre·a·tive** /-tiv/ 形

prò·cre·á·tion 名 U〖章〗生殖, 子をもうけること.

Pro·crus·te·an /proukrʌ́stiən/ 形 1 Procrustes の. 2 無理やりある規準に合わせようとする, (規格一点張りの)融通が利かない.

a Procrùstean béd むりやり押しつける方針[体制, 主義], 強引な画一化, (→Procrustes).

Pro·crus·tes /proukrʌ́stiːz/ 名 プロクルステース《古代ギリシアの強盗; 捕らえた人を鉄の寝床に就かせて, 長い者は足を切り, 短い者は引き伸ばしたと言う》. ～'s bed＝a PROCRUSTEAN bed (成句).

proc·tor /práktər|prɔ́k-/ 名 C 1〖英大学〗学生監《特に Oxford 大学, Cambridge 大学で学生の規律などを監督する役職》. 2〖米大学〗試験監督官(〖英〗invigilator). 3〖英〗〖法〗代理人, 代訴人.

―― 動 他〖米大学〗〔試験〕の監督をする; (〖英〗invigilate). ―― 自〖米〗試験監督をする.

pro·cum·bent /proukʌ́mbənt/ 形〖章〗1 うつ伏せになった, 平伏する. 2〖植〗地上をはう.

pro·cur·a·ble /proukjú(ə)rəb(ə)l, prə-|prə-/ 形〖章〗入手できる, 手に入れられる.

proc·u·ra·tion /pràkju(ə)réiʃ(ə)n|prɔ̀k-/ 名 U 1〖章〗獲得; 調達. 2〖法〗代理; 委任. 3 借金の周旋; 売春婦の周旋.

P

proc·u·ra·tor /prákju(ə)rèitər|prɔ́k-/ 名 C **1**〘法〙代理人. **2**〘古ローマ〙地方(財政)長官.

pròcurator físcal 名 C 〈普通 the ～〉〘スコ〙検察官.

‡**pro·cure** /proukjúər, prə-|prə-/ 動 他 **1**〘章〙(努力して)を手に入れる, 獲得[調達]する; VOO (～ X Y)・VOA (～ Y *for* X) X(人)に Y を獲得してやる; (類語 得るための積極的努力と工夫, 時に策略も含意する; →get). ～ enough weapons 武器を十分に調達する. He ～*d* employment *for* his brother. 彼は弟のために職を見つけてやった. **2**〘英では古〙を引き起こす(cause). **3**〔売春婦〕を周旋する. **4** VOC (～ X *to do*)〘章〙X(人)をそそのかして..させる. ～ a witness to commit perjury 証人に偽証罪を犯させる. ── 自 売春の取り持ちをする.
[＜ラテン語「管理する, 世話をする」(＜pro-＋*cūrāre*「世話をする」)]
▷ **～·ment** 名 U **1** 獲得, 調達. **2** 取り持ち, 周旋.

pro·cu·rer /proukjú(ə)rər, prə-|prə-/ 名 C 売春婦周旋屋《男》.

pro·cur·ess /proukjú(ə)rəs, prə-|prə-/ 名 C 売春婦周旋屋《女》.

‡**prod** /prɑd|prɔd/ 名 C **1** (指, とがった物で)突く[押す]こと, 刺すこと, (poke). I gave him a ～ with my umbrella. 傘の先で彼を突いた. **2** (仕事などに駆り立てる)刺激, 催促. The criticism acted as a ～ for him to do better. 彼にとってその批判はよりよい仕事をする刺激となった. **3** (家畜を追い立てる)突き棒.
── 動 (～s|-dd-) 他 **1** を突く, 刺す, 〈*with* ..〔指, 棒〕などで〉(poke). **2** VOA (～ X *into* (*doing*) ..)・VOC (～ X *to do*)〘話〙X が..するように駆り立てる, 刺激する, 励ます. ～ a person *into* action 人をせかして行動させる. I have to ～ him *into* work*ing* [*to* work]. 彼の尻をたたいて働かさなければならない. ── 自 突く〈*at* ..を〉.
▷ **prod·ding** 名 U 刺激; 催促. without ～*ding* 催促しないで.

prò-demócracy mòvement 名 C 〈普通 the ～〉民主化運動.

‡**prod·i·gal** /prádig(ə)l|prɔ́d-/ 形 **1** 浪費する〈*of* ..を〉, 放蕩(とう)な. a ～ spender 金遣いの荒い人. He is ～ *of* time. 彼は時間を浪費する. **2**〘章〙惜しみなく与える〈*with*, *of* ..を〉; 気前のよい; (非常に)豊富な〈*of* ..の〉. As a father, he was never ～ *with* his affections. 父親として彼はやたらに愛情を示すことは決してなかった. ～ mineral resources 豊富な鉱物資源.
── 名 C〘話・しばしば戯〙乱費家, 道楽者.
[＜ラテン語 *prōdigus*「浪費する」] ▷ **～·ly** 副

prod·i·gal·i·ty /prὰdəgǽləti|prɔ̀d-/ 名 U〘章〙**1** 浪費, 放蕩(とう). **2** 気前のよさ; 豊富さ.

pròdigal (són) 名 〈the ～〉〘聖書〙(改心して戻って来た)放蕩(とう)息子; 悔い改めた罪人.

‡**pro·di·gious** /prədídʒəs/ 形 〈普通, 限定〉(大きさ, 数量などが)けた外れの, 巨大な, 莫(ばく)大な; 驚異的な, 驚嘆すべき. a ～ building 巨大な建物. do a ～ amount of work 莫大な量の仕事をする. ▷ **～·ly** 副 **～·ness** 名

‡**prod·i·gy** /prádədʒi|prɔ́d-/ 名 (複 -gies) C **1** 神童, 天才(児). a musical ～ 音楽の天才. an infant [a child] ～ 神童. a ～ of learning 驚嘆すべき学殖の持ち主. **2** 驚異, 不思議(な実例). a ～ of nature 自然界の驚異. [＜ラテン語「前兆」]

⁑**pro·duce** /prəd(j)ú:s/ 動 (**-duc·es** /-əz/|過 過分 **～d** /-t/|**-duc·ing**) 他 【作り出す】 **1** (機械などで大量に)を生産する, 製造する. This factory ～*s* cotton goods. この工場は綿製品を生産する.
2〔農産物など〕を産する, 〔資源など〕を産出する; 〔偉人など〕を生み出す; 〔子〕を産む. The farm ～*d* a good harvest. その農園はよい収穫があった. a well that ～*s* oil 石油が出る井戸. the greatest composer Finland has ever ～*d* フィンランドの生んだ最大の作曲家. This tree ～*s* fruit. この木には実がなる.
3〔作品など〕を創作する; 〔劇, 映画, CDなど〕を(製作)上演する, を(プロデューサーとして)プロデュースする, (→producer); 〔書物〕を出版する. ～ sculptures 彫刻の制作をする. ～ a masterpiece 傑作を生み出す.
4 を引き起こす, 生ぜしめる, もたらす; 〔声, 音など〕を出す. The investigation ～*d* no solution. その調査は何の解明ももたらさなかった. ～ a sensation センセーションを起こす.
【前(の方)に出す】 **5** を提示する, 出して見せる; 〔証拠など〕を提出する. ～ a knife out of one's pocket ポケットからナイフを取り出す. *Produce* your license. 免許証を見せなさい. The magician ～*d* a rabbit out of his hat. 手品師は帽子からウサギを出して見せた. ～ evidence 証拠を提出する.
6〘数〙〔線〕を延長する〈*to* ..まで〉.
── 自 生産する, 産出する; 卵を産む; 創作する.
── **prod·uce** /prád(j)u:s|prɔ́-/ 名 U 〈集合的〉生産物, 〈特に〉農産物. garden ～ 園芸青果類. fresh ～ 新鮮野菜[果実].
◇↔consume 名 product, production 形 productive [＜ラテン語「前に導く」(＜pro-＋*dūcere* 'lead')]

⁑**pro·duc·er** /prəd(j)ú:sər/ 名 (複 **～s** /-z/) C **1** 生産者, 製作者, (↔consumer). Arab nations are important oil ～*s*. アラブ諸国は重要な石油産出国である. **2** (映画, 演劇などの)プロデューサー, 製作者, 《製作の総責任者; 俳優の演出やカメラマンの監督をするのは director》. **3**〘生態〙生産者《無機物から有機物を合成する緑色植物》.

prodúcer gòods 名 〈複数扱い〉〘経〙生産財《機械類, 原材料など; →consumer [capital] goods》.

⁑**prod·uct** /prádəkt|prɔ́d-/ 名 (複 **～s** /-ts/) C **1** 産物, 生産物[品]; (製)作品. agricultural[farm] ～*s* 農産物. gross national ～ 国民総生産《略 GNP》. literary ～*s* 文芸作品.

> 連結 a household [a luxury; a (high-)quality; a cheap; a shoddy; a defective; a raw; a refined; a high-tech; a domestic; a foreign] ～

2 成果, 所産. His wealth was a ～ of ambition and work. 彼の財力は野望と勤労の成果であった. a ～ of the 1960's 1960 年代という時代の子. **3**〘数〙積 (→multiplication; ↔quotient). The ～ of 6 multiplied by 2 [6 and 2] is 12. 6×2 は 12. **4**〘化〙(新しい)生成物.
[＜ラテン語 *prōductus*「作り出された(もの)」(*prōdūcere* 'produce' の過去分詞)]

⁑**pro·duc·tion** /prədʌ́kʃ(ə)n/ 名 (複 **～s** /-z/) **1** U 生産, 産出; 製造, 製作; 〘化〙生成; 生産高 (output); (↔consumption). Movie ～ has decreased in recent years. 映画製作は近年減少してきた. mass ～ 大量生産. be in ～ 生産されている. go into ～〔製品などが〕(本格的に)生産が開始される. Japan's domestic wine ～ for last year 日本の昨年の国内ワイン生産高.

> 連結 industrial [agricultural; domestic] ～ // step up [boost, raise; curtail, cut back, reduce] ～

2 C 生産物, 製作物[品]; (研究, 思索の)成果. a domestic ～ 国産品. an artistic ～ 芸術作品. The movie is an expensive ～. 映画を作るには金がかかる. the ～ of scientific research 科学的研究の成果.
3 U (劇, 映画, ラジオ・テレビの番組, CDなどの)製作(上演, 上映, 放送, リリース); C (上演, 上映, 放送, リリースされる)劇, 映画, ラジオ[テレビ]番組. Peter Brook's recent ～ of 'King Lear' ピーター・ブルックの最近の『リ

ア王』のプロデュース.
4 Ⓤ (公的書類などの)提示, 提出. The tax officer insisted on (the) ～ of the document. 税務署員は書類の提出を強く要求した. on ～ of ..を提示すれば.
5 Ⓒ 〖話〗おおげさな振舞い. make a (big) ～ (out) of ..のことで必要以上に大騒ぎする.
◇動 produce 形 productive [<ラテン語 *prōductiō*; produce, -tion]

prodúction lìne 名Ⓒ (流れ作業などの)生産ライン.

prodúction nùmber 名Ⓒ (ミュージカルの)配役総出演の歌(とダンス).

prodúction plàtform 名Ⓒ (海底油田の)採掘台.

***pro·duc·tive** /prədʌ́ktiv/ 形 ⓜ **1** 生産力のある, 多産な; 肥沃(ﾖｸ)な; 多作の. ～ farmland 肥沃な農地. a ～ playwright 多作な劇作家. ～ capacity 生産能力.
2 生産的な, **実りのある**, 成果の上がる. It was a very ～ meeting. とても実りある会合だった. a ～ suggestion 生産的な提案. **3** 〖章〗〈叙述〉生産する, 生じる, 起こしがちな, 〈*of* ..を〉. Vague words are ～ *of* misunderstanding. あいまいな言葉は誤解を生む. **4** 〖経〗利益をもたらす, 営利的な. **5** 〖言〗生産的な《形態素, 接尾辞などが新造力がある》.
◇動 produce 名 production ▷ **～·ly** 副 生産的に; 有益に. **～·ness** 名Ⓤ 多産, 多作.

†pro·duc·tiv·i·ty /pròudʌktívəti, prɑ̀-|prɔ̀-/ 名Ⓤ 生産力, 生産性. decreases in ～ 生産性の低下.

próduct liabìlity 名Ⓤ 〖法〗製造物責任, PL 制, 《製品の欠陥で消費者が被害を受けた場合, 製造者(及び流通業者)が負う責任》.

pro·em /próuem/ 名Ⓒ 序文, 緒言, (演説の)前置き.

Prof. Professor. ★肩書きとして姓だけの前に置く場合は普通, 略語を用いない; 姓の前に名も付けば略語でよい: *Professor* Hudson. *Prof.* William Hudson.

prof /prɑf|prɔf/ 名 (複 **～s**) Ⓒ 〖話〗〈時に呼びかけ〉教授 (professor).

prò-fámily /pròu- ⊛/ 形 家族(の生命)重視の《キリスト教的道徳を重んじ, 中絶に反対する》.

prof·a·na·tion /prɑ̀fənéiʃ(ə)n|prɔ̀f-/ 名 〖章〗Ⓤ 神聖冒瀆(ﾄｸ); Ⓒ 神聖を汚す行為.

‡pro·fane /prəféin, prou-/ 形 **1** 神聖を汚すような, 冒瀆(ﾄｸ)的, 不敬な, (blasphemous). He uses too much ～ language. 彼は口汚い言葉を遣いすぎる《God damn you! (こん畜生)などの不敬な言葉を乱発する》. **2** 〖章〗神聖でない, 世俗の, 卑俗の, (類語 secular より形式ばった語で, 宗教との無関係を意味する; →worldly). **3** 〔儀式などが〕異教(徒)の. ◇↔sacred
── 動 他 を冒瀆する, の神聖を汚す. ～ the sanctuary 聖域を汚す. [<ラテン語「神殿 (*fānum*) の外の」]
▷ **～·ly** 副 **～·ness** 名

pro·fan·i·ty /prəfǽnəti, prou-/ 名 (複 **-ties**) **1** ⓊⒸ 〈しばしば -ties〉冒瀆(ﾄｸ)的な言動(をすること). utter a stream of *profanities* 口汚ない言葉を次から次と吐く. **2** Ⓤ 冒瀆, 不敬.

†pro·fess /prəfés/ 動 他 【公言する】 〖章〗 **1** (**a**) を公言する; をはっきり言う; を主張する; を自称する; Ⅵ (～ *that* 節/*to do*) ..ということを/..することをはっきり言う, 主張する, 自称する; (★しばしば本当でないことを言い張る場合にも用いる). He ～*ed* ⌊his innocence [*that* he was innocent/himself (*to* be) innocent (→(b))]. 彼は自分は無罪だと言い張った. ～ regret 後悔していると言う. I ～ *that* the idea is new to me. 実を言うとその考えは私には初耳です. ～ *to* know nothing about it それについて何も知らないと言い張る. ～ *to* be a poet 詩人だと自称する. (**b**) Ⅷ (～ X (*to be*) Y) X は Y であると主張[公言]する. He ～*es* himself (*to be*) a disciple of Kant. 彼は自らカントの弟子と称している. What he ～*es to be* true is not necessarily so. 彼が本当だと主張することは必ずしも本当ではない.
2 を信ずると公言する, の信仰を告白する. ～ the Catholic faith[one's faith in Catholicism] カトリックを信仰していると言う. He ～*es* socialism. 彼は公然と社会主義を唱えている.
3 【専門を公言する】を(専門の)職業とする; 〔教科〕を教授として教える. ～ medicine 医者を業とする.
── 自 **1** 公言する. ～ *to* knowing no grammar at all 文法を全然知らないと公言する. **2** 信仰を告白する. **3** 大学教授を務める. ◇名 profession [<ラテン語「公に認める」(<pro-+*fatērī* 'confess')]

pro·féssed /-t/ 形 **1** 見せかけの, 自称の. a ～ friend 見せかけだけの友. his ～ indifference to money 彼の金銭への見せかけの無関心. **2** 〈限定〉公言した, 公然の. a ～ opponent of free trade 公言してはばからない自由貿易の反対者. **3** 〈限定〉誓願を立てた. a ～ nun 修道誓願を立てた修道女.

pro·féss·ed·ly /-ədli/ 副 〖章〗公然と; 見せかけて, 偽って; 公言されるところによれば. He is ～ writing a novel, but actually he has not written a word. 彼は表向きは小説を書いていることになっているが, 実は 1 語たりとも書いていない.

***pro·fes·sion** /prəféʃ(ə)n/ 名 (複 **～s** /-z/)
【公言】 **1** ⓊⒸ 〖章〗**公言**, 宣言, 表明, 〈*of* ..の〉; 信仰[信条]の告白. ～*s of* faith 信仰の告白. the ～*s of* Sino-American friendship 米中友好の宣言.
【専門の公言】 **2** Ⓒ **職業**, 専門職, (類語 高度の教育, 技術を必要とするもの; 弁護士, 医者, 聖職者, 教師などの専門職; →occupation); 〈一般的に〉職業. the ～ of a lawyer 弁護士の職業. the medical ～ 医業. the (world's) oldest ～ 〖話・戯〗世界最古の職業《売春のこと》. **3** Ⓤ 〈the ～; 単複両扱い〉同業仲間. the medical ～ 医者仲間. the etiquette of the ～ 同業者仲間の礼儀. ◇動 profess 形 professional
by proféssion 職業は. Mr. Smith is a doctor *by* ～, but has published a novel. スミスさんは職業は医者だが小説を出版したことがある. [profess, -ion]

***pro·fes·sion·al** /prəféʃ(ə)nəl, -ʃən(ə)l/ 形 Ⓒ (★4 のみ ⓜ) **1** 〈限定〉**知的職業の**, 知的職業にふさわしい; **専門職(業)の**; 専門の〔教育など〕(↔liberal). I would like your ～ opinion. あなたの専門家としての意見がいただきたい. a ～ person 知的職業人. the ～ classes 知的職業階級 (→profession 2).
2 〈限定〉**職業上の**, 職業的. ～ education 職業教育, 専門教育. ～ ability 職業上の能力. ～ jealousy 同業者のねたみ. a ～ visit 職業上の訪問.
3 本職の, 玄人の; 〔選手や競技が〕**プロの**, プロ..; (〖話〗pro). a ～ tennis player プロのテニス選手. turn [go] ～ 職業選手になる[プロに転向する]. seek further ～ advice より深いプロの助言を求める.
4 プロ並みの, 玄人はだしの. His skill is ⌊～[of ～ standard]. 彼の技術は玄人はだしだ.
5 〖軽蔑〗〈限定〉商売にしている, 常習的な. a ～ troublemaker もんちゃくばかり起こす人. a ～ gossip ゴシップ屋. **6** 〖スポーツ・婉曲〗〔反則が〕巧妙な《意図的な》. a ～ foul プロフェッショナル・ファウル《サッカーで相手チームの得点を妨害するための反則》.
── 名Ⓒ **1** 知的職業人, (技術)専門家. young urban ～*s* 都会に住む若い知的職業人, ヤッピー, (yuppie). **2** 玄人; 職業選手, プロ; (↔amateur; 〖話〗pro). a tennis ～ テニスのプロ(選手).

pro·fés·sion·al·ìsm 名Ⓤ **1** 専門家気質(ｶﾀｷﾞ); プロ根性[意識]. **2** 職業人[本職]であること; プロの技術, 玄人芸. pride oneself on one's ～ プロとしての自分に誇りを持っている. **3** 〖スポーツ〗プロ選手を使うこと.
◇↔amateurism

pro·fés·sion·al·ize 動 他 をプロ化[職業化, 専門化]する.

P

pro·fés·sion·al·ly 副 職業的に, 職業上, 仕事の上で; 専門的に, プロとして. He plays the flute ～. 彼はプロのフルート奏者だ.

‡**pro·fes·sor** /prəfésər/ 名 (複 ～s /-z/) C **1** 〈肩書きの場合 P-〉(大学の)**教授**《略 Prof.》(★呼びかけにも用いる). *Professor* [*Prof.*] Robert Brown ロバート・ブラウン教授 (語法 肩書きに用いる場合, 姓だけの時は *Professor* Brown として, 省略形の Prof. は用いない). Dr. Brown is a ～ *of* psychology *at* Harvard (University) [*in* the University of Harvard]. ブラウン博士はハーヴァード大学の心理学教授である. a visiting ～ 客員教授.

> 参考 大学教師の等級は, 〖米〗では professor (教授), associate [adjunct] professor (準教授), assistant professor (助教授), instructor (専任講師), teaching assistant (教育助手) の順で「非常勤講師」は lecturer; なお *full* professor (正教授)という地位は無いが準[助]教授と区別するためこの名称を使うことがある.
> 〖英〗では上から professor, reader (助教授), senior lecturer (上級講師), lecturer (講師), assistant [junior] lecturer (下級講師) の順.

2 〖米話〗〈一般に〉大学の先生[教師] (★準[助]教授も含め, 肩書き・呼びかけにも用いる).
3 〈大げさに〉(ダンス, スポーツなどの)先生.
4 〖章〗信仰告白者; 公言[自称]する人 〈*of* ..を〉.

pro·fes·sor·ate /prəfésərət/ 名 **1** ＝professorship. **2** C 〈集合的〉教授陣.

pro·fes·so·ri·al /pròufəsɔ́ːriəl | prɔ̀fes- ⑧/ 形 教授の, 教授らしい; 学者ぶった. ▷～**·ly** 副

pro·fes·sor·ship /prəfésərʃip/ 名 UC 教授の職[地位, 任期].

‡**prof·fer** /prɑ́fər | prɔ́fə/ 〖章〗動 他 **1** 〔贈り物など〕を差し出す; 〔助言, 助力など〕を提供する, 申し出る. A bribe was ～*ed*, but it was not accepted. 賄賂(ﾜｲﾛ)の申し出があったが受け入れられなかった.
2 VOO (～ X Y)・VOA (～ Y *to* X) X に Y を差し出す[提供する, 申し出る]. She ～*ed* ⌞him assistance [assistance *to* him]. 彼女は彼に援助を申し出た.
── 名 C 提供(物), 申し出, (offer).

pro·fi·cien·cy /prəfíʃ(ə)nsi/ 名 U 熟達, 技量, 〈*in*, *at* ..における〉. He has increased his ～ *in* English greatly. 彼は非常に英語に熟達してきた.

†**pro·fi·cient** /prəfíʃ(ə)nt/ 形 熟達した, 上達した, 堪(ﾀﾝ)能な, 〈*in*, *at* ..に〉(fully skilled). He is known as a ～ artist *in* this field. 彼はこの分野で練達の芸術家として知られている. ── 名 C 達人, 大家, 〈*in*, *at* ..の〉. [<ラテン語「前進している」(<*prōficere*; → profit)] ▷～**·ly** 副

***pro·file** /próufail/ 名 (複 ～s /-z/) C **1 横顔**, プロフィール, (特に頭部の)半面像; (横顔の)輪郭. The portrait shows the ～ of my mother. その肖像画は私の母の横顔を描いたものだ. **2** (背景に浮かび上がる)輪郭 (outline). Manhattan's ～ in the morning light is one of towering glass cages. 朝の光を浴びたマンハッタンの街並はそそり立つガラスの檻(ｵﾘ)でできているようである.
3 (他人の目に映る)姿勢, 目立ち方. Her presence will give the summit a higher world ～. 彼女が出席することでサミットは一層世界的に注目されるだろう. keep a low [high] ～ →成句.
4 (新聞, 放送などでの簡単な)人物紹介, プロフィール, '横顔'; (物事, 事業などの)素描, (ざっとした)紹介. The paper published a ～ of ⌞its new editor [the Chinese tourist industry]. その新聞は新しい主筆のプロフィール[中国の観光事業の素描]を載せた.
5 〖建〗側面図, 縦断面図.
in prófile 横顔で(は), 側面[輪郭]から見て. I saw her only *in* ～, not straight on. 彼女の横顔を見ただけで, 正面からではない.
kèep* [*maintàin, adòpt, tàke*] *a lòw* [*hìgh*] *prófile 目立たない[目立つ]振舞いをする, 低姿勢[高姿勢]をとる. *Keep a low* ～ and avoid talking to the media. 目立たないようにして, マスコミと話すことは避けなさい.
── 動 他 **1** の横顔を描く; の輪郭を描く; の側面図を作る; の(人物)紹介を書く[掲載する, 放送する].
2 〈普通, 受け身で〉の輪郭を見せる 〈*against* ..を背景に〉. The great elm tree was ～*d against* the storm-blackened sky. 巨大なニレの木は暗いあらしの空を背景にそびえ立っていた.
[<イタリア語「輪郭を描く」(<ラテン語 *filum*「糸」)]

‡**prof·it** /prɑ́fət | prɔ́f-/ 名 (複 ～s /-ts/) **1** U 〖章〗(一般的な)**利益**, 利得, (↔loss) (類語 利潤による利得の意味が強く, 非金銭的なものについて言う場合は主に個人的な利益; →benefit). gain ～ 得をする; もうける. He practiced early rising *with* ～ to his health. 彼は早起きを実行して, それが彼の健康に役立った.
2 UC 〈しばしば ～s〉(金銭的な)利益, **もうけ**, 収益, 利潤, (↔loss). The company's ～*s* soared. 会社の収益は飛躍的に増加した. gross ～*s* 総収益. a net ～ 純益. make a handsome ～ of one thousand dollars たんまり千ドルもうける. He has done this for ～. 彼は営利のためにこれをした.

> 連結 a good [a large; a fair, a reasonable; a poor, a small] ～ ∥ earn [clear, realize, reap; yield] a ～

at a prófit 利益を得て. sell a house *at a* ～ 家を売ってもうける.
in prófit 〔会社などが〕利益を出して, 黒字で.
to a pèrson's prófit 人のためになって. It was *to* his ～ to do so. そうするのが彼のためだった.
── 動 (～s /-ts/ | 過 過分 ～**·ed** /-əd/ | ～**·ing**) 自 〖章〗**利益を得る**, 得をする, 〈*by*, *from* ..で〉. A wise man ～*s by* [*from*] his mistakes. 賢者は己の失策から学ぶ. ── 他 〖旧章〗〔物事が〕〔人〕の利益になる, に役立つ; VOO (～ X Y) X(人) に Y の利益を与える. It would ～ you to read better books. もっと良い本を読んだ方がためになるでしょう. What will it ～ you to go there? 君がそこへ行って何の益があるのだ. All his wealth ⌞didn't ～ him [～*ed* him nothing]. あれ程の財産も彼には何の益にもならなかった.
[<ラテン語「前進, 利益」(<*prōficere* 'advance' < pro-＋*facere* 'do, make')]

pròf·it·a·bíl·i·ty 名 U 〖経〗収益性, 利益率. increase ～ 収益率を上げる.

***prof·it·a·ble** /prɑ́fətəb(ə)l | prɔ́f-/ 形 m **1** もうかる, 有利な, (←unprofitable). a ～ business 有利な事業. It will be more ～ for them to export the crops. 彼らは作物を輸出する方がもうかるだろう.
2 ためになる, 有益な. ～ advice 有益な助言.

próf·it·a·bly 副 有利に(なるように), 利益をあげて; 有益に. spend one's vacation ～ 休暇を有益に過ごす. The results of this survey will be more ～ made public. この調査の結果は公表した方が有益であろう.

pròfit and lóss accòunt 名 C 〖商〗損益勘定.

prof·i·teer /prɑ̀fətíər | prɔ̀f-/ 名 C 不当利得者《特に戦争や飢饉(ｷｷﾝ)など非常時の品不足につけ込む》.
── 動 自 不当な利益[暴利]をむさぼる. a ～*ing* trade 暴利をむさぼる商売.
▷～**·ing** /-tí(ə)riŋ/ 名 U 不当利得(をむさぼること).

pro·fit·er·ole /prəfítəròul/ 名 C プロフィテロール《小型のシュークリーム(菓子)の一種》.

prófit·less 形 **1** 利益のない. **2** 無益な. ▷～**·ly** 副

prófit màrgin [名][C]〘商〙利ざや, マージン.
prófit shàring [名][U] (労使間の)利益分配(制); (従業員の)持ち株制度.
prófit-tàking [名][U]〘経〙利食い, 利ざや稼ぎ.
prof·li·ga·cy /prάfləgəsi | prɔ́f-/ [名][U]〘章〙放蕩(とう); 浪費.
prof·li·gate /prάfləgət | prɔ́f-/ [形]〘章〙**1** 浪費する〈*of* ..を〉, 金遣いの荒い. a ～ spender 浪費家. **2** 不品行な, 放蕩(とう)な. ── [名][C]〘章〙道楽者, 乱費家. [＜ラテン語 *prōflīgāre*「壊す」] ▷～**·ly** [副]
pro for·ma /pròu-fɔ́:rmə [移]/ [副], [形] 形式上(の), 型通り(の), 見積もりの; ＝pro forma invoice. [ラテン語 'for the sake of form']
prò forma ínvoice [名][C]〘商〙見積もり送り状.
***pro·found** /prəfáund/ [形][e] **1**〘雅・章〙〈限定〉深い, 深いところ(から)の ([類語] deep より形式ばった語). the ocean's ～*est* depths〘雅〙大洋の深い水底(みなそこ).
2〔人, 思想, 作品などが〕**学殖が深い**, 深遠な; 理解しがたい. His thought was so ～ that we could not understand it. 彼の思想は深遠すぎて我々に理解できなかった. a ～ scholar 造詣(けい)の深い学者. a ～ book 難解な本.
3 心の底からの, 深い. listen to his speech with ～ interest 深い興味を持って彼の演説を聞く. ～ sorrow 深い悲しみ. draw a ～ sigh 深いため息をつく. a ～ disease 頑固な病気.
4 大きな, 重大な; 全くの; (眠りなどが)深い. ～ social changes 社会の大きな変化. have a ～ effect on ..に甚大な影響を及ぼす. a ～ silence 全くの沈黙. fall into a ～ sleep ぐっすり寝入る. ～ deafness 全聾(ろう).
5〔お辞儀が〕深々とした, 腰をかがめた. **6**〘医〙深在性の《根深い》. [＜ラテン語 *profundus*「深い」(＜pro- ＋*fundus*「'bottom'」)]
†**pro·fóund·ly** [副] 深く; 深遠に, 造詣(けい)を示して; 心の底から, 全く, 非常に. I was ～ disturbed by this news. このニュースを聞いて非常に動揺した.
pro·fun·di·ty /prəfʌ́ndəti/ [名] ([複] **-ties**)〘章〙**1** [U] (知的に)深いこと, 深遠さ; 重大さ. **2** [C]〈普通 -ties〉深遠なもの〔思想, 意味など〕. ◇[形] profound
†**pro·fuse** /prəfjú:s/ [形]〘章〙**1** 大量の, おびただしい, 豊富な. ～ bleeding [sweating, vomiting] 大量の出血[発汗, 嘔吐(おうと)]. ～ expenditure 莫(ばく)大な出費. ～ hospitality あふれんばかりの歓待. **2**〈叙述〉惜しまない〈*in*, *of*, *with* ..を〉. He was ～ *in* thanks [apologies]. 彼はおおげさにお礼を述べた[弁解した]. be ～ *of* [*with*] one's money 金遣いが荒い. [＜ラテン語「流出させる」] ▷～**·ly** [副] おびただしく, 豊富に, やたらに. ～**·ness** [名]
‡**pro·fu·sion** /prəfjú:ʒ(ə)n/ [名][aU] 大量, 豊富; たくさん〈*of* ..が〉. a ～ *of* white lilies[black hair] たくさんの白ユリ[豊かな黒髪]. in ～ おびただしく, 豊富に.
pro·gen·i·tor /proudʒénətər/ [名][C]〘章〙**1** (人, 生物の)祖先. **2** 創始者, 元祖, 〈*of* ..の〉.
prog·e·ny /prάdʒəni | prɔ́dʒ-/ [名][U] **1**〘雅〙〈単複両扱い〉子孫, 後裔(えい), (descendants);〘時に戯〙子供たち. **2**〈単複両扱い〉〈比喩的〉生み出した[生じた]もの, 派生物, 結果, 所産.
pro·ges·ter·one /proudʒéstəròun, prə-/ [名][U]〘生化〙プロゲステロン, 黄体ホルモン(剤), 《受胎を可能にする女性ホルモン(剤)の一種》.
prog·na·thous /prάgnəθəs, prɑgnéi- | prɔgnéi-/ [形]〘解剖〙顎(がく)前突の《あごが突き出た》.
‡**prog·no·sis** /prɑgnóusəs | prɔg-/ [名] ([複] **prog·no·ses** /-si:z/) [C] **1**〘医〙予後《治療後の経過の予想; →diagnosis》. **2**〘章〙(将来の)予知, (事件の結果の)予測, 予想. a gloomy ～ 悲観的な予想. [ギリシア語「予知」]
prog·nos·tic /prɑgnάstik | prɔgnɔ́s-/ [形] **1**〘医〙徴候を示す; 予後の. ～ symptoms 徴候. **2**〘章〙前兆となる〈*of* ..の〉. ── [名][C] 徴候, 前兆; 予言, 予想.
prog·nos·ti·cate /prɑgnάstəkèit | prəgnɔ́s-/ [動][他]〘章・戯〙[VO] (～ X/*that* 節) X を/..ということを予言[予知, 予測]する; 〔物[事]が〕X の/..ということの前兆となる, 徴候を示す.
prog·nòs·ti·cá·tion [名]〘章・戯〙[UC] 予言[予知, 予測](すること), 前兆(となること), 予表, 予示; 徴候.
prog·nós·ti·cà·tor /-tər/ [名][C]〘章・戯〙予言者; 予表する[前兆となる]もの.
‡**pro·gram**〘米〙, **-gramme**〘英〙/próugræm/ [名] ([複] **～s** /-z/) [C] **1 計画**, スケジュール, 予定; 活動計画, 行事計画; 授業科目計画(表), カリキュラム; ([類語] ある目的のために作成された詳細な plan で, 実際に実施されているという含みを持つ). He had a very heavy study ～. 彼はとてもきつい研究計画を立てていた. carry out one's ～ 計画を実行する. draw up [make] a ～ of [for] a tour 観光旅行の予定(表)を作る.

> [連結] an innovative [a comprehensive; a long-term; a short-term] ～ // design [implement, launch] a ～

2〘電算〙(コンピュータの)プログラム. ★この場合は〘英〙でも program とつづる. **3**〘教育〙(プログラム学習の)学習計画. I devised a new ～ to keep my accounts. 帳簿をつけるための新しいプログラムを作成した.

> [連結] a computer ～ // execute [run; load; write; debug] a ～

4 (ラジオ, テレビ, 催し物などの)**番組**; 催し, 公演. What is your favorite TV ～? あなたの好きなテレビ番組は何ですか. He did a solo on the ～. その催しで彼は独唱した. **5** (コンサート, 演劇などの)**プログラム**《出し物, 演奏者, 演技者などの一覧表又は解説なども加えたパンフレット》.
gèt with the prógram〘米話〙〈しばしば命令文で〉やるべきこと[仕事]をやる.
── [動] (～s | [過][過分] **-gramed**〘米〙, **-grammed**〘英〙| **-gram·ing**〘米〙, **-gram·ming**〘英〙) [他] **1** の計画[番組]を作る, を番組に入れる; [VOC] (～ X *to do*) X が..するように計画を立てる[条件づける, 仕向ける, セットする, プログラムする];〘生〙X (生体) が..するようプログラムする. Children are genetically ～*ed to* acquire language. 子供は言語を修得するよう遺伝子的にプログラムされている. **2**〔コンピュータ〕にプログラムを入れる; [VOC] (～ X *to do*) X (コンピュータ) が..するようプログラムする. ～ a computer *to* calculate the combinations コンピュータに組合わせを計算するようプログラムする.
[＜ギリシア語 *prógramma*「公示」(＜「前に書く」)]
pró·gram·er [名][C]〘米〙プログラム[番組]作成者;〘電算〙(コンピュータの)プログラマー.
pró·gram·ing [名][U]〘米〙番組作成;〘電算〙プログラム作成, プログラミング;〘教育〙学習計画作成.
pró·gram·ma·ble [形]〘電算〙プログラム化できる.
pro·gram·mat·ic /pròugrəmǽtik [移]/ [形] **1** 標題音楽の. **2** 計画[プログラム]の[に基づいた, 従った], 既定路線に縛られた.
pro·gramme /próugræm/ [名], [動]〘英〙＝program.
prògram(m)ed cóurse [名][C] プログラム化した学習課程《教材は独習を可能にするために, 順を追って学習内容のレベルが上がって行くよう計画的に作成されている》.
prògram(m)ed léarning [instrúction] [名][U]〘教育〙プログラム学習《programed course によって独習する》.
prógram(me) mùsic [名][U]〘楽〙標題音楽《ある光景, テーマなどを描写するもの; ↔absolute music》.

pró·gram·mer 名 〖英〗＝programer.

pró·gram·ming 名 〖英〗＝programing.

prògram(m)ing lánguage 名 C (コンピュータ用の)プログラム言語.

prógram tràding 名 U プログラム売買《機関投資家などがコンピュータを用いて複数の株式を同時に売買》.

‡**prog·ress,** 〖英〗 **pro·gress** /prágres, -rəs|próugres/ 名 (複 ～·es /-əz/) 【前進】 **1** U **前進**, 進行. Their ～ was stopped by a wide river. 彼らは大きな川に前進を阻まれた. make slow [rapid] ～ のろのろ[どんどん]進む. in (the) ～ of time 時の経過につれて.

> 連結 great [marked, much, remarkable; steady] ～ // facilitate [hinder, impede, obstruct] ～

2【旅】 C 〖古〗(特に国王, 王妃の公式の)巡幸.
【よい方向への前進】 **3** U **進歩**, 発展, 発達, 〈*in, of* ..の〉(類語 ある目標に 1 歩 1 歩着実に近づくことに重点がある; →advance, headway). the ～ *of* science 科学の進歩. He's making good ～ ⌊*in* English [*with* the work]. 彼は英語がどんどん上達している[仕事がどんどん進んでいる].
4 U **解決への動き**, 進捗(ちょく); 〈the ～〉成り行き, 推移; (病気などの良い)経過. the ～ of the controversy その論争の成り行き. The patient has made ⌊considerable [little if any] ～. 患者はかなり快方に向かった[ほとんどよくなっていない].
in prógress 進行中の[で]. An investigation into the cause of the accident is *in* ～. 事故原因の調査が進められている.
── **pro·gress** /prəgrés/ 動 (～·es /-əz/|過 過分 ～ed /-t/|～·ing) 自
1 前進する; 〔仕事などが〕進行する, はかどる. The building of our new gym ～*ed* quickly during the summer. 新体育館の工事は夏の間に非常にはかどった.
2 〔人が〕**上達する** 〈*in* ..の面で/*with* ..が〉; 進歩する〈to ..の域へ〉; 〔病気などが〕好転する, 快方に向かう. The student ～*ed in* [*with*] mathematics. その学生は数学が上達した. **3** 〔時などが〕進む, 経(へ)る; 〔物事が〕経過する, 進展する.
[＜ラテン語 *progressus*「前進」(＜*prōgredī*「前に歩む(*gradī*)」)]

P

‡**pro·gres·sion** /prəgréʃ(ə)n/ 名 **1** aU 前進, (段階的)進行, 推移, 成りゆき, 〈*from* ..から/*to* ..への〉. slow (down) the ～ of a disease 病気の進行を遅らせる. **2** aU 〖章〗継起, 連続. a ～ of events 事件の継起. **3** UC 〖数〗数列. an arithmetic(al) [a geometric(al)] ～ 等差[等比]数列.

***pro·gres·sive** /prəgrésiv/ 形 m (★1, 4 は ©)
1 前進する, 進歩する, 向上する, 発展する. ～ motion 前進(運動). a ～ nation 発展を続ける国家.
2 〔人, 思想などが〕(政治, 教育について)**進歩的な**, 進歩主義の, (↔conservative). a ～ political party 進歩的政党.
3 漸進的な, 少しずつ進む; 〔税が〕累進的な (↔regressive); 〖医〗進行性の; 〔トランプ, ダンスが〕相手を順次変えていく. the ～ destruction of the environment 徐々に進行する環境破壊. make a ～ advance 少しずつ進行[進歩]する. a ～ disease 進行性の疾患.
4 〖文法〗進行形の (continuous).
── 名 C **1** 進歩主義者, 進歩論者, (↔conservative); 〈P-〉〖米史〗進歩党員. **2** 〖文法〗(動詞の)進行形.
▷ **～·ly** 副 漸進的に, だんだんと, ますます. **～·ness** 名 U 進歩性; 漸進性.

progrèssive educátion 名 U 〖米教育〗進歩主義教育《John Dewey などが主唱した, 生徒の能力や興味に合わせたカリキュラムによる教育》.

progrèssive fórm 名 C 〖文法〗進行形.

progrèssive mùscular dýstrophy 名 U 〖医〗進行性筋ジストロフィー.

Progrèssive Párty 名 〈the ～〉〖米史〗進歩党《1912, 1924, 1948 年に組織された》.

progrèssive taxátion 名 U 累進課税.

progrèssive ténse 名 〈the ～〉〖文法〗進行時制.

pro·grés·siv·ìsm 名 U 革新主義《特に〈P-〉で米国の進歩党の政策として》; 〖教育〗進歩主義.

pro·grés·siv·ist 名 C 革新主義者; 〖教育〗進歩主義教育信奉者.

prógress repòrt 名 C 中間[経過]報告.

pro·hib·it** /prouhíbət, prə-/ 動 (～s /-ts/|過 過分 ～·ed /-əd/|～·ing) 他 〖章〗 **1** (a) VO (～X/*doing*) X を/..することを**禁止する**, 禁じる, (類語 形式ばった語で「権力, 法律による禁止, 非合法化」を表す; →forbid). Smoking strictly ～*ed*. 〖掲示〗たばこ厳禁. Feeding the animals is ～*ed*. 動物に餌をやることは禁じられています. (b) VOA (～ X ***from doing) X に..することを禁止する. The law ～*s* ships *from* approach*ing* this island. 法律は船がこの島に近づくのを禁じている.
2 (a) VO (～ X/*doing*) X を/..することを**妨げる**, 困難にする. Our budget ～*ed* further increase in expenditure. 予算のために, これ以上支出をふくらませることはできなかった. (b) VOA (～ X ***from doing***) X が..することを妨げる. The rain ～*ed* us *from* going [＝～*ed* our go*ing* (→(a))] out. 雨で我々は外出できなかった.
[＜ラテン語 *prohibēre*「前で抑える (*habēre*)」]

***pro·hi·bi·tion** /pròu(h)əbíʃ(ə)n/ 名 (複 ～s /-z/) **1** U **禁止**(する[される]こと), 禁制. ～ against drinking by persons under age 未成年者による飲酒の禁止.
2 C 〖章〗禁止令 〈*against, on* ..の〉. a ～ *against* the use of DDT DDT の使用禁止令. A ～ was laid *on* the export of weapons. 武器の輸出が禁止された.
3 〖米〗 U 酒類製造販売の禁止; C 禁酒法 (**the prohibítion làw**); 〈P-〉禁酒法時代《1920–33》.
▷ **～·ist** 名 C 禁酒法賛成論者.

†**pro·hib·i·tive** /prouhíbətiv, prə-/ 形 **1** 禁止の, 禁制の. ～ laws 禁止法. **2** 禁止的な; 〔値段などが〕法外に高い. a ～ tax 禁止的な課税《買わせないための高い物品税》. a ～ price 禁止的な価格《買うなといわんばかりの高値》. ▷ **～·ly** 副 法外に, 手が出ないほど, 〔高価などに〕.

pro·hib·i·to·ry /prouhíbətɔ̀:ri, prə-|-t(ə)ri/ 形 〖章〗＝prohibitive.

‡**pro·ject** /prədʒékt/ 動 (～s /-ts/|過 過分 ～·ed /-əd/|～·ing) 他 【前方へ投げ出す】 **1** を**投げ出す**, 突き出す; 〔弾丸などを〕**射出する** 〈*into* ..に〉. ～ a missile *into* space 宇宙空間にミサイルを発射する. **2** 〔声などを〕(遠くまで聞こえるように)明確に出す. You must learn to ～ (your voice) more if you want to be an actor. 俳優になりたかったらもっと声が通るようにならなければいけない (★your voice を取れば 自; →自 2).
3【前面に出す】〔自己, 自己の資質, 感情などを〕(うまく)表出する; VOA (～ ***oneself as..***) 自分を..として他人に(好ましく)印象づける. He tries to ～ him*self as* a new leader. 彼は新しい指導者として自分を印象づけようとしている. **4** 〔心, 想像などを〕置いてみる 〈*into* ..に〉. ～ oneself into.. →成句. She ～*ed* her mind *into* the future. 彼女は将来に思いを馳(は)せた.
【投影する】 **5** 〔影, 光, 映像などを〕**投影する**, 映写する, 〈*on, onto* ..に〉; 〔地図を〕投影図法で作る. The outline of his head was ～*ed on* the wall by his lamp. ランプの明かりで彼の頭の影が壁に映った.
6 〖心〗 VOA (～ X ***on*** [***upon***], ***onto..***) X (自分の感情, 観念など) を〔他の人〕に投射する《他人も自分と同じ感情

を持っていると思い込む》. Don't ～ your stinginess *onto* others. 自分がけちだからといって人もけちだと思うな.【未来に向かって投げる】 **7** を予想する, 予測する, 見積もる, 〈*at* ..と〉; [VO] (～ *that* 節) ..と予測する; [VOC] (～ X *to do*) Xが..すると予測する 〈普通, 受け身で〉. Our sales for next year are ～*ed at* $200 million. 我が社の来年度の売上高は2億ドルと予測される. Experts ～ *that* AIDS deaths in America will approach 200,000 within five years. 専門家はアメリカにおけるエイズによる死亡は5年以内に20万人に近づくと予測している. Retail prices are ～*ed to* rise by 5 persent by the end of the year. 小売価格は年末までに5%上がると予測されている.

8 を**計画する**, もくろむ; を考案する, 考え出す. Our ～*ed* tour of Italy had to be canceled. 我々が計画したイタリア旅行は中止しなくてはならなかった.

── 自 **1** 突き出る, 出っ張る, 〈*out*〉〈*from, above* ..から/*beyond, through* ..を通して〉. A bracket ～*s from* the wall. 腕木が壁から突き出ている. ～*ing* teeth 出っ歯. **2** 遠くまで聞こえるような声を出す(→他 2). **3** (聴衆などの前で)うまく自己を表出[演出]する. **4**〖心〗投射する.

projéct onesèlf into .. (想像で)自分が..に[で]あるように思う, ..に身を置いて考える. When she watched a film she would always ～ her*self into* the place of the heroine. 彼女は映画を見ているとヒロインになったような気持ちになるのが常だった.

── **proj·ect** /prádʒekt, -dʒikt|prɔ́dʒ-/ 名 (複 **～s** /-ts/) C **1 計画**, 企画; **事業**; ([類語] しばしば時間も金もかかる大がかりな plan を指すが, 実行手段などがまだ具体化していないものに用いる). carry out one's ～ 計画を実施する. start a ～ to build a new dam 新しいダム建設の事業を始める.

[連結] organize [draw up; undertake; launch] a ～

2 (学生などの)研究[学習]課題. do a ～ on Indian art インド美術を研究課題とする.
3〖米〗公営住宅(団地) (housing project).
[<ラテン語「前へ投げる (*jacere*)」]

pro·jec·tile /prədʒéktl, -tail|-tail/ 名 C〖章〗発射物, 飛び道具《本来, 弾丸, 石などのように投げ出された物の意味であったが, ロケットやミサイルのように自らの動力で進む物も指す》. ── 形〖章〗〈限定〉発射できる; 推進する. ～ force 推進力. [project, -ile]

‡**pro·jec·tion** /prədʒékʃ(ə)n/ 名 **1** U 発射する[される]こと, 射出. **2** U 投影, 映写; C 映写物; (地図の)投影図. **3** UC〖心〗(主観などの)投射, 客観化;〖精神分析〗投射《他者も自己と同じ感情などを抱いていると思い込む》. Writing is a ～ of one's thoughts on paper. ものを書くことは自己の思考を紙上に投射することである. **4** C 突出物, 突起(部分). a ～ on a bone 骨にある突起物. **5** C 予想, 推定, 計算. **6** U 計画, 立案.
▷ **～·ist** 名 C 映写[テレビ操作]技師.

projéction bòoth 名 C〖米〗**1** (映画館の)映写室. **2** (劇場, 講堂の)照明(操作)室.

projéction ròom 名 C **1** 映写室. **2** (私的な)映画鑑賞室.

projèction télevision 名 C 投影型テレビ《ブラウン管の映像をレンズを通してスクリーンに拡大投影する》.

pro·jec·tive /prədʒéktiv/ 形 投影の, 投射の;〖幾何〗投影(幾何学)の;〖心〗投射の.

projèctive geómetry 名 U 投影幾何学.

projéctive tèst 名 C〖心〗投射テスト《外に表れる反応や行動で被験者の内面の個性や動機を知る; ロールシャッハテストなど》.

‡**pro·jec·tor** /prədʒéktər/ 名 C **1** 映写機, (スライド)プロジェクター. **2** 計画者, 立案者.

pro·lapse /prouláeps/〖医〗動 自 〔腸, 子宮などが〕脱出する, 脱垂する. ── 名 UC 脱出, 脱垂.

pro·late /próuleit/ 形〖幾何〗扁(へん)長の (↔oblate).

prole /proul/ 名 C〖話・軽蔑〗プロレ(タリア階級の人), 労働者階級の人,《<*prole*tariat》.

pro·le·gom·e·na /pròuləgámənə|-legɔ́m-/ 名 (**pro·le·gom·e·non** /-nən/ の複数形) 〈単複両扱い〉〖章〗序言, 序文; 序論. [ギリシア語]

pro·lep·sis /proulépsəs/ 名 (複 **-ses** /-si:z/) UC **1** 予期, 予想. **2**〖修辞〗予弁法《予期される反対論にあらかじめ反ばくしておく法》. **3**〖文法〗予期的賓辞法《結果を表わす意味の形容詞をあらかじめ用いる法》.

†**pro·le·tar·i·an** /pròulətéər)riən 移/ 形 プロレタリアの, 無産階級の. ── 名 C プロレタリア, 無産階級の人, (↔bourgeois). [<ラテン語 *prōlētārius*「子孫でしか国家に貢献できない(無産の)市民」(< *prōlēs* 'offspring')]

pro·le·tar·i·at /pròulətéə(ə)riət/ 名 U 〈the ～; 単複両扱い〉 **1** プロレタリアート, 無産階級, 労働者階級, (↔bourgeoisie). **2** (古代ローマの)最下層市民. [フランス語]

‡**prò-lífe** /pròu- 移/ 形 妊娠中絶(合法化)反対の, 胎児の命を守る, (↔pro-choice). ▷ **pro-lif·er** 名 C 妊娠中絶反対論者.

pro·lif·er·ate /prəlífərèit/ 動 自 **1**〖生物〗(細胞分裂などで)増殖する. **2** 急増する; 急激に蔓延(まんえん)する. ── 他 **1**〖生物〗を増殖させる. **2** を急増させる; を蔓延させる.

pro·lìf·er·á·tion 名 **1** aU 拡大, (核兵器の)拡散, (↔nonproliferation). prevent the ～ of nuclear weapons 核兵器の拡散を防止する. **2**〖生物〗U 増殖; C 増殖部分.

†**pro·lif·ic** /prəlífik/ 形 **1**〔動植物が〕多産の, 繁殖する. Rats are ～ and increase very quickly. ネズミは多産で数が急速に増える. **2**〈普通, 良い意味で〉〔作家などが〕多作の. a ～ writer 多作の作家. **3**〖スポーツ〗多くの得点をあげる. a ～ baseball player 高打点の野球選手. **4**〈叙述〉多い〈*of, in* ..が〉. The area is ～ *of* crime. その地区は犯罪が多発する. a period ～ *in* inventions 発明の盛んな時代. [<ラテン語 *prōlēs*「子孫」] ▷ **pro·lif·i·cal·ly** /-k(ə)li/ 副

pro·lix /proulíks, ˊ-/ 形〖章〗〔文体, 文章, 作家が〕くどい, 冗長な, 長たらしい.

pro·lix·i·ty /proulíksəti/ 名 U〖章〗冗長さ.

†**pro·logue,**〖米〗**-log** /próulɔ:g|-lɔg/ 名 C **1**〈時にP-〉プロローグ, 前口上, 序詩, 序言, 〈*to* ..〔戯曲, 詩など〕の〉(↔epilog(ue)). **2** 発端, 前触れ, 〈*to* ..〔事件など〕の〉. There was a long ～ before the event began. その事件が始まる前に長い前触れの時期があった. [<ギリシア語「前の言葉」]

***pro·long** /prəlɔ́:ŋ|-lɔ́ŋ/ 動 (**～s** /-z/|過 過分 **～ed** /-d/|**～·ing**) 他 〔特に時間〕を**延長する**, 引き延ばす, ([類語] 時間に用いることが多い; →lengthen). ～ one's visit 滞在を延ばす. a diet alleged to ～ life 寿命を延ばすという食事法. ～ a syllable 音節を長く延ばして発音する. ～ the agony 苦痛を(必要以上に)引き延ばす; 相手の知りたいことを長い間知らせない. [<後期ラテン語「長くする」(<ラテン語 pro-+*longus* 'long[1]')]

pro·lon·ga·tion /pròulɔ:ŋgéiʃ(ə)n|-lɔŋ-/ 名 U (時間的, 空間的)延長; C 延長部分.

pro·lónged 形 〈普通, 限定〉長期の, 長引く. a ～ illness 長引いた病気.

prom /pram|prɔm/ 名 C **1**〖米〗プロム《特に高校生, 大学生の, 普通, 学年末の公式のダンスパーティー》. the senior ～ 卒業学年のプロム. **2**〖英話〗=promenade concert; =promenade 2 (a).

P

‡**prom·e·nade** /prɑ̀mənéid|prɔ̀məná:d ㊋/ 名 C
1〘章〙散歩, 遊歩; 行進, 行列の練り歩き. 2 (a)〘英話〙(観光地などの海岸の)遊歩道, プロムナード. (b)(劇場などの)休憩用廊下. 3〘米〙プロム《高校・大学での, 普通, 学年末の公式ダンスパーティー》.
── 動〘章〙自 VA 遊歩道を散歩する, 遊歩する.
── 他 1〔場所〕を遊歩する. 2〔人〕を連れてぶらぶら歩く,〔子供など〕を散歩させる; をこれ見よがしに連れて[持って]歩く. [フランス語「散歩」]

pròmenade cóncert 名 C〘英〙プロムナードコンサート《聴衆の多くは立ったまま聴く; 現在では野外音楽会一般を指すことがある》.

prómenade dèck 名 C〘船〙(1 等船客用の)遊歩甲板.

pròm·e·nád·er 名 C 遊歩する人;〘英〙プロムナードコンサートの定期客[ファン].

Pro·me·theus /prəmí:θ(j)u:s, -θiəs|-θju:s/ 名〘ギ神話〙プロメテウス《神から火を盗み人類に与えた; Zeus はその罰として彼を岩山につなぎ肝臓をハゲワシに食わせた》.

pro·me·thi·um /prəmí:θiəm/ 名 U〘化〙プロメチウム《希土類元素; 記号 Pm》.

†**prom·i·nence** /prɑ́mənəns|prɔ́m-/ 名 1 U 目立つこと; 卓越, 傑出. men of ～ 傑出した人々. come into [rise to, gain] ～ 目立ってくる, 有名になる. The newspapers gave undue ～ to the President's careless utterance. 新聞は大統領の不注意な発言を過大に取り扱った. 2 C〘章〙目立つ物, 突起物. a ～ in the middle of a plain 平野の真ん中に目立つ高い場所. 3 C〘天〙(太陽の)紅炎.

‡**prom·i·nent** /prɑ́mənənt|prɔ́m-/ 形 m
1 **突き出た**, 突起した. a ～ forehead 突き出た額(ひたい).
2 **目立つ**, 顕著な, (類語 周囲の(平凡な)ものに比べて目立つことを強調するのが主で, 優秀性は二次的な意味である; →noticeable). a ～ symptom 顕著な兆候. in a ～ place [position] 目立つ場所に; 重要な地位に. The most ～ feature of her face was her nose. 彼女の顔で最も目立つ所は鼻だった.
3 **卓越**した, 傑出した, 〈*in* ..の点で〉; **著名**な, 有名な; 重要な. a scholar ～ *in* seismology 地震学で卓越した学者. a ～ member of Congress 国会の重要メンバー. play a ～ role [part] in ..で重要な役割を果たす.
◇名 prominence
[＜ラテン語「突き出ている」(＜*prōminēre*「前に突き出す (*ēminēre*)」)]
▷ **～·ly** 副 目立って, 目立つように; 卓越して.

prom·is·cu·i·ty /prɑ̀məskjú:əti|prɔ̀m-/ 名 U〘章〙無差別, 混乱, 乱雑; 男女の乱交.

‡**pro·mis·cu·ous** /prəmískjuəs/ 形 1 無差別な, 手当たり次第の, でたらめな; (性関係で)相手かまわずの, 乱交の, ふしだらな. a ～ girl 相手かまわず性的関係を持つ女性. ～ sex 乱交. 2〘旧章〙雑多な, 乱雑な; 入り交じった. ～ reading 乱読. a ～ collection of books 雑然たる本のコレクション. 3〘話〙気まぐれな, 行き当たりばったりの. [＜ラテン語「無差別の」(＜pro-＋*miscēre* 'mix')]
▷ **～·ly** 副 **～·ness** 名

‡**prom·ise** /prɑ́məs|prɔ́m-/ 名 (複 **-is·es** /-əz/)
【約束】1 C **約束**, 誓い; 契約; 〈*to* do ..する/*that* 節 ..という〉. Making ～s and keeping them are two different things. 約束をすることとそれを守ることは別のことだ. Don't break your ～. 約束を破るな. He gave me a ～ *to* [of] help. 彼は援助すると約束した. tell the truth on a ～ of secrecy 内密にしておくとの約束で本当のことを話す. She accepted the office on the ～ *that* we would all be cooperative. 我々全員が協力するという約束で彼女はその職を引き受けた. false ～s 口先だけの約束. Give me your ～ *that* you'll see me again. 私にまた会ってくれると約束してください.

連結 a solemn [a sacred; a definite, a firm; an empty, a hollow; a rash] ～ // fulfill [carry out; extract, gain; go back on, renege on, violate] a ～

【約束＞実現の見込み】2 U (成功の)**見込み**, 有望さ; 保証. a youth full of ～ 前途有望な青年. There is every ～ of success. 成功の見込みが十二分にある. The evening glow gave ～ of another fine day. 夕焼けは明日の好天気を約束していた. She is showing great ～ as [of becoming] a musician. 彼女は音楽家として将来がかなり有望だ.
3 aU 兆し, 兆候, 〈*of* ..の〉. There's a ～ *of* autumn in the air. 大気には秋の気配がある.

give ..a lìck and a prómise →lick.

Pròmises, prómises! 〘戯〙おや[まあ], また約束か[ね]; 今度も約束だけのことだよね[でしょ].

── 動 (**-is·es** /-əz/|過 過分 **～d** /-t/|**-is·ing**) 他
1 (a) を約束する; VOO (～ X Y)・VOA (～ Y *to* X) X(人)に Y を与える約束をする, 保証する. I ～*d* (her) my help. 私は(彼女を)助けてあげると約束した. A large reward was ～*d* (*to*) the finder. 発見者には多大の報酬が保証されていた. I'll try my best, but I can't ～ anything. 最善は尽くしますが, だめかもしれません. as ～*d* 約束したように.
(b) VO (～ *to do*/*that* 節) ..すると/..ということを約束する; VOO (～ X *to do*/X *that* 節/X "引用") X(人)に..すると/..であると/「..」と約束する. Jim ～*d* (me) ⌞not *to* do [*that* he would not do] it again. ジムは二度としませんと(私に)約束した.
2〘話〙VOO (～ X Y/X *that* 節/X "引用") (警告, 脅迫などの意味合いで) X(人)に Y を/..であると/「..」と断言する. Father ～*d* me punishment [*that* he would punish me] if I didn't behave well. 父は行儀よくしないと罰を加えると私に宣言した.
3 の見込みがある; VO (～ *to do*) ..しそうである. The dawn ～*d* a beautiful day. 夜明けの様子では上天気になりそうだった. The journey ～*s to* be a pleasant one. 旅行は楽しいものになりそうだ. 4 VOO (～ *oneself* ..) ..を心待ちにする. I've ～*d* my*self* a camping trip. キャンプへ行けるのを楽しみに待っている; (～ *oneself to do*/*oneself that* 節) ..しようと/..と決心する, 心に決める. I had ～*d* my*self* ⌞(*to* take) [*that* I would take] a holiday in Spain for many years. 私は休暇にスペインへ行こうと何年も前から決めていた.
── 自 1 約束する, 誓う. "I'll never lie to you." "*Promise*?"「君にはこれからうそは言わないよ」「約束する?」 2 VA 〈A は様態の副詞〉見込みがある, 望みがある. The business ～*s well* [*ill*]. この商売は前途が有望だ[先行きが暗い].

I (can) prómise (you) 〘話〙約束します; 保証します, 必ず; 確かに. I'll be back at nine, *I* ～. 9 時には戻ります, 必ず. *I* ～ *you*, it won't be easy. 言っとくが, やさしくはないよ.

***pròmise** a pèrson **the móon** [**eárth**]* 人にできもしないことを請け合う, '空手形を出す'.
[＜ラテン語 *prōmissum*「約束」(＜*prōmittere*「前へ送る (*mittere*), 約束する」)]

Pròmised Lánd 名 1 〈the ～〉〘聖書〙約束の地《神が Abraham とその子孫に約束した Canaan の地; **the Lànd of Prómise** とも言う》. 2 C 〈普通 the p- l-〉希望の地, 理想の郷; (特に)天国.

‡**prom·is·ing** /prɑ́məsiŋ|prɔ́m-/ 形 m **見込みのある**, 有望な, 末頼もしい, 好転しそうな. a very ～ scientist 前途有望な科学者. The weather looks ～. 天気はよくなりそうだ. ▷ **～·ly** 副 期待を抱かせるように. start ～〔物事が〕好調にすべり出す.

prom·is·so·ry /prάməsɔ̀:ri | prɔ́məs(ə)ri/ 形〘章〙(支払いを)確約する.

prómissory nòte 名 C〘商〙約束手形.

pro·mo /próumou/ 名 (複 ~s) C〘話〙販売促進[宣伝広告]用パンフレット[ポスター, 実物見本など]. a ~ video プロモーションビデオ. [＜*promotion*]

prom·on·to·ry /prάməntɔ̀:ri | prɔ́mənt(ə)ri/ 名 (複 -ries) C **1** (切り立った崖を持つ)岬 (headland). **2**〘解剖〙岬(こう)角, 隆起.

‡**pro·mote** /prəmóut/ 動 (~s /-ts/|過 過分 -mot·ed /-əd/|-mot·ing) 他 【先へ進める】 **1** (a) を**昇進させる**; を進級させる; (↔demote);〘英〙〔下位リーグのチーム〕を昇格させる;〈*to* ..に〉〈普通, 受け身で〉. He was recently ~*d to* the chairmanship of the board. 彼は最近, 役員会の会長に昇進した. (b)〘主に英〙VOC (~ X (*to be*) Y) X(人)を Y に昇進させる〈普通, 受け身で〉. ~ a lecturer (*to be*) professor 講師を教授に昇進させる. She was ~*d* (*to* be) manager. 彼女は支配人に昇進した.

【推し進める】 **2** を**促進**[**推進**]する, 増進する, 助長する;〔議案など〕を支持する. ~ trade with China 中国との貿易を促進する. ~ health 健康を増進する. ~ a bill 議案の通過を促進する.

3 を(広告宣伝して)売り込む, の販売を促進する,〈*as* ..として〉. ~ a new type of TV 新型のテレビを売り込む.

4〔事業など〕を**発起する**;〔会社〕の設立に努める;〔興行など〕を主催する.　[＜ラテン語「前へ進める (*movēre*)」]

†**pro·mót·er** 名 C **1** 奨励者, 推進者;〘章〙促進するもの;〘化〙助触媒. a ~ of sexual equality 性差別撤廃の推進者. **2** (事業などの)発起人, 主唱者; (スポーツ試合などの)主催者, 興行主, プロモーター.

‡**pro·mo·tion** /prəmóuʃ(ə)n/ 名 (複 ~s /-z/) **1** UC **昇進**(する[させる]こと), 進級, 昇格,〈*to* ..への〉. He got [was given] a ~. 彼は昇進した. a job with excellent ~ prospects 昇進できる見込みの非常に高い仕事. **2** U 促進, 推進, 助長; 奨励. the ~ of peace 平和の促進. **3** C (事業などの)発起, (会社の)設立. the ~ of a new company 新会社の設立. **4** U (商品の)売り込み, 販売促進; C 販売促進キャンペーン; C 販売促進のためのパンフレット[ポスター, コマーシャル, サンプルなど]; C 販売促進(の対象となる)商品. sales ~ 販売宣伝.

◇動 promote

▷ **~·al** /-nəl/ 形 販売促進の. ~ video 販売促進のためのビデオ.

pro·mo·tive /prəmóutiv/ 形 促進する, 助長する.

‡**prompt** /prɑm(p)t | prɔm(p)t/ 形 e **1**〈叙述〉**敏速**な, 機敏な, てきぱきした, 時間を守る,〈*in, with* ..において/*to* do, *in* do*ing* ..することに〉. be ~ *in* action 動作が速い. He is ~ *to* obey [*in* obey*ing*]. 彼はすぐ言うことを聞く. Ben is always ~ *in* arriv*ing*. ベンはいつも時間通りにやって来る.

2 即座の, 早速の;〘商〙即時(払い)の. Thank you for your ~ reply to our inquiry. 私どもの照会に早速ご回答いただき有り難うございます. ~ payment in cash 即金払い. ~ aid [treatment] 応急手当.

── 副〘話〙(時間が)きっかり (sharp) (★時刻を表す表現の後に置く). at 9 o'clock ~ きっかり 9 時に (＝promptly at 9 o'clock).

── 名 C **1** 促進する[思い出させる]もの;〘劇〙せりふ付けの言葉《俳優がせりふを忘れた時舞台脇(わき)から言ってやる言葉》, (言葉につまった人への)助け舟; ＝prompter 1. take a ~ プロンプターに従ってせりふを言う[演技する]. **2**〘商〙支払い期限; 支払い期限付き契約; ＝prompt note. **3**〘電算〙プロンプト《指示待ちの状態にあることを示す画面上の記号や文》.

── 動 他 **1** を刺激する, 励ます; VO (~ "引用")「..」と言って話を促す; VOC (~ X *to do*) X(人)を促して[刺激して]..させる. be ~*ed* by instinct 本能に駆られる. What ~*ed* you *to* ask such a question? どんな考えからそんな質問をしたのか.

2〔俳優〕に忘れたせりふを舞台脇から教える;〔言葉につまった人〕に(きっかけの言葉を示して)助け舟を出す.

3〔思想, 感情など〕を喚起する, 思い付かせる.

[＜ラテン語「準備のできた」(＜*prōmere*「前に買う (*emere*)」)]

prómpt·bòok 名 C プロンプター[後見]用台本.

prómpt bòx 名 C (舞台の陰にある)プロンプター席.

prómpt còpy 名 ＝promptbook.

prómpt·er 名 C **1**〘劇〙プロンプター, 後見,《演技中の俳優に忘れたせりふを教える》. **2** 促進[刺激, 激励]する人[もの].

‡**prómpt·ing** 名 U **1**〈しばしば ~s〉激励, 刺激, 促し. **2**〘劇〙せりふ付け.

promp·ti·tude /prάm(p)tət(j)ù:d | prɔ́m(p)-/ 名 U〘章〙機敏, 迅(じん)速.

*__prompt·ly__ /prάm(p)tli | prɔ́m(p)t-/ 副 m **1 敏速**に, 素早く. **2** 即座に, すぐに. answer the question ~ 質問に即答する. **3** 時間通りに, 定刻に; きっかり. The show began ~ at 9 o'clock. ショーは 9 時きっかりに始まった.

prómpt·ness 名 ＝promptitude.

prómpt nòte 名 C〘商〙代金請求書, 支払い期日通知書.

prómpt sìde 名〈the ~〉〘劇〙(舞台の)プロンプター側《客席から見て〘英〙では右手,〘米〙では左手》.

Proms /prɑmz | prɔmz/ 名〈the ~; 複数扱い〉〘英〙プロムズ《毎夏ロンドンの Royal Albert Hall で開催される promenade concert》.

‡**prom·ul·gate** /prάm(ə)lgèit, proumʌ́lgeit | prɔ́m(ə)l-/ 動 他〘章〙〔法令など〕を公布する, 発布する;〔思想, 信仰など〕を広める, 普及させる. ~ a new law 新しい法律を公布する.

pròm·ul·gá·tion 名 U〘章〙公布, 発布; 普及.

próm·ul·gâ·tor 名 C〘章〙発布者; 普及者.

pron. pronominal; pronoun; pronounced; pronouncement; pronunciation.

†**prone** /proun/ 形 m **1** (a)〈叙述〉..しがちの; 傾向がある〈*to* ..の/*to* do ..する〉; (類語 望ましくないことに用いる; →liable 3). He was ~ *to* violent fits of temper. 彼はひどいかんしゃくを起こす癖があった. He is ~ *to* treat us as inferiors. 彼は我々を目下の者扱いにするきらいがある. (b)〈複合要素として〉accident-~ とかく事故を起こしがちの. **2**〘章〙うつ伏せの, うつむいた, (↔supine). fall [lie] ~ on the floor 床にうつ伏せに倒れる[横たわる].

[＜ラテン語「前に傾いた」] ▷ **próne·ness** 名

prong /prɔ:ŋ | prɔŋ/ 名 C **1** (フォーク, くまでなどの)叉(また). **2** (シカの角などの)とがった先. a hay ~ 干し草くまで. **3**〘卑〙＝penis. ── 動 他 (とがったもので)を突き刺す; を刺して持ち上げる[ひっくり返す].

pronged 形〈しばしば複合要素として数詞を伴い〉先が枝状に..本に分かれた, ..叉(また)のある. a three-~ fork 3つ又フォーク. a two-~ attack 両面(同時)攻撃.

próng·hòrn 名 (複 ~s, ~) C〘動〙プロングホーン《ロッキー山脈の大草原に生息する伶羊》.

pro·nom·i·nal /prounάmən(ə)l | prənɔ́m-/ 形〘文法〙代名詞の, 代名詞的な. a ~ adjective 代名詞的形容詞《I know *that* man. の that など》. ▷ **~·ly** 副 代名詞的に.

‡**pro·noun** /próunaun/ 名 (複 ~s /-z/) C〘文法〙**代名詞**. an interrogative [indefinite] ~ 疑問[不定]代名詞. a demonstrative [personal, possessive, reflexive, relative] ~ 指示[人称, 所有, 再帰, 関係]代名詞. [pro-, noun]

P

‡pro·nounce /prənáuns/ 動 (**-nounc·es** /-əz/|過 過分 **~d** /-t/|**-nounc·ing**) 他 **1** 〔単語, 字など〕を**発音する**; VOC (~ X Y)・VOA (~ X *as* Y) XをYと発音する. How do you ~ your last name? あなたの姓は何と発音するのですか. The words "pair" and "pear" are spelled differently but ~*d* the same. pair と pear という語は綴りは違うが発音は同じである. The French *ou* is always ~*d oo*. フランス語の ou は常に oo /u/ と発音される. Some Germans ~ *th as t*. ドイツ人の中には(英語の) th を t と発音する人がいる.
2 〖章〗(**a**) 〔判決など〕を**宣告する** 〈*on, upon* ..〔人, 事〕に〉; VO (~ *that* 節/"引用") ..と/「..」と言い渡す. ~ sentence *on* the prisoner 被告に判決を下す.
(**b**) VOC (~ X (*to be*) Y) XがY..であると宣する, 宣告する. I now ~ you man and wife. あなたがた2人が夫婦であることを宣言します《結婚式での牧師の言葉》. He was ~*d* guilty. 彼は有罪と判決された.
3 VO (~ *that* 節/"引用") ..である/「..」と断言する; VOC (~ X (*to be*) Y) XがYであると言明する. The doctor ~*d* ⌞*that* she was cured [her (*to be*) cured]. 医者は彼女がもう治ったと言った.
── 自 **1** 発音する. **2** VA (~ *on* [*upon*]..) ..について意見を述べる, 断言する; (~ ***against*** ..) ..に反対の意見を述べる; (~ ***for, in favor of*** ..) ..に賛成の意見を述べる. Each politician was asked to ~ *for* or *against* it. 政治家は各自それに対して賛否の意見を述べるよう求められた.
◇名 は 他, 自 ともに 1 では pronunciation, それ以外では pronouncement.
[<ラテン語「公告する」(<pro-+*nuntiāre* 'report')]

pro·nóunce·a·ble 形 〔音や語が〕発音できる.

†pro·nóunced /-t/ 形 はっきりそれと分かる, 目立つ, 顕著な; 〔意見などが〕明確な, きっぱりした. a ~ French accent 明らかなフランス語訛(なま)り. ~ opinions on gambling 賭博(とばく)に対する明確な意見.
▷**~·ly** /-stli, -sədli/ 副 著しく; はっきりと.

‡pro·nóunce·ment 名 C 〖章〗宣告, 宣言; 意見の表明, 声明(書); 〈*on, upon, about* ..についての/*that* 節 ..という〉. issue a ~ *on* the problem その問題について声明を出す. ◇動 pronounce

pron·to /prάntou|prɔ́n-/ 副 〖話〗直ちに (at once). [スペイン語 'prompt']

pro·nun·ci·a·men·to /prənʌ̀nsiəméntou/ 名 (複 **~s**) C 宣言《特に中南米諸国の革命党の》. [スペイン語]

‡pro·nun·ci·a·tion /prənʌ̀nsiéiʃ(ə)n/ 名 (複 **~s** /-z/) UC (1 言語又は個人の)**発音**, 発音の仕方 (→enunciation). You have (a) good ~. 君は発音がよい. ◇動 pronounce

‡proof /pru:f/ 名 (複 **~s** /-s/) 【立証】 **1** U **証拠**; 証明, 立証; 〈*of* ..の/*that* 節 ..という〉(類語 個々の evidence の積み重ねによる完全な証明). He has given ~ *of* his honesty. 彼は自分の正直なことを証明した. Is there [Do you have] any ~ *that* he is innocent? 彼が無罪だという証拠があるか. We require ~ *of* that statement. その発言の立証を求める. capable of ~ 立証可能な[で]. be ~ positive [positive ~] of ..[that ..] ..の[..であるという]恰好(かっこう)の証拠[明白な証拠, 確証]となる. be living ~ ⌞of ..[that ..] 〔人が〕..の[..ということの]生きた証拠である.

> 連結 clear [absolute, conclusive, definite, irrefutable; abundant, ample; adequate] ~ // furnish [present, produce, provide; demand; seek] ~

2 C 証拠品[物]; 〖法〗証拠書類.
【可否の立証】 **3** C **試験**, テスト; 〖数〗検算. put [bring] .. to the ~ ..を試す, 試験する. stand a severe ~ 厳しいテストに耐える. The ~ of the pudding is in the eating. 〖諺〗論より証拠《<プディングの味は食べてみなければ分からない》.
4 〖印〗〈しばしば ~s〉試し刷り; 校正刷り(の段階), ゲラ; 〖写〗試し焼き. correct [read] the ~*s* 校正をする. read a novel in ~ 小説をゲラ(の段階)で読む.
5 U (アルコール類の)標準強度, 酒精度, 《〖米〗ではアルコール量 50% を 100 プルーフとする》. He drank 86 ~ whiskey. 彼は 86 プルーフのウイスキーを飲んだ.
◇動 prove
in próof ⌞***of*** ..[***that*** ..] ..を[..ということを]立証するために.
── 形 C **1** 〈叙述〉耐える 〈*against* ..〔火, 水, 弾丸など〕に〉. Asbestos is ~ *against* fire. 石綿は耐火性だ. He was ~ *against* all temptation. 彼はいかなる誘惑にも屈しなかった. **2** 試験済みの, 保証付きの. **3** 校正刷りの. a ~ copy of the book その本の校正刷り. **4** (アルコール分が)標準強度の.
── 動 他 **1** 〔生地など〕を耐えるように加工する 〈*against* ..に〉; を防水加工する. **2** を試し刷りする, の校正刷りを取る; の校正刷りを読む, を校正する, (proofread).
[<古期フランス語 *preuve*「試験」(<ラテン語 *probāre* 'test, prove')]

-proof /pru:f/ 〈複合要素〉「..に耐える, ..を防ぐ; ..でも扱える, ..に安全な」の意味を表す形容詞を作る. fire*proof*. water*proof*. child*proof*. fool*proof*. dish-washer-*proof* (皿洗い機で洗える〔食器など〕).

próof·rèad 動 (→read¹) 他, 自 (を)校正する, (の)校正刷りを読む. ▷**~·er** 名 C 校正係. **~·ing** 名 U 校正.

próof shèet 名 C 校正刷り.

pròof spírit 名 U 標準強度の酒類《100 proof は〖米〗ではアルコール分 50%, 〖英〗では 57.10%》.

***prop¹** /prαp|prɔp/ 名 (複 **~s** /-s/) C **1** **支柱**, 支え, つっかい棒. **2** 支持者, 支えとなるもの. the ~ of the home 一家の柱. a ~ of one's old age 老後の頼り. **3** 〖ラグビー〗プロップ《スクラム前列両端のフォワードの 1 人》.
── 動 (**~s** /-s/|過 過分 **~ped** /-t/|**próp·ping**) 他 **1** を**支える**, につっかい棒をかう, 〈*up*〉; VOC (~ X Y) 支えを用いてXをYの状態にする. ~ the wall *up* 塀につっかい棒をする. *Prop* the gate open with a brick. れんがで門を閉まらないようにしなさい. **2** VOA をもたれ掛けさせる, 寄りかからせる, 〈*against, on* ..に〉. ~ one's feet *on* a desk. 机に両足をのせる. I ~*ped* the ladder *against* the wall. はしごを壁に立て掛けた.
pròp /../ úp (1) ..を(倒れないよう)支える (→1). (2) 〈prop oneself up で〉体を支える, 身を起こす. (3) 〔危機にある企業, 政権など〕を(財政的に)支援する, ..にてこ入れする. ~ *up* the pound ポンドを支える.
pròp up the bár 〖英話〗パブ[バー]で(いつものように)飲む, パブ[バー]に入りびたる.
[?<中期オランダ語「(ブドウの)支柱」]

prop² 名 C **1** 〖劇〗〈普通 ~s〉小道具《<property 3》; =property man. **2** 〖話〗=propeller.

***prop·a·gan·da** /prὰpəgǽndə|prɔ̀p-/ 名 U **1** 〈しばしば悪い意味で〉(組織的に行う)**宣伝**; 宣伝活動; 布教活動; (類語 特に政党が組織的に行うしばしば誇張された主張・思想の宣伝; →advertisement). make ~ for [against] ..の[に反対する]宣伝を行う. People's opinions are greatly influenced by political ~. 人々の意見は政治宣伝に大いに影響される. **2** 〈しばしば軽蔑的〉宣伝された思想[主義], 流布されたうわさ[情報]. **3** 〖カトリック〗〈the P-〉海外布教聖省. **4** 〈形容詞的〉宣伝[布教](用)の. [イタリア語; 教皇グレゴリウス 15 世が 1622 年に創設した 3 の意味から]

pròp·a·gán·dist 名 C 〈しばしば悪い意味で〉(特に

主義・教義の)宣伝者.

pròp·a·gán·dize /-daiz/ 動 他, 自 〘章〙〈しばしば悪い意味で〉(を)宣伝する, 宣伝[布教]活動をする.

†**prop·a·gate** /prápəgèit|prɔ́p-/ 動 他 【伝える】 **1** 〘章〙〔情報, 信仰, 思想など〕を広める, 宣伝する, 普及させる. ～ the story all over the town 町中にうわさを広める. The new religion ～*d* itself throughout the country. その新興宗教は国中に広まった. **2** 〘章〙 VOA 〔光, 音など〕を伝播(ぱ)させる〈*through* ..〔媒体〕の中を〉. 【子孫に伝える】 **3** 〔性格など〕を遺伝させる, 伝える. **4** 〔動植物〕を繁殖させる, 殖やす. ～ that variety of dahlia その変種ダリアを繁殖させる. These flowers ～ themselves by seeds. これらの草花は種子によって繁殖する. ── 自 繁殖する, 殖える.
[<ラテン語「(植物を)取り木で殖やす」]

pròp·a·gá·tion 名 U **1** 普及, 宣伝. **2** 伝播(ぱ). **3** 繁殖, 増殖.

próp·a·gà·tor /-tər/ 名 C **1** 宣伝者; 布教者. **2** 繁殖者.

pro·pane /próupein/ 名 U 〘化〙 プロパン(ガス).

***pro·pel** /prəpél/ 動 (～s /-z/|過 過分 ～led /-d/|～·ling) 他 **1** を推進する, 前進させる. This boat is ～*led* by a motor. このボートはモーターで動く. **2** 〔人〕を駆り立てる〈*to, into* ..へ〉; VOC (～ X *to do*) X(人)を..するよう駆り立てる; VOA (～ X *into, to* ../X *out of* ..) Xを..へ/..から駆り立てる; (drive). What ～*led* him *to* wealth [*into* economics/*to* study economics]? 何が彼を富の獲得[経済学(の研究)]に駆り立てたのか. He was ～*led* by his burning ambition. 彼は燃える野望に駆り立てられた.
◇名 propulsion [<ラテン語「前へ押す(*pellere*)」]

pro·pel·lant, -lent /prəpélənt/ 形 推進する. ── 名 UC 〘空〙(ロケットなどの)推進燃料, 発射火薬; (エアゾールスプレー缶の中身を噴射させる)高圧ガス.

***pro·pel·ler** /prəpélər/ 名 (複 ～s /-z/) C (飛行機の)プロペラ; 推進器, スクリュー; (prop).

propèlling péncil 名 C 〘英〙 シャープペンシル (〘米〙 mechanical pencil).

pro·pen·si·ty /prəpénsəti/ 名 (複 -ties) C 〘章〙 傾向〈*to, toward, for* ..の〉; 傾向, 性癖,〈*to* do, *for* do*ing* ..する〉; (tendency). have [show] a ～ *to* ⌞exaggerate [exaggeration] 大げさに物を言う癖がある. a ～ *for* sav*ing* things 物を大切に取っておく傾向.

‡**prop·er** /prápər|prɔ́p-/ 形 ¢ (★2, 4では m)
【目的にかなっている】 **1 適当な**, ふさわしい, 適切な, 正しい,〈*for* ..に〉(↔improper; 類語 ある社会や集団の規範などにかなっていて, 受け入れられること; →fit[1] 1). at the ～ time 適当な時に. I can't find a ～ word to express my feelings. 私の感情を表す適切な言葉が見いだせません. ～ *for* the occasion 時宜に適した. This is the ～ place *for* the meeting. これは会合に適当な場所だ. Do as you think ～. 適当だと思うようにしなさい. It is (right and) ～ that he should think so. 彼がそう考えるのはもっともだ. Is it ～ for me to wear a safety belt? シートベルトをつけた方がいいでしょうか. if you think it ～ to do so そうするのが適当とお思いなら.
2 正式の, フォーマルな, ちゃんとした; 作法にかなった; 〘時に軽蔑〙 堅苦しい, いやに礼儀正しい. ～ dress for the wedding 結婚式用の正式の服装. ～ behavior 礼儀正しい振舞い. ～ rites 正式な儀式. prim and ～ 取り澄ました[て].
【最もふさわしい】 **3 本来の**; 本当の, 本物の, (real);〈名詞の後に置いて〉厳密な意味での. the ～ owner 本当の持ち主. a ～ doctor (資格を持った)本物の医者. France ～ (植民地などを除く)フランス本土. in the ～ sense of the word その語の本来の[厳密な]意味で(の). The suburb is not considered part of Boston ～. その郊外は厳密な意味でのボストンには含まれない.
4 〘話〙〈限定〉そう呼ぶにふさわしい, まともな, ちゃんとした. I haven't had a ～ holiday for months. もう何か月もまともな休日をとっていない.
5 〘章〙〈叙述〉**固有の**, 特有の,〈*to* ..に〉. instincts ～ *to* mankind 人類特有の本能.
6 〘文法〙 固有の. →proper noun.
7 〘主に英話〙〈限定〉全くの, 完全な. in a ～ rage すっかり怒って. **8** 〘米話〙〈限定〉すばらしい.
── 副 〘話・方〙 全く, ひどく; すっかり. He's ～ stupid. あいつはひでえ間抜けだ.
gòod and próper 完全に.
◇名 1, 2 では propriety, 5 では property.
[<ラテン語 *proprius*「固有の, 特別の」]

pròper ádjective 名 C 〘文法〙 固有形容詞 《固有名詞から派生した形容詞; 例えば Shakespearean》.

pròper fráction 名 C 〘数〙 真分数.

***prop·er·ly** /prápərli|prɔ́p-/ 副 m **1 適切に**, 正しく; 適当に, ほどよく. He does his work ～. 彼は仕事をきちんとやる. Letters should be ～ addressed. 手紙は正しくあて名を書かなくてはいけない.

> 連結 communal [indivisual; government; national] ～ // buy [sell; inherit; rent; transfer] ～

2 行儀正しく. be ～ treated 丁重に待遇される. behave ～ 行儀良く振舞う. **3** 厳密に (→成句). **4** 当然(のことながら); 正当に. He is ～ indignant at her attitude. ＝It is proper that he is [should be] indignant at her attitude. 彼が彼女の態度に怒るのは当然だ. **5** 〘主に英話〙 全く, すっかり. It made him ～ angry. それは彼をすっかり怒らせた.
pròperly spéaking 正確[厳密]に言えば. He is not, ～ *speaking*, qualified for teaching gymnastics. 厳密に言って彼は体育を教える資格はない.

pròper mótion 名 C 〘天〙 固有運動.

pròper nóun [náme] 名 C 〘文法〙 固有名詞 (→noun 文法).

próp·er·tied /-tid/ 形 〘章〙〈限定〉財産(特に, 土地)のある. the ～ classes 有産階級 《特に地主》.

‡**prop·er·ty** /prápərti|prɔ́p-/ 名 (複 -ties /-z/)
【固有のもの】 **1** U〈集合的〉所有物, **財産**, 資産; UC **不動産(物件)**, 土地建物. private [public] ～ 私有[公有]財産; 私有[公有]地. a man of ～ 資産家. lost ～ 遺失物. my personal ～ 私のもの. common ～ 共有品; 皆が知っていること. His ～ was divided among his three children. 彼の財産は3人の子供たちに分けられた. a six-bedroomed ～ in Chelsea チェルシーにある6寝室の不動産物件. →personal [real] property.
2 U 所有(権); 著作権. literary ～ 著作権. ～ in copyright 版権所有.
3 【財産>道具】 C 〘劇〙〈しばしば -ties〉 小道具 (props).
【固有の性質】 **4** C **特性**, 特質. Strength is a ～ *of* steel. 強靭(じん)さは鋼鉄の特性である. Soda has the ～ *of* removing dirt. ソーダには汚れを落とす性質がある.
[<ラテン語 *proprietās* 'propriety'; proper, -ty[1]]

próperty màn 名 C 〘劇〙 小道具方 (props).

próperty tàx 名 UC 〘米〙 財産税. ～*es* on boats ボートにかかる財産税.

***proph·e·cy** /práfəsi|prɔ́f-/ 名 (複 -cies /-z/) **1** U **予言**(すること); 予言能力; C **予言**〈*that* 節 ..という〉. The ～ came true as expected. 予言は期待通り本当になった. **2** UC (神の)預言. [prophet, -cy]

***proph·e·sy** /práfəsài|prɔ́f-/ 動 (-sies /-z/|過 過分 -sied /-d/|～·ing) 他 VO (～ X/*that* 節/*wh* 節/"引用") (神意を受けて又は一般に) Xを/..と/..かを/「..」と予言する (類語 超自然的なニュアンスを残している語;

P

→predict). The long-range forecast *prophesies* (*that* there will be) a severe winter. 長期予報では寒い冬になりそうだ. It is difficult to ～ *which* team will win the pennant. どのチームが優勝するか予言し難い.
── 自 予言をする〈*of* ..を〉. [prophecy の異形]

***proph·et** /práfət|prɔ́f-/ 名 (複 ～s /-ts/) **1** C (神意による)**預言者**; 予言者[をする人], 予報者; 〘話〙(競馬の)予想屋; (因 prophetess). a ～ of doom (特に世の中の将来について)不吉な事ばかり言う人. **2** C (主義, 運動などの)代弁者, 提唱者. an early ～ of socialism 初期社会主義の提唱者. **3**〈the P-〉マホメット. **4**〈the Prophets〉〘聖書〙預言書《ヘブライ語旧約聖書 3 区分の 1 つで, Joshua, Judges, Isaiah, Jeremiah, Ezekiel など多くの書を含む; →the Law of Moses》.
[<ギリシア語「(神の意志の)代弁者」]

próph·et·ess /-əs/ 名 C 女預言[予言]者.

‡**pro·phet·ic, -i·cal** /prəfétik/, /-k(ə)l/ 形 **1** 預言[予言]者の. **2** 予言的な, 予言する〈*of* ..を〉. His warning proved ～ two years later. 彼の警告が本当だというのが 2 年後に判明した.
▷**pro·phet·i·cal·ly** 副 予言的に, 予言して.

pro·phy·lac·tic /pròufəlǽktik, prɑ̀f-|prɔ̀f- ⑧/ 〘医〙形 病気予防の. ── 名 C 予防薬, 予防法; 〘主に米〙コンドーム. ▷**pro·phy·lac·ti·cal·ly** /-k(ə)li/ 副

pro·phy·lax·is /pròufəlǽksəs, prɑ̀f-|prɔ̀f-/ 名 (複 **pro·phy·lax·es** /-si:z/) UC 〘医〙(病気の)予防法, 予防薬, 予防処置. [ギリシア語「予防」]

pro·pin·qui·ty /prəpíŋkwəti/ 名 U 〘章〙(時間, 場所, 血縁関係などが)近いこと, 近接, 類似, 〈*to* ..に〉.

pro·pi·ti·ate /prəpíʃièit/ 動 他 〘章〙〔人, 神など〕をなだめる, の機嫌を取る. ▷**pro·pì·ti·á·tion** 名

pro·pi·ti·a·to·ry /prəpíʃiətɔ̀:ri|-t(ə)ri/ 形 〘章〙なだめるための, ご機嫌取りの. make a ～ smile 追従(ついしょう)[愛想]笑いをする.

pro·pi·tious /prəpíʃəs/ 形 〘章〙 **1** 〔運命, 神などが〕ほほえむ, 慈悲深い; 縁起のよい, 吉兆の; 〈*to, toward* ..に〉. **2** 〔天候などが〕都合のよい〈*for, to* ..に〉. sail with the aid of a ～ wind 順風の助けを借りて帆走する.
[<ラテン語「前へ傾いた, 好意的な」] ▷～**·ly** 副 好都合に, 順調に.

próp·jèt 名 C 〘空〙ターボプロップ機 (turboprop).

prop·man /prápmæ̀n|prɔ́p-/ 名 (複 **-men** /-mèn/) =property man.

‡**pro·po·nent** /prəpóunənt/ 名 C 提案者, 発議者; 支持者, 賛成者, (↔opponent). the ～*s* of atomic power generation 原子力発電の推進者たち.

‡**pro·por·tion** /prəpɔ́:rʃ(ə)n/ 名 (複 ～s /-z/)
【割合】 **1** U **割合**, 比率. the ～ of births to deaths 死亡に対する出生の比率. Flour and sugar should be mixed in the ～ of four to one. 小麦粉と砂糖は 4 対 1 の割合で混ぜなくてはいけない.
2 U 〘数〙比例. direct [inverse] ～ 正[反]比例.
3【全体の中の割合】C 部分; **分け前**, 割り前. A large ～ *of* the trainees drop out in the first month. 訓練生の大部分が最初の月に脱落する (★動詞の数は of に続く名詞に呼応する). A large ～ *of* the earth's surface is covered with water. 地表の大部分は水でおおわれている.
【寸法】 **4**〈～s〉(縦, 横, 奥行, 規模の)**大きさ**, 広さ; (人体の)大きさ, 恰幅(かっぷく). a building of large ～*s* 大規模な建物. a woman of ample ～*s* 大柄な女性.
5【寸法のバランス】UC〈しばしば ～s〉**均衡**, 調和. She has good ～*s*. 彼女は均斉がとれた体をしている. a sense of ～ 釣り合いの[バランス]感覚. in perfect ～ 完全に釣り合って. bear no ～ to ..と釣り合いがとれない.
in propórtion as.. ..するのㄴと同じ割合で[に応じて]. Hearn's sense of smell was acute *in* ～ *as* his eyesight was defective. ハーンの嗅覚(きゅうかく)は彼の視力に欠陥がある分だけ鋭敏だった.
***in propórtion to* [*with*]..** (1) ..に比例して, ..と釣り合って. A man will not always be rewarded *in* ～ *to* his efforts. 人は常にその努力に比例して報われるとは限らない. (2) ..と比較すると, ..の割には. A baby's head is large *in* ～ *to* the rest of its body. 赤ん坊の頭は体の割に大きい.
out of* (*àll*) *propórtion (全く)不釣り合いの[に], 均衡のとれない(ほど), 不相応の[に], 〈*to* ..と〉.
── 動 他 **1** VOA (～ X *to, with*..) X を..に釣り合わせる, 比例させる. The furniture is well ～*ed to* the room. その家具は大きさが部屋によく合っている. **2** を(全体的に)バランスよくする.
[<ラテン語 *prō portiōne*「分け前として」; pro³, portion]

†**pro·por·tion·al** /prəpɔ́:rʃ(ə)nəl, -ʃən(ə)l/ 形 **1** 釣り合った, 見合った, 〈*to* ..に〉. The rewards were not ～ *to* the risks. その報酬は危険に見合ったものではなかった. **2** 〘数〙比例の; 比例する〈*to* ..に〉. be directly ～ *to* ..に正比例する(→proportion 2). ── 名 C 〘数〙比例項. ▷**pro·por·tion·al·i·ty** /prəpɔ̀:rʃənǽləti/ 名 U バランス, 釣り合い. ～**·ly** 副 釣り合い; 比例して; 釣り合い[プロポーション]から言うと.

propòrtional representátion 名 U 比例代表制《選挙制度の; 略 P.R.》.

†**pro·por·tion·ate** /prəpɔ́:rʃ(ə)nət/ 形 〘章〙=proportional. ── 動 /-nèit/ 他 =proportion 動. ▷～**·ly** 副 釣り合って; 比例して; 釣り合い[プロポーション]から言うと.

pro·pór·tioned 形 〈普通, 副詞を伴って〉釣り合い[均斉]のとれた, 釣り合いが..な. gracefully ～ arches 優美な均斉を持つアーチ. a well-～ body 均斉のとれた体.

‡**pro·pos·al** /prəpóuz(ə)l/ 名 (複 ～s /-z/) **1** UC **提案**, 提議; 申し出, 申し込み; 〈*for* (*doing*) ..の/*to* do ..するという/*that* 節 ..という〉. His ～ *to* improve the dormitory was accepted. 寮を改善しようという彼の提案は受け入れられた. make [offer] a ～ ㄴ*for* (restor*ing*) [*to* restore] peace 和平(再建)の提案をする. We put forward a ～ *that* the two companies (should) merge. 我々は 2 社が合併することを提案した.

> 連結 present [get, receive; back, endorse, support; consider; agree to; carry out; condemn, oppose; reject, turn down; withdraw] a ～

2 C **結婚の申し込み**, プロポーズ. make a ～ to a woman 女性にプロポーズする. receive a ～ from ..からプロポーズされる. Anne accepted [turned down] the ～ of marriage. アンはそのプロポーズを受け入れた[断った].
◇動 propose

‡**pro·pose** /prəpóuz/ 動 (**-pos·es** /-əz/|過 過分 ～**d** /-d/|**-pos·ing**) 他 【申し出る】 **1** を**提案する**; 〔決議, 動議など〕を出す, 提出する; 〔結婚〕を申し込む; 〈*to* ..に〉; VO (～ *to do*/*doing*/*that* 節) **..することを提案する**, 申し出る, ..してはどうかと言う. ～ a toast *to* a person [a person's health] 人への[人の健康を祝って]乾杯の音頭を取る. He ～*d* an alternative plan. 彼は代わりの計画を提案した. ～ a resolution 決議案を出す. ～ marriage *to* her 彼女に結婚を申し込む. He ～*d* put*ting* [*to* put] the matter to the vote. =He ～*d that* ㄴthey (should) put the matter to the vote [the matter (should) be put to the vote]. 彼はこの件を票決に付すことを提議した. (語法 that 節では should+原形, 〘章〙では仮定法現在(つまり, 原形)が使われることが多いが, 特に〘英〙では直説法が使われることもある) **2** VO (～ X/*that* 節) X (理論, 節など) を提案[提出, 提起]す

る/..との説を出す. **3** を候補者として推す, **推薦する**, 指名する, 〈*for, as* ..〔地位など〕に〉. I ～ Mr. White *for* chairman. 私はホワイト氏を議長に推薦する.

4 をするつもりである; VO (～ *to do/doing*) ..するつもりである, ..しようかと思う; (類語 intend より形式ばった語で, しばしば決意を公言していることを暗示する). He said he didn't ～ *to* do anything about it. 彼はそれについて何もするつもりはないと言った.

── 自 **1 結婚を申し込む** 〈*to* ..に〉. **2** 提案する, 計画する, もくろむ. Man ～*s*, God disposes. →dispose.

◇名 proposal, proposition

[＜ラテン語「前に置く, 公示する」(＜pro-＋*pōnere* 'place, put')]

pro·pós·er 名 C 申し込む人; 提案[提議]者.

***prop·o·si·tion** /prὰpəzíʃ(ə)n|prɔ̀p-/ 名 (複 ～s /-z/) C **1** (a) **提案**, 提議; 計画; 申し出, 〈*to* do ..するという/*that* 節 ..という〉. He made a good business ～ to us. 彼は我々にうまい取引の話を持ちかけた.

(b) 〖米・政〗提案《住民投票 (referendum) にかける》.

(c) 〖婉曲〗(特に女性への)セックスの誘い.

2 〖話〗〈単数形で〉(しかるべき処理が必要な)**事柄**, 仕事, 問題; 代物(しろもの). The mine is not a paying ～. その鉱山は採算のとれる代物ではない. Ted is quite a tough ～. テッドはなかなか手ごわい相手だ.

3 主張, 陳述, 〈*that* 節 ..という〉; 議論の主題.

4 〖論〗命題 〈*that* 節 ..という〉; 〖数〗定理. the ～ *that* all men are created equal すべての人は等しく造られているという命題. ◇動 propose

── 動 他 〖話〗〔特に女性〕にセックスの誘いをかける, 寝ようと迫る. ▷ **～·al** 形

pro·pound /prəpáund/ 動 他 〖章〗〔問題, 学説など〕を提示する, 提出する, (put forward). [propose と同源]

‡**pro·pri·e·tar·y** /prəpráiətèri|-t(ə)ri/ 形 〈普通, 限定〉 **1** 所有者の. ～ rights 所有権. **2** 特許所有の, 専売(特許)の, (↔generic). **3** 私営の, 私立の, 〔病院, 学校など〕. **4** ＝proprietorial 2. [＜後期ラテン語「所有者」(＜ラテン語 *proprius* 'proper')]

proprìetary médicine 名 UC 特許売薬 (patent medicine, over-the-counter drugs).

proprìetary náme 名 C 特許登録名, 商標[特許]登録名.

†**pro·pri·e·tor** /prəpráiətər/ 名 C 〖章〗〔企業, ホテルなどの〕所有者, 持ち主, (owner); (オーナー)経営者.

◇女 proprietress ▷ **～·ship** 名 U 〖章〗所有権.

pro·pri·e·to·ri·al /prəpràiətɔ́:riəl ⑱/ 形 〖章〗 **1** 所有者の. **2** 〈非難して〉所有者面(づら)した, 我が物顔で使う.

pro·pri·e·tress /prəpráiətrəs/ 名 C 〖章〗女性の所有者[経営者](owner). ◇男 proprietor

‡**pro·pri·e·ty** /prəpráiəti/ 名 (複 **-ties** /-z/) 〖章〗 **1** U 適正, 適当, 正しさ, (fitness). I doubt the ～ of the plan. その計画の妥当性を疑う. **2** U (特に男女間の)礼儀正しさ; C 〖旧〗〈the -ties〉(社交界の慣習としての)礼儀作法. a breach of ～ 無作法. observe the *proprieties* 礼儀を守る, 体裁をつくろう.

◇形 proper [property と同源]

‡**pro·pul·sion** /prəpʌ́lʃ(ə)n/ 名 U 推進(する[される]こと); 推進力. jet ～ ジェット推進. ◇動 propel

pro·pul·sive /prəpʌ́lsiv/ 形 〈限定〉推進する, 推進力のある. ～ power 推進力.

pro·pyl·ene /próupəlì:n/ 名 U 〖化〗プロピレン《石油精製の過程で生じる無色の気体; polypropylene の原料》.

pro ra·ta /pròu-réitə, -rá:tə/ 副, 形 比例して[した] (proportional(ly)). If prices go up, workers demand a ～ increase in wages. 物価が上がると労働者はそれに見合った賃上げを要求する. on a *pro-rata* basis 割合に応じて. [ラテン語 'according to the rate']

pro·rate /prouréit/ 動 他, 自 (を)比例配分する, 按分(あんぶん)する, 〈*between, among* ..の間で〉.

pro·ro·ga·tion /pròurəgéiʃ(ə)n/ 名 UC 〖章〗(英国議会などの)停会, 休会.

pro·rogue /prəróug/ 動 他, 自 〖章〗(を)休会にする[なる], の会期 (session) を終わりにする, 会期が終わる《主に英国議会で; →adjourn》. [＜ラテン語「公に尋ねる (*rogāre*)＞延期する」]

pros. prosody.

‡**pro·sa·ic** /prouzéiik/ 形 **1** 散文の, 散文的な, (↔poetic). **2** 平凡な, 単調な, つまらない. lead a ～ life 平凡な生活を送る. a ～ speaker 退屈な語り手.

◇名 prose ▷ **pro·sa·i·cal·ly** /-k(ə)li/ 副 散文的に; 平凡に. **～·ness** 名

pro·sce·ni·um /prousí:niəm/ 名 (複 **pro·sce·ni·a** /-niə/, ～s) 名 C 〖劇〗 **1** (舞台の)額縁, 開口部, 《カーテンが降りる想像上の平面, 又それを取り囲む枠 (**pro·scénium àrch**)》. **2** 前舞台《カーテンより前に出る部分》; (古代劇場の)舞台. [＜ギリシア語 'before stage']

pro·scribe /prouskráib/ 動 他 **1** 〖章〗〔物事〕を(有害又は危険として)禁止する (forbid); VOA (～ X *from doing*..) X(人)に..するのを禁止する; 〈普通, 受け身で〉. Candy is ～*d* for children by most dentists. たいていの歯医者はキャンディーを子供に禁じている. **2** 〖古〗を(国賊として法律の保護外に)追放する. [＜ラテン語「公に書く (*scrībere*)」] ▷ **pro·scrip·tion** /prouskrípʃ(ə)n/ 名 UC **1** 〖章〗禁止 〈*against* ..の〉. **2** 〖古〗追放, 人権剝(はく)奪. **pro·scrip·tive** /prouskríptiv/ 形

***prose** /prouz/ 名 (複 **prós·es** /-əz/) **1** U **散文** (↔poetry, verse). transcribe verse into ～ 韻文を散文に書き直す. write (in) good ～ 美しい散文で[を]書く. **2** C 〖英〗(外国語への)翻訳課題. **3** 〈形容詞的〉散文の, 散文で書かれた; 散文的な, 平凡な, 単調な. [＜ラテン語「率直な(言葉)」]

***pros·e·cute** /prάsəkjù:t|prɔ́s-/ 動 (～s /-ts/|過 過分 **-cut·ed** /-əd/|**-cut·ing**) 他 **1** 〖法〗を**起訴**[告訴]する 〈*for* (*doing*) ..のかどで〉. He was ～*d for* theft. 彼は窃盗罪で起訴された. ～ a case 訴追する. **2** 〖章〗〔特に, 骨の折れる事〕をやり通す, **遂行する**, (carry out). ～ a difficult investigation 難しい調査をやりとげる.

── 自 起訴[告訴]する; (裁判で)検察官を務める.

◇名 prosecution [＜ラテン語 *prōsequī* 'pursue' (の過去分詞)]

pròsecuting attórney 名 C 〖米〗検察官 (district attorney).

†**pros·e·cu·tion** /prὰsəkjú:ʃ(ə)n|prɔ̀s-/ 名 **1** UC 〖法〗起訴, 告訴; U 〈the ～; 単複両扱い〉起訴者側, 検察当局, (↔defense). start [bring] a ～ against ..を告発する. a witness for the ～ 検察側証人. Mr. John Smith, QC, for the ～ 検察側の勅選弁護士ジョン・スミス氏. Director of Public *Prosecutions* 〖英〗公訴局長官. **2** U 〖章〗遂行(する[される]こと), 続行. the ～ of one's duties 職務の遂行.

†**pros·e·cu·tor** /prάsikjù:tər|prɔ́s-/ 名 C 〖法〗検察官, 検事, (public prosecutor); 告発者.

pros·e·lyte /prάsəlàit|prɔ́s-/ 〖章〗 名 C 改宗者; (思想などの)転向者. a ～ to Catholicism カトリックへの改宗者. ── 動 自, 他 〖米〗＝proselytize. [＜ギリシア語「新参者」]

pros·e·lyt·ize /prάs(ə)lətàiz|prɔ́s-/ 動 〖章〗 他, 自 (を)改宗[変節]させ(ようとす)る.

Pro·ser·pi·na, Pros·er·pine /prousə́:rpinə|prə-/, /prάsərpàin|prɔ́s-/ 名 〖ロ神話〗プロセルピーナ《Jupiter と Ceres の娘; Pluto の妻で地獄の女王; ギリ

P

シア神話の Persephone》.

prós·i·ly 副 散文的に; 単調に.

prós·i·ness 名 U 散文的であること; 単調さ.

pro·sit /próusit, -zit/ 間 おめでとう, 健康を祝って, 《乾杯の時に言う》.

pro·slav·er·y /prousléiv(ə)ri/ 形 奴隷制度支持の; 〖米史〗黒人奴隷制度支持の.

pro·sod·ic /prəsádik|-sɔ́d-/ 形 〈限定〉作詩法の, 韻律(学)の. ▷**pro·sod·i·cal·ly** /-k(ə)li/ 副

pros·o·dy /prásədi|prɔ́s-/ 名 U 作詩法, 韻律論.

‡**pros·pect** /práspekt|prɔ́s-/ 名 (複 **~s** /-ts/)

【展望】 **1** C 〖旧〗〈普通, 単数形で〉(高い場所からの) **見晴らし**, 眺望, 眺め, (view). This house commands a fine ~ of the valley below. この家は眼下の渓谷の眺めがすばらしい.

【将来への見通し】 **2** UC **見込み**, 見通し, 予想, (↔retrospect); 期待; 〈普通 ~s〉(成功の)可能性; 〈*of*, *for* ..の/*that* 節 ..という〉. There is not much [every] ~ *of* success. 成功の見込みはあまりない[高い]. There is a ~ *that* it might rain tomorrow. あした雨が降りそうだ. *Prospects* are that .....の見込みである. save money in ~ *of* buying a new car 新車を買うつもりで金をためる. at the ~ of ..を予想[予期]して. *Prospects for* his promotion seemed good. 彼の昇進の可能性は十分あるように見えた.

連結 bright [cheering, encouraging; bleak, gloomy, discouraging] ~*s*

3 【見込みのある人】 C 買い手[お得意]になりそうな人; (試合, 選挙などの)有力選手[候補者]; やってくれそうな人 〈*for* ..を〉. Britain's top medal ~ in the long jump 走り幅跳びで英国の最有力メダル候補選手. a likely ~ *for* embezzlement 横領でもやりそうな人.

4 C 〖鉱〗採鉱有望地; (採鉱用)鉱石試料.

in próspect 〖章〗予期されて, 見込まれて. She has a fine career *in* ~. 彼女にはすばらしい将来が見込まれる.

── /práspekt|prəspékt/ (★〖英〗での分綴は pro·spect) 動 自 **1** 踏査する, 試掘する, 〈*for* ..〔金鉱, 油田など〕を求めて〉. ~ *for* gold 金を掘り当てようとする. **2** VA (~ **for..**)〔顧客, 家など〕を探す. ~ *for* a house 家探しをする. ── 他 〔土地, 地域〕を踏査[探査]する 〈*for* ..〔金鉱, 油田など〕を求めて〉.

[＜ラテン語 *prōspicere*「前方を見る (*specere*)」]

†**pro·spec·tive** /prəspéktiv/ 形 〈限定〉 **1** 期待される, 見込みのある, ..になる予定の. her ~ husband いずれ彼女の夫になる人. ~ buyers 将来買ってくれそうな人. **2** まだ実現しない, 将来に関する, 未来の, (↔retrospective). ▷**~·ly** 副 将来を見通して.

pros·pec·tor /práspektər|prəspék-/ 名 C 採鉱者, 試掘者.

pro·spec·tus /prəspéktəs/ 名 C (事業, 投資などの)趣意書, (大学, ホテルなどの)案内書, (新刊本などの)内容説明書[見本]. [ラテン語 'prospect']

***pros·per** /práspər|prɔ́s-/ 動 (**~s** /-z/|過 過分 **~ed** /-d/|**~·ing** /-p(ə)riŋ/) 〖章〗自 〔商売などが〕**繁栄する**, 繁盛する; 〔人, 事が〕成功する, うまく行く, すくすく成長する; (類語 物質的・経済的繁栄が継続することに重点がある; →flourish, thrive). Is your business ~*ing*? ご商売は繁盛していますか. ── 他 〖古〗〔神が〕を成功[繁栄]させる. May God ~ us! 神の御加護がありますように.

◇名 prosperity 形 prosperous [＜ラテン語「うまく行く」(＜*prosperus* 'doing well')]

***pros·per·i·ty** /prɑspérəti|prɔs-/ 名 (複 **-ties** /-z/) **1** U **繁栄**; (特に金銭的な)**成功**; 幸運. We wish you happiness and ~. 御多幸と御発展をお祈りします. an era of peace and ~ 平和と繁栄の時代. **2** C 〈-ties〉好況. ◇動 prosper 形 prosperous

***pros·per·ous** /prásp(ə)rəs|prɔ́s-/ 形 m **1 繁栄している**; 成功した, 裕福な. a ~ family 裕福な家庭. a ~ business 繁盛している事業. **2 順調な**, 好都合の. a ~ wind 順風. in a ~ hour 好都合な時に, 折よく.

◇動 prosper 名 prosperity [＜ラテン語 *prosperus*「うまく行っている」; -ous]

▷**~·ly** 副 繁栄して, 成功して; 好都合に.

pros·tate /prásteit|prɔ́s-/ 名 C 〖解剖〗前立腺(せん) (**próstate glànd**).

▷**pros·tat·ic** /prɑstǽtik|prɔs-/ 形

pros·ta·ti·tis /prɑ̀stətáitis|prɔ̀s-/ 名 U 〖医〗前立腺(せん)炎.

pros·the·sis /prásθəsəs, prɑsθí:səs|prɔ́s-, prɔs-θí:-/ 名 (複 **pros·the·ses** /-sì:z/) 〖医〗 U 補綴(ほてつ); C 補綴物, 人工器官, 《義歯, 義眼など》.

pros·thet·ic /prɑsθétik|prɔs-/ 形 〈限定〉補綴(ほてつ)の. a ~ foot 義足.

pros·thét·ics 名 U 〈単複両扱い〉補綴(ほてつ)学.

†**pros·ti·tute** /prástət(j)ù:t|prɔ́s-/ 名 C 売春婦; 男娼(しょう); (金のために自分の才能などを売る)無節操な人 《特に作家, 画家など》.

── 動 他 〖章〗 **1** 〈~ oneself で〉〔女性が〕身を売る, 売春する; に売春させる. **2** 〔才能など〕を(金のために)売る; 〈~ *oneself* で〉(金のために)才能などを売る. The painter never ~*d* his genius [*himself*] for money. その画家は金のために自分の天与の才を売りはしなかった.

[＜ラテン語「(売り物として)前に置く (*statuere*)」]

‡**pròs·ti·tú·tion** 名 U **1** 売春. **2** 〖章〗(金のために)才能を売ること, 堕落.

‡**pros·trate** /prástreit|prɔ́s-/ 形 **1** うつ伏せになった; (屈従, 畏敬の念で)ひれ伏した. be laid ~ by a blow 一撃で倒される. lie ~ 屈服する.

2 疲れ果てた 〈*with* ..で〉; 意気消沈した, 打ちひしがれた, 〈*with* ..で〉; 衰微[荒廃]した. The mother was ~ *with* grief. 母親は悲しみに打ちひしがれていた. restore the ~ industry 衰微した産業を復活させる.

── /prástreit|prɔstréit/ (★〖英〗での分綴は pro·strate) 動 他 **1** を平伏させる, ひれ伏させる; を打ちのめす, 屈服させる; 〈~ oneself で〉(屈従, 畏敬の念で)ひれ伏す. ~ oneself in awe and fear 畏怖の余りにひれ伏す. **2** を衰弱させる, へとへとにする, 〈普通, 受け身で〉. be ~*d* by the heat 暑さに弱り果てる.

[＜ラテン語「投げ倒す」(＜pro-＋*sternere* 'lay flat')]

pros·trá·tion 名 **1** UC 平伏(すること); 屈服. with many ~*s* 何度も平身低頭して. **2** U 疲労困憊(ぱい), 意気消沈, 衰弱.

pros·y /próuzi/ 形 e 散文(体)の; 散文的な; だらだらと冗長な, 単調な, 退屈な.

Prot. Protestant.

pro·tac·tin·i·um /pròutæktíniəm/ 名 U 〖化〗プロトアクチニウム《放射性元素; 記号 Pa》.

‡**pro·tag·o·nist** /proutǽgənist|prə-/ 名 C **1** 〖章〗〈the ~〉(物語, 劇, 事件などの)主人公, 主役, 立て役者, (↔antagonist). **2** 中心人物, 指導者, 主導者, 〈*of* ..〔運動など〕の〉. [＜ギリシア語 'first actor']

prot·a·sis /prátəsəs|prɔ́t-/ 名 (複 **-ses** /-sì:z/) C 〖文法〗(条件文の)前提節, 条件節 (→apodosis).

pro·te·an /próutiən, proutí:ən/ 形 **1** 〈P-〉プローテウス (Proteus) の(ような). **2** 〖雅〗〔人, 物事が〕いろいろに変わる, 千変万化する, 変幻自在の.

‡**pro·tect** /prətékt/ 動 (**~s** /-ts/|過 過分 **~·ed** /-əd/|**~·ing**) 他 **1** 〔人, 物事が〕〔人, 物事〕を**保護する**, 守る, 防ぐ, 〈*from*, *against* ..から〉, (類語 防御用の物を用いて防ぐの意味; →defend). *Protect* your eyes *from* the sun. 太陽から(直射を受けぬように)目を保護しなさい. ~ oneself *against* disease 病気にかからないように気をつける. **2** 〖経〗〔国内産業〕を(外国製品の輸入関税によって)保護する. **3** 〔人, 物〕を(保険によって)保障する

〈*against* ..〔損害, 損失など〕から〉. **4**〔機械〕に保護装置をつける. ── ⓐ 守る, 守ってくれる; [VA] (~ ***against* ..**) ..から守る, ..を防ぐ. ◇[名] protection [<ラテン語「前を覆う (*tegere*)」]

pro·téct·ed /-əd/ [形]〔動植物, 場所などが〕(法律によって)保護された. a ~ bird [species] 保護鳥[種]. ~ sex 安全なセックス《condom を使用した; →safesex》.

‡**pro·tec·tion** /prətékʃ(ə)n/ [名] (複 **~s** /-z/) **1 (a)** [U] **保護**(する[される]こと), 防護, 〈*against* ..に対する/*for* ..への〉 ([類語] 保護を表す最も一般的な語; → asylum, immunity, refuge, sanctuary, shelter). The plants need (to be given) ~ *against* the weather. その植物は風雨からの保護が必要だ. He asked for police ~. 彼は警察の保護を求めた. flee under the ~ of darkness 闇(やみ)に紛れて逃げる. give [offer, provide] ~ against [for] ..に対して[..に]保護を与える. **(b)** [C] 〈普通 ~s〉 保護条項[措置]. **2** [C] 〈単数形で〉 保護する人[もの] 〈*against* ..に対して/*from* ..から〉. keep a dog as a ~ *against* thieves 泥棒よけに犬を飼う. **3** [U] 〖経〗保護貿易(制度). **4** [U] (保険の)保障. **5** [C] (旅行者の安全を保障する)通行証. **6** [U] 〖話〗=protection money. ◇[動] protect ▷ **pro·téc·tion·ìsm** [名] [U] 保護貿易主義[政策]. **~·ist** [名] [C], [形] 保護貿易し論者[主義の].

protéction mòney [名] [U] 〖話〗 **1** (商店経営者などが暴力団に払う)見かじめ料. **2** (暴力団が警官などに払う)目こぼし料.

protéction ràcket [名] [C] 〖話〗暴力団への上納金[冥加(みょうが)金]納入《暴力団被害を免れるため》.

***pro·tec·tive** /prətéktiv/ [形] **1** [C] 〈主に限定〉 **保護する**, 安全のための. ~ policies 保護政策. **2** [m] 守る, かばう, 〈*toward*, *of* ..を〉. He seems to be too ~ *toward* his son. 彼は息子をかばいすぎるようだ. ── [名] [C] 保護するもの; コンドーム (condom). ▷ **~·ly** 保護して, 安全のために.案じて. **~·ness** [名] [U] (子供などを)かばう気持ち, 庇(ひ)護.

protèctive cóloring [colorátion] [名] [U] 〖動〗保護色.

protèctive cústody [名] [U] 〖法〗保護拘置. be (kept) in ~ 保護拘置されている. take .. into ~ ..を保護拘置する.

protèctive táriff [名] [C] 保護関税.

†**pro·tec·tor** /prətéktər/ [名] **1** [C] 保護者, 擁護者, (guardian). **2** [C] 保護するもの[装置]; プロテクター《野球での胸当てなど》. **3** [C] 〖英史〗摂政; 〈the (Load) P-〉護国卿(きょう)《共和制時代の主権者 Oliver Cromwell とその子 Richard の称号》. ▷ **~·al** /-tərəl/ [形] 保護[擁護]する.

pro·tec·tor·ate /prətékt(ə)rət/ [名] **1** [C] 保護国, 保護領. **2** [U] 〖英史〗摂政の職[任期]. **3** 〈the P-〉護国卿(きょう)時代 (1653-59) (→protector 3).

pro·téc·tor·shìp [名] =protectorate 2.

pro·tec·tress /proutéktrəs/ [名] [C] protector 1 の女性形.

‡**pro·té·gé** /próutəʒèi|prɔ́təʒèi, próu-/ [名] [C] 被保護者, (お気に入りの)子分, (女 **pro·té·gée** /-ʒèi/). [フランス語 'protected']

†**pro·tein** /próuti:n/ [名] [UC] 〖化〗蛋白(たんぱく)質. [ドイツ語(<ギリシア語「第一の」+-in²)]

pro tem /pròu-tém/ [副], [形] =pro tempore.

pro tem·po·re /pròu-témpəri, -rei/ [副], [形] 〖章〗差し当たり, 一時的に, 仮に; 暫定的な. [ラテン語 'for the time']

Prot·er·o·zo·ic /pràtərəzóuik|prɔ̀t- ⓢ/ [名], [形] 〖地〗原生代(の).

‡**pro·test** /próutest/ [名] (複 **~s** /-ts/) **1** [UC] **抗議**, 異議; [C] 抗議文[声明]; 〈*against*, *at* ..に対する/*about* ..についての〉. The country delivered a vigorous ~. その国は猛烈な抗議を申し立てた. stage a ~ demonstration [march] 抗議デモ[行進]を強行する. a ~ song プロテストソング《反戦歌など》. surrender without ~ 何も反対しないで[おとなしく]屈服する. in ~ (*against* [*at*]..) (..に)抗議して. **2** [C] 断言, 主張, (protestation). a ~ of innocence 無罪の主張.

> [連結] a strong [a stern, a violent; a feeble, a mild] ~

***màke* [*lòdge*, *ènter*] *a prótest against* ..** ..に抗議する.

under prótest いやいや[不服]ながら. He carried out the manager's order *under* ~. 彼は不服ながら支配人の命令を果たした.

── /prətést/ [動] (**~s** /-ts/|[過] [過分] **~·ed** /-əd/|**~·ing**) ⓣ **1** 〖米〗に抗議する; に異議を唱える. Tom ~*ed* Bill's decision. トムはビルの決定に文句を言った. **2 を主張する**, 断言する; [VO] (~ ***that*** 節/"引用") ..と言って/「..」と抗議する, 言い張る. He ~*ed* his innocence. 彼は潔白を主張した. He ~*ed that* he had never said so ["I have never said so." he ~*ed*.]. 彼はそんなことは言ったことがないと言い張った.

── ⓐ 抗議する; 異議を申し立てる; 〈*against*, *at*..に/*about* ..について〉. What were the students ~*ing against*? 学生たちは何に抗議していたのか.

protèst too múch (かえって怪しまれるほど)むきになって主張[否定]する.

[<ラテン語 *prōtestārī*「人前で証人 (*testis*) になる」]

***Prot·es·tant** /prátəstənt|prɔ́t-; [名] 2, [形] 2 で 〖米〗ではまた prətéstənt/ [名] (複 **~s** /-ts/) [C] **1** 〖キリスト教〗**新教徒**, プロテスタント, 《16 世紀の宗教改革によってローマカトリック教会や正教会から分かれた, いくつかのキリスト教会の信者》. **2** 〈p-〉 抗議者. ── [形] **1** 新教(徒)の. **2** 〈p-〉 抗議する, 異議を唱える. [ドイツ語(<ラテン語 'protesting')] ▷ **~·ìsm** [名] [U] 新教(の教義).

Pròtestant Epìscopal Chúrch [名] 〈the ~〉 米国聖公会.

pro·tes·ta·tion /pràtestéiʃ(ə)n, pròutes-|prɔ̀-, pròu-/ [名] 〖章〗 **1** [C] 〈普通 ~s〉 断言, 主張 〈*of*, *that* 節 ..という〉. make persistent ~*s of* innocence ねばり強く無罪を主張する. **2** [U] 抗議 〈*against* ..への〉.

†**pro·test·er, -tes·tor** /prətéstər/ [名] [C] 抗議[主張]者.

Pro·teus /próutju:s, -tiəs/ [名] **1** 〖ギ神話〗プローテウス《予言力を持ち, 変身自在の海神; →protean》. **2** [C] 〈時に p-〉 考えなどをくるくる変える人.

pro·tha·la·mi·on, -mi·um /pròuθəléimiən/, /-miəm/ [名] (複 **pro·tha·la·mi·a** /-miə/) [C] 祝婚歌.

pro·thal·li·um /prouθǽliəm/ [名] (複 **pro·thal·li·a** /-liə/) [C] 〖植〗(シダ類の)前葉体.

pro·thal·lus /prouθǽləs/ [名] (複 **pro·thal·li** /-θǽlai/) [C] =prothallium.

proth·e·sis /práθəsəs/ [名] (複 **-ses** /-si:z/) **1** [C] 〖言〗語頭音添加《例えば, estate はラテン語 status を借用したものに e- を添加》. **2** [U] 〖ギリシア正教〗奉献礼儀.

pro·to- /próutou/ 〈複合要素〉「初期, 原, 原始など」の意味 (★母音の前では prot-). *Proto*-Indo-European (印欧祖語). *proto*plasm. [ギリシア語 'first']

‡**pro·to·col** /próutəkɔ̀:l, -kàl|-kɔ̀l/ [名] **1** [U] 外交儀礼; 社交上の儀礼(のルール). **2** [C] 条約原案. **3** [C] 議定書《条約 (treaty) より軽いもの, 又は条約を補足するもの》. the Montreal ~ to forbid [phase out] the use of CFCs by the end of 1995 1995 年末までにフロンの使用を禁止[段階的に廃止]しようというモントリオールでの

議定書. **4**〘医〙(研究, 治療の)実施計画. **5**〘電算〙プロトコル, 通信規約, 《コンピュータ同士の通信の方法, 速度などに関する取り決め》. [＜ギリシア語「第一ページ」]

pro·ton /próutɑn|-tɔn/ 名 C 〘物理〙陽子, プロトン, (→nucleus 2).

pro·to·plasm /próutəplæz(ə)m/ 名 U 〘生物〙原形質《動植物の細胞の生命ある部分を構成する半流動性の物質》. ▷**pro·to·plas·mic** /pròutəplǽzmik/ 形 原形質の.

‡**pro·to·type** /próutətàip/ 名 C **1** 原型; 典型, 模範; (生物の)原形. The English Parliament is the ～ of those of many other countries. 英国の議会は他の多くの国の議会の原型である. **2** 試作品《新しい機械などの》.

pròto·týpical 形 典型的な(typical).

pro·to·zo·an /pròutəzóuən/ 形/名 (複 **pro·to·zo·a** /-zóuə/, ～s) C, 形 〘動〙原生動物(の).

pro·to·zo·ol·o·gy /pròutəzouɑ́lədʒi|-ɔ́l-/ 名 U 原生動物学, 原虫学.

pro·to·zo·on /pròutəzóuən/ 名 (複 **pro·to·zo·a** /-zóuə/) =protozoan.

pro·tract /proutrǽkt, prə-|prə-/ 動 他 〘章〙 **1** を長引かせる, (時間的に)延ばす, (類語 継続的時間について用いられ, しばしば無制限にだらだらという感じを伴う; →lengthen). a futile argument serving only to ～ a conference 会議を長引かすだけのむだな議論. **2**〔器官など〕を伸ばす, 突き出す. The tortoise ～*ed* its head. カメが首を出した. **3** (分度器, 比例尺で)を製図する, 図取りする. [＜ラテン語「前へ引く(*trahere*), 引き伸ばす」] ▷**～·a·ble** 形 =protractile.

‡**pro·tráct·ed** /-əd/ 形 (だらだらと)長引いた. a ～ disease 長患い. ▷**～·ly** 副 長引いて. **～·ness** 名

pro·trac·tile /proutrǽktl, prə-|prətrǽktail/ 形〔動物の器官などが〕伸びる, 突き出せる.

pro·trác·tion 名 U 引き延ばし, 長引かすこと.

pro·trác·tive /-tiv/ 形 引き出す, 長引かす.

pro·trac·tor /proutrǽktər, prə-|prə-/ 名 C **1** 分度器. **2** 長引かす人[もの].

P

†**pro·trude** /proutrúːd|prə-/ 動 〘章〙 自 突き出る〈*from* ..から〉(stick out). *protruding* eyes [front teeth] 出目[突き出た前歯, 出っ歯]. ― 他 を突き出す, 押し出す. [＜ラテン語「前へ押す(*trūdere*), 押し出す」]

pro·tru·sion /proutrúːʒ(ə)n|prə-/ 名 〘章〙 U 突き出す[される]こと; C 突出物, 突起.

pro·tru·sive /proutrúːsiv|prə-/ 形 **1**〘章〙突き出た, 押し出す. **2**〘まれ〙でしゃばりの, 出過ぎた, (obtrusive). ▷**～·ly** 副 **～·ness** 名

pro·tu·ber·ance /prout(j)úːb(ə)rəns|prə-/ 名 U 〘章〙突起, 盛り上がり; C 突起物, こぶ.

pro·tu·ber·ant /prout(j)úːb(ə)rənt|prə-/ 形 〘章〙突起した, 盛り上がった, (protruding). ▷**～·ly** 副

‡**proud** /praud/ 形 e 【誇りを持つ】 **1 自尊心のある,** 誇り高い; 得意げな; 高慢な, 尊大な; (↔humble; 類語 良い意味での自尊心の自覚にも, 悪い意味での高慢さにも用いる; →arrogant, haughty, insolent, supercilious, vain). He was too ～ to accept charity. 施しを受けることは彼の自尊心が許さなかった. the ～ parents of a newborn baby boy 男の子をもうけて得意そうな両親. She is too ～ to make friends with her classmates. 彼女は高慢すぎてクラスメートとは友達になれない.

2〈叙述〉**誇りに思っている,** 自慢にする, 満足に思う,〈*of* (do*ing*) ..(すること)を〉; **光栄に思う**〈*to* do ..することを〉; 誇りに思っている〈*that* 節..ということを〉; (↔ashamed). We are [feel] ～ *of* our school. 我々は学校を誇りとしている. He is ～ *of* being of French origin.＝He is ～ *that* he is of French origin. フランス人の血を引いていることを彼は誇っている. I'm ～ *to* be a friend of such a great man. そんな偉い人物と友人であることを光栄に思います.

3〈しばしば ～est で; 限定〉〔物事が〕誇るに足る, 満足すべき, 得意にならせるような. It was a ～ day in my life. それは我が生涯の得意の日であった. This Picasso is my ～*est* possession. このピカソの絵は私の一番の宝物だ.

【誇らしげな】 **4**〘章〙〈限定〉堂々とした, 輝かしい. ～ cities 大都会. a ～ monument 堂々たる記念碑.

5〘英旧〙盛り上がった, 突き出た,〈*of* ..〔表面など〕に〉. A nail stood ～ of the board. くぎが板から少し浮き上がっていた. ◇名 pride

(*as*) ***pròud as a péacock*** 大威張りで, 鼻高々で[と].

dò a pèrson próud 〘話〙人に面目を施させる, 人を満足させる; 人を盛んにもてなす.

dò onesèlf próud 〘話〙出世をする, ぜいたくな暮らしをする. [＜古期英語 *prūd*「高慢な」]

pròud flésh 名 U (傷が治った後の盛り上がった)肉芽.

***proud·ly** /práudli/ 副 m **1** 誇らしげに, 得意そうに. talk about one's success story ～ 誇らしげに自分の成功談を語る. **2** 高慢に, 威張って. **3** 堂々と.

Proust /pruːst/ 名 **Marcel ～** プルースト (1871–1922)《フランスの小説家・批評家》.

Prov. Provençal; Proverbs; Province; Provost.

prov. province; provincial; provisional.

prov·a·ble /prúːvəb(ə)l/ 形 証明できる. ▷**-bly** 副

‡**prove** /pruːv/ 動 (～s /-z/|過 ～d /-d/|過分 ～d, **prov·en** /prúːv(ə)n/|**próv·ing**) 他 【証明する】 **1**〔人, 物事が〕を**証明する**, 立証する,〈*to* ..に〉; 文型 (～ ***that*** 節/***wh*** 節) **..ということを/..かを証明する**〈*to* ..に〉; 文型 (～ X (***to be***) Y) X が Y であることを証明する; (～ *oneself* (***to be***) X) X であることを自ら立証する; (★状態動詞ならば ～ X *to* do も可能; →第 8 例). You say it's yours, but can you ～ it? 君はそれが自分のだと言うが, 証明できるかい. Later events ～*d* my suspicions. 後の出来事によって私の疑いの正しいことが分かった. ～ one's case [point] 自分の主張の正しさを立証する[言い分を証拠立てる]. If you can ～ *to* me *that* it's true, I'll accept it. あなたがそれが本当であると証明できたら, 私は認めましょう. He couldn't ～ the statement (*to be*) true. 彼はその供述が真実であると立証できなかった. ～ oneself 自分の力量などを示す[証明してみせる]. She ～*d* herself a good daughter. 彼女はいい娘であることを示した. She ～*d* herself (*to be*) innocent [*to* have nothing to do with the crime]. 彼女は自分は罪を犯してない[その犯罪とは何の関係もない]ことを証明した. be innocent until ～*n* guilty 有罪が立証されるまでは無罪である.

2〘英〙〔遺言書など〕の有効性を立証する, 検認する, (〘米〙probate).

【証明のために調べる】 **3** を**試す**, 試験する. ～ a new technique 新しい方式を試す. **4**〘数〙を検算する.

― 自 【結果として証明される】 **1** 文型 (～ (***to be***) X)〔人, 物事が〕X **であると判明する**, 分かる; (結果として) X となる; (★状態動詞なら ～ *to* do も可能; →第 2 例). The wound ～*d* fatal. 致命傷と判明した. His paper ～*d* *to* have many errors [(*to be*) full of errors]. 彼の論文には多くの誤りがあることが分かった. The party ～*d* *to be* a great success. パーティーは大成功となった.

2〔練り粉が〕ふっくらとふくらむ《パン, ケーキを焼く時に酵母の力で》. ◇名 proof

[＜ラテン語 *probāre*「試験する」(＜*probus* 'honest')]

***prov·en** /prúːv(ə)n/ 動 prove の過去分詞の 1 つ.

Nòt próven. 〘スコ・法〙 (陪審の評決で)証拠不十分《無罪とも有罪とも言えない》.

― 形 C 〈限定〉**証明された**; 試験済みの, 実証された. He is a ～ liar. 彼は折り紙つきのうそつきだ.

prov·e·nance /prɑ́vənəns|prɔ́v-/ 名 U 〘章〙起

源, 出所, (origin); (絵画など芸術作品の)来歴, 所蔵歴. a word of uncertain ～ 語源不詳の語.

Pro·ven·çal /pròuvənsɑ́ːl, prɑ̀-|prɔ̀vɑːn- ⑱/ 形 プロヴァンス (Provence) の; プロヴァンス人[語]の.
― 名 Ⓒ プロヴァンス人; Ⓤ プロヴァンス語.

Pro·vence /prəvɑ́ːns|prɔ-/ 名 プロヴァンス《フランス南東部の地中海沿岸地方; 中世の吟遊詩人 (troubadour) の活躍と騎士道で有名》.

prov·en·der /prɑ́vəndər|prɔ́v-/ 名 Ⓤ **1**〖旧〗まぐさ, かいば. **2**〖話・戯〗(人間の)食べ物, 'えさ'.

*__prov·erb__ /prɑ́və(ː)rb|prɔ́v-/ 名 (複 ～s /-z/) Ⓒ **1** **諺**(ことわざ), 格言, (類語「諺」の意味で最もよく使われる語; →adage, dictum, maxim, saw³, saying). "Haste makes waste" is a ～.「急がば回れ」は諺です. as the ～ goes [says, runs] 諺にもある通り.
2 (あることに関して)**評判のもの**, 定評のある人; 物笑いの種. He is a ～ for wantonness [His wantonness is a ～]. 彼の移り気は定評がある.
3 〈the Proverbs; 単数扱い〉〖聖書〗『箴(しん)言』《旧約聖書中の一書; 略 Prov.》.
[＜ラテン語「提示された語句」(＜pro-＋*verbum* 'word')]

pro-verb /próuvəːrb/ 名 Ⓒ 〖文法〗代動詞《He swims better than I *do*. の do など》.

†**pro·ver·bi·al** /prəvɔ́ːrbiəl/ 形 **1** 〈限定〉諺(ことわざ)の; 〈the ～ ..で〉, 諺に言うような, いわゆる. a ～ saying 諺.
2 評判の, 名うての, 折り紙つきの. His kindness has become ～. 彼の親切さには定評がある.

pro·vér·bi·al·ly 副 諺(ことわざ)の通りに; 一般に知られているとおり. He is ～ stingy. 彼のけちは周知の事実だ.

‡**pro·vide** /prəváid/ 動 (～s /-dz/|過 過分 **-vid·ed** /-əd/|**-vid·ing**) 他 【あらかじめ用意する】 **1 (a)** **を供給する**, 支給する, 与える; **を用意する**; を産する (yield); (類語 前もって準備して供給する意味; →furnish 1, supply). Cows ～ milk. 雌牛は牛乳を供給してくれる.
(b) VOA (～ X *for, to* Y) (～ Y *with* X) X(必要な物)を Y に供給する, 与える, 用意する. We ～*d* food *for* everyone.＝We ～ed everyone *with* food. 私たちは皆に食物を用意した. He ～*d* himself *with* food. 彼は自分で食物の用意をした. The scooter is ～*d with* a spare tire. そのスクーターにはスペアタイヤが付いている. **(c)** VOO (～ X Y)〖米〗X(人)に Y(物)を供給する. Cows ～ us milk. 雌牛は私たちに牛乳を与えてくれる. ～ the voters a good opportunity 有権者に良い機会を与える.
2 VO (～ *that* 節)〖章〗〔法律などが〕**..と規定する**. The agreement ～*s that*... 協定は..と規定している. It is ～*d that* the applicants (must [should, shall]) be women. 志願者は女性に限ると規定されている.
― 自 **1** VA (～ *for, against* ..)〔将来のこと〕への **備えをする**, 準備をする. ～ *against* accidents in the plant 工場の事故に備えをする. ～ *for* emergencies 緊急事態に備える.
2 VA (～ *for* ..)〈受け身可〉..に必要物を供給する; **..を養う**, 扶養する. I must ～ *for* my family. 私は家族を養わねばならない. ～ *for* oneself 自活する. She is poorly [well] ～*d for*. 彼女は生活に困っている[不足なく暮らしている].
3 VA (～ *for* ..)〈受け身可〉〖章〗〔法律などが〕..の規定を設ける; (～ *against* ..) ..を禁止する. Secrecy in voting is ～*d for* in our Constitution. 投票の秘密は我々の憲法に規定されている. ◇名 provision
[＜ラテン語「前もって見る (*vidēre*), 用意する」]

‡**pro·vid·ed (that)** /prəváidəd-/ 接 もし..ならば, ..という条件で, (語法 if よりも雅語的であいまいさが少ない; 特に if には「..かどうか」の意味があるので, 例えば下の例で provided (that) の代わりに if を使えばあいまいになる). They don't care ～ (that) they have enough to eat and drink. 飲み食いする物がある限りは彼らは何も気にしない.

Prov·i·dence /prɑ́vəd(ə)ns|prɔ́v-/ 名 プロヴィデンス《米国の Rhode Island 州北東部の港市; 同州の州都》.

†**prov·i·dence** /prɑ́vəd(ə)ns|prɔ́v-/ 名 **1** aU 神の摂理, 神の配慮. He thanked ～ that he had not been in the wreck. 彼は難破船に乗っていなかったことを神のご加護と感謝した. (a) divine ～ 神の摂理. special ～ 天佑(ゆう). **2** Ⓤ〖英では古〗先見の明, 将来への配慮; 倹約. **3** 〈P-〉神 (God, Heaven). [provide, -ence]

prov·i·dent /prɑ́vəd(ə)nt|prɔ́v-/ 形 先見の明のある, 将来に備えて用心深い; 倹約の. be ～ *of* the future 先々のことに用意がいい.
[prudent と同源] ▷ **～·ly** 副

prov·i·den·tial /prɑ̀vədénʃ(ə)l|prɔ̀v- ⑱/ 形〖章〗神の摂理の, 神慮による; 幸運な, 時宜を得た. ▷ **～·ly** 副

próvident society 名〖英〗＝friendly society.

pro·víd·er 名 Ⓒ **1** 〈普通, 修飾語を伴って〉(..な)供給者; 一家の働き手. a good ～ 家族に楽な暮らしをさせる人. the main ～ in the family 主に家計を支える人.
2 プロヴァイダ《インターネットの接続業者》.

†**pro·víd·ing (that)** 接 ＝provided (that).

*__prov·ince__ /prɑ́vəns|prɔ́v-/ 名 (複 **-inc·es** /-əz/) 【地域, 地方】 **1** Ⓒ **州**, **省**, 《カナダなどの行政区画; →state, county, shire》; (昔の日本の行政区画としての)国《「武蔵(むさし)」,「越後(えちご)」など》.
2 〈the ～s; 複数扱い〉**地方**, 田舎, (参考〖英〗では首都 London を除く全国を指す). He's from the ～*s*. 彼は田舎出だ. London and the ～*s* ロンドンと地方.
3 【活動の領域】 Ⓤ〖章〗〈普通 the [one's] ～〉(学問などの)分野, 領域; 職務. the ～ of political science 政治学の分野. It is not (within) my ～ to investigate the cause. その原因の調査は私の仕事の範囲ではない.
【分区】 **4** Ⓒ〖キリスト教〗教会管区.
5 Ⓤ〖生態〗(動植物分布の)地方《region より小》.
[＜ラテン語「職務, (管理)地域」]

*__pro·vin·cial__ /prəvínʃ(ə)l/ 形 **1** ⓒ 〈限定〉**地方の**, 田舎の; 州[省]の. a ～ press 地方新聞. ～ customs 地方の習慣. **2** ⓜ 田舎じみた, 洗練されない, 粗野な. a ～ accent 田舎訛(なま)り. a ～ image 田舎くさい[野暮ったい]イメージ. **3** ⓜ 視野の狭い. a ～ point of view 偏狭な見解. ◇名 province
― 名 Ⓒ **1** 地方人; 田舎者. **2**〖キリスト教〗管区長.
▷ **～·ly** 副 地方的に; 粗野に; 偏狭に. **pro·vìn·ci·ál·i·ty** 名

pro·vín·cial·ìsm 名 **1** Ⓤ 地方性, 田舎風; 粗野, 視野の狭さ, 田舎根性. **2** Ⓒ 方言, お国訛(なま)り.

próving gròund 名 Ⓒ **1** (理論, 機械などの)実験の場. **2** (人の)実力を試す場.

‡**pro·vi·sion** /prəvíʒ(ə)n/ 名 (複 ～s /-z/) **1** Ⓤ **供給**, 支給; **準備**, 用意, 備え, 〈*for, against* ..に対する〉; Ⓒ 支給量[数]. Our gym has ～ *for* a shower. 体育館にはシャワーの設備がある. make ～ *for* one's old age 老後に備える. The farmers had made no ～ *against* the drought. 農民たちは旱魃(かんばつ)に対して何の備えもしていなかった. the ～ of good public transport すぐれた公共輸送機関の設置. a ～ of bread 供給される[た]パン.
2 Ⓒ **貯蔵物**, ストック. Their ～ of oil is plentiful. 彼らの石油の蓄えは豊富だ.
3〖旧〗〈～s〉**糧食**, 食料, (supplies); 〈形容詞的〉糧食[食料]の. We're running out of ～*s*. 我々は食糧が乏しくなってきた. a ～ merchant 食料商人.
4 Ⓤ (法律などで)条項[規定]を設けること 〈*for* ..に関して/*that* 節 ..という〉; Ⓒ 条項, 規定. He left his entire estate to a trust and made no ～ *for* his heirs. 彼は全財産を信託財団に残し, 相続人については何も書き残

さなかった. ◇動 provide
―― 動 他 【章】に食糧を供給する〈*for* ..のために〉; に供給する〈*with* ..〔食料, 燃料など〕を〉. Are you ~*ed for* the voyage? 航海に必要な食糧は積み込んだか. [provide, -sion]

†**pro·vi·sion·al** /prəvíʒ(ə)nəl, -ʒən(ə)l/ 形 一時の, 仮の, 暫定の; 条件付きの. a ~ agreement 仮協定. a ~ government 臨時[暫定]政府.
▷ **~·ly** 副 仮に, 暫定的に.

Provìsional IRÁ 名〈the ~〉IRA 過激派《爆弾テロなども行う; **Províṡionals** とも言う》.

provìsional lícense 名 C 【英】運転仮免許証.

pro·vi·so /prəváizou/ 名 (複 **~s,** 【米】**~es**) C (契約, 協定などの)但し書き, 条件, (condition). with the ~ that ..という条件で. [中世ラテン語 'it being provided (that)']

pro·vi·so·ry /prəváizəri/ 形 【章】 **1** 条件[但し書き]付きの. a ~ clause 但し書き. **2** 仮の, 暫定的の.

Pro·vo /próuvou/ 名 (複 **~s**) C 【話】IRA 過激派の一員 (→the Provisional IRA).

pro·vò·ca·téur 名 =agent provocateur.

†**prov·o·ca·tion** /prɑ̀vəkéiʃ(ə)n|prɔ̀v-/ 名 U 怒らせる[怒る]こと, 扇動[刺激]する[される]こと; C 怒らせるもの; UC 刺激[挑発]するもの. His noisy parties are a ~ to the neighbors. 彼の家の騒々しいパーティーは近所の人たちの立腹の種である. give ~ 怒らせる. fly into a rage at [on] the slightest ~ ちょっと気に障る事でかっと怒る. ◇動 provoke
under provocátion 挑発を受けて, 気に障ることをされて.

†**pro·voc·a·tive** /prəvɑ́kətiv|-vɔ́k-/ 形 怒らせる, 刺激的な; 〔人, 行動, 衣服などが〕(性的に)挑発的な, 興味をそそる; 引き起こす〈*of* ..を〉. She was wearing a rather ~ dress that evening. 彼女はあの晩いささか挑発的なドレスを着ていた. words ~ *of* suspicion 疑念を起こさせる言葉. ▷ **~·ly** 副 (性的に)挑発するように.

***pro·voke** /prəvóuk/ 動 (**~s** /-s/|過 過分 **~d** /-t/|**-vok·ing**) 他 **1**〔物事が〕〔感情, 行動など〕を**起こさせる**, 呼び起こす, 誘発する. ~ laughter [a riot]. 笑いを引き起こす[暴動を引き起こさせる].
2〔人, 物事が〕〔人など〕を**怒らせる**, いらいらさせる. It ~*d* me to see such waste. あんな浪費を見て私は腹が立った.
3 VOC (~ X *to do*)・VOA (~ X *to ../*X *into* (*doing*)*..*) X を刺激[**挑発**]して**..させる**[..の状態に/..するようにする]. She was ~*d to* say more than she intended to. 彼女は挑発されて言うつもりもないことを言ってしまった. ~ a person *to* anger 人を怒らせる. He was ~*d into* say*ing* things he now regrets. 彼は挑発されて今は悔いているようなことを言ってしまった. ◇名 provocation [<ラテン語「呼び出す, 挑む」(<pro-+*vocāre* 'call')]

pro·vók·ing 形 【主に章】腹立たしい, しゃくに障る. ~ noises 腹の立つ騒がしさ. How ~ (of him to say that)! (彼があんなことを言うとは)なんとしゃくに障ることか. ▷ **~·ly** 副

pro·vost /próuvoust, prɑ́vəst|prɔ́vəst/ 名 C **1** 【米大学】(President に次ぐ)副学長, (大学分校の)学長. **2**【英】(特に Oxford や Cambridge 大学の college の)学寮長. **3** (スコットランドの)市長. **4**【英・キリスト教】(大聖堂などの)司祭長.

próvost còurt 名 C 【軍】(占領地に置く)軍事裁判所.

pròvost márshal 名 C 【陸軍】憲兵司令官.

prow /prau/ 名 C 【主に雅】(船の)へさき, 船首, (bow); (飛行機の)機首.

‡**prow·ess** /práuəs/ 名 U 【主に雅】 **1** (特に戦闘の際の)勇気, 勇敢さ; 武勇. **2** (優れた)能力[腕前], 才能, 〈*at, in* ..における/*as* ..としての〉; 【婉曲】性交能力. He has great ~ *as* a hunter. 彼はハンターとして立派な腕があった. academic ~ 優れた学業成績. sexual ~ 性的能力.

†**prowl** /praul/ 動 自 **1**〔動物が〕獲物などを探してうろつく, あさり歩く; 〔人が〕(盗みの目的などで)こそこそうろつき回る; 〈*about, around*〉. **2**【話】ぶらぶら歩く, さまよい歩く, 〈*about, around*〉. ―― 他 〔通りなど〕をうろつき回る.
―― 名 aU 【話】うろつくこと, あさり歩くこと. a columnist always on the ~ for gossip ゴシップ種を求めて常にうろついているコラムニスト. a lion on the ~ for prey 餌をあさり歩いているライオン. [<中期英語]

prówl càr 名 C 【米】パトロールカー (squad car).

prówl·er 名 C うろつく者[獣]; 徘徊(はいかい)する人; 空き巣ねらい.

prox. proximo.

prox·i·mal /prɑ́ksəm(ə)l|prɔ́k-/ 形 **1** 最も近い. **2**【解剖】近位の《体の中心に近い; ↔distal》. ▷ **~·ly** 副

prox·i·mate /prɑ́ksəmət|prɔ́k-/ 形 【章】(時間, 順序, 関係などが)最も近い〈*to* ..に〉; 直前[直後]の〈*to* ..の〉; 〈限定〉(原因などが)直接の; 近似の, おおよその.
▷ **~·ly** 副

†**prox·im·i·ty** /prɑksíməti|prɔk-/ 名 U 【主に章】(時間, 距離, 関係などの)近接, 近いこと, 〈*to* ..に〉. in close ~ *to* ..に接して. The capsule landed somewhere in the ~ of the Bikini Islands. (ロケットの)カプセルはビキニ諸島近辺のどこかに着水した. [<ラテン語 *proximus*「最も近い」]

prox·i·mo /prɑ́ksəmòu|prɔ́k-/ 形 〈名詞の後に置く〉来月の《略 prox.; →inst., ultimo》(★今は商用文以外では【まれ】). the tenth ~ 来月の 10 日. [ラテン語 'in the next (month)']

‡**prox·y** /prɑ́ksi|prɔ́k-/ 名 (複 **prox·ies**) **1** C 代理人; 代理[代用]となるもの; U 代理, 代理権. a ~ vote 代理投票. vote by ~ 代理投票する. war by ~ 代理戦争. stand ~ for ..の代理を務める. **2** C 委任状.

Pru /pruː/ 名 〈the ~〉【話】=prudential.

prude /pruːd/ 名 C 〈けなして〉(特に性的なことに対して)上品ぶる人, 淑女気取りの女.

***pru·dence** /prúːd(ə)ns/ 名 U 【章】 **1** 慎重さ, 用心, 用意周到. **2** 打算. **3** 倹約. ◇↔imprudence

***pru·dent** /prúːd(ə)nt/ 形 m **1**〔人, 言動などが〕**思慮分別のある**, 賢明な; **用心深い**, 慎重な, (careful). a ~ leader 分別のある指導者. It might be ~ to hear the other side of the argument. 反対側の議論も聞いてみる方が賢明でしょう. **2** 打算的な. **3 倹約な**, つましい. ◇名 prudence [<ラテン語「予見する」; provident と同源]
▷ **~·ly** 副 思慮深く; 慎重に; つましく.

Pru·den·tial /pru(ː)dénʃ(ə)l/ 名 〈the ~〉プルデンシャル《英国と米国の世界最大の生命保険会社》.

pru·den·tial /pru(ː)dénʃ(ə)l/ 形 **1**【旧章】分別のある, 思慮深さを示す; 用心深い, 周到な. **2**【米】諮問に答える. ▷ **~·ly** 副

prud·er·y /prúːd(ə)ri/ 名 (複 **-er·ies**) U 〈けなして〉(特に性的なことに関する)上品ぶり, 淑女ぶり; C 〈普通 -eries〉上品ぶった言葉[振舞い].

prud·ish /prúːdiʃ/ 形 〈けなして〉(特に性的なことについて)度を超えて潔癖な, 上品ぶった, 取り澄ました, お堅い. ▷ **~·ly** 副 **~·ness** 名

‡**prune**[1] /pruːn/ 動 他 **1**〔草木〕を刈り込む〈*back*〉; 〔余分な枝, 根など〕を切り取る, 剪(せん)定する, 〈*away, back, off*〉; を切り取る〈*from, off* ..から〉; VOA (~ X *of ..*) X (木など)から..を切り取る. ~ hedges 生け垣を刈り込む. ~ an apple *of* dead branches りんごの木から枯枝を切り取る.
2〔文章など〕から不要部分を取り除いて簡潔にする, を切り詰める, 〈*away, down*〉; VOA (~ X *of ..*) X から〔不要な部分など〕を取り除く, 削除する. ~ and polish one's manuscript 原稿を切り詰めて文章に磨きをかける, 推

敲(こう)する. ～ expenses 費用を切り詰める. ～ a manuscript *of* redundant parts 原稿の余分な部分を削る. [＜古期フランス語]

prune[2] 名 C **1** 干した西洋スモモ (dried plum), プルーン; プルーンにする西洋スモモの一種. dried ～*s* 干しスモモ. stewed ～*s* 煮込んだプルーン《普通, デザートに食べる》. **2**〖話〗ばか者, 間抜け. [＜ギリシア語]

prun·er /prúːnər/ 名 C 刈り込み[剪(せん)定]をする人[道具].

prun·ing /prúːniŋ/ 名 U 刈り込み, 剪(せん)定.

prúning hòok 名 C (長柄の)刈り込み鎌(かま).

prúning shèars 名 〈複数扱い〉剪(せん)定ばさみ.

pru·ri·ence, -en·cy /prú(ə)riəns/, /-si/ 名 U〖章〗好色, 淫(いん)乱.

pru·ri·ent /prú(ə)riənt/ 形〖章〗好色の, 猥褻(わいせつ)な, 淫(いん)乱の. appeal to the ～ interest of the readers 読者の好色的興味をかき立てる. ～ literature 好色文学. [＜ラテン語「かゆく感じる」] ▷ **～·ly** 副

pru·ri·tus /pru(ə)ráitəs/ 名 U〖医〗掻痒(そうよう)症.

Prus·sia /prʌ́ʃə/ 名 プロシア《ドイツ北部にあった旧王国; ドイツ連邦の中心的な国であったが, 1947 年に連合国管理委員会により解体された》.

Prus·sian /prʌ́ʃ(ə)n/ 形 プロシアの; プロシア人の; プロシア語の; プロシアの軍隊のような, 厳格な. ── 名 C プロシア人; U プロシア(地方)語. ▷ **～·ìsm** 名 U プロシア主義[精神]《専制的軍国主義が特徴》.

Prùssian blúe 名 U 紺青(こんじょう)《青色の顔料》.

prus·sic /prʌ́sik/ 形〖化〗青酸の.

prùssic ácid 名 U 青酸 (hydrocyanic acid).

†**pry**[1] /prai/ 動 (**pries**|過 過分 **pried**|**prý·ing**) 自 **1** 詮索(せんさく)する, のぞき込む, 〈*into* ..を〉. I don't want you ～*ing into* my private life. 私の私生活についてとやかく詮索してほしくない. **2** のぞき回る〈*about* ..を〉. ── 名 C 詮索(好きな人), のぞき見(する人). [＜中期英語]

pry[2] 動 (**pries**|過 過分 **pried**|**prý·ing**) 他〖主に米〗**1** VOA (～/X/***up***) X をてこで)持ち上げる; (～/X/***off***) X を(てこで)取りはずす; (～/X/***away***) X を力ずくで[無理に]引き離す; VOC (～ X Y) X をてこで動かして Y の状態にする. He *pried* ˪the lid open [open the lid] with a screwdriver. 彼はふたをねじ回しでこじ開けた. **2** VOA (～ X ***out of, from ..***) ..から(骨を折って) X を入手する, やっと引き出す. None of us could ～ a word *out of* him. 我々のだれも彼から一言も引き出せなかった. ── 名 C てこ, かなてこ. [＜*prize*[3]]

prý·ing 形 〔人や目が〕じろじろ見る, 詮索(せんさく)する(ような); 好奇心の強い. away from ～ eyes (人に見られぬように)こっそり. ▷ **～·ly** 副

PS. passenger steamer; phrase structure;〖英〗police sergeant; postscript; private secretary; prompt side; Public School.

Ps. Psalm; Psalms.

ps. pieces; pseudonym.

***psalm** /sɑːm/ 名 (複 **～s** /-z/) C **1** 賛美歌, 聖歌; 〈また P-〉詩篇(へん)の中の聖歌. **2**〖聖書〗〈the Psalms; 単数扱い〉詩篇《旧約聖書中の一書; また **the Bòok of Psálms, the Psàlms of Dávid**; 略 Ps.》. [＜ギリシア語「ハープを掻き鳴らして歌う歌」]

psálm·ist 名 C **1** 賛美歌作者. **2** 〈(the) P-〉詩篇(へん)の作者《ダヴィデ王 (David)》.

psal·mo·dy /sɑ́ːmədi, sǽl-/ 名 (複 **-dies**) U (教会で祈禱(とう)の際の)賛美歌詠唱(法), 聖歌を歌うこと[の歌い方]; C 聖歌集, 賛美歌集.

Psal·ter /sɔ́ːltər/ 名 C **1** 〈the ～〉〖聖書〗詩篇(へん)《特に祈禱(とう)書中の詩篇》. **2** 〈時に p-〉詩篇集《礼拝用にまとめたもの》.

psal·ter·y /sɔ́ːlt(ə)ri/ 名 (複 **-ries**) C プサルテリウム《古代の弦楽器の一種; 指又はばちでかき鳴らす》.

pse·phol·o·gy /siːfɑ́lədʒi|sefɔ́l-/ 名 U 選挙学《選挙の投票の分析, 研究》. [ギリシア語「小石, 投票」, -ology] ▷ **pse·pho·log·i·cal** /sìːfəlɑ́dʒikl|sèfələ́dʒ-/ 形 **pse·phól·o·gist** 名

pseud /s(j)uːd/ 名 C〖主に英話〗(特に文学, 美術などについて)通ぶる人, 知ったかぶり屋. ── 形 ＝pseudy.

pseud. pseudonym.

pseu·do /s(j)úːdou/ 形〖話〗偽の, まがいの, 似て非なる.

pseu·do- /s(j)úːdou, -də/ 〈複合要素〉「偽, 擬, 仮」の意味. *pseudo*classicism (擬古典主義). [ギリシア語 *pseudḗs* 'false']

‡**pseu·do·nym** /s(j)úːdənìm/ 名 C ペンネーム, 仮名(かめい), (→alias). under the ～ of ..というペンネームで. [pseudo-, ギリシア語 *ónoma*「名前」] ▷ **～·y** 名

pseu·don·y·mous /s(j)uːdɑ́nəməs|-dɔ́n-/ 形 ペンネームを使う[で書かれた]. a ～ writer 匿名ライター.

pseu·do·po·di·um /s(j)ùːdəpóudiəm/ 名 (複 **pseu·do·po·di·a** /-diə/) C〖動〗(アメーバなどの)仮足, 偽足.

psèudo·scíence 名 U 似非(えせ)[擬似]科学.

pseud·y /s(j)úːdi/ 形 e〖主に英話〗知ったかぶる, 知ったかぶり屋の.

pshaw /(p)ʃɔː/ 間〖旧〗ちえっ, ちくしょう, なあんだ, 《軽蔑, じれったさ, 不快などを表す》.

psi /sai, psai|psai/ 名 UC プシー《ギリシア語アルファベットの 23 番目の文字; Ψ, ψ; ローマ字の ps に相当》.

psit·ta·co·sis /sìtəkóusəs|(p)sìt-/ 名 U〖医〗オウム病《人間にも伝染するオウム類の病気》.

pso·ri·a·sis /səráiəsəs/ 名 U〖医〗乾癬(かんせん)《皮膚病の一種》.

psst /ps(t)/ 間 ねえ, ちょっと, 《こっそりと相手の注意を引く発声》.

PST, P.S.T., p.s.t. Pacific Standard Time.

psych, psyche /saik/ 動 他〖話〗＝psychoanalyze; に心理療法[作戦]を用いる.

psỳch(e) óut (心理的に)動揺する, 混乱する.

psỳch(e) /../ óut (1)〔敵〕に心理作戦を用いる; ..を(心理的に)混乱させる, 圧倒する, 呑んでかかる, ..に自信をなくさせる. (2) (前もって)..の手の内を読む, ..を勘で見抜く.

psỳch(e) úp 心構えをする〈*for* ..に対する〉.

psỳch(e) /../ úp ..にベストを尽くす心構えをさせる〈*for* ..に対する〉. ～ oneself *up* [get ～*ed up*] *for* ..に備えて気持ちを高める, ..に対して心構えができる.

psych. psychological; psychologist; psychology.

Psy·che /sáiki(ː)/ 名 **1**〖ギ・ロ神話〗プシュケ《愛の神 Eros (又は Cupid) が愛した蝶の羽を持つ美少女; 人間の霊魂の化身と言われる》. **2** C〖雅〗〈p-; 普通, 単数形で〉(人間の)霊魂, 精神. **3** 〈p-〉〖心〗精神. [ギリシア語]

psy·che·de·lia /sàikədíːliə/ 名 U サイケデリックな芸術作品《音楽, 美術など》, 幻覚世界.

psy·che·del·ic /sàikədélik/ 形 幻覚を起こさせる(ような), 陶酔感を与える, サイケ調の〔色, 模様, 音楽など〕. ── 名 C 幻覚剤(常用者). [＜ギリシア語「魂」＋「明らかな」] ▷ **psy·che·del·i·cal·ly** /-k(ə)li/ 副

†**psy·chi·at·ric, -ri·cal** /sàikiǽtrik/, /-k(ə)l/ 形 〈限定〉精神医学の, 精神病治療の. ～ disorders 精神病. ▷ **psy·chi·at·ri·cal·ly** 副

psỳchiatric hóspital 名 C 精神病院.

†**psy·chi·a·trist** /saikáiətrist, sə-/ 名 C 精神科医, 精神病学者.

‡**psy·chi·a·try** /saikáiətri, sə-/ 名 U 精神病学; 精神病療法.

‡**psy·chic** /sáikik/ 形 **1** 霊魂の; 心霊の; 超自然の. ～ phenomena 心霊現象. ～ powers 超能力. **2** 〔病気が〕心の, 精神的な. **3** 〔人が〕心霊作用に感応する, 超能力を有する. ── 名 C 超能力者; 霊媒, 巫子(みこ).

psy·chi·cal /sáikik(ə)l/ 形〖章〗＝psychic 1, 2.

▷ ~·ly [副]
psỳchic réséarch /ˌ-‐-ˊ-/ [名] [U] 心霊研究.
psy·cho /sáikou/ [名] ([複] ~s), [形] 〖話〗＝psychopath(ic).
psy·cho- /sáikou/ 〈複合要素〉「精神, 心理, 霊魂」の意味. [ギリシア語 *psūkhḗ* 'soul, spirit']
psỳcho·áctive /[移]/ [形] 〔麻薬などが〕精神に作用する.
‡**psỳcho·análysis** [名] [U] 精神分析(学); 精神分析療法. undergo ~ 精神分析(療法)を受ける.
psỳcho·ánalyst [名] [C] 精神分析医[学者].
psỳcho·ànalýtic, -ical /[移]/ [形] 精神分析(学)の.
▷ **psỳcho·ànalýtically** /-k(ə)li/ [副]
psỳcho·ánalỳze [動] [他] を精神分析する, 精神分析で治療する.
psýcho·bàbble [名] [U] 〖話・軽蔑〗心理学用語まがい, 素人の精神分析談義.
psỳcho·biólogy [名] [U] 精神生物学《肉体を精神の観点から研究する》.
psýcho·dràma [名] [U] 〖精神医〗心理劇(療法).
psycho·genic /sàikoudʒénik [移]/ [形] 〖心・医〗精神から起こる, 心因性の.
psỳcho·kinésis [名] [U] 〖心霊〗念力《精神力で物を動かす能力》.
psỳcho·kinétic /[移]/ [形] 念力の.
▷ **psycho·kinetically** /-k(ə)li/ [副]
psỳcho·linguístics [名] 〈単数扱い〉心理言語学.
***psy·cho·log·i·cal** /sàikəlɑ́dʒik(ə)l|-lɔ́dʒ- [移]/ [形] **1** [c] 〈限定〉**心理学(上)の.** **2** [m] 心理的な, 精神的な. ~ abuse 精神的虐待.
▷ **~·ly** [副] 心理的に; 心理学上.
psỳchological móment [名] 〈the ~〉絶好の瞬間[機会]. wait for the ~ to do it それをするのに絶好の時を待つ.
psỳchological wárfare [名] [U] 心理戦, 神経戦.
†**psy·chol·o·gist** /saikɑ́lədʒist|-kɔ́l-/ [名] [C] 心理学者; 〖話〗人の性格や心を見抜く人.
‡**psy·chol·o·gy** /saikɑ́lədʒi|-kɔ́l-/ [名] ([複] **-gies** /-z/) **1** [U] **心理学.** social ~ 社会心理学. **2** [UC] 〖話〗**心理,** 心理状態. His ~ is not stable. 彼の心理状態は不安定だ. feminine ~ 女性の心理. **3** [U] 〖話〗人の心理を理解する力, 読心術. [psycho-, -logy]
psỳcho·métric [形] 〈限定〉精神[心理]測定(学)の.
psỳcho·métrics [名] [U] 精神測定(学), 心理測定(学).
psỳcho·neurósis [名] ([複] **psy·cho·neu·ro·ses** /-si:z/) [UC] 精神神経症.
psỳcho·neurótic /[移]/ [形] 精神神経症の.
psy·cho·path /sáikəpæ̀θ/ [名] [C] 精神病質者, 変質者, 《psychotic よりは軽症》.
psy·cho·path·ic /sàikəpǽθik [移]/ [形] 精神病質の, 精神異常の. a ~ personality 異常性格者, 変質者; 精神病質的性格. ▷ **psycho·pathically** /-k(ə)li/ [副]
psỳcho·pathólogist [名] [C] 精神病理学者.
psỳcho·pathólogy [名] [U] 精神病理学.
▷ **psỳcho·pathológical** /-pæθəlɑ́dʒik(ə)l|-lɔ́dʒ- [移]/ [形] **psỳcho·pathológically** [副]
psy·chop·a·thy /saikɑ́pəθi|-kɔ́p-/ [名] [U] 精神病質《psychosis よりは軽症》.
‡**psy·cho·sis** /saikóusəs/ [名] ([複] **psy·cho·ses** /-si:z/) [UC] 精神病, 精神異常.
psỳcho·somátic /[移]/ [形] 精神身体の, 心身相関の, 《精神的ストレスなどによる身体の病気の》. ~ medicine 精神身体医学. ~ disease 心身症.
▷ **psycho·somatically** /-k(ə)li/ [副]
psỳcho·thèrapéutic /[移]/ [形] 心理療法の.
‡**psỳcho·thérapy** [名] [U] サイコセラピィ, 心理[精神]療法, 心理治療学. ▷ **psycho·therapist** /-pist/ [名]
‡**psy·chot·ic** /saikɑ́tik|-kɔ́t-/ [形] 精神病の, 精神異常の, ([類語] mad の意味の専門用語). —— [名] [C] 精神病者. ▷ **psy·chot·i·cal·ly** /-k(ə)li/ [副]
psy·cho·trop·ic /sàikoutrɑ́pik|-ɔ́- [移]/ [形] 〔薬が〕精神に作用する, 向精神性の.
PT Pacific Time; 〖英〗physical training.
Pt 〖化〗platinum.
pt. part; payment; pint; point; port.
p.t. past tense; pro tempore.
PTA Parent-Teacher Association.
pta peseta.
ptar·mi·gan /tɑ́:rmigən/ [名] ([複] ~, ~s) [C] 〖鳥〗ライチョウ (grouse) の一種. [<ゲール語]
PT bòat /pì:tí:-/ [名] [C] 〖米海軍〗哨(しょう)戒魚雷艇《小型で快速; <*p*atrol *t*orpedo *boat*》.
Pte 〖英〗private (兵卒).
pter·o·dac·tyl /tèrədǽktil/ [名] [C] 〖古生物〗プテロダクティルス《翼竜の一種; 翼竜目の爬(は)虫類》. [<ギリシア語 *pterón*「翼」+*dáktulos*「指」]
ptg. printing.
PTO, pto Please turn over (裏面をごらんください;〖米〗over).
Ptol·e·ma·ic /tɑ̀ləméiik|tɔ̀l- [移]/ [形] トレミー (Ptolemy 1) の, 天動説の, (→Copernican).
Ptòlemaic sýstem [名] 〈the ~〉天動説.
Ptol·e·my /tɑ́ləmi|tɔ́l-/ [名] **1 Claudius ~** トレミー, プトレマイオス, 《2世紀ごろのギリシア人で天文学・数学・地理学にわたり古代最高の科学者の1人; 天動説を主張》. **2** 〖史〗プトレマイオス《紀元前4–1世紀にエジプトを支配したマケドニア王朝 (Cleopatra の死で断絶)の歴代の王の名》. the *Ptolemies* プトレマイオス王家[諸王].
pto·main(e) /tóumein, -ˊ/ [名] [U] 〖化〗プトマイン《蛋白(たんぱく)質 (proteins) の腐敗によって生じる物質の総称; しばしば有毒》. ~ poisoning プトマイン中毒. [ギリシア語「死体」, -ine²]
PTSD post-traumatic stress disorder.
Pty 〖オース・ニュー・南ア〗Proprietary (Company). ★会社名の後に付ける.
Pu 〖化〗plutonium.
***pub** /pʌb/ [名] ([複] **~s** /-z/) [C] 〖英話〗**酒場, パブ,** 居酒屋. go to [down 〖話〗] the ~ パブに行く. a ~ lunch パブでの昼食. —— [動] [自] 〖話〗パブによく行く. [<*pub*lic house]
pub. public; publication; published; publisher; publishing.
púb-cràwl 〖英話〗[動] [自] はしご酒をする. —— [名] [C] はしご酒, 飲み歩き. go on a ~ はしご酒をする.
‡**pu·ber·ty** /pjú:bərti/ [名] [U] 思春期《生殖能力を持つようになる時期; 男子14歳, 女子12歳ごろから》. reach the age of ~ 年ごろになる. [<ラテン語 *pūber*「成人」]
pu·bes·cence /pju:bésns/ [名] [U] 〖章〗思春期 (puberty) に達したこと.
pu·bés·cent [形] 〖章〗思春期に達した, 成人した.
pu·bic /pjú:bik/ [形] 〈限定〉恥骨の; 陰毛の. the ~ bone 恥骨. ~ hair 陰毛.
pu·bis /pjú:bəs/ [名] ([複] **pu·bes** /-bi:z/) [C] 〖解剖〗恥骨 (pubic bone).
publ. public; publication; published; publisher; publishing.
‡**pub·lic** /pʌ́blik/ [形] **【人々一般の】** **1** [c] 〈限定〉**公衆の,** 公の, 一般人民の, (↔private). ~ welfare 公共の福祉. in the ~ eye 世間の注目を浴びて. a ~ holiday 国民祝日. for the ~ good [interest(s)] 公益のために. a ~ speaker 人前で話す人, 演説者.
2 【一般のための】 [c] 〈限定〉**公務の,** 公的の, 国家[地域社会]の[による], (↔private). the ~ debt [〖英〗funds] 国債[公債]. ~ men 公人. ~ money 公金. ~ offices 官公庁署; 公職. be in [withdraw from] ~ life 公職についている[から身を引く]. a ~ statement 公

式発表. make one's ～ appearance 公に姿を現す. 【一般に開かれた】 **3** Ⓒ 公共(のため)の, **公衆用の**, 公立の, 公開の. ～ transportation 公共輸送機関. ～ facilities 公共施設. a ～ hall 公会堂. a ～ library 公立[公共]図書館. a ～ lecture 公開講演. **4** Ⓜ 〖英〗 大学全体の, 全学の, 《学寮 (college) ではなく》.
5 Ⓜ 秘密でない, **公然の**. make a ～ protest 公然と異議を申し立てる.
6 Ⓒ 周知の. a ～ scandal 世間周知の醜聞. a ～ figure 著名[有名]人. It is (a matter of) ～ knowledge that the couple are leading a cat-and-dog life. あの夫婦が仲の悪いのは周知の事実だ. become ～ 公になる. ◇動 publish 名 publicity
gò públic 〔会社が〕株式を一般公開[上場]する; 公表する 〈*with, on, about* ..〔秘密, 情報など〕を〉; 〔秘密などが〕公になる.
màke..públic ..を公表する; さらけ出す.
── 名 **1** Ⓤ 〈the ～; 単複両扱い〉 **一般人民**, 民衆, 公衆, 一般社会, 世間. The ～ has a right to know. 国民は知る権利がある. The ～ are not admitted. 一般の方の入場お断り. be open to the ～ 一般の人に開放[公開]されている. the American ～ アメリカの社会.
2 ⓊⒸ 〈単数形で〉 (**a**) (共通の関心などを持つ)人々. the viewing ～ 視聴者《複数》. (**b**) ***..***界, ..仲間, 同好のグループ, 愛好者たち. the reading ～ 一般読者層, 読書人たち. the theatergoing ～ 演劇愛好家たち. (**c**) (特定の作家や本の)読者; (音楽家などの)聴衆, 観客. Her books are read by a fairly large ～ in Japan. 日本には彼女の本の読者がかなり大勢いる. The singer failed to satisfy his ～ that night. 歌手はその晩聴衆を満足させることができなかった. **3** 〖英話〗 ＝public bar; ＝public house.
in públic 人前に[で]; おおっぴらに, 公然と. appear *in* ～ 〔国王などが〕公開の場に出る. She always acts shy *in* ～. 彼女は人前ではいつでも恥ずかしそうにふるまう.
wàsh one's dìrty línen in públic →linen.
[＜ラテン語 *pūblicus*「公の」(＜*populus*「人々(*populus*) の」)]

pùblic áccess 名 Ⓤ 一般人の近うく[入る, 入手する]権利 〈*to* ..〔ある土地, 地域, 情報など〕に, を〉.

pùblic áccess tèlevision [chànnel] 名 Ⓒ 〖主に米〗 視聴者制作番組用ケーブルテレビチャンネル.

pùblic-addréss sỳstem 名 Ⓒ 拡声装置《マイク, アンプ, 拡声器など屋外, 劇場内などでの放送用; 略 PA system》.

pùblic affáirs 名 〈複数扱い〉 社会全体にかかわる問題《特に政治問題》.

pub·li·can /pʌ́blikən/ 名 Ⓒ **1** 〖英〗 居酒屋 (pub) の主人. **2** 〖古ローマ〗 収税人.

*‡***pub·li·ca·tion** /pʌ̀bləkéiʃ(ə)n/ 名 (複 **～s** /-z/)
1 Ⓤ **公表**, 発表, 公布. the ～ of a person's death 人の死亡の発表. the free ～ of ideas 思想を自由に発表すること.
2 Ⓤ **出版**, 発行, 刊行. suppress [suspend] ～ 発行を禁止[停止]する. finance the ～ of one's book at one's own expense 自費出版する. the date of ～ 発行年月日.
3 Ⓒ **出版物**, 刊行物. a monthly ～ 月刊刊行物. new ～*s* 新刊書.
◇ 動 publish [＜ラテン語「公表」(＜*pūblicāre* 'publish')]

pùblic bár 名 Ⓒ 〖英〗 (パブの)大衆席《ここでは飲み物なども安い: 高級な lounge bar とは, 横棒で隔離されていたのが, 近年両者の区別はなくなりつつある》.

pùblic bíll 名 Ⓒ 〖法〗 一般法律案 (→private bill).

pùblic cómpany 名 Ⓒ 〖英〗 株式公開会社《株式会社又は株式資本を有する保証有限責任会社》.

pùblic convénience 名 Ⓒ 〖英〗 公衆便所 (〖米〗 comfort station).

pùblic corporátion 名 Ⓒ **1** 〖米〗 株式公開会社. **2** 〖主に英〗 公共企業体; 公社, 公団.

pùblic débt 名 Ⓒ 〖米〗 国債 (〖英〗 national debt).

pùblic defénder 名 Ⓒ 〖米〗 公選弁護人.

pùblic domáin 名 Ⓤ 〈普通 the ～〉 **1** 〖米〗 公有地. **2** (情報などが)公になっていること; 著作[特許]権消滅状態. go into [be in] the ～ (著作権などが)切れる[ている].

pùblic educátion 名 Ⓤ 公教育 (→private education).

pùblic énemy 名 Ⓒ 公敵, 社会の敵, 《凶悪犯人など》.

pùblic héalth 名 Ⓤ 公衆衛生.

pùblic hóuse 名 Ⓒ 〖英・章〗 パブ, 酒場, (pub).

pùblic hóusing 名 Ⓤ 〖米〗 (低所得者用の)公営住宅(〖英〗 council house).

pùblic inquíry 名 Ⓒ (事故原因などの)公式調査.

pub·li·cist /pʌ́bləsist/ 名 Ⓒ **1** 政治[時事]評論家; (時事問題の)ジャーナリスト; 国際法学者. **2** (劇団などの)宣伝[広報, 新聞]係.

***pub·lic·i·ty** /pʌblísəti/ 名 Ⓤ **1** よく知れ渡ること; 知れ渡った情報, **評判**; (↔privacy). Greenpeace is still receiving a good deal of ～. グリーンピースは今なおずいぶん名を売っている. gain ～ 評判になる. seek ～ 売名に努める. avoid [shun] ～ 有名になるのを避ける.
2 広報(活動), 宣伝(方法), **広告**, 公表, (類語 特定の人や物の知名度を高めるための宣伝活動; →advertisement). smart ～ tactics 鮮やかな宣伝作戦. a big ～ campaign for a movie 映画の大々的な宣伝活動. give ～ to ..を公表する; ..の広報活動を行う, ..を広告する.
in the glàre of publícity →glare.

publícity àgent 名 Ⓒ 広告代理業者; (劇団・プロダクションなどの)宣伝[広報]係 (**publícity màn**).

†**pub·li·cize** /pʌ́bləsàiz/ 動 他 を公表する; を宣伝[広告]する.

públic làw 名 Ⓤ 〖法〗 公法 (→private law).

pùblic limited cómpany 名 ＝public company《略 plc》.

púb·lic·ly 副 **1** 公然と, おおっぴらに, (in public) (↔privately). You had better not say that ～. それはおおっぴらに言わない方がいい. **2** 公的に, 公に. the system of ～ aided theaters 公的に[税金で]劇場を援助する制度.

pùblic núisance 名 Ⓒ 〈普通, 単数形で〉 公的不法妨害; 公害; 〖話〗 世間の迷惑になる人.

pùblic opínion 名 Ⓤ 世論. a ～ poll 世論調査.

pùblic ównership 名 Ⓤ (特定の産業などの)国有(権).

pùblic pólicy 名 Ⓤ 公序良俗.

pùblic próperty 名 Ⓤ **1** 公有財産[地] (↔private property). **2** (情報などの)筒抜け状態.

pùblic prósecutor 名 Ⓒ 検察官 (→district attorney).

pùblic púrse 名 〈the ～〉 国庫.

(Pùblic) Récord Ôffice 名 〈the ～〉 公文書保管所《もとはロンドンの the City に, 今は Kew Gardens 近くにある》.

pùblic relátions 名 **1** Ⓤ 〈単数扱い〉 広報活動, ピーアール, 《略 PR》. **2** 〈複数扱い〉 (組織などの)対外的関係, 社会的立場.

pùblic relátions òfficer 名 Ⓒ 広報係[担当者]《略 PRO》.

públic schòol 名 ⓊⒸ **1** 〖米・オース・スコ〗 公立小・中・高等学校 (→private school). **2** 〖英〗 パブリックスクール《主に中流以上の子弟, 主に男子に英国紳士の教育を施す(多くは)全寮制私立中・高等学校; →school

表; →grammar school》.
[ラテン語 *pūblica schola* の英訳]
pùblic séctor [名] 〈the ～〉(一国の)公営企業(総体)(→private sector).
pùblic sérvant [offícial] [名][C] 公務員.
pùblic sérvice [名] **1** [C] 公共事業《電気, 交通, 健康保険, ごみ処理など》. **2** [U] 公務; 国の業務. **3** [U] 公共奉仕.
pùblic-sérvice corporàtion [名][C] 《米》公益事業会社.
pùblic spéaking [名][U] 演説(法).
pùblic spénding [expénditure] [名][U] 公共事業費.
pùblic spírit [名][U] 公共心.
pùblic-spírited /-əd [移]/ [形] 公共心のある.
pùblic télevision [名][U] 《米》公共テレビ放送《文化・教育番組を寄付金・公共の基金によって放送する》.
pùblic tránsport [名][U] (定期的に運行される)公共輸送機関《バス, 電車など》.
pùblic transportátion [名]《米》=public transport.
pùblic utílity [名][C] 公益企業体; 公益[公共]事業; 《電気, ガス, 鉄道などの事業を国の規制を受けて行う》. ～ rate 公共料金.
pùblic wórks [名] 〈複数扱い〉公共土木建設物[事業]《道路, ダム, 郵便局など》. a ～ project 公共事業.
‡**pub·lish** /pʌ́bliʃ/ [動] (～·es /-əz/|[過][過分] ～ed /-t/|～·ing) [他] **1** 〔出版社や著者が〕〔書籍, 雑誌など〕を**出版する**, 発行する; 〔新聞, 雑誌などが〕〔記事, 写真など〕を掲載する, を記事にする. Hardy ～*ed* his first novel in 1871. ハーディーは最初の小説を 1871 年に出版した. To be ～*ed* in June. 6 月発行予定. He found his letter ～*ed* in the paper. 彼は自分の手紙が新聞に掲載されているのを見た.
2 を**発表する**, 公表する; 〔法律など〕を公布する. ～ his marriage 彼の結婚を公にする. The latest US-Japan trade figures are to be ～*ed* next week. 日米貿易の最新の数字が来週発表される予定である.
── [自] **1** 発表する. **2** 研究成果を論文[本]にする.
◇[名] publication
pùblish or pérish 《米》'出版するか死ぬるか'《研究を発表しなければ職を失いかねない米国の大学教師のつらい立場を言い表す》.
[＜ラテン語 *pūblicāre*「公にする」; public, -ish²]
***pub·lish·er** /pʌ́bliʃər/ [名] ([複] ～s /-z/) [C] **出版業者**, 出版社, 発行者. a ～ of educational books 教育図書の出版社.
‡**púb·lish·ing** [名][U] 出版; 出版業. get a job in ～ 出版社に就職する.
públishing hòuse [名][C] 出版社.
Puc·ci·ni /putʃíːni/ [名] **Giacomo** ～ プッチーニ (1858-1924)《イタリアのオペラ作曲家》.
puce /pjuːs/ [名][U], [形] (紫がかった)暗褐色(の).
puck¹ /pʌk/ [名][C] いたずらの小妖(よう)精; いたずらっ子; 〈P-〉 パック《英国の民話などに登場するいたずら小妖精; Shakespeare の *A Midsummer Night's Dream* に現れるものが有名》.
puck² [名][C] パック《アイスホッケー用の普通, 硬質ゴム製の黒い円盤》.
puck·er /pʌ́kər/ [動] [他] にひだを寄せる, しわを寄せる, ひきつれを作る; 〔唇など〕をすぼめる 〈*up*〉. The cloth was ～*ed*. 布のひだをとった. ～ *up* one's forehead [eyeblows] 額にしわを寄せる[まゆをひそめる]. ～ *up* one's mouth [lips] 口をすぼめる. ── [自] 〔衣類などが〕しわになる, 縮む, すぼむ, 〈*up*〉. Her face ～*ed* (*up*) in pain. 痛みで彼女はしかめ面をした.
── [名][C] しわ, ひだ, ひきつれ; (唇などの)すぼめ. His lips were in a ～ while he thought about it. 彼はそのことを考えながら口をとがらせていた. [poke², -er³]
puck·er·y /pʌ́k(ə)ri/ [形] しわになる; しわの寄った, ひっつれのできた; 口をすぼませるような.
puck·ish /pʌ́kiʃ/ [形] 《雅》いたずらっぽい, 腕白な.
pud /pud/ [名] 《英話》=pudding 1.
***pud·ding** /púdiŋ/ [名] ([複] ～s /-z/) **1** [UC] プディング《日本で最も一般的な custard ～ (いわゆるプリン)だけでなく種類はきわめて多い; plum ～ のようにフルーツケーキに似たものや, black ～ のように腸詰めにしたものもある》. The proof of the ～ is in the eating. →proof [名] 3.
2 [UC] 《主に英》デザート (dessert). What's for ～? デザートは何ですか. **3** [C] プディング状のもの; 《話》太った大きな顔(の人). **4** [C] 《話》=pudding head.
in the púdding clùb →club² [名].
[?＜古期フランス語(＜ラテン語 *botulus*「ソーセージ」)]
púdding bàsin [名][C] 《英》プディング調理用ボウル[深鉢]; (その形に似た)帽子, 髪型.
púdding fàce [名][C] 《話》太った大きな顔.
púdding hèad [名][C] 《話》間抜け, ばか.
púdding stòne [名][C] =conglomerate [名] 2.
‡**pud·dle** /pʌ́dl/ [名] **1** [C] (道路などの)水たまり; (ミルクなどの)たまり. step in a ～ 水たまりに踏み込む. The bath ran over and made ～*s* all through the house. ふろ水があふれて家中に水たまりができた. **2** [U] こね土《粘土と砂と水をこねたもの; 堤防などの水漏れを防ぐために塗る》.
── [動] [他] **1** を泥だらけにする; 〔水〕を濁らせる. **2** 〔粘土など〕でこね土を作る; にこね土を塗る.
3 《冶(や)金》(精錬のため)〔溶鉄〕を攪拌(かくはん)する.
[＜古期英語「溝」]
pu·den·dum /pjudéndəm/ [名][C] ([複] **pu·den·da** /-də/) 〈普通 pudenda で〉《章》(女性の)外陰部. [ラテン語「恥ずかしい(部分)」]
pudg·y /pʌ́dʒi/ [形] [e] 《話》=podgy.
pueb·lo /pwéblou|puéb-/ [名] ([複] ～s) [C] **1** プエブロ《アドービれんが (adobe) と石でできた北米先住民の集合住宅; その集落; 米国南西部に特に多い》. **2** (中南米, フィリピンの)町, 村. **3** 〈P-〉 プエブロインディアン《プエブロに住む先住民の部族(の人)》. [スペイン語 'people']
pu·er·ile /pjú(ə)rəl|-ràil/ [形] 《章》子供っぽい, 幼稚な, (childish). [＜ラテン語「少年 (*puer*) の」]
pu·er·il·i·ty /pju(ə)ríləti/ [名] ([複] **-ties**) 《章》 **1** [U] 子供っぽさ, 幼稚. **2** [C] 〈普通 -ties〉 子供っぽい言動[考え方].
pu·er·per·al /pjuə́ːrp(ə)rəl/ [形] 《医》出産の, 分娩(ぶんべん)による.
puèrperal féver [名][U] 産褥(さんじょく)熱.
Puer·to Ri·can /pwèərtə-ríːkən|pwə̀ːtou- [移]/ [形], [名][C] プエルトリコの, プエルトリコ人(の).
Puer·to Ri·co /pwèərtə-ríːkou|pwə̀ːtou-/ [名] プエルトリコ《西インド諸島の島; 米国の自治領; 首都 San Juan》. [スペイン語 'rich port']
***puff** /pʌf/ [名] ([複] ～s /-s/) [C] **1** (息, 空気, 煙などの)ひと吹き, ぷっと吹くこと[音]; ひと吹きの量; (たばこの)ひと吸い[ふかし] (drag). He blew out the candles with a ～. 彼はひと吹きでろうそくをみな消した. take a ～ [quick ～*s*] at [from] one's cigarette たばこを一服[すぱすぱ(気ぜわしげに)]吸う. a ～ of dust 一陣の砂ぼこり.
2 《主に英話》息 (breath). out of ～ →成句.
3 ふわっとふくれた物; (ちょっとふくれた)はれ, こぶ; (頭髪の)パフ; 《米》羽根布団 (eiderdown). ～*s* of cloud ふわふわした雲. **4** 化粧用パフ (powder puff). **5** (シュークリームなどの)軽焼き菓子, パイ皮. a cream ～ シュークリーム. **6** (服装の)ふくらみ《袖(そで)やスカートなどのギャザーでふくらんだ部分》. **7** 《旧話》(新聞, 広告などの)誇大な賛辞, 吹聴(ふいちょう). **8** 《英俗》ホモ (poof). **9** 《英話》一生. in all one's ～ 生まれてこのかた.
out of púff 《主に英話》息切れした[して].
── [動] (～s /-s/|[過][過分] ～ed /-t/|**púff·ing**) [自]

1 (**a**) **煙**などを**ぷっと吹き出す**; 〔煙などが〕ぷっと吹き出る; すぱすぱ吹かす 〈*at*, *on* ..〔たばこなど〕を〉. He ~*ed on* [*at*] his pipe. 彼はパイプを吹かした. He sat ~*ing away* for a while. 彼は腰を下ろしてしばらく(たばこを)吹かしていた. (**b**) VA 〔汽車が〕しゅっしゅっと煙を吐きながら進む; 〔人が〕汽車で行く; 〈*along*〉. The steam engine ~*ed* uphill. 蒸気機関車はぽっぽっと蒸気を出しながら坂を登って行った.
2 **息を切らす**, あえぐ; あえぎながら進む. The old man ~*ed* up the stairs. 老人はあえぎながら階段を上った.
3 ぷっとふくれる, 〔傷口などが〕はれる, 〈*up*, *out*〉. The snake's jaws ~*ed out* just before it struck. 蛇の口は攻撃する直前にふくらんだ.
── 他 **1** 〔煙, 蒸気など〕を**ぷっと**[**ぱっと**]**吹き出す** 〈*out*〉; を吹き払う 〈*away*〉. The locomotive ~*ed* smoke. 機関車がぽっぽっと煙をはいた. He ~*ed* cigarette smoke in my face. 彼は私の顔にたばこの煙を吹きつけた.
2 〔たばこなど〕を**吹かす**, すぱすぱ吸う.
3 VO (~ X/"引用") X を/「..」とあえぎながら言う. He ~*ed* out a hasty reply and ran on. 彼はあえぎながら急いで返答をして駆け続けた. "Wait for me," he ~*ed*. 「待ってくれよ」と彼は息を切らしながら言った.
4 をふくらます, ふわりとさせる, 〈*out*, *up*〉. The wind ~*ed out* the sails. 風が帆をはらませた. ~ out one's cheeks (息で)ほほをぷっとふくらます.
5 を**慢心させる**, いい気にならせる, 〈*up*〉, 〈普通, 受け身で〉(→puffed-up). be ~*ed up* with one's success 成功で天狗(てんぐ)になる.
6 〖旧話〗〔新聞の批評, 広告などが〕を吹聴(ふいちょう)する.
pùff and blów [***pánt***] あえぐ, 息を切らす.
pùff /../ óut (**1**) →他 1. (**2**) 〔人〕を息切れさせる 〈普通, 受け身で〉. (**3**) をふくらます 〈*with* ..で〉 (→他 4). (**4**) →他 3. (**5**) ..を吹き消す. A gust of wind ~*ed out* the candle. 一陣の風がろうそくを吹き消した.
[<中期英語; 擬音語]

púff àdder 名 C パフアダー《アフリカ産大型毒蛇; 怒ると体をふくらませる》.

púff·bàll 名 C ホコリダケ《球形の食用キノコ; 頂から煙のように胞子 (spore) を吹き出す》.

puffed /-t/ 形 **1** 〖話〗〈ときに ~ out で〉〈叙述〉 息を切らした (out of breath). **2** 〈ときに ~ up で〉〈叙述〉〔顔などが〕はれ(上がっ)て. **3** (ふわりと)ふくらんだ.

púffed slèeve 名 C パフスリーブ.

púffed-ùp 形 **1** ふくらんだ; ふくれ上がった. **2** 思い上がった 〈*with* ..で〉 (→puff 他 5).

pùffed whéat 名 U パフウィート《牛乳(と砂糖)をかけて食べるふくらませた小麦; 朝食用シリアル》.

púff·er 名 C **1** ぷっと吹く人[物]《たばこを吸う人, 蒸気機関車など》; 〖幼〗汽車ポッポ. **2** 〖魚〗フグの類.

puff·er·y /pʌ́fəri/ 名 U 〖おもに米〗(広告などによる)吹聴(ふいちょう), 誇大宣伝.

Puf·fin /pʌ́fən/ 名 パフィン《英国 Penguin Books 刊行の児童向きペーパーバックシリーズ》.

puf·fin /pʌ́fən/ 名 C 〖鳥〗ツノメドリ, エトピリカなどのウミスズメ科の総称 《北極海や北大西洋沿岸地方に生息; ずんぐりした体, 平たいくちばしを持つ海鳥》.

pùff pástry 名 U パフペーストリー《軽い練り粉菓子》.

púff-pùff 名 (複 ~s) C 〖英・幼〗汽車ポッポ.

púff slèeve 名 =puffed sleeve.

puff·y /pʌ́fi/ 形 e **1** 〔顔, 目などが〕ふくれた, はれ上がった, (swollen); 太った. **2** 〔雲などが〕ふわふわした (fluffy). **3** 〔風などが〕時々突風状に吹く. **4** 息切れのした. **5** うぬぼれた. ▷ **puff·i·ly** 副 **puff·i·ness** 名

pug[1] /pʌg/ 名 C **1** パグ《ブルドッグに似た短毛の小形犬》(**púg dòg**). **2** しし鼻(**pug nose** /ˊ-ˋ|ˋ-ˊ/).

pug[2] 名 〖俗〗=pugilist.

Pù·get Sóund /pjù:dʒit-/ 名 ピュージェット湾《米国ワシントン州北西部にある細長い湾》.

pu·gil·ism /pjú:dʒəlìz(ə)m/ 名 U 〖章〗(プロの)拳(けん)闘, ボクシング.

pu·gil·ist /pjú:dʒəlist/ 名 C 〖章〗(プロの)ボクサー.

pu·gi·lis·tic /pjù:dʒəlístik 移/ 形 〖章〗(プロ)ボクシングの[に関する]. [<ラテン語 *pugil*「ボクサー」(< *pugnus* 'fist')]

pug·na·cious /pʌgnéiʃəs/ 形 〖章〗けんか好きの, (常に)けんか腰の, 好戦的な. [<ラテン語「(こぶしで)闘う」] ▷ **~·ly** 副 **~·ness** 名

pug·nac·i·ty /pʌgnǽsəti/ 名 U 〖章〗けんか好き, けんか腰, けんかっ早さ.

púg-nòsed /〖英〗ˋ-ˊ 移/ 形 しし鼻の.

pu·is·sance /pjú:əs(ə)ns, pwí:-/ 名 **1** C 〖馬術〗障害飛越(ひえつ)競技. **2** U 〖詩・古〗勢力, 権力.

pu·is·sant /pjú:əs(ə)nt, pwí:-/ 形 〖詩・古〗勢力[権力]のある; 力強い. [<古期フランス語; potent と同源] ▷ **~·ly** 副

puke /pju:k/ 〖俗〗 動 自, 他 (を)吐く, もどす 〈*up*〉 (vomit). People like that makes me (want to) ~. 〈比喩的に〉 ああいう連中には反吐(へど)が出るよ.
── 名 U 反吐 (vomit). [擬音語か]

puk·ka /pʌ́kə/ 形 〖インド〗上等の; 本物の.

pul·chri·tude /pʌ́lkrət(j)ù:d/ 名 U 〖章〗(特に女性の肉体の)美しさ (beauty). [<ラテン語 *pulcher*「美しい」; -tude]

pul·chri·tu·di·nous /pʌ̀lkrət(j)ú:dənəs 移/ 形 〖章〗〔女性が〕(肉体的に)美しい.

pule /pju:l/ 動 自 〖雅〗〔子供, ひななどが〕弱々しげに泣く.

Pù·litz·er Príze /pùlətsər-, pjù:-, ˊ---ˋ-/ 名 〖米〗ピューリツァー賞 《ハンガリー生まれの米国のジャーナリスト Joseph *Pulitzer* (1847–1911) が創設した賞; 米国のジャーナリズム, 文学, 音楽などの 8 分野で優れた業績を残した人に毎年授与される》.

***pull** /pul/ 動 (~s /-z/|過 過分 ~ed /-d/|**púll·ing**) 他
【**引く**】 **1** (**a**) を**引く**, 引っ張る, (類語「引く」の意味の一般的な語で, push に対し「相手を自分の方へ動かす」こと; →drag, draw, haul, trail, tug, yank). ~ a cart 荷車を引く. ~ a trigger 引き金を引く. ~ the curtains [blind] カーテン[ブラインド]を閉める. ~ a person's sleeve (注意を引くため)人の袖(そで)を引く (語法 ~ a person *by* the sleeve とも言うが, この方は引く動作の影響が相手の全身に及ぶことを意味する). (**b**) VOA を(..に[から])**引っ張る**, 引き寄せる; **引いて..する**. *Pull* your chair *nearer* the fire. いすをもっと火の近くに寄せなさい (★nearer は 前; →near 前 注意). ~ one's hat *over* one's eyes 帽子を目深にかぶる. The boy angrily ~*ed* his head *back*. 少年は怒って頭を後ろへぐいとそらせた. ~ her *out* of the water 彼女を水中から引き上げる.
2 VOC (~ X Y) X を引いて[引っ張るようにして] Y (の状態)にする; VOA (~ X ***to*** Y) X を引き裂いて Y の状態にする. ~ the door shut ドアをぴちっと閉める. I managed to ~ myself free from him. 何とか彼から体を引き離した. ~ /../ to pieces →成句.
3 【**オールを引く**】 を漕(こ)ぐ; 〔ボート〕を漕いで動かす; 〔ボートがオール〕を(何本か)備え付けている. He ~*ed* oars in the college crew. 彼は大学のボートチームの選手だった. ~ one's boat across the river ボートを漕いで川を渡る. This boat ~*s* eight oars. このボートは 8 本のオールで漕ぐ.
4 【**引き寄せる**】 VOA 〔車〕を(ある方へ)**動かす**, 寄せる. ~ one's car *alongside* the curb 車を歩道ぎわに寄せる. ~ /../ over (1) →成句.
5 【**引いて抑える**】 〖競馬〗 (故意に負けようとして)〔馬〕を制する; 〖ボクシング〗(相手を負かさないように)〔パンチ〕を控える. ~ one's punches→punch (成句).

P

【引き付ける】 **6**〔引力が〕を引き付ける;〔顧客など〕を引き付ける;〔支持など〕をとりつける;〖話〗〔魅力などが〕を引き寄せる;〖俗〗〔異性〕を(性的に)引き付ける, '引っかける'. a singer that can ～ (in) a large audience 大聴衆を動員できる歌手. He counted upon his beautiful wife ～*ing* a large number of votes. 彼は美人の妻がたくさん票を集めてくれるものと当てにしていた.
【引き抜く】 **7**〔果実〕をもぐ,〔花など〕を摘む; を(引き)抜く, 引っ張り出す;〔鳥〕の毛をむしる, 内臓を抜く. ～ flowers 花を摘む. have a tooth ～*ed* (out) 歯を1本抜いてもらう. ～ weeds in the garden 庭の雑草を抜く. ～ a gun [a knife] *on* a person ピストルを引き抜いて[ナイフを]人に突きつける. ～ a handkerchief from [out of] one's pocket ポケットからハンカチを取り出す. ～ a bird 鳥の毛をむしる.
【むりに引っ張る】 **8**〖野球・ゴルフ〗〔球〕を引っ張って打つ, 引っ張る;〖クリケット〗〔球〕を三柱門の off の側から on の側へ打つ. **9**〔筋など〕をたがえる. ～ a muscle in the right leg 右足の筋肉をたがえる.
【引き出す】 **10** (**a**)(ハンドルを引いて樽(たる)から)〔ある量のビールなど〕を出す. ～ a pint (客に)1パイント(のビールを)出す. (**b**)〖俗〗〔酒〕を飲む,〔たばこなど〕を吸う. ～ a slug 一杯ひっかける.
11〖主に米話〗〔犯罪行為, いたずらなど〕をやる, しでかす;〔ストライキ〕をする. They ～*ed* (off) a bank robbery. やつらはまんまと銀行強盗をやってのけた. ～ a mean trick on a person 人に汚いいたずらをやらかす. ～ a boner へまをする. The union ～*ed* another walkout. 組合はまたストをやった.
12〔校正刷りなど〕を刷る. **13**〖話〗〔いくらいくら〕の稼ぎがある, をもうける. **14**〖俗〗〔犯人〕を捕まえる;〔賭(と)場など〕の手入れをする.
【引っこめる】 **15**〖話〗〔興行など〕を中止する, キャンセルする;〔運転免許〕を取り消す;〖米〗〔選挙〕の出場を取り消す, '引っこめる'.
― 自 **1** 引っ張る 〈*at, on* ..を〉; VC (～ X) 引っ張って[引かれて] X の状態になる. a horse that ～*s* well 引っ張る力が強い馬. He ～*ed* hard *at* the rope. 彼は綱を強く引っ張った. A fish is ～*ing on* the line. あたりがきている《魚が釣り糸を引っ張っている》. **2**〔人が〕ボートを漕(こ)ぐ; 漕ぐ, 引く, 〈*at* ..〔オール〕を〉. I ～*ed* for the shore. 私は岸をめがけて漕いだ. **3** VA (自分を引っ張るように) 進んで行く,〔ボートが〕(漕がれて)進む. The train was ～*ing* slowly up the hill. 列車は坂をゆっくり登っていた. **4** 引っ張られる, (引き)抜かれる. This weed won't ～. この草はどうしても抜けない. **5**〔馬が〕(はみに逆らって)いうことをきかない. **6** VA 車を左[右]へ寄せる, 車の方向を変える; 車などを(..の方へ)進める,〔車などが〕(わきへ)寄る;〔車などが〕止まる, 停止する. ～ to a stop[halt] 車が止まる[車を止める]. The car ～*ed to* the left. 車は左へ寄った. **7**〔広告などが〕(..な)効果がある, 人の注意を引く.
8〖米俗〗(ボクシングなどで)手かげんする.
9〖俗・卑〗オナニーをする.
like pùlling téeth 〖話〗非常に骨が折れる[困難な].
pùll /../ abóut ..を引きずり回す, 乱暴に扱う.
pùll a fáce しかめっ面をする.
pùll a fást òne →fast.
pùll ahéad 前へ進む 〈*of* ..の〉; 勝る 〈*of* ..より〉. ～ *far ahead of* the other runners 他の走者をはるかに引き離す. She is ～*ing ahead of* the others in French. 彼女はほかの人たちよりフランス語ができる.
pùll a lòng fáce 不機嫌な[浮かぬ]顔をする.
pùll /../ apárt (1) ..をばらばらにする; ..を引き離す. (2) ..のあら探しをする. (3) ..をひどく苦しめる.
pùll /../ aróund ＝PULL /../ about.
púll at.. ..を(強く)引く (→自 1; pull at.. には身近に引き寄せるために強くぐいと引くという意味がある);〖旧〗〔たばこなど〕を吸う;〖旧〗〔酒など〕を(瓶に口を付けて)飲む, らっぱ飲みする. ～ *at* a person's attention[concern] 人の注意[関心]を引く. ～ *at on* one's pipe パイプを吸う. ～ *at* the bottle らっぱ飲みする.
pùll awáy (1)〔車, 運転手が〕発車する, 走り出す. (2) 離脱する; 引き離す; はがれる, とれる; 〈*from* ..から, を〉; 引き離す 〈*from* ..(競争相手)を〉. (3)(ボートを)漕(こ)ぎ続ける (→自 2).
pùll /../ awáy ..を力ずくで離す 〈*from* ..から〉.
pùll báck 引き返す, 後退する; 手控える, 出費を抑える; 前言をひるがえす, 約束を破る.
pùll /../ báck (1) →他 1 (b). (2) ..を引き返させる, 後退させる; ..を撤退させる. (3) ..を差し控えさせる.
*__*pùll /../ dówn*__* (1) **..を取り壊す**;〔政府など〕を打倒する. ～ *down* an old house 古い家を取り壊す. (2)〔ブラインドなど〕を引き降ろす;〔物価など〕を下落させる;〔人〕の地位などを引き下げる, 高慢の鼻をへし折る. (3)〖話〗〔病人など〕を衰弱させる. (4)〖話〗〔給料など〕を稼ぐ, 得る.
pùll fáces ＝PULL a face.
púll for.. 〖米話〗..のために(陰で)画策する; ..に声援を送る.
pùll ín 〔列車などが〕駅に到着する 〈*at, to* ..に〉;〔車などが〕片側に寄る, 駐車場などに止まる; (↔PULL out). ～ *in* for gas 給油のために(ガソリンスタンドに)止まる.
*__*pùll /../ ín*__* (1) **..を引っ込める**; ..を後退させる; ..を制止する. ～ oneself *in* (腹の筋肉を引いて)腹が出ているのを隠す. ～ a horse *in* (手綱を引いて)馬を止める. (2)〔出費〕を切り詰める. (3)〖話〗〔警察が〕をしょっ引く. (4) ＝PULL /../ down (4). (5)〔観衆, 観光客など〕を引き付ける.
púll into.. 〔列車などが, 駅〕に入る.
pùll a pèrson's lég →leg.
pùll óff 道路わきに車を寄せる;〔車, 運転手が〕発車する, 走り出す; 舟を出す.
pùll /../ óff (1) ..を引っ張って脱ぐ[取り去る], もぎ取る. ～ *off* one's boots ブーツを引っ張って脱ぐ. (2)〔賞〕をもらう;〔競争〕に勝つ. (3)〖話〗〈しばしば ～ it *off* の形で〉〔難しいことなど〕をうまくやり遂げる (→他 11). ～ *off* a coup 大成功を収める.
púll on.. (1) →自 1. (2) ＝PULL at...
pùll /../ ón ..を引っ張って着る[履く]. ～ one's boots *on* ブーツを(引っ張って)履く.
pùll onesèlf togéther しゃんとする, 立ち直る, はっと我に返る, 落ち着きを取り戻す.
pùll óut (1)〔列車などが〕駅を出る,〔ボートが〕岸を離れる;〔車などが〕発車する, 走り出す; (↔PULL in). ～ *out of* the station 駅を離れる. (2)〔車などが〕(走行車線から)追越車線へ入る. (3)〔人, 国などが〕抜け出す 〈*of* ..〔困難な状況〕から〉. (4)(危ない会社などから)身[手]を引く, 撤退する.
*__*pùll /../ óut*__* (1)〔栓, 歯, ピストルなど〕を**抜く**;〔折り込みの地図など〕を引き出す. (2)〔軍隊など〕を撤退させる 〈*of* ..から〉;〔人, 国など〕を抜け出させる 〈*of* ..〔不況など〕から〉. (3)〔話など〕を引き伸ばす. (4)〔情報など〕を引き出す, 取り出す. (5)〔アイディアなど〕を出す.
pùll òut all the stóps →stop.
pùll..out of the fíre ..の劣勢を挽(ばん)回する.
pùll óver 〔車, ボートなどが〕わきに寄る 〈*to* ..の〉;〔人が〕車などをわきに寄せる. The cop signaled to me to ～ *over*. 警官は私に車をわきに寄せろと合図した.
pùll /../ óver (1)〔車, ボートなど〕をわきに寄せる 〈*to* ..の〉. (2) ..を引っ張って倒す.
pùll róund 〖話〗〔人が〕健康を取り戻す, 元気になる; 意識を回復する.
pùll /../ róund 〖話〗の健康[意識]を回復させる;〔会社など〕を不振から立ち直らせる.
pùll stríngs →string.
Pùll the óther one (, *it's got bélls on* (*it*)). 〖話〗からかうのはよせ, ばか言え, 《pull a person's LEG を基にし

た表現》.
pùll thróugh (1)〖話〗＝PULL round. (2) 難局をしのぐ, 生き延びる.
pùll /../ thróugh (1)〖話〗＝PULL /../ round. (2)〔人〕に難局[病気]を乗り切らせる.
pùll togéther 協力してやってゆく.
pùll /../ togéther ..をまとめる;〔危ない会社など〕を立て直す (→PULL oneself together).
pùll /../ to píeces (1) ..をずたずたに引き裂く; ..をばらばらにする. ～ a doll *to pieces* 人形をずたずたに引きちぎる. (2) ..を酷評する. The professor ～*ed* my essay *to pieces*. 教授は私の論文をこき下ろした.
pùll úp (1)〔車が〕停車する;〔人が〕車を停車させる. ～ *up* to the curb 車を歩道に寄せて止まる. (2)〔人が〕成績が上がる.
*****pùll /../ úp*** (1)〔雑草など〕を**引き抜く**, むしる; ..を引きはがす;〔いすなど〕を引き寄せる. ～ *up* stakes →stake. (2)〔車〕を止める;〔馬〕を手綱を引いて止める. (3)〖話〗〔人, 人の行動など〕を制止[抑制]する. (4)〖話〗..を叱(しか)る, 非難する, 〈*on* ..のことで〉.
pùll úp to [***with***] ***..*** (競技, 学業などで)..に追いつく, ..まで向上させる.
Pùll your héad in. 〖オース話〗静かに, 黙れ.
── 名 (複 **～s** /-z/) **1** Ⓒ (ぐいと)**引くこと**, 引っ張り. give a ～ *at* [*on*] the rope ロープを引っ張る.
2 Ⓤ 引く力, 引力, 牽(けん)引力; 影響力; ⓊⒸ 魅力. magnetic ～ 磁力. the ～ of show business 芸能界の魅力. **3** Ⓒ 〈単数形で〉ひと漕(こ)ぎ. **4** Ⓒ 〖旧〗ひと飲み; 一服; 〈*at* ..〔酒, たばこなど〕の〉. have [take] a ～ *at* a bottle ぐいとひと口らっぱ飲みする. **5** Ⓒ 〈普通, 単数形で〉〖野球・ゴルフ・クリケット〗引っ張って打つこと. **6** Ⓒ 〖印〗試し刷り, 校正刷り. **7** ⓐⓊ 〖話〗'引き', 'コネ', 縁故. have a strong ～ with the police 警察に大いに顔がきく. **8** ⓐⓊ (苦労して)登って行くこと. It was a long, hard ～ up the hill. 長くつらい登り坂だった. **9** Ⓒ 〈主に複合語で〉(ドアの)取っ手, 引き手; 引き綱. a bell ～ 鐘の引き綱.
hàve the púll of [***over, on***] ***..*** ..に勝る.
on the púll 〖英話〗セックスの相手を探して, 恋人を探して, ガール[ボーイ]ハントをして.
[＜古期英語「むしる, ひったくる」]
púll·bàck 名 Ⓒ 引き戻すこと; (軍隊の)撤退.
púll·er 名 Ⓒ 引っ張る人[もの]; 引き抜く道具.
pul·let /púlət/ 名 Ⓒ (1 歳以下の)めんどり.
†pul·ley /púli/ 名 (複 **～s**) Ⓒ 滑車(装置), ベルト車, (→block 名 6). [＜古期フランス語]
púll-hìtter 名 Ⓒ 〖野球〗プルヒッター《流し打ちではなく引っ張る打者》.
púll-ìn 名 Ⓒ **1**〖主に英〗(道路ざわの車の)待避場. **2**〖英旧話〗(特にトラック運転手用の道路わきの)軽食堂.
Pull·man /púlmən/ 名 (複 **～s**) Ⓒ **1** プルマン車両《寝台付きの豪華な客車; 米国人 G.M. Pullman が考案; **Púllman càr**とも言う》(〖米〗parlor car); プルマン車両連結列車. **2**〖米〗大型スーツケース《車輪付き; **Púllman càse** とも言う》.
púll-òn 形 〈限定〉, 名 Ⓒ プルオンの(シャツ, 帽子, 手袋など)《ボタンなどがなく引っ張って着用する》.
púll·oùt 名 **1** ⓐⓊ (軍隊や, 企業の市場などからの)撤退. **2** Ⓒ (新聞や雑誌の)保存版, 折り込み(付録)《とじ込んでない》; 折り込みページ.
pull·o·ver /púlòuvər/ 名 Ⓒ プルオーバー《頭からかぶるセーター, シャツなど》.
púll-tàb 形, 名 Ⓒ (缶の開け口が)プルタブ(式の) (ring-pull).
púll·thròugh 名 Ⓒ 〖英〗(先端に布の付いた)銃身「掃除綱.
pul·lu·late /pʌ́ljulèit/ 動 自 〔動植物などが〕急速に繁殖する, 発芽する; 発展する; 群がる 〈*with* ..が〉.
▷ **pùl·lu·lá·tion** 名
púll-ùp 名 **1** ⓊⒸ 懸垂(運動)(〖主に米〗chin-up). **2** Ⓒ 〖英〗＝pull-in.
pul·mo·nar·y /pʌ́lmənèri|-n(ə)ri/ 形 〈限定〉肺の, 肺に関する. ～ tuberculosis 肺結核. [＜ラテン語 *pulmō*「肺」]
púlmonary àrtery [**vèin**] 名 Ⓒ 肺動脈[静脈].
†pulp /pʌlp/ 名 **1** Ⓤ (果物などの柔らかい)果肉. **2** ⓐⓊ どろどろしたもの. boil[cook] potatoes to (a) ～ ジャガイモをどろどろになるまで煮る. **3** Ⓤ パルプ (wood ～)《製紙原料》. **4** Ⓤ 歯髄. **5** Ⓒ 〈しばしば ～s〉(低俗な)安雑誌, 三文雑誌, (**pùlp magazíne**)《安手のざら紙に印刷されたことから; →slick》; Ⓤ 低俗な読み物[文学] (**pùlp líterature**).
to (***a***) ***púlp*** (1) どろどろになるまで (→名 2). (2)〖話〗めちゃくちゃに〔打ちのめすなど〕; (精神的に)こてんぱんに〔やっつけるなど〕. beat [smash] a person *to* (*a*) ～ 人をしめちゃくちゃに打ちのめす[こてんぱんにやっつける]. reduce a person *to* (*a*) ～〔人〕に恐怖心を与える.
── 動 他 **1** をどろどろにする, パルプ化する. **2**〔本など〕を(回収して)古紙として出す. ── 自 どろどろになる, パルプになる. [＜ラテン語 *pulpa*「果肉」]
‡pul·pit /púlpit/ 名 Ⓒ **1** (教会の)説教壇. **2**〖章〗〈the ～; 集合的に〉聖職者; 〈the ～〉説教. **3** Ⓒ (捕鯨船のへさきの)もり撃ち台. [＜ラテン語「壇」]

[pulpit 1]

púlp·wòod 名 Ⓤ パルプ材《特に松やモミなど》.
pulp·y /pʌ́lpi/ 形 ⓔ **1** 果肉状の; パルプ(状)の, どろどろの. **2** 低俗な〔雑誌, 小説など〕. ▷ **pulp·i·ness** 名
pul·que /púlkei, -ki/ 名 Ⓤ プルケ《メキシコ産リュウゼツラン酒》.
‡pul·sar /pʌ́lsɑːr/ 名 Ⓒ 〖天〗パルサー《規則的な周期で電波を発する高速で自転する中性子星; ＜*puls*ating *star*「パルス (pulse) を出す星」》.
‡pul·sate /pʌ́lseit|-ˊ/ 動 自 **1** 脈打つ, 鼓動[脈動]する; わくわくする, どきどきする, 〈*with* ..〔興奮など〕で〉. **2** 震える, 振動する. [push と同源]
pul·sá·tion 名 ⓊⒸ 脈搏(はく), 鼓動, 脈動, 動悸(き).
*****pulse***[1] /pʌls/ 名 (複 **púls·es** /-əz/) Ⓒ 【**脈**】 **1** 〈普通, 単数形で〉**脈搏**(はく); 鼓動. My ～ started to race. 私の脈は急に速くなった. one's ～ rate 脈搏数. feel [take] a person's ～ →成句.

連結 a regular [an erratic; an abnormal; a strong; a faint, a weak; a rapid; a slow] ～

2 律動, 拍子, リズミカルな動き; 心のリズム, 活気, 躍動. stir a person's ～ 人を興奮させる.
3〖物理〗パルス, 瞬間波動;〖通信〗パルス《持続時間が非常に短い電流又は変調電波》.
【脈の打ち方＞動向】 **4** 〈the ～〉(一般的な)動向, 傾向, 〈*of* ..の〉; (人の)意向. feel a person's ～ 人の意向を探る. be in touch with the ～ of ..〔ある集団など〕の動向を知らないわけではない.
fèel [***tàke***] ***a person's púlse*** (1) (手首に指を当てて)人の脈をとる[測る]. (2) →4.
fèel [***tàke***] ***the púlse of ..*** ..の動向[反応, 意向]を探る, ..を診断する. [*feel*] *take the* ～ *of* the American economy 米国経済を診断する.
hàve [***kèep***] ***one's fínger on the púlse of ..*** 〖話〗〔団体など〕について手に取るように情報に通じている, をしっ

P

かりと[正確に]把握している.

── 動 (**púls·es** /-əz/|過 過分 **~d** /-t/|**púls·ing**) 自 **脈打つ**, 鼓動する. My heart *~d with* apprehension. 不安で胸がどきどきした. You could sense excitement *pulsing* through the spectators. 興奮が観衆の中を伝わって行くのが感じられた.

── 他 〔血液など〕を規則的に送り込む 〈*in, out*〉. [＜ラテン語「打つこと」(＜*pellere* 'drive, beat')]

pulse[2] 名 C 〈普通 ~s〉 豆類, 豆; 豆のなる植物.

púlse còde modulátion 名 U パルス符号変調《アナログ信号をパルスの組み合わせに変換しデジタル信号化する変調方式; 略 pcm》.

pùl·ver·i·zá·tion 名 U 粉にする[される]こと.

pul·ver·ize /pʌ́lvəràiz/ 動 他 〘章〙 **1** を砕いて粉にする; 〔液体〕を霧状にする. **2** 〘話〙〔人, 議論など〕を打ち破る, 粉砕する; を破壊する. ── 自 粉になる, 砕ける. [＜ラテン語 *pulvis*「ちり」; powder と同源]

púl·ver·ì·zer 名 C 粉砕する人; 粉砕機; 噴霧器.

pu·ma /pjú:mə/ 名 (複 **~s, ~**) ＝cougar.

pum·ice /pʌ́məs/ 名 U 軽石 (**púmice stòne**).

pum·mel /pʌ́m(ə)l/ 動 (**~s**|〘英〙 **-ll-**) ＝pommel.

‡**pump**[1] /pʌmp/ 名 (複 **~s** /-s/) C **1** **ポンプ**. a water ~ 揚水ポンプ. a bicycle ~ 自転車の空気入れ. a gas 〘米〙 [petrol 〘英〙] ~ (ガソリンスタンドの)ガソリンポンプ. fetch [prime] a ~ ポンプに呼び水を入れる. **2** ポンプを押すこと; (握手の際)勢いよく手を上下すること.

all hànds to the púmp →hand.

gìve a person's hànd a púmp (相手の手を大きく上下に振って)人と握手する.

prime the púmp (1) (ポンプに)呼び水を差す. (2) 〔政府などが〕(財政支出によって)景気を刺激する, 景気のてこ入れをはかる. (3) 活気を与える. (→pump priming).

── 動 (**~s** /-s/|過 過分 **~ed** /-t/|**púmp·ing**) 他 【ポンプを使う】 **1** (**a**) 〔ガソリンなど〕を(ポンプで)注入する; VOA をポンプで汲(く)み上げる[出す] 〈*up, out*〉; 〔船, 井戸など〕を汲み干す 〈*out*〉; 〔ガソリンなど〕をポンプで送る[入れる] 〈*into* ..に〉. ~ gas 〘米〙 (ガソリンスタンドで車に)給油する. have one's stomach *~ed* 胃を洗浄される. ~ *up* water from a well 井戸から水をポンプで汲む. ~ *out* a ship 船にたまった水をかい出す. The heart *~s* blood *into* the arteries. 心臓は血液を動脈に送り込む. ~ gas *into* a tank タンクに(ポンプで)ガソリンを入れる.

(**b**) VOC (~ X Y) X (井戸など)を汲み干して Y の状態(空(から)など)にする. ~ a well dry 井戸を汲み干す.

2 (ポンプを使うように) 〔物〕を上下[前後]に動かす. ~ a person's hand＝give a person's hand a pump →名 成句.

3 VOA (~ */../ up*) 〔タイヤ〕に空気を入れる; VOA (~ X *into..*) X (空気など)を..に入れる. ~ *up* a tire タイヤに空気をいっぱい入れる.

4 〘話〙 VOA (~ X *into..*) X (知識など)を〔人〕に詰め込む; X (資金, 労力など)を..につぎ込む. ~ grammar *into* the students' heads 学生に文法を詰め込む. ~ money *into* the land development programs 土地開発計画に資金を投入する.

5 VOA (~ X *into..*) X (弾丸など)を..にぶち込む, 浴びせる. He *~ed* 3 bullets *into* her head. 彼は彼女の頭に3発ぶち込んだ.

6 【汲み出す＞聞き出す】 〘話〙 を聞き出す 《かまをかけるなどして》 〈*out of, from* ..から〉; VOA (~ X *for, about..*) X にかまをかけて..を知ろうとする. ~ a secret *out of* a person 人から秘密を聞き出す. ~ a person *for* information 情報を得ようと人にかまをかける.

── 自 **1** ポンプで水を汲(く)む; ポンプを使う. **2** ポンプの役目をする; 鼓動する; 〔水銀柱などが〕急激に上下する. **3** VA 〔血などが〕ほとばしる 〈*from, out of* ..から〉. Blood was *~ing from* [*out of*] his wound. 血が彼の傷口からほとばしっていた.

be pùmped óut 息が切れている, 疲れ切っている.

pùmp a person fúll of .. 人を〔薬など〕うけにする.

pùmp íron 〘話〙 重量挙げをする[で体を鍛える].

pùmp it úp 〘話〙 がんがん演奏する.

pùmp óut 〔バンドなどが〕がんがん演奏する[鳴る].

pùmp /../ óut (1) ＝ 他 1 (a). (2) 〘話〙 (続けざまに多量の)..を作り出す, 供給する, 送り出す; 放送する. (3) 〔水など〕をポンプで汲み出す; 〔ボートなど〕から水をポンプで汲み出す.

pùmp /../ úp (1) →他 3. (2) を増やす. ~ *up* exports 輸出を増やす. ~ *up* the music[volume] がんがん演奏する. (3) 〔人〕を興奮させる, の気持ちを高ぶらせる, おもしろがらせる. be[get] *~ed up* やる気になる.

[＜中期オランダ語]

pump[2] 名 C 〈普通 ~s〉 **1** パンプス 《軽いダンス用の靴》; 〘英〙 運動靴 (primsoll). **2** 〘米〙 婦人靴の一種 《甲が広く空いてひもや留め金などがない中くらいのハイヒール; 〘英〙 court shoe》.

pum·per·nick·el /pʌ́mpərnìk(ə)l/ 名 U ライ麦の全粒粉で作った黒パン 《もとドイツで作られた》. [ドイツ語]

***pump·kin** /pʌ́m(p)kin/ 名 (複 **~s** /-z/) UC **カボチャ** 《パイの詰め物やスープとして食べたり, 家畜の飼料にする》. a ~ pie パンプキンパイ. make lanterns out of *~s* カボチャを使ってちょうちんを作る 《Halloween の行事; →jack-o'-lantern》. [＜ギリシア語「大きなメロン」]

púmp prìming 名 U **1** 呼び水(すること). **2** 誘い[呼び]水政策 《公共投資など》.

púmp ròom 名 C ポンプ室; (温泉場 (spa) の)鉱「泉水の飲み場.

‡**pun** /pʌn/ 名 C (同語の意味の違いや, 同音異義の語句を用いた)地口(じぐち), だじゃれ, 語呂(ごろ)合わせ, (play on words), 《例: "Weren't you upset when the bank went bankrupt?" "No, I only lost my *balance*." 「銀行がつぶれた時は気が転倒したでしょう」「いや, ちょっとバランスを失っただけです」; balance の「預金残高」という意味に掛けたしゃれ》. ── 動 (**~s**|**-nn-**) 自 だじゃれを言う 〈*on, upon* ..に掛けて〉.

Punch /pʌntʃ/ 名 **1** パンチ 《人形劇 Punch-and-Judy show の主人公》. **2** 『パンチ』誌 《英国の風刺絵入り週刊誌 (1841–1992)》.

(*as*) *plèased* [*pròud*] *as Púnch* 大喜び[大得意]で.

***punch**[1] /pʌntʃ/ 名 (複 **púnch·es** /-əz/) 【打つこと】

1 C (こぶしでの)**打撃**, パンチ. give him a ~ in 〘米〙 [on 〘英〙] the nose 彼の鼻柱をぶん殴る. get a ~ on the nose 鼻にパンチをくらう. throw a ~ (at ..) (人に)パンチを放つ. take a ~ at ..にパンチをくらわす[くらわそうとする]. land a ~ to the jaw あごにパンチを見舞う.

2 【人を打つ力】 U 〘話〙 (文章, 演説などの)力強さ, 迫力; (物事の持つ)威力, 効果. The statement is lacking in ~. その声明は迫力に欠ける.

【打ちあける道具】 **3** C **穴あけ器**[パンチ]; 型抜き器; 切符切りばさみ; 型押し器; (くぎの)打ち込み道具; ボルトを抜く道具.

bèat ..to the púnch ..の機先を制する, ..を出し抜「く.

pùll one's púnches 打つ手の力を控える; (非難, 攻撃, 叱責(しっせき)などに)手心を加える, 手かげんする; 〈普通, 否定文で〉. The doctor *pulled* no *~es* and told me the truth. 医者は手かげんすることなく本当のところを全部話した.

ròll with the púnches 〘ボクシング〙 体を引いて相手のパンチ力を弱める; (思わしくない状況で)柔軟に切り抜ける, なんとかこなして行く.

── 動 他 **1** をこぶしで打つ, 殴る, (類語 こぶしで(打つかのように)素早く打つこと; →strike); VOC (~ X Y) X を殴って Y の状態にする. ~ him *in* the stomach [face] 彼の腹[顔]を殴る. ~ a person unconscious 人を殴って意識不明にする.

2〔機械の操作ボタン，キーボードのキーなど〕を押して操作する，打つ．～ a time clock タイムレコーダーを押す．
3 に穴あけ器で穴をあける；に刻印する，型押しする；(穴あけ器で)〔穴〕をあける〈*in, through* ..に〉．～ a ticket 切符を切る．～ a card カードに穴をあける．～ a hole *through* a plate [*in* a carton] 板[容器]に穴をあける．
4〖米〗〔家畜〕を(突き棒でつついて)追う．
pùnch hóles in ..〖英〗〔議論など〕の欠点を指摘する．
pùnch ín〖米〗〔人が〕タイムレコーダーを押して出勤する．
pùnch /../ ín〖電算〗〔データなど〕を打ち込む[入力する]．
pùnch** a person's **líghts òut〖米話〗人の顔を激しく殴る．
pùnch óut (1)〖米〗〔人が〕タイムレコーダーを押して退出する．(2)〔パイロットが〕飛行機から脱出する．
pùnch /../ óut〖米話〗..をノックアウトする，殴り倒す．
pùnch the áir (両こぶしで)ガッツポーズをする．
***pùnch* ⌊*the clóck* [*tíme clòck*]**〖米話〗タイムレコーダーを押す．
pùnch /../ úp〖英話〗..をこぶしで殴りつける．
[＜古期フランス語「刻印する」]

punch[2] 名 U ポンチ，パンチ，《アルコール飲料に水，レモン，砂糖，香料などを加えた飲み物；又は果汁に炭酸水，細かく切った果物を入れた清涼飲料》．a bowl of rum ～ 大鉢 1 杯のラムパンチ《それからカップに取って飲む》．
[＜サンスクリット語「5」；5 種類の成分で作ったことから]

Pùnch-and-Júdy shòw 名 C パンチ人形劇《かぎ鼻でせむしのごろつき Punch と，いつもがみがみ言っている妻 Judy が演じる英国のグロテスクなどたばた指人形劇》．

púnch·bàg 名〖英〗＝punching bag.

púnch·bàll 名〖英〗＝punching bag.

Púnch·bòwl 名〈the ～〉パンチボウル《ハワイ Oahu 島にある米軍墓地 (National Memorial Cemetery of the Pacific) の俗称》．

púnch bòwl 名 C パンチ鉢《punch[2] 用の大鉢》．

púnch càrd 名 C〖電算〗パンチカード，穴あきカード．

púnch-drùnk 形 **1**〔ボクサーが〕(パンチを受けて)ふらふらになった；脳障害を負った．**2**〖話〗(頭が働かなくなって)ぼうっとした〈*with, from* ..で〉．

púnched càrd [tàpe] 名 ＝punch card [tape].

pun·cheon[1] /pʌ́ntʃən/ 名 C 大だる《70–120 ガロン入り》．

pun·cheon[2] 名 C **1** (床板などに用いる)荒削りの厚板；(枠組みなどの)支柱．**2** ＝punch[1] 3.

púnch·er 名 C **1** 穴をあける人；キーパンチャー．**2** パンチャー，穴あけ器．**3** 殴る人．a hard ～ 強いパンチの持ち主．**4**〖米話〗＝cowboy 1.

Pun·chi·nel·lo /pʌ̀ntʃənélou/ 名 (複 ～s, ～es) **1** パンチネロ《イタリアの伝統的人形芝居の主人公；Punch 1 の原型》．**2**〈しばしば p-〉C 道化者；グロテスクな人[もの]．

púnching bàg 名 C〖米〗(ボクシング練習用の)パンチングバッグ (〖英〗punchball). use a person as a ～ 人をさんざん殴る；〔人，組織など〕をこっぴどくやっつける．

púnch lìne 名 C (笑い話などの)さわり(の部分)，落ち，急所．

púnch prèss 名 C 打抜き機．

púnch tàpe 名 C〖電算〗パンチテープ，穴あきテープ．

púnch-ùp 名 C〖英話〗殴り合い，けんか．

punch·y /pʌ́ntʃi/ 形 e〖話〗**1** 力強い，パンチの効いた，迫力のある．a ～ speech 迫力のある演説．**2** ＝punch-drunk. ▷ **punch·i·ness** 形

punc·til·i·o /pʌŋ(k)tíliòu/ 名 (複 ～s)〖章〗**1** C (儀式，作法などの)細かな点，末節．**2** U (儀式，作法などの)細かな点にうるさいこと，儀式ばること．[イタリア語]

punc·til·i·ous /pʌŋ(k)tíliəs/ 形〖章〗〔人，態度などが〕きちょうめんな；作法を重んじる，堅苦しい．★普通よい意味で用いる．▷ **～·ly** 副 **～·ness** 名

‡**punc·tu·al** /pʌ́ŋ(k)tʃuəl/ 形 m〔人が〕**時間に正確な，時間通りの，時間[期日]を守る**；(時間に)きちょうめんな．be ～ *for* appointments 約束の時間をきちんと守る．be ～ *in* meeting one's engagements 債務履行の約束の日限をきちんと守る．[＜ラテン語「点 (*punctus*) の」(＜*pungere* 'prick')]

punc·tu·al·i·ty /pʌ̀ŋ(k)tʃuǽləti/ 名 U 時間厳守；きちょうめんさ．

***punc·tu·al·ly** /pʌ́ŋ(k)tʃuəli/ 副 m **時間[期日]通りに**，きちんと，定刻に．She arrived ～ at nine o'clock. 彼女はきちんと 9 時に来た．

‡**punc·tu·ate** /pʌ́ŋ(k)tʃuèit/ 動 他 **【区切りをする】**
1〔文など〕に句読点を打つ．These sentences are not ～*d* properly. この文章は句読点が正しく打ってない．
2 を何度も中断する，に合いの手を入れる，〈*with, by* ..で〉〈普通，受け身で〉．He ～*d* his talk *with* significant pauses. 彼は話しながら時々意味ありげな間を置いた．a period which was ～*d with* [*by*] riots and strikes 暴動とストライキが度々起こった時代．
3 【区切って目立たせる】 を強調する，引き立たせる．He ～*s* his speeches *with* sharp gestures. 彼はきびきびしたジェスチャーを交えて話を引き立たせる．
── 自 句読点を打つ．
[＜中世ラテン語「句読点をつける」(＜ラテン語 *punctus* 'point')]

***punc·tu·a·tion** /pʌ̀ŋ(k)tʃuéiʃ(ə)n/ 名 U **1 句読法**．**2** 句切り，句読，(punctuation mark).

punctuátion màrk 名 C 句読点．

***punc·ture** /pʌ́ŋ(k)tʃər/ 名 (複 **～s** /-z/) C (刺してあけた)穴；(タイヤの)パンク；U (針などで)刺すこと．a ～ in a tire タイヤのパンク．repair [mend] a ～ パンクの修理をする．★タイヤのパンクは普通 flat tire，破裂によるものは blowout と言う．
── 動 他 **1**〔タイヤなど〕をパンクさせる．**2** に(とがったもので)小穴をあける；〔小穴〕をあける．～ a balloon with a pin 風船をピンで破裂させる．**3**〔自尊心など〕をくじく，ぺしゃんこにする，台無しにする．His blunder ～*d* his self-confidence. 彼はへまをやって完全に自信をなくした．
── 自 パンクする，空気が抜ける；穴があく．
[＜ラテン語「刺すこと」(＜*pungere* 'prick'); -ure]

pun·dit /pʌ́ndət/ 名 C **1** インドの学者．**2**〖しばしば戯〗博学な人，専門家，碩(せき)学，評論家．

pun·gen·cy /pʌ́ndʒ(ə)nsi/ 名 U **1** (味，においなどの)刺激性，辛さ．**2** (言葉などの)鋭さ，辛辣(しんらつ)さ．

†**pun·gent** /pʌ́ndʒ(ə)nt/ 形 **1** (味，においなどが)刺激性の，刺すような，つんとくる．The beef is flavored with a rich and ～ sauce. その牛肉は濃くてぴりっと辛いソースで味付けしてある．**2**〔言葉，批評などが〕鋭い，辛辣(しんらつ)な，痛烈な．～ criticism 辛辣な批評．[＜ラテン語 *pungere* 'prick'(の現在分詞)] ▷ **～·ly** 副

Pu·nic /pjú:nik/ 形 **1** 古代カルタゴ (Carthage) の，カルタゴ人の．**2** 背信的な，不実な．～ faith 裏切り．

Pùnic Wárs 名〈the ～〉ポエニ戦争《264–146 B.C. に 3 度戦われ，カルタゴがローマに滅ぼされた》．

‡**pun·ish** /pʌ́niʃ/ 動 (～·es /-əz/｜過 過分 **～ed** /-t/｜～·ing) 他 **1**〔人〕を**罰する**，処分する，〈*by, with* ..で〉；を懲らしめる〈*for* (*doing*) ..のかど[科(とが)]で〉；〔罪など〕を罰する．Jim was ～*ed for* neglecting his duty. ジムは義務を怠ったので罰せられた．～ oneself *for* (*doing*) .. (したこと)で自分を責める．be ～*ed by* death 罰として死刑になる．Drunken driving should be severely ～*ed*. 酒酔い運転は厳罰に処すべきだ．
2〖話〗をひどい目に遭わせる，やっつける；〔人，動物，物〕を手荒く扱う；(野球，ボクシングなどで)に猛打を浴びせる．～ a car by rough driving 乱暴な運転で車を傷めつける．
◇名 punishment [＜ラテン語「罰 (*poena*) を与える」; -ish[2]]

pún·ish·a·ble 形 罰しうる；罰すべき．～ by death

死刑に値する〔犯罪など〕.

‡**pún·ish·ing** 〖話〗形 **1** (懲罰的なほど)苦しい, へとへとにする. a ～ schedule 過酷なスケジュール. **2** 力を込めた. a ～ blow ものすごい強打.

── 名 aU ひどい目, 大打撃; 手荒な扱い. ▷ **～·ly** 副

***pun·ish·ment** /pʌ́niʃmənt/ 名 (複 **～s** /-ts/) **1** U 罰(を加える[られる]こと), 処罰; C 刑罰. receive (a) ～ 刑罰を受ける. deserve ～ 処罰に値する. inflict ～ on a person 人を処罰する. capital ～ 死刑. as (a) ～ *for* cheating 不正行為に対する罰として.

連結 (a) severe [(a) harsh; (a) cruel; (a) fitting, (a) just; (a) mild; corporal] ～ // impose [administer, mete out; incur, suffer; escape, evade] (a) ～

2 U 〖話〗ひどい仕打ち, 虐待, 乱暴な取り扱い; (野球, ボクシングなどの)めった打ち, 乱打, 猛攻; 損傷. This farm tractor can withstand a great deal of ～ この耕作用トラクターはかなりの酷使に耐えられる. He took a lot of ～ in the fight. 彼はそのけんかで散々な目に遭った.

‡**pu·ni·tive** /pjú:nətiv/ 形 〖章〗 **1** 刑罰の, 懲罰の(ための). a ～ expedition 討伐(隊). ～ justice 因果応報. **2** 〔課税などが〕厳しい, 過酷な, 懲罰的な. ▷ **～·ly** 副

Pun·jab /pʌndʒɑ́:b/ 名 〈the ～〉 パンジャブ 《インド北西部の旧州で現在はパキスタンとインドにまたがる地域》.

Pun·ja·bi /pʌndʒɑ́:bi/ 名 **1** C パンジャブ人. **2** U パンジャブ語. ── 形 パンジャブ(人, 語)の.

‡**punk**[1] /pʌŋk/ 名 **1** C 〖主に米話〗ちんぴら, 与太(よた)者; 青二才. **2** U 下らない事. **3** U ＝punk rock; C ＝punk rocker. ── 形 **1** 〖主に米話〗〈限定〉つまらない, 下らない; お粗末な. **2** 〖主に米話〗体の具合が悪い. **3** 〈限定〉パンクロックの; (服装などが)パンク調の.

punk[2] 名 U 〖米〗(火をつけるための)枯れ木, つけ木, 火口(ほくち).

pun·kah /pʌ́ŋkə/ 名 C (インドなどの)揺りうちわ 《天井からつるし綱で動かす布製の大型うちわ》.

púnk ròck 名 U パンクロック 《1970 年代後半に英国などで流行した荒々しいロック音楽の一種》.

pùnk rócker 名 C (若い)パンクロックの愛好者.

pun·net /pʌ́nət/ 名 C 〖英〗経木(きょうぎ)[プラスチック]製のかご 《果物などを入れて売る》.

pun·ster /pʌ́nstər/ 名 C しゃれ (pun) の好き[上手]な人.

punt[1] /pʌnt/ 〖主に英〗名 C 平底船 《さおで川底を突いて進む》. ── 動 他 〔平底船〕をさおで進ませる; を平底船で運ぶ. ── 自 平底船で行く. go ～*ing* 舟遊びをする. [＜中期オランダ語「渡し舟」] ▷ **púnt·er**[1] 名 C 平底船を操る人.

[punt[1]]

punt[2] 〖アメフト・ラグビー〗 名 C パント 《ボールを手から落として地面につかないうちにけること; →dropkick, place-kick》. ── 動 他, 自 (ボールを)パントする. ▷ **púnt·er**[2] 名 C パントする人.

punt[3] 動 自 〖トランプ〗 親[胴元]の反対に賭(か)ける; 〖英話〗(競馬で)賭ける.

punt[4] /punt/ 名 C プント 《アイルランド・ポンド; 100 pence》; 〈the ～〉 プント相場.

púnt·er[3] 名 C 〖主に英話〗 **1** punt[3] をする人. **2** 〖軽蔑〗〈the ～s〉 (愚かな)客, 消費者, 読者など; 売春婦の客.

pu·ny /pjú:ni/ 形 e 〖時に軽蔑〗ちっぽけな, 弱々しい; 取るに足りない. a ～ child ひよわな子供. a ～ effort 貧弱な努力. ▷ **pu·ni·ly** 副 **pu·ni·ness** 名

†**pup** /pʌp/ 名 C **1** 子犬 (puppy; →dog 参考); (アザラシ, オオカミ, キツネなどの)子. **2** ＝puppy 2.

in púp 〔雌犬が〕はらんで.

sèll a pèrson a púp 〈普通, 受け身で〉〖英話〗人につまらないものを売りつける 《将来値が出るなどとごまかして》, ぺてんにかける.

── 動 (～s|-pp-) 自 〔動物が〕子を産む. [＜*pup*py]

pu·pa /pjú:pə/ 名 (複 **pu·pae** /-pi:/, **～s**) C 〖虫〗(昆虫の)さなぎ (→larva, chrysalis, imago). ▷ **pu·pal** /-p(ə)l/ 形

pu·pate /pjú:peit|ˌ-ˊ/ 動 自 〔幼虫が〕さなぎになる.

‡**pu·pil**[1] /pjú:p(ə)l/ 名 (複 **～s** /-z/) C **1 生徒** (類語 英国では college に入る年齢以下の者は pupil; 米国では中・高生は student, 小学生を pupil と言う; →scholar, student, schoolboy, schoolchild, schoolgirl). **2** 弟子, 門下生, 教え子. The pianist was a ～ of Rubinstein. そのピアニストはルービンシュタインの弟子だった. [＜ラテン語 *pūpillis* 「小さな男の子 (*pūpus*)」, *pūpilla*「小さな女の子 (*pūpa*)」]

pu·pil[2] 名 C 〖解剖〗ひとみ, 瞳孔(どうこう). [＜ラテン語「小さな女の子, 人形」; 相手の瞳に自分の姿が小さく映ることから]

†**pup·pet** /pʌ́pət/ 名 C **1** 操り人形 (marionette); 指人形(**hánd pùppet**, **glóve pùppet**). **2** 傀儡(かいらい), 手先. He allowed himself to become their ～. 彼は自ら彼らの傀儡となった. **3** 〈形容詞的〉操り人形の; 傀儡の, ロボットの. a ～ government 傀儡政権.

pup·pe·teer /pʌ̀pətíər/ 名 C 操り[指]人形使い.

pup·pet·ry /pʌ́pətri/ 名 U 操り[指]人形の製作; 人形劇の演出; 〈集合的に〉操り[指]人形.

púppet shòw [plày] 名 C 人形芝居, 人形劇.

†**pup·py** /pʌ́pi/ 名 (複 **-pies**) C **1** 子犬 (→dog 参考). **2** 〖旧〗生意気な若者(単に pup とも言う). [＜ラテン語 *pūpa*「女の子, 人形」]

púppy fàt 名 U 子供の時の一時的肥満 《成人するにつれて治る》.

púppy lòve 名 ＝calf love.

pur·blind /pə́:rblàind/ 形 〖雅〗 **1** 目がよく見えない, 半盲の. **2** 頭の鈍い, 愚鈍な. [＜*pure*, *blind*]

Pur·cell /pə́:rs(ə)l/ 名 **Henry ～** パーセル (1659-95) 《英国の作曲家》.

púr·chas·a·ble 形 〔物が〕買える(値段の); 〔人が〕買収され得る.

‡**pur·chase** /pə́:rtʃəs/ 動 (**-chas·es** /-əz/|過 過分 **～d** /-t/|**-chas·ing**) 〖やや章〗他 **1 を買う**, 購入する, (類語 BUY より形式ばった語で, 普通, 高額なものを買うのに用いる; 玉子を買うのは buy だが家を買うには purchase がふさわしい). ～ a new house *for* fifty million yen 新しい家を 5 千万円で買う.

2 (努力, 犠牲を払って)を**獲得する**, 手に入れる. ～ independence *with* blood 血を流して独立を勝ち取る. The victory was ～*d* at great cost [by the death of the admiral]. 勝利は大きな犠牲のもとに[提督の死によって]あがなわれた.

── 名 (複 **-chas·es** /-əz/) **1** U 〖章〗**購入**, 購買, 〈*of* ..の〉. the ～ of land 土地の購入.

2 C 〖章〗**買った品物**; 買い物(に行くこと). make a lot of ～*s* たくさん買い物をする. a good ～ 安い買い物. carry one's ～*s* in a bag 買物を袋に入れて運ぶ.

3 U 〖古〗(土地からの)年収, 上がり. buy a house *at* ten years' ～ 10 年分の家賃相当額で家を買う.

4 aU (引いたり上げたりなどするための)手[足]がかり, しっかり握ること, (grip, hold). get a ～ *on* the rope [cliff] ロープをしっかり握る[絶壁の上に手[足]がかりを作る].

5 UC 権力[影響力]増大への手がかり[方法].

nòt wórth an hòur's [a dày's, a yèar's] púrchase 〔生命などが〕あと 1 時間 [1 日, 1 年]ともたない. [＜古期フランス語「得ようと求める」(＜*pur*-(強意)＋*chacier* 'chase')]

púrchase mòney 名 U 仕入れ代金.
púr·chas·er 名 C 〖章〗買い手, 購買者.
púrchase tàx 名 U 物品税《英国で VAT の前身; 1973 年 3 月まで》.
púr·chas·ing pòwer 名 U 購買力.
pur·dah /pə́ːrdə|-də, -dɑː/ 名 **1** C パーダー《インド, パキスタンなどで女性を人目から隠すための幕, ベール》. **2** U 女性を人前に出さない習慣[制度].
‡**pure** /pjuər/ 形 (**pur·er** /pjú(ə)rər/|**pur·est** /pjú(ə)rəst/) 【混じり気のない】 **1** e **純粋な**, 混じり気のない (↔mixed); 生粋の, 純血種の; (↔impure). ～ gold 純金, 24 金. ～ white 純白. ～ blood 純血 (→pureblood). a ～ Frenchman 生粋のフランス人.
2【汚れていない】 e (**a**) **きれいな**, 清浄な; 清純な; 〔音が〕澄んだ. ～ air [water] きれいな空気[水]. a ～ note 澄んだ音. (**b**) 潔白な; 〔特に女性が〕貞淑な, 純潔な. the ～ in heart 心の清らかな人々. a ～ young girl 純情な娘.
3 ¢ 〖話〗〈限定〉**全くの** (complete); 単なる (only). ～ nonsense 全くのナンセンス. by ～ chance 全く偶然に (＝purely by chance). ～ bliss この上ない至福.
4 ¢ 〈限定〉〔科学, 研究などが〕純粋な, 純理論的な, (↔applied). ～ science 純粋科学《数学のように演繹(えき)法によるもの; また応用科学に対して》. ～ mathematics 純粋数学. ～ philosophy 純粋哲学.
5〖芸術〗純粋な, 純粋抽象の. ～ art [music, poetry] 純粋芸術[音楽, 詩]. ◇名 purity 動 purify
(*as*) ***púre as the drìven snów*** 〈時に反語的に〉この上なく清純[貞潔]で.
pùre and símple 〖話〗〈普通, 名詞の後に付けて〉全くの純然たる, (どう見ても)..そのものの, 正真正銘の; 〈副詞的〉全く. a crook(,) ～ *and simple* ぺてん師そのもの.
[＜ラテン語 *pūrus*「汚れのない」]
púre·blòod 名 C 純血(種)の人[動物].
—— 形 ＝pureblooded.
pùre·blóod·ed /-əd ⑱/ 形 純血(種)の.
púre·brèd 形, 名 C 純血種(の), サラブレッド(の)《今は thoroughbred が普通》.
pùre cúlture 名 U (微生物の)純粋培養.
pu·rée, pu·ree /pjuréi, ⌐–|⌐–, pjúə-, pjɔ́ː-/ 名 UC ピューレ《野菜などをどろどろになるまで煮て裏ごししたもの》; ピューレで作ったスープ. —— 動 他 をピューレにする. [フランス語 'purified']
***pure·ly** /pjúərli/ 副 ¢ **1 純粋に**, 混じり気なく. ～ white 純白の. **2 全く; 単に**. It's ～ fiction. それは全くのフィクションだ. for ～ personal reasons 全く個人的な理由で. I met him there ～ by chance. 私はそこで全く偶然に彼と会った.
pùrely and símply 全く, 完全に. ～ *and simply* because .. ただ単に..であるから.
púre·ness 名 ＝purity.
pur·ga·tion /pəːrgéiʃ(ə)n/ 名 U 〖章〗 **1** 罪を清めること, 浄化. **2** (下剤で)便通をつけること. [purge, -ation]
pur·ga·tive /pə́ːrgətiv/ 〖章〗 形 便通をつける, 下剤の. —— 名 C 下剤 (→laxative).
pur·ga·to·ri·al /pəːrgətɔ́ːriəl ⑱/ 形 〖章〗 **1** 煉獄(れんごく)の(ような). **2** 罪を清める.
pur·ga·to·ry /pə́ːrgətɔ̀ːri|-t(ə)ri/ 名 (複 **-ries**) **1** U 〈しばしば P-〉〖カトリック〗煉獄(れんごく)《罪を犯した死者の霊が天国へ入る前にいろいろな苦難によりその罪を償う場所》. **2** UC 〖しばしば戯〗煉獄さながらの状態[場所], (一時的な)苦難, 苦行. [＜中世ラテン語「清める場所」]
†**purge** /pəːrdʒ/ 動 他 **1** 〔心, 体など〕を清める 〈*of, from* ..を取り去って〉; 〔人〕の〔容疑などを〕晴らす 〈*of* ..の〉; 〔罪, 汚れなど〕を一掃する 〈*from* ..〔心など〕から〉. ～ one's mind *of* [*from*] wicked thoughts 邪(よこしま)な考えを捨て去る. He drank to ～ himself *of* his guilty feelings. 彼はやましい気持ちを忘れるために酒を飲んだ. ～ oneself *of* a charge 身の潔白を証明する. Can you ～ away your hatred *from* your heart? 君は憎しみの気持ちを忘れられるか.
2 〔組織など〕を粛清[正]する; VOA (**～ X *from* ..**) 〔組織など〕から X (政治上好ましくない人など)を追放する, パージする; (**～ X *of* ..**) 〔政党など〕から〔反党分子など〕を一掃する, 追放する. Several politicians were ～*d from* the party. 数人の政治家が党から追放された. They ～*d* the union *of* its corrupt leaders[undesirable members]. 彼らは組合から腐敗した指導者たち[望ましくない組合員]を一掃した.
3 〔水など〕を浄化する; VOA (**～ X (*away*) *from* Y**)・(**～ Y *of* X**) Y (金属など)から X (不純物, 異物)を取り除く. ～ dross *away from* metal＝～ metal *of* dross 金属からドロスを取り除く.
4 〖医〗〔腸など〕に下剤をかける; 〔薬が〕〔腸など〕に通じをつける. **5** 〖法〗〔特に, 裁判所侮辱〕の償いをする.
—— 名 C **1** 浄化. **2** 追放, 粛清, パージ 〈*of* ..の〉. **3** 下剤 (purgative).
[＜ラテン語「清める」(＜*pūrus* 'pure'＋*agere* 'act, do')]
pu·ri·fi·ca·tion /pjù(ə)rəfəkéiʃ(ə)n/ 名 U **1** 清める[られる]こと, 浄化. **2** 精製.
pu·rif·i·ca·to·ry /pju(ə)rífəkətɔ̀ːri|pjùərəfəkéit(ə)ri ⑱/ 形 **1** 清める; 浄化する. **2** 精製の.
pu·ri·fi·er /pjú(ə)rəfàiər/ 名 C **1** 清める人; 精製者. **2** 浄化装置; 浄化剤.
‡**pu·ri·fy** /pjú(ə)rəfài/ 動 (**-fies**|過 過分 **-fied**|**～·ing**) 他 **1** を浄化する, 清潔にする; を純化する, 精製する; 〈*of* ..を取り去って〉. ～ water *of* impurities 水の不純物を取り去る. **2** 〔人, 心などを〕清める 〈*of* ..を取り去って〉. They were *purified of* their sins by the religious ceremony. その宗教儀式によって彼らは罪を清められた. [pure, -ify]
Pur·im /pjú(ə)rim/ 名 ピューリム祭《ユダヤ人が虐殺を免れた(〖聖書〗『エステル記』)ことを記念する祝日》.
pur·ine /pjú(ə)riːn/ 名 UC 〖化〗プリン《尿酸化合物の基》.
pur·ism /pjú(ə)riz(ə)m/ 名 U (言語, 芸術の)純正主義《くずれた語法・手法を排する》.
‡**pur·ist** /pjú(ə)rist/ 名 C, 形 純正主義者(の).
***Pu·ri·tan** /pjú(ə)rət(ə)n/ 名 (複 **～s** /-z/) C **1 清教徒**, ピューリタン,《16 世紀に英国で起こった新教の一派の信徒; 宗教的儀式の簡素化と厳格な道徳を信条とした; →Pilgrim Fathers》. **2** 〈普通, 非難して〉〈p-〉(道徳的, 宗教的に)非常に厳格な人《ぜいたくや快楽を罪悪と考える》. —— 形 **1** 清教徒の. **2** 〈p-〉＝puritanical 1. [＜後期ラテン語; purity, -an]
pu·ri·tan·i·cal /pjù(ə)rətǽnik(ə)l ⑱/ 形 **1** 〈非難して〉〔人, 態度が〕(道徳的, 精神的に)厳格[潔癖]すぎる. **2** 〈P-〉清教徒(主義)の[のような, に関する]. ▷ **～·ly** 副
Pu·ri·tan·ism /pjú(ə)rətəniz(ə)m/ 名 U **1** 清教主義, ピューリタニズム(信仰). **2** 〈p-〉(宗教上, 道徳上の)厳格[潔癖]主義.
Pùritan Revolútion 名 〈the ～〉〖英史〗清教徒革命 (→civil war 2).
***pu·ri·ty** /pjú(ə)rəti/ 名 U **1 清浄**, 純正, 純粋, 混じり気のなさ, 清潔, (女性の)純潔. **2** (心の)純粋さ, 潔白. Vulgar films stain the ～ of young people's minds. 俗悪な映画は若い人たちの心の純粋さを汚す.
purl[1] 動 他, 自 (を)裏編みで編む; 裏編みする; (に)ループ[ピコット]飾りを付ける.
—— 名 U 裏編み(**púrl stìtch**); 金[銀]糸; C ループ(をつないだ)飾り, ピコー (picot).
purl[2] /pəːrl/ 〖雅〗 動 自 〔小川が〕(小さく波立って)さら

P

さら流れる. ── [名] [U] 〈普通 the ～〉(小川の)さらさら流れること[音].

púrl·er [名] [aU] 〖英旧話〗頭からの落下, 転落. come a ～ 真っ逆さまに落ちる.

pur·lieu /pə́ːrl(j)uː/ [名] [C] 行きつけの場所, なわ張り; 〖雅〗〈～s〉郊外, 周辺地区. the ～*s* of Paris パリ郊外.

pur·loin /pəːrlɔ́in/ [動] [他], [自] 〖章・戯〗(特に, あまり価値のないものを)盗む, くすねる (steal).

‡**pur·ple** /pə́ːrp(ə)l/ [名] [U] **1** 紫色 ([類語] violet より赤みが濃い). **2** 紫色のもの《染料や衣服など》. a woman dressed in ～ 紫色の服を着た女. **3** 〈the ～〉(昔, 王や高官が着た)紫色の衣; 帝位, 王位, 王権; 枢機卿(けい)の職[位]. be raised to the ～ 〖章〗枢機卿となる.

be bòrn in [to] the púrple 〖章〗王家[特権階級]に生まれる.

── [形] [e] (**～r** | **～st**) [m] **1** 紫色の. go [turn] ～ in the face with rage 怒りで顔が紫色になる. **2** 高位[高官]の. **3** 〔文章などが〕華麗な, (大げさな)美辞麗句を連ねた. a speech with a lot of ～ passages [patches] 美辞麗句を連ねたスピーチ.

[＜ギリシア語「アクキガイ」《赤紫の染料の採れる貝》]

Pùrple Héart [名] [C] **1** 〖米〗名誉戦傷勲章. **2** 〈p-h-〉〖英話〗(ハート型の) amphetamine 錠.

pùrple próse [名] [U] **1** (大仰な)美辞麗句. **2** 卑猥(わい)な表現[語句].

pur·plish /pə́ːrpliʃ/ [形] 紫色がかった.

‡**pur·port** /pə(ː)rpɔ́ːrt/ [動] [他] 〖章〗

1 [VO] (～ *to do* [*to be*]) 〔人, 書き物などが〕..する[..である]ように見せかける; [VO] (～ X/*that* 節) X の/..だという意味らしく思われる, X と/..と述べている. He ～*s to* be an expert in stock dealings. 彼は株式取り引きの名人だと称している(が実際には疑わしい). His letter ～*s that* he cannot agree to our proposal. 彼の手紙は我々の提案には賛成できないという意味らしい.

2 [VOC] (～ X *to be..*) ..ということになっている (★この文型には能動態はない) The letter is ～*ed to be* a secret agreement between the US and Japan. この手紙は日米間の秘密協定ということになっている.

── /pə́ːrpɔːrt | -pɔːt, -pət/ [名] [U] 〖章〗(全体的な)意味, 趣旨, 意図, 〈*of* ..の〉. the ～ *of* his speech 彼の演説の要旨. [＜ラテン語「前へ運ぶ」(*portāre*)]

pur·pórt·ed /-əd/ [形] (..という)うわさの, ..とされて[称されて]いる. this ～ discovery この発見と称されていること. ▷ **～·ly** [副] 称される[うわさされる]ところによれば.

‡**pur·pose** /pə́ːrpəs/ [名] ([複] **-pos·es** /-əz/)

【目的】 **1** [C] **目的**, 目標, 意図. For what ～ are you going there? ＝What is your ～ in going there? 君は何の目的でそこへ行くのか. He had a fixed ～ in life. 彼は人生に確固たる目標を持っていた. for ～*s* of comparison 比較のために. for general-～ use 一般に. with no definite ～ in mind これといったあてもなく. answer one's ～ ..の目的にかなう. serve a [the, one's] ～ (人の)役に立つ, 間に合う. It serve no ～ to do ..しても何の役にも立たない. attain [achieve] one's ～ 目的を達する.

[連結] the main [the principal; a manifold; a high, a lofty; a *practical*] ～

2 [C] 〈しばしば to の後で〉(物事の使用の)目的, 用途, 効果. I don't think there's any ～ (in) staying any longer. これ以上長く留まっても何ら効果がないと思う. *to* the ～ →成句. an all-～ [a multi-～] knife 万能ナイフ.

3【目的の追求】[U] 決心, 決意, 意志. He is an intelligent young man but lacks (a sense of) ～. 彼は利口な青年だが決断力[目的意識]に欠ける. be firm [infirm] of ～ 意志が強い[弱い].

at cròss púrposes →cross-purpose (成句).

for (àll) pràctical púrposes (名目や理屈は別として)実際には, 事実上. The Prince Regent, who had been King *for all practical* ～*s*, became King in title also in 1820. 摂政殿下はそれまで実質的に国王ではあったが, 1820 年名目上も国王となった.

****for [with] the púrpose of (doing)..*** ..する[の]目的で. Troops were sent in *for* [*with*] *the* ～ *of* preventing riots [*for the* ～ *of* suppression]. 暴動が起こるのを防ぐために[鎮圧のために]軍隊が送りこまれた (★for the ～ to prevent riots とは言わない).

of sèt púrpose (1) 〖主に英章〗計画的に, わざと. (2) 固い決心の. I am *of set* ～ in this. この事については固く決心がついている.

****on púrpose*** (1) 故意に (↔accidentally). It looked like an accident, but he actually did it *on* ～. それは偶然の出来事のように見えたが, 実は彼が故意にしたことであった. →ACCIDENTALLY on purpose. (2) 〈to do 又は that 節を伴って〉..するために. Hamlet pretended to be mad *on* ～ *to* [*that* he might] throw the King off his guard. ハムレットは王を油断させるために狂人のまねをした.

to àll intènts and púrposes →intent.

to gòod [sòme] púrpose 十分に[かなり]効果的に. The money will be put *to good* ～. そのお金は有効に使われるでしょう.

to nò [lìttle] púrpose 全く[ほとんど]無駄に. The objections were voiced *to no* [*little*] ～. 反対意見が述べられたが何も[ほとんど]効果がなかった.

to the púrpose 〖旧〗適切に[な]. Everything he said was *to the* ～. 彼の言うことはみな適切であった.

── [動] [他] 〖旧〗を意図する, 決意する; [VO] (～ *that* 節/*to do/doing*) ..という/..する目的[意図]を持つ. ～ a visit to China＝～ *to* visit [visit*ing*] China 中国訪問を考える. His father ～*d that* he (should) be an engineer. 彼の父は彼を技術者にしようと心に決めた.

[＜古期フランス語 *porposer*「企てる」(＜ラテン語 *prōpōnere* 'propose')]

pùrpose-búilt /⑱/ [形] 〖主に英〗特定の目的で作られた, 特注の.

‡**púr·pose·ful** /-f(ə)l/ [形] **1** (特別な)目的[意図]のある; 意味のある. ～ reading 計画的読書. **2** 固い決意を持った, 断固とした. **3** 意味深い. ▷ **～·ly** [副] 目的を持って; 固い決意で. walk ～*ly* into the room 断固とした足取りで部屋へ入って行く. **～·ness** [名]

púr·pose·less [形] 目的[意味]のない; 決意に欠ける. ～ violence 無意味な暴力. ▷ **～·ly** [副] 目的もなく, 無意味に. **～·ness** [名]

púr·pose·ly [副] 〖章〗故意に, わざと; 特別な意図を持って, わざわざ.

pur·pos·ive /pə́ːrpəsiv/ [形] 〖章〗**1** ＝purposeful. **2** 目的にかなう.

†**purr** /pəːr/ [名] [C] **1** (猫が喜んだ時の)のどのごろごろいう音. **2** 〈単数形で〉(車などのエンジンの)調子のいい低い音.

── [動] [自] **1** 〔猫などが〕(満足して)のどを鳴らす. **2** 〔車, エンジンが〕快調に低い音を立てる, 低いうなりを響かせる; [VA] 〔車などが〕低いエンジン音[うなり]を響かせて走る 〈*along*〉〈*down* ..を〉. **3** 満足そうに話す; 気持ちよさそうな声を上げる.

── [他] [VO] (～ X/"引用") 〔特に女性が〕X (自分の気持ちや願いなど)を/「..」と満足そうに小声で言う; X(誘いなど)を/「..」と猫なで声で言う. The little girl ～*ed* her contentment. 少女は満足ですとうれしげに言った. "See you later," she ～*ed*. 「あとでお会いしましょう」と彼女はうれしげに小声で言った. [擬音語]

‡**purse** /pəːrs/ [名] ([複] **púrs·es** /-əz/) [C] **1** 〖英〗(主に女

性用の)小銭[コイン]入れ(〘米〙change purse), **財布** (wallet). You can't make a silk ～ out of a sow's ear. 〘諺〙豚の耳で絹の財布は作れない. make [turn] a sow's ear into a silk purse 粗悪なものから立派なものを作る. **2** 〘米〙(女性用)ハンドバッグ (pocketbook; 〘英〙handbag). reach in one's ～ for ..を取り出そうとハンドバッグに手を入れる.

3 〈単数形で〉金銭, 財力, 財源. the public ～ 国庫. be attracted by a person's fat ～ 人の大財産に引かれる. open one's ～ (資)金を出す. A European tour is within [beyond] my ～. ヨーロッパ旅行の金はᴸある[ない]. **4** (懸)賞金《ボクシング試合などの, また 1 大会の賞金総額をいうこともある》, 寄付金, 報奨金. give [put up] a $500 ～ [a ～ of $500] 500 ドルの賞金を出す. make up a ～ for ..のために寄付金を募る.

lìne one's púrse →line².

── 動 他 (緊張, 不機嫌などから)〔口など〕をすぼめる, 〔まゆ〕をしかめる, 〈*up*〉. She ～*d* her lips in disapproval. 彼女は不賛成だというように口をすぼめた.

[＜ギリシア語 *búrsa*「革, 袋」]

purs·er /pə́ːrsər/ 名 C (旅客機, 船舶の)パーサー《会計などの事務のほか, 乗客のサービスにも責任を持つ乗務員》. 「り《人》.

púrse-snàtcher 名 C 〘米〙ハンドバッグのひったく↑

púrse strìngs 名 〈the ～; 複数扱い〉財布のひも. hold [control] the ～ 財布のひもを握る; 使う権限を持つ〈*to* ..〔ある金額〕まで〉. tighten [loosen] the ～ '財布のひもを締める[緩める]'; 〔国, 銀行などが〕金融引締め[緩和]策を取る.

purs·lane /pə́ːrslən/ 名 UC スベリヒユ《1 年草のつる性の雑草; サラダにすることがある》.

pur·su·ance /pərs(j)úːəns/ 名 U 〘章〙(計画などの)遂行, 実行, 追求. in (the) ～ of one's duty 義務を遂行して[遂行中に, 遂行する一環として]. in (the) ～ of your request ご要求に従って. ◇動 pursue

pur·su·ant /pərs(j)úːənt/ 形 〈次の成句で〉

pursúant to.. 〘章〙〈前置詞的〉〔法, 規則など〕に従って, 応じて, 基づいて. act ～ *to* the plan 計画に従って行動する. ▷ **～·ly** 副 従って, 応じて, 〈*to* ..に〉.

‡**pur·sue** /pərs(j)úː/ 動 (**～s** /-z/|過 過分 **～d** /-d/|**-su·ing**) 〘章〙他 【追跡する】 **1** (捕え又は殺そうとして)を追いかける, 追跡する. The policeman ～*d* the thief. 巡査はどろぼうを追いかけた.

2 〔嫌な人, 物事が〕に付きまとう; を悩ませ続ける; 〔男が〕〔女性〕にしつこく交際を迫る. be ～*d* by fears and anxieties いろいろな恐怖と心配に付きまとわれる. He ～*d* the teacher with silly questions. 彼はつまらない質問で先生を悩ませ続けた.

【追求する】 **3** 〔目的や快楽など〕を追い求める. ～ one's objectives [aims, goals] 目的を達成しようとする. ～ fame [pleasure] 名声[快楽]を求める.

4 〔仕事や論議など〕を続行する; を遂行する; に従事する; の道を突き進む, やり通す. I hope to ～ my studies at Harvard University 私はハーバード大学で研究を続けることを希望します. ～ a computer career コンピュータの仕事を続ける. ～ one's business 自分の仕事をやり通す.

5 【ついて行く】 〘雅〙〔道〕をたどる, 〔針路〕をとる; 〔規則など〕に従う. ～ a river to its mouth 川に沿って川口まで行く. ～ a wise course 賢明な道をとる. ～ advice 助言に従う.

── 自 **1** 追う, 追跡する, 〈*after* ..の後を〉. **2** 続行する.

◇名 pursuit, pursuance 「'follow')]

[＜ラテン語 *prōsequī*「ついて行く」(＜pro-＋*sequī*↑

pur·sú·er 名 〘章〙C **1** 〈普通 one's ～s〉追跡者. shake off [outrun] one's ～*s* 追跡者を振り切る. **2** 追求者.

‡**pur·suit** /pərs(j)úːt/ 名 (複 **～s** /-ts/) 〘章〙

【追求】 **1** U **追跡**, 追撃, 〈*of* ..の〉. a dog in the ～ *of* rabbits ウサギを追いかける犬. with the policeman in hot ～ (*of* the kidnapper) 警官が(誘拐犯を)激しく追跡して.

2 U 追求; 続行; 従事; 〈*of* ..(へ)の〉. In ～ *of* happiness they went to America. 幸福を求めて彼らはアメリカへ行った. He was merciless in his ～ *of* the truth. 彼はその真相を追求するのに容赦しなかった.

3 【追求の対象】 C 〈普通～s〉研究; 職業, 仕事; 娯楽; (類語 持続的な熱意と関心を持って追求できる対象; 生活を支えるための仕事にも用いる; →occupation). literary ～*s* 文学の研究; 文筆業. daily ～*s* 日常の仕事. One of his favorite ～*s* is painting. 彼の趣味の 1 つは絵を描くことである.

4 〈the ～〉(自転車競技の)追い切り《種目》.

◇動 pursue [＜古期フランス語 *poursuite*]

pursúit plàne 名 C 〘旧〙追撃機 (fighter (plane)).

pur·sui·vant /pə́ːrs(w)ivənt/ 名 C **1** 〘古〙従者. **2** 英国の紋章院 (the College of Arms) の役人《herald の下位》.

pur·sy /pə́ːrsi/ 形 **1** (太って)息切れする. **2** 太った.

pu·ru·lence /pjú(ə)rələns/ 名 U 化膿(のう); うみ.

pu·ru·lent /pjú(ə)rələnt/ 形 化膿(のう)性の, うみの出る, うみを持った. [＜ラテン語 *pūs*「うみ」]

pur·vey /pərvéi/ 〘章〙動 (**～s** /-z/|過 過分 **～ed** /-d/|**～·ing**) 他 **1** 〔食料品など〕を供給[調達]する〈*to, for* ..に〉. They ～ meat *to* the Royal Household. 彼らは王室に肉を納めている. **2** 〔情報など〕を流す. ── 自 食物などを供給[調達]する〈*for* ..に〉. [provide と同源]

pur·vey·ance /pərvéi(ə)ns/ 名 U 〘章〙調達, 供給, 〈*of* ..〔食糧など〕の〉.

pur·vey·or /pərvéiər/ 名 C 〘章〙(食糧などの)調達者, 納入商; (情報などの)提供者.

pur·view /pə́ːrvjuː/ 名 U **1** 〘雅〙(活動, 作用, 権限などの)範囲, 限界; 視野, 理解[思考]の範囲. His way of thinking is *outside*[*within*] *the* ～ *of* Western logic. 彼の考え方は西洋式論理で理解できない[できる]. come [fall] under [within] the ～ of.. 〔仕事, 問題などが〕..の権限のうちである. **2** (書類などの)扱う範囲; 〘法〙(法令の)本文《preample に対して》.

pus /pʌs/ 名 U うみ, 膿(のう). [ラテン語]

Pu·san /púːsàːn/ 名 プサン, 釜山(ふざん),《韓国南東部の港市; 同国第 2 の大都市》.

‡**push** /puʃ/ 動 (**púsh·es** /-əz/|過 過分 **～ed** /-t/|**púsh·ing**) 他 【押す】 **1** (a) **押す** (↔pull). *Push* the knob; don't pull. 取っ手を押しなさい, 引いてはいけない. ～ seven 7 階のボタンを押す《エレベーターなどの》.

(b) VOA 押して(..に) 動かす, 押して..する. ～ a boy *down* 少年を押し倒す. ～ *away* a stool いすを押しのける. ～ *down* the handle ハンドルを押し下げる. ～ a baby carriage *up* the slope 乳母車を押して坂を上る. ～ a [the] door to ドアを押してきちんと閉める. She ～*ed* the needle *through* the heavy cloth with her thimble. 彼女は指ぬきを使って針をその厚ぼったい生地に突き通した.

(c) VOC (～ X Y) X を押して Y の状態にする. ～ the door open [shut] 押してドアを開ける[閉める].

2 【押し出す】 VOA (～/X/***out**, etc.*)〔手足など〕を突き出す, 〔芽など〕を出す. The snail ～*ed out* its horns. かたつむりは角を出した.

【押し進める】 **3** 〔目的, 仕事など〕を押し進める, 拡大[拡張]する; を追求する, 強く求める. The program was ～*ed* to include all of the major agricultural provinces. その計画は主要な農業地域全部を包含するよう拡大された. ～ one's claims 要求を強く主張する.

4 を後援する, 後押しする.

【押し付ける】 5〘話〙〔物品〕を売り込む,〔考えなど〕を押し付ける;〘話〙〔麻薬〕を売りつける.
6 VOA (〜 X *for*..) X に..を強要する; (〜 X *to*..) X を..に追い込む;〘話〙VOC (〜 X *to do*)・VOA (〜 X *into* (*doing*)..) X(人)に強要して..させる. 〜 him *for* a loan of money 彼に金を貸せとせがむ. I 〜*ed* him (*on*) *to* try for the position. 私は彼にその勤めを志願するよう強く勧めた. He 〜*ed* Jane *into* marry*ing* him. 彼はジェーンを強引に口説いて妻にした.
【押し迫る】 7〘話〙〈進行形で〉〔年齢, 時間, 速度〕に近づく. He is 〜*ing* 40. 彼は 40 歳に手が届く《普通 30 歳以上について用いる》. As the train departed, he checked his watch. It was 〜*ing* eight o'clock. 列車が出た時, 彼は時計を確かめた. 8 時になろうとしていた.
── 自 1 押す, 突く, 〈*at*, *against*, *on* ..を〉(↔pull). 〜 up *against* the door ドアに体当たりする. 〜 *at* the back 後ろから押す. 〜 down *on* the button ボタンを押す. 2 突き出ている,〔芽などが〕(勢いよく)突き出る;〔道路などが〕延びる;〔考えなどが〕広がる. a cape 〜*ing* out into the sea 海に突き出ている岬.
3 VA (困難などを排して) 前進する, 突き進む; どんどんやる. 〜 *against* the wind 風に逆らって進む. 〜 (*on*) *through* the crowd 群衆を押し分けて進む. 〜 *into* the enemy country 敵地に押し入る. *Push on* with your work. どんどん仕事を続けなさい.
4 VA (〜 *for*..) ..を強く要求する, 得ようと努める. The company is 〜*ing for* more production. 会社は増産を目指して張り切っている. 〜 *for* the building to be demolished ビルの取り壊しを迫る.
5〘俗〙麻薬を密売する.
be hàrd púshed to do ＝be HARD put to do.
Dòn't púsh (me). 〘米話〙せかすなよ, プレッシャーかけるなよ.
pùsh /../ abóut ＝PUSH /../ around.
pùsh ahéad ＝PUSH forward.
pùsh alóng どんどん進む;〘話〙立ち去る. It's late–I really should be 〜*ing along* now. 遅いので, 本当にもう帰らないと.
pùsh /../ aróund 〘話〙..をいじめる, こき使う.
pùsh /../ asíde ..をさて置く, 考慮しない, 無視する. He 〜*ed aside* all my ideas. 彼は私の考えをすべて受け入れなかった.
pùsh /../ báck ..を後ろへ押す; ..を延期する.
pùsh fórward (1) 進む, 先を急ぐ, 〈*to* ..に向かって〉. (2)(強力に)推し進める〈*with* ..〔計画など〕を〉.
pùsh /../ fórward ..をことさらに人目につくようにする. 〜 oneself *forward* しゃしゃり出る.
pùsh ín 〘話〙(1)(待っている)人の列に割り込む. (2)(人の)じゃまをする.
púsh it 〘話〙せっかちである, やり[行き]過ぎる.
pùsh one's lúck →luck.
pùsh óff (1)(オールなどで岸を突いて)舟を出す,〔舟・人が〕岸を離れる. (2)〘話〙立ち去る〈しばしば命令文で〉.
pùsh /../ óff (1)..を押して(岸などから)離す, 押して落とす. (2)〔事〕を発足させる, 始める. (3)〈〜 X off on [onto] Y で〉〘米話〙X((いやな)仕事)を Y(人)に押し付ける.
pùsh ón ＝PUSH forward.
púsh onesèlf (1)〈副詞句を伴って〉(ある姿勢を)さっととる. 〜 one*self* to one's feet さっと立ち上がる. (2)(無理をして)がんばる; でしゃばる. (3)＝PUSH one's way.
pùsh /../ óut (1)→他 2, 自 2. (2)〘話〙..を大量生産する. (3)..を追い出す, 解雇する,〈しばしば受け身で〉. be 〜*ed out* of the job 解雇される. (4)＝PUSH /../ off (1).
pùsh /../ óver ..を押し倒す.
pùsh thróugh 〔芽などが〕地上に出る.
pùsh /../ thróugh 〔仕事など〕をやり遂げる;〔議案など〕を押し通す;〔学生〕を無理に合格させる.
pùsh X thróugh Y X(法案など)を強引に Y(議会など)を通過させる.
pùsh úp 突き進んで来る; 手をついて上体を起こす.
pùsh /../ úp を押し上げる;〔物価や数値〕を押し上げる, 増やす.
pùsh one's wáy 押しのけて進む (→way¹ 2 語法). From the cotton fields of Alabama, she 〜*ed* her *way* to the top of the jazz world. アラバマの綿畑から彼女はジャズ界の頂上までのし上がった.
── 名 (複 **púsh·es** /-əz/) 1 C 押すこと, 突くこと; ひと押し, ひと突き; (↔pull). at [with] one 〜 ひと押し[ひと突き]に, 一気に. He gave the door a hard 〜. 彼はドアを強く押した. He always needs a 〜 to get started. 彼が動き出すにはいつもひと押ししてやることが必要だ. 2 C 後押し, 尻(しり)押し; ひと踏ん張り, 努力; 突進; (強力で組織的な)攻勢; (軍隊の)攻撃. make a 〜 ひと踏ん張りする. A week before the exams he started the big 〜. 試験の 1 週間前に彼は猛勉強を始めた.
3 U 〘話〙'押し', 強引さ, 頑張り, 進取の気象. a man of 〜 and go 頑張り屋. 4 C〘話〙群衆; 一行;〘オース俗〙よた者[浮浪者など]の一団. 5 C 〘アイル俗〙助け[励み](になるもの). That would be a great 〜. それはうんと助かるよ.
at a púsh 〘主に英話〙必要に迫られると, いざという場合に(は); なんとかして.
if [when] it cómes to the púsh ＝***if [when] pùsh cómes to shóve*** せっぱつまった場合[時]に. *If it comes to the* 〜, I can borrow some money from my father. いざという時は父から金を借りられる.
gèt the púsh 〘主に英話〙解雇される; 絶交される.
give a person the púsh 〘主に英話〙(人を)解雇する; (人と)絶交する.
[<ラテン語 *pulsāre*「打つ, たたく」(<*pellere* 'drive, beat')]

púsh·bàll 名 U 〘米〙プッシュボール《直径約 6 フィートのボールを相手のゴールに入れる球戯》; C そのボール.

púsh-bìke 名 C 〘英旧話〙(motorbike に対し普通の)自転車.

púsh bùtton 名 C 押しボタン.

púsh-bùtton 形〈限定〉押しボタン式の; リモコン式の, オートマチックの. 〜 warfare (押し)ボタン戦争《ボタンを押すと兵器が直ちに活動を開始する》. a creature of the 〜 world なんでも自動式の時代の人間. a 〜 telephone プッシュホン.

púsh·càrt 名 C 手押し車《行商人の用いるものや, スーパーでの買い物用など》.

púsh·chàir 名 〘英〙＝stroller 4.

pushed 形〈叙述〉1 困って〈*for* ..〔金, 時間など〕がなくて〉. As the men were 〜 *for* time, they worked around the clock. 男たちは時間が足りなくて, 昼夜兼行で働いた. 2 むずかしい〈*to* do ..するのが〉.

púsh·er 名 C 1 押す人[物];〘話〙強引に事を進める人, でしゃばり. 2〘話〙麻薬密売人. 3 推進プロペラ(飛行機)《プロペラがエンジンの後ろにある》. 4〘英〙プッシャー《まだフォークやナイフが使えない幼児が食べ物をスプーンに押し乗せる食器》.

púsh·ful /-f(ə)l/ 形 ＝pushing. ▷ **〜·ness** 名

púsh·ing 形 1〈普通, 非難して〉押しの強い, でしゃばりな, 厚かましい. 2 進取の気象に富んだ, 精力的な.

Push·kin /púʃkin/ 名 **Alexander 〜** プーシキン (1799–1837)《ロシアの詩人・小説家》.

púsh·òver 名 C 〘俗〙〈普通 a 〜〉1 たやすい事, 楽な仕事. The test was a 〜. 試験は楽なもんだった. 2 簡単に負ける[だまされる, 誘惑される]人, 御しやすい相手; 弱い人〈*for* ..〔自分の好きなもの〕に〉. He's a real 〜 *for* a pretty girl. 彼はきれいな女の子にはころりと参ってしまう.

púsh·pìn 名 C 〘米〙画びょう(〘英〙drawing pin).

púsh-stàrt 名 U (車, オートバイなどのエンジンの)押しがけ. —— [動] [他] 〔車など〕を押しがけする.
púsh-ùp [名] [C] 〖米〗腕立て伏せ (〖英〗 press-up). do ～*s* 腕立て伏せをする.
push·y /púʃi/ [形] [e] ＝pushing 1.
▷**push·i·ly** [副] **push·i·ness** [名]
pu·sil·la·nim·i·ty /pjùːsələníməti/ [名] [U] 〖章〗臆(おく)病, 内気, 意気地なさ.
pu·sil·lan·i·mous /pjùːsəlǽnəməs [移]/ [形] 〖章〗臆(おく)病な, 気の弱い, 意気地のない. ▷**～·ly** [副]
†**puss**¹ /pus/ [名] [C] 〖話〗 **1** ＝pussy¹. **2** 茶目な娘[少女]. [?＜中期低地ドイツ語]
puss² [名] [C] 〖俗〗〈普通, 単数形で〉顔; 口. [＜アイルランド語]
†**puss·y**¹ /púsi/ [名] ([複] -sies) [C] 〖話〗猫, 'ニャンニャン', 〈主に呼びかけ〉. [＜puss¹]
puss·y² [名] ([複] -sies) **1** [C] 〖卑〗女性器. **2** [C] 〖米〗＝sissy; (セックスの対象としての)女. **3** [U] 〖卑〗性交.
púss·y·càt [名] 〖話〗 [C] **1** ＝pussy¹. **2** かわいい人〈主に女性に対する呼びかけ〉. **3** おとなしい[やさしい]人.
púss·y·fòot [動] [自] 〖話〗 **1** (猫のように)そっと[こっそり]歩く〈*around, about*〉. **2** (保身のために)態度をはっきりさせない, 掛かり合いになるのを避ける,〈*around, about*〉.
pússy wìllow [名] [UC] 〖植〗(北米産の)ネコヤナギの一種.
pus·tu·lar /pʌ́stʃələr|-tjə-/ [形] 〖医〗膿疱(のうほう)性の.
pus·tule /pʌ́stʃuːl|-tjuːl/ [名] [C] 〖医〗膿疱(のうほう)《うみ (pus) を持ったおでき, 火ぶくれなど》; 〖動・植〗いぼ.
‡**put** /put/ [動] (～s /-ts/|[過] [過分] ～|**pút·ting**) [他] 〈普通, 場所, 運動, 方向などを表す副詞(句)を伴う〉【置く】

1 (a) [VOA] を(ある場所に)置く, 載せる (★A 要素との連結関係で「入れる, 出す, 上げる, 下ろす, 移す, 打ち込む」など様々な訳語が考えられる); ([類語]「置く」の意味の一般的な語; →deposit, lay¹ 1, place, set). *Where* did I ～ my watch? 時計どこに置いたっけな. She ～ the book *on* the desk. 彼女は本を机の上に置いた. ～ one's cap *on* one's head 帽子を頭に載せる[かぶる]. ～ one's hand *in* one's pocket 手をポケットに突っ込む. ～ milk *in* one's tea 紅茶に牛乳を入れる. ～ a person *in* prison 人を刑務所に入れる. ～ a knife *into* the stomach 腹にナイフを突き刺す. I ～ my arms *around* her neck. 両腕を彼女の首に回した. ～ the car *out of* the garage 車を車庫から出す. ～ jam *on* the toast トーストにジャムを塗る. **(b)** [VOA] 〔人〕を(..に)行かせる. ～ a child *to* bed 子供をベッドに寝かせる. ～ a person *in* the hospital 人を入院させる.

2【置くように投げる】〔砲丸〕を投げる; (砲丸投げのようにして)を投げる. win the gold medal for ～*ting* the shot 砲丸投げで金メダルを取る.

【ある位置に置く】 **3** [VOA] (～ X *to*..) X を..に付ける, くっつける; (～ X *to*..) X を..に当てる, あてがう. ～ a knob *to* the door ドアに取っ手を付ける. ～ one's ear *to* the door ドアに耳を当てる. ～ two horses *to* the cart 馬車に馬を 2 頭つなぐ. ～ words *to* music 曲に歌詞を付ける.

4 [VOA] を記入する, 記す, 〔無いもの〕を付け加える; を載せる〈*in*..〔新聞, 本など〕に〉. ～ one's signature *to* a document 文書に署名する. *Put* your name here, please. ここへ名前を書いてください. ～ an announcement *in* a paper 新聞に告知を載せる.

5【上に置く, 載せる】 [VOA] (～ X *on*..) X (重点など)を..に置く; X (税金など)を..に課す; X (金)を..に賭(か)ける; X (値)を..に付ける; X (責任, 罪など)を..に負わせる, かぶせる. ～ emphasis *on* oral practice 口頭練習に重点を置く. Heavy taxes are ～ *on* alcoholic drinks. アルコール飲料には重税がかかっている. ～ ten cents *on* the price of a gallon of gasoline ガソリン 1 ガロンの値段に 10 セント上乗せする. ～ ten dollars *on* a horse (競馬で)馬に 10 ドル賭ける. ～ money [a bet] on ..に賭ける. ～ a price *on* a picture 絵に値を付ける. *Put* it *on* my bill. それ僕の勘定につけてください. ～ the blame *on* a person 人に罪をかぶせる.

6【中に置く, 入れる】 [VOA] (～ X *in, into*..) X (人, 自分)を〔ある立場〕に置く; (～ X *in*..) X (信頼など)を..に置く; (～ X *in, into*..) X (金, 努力など)を..につぎ込む. ～ oneself *in* another's position 人の身になってみる. ～ one's trust [faith] *in* ..を信頼する. ～ one's faith *in* God 神を信じる. ～ a lot of money *into* one's business 事業に多大の金をつぎ込む. ～ a lot of time [effort, energy] *into* (do*ing*) ..(をすること)に多くの時間[努力, 精力]をつぎ込む. ～ one's heart and soul *into* one's study [teaching] 研究[教職]に心血を注ぐ.

7【入れる＞置き替える】を述べる; [VOA] を言い表す; (～ X *into*..) X を..に翻訳する ([類語] translate より口語的). ～ one's point of view 自分の意見[見解]を述べる. Let me ～ it *this way*. それをこう言ってみてはどうだろう. as they ～ it 彼らが言うように[の言葉を借りれば]. Ben's—how shall I ～ it—not very bright. ベンはどう言えばいいだろう, あまり頭がよくないのです (★多くの場合, 失礼(で不愉快)なことなどを続けるのに用いる). Well ～! 至言だ. To ～ it briefly [*Put* briefly, Briefly ～], he refused our offer. 手短に言えば彼は我々の申し出を断った (★[ ]内の put は過去分詞). ～ one's thoughts *into* words 考えを言葉に表す. Will you ～ this sentence *into* Japanese? この文を日本語に訳してくれませんか.

8【位置づけて考える】 [VOA] を(より上, 下などと)評価する, 見る, 分類する; を(..と)見積もる; を(..と)仮定する. I ～ Shakespeare *above* Goethe as a dramatist. 劇作家としてはゲーテよりシェークスピアの方が上だと私は見ます. ～ one's job *before* [*above*] everything else 何よりも仕事第一にする. ～ one's family *first* 家族をまず第一に考える. ～ him *among* the leading musicians 彼を一流の音楽家だと考える. ～ the profits *at* $10,000 利益を 1 万ドルと見積もる. It can't be ～ *in* the same class [category] as a Leica. それをライカと同列にはできない. *Put* it *that* the rumor is true. そのうわさが本当だと仮定しよう.

9【適切な場に置く】をもたらす, 持ち込む; 〔問題など〕を提出する, 〔質問〕を提起する〈*to* ..に〉; [VOA] (～ X *to*..) X (責任, 罪など)を〔人〕に帰着させる. ～ a question *to* a person 人に質問する. ～ the resolution *to* the board of directors 決議を理事会に依頼する. I ～ it *to* you, Mr Brown, that it will be useless to do so. ブラウンさん, そんな事をしてもむだだと申し上げたい[思います](が, 違いますか).

【ある状態に置く】 **10 (a)** [VOA] を(ある状態に)する. ～ a room *in* [*out of*] order 部屋をきちんと[乱雑に]する. ～ a machine *in* motion 機械を動かす. ～ a person *at* ease 人を気楽にさせる. ～ a person *at* risk 人を危険にさらす. ～ a law *into* force 法律を施行する. I'll ～ your statement *on* record. 私はあなたの陳述を記録にとどめよう. [注意] 上の諸例で前置詞句は形容詞の働きに近いので [VOC] とも考えられる. **(b)** [VOC] (～ X Y) X を Y にする. He ～ me right on [about] this point. この点について彼は私の思い違いを正してくれた.

11【ある状態に向ける】 [VOA] (～ X *to, into, toward*..) X を〔ある状態, 動作など〕に向ける, 当てる. ～ the enemy *to* flight 敵を敗走させる. I'm sorry I've ～ you *to* so much trouble. 大変ご面倒おかけしてすみません. ～ him *to* death 彼を殺す. ～ a person *to* silence 人を黙らせる. ～ one's men *to* work 従業員を仕事に就かせる. ～ one's spare time *to* good use 余暇を善用する. ～ oneself *to* the study of Russian ロシア語の勉強に取りかかる. ～ money *toward* charities 慈善事業に金を寄

P

付する.

━ 自 VA〔ある方向, 場所に〕進む, 向かう,〈普通, 船(に乗った人)が主語〉. ～ *into* port for shelter [*in* at Yokohama] 避難のため入港する[横浜に寄港する]. ～ *out* to sea 出帆する, 船出する.

be hàrd pút (to it) →hard.

don't knów whère to pút oneself 〖話〗ひどく当惑している[まごついている]《＜どこにいるべきか分からない》.

pùt abóut 〖海〗〔船が〕方向転換する.

pùt /../ abóut (1)〖海〗〔船〕を方向転換させる. (2)〔うわさ, 誤報など〕を言いふらす, 広める. It is ～ *about* [They ～ it *about*] that... もっぱら..というううわさです. (3)〖主にスコ〗..を悩ます, 困らせる. (4)〖英話〗〈～ it [oneself] about で〉〔女が〕相手かまわず寝る, 尻軽である.

pút X acròss Y (1) Y を横切って X (人など)を渡す. ～ a person *across* (a river) (川を横切って)人を渡す. (2)〖話〗X (うそなど)を Y (人)に信じ込ませる. You can't ～ ⌞such nonsense [an excuse] *across* me. そんなばかな話[口実]は僕には通じないよ. ～ one [something, it, *etc.*] *across* a person 人に一杯食わせる.

pùt /../ acróss (1)〔考えなど〕を(分かってもらえるように)うまく伝える〈*to* ..に〉. He managed to ～ ⌞his ideas [himself] *across to* the committee. 彼は自分の考えを委員会に分かってもらえた. (2)〖話〗..を成し遂げる, ものにする; 人をだまして..を信じ込ませる. ～ *across* an election campaign 選挙運動を成功させる.

pùt /../ ahéad ＝PUT /../ forward (4).

pùt /../ apárt →apart.

*__*pùt /../ asíde*__* (1) **..をわきへ(押し)やる**, のける; ..を(少しの間)棚上げにする. He ～ everything else *aside* and prepared for the exam. 彼はほかの事はみんな後回しにして試験勉強をした. (2)〔金, 時間など〕を取っておく;〔商品など〕を保留しておく. ～ *aside* some money each month to buy a car 車を買うために毎月少しずつ貯金する. (3) を無視する. ～ *aside* the differences between the two ideas 2 つの考えの違いを無視する.

*__*pùt /../ awáy*__* (1) **..をしまう**, 片付ける. *Put* the dishes *away* in the cupboard. お皿を戸棚へしまいなさい. (2) ＝PUT /../ aside (2). (3)〖話〗〔多量の飲食物〕を平らげる, 腹に入れる. (4)〖話〗〈しばしば受け身で〉〔人〕を刑務所にほうり込む; 精神病院に入れる. (5)〖婉曲〗〔老犬など〕を殺す, '始末する'. (6)〖章〗〔考え, 心配など〕を捨てる. I have ～ *away* all my youthful dreams. 僕は若いころの夢をすべて捨ててしまった. (7)〖古〗〔妻〕を離縁する.

pùt báck 〔船が〕引き返す.

*__*pùt /../ báck*__* (1) **..を(元へ)戻す**;〔船〕を引き返させる. *Put* the book *back* where you found it. その本を元あった所へ戻しなさい. (2) ..を遅らせる; ..を阻害する; (↔ put /../ forward (3)). ～ the clock *back* (by) an hour 時計を 1 時間遅らせる. The strike ～ *back* the production greatly. ストで生産が大幅に遅れた. (3) ..を(先へ)延ばす, 延期する. ～ *back* the departure till tomorrow 出発を明日に延ばす. (4)〖話〗〔多量の酒〕を(短時間に)飲む.

pùt /../ bý (1) ＝PUT /../ aside (2). (2) ..を避ける.

pùt dówn 〔飛行機, 操縦士が〕着陸する.

*__*pùt /../ dówn*__* (1) **..を下へ置く**;〔乗客など〕を降ろす (PUT /../ off); ..を着陸させる. I just couldn't ～ this novel *down*. 〖話〗この小説は面白くて途中でやめられなかった. *Put* me *down* at Piccadilly Circus. ピカデリー・サーカスで降ろしてください. (2) **..を押さえつける**, 鎮圧する. ～ *down* the rebellion 暴動を鎮圧する. (3)〖婉曲〗〔老いた又は病気の動物など〕を殺す〈しばしば受け身で〉. (4) **..を書き留める**; ..の名前を書く〈*for* ..の申し込みとして〉. I ～ *down* his address in my pocket-book. 手帳に彼の住所を書き留めた. He ～ himself *down* in the hotel register as Tom Jones. 彼は宿帳にトム・ジョーンズと記入した. *Put* me *down for* $100. (寄付者名簿などに) 100 ドル私の名義で申し込みを書き入れてください. I have ～ my son *down for* Rugby. 私はラグビー校に息子の入学予約申し込みをした. (5)〈特に, 議会で〉..を議題に加える. (6)〔ワイン, 食品類〕を貯蔵する《熟成させるために》. (7)〖話〗..をたしなめる, こき下ろす, ..にけちをつける, ..をやりこめる. We will ～ him *down* a bit. (思い上がっているので)彼を少したしなめてやろうよ. (8) ..を(頭金として)払う; ..をつけとする〈*to* ..の〉. *Put* it *down to* me [*to* my account]. それは私のつけにしてください. (9) ..をせいにする; ..を受けとめる;〈*to* ..の, と〉. He ～ his success *down to* good luck. 彼は自分の成功は好運のおかげだと言った. *Put* it *down* to experience. それはいい経験をした[教訓になる]と考えなさい. (10) ..を考える, みなす,〈*as, for* ..だと〉. I ～ him *down as* [*for*] a cunning fellow. あの男はずるいやつだと私は見る. (11)〔飛行機〕を着陸させる. (12)〖話〗..を腹に入れる, 食べる[飲む]. (13)〔赤ん坊〕を寝かせる.

pùt /../ fórth 〖章〗＝PUT /../ forward (1), (2).

*__*pùt /../ fórward*__* (1)〔力〕を出す, 発揮する;〔芽など〕を出す. ～ *forward* every effort 全力を出す. The trees are ～*ting forward* young leaves. 木立ちが若葉を出している. (2)〔案など〕を提出する, 持ち出す; ..を出版[発表]する. Many proposals were ～ *forward* by experts. 専門家から多くの案が出された. (3)〔人〕を**前面に押し出す**, 推薦する. ～ oneself *forward* 自ら乗り出す, でしゃばる. (4) **..を早める**; ..を進める, 促進する; (↔PUT /../ back (2));〔日程など〕を繰り上げる (↔PUT /../ back (3)). ～ the clock *forward* (by) an hour 時計を 1 時間進める. ～ *forward* the dinner a little 夕食の時間を少し繰り上げる.

pùt ín (1) 言葉を差し挟む. (2) →自.

*__*pùt /../ ín*__* (1) **..を(中へ)入れる**, 差し込む;〔設備〕を取り付ける. ～ *in* the plug プラグを差し込む. have central heating ～ *in* 集中暖房設備を取り付ける. (2) **..を挿入する**,〔言葉〕を差し挟む (★引用文にも使う). I ～ *in* a word for him with my boss. 彼のために社長にひと言口添えしてやった. (3)〔要求など〕を申し入れる, 申し込む;〔書類など〕を出す. ～ a call *in* for a person 人への(長距離)電話を申し込む. ～ *in* a request for a week's leave 1 週間の休暇願いを出す. (4)〔労力〕をつぎ込む,〔仕事〕をする,〔時間〕を費やす;〔打撃〕を加える. ～ *in* seven years' work writing a book 本の執筆に 7 年間の労力をつぎ込む. ～ *in* a blow 1 発かます. (5) (選挙で)〔ある政党, 人〕を選出する. (6)〔人〕を登録する; ..を推薦する;〈*for* ..〔競技, 賞など〕に〉. ～ oneself *in for* the high jump 走り高跳びに出場登録する. (7)〔管理人, 警備員など〕を職務に就かせる[配置する]. (8)〖クリケット〗〔トスに勝ったチームが〕〔相手チーム〕に先に攻撃するように求める.

pùt ín for.. ..を申し込む, 要請する. ～ *in for* a transfer 転勤を申し込む.

pùt it ón (1) 大げさに言う[ふるまう]〈主に進行形で〉. (2) 法外な値段を吹っかける. (3) 太る.

Pùt it thére! →there.

pùt óff 〔船, 船員が〕出る, 出航する.

pùt a pérson óff.. 人に..する気をなくさせる. The audience's bad manners ～ him *off* going on with his speech. 聴衆の態度が悪いので彼は話を続ける気がなくなった.

*__*pùt /../ óff*__* (1) **..を延期する**, 延ばす;〔人〕と会うのを延ばす;〔人に会うこと, 約束など〕を取りやめにする; (類語 postpone の類語中最も普通また口語的). ～ *off* going to the dentist 歯医者へ行くのを延ばす. I'll ～ him *off* because I have a cold. 風邪を引いたので彼と会うのを

延ばそう. (2)〔人〕を(乗り物から)降ろす(PUT /../ down). Please ～ me *off* at Russell Square. ラッセル・スクエアで降ろしてください. (3)〔人〕を追い払う, はぐらかす. ～ *off* one's creditors with empty promises 空約束をして債権者を追い払う. (4)〔習慣, 心配など〕を捨てる;〔着物など〕を脱ぐ(★take /../ off の方が普通). (5)〔人〕を嫌にならせる, 不快にする;〔人〕にやる気をなくさせる, 思いとどまらせる;〔人〕のじゃまをする, 気を散らす. Her attitude ～*s* everybody *off*. 彼女の態度にはだれでも嫌になる. I was ～ *off* by the crowd. あの人込みには辟易(へきえき)した. (6)〔電流, ラジオなど〕を切る, 止める, (TURN /../ off; ↔PUT /../ on).

pùt ón 気取る, ふりをする.

****pùt /../ ón*** (1) **..を身に着ける** (→wear ★; ↔TAKE /../ off) (★目的語によって「着る, はく, かぶる,〔眼鏡〕を掛ける」などと訳す). ～ one's hat *on* 帽子をかぶる. ～ lipstick *on* 口紅をつける. He ～ *on* his overcoat before going out. 彼は出かける前にオーバーを着た. (2)〔ある態度〕を**取る**, ..のふりをする. ～ *on* airs 気取る. Her air of compassion is merely ～ *on*. 彼女の同情のそぶりはただ見せかけのものだ. (3) ..を増す; ..が増える. ～ *on* speed[years] 速度を加える[年をとる]. I've ～ *on* two pounds (in weight) recently. 近ごろ体重が2ポンド増えた. (4) ..を上演する,〔人〕を劇に出す. They are ～*ting on* 'Macbeth' next month at the Fortune. フォーチュン座では来月マクベスを上演する. (5)〔サービスなど〕を(追加して)提供する;〔列車など〕を(臨時に)増発する. (6)〔人〕を電話口に出す;〔交換手が〕〔人〕をつなぐ〈*to* ..に〉. Please ～ John *on*. ジョンを(電話口に)出してください. I'll ～ you *on to* him in a moment. 今すぐにその方に(電話を)つなぎます. (7)〔時計の針〕を進める. (8)〔電流など〕を通じる, 流す,〔電灯, テレビなど〕をつける, (TURN /../ on; ↔PUT /../ off). (9)〔テープ, ビデオなど〕をかける (↔TAKE /../ off). ～ the TV news *on* テレビのニュースをつける. (10)〔やかん, なべなど〕を(火に)かける;〔食事など〕を料理する, ..の支度をする. ～ a kettle *on* やかんを火にかける. I've got to ～ the dinner *on*. 私は食事の支度をしなくてはならない. (11)〔ブレーキ〕を踏む. He suddenly ～ *on* the brakes. 彼は急にブレーキを踏んだ. (12)〔賭(か)け〕をする. ～ *on* a bet 賭ける.

pùt X ***ón*** 〘主に米話〙X(人)をひやかす, かつぐ. You're ～*ting* me *on*. 君は僕をからかっているんだ.

pùt one óver on X 〘話〙うそなどついてX(人)をだます. You couldn't ～ *one over on* Mr. Jones; he's so shrewd. ジョーンズ先生に一杯食わすなんてできない, すごく抜け目ないんだ.

pùt onesèlf abóut 〘英話〙(性的に)盛んである.

pùt onesèlf óut (他人のために)骨を折る, 労を惜しまない. Please don't ～ your*self out* on my account. どうぞ私のことはお構いなく.

pút X ***onto*** [***on to***] Y 〘話〙X(人)にY(普通, 役に立つもの)のことを知らせる; XにY(Xが必要とする職業の人)を紹介する; X(警察など)にY(犯人など)の居場所を知らせる. She ～ *me onto* this beauty salon. 彼女が私にこの美容院のことを教えてくれたのです.

pùt óut (1) →自. (2)〘米俗〙〔女性が〕簡単に男と寝る[寝たがる].

****pùt /../ óut*** (1) **..を(外に)出す**, 差し出す;〔芽〕を出す; ..を追い出す, 解雇する; ..を脱臼(だっきゅう)する. ～ *out* one's hands to take the baby 子供を受け取ろうと両手を差し出す. ～ *out* the garbage can ごみ入れを(家の外に)出しておく. (2) ..を生産する;〔力〕を出す; ..を発行する, 放送する, 発表する. an engine that ～*s out* 60hp 60馬力出すエンジン. the news bulletin ～ *out* by the BBC 英国放送協会放送のニュース. (3)〔金〕を投資する, 貸し出す;〔仕事〕を下請けに出す, 外注する,〈*to* ..〔他の業者など〕に〉. (4)〔火, 電灯, たばこ(の火)など〕を消す;〔視力〕を失わせる; ..を気絶させる, 意識不明にする. Inhaling ether ～*s* you *out* in a few seconds. エーテルを吸い込むと数秒で意識がなくなる. (5) ..をうろたえさせる; ..を悩ます, いらいらさせる, 怒らせる; ..に迷惑[不便]をかける;〈普通, 受け身で〉. She was much ～ *out* by the joke. その冗談に彼女はひどく気分を害した. (6)〔計算, 結果など〕を間違えさせる, 狂わせる. (7)〘野球〙..をアウトにする, 刺殺する.

pùt /../ óver (1) ..を(向こうへ)渡す. (2) =PUT /../ across. (3)〘米〙..を延期する.

pùt páid to .. →pay.

pùt /../ róund =PUT /../ about (2).

pút X ***through*** Y (1) XにYを通過[経験]させる; XにY(学校)の費用を払ってやる. ～ a bill *through* Congress 法案を議会通過させる. ～ a person *through* it 人に大試練をくぐらせる. be ～ *through* a severe test 厳しい試験をされる. ～ one's children *through* university 子供たちに大学を卒業させる. (2) YにX(ペンなど)を走らせる. ～ one's pen *through* a word 線を引いて語を消す.

pùt /../ thróugh (1) ..をやり遂げる. The mayor has ～ *through* his reform plans. 市長は改革計画をやり遂げた. (2)(電話で)..を(向こうへ)通じさせる. The operator ～ me *through* to London right away. 交換手は電話をロンドンへすぐつないでくれた. (3)〔商談など〕を取り決める;〔法案〕を通過させる.

pùt tó 〔船が〕(避難などのために)海岸に近寄る.

pùt /../ tó 〔戸, 窓〕をぴたりと閉める.

****pùt /../ togéther*** (1) **..を寄せ集める**, (集めて)くっつける; (寄せ集めて)..を作る, 組み立てる. ～ the broken pieces of a vase back *together* 花瓶の破片を寄せ集めて元通りにする. ～ a team *together* 人を集めてチームを作る. ～ one's thoughts *together* 考えをまとめる. ～ *together* a meal 有り合わせで食事を作る. A plan was hastily ～ *together*. 急いで計画が作り上げられた. (2) ..を合計する, 一緒にする,〈普通, 受け身で〉. Tom has more books than Ned's and Bill's ～ *together*. トムはネッドとビルのを合わせたより多くの本を持っている.

pùt úp (1)〘英〙立候補する〈*for* ..に〉. ～ *up for* Parliament 議員に立候補する. (2) 泊まる〈*at* ..〔ホテルなど〕に/*with* ..〔人の家〕に〉. ～ *up at* a hotel ホテルに泊まる. ～ *up with* a friend 友達の家に泊まる. (3)〈しばしば命令文で〉黙る. →PUT up or shut up.

pùt úp .. 〔激しい抵抗など〕を示す, する, やってみせる,〔ある態度〕を取る. ～ *up* a good [poor] fight[front] → fight, front, (成句). ～ *up* a calm front 冷静に構える.

****pùt /../ úp*** (1) **..を建てる**, 打ち立てる, (→build 類語);〔掲示, 旗など〕を掲げる. ～ *up* the tallest building in the world 世界一ののっぽビルを建てる. ～ *up* a tent テントを張る. ～ *up* a poster ポスターを張る. ～ *up* one's umbrella 傘を差す. ～ *up* a notice on a wall 壁に掲示を出す. (2) **..を上げる**. ～ *up* one's hand 手を上げる《注意を引くため》. *Put* 'em [your hands] *up!* 手を上げろ《銃などを突き付けて強盗などが言う》. ～ *up* one's hair →hair. (3)〔値段など〕を上げる. (4)〔人〕を泊める《食事も出す》. I can ～ you *up* at my house. 私は君をうちに泊めてあげられます. (5)〔金〕を出す, 貸す, 出資する, 払う. Mr. Smith will ～ *up* half of the money needed. 必要な金の半分はスミスさんが出すでしょう. (6) ..を(売りに)出す;〔人〕を推薦する, (候補者に)立てる,〈*for* ..に〉. ～ *up* one's car *for* sale 車を売りに出す. The child was ～ *up for* adoption when he was four. その子は4歳のとき養子に出された. ～ a person *up for* the membership 人を会員として推薦する. ～ oneself *up for* the presidency 大統領に立候補する. (7)〔食料品〕を貯蔵する, 缶詰にする; ..を包装する; ..を(もとの場

所に)しまう,〖古〗〔刀〕をさやに納める. ～ *up* vegetables for the winter 冬のために野菜を貯蔵する. *Put up* your swords! 剣を納めよ. (8)〔案, 考えなど〕を出す. ～ *up* a proposal 提案をする. (9)〖狩〗〔獲物〕を追い出す, 狩り出す.

pút upon .. ..をだます,〔お人よしなど〕につけ込む; ..に迷惑をかける;〈普通, 受け身で〉. He's always being ～ *upon*. 彼はいつも人につけ込まれている.

Pút ùp or shút ùp 〖話〗やれ[でき]ないのなら黙ってろ, 口より行動で示せ.

pùt a pèrson úp to .. 人を〔仕事など〕ができるように教え込む;〖話〗人をそそのかして〔悪事など〕をさせる. He was ～ *up to* the job by an old hand. 彼は老練な人にその仕事を教わった. His older brother ～ him *up to* this mischief. 兄があいつをそそのかしてこんな悪さをさせたのだ.

****pùt úp with ..*** **..を我慢する**, こらえる, ([類語] bear より口語的)〈受け身はまれ〉. I can't ～ *up with* this treatment any longer. これ以上こんな扱いを我慢できない.

***wouldn't pùt it pást** a person **to** do* →past.

── [名] **1** [C]〈普通 a ～〉押し, 突き; (砲丸などの)ひと投げ; [U] 投げて届く距離. **2** [U]〖商〗特権付き売り.

── [形]〈次の成句で〉***stày pút*** →stay[1].

[＜中期英語「押す」(＜?)]

pu·ta·tive /pjúːtətiv/ [形]〖章〗〈限定〉一般に信じられている, うわさの, 推定[想定]上の. his ～ father 彼の推定上の父. the ～ author of the anonymous poem その匿名の詩の作者と推定される人. ▷ **～·ly** [副]

pút-dòwn [名] [C] **1**〖話〗こきおろし, いやがらせ, 侮辱的な[こけにする]言葉,〈*of* ..に対する〉(snub). **2** (飛行機の)着陸.

pút-òff [名] [C]〖主に米話〗言い逃れ, 言い訳.

pút-òn〖話〗[形]〈限定〉見せかけの, うわべの. a ～ smile 作り笑い. ── [名] **1** [aU] 見せかけ, 気取り. **2** [C]〖米〗冗談, 悪ふざけ, 人をかつぐこと, いたずら.

pút·òut [名] [C]〖野球〗刺殺, アウト.

pu·tre·fac·tion /pjùːtrəfǽkʃ(ə)n/ [名] [U]〖章〗腐敗(作用); [UC] 腐敗物.

pu·tre·fac·tive /pjùːtrəfǽktiv [移]/ [形]〖章〗腐敗させる[を起こす]; 腐敗の. ▷ **～·ly** [副]

pu·tre·fy /pjúːtrəfài/ [動]〖章〗(**-fies**|[過] [過分] **-fied**|**～·ing**) [他]〔死体など〕を腐敗させる; を化膿(のう)させる.
── [自]〔死体などが〕腐る; 化膿する; 道徳的に堕落する.
[＜ラテン語 *puter*「腐った」]

pu·tres·cence /pjuːtrés(ə)ns/ [名] [U]〖章〗腐敗.

pu·tres·cent /pjuːtrés(ə)nt/ [形]〖章〗腐敗した.

pu·trid /pjúːtrəd/ [形] **1** 腐敗した, 悪臭を放つ; (道徳的に)堕落した. **2**〖話〗ひどい, 虫酸(むしず)の走る, 不快な; つまらない, おそまつな. the ～ rainy season うんざりする雨期. ▷ **～·ness** [名]

pu·trid·i·ty /pjuːtrídəti/ [名] ([複] **-ties**) [U] 腐敗; 堕落; [C] 腐敗物.

putsch /putʃ/ [名] [C] (突発的な)政変, クーデター, (coup). [ドイツ語 'thrust, blow']

‡**putt** /pʌt/〖ゴルフ〗[動] [他], [自] (球を)パットする《green 上で hole に向かって軽く打つこと》. ── [名] [C] パット. miss a 4ft. ～ 4 フィートのパットを外す. Paul dropped [sank] a 14-ft. birdie ～ on the final hole ポールは最終ホールで 14 フィートのバーディーパットを決めた. [＜put]

put·tee /pʌtíː, pʌ́ti|pʌ́ti/ [名] [C]〈普通 ～s〉(軍人などの)巻きゲートル《布または革製の》.

put·ter[1] /pʌ́tər/〖米〗[動] [自] [VA] だらだら[のんびり]と働く[動く, 過ごす]〈*around, about*〉(〖主に英〗potter). ～ in the garden のんびりと庭いじりする.
── [他] [VOA] (～ /../ *away*) X (時間)をだらだら[のんびり]と過ごす. ～ *away* one's time のらくら時を過ごす.

putt·er[2] /pʌ́tər/ [名] [C]〖ゴルフ〗**1** パター《パット(putt) 用のクラブ》. **2** パットするプレーヤー. a good ～ パットのうまい人.

put·ter[3] /pʌ́tər/ [動] [自]〔モーター付きのボートなどが〕ぽっぽっという音を立てる; [VA] ぽっぽっという音を立てて走る〈*along*〉.

put·ter[4] /pútər/ [名] [C] **1** 砲丸を投げる人 (→put [他] 2). **2** put する人〈*of* ..を〉. a ～ *of* a question 質問をする人 (→put [他] 9).

pútt·ing grèen /pʌ́tiŋ-/ [名] [C]〖ゴルフ〗グリーン (→fairway).

put·to /púːtou|pútou/ [名] ([複] **put·ti** /-tiː/) [C]〖美〗プット《ルネッサンスやバロック絵画などに見る丸々とした子供(の天使)やキューピッドの像; →cherub, cupid》. [イタリア語 'boy']

put·ty /pʌ́ti/ [名] **1** [U] パテ《ガラスを窓枠に固定する時などに用いる》. **2** [U] パテ粉《ガラスなどの研磨剤》. **3** [U] しっくいなどの仕上げ剤. **4** [C] 人の言いなりになる人.

be (lìke) pútty in a pèrson's hánds 人のいいなりになる.

── [動] (**-ties**|[過] [過分] **-tied**|**～·ing**) [他] をパテで留める[ふさぐ]〈*up*〉; [VOA] (～ /X/ *in*) X (ガラスなど)をパテで固定する. [＜フランス語 'potful']

pút-ùp [形]〖話〗〈限定〉こっそりたくらんだ, 巧妙に仕組んだ. a ～ job 仕組まれたこと, 八百長.

pút-upòn [形]〖話〗〔人が〕虐待された; うまく[いいように]利用された[使われている]. feel a little ～ ちょっと付け込まれた感じを持つ.

putz /puts, pʌts/ [名] [C]〖米話〗**1** あほ, ろくでなし. **2**〖卑〗ペニス. ── [動] [自] [VA] (～ ***around***) ぶらぶらする.

‡**puz·zle** /pʌ́z(ə)l/ [名] ([複] **～s** /-z/) [C]
1〈普通, 単数形で〉(人の理解を超える)なぞ, **難問**, 難題. His sudden departure was a ～ to us. 彼がなぜ急に出発したのか我々にはなぞだった.
2 (ゲームとしての)なぞ, 判じ物, **パズル**, (★しばしば複合語を作る; →crossword ～, jigsaw ～). find the answer to a ～ なぞを解く. be good at ～*s* なぞを解くのがうまい. a picture ～ 判じ絵. a ～ ring 知恵の輪.
3〈単数形で〉困惑(状態). be left in a ～ 困惑状態のままにおかれる.

── [動] (**～s** /-z/|[過] [過分] **～d** /-d/|**-zling**) [他] **1**〔人, 物事が〕〔人〕**を困らせる**, 困惑させる, 悩ます,〈しばしば受け身で; →puzzled〉([類語] 理解に苦しみ, 答えに窮する状況を表す語; →bewilder, confound, confuse, embarrass, perplex). She was ～*d* by his attitude. 彼女は彼の態度に困惑した. It ～*s* me what to do. 私は何をしてよいか困っている.
2 (の頭)を悩ます〈*over, about, as to* ..のことで〉. There is no point in *puzzling* yourself [your brains] *over* it. そのことで君が頭を悩ましてもなんにもならない.
── [自] [VA] 頭を悩ます, 頭をひねって考える,〈*about, over, as to*, ..について〉. I was still *puzzling over* the problem. 私は依然としてその問題が理解できなくて頭をひねっていた.

pùzzle /../ óut (頭をひねって)..を考え出す, ..の答え[解決策]を出す. I ～*d out* a solution all night. 私は一晩中解決策を考えた. He spent the morning trying to ～ *out* what had gone wrong with his car. 車のどこがおかしくなったかをつきとめようとして午前中を費やした. [＜?]

†**púz·zled** [形] 困惑した, 当惑した,〈*about, at* ..のことで/*to* do ..して/*that* 節 [(*about, as to*) *wh*-節・句] ..ということで[かどうかで]〉. a ～ expression[look] けげんそうな表情. She looks ～. 彼女は当惑した顔をしている. She was ～ *about* it. 彼女はそのことで混乱していた. They were ～ *to* learn of his decision. 彼らは彼の決心を知って当惑した. I am ～ (*that*) she left without a word to me. 彼女が私に一言も言わずに帰ってしまって私

P

は途方に暮れている. I am ～ (*about*) *what* to do. 私は何をしてよいか困っている (＝It puzzles me what to do).

púz·zle·ment [名][U] 困惑. in ～ 困惑して.

púz·zler [名][C] **1** 人を困らせる人[もの]; (理解を超える)なぞ, 難問(を出す人). **2** (クロスワード)パズル愛好家.

púzzle rìng [名][C] 知恵の輪.

púz·zling [形] 当惑させる, 理解に困難な. a ～ question 難問. ▷**～·ly** [副]

PVC [名][U] ポリ塩化ビニール (polyvinyl chloride).

Pvt. 〖米〗〖軍〗 Private(〖英〗Pte).

PW prisoner(s) of war; public works; 〖英〗Policewoman.

p.w., pw per week.

PWA 〖米〗person with Aids (エイズ患者).

pwt. pennyweight.

P.X., PX post exchange.

py·ae·mi·a /paiíːmiə/ [名] ＝pyemia.

pyc·nom·e·ter /piknámətər|-nɔ́m-/ [名][C] (液体の比重を測定するための)比重瓶.

py·e·li·tis /pàiəláitis/ [名][U] 〖医〗腎盂(じんう)炎.

py·e·mi·a /paiíːmiə/ [名][U] 〖医〗膿血(のうけつ)症.

Pyg·ma·lion /pigméiljən, -liən/ [名] 〖ギ神話〗ピグマリオン《自分の彫った像に恋したキプロスの王》.

Pyg·my /pígmi/ [名] ([複] **-mies**) [C] **1** ピグミー《赤道アフリカの背の低い部族の人; 男で身長 150cm 足らず》. **2** 〈p-〉小人 (dwarf); (他に比べ)小形の動物. **3** 〈p-〉取るに足りない人, '小物'. **4** 〈形容詞的〉ピグミーの; 〖しばしば戯〗小人の, ちっぽけな. [＜ギリシア語「小人」]

py·ja·mas /pədʒǽməz, -dʒáː-|-dʒáː-/ [名] 〖英〗＝pajamas.

py·lon /páilɑn|-lən/ [名][C] **1** (高圧線の)鉄塔. **2** 指示塔, 目標塔,《特に飛行機の進路の目標となる》. **3** (古代エジプトの神殿の)塔門. [ギリシア語「門」]

py·lo·rus /pailɔ́ːrəs/ [名] ([複] **py·lo·ri** /-rai/) [C] 〖解剖〗幽門.

Pyn·chon /píntʃən/ [名] **Thomas** ～ ピンチョン (1937–)《米国の小説家》.

PYO Pick Your Own《果物, 野菜などの「摘み[もぎ]取り」; 農場の掲示》.

Pyong·yang /pjʌ̀ŋjáːŋ|pjɔ̀ŋjǽŋ/ [名] ピョンヤン(平壌)《朝鮮民主主義人民共和国の首都》.

py·or·rhe·a, -rhoe·a /pàiəríːə|-ríə/ [名][U] 〖医〗膿漏(のうろう)(症).

py·ra·can·tha /pài(ə)rəkǽnθə/ [名][U] 〖植〗ピラカンサ(ス), タチバナモドキ,《赤い実をつけるバラ科常緑低木》.

***pyr·a·mid** /pírəmìd/ [名] ([複] **～s** /-dz/) [C] **1** ピラミッド. the *Pyramids* (エジプトのギザ (Giza) の) 3 大ピラミッド. **2** ピラミッド形の[に積み上げた]もの; 〖数〗角錐(すい). at the bottom of the social ～ ピラミッド形社会の底辺に. ── [動] [他] **1** をピラミッド形にする[積む]. **2** 〔賃金, コストなど〕を次第に上げる. ── [自] **1** ピラミッド形になる. **2** 次第に増す[上昇する]. [＜ギリシア語(＜古代エジプト語)]

py·ram·i·dal /pirǽmədl/ [形] ピラミッド形の.

pýramid schème [名][C] ネズミ講式販売法.

pýramid sèlling [名][U] 〖経〗多層販売方法, マルチ商法.

Pyr·a·mus /pírəməs/ [名] 〖ギ神話〗ピラマス《愛人ティスベー (Thisbe) がライオンに食われたと早合点して自殺した Babylonia の青年; →Thisbe》.

pyre /paiər/ [名][C] 火葬用に積んだ薪(まき). [＜ギリシア語]

Pyr·e·ne·an /pìrəníːən [移]/ [形] ピレネー山脈の.

Pyr·e·nees /pírəniːz|ˌ-ˊ/ [名] 〈the ～; 複数扱い〉ピレネー山脈《フランス・スペイン国境にある》.

py·re·thrum /pai(ə)réθrəm|-ríːθ-/ [名] **1** [C] 〖植〗除虫菊. **2** [U] 除虫菊粉[剤].

py·ret·ic /pai(ə)rétik/ [形] 熱の(ある); 熱を生じる.

Py·rex /pái(ə)reks/ [名][U] 〖商標〗パイレックス《耐熱ガラスの一種》.

py·rex·i·a /pairéksiə/ [名][U] 〖医〗発熱, 熱病.

pyr·i·dox·ine /pìrədáksiːn, -sən|-dɔ́k-/ [名][U] 〖生化〗ピリドキシン《ビタミン B_6》.

py·rite /pái(ə)rait/ [名][U] 〖鉱〗黄鉄鉱.

py·ro- /pai(ə)rou/ 〈複合要素〉**1**「火」の意味: *pyro*mania. **2**「熱, 高温」の意味: *pyro*meter. [ギリシア語 'fire']

py·rog·ra·phy /pai(ə)rágrəfi/ [名][U] 焼き絵(術)《赤熱した道具で木や革に図案を描く》.

py·rol·y·sis /pai(ə)ráləsis|-rɔ́l-/ [名][U] 〖化〗熱分解.

py·ro·ma·ni·a /pài(ə)rəméiniə/ [名][U] 〖精神医学〗放火癖[狂]. [pyro-, -mania]
▷**py·ro·ma·ni·ac** /-niæk/ [名][C] 放火狂《犯人》.

py·ro·ma·ni·a·cal /pài(ə)rəmənáiəkəl [移]/ [形] 放火癖のある.

py·rom·e·ter /pai(ə)rámətər|-rɔ́m-/ [名][C] 高温計.

py·ro·met·ric /pài(ə)rəmétrik [移]/ [形] 高温計の.
▷**py·ro·met·ri·cal·ly** /-k(ə)li/ [副]

py·ro·tech·nic, -ni·cal /pài(ə)rətéknik [移]/ /-nik(ə)l [移]/ [形] **1** 花火の(ような). **2** 〔弁舌, 機知などが〕(あまりにも)華々しい.

py·ro·tech·nics /pài(ə)rətékniks/ [名] **1** 〈単数扱い〉花火製造[打ち上げ]技術. **2** 〖章〗〈複数扱い〉花火の打ち上げ, 花火大会. **3** 〈複数扱い〉(あまりにも)華々しい雄弁[機知, 演奏, ショーなど].

py·rox·y·lin /pai(ə)ráksələn|-rɔ́k-/ [名][U] 〖化〗ピロキシリン, 硝化綿.

Pỳr·rhic víctory /pìrik-/ [名][C] 払った犠牲に値しない勝利《280B.C. にローマに勝ちはしたが, 壊滅的犠牲を払ったという Pyrrhus の故事から; →CADMEAN victory》.

Pyr·rhus /pírəs/ [名] ピロス (318?–272 B.C.)《エピルス (Epirus) の王》.

Py·thag·o·ras /piθǽgərəs|pai-/ [名] ピタゴラス《紀元前 6 世紀ごろのギリシアの哲学者・数学者》.

Py·thag·o·re·an /piθæ̀gəríːən|pai- [移]/ [形] ピタゴラス(学説)の. ── [名][C] ピタゴラス学説信奉者.

Pythagorèan théorem [名] 〈the ～〉〖数〗ピタゴラスの定理.

Pyth·i·an /píθiən/ [形] **1** (古代ギリシアの) Apollo の; デルフォイの神託 (Delphic oracle) の. **2** Pythian Games の.

Pýthian Gàmes [名] 〈the ～〉ピュティア競技大会《古代ギリシアの Delphi で 4 年ごとに行われた Apollo のための祭典》. [Pythos (Delphi とその周辺のギリシア名) の形容詞]

Pyth·i·as /píθiəs|-æs/ [名] ピシアス (→Damon and Pythias).

‡py·thon /páiθɑn, -θ(ə)n|-θ(ə)n/ [名][C] 〖動〗ニシキヘビ; 〈一般に〉大蛇;《Delphi でアポロに殺された大蛇ピュトンの名から》.

Py·thon·esque /pàiθ(ə)nésk [移]/ [形] モンティ・パイソン風の, 奇妙でおかしな,《英国のテレビコメディー "Monty *Python*'s Flying Circus" から》.

pyx /piks/ [名][C] 〖キリスト教〗聖体容器《聖体 (Host) を入れて運ぶ金属製の小容器》.

p·zazz /pəzǽz/ [名] ＝pizzazz.

P

Q

Q, q /kjuː/ 名 (複 **Q's, Qs, q's** /-z/) **1** UC キュー《英語アルファベットの第 17 字》. **2** C 〈大文字で〉Q 字形のもの.

Q queen; question.

Q and A 質疑応答 (questions and answers). have a *Q* and A section〔本などが〕質問と答え [Q & A] のページがある.

q quarter(s); quart(s); question.

Qad·da·fi /gədáːfi, kə-|-dǽ-/ 名 →Gaddafi.

QANTAS /kwántəs|kwɔ́n-/ 名〖商標〗カンタス航空《オーストラリアの航空会社; ＜*Q*ueensland *a*nd *N*orthern *T*erritory *A*erial *S*ervices (元の社名)》.

Qa·tar /káːtɑːr|kǽtɑː/ 名 カタール《アラビア半島東部の首長国; 首都は **Do·ha** /dóuhɑː/》.

QB, Q.B. Queen's Bench.

qb, QB quarterback.

QC /kjùːsíː/ 名 **1** (複 ～s, ～'s) C ＝Queen's Counsel. **2** U ＝quality control.

QED quod erat demonstrandum (証明(は以上で)終わり; 〈命令文の後に付けて〉以上 (他に言うことはない)). [＜ラテン語 'which was to be proved']

QE2 /kjùːitúː/ 名 〈the ～〉クイーン・エリザベス２世号《Cunard 社所有の豪華客船; ＜*Q*ueen *E*lizabeth the *Second*》.

Qing·dao /tʃìŋdáu/ 名 青島, チンタオ, 《中国, 山東省東部の港湾・工業都市; Tsingtao とも言う》.

QM quartermaster.

QMG Quartermaster General.

qr quarter(s).

qt quart(s); quantity.

q.t., QT /kjùːtíː/ 名 ＝quiet 〈次の成句で〉.

on the q. t. [*QT*]〖旧・話〗＝on the QUIET.

Q-Tìp 名 C〖商標〗キューチップ《耳掃除用などの綿棒; →swab》(〖英〗cotton bud).

qto quarto.

qty〖商〗quantity.

qu. question; queen; query.

qua /kwɑː, kwei/ 前〖章〗..の資格で(の), ..として(の), そのものとしては. Money, ～ money, cannot make us happy. お金は, それ自体では私たちを幸せにしない. [ラテン語 *quā* (*quī* 'who' の変化形)]

quack[1] /kwæk/ 動 自 〔アヒルが〕があーがあー鳴く.
── 名 C があーがあー《アヒルの鳴き声》. [擬音語]

quack[2] 名 C〖話〗**1** 偽医者, やぶ医者;〖英・オース〗医者. **2** くわせ者, いかさま師. **3** 〈形容詞的〉偽者の, いんちきな〔薬など〕. a ～ doctor 偽医者. ～ cures [remedies] いかさま療法. [＜〖古〗*quack* salver「自分の膏薬をべらべら自慢する者」]

quack·er·y /kwǽk(ə)ri/ 名 (複 **-er·ies**) UC いんちき治療(の例); いかさま.

quáck-quàck 名 C **1** があーがあー《アヒルの鳴き声》. **2**〖幼〗があーがあーちゃん《アヒル》.

quad /kwɑd|kwɔd/ 名〖話〗**1** ＝quadrangle 2. **2** ＝quadruplet 1.

quad·r(a)- /kwádr(ə)|kwɔ́d-/ 〈複合要素〉＝quadri-.

Quad·ra·ges·i·ma /kwàdrədʒésimə|kwɔ̀d-/ 名 四旬節 (Lent) の第１日曜日 (Quadragesima Sunday). [中世ラテン語 'fortieth']

quad·ran·gle /kwádræ̀ŋg(ə)l|kwɔ́d-/ 名 C **1** 四角形, 四辺形. **2**〖章〗(大学などで建物に囲まれた)中庭, 中庭を囲む建物, (〖話〗quad). [quadr-, angle]

quad·ran·gu·lar /kwɑdrǽŋgjələr|kwɔd-/ 形 四角形の, 四辺形の.

quad·rant /kwádrənt|kwɔ́d-/ 名 C **1**〖数〗4 分円, 象限(しょうげん). **2**〖天〗4 分儀, 象限儀, 《昔の天文観測用機械; 天体の高度を測るのに用いる; →sextant》.

quad·ra·phon·ic /kwàdrəfánik|kwɔ̀drəfɔ́n- 移/ 形 (録音再生が) 4 チャンネル方式の.

quad·raph·o·ny /kwɑdrǽfəni|kwɔd-/ 名 U (録音再生の) 4 チャンネル方式.

quad·rate /kwádreit, -rit|kwɔ́d-/ 形 **1** 正方形の; 長方形の. **2**〖解剖・動〗方形骨の. ── 名 C **1** 正方形(のもの), 長方形(のもの). **2**〖解剖・動〗方形骨.

quad·rat·ic /kwɑdrǽtik|kwɔd-/〖数〗形 2 次の. a ～ equation 2 次方程式. ── 名 C 2 次方程式.

quad·ren·ni·al /kwɑdréniəl, -njəl|kwɔd-/ 形 **1** 4 年間続く. **2** 4 年ごとに起こる.

quad·ri- /kwádrə|kwɔ́d-/ 〈複合要素〉**1** 4 つの部分をもつ. **2** 4 つの部分の 1 つの. [＜ラテン語 *quattuor* 'four']

quad·ri·ceps /kwádrisèps|kwɔ́-/ 名 C (複 ～) (大腿)四頭筋.

quàdri·láteral /移/ 名 C, 形 四辺形(の).

qua·drille /kwədríl/ 名 C カドリール《4 組で踊る square dance》; カドリールの曲.

quad·ril·lion /kwɑdríljən|kwɔd-/ 名 (複 ～, ～s) C **1** 千兆 (10^{15}). **2**〖英古〗10^{24}.

quad·ri·no·mi·al /kwàdrənóumiəl | kwɔ̀d- 移/〖数〗名 C, 形 (代数の) 4 項式[の].

quad·ri·ple·gi·a /kwàdriplíːdʒiə|kwɔ̀d-/ 名 U〖病理〗四肢麻痺(まひ). ▷**quad·ri·ple·gic** /-dʒik/ 形, 名 C 四肢麻痺の(患者).

quad·roon /kwɑdrúːn|kwɔd-/ 名 C 4 分の 1 黒人《白人と mulatto との混血児; →octoroon, mulatto》.

quad·ro·phon·ic /kwàdrəfánik|kwɔ̀drəfɔ́n- 移/ 形〖英・オース〗＝quadraphonic.

quad·ru·ped /kwádrəpèd|kwɔ́drupèd/ 名 C〖動〗四足獣. ── 形 4 つ足の.

‡**quad·ru·ple** /kwɑdrúːp(ə)l, kwádrup(ə)l|kwɔ́dru(ː)p(ə)l/ 形 4 倍の; 4 重の; 4 部(分)から成る; 4 拍子の. I need ～ that sum of money. その 4 倍の金額が必要だ. a song in ～ time 4 拍子の歌. ── 名 C 4 倍. Sixty is the ～ of fifteen. 60 は 15 の 4 倍.
── 動 他, 自 を4 倍にする, (の)4 倍になる. ～ the national average 全国平均の 4 倍になる. Profits have almost ～*d*. 儲けがほぼ 4 倍になった.

quad·ru·plet /kwɑdrʌ́plət, kwádru-|kwɔ́dru-, kwɔdrúː-/ 名 C **1** 4 つ子の 1 人 (語法 普通, 複数形で用い 1 人の時は one of the ～s と言う;〖話〗では quad); 〈～s〉4 つ子 (→twin). **2** 4 つ組, 4 つぞろい. **3**〖楽〗4 連音符.

quad·ru·pli·cate /kwɑdrúːplikət|kwɔd-/ 形 4 倍の, 4 重の; 4 通写しを取った〔書類など〕.
── 名 C 4 通 [4 つ組] の中の 1 つ; 〈～s〉(同じ写しの) 4 通 (→duplicate). in ～ 4 通作成[複写]して.
── /-kèit/ 動 他 **1** を 4 倍 [4 重]にする. **2**〔文書など〕をコピーして 4 通作成する.

quaff /kwɑf, kwæf|kwɔf/〖章〗動 他, 自 (を)がぶがぶ

と飲み干す. 〜 a brew〖米俗〗ビールを飲む. ── 名 (複 〜s) C がぶ飲み, 痛飲. ▷**quaff·able** 形

quag·ga /kwǽgə/ 名 C 〖動〗クァッガ《南アフリカの絶滅した, シマウマに似た動物》.

quag·mire /kwǽgmàiər/ 名 C **1** 沼地, 湿地. **2** 苦境, '泥沼'. [〖古〗*quag*「沼地」, mire]

qua·hog, -haug /kwɔ́ːhɔ(ː)g/ 名 C 〖貝〗ホンビノスガイ《北米大西洋岸で獲れる食用貝》.

Quai d'Or·say /kèi-dɔːrséi/ 〈the 〜〉ケ・ドルセ《パリのセーヌ川左岸の通りの名; フランス外務省のある所》; フランス外務省.

quail[1] /kweil/ 名 (複 〜s, 〜) C 〖鳥〗ウズラ; U その肉.

quail[2] 動 自 〖章・雅〗ひるむ, おじける, 〈*at, before* ..に〉. 〜 *at* the thought of.. を考えただけでもおじけうく. 〜 with fear こわくてひるむ.

***quaint** /kweint/ 形 e **1**〖やや旧〗**風変わりで面白い,** 古風で趣のある, 古雅な. a 〜 19th century cobblestone street 19世紀にできた趣のある石畳の通り. 〜 old customs 古風で趣のある風習. **2** 変わった, 変な. That's a 〜 idea. それは変わった考え方だ. [<古期フランス語(<ラテン語 *cognōscere* 'ascertain')]

quáint·ly 副 古雅に; 奇妙に; 不思議そうに. peer at a person 〜 from under the umbrella こうもり傘の下からけげんそうに人をのぞく.

quáint·ness 名 U 古雅; 奇妙さ.

†**quake** /kweik/ 動 自 **1** 〔大地などが〕揺れる, 震動する. **2** 〔人が〕身震いする, おののく, 〈*at, with* ..で〉(類語 恐怖などのために相当激しく震えること; →shake). 〜 *with* cold [fear] 寒くて[恐怖に]震える. 〜 *with* laughter 体を揺すって笑う.

***quàke in one's bóots* [*shóes*]** がたがた震える, びくびくする.

── 名 C 震動, 身震い; 〖話〗地震 (earthquake). [<古期英語]

‡**Quak·er** /kwéikər/ 名 C クエーカー教徒《17世紀中ごろに英国人 George Fox が創始したキリスト教の一派フレンド会 (the Society of Friends) の会員; 絶対平和主義を守り, 服装や生活の簡素を尊び, 礼拝会の大半を沈黙のうちに過ごす; この派の人々は宗教的感動から体を震わせるので, もと他の宗派から軽蔑的に Quaker と呼ばれた》.

Quàker Cíty 名 〈the 〜〉フィラデルフィア (Philadelphia) の別名《アメリカにおけるフレンド会の中心地であったため》.

Quák·er·ìsm /-rìz(ə)m/ 名 U クエーカー派の信仰.

Quáker(s') mèeting 名 C **1** クエーカーの集会[礼拝会]《集まって黙禱(もく)しているうちに霊感を受けた者が立ち上がってそれを語る》. **2** 沈黙がちな[話の弾まない]集会.

quàking áspen 名 C 〖米〗〖植〗ハコヤナギ.

***qual·i·fi·ca·tion** /kwɑ̀ləfəkéiʃ(ə)n|kwɔ̀-/ 名 (複 〜s /-z/) **1** U **資格を与え(られ)ること,** 資格付与[取得], 免許. 〜 as a doctor 医者の資格取得. on 〜 資格を取得すると.

2 〈〜s〉適性, 能力, 資格, 〈*for* ..〔地位, 職業など〕のための/*to* do ..する〉. the 〜*s for* a pilot パイロットとして必要な資格. She has all the right 〜*s to* be a good nurse. 彼女は良い看護婦に必要なあらゆる適性を備えている.

> 連結 good [excellent, outstanding, strong; adequate; inadequate, poor] 〜*s* // possess [lack] 〜*s*

3 UC **条件**; 制限, 限定, 留保; 手加減. He favored our plan without reservation or 〜. 彼は何の留保も条件もなしで我々の計画に賛成した. with some 〜*s* 何らかの条件を付けて. **4** C 資格証明書, 免許状. a medical [teaching] 〜 医師[教員]免許状. paper 〜*s* 書面上の資格. [qualify, -ation]

†**qual·i·fied** /kwɑ́ləfàid|kwɔ́l-/ 形 **1** 資格のある, 能力のある, 〈*for, as* ..の/*to* do ..する〉; 適任の〈*for* ..に〉. a 〜 architect [doctor] 資格のある建築士[医師]. a man 〜 *for* the job その仕事に適した人. a man 〜 *to* vote 投票権のある人. be 〜 *to* teach English [*for* teaching English] 英語を教える資格を持っている. Is he 〜 *as* [*to* be] a tax accountant? 彼には税理士の資格があるか.

2 制限された, 限定された, 条件付きの. 〜 approval 条件付きの承認. a 〜 yes 条件付きのイエス. The project was a 〜 success. その計画はまずまずの成功だった.

qual·i·fi·er /kwɑ́ləfàiər|kwɔ́l-/ 名 C **1** 資格[権限]を与える人[もの]; 有資格者, (競技などの)予選通過者[チーム], 2回戦などへの出場者[チーム]. **2**〖文法〗限定詞《他の語句の意味を限定・修飾する形容詞, 副詞など》.

‡**qual·i·fy** /kwɑ́ləfài|kwɔ́l-/ 動 (-fies /-z/|過 過分 -fied /-d/|〜·ing) 他 【資格を与える】 **1 (a)** に**資格**[**適性**]**を与える,** を適格[適任]にする, 〈*as* ..の/*for* ..に〉; VOA (〜 *oneself as, for..*) ..の資格を取る; ..の力を身につける. 〜 one*self as* a dentist 歯医者の資格を取る. Can you 〜 your*self for* the job? その仕事をする力を身につけられますか. His experience *qualifies* him *for* a more technical job. 経験から見て彼はもっと専門的な仕事をする資格がある.

(b) VOC (〜 X *to do*) Xに..する資格を与える. The government has *qualified* him *to* practice law. 彼は政府から弁護士を開業する資格を与えられた.

2 VOA (〜 X *as* ..) Xに..の特性があるとする, Xを..であると批評する. 〜 a person *as* a liar [scoundrel] 人をうそつき[悪党]と評する. I 〜 it *as* tragic. 私はそれは悲劇的だと思う.

【(資格を)限定する>加減する】 **3** を制限する, に条件を付ける; を和らげる, 緩和する, 修正する; を(手)加減する. 〜 a rebuke 非難を手加減する. 〜 a statement 陳述を緩和する. **4**〖文法〗を限定する, 修飾する. a 〜*ing* adjective 限定形容詞.

── 自 **1** 資格を得る; VA (〜 *as..*)〔地位, 職業など〕の資格を取る, 免許を受ける; (〜 *for../to do*) ..の[..に出場する]資格がある, ..としてふさわしい/..する資格がある. I've only just *qualified*. 私は資格の取りたてです. 〜 *as* a doctor 医師の免許を受ける. 〜 *for* income support 所得援助の資格がある. **2** スポーツ[コンテストなど]の出場資格を得る; VA (〜 *for* ..)〔2回戦, 決勝戦など〕への出場資格を得る. fail to 〜 出場できない. 〜 *for* a final 決勝戦に進む. **3** VA (〜 *to do*) ..する資格がある. 〜 *to* vote 投票する資格がある.

[<中世ラテン語「性格うける」(<ラテン語 *quālis* 'of what kind'+*facere* 'make')]

‡**qual·i·ta·tive** /kwɑ́lətèitiv|kwɔ́lətə-/ 形 質の, 質的な; 〖化〗定性的な; (↔quantitative). 〜 improvements 質の上での改善. ▷ **〜·ly** 副 質的に; 定性的に.

quàlitative análysis 名 UC 〖化〗定性分析.

‡**qual·i·ty** /kwɑ́ləti|kwɔ́l-/ 名 (複 **-ties** /-z/)

【質】 **1** U **質**, 性質, 品質, (↔quantity). It's a question of 〜, not of quantity. それは質の問題で量の問題ではない. be superior in 〜 品質優良である. We only sell things of the best 〜. 極上品しか売りません. high-〜 goods 高品質の商品. →quality of lfe.

> 連結 fine [excellent, first-class, high; average, common, medium; inferior, low, poor] 〜 // improve [maintain; lower] the 〜 // the 〜 deteriorates [goes down]

2 C (個々の)**特性**, 特質, 属性. leadership *qualities* リーダーとしての資質. have many good *qualities* いろい

Q

ろ長所がある. I have one ～ in common with him—easy-goingness. 私と彼には 1 つ共通する特質がある—のんきな点だ.
【質の良さ】 **3** Ⓤ **良質**, 優秀, 高級. a program of ～ 良質な番組. teachers of ～ 優秀な教師. The hotel is famous for the ～ of its service. そのホテルはサービスがいいので有名だ. **4** Ⓒ〈普通 -ties〉＝quality paper. **5** Ⓤ 〖古・戯〗名門, 上流, 高い身分. a man [lady] of ～ 上流の人. the ～ 上流社会の人々.
── 形 **1** 上質の, 良質の, 高級な. ～ ice cream 高級アイスクリーム. all papers, ～ and popular 高級と大衆的を問わずすべての新聞 (→quality paper). ～ press 高級紙《新聞》.
[＜ラテン語「性質, 種類」(＜*quālis* 'of what kind'); -ity]

quálity assùrance 名 Ⓤ 品質保証.
quálity contròl 名 Ⓤ 品質管理《略 QC》.
quàlity néwspaper 名 ＝quality paper.
quàlity of lífe 名 Ⓤ (金銭以外の, 健康, よい環境, 対人関係などから得られる)生活の質, 生活水準. While recognizing the financial value of tourism, many Londoners feel that their ～ is being destroyed. 観光事業の経済的価値は認めるものの, ロンドン市民の多くはそのため生活環境が悪化していると感じている.
quàlity páper 名 Ⓒ 高級紙《新聞; →tabloid》.
quálity tìme 名 Ⓤ 団欒(らん)の時.
‡**qualm** /kwɑ:m, kwɔ:m/ 名 Ⓒ
1〈しばしば ～s〉不安, 懸念, (misgiving)〈*about* ..についての〉. her ～s of apprehension 彼女の不安の気持ち. She separated from her husband without a ～. 彼女は夫と別れても平然としていた. **2** 気のとがめ, 良心の呵責(かしゃく), (scruple)〈*about* ..についての〉. Henry had no ～*s about* lying if it suited his purpose. ヘンリーは自分の目的にかなえば嘘(うそ)をつくことを意に介さなかった. **3** 吐き気, めまい. ～*s* of seasickness 船酔い. feel a ～ むかつきを感じる. [?＜古期英語「死, 苦痛」]
▷**quálm·ish** /-iʃ/ 形 気がとがめる; 吐き気のする.
quan·da·ry /kwɑ́nd(ə)ri|kwɔ́n-/ 名 (複 **-ries**) Ⓒ 困惑, 当惑, 板挟み. be in a ～ (about [over]..) (..について)途方に暮れる, 迷っている. throw a person into a ～ 人を当惑させる.
quan·go /kwǽŋgou/ 名 (複 **～s**) Ⓒ 〖英〗〈時に Q-〉〖しばしば軽蔑〗(政府の) 特殊法人《＜*qua*si-*a*utonomous *n*on-*go*vernmental organization》. that sanctimonious ～, the Health Education Council あの殊勝らしい顔をした特殊法人である健康教育協議会.
quan·ta /kwɑ́ntə|kwɔ́n-/ 名 quantum の複数形.
quan·ti·fi·a·ble /kwɑ́ntəfàiəb(ə)l|kwɔ́n-/ 形 量を定められる[示せる], 数量化できる.
quan·ti·fi·ca·tion /kwɑ̀ntəfəkéiʃ(ə)n|kwɔ̀n-/ 名 Ⓤ 量を定めること[示すこと], 数量化.
quan·ti·fi·er /kwɑ́ntəfàiər|kwɔ́n-/ 名 Ⓒ 〖文法〗数量詞《many, some など》.
quan·ti·fy /kwɑ́ntəfài|kwɔ́n-/ 動 (**-fies**|過 過分 **-fied**|**～·ing**) 他 の量を定める[示す, 量る]. You can't ～ taste. 味を数量で表すことはできない.
‡**quan·ti·ta·tive** /kwɑ́ntətèitiv|kwɔ́ntətə-/ 形 量の[に関する, による]; 〖化〗定量的な; (↔qualitative). a ～ assessment of.. の量的評価. ▷**～·ly** 副 (定)量的に.
quàntitative análysis 名 ⓊⒸ 〖化〗定量分析.
‡**quan·ti·ty** /kwɑ́ntəti|kwɔ́n-/ 名 (複 **-ties** /-z/) **1** Ⓤ **量** (↔quality). an increase in ～ 量の増加. in ～ and quality 質量ともに. I prefer quality to ～. 私は量よりも質を選ぶ.
2 Ⓒ **分量**, 数量, 額, 高, 〈*of* ..の〉. a small ～ *of* water [wine] 少量の水[ワイン]. a large ～ *of* ..多量の.. a ～ of ..ある[かなりの]量[程度]の..《実際の分量などをぼかした言い方》. in considerable ～ かなり(の量で). in sufficient *quantities* 十分な量で, 十分に. What ～ do you want? どのぐらい欲しいのですか.

> 連結 a great [a huge, a vast; a considerable, a good; a moderate; a small; a negligible, a tiny; an adequate, a sufficient] ～

3 Ⓒ〈しばしば -ties〉多量, 大量; 多数. He ate *quantities* of sandwiches. 彼はサンドイッチを山ほど食べた.
4 Ⓒ 〖数〗量, 数. a known ～ 既知量[数]. an unknown ～ 未知量[数]; 未知数の人[物]. a negligible ～ 無視できる数; 無視してよい人[物].
in quántity* = *in (làrge) quántities* **大量に. Nowadays paper is used *in large quantities* every day. 現在は毎日大量の紙が消費される.
[＜ラテン語「大きさ, 量」(＜*quantus* 'how much'); -ity]

quántity survèyor 名 Ⓒ 〖英〗〖建〗積算士.
‡**quan·tum** /kwɑ́ntəm|kwɔ́n-/ 名 (複 **quan·ta** /-tə/) Ⓒ **1** 〖物理〗量子《量子論でエネルギーの単位量》. **2** 〖章〗(ある特定の)量, 分量; 総量.
[ラテン語 (＜*quantus* 'how much')]
quàntum júmp 名 ＝quantum leap.
quàntum léap 名 Ⓒ **1** 大飛躍, 飛躍的[めざましい]進歩. take a ～ 飛躍的に伸びる. **2** 〖理〗量子跳躍.
quàntum mechánics 名 Ⓤ 量子力学.
quántum thèory 名〈the ～〉量子論.
†**quar·an·tine** /kwɔ́:rəntì:n|kwɔ́r-/ 名 **1** Ⓤ (伝染病予防のための)隔離, 交通遮断; 検疫. be in [out of] ～ 隔離されている[検疫済みである]. put [place]..in ～ ..を隔離する. a ～ hospital 隔離病院. **2** Ⓒ 隔離所, 検疫停船港, 検疫所. a ～ station 検疫所. **3** Ⓤ 検疫停船期間《乗客が検疫中, 船が沖に停船している期間》. **4** Ⓤ〈一般に〉隔離, 孤立させること.
── 動 他 **1** 〔伝染病患者など〕を隔離する; 〔船, 乗客など〕を検疫する. **2**〈一般に〉を孤立させる.
[＜イタリア語 *quarantina*「40 日」(昔の検疫日数)]
quark[1] /kwɔ:rk/ 名 Ⓒ 〖物理〗クォーク《素粒子の構成要素》.
quark[2] 名 Ⓤ クウォークチーズ《ドイツ産コテージチーズの一種》.
‡**quar·rel** /kwɔ́:rəl|kwɔ́r-/ 名 (複 **～s** /-z/) Ⓒ **1** (**a**) **けんか**, **口論**; 不和; 〈*with* ..との/*between, among* ..の間の/*about, over* ..のことで〉 (類語 特に親しい人同士の言葉の上のけんか, すなわち「口論」を表す一般的な語; →bicker, row[3], spat[3], squabble, wrangle; →fight). Tom had a ～ *with* Mary. トムはメリーとけんかした. Tom and Mary had a ～. トムとメリーはけんかした. make up a ～ 仲直りする. take up a person's ～ 人のけんかを買って出る. It takes two to make a ～. 〖諺〗相手がなくてはけんかはできない《'けんか両成敗' に近い》. (**b**) (国家間などの)紛争, 争い. a ～ *between* the two former allies 旧同盟 2 国(間)の争い.

> 連結 a bitter [a furious, a violent; a petty; a long-standing] ～ ‖ cause [provoke, start; patch up, settle] a ～ ‖ a ～ breaks out [begins; ensues]

2 けんか[口論]の原因, 言い分. We have no ～ *with* [*against*] your opinion. 我々はあなたの意見に異議はありません. My only ～ is *with* her talkativeness. 私がただ一つ彼女に文句を言いたい事はおしゃべりなことだ.
pìck a quárrel with .. ..にけんかを吹っかける.
── 動 (**～s** /-z/|過 過分 **～ed** /-d/, 〖英〗**～led** /-d/|**～·ing**, 〖英〗**～·ling**) 自 **1 けんかする, 言い争う**, 口論する, 〈*with* ..と/*about, over* ..のことで〉. He ～*ed with*

his wife *about* the use of the car. 彼はどちらが車を使うかで妻と口論した. **2** 🅅🄰 (～ ***with*** **..**)〔物事〕に異議を唱える, 文句[不平]を言う. I wouldn't ～ *with* your proposal. 君の提案にけちをつけるつもりは毛頭ない. ～ *with* one's lot 自分の運命をかこつ. A bad workman ～*s with* his tools. →workman (用例).
[<ラテン語 *querella*「不満」(<*querī*「不満をいう」)]
▷**～·er**〖米〗, **～·ler**〖英〗名

*__quar·rel·some__ /kwɔ́ːrəlsəm|kwɔ́r-/ 形 ⓜ けんか好きな, けんかっぱやい; けんか腰の. [quarrel, -some] ▷ **～·ness** 名

quar·ri·er /kwɑ́riər|kwɔ́r-/ 名 =quarryman.

†**quar·ry**[1] /kwɔ́ːri|kwɔ́ri/ 名 (複 **-ries**) Ⓒ **1** (普通, 露天の)石切り場, 採石場. **2** 知識の源泉, 宝庫. ── 動 (**-ries**|過 過分 **-ried**|**～·ing**) 他 **1** (石切り場から)〔石〕を切り出す 〈*out*〉; から採石する; 〔知識など〕を捜し出す. ～ limestone 石灰石を切り出す. ～ a hill 丘から石を切り出す. **2** 🅅🄾🄰 (～ X ***for*** Y)・(～ Y ***from*** X) XからYを切り出す 〈普通, 受け身で〉. ～ ⌊the mountain *for* granite [granite *from* the mountain] 花崗(こう)岩を求めて山で採石する[山から花崗岩を切り出す]. ── 自 石を切り出す; 🅅🄰 捜し出す 〈*in*..から/*for*..〔事実など〕を〉. ～ *in* old papers *for* unpublished poems 古い書類の中から未発表の詩を捜し出す. [<ラテン語「正方形 (*quadrum*)にする」]

quar·ry[2] 名 (複 **-ries**) Ⓒ **1** (狩りの)獲物. **2** 〈一般に〉追求[追跡]される人[もの]; ねらった'獲物'.

quárry·màn /-mæ̀n/ 名 (複 **-men** /-mèn/) Ⓒ 石切り工.

†**quart** /kwɔːrt/ 名 Ⓒ **1** クォート《略 qt. 液量の単位 (liquid quart), 4分の1 gallon;〖英〗では 1.137 リットル,〖米〗では 0.9464 リットル》. **2** クォート《麦, 豆などの乾量の単位 (dry quart), 8分の1 peck; 2 pints;〖英〗では 1.137 リットル,〖米〗では 1.101 リットル》.
pùt **[*pòur, gèt*]** ***a quárt into a pìnt pót*** 〖話〗小さいものに大きいものを入れる, 不可能なことを試みる. Fifty people in this room! You can't *put a* ～ *into a pint pot*. この部屋に50人! そんなことは出来っこない.
[<ラテン語 *quārta*「4分の1」]

‡**quar·ter** /kwɔ́ːrtər/ 名 (複 **～s** /-z/) 【4分の1】 **1** Ⓒ **4分の1**, 4半分. three ～*s* 4分の3. divide the money into ～*s* 金を4等分する. a ～ of a mile 4分の1マイル. a ～ of a century 4半世紀, 25年. A quart is a ～ of a gallon. 1クォートは4分の1ガロンである. a ～ of coffee 〖話〗コーヒー1/4ポンド. a ～ the size of an egg 卵の4分の1の大きさ (★three-*quarters* the height of.., half the size などと同じ用法). ～ the number of.. ..の4分の1の数. **2** Ⓒ **15分** (過ぎ, 前)《ある正時から15分後[前]の時点》. It's a ～ past [to] one.＝〖米〗It's ～ after [of] one. 1時15分過ぎ[前]です (語法 〖米〗では a を省略することがある). The clock has struck the third ～. 時計は45分過ぎを打った.
3 Ⓒ 〖米・カナダ〗**25セント(硬貨)** (《<4分の1ドル》).
4 Ⓒ (**a**) 四半期《4分の1年; 3か月》; 節季《3か月ごとの支払期; →quarter day》. the second [third] ～ 第2[3]四半期. The company's profits for this ～ will be double those for the last. 会社の当四半期の利益は前四半期の利益の倍になるだろう. (**b**) (1年を4学期に分ける学校の) 1学期 (→semester).
5 Ⓒ (月の公転の) 4分の1周期; 弦《月が半円形に見える状態》. the first [last] ～ of the moon 上弦[下弦].
6 Ⓒ (食肉獣の) 4半身《足1本を含む》. a ～ of beef 牛の4半身. →hind quarter.
7 Ⓒ 〖競技〗クォーター《試合時間を4つに分けた1つ》; 〈the ～〉4分の1マイル競走; ＝quarterback.
8 Ⓒ 〖英〗クォーター《穀量の単位; 8 bushels; 4分の1トン》. **9** Ⓒ 〖紋章〗クォーター《盾 (shield) の面を4分割した1つ》.
【4方位の1つ】 **10** Ⓒ (特に, 風の吹く)**方角**, 方位, 方向. In what ～ is the wind? 風はどの方角から吹いているか; 形勢はどうか.
11 Ⓒ 〈しばしば ～s〉(人, 物事の現れる)方面, 場所, 見当, 辺り; (情報などの)出所, (ある)筋(すじ)[方面]. Students came from all ～*s* of the globe [Earth].〖旧〗学生は地球上のあらゆる所からやって来た. be attacked from all ～*s* 四方八方から攻められる. I had the news from a good ～. この話は確かな筋から聞いたものだ. in many ～*s* 多くの方面で. It was criticized in some [certain] ～*s* as unnecessary. それはある[さる]方面で不必要と批判された.
【(ある方面・用途の)区画】 **12** Ⓒ **地域**, 地区, (類語 都市区画のことで, 普通, 同種のもの(例えば住宅だけ, 移民だけ)で構成される地区; →area). the residential ～ 住居地区. New Orleans has a quaint French ～. ニューオーリンズには一風変わったフレンチクォーターがある.
13 【居住区域】〈～s〉宿所, 宿舎; (特に軍隊の)宿営. the servants' ～*s* 使用人部屋. Robert took up (his) ～*s* near the university. ロバートは大学のそばに宿を取った. married [single] ～*s* 妻帯者用[独身者用]宿舎.
14 【捕虜への宿舎の提供】〖章〗Ⓤ (降伏した敵に対する)慈悲, 助命. cry [ask for] ～ 命ごいをする. give (a person) no ～ (人に)情け容赦もない.
15 〖船〗〈the ～〉斜船尾部.
at clòse quárters 接近して, 肉薄して; 間近に(見ると); 狭苦しい所に. *At close* ～*s* the building no longer looked so beautiful. 近づいて見るとその建物はそれほどすばらしくは見えなかった.
── 動 他 **1** を4つに分ける, 4等分する; を4分の1にする. She ～*ed* the apple. 彼女はリンゴを4つに切った. **2** 🅅🄾🄰〔軍隊など〕を宿泊させる, 宿営させる, 〈*in*..に/*with*, *on*..の家に〉〈普通, 受け身で〉. Many were ～*ed* in tents. 多くがテントに宿泊した. ── 自 **1** 🅅🄰〔兵隊などが〕宿営する 〈*at*..に/*with*..の家に〉. **2** 〖海〗〔風が〕斜船尾方向から吹く.
dràw and quárter.. →draw.
── 形 4分の1の. during the last [past] ～ century この4分の1[四半]世紀の間.
[<ラテン語 *quārtārius*「4分の1」(<*quārtus* 'fourth')]

quárter·bàck 名 Ⓒ 〖アメフト〗クォーターバック《forward のセンターと halfback の間に位置し, 味方の攻撃を指揮する; 略 qb, QB》. ── 動 自 クォーターバックをやる. ── 他〖米話〗を指揮する.

quàrterback snéak 名 Ⓒ 〖アメフト〗クォーターバック・スニーク《センターからボールを受けたクォーターバックが最短距離を走るプレイ》.

quárter bìnding 名 Ⓤ 〖製本〗背革[背クロース]装《普通, 本の背 (spine) が革で, 他は他の材質; →half binding》.

quárter dày 名 Ⓒ 四季支払日《1年の各4半季の初日; スコットランドでは Candlemas (2月2日), Whit Sunday (5月15日), Lammas (8月1日), Martinmas (11月11日), それ以外の英国では Lady Day (3月25日), Midsummer Day (6月24日), Michaelmas Day (9月29日)及び Christmas Day (12月25日); 米国では1月, 4月, 7月, 10月の各第1日》.

quárter·dèck 名 Ⓒ 後甲板《上甲板の船尾と最後尾のマストの間の部分; 航海士官が使用する》.

quàrter·fínal 名 Ⓒ 〈しばしば ～s〉準々決勝(戦)《4試合のうちの1つ》(→semifinal).

quárter hòrse 名 Ⓒ 〖米〗クォーター馬《1/4マイル[短距離]競走用に改良された機敏な馬で, 乗馬, ポロ競

Q

技, 牛追いなどにも使われる》.

quár·ter·ing /kwɔ́ːrtəriŋ/ 名 U **1** 4 分すること. **2** 〈しばしば ～s〉〖紋章〗組み合わせ紋.

quárter lìght 名 C (車の換気用の小さな)三角窓.

***quar·ter·ly** /kwɔ́ːrtərli/ 形 ⓒ 〈限定〉**年 4 回の**, 四季の, 3 か月おきの. make ～ payments 四半期ごとに支払いをする. ── 副 年 4 回, 3 か月おきに. meet ～ 年に 4 回会合する.
── 名 (複 -lies) C 季刊誌 (→periodical 参考).

quárter·màster 名 C **1**〖陸軍〗補給部将校. **2**〖海軍〗操舵(だ)手《操舵, 信号担当の下士官》.

quàrtermaster géneral 名 (複 ～s, -masters-) C 〖陸軍〗主計総監.

quárter nòte 名 C 〖米〗〖楽〗4 分音符 (〖英〗crotchet).

quárter sèction 名 C 〖米〗4 分の 1 区《区 (section) は 1 マイル四方》.

quárter sèssions 名 〈複数扱い〉四季裁判《米国の Pennsylvania 州などで 3 か月ごとに開かれる地方裁判法廷; 英国では 1971 年廃止》.

quárter·stàff 名 (複 -staves /-stèivz/) C 六尺棒《両端に鉄片の付いた丈夫な棒; 武器として用いられた》.

†**quar·tet, -tette** /kwɔːrtét/ 名 C **1**〖楽〗4 重奏[唱](曲), カルテット, (→solo, duet, trio, quintet). a Beethoven ～ ベートーヴェンの 4 重奏曲. **2**〖楽〗4 重奏[唱]団, カルテット. **3** 〈一般に〉4 つ組, 4 人組, 4 つぞろい. [＜イタリア語]

quar·to /kwɔ́ːrtou/ 名 (複 ～s) **1** U 4 つ折り判《全紙を 4 つ折りにした大きさ; 略 4 to, 4°; →folio 参考》. a ～ edition 4 つ折り判の本. **2** C 4 つ折り判の本.

†**quartz** /kwɔːrts/ 名 U 〖鉱〗石英, クウォーツ. a ～ crystal 水晶結晶板. [＜ドイツ語]

quàrtz clóck [**wátch**] 名 C クウォーツ[水晶発振式]時計.

quartz·ite /kwɔ́ːrtsait/ 名 U 〖鉱〗珪(けい)岩.

‡**qua·sar** /kwéizɑːr/ 名 C 〖天〗準星, クエーサー, 《強力な電磁波を出す; ＜*quasi*-stell*ar*》.

‡**quash** /kwɑʃ|kwɔʃ/ 動 他 **1**〖章〗〔法律, 判決, 決定など〕を破棄する, 無効にする, 取り消す. The superior court can ～ the lower court's ruling. 上級の裁判所は下級の裁判所の裁定を破棄することができる. **2**〔反乱など〕を鎮める, 鎮圧する; 〔うわさなど〕を抑える. ～ a rebellion 反乱を鎮圧する.

qua·si- /kwéizai, -sai, kwɑ́ːzi, -si/ 〈複合要素〉**1** 準 . . . *quasi*-public (準公共的な). **2** 類似の, 疑似の. *quasi*-cholera (疑似コレラ). a *quasi*-scholar (似非(えせ)学者). [ラテン語 *quasi* 'as if, almost']

quat·er·cen·te·nar·y /kwɑ̀tərsentén(ə)ri|kwæ̀təsentíːn(ə)ri/ 名 (複 -nar·ies) C 400 年祭 (→centenary).

qua·ter·na·ry /kwɑ́tərnèri, kwətɔ́ːrn(ə)ri|kwətɔ́ːn(ə)ri/ 形 **1** 4 個ひと組の; 4 の. **2**〖地〗〈Q-〉第 4 紀の. ── 名 (複 -ries) **1** C 4 個ひと組; 4. **2**〖地〗〈the Q-〉第 4 紀 (the Quaternary Period).

quat·rain /kwɑ́trein|kwɔ́t-/ 名 C 4 行詩; 4 行連句; 《2 行ずつ a b a b と脚韻を成すものが多い》.

quat·re·foil /kǽtərfɔ̀il|kǽtrə-/ 名 C **1** (クローバーなどの)四つ葉. **2**〖建〗四つ葉飾り.

quat·tro·cen·to /kwɑ̀troutʃéntou|kwæ̀t-/ 名 U 15 世紀のイタリア芸術. [イタリア語 'four hundred' (1400 年代);「千」を省いた言い方]

qua·ver /kwéivər/ 動 自 〔声が〕震える, 震え声で言う[歌う]; 楽器で震音を出す, 震音で演奏する; (類語 不規則な震え方, また強い感動で震えることを暗示する; →shake). in a ～*ing* voice 震え声で.
── 他 VO (～ X/"引用") X を/「. .」と震え声で言う[歌う] 〈*out, forth*〉.
── 名 C **1** 震え声, 震音; 震え. **2**〖英〗〖楽〗8 分音符 (〖米〗eighth note). [＜中期英語]

quá·ver·y /-ri/ 形 震え声の, 震える〔声〕.

†**quay** /kiː, kei|kiː/ 名 (複 ～s) C 波止場, 埠頭(ふとう), 岸壁, (類語 荷の積み降ろしのできる岸壁; →wharf). [＜古期フランス語]

quáy·sìde 名 C 波止場[岸壁](の縁). at [on] the ～ 波止場で.

Que. Quebec.

quean /kwiːn/ 名 C 〖英古〗あばずれ女; 売春婦. [＜古期英語 *cwene*「女」]

quea·sy /kwíːzi/ 形 ⓔ 〖話〗**1** 吐き気のする, むかつく. a ～ stomach むかつく[むかつきやすい]胃. **2** 吐き気を催させる, むかつかせる. **3** 不安な, 落ち着かない, 〈*about, at* . . について〉. The man felt rather ～ *about* the dirty work he was asked to perform. やってくれと頼まれたいかがわしい仕事のことを思うと男は嫌な気持ちがした.
[＜?] ▷**quea·si·ly** 副 **quea·si·ness** 名 U 吐き気.

Que·bec /kwibék, kwə-/ 名 ケベック(州)《カナダ東部の州; 正式名 the Province of Quebec; 州都 Quebec; 略 PQ, Que.》; ケベック(市)《ケベック州都》.

Qué·be·cois /kèibekwɑ́ː/ 名 (複 ～ /-(z)/) C ケベック州[市]民.

Queen /kwiːn/ 名 **Ellery ～** エラリー・クイーン《米国の 2 人の探偵小説家 Frederic Dannay (1905–82) と Manfred B. Lee (1905–71) の合同ペンネーム; 作品には Ellery Queen という探偵が登場する》.

‡**queen** /kwiːn/ 名 (複 ～s /-z/) C **1 女王** (語法 1 国の君主としての女王; 現在の女王又は特定の女王を指す時は Queen と大文字にする; 男 king). the *Queen* of England 英国女王. *Queen* Elizabeth II and her husband エリザベス 2 世と夫君.
2 王妃《国王の妻; →queen consort》. the king and (the) ～ 国王夫妻. become ～ 王妃となる.
3 〈the Q-〉＝God Save the Queen.
4 (社交界などの)花形, 女王; (ある分野での女性の)第一人者; 《都市, 船, 場所などしばしば女性として扱われるものについても用いる》; (神話などの)女神. a beauty ～ 美人コンクールの女王. the ～ of the cherry blossom festival 桜祭りの女王. Paris is the ～ of cities. パリは都市の女王である. **5**〖虫〗(アリ, ハチなどの)女王 (→queen ant [bee]). **6**〖トランプ〗クイーン(の札). the ～ of hearts ハートのクイーン(の札). **7**〖チェス〗クイーン《一番強い駒(こま)》. **8**〖俗・戯〗(わざと)女らしいふるまいをするゲイ, クイーン.
── 動 他 を女王にする; 〖チェス〗〔ポーン (pawn)〕を女王にする.
quéen it〖話〗女王のようにふるまう, 女王然とした態度を取る, 〈*over* . . 〔人〕に対して〉, (→LORD it over).
[＜古期英語 *cwēn*「王妃」; cwean と同根]

Quèen Ánne 名 アン女王 (1665–1714)《英国の女王 (在位 1702–14); Stuart 家最後の君主》. ～ is dead.〖諺〗それは古臭い話だ.

Quèen-Ánne /⑱/ 形 アン王朝様式の《18 世紀初頭, 特に家具の様式に言う; cabriole が特徴》.

Quèen Ánne's láce 名 C 〖植〗野生ニンジン.

quèen ánt 名 C 〖虫〗女王アリ.

quèen bée 名 C 〖虫〗女王バチ; 女王気取りの女.

quèen cónsort 名 (複 queens-) C (国王の妻としての)王妃 (→queen regnant).

quèen dówager 名 C (前国王の未亡人である)皇太后.

quéen·ly 形 女王のような, 女王にふさわしい.
▷**queen·li·ness** 名 U 女王らしさ, 女王のようなこと.

Quèen Móther 名 〈the ～〉(現国王[女王]の母である)皇太后.

Quèen of Gráce 名 〈the ～〉聖母マリア.

quéen pòst 名 C 〖建〗対束(ついつか)《屋根を支える垂直の支柱; →king post》.
quèen régent 名 C 摂政女王.
quèen régnant 名 (複 **queens-**) C (1国の主権者としての)女王 (→queen consort).
Queens /kwiːnz/ 名 クイーンズ《New York 市の 1 区 (borough); Long Island にある》.
Quèen's Bénch 名 〈the ~〉 →King's Bench.
Quèens·ber·ry rúles /kwìːnzberi-/ 名 〈the ~; 複数扱い〉〖ボクシング〗クイーンズベリ規約《近代ボクシングの基本になった規約; 創始者の名前から》.
Quèen's bírthday 名 〈the ~〉〖英〗女王誕生日《現女王の誕生日は 4 月 21 日; 公式の誕生日は 6 月の第 2 土曜日に祝う; →Official Birthday》.
Quèen's Cóunsel 名 C →King's Counsel.
Quèen's Énglish 名 〈the ~〉〖英〗(女王が統治している時代の)純正[標準]英語 (→King's English). murder [abuse] the ~ めちゃくちゃな英語を使う.
Quèen's évidence 名 U →King's evidence.
quéen·sìde 形, 名 U 〖チェス〗クイーン側(の).
quéen-sìze(d) 形 〖米〗大の, クイーンサイズの, 《king-size(d) (特大)の 1 つ下》.
Queens·land /kwíːnzlənd, -læ̀nd/ 名 クイーンズランド《オーストラリア北東部の州》.
Quèens-Míd·town Tùnnel /-mídtaun-/ 名 〈the ~〉 クイーンズ・ミッドタウン・トンネル《米国 New York 市の Manhattan と Queens を, イーストリバーの下でつないでいるトンネル; 車両用》.
Quèen's spéech 名 〈the ~〉 →King's speech.
‡**queer** /kwiər/ 形 e (**queer·er** /kwí(ə)rər/ | **queer·est** /kwí(ə)rəst/) **1** 〖旧〗**奇妙な**, 異常な, 風変わりな, 変な, (strange). a ~ sort of fellow おかしな男, 変人. though it may sound ~ 妙に聞こえるかもしれないが. Jones has a ~ way of walking. ジョーンズは妙な歩き方をする. a ~ fish 変人.
2 怪しい, いかがわしい, 疑わしい. a ~ transaction 怪しげな取引. There is something ~ about the girl's story. その少女の話には何か怪しいところがある.
3 〖話〗気が変な (mad). be ~ in the head 頭がおかしい. go ~ 気が変になる. **4** 〖英旧話〗**気分が悪い** (unwell), めまいがする (dizzy). feel ~ 気分が悪い. **5** 〖俗〗〔男が〕同性愛の; 同性愛者に関する. ~ culture 同性愛(社会)の文化. ~ rights 同性愛者の権利.
in quéer strèet [***Quéer Strèet***] 〖英旧俗〗金に困って, 借金して.
── 名 C 〖俗〗男性の同性愛者.
── 動 他 **1** を台無しにする. **2** 〈~ oneself で〉 不評を買う, 不利な立場に立つ, 〈*with* ..の, に〉.
quèer a pèrson's pítch＝***quèer the pítch for a pèrson*** 〖英・オース話〗人の計画[機会]をだめにする.
[?＜ドイツ語 *quer*「傾斜した」]
quéer bàshing 名 U クイア・バッシング《同性愛者をねらった暴力行為》(gay bashing).
quéer·ly 副 奇妙に, 変に, 怪しく.
quéer·ness 名 U 奇妙なこと, 風変わり.
‡**quell** /kwel/ 動 他 〔反乱など〕を鎮める, 鎮圧する; 〔気持ち, 苦痛など〕を抑える, 和らげる. ~ unrest [a riot, a rebellion, a revolt] 不穏な状態[暴動]を鎮める. ~ a child's fears 子供の恐怖を静める. [＜古期英語「殺す」]
†**quench** /kwentʃ/ 動 他 **1** 〔渇き〕をいやす; 〔熱いもの〕を冷やす. ~ one's thirst with a glass of beer 1 杯のビールでのどの渇きをいやす. **2** 〔火, 光など〕を消す. ~ a fire with water 水をかけて火を消す. **3** 〔欲望, 感情など〕を抑える, 抑制する. ~ one's desire for wealth 金持ちになりたいという欲望を抑える. [＜古期英語「消す」]
quénch·a·ble 形 いやせる; 消せる; 抑制できる.
quénch·er 名 C **1** 渇きをいやすもの, 飲み物. **2** 消す人[もの]. **3** 抑制する人[もの].
quénch·less 形 〖雅〗＝unquenchable.
quern /kwəːrn/ 名 C 碾(ひ)き臼(うす), 手碾き臼.
quer·u·lous /kwérələs/ 形 〖章〗不平を言う, ぶつぶつ言う; いらいらする. a ~ answer [tone] 不平がましい返事[口調]. be ~ about meals 食事のことをぶつぶつ言う.
▷ **~·ly** 副 **~·ness** 名
†**que·ry** /kwí(ə)ri/ 名 (複 **-ries**) C **1** 〖章〗(不審, 反対などを含む)質問, 疑問; 疑い; 〈*about* ..についての〉. put a ~ to ..に質問する. have a ~ about ..について疑問がある. make [raise] a ~ about ..について質問する. **2** (特に原稿, 記事, 語句などの疑わしい箇所に付ける)疑問符《?》.
── 動 (**-ries** | 過 過分 **-ried** | **~·ing**) 他 **1** 〖章〗〔人〕に問いただす, 質問する, 〈*about* ..について〉; 〔疑問点など〕を尋ねる; VO (~ "引用")「..」と尋ねる; (類語 特定の事を明らかにしたいという真剣な意図が感じられる; →ask 1). He *queried* my reason for leaving the post. 私がその地位を捨てる理由を彼は尋ねた. "Do you really think so?" she *queried*.「本当にそう思いますか」と彼女は尋ねた. The President was *queried about* his next plan. 大統領は次の計画について質問された. **2** 〔物事(の正・不正など)〕に不審を抱く; VO (~ ***wh*** 節) ..かどうか真偽を疑う. The boss *queried* my travel expenses. 上司は私の出張経費に疑いを抱いた. I very much ~ *whether* he really said so. 彼が本当にそう言ったのか私は大いに疑問に思う. **3** に疑問符を付ける.
[＜ラテン語 *quaere* (*quaerere* 'ask' の命令形)]
***quest** /kwest/ 名 (複 **~s** /-ts/) C 〖雅〗**1 探求**, 探索, 〈*of, for* ..の〉(search). the ~ *for* truth [happiness] 真理[幸福]の追求. their ~ *for* minerals 彼らの鉱石の探索. **2** (中世騎士の)諸国遊歴の旅.
in quést of .. ..を求めて. The knights set out *in* ~ of the Holy Grail. 騎士たちは聖杯を求めて旅に出た.
── 動 自 捜し求める, 探求する, 〈*for* ..を〉; 〔猟犬が〕臭跡を追う. ~ *for* treasure 宝物を捜す. ~ *after* ultimate truths 究極の真理を追い求める.
[＜古期フランス語「探索(する)」(＜ラテン語 *quaerere* 'seek, ask')]
‡**ques·tion** /kwéstʃ(ə)n/ 名 (複 **~s** /-z/) **1** C **質問**, 問い, 〈*about, on* ..についての〉(↔answer). a difficult ~ to answer 難問. ask him a ~＝ask a ~ of him 彼に質問する. May I ask a ~? 質問をしていいでしょうか. fire [shoot] a lot of ~*s* at .. 〔人〕を質問攻めにする. A reporter put a ~ to him [put him a ~]. 新聞記者が彼に質問した. That's a good [fair] ~. それは良い質問ですね 《難問を投げかけられて答えに窮した時などにしばしば用いる; Good ~. とも言う》. Ask a stupid [silly] ~ and you'll get a stupid [silly] answer. ばかな質問をすればばかな答えが返ってくるのだ. Am I hungry? ask a stupid ~! 腹がへってるかって, ばかなことを聞くなよ.

連結 a blunt [a pointed, a searching; a straightforward] ~

2 U **疑問** (doubt) 〈*about, as to* .. についての〉. make no ~ of ..を疑わない. raise a ~ (about..) (..について)疑問を提起する. It admits (of) no ~. それは疑いをいれない. There is some ~ about.. には若干の疑問がある. There can be no ~ (but) that he is telling the truth. 彼が本当の事を言っているのは全く疑いない (★ but that.. は〖章〗).
3 C (論議, 解決すべき)**問題**, 事柄, 〈*of* ..の/(*of*) *wh* 節・句..かという〉. the housing ~ 住宅問題. the ~ *of* unemployment 失業問題. ~*s of* the day 今日の問題, 時事問題. settle a ~ 問題を解決する. It's all [only] a ~ *of* time. それはみんな[ただ]時間の問題だ.

Q

The ～ is *who* will pay the money. 問題はだれがその金を払うかだ. There remains the ～ (*of*) *how* to restore order. いかにして秩序を回復するかという問題が残っている. To be, or not to be, that is the ～. 生きているか, 死んでしまうか, そこが問題だ《Shakespeare の *Hamlet* より》.

> 連結 a basic [a complex, an intricate; a difficult, a perplexing, a tricky, a vexed; a burning; a minor; a simple] ～ // deal with [tackle, take up; settle, solve] a ～ // a ～ arises [comes up]

4 Ⓒ (試験の)問題. a test [an examination] ～ テスト[試験]の問題. Answer [Do] as many ～*s* as you can in the allotted time. 与えられた時間で出来るだけ多くの問題に答えなさい. **5** Ⓒ 〖文法〗疑問文.

(and) nò quéstions àsked 何の質問もしないで, 黙って, 文句を言わずに, 唯唯(いい)諾諾と,〔受け取るなど〕.

a [the ↓] sixty-four thòusand dòllar quéstion

bèg the quéstion →beg.

be òpen to qúestion 疑問の余地がある.

beside the quéstion 的はずれで, 関係のないことで.

*__*beyond (àll) quéstion*__* 疑いもなく, 確かに; 疑いない. *Beyond* ～, Henry is the best swimmer of us all. ヘンリーが我々の中で 1 番泳ぎがうまいのは疑いない. His patriotism is *beyond* (*all*) ～. 彼の愛国心は疑うべくもない.

brìng [càll] ..in [into] quéstion (1) ..に疑義を差し挟む. (2)〔物事が〕..に疑念を持たせる. This *calls* your motives *in* ～. これを見ると君の動機が疑わしくなる.

còme into quéstion 問題になる, 論議される.

in quéstion 問題の. the matter *in* ～ 当面の問題点, 今問題にしている[話題になっている]こと. Where were you during the time *in* ～? 問題の時間中君はどこにいたんですか.

It is jùst [mèrely, ònly] a quéstion of ⌊tíme.. [dòing..] ..はまさに時間の[..しさえすればいい]問題だ.

nò quéstions àsked ＝(and) no QUESTIONS asked.

*__*out of the quéstion*__* 問題にならない, 受け入れられない, 論外で, 実行不可能で, 許されない. Any changes would be *out of the* ～ at this late date. こんなに遅くなって変更するなどとても出来ない.

past [beyond ↑] (àll) quéstion

pòp the quéstion →pop[1].

There's nò quéstion ⌊of [about, that].. (1) ..について疑う余地はない. *There's no* ～ *about* his honesty [*that* he is honest]. 彼の正直なことは全く疑いない. (2) ..の可能性は全くない. *There's no* ～ *of* his having divulged the secret. 彼がその秘密を漏らしたということはあり得ない. 語法 There's no *question* that she'll come. は (1) の意味(「彼女が来ることはまちがいない」)にも (2) の意味(「彼女が来ることはありえない」)にもなる.

the ⌊sìxty-four thousand [míllion] dollar quéstion 非常に答えるのが難しい重要問題《あるクイズゲームの最高賞金が $64,000 だったことから》.

(with [and ↑]) nò quéstions àsked

without quéstion (1)＝beyond (all) QUESTION. (2)＝(and) no QUESTIONS asked.

── 動 (～s /-z/|過 過分 ～ed /-d/|～·ing) 他 **1**〔人〕に**質問する**, 尋ねる, 尋問する,〈*on, about, as to* ..について〉(類語 次々に質問するという意味合いがある; →ask 1). The students ～*ed* the teacher *on* many points. 学生は多くの点について先生に質問した. ～ him closely 彼に事(こと)細かに聞く. I was ～*ed about* his activities by the police. 私は彼の活動について警察の尋問を受けた.

2 に異議を唱える; VO (～ X/*wh* 節) X (物事(の真偽, 妥当性, 価値など))を/..かどうかを問題にする[問題視する], 疑う, 怪しむ, 不審に思う. ～ the umpire's decision 審判の決定に異議を唱える. I ～ *whether* [*if*] he'll come in time. 彼が時間通りに来るかどうか怪しい.

[＜ラテン語 *quaestiō*「質問」(＜*quaerere* 'ask, seek')]

†qués·tion·a·ble 形 ⓜ **1** 疑わしい, 疑問の余地がある. a ～ conclusion [story] 疑わしい結論[話]. It is ～ whether these data can be relied on. これらの資料が信頼できるかどうか疑わしい.

2 いかがわしい, 怪しげな, 不審な, 問題のある(信用のおけない). a man of ～ character いかがわしい男. These nuclear reprocessing plants are of ～ safety. これらの核再処理工場は安全性が疑わしい. ▷**-bly** 副

quèstion-and-ánswer 形 質疑応答の.

qués·tion·er 名 Ⓒ 質問者, 尋問者.

qués·tion·ing 形 〖章〗不審そうな, 探るような. ～ looks 物問いたげな顔つき. raise a ～ eyebrow いぶかしげに眉を上げる. ── 名 Ⓤ 質問, 尋問. ▷**～·ly** 副 不審そうに, 尋ねるように.

quéstion màrk 名 Ⓒ **1** 疑問符《? だけでなく,〖話〗〖戯〗では驚きを表すために ??, ?! も使われる》. **2** 疑問〈*over*..〔将来, 存在など〕に関しての〉. There's a ～ *over* his future. ＝A ～ hangs over his future. 彼の将来はどうなるか分からない.

quéstion màster 名 Ⓒ 〖英〗(ラジオ, テレビの)クイズ番組の司会者(〖米〗quizmaster).

†ques·tion·naire /kwèstʃənéər/ 名 Ⓒ (調査資料のための答えを書き込めるようにした)質問書, アンケート用紙; アンケート. fill in a ～ アンケート用紙に記入する. [フランス語]

quéstion tàg 名 Ⓒ 付加疑問(文)の付加部分《例えば, You usually drive, don't you? の don't you; **tag** とも言う》.

quéstion tìme 名 Ⓒ **1** 〖英〗〖議会〗(下院で)質問時間《議員が大臣に質問する》. **2**〈一般に〉質疑(応答)の時間.

quet·zal /ketsɑ́:l|kéts(ə)l/ 名 Ⓒ **1** 〖鳥〗ケツァール《中米産の尾の長い美しい鳥; グアテマラ (Guatemala) の国鳥》. **2** ケツァル《グアテマラの貨幣単位; 100 centavos》.

***queue** /kju:/ 名 (複 ～s /-z/) Ⓒ **1** 〖主に英〗(順番を待つ人, 車などの)列 (〖米〗line). join [get into] a ～ 列に加わる. a long ～ of traffic 長い車の列. a ～ for tickets 切符を求める人の列. Fans stood in a ～ for hours outside the theater door. ファンは劇場の入り口の外で何時間も並んだ. form an endless ～ 長い長い列を作る. **2** (名簿上で)順番を待つ人たち. at the front of the ～ 早くまわってくる順番に[で]. **3** 弁髪, お下げ. **4** 〖電算〗待ち行列.

jùmp the quéue 〖主に英〗(順番を無視して)行列に割り込む; (順番を待たずに)先取り(しようと)する.

── 動 (～s /-z/|過 過分 ～d /-d/|quéu(e)·ing) 自 **1** 〖主に英〗列を作る, 列に並ぶ[加わる],〈*up*〉〈*for*..を求めて〉. ～ (*up*) *for* a bus [*to* get into the movie theater] バスに乗る[映画館に入る]ために並ぶ. **2** 〖電算〗待ち行列に並ぶ.

quèue úp 〖主に英〗(1) →自. (2) (名簿上で)順番を待つ〈進行形で〉.

── 他 〖電算〗〔データなど〕を待ち行列に入れる.

[フランス語(＜ラテン語 *cauda*「しっぽ」)]

quéue-jùmp 動 自 列に割り込む (＝jump the QUEUE). ▷**～·ing** 名 Ⓤ, 形 割り込み(の).

Qué·zon Cìty /kéisɑn-|-zɔn-/ 名 ケソンシティ《フィリ

Q

ピン北部, 大マニラ市の一中心地区; 名前は政治家ケソンにちなむ).

quib·ble /kwíb(ə)l/ 名 C **1** (小さな事に)けち(をつけること), 文句, 異論, 〈*with*..に対する〉. My only ～ *with* this book concerns its index. この本の良くないと思うのは索引だけだ. **2** 逃げ口上, 言い逃れ, 屁(へ)理屈. To an ordinary mind his explanation was only a ～. 普通の人から見れば彼の釈明は逃げ口上にすぎない.

── 動 自 **1** 文句を言う, けちをつける, 〈*at, over, about*..に(ついて)/*with*..〔人〕に〉. ～ *at* some details of theory in the book その本の理論上の細部に文句をつける. **2** 逃げ口上を言う, 屁理屈を言う, 〈*over, about*..について/*with*..〔人〕に〉. Don't ～ *with* me. 僕に向かってつべこべ(屁理屈)言うな. Let's not ～ *over* trivial matters. 細かい事でとやかく言い合うのはよそう.

quib·bler /kwíblər/ 名 C うるさ型; 屁(へ)理屈屋.

quiche /ki:ʃ/ 名 C キッシュ《チーズ, 卵, ベーコンなどを詰めた tart の一種》.

‡**quick** /kwik/ 形 e (**quíck·er**|**quíck·est**) 【速い】 **1** 〔動作, 行動が〕**速い**, 急速な, 素早い; 即座の; 元気のい い; 〈*at, in, with*..が/*to* do ..するのが〉 (↔slow) (類語 quick は短い時間に, 又は瞬間的に行われる動作の機敏さに重点がある; →fast[1]). give [have, take] a ～ look (at..) (..を)素早くちらっと見る. have a ～ word ちょっと話をする. a ～ reply 即答. a ～ turn 急転回. in ～ succession 矢継ぎ早に. be ～ *in* one's movements 動作がきびきびしている. He's a ～ walker. 彼は歩くのが速い. Get over here and be ～ *about* it! こっちへやって来い, ぐずぐずしないで! *Quick at* meal, ～ *at* work. 〖諺〗早飯の人は仕事も速い. He is ～ *to* take offense. 彼はすぐ怒り出す. It's ～*er* (to go) by subway. 地下鉄で行く方が早い. a ～ decision 素早い決定, 即決. make ～ profits 手っ取り早く儲ける.

2 【頭の働きが速い】 **鋭敏な**; 敏感な, 理解[物覚え]が早い, 機敏な; 〈*at, in* ..が/*to* do ..するのが〉 (↔slow). a ～ mind 鋭い頭. a ～ child 利発な子供. a man of ～ parts 悟りの早い人. a ～ study 〖米俗〗飲み込みの早い学生; 物覚えの早い人. have a ～ eye [ear] 目[耳]が早い. He is ～ *at* figures. 彼は計算が早い. have ～ wits 機転が利く. be ～ *at* learning [*to* learn] = be a ～ learner 物覚えが早い. The dog is ～ of scent. 犬はにおいに敏感だ.

3 【気が早い】 せっかちな, 短気な, すぐかっとなる. He ˌis ～ of temper [has a ～ temper]. (=He is ～-tempered). 彼は短気だ, すぐかっとなる.

***a quick òne* [*hàlf, pìnt*]** (出掛け[急ぎ]の)ちょいと 1 杯(の酒). How about *a* ～ *one?* ちょっと 1 杯どうかね.

quìck off the márk →mark[1].

── 副 e **1** 速く, 速やかに, 急いで, (quickly) (語法 (1) quickly より口語体で, また語調が強い. (2) 普通, 動詞の後に置かれる. (3) 〖話〗ではしばしば比較級・最上級で more [most] quickly よりも *quicker* [*quickest*] が用いられる). get rich ～ にわか成金になる. talk ～ 早口でしゃべる. (as) ～ as a wink [a flash, a bunny, lightning, thought] じつに素早く, 電光石火, あっという間に. Come ～! 早く来い. I ran as ～ as I could. できるだけ速く走った. Who'll be there ～*est?* だれが一番早く着くだろうか.

2 速く 《分詞と共に複合語を作る》. ～-acting medicine 即効薬. a ～-firing gun 速射砲. ～-forgotten すぐ忘れられる.

quìcker than you can sày Jàck Róbinson = before you can say JACK Robinson.

── 名 **1** U 〈the ～〉 (皮膚, 特に爪(つめ)の下の)生(なま)身. bite one's fingernails to the ～ 生爪(づめ)まで噛む. **2** 〈the ～〉〈複数扱い〉〖古〗生者. the ～ and the dead 生者たちと死者たち.

cùt..to the quíck (1) ..を生身まで切る. *cut* the nail *to the* ～ 深爪(づめ)をする. (2) 〖章〗〔人〕の感情を深く傷つける[ひどく害する]. I was *cut to the* ～ by her remark. 私の感情は彼女の言葉に深く傷つけられた. [< 古期英語 *cwic(u)*「生きている, 活気のある」]

quìck-and-dírty /⊛/ 形 〖話〗間に合わせの. ── 名 C 〖米俗〗安食堂.

quìck ássets 名 〈複数扱い〉当座資産.

quíck brèad 名 U 〖米〗早く焼けるように膨張剤を用いたパン《マフィンなど》.

quìck búck 名 C 〖米俗〗すぐ儲(もう)かる金, 濡れ手で粟(あわ)(のつかみ取り). make a ～ 手っ取り早く稼ぐ.

quìck-chánge àrtist 名 C 衣装を早変わりする芸人.

***quick·en** /kwíkən/ 動 (～s /-z/|過 過分 ～ed /-d/|～·ing) 他 **1** を速める, 急がせる. ～ one's steps [pace] 歩を速める. **2** 〖章〗 を刺激する, 活気づける. ～ a person's imagination 人の想像力を刺激する. The teacher's words ～*ed* my interest in world geography. 先生の言葉は僕の世界地理への興味を刺激した. **3** 〖古・雅〗 を生き返らせる. ～ the dying fire into flames 消えかかった火を又燃え上がらせる.

── 自 **1** 速くなる, 速力を増す. His pace [pulse, breathing, heart] ～*ed*. 彼の歩調[脈, 呼吸, 鼓動]は速くなった. **2** 元気づく, 活発になる. My interest ～*ed*. 私の興味が増した. **3** 生き返る, よみがえる. The old trees ～*ed* in the spring sun. 春の太陽で老樹は生命を盛り返した. **4** 〔胎児が〕胎動を始める.

[quick, -en] ▷～·**ing** 名 U 胎動.

quìck-fíre /⊛/ 形 〈限定〉〔普通, 話し方が〕活気のある, 速射砲のような.

quìck-fíx /⊛/ 形 〈限定〉一時[その場]しのぎの, 即効の.

quìck fíx 名 C 一時しのぎの修理[解決策].

quìck-fréeze 動 (**-fréez·es**|過 **-froze** /-fróuz/, ～**d**|過分 **-fro·zen** /-fróuz(ə)n/, ～**d**|**-freez·ing**) 他 〔食料品〕を急速冷凍する (〖米〗flashfreeze). *quick-frozen* chicken 急速冷凍したチキン.

quick·ie /kwíki/ 名 C 〖話〗急ぎの(やっつけ)仕事; 急ごしらえのもの《映画, 小説》; ちょっと 1 杯 [一発] 《セックスその他そそくさとする事柄に用いる》. ── 形 急ぎの, 即席の; 即決の. a ～ divorce 即決離婚.

quíck·lìme 名 U 生石灰 (→lime[1]).

‡**quick·ly** /kwíkli/ 副 m **速く, 急いで; すぐに**; (↔ slowly). We walked more ～ than usual. 我々は普段より足を速めて歩いた. She rose ～ to escape from him. 彼から逃れようと彼女は急いで立ち上がった. As ～ as she wakened, she dressed herself and went out. 目が覚めるとすぐに彼女は着替えて外出した.

quìck márch 名 UC 〖軍〗速歩行進《しばしば号令として間投詞的に》.

†**quick·ness** /kwíknəs/ 名 U **1** 速いこと, 速さ. **2** 敏捷(しょう)さ, 機敏さ. **3** 短気, 性急.

quíck·sànd 名 UC 〈しばしば ～s〉流砂《歩くと身体が沈むような》; 〈比喩的〉泥沼(状態). a bed of ～ 流砂地帯. step into the ～*s* of political corruption 政治的腐敗の泥沼にずるずる落ち込む.

quíck·set, quìck·set hédge /kwikset-/ 〖主に英〗生け垣《特にサンザシ (hawthorn) の》.

quíck·sìlver 名 U 水銀 (mercury). change like ～ すぐ変わる. ── 形 〈限定〉すぐ[ころころ]変わる. [< 古期英語 'living silver']

quíck·stèp 名 C **1** 〖ダンス〗クイックステップ《4 分の 4 拍子の速いテンポのフォックストロット (foxtrot)》; その曲. **2** 〖軍〗速歩(調)行進曲《quick time で行進する時に用いる》.

quìck-témpered /⊛/ 形 短気な, 怒りっぽい.

quíck tìme 名 U 〘軍〙速歩《軍事訓練のための平常の歩調; 1 分間に約 120 歩》.

quìck-wítted /-əd ⊛/ 形 (頭の)鋭い, 頭の回転の速い, 機敏な, (類語 →clever 1).

quid[1] /kwid/ 名 (複 ~, ~s) C 〘英話〙(貨幣単位の)ポンド(pound). I paid twenty ~ for the book. その本に 20 ポンド払った (★幾ら幾らという複数ポンドを表す時は quid のまま使う).

be quìds ín 〘英俗〙儲(もう)かっている, ほくほくだ, 儲かりそうだ.

quid[2] 名 C (かみたばこの)ひとかみ, 1 服.

quid·di·ty /kwídəti/ 名 (複 -ties) C **1** (物の)本質, 実体. **2** 屁(へ)理屈.

quìd pro quó /-kwóu/ 名 (複 ~s) C 代償(物), 対価, お返し〈*for*..の〉. on a ~ basis 相互に利益を受けるやり方で. [ラテン語 'something for something']

qui·es·cence /kwaiés(ə)ns, kwi-/ 名 U 〘章〙休止, 静止, 無活動.

qui·es·cent /kwaiés(ə)nt, kwi-/ 形 〘章〙(特に一時的に)休止[静止]している, 不動の, 落ち着いた; 無活動の, 鳴りをひそめた. a ~ volcano 死火山. ▷ **~·ly** 副

‡**qui·et** /kwáiət/ 形 e (~·er|~·est), m 【騒がしくない】 **1** 静かな, 静粛な, 音を(あまり)立てない, (↔noisy); 閑静な; 〔人が〕黙った, 沈黙した; (類語 noiseless, quiet, silent, still[1] はいずれも「静かな」と訳せるが, quiet は目立つ動きをせず音を立てないことを言い, 平穏や平和の感じが強い). a ~ room 静かな部屋. live in [〘米〙on] a ~ street 閑静な町に住む. Let's go somewhere where it's (more) ~. どこかもっと静かな所で話そう. in a ~ voice 静かな声で. keep the children ~ 子供たちを静かにさせておく. The baby was ~ all night. 赤ん坊は 1 晩中おとなしかった. *Quiet!* 静かにしなさい, 黙りなさい《Be quiet! とも言う》. He remained ~. 彼は黙ったままだった. Keep ~! 静粛にしていなさい. "All *Quiet* on the Western Front"『西部戦線異状なし』《第 1 次大戦を舞台にした E.M. Remarque の小説(1929)の英訳名》.

2 平穏な, 穏やかな, 平和な, (↔restless). a ~ mind 平静な心. have a ~ evening at home 家庭でくつろいだ夕べを過ごす. My conscience is ~. 私は良心にやましいところはない. lead a ~ life 穏やかな日々を過ごす.

3 【変動のない】 動かない, 静止した, (商取り引きなどが)不活発な, 暇な; (海などが)穏やかな. keep ~ じっとしている. The stock market was surprisingly ~ today. 株式市場は今日は驚くほど動きがなかった.

【目立たない】 **4** 〔人, 性質が〕おとなしい, 物静かな, 穏やかな; 控え目の, つつましい. a ~ man 温和な人. a ~ disposition 穏やかな気質. **5** 〔服装, 色, 柄などが〕目立たない, 派手でない, 地味な, (↔loud). a ~ color おとなしい色. a ~ necktie 地味なネクタイ. **6** 内緒にした, 表沙汰(ざた)にしない, 内に秘めた. ~ confidence [despair] 内に秘めた自信[おもてに出さない絶望感].

(*as*) *quìet as a móuse* ほとんど音を立てずに, ひっそりとして. Be *as* ~ *as a mouse*. 静かにしなさい.

hàve a quiet wórd (*with a person*) 〘主に英〙(人と)内密に話をする, (人に)個人的に意見する.

kèep quiet about ..= *kèep* .. *quíet* ..を内緒にしておく, ..のことは黙っている. I want you to *keep* ~ *about* it. それについては他言しないでほしい. Can you *keep* this scandal ~? この醜聞を内密にしていただけますか.

kèep a person quíet 人を黙らせる; 人に黙っているようにさせる.

── 名 U **1** 静けさ, 静寂, 閑静. the ~ after a storm あらしの後の静けさ. the ~ of the night 夜の静けさ[しじま]. shout for ~ 静かにしろと叫ぶ. **2** 平穏, 平和, 平静. at ~ 平穏に. live in peace and ~ 平穏無事に暮らす.

on the quíet 〘話〙こっそりと, 内密に, (secretly).

── 動 〘主に米〙 他 を静める, 静かにさせる, おとなしくさせる, 黙らせる; をなだめる, 〔不安など〕を和らげる; 〔不平など〕を抑える; 〈*down*〉(〘英〙quieten). *Quiet* him *down*, will you? 彼をなだめてくれませんか. The mother was ~*ing* her crying baby. 母親は泣いている赤ん坊をなだめていた.

── 自 VA (~ *down*) 静まる, 静かになる, 静かにする, おとなしくなる, 黙る, 穏やかになる, (〘英〙quieten). The wind ~*ed down*. 風が凪(な)いだ. He told the class to ~ *down*. 彼は(教室の)生徒たちに静かにするように言った. Her fears gradually ~*ed down*. 彼女の恐怖はしだいに収まった.

[<ラテン語 *quiētus*「静かな」(<*quiēscere*「休む」)]

qui·et·en /kwáiətn/ 動 他, 自 〘主に英〙=quiet.

quí·et·ìsm 名 U **1** 静寂主義《17 世紀末ごろ起こった宗教的神秘主義; すべてをあるがままに受け入れ, あらゆる欲望を捨て去ろうとする主義》. **2** 〘しばしば軽蔑〙事なかれ主義.

quí·et·ist 名 C 静寂主義者.

‡**qui·et·ly** /kwáiətli/ 副 m **1** 静かに, そっと; 黙って. Speak more ~, please. もっと静かに話してください. go out of the house as ~ as possible できるだけそっと家を出る. **2** 平穏に, おとなしく, 地味に. The two sisters lived very ~. 2 人の姉妹はひっそりと暮らしていた. **3** 〘主に英〙ひそかに, 心の中で. be ~ confident ひそかに自信を持っている. be ~ optimistic 心の中では楽観的である.

gò quíetly 〈否定文で〉おとなしく辞める. He is unlikely to *go* ~. 彼はおとなしく辞めそうもない.

quí·et·ness 名 U 静けさ, 静かさ, 閑静; 平穏, 温和; 落ち着き; 地味.

qui·e·tude /kwáiət(j)ù:d/ 名 U 〘章〙静けさ, 静穏, 静寂, 平穏, (quietness). mental ~ 心の安らかさ.

qui·e·tus /kwaií:təs/ 名 C 〈普通, 単数形で〉〘雅〙死(death); 殺害; 消滅; 清算. get one's ~ 死ぬ. give a person his ~ 彼にとどめを刺す, 殺す. [<中世ラテン語 *quiētus* (*est*) '(he is) quit']

quiff /kwif/ 名 (複 ~s) C 〘英〙(額の上方になで上げた主に男性の)巻き毛 (〘米〙pomadour).

quill /kwil/ 名 C **1** (翼又は尾の長く堅い)羽根; その(空洞の)羽軸 (stem); (**quíll fèather**). **2** (羽軸で作った)羽根ペン (**quìll pén**). drive a [the] ~ ペンを走らせる, 書く. **3** 〈普通 ~s〉(ヤマアラシなどの)針毛.

†**quilt** /kwilt/ 名 C **1** キルト《鳥の綿毛などを入れて刺し子に縫った掛けぶとん》. **2** ベッドカバー.

── 動 他 をキルトに作る, 刺し子に縫う.

[<ラテン語 *culcita*「マットレス, クッション」]

▷**quilt·ed** /-əd/ 形 a ~*ed* skirt キルトのスカート.

quilt·ing 名 U **1** キルティング, 刺し子縫い. **2** キルティングの材料.

quílting bèe 名 C 〘米〙キルト作りの(親睦)会.

quin /kwin/ 名 〘英話〙=quintuplet.

quince /kwins/ 名 C マルメロ(の実, 木)《リンゴに似たバラ科の木; 実はゼリー, 砂糖漬け, マーマレードなど保存食になる》.

quin·cen·te·na·ry /kwinsénṭənèri|kwìnsentí:nəri/ 名 (複 -ries) C, 形 500 周年(祭)(の).

quin·cen·ten·ni·al /kwìnsenténiəl/ 形, 名 = quincentenary.

qui·nine /kwáinain|kwiní:n/ 名 U キニーネ(剤)《cinchona から採るマラリヤの特効薬》.

quínine wàter 名 U 〘米〙キニーネ水, トニックウォーター, 《ジン, ウォッカなどを割る炭酸水》.

quin·qua·ge·nar·i·an /kwìŋkwədʒəné(ə)riən/ 形, 名 C 50(歳)代の(人).

Q

Quin·qua·ges·i·ma /kwìŋkwədʒésəmə/ [名] 四旬節 (Lent) 直前の日曜日 (**Quinquagèsima Súnday**). [中世ラテン語 'fiftieth']

quin·quen·ni·al /kwiŋkwéniəl, -njəl/ [形] 5 年目ごとの; 5 年の, 5 年続く. ── [名] [C] 5 年ごとに起こるもの; 5 年続くもの. [＜ラテン語 *quinque*「5」＋*annus*「年」, -al] ▷ **～·ly** [副]

quin·sy /kwínzi/ [名] [U] 〖医〗扁桃腺(へんとうせん)炎.

quint /kwint/ [名] 〖米話〗＝quintuplet.

quin·tal /kwíntl/ [名] [C] **1** 100 キログラム. **2** ＝hundredweight.

‡**quin·tes·sence** /kwintés(ə)ns/ [名] [U] 〖章〗〈the ～〉 **1** 精髄, 真髄, 〈*of* ..の〉. The greatest happiness of the greatest number is the ～ *of* utilitarianism. 最大多数の最大幸福は功利主義の真髄である. **2** 典型, 完全な例, 〈*of* ..の〉. She is the ～ *of* feminine beauty. 彼女は女性美の化身だ. **3** 第 5 元素. [＜ラテン語 *quinta essentia* 'fifth essence'; 古代・中世では地水火風の 4 大元素のほかに究極的な元素があると考えられた]

‡**quin·tes·sen·tial** /kwìntisénʃəl [移]/ [形] 〖章〗真髄の, 精髄の; 典型の. ▷ **～·ly** [副]

quin·tet, -tette /kwintét/ [名] [C] **1** 〖楽〗5 重奏[唱](曲), クインテット. **2** 〖楽〗5 重奏[唱]団, クインテット, (→solo, duet, trio, quartet). **3** 〈一般に〉5 人組, 5 つぞろい. **4** 〖米話〗(男子)バスケットボールのチーム. [＜イタリア語]

quin·til·lion /kwintíljən/ [名] ([複] ～, ～s) [C] **1** 10^{18}. **2** 〖英古〗10^{30}.

quin·tu·ple /kwintúːp(ə)l|kwíntju-/ [形] 5 倍の; 5 重の; 5 部(分)から成る. ── [名] [C] 5 倍.
── [動] [他], [自] を5 倍にする, (の)5 倍になる.

quin·tu·plet /kwintʌ́plət, -t(j)úː-|kwíntjuplət, -⌒-/ [名] [C] **1** 5 つ子の 1 人 (→twin). [語法] 普通, 複数形で用い, 1 人の時は one of the ～*s* と言う; 〖話〗では〖英〗quin, 〖米〗quint. **2** 5 つ組, 5 つぞろい.

quip /kwip/ [名] [C] 〖旧〗当意即妙の言葉, 軽口; 辛辣(らつ)な言葉, 皮肉. ── [動] (～s|-pp-) [自] 軽口をたたく, 警句を吐く.

quire /kwaiər/ [名] [C] 1 帖(じょう)《25 枚又は 24 枚; 20 ～*s* で 1 ream》.

‡**quirk** /kwəːrk/ [名] [C] **1** ゆがみ, ねじれ. a ～ of the mouth 口元がゆがむこと. **2** (人, 性格の)奇妙な癖. **3** (運命の)いたずら, 回り合わせ. By a strange [an odd] ～ of fate I had to arrest my old friend. 不思議な回り合わせで僕は昔の友達を逮捕しなければならなかった. **4** 逃げ口上. **5** 文字の飾り書き.
── [動] [他] を曲げる, ねじる, ゆがめる. ── [自] 曲がる, ねじれる. a ～*ing* smile ゆがんだ微笑《苦笑》.

quirk·y /kwə́ːrki/ [形] [e] 独特な, 癖のある. the ～ definitions in Dr. Johnson's dictionary ジョンソン博士の辞書に見られる癖のある定義.
▷ **quirk·i·ly** [副] **quirk·i·ness** [名]

quirt /kwəːrt/ [名] [C] 〖米〗(柄の短い)編み革の乗馬むち.

quis·ling /kwízliŋ/ [名] [C] (占領軍に協力する)売国奴, 裏切り者, (traitor). [＜ノルウェーの親ナチス政治家 Vidkun *Quisling* (1887-1945)]

‡**quit** /kwit/ [動] (～s /-ts/|[過] [過分] **quit·ted** /-əd/, 〖主に米〗～|**quit·ting**) [他] 〖話〗 **1** を止(や)める, よす, 中止する; [VO] (～ *doing*) ..するのを止める; (stop). ～ smok*ing* たばこを止める. ～ work 仕事を止める. **2** 〔仕事, 職など〕を辞める. ～ office [one's job] 辞職する. ～ school 学校をやめる. **3** 〖古〗〔場所〕を離れる, 立ち退く. He ～ his home town at the age of 16. 彼は 16 歳の時故郷の町を後にした. **4** 〔借金など〕を返済する.
── [自] 〖話〗 **1** 止(や)める, 中止する; 〔物事が〕止む. Let's ～ and go home. おしまいにして家に帰ろう. Some people (just) don't know when to ～. 《潮時(しおどき)を心得ない者もいる＞》(そんなこと言うのは)やめてほしいわ; やたら働けばいいと言うものでもないさ. **2** 立ち退く; 辞職する. give him notice to ～ 彼に立ち退き要求[辞職勧告]の通知をする. **3** 努力するのを止める, あきらめる.

hàve a .. that* (*just*) *won't quít 〖俗〗大変な[大した]..の持ち主である. *have a* face *that won't* ～ 大変な美貌の持ち主である.

quit on a pérson (★on については→on [前] 5) (1) 〔機械などが〕人の使用中動かなくなる. the car engine ～ *on* me while I was driving on the expressway. ハイウェーを運転中, エンジンが止まってしまった. (2) 〔人が〕(前触れもなしに不意に)人のことも考えずに辞める. My secretary ～ *on* me just before the important conference. 重要な会議の直前, 秘書が辞めてしまった.

quit while one ***is ahéad*** 〖話〗うまく行っている間は余計なことはしない.

── [形] 〈次の成句で〉

be quít of .. ..を免れる, ..から自由になる, ..を片付ける. She was glad to *be* ～ *of* her drunken husband. 彼女は飲んだくれの夫を厄介払いできて喜んだ.
[＜ラテン語 *quiētus* 'quietus'; quiet と同源]

quít·clàim [名] [UC] 〖法〗権利譲渡[放棄](証書) (quitclaim deed). ── [動] [他] 〖法〗〔権利, 土地, 財産など〕を放棄する, 譲渡する.

‡**quite** /kwait/ [副] [©] **1** 全く, 完全に, すっかり; たっぷり. (**a**) 〈原則的に, 非段階的で極限を表す語を修飾する〉 ～ unique 全く独自の. (You're) ～ right. 全く君の言うとおりだ. That's ～ meaningless. 全然無意味だ. I'm ～ exhausted. 疲れ果てた. The bowler hat is ～ out of fashion. 山高帽は全く時代遅れだ. ～ the reverse まさに正反対で. for ～ a different reason 全く別の理由で. I ～ understand. よく分かります. I ～ agree. 全面的に賛成です. That's ～ all right. 結構ですよ, 気になさることはありません. I ～ forgot about your birthday. 君の誕生日をすっかり忘れていた. I'm ～ happy to meet her. 喜んで彼女に会います. (Speaking) ～ frankly [honestly], I think it's silly. ごく率直に言うならば, それはばかげていると思う.

> [語法] (1) ここ及び以下で段階的 (gradable), 非段階的 (nongradable) というのは, その形容詞の意味が段階的に幅を持っているか(例: good, tired), 持たないか(例: unique, exhausted) の相違である. (2) *quite* a different reason は a *quite* different reason という語順も可能だが, 後者は〖米〗に多く, 〖英〗では文章語的. (3) *quite* the best (まさに最高[最善]で)のように最上級とは用いることができるが, 比較級とは *quite* better (身体がすっかり良くなって)以外は不可.

(**b**) 〈補語となる名詞と用いて〉 You're ～ a man. すっかり大人になったね. It's ～ time for us to leave. もうすっかり, おいとまする時間になりました. (**c**) 〈否定文で; 部分否定の意味を持つ〉 I'm *not* ～ sure what his name is. 彼の名前が何かあまり確信は持てない. I haven't ～ finished eating. まだすっかり食べ終わってはいない. No one came to see him. Well, *not* ～. だれも彼に会いに来なかった, いや全くだれもというわけではなかった. I've *never* seen anything ～ like it. それと全く同じと言えるようなものを見たことは一度もない. (**d**) 〈数詞と共に〉 She kept me waiting for ～ twenty minutes. 彼女はたっぷり 20 分間私を待たせた.
2 〈普通の段階的形容詞や like, enjoy などの動詞を修飾〉〖話〗(**a**) 相当に, かなり, (★rather より程度が低く, fairly より高い; 修飾される語の方に強勢がある). His new book is ～ góod; indeed, it's one of his best. 彼の今度の本はなかなかいい; 実際彼の最善の本の 1 つだ

(★〖米〗では very good の意味でも用いる). for ～ a [a ～] long time 随分長い間. She behaved ～ foolishly. 彼女は相当に愚かなふるまいをした. I ～ like Roger, but not enough to marry him. そりゃロジャーさんは好きですが結婚したいほどではありません. It's ～ cold outside. 外は結構寒いよ《「思ったより」「この季節にしては」の気持ちがある; quite の代わりに very を使えば客観的に寒さを強調するだけ》. **(b)** まあまあ, まずまず, 何とか, (★ quite の方に強勢があり, 修飾される語の意味を弱める). His new book is *quíte* (↘) gòod (↗)—but not really as good as I had expected. 彼の今度の本はまあいいが実際期待したほど良くはない. She's *quíte* nìce. 〖英〗彼女はまあいいよ.

3 〈「quite a(n)＋名詞」の形で〉大した, 大変な, なかなか立派な. You've done ～ a job. 君は大した仕事をしたね. They've made ～ a mess of it. 彼らは全くめちゃくちゃにしてしまった. She's ～ a beauty. なかなかの美人だ.

4 〈疑問詞の前で〉ちょうど, 正確に, (exactly). *Quite* how long this crisis will last, nobody knows. 実際どのくらい長くこの危機が続くのか, だれも知らない. I didn't know ～ what he was driving at. 彼が正に何を言おうとしているのか分かりかねた.

5 〖主に英〗〈間投詞的〉その通り; 分かりました; 〈答えとして〉はい. "He must keep his promises." "Yes (↘), *quite* (↘)."「彼は約束を守らなければいけない」「そう, その通りです」. 注意 "Did you enjoy the film?" "Yes (↘), quite (↗)."「映画はおもしろかった?」「ええ, まあね」.

quìte a bít →bit[1].

quìte a féw →few.

quìte a líttle →little.

quìte a lót (of ..) かなり(の..). ～ *a lot* of money かなり多くの金. drink ～ *a lot* かなり飲む.

quìte a númber of .. →number.

quìte enóugh 〖主に英〗(いやというほど)たっぷりと. I've heard ～ *enough* about his greatness. 彼の偉さはもうたっぷり聞きましたよ.

Quìte só. ＝Quite (→5).

quìte some .. (1) 相当に ⌞多くの[長い]〔時間など〕. I have been aware of this for ～ *some* time. 私はこの事にかなり前から気がついていた. (2) (なかなか)大した, すごい. He is ～ *some* player. 彼は大した選手だ (★可算名詞と用いると some にストレスが来る).

quìte sómething 〖話〗なみなみで(は)ない; 驚くばかりの[で]; とてもいい.

quìte the thíng (1) 〔物事の〕大流行; 社会的に受け入れられること. Down wear is ～ *the thing* these days. 近ごろは羽毛の衣類が大流行だ. It wasn't ～ *the thing* for women to drive big trucks in those days. そのころは女性が大きなトラックを運転するのは一般的なことではなかった. (2) 〖旧〗いい健康状態. She isn't ～ *the thing* this morning. 彼女は今朝は体の調子があまり良くない.

[＜中期英語 *quit(e)*「決済が終って, 自由な」(形容詞の) quit]

Qui·to /kíːtou/ 名 キト《エクアドルの首都》.

quits /kwits/ 形 〈叙述〉(しっぺ返しをして)五分五分で, あいこで; (借りを返して)対等になって, とんとんで; 〈*with* ..と〉. I am finally ～ *with* the man. ようやくその男と貸し借りなしになった. I'll be ～ *with* him. 彼に仕返ししないではおかない. We're ～ now. これで五分五分[貸し借りなし]だ.

càll it quíts 〖話〗あいことする; 仕事[遊び]を切り上げる, これまでとする; (仲の良い)付き合いをよす, 別れる. We used to *call it* ～ when it grew too dark to play. 我々は暗くて遊べなくなると遊びを切り上げたものだ.

crỳ quíts 〖主に英〗引き分けとすることに同意する.

dòuble or quíts →double.

quit·tance /kwítəns/ 名 〖法〗Ⓤ 免除, 解除, 〈*from* ..〔債務など〕からの〉; Ⓒ 債務免除証書, 領収証.

quit·ter /kwítər/ 名 Ⓒ 〖話〗(仕事などを)すぐほうり出す人, 簡単にあきらめる人, 意気地なし. I'm no ～. おれは少々の事ではあきらめないぞ.

***quiv·er**[1] /kwívər/ 動 (～s /-z/|過 過分 ～ed /-d/|～·ing /-riŋ/) 自 **震える**, おののく, 〈*with* ..で〉; 〔葉, 草花などが〕揺れる, (類語 怒りや興奮で体が小刻みに震えること; →shake). His hands ～*ed* when he began to speak. しゃべり出した時彼の両手はぶるぶる震えた. The boy told everyone of his dog's death in a voice ～*ing with* emotion. 少年は感情で震える声でみんなに彼の犬の死のことを話した. ── 他 を**震わせる**, 震動させる. Anger ～*ed* his lips.(＝His lips ～*ed with* anger.) 怒りで彼の唇が震えた.

── 名 (複 ～s /-z/) Ⓒ 〈普通, 単数形で〉**震え**, 震動; 震え声. She felt a ～ of anger. 彼女は怒りで体が震えるのが分かった. [＜中期英語]

quiv·er[2] 名 Ⓒ えびら, 矢筒.

hàve an árrow [a sháft] lèft in one's quíver まだ手段が尽きたわけではない.

qui vive /kìː-víːv/ 間 だれか《歩哨(ほしょう)の誰何(すいか)の言葉》. ── 名 〈次の成句で〉

on the quì víve 〖話〗警戒して, 見張って; (万事に)抜け目がない.

[フランス語 '(long) live who?'; 答えに *Vive le roi!* 'Long live the king!' を求める]

Quix·ote /kwíksət, kihóuti/ 名 →Don Quixote.

quix·ot·ic /kwiksátik|-sɔ́t-/ 形 ドンキホーテ流の[的な]《騎士気取り, 現実無視, 空想的, 猪(ちょ)突猛進などが特徴》. his dogged—some would say ～—campaign for the Presidency 彼の執念深い―ドンキホーテ的ともいわれかねない―大統領選挙運動. [＜Don *Quixote*＋*-ic*] ▷**quix·ot·i·cal·ly** /-k(ə)li/ 副

quix·ot·ism, quíx·ot·ry /kwíksətìz(ə)m/, /-ri/ 名 **1** Ⓤ ドン・キホーテ的性格[行動, 考え]. **2** Ⓒ 騎士気取りの空想的な行動[考え].

‡**quiz** /kwiz/ 名 (複 **quíz·zes** /-əz/) Ⓒ **1** 〖主に米〗小テスト. a pop ～ 不意打ち小テスト. **2** (ラジオ, テレビなどの)クイズ. take part in a sports ～ スポーツクイズに参加する. a ～ show on TV テレビのクイズ番組. **3** 尋問, 取り調べ.

── 動 (**quíz·zes** /-əz/|過 過分 **～zed** /-d/|**quíz·zing**) 他 に(いろいろと)質問する; 〖主に米・カナダ〗に小テストをする; 〈*on, about, in* ..について〉. I ～*zed* him *about* how he was getting along with his studies. 私は彼に勉強はどんな具合なのか尋ねた. [?＜in*quisi*tive]

quíz·màster 名 ＝question master.

quíz prògram [shòw] 名 Ⓒ (ラジオ, テレビの)クイズ番組.

quiz·zi·cal /kwízik(ə)l/ 形 **1** 不思議そうな, 探るような. a ～ expression いぶかしげな表情. **2** からかうような, ひやかすような. He gave me a ～ look [glance]. 彼は私をひやかすような目つきで見た[ちらりと見た]. ▷ **～·ly** 副 不思議そうに; からかうように. **～·ness** 名

quod /kwɑd|kwɔd/ 名 Ⓒ 〖英古俗〗監獄 (prison). in [out of] ～ 入獄[出獄]して.

quod vi·de /kwɑ̀d-váidi|kwɔ̀d-/ ..を見よ, ..参照, 《略 q.v.》. [ラテン語 'which see' (*vide* は命令形)]

quoin /k(w)ɔin/ 名 Ⓒ **1** (壁, 建物の)外角. **2** (外角に積む)隅石. **3** (アーチの)くさび型の支え石. **4** 〖印〗組版締め付けくさび. [coin の変形]

quoit /kweit, k(w)ɔit|kɔit/ 名 **1** Ⓒ (輪投げ遊びの)輪《鉄, ゴム, 縄製》. **2** 〈～s; 単数扱い〉輪投げ《立てた棒に輪を投げてはめるゲーム》.

quon·dam /kwɑ́ndəm|kwɔ́ndæm/ 形 〈大げさに〉以前の, 昔の, もとの. my ～ friends 私のかつての友人た

ち. [ラテン語 'formerly']

Quón·set hùt /kwánsət-|kwɔ́n-/ 〘米〙〘商標〙かまぼこ兵舎, 組み立て住宅, (Nissen hut).

quo·rate /kwɔ́:rət/ 形 定足数 (quorum) に達している.

Quorn /kwɔ:n/ 名 U 〘英〙〘商標〙クォーン《肉の代用; 食用キノコから作る》.

quo·rum /kwɔ́:rəm/ 名 C (会議の成立に必要な)定数, 定足数. have [form] a ～ 定数を成している[満たす]. for lack of a ～ 定数不足のため. [ラテン語 'of whom']

quot. quotation; quoted.

†**quo·ta** /kwóutə/ 名 C **1** (個人, 団体, 地域に割り当てられた)分け前, 持ち分; (生産, 販売などの)割り当て, ノルマ. production ～*s* 製造割り当て量, 生産ノルマ. a daily food ～ 1 日の食料割り当て. **2** (輸出入などの)割り当て(数量); (移民などの)割り当て数; (学生などの)定員. an immigration ～ 移民割り当て数. [ラテン語 *quota* (*pars*) 'how great (a part)']

quot·a·ble /kwóutəb(ə)l/ 形 引用できる; 引用に適する, 引用価値のある. ▷ **quòt·a·bíl·i·ty** 名

quóta sỳstem 名 C 〘主に米〙 **1** 移民割り当て制度. **2** (一定数の)受け入れ枠制度.

***quo·ta·tion** /kwoutéiʃ(ə)n/ 名 (複 **～s** /-z/) **1** U 引用(する[される]こと); C 引用文[句, 語] (quote). These are all ～*s* from the Bible. これらはすべて聖書からの引用である. Where is that ～ from? それは何からの引用ですか. **2** C 見積もり〈*for*..〔建築など〕の〉; (商品, 株式の)時価, 相場(表). stock ～*s* appearing in the newspapers 新聞紙上に載る株式相場. a ～ *for* repairs 修理の見積もり額. invite ～*s from* other companies 別の会社にも引き合いを出す《値段を問い合わせる》.

quotátion màrk 名 C 〈普通, 複数形で〉引用符《" " 又は ' '; inverted commas とも言う; →punctuation mark》.

‡**quote** /kwout/ 動 (**～s** /-ts/|過 過分 **quót·ed** /-əd/| **quót·ing**) 他 **1** (**a**) 〔他人の言葉, 文章, 詩など〕を引用する〈*from* ..から〉, 〔人〕の言葉を引用する; 〔人〕が言ったと伝える〈*on* ..を〉; (類語 他人の言葉や文章, 詩などを引用することで, 一般的な語; →adduce, cite). ～ (a passage *from*) Shakespeare シェークスピア(の 1 節)を引用する. Can I ～ you *on* that? あなたがそう言ったと言っていいですか. Don't ～ me (*on* this). (これは)ここだけの話[オフレコ]ですが.
(**b**) VOA (～ X *as* ../X *as doing*..) X は..だとよく言う/ X が..〔と言った, 述べたなど〕と伝える; 〈普通, 受け身で〉. Stress is ～*d as* a bad influence on health. ストレスは健康に悪影響を及ぼすとよく言われる. Napoleon is often ～*d as saying* that... ナポレオンは..と言ったとよく引用される.
2 (証拠, 実例として)を引き合いに出す; VOO (～ X Y) X に Y (実例など)を示す. ～ a theory in support of one's argument 議論を支持するため学説を引用する. ～ an incident 事件を引き合いに出す. The doctor ～*d* me a recent instance. 医者は私に最近の例を 1 つ挙げた.
3 を引用符で囲む.
4 の相場を言う; 〔価格, 費用〕を見積もる〈*for* ..について〉, の見積もり額を言う〈*at* ..いくらと〉; VOO (～ X Y) X に Y (見積もり額など)を言う. ～ stocks 株式の相場を挙げる. ～ a camera *at* fifty dollars カメラに 50 ドルの売値をつける. He ～*d* $1,000 *for* repairing my car. 彼は私の車の修理に 1,000 ドルの見積もり額を出した. We were ～*d* a rent of £1,000 a year for the house. その家の家賃は年 1,000 ポンドだと言われた.
── 自 **1** (**a**) 引用する〈*from* ..から〉. ～ *from* Byron バイロンから引用する. (**b**) 〈引用(文)の前に原形で用いて〉いわく, (..が)言うには; 引用符[かぎかっこ]を開く. According to the manufacturers, their new car is, ～, a dream on wheels, unquote. メーカーによると今度の新型車は, いわく―(かっこ)―車輪に乗せた夢―(かっこ閉じる)―だそうである (語法 引用(文)の後にしばしば unquote を付け, quote..únquote [quote, unquote..] の形で相関的に用いる; →unquote). **2** 〘商〙相場を言う[挙げる]; 価格を見積もる.
── 名 C 〘話〙 **1** 引用文[語句]. a ～ from the Bible 聖書からの引用. **2** 〈～s〉引用符. in ～*s* 引用符で囲まれて. **3** 見積もり(額), 相場〈*for*..の〉.
[<中世ラテン語 *quotāre*「章や節を番号で記す」(<ラテン語 *quot* 'how many')]

quoth /kwouθ/ 動 他 〘古〙 VO (～ "引用")「..」と言った (said) (★1 人称・3 人称直説法の過去形で, 必ず主語の前に置かれる). "Farewell," ～ he, and away he went.「さらば」と言って彼は立ち去った. [<古期英語]

quo·tid·i·an /kwoutídiən/ 形 〈限定〉〘章〙毎日の, 毎日起こる, (daily); (発熱などが)毎日再発する; ありふれた, 平凡な. our ～ existence 我々の日常生活.

quo·tient /kwóuʃ(ə)nt/ 名 C 〘数〙商 (↔product); 比率. →intelligence quotient. [<ラテン語 'how often']

Qu·ran, Qu·r'an /kəræ̃n, -rá:n|kɔrá:n/ 名 = Koran.

q.v. quod vide.

qwer·ty, QWERTY /kwə́:rti/ 形 (英文タイプ, ワープロ, パソコンなどの)標準配列キーボードの《最上段が左端から q, w, e, r, t, y の順になっている》.

qy query.

R

R, r /ɑ:r/ 名 (複 **R's, Rs, r's** /-z/) **1** UC アール《英語アルファベットの第 18 字》. Unless there is an *R* in the month, you should not eat oysters. 月名に r (の文字)がないならばカキを食べるべきでない. →r months, three Rs. **2** C 〈大文字で〉R 字形のもの.

R 形, 名 C 〖米〗〖映〗成人向きの(映画)《17 歳未満は保護者の同伴が必要; ＜restricted; →X》.

R. rabbi; railroad; railway; Regina《例 Elizabeth *R* 女王エリザベス; 略 ER》; Republican《例 George Bush (*R*) ジョージ・ブッシュ(共和党)》; Rex《例 George *R* 国王ジョージ》; river《例 *R* Thames テムズ川, Missouri *R* ミズーリ川》; road; Royal.

r. radius; railroad; railway; received; recipe; right; road; roentgen; ruble; run(s); rupee.

Ⓡ registered trademark.

RA Rear Admiral; Royal Academy; 〖米〗Regular Army (正規[常備]軍).

Ra[1] 〖化〗 radium.

Ra[2] /rɑ:/ 名 ラー《エジプト神話で最高の太陽神》.

RAA Royal Academy of Arts.

Ra·bat /rəbɑ́:t/ 名 ラバト《モロッコの首都; 海港》.

rab·bet /rǽbit/ 名 C 〖木工〗(板と板を接合する)切り込み, 溝, さねはぎ. ── 動 他 をさねはぎで継ぐ.

‡**rab·bi** /rǽbai/ 名 C **1** ラビ《ユダヤ教の聖職者・教師・律法学者》. **2** 〈しばしば R-〉ラビ, 先生,《尊称として用いる》. [ヘブライ語 'my master']

rab·bin·ic /rəbínik/ 形 ラビの, ラビの教えの.

rab·bin·i·cal /rəbínik(ə)l/ 形 ＝rabbinic.

‡rab·bit /rǽbət/ 名 (複 **～s** /-ts/, **～**) **1** C **飼い[家]ウサギ**《hare より小形で穴居性のもの; 多産, 臆(おく)病のイメージがある; 昔, その足 (rabbit's foot) は護符とされた》; 〈一般に〉ウサギ. a ～ hole [burrow] ウサギの穴. like a frightened [petrified] ～ おびえて[体がすくんで].
2 U ウサギの毛皮; ウサギ肉《食用; 米国ではあまり食べない》. **3** C 〖話〗(スポーツの)下手くそな人.
4 C ＝Welsh rabbit.

brèed like rábbits (ウサギのように)たくさん子を生む.

pùll a ràbbit out of a hát (あっと驚くような)すばらしい解決策を持ち出す.

── 動 (**～s**|〖英〗**-tt-**) 自 **1** ウサギ狩りをする. go ～*ting* ウサギ狩りに行く. **2** VA (**～ *on, away***)〖英話〗〈けなして〉ぶつぶつ文句を言う, くどくどとしゃべる, 〈*about* ..について〉. [＜中期英語 (?＜古期フランス語)]

rábbit èars 名 〈単数扱い〉〖米話〗室内用小型テレビアンテナ.

rábbit fèver 名 ＝tularemia.

rábbit hùtch 名 C (前面が金網張りになった)ウサギ小屋.

rábbit pùnch 名 C 〖ボクシング〗後頭部[うなじ]へのパンチ《反則》.

rábbit wàrren 名 C ウサギの繁殖地; 〈一般に〉通路が迷路のような建物[場所].

rab·ble /rǽb(ə)l/ 名 **1** C 群衆, やじ馬; 暴徒; 連中. **2** 〖軽蔑〗〈the ～; 単数形で複数扱いもある〉下層階級(の連中). [?＜中期オランダ語「ぺらぺらしゃべる」]

rábble-ròus·er /-ràuzər/ 名 C 民衆扇動家, アジテーター.

rábble-ròusing 形 民衆を扇動する, アジる. ── 名 U 民衆の扇動.

Rab·e·lais /rǽbəléi, ⌐-⌐/ 名 **François ～** ラブレー (1494?–1553)《フランスの風刺作家》.

Rab·e·lai·sian /ræ̀bəléiʒ(ə)n, -ziən 形/ 形 ラブレー(風)の, 野卑で風刺の利いた.
── 名 C ラブレー崇拝者[模倣者, 研究家].

rab·id /rǽbəd, réi-/ 形 **1** 狂犬[恐水]病にかかった. a ～ dog 狂犬. **2** 〈限定〉〖軽蔑〗狂気じみた, 狂信的な, 猛烈な. a ～ feminist 極端なフェミニスト. ▷**～·ly** 副 **～·ness** 名

ra·bies /réibi:z/ 名 U 狂犬病, 恐水病, (hydrophobia). [ラテン語 'madness'; rage と同源]

RAC Royal Automobile Club (英国自動車クラブ).

rac·coon /rækú:n|rə-/ 名 C 〖動〗アライグマ《北米産; 樹上に棲み夜行性》; U その毛皮.

raccóon dòg 名 C 〖動〗タヌキ.

‡race[1] /reis/ 名 (複 **rác·es** /-əz/) C

【駆け比べ】 **1 競走**, レース; 競馬, 競輪など; 〈*with, against* ..との/*between* ..間の〉; 〖話〗〈the ～s〉競馬会, 競技会. a one-mile ～ 1 マイル競走《人又は馬の》. run [row] a ～ 競走する[ボートレースをする]. have a ～ 競走する. ride a ～ 競馬に出る. go to the ～*s* 競馬[競技会]に行く.

2 〈一般に〉**競争**, 戦い, 〈*for* ..をめざす/*against* ..との/*to* do ..するための〉; 〖米〗選挙戦. an arms [armaments] ～ 軍備競争. win the ～ *for* the White House 米国大統領選挙戦に勝つ. The ～ *for* mayor is (now) on. 市長選は(もう)始まっている.

> 1, 2 の 連結 a hard [an energetic; a desperate; a close, a tight] ～ // enter [compete in, contend in, take part in; lose] a ～

【走り過ぎるもの】 **3** 〖雅〗急流, 早瀬; (水車などのための)水路. **4** 〖古〗(月, 太陽の)運行; 時の経過; (事件, 話などの)進行; 人生行路, 一生. His ～ is nearly run. 彼の寿命はほとんど尽きた.

a ràce against tíme [***the clóck***] 時間との競走[闘い]《期限内に仕事を完成しようとあくせくすること》.

plày the ráces 〖米〗競馬に賭(か)ける.

── 動 (**rác·es** /-əz/|過 過分 **～d** /-t/|**rác·ing**) 自 **1** 競走する; 競争する; 〈*with, against* ..と/*for* ..をめざして〉. A rabbit ～*d with* a tortoise. ウサギがカメと競走した. the two candidates *racing for* the office of governor 知事の座を争う両候補. ～ *against* time 時間と競争する.

2 (**a**) VA **大急ぎで行く**[動く]. ～ *back* home 大急ぎで家へ戻る. We ～*d for* [*to* catch] the bus. 私たちはバスに乗るために急いだ. When it began to rain, people ～*d for* shelter. 雨が降り始めると人々は雨宿りの場所を求めて先を争った. The ambulance ～*d to* the hospital. 救急車は病院へ疾走した. (**b**)〔頭が〕回転する; VA (**～ *through* ..**)〔考えなどが〕〔心の中〕をさぁーとよぎる.

3 〔エンジンなどが〕空転する. **4** 〔心臓などが〕激しく鼓動する. His heart was *racing* so fast he could barely catch his breath. 彼は心臓の鼓動が大変速かったので息をつくこともできないほどであった. **5** VA (**～ *by, past***)〔時間などが〕速く過ぎる, あっという間に過ぎる. The summer holidays ～*d by*. 夏休みはまたたく間に過ぎ去った.

── 他 **1** と競走する. I'll ～ you to the bus stop. バスの停留所まで競走しよう. I ～*d* him a mile. 私は彼と 1 マイル競走をした. **2** 〔動物, 車など〕を競走させる. ～ one's horse 持ち馬を競馬に出場させる.

3 を全速力で走らせる; VOA を急送する〈*to* ..へ〉; 〔議案など〕を急いで通過させる〈*through* ..を〉. Relief supplies were ~*d to* the disaster area. 被災地に救援物資が急送された. ~ a bill *through* the House 法案を急いで下院を通過させる. **4** 〔エンジンなど〕を空転させる.

ràce against tíme 時間と競走する (→名 成句).

ràce aróund かけずり回る.

ràce to stànd still 仕事にこれ以上遅れないようにがんばっている.

[<古期北欧語 *rás*「走ること, 競走」]

‡**race**[2] /reis/ 名 (複 **rác·es** /-əz/) **1 (a)** UC **人種**; 種族, 民族; (類語 血のつながりから来る身体的特徴の共通性に重点がある; →nation). the white [black] ~ 白色[黒色]人種. the Caucasian [Mongolian, Negro, Polynesian] ~ 白[モンゴル, 黒, ポリネシア]人種. colored ~*s* 有色人種. the Anglo-Saxon [Japanese] ~ アングロサクソン[日本]民族 (★単複両扱い). a person of mixed ~ 混血の人. discrimination on the grounds of ~ 人種による差別. **(b)** 〈形容詞的〉 人種の. a ~ problem 人種問題.

2 C 〖生物〗類, 品種; 人類. the feathered ~ 〖戯〗鳥類. the human ~ 人類.

3 C **氏族**, 一族; U 家系, 家柄. a man of noble ~ 高貴な家柄の男性.

4 C 仲間, 同類, 連中. the ~ of poets 詩人仲間.

[<イタリア語 *razza*]

ráce càr 名 〖米〗=racing car.

ráce càrd 名 C 競馬番組表, 出馬表.

‡**ráce·còurse** 名 C **1** 〖英〗=racetrack. **2** 競漕(そう)路; (水車の)水路.

ráce·gòer 名 C 競馬の常連.

‡**ráce·hòrse** 名 C 競走馬.

ra·ceme /reisíːm/ 名 C 総状花序 (フジなどに見られる).

ráce mèeting 名 C 〖英〗競馬大会.

ráce nòrm·ing /-nɔ̀ːrmiŋ/ 名 U 〖米〗人種間の機会均等化 《英国内の各人種の人口比率に応じて公平に雇用機会や高等教育を与えること》.

‡**rac·er** /réisər/ 名 C **1** 競走[競漕(そう)]者, レーサー. **2** 競走馬; レース用ボート[ヨット], 競走用自転車[自動車, 飛行機].

ráce relàtions 名 〈複数扱い〉 (同一国内の)人種関係.

Ràce Relátions Àct 名 〈the ~〉 (米国の)人種関係法令 《あらゆる人種・国籍の人々を平等に扱うことを定めている》.

ráce rìot 名 C (白人と黒人間などの)人種暴動.

ráce rùnner 名 C 〖動〗ハシリトカゲ 《北米産; すばしこいトカゲの一種》.

ráce sùicide 名 U (産児制限などによる)民族自滅.

‡**ráce·tràck** 名 C **1** (自動車, 陸上競技などの)競走路, トラック; 競走[レース]場. **2** 〖主に米〗(競馬場の)走路, 馬場, (〖英〗 racecourse).

Ra·chel /réitʃ(ə)l/ 名 **1** 女子の名. **2** 〖聖書〗ラケル 《Jacob の妻》.

Rach·man·i·noff /rɑːkmɑ́ːnənɔ̀f|rækmǽnənɔ̀f/ 名 **Sergei W.** ~ ラフマニノフ (1873–1943) 《ロシアのピアニスト・作曲家》.

***ra·cial** /réiʃ(ə)l/ 形 C **人種の**, 種族の; 人種間の; (類語 ethnic と異なり, 文化的背景などは含まない). the fight against ~ harassment 人種的いやがらせに対する闘い. ~ discrimination [prejudice] 人種差別[偏見]. a ~ problem 人種問題. ~ violence 人種間暴力. ~ equality (雇用, 教育などについての)人種間の平等. a ~ minority 人種上の少数派.

◇名 race[2] ▷**~·ly** 副

ràcial engineéring 名 U 〖英〗人種間の機会均等化.

ra·cial·ism /réiʃəlìz(ə)m/ 名 〖主に英〗=racism.

ra·cial·ist /réiʃəlist/ 名 〖主に英〗=racist.

ra·ci·ly /réisili/ 副 きびきび(と); きわどく.

Ra·cine /rəsíːn/ 名 **Jean Baptiste** ~ ラシーヌ (1639–99) 《フランスの悲劇詩人・劇作家》.

ra·ci·ness /réisinəs/ 名 U きびきびしていること; きわどいこと.

rac·ing /réisiŋ/ 名 U レース 《競馬, 競輪, 自動車レース, ヨットレースなど》. a ~ man 競馬ファン.

rácing càr 名 C レース用自動車, レーシングカー.

rácing fòrm 名 C 〖米〗競馬新聞.

rácing wòrld 名 〈the ~〉 競馬界.

rácing yàcht 名 C レース用ヨット.

***rac·ism** /réisiz(ə)m/ 名 U 民族至上主義; **人種的偏見[差別(主義)]**, 人種差別政策. combat [fight] ~ 人種偏見と闘う.

***rac·ist** /réisist/ 名 (複 **~s** /-ts/) C 民族(至上)主義者; 人種差別主義者. He's a ~. 彼は人種差別をする.

—— 形 m 民族主義(者)の; **人種差別主義(者)の**.

***rack**[1] /ræk/ 名 (複 **~s** /-s/) C **1** (列車などの)**網棚**.

2 **..掛け** 《帽子掛け, 刀掛け, 銃架など》, ..立て 《plate rack (皿立て)など》. a hat ~ 帽子掛け. a clothes ~ 衣服掛け, 衣桁(こう). a magazine ~ 雑誌立て. **3** 棚 《陳列・保管用》; まぐさ棚 《家畜にまぐさを食べさせるための棚》. **4** 〈the ~〉 拷問台 《中世の責め道具; 台に体を縛りつけ手足を無理に引っ張る》; 拷問(のような苦しみ). put a person on [to] the ~ 人を拷問にかける. **5** 〖機〗歯ざお 《歯車 (pinion) とかみ合う》.

off the ráck 〖米〗既製で[の], つるしで[の].

on the ráck 拷問にかけられて; ひどく苦しんで[悩んで], 気が気でない.

—— 動 他 **1 (a)** を拷問にかける. **(b)** を責めさいなむ, 苦しめる, 〈*by, with* ..で〉〈普通, 受け身で〉. be ~*ed with* pain 痛みのために(ひどく)苦しむ. a country ~*ed by* civil war 内乱に苦しむ国. a ~*ing* headache 頭が割れるような頭痛. **2** 〔頭など〕を極度に緊張させる, 酷使する. ~ one's brains (about..) →brain (成句).

3 〔小作人など〕をしぼり上げる, 搾取する; 〔地代〕を法外に取り立てる. **4** を棚[台]に載せる; 〖主に英〗〔馬〕をかいば入れにつなぐ〈*up*〉.

ràck óut 〖俗〗寝る.

ràck /../ úp (1) 〖米話〗〔得点など〕を稼ぐ, あげる; 〔勝利など〕をあげる. ~ *up* a decisive majority 決定的な多数を得る. (2) 〖話〗〔利益など〕をあげる. (3) 〖米話〗〔相手〕を殴り倒す; 〔事故などが〕〔人や身体〕を傷つける, だめにする.

[<中期オランダ語]

rack[2] 名 U 〖雅〗ちぎれ雲, 飛び雲.

rack[3] 名 C 〖英〗(豚・小羊の)あばら肉.

rack[4] 名 U 破壊, 荒廃.

ràck and rúin 荒廃; 破滅. in ~ *and ruin* 荒廃した[して]. go to ~ *and ruin* (徐々に)荒廃する; だめになる.

‡**rack·et**[1] /rǽkət/ 名 (複 **~s** /-ts/) C **1** (テニスなどの)ラケット. **2** 〈~s; 単数扱い〉 ラケットボール 《四面を壁に囲まれたコートで球を壁に跳ね返らせてする打球技の一種; 2 人又は 4 人で行う》. **3** ラケット型のかんじき (snowshoes).

[<フランス語 (<アラビア語「手のひら」)]

†**rack·et**[2] /rǽkət/ 名 【騒ぎ】 **1** aU 〖話〗騒音, 騒ぎ; ごった返し; どんちゃん騒ぎ, 浮かれ騒ぎ. What's all this ~ about? この騒ぎは何だ. Don't make such a ~ at night. 夜になってそんなに大騒ぎするな.

【人騒がせな商売】 **2** C 〖話〗(ゆすり, たかり, 密輸などによる)不正な金もうけ; ごまかし, いかさま; (後ろ暗い)商売. a man who knows the boxing ~ ボクシングの八百(やお)長試合に通じている人. **3** C 〖俗・戯〗〈一般に〉 仕事, 職業, 商売, (business). What's your ~? お宅何やってんの. It isn't my ~. 俺の知ったことじゃない.

on the rácket 〖話〗浮かれ騒いで.

stànd the rácket 〖話〗 (1) 試練に耐え抜く. (2) 責任を負う; 費用を持つ.

—— 動 自 VA (~ ***around, about***) 騒ぎ回る; 浮かれ騒ぐ; 浮かれ暮らす.

[? 擬音語]

rack·et·eer /rækətíər/ 名 C 不正な金もうけをする

者, いかさま師,《ゆすり, 密売者など》. ── 動 自 不正な金もうけをする; 脅迫する, ゆする. ▷ ～·ing /-tí(ə)ring/ 名 U 不正な金もうけ; ゆすり, たかり.

rack·et·y /rǽkəti/ 形 1 騒がしい, 騒々しい. 2 騒ぎの好きな; 放蕩(とう)をする.

ráck·ing 形 激しい〔痛み, 泣きじゃくりなど〕.

ráck ràilway 名 C アプト式軌道.

ráck rènt 名 UC 〈非難して〉法外な地代[家賃].

ra·con /réikɑn|-kɔn/ 名 ＝radar beacon.

rac·on·teur /rækɑntə́ːr|-kɔn-/ 名 C 話し上手(な人). [フランス語「話す人」]

ra·coon /rækúːn/ 名〘英〙＝raccoon.

rac·quet /rǽkət/ 名 ＝racket[1] 2.

rac·y /réisi/ 形 1〔文体, 話し方などが〕きびきびした, ぴりっとした, 生彩のある. a ～ description きびきびした描写. 2〔話などが〕きわどい, みだらな. a ～ joke きわどい冗談. 3〔酒などが〕強くて独特の風味のある; 特有の味の.

rad /ræd/ 形 〘主に米俗〙すごい, かっこいい, すてきな. ── 名 〘話〙＝radical 1. [＜*rad*ical]

rad. radiator; radical; radius.

RADA /rɑ́ːdə/ 名 英国王立俳優養成学校《＜the *R*oyal *A*cademy of *D*ramatic *A*rt; 本部ロンドン》.

***ra·dar** /réidɑːr/ 名 (複 ～s /-z/) 1 U レーダー, 電波探知法,《＜*ra*dio *d*etecting *a*nd *r*anging》; C 電波探知機, レーダー(装置). 2〈形容詞的〉レーダーの. a ～ screen レーダー画面. a ～ system レーダー装置.

rádar bèacon 名 C 〘無電〙レーダービーコン《レーダーからの発信電波に対する自動応答装置》.

rádar tràp 名 C (レーダー利用の自動車の)速度違反検知装置.

ra·di·al /réidiəl/ 形 1 光線の; 光線状の. 2 放射状の, 輻(ふく)射状の. 3〘数〙半径の (→radius). ── 名 C ラジアルタイヤ (**ràdial tíre**)《高速での安定性が高い》. ▷ ～·ly 副 放射状に.

‡**ra·di·ance, -an·cy** /réidiəns/, /-si/ 名 UC 光輝; (目, 顔色の)輝き.

***ra·di·ant** /réidiənt/ 形 m 1〈限定〉**光を発する**; さん然と[こうこうと]輝く; (類語 bright と異なり,「自ら光を放つ」が基本的意味; 比喩的にも「人の内奥から輝き出て来る」の含みがある). the ～ sun さんさんと輝く太陽. a ～ body 発光体. a ～ diamond さん然と輝くダイヤモンド. 2 輝かしい(ほどの), まばゆいばかりの,〈*with* ..で〉; 晴れやかな. a ～ beauty 目のさめるような美人. The bride's face was ～ *with* happiness. 花嫁の顔は幸せで輝いていた. give a ～ smile 晴れやかな微笑をする.
3〘物理〙(熱が)放射の;〘植〙射出形の.
── 名 C 1 光点, 光体. 2〘天〙(流星群の)放射点. [radiate, -ant] ▷ ～·er 名 C 放射暖房器. ～·ly 副 さん然と; にこやかに. smile ～*ly* 晴れやかに微笑する. ～*ly* beautiful 輝くばかりに美しい.

ràdiant énergy 名 U 〘物理〙放射エネルギー《空間に放出された音, 熱, 光, 電気のエネルギー》.

ràdiant héat 名 U 〘物理〙放射熱.

***ra·di·ate** /réidièit/ 動 (～s /-ts/| 過 過分 -at·ed /-əd/| -at·ing) 自 1 VA〔光, 熱などが〕**放射する**;〔喜びなどが〕輝き出る;〈*from* ..から〉. Light and heat ～ *from* the sun. 光と熱が太陽から放射する. 2 VA 放射状に広がる, (四方に)広がる,〈*out*〉〈*from* ..から/*to* ..へ〉. streets *radiating from* the square 広場から放射状に出ている街路. ── 他 1〔光, 熱など〕を放射する(類語 中央から全方向に光を送ること; →shine). 2〔喜びの感情など〕を発散する, まき散らす, 公然と表現する. She ～*d* confidence.＝Confidence ～*d from* her. 彼女は自信がみなぎっていた.→自 1.
── /-diət, -dièit/ 形 射出する; 放射状の.
[＜ラテン語 *radiāre*「輝く」(＜*radius* 'ray')]

***ra·di·a·tion** /rèidiéiʃ(ə)n/ 名 (複 ～s /-z/) 1 U (光, 熱などの)**放射**, 発光, 放熱; 放射能. the ～ of light and heat 光と熱の放射. a ～ leak 放射能漏れ. 2 C 放射物; 放射エネルギー; 放射線. ～ therapy 放射線療法.

radiàtion chémistry 名 U 放射線化学.

radiátion sìckness 名 U 放射線病[障害].

†**ra·di·a·tor** /réidièitər/ 名 C 1 放射体, 発光体, 放熱物. 2 (暖房用の)放熱器, 暖房器. 3 (車などの)ラジエーター, 冷却装置.

***rad·i·cal** /rǽdik(ə)l/ 形 m 【根本の】 1 **根本的な**, 基本的な, 本質の; 徹底的な. make ～ changes in the old educational system 古い教育制度を根本的に改革する. a ～ restructuring 根本的なリストラ. a ～ break with the past 過去との徹底的断絶.
2【根本からの改革を求める】**急進的な**, 過激な;〈しばしば R-〉急進派の. ～ students 過激派学生. the ～ right 極右派. hold ～ views of education 教育について急進的な考え方を持つ. 3〘数〙根の. 4〘化〙基の. 5〘言〙語根の. 6〘米俗〙すばらしい.
── 名 C 1 急進党員; 急進主義者, 過激論者. political ～*s* 政治的急進主義者. 2〘数〙根, 根号 (**rádical sìgn** とも言う; √‾). 3〘化〙基. 4〘言〙語根 (→root[1] 7); (漢字の)部首.
[＜ラテン語「根 (*rādīx*)の」]

ràdical chíc 名 U 〘軽蔑〙(見せかけの)左翼趣味.

rad·i·cal·ism /rǽdikəlìz(ə)m/ 名 U (特に政治上の)急進主義, 過激論.

rad·i·cal·ize /rǽdikəlàiz/ 動 他 を過激(派)にする. ▷**ràd·i·cal·i·zá·tion** 名

rád·i·cal·ly 副 根本的に, 徹底的に. reform an old institution ～ 古い制度を根本的に改革する.

ra·dic·chi·o /rædíːkiou/ 名 (複 ～s) C ラディキオ《赤紫色の葉をした chicory (の一種); サラダ用》.

ra·di·ces /rǽdəsìːz, réi-|réi-/ 名 radix の複数形.

rad·i·cle /rǽdikl/ 名 C 〘植〙小根, 幼根.

ra·di·i /réidiài/ 名 radius の複数形.

‡**ra·dio** /réidiou/ 名 (複 ～s /-z/) 1 (a) U〈しばしば the ～〉**ラジオ(放送)**, 無線放送, (→wireless); ラジオ放送事業. listen to the ～ ラジオを聞く. turn [switch] the radio on [off] ラジオをつける[消す]. I heard the news on the ～. そのニュースをラジオで聞いた. He is on the ～ now. 彼は今ラジオに出ている. talk over the ～ ラジオで話す. dramatize a novel for ～ 小説をラジオドラマ化する. (b)〈形容詞的〉a ～ program ラジオ番組.
2 C ラジオ(受信機), 無線受信機, (**rádio sèt**). put [switch, turn] on the ～ ラジオのスイッチを入れる. a portable ～ 携帯用ラジオ.
3 U **無電, 無線電信**, 無線電話; C **無線通信機**.
by rádio 無線(電信)で, 無電で; ラジオ(放送)で. send [receive] a message *by* ～ 無電で通信[受信]する.
── 動 他 1 に無電を打つ; VO (～ X/*that* 節) X (通信など)を/..ということを無電で送る; VOO (～ X *that* 節) X に..ということを無線で知らせる. 2 をラジオで放送する.
── 自 1 無電を打つ; 無線で連絡する. 2 (ラジオで)放送する. [＜*radio*telegraphy]

ra·di·o- /réidiou/〈複合要素〉「無線の, 放射(線)の」などの意味. [ラテン語 *radius* 'ray']

†**ràdio·áctive** /㊀/ 形 放射性の, 放射能のある. ～ contamination 放射能汚染. ～ dust 放射性の塵(ちり). ～ fall-out 放射性降下物, 死の灰. ～ rays 放射線.

ràdioactive dáting 名 U 〘米〙放射性元素(による)年代測定.

ràdioactive wáste 名 U (原子炉から出る)放射性の廃物.

ràdio·actívity 名 U 放射能.

rádio·alàrm 名 C 目覚ましラジオ.

rádio astrònomy 名 U 電波天文学.

rádio bèacon 名 C 無線標識所.

rádio bèam 名 C 〘通信〙信号電波, 無線ビーム.

rádio·bròadcast 名 UC ラジオ放送.
—— 動 (→broadcast) 自, 他 (..を)ラジオ放送する.
rádio càr 名 C ラジオカー《新聞社, 警察などの無線装置を装備した車》.
ràdio·cárbon 名 U 放射性炭素《化石などの年代測定に利用する》.
ràdiocarbon dáting 名 〘章〙 = carbon dating.
ràdio-cassette pláyer 名 C ラジカセ.
ràdio·chémistry 名 U 放射化学.
rádio còmpass 名 C (船舶, 航空機用の)ラジオコンパス, 無線羅針盤.
ràdio-contrólled /㊄/ 形 無線操縦の.
rádio frèquency 名 (複 -cies) C 無線周波数《10 キロヘルツから 300 ギガヘルツの間》.
rádio·gràm 名 C **1** 無線電報. **2** = radiograph. **3** 〘英〙 (昔の)ラジオ付き電蓄.
rádio·gràph 名 C レントゲン写真. —— 動 他 のレントゲン写真を撮る.
ra·di·og·ra·pher /rèidiágrəfər|-ɔ́g-/ 名 C 〘主に英〙 レントゲン(写真)技師.
ra·di·og·ra·phy /rèidiágrəfi|-ɔ́g-/ 名 U レントゲン写真術, 放射線写真術.
ràdio·ísotòpe 名 C 放射性同位元素.
ràdio·locátion 名 U 電波探知法, 無線測位.
ra·di·o·log·i·cal /rèidiəládʒikəl|-lɔ́dʒ-/ 形 **1** 放射線に関する. **2** 放射線医学の.
ra·di·ol·o·gist /rèidiálədʒist|-ɔ́l-/ 名 C 放射線医師[技師].
ra·di·ol·o·gy /rèidiálədʒi|-ɔ́l-/ 名 U エックス線学, 放射線学; 〘医〙 放射線医学.
rádio·phòne 名 U 無線電話; C 無線電話機.
ràdio·phóto, ràdio·phótograph 名 (複 ~s) C 無線電送写真.
ra·di·o·scop·ic /rèidiouskápik|-skɔ́p- ㊄/ 形 レントゲン[X 線] 透視(法)の.
ra·di·os·co·py /rèidiáskəpi|-ɔ́s-/ 名 U レントゲン[X 線] 透視[検査] (法).
rádio·sònde /-sànd|-sɔ̀nd/ 名 C 〘気象〙 ラジオゾンデ, 無線気象観測器.
rádio stàtion 名 C 無線局; ラジオ放送局.
ràdio·télegràph 名 U 無線電信; C 無線電信機.
ràdio·telégraphy 名 U 無線電信 (radiotelegraph).
ràdio·télephone 名 C 無線電話機.
ràdio télescope 名 C 〘天〙 電波望遠鏡.
ràdio·thérapist 名 C 放射線治療医[士].
ràdio·thérapy 名 U 放射線療法.
rádio wàve 名 C 〈普通 ~s〉 電波.
rad·ish /rǽdiʃ/ 名 C ハツカダイコン《赤色又は白色でサラダ用》.
ra·di·um /réidiəm/ 名 U 〘化〙 ラジウム《放射性元素; 記号 Ra》. [<*radius*+*-ium*]
rádium thèrapy 名 U ラジウム療法.
†**ra·di·us** /réidiəs/ 名 (複 **ra·di·i** /-diai/, ~·es) C
【中心から出る放射状の直線】 **1** (円, 球などの)半径 (→diameter). within a ~ of five miles [five-mile ~] from the city center 市の中央から半径 5 マイル以内に[の].
2【行動半径】 (活動, 行動, 経験などの)範囲, 分野. a wide ~ of intellectual pursuits 幅広い知的探究の範囲. the ~ of action 行動半径; (飛行機などの)航続距離. You could hear it for quite a good ~ round. 相当な半径の範囲にわたってそれが聞こえるでしょう.
3 放射線, 放射状線; (車輪の)輻(や), スポーク, (spoke).
4【腕を支える骨】 〘解剖〙 橈(とう)骨.
[ラテン語 'staff, spoke, ray']
ra·dix /réidiks/ 名 (複 ~·es, **ra·di·ces** /rǽdəsi:z, réi-|réi-/) C **1** 〘植〙 根. **2** 〘数〙 基; 基数. **3** 〘哲〙 根原. [ラテン語 'root']
ra·don /réidɑn|-dən/ 名 U 〘化〙 ラドン《放射性元素; 記号 Rn》.
rad·waste /rǽdwèist/ 名 〘米〙 = radioactive waste.
RAF /ɑ:reiéf, ræf/ 名 〈the ~〉 = Royal Air Force.
Ráf·fer·ty's rùles /rǽfərtiz-/ 名 〈複数扱い〉 〘オース・ニュー俗〙 全くのルールなし.
[?refractory>Rafferty]
raf·fi·a /rǽfiə/ 名 **1** C ラフィアヤシ《ヤシ科の植物; マダガスカル産》. **2** U ラフィアヤシの葉の繊維《草木を束ねたり, 帽子, かごなどを作る》.
raff·ish /rǽfiʃ/ 形 〘主に章〙 遊び人的な, 与太(よた)者風の, 不良じみた, 下卑た; 遊興の; はでな, けばけばしい.
▷ ~·**ly** 副 ~·**ness** 名
raf·fle /rǽf(ə)l/ 名 C 富くじ《番号札を買い, 当たった人が賞品をもらう; しばしば慈善を目的として行う》. win a camera in a ~ 富くじでカメラを当てる. a ~ ticket 富くじ券. —— 動 他 (賞品として)を富くじに提供する 〈*off*〉.
Raf·san·ja·ni /ræ̀fsændʒɑ́:ni/ 名 **Ali Akbar Hashemi** ~ ラフサンジャニ (1934–) 《イランの政治家; 大統領 (1989–97)》.
†**raft**[1] /ræft|rɑ:ft/ 名 C いかだ; (水泳場などの)浮き台; 救命いかだ, ゴムボート, (life raft).
—— 動 他 をいかだに組む; をいかだで運送する; 〔河川〕をいかだで渡る. —— 自 いかだで行く. go white water ~*ing* いかだでの急流下りに行く.
[<古期北欧語「丸太」]
raft[2] 名 C 〈普通 a ~〉 〘主に米話〙 たくさん 〈*of*〉. a (whole) ~ *of* questions たくさんの質問. [<raft[1]]
raft·er[1] /rǽftər|rɑ́:ftə/ 名 C 〘建〙 たる木.
▷ **raft·ered** 形 たる木の付いた〔屋根〕.
raft·er[2] 名 = raftsman.
rafts·man /rǽftsmən|rɑ́:fts-/ 名 (複 **-men** /-mən/) C いかだ乗り, いかだ師.
*__rag__[1] /ræg/ 名 (複 ~s /-z/) UC **1** ぼろ, ぼろぎれ; 布きれ. The sails were torn to ~*s*. 帆はずたずたに引き裂かれた. a ~ fair 古着市. wipe a windshield with an old (piece of) ~ 古いぼろぎれでフロントガラスをふく. **2** 〈~s〉 ぼろ着物, ぼろ服. in ~*s* and tatters ぼろ服をまとって. **3** 切れ端, 断片, 小片; 少量. a ~ of cloud ちぎれ雲. There isn't a ~ of truth in his story. 彼の話には一片の真実もない. **4** 〘話・軽蔑〙 紙くず, 切れっぱし, 《旗, ハンカチ, 紙幣など布, 紙でできた物》; 安新聞[雑誌]. How can you read that ~? そんな下らない紙くず[新聞]をよく読めるね.
(as) lìmp as a rág すっかり疲れて.
chèw the rág →chew.
féel like a wèt rág 〘話〙 ひどく疲れている.
(from) ràgs to ríches 極貧から大金持ちへ.
in rágs (1) ぼろぼろになって[た]. (2) ぼろを着て[た]. a man *in* ~*s* ぼろをまとった男.
like a red ràg to a búll →red rag.
lòse one's rág 〘英話〙 かんしゃくを起こす, 腹を立てる.
on the rág 〘米・卑〙 生理中で.
tàke the ràg off.. 〘米〙 ..に勝る, ..をしのぐ.
[?<*ragged*]
rag[2] 動 (~s|過 過分 -gg-) 〘話〙 他 **1** をいじめる 〈*about, for* ..のことで〉; を叱(しか)る. **2** をからかう, にひどいいたずらをする. ~ a boy *about* his big hands 少年を手が大きいことでからかう. —— 自 〘英〙 いたずらする; 騒ぐ.
—— 名 C 〘英〙 **1** (大学生などの)悪ふざけ, ばか騒ぎ, 冗談. for [as] a ~ いたずらで. **2** 大学カーニバル《慈善募金などのために行う; その日が **rág dày**, その週は **rág wèek**》.
rag[3] 名 C ラグタイム (ragtime) の曲.
ra·ga /rɑ́:gə/ 名 C ラーガ《インド古典音楽の旋律に関する理論; 装飾法を重視; またその曲》.
[<サンスクリット語]

rag·a·muf·fin /rǽgəmʌ̀fən/ 名 C 《旧》ぼろを着た人, 〈特に〉浮浪児.
ràg-and-bóne màn 名 《英》=ragman.
rág bàby 名 C 縫いぐるみの人形. 「〈of ..の〉.
rág·bàg 名 C 端切れ入れ(の袋); 《軽蔑》寄せ集め↑
rág dòll 名 C **1** =rag baby. **2** だめな人.
*__rage__ /reidʒ/ 名 (複 **rág·es** /-əz/) **1** UC **激怒**, 憤激, (類語 anger より強く, 自制を失うような激しい怒り). in a ～ (with) (..に)腹を立てて, かっとなって. fall [fly] into a ～ かっと怒り出す. arouse [provoke] a person's ～ 人を憤激させる. shake [tremble, quiver] with ～ 怒りで震える. His ～ was such that he couldn't speak. 彼はあまり腹が立ったので口がきけなかった. His face grew purple with ～. 激怒のため彼の顔は真っ赤になった.

連結 (a) blind [(a) towering, (an) uncontrollable, (a) violent] ～ // be blind with [explode in, fume with] ～

2 UC 激しさ; (波, 風などの)荒れ狂うこと, 猛威. the ～ of faction 激しい党派争い. the ～ of the storm あらしの猛威. **3** C 〈単数形で〉熱望; 熱狂. The girls have a ～ for rock'n'roll. 女の子たちはロックンロールに熱狂している. **4** C 《話》熱狂的流行(の品物), 人気沸騰の人. the latest ～ 最新の大流行[人気者].
be (àll) the ráge 大流行している. These clothes *are all the* ～ now. 今この服が大はやりです.
── 動 (**rág·es** /-əz/|過 過分 **～d** /-d/|**rág·ing**) 自 **1** 激怒する, 憤然とする, わめき散らす, 〈*about, against, at* ..に〉. ～ *against* one's bad luck 不運に憤慨する. **2** 〔あらし, 波, 火事などが〕暴れ回る, 荒れ狂う; 〔論争, 議論などが〕激しく行われる. The hurricane ～*d* across the Southern states. ハリケーンが南部の諸州を暴れ回った. The argument ～*d* on. 議論は激しく続いた. **3** 大流行する; 〔伝染病などが〕猛威をふるう, 猖獗(しょうけつ)を極める. A flu ～*d* throughout the country. 流感が国中に猛威をふるった.
── 他 **1** VOA (～ *oneself out*) 〔あらしなどが〕さんざん荒れ狂って収まる. The storm ～*d itself out*. あらしはさんざん荒れ狂った末に収まった. **2** VO (～ "引用") 「..」とわめき散らす. [＜ラテン語 *rabiēs*「狂気, 激怒」(＜*rabere*「狂っている」)]
*__rag·ged__ /rǽgəd/ 形 m, e **1** ぼろぼろの, 破れた, ほつれた; ぼろを着た, みすぼらしい. ～ clothes ぼろぼろの服. a ～ beggar ぼろをまとったこじき. **2** ざらざらの; ぎざぎざの; でこぼこの, ごつごつした. ～ rocks ごつごつした岩. **3** 〔庭などが〕荒れた, 手入れの悪い; 〔髪などが〕ぼさぼさの, もつれ毛の. a ～ garden 荒れた庭. ～ hair ぼさぼさの髪. **4** 〔仕事, 作品などが〕欠点のある, 不完全な, 不ぞろいの, 不規則な; 耳障りな. a ～ voice 耳障りな声. ～ breathing 不規則な呼吸. **5** 《話》へたばって.
be on the ràgged édge (1) 崖っ縁(ぷち)にいる. (2) 《米話》危ない立場にいる; (精神的に)参る寸前[瀬戸際]にいる.
rùn a pèrson rágged 《話》人を(悩ませて)くたくたにする. [＜中期英語 (?＜北欧語)] ▷ **～·ly** 副 **～·ness** 名
rag·ged·y /rǽgədi/ 形 《話》ぼろの; むさくるしい.
‡**rag·ing** /réidʒiŋ/ 形 荒れ狂う, 猛烈な; 激怒した; 並外れた, 激しい; 燃えさかる〔炎など〕. a ～ temperature 高熱. ▷ **～·ly** 副
rag·lan /rǽglən/ 名 C ラグラン 《ラグラン袖(そで) (raglan sleeves) の付いたオーバー, 上着など; ＜クリミア戦争の指揮官 Baron *Raglan* (1788–1855)》.
ràglan sléeve 名 C ラグラン袖(そで)《襟ぐりから脇(わき)下にかけて斜めの縫い目がある》. 「ろ屋.
rág·màn /-mæ̀n/ 名 (複 **-men** /-mèn/) C くず屋, ぼ↑
ra·gout /rægúː|ˊ-/ 名 U ラグー《野菜と肉に香料を効かせたシチュー料理》. [フランス語]
rág pàper 名 U ラグペーパー《綿, 麻を原料にした上質紙》.
rág·pìcker 名 C くず拾い《人》. 「物》.
rág rùg 名 C ラグラグ《端切れ布や古い布で作った織↑
ràgs-to-ríches 形 〈限定〉〔物語, 生涯などが〕貧乏から 金持ちになる[大成功する] (→(from) RAGS to riches (成句)). a ～ story 貧乏から大成功を収める物語.
rág·tàg 名 〈the ～; 複数扱い〉社会のくず, 下層民; ならず者; だめな連中, 烏合(うごう)の衆; (**ràgtag and bóbtail**). ── 形 みすぼらしい; まとまりのない〔集団など〕.
rág·tìme 名 U ラグタイム《syncopation が多く速いテンポの音楽; ジャズの先駆をなす》. 「服を扱う》.
rág tràde 名 U 〈the ～〉《話》服飾業《特に女性↑
rág·wèed 名 C 《植》ブタクサ《その花粉は hay fever の主原因》.
rah /rɑ́ː/ 間 《米》万歳, フレー, 《＜hur*rah*》.
ráh-ràh /略/ 形 《米話》熱狂的な.
rá(h)-ra(h) skìrt /rɑ́ːrɑː-/ ラーラースカート《非常に短く, 襞(ひだ)飾りが付いている; チアリーダーのスカートをモデルにした》.
*__raid__ /reid/ 名 (複 **～s** /-dz/) C **1** 急襲, 襲撃, 〈*on, upon* ..への〉; 侵入〈*into* ..への〉. a heavy ～ 激しい空襲. carry out a ～ *on* ..を襲う. The enemy made a ～ *into* our territory. 敵が我が領土に侵入した. make a ～ *on* the fridge 《戯》冷蔵庫を開けて食物をあさる. **2** (警察の)手入れ〈*on, upon* ..への〉. The police conducted a dawn ～ *on* the house. 警察はその家を早朝に手入れした. **3** 《株式》売り浴びせ.
── 動 (**～s** /-dz/|過 過分 **ráid·ed** /-əd/|**ráid·ing**) 他 **1** を急襲する, 襲撃する; 《戯》〔冷蔵庫など〕をあさる. **2** 〔警察が〕を手入れする. ── 自 **1** 急襲する, 襲撃する; 侵入する〈*into* ..に〉. **2** 〔警察が〕手入れする〈*on, upon* ..を〉.
‡**ráid·er** 名 C **1** 急襲者; 侵入者, 侵略者; 《軍》特別攻撃隊(員). **2** 侵入機, 攻撃機, 侵入船. [＜古期英語「馬に乗ること, 襲撃」; road の北部方言形]
‡**rail**[1] /reil/ 名 (複 **～s** /-z/) **1** C (1本の)レール, 軌道; UC 鉄道. run on ～*s* レールの上を走る. cross the ～*s* 線路を横切る. ride the ～*s* free 鉄道にただ乗りする. **2** C レール状のもの; (垣, 柵(さく)などの)**横木**, 横棒; 〈～s〉垣, 柵; 手すり, 欄干. a towel ～ タオル掛け(の横木).
(as) stràight as a ráil ぴんと(まっすぐ).
(as) thìn as a ráil =(as) thin as a RAKE.
(back) on the ráils (再び)軌道に乗って, 正常な状態に. 「(2) 鉄道便で.
by ráil (1) 列車で. travel *by* ～ 列車で旅行する.↑
off the ráils (1) 脱線して. The train went *off the* ～*s*. 列車は脱線した. (2) 秩序を乱して. Budget cuts knocked the program *off the* ～*s*. 予算が削られたため計画が狂った. go [run, come] *off the* ～*s* 〔組織などが〕おかしくなる. (3) 《話》常軌を逸して, 気が違って. go *off the* ～*s* 常軌を逸する, 正常でなくなる, おかしくなる.
── 動 他 **1** VOA (～ /X/ *in, off*) X(土地など)を柵(さく)[横木]で仕切る〈*from* .. から〉. ～ *off* a piece of ground *from* the road 土地を道路から柵で仕切る. **2** に横木[手すり]を付ける.
[＜ラテン語 *rēgula*「定規, まっすぐな棒」]
rail[2] 動 自 VA (～ *at, against* ..) 《章》..をののしる, しかる, なじる. ～ *at* [*against*] one's fate 運命をのろう.
rail[3] 名 C クイナの類《小形の水鳥》.
ráil càr 名 C 気動車.
ráil·càrd 名 C 《英》鉄道カード《24 歳未満の人や老齢年金受給者などに割引料金で売り出す英国国有鉄道の切符》.
ráil fènce 名 C 《米》横木を渡しただけの簡単な垣.
ráil·hèad 名 C (建設中の)鉄道の末端.

‡**rail·ing**[1] 名 C 〈しばしば ~s〉 手すり, 欄干; 垣, 柵(さく); U その材料.

[railing[1]]

rail·ing[2] 名 U 罵(ば)倒, ののしり; C 〈普通 ~s〉 暴言, 文句, 不平.

rail·ler·y /réiləri/ 名 (複 **-ler·ies**) UC 〈普通 -leries〉 からかい, ひやかし.

‡**rail·road** /réilròud/ 名 (複 **~s** /-dz/) C 〖米〗 **1** **鉄道線路**, 軌道; 〈the ~〉 **鉄道** 《車両, 用地, 従業者を含む》; 《略 R., r., RR; 〖英〗 railway》. lay down the ~*s* 鉄道を敷設する. ride the ~ to work 電車で仕事に行く. **2** 〈形容詞的〉 鉄道の. a ~ accident 鉄道事故. a ~ carriage 客車. a ~ man 鉄道員. a ~ station 鉄道の駅.

── 動 他 **1** 〖米〗 に鉄道を敷設する; を鉄道輸送する. **2** VOA (~ X ***through*** (..)) 〖話〗 X (議案など)を(列車に乗せたように)一気に(..を)通過させる. ~ a bill *through* Congress 議案を一気に国会を通過させる. **3** 〖米話〗 (形だけの裁判で, 又はぬれ衣を着せて)をさっさと刑務所へ送り込む.

ràilroad a pérson into dóing 〖話〗 人をむりやりせきたてて..させる. I won't be ~*ed into* buy*ing* an outdated computer. 旧式のコンピュータなどむりやり買わされてなるものか.

ráil·ròad·er 名 C 〖米〗 **1** 鉄道従業員 (〖英〗 railwayman). **2** 鉄道会社社主[経営者].

‡**rail·way** /réilwèi/ 名 (複 **~s** /-z/) C **1** 〖英〗 = railroad. **2** 〖米〗 市街軌道, 市電; 軽便鉄道.

ráilway lìne 名 〖英〗 =railroad 1.

ráilway·man /-mən/ 名 (複 **-men** /-mən/) C 〖英〗 鉄道従業員 (〖米〗 railroader).

ráilway tràck 名 〖英〗 =railroad 1.

rai·ment /réimənt/ 名 U 〖雅〗 衣類, 衣料, (clothes).

‡**rain** /rein/ 名 (複 **~s** /-z/) **1** UC **雨**, 雨降り; 雨天; (類語 雨を表す一般的な語; C は1回の降雨現象, the ~は「そのときの雨」を指す; →downpour, drizzle, rainfall, shower). a drop of ~ ひとしずくの雨. We have little ~ in this part of the country. この地方では雨がほとんど降らない. be caught in the ~ 雨に遭う. The ~ began to fall. 雨が降り始めた. A pouring ~ hindered our progress. 土砂降りの雨で前進がはかどらなかった. *Rains* have swollen the river. 大雨が降って川が増水した. It looks like ~. 雨が降りそうだ. wait for a ~ ひと雨来るのを待つ.

> 連結 a heavy [a lashing; a driving; a torrential; a fine, a light, a slight; a chilly, a cold] ~ // the ~ stops [clears up; pours down]

2 〈the ~s〉 (熱帯地方の)雨季.
3 C 〈単数形で〉 雨のように降るもの, '雨' 〈*of* ..の〉. a ~ *of* bullets [kisses] 弾丸[キス]の雨. ◇形 rainy

(*as*) *rìght as ráin* →right[1].

(*còme*) *ràin or shíne* 晴雨を問わず; 降っても照っても; どんなことがあっても, 雨が降ろうと槍(やり)が降ろうと.

not knòw enóugh to còme ín out of the ráin 分別[常識]がない, 愚かである.

── 動 (**~s** /-z/| 過 過分 **~ed** /-d/| **ráin·ing**) 自 **1** 〈普通 it を主語として〉 **雨が降る**. It has begun ~*ing* [to ~]. 雨が降り始めた. It never ~*s* but it pours. →pour (成句).
2 〔神, 雲などが〕 雨を降らせる. Suddenly it became dark and the sky ~*ed* on us in torrents. 突然暗くなり空から豪雨が降り注いだ.
3 VA (雨のように) 降る, 降り注ぐ, 〈*on* [*upon*] ..に〉. Bombs ~*ed upon* the city. その市の上に爆弾が降り注いだ.

── 他 **1** 〈it を主語として〉 の雨が降る. It ~*ed* blood [bullets]. 血[弾丸]の雨が降った.
2 VOA を(雨のように)降らす, 浴びせかける, どんどん与える, 〈*on* [*upon*] ..に〉. ~ a shower of kisses *on* her husband 夫にキスの雨を浴びせかける. ~ debris *on* the police force 警官隊に石を雨と降らせる.

ràin búckets [***pítchforks***] (雨が)どしゃぶりに降る.

ràin dówn 降り注ぐ 〈*on* ..に〉.

ráin down .. ..を流れる. Tears ~*ed down* her cheeks. 涙が彼女のほおを流れた.

ràin /../ dówn を浴びせる 〈*on* ..に〉.

ràin ín 〈it を主語として〉 〔雨が〕(部屋などに)降り込む. It ~*ed in* on me in the night. 夜, 私の部屋に雨が入ってしまった.

ràin /../ óff 〖英〗 =RAIN /../ out (1).

ráin on .. ..に不運をもたらす; 自分の不運[不幸]を..にぐちる.

ràin /../ óut (1) 〖米〗 〔試合など〕を雨で流す, 中止[順延]する, 〈普通, 受け身で〉. Our picnic was ~*ed out*. ピクニックは雨のため中止になった. (2) 〈it ~s itself out として〉 さんざんに降った末に止(や)む. It has ~*ed* itself *out*. 雨がやっと止んだ. [<古期英語]

‡**rain·bow** /réinbòu/ 名 (複 **~s** /-z/) C **虹(にじ)**; 虹のようなもの. 参考 虹の7色は内側から *v*iolet, *i*ndigo, *b*lue, *g*reen, *y*ellow, *o*range, *r*ed で, 頭文字を取り vibgyor, 又は外側から *R*ead *o*ver *y*our *g*ood *b*ook *i*n *v*ain. として覚えるとよい. the ethnic ~ of Hawaii ハワイの人種間の協調. the pot [crock] of gold at the end of the ~ かなわぬ夢《俗信から》.

àll the cólors of [***in***] ***the ráinbow*** 虹の7色, さまざま[多彩]な色.

chàse a ráinbow 夢[不可能なこと]を追い求める. [<古期英語; rain, bow[1]]

ráinbow coalìtion 名 C 〖主に米〗 虹(色)の提携 《社会的・政治的な問題, 特に公民権についての異人種間の連帯》.

ráinbow guìde 名 C レインボーガイド《GirlGuides の最年少部門の団員》.

ráinbow tròut 名 UC 〖魚〗 ニジマス.

Ràinbow Wárrior 名 〈the ~〉 レインボーウォリアー(号) 《Greenpeace が環境汚染の防止と情報収集のために使用する船》.

ráin chèck 名 C 〖米〗 **1** 再入場券 《雨で試合・催しなどが流れた時などに発行される》; 予約券 《バーゲン品売切れの際に同じ値段で後に買えることを保証する》. **2** 〖話〗 (後日の)再招待 《招かれた人が応じられなかった場合》, またの機会に行うこと. Give me [I'll take] a ~ (on it). またの機会によろしく.

‡**rain·coat** /réinkòut/ 名 (複 **~s** /-ts/) C レインコート.

ráin dàte 名 C (雨天の場合の屋外行事の)予備日.

†**rain·drop** /réindràp|-dròp/ 名 C 雨だれ, 雨滴.

***rain·fall** /réinfɔ̀ːl/ 名 (複 **~s** /-z/) UC **降雨**, 雨降り; 降雨量, 雨量; (類語 ある地域の, ある時期の降雨(量); →rain). We had a heavy ~ last night. ゆうべはひどい降りだった. The annual ~ in these parts is scanty. この地方の年間降雨量は少ない.

ráin fòrest 名 C 降雨林 《熱帯地方に多い》.

ráin gàge [**gàuge**] 名 C 雨量計.

Rai·ni·er /rəníər|réiniər/ 名 **Mount ~** レーニア山 《米国の Washington 州北部にある; Cascade 山脈中最高峰 (4392m)》.

ráin·màker 名 C **1** (魔術などで)雨を降らす人. **2** 人工降雨専門家.

ráin·pròof 形 防水の効いた〔コートなど〕, 雨漏りしない.

ráin·stòrm 名 C 暴風雨.

R

ráin-swèpt 形 〈限定〉雨の降りしきる.
ráin·wàter 名 U 雨水, 天水.
ráin·wèar 名 U 〈集合的〉レインウェア, 雨着.
:rain·y /réini/ 形 e (**rain·i·er** | **rain·i·est**) **1** 雨の, 雨降りの, 雨模様の; 〔雲などが〕雨を含んだ; 〔天気が〕雨がちの, 雨の多い. It's ～ today. 今日は雨だ. In ～ weather, the match will take place indoors. 雨天の場合試合は屋内で行います. ～ clouds 雨雲. the ～ season 雨季, (日本の)梅雨時. **2** 雨にぬれた. a ～ street 雨にぬれた街路.
a ràiny dáy (1) 雨天(の日). (2) (将来の)まさか[困窮]の時, 万一の場合. Provide [Save it, Keep it] for *a* ～ *day*. いざという時の備えをしておきなさい. [rain, -y[1]]
:raise /reiz/ 動 (**ráis·es** /-əz/ | 過 過分 **～d** /-d/ | **ráis·ing**) 他 【上げる】 **1** を上げる; を持ち上げる; (↔lower; 類語 主に「垂直の方向に持ち上げる」ことを意味し, 自 の rise に対応する; →elevate, lift, uplift). ～ one's arm [head] 腕[顔]を上げる. ～ a flag 旗を揚げる. She ～*d* her glass to him. 彼女は彼のために乾杯した. He ～*d* his hat to the lady. 彼は帽子をちょっと上げて婦人に挨拶(あいさつ)した.
2 (**a**) 〔価格など〕を上げる; 〔温度〕を上昇させる; 〔声〕を大きくする, 張り上げる; (↔lower). get one's salary ～*d* 給料を上げてもらう. ～ one's voice →voice (成句). (**b**) 〖音声〗〔母音〕の調音点を上げる[高める].
3 (ポーカーなどで) 〔相手〕より多く賭(か)ける; VOO (～ X Y) X (相手)より Y (金額)だけ多く賭ける.
4 の地位を高める, を昇進させる; を出世させる; を向上させる, 高尚にする; (↔lower). be ～*d* to a higher position 地位が高くなる. ～ the standard of living 生活水準を向上させる.
5【育て上げる】〔作物など〕を栽培する, 〔家畜など〕を飼育する; 〔子供など〕を育てる, 養育する; (類語 動物・植物いずれにも用いるが人間の場合は bring up の方が一般的; →breed, grow, rear[2]). ～ wheat 小麦を栽培する. ～ cattle 牛を飼う. ～ a large family 大家族を養う. I was born and ～*d* in Manhattan. 私はマンハッタンで生まれ育った.
6【作り上げる】〔軍隊〕を徴集[召集]する; 〔資金など〕を調達する. ～ an army 軍隊を召集する. ～ money for charity 慈善の目的で金を集める.
【立ち上がらせる】 **7** 〔ほこりなど〕を立てる, 〔泥〕を跳ね上げる, 〔煙〕を吹き上げる; 〔水ぶくれなど〕ができる; 〔痰(たん)など〕を咳(せき)をして出す. The wind ～*d* ripples on the water's surface. 風が吹いて水面にさざ波が立った.
8 〖章〗〔高い建物など〕を建てる (build). ～ a building [monument] 建物[記念碑]を建てる.
9【膨れ上がらせる】〔こぶ, はれものなど〕を生じさせる; 〔パンなど〕を(イースト菌などで)膨らませる.
【起こす】 **10** を起こす, 起き[立ち]上がらせる; を立てる. He ～*d* the fallen child to his feet. 彼は倒れた子供を立たせてやった. The King ～*d* the woman from her knees. 国王はひざまずいている女性を立たせた. ～ cloth 布にけばを立てる.
11 〔人, 希望など〕を奮い起こさせる. ～ a person's spirits 人を勇気づける.
12 〔騒動, あらしなど〕を引き[巻き]起こす; 〔感情, 想像など〕を生じさせる, 引き起こす; 〔叫び声〕を発する, 上げる. ～ a fuss about nothing 何でもないことを大げさに騒ぎ立てる. The joke ～*d* a laugh. その冗談で笑いが起きた.
13 〔問題など〕を提出する, を問題として提起する, 〔異議〕を唱える. ～ a question 問題を提起する.
【呼び起こす】 **14** (**a**) の目を覚まさせる; をよみがえらせる. He was ～*d* (*from* his bed) by the telephone. 彼は電話で起こされた. ～ the spirits of the dead 死者の魂を呼び起こす. (**b**) 〖話〗を(無線で)呼び出す, と交信する; を見つけ出す (find). I can't ～ Beijing. 北京を呼び出せない[と交信できない].
15 〖海〗〔陸地, 他船など〕の見える所まで来る. The ship ～*d* land after a long voyage. 長い航海の後, 船は陸地の見える所に来た.
16【以前の状況を呼び起こす】〔包囲など〕を解く, 〔禁止など〕を撤回する. ～ a blockade 包囲を解く. ～ an order 命令を撤回する. **17** 〖話〗〔お尋ね者など〕を見つける.
── 自 〖ポーカーなど〗賭(か)け金を上げる 〈up〉. 注意 「(立ち)上がる, 起きる」など rise の意味で用いるのは 〖方〗 又は非標準的.
ráise onesèlf (1) 身を起こす. (2) 伸び上がる. (3) 出世する.
ràise X̀ to the pòwer of Ý 〖数〗 X を Y 乗する. 3 ～*d to the power of* 3 [the 3rd power] is 27. 3 の 3 乗は 27.
── 名 (複 **ráis·es** /-əz/) C **1** 増加; 値上げ; 〖主に米〗昇給(額), 賃上げ, (〖英〗 rise). get [demand] a ～ in salary 賃上げを獲得[要求]する. **2** 高く盛り上げた[上がった]所; のぼり道[通路].
[<古期北欧語 *reisa*; rear[2] と同源]
rais·er /réizər/ 名 C **1** 栽培者, 飼育(業)者; (資金)調達者[係]. a cattle ～ 牛の飼育者. **2** 起こし手. a fire-～ 放火犯人.
***rai·sin** /réiz(ə)n/ 名 (複 **～s** /-z/) C 干しブドウ, レーズン. [<ラテン語 *racēmus* 「ブドウの房」]
rai·son d'être /rèizoun-détrə | -zɔːn-/ 名 (複 **raisons d'être** /同/) C 存在理由; 生き甲斐. [フランス語 'reason of being']
raj /rɑːdʒ/ 名 U 〈(the) ～〉 〖インド史〗(英国による)統治, 支配. [ヒンディー語 'rule']
ra·jah, ra·ja /rɑ́ːdʒə/ 名 C (インドや東インド諸島の)王, 首長. [サンスクリット語 'king']
***rake[1]** /reik/ 名 (複 **～s** /-s/) C **1** くま手, まぐわ, レーキ; 火かき(棒). **2** (賭博(とばく)場の)賭(か)け金を集める棒.
(as) lèan [thìn] as a ráke やせて骨と皮ばかりの.
── 動 (**～s** /-s/ | 過 過分 **～d** /-t/ | **rák·ing**) 他
1 (**a**) 〔場所〕をくま手でかく, かきならす. (**b**) VOC (～ X Y) X をくま手でかいて Y にする. ～ a gravel path smooth 砂利道をかいて平らにする. (**c**) 〔手・爪などが〕〔皮膚など〕をひっかく.
2 VOA (**a**) 〔落ち葉など〕をかき集める 〈*up*, *together*〉. ～ fallen leaves *up* [*off*] 落ち葉をかき集める[かきのける]. (**b**) 〔秘密など〕を (くま手でかくようにして)ほじくり出す, 詮(せん)索する; をくまなく捜す, かぎまわる; を(端から端まで)見渡す, 見晴らす, 〈*with* .. 〔望遠鏡など〕で〉. ～ history for examples 歴史の中に前例を捜し求める. The ranger ～*d* the valley *with* binoculars. 監視員は双眼鏡で谷間を隅々まで捜した.
3 VOA (～ X ***through*** ..) X (指など)で〔髪など〕をすく. ～ one's fingers *through* one's hair 指で髪をすく.
4 〖軍〗を掃射する 〈*with* .. 〔銃など〕で〉.
── 自 **1** くま手[まぐわ]を使う. **2** VA 詮索する, 捜し[かぎ]回る, 〈*around*, *about* (..)〉 〈*among*, *through* .. を/*for* .. を〉. ～ *among* old documents 古文書の中をあちこち捜索する.
ràke /../ ín 〖話〗 (1) (くま手などで) .. をかき込む, かき入れる. (2) 〈普通, 進行形で〉 .. をしこたまもうける. He must be *raking in* over a million dollars a year. 彼は 1 年に 100 万ドル以上稼いでいるに違いない.
ràke it ín 〖話〗がっぽり(金を)もうける.
ràke /../ óff 〔不正な金など〕を受け取る, ピンはねする.
ràke /../ óut (1) .. をかきのける; .. をかき出す. ～ *out* a fire (燃えがらの中から)火をかき出す. (2) 〖話〗 .. を捜し出す.
ráke over [through] .. .. を検査する, 審査する, くまなく捜す. ～ *over* a person's past 人の過去を調べ上げる.
ràke /../ óver を蒸し[ほじくり]返す.

R

ràke over ⌊**the áshes** [**pást**] (過去の)いやな事を蒸し返す.
ràke *a pèrson* **over the cóals** →coal.
ràke /../ úp 〘話〙 (1) ..をかき出す; ..をかき集める. ～ *up* a few people to paint the wall 壁にペンキを塗るために2, 3人をかき集める. (2) 〔古傷など〕をほじくり出す 〈*about* ..〔人〕の〉. ～ *up* an old trouble 昔のいざこざを蒸し返す. [＜古期英語]

rake[2] 名 aU **1** 〘海〙船首[船尾]の傾斜. **2** (マスト・煙突の, 船尾への)傾斜; (舞台の, 客席に向かって前下がりの)傾斜. ── 動 自 〔マスト, 煙突が〕 傾斜する, 〔舞台が〕傾斜する. ── 他 〔マスト, 煙突〕 を傾斜させる, 〔舞台〕を傾斜させる.

rake[3] 名 C 〘旧〙(特に裕福な家庭の)遊蕩(とう)児[者], 遊び人.

raked /-t/ 形 (舞台, フロアが)傾斜した.

ráke-òff 名 (複 ～s) C (不正な利益などの)分け前, 山分け; リベート.

rak·ish /réikiʃ/ 形 **1** 〔船が〕軽快な, スマートで速そうな. a ～ cruiser 軽快なクルーザー. **2** 〔人が〕派手な, 粋(いき)な. a hat worn at a ～ angle 粋に斜(はす)にかぶった帽子. **3** 放蕩(とう)する, 遊び人(風)の. ▷ **～·ly** 副 **～·ness** 名

Ra·leigh /rɔ́:li/ 名 **1** 米国 North Carolina 州の州都. **2 Sir Walter ～** ローリー (1552?–1618) 《英国の政治家・文学者・探検家》.

ral·len·tan·do /rælәntǽndou, rὰ:lәntά:n-/ 〘楽〙 副, 形 ラレンタンドで[の], 次第に緩やかに[な]. ── 名 (複 ～s) C ラレンタンドの楽節[章]. [イタリア語 'slowing down']

***ral·ly**[1] /rǽli/ 動 (-lies /-z/|過 過分 -lied /-d/|～·ing) 他 **1** (a) を再び集める, 再集結させる; を呼び集める, 結集する, 糾合する. The general *rallied* the scattered troops. 将軍は散り散りになった軍を再び集めた. (b) VOC (～ X Y) X の陣営を建て直して Y の状態にする. ～ the party faithful 党の再結束をはかる.
2 〔元気など〕を回復する; 〔精力〕をふりしぼる, 〔気力, 体力〕を奮い起こす. The boxer *rallied* what was left of his strength. ボクサーは残った力をふりしぼった. ～ oneself 力をふりしぼる.
── 自 【再び集まる】 **1** 再び集まる, 〔敗残軍などが〕立ち直る; 〔同志が〕集まる, 集結する.
2 VA 駆けつける, はせ参ずる, 結集する, 〈*to* ..〔支援など〕に/*around, round* ..の下に〉. ～ *around* a leader 指導者の下に集まる. Many people *rallied to* the support of the statesman. 多くの人々がその政治家の支援のために駆けつけた[団結した].
【また戻ってくる】 **3** 元気を回復する; 〔株価, 景気などが〕持ち直す; 〈*from* ..から〉. He soon *rallied from* the shock. 彼は間もなくそのショックから立ち直った.
4 (テニスなどで) (激しく)打ち合う.
ràlly aróund [**róund**] (援助に)集まる, 団結する.
── 名 (複 -lies /-z/) C **1** 〈単数形で〉 **再集合**, 再挙; 盛り返し; (気力, 健康などの)**回復**; (株価, 景気などの)持ち直し. **2** (政党, 組合などの)**大会**; 決起大会[集会], 示威運動. a labor ～ 労働者の決起大会. an antiwar [a peace] ～ 反戦[平和]集会. **3** (テニスなどの) (激しい)打ち合い, ラリー. **4** ラリー 《自動車の諸種の長距離レース; 普通, 公道を用いる》. [＜古期フランス語; re-, ally]

ral·ly[2] 動 (-lies|過 過分 -lied|～·ing) 他 〘旧〙 をひやかす, からかう, 〈*on, about* ..のことで〉. We *rallied* him *on* his haircut. 我々は彼の髪型をからかった. [＜rail[2]]

ràllying crỳ 名 C **1** ときの声. **2** スローガン, かけ声.

ràllying pòint 名 C **1** 集結地点. **2** 再決起[再結集]のきっかけ[シンボル(的存在)].

Ralph /rælf|reif, rælf/ 名 男子の名.

‡**RAM** /ræm/ 名 U 〘電算〙 ラム 《読み書き両用メモリ; ＜*r*andom-*a*ccess *m*emory》. →ROM.

‡**ram** /ræm/ 名 C **1** (去勢しない)雄羊 (→sheep 参考). **2** ＝battering ram; 衝角 《昔, 敵艦に突き当てるために設けた艦首の鉄の突起》; 衝角付き艦. **3** (土固め用の)突き棒; (杭(くい)打ち機の)落とし槌(つち); 水圧揚水機, ピストン. **4** 〈the R-〉〘天〙牡羊座 (Aries).
── 動 (～s|-mm-) 他 **1** (a) VOA を激しくぶつける 〈*against, into* ..に〉. The wind ～*med* the door *against* the wall. 風がドアを壁に激しくぶつけた. He ～*med* the car *into* the wall. 彼は車を塀に激突させた. (b) に激しく突き当たる, と激突する. **2** 〔土など〕を突き固める, 踏み固める; 〔柱など〕を土で固める.
3 VOA 〔杭(くい)など〕を打ち込む; を押し[詰め]込む; 〔知識など〕をたたき込む; 〈*into* ..に〉; に詰め込む 〈*with* ..を〉; 〔法案など〕を強引に通す 〈*through*〉. ～ a pile *down into* the ground 杭を地中に打ち込む. ～ a charge *into* a gun ＝～ a gun *with* a charge 鉄砲に弾薬を装塡(てん)する. ～ a bill *through* (Parliament) 法案を無理に(議会を)通す.
── 自 VA (～ *into* ..) ..に激しくぶつかる, 激突する.
ràm .. down *a pèrson's* **thróat** →throat.
ràm ..hóme (1) 〔火薬など〕をきちんと詰め込む; 〔かんぬきなど〕をガチャンと閉める. (2) 〔主張, 言い分など〕を徹底させる, 十分にたたき込む; ..を痛感させる, 思い知らせる. [＜古期英語]

Ram·a·dan /ræmәdά:n/ 名 ラマダーン 《イスラム教暦の9月; この1か月間, 日の出から日没まで断食する》; U ラマダーンの断食. [アラビア語 'the hot month']

***ram·ble** /rǽmb(ә)l/ 動 (～s /-z/|過 過分 ～d /-d/|-bling) 自 **1** VA ぶらぶら歩く. ～ *around* the city 市街をぶらぶら歩く. **2** 〔川などが〕左右に曲がりくねる; 〔つる草などが〕はびこる 〈*over* ..に〉. The vines ～*d* all *over* the wall. つる草が壁一面にはびこっていた. **3** とりとめなく話す[書く, 考える], 〈*on*〉 〈*about* ..について〉. His speech ～*d on*. 彼の話はとりとめもなく続いた.
── 名 C ぶらぶら歩き, 漫歩, 《かなり長いものを言う》. go for [on] a ～ in the countryside 田園地帯に遊歩に出かける. [?＜中期オランダ語「(さかりのついた動物が)うろつき回る」]

rám·bler 名 C **1** ぶらぶら歩く人; あてもなく動く物. **2** 漫談する人. **3** 〘植〙 ツルバラの一種 (**rámbler ròse**).

‡**rám·bling** 形 **1** ぶらつく; 放浪性の. **2** 〔都市などが〕無計画に広がった, まとまりのない; 〔街路などが〕曲がりくねった; 〔家などが〕だだっ広い; 〔つる草などが〕はびこる. a ～ road 曲がりくねった道路. **3** 〔話などが〕散慢な, とりとめのない. a ～ speech とりとめのないスピーチ. ── 名 〈～s〉 とりとめのない話. ▷ **～·ly** 副

Ram·bo /rǽmbou/ 名 (複 ～s) **1** ランボー 《米国のシリーズ物の映画の登場人物》. **2** C ランボー張りの人 《男らしく, 乱暴で力強い》.

ram·bunc·tious /ræmbʌ́ŋkʃәs/ 形 〘主に米話・戯〙乱暴な, 無茶な, 手に負えない. ▷ **～·ly** 副 **～·ness** 名

ram·e·kin, ram·e·quin /rǽmәkin/ 名 C ラムカン 《チーズ, 卵, パンなどを混ぜ小皿で焼く料理》. [フランス語]

Ram·e·ses /rǽmәsi:z/ 名 ＝Ramses.

ram·ie /rǽmi/ 名 **1** C 〘植〙ラミー. **2** U ラミー繊維. [＜マレー語]

‡**ram·i·fi·ca·tion** /ræmәfәkéiʃ(ә)n/ 名 〘章〙 **1** U 枝のように分かれ広がる[分け広げる]こと, 分枝, 分岐. **2** C 〈普通 ～s〉 分かれたもの; 枝, 支脈, 分派; 下位区分. the ～*s* of the canal system 網の目状の運河系統. **3** C 〈普通 ～s〉 (事態の)各方面への波及[発展], 関連した問題, 成り行き. The lawmakers should consider the tax bill in all its ～*s*. 議員たちはその税法案をそ

R

のもろもろの影響も含めて考慮すべきだ.

ram·i·fy /rǽməfài/ 動 (-fies|過 過分 -fied|~·ing) 他 を分枝[分岐]させる; を分派させる; を(枝のように)細分する, 網の目状にする. The railroads were once *ramified* over the whole country. かつては国中に鉄道が網の目状にはりめぐらされていた.

── 自 **1** 分枝[分岐]する, 分派する. **2** 細かく分かれる, 網の目のように広がる.

[<ラテン語 *rāmus*「枝」; -ify]

ram·jet /rǽmdʒèt/ 名 C 〖空〗ラムジェット(エンジン) (**rámjet èngine**) 《ジェットエンジンの一種》.

ramp[1] /rǽmp/ 動 自 暴れ回る, 走り回る, 〈*about*〉.

†**ramp**[2] 名 C **1** ランプ《階段を用いず建物の階と階を結ぶ傾斜路など》; 〖米〗高速道路の出入り口の傾斜路; (旅客機などの)移動タラップ. an entrance [exit] ~ 入り口[出口]ランプ. **2** 〖英〗(道路の)隆起帯《車を徐行させる》. [<古期フランス語「這(は)う, のたくる」]

ramp[3] 名 C 〖英旧俗〗暴利をむさぼること; ぺてん, かたり.

‡**ram·page** /rǽmpeidʒ|-´-, ´-´-/ 名 aU 暴れ回ること, 発作的狂暴性, 〈普通, 次の成句で〉. ***gò* [*be*] *on the* [*a*] *rámpage*** 暴れ出す[回っている].

── /-´-/ 動 自 暴れ回る 〈*through* ..を〉; たけり狂う.

ram·pa·geous /ræmpéidʒəs ®/ 形 暴れ回る, 荒々しい.

ram·pan·cy /rǽmpənsi/ 名 U **1** (病気·悪事などの)はびこり, 蔓(まん)延; (草木の)繁茂. **2** (言動の)激しいこと.

‡**ram·pant** /rǽmpənt/ 形 **1** 〔病気, 悪事, 迷信などが〕はびこる, 蔓(まん)延する; 〔草木が〕繁茂する. Cholera was ~ throughout the land. 全土にわたってコレラが流行した. ~ inflation 暴れ回るインフレ. **2** 〔言動が〕奔放な; 猛烈な; たけり狂った. her wild and ~ behavior 彼女の自由奔放な行動. **3** 〖紋章〗〈名詞の後に置いて〉〔動物, 特にライオンが〕後足で立ち上がった (→couchant). a lion ~ 〖紋章〗きおい獅子(じ).

[古期フランス語 'crawling'] ▷ **~·ly** 副

ram·part /rǽmpɑ̀:rt/ 名 C 〈普通 ~s〉 **1** 塁壁《胸壁(parapet)を下から支える》; 城壁. **2** 防御物[者]. the ~*s* of democracy 民主主義のとりで. [<ラテン語 *ante*+*parāre*「準備する」]

rám-ràid 名 C 〖英〗車を店に突っ込んでの強奪 (**rám-ràiding**). ── 動 自, 他 〖英〗車を店に突っ込んで(〔商品〕を)強奪する. ▷ **~·er** 名

ram·rod /rǽmrɑ̀d|-rɔ̀d/ 名 C **1** 込み矢《前装銃, 前装砲に弾薬を込める鉄の棒》. **2** 槊杖(さくじょう)《銃口, 砲口内を掃除する道具》. **3** 〖米〗(厳しい)上司.

(as) stiff* [*stràight*] *as a rámrod*=*lìke a rámrod ぴんと立った; 堅苦しい, 融通が利かない.

── 形 ぴんと伸ばした〔姿勢など〕.

Ram·ses /rǽmsi:z/ 名 ラムセス《古代エジプト歴代の国王の名; 特に Ramses II》.

‡**ram·shack·le** /rǽmʃæ̀k(ə)l/ 形 **1** 〔家, 馬車などが〕(今にも)倒れそうな, ぐらぐらする, がたがたの. **2** 〔組織などが〕がたがたの, 脆(もろ)い.

ran /rǽn/ 動 run の過去形.

†**ranch** /rǽntʃ|rɑ:ntʃ/ 名 C **1** (特に米国西部·カナダの)大農場, 牧場, (類語 →farm). **2** 〖米〗(特定の家畜, 作物の)大飼育[栽培]場. a fruit ~ 大果樹園.

not bèt the ránch on .. 〖米〗..に大ばくちを打つ; ..を確信する.

── 動 自 大農場を経営する, 大農場で働く.

[<*rancho*] ▷ **~·ing** 名 U 大農場経営.

ránch drèssing 名 U ランチドレッシング《やや甘くガーリック味のサラダドレッシング》.

‡**ránch·er** 名 C **1** 大農場経営者, 牧場所有者. **2** 牧場労働者, カウボーイ.

ránch hòuse 名 C 〖米〗大農場主の住宅; それを模倣した家《平屋で屋根の傾斜が緩い》.

ránch·man /-mən/ 名 (複 **-men** /-mən/) =rancher.

ran·cho /rǽntʃou|rɑ́:n-/ 名 (複 ~s) C **1** = ranch. **2** 農場[牧場]労働者の小屋. [<スペイン語「小屋」]

ran·cid /rǽnsəd/ 形 腐った油脂のような嫌なにおい[味]の; 腐った. ~ butter 腐ったバター. go [smell, taste] ~ 腐る[腐った臭い[味]がする]. ▷ **~·ly** 副 **~·ness** 名

ran·cid·i·ty /rænsídəti/ 名 U (腐敗の)悪臭.

ran·cor 〖米〗, **-cour** 〖英〗/rǽŋkər/ 名 U 〖章〗恨み, 遺恨, 積年の憎悪. invite a person's ~ 人の恨みを買う. have ~ against a person 人を恨む. [<後期ラテン語「悪臭」]

ran·cor·ous /rǽŋk(ə)rəs/ 形 〖章〗恨み骨髄に徹した; 憎悪を抱く[抱いた]. ▷ **~·ly** 副

rand /rǽnd/ 名 (複 ~) C ランド《南アフリカ共和国の通貨単位 (=100 cents)》.

R & B rhythm and blues.

‡**R and D, R & D** research and development.

‡**ran·dom** /rǽndəm/ 形 m 〈普通, 限定〉**手当たり次第の**, でたらめの, 行き当たりばったりの; 任意の; 〖統計〗無作為の. make a ~ choice 手当たり次第に選ぶ. a ~ remark でまかせの発言. ── 名 〈次の成句で〉

****at rándom*** でたらめに, 手当たり次第に, 行き当たりばったりに; 無作為に. chosen *at* ~ 無作為に選び出された. open a book *at* ~ 本をでたらめに開く.

[<古期フランス語「突進, 混乱」] ▷ **~·ness** 名

ràndom áccess 名 U 〖電算〗ランダムアクセス, 任意抽出方式.

ràndom-áccess mèmory 名 U 〖電算〗ランダムアクセスメモリー (→RAM).

ràndom érror 名 UC 〖統計〗確率的誤差.

rán·dom·ìze 動 他 から無作為に選ぶ.

rán·dom·ly 副 =at RANDOM.

ràndom númbers 名 〈複数扱い〉〖統計〗乱数(表).

ràndom sámple 名 C 〖統計〗無作為抽出標本.

ràndom sámpling 名 U 〖統計〗無作為抽出.

Ŕ and Ŕ 〖米〗rest and recreation (保養休暇).

rand·y /rǽndi/ 形 e 〖英話〗好色な, (性的に)興奮した, やりたがって, さかりのついた.

ra·nee /rɑ́:ni/ 名 C (インドの)王妃, 王侯夫人, 王女, (→rajah).

rang /rǽŋ/ 動 ring[2] の過去形.

‡**range** /reindʒ/ 動 (**ráng·es** /-əz/|過 過分 ~**d** /-d/|**ráng·ing**) 他 【**配列する**】 **1** VOA を並べる, 配列する, 整列させる; 〔髪など〕をそろえる, 整える. ~ pearls *by* [*according to*] size 真珠を大きさの順に並べる. ~ soldiers *in* line 兵隊を1列に整列させる. The customers ~*d* themselves *at* the counter. 客は列を作ってカウンターに並んだ. **2** 〖印〗〔活字〕を(行末で)そろえる.

【**同列に入れる**】 **3** VOA (~ X ***with, among*** ../X ***against*** ..) X を..の側/..の反対側につかせる, 立たせる. ~ oneself *with* [*among*]..., ~ oneself *against* ..→成句. **4** VOA (~ X ***among*** ..) X を..に分類する. Whales are sometimes mistakenly ~*d among* the fishes. クジラは時に誤って魚の部類に入れられる.

【**一定範囲内で動かす**】 **5** 〔銃, 望遠鏡など〕を向ける, 構える; の照準を合わせる; の射程を決める.

6 をうろつく, 動き[歩き]回る. ~ a forest for game 獲物を求めて森を歩き回る.

── 自 【**並ぶ>連なる**】 **1** VA **並ぶ**, 並行する, 〈*with* ..と〉. The fence ~*s with* the street. 垣は通りに沿っている. **2** VA 比肩する, 互角である, 〈*with* ..と〉; 列する, 仲間入りする, 〈*among* ..に〉. ~ *with* the greatest authors of our day 現代の偉大な作家たちに引けを取らない. **3** VA 〔山脈などが〕**伸びる**, 連なる, わたる. a boundary *ranging* north and south [*from* north *to* south] 南北に伸びた境界. The highway ~*s as far*

as Kansas. その幹線道路はカンザスまで延びている.
4【連なる＞届く】 VA 〔弾丸が〕達する, 届く, 〔銃砲が〕(..の)射程を持つ. The gun ～*s* (*over*) three miles. その砲の射程は3マイル(以上)だ.
【範囲内にある】 **5** VA 〔動植物などが〕**分布している**, 広がる; 〔話題などが〕**及ぶ**, 至る, 〈*over* ..に〉; (ある範囲内を)上下する, 変化[変動]する, 〈*between* ..の間を/*from* .. *to* ..から..へ〉. The plant ～*s over* the entire continent. その植物は大陸全体にわたって分布している. Prices ～ *between* $30 and $50. 値段は30ドルから50ドルである. boys and girls *ranging from* 13 *to* 19 13歳から19歳までの少年少女たち. His study ～*s* far and deep. 彼の研究は広くかつ深い範囲に及んでいる.
6 VA 歩き回る, うろつく, 〈*through*, *over*, *about* ..を〉; 〔目, 視線が〕移る, 移動する, 〈*over* ..を〉.
ràngе oneself agáinst .. ..の反対側に立つ, ..と敵対する.
ránge oneself with* [*among*] *.. の味方をする, に加わる. The people ～*d* them*selves with* [*among*] the rebels. 民衆は反乱者に味方した[の仲間になった].
── 名 (複 **ráng·es** /-əz/) 【列】 **1** C **列**, 並び; 続き, 連なり; 山脈. a ～ of tall columns 高い柱の列. a ～ of mountains＝a mountain ～ 山脈.
2【調理器具ひと並び】 C (ガス・電気の)レンジ《上にこんろ, 下にオーブンが付いている》, 電子レンジ (microwave oven); (旧式な)料理用ストーブ.
3【同列】 C 部類; 階級. the lowest ～*s* of society 社会の底辺.
【範囲, 限界】 **4** (**a**) UC **範囲**, 区域; (変動の)範囲, (最高と最低の)較差; 音域, 視界. a narrow [wide, broad] ～ of knowledge 狭い[広い]範囲の知識. the whole ～ of human imagination 人間の想像力の及ぶ範囲. a full ～ of services あらゆる(種類の)サービス. a ～ of issues [options] さまざまな問題[選択]. the age ～ 年齢の幅. beyond [outside, out of] my price ～ 私の考えている値段を超えて. (**b**) (製品・商品などの)種類, 品ぞろえ. our spring ～ 当店の春の品ぞろえ. a top of the ～ car 最高の車.
5 U (**a**) 声[視力]の届く範囲. be beyond [outside, out of] my ～ (of hearing) 私には聞こえない. (**b**) 電波の届く範囲. (**c**) (車などの)燃料の補給なしで走れる距離; 航続距離. **6** UC 射程; C 射撃場; ミサイル実験場.
7【一定範囲内の移動】 C うろつくこと, 徘徊(はいかい), さまよい歩くこと. **8** UC 〈普通 the ～〉 〖米〗 放牧地. **9** C (動植物の)分布[生息]区域. the ～ of the cuckoo カッコウの分布区域.
at a ránge of .. の距離で.
at lòng* [*clòse, shòrt*] *ránge 遠[近]距離から.
from clòse ránge 近くから.
in ránge 届く範囲の[で].
in ránge with .. ..と並んで.
outside* [*out of, beyond*] *a pèrson's ránge 人の手の届かない; 人の知識[理解, 経験の範囲]外で. The book is *out of* my ～. その本は私には理解できない.
within* [*out of*] *ránge 着弾距離内[外]に; 届く範囲で[届かない所に].
****within* (*the*) *ránge of ..*** (1) **..の射程内に**. (2) ..の範囲内に. come *within* ⌞*the* ～ *of* one's eyes [one's ～ *of* vision] 視界に入って来る. (3) ..の手の届く; ..にできる.
[＜古期フランス語 *rangier*「順に並べる」(＜*ranc* 'rank¹')]

ránge fìnder 名 C (カメラ, 小銃などの)距離計.

‡**rang·er** /réindʒər/ 名 C **1** 歩き回る人; 放[浮]浪者. **2**〖米〗森林巡視員, 国立公園管理人; 〖英〗御料林監視員. **3**〖米〗騎馬パトロール隊員; 〈～s〉 騎馬隊; 〈主に R-〉 特別攻撃隊員《奇襲攻撃などの特殊訓練を受けた者; 〖英〗 commando》. **4**〖英〗 レーンジャー《Girl Guides の最年長組の少女》.

Ránge Ròv·er /-ròuvər/ 〖商標〗 レンジローバー《英国の Rover 社製の悪路にも向いている大型高級車》.

Ran·goon /ræŋgúːn/ 名 →Yangon.

rang·y /réindʒi/ 形 **1** 〔人, 動物が〕身体がすらっとして手足の長い. **2** 歩き回ることのできる.

ra·ni /rάːni/ 名 ＝ranee.

‡**rank**¹ /ræŋk/ 名 (複 **～s** /-s/) 【横列】 **1** C (普通, 横の)**列**, 並び; (チェス盤の)横列; (軍隊などの)横列, 横隊, (→file²). the front [rear] ～ 前[後]列. a ～ of taxis 1列に並んだタクシー. smile at the ～*s* of cameras カメラの放列に向かってにっこりする. **2** C 〖英〗(タクシーの)乗り場 (taxi rank).
3 〈～s〉 軍隊; 〈the ～s 又は other ～s〉 (将校と区別して)兵, 下士官(兵); (管理者層に対して)**一般社員**[雇員]; 同類(の人たち). be reduced to the ～*s* 兵卒に降等される. rise [come up] through [from] the ～*s* 兵卒から将校になる, 低い身分から立身出世する. join the ～*s* of the unemployed 失業者の仲間入りをする《失業する》.
【序列】 **4** UC **階級**, 位, 格; 身分; 品位. an officer of high ～ 高級将校. rise to the ～ of captain 陸軍大尉(の地位)に昇進する (★the ～ of の後では一般に無冠詞). a musician of the first ～ 一流の音楽家. people of all ～*s* あらゆる身分の人々.
5 U 高い地位[身分]. a lady of ～ 高い身分の婦人.
***brèak ránk*(*s*)** 落伍(ご)する; 列を乱す; 別行動を取る 〈*with* ..とは〉.
clòse* (*the*) *ránks →close.
fàll into ránk 列に加わる, 並ぶ.
***kèep ránk*(*s*)** 隊列を乱さない, 秩序を保つ.
***pùll* (*one's*) *ránk* (*on ..*)** 〖話〗(〔下級の者〕に対して)階級をかさにきて命令を押しつける; (〔下の者〕に対して)自分の地位を利用する.
swèll the ránks of .. ..を増やす.
tàke ránk of .. ..の上に立つ.
tàke ránk with .. ..と並ぶ, 肩を並べる.
── 動 (～s /-s/| 過 過分 ～ed /-t/| ～·ing) 他
【(横列に)並べる】 **1** (**a**) を**並べる**, 整列させる, 横列にする. ～ soldiers 兵隊を整列させる. (**b**) VOA を順番に並べる[整理する]. ～ books *according to* size 本をサイズ順に並べる. ～ .. *in* preference ..を好みの順に並べる.
【格付けする】 **2** (**a**) VOC (～ X Y) **XをYと等級をつける**, 評価する, 〈しばしば受け身で〉. She is ～*ed* the finest pianist of our day. 彼女は当代では最高のピアニストだと言われている. be ～*ed* 7th in the world 世界で7位にランクされている. (**b**) VOA (～ X *as*, *among ..*) Xを..に格付けする, Xを..と考える; Xを..と分類する, ..の部類に入れる. He ～*s* money *as* essential to happiness. 彼は幸福になるためには金が不可欠だと考えている.
3〖主に米〗 より階級が上である, の上に立つ; に勝る. He ～*ed* the other members of the party by virtue of his long experience. 長い経験によって彼は一行の他の人々の上位にあった.
── 自 〈進行形不可〉 **1** (**a**) VA ..に位置づけられる. ～ *among* ..の1つ[1人]に位する. ～ *as* ..としての地位にある. ～ *with* [*alongside*] ..と同等である, 肩を並べる. ～ *above* [*below*] ..より上に[下に]位する. He ～*s among* [*with*] the world's best. 彼は世界最高の1人だ. (**b**) VC (～ X) Xの地位にある. ～ high [low] 高い[低い]地位にある. Tom ～*s* first in his class. トムはクラスで1番だ.
2〖米〗 上位を占める.
[＜古期フランス語; range と同源]

rank² 形 **1** 〔草木が〕生い茂った, はびこった; 〔土地が〕雑草のはびこった, 肥沃(よく)すぎる. a garden ～ *with* weeds 雑草のはびこった庭. Weeds grow ～. 雑草が生い茂る. **2**〖旧〗(におい, 味が)嫌な, ひどい. ～ meat 悪臭を放つ肉. **3** 〈限定〉 全くの, はなはだしい, ひどい, 下品な.

R

a ～ amateur ずぶの素人. a ～ outsider 全く勝ち目のない馬[選手, チーム]. ～ nonsense 全くばかげたこと.
[＜古期英語「高慢な」] ▷～·ly 副 ～·ness 名

rànk and fáshion 名 U 上流社会.

rànk-and-fíle 形 **1** 兵卒の; 平社員の. a ～ worker 平社員. **2** 大衆の, 庶民の.

rànk and fíle 名 〈the ～; 単複両扱い〉 **1** (officers (士官)に対して)下士官と兵(卒); (組織内の管理者層に対して)現場の人たち, 平社員連, 平(ひら). the ～ of teachers in the classroom 教室で教える一般の教師たち. **2** 大衆, 庶民.

-ranked /-t/ 〈複合要素〉 順位が..の, ..にランクされる. second-*ranked* 第2位の. [rank[1]]

ránk·er 名 C **1** 兵卒. **2** 兵隊上がりの[たたき上げの]「将校.

†**ránk·ing** 名 U 格づけ, 等級づけ; C 順位, ランキング(表). ── 形 〈限定〉 〖米〗(そこにいる中で)最高位の; 上級の, 幹部の; 一流の, 抜群の. the ～ officer present 出席している上級将校. a ～ player 一流の選手.

-ránk·ing 〈複合要素〉 順位が..の, ..にランクされる. second-*ranking* 第2位の. low-*ranking* 下位の, 下級の.

ran·kle /rǽŋk(ə)l/ 動 自 腹立たしい; 〔恨みなどが〕心をさいなむ 〈*with* ..〔人〕の〉. *rankling* regret いつまでも心が痛む後悔. Our failure will ～ for some time. 我々は失敗にしばらくは胸がうずくだろう. The failure in the exam will ～ *with* him. その試験に落ちたことは彼に苦い思い出としてずっと残るだろう. ── 他 に腹立たしい思いをさせる, の心を苦しめる, をいらだたせる.

‡**ran·sack** /rǽnsæk/ 動 他 **1** をくまなく捜す, あさり回る. ～ the office *for* a missing letter なくなった手紙を求めて事務所中を捜す. ～ one's memory *for* a forgotten name 忘れた名を思い出そうと記憶を探る.
2 (a) 〔場所〕を略奪する. ～ a town 町を略奪する.
(b) VOA (～ X *of* ..) 〔場所〕から X を略奪する. The room was ～*ed of* everything but the furniture. 部屋の中は家具を残して何もかも持ち去られた.
[＜古期北欧語「家の中を捜す」] ▷～·ing 名

†**ran·som** /rǽns(ə)m/ 名 **1** U (捕虜などの)釈放, 身受け; (捕獲物の)受け戻し. **2** UC 身代金, 賠償金. demand a ～ of 5 million dollars (for ..) (..に) 5百万ドルの身代金を要求する.
a kìng's ránsom 〖旧〗(王の身代金ほどの)大金.
hòld a pèrson for 〖主に米〗 [***to*** 〖主に英〗] ***ránsom*** 人を人質にして身代金を要求する; 人を脅して要求を通そうとする.
── 動 他 **1** を身代金[賠償金]を払って受け戻す. **2** を身代金を取って釈放する.
[＜古期フランス語「買い戻し」; redemption と同源]

‡**rant** /rænt/ 動 自 どなる, 怒号する; 大言壮語する. ── 他 VO (～ X/*that* 節/"引用") 〔俳優が〕X (せりふなど)を/..だと/「..」とどなるようにして言う, わめきちらす, 〈*out*〉. ～ *out* unprintable condemnations 活字にできないようなひどい悪口をわめきちらす.
ránt and ráve わめきちらす.
── 名 U どなること, 怒号; 大言壮語.
[＜オランダ語] ▷**ránt·er** 名 **ránt·ing** 名

*__rap__[1] /ræp/ 名 (複 ～s /-s/)
1 C (戸, テーブルなどを)こつん[とんとん]とたたくこと; その音; (★knock より鋭い). give several ～*s* on the door 戸を数度とんとんとたたく.
2 C 〖俗〗 **(a)** お目玉, しかりつけ, 批判, 非難; 罰, 懲らしめ. **(b)** (特に悪い, しばしば不当な)評判. **3** C 〖米話〗容疑. a murder ～ 殺人容疑. **4** C 〖米俗〗 おしゃべり (chat). **5** U ラップ(ミュージック) (**ráp mùsic**) 《リズムに乗って即興的に言葉を語る》; C ラップ《曲》.
bèat the ráp 〖米俗〗 罰を逃れる, うまく罪を逃れる.
gèt [***recèive***] ***a ráp on*** [***over***] ***the knúckles*** 〔子供が〕罰として指関節を打たれる; 非難される, しかられる.
gìve a pèrson a ráp on [***over, across***] ***the knúckles*** 〖話〗 人の指関節を打つ 《子供に加える罰》; 人を非難する, しかる, たしなめる.
tàke the ráp (***for*** ..) 〖話〗 (..のために)甘んじて罰を受ける, 黙ってしかられる, 《特に他人のためのぬれぎぬの場合に言う》.
── 動 (～s /-s/ | 過 過分 ～ped /-t/ | **ráp·ping**) 他
1 (a) をこつん[とんとん]とたたく. The teacher ～*ped* the edge of her desk sharply with her ruler. 先生は机の縁を物差しで激しくたたいた. **(b)** VOA (テーブルなどを) とんとんたたいて〔会合など〕を..にする. ～ the meeting *to* order とんとんとたたいて会議を静粛にする. **2** を(突然)大きな声で言う. **3** を批判[非難]する (★ジャーナリズムでよく使う). **4** 〖俗〗 をとがめる, しかる, しかりつける.
── 自 **1** VA (～ *at, on* ..) ..をこつんこつん[とんとん]とたたく. ～ *at* [*on*] the door ドアをとんとんたたく. The chairman ～*ped on* the table for attention. 議長は注意を引くためにテーブルをとんとんたたいた. **2** 激しい言葉を用いる; 〖俗〗 しかりつける. **3** 〖旧〗 おしゃべりする. **4** ラップを歌う.
hàve [***gèt***] ***one's knùckles rápped*** 非難される, しかられる.
ràp a person's knúckles = ***ràp a person over the knúckles*** 人を非難する, しかる.
ràp /../ óut (1) ..を厳しい口調で[不意に]言う. The commander ～*ped out* orders. 指揮官は命令を厳しく言い渡した. (2) 〔メーセージなど〕をこつこつたたいて伝える 〈*on* ..〔壁など〕を〉. The teacher ～*ped out* an order *on* the desk. 先生は机をたたいて静粛を命じた.
[＜中期英語; ? 擬音語]

rap[2] 名 C 〖話〗 三文の値打ちもないもの, びた一文, ほんの少し, 〈否定文に用いる〉, 《18世紀アイルランドの私鋳貨幣(半ペニー相当)から》. not worth a ～ まるっきり取るに足りない. I don't care [give] a ～. 私はちっとも気にしない.

ra·pa·cious /rəpéiʃəs/ 形 〖章〗 **1** 強欲な, 貪慾(どんよく)な, (greedy). **2** 強奪[略奪]的な; 〖動〗 捕食性の. ～ pirates 略奪する海賊. a ～ animal 捕食性の動物.
▷～·ly 副 貪欲に. ～·ness 名

ra·pac·i·ty /rəpǽsəti/ 名 U 強欲, 貪慾(どんよく); 強奪.

†**rape**[1] /reip/ 名 UC **1** 婦女暴行, 強姦(ごうかん), レイプ. commit (a) ～ 強姦する. a victim of ～ = a ～ victim 強姦の被害者. **2** 〖章〗 (環境などの) 破壊 〈*of* ..の〉; 強奪, 略奪. the ～ *of* the beautiful countryside 美しい田園の破壊.
── 動 他 **1** を強姦[レイプ]する. **2** 〖章〗 を強奪[略奪]する. ～ the countryside 田園を破壊する. The Roman legions ～*d* the city. ローマの軍隊がその都市を略奪した. ── 自 強姦をする.
[＜ラテン語 *rapere* 「力ずくで捕まえる, 奪い取る」]

rape[2] 名 U 〖植〗 セイヨウアブラナ.

rápe òil 名 U ナタネ油, 種油.

Raph·a·el /rǽfiəl | rǽfei-/ 名 **1** ラファエロ (1483–1520) 《イタリアの画家・彫刻家・建築家》. **2** ラファエル 《大天使 (archangel) の 1 人》.

‡**rap·id** /rǽpəd/ 形 m, e **1** 〔流れ, 進行などが〕**速い**, 急な; 急ぎの; (類語 運動, 動作そのものに重点が置かれることが多い; →fast[1]). a ～ river 流れの速い川. the ～ spread of influenza インフルエンザの急速な蔓(まん)延. (as) ～ as lightning 電光石火の. a ～ growth [rise, increase] 急速な増加. a ～ journey 急ぎの旅. **2** 〔動作, 行動などが〕素早い, 敏速な. a ～ worker 仕事の速い人. walk at a ～ pace 速足で歩く. **3** 〔坂が〕急に下る. **4** 〖写〗 高感度の〔フィルムなど〕.
── 名 C 〈普通 ～s〉 急流, 早瀬. Our boat shot [ran] the ～*s*. 我々のボートは急流を矢のように下った.

[＜ラテン語 *rapidus*「力ずくで持ち去る」(＜*rapere* 'rape¹')] ▷～·ness 名

ràpid éye mòvement 名 ＝REM.

ràpid-fíre /㊇/ 形 **1** 速射の. a ～ gun 速射砲. **2** 矢継ぎ早の, 速い. ～ questions 矢継ぎ早の質問. **3** 急速な.

***ra·pid·i·ty** /rəpídəti/ 名 U 迅(じん)速, 急速; 素早さ; 速さ, 速度. with ～ 迅速に.

‡rap·id·ly /rǽpədli/ 副 m 速やかに; 素早く; 早急に. speak ～ 早口で話す. walk ～ どんどん歩く. a ～ developing country 急速に発展している国.

ràpid reáction fòrce 名 C 緊急対応部隊.

ràpid tránsit 名 UC 〖米〗高速旅客輸送システム《都市(近郊)の地下鉄, 高架鉄道, 高速バスなど; **ràpid tránsit sỳstem** とも言う》.

ra·pi·er /réipiər/ 名 **1** C レーピア《昔の細身で両刃の剣; 今では突き専用の細い剣; →sword 図》. **2** 〈形容詞的〉鋭い. a ～ wit 鋭利なウイット. ～(-)thrust レーピアでの突き; ちくりと刺すこと, 軽妙な風刺, 即妙の答え.

rap·ine /rǽpən|-pain/ 名 U 〖雅〗強奪, 略奪.

‡rap·ist /réipist/ 名 C 強姦(ごうかん)者[犯], レイピスト.

rap·pel /ræpél/ 名 UC 〖登山〗ラペル《上部を固定した綱を体に付け, 綱を送りながら徐々に急な岩壁を下りること; 懸垂下降》. ── 動 自 ラペルで降りる.

ráp·per 名 C ラップ歌手.

‡rap·port /ræpɔ́ːr(t)/ 名 U (心の通い合った)関係〈*between* ..間の/*with* ..との〉; 調和, 一致. be in ～ *with* one's surroundings 環境と調和した関係を保っている. establish [strike up] a good [close] ～ *with* ..と良い[緊密な]関係を作る. [フランス語(＜「連れ戻す」)]

rap·por·teur /ræ̀pɔːrtə́ːr/ 名 C (会議, 委員会の)報告者. [フランス語 'reporter']

‡rap·proche·ment /ræpróuʃmɑːŋ|-prɔ́ʃ-/ 名 C 和解, 親交[親善(関係)]回復, 〈*with* ..との/*between* ..間の〉. [フランス語 'bringing together']

rap·scal·lion /ræpskǽljən/ 名 C 〖古・戯〗悪漢, ごろつき (rascal); ろくでなし (good-for-nothing).

ráp shèet 名 C 〖米話〗前科記録.

rapt /rǽpt/ 形 心を奪われた, 没頭した, 〈*in* ..に〉; 夢中な, 有頂天の, うっとりした, 〈*with* ..で〉. ～ *in* thought 物思いにふけって. listen with ～ attention 心を奪われたように熱心に聞き入る. be ～ *with* joy 喜びで有頂天になっている. [＜ラテン語 (*rapere* 'rape' の過去分詞)] ▷ **rápt·ly** 副 **rápt·ness** 名

rap·tor /rǽptər/ 名 C 〖鳥〗猛禽(きん).

rap·to·ri·al /ræptɔ́ːriəl/ 形 〖動〗肉食の, 獲物を捕えるのに適した; 〖鳥〗猛禽(きん)類の.

‡rap·ture /rǽptʃər/ 名 UC 〖章〗〈しばしば ～s〉有頂天, 狂喜, 大きな喜び. listen with [in] ～ うっとりと聞き入る. She went [fell] into ～s over her son's success [at the news]. 彼女は息子の成功に[その知らせを聞いて]有頂天になった.

be in ráptures 有頂天である, 大喜びしている, 〈*about, at, over* ..で, に〉.

[＜中世ラテン語「力ずくで捕まえること」; rape¹, -ure]

rap·tur·ous /rǽptʃ(ə)rəs/ 形 狂喜した, 有頂天の; 熱狂的な〔歓迎など〕. ▷ ～·ly 副

‡rare¹ /reər/ 形 e (**rar·er** /-rər/|**rar·est** /-rəst/)
1 まれな, めったにない, 珍しい, (★しばしば珍しくて貴重な物に使う). a ～ book 希覯(こう)本. on very ～ occasions ごくまれに. a ～ treat めったにない楽しみ. a ～ disease 奇病. an extremely [a comparatively, a relatively] ～ breed 極めて[比較的]まれな品種. It is ～ ⌞for him to be late [that he is late]. 彼が遅れるのは珍しい. Men of his stature, always uncommon, are now exceedingly ～. 彼ほどの器量ある人はもともと珍しかったが今や全く希少価値だ.
2 〖話〗特別優れた, まれに見る; すばらしい, かっこいい, すてきな; すごい. a ～ one for dancing ダンスの名手. We had a ～ time at the party. パーティーは楽しかった.
3 〔空気などが〕希薄な, 薄い; 〔星などが〕まばらな. the ～ air in the mountains 山の希薄な空気. a few ～ stars まばらな星. ◇名 rarity

ráre and 〈副詞的〉〖旧話〗とても, たいへん, (very), (→and 6). I was ～ *and* thirsty. 私はのどがからからだった.

ràre óld 〖英旧話〗非常にいい[悪い]. have a ～ old time 楽しむ.

[＜ラテン語 *rārus*「薄い, まばらな」] ▷**ráre·ness** 名

rare² 形 〔肉などが〕なま焼けの, レアの, 半煮えの, (参考 もっとよく焼けば medium, さらに well-done となる; 〖英〗では underdone とも言う). I like my steak ～. ステーキはレアが好きだ. [＜古期英語]

ràre bírd 名 C 珍しい[まれな]人[もの]《ラテン語 *rara avis* の英訳》.

rare·bit /réərbət/ 名 〖章〗＝Welsh rabbit.

ràre éarth 名 C 〖化〗**1** 希土酸化物. **2** ＝rare-earth element.

ráre-èarth èlement 名 C 〖化〗希土類元素.

rar·e·fac·tion /rè(ə)rəfǽkʃ(ə)n/ 名 U 希薄にする[なる]こと, 希薄化; 希薄.

rar·e·fied /ré(ə)rəfàid/ 形 〈普通, 限定〉**1** 〖しばしば軽蔑・戯〗高尚な, 崇高な; (位などが)非常に高い; 外界から閉ざされた, 高踏的な. the exalted and ～ atmosphere in which this Romantic poet lived このロマン派詩人が生きた, 高踏的で外界からへだてられた生活空間. **2** 〔大気が〕希薄な.

rar·e·fy /ré(ə)rəfài/ 動 (**-fies**|過 過分 **-fied**|～**·ing**) 他 〈主に受け身で〉**1** 〔気体〕を希薄にする. **2** を純化[浄化]する. **3** 〔考えなど〕を精妙にする. ── 自 **1** 希薄になる. **2** 純化[浄化]する. **3** 精妙になる.

‡rare·ly /réərli/ 副 m **1** めったに..しない; まれに, 珍しく. Miracles ～ happen. 奇跡というものはめったに起こらない. I have ～ seen such beautiful handwriting. こんなに美しい筆跡はめったに見たことがない (語法 *Rarely* have I seen.. は〖章〗). It is ～ that I go to see a movie now. 今はまれにしか映画を見に行かない.
2 〖章〗めったにないほど, とても; すばらしく, みごとに. It pleased him ～. それは彼をことのほか喜ばせた. a ～ beautiful woman めったに見られない美人.

rárely (if) èver.. たとえ..したとしてもごくまれに (参考 if を省くのは〖話〗). He ～ *if ever* watches TV. 彼はめったにテレビを見ない.

ràrely or néver めったに..しない.

rar·ing /ré(ə)riŋ/ 形 〈叙述〉〖話〗うずうずして〈*for* ../*to* do ..したくて〉.

ràring to gó (一般に物事を)始めたくてうずうずして. Hurry up and deal the cards—we're ～ *to go*. 早くトランプを配れよ―早くやりたいんだ.

[*rare* (rear² の異形)の現在分詞]

†rar·i·ty /ré(ə)rəti/ 名 (複 **-ties**) **1** C まれな出来事; まれな[珍しい]もの[事, 人], 珍品, 奇人. be (something of) a ～ (ちょっと)珍しい物. **2** U まれであること, 珍しさ, 希少価値. a plant of great ～ 非常に珍しい植物. have (a) ～ value 希少価値がある. **3** U (空気などの)希薄さ.

‡ras·cal /rǽsk(ə)l|rɑ́ːs-/ 名 C **1** 〖戯〗いたずらっ子; (かわいい)やつ. You little ～! このちびっ子め. **2** 〖旧〗悪漢, ごろつき. [＜古期フランス語「暴徒」]

ras·cal·i·ty /ræskǽləti|rɑːs-/ 名 (複 **-ties**) UC 悪党のしわざ, 悪事, 非道, 悪業.

rás·cal·ly 形 〖章〗悪党の; 〔行為が〕悪辣(らつ)な; ずるい, 卑しい. What a ～ thing to do! なんと悪辣な事を.

rase /reiz/ 動 ＝raze.

R

***rash**[1] /ræʃ/ 形 e 軽率な, そそっかしい, 早計な, 早まった; 思慮のない, 無分別な. a ~ promise 軽はずみな約束. in a ~ moment 前後の見境なく. It was ~ of me to say so.=I was ~ to say so. そう言ったのは軽率だった. [＜中期英語(＜ゲルマン語)] ▷**rásh·ly** 副 軽率に(も); 向こう見ずに. **rásh·ness** 名 U 軽はずみ, 無分別.

‡rash[2] 名 C 〈単数形で〉 **1**〖医〗発疹(はっしん), 吹き出物. come [break] out in a ~ 発疹が出る. a diaper〖米〗[nappy〖英〗] ~ おむつかぶれ. **2**〖話〗(至る所に不快な出来事が)発生[出現]すること, 続発, 頻発, 頻出, 〈*of* ..の〉. a ~ *of* robberies 強盗事件の頻発.
[＜ラテン語 *rādere*「こする, ひっかく」]

rásh·er 名 C ベーコン[ハム]の薄切れ.

rasp /ræsp|rɑːsp/ 名 **1** C 石目やすり; おろし金(がね). **2** aU やすりをかける(ような)音. **3** (声の)かすれ, しゃがれ.
—— 動 他 **1** にやすりをかける; をごしごしこする; VOA をこすって取り除く〈*away, off*〉. **2** VO (~ X/"引用") X を/「..」としゃがれ声で言う〈*out*〉. **3** をいらいらさせる, の神経にさわる. Her shrill voice *~ed* his ears unpleasantly. 彼女のかん高い声は彼には耳障りで不愉快だった.
—— 自 **1** (ぎーという)きしむ音を立てる. ~ on the violin ヴァイオリンをぎーぎー弾く. **2** VA 耳障りである; いらだたせる; 〈*on, upon* ..に, を〉. ~ *on* a person [a person's nerves] 人に耳障りである. [＜古期フランス語「こする」]

‡rasp·ber·ry /rǽzbèri|rɑ́ːzb(ə)ri/ 名 (複 **-ries**)
1 C〖植〗ラズベリー(の実); ラズベリーの木《低木》; U キイチゴ色《黒味がかった赤紫》. **2** C〖俗〗舌を出して唇の間で震わす音, やじ, 《不快, 軽蔑, 冷笑を表す》. give〖米〗[blow〖英〗] a ~ 舌を出して鳴らす; 嘲笑する.
[〖廃〗*rasp*is「ラズベリー」, berry]

rásp·ing 形 しわがれた〔声など〕, きしる, 耳障りな, いらだたせる. ▷**~·ly** 副

rasp·y /rǽspi|rɑ́ːs-/ 形 きしる; すぐ怒る; 荒い.

Ras·ta /rǽstə/ 名 =Rastafarian. ▷**~·man** 名

Ras·ta·far·i·an /ræ̀stəfé(ə)riən/ 名 C ラス・タファリ運動の信奉者 《ジャマイカの黒人を神に選ばれた者とし, アフリカ回帰を唱える宗教運動》. —— /⌐/ 形 ラス・タファリ運動(信奉者)の. ▷**~·ism** /-nìz(ə)m/ 名

‡rat /ræt/ 名 (複 **~s** /-ts/) C **1** ネズミ, クマネズミ, ドブネズミ, (類語 mouse よりも大型でどぶなどに住み病気を媒介する不快なネズミを言う; ネコは mouse を, 犬(普通 terrier) は rat を取る). *Rats* desert [leave] a sinking ship.〖諺〗ネズミは沈む船を見捨てる《＞落ち目の人のもとをさっさと去る》.→rat race. **2**〖話〗裏切り者, 卑劣なやつ, 嫌なやつ. You dirty ~! この下種(げす)野郎.
be as pòpular* [*wèlcome*] *as a ràt sándwich = ***gò down like a ràt sándwich*** 大変嫌われる.
like a dròwned rát ぬれねずみになって, ずぶぬれで.
Rats!〖俗〗ばかばかしい, ばか言え, うそを言え.
smèll a rát〖話〗どうも怪しいと感じる, うさん臭いと思う.
—— 動 (**~s**|**-tt-**) 自 **1**〖話〗裏切る, 密告する, 〈*on* ..を〉; VA (**~ *on* ..**)〔約束など〕を破る. Who *~ted*? たれこんだのはどいつだ. He's *~ted on* us. やつは俺たちを裏切りやがった. **2** 〔犬などが〕ネズミを取る.
ràt aróund〖米学生俗〗ぶらぶら過ごす.
ràt óut 逃げ出す, 手を引く; 見捨てる〈*on* ..を〉.
[＜古期英語]

rat·a·ble /réitəb(ə)l/ 形 **1** 見積もりができる, 評価可能な. **2**〖英〗固定資産[地方]税をかけうる, 課税対象になる. the ~ value of a house 家屋の(地方税)課税評価額.

rat·a·fi·a /ræ̀təfí(ː)ə/ 名 U (アーモンド, 桃などの)果実酒, ラタフィア; ラタフィア風味の菓子.

ra·tan /rætǽn, rə-/ 名 =rattan.

rát-àssed〖米〗, **rát-àrsed**〖英〗 形 へべれけで.

ràt-a-(tat-)tát 名 C 〈単数形で〉 とんとん, どんどん, ばんばん, 《戸, 太鼓, 釘(くぎ)などをたたく音; 機関銃などの音》.

ra·ta·touille /ræ̀tətúːi, -twíː/ 名 U ラタトゥイユ《なすやトマトなどを蒸煮したニース風シチュー》. [フランス語]

rát·bàg 名 C〖英話〗嫌なやつ, 能なし, 役立たず.

ratch·et, ratch /rǽtʃət/, /rætʃ/ 名 C **1** ラチェット, 爪(つめ)車, 追い歯車, (**rátchet whèel**). **2** 爪, 歯止め, 《爪車の逆転を防ぐ装置》. **3** 〈比喩的〉 悪化する状況[傾向]. —— 動 他 にラチェットを付ける. —— 自 ラチェットで動く; 徐々に上る.
ràtchet /../ dówn を徐々に下げる.
ràtchet /../ úp を徐々に上げる[増す]. ~ *up* interest rates 利率を徐々に上げる.

‡rate[1] /reit/ 名 (複 **~s** /-ts/) C
【割合】 **1 割合**, 比率, 歩合; レート, 相場. the unemployment ~=the ~ of unemployment 失業率. The birth ~ is apt to fall in advanced countries. 先進国では出生率は下がる傾向がある. the ~ of economic growth 経済成長率. have a high success ~ in .. ..の成功率が高い. a fixed ~ 固定金利で. the ~ of exchange→exchange rate.→interest rate.

連結 a high [a rapid; a moderate; a steady; a low, a slow; the crime, the death, the divorce] ~ // the ~ goes down [declines, decreases; rises; levels off; fluctuates, varies]

【支払う割合】 **2 値段**; 料金. gas [electric] *~s* ガス[電気]料金. The store gives special *~s* to students. その店は学生に特別割引をする. What's the going ~ of pay for this job? この仕事の賃金の相場はいくらか. the postal ~ for first-class mail 第一種郵便(物)の料金. the hourly [weekly, monthly] ~ 時間[週, 月]単位の料金.
3〖英〗〈~s〉 固定資産税《もと土地, 家屋にかけた地方税; 英国では 1989 年にこれに代わって community charge が創設されたが不評を買い, 1993 年に council tax に改められた》; 地方税 (〖米〗 local taxes). the water ~ 水道税.
【程度】 **4 等級**, 格; 〈序数詞を伴って〉 ..級, ..等. a hotel of the second [third] ~=a second-[third-]~ hotel 二流[三流]のホテル.
5【速さの程度】 **速度**; (仕事などの)進度, ペース. Don't drive at a dangerous ~. 危険な速度で運転してはいけない. at his own ~ 彼のペースで.
****at ány ràte*** (1) とにかく, いずれにしても, (注意 at àny ráte と発音すると「どんな割合[速度など]でも」と文字通りの意味になる). Come along without any more nonsense. *At any* ~ I am going. もうつべこべ言わないで一緒に来いよ. ともかく僕は行くんだ. (2) 少なくとも《前言を訂正したり, さらに正確に言う時》. Most of us, *at any* ~ half of us, are opposed to this plan. 私たちの大部分, 少なくとも半数はこの計画に反対だ.
at a ràte of knóts 大変速く.
at thát* [*thís*] *ràte〖話〗あの[この]調子では. *At that* ~, it'll take him a year to finish the work. あの分では彼がその仕事を終えるのに 1 年かかるだろう.
****at the ráte of ..*** ..の割合[価格, 速度]で. fly *at the* ~ *of* 600 miles an hour 時速 600 マイルの速度で飛行する. *at the* ~ *of* $1.72 to the pound sterling 1 英ポンドにつき 1.72 ドルの(交換)比率で.
—— 動 (**~s** /-ts/|過 過分 **rát·ed** /-əd/|**rát·ing**) 他
【評価する】 **1** (a) **を評価する** (類語 特に相対的評価に用いる; →evaluate);〖主に英〗〈high とか low という相対的な副詞を伴わず〉 を(高く)評価する. I don't ~ her very high(ly) as a poet. 私は彼女を詩人としてはあまり高く買わない. I don't ~ that book. 私はその本を評価しない. (b) VOA (**~ X *at* ..**) X を..と評価する, X を..と見積もる. His property is *~d at* ten million dollars.

彼の財産は 1 千万ドルと評価されている.
2 **(a)** VOC (〜 X Y) X を Y と考える, 思う, (consider). I 〜 her an excellent tennis player. 彼女はすばらしいテニスの選手だと思う. **(b)** VOA (〜 X ***as*** ..) X を..と思う, 見なす; (〜 X ***among*** ..) X を..の 1 人と見なす; (〜 X ***above*** ..) X を..より重視する. Can we 〜 Johnson *among* our friends? ジョンソンを我々の味方と見ていいでしょうか. I don't 〜 him *as* having good judgment. 私は彼に見識があるとは思わない. a work of art 〜*d* (*as*) a masterpiece by critics 批評家たちに傑作と考えられた芸術品.
3【格付けをする】VOC (〜 X Y) X を Y の等級[階級](のもの[人])とする; VOA (〜 X ***as*** ..) X (船, 船員)の等級を..と決める. He is 〜*d* Japan's No.1 judoist. 彼は日本の柔道家のトップに位置づけられている.
4〖英〗を課税のために評価する, に地方税を課す, 〈普通, 受け身で〉.
5【価値がある】〖話〗に値する, の資格がある, (deserve). You 〜 the best treatment we can give you. あなたは我々にできる最高の待遇を受ける資格がおありです. not 〜 a mention 触れるに値しない.
── 自 **1** VC (〜 X) X と見なされる[評価される]; VA 評価される 〈*as* ..と〉. Her first novel did not 〜 very high(ly). 彼女の最初の小説はあまり高く評価されなかった. **2** VC (〜 X)・VA (〜 ***as*** X) X という等級を持つ, X の地位を占める. Jack 〜*s* (*as*) first in the class. ジャックはクラスの首席である. **3** 高く評価される, 評判[受け]がいい, 〈*with* ..に〉.
[<ラテン語「計算された」(<*rērī* 'count')]

rate[2] 動〖古〗他 をひどくしかる. ── 自 ひどくしかる 〈*at* ..を〉.

rate·a·ble /réitəb(ə)l/ 形 =ratable.

ráte-càp 動 他〖英〗〈普通, 受け身で〉〔政府が, 地方自治体〕の地方税徴収額の上限を定める.
▷ **rate-cap·ping** 名

ràte of ínterest 名 C 利率.

ráte·pàyer 名 C **1**〖英〗地方税納付者. **2**〖米〗(電気, 水道, 電話などの)料金支払者.

rat·er /réitər/ 名 C 評価する人.

rát fìnk 名 C〖米話〗嫌なやつ; 密告者.

‡**rath·er** /rǽðər|rɑ́:ðə/ 副 ⓒ **1** (..よりも)むしろ, どちらかと言えば, いっそ, かえって, (語法 普通 rather X than Y 又は X rather than Y という形で用いられる; X と Y は文法上同等のもの; X が to 不定詞のときは Y は原形不定詞または 〜ing になることもある). He is a politician 〜 [〜 a politician] *than* a statesman. 彼は政治家というよりはむしろ政治屋である. Be honest 〜 *than* clever. 利口者であるよりは正直者であれ. I, 〜 *than* you, should go. 君よりもむしろ僕が行くべきだ. *Rather than* wait for the bus I took a taxi. 私はバスを待つよりはタクシーに乗った. She decided to write 〜 *than* phone [phoning]. 彼女は電話をするよりは手紙を書くことに決めた. His tone was 〜 resigned *than* resentful. 彼の声の調子は憤慨しているというよりはあきらめていた.
2 やや, いくぶん, 多少; かなり, 相当に. I'm feeling 〜 better today. 今日はいくらか気分がいい (★rather は比較級を修飾できる). We 〜 enjoyed it. 私たちはかなり楽しんだ. Mr. Smith is 〜 an old [a 〜 old] man. スミスさんはかなりの高齢者だ (語法 不定冠詞と名詞の間に形容詞がない場合には, rather は必ず不定冠詞の前に置く: He's 〜 a bore. (彼はかなり退屈な男だ)). This is 〜 good work for you. (教師が生徒に作文を返しながら) 君にしてはなかなか良い出来だ. He came 〜 too early. 彼は少し早く来すぎた. This book is 〜 easy. この本はちょっと易しいようだ (類語 不適当な程度, また話者の不満足な気持ちを表すことが多く, 上の例文では「易し過ぎる」という含みがあり, *fairly* easy とは対照的である; → fairly, pretty). I did 〜 well in my exams. 試験は相当できたよ.
3 **(a)**〈しばしば or を伴って〉もっと適切[正確]に言えば, というよりもむしろ; それどころか逆に. My husband came home very late that night, *or* 〜 early the next morning. 夫はあの晩とても遅く, というよりはむしろ翌朝早く帰宅しました. The boy is not diligent; 〜, he's very lazy. その少年は勤勉でない; それどころか非常な怠け者だ. **(b)**〈but rather で〉それとは逆に. We do not want to victimize the homeless, *but* 〜 help them. 私たちはホームレスに苦痛を与えたいのではなくて援助したいのだ.
4 /rǽðɔ́:r|rɑ̀:-/ 〈間投詞的〉〖主に英旧話〗確かに, そうだとも, (certainly). "You are glad to see him again, aren't you?" "Yes, 〜!"「また彼に会えてうれしいでしょう」「ええ, もちろん」.
Ràther yòu [*hìm, etc.*] ***than mé.***〖主に英〗(あなた[彼]であって)私でなくてよかった, 私はごめんだ. "He works every weekend." "*Rather* him *than me*."「彼は週末にいつも働いている」「私はごめんだね」.
****would*** [***had***] ***ráther*** ***..*** =しばしば〖話〗***'d rather*** ***..*** むしろ..したい, ..する方がいい, 〈*than* ..よりも〉. (1)〈不定詞を伴って〉I'*d* 〜 go [not go]. どちらかと言えば行きたい[行きたくない]. He *had* 〜 die *than* disgrace himself. 恥をかくより死んだ方がましだと彼は思っている. "Join us, won't you?" "Thanks, but I'*d* 〜 not."「仲間に入らないか」「ありがとう, だが遠慮させてもらいます」. (2)〈that 節を伴って〉I'*d* 〜 you arrive early than be late. どちらかと言えば遅れるよりは早く着いてもらいたいですが. I'*d* 〜 you went home now. あなたは今家へ帰った方がいいと思いますが (★went は仮定法). She *would* [*had*] 〜 (*that*) it had not happened. あんな事起こらなかった方が良かったのにと彼女は思っている.
[<古期英語 'sooner' (*hræthe*「早く」の比較級)]

rath·skel·ler /rɑ́tskelər, rǽt-, rǽθ-/ 名 C〖米〗(ドイツ風の)地下食堂. [<ドイツ語 *Rath(au)s*「町役場」+*Keller*「地下室」]

‡**rat·i·fi·ca·tion** /rætəfəkéiʃ(ə)n/ 名 UC 批准, 裁可《米国では, 議会の同意を経て大統領がする》.

†**rat·i·fy** /rǽtəfài/ 動 (-fies|過 過分 -fied|〜·ing) 他 を批准する, 裁可する. 〜 a peace treaty 平和条約を批准する.
[<ラテン語 *ratus*「決まった」(<*rērī* 'count'); -ify]

‡**rat·ing**[1] /réitiŋ/ 名 **1** UC 評価, 格付け. The experts' 〜 of the new car was high. その新車についての専門家の評価は高かった. **2** C (船舶, 自動車などの)等級, 格付け, 《トン数, 馬力数などによる》. **3** C **(a)**〈〜s〉(ラジオ・テレビの)視聴率. go up in the 〜*s*〔番組などが〕視聴率が上がる. **(b)** (政治家などの)支持率. **4** C〖米〗(企業の)信用度. **5** UC〖英〗地方税賦課(額). **6** C〈普通 〜s〉〖英海軍〗(将校でない)水兵. officers and 〜*s* 士官と水兵.

rat·ing[2] 名 UC がみがみ叱(しか)ること 〈*for* ..で〉. give a person a good 〜 人をひどく叱る.

***ra·tio** /réiʃou, -ʃiòu|-ʃiòu/ 名 (複 〜s /-z/) UC 比率, 割合;〖数〗比. direct 〜 正比. inverse [reciprocal] 〜 反比, 逆比. simple 〜 単比. in the 〜 of five to two 5 対 2 の割合で. The 〜 of 15:10 is 3:2. 15 対 10 は 3 対 2 の比率である (★The ratio of fifteen to ten is three to two. と読む). Male and female births occur in an approximate 〜 of 6:5. 男と女が生まれる割合はおよそ 6 対 5 である.
[ラテン語「計算」]

ra·ti·o·ci·nate /rætióusənèit, ræʃi-|-ɔ́si-/ 動 自〖章〗(三段論法などにより)推論する.

rà·ti·o·ci·ná·tion 名 U〖章〗(三段論法などによる厳密な)推論.

ra·ti·o·ci·na·tive /ræ̀tióusənèitiv, ræ̀ʃi-|-ɔ́s-/ 形 推論の, 推論による.

†**ra·tion** /rǽʃ(ə)n, réi-|rǽʃ(ə)n/ 名 C **1**〔食料などの〕配給(量); (一定の)割り当て. What is the ～ of sugar for this month? 今月分の砂糖の配給量はどのくらいですか. They have had more than their ～ of misfortune. 彼らは十分なほど不運に見舞われた.
2〈～s〉(軍隊, 探検隊などの)食料. emergency ～*s* 非常食料. The ～*s* on the boat were running short. ボートの食料がだんだん乏しくなってきた. be on short ～*s* 食物を制限されている.
── 動 他 **1**〔食料など〕を配給する, 制限する,〈普通, 受け身で〉. Food is ～*ed* during a war. 食料は戦争中は配給される. **2** VOA (～ X *to* ..)〔一定配給量〕を X に割り当てる; X(人)の供給を..に制限する. The refugees were ～*ed to* two slices of bread and a cup of gruel a day. 難民たちは1日パン2切れと粥(かゆ)1杯をあてがわれた. Butter was ～*ed to* two ounces per person per week. バターは1人当たり週2オンスに制限された.
ràtion /../ óut〔食料, 衣料, 燃料など〕を配給制にする; の一定量を配給する. Food and medicine were ～*ed out* to the stricken people. 食料と薬品が被災者に配給された. [＜ratio]

***ra·tion·al** /rǽʃ(ə)nəl/ 形 m **1** (a)〔人が〕**理性的な**, 理性のある; 物事をわきまえた, 話の分かる, (sensible) (類語 reasonable より形式ばった語). Man is a ～ being. 人間は理性的存在である. a ～ and cool-headed leader 理性的で冷静な心を持った指導者. (b) 正気の. **2**〔言動, 思想などが〕**合理的な**, 理性に基づいた. a ～ decision [argument, explanation] 合理的な決断[議論, 説明]. **3** 推理の. **4**〖数〗有理の. ◇↔irrational [＜ラテン語 *ratiō*「計算, 理性」, -al]

†**ra·tion·ale** /ræ̀ʃənǽl, -néili|-nɑ́:l, -nɑ́:li/ 名 UC 論理的基礎[根拠], 原理. [＜(現代)ラテン語]

rá·tion·al·ìsm 名 U 合理主義, 純理論; 理性論, 理性主義.

rá·tion·al·ist 名 C 合理主義者; 理性論者, 理性主義者.

ra·tion·al·is·tic /ræ̀ʃ(ə)nəlístik ⑧/ 形 合理主義的な; 理性論(者)の; 理性主義(的)の.
▷**rà·tion·al·ís·ti·cal·ly** /-k(ə)li/ 副

ra·tion·al·i·ty /ræ̀ʃənǽləti/ 名 U 合理性, 純理性, 道理をわきまえていること.

rà·tion·al·i·zá·tion 名 U **1** 合理化;〖主に英〗産業合理化. **2** (自分の行為などの)無理な理屈づけ. **3**〖数〗有理化.

‡**rá·tion·al·ìze** 動 他 **1**〔非合理的な事実, 行動など〕を(強いて)合理化する. He tried to ～ his mistake. 彼は自分の誤りを正当化しようとした. **2** 合理的に説明する. We cannot ～ legends. 伝説を合理的には説明できない. **3**〖主に英〗〔産業など〕を合理化する. **4**〖数〗を有理化する. ── 自 **1** (自分の行動などに, 強いて)理屈をつけて説明[言い訳]する; 正当化する. **2** 合理(主義)的に考える.

rá·tion·al·ly 副 理性的に; 合理的に.

ràtional númber 名 C〖数〗有理数.

rátion bòok [càrd] 名 C (物資不足の際の)配給通帳[カード].

rá·tion·ing 名 U 配給(制度).

rat·line, -lin /rǽtlən/ 名 C〖船〗〈普通 ～s〉(横静(せい)索 (shrouds) の)段綱 《縄梯子の役をする》.

rát pàck 名 C **1**〖俗〗(街の)ごろつき. **2**〈the ～〉〖軽蔑〗(有名人をつけ回す)しつこいジャーナリスト連中, パパラッチども.

rát ràce 名〈the ～〉〖話〗〈けなして〉死にもの狂いの(生存)競争, 熾(し)烈な出世争い[競争]. get out of the ～ 競争社会から抜け出す.

rát rùn 名 C〖英話〗住宅街の抜け道《渋滞を避けるために使う》.

ráts·bàne 名 U ネズミにとって有毒な草[物].

rat·tan /rætǽn|rə-, ræ-/ 名 **1** C トウ(籐); トウの木《ヤシ科のつる性植物; 熱帯アジア産》; U トウ材. **2** C トウの杖(つえ)[むち]. [＜マレー語]

rat-tat /rǽttǽt/ 名 ＝rat-a-(tat-)tat.

rát·ted /-əd/ 形〖英俗〗へべれけの. get ～ へべれけになる.

rat·ter /rǽtər/ 名 C ネズミを取る人[犬, 道具など].

Rat·ti·gan /rǽtəgən/ 名 **Sir Ter·ence** /térəns/ ～ ラティガン (1911–77)《英国の劇作家》.

***rat·tle** /rǽtl/ 動 (～s /-z/|過 過分 ～d /-d/|-tling) 自 **1 がらがら鳴る**, **がたがた[がちゃがちゃ]音を立てる**. The upstairs windows were *rattling* in the violent wind. 強風で2階の窓ががたがた鳴っていた. Someone is *rattling* at the door. だれかが扉をがたがたいわせている.
2 VA〔乗り物が〕がらがらと威勢よく走る〈*along, by, past* (..)〉. The train ～*d into* the station. 列車が音を立てて駅へ入って来た.
3 VA (～ *on, away*) べらべらしゃべる〈*about* ..について〉. She ～*d on* and *on about* her only son. 彼女は1人息子のことを次から次へとしゃべり続けた.
4 VA (～ *through* ..)〖話〗〔仕事など〕をさっさと片付ける;〔リスト, 話など〕を繰り返す, 急いでざっと読み上げる. The secretary ～*d through* the list of names. 秘書は名簿を急いでざっと読み上げた.
── 他 **1** をがらがら鳴らす, がたがたいわせる. The sulking child ～*d* his fork on the plate. 子供はすねて皿の上のフォークをがちゃがちゃ鳴らした.
2〖話〗をいらいら[そわそわ, どぎまぎ]させる, に自信をなくさせる. The man got ～*d* when he saw a policeman. その男は警官を見るとそわそわした.
ràttle aróund in .. (1) ..の中でがらがら鳴る. (2) ..に乗ってがたがたいわせて走る. (3) 広すぎる..に住む[いる].
ràttle a pèrson's cáge〖話・戯〗人を怒らす.
ràttle /../ óff をべらべらしゃべる, 早口に述べたてる,〔詩など〕を早口に暗唱する. He ～*d off* one excuse after another for coming late. 彼はぺらぺらと遅刻した言い訳を言った. ～ *off* figures 数字を並べたてる.
── 名 (複 ～s /-z/) C **1**〈単数形で〉**がらがら[がたがた, がちゃがちゃ]いう音**. the ～ of hail on the roof あられが屋根に当たるがらがらという音. **2** がらがら鳴る物; がらがら《赤ん坊のおもちゃ》; 鳴り物《(スポーツの)応援の道具など》; (ガラガラヘビの) 輪状の尾 (→rattlesnake). a baby's ～ がらがら. **3** 大騒ぎ; おしゃべり, むだ話. [＜中期オランダ語; 擬音語]

ráttle·bràin 名 C (無駄口ばかり言う)軽薄な人, 上っ調子の人.

ráttle·bràined 形 おしゃべりで頭のからっぽな.

rát·tler 名 C **1** がらがら音を立てる物; おしゃべりな人. **2**〖米〗＝rattlesnake.

ráttle·snàke 名 C ガラガラヘビ《アメリカ大陸に生息する毒蛇; 輪状の尾の先端を振って音を出す》.

ráttle·tràp 名 C〖話〗がたがたになった乗り物,〈特に〉がたぴし自動車, おんぼろ車.

rát·tling 形〈限定〉**1** がらがら[がたがた]と音を立てる. **2**〖旧話〗活発な, きびきびした, (lively); すばらしい, すてきな. his ～ talk 彼のきびきびした話しぶり. ── 名 U がちゃがちゃ《剣などの音》. →sabre rattling. ── 副〖旧話〗すてきに, とても, (very). a ～ good yarn [story, tale] とても面白い話.

rát·tràp 名 C **1** ネズミ捕り器. **2**〖米〗古いおんぼろ建物.

rat·ty /rǽti/ 形 **1** ネズミの(ような); ネズミの多い. **2**〖米俗〗荒れ果てた, みすぼらしい, ぼろの, (shabby). **3**〖英話〗いらいらした, 不機嫌な, 腹を立てた (angry).

‡**rau·cous** /rɔ́:kəs/ 形 しわがれた, しわがれ声の, 耳障りな; 騒々しい, うるさい. ▷**～·ly** 副 **～·ness** 名

‡**raun·chy** /rɔ́:ntʃi/ 形〖俗〗**1**〖主に米〗汚らしい, だらしのない. **2** セクシーな; 助平な, わいせつな.
▷**raun·chi·ly** 副 **raun·chi·ness** 名

rau·wol·fi·a /rɔːwúlfiə/ 名 Ⓒ 〖植〗ジャボク《熱帯産の(低)木; 血圧降下などの薬に用いられる成分を含む》.

†rav·age /rǽvidʒ/ 動 他 **1** を荒らす, 破壊する, 荒廃させる. The great drought has ～*d* the country. 大旱魃(かんばつ)のためにその国は全く荒れてしまった. a face ～*d* by sufferings [disease] 苦労でやつれた[病気でひどくなった]顔. **2** 〔軍隊, 群衆が土地〕を略奪する.

── 名 **1** Ⓤ 破壊, 荒廃. **2** 〈普通 ～s〉 破壊の跡, 損害. the ～*s* of war 戦禍. the ～*s* of time 高齢による衰え. suffer the ～*s* of the developers 開発業者に散々荒らされる. [ravish と同源]

†rave /reiv/ 動 自 **1** (熱に浮かされて)うわごとを言う; (狂人のように)わめく, (激怒して)どなり散らす, 〈*at*, *against* ..に向かって / *about* ..のことを〉. An Opposition member ～*d against* the Government *about* its welfare policy. 野党の 1 議員は福祉政策について政府に食ってかかった.

2 〖話〗 夢中になって話す[書く], 激賞する, ほめちぎる, 〈*about*, *over* ..のことを〉. The critics are *raving about* his new novel. 彼の新しい小説を批評家はこぞって絶賛している. **3** 〔海, 風などが〕荒れ狂う, 吹き荒れる.

── 他 **1** Ⓥ Ⓞ (～ *that* 節/"引用") ..だと/「..」とほめちぎる. He ～*d that* it was a terrific play. すばらしい戯曲だと彼は激賞した. **2** Ⓥ Ⓞ (～ *that* 節/"引用") ..だと/「..」とわめく. He ～*d that* everyone ignored him. 皆が自分を無視すると彼はわめいた. **3** Ⓥ Ⓞ Ⓒ (～ *oneself* X) わめきちらして X の状態になる. ～ one*self* hoarse わめきちらして声をからす.

── 名 Ⓒ **1** 〖話〗 (劇, 映画などの)大した評判, 絶賛; (人を)ほめちぎること. Every newspaper is in a ～ about the pianist. どの新聞もそのピアニストをほめちぎっている. **2** にぎやかなパーティー; 〖英〗 らんちき騒ぎパーティー《倉庫や空地で電子音響に合わせてのダンスパーティー; 麻薬がしばしば使われる》.

── 形 〖話〗 べたぼめの, 手放しでほめる. get [receive] ～ reviews 〔本などが〕(新聞などで)激賞[絶賛]される.
[?<古期フランス語「さまよう」]

Ra·vel /rəvél/ 名 **Maurice Joseph** ～ ラヴェル (1875-1937)《フランスの作曲家》.

rav·el /rǽv(ə)l/ 動 (～s|〖英〗 -ll-) 自 **1** 〔編んだ[織った]物が〕解ける, ほつれる, 〈*out*〉. Her scarf was beginning to ～ *out* at both ends. 彼女のスカーフは両端からほつれ始めていた. **2** もつれる; 紛糾する. **3** 〔問題など〕を解決する, 解明する, 〈*out*〉 (unravel).

── 他 **1** 〔編んだ[織った]物〕を解く, ほぐす, 〈*out*〉. **2** 〔糸, 髪など〕をもつれさせる 〈*up*〉.

── 名 Ⓒ **1** (織物などの)ほつれた糸, ほぐれた端. **2** (糸などの)もつれ. **3** 混乱, 紛糾. [<中期オランダ語]

†ra·ven[1] /réiv(ə)n/ 名 **1** Ⓒ 〖鳥〗 ワタリガラス《大形カラスの総称; しわがれ声で鳴きしばしば不吉の前兆とされる; →crow[1]》. **2** 〈形容詞的〉 〖雅〗 黒光りする, 漆黒の. ～ hair 濡羽(ぬれば)色の髪. [<古期英語]

rav·en[2] /rǽv(ə)n/ 動 自 略奪する, 荒らし回る 〈*about*〉; あさる 〈*for*, *after*.. 〔獲物など〕を〉.

── 他 をむさぼり食う.

ràven·háired /rèiv(ə)n- ⑱/ 形 〖詩〗 黒髪の.

rav·en·ing /rǽv(ə)niŋ/ 形 〈限定〉 獲物をあさる; 貪(どん)欲な. a ～ journalist しつこく付きまとうジャーナリスト.

rav·en·ous /rǽv(ə)nəs/ 形 がつがつ食う; 大変空腹な; ひどく飢えている 〈*for* ..に〉. eat with a ～ appetite がつがつ貪(むさぼ)り食う. a solitary person ～ *for* human contact 人との接触を切に求めている孤独な人. [<ラテン語 *rapīna* 「略奪」(<*rapere* 'rape')] ▷ **～·ly** 副 貪るようにがつがつ(して). **～·ness** 名

rav·er /réivər/ 名 Ⓒ **1** 〖英旧・戯〗 道楽者. **2** 社交好き《人》, らんちき騒ぎパーティーに行く人.

ráve-ùp 名 〖英旧話〗 =rave 名 2.

‡ra·vine /rəvíːn/ 名 Ⓒ (両側が断崖(がい)の)峡谷, 山峡, (類語 深く険しい valley).
[<ラテン語 *rapīna* 「略奪」; rapid に影響される]

‡rav·ing /réiviŋ/ 形 〈普通, 限定〉 **1** うわごとを言う; わめく, たけり狂う. a ～ madman [lunatic] わめきちらす狂人. a ～ gale たけり狂う暴風. **2** 〖話〗 すてきな, すごい. a ～ beauty [success] すごい美人[大成功].

── 副 〖話〗 すばらしく, すごく. go (stark) ～ mad 気が狂う; かんかんに怒る. The idea is ～ mad. その考えは狂気の沙汰(さた)だ.

── 名 ⓊⒸ 〈普通 ～s〉 うわごと, たわごと; わめき; 怒号.

ra·vi·o·li /ræ̀vióuli(ː)/ 名 Ⓤ ラヴィオリ《ひき肉をパスタに詰めたイタリア料理》. [イタリア語 'little turnips']

rav·ish /rǽviʃ/ 動 他 【奪う】 **1** 〖雅〗 を強奪する, 拉致(らち)する. **2** 〖雅・戯〗 〔女性〕を犯す (rape).
3 【心を奪う】 を有頂天にさせる, 恍惚(こうこつ)とさせる, 〈*by*, *with* ..で〉〈普通, 受け身で〉. We were ～*ed by* [*with*] the beautiful music. 我々は美しい音楽にうっとりとした. [<古期フランス語「奪い去る」(<ラテン語 *rapere* 'rape')]

ráv·ish·ing 形 魅惑的な, 恍惚(こうこつ)とさせる(ような), うっとりするような, うっとりするほど美しい. ▷ **～·ly** 副

ráv·ish·ment 名 Ⓤ **1** 強奪(する[される]こと). **2** 恍惚(こうこつ)とさせる[なる]こと; 歓喜, 有頂天.

‡raw /rɔː/ 形 (★5, 6, 9 は ⓔ, 他は ⓒ)
【自然のままの】 **1** **生の**, 料理してない. can be eaten ～ or cooked 生でも料理しても食べられる. ～ meat [vegetables] 生肉[生野菜]. **2** **加工していない**, 原料のままの; 〔酒などが〕水を割らない, 生(き)の; 下水処理をしていない. ～ silk 生糸. ～ sugar 粗糖. ～ petroleum 原油. ～ milk 未殺菌牛乳. ～ sewage 生(なま)汚水.
3 〔データなどが〕未処理の, 未分析の, なまの. feed ～ data into a computer 未処理のデータをコンピュータに入れる. **4** 〔布のへりが〕縁かがりをしていない.
【訓練されていない】 **5** **未熟な**, 経験の浅い. a ～ and inexperienced youth 未熟で経験の乏しい若者. ～ judgment 未熟な判断.
6 (芸術的に)粗野な, 洗練されていない; むき出しの〔感情など〕; 露骨な, あからさまの, わいせつな. write in a ～ style 洗練されていない文体で書く. the ～ passions of nationalism むきだしのナショナリズム. His account of the scandal is too ～. そのスキャンダルについての彼の説明はあからさますぎる. ～ sex あからさまなセックス.
【生身の出た】 **7** **皮の擦りむけた**, 赤むけの, あかぎれの; 〔擦り傷などが〕ひりひりする. I was rubbed ～ in the arm when I fell. 私は倒れた時腕を擦りむいた. I have a ～ feeling in my throat. のどがひりひりする. touch a ～ nerve →nerve (成句).
【生身にこたえる】 **8** 湿っぽく冷たい, 冷え冷えする. ～ weather 底冷えのする天気. It's a ～ wind. 冷え冷えする風が吹いている. **9** 〖話〗 ひどい, 不公平な, 〔罰など〕.

── 名 Ⓒ 〈the ～〉 (馬, 人の)皮膚の擦りむけ, 赤肌; ひりひりする箇所.

in the ráw (1) 自然のままの[で], むき出しの[で]. life [nature] *in the* ～ ありのままの生活[自然]. human passions *in the* ～ 人間のなまの激情. (2) 〖話〗 裸の[で]. sleep *in the* ～ 裸で寝る.

tòuch* [*càtch*] *a pèrson on the ráw 人の痛い所に触れる, 人の感情を害する.
[<古期英語] ▷ **ráw·ly** 副

raw·boned /rɔ̀ːbóund ⑱/ 形 骨ばった, やせた.

ràw déal 名 Ⓒ 〖話〗 不公平な[ひどい]取り扱い[仕打ち]. get a ～ ひどい仕打ちを受ける, 不公平[不当]な扱いを受ける.

ráw·hìde 名 **1** Ⓤ 生皮《なめしてない皮》. **2** 〖米〗 Ⓒ 生皮製のむち[綱]. ── 動 他 〖米〗 を生皮製のむちで打

R

っ. 「〈for ..の〉.

ràw matérial 名C 〈しばしば ~s〉 原料, 素材, ↑

ráw·ness 名U **1** 生(なま), 未加工. **2** 未熟(さ), 経験の浅さ. **3** ひりひり(すること). **4** むきだし.

ràw-scóre 名C 〖教〗(テストの)素点.

ràw siénna 名U 生(き)シエナ土《黄褐色の顔料; その色》. 「画家・写真家).

Ray /rei/ 名 **Man** ~ マン・レイ (1890–1976)《米国の↑

***ray**[1] /rei/ 名 (複 ~**s** /-z/) C **1** (中心から四方に放射する)光線; 〖物理〗放射線. a ~ of sunshine [sunlight] 1筋の日射し(★比喩的にも用いる). X-~*s* エックス線.
2 (希望, 慰めなどの)ひらめき, 曙(しょ)光, わずか, 少量. a ~ of genius 天才のひらめき.
a* [*the one*] *ràY of hópe 一縷(いちる)の望み. I see no ~ of hope in the present situation. 現在の事態には一縷の望みもない. 「する.
bàg* [*càtch*] *some ráys 〖米〗日に焼ける, 日光浴を↑
── 動 (~**s**|過 過分 ~**ed**|**ráy·ing**) 自 〔光などが〕発する, 出る; 〔考えなどが〕ひらめく. ── 他 〔光など〕を発する, 放射する. [<ラテン語 *radius*「車輪のスポーク, 光線」]

ray[2] 名 (複 ~**s**) C 〖魚〗エイ.

ray[3] 名 =re[1].

ráy gùn 名C (SF の)光線銃.

Ray·mond /réimənd/ 名 男子の名.

ray·on /réiɑn|réiɔn/ 名U レーヨン, 人造絹糸.

raze /reiz/ 動 他 〖章〗〔町, 家など〕を破壊する, 倒壊させる, 〈しばしば受け身で〉. The earthquake ~*d* the hotel to the ground. 地震でホテルは倒壊した.

‡ra·zor /réizər/ 名 (複 ~**s** /-z/) C かみそり; 電気かみそり (shaver). a safety [an electric] ~ 安全[電気]かみそり. ***on a ràzor('s) édge*** 危険[危機]に瀕(ひん)して. His life hangs *on a* ~*('s) edge*. 彼は死ぬか生きるかの瀬戸際にある. [<古期フランス語 (<ラテン語 *rādere*「削り取る」); -or[1]]

rázor·bàck 名C **1** 〖動〗ナガスクジラ. **2** 〖米〗(米国南部の)半野生の豚. **3** (切り立った山の)尾根.

rázor·bàcked /-t/ 形 背が鋭くとがった.

rázor blàde 名C かみそりの刃.

rázor-shàrp 形 かみそりのように鋭い; 非常に明敏な. her ~ wit 彼女の鋭い知性. 「わどい.

rázor-thìn 形 かみそりの刃のように薄い; 紙一重の, き↑

rázor wìre 名U レーザーワイヤー《塀の上などに用いて, 侵入・脱出を防ぐ》.

razz /ræz/ 動 他 〖米話〗をひやかす, からかう; ブーイングする (boo). ── 名UC **1** =raspberry 2. **2** =razzle.

raz·zle /rǽz(ə)l/ 名 〖主に英話〗ばか[どんちゃん]騒ぎ. be [go] (out) on the ~ ばか騒ぎをする.

rázzle-dàzzle 名 **1** 〖俗〗〈the ~〉 浮かれ騒ぎ. be [go] on the ~ どんちゃん[ばか]騒ぎをしている[始める]. **2** 〖話〗〖アメフト〗トリックプレー. **3** 派手なプレー; にぎにぎしい宣伝.

razz·ma·tazz /rǽzmətǽz/ 名U 〖俗〗**1** 浮かれ騒ぎ. **2** 大げさで派手な行為, けばけばしい(騒々しい)宣伝, にぎにぎしさ. all the ~ of the election campaign 騒々しく派手な選挙運動.

Rb 〖化〗 rubidium.

RBI 〖野球〗run(s) batted in (打点).

R.C. Red Cross; Roman Catholic.

RCMP *Royal Canadian Mounted Police.*

RD 〖米〗rural delivery; 〖商〗refer to drawer ((不渡手形の)振出人回し).

Rd road.

-rd 接尾 1の位が3の数字に付けて序数を表す《13は例外で13th》. 3*rd*. 33*rd*.

RDA Recommended Daily Allowance (摂取すべき1日の栄養素の量).

RDF refuse-derived fuel.

RE, R.E. Reformed Episcopal (新教監督派の); religious education (〖英〗宗教教育); the Royal Engineers (〖英〗イギリス陸軍工兵隊).

re[1] /rei/ 名UC 〖楽〗レ《ドレミ音階の第2音》.

re[2] /riː/ 前 〖章〗〖主に商〗..に関して, について. *Re* your letter dated July 3.. 7月3日付けの貴翰(かん)について... [ラテン語 'in the matter of']

re- /ri, riː/ 接頭 **1**「再び」の意味. *re*appear. *re*marry. *re*-election. **2**「新たに」の意味. *re*write. *re*arrange. **3**「元へ」の意味. *re*pay. *re*store.
注意 re /riː/ と発音すると,「再び」の意味がはっきりし, 自由に造語することができる(例えば *re*-introduce (再び導入する); *re*-combine (再び結合する); この場合はしばしば後にハイフンを付ける). [ラテン語 'again, back']

RE:, Re 前 =re[2]《e-メールの返事を出す時に, 相手のメールの題名の前に付ける》.

‡'re /ər/ 〖話〗 are の短縮形 (→be 語法).

‡reach /riːtʃ/ 動 (**réach·es** /-əz/|過 過分 ~**ed** /-t/|**réach·ing**) 他 【到達する】 **1** 〔ある地点〕に**着く**, 到着する. ~ one's destination 目的地に着く. The village can only be ~*ed* by car. その村へは車でしか行かれない.
2 に届く, 達する; 〔テレビ放送などが〕に受信[視聴]される, 届く. The curtains ~ the floor. カーテンは床まで届いている. Your letter ~*ed* me yesterday. お手紙は昨日届きました. The leader's voice did not ~ us. 隊長の声は私たちの所まで届かなかった.
3 〔結論など〕に**達する**, 〔目的など〕を達成する. ~ a conclusion 結論に達する. ~ an agreement 合意に達する.
4 〔ある金額, 数量, 程度, 範囲など〕に**達する**, 及ぶ. You'll understand when you ~ my age. 君も私の年になれば分かるだろう. The damage caused by the earthquake ~*ed* five billion yen. 地震による被害は50億円に達した.
5 〔人の心〕に届く, を感動させる; に影響を与える; 〖米俗〗を買収する. ~ a person's conscience 人の良心に届く. Her speech ~*ed* the whole audience. 彼女の話は全聴衆に感動を与えた. That official cannot be ~*ed* by bribery. あの役人には賄賂(わいろ)は効かない.
【届かせる】 **6** と連絡を取る. You can ~ me by telephone. 電話で連絡を取ってください. Do you know where I can ~ her? 彼女の連絡先は分かりますか. The Mayor could not be ~*ed* by the press. 記者連中は市長に連絡が取れなかった.
7 〔手など〕を**伸ばす** 〈*out*〉; を手を伸ばして取る. The child ~*ed out* his hand through the fence. 子供は柵(さく)のすきまから手を伸ばした. ~ a book from the shelf 手を伸ばして棚から本を取る.
8 VOO (~ X Y)・VOA (~ Y ***for*** X) X に Y を**渡す**, 手渡す, (手を伸ばして)取ってやる. *Reach* me the salt [*Reach* the salt *for* me], won't you? 塩を取ってくれませんか.
9 〖米黒人俗〗を助ける.
── 自 **1** (**a**) (手などが)届く; VA 達する; 広がる, 伸びる; 〈*down*〉〈*to, into* ..に〉. I cannot ~ (*to* the top shelf). (一番上の棚には)手が届かない. as far as the eye can ~ 目の届く限り, 見渡す限り. The arm of the law ~*es into* every corner of society. 法律の手は社会の隅々まで伸びる. a nightdress that ~*es* (*down*) *to* my ankles 私の足首までの長さのガウン. (**b**) 〖西インド諸島〗到着する, 着く, (arrive).
2 VA **手[足]を伸ばす**. ~ *into* one's pocket 手をポケットに突っ込む. ~ *across* the counter カウンターの向こうへ手を伸ばす. ~ (*out*) *for* the gun 銃を取ろうと手を伸ばす. She opened the envelope carefully and ~*ed in*. 彼女はていねいに封筒を開け, 手をさし入れた.
3 〖米〗推測[速断]する. **4** 〖野球〗一塁に出る. **5** 〖海〗真横(近く)から風を受けて帆走する.

***réach after* [*for*] ..** ..を得ようと努める; →自 2. ～ *after* fame and wealth 名声と富を得ようと努める.
rèach /../ dówn ..を手を伸ばして取って下ろす. He ～*ed* (me) my trunk *down* from the rack. 彼は手を伸ばして網棚からトランクを下ろしてくれた.
rèach for the ský 〖米〗 (1) 望みを高く持つ. (2) 〖俗〗〈命令形で〉手を上げろ《強盗などの文句》.
rèach for the stárs (星を取ろうとするような)高望みをする, はるかな理想を追う.
rèach óut (1) 手を伸ばす〈*to* do ..するために〉. ～ *out* to the homeless ホームレスの人々に救いの手を差し伸べる. (2) 助けなどを求める〈*to* ..〔人〕に〉; 頼る. ～ *out* to her for her help 彼女の援助にすがる. (3) 懸命に努力する〈*for* ..を目指して, 求めて〉.
rèach óver (やや遠くへ)手を伸ばす. She ～*ed over* for the sauce on the table. 彼女は食卓の上のソースを取ろうとして手を伸ばした.

── 名 (複 **réach·es** /-əz/) **1** aU (手, 足, 背を)**伸ばすこと**, (手, 足の)伸ばせる限度, 長さ; リーチ. He made a ～ for the pear. 彼はナシを取ろうと手を伸ばした. The boxer has a long ～. そのボクサーはリーチが長い. It takes quite a ～ of the imagination to write mysteries. 〈比喩的〉ミステリー小説を書くのは⌞相当な想像力を要する[相当難しい].
2 U **届く距離[範囲]**; (力, 理解, 影響などの)及ぶ範囲, 力量. an intellect of remarkably wide ～ 非常に広範囲の知力.
3 C 一面の広がり, 区域; (川の2つの曲がり角の間の)直線コース, 見渡せる水域. great ～*es* of forest 大森林地帯. the upper ～*es* of the Nile ナイル川の上流水域. the ～ of the Thames between Chelsea and Westminster チェルシーとウェストミンスターとの間のテムズ川の区間.
4 U 〖テレビ・ラジオ〗視聴率《1日[週間]単位の》; 視聴者(数); 〖広告〗リーチ《宣伝広告の消費者への到達度合》. **5** C 〖海〗(同じ帆の向きでの)一針路の航程.
****beyond* [*above, out of*] *a pèrson's réach*＝*beyond* [*above, out of*] *the réach of a pèrson*** 人の手の届かない(所に); 人の力の及ばない(所に). The price is *beyond* my ～. その値段では私には手が出せない. Keep matches *out of* the children's ～. マッチは子供たちの手の届かない所に置きなさい.
within èasy réach of .. ..の容易に手の届く所に, すぐ近くに. His house is *within easy* ～ *of* the station. 彼の家は駅のごく近くにあります.
****within a pèrson's réach*＝*within the réach of a pèrson*** 人の手が届く(所に); 人の力の及ぶ範囲に. an abstract concept *within* ⌞his ～ [*the* ～ *of* his intelligence] 彼に理解できる(範囲内の)抽象概念.
[＜古期英語「(手を)差し出す, 伸ばす」]

réach·a·ble 形 届く, 到達[連絡]可能な. I'm always ～ by phone. 私とはいつでも電話連絡が可能だ.

réach-me-dòwn 名 C 〖主に英話〗〈普通 ～s〉 **1** 安物の既製服. **2** おさがり(の服) (〖米〗 hand-me-down).

***re·act** /ri(ː)ǽkt/ 動 (～s /-ts/|過 過分 ～·ed /-əd/|～·ing) 自 **1 反応する**〈*to*..〔刺激〕に〉; こたえる〈*to*..〔人の言動〕に/*by* do*ing*..することによって〉. Our senses ～ *to* external stimuli. 我々の感覚は外界の刺激に反応する. He ～*ed to* criticism *by* becom*ing* angry. 批判されて彼は怒った. The patient ～*ed* badly *to* the injection. 患者はその注射でひどい副作用を起こした.
2 化学変化を起こす〈*with* ..と/*on* ..に〉. Carbon ～*s with* oxygen [Carbon and oxygen ～] to produce carbon dioxide. 炭素は酸素と化学変化をして炭酸ガスを生じる. ～ together 反応し合う.
3 VA (～ ***against*** ..) ..に反発する, 反抗する. ～ *against* despotism 専制政治に反発する.
4 VA (～ ***on*** [***upon***] ..) ..に(結果として)はね返ってくる, 影響する. A deed often ～*s on* the doer. 行為はしばしば行為者にはね返る. Political security ～*ed* favorably *upon* England's industries. 政治的安定が英国の産業に有利に作用した. **5** 〔株が〕反落する.
[re-, act]

re·ac·tant /ri(ː)ǽktənt/ 名 C 〖化〗反応体, 作用物質.

‡**re·ac·tion** /ri(ː)ǽkʃ(ə)n/ 名 (複 **～s** /-z/) **1** UC **反応**, 反響, 〈*to, toward* ..に対する/*from* ..からの〉; 影響, はね返り, 〈*on, upon* ..への〉. What was his ～ *to* the news? その知らせに彼はどんな反応を示したか. a mixed ～ *from* opposition parties 野党からの複雑な反応. the ～ of costs *on* prices 原価の売値へのはね返り. in ～ to ..に反応[反発]して.

> 連結 a good [a favorable, a positive; an adverse, a bad, a negative; a strong; an excessive, a violent; a weak] ～ // cause [provoke, trigger; encounter, meet with; show] a ～

2 〈～s〉 反射神経《スポーツや危険な状況での》. quick ～*s* 素早い反射神経. Our ～*s* get slower as we get older. 私たちは反射神経が年とともに鈍くなる.
3 aU **反動**, 反発, 〈*against* ..に対する/ *from* ..からの〉; 政治的[社会的]反動, (革新に対する)保守的反動. the forces of ～ 反動勢力. signs of a ～ *against* classicism 古典主義に対する反動の兆候. as a ～ *from* excessive Puritanism 行き過ぎた清教主義への反動として. **4** UC 〖物理〗反作用; (興奮の後の)活力減退, (忙しかった後などの)脱力感. action and ～ 作用と反作用. The patient suffered a ～ when the drug wore off. 患者は薬の効果が切れると急に体力が衰えた.
5 UC 〖物理〗核反応; 〖化〗反応, 化学変化.
6 UC 〖医〗(薬などの)副作用, (アレルギーなどの)反応, 〈*to* ..に対する〉. have an allergic ～ *to* the fur of cats 猫の毛に対するアレルギー反応を示す. [react, -ion]

†**re·ac·tion·ar·y** /ri(ː)ǽkʃənèri|-ʃ(ə)n(ə)ri/ 形 反動的な, 反動主義の. ～ forces [elements] 反動勢力[分子]. a ～ policy 反動的政策. ── 名 (複 **-ar·ies**) C 反動主義者, 保守反動的な人.

re·act·i·vate /riːǽktəvèit/ 動 他 を再び活動させる, 再び活発にする, 再活性化する.

re·ac·tive /riǽktiv/ 形 **1** 反応を示す; 〔化学物質が〕反応する, 化学変化をする. **2** 受け身的な, (消極的な)待ちの姿勢の. ▷ **～·ly** 副 **～·ness** 名

†**re·ac·tor** /ri(ː)ǽktər/ 名 C **1** ＝nuclear reactor. **2** (薬物などに対する)陽性反応⌞者[動物].

‡**read**[1] /riːd/ 動 (～s /-dz/|過 過分 **read** /red/|**read·ing**) 他 **【読む】** **1** 〔本, 文字〕**を読む**, 読んで理解する; 〔雑誌など〕を(定期)講読する. ～ a letter 手紙を読む. I want to ～ some interesting story. 何か面白い物語を読みたい. My husband can ～ German, but cannot speak it well. 夫はドイツ語は読めるが上手には話せない. ～ Keats キーツ(の作品)を読む.
2 を読んで知る; VO (～ ***that*** 節/***wh*** 節・句) **..ということを/..かを読む**, 読んで知る. Recently I ～ in the paper *that* they got married. 最近新聞で彼らが結婚したことを読んだ.
3【音読する】を声を出して読む, 朗読する. ～ a textbook aloud 教科書を朗読する. ～ the obituary notice of the late Mr.Smith at the club meeting クラブの会で故スミス氏の追悼文を朗読する.
4 (**a**) VOO (～ X Y)・VOA (～ Y ***to*** X) **X に Y を読んで聞かせる**. ～ a child a fairy tale＝～ a fairy tale *to* a child 子供におとぎ話を読んでやる. (**b**) VOA 本を読んで(聞かせて)を..の状態にする; VOC (～ *oneself* X) 本を呼んで

R

X の状態になる. The mother ～ the child *to* sleep. 母親は子供に本を読んでやって寝かせた. ～ oneself hoarse 本を音読しすぎて声がかれる.
5【読みかえる】〖章〗[VOA] (～ X *as* ..) X を..と訂正して読む; (～ X *for* ..) ..を X と読みかえる. *For* 'fail', ～ 'fall'. (正誤表で) fail は fall の誤り. *For* 'his', of course, ～ 'her' as well. (前文で) his と言ったがもちろん her と読みかえてもよい.
6【読んで学ぶ】〖英〗(大学で)を専攻する (〖米〗 major in), 勉強する. ～ law at Oxford オックスフォードで法律を学ぶ.
7〖出版〗の校正をする (proofread).
8〖議案〗を読会にかける.
【読み取る】 **9**〔楽譜, 温度計, 地図など〕を**読む**; 〔ガスメーターなど〕の検針をする; 〔暗号など〕を**解読する**, 判読する. The child cannot yet ～ the clock. その子はまだ時計の針が読めない. ～ braille (盲人用)点字を判読する. ～ a puzzle なぞを解く. **10**〖電算〗〔データ〕を読み出す.
11〔..(の意味)など〕を**読み取る**, を察知する; [VO] (～ *that* 節) ..ということを読み取る; を解釈する 〈*as* ..と〉. ～ a person('s heart) 人の気持ちを見抜く. He tried to ～ the meaning behind her smile. 彼は彼女の微笑の裏の意味を読み取ろうとした. This sentence can be ～ *in* several ways. この文は幾通りかに解釈できる. I ～ his silence *as* consent. 私は彼の沈黙を承諾と解釈した. I ～ in the doctor's eyes *that* there was no hope of my father's recovery. 医者の目を見て父が回復する見込みのないことを悟った. ～ a person's hand 人の手相を見る.
12 (無線の交信で) 〔相手〕の言うことが聞こえる[分かる]. Are you ～*ing* me? (こちらの言うことが)聞こえますか. I ～ you loud and clear. 受信良好; 君の言い分はよく分かる.
【読み取れる】 **13**〔計器などが〕(数字, 記号で)を**示す**, 表示する, (show). The thermometer ～*s* 3 degrees below zero. 温度計は零下 3 度を示している.
14【読める】と読まれる, 読める; と書いてある, 記されている. The word in the manuscript ～*s* 'same', not 'fame'. 原稿中のその語は 'fame' でなくて 'same' と読める. Her name tag ～ SUE. 彼女の名札にはスーと書いてあった. The road sign ～*s* 'Boston 20 Miles.' 道路標識には「ボストンまで 20 マイル」と記されている.

R

—— 自 **1 読む**, 読書する. Very few people could ～ in those days. 当時字が読める人はほんの少ししかいなかった. I want more time to ～. もっと読書する時間が欲しい. ～ to oneself 黙読する.
2 [VA] (～ *of, about* ..) ..について読んで知る, 読む. We can ～ *of* daily happenings in the newspaper. 我々は新聞で日々の出来事を知ることができる.
3 声を出して読む, 音読する, 朗読する; 読んでやる 〈*to* ..に〉. The mother ～*s to* her children *from* Andersen at bedtime. 母親は子供たちが寝る前にアンデルセンの話を読んでやる.
4〖英〗[VA] (～ *for* ..) ..のために研究する, 勉強する. ～ *for* a degree in physics 物理学の学位を取るために勉強する. ～ *for* the Bar 弁護士になる勉強をする.
5 [VA] (～ *for* ..) 〔俳優が〕..のオーディションを受ける.
6〖出版〗校正をする.
7 [VA] (..のように) **読まれる**, 読んで..である. This rule ～*s in* two different ways. この規則は 2 通りに読まれる[解釈できる]. This grammar ～*s like* a novel. この文法書は小説みたいに読める. His essays ～ *well*. 彼の随筆は読んで楽しい.
Dò you réad me? 聞こえますか《無線で; →他 12》; 〖話〗(今言ったこと)分かりましたか.
rèad a pèrson a lésson [***lécture***] 人に小言を言う, 人にお説教をする.
rèad /../ báck (確認のため)..を読み返す. Please ～ *back* your address. あなたの住所をもう 1 度読み上げてください.
rèad between the línes 行間を読む, 言外の意味を読み取る.
rèad /../ ín〖電算〗〔データなど〕を記憶装置に読み込む.
réad X ínto Y (深読みして) Y の中に X があると思い込む[解釈する]. Don't ～ too much *into* his behavior. 彼のふるまいをあまり意味があるように受け取ってはいけない. A lot of people try to ～ a sexual meaning *into* dancing. ダンスの中に性的な意味を読み取ろうとする人が多い.
rèad a pèrson like a bóok〖話〗人の心[思惑]を見通す.
rèad /../ óut (1)..を読んで聞かせる 〈*to* ..に〉. The announcer ～ *out* the baseball results. アナウンサーは野球の結果を読み上げた. (2)〖電算〗〔データなど〕を記憶装置から読み出す.
réad X out of Y〖主に米〗X を Y (団体など)から除名する.
rèad oneself ín〖英国教〗聖職に就く《公式に 39 信仰箇条を朗読して》.
rèad /../ thróugh [***óver***] ..を通読する, 読み終える.
rèad /../ úp＝***rèad úp on ..***〖話〗..をよく勉強する; ..を十分調べる.
réad with .. 〔家庭教師などが〕..の勉強相手をする.
tàke /../ as réad (議論するまでもなく)を当然のこととして受け入れる (★read /red/ は過去分詞). We can *take* it *as* ～ that he will support us. 彼が我々を支援してくれることはあてにしていいだろう.
You wòuldn't réad about it. 〖オース・ニュー話〗何だって, まさか, そんなばかな.
—— 名 **1** [C]〖主に英話〗一読すること; 読書(の時間); 〈形容詞と共に〉読み物. have a quiet ～ 静かに読書して過ごす. Can I have a ～ of this paper? この新聞読んでもいいですか. This novel is a very good ～. この小説は実にいい読み物だ. **2** [UC]〖米〗解釈, 見方, 〈*on* ..についての〉.
[＜古期英語 *rǣdan*「読む, (夢の意味を)解釈する, 忠告する」]

read[2] /red/ 動 read[1] の過去形・過去分詞.
—— 形 〈well, deeply, little などの副詞と複合して〉通じている 〈*in* ..に〉. Mr. Jones is *well-*～ *in* the classics. ジョーンズさんは古典に通じている.

rèad·a·bíl·i·ty 名 [U] **1** 面白く読めること. **2** 読みやすさ.

‡**réad·a·ble** 形 **1**〔本, 記事などが〕読んで面白い; 読みがいのある. a ～ book 面白く読める本. **2** 判読できる, 読みやすい. His handwriting is very ～. 彼の筆跡はとても読みやすい. ▷**-bly** 副 (面白く)読めるように.

-read·a·ble 〈複合要素〉「..で読み取れる」. computer-*readable* コンピュータで読み取れる. machine-*readable* 機械で読み取れる.

re·ad·dress /rìːədrés/ 動 他 **1**〔手紙〕のあて先を書き直す; を転送する (forward). **2** に再び取り組む.

‡**read·er** /ríːdər/ 名 (複 ～**s** /-z/) [C] **1 読む人**; 読書家; (特定の新聞・雑誌の)読者. attract a lot of ～*s* 多くの読者を引き付ける. a great [good] ～ よく本を読む人.

連結 a fast [a slow] ～; a careful [a close] ～; an avid [a keen, an omnivorous, a voracious] ～

2 (特に初心者用の)**読本**, リーダー; 選集. a French ～ フランス語読本. **3** (出版社の)原稿審査係《出版するのに適当かどうかを判断する》; 校正係 (proofreader).
4〖英〗〈しばしば R-〉(大学の)助教授 (→professor); 〖米〗(大学)助手. a ～ in economics at the University of London ロンドン大学経済学部助教授. **5**〖宗〗(祈禱(きとう)書などの)朗読者 (lay reader).
6 (コンピュータなどの)読み取り装置. a microfiche ～ マイクロフィッシュ・リーダー.
[＜古期英語「夢判断者, 読む人」; read[1], -er]

Rèader's Dígest 名 『リーダーズダイジェスト』《米国の一般向け月刊誌; いろいろな言語の版がある》.

‡**read·er·ship** /ríːdərʃìp/ 名 **1** UC 〈普通, 単数形で〉(新聞などの)読者数《普通 circulation (発行部数)より大きい》; 読者層. The book will have a vast ～. その本は非常に多くの人に読まれるだろう. **2** UC 〘英〙助教授 (reader) の職[地位].

***read·i·ly** /rédili/ 副 m **1** 快く, 喜んで, 進んで. obey one's elders ～ 目上の人の言うことに快く従う. **2** 難なく; すぐに, ただちに. The book is not ～ available today. その本は今では簡単には手に入りません. [ready, -ly¹]

†**read·i·ness** /rédinəs/ 名 〖章〗 **1** aU 進んで[喜んで]..すること[気持ち] 〈*to* do〉. his ～ *to* help us 彼の自ら進んで私たちを援助しようとする気持ち[こと]. **2** U 容易さ; 敏速さ. **3** U 準備ができていること 〈*for* ..の〉. **4** 〘教育〙レディネス《効果的な学習ができるための身体的・精神的な発達段階》.

***in réadiness* (*for..*)** (..の)準備ができて; (..に)備えて. We have everything *in* ～ *for* the picnic. 私たちはピクニックの用意がすっかりできています.

with réadiness 快く, 進んで. He lent me the money *with* ～. 彼は快く金を貸してくれた.

Read·ing /rédiŋ/ 名 レディング **1** 英国の London の西方, Thames 河畔の都市; Reading 大学がある. **2** 米国の Pennsylvania 州南東部の都市.

‡**read·ing** /ríːdiŋ/ 名 (複 ～s /-z/) 【読むこと】 **1 (a)** U **読むこと, 読書**; 朗読. Susie is very fond of ～. スージーは本を読むのが大好きだ. silent [loud] ～ 黙読[音読]. **(b)** 〈形容詞的〉読書をする; 読書を好む; 読書用の. the ～ public 読書界. her ～ audience 私の読者(層). a ～ man 読書人《男》. ～ matter (新聞, 雑誌の)記事, 読み物. have a ～ knowledge of French フランス語を読む力はある. **2** U (読書から得た)知識, 学識. a man of wide ～ 博識の男性.

3 【読むもの】 U 読み物, 記事; C 〈～s〉選集. light ～ 軽い読み物. pleasant ～ for children 楽しい児童向き読み物. I had plenty of ～ with me. 読む物はたくさん持っていた. This play is good [dull] ～. この戯曲は面白い[つまらない]. His diary makes (for) interesting ～. 彼の日記は面白い読み物だ. *Readings* in Roman History ローマ史資料選《書名》.

4 【読み方】 C 解釈, 読み; (劇・人物などの)演出(法), (音楽の)演奏(法). What is your ～ of his change of heart? 君は彼の変心をどう解釈するか. on this ～ この解釈によれば.

5 【読み】 C (計器などの)表示, 示度. The ～ of the thermometer is 80 degrees F. 温度計の示度は華氏80度である. take thermometer ～*s* every two hours 2時間ごとに温度を測る.

6 【読む会】 C **(a)** 朗読会; 朗読会で読まれるテキスト[節]. a poetry ～ 詩の朗読会. give public ～*s* of Keats's poems キーツの詩の朗読会を催す. **(b)** (議会の)読会《法令審議の際, 最初に全体を, 次に各条文を, 最後に再び全体を検討する制度; 日本にはない》. the first [second; third] ～ 第1[第2; 第3]読会.

réading àge 名 C 読書年齢《読書能力を年齢で表したもの》.

réading dèsk 名 C 読書台; 書見台; (教会の)聖書台 (lectern); 《上面が手前に傾斜している》.

réading glàss 名 C 〈～es〉 読書用眼鏡; 読書用拡大鏡.

réading làmp 名 C 卓上スタンド.

réading ròom 名 C (図書館, クラブなどの)図書閲覧室, 読書室.

réading vocàbulary 名 ＝active vocabulary.

†**re·ad·just** /rìːədʒʌ́st/ 動 他, 自 (を)再調整する, 整理し直す, 再調整する; (を)再び合わせる 〈*to* ..に〉. ～ a watch 時計を合わせ直す. It was hard to ～ (myself) *to* life in Tokyo after living in London for ten years. ロンドンで10年暮らした後では, 東京の生活に慣れるのに苦労した.

▷ **～·ment** 名 UC 再調整, 再調節, 再適応.

rèad-only mémory 名 U 〘電算〙読み出し専用記憶装置《略 ROM》.

réad·òut 名 UC 〘電算〙読み出し(装置); 読み出した情報.

rèad-wríte héad 名 C 〘電算〙読み書きヘッド.

‡**read·y** /rédi/ 形 e (**read·i·er**|**read·i·est**)

【準備ができている】 **1** 〈叙述〉**用意のできた, 準備の整った**; 〈*for*..の/*to* do..する〉. Breakfast is ～. 朝食の用意ができました. All's ～. 用意万端整っている. Are you ～? 準備はいいか. (Are you) ～ to order? (レストランで)ご注文はお決まりでしょうか. (Are you) ～ for this? 〘話〙驚くなよ, (話すの)やめておこうか《相手が驚くようなことを言う時に使う》. be ～ *for* bed 寝る用意ができている. We are ～ *to* start any moment. 私たちはすぐにでも出発する用意ができています. When I'm good and ～. 〘話〙やる気になったらやるさ.

2 〈限定〉**即座の, 素早い**. give a ～ answer 即答する. have a ～ pen 筆まめである. She has a ～ wit [tongue]. 彼女は機転がきく[雄弁だ]. **3 持ち合わせの**, すぐに間に合う; 手近にある. keep pen and paper ～ (いつでも使えるように)ペンと紙を身近に置く.

【進んでする】 **4 (a)** 喜んでやる; **喜んで[進んで]** 〈*to* do..する〉; (類語 前々からその気になっていたことを暗示する点で willing より積極的). a ～ worker 進んで仕事をする人. I'm always ～ *to* be of service to you. いつでも喜んでお役に立ちます. **(b)** 覚悟ができた, 心構えができた, 〈*for*..の/*to* do..する〉. be ～ *for* anything 喜んで何でもする(覚悟である). I am ～ *for* the worst. 私は最悪の事態を覚悟している. They are ～ *to* die for their country. 彼らは国のために死ぬ覚悟だ.

5 〈叙述〉**..しがちな** 〈*with, at, to* do〉; **今にも..しようとする** 〈*to* do〉. You are too ～ *to* speak ill of others. 君はすぐ人の悪口を言う. You are ～ *with* [*at*] excuses. 君はすぐ言い訳を言うね. The boat was ～ *to* sink. ボートは今にも沈みそうだった.

****gèt* [*màke*] *réady*** **用意をする** 〈*for*..のために〉, 覚悟する 〈*for*..を〉; 準備をする, 支度をする, 〈*to* do..する〉. Let's *get* ～ *for* departure. 出発の用意をしよう. The farmers are *making* ～ *to* reap the harvest. 農夫は取り入れのために準備を進めている.

****gèt* [*màke*]..*réady*** **..を準備する** 〈*for*..のために/*to* do..するために〉. *Get* dinner ～ by six o'clock. 6時までに夕食の支度をしてください. make a room ～ *for* immediate use 部屋をすぐ使えるように整える.

(Gèt) réady, (gèt) sèt, gó! ＝〘英〙***Réady, stéady, gó!*** 位置について, 用意, どん《競走のスタートの合図; (Get) ready の代わりに On your mark(s) とも言う》.

rèady and wáiting 準備[支度]を整えて.

rèady for (the) óff 出発[スタート]の準備ができて.

rèady to* (*one's*) *hánd 手近に, 手元に. He always has a revolver ～ *to* (his) *hand*. 彼はいつもピストルを手元に置いている.

Rèady* [*I'm rèady*] *when yóu are. (あなたの準備ができれば)私はいつでもいい; 準備がよければどうぞ(お始め下さい).

rèady, wìlling, and áble 喜んで[進んで]やる準備が出来て.

── 名 〈the ～〉 **1** 〘軍〙(銃の)構えの姿勢. **2** 〈-ies〉〘英話〙(手許の)現金.

at* [*to*] *the réady 〔ライフル銃が〕構えの位置で《すぐ発射できる状態》; すぐ使える状態で. children with their umbrellas *at the* ～ いつでもさせるように傘を持っている子供たち.

── 動 (**read·ies**|過 過分 **read·ied**|**～·ing**) 他 **(a)**

を用意する, 準備する. We have *readied* the car and can start anytime. 車の準備が整いましたからいつでも出発できます. Have you *readied* yourself? 用意ができましたか. (**b**) [VOA] (～ X *for* ..) ..のために X (人・物)を準備させる[する]; [VOC] (～ X *to do*) X に..する準備をさせる. ～ oneself *for* [*to*] battle 戦闘の[戦う]準備をする.

── [副] 〈普通, 過去分詞を後に伴って〉 前もって, あらかじめ. She never buys ～ cooked foods. 彼女は決して調理済みの食品を買ったりしない.

[＜古期英語 *gerǣde*「(旅の)準備ができた」; -y¹]

rèady cásh [名] ＝ready money.

***read·y-made** /rèdiméid ◎/ [形] ⓒ **1** 出来合いの, 既製品の, レディーメードの, (↔custom-made). ～ clothes 既製服. **2** 受け売りの; 陳腐な. a ～ opinion 決まりきった意見. **3** ちょうどよい, おあつらえ向きの. The accident gave him a ～ excuse for being late. その事故は彼にとってちょうど好都合な遅刻の言い訳になった.

rèady méal [名] Ⓒ (温めるだけの)調理済みの食事.

réady-mìx [形] 〔特に食品が〕成分調合済みの《牛乳や水を加えるだけでよい》. ── [名] Ⓤ 生(なま)コン(クリート).

rèady móney [名] Ⓤ 〖話〗 現金, 即金. in ～ 即金で.

rèady réckoner [名] Ⓒ 計算早見表.

rèady-to-wéar /◎/ [形] 〖旧〗 〈限定〉 出来合いの.

‡**re·af·firm** /rì:əfə́:rm/ [動] ⑩ [VO] (～ X/*that* 節) X を/..ということを再び主張[断言]する.

re·af·for·est /rì:əfɔ́:rist, -æf-|-fɔ́r-/ [動] ⑩ 〖英〗 ＝ reforest. ▷ **rè·af·fòr·es·tá·tion** [名]

Rea·gan /réigən/ [名] **Ronald Wilson** ～ レーガン (1911–) 《米国第 40 代大統領 (1981–89)》.

Rea·gan·om·ics /rèigənɑ́miks|-ɔ́m-/ [名] 〈単数扱い〉 レーガノミックス 《Reagan 大統領の(任期中の)経済政策》. [＜*Reagan*＋*economics*]

re·a·gent /ri(:)éidʒ(ə)nt/ [名] Ⓒ 〖化〗 試薬, 試剤.

‡**re·al**¹ /rí:əl, ri:l|ríəl, rí:(ə)l/ [形] ⓜ, ⓔ **1** (**a**) **真実の**; **本物の**, 真の; 心からの, 誠実な, (↔false). What is your ～ purpose? 君の本当の目的は何なのだ. her ～ name 彼女の本名. a ～ man 人間らしい人間, 誠実な人; 〖戯〗 本当の男. a ～ diamond 本物のダイヤ. ～ silk 正絹(しょうけん). I felt ～ sympathy for him. 彼に心から同情した. The ～ issue is ... 本当に重要なこと[点]は ..である. (**b**) 〈限定; 強意的に〉 全くの, 大変な. a ～ oddity 全くの変人. a ～ idiot どアホ. a ～ beauty 大変な美人.

2 現実の, 事実上の; あるがままの, 実在の; (本当に)重要な; (↔imaginary, ideal; [類語]「(外見でなく)真の, (作り物でない)本物の」; →actual, genuine, true). the ～ 現実; 実在(物). the ～ America 本当のアメリカ. All the characters in this novel are fictional, not ～. この小説中の人物はすべて虚構のもので実在のものではない. There is no ～ chance [hope] of .. ..の可能性[希望]はほとんどない. ～ incomes [cost, value] 実収入[実質原価, 実質価値]. →real life.

3 〔登場人物などが〕真に迫った. **4** 〖法〗 不動産の, 物件の, (↔personal, movable). **5** 〖数〗 実数の.

for réal 〖主に米話〗 本当の[に]; 本気の[に]. Is this diamond *for* ～? このダイヤ, 本物かい. Are you *for* ～? 〖米話〗 本気か.

Gèt réal! ばかだな! *Get* ～! He's not gonna change after he's married. (考えが)甘いぞ. 彼は結婚したって変わりゃしないよ.

in rèal térms 〖経済〗 実質的に[な]. a 5% pay rise *in* ～ *terms* 実質 5% の賃上げ 《例えば何 % かのインフレがあればそれを考慮した上でその上に 5% 上がること》.

the rèal thíng 本物; 本当の愛.

── [副] ⓒ 〖主に米話〗 **本当に** (really), とても, 全く. a ～ fine day 本当にいい天気. get ～ angry 本気で怒る. I had a ～ good time. 本当に楽しい思いをした. I'll see you ～ soon. じゃ, またね.

It's been réal. (親しい人に)本当に楽しかったよ 《＜It's been real nice (being with you).》.

[＜ラテン語「物 (*rēs*) に関する」]

re·al² /reiɑ́:l/ [名] (複 **～s, re·a·les** /-leis/) Ⓒ レアール 《スペイン・中南米諸国の昔の銀貨; 8 分の 1 ペソ》.

rèal ále [名] Ⓤ 〖英〗 純正エール 《下面発酵によるラガーでなく, 上面発酵の伝統的な製法で造り貯蔵したもの》.

†**réal estàte** [名] **1** Ⓤ 〖法〗 不動産 (↔chattel, personal estate [property]). **2** Ⓒ 〖米〗 売買される家.

réal estate àgent [名] Ⓒ 〖米〗 不動産業者 (〖英〗 estate agent).

re·align /rì:əláin/ [動] ⑩ を再編成[再統合]する. ▷ **～·ment** [名] ⓊⒸ 再編成, 再調整. a ～*ment* of political parties 政党の再編.

re·al·i·sa·tion /rì(:)ələzéiʃ(ə)n|-lai-/ [名] 〖英〗 ＝realization.

re·al·ise /rí(:)əlàiz/ [動] 〖英〗 ＝realize.

***re·al·ism** /rí(:)əlìz(ə)m/ [名] Ⓤ **1 現実主義** (↔idealism). **2** (文学, 芸術の)**写実主義**, リアリズム, (→romanticism); 〖哲〗 実在論. [real¹, -ism]

†**re·al·ist** /rí(:)əlist/ [名] Ⓒ **1** 現実主義者, 現実的な人, 実際家. **2** (文学, 芸術の)写実主義者, リアリスト; 〖哲〗 実在論者.

***re·al·is·tic** /rì(:)əlístik ◎/ [形] ⓜ **1** 現実主義(者)の, **現実的な**, 実際的な, (↔unrealistic). a ～ outlook 現実的なものの見方. a ～ salary 妥当な給料. **2** 写実(主義)の, **写実的な**; 真に迫った〔描写など〕. This picture is so ～ that it looks like a photograph. この絵は大変写実的なので写真のように見える. **3** 〖哲〗 実在論(者)の. ▷ **re·al·is·ti·cal·ly** /-k(ə)li/ [副] 現実的に; 写実的に; 実在論的に. *realistically* speaking 現実的に言えば.

‡**re·al·i·ty** /ri(:)ǽləti/ [名] (複 **-ties** /-z/) **1** Ⓤ **真実性**; 現実(性), 実在性, 存在. The police doubted the ～ of his statement. 警察は彼が述べたことが真実かどうか疑った. face ～ 現実を直視する. The ～ is that ... 現実は[実際には]..である.

2 Ⓒ **現実**(の事柄), 事実. Racial equality remains more a hope than a ～. 人種的平等は依然として現実というよりは願望にとどまっている. escape from the grim [harsh] *realities* of life 人生の厳しい現実から逃避する. become a ～ 〔夢などが〕実現する.

3 Ⓤ 本当らしさ, 迫真性. The film shows life in Africa with great ～. その映画ではアフリカの生活が実に真に迫って見える.

in réality (1) (ところが)実は, 実際は. We thought he was rich, but *in* ～ he was poor. 彼は金持ちだと思ったが実際は貧乏だった. (2) 実際に, 現実に. It's an event that happened *in* ～ ten years ago. それは 10 年前実際に起きた事件である. [real¹, -ity]

reálity chèck [名] Ⓒ 現実との照らし合わせ, 現実の直視.

ré·al·iz·a·ble [形] **1** 実現可能な. **2** 〔株式などが〕換金可能な.

‡**re·al·i·za·tion,** 〖英〗 **-i·sa-** /rì(:)ələzéiʃ(ə)n|-lai-/ [名] (複 **～s** /-z/) **1** ⓐⓊ (十分な)**認識** 〈*of* ..の/*that* 節..という〉, 悟ること, 実感. *Realization* came too late. (事態の)認識が遅すぎた.

2 Ⓤ (計画, 希望などの)**実現**(する[される]こと), 現実化; 達成; 〈*of* ..の〉. The dreams of my youth never came to ～. 私の若い時の夢は遂に実現されなかった. the ～ *of* one's hopes 希望の達成. **3** Ⓤ 〖章〗 (財産などの)現金化, 換金, 〈*of* ..の〉; (換金による金額の)取得.

‡**re·al·ize,** 〖英〗 **-ise** /rí(:)əlàiz/ [動] (**-iz[s]·es** /-əz/|[過] [過分] **～d** /-d/|**-iz[s]·ing**) ⑩ 【**現実のものにする**】

1 〔希望, 理想, 計画など〕を**実現させる**, 現実化する, 達成する, 〈普通, 受け身で〉. Your plan is too idealistic to be ～*d*. あなたの計画は理想に走りすぎて実現不可能です.

～ one's dreams 夢を実現する. His worst fears were ～*d*. 彼の最も恐れていたことが起こってしまった. ～ one's potential 潜在能力[可能性]を引き出す.

連結 ～ a desire [one's expectation(s), an object, a wish]

2【現実を感じる】を悟る,（実感として）が分かる; VO（～ *that* 節/*wh* 節）..と/..かと悟る, 真に理解する; ..ということに気がつく. At last he ～*d* his mistakes [*that* he was mistaken]. ついに彼は自分の誤り[自分が間違っていたこと]を悟った. The child was too young to ～ the death of his mother. 子供はまだ幼かったので母親の死を実感できなかった. Don't you ～ *what* you've done? 君は自分が何をやったか分からないのか. I ～ you're very busy, but could I have a word with you? お忙しいのは重々承知しておりますが, 一言お話しできないでしょうか. **3**【現実感を与える】を現実そのままに表現する, 写実的にする,〈普通, 受け身で〉. The tragic scene was ～*d* by his pen. その悲劇的な場面は彼の筆で如実に描写された. 【現実の利益にする[なる]】**4**〖章〗〔財産など〕を換金する, 現金化する;〔利益〕を得る〈*on* ..を処分して〉. ～ one's assets [property, shares] 資産[財産, 株式]を金に換える. **5**〖章〗〔物が〕(売れて)〔収益など〕をもたらす;〔いくら〕に売れる. The estate will ～ a great profit. その土地は莫(ばく)大な利益をあげるだろう.

―― ㊀ **1** 気がつく. **2** 現金に換える. [real[1], -ize]

réal-lìfe 形 実際の, 現実の. a ～ story 実話物語.

†**rèal lífe** 名 U 実生活《フィクション, 想像の世界・人物と対比した》. in ～ 実生活では.

‡**re·al·ly** /ríːəli, ríːli|ríəli, ríː(ə)li/ 副 ©

1 実は, 実際には. She actually said no, but was thinking otherwise, ～. 彼女は現にいやだと言ったけれども実際は反対のことを考えていたのだ.

2 実に, 本当に;〈特に ought, should に伴って〉正しくは, 本当は. Do you ～ mean that? 君は本当にそのつもりなのか. I ～ must go. 本当にお暇(いとま)しなくてはいけません（★I を省略することもある). They aren't ～ worried. 彼らは本当に心配してはいない. It was ～ nice of you. 本当にありがとうございました（★really nice は〖主として米〗,〖主として英〗は quite nice). You are ～ and truly fond of dogs. 君は正真正銘の犬好きだね. You ～ ought〖米〗[〖英〗ought ～] to have asked the boss first. 本当はまず上司に相談すべきだった. 語法 I ～ don't like television.は「テレビは本当に嫌い」の意味, I don't ～ like television. は「あまり好きではない」の意味を表す.

3〈間投詞的〉(**a**) えっ, 本当, そう,《興味, 疑い, 驚き》. "I'm going to Hawaii next week." "Oh, ～?"「来週ハワイへ行きます」「へえ, そう」. (**b**)〖米話〗本当だ, そうだ《同意を表す; 友達などに使う》. "It's depressing having to work as late as 9 o'clock." "Yeah, ～."「9 時まで働かなくちゃいけないというのは気がめいるよ」「うん, その通りだ」. (**c**)〖主に英〗なんですか《軽い不満, 不快などを表す》. *Really*, Bob, you might have come to meet us. ちょっと, ボブ. なんでうちに来なかったんですか.

Nòt réally. (1) いえ別に, いや, まあ; それほどではない;《質問に対する控え目な否定の答え》. "I recommend bypass surgery." "Is there an alternative?" "*Not* ～."「(心臓の)バイパス手術を勧めます」「ほかに 方法がありますか」「まあありませんな」. It won't take much time, *not* ～. あまり時間はかかりませんよ, ほんとに(かかりません). (2)(驚いて)まさか. "My grandfather was a pirate." "*Not* ～!"「私の祖父は海賊だった」「まさか」.

rèally and trúly 本当に, 心から.

†**realm** /relm/ 名 C **1**〖雅〗〖法〗〈しばしば R-〉王国 (kingdom); 国土, 領土. a peer of the ～ その王国の貴族. the *Realm* 連合王国.

2〈しばしば ～s〉領域, 範囲; 領分;(学問の)分野, 部門, ..界. open a new ～ of thoughts and ideas 新しい思想の領域を開く. the ～*s* of art 芸術の分野. Science is not in my ～. 科学は私の専門外です.

be withìn [nòt beyònd] the rèalms of possibílity 可能である[不可能ではない].

[＜ラテン語 *regimen*「支配」]

rèal númber 名 C〖数〗実数《有理数と無理数の総称; ↔imaginary number》.

re·al·pol·i·tik /reiáːlpoulitìːk|-pɔl-/ 名 U 現実政策, 実益政策. [＜ドイツ語 'practical politics']

†**rèal próperty** 名 U〖法〗不動産 (real estate).

rèal ténnis 名 U (昔の)屋内テニス《現在の tennis の原型》.「イムの.

rèal-tíme /㊖/ 形〈限定〉〖電算〗実時間の, リアルタ↑

rèal tíme 名 U〖電算〗実時間, リアルタイム,《入力されたデータが瞬時に処理されること》. in ～ リアルタイムで; 瞬時に.

re·al·tor /ríː(ː)ltər|ríəl-/ 名 C〖米〗不動産業者 (〖英〗estate agent).「estate).

re·al·ty /ríː(ː)lti|ríəl-/ 名 U〖法〗不動産 (real↑

rèal wáges 名〈複数扱い〉実質賃金 (↔nominal wages).「the ～ 実社会では.

†**rèal wórld** 名〈the ～〉現実の世界; 実社会. in↑

ream[1] /riːm/ 名 C **1** 連《紙の枚数単位; ＝20 quires;〖英〗では 480 枚,〖米〗では 500 枚》.

2〖話〗〈～s〉大変な量(の書き物). write ～*s* of poetry 詩をしこたま書く.

ream[2] 動 ㊀〖主に米〗**1**〔穴〕の口を広げる;〔果物の汁〕を搾り器 (reamer) で搾る. **2**〖話〗をだます.

rèam /../ óut〖米俗〗..を厳しくしかる.

réam·er 名 C〖主に米〗**1** リーマー《穴を広げる道具》. **2** レモン搾り器.「る; を生き返らせる.

re·an·i·mate /rìːǽnəmèit/ 動 ㊀〖章〗を元気づけ↑

***reap** /riːp/ 動 (～**s** /-s/|過 過分 ～**ed** /-t/|～·**ing**) ㊀

1〔作物〕を**刈り取る**, 刈り入れる, 収穫する;〔畑〕の刈り入れをする. ～ a heavy crop of wheat 豊作の小麦を収穫する. ～ a rice-field 稲田の刈り入れをする. **2**（報酬として）を得る,（行為, 努力の結果として）を受ける. You ～ what you sow. 自業自得. **――** ㊀ 刈り入れをする. As you sow, so shall you ～. 自業自得.

réap as one has sówn 自分でまいた種を刈り取る《自業自得のような状況に言う》.

rèap the bénefit [prófit, rewárd] (of ..) (..の)収穫[成果]を手にする[収める].

réap where one has nòt sówn 人の苦労で利益を得る《＜聖書『マタイによる福音書』》. [＜古期英語]

réap·er 名 C 自動刈り取り機; 刈り手, 収穫者.

réap hòok 名 C 鎌(かま)《**réaping hòok** とも言う》.

†**re·ap·pear** /rìːəpíər/ 動 ㊀ 再び現れる; 再発する.

▷**re·ap·pear·ance** /-(ə)rəns/ 名 UC 再出現; 再発.

re·ap·prais·al /rìːəpréiz(ə)l/ 名 UC〖章〗再評価.

re·ap·praise /rìːəpréiz/ 動 ㊀〖章〗を再評価[検討]する.

‡**rear**[1] /riər/ 名 (複 ～**s** /-z/) C〈普通 the ～〉**1** うしろ; 後部; 背面; (↔front). Please move to the ～. うしろにお詰めください《バスなどで》. **2**（部隊, 艦隊などの）後衛, しんがり, (↔van). **3**〖話・婉曲〗お尻(しり) (buttocks). fall on one's ～ 尻もちをつく.

at the réar (of ..)〖主に英〗(..の)後方の[に], 背後に[の]. The parking lot is *at the* ～ *of* the theater. 駐車場は劇場の裏にある.

bring ùp the réar (1) 背後から来る, しんがりを務める; (列の)最後尾に付く. (2)(順位などが)最後である, びりっけつである.

in the réar (of ..) (1)(..の)後部に[の]. (2)〖米〗＝ at the REAR (of ..).

R

── 形 C うしろの, 後方の; 背面の. the ~ exit 裏口. a ~ door 後方の扉. sit in the ~ seat (車の)うしろの座席に座る. [<ラテン語 *retrō*「後へ」]

*__rear__[2] /riər/ 動 (~s /-z/|過 過分 ~ed /-d/|~·ing /-riŋ/) 他 【上げる】 **1** 〔体の一部, 特に頭など〕を持ち上げる, 起こす. The snake ~*ed* its head. ヘビがかま首をもたげた. **2**【立てる】《章》を建設する (build); を立てる, 上げる. ~ a temple 寺院を建立する. ~ a flagpole 旗竿(ざお)を立てる.
【育て上げる】 **3**《主に英》〔子供〕を**育てる**, 養育する; を飼育する; を栽培する; (類語 《米》および動植物については raise 5 の方が一般的). ~ five children 5人の子供を育てる. ~ domestic animals 家畜を飼育する.
── 自 **1** 〔馬などが〕後足で立つ; 立ち上がる; 〈*up*〉. The horse ~*ed up* on its hind legs. 馬は後足で立った.
2 〔建物・山などが〕聳(そび)え立つ 〈*above, over* ..の上に〉.
be réared on .. 〔ある種の食物・書物など〕で育つ.
rèar its (ùgly) héad 〔不快なこと, よくないことが〕そのきざしを見せる, 出てくる. Inflation is ~*ing its ugly head* again. いやなインフレが再び起こりかけている.
[<古期英語 (rise の使役動詞); raise と同源]

rèar ádmiral /⌐-⌐/ 名 C 〈しばしば R- A-〉 海軍少将《略 RA》.

rèar-énd 動 他 《米話》に追突させる. ── 形 後尾(へ)の. a ~ collision 追突.

rèar énd 名 C **1** 〈普通, 単数形で〉 後尾. **2** 尻.

réar·gùard 名 C 〈普通 the ~; 単数形で複数扱いもある〉 (部隊, 艦隊などの) 後衛, しんがり, (↔van-guard).

rèarguard áction 名 C 後衛戦《退却する軍隊の最後尾で, 敵の進撃を防ぐしんがりの戦い》; (趨勢(すうせい)に逆らう)最後の抵抗. fight [mount] a ~ (against ..) (..に対して)最後の抵抗を試みる.

re·arm /riːɑ́ːrm/ 動 他 **1** に再軍備させる. **2** VOA (~ X *with ..*) X を〔新兵器など〕で装備し直す. ── 自 再軍備する, 再武装する.

re·ar·ma·ment /riɑ́ːrməmənt/ 名 U 再軍備, 再武装.

réar·mòst 形 〈限定〉 一番後方の, 最後尾の.

re·ar·range /rìːəréindʒ/ 動 他 を配列し直す; をもう1度配列する; 〔計画, 予定など〕を変更する. ~ the books on the shelf 棚の上の本を配列し直す. ~ the appointment to see the doctor 医者に診てもらう予約を変更する. ▷ ~·**ment** 名

rèar·view mírror 名 C (車の)バックミラー (→car 図). 注意 「バックミラー」は和製英語.

réar·ward 副 うしろの方に, 後方へ. ── 形 〈限定〉 後方への; 後尾にある.

réar·wards 副 ＝rearward.

‡**rea·son** /ríːz(ə)n/ 名 (複 ~s /-z/) **1** UC (**a**) **理由**, 根拠, 訳(わけ); 動機; 〈*of, for* ..の〉 (類語 生じた結果を合理的に正当化又は説明する(ために持ち出される)原因; →cause). for this ~ こういう訳で. for the simple ~ that ..という理由だけで. a ~ behind ..の裏にある理由. a person's ~ for living [being] 人の存在理由; 生き甲斐. I see no ~ *for* marrying him. あの人と結婚する理由なんか何もないわ. for personal ~*s* 一身上の理由で. for obvious ~*s* 明白な[自明の]理由で. He resigned for ⌊~*s of* health [health ~]. 彼は健康上の理由で辞職した. They got a divorce for some ~ (or another). 何か訳があって2人は離婚した. have one's ~*s* (人には言えない)それなりの理由がある. "Why do you want to leave now?" "No ~." 「どうして今出て行きたいのですか」「別に理由はないよ」.
(**b**) 理由 〈*to* do ..すべき/*why*[*that*] 節 なぜ..かという〉. Have I given you any ~ *to* complain? 不平を言う何らかの理由を僕が君に与えたか. There is [I have] every (good) ~ *to* believe that she is lying. 彼女がうそをついていると信じるに十分な理由がある. That's no ~ *to* insult her. それで彼女を侮辱していいということにはならない. There is no ~ (*why*) you should thank me. 君が私に感謝すべき理由なんかないよ. The ~ (*that*) she cried was that [《話》 because] she was lonely. 彼女が泣いたのは寂しかったからだ (★この because の用法を非標準とする人もいるが, すべての英語国でさまざまな文章で使われている).

連結 (a) good [(a) sound, (a) strong, (a) sufficient; the main, the principal; a definite; an unknown] ~

2 U **理性**; 正気. the age of ~ 理性の時代《西ヨーロッパの17世紀末から18世紀》. Animals have no ~. 動物には理性がない. a conflict between emotion and ~ 感情と理性との闘い. lose one's ~ 正気[理性]を失う. regain one's ~ 正気に返る.
3 U **思慮分別**; 道理; C 思慮のある言動. reach the age of ~ 分別のある年ごろになる. There is little ~ in what you say. 君の言うことは筋が通らない.
All the mòre réason .. 《話》だからこそ一層.. 〈*to* do/*for* ..しなくてはいけない/*why* 節 ..する理由がある〉. *All the more* ~ ⌊*for* going there [*why* I should go there]. そうだから余計そこに行かなければいけないのです.
be a pèrson's rèason for líving [béing] 人の生き甲斐である.
beyond (àll) réason 道理を超えた, 途方もない. His demands were [went] *beyond all* ~. 彼の要求は法外だった.
bring ..to réason 〔人〕に道理を悟らせる. He simply can't be *brought to* ~. 彼に道理を悟らせるのはしょせん不可能だ.
by réason of .. 《章》..という理由で, ..のために, (because of). *by* ~ *of* age 高齢のために.
for nò (gòod) réason＝for nò réason at all 理由があるわけでもなく, 理不尽にも.
for réasons [some réason] bèst knówn to onesélf 《主に戯》 はたから見るとなぜだか分からないが. *For* ~*s best known to* himself, he suddenly went abroad. はたから見ると理解に苦しむが, 彼は突然海外へ出かけた.
in réason 道理にかなって(いる); 道理上不穏当でない. Your friend's advice is *in* ~. 君の友人の助言は理にかなっている.
It stànds to réason 理の当然である, 当たり前である. It *stands to* ~ that he resented your insult. 彼が君の侮辱に腹を立てたのは当然だ.
lìsten to [see] réason 説得[助言など]に従う, 道理を聞き分ける. He wouldn't *see* [*listen to*] ~. 彼は説得に応じようとはしなかった.
within réason ＝in REASON.
with (gòod) réason 十分の理由があって. He complains of his pay *with* ~. 彼が給料について不平を言うのももっともだ. Mother got angry, and *with* ~. 母は怒ったが, それも無理はない.
── 動 (~s /-z/|過 過分 ~ed /-d/|~·ing) 自 **1** (理論的に)考える, 推論する, (類語 論理的思考に重点がある; →think). The man is able to ~ clearly. その男は物事を明晰(せき)に考えることができる. **2** VA (~ *with ..*) ..に道理を説いて納得させる. I tried to ~ *with* the ruffian, but he wouldn't listen to me. 暴漢を説得しようとしたが彼は私の言うことに耳を貸そうとしなかった. ~ her daughter to come back home 娘に家に戻るように説得する.
── 他 **1** を論じる; VO (~ *wh* 節) ..かどうかについて議論する. The jury ~*s whether* the accused is guilty or not. 陪審は被告が有罪かどうかを議論する. a well-

~*ed* speech 理路整然とした演説.
2 〖VO〗(~ *that* 節/"引用") **..と/「..」と推論する**, 判断する. I ~*ed that* such was the case. 真相はそんなところだろうと推論した.
3 〖VOA〗(~ X *into* (*doing*) ../~ X *out of* ..) ..するように/..しないように X を説得する. I ~*ed* him *into* accepting the job. 彼を説いてその仕事を引き受けさせた. ~ a person *out of* a reckless attempt 人を説いて無謀な企てを思いとどまらせる.
Òurs* [*Thèirs*] *not to rèason whý. 私たち[彼ら]は命令を質(ただ)したり批判する立場にない《<Tennyson の詩句》.
rèason /../ óut 筋道を立てて考えて..を解明する. Let's ~ the matter *out*. その問題を解決しよう. I awoke and tried to ~ *out* where I was. 私は目が覚めて, ここがどこかと考えをめぐらした.
[<ラテン語 *ratiō*「計算, 考慮, 理由」(<*rēri* 'reckon, consider')]

‡rea·son·a·ble /ríːz(ə)nəb(ə)l/ 形 m **1** 〔人が〕**道理をわきまえた**, 分別のある; 〔言動が〕**道理に合った**, もっともな; (類語「理屈にかなって当然な」という意味; →logical, rational). Let's be more ~ about this affair. この件についてもっと分別を働かそうじゃないか. It is ~ to expect people to keep their promises. 人が約束を守ると思うのは正当である. give a ~ reply 筋道立った返答をする. come to a ~ decision 理にかなった決定を下す. make a ~ excuse もっともな言い訳をする. beyond (a) ~ doubt 〖法〗合理的に考えて疑いのない.
2 〔物事が〕**適度な**, 穏当な, ほどよい. We're looking for a house of a ~ size. 私たちは手ごろな大きさの家を物色中です. **3** 〔値段が〕妥当な; 安い (inexpensive). at a ~ price 手ごろな値段で. **4** 〈主に限定〉まずまずの, まあまあの. ~ weather まずまずの天候. [reason, -able]
▷**~·ness** 名 U 分別のあること; もっともなこと; 穏当; (値段の)手ごろなこと. with ~*ness* 分別をもって.

†rea·son·a·bly /ríːz(ə)nəbli/ 副 **1** 道理をわきまえて, 思慮深く. think ~ 道理にかなった考え方をする. behave ~ 分別ある行動をとる. **2** 〈文修飾〉理にかなって, もっともで. You might ~ doubt his ability. 君が彼の能力を疑うのも無理はない. be ~ sure that ..と確信しても正当である. **3** 妥当に, ほどよく; かなり, 相当に, (fairly). ~ priced あまり高くない[手頃な]値段で[の]. The team performed ~ well. そのチームはまずまずの戦いぶりだった. "Are you sure?" "*Reasonably*."「確かですか」「まあね」

‡réa·soned 形 〈限定〉〔陳述, 議論などが〕論考した, 「道理にかなった[基づいた].

†réa·son·ing 名 UC 推論(の仕方), 論法 〈*behind* ..の背後にある〉, 推理, 論証. power of ~ 推理力.

re·as·sem·ble /rìːəsémb(ə)l/ 動 他 **1** を再び集める. **2** 〔機械などを〕再び組み立てる. ── 自 再び集まる.

‡re·as·sert /rìːəsə́ːrt/ 動 他 **1** (権利などを)再び主張する, 再び断言する. **2** 〈~ itself で〉〔習慣などが〕再び表に出てくる.

†re·as·sur·ance /rìːəʃú(ə)rəns|-ʃɔ́ːr-, -ʃúər-/ 名 UC **1** 元気づける[られる]こと; 大丈夫との言葉. in spite of all my ~(s) 私がいくら大丈夫だと言っても. **2** 安心, 安心感, 安堵(ど); (新たな)自信, 確信. I gained ~ from his statement. 彼の言うことを聞いて安心した.

***re·as·sure** /rìːəʃúər|-ʃɔ́ː, -ʃúə/ 動 (**~s** /-z/|過 過分 **~d** /-d/|**-sur·ing** /-riŋ/) 他 **1** (不安を除いて)**を安心させる**, 元気づける, 〈*about* ..について〉; 〖VOO〗(~ X *that* 節/X "引用") X (人)に..であると/「..」と言って安心させる. His remarks ~*d* me. 彼の言葉を聞いて安心した. After the doctor's examination I feel ~*d about* my son's health. お医者さんの診察を受けた結果, 私は息子の健康について安心している. He ~*d* his wife *that* their baby would be well in a few days. 彼は妻に赤ん坊は2, 3日でよくなると言って安心させた.
2 〖VOO〗(~ X *that* 節) X (人)に..ということを再び[新たに]保証する. **3** 〖主に英〗=reinsure.

‡re·as·sur·ing /rìːəʃú(ə)riŋ|-ʃɔ́ːr-, -ʃúər-/ 形 安心させる(ような), 元気づける, 頼もしい. His words sounded ~ to her. 彼の言葉は彼女の耳に頼もしく響いた. ▷**~·ly** 副 安心させるように, 心強く.

re·a·wak·en /rìːəwéikən/ 動 他 〔記憶·関心などを〕再び呼び起こす.

re·bar·ba·tive /ribɑ́ːrbətiv/ 形 〖章〗おぞましい, 醜「い, 不快な.

‡re·bate /ríːbeit/ 名 C **1** (払った金の一部の)割り戻し, 払い戻し, 〈*on* ..の〉; リベート; (★日本語の「リベート」と異なり, 手数料, 世話料の意味はない). a tax ~ 税金の払い戻し. **2** (代金, 手形の)割り引き(額). give ~*s* 割り引きをする, リベートを払う. ── /ríːbeit|ribéit/ 動 他 を割り戻す, 払い戻す; を割り引く.
[<古期フランス語「打ち倒す>値引きする」]

Re·bec·ca /ribékə/ 名 女子の名.

†reb·el /réb(ə)l/ 名 C **1** 謀反(ほん)人, 反逆者, 〈*against* ..への〉; 〖米史〗〈R-〉反乱軍の兵士《南北戦争の南軍兵士》. **2** (伝統などへの)反抗者, 反逆児, 反主流派党員. a ~ against authority 権威に反抗する人. **3** 〈形容詞的〉反乱(軍)の; 反逆の. a ~ army 反乱軍.
── /ribél/ 動 (**~s**|**-ll-**) 自 **1** 反乱を起こす, 謀反する; 反抗する, 反逆する; 〈*against* ..に対して〉. ~ in arms 武装蜂起する. Students are ~*ling against* the establishment. 学生たちは現体制に反発している. **2** 反感を持つ, たてつく, 〈*against* ..に〉; いやでたまらない〈*at* ..が〉. She ~*led at* the mere thought of marrying him. 彼との結婚を考えただけで彼女はぞっとした. My stomach ~*led at* the sight of stewed snake. ヘビの煮込みを見た時私の胃は拒絶反応を示した. [<ラテン語 *rebellis*「反抗する」(<re-+*bellum* 'war')]

***re·bel·lion** /ribéljən/ 名 (複 **~s** /-z/) UC **反乱**, 謀反(ほん), 暴動; 反抗 〈*against* ..に対する〉. put down [crush] a ~ 反乱を鎮圧する. a female ~ *against* male domination 男性優位に対する女性の反抗.

†re·bel·lious /ribéljəs/ 形 **1** 謀反(ほん)を起こした, 反乱の. ~ troops 反乱軍. **2** 〔子供などが〕反抗的な, 言うことを聞かない, 扱いにくい. the child's ~ attitude toward his parents 両親に対するその子の反抗的な態度. ▷**~·ly** 副 **~·ness** 名

re·bind /rìːbáind/ 動 (→bind) 他 **1** を縛り直す, 結び変える. **2** を製本し直す.

‡re·birth /rìːbə́ːrθ/ 〖章〗名 aU **1** 再生, 更生, 新生. **2** 復活, 復興.

re·boot /rìːbúːt/ 動 他 〔コンピュータ〕を再び立ち上げる, 再起動させる, リブートする. ── 自 〔コンピュータが〕再び立ち上がる, 再起動する.

‡re·born /rìːbɔ́ːrn/ 形 〖章〗 **1** 生まれ変わった. **2** 〈be ~で〉再生[更生]する; 復活する; 〈*as* ..として〉. Suddenly hope *was* ~ within me. 突然希望が私のうちによみがえった.

†re·bound[1] /ribáund/ 動 自 **1** はね返る〈*from* ..から〉. The ball ~*ed from* the fence into the outfield. ボールはフェンスに当たって外野へはね返った. **2** 〔行為の報いが〕はね返る〈*on*, *upon*, *against* ..に〉. Our evil deeds will ~ *upon* us. 悪行はわが身に報いが来る.
3 立ち直る〈*from* ..から〉; (価格などが下がった後)もとに戻る. ── /ríːbàund/ 名 C はね返り; 反発, 反動; 〖経〗立ち直り, 回復; 〖バスケなど〗(シュートして)はね返った球, リバウンド.
on the rébound (1) はね返って来るところを. catch a ball *on the* ~ ボールがはね返って来るところをつかむ. (2) (気持ちの)反動で《失恋の後など》. She married Frank *on the* ~ from Tom. 彼女はトムに失恋した反動でフランクと結婚した.

R

re·bound² /rìːbáund/ 動 rebind の過去形・過去分詞.

re·broad·cast /rìːbrɔ́ːdkæ̀st | -kàːst/ 動 (→broadcast) 他 **1** を再放送する. **2** を中継(放送)する.
── 名 C 再放送(番組); 中継放送(番組).

‡**re·buff** /ribʌ́f/ 名 (複 ~s) C 〘章〙(そっけない)拒絶. suffer [meet with] a ~ あっさり拒絶される. give a ~ to ..に肘(ひじ)鉄砲を食わせる. ── 動 他 〔要求, 提案など〕をすげなく拒絶する, はねつける.

†**re·build** /rìːbíld/ 動 (→build) 他 **1** を再建する; を改築する, 増築する; 〔分解した機械など〕を組み立て直す. ~ an old house 古い家を改築する. **2** 〔生活, 財政など〕を立て直す; 〔自信, 希望, 健康など〕を取り戻す. ~ one's life 生活を立て直す. The family's fortune was *rebuilt* by frugality. 倹約によってその一家の経済は立ち直った. ~ one's confidence 自信を取り戻す. **3** 〔傷ついた顔など〕を整形する. ── 自 再建する, 立ち直る.

re·built /rìːbílt/ 動 rebuild の過去形・過去分詞.

†**re·buke** /ribjúːk/ 〘章〙 動 他 を叱責(しっせき)する, 戒告する, 〈*for* ..の点で〉, (類語 不品行や落ち度を, 特に公に, 「厳しく叱(しか)る」ことで, 憤りを含む; →blame); 非難する. The teacher sharply ~*d* the student *for* not doing his homework. 先生はその生徒が宿題をしなかったのでひどく叱った.
── 名 UC 叱責, (正式の)戒告; 非難. administer a ~ 叱責する, 戒告を与える. receive a stern ~ 厳しい叱責を受ける.

> 連結 a stinging [a scathing, a sharp; a mild] ~ // give [deliver; draw] a ~

[<古期フランス語「打ち返す」]

re·bus /ríːbəs/ 名 C 判じ物, 判じ絵, 《語, 句, 文を絵, 記号, 文字などの組み合せで表す》. [ラテン語 'by things']

1. IOU
2. 👁'm 2 BZ

1. I owe you. 2. I'm too busy.

[rebus]

re·but /ribʌ́t/ 〘章〙 動 (~s|-tt-) 他 に反論する; 〘法〙の反証をあげる. ── 自 反論する; 反証する.

re·but·tal /ribʌ́tl/ 名 U 反駁(ばく), 反論; 〘法〙反証.

rec. receipt; recipe; record; recorder; 〘米〙 recreation.

R

re·cal·ci·trance, -tran·cy /rikǽlsətrəns/, /-trənsi/ 名 U 〘章〙反抗, 不従順; 強情.

re·cal·ci·trant /rikǽlsətrənt/ 形 〘章〙(権威, 慣習などに)反抗する; 強情な. a ~ child 言うことを聞かない子供. ── 名 C 反抗する人; 強情な人, 従順でない人[動物]. [<ラテン語「蹴(け)り返す」]

***re·call** /rikɔ́ːl/ 動 (~s /-z/|過 過分 ~ed /-d/|~·ing) 他 【呼び戻す】 **1** (努力して)を思い出す; 文 (~ *doing*/ *that* 節/"引用"/*wh* 節・句) ..したこと/..ということ/「..」と/..かを思い出す; (類語「忘れたことを思い出そうと努力する」の意味; →remember) 〈進行形不可〉. I don't ~ her name but ~ her face. 彼女の名前は思い出せないが顔はわかる. I cannot ~ ever meeting him. 彼に会ったことがあるのを思い出せない. He tried to ~ *who* and *who* were present there. だれとだれがその場にいたかを彼は思い出そうと努めた. It is [will be] ~*ed that* ..ということが想起される[されるであろう].
2 を思い出させる; を呼び戻す; 〈*to* ..の心に〉. These flowers ~ *to* me my days in England. これらの花は私に英国で過ごした日々を思い起こさせる.
3 (**a**) 〔外交官など〕を召還する 〈*from* ..から/*to* ..へ〉. The ambassador was ~*ed from* Moscow. 大使はモスクワから召還された. (**b**) 〔選手〕をチームに呼び戻す.
【元へ戻す】 **4** 〔約束, 免許, 命令など〕を取り消す, 撤回する; 〘米〙〔公職者〕をリコールする. He ~*ed* his promise to pay within a month. 彼は 1 か月以内に支払うという約束を撤回した (★「思い出した」の意味にもなる).
5 を取り戻す; を回収する. The auto company ~*ed* all the faulty cars to fix them. 自動車会社はすべての欠陥車を修理のため回収した. **6** 〘電算〙を画面に呼び戻す.
── 自 思い出す. He said he couldn't ~. 彼は思い出せないと言った. as I ~ = as you will [might] ~ 〘話〙お忘れかも知れないが《普通, 皮肉をこめて使う》.
── 名 (複 ~s /-z/) **1** U 思い出すこと, 想起; 記憶力. my powers of ~ 私の記憶力. instant ~ すぐ思い出せる能力. have total ~ 記憶力抜群である, 何でも覚えている[思い出せる]. **2** aU 呼び戻し; (大使などの)召還; (選手の)チームへの呼び戻し. the ~ of our ambassador 我が国の大使の召還. **3** 〘軍〙〈the ~〉(らっぱ, 太鼓などによる)再集合の合図. **4** UC 〘米〙リコール《一般投票による公職者の解任(権)》. **5** UC (欠陥商品などの)回収. the ~ operation 回収作戦. **6** U 取り消し, 撤回.
past* [*beyond*] *recáll (1) 取り消しのできない(ほど). The sculpture was destroyed *beyond* ~. 彫刻は取り返しのつかないほど壊されてしまった. (2) 思い出せない, 忘れ去られた. [re-, call] ▷ **~·a·ble** 形

re·cant /rikǽnt/ 動 他 〘章〙〔自説, 前言など〕を正式に取り消す, 撤回する, 〔信仰など〕の放棄を表明する. ── 自 (自説などの)撤回を表明する; (異教などの)信仰を正式に捨てる. [<ラテン語「逆に歌う>撤回する」]

re·can·ta·tion /rìːkæntéiʃ(ə)n/ 名 UC 〘章〙取り消し, 撤回; 放棄.

re·cap¹ /rìːkǽp/ 〘米話〙 動 (~s|-pp-) 他 〔古タイヤ〕を再生する (retread) 《摩滅した面にゴムを焼きつける》.
── /ˊˋ/ 名 C 再生タイヤ (retread).

re·cap² /ríːkæ̀p/ 〘話〙 動 (~s|-pp-) 他, 自 (を)要約する (recapitulate). to ~ (briefly) (簡単に)要約すれば. ── 名 =recapitulation.

rè·cáp·i·tal·ize 動 他, 自 (の)資本構成を変える. ▷ **re·cap·i·tal·i·za·tion** 名

re·ca·pit·u·late /rìːkəpítʃəlèit/ 動 他, 自 (の)要点を繰り返す, (を)要約する. ~ the main points of the discussion 議論の主要点を繰り返す.

rè·ca·pit·u·lá·tion 名 UC **1** 要旨の繰り返し, 要約, 概括. **2** 〘生物〙発生反復.

‡**re·cap·ture** /riːkǽptʃər/ 動 他 **1** (**a**) 〔失ったもの〕を取り返す; を奪還する. We tried to ~ the town. 我々はその町を奪還しようと試みた. (**b**) 〔逃げた人・動物〕を再び捕らえる. **2** 〔過去など〕を再び体験する, (心中に)再現する. You can't ~ the excitement of your younger days. 若いころの興奮をもう一度経験することはできない. **3** 〘米〙〔政府が〕を追加徴収する.
── 名 **1** UC 奪還, 回復; 再逮捕. **2** C 取り返したもの[人]. **3** U 〘米〙追加徴収.

re·cast /rìːkǽst | -káːst/ 動 (→cast) 他 **1** を鋳直す. **2** 〔文章など〕を練り直す, 書き変える. ~ a document 文書を作り直す. **3** 〔芝居など〕の配役を変える; 〈比喩的〉〔内閣〕を改造する. ~ an opera オペラの配役を入れ替える. ▷ **~·ing** 名

rec·ce /réki/ 名 〘英話〙 =reconnaissance.
── 動 =reconnoiter.

recd, rec'd received.

†**re·cede** /risíːd/ 動 自 **1** 後退する, 後ろへ下がる; 〔病勢が〕弱まる, 改まる; 遠ざかる; 〔可能性などが〕遠のく, 〔希望などが〕消える. The enemy ~*d*. 敵は退却した. The tide was *receding*. 潮は引きつつあった. The scene ~*d* from our view. 景色は私たちの視界から遠のいた. ~ *into* the background 重要でなくなる, 忘れられる.
2 後ろへ傾く; 引っ込む, へこむ; 〔髪が額から〕後退する, (前頭部が)はげる. a gently *receding* slope 緩やかに傾斜している坂. a *receding* hairline しだいに後退していく髪の生えぎわ. He's *receding* a bit. 彼は少し髪の毛が額から後退している. a *receding* chin ひっこんでいる顎(あご).

3 自 (~ *from* ..) ..から手を引く; 〔自説, 約束など〕を取り消す. ~ *from* one's opinion 意見を引っ込める.
4 (歯茎の)歯肉(にく)が後退する. ◇名 recess, recession
[<ラテン語 (<re-+cēdere「行く」)]

‡**re·ceipt** /risíːt/ 名 (複 ~s /-ts/) 1 〖章〗U 受け取ること, 受領, 領収, 〈*of* ..を, の〉. Please acknowledge ~ *of* these goods. この商品をお受け取りになり次第お知らせください. 2 C 領収書, レシート, 受け取り, 〈*for* ..の〉. sign a ~ 領収書にサインをする. Write [Make] out a ~ for the sum. その金額の受領証を書いてください.
3 〈~s〉 受領額, 受取高, 収益. 4 〖古〗 =recipe.
be in recéipt of .. 〖章〗 ..を受け取った (have received). We *are in* ~ *of* your letter dated the 5th inst. 今月5日付けのお手紙落手致しました (★形式ばった言い方; 商用文などに多い).
on [*upon*] *recéipt of ..* 〖章〗 ..を受け取り次第. *On* ~ *of* your final check the loan note will be returned to you. 最終支払いの小切手入手次第借用証をお返し致します.
── 動 他 〔請求書など〕に「領収済み」と書く; 〖主に米〗の領収書を出す. ── 自 領収書を出す.
[<アングロノルマン語 *receite* (<ラテン語 *recipere* 'receive'); 英語では後にラテン語の過去分詞形をまねて p が綴りに入った]

re·ceiv·a·ble /risíːvəb(ə)l/ 形 1 受け取り得る; 受け取るべき. 2 〖商〗受領の権利のある (↔payable). a bill ~ 受取手形.
── 名 〖商〗〈普通 ~s〉 受取勘定[手形].

‡**re·ceive** /risíːv/ 動 (~s /-z/|過 過分 ~d /-d/|-ceiv·ing) 他 【受け取る】 1 を受け取る, 受領する, 〈*from* ..から〉 (↔send; 類語 提供されたものを「受け取る」だけの受動的行為; →accept, get 3); をもらう; を受け付ける. ~ a letter [telegram] 手紙[電報]を受け取る. *Received* with thanks the sum of $500. 金 500 ドルまさに受領致しました 《商用文》. I ~*d* an invitation *from* him, but didn't accept it. 彼から招待状をもらったがそれに応じなかった.
2 〔待遇, 忠告など〕を受ける〈*from* ..から〉. ~ a doctor's degree 博士号を授与される. ~ (a) higher education 高等教育を受ける. He had ~*d* repeated warnings *from* the police. 彼はそれまでたびたび警察から警告を受けていた. The bride was *receiving* congratulations *from* her friends. 花嫁は友達から「おめでとう」と言われていた.
3 〔侮辱, 被害など〕を受ける, こうむる; 〔病気など〕が移る〈*from* ..から〉. ~ injuries 負傷する. ~ an insult 侮辱を受ける. ~ a poke in the ribs 脇(わき)腹を突っつかれる. ~ a nasty shock ひどいショックを受ける. I ~*d* a dose of influenza *from* my brother. 私は弟からインフルエンザを移された.
4 【電波を受け取る】 〔ラジオ, テレビが〕を受信[受像]する (↔transmit); (無線などで)の声が聞こえる. Are you *receiving* me? (無線で)聞こえますか.
5 〖球技〗〔サーブ〕をレシーブする.
【受け入れる】 6 を入れる; を収容する. a pail to ~ raindrops 雨水を受ける桶(おけ). The hotel is big enough to ~ more than five hundred tourists. そのホテルは 500 人以上の観光客を収容できるだけの大きさがある.
7 〖章〗〔人〕を迎える; を歓迎する, もてなす; を迎え入れる〈*into* ..〔組織など〕へ〉. He was ~*d* with suspicion. 彼は疑いの目で迎えられた. The whole town ~*d* the President with flags. 町中の人が旗を持って大統領を歓迎した. She has been ~*d into* the church. 彼女は教会員として迎えられた.
8 (a) を(真実として)承認する. The theory was ~*d* by academic circles. その理論は学界で認められた. (b) VOA (~ X *as* ..) X を..と認める, 見なす. We ~ this statement *as* a mere threat. 我々はこの声明を単なるおどしと見なす. (c) VOA を受けとめる〈普通, 受け身で〉. Her speech was well [*with* disappointment] ~*d* by the audience. 彼女の演説は聴衆に受けがよかった[を失望させた].
9 〖主に英〗〔盗品など〕を故買する.
── 自 1 (物を)受け取る. 2 〖章〗(人の)訪問を受ける. I don't ~ on Sundays. 日曜日はどなたにもお会いしません. 3 〖宗〗聖餐(さん)を受ける. 4 受信[受像]する.
5 〖テニス〗レシーブする; 〖サッカー〗パスをレシーブする.
◇名 receipt, reception
at [*on*] *the recéiving ènd* (*of ..*) 〔金銭などを〕受け取る側で; 電話を受ける側で; 〖話〗(..という)不快な事に直面して, (..の)矢面(おもて)に立って, 犠牲になって. I was always *on the receiving end of* my father's complaints. いつも私は父に文句ばかり言われていた.
[<ラテン語 *recipere* 「取り戻す」 (<re-+*capere* 'take')]

re·céived 形 〈限定〉〖章〗一般に承認された[認められている], 標準的な. the ~ view of present-day society 現代社会の通念. the ~ wisdom 世論, 通念, 一般的な見方.

Recèived Pronunciátion 名 U 容認発音 《イギリス英語の標準的発音; 略 RP; →BBC English》.

Recèived Stándard 名 =Received Pronunciation.

***re·ceiv·er** /risíːvər/ 名 (複 ~s /-z/) C 1 受け取り人 (↔sender, transmitter). Write the ~'s name here, please. ここに受け取り人の名前を書いてください.
2 受話器; 〖章〗受信[受像]機; (↔sender, transmitter). pick up [hang up] the telephone ~ 受話器を取る[置く]. 3 〖化〗受器. 4 〖テニス〗レシーブする人 (↔server); 〖アメフト〗レシーバー; 〖野球〗キャッチャー. 5 〖英法〗〈しばしば R-〉 (係争財産などの)収益管理人, 管財人, (**offìcial recéiver**). in the hands of a [the] ~ 管財人に委(ゆだ)ねられて. 6 〖英〗(盗品の)故買者.

re·céiv·er·shìp /-ʃip/ 名 U 管財人の地位; 財産管理(状態にあること). The company is now in [has now gone into] ~. 会社は現在管財人の管理下にある.

re·céiv·ing 名 U 盗品の売買《犯罪》.

recéiving lìne 名 C (レセプションなどで)客を迎える「人の列.

recéiving sèt 名 C (ラジオ・テレビの)受信[受像]機 (↔transmitter).

‡**re·cent** /ríːs(ə)nt/ 形 m 〈普通, 限定〉 最近の, 近ごろの, (類語 現在に至る比較的短い期間について言い, 特にその状態が今も存在することを強調する; →contemporary, modern, present-day). a ~ invention 最近の発明. the author's ~ work その作家の近作. Life sciences have made remarkable progress in ~ years. 生命科学は近年著しい発達を遂げている.
── 名 〈the R-〉〖地〗沖積世.
[<ラテン語 *recēns* 「真新しい」] ▷ ~·**ness** 名

‡**re·cent·ly** /ríːs(ə)ntli/ 副 m 近ごろ, 最近, このところ, (語法 普通, 現在完了形, 過去形と共に用いられる; →lately). *Recently* we visited Okinawa. 最近私たちは沖縄を訪れました. As ~ as yesterday, I saw him playing baseball. ほんのきのう彼が野球をやっているのを見た. What books have you read [been reading] ~? 最近どんな本を読みましたか. He has been considering changing his job ~. このところ彼は仕事を変えようかと考えている (★現在までの継続にも用いられる). I was very busy until quite ~. 私はつい最近まで非常に忙しかった.

‡**re·cep·ta·cle** /riséptək(ə)l/ 名 C 1 〖章〗容器, 入れ物; 置き場; 〈比喩的に〉'受け皿' 〈*for* ..の〉. a ~ for trash 屑(くず)入れ. 2 〖植〗花托(たく), 花床. 3 〖米〗〖電〗

R

コンセント (outlet, 〖英〗 socket, power point) (★コンセント (consent) は和製英語).

‡**re·cep·tion** /risépʃ(ə)n/ 名 (複 ~s /-z/)
【受け取り】 **1** U **受領**, 受理. a calm ~ of bad news 悪い知らせを平然として受け取ること.
2 U 〖放送〗 受信, 受像; 受信[受像]状態. Television ~ is good [poor] here. ここはテレビの映りがいい[悪い].
【受け入れ】 **3** C **接待**, もてなし; 歓迎. give a cold ~ to a guest 客をそっけなく迎える. **4** C **招待, 招待会**, レセプション, 披露宴 (wedding reception). his ~ by the Prime Minister 首相主催の彼のレセプション.

3, 5 の 連結 a cordial [a friendly, a warm; an enthusiastic; a chilly, a cool, a hostile; a stormy; a mixed; an emotional] ~

5 UC (世間の)受け, 評判. meet with a favorable ~ from the critics 批評家に好評を博す.
6 U 入会(許可). **7** 〖英〗 (会社などの)受付, (ホテルの)フロント; ロビー. I got my key at ~. フロントで鍵(かぎ)をもらった. wait at [in] ~ ロビーで待つ.
8 C =reception class. **9** U (思想, 知識などの)受容, 容認. The people are too prejudiced for the ~ of new ideas. その人々は先入観が強すぎて新しい考えを受け入れない. ◇動 receive
[＜ラテン語 *receptus*「取り戻された」; -ion]

recéption cènter [〖英〗 **cèntre**] 名 C 〖主に英〗 (ホームレスなどの)収容センター.

recéption clàss 名 C 〖英〗 幼児学校の 1 年生の学級 《4–5 歳児のクラス》.

recéption dèsk 名 C 〖英〗 (ホテルなどの)フロント, 「(会社などの)受付.

***re·cep·tion·ist** /risépʃ(ə)nist/ 名 (複 ~s /-ts/) C (会社, 医院, ホテルなどの)**受付係**. 「業者が用いる》.

recéption ròom 名 C 〖主に英〗 客間 《不動産

†**re·cep·tive** /riséptiv/ 形 〔人, 心が〕よく受け入れる, 受容力のある, 〈*to*, *of* ..を〉; 敏感な; 理解が早い. The Japanese are highly ~ *to* new ideas. 日本人は新しい思想を非常によく受け入れる. He has a ~ mind. 彼は感受性が強い[理解が早い]. be ~ *to* treatment 〔患者などが〕治療効果を示す. ▷**~·ly** 副 **~·ness** 名

re·cep·tiv·i·ty /rìːseptívəti/ 名 U 感受性, 受容力, 〈*to* ..に対する〉.

re·cept·or /riséptər/ 名 C 〖生〗 受容体[器] 《動物体の刺激を直接受け入れる部分》.

***re·cess** /ríːses, risés/ 名 (複 ~·es /-əz/)
【引っ込んでいる場所】 **1** C 〈普通 ~es〉 **奥まった場所**, 奥; 〈比喩的〉 (心の)奥底. the deep ~*es* of a jungle 密林の奥. the innermost [deepest] ~*es* of her heart 彼女の心の奥底. **2** C 〖建〗 壁龕(がん) (niche) 《壁の一部をへこませた所; 日本家屋の「床の間」も recess と言える》; (部屋などの)凹所(おうしょ) (alcove).
【引っ込んでいる時間】 **3** (a) UC (会議などの)**休憩**(時間), 〖米〗 (授業間の)休み時間 (〖英〗 break); (議会などの)休会; 〖米〗 休廷. Let's take a ten-minute ~. 10 分間休憩しましょう. during ~ 休み時間に. (b) U 〖主に米〗 (学校の)休暇 (holidays). the summer ~ 夏期休暇. Thanksgiving ~ 感謝祭休暇.
at recéss 休憩時間に. play cards *at* ~ 休み時間にトランプをする.
gò into recéss 〔議会, 委員会などが〕休会する.
in recéss 休会[休憩]中で[の]. Congress will be *in* ~ until the end of this week. (米国)議会は今週末まで休会する.
── 動 他 **1** を一部へこます; を奥まった所に置く[隠す]. **2** 〖主に米〗 を休憩[休会, 休校]にする. ── 自 〖主に米〗 休憩[休会, 休校]する.
[＜ラテン語「引っ込んでいる」 (*recede* の過去分詞)]

re·cessed /ríːsest, risést/ 形 (壁などの)凹所に置かれた[作られた].

†**re·ces·sion** /riséʃ(ə)n/ 名 **1** U 後退; 退場. **2** C 〖経〗 (一時的な)景気後退(期) 《しばしば不景気 (slump, depression) の婉曲語》. The economy has entered a ~. 経済は景気後退期に入った.

連結 a major [a bad, a deep, a severe; a chronic; a global; a business] ~ // go into [come out of, recover from] a ~

◇動 recede ▷**~·ar·y** 形 景気後退の.

re·ces·sion·al /riséʃ(ə)nəl/ 名 C 退出賛美歌 (**recéssional hỳmn**) 《牧師と合唱隊が退出の際に歌われる》.

re·ces·sive /risésiv/ 形 **1** 後退する[しがちの]; 逆行の. **2** 〖生物〗 〔遺伝形質が〕劣性の (↔dominant). a ~ character 劣性形質.

re·charge /rìːtʃáːrdʒ/ 動 他 〔電池〕を再充電する; 〔グラス〕に再びつぐ. *rechàrge one's bátteries* →battery. ── 名 C 再充電.
▷**~·a·ble** 形, 名 C 再充電可能な〔電気かみそりなど〕; 再充電式電池.

re·cher·ché /rəʃéərʃei/ 形 〖章〗 珍しい, 風変わりな; 〔料理, 表現などが〕凝った, 凝り過ぎた; あいまいな. [フランス語]

re·cid·i·vism /risídəvìz(ə)m/ 名 U (犯罪の)常習.

re·cid·i·vist /risídəvist/ 名 C 常習犯.

***rec·i·pe** /résəpi/ 名 (複 ~s /-z/) C **1 調理法**, 作り方, レシピ, 〈*for*..〔料理, 菓子, 飲み物など〕の〉. Tell me the ~ *for* this dish. この料理の作り方を教えてください. a ~ book on Italian dishes イタリア料理の作り方の本. **2** 秘訣(けつ), 秘伝, 〈*for*..の〉; 引き起こしそうなこと, きっとなりそうなこと, 〈*for*..を, に〉. his ~ *for* success in business 事業で成功する彼の秘訣. His policy is a ~ *for* disaster. 彼の政策は大失敗になりそうだ.
[ラテン語 'Receive!' (*recipere* の命令形); 処方箋の冒頭のことば]

†**re·cip·i·ent** /risípiənt/ 名 C 〖章〗 受け取り人; 受領者; 〈*of*..の〉. a ~ *of* the Nobel peace prize ノーベル平和賞の受賞者. a scholarship ~ 奨学生.

†**re·cip·ro·cal** /risíprək(ə)l/ 形 〖章〗 **1** 相互の, お互いの, (mutual) (類語 互恵的な関係や精神を強調する; →mutual). make ~ trade agreements 互恵通商協定を結ぶ. This will enhance our ~ understanding. このことで我々の相互理解は増すでしょう. **2** 返礼の, お返しの. I had ~ help from her. 私は彼女にお返しの手助けをしてもらった. ── 名 C 〖数〗 逆数, 反数.
[＜ラテン語 *reciprocus*「交代の, 行き来する」]
▷**~·ly** 副 〖章〗 相互に; 互恵的に.

recìprocal prónoun 名 C 〖文法〗 相互代名詞 《each other と one another》.

‡**re·cip·ro·cate** /risíprəkèit/ 動 他 〖章〗 (同じ物事で)〔相手〕に報いる, こたえる; にお返しをする; を(お互いに)やり取りする. His affection for Susie was not ~*d*. スージーに対する彼の愛情は報いられなかった. ~ gifts 贈り物を交換する.
── 自 〖章〗 **1** 報いる, こたえる; お返しする 〈*with*..の〉. ~ *with* an invitation to dinner お返しにディナーに招待する. He ~*d* by wishing me a Happy New Year. 彼も「新年おめでとう」と言って私(のあいさつ)にこたえた. Let me ~ some time. (食事に招待されて別れる時に)今度いつかお返しさせて下さい. **2** 〖機〗 往復運動する.

recíprocating èngine 名 C 〖機〗 往復機関, レシプロエンジン, 《シリンダー内でピストンが往復する》.

re·cìp·ro·ca·tion 名 U **1** 交換. **2** お返し, 返礼. **3** 往復運動.

rec·i·proc·i·ty /rèsəprɑ́səti|-prɔ́s-/ 名 U 相互性,

相互作用;(国家間の)互恵主義(通商). a ～ treaty 互恵条約.

***re·cit·al** /risáitl/ 名 (複 ～s /-z/) C **1** (公開の席での)詩朗読, 吟唱. **2** リサイタル, 独奏会, 独唱会,《個人又は小グループによる音楽やダンスの発表会》. give a vocal [piano] ～ 独唱[ピアノ]リサイタルを開く. **3**〖章〗(一連の出来事の)詳述, (うんざりするような一部始終の)話. The ～ of her misfortunes seemed endless. 彼女のこまごました苦労話はいつ果てるとも思えなかった.
◇動 recite

†**rec·i·ta·tion** /rèsətéiʃ(ə)n/ 名 **1** UC 暗唱;(公開の席での)朗読, 吟唱; C 暗唱文《名作からの抜粋など》. give a ～ of poetry 詩の朗読(会)を行う. ～s from Dickens ディケンズ作品の暗唱. **2** UC 〖米〗レシテーション《学習済みの課題についての教師の質問に生徒がそらで答えを言う》. **3** U 詳しい話(をすること);(名前・事実などの)列挙, 読み上げること. ◇動 recite

rec·i·ta·tive /rèsətətí:v/ 名 U 〖楽〗叙唱(調), レチタティーヴォ,《オペラなどでの物語るような歌い方》; C 叙唱部.

***re·cite** /risáit/ 動 (～s /-ts/|過 過分 **-cit·ed** /-əd/| **-cit·ing**) 他 **【そっくり復唱する】** **1** を暗唱する;(聴衆の前で)を吟唱する. Mary ～d Longfellow's *Psalm of Life* from memory. メリーはロングフェローの「人生賛歌」を暗唱した. **2** の一部始終を話す, を詳しく物語る; を羅列する. ～ one's love affairs 自分の恋愛事件をこまごまと話す. Can you ～ all the Books of the Old Testament? 君は旧約聖書の書名を全部挙げられますか.
—— 自 **1** 暗唱する. **2**〖米〗(教室で)レシテーションをする(→recitation 2). ◇名 recital, recitation
[＜ラテン語 *recitāre*「朗読する」(＜re-＋*citāre* 'cite')]
▷ **re·cit·er** 名

reck /rek/ 動 自, 他 〖古〗(を)気にかける, 意に介する,〈否定文・疑問文中で〉. He ～s nothing *of* the peril. 彼は危険をものともしない.

***reck·less** /rékləs/ 形 m **1** 向こう見ずな, 無鉄砲な. a ～ young man 無鉄砲な若者. be arrested for ～ driving 無謀運転でつかまる. **2**〖章〗気にしない, 意に介さない,〈*of* ..を〉. be ～ *of* danger 危険をものともしない. be ～ *of* (the) consequences 結果がどうなろうと構わない. [＜古期英語「注意」; -less]
▷ **～·ness** 名 U 向こう見ずなこと, 無鉄砲, 無謀.

réck·less·ly 副 向こう見ずに, 無鉄砲に; 無謀にも. He ～ ignored warnings from his elders. 無謀にも彼は年上の人たちの警告を無視した.

reck·on** /rékən/ 動 (～s /-z/|過 過分 ～ed /-d/|～·ing) 他 **【勘定する】** **1 (a)**〖章・旧〗を数える, 計算する, (類語 比較的大ざっぱで単純な計算に用いる; →count[1]). ～ the cost of the trip 旅行の費用を計算する. The children are ～*ing* the days to [till] Christmas. 子供たちはクリスマスまでの日を指折り数えている. **(b)** VOA (～ X ***from ..) ..から X を起算する, 計算する. The existence of the U.S. is ～*ed from* the Declaration of Independence. 合衆国の存在は独立宣言から起算する. **(c)** VOA (～ X ***at*** ..) X を..と見積もる〈普通, 受け身で〉. The cost was ～*ed* at $5,000. 費用は5千ドルと見積もられた.
【勘定に入れる＞考慮する】 **2 (a)** VOA (～ X ***among*** ..) X を..の1人[1つ]と考える. I ～ him *among* my supporters. 彼を私の支持者の1人と考えている.
(b) VOC (～ X (*to be*) Y)〈普通, 受け身で〉・VOA (～ X *as* Y) X を Y と見なす, 思う. I ～ him *as* an honest man. 私は彼を正直な人と思う. He's ～*ed* (*to be*) one of the greatest novelists of the day. 彼は当代で最も偉大な小説家の1人と目されている.
3 VO (～ ***that*** 節/***wh*** 節)〖話〗..と/..かと思う(★しばしば I reckon を挿入句として用いる). I ～ (*that*) he'll come soon. 彼はすぐ来ると思う. He'll come soon, I ～. 彼はすぐ来るだろうと思う. How much do you ～ Dale earns? デールの収入はどのくらいと思う? "Will Dale come to the party?" "I ～ so [not]."「デールはパーティーに来ますか」「そう[そうではないと]思います」(★ so, not は それぞれ (that) he will, (that) he won't という *that* 節の代用).
4 VO (～ ***to*** *do*)〖話〗..しようと思う (expect). I ～ *to* finish by Monday. 月曜までに終えようと思ってます.
5〖英話〗を高く評価する; の見込みがあると思う〈普通, 否定文で〉. I don't ～ his chances. 彼の(勝てる)可能性はあまりないと思う.
—— 自 **1** 数える, 計算する, 勘定する. **2** VA 思う. I don't ～ much *of*〖米〗[*to*〖英〗] his chances of winning. 彼が勝つ可能性はあまりないと思う.
rèckon /../ ín 〖章〗..を勘定に入れる. Don't forget to ～ *in* tips. チップも忘れずに勘定に入れなさい.
réckon on [upon].. ..を計算に入れる, 予期する; ..を当てにする, 頼みにする, ..できると思う,〈*doing*〉. You can always ～ *on* me (to help you). いつでもお手伝いしますからそのつもりでいてください. I hadn't ～*ed* on having Dale as a neighbor. デールが隣人になるとは思ってもいなかった. Does he seriously ～ *on* winning? 彼は本気で勝てると思っているのか.
rèckon /../ úp (1)〖旧〗..を合計する; ..の総計を出す. ～ *up* the expenses 支出を合計する. (2)〖主に英〗..を理解する.
réckon with.. (1) ..に対して計算する, 片をつける;〔人〕を相手にする. I have a few things to ～ *with* him. 彼とは片をつけなければならないことが二, 三ある. (2) (対抗するものとして)..を考慮に入れる〈普通, 受け身で〉. be a force [man] to be ～*ed with* 無視できない勢力[人物]である. (3) を処理する.
réckon without.. ..を問題にしない, (あらかじめ)考慮に入れない. They had planned well, but had ～*ed without* the weather. 彼らの計画は立派だったが天候を考えに入れていなかった.
réckon without one's hóst 一番大事な事を忘れて勘定[判断, 計画など]する.
[＜古期英語「話す, 数える」]

réck·on·er 名 C **1** 計算者. **2** 計算早見表 (ready reckoner).

†**réck·on·ing** 名 **1** U 計算, 勘定; 清算; C〖古〗(ホテルなどの)勘定書, つけ, (bill). By my ～, it is about five miles to the station. 私の計算によれば, 駅までは約5マイルだ. **2** U ＝dead reckoning.
be òut of [in, into] the réckoning 〖主に英〗(選手権などの)候補からはずれている[候補の中にいる]; うまく行きそうにない[行きそうである].
óut in one's réckoning (1) 計算を間違えて. (2) 当てが外れて.

†**re·claim** /rikléim/ 動 他 **1** の返還を要求する; を取り返す〈*from* ..から〉. ～ tax 税金の還付を要求する. ～ a bag (預けた)バッグを返してもらう. **2**〔廃物〕を再生利用する. rubber ～*ed* from old tires 古タイヤを再生したゴム. **3 (a)**〔土地〕を作る〈*from* ..〔海など〕を埋め立てて〉;〔沼沢地, 海岸など〕を埋め立てる;〔荒地など〕を開墾する. ～ land *from* the sea 海を埋め立てる. **(b)**〔砂漠, 森林などが〕〔開拓地など〕を元の状態に戻す〈受け身で〉. That town was ～*ed* by the desert. あの町は元の砂漠に戻ってしまった. **4**〖章〗〔前科者など〕を更生させる, 改心させる. ～ juvenile delinquents 非行少年少女を更生させる. a ～*ed* criminal 改心した犯罪者.
—— 名 **1** UC 返還の要求. the baggage ～ (空港の)手荷物受け取り所. **2** U 更生, 改善.
[＜ラテン語「反対して叫ぶ」]

re·cláim·a·ble 形 **1** 返還できる. **2** 更生できる. **3** 再生できる.

R

rec·la·ma·tion /rèkləméiʃ(ə)n/ 名 U **1** 干拓, 埋め立て. **2** (廃物の)再生利用. **3** 更生(させ(られ)ること); 教化.

***re·cline** /rikláin/ 動 (~s /-z/|過 過分 ~d /-d/|-clin·ing) 自 〖章〗もたれる, 寄り掛かる; 横になる; 〈*on, upon, against, in* ..に〉; 〔座席などが〕後ろに傾く. ~ *against* a tree 木に寄り掛かる. ~ *on* a sofa ソファーに横たわる. a *reclining* chair リクライニング・チェア《背もたれが後ろに傾けられる》. ── 他 **1** 〔体など〕をもたせ掛ける; を横たえる; 〈*on, upon, against* ..に〉. He ~*d* his limbs *on* the sofa. 彼は手足をソファーに伸ばした. **2** 〔座席など〕を後ろに傾ける.
[<ラテン語「後ろに曲げる」(< re-+*clīnāre* 'lean, bend')] ▷**re·clín·er** 名 C リクライニング・チェア.

rec·luse /réklu:s, riklú:s|riklú:s/ 名 C 隠者, 世捨て人. ── 形 世を捨てた; 孤独な.

rec·lus·ive /riklú:siv/ 形 孤独な, 孤独[孤立]を好む.

rec·og·nise /rékəgnàiz/ 動 〖英〗=recognize.

‡**rec·og·ni·tion** /rèkəgníʃ(ə)n/ 名 **1** U (だれ[何]であるか)見分けがつくこと; (ある人[物]をそれと)**見分ける[られる]こと**, 認識, 識別; 〖心理〗再認. escape ~ 正体を見破られない. test children's word ~ 子供の単語の認識[理解]度をテストする 《単語カードを見せるなどして》. He gave me a smile of ~. 私と分かって彼はにっこりした.
2 aU **承認**; 認可; (事実, 状況などの)理解, 把握. fight for a complete ~ of women's rights 女性の権利の全面的承認を求めて闘う. diplomatic ~ 外交上の承認. England's ~ of a new state in Africa 英国によるアフリカの新生国家の承認. insufficient ~ of the importance of the matter 問題の重要性の不十分な理解. There is a growing ~ that ..であることがますます認識されつつある.
3 aU (人, 功績などを)評価(する[される]こと); (功績などの)表彰, 感謝. achieve public ~ 世間に認められる. The man cared nothing for ~. 彼は世に認められることには全く関心がなかった. as a ~ of his services 彼の功労に対する感謝(の印)として.

> 2, 3 の 連結 wide [general, universal; public; formal, official; welcome] ~ // gain [receive, win; give, grant; merit] ~

4 U 〖電算〗認識. voice [speech] ~ 音声認識.
beyond* [*out of*] (*àll*) *recognítion 見分けのつかないほど, 全く見違えるほど. The district had changed *beyond* ~. その区域は全く変わって昔の面影はなかった.
in recognítion of .. 〖章〗..を認めて; ..の報奨として. This prize is *in* ~ *of* your efforts. この賞はあなたの努力に報いるものです.
◇動 recognize [recognize, -tion]

†**réc·og·nìz·a·ble** 形 **1** 見覚えがある; 見分けがつく; それと分かるほどの. He isn't ~ from the photograph. 写真から彼とは分からない. The President's presence made a ~ difference in the meeting. 大統領の出席で会の様子は目に見えて変わった. **2** 承認できる.
▷**-bly** 副 認識できるように; 見分けがつくほどに.

re·cog·ni·zance /rikágniz(ə)ns|-kɔ́g-/ 名 C 〈普通 ~s〉〖法〗(判事の前などで行う)誓約; (誓約履行の)保証金.

‡**rec·og·nize,** 〖英〗**-nise** /rékəgnàiz/ 動 (-niz[s]·es|過 過分 ~d /-d/|-niz[s]·ing) 他 【見分ける】 **1** **(a)** を(だれそれと)分かる, (何であるか)の見分けがつく; に見覚えがある, を思い出す; に会釈する. I ~*d* Jane at once by the hat she had on. かぶっている帽子ですぐにジェーンだと分かった. How will I ~ you? あなたと分かる方法を教えて下さい《人の多い場所で初対面の人と会う時に》. He can ~ the songs of most birds. 彼はたいていの鳥の鳴き声を聞き分けられる. ~ a bird [butterfly] by its coloring 鳥[蝶]を色によって見分ける. ~ a person on the street 人に通りで会釈する. **(b)** VOA (~ X *as* ..) Xが..であると分かる. I ~*d* the voice [handwriting] *as* Tom's. その声[字]がトムのだと分かった.
【見分ける>認める】 **2** **(a)** を認める, 認識する; を承認する; 〔学校など〕を認可する; VO (~ *that* 節/*wh* 節) ..ということを/..かを認める. He wouldn't ~ his mistakes [*that* he was mistaken]. 彼は自分の間違い[自分が間違っていること]をどうしても認めようとしなかった. ~ the necessity of learning a foreign language 外国語を習得する必要性を認める. ~ the rights of the individual 個人の権利を認める. refuse to ~ the new regime 新政権の承認を拒む. **(b)** VOC (~ X *to be* Y)・VOA (~ X *as* Y) X が Y であると認める 〈普通, 受け身で〉. The scholar is widely ~*d* ⌊*to be* [*as*] an authority on this subject. その学者はこの問題に関する権威として広く認められている. a ~*d* authority 定評ある権威者. Henry was ~*d as* the only lawful heir. ヘンリーが唯一の法定相続人であると認められた.
3 〔功労など〕を認める, 評価する, 〔人〕を表彰する. His work was ~*d* soon after his death. 彼の研究は死後すぐに認められた. The company ~*d* the employee's particular services by raising his salary. 会社はその従業員の格別の勤務ぶりを認めて給料を増額した.
4 【許可する】〖主に米〗〔議長が〕(会議で)に発言を許す. The chairman ~*d* the committeeman. 議長はその委員の発言を認めた. ◇名 recognition
[<ラテン語「再び知る」(<re-+*cognoscere* 'know')]

‡**re·coil** /rikɔ́il/ 動 自 **1** はね返る, あと戻りする; 〔銃などが〕反動する. The gun ~*ed* with a kick. 銃ががくんと反動した. **2** (恐ろしさに)飛びのく, あとずさりする, 〈*from* ..から〉; ためらう 〈*from* ..を〉; (恐怖や嫌悪を感じて)たじろぐ, ひるむ, 〈*at, before* ..に〉. She ~*ed* in horror *at* the sight. その光景を見て彼女は恐怖でたじろいだ.
3 〖章〗 VA (~ *on* [*upon*] ..) 〔当人〕に〔悪い行為の結果が〕はね返る. Slander often ~*s upon* the slanderer. 悪口はしばしば言った当人にはね返る.
── /rí:kɔil, rikɔ́il/ 名 aU **1** はね返り, (銃の)反動. the shock from rifle ~ ライフル銃の反動衝撃. **2** しり込み, たじろぎ.

***rec·ol·lect** /rèkəlékt/ 動 (~s /-ts/|過 過分 ~·ed /-əd/|~·ing) 他 〖やや章〗を思い出す, 思い起こす; VO (~ *doing*/*that* 節/*wh* 節・句) ..したこと/..ということ/..かを思い出す 〈進行形不可〉(→remember 2). I can't ~ his telephone number. 彼の電話番号を思い出せない. I ~ meet*ing* him somewhere before.=I ~ *that* I met him somewhere before. 私は以前どこかで彼に会ったのを思い出した. Ben didn't ~ *where* he had left his umbrella. ベンは傘をどこへ置き忘れたのか思い出せなかった.
── 自 思い出す, 思い起こす. As far as I ~, he died at the age of seventy-nine. 私の記憶の限りでは彼が死んだのは 79 歳でした.

***rec·ol·lec·tion** /rèkəlékʃ(ə)n/ 名 (複 ~s /-z/)
1 aU 思い出すこと, 想起, 回想; 記憶(力); (類語 特に努力を要する想起; →memory). He had a sudden ~ of his father's words. 彼は突然父親の言葉を思い出した. be vivid in my ~ 私の記憶に鮮やかだ. have no ~ of ..の記憶はない. **2** C 〈しばしば ~s〉 思い出, 追憶. The trip remains among her happy ~*s*. その旅行は彼女の楽しい思い出の 1 つになっている.
to the bèst of my recolléction →best.

re·com·bi·nant /ri:kámbinənt|-kɔ́m-/ 形 〖生物〗(遺伝子の)組み換えの.

recòmbinant DNÁ 名 U 組み換え DNA.

re·com·bi·na·tion /ri:kàmbənéiʃən|-kɔ̀m-/ 名 U **1** 〖生物〗(遺伝子の)組み換え. **2** 再結合.

R

⁑rec·om·mend /rèkəménd/ [動] (**～s** /-dz/|[過] [過分] **～·ed** /-əd/|**～·ing**) [他]
【勧める】 **1** を**推薦する**, 推奨する, 〈*for* ..に/*as* ..として〉, ほめて言う; [VOO] (～ X Y)・[VOA] (～ Y *to* X) X に Y を推薦する, 推奨する, 勧める, (★[VOO] は〖英〗). My uncle ～*ed* me *for* the new post. おじは私をその新しい職場に適任だと推薦してくれた. Mr. James ～*ed* her *as* a secretary. ジェームズさんは彼女を秘書として採用しないかと言ってきた. The waiter ～*ed* me this dish. 給仕人がこの料理を勧めた. Could you ～ some good French dictionary *to* us? 何かいいフランス語の辞書を推薦してくださいませんか. the ～*ed* dosage 勧められる服用量.

[連結] ～ highly [confidently, earnestly, strongly, unreservedly, warmly]

2 [VO] (～ ***that*** 節/***wh*** 節/*do**ing***) **..ということ/..か/..することを勧める**, 忠告する; 〖英〗 [VOO] (～ X ***to do***) X が..するように勧める, 忠告する. I ～ *that* you (should) give up smoking. ＝I ～ you *to* give up smoking. 君はたばこをやめるようにしなさい. He is not the person to ～ *how* the job should be done. 彼はその仕事のやり方を忠告できる人物ではない. My teacher ～*ed* (my) read*ing* the classics. 先生は(私に)古典を読むことを勧めた.
【推奨する＞好ましくする】 **3** 〔性質, 状態などが〕を好ましいものにする, 魅力的にする, 気に入らせる, 〈*to* ..に〉. Her sweet smile ～*ed* her *to* the group. 彼女はその優しい微笑で仲間に好かれた. This city has little [much] to ～ it. この市には魅力的なところが少ない[多い]. **4** [VOA] (～ X ***to*** ..) 〖古〗 X を..にゆだねる, 託す, (commend).

rè·com·ménd·able /[移]/ [形] 推薦できる.

⁑rec·om·men·da·tion /rèkəmendéiʃ(ə)n/ [名] ([複] **～s** /-z/) **1** [U] **推薦**, 推挙, 推奨; [C] 推薦状. write a (letter of) ～ 推薦状を書く. speak in ～ of a person 人をほめる. on his ～ 彼の推薦で. **2** [UC] **勧め**, 勧告. On the ～ of his physician he and his family moved to Arizona. 医者の勧めに従って彼と彼の家族はアリゾナに移転した. make ～*s* for ..の勧告を出す. **3** [C] 長所, 取り柄. Honesty is a ～ in him. 正直が彼の1つの取り柄だ. ◇[動] recommend

†rec·om·pense /rékəmpèns/ [動] [他] 〖章〗 **1** 〔人, 行為〕に報いる; に返報する. The state ～*d* the statesman for his years of services. 国家はその政治家の多年の功労に報いた. The terrorists attempted to ～ the violence done to them. テロリストたちは自分たちに加えられた暴力に仕返しをしようと企てた.
2 〔人〕に償いをする, 弁償する, 〈*for* ..の〉; を償う 〈*to* ..〔人〕に〉. The satisfaction he felt on finishing ～*d* his sacrifice of time and energy. やり終えた満足感で彼が犠牲にした時間と精力は報われた. The insurance company will ～ his loss *to* him[him *for* the loss]. 保険会社が彼の損害を補償するだろう.
── [名] [UC] 〖章〗 **1** 報酬, 返礼; 報い, 返報; 〈*for* ..に対する〉. work without ～ 無報酬で働く. as ～ for ..のお礼[返礼]に. be publicly honored in ～ *for* ..のほうびに公の表彰を受ける. **2** 償い, 補償, 弁償, 賠償, 〈*for* ..に対する〉. *in* ～ (*for* ..) (..の)賠償として.

re·con /ríːkàn|-kɔ̀n/ [名] 〖米話〗 ＝reconnaissance.

réc·on·cìl·a·ble [形] **1** 和解[調停]可能な. **2** 調和し得る, 矛盾しない.

***rec·on·cile** /rékənsàil/ [動] (**～s** /-z/|[過] [過分] **～d** /-d/|**-cil·ing**) [他] **1** を**和解させる**, 仲直りさせる, 〈*with* ..と〉. The two families were ～*d* after a long estrangement. 両家は久しい不仲のあと和解した. John and Mary kissed and were ～*d with* [*to*] each other. ジョンとメリーはキスをして仲直りをした.
2 〔紛争など〕を調停する. ～ an international dispute 国際紛争を調停する.
3 を**調和させる**, 一致させる, 折り合いをつける, 〈*to, with* ..と〉. ～ two seemingly contradictory things 2つの見たところ矛盾するものを一致させる. How can you ～ this behavior *with* your beliefs? このふるまいと君の信仰とをどうやって調和させられるのか. ～ accounts 帳尻を合わせる. **4** [VOA] (～ X ***to*** (*do**ing***) ..) X を..に甘んじさせる, 納得させる, 〈普通, 受け身で〉. *be* ～*d to* be*ing* a mere underling 下積みの地位に甘んじる. She could not ～ her*self to* liv*ing* in the country [her economic situation]. 彼女は田舎暮らし[自分の経済状態]に満足できなかった.
── [自] **1** 仲直りする. **2** 一致する, 調和する.
[＜ラテン語 (＜re-＋*conciliāre* 'conciliate')]

réc·on·cìle·ment [名] ＝reconciliation.

***rec·on·cil·i·a·tion** /rèkənsiliéiʃ(ə)n/ [名] **1** [aU] **和解**(する[させられる]こと), 調停. bring about a ～ between the two 2人を仲直りさせる. **2** [aU] **調和**[**一致**](を見いだすこと) 〈*with* ..との/*between* ..の間の〉. the ～ of the facts *with* the theory 事実の理論との一致. **3** [U] あきらめ, 甘受. ◇[動] reconcile

rec·on·dite /rékəndàit, rikándait|rikɔ́ndait, rékəndàit/ [形] 〈普通, 限定〉〖章〗〔問題, 作品などが〕難解な; 〔知識, 学問が〕深遠な, 近うきがたい. a ～ subject 難解な主題. ▷ **～·ly** [副] **～·ness** [名]

re·con·di·tion /rìːkəndíʃ(ə)n/ [動] [他] 〔エンジンなど〕を修理調整する. ▷ **～·ed** [形]

re·con·firm /rìːkənfə́ːrm/ [動] [他] **1** 〔予約など〕を再確認する. ～ one's reservation 予約の再確認をする. **2** 〔同盟など〕をより強固にする. ▷ **rè·con·fir·má·tion** [名] [UC] (予約の)再確認.

‡re·con·nais·sance /rikánəs(ə)ns|-kɔ́n-/ [名] [UC] 探索; 調査; (特に軍隊の)偵察. a ～ plane 偵察機.

rè·con·néct [動] [他] を再びつなぐ; 〔ガスなどを家など〕に再び供給する. ▷ **～·tion** [名]

re·con·noi·ter 〖米〗, **-tre** 〖英〗 /rìːkənɔ́itər, rèk-|rèk-/ [動] [他], [自] **1** 〖軍〗 (を)偵察する. The platoon ～*ed* the village before the attack. 小隊は攻撃前に村を偵察した. **2** (土地を)踏査する.

rè·cón·quer [動] [他] を再び征服する. ▷ **re·con·quest** [名]

†re·con·sid·er /rìːkənsídər/ [動] [他] を考え直す, 再考(して変更)する; を再審議する; [VO] (～ ***wh*** 節) ..かを再検討する. He ～*ed* his decision not to go to the meeting. 彼はその会に行かないと決めたのを考え直した. The jury ～*ed* its verdict. 陪審は評決を再審議した.
── [自] 考え直す, 再考する; 再審議する.

re·con·sid·er·a·tion /rìːkənsìdəréiʃ(ə)n/ [名] [U] 再考; 再審議; 〈*of* ..の〉.

re·con·sti·tute /rìːkánstət(j)ùːt|-kɔ́n-/ [動] [他] **1** 〖章〗 を再構成[再編成]する 〈*as* ..として〉. a ～*d* committee 再編成された委員会. **2** 〔乾燥食品〕を水で戻す. ～ powdered soup 粉末スープを水で溶く. ～*d* milk 粉乳を水で戻したミルク. ▷ **rè·còn·sti·tú·tion** [名]

***re·con·struct** /rìːkənstrʌ́kt/ [動] (**～s** /-ts/|[過] [過分] **～·ed** /-əd/|**～·ing**) [他] **1** を**建て直す**, 再建する; を復興する. ～ a ruined temple 荒れ果てた寺を再建する.
2 (史料, 遺物などから)を復元する, 再現する. The relics helped us to ～ the past. 遺物は我々が過去を復元するのに助けになった. The police ～*ed* the crime from the evidence left on the spot. 警察は現場に残された証拠から犯罪の状況を再現した.

***re·con·struc·tion** /rìːkənstrʌ́kʃ(ə)n/ [名] ([複] **～s** /-z/) **1** [U] **再建**(する[される]こと); 改造; 復興; [C] 再建[改造, 復元]されたもの; 再現《証言などに基づいた犯罪場面などの》. the building under ～ 改築中の建物. economic ～ 経済の再建. The ～ is better than the original. 再建された建物は元のものよりいい.

R

2 〈the R-〉〖米史〗(南北戦争後の南部諸州の)再建(時代)《1865–77 年》. ▷**re·con·struc·tive** /-tiv/ 形

‡**re·cord**[1] /rékərd|-kɔːd/ (★動 record[2] はアクセントの位置が異なる) 名 (複 **~s** /-dz/)

【記録】 **1** UC **記録**; 登録, 登記. a matter of ~ 記録に載っている(まぎれもない)事実. The ~*s* of our discussion are kept by the secretary. 我々の討議は秘書官によって記録される. keep a ~ of ..を記録しておく. place [put] .. on ~ ..を記録する.

連結 a full [a detailed; an accurate, a correct, a faithful, a true; an official] ~ // make [have] a ~ (of)

【記録された事柄】 **2** C 記録文書, 古文書; 遺物.
3 C **履歴**, 経歴; 成績; 犯罪歴. one's family ~ 家系図. a criminal ~ 前科. Frank's ~ was against him in getting a job. フランクは就職のとき履歴が不利に働いた. The boy has a good school ~. その少年は学業成績が良い. have a good [bad] ~ (一般に)成績が良い[悪い]. a medical ~ 病歴, 医療記録. his war ~ 彼の戦歴.
4 C **最高記録**, レコード. renew one's ~ 自己記録を更新する. the world ~ holder 世界記録保持者.

連結 establish [set (up)] a ~; hold [better, surpass] the ~

【記録する道具】 **5** C レコード, 音盤, (〖話〗 disk, 〖米〗 phonograph record, 〖英〗 disc, gramophone record); 録音された歌[曲], 音源, 《CD なども含む》. play [put on] a ~ レコードをかける.
6 〈形容詞的〉 **(a)** **記録的な**, 空前の. ~ sales [levels] 記録的な売り上げ[水準]. a ~ crop of wheat 小麦の空前の大豊作. The stock prices reached a ~ high. 株価は記録的な高さに達した. We scaled the cliff in ~ time. 記録的な(短)時間で我々は岩壁を登攀(はん)した. **(b)** レコードの, レコードによる. ~ music レコード音楽.

a bròken* [〖英〗] *cràcked récord 同じことを何度も繰り返して言う人《<こわれたレコード》.
bèat the récord 記録を破る.
brèak the récord (1) =beat the RECORD. (2) 大急ぎでする〈*doing*..を〉. 「のを止める.
chànge the récord 〖英話〗 同じことばかりいつも言う↑
gò on récord →on RECORD (2).
(jùst) for the récord (1) 公式に記録を残すために, 事実を伝えるために; はっきりさせておくが. *Just for the* ~, I totally disagree with this decision. はっきり申し上げておきますがこの決定には大反対です. (2) ついでに言えば, ちなみに.
****off the récord*** 〖話〗 **非公式の**[に], 非公開の[で], オフレコの[で]. This is *off the* ~. この事はここだけの話ですよ. The statesman made a few remarks *off the* ~. その政治家はオフレコで 2, 3 意見を述べた.
****on récord*** (1) 〈最上級と用いて〉 **記録されて(いる)**; 未曾有(みぞう)の. This summer was the wettest *on* ~ in ten years. 今年の夏はここ 10 年で最も雨が多かった. keep .. *on* ~ ..を記録しておく. (2) 〈be [go] on ~で〉 正式に言明して, 公表されて, 公に伝え[知られ]て, 自分の立場を明らかにして, 〈*as doing* ..する[した]と〉. The mayor is *on* ~ *as* support*ing* the welfare plan. 市長はその福祉案を支持すると発表されている.
pùt /../ on récord ..を公式に発表[報告]する.
pùt [sèt] the récord stràight 記録を正す《誤り伝えられている事を正確な根拠を示して訂正する》.
smàsh the récord =beat the RECORD.
[<古期フランス語「記憶」(<*recorder* 'record[2]')]

***re·cord**[2] /rikɔ́ːrd/ (★名 record[1] はアクセントの位置が異なる) 動 (**~s** /-dz/|過 過分 **~·ed** /-əd/|**~·ing**) 他 **1** VO (~ X/*that* 節/*wh* 節) Xを/..ということを/..かを**記録する**; を登録[登記]する. The teacher ~*ed* the pupil's grades. 教師は生徒の成績を記帳した. The transfer of ownership is ~*ed* in the registry office. 所有権の移転は登記所に登記される. Please ~ this on your calendar. このことをカレンダーに書いておいて下さい.
2 をレコードに吹き込む; を録音[録画]する. ~ a speech on tape 講演をテープに録音する. ~ a TV program on video [videotape] テレビ番組をビデオに録画する.
3 〔計器などが〕〔度など〕を示す. The meter ~*s* the distance covered. メーターは走行距離を示す. The clock ~*ed* the time as eight thirty-two. 時計は 8 分 32 秒を示した.
── 自 録音[録画]する.
[<古期フランス語 *recorder*「思い出す」(<ラテン語「心 (*cor*) に呼び戻す」)]

récord-brèaker 名 C 記録破りの人[もの].
récord-brèaking 形 記録破りの, 空前の. a ~ drought 未曾有(みぞう)の大旱魃(かんばつ).
re·córd·ed /-əd/ 形 (前もって)録音された. a ~ message 録音されているメッセージ.
recòrded delívery 〖英〗 (簡易)書留(配達) (〖米〗 registered mail).
re·córd·er 名 C **1** 記録する人, 記録係. **2** 記録装置; 録音機, テープレコーダー. **3** 〖楽〗 リコーダー《縦笛の一種》. **4** 〖英〗 市裁判官《1971 年までの》; レコーダ《1971 年以後の; 10 年以上の経験ある barrister, solicitor から選ばれるパートタイムの裁判官》.
récord hòlder 名 C (スポーツなどの)記録保持者.
***re·cord·ing** /rikɔ́ːrdiŋ/ 名 (複 **~s** /-z/) **1** UC **録音**; C 録音したもの《レコード, テープなど》. make a ~ of music on tape テープに音楽を録音する. **2** 〈形容詞的〉 録音する(ための), レコーディングの. a ~ studio 録音スタジオ. a ~ contract with a record company レコード会社との録音契約.
récord lìbrary 名 C レコード・ライブラリー《図書館のようにレコードを貸し出しする施設》.
récord plàyer 名 C レコードプレーヤー.
†**re·count** /rikáunt/ 動 他 〖章〗 VO (~ X/*that* 節/"引用"/*wh* 節) Xを/..であることを/「..」と/..かを詳しく話す; を順を追って話す; 〈*to* ..に〉. ~ one's story [adventures, experiences] 自分の話[冒険談, 経験]を事細かに語る. [<古期北部フランス語「繰り返し語る」]
re-count /riːkáunt/ 動 他 〔投票など〕を数え直す.
── /⌐-/ 名 C (投票数などの)数え直し. The defeated candidate called for a ~. 敗れた候補者は投票数の数え直しを要求した.
re·coup /rikúːp/ 動 他 〖章〗 **1** 〔損失〕を(後の儲けで)取り戻す. **2** を償う; 〔人〕に埋め合わせをする, 補償をする, 〈*for* ..の〉. ***recóup onesèlf*** 出費[損失など]を取り返す.
†**re·course** /ríːkɔːrs, rikɔ́ːrs|ri-/ 名 〖章〗 **1** U 頼ること 〈*to* ..に〉. *Recourse to* the originals reveals many things. 原典に当たってみると多くの事が分かる. We solved the problem without ~ *to* outside help. 外部からの援助に頼らず問題を解決した.
2 C 頼みの綱(になる人[物]). As a last ~, he called the police. 最後の頼みとして彼は警察を呼んだ.
3 U 〖法〗 償還請求.
hàve récourse to.. ..に助けを求める; ..を(手段として)用いる. Ann no longer *has* ~ *to* her friends or family. アンはもはや友人にも身内にも助けを求めない. They *had* no other ~ but *to* arms. 彼らは武力に訴えるより仕方がなかった. [<ラテン語「駆け戻る」]

‡**re·cov·er**[1] /rikʌ́vər/ 動 (**~s** /-z/|過 過分 **~ed** /-d/|**~·ing** /-riŋ/) 他 **1** 〔失ったものなど〕を**取り戻す**; を回収す

る. He ～*ed* his stolen wallet. 彼は盗まれた財布を取り返した. The army advanced to ～ the lost ground. 軍隊は失地回復のために進軍した.
2 〔健康, 正常状態など〕を**回復する**, 取り戻す. ～ one's sight 視力を回復する. ～ one's courage 勇気を取り戻す. He soon ～*ed* his composure. 彼はやがて平静な状態に戻った. ～ one's balance 転びそうになるが体を立て直す. ～ one's feet [legs] (転んだ後で)立ち上がる.
3 〔損失など〕を埋め合わせる, 取り返す, 〔損害賠償〕を取る. ～ costs [lost time] 出費[失った時間]を取り返す.
4 〖アメフト〗〔ファンブルボール〕をリカバーする《一度地面に触れた攻撃側のファンブルボールを確保すること》.
recóver onesèlf (1) 健康を回復する. (2) 冷静に戻る; 我に返る. (3) 体調を取り戻す; 立ち直る. (4) 体勢を立て直す.
── 自 **1 回復する**, 落ち着きを取り戻す, 〈*from* ..から〉; 立ち直る. I was slowly ～*ing from* a bad cold. ひどい風邪からようやく回復しかかっていた. ～ *from* one's fright [shock] 恐怖[ショック]から立ち直る. ～ quickly after one's operation 手術後すぐ回復する.
2 〖法〗(賠償訴訟などで)勝訴する, 権利を取得する.
3 〖アメフト〗リカバーする.
[＜ラテン語 *recuperāre*「取り戻す」]

re·cov·er[2] /rìːkʌ́vər/ 動 他 の蓋(ふた)を新しくする; 〔本など〕の表紙を付け替える; 〔ソファーなど〕に新しいカバーを付ける, を張り替える.

re·cov·er·a·ble /rikʌ́v(ə)rəbəl/ 形 取り戻せる; 「回復可能な.

***re·cov·er·y** /rikʌ́v(ə)ri/ 名 (複 **-er·ies** /-z/) **1** U **取り戻す**[される]こと; 回収, 復旧, 〈*of* ..の〉. the ～ *of* infected food 菌で汚染された食品の回収. The damage is past ～. 損害は回復不能である.
2 aU **回復** 〈*from* ..からの〉; 意識[落ち着きなど]を取り戻すこと; (気持ちの)立ち直り; (経済などの)回復. I wish you a speedy ～. 早くご病気が治るようお祈りします. He made a quick ～ *from* [*after*] the operation. 彼は手術後早く回復した. in ～ 回復[治療]中で[の]. economic ～ 経済の回復. show signs of ～ 回復の兆しを見せる.

> 連結 a full [a complete; a rapid; a slow; a lasting; a spontaneous; a remarkable] ～ // hasten [set back] a person's ～

3 U 〖主に米〗(病院の)術後回復室(での治療).

recóvery prògram 名 C 〖米〗(麻薬中毒患者などを立ち直らせるための)更生プログラム (12-step program).

recóvery ròom 名 C (病院の)術語回復室.

rec·re·ant /rékriənt/ 〖雅・詩〗 形 **1** 臆(おく)病な (cowardly). **2** 不誠実な (unfaithful).
── 名 C 臆病者; 卑怯(ひきょう)者; 裏切り者.

‡**rec·re·ate** /rékrièit/ 動 他 を元気うける, に気晴らしをさせる, 〈*with* ..で〉. ── 自 休養する; 気晴らしをする.
récreate onesèlf 気晴らしをする.

re-cre·ate /rìːkriéit/ 動 他 **1** を再現する; を造り直す. The film ～*s* a glorious period of English history. その映画は英国史の輝かしい一時代を再現している. **2** を(心の中で)再現する.

‡**rec·re·a·tion** /rèkriéiʃ(ə)n/ 名 (複 **～s** /-z/) UC **娯楽**, 趣味, レクリエーション; 休養, 気晴らし. walk in the country for ～ 気晴らしに田舎を散歩する. Fishing is one of my ～*s*. 釣りが私の娯楽の1つだ. ～ facilities レクリエーション施設. [＜ラテン語 *recreāre*「元気うける」; -tion]

rè-cre·á·tion 名 U 改造; C 改造された物.

‡**rec·re·a·tion·al** /rèkriéiʃ(ə)nəl/ 形 休養の, 保養の; 娯楽の, レクリエーションの. ～ activities [facilities] レクリエーション活動[施設].

rècreational véhicle 名 C レクリエーション用自動車《キャンプ用トレーラーなど; 略 RV》.

recreátion gròund 名 C 〖英〗スポーツなどのための公園; 児童遊園.

recreátion ròom 名 C **1** 〖米〗娯楽室. **2** 〖英〗(病院などの)娯楽室.

re·crim·i·nate /rikrímənèit/ 動 自 〖章〗非難し返す, やり返す, 〈*against* ..〔非難した相手〕に〉. [＜ラテン語「非難する」(＜*crīmen* 'crime')]

‡**re·crìm·i·ná·tion** 名 UC 〈普通 ～s〉〖章〗責め合い, 泥仕合, やり返し. bitter ～(*s*) 激しい非難し合い.

re·crim·i·na·to·ry /rikrímənətɔ̀ːri|-t(ə)ri/ 形 〖章〗責め合う, 非難し返す.

réc ròom 名 〖米話〗＝recreation room.

re·cru·des·cence /rìːkruːdés(ə)ns/ 名 aU 〖章〗(病気・犯罪など好ましくない物事の)再発, 再燃.

†**re·cruit** /rikrúːt/ 名 C **1** 新兵. draft ～*s* 新兵を募集する. a raw ～ 新兵. **2** 新会員, 新入生, 新入社員, 〈*to* ..への〉; 新人; 新参者; 初心者. a raw ～ 新参者.
── 動 他 **1** に新兵[新人, 新会員]を採る, 〔新兵, 新人, 新会員〕を募集する; 〈*to, for* ..へ〉. The golf club ～*ed* a few new members. そのゴルフクラブは若干の新会員を募集した. **2** 〔軍隊, 会社, 団体〕を(新人などを入れて)補強する. The party was largely ～*ed* from the middle classes. その党の党員は多く中産階級から集められた. **3** VOC (～ X *to do*) 〖話〗X を募って..させる. ～ volunteers *to* help teach children 志願者を募って子供たちに教える手助けとする. **4** 〖古・章〗を元気うける, 〔気力など〕を回復させる.
── 自 **1** 新兵[新人, 新会員]を募集する. **2** 軍隊[会社, 団体]を新人で補強する, 補充する. **3** 〖古・章〗元気[健康]を回復する.
[＜ラテン語「再び育つ」(＜re-＋*crēscere* 'grow')]
▷**～·ment** 名

recrúitment àgency 名 C 人材斡旋業.

rec·ta /réktə/ 名 rectum の複数形.

rec·tal /réktl/ 形 〖解剖〗直腸 (rectum) の. ～ cancer 直腸ガン.

***rec·tan·gle** /réktæŋg(ə)l/ 名 (複 **～s** /-z/) C 〖数〗**長方形**, 矩(く)形. [＜ラテン語 (＜*rēctus*「まっすぐな」＋*angulus*「角」)]

†**rec·tan·gu·lar** /rektǽŋgjələr/ 形 長方形の, 「矩(く)形の; 直角の.

rec·ti·fi·a·ble /réktəfàiəbl/ 形 **1** 改正[矯正]できる. **2** 〖電〗整流できる. **3** 〖化〗精留できる.

rec·ti·fi·ca·tion /rèktəfəkéiʃ(ə)n/ 名 U **1** 改正; 矯正. **2** 〖電〗整流. **3** 〖化〗精留.

rec·ti·fi·er /réktəfàiər/ 名 C **1** 改正[矯正]する人. **2** 〖電〗整流器.

‡**rec·ti·fy** /réktəfài/ 動 (**-fies**|過 過分 **-fied**|**～·ing**) 他 **1** 〖章〗を正す, 改正する, 是正する; を矯正する; を調整する. ～ errors [mistakes] 誤りを正す. The situation is too bad to be *rectified*. 状況は悪すぎて直しようがない. **2** 〖電〗を整流する《交流を直流に変える》. **3** 〖化〗(アルコールなど)を精留する《純度の高い蒸留物を得る》.
[＜ラテン語 *rēctus*「まっすぐな」; -ify]

rec·ti·lin·e·ar /rèktəlíniər 移/ 形 〖章〗〖数〗直線の; 直線的に動く; 直線から成る[に囲まれた].

rec·ti·tude /réktət(j)ùːd/ 名 U 〖章〗正直, 実直, 清廉.

rec·to /réktou/ 名 (複 **～s**) C, 形 (開いた)本の右ページ(の) (↔verso). [ラテン語 'on the right']

rec·tor /réktər/ 名 C **1** 〖カトリック〗(修道院, 学院などの)院長; 〖英国国教・米国聖公会〗教区牧師 (→vicar). **2** 校長, 学長, 総長; 〖スコ〗(学生から選出された)大学理事. [＜ラテン語 'ruler']

rec·to·ry /rékt(ə)ri/ 名 (複 **-ries**) C rector の邸宅, 牧師館.

R

rec·tum /réktəm/ 名 (複 **~s, rec·ta** /-tə/) C 〖解剖〗直腸.

re·cum·bent /rikʌ́mbənt/ 形 〖章〗〔人, 姿勢が〕もたれ掛かった; 横になった.

‡**re·cu·per·ate** /rik(j)úːpərèit/ 動 自 〖章〗健康を回復する, 元気を取り戻す. stay at the seaside to ~ 静養のため海辺に滞在する. ~ from a shock ショックから立ち直る. ── 他 **1** 〖章〗〔健康など〕を回復する; 〔人〕を再び元気にする, 健康に戻らせる. ~ one's strength 元気を回復する. **2** 〔損害など〕を取り戻す. [recover[1] と同源]

re·cù·per·á·tion 名 U〖章〗(病気, 疲労などからの)回復; (損失などの)回復.

re·cu·per·a·tive /rik(j)úːpərèitiv|-rət-/ 形 〖章〗(健康を)回復させる(ような); 回復力のある. a ~ period (病気の)回復期. ~ powers 回復力.

†**re·cur** /rikə́ːr/ 動 (~**s**|-**rr**-) 自 〖章〗 **1** 〔事件, 病気などが〕(周期的に) 繰り返される, 再発する. A leap year ~*s* every four years. 閏(うるう)年は4年ごとに来る. Symptoms may ~ at any time. 徴候がいつ再発するか分からない. **2** 〔考え, 記憶などが〕再び思い浮かぶ, 思い出される, 〈*to* ..に〉. Old familiar faces ~ *to* my mind every now and then. 昔なじみの顔が時折私の心に浮かぶ. **3** 立ち返る, 戻る, 〈*to* ..〔話題など〕に〉. We shall ~ *to* this question later. この問題は後で再び取り上げる. **4** 〖数〗循環する.
[<ラテン語「駆け戻る」(<re-+*currere* 'run')]

†**re·cur·rence** /rikə́ːrəns|-kʌ́r-/ 名 UC 〖章〗 **1** 再発, 反復. the frequent ~ of earthquakes 地震の頻発. **2** (昔のことなどを)思い出すこと; 回想. **3** 元へ戻ること, 立ち返ること.

†**re·cur·rent** /rikə́ːr(ə)nt|-kʌ́r-/ 形 〖章〗〔事件などが〕再発する, 繰り返し起きる; 周期的に繰り返す. the ~ question of air pollution 繰り返し起きる大気汚染の問題. a ~ spelling mistake 何度も繰り返される綴り字の誤り. ▷**~·ly** 副

re·cúr·ring /rikə́ːriŋ/ 形 繰り返し起こる[発生する]; 循環する. ~ attacks of malaria 繰り返し襲うマラリアの発作. a ~ nightmare 繰り返し見る悪夢. a ~ theme [motif] 繰り返し現れる主題[モチーフ].

recùrring décimal 名 C 〖数〗循環小数.

re·curved /riːkə́ːrvd/ 形 〔動物の角などが〕後方へ湾曲した, 後屈の.

R

re·cu·sant /rékjuz(ə)nt/ 形, 名 C 〖旧・章〗権威に従わない(人); 〖英史〗国教拒否の(カトリック教徒).

re·cy·cla·ble /rìːsáikləb(ə)l/ 形, 名 C 再生利用できる(物).

*__re·cy·cle__ /rìːsáik(ə)l/ 動 (~**s** /-z/|過 過分 ~**d** /-d/|-**cling**) 他 〔廃棄物など〕を**再生利用する**; 〈一般に〉を再使用する. ~ bottles 瓶をリサイクルする. ~*d* paper 再生紙.

*__re·cy·cling__ /riːsáikliŋ/ 名 U, 形 Ⓒ (廃棄物の)**再生利用**(の). the ~ industry リサイクル産業. a ~ plant [center] (ガラス, 紙などの)再生工場[リサイクルセンター]. a ~ bin リサイクル用のごみ箱.

‡**red** /red/ 形 e (**réd·der**|**réd·dest**)
1 赤い, 赤色の《血・ルビー・燃える石炭などの色から濃いオレンジ色までを含む; キリストの受難・愛, 豊饒・多産, 性的興奮などを象徴する》. a ~ rose 赤いバラ. ~ lips 赤い唇. The strawberries *turned* ~. いちごが赤くなった. (as) ~ as blood 血のように赤い, 真っ赤な. (as) ~ as a poppy [cherry, rose]. (顔などが)真っ赤な.
2 (困惑, 怒り, 恥ずかしさなどで) 〔顔が〕赤くなった. She was [went, turned] ~ with embarrassment. 彼女はきまりが悪くて顔を赤らめていた[赤らめた]. Is my face ~! ああ恥ずかしい. **3** 〔目が〕血走った, (泣いて)赤くなった. Her eyes were ~ from [with] crying. 彼女は泣いたため目が真っ赤だった. **4** 〔毛髪・動物の毛が〕赤い, 赤褐色の. a girl with ~ hair 赤毛の少女. a ~ dog 赤犬. **5** 〔手・武器が〕血に染まった[まみれた]. **6** 〔戦いなどが〕血みどろな, 残虐な. **7** 〈しばしば R-〉極左の, 革命的な; 赤化した, 共産主義の; 〈R-〉旧ソ連の, 赤色... turn ~ 赤化する. the *Red* Army (旧ソ連などの)赤軍; 日本赤軍. Better ~ then dead. (核戦争で)死ぬより共産主義に支配された方がましだ《冷戦時代に言われた》.

(as) rèd as a beet 〖米〗[〖英〗***béetroot***] 顔が真っ赤になって.

be rèd in the fáce (1) 恥をかく. (2) とことんやる[努力する].

── 名 (複 ~**s** /-dz/) **1** (a) UC **赤**, 赤色. *Red* is his favorite color. 赤は彼の好きな色だ. be painted in a variety of ~*s* いろいろな色合いの赤で塗られている. (b) U 赤い絵の具[塗料, 染料]. **2** U 赤い布[服]; C (玉突きの)赤玉; C (交通信号の)赤, 赤信号, (参考「青」は green,「黄色」は yellow 〖米〗, amber 〖英〗). be dressed in ~ 赤い服を着ている. **3** UC 赤ワイン. California ~ カリフォルニア産赤ワイン. **4** C 〈しばしば R-〉共産主義者; 過激主義者; 無政府主義者. **5** 〈普通 the ~〉赤字 (↔black). →成句.

(be) in the réd 赤字を出して(いる), 借金を背負って(いる), (↔(be) in the black). The company *is in the* ~. その会社は赤字経営だ.

gèt into the réd 赤字になる, 赤字を出す.

out of the réd 借金がなくて. get [pull oneself] *out of the* ~ 赤字を脱する.

rèds under the béd 隠れたアカ[共産党員, シンパ].

sèe réd 〖話〗かっとなる. Suddenly he *saw* ~ and slapped her face. 突然かっとなって彼は彼女の顔を平手打ちした.
[<古期英語 *rēad*]

rèd ádmiral 名 C 〖虫〗アカタテハ《欧州・北米産の羽に赤い模様のあるチョウ》.

rèd alért 名 UC 緊急事態(警報); 非常時態勢; 空襲警報. on ~ 緊急態勢に[で].

réd bèet 名 UC アカカブ《サラダ用》.

réd·bìrd 名 C アカドリ《赤い羽毛を持った諸種の鳥(例えば cardinal 2) の俗称》.

rèd blóod cèll 名 C 赤血球 (→leucocyte).

rèd·blóoded /-əd 移/ 形 〖話〗〔男が〕精力的な, 威勢のいい, 元気な; 男らしい. a ~ youth 屈強な若者.

réd·brèast 名 C 〖雅〗コマドリ (robin).

réd·brìck 〖英・時に軽蔑〗〈しばしば R-〉名 C '赤れんが大学' (**rèdbrick univérsity**) 《主に19世紀後半から20世紀初めに Manchester, Birmingham など各地に設けられた大学; →Oxbridge》.
── 形 〔大学が〕19世紀末に創設された.

Réd Brigàdes 名 〈the ~〉赤い旅団《イタリアの極左テロ集団》.

rèd cábbage 名 UC 赤キャベツ.

réd·càp 名 C 〖米〗(駅の)赤帽; 〖英〗憲兵.

rèd cárd 名 C (フットボールなどで)レッドカード《反則をした選手を退場させる時にレフリーが示す赤いカード; →yellow card》.

réd-càrpet 形 丁重な, 盛大な, 〔扱い, 歓迎など〕. give them the ~ treatment 彼らを丁重に扱う. get the ~ treatment 丁重なもてなしを受ける.

rèd cárpet 名 〈the ~〉(貴賓などを迎えるための)赤じゅうたん. roll out *the* ~ for a person 人を丁重にもてなす.

rèd cédar 名 UC ベイマツ.

rèd cént 名 C 〖米話〗〈否定文で〉1セント(銅貨). not worth a ~ 1文の値打ちもない. not give a ~ for his chances of winning 彼の勝つ見込みは全くないと思う.

réd·còat 名 C (昔の)英国軍人《18, 19世紀に赤い服を着ていた》.

rèd córpuscle 名 C =red blood cell.

Rèd Créscent 名 〈the ~〉イスラム教国国際救援組

織;《Red Cross に相当する》; そのマーク.

Rèd Cróss 名〈the ～〉赤十字社; (各国に置かれている)赤十字支部; そのマーク.

rèd cúrrant 名 C 〖植〗アカフサスグリ《食用になる》.

rèd déer 名 C (複 ～)〖動〗アカシカ.

***red·den** /rédn/ 動 (～s /-z/|過 過分 ～ed /-d/|～·ing) 自 赤くなる; 顔を赤らめる (blush). He ～*ed* with anger. 彼は怒りで顔を赤らめた. ── 他 を赤くする; を赤面させる.

‡**red·dish** /rédiʃ/ 形 赤みがかった, やや赤い.

‡**re·dec·o·rate** /rìːdékərèit/ 動 他, 自 (を)改装する《壁紙の張替え, ペンキの塗替えなど内装の手入れ》.

‡**re·deem** /ridíːm/ 動 他 〖章〗

【買い戻す】 **1** を買い戻す, 質受けする, 〈*from* ..から〉. ～ one's jewels *from* a pawnshop. 宝石を質屋から受け出す. ～ a mortgage (借金を返済して)抵当物件を受け戻す. **2** 〔奴隷, 捕虜など〕を(身代金を払って)救い出す; 〔神, キリストが人間〕を(罪から)救う. Jesus was sent down to ～ a sinful humanity. イエスは罪深い人間を救うために地上に遣わされた.

3【換金する】〔証券など〕を現金化する; 〔引き換え券など〕を賞金[景品]と引き換える.

【借りを返す, 負い目をなくす】 **4** 〔約束, 義務など〕を履行する, 果たす; 〔債務など〕を償還する. The candidate insisted that he would ～ his promises. 候補者は公約を果たすことを強調した. **5** 〔評判など〕を回復する. ～ one's reputation 評判を取り返す. ～ oneself (しくじりなどの)名誉挽回をする. **6** 〔欠点など〕を補う, 埋め合わせる. The leading actor's performance ～*s* the boring plot. 主役の演技が退屈な筋書きを補っている.

[＜ラテン語 *redimere*「買い戻す」; ransom と同源]

re·déem·a·ble 形 **1** 買い戻し[質受け]できる; 取り戻せる. **2** 救済できる; 償い得る.

re·déem·er 名 **1** C 買い戻す人; 質受け人, 身請け人. **2** 〈the [our] R-〉救世主イエス・キリスト.

re·déem·ing 形 欠点を補う[埋め合わせる]. a ～ feature (埋め合わせになる)取り柄.

re·define /rìːdifáin/ を再定義する. ▷**re·def·i·ni·tion** 名

†**re·demp·tion** /ridém(p)ʃ(ə)n/ 名 U 〖章〗 **1** 買い戻し, 受け戻し, 質受け. **2** (身代金などによる)身請け, 救出; (キリストの犠牲による)人間の罪のあがない. **3** (約束, 義務などの)履行. ◇動 redeem

beyond* [*past*] *redémption 〖しばしば戯〗救済の見込みのない(ほど); 救いがたい(ほど). a village ruined *beyond* ～ 救いがたいほど荒廃した村落.

[＜ラテン語 *redemptus* 'redeemed'; -ion]

redémption cènter 名 C 〖米〗商品引き換えスタンプの(商品との)引き換え所.

re·demp·tive /ridém(p)tiv/ 形 〖章〗 **1** 買い戻しの, 質受けの; 身請けの. **2** 救済の; あがないの.

rèd énsign 名 C 英国商船旗.

re·de·ploy /rìːdiplɔ́i/ 動 (～s|過 過分 ～ed|～ing) 他 〔軍隊, 労働者, 施設など〕を移動させる, 配置変えする. ▷～·**ment** 名

re·design /rìːdizáin/ 動 他 を再設計する, デザインを変更する.

re·de·vel·op /rìːdivéləp/ 動 他 〔都市の老朽区域〕を再開発する. ▷～·**ment** 名 C 再開発. a ～ area (都市の)再開発地域.

réd-èye 名 **1** C 〖話〗夜行便, 夜通しの飛行, 《特に時間帯 (time zone) を越えての; 乗客が睡眠不足で目を赤くして到着することから; **a réd-eye flìght** とも言う》. **2** U 〖写〗赤目(現像). **3** UC 〖米俗〗強い安ウイスキー.

rèd-éyed /移/ 形 赤い目をした; 目を泣きはらした; 目の血走った.

rèd-fáced /-t 移/ 形 赤い顔をした; (当惑, 恥ずかしさなどで)顔を赤くした.

rèd flág 名 C **1** 赤旗《危険信号; 革命旗》. like waving [holding] a ～ in front of a bull 〖米〗人を怒らせる. **2** 〈the R- F-〉赤旗の歌《英国労働党の党歌》.

rèd gíant 名 C 赤色巨星《赤色に輝く最盛期の星; やがて white dwarf になる》.

Rèd Guárd 名 〈the ～; 単数形で複数扱いもある〉(中国の)紅衛兵《文化大革命初期に活躍した学生》.

rèd-hánded /-əd 移/ 形 **1** 現行犯の. catch a person ～ 人を現行犯で捕まえる. **2** 手を血だらけにした.

rèd hát 名 C 枢機卿(けい)帽《教皇から与えられる緑の広い赤い帽子》; 枢機卿; 枢機卿の地位.

réd·hèad 名 C 〖話〗赤毛(の人)《特に女性》.

rèd·héaded /-əd 移/ 形 赤毛の; 頭の羽毛が赤い〔鳥〕.

rèd hérring 名 C **1** 薫製ニシン. **2** 人の注意をよそへそらすもの《猟犬が匂いをかぎ分ける訓練に薫製ニシンを用いることから》.

†**rèd-hót** /移/ 形 **1** 灼(しゃ)熱した; 〖話〗すごく熱い. ～ iron 灼熱した鉄. ～ coals 真っ赤におきた石炭. **2** 熱烈な, 強烈な. a ～ issue 激しい論議を呼んでいる問題. a ～ controversy 激論. **3** 出来立ての, 最新の〔情報など〕; 売り出し中の〔芸能人など〕. **4** 確実に勝つと思われている.

re·dial /rìːdái(ə)l/ 動 (～s|〖英〗-ll-) 他, 自 (に)再度電話をかける.

re·did /rìːdíd/ 動 redo の過去形.

Rèd Índian 名 C 〖旧・軽蔑〗アメリカインディアン《今は Native American を使う》.

rèd ínk 名 U **1** 赤インク. **2** 〖米話〗赤字.

re·di·rect /rìːdərékt, -dai-/ 動 他 **1** の方向を変える. **2** 〖英〗〔郵便物など〕のあて先を変える (readdress); を転送する (forward). ▷**re·di·rec·tion** 名

rè·discóver 動 他 を再発見する. ▷～·**y** /-ri/ 名

re·dis·trib·ute /rìːdistríbjuːt/ 動 他 を再配分[分配]する. ▷**re·dis·tri·bu·tion** /rìːdistrəbjúːʃ(ə)n/ 名

rè·dístrict 動 他, 自 〖米〗〔選挙区などを〕区画し直す.

rèd léad /-léd/ 名 鉛丹(えんたん)《さび止めに用いる赤色の顔料》.

Rèd Léicester 名 ＝Leicester 2.

rèd-létter dày 名 C 祭日; 記念すべき日; 吉日. [カレンダーに赤字で示すことから]

rèd líght 名 C 危険信号; 停止信号. on [at] a ～ 赤信号で. see the ～ 危険の迫るのを知る. go through [jump] a ～ 赤信号を(無視して)渡る.

rèd-líght dìstrict 名 C 紅灯のちまた, 赤線地区, 花柳街.

Réd Lìst 名 〈the ～〉レッドリスト《英政府の定める有毒な物質のリスト》.

rèd méat 名 U 赤肉《牛肉や羊肉など; →white meat》.

réd·nèck 名 C 〖米話・軽蔑〗南部の貧しい[無学の]白人労働者《性[人種]差別主義者が多い; ＜'日焼けした首筋'》.

réd·ness 名 U 赤いこと; 赤色, 赤み.

re·do /rìːdúː/ 動 (→do[1]) 他 **1** をもう1度やる; をやり直す. She *redid* her hair. 彼女は髪を結い直した. **2** 〖話〗〔部屋など〕を改装する. We had the kitchen *redone*. 台所を改装した.

re·does /rìːdʌ́z/ 動 redo の3人称・単数・現在形.

red·o·lence /rédələns/ 名 U 〖章〗芳香, 香気.

red·o·lent /rédələnt/ 形 〖章〗 **1** 芳しい (fragrant); 香りがする〈*of, with* ..の〉. shells, still ～ *of* the sea 今なお海の香りのする貝殻. **2** 思わせる(ような), しのばせる, 〈*of* ..を〉. scenes ～ *of* the Middle Ages 中世をしのばせる光景. [＜ラテン語 *redolēre*「匂いを発する」]

re·done /rìːdʌ́n/ 動 redo の過去分詞.

‡**re·dou·ble** /ri(ː)dʌ́b(ə)l/ 動 他 を倍加する; を激増させる; を大いに強化する. We ～*d* our efforts to finish the job in time. その仕事が時間内に終わるように我々は努力に努力を重ねた. ── 自 倍加する, 激増する; 大いに強

化される. His wife's complaints ～*d*, but he ignored them. 妻の愚痴は募ったが彼は無視した.

re·doubt /ridáut/ 名 C 〖軍〗小さな砦(とりで), 要塞(さい). the last ～ of ..の最後の砦.

re·doubt·a·ble /ridáutəb(ə)l/ 形 〖雅・戯〗〔敵, 競争相手などが〕恐るべき, 侮りがたい. a ～ opponent 侮りがたい相手. [＜古期フランス語「恐れる」; -able]

re·dound /ridáund/ 動 自 〖章〗 **1** VA (～ *to* ..) 〔信用など〕を(結果として)大いに高める; ..にきわめて有利に働く. The action ～*ed to* his fame. その行為は彼の名声を高めた. **2** VA (～ *on* [*upon*] ..) 〖古〗..に〔行為などが〕はね返る, 戻ってくる. [＜ラテン語「あふれる」(＜*red*- 're-' ＋*unda*「波」)]

rèd pépper 名 **1** UC トウガラシ. **2** C トウガラシの実.

Rèd Plánet 名 〈the ～〉赤い惑星《火星の俗称》.

rè·dráft 動 他 を書き直す.

rèd rág 名 C **1** 怒らせる[逆上させる]もの〈*to* ..〔人〕を〉《闘牛士の持つ赤い布から》. **2** 〖米俗〗舌.

lìke a red ràg to a búll 〖英〗人を怒らせる. Dirty jokes will be *like a* ～ *to a bull* to the lady. 卑猥(わい)な冗談はその女性をかんかんに怒らせることになるだろう.

‡**re·dress** /ridrés/ 動 他 〖章〗 **1** 〔不公平など〕を是正する; 〔不平など〕の種を除く; の復讐(しゅう)をする. ～ an evil 弊害を除去する. **2** 〔平衡など〕を取り戻す. ～ the balance [imbalance] 不均衡[アンバランス]を是正する.

── /rí:dres, ridrés | ridrés/ 名 UC 〖章〗 **1** 賠償(方法); 救済(手段). obtain ～ for damage 損害の賠償を得る. seek ～ 補償を求める. **2** (不正などの)是正. [＜古期フランス語「まっすぐにする」]

Rèd Ríver 名 〈the ～〉レッド川《米国の Oklahoma 州と Texas 州の境を流れる》.

réd ròute 名 C 〖英〗都市(特にロンドン)の駐車禁止道路《端に赤い線が引いてある》.

Réd Scàre 名 〈the ～〉赤の恐怖《コミンテルンの出現に脅威を感じた米政府の 1919–20 年の共産党員嫌疑者の逮捕・国外追放や労働組合の弾圧》.

Rèd Séa 名 〈the ～〉紅海.

rèd sétter 名 ＝Irish setter.

rèd shíft 名 C 〖天文〗赤方偏移《スペクトル線が波長の長い方にずれること; 地球から遠ざかりつつある恒星などに観測される》.

R

réd·skìn 名 〖話・軽蔑〗＝American Indian.

rèd snápper 名 C レッドスナッパー《フエダイの類の食用魚》.

Rèd Squáre 名 (モスクワの)赤の広場.

rèd squírrel 名 C 〖動〗アカリス《英国, 欧州, アジア北部産》.

réd·stàrt 名 C 〖鳥〗ジョウビタキ, 〈特に〉シロビタイジョウビタキ.

rèd tápe 名 U 〖軽蔑〗官僚的形式主義, (時間のかかる)お役所仕事, 《もと公文書を赤いひもでとじたことから》. It takes months to get through *the* ～. 面倒な役所の手続きを終えるのには何か月もかかる. cut through the ～ 形式主義を省く[やめる].

‡**re·duce** /rid(j)ú:s/ 動 (**-duc·es** /-əz/| 過 過分 ～**d** /-t/| **-duc·ing**) 他 **【減らす】 1** 〔数量, 大きさなど〕を減らす, 縮小する〈*from* ..から/*to* ..に/*by* ..だけ〉; 〔強度, 程度など〕を弱める, 衰亡させる, 緩和する; 〔値段〕を下げる, 〔商品〕を値引きする; (類語 (ある水準まで)大幅に削減[縮小]するという感じが強い; →decrease). ～ one's weight *from* 70 *to* 60 kilos 体重を 70 キロから 60 キロに減らす. ～ speed スピードを落とす. ～ the birthrate [death rate] 出生[死亡]率を減らす. ～ the price *by* ten dollars [10%] 値段を 10 ドル[10%]下げる. at ～*d* prices 値引きして. ～ business 経営規模を縮小する. We have to ～ our expenses this month. 今月は支出を切り詰めなければならない. be ～*d to* a skeleton やせて骨と皮ばかりになる. This medicine will ～ your pain quickly. この薬を飲めば痛みがじきに和らぎます. ～ inflation インフレを緩和する. be on ～*d* time (操業短縮で)就業時間短縮中である.

2 〖料理〗を煮つめる. ～ syrup シロップを煮つめる. Boil the sauce till it is ～*d to* half the quantity. ソースが半量になるまで煮つめなさい.

【単純な形状に変える】 3 VOA (～ X *to* ..) X を..に変える. ～ logs *to* pulp 木材をパルプにする. ～ a statement *to* writing 声明を書き物にする. The explosion ～*d* the windowpanes *to* fragments. 爆破のため窓ガラスが粉々になった. The mansion was ～*d to* ashes [rubble]. 邸宅は灰燼(かいじん)に帰した.

4 を分解する; を換算する; をまとめる; 〈*to* ..に〉; 〖数〗を約分[通分]する; 〖化〗を還元する. ～ pounds *to* ounces ポンドをオンスに換算する. ～ animals *to* classes 動物を分類する. ～ a fraction 分数を約分する.

5 【元の状態に戻す】 〖医〗〔脱臼(きゅう)など〕を整復する.

【好ましくない状態に変える】 6 VOA (～ X *to* ../X *to doing*) **X を(無理やり)..の状態に/..せざるを得なくする**, X に..を強いる/X を..する羽目にする. Drought ～*d* the farmers *to* poverty. 旱魃(かんばつ)のため農民たちは貧窮に陥った. Fear ～*d* him *to* silence. 恐ろしさで彼は沈黙せざるを得なかった. She was ～*d to* tears at the sight. その光景に彼女は思わず泣き出してしまった. The poor old man was ～*d to* begg*ing*. かわいそうに老人はこじきをする羽目になった.

7 を(説得, 力ずくなどで)従わせる; を陥落させる. ～ an enemy fortress 敵の要塞(さい)を陥落させる.

8 【地位を落とす】 VOA (～ X *to* ..) X を..に格下げする; を零落させる. ～ an officer *to* the ranks 士官を兵卒の位に格下げする.

── 自 **1** (**a**) **減る**, 縮小する; 下がる; 〈*by* ..だけ〉; 弱る. The number ～*d by* 50%. 数は 50% 減った. (**b**) 〖料理〗煮つまる.

2 VA (～ *to* ..) (せんじ詰めると)..になる, 帰する. All his rhetoric ～*s to* this single fact. いろいろ遠回しに言っているが彼の言いたいことをせんじ詰めるとこの 1 点に尽きるのだ.

3 〖主に米話〗(食事制限で)減量する, やせる. She's *reducing* by going on a diet. 食事制限をして彼女は減量中だ. ◇名 reduction

in redùced círcumstances 〖旧・婉曲〗(以前より)生活を切り詰めて; 落ちぶれて.

[＜ラテン語「元へ戻す」(＜re-＋*dūcere* 'lead')]

re·dúc·i·ble 形 **1** 〈しばしば否定文で〉変形できる; 減らせる; 縮小できる; 下げられる; 〈*to* ..に〉. **2** 〖数〗換算[約分]できる; 〖化〗還元できる. **3** 〖医〗整復できる.

re·duc·ti·o ad ab·sur·dum /ridʌ́ktiou-æd-əbsə́:rdəm/ 名 U **1** 〖論〗背理法, 間接証明, 《ある命題の論理的帰結が不合理であることを示して原命題の誤りであることを証明すること》. **2** (ばかげた)行き過ぎ, 極端な例. [ラテン語 'reduction to absurdity']

‡**re·duc·tion** /ridʌ́kʃ(ə)n/ 名 (複 ～**s** /-z/) **1** UC 変形, ある状態にする[される]こと. 〈(*from* ..) *to* ..〉(..から)..への〉. the ～ of the argument *to* its simplest form 議論を最も単純な形にすること. **2** UC **縮小**, 減少(量), 〈*in* ..の〉; **割引(率)**, 値下げ(額); C 縮図, (絵, 写真などの)縮写 (↔enlargement). a ～ *in* wages 賃金カット. a ～ of personnel 人員削減. I bought this dress at a ～ of 10 percent [a 10 percent ～]. このドレスは 1 割引きで買いました. ～*s in* prices＝price ～*s* 値引き. *make a* ～ 割引きする. **3** UC 征服, 陥落; 格下げ; 零落, 衰微. **4** UC 〖数〗約分, 換算; 〖化〗還元(法). **5** UC 〖医〗整復(法). ◇動 reduce

re·duc·tion·ist /ridʌ́kʃ(ə)nist/ 名 C, 形 〖哲〗還元主義者(の)《単純化することにより複雑な現象・データを分析できると主張》.

re·duc·tive /ridʌ́ktiv/ 形 〖哲〗還元主義の.

‡**re·dun·dan·cy** /ridʌ́ndənsi/ 名 (複 -cies) **1** U 余分, 過多; 冗長; 重複; C 冗語. There is a certain degree of ～ in his essay. 彼の随筆はくどい点がある. **2** C 余計な物;〖主に英〗余剰人員, (仕事がなくなったための)被解雇者. **3** U〖言〗余剰(性).

redúndancy pày 名 U 〖英〗＝redundancy payment.

redúndancy pàyment 名 C 〖英〗(余剰人員として解雇された人への)退職金(〖米〗severance pay).

‡**re·dun·dant** /ridʌ́ndənt/ 形 **1** 余分の, 多過ぎる; 重複した. ～ population 過剰人口. It is ～ to say 'a sad tragedy'. 「悲しい悲劇」というのは重複した言い方だ. **2**〖主に英〗〔雇用者が〕過剰な, 冗員のため解雇された[る]. Thirty workers were made ～ because of the new computer system. 新しいコンピュータの導入で 30 人の労働者が解雇された. **3**〖言〗余剰な. **4**〖電算〗冗長な. [＜ラテン語「あふれている」(→redound)] ▷**～·ly** 副

re·du·pli·cate /rid(j)ú:pləkèit/ 動 他 〖章〗を 2 重にする, 倍加[倍増]する; を反復する; 〔音節, 文字など〕を重ねる.

re·dù·pli·cá·tion 名 U 倍増, 倍加; 反復.

rèd wíne 名 UC 赤ワイン.

rèd·wing(ed) bláckbird 名 C 〖鳥〗ハゴロモガラス《北米産》.

réd·wòod 名 **1** C 〖植〗セカイヤメスギ《California 州産の巨木; →sequoia》, 〈一般に〉赤色木材を供給する木. **2** U セカイヤメスギ材, 赤色木材.

re·ech·o, re-ech·o /rì:ékou, riékou/ 動 自 何度も反響する; 響き渡る. **──** 他 を何度も反響させる.
── 名 (複 ～es) C 反響の返り, こだまのこだま.

***reed** /ri:d/ 名 (複 ～s /-dz/) **1** C 〖植〗アシ, ヨシ, アシの茎; 〈～s〉(屋根の)ふきわら; U アシの草むら. make a basket out of ～*s* アシで籠を作る. **2** C 〖詩〗アシ笛, 牧笛. **3** C (管楽器, オルガンなどの)舌, リード; 〈the ～s〉リード楽器類《oboe, bassoon, clarinet など; →brass, string 名 6》. **4** C 〖織物〗おさ.
a bròken réed 頼みにならない助け人. 「のない人.
a rèed shàken in the wínd 風に揺らぐアシ, 定見
(as) slìm as a réed 大変スリムな. [＜古期英語]

réed ìnstrument 名 C リード楽器.

réed òrgan 名 C リードオルガン, 足踏みオルガン.

re·ed·u·cate /ri:édʒəkèit|-dju(:)-/ 動 他 を再教育する; 政治的教化をする. ▷**re·èd·u·cá·tion** 名 U 再教育.

reed·y /rí:di/ 形 **1** アシの繁った; アシの. **2** アシのような; 弱々しい. **3** アシ笛の音(ね)に似た; 〔声などが〕かん高い. a ～ voice かん高い声. ▷**reed·i·ness** 名

†**reef**[1] /ri:f/ 名 (複 ～s) C 暗礁; 砂州(す). strike a ～ 座礁する. a coral ～ さんご礁. [＜中期オランダ語 (＜古期北欧語「肋骨(ろっこつ)」)]

reef[2] 名 (複 ～s) C 〖船〗縮帆部《帆の巻き上げられる部分》. **──** 動 他 〔帆〕を巻き縮める.

reef·er /rí:fər/ 名 C **1** 縮帆する人. **2** 厚いダブルの上着の一種 (**réefer-jàcket**). **3**〖旧話〗マリファナ入りの巻きたばこ《形が縮帆 (reef[2]) に似ている》. **4**〖俗〗冷蔵庫; 保冷車.

réef knòt 名 C 〖船〗こま結び (square knot).

‡**reek** /ri:k/ 名 U **1** 悪臭, 臭気, (類語 悪い smell). the sickening ～ of [from] the garbage ごみが放つ気持ちの悪くなるようなにおい. **2** 蒸気, 湯気. **3**〖章·スコ〗(暖炉, 煙突の)濃い煙.
── 動 自 **1** 悪臭を放つ[出す]; ひどいにおいがする; 〈*of*, *with* ..の〉. His breath ～*ed of* tobacco. 彼の息はたばこ臭かった. **2** VA (～ *of, with* ..) ..の気味がある; (不正などの)臭いがぷんぷんする. ～ *of* racism 人種差別の気味がある. The case ～*ed of* mystery. その事件は奇怪な様相を帯びていた. **3** VA (～ *with* ..) 〔血, 汗など〕にまみれる. The room ～*ed with* blood. その部屋は血まみれだった. **4** 煙る, いぶる; 湯気を立てる.
[＜古期英語「煙(を出す)」]

reek·y /rí:ki/ 形 **1** ひどく臭い. **2** 煙る; 湯気の立つ.

***reel**[1] /ri:l/ 名 (複 ～s /-z/) C **1** (電線, フィルム, ホースなどの)巻き枠, リール; 枠巻きフィルム, (映画フィルムの)巻き. a new ～ of film (ひと巻きの)新しいフィルム. **2**〖英〗糸車, 糸巻き (〖米〗spool); ひと巻き(の糸). **3** (釣りざおの)巻き車, リール; (機械の)回転部. a ～ on a fishing-rod 釣りざおのリール.
off the réel (1)〔糸などが〕(巻き車から)つかえずにするすると〔出てくるなど〕. (2) すらすらと〔話すなど〕; すぐに.
── 動 他 〔糸〕を糸車に巻く, 繰る.
rèel /../ ín [***úp***] (1) (糸車で)..を巻き入れる. (2)〔魚〕を(リールで)引き入れる, たぐり寄せる.
rèel /../ óff (1) ..を糸車から繰り出す. (2)〖話〗〔物語など〕をすらすらと話す[述べる]. He ～*ed off* his complaints in the letter. 彼はその手紙で不平を次から次へと並べ立てた. 「「糸車」]
rèel /../ óut (釣り糸など)を繰り出す. [＜古期英語

†**reel**[2] 動 自 **1** よろめく, (強打, ショックなどで)ぐらつく, 〈*back*〉; VA ふらふら歩く. a ～*ing* gait 千鳥足. The blow sent me ～*ing*. その 1 発で私はふらふらになった. The boxer ～*ed back* from the force of the punch. ボクサーはそのパンチで後ろによろめいた. ～ *out* (*of* a pub) (パブから)ふらふらしながら出る.
2〔人が〕目まいがする; 〔頭などが〕ぐらぐらする. His brain [head] ～*ed*. 彼は目まいがした.
3〔物が〕ぐらぐら揺れる(ように見える); ぐるぐる回るような感じがする. The room ～*ed* before my eyes. 部屋がぐるぐる回っているように見えた.
4〔心などが〕動揺する〈*with, from* ..で〉. The team is ～*ing from* seven straight losses. チームは 7 連敗で動揺している.
── 名 C **1** よろめき, 千鳥足. **2** 目まい. [?＜reel[1]]

reel[3] 名 C リール《スコットランド, アイルランドの活発な舞踏の一種》; その曲.

†**re·e·lect** /rì:ilékt/ 動 他 を再選する; VOC (～ X Y)・VOA (～ X *as* Y) X を Y に再選する. if you are ～*ed* もし再選されたならば. ～ him (*as*) President 彼を大統領に再選する.

†**rè·e·léc·tion** 名 UC 再選.

re·en·force /rì:infɔ́:rs/ 動 ＝reinforce. ▷**～·ment** 名

re·en·list /rì:inlíst/ 動 自, 他 再び兵籍に入る, 再入隊する; を再入隊させる.

‡**re·en·ter** /ri:éntər/ 動 他, 自 **1** (に)再び入る. **2** (を)再記入する.

re·en·try /ri:éntri/ 名 (複 -tries) C 再び入れる[入る]こと; 再入場; 再入学; (ロケットなどの)大気圏再突入.

re·es·tab·lish /rì:istǽbliʃ/ 動 他 を再建する, 再興する; を回復する; を復職させる. ▷**～·ment** 名

reeve[1] /ri:v/ 名 C **1**〖英〗(昔の町・地方の)代官, 長官; (中世の荘園の)管理人. **2**〖カナダ〗(町・村会の)議長. [＜古期英語]

reeve[2] 動 (～s|過 過分 ～d, rove /rouv/|**réev·ing**) 他 〖海〗〔ロープなど〕を穴に通す, 穴に通して固定する.

re·ex·am·i·na·tion /rì:igzæ̀mənéiʃ(ə)n/ 名 UC 再試験; 再検査, 再検討; 〖法〗再尋問.

‡**re·ex·am·ine** /rì:igzǽmən/ 動 他 を再試験する, 再検査[再検討]する; 〖法〗を再尋問する.

re·ex·port /rì:ékspɔ:rt/ 動 他 を再輸出する.

ref /ref/ 名 (複 ～s) 〖話〗＝referee.

ref. referee; reference.

re·face /ri:féis/ 動 他 〔建物, 壁など〕の表面を新しくする.

re·fec·to·ry /riféktəri/ 名 (複 -ries) C (僧院, 大学などの)食堂.

R

‡re·fer /rifə́ːr/ 動 (~s /-z/|過 過分 **-fer·red** /-d/|**-fer·ring** /-riŋ/) 自 【向かう】 **1** VA (~ *to* ..) **..を参照する**, 調べる; ..に問い合わせる, 照会する. ~ *to* a dictionary [map] 辞書[地図]に当たってみる. ~ *to* one's notes メモを見る. I ~*red to* my diary to check the date. 私は自分の日記でその日付けを確かめた.
2【指す】(**a**) VA (~ *to* ..) **..に言及する**, ..を口にする; ..を指す; (類語 具体的に名前を挙げるなどして直接的に言及すること; →mention). Who are you ~*ring to*? だれのことを言っているのか. 'Downtown' ~*s to* the central business district of a city. 'downtown' とは都市の商業の中心地区を指す. It is erroneous to ~ *to* an American language. (独立した)アメリカ語という表現を使うのは誤りである《American English というべきである, の意味》. (**b**) VA (~ *to* ..) ..を呼ぶ〈*as* ..と〉. The U.S. flag is often ~*red to as* the Stars and Stripes. 米国国旗はしばしば星条旗と呼ばれる.
3【対象とする】VA (~ *to* ..) ..に〔規則などが〕関係する, ..に適用される; ..を示す. This rule does not ~ *to* women. この規則は女性には適用されない. The figures ~ *to* pages. 数字はページを示す《索引などの注意書き》.
── 他 【差し向ける】 **1** VOA (~ X *to* ..) (助力, 情報を求めて) X (人)を **..に差し向ける**, 問い合わさせる; X (患者など)を〔専門医など〕に行かせる; X に..を参照させる, ..に留意[注目]させる. I ~*red* him *to* a doctor. 私は彼に医者に行くように言った. The patient was ~*red to* an appropriate specialist. 患者は適当な専門医に回された. For further details the reader is ~*red to* page 10. 詳しくは 10 ページを参照されたい. The mark ~*s* the reader *to* a footnote. この記号は読者に脚注を見よという印である.
2 VOA (~ X *to* ..) X を **..に任せる**, **委託する**, 付託する. ~ a bill back *to* the committee 議案を委員会に差し戻す. Let's ~ the dispute *to* the arbitrator. この争いは仲裁者の判定を仰ごう. I ~*red* myself *to* his kindness. 私は彼の親切にすがった.
3 VOA (~ X *to* ..) X を..のせいにする; X を..に[と]関係うける, 属するものとする, X (言明など)を..と解釈する. Many people ~ their failures *to* bad luck. 多くの人々は自分の失敗を不運のせいにする. ~ the origins of sculpture *to* Egypt 彫刻の起こりはエジプトだとする.
4【差し戻す】〖英〗〔学生など〕を不合格にする, 再受験させる. ◇名 reference
[<ラテン語「運び戻す」(<re-+*ferrere* 'carry')]

ref·er·a·ble /réf(ə)rəb(ə)l, rifə́ːr-/ 形 〖章〗付託する[帰する, 属するものとする, 関係うける]ことができる〈*to* ..に〉.

***ref·er·ee** /rèfəríː/ 名 (複 **~s** /-z/) C **1** (**a**) **仲裁人**, 調停官; 判定者. act as ~ 仲裁人を務める. (**b**) (ボクシング, サッカーなどの)**審判員**, レフェリー; (類語 basketball, soccer, rugby, boxing, wrestling などで動き回る審判を指す; →judge, umpire); (学術論文の)審査員, 査読者. act as ~ for .. のレフェリーをする. **2**〖英〗身元保証人; 身元照会先《照会された人物の人となりを提供する》.
── 動 (~s|過 過分 ~d|~·ing) 他, 自 (を)仲裁する, (を)審判する, (の)レフェリーをする. [refer, -ee]

‡ref·er·ence /réf(ə)rəns/ 名 (複 **-enc·es** /-əz/)
【参照】 **1** UC **参照(すること)**, 照合, 参考. for easy ~ 容易に参照できるように. Let me tell you this for (your) future ~. 将来のご参考までにこの事をお話しします. **2** C **参考文献**, 出典; 参照文, 引用文[箇所]; = reference mark. a list of ~*s* 参考文献表.
3 UC (身元などの)**照会**, 問い合わせ; C 照会[問い合わせ]先; 身元保証人. Who are your ~*s*? あなたの身元保証人はだれですか. Please quote[use] ~ FC245. 照合ナンバー FC245 を明記してください. without any ~ to .. に照会することなしに.
4 C (経歴, 実績, 人柄などの)**証明書** (類語 reference は本人に見せないが, testimonial は本人に見せたり公開される). He has ⌞an excellent [a glowing] ~ from his former employer. 彼には以前の雇い主からの立派な[大変よい]証明書がある.
【参照>かかわり】 **5** UC **言及**, 論及, 〈*to* ..への〉; 話題にすること〈*to* ..を〉. This novel contains some ~*s to* Japan. この小説には日本への言及がいくつかある. There are passing ~*s* to .. ついでに..に触れられている. **6** U **関係**, 関連, 〈*to* ..との〉. These two problems seem to have [bear] no [some] ~ *to* each other. この 2 つの問題はお互いに関係がない[多少ある]ように思われる. **7** U 委託, 付託, 〈*to* ..への〉; 委託[付託]の範囲. the ~ of a bill *to* a committee 議案の委員会への付託. outside the ~ (委託の)権限外で. terms of ~ (委員会などへの)委託事項. ◇動 refer
in* [*with*] *réference to .. 〖章〗..に関して《商業文などに用いる》. Let me ask a few questions *in* [*with*] ~ *to* your statement. あなたの述べられたことに関連して 2, 3 の質問をさせてください.
màke réference to .. (1) ..に言及する. He *makes* ~ *to* this incident in his memoirs. 彼は回顧録でこの事件に触れている. (2) ..を参照する, ..に問い合わせる. *make* ~ *to* a map 地図を参照する.
withòut réference to .. ..に関係なく. *without* ~ *to* race, creed, color, sex, or age 人種, 信条, 皮膚の色, 性別, 年齢を問わず.
── 動 他 **1**〔本, 論文〕に参考書目を付ける. **2** を参照する, に言及する. ~ Chomsky 1986 チョムスキー 1986 [1986 年の著書, 論]に言及する. [refer, -ence]

réference bòok 名 C 参考図書《百科事典, 辞書, 年鑑の類》. 「し出しをしない》; 参考図書類.

réference lìbrary 名 C 参考図書館《館外貸↑

réference màrk 名 C 参照記号《*, † など》.

réference pòint 名 =point of reference.

réference ròom 名 C 資料室.

†ref·er·en·dum /rèfəréndəm/ 名 (複 **~s, ref·er·en·da** /-də/) C 国民[〖米〗州民]投票, 一般投票. hold a ~ on ..に関して国民投票を行う. by ~ 国民投票で. [ラテン語] 「が指示する対象[概念]》.

ref·er·ent /réf(ə)rənt/ 名 C 〖言〗指示物《語, 句↑

‡re·fer·ral /rifə́ːrəl/ 名 〖章〗 **1** UC 参照, 照会; (患者の)紹介〈*to* ..〔専門医など〕への〉; 委託. **2** C 委託される人, (開業医などからの)紹介患者.

‡re·fill /riːfíl/ 動 他 を再び満たす; を詰め替える. She ~*ed* his glass. 彼女は彼のグラスを再び満たした.
── /ˊ-ˋ/ 名 U 詰め替え; C 詰め替え分, リフィル; 〖話〗(酒などの)お代わり. a ~ for a ball-point pen ボールペンの詰め替え芯(しん). a ~ pack 詰め替え用パック. Would you like a ~? もう 1 杯どうですか. ▷ **~·a·ble** 形

rè·fináncé 動 他 を借り換える, に再融資する. ── 自 再融資する.

***re·fine** /rifáin/ 動 (~s /-z/|過 過分 **~d** /-d/|**-fin·ing**) 他 **1 を精製する**, 製錬する; を純化する; (精製して)を除去する〈*away*, *out*〉. ~ iron ore 鉄鉱石を製錬する. ~ oil [sugar] 石油[砂糖]を精製する.
2 を上品にする, 洗練する; 〔文章など〕を磨く. ~ one's manners 作法を上品にする. ~ one's style of writing 文体を磨く. **3** を改善する, より良くする, より正確にする. ~ a theory [method] 理論[方法]を改善する.
── 自 **1** 純粋になる. **2** 上品[風雅]になる; 洗練される.
***refíne on* [*upon*] ..** (1) ..を改善[改良]する. The technique of advertising is continually ~*d on*. 広告の技術は絶えず改良されている. (2) ..よりすぐれている. (3) ..を細かに区別する; 〖旧〗..を詳細に論じる[語る].
[re-, fine[1] 動]

R

ˣre·fined /rifáind/ 形 m 1〘時に軽蔑〙上品な, 優雅な, 洗練された. a highly ～ lady 非常に上品な婦人. be ～ in dress 着こなしが洗練されている. **2 精製した**, 製錬した. ～ sugar [oil] 精糖[油]. **3** 微細な, 細かい, 〔区別など〕; 精密な, 精巧な. a more ～ device さらに精巧な装置.

†re·fíne·ment 名 **1** U 洗練; 上品, 優雅. a woman of (great) ～ (大変)上品な女性. **2** U 精製, 製錬; 純化. the ～ of oil [sugar] 石油[砂糖]の精製. **3** UC 改善, 改良; C 改善されたもの, 改良点 〈*to* ..の〉. We're planning some further ～*s* for this invention. この発明品をもう少し改良しようと考えています. **4** U 精細, 精巧; C 精巧な品[装置, 設備など]; 念の入ったもの, ..の極み; 細かな区別(立て). a ～ of cruelty 残虐の極み. ～*s* of meaning 意味の細かな区別.

re·fín·er 名 C refine する人[機械], 精製機.

re·fin·er·y /rifáin(ə)ri/ 名 (複 **-er·ies**) C 製錬所, 精製所. a sugar ～ 砂糖精製所.

re·fit /rìːfít/ 動 (～s|-tt-) 他 **1** 〔船など〕を修理する. **2** を改装する. ── 自 **1** 〔船などが〕修理される. **2** 改装される. ── 名 /ríːfit, ‒⌐/ UC (特に船の)修理.

refl. reflex, reflexive.

re·flate /riːfléit/ 動 他 〘経〙〔通貨など〕を再膨張させる. ── 自 通貨再膨張政策をとる.

re·flá·tion 名 U 〘経〙(デフレーション後の)通貨再膨張, リフレ(ーション). [＜*re-*＋in*flation*] ▷**～·ary** /-nèri|-n(ə)ri/ 形

ˣre·flect /riflékt/ 動 (～s /-ts/|過 過分 **～·ed** /-əd/|～·**ing**) 他 【反射する, 反映する】 **1** 〔光, 熱など〕を**反射する**; 〔音〕を反響する. The snow on the ground ～*ed* the sunlight. 地上の雪が日光を反射していた. The sun was ～*ing* itself on the water. 日光が水面に反射していた. in the ～*ed* light 反射光で.

2 〔鏡などが〕を**映す**, 〔物など〕を映じる, 写す. a ～*ing* pond 鏡のような池《周囲の建物などを水面に映す》. She saw white clouds ～*ed* in the lake. 彼女は白い雲が湖に映っているのを見た.

3 を**反映する**, 表す, 〈*in* ..に〉. Language more or less ～*s* social changes. 言葉は大なり小なり社会の変化を反映する. His face ～*ed* his thoughts. 彼の顔には彼の考えが表れていた. The seasons are closely ～*ed in* Japanese poetry. 日本の詩歌には季節が細やかに表されている. Concern about the economy is ～*ed in* the low value of the yen. 経済への懸念は円安に反映されている.

【はね返る】 **4** VOA (～ X *on* [*upon*] ..) ..に X ((不)名誉, (不)信用など)をもたらす, 招く. The action ～*ed* credit [shame] *on* him. その行為で彼の信用が高まった[彼は恥をかいた].

【反省する】 **5** VO (～ *that* 節/*wh* 節) ..ということ/..かを熟考する, よく考える. He ～*ed that* her argument had some truth in it. 彼女の論拠にも一理あると彼はつくづく考えた. I often ～ *how* time flies. 時のたつのは速いものだとよく私は考えます.

── 自 **1** 〔光, 熱などが〕**反射する**; 〔音が〕反響する. sound ～*ing* from the wall 壁から反響してくる音.

2 VA (～ *on* [*upon*] ..) ..に**評判**[**悪評**]**をもたらす**. Your action will ～ well [badly] *on* the entire group [*on* your honor]. あなたの行為は仲間全部[あなた]の名誉[恥]になるだろう.

3 回想する, **反省する**; **熟考する**; 〈*on, upon, about* ..を〉(類語 現在又は過去の出来事について時間をかけて考えること; →think). He ～*ed* a moment, then said 'No.' 彼はちょっと考えて, それからいやと言った. He ～*ed on* his errors. 彼は自分の過ちを反省した. ～ *on* one's life 自分の人生を振り返る.

[＜ラテン語「後ろへ曲げる」(＜re-＋*flectere* 'bend')]

reflécting tèlescope 名 C 反射望遠鏡.

ˣre·flec·tion /riflékʃ(ə)n/ 名 (複 **～s** /-z/)

【反射, 反映】 **1** U **反射**, 反響; 反射光, 反響音, 反射熱. the ～ of light [sound] 光の反射[音の反響]. an angle of ～ 反射角.

2 C **映像**, 姿かたち; 生き写し, 面影を伝えるもの; 反映(するもの), '鏡'. She looked [stared] at her ～ in the mirror. 彼女は鏡に映った自分の姿を見た[じっと見た]. She is a ～ of her mother. 彼女は母親にそっくりだ. Speech is a sure ～ of man's intellectual ability. 言葉は人間の知的能力をはっきり反映しているものである. Crime is a ～ of the health of society. 犯罪は社会の健康状態を反映する.

【不利なはね返り】 **3** C 不名誉[恥辱](をもたらすもの); 非難, 小言; 〈*on* [*upon*] ..に対する〉. Such a scandal is a (poor[sad]) ～ *on* his fame. このような不祥事は彼の名声に傷をつける. How can you cast ～*s on* me? どうして私のことを悪く言えるのだ.

【反省】 **4** U 熟考, 熟慮; 回想, 内省, 反省; 〈*on, upon, about* ..の〉. be lost in ～ 深い考えに沈む. on [upon] (due) ～ 熟慮の上, よく考えてみると. After careful ～ *on* the matter, he stated his views. そのことについて慎重に考えてから彼は意見を述べた.

5 C 〈普通 ～s〉(熟慮の結果の)意見, 感想, 〈*on, upon* ..についての〉. ～*s on* death 死に関する省察. I have a few ～*s* to offer *on* that affair. その件に関して二, 三申し上げたいことがある.

[reflect, -ion]

re·flec·tive /rifléktiv/ 形 **1** 反射する; 反映する 〈*of* ..を〉; 反射された. **2** 〘章〙熟考する; 反省的な; 思慮深い. ▷**～·ly** 副 **～·ness** 名

re·flec·tor /rifléktər/ 名 C 反射する物[面], 反射器; 反射装置, リフレクター. 《自転車・車の後部, 道路などの反射鏡, 反射板など; 道路の反射鏡は〘英〙では cat's eye》; 反射望遠鏡 (reflecting telescope); 〘物理〙(原子炉の中の)反射体.

‡re·flex /ríːflèks/ 形 **1** 〘生理〙反射的な; 反射された; 反動的な, 再帰的な. a ～ movement 反射運動. **2** 内向[内省]的な. ── 名 C 〘生理〙〈～es〉反射作用, 反射運動. have slow [quick] ～*es* 反射神経が鈍い[早い]. [＜ラテン語 (reflect の過去分詞)]

réflex àction 名 C 反射作用, 反射運動.

rèflex ángle 名 C 優角《180°より大きな角》.

réflex càmera 名 C レフレックスカメラ. a single [twin]-lens ～ *camera* 1眼[2眼]レフカメラ.

re·flex·ion /riflékʃ(ə)n/ 名 〘英〙＝reflection.

re·flex·ive /rifléksiv/ 形 **1** 〘文法〙再帰の. **2** 反射(作用)の, 反射的な.

── 名 C 〘文法〙再帰動詞; 再帰代名詞.

re·fléx·ive·ly 副 **1** 〘文法〙再帰的に. **2** 反射的に.

reflèxive prónoun 名 C 〘文法〙再帰代名詞《He killed himself. の himself のように -self [-selves] で終わる代名詞》.

reflèxive vérb 名 C 〘文法〙再帰動詞《目的語に再帰代名詞を必要とする動詞; wash oneself における wash の類》.

re·flex·ol·o·gy /rìːfleksɑ́lədʒi|-ɔ́l-/ 名 U **1** 〘医〙反射学. **2** (手足の)圧力療法《マッサージや指圧による》.

réflex respònse 名 ＝reflex action.

re·float /rìːflóut/ 動 他 〔沈没・座礁した船など〕を再び浮上させる, 引き揚げる. ── 自 〔沈没・座礁した船などが〕再び浮上する, 引き揚げられる.

re·flux /ríːflʌ̀ks/ 名 C 〈単数形で〉逆流; 引き潮. the ～ of town into country 都市から田舎への(人の)逆流. ◇↔flux

re·for·est /rìːfɔ́ːrəst|-fɔ́r-/ 動 他 〘主に米〙に再び植林する. ▷**re·fòr·est·á·tion** /-stéiʃ(ə)n/ 名

R

‡re·form /rifɔ́ːrm/ 動 (～s /-z/|過 過分 ～ed /-d/|～·ing) 他 **1** を**改正する**, 改革する, 改善する. ～ the law 法律を改正する. ～ the educational system 教育制度を改革する. The working conditions in the factory have been greatly *～ed*. その工場の労働条件は大幅に改善された. **2** を**矯正する**, 改心させる. ～ oneself 更生する. The drunkard *～ed* himself. その大酒飲みは心を入れ替えた. →reformed.

── 自 改善される, 良くなる; 改心する, 更生する.

── 名 (複 ～s /-z/) UC **改正**, 改革, 改善, 改良; 矯正; 改心; (注意 ドレスを「リフォームする」は make a dress over 又は remake a dress). *～s* in education [educational ～] 教育改革. land ～ 土地(制度)改革. carry out sweeping social *～s* 徹底的な社会改革を行う.

> 連結 complete [total; basic, fundamental, radical; drastic; extensive, far-reaching, sweeping; overdue; administrative; political] ～ // bring about [implement] ～(*s*)

[＜ラテン語 *reformāre*「変形する, 改革する」]

re-form /riːfɔ́ːrm/ 動 他 を再び作る; を作り変える[直す]; を再編成[再編制]する. ── 自 再び作る; 作り変える[直す]; 形が変わる; 〔軍隊などが〕再編制する.

Refórm Àct 名 ＝Reform Bill.

†ref·or·ma·tion /rèfərméiʃ(ə)n/ 名 **1** UC 改革, 改正, 改善. the ～ of the law 法律の改正. undergo a ～ 改革[改正, 改善]される. **2** U 改心; 矯正. undergo ～ 更生する. **3** 〖史〗〈the R-〉宗教改革《カトリック教に反対し 16 世紀に起こった改革; その結果新教 (Protestantism) が生まれた》.

re-for·ma·tion /rìːfɔːrméiʃ(ə)n/ 名 U 作り変え, 再組織, 再編成.

re·form·a·to·ry /rifɔ́ːrmətɔ̀ːri|-t(ə)ri/ 名 (複 -ries) C 〖米・英旧〗教護院, 少年院, (reform school).

── 形 〖章〗改良[改革]の(ための); 矯正の, 感化の.

Refórm Bìll 名 〈the ～〉〖英史〗選挙法改正法案[条令]《特に 1831-32 年の》.

re·fórmed 形 **1** 改善[改革]された. ～ spelling 改良綴字(法)《pedagogue の代わりに pedagog を用いるようなもの》. **2** 改心した. a ～ alcoholic [criminal] 更生できたアルコール依存症患者[犯罪者]. He is now a ～ character. 彼は今は改心している. **3** 〖宗〗改革派(教会)の.

†re·fórm·er 名 C 改革者, 改革運動家; 改良家, 改善者; 〈R-〉宗教改革者. a social ～ 社会改良家.

re·fórm·ism 名 U 改良[改革]主義.

re·fórm·ist 名 C (社会)改良主義者, 改革者.

── 形 改良主義(者)の, 革新的な.

Refòrm Júdaism 名 新ユダヤ教《19 世紀に始まり近代化をめざす》.

refórm schòol 名 C 〖米〗少年院 (〖英〗community home).

re·fract /rifrǽkt/ 動 他 を屈折させる.

refrácting tèlescope 名 C 屈折望遠鏡.

re·frác·tion 名 U 〖物理〗屈折; 屈折作用.

re·frac·tive /rifrǽktiv/ 形 〖物理〗屈折する, 屈折の. ▷ **～·ly** 副 **～·ness** 名

re·frac·tor /rifrǽktər/ 名 C **1** 屈折させる物. **2** ＝refracting telescope.

re·frac·to·ry /rifrǽkt(ə)ri/ 形 **1** 〖章〗言うことを聞かない, 手に負えない, 強情な. a ～ horse 強情な馬. **2** 〖医〗難治[性]の, 抗療性の. **3** 溶けにくい; 処理[加工]しにくい; 耐火性の.

── 名 (複 -ries) C **1** 耐火性物質《silica など》. **2** 〈-ries〉耐火れんが (**refràctory brìck**).

[＜ラテン語 *refringere*「壊す, 妨げる, 曲折する」]

***re·frain**[1] /rifréin/ 動 (～s /-z/|過 過分 ～ed /-d/|～·ing) 自 〖章〗やめる, 控える, 慎む, 遠慮する, 〈*from doing* ..(すること)を〉(類語 普通, 一時的な欲求や衝動を抑えることを言う; →abstain, forbear). I almost called him a liar, but *～ed*. もう少しで彼をうそつきと呼びそうになったがやめた. She could not ～ *from* tears. 彼女は涙を禁じ得なかった. Kindly ～ *from* smoking in the car. 車内での喫煙はご遠慮ください. [＜ラテン語 *refrēnāre*「手綱(たづな) (*frēnum*) を付ける」]

re·frain[2] 名 C **1** (詩歌の)折り返し(語句), リフレーン; その節(ふし). **2** 〖しばしば軽蔑〗繰り返し言われる文句[考え]. his constant ～ 彼がしょっちゅう言う決まり文句. [＜ラテン語 *refringere*「壊す」; 詩の流れを壊すことから]

‡re·fresh /rifréʃ/ 動 (～·es /-əz/|過 過分 ～ed /-t/|～·ing) 他 **1** の**気分をさわやかにする**, を(再び)元気にする, 生き返った気分にする; を新鮮にする. He felt *～ed* after the bath. 彼は入浴してさわやかな気分になった. A soft rain *～ed* the wilting flowers. 静かな雨がしおれた花を生き生きさせた. ～ friendship 旧交を暖める. ～ one's make-up 化粧を直す.

2 〔記憶〕を**新たにする**; 〔知識, 技術など〕に最新のものを加える, をリフレッシュする. Hearing the story *～ed* my memory. その話を聞いて私の記憶がよみがえった.

3 〔火など〕を再び盛んにする; を新しく補充する. ～ a person's drink 〖米話〗人のグラスに(アルコール類を)注ぎ足す. **4** 〖電算〗〔RAM など〕をリフレッシュする《記憶内容を保持するために電荷を加える》; 〔記憶内容〕を再生する.

refrésh onesèlf (1) (飲食, 休養などして)元気を取り戻す〈*with* ..で〉. *Refresh* yourself *with* a cup of tea. お茶を 1 杯飲んで元気を出しなさい. (2) 1 杯やる.

[＜古期フランス語「再び fresh にする」]

re·frésh·er 名 C **1** 元気を回復させる人[もの]; 飲食物; 〖話〗酒, 清涼飲料. **2** 〖英〗追加謝礼金《訴訟が長びいたとき弁護士に払う》. **3** ＝refresher course.

refrésher còurse 名 C 再教育講習《仕事に必要な新しい知識・技術などを学ぶ》.

†re·frésh·ing 形 **1** 元気づける, 爽(そう)快にする, 気持ちのいい, すがすがしい. a ～ breeze さわやかなそよ風. It was ～ [a ～ change] to read that my favorite team had won the championship. ひいきのチームが優勝した記事を読んで爽快な気分になった. **2** 斬(ざん)新で興味をひく. one of the most ～ novels this year 今年度最も目新しくて面白い小説の 1 つ.

▷ **～·ly** 副 元気づけるように, さわやかに.

‡re·fresh·ment /rifréʃmənt/ 名 (複 ～s /-ts/) **1** C **元気を回復させるもの**. a ～ to the eye 目の保養.

2 (**a**) 〈～s〉 **軽い飲食物**, 茶菓, 軽食. serve [offer] (light) *～s* to the guests 客に茶菓を出す[すすめる]. (**b**) U 〖章・戯〗飲食物. liquid ～ 〖戯〗アルコールの飲み物. take some ～ 軽く腹ごしらえをする. work all day without any ～ 飲まず食わずで一日中働く.

3 U 休養, 元気回復, 心身爽(そう)快. feel ～ of mind and body 心身に爽快さを覚える. [refresh, -ment]

refréshment ròom 名 C (駅などの)食堂; (パーティーなどの)模擬店.

rè·fried béans /rìːfraid-/ 名 〈複数扱い〉リフライドビーンズ《ゆでてつぶした pinto bean を(玉ねぎと)いためたメキシコ料理》.

re·frig·er·ant /rifrídʒ(ə)rənt/ 形 冷却する; 冷凍する; 〔薬が〕解熱の. ── 名 C 冷却剤; 解熱剤.

‡re·frig·er·ate /rifrídʒərèit/ 動 他 **1** を冷却する; を冷蔵庫で冷やす. keep meat *～d* 肉を冷蔵庫に入れておく. **2** を冷凍する. *～d* food 冷凍食品. [＜ラテン語「冷たくする」(＜re-＋*frīgus* 'coldness')]

re·frìg·er·á·tion 名 U 冷却; 冷蔵, 冷凍. under ～ 冷蔵されて.

‡**re·frig·er·a·tor** /rifrídʒərèitər/ 名 (複 ~s /-z/) C **冷蔵庫**, 冷蔵室, (〘英話〙 fridge, 〘米旧〙 icebox); (蒸留装置の)冷却器. [refrigerate, -or[1]]

refrìgerator-fréezer 名 C 冷蔵冷凍庫 (★〘英〙では〘章〙, 普通 fridge-freezer と言う).

†**re·fu·el** /ri:fjú:əl/ 動 (~s|〘英〙 -ll-) 他, 自 (に)燃料を補給する.

***ref·uge** /réfju:dʒ/ 名 (複 **-ug·es** /-əz/)
【避難】 **1** U **避難**; 保護; (類語 安全性, 安心感などに重点がある; →protection). a place of ~ 避難所. ~ in ..に避難する, 逃げこむ. give ~ to wounded soldiers 傷ついた兵士たちを保護する.
2 C **避難所**, 隠れ家[場所]. seek a ~ from a storm あらしを避ける場所を捜す. a mountain ~ (登山者用の)避難小屋. a wildlife ~ 〘米〙 野生生物公園. **3** C 〘英〙(道路中央の)安全地帯(〘米〙 safety island).
4 【逃避する所】 C 頼りになる人[もの], 慰めてくれる人[もの]; (窮地からの)逃げ道[場], (窮余の)策. find a ~ in music 音楽に慰めを見いだす. The Bible was her ~. 聖書は彼女の心の頼りであった. the last ~ 最後の手段, 奥の手.
tàke* [*sèek*] *réfuge in.. (1) ..に避難する. *take ~ in* the country from the noise of the city 都会の騒音を逃れて田舎に住む. (2) ..に逃避する. *take ~ in* alcohol アルコールにおぼれる.
[<ラテン語「退却する, 逃亡する」(< re-+*fugere* 'flee')]

***ref·u·gee** /rèfjudʒí:/ 名 (複 ~s /-z/) C **避難民**, 難民; 亡命者. a ~ government 亡命政権. a ~ camp 難民キャンプ. a massive influx of ~*s* 膨大な数の難民の流入. [refuge, -ee]

re·ful·gence /rifʌ́ldʒ(ə)ns/ 名 U 〘雅〙 輝き.

re·ful·gent /rifʌ́ldʒ(ə)nt/ 形 〘雅〙 燦(さん)然たる.

†**re·fund** /rifʌ́nd/ 動 他, 自 (を)払い戻す; (を)償還する; VOO (~ X Y)・VOA (~ Y *to* X) XにYを払い戻す. ~ his money [him the money] 彼に金を払い戻す.
— /rí:fʌnd/ 名 UC 払い戻し(金); 償還(金). get a ~ on the admission fee 入場料を払い戻してもらう.
▷ **~·able** 形 払い戻しできる.

‡**re·fur·bish** /ri:fə́:rbiʃ/ 動 他 〔建物, 部屋など〕を(改装して)一新する, 改装する, 〈普通, 受け身で〉; を磨き直す. ~ one's Italian (忘れかけている)イタリア語を磨き直す.
▷ **~·ment** 名

‡**re·fus·al** /rifjú:z(ə)l/ 名 (複 ~s /-z/) **1** UC **拒絶**, 拒否. She gave him a flat [blunt, point-blank] ~. 彼女は彼にきっぱりと断った. his ~ to answer the question 彼のその質問への回答の拒否. **2** 〈(the) first ~で〉(他人に優先する)選択の自由, 取捨権; 先買権. If you sell your car, can I have *first* ~ on it? あなたの車を売られるのなら, 最初に私に考えさせてくれませんか.

‡**re·fuse**[1] /rifjú:z/ 動 (**-fus·es** /-əz/|過 過分 **~d** /-d/| **-fus·ing**) 他 **1** (**a**) 〔依頼・要求など〕**を拒絶[拒否]する**, 断る, 受け付けない, (↔accept; 類語 はっきりと, 頼まれた事を断ること; →decline, reject, turn down). ~ a bribe 賄賂(わいろ)を断る. He ~*d* my request for an interview. 私の面会申し入れを彼は拒絶した. She ~*d* his offer to help her. 彼女は彼が助けてやろうと言ったのを断った. (**b**) 〔男〕の求婚を断る.

連結 ~ adamantly [absolutely, categorically; bluntly, curtly, flatly, point-blank; graciously]

2 VOO (~ X Y)・VOA (~ Y *to* X) **XにYを与えるのを拒む**, 断る; XにYを与えない. He ~*d* me money.=He ~*d* money *to* me. 彼は私の金の無心を断った. We were ~*d* admittance. 私たちは入場を断られた.
3 VO (~ *to do*) **..することを断る**, (どうしても)..しようとしない. He simply ~*d to* believe that she was guilty. 彼女の有罪を彼はてんで信じようとしなかった. The damp wood ~*d to* burn. 湿った木はなかなか燃えてくれなかった.
— 自 拒絶する, 断る, (↔comply). I ~! お断りします!
[<古期フランス語 (?<ラテン語 *recūsāre* 'refuse'+*refūtāre* 'refute')]

ref·use[2] /réfju:s/ 名 U 〘章〙 廃物, 残り物, くず, がらくた, (類語 廃品回収やごみ収集の対象となるようなもの; →garbage). house ~ 台所のくず. [?<古期フランス語 *refusé* 'refused']

réfuse collèctor /réfju:s-/ 名 〘章〙 =dustman.

rèfuse-derìved fúel /rèfju:s-/ 名 U 廃棄物利用燃料 (略 RDF).

réfuse dùmp /réfju:s-/ 名 C ごみ処理場, ごみ捨て場.

re·fus(e)·nik /rifjú:znik/ 名 C (旧ソ連で)国外(特にイスラエルへの)移住を拒否されたユダヤ人.

réfuse wòrker /réfju:s-/ 名 =dustman.

re·fut·a·ble /rifjú:təb(ə)l, réfjut-/ 形 論破[論駁(ばく)]できる.

ref·u·ta·tion /rèfjutéiʃ(ə)n/ 名 U 論駁(ばく), 論破; C 反駁の議論.

†**re·fute** /rifjú:t/ 動 他 〔人・理論など〕の誤りを証明する; 〔人〕を論破する, 〔議論など〕に反駁(ばく)する, 反論する. I could not ~ his argument. 彼の議論に反駁できなかった. [<ラテン語 *refūtāre*「押し返す, 退ける」]

reg /redʒ/ 名 〘話〙 =registration (number).

reg. regiment; region; register; registration; registered; regular; regularly.

***re·gain** /rigéin/ 動 (~s /-z/|過 過分 **~ed** /-d/| **~·ing**) 他 **1 を取り戻す**, 奪還する, 回復する; 取り返す (*from* ..から). ~ freedom 自由を取り戻す. ~ one's confidence 自信を取り戻す. ~ consciousness [one's health] 意識[健康]を回復する. ~ control of .. (from ..) ..を(..から)取り戻す, 奪還する. ~ one's feet [footing, legs, balance] 〔倒れた人が〕起き上がる, 〔よろめいた人が〕立ち直る. **2** 〘雅〙 に帰り着く, 再び到達する. ~ the shore 岸に帰り着く. [re-, gain]

†**re·gal** /rí:g(ə)l/ 形 ⓒ 〘章〙 **1** 国王の, 帝王の. ~ government 王政. **2** 国王にふさわしい; 堂々とした. ~ dignity 王者の威厳. ~ splendor 王者のごとき壮麗さ.
▷ **~·ly** 副 帝王のように; 堂々と. They were ~*ly* entertained. 彼らは王者のようなもてなしを受けた. [<ラテン語「王 (*rēx*) の」; royal と同源]

re·gale /rigéil/ 動 他 〘章・時に戯〙 **1** VOA (~ X *with* ..) Xを..で喜ばす, 楽しませる. He ~*d* us *with* a tale of adventures. 彼は冒険談をして私たちを楽しませてくれた. **2** VOA (~ X *with, on* ..) ..でX(人)を大いに供応する, 盛大にもてなす. ~ oneself *with* a cigar うまそうに葉巻を吸う. [<古期フランス語「宴会」] ▷ **~·ment** 名

re·ga·lia /rigéiljə, -liə/ 名 〘章〙〈複数形; 単複両扱い〉 **1** 〘史〙 王権. **2** 王位の印, 王宝, (王冠 (crown), 王笏(しゃく) (scepter), 宝珠 (orb), 剣 (sword) など); (国王・裁判官などの)正装; 〘戯〙 正装. the queen in full ~ 正装姿の女王. **3** (協会, 官位などの)記章, 勲章 **4** (職階などを示す)礼服. [ラテン語 'royal things']

[regalia 2]

re·gal·i·ty /rigǽləti/ 名 (複 **-ties**) **1** U 王位, 王権. **2** C 王国.

‡**re·gard** /rigá:rd/ 動 (~s /-dz/|過 過分 **~·ed** /-əd/| **~·ing**) 他 【注視する, 見る】 **1** VOA をみなす, 思う 〈*as* ..と〉〈進行形不可〉. I ~*ed* your offer *as* serious [a

R

joke]. 私はあなたの申し出を本気[冗談]だと思った. He is *~ed* ⌞*as* the brightest student in our class [highly by his classmates]. 私たちのクラスでは彼⌞が一番優秀な学生だと考えられています[は級友から高く見られています]. Opinions differ as to *how* the film is to be *~ed*. その映画をどう見るかで意見が分かれている. 注意 He *~s* them his friends. は誤用とされる.

2 VOA を**見る**, 遇する, 〈*with* ..〔ある感情など〕で〉〈進行形不可〉. He *~ed* the beggar suspiciously [*with* suspicion]. 彼はこじきを疑いの目で見た. ~ .. *with* deep anxiety[concern]. ..をひどく憂慮[心配]する.

3 VOA 〖章〗 を見つめる, 注視する. She *~ed* him unflinchingly. 彼女はひるまずに彼を見つめた.

【注意を払う】 **4** 〖章〗 を**顧慮する**, 考慮に入れる, に注意を払う, 〈主に否定文, 疑問文で〉. He never *~s* the feelings of others. 彼は他人の気持ちを思いやることは決してない. Now, ~ what I am going to say. さあこれから私の言うことをよく注意して聞きなさい.

5 を尊重する, 大切にする, 評価する. ~ the rights of others 他人の権利を尊重する. a highly *~ed* scholar 高く評価されている学者.

6【重視する>かかわる】〖章〗〔物事が〕に関係する, 関連する, 〈進行形不可〉. That doesn't ~ you at all. それは全く君に関係ないことだ.

****as regárds*** **..** 〖章〗 **..について(言えば)**, ..に関しては. *As ~s* the proposal, I am totally opposed to it. その提案について私は全面的に反対です.

── 名 (複 **~s** /-dz/) 【注目】 **1** U 〖雅〗 注視, 凝視. Her ~ was fixed on the picture. 彼女の視線はその絵に釘づけになっていた.

2 U **注意**, 顧慮, 関心; 心配, 心遣い; 〈*for, to* ..への〉. He has no ~ for [to] my warning. 彼は私の警告にちっとも耳を貸さない. pay [show] little ~ for ..に対する思いやりがほとんどない.

3【顧慮>かかわり】 U 〖章〗 関連, 関係; 事項, 事柄, (問題)点.

【注意>敬意】 **4** U **尊敬**, 敬意; 好意, 好感; 〈*for* ..への〉. The students hold their teacher in high [low] ~. 生徒たちは先生を尊敬[軽視]している. She has a great ~ for her father's judgment. 彼女は父の判断を非常に尊重している.

5 〈~s〉 **伝言**, (よろしくとの)あいさつ. (Give) my (best, kind) *~s* to your parents. ご両親によろしくおっしゃってください. With kind [warm, best] *~s* 敬具《手紙末尾の言葉》.

in [***with***] ***regárd to*** **..** 〖章〗 ..について, 関して. Let me say a few words *in ~ to* this point. この点について少し言わせてください.

in this [***that***] ***regárd*** 〖章〗 この[その]点に関して(は). *In this* [*that*] ~ I agree with you. この[その]事に関して(は)あなたの意見に賛成です.

without regárd to [***for***] **..** 〖章〗 ..に構わずに, ..を無視して. *without ~ for* consequences 結果をかえりみずに.

[<古期フランス語 *regarder*「注視する」(<re-+*garder* 'guard'); reward と同源]

re·gard·ful /rigɑ́ːrdf(ə)l/ 形 〖章〗 **1** 十分注意する; 気にかける; 〈*of* ..を〉. **2** 思いやりのある; 敬意を表する; 〈*for* ..に〉.

†**re·gárd·ing** 前 〖章〗 ..に関して(は), について(言えば), (類語 about より形式ばって, 特に商業文で用いる; → about 前 8). *Regarding* your question, I can't say anything now. あなたのご質問に関しては目下のところ何も言えません.

‡**re·gard·less** /rigɑ́ːrdləs/ 形 Ⓒ **気にかけない**, 注意しない, むとんじゃくな, 〈*of* ..を, に〉.

****regárdless of*** **..** **..には構わず**, ..を無視して, ..にもかかわらず, ..に関係なく. accept anybody ~ *of* color, sex, or creed 人種, 性別, 信条に関わりなくだれでも受け入れる. *Regardless of* whether she comes or not, we have to start tomorrow. 彼女が来る来ないにかかわらず, 我々は明日出発しなければならない. He went up the mountain in foul weather ~ *of* my warnings. 彼は私の警告を聞かずに悪天候の中を山に登って行った.

── 副 〖話〗 (費用, 反対, 困難などを)気にかけず, お構いなしに, かまわずに, それにもかかわらず; どうしても, どんなことがあっても. We pressed on [carried on] ~. 我々はしゃにむに突き進んだ[続けた]. ▷**~·ly** 副 むとんじゃくに.

†**re·gat·ta** /rigǽtə, -gɑ́ː-/ 名 C レガッタ, ボート[ヨット]レース. the Henley /hénli/ *Regatta* ヘンリー・ボートレース大会《テムズ川で毎年 7 月に行われる》. [イタリア語 'contest']

regd. registered.

re·gen·cy /ríːdʒ(ə)nsi/ 名 (複 **-cies**) **1** UC 摂政政治; 摂政職[期間]; C 摂政統治区; 摂政団.

2 〈the R-〉 摂政時代 《〖英史〗 1811-20; 〖仏史〗 1715-23》. **3** UC 〖米〗 (大学などの)理事の職.

4 〈形容詞的〉〈R-〉 (英国, フランスの)摂政時代の《建物, 家具などの様式について言う; 英国では厳密には 1811-20 年であるが, 1820-30 年をも含む》. a graceful *Regency* table 優美な摂政時代様式のテーブル.

[regent, -ency]

‡**re·gen·er·ate** /ridʒénərèit, rìː-/ 動 他 **1** を更生させる, 生まれ変わらせる. I felt *~d* after staying in the country. 田舎に滞在した後は生まれ変わったような気がした. **2** を刷新する, 新しく作り変える. ~ one's life 生活を一新する. **3** 〔廃物など〕を再生させる; をよみがえらせる. *~d* rubber [fiber] 再生ゴム[繊維]. He was unable to ~ his self-respect. 彼は(失った)自尊心を取り戻せなかった. **4** 〖生物〗 〔失われた器官〕を再生する.

── 自 **1** 再生する. **2** 更生する, 改心する. **3** 〖生物〗 〔器官・細胞が〕再生する.

── /-rət/ 形 〖章〗 **1** 更生した, 生まれ変わった, 改心した. **2** 再生した; 刷新された.

re·gèn·er·á·tion 名 U 更生, 改心; 再生; 刷新; 復活. the ~ of Japanese industry after the war 戦後日本の産業復興.

re·gen·er·a·tive /ridʒénərèitiv|-rət-/ 形 再生力のある; 復活の; 更生の, 改心させる; 改新の.

re·gent /ríːdʒ(ə)nt/ 名 C **1** 〈しばしば R-〉 摂政. **2** 〖米〗 (大学などの)理事.

── 形 〈名詞の後に用いて〉 摂政の地位にある. the Prince [Queen] *Regent* 摂政の宮[摂政王妃].

[<ラテン語 *regere*「支配する」; -ent]

Règent's Párk 名 リージェンツパーク《ロンドン中央部の公園; the London Zoo で有名》.

Régent Strèet 名 リージェント通り《ロンドンの West End にあるショッピング街》.

reg·gae /régei/ 名 U 〈しばしば R-〉 レゲエ《西インド諸島に起源を持つ強いリズムの音楽》.

reg·i·cid·al /rèdʒəsáidl/ 形 国王殺しの.

reg·i·cide /rédʒəsàid/ 名 **1** U 国王殺し, 大逆. **2** C 国王殺害(幇(ほう)助)者; 〖英史〗 〈the Regicides〉 Charles I を死刑にした裁判官たち.

†**re·gime, ré·gime** /reiʒíːm/ 名 C **1** 〈しばしば, けなして〉 政体, 体制; 政権, 政府; 社会組織. the old ~ 旧体制. under a new ~ 新体制[新政権]の下で. the Castro ~ カストロ体制. a military ~ 軍事政権.

2 =regimen. [フランス語 'regimen']

reg·i·men /rédʒəmən/ 名 C 〖医〗 〖章〗 摂生, 養生法; 食餌(じ)療法. follow a strict ~ 厳しい食餌療法を守る. [ラテン語「指導」(<*regere* 'rule')]

***reg·i·ment** /rédʒəmənt/ 名 (複 **~s** /-ts/) C 〈単数形で複数扱いもある〉 **1** 〖軍〗 **連隊** 《colonel がその長;

→company 6 [参考]). an infantry ～ 歩兵連隊. **2** 大群, 多数, 〈*of* ..の〉. a whole ～ *of* ants [people] アリの大群[大勢の人々].

── /-mènt/ 動 他 〈しばしば受け身で〉 **1** を連隊に編成[編入]する. **2** 〔労働者など〕を組織化する. **3** 〈非難して〉を画一化する; を(厳しく)統制する. Children don't like being ～*ed*. 子供たちは管理統制されるのを嫌う.
[<ラテン語「支配」(<*regere* 'rule')]
▷～·**ed** /-əd/ 形 統制された.

reg·i·men·tal /rèdʒəméntl ®/ 形 〈限定〉 連隊(付き)の. ～ colors 連隊旗. a ～ tie 連隊のネクタイ. ── 名 〈～s〉 連隊服, 軍服. in full ～*s* 正装軍服で.

reg·i·men·ta·tion /rèdʒəməntéiʃ(ə)n/ 名 U **1** 連隊の編成; 編成, 類別. **2** 組織化. **3** 〈けなして〉(厳しい)統制, 画一化.

Re·gi·na /ridʒáinə/ 名 U **1** 現女王《略 R.; 布告などの署名に用いられ, E.R. とは Elizabeth Regina のこと》. **2** 〖法〗 現女王《名目上, 女王が起訴権を持っていたため訴訟事件に称号として用いる》. ～ v. Penguin Books Ltd 国家[女王]対ペンギン出版社《特にチャタレー裁判》. ◇男 Rex [ラテン語 'Queen']

‡**re·gion** /ríːdʒ(ə)n/ 名 (複 **～s** /-z/) C **1 地方**, 地域, 地帯; 行政区域; (スコットランドの)州 《1973-96 年》; ([類語] 他の地域から区別する(例えば地理的)・社会的特徴を有するが, 明確な境界のない相当広範囲の地域 (district より広い)を指す; →area). the Arctic ～(*s*) 北極地方. an industrial ～ 工業地帯. poor medical facilities in the Oxford ～ オックスフォード地区の不十分な医療施設.

> [連結] an agricultural [a coastal; a mountainous; a fertile; a prosperous; a poor, an undeveloped; an outlying, a remote; a populous; an unpopulated] ～

2 〈the ～s〉 〖英〗 (首都[中央]から離れた)**地方**. people coming up from the ～*s* 地方から上って来る人たち. **3 分野**, **範囲**, 領域, 世界, 〈*of* ..〔学問など〕の〉. the ～ *of* science 科学の領域. **4** (宇宙, 海などの)層, 界. the airy ～ 大空. the lower [infernal, nether] ～*s* 地下の世界, 地獄. the upper ～*s* 空, 天; 天国. the ～ beyond the grave 冥土(めいど). **5** 〖解剖・動〗 (体の)部位, 局部. the lumbar [abdominal] ～ 腰[腹]部.
in the région of.. (1) ..の付近に. I have a pain *in the* ～ *of* my stomach. 胃のあたりが痛い. (2) 約.. (about). The population of the city is (somewhere) *in the* ～ *of* 50,000. その市の人口は約 5 万である.
[<ラテン語 *regiō*「方向, 地域」(<*regere* 'direct, rule')]

***re·gion·al** /ríːdʒ(ə)nəl/ 形 **1 1 地方(全体)の** (★ local より広い). ～ geography 地誌. ～ dialects 地域方言. ～ accent [variation] 地域上の相違. **2** 地方的な, 局地的な; 地方主義的な. a ～ writer 地方主義作家. **3** 〖医〗 局所の. [region, -al] ▷～·**ìsm** 名 U 地方色; (文学上の)地方主義; 方言. ～·**ly** 副 地方[局地]的に; 局部的に.

‡**reg·is·ter** /rédʒəstər/ 名 (複 **～s** /-z/)
【記録】 **1** UC 記録; 記入; 登記, 登録. ～ of accounts 勘定の記入.
2 C **記録簿**, 名簿, 登録[登記]簿《出生, 選挙権者, 船籍などの》; 船籍証明書; 〖英〗 出席簿 (class register); 記入事項. a hotel ～ 宿泊人名簿. the ～ of voters [electoral ～] 選挙人名簿. the number of students on the ～ 在籍学生数. call the (names on the) ～ 出席を取る. be struck off the ～ 名簿から登録を抹消される. **3** C (速度などの)自動記録器; 金銭登録器, レジ(スター), (cash register).
【変化域】 **4** UC 〖楽〗 音域, 声域; C (オルガンの)ストップ. sing in a low [high] ～ 低音[高い声]で歌う. **5** UC 〖言〗 使用域《独自の発音, 用語, 文法などの使用が見られる文化的[職業的]環境》. **6** C (冷暖房の)温度[通風]調節装置. **7** 〖電算〗 レジスター《演算処理・制御などを行う際に使用する一時的なメモリ》.

── 動 (～s /-z/| 過 過分 ～**ed** /-d/| ～·**ing** /-riŋ/) 他
【書き留める】 **1 を記録する**; を登記する, 登録する; 〔名前など〕を記入する; VOC (～ X Y)・VOA (～ X *as* Y) X を Y と登録する. ～ a birth [death, marriage] 出生[死亡, 結婚]を届ける. ～ a car 車を登録する. This house is ～*ed* in my name. この家は私の名前で登記してある. ～ oneself 選挙人名簿などに登録する, 名前を記入する. Many new words are ～*ed* in that dictionary. その辞書には多くの新語が記載されている. I am ～*ed* (*as*) unemployed [disabled]. 私は失業中[身体障害者]の届けをしている.
2 〔手紙など〕を**書留にする**. Will you please get this letter ～*ed*? この手紙を書留にしてください. ～ luggage on a railway 〖英〗 手荷物をチッキにして預ける.
3 に気がつく〈普通, 否定文で〉. She did not even ～ my presence. 彼女は私のいることに気うきさえしなかった.
【表示する】 **4** 〖章〗 〔温度計などが〕を**示す**, 指す. The thermometer ～*s* five degrees below zero. 温度計は零下 5 度を示している. **5** 〖章〗 〔感情など〕を表に出す. His face ～*ed* fear and anxiety. 彼の顔には恐怖と不安とが浮かんでいた. **6** 〔抗議など〕を(公に)表明する. I wish to ～ a protest. 私は抗議を表明したい.
7 を達成する (achieve).

── 自 【記録する】 **1 記録する**, 登録する 〈*with* ..に/ *as* ..と〉; (宿帳などに)名前を記載する 〈*at* ..〔ホテルなど〕で〉; 選挙人名簿に登録する. You must ～ *for* the courses you are going to take. 取得したい科目は登録しなければいけない. Foreign residents are requested to ～ *with* the police. 居留外国人は警察に登録なさるようお願いします. ～ *as* unemployed 失業中と登録する. ～ *at* a hotel ホテル∟の宿泊カードに記入する[に投宿する]. **2** 〔計器などが〕記録する; (計器などに)記録される. **3** 〔感情が〕(顔に)現れる.
4 【心に記される】 〖話〗 効果を示す, 印象を与える, 〈*on*, *with* ..に〉〈普通, 否定文で〉. His advice didn't ～ *on* me at that time. 彼の忠告は受けた当座は特に心に留まらなかった. I told her when and where to meet us, but I'm not sure that it ～*ed with* her. いつどこで会うかを彼女に言ったが, 彼女が覚えているかどうか危ない. His name doesn't ～ at all. 彼の名前は覚えられない.
[<ラテン語「運び戻す, 記録する」(< re-+*gerere* 'carry')]

‡**rég·is·tered** 形 **1** 登録した, 登録済みの, 正規の. a registered design 登録意匠. **2** 記名の; 書留にした. a registered letter 書留書簡.

règistered chárity 名 C 登録慈善団体[事業].

règistered disábled 形 〖英〗 認定身体障害の《政府から障害者年金などの援助が受けられる》.

Règistered Gèneral Núrse 名 〖英〗 ＝registered nurse 《略 RGN》.

règistered máil 〖米〗 [**póst** 〖英〗] 名 U 書留郵便.

règistered núrse 名 C **1** 〖米〗 正看護婦《略 RN》(→practical nurse, State Enrolled Nurse). **2** 〖英〗 ＝State Registered Nurse.

règistered óffice 名 C 登録事務所《英国の会社に設置が義務づけられている; 郵便物などのあて先となる》.

règistered trádemark 名 C 登録商標《記号 ®》.

régister òffice 名 C 戸籍登記所 (〖話〗 registry office).

reg·is·trar /rédʒəstrɑ̀ːr, ⌐-⌐|⌐-⌐/ 名 C **1** 記録係, 登記係, 戸籍係; 登録官. **2** (大学の)教務係; 学籍

係; 事務局長. **3**〘英・オース〙(病院の)研修医《specialist, consultant になる研修中の中級の医師》(→consultant)(〘米〙resident).

†reg·is·tra·tion /rèdʒəstréiʃ(ə)n/ 名 **1** UC 記入, 登録; (大学の)履修科目登録; 登録者数, 在籍者数; C 登録証明書; 〘米〙(車の)登録証. There was (a) heavy [large] ～ for the class. そのクラスには履修希望者がたくさんあった. **2** UC 書留. a ～ fee〘英〙書留料金(〘米〙registry fee). **3** C (温度計などの)表示, 示度.

registrátion dòcument 名 C 〘英〙(車の)登録証明書, 車籍証,《日本の車検証に相当; 以前は logbook とも言った》.

registrátion nùmber 名 C (車のナンバープレートに示す)登録番号(〘話〙reg; 〘米〙license plate-number); 〈一般に〉登録番号.

registrátion plàte 名 〘オース・ニュー〙＝number plate.

‡reg·is·try /rédʒəstri/ 名 (複 **-tries**) **1** UC 記入, 登記; 書留. a ～ fee〘米〙書留料金(〘英〙registration fee). **2** C 登録簿, 登記簿; (教会の)婚姻登録保管所《新郎新婦が結婚式後ここで署名する》. **3** ＝registry office. →bridal registry.

régistry òffice 名 C 〘話〙(戸籍)登記所(★正式名は register office). be married at a ～ (宗教的儀式抜きで)届けだけで結婚する.

re·gi·us /ríːdʒiəs/ 形 欽(きん)定の, 勅任の.

Règius proféssor 名 C 〘英〙(主に Oxford, Cambridge 大学の)欽(きん)定講座担当教授《Henry VIII の創設による》.

reg·nal /régn(ə)l/ 形 統治の, 御代の.

reg·nant /régnənt/ 形 〘章〙**1** 統治する, 君臨する, (reigning)〈名詞の後に置く〉. →queen regnant. **2** 優勢な, 支配的な. **3** 流行する.

‡re·gress /rigrés/ 動 自 〘章〙**1** 後戻りする, 逆行する, 〈*to, into* ..に〉. **2** 退歩する, 退化する; 〘心〙退行する. ～ *into* [*to*] childhood 子供時代に戻る. **3** 復帰する.
── /ríːgres/ 名 U **1** 逆行, 後退, 退歩, (↔progress). **2** 復帰, 回帰; 復帰権. [＜ラテン語「後ろへ歩く(*gredi*)」]

re·gres·sion /rigréʃ(ə)n/ 名 U **1** 後戻り, 逆行; 復帰; 退歩; 〘生物〙退化. Old people often show signs of ～. 老人はしばしば退歩の徴候を示す《記憶, 視力などが衰える》. **2**〘天〙逆行; 〘心〙退行《精神的に未発達の段階に戻ること》.

re·gres·sive /rigrésiv/ 形 〘章〙退行する; 退化の; 逆進性の《高額になるほど率が低くなる税金などに言う; ↔ progressive》.

regréssive tàx 名 C 累減[逆進]税.

‡re·gret /rigrét/ 名 (複 **～s** /-ts/) **1** UC **残念, 遺憾**; 失望, 落胆. feel sincere ～ at [about] a defeat 敗北を心から残念に思う. with great [deep, profound] ～ 大変残念ながら. He expressed (deep) ～ for what he had done. 彼は自分のしたことを(深く)詫(わ)びた. It is a matter of great ～ that ..なのは大変残念である.
2〘章〙〈～s〉(招待などへの)丁寧な断り(状). decline his invitation with many ～*s*「実に残念ですが」と言って彼の招待を断る. We ～ sent our ～*s* declining the invitation. 私たちは招待を丁重に断る手紙を送った. Please accept my ～*s* at refusing. 誠に残念ながら, お受けできません.
3 U 又は〈～s〉**後悔**. I have[feel] no ～*s* for what I have done. 私は自分のしたことを後悔していない. Her only ～ was that she'd never gone abroad. 彼女の唯一の後悔は外国へ一度も行かなかったことであった.
4 UC **悲しみ**, 悲嘆. in ～ 悲嘆にくれて. Allow us to express our deep ～ at your father's death. お父上のご逝去深くお悔やみ申し上げます.
to a person's regrét 残念ながら. Much [Greatly] *to* my ～ [To my great ～] I cannot attend your birthday party. 大変残念ながらあなたの誕生パーティーには出席できません.
── 動 (～s /-ts/|過 過分 **-gret·ted** /-əd/|**-gret·ting**) 他 **1 (a)** を**残念[気の毒]に思う**; を後悔する, 遺憾に思う; (類語「後悔する」の意味の一般的な語; → repent, rue[2]). I ～ his failure in the attempt. 彼の試みが失敗して残念に思います. She much [bitterly, deeply] ～*ted* her hasty decision. 彼女は自分の速断を大いに後悔した(注意 much を目的語の後に置くことはできない). You'll ～ it. (そんなことをすると)後悔するぞ《脅し》. You may live to ～ it. あなたはのちにそのことを後悔するでしょう.
(b) VO (～*doing/that* 節) ..する[した]こと/..ということを残念に思う; ..したこと/..ということを後悔する. We ～ *that* we cannot come tonight.＝We ～ be*ing* unable to come tonight. 今晩は残念ながら伺えません(語法 いずれも We are sorry (to say) that... より形式ばった言い方). It is (much) to be ～*ted* that ..〘章〙..であることは(大変)残念[遺憾]である. I ～ miss*ing* [*that* I missed] the first act of the play. その芝居の第 1 幕を見損ねて残念だ. You'll ～ not hav*ing* worked [*that* you didn't work] harder at school. 君は学校でもっとしっかり勉強しなかったことを悔やむだろう(語法 残念に思う[後悔する]事柄が過去のことであることを明示するために, 動名詞はしばしば完了形になる). I ～ say*ing* that you were wrong. 私は君が間違っていると言ったことを後悔している(語法 I ～ *to* say that you were wrong. は「私は残念ながら君が間違っていたと言わねばならない」の意味; →(c)).
(c)〘章〙VO (～ *to do*) 残念ながら..する(語法 残念に思う事柄がまだ行われていない場合には不定詞を用いるが, この動詞は say, tell, inform など少数に限られる; またこの場合 regret の主語は I 又は we). We ～ *to* inform [tell] you that your application has not been accepted. あなたの申し込みをお受けできなかったことを残念ながらお知らせ致します.
2 を悼む; 〔失ったもの〕を惜しむ; 〘旧〙を懐かしむ. People ～*ted* his sudden death deeply. 人々は彼の突然の死を深く悼んだ. I ～ the years I passed in London. 私はロンドンで過ごした歳月を懐かしく思う.
[＜古期フランス語 *regreter*「(死者を悼んで)嘆き悲しむ」]

re·gret·ful /rigrétf(ə)l/ 形 **1 (a)**〈叙述〉遺憾[残念]に思っている; 悲しんでいる, 哀惜に堪えない. We are ～ *that* we can't go with you. あなたと行けないことは遺憾である. **(b)**〈限定〉残念そうな. a ～ glance 名残り惜しげにちらと見ること. She was looking at us with ～ eyes. 彼女は名残り惜しそうに我々を見ていた.
2 後悔している〈*for* ..を〉. He is ～ *for* not having done that earlier. 彼はそれをもっと早くやっておくのだったと今になって悔いている.
▷ **～·ly** 副 残念そうに; 後悔して; 惜しんで; 〈文修飾〉残念ながら(★この意味では regrettably の方が普通). **～·ness** 名

‡re·grét·ta·ble 形 〘婉曲〙〔行為, 事態などが〕嘆かわしい, 惜しむべき, 残念な; 気の毒な. This is a most ～ mistake on our part. これは当方の全く申し訳ない失態です. It is ～ that we can't go with you. あなたと行けないことは残念である.

re·grét·ta·bly 副 **1** 遺憾なほど, ひどく. be ～ misunderstood 残念なほど(ひどく)誤解される. **2**〈文修飾〉遺憾ながら, 残念にも; 惜しくも, 痛ましく(も). *Regrettably*, the experiment ended in failure. 残念ながら実験は失敗に終わった.

re·group /riːgrúːp/ 動 他 を再編成する; を再び集める.
── 自 再び集まる; 再組織[再編成]する.

Regt., regt. regent; regiment.

‡reg·u·lar /régjələr/ 形
【規則的な】 **1** Ⓜ〔生活, 習慣などが〕**規則正しい**, 系統立った, 整然とした;〔模様などが〕規則正しい. form ~ habits 規則正しい習慣を身につける. keep ~ hours (毎日同じ時刻に同じ行動をして)規則正しい生活をする. lead a ~ life 規則正しい生活をする.
2 Ⓜ (a)〔出来事などが〕**規則的な**[に起こる]; **定期的な**, 定例の, いつもの; 一定の. have a ~ pulse 平脈である. a ~ meeting 定例の集会. at ~ intervals (時間や場所が)一定の間隔をおいて. on a ~ basis 定期的に. a ~ customer 常客, 常連. a ~ visitor (to ..) (..を)しばしば訪れる人. a ~ holiday 定休日. a ~ job 定職. my ~ doctor 私のかかりつけの医師. (b)〔便通・生理が〕規則[定期]的にある. have ~ bowel movements 規則的に便通がある. be [keep] ~ 〖話〗〔便通・生理などが〕きちんとある. A high fiber diet can help you stay ~ without drugs. 繊維質の多い食事をすれば便秘薬に頼らずとも規則正しいお通じが得られます.
【基準にかなった】 **3** Ⓒ (a)〈限定〉**正規の**, 正式な; 免状のある, 本職の; 〖軍〗常備の, 正規の. a ~ nurse (有資格の)正看護婦. a ~ cook 本職のコック. a ~ army 正規[常備]軍. a ~ member of a club クラブの正会員. (b)〖スポーツ〗レギュラーの〔選手〕.
4 〖主に米〗 Ⓒ (a)〔サイズが〕並の, レギュラーサイズの;〔コーヒーなどが〕普通量のミルク入りの, カフェイン抜き (decaffeinated) でない;〔コーラなどが〕糖分が標準タイプの. a ~ size T-shirt 標準サイズのティーシャツ. a ~ coke 普通サイズのコーラ《large, small でない》; (ダイエットコーラでない)普通のコーラ.
5 Ⓒ 〖米〗(党)公認の〔候補者など〕; 党の方針に忠実な. a ~ candidate 公認候補.
6 Ⓒ 〖文法〗規則変化の; 〖数〗等辺等角の, 正.... a ~ verb 規則動詞. (a) regular conjugation 〖文法〗(動詞の)規則活用. a ~ triangle 正 3 角形.
7 Ⓒ 〖キリスト教〗宗規に拘束された, 修道会に属する, (↔secular). **8** Ⓜ〔顔立ちなどが〕釣り合い[均斉]のとれた, 整った. a face with ~ features 目鼻立ちの整った顔. Her teeth are very ~ and white. 彼女の歯並びはよく整っていて白い. **9** Ⓒ〈限定〉〖話〗全くの, 完全な, まぎれもない; 徹底した. a ~ hero 本当の英雄. a ~ rascal 札付きの悪党. a ~ miser 徹底したけちん坊. a ~ downpour すごい土砂降り. **10** Ⓒ〈限定〉〖米話〗面白い, 愉快な. a ~ fellow [guy] 面白いやつ, 好漢.
11 Ⓒ 〖植〗〔花が〕整正の. a ~ flower 整正花.
◇↔irregular
── 名 **1** Ⓒ 〖話〗お得意さん, 常客, 常連, (テレビなどの)レギュラー出演者. **2** Ⓒ 〖軍〗正規兵, 本職の軍人; 〖話〗正社員[職員]; 〖米〗正選手, レギュラー; (正規の)修道士. **3** Ⓒ 〖米政〗(綱領などに)忠実な党員. **4** Ⓒ (既製服などの)標準サイズ. **5** Ⓤ レギュラー(ガソリン)《オクタン価の低い普通のもの》.
[＜ラテン語 *rēgula*「物差し, 基準」; -ar]

***reg·u·lar·i·ty** /règjəlǽrəti/ 名 Ⓤ **規則正しさ**; 均斉; 調和; 一定不変; 正規. He writes home every month with ~. 彼は毎月きちんと家へ手紙を書く.

reg·u·lar·ize /régjələràiz/ 動 他 を規則正しくする; を正規[正式]のものにする, をきちんとしたものにする; を調整する.

***reg·u·lar·ly** /régjələrli/ 副 Ⓜ **1 規則正しく**; 規則通りに; 本式に; 整然と; 一様に, 均等に. attend Sunday school ~ 日曜学校にきちんと通う. My husband comes home at 7 o'clock as ~ as clockwork. 夫は判で押したように 7 時に帰宅する. **2 定期的に**, いつものように; しょっちゅう; いつもは. The committee meets ~ once a month. 委員会は毎月 1 回定期的に開かれる. **3** 端正に.

***reg·u·late** /régjəlèit/ 動 (~s /-ts/|過 過分 **-lat·ed** /-əd/|**-lat·ing**) 他 **1** 5️⃣ (~ X/*wh* 節) X を/..かを**規則立てる**, 統制する, 取り締まる; X を/..かを規制する. ~ one's life 生活を規則正しくする. a policeman *regulating* the traffic 交通整理中の警官. a state-~*d* economy 国家が統制する経済. a well-~*d* lifestyle きちんとしたライフスタイル. **2** を調節[調整]する. ~ the room temperature 室温を調節する. [＜ラテン語「物差し(*rēgula*)に合わせる, 規定する」]

‡reg·u·la·tion /règjəléiʃ(ə)n/ 名 (複 **~s** /-z/) **1** Ⓒ **規則**, 規定, 法規, 条例, 規制, (類語 rule より細かく, 組織体の中で順守すべき規律; →law). traffic ~*s* 交通規則[法規]. safety [building] ~*s* 安全規定[建築規制]. army ~*s* 軍規. government ~(*s*) 政府による規制. self ~ 自己規制. against (the) ~*s* 規則違反で.

> 連結 a rigid [an inflexible, a strict] ~ // adopt [apply; enforce; comply with, follow, obey; violate] a ~

2 Ⓤ **規制**, 取り締まり. the ~ of the press 報道規制. →deregulation.
3 Ⓤ **調整**, 調節. the ~ of temperature 温度の調節.
4 〈形容詞的〉(a) **正式の**, 正規の; 規定の, 標準の. a ~ cap 制帽. at a ~ speed 規定の速度で. (b) 普通の; いつもの; お決まりの. The house was not of the ~ size, but like a castle. 家は並の大きさではなく城のようだった.

reg·u·la·tive /régjulèitiv, -lə-/ 形 **1** 規定する; 取り締まりの. **2** 調節[調整]する.

reg·u·la·tor /régjəlèitər/ 名 Ⓒ **1** 取り締まる人; 調整者. **2** 〖機〗調整器, 調節装置; (時計の)時間調節装置.

reg·u·la·to·ry /régjələtɔ̀:ri|-t(ə)ri/ 形 〖章〗統制する, 取締まる(目的の); 調節[調整]する.

reg·u·lo /régjəlou/ 名 Ⓤ 〖英〗〈普通, 数詞を伴って〉レギュロ《ガスのオーブンの温度表示》. on ~ 4 レギュロ 4 で〔料理するなど〕.

re·gur·gi·tate /rigə́:rdʒətèit/ 動 他 〖章〗 **1** を勢いよく戻す, 逆流させる;〔食べたもの〕を(口まで)吐き戻す. **2** 〈けなして〉〔他人の意見など〕を受け売りする, (不消化のまま)ただ繰り返す. 「け売り.

re·gùr·gi·tá·tion 名 Ⓤ 〖章〗逆流, 吐き戻し; 受↑

re·hab /rí:hæ̀b/ 動 〖米〗(~s|-bb-) ＝rehabilitate.
── 名 **1** ＝rehabilitation. **2** 〖米〗 Ⓒ 修復された家. ── 形 リハビリの[に関する]. ▷**ré·hàbbed** 形 修復された.

‡re·ha·bil·i·tate /rì:(h)əbílətèit/ 動 他 **1** を(元の)いい状態に戻す; を修復する. ~ an old house 古い家を修復する. ~ one's reputation 評判[名声]を回復する. **2** を復権[復職, 復位]させる; を名誉回復させる. ~ oneself 名誉を回復する. **3**〔病人など〕を社会復帰させる《計画的な訓練などによって》; にリハビリ(テーション)を施す;〔犯罪者など〕を更生させる. ~ stroke victims 卒中の患者を社会復帰させる. [＜中世ラテン語「回復する」(＜ラテン語 re-+*habilitās* 'ability')]

†rè·ha·bìl·i·tá·tion 名 Ⓤ **1** 復権, 復職, 復位; 名誉[信用]回復. **2** (病人などの)社会復帰(の過程), 更生, リハビリ(テーション). a ~ center (精神病・麻薬中毒患者などのための)更生施設.

re·hash /ri:hǽʃ/ 〖話〗 動 他 〖軽蔑〗〔特に文学作品の材料〕を焼き直す, 作り直す; をむし返す. ~ disarmament talks 軍縮会談をむし返す.
── /⌐⌐/ 名 Ⓒ 〈普通, 単数形で〉(古いものの)作り直し, 焼き直し, 改作. ▷**~·ing** 名

re·hear /ri:híər/ 動 (→hear) 他 **1** を再び聞く, 聞き直す. **2** 〖法〗を再審理する. ▷**~·ing** /-riŋ/ 名

re·héard 動 rehear の過去形・過去分詞.

†re·hears·al /rihə́:rs(ə)l/ 名 **1** ⓊⒸ (劇, 音楽などの)下

R

稽古(げいこ), リハーサル, 試演, 〈*for, of* ..の〉; 予行演習〈*for* ..の〉. have [hold, stage] a ～ リハーサルをする. in ～ (劇が)稽古中の[で]. The play went into ～ this week. 劇は今週下稽古に入った. hold a fire fighting ～ 消防活動の予行演習をする.
2 UC 〖章〗綿々と述べ立てること; C 物語, 話. give a ～ of one's experiences 体験をくどくどと話す.

‡**re·hearse** /rihə́ːrs/ 動 他 **1** の下稽古(げいこ)をする; を試演する. ～ one's lines [role] せりふ[役]の下稽古をする. **2** に練習させる, 稽古をつける. All the actors and actresses have been well ～*d*. 男優女優全員が十分稽古を積んでいる. **3**〖章〗を詳しく物語る, くどくどと並べ立てる[繰り返す]. ── 自 下稽古する, リハーサルをする; 予行演習をする〈*for* ..の〉. [＜古期フランス語「再びまぐわ(harrow)でならす」]

rè·héat 動 他 を再び熱する.

re·house /rìːháuz/ 動 他 を新しい住居に移す, に新しい住居を与える[提供する].

Reich /raik, raiç/ 名 〈the ～〉ドイツ帝国《特にナチ時代の the Third ～ (第3帝国; 1933–45)》. 参考 the First ～ (第1帝国(神聖ローマ帝国); 962–1806), the Second ～ (第2帝国; 1871–1918). [ドイツ語 'empire']

***reign** /rein/ 名 (複 ～s /-z/) **1** C **治世**, 在位期間. during [in] the ～ of George III ジョージ3世の治世に. **2** U **統治**, 支配; 支配権; 勢力範囲. Queen Victoria's ～ lasted a long time. ヴィクトリア女王の統治は長く続いた. under the ～ of Elizabeth I エリザベス1世の治世下の[に].
── 動 (～s /-z/|過 過分 **～ed** /-d/|**～·ing**) 自 **1 君臨する**〈*over* ..に〉, 支配する〈*over* ..を〉, (類語 実質的な権力支配よりも, 象徴的な君臨を強調する; →govern). The English sovereign ～*s* but does not rule. 英国王は君臨すれども統治せず. **2** (**a**) 勢力をふるう; 大いに流行する, 行き渡る. Silence ～*ed* ⌞over the audience [for a full minute]. 聴衆は[丸々1分間しんと]静まり返っていた. (**b**) 〔人が〕支配する, 牛耳る〈*over* ..を〉.
rèign supréme 〔人が〕支配的立場にある, 君臨する, 〈*in* ..〔特定の分野〕などで/*over* ..に(対して)〉; 〔物事が〕支配的である, 最高である.
[＜ラテン語 *rēgnum*「王国」(＜*rēx* 'king')]

R

‡**réign·ing** 形 〈限定〉君臨する, 勢力をふるう; 〖スポーツ〗現在の, 今タイトルを持っている, 〔チャンピオン〕. the ～ beauty 当代随一の美人. the ～ world heavyweight champion 現世界ヘビー級チャンピオン.

Rèign of Térror 名 **1** 〈the ～〉恐怖時代《フランス革命中の1793年3月から1794年7月の期間; 多くの人が簡単に処刑された》. **2** 〈a reign of terror で〉(複 **reigns of terror**) 〈一般に〉恐怖政治.

‡**re·im·burse** /rìːəmbə́ːrs/ 動 他 〖章〗〔費用など〕を払い戻す, 償還する, 返済する, 〈*to* ..に〉; 〔人〕に弁償する, 賠償する, 〈*for* ..〔費用など〕を〉; VOO (～ X Y)・VOA (～ Y *to* X) XにYを返済する. Let me ～ the expenses (*to* you). 私にその費用を返済させてください. He ～*d* me (*for*) the losses. 彼は私に損失を弁償してくれた.
▷ **～·ment** 名 UC 払い戻し, 返済; 弁償, 賠償.

***rein** /rein/ 名 (複 **～s** /-z/) C 〈普通 ～s〉 **1 手綱** (→harness 図); (歩き始めた幼児などにつける)安全ひも. Pull (on) the ～*s*. 手綱を引け. **2** 〖章〗**抑制の手段**; 抑制, 制御. take the ～*s* 実権を握る, 牛耳る. assume [hold, drop] the ～*s* of government 政権を取る[維持する, 失う]. hand over the ～*s* (of power) 権力[権限]を譲り渡す.
allòw** a person [thing]* (a***) ***frèe réin*** →give ((a) free) REIN to ...
dràw réin*＝*dràw in the réins (1) (馬を止めるために)手綱を引き締める. (2) 速力を落とす, 止める; 控え目にする.
gìve ((***a***) ***frèe*** [***fùll***]) ***réin to*..＝*gìve** a person* [*thing*] (***a***) ***frèe*** [***fùll***] ***réin*** ..に自由にさせる; ..に好きなようにさせる. *give* (*free*) ～ *to* one's imagination 想像をたくましくする.
gìve a hòrse the réin(***s***) 馬を自由に歩かせる.
kèep a slàck réin on.. →slack.
kèep a tìght réin on..*＝*kèep .. on a tìght réin ..を厳しく制御する, しっかり統制する. The accountant *kept a tight* ～ *on* our expenses. 会計係は我々の出費に厳しく目を光らせた.
take òver the réins (1) 権力[権限]を引き継ぐ〈*of* ..の〉. (2) 統率[指揮, 指導, 支配]する.
tàke (***up***) ***the réins*** ＝take over the REINS (2).
── 動 他 **1** 〔馬〕を手綱で御す, 引き止める.
2 〔感情など〕を抑制する; を統御する, 支配する. ～ one's temper 感情を抑える.
rèin /../ báck [***úp***] 〔馬など〕を手綱で引き止める.
rèin /../ ín [***báck***] (1) 〔馬など〕の速度を落とす. (2) 〔感情など〕を制御する, 控えめにする. ～ *in* [*back*] inflation [expenditure] インフレ[経費]を抑制する. He made an effort and ～*ed back* his anger. 彼は努力して怒りを抑えた.
[＜ラテン語 *retinēre* 'retain']

re·in·car·nate /rìːinkáːrneit|-⌐--/ 動 他 〈普通, 受け身で〉を生まれ変わらせる, 化身させる, 〈*as, in* ..に〉. ── /rìːinkáːrnət 形/ 形 〖雅・古〗生まれ変わった, 化身した. a Napoleon ～ ナポレオンの化身.

‡**rè·in·car·ná·tion** /-néiʃ(ə)n/ 名 **1** U 生まれ変わること; 霊魂再来(説). **2** C 生まれ変わり, 化身, 再来. a ～ of Beethoven ベートーヴェンの再来.

†**rein·deer** /réindìər/ 名 (複 **～, ～s**) C 〖動〗トナカイ. a sleigh pulled by ～ トナカイの引くそり.

***re·in·force** /rìːənfɔ́ːrs/ 動 (**-forc·es** /-əz/|過 過分 **～d** /-t/|**-forc·ing**) 他 **1 を補強する**, 増強する, 補充する, 〈*with* ..で〉; 〔議論など〕を強める. ～ a bridge [building] 橋[建物]を補強する. ～ food 食料を補充する. I've ～*d* my jacket by sewing leather patches on the elbows. 上着のひじに革の切れはしを縫いつけて補強した. His belief was ～*d* by [*with*] the new evidence. 新しい証拠が出て彼の信念はいよいよ強まった.
2 (人, 物資などで) 〔軍隊など〕を増強する, 増援する. We are recruiting people to ～ our sales staff. わが社は販売部を増強するため社員を募集している.
3 〖心〗を強化する《学習あるいは条件づけによる》.
[re-, 〖廃〗*inforce* (enforce の異形)]

rèinforced cóncrete /-fɔːrst-/ 名 U 鉄筋コンクリート (ferroconcrete).

rèinforced plástic /-fɔːrst-/ 名 U (繊維を混ぜた)強化プラスチック.

‡**rè·in·fórce·ment** 名 **1** U 補強, 増強, 強化; C 補給品, 補強材. **2** 〈～s〉援兵, (兵隊・警官の)援軍, 増援艦(隊). **3** UC 〖心〗(反応の)強化.

‡**re·in·state** /rìːənstéit/ 動 他 **1** 〖章〗を復位[復職, 復権]させる〈*in, as* ..に, として〉. He will be ～*d in* his former position before long. 彼はまもなくもとの地位に復帰するでしょう. **2** を復活させる〈*as* ..として〉.
▷ **～·ment** 名

re·in·sur·ance /rìːənʃú(ə)rəns|-ʃɔːr-, -ʃúər-/ 名 U 再保険.

re·in·sure /rìːənʃúər|-ʃɔː, -ʃuə/ 動 他 に再保険をかける《保険業者が危険分散のため》.

rè·invént 動 他 を再発見する. ***reinvènt the whéel*** (分かりきっていることに)無駄に時間[努力]を費やす.

re·is·sue /riːíʃuː/ 〖主に英〗動 他 〔絶版の本など〕を再刊する; 〔品切れの切手〕を再発行する; 〔昔の映画〕を新版にして出す. His work was ～*d* as a paperback. 彼の著作はペーパーバックで再刊された. ── 名 C 再刊, 復

刊; 再発行[刊行]物, 復刻(版); (映画の)再上映(物).

‡**re·it·er·ate** /riːítərèit/ 動 他 VO (～ X/***that*** 節/"引用") 〖章〗 X を/..ということを/「..」と何度も繰り返して言う, 反復する, 重ねて強調する; を何度も繰り返してする.

re·it·er·á·tion 名 UC 繰り返し, 反復; 繰り言.

***re·ject** /ridʒékt/ 動 (**～s** /-ts/|過 過分 **～·ed** /-əd/|**～·ing**) 他 **1** 〔申し出など〕を**拒絶する**, はねつける; を却下する, 拒否する, 否認する; 〔考え方・宗教など〕を受け入れ[受けつけ]ない, 拒む; (類語 強い態度で, 時には敵意をもって断ること; →refuse[1]). He stubbornly ～*ed* my offer. 彼は私の申し入れを頑として断った. The idea was ～*ed* as outmoded. その考えは時代遅れだと否認された. ～ a vote 投票を無効にする.

連結 ～ an appeal [an application, an argument, a condition, a motion, a proposal]

2 〔応募者など〕を落とす, 撥(は)ねる; 〔候補者など〕を落選させる, 落とす. ～ a candidate 応募者[候補者]を落とす.
3 を(不良品, 不用品として)撥ねる; 〔自動販売機などが〕〔コイン〕を受けつけない. ～ the damaged goods 破損した品物を撥ねる.
4 に(当然の)愛情を拒む, に冷たくする. The boy is ～*ed* by his parents. その少年は親から冷たくされている.
5 〔食物〕を受けつけない, 吐く; 〖医〗〔移植した器官など〕を拒否する, に拒絶反応を示す. ～ a transplanted kidney 移植された腎臓に拒絶反応を示す. ◇↔accept
— /ríːdʒekt/ 名 Ⓒ 不良品; 拒否された人, 不合格者. They sold off the ～*s* very cheaply. 彼らは不良品をたいへん安く売り払った.
[<ラテン語「投げ返す」(<re-+*jacere* 'throw')]

re·jéct·er 名 =rejector.

†**re·jéc·tion** 名 **1** Ⓤ 拒絶(する[される]こと), 拒否; 却下, 否決; 不採用. **2** Ⓤ 廃棄; Ⓒ 廃棄物. **3** UC 〖医〗拒絶反応.

rejéction slìp 名 Ⓒ 拒絶票; 原稿不採用票 《編集者又は出版社が著者に原稿とともに返送する》.

re·jéc·tor, re·jéct·er /-tər/ 名 Ⓒ 拒絶する人.

re·jig /rìːdʒíg/ 動 (**～s**|**-gg-**) 他 **1** 〖旧〗〔工場など〕を再整備する, の設備を入れ替える. **2** 〖話〗を模様[配置]替えする, を手直しする.

re·jíg·ger 動 他 〖米話〗=rejig 2.

***re·joice** /ridʒɔ́is/ 動 (**-joic·es** /-əz/|過 過分 **～d** /-t/|**-joic·ing**) 〖章〗 他 を**喜ばす**, うれしがらせる. The news ～*d* him. その知らせに彼は喜んだ. I was ～*d* to hear [at hearing] of his success. 彼が成功したということを聞いてうれしかった.
— 自 **喜ぶ**, うれしがる, 〈*at, in, over* ..を〉; うれしく思う 〈*to* do ..して〉; 喜ぶ 〈*that* 節 ..ということを〉; (類語 「喜ぶ」の意味の一般的な語であるが be glad, be pleased などに比べて文章語的; →delight, exult, joy). She ～*d at* [*over*] the good news. 彼女は朗報を聞いて喜んだ. I ～ *to* hear that you got a job with the firm. あなたがその会社に就職されたそうで喜んでいます. She ～*d that* her child returned safely. 彼女は子供が無事に帰って来たのを喜んだ.
rejóice in .. (1) ..に恵まれている, ..を享受する. ～ *in* good health 健康に恵まれている. (2) 〖戯〗〔奇妙な名前, 称号〕を頂戴(ちょうだい)している. Though a teetotaler, he ～*s in* the name of Brewer. 彼は禁酒主義者だが'ブルワー(醸造業者)'という面白い名だ.
[<古期フランス語 *rejoir*「大いに喜ぶ」]

re·jóic·ing 名 〖章〗 **1** Ⓤ (特に集団での)大喜び 〈*at, over* ..での〉. **2** 〈～s〉 祝賀行事 〈*at, over* ..の〉. the general ～*s* 町[国]を挙げてのお祝い騒ぎ.

‡**re·join**[1] /rìːdʒɔ́in/ 動 他 **1** と再開する, 〔仲間〕と再び一緒になる; を再会させる. I'll ～ you later. 後ほど又お会いしましょう. **2** を再接合する. **3** 〔もとの道など〕にまた出る.
— 自 再会する; 再合同する, 再結合する.
[re-, join]

re·join[2] /ridʒɔ́in/ 動 他 〖章〗 VO (～ X/***that*** 節/"引用") X と/..であると/「..」と(しばしばきつい口調で)答える, 言い返す, (類語 鋭い言い返しを暗示する; →answer). "Mind your own business," he ～*ed* angrily. 「余計なお世話だ」と彼は怒って答えた. [<古期フランス語 *rejoindre*「加わる」]

re·join·der /ridʒɔ́indər/ 名 Ⓒ 〖章〗 (しばしばきつい口調の)返答, 言い返し. [rejoin[2] の名詞化]

‡**re·ju·ve·nate** /ridʒúːvənèit/ 動 他 〔人・組織など〕を若返らせる; を元気づける, 〈しばしば受け身で〉. A long vacation will ～ you. 長い休暇をとればまた元気になりますよ. — 自 若返る; 元気を回復する.

re·jù·ve·ná·tion 名 Ⓤ 若返り, 回春; 元気回復.

‡**re·kin·dle** /riːkíndl/ 動 他 **1** に再び火をつける; を再び活発にする. His interest was ～*d*. 彼の興味は再び燃え上がった. **2** 〔緊張など〕を再び高める. — 自 再び燃え上がる; 再び活発になる.

rel. relating; relative(ly); religion; religious.

re·laid /riːléid/ 動 relay[2] の過去形・過去分詞.

‡**re·lapse** /rilǽps/ 動 自 **1** また戻る 〈*into* ..〔元の(悪い)状態〕に〉; 再び陥る 〈*into* ..〔悪癖など〕に〉. ～ *into* silence 元のように静かになる[黙り込む]. He ～*d into* his former habit of rising late. 彼はまた朝寝坊をするようになった. **2** (病気が再発して)逆戻りする 〈*into* ..に〉. She ～*d into* melancholia. また彼女の憂うつ症が始まった. — /rilǽps, ríːlæps/ 名 Ⓒ **1** 後戻り. a ～ *into* crime 再び罪を犯すこと. **2** (病気の)再発, ぶり返し. The patient had [suffered] a ～. 患者は病気が再発した. [<ラテン語「後戻りする」]

‡**re·late** /riléit/ 動 (**～s** /-ts/|過 過分 **-lat·ed** /-əd/|**-lat·ing**) 他 〖章〗 【関係づける】 **1** を**関係づける**, 関連させる, 結びつける, 〈*to, with* ..と〉 (connect). It is not easy to ～ those two happenings. その2つの出来事を結びつけるのは容易ではない. Crime has often been ～*d to* [*with*] poverty. 犯罪はしばしば貧困と関連があるとされてきた.
2 【言葉で関係づける】 〖章〗 VO (～ X/***that*** 節/***wh*** 節) X (体験など)を/..ということを/..かを(**詳細に**)**話す**, 述べる, 物語る, 〈*to* ..に〉 (tell). ～ one's adventures 冒険談をする. She ～*d to* her husband all that had happened during his absence. 彼女は夫に留守中の出来事をすべて話した.
— 自 【関係がある】 **1** VA (～ ***to, with*** ..) ..と関係する, かかわる, 関連がある. That piece of evidence probably ～*s with* this case. その証拠品は多分この事件と関連があります.
2 【関係を保つ】 **(a)** 〖米話〗分かる. Yeah, I can ～. うん, 分かるよ. **(b)** VA (～ ***to*** ..) ..と仲良くやって行く, なじむ; ..が分かる. create a character like Popeye whom kids ～ *to* 子供たちが心から親しむことのできるポパイのような人物を創造する. I just can't ～ *to* these new fashions. こういう新しい流行は私には分かりません.
3 〖章〗 話す, 語る. Strange to ～, he won first prize. 思いがけない話だが, 彼が1等賞をとった.
reláting to .. ..に関して(の), 関わる, (concerning). laws *relating to* education 教育関係の諸法.
[<ラテン語 *relātus*「運び戻された」(*referre* 'refer' の過去分詞)]

***re·lat·ed** /riléitəd/ 形 © **1 関係のある**, 関連した, 〈*to, with* ..に〉. Language and thought are intimately ～ matters. 言語と思考とは密接に関連する事柄である. **2** 親族の, 血縁の, (言語などが)同族の, 〈*to* ..と〉. ～ languages 同族語. Though we look alike, Tom and I are not ～. トムと私は似ているが血縁関係はない. She is ～ *to* me by marriage. 彼女は私と姻戚(せき)

R

関係にある. ▷ ～·ness 名

-re·lát·ed /-əd/ 〈複合要素〉 ..に関連した. drug-*related* 麻薬関連の〔犯罪など〕. stress-*related* ストレスがかかわっている〔病気など〕.

‡re·la·tion /riléiʃ(ə)n/ 名 (複 ～s /-z/)
【関係】 **1** UC **関係**, 関連, (→relationship 類語) 〈*between* ..の間の/*with* ..との〉. There is a close ～ between smoking and lung cancer. 喫煙と肺癌(がん)は密接な関係がある. the ～ of height to weight in children 子供の身長と体重との関係. Your remarks bear [have] some [no] ～ to this case. あなたの発言はこの件と多少関係があります[全く関係がありません].
2 〈～s〉 (個人[組織]同士, 国家, 民族間の)関係; 利害関係 〈*between* ..の間の/*with* ..との〉. international [diplomatic, trade] ～*s* 国際[外交, 通商]関係. ～*s between* workers and management 労使関係. I have no ～*s* with him. 私と彼は何の関係もありません.

> 連結 friendly [close, intimate; distant, remote; strained] ～*s* // cultivate [develop; establish; normalize; maintain; improve, promote; cement, strengthen; break (off), dissolve, sever] ～*s*

3 **(a)** U 血縁[親戚(せき)], 姻戚]関係 (relationship).
(b) C **血縁者**, 親族, 親類; (類語 relative の方が普通). "Is she any ～ to you?" "Yes, she is my cousin." 「彼女とはご親戚かなにかですか」「ええ, いとこです」. a ～ by marriage 姻戚, 姻族. She is no ～ (of mine). 彼女は親戚ではない.
【言葉による関係うけ】 **4** U 〖章〗陳述, 叙述; 話すこと〈*of* ..を〉; 言及〈*to* ..への〉; C 物語. He made ～ *to* that point, too. 彼はその点にも触れた.
***have* (*sèxual*) *relátions with* ..** 〖旧〗..と(肉体)関係を持つ.
***in* [*with*] *relátion to* ..** (1)〖章〗..に関して, 関連して, 《普通, 商用文で》. (2) ..と比べると.
[relate, -ion]

re·la·tion·al /riléiʃ(ə)nəl/ 形 **1** 関係のある, 関係的な. **2** 文法的関係を示す (→notional 2). a ～ word 文法的関係を表す語《on the table の on, He has come. の has など》.

relàtional dátabase 名 C 〖電算〗関係型データベース《蓄えられた情報間の関係が分かるように組織されている》.

‡re·la·tion·ship /riléiʃ(ə)nʃip/ 名 (複 ～s /-s/)
1 UC **関係**, 関連 〈*between* ..の間の/*to, with* ..との〉. the ～ *between* Japan and the U.S. 日米関係. This has no ～ *to* [*with*] you. これはあなたに関係がないことです. She and her mother-in-law have an excellent ～. 彼女としゅうとめとはとてもうまく行っている. 類語 感情的に密接な人間関係には relation より relationship を用いる. **2** U 親戚(せき)関係. degrees of ～ 親等. **3** C 恋愛関係. [relation, -ship]

‡rel·a·tive /rélətiv/ 形 ¢ **1** 〖章〗**(a)** 〈叙述〉 **関係のある**, 関連した, 〈*to* ..に〉. His proposal isn't ～ *to* the problem in hand. 彼の申し出は当面の問題とは関係がない. **(b)** 〈名詞の後に用いて〉関係のある, 関わる, 〈*to* ..に〉. the documents ～ *to* his life 彼の人生に関係のある書類.
2 **相対的な**, 比較の上での, 相関的な, (↔absolute). the ～ merits of rice and wheat 米と小麦の優劣. in ～ safety [comfort] 比較的安全[安楽]に. "Good" and "bad" are ～ terms. 「善」と「悪」は相対的な語である. It's all ～. 下[上]には下[上]があるものだよ.
3 比例する; よる, ..次第の; 〈*to* ..に〉. The weight is not necessarily ～ *to* the size. 重さは必ずしも大きさとは比例しない. Price is ～ *to* demand. 値段は需要次第である.
4 〖文法〗関係を示す, 関係詞の. →relative adjective; relative adverb; relative clause; relative pronoun.
***rélative to* ..** (1) ..に関して. The plan says nothing ～ *to* the housing shortage. その計画は住宅不足に関しては何も触れていない. (2) ..に比較して, ..と比べると. A dinosaur's head, ～ *to* its enormous body, is tiny. 恐竜の頭は巨大な胴体と比較して小さい.
—— 名 (複 ～s /-z/) C **1** **親戚**(せき), 身内の者, 《親子兄弟を含む》, (類語 relation よりも一般的). a distant ～ 遠い親戚. She's a ～ on my mother's side. 彼女は母方の親戚です. **2** 同種の動物[植物]; 同族語. **3** 〖文法〗関係詞《関係代名詞, 関係副詞, 関係形容詞》.
[relate, -ive]

rèlative ádjective 名 C 関係形容詞 (→which 形 2).

rèlative ádverb 名 C 関係副詞 (→when 副 2, where 副 2).

rèlative cláuse 名 C 〖文法〗関係(詞)節《関係詞によって導かれる節; restrictive (制限的)な節と continuative (連続的)な節があるが, それぞれの関係詞の項参照》.

rèlative dénsity 名 U 比重.

rèlative humídity 名 〈the ～〉 相対湿度《それぞれの温度で空気が含み得る最大の水蒸気量を 100 として示す》.

†rel·a·tive·ly /rélətivli/ 副 ¢ **1** 比較的(に), 割合(に), 相対的に. a ～ warm day for this time of year この季節にしては比較的暖かい日. ～ speaking 相対的に言えば; 比較して言えば. **2** 〖話〗かなり, 結構.

rèlative prónoun 名 C 関係代名詞 (→who, which, what, that).

> 文法 一般に関係詞を用いた形容詞節で修飾される語を先行詞 (**antecedent**) と呼ぶ: a woman who can type well. (→who II 3)

rél·a·tiv·ism 名 U 〖哲〗相対論, 相対主義. cultural ～ 文化相対主義. ▷ **rel·a·tiv·ist** 形, 名

rel·a·tiv·is·tic /rèlətivístik 英/ 形 **1** 相対主義の. **2** 〖哲·物理〗相対性理論の; 相対性理論的な.

***rel·a·tiv·i·ty** /rèlətívəti/ 名 U **1** **相対性**, 関連性; 依存性. **2** 〈しばしば R-〉〖哲·物理〗相対性理論《**the thèory of relatívity** とも言う》.

‡re·lax /rilǽks/ 動 (～·es /-əz/| 過 過分 ～ed /-t/| ～·ing) 他 **1** 〔精神的緊張〕をほぐす; をくつろがせる, 休ませる. Playing the guitar [A drink after work] ～*es* me. ギターを弾く[仕事の後に一杯飲む]と私は気が晴れる.
2 〔肉体的·物理的緊張〕を**緩める**, から力を抜く; 〔警戒·集中力など〕を緩める, を弱める; を怠る. ～ one's efforts [attention] 努力を怠る[気を抜く]. ～ the muscles 筋肉をほぐす. The man ～*ed* his grasp on my arm. 男は私の腕をつかんでいた力を抜いた. ～ one's hold [grip] on [over] ..に対する支配力を弱める.
3 〔規則など〕を**緩和する**, 寛大にする. ～ controls [rules, regulations] 規制を緩和する.
—— 自 **1** くつろぐ, のんびりする, 休養する. Please be seated and ～. どうぞ掛けておくつろぎください.
2 緩む, 緊張がとれる[ほぐれる]. His frown ～*ed* into a smile. 彼のしかめっ面が和らいで笑顔になった. ～ in one's exertions 努力を怠る.
3 緩やかになる, 緩和される. After the event discipline ～*ed* in the dormitory. その事件があってから寮では規律が緩やかになった.
[<ラテン語 *relaxāre*; release と同源]

†re·lax·a·tion /rìːlækséiʃ(ə)n/ 名 **1** UC 緩める[られる]こと; 緩むこと; 緩和, 軽減, 〈*of, in* ..の〉. the ～ *of* tension 緊張の緩和. some ～ *of* [*in*] the rules 規則

の緩和. **2** U くつろぎ, 休養; 気晴らし; C 娯楽, レクリエーション. do some gardening for ～ 気晴らしに庭いじりをする.

†**re·láxed** /-t/ 形 **1** くつろいだ, 緊張のとけた. a ～ smile うちとけた微笑. feel ～ くつろいだ気分になる. **2** 形式ばらない, ざっくばらんな. **3** 〔規則などが〕緩やかな; 〔人が規則などに〕あまり厳しくない.

‡**re·láx·ing** 形 **1** くつろがせる, ほっとする. a ～ place くつろげる場所. **2** 〔気候・天候が〕体をだるくさせるような, けだるい. a ～ climate 体のだらけるような気候.

†**re·lay**[1] /ríːlei/ 名 (複 ～s) C **1** 交替(者), 新手(あらて); 〈集合的〉(途中で乗り継ぐ)替え馬, 継ぎ馬. a fresh ～ of soldiers 新手の兵士. work in [by] ～(*s*) around the clock 交替制で 24 時間操業する(★in relays が普通). **2** 〖話〗リレー競技 (relay race). the 4×400 ～ (4 人×400 メートルの) 1600 メートル・リレー. **3** 〖電〗継電器. **4** 〖放送〗中継(放送). broadcast by ～ 中継放送する.

―― /ríːlèi, riléi/ 動 (～s | 過 過分 ～ed | ～·ing) 他 **1** 〔新しい交替者が〕に取って代わる, と交替する. **2** を中継ぎする, 取り継ぐ, 〈*to* ..へ〉; 〔番組〕を中継(放送)する〈*to* ..へ/*from* ..から〉. Will you ～ my message *to* him? 私の伝言を彼に取り継いでくれますか. The drama was ～*ed* live from the National Theater. その劇は国立劇場から生中継された.
[＜古期フランス語「後に残す」]

re·lay[2] /rìːléi/ 動 (→lay[1]) 他 **1** 〔タイルなど〕を張り直す; 〔カーペット〕を敷き直す; 〔鉄道, 海底電線など〕を敷設し直す. **2** をもう 1 度置く, 置き直す.

rélay ràce 名 C リレー(競技).

rélay stàtion 名 C 〖放送〗中継局.

‡**re·lease** /rilíːs/ 動 (-leas·es /-əz/ | 過 過分 ～d /-t/ | -leas·ing) 他 【解き放す】 **1** (**a**) を放す, 外す, 〈*from* ..から〉. The young man ～*d* (his grip [hold] on) her hand. = The young man ～*d* her hand *from* his grip. 青年は握っていた彼女の手を放した. (**b**) 〔爆弾〕を投下する, 〔ミサイル〕を発射する, 〔矢など〕を放つ. ～ a bomb (止めを外して)爆弾を投下する. (**c**) 〔ガス・熱など〕を出す. (**d**) 〔クラッチなど〕を切る; 〔シャッター〕を切る, 押す. ～ the shutter (カメラの)シャッターを切る. ～ the brake (発進するために)ブレーキを放す[外す].
2 を自由の身にする, 放免する, 〈*from* ..から〉. ～ a hostage 人質を解放する. ～ a prisoner *from* jail 囚人を釈放する. be ～*d* on bail 保釈金を出して釈放される. ～ a bird *from* a cage 鳥をかごから逃がしてやる.
3 を免れさせる, 解除する, 免除する, 〈*from* ..〔責任など〕を〉. I was ～*d from* my responsibility to pay damages. 私は賠償の責任を免除してもらった.
4 (**a**) 〔感情など〕を(おもてに)出す; 〔才能など〕を発揮する. ～ one's anger 怒りをおもてに出す. (**b**) 〔ホルモンなど〕を分泌する.
【制約を解く】 **5** の公演[公開, 販売]を許可する; 〔レコード, ビデオなど〕を発売する; 〔映画〕を封切る; 〔情報など〕を公表する. ～ a new CD 新しい CD を発売する. The authorities finally ～*d* the information. 当局はついにその情報を公表した. **6** 〔資金など〕を放出する.
【重要なものを手放す】 **7** 〖法〗〔権利〕を放棄する; 〔財産など〕を譲渡する〈*to* ..に〉.

―― 名 (複 **-leas·es** /-əz/) **1** aU 解放する[される]こと; **解放**, 放免, 釈放, 〈*from* ..からの〉; C 釈放命令(書). Suicide was the only ～ *from* his unbearable situation. 自殺は耐え難い状況からの彼の唯一の解放であった.
2 aU 解放, くつろぎ, 息抜き, 〈*from* ..〔仕事・緊張など〕からの〉; 安堵(ど). a ～ *from* tension 緊張からの解放. Playing tennis is my only ～. テニスをするのが僕の唯一の息抜きだ.
3 aU **免除**, 解除. obtain (a) ～ from one's debt 負債を免除される. **4** U 外すこと; (ガスの)放出; (爆弾)投下; (感情の)吐露; C 解除装置 《機械の掛け金, 歯止めなどを解除する仕掛け》; (カメラのシャッターの)レリーズ. a ～ button (自動車のハンドブレーキなどの)解除ボタン, 始動ボタン.
5 U **公開**, 発売, 出版; (映画の)**封切り**; C 新発売のレコード[ビデオなど], 封切り映画; ＝press release. the ～ of a new film 新作映画の封切り.
in 〖米〗 [〖英・オース〗 ***on***] (***gèneral***) ***reléase*** 〖英〗 〔映画が〕一般公開されて(いる).
[＜ラテン語 *relaxāre*「緩める」(＜re-＋*laxus* 'lax')]

‡**rel·e·gate** /réləgèit/ 動 他 〖章〗
【追いやる】 **1** を追いやる, 落とす, 〈*to* ..に〉. This experience should not be ～*d to* oblivion. この経験を忘却に追いやってはいけない. **2** を落とす, 格下げする, 〈*to* ..に〉; 〖主にスポーツ〗〔チーム〕を降格する〈*to* ..〔下位リーグなど〕に〉; 〈普通, 受け身で〉. The officer was ～*d to* the ranks. その将校は兵卒に降格された.
3 【よそへ追いやる】〔仕事, 事件など〕を任せる, ゆだねる, 移管する, 〈*to* ..に〉. ～ a task *to* one's subordinates 仕事を部下に任せる.

rèl·e·gá·tion 名 U 〖章〗格下げ, 降格; 移管, 委任.

†**re·lent** /rilént/ 動 自 **1** 優しくなる, 〔厳しさが〕和らぐ, 〔態度が〕軟化する. At last father ～*ed* and gave me permission to go out. 最後に父は折れて私に外出の許可をくれた. **2** 〔暴風などが〕弱まる, 静まる. [re-, ラテン語 *lentāre*「曲げる」(＜*lentus* 'soft')]

†**re·lént·less** 形 **1** 容赦しない, 執拗(しつよう)な, 〈*in* ..に〉; 手厳しい, 無情な. be ～ *in* collecting taxes 容赦なく税を取り立てる. a ～ schedule 過酷な[過密]スケジュール. **2** 絶え間ない, 止むことのない; 飽くなき. ～ pain 絶え間ない痛み. ▷ **～·ly** 副 容赦なく, 無情に; 絶え間なく. **～·ness** 名

‡**rel·e·vance, -van·cy** /réləv(ə)ns/, /-si/ 名 U 関連(性)〈*to* ..との〉; 適切さ, 妥当性. have [bear] no ～ *to* ..と(は)無関係である. What is the ～ of your statement *to* the matter in hand? あなたの陳述は当面の件とどんな関連があるのですか.

‡**rel·e·vant** /réləv(ə)nt/ 形 **1** (直接)関係のある; 重大なかかわりのある; 〈*to* ..に〉. collect all the ～ data あらゆる関係資料を収集する. This is not ～ *to* the present question. これは当面の問題に関係がない. get highly ～ information 重大なかかわりを持つ情報を得る. **2** 適切な, 妥当な. a ～ remark 適切な評言.
◇↔irrelevant
[＜ラテン語 *relevāre* 'relieve' (の現在分詞)]
▷ **～·ly** 副 適切に, 妥当に; 関連して.

re·lì·a·bíl·i·ty 名 U 信頼[信用]できること, 信頼性, 信頼度; 確実性.

‡**re·li·a·ble** /rilάiəb(ə)l/ 形 m **信頼[信用]**できる, 当てになる, 頼もしい; 確実な. a ～ boy 頼もしい少年. a ～ pair of rain shoes (品質の)しっかりした雨靴 1 足. according to ～ sources = on ～ evidence 信頼すべき筋によれば. His memory is not ～. 彼の記憶は当てにならない. ◇動 rely [rely, -able]

re·lí·a·bly 副 頼もしく; 確実に. I am ～ informed that he will stand for the next election. 彼が次の選挙に出馬するという確実な情報を私は得ている.

***re·li·ance** /rilάiəns/ 名 (複 **-anc·es** /-əz/) **1** U **頼みにすること, 頼ること**, 依存, 〈*on, upon* ..を〉; 信頼. ～ on [upon] the goodwill of one's friends 友人たちの善意を頼みにすること. Grandma places no ～ *on* machines. うちのおばあちゃんは機械をてんで信用しない.
2 C 頼りになる人[もの], 頼み, よりどころ. His uncle was his only ～ in money matters. 金の問題で彼が頼れるのはおじだけだった. ◇動 rely

‡re·li·ant /riláiənt/ 形 〈叙述〉頼みにする, 当てにする, 依存している; 信頼する; 〈*on, upon* ..を〉. We are ～ *on* imported oil. 我々は輸入原油に頼っている.

†rel·ic /rélik/ 名 C **1** 遺物, 遺品, 遺跡; (風俗, 信仰, 時代などの)遺風. ～*s* of prehistoric times 先史時代の遺物. the last living ～ of 19th-century political thought 19 世紀政治思想の最後の生き残り. a ～ of ancient sun worship 古代の太陽崇拝の名残り. **2** (聖人, 殉教者などの)聖骨, 聖遺物, 《特にカトリック教会, 東方教会ではこれを崇拝する》. **3** 記念品, 形見. the ～*s* of his past journeys 彼の過去の旅行の記念品. **4** 〖雅・旧〗〈～s〉遺骸(がい), 遺骨, (remains). **5** 〖戯〗年寄り; ぽんこつ, 'ふる', 旧式車. [＜ラテン語「聖遺骨」]

rel·ict /rélikt/ 形 〖生態〗残存種の. ── 名 C **1** 〖古〗未亡人 〈*of* ..の〉. **2** 〖生態〗残存し種[生物].

‡re·lief /rilí:f/ 名 (複 ～s /-s/)

【苦痛などからの解放】 **1** aU **除去**, 軽減, 緩和; 免除; 免除するもの; 〈*from* ..(から)の〉; 〖英〗(税金の)控除. cough ～ せき止め(薬). This medicine will give you ～ *from* your pain. この薬で痛みが治まります. The cool air of dusk was a ～ *from* the day's unpleasant humidity. 夕方の涼風で日中の不快な湿気から逃れられ(てほっとし)た. get tax ～ 税金が控除される.

> 連結 fast [speedy; immediate, instant; long-lasting; short-lived; permanent; temporary] ～ // bring [afford; gain] ～

2 aU **安心, 安堵**(ど). tears of ～ and joy 安堵と喜びの涙. breathe [heave] a sigh of ～ 安堵のため息をつく. What a ～! ああ, ほっとした. It was a great ～ to learn that he was safe. 彼が無事だと分かってとても安心した.

3 U **救助**, 救済; 救済金; 救援物資; 〖主に米〗生活保護手当. He devoted himself to the ～ of the poor. 彼は貧民の救済に一身をささげた. send ～ to ..に救援物資を送る.

【職務などからの解放】 **4** UC **息抜き**, 気晴らし. light ～ 軽い息抜き. The trip to my hometown was a welcome ～ from my busy life. 郷里への旅行は私の忙しい生活からの息抜きとなってありがたかった.

5 U 交替; C 〈単数形で複数扱いもある〉交替者, 交替兵. a ～ driver 代わりの運転手. show flawless pitching in ～ of Kuwata 桑田を救援して完璧(ぺき)な投球をする. The sentry's ～ has not yet arrived. 歩哨(しょう)の交替者はまだ到着していない.

6 【混雑からの解放】 C (バス・列車などの)増発便.

7 【敵からの解放】 U 〈the ～〉救援; 解放; 〈*of* ..〔包囲された場所〕の〉.

【単調さなどからの解放】 **8** U 際立っていること; はっきりした輪郭, 鮮明な対照. The white tower stood *in* sharp [bold, stark] ～ against a darkening sky. 白い塔は暮れゆく空を背景にくっきりそびえ立っていた. be thrown into sharp [stark] ～ 〔問題などが〕鮮明になる.

9 〖美〗 U 浮き彫り, 浮き出し, レリーフ, (→intaglio); C 浮き彫り作品[細工]. the figure of a lion carved in ～ on the coin 硬貨に浮き彫りになっているライオンの像. in bold [sharp] ～ くっきりと.

10 U (絵画などの)立体感.

11 U (土地の)高低, 起伏, 《谷と丘などの》. ◇動 relieve

on relíef 〖米〗生活保護を受けて(いる). The family is still *on* ～. その一家は今だに生活保護を受けている.

to a pèrson's relíef 〈普通, 文修飾〉安堵したことには. Much *to* his ～, he found his car was undamaged. ほっとしたことには彼の車は無傷だった.

[＜古期フランス語(＜ラテン語 *relevāre* 'relieve')]

relíef fùnd 名 C 救済基金.

relíef màp 名 C 起伏地図《高低が色の違いや立体模型などで示されている地図》.

relíef pìtcher 名 C 〖野球〗救援投手.

relíef ròad 名 C 〖主に英〗バイパス (bypass).

relíef wòrks 名 〈複数扱い〉失業対策工事.

‡re·lieve /rilí:v/ 動 (～s /-z/| 過 過分 ～d /-d/|-lieving) 他 【苦痛などから解放する】 **1** (**a**) 〔人〕を楽にする, 解放する, 〈*of, from* ..から〉; をほっとさせる. The medicine ～*d* him *of* his acute pain. その薬のおかげで彼の激痛は治まった. No words can ～ her mind. どんな言葉も彼女の心を慰めることはできない. (**b**) 〔苦痛など〕を緩和する, 除く; 〔バイパスなどが, 交通渋滞〕を解消する. An aspirin ～*d* my headache. アスピリンの1錠で頭痛が治まった. His joke ～*d* the tension in the room. 彼の冗談で部屋の緊張がほぐれた.

2 〔難民, 被災者[地]など〕を救済する, 救援する. ～ the earthquake victims 地震の被災者を救援する.

【職務などから解放する】 **3** 〖章〗 VOA (～ X ***of*** ..) 〔重荷, 責任など〕から X(人)を解放する, 解除する; 〖婉曲〗〔仕事, 地位〕から X(人)を解任[解雇]する 〈普通, 受け身で〉. Let me ～ you *of* that load of books. その本の荷物をお持ちしましょう. I was ～*d of* tending my mother by the nurse. 看護婦が母の看病を代わってくれた. be ～*d of* one's post [duties, command] 職を解かれる. **4** 〔守衛, 乗務員など〕を交替させる, と交替する. The guard is ～*d* every four hours. 番兵は4時間で交替になる.

5 【持ち物から解放する】 〖戯〗 VOA (～ X ***of*** ..) 〔身の回り品〕を X(人)から預かる; 〖戯・話〗 X(人)から..を盗む, '失敬する'. May I ～ you *of* your coat? コートをお預かりしましょうか. ～ a person *of* his wallet 人の財布を失敬する.

6 【包囲から解放する】 〔都市, 要塞(さい)など〕から敵軍を駆逐する, を解放する.

【単調さから解放する】 **7** に変化をつける; 〔退屈など〕を紛らす. ～ one's boredom 退屈を紛らす. ～ monotony 単調さをやわらげる.

8 を浮き彫りにする; を際立たせる. ◇名 relief

relíeve one's féelings (どなったり泣いたりして)思い切り感情をぶちまける, うっぷんを晴らす.

relíeve onesèlf 〖章・婉曲〗用を足す, 排尿[便]する.

[＜ラテン語 *relevāre*「軽くする」(＜re-＋*levāre* 'lift')]

†re·líeved 形 ほっとした, 安心した 〈*at* ..に/*to* do ..して/*that* 節 ..なので〉. a ～ look ほっとした様子. She was very ～*d* (*to* hear) *that* her son was safe. 彼女は息子が無事だと聞いてほっとした.

re·líev·er 名 C 〖野球〗救援投手.

‡re·li·gion /rilídʒ(ə)n/ 名 (複 ～s /-z/) **1** U **宗教**. I believe in no ～. 私は宗教というものを信じない.

2 C (個々の)**宗教**, ..教. the Christian [the Buddhist] ～ キリスト教[仏教]. Islam is one of the greatest ～*s* in the world. イスラム教は世界の大宗教の1つである. practice a ～ 信仰を実践する.

3 U **信仰; 信仰生活**; (僧, 尼僧としての)修道生活. the freedom of ～ 信仰の自由.

4 aU (信仰のように)堅く守るもの, 信条; C 〈単数形で〉〖話〗生きがい. It is my ～ to keep early hours. 早寝早起きが私の信条です. He makes a ～ of never wasting a penny. 1銭たりともむだにしないのが彼の信条だ. That's against my ～. 〖戯〗それは私の信条に反するよ《嫌な事を断るときの口実》. He makes a ～ of watching baseball. ＝Watching baseball is his ～ [a ～ with him]. 彼は野球を見るのを生きがいとしている.

◇形 religious

gèt relígion 〖話・戯〗信仰に(突如)目覚める; 心を入れ替える.

[＜ラテン語 *religiō*「神への畏敬」]

re·lí·gion·ist 名 C 狂信家, 宗教に凝る人.

R

re·li·gi·ose /rilídʒiòus/ 形狂信的な, 宗教に凝りすぎた.

re·li·gi·os·i·ty /rilìdʒiɑ́səti|-ɔ́s-/ 名 U 信仰心; 信心ぶること.

***re·li·gious** /rilídʒəs/ 形 m (★1, 2 は ©) **1** 〈限定〉宗教の, 宗教上の; 宗教的な. ～ faith 信仰. ～ liberty 信教の自由. a ～ ceremony 宗教儀式. a ～ book 宗教書. a ～ service 礼拝.
2 〈限定〉修道会の, 教団の. a ～ house 修道院.
3 信心深い, 敬虔(けん)な, (↔irreligious). a ～ Catholic 敬虔なカトリック教徒. lead a ～ life 敬虔な生活を送る.
4 良心的な; 厳正な, 細心の. with ～ care 細心の注意をもって. He pays ～ attention to his health. 彼は健康に非常な注意を払う. ▷ **～·ness** 名
—— 名 (複 ～) C 修道者, 修道士[女], (尼)僧.

relìgious educátion 名 U 宗教教育《略 RE; **relìgious instrúction** とも言う》.

re·lí·gious·ly 副 **1** 宗教的に; 信心深く. **2** 堅く, 心から; 良心的に; 綿密に; 規則的に. follow one's teacher's instructions ～ 先生の指示に忠実に従う.

relìgious obsérvance 名 UC 宗教儀式.

relìgious tólerance 名 U 宗教上の寛容.

re·line /rìːláin/ 動 他 **1** の裏地を取り替える. **2** に線を引き直す.

†re·lin·quish /rilíŋkwiʃ/ 動 他 〖章〗**1** 〔習慣, 希望, 信仰など〕を(やむをえず)放棄する (give up). ～ all hope of accumulating wealth 富を蓄える希望をすべて捨てる. **2** 〔権利など〕を放棄する; を譲る, 譲渡する. ～ the right of inheritance 遺産相続権を放棄する. ～ a fort *to* the enemy 敵に要塞(さい)を明け渡す. **3** を放す (let go). ～ one's hold [grip] on . . 〔綱など〕をつかんでいた手を放す; 〈比喩的に〉. . を手放す.
[＜ラテン語「手放す」(＜re-＋*linquere* 'leave')]
▷ **～·ment** 名

rel·i·quar·y /réləkwèri|-kwəri/ 名 (複 **-quar·ies**) C 聖遺物箱, 聖骨箱.

***rel·ish** /réliʃ/ 名 (複 **～·es** /-əz/) 〖やや章〗
1 aU 楽しんで味わうこと, 賞味. with (a) ～ →成句. **2** aU 好み, 興味, 関心, 〈*for* . . に対する〉. I have no [have a great] ～ *for* the job. 私はその仕事に興味がまるでわかない[大いにある]. **3** aU (食欲をそそるような)**味わい**, 風味; 面白味; 独特な味[香り]. Hunger gives (a) ～ to simple food. 空腹は簡素な食べ物に風味を添える《＞すき腹にまずいものなし》. Golf has lately begun to lose its ～ for him. 近ごろゴルフは彼にとって面白くなくなってきた.
4 UC (風味を添える)薬味, 調味料《ソースなど》; 付け合わせ《ピクルス, 生野菜など》. My boy likes pickle ～ on his hot dog. うちの子はホットドッグにピクルスの付け合わせが好きです. meat served with an assortment of ～*es* いろいろな付け合わせを添えた肉料理.
with* (*a*) *rélish (1) うまそうに. eat *with* great ～ 大変うまそうに食べる. (2) うれしそうに, 面白そうに. read a detective story *with* great ～ いかにも面白そうに探偵小説を読む.
—— 動 〖やや章〗他 **1** を十分に味わう, 賞味する; を実にうまいと感じる. He ～*ed* chicken livers most of all. 彼には鶏のレヴァーが一番うまかった. He ～*ed* everything on the plate. 彼は皿の上のもの全部をおいしく食べた. **2** VO (～ X/*doing*) X を/. . するのを楽しむ, 好む; X に/. . するのに興味を持つ. I don't ～ be*ing* disturbed when I'm busy. 忙しいときにじゃまされるのは有り難くない. [＜古期フランス語「残されたもの, 後味」]

re·live /rìːlív/ 動 他 〔過去の経験など〕を(想像によって)もう1度繰り返す, 再体験する.

re·load /rìːlóud/ 動 他 〔銃〕に弾丸を込め直す.

‡re·lo·cate /rìːlóukeit|⌣–⌣́/ 動 他, 自 (を)新しい場所に移す[移る], 再配置する; 移住[移転]する; 〈*to* . . へ〉. The family ～*d* to Chicago. 一家はシカゴへ引っ越した.

rè·lo·cá·tion 名 U 再配置; 移転; 疎開.

†re·luc·tance, -tan·cy /rilʌ́ktəns/, /-si/ 名 aU 嫌がること 〈*to* do . . するのを〉; 気乗りしないこと. He showed ～ *to* accept the offer. 彼はその申し出に応ずるのを渋った. ***with relúctance*** いやいや, しぶしぶ. The staff agreed to his plan *with* some ～. 部員たちは彼の計画にしぶしぶながら同意した.

***re·luc·tant** /rilʌ́ktənt/ 形 m **1 気が進まない**, 嫌な, 〈*to* do . . するのは〉. The lazy man was ～ *to* work. その怠け者は働くことを嫌がった. She persuaded her ～ son to mow the lawn. 彼女は嫌がる息子に言い聞かせて芝生を刈らせた.
2 〔行為が〕しぶしぶながらの, いやいやの. a ～ consent 不承不承の承諾. She answered with a ～ nod. 彼女はしぶしぶうなずいて同意の意思を示した.
[＜ラテン語「争っている」(*reluctāri* 'struggle' の現在分詞)]

***re·luc·tant·ly** /rilʌ́ktəntli/ 副 m **1** いやいやながら, しぶしぶ **2** 申し上げにくい事ですが. *Reluctantly*, I must refuse to accompany you. 申し訳ありませんがお伴はいたしかねます.

‡re·ly /rilái/ 動 (**-lies** /-z/|過 過分 **-lied** /-d/|**～·ing**) 自
1 VA (**～ *on* [*upon*] . .**) . . を頼みにする, 当てにする, 信頼する, 〈*for* . . のことで〉(★今までのように期待できる, という含みを持つ). You can ～ *on* him.＝He can be *relied on*. 彼は信頼できる. You cannot always ～ *on* me *for* help. 私の助けをいつでも当てにできるというわけにはいかないよ. **2** (**a**) VA (**～ *on* [*upon*] . .**) . . を当てにする 〈*to* do . . するよう〉. Can we always ～ *on* Americans *to* do the right thing? アメリカ人が正しいことをするといつも期待できるであろうか. (**b**) VA (**～ *on* [*upon*] (X('s)) *doing***) (X が). . するのを当てにする. I was ～*ing on* get*ting* there by ten. 10時までにそこに行けるものとてっきり思っていた. We ～ *on* the law be*ing* applied equally to the rich and the poor. 法が等しく金持ちにも貧しい人にも適用されることを当然と思う. ◇名 reliance
relý upon* [*on*] *it (1) 〈文修飾〉きっと, 必ず. *Rely upon it*, you will succeed. 君はきっとうまくいくさ. (2) 信じている, きっと. . である, 〈*that* 節. . を, で〉. We ～ *upon it that* she will be here on time. 彼女は必ず時間通りにここに来るでしょう.
[＜ラテン語「結び合わせる」(＜re-＋*ligāre* 'bind')]

REM /rem/ 名 C 〖心・生理〗急速眼球運動《睡眠中に眼球が急速に動く現象; ＜*r*apid *e*ye *m*ovement》. ～ sleep レム睡眠.

rem /rem/ 名 (複 **～, ～s**) C 〖物理〗レム《放射線の人体への影響量を示す単位; ＜*r*oentgen *e*quivalent *m*an》.

re·made /rìːméid/ 動 remake の過去形・過去分詞.

‡re·main /riméin/ 動 (**～s** /-z/|過 過分 **～ed** /-d/|**～·ing**) 自 **【残る】 1** (**a**) 〔人, 物事が〕**残る**, 存続する; 残存する, 生き残る. Nothing ～*ed* of the building after the fire. 火事の後, 建物は跡形もなかった. the sole ～*ing* survivor of the battle その戦闘の生き残りのうち唯一の現存者. If you take three from ten, seven ～*s*. 10から3を引くと7が残る. The fact ～*s* that he committed a crime even if he was not prosecuted. たとえ起訴されなくても彼が罪を犯したという事実は変わらない. (**b**) まだ残っている. It ～*ed* to convince them. 彼らを納得させることが残っていた (★It は形式主語). It only ～*s* for me to thank you all for coming. 最後に皆様においでいただいたことに感謝いたします. (**c**) 〈The fact ～s that . ./The question ～s wh 節で〉. . という事実/. . かという問題が依然として残る.

R

The fact ～*s that* he committed a crime even if he was not prosecuted. たとえ起訴されなかったとしても彼が罪を犯したという事実は変わらない (★同格の that 節が動詞のあとに移動されている).
2【居残る】〔人が〕あとに残る, 居残る; VA〈A は場所の副詞(句)〉〔..に〕とどまる, 滞在する (stay の方が普通). I'll ～ *here*. 僕はここに残る. The family ～*ed at* the seaside for a week. 一家は海岸に 1 週間滞在した.
3【状況が残る】VC (～ X/*doing*) (相変わらず) X のまま/..したままである[いる]; VA ..したままである. My older sister ～*s* unmarried. 僕の姉はまだ独身でいる. His whereabouts ～(*s*) a mystery. 彼の居所は依然としてなぞである. The oak tree ～*ed* stand*ing* after the storm. あらしの後オークは倒れずに残った. It ～*s* possible for him to finish the course. 彼がゴールすることは依然として可能だ. ～ *in* complete control 冷静そのものであり続ける.
4 VC (～ *to be done*) まだ..されていない, これから..されることである (→成句 It REMAINS to be seen). Not much ～*s to be* said. ほかにあまり言うことはない. The problem still ～*s to be* solved. その問題の解決はこれからだ.
I remàin yòurs trúly. 敬具《旧式な手紙の結び》.
It remàins to be séen 今は分からない〈*wh* 節..かどうかは〉. *It* ～*s to be seen whether* he will win in the election. 選挙で彼が勝つかどうかはまだ分からない.
―― 名 **1**〈～s〉残り物; 遺物; 遺跡. the ～*s* of supper 夕食の残り. the ～*s* of an ancient palace 古代の王宮の遺跡. **2**〖章〗遺骸(がい) (corpse), 遺骨. the ～*s* of the dead man 死亡者の遺体.
[<ラテン語「残留する」(<re-+*manēre* 'stay')]

***re·main·der** /riméindər/ 名 (複 **～s** /-z/) **1** U〈the ～; 単複両扱い〉**残り**(のもの, 人), 残余. He spent the ～ of his life in the country. 彼は余生を田舎で過ごした. She gave the ～ of the meal to the dog. 彼女は食事の残りを犬に与えた. **2** C〈普通, 単数形で〉〖数〗(割り算の)剰余, 余り; (引き算の)差, 残り. **3** C (出版社の)残本《安売りされることが多い》.
―― 動 他〔書物〕を残本整理で安売りする〈普通, 受け身で〉.
[<古期フランス語 *remaindre* 'remain' (の名詞用法)]

re·main·ing /riméiniŋ/ 形 残っている, 残りの.

re·make /rìːméik/ 動 (→make) 他 をもう 1 度作る; を作り直す, 改作する; を再映画化する; 〈*as* ..として〉.
―― /ˊˋ/ 名 C (映画・テレビの)改作, 再映画化作品, リメイク.

re·mand /rimǽnd|-mɑ́ːnd/ 動 他 **1** を送り返す, 送還する. **2**〖法〗を再拘留[再留置]する; 〔事件〕を下級裁判所に差し戻す; 〈主に受け身で〉. be ～*ed* in custody for five days〔刑事被告が〕5 日間の再拘留を命じられる. ―― 名 U 送還, 召還; 〖法〗再拘束, 再留置; (下級審への)差し戻し. ***on remánd*** 再拘留中で[の].

remánd hòme [cèntre] 名 C〖英〗(処置が決まるまで置く)未成年者拘置所 (〖米〗**deténtion hòme [cènter]**).

‡**re·mark** /rimɑ́ːrk/ 動 (**～s** /-s/|過 過分 **～ed** /-t/|**～·ing**) 他【気づく】**1**〖章〗VO (～ X/*that* 節) X に/..ということに気づく, 注意する. The teacher ～*ed* Harry's absence immediately. 先生はハリーの欠席にすぐ気づいた. Didn't you ～ *that* he was very excited? 彼が大変興奮していたのに気がつかなかったか.
2【気づいたことを述べる】VO (～ X/*that* 節/"引用") (意見として) X と/..と/「..」と述べる, 発言する, 批評する, (類語 say より形式ばった語). She ～*ed* (to us) *that* she had seen Tom the night before. ="I saw Tom last night," she said (to us). 彼女は前の晩にトムに会ったと私たちに言った.
―― 自 VA (～ *on* [*upon*] *..*/*wh* 節)〖章〗*..*について/..かについて意見を述べる, 一言する. ～ *on* the good manners of the children 子供たちの行儀がいいと言う.
―― 名 (複 **～s** /-s/) **1** U〖章〗注意, 注目; 観察. writings beneath [worthy of] ～ 注目に値しない[値する]書き物.
2 C (ふと漏らした)**意見**, 所見, (短い)感想, 寸評, 〈*about*, *on* ..についての/*that* 節..という〉. make [pass] rude ～*s* about ..について失礼なことを言う. He hurt Susie's feelings with a cutting ～. 彼は辛辣(らつ)な一言でスージーの気持ちを傷つけた.

> 連結 a casual [a passing; a nasty, a malicious, a scathing; a rude; a sarcastic; a timely; a trivial; a witty] ～

[<古期フランス語「注目する」(<re-+*marquer*「印をつける」)]

‡**re·mark·a·ble** /rimɑ́ːrkəb(ə)l/ 形 m **1 注目に値する**〈*for* ..で〉, 注意すべき; 著しい. a ～ achievement 注目すべき業績. make ～ progress 著しい進歩を遂げる. He is ～ *for* the novelty of his ideas. 彼は考え方の斬(ざん)新さで注目に値する. Her beauty and grace made her ～ in any company. 美しさと優雅さとで彼女はどんな人たちと一緒でも目立った. It was quite ～ that the best place was within five miles of London. 一番いい場所がロンドンの 5 マイル以内にあったのに本当に驚いた.
2 普通でない, 変わった; 珍しい. The policeman found nothing ～ in the man's briefcase. 警官はその男のかばんの中に特に変わったものは見つけられなかった. What a coincidence! いやぁー, 偶然ですね.
[remark, -able] ▷ **～·ness** 名

†**re·mark·a·bly** /rimɑ́ːrkəbli/ 副 **1** 著しく, 目立って; 非常に. a ～ beautiful woman 際立った美人. John paints ～ well. ジョンは絵がとても上手だ. **2**〈文修飾〉驚くべきことに.

Re·marque /rimɑ́ːrk/ 名 **Erich Maria ～** レマルク (1898–1970)《ドイツ生まれの米国の小説家》.

re·mar·riage /rìːmǽridʒ/ 名 UC 再婚.

‡**re·mar·ry** /rìːmǽri/ 動 (**-ries**|過 過分 **-ried**|**～·ing**) 他 と再婚する; を再婚させる. ―― 自 再婚する.

re·mas·ter /rìːmǽstər|-mɑ́ːs-/ 動 他〔古い録音〕から新しい[よりよい]マスターテープ[原盤]を作る.

Rem·brandt /rémbrænt/ 名 **～ van Rijn** レンブラント (1606–69)《オランダの画家》.

re·me·di·a·ble /rimíːdiəb(ə)l/ 形 治療できる; 救済[矯正]可能な.

‡**re·me·di·al** /rimíːdiəl/ 形〖章〗**1** 治療する, 治療(上)の. ～ treatment for backache 腰痛の治療.
2 救済のための[になる], 矯正する, 改善する. take ～ action 救済策を講じる. **3**〖教育〗(学力の低い生徒のための)補習の. ～ classes [lessons] 補習クラス[授業]. ～ reading〖米〗矯正読書法. ▷ **～·ly** 副

‡**rem·e·dy** /rémədi/ 名 (複 **-dies** /-z/) **1** UC **救済策**, 改善策, 矯正法, 〈*for* ..の〉. Work is the best ～ *for* boredom. 退屈には仕事が最良の薬だ.
2 UC 治療法; C **治療薬**; 〈*for*, *against* ..の〉; 救済策, 矯正法, 〈*for* ..の〉; (類語 特定の治療法によって病状を和らげることに重点がある; →cure). an effective ～ *against* [*for*] cancer 癌(がん)の有効な治療法. herbal remedies 薬草療法. We can offer no ～ *for* his sorrow. 彼の悲嘆には手の施しようがない.
3〖法〗(法的)救済(手段, 方法).
past [beyond, without] rémedy 不治の; 救済[矯正]できない.
―― 動 (**-dies**|過 過分 **-died**|**～·ing**) 他 **1**〔欠陥, 害悪など〕を矯正する; を救済する, 改善する. ～ a deficiency 欠陥を矯正する. ～ a situation 事態を改善する.

連結 ～ damage [a defect, harm, one's ignorance, a loss, a mistake, trouble]

2 を治療する.
[＜ラテン語「治療法」(＜re-＋*medērī* 'heal')]

‡re·mem·ber /rimémbər/ 動 (～s /-z/|過 過分 ～ed /-d/|～·ing /-riŋ/) 他 【覚えている】 **1 (a)** VO (～ X/(X('s)) *doing/that* 節/*wh* 節・句) X を/(X が)..したのを/..ということを/..かを覚えている, 記憶している, (↔forget). I well ～ his face. 私は彼の顔をよく覚えています. *Remember* your manners. お行儀を忘れないようにね. I vividly ～ invit*ing* him up to my hotel room that day in 1972. 1972 年のその日ホテルの部屋に彼を招いたのを鮮やかに覚えている. Do you ～ me [my] say*ing* so?＝Do you ～ *that* I said so? 私がそう言ったのを覚えていますか (★me の方が〖話〗). I don't ～ ever hav*ing* met him. 私は前に彼に会った記憶がありません. I don't ～ Tom us*ing* strong language. トムが乱暴な言葉を使うのを聞いたことがない. Whoever has seen him must ～ *what* a handsome man he is. 彼に会った人ならだれでも彼がどんなに美男子か覚えているに違いない. a night to ～ 楽しい夜. **(b)** VOA (～ X *as, for* ..) X を..として[..で]記憶に留める〈普通, 受け身で〉. I ～ him *as* a bright little boy. 僕の覚えている彼は利発なかわいい少年だった. He is ～*ed as* a gifted musician. 彼は才能ある音楽家として記憶されている.

連結 ～ clearly [distinctly; vividly; dimly, vaguely]

2 VO (～ X/*that* 節/*wh* 節・句) X を/..ということを/..かを思い出す (類語「何かを自然に思い出す」; →recall, recollect). He couldn't ～ anything at all then. 彼はその時何も思い出せなかった. I suddenly ～*ed that* the day was my birthday. 私は突然その日が私の誕生日だったことを思い出した. I can't ～ *how* to open the safe. 金庫の開け方を思い出せない. She couldn't ～ *where* she had put the book down. 彼女は本をどこへ置いたのかどうしても思い出せなかった.
【忘れないようにする】 **3** VO (～ *to do*) 忘れずに..する (↔forget). *Remember to* switch off the light when you go out of the room. 部屋を出る時電気を消すのを忘れないでくれ (★比較: I well ～ switch*ing* off the light. (電気を消したのをよく覚えている)). *Remember to* write. (旅に出る人に)お便り待ってますよ.
4 VOA (～ X *to* ..) 〖英話・米章〗 X から..によろしくと言う〈受け身可〉. Please ～ me *to* your wife. 奥さんにどうぞよろしく(お伝えください).
5 〖婉曲〗 に(忘れずに)贈り物[チップ, 謝礼]をする; (祈り, 遺言などに) 〔人の名〕を忘れず入れる. My grandma always ～*s* me on my birthday. おばあちゃんはいつも誕生日にプレゼントをくれます. Please ～ the waiter. 給仕にチップをやってください. Uncle George ～*ed* me (in his will). ジョージおじさんは遺言状に私の名を書き加えてくれた《遺産を分与するため》.
6 の記念行事をする; を追悼する. On August 15th we ～ the dead of World War II. 8 月 15 日に我々は第 2 次世界大戦の死者を追悼する.
— 自 覚えている, 記憶している; 思い出す, 忘れない. You said so, ～? 君がそう言ったんじゃないか, 忘れたのか. I have liked to listen to music ever since I can ～. 私は物心がついて以来音楽を聞くのが好きだ. as long as I can ～ 思い出せない頃から. "Have you ever read that novel?" "Not that I ～." 「その小説を読んだことがありますか」「私の記憶では読んでないようだ」. They are cousins, if I ～ right(ly). 私の記憶が確かなら彼らはいとこ同士だ. *Remember* about watering the plants in my absence. 私の留守中に植木に水をやるのを忘れないでね.
◇名 remembrance

remémber onesèlf 〖章〗 我に返る; 反省して自らを正す.
[＜後期ラテン語「思い起こす」(＜re-＋ラテン語 *memor* 'mindful')]

***re·mem·brance** /rimémbrəns/ 名 (複 **-branc·es** /-əz/) 〖章〗 **1** U 覚え(られ)ていること, 記憶, (類語 主に覚えている状態, 又は思い出す行為に重点がある; →memory). I have no ～ of the incident. 私にはその事件の記憶がまったくない. His name has passed from my ～. 彼の名前は私の記憶にない. "Has he ever been to the U.S.?" "Not to my ～." 「彼はアメリカに行ったことがありますか」「私の記憶ではないと思います」. **2** U 想起, 回想, 追憶. **3** C 〖章〗 思い出になる物事, 記念(品), 形見. This is a ～ for you from my mother. これは母からあなたへの記念品です.
4 C (花の代わりの)香典 (★英米で香典を出すのは一般的でない). The family suggests ～*s* be contributions to a cancer research institution. 遺族のご希望では(供花の代わりに)故人をしのんで癌(がん)研究所の機関にご寄付いただければとのことです.
5 〈～s〉 よろしくというあいさつの言葉. He asked me to give his ～*s* to you. 彼があなたによろしくとのことでした.
brìng [càll] /../ to remémbrance ..を思い出させる. The photo *brought to* ～ the happy days of my childhood. その写真を見て僕は楽しかった子供時代を思い出した.
****in remémbrance of ..*** (1) ..を追悼して, ..の追悼のための. (2) **..の記念に, ..を記念して.** The celebration is kept *in* ～ *of* the nation's founding. その式典は建国を記念して挙行される.
[remember, -ance]

Remémbrance Dày [Sùnday] 名 〖英〗 英霊記念日《11 月 11 日(その日が日曜日の場合), 又はそれに最も近い日曜日; 両世界大戦の戦没者を記念; →Veterans Day, Armistice Day》.

‡re·mind /rimáind/ 動 (複 ～s /-dz/|過 過分 ～·ed /-əd/|～·ing) 他 に思い出させる, 気づかせる, 注意してやる, 〈*of* ..を/*about* ..のことを〉; VOO (～ X *that* 節/X "引用"/X *wh* 節/X *to do*) X (人)に..ということを/「..」と言って/..かを/..することを思い出させる, 気づかせる. That ～*s* me. 〖話〗 それで思い出した. Don't ～ me. 〖話〗 忘れていたいよ. The way she speaks ～*s* me *of* her mother. 彼女のしゃべり方は彼女の母を思い出させる. He doesn't like to be ～*ed that* he's no longer young. 彼はもう若くはないのだと注意されるのを好まない. Need I ～ you *that* today is Saturday? 今日は土曜日だということをわざわざ言わなければいけないの. Let me ～ [May I ～] you *that* this is no small blunder. 言っておきますが, これは決して小さな失敗などというものではありません. Please ～ me *to* phone him tonight. 今晩彼に電話するのを(忘れていたら)私に注意してください. The child brushes his teeth every night without being ～*ed*. その子は言われなくても毎晩歯を磨きます.
[re-, mind (動)]

***re·mind·er** /rimáindər/ 名 (複 ～s /-z/) C 思い出させるもの[事, 人]; 〖主に英〗 催促(の手紙), 督促状. This photo will be a ～ of your stay in the United States. この写真はあなたのアメリカ滞在の思い出になるでしょう. be [serve as] a ～ that ..ということを思い出させる. The library sent me a ～ about the overdue books. 図書館から期日を過ぎた本を返すようにという催促状が来た.

‡rem·i·nisce /rèmənís/ 動 自 〖章〗 追憶にふける, 思い出を語る[書く], 〈*about* ..〔普通, 楽しかったこと〕の〉.
[＜*reminiscence*]

***rem·i·nis·cence** /rèmənís(ə)ns/ 名 (複 **-cenc·es** /-əz/) 〖章〗 **1** U **回想**, 追憶; C 思い出す出来事, 思い

R

出; 〈～s〉思い出話, 懐旧談, 回顧録, 〈*of, about* ..の〉. He gave us his ～*s* of his trip to Europe fifty years ago. 彼は我々に 50 年前にしたヨーロッパ旅行の思い出話をしてくれた. **2** Ⓒ 〘旧〙思い出させるもの〈*of* ..を〉; 面影〈*of* ..の〉. There is a ～ *of* his father in his face. 彼の顔には父親の面影がある. [＜後期ラテン語]

†**rem·i·nis·cent** /rèmənís(ə)nt ㊕/ 形 〘章〙 **1** 〈叙述〉思い出させる, しのばせる, 〈*of* ..を〉. She has a manner ～ *of* her grandmother. 彼女の物腰は彼女の祖母を思い出させる. The novel is ～ *of* the hard-boiled style of Hemingway. その小説はヘミングウェイのハードボイルドの文体を思わせる. **2** 追憶の, 懐旧の; 追憶にふける(ような). a ～ talk 懐旧談. People grow ～ with age. 年を取ると追憶にふけりがちになる. ▷**～·ly** 副

re·miss /rimís/ 形 〈叙述〉〘章〙怠慢な, 不注意な. be ～ in (doing) one's duties 義務(の遂行)を怠る. It was ～ of me not to have mentioned it earlier. それをもっと早く言わなかったのは私の怠慢でした. ▷**～·ly** 副 **～·ness** 名

‡**re·mis·sion** /rimíʃ(ə)n/ 名 **1** UC (特にキリスト教での)赦免; (負債などの)免除; (模範囚の)刑期の短縮, 減刑. the ～ of sins 罪の赦(ゆる)し. three months' ～ 3 か月の減刑. **2** Ⓤ (苦痛, 怒り, 病状などの)(一時的な)鎮静, 緩解, 軽減, 和らぎ. Radiotherapy kept her in ～ for two years. 放射線療法で彼女は 2 年間小康を得ていた. go into ～ 小康状態になる. ◇remit

†**re·mit** /rimít/ 動 (～s|-tt-) 〘章〙 他
【送る】 **1** (**a**) 〔金銭〕を送る. Please ～ the full amount by the end of the year. 年末までに全額をご送金ください. (**b**) VOO (～ X Y)・VOA (～ Y *to* X) X(人)に Y(金銭)を郵送する. I ～*ted* him the money by bank draft.＝I ～*ted* the money *to* him by bank draft. 私は彼にその金を銀行為替で送った.
2【よそへ送る】〘法〙〔事件〕を差し戻す〈*to* ..〔下級裁判所〕に〉〈主に受け身で〉; を回付する, 付託する, 〈*to* ..に〉. **3**【先へ送る】を休止する, 延期する.
【よそへ送る＞なしにする】 **4** 〔罪〕を許す; 〔刑罰〕を減刑する〈*to* ..に〉; 〔借金など〕を免除する. ～ taxes 税金を免除する. The entrance fee is ～*ted* for children under twelve. 12 歳未満の子供は入場無料です.
5 〔苦痛など〕を緩和する, 軽減する. ～ one's attention 注意を緩める. keep working without ～*ting* one's efforts たゆまず働き続ける.
── 自 **1** 送金する. **2** 弱まる, 薄らぐ, 〔病状などが〕軽くなる. The inflation shows no signs of ～*ting* yet. インフレはまだ弱まる気配を見せない.
── /rí:mit, rimít/ 名 Ⓤ 〘英〙(委員会への)付託事項, 権限. outside my ～ 私の権限外で.
[＜ラテン語「送り返す」(＜re-＋*mittere* 'send')]

‡**re·mit·tance** /rimít(ə)ns/ 名 〘章〙 UC 送金; Ⓒ 送金額. make (a) ～ 送金する. enclose a ～ of $100 百ドルを同封する. on ～ of ..の送金あり次第.

re·mit·tent /rimít(ə)nt/ 形 〘医〙弛張(しちょう)性の.

re·mix /rì:míks/ 動 他 **1** を再び混ぜる. **2** 〔録音など〕をミキシングし直す, リミックスする, 《原曲の音質・リズム・構成などに手を加える》. ── /rí:miks/ 名 Ⓒ ミキシングし直した新録音.

†**rem·nant** /rémnənt/ 名 Ⓒ **1** (**a**) 〈the ～〉残り; 〈しばしば ～s〉残り物[くず]. *the* ～*s* of supper 夕食の残り. (**b**) 名残り, 跡, 遺物, 〈*of* ..の〉. The town is rich in ～*s of* its former glory. その町はかつて栄えた跡を多くとどめている. **2** (ひと巻きの布, カーペットなどの半端になった)残り, 端布(はぎれ). make a skirt out of the ～(*s*) 端布でスカートを作る. a ～ sale 半端物セール. [＜古期フランス語 'remaining']

re·mod·el /rì:mádl|-mɔ́dl/ 動 (～s|〘英〙-ll-) 他 を作り変える, の型を直す; 〔家〕の模様替えをする, を改造する, 改築する. The site has been ～*ed* into a park. 跡地は公園に作り変えられた. The old house is being ～*ed* inside. その古い家は内部を改造中である. have one's nose ～*ed* 鼻を整形してもらう.

re·mon·strance /rimánstrəns|-mɔ́n-/ 名 〘章〙 UC 抗議, 反対の主張; 忠告, いさめ. He would not listen to his mother's repeated ～*s* with him against his conduct. 彼の行状に対する母親のたびたびの忠告にも彼は耳を貸そうとしなかった.

re·mon·strant /rimánstrənt|-mɔ́n-/ 形 〘章〙抗議の; 忠告の, いさめる. ── 名 Ⓒ 抗議者; 忠告者. ▷**～·ly** 副

re·mon·strate /rimánstreit|rémənstrèit/ 動 自 〘章〙異議を唱える, 抗議する, 忠告する, 〈*with* ..〔人〕に/*about, on, upon* ..について〉; 反対を唱える〈*against* ..に〉. Ann strongly ～*d with* her husband *on* [*about*] his decision to quit. アンは夫が辞職の決心をしたのに強く異議を唱えた. ── 他 VO (～ *that* 節) ..と言って抗議する, いさめる, 〈*with* ..〔人〕に〉. [＜中世ラテン語「(誤りなどを)指摘する」(＜ラテン語 re-＋*monstrāre* 'show')]

re·mon·stra·tion /rimànstréiʃ(ə)n|rèmən-/ 名 UC 抗議; 忠告, 諫言(かんげん).

re·mon·stra·tive /rimánstrətiv|-mɔ́n-/ 形 抗議の; 忠告の, いさめる.

***re·morse** /rimɔ́:rs/ 名 Ⓤ (強い)**後悔**, 悔恨, 良心の呵責(かしゃく), 自責の念, 〈*for* ..に対する〉. He felt [had] no ～ *for* the lie he had told. 彼はうそをついて気がとがめなかった. He was filled with ～ *for* his crime. 彼は罪に対する後悔でいっぱいだった.
without remórse 情け容赦なく; 少しも後悔せずに.
[＜中世ラテン語「さいなむこと」(＜ラテン語 re-＋*mordēre* 'bite')]

re·morse·ful /rimɔ́:rsf(ə)l/ 形 〘章〙深く後悔している, 良心の呵責(かしゃく)に悩む. ▷**～·ly** 副 **～·ness** 名

re·mórse·less 形 **1** 情け容赦のない, 無慈悲な, 冷酷な; 猛烈な〔ハリケーンなど〕. **2** 後悔の気持ちのない, 自責の念のない. ▷**～·ly** 副 **～·ness** 名

‡**re·mote** /rimóut/ 形 ⓔ (**-mot·er** /-ər/|**-mot·est** /-əst/) 【遠く隔たった】 **1** **遠く離れた**〈*from* ..から〉; 遠方の; (類語 空間的な隔たりに加えて, 不便さや辺鄙(ぴ)さを暗示する; →distant). some ～ island in the Pacific Ocean 太平洋にあるどこか遠くの島. He lives in a cottage ～ *from* any town or village. 彼はどの町村からも遠く離れた田舎家に住んでいる.
2 **辺鄙(ぴ)な**, 人里離れた. a ～ village 辺鄙な村.
3 (時間的に)**遠い**, はるかな, 〔昔, 将来など〕. in the ～ past [future] はるかな昔[遠い将来]に.
4【実現にほど遠い】〈しばしば最上級で〉〔機会, 可能性が〕微々たる, あるかないかの, (slight). a ～ possibility [chance] まずはありそうもないこと. I haven't the ～*st* idea of what to do next. 次に何をしていいのかまるで見当がつかない.
5 遠隔操作の[による].
【関係が遠い】 **6** 関係の薄い〈*from* ..と〉, 遠縁の; 間接的な. a ～ cause 遠因. a question ～ *from* the subject 主題を離れた質問. a ～ ancestor [relative] 遠い先祖[親戚(せき)].
7 よそよそしい, そっけない. Her manner is polite but ～. 彼女の態度は丁重だがよそよそしい.
── 名 Ⓒ 〘話〙＝remote control.
[＜ラテン語 (*removēre* 'remove' の過去分詞)]
▷**～·ness** 名 Ⓤ 遠隔; 疎遠.

remòte contról 名 Ⓤ 遠隔操作[制御]; Ⓒ (テレビなどの)リモコン装置. by ～ リモコンで. ▷**remòte-contrólled** /㊕/ 形

***re·mote·ly** /rimóutli/ 副 ⓜ **1** 遠く; 人里離れて. **2**

(関係が)密接でなく, 離れて. a ～ relevant matter あまり関係のない事柄. **3** よそよそしく, 冷淡に. **4** ほんのわずかだけ〈しばしば否定文・疑問文で〉. not ～ interested 全然興味がない. I can't ～ claim to be a good talker. 私は話し上手などとはとても言えません. **5** リモコンで.

remòte séns·ing 名 U 遠隔探査.

re·mould /riːmóuld/ 動 〖英〗を作り直す, 改造する; ＝retread. ── /⌐-⌐/ 名 〖英〗＝retread.

re·mount /riːmáunt/ 動 他 **1** 〔馬, 自転車など〕に再び乗る; 〔山, はしご〕に再び登る. **2** 〔人〕に新しい馬をあてがう, 〔軍隊〕に新馬を供給する. **3** 〔写真, 絵など〕を新しい台紙に張る. ── 自 再び馬に乗る; 再び登山する.
── /⌐-⌐/ 名 C 代わりの馬; 新馬の補充.

re·mov·a·ble /rimúːvəb(ə)l/ 形 **1** 解任[免職]できる. **2** 移動できる. **3** 取り除く[はずす]ことができる.

***re·mov·al** /rimúːv(ə)l/ 名 (複 **～s** /-z/) UC **1 移動**, 移転, 転居, 引っ越し, 〖主に英〗(家具の)運送. the ～ to a new office 新しい事務所への移転. a ～ company 引っ越し運送会社. **2 除去**, 撤去, 片付け; 摘出. the ～ of an obstacle 障害物の除去. stain ～ 染み抜き. **3** 解任, 免職. his ～ from the post その地位からの彼の解任.

remóval vàn 名 C 〖英〗引っ越しトラック (〖米〗moving van).

‡**re·move** /rimúːv/ 動 (**～s** /-z/|過 過分 **～d** /-d/|**-mov·ing**) 他 【他の場所へ動かす】 **1 を移す**, 移動[移転]させる, 〈*from* ..から/*to* ..へ〉. The statue had been ～*d from* where it belonged. その彫像は本来の場所から他へ移されていた. ～ oneself *from* .. から出て行く.
2 を片付ける, 取り去る, (take away); 〔身に着けた物〕を**脱ぐ**. After the meal all the dishes were ～*d* from the table. 食事の後皿はすっかりテーブルから片付けられた. ～ stains 染みを取る. ～ one's hat [jacket] 帽子を取る[上着を脱ぐ]. **3** 〖章〗を解任[免職]する; を退学させる; 〈*from* ..から〉. be ～*d from* office 免職[解任]される. The lazy student was ～*d from* school. その怠け者の学生は退学になった.
【取り除く】 **4 を除去する**, なくする; 〔障害・疑いなど〕を取り除く; 〈*from* ..から〉; 〔腫瘍(しゅよう)など〕を摘出する. The cleanser ～*d* the dirt *from* the oven. クレンザーでオーブンの汚れが落ちた. His explanation will ～ the last doubts [suspicions]. 彼の説明で疑いがすっかり晴れるでしょう. **5** 〖婉曲・話〗〔人〕を殺す(kill), 暗殺する(assassinate). The king was ～*d* by poison. 国王は毒殺された.
── 自 〖章〗**移転する**, 引っ越す, 〈*from* ..から/*to* ..へ〉(move). ～ *to* a new house 新居に引っ越す. ～ *from* New York *to* Boston ニューヨークからボストンに転居する.
── 名 C **1** 〖章〗移動, 移転, 転居. **2** 〖章〗(**a**) 距離, 隔たり. at a certain ～ 少し離れた所に[で]. (**b**) 〈one, a few, many などを伴って〉(隔たりの)段階, 程度. His act was (at) only one ～ [many ～*s*] from being a crime. 彼の行為は犯罪と紙一重だった[とはほど遠かった]. **3** 親等, 世代のずれ. a first cousin at one ～ またいとこ(→removed 1). **4** 〖英〗〖教育〗〈the ～〉中間級.
[＜ラテン語 *removēre*「取り去る」(＜re-＋*movēre* 'move')]

†**re·móved** 形 **1** 〔いとこが〕..親等の, ..世代ずれた. a first cousin once ～ またいとこ《当人から見ていとこの子供又は親[子供]のいとこ》. **2** 離れた, 隔たった, 〈*from* ..から〉; 〈far ～ で比喩的〉ほど遠い, 遊離した, かけ離れた, 〈*from* ..とは〉(different). a town ～ *from* the capital 首都から離れた町. His theory is *far* ～ *from* the real world. 彼の理論は現実の世界とはほど遠い.

re·móv·er 名 UC **1** 除去剤. a stain ～ 染み抜き剤. a paint ～ ペンキ落とし. a hair ～ 脱毛剤. **2** 〖英〗引っ越し業者[人夫] (〖米〗mover).

RÉM slèep 名 →REM.

re·mu·ner·ate /rimjúːnərèit/ 動 他 〖章〗 **1** (**a**) 〔人〕に報酬を与える, 報いる, 〈*for* ..に対して〉(reward) 〈普通, 受け身で〉. We were sufficiently ～*d for* our toil. 我々は労力に対し十分に報いられた. (**b**) 〔労力〕に報いる. Our toil was sufficiently ～*d*. 我々の労力は十分に報いられた. **2** 〔物事が〕の埋め合わせになる, を償う.
[＜ラテン語「報酬(*mūnus*)を与える」]

re·mù·ner·á·tion 名 aU 〖章〗報酬, 報償.

re·mu·ner·a·tive /rimjúːnərèitiv|-rət-/ 形 〖章〗(十分)報酬のある; 有利な. a highly ～ job 非常に有利な仕事, 高収入の仕事. ▷ **～·ly** 副 **～·ness** 名

Re·mus /ríːməs/ 名 〖ロ伝説〗レムス《Romulus と双子の兄弟》.

***ren·ais·sance** /rènəsáːns, ⌐-⌐|rənéis(ə)ns/ 名 (複 **-sanc·es** /-əz/) **1** 〈the R-〉**文芸復興(期)**, ルネッサンス, 《ほぼ 14-16 世紀にヨーロッパで起きた》; 文芸復興期の美術[建築]様式. **2** C 〈単数形で〉(一般に文芸, 美術などの)復興; 復活, 再興. Traditional crafts have been enjoying a ～ lately. 最近伝統工芸が復活してきた. **3** 〈R- とも; 形容詞的〉文芸復興期(風)の. *Renaissance* art [literature] ルネッサンス美術[文学].
[フランス語 'rebirth' (＜ラテン語 re-＋*nāscī*「生まれる」)]

Rènaissance mán [wóman] /〖英〗-⌐-⌐[⌐-]/ 名 C ルネッサンス的教養のある男[女]《芸術・科学に幅広い知識を持つ》.

re·nal /ríːnəl/ 形 腎(じん)臓(kidney)の, 腎臓部の. a ～ transplant 腎臓移植. ～ failure 腎不全.

‡**re·name** /riːnéim/ 動 他 に新しい名を付ける; の名を改める, を改名する, VOC (～ X Y) X を Y と改名する.

re·nas·cence /rinǽs(ə)ns/ 名 **1** C 再興, 復活, 復興. the ～ of Nazism ナチズムの復活. **2** 〈the R-〉＝renaissance 1.

re·nas·cent /rinǽs(ə)nt/ 形 〖章〗再生中の; 復活[復興]しつつある.

Re·nault /rénou/ 名 C 〖商標〗ルノー《フランスの Renault 公団製の小・中型の乗用車》.

rend /rend/ 動 (**～s**|過 過分 **rent** /rent/|**～·ing**) 〖古・雅〗 他 **1** (**a**) を裂く, 引きちぎる, (tear); を割る. The tree was *rent* by lightning. 木は落雷で引き裂かれた. (**b**) 〔叫び声などが〕〔空など〕をつんざく. Terrible screams *rent* the air[silence]. ひどい金切り声が空をつんざいた[静けさを破った].
2 〔組織など〕を分裂させる(split), 分離させる. The civil war *rent* the nation apart. 内乱は国を分裂させた.
3 をねじ取る, もぎ取る, 〈*from* ..から〉. The child was *rent from* his mother by force. 子供は無理やり母親から引き離された. **4** 〔着物, 頭髪など〕をかきむしる《悲嘆のしぐさ》; 〔胸, 心など〕をかき乱す. ～ one's hair in grief 悲しみのあまり頭髪をかきむしる. His heart was *rent* with remorse. 彼の心は悔恨の思いにかき乱された. ◇名 rent²
[＜古期英語]

***rend·er** /réndər/ 動 (**～s** /-z/|過 過分 **～ed** /-d/|**～·ing** /-d(ə)riŋ/) 他 〖章〗【与える】 **1** VOO (～ X Y)・VOA (～ Y *to* X) X(人)に Y(援助など)**を与える**. He has ～*ed* us a valuable service.＝He has ～*ed* a valuable service *to* us. 彼は私たちに貴重な尽力をしてくれた.
2 VOA (～ X *to* ..) ..に X(謝意, 敬意)**を表する**, 示す. ～ thanks *to* God for one's safe return 無事に帰れたことを神に感謝する. ～ honor *to* ..に敬意を表する.
3 【状態を与える】 VOC (～ X Y) X を Y にする, ならせる, (make). A bullet ～*ed* his right arm useless. 1 発の弾丸で彼の右腕が利かなくなった. The man was ～*ed* weak-minded with age. その男は年を取って気が弱くなった.

4【異なる形を与える】〔脂肪など〕を溶かす; VOA (〜/X/*down*) ..を溶かして精製する. 〜 fat *down* 脂肪を精製する.
5【あるべき形を与える】〖主に英〗〖建〗〔壁, れんがなど〕に(しっくい, セメントの)下塗りをする.
【表現を与える】 **6** (自分の解釈に基づいて)〔主題〕を表現する, 描写する; を演じる, 演出する; を演奏する. 〜 the part of Hamlet ハムレット(の役)を演じる. 〜 a tune on the violin ヴァイオリンで1曲演奏する.
7〖旧〗 VOA (〜 X *into, in* ../X *as* ..) X を..に/..と翻訳する (translate).
【答えて与える】 **8** VOA (〜 X *to* ..) X を..に返す;〔税など〕を納める; (〜 X *for* Y) Y に X で返報する, 仕返しする. *Render to* [unto] Caesar the things that are Caesar's. 〖聖書〗 カエサルのものはカエサルに返せ. 〜 good *for* evil 善をもって悪に報いる. 〜 blow *for* blow 殴り返す. **9** (**a**) (諮問などに答えて)〔意見など〕を具申する;〔報告, 計算書など〕を提出する. 〜 a bill 勘定書を差し出す. an account 〜*ed* 〖商〗 支払い請求書. (**b**)〔判決など〕を言い渡す.
rènder an accóunt of .. 〖章〗〔自分の行為など〕について説明[釈明]する.
rènder /../ úp (1)〖章〗〔祈り〕を捧(ささ)げる. (2)〖古〗..を引き渡す, (敵に)明け渡す. 〜 a fortress *up* to the enemy 敵に要塞(さい)を明け渡す.
[<ラテン語「返す」(<re-+*dare* 'give')]

ren·der·ing /rénd(ə)riŋ/ 名 **1** UC 表現, 描写; 演技, 演奏. The pianist gave a splendid 〜 of the sonata. ピアニストは見事にそのソナタを演奏した. **2** UC 解釈, 翻訳; C 訳文. an English 〜 of a Latin poem ラテン語の詩の英訳. **3** C 〖主に英〗(壁, れんがなどの)下塗り (〖米〗 stucco).

†ren·dez·vous /rɑ́:ndəvù:, -dei-|rɔ́n-/ 名 (複 〜 /-z/) C **1** (場所, 日時を決めての)会合(の約束), 待ち合わせ, 〈*with* ..との〉; 〈普通, 単数形で〉 会合[待ち合わせ]場所. make a 〜 会合の約束をする. I had a secret 〜 *with* him. 私はひそかに彼と会った. **2** 人のよく集まる場所, たまり場. The plaza is a 〜 for young people. その広場は若者のたまり場である. **3** (軍隊, 艦隊の)集結地; (宇宙船の)会合, ランデヴー.
—— 動 自 (日時, 場所を決めて)集合する, 会合する, 〈*with* ..と〉;〔軍隊, 船隊などが〕所定場所に集結する;〔宇宙船が〕ランデヴーする. —— 他 を集結させる, 会合させる. [フランス語 'Present yourselves!']

R

‡ren·di·tion /rendíʃ(ə)n/ 名 〖章〗 =rendering 1, 2.

‡ren·e·gade /rénəgèid/ 名 C 〖章・軽蔑〗 背教者; 脱党者; 変節漢, 裏切り者; 世をすねた人. —— 形 裏切り(者)の, 変節した.

‡re·nege, 〖英〗 **re·negue** /riní(:)g, -nég|-ní:g, -néig/ 動 自 〖章〗 **1** 破約する, 取り消す, 〈*on* ..を〉. 〜 *on* a promise [vow] 約束[誓い]を破る. **2**〖トランプ〗 =revoke.

***re·new** /rin(j)ú:/ 動 (〜s /-z/|過 過分 〜ed /-d/|〜·ing) 他 **1** を新しくする, 一新する. The old walls have been 〜*ed* by plastering. 古い壁はしっくいを塗り替えて新しくなった.
2〔古いもの〕を新品と取り替える; を新たに補充する. *Renew* the water in the vase. 花瓶の水を入れ替えなさい. The exploration party had to 〜 provisions. 探検隊は食糧を補給しなければならなかった.
3〔契約など〕を更新する, 継続する,〔手形など〕を書き換える. 〜 a lease 借用契約を更新する. 〜 one's membership 会員権を継続する. 〜 a book 本の貸し出し期間を延長する.
4 を再開する; を繰り返す. 〜 negotiations [an attack] 交渉[攻撃]を再開する. 〜 old grievances 昔の苦情を蒸し返す.
5〔元気など〕を回復する, 取り戻す. set to work with 〜*ed* vigor 元気を新たにして仕事に取りかかる. 〜 one's youth 若さを取り戻す. I 〜*ed* my friendship [acquaintance] with an old classmate yesterday. 昨日昔の同級生[知人]と旧交を温めた. [re-, new]

‡re·néw·a·ble 形 新しくできる; 更新[再開, 回復]できる. 〜 (sources of) energy 更新可能エネルギー《太陽熱や風力など》.

†re·new·al /rin(j)ú:əl/ 名 **1** U 新しくする[される]こと. **2** UC (手形などの)書き換え, (契約の)更新; C 更新された物事[契約]. the 〜 of a lease 賃貸[借]契約の更新. **3** UC 再開, ぶり返し; やり直し; 再開発. urban [inner city] 〜 都市[スラム地区]の再開発. **4** U 回復, 復活. the recent 〜 of interest in gardening 園芸に対する近年の興味の復活.

re·néwed 形 **1** 〈限定〉 更新された. receive 〜 support 再び支持を得る. with 〜 vigor 元気を取り戻して. **2** 〈叙述〉 また元気を取り戻して.

ren·net /rénət/ 名 U レンネット《子牛の胃から採れる物質; チーズを作るとき牛乳に加える》.

Re·no /rí:nou/ 名 リーノー《米国の Nevada 州西部の都市; 賭(と)博と離婚手続が容易なことで有名》.

Re·noir /rénwɑ:r/ 名 **Pierre Auguste** 〜 ルノワール (1841–1919)《フランス印象派の画家》.

***re·nounce** /rináuns/ 動 (**-nounc·es** /-əz/|過 過分 〜**d** /-t/|**-nounc·ing**) 他 〖章〗 **1**〔権利, 地位など〕を(正式に)**放棄する**;〔条約など〕を廃棄する, 捨てる. 〜 all (one's) claims to the throne 王位継承権を全く放棄する. Japan has 〜*d* war forever. 日本は戦争を永久に放棄した. **2**〔信仰, 習慣など〕を**断つ**, 捨てる; を断念する. 〜 one's religion 信仰を捨てる. The doctor's advice caused him to 〜 smoking and drinking. 医師の忠告に従って彼は喫煙と飲酒を絶った. **3** を否認する, の承認を拒む; と無関係であると言明する. 〜 one's son 息子を勘当する. 〜 friendship 絶交する. 〜 the world 隠遁(とん)生活に入る. ◇名 renunciation [<ラテン語「抗議する」(<re-+*nuntiāre* 'announce')]
▷ **〜·ment** 名 =renunciation 1, 2.

‡ren·o·vate /rénəvèit/ 動 他 を修復する, 修繕する. 〜 an old building 古い建物を修復する.

rèn·o·vá·tion 名 UC 修復, 修繕.

***re·nown** /rináun/ 名 U 〖章〗 **名声**, 有名, (fame). an author of great [high] 〜 非常に高名な作家. win high 〜 as an economist 経済学者として名声を博する. [<古期フランス語「有名にする」]

†re·nówned /-d/ 形 〖章〗 有名な, 名声の高い, 〈*for* ..で/*as* ..として〉 (類語 famous より強意的で, 卓抜な業績などで名声の高いことを強調). a 〜 violinist 高名なヴァイオリニスト. The country is 〜 *for* its beautiful scenery. その国は景色が美しいので有名である. Charles Lamb was 〜 *as* an essayist. チャールズ・ラムは随筆家として有名だった.

:rent[1] /rent/ 名 aU **賃貸料**, 借用料, 《地代, 小作料, 家賃, 部屋代》; (機械などの)使用料. house [room, ground] 〜 家賃[部屋代, 地代]. at a low [high] 〜 安い[高い]賃貸料で. free of 〜 賃貸料なしで. owe two months' 〜. =be two months behind with the 〜 家賃[部屋代]を2か月ためている. How much is the 〜 *on* this car? この自動車の借り賃はいくらですか.
for rént 〖米〗 貸すための (〖英〗 to let). *For Rent* 貸家, 貸間, 《張り紙に書く》. a house *for* 〜 貸家.
—— 動 (〜s /-ts/|過 過分 **rént·ed** /-əd/|**rént·ing**) 他
1〔家, 部屋, 土地など〕を**賃借りする** 〈*from* ..から〉 (類語 一定の期間ごとに一定の金額を払って借りること; →borrow); 〖主に米〗〔車, ボートなど〕を(短い期間金を払って)借りる. The Browns 〜*ed* a cottage for the summer. ブラウン一家は別荘をひと夏借りた. 〜 a boat

by the hour ボートを時間ぎめで借りる.
2〔家, 部屋, 土地など〕を**賃貸しする**〈(*out*) *to* ..に〉; VOO (〜 X Y) X (人)に Y を賃貸しする. We 〜 rooms (*out*) *to* girl students. うちでは女子学生に部屋を貸している. Some landowners do not work their land but 〜 it *to* tenants. 地主の中にはその土地を耕作しないで小作人に貸している者がある. Mrs. Kehoe 〜*ed* me the room. キーホー夫人が私に部屋を借してくれた. 〜*ed* clothing 貸し衣装. 〜*ed* housing 賃貸住宅.
── 自 VA〔家, 部屋などが〕賃貸しされる. 〜 high [low] 高く[安く]貸される. This apartment 〜*s at* [*for*] 200 dollars a week. この部屋は借り賃が週 200 ドルである. [＜古期フランス語; render と同根]

rent[2] 名 C **1** (布などの)裂け目; 切れ目, 割れ目. mend a 〜 in her blouse 彼女のブラウスのほころびを繕う. a 〜 in the clouds 雲の切れ目. **2** (団体, 組織などの)分裂. ◇動 rend [rend の変形]

rent[3] 動 rend の過去形・過去分詞.

rent-a- /réntə-/ 〈複合要素〉「レンタルの」の意. a *rent-a*-tent 貸しテント.

rént·a·ble 形 賃貸[賃借]できる.

rént-a-càr 名 C 〖米〗レンタカー.

rént-a-cròwd 名 C 〖軽蔑〗金で動員された群衆[連中].

†**rent·al** /réntl/ 名 **1** C 賃貸料, 賃借料; 賃貸料収入. pay a weekly 〜 of £75 for the rooms 週 75 ポンドの部屋代を払う. **2** C 〖米〗貸家, 貸間, レンタカー. **3** U 賃貸. ── 形 レンタルの, 賃貸の. a 〜 car レンタカー. a video 〜 shop レンタルビデオ店.

réntal lìbrary 名 C 〖米〗貸し本店.

rént-a-mòb 名 ＝rent-a-crowd.

rént bòok 名 C 賃借料帳《家賃などの金額, 賃借期間などが記載してある》.

rént bòy 名 C 〖英〗売春をする若い男.

rént contròl 名 UC (政府の)家賃統制.

rént·ed /-əd/ 形 賃貸の.

rént·er 名 C **1** 賃借人, 借地[借家]人; 賃貸人《地主, 家主》. **2**〖英〗映画配給業者.

rènt-frée /⑱/ 形, 副 賃貸[賃借]料なしの[で], ただの[で].

ren·ti·er /rántièi|rɔ́n-/ 名 C 〖しばしば軽蔑〗不労所得者《預金金利, 株式配当金, 地代などで生活する人》.

rént rèbate 名 C (地方自治体の)住宅手当.

rént strìke 名 C (家賃などの)不払いスト.

re·nun·ci·a·tion /rinʌ̀nsiéiʃ(ə)n/ 名 U **1** (権利・主義などの正式の)放棄; 放棄の言明. the 〜 of citizenship [violence] 市民権[暴力]の放棄. **2** 否認. **3** 断念, あきらめ; 自制, 禁欲, 克己. ◇動 renounce

†**re·o·pen** /riːóupən/ 動 他, 自 (を)再び開く, 再開する. Completely remodeled, the shop will 〜 next week. その店はすっかり改装されて来週オープンする. The wound has 〜*ed*. 傷はまた開いた. 〜 negotiations with the government 政府と交渉を再開する. 〜 its border〔国家が〕国境の通行を再び認める. 〜 a case 〖法〗訴訟を再開する《新証拠の提出を許す》.

re·or·der /riɔ́ːrdər/ 動 他, 自 (を)再び注文する; 再び整理[配列]する. ── 名 C 再[追加]注文.

†**re·òr·gan·i·zá·tion** 名 U **1** 再編成, 再組織. **2** (財政などの)再建.

†**re·or·gan·ize** /riːɔ́ːrgənàiz/ 動 他 **1** を再編成する, の組織を改める;〔予定など〕を立て直す;〔部屋など〕の家具の配置を変える. **2**〔財政など〕を再建する.
── 自 再編成する, 改組する; 再建する.

Rep 〖米〗Representative; Republic(an).

rep[1] /rep/ 名 U レップ《うね織りの一種; 丈夫な生地でいす張り布などに用いる》.

rep[2] 名 C 〖話〗**1** セールスマン (sales rep). **2** 代表.

rep[3] 名 〖話〗**1** ＝repertory company; ＝repertory theater. **2** ＝repertory 2.

rep[4] 名 〖米話〗＝reputation.

re·paid /ripéid/ 動 repay の過去形・過去分詞.

‡**re·pair**[1] /ripéər/ 動 (〜s /-z/|過 過分 〜ed /-d/|〜·ing /-riŋ/) 他 **1** を**修繕**[**修理**, **補修**]する, 繕う; を直す; (類語 普通 mend より大規模で技術を要する修理に言う). 〜 a bridge 橋を修復する. 〜 a television set テレビを修理する. The typewriter needs 〜*ing*. タイプライターは修理が必要だ. I had my watch 〜*ed*. 私は時計を修理してもらった.
2 を回復する, 取り戻す;〔友情, 関係など〕を元どおりにする. 〜 one's health 健康を回復する.
3〖章〗〔誤り, 不正など〕を正す. 〜 a mistake 誤り訂正する. 〜 injustice 不公正を正す.
4 を**賠償する**, 償う. 〜 the loss 損失を償う.
── 名 (複 〜s /-z/) **1** U **修繕**(すること), 修理, 手入れ, 〈*to*, *of* ..の〉. This television needs [is in need of] 〜. このテレビは修理が必要だ. The expressway is under 〜. 高速道路は工事中だ. beyond 〜 修理できない. 〜 work 修理の仕事.
2 C 〈しばしば 〜s〉修理作業[工事]; 修繕部分. make [do] 〜*s* 修理する. a neat 〜 on the knee of the jeans ジーンズのひざを手際よく修繕した部分.

連結 extensive [large-scale, major; thorough; minor; necessary] 〜*s* // do [carry out] 〜*s*

3 U (修理の済んだ)良好な状態; (一般に機械設備などの)状態. an old sewing machine in good [bad, poor] 〜 手入れのよい[悪い]古ミシン.
[＜ラテン語「再び得る」(＜re-＋*parāre*「準備する」)]

re·pair[2] 動 自 VA (〜 *to* ..) 〖章・戯〗..に(しばしば, 大挙して)赴く, 行く.

re·pair·a·ble /ripé(ə)rəb(ə)l/ 形 **1** 修繕[修理]できる. **2** 取り返しのつく.

re·pair·er /ripé(ə)rər/ 名 C 修理工, 修繕人.

repáir·màn /-mæ̀n/ 名 (複 **-men** /-mèn/) C (機械などの)修理工. a watch [television] 〜 時計[テレビ]修理工.

rep·a·ra·ble /rép(ə)rəb(ə)l/ 形 〖章〗〔損失, 誤りなどが〕取り返しのつく〈普通, 否定文で〉(↔irreparable).

‡**rep·a·ra·tion** /rèpəréiʃ(ə)n/ 名 〖章〗U 賠償, 補償, 償い, 〈*for* ..に対する〉; 〈〜s〉(敗戦国の負担する)賠償金[物資]. make [demand] 〜 (*to* ..) for ..の賠償を(..へ)する[要求する].

rep·ar·tee /rèpərtíː|-pɑː-/ 名 **1** C 当意即妙の答え. **2** U 機転, 機知(あふれるやりとり). [＜フランス語]

re·past /ripǽst|-pɑ́ːst/ 名 C 〖章・戯〗食事 (meal); (飲)食物, ごちそう. a luxurious 〜 ぜいたくな食事. a light 〜 軽食.

†**re·pa·tri·ate** /rìːpéitrièit|-pǽt-/ 動 他 **1**〔捕虜など〕を本国へ送還する. 〜 refugees [immigrants] 難民[移民]を本国へ送還する. **2**〔利益など〕を本国に送る.
── /-riət/ 名 C 本国への送還者[帰還者].
[＜後期ラテン語 (＜ラテン語 re-＋*patria* 本国)]

re·pà·tri·á·tion 名 UC (利益などの)本国送還; 本国帰還, 復員.

*__re·pay__ /ripéi/ 動 (〜s /-z/|過 過分 **-paid** /-d/|〜·**ing**) 他 **1** (**a**)〔金〕を**返す**,〔人〕に返金する. 〜 a loan 借りを返す. I'll 〜 you tomorrow. (あの金)明日返すよ.
(**b**) VOO (〜 X Y)・VOA (〜 Y *to* X) Y (金銭など)を X (人)に**返す**, 返済する, 払い戻す, 償還する. He didn't 〜 me the $100 after all. 彼は結局あの 100 ドルを僕に返さなかった.
2〔恩など〕に報いる;〔人〕に報いる〈*for* ..に対して〉; に報いる, 仕返しする, 〈*with* ..で/*by* doing ..することで〉. I don't know how to 〜 (you *for*) your kindness [generosity]. ご親切[ご厚意]にどうお返ししていいか分かりません. Our efforts were *repaid with* success. 私たちの努力は成功で報いられた. He *repaid* the priest's

R

hospitality by stealing silverware. 彼は銀器を盗んで牧師の手厚いもてなしの恩をあだで返した.
[<古期フランス語; re-, pay]

re·páy·a·ble 形 払い戻せる; 払い戻すべき.

†**re·páy·ment** 名 UC 払い戻し, 返済; 返済金; 恩返し; 仕返し.

†**re·peal** /ripíːl/ 動 他 を(正式に)廃止する, 無効にする, 撤回する. ～ a law 法律を廃止する. ── 名 UC (法律などの)廃止, 撤回. [<古期フランス語「呼び戻す」]

‡**re·peat** /ripíːt/ 動 (～s /-ts/|過 過分 ～·ed /-əd/|～·ing) 他 **1 を繰り返す**, 反復する; を再放送する. ～ the same error 同じ間違いを繰り返す. ～ a year [a class] 留年する. I don't want to ～ such an experience. こういう経験は二度と繰り返したくない. ～ an order 再注文する[に応じる]. Such a bargain offer can't be ～*ed*. こんなバーゲンは二度とありません.
2 (a) **を繰り返して言う**; VO (～ *that* 節/"引用") ..と/「..」と重ねて言う. Please ～ the number. もう1度番号を言ってください. I ～ once again *that* I cannot agree with you. もう1度繰り返すがあなたには同意できない. "You'll never win," I ～*ed*, "Never."「君は絶対勝てないよ, 絶対ね」と私は繰り返してやった. (b) 〈直前の語を繰り返して〉 繰り返して言うが. I am not, ～ *not*, going there. 私はあそこへは行かない, 行かないと言ったら行かない. **3** を復唱する; を暗唱する. *Repeat* the sentence after me. 今の文を私の後について言いなさい. ～ a poem from memory 詩を暗唱する.
4 〔秘密, 伝聞など〕を**他人に話す**, 他言する. Don't ～ this to anybody. このことはだれにも話さないでくれ.
5 〔番組など〕を再放送する〈しばしば受け身で〉.
── 自 **1** 繰り返す; 繰り返して起こる; 〖数〗〔小数などが〕循環する. **2** 繰り返して言う. *Repeat* after me. 私の後について言いなさい. **3** 〖話〗〔食べた物の〕味が(げっぷで)戻る〈*on* ..〔人〕に〉. I don't like onions because they ～ *on* me. 玉ねぎは食べた後げっぷが出て味が残るので好きではない. **4** 〖米〗2回以上投票する《不正行為》.
◇名 repetition
not bèar repéating 〔言葉などが〕二度と口にできないほど悪い[ひどい], 繰り返して言うのもはばかられる.
repéat onesèlf (1) 同じことを繰り返す[言う]. Stop ～*ing yourself* and get to the point. 同じことを何度も言わないで要点を言いなさい. (2) 繰り返す. History ～*s* it*self*. 〖諺〗歴史は繰り返す.
── 名 C **1** 繰り返し, 反復. **2** 〖楽〗反復節; 反復記号, フェルマータ, 《‖: :‖》. **3** (ラジオ・テレビ番組などの)再放送(番組); 再演. **4** 〈形容詞的〉 繰り返しの. a ～ order 再注文. a ～ performance 再演奏; (悪いことの)再演. a ～ customer 常得意.
[<ラテン語「繰り返す」(<re-+*petere* 'seek')]

re·péat·a·ble 形 繰り返せる; 繰り返すのに適した.

†**re·peat·ed** /ripíːtəd/ 形 〈限定〉 繰り返された, たびたびの. the doctor's ～ warnings 医師のたび重なる警告. after ～ attempts 何度も試みて.

†**re·péat·ed·ly** 副 繰り返して, たびたび, 何度も. I begged him ～ to let me try. 私はやらせて欲しいと彼に何度も頼んだ.

re·péat·er 名 C **1** 繰り返す人[もの]. **2** 連発銃. **3** 2度打ち時計 《ばねを押すと時刻をもう1度打つ》. **4** 〖米〗不正投票者《同一選挙で2回以上投票する》; 常習犯. **5** 〖米〗落第生, 再履修学生. **6** =repeating rifle [firearm].

re·péat·ing 形 〈限定〉 繰り返しの; 循環する; 連発の.

repèating décimal 名 C 〖数〗循環小数.

repéating rìfle [fìrearm] 名 C 連発銃.

repéating wàtch 名 =repeater 3.

†**re·pel** /ripél/ 動 (～s|-ll-) 他 **1** を追い払う, 撃退する. ～ an invasion 侵略を撃退する. **2** をはねつける, 拒絶する; に抵抗する. ～ a request 要求をはねつける. ～ temptations 誘惑を退ける. **3** 〔水など〕をはじく, 通さない. This fabric ～*s* moisture. この織物は水分をはじく. **4** を反発させる; を嫌がらせる, に不快を感じさせる. I was ～*led* by the very idea. それを考えただけでむかむかした. ── 自 **1** はねつける; 〔電極などが〕反発する. **2** 不快にする.
◇形 repellent [<ラテン語「追い返す」(re-+*pellere* 'drive')]

re·pel·lent /ripélənt/ 形 **1** 〔態度, 様子などが〕近寄りがたい, 反感[不快]を抱かせる, 〈*to* ..に(は)〉. His way of speaking is ～ (*to* me). 彼の話し方には反発を感じる. the ～ smell of rotten fish 腐った魚の嫌なにおい. **2** 〈複合要素〉〔水などを〕はじく, 通さない; 〔害虫などを〕寄せ付けない. a water-～ raincoat 防水加工のレーンコート. ── 名 UC **1** 防虫剤, 虫よけ, 《**repellant** とも綴る》. (a) mosquito ～ 蚊よけ(の薬剤). **2** (革製品などの)撥水(はっすい)剤.

***re·pent** /ripént/ 動 (～s /-ts/|過 過分 ～·ed /-əd/|～·ing) 自 〖章〗**後悔する**〈*of* ..を〉; 悔い改める; (類語 普通, 悪い行為を悔やむことで, 宗教上の懺悔(ざんげ)にはこの語を用いる; →regret). ～ and change one's ways 後悔して行いを改める. Marry in haste and ～ at leisure. 〖諺〗慌てて結婚ゆっくり後悔. You will ～ *of* this decision later. 君は後になってこの決心を後悔するだろう. He ～*ed of* having accepted their offer. 彼は彼らの申し出に応じたことを悔やんだ.
── 他 を後悔する; VO (～ *doing*/*that* 節) ..したことを/..ということを後悔する, 悔やむ, ..しなければよかったと思う, (★目的語が doing の場合は, having+過去分詞もある). ～ one's words 自分の言ったことを後悔する. I now ～ hav*ing* wounded her pride. =I now ～ *that* I wounded her pride. 彼女の自尊心を傷つけたことを今悔やんでいる. ◇名 repentance
[<古期フランス語 (<re-+ラテン語 *paenitēre*「後悔させる」)]

†**re·pent·ance** /ripéntəns/ 名 U 後悔, 悔い改め. sincere ～ for one's sins 罪の心からの悔い改め. *Repentance* comes too late. 〖諺〗後悔先に立たず.

re·pent·ant /ripéntənt/ 形 後悔している, 悔いている, 〈*of*, *for* ..を〉. a ～ sinner 罪を悔いている人. ～ tears 悔悟の涙. He is ～ *of* [*for*] having been lazy in his youth. 彼は若い時怠けていたことを悔やんでいる. ▷ **～·ly** 副

‡**re·per·cus·sion** /rìːpərkʌ́ʃ(ə)n/ 名 **1** C 〈普通 ～s〉 (行動, 事件などの) (間接的で, 普通は良くない)影響, 余波. the ～s of World War II 第2次大戦の余波. **2** UC はね返り, 反動; (音の)反響; (光の)反射.

‡**rep·er·toire** /répərtwɑːr/ 名 C **1** レパートリー, (常に用意してある)上演目録, 演奏曲目. **2** (知識・技術などの)蓄え. Grandfather has a large ～ of anecdotes. 祖父は逸話をたくさん持ち合わせている. **3** 〖電算〗レパートリー《命令のセット》. [フランス語; repertory と同源]

rep·er·to·ry /répərtɔ̀ːri|-t(ə)ri/ 名 (複 **-ries**) **1** C =repertoire 1. **2** U 〖演劇〗レパートリー方式《同じ役者によりいくつかの演目を1つの劇場で次々に短期興行で上演する》; C =repertory theater [company] (〖話〗rep). perform three plays in ～ レパートリー方式で3つの劇を上演する. **3** C (知識, 情報などの)蓄え, 蓄積, 宝庫. [<後期ラテン語「倉庫」(<ラテン語 'obtain, discover')] 「《レパートリー方式で興行する》.

répertory còmpany 名 C レパートリー劇団↑

répertory thèater 名 C レパートリー劇場《専属のレパートリー劇団が上演する》.

***rep·e·ti·tion** /rèpətíʃ(ə)n/ 名 (複 **～s** /-z/) **1** UC **繰り返し**, 反復, 暗唱. learn by ～ 繰り返して学ぶ. We hope that there will be no further ～*s* of that incident. あんな事件は2度と繰り返さないでほしいものだ.

2 UC 暗唱文《学校で暗唱を命じられる詩文などの 1 節》. 3 C 模倣, 模写, 写し. ◇動 repeat

rep·e·ti·tious /rèpətíʃəs ㊀/ 形 繰り返しの多い, くどい; 反復する. ▷ ～·ly 副 ～·ness 名

†**re·pet·i·tive** /ripétətiv/ 形 ＝repetitious. ▷ ～·ly 副 ～·ness 名

repètitive stráin [stréss] ìnjury 名 U 〖医〗 反復性緊張障害《同じ姿勢で労働することから起こる腕, 背中などの痛み; 略 RSI》.

re·phrase /rì:fréiz/ 動 他 (意味をより明確にするために)を言い直す, を言い換える. Could you ～ that? 言い換えていただけませんか.

re·pine /ripáin/ 動 自 〖雅〗 不満である; 不平を言う; 〈*at*, *against* ..に対して〉.

‡**re·place** /ripléis/ 動 (-**plac·es** /-əz/|過 過分 ～**d** /-t/|-**plac·ing**) 他 **1** 〖章〗 を**元の場所に戻す**, 返す. ～ the receiver (on the cradle) 受話器を置く. *Replace* the book where it was. 本を元の場所に戻しなさい.

2 〔人・物が〕に**取って代わる**, の後を継ぐ 〈*as* ..として〉. Tom ～*d* Jim *as* captain. トムはジムに代わって主将になった.

3 を**取り替える**, 交替させる, 〈*with*, *by* ..と〉; の代わりを見つける. The old sofa I liked has been ～*d by* an armchair. 私の好きだった古いソファーはひじ掛けいすに替えられてしまった. ～ a worn tire 摩滅したタイヤを取り替える. We want to ～ the TV *with* a new one. 私達はテレビを新しいのと取り替えたい. a person hard to ～ かけがえのない人. [re-, place]

re·plàce·a·ble 形 元へ戻せる; 取り替えられる, 交替できる; 代わりのある.

***re·place·ment** /ripléismənt/ 名 (複 ～**s** /-ts/) **1** UC **取り替え(る[られる]こと)**, 置き換え. the ～ of leather by plastic 皮革の代わりにプラスチックを使うこと. *in* ～ *of* ..と交替させて, ..と引きかえに. **2** C 交替者, 代替物, 代わりの人[物]; 〈*for* ..の, に〉. Can I get ～*s* for broken parts? 壊れた部品の取り替えができますか. ～ staff 交替要員.

†**re·play** /rì:pléi/ 動 (～**s**|過 過分 ～**ed**|～·**ing**) 他 **1** 〖主に英〗 (同点であったため)〔試合〕を再び行う. The game ended in a draw, so they'll ～ it tomorrow. 試合は引き分けだったので明日再試合が行われる.

2 〔配役〕を再演する; 〔楽曲〕を再演奏する; 〔ビデオなど〕を再生する; もう一度見る[聞く].

―― /ˊ--/ 名 (複 ～**s**) C **1** 再試合; 再演. **2** (テープ, ビデオなどの)録音[録画]再生; (インスタント)リプレー (〖米〗 instant replay; 〖英〗 action replay とも言う). on ～ リプレーで. **3** 〖話〗 (同じ事[失策など]の)繰り返し. The offender vows there won't be a ～. 犯人は2度とこんな事は繰り返しませんと誓っている.

‡**re·plen·ish** /riplénij/ 動 他 〖章〗 を再び満たす; に補充[補給]する 〈*with* ..を〉. He ～*ed* his glass *with* beer. 彼はコップに再びビールを満たした. ～ one's stock(s) of food 食物の蓄えを補充する. [＜古期フランス語] ▷ ～·**ment** 名 U

re·plete /riplí:t/ 形 〈叙述〉 〖章〗 **1** 満たされた, 一杯で, 〈*with* ..で〉; 十分に備えた 〈*with* ..を〉. His past is ～ *with* mysteries. 彼の過去はなぞに満ちている. a liner ～ *with* every conceivable luxury 贅(ぜ)沢の限りを尽くした客船. **2** 満腹した, 飽食した, 〈*with* ..に〉. We retired to our rooms ～ *with* food. 私たちは満腹で部屋に戻った. [＜ラテン語「再び満たす (*plēre*)」]

re·plé·tion 名 U 〖章〗 **1** 充満. **2** 飽食, 満腹.

‡**rep·li·ca** /réplikə/ 名 C **1** (原作者又はその指導による原作品の)写し; (絵画, 彫刻などの)模写, 複写, 複製, レプリカ. a miniature ～ of Rodin's statue ロダンの彫像の超小型複製. **2** 生き写し. Tom is a ～ of his father. トムは父親に生き写しだ. [イタリア語]

‡**rep·li·cate** /répləkèit/ 動 他 〖章〗 〔同一の実験など〕を繰り返す; を複製[複写]する; を再生する. ―― 自 〖生物〗 再生される. [reply と同源]

rèp·li·cá·tion 名 UC 複製(品); U 再生.

‡**re·ply** /riplái/ 動 (-**lies** /-z/|過 過分 -**lied** /-d/|～·**ing**) 自 **1 答える**, 返事をする, 回答する, 〈*to* ..に〉 (類語 answer よりも改まった語で「慎重に」の意味を含む). You should ～ *to* letters at once. 手紙にはすぐ返事を出さなくてはいけない. We'll ～ as soon as we hear from you. お手紙あり次第回答いたします.

2 応じる, 反応する, 応酬する, 〈*with* ..で/*to* ..に〉. We *replied to* the enemy's fire. 我々は敵の砲火に応戦した. My friend *replied with* a knowing wink. 友達は分かっているというふうに目くばせで答えた.

replý for .. ..に代わって答える; ..を代表して答弁する. Ed *replied for* all the graduates. エドは卒業生一同に代わって答辞を述べた.

―― 他 VO (～ X/***that*** 節/"引用") X と/..と/「..」と**答える**. I don't know what to ～. 私には何と答えてよいか分かりません. He *replied that* he did not know. 彼は知らないと答えた. "No way," she *replied*. 「だめ」と彼女は答えた.

―― 名 (複 -**lies**) UC **1 答え, 返事**, 回答; 応答. make no ～ to (..に)返答をしない. give a ～ to ..に返事をする. I have received no ～ from him yet. 私は彼からまだ何の返事ももらっていません.

> 連結 a curt [an impolite, a rude; a polite; an immediate, a prompt; a definite; a vague] ～

2 返報, 応酬. The management's ～ was to close down the factory. 経営者側の応酬は工場を閉鎖することだった. without ～ (スポーツで)相手には 1 点も取られないで.

in replý (***to*** ..) (..の)返事に[の], (..の)答えとして(の). He shook his head *in* ～. 彼は首を横に振って返事とした. This is *in* ～ *to* your letter of May 4. 〖章〗 これは 5 月 4 日付けのご書面にお答えするものです. [＜ラテン語「繰り返す＞返答する」(＜re-＋*plicāre* 'fold')]

replỳ-páid /㊀/ 形 〔はがき・電報などが〕返信料先払いの. a ～ card (料金受け取り人払いの)返信用はがき.

ré·po màn /rí:pou-/ 名 C 〖米俗〗 取り戻し屋《未払い代金が回収不能になった商品を取り戻す; ＜*repossess*》.

‡**re·port** /ripɔ́:rt/ 動 (～**s** /-ts/|過 過分 ～·**ed** /-əd/|～·**ing**) 他 【**報告する**】 **1** (**a**) VO (～ X/(X('s)) *doing*/***that*** 節/"引用"/***wh*** 節) X を/(X が)..したと/..ということを/「..」と/..かを**報告する**, **知らせる**. He ～*ed* the result directly to me. 彼は結果を直接私に知らせてくれた. *Report* me as I am. 私をありのままに報告しなさい. He ～*ed* having succeeded in the examination.＝He ～*ed that* he had succeeded in the examination. 試験に合格したと彼は報告した. (**b**) VOC (～ X (***to be***) Y) X が Y であると報告する; VOC (～ X ***to do***) X が..すると報告する 〈受け身で〉. The policeman ～*ed* the house (*to be*) empty. 警官はその家はからだったと報告した. Several employees are ～*ed to be* involved in the affair. 数人の従業員がその事件に関わっていると報告されている.

2 〔不法行為, 被害, 死亡など〕を**届け出る**; 〔人(のこと)〕を**言いつける**, 告げ口する; 〈*to* ..に/*for* ..のことで〉. ～ a theft *to* the police 警察に盗難を届け出る. ～ one's mother's death to the registrar 母親の死亡を戸籍係に届ける. I'll ～ you *to* your boss *for* your dishonesty. おまえの不正を上役に言ってやるぞ.

【**報道する**】 **3** (**a**) VO (～ X/***that*** 節) X を/..と**報道する**, **報じる**; X を/..とうわさする, 取り沙汰(ざた)する. The

R

newspapers ～⌊the discovery of a new star [*that* a new star has been discovered]. 新聞は新しい星が発見されたと報じている. **(b)** [VOA] (～ X *as* ..) Xを..と報じる, うわさする; [VOC] (～ X (*to be*) Y) X が Y であると報じる, うわさする; 〈普通, 受け身で〉. She is ～*ed as*⌊ having said [saying] that ... 彼女は..と言ったと報じ[伝え]られている. A ship is ～*ed* missing.＝It is ～*ed that* a ship is missing. 船が 1 隻行方不明であると報じられている. Four persons were ～*ed* killed. 4 人死亡したと報告された. Dr. Brown is ～*ed to be* the best eye doctor in this town. ブラウン博士はこの町で最良の眼科医だという評判だ. It is widely ～*ed that* the politician is involved in the affair. その政治家が事件に関係しているといううわさが広く伝わっている.

4 〔報道員が〕の**記事を書く**, を取材する. ～ the premier's inaugural address 総理の就任演説の記事を書く.

── [自] **1** (**a**) **報告する**; 報告書を作成[提出]する; 〈*on, upon* ..について/*to* ..に〉. The delegation ～*ed on* the educational system of the U.S. 派遣団は米国の教育制度について報告書を提出した.

(**b**) [VC] (～ X) X の状態だと届ける, 知らせる. ～ sick [absent] 病気だと[欠席を]届ける.

2 [VA] (～ ***for*** ..) ..に出勤(していることを報告)する; (～ ***to, at*** ..) (届け出などのために)..に出頭する, 出向く. I ～ *for* work [duty] at 9:00 a.m. 私は会社に朝 9 時に出勤する. ～ *to* the police for interrogation 尋問を受けるために警察に出頭する. Please ～ *to* reception on arrival. 到着したらフロントにおいで下さい.

3 [VA] (～ ***to*** ..) ..に(報告する)責任を持つ, ..の指揮を受ける. The head of this department ～*s* directly *to* the President. この局の長は大統領に直属する.

4 〔報道員が〕**報道する**; 取材する; 〈*on, upon* ..を〉. Peter has been sent to Iraq to ～ *on* the disturbances there. ピーターはイラクの紛争取材のために現地へ派遣された.

5 記者[通信員]である 〈*for* ..の〉. ～ *for* the New York Times ニューヨークタイムズ紙の記者である.

repòrt báck (1) 帰って(調査結果を)報告する 〈*to* ..に〉. He ～*ed back to* the committee about the accident. 彼は事故について調査してきて委員会に報告した. (2) 戻って出勤(していることを報告)する 〈*from* ..から〉.

repòrt /../ báck ..を帰って報告する 〈*to* ..に〉〈*that* 節 ..ということ〉.

repòrt* (*on*) *prógress 経過報告をする.

repòrt /../ óut 〔委員会などが〕..の検討結果を報告する.

── [名] ([複] **～s** /-ts/) **【報告】** **1** [C] **報告(書)**, レポート 〈*of, on* ..についての〉. a financial ～ 財政報告. do [write] a ～ *on* a new medicine 新しい薬についての報告書を書く. the company's annual ～ 企業の年次報告(書). make a full ～ *of* the disaster 災害について詳細な報告をする. law ～*s* 判例集.

> [連結] a detailed [an accurate, a correct, a true, a well-founded; a false, an incorrect; a biased; an objective; a verbal; a written] ～ // draw up [give, present, send in, submit] a ～

2 [C] 《英》成績通知; 通信簿 (《米》report card). I had a bad ～ last term. 僕は先学期成績が悪かった.

3 [C] (新聞, 放送の)**報道**, 記事. a newspaper ～ (新聞の)報道記事. according to a new ～ 新しい報道によると. →weather report.

【伝わる報告】 **4** [UC] 《章》うわさ; 評判. common ～ 世間の評判. According to ～*s*, the couple will marry next spring. うわさによると両人は来春結婚するそうだ. a man of good [evil] ～ 評判のいい[悪い]人.

【伝わる音】 **5** [C] 《章》爆発音, 銃[砲]声. the sharp ～ of a gun 激しい銃声. a loud ～ 大きな爆発音.

on repórt 《軍》懲罰を受ける羽目になって, 処分を待って.

The repòrt góes* [*Repòrt hás it*] *that ... ..だ⌉「といううわさである.

[＜ラテン語「持ち帰る」(＜re-＋*portāre* 'carry')]

re·pórt·a·ble [形] 報告[報道]できる; 報告[報道]価値のある.

re·port·age /ripɔ́ːrtidʒ|rèpɔːtɑ́ːʒ/ [名] [U] **1** 現地報告. **2** ルポルタージュ, 記録文学[写真, 映画], 《直接の見聞の報告》. **3** 記録文学特有の文体. [フランス語]

repórt càrd [名] [C] 《米》成績通知表, 通信簿, (《英》school report).

‡**re·pórt·ed·ly** /-ədli/ [副] 〈文修飾〉《主に新聞》うわさによれば; 報告[報道]によれば. Five of the crew are ～ missing. 乗組員中 5 名が行方不明と報じられている.

repòrted spéech [名] [U] 《文法》間接話法 (indirect narration).→narration [文法].

*__re·port·er__ /ripɔ́ːrtər/ [名] ([複] **～s** /-z/) [C] **1** 報告者; 申告者. **2 報道記者**, 報道員, 通信員. a ～ from [for] *the Times* タイムズ紙の記者. a TV ～ テレビ放送記者. **3** (裁判所などの)記録係; 書記官.

re·port·ing /ripɔ́ːrtiŋ/ [名] [U] 報道.

re·por·to·ri·al /rèpərtɔ́ːriəl [移]/ [形] 《米》報道記者の[に関する].

repórt stàge [名] [C] 《英》(第三読会前の)報告審議.

‡**re·pose**[1] /ripóuz/ [動] [他] 《章》[VOA] を〔..に〕休ませる; を〔..に〕横たえる, 置く, (rest). The child ～*d* his head *on* his mother's lap. 子供は母親のひざの上に頭を横たえた.

── [自] 《章》 **1** 休む, 休息する, (rest); [VA] 眠る, 《婉曲》地下に眠る. ～ *in* sound sleep ぐっすり眠っている. His remains ～ *at* the Arlington Cemetery. 彼のなきがらはアーリントン墓地に眠っている.

2 [VA] 横たわる; 置かれている 〈*in, on* ..に〉. The statue ～*s on* a pedestal. 像は台座に安置されている.

3 [VA] (～ ***on, upon*** ..) 〔証拠, 議論が〕..に基礎に置く; ..を根拠にする, 頼りにする.

── [名] [U] 《章》 **1** 休息 (rest); 睡眠, 安眠; 冥福.

2 平静さ; 安らぎ. a scene of rural ～ 静かな田園風景. The person lacks ～. その人は落ち着きに欠ける.

in repóse 〔表情, 顔つきが〕落ち着いて; 〔死者が〕埋葬を待って. a face *in* ～ 穏やかな顔.

[＜後期ラテン語 (＜re-＋*pausāre*「休止する」)]

re·pose[2] [動] [他] [VOA] (～ X ***in*** ..) X (信用など)を..に置く. ～ one's trust [confidence] *in* a person 人を信用[信頼]する. ～ one's hope *in* ..に望みをかける. [＜ラテン語 (＜re-＋*pōnere*「置く」)]

re·pose·ful /ripóuzf(ə)l/ [形] 安らいだ, 穏やかな.
▷ **～·ly** [副] **～·ness** [名] [U]

re·pos·i·tor·y /ripɑ́zətɔ̀ːri|-pɔ́zət(ə)ri/ [名] ([複] **-ries**) [C] 《章》 **1** 容器; 貯蔵所, 収納所, 倉庫 〈*for* ..の〉; 地下納骨所. a ～ of water 貯水池. a furniture ～ 家具倉庫. **2** '宝庫' 〈*of* ..の〉. The old man is a ～ *of* local folk tales. その老人の頭にはその地方の民話がいっぱい詰まっている. **3** (何でも)打ち明けて話せる相手 〈*of* ..を〉. [repose[2], -ory]

‡**re·pos·sess** /rìːpəzés/ [動] [他] **1** を再び手に入れる. **2** 〔代金未払いの商品など〕を取り戻す, 回収する.

rè·pos·sés·sion [名] [UC] 再び手に入れること; 所有権回復; 回収品.

re·pot /riːpɑ́t|-pɔ́t/ [動] [他] 〔植物〕を(普通, 大きい鉢⌉⌊に)植え替える.

repp /rep/ [名] ＝rep[1].

rep·re·hend /rèprihénd/ [動] 《章》 [他] をしかる (scold), 非難する (blame).

rep·re·hen·si·ble /rèprihénsəb(ə)l [移]/ [形] 《章》非難すべき, ふらちな. ▷**-bly** [副]

‡**rep·re·sent** /rèprizént/ 動 (〜s /-ts/|過 過分 〜·**ed** /-əd/|〜·**ing**) 他 【表現する】 **1** 〔文字, 記号, 絵画などが〕を**表す**, 表現する; を表示する; VOC (〜 X *doing*) X が..しているのを描く; VOA (〜 X *as* Y) X を Y であると表現する, 描写する. What does this red line on the map 〜? 地図の上のこの赤い線は何を表しているのか. The painter 〜*ed* a woman (*as*) bath*ing* in the river. 画家は女性が川で水浴しているところを描いた. 〜 sounds by phonetic symbols 音声を発音記号で表記する.
2 (**a**) 〖章〗 VO (〜 X/*that* 節) X を/..と述べる, 主張する; X を/..と(抗議などして)申し立てる; 〈*to* ..に〉. I 〜*ed to* him the position I was in. 私は彼に私の置かれている立場を訴えた. The expert 〜*ed to* us *that* the plan would not work. 専門家は私たちにその計画はうまくいかないと指摘した.
(**b**) VOC (〜 X *to be* Y)・VOA (〜 X *as* Y) X が Y であると述べる; X が Y であると(事実に反して)主張する. She 〜*ed* the idea *as* [*to be*] impractical. 彼女はその考えは実用的でないと述べた. 〜 oneself *as* [*to* be].. →成句.
3 (**a**) を**象徴する** (symbolize); と等価である. A white dove with an olive branch 〜*s* peace. オリーブの枝をくわえた白いハトは平和の象徴である. *X* 〜*s* 3 in (the equation) $2X+5=11$. (等式) $2X+5=11$ では *X* は 3 である. (**b**) という意味を持つ; に等しい. To her, marriage, home and children 〜 happiness. 彼女にとっては結婚と家庭と子供が幸福を意味する. 〜 an improvement on [a change in] ..を改良した[変える]ものである.
4 【結果を表す】 の成果である; に相当する. This new medicine 〜*s* years of research. この新薬は何年にもわたる研究の成果である.
【代わって表す】 **5** を**代表する**; ..選出の代議士[議員]である; 〈普通, 受け身で〉 〔国などの〕代表を送る; を代行する; を代弁する. He 〜*s* our firm. 彼がうちの会社の代表です. Thirty countries were 〜*ed* at the conference. 会議には 30 か国が代表を送っていた. I hired an attorney to 〜 me. 私の代理に弁護士を依頼した.
6 の好例である; の見本[典型]である. 〜 the youth of America アメリカの青年の典型である.
7 〖章〗 の役を演ずる, に扮(ふん)する. 〜 Romeo in the play その劇でロミオに扮する. ◇名 representation
be wèll [*stròngly*] *represénted* (1)〔会議などに〕多数出席[出場]している. (2)〔作品などが〕選集に多く入っている.
represént onesèlf as [*to be*].. 〖章〗 自分は..であると(偽)称する. 〜 one*self as* an expert 自分では達人と称している.
[<ラテン語「描き出す, 示す」(< re-+*praesentāre* 'present³')] 「差し出す.
re-pre·sent /rì:prizént/ 動 他 〔請求書など〕を再び↑
*__rep·re·sen·ta·tion__ /rèprizentéiʃ(ə)n/ 名 (複 〜s /-z/) 【表現】 **1** U **表現**(する[される]こと), 描写; 表示.
2 C 〖章〗 **表現**(した[された]もの); 肖像(画), 絵画, 彫刻. a musical 〜 of a famous contemporary poem 有名な現代詩を音楽に表現したもの.
3 C 〖章〗 **説明**, 陳述; 主張, 断言; 〈しばしば 〜s〉 申し立て; 陳情; 抗議, 〈*to* ..への/*about* ..についての〉. on a false 〜 虚偽の陳述に基づいて. The demonstrators made strong 〜*s to* the government *about* the tax increase. デモ隊は増税について政府に強い抗議を行った.
【代わって表すこと】 **4** U **代表**(する[される]こと), 代理; 代表権; C 代表団, 〈集合的〉 代表者. No taxation without 〜. 代表権なければ納税義務なし《米国独立戦争のスローガン》. regional [proportional] 〜 地域[比例]代表制. **5** U 上演, 演出; 扮(ふん)装.
rep·re·sen·ta·tion·al /rèprizentéiʃ(ə)nəl ◎/ 形 〔絵画などが〕描写的な, 具象(主義)的な, (↔abstract).

‡**rep·re·sent·a·tive** /rèprizéntətiv ◎/ 形 m **1 代表的な**, 典型的な. a 〜 American 典型的アメリカ人. a 〜 sample of ..の典型的な例. **2 代表する** 〈*of* ..を〉. a building 〜 *of* Victorian architecture ヴィクトリア朝建築を代表する建物. an organ 〜 *of* popular will 民意を代表する機関. be 〜 *of* ..を代表する.
3 代表者の; 代表者から成る; 〈限定〉 代議制の. a 〜 body 代表団. be sent in a 〜 capacity 代表の資格で派遣される. a 〜 democracy 議会制民主主義.
4 表現する, 表す, 〈*of* ..を〉; 描写的な. a picture 〜 *of* cherry blossoms in full bloom 満開の桜を描いた絵.
── 名 (複 〜s /-z/) C **1 代表者**, 代理人, (→delegate). a 〜 of the U.S. in the UN 国際連合におけるアメリカ合衆国代表. Henry is our 〜 on the student council. ヘンリーは学生自治会における我々の代表である. the 〜*s* of all walks of life あらゆる職業を代表する人々. **2 国会議員** (〖米〗では大文字で下院議員を言い, Rep と略す; 日本では衆議院議員; ↔senator). a 〜 from Tokyo 東京選出の代議士.
3 代表的な人[**もの**], 典型; 見本, 標本; 〈*of* ..の〉. a 〜 *of* the younger generation 若い世代の典型.
4 セールスマン, 外交販売員, (〖話〗 rep).
▷ 〜·**ly** 副 〜·**ness** 名 U
represènted spéech 名 U 〖文法〗 描出話法 《描写を生き生きとさせるための直接話法と間接話法の中間の形; →narration》.
†**re·press** /riprés/ 動 他 **1** 〔欲求など〕を抑制する, 抑圧する, 抑える. I couldn't 〜 a smile. 思わず微笑がこぼれた. 〜 a cough [sneeze] 咳(せき)[くしゃみ]を抑える. **2** を制御する; を鎮圧する. 〜 a revolt 反乱を鎮圧する. [<ラテン語「押し戻す」(<re-+*premere* 'press¹')]
re·préssed /-t/ 形 〔欲望, 感情が〕抑圧された; 〔人が〕欲求不満の. a very 〜 young woman ひどく欲求不満の若い女性.
†**re·pres·sion** /ripréʃ(ə)n/ 名 **1** U 抑制, 制御, 抑圧; 〖心〗 抑圧; C 抑圧感情[本能]. the 〜 of one's emotions 感情の抑圧. sexual 〜 性的抑圧. **2** U 鎮圧, 弾圧. the 〜 of the masses 大衆の弾圧.
‡**re·pres·sive** /riprésiv/ 形 〔法律, 統制などが〕抑圧的な, 弾圧的な. 〜 measures 抑圧的な手段.
▷ 〜·**ness** 名
‡**re·prieve** /riprí:v/ 動 他 **1** 〖法〗 〔特に死刑囚〕の刑の執行を猶予する. **2** を一時的に救う 〈*from* ..から〉. The medicine 〜*d* him from pain for a while. その薬で彼は一時的に痛みが取れた.
── 名 C **1** 〖法〗 (特に死刑の)執行延期(令状). **2** (苦しみなどの)一時的な軽減[救い], 小康.
†**rep·ri·mand** /réprəmænd|-mɑ̀:nd/ 名 UC 譴責(けんせき), 懲戒; 非難, 叱責(しっせき). He received a severe 〜. 彼は厳しく叱責された.
── /⌐‐⌐, ⌐‐⌐/ 動 他 を譴責する, 懲戒する; を厳しくしかる; (類語 公務員などの過失を戒めるというような正式な職務上の処分を言う; →blame). He has been 〜*ed* for his laziness more than once. 彼はこれまで怠惰のかどで何度もしかられている. [repress と同源]
†**re·print** /rí:prìnt/ 名 C **1** (内容はそのままの)再版, 重版, 増刷, (→edition); 復刻(版), 翻刻(版), リプリント. **2** 抜き刷り (offprint).
── /⌐‐⌐/ 動 他 を増刷する, 再版する; を翻刻する.
── 自 〔本が〕増刷される, 再版される; 翻刻される.
‡**re·pris·al** /ripráiz(ə)l/ 名 U 仕返し, 報復; C 報復行為; 〈しばしば 〜s〉 (特に国家間の政治的, 軍事的な)報復行為; 〈普通 〜s〉 損害賠償として払われる物, 賠償金. in 〜 (for ..) (..の)報復に[として]. diplomatic [economic] 〜*s* 外交的[経済的]報復. carry out [take] 〜*s* 報復する, 報復行為に出る.
re·prise /riprí:z/ 名 C 〖楽〗 反復, 繰返し; 再現部.

*re·proach /ripróutʃ/ 動 (～·es /-əz/|過 過分 ～ed /-t/|～·ing) 他 〔人〕をしかる, とがめる, 非難する, 〈*for, with* ..の理由で〉; 〔目つきなどが〕に対して非難の色を表す; (類語 怠慢や卑劣を責めることで, 悲しみや落胆の感情を伴う; →blame). We have nothing to ～ ourselves *with* [*for*]. 我々には何も気がとがめるようなことはない. His boss ～*ed* him *for* being negligent. 上司は彼を怠慢だとしかった.

── 名 (複 ～·es /-əz/) **1** U **叱責**(しっせき), とがめ, 非難; C 非難の言葉, 小言; 非難の種, しかられる原因. a look [word] of ～ とがめる目つき[言葉]. She heaped ～*es* on him for his meanness. 彼女は彼の卑劣さにさんざん非難を浴びせた. **2** (**a**) U 〖章〗恥辱, 名折れ; 恥になるもの. His misconduct brought ～ on the whole school. 彼の非行は学校全体の不名誉になった. (**b**) C 名折れ, 恥, 〈*to* ..の〉. a ～ to one's family 一門の名折れ.

beyond [***above***] ***repróach*** 非の打ちどころなく[のない]; 申し分なく[のない]. behavior *beyond* ～ 非の打ちどころのない行為.

[＜古期フランス語; 原義は「近くへ持ち帰る」]

re·próach·ful /-f(ə)l/ 形 しかる, 非難する; とがめるような. a ～ look 非難のまなざし. ▷**～·ly** 副 非難して; とがめるように. **～·ness** 名 U

re·próach·ing·ly 副 非難して; とがめるように.

rep·ro·bate /réprəbèit/ 動 他 〖章〗**1** を強くとがめる, 非難する. **2** 〔神が〕を見捨てる. ── 形 〖戯〗神に見捨てられた, 堕落した, 無頼の. ── 名 C 〖戯〗無頼漢《特に, 飲んべえ・ギャンブル好き》.

[＜後期ラテン語 ('reprove' の過去分詞)]

rèp·ro·bá·tion 名 U 〖章〗**1** 非難, 叱責(しっせき); 排斥. **2** 神に見捨てられること.

re·proc·ess /ri:práses|-próu-/ 動 他 (再使用のために)を加工する; 再加工する; 〔核燃料〕を再処理する.

*re·pro·duce /rì:prəd(j)ú:s|-djú:s/ 動 (-duc·es /-əz/|過 過分 ～d /-t/|-duc·ing) 他 **1** 〔音声, 映像など〕を**再生する**, 再現する. ～ a person's voice with exactitude 人の声をそっくり再生する. The scene was vividly ～*d* on the film. その場面は生き生きとフィルムに再現されていた.

2 を**複製**[**複写**]する, 模造する, 翻刻する; を再版する; を再演する; を転載する. ～ a play 劇を再演する. This article was ～*d* from a certain magazine. この記事はある雑誌から転載されたものである.

3 〔動植物が, 子孫〕を繁殖させる, 生む; 〔動植物が, 失われた部分〕を再生させる. ～ offspring 種族を繁殖させる. ～ themselves 繁殖する.

── 自 **1** 〔動植物が〕**繁殖する**; 子供を生む. Rabbits ～ rapidly. ウサギは繁殖がはやい. **2** VA 〈A は様態の副詞〉複製[複写]できる. ～ *well* [*badly*] よく[ひどく]再現[複製]される. ◇名 reproduction [re-, produce]

rè·pro·dúc·er 名 C **1** 繁殖する生物. **2** 複写機; (録音・録画などの)再生装置.

rè·pro·dúc·i·ble /⊛/ 形 複製[複写]できる; 再生[再現]できる; 繁殖させられる.

*re·pro·duc·tion /rì:prədʌ́kʃ(ə)n/ 名 (複 ～s /-z/) **1** U **複製**[**複写**](する[される]こと), 模造; 翻刻; 転載; C 複製したもの, 複写, 模造品. Is this picture an original or a ～? この絵は原画ですか, それとも複製ですか. *Reproduction* prohibited. 不許複製《表示》. **2** U 再生, 再現; 再演; 再刊. Compact disks give excellent sound ～. コンパクトディスクは音を見事に再生する. the ～ of a play 劇の再演. **3** U **生殖**, 繁殖. ～ *in* rabbits＝the ～ of rabbits うさぎの生殖.

4 〈形容詞的〉〔家具などが〕古い様式を模した. ～ furniture 古様式(模造)家具. ◇動 reproduce

‡re·pro·duc·tive /rì:prədʌ́ktiv ⊛/ 形 **1** 生殖の; 生殖する, 繁殖する. ～ organs 生殖器. ～ health 性と生殖に関する健康. **2** 再生の, 再現の.

re·pro·graph·ics /rìprəgrǽfiks/ 名 〈単数扱い〉複写.

re·proof /riprú:f/ 名 (複 ～s) U 〖章〗非難, 叱責(しっせき); C 小言, 非難の言葉. a look [word] of ～ 非難のまなざし[言葉]. He made the following remarks in ～ of the government. 彼は政府を非難して次のように述べた. administer sharp ～*s* to ..を厳しくしかりつける. ◇動 reprove

‡re·prove /riprú:v/ 動 他 〖章〗を叱責(しっせき)する, 非難する, とがめる, 〈*for* ..の理由で〉(類語 過失や不注意を公然と直接に叱責して改めさせようとする意図を含む; → blame). The teacher ～*d* the student gently [sharply] *for* his laziness. 先生はその生徒の怠惰をやんわりと[厳しく]しかった. ◇名 reproof [＜後期ラテン語 *reprobāre*「認めない」]

re·próv·ing 形 〈普通, 限定〉〖章〗叱責(しっせき)する, 非難するような, とがめるような. a ～ glance 非難のまなざし. ▷**～·ly** 副 非難するように.

reps /reps/ 名 ＝rep[1].

†rep·tile /réptail, -t(ə)l|-tail/ 名 C **1** 爬(は)虫類(の動物)《ヘビ, トカゲ, カメなど》. **2** 卑劣な人, 不愉快な人.

── 形 はい回る, 爬行する. [＜ラテン語 *rēpere*「はう」]

rep·til·i·an /reptíliən/ 形 **1** 爬(は)虫類の; 爬虫類に似た. **2** 〖軽蔑〗卑劣な, 不愉快な, 陰険な; 信頼できない. ── 名 ＝reptile.

Repub. Republic; Republican.

‡re·pub·lic /ripʌ́blik/ 名 (複 ～s /-s/) C **1 共和国**《普通, 公選の president (大統領)がその長》; 共和政体 (→monarchy); 〈R-〉(フランスの)共和制《the First *Republic* から the Fifth *Republic* までの1つ》. the *Republic* of Ireland＝the Irish *Republic* アイルランド共和国. **2** ..界, ..壇. the ～ of letters 文学界, 文壇. [＜ラテン語 *rēs publica* 'public thing']

*re·pub·li·can /ripʌ́blikən/ 形 **1 共和国の**; 共和政体の; 共和主義の. **2** 〖米〗〈R-〉共和党の (→Democratic); 〖英〗(アイルランドの)共和(国)派の《北アイルランドのアイルランド共和国への併合を主張する》.

── 名 C **1** 共和主義者. **2** 〖米〗〈R-〉共和党員 (→Democrat); (アイルランドの)共和国派.

re·púb·li·can·ìsm 名 U 共和制, 共和主義; 〖米〗〈R-〉(米国)共和党の主義[政策]; 共和党(員).

Repùblican Párty 名 〈the ～〉〖米〗共和党《象(elephant) を象徴とする; →the Democratic Party, GOP》.

‡re·pu·di·ate /ripjú:dièit/ 動 他 〖章〗**1** を拒否[拒絶]する; を否認する, 不当だと言う; 〔契約など〕の履行を拒む, 〔借金など〕の支払いを拒む. He ～*d* the rumor. 彼はそのうわさを否認した. The accused ～*d* his earlier confessions and pleaded not guilty. 被告は以前の自白を否認して無罪を申し立てた. **2** 〖旧〗〔友人, 恋人など〕と縁を切る; 〔妻〕を離縁する; 〔わが子〕を勘当する. ～ an old friend 古い友達と絶交する. [＜ラテン語「(妻を)離縁する, 退ける」]

re·pù·di·á·tion 名 U 〖章〗拒否, 否認; 勘当, 離縁; 支払い拒否.

re·pug·nance /ripʌ́gnəns/ 名 aU 〖章〗**1** (強い)嫌悪, 反感, 〈*to, against* ..に対する〉. His dirtiness filled her with ～. 彼の不潔さに彼女は嫌悪感でいっぱいになった. He has a ～ *to* telling lies. 彼は嘘(うそ)をつくことが大嫌いだ. **2** (思考, 陳述などの)矛盾, 不一致, 〈*between* ..の間の/*to, with* ..との〉.

re·pug·nant /ripʌ́gnənt/ 形 〖章〗**1** 嫌悪を催させる, むかつくよう(に不快)な, 〈*to* ..にとって〉. The mere thought of it was ～ *to* me. その事を考えただけでも私はむかついてきた. the ～ stink of garbage 生ごみの嫌なにおい. **2** 矛盾した, 一致しない. [＜ラテン語「反抗する」

(＜re-＋*pūgnāre* 'fight')]

‡re·pulse /ripʌ́ls/ 動 他 〘章〙 **1** を撃退する, 追い返す. ～ an attack 攻撃を撃退する. **2** 〔善意の人, 友情, 援助など〕を拒絶する, はねつける. He flatly ～*d* my offer to help him. 彼は私の助力の申し出をすげなく断った. **3** に嫌悪感を与える, 反発させる, 〈普通, 受け身で〉. be ～*d* by one's own weakness 自分の弱さに嫌悪感をいだく.
── 名 UC 撃退(する[される]こと); 拒絶, 拒否. meet with (a) ～ 撃退[拒絶]される. [repel と同源]

re·pul·sion /ripʌ́lʃ(ə)n/ 名 **1** U 撃退; 拒絶. **2** U 〘物理〙 斥力, 反発作用, (↔attraction). **3** aU 嫌悪, 反感, 〈*for* ..に対する〉. She feels (a strong) ～ *for* snakes. 彼女は蛇が(大)嫌いだ.

***re·pul·sive** /ripʌ́lsiv/ 形 m **1** 不快きわまる, 嫌悪を催させる. The idea of marrying him was ～ to her. 彼との結婚を考えただけでも彼女はぞっとした.
2 〘物理〙 反発する. ～ forces はね返す力, 斥力.
▷ **～·ly** 副 **～·ness** 名

‡rep·u·ta·ble /répjətəb(ə)l/ 形 **1** 評判のいい, 令名のある, 立派な, (respectable; ↔disreputable). a ～ scholar 立派な学者. **2** ちゃんとした, 標準的な, 〔語法など〕. The foreigner had a good command of ～ Japanese. その外国人はちゃんとした日本語を巧みに操った. ▷ **-bly** 副

‡rep·u·ta·tion /rèpjətéiʃ(ə)n/ 名 (複 **～s** /-z/) UC **1** 評判, 世評. That youth has a good [bad] ～. あの若者は評判がいい[悪い]. a playboy of evil ～ 悪評高い遊び人. a publishing house with an excellent ～ 非常に評判の良い出版社. by ～ 評判によると.
2 名声, 声価, 令名; 好評, 信望. a man of ～ 名望家. live up to one's [its] ～ 評判倒れにならないようにふるまう[〔物事が〕評判通りである]. His maiden work established his ～ as a poet. 彼は処女作で詩人としての名声を確立した. make a ～ (for oneself) 名をなす. blacken a person's ～ 人の名声を傷つける. be held in ～ 尊敬されている[好評を博している].

連結 win [acquire, gain, get; build up; enjoy] (a) ～; compromise [damage, ruin, tarnish] one's ～

hàve a reputátion for* [*as*] *..*＝*hàve the reputátion of .. ..との評判だ, ..で有名である. She *has a* ～ *for* beauty [*for* being a beauty]. 彼女は美人の誉れが高い. John *has the* ～ *of* being a straight A student. ジョンは全優の学生だという評判である.

‡re·pute /ripjúːt/ 名 U 〘章〙 **1** 評判, 世評, (reputation). know a person by ～ 評判で人を知る. The restaurant is in bad ～ for its poor service. そのレストランはサービスが悪いので評判がよくない. of good [high] ～ 評判の良い[高い]. of bad [evil] ～ 評判の悪い. →house of ill repute.
2 名声, 令名, 好評, 信望, (↔disrepute). be held in (high) ～ 名声を博している[尊敬されている]. a novel [doctor] of ～ 評判の高い小説[医師].
── 動 他 のうわさをする, を評する; VOC (～ X (*to be*) Y)・VOA (～X *as* Y) X を Y と評判する, 考える, 〈普通, 受け身で〉 (→reputed 1). be well [ill] ～*d* 評判がよい[悪い]. Fred is ～*d as* honest. フレッドは正直で通っている. He is ～*d* the world's richest man. 彼は世界一の金持ちと言われている.
[＜ラテン語「熟考する」(＜re-＋*putāre* 'think')]

‡re·pút·ed /-əd/ 形 **1** 〈叙述〉 (実際はわからないが)(..)と言われている, (..)という評判である 〈*to* do ..する〉. He is ～ *to be* honest. 彼は正直で通っている (→repute 動). She is ～ *to be* earning over a million dollars a year. 彼女は年に百万ドル以上稼いでいるとの評判だ.
2 〈限定〉 ..と称せられる, ..という評判のある. the ～ author of the book その本の著者だといわれている人 (＝the person who is ～ to be the author of the book). a ～ pint 〘英〙 公称 1 パイント(入りの瓶).

re·pút·ed·ly 副 〈文修飾〉 評判では, 世評によれば. *Reputedly*, she comes of a respectable family. 世間の評判では彼女は良家の出である.

‡re·quest /rikwést/ 名 (複 **～s** /-ts/) **1** (**a**) U **願い**, 頼み; 要求, 請求; C 願い[頼み]事 〈*to* do ..したいという/*that* 節 ..という〉; 要求[請求]物; 依頼文, 請願書. I have a ～ to make of you. お願いがあるのですが. file a ～ with the authorities 当局に要望を申し入れる. upon the ～ of the driver 運転士に要求された場合. He granted my ～ *that* he (should) come with me. 一緒に来て欲しいという私の願いを彼は聞いてくれた. They turned down his ～ for an interview. 彼らは彼の会見の申し出をはねつけた.

連結 an urgent [a desperate; a modest; an unreasonable] ～ // submit [accede to, accept, comply with; deny, refuse, spurn] a ～

(**b**) C リクエスト(曲). play ～*s* リクエスト曲を演奏する.
2 U 要求されること, 需要. come into ～ 需要が生ずる. The TV star is in great ～. そのテレビタレントは大変な売れっ子だ.

at a pèrson's requést*＝*at the requést of a pèrson 人の願い[求め]に応じて. The police came *at the* ～ *of* the management. 経営者側の要請で警官が来た.

by requést 求めに応じて; 要請により. Name withheld *by* ～. 希望により匿名にしました《名前を伏せた場合の説明》.

màke a requést for .. ..をお願いする, 懇請する. I'd like to *make a* ～ *for* your help. ご援助をお願いしたいのですが.

on* [*upon*] *requést 請求次第. A catalog will be mailed *on* ～. ご請求あり次第カタログを郵送致します.

── 動 (**～s** /-ts/|過 過分 **～·ed** /-əd/|**～·ing**) 他 〘章〙 VO (～ X/*that* 節) X を/..**するように頼む**, 懇請する; X を/..するように要求する, 申し込む; 〈*from, of* ..に〉; VOO (～ X *to do*) X に..して欲しいと頼む; (類語 ask よりも改まった依頼をする時に用い, しばしば依頼者に権限がある). I ～*ed* help *from* [*of*] him.＝I ～*ed* him *to* help me.＝I ～*ed* (*of* him) *that* he (should) help me. 私は彼に力を貸してくれるように頼んだ. Passengers are ～*ed* not *to* smoke on this bus. このバスではたばこを吸わないよう乗客の皆様にお願いいたします. I ～ your attention. 皆さん, ご注目[お聞き]ください. Contributions ～*ed*. ご寄付お願いします《慈善募金箱などの張り紙》.

as requésted 請(こ)われるままに, 要請通り. He attended the meeting *as* ～*ed*. 彼は請われるままにその会合に出席した.
[＜古期フランス語; require と同源]

requést stòp 名 C 〘英〙(バスなどの)随時停留所《乗客又は乗車しようとする人の指示で止まる》(〘米〙 flag stop).

‡req·ui·em /rékwiəm, réi-, riː-|rékwiəm, -em/ 名 C **1** 〘カトリック〙〈又は R-〉 死者のためのミサ (**rèquiem máss**); 鎮魂曲, レクイエム. **2** 弔いの歌, 挽(ばん)歌; 哀歌. [ラテン語「休息(を)」; ミサの冒頭の語]

‡re·quire /rikwáiər/ 動 (**～s** /-z/|過 過分 **～d** /-d/|**-quir·ing** /-riŋ/) 他 **1** (**a**) VO (～ X/*that* 節) X を/..**ということを必要とする**, 要する; VO (～ *doing*/*to do*) ..することが必要である (need). We might ～ your help some day. いつかあなたの力を必要とする日が来るかもしれません. I do not ～ *to* be reminded of my faults a thousand times. 自分の欠点はそんなにしつこく言われな

R

くても分かっています (★不定詞は普通, 受け身で). Your house ～s repairing [repair]. あなたの家は修理が必要です. The situation ～s that I (should) attend the meeting. 状況からいって私がその会合に出席する必要がある. (**b**) VOC (～ X *to do*) Xが..するのを必要とする. The machine ～s an expert to operate it. その機械は熟練者による操作が必要だ.

2 〖章〗 VOA (～ X *of, from*..) ..にXを要求する, 命ずる, 命令する; VO (～ *that* 節) ..することを命ずる; VOO (～ X *to do*) Xに..することを命ずる; 〈しばしば受け身で〉. Do all that is ～*d of* you. 要求されていることは全部しなさい. The chairman ～*d* us *to* be silent.＝The chairman ～*d that* we (should) be silent. 議長は私たちに黙るように命じた. We are ～*d* by law *to* pay taxes. 納税は法律で義務づけられている.

3 〖章〗を望む, 欲する. Is there anything else you ～, madam? 奥様[お嬢様]他にお望みのものはございませんか.
[＜ラテン語「尋ね求める」(＜re-＋*quaerere* 'seek')]

re·quíred 形 必要とされる; 〔科目などが〕必修の (compulsory; ↔optional, 〖主に米〗 elective). ～ subjects 必修科目. ～ reading 必読書.

***re·quire·ment** /rikwáiərmənt/ 名 (複 ～s /-ts/) C **1** 必要なもの[品], 必需品, 需要. I have no ～s beyond food and water. 食べ物と水以外は何も必要ではありません. Their immediate ～ is financial aid. 彼らが今すぐ必要としているのは財政的援助だ. a daily ～ 1日に必要な量.

2 必要条件, 資格, 〈*for* ..の〉. fulfill [satisfy] the ～*s for* college entrance 大学入学の資格を満たす. A Master's degree is an absolute ～ *for* the job. その仕事に就くには修士号が絶対必要条件である.

連結 a basic [an essential; the minimum; a strict; a legal] ～ ∥ meet [satisfy; impose; abolish] a ～

†**req·ui·site** /rékwəzət/ 形 〖章〗 必要な, 不可欠の, 〈*for, to* ..に〉 (類語 条件として必要であるという意味; →necessary). Have all the ～ steps been taken? 必要な処置をすべて講じましたか. Money is not necessarily ～ *to* happiness. 幸福に金は必ずしも不可欠ではない. ── 名 C 〈普通 ～s〉 必需品, 必要なもの; (特に, 売場で)..用品; 必要条件 〈*for* ..の〉. the ～*s for* health 健康の必要条件. traveling ～*s* 旅行用品.

R

req·ui·si·tion /rèkwəzíʃ(ə)n/ 名 UC (文書などによる)要求, 請求; 調達, 徴用, 徴発; C 請求書, 命令書; 〈*for* ..の〉. The troops made a ～ on the village *for* provisions. 軍隊は村から食料を徴発した. Have you got a ～ *for* these arms? この武器の引き渡しに関する命令書を持っていますか. a ～ order 徴発令.
in* [*under*] *requisítion 要求[需要]があって; 徴発されて.
── 動 他 を強制使用する; を徴発[徴用]する 〈*for* ..のために/*as* ..として〉, から徴発する 〈*for* ..を〉. ～ houses 家屋を徴用する. ～ a village *for* horses 村から馬を徴発する.

re·qui·tal /rikwáitl/ 名 U 〖章〗 報酬, 返礼, (repayment); 仕返し, 報復. in ～ for [of] ..の謝礼[仕返し]として.

re·quite /rikwáit/ 動 他 〖章〗 **1** 〔人, 行為など〕に報いる, 謝礼をする, 返礼する, 〈*with* ..で〉. Her first love was not ～*d* after all. 彼女の初恋は結局片思いに終わってしまった. ～ (a) kindness *with* ingratitude 恩をあだで返す. **2** に報復する, 復讐(しゅう)する, (avenge).
[re-, 〖廃〗 *quite* 'quit']

re·ran /rì:rǽn/ 動 rerun の過去形.

rer·e·dos /rérədɑ̀s, ríər-|ríədɔs/ 名 C (教会堂の祭壇背後の)装飾壁[ついたて].

re·route /rì:rú:t/ 動 他 を別ルートで運ぶ[送る].

‡**re·run** /rì:rʌ́n/ 動 (→run) 他 **1** 〔映画, テレビ〕を再上映[放送]する. **2** 〔競走〕をやり直す.
── /⌐⌐/ 名 UC 再上映[放送]; C 再上映の映画, 再放送番組; (事故などの)再発, '再演'.

re·sale /rí:sèil/ 名 UC 再販売, 転売, 小売り; 中古品販売.

rèsale price máintenance 名 U 〖英〗 再販売価格維持.

résale shòp 名 C 〖米〗 (慈善目的の)中古品店.

‡**re·sched·ule** /rì:skédʒu(:)l|-ʃédju:l/ 動 他 を延期する; 〔借金〕の返済を延期する.

‡**re·scind** /risínd/ 動 他 〖章〗 〔法律など〕を廃止する, 無効にする, 取り消す.

re·script /rí:skript/ 名 C **1** 〖カトリック〗 答書 《質問, 請願に対して教皇が出す》. **2** 勅語, 詔勅.

‡**res·cue** /réskju:/ 動 (～s /-z/|過 過分 ～d /-d/|-cu·ing) 他 を**救う**, 救助する, 〈*from* ..から〉 (類語 救出行為そのものに重点がある; →deliver, redeem, salvage, save[1]). The child was ～*d from* drowning. おぼれかかった子供は救われた. ～ a tomb *from* oblivion 墓がなおざりにされないようにする.
── 名 (複 ～s /-z/) UC **救う[われる]こと, 救助**, 救出, 救済, 救援 〈*from* ..から(の)〉; C 救出事件. We never lost hope of ～. 我々は救出される望みを捨てなかった. make a ～ 救出[救助]する. a ～ party 救助隊.
còme* [*gò*] *to the réscue of a pèrson*＝*còme* [*gò*] *to a pèrson's réscue 人を救助しに来る[行く]. No one *came to* my ～. だれも私を助けに来なかった.
[＜古期フランス語(＜ラテン語 re-＋*excutere*「振り落とす」)]

res·cu·er /réskjuər/ 名 C 救助者, 救出者; 救済者, 救援者.

‡**re·search** /risə́:rtʃ, rí:sə:rtʃ|risə́:tʃ/ 名 (複 ～es /-əz/) U (学術的)**研究(活動)**, 調査, 探究; C 〈普通 ～es〉 (個々の)**研究**, 調査; 〈*into, on* ..の〉. Many important pieces of ～ have been done *on* cancer. 癌(がん)に関する多くの重要な研究が行われてきた. He carried out ～*es* [(a) ～] *into* the causes of the accident. 彼はその事故原因の調査を行った. a ～ worker [student] 研究員[生].

連結 academic [experimental; intensive, laborious, painstaking; original] ～ ∥ do [conduct, pursue] ～

── /risə́:rtʃ/ 動 自 研究する, 調査する, 〈*in, into, on* ..を〉. I've been ～*ing into* Ainu folklore. 私はアイヌの民間伝承を研究してきた.
── 他 **1** を研究する, 調査する, (類語 学問的に組織的調査を行うこと; →examine). **2** 〔本, 論文など〕のために調査[研究]活動をする. a well ～*ed* biography 調査の行き届いた伝記.
[＜古期フランス語「捜し求める」; re-, search]
▷ **～·er** 名 C 研究者, 研究員, 調査員.

resèarch and devélopment 名 U (企業の)研究開発 《略 R & D》.

re·sell /rì:sél/ (→sell) 動 他 を転売する.

***re·sem·blance** /rizémbləns/ 名 (複 **-blanc·es** /-əz/) UC **類似**, 似ていること; C 類似点; 〈*to* ..との; *between* ..の間の〉 (類語 一時的又は表面的な類似を意味する; →likeness). a point of ～ 類似点. The son has [bears] a close ～ *to* his father. その息子は父親にそっくりだ. There is little ～ *between* those sisters. ＝Those sisters show little ～. その姉妹はあまり似ていない. ◇動 resemble

連結 a marked [a notable, a strong, a striking] ～; a faint [a remote, a vague] ～

‡**re·sem·ble** /rizémb(ə)l/ 動 (～s /-z/|過 過分 ～d /-d/|-bl·ing) 他 に**似る**, 似ている, 〈*in* ..の点が〉 (語法

受け身や, 普通, 進行形では用いないが,「だんだん似てくる」の意では進行形になる; 類語 似ていることを表す一般的な語で, 人にも物にも用いる; →look like, take after). She closely ~s her mother (*in* face and build). 彼女は(顔といい体つきといい)母親にそっくりだ. The water ~d a glass. 水面は鏡のようであった. [<古期フランス語 re-+*sembler* (<ラテン語 *similis*「似た」)]

*__re·sent__ /rizént/ 動 (~s /-ts/|過 過分 **~·ed** /-əd/|**~·ing**) 他 VO (~ X/*doing*) Xに/..することに**憤慨する**, 腹を立てる, きらう; を恨む; 〔侮辱など〕が腹にすえかねる. She ~*ed* his attitude toward her. 彼女は彼の態度に憤慨した. I ~ your interfer*ing* [interference] in my business. 君が僕の仕事に干渉するのはけしからん. [<古期フランス語 re-+*sentir* (<ラテン語 *sentire*「感じる」)]

†__re·sent·ful__ /rizéntf(ə)l/ 形 憤慨した, 怒っている, 〈*of, at, about* ..に/*that* 節..ということに〉. She is deeply ~ *of* Jim [his remarks]. 彼女はジム[彼の言葉]にひどく腹を立てている. a ~ look 怒った顔つき.
▷ **~·ly** 副 **~·ness** 名

*__re·sent·ment__ /rizéntmənt/ 名 aU **憤慨**; 恨み, 遺恨; 〈*against, at, over, toward* ..に対する〉. He has done so out of ~. 彼は憤慨のあまりそうしたのだ. The accused bore (a) strong ~ *against* the judge. 被告はその裁判官をひどく恨んだ.

連結 bitter [profound; implacable; sullen] ~ // feel [harbor; arouse; incur; express, show, voice] ~

*__res·er·va·tion__ /rèzərvéiʃ(ə)n/ 名 (複 **~s** /-z/)
1 UC (権利などの)**保留**; 留保, 条件, 制限, ただし書き.
2 C 〈しばしば ~s〉〖主に米〗(部屋, 座席などの)**予約**, 指定, (〖主に英〗booking); 予約席[室]. make [hold] a hotel ~ in the name of ..の名前でホテルの予約をする[取っておく]. Do you have ~*s*, sir? ご予約はなさっておられますか. All the ~*s* are gone. 指定席はすべて売り切れております. **3** C (内心ひそかに抱く)疑い, 異存, 危惧(ぐ). I have some ~*s* about the truth of his story. 彼の話には多少疑わしく思えるふしがある.
4 C 〖米〗(北米先住民のための)指定居留地; 禁猟区.
5 C 〖英〗(自動車道路などの)中央分離帯. the central ~ 中央分離帯. ◇動 reserve
without reservátion (1) 遠慮なく, 率直に. Please give us your opinion *without* ~. どうぞ率直に意見を述べてください. (2) 無条件で. We accepted their conditions *without* ~. 私たちは彼らの申し入れを無条件で受け入れた.
with reservátion(s) (留保)条件付きで.

‡__re·serve__ /rizə́:rv/ 動 (~s /-z/|過 過分 **~d** /-d/|**-serv·ing**) 他 【使わないで取っておく】 **1** を取っておく, 残しておく; をあてる; 〈*for* ..のために〉. ~ some money *for* a vacation trip 休暇旅行のために金を少し取っておく. Let's ~ ourselves [our strength] *for* the next job. 次の仕事のために力を蓄えておこう. He ~*s* Sundays *for* fishing. 彼は日曜日は釣りと決めている.
2 〔座席, 部屋など〕を予約する, (約束して)取っておく, (〖主に英〗book). ~ a suite at a hotel ホテルにひと続きの部屋を予約する. ~ a seat on an airplane 飛行機の座席を予約する. ~ a table for two (レストランなどの) 2 人分のテーブルを予約する.
3 〔権利など〕を保有[保持]する. All rights ~*d*.「版権所有」《無断借用を禁ずるため, 普通, 本の扉の裏に印刷する文句》.
4 〖旧〗VOA (~ X ***for***..)〖旧〗Xを〔人〕の運命に定める, X(人)を..に運命づける, 〈普通, 受け身で〉. A disastrous end was ~*d for* him. =He was ~*d for* a disastrous end. 彼には悲劇的な最後が定められていた.
【差し控える】 **5** 〔批評, 判断など〕を保留する, 差し控える; を延期する; 〖法〗を留保する. ~ the right to change one's mind 意見を変える権利を留保する. ~ one's judgment on the matter その問題に関する判断を差し控える. The judge ~*d* his decision. 裁判官は判決を延期した. We ~ the right to edit items that are too long. 長すぎる記事を編集する権利を当社は保有するものとする. ◇名 reservation
── 名 (複 **~s** /-z/) 【備蓄】 **1** C **蓄え**, 備蓄, 予備(品); (銀行, 会社などの)準備金, 積立金; (石油などの)埋蔵量. a ~ of fuel 燃料の蓄え. He still had a great ~ of strength. 彼にはまだ大いに余力があった.
2 C 〖軍〗〈the ~(s)〉**予備部隊[艦隊]**; 予備兵; 〖主に英〗〖競技〗補欠選手.
3 〈形容詞的〉予備の, 準備の. a ~ supply 予備. a ~ fund 予備金. The runner has no ~ strength. 走者にはもう余力がない.
【差し控えさせること】 **4** UC 制限, 条件; 除外; 保留; C 〖英〗(競売などの)留め値 (reserve price). I'll accept your proposal, but with one ~. あなたの提案を受け入れましょう, ただし 1 つだけ条件を付けます.
【差し控えること】 **5** U **遠慮**, 慎み; 無口. ~ of manner 慎み深い態度, 遠慮がちなふるまい. throw off one's ~ 打ち解ける. Several glasses of beer broke through his ~. 遠慮がちだった彼もビールを何杯か飲むと打ち解けてきた.
6 C 特別保留地. a forest ~ 保安林. a wildlife ~ 野生生物保護区. a game ~ 禁猟区, 猟鳥獣保護区.
in resérve 取っておいた, 予備の; 待機して. We have kept some money *in* ~ for a rainy day. まさかの時に備えてお金を少し取ってある.
without resérve 〖章〗(1) 遠慮[腹蔵]なく. Tell us your opinion *without* ~. 我々に君の忌憚(たん)のない意見を述べなさい. (2) 〔競売などが〕最低価格の制限なしの[で]. (3) 無条件で.
with resérve 〖章〗(1) 遠慮して. (2) 条件付きで, 斟酌(しんしゃく)して.
[<ラテン語「保存する」(<re-+*servāre* 'keep')]

resérve bànk 名 C 〖米〗連邦準備銀行.

Resèrve Bànk of Austrália 名 〈the ~〉オーストラリア準備銀行.

resérve cùrrency 名 U 準備通貨.

†__re·sérved__ 形 **1** 保留した, 取っておいた; 予備の; 貯蔵[保存]してある. ~ troops 予備軍. **2** 貸切の, 予約(済み)の. a ~ car 貸切車. ~ seats 予約[指定]席.
3 遠慮がちな, 打ち解けない, 内気な. Anne is ~ in speech. アンは口数が少ない. in a ~ manner 遠慮して[がちに], よそよそしく.

re·sérv·ed·ly /-ədli/ 副 遠慮して, よそよそしく.

re·sérv·ed·ness /-ədnəs/ 名 U 遠慮; よそよそしい態度; 内気.

resèrve ófficer 名 C 〖軍〗予備役将校.

Resèrve Ófficers Tráining Còrps 名 〈the ~〉〖米〗(陸軍の)予備役将校訓練隊《大学で学生の仕官教育をする; しばしば, 卒業後 2-4 年の軍務を条件に学費を負担する; 略 ROTC》.

resérve prìce 名 C 〖英〗(競売などの)留め値《出品者が承諾する最低の入札価格》(〖米〗upset price).

re·sérv·ist 名 C 予備兵, 後備兵.

*__res·er·voir__ /rézərvwɑ̀:r, -vɔ̀:r|-wɑ̀:/ 名 (複 **~s** /-z/) C **1** **貯水池[湖]**; (水, 石油などの)**貯蔵所**; 水槽, タンク; (ランプの)油つぼ, (万年筆の)インク筒. a ~ of oil 石油タンク. a receiving ~ 集水池. a storing ~ 貯水池. **2** (知識などの)**蓄積**; 宝庫. a ~ of wealth [information] 富[情報]の蓄積. [フランス語]

‡__re·set__ /rì:sét/ 動 (→set) 他 **1** を再び置く, 置き直す; 〔機械, 計器など〕の目盛りをセットし直す; 〖電算〗リセットする; 〔試験問題など〕を新しく作り直す. ~ a dial at zero

R

ダイアルを0に戻す. ～ one's watch to local time 現地時間に時計を合わせる. **2**〘医〙を整骨する. ～ a broken bone 折れた骨を継ぎ直す. **3**〔宝石など〕をはめ直す;〔刃物〕に刃をつけ直す, を研ぎ直す. **4**〘ボウリング〙〔ピン〕をリセットする;〘印〙〔活字〕を組み直す.
── 自〔計器などが〕再セットされる;〘電算〙リセットする.
── 名 C **1** リセット. **2** 再起動装置.

‡**re·set·tle** /rìːsétl/ 動 他 **1**〔難民など〕を再び定住させる〈*in* ..〔新しい場所〕に〉. **2** に再び植民する.
── 自 再び植民[移住]する. ▷ **～·ment** 名

re·shape /rìːʃéip/ 動 他 を作り変える[直す].

‡**re·shuf·fle** /rìːʃʌ́f(ə)l/ 動 他 **1**〔トランプのカード〕を切り直す. **2**〔人員〕を入れ替える;〔内閣など〕を改造する. ～ the cabinet 内閣の改造をする.
── /⌐⌐|⌐⌐, ⌐⌐/ 名 C **1** (トランプのカードの)切り直し. **2** (人員の)入れ替え; (内閣などの)改造.

†**re·side** /rizáid/ 動 自〘章〙**1** VA (～ *in, at* ..)〔人が〕..に住む, 永住する; 駐在する; (類語 live より形式ばった語で, 法律的に居住を問題にする場合, かなり長期間, また豪華な住居に住む場合などに用いる). a diplomat *residing in* Washington ワシントン駐在の外交官. ～ abroad 海外に駐在する, 外国に住む.
2 VA (～ *in, with* ..)〔性質, 権利などが〕..に存在する; 属する, 帰する. The supreme power ～*s in* the President. 最高権限は大統領にある. The choice ～*s with* you. どれをとるかはあなた次第です.
[<ラテン語 *residēre*「残留する」(<re-+*sedēre* 'sit')]

***res·i·dence** /rézəd(ə)ns/ 名 (複 **-denc·es** /-əz/)〘章〙
1 C **住居**, 住宅; (大)邸宅; (類語 普通, 堂々とした立派な house). an official ～ 官邸, 公邸, 官舎. the ex-premier's private ～ 前首相の私邸. a desirable ～ for sale《広告などで》豪邸売家.

連結 a permanent [a temporary] ～ // change [move] one's ～

2 U **居住**, 居留; 駐在, 在勤; (学寮 (college) などへの) 在籍, 在学; C 在住[滞在]期間. a place of ～ 居住地. *Residence* is required. (任地に)居住するを要す《遠隔地赴任の辞令などに付け加えられる条件》. a hall of ～ (大学の)寮. ◇動 reside

in résidence (1) (公邸に)居住して, 滞在して; (任地に)駐在して;〔学生などが〕学寮 (college) 内に居住して. When the Queen is *in* ～, the royal standard flies over the east front. 女王が在住のときは, 国旗が東正面の上に揚がる. (2)〔詩人・芸術家などが〕(大学などに招聘(しょうへい)されて)在住して(いる). →in-residence.

take ùp résidence〘章〙住居を定める. He *took up* (his) ～ abroad [in a small country town]. 彼は外国[小さな田舎町]に居を定めた. [reside, -ence]

résidence pèrmit 名 C 在住許可証.

res·i·den·cy /rézəd(ə)nsi/ 名 (複 **-cies**) **1** U = residence 2. **2**〘米〙C 医学研修期間; U 医学研修生の身分 (→resident 名 3).

‡**res·i·dent** /rézəd(ə)nt/ 形 ¢ **1 居住する**, 居留する; 長期滞在する, 駐在する. the ～ population 居住人口. a ～ bird 留鳥《migratory bird に対して》. be ～ abroad [in Paris] 外国[パリ]に居住している. **2**〈主に限定〉住み込みの;〔専門家などが〕専属の, 常任の. a ～ tutor 住み込みの家庭教師. The hotel has a ～ orchestra to dance to. そのホテルはダンスの伴奏をする専属のオーケストラを持っている. He's our ～ expert on golf.〘戯〙彼は我々おかかえのゴルフの指南役だ. **3** 固有の, 内在する,〈*in* ..に〉. the genius ～ *in* language 言葉に宿る霊妙なる力. **4**〘電算〙常駐の.
── 名 (複 **～s** /-ts/) C **1 居住者**《普通 inhabitant ほどの定住性を持たない》(↔visitor, transient). city ～*s* 都会人. foreign ～*s* 居留外国人. summer ～*s* (長期滞在の)避暑客. **2**〘英〙(ホテルなどの)宿泊客. **3**〘米〙(インターンを終えた)病院勤務(研修)医師, 医局員, (〘英〙registrar). [reside, -ent]

***res·i·den·tial** /rèzədénʃ(ə)l ⑧/ 形〈主に限定〉¢ **1 住宅の**, 住宅向きの, **居住用の**. a ～ district [quarter, area] 住宅区域. **2** 宿泊を必要とする; 住込みの; 寄宿制の〔学校〕. a ～ summer course 夏期講習合宿.

rèsidential cáre 名 U (保健施設などへの)入所による介護(システム)《在宅介護が無理な老人[病人, 児童]が対象》.

residèntial hotél 名 C 仮住居[長期滞在]用ホテル.

residèntial qualificátions 名〈複数扱い〉〘政〙居住資格《選挙権行使や労働許可証獲得に必要な居住や期間》.

residèntial tréatment facìlity 名 C〘米〙精神病院.

résident's associàtion 名 C〈単数形で複数扱いもある〉(マンションなど共同住宅の)居住者組合, 自治会; 町内会.

re·sid·u·al /rizídʒuəl|-dju-/ 形〘章〙残りの; 残留した, まだ残っている, 残りかすの;〘数〙剰余の. ～ products (残り物から取った)副産物. ── 名 C **1** 残余; 残留物, 残りかす. **2**〘米〙〈しばしば ～s〉(テレビの)再放送料; (ビデオの)追加使用料;《作者, 出演者に追加して支払われる》. ▷ **～·ly** 副

resìdual cúrrent devìce 名 =circuit breaker.

resìdual íncome 名 U (税金を差し引いた)実収, 手取り.

re·sid·u·ar·y /rizídʒuèri|-djuəri/ 形〈限定〉〘法〙残余財産の.

resìduary legatée 名 C (債務と遺贈を履行した後の)残余財産受贈者.

†**res·i·due** /rézəd(j)ùː/ 名 C 〘章〙残り; 残りかす;〘法〙残余財産;〘化〙残留物, 残滓(ざんし);〘数〙剰余. ～*s* of agricultural chemicals 残留農薬. [<ラテン語 *residuum*「残余」(<*residēre* 'reside')]

re·sid·u·um /rizídʒuəm|-dju-/ 名 (複 **re·sid·u·a** /-dʒuə|-djuə/) =residue.

‡**re·sign** /rizáin/ 動 (**～s** /-z/|過 過分 **～ed** /-d/|**～·ing**) 他 **1** を**放棄する**, 断念する; を譲り渡す. He ～*ed* his right of inheritance. 彼は相続権を放棄した. ～ all hope すべての希望を捨てる. **2**〔職など〕を**辞任する**, 辞める. ～ one's post [office] 辞任する. **3** VOA (～ X *to* ..)〘章〙X を..に**任せる**, ゆだねる. I ～ my children *to* your care. 子供たちの世話をあなたにお任せします.
── 自 **辞職**[**退職**]する, 辞任する, 退陣する,〈*from, as* ..を〉(類語 普通, 自分の意志または一身上の都合で retire すること). The minister ～*ed from* the Cabinet. その大臣は辞任した. He ～*ed as* chairman. 彼は議長を辞めた (★as の後の名詞は無冠詞).
◇名 resignation

****resígn onesèlf to..***〘章〙..に身をゆだねる, 従う; あきらめて..する. ～ one*self to* one's fate 運命に身をゆだねる. He was forced to ～ him*self to* being second best. 彼は2位に甘んじた.
[<ラテン語「開封する, 取り消す」(< re-+*signāre* 'seal, sign')]

***res·ig·na·tion** /rèzignéiʃ(ə)n/ 名 (複 **～s** /-z/) **1** U **辞職**, 辞任〈*from* ..からの〉; C 辞表. the general ～ of the Cabinet 内閣総辞職. send in [hand in, tender] one's ～ 辞表を提出する. his ～ *as* chairman 彼の会長辞任. **2** U 断念; 忍従; あきらめ. ～ to the will of Heaven 神の意志に従うこと. accept one's fate with ～ あきらめて運命を甘受する. ◇動 resign

‡**re·sígned** 形 あきらめた;〈主に叙述〉あきらめている, 甘受する気になった,〈*to* ..を〉. a ～ look あきらめたような顔

つき. Most of them were poor, and ～ *to* poverty. 彼らの多くは貧乏で，しかも貧乏もしょうがないとあきらめていた. ▷**re·sign·ed·ly** /-nədli/ 副 あきらめて，観念して.

re·sil·ience, -en·cy /rizíljəns, -liəns/, /-si/ 名 U **1** 跳ね返り，弾力(性). **2** 回復力; すぐ元気を取り戻すこと. signs of ～ in the economy 景気回復の兆し.

‡**re·sil·ient** /rizíljənt, -liənt/ 形 **1** 〔物が〕跳ね返る; 弾む; 弾力のある. **2** 〔人, 動物が〕立ち直りの早い; すぐ元気を回復する〈*to* ..〔ストレスなど〕から〉. ▷ **～·ly** 副

res·in /rézən/ 名 UC **1** やに, 松やに, 樹脂. **2** 合成樹脂 (synthetic resin). [＜ラテン語]

res·in·at·ed /réz(ə)neitəd/ 形 樹脂加工した; 樹脂で風味をつけた〔ワインなど〕.

res·in·ous /réz(ə)nəs/ 形 樹脂(状)の; 松やにの多い.

‡**re·sist** /rizíst/ 動 (～s /-ts/|～·ed /-əd/|～·ing) 他 【逆らい耐える】 **1** VO (～ X/*doing*) X に/..することに抵抗する, 反抗する, 逆らう; に反対する; (類語 相手からの攻撃や強制に対して積極的に抵抗すること; →oppose). ～ authority 権威に反抗する. The box was very heavy and ～*ed* his efforts to lift it. 箱は非常に重くて彼が骨折っても持ち上がらなかった. The criminal ～*ed* arrest [be*ing* arrested]. 犯罪者は逮捕されまいとして抵抗した.

2 〈普通, 否定文で〉 **(a)** 〔誘惑など〕に耐える, 負けない; を我慢する. It was hard to ～ the temptation to do it. そうしたい気持ちをおさえることは難しかった. She'll be unable to ～ his solicitations. 彼女は彼の懇願に負けてしまうでしょう. She was not able to ～ the desire to repeat the secret. 彼女はその秘密を人にしゃべりたいという気持ちを抑えられなかった. She just can't ～ chocolate. 彼女はチョコレートにほんとに目がない.

(b) VO (～ *doing*) ..するのを我慢する, 抑える. I couldn't ～ laugh*ing* at the sight. その光景には笑わずにはいられなかった.

3 〔化学作用, 自然力など〕に耐える. ～ damp [rust] 湿気に耐える[さびに強い].

— 自 抵抗する, 反抗する; 耐える, 我慢する. She could ～ no longer. 彼女はそれ以上抵抗[我慢]できなかった.

[＜ラテン語「じっと立っている＞抵抗する」]

‡**re·sis·tance** /rizístəns/ 名 (複 **-tanc·es** /-əz/) **1 (a)** aU 抵抗, 反抗, 〈*to* ..に対する〉; 妨害; (病気・細菌などに対する)抵抗力. There is growing ～ *to* continuing the war. 戦争続行に対して反対が高まってきている. Babies have little ～ *to* disease. 赤ん坊は病気に対して抵抗力が弱い. The enemy put up (a) strong ～ *to* our attack. 敵は我々の攻撃に対して強い抵抗を示した.

> 連結 firm [determined, fierce, stiff, stubborn, tough; slight, weak] ～

(b) U 〈単複両扱い; しばしば the R-〉 (被占領国などの)地下抵抗運動(組織), レジスタンス, 《特に第2次大戦中ドイツ占領下のフランスの》. a ～ fighter レジスタンスの闘士. a ～ movement レジスタンス運動.

2 aU 反感, 反抗心. psychological ～ 心理的抵抗, 反感. **3** U (電気, 空気などの)抵抗(力); C 電流抵抗装置, 抵抗器, (resistor). air ～ 空気抵抗. electric(al) ～ 電気抵抗.

tàke* [*fòllow*] *the páth* 〖米〗[*líne* 〖主に英〗] *of lèast resístance 最も楽な[差し障りのない]方法を取る.

[resist, -ance]

‡**re·sis·tant** /rizístənt/ 形 **1** 抵抗する, 反抗する, 〈*to* ..に〉. They are strongly ～ *to* change. 彼らは変化に頑強に抵抗している. **2** 抵抗力[耐性]のある〈*to* ..に対して〉〈しばしば複合要素として〉. fire-～ paint 不燃塗料. water-～ 耐水性の. bullet-～ glass 防弾ガラス.

re·síst·er 名 C 抵抗者; レジスタンス運動員.

re·sist·i·ble /rizístəb(ə)l/ 形 抵抗[反抗]できる; 我慢し得る.

re·síst·less 形 〖英では古〗 **1** ＝irresistible. **2** 抵抗しない, 抵抗力のない. ▷ **～·ly** 副

re·sis·tor /rizístər/ 名 C 〖電〗 抵抗器.

re·sit /rì:sít/ 〖主に英〗 動 (→sit) 他 の再試験を受ける **—** /⌒/ 名 C 再試験(を受けること).

***res·o·lute** /rézəlù:t/ 形 m 〖章〗 **意志強固な**; 断固とした, 決然たる. The people were ～ *against* war [*for* peace]. 国民は断固として戦争に反対した[和平を唱えた]. He is ～ *in* his decision. 彼の決意は断固たるものがある. a ～ refusal 断固たる拒絶. ◇↔irresolute 動 resolve [＜ラテン語 *resolūtus*「決心した」(resolve の過去分詞)] ▷ **～·ly** 副 決然として, 断固として. **～·ness** 名

‡**res·o·lu·tion** /rèzəlú:ʃ(ə)n/ 名 (複 **～s** /-z/) 【決めること】 **1** C (議会, 会合などの)**決定, 決議**; 決議案[文]. a ～ for [against] constructing a superhighway 高速道路建設に賛成[反対]の決議. adopt [reject] a ～ asking for a cease-fire 停戦決議案を採択する[却下する].

2 C **決心**, 決意; 決意〈*to* do ..しようという/*that* 節 ..という〉. make good ～s 行いを改めようと決心する. She broke her ～ never *to* see him again. 彼女は2度と彼に会うまいという決意を翻した. put one's New Year's 〖米〗[Year 〖英〗] ～s into practice 新年の決意を実行に移す.

3 U **決断力**, 意志強固, 果断. a man of great ～ 決断力のある人. with ～ 断固として.

【解きほぐすこと】 **4** U **(a)** 〖章〗 解答 (solution), 解決, 解消, 〈*of* ..〔問題, 紛争など〕の〉. the ～ *of* a problem [mystery] 問題[謎(なぞ)]の解決. a peaceful ～ 平和的解決. **(b)** (劇などの)解明部 《複雑な筋などが明らかにされる部分》.

5 U 分解, 分析, 〈*into* ..への〉; (レンズの)解像力. the ～ of a chemical compound *into* its elements 化合物の元素への分解. ◇動 resolve [resolute, -ion]

re·solv·a·ble /rizálvəb(ə)l|-zɔ́l-/ 形 **1** 解決できる. **2** 〈叙述〉 分解できる 〈*into* ..に〉.

‡**re·solve** /rizálv|-zɔ́lv/ 〖章〗 動 (～s /-z/|過 過分 ～d /-d/|-solv·ing) 他 【決める】 **1** VO (～ *that* 節/*to do*) ..と/..することを**決定する**, 決議する, 票決する. The committee has ～*d to* make further investigation into the matter. 委員会はその問題を更に究明することを決議した. *Resolved*: nuclear tests (should) be banned. 核実験を禁止すべく決議する《決議文の文句》.

2 (a) VO (～ *to do*/*that* 節/*wh* 句・節) ..しようと/..と/..かを**決心する**. She has ～*d to* tell the truth.＝She has ～*d that* she will tell the truth. 彼女は本当の事を話そうと決心した. Have you ～*d where* to go for your summer vacation? 夏休みにどこへ行くか決心がつきましたか. **(b)** VOC (～ X *to do*) X に..することを決心させる. That ～*d* him *to* resign. それが原因で彼は辞職する気になった. 類語 あることを決意し, それを守る意志の固いことが強調される; →decide.

【解きほぐす】 **3** 〔問題など〕を**解く**, 〔紛争など〕を解決する, 〔疑いなど〕を解消する. ～ a conflict もめ事を解決する. ～ a crisis 危機を打開する. ～ fears 不安を解消する.

4 (a) VOA (～ X *into* ..) X を..に**分解する**, 分析する. ～ water *into* oxygen and hydrogen 水を酸素と水素に分解する. **(b)** VOA (～ *oneself into* ..) ..に変わる, なる. The conversation ～*d* it*self into* an argument. 会話が口論になった.

— 自 **1** VA **決心する**; 決定する; 決議する; 〈*on* [*upon*] ..を/*against* ..しないことを〉. Disgusted with the

R

city, he ~*d on* living in the country. 都会にうんざりして彼は田舎暮らしを決意した. The workers ~*d on* [*against*] going on strike. 労働者はストライキに入ること[入らないこと]を決議した.

2 🅅🄰 (~ ***into*** ..) ..に分解する, 還元する. The mixture ~*d into* two compounds. その混合物は二つの化合物に分解した. ◊名 resolution

── 名〖章〗**1** Ⓒ 決心, 決意;〖米〗決議. He made a firm ~ never to smoke. 彼は2度とたばこを吸わないと心に固く誓った. keep one's ~ 決意を守る. **2** Ⓤ 堅忍不抜, 不屈の意志. a man of ~ 不屈の男.

[＜ラテン語「緩める, 解く, 決定する」; re-, solve]

‡**re·solved** /rizálvd|-zɔ́lvd/ 形 〈叙述〉決意して; 断固とした; 〈*to* do ..しようと〉. I am firmly ~ *to* have nothing more to do with him. 断じて彼とこれ以上かかわりを持つまいと決心している.

▷ **re·solv·ed·ly** /-vədli/ 副 断固として.

re·sólv·er 名Ⓒ 決意する人; 解決する人.

‡**res·o·nance** /rézənəns/ 名Ⓤ〖物理〗共鳴, 反響, 響き, 共振.

‡**res·o·nant** /rézənənt/ 形 **1** 〔音が〕反響する; 〔声が〕朗々としてよく通る. a ~ voice よく通る声. **2** (**a**) 〔部屋などが〕鳴り響く〈*with* ..で〉. The chapel was ~ *with* the sound of the organ. 礼拝堂にはオルガンの音が鳴り響いていた. (**b**) 呼び戻す〈*with* ..〔過去の記憶など〕を〉. ▷ **~·ly** 副 反響して; 朗々として.

‡**res·on·ate** /rézənèit/ 動 自 反響する, 響き渡る; 共鳴[共振]する; 響き渡る〈*with* ..〔笑い声など〕が〉;〖主に米〗共鳴する〈*with* ..〔人の考えなど〕に〉. [＜ラテン語 (＜re-＋*sonāre* 'sound')]

res·o·na·tor /rézənèitər/ 名Ⓒ 共鳴[共振]装置[器].

re·sort** /rizɔ́ːrt/ 動 (~s /-ts/|過 過分 **~·ed** /-əd/|**~·ing**) 自 **1** 🅅🄰 (~ ***to (***doing***) ..) 〔好ましくない手段・行動など(を取ること)〕に**訴える**, 頼る, もやむなしとする. ~ *to* violence [force, trickery] 暴力[武力, 策略]に訴える. **2**〖章〗🅅🄰 (~ ***to*** ..) 〔楽しい場所など〕へ(しばしば)行く, しげしげ通う. We ~ *to* the Tyrol every summer. 私たちは毎夏チロルを訪れる.

── 名 **1** Ⓒ (人の)**よく行く場所**, 行楽地; 盛り場;〖米〗観光客用の宿泊設備, ホテル; Ⓤ 人出. a hot spring ~ 温泉場. a health ~ 保養地. a summer ~ 避暑地. a winter ~ 冬の行楽地. a vacation〖米〗[holiday〖英〗] ~ 休日の行楽地. a ~ hotel リゾートホテル. a ~ of thieves 盗賊の巣窟(くつ). a place of great ~ 人出でにぎわう場所.

2 Ⓤ **頼り**, 頼み, 訴えること; Ⓒ 頼るもの[人], '頼みの綱'; (訴える)手段. overthrow the government without ~ to violence 暴力に頼らないで政府を倒す. You are my only ~. あなただけが頼りなのです.

hàve resórt to ..〖章〗..に訴える. *have* ~ *to* force [the law] 力[法]に訴える.

in the [***as a***] ***làst resórt*** 最後の手段として, 切羽詰まって; いざとなれば. Military force should only be used *in the last* ~. 軍事力は最終手段としてのみ使うべきだ. [＜古期フランス語 (＜re＋sortir「出かける」)]

re·sound /rizáund/ 動 自 **1** 🅅🄰 〔ある場所が〕鳴り響く, 反響する, 〈*with, to* ..で〉; 〔音, 楽器などが〕..鳴り響く, 反響する〈*through* ..に / *throughout* ..中に〉. The hall ~*ed with* the peal of the bells. ＝The peal of the bells ~*ed through* the hall. 会堂に鐘の音が響き渡った. **2** 🅅🄰 〔名声などが〕鳴り響く, 評判になる, 〈*throughout* ..中に〉. His fame ~*ed throughout* the world. 彼の名声は世界中に鳴り響いた. [resonate と同源]

‡**re·sóund·ing** 形 〈限定〉**1** 響き[鳴り]渡る. ~ applause 割れるような喝采(かっさい). **2** すばらしい, 目覚ましい; 決定的な. a ~ victory 目覚ましい勝利. with ~ success 大成功を収めて. a ~ failure 大失敗.

▷ **~·ly** 副 鳴り響いて; 目覚ましく.

‡**re·source** /ríːsɔːrs, -zɔːrs, risɔ́ːrs, -zɔ́ːrs|ri-/ 名 (複 **-sourc·es** /-əz/) 【万一の時頼れるもの】 **1** Ⓒ 〈普通 ~s〉**資源**, 財源; 資産. Water is a natural ~ of vital importance. 水は極めて重要な天然資源の1つである. be rich in natural ~*s* 天然資源に恵まれている. pool one's ~*s* 資金を出し合う. his financial ~*s* 彼の財源. energy ~*s* エネルギー資源.

連結 abundant [extensive, vast; adequate; meager, scarce; renewable; irreplaceable] ~*s* // develop [exploit] ~*s*

2 Ⓒ (いざという時の)**手段**, 方策, 頼み. He had no other ~ but to run away. 彼には逃げる以外の手だてがなかった. at the end of one's ~*s* 万策尽きて, 思い余って. **3** Ⓒ 〈普通 ~s〉(教授用などの)資料. a ~ room [center] 資料室, 教材室.

【方便】 **4** Ⓤ〖章〗**機知**, 臨機の才. a man of ~ 機略縦横の人, やり手.

5 Ⓒ 慰め; 憂さ晴らし, 退屈しのぎ. Reading is one of his ~*s*. 読書は彼の娯楽の1つだ. My old mother has no inner ~*s* and hates being left alone. 私の老母は自分自身で楽しむことを知らないので, 独り放っておかれるのを嫌がる.

leave a pèrson to his [***her***] ***òwn resóurces*** 人を好きなようにさせておく; 人を(勝手にしろと)ほったらかす. [＜ラテン語 *resurgere*「再び立つ, 復活する」(＜re-＋*surgere* 'surge')]

re·source·ful /risɔ́ːrsf(ə)l, -zɔ́ːrs-/ 形 工夫に富んだ, 臨機の才のある, 有能な. ▷ **~·ly** 副 **~·ness** 名

resp. respective(ly); respondent.

‡**re·spect** /rispékt/ 動 (~s /-ts/|過 過分 **~·ed** /-əd/|**~·ing**) 他 **1** を**尊重する**, 重んじる; を顧慮する, 考慮に入れる. ~ a person's silence 人が黙っているのをそっとしておく. ~ one's word 約束を守る. ~ oneself 自分を大切にする. ~ her wishes [privacy] 彼女の意志[プライバシー]を尊重する. **2** を**尊敬する**, 敬う, 〈*for* ..であるので〉(類語「尊敬する」の意味の一般的な語で, 価値判断に基づく敬意を表す; →esteem, honor, look up to, revere, venerate). ~ one's elders 年長者たちを敬う. a ~*ed* parish priest 尊敬を集めている教区牧師.

as respécts〖章〗..について(は).

── 名 (複 **~s** /-ts/) 【関心】 **1** Ⓤ **注意**, 関心, 考慮, 〈*for, to* ..への〉. He paid no ~ *to* [He had no ~ *for*] the risks and went ahead. 彼は危険を全然考慮しないで前進した.

2 【関心を持つ点】 Ⓒ **点**, 箇所; 細目. in all [some] ~*s* あらゆる[いくつかの]点で. He is in no ~ wrong. 彼は全然間違っていない. I can't agree with you in this ~. 私はこの点であなたに同意できない.

【関心＞敬意】 **3** Ⓤ **尊敬**, 敬意; 尊重; 〈*for, to* ..に対する〉. have ~ *for* ..を尊敬[尊重]する. be held in ~ 尊敬されている. treat a person with ~ 敬意をもって人を遇する. Show (some) ~ *for* [*to*] your elders' advice. 年長者の忠告を(少しは)尊重しなさい. With (all due) ~ [With the greatest ~], I disagree. (目上の人などに敬意を払いながら)お言葉ではありますが, 私には賛成できません. out of ~ for ..に敬意を表して.

連結 great [enormous, profound; sincere; enduring; grudging; mutual] ~ // inspire [command, earn, gain, win; merit; lose] (a person's) ~

4 〈~s〉**敬意の表示**, よろしくとの伝言, あいさつ. Please give my ~*s* to your father. お父さんによろしく. My

mother sends her ～*s* to you. 母があなたによろしくと申しておりました.
◇形 respectable, respectful
in respéct of [***to***] **..** 〖章・商〗 ..に関して, ..について(は). *In* ～ *of* your plan, I find it impracticable. 君の計画について言えば実行不可能だと僕は思う.
pày one's respécts (***to*** **..**) 〖章〗 ..に敬意を表する, (敬意を表して)を訪問する, 〈特に one's last ～s で〉 葬儀に参列する. Many people came to the funeral to *pay* their (last) ～*s*. 多くの人が葬儀に参列した.
without respèct of pérsons (身分, 地位などによって)人を差別待遇[えこひいき]しないで.
without respéct to **..** ..を顧慮せずに, ..にかまわずに. The right to vote is granted *without* ～ *to* race, creed or sex. 投票権は人種, 信条, 性別にかかわりなく与えられている.
with respéct to **..** 〖章・商〗 =in RESPECT of [to]...
[<ラテン語「顧みる」(<re-+*specere* 'look at')]

re·spèct·a·bíl·i·ty 名 (複 **-ties**) **1** U 尊敬に値すること, 立派さ. gain ～ 尊敬されるようになる. **2** U 世間体, 体面, 社会的地位; 見苦しくないこと; (→respectable 2, 3). **3** U 〈単複両扱い〉 尊敬に値する人々; 相当な社会的地位にある人々. **4** 〈-ties〉 因習的儀礼, 慣習.

re·spect·a·ble /rispéktəb(ə)l/ 形 m **1** 立派な; 相当な社会的⌞地位[名声]のある. He comes from a highly ～ family. 彼はれっきとした家柄の出だ. It is far from ～ to spit on the street. 通りでつばを吐くのは非常に恥ずべき行為である.
2 〔人などが〕**品行方正な**, 堅気の, まともな; 〈皮肉〉 上品ぶった; (★本来の「尊敬」の意味が薄れている; 3,4 も同じ; →genteel 1). a ～ profession まともな職業. A ～ girl would never behave that way. まともな女の子ならそんなふるまいは絶対にしないでしょう. I'm a ～ girl, I am. 私はまともな女ですよ. I hate her company; she is too ～! 彼女と一緒にいるのはごめんだ, お上品ぶっていてかなわないよ.
3 〔服装などが〕**見苦しくない**, 恥ずかしくない. This hat is hardly ～. この帽子は人前ではちょっとかぶれない. look ～ きちんとした格好をしている. while I make myself ～ 〖戯〗 着替える間.
4 〖話〗〔大きさ, 数などが〕かなりの, 相当の; 〔出来栄えなどが〕まずまずの. a ～ amount of money かなりの金額. His school record was ～ but not brilliant. 彼の学業成績はまずまずだったが優秀とは言えなかった.
[respect, -able] ▷ **～·ness** 名

re·spéct·a·bly 副 **1** 立派に; まともに. a ～ dressed woman きちんとした服装をした女性. He's ～ married —with some impoverished peer's daughter. 彼は世間体の悪くない結婚をしている—どっかの貧乏貴族の娘とだ. **2** かなり(に), 相当(に), まずまず.

re·spéct·er 名 C えこひいきする人; 尊重する人; 〈主に次の成句で〉. ***nò respécter of*** **..** ..を差別しない人; ..を尊重しない[無視する]人. Death is *no* ～ *of persons*. 死はだれにでも訪れるものだ. Inflation is *no* ～ *of* classes. インフレには階級を問わず苦しめられる.

re·spect·ful /rispéktf(ə)l/ 形 m **1 尊敬の念を抱いている**, 恭しい, 〈*to* ..に対して〉; 礼儀正しい, 丁重な. listen in ～ silence 謹聴する. ～ behavior 礼儀正しい態度. **2** 〈叙述〉 尊重する, 重んじる, 〈*of* ..を〉. be ～ *of* tradition 伝統を重んじる.
at a respèctful dístance 遠慮して近寄らずに, 敬遠して. They stood *at a* ～ *distance* from the Queen. 一同は女王に遠慮して離れた場所にいた.
[respect, -ful] ▷ **～·ness** 名

re·spéct·ful·ly 副 恭しく, 謹んで.
Yòurs respéctfully, =***Respéctfully yòurs,*** 敬具 《手紙の結び文句; 前に I am を補って考える》.

re·spéct·ing 前 〖章〗 ..について(は), に関して(は).

re·spect·ive /rispéktiv/ 形 C 〈限定〉 **それぞれの**, 各自の, めいめいの, (語法 複数名詞と共に用いられる). They took their ～ seats. 彼らはそれぞれの席に着いた. Five scientists supported the new theory from their ～ points of view. 5人の科学者がそれぞれの立場からその新説を支持した. [respect, -ive]

re·spéct·ive·ly 副 (述べられた順序に従って)それぞれ, めいめい, 別々に. Tom and John won the first and the second prize ～. トムとジョンはそれぞれ1等賞と2等賞を獲得した (注意 Tom won the first prize and John (won) the second (prize). とすれば respectively は不要).

re·spell /ri:spél/ 動 (→spell) 他 〔語〕を(発音し易いように)つづり直す 《例えば laugh→lahf, bought→bawt とするなど》.

res·pi·ra·tion /rèsp(ə)réiʃ(ə)n/ 名 **1** U 〖章〗 呼吸(作用); C ひと呼吸, ひと息. give him artificial ～ 彼に人工呼吸をする. **2** U (植物の)呼吸(作用).

res·pi·ra·tor /résp(ə)rèitər/ 名 C **1** (ガーゼ, 布製の)マスク; 〖英〗 防毒マスク (gas mask). **2** 人工呼吸装置. be placed on a ～ 人工呼吸器を着ける.

res·pir·a·to·ry /résp(ə)rətɔ̀:ri, rispái(ə)rə-|rispáiərət(ə)ri/ 形 〖章〗〖医〗〈限定〉 呼吸の; 呼吸のための. ～ diseases 呼吸器疾患. the ～ organs 呼吸器. the ～ system 呼吸器系.

re·spire /rispáiər/ 動 自 〖章〗〖医〗 呼吸する (breathe); 〔植物が〕呼吸する. [<ラテン語 re-+*spīrāre* 'breathe']

res·pite /réspit|-pait/ 名 UC 〈普通, 単数形で〉 **1** 休息(期間), 中休み, 〈*from* ..〔仕事など〕の〉. take a brief ～ *from* work 仕事の途中でちょっと休む. without (a monent's) ～ 片時(かたとき)のとぎれもなく. (a) ～ from pain 痛みが一時和らぐこと. **2** 延期; 猶予; 〖法〗 執行猶予. [respect と同源]

re·splend·ence, -en·cy /rispléndəns/, /-si/ 名 U 〖章〗 光輝, 光彩, まばゆさ.

re·splend·ent /rispléndənt/ 形 〖章〗 きらきら輝く, まばゆいばかりの, 燦(さん)然たる. ～ in a silk dress 絹のドレスをきらびやかにまとって. ▷ **～·ly** 副

re·spond /rispánd|-spɔ́nd/ 動 (**～s** /-dz/|過 過分 **～·ed** /-əd/|**～·ing**) 自 **1 答える**, 応答する, 〈*to* ..に〉 (類語 answer より形式ばった語で, 素早い反応に重点がある). ～ *to* a question 質問に答える. ～ *to* a letter 手紙に返事を書く. **2** 〖キリスト教〗〔会衆が〕唱和する, 答唱する, 〈*to* ..〔司式者〕に〉 (→response 2). **3 応じる**, 応酬する, 〈*to* ..に/*with* ..で/*by* do*ing* ..することで〉. The police did not ～ *to* the terrorists' demands. 警察はテロリストたちの要求に応じなかった. I waved at her, and she ～*ed with* a smile [*by* smil*ing*]. 私が手を振ると彼女はほほえみ返した. **4** (よい)反応を示す 〈*to* ..〔治療など〕に〉; 〔飛行機などが〕制御される 〈*to* ..〔操縦装置〕で〉. The patient is ～*ing* well *to* treatment. 患者は治療にいい反応を示している.
—— 他 VO (～ ***that*** 節/"引用") ..と/「..」と答える.
◇名 response [<ラテン語「答える」(<re-+*spondēre* 'pledge')]

re·spond·ent /rispándənt|-spɔ́nd-/ 形 答える, 応答する; 反応する, 感応する. **——** 名 C **1** 回答者. **2** 〖法〗 (特に離婚訴訟の)被告 (→correspondent).

re·sponse /rispáns|-spɔ́ns/ 名 (複 **-spons·es** /-əz/) **1** C **答え**, 応答, 〈*to* ..に対する〉. make [give] a ～ 答える, 応答する. I have received no ～ *to* my inquiry. 問合せに対して何の回答も受けていない.
2 C 〖キリスト教〗 〈普通 ～s〉 唱和, 答唱, 《礼拝で司式者の朗唱にこたえて会衆が朗唱するよう決められている祈禱書などの箇所》.

R

3 UC **反応**, 感応, 反響, (↔stimulus). Her appeal produced no ～ in his heart. 彼女の訴えは彼の心に何の感動も起こさなかった. The ～ of the audience to my appeal was heartening. 私の訴えに対する聴衆の反応は心強いものだった. ◇動 respond

in respónse to .. ..に応じて, 答えて. Contributions poured in *in* ～ *to* the appeal. その訴えに応じて寄附金が殺到した.

[<ラテン語 *responsum*「答え」]

‡re·spon·si·bil·i·ty /rispɑ̀nsəbíləti|-spɔ̀n-/ 名 (複 **-ties** /-z/) **1** U **責任**(があること), 責務, 義務, 〈*for, to* ..に対する〉. have no sense of ～ 責任感がない. moral ～ 道義的責任. a position of great ～ 責任の重い地位, 要職. claim ～ for ..の責任を認める; ..の犯行声明を出す. Of course I'll take [assume] full ～ *for* my actions. もちろん私は自分の行動に対して全責任をとるつもりだ. The Minister was accused of ～ *for* the current financial crisis. 大臣は現在の財政的危機に責任があると追求された. A terrorist group has claimed ～ *for* the explosion. テロリスト集団がその爆発の犯行声明を出した.

> 連結 grave [heavy, serious; collective; personal] ～ // bear [shoulder; accept, face] ～; evade [dodge, shirk, shrink from] (one's) ～ // the ～ falls on [lies with, rests on]..

2 C (個々の)責任, 責務 〈*to, toward* ..への/*to* do ..する〉; 責任を負うべきもの[相手]〈*to* ..〔人〕が〉. have a ～ to ..〔人〕への責任がある. Parents have a ～ *to* feed their children. 親は子を食べさせる責任がある. He is free from heavy *responsibilities* now. 現在では彼は重い責任ある仕事から解放されている. To support one's wife and children is the ～ of the head of a family. 妻子を養うことは家長の責任である. A pet animal is a ～ *to* its owner. ペット動物は飼主が責任を持たなければならないものだ.

3 U 信頼性; 自立性. Indeed she is brilliant, but I question her ～. なるほど彼女は優秀だが, 自主性となると疑問だ.

4 U 〖米〗義務履行能力, 支払い能力.

on one's òwn responsibílity 自己の責任で, 独断で. [responsible, -ity]

‡re·spon·si·ble /rispɑ́nsəb(ə)l|-spɔ́n-/ 形 m

1 〈叙述〉 **責任のある** 〈*to* ..〔人〕に〉, 責任を負うべき 〈*for* ..〔物事〕に関して〉, (類語 法的にも道徳的にも「責任がある」の意味で一般的な語; →accountable, answerable, liable 1). The United States post office is ～ *to* the public *for* the safe and prompt delivery of mail. 合衆国郵便局は郵便の安全かつ迅速な配達の責任を公衆に対して持つ. Don't you feel morally ～ *for* this? このことの道義的責任を感じませんか. I'll make myself ～ *for* your son's schooling. 私が責任を持って息子さんを学校へやってあげます. hold a person personally ～ for ..人が個人的に..に対して責任があると思う. A mentally handicapped person is not held ～ *for* what he does. 精神障害者は自分のする事に責任を問われない.

2 〈叙述〉〔人が〕(悪いこと・事故などに対して)責任がある, 〔事柄が〕原因である; 助けになる[寄与する]; 〈*for* ..の, に〉. Many factors are ～ *for* this accident. 多くの要素が原因でこの事故になったのだ. The man is believed to be ～ *for* the recent series of murders. その男は最近の連続殺人の犯人だと信じられている. My wife is ～ *for* my financial success. 妻のおかげで財政的に成功しました.

3 〔地位などが〕**責任の重い**. He holds [is in] a ～ position. 彼は責任の重い地位に就いている.

4 **責任を果たし得る**, 信頼すべき, 責任感の強い. He is one of the most ～ friends I have. 彼は私の最も信頼すべき友人の1人だ.

5 〖米〗義務履行[支払い]能力のある.

◇↔irresponsible [<ラテン語 *responsus* (respond の過去分詞); -ible] ▷**-bly** 副 責任を持って.

†re·spon·sive /rispɑ́nsiv|-spɔ́n-/ 形 **1** 答える, 応じる. give a ～ nod うなずいて答える. **2** 感応[反応]する, 共鳴する; 感じやすい, 敏感な; 〈*to* ..に〉. be quickly ～ *to* alcohol 酒の回りが早い. a ～ audience 敏感に反応してくれる聴衆. **3** 〔装置などが〕制御しやすい. These brakes aren't very ～. このブレーキはあまりよく効かない. ◇名 response ▷**～·ly** 副 **～·ness** 名

‡rest[1] /rest/ 名 (複 **～s** /-ts/)

【休むこと】 **1** UC **休息**, 休憩, 休養; 睡眠; 解放 〈*from* ..〔心配事, 仕事など〕からの〉; U 休止, 静止; 〖婉曲〗死, 永眠. a day of ～ 安息日, 日曜日. You need a little ～ *from* your work. 仕事から少し解放されなさい. He felt refreshed after a ～. ひと休みしたら彼は気分がさわやかになった. have a good [decent] night's ～ ひと晩十分睡眠をとる. get some ～ 少しゆっくりする. Let's take [have] a ～. 休もう. a well-earned ～ (よく働いたりした後での)当然の休み. He gave his horse a ～ there. 彼はそこで馬を休ませた. without ～ 間断なく. The earth never stands in a state of ～. 地球は片時も止まっていることはない. souls gone to their ～ 永眠した魂. **2** C 〖楽〗休止; 休止符.

3 aU **安静**, 落ち着き; 安心. The medicine gave him a short ～ from pain. 薬で彼の苦痛が少し治まった.

【休ませる場所】 **4** C 休息所, 宿泊所. a travelers' ～ 旅行者用宿泊所.

5 【支え】 C 台, 支柱, ..架, ..載せ. a ～ for a billiard cue 玉突きのキュー台. The box served as a ～ for my legs. 箱は私の脚を載せる台になった. an arm ～ ひじ掛け.

at rést (1) 休息して; 静止して; 安心して. things *at* ～ and in motion 動いていない物と動いている物. The surface of the lake rippled, never remaining *at* ～. 湖の表面は波立っていて静止することがなかった. →set [put] a person's mind at REST. (2) 〖婉曲〗眠って; 永眠して. Here lie the brave soldiers *at* ～. 勇士たちはここに眠る. (3) 解決されて[して]. set a question *at* ～ 問題を解決する.

còme to rést 〔動いているものが〕停止する, 止まる. The machine *came to* ～. 機械は停止した.

gìve ..a rést 〖話〗〔迷惑, 害になるもの〕を(しばらく)やめる, 休止する. (why don't you) *give* it *a* ～! 〖話〗(その話は)やめてくれ. *Give* me *a* ～! 私を悩ますのはやめてほしい, しつこいな.

gò to (*one's*) ***rést*** (1) 寝る; 横になって休む. (2) 〖婉曲〗永眠する.

lày ..at rést =lay ..to REST (2).

lày ..to rést (1) を埋葬する. (2) を安心させる. (3) 〔恐れなど〕をなくす, 〔噂など〕を鎮める.

pùt ..to rést 〔噂・恐怖心など〕を鎮める, を安心させる; 〔計画など〕をやめる.

sèt [***pùt***] ***a pèrson's mínd*** [***féars***] ***at rést*** 人を安心させる. The news *set* her *mind at* ～. その知らせを聞いて彼女は安心した.

── 動 (**～s** /-ts/|過 過分 **rést·ed** /-əd/|**rést·ing**) 自

【休む】 **1** (**a**) **休む**, 休息する, 中休みする; 横になって休む; 眠る. You must ～ from work now. 仕事をやめて休みなさい. Teachers can ～ in the summer. 教師は夏は仕事をしなくてもいい. I did not ～ at all last night. 昨晩は全然眠れなかった. (**b**) 〖英・婉曲〗〈be ～ing で〉〔俳優が〕仕事がない. (**c**) VA (地下に)眠る, 永眠する, 眠っている. May his soul ～ *in* peace! 彼の魂の

安らかならんことを.
2〈否定文で〉**安心している**, 落ち着いている, くつろぐ. I cannot ～ until [till] I know the whole truth. 真相をすっかり知るまでは安心していられない. She wouldn't let me ～ till I said "yes."「イエス」と言うまで彼女はしつこかった.
【休止する, 留まる】 **3** 🄥🄐 (～ ***on*** [***upon***] ..) **..に休止[停止]している**, 静止している, そのままである; 止まる; 〔視線などが〕..に注がれる, 留まる. The bird finally ～*ed on* the perch. 鳥はやっと止まり木に止まった. His eyes ～*ed on* the photo. 彼の目はその写真に注がれた.
4〖章〗〔問題, 議論などが〕そのままにされる, 保留される. We decided to let it [the matter] ～. 我々はその問題はもう話さないことに決めた. let the subject ～ 話題をそこで終える. **5**〖法〗〔事件の〕証拠提出が自発的に終了する. **6**〔農地が〕休耕中である.
【支えられる】 **7** 🄥🄐 (～ ***on*** [***upon***] ..) **..に**〔物が〕**置かれている**, **載っている**; (～ ***against*** ..) ..に寄りかかる. His chin ～*ed on* his hands. 彼は両手にあごを載せていた. The statue ～*ed on* a tall pedestal. 像は高い台の上に載っていた. ～ *against* a tree 木に寄りかかる.
8 (**a**)〈進行形不可〉🄥🄐 (～ ***on*** [***upon***] ..)〖章〗〔事実などが〕**..に基づく**. Your argument does not ～ *on* facts. 君の主張は事実に基づいていない. (**b**) 🄥🄐 (～ ***on*** [***upon***] ..) ..に頼る, 安心して頼る; ..次第である. Don't ～ *on* his promise. 彼の約束をあてにするな. I ～ *upon* your assurance. あなたの保証があるから安心している. Success often ～*s on* luck 成功するかどうかはしばしば運次第である. (**c**) 🄥🄐 (～ ***on*** [***upon***] ..) 〔責任などが〕..にある. Responsibility for this ～*s on* us as parents. これの責任は親としての我々にある. (**d**) 🄥🄐 (～ ***with*** ..)〔決定などが〕..にかかる; ..の責任である. The final decision ～*s with* the farmers themselves. 最終決定は農民自身にある. The fault ～*s with* him. 彼が悪い.
── ⑩ **1** (**a**) を**休ませる**, 休息させる; を安らかにする; を休止させる, 静止させる. He ～*ed* his tired horse. 彼は疲れた馬を休ませた. ～ one's eyes [feet, legs] 目[足]を休める. ～ oneself 休息[休養]する. Are you quite ～*ed*? 十分休息をとりましたか. (**b**)〔選手〕を休ませる. (**c**)〔神が〕を永眠させる. (May) God ～ his soul! 彼の霊の安らかならんことを.
2〔農地〕を休耕にする. We must ～ this field for one year. 1年この畑を休耕地にせねばならない.
3 🄥🄞🄐 (～ X ***on*** [***upon***] ..) X (視線など)を**..にじっと注ぐ**, 留まらせる. She ～*ed* her eyes *on* the scene. 彼女はその光景をじっと眺めた.
4〖法〗〔事件〕の証拠提出を自発的に終わらせる. I ～ my case.〖法〗これで弁論[立証]を終えます;〖戯〗私にはこれ以上言うことはありません.
5 🄥🄞🄐 (～ X ***on*** [***upon***] ..) X **を..に置く**, 据える, 載せる; (～ X ***against*** ..) X を..にもたれかからせる. He ～*ed* his body *on* the bar. 彼は横木にもたれかかった. *Rest* the ladder *against* the wall. 壁にはしごを立て掛けなさい.
6 (**a**) 🄥🄞🄐 (～ X ***on*** ..) X (議論など)を**..に基づかせる**. You must ～ your theory *on* facts. 理論は事実に基づかなくてはいけない. (**b**) 🄥🄞🄐 (～ X ***on, in*** ..) X (希望, 信頼など)を..に置く. He ～*ed* all hope *in* his child. 彼はすべての希望を子供にかけた.
rèst on one's láurels →laurel.
rèst úp〖米〗十分に休養[休息]する〈*for* ..のために〉.
[<古期英語; 原義は「(休息を取るまでの)行程」]

‡rest[2] /rest/ 图〈the ～〉
【残り】 **1**【数えられない残りの部分】🅄 **残り**; 残余;〈*of* ..の〉. I will leave the ～ to you. あとはあなたに任せます. The ～ is silence. 後は沈黙《Hamlet の最後の言葉》. I want to hear the ～ *of* the story. 話の残りを聞きたいですね. The ～ *of* the money was spent on books. 金の残りは本代になってしまった. She lived happily with her daughter's family for the ～ of her life. 彼女は余生を娘の家族と一緒に幸せに過ごした.
2【数えられる残りの部分】〈複数扱い〉その他の人々[物]; 残りの物[人々]〈*of* ..の〉. Meg stayed at home, but the ～ (*of* us) went shopping. メグは家に残ったが, (我々の)他の者は買い物に出かけた. The ～ *of* the oranges were put in the refrigerator. 残りのオレンジは冷蔵庫に入れた.
and (àll) the rést of it〖話〗その他のすべて, 等々. She was sick of the diapers and dishes *and all the ～ of it*. 彼女はおむつや皿洗いやその他一切の事にうんざりしていた.
and the rést (1) =and (all) the REST of it. (2) それよりずっと上である, そんなものではない.
for the rést〖章〗後は, その他については. *For the* ～, I quite agree with you. その他の事については私はあなたに全く賛成です.
The rèst is hístory. あとの話はだれでも知っていること(だから話す必要はない).
── 動 (～s /-ts/|過 過分 **rést·ed** /-əd/|**rést·ing**) ⓐ 🄥🄒 (～ X) X **のままである[いる]** (remain). A number of mistakes ～*ed* uncorrected in the final version. 最終の版でも多くの誤りが残っていた. It ～*s* a mystery. それは依然として謎(なぞ)である.
rèst assúred (that ..)〖章〗(..であると)確信[安心]している〈普通, 命令文で〉. *Rest* [You may [can] ～] *assured (that)* he will come. 大丈夫彼はきっと来ます.
rèst éasy 安心していい.
[<ラテン語 *restāre*「残る」(<re-+*stāre* 'stand')]

rést àrea 图 Ⓒ〖米〗(ハイウェーの)休憩エリア[地]《車から下りて休める》.

‡re·state /rìːstéit/ 動 ⑩ **1** を再び述べる; を再び声明する **2** を言い直す[換える].
▷**～·ment** 图 🅄Ⓒ 再声明; 言い換え.

‡res·tau·rant /rést(ə)rənt, -rɑ̀ːnt|rést(ə)rɔ̀ːŋ, -rɔ̀nt/ 图 (複 **～s** /-ts/) Ⓒ **料理店**, 飲食店, レストラン. eat at a ～ レストランで食事をする.

> 連結 a first-class [an elegant, an exclusive, an expensive, a posh; a modest; a dingy; a fast-food] ～ // run [operate; dine [eat] at] a ～

[フランス語「元気を回復させる店」(< *restaurer* 'restore')]

réstaurant càr 图 Ⓒ〖英〗(列車の) 食堂車「(dining car).

res·tau·ra·teur /rèstərətə́ːr|-tɔ(ː)rə-/ 图 Ⓒ〖章〗料理店主. [フランス語]

rést cùre 图 Ⓒ 安静療法.

rést dày 图 Ⓒ 休息日.

rést·ed /-əd/ 形 〈叙述〉(充分な休養で)元気な. feel ～ 休養を取って元気である.

rest·ful /réstf(ə)l/ 形 休息を与える; 静かな, 安穏な. live a ～ life in the country 田舎で静かな生活を送る. He hasn't had a ～ night's sleep in weeks. 彼は何週間も夜安眠していない. ▷**～·ly** 副 **～·ness** 图

rést hòme 图 Ⓒ (病弱な人, 老人などのための)保養所.

rést hòuse 图 Ⓒ (ホテルのない地域にある旅行者用の)宿泊所.

rést·ing-plàce 图 Ⓒ 休憩所;〖婉曲〗墓. one's「last [final] ～ 墓.

res·ti·tu·tion /rèstət(j)úːʃ(ə)n/ 图 🅄〖章〗**1** (盗品・遺失物などの)返還, 返却, 償還,〈*to* ..〔正当な所有者〕への〉; 弁償, 賠償,〈*of* ..の〉. The chemical plant made full ～ *to* the farmers *for* the spoiled crops. 化学工場は農民に対して被害にあった作物を全面的に弁償した. **2** 回復, 復旧; 復権.

res·tive /réstiv/ 形 **1** =restless 2. **2**〔馬などが〕進もうとしない, 御し難い;〔人が〕反抗的な, 強情な, (stub-

R

born). ▷ ～·ly 副 ～·ness 名

‡**rest·less** /réstləs/ 形 m **1** (少しも)休まない, 休止[停止]しない, 絶え間ない. ～ eyes きょときょと動く目. the ～ rustle of the leaves 間断なき木の葉のそよぎ.

2 〔人, 気分などが〕**落ち着かない**, そわそわした; 不安な. a ～ child 落ち着きのない子供. He is ～ in his movements. 彼は動作がせわしない. **3** 休息のない; 安眠できない. spend a ～ night 眠れぬ夜を過ごす.

▷ ～·ly 副 ～·ness 名

re·stock /rì:stɑ́k|-stɔ́k/ 動 他 に補充する〈*with* ..を〉; を補充する; を再び仕入れる. ～ the freezer *with* meat 冷凍庫に肉を補充する. ── 自 新たに仕入れる.

re·stor·a·ble /ristɔ́:rəb(ə)l/ 形 回復[復旧, 復興]できる; 元通りになる.

***res·to·ra·tion** /rèstəréiʃ(ə)n/ 名 **1** Ⓤ **回復**〈*to* ..への〉; 復旧, 復活; 復興, 再建. one's ～ *to* health 健康の回復. his ～ *from* sickness 彼の健康の回復. The government made full ～ of his rights as a citizen. 政府は彼の市民としての完全な復権を認めた. the ～ of peace 平和の回復.

2 Ⓤ (建築物, 美術品などの)**修復**, 復元; Ⓒ 修復[復元]されたもの; 修復工事[作業]. the ～ of a building 建物の修復. ～ work 復旧工事. The present palace is a mere ～. 現在の王宮は復元されたものに過ぎない.

3 (**a**) Ⓤ 復職, 復位. (**b**) 〖英史〗〈the R-〉王政復古《1660 年の Charles II 復位》, 王政復古時代《1660–85, 時に -88》. 参考 日本の「明治維新」は普通 the Meiji Restoration と英訳される.

4 Ⓤ (盗品・遺失物などの)返還. the ～ of the stolen diamond to its owner 盗まれたダイヤモンドの所有者への返還. ◇動 restore [restore, -ation]

Rèstoration cómedy 名 UC (英国の)王政復古時代 (1660–1700) の喜劇《William Wycherley, William Congreve などが代表的な作家》.

re·stor·a·tive /ristɔ́:rətiv|-stɔ́(:)r-/ 形 〖章・旧〗〔食物, 薬などが〕元気を回復させる. ── 名 UC 気付け薬, 強壮剤, 栄養食品; 〖旧・戯〗酒.

***re·store** /ristɔ́:r/ 動 (～s /-z/|過 過分 ～d /-d/|-stor·ing /-riŋ/) 他 【元へ戻す】 **1** 〔古い建物, 美術品などを〕**復旧する**, 再建する, 修復する, 復元する; (推定により)〔本文などを〕復元する; ～ a ruined building 壊れた建物を再建する. ～ an old painting 古い絵を修復する.

2 〔健康, 秩序などを〕**回復する**; 〔古い制度, 慣習などを〕復活させる; を回復させる; 戻す〈*to* ..〔常態〕に〉. ～ order 秩序を回復する. ～ hope [calm] 希望[冷静]を取り戻す. ～ one's sight [hearing] 視力[聴力]を取り戻す. He has been ～*d to* health. 彼は健康を回復した. feel quite ～*d* すっかり元気になる. His citizenship was ～*d*. 彼の市民権は回復された. ～ the death penalty 死刑を復活する. Just a drop of brandy quickly ～*d* her. ほんの少しのブランデーで彼女はすぐ元気になった.

3 VOA (～ X *to* ..) X を..に**復帰させる**, 復位させる. The king was ～*d to* the throne. 王は復位した. The Republican Party was ～*d to* power. 共和党が政権を奪回した.

4 VOA (～ X *to* ..) 〖章〗 X を..に返還する, 返す. ～ property *to* its owner 財産を所有者に返還する. ～ the book *to* the shelf 本を元の書棚に戻す. ◇名 restoration

[<ラテン語「再建する」(<re-+*staurāre* 'repair')]

re·stor·er /ristɔ́:rər/ 名 Ⓒ 元へ戻す人[もの]; 修復する人. a picture ～ 絵画修復業者. a hair-～ 毛生え薬.

***re·strain** /ristréin/ 動 (～s /-z/|過 過分 ～ed /-d/|～·ing) 他 **1** を**抑える**, 抑制する, 制止する. ～ one's grief [anger] 悲しみ[怒り]を抑える. I barely ～*ed* my impulse to strike him. 彼を殴ってやろうという衝動をかろうじて抑えた. You should learn to ～ yourself. 君は自分を抑える[口を慎む]ことを学ぶべきだ. ～ inflation インフレを抑える.

2 VOA (～ X *from* (*doing*)..) X に..させないようにする, ..(すること)を禁じる. We ～*ed* the boy *from* recklessness [*from* doing a reckless thing]. 私たちはその少年の無謀な行為をやめさせた. You must ～ yourself *from* overwork. 過労は避けなければいけない.

3 を取り押さえる, を束縛する, 拘束する〈*of* ..の点で〉; を拘置する, 監禁する. ～ a person *of* his liberty 人の自由を制限する.

◇名 restraint [<ラテン語 re-+*stringere*「縛る」]

‡**re·stráined** 形 控え目の; 〔文体などが〕抑制の効いた, 落ち着いた. ～ in color and design 色もデザインもおとなしい. ▷ **re·strain·ed·ly** /-ədli/ 副

†**re·straint** /ristréint/ 名 〖章〗 **1** UC 抑制, 制止〈*on* ..の〉; 制限; 禁止. He showed [exercised] admirable ～ in not answering her back. 彼がぐっとこらえて彼女に口答えしなかったのは偉かった. Her anger was beyond ～. 彼女の怒りは抑え切れないほど激しいものだった. wage ～ 賃金の抑制. put [impose] ～*s on* prices 物価を抑制する.

2 UC 拘束, 束縛; 監禁; Ⓒ 拘束力, 束縛するもの. be subject to ～ 束縛を受ける. the ～*s* of poverty 貧乏からくるいろいろな不自由.

3 Ⓤ 自制, 気がね, 遠慮; (表現などの)控え目, 節度. speak with ～ 控え目に話す. **4** Ⓒ シートベルト.

in restráint of.. ..を抑制して.

under restráint 拘束[束縛]されて; 〖婉曲〗(精神病院に)監禁されて. be put [kept] *under* ～ 拘束[監禁]される[されている].

without restráint 自由に, のびのびと; 遠慮会釈なしに. plunder *without* ～ 思いのままに略奪を働く.

[<古期フランス語 ('restrain' の過去分詞)]

***re·strict** /ristríkt/ 動 (～s /-ts/|過 過分 ～ed /-əd/|～·ing) 他 を**制限する**, 限定する, 〈*to* ..に〉(類語 設定される制限に強い禁止的な意味を伴うことが多い; → limit). The doctor told me to ～ myself *to* three cups of coffee a day. 医者は私にコーヒーを 1 日 3 杯に制限するようにと言った. Use of the tennis court is ～*ed to* club members. テニスコートの使用は会員に限る. ◇名 restriction [<ラテン語 *restrictus*「固く縛られた」(*restringere* 'restrain' の過去分詞)]

‡**re·stríct·ed** /-əd/ 形 **1** 制限された, 限られた; 〔場所などが〕狭苦しい. in a ～ sense 限られた意味で. on a ～ diet 食事を制限されて. **2** 〔文書などが〕機密の. **3** 〖米〗〖婉曲〗特定の人達に限られた《「白人(キリスト教徒)のための」の意で用いる》. ▷ ～·ly 副

restricted área 名 Ⓒ 〖英〗(自動車の)スピード制限区域; 〖米〗軍人の通行禁止区域.

***re·stric·tion** /ristríkʃ(ə)n/ 名 (複 ～s /-z/) **1** Ⓤ **制限**, 限定〈*of* ..の/*against* ..に対する〉; 拘束, 束縛. speed ～*s* 速度制限. the ～ *of* imports of arms 武器輸入の制限. the ～ *against* keeping dogs in apartment houses マンションで犬を飼うのを禁じる規定.

2 Ⓒ 制限[限定]するもの; 拘束[束縛]するもの; 〈*on* ..を〉. Severe ～*s* were placed *on* all political activities. あらゆる政治活動に厳しい制限が加えられた. lift [raise] a ～ 制限を解除する. ～*s on* one's movements 行動を束縛するもの. ◇動 restrict

> 連結 stringent [harsh; troublesome; necessary; official; legal] ～*s* // impose [enforce; tighten; ease, relax; abolish, lift, raise] a ～

without restríction 無制限に, 自由に; 遠慮なく.

‡**re·stric·tive** /ristríktiv/ 形 **1** 制限する, 限定する; 拘束する. **2** 〖文法〗制限的な (↔nonrestrictive).

▷ ～·ly 副 ～·ness 名

R

restrìctive cláuse 名 C **1** 制限条項. **2**〘文法〙制限節 (→relative clause).

restrìctive práctice 名 C 〘英〙(企業間の)生産制限協定; (労組などによる)生産抑制路線.

rest·room, rést ròom 名 C 〘米〙(劇場などの)洗面所, トイレ.

‡**re·struc·ture** /ri:strʌ́ktʃər/ 動 他 の構造改革をする, 〔組織〕を立て直す, のリストラを実行する.

re·strúc·tur·ing /-tʃ(ə)riŋ/ 名 aU 構造改革, 再構築, リストラ, (組織の)立て直し.

rést stòp 名 C 〘米〙(幹線道路わきの)駐車場, 待避所, 休憩所, (〘英〙 lay-by); (トイレ)休憩.

*‡**re·sult** /rizʌ́lt/ 名 (複 **~s** /-ts/) **1** UC **結果** (↔cause), 効果; 成り行き, 結末; (類語 結果を表す一般的な語であるが, 一連の effect 又は consequence の集合としての最終的な結果に重点がある; →outcome). the ~ of the election 選挙の結果. The ~ was that he was set free. 結局彼は釈放された. His failure was the direct ~ of his laziness. 彼が失敗したのはただ怠けていたからだ. The ~*s* of the experiment were highly satisfactory. 実験の結果はきわめて満足すべきものであった. the net [end, final] ~ 最終的な結果.

2 UC 成果; 〈しばしば ~s〉(試験, 競技などの)成績; C 〘英話〙(特にサッカーの)勝ち. Their attempt finally got [bore] ~*s*. 彼らの試みはようやく成果を生んだ. show little ~ 成果があまり上がらない. Her hard work is beginning to show ~*s*. 彼女の苦労も実を結び始めた. The ~*s* of the examination were announced. 試験の成績が発表になった. need a ~ 〘英話〙 勝つ. baseball ~*s* 野球の試合結果.

連結 good [excellent, remarkable, splendid; bad, poor] ~*s* // achieve [obtain; produce, yield] ~*s*

3 C 〘英話〙〈普通, 単数形で〉(特にフットボールでの)勝利. We need a ~ from this match. この試合にはぜひ勝たねばならない.

4 C 解答, 答え. What is the ~ of the calculation? 計算の結果は何と出ましたか.

as a resúlt* 〘章〙 **その結果(として). He kept on drinking against his doctor's advice; *as a* ~, he is now an alcoholic. 彼は医師の忠告を無視して酒を飲み続けたが, その結果, 今やアル中患者になってしまった.

as a resúlt of..* 〘章〙 **..の結果(として). Prices are dropping *as a* ~ *of* oversupply. 供給過剰のため物価は下がりつつある.

in the resúlt 結局.

withòut resúlt むだに, 効果なく (with no result).

with the resúlt that.. 〘章〙 ..という結果になって, その結果. She had walked in the rain for hours, *with the* ~ *that* she caught cold. 彼女は雨の中を何時間も歩いたが, その結果風邪を引いた.

── 動 (**~s** /-ts/|過 過分 **~·ed** /-əd/|**~·ing**) 自 **1 結果として起こる**[生じる]. Many attempts have been made, but few improvements have ~*ed*. いろいろ試みられたが結果的には大した改善も行われなかった.

2 VA (~ *from* ..) ..から生じる, 起こる. This tragedy ~*ed from* ignorance. この悲劇は無知から生じた.

**resúlt in .. ..に終わる*, ..という結果になる, に帰着する 〈受け身不可〉. His efforts ~*ed in* success [failure]. 彼の努力は功を奏した[失敗に終わった]. The driver's carelessness ~*ed in* the death of a pedestrian. 運転手の不注意で通行人が 1 人死んだ.

[<ラテン語「跳ね返る, はずむ」(<re-+*sultāre* 'leap')]

‡**re·sult·ant** /rizʌ́ltənt/ 形 〘章〙〈限定〉**1** 結果として生じる[生じた]. **2** 合成された. ~ force 合力. ── 名 U **1** 結果. **2**〘物理〙合力.

***re·sume**[1] /riz(j)ú:m/ 動 (**~s** /-z/|過 過分 **~d** /-d/|**-sum·ing**) 他 〘章〙 **1** VO (~ X/*doing*) (中断した後) X を/..することを再び始める, 再び続ける, 再開する; 〘章〙 VO (~ "引用")「..」と再び話し始める. She ~*d* her correspondence with him after a long silence. 長い間途絶えていた彼との文通を彼女は再開した. He ~*d* speak*ing* where he had left off. 中断した元の所へ戻って彼は話を続けた. "As I was saying," she ~*d*. 「さっきの話だけど」と彼女はまた話し始めた.

2 を再び取る[占める]; を取り返す[戻す]; を再び身に着ける. He finished speaking and ~*d* his seat. 彼は話を終えて又着席した[席に戻った]. ~ one's liberty 自由を取り戻す.

── 自 〘章〙 再び始まる; 再び話をする, 続けて言う. Peace talks ~*d*. 平和会談が再開された.

◇名 resumption [<ラテン語「再び取る」(<re-+*sūmere* 'take')]

†**ré·su·mé, re·su·me**[2] /rézumèi, ―ˊ―|-zju:-/ 名 C **1** 要約 (summary), 梗(こう)概, レジュメ. **2**〘米・オース〙履歴書 (curriculum vitae 〘英〙). [フランス語 'resumed']

re·sump·tion /rizʌ́m(p)ʃ(ə)n/ 名 UC 〘章〙 **1** 再開, 続行. the ~ of discussion 討議の再開. **2** 取り返すこと; 回収, 回復. the ~ of peace [one's health] 平和[健康]の回復. ◇動 resume

re·sur·face /ri:sə́:rfəs/ 動 他 〔道路など〕の表面を新しくする, を再舗装する. ── 自 〔潜水艦などが〕再び浮上する; 〔記憶が〕再び蘇る; 〔盗品・遺失物などが〕出てくる; 〔人が〕人前に再び現れる.

‡**re·sur·gence** /risə́:rdʒ(ə)ns/ 名 U 〘章〙 再起; 再発; 復活. enjoy a ~ *in* popularity 人気が戻る.

re·sur·gent /risə́:rdʒ(ə)nt/ 形 〘章〙〔元気, 活動などが〕再起した; 復活する, 生き返る.

‡**res·ur·rect** /rèzərékt/ 動 他 **1** 〔死者〕を生き返らせる, よみがえらせる. **2** 〔廃れたものなど〕を復活させる, 呼び起こす, 復興する, 再び世に出す. ~ an old practice 古い習慣を復活させる.

†**res·ur·rec·tion** /rèzərékʃ(ə)n/ 名 U **1** よみがえり, 生き返り; 〈the R-〉キリストの復活; 〘キリスト教〙(最後の審判の日における)全人類の復活. I am the ~ and the life. 〘聖〙わたしはよみがえりであり, 命である《キリストの言葉;「わたしを信じる者は死んでも生きる」の意》. **2**〘章〙復興, 復活, 再流行; 再起. the ~ of an old theory 古い理論の復活. [<ラテン語 *resurgere* (→resource) の過去分詞; -ion]

‡**re·sus·ci·tate** /risʌ́sətèit/ 動 他 〘章〙 **1** を生き返らせる; の意識[元気]を回復させる. **2** を復興する, 復活させる. ~ a depressed area 窮乏地区を復興する.

re·sùs·ci·tá·tion 名 U 〘章〙 **1** 生き返り, 蘇(そ)生. **2** 復興, 復活.

re·sus·ci·ta·tor /risʌ́sətèitər/ 名 C 復活する[させる]人; 人口呼吸器.

ret. retired; returned.

re·tail** /rí:tèil/ 名 U **小売り**. a ~ dealer [price] 小売り商人[価格]. a ~ store 小売り店. ~ business [trade] 小売り業. ***at〘米〙[***by***〘英〙] ***rétail*** 小売りで.

── 副 **小売りで**. sell ~ 小売りする.

── /2 では ritéil/ 動 (**~s** /-z/|過 過分 **~ed** /-d/|**~·ing**) 他 **1 を小売りする**. **2**〘章〙〔話など〕を受け売りする, 〔うわさなど〕を言いふらす. ~ gossip うわさを言いふらす.

── 自 VA (~ *at, for* ..) ..で小売りされる. The album ~*s at* [*for*] $10. このアルバムは小売り値 10 ドルです. ◇↔wholesale [<古期フランス語「切り取る」]

rétail bànk 名 C 〘英〙小売銀行《大衆や中小企業を対象とする》.

†**re·tail·er** /rí:tèilər, 2 では ritéilər/ 名 C **1** 小売り商人 (↔wholesaler). **2** (うわさなどを)言いふらす人, 金棒(かなぼう)引き.

rètail príce ìndex 名 〈the ~〉〘英〙小売り物価

R

指数《月ごとに発表され, 生活費の変動を示す; 略 RPI.; 〖米・オース〗consumer price [cost of living] index》.

rètail tráde 名 UC 小売り業.

***re·tain** /ritéin/ 動 (~s /-z/|過 過分 ~ed /-d/|~·ing) 他 〖主に章〗 **1** を**保つ**, 保有する, 保持する, (keep); を持ち続ける, 維持する; をあるべき場所に保つ, 抑える; (類語 特に, 望ましく有益なものを失わないことに重点がある; →have). His English still ~*s* a French accent. 彼の英語はまだフランス訛(なま)りが抜けない. Though an old man now, he~*s* his former strength. 彼はもう年だが体力はまだ相変わらずである. This thermos bottle ~*s* heat very well. この魔法瓶は保温性がすごくよい. ~ one's pride [dignity] 誇り[威厳]を失わない. a bank to ~ flood waters 洪水を食い止めるための堤防.

2 を**記憶している**, 覚えている. The old man ~*s* past events well. その老人は過去の出来事をよく覚えている.

3 〔召使いなど〕を雇っておく, 〔弁護士など〕をかかえておく. ◇名 retention [<ラテン語 *retinēre*「抑えておく」(<re-+*tenēre* 'hold')]

retàined óbject 名 C 〖文法〗保留目的語《VOO の文が受け身になった時に主語にならずに動詞の次に残った目的語》.

re·táin·er 名 C **1** 保持者, 保留者. **2** 〖史・戯〗家来, 家臣, 従者, 《servant より格が上》. **3** =retaining fee; 〖英〗(貸室などの使用権)保留料《未使用期間には通常賃貸料の割引額を支払う》.

retáining fèe 名 C 弁護依頼料《依頼した時に払う》.

retáining wàll 名 C 〖建〗擁壁, 支え壁, 《台地などの側面に土留(ど)め用に作る壁》.

re·take /rìːtéik/ 動 (→take) 他 **1** を再び取る, 取り返す, 奪還する; を回復する. **2** 〖映・テレビ〗を撮り直す; を録音し直す. **3** 〔試験など〕を再び受ける.
── /⌐⌐/ 名 〖話〗 **1** 〖映・テレビ〗U 撮り直し; C 撮り直しの場面[シーン], 再録音. do a ~ 撮り直す. **2** C 再試験(の受験者).

re·tak·en /rìːtéikən/ 動 retake の過去分詞.

‡re·tal·i·ate /ritǽlièit/ 動 自 仕返しする 〈*against*, *for* ..〔行為〕に/*by* do*ing* ..して/*with* ..で〉; 報復する 〈*on*, *upon*, *against* ..〔人〕に〉. He ~*d* swiftly *for* what we did to him. 彼は私たちがしたことに対してすぐ仕返しをした. ~ *on* [*upon*] one's enemy 敵に報復する. Frank hit me on the cheek, so I ~*d against* him *by* hitting back. フランクが私のほおを殴ったので殴り返して報復した. ── 他 〔人, 行為〕に対して仕返しする. He ~*d* the insult with a blow. 彼は侮辱を受けたので殴って仕返しをした. [<ラテン語「同じ手段で報復する」]

R

re·tàl·i·á·tion 名 U 報復, 仕返し 〈*against* ..への〉. in ~ for ..に対する報復として.

re·tal·i·a·to·ry /ritǽliətɔ̀ːri|-t(ə)ri/ 形 〖章〗報復的な, 仕返しの. a ~ measure 報復措置.

re·tard /ritɑ́ːrd/ 動 〖主に章〗他 を遅くする, 遅らせる; を妨げる. The traffic congestion ~*ed* our arrival. 交通渋滞のため私たちは到着が遅れた. Lack of sunlight ~*s* the growth of the crops. 日照不足は農作物の生育を妨げる. ── 自 遅れる, 速力が落ちる.
── /ríːtɑ̀ːrd/ 名 C 〖米俗・軽蔑〗知恵遅れ(の人).

re·tar·da·tion /rìːtɑːrdéiʃən/ 名 〖章〗 **1** U 遅延; 遅滞. *mental* ~ 精神遅滞. **2** U 妨害; C 妨害[障害]物.

‡re·tárd·ed /-əd/ 形 〖旧・軽蔑〗〔子供が〕知恵遅れの. a (mentally) ~ child 知恵遅れの子供.

retch /retʃ/ 動 自 吐き気を催す, むかつく, (vomit).

retd retired.

re·tell /rìːtél/ 動 (→tell) 他 を再び語る, 再説する; (易しく又は別の言葉で)を語り直す, 書き直す. a Greek myth *retold* for children 子供向けに(易しく)書き直されたギリシアの神話.

‡re·ten·tion /riténʃ(ə)n/ 名 U 〖章〗 **1** 保持(力), 保有; 保存; 維持. the ~ of power as a dictator 独裁者としての権力の保持. **2** 記憶(力). **3** 〖医〗分泌閉止. ~ of urine 閉尿. ◇動 retain

re·ten·tive /riténtiv/ 形 **1** 保持力のある; 保持する 〈*of* ..を〉. a ~ soil 水気をよく保つ土. be ~ *of* old customs 古い習慣を保持する. **2** 〔記憶力が〕強い; 記憶の(よい). a man of wide learning with a ~ memory 博覧強記の人. ▷ **~·ly** 副 **~·ness** 名 U

‡re·think /rìːθíŋk/ 動 (→think) 他, 自 VO (~ X/*wh* 節・句) (X を/..かを)再び考える, 考え直す. ── /ríːθìŋk/ 名 aU 〖話〗考え直すこと. have a ~ 考え直す.

re·thought /rìːθɔ́ːt/ 動 rethink の過去形・過去分詞.

ret·i·cence /rétəs(ə)ns/ 名 UC 〖章〗無口, 沈黙がち; 控え目; (芸術上の)感情[表現]の抑制.

‡ret·i·cent /rétəs(ə)nt/ 形 〖章〗寡黙な, 口数の少ない; (多くを)語らない, 口を割らない, 〈*about*, *on* ..について〉; 控え目な. be ~ *about* one's past 自分の過去を語りたがらない. ▷ **~·ly** 副

re·tic·u·late /ritíkjəlèit/ 〖章〗 動 他 を網状にする. ── 自 網状になる. ── /-lət/ 形 =reticulated.

re·tíc·u·làt·ed /-əd/ 形 〖章〗網状の.

re·tìc·u·lá·tion 名 UC 〈しばしば ~s〉 網状組織, 網目(模様).

ret·i·cule /rétəkjùːl/ 名 C 〖古・戯〗(網目細工などの)小さな婦人用ハンドバッグ, 巾着(きんちゃく), ポーチ.

‡ret·i·na /rétənə/ 名 (複 **~s, ret·i·nae** /-nìː/) C 〖解剖〗(眼球の)網膜. detachment of the ~=detached ~ 網膜剝離(はくり).

ret·i·nal /rétənl/ 形 〖解剖〗網膜の.

ret·i·nue /rétən(j)ùː|-njuː/ 名 C 〈単数形で複数扱いもある〉〈集合的〉(特に王侯, 貴族などの)随員, 従者.

‡re·tire /ritáiər/ 動 (~s /-z/|過 過分 ~d /-d/|-tir·ing /-(ə)riŋ/) 【引っ込む】 自 **1** 〖章〗**退く**, 立ち去る, 〈*to* ..へ〉; 〔海岸線などが〕引っ込む; 〖軍〗引き下がる《追われて逃げるのでなく, 自発的に後退すること; retreat の婉曲語としても用いる》; 〖野球・クリケット〗〔打者が〕アウトになる. They all ~*d to* their rooms after supper. 彼らは皆夕食後それぞれの部屋に引き上げた. At low tide, the sea ~*s* some 300 yards. 引き潮になると海岸線は約 300 ヤード後退する.

2 〔スポーツ選手などが〕**引退する**; (定年で)退職する, 退役する; 隠居する; 〔選手が〕(怪我などで)棄権する, リタイアする; 〈*from* ..から〉 (類語 一般的にも使うが, 特に定年を迎えての退職に使うことが多い; →resign). ~ *from* public life 公の生活から引退する. ~ early 定年前に退職する. ~ on a pension at the age of 65 65 歳で(定年)退職して年金生活に入る. Illness forced him to ~ *from* office. 病気のため彼は退職せざるを得なかった. ~ *from* military service 軍隊を退役する. He ~*d* into the country and spent the rest of his life there. 彼は田舎へ引っ込みそこで余生を送った. ~ *as* Professor of English at ..の英語[英文]学教授を引退する.

3 〖章・戯〗床に就く, 就寝する, (go to bed). She ~*d* to bed early last night. 彼女は昨日は早く寝た. ~ for the night 就寝する.

4 〔陪審員が〕(評決をするために)退廷する.
── 他 **1** を退職[退役]させる; 〖軍〗を退かせる; を退却させる. **2** 〖野球・クリケット〗〔打者〕をアウトにする.
3 〖経〗〔紙幣〕を回収する. ◇名 retirement
retíre into oneself (交際を嫌って)自分の殻に閉じこもる, 黙り込む.
[<古期フランス語「引き戻す」(<re-+*tirer* 'draw')]

***re·tired** /ritáiərd/ 形 **1** C **引退した**, 退職した, 退役の; 退職者のための. live a ~ life 引退生活を送る. a ~

military officer 退役陸軍将校. a ～ pension 退職年金. **2**〖旧章〗人目につかない, ひっそりした;〔土地などが〕辺鄙(ぴ)な. a ～ corner 片隅. a ～ village 辺鄙な村.

‡**re·tir·ee** /ritái(ə)ri:|-ˏ-ˊ-/ 名 C 〖米〗引退者; 退職者, 年金生活者.

***re·tire·ment** /ritáiərmənt/ 名 (複 **～s** /-ts/) **1** UC **引退**, 退職, 退役. on ～ 退職(する)時に. take early ～ 定年前に退職する. come out of ～ 引退後復帰する.
2 U 隠遁(とん), 閑居; C 隠れ家; 片田舎. live in ～ 隠遁生活をする. go into ～ 引退[退職隠居]する. **3** C 退去, 退却. **4**〈形容詞的〉引退の, 退職の. ～ age 定年. a ～ present [party] 退職記念品[パーティー].

retírement commùnity 名 C 〖米〗退職者用住宅地[コミュニティー].

retírement hòme 名 C 退職者[老人]用住宅;「老人ホーム.

retírement pènsion 名 C 〖英〗退職年金 (old-age pension).

retírement plàn 名 C 〖米〗個人年金計画 (〖英〗pension plan); 企業年金計画 (〖英〗pension scheme).

re·tir·ing /ritái(ə)riŋ/ 形 **1** 引っ込みがちな, 遠慮深い, 内気な. The girl is of a ～ nature. その少女は内気である. **2**〈限定〉(まもなく)引退する, 退職する. a ～ diplomat 引退する外交官.
── 名 U 引退, 退職;〈形容詞的〉退職の. ～ age 定年. a ～ allowance [pension] 退職金[年金].

re·told /ri:tóuld/ 動 retell の過去形・過去分詞.

re·took /ri:túk/ 動 retake の過去形.

re·tool /ri:tú:l/ 動 他 〔工場など〕の機械[器具]などを入れ替える;〖米〗を再編成する. ▷ **～·ing** 名 U

***re·tort**[1] /ritɔ́:rt/ 動 (**～s** /-ts/|過 過分 **～·ed** /-əd/|**～·ing**) 他 **1** VO (～ *that* 節/"引用") ..と/「..」と言い返す (類語 不快なことなどを言われて, 怒って言い返すこと; →answer). She *～ed that* it was none of his business. あんたの知ったことじゃないと彼女は(彼に)言い返した. "It's you who are wrong," he *～ed*.「間違っているのは君だ」と彼はやり返した.
2〔悪口など〕の仕返しをする, をしっぺ返しする,〈*on* ..に〉. The wife *～ed* the same insults *on* her husband. 妻は夫に負けずにののしり返した.
── 自 言い返す〈*on, upon, against* ..に〉. ～ *on* one's accuser 非難する者に逆ねじを食わせる.
── 名 (複 **～s** /-ts/) UC **口答え**, 言い返し; 逆ねじ, しっぺ返し. in ～ 口答えして; しっぺ返しに. make a ～ to .. に言い返す.
[＜ラテン語「ねじり返す」(＜re-＋*torquēre* 'twist')]

re·tort[2] 名 C 〖化〗レトルト, 蒸留器.

re·touch /rì:tʌ́tʃ/ 動 他 〔写真, 絵, 文章など〕に手を入れる, を修正する.

‡**re·trace** /ritréis/ 動 他 **1**〔道〕を引き返す, 戻る;〔同じ道〕を再びたどる. **2** の起源を尋ねる, をさかのぼって調べる. The police *～d* the sequence of events. 警察は事件の次第をさかのぼって調べた.
retràce one's stéps [wáy] (1)(来た道を)後戻りする. ～ one's *steps* to the starting point 出発点まで後戻りする. (2) やり直す.

‡**re·tract** /ritrǽkt/ 動 他 〖章〗**1** を引っ込める; を収縮させる. The turtle *～ed* his head *into* his shell. カメは甲羅の中に首を引っ込めた. **2**〔宣言, 約束など〕を取り消す, 撤回する, '引っ込める'. ～ one's promise 約束を取り消す. He *～ed* what he had said. 彼は前言を撤回した. ── 自 **1** 引っ込む; 縮む. ～ *into* its shell 殻の中に引っ込む. **2** 取り消す. ～ *from* one's promise 約束を取り消す. [＜ラテン語「引き戻す」(＜re-＋*trahere* 'draw')]

re·tráct·a·ble 形 **1** 引っ込められる[格納式の]〔(飛行機の)車輪など〕; 伸縮自在の. **2** 取り消し得る.

re·trac·tile /ritrǽktl|-tail/ 形 (猫のつめ, カメの頭のように)引っ込められる.

re·trác·tion 名 UC **1** (つめなどを)引っ込めること. **2** (前言などの)取消し, 撤回.

‡**re·train** /ri:tréin/ 動 他 (再就職のため)に改めて職業訓練を施す, を再教育する; VOC (～ X *to do*) X が..できるように再教育する. ── 自 職業訓練を受け直す. ▷ **～·ing** 名

re·tread /rì:tréd/ 動 他 〔自動車などの古タイヤ〕に溝を付け直す. ── /ˊ-ˏ-/ 名 C 再生タイヤ (〖英〗remould; 〖米〗recap, remold).

***re·treat** /ritrí:t/ 名 (複 **～s** /-ts/) **1** UC **退却**, **後退**; 〈普通 the ～〉退却の合図. be in (full) ～ (総)退却中である. make a ～ 退却する. sound the ～ 退却の合図のらっぱ[太鼓]を鳴らす. **2** U 引退; 隠遁(とん); C 隠退の地, 隠れ家; 避難所; 休息の場. go into ～ 隠遁生活に入る. a summer ～ 避暑地.
3 UC (集団で閉じこもってする宗教的)黙想(期間). be in [go into] ～ 黙想(期間)中である[に入る].
bèat a (hasty) retréat (1) 退却の太鼓を打つ, (急いで) 退却する; (急いで)逃げ去る[出す]. He saw me coming and *beat a hasty* ～. 彼は私がやって来るのを見てさっさと逃げ出した. (2) (事業などから)(さっさと)手を引く.
make gòod one's retréat 無事に逃れる.
── 動 (**～s** /-ts/|過 過分 **～·ed** /-əd/|**～·ing**) 自 **1** 退く, 立ち去る, 逃れる, 後退する,〈*from* ..から〉. The tramp *～ed from* the watchdog. 浮浪者は番犬から後ずさりした. The pain *～ed*. 痛みが去った. **2**〔特に軍隊が〕**退却する** (↔advance). force the enemy to ～ 敵を退却させる. **3** 引っ込む. ～ into the country 田舎に隠遁する. ～ into a fantasy world 空想の世界に引きこもる.
[＜古期フランス語; retract と同源]

re·trench /ritréntʃ/〖章〗動 他 **1**〔費用など〕を切り詰める, 節約する. **2** を削除する; を短縮する; を切り取る. ── 自 節約する, 倹約する. ～ in expenditure 出費を抑える.

re·trénch·ment 名 UC 〖章〗**1** (費用などの)削減, 節約. **2** 省略; 縮小.

re·tri·al /rì:tráiəl, ˊ-ˏ-/ 名 C やり直し; 再試験, 再審.

‡**re·tri·bu·tion** /rètrəbjú:ʃ(ə)n/ 名 U 〖章〗報い, 応報; 天罰. He thought divine [God's] ～ had at last caught up with him. 彼は天罰が遂に来たと思った.

re·trib·u·tive /ritríbjətiv/ 形 〖章〗報いの, 天罰の.

‡**re·tríev·a·ble** 形 取り返しのつく, 回復できる; 償いのできる.

‡**re·triev·al** /ritrí:v(ə)l/ 名 U **1**〖章〗取り返し, 回復; 修正, 訂正; 埋合せ, 償い. Bygone days are beyond [past] ～. 過去は取り返しがきかない. **2**〖電算〗(情報の)検索. information [data] ～ 情報[データ]の検索.

retríeval sỳstem 名 C 〖電算〗情報検索システム.

†**re·trieve** /ritrí:v/ 動 他 **1**〖章〗を(見つけて)取り返す; を回収する. ～ one's lost purse なくしたハンドバッグを再び手にする. ～ a space rocket 宇宙ロケットを回収する.
2〔猟犬が獲物など〕を捜して取って来る (→retriever).
3〖章〗を回復する;〔損失など〕を償う, 埋め合わせる;〔誤りなど〕を訂正する, 繕う. ～ one's honor 名誉を回復する. ～ the situation (悪くなった)状況を救う.
4〖章〗を救う; を更生させる;〈*from* ..から〉. ～ a person *from* misfortune 人を不幸から救い出す.
5〖電算〗〔情報〕を検索する. My computer is quick to ～ stored information. 私のコンピュータは入力してある情報をすぐに検索できる.
── 自 〔猟犬が〕獲物を捜して取って来る.
retríeve onesèlf 名誉を回復する; 改心[更生]する.
── 名 U 取り返し, 回復(の見込み).

R

beyond* [*past*] *retríeve 回復の見込みがない, もう取り返せない. Your blunder is *beyond* ～. 君の犯した過失は取り返しがつかない.
[＜古期フランス語「再び見つける」(＜re-＋*trover* 'find')]

re·tríev·er 名 C **1** 取り戻す人. **2** レトリーヴァー《獲物を回収するように訓練された犬》.

ret·ro /rétrou/ 形 **1** 復古調の, レトロの. **2**〖話〗＝retroactive. a ～ pay raise さかのぼっての昇給.
── 名 (複 ～s) ＝retrorocket.

ret·ro- /rétrou/ 〈複合要素〉「後へ, 逆に, さかのぼってなど」の意味. *retro*gress. *retro*spect. [ラテン語 *retrō* 'backwards']

rètro·áctive /⑱/ 形〖章〗〔効力などが〕過去にさかのぼる; 〔法律などが〕遡(そ)及力のある; 〈*to* ..まで〉. ▷～**·ly** 副

ret·ro·fire /rétrəfàiər/ 動 他 〔ロケット〕に逆推進発火させる. ── 自 逆推進発火する.
── 名 U 逆推進発火 (→retrorocket).

ret·ro·fit /rètrəfít/ 動 他 〔飛行機, 機械など〕を(部品の入れ替えなどで)改造[改良]する.

ret·ro·flex(ed) /rétrəflèks(t)/ 形 **1**〖音声〗そり舌の, 反転音の. **2**〖章〗そり返った, 反転した; 後屈の.

ret·ro·flex·ion /rètrəflékʃ(ə)n/ 名 U **1**〖音声〗そり舌[反転]音《アメリカ英語の /r/》. **2** 反転, そり返り; 〖医〗(子宮)後屈.

ret·ro·grade /rétrəgrèid/ 形 **1**〖章〗後退する, 後戻りする; 〖天〗〔惑星が〕逆行する. a ～ step 時代に逆行する処置[手段]. **2**〖章〗退歩[退化]する.
── 動 自 **1**〖章〗逆行する, 逆戻りする; 退歩[退化]する. **2**〖天〗〔惑星が〕逆行する.

ret·ro·gress /rètrəgrés/ 動 自 **1**〖章〗後退する; 退歩する. **2**〖生物〗退化する.

ret·ro·gres·sion /rètrəgréʃ(ə)n/ 名 aU **1** 逆戻り, 後退. **2** 退歩; 〖生物〗退化.

ret·ro·gres·sive /rètrəgrésiv ⑱/ 形 〖主に章〗 **1** 後退する, 逆戻りする. **2** 退歩する, 退化する. ▷～**·ly** 副

rétro·ròcket 名 C 逆推進ロケット.

‡**ret·ro·spect** /rétrəspèkt/ 名 U 回顧, 追想, 懐旧, (↔prospect).
in rétrospect 振り返って見ると, 回顧してみれば. These ten years appeared to him, *in* ～, scarcely longer than a week. この10年は振り返って見ると1週間ほどの長さしかなかったように彼には思われた.

rèt·ro·spéc·tion 名 UC 回顧, 追想, 思い出.

‡**ret·ro·spec·tive** /rètrəspéktiv ⑱/ 形 **1** 回顧の, 懐旧の, (↔prospective). a ～ exhibition [show] 回顧展. **2** ＝retroactive. ── 名 C (画家などの)回顧展; (俳優などの)回顧上演. ▷～**·ly** 副

re·trous·sé /rètru:séi ⑱|rətrú:sei/ 形 〔鼻などが〕上向きの, そり返った. [フランス語 'tucked up']

rétro·vìrus 名 C 〖生化〗レトロウイルス《RNA を持ち, 感染細胞内で DNA を合成するウイルス》.

re·try /rì:trái/ 動 (→try) 他 を再び試みる; 〔事件, 被告〕を再審する.

ret·si·na /retsí:nə/ 名 UC レチーナ(ワイン)《樹脂の香りを付けたギリシア産ワイン; →resinated》.

‡**re·turn** /ritə́:rn/ 動 (～s /-z/|過 過分 ～ed /-d/|～·ing) 自 【戻る】 **1** 帰る, 戻る; 復帰する 〈*to* ..に/*from* ..から〉. ～ *from* Osaka *to* Tokyo 大阪から東京に帰る. He ～*ed* home *from* a trip to Europe only yesterday. 彼はつい昨日ヨーロッパ旅行から帰って来たところだ. She left home never to ～. 彼女は故郷を出て二度と戻らなかった. The climbers all ～*ed* safe. 登山者はみんな無事に帰って来た (★safe は補語に似た働きをしている; safe 形 1(b)).
2 VA (～ *to* ..) 〔元の状態, 話題など〕に返る, 戻る. Now let's ～ *to* our subject. さて本題に戻りましょう. ～ *to* one's former position 以前の地位に復帰する. ～ *to* work 職場復帰する《特に産後の女性が》. ～ *to* life 生き返る. ～ *to* one's bad habit また悪い癖が始まる. The bus service will ～ *to* normal in half an hour. 30分後にはバスの運行は正常に戻るだろう. He ～*ed to* (his) reading as though nothing had happened. 彼は何事もなかったかのようにまた読み始めた.
3 再び来る, 巡る; 〔病気, 戦争などが〕再発する. Spring has ～*ed*. また春になった. The pain has ～*ed* to my feet. 足がまた痛くなった.
【返答する】 **4** 答える; 言い返す. **5**〖球技〗球を打ち返す; 〖ゴルフ〗後半の9ホールを回る〈*in* ..で〉.
── 他 【返す】 **1** 〔借りた物など〕を**返す**, 戻す; VOO (～ X Y)・VOA (～ Y *to* X) X に Y **を返す**, 戻す, 返却する, (★ VOO は〖主に英〗の疑問文・否定文で). Please ～ your overdue books. 期限切れの本をお返しください. *Return* the tools (back) where they belong. 道具を元あった場所に戻しなさい. The incident ～*ed* his thoughts *to* that day. その出来事で彼はあの日のことを思い出した. He did not ～ me the money.＝He did not ～ the money *to* me. 彼は私に金を返さなかった.
2 で報いる, を返す, 〈*for* ..に対して〉; に報いる, お返しをする, 〈*with* ..で〉. ～ a blow 殴り返す. ～ a visit 答礼の訪問を行う. ～ a compliment お世辞のお返しをする. She's longing for John to ～ her love. 彼女はジョンが自分の愛にこたえてくれるのを切に願っている. The soldiers ～*ed* fire. 兵士たちは撃ち返した. ～ evil *for* good＝～ good *with* evil 恩をあだで返す. ～ like *for* like 売り言葉に買い言葉で応じる.
3 【利益を返す】〔利益など〕を生む. an investment which ～*s* good interest 利回りの良い投資.
【返答する】 **4**〖旧〗VO (～ "引用")「..」と返事をする, 言い返す. "This is my country, right or wrong," he ～*ed*.「良くても悪くてもここは私の国です」と彼は答えた.
5 【照会, 諮問に答える】〖章〗を報告する; 〔税額など〕を申告する〈*as* ..と〉; 〔陪審員などが〕を答申する; VOC (～ X Y) X を Y と答申する. ～ a list of candidates to the committee 候補者の氏名一覧を委員会に報告する. The jury ～*ed* a verdict of not guilty. 陪審は無罪の答申を出した. The accused was ～*ed* guilty. 被告人は有罪と答申された.
6 【議会へ答える】〔代議士〕を選出する, 当選させる, 〈普通, 受け身で〉. He was ～*ed* to the Senate practically uncontested. 彼はほとんど無競争で上院に選出された. James was ～*ed as* Member of Parliament *for* London Central. ジェイムズはロンドン中央選挙区から下院議員に選出された.
7 【球などを返す】〖球技〗を打ち返す; 〖フットボール〗〔球〕を奪取してゴール方向に走る; 〖トランプ〗に同じ札で応じる.
8 〔音, 光など〕をはね返す, 反響[反射]する.
9 〖建〗〔刳(く)り形など〕を(直角に)折り返す.
(*nòw*) *to retúrn* (さて)本題に帰るとして.
retùrn thánks 〖章〗(1) 礼を言う〈*for* ..に対して〉. (2) (乾杯などに答えて)礼を言う, (食前の祈りで)神に感謝する (say grace).
***retùrn the cómpliment* [*fávor*]** 返礼する; お返し[[仕返し]をする.
retùrn to dúst 土に帰る, 死ぬ.
retùrn unópened 〖英俗〗オールドミスのまま死ぬ.
── 名 (複 ～s /-z/) 【戻ること】 **1** UC 帰ること; 帰還, 帰宅, 帰国; 復帰. On his ～ from his lunch, he found a man waiting for him. 昼飯から戻ったところ1人の男が彼を待っていた. The wife prayed for her husband's safe ～. 妻は夫が無事に帰宅できるよう祈った. I'm glad of his speedy ～ to health. 私は彼が速やかに回復したことを喜んでいます.
2 UC 再び巡ってくること, 回帰; (病気などの)再発. the ～ of spring 春が巡ってくること. Many happy ～*s* (of

the day! 今日の良き日が幾たびも巡って来ますよう《誕生日の祝いの言葉》. have a ～ of fever また熱が出る.
3【戻れる切符】Ⓒ〖英〗往復切符 (return ticket; ↔ single). travel from Dover to Calais by Hovercraft for £1 ～. 1ポンドの往復切符でドーヴァー–カレー間をホバークラフトで往復する.
【戻ってくるもの】**4** Ⓒ〈しばしば ～s〉収入, 収益, 〈*on* ..の〉. a good ～ よい収益. Small profits and quick ～*s*. 薄利多売. **5** Ⓒ (劇場の)払い戻し[キャンセル]切符.
【戻すこと】**6** UC **返却**, 返還; 〈～s〉(小売り店などからの)返品. the ～ of books to the library 図書館への本の返還. on sale or ～ (品物が)売れなければ返すという条件の.
【返答】**7** Ⓒ **返事**, 返答; 返礼. his prompt ～ of my letter 私の手紙への彼の速やかな返事. the ～ of a favor 厚意を返すこと. a poor ～ for kindness 親切に対する不十分なお返し.
8 Ⓒ 報告, 申告; 報告[申告]書. an income tax ～ 所得税申告(書). election ～*s* 選挙の開票結果. The committee made an official ～ of the case. 委員会はその件について公式に報告した.
9【議会への返答】Ⓒ〖英〗(国会議員の)選出. secure a [one's] ～ 国会議員に当選する.
10 Ⓒ〖球技〗球の打ち返し, 返球, リターン;〖フェンシング〗突き返し.
11 UC〖電算〗リターン(キー) (**retúrn kèy**). press ～ リターンキーを押す. **12** Ⓒ〖ニュー話〗(食物の)おかわり.
13 Ⓒ〖北アイル〗(建物奥の)建て増し部分.
14〈形容詞・副詞的〉(**a**) 帰りの;〖英〗往復の[で] (↔ single). a ～ voyage 帰りの船旅. a ～ ticket →複合語. We will be charged £20 ～ per person. 往復で1人20ポンドかかるだろう (★副詞的). (**b**) 返礼の, お返しの;〖球技〗返球の. a ～ visit 答礼の訪問. a ～ shot 返球の1打. 「(郵便で).
by retùrn ((***of***) ***máil***〖米〗[***póst***〖英〗]) 折り返し↑
*****in retúrn*** (***for..***) (***..の***)**仕返しに**; (..の)代わりに; (..の)返礼に, お返しに. write *in* ～ 返事を書く. The old man gave her the book *in* ～ *for* her kindnesses. 老人は彼女から受けた親切に報いるためにその本を彼女にやった.
màke retúrn of.. ..を返却[返還]する.
without retúrn 儲(もう)けなしで.
[<古期フランス語 *retorner*「戻る」; re-, turn]

re·túrn·a·ble 形 返却できる, 返却すべき; 還元できる〔瓶など〕(↔nonreturnable). a ～ deposit 敷金.
re·túrned 形 帰って来た, 帰還した. a ～ soldier 帰還兵. 「還軍人; 帰国子女.
re·turn·ee /ritə̀ːrníː, -⌒⌒/ 名 Ⓒ〖米〗帰還者; 帰↑
re·túrn·er 名 Ⓒ **1** 戻ってきた人[もの]. **2**〖主に英〗(長い中断期間の後)職場復帰した人《特に子供に手のかからなくなった女性》.
retùrn fáre 名 Ⓒ〖英〗往復運賃. 「再試合.
retùrn gáme 名 Ⓒ (敗者に再度のチャンスを与える)↑
retúrn hàlf 名 Ⓒ (切符の)帰路半券.
retúrning òfficer 名 Ⓒ〖英〗選挙管理員.
retùrn mátch 名 ＝return game.
retúrn pòstcard 名 Ⓒ 往復はがき.
retùrn tícket 名 Ⓒ〖米〗帰りの切符;〖英〗往復切符 (〖米〗round-trip ticket). 「trip).
retùrn tríp 名 Ⓒ〖英〗往復旅行 (〖米〗round↑
Reu·ben /rúːbən/ 名 **1**〖聖書〗ルベン《Jacob の長男》. **2** Ⓒ ＝Reuben sandwich.
Rèuben sándwich 名 Ⓒ ルーベンサンドウィッチ《ライ麦パンにコンビーフ・スイスチーズ・ザウアークラウトを載せて焼いたもの; 米国人の発案者の名から》.
re·u·ni·fy /rìːjúːnəfai/ 動 (-fies|過|過分 -fied|～·ing) 他〔分かれていた国の部分など〕を統合する. ～ Germany (東西)ドイツを統合する. 「統一.
▷**re·ù·ni·fi·cá·tion** /〖英〗⌒⌒⌒⌒/ 名 U 統合,↑
*****re·un·ion** /riːjúːnjən/ 名 (複 ～s /-z/) **1** U **再結合**; 再合同. **2** Ⓒ **再会の集まり**, (同窓生の)クラス会; UC 再会〈*with* ..との〉. a family ～ at Christmas クリスマスの際の一族再会.
†**re·u·nite** /rìːju(ː)náit/ 動 他 を再結合[再合同]させる; を再会させる〈*with* ..と〉. The hostages were ～*d with* their families. 人質は家族と再会した. ── 自 再結合[再合同]する; 再会する.
re·up·hols·ter /rìːʌphóulstər/ 動 他〔いすなど〕の詰め物を新しくして布を張り替える.
re·ùs·a·bíl·i·ty 名 U 再使用[再利用]の可能性.
re·ús·a·ble 形 再使用できる. 「U 再使用.
re·use /rìːjúːz/ 動 他 を再使用する. ── /riːjúːs/ 名↑
Reu·ters /rɔ́itərz/ 名 ロイター通信社《正式名は Reuter's News Agency; London に本社がある》.
Rev. Revelation; Reverend.
rev /rev/〖話〗名 Ⓒ (エンジンなどの)回転. be on low ～*s* ゆっくりと回転している.
── 動 (～s|-vv-) 他〔エンジン, モーターなど〕の回転を増す[速める]〈*up*〉. ── 自〔エンジン, モーターなどが〕回転が増す[速まる], エンジンを吹かす, 〈*up*〉.
rèv úp (1) →自. (2)〔人が〕(試合の前などに)ウォーミングアップをする;〔パーティーなどが〕盛り上がる.
rev /../ up (1) →他. (2) を活発にする.
[<*rev*olution]
rev. revised; revision; revolution.
re·val·u·a·tion /riːvæ̀ljuéiʃ(ə)n, ⌒⌒⌒⌒⌒/ 名 U 再評価;〖経〗平価切り上げ. ◇↔devaluation
re·val·ue /rìːvǽljuː/ 動 他 **1** を再評価する. **2**〖経〗〔平価〕を切り上げる. ◇↔devalue
‡**re·vamp** /riːvǽmp/ 動 他 **1**〔靴のつま先〕に新しい革を付ける; を修繕する. **2**〖話〗を改造する; を改良する, 改訂する. The plan has to be completely ～*ed*. その計画は全面的に練り直さなくてはならない.
── /ríːvæmp, ⌒⌒/ 名 UC (靴の)修繕; 改造, 改良.
Revd Reverend.
*****re·veal** /rivíːl/ 動 (～s /-z/|過 過分 ～ed /-d/|～·ing) 他 **1**〔見えなかったもの〕を**現す**, 示す, 見せる. Further digging ～*ed* a large iron box. 更に掘って行くと大きな鉄の箱が出てきた. The angel ～*ed* himself to her in a dream. 夢で天使が彼女のもとに現れた.
2〔秘密など〕を漏らす, 暴露する; VO (～ *that* 節/*wh* 節) ..であることを/..かを明らかにする; VOC (～ X (*to be*) Y)・VOA (～ X *as* Y) X が Y であると明らかにする. The remarks ～*ed* his biases. その言葉で彼の偏見が暴露された. She ～*ed* the truth to me. 彼女は私に真相を漏らした. A glance ～*ed* (*that*) his bed had not been slept in. 一目で彼のベッドは寝た形跡のないことが分かった. The five-minute talk with her ～*ed* her *as* [*to be*] a tactful girl. 5分間話しただけで彼女が機転の利く少女だと分かった.
◇名 revelation [<ラテン語「覆いを取る」]
▷**～·ment** 名
revèaled relígion 名 UC 啓示宗教《真理は神の啓示に基づくとする宗教, 特にユダヤ教, キリスト教》.
‡**re·véal·ing** 形 **1**〈普通, rather, too, very, most などを伴って〉〔見えないはずのものが〕現れる;〔服などが〕肌[体の線]をあらわにする. a too ～ dress あまりにも肌が露出するドレス. **2**〔隠された事実などを〕明らかにする; 暴露的な; 啓発的な. be ～ of ..を明らかにする. ▷**～·ly** 副
rev·eil·le /révəli|rivǽli/ 名 Ⓒ〖軍〗〈the ～〉起床らっぱ[太鼓]. →last post.
†**rev·el** /rév(ə)l/〖旧・戯〗動 (～s|〖英〗-ll-) 自 **1** 浮かれ騒ぐ; 酒盛りする, 飲み騒ぐ. **2** VA (～ *in* ..) ..を大いに楽しむ, 非常に喜ぶ; ..に夢中になる. ～ *in* luxury ぜい

R

たくにふける. ── 名 UC 〘旧〙〈しばしば ~s〉浮かれ騒ぎ, 酒盛り. [rebel と同源]

***rev·e·la·tion** /rèvəléiʃ(ə)n/ 名 (複 **~s** /-z/) **1** U (秘密, 私事などを)**漏らすこと**, 暴露, 摘発; C 暴露された物事; 明らかになった事実〈*that* 節 ..という〉; 意外な新事実(の発見)〈*to* ..にとって〉. He fears my ~ of the facts. 彼は私がその事実を暴露しはしないかと恐れている. It is a great ~ *to* me to know he cooks well. 彼が料理上手だというのは私には大きな発見である.

> 連結 a shocking [a dramatic; a sensational; an embarrassing; a sordid] ~

2 〈the R- (of St. John); Revelations; 単数扱い〉『ヨハネの黙示録』《新約聖書中の一書; the Apocalypse とも言う》. **3** U 天啓, 啓示, 神のお告げ. ◊動 reveal

rev·el·er 〘米〙, **rev·el·ler** 〘英〙 /rév(ə)lər/ 名 C 〈普通 ~s〉〘旧・戯〙浮かれ騒ぐ人.

rev·el·ry /rév(ə)lri/ 名 (複 **-ries**) U 〈又は -ries〉飲めや歌えの騒ぎ, ばか騒ぎ, 歓楽.

***re·venge** /rivéndʒ/ 名 **1** aU **復讐**(ふくしゅう), 仕返し; U 復讐心; 遺恨, 恨み; (類語 自分が被害者の場合に用いられる; →vengeance). plan ~ against one's enemy 敵に報復する計画を練る.

> 連結 brutal [ferocious, vicious; bloody; swift] ~ // seek [exact, wreak] ~

2 U 復讐の機会; 〘競技〙雪辱の機会《return match など》. get one's ~ 雪辱を果たす.

give a pèrson his [her] revénge (競技で)人に雪辱の機会を与える, 人の雪辱戦に応じる.

hàve [tàke, gèt, exàct] (one's) revénge on a pèrson 人に恨みを晴らす. 「..の返報に.

in [out of] revénge for [of].. ..への復讐として,

── 動 (**-veng·es** /-əz/|過 過分 **~d** /-d/|**-veng·ing**) 他 **1** 〔人〕**の恨みを晴らす**, 仇(あだ)を討つ; 〔侮辱など〕に仕返しをする; (類語 普通, 自分自身の恨みを晴らす時に用い, 悪意を含むことが多い; →avenge). ~ one's father [the murder of one's father] 父の[父が殺された]仇を討つ. ~ an injustice 不正行為に対して仕返しをする.

2 〈再帰形又は受け身で〉返報する, 復讐する,〈*on*, *upon* ..に〉. ~ oneself [be ~*d*] *on* one's enemy 敵に復讐する.

[<後期ラテン語「復讐する」(<re-+ラテン語 *vindicāre* 'vindicate')]

re·venge·ful /rivéndʒf(ə)l/ 形 復讐心に燃えた, 執念深い. ▷**~·ly** 副 **~·ness** 名 U

†**rev·e·nue** /révən(j)ù:/ 名 **1** U (国家の)歳入; (個人, 企業などの)収入《経費などを引かない総収入 (gross income) を指す》. tax [advertising] ~ 税収[広告収入]. →inland revenue. **2** 〈~s〉歳入の内訳, 総収入(の細目). earn a net income of $90,000 on $400,000 in ~*s* 総収入 40 万ドルで純益 9 万ドルを稼ぐ. **3** C (財産・投資などからの)収入, 収益. **4** C 国税局. [<ラテン語「戻る」(<re-+*venire* 'come')]

révenue àgent 名 C 税関監視官.

révenue bònd 名 〈~s〉特定財源債《米国の地方債の一つ》.

révenue òfficer 名 =revenue agent.

révenue stàmp 名 C 収入印紙.

révenue tàriff [tàx] 名 C 〘経〙収入関税《国内産業の保護よりも歳入増大を図る; →protective tariff》. 「鳴り響く.

re·ver·ber·ant /rivə́:rbərənt/ 形 〘章〙反響する,

‡**re·ver·ber·ate** /rivə́:rbərèit/ 動 〘章〙自 **1** 〔音が〕反響する〈*through*, *around*, *along* ..に〉; 〔場所が〕響き渡る〈*with* ..で〉. **2** 〔ニュースなどが〕広まる, 伝わる〈*through*, *around* ..に〉; 〔出来事などが〕影響を与える〈*in*, *through* ..に〉. **3** 〔熱, 光が〕反射する, 跳ね返る.

── 他 **1** を反響させる. **2** を反射する, 跳ね返す.

re·vèr·ber·á·tion 名 〘章〙U 反響, 余韻; 反射, 反射熱[光]; C 〈~s〉反響音; 〔出来事などの〕反響, 影響.

re·ver·ber·a·to·ry /rivə́:rbərətɔ̀:ri|-t(ə)ri/ 形 **1** 反射の; 反射式の. **2** 反響する. ── 名 C 反射炉.

‡**re·vere** /rivíər/ 動 他 〘章〙を尊敬する, あがめる, (類語 敬虔(けん)な気持ちを含む; →respect). The scholar is ~*d* for his profound learning and noble character. その学者は深い学識と高潔な人格で尊敬されている. [<ラテン語「畏敬する」(<re-+*verēri* 'fear')]

†**rev·er·ence** /rév(ə)rəns/ 名 **1** U 尊敬(する[される]こと); 敬意, 崇敬の念, 〈*for* ..への〉. We should hold old people in ~. 我々は老人を敬わなければならない. regard the national flag with ~ 国旗に敬意を払う.

2 C 恭しい態度; 〘古〙敬礼, お辞儀. 「る.

dò [pày] réverence to.. ..に敬意を表する, 敬礼す

your [his] Réverence 〘旧・戯・アイル〙尊師, 牧師さま. Come this way, *your Reverences*. どうぞこちらへ, 牧師さまがた.

── 動 他 〘章・まれ〙を尊敬[崇敬]する.

[revere, -ence]

‡**rev·er·end** /rév(ə)rənd/ 形 〈限定〉〘章〙**1** 尊敬すべき, 尊い. **2** 〈普通 (the) R-〉..師《主に英国国教系の聖職者に対する敬称; 略 Rev., Revd》. the *Reverend* John Smith ジョン・スミス師 (★the を省いたり, (the) *Rev*. J. Smith, (the) *Rev*. Smith のような略式もある). **3** 聖職者の, 牧師の. the ~ gentleman 尊師.

── 名 C 〘話〙〈普通 ~s〉聖職者, 牧師.

Rèverend Móther 名 〈普通, 単数形で〉女子修道院長.

rev·er·ent /rév(ə)rənt/ 形 〘章〙敬虔(けん)な, 恭しい. in a ~ manner 恭しく. ▷**~·ly** 副

rev·er·en·tial /rèvərénʃ(ə)l ◈/ 形 〘章〙恭しい, 尊敬の込もった, 崇敬の念に満ちた. ▷**~·ly** 副

rev·er·ie /révəri/ 名 UC 〘章〙空想, 幻想, 夢想; C 幻想曲. He was roused out of a ~ by a sudden noise. 彼は急な物音で空想から覚めた. [<古期フランス語 (<*rever*「狂った言動をする」)]

re·vers /rivíər, -véər/ 名 (複 ~ /-z/) C (襟などの)折り返し. [フランス語 'reverse']

‡**re·ver·sal** /rivə́:rs(ə)l/ 名 UC 反転, 転倒; 逆転; (政策などの)大転換; 不運; 〘写〙反転. a ~ of fortune (運命の)逆転. a ~ of roles=a role ~ 立場[役割]が逆になること.

‡**re·verse** /rivə́:rs/ 動 (**-vers·es** /-əz/|過 過分 **~d** /-t/|**-vers·ing**) 他 【**逆にする**】 **1** を逆にする, 反対にする; をひっくり返す, 裏返す. ~ the order of words 語順を逆にする. ~ a glass コップを伏せる.

2 を入れ替える, 交換する. ~ roles 役割を交換する.

3 〘主に英〙〔車〕をバックさせる, 逆転させる. ~ a car into the garage 車をバックしてガレージに入れる.

【**決定を逆にする**】 **4** を**一変する**, 'ひっくり返す'. ~ one's decision [opinion] 決意[意見]を翻す. ~ oneself 考え[態度]を翻す. **5** 〘法〙を取り消す, 破棄する. ~ a decree 命令を撤回する.

── 自 **1** 逆に回る[進む]; 〘英〙〔車が[で]〕バックする; 〔機械などが〕逆転する. The train began to ~. 汽車は後戻りし始めた. **2** (ダンスで)逆回りをする. 「さに担う.

revèrse árms 〈普通, 命令形で〉(葬式などで)銃を逆

revèrse the chárge(s) 〘英〙料金先方払いで電話をかける, コレクトコールにする, (〘米〙call collect).

── 形 ¢ **1** 逆の, あべこべの, 〈*to* ..とは〉. Try to say the alphabet in ~ order. アルファベットを逆の順序で言ってみなさい. an opinion ~ *to* mine 私とは正反対の意見. have the ~ effect 逆効果をもたらす.

R

2 逆転の;〔自動車のギアが〕後退の, バックの.
3 裏の. the ～ side of a coin 硬貨の裏面.
── 名 (複 **-vers·es** /-əz/) 【逆】 **1** Ⓤ 〈the ～〉 **反対**, 逆. She did the ～ of what she was expected to do. 彼女は予期されていたのと反対のことをした. He is the (very) ～ of intelligent. 〚章〛 彼は知的どころかその反対だ. go into ～ (事態が)逆転する.
2 【表面の逆】 Ⓒ 〈the ～〉 (貨幣などの)**裏**, 裏面, (↔obverse).
【逆転】 **3** (a) ⓊⒸ 〚機〛 逆転, 後退; 逆転[後退]装置, バックギア, (**revèrse géar**). an automatic ribbon ～ (タイプライターの)リボン自動逆送装置. on the ～ (車が)後退して. put the car into ～ 車のギアをバックに入れる. (b) Ⓒ (車を)バックさせながら曲がること (**revèrse túrn**).
4 【運命の逆転】 〚章〛 Ⓒ **不運**, 失敗, 敗北. a business ～ 商売のつまずき. the ～(s) of fortune 不運, 敗北. suffer a ～ 不運に見舞われる.
in revérse (1) 逆の[に]. run the film *in* ～ フィルムを逆に回転させる. (2) (車が)バックギアになって. (3) 背面に. take the enemy *in* ～ 敵を背面攻撃する.
quite the revérse 全く逆で, 正反対で. *Quite the* ～, I'm disappointed. 全く逆で, 私は失望してます. *Quite the* ～ is the case. 事実は全く逆だ.
[＜ラテン語 *reversus* (revert の過去分詞)]

revèrse-charge cáll 名 Ⓒ 〚英〛 コレクトコール.

revèrse discriminátion 名 Ⓤ 逆差別 《少数派優先により多数派が差別されること, 又は黒人や女性を優遇した結果, 逆に白人や男性が差別されること》.

re·vérse·ly 副 **1** 逆に, 反対に. **2** 〈接続詞的〉 これに反して (on the contrary).

re·vèrs·i·bíl·i·ty 名 Ⓤ **1** 逆にできること, 可逆性. **2** 取消し可能(性).

re·vers·i·ble /rivə́ːrsəb(ə)l/ 形 **1** 逆にできる, 反転可能な; 元に戻せる. **2** 〔衣服などが〕表裏両面が使用できる. a ～ coat リヴァーシブル・コート. **3** 破棄[取り消し]可能な〔判決など〕. ── 名 Ⓒ リヴァーシブル・コート. ▷ **～·ness** 名

revérsing lìght 名 Ⓒ 〚英〛 (車の)後退灯 (〚米〛 backup light).

re·ver·sion /rivə́ːrʒ(ə)n, -ʃ(ə)n|-ʃ(ə)n/ 名 **1** ⓊⒸ 〚章〛 逆戻り, 復帰, 〈*to* ..への〉. **2** ⓊⒸ 〚生物〛 先祖返り, 隔世遺伝, (atavism). ～ of plants 植物の先祖返り. **3** 〚法〛 Ⓤ (譲渡人への)財産の復帰; Ⓒ 復帰権, 相続権; 一定の期限後又は死後受け取る金 《年金, 生命保険金など》. ◇動 revert

re·ver·sion·ar·y /rivə́ːrʒənèri, -ʃən-|-ʃənəri/ 形 **1** 逆戻りの. **2** 〚生物〛 隔世遺伝の. **3** 〚法〛 復帰権のある.

†**re·vert** /rivə́ːrt/ 動 自 **1** Ⓥ (～ *to* ..) 〔元の状態など〕に戻る; 〚法〛 〔元の所有者など〕に復帰する; 〚生物〛 ..に先祖返りする. ～ *to* smoking (一旦やめたあと)またたばこを吸い始める. ～ *to* type 元(の姿)に戻る. **2** 〚章〛 Ⓥ (～ *to* ..) 〔元の話題, 考え, 習慣など〕に戻る. *Reverting* [To ～] *to* the original topic of conversation .. 話を元に戻すと(して). ◇名 reversion [＜ラテン語 *revertere* 「引き返す」 (＜re-＋*vertere* 'turn')]

re·vet /rivét/ 動 (～s|-tt-) 他 に護岸工事を施す 《石やコンクリートで》. ▷ **～·ment** 名 Ⓒ 擁壁; 護岸.

‡**re·view** /rivjúː/ 動 (～s /-z/|過 過分 ～ed /-d/|～·ing) 他 【よく調べる】 **1** を**再調査する**, 調べ直す; 〚法〛 を再審理する; 〔決まった事〕を再検討する; (改善・是正のために)を見直す, 検討する. ～ the facts 事実を再調査する. The supreme court ～*ed* the case. 最高裁判所は事件を再審理した.
2 〚米〛 〔学課など〕を**復習する** (〚英〛 revise). Let's ～ yesterday's main points first. まず昨日の大切な点を復習しましょう. **3** を検閲する; を閲兵する.
4 〔新刊書, 上演中の劇など〕を**批評する**, 書評する. The play was well ～*ed*. その劇は高い評価を受けた.
【見返す】 **5** を回顧する, 回想する. ～ one's past life 過ぎ去った人生を回顧する.
── 自 評論を書く, 書評する. She ～*s for* the magazine. 彼女はその雑誌に書評を書いている.
── 名 (複 **～s** /-z/) **1** ⓊⒸ 再調査, 再考; (改善・是正のための)見直し, 検討, 調査. order a ～ of .. の見直しを命じる. be subject to ～ 再検討を条件とする.
2 Ⓒ 〚米〛 復習(問題). do a ～ of last week's lesson 先週の復習をする.
3 ⓊⒸ (新刊書, 劇などの)**批評**, 書評, 劇[映画]評; Ⓒ 書評記事[欄], 評論雑誌. a book ～ 書評. get favorable [rave] ～s 好意的[熱狂的]な批評を受ける. a devastating ～ くそみその批評.
4 ⓊⒸ 検閲; 閲兵; Ⓒ 観兵式, 観艦式. a motion-picture ～ 映画の検閲. hold a military ～ 観兵式を行う. **5** ⓊⒸ 回顧; 概観, 展望. present a ～ of the year's events その年の出来事を回顧する.
be [come ùp] for revíew 再検討[再考]されるはずである[すべき時期になる].
pàss in revíew →pass.
under revíew (改正)検討中の[で]; 批評されて(いる). come *under* ～ 見直される.
[＜ラテン語「再び見る」 (＜re-＋*vidēre* 'see')]

revíew còpy 名 Ⓒ 書評用(の)見本本[献本].

‡**re·víew·er** 名 Ⓒ (新刊書, 劇などの)評者, 書評家; 批評家, 評論家.

re·vile /riváil/ 〚章〛 動 他 の悪口を言う, をののしる, 罵倒する. ── 自 悪口を言う 〈*at, against* ..の〉. ▷ **～·ment** 名

re·víl·er 名 Ⓒ 悪口を言う人, 口の悪い人.

*__re·vise__ /riváiz/ 動 (**-vis·es** /-əz/|過 過分 **～d** /-d/|**-vis·ing**) 他 【見直す】 **1** を**改訂する**, 改正する. ～ a dictionary 辞書を改訂する. a ～*d* and enlarged edition 改訂増補版. ～ the constitution 憲法を改正する. **2** 〔意見, 予測など〕を変える, 修正する. ～ one's opinion of .. を見直す. ～ our forecast upwards [downwards] 我々の予測を上方[下方]修正する. **3** 〚英〛 (試験のために) 〔学課〕を復習する (〚米〛 review).
── 自 〚英〛 (試験のために)復習する.
── 名 Ⓒ 〚印〛 再校刷り, 直し(のゲラ).
[＜ラテン語「再び見る」 (＜re-＋*vīsere* 'visit')]

Revìsed Ènglish Bíble 名 〈the ～〉 改訳英語聖書 《NEB をさらに改訂したもの; 1989 年発行》.

Revìsed Stàndard Vérsion 名 〈the ～〉 改訂標準訳聖書 《米国で 1946 年に「新約」出版, 全体は 1952 年発行; 略 RSV, R.S.》.

Revìsed Vérsion 名 〈the ～〉 改訳聖書 《the Authorized Version (1611 年)の改訂版; 旧約は 1885 年, 新約は 1881 年に出版; 略 RV; →Bible 参考》.

re·vís·er 名 Ⓒ 改訂者.

†**re·vi·sion** /rivíʒ(ə)n/ 名 **1** Ⓤ 改訂; Ⓒ 改訂版. **2** Ⓤ 改正, 修正. be subject to ～ 修正を必要とする.

1, 2 の 連結 major [complete, full; thorough; extensive, large-scale; minor] ～ // undergo ～

3 Ⓤ 〚英〛 復習 (〚米〛 review).

re·ví·sion·ìsm 名 Ⓤ 修正主義 《もと Marxism を穏健に修正し革命でなく改革を唱えた主義; 一般的に, 正統とされる理論や慣行に修正を加えようとする主義》.

re·ví·sion·ist 名 Ⓒ 修正主義者. ── 形 修正主義の.

‡**re·vis·it** /rìːvízət/ 動 他 **1** を再び訪れる, 再訪する. **2** に戻って検討する. **3** 〈～ed で名詞に後置して〉 ..再考. Hitchcock ～*ed* ヒッチコック再考.

re·vì·tal·i·zá·tion 名 Ⓤ 再び生気[生命]を与えること; 復興.

R

‡**re·vi·tal·ize** /riːváitəlàiz/ 動 他 に再び生気[生命]を与える, を生き返らせる; を復興させる.

***re·viv·al** /riváiv(ə)l/ 名 (複 ~s /-z/) **1** UC **再生**(させる[する]こと), よみがえり; 復活, 再流行, 復興, 回復, (restoration). the ~ of an old custom 古い慣習の復活. a ~ of one's spirits 元気の回復. **2** 《キリスト教》 UC 信仰復興; C 信仰復興大会 (**revíval mèeting**) 《牧師が熱烈な説教をして改宗者を募る伝道集会》.
3 UC (古い劇, 映画などの)再上演[映], リバイバル. She played Eliza in a ~ of *My Fair Lady*. 彼女は「マイフェアレディ」の再上演でイライザ役を演じた. ◇動 revive ▷ **~·ìsm** 名 U 信仰復興運動. **~·ist** 名 C 信仰復興運動家.

Revìval of Léarning [Létters, Líterature] 名 〈the ~〉文芸復興 (Renaissance).

***re·vive** /riváiv/ 動 (~s /-z/| 過 過分 ~d /-d/|-viv·ing) 自 **1 生き返る**; 元気づく, 回復する. Flowers ~ in water. 花は水に入れると元気づく. Memories of his young days ~*d* in him. 彼の心に若き日々の記憶がよみがえった. **2** 復活する, **復興する**. The old practice is *reviving*. 古い慣習が再び行われて来ている.
── 他 **1 を生き返らせる**, の意識を回復させる; を元気づける, 〔記憶など〕をよみがえらせる. He ~*d* her with smelling salts. 彼は気付け薬で彼女の意識を回復させた. The fresh air ~*d* him. 新鮮な空気で彼は元気が出た.
2 を復興[復活]させる; を再び流行させる. ~ an obsolete word 廃語を再びはやらせる. **3** を再上演[映]する. ~ an old Western 古い西部劇を再上演する. ◇名 revival [<ラテン語「よみがえらせる」(<re-+*vivere* 'live')]

re·viv·i·fy /riːvívəfài/ 動 (-fies| 過 過分 -fied|~·ing) 他 《章》を復活させる, よみがえらせる; に活力を与える.

rev·o·ca·ble /révəkəb(ə)l/ 形 取り消し可能な, 廃止できる, (↔irrevocable).

rev·o·ca·tion /rèvəkéiʃ(ə)n/ 名 UC 《章》撤回, 取り消し; 廃止.

†**re·voke** /rivóuk/ 動 他 《章》を撤回する, 取り消す, を廃止する. ~ one's previous statement 前言を撤回する. His license was ~*d*. 彼は免許を取り消された.
── 自 《トランプ》リヴォークする.
── 名 C 《トランプ》リヴォーク《親の出した札と同種の札を持ちながら別の札を出すこと; ルール違反》.
[<ラテン語「呼び返す」(<re-+*vocāre* 'call')]

R

***re·volt** /rivóult/ 名 (複 ~s /-ts/) **1** UC **反乱**, 暴動; 反抗, 反対; 〈*against* ..への〉. go into ~ 反乱を起こす. put down a ~ 暴動を鎮圧する.

> 連結 incite [foment, stir up; launch; crush, quell, suppress] a ~ // a ~ breaks out [erupts]

2 U いや気, 不快, 反感.
in revólt (1) 反抗して[する], 反乱を起こして(いる), 〈*against* ..に〉. a youth *in* ~ *against* everything あらゆることに反抗する若者. (2) 不快に感じて, いや気がさして.
── 動 (~s /-ts/| 過 過分 ~·ed /-əd/|~·ing) 自
1 背く, 反乱を起こす, 〈*against, at, from* ..に〉. ~ *against* authority 権威に反抗する. ~ *from* one's allegiance 信義に背く. **2 気分が悪くなる**, 不快を感じる; 反感を持つ; いや気がさす; 〈*against, at, from* ..に対して〉. ~ *at* a bad smell 嫌なにおいに胸が悪くなる. Human nature ~*s against* such a crime. 人間ならだれでもそんな罪悪に対して不快感を持つ.
── 他 の胸[気分]を悪くさせる, を不快にさせる; に反感を抱かせる; 〈普通, 受け身で〉. The bad smell ~*ed* me. =I was ~*ed* by [at] the bad smell. その嫌なにおいで胸がむかむかした. [revolve と同源]

‡**re·vólt·ing** 形 人をむかつかせる(ほどの), へどが出そうな, 不愉快極まる, 〈*to* ..にとって〉. a ~ scene 実に嫌な光景. ▷ **~·ly** 副 胸が悪くなるほど, 不快なくらい.

‡**rev·o·lu·tion** /rèvəlúːʃ(ə)n/ 名 (複 ~s /-z/)
【回転】 **1** C (レコード, エンジンなどの)**回転**, 旋回, 《略 rev.》; ひと巡り 〈*around, round* ..の〉; UC 《天》公転, 周転, (↔rotation). 100 ~s per second 毎秒 100 回転. the ~ of the four seasons 四季のひと巡り.
【大転回>大改変】 **2 (a)** UC **革命**. violent ~ 暴力革命. **(b)** C (政治上の)改革; (思想, 技術などの)大変革 〈*in* ..の〉. a technological ~ 技術革命. The invention of the computer has brought about a ~ *in* every field of human life. コンピュータの発明は人間生活のあらゆる分野に大革命をもたらした.

> 連結 cause [foment, stir up; organize; launch; carry out; crush, defeat, put down] a ~ // a ~ occurs [erupts]

◇形 revolutionary 動 1 は revolve, 2 は revolutionize [<後期ラテン語 *revolūtiō*; revolve, -tion]

***rev·o·lu·tion·ar·y** /rèvəlúːʃənèri|-n(ə)ri 移/ 形 m **1** 〈限定〉**革命の**; 革命軍側の. a ~ government 革命政府. **2** 大変革の, 革命的な. a ~ change in transportation 交通機関における革命的変化.
── 名 (複 -ar·ies) C 革命家 (revolutionist).

Revolùtionary Wár 名 〈the ~〉米国独立戦争 (1775–83) (the American Revolution).

rèv·o·lú·tion·ist 名 =revolutionary.

†**rev·o·lu·tion·ize** /rèvəlúːʃənàiz/ 動 他 に革命を起こす, 革命的変化をもたらす. Einstein ~*d* 20th century physics. アインシュタインは 20 世紀の物理学に大変革をもたらした.

re·volve** /rivάlv|-vɔ́lv/ 動 (~s /-z/| 過 過分 ~d /-d/|-volv·ing) 自 **1 (a)** VA (~ ***around, about ..) ***..*の周りを回転する**; 〔天体が〕..の周りを公転する. The earth ~*s around* [*about*] the sun. 地球は太陽の周りを回る. **(b)** (軸を中心に)回転する; 〔天体が〕自転する; 循環する; 〔年月が〕1 巡する. The earth ~*s* on its axis. 地球は地軸を中心に回転する《自転する》. Seasons ~. 四季は循環する.
2 VA (~ ***around, about ..***) 〔議論, 考えなどが〕..を中心に巡る, 〔生活などが〕..を中心に回る, 動いている; (~ ***in, around ..***) ..〔心の中〕で思い巡らされる. His thoughts ~*d around* his sweetheart only. 彼が思うのは恋人のことばかりだった. She thinks the world ~s *around* her. 彼女は世界は自分を中心に回っていると思っている. His whole life ~*d about* his work on the English dictionary. 彼の全生活は英語辞典の仕事を中心に動いていた.
── 他 **1** を回転させる. **2** 《章》を思い巡らす, 思案する. ~ an idea in one's mind ある考えを思い巡らす.
◇名 revolution [<ラテン語「回って戻る」(<re- + *volvere* 'roll')]

†**re·vólv·er** 名 C 回転式連発ピストル, リヴォルヴァー, 《1 発発射するごとに弾倉が少しずつ回転する; →gun》.

re·vólv·ing 形 回転する. a ~ chair 回転いす. a ~ stage 回り舞台.

revòlving crédit 名 C 《商》回転クレジット《支払いが定期的に行われていれば, 所定限度内で繰り返し利用できる消費者信用》.

revòlving dóor 名 C 回転ドア.

revòlving fúnd 名 C 回転資金《使った分の金額が常に補充される》.

‡**re·vue** /rivjúː/ 名 UC レヴュー《歌, 踊り, 時局風刺などを華やかに取りまぜたショー》. [フランス語 'review']

‡**re·vul·sion** /rivʌ́lʃ(ə)n/ 名 aU **1** 《章》(感情, 意見などの)激変. a ~ of public opinion 世論の急変.
2 強い嫌悪感 〈*against, at, toward, over* ..に対する〉.

She felt a violent ～ *at* the scenes of bloodshed. 彼女は流血場面に激しい嫌悪を覚えた. [＜ラテン語「引きはがす」]

‡re·ward /riwɔ́ːrd/ 名 (複 ～s /-dz/) **1** UC 〈しばしば ～s〉**報酬**, 報奨; 報い, 応報; 〈*for* ..に対する〉. expect (a) ～ *for* one's services 尽力に対する報酬を期待する. Virtue is its own ～. 〖諺〗善行はそれ自体が褒美であ る[それ自体で喜びである]. high financial ～*s* 金銭上の 高い報酬. ～*s* and penalties 賞罰. Some day he will receive his just ～ *for* his wrongdoing. いずれ 彼は働いた悪事に対する当然の報いを受けるだろう. **2** C 報奨金; 懸賞金, 礼金; 〈*for* ..に対する〉. She offered a five-hundred-dollar ～ *for* her missing dog. 彼女は行方不明の犬(を見つけてくれた人)に 500 ドルの謝礼を出すと言った.

連結 a large [an ample; a due] ～ // give [pay; promise; get] a ～

in rewárd (for..) (..の)報奨[褒美]として. She got a new dress from her parents *in* ～ *for* passing her entrance examination. 彼女は入学試験に合格したご褒美に両親から服を新調してもらった.

—— 動 (～s /-dz/|過 過分 ～·**ed** /-əd/|～·**ing**) 他 に報いる 〈*for* ..に対して〉; に礼をする 〈*with* ..で〉; に返報する; の報いとなる. He was ～*ed with* a prize *for* his invention of a new medicine. 彼は新薬の発明で賞をもらった. Success ～*ed* his efforts. 努力のかいあって彼は成功した.

[＜古期北部フランス語(古期フランス語 *reguarder* 'regard' の方言形)]

re·wárd·ing 形 報われる; やり甲斐(がい)のある《金銭的にはあまり恵まれないことをしばしば含意する》. a ～ book 読んでためになる本. Teaching is a challenging and ～ profession. 教職はやり甲斐のある職業だ.

re·wind /rìːwáind/ 動 (→wind²) 他 〔テープなど〕を巻き戻す. —— 名 /ríːwàind/ **1** UC (テープなどの)巻き戻し. **2** C 巻き戻しボタン (rewind button).

re·wire /rìːwáiər/ 動 他 〔建物, 装置など〕の電気の配線を取り替える. ▷～·**ing** 名

re·word /rìːwə́ːrd/ 動 他 を言い換える; を繰り返して言う.

re·work /rìːwə́ːrk/ 動 他 **1** 〔作品, テーマなど〕を焼き直す, 作り直す, 仕立て変える. **2** を書き直す; を改訂する. **3** を再生加工する. ▷～·**ing** 名

re·wound /rìːwáund/ 動 rewind の過去形・過去分詞.

***re·write** /rìːráit/ 動 (～s /-ts/|過 **re·wrote** /-róut/|過分 **re·writ·ten** /-rítn/|-**writ·ing**) 他 **1** を**書き直す**; を再び書く; 〖米〗〔報告〕を記事用に書き直す. ～ a story 物語を書き直す. ～ all the record books 〔スポーツ選手が〕すべての記録を塗り替える. **2** 〔歴史〕を(都合よく)書き換える. —— /ᐩᐩ/ 名 C 書き直し(原稿); 〖米〗書き直し記事. [re-, write]

réwrite màn 名 C 〖米〗書き直し記者《原稿を記事用に書き直す》.

re·writ·ten /rìːrítn/ 動 rewrite の過去分詞.

re·wrote /rìːróut/ 動 rewrite の過去形.

Rex /reks/ 名 U **1** 〈称号として王の名の後に付けて〉国王, 現国王, 《略 R.; →Regina》. George ～ ジョージ国王. **2** 国《英国で国が裁判の当事者となる時に用いる》. [ラテン語 'King']

Réye's sỳndrome /réiz-, ráiz-/ 名 U ライ症候群《アスピリン投与によるとされる小児の奇病; 命にかかわる; ＜オーストラリアの小児科医 R. D. K. *Reye*》.

Rey·kja·vik /réikjəvìːk/ 名 レイキャヴィク《アイスランドの首都》.

Rey·nard /réinərd, ré-|rénəd/ 名 レナード, 'こんきち', 《中世の叙事詩『キツネ物語』(*Reynard the Fox*) の主人公のキツネの名》.

Reyn·old /rén(ə)ld/ 名 男子の名.

Reyn·olds /rén(ə)ldz/ 名 **Sir Joshua** ～ レノルズ (1723-92)《英国の肖像画家》.

RFD rural free delivery.

RGN Registered General Nurse.

Rh Rhesus factor.

rh right hand (右手).

rhap·sod·ic, -i·cal /ræpsάdik|-sɔ́d-/, /-k(ə)l/ 形 **1** ラプソディーの, 狂詩曲(ふう)の. **2** 熱狂した, 熱狂的な.

rhap·so·dist /rǽpsədist/ 名 C ラプソディー作者; 熱狂詩文作者.

rhap·so·dize /rǽpsədàiz/ 動 自 **1** ラプソディーを作る[書く]. **2** 〖時に軽蔑〗熱弁をふるう, 熱狂して話す, 〈*about, over, on* ..について〉. —— 他 W ("引用") 「..」と熱弁をふるう.

rhap·so·dy /rǽpsədi/ 名 (複 **-dies**) C **1** 〖楽〗〈しばしば R-〉ラプソディー, 狂詩曲. **2** 〖時に軽蔑〗〈しばしば -dies〉熱弁, 熱狂的な言葉[詩文], 〈*over, about* ..についての〉. They went into *rhapsodies over* his new novel. 彼らは彼の新しい小説を熱狂的な言葉で褒めたたえた.
[＜ギリシア語「(縫い合わせるように)歌を作ること」]

rhe·a /ríːə|ríə, ríːə/ 名 C 〖鳥〗アメリカダチョウ《南米産; 足の指が 3 本》.

Rhee /riː/ 名 ～ **Syngman** 李(承晩) (1875-1965)《韓国初代大統領 (1948-60)》.

Rheims /riːmz/ 名 リームズ《フランス北東部の都市; 歴代のフランス王の戴(たい)冠式が行われた史都》.

Rhen·ish /réniʃ|ríːn-, rén-/ 〖古〗形 ライン川 (the Rhine) の; ライン地方の. —— 名 U ライン産白ワイン (Rhine wine) (→hock²).

rhe·ni·um /ríːniəm/ 名 U 〖化〗レニウム《金属元素; 記号 Re》.

rhe·o·stat /ríːəstæ̀t/ 名 C 〖電〗レオスタット, 可変抵抗器.

rhe·sus /ríːsəs/ 名 C 〖動〗アカゲザル《**rhèsus mónkey**; インド産; 医学実験に使われる尾の短いサル》.
[＜ギリシア語; Thrace の伝説上の王の名]

Rhé·sus fàctor /ríːsəs-/ 名 ＝Rh factor.

Rhèsus pósitive [négative] 形 →Rh factor.

***rhet·o·ric** /rétərik/ 名 U **1 修辞学**《言葉の効果的使用を研究する》; 雄弁術. **2** 〖軽蔑〗美辞麗句; 誇張; (説得を目的とした)話術. Her heart is inaccessible to empty ～. 彼女には中身のない美辞麗句は通じない.
[＜ギリシア語「弁論の(術)」]

‡rhe·tor·i·cal /ritɔ́ːrik(ə)l|-tɔ́r-/ 形 **1** 修辞学(上)の. **2** 修辞的な, 美辞麗句の, 華麗な; 誇張した; (参考 *unlucky* で済むところを *ill-starred* と言ったりするのが rhetorical な表現). a speech more ～ than logical 美辞麗句を連ねただけの筋の通らない演説. ▷～·**ly** 副 修辞(学)的に; 美辞麗句を用いて.

rhetòrical quéstion 名 C 〖文法〗修辞疑問《疑問文の形をとりながら相手に質問するのではなく, 話し手の考えを反語的に表す; 例: What does it matter? それがどうしたというのか (＝It does not matter.)》.

rhet·o·ri·cian /rètəríʃ(ə)n/ 名 C 〖章〗**1** 修辞学者; 雄弁家. **2** 美辞麗句を用いる人, (内容がなくて)大げさな言葉を使う人.

rheum /ruːm/ 名 U 〖古〗**1** カタル性分泌物《鼻汁, 涙など》. **2** 鼻カタル; 風邪.
[＜ギリシア語「流れ」] ▷～·**y** 形

rheu·mat·ic /ru(ː)mǽtik/ 形 **1** リューマチの. **2** リューマチにかかった. —— 名 C リューマチ患者; 〖話〗〈～s〉リューマチ (rheumatism).

rheumàtic féver 名 U リューマチ熱.

rheu·mat·ick·y /ru(ː)mǽtiki/ 形 〖話〗＝rheumatic 2.

†rheu·ma·tism /rúːmətìz(ə)m/ 名 U 〖医〗リューマチ.

R

rheu·ma·toid /rúːmətɔ̀id/ 形 〖医〗リューマチ(性)の.

rhèumatoid arthrítis 名 U リューマチ性関節炎.

Rh fàctor /ɑ̀ːréitʃ-/ 名 〈the ～〉〖生化〗Rh 因子, リーサス因子,《赤血球中にある凝血素; 最初アカゲザル (rhesus) の血液中に発見された; この因子があれば **Rh [Rhèsus] pósitive** (Rh プラス), なければ **Rh [Rhèsus] négative** (Rh マイナス)と言い, この 2 つの血液型が混じると危険》.

Rhine /rain/ 名 〈the ～〉ライン川《スイスに発し, ドイツ西部を流れて北海に注ぐ; ドイツ語のつうりは Rhein》.

Rhine·land /ráinlæ̀nd, -lənd/ 名 ラインラント《ドイツのライン川流域地帯》.

rhine·stone /ráinstòun/ 名 UC ラインストーン《水晶の一種》; 模造ダイヤモンド.

Rhíne wìne 名 U ライン産白ワイン (→hock²).

‡**rhi·no** /ráinou/ 名 (複 ～, ～s) 〖話〗=rhinoceros.

‡**rhi·noc·er·os** /rainɑ́s(ə)rəs|-nɔ́s-/ 名 (複 ～, ～·es) C 〖動〗サイ. [<ギリシア語 *rhís*「鼻」+*kéras*「角」]

rhi·no·plas·ty /ráinouplæ̀sti/ 名 U 〖医〗鼻形成(術).

rhi·zome /ráizoum/ 名 C 〖植〗根茎, 地下茎.

Rh négative 形 →Rh factor.

rho /rou/ 名 (複 ～s) UC ロー《ギリシア語アルファベットの 17 番目の文字; Ρ, ρ; ローマ字の R, r に当たる》.

Rho·da /róudə/ 名 女子の名.

Rhòde Ísland /ròud-|⏤⏤-/ 名 ロードアイランド《米国北東部の州; 州都 Providence; 略 RI 〖郵〗, R.I.》.

Rhòde Ìsland Réd 名 C ロードアイランドレッド《羽毛が赤褐色のめんどり; 米国産》.

Rhodes /roudz/ 名 **1** ロードス島《エーゲ海 (the Aegean Sea) にあるギリシア領の島》. **2** ロードス《ロードス島の海港; 古代文明の中心地の 1 つ》. **3 Cecil John** ～ ローズ (1853–1902)《英国の植民地政治家; 南アフリカのダイヤと金で産を成す》.

Rho·de·sia /roudíːʒə/ 名 ローデシア《もとアフリカ南部の共和国, 現在の Zimbabwe》.

Rhòdes schólar 名 C ローズ奨学生.

Rhòdes Schólarship 名 ローズ奨学金《C. J. ローズ (→Rhodes 3)による基金で英国 Oxford 大学への留学生に与える》.

R

rho·di·um /róudiəm/ 名 U ロジウム《金属元素; 記号 Rh》.

‡**rho·do·den·dron** /ròudədéndrən/ 名 C シャクナゲ《ツツジ属の諸種の常緑低木, 華やかな花をつける》.

rhom·bi /rɑ́mbai|rɔ́m-/ 名 rhombus の複数形.

rhom·boid /rɑ́mbɔid|rɔ́m-/ 名 C 〖数〗偏菱(へんりょう)形, 長斜方形, 《▱》. ── 形 菱(ひし)形のような; =rhomboidal.

rhom·bói·dal /-dl/ 形 偏菱(へんりょう)形の.

rhom·bus /rɑ́mbəs|rɔ́m-/ 名 (複 ～·es, **rhom·bi** /-bai/) C 〖数〗菱(ひし)形.

Rhone /roun/ 名 〈the ～〉ローヌ川《スイス南部に発し, Geneva 湖を経てフランスを南流し地中海に注ぐ》.

Rh pósitive 形 →Rh factor.

rhu·barb /rúːbɑːrb/ 名 **1** U 〖植〗ダイオウ(大黄); ダイオウの葉柄《食用》; 大黄根《下剤》. **2** U 〖話〗ぶつぶつ, がやがや, 《この語を繰り返しつぶやくなどして役者が表現する大勢の話し声》. **3** C 〖米俗〗けんか (quarrel).

***rhyme** /raim/ 名 (複 ～s /-z/) **1** U **韻**, 押韻, 〈特に〉脚韻《詩の行の終わりで強勢のある母音以下の音を他の行の終わりと同じ音にすること; 次のわらべ歌 (nursery rhyme) で 1・2 行目, 3・4 行目はそれぞれ押韻の例: A red sky in the *mórning*/ Is a shepherd's *wárning*,/A red sky at *níght*/ Is a shepherd's del*íght*. (朝焼け小焼け, 羊飼いの気がかり. 夕焼け小焼け, 羊飼いの後生楽(ごしょうらく)); →alliteration》. →feminine [masculine] rhyme. **2** C 韻を踏む語, 同韻語, 〈*for, to* ..と〉《1 の詩の例では, morning と warning, night と delight が同韻語同士》. **3** C 押韻詩, 詩 (→nursery rhyme); U 韻文(形式). in ～ 韻文で.

rhỳme or réason 訳(わけ)も理由も《否定的な文脈で用い, reason を強調した言い方》. have *no* ～ *or reason*=there is *no* ～ *or reason to for* ..は訳がわからない. He suddenly burst into anger without ～ *or reason*. 彼は突然まったく何の理由もなく怒りだした. I can see neither ～ *nor reason* in his conduct. 彼の行為は訳が分からない.

── 動 自 **1** 韻を踏む; 韻が合う; 〈*to, with* ..と〉. "Doubt" ～*s with* "gout". Doubt は gout と韻が合う. **2** 〖古・雅〗詩を作る. ── 他 **1** を韻文にする. **2** に韻を踏ませる 〈*with* ..と〉. ～*d* verse 押韻詩 (↔blank verse). [<ギリシア語; rhythm と同源]

rhyme·ster /ráimstər/ 名 C 〖古〗へぼ詩人.

rhym·ing /ráimiŋ/ 形, 名 U 押韻する(こと).

rhýming slàng 名 U 〖言〗脚韻俗語《隠語の一種; trouble and strife で wife を表すなど》.

‡**rhythm** /ríð(ə)m/ 名 (複 ～s /-z/) UC **1 リズム**, 律動, 《音の強弱又は長短などの規則的交代に基づく》; (文などの)調子; (色彩などの)調和. tango ～ タンゴのリズム. the ～ of a poem 詩のリズム. have a natural sense of ～ 生まれながらにリズム感がある. the ～ of waves [a heartbeat] 波[心臓の鼓動]のリズム. **2** 規則的反復[循環], 周期性. the ～ of the seasons 四季の規則的な循環.
[<ギリシア語 *rhuthmós*; 原義は「一定した流れ」]

rhỳthm and blúes 名 U リズムアンドブルース《ブルースと黒人音楽を基調とする; 強いリズムを特徴とし, ロックンロールのもとになった; 略 R & B》.

†**rhyth·mic, -mi·cal** /ríðmik/, /-k(ə)l/ 形 **1** リズミカルな, 律動的な; 調子のいい; 抑揚[韻律]のある. the ～ swing of the pendulum 振り子の律動. **2** 周期的な, 規則的に循環する. ▷**rhyth·mi·cal·ly** 副 律動的に.

rhỳthmic gymnástics 名 U リズム体操, 新体操, 《リボン, ボール, 輪などを使い音楽に合わせて行う》.

rhýthm mèthod 名 〈the ～〉周期(避妊)法《排卵周期を利用する》.

rhýthm sèction 名 C リズムセクション.

RI[1] religious instruction.

RI[2] 〖郵〗, **R.I.** Rhode Island.

ri·al /riɔ́ːl|-ɑ́ːl/ 名 C **1** リアール《イランの貨幣単位》; 1 リアール硬貨. **2** =riyal.

‡**rib** /rib/ 名 (複 ～s /-z/) **1** C 〖解剖〗**肋骨**(ろっこつ), あばら骨; UC 〖料理〗(肋骨付きの)あばら肉 (→prime rib, spareribs). He broke a ～ in his fall. 彼は転んで肋骨を 1 本折った. **2** C (こうもり傘, 扇の)骨; 〖建〗(丸天井の)肋(ろく), (橋の)横梁(はり); 〖船〗肋材; (飛行機の)翼小骨. **3** C (田畑の)畝, あぜ; (砂の上の)波の跡; 〖植〗葉脈; (織物, 編物の)畝; U 畝編み. a ～ stitch 畝編み.

pòke [dìg, nùdge] a pèrson in the ríbs 人のわき腹をつつく《注意を引くため》.

stìck to the [one's] ríbs 腹もちがいい.

tìckle a pèrson's ríbs 人のわき腹をくすぐる; 〖話〗人を面白がらせる.

── 動 (～s|-bb-) 他 **1** に肋材を付ける; を肋材で補強する. **2** に畝をたてる; を畝織りにする. **3** 〖話〗をひやかす, からかう, (tease). [<古期英語]

rib·ald /ríb(ə)ld/ 〖旧・章〗形 **1** 〔言葉, 態度が〕下卑た, 下品な. a ～ joke みだらな冗談. **2** 〔人が〕みだらな事を言う, 口汚い. ── 名 C 下卑た[みだらな事を言う]人.

rib·ald·ry /ríb(ə)ldri/ 名 U 〖旧・章〗下品; 下卑た言葉, 下品な冗談.

rib·(b)and /ríbənd/ 名 〖古〗=ribbon.

ribbed /ribd/ 形 **1** 畝のある. **2** 畝織り[編み]の.

ríb·bing 名 U **1** (葉脈のような)肋(ろく)状組織; 畝編み. **2** UC 〈普通, 単数形で〉【話】ひやかし, からかい, 〈*about, for, over* ..の〉.

‡**rib·bon** /ríbən/ 名 (複 **~s** /-z/) **1** UC リボン; 飾りひも; C リボン型記章; (勲章の)略章《リボン状; 軍服の左胸につける》. wear a ~ in one's hair 髪にリボンを付ける. →blue ribbon. **2** C ひも[帯]状の物; (プリンターなどの印字用)リボン. a ~ of black smoke 一条の黒煙. From the air, the road was a ~. 空から見ると道は細い一本道だった. **3** 〈~s〉 細長い断片, ずたずたのもの, ぼろ. be in ~*s* ずたずたである. The paper was hanging in ~*s* from the wall. 壁から壁紙が(はがれて)細長い断片になって垂れていた. tear [cut] a handkerchief to ~*s* ハンカチをずたずたに引き裂く[切る]. The critic cut the play to ~*s*. その批評家はその劇をぼろくそにこき下ろした. [＜古期フランス語]

rìbbon devélopment 名 U 【英】帯状開発《幹線道路に沿って延びる無計画な住宅建築; →sprawl》.

ríb càge 名 C 【解剖】胸郭.

ri·bo·fla·vin /ràibouflέivin/ 名 U 【生化】リボフラヴィン《ビタミン B_2; 緑葉, 牛乳, 卵, 肉, 魚などに含まれ成長を促進する成分》.

rì·bo·nu·clé·ic àcid /ràibən(j)u:klí:ik-/ 名 U 【生化】リボ核酸《略 RNA》.

ri·bose /ráibous/ 名 U 【化】リボース《種々の核酸中に含まれる糖の一種》.

‡**rice** /rais/ 名 U **1** 米; 米粒《欧米にはこれを新郎新婦の門出を祝って投げる習慣がある》. brown ~ 玄米. polished ~ 白米. short-grain [long-grain] rice 短粒[長粒]米. a grain of ~ 米粒. (a) ~ cake もち. a bowl [plate] of boiled ~ 茶わん1杯[ひと皿]の飯. curry and ~ カレーライス. Chicken and fried ~ チキンのいためライス添え《欧米ではこのように料理の付け合わせや, プディングの材料などに使う》. **2** 稲 (rice plant). a ~ crop 米作. [＜ギリシア語 *óruza*]

ríce bòwl 名 C **1** ご飯茶碗. **2** 米作地帯, 米どころ.

ríce fìeld [pàddy] 名 C 田んぼ.

ríce pàper 名 U ライスペーパー《(1) 書道家などが使う中国産の薄い上質紙の一種. (2) 稲藁(いなわら)製の食べられる薄紙; 焦げつかぬようクッキーなどを載せて焼く》.

[ricer]

rìce púdding 名 U ライスプディング.

ric·er /ráisər/ 名 C 【米】ライサー《ジャガイモなどを押しつぶす器具》.

‡**rich** /ritʃ/ 形 e 【富んだ】 **1** (**a**) 金持ちの, 富裕な; 豊かな〔国など〕, (↔poor; 類語 金持ちを表す最も一般的な語; →affluent, moneyed, wealthy, well-heeled, well-off, well-to-do). a very ~ man 大変な金持ち. a ~ country [nation] 富める国. (**b**) 〈the ~; 名詞的; 複数扱い〉 金持ちの人々. the new ~ 新興成金. the ~ and the poor 富裕な人々と貧しい人々 (★~ and poor ともする).

2 (**a**) 豊かな, たっぷりした; たくさんある, 十分な, 〈*in* ..が〉. a man ~ *in* experience 経験豊富な人. Verona is a city ~ *in* history. ヴェローナは史跡に富む町だ. Orange juice is ~ *in* vitamin C. オレンジジュースはビタミンCに富む. (**b**) 豊かな. a ~ harvest 豊作. a ~ supply of water 豊富な水の供給. a ~ source of protein 豊かなたんぱく源. a ~ source of information 豊富な知識源. (**c**) 変化に富んだ. have a ~ history 変化に富んだ歴史がある.

3 〔土地などが〕肥沃(よく)な; 多く産する 〈*in* ..〔鉱物, 石油など〕を〉; 多い 〈*with* ..が〉〉. ~ land 肥沃な土地. a ~ mine 富鉱. This region is ~ *in* oil. この地方は石油が多く産出される. be ~ *with* fish 魚が多い.

4 栄養に富んだ; しつこい, 油っこい; 〔ワインなどが〕こくのある; 〔香りなどが〕濃厚な. ~ milk [coffee] 濃い牛乳[コーヒー]. This food is too ~ for me. この食べ物は私にはしつこすぎる.

【豊かな＞価値の高い】 **5** 高価な, 貴重な; 豪華な; ぜいたくな. a ~ jewel 高価な宝石. The room is filled with ~ furniture. 部屋は豪華な家具でいっぱいだ.

【度合いの強い】 **6** 〔色などが〕濃い, 深味のある; 〔声, 音が〕朗々とした, 太い, 響き渡る. a ~ red 鮮紅色. a deep ~ baritone 太く声量豊かなバリトン. a ~ laugh 高らかな笑い声. **7** 【話】(**a**) とても面白い, すてきな. a ~ joke とても面白い冗談. (**b**) ばかげている. It's a bit ~ for a person to do .. 人が..するとは笑わせるよ.

***as rìch as Cróesus* [*as a Jéw*]** 非常に金持ちの (→Croesus).

That's rich. 【話】(1) そいつは面白い. (2)《反語》こいつは面白い; 冗談じゃない (★coming from ..を伴うこともある). *That's* ~ coming from that professor. あの教授の口から出るとは, こりゃお笑いだ.

[＜古期英語 *rīce*「強力な, 豊かな」]

Rich·ard /rítʃərd/ 名 **1** 男子の名《愛称 Dick》. **2** ~ **I** /ðə-fə́:rst/ リチャード1世 (1157-99)《英国の国王 (1189-99); the Lionheart (獅子(し)心王)の異名がある》. **3** ~ **II** /ðə-sékənd/ リチャード2世 (1367-1400)《英国の国王 (1377-99)》. **4** ~ **III** /ðə-θə́:rd/ リチャード3世 (1452-85)《英国の国王 (1483-85); 甥(おい)になる2人の幼い王子を殺害させ王位を奪ったとされる》. [ゲルマン語「勇敢な支配者」]

Rìchard Róe /-róu/ 名 【法】リチャード・ロー, 乙《訴訟で実名不詳の当事者の一方の仮名, 又は当事者の氏名を伏すときに用いる; →John Doe》.

Rich·ards /rítʃərdz/ 名 **I·vor Arm·strong** /áivər-/ ~ リチャーズ (1893-1979)《英国の文芸評論家・言語学者; Basic English の提唱者》.

Rich·ard·son /rítʃərdsən/ 名 **Samuel** ~ リチャードソン (1689-1761)《英国の小説家; *Pamela* 他》.

Rich·e·lieu /ríː(ː)ʃəluː|-ʃljəː/ 名 **Armand Jean du Plessis** ~ リシュリュー (1585-1642)《フランス王 Louis 13世時代の宰相 (1624-42)》.

rich·es /rítʃəz/ 名 〈複数扱い〉【雅】 **1** 富 (wealth), 財産 (property), 財宝, 宝物. amass [heap up] ~ 富を築く. *Riches* have wings. 【諺】金(かね)には羽がある《すぐなくなる; 「おあし」(＝金)も同じ発想》. **2** 豊かさ, たくさん. spend the ~ of one's wit 豊かな機知を働かせる.

†**rich·ly** /rítʃli/ 副 **1** 裕福に. **2** 十分に, 十二分に; たっぷり. be ~ rewarded 十分に報われる. ~ deserve punishment 罰する値打ちが十分ある. ~ colored 豊かな色彩の. bread ~ spread with butter バターをたっぷり塗ったパン. **3** 立派に; 華美に, 豪華に. ~ decorated 豪華に装飾された.

Rich·mond /rítʃmənd/ 名 リッチモンド **1** Staten Island の旧名. **2** 米国 Virginia 州の州都. **3** 英国 London 西部の自治区 (borough)《**Rìchmond-upon-Thámes** とも言う; Kew Gardens がある》.

†**rich·ness** /rítʃnəs/ 名 U **1** 富んでいること, 富裕. **2** 豊富(さ); 肥沃(よく). **3** ぜいたく; 立派さ, 美しさ. **4** 味の濃厚さ; 滋味; (声などの)深み; (色彩の)豊かさ.

Rìchter scále 名 〈the ~〉 リクタースケール《地震の規模(マグニチュード)を1-10の数字で示す; ＜米国の地震学者 **Charles Richter**》.

rick[1] /rik/ 名 C (雨を防ぐため草屋根をふいた)干し草積み; 干し草[わら, 穀物など]の山.
── 動 他 〔干し草など〕を積み重ねる, 稲むらに積む.

rick[2] 【主に英】動 他 〔足首など〕を捻挫(ねんざ)する (sprain); 〔首, 背中など〕の筋を違える.
── 名 C 捻挫; 筋違い.

rick·ets /ríkəts/ 名 U 〈普通, 単数扱い〉【医】くる病.

rick·et·y /ríkəti/ 形 **1** 〔家具などが〕ぐらぐらする; 今にも倒れそうな; よぼよぼの. a ～ old table ぐらぐらの古テーブル. a ～ barn つぶれそうな納屋. **2** くる病の; くる病にかかった, せむしの.

rick·sha(w) /ríkʃɔː/ 名 C 人力車. [＜日本語]

ric·o·chet /ríkəʃèi, ⌐⌐⌐/ 名 **1** UC (水切りした石などのような)はね飛び. **2** C はね弾(だ). ── 動 自 VA 〔弾丸・ボールなどが〕はね飛ぶ, はねる, 〈*off* ..に当たって〉. ～ *off* the goalkeeper into the net ゴールキーパーに当たってはねてネットに入る. [＜フランス語]

ri·cot·ta /rikáːtə|-kɔ́-/ 名 U リコッタ《羊の乳から作るイタリア産の無塩の白チーズ; 特にホウレン草とパスタ料理に使う》. [イタリア語 'cooked twice']

*__rid__ /rid/ 動 (～s /-z/|過 過分 ～, **ríd·ded** /-əd/|**ríd·ding**) 他 VOA (～ X *of* ..) X から..を取り除く; X (人)を..から免れさせる. ～ a house *of* rats 家からネズミを一掃する. We ～ ourselves *of* our coats. 我々は上着を脱ぎ捨てた.

*__*be ríd of*__.. = __*gèt onesèlf ríd of*__.. ..を免れる, 脱する, ..から解放される. He *was* finally ～ *of* his cold. 彼はようやく風邪が治った. You *are* well ～ *of* her. 彼女と別れてよかったね.

*__*gèt ríd of*__.. ..を除く, やめる, 処分する, 手放す; ..を免れる, ..から解放される, 〔人〕を追い返す, (be rid of). *get* ～ *of* the dead leaves 落ち葉を取り除く. He *got* ～ *of* the gun. 彼はその銃を処分してしまった. *get* ～ *of* one's debt 借金を片付ける.

[＜古期北欧語「(樹木を)切り払う, 開墾する」]

rid·dance /ríd(ə)ns/ 名 aU 〖話〗免れる[除く]こと; 厄介払い. Harris is resigning? Good ～ (to him). ハリスが辞めるって? いい厄介払いだ. Good ～ (to bad rubbish). (くずが)いなく[なく]なってほっとした[せいせいした].

rid·den /rídn/ 動 ride の過去分詞.

── 形 〈主に複合要素として〉(..に)支配[抑圧]された; (..に)悩まされた; (..が)やたら多い. guilt-～ 罪の意識にさいなまれた. a spy-～ city スパイのうようよいる都市. a debt-～ man 借金に苦しんでいる男. a rat-～ barn ネズミに荒らされている納屋.

*__rid·dle__[1] /rídl/ 名 (複 ～s /-z/) C **1** 謎(なぞ), 判じ物, なぞなぞ. read [solve] a ～ 謎を解く. speak [talk] in ～*s* 謎のような事を言う. **2** 難問, 難題; 不可解な人[もの]. try to solve the ～ of the universe 宇宙の謎を解明しようとする. He is a ～ to me. 私は彼のことがよく分からない. ── 動 自 謎をかける; 謎めいたことを言う. [＜古期英語「意見, 謎」]

R

†**rid·dle**[2] 名 C 目の粗いふるい (→sieve).

── 動 他 **1** 〔穀物, 砂など〕をふるい分ける, ふるいにかける. **2** 〈普通, 受け身で〉(**a**) VOA (～ X *with* ..) X を〔銃弾など〕で穴だらけにする. The car was ～*d with* bullets. 車は銃弾でたくさん穴が開いていた. (**b**) VOA (～ X *with* ..) ..で X をいっぱいに(してだめに)する; 〔病気, 腐敗など〕が X に広がる, X を毒する. be ～*d with* errors 間違いだらけである. The present government is ～*d with* corruption. 現政府は汚職まみれだ. [＜古期英語]

‡**ride** /raid/ 動 (～s /-dz/|過 **rode** /roud/|過分 **rid·den** /rídn/|**ríd·ing**) 自 【乗る】 **1** 馬に乗る; 〖英〗(スポーツとして)乗馬をする. learn (how) to ～ 乗馬を習う. ～ away 馬に乗って立ち去る. ～ far 遠乗りする. ～ on horseback 馬に乗る. ～ astride [sidesaddle] 馬にまたがる[横乗りする].

2 (**a**) VA (～ *on* ..) 〔自転車など〕に乗る; (～ *on, in* ..) ..に(乗客として)乗る, 乗って行く; (★列車, バスなど大型の乗り物には, 特に〖米〗では on の方がよく用いられる). ～ *on* a bicycle 自転車に乗る. ～ *on* [*in*] a train 汽車に乗る. ～ *in* a taxi タクシーに乗る (★自分で運転して「車に乗る」は drive a car). ～ down *in* an elevator エレベーターで下に降りる. I rode *to* the pub *in* a cab. タクシーに乗ってパブに行った. (**b**) 〖南ア〗 車を運転する[乗り回す].

3 VA (～ *on* ..) ..に馬乗りになる, またがる. ～ *on* a person's shoulders 人の肩車に乗る.

4 VA 〈A は様態の副詞〉〔乗り物の〕乗り心地が..である. The ship *rode* smoothly. 船は揺れが少なかった. a horse that ～*s* easily 乗り心地の良い馬.

【乗る＞上にある】 **5** 〖雅〗 VA 〔船が〕浮かぶ; 〔鳥などが〕(風に)乗る; 〔天体が〕(中空に)かかる. a ship *riding* at anchor 停泊中の船. ～ (*on*) the breeze [a wave of popularity] (→他 4). The moon was *riding* high *above* the mountain ridge. 月が山の背の上方高くかかっていた.

6 VA 進む, 走る, 〈*on* ..〔流れ, 軌道など〕に乗って〉; うまく乗る 〈*on* ..〔時流など〕に〉. The new commuter trains ～ *on* elevated monorails. 新しい通勤列車は高架モノレールの上を走る. The candidate *rode* to victory *on* his personal popularity. その候補者は個人的人気に乗って勝利を収めた. **7** 〔折れた骨などが〕重なり合う.

8 【依存する】 VA (～ *on* ..) ..に依存する, ..次第である. My whole future may ～ *on* the outcome of this single examination. 私の将来はすべてこの 1 回の試験の結果で決まるかもしれない.

9 〖ジャズ〗(即興演奏などして)好演する.

10 〖卑〗(女と)'やる'.

── 他 【乗る】 **1** 〔馬, 自転車など〕に乗る; 〖主に米〗〔乗り物〕に乗る, 乗って行く. ～ a horse 馬に乗る. ～ the 10:30 train to Osaka 10 時半の列車で大阪へ行く. **2** (馬, 乗り物で)を行く, 通る, 渡る. He *rode* the rapids in a rubber boat. 彼は急流をゴムボートで下った. **3** 〔競馬など〕に出場する, を乗って争う. He always ～*s* a good race on this track. 彼はいつもこの競馬場で良いレースを見せる. **4** 〖雅〗に乗って進む; に浮かぶ; 〈比喩的〉〔..の波〕に'乗る'. The ship *rode* the waves lightly. 船は波に乗って軽やかに進んだ. A hawk was *riding* the breeze. タカがそよ風に乗って滑空していた. The comedian is *riding* (on) a wave of popularity. そのコメディアンは非常に人気がある.

【乗せる】 **5** (**a**) を乗せる; 〔人〕を(車に)乗せて運ぶ. ～ a child on one's back [shoulders] 子供をおぶってやる[に肩車してやる]. Harry *rode* me over in his truck. ハリーは私を彼のトラックに乗せて連れて行ってくれた. (**b**) 〖南ア〗〔荷物, 商品〕を(車, 荷車で)運ぶ.

【乗って抑える】 **6** 〔パンチなど〕を身を引いてこらえる.

7 〖章〗 を支配する; を苦しめる; 〈主に受け身で〉. be *ridden with* [*by*] jealousy しっとにさいなまれる.

8 〖主に米話〗を(しつこく)からかう, いじめる. **9** 〔霊などが〕に乗り移る. **10** 〖ジャズ〗を即興演奏する. **11** 〖卑〗〔女〕に乗っかる, と'やる'.

lèt** ..**ríde 〖話〗..をそのままにしておく, 放っておく. We'll *let* things ～ for a few days and see how the situation develops. 事態を数日間放っておいて状況がどうなるかを見てみよう.

rìde agáin 〖話〗(思いがけなく)再登場する, 復活する.

rìde /../ dówn (1) ..を馬で突き倒す, 乗り物で引き倒す. (2) ..に馬[乗り物]で追いつく.

rìde for a fáll 馬を乱暴に乗り回す; (失敗するに決まっている)むちゃなやり方をする.

rìde hérd on.. 〖米〗..を見張る, 監視する, ..に目を光らせる.

rìde hígh 〈主に進行形で〉うまく行っている.

rìde /../ óut 〔船があらしなど〕を乗り切る; 〔困難, 逆境など〕を乗り越える; 〈*out*〉. ～ *out* a storm [crisis] あらし[急場]を乗り切る.

rìde to hóunds 〖章〗(猟犬を先に立てて)馬に乗ってキツネ狩りをする.

rìde úp 〔衣服が〕ずり上がる.

── 名 (複 ～s /-dz/) C **1** (馬, 自転車, バスなどの乗り

物に)乗ること; 乗せてもらうこと, (乗り物による)旅行. go for a ～ (馬, 自転車, 車などに乗って)出かける. have [take] a ～ (馬, 車などに)乗る. Could I give you a ～ to the station? 駅まで車でお送りしましょうか? I gave her a ～ on my back. 彼女をおぶってやった. An hour's ～ in the car took us to our destination. 車で 1 時間で目的地に着いた. a long train ～ 長い汽車の旅.
2 (森の中などの)乗馬道.
3 (遊園地などの)乗り物《Ferris wheel など》; 〖米話〗車.
4 〈形容詞を伴って〉(..な)乗り心地[具合]; 〈比喩的〉(..な)具合, 調子, 扱い. The horse gives an easy ～. その馬は乗りやすい. face [be in for] a bumpy ～ 困った目に会う[会いそうである]. The Premier was given a rough ～ by the journalists 首相はジャーナリストたちの手厳しい批判を受けた. The bill had a smooth ～ through Congress 法案はスムーズに議会を通過した.
5 〖卑〗性交(の相手).
alòng [jùst] for the ríde 〖話〗形だけ[面白半分で]加わって.
tàke..for a ríde 〖話〗(1)〖主に米〗〔人〕を車で連れ出して殺す. (2)〔人〕をだます. [＜古期英語]

***rid·er** /ráidər/ 名 (複 ～s /-z/) C **1** (馬, 自転車, オートバイなどの)**乗り手**, 騎手. He is a good ～. 彼は乗馬が巧みだ. **2** 〖章〗(文書, 議案などの)添え書き; 追加[附加]条項 〈*to* ..への/*that* 節 ..という〉; 〖英法〗(verdict に付ける)付帯意見. A ～ was attached to my father's will. 父の遺言状には添え書きが 1 つ付けられていた.
▷**～·less** 形 人が乗っていない〔馬〕.

***ridge** /rídʒ/ 名 (複 **rídg·es** /-əz/) C **1 山の背, 尾根**; 分水嶺. walk along the ～ of a mountain 山の尾根を歩く. **2** (屋根の)棟; (動物の)背, 背すじ; 波の背; (織物, 畑などの)畝 (→furrow). the ～ of the nose 鼻すじ. Rubber boots have ～*s* on their soles. ゴム長靴は底に刻み目がある. **3** 〖気象〗高気圧の張出部 (**rìdge of hìgh préssure**) (→trough 3). ── 動 他 に棟を付ける; に隆起[畝]を付ける. [＜古期英語]
rídge·pòle 名 C 〖建〗棟木(むなぎ); (テントの)梁(はり)材.
rídge·wày 名 (複 ～s) C 〖英〗(山の)尾根道.
***rid·i·cule** /rídəkjù:l/ 名 U **あざけり**, 嘲(ちょう)笑, ひやかし. an object of ～ 嘲笑の的. arouse [draw, excite, incur] ～ あざけりを招く. lay oneself open to ～ 人の物笑いになるような事をする. be held up to ～ 笑いものになる, ひやかされる. be exposed to public ～ 世間の物笑いの種にされる. ── 動 他 をあざける, あざ笑う, ひやかす. They all ～*d* my new hairstyle. みんなで私の新しい髪型をひやかした. ◇形 ridiculous [＜ラテン語 *rīdiculus*「笑うべき, こっけいな」(＜*rīdēre* 'laugh')]
***ri·dic·u·lous** /ridíkjələs/ 形 m **ばかげた, ばかばかし**い, 途方もない; 滑稽(こっけい)な; (類語 あざけりや物笑いの対象になるようなばからしさを言う; →absurd, ludicrous). a ～ story [idea] ばかばかしい話[考え]. Don't be ～! ばかを言うな. ▷**～·ly** 副 ばかばかしいほど; ばかげて, 滑稽に. ～*ly* expensive ばかげるほど高い. **～·ness** 名
‡rid·ing[1] /ráidiŋ/ 名 U 乗馬; 乗車. bicycle [bike] ～ サイクリング. ～ boots 乗馬靴.
ríd·ing[2] 名 C **1** 〈R-〉〖英〗ライディング《1974 年まで英国の旧 Yorkshire 州を東, 西, 北に 3 分していた行政区画の 1 つ》. **2** (カナダの)選挙区.
ríding brèeches 名 〈複数扱い〉乗馬ズボン.
ríding cròp 名 ＝crop 名 8.
ríding hàbit 名 C (昔の)婦人用乗馬服《スカートが広くて長い》.
ríding làmp [lìght] 名 C 停泊灯.
ríding màster 名 C 馬術教師.
ríding schòol 名 C 乗馬学校.
ries·ling /rí:sliŋ/ 名 U リースリング《ドイツ製の白ワインの一種; その原料となるブドウ》.
‡rife /raif/ 形 〖章〗〈叙述〉**1** 〔悪いものが〕流行して, 横行して, 〔うわさなどが〕広まって. Crime and violence are ～ in this area. この地域は犯罪と暴力が横行している. run ～ 〔流行病が〕はやっている. **2** 充満している 〈*with* ..〔悪いもの〕が〉. The argument is ～ *with* contradictions. その議論は矛盾だらけだ.
riff /rif/ 名 (複 ～s) C (ジャズ音楽などの)反復楽句[旋律]《主に独奏者の伴奏になる》.
rif·fle /ríf(ə)l/ 名 **1** C 〖米〗早瀬, 浅瀬; 瀬に立つ波, さざ波. **2** U 〖トランプ〗両手に分けたカードを交互に重ね合わせて切ること. ── 動 他 **1** にさざ波を立てる. **2** 〔カード〕を交互に重ね合わせて切る. **3** 〔本のページ〕をぱらぱらめくる. ── 自 **1** さざ波が立つ. **2** VA (*～ through ..*)〔ページなど〕をぱらぱらめくる.
riff·raff /rífræf/ 名 〈the ～; 単数形で複数扱いもある〉〖軽蔑〗(最下層の)評判の悪い連中. all this [these] ～ こんな人間のくずども.
***ri·fle**[1] /ráif(ə)l/ 名 (複 ～s /-z/) **1** C **ライフル銃**, 施条銃, 《弾丸を回転させるために銃身の内側にらせん状の溝がつけてある; →gun》. **2** C (銃身につけたらせん状の)条溝(の 1 本). **3** 〈～s〉ライフル銃部隊. ── 動 他 〔銃, 砲身(の内部)〕に旋条を施す. [＜フランス語「こする, 引っかく」]
ri·fle[2] 動 他 (盗むために)をくまなく捜す; (くまなく捜して)から奪う; から強奪する, 盗む, 〈*of* ..を〉. ～ a person's pockets 人のポケットをくまなく探る. The room had been ～*d of* all its valuables. 部屋からは貴重品がみんな盗まれていた. ── 自 VA (*～ through ..*) ..をくまなく捜す. ～ *through* the drawers 引き出しをくまなく捜す. [＜古期フランス語「引っかく, 略奪する」]
rífle·man /-mən/ 名 (複 **-men** /-mən/) C ライフル射手, 狙(そ)撃兵; 射撃の名人.
rífle rànge 名 C **1** (小銃)射撃場. **2** 小銃射程(rifle shot).
ri·fle·ry /ráif(ə)l(ə)ri/ 名 U 〖米〗ライフル射撃.
rí·fling 名 U (ライフル銃に)旋条を施すこと; 施条.
‡rift /rift/ 名 C 〖章〗 **1** 裂け目, 割れ目, 切れ目, (crack). a ～ in the clouds 雲の切れ目. **2** 仲たがい, 疎隔, 〈*in, between* ..の間の〉. a deep ～ *in* the party [*between* the two families] 党内の[2 家族間の]深い溝. [＜古期北欧語]
ríft vàlley 名 C 〖地〗裂谷, 地溝.
†rig[1] /rig/ 動 (～s|-gg-) 他 **1** 〔船〕を艤(ぎ)装する; 〔船, マストなど〕に装備する 〈*with* ..を〉; 〔機体など〕に装備する, 取り付ける, 〈*up*〉〈*with* ..を〉; を組み立てる. a missile ～*ged up with* a nuclear warhead 核弾頭付きミサイル. **2** VOA (*～/X/out, up*) 〖話〗X に身うくろい[装備]させる; X を着飾らせる, めかし込ませる; (*～/oneself/out, up*) 身につける; 〈*in* ..を〉. He was all ～*ged out in* his Sunday best. 彼は一張羅を着こんでいた. On Halloween the children ～ *themselves up in* funny clothes. ハロウィーンには子供たちは変てこな格好をする.
3 VOA (*～ /X/up*) 〖話〗X を間に合わせに作る, 急ごしらえする. The stands were ～*ged up*. 見物席が急造された. ── 名 C **1** (船の)艤装, 帆装(様式); 装備; 〈普通, 複合語で〉用具[装置]一式; (油井の)掘削装置(＝oilrig). **2** 〖旧話〗(奇抜な)身なり, 服装. in full ～ 盛装して. **3** 〖米話〗(馬を付けた)馬車; (連結式)トラクター, トラック. [?＜古期北欧語]
rig[2] 動 (～s|-gg-) 他 を不正に操作する, 操る. ～ a horse race 競馬で八百長をする. ～ an election 選挙で不正工作をする. ～ the market 市場を操作する.
Ri·ga /rí:gə/ 名 リガ《Latvia 共和国の首都; **the Gùlf of Ríga** (リガ湾)に臨む港市》.
rig·a·ma·role /rígəmərəul/ 名 ＝rigmarole.
rig·a·to·ni /rìgətóuni/ 名 〈複数扱い〉リガトニ《短いマカロニの一種; 畝状に刻み目がある》.
rig·ger /rígər/ 名 C **1** (索具などを取り付けて)艤(ぎ)装[船装]を施す人; (航空機の)機体装備員. **2** (滑車, ク

レーンなどの綱具の)巻き上げ工.

rig·ging[1] /ríɡiŋ/ 图 Ⓤ 〈普通 the 〜; 集合的〉索具, 綱具; 用具一式.

rig·ging[2] 图 Ⓤ (選挙の)不正(工作).

right[1] /rait/ 形 Ⓒ 【正しい】 **1** (法律, 道徳上)**正しい**, 正義の, (righteous; ↔wrong). a 〜 man 正義の人, 義人. 〜 conduct 正しい行動. Telling lies is not 〜. うそをつくのはよくない.

2 〔考え方などが〕**正しい** 〈*about* ..について〉, 正当な, 当然の, (↔wrong). You are 〜 (there). (その点は)君の言う通りだ. That's 〜. その通り《同意の表現》. Am I 〜? そうではないですか. You were 〜 ⌞*about* Dale having no money [when you said that Dale had no money]. デールには金がないと君が言ったことは正しかった. You're 〜 to say so.=It's 〜 of you to say so. 君がそう言うのは当然だ. Am I [Would I be] 〜 in thinking that we've met before? 以前にお会したでしょうか. It is only 〜 that women should get equal pay for equal work. 女性が同一の労働に同一の賃金をもらうのは極めて当然のことである. It was 〜 and proper that he should apologize to you. 彼が君に謝るのはもっともであった. be half 〜 半ば正しい.

3 〔答えなどが〕**正しい**, 正確な, (correct); 本当の (true). the 〜 answer 正解. get four answers 〜 4問に正解する. What's the 〜 time? 正確には今何時ですか. You visited his home, 〜? 君は彼の家を訪ねた, そうなんでしょ (語法 ..., is that right? を短くしたもの.このようにしばしば付加疑問的に用いられる (right = didn't you)).

4【状態が正しい】**健全**な, 申し分ない, 体調がいい; 〔精神が〕正常な. Are you 〜 now? もう具合はいいのですか. I sensed that things weren't 〜 between the couple. 二人の間はうまく行っていないと感じた. be in one's 〜 mind [senses] 正気である. be not 〜 in one's [the] head 頭が変だ.

5【動きが正しい】〔機械, 装置などが〕正常な, 具合がいい; 〔事態が〕うまくいって, 好都合で; (↔wrong). Something isn't quite 〜 with the brakes. ブレーキがちょっとおかしい. All will be 〜. 万事うまくいくでしょう.

6【向きが正しい】〔布などが〕表の, 前面の, (↔wrong). the 〜 side of the (piece of) cloth 布の表. the 〜 side up=〜-side up 表を上にして. 〜-side out 表側を外に.

R

【正しく合う】 **7** (最も)**適切**な, 適当な, (proper; ↔wrong). the 〜 man in the 〜 place 適材適所. make the 〜 decision 適切な決定をする. John is 〜 for the job. ジョンはその仕事にはうってつけだ. You came just at the 〜 time. 君はちょうどいい時に来てくれた. be in the 〜 place at the 〜 time ちょうどいい時にちょうどいい所にいる. The hat was just 〜 in size. 帽子のサイズはまさにぴったりだった. Is this the 〜 way to the station? 駅へはこの道でいいのですか.

8 (付き合うのに)適当な, (社交上, 社会的に)ちゃんとした. the 〜 people しかるべき人達《影響力のある》.

9〖英話〗(悪いものについて)正真正銘の, 全くの. a 〜 old stupid 全くのあほう. in a 〜 mess 全くめちゃくちゃで.

àll ríght →all.

a ríght òne 〖英話〗間抜け, ばか. We've got *a* 〜 *one* here. ここにはばかな人がいるぞ.

(as) rìght as ráin [trívet] 〖話〗すこぶる元気で, 好調で, 《特に病気をしたあとに》; 気が確かで.

gèt on the rìght síde of .. 〔人〕にかわいがられる, 取り入る.

gèt ríght 正常な状態になる, 直る, 整頓(ﾄﾝ)される.

gèt ..ríght (1) ..を正しく[はっきりと, ちゃんと]理解する[覚える]. (2) ..を正しく[きちんと]する, 直す, 整頓する. *get* one's sums 〜 正確に計算する.

on the rìght síde of .. →side.

pùt [sèt] ..ríght (1) ..を正しい状態にする, 元に戻す; ..を修理する. Will you *put* the clock 〜? 時計の時間を合わせてくれないか. *put* things 〜 事態を改善する. (2) 〔人〕の思い違いなどを正す〈*on* ..のことで〉. I'd like to *put* you 〜 *on* that point. その点について君の思い違いを正したい. (3) 〔人〕の健康を回復させる, 〔人〕を元気にさせる. A few days' rest will *put* you 〜. 2, 3日休養すれば元気になるでしょう. (4) ..を公平にする.

ríght enòugh 満足の行く, 申し分のない.

Rìght óh [hó]! =righto.

rìght or wróng 良くても悪くても, どうしても. Japan is my country, 〜 *or wrong*. 良くも悪くも日本は自分の国だ.

Ríght (you áre)! 〖話〗 (1) 君の言う通りだ, そりゃあもっともだ. (2) よろしい, 承知した, (All right!, OK).

She's [She'll be] ríght. 〖オース話〗大丈夫だ, 心配ないよ.

the rìght wáy (1) 本道, 正道; 正しい[適切な]仕方. (2) 実状, 真相. (3) 〈副詞的〉(正しい方向に＞) 正しく, 適切に. go *the* 〜 *way* 〔事が〕うまく運ぶ.

tòo ríght 〖俗〗=RIGHT (you are)!

―― 副 **1** Ⓒ **正しく**, 公正に, 正当に. act 〜 正しい行動をとる.

2 Ⓒ **誤りなく**, 正確に. If I remember 〜, his father was born in 1940. 私の記憶が間違いなければ彼の父は1940年生まれだ. I guessed 〜. 私の推量した通りだ.

3 Ⓒ **適当**に; 具合よく, うまく, 思い通りに. Things went 〜 for me. 事は私に都合よく運んだ. serve a person 〜 →serve (成句).

4 〈副詞, 前置詞句を強めて〉**ちょうど**, **きっちり**. 〜 here [there] ちょうどここに[そこに]. 〜 behind [in front of] me 私のすぐ後[前]に. begin 〜 from the beginning 最初の最初から始める. 〜 in the middle まん真ん中に. The ball hit me 〜 on the nose. ボールはまともに鼻に当たった. be corrupt 〜 through 芯まで腐っている; 〔組織などが〕骨の髄まで腐っている. Come 〜 in. お入り下さい.

5 **まっすぐに**; ずうっと. go 〜 to the end of the road 道路の端までずっと行く. He walked 〜 along the waterfront. 彼はまっすぐに海岸通りを歩いて行った.

6〖話〗**すぐ(に)**, ただちに. I'll be 〜 back [over, there]. すぐに戻ります[そちらに参ります]. (I'll) be 〜 with you. ちょっとお待ち下さい, 今すぐお伺いします《店員などがしばしば使う》. *Right* after the war the country was full of the unemployed. 戦争直後, 失業者が国中にあふれた. a ripe apple 〜 off the tree もぎたての熟したリンゴ.

7 〈同意を表して〉〖主に米〗ええ, うん, (sure). "Are you willing to help him?" "*Right*."「彼を助けることはいといませんか」「もちろん」.

8 〈聴いていることを示して〉そう; 〈次へ進むことを促して〉はい, それでは.

9〖英古・米話〗大いに, 極めて. I'm 〜 glad to see you. お目にかかれて大変うれしい.

10〖英〗〈the R-〉〈Honourable, Reverend に付けて尊称として〉大... the *Right* Honourable Earl of Oxford オックスフォード伯爵閣下《伯爵以下の貴族に対する尊称》. the *Right* Reverend John Smith ジョン・スミス尊師《司教に対する尊称》.

àll ríght →all.

be rìght up thére (with ..) (〔最高の人〕に)決して劣らない, (..と)肩を並べる.

dò ríght 正しく振る舞う, 賢明に行動する, 〈*in* doing ..することにおいて〉.

gò ríght うまく行く; 思い通りになる; (↔go wrong).

Everything *went* ～ for me. 万事うまく行った.
gò (rìght) thróugh** a pèrson* (like a dòse of sálts***) 〔食物などが〕(消化されないで)くだる.
rìght alóng ずっと休みなしに; 順調に.
*__*rìght awáy*__ すぐ(に), ただちに. Start ～ *away*. すぐ出発しなさい.
rìght enóugh =SURE enough.
rìght nów (1) =RIGHT away. (2) ちょうど今, 今しがた; 今のところ. *Right now* I want for nothing. 今のところ何一つ不自由はない. Not ～ *now*, thanks. 今は結構です, どうも.
rìght óff =RIGHT away.
Rìght ón! 〖話〗(1) その通り; 賛成. (2) 正しい, 的を得ている, 正確である.
── 名 (複 **～s** /-ts/) **1** U **正しさ, 正義, 公正**; 正しい行為; 善; (↔wrong). He knows [can tell] ～ from wrong. 彼は善悪正邪の区別ができる人だ. do ～ 正義を行う. Might makes ～ →might[2].
2 UC **権利**; 〈しばしば ～s〉(利益を主張[享受]する)権利, 法的権利, 〈*to* do ..する〉. human ～*s* 人権. have the ～ *to* vote. 投票権がある. I have a [the] ～ *to* do [of doing] as I please. 私には自分の好きなようにする権利がある. You have no ～ *to* do that. 君にはそんなことをする権利はない. Women have equal ～*s* with men. 女性は男性と同じ権利がある. stand on the [one's] ～ to free expression 自由に表現する権利を主張する. read [give] a person his [her] ～*s* (逮捕時に)人(被疑者)に(黙秘権など)被疑者の権利を読み上げる.

> 連結 a full [a perfect; an inalienable; an unquestioned; an exclusive] ～ // achieve [gain; use, exercise; abuse; assert, claim; renounce] a ～

3 C 正当な[十分な]理由. You have every ～ to complain [be angry]. 君には文句を言う[怒る](だけの)十分な理由があるよ. **4** C 〈～s〉版権 〈*to* ..の〉. the translation ～*s* 翻訳権.
(*as*) *of right* 〖章〗当然(の権利として), 正当に.
bàng 〖英〗[〖米〗***dèad***] ***to ríghts*** 現行犯で. have a person *dead to* ～*s* 人の動かぬ証拠を押さえている.
be in the ríght (言い分が)正しい, もっともである.
by right 〖章〗=(as) of RIGHT.
by ríght of .. 〖章〗..の権限[権利]によって; ..の理由で. James II thought he could rule *by* ～ *of* divinity. ジェームズ2世は神に授かった権限によって統治できると考えた.
by ríghts 正当な権利によれば; 本来ならば. *By* ～*s*, the property belongs to you. この財産の正当な相続人はあなたです. Don't be long; *by* ～*s*, you should have arrived there hours ago. 早くしなさい, 向こうへは何時間も前に着いているはずだったのだから.
***dò right by** a person* 人を公平に取り扱う, 不当な扱いはしない, 正当に評価する.
in** one's **òwn ríght 本来[生得]の権利で; 本来の資質[価値]で; 自分の力[努力, 才能]で(の); 独自に. a queen *in* her *own* ～ (王妃ではなく, 生得の王権を継承した)女王 (→queen consort). an interesting novel *in* its *own* ～ (著者との関係や文学史的意義などの外的事情と関係なく)それ自体で面白い小説.
pùt [***sèt***] ***..to ríghts*** (1) 〔人, 事態など〕を正常に戻す. The premier's tough policies soon *put* the economy *to* ～*s*. 首相の強硬な政策がやがて経済を立て直した. (2) 〔物, 場所など〕を整頓(とん)する.
the rights and wróngs 善悪正邪; 真相 〈*of* ..〔事件など〕の〉. discuss *the* ～*s and wrongs of* abortion 堕胎のよしあしを論じる.
within** one's **ríghts (***to** do*) (..する)権限があって; (..するのは)当然で.

── 動 他 **1** をまっすぐにする, 起こす, 立て直す. ～ a capsized boat again ひっくり返ったボートを起こす. **2** 〔不正, 誤りなど〕を正す; 〔考え方など〕を事実に合わせて正す. ～ wrongs 不正を正す. **3** を立ち直らせる; を(本来の状態に)回復させる. **4** 〔不当な扱い〕の復讐をする.
── 自 まっすぐになる. The raft ～*ed* (itself) in a second. (傾いた)いかだはすぐに立ち直った.
ríght oneself (1) 〔船などが〕立ち直る, バランスを取り戻す, (→自); 常態にかえる. The turmoil in the universities will soon ～ it*self*. その大学紛争はじきに収まるだろう. The boat ～*ed* it*self*. ボートは水平に立ち直った. (2) 自己弁明をする, 身のあかしを立てる; 名誉を挽(ばん)回する. [＜古期英語]

‡**right**[2] /rait/ 形 **1** C 〈限定〉**右の**, 右側の; 右方への, 右向きの. write with one's ～ hand 右手で書く. the ～ bank of a river (川下に向かって)右岸. make a ～ turn 右に回る. drive on the ～ side of the road 道路の右側を走る. **2** m, e 〈しばしば R-〉(政治上)右翼の, 保守の. politically Right 政治的に右で.
3 (**a**) 〖古〗まっすぐの. a ～ line 〖数〗直線. (**b**) 直角の, 垂直の. a ～ circular cone 直円錐(すい).
Rìght túrn [***fáce***]***!*** 〖軍〗右向け右《号令》.
── 副 C **右に, 右へ**, 右の方に[へ], 右側に[へ]. Turn [go] ～ at the traffic lights. 信号で右へ曲がりなさい. Keep ～. 右側通行《掲示》.
Èyes right! →eye.
rìght and léft (1) 左右に, 右と左に〔別れるなど〕. look ～ *and left* 左右を見る. (2) 〖話〗四方八方に[から], 至る所で[へ]; 片っ端から, どんどん. A blast of wind scattered the papers ～ *and left*. 突風のため書類があちこちに飛び散った.
rìght, lèft, and cénter 〖英〗(1) =RIGHT and left (2). (2) 〖話〗すごく, やたらと. spend money ～, *left, and center* 金をすごく使う.
── 名 (複 **～s** /-ts/) **1** U 〈普通 the ～〉**右**; 右側, 右の方. the first house on the ～ 右側の最初の家. keep to the ～ 右側通行をする. Keep going till the first crossing and turn to the ～. 最初の交差点までずっと行ってそこを右へ曲がりなさい. **2** C 右回り, 右折. Make [Take, 〖話〗Hang] a ～. 右へ回れ.
3 U 〈普通 the R-; 単複両扱い〉保守党, 右翼, 右派, (→left[1] 2). parties on the ～ 保守的な政党. move to the ～ 右寄りになる. the vise of the extreme ～ 極右の台頭. **4** C 〖軍〗右翼; 〖野球〗右翼, ライト; 〖ボクシング〗右手(打ち). ◇↔left
be sòmewhere to the rìght of Gènghis Khán [***Attila the Hún***] 超保守的である.
[＜中期英語 (＜right[1])]

rìght·about-fáce 名 C **1** 〖軍〗回れ右. order the soldiers to do a ～ 兵士たちに「回れ右」と号令をかける. **2** (主義・信条などの 180 度の)方向転換.
rìght·about-túrn 名 =rightabout-face.
ríght àngle 名 C 直角.
ríght-àngled 形 直角の, 直角を持つ. a ～ triangle 〖英〗直角3角形 (〖米〗right triangle).
rìght árm 名 〈one's ～, the ～〉右腕; 一番頼りにしている補佐役, '右腕'.
would gìve** one's **rìght árm for .. [***to** do*] 〖話〗..のためなら[..するためなら]どんなことでもするだろう.
ríght-bràin 形 右(大)脳の(働きによる).
ríght bràin 名 〈the ～〉大脳の右半球, 右脳, 《体の左半分を支配し, 又芸術的・想像的思考を司る; →left brain》.
‡**right·eous** /ráitʃəs/ 形 〖章〗**1** (**a**) (道徳的に)正しい, 高潔な, 廉直な. lead a clean, ～ life 清廉高潔な一生を送る. (**b**) 〈the ～; 名詞的; 複数扱い〉正義の人々. **2** 当然な, もっともな; もっともらしい. ～ indignation at

their unfairness 彼らの不公平さに対する無理からぬ憤慨. **3**〘米俗〙本物の. ▷**～·ly** 副 **～·ness** 名
rìght fíeld 名 UC 〘野球〙右翼, ライト.
rìght fíelder 名 C 〘野球〙右翼手.
†**right·ful** /ráitf(ə)l/ 形 〘章〙〈限定〉正当な, 合法的な. the ～ owner of the property その財産の正当な所有者. a ～ claim 正当な要求.
ríght·ful·ly 副 正当に, 合法的に; 当然の権利として; 〈文修飾〉当然のことながら. These jewels ～ belong to you. この宝石類は当然の権利であなたの物です.
†**rìght-hánd** /㊟/ 形 〈限定〉 **1** 右の, 右側の, 右の方への. the ～ drawer of the desk 机の右の引き出し. The hiker took the ～ path. ハイカーは右の道を行った. **2** 右手の, 右手でする, 右手用の
rìght hánd 名 〈one's ～, the ～〉 **1** 右手. **2** 〈the ～ hand〉右側. **3** 腹心の人, '右腕'. be at a person's ～ [the ～ of a person] 人の右腕である.
would gìve one's rìght hánd for .. [to do] = would give one's RIGHT ARM for .. [to do].
rìght-hand dríve /㊟/ 形 右ハンドルの. a ～ car 右ハンドルの車.
rìght-hánded /-əd ㊟/ 形 **1** 右利き(用)の. a ～ pitcher 右利きの投手. a ～ tool 右利き用の道具. **2** 右手でする. **3** 右回りの; 右巻きの. a ～ screw 右回りのねじ. ▷**～·ly** 副 **～·ness** 名
rìght-hánder 名 C **1** 右利きの人[選手]. **2** 右手で打つこと; 右のパンチ. a ～ to the stomach ボディーへの右の一発.
rìght-hand mán 名 C 〈普通, a person's ～, the ～〉腹心(の人物), '右腕', '懐刀'.
Ríght Hònorable 名 →honorable 参考.
ríght·ism 名 U 右翼, 保守[反動]主義.
ríght·ist 〈しばしば R-〉名 C 右翼[右派](の人), 保守[反動]主義者. **──** 形 右翼[右派]の[で]. ◇↔leftist
‡**right·ly** /ráitli/ 副 m **1** (道徳的に)**正しく**, 公正に. act [judge] ～ 正しく行動[判断]する.
2 **正確**に, 誤りなく, 正しく. answer a question ～ 問題に正しく答える. if I remember ～ 私の記憶に間違いなければ. (I) can't ～ say. 〘話〙はっきりと分からない.
3 〈文修飾〉 **当然**(のことだが). This picture is ～ called a masterpiece. この絵は傑作と呼ばれて当然だ. Your friend is ～ angry. 君の友人が怒るのももっともだ (=It is right that your friend should be angry.). *Rightly* or wrongly, I think the chairman should resign. (そう考えて)いいか悪いかはともかく, 議長は辞任すべきだと私は考える. Tom was severely punished, and ～ so. トムは厳しい罰を受けたが, 当然のことであった.
4 〘話〙〈否定文中で〉**確かに**(は), 確信を持って. I can't ～ tell whether Tom was there or not. トムがそこにいたかどうかはっきりは分からない.
rìght-mínded /-əd ㊟/ 形 心の正しい; まっとうな考え方の; 善意の. ▷**～·ness** 名
ríght·ness 名 U 〈普通 the ～〉 **1** 正しさ, 公正さ, 廉直さ; 正義. **2** 正確さ. **3** 適切さ.
right·o, right oh /ràitóu, ⌐⌐/ 間 〘英話〙よろしい, 承知した, (all right, OK).
rìght of appéal 名 C (複 **rights-**) 上訴権.
rìght-of-cénter /㊟/ 形 保守寄りの, 右派の.
rìght of wáy 名 (複 **rights-**) C **1** (他人の土地の)通行権; 通行権のある道路. **2** U 優先通行権 〈*over* ..〔他の種の乗り物〕に対しての〉.
rìght-ón /㊟/ 形 **1** 進歩的な, 社会主義派の. **2** 〘米〙(言い分が)全く正しい.
Ríght Rèverend 名 尊師《bishop の名前の前に付ける》.
ríghts ìssue 名 C 株主割当発行.
rìght-thínking /㊟/ 形 =right-minded.
rìght-to-díe /㊟/ 名 U, 形 尊厳死(の).
rìght-to-lífe /㊟/ 名 U, 形 妊娠中絶反対(論)(の). ▷**-lífer** 名
rìght tríangle 名 C 〘米〙直角三角形 (〘英〙right-angled triangle).
right·ward /-wərd/ 形 右への, 右側の.
── 副 右に[へ], 右側へ.
ríght·wards /-wərdz/ 副 =rightward.
†**rìght-wíng** /㊟/ 形 右翼の, 右派の; 〘スポーツ〙右翼の.
rìght wíng 名 〈the ～〉 **1** 〈しばしば R- W-〉右翼, 右翼政党. **2** (政党[団体]内の)右派. **3** C 〘スポーツ〙右翼(手).
rìght-wíng·er 名 C **1** 右派の人, 保守主義者, (rightist). **2** 〘スポーツ〙右翼手. 「《人》.
right·y /ráiti/ 名 C 〘米話〙 **1** 右利きの人. **2** 右翼↑
‡**rig·id** /rídʒəd/ 形 m **1** **堅い**, こわばった; 固定して動かない; 〔手足などが〕硬直した; (類語 容易には伸びたりねじれたりしないような堅さを言う; →firm¹). a ～ bar 堅い棒. a face ～ and pale こわばって青ざめた顔. The knob was ～, I couldn't turn it. 取っ手は堅くて回せなかった.
2 **厳格**な, 厳正な. a ～ judge 厳正な裁判官.
3 厳密な, 精密な, (類語 一般に, rigorous より厳密性が高い). conduct a ～ experiment 厳密な実験を行う.
4 〔人, 性格が〕剛直な; 堅苦しい, 頭の固い; (類語 融通の利かないことを強調; →severe). ～ in one's views 考え方に融通性[柔軟性]がない.
[<ラテン語「硬直した」(<*rigēre* 'be stiff')]
ri·gid·i·ty /ridʒídəti/ 名 U **1** 堅いこと, 硬直, 曲がらないこと; 〘物理〙剛性. **2** 厳格さ, 厳正さ; 厳密さ. **3** 剛直さ; 堅苦しさ. ◇形 rigid
†**ríg·id·ly** 副 **1** 堅く; こわばって, 体をこわばらせて. **2** 厳格に, 厳正に; 精密に. **3** 堅苦しく; かたくなに.
rig·ma·role /rígmərὸul/ 名 〘話〙 **1** aU 下らない長話. **2** U 煩雑な[ばかげた]手順, (無意味な)'儀式'. I can't bear the whole ～ of courtship, engagement, wedding ceremony and honeymoon. 交際, 婚約, 挙式, 新婚旅行などめんどくさいことはごめんだ.
†**rig·or** 〘米〙, **-our** 〘英〙 /rígər/ 名 〘章〙 **1** U 厳しさ, 厳格さ; (法律, 規則などの)厳正な施行. enforce the law with ～ 法を厳格に施行する. be punished with the full ～ of the law 法に照らして厳正に罰せられる. **2** U 〈the ～〉又は〈the ～s〉(気候の)厳しさ; (生活の)苦しさ, 苛(か)烈さ. the ～*s* of the New England winter ニューイングランドの冬の厳しさ. **3** U (研究などの)厳密さ, 正確さ. be lacking in ～ 厳密さに欠ける. **4** U 〘医〙硬直. [<ラテン語 *rigēre*「硬直している」]
rig·or mor·tis /rìgər-mɔ́ːrtəs, ràigɔːr-/ 名 U 〘医〙死後硬直. [ラテン語 'stiffness of death']
†**rig·or·ous** /ríg(ə)rəs/ 形 **1** 〔規則, 気候などが〕厳しい, 〔教師などが〕厳格な. ～ discipline 厳格な規律. a ～ climate (寒くて)厳しい気候 (★暑さに用いるのは〘廃〙). **2** 厳密な, 精密な. a ～ analysis of data データの厳密な分析. ◇名 rigor ▷**～·ly** 副 **～·ness** 名
†**rig·our** /rígər/ 名 〘英〙=rigor. 「一式のこと》.
ríg·òut 名 C 〘英話・しばしば軽蔑〙'いでたち' 《衣装↑
Rig-Véda /rìg-/ 名 〈the ～〉リグヴェーダ《4 編ある the Veda の最初のもの; 神々への賛歌を集めてある》.
rile /rail/ 動 他 〘話〙を怒らせる, いらいらさせる.
Ri·ley /ráili/ 名 男子の名. ***lèad the lìfe of Ríley*** ぜいたくに暮らす, 気楽に暮らす.
rill /ril/ 名 C 〘詩〙せせらぎ, 細流.
***rim** /rim/ 名 (複 **～s** /-z/) C (眼鏡, 帽子, 皿などの)**縁**, へり; (車輪の)枠, リム; (円形容器の縁に付いた汚れなどの)輪; (類語 丸い物の縁; →edge; →bicycle 図). the chipped ～ of a bowl 椀(わん)の欠けた縁. Beer ran over the ～ of his mug. ビールが彼のマグの縁からあふれ

出た. ── 動 (~s /-z/|過 過分 ~med /-d/|rím·ming) 他 にへり[縁]を付ける; の縁を成す. A low fence ~s the swimming pool. プールの縁には低い柵(さく)がある. [<古期英語「縁, 海岸」]

rime[1] /raim/ 名, 動 《古・詩》=rhyme.

rime[2] 名 U 《雅》霜, 〈特に〉白霜 (hoarfrost). [<古期英語]

rím·less 形 縁のない. wear ~ spectacles 縁なし眼鏡を掛けている.

-rimmed 〈連結形〉 gold-~ spectacles 金縁の眼鏡. red-~ eyes (泣いて)赤い目.

rim·y /ráimi/ 形 《雅》白霜に覆われた.

‡**rind** /raind/ 名 UC (メロン, レモンなどの果物の堅い)皮, 外皮; (ベーコン, チーズなどの)上皮; U 樹皮 (bark). [<古期英語]

Ring /riŋ/ 名 〈the ~〉=Ring of the Nibelung.

‡**ring**[1] /riŋ/ 名 (複 ~s /-z/) C

【輪(状の物)】 **1** 指輪, 耳輪, 腕輪など. wear a gold wedding ~ on one's finger 金の結婚指輪をしている. give a person a ~ 人に婚約の指輪を与える.

2 (金属, 木, プラスチック製などの)輪状のバンド《カーテンの結びひも, ナプキン通しなど》; (ガスレンジなどの)輪状の加熱部; 〈the ~s〉《体操》つり輪. a key ~ 鍵(かぎ)通し, キーホルダー. a rubber ~ 輪ゴム. a gas ~ ガスこんろ.

3 輪, 環(わ), 円形; (木の)年輪, 円い染み, 波紋, (目の周りの)くまなど. cut an onion into ~s タマネギを輪切りにする. the ~s of Saturn 土星の環. dark ~s around the eyes 目のまわりのくま. blow smoke ~s (たばこの)煙を輪にして吹かす. *Rings* of orange juice stained the tablecloth. オレンジジュースの染みが点々とテーブルクロスを汚した. Tall pine trees make a ~ around the lake. 高い松の木が湖の周囲を取り囲んでいる.

【輪状の集まり>集団】 **4** 人[物]の輪, 囲み; 車座(になった人々). form a ~ 輪になる; 車座になる. The children danced in a ~. 子供たちは輪になって踊った. a ~ of onlookers 物見高い人の輪.

5 (悪人の)一味, 徒党. a drug [spy] ~ 麻薬[スパイ]組織. a ~ of gangsters ギャングの一味.

【円形の場所】 **6** 〈the ~〉(円形の)競技場《競馬場, 相撲の土俵, サーカスの演技場など》; (ボクシングの)リング (**bóxing rìng**); ボクシング, ボクシング界; (特に選挙などの)競争の場. meet in the ~ 土俵の上で争う; (リングで)試合をする.

hòld [kèep] the ríng 《主に英》(混乱しないよう)試合場を掌握する, (中立的立場で)試合をきちんとやらせる.

màke [rùn] ríngs around [《英》round] a pèrson 《話》人よりずっと上手にやる[である], 人よりはるかにすぐれている. He can *run* ~*s around* me in tennis. テニスの腕前は彼の方が私よりはるかに上だ.

── 動 (~s /-z/|過 過分 ~ed /-d/|ríng·ing) 他 **1** を取り巻く[ぐるりと囲む]〈*with* ..で〉; 〔正解など〕を円[丸]で囲む. be ~*ed by* [*with*] police 警察に取り囲まれている. Listen and ~ the words correctly pronounced. よく聞いて正しく発音されている語を丸で囲みなさい. **2** に輪を付ける; 〔鳥〕に足輪を付ける, 〔人の指〕に指輪をはめる, 〔家畜〕に鼻輪を付ける. **3** 〔輪投げの柱など〕に輪を投げて掛ける. **4** 〔果物など〕を輪切りにする. [<古期英語]

‡**ring**[2] /riŋ/ 動 (~s /-z/|過 **rang** /ræŋ/|過分 **rung** /rʌŋ/|ríng·ing) 自

【鳴る】 **1** 〔鐘, 鈴, ベルなどが〕鳴る; 響く, 鳴り[響き]渡る. The phone is ~*ing*. 電話が鳴ってますよ. a sharp, ~*ing* voice かん高いよく通る声. **2** 鳴り響く, どよめく; 沸き立つ; 〈*with* ..で〉. The hall *rang with* laughter. ホールは笑い声でどよめいた. All the country *rang with* his praises. 国中が彼への賞賛で沸き立った.

3 〔耳が〕鳴る(ような感じがする), じーんとする.

4 VC (~ X) X(のよう)に聞こえる. His story *rang* hollow. 彼の話はそらぞらしく聞こえた. ~ true [false] 本当[うそ]らしく聞こえる.

【鳴らす】 **5** 呼び鈴[鐘]を鳴らす; VA (~ ***for*** ..) ..をベルを鳴らして呼ぶ, ベルで合図して持って来させる. Someone *rang* at the door. だれかが戸口のベルを鳴らした. ~ *for* a bellboy ベルを鳴らしてボーイを呼ぶ. ~ *for* coffee ベルを鳴らしてコーヒーを持って来させる.

6 《主に英》**(a)** 電話する〈*up*〉(call). I must ~ to see how granny is. おばあちゃんの様子を知るため電話をしなくてはいけない. **(b)** VA (~ ***for*** ..) 電話して..を呼ぶ. ~ *for* a taxi 電話でタクシーを呼ぶ.

── 他 **1** 〔ベル, 鐘など〕を鳴らす, 打つ. ~ the bell 鐘[ベル]を鳴らす. Someone *rang* the doorbell. だれかが呼び鈴を鳴らした. **2** 〔人〕をベル[鐘]で呼ぶ. The landlady *rang* the servant upstairs. 女主人はベルを鳴らして召し使いを2階へ呼んだ.

3 《主に英》に電話する〈*up*〉(call). He *rang* me (*up*) to say that he could not come. 彼は来られないと言って電話をかけてきた.

4 〔鐘, 時計が時〕を告げる. The clock in the parlor *rang* the hour. 居間の時計が時を打った.

rìng a béll 《話》〔名前などが〕思い出される, 見た[聞いた]覚えがある. Olsen? No, it doesn't ~ *a bell* (with me). オウルセン? いや(だれだか)(私には)思い出せない.

rìng aróund [róund] (..) 《主に英》(多くの人に)次々と電話をかける.

rìng báck 《主に英》折り返し電話する.

rìng /../ báck 《主に英》..に折り返し電話する.

rìng dòwn the cúrtain=rìng the cùrtain dówn (1) 《劇》(幕の係に)ベルで閉幕を知らせる. (2) 《章》幕を下ろす, 終わらせる〈*on* ..に, を〉. Financial troubles *rang down the curtain on* the project. 財政困難のためその計画は打ち切られた.

rìng ín (1) (タイムレコーダーで)出勤時間を記録する. (2) 《主に英》(職場などに報告の)電話を入れる.

rìng /../ ín (1) 〔新年など〕を(鐘を鳴らして)迎え入れる (↔ring /../ out (2)). (2) ..をこっそり[ごまかして]連れ込む; を替え玉で使う.

rìng in a pèrson's éars [héad, héart] 〔人の言葉などが〕耳[頭, 心]にこびりついて離れない. His words of warning still *rang in* her *ears*. 彼の警告は今もって彼女の耳に残っていた.

rìng óff 《主に英》電話を切る (hang up 《米・オース》).

rìng óut (1) 〔鐘などが〕響き渡る. (2) (タイムレコーダーで)退出時間を記録する.

rìng /../ óut (1) ..を響き渡らせる. (2) 〔行く年など〕を(鐘を鳴らして)送り出す. ~ *out* the old (year), ring in the new 鐘を鳴らして旧年を送り出し新年を迎え入れる.

rìng róund [↑*aróund*]

rìng the béll 鐘[呼び鈴]を鳴らす; 《米話》成功する, うまく行く.

rìng the chánges →change.

rìng /../ úp (1) (金銭登録機に)〔金額〕を打ち込む; 〔会社などが〕〔金額〕の売り上げを上げる. ~ *up* a billion dollars 10億の業績を上げる. (2) ..に電話をかける. (3) 〔勝利など〕を収める.

rìng ùp the cúrtain=rìng the cùrtain úp (1) 《劇》(幕の係に)ベルで開幕を知らせる. (2) 《章》幕を切って落とす, 始める〈*on* ..の, を〉.

── 名 (複 ~s /-z/) C **1** (鐘, ベルなどを)鳴らすこと; (鐘, ベルなどが)鳴ること. The visitor gave the doorbell three ~*s*. 訪問者は呼び鈴を3度鳴らした.

2 〈単数形で〉(ベル, 鈴, 鐘などの)音; (鐘などのように)鳴り響く音[声]. the ~ of church bells 教会の鐘の音.

3 〈単数形で〉響き, 音色(ねいろ); 調子; 〈*of* ..の〉. have a plausible ~ もっともらしく聞こえる. have a familiar ~ (前に)聞いた覚えがある. have a false [hollow] ~ うそのように聞こえる[思える]. have a ~ of confidence 自信を持っているように見える. That story has a [the] ~

of truth. その話は本当らしく思える.
4〖主に英話〗電話の呼び出し; 電話をかけること. I'll give you a ～ tomorrow morning. あしたの朝お電話します. [＜古期英語; たぶん擬音語]

ríng bìnder 名 C リングバインダー《ルーズリーフを留めるための金属製の輪付きファイル》.

ríng·bòlt 名 C 環付きボルト.

ringed 形 **1** 指輪をはめた. **2** 輪のある; 環状の.

ríng·er 名 C **1** (教会の)鐘鳴らし《人》. **2**〖俗〗そっくりな人[物]〈*for* ..に〉;〖米俗〗(競馬, 競技の)替え玉, もぐりの選手. **3** (輪投げ遊びの)輪《これを投げて棒に掛ける》. ***be a dèad rínger for ..*** →dead ringer.

ring-fence /ríŋfèns/ 動 他〔金など〕の用途を制限する.

ríng fìnger 名 C (特に左手の)薬指《結婚指輪をはめる》.

ríng·ing 形 よく響く, 響き渡る,〔音, 声など〕; 明確な, 断固とした,〔非難, 訴えなど〕. ── 名 U 鳴る音. the ～ of the telephone 電話の音.

rìnging tóne 名 C〖英〗(電話の)呼び出し音 (→engaged tone).

ríng·lèader 名 C (いかがわしいグループの)首謀者, 張本人, (→ring[1] 名 5).

ring·let /ríŋlət/ 名 C **1** (長く垂れた)巻き毛. **2**〖古〗小さな輪.

ríng·màster 名 C (サーカスの)演技監督 (→ring[1] 名 6).

ríng-nècked /-t/ 形 首輪状に環紋のある〔キジ, ヘビなど〕.

Ring of the Ní·be·lung /-níːbəluŋ/ 名〈the ～〉ニーベルングの指輪《(1)〖ゲルマン神話〗盗まれた後, 持ち主だったニーベルング族の王が呪いをかけた魔法の指輪. (2) (1) を題材にした Richard Wagner の 4 部作のオペラ》.

ríng-pùll 名 C〖英〗(缶ジュースなどのふたに付いている)輪, リング,《これを引っ張ると開く》(〖米〗tab).

ríng ròad 名 C〖英〗環状道路 (〖米〗beltway).

ríng·sìde 名 U〈the ～〉**1** (ボクシング試合場などの)リングに最も近い場所, リングサイド; (土俵の)砂かぶり. **2**〈形容詞的〉リングサイドの. a ～ seat リングサイド[最前列]の席; 近くてよく見える場所; 近くからよく見ること (a ringside view), 近くでよく見ること.

ríng spànner 名 C〖英〗スパナ (〖米〗box end wrench).

ríng-tàiled 形 尾に環紋[縞(しま)模様]のある; 尾の先を巻いた.

ríng-wày 名 (複 ～s) C 環状道路.

ríng·wòrm 名 U〖医〗白癬(せん)《田虫, 水虫, しらくもなど》.

‡**rink** /riŋk/ 名 C **1** アイススケート場, スケートリンク. **2** ローラースケート場. [＜古期フランス語「列」]

rink·y-dink /ríŋki-diŋk/〖米俗〗形 ちっぽけな, 古くさい, 安っぽい. ── 名 C 古くさい物[人]; 安っぽい物.

rinse** /rins/ 動 (**ríns·es** /-əz/|過 過分 **～d** /-t/|**ríns·ing**) 他 **1** (**a**) をゆすぐ,〔衣類〕をすすぐ,〈*out*〉. ～ (*out*) a sheet in clean water きれいな水でシーツをゆすぐ. ～ (*out*) one's mouth 口をゆすぐ. ～ the fruit under the tap 水道水で果物を洗う. (**b**) VOA〔泥, 石けんなど〕を洗い落とす, きれいに流す,〈*out, away, off*〉〈*out of, from* ..から〉. ～ *off* the salt 塩分を洗い落とす. *Rinse* the shampoo thoroughly *out of* your hair. シャンプーは髪から十分に洗い流しなさい. **2** VOA (～ /X/ ***down) X (食物)を(酒などで胃へ)流し込む; を洗い流す. ～ the bread *down* with a glass of milk 牛乳と一緒にパンを胃へ流し込む. ～ *down* the driveway ガレージ前の道を水をまいて洗う.
── 自 ゆすぐ. ～ thoroughly 十分にゆすぐ.
── 名 **1** C すすぐ[ゆすぐ]こと, すすぎ. Give the washing a good ～. 洗濯物をよくゆすぎなさい. **2** UC すすぎ用の水[液など]. **3** UC 調髪液, ヘアリンス; 染毛剤, 毛染め. [＜古期フランス語]

rínse àid 名 U (皿洗機用の)すすぎ補助剤.

rínse hòld 名 C (洗濯機の)すすぎ後の排水停止.

Ri·o Bra·vo /rìːou-bráːvoː/ 名 リオブラボー《Rio Grande のメキシコ名》.

Ri·o de Ja·nei·ro /rìːou-dei-ʒənéə(ə)rou|-də-dʒəníə-/ 名 リオデジャネイロ《ブラジルの旧首都で港市; 略 Rio; →Brasília》.

Ri·o de la Pla·ta 名 →Plata.

Ri·o Gran·de /rìːou-grǽnd(iː)/ 名〈the ～〉リオグランデ川《米国とメキシコの国境を流れる》.

***ri·ot** /ráiət/ 名 (複 **～s** /-ts/) C **1 暴動**, 騒動;〖法〗騒乱罪. raise [get up] a ～ 暴動を起こす. put down a ～ 暴動を鎮圧する. A ～ broke out on the campus. 校内で騒動が持ち上がった.

> 連結 cause [foment, incite, stir up; crush, quell, suppress] a ～ ∥ a ～ occurs [erupts]

2〈a ～〉絢爛(けんらん)さ, '乱舞',〈*of* ..〔色彩など〕の〉; ほとばしり, 激発,〈*of* ..〔感情など〕の〉. The flower bed was a ～ *of* color(s). 花壇には色とりどりの花が咲き乱れていた. **3**〖話〗〈a ～〉ひどく面白い人, 腹を抱えるような物[事]. have a ～ (of a time) すごく楽しくすごす. He's a ～ when he has had a few drinks. 彼は少し飲むとすごく面白くなる.
rùn ríot (1) 好きなようにする, 暴れ回る,〔病気などが〕猛威をふるう. The pupils *ran* ～ in the classroom. 生徒たちは教室の中で暴れ回った. (2)〔想像力などが〕奔放に働く. (3)〔植物が〕はびこる, やたらに生い茂る.
── 動 自 **1** 暴動を起こす; 暴動に加わる; (不平などで)騒ぐ. The staff ～*ed* when they learnt of the pay cuts. 職員たちは賃金カットを知った時騒いで抗議した. **2**〖章〗浮かれ騒ぐ; 耽(ふけ)る〈*in* ..〔悪事〕に〉. [＜古期フランス語「口論する」]

Ríot Àct 名〈the ～〉〖英法〗騒乱取締令《1715年発布》. ***rèad*** (*a person*) ***the ríot àct*** [***Ríot Àct***] (暴徒などに)騒ぎの中止を命じる;〖戯〗(特に子供に)騒がないように言い聞かせる,「静かにしろ」としかる, 'お説教する'. 参考 不穏の形勢にある人の集まりに対し警官が Riot Act の一部を読んで解散を命じることから.

rí·ot·er 名 C **1** 暴徒. **2**〖章〗浮かれ騒ぐ人; 放蕩(とう)者.

ri·ot·ing 名 U 暴動.

ri·ot·ous /ráiətəs/ 形 **1**〖法・章〗暴動の, 騒乱の. a ～ crowd 暴徒. ～ assembly 暴動を起こす集合. **2** 野放図な, 羽目を外した; 騒々しい. ～ living 浮かれ騒いだ生活. live a ～ life 奔放に生きる. have a ～ party 無礼講の会[どんちゃん騒ぎ]をする. ～ laughter 騒々しい笑い声. ～ behavior 羽目を外した行動.
▷ **～·ly** 副 **～·ness** 名

ríot políce 名 U〈複数扱い〉警察機動隊.

ríot shìeld 名 C 防護盾《警官が暴徒鎮圧時に用いる》.

ríot squàd 名 C〖米〗(警察)機動隊.

RIP Requiesca(n)t in pace (ラテン語「安らかに眠れ」)《墓碑に》.

***rip**[1] /rip/ 動 (**～s** /-s/|過 過分 **～ped** /-t/|**ríp·ping**) 他 **1** (**a**)〔布, 紙など〕を(びりっと) (引き)裂く;〔着物〕に鉤(かぎ)裂きをこしらえる. Jane ～*ped* the hem of her skirt on a nail. ジェーンはスカートのすそを釘(くぎ)に引っ掛けて鉤裂きにしてしまった. (**b**) VOA を〔..の状態に〕裂く. ～ .. *in* half [two] ..を半分に[2 つに](引き)裂く. ～ a piece of cloth *to* pieces [*into* shreds] 布をずたずたに裂く. (**c**) VOC (～ X Y) X を破って Y の状態にする. ～ an envelope *open* with the thumb 親指で封筒を破って開ける.
2 VOA をはぎ取る, 切り取る,〈*out, off, away*〉, もぎ取る〈*out of* ..から〉. ～ *off* the wallpaper 壁紙を引きはがす. Mother ～*ped* the comic *out of* my hands. 母さんは漫画雑誌を僕の手から引ったくった.
3〔材木など〕を縦に割る, を(のこぎりで)木目(もくめ)に沿って挽(ひ)く.

── [自] **1** 裂ける, 破れる. My sleeve ～*ped* on a branch. 木の枝に引っ掛かって袖(そで)が破れた. **2** [VA]〔音, 閃(せん)光などが〕引き裂くように走る;〔痛みが〕走る; 〈*through* ..を〉;〖話〗〔車, 船などが〕暴走する〈*along*〉.
lèt ríp 〖話〗思うさま言う[歌うなど]; 思うさま悪態をつく, 暴言を吐く, どなる,〈*at, against, about* ..〔人など〕に〉.
lèt ..ríp 〖話〗(1)〔車, ボートなど〕を暴走させる;〔機械〕を全力運転する. *Let* her [it] ～. (車を)すっ飛ばせ《★her は車を指す》. (2) ..を成り行きに任せる. *let* things ～ 物事を成り行きに任せる.
rìp /../ apárt (1) ..をずたずたにする. (2)〔人〕の仲を裂く,〔国〕の友好関係をそこねる. (3)〔人〕をこてんぱんにやっつける.
rìp /../ dówn 〔ポスターなど〕を引きはがす.
ríp into .. 〔刃物, 弾などが〕..に食い込む; ..を激しく攻撃[非難]する; ..をしかる.
rìp /../ óff (1)〔覆いなど〕をはぎ取る;〖話〗..を'失敬する' (steal), を盗作する; ..から奪う, ..を襲う, (rob). Someone ～*ped off* his car. だれかが彼の車を失敬した. ～ *off* a bank 銀行を襲う. (2)〖話〗〔人〕に高値を吹っ掛ける, ..から'ぼる', ..をだます.
rìp /../ úp (1) ..をずたずたに破く[する]. (2)〔じゅうたんなど〕(上に)引っぱってはがす;〔道路など〕を掘り起こす. (3)〔計画, 約束など〕をご破算にする.
── [名] [C] 引き裂くこと; 鉤(かぎ)裂き; 裂けた箇所〈*in* ..〔着物など〕の〉. sew up a ～ *in* a shirt シャツの裂け目を縫い合わせる. [<中期英語]

rip² [名] [C] (2つの潮流の衝突によって生じる)波の逆巻く水域, 潮衝; (海岸が押し返す)激浪.

ri·par·i·an /ripé(ə)riən, rai-|rai-/ [形]〖章・法〗川岸の, 湖辺の; 川岸[湖辺]に住む. ～ rights 河岸所有者権《漁業権など》. [<ラテン語 *ripa*「川岸」]

ríp còrd [名] [C] (落下傘の)開き綱; (気球のガスを抜く)引き裂き綱《降下用》.

‡**ripe** /raip/ [形] [e] (**rip·er** /-ər/|**rip·est** /-əst/)
1 (**a**) **熟した** (↔unripe; [類語] 物が熟して食用・使用に最適の状態にあることを強調するが, 時にその後の衰えも含意する; →mature). ～ fruit 熟した果実. The wheat is fully ～ in the fields. 畑では小麦が十分熟している. Soon ～, soon rotten.〖諺〗大器晩成《<早く熟せば早く腐る》. (**b**) (熟した果物のように)赤くふくよかな[ふっくらした]〔唇など〕.
2 熟成した, 食べ[飲み]ごろになった,〔チーズ, 酒など〕. ～ wine [Camembert] 熟成したワイン[カマンベール].
3〔人が〕**成熟した**;〔考え, 態度などが〕円熟した. a person of ～(r) years〖婉曲・戯〗(もう若くない)年配者, '熟年者'. live to the ～ old age of eighty 80 歳の高齢まで生きる. be ～ in judgment 分別盛りである.
4 〈叙述〉**機が熟した**, 用意のできた,〈*for* ..する〉. The time is ～ (*for* reform). (改革の)機は熟した. The plan is ～ *for* execution. いよいよ計画実行の時だ.
5 くさい, いやな〔臭い〕. **6**〖旧話〗際どい, いやらしい,〔言葉など〕. [<古期英語]
▷ **ripe·ly** [副] **ripe·ness** [名] [U] 成熟, 円熟.

*__rip·en__ /ráipən/ [動] (～**s** /-z/|[過] [過分] ～**ed** /-d/|～**·ing**)
[自] **1 熟する**;〔計画などが〕熟する. The apples in the garden have ～*ed*. 庭のリンゴが熟した. **2** 円熟する; [VA] (～ ***into*** ..) 熟して..になる. Thomas seems to have ～*ed* and mellowed with age. トマスは年を取るにつれて大いに円熟したようだ. Their friendship ～*ed into* a deep love. 彼らの友情は深い愛情に発展した.
── [他] **1** を熟させる, 実らせる. The grapes were ～*ed* under glass. このブドウは温室で熟した. **2** を円熟させる.

‡**ríp·òff** [名] (複 ～**s**) [C]〖話〗盗み; 'ぼる'こと, ぺてん; まやかし品, まね(た作品); (→RIP /../ off). Three dollars for a can of juice? What a ～! 缶ジュース 1 本が 3 ドルだって. そんなの法外だ.

ri·poste /ripóust/ [名] [C] **1**〖フェンシング〗突き返し《相手の突きを払った後の》. **2** 当意即妙の受け答え[しっぺ返し]. ── [動] [自] 突き返す; 当意即妙にやり返す; [VO] (～ ***that*** 節/"引用") ..と/「..」と即妙に答える. [<イタリア語 'response']

rip·per /rípər/ [名] [C] **1** 引き裂く[はぎ取る]人;〖話〗〈しばしば R-〉(死体をばらばらにする)殺人鬼. →Jack the Ripper. **2** 引き裂く道具; =ripsaw.

*__rip·ple__ /ríp(ə)l/ [名] (複 ～**s** /-z/) [C] **1 さざ波**; さざ波状のもの; 小さな波立ち; (髪などの)ウエーブ. make ～*s* on the water 水面にさざ波を立てる. cause political ～*s* 政治に風波を起こす. **2** 〈単数形で〉さざ波の音; (話し声などの)さざめき. A ～ of laughter went around the table. 笑いの波が食卓の周囲に広がった. There was a ～ of applause. 拍手喝采の渦が起こった. **3** [U] リプル《アイスクリームにチョコレートなどが波状に入る》.
── [動] [他] にさざ波を立たせる;〔髪など〕をウエーブさせる. The ～*d* hair becomes her well. ウエーブさせた髪が彼女によく似合う.
── [自] **1**〔水面が〕さざ波を立てる; 小さく波打つ;〔筋肉などが〕小刻みに動く. **2**〔小川の水などが〕さらさらと流れる. **3** [VA] (さざ波のように) 伝わる, 広がる. Applause ～*d through* the crowd. 拍手が群衆の間に広がった.

rípple effèct [名] [C] 波及効果. the ～ of the shutdown throughout the economy その(工場)閉鎖の経済全体への波及効果.

rìp-róaring /[移]/ [形]〖話〗騒々しい, どんちゃん騒ぎの; すばらしい. a ～ success 大成功. ～ drunk へべれけに酔って.

ríp·sàw [名] [C] 縦挽(び)きのこぎり (↔crosscut saw).

rìp snórter [名] [C]〖米・旧話〗すこぶる付きのもの, 圧巻.

ríp·tìde [名] [C] 潮衝《潮流の衝突によって起こる激しい「流れ; →rip²》.

Rip Van Win·kle /rìp-væn-wíŋk(ə)l/ [名] **1** リップ・ヴァン・ウィンクル《米国の作家 Irving の *The Sketch Book* 中の物語(の主人公); 山中で 20 年間眠り, 目が覚めた時には世の中がすっかり変わっていたと言う》. **2** [C] 時代遅れの人, '浦島太郎'; 時代に目をそむける人.

‡**rise** /raiz/ [動] (**rís·es** /-əz/|[過] **rose** /rouz/|[過分] **ris·en** /ríz(ə)n/|**rís·ing**) [自] (★[他] には raise を用いる)
【**上がる**】 **1**〔太陽, 月, 星などが〕**出る**, 昇る, (↔set). The sun ～*s* in the east. 太陽は東から昇る.
2〔煙などが〕**上がる**, 立ち昇る〈*up*〉. A white mist was *rising* from the river. 白い霧が川から立ち昇っていた.
3〔幕などが〕**上がる**. The curtain ～*s* at 6:00 p.m. 開幕は午後 6 時です.
4〔鳥などが〕飛び立つ;〔魚などが〕水面に浮き上がる. The noise made the birds ～. その物音で鳥が飛び立った. ～ to the bait →bait (成句).
【**立ち上がる**】 **5**〖章〗**起床する**, 起きる, (get up). ～ early＝～ with the sun [lark] 早起きする. ～ late 朝寝坊する.
6〖章〗**起立する**, 立ち上がる, 起き上がる,〈*up*〉(stand up). All ～. 全員起立. Miss Smith *rose* from her chair. スミス嬢はいすから立ち上がった. All the gentlemen *rose* to meet the ladies. 男たちは婦人たちを迎えるため皆立ち上がった. ～ to one's feet 立ち上がる.
7〔馬が〕棒立ちになる〈*on* ..〔後脚〕で〉;〔毛が〕(恐怖などで)逆立つ.
8【**席を立つ**】〖章〗〔議会などが〕閉会する,〔委員会などが〕散会する, (↔sit).
9【**再び立ち上がる**】〖章〗回復する, 復活する. The bombed-out city *rose* from the ashes. 爆撃された町は灰燼(じん)の中から復興した.
10【**反抗して立ち上がる**】〖章〗反乱を起こす, 蜂(ほう)起する, 謀反する,〈*up*〉〈*against* ..に反抗して〉. The peasants *rose* in arms *against* the despot. 農民は専制君

主に反抗して武装蜂起した.
11【起こる】(**a**) 🆅 〔川などが〕**源を発する**, 始まる; 〔争いなどが〕**生じる**, 起こる, (★この意味では arise の方が普通); 〔笑い, 歓呼の声などが〕沸き起こる, 聞こえてくる; 見えてくる, 現れる. The Rhine ～*s in* the Alps. ライン川はアルプス山中に源を発する. Their fight *rose from* [*out of*] a trifle. 彼らの争いは些(さ)細な事から起きた. (**b**) 〔涙などが〕浮かぶ; 〔うわさなどが〕立つ. A good idea *rose* in my mind. 私にいい考えが浮かんだ.
12【そびえ立つ】そびえる〈*up*〉. A tall tower *rose* (*up*) before our eyes. 高い塔が我々の目の前にそびえていた. The building ～*s to* a height of 50 feet. その建物は高さが 50 フィートに達する.
13 〔建物などが〕建つ, 建築される. A new hotel is *rising* in front of the station. 新しいホテルが駅前に建築中だ.
【上昇する】 **14** 〔地面が〕上りになる. The street ～*s* gradually behind the park. 公園の裏で通りはだんだん上り坂になる.
15 〔物価, 温度などが〕**上昇する**; 〔計器の目盛りが〕上がる; (↔fall). Prices have *risen* 1% from April. 物価が 4 月から 1% 上がった. The barometer has *risen*. 気圧計が上がった.
16 増す, 上がる, 〈*in* ..が〉; 至る〈*to* ..〔の水準〕に〉. ～ *in* popularity 人気が高まる.
17【地位が上がる】 🆅 **出世する**, 立身する, 昇進する, 〈*up*〉. ～ *in* the world 立身出世する. ～ *to* power [a high position] 権力の座に就く[高い地位に昇進する]. The physicist *rose to* international fame. その物理学者は国際的名声を勝ち得た. ～ (*up*) through the ranks たたき上げて立身する. ～ *from* the ranks →rank[1] 名 3.
18【水位が上がる】〔川などが〕**増水する**; 〔潮が〕満ちてくる. The river has *risen* after the heavy rains. 豪雨の後で川は水かさが増した.
19 〔パンが〕(酵母菌で)膨れ上がる; 〔水ぶくれなどが〕できる.
20 〔胃が〕むかつく, 吐き気を催す, 〈*at* ..に〉 (→gorge (成句)).
【高まる】 **21** 〔音, 声などが〕**高まる**; 〔風が〕出る; 〔風雨が〕強まる〈*up*〉. The wind *rose* to a gale. 風は強まって強風になった. The girl's voice *rose* in excitement. 少女は興奮して声を大きくした.
22 〔感情が〕高まる; 〔顔(色)が〕赤らむ; 〔元気などが〕出る, わく. I saw her color *rising*. 彼女の顔が紅潮してくるのが分かった. My spirits began to ～ at the good news. 吉報を聞いて元気が出てきた.
── 他 【海】 =raise 15. 注意 「上げる, 高める」など raise の意味で用いるのは【方】又は非標準的.
ríse abòve .. (1) ..の上にそびえ立つ. (2) ..の上に出る; ..(の域)を越える; 〔困難など〕を克服する. You should ～ *above* such pettiness. 君はそんなつまらない事を超越しなくてはならない.
rìse agáin = ***rìse from the déad*** 【章】〔いったん死んだ人が〕生き返る.
rìse and shíne 【戯・話】〈普通, 命令文で〉(さっさと)起きる; 目を覚ます.
ríse to .. ..に十分応(こた)える, 対処する; 〔発言など〕に感情的にな(って怒)る; 〔誘いなど〕に乗る. ～ *to* the occasion [bait] →occasion [bait] (成句).
rìse úp (1) 生き返る. (2) 〔感情が〕込み上げる. (3) →2, 6, 10, 12, 17, 21.
── 名 **1** Ⓒ **上昇**, 上がること, (↔fall). at the ～ of the moon 月の出に.
2 Ⓒ (物価などの)**騰貴**; (温度の)上昇; (↔fall). Consumer prices showed a steep ～ this month. 今月は消費者物価が急上昇した. a slight ～ in temperature 温度のわずかな上昇.
3 Ⓒ 【英】**賃上げ**, 昇給(額) (【主に米】 raise). ask for a ～ 賃上げを要求する. 参考 base up (ベースアップ)は和製英語.
4 Ⓒ 増加, 増大; (音の)高まり, 強まり; 〈*in* ..の〉. have a 10% ～ *in* wages 給料が 10% 上がる. a ～ *in* population 人口の増加. a steady ～ *in* a river 刻々上がる川の水位. There was a ～ *in* the volume of sound. 音量が上がった.
5 Ⓒ **上り(坂)**; 上り勾(こう)配; 高台, 丘; 【建】 蹴(け)上げ《階段の一段の高さ》. a ～ in a road 道路の上り(の部分). We followed a gentle ～. 我々はなだらかな坂を上った. a ～ that overlooks the town 町を見渡せる高台. a villa on top of a small ～ 小高い丘の上にある別荘.
6 Ⓒ 出世, 昇進; 向上, 進歩. make a ～ in life [the world] 立身出世する. a ～ to the presidency 大統領の地位への昇進. the ～ of political consciousness among the masses 大衆の間の政治意識の向上.
7 Ⓒ (特に魚が)水面に浮かび出ること.
8 Ⓤ 出現, 台頭, 勃(ぼっ)興, (↔fall); 起こり, 源. the ～ of a new republic 新しい共和国の出現[台頭]. the ～ of a river 川の源. **9** Ⓒ 【俗】(男性器の)勃起.
gèt* [*tàke*] *a ríse out of .. 【話】〔人〕をからかって[いじめて]怒らせる[困らせる].
****give ríse to ..*** 〔特に好ましくない物事〕**を生じさせる**. The King's death *gave* ～ *to* bitter struggles at court. 王の死は宮廷に激しい争いを引き起こした.
on the ríse (1) 〔物価などが〕上昇中で[の]; 〔景気などが〕上向いて(いる). Business [Unemployment] is *on the* ～. 景気が上向いている[失業率が上昇している]. (2) 新進で(ある), 上り坂の. a young actor *on the* ～ 新進の俳優.
rìse and fáll (1) (増減, 上下などの)変動. the ～ *and fall* of tide 潮の干満. the ～ *and fall* in the level of the voice 声の高さの上がり下がり. (2) 興隆と没落. the ～ *and fall* of civilizations 諸文明の栄枯盛衰.
[<古期英語「起きる, 立ち上がる」]
ris·en /ríz(ə)n/ 動 rise の過去分詞.
ris·er /ráizər/ 名 Ⓒ **1** 起床する人《普通, 形容詞を付ける》. a late [an early] ～ 朝寝坊(の人) [早起きの人]. **2** 蹴(け)込み《階段の各段の垂直部分》. **3** 〈～s〉 台《後にいくほど高くなる; 見物用・写真撮影用》.
rìs·i·bíl·i·ty 名 (複 **-ties**) Ⓤ 又は 〈-ties〉 【章】 笑い性, すぐ笑い出す癖.
ris·i·ble /rízəb(ə)l/ 形 【章】 **1** 滑稽(こっけい)な, ばかげた. **2** よく笑う, 笑い性の. **3** 〈限定〉 笑いの.
ris·ing /ráiziŋ/ 形 **1** 上がる, のぼる, 上昇中の. the ～ sun 昇る太陽 (★the *Rising* Sun は「日の丸」). **2** 騰貴する; 増大する; 増水する. **3** 上り(坂)の, 高台の. **4** 成長[発達]途上の; 有望な; 新進の. a ～ musician 新進音楽家. the ～ generation 若い世代. →rising star.
── 名 **1** Ⓤ 起床; 起立. early ～ 早起き. **2** Ⓒ 反乱. **3** Ⓤ 蘇(そ)生; 復活.
── 副 【話】〈年齢の前に用いて〉ほとんど (nearly), ..に近い; 【米話】 ..を下らない, より多いくらいの. My father is ～ sixty. 父は 60 に手が届こうとしている. The rainfall came to ～ 100 millimeters. 総雨量は 100 ミリを越えるほどになった.
rìsing dámp 名 Ⓤ 【英】(地面から建物の壁伝いに)上がってくる湿気《壁を傷める》.
rìsing fíves 名 Ⓒ 〈普通 the ～s で〉 近く 5 歳になる子供, 今度学齢に達する児童.
rìsing stár 名 Ⓒ 目下売り出し中の新人, 成長[有望]株, 新星.
‡**risk** /risk/ 名 (複 **～s** /-s/) **1** aⓊ **危険(性)**, 恐れ, 〈*of* ..の/*that* 節 ..ということの〉 (類語 危害や損失を被る高い可能性が強調され, しばしば自発的に冒す危険にも用いる; →danger). Everything worthwhile carries the

～ of failure. するに値する事はすべて失敗の危険を伴うものだ. There is a ～ ⌊*of* his failing [*that* he will fail] in business. 彼が商売に失敗する危険がある. a calculated ～ 考えた上でのリスク[試み].

[連結] much [(a) grave, (a) great, (a) serious; little, small] ～ // incur ～

2 [C] 危険を招く事柄; 危険をもたらすもの[人]. You cannot have peace without ～*s*. 危険なしでは平和は得られない. a health ～ 健康を危うくするもの.
3 [C] 〖保険〗(保険対象の)危険, 事故; 危険率; 保険金額; 被保険者[物]. a fire ～ 火災保険事故. Since his parents both died of cancer, he is not a good ～ for life insurance. 両親とも癌(がん)で死亡しているから, 彼は生命保険の優良被保険者ではない. He is a very poor surgical ～. 彼は手術した場合の危険性が非常に高い. a bad credit ～ 返済不能のリスクの高い借り手.
at one's* (*òwn*) *rísk 自分の責任で. Skate on this pond *at* your *own* ～. この池でスケートをするならその責任は自分で取ること《禁止を意味する掲示など》.
at rísk 〖章〗(1)危険にさらされて(いる)〈*of* ..の〉. put ..*at* ～ ..を危険にさらす. (2)法的責任を免れない〈*for* ..の〉.
at rísk to.. ＝at the RISK of.. (1).
*__*at* (*the*) *rísk of..*__ (1) ..を賭(と)して, **..の危険を冒して**. save a drowning child *at the* ～ *of* [*at* ～ *to*] one's own life 自分の生命を賭しておぼれる子供を助ける. be *at* ～ *of* starvation 餓死の恐れがある. (2) ..を覚悟の上で. *At the* ～ *of* repeating myself, let me say that I am all against the idea. 同じ事を繰り返すようですが, 私はその考えに全面的に反対です.
*__*rùn* [*tàke*] *a rísk* [*rísks*]__ **危険を冒す**. The party *ran* great ～*s* (in) climbing the mountain. 一行は非常な危険を冒してその山に登った. *take* no ～*s* 大事を取る.
rùn* [*tàke*] *the rísk of dóing ..する危険を冒す. I'll *take the* ～ *of* incur*ring* his anger in this matter. この件で私はあえて彼の怒りを招く危険を冒すつもりだ.
── [動] (～s /-s/|[過] [過分] ～ed /-t/|rísk·ing) [他] **1** を**危険にさらす**, 危うくする; 〔生命, 財産など〕を賭(か)ける, 賭(と)する. ～ one's health 健康を危うくする. ～ one's life 命を賭ける. He ～*ed* his whole fortune to discover new oil fields. 彼は新しい油田発見に全財産を賭けた. **2** [VO] (～ X/*doing*) Xの/..する危険をあえて冒す. ～ failure [death] 失敗[死]を覚悟でやる. I didn't want to ～ be*ing* ill. 病気になるかもしれないようなことはしたくなかった.
rìsk one's néck 〖話〗命[首, 職]を賭ける.
[＜イタリア語「危険」]

rísk mànagement [名] [U] 危機[危険]管理.

rísk-tàking [名] [U] 危険(の)覚悟.

*__rísk·y__ /ríski/ [形] [e] (**rísk·i·er**|**rísk·i·est**) 〔行動が〕**危険な**, 一か八かの. undergo a ～ operation 危険な手術を受ける. ▷ **risk·i·ly** [副] **risk·i·ness** [名] [U]

ri·sot·to /risɔ́:tou, -sát-|-sɔ́t-/ [名] ([複] ～s) [UC] リゾット《米をタマネギ, 鶏肉, チーズなどで煮込んだシチュー風イタリア料理》. [イタリア語 (＜*riso*「米」)]

ris·qué /riskéi|ˊ-/ [形] 〔冗談, 話などが〕猥褻(わいせつ)すれすれの, 際どい. [フランス語 'risky']

ris·sole /rísoul/ [名] [C] リッソール《普通, (半)円形の油で揚げたパイ風詰め物料理; 中身は挽(ひ)き肉又は魚肉など》. [フランス語 (＜ラテン語 *russus* 'red')]

ri·tar·dan·do /ri:tɑ:rdá:ndou|rìtɑ:dǽn- [移]/ [形], [副] 〖楽〗徐々に緩やかな[に]. [イタリア語]

†**rite** /rait/ [名] [C] 〈しばしば ～s〉(特に宗教上の)儀式, 祭式. funeral ～*s* 葬式. The priest performed the last ～*s*. 牧師は臨終の儀式を行った. ◇[形] ritual [＜ラテン語 *ritus*「風習」]

rìte of pássage [名] [C] **1** 通過儀礼《成人式, 結婚式など》. **2** 〈一般に〉人生の節目となる出来事, 重大な転機.

†**rit·u·al** /rítʃuəl/ [形] 〈限定〉**1** 儀式の, 祭式の, 儀礼としての, 儀式として行う. **2** 〈けなして〉お定まりの, お決まりの, 形式的な.
── [名] **1** [UC] 儀式, 祭式; 儀式[祭式]の順序[方式; 〖民族〗儀礼]; [U] 式の挙行. perform a ～ 儀式を行う. **2** [C] 〖しばしば戯〗(日常の)決まりきった習慣. His family makes an annual ～ of spending New Year's eve in Hawaii. 彼の一家は大みそかをハワイで過ごすのを年中行事にしている. ◇[名] rite

rít·u·al·ìsm [名] [U] 儀式主義, 儀式の偏重.

rít·u·al·ist [名] [C] 儀式主義者; 儀式研究家.

rit·u·al·is·tic /rìtʃuəlístik [移]/ [形] **1** 儀式の. **2** 儀式主義の, 儀式偏重の. ▷ **rit·u·al·is·ti·cal·ly** /-k(ə)li/ [副]

rít·u·al·ize [動] [他] を儀式化する.

rìtual múrder [名] 儀礼的殺害, 人身供犠(くぎ).

Ritz /rits/ [名] 〈the ～〉**1** リッツ(ホテル)《国際的な高級ホテルチェーン》. **2** 〈the ～; 普通, 否定文で〉[C] 豪華で高級な施設[建物]; 〈しばしば r-〉[U] 〖話〗虚飾, 見せびらかし. ***put òn the Rítz* [*rítz*]** 〖話〗豪邸に住んで見えを張る, 豪勢な暮らしをひけらかす; 気取る.

ritz·y /rítsi/ [形] 〖旧話〗とびきり高級な, 豪勢な, (→Ritz).

riv. river.

‡**ri·val** /ráiv(ə)l/ [名] ([複] ～s /-z/) [C] **1 競争相手**, 好敵手, ライバル, 〈*in, for* ..における〉([類語] スポーツや勝負事などで互いに力量が同程度のよい意味での競争相手; →opponent, competitor). a ～ *in* love 恋敵. business ～*s*＝～*s in* business 商売上のライバル. The company was without a ～ *in* the transistor field. トランジスターの分野でその会社にかなうものはなかった. The city has no ～ *for* congestion and polluted air. 交通渋滞と大気汚染ではその都市ほどひどい所はない.
2 匹敵する人[もの]〈*to* ..に〉. The only ～ *to* its splendor is the great palace at Versailles. その豪華さに匹敵する唯一のものはヴェルサイユ宮殿だ.
3 〈形容詞的〉**競争する**, 対抗する. a ～ team [company, firm] ライバルチーム[会社]. a ～ claim 競合する要求.
── [動] (～s /-z/|[過] [過分] **～ed**, 〖英〗**-valled** /-d/|**～·ing**, 〖英〗**-val·ling**) [他] **1** と**競争する**, 張り合う, 〈*for* ..で〉. I once ～*ed* him *for* the championship. 私はかつて彼と優勝を争ったことがある.
2 に匹敵する, 劣らない〈*in* ..で〉. Betty ～*s* her big sister *in* both beauty and brains. ベティーは美貌(ぼう)も頭脳も姉に引けを取らない.
[＜ラテン語 *rivālis*「同じ流れを共同に使う者」(＜*rivus* 'stream')]

†**ri·val·ry** /ráiv(ə)lri/ [名] ([複] **-ries**) [UC] 競争, 対抗, 〈*between, among* ..間の/*with* ..との〉; 張り合うこと〈*for, in* ..を〉. the ～ *between* the two men *for* the prize その賞を得ようとする2人の間の競争. compete with friendly ～ お互いに励まし合いながら競う. *in* ～ *to* ..の向こうを張って.

rive /raiv/ [動] (～s|[過] ～d|[過分] ～d, **riv·en** /rív(ə)n/|**rív·ing**) 〈普通, 受け身で〉[他] **1** 〖章・雅〗〔木, 石など〕を裂く, 割る; 〔集団など〕を分裂させる; (split). **2** 〖古〗〔心など〕を張り裂けさせる, 苦しめる.

riv·en /rív(ə)n/ [動] rive の過去分詞. ── [形] 裂けた, 割れた; 分裂した〈*by, with* ..で〉. The country is ～ *by* deep divisions of race and religion. その国は民族と宗教の深刻な対立で分裂している.

‡**riv·er** /rívər/ [名] ([複] ～s /-z/) [C] **1 川, 河**. fish in the ～ 川で魚を取る[釣る]. sail on the ～ 川を船で行く. row up [down] (the) ～ 川上[下]に舟を漕ぐ. The ～

R

winds along between the low hills. 川は低い丘陵の間を蛇行している. 注意 川の名称を言う時は〘米〙では the Hudson (*River*),〘英〙では the (*River*) Thames (the Thames の方が普通)となる. 類語 川を表す最も一般的な語; →brook(let), creek, rivulet, stream(let).

> 連結 a big [a wide; a long; a deep; a shallow; a swift; a slow-moving; a meandering; a swollen] ～ // a ～ flows [floods]

2 (血, 溶岩などの)大流出. weep a ～ of tears とめどなく涙を流す. be steeped in ～s of innocent blood 罪のない人々の流血[血の海]に染まっている. 「人を見捨てる.
sèll a pérson down the ríver 〘話〙人を裏切る,↑
sènd a pérson up the ríver 〘主に米俗〙人を刑務所送りにする《New York 市から川上の Sing Sing へ送る》. [<ラテン語 *ripa*「川岸」]

ríver·bànk 名 C 川岸, 土手.
ríver bàsin 名 C (河川とその支流が灌漑(かんがい)する)↓
ríver·bèd 名 C 河床, 川底; 河川敷. ⌊流域.
ríver·bòat 名 C 川船.
ríver·hèad 名 C 水源(地). 「potamus).
ríver hòrse 名 C 〘話〙〘動〙カバ(河馬) (hippo-↑
‡**riv·er·side** /rívərsàid/ 名 **1** C 〈the ～〉川岸, 河畔. a café on [by] the ～ 川岸にある喫茶店. **2** 〈形容詞的〉川岸の, 河畔の. a ～ hotel 河畔のホテル.
†**riv·et** /rívət/ 名 C リヴェット《鉄板などを接合する》, ボルト, 鋲(びょう).
── 動 他 **1** をリヴェットで留める〈*onto, on* ..に〉. **2** を釘(くぎ)付けにする〈*to* ..に〉; 〔視線など〕を注ぐ〈*on, upon* ..に〉. stand ～*ed* (to the spot) (その場に)釘付けになって立ち尽くす. His attention was ～*ed on* [*to, by*] the scene. 彼の注意はその光景に釘付けにされた. [<古期フランス語「固定する」] ▷ **～·er** 名 C リヴェット工; リヴェッター, 鋲打ち機.
rív·et·ing 形 〘話〙面白い; わくわくするような.
Riv·i·er·a /rìvié(ə)rə/ 名 **1** 〈the ～〉リヴィエラ《フランスからモナコ, イタリアにわたる地中海沿岸地域; ニース, カンヌなど有名な保養地がある》. **2** 〈時に r-〉 C 海岸の保養地. [イタリア語 'shore' (<ラテン語 *ripa*「岸」)]
riv·u·let /rívjələt/ 名 C 〘雅〙小川 (類語 brook より形式ばった語; →river). ～s of sweat したたり落ちる汗. 「都》.
Ri·yadh /rijɑ́:d|rí:æd/ 名 リヤド《サウジアラビアの首↑
ri·yal /rijɑ́:l|ri(j)ɑ́:/ 名 C リヤール《サウジアラビアなど↓
RM Royal Marines. ⌊の貨幣単位》.
rm (複 **rms**) ream; room.
ŕ mònths 名 〈the ～; 複数扱い〉月名に r を含む月《9–4 月; カキ (oyster) を食べても安全と考えられている時期》.
RN registered nurse; Royal Navy.
Rn 〘化〙radon.
‡**RNA** ribonucleic acid.
roach[1] /routʃ/ 名 (複 ～, ～·es) C ローチ《コイ科の魚類の一種; ヨーロッパ・北米産》.
roach[2] 名 (複 ～·es) C **1** 〘米話〙ゴキブリ (cockroach). **2** 〘俗〙マリファナたばこの吸いさし.
‡**road** /roud/ 名 (複 **～s** /-dz/) C **1 道路**, 街道; 車道; (類語 車が通る道路; street のように町中の街路に限られることはない; →way[1]). a main ～ 幹線道路[本街道]. the rules of the ～ (左右いずれかの側に決められた)通交[航行]規則. a ～ accident 交通事故. He lives along [down, up] the ～. 彼はこの先に住んでいる. This ～ leads to Cambridge. この道はケンブリッジに通じている.

> 連結 a wide [a narrow; a major; a minor, a secondary; a busy; a quiet; a country; a straight; a winding] ～

2 (**a**) 〈R-; 道路名として〉..街道 (★ the を付ける; 市中の通りと区別して). the Oxford *Road* オックスフォード街道. (**b**) ..街, 通り. 6 Waterloo *Road* ウォータールー通り 6 番地. live *on* 〘米〙(〘英・オース〙*in*) Burke *Road* バーク街に住む.
3 (目的地に通じる)**道** (way); **方法**, 手段; 〈*to* ..への〉. Is this the right ～ *to* Dublin? この道を行けばダブリンへ行けますか. He opened up new ～*s* in the field of nuclear physics. 彼は核物理学の領域で新しい道を開いた.
4 〘米〙鉄道 (railroad). **5** 〘海〙〈普通 ～s〉沖の錨(びょう)地, 停泊地. **6** 〘米〙巡業(先), 遠征先.
by róad 道路を利用して, 陸路によって, 車で, 〔行く, 輸送するなど〕.
down the róad 〘米話〙将来 (in the future).
hìt the róad →hit.
hòld the róad 〔自動車が〕路面をしっかりつかむ《高速で飛ばした場合浮き上がる感じがしないこと》.
in the [*one's*] ***róad*** 〘話〙じゃまになって (in the way). Don't stand *in* my ～. おれのじゃまをするな.
òne for the róad →one.
on the róad (1) (特に車で)旅行して[中で]; (セールスマンが)出張して[中で]; 放浪して. (2) 〔劇団, プロ野球などが〕地方巡業[遠征]中で. (3) 途上にあって〈*to* ..〔成功など〕への〉. be *on the* ～ *to* success [recovery] 成功[回復]の途上にある. (4) 〔車などが〕(まだ)使用されて, 走れて.
out of the róad (じゃまにならないように)よけて (out of the way). Get *out of the* ～! じゃまをしないでくれ.
tàke the hígh [*lów*] ***ròad*** 正道[邪道]を行く, (道義的に)正しい[ひどい]ことをやる[言う].
tàke to the róad 〘章〙浮浪者になる; 旅に出る.
[<古期英語「馬に乗っての旅」]
road·a·bil·i·ty /ròudəbíləti/ 名 U (自動車の)走行安定性. 「車を襲った)追いはぎ.
róad àgent 名 C 〘米〙(昔, 米国西部地方で駅馬↑
róad·bèd 名 C 〈普通, 単数形で〉〘土木〙路床《道路の舗装と基礎》; (鉄道の)路盤《レール, 枕木の下の砂利を敷いた基礎》.
‡**róad·blòck** 名 C **1** (道路上の)バリケード《交通遮断, 検問などのために警察などが設ける》. **2** 障害, じゃま, (obstacle).
róad gàng 名 C 〘米〙**1** 道路工事人夫《集団》. **2** 囚人道路工事人夫隊. 「運転者《2 車線を使う》.
róad hòg 名 C 〘話〙(無謀[不注意]で)はた迷惑な↑
róad·hòuse 名 (複 →house) C ロードハウス《市街地を離れた幹線道路沿いにある旅館, 娯楽施設》, ドライブイン.
road·ie /róudi/ 名 C 〘話〙(地方巡業する)バンドのスタッフ《設営などを担当》. 「体.
róad·kìll 名 UC 〘米話〙(路上で)轢かれた(動物の)死↑
róad·màn /-mæn/ 名 (複 **-men** /-mèn/) C 道路作業員. 「公演マネージャー.
róad mànager 名 C (ロックミュージックなどの)巡業↑
róad màp 名 C 道路地図, ロードマップ; 〈比喩的〉↓
róad mètal 名 U 舗装用砕石. ⌊道しるべ.
róad prìcing 名 U ロード・プライシング《渋滞緩和のための道路使用料金制度》.
róad ràge 名 U ドライバーの怒り《他人の危険な運転に対する; 暴力沙汰になるような場合を含む》.
róad ròller 名 C 地ならし機, ロードローラー.
róad·rùnner 名 C 〘鳥〙ミチバシリ《米国中部・南部産のカッコー科の鳥; 地上を素早く走る》.
róad sàfety 名 U 交通安全.
róad sènse 名 U (運転者, 歩行者の)交通安全の意識. have no ～ 交通安全の感覚がない.
róad·shòw 名 C (芝居, ポピュラーミュージックなどの)地方興行; (映画の)ロードショー; (テレビなどの)現地ロケ番組; (製品などの)巡回展; 地方遊説《スタッフを伴う》.

†road·side /róudsàid/ 名 **1** C 〈普通 the ～〉道端, 路傍. park a car on [by, at] the ～ 路傍に駐車する. a wild flower by the ～ 路傍の野花. **2** 〈形容詞的〉道端の, 路傍の. a ～ restaurant 道路沿いのレストラン.

róad sign 名 C 交通標識.

róad·stèad 名 ＝road 5.

road·ster /róudstər/ 名 C 〖旧〗ロードスター《後部座席のないオープンカー》.

[roadster]

róad tàx 名 UC 〖主に英〗自動車税.

róad tèst 名 C **1** (新車の)実地運転試験. **2** (免許取得のための)路上運転試験. ── 動 他 を実地に試す.

róad trìp 名 C 〖米俗〗車での旅行.

†road·way /róudwèi/ 名 (複 ～s) C 〈普通 the ～〉道路, 〈特に〉車道 (→pavement, sidewalk). You shouldn't walk on the ～. 車道を歩いてはいけない.

róad·wòrk 名 **1** U 路上トレーニング, ロードワーク, 《運動選手などが体力作りのために行う》. **2** 〈～s〉道路工事; 〈掲示〉道路工事中.

róad wòrks 名 〈複数扱い〉道路工事.

róad·wòrthy 形 〔車などが〕路上走行に適した, (適正に)整備された. ▷ **～·worthiness** 名 U

***roam** /roum/ 動 (～s /-z/|過 過分 ～ed /-d/|**róam·ing**) 自 **1** VA 放浪する, 歩き回る, ぶらつく, 〈*over, through, around, about* ..を〉. Jim likes to ～ *through* the forest. ジムは森の中を歩き回るのが好きだ. **2** VA (～ *over* ..)〔目が〕..を見回す. ── 他 を放浪する, 歩き回る. ～ the streets [hills] 街[丘]を歩き回る.

── 名 C 〈単数形で〉歩き回ること, 放浪.

[＜中期英語(＜?)] ▷ **róam·er** 名 C 放浪者.

roan /roun/ 形 〔馬などが〕茶褐色に白が混じった.

── 名 **1** C 茶褐色に白の混じった馬など. **2** U (装丁用の)しなやかな羊皮.

‡roar /rɔːr/ 動 (～s /-z/|過 過分 ～ed /-d/|**róar·ing** /-riŋ/) 自 **1** 〔獣などが〕ほえる, 咆哮(ほうこう)する. A lion was ～*ing* in the cage. ライオンがおりの中でほえていた.

2 (a) (興奮, 怒り, 苦しみで)**大声を出す**, どなる, 怒号する, 〈*with* ..で/*for* ..を求めて/*at* .. に対して〉. The patient ～*ed with* pain. 患者は痛さに大声を立てた. The coach ～*ed at* the members of the team. コーチはチームの部員をどなりつけた. The prisoner ～*ed for* mercy. 捕虜は大声で慈悲を願った. **(b)** どっと笑う. I ～*ed* (with laughter) when I heard the joke. そのジョークを聞いた時, 私は大笑いした.

3 〔大砲, 雷鳴, 波浪などが〕**とどろく**, 鳴り響く; VA (～ *with* ..) ..で〔会場などが〕どよめく. The canons ～*ed*. 大砲がとどろいた. The hall ～*ed with* applause. ホールは拍手喝采(さい)でどよめいた.

4 VA 〔列車などが〕轟(ごう)音を立てて通る 〈*along, down, past* (..)〉. We were ～*ing* on a motorbike *along* the coast highway. 我々は海岸沿いの幹線道路をバイクをうならせて飛ばしていた.

5 〖話〗〔子供が〕大声で泣く.

── 他 VO (～ X/"引用") X を/「..」**と大声で言う**[歌うなど] 〈*out*〉. ～ (*out*) an order 大声で命令する. ～ *out* a song 大声で歌う. The audience ～*ed* their approval. 聴衆は大声で賛成の意を表した. He ～*ed* back, "Who are you?"「おまえこそだれだ」と彼はどなり返した.

ròar a person dówn 人をやじり倒す. ～ a speaker *down* 演説者を大声でやじり倒す.

ròar /../ ón を声援する.

ròar oneself hóarse どなって声をからす.

ròar /../ óut を大声をあげて言う.

── 名 (複 **～s** /-z/) C **1** (ライオンなどの)**うなり声**, ほえ声; どなり声, 怒号; 大笑いの声. the deep ～ of a tiger トラの低いうなり声. give a ～ of rage 怒ってどなる.

2 (雷, 大砲などの)**とどろき, 轟(ごう)音**; どよめき. the ～*s* of the waves 波のとどろき. The rocket went up with a ～. ロケットは轟音とともに空中へ飛び立った. the ～ of the traffic 車の騒音.

sèt the tàble in a róar 満座をどっと笑わせる.

[＜古期英語; 擬音語]

‡roar·ing /rɔ́ːriŋ/ 形 **1** とどろく; 荒れ狂う; 響き渡る; 燃えさかる〔火〕. a ～ fire 燃えさかる火. a ～ success 大きな成功. (a) ～ applause 割れんばかりの拍手. **2** 騒がしい; 飲み騒ぐ. **3** 〔商売などが〕活気のある, 活発な; 元気いっぱいの. He is in ～ health. 彼は健康ではちきれんばかりである. ***dò a ròaring tráde [búsiness] (in ..)*** 〖英話〗(..で)商売大繁盛である.

── 副 〖話〗ひどく (extremely). get ～ drunk へべれけに酔う《騒々しいことを含意》.

ròaring fórties 名 〈the ～〉'咆哮(ほうこう)の 40 度'《緯度 40 度と 50 度間の暴風海域; 特に, 北半球の大西洋と南半球のインド洋の》.

Ròaring Twénties 名 〈the ～〉〖米〗狂騒の 1920 年代《もぐり酒場が栄え, スピード狂, ジャズ熱にうかされた》.

‡roast /roust/ 動 (～s /-ts/|過 過分 **～·ed** /-əd/|**róast·ing**) 他 **1** (オーブン, じか火で)〔肉〕を**焼く**, 蒸し焼きにする, (→broil); 〔豆など〕を炒(い)る, 焙(ほう)じる. ～ meat on a spit くしで刺して肉を焼く. ～ coffee beans コーヒー豆を炒る. **2** 〔手, 体〕を火で暖める; 〔人〕を火あぶりにする; を(日光で)焼く. The sun ～*ed* her complexion to a golden brown. 太陽に焼かれて彼女の肌は小麦色になった. ～ oneself at the fire 火にあたって体を暖める.

3 〖話・戯〗をこき下ろす; をしかりつける.

── 自 **1** 焼き肉料理をする. **2** 焼かれる, 炒られる; 〈比喩的〉〖話〗焼ける. lie in the sun to ～ ひなたに寝そべって肌を焼く. **3** (暑くて)焼かれる思いがする.

── 名 **1** UC (牛, 豚の)ロース; 焼いた肉(の塊). **2** C 焼くこと, あぶること; 炒ること, 焙(ほう)じること. **3** C 〖主に米〗(戸外での)焼き肉パーティー, バーベキュー. a ⌊hot dog [wiener] ～ フランクフルトソーセージを焼くパーティー.

4 〖米語〗こきおろし, 酷評.

── 形 〈限定〉焼いた, ローストにした; あぶった, 炒られた. ～ potatoes 焼いたジャガイモ. [＜古期フランス語]

ròast béef 名 U ローストビーフ《英国の代表料理で, 日曜日のご馳走(ちそう)はこれに Yorkshire pudding を添えたものが典型的》.

róast·er 名 C **1** 焼き肉用オーブン, ロースター; コーヒー豆の焙(ほう)じ器. **2** ロースト焼き用の子豚[ひな鳥など].

róast·ing 〖話〗形, 副 焼けつくほど暑い; 焼けつくほど暑く. It's [I'm] ～ in here. この中は焼けるほど暑い. a ～ (hot) day 焼けつくほど暑い日.

── 名 C 〖主に英話〗〈普通, 単数形で〉こき下ろし, 叱(しっ)責.

gèt [gìve a pèrson] a (gòod, rèal) róasting (ひどく)しかりつけられる[人をしかりつける].

róasting èar 名 C 〖米〗**1** (皮つきの)焼き用トウモロコシ. **2** 〖米中南部〗ゆでトウモロコシ.

Rob /rɑb|rɔb/ 名 Robert の愛称.

‡rob /rɑb|rɔb/ 動 (～s /-z/|過 過分 **～bed** /-d/|**rób·bing**) 他 **1 (a)** VOA (～ X *of* ..) X から..**を強奪する**, 略奪する, (語法 deprive 同様, X は被害を被る人や場所である点が steal と異なる). ～ a bank *of* one million dollars 銀行から 100 万ドルを強奪する. Mr. Brown was ～*bed of* his wallet in the park. ブラウン氏は公園内で紙入れを奪われた (★his wallet を主語にした受け身は不可). **(b)** を**襲う**, に強盗を働く. Some burglars ～*bed* the jewelry store. 数人の強盗がその宝石店を

R

襲った. I've been ～*bed*! 強盗にやられた; まんまとしてやられた (→4).
2 VOA (～ X *of* ..) 〔物・事が〕X から〔金品以外のもの〕を奪う, X に..を失わせる. His passion for her had ～*bed* him *of* his judgment. 彼女を熱愛するあまり彼は判断力を失っていた.
3 〖俗〗を盗む (steal) 〈*from* ..から〉. **4** 〖話〗(ゲームなどで)に汚いやり方で勝つ〈受け身で〉(→1 (b) 2つ目の例).
── 自 強盗を働く. ◇名 robbery
ròb a person blínd 〖話〗人からふんだくる.
We was róbbed! 〖スポーツ〗きたねぇ手でやられちまった.
［＜古期フランス語］

‡rob·ber /rábər|rɔ́bə/ 名 (複 **～s** /-z/) C **強盗**, 盗賊, (類語 暴力を用い, 脅して奪う; →thief). train ～*s* 列車強盗《列車を止めて輸送中の現金を奪う》. ［rob, -er[1]］
róbber bàron 名 C /〖英〗ˌ-ˌ-ˊ-/ 〖米〗どろぼう男爵《19世紀末, 不法手段を構わずのし上がった大富豪[資本家]》.
‡rob·ber·y /ráb(ə)ri|rɔ́b-/ 名 (複 **-ber·ies**) UC **強奪, 強盗(行為)**, 強盗事件; 〖法〗強盗罪. daylight ～ 〖話〗白昼強盗. armed ～ 凶器を用いた強盗(罪). ～ with violence 強奪. commit ～ on a bank 銀行強盗を働く. This neighborhood had four *robberies* in a month. この付近ではひと月に4回強盗事件があった. ［rob, -ery］
***robe** /roub/ 名 (複 **～s** /-z/) C **1** ローブ《ゆったりとした踝(くるぶし)まである長い上着》; 〖主に米〗化粧着 (dressing gown); バスローブ (bathrobe). **2** 〈しばしば ～s〉職服, 官服; 礼服; 《裁判官, 司教, 教授などが職業, 階級の象徴として平服の上に羽織る》. a judge in black ～*s* 黒い法服を着た裁判官. coronation ～*s* (英国(女)王の)戴(たい)冠服. **3** 〖米〗(毛皮などの)ひざ掛け (lap robe)《戸外でスポーツなどを見る時下半身を覆う》.
── 動 他 に官服[式服など]を着せる. be ～*d* in ..を身にまとう. ～ oneself 〖章〗装う, 正装する.
── 自 **1** 官服[礼服など]を着る, まとう. **2** バスローブを着る. ［＜古期フランス語「(分捕り品の)衣服」］
Rob·ert /rábərt|rɔ́b-/ 名 男子の名《愛称 Bob, Bobby, Rob, Robin》. ［ゲルマン語「輝く名声」］
Robe·son /róubsən/ 名 **Paul ～** ロブソン (1898–1976)《米国の黒人歌手・俳優; 黒人公民権運動の指導者》.
Robes·pierre /róubspiər/ 名 **Maximilien ～** ロベスピエール (1758–94)《フランス革命の指導者》.
Rob·in /rábən|rɔ́b-/ 名 Robert の愛称.
***rob·in** /rábən|rɔ́b-/ 名 (複 **～s** /-z/) C 〖鳥〗 **1** コマドリ《胸が黄赤色なので (**ròbin**) **rédbreast** とも言う; ヨーロッパ産》. **2** コマツグミ, ワタリツグミ, 《胸と腹が赤褐色; アメリカ産》. ［＜*Robin*］
Ròbin Góodfellow 名 ＝puck[1].
Ròbin Hóod 名 ロビン・フッド《Sherwood Forest に住んでいたという中世英国の伝説的義賊》.
Rob·in·son Cru·soe /ràbəns(ə)n-krúːsou|rɔ̀b-/ 名 ロビンソン・クルーソー《Daniel Defoe 作 *Robinson Crusoe* の主人公; 孤島で長い間, 孤独な生活を送った》.
***ro·bot** /róubɑt|-bɔt/ 名 (複 **～s** /-ts/) C **1** ロボット, 人造人間. **2** 自動装置; 〖南ア〗自動交通信号. **3** 〖軽蔑〗機械的に働く人. ［チェコ語「強制労働」; チェコの劇作家カレル・チャペックの作品に登場する］
róbot bòmb 名 C ロボット爆弾.
ro·bot·ic /roubátik|-bɔ́t-/ 形 ロボットの(操作による); ロボットのような.
ro·bót·ics 名 〈単数扱い〉ロボット工学.
Rob Roy /ràb-rɔ́i|rɔ̀b-/ 名 ロブロイ (1671–1734)《Scotland の Robin Hood と呼ばれた無法者》.
†ro·bust /roubʌ́st, ˊ-|ˊ-|-ˊ/ 形 **1 (a)** 〔人が〕頑健な, たくましい; (精神的に)強い, めげない. a ～ young man たくましい青年. an old man in ～ health 頑健な老人. the simple, ～ faith of a peasant 農民の持つ単純強靭(じん)な信念. **(b)** 〔物が〕頑丈な. **(c)** 〔経済(状況)が〕活況を呈している, 活発な, 健全な. **2** 力のいる, きつい, 〔仕事など〕. Rock-climbing is a ～ sport. 岩登りはきついスポーツだ. **3** 〔文章, 話しぶりなどが〕決然とした; (力強いが)ややがさつな. **4** 〔ワインなどが〕こくのある.
［＜ラテン語「(カシの木のように)頑丈な」］ ▷ **～·ly** 副 **～·ness** 名 U
roc /rɑk|rɔk/ 名 C ロック《アラビア, ペルシアの伝説中の巨大な怪鳥》.
‡rock[1] /rɑk|rɔk/ 名 (複 **～s** /-s/) **1** U **岩**, 岩盤; **岩壁**, 岩山. drill the ～ for oil 採油のために岩盤をボーリングする. The lighthouse stands on the ～. 灯台は岩壁の上に立っている. ～ formations 岩層.
2 C (個々の)岩, 岩石; 岩片; 〖主に米〗石(ころ); (→stone 類語). bring back some moon ～*s* 月の石を持ち帰る. Students threw ～*s* at riot police. 学生らは機動隊に石を投げた. **3** C 〈普通 ～s〉暗礁, 岩礁.
4 U 〖英〗棒あめ(〖米〗rock candy)《岩石の一片に似せたもの; 普通, 海岸で売られてその土地の名前がついている》.
(as) fìrm [sòlid, stèady] as a róck (1) 極めて堅固な; 不動な. (2)〔人が〕信頼するに足る.
be (stùck [càught]) between a ròck and a hàrd pláce どうしていいか分からない[困っている], 板挟みになっている.
gèt one's ròcks óff 〖卑〗やる《セックスをする》; 'いく', 出す, 《射精する》; 快感を得る.
have rócks in one's [the] hèad 〖米話〗ばかだ, (考えが)甘い.
hèad for the rócks 行き詰まりつつある.
on [upon] the rócks (1) 座礁[難破]して; '暗礁に乗り上げて', 行き詰まって. run [go] *on the* ～*s* 座礁する. (2) 〖話〗破産しかかって; 金に困って. The firm is *on the* ～*s* for lack of funds. 資金が欠乏して会社は傾きかかっている. (3) オンザロックで[の]《氷片の上に注ぐウイスキーなどの飲み方》. Scotch *on the* ～*s* オンザロックのスコッチ.
［＜古期フランス語］
‡rock[2] /rɑk|rɔk/ 動 (**～s** /-s/|過 過分 **～ed** /-t/|**róck·ing**) 他 **1 (a)** 〔やさしく人, 揺りかごなど〕を**揺り動かす**, 揺する; を震動させる. The mother ～*ed* the cradle gently. 母親は静かに揺りかごを揺り動かした. He ～*ed* himself back and forth in the chair. 彼はいすに座ったまま体を前後に揺すった. **(b)** VOC (～ X Y)・VOA (～ X *to* ..) X を揺すって Y [..] の状態にさせる. ～ a baby ˪*to* sleep [asleep] 赤ん坊を揺すって眠らせる.
2 〔爆発, 地震などが〕を(ぐらぐらと)揺さぶる. The explosion ～*ed* the house. 爆発で家が揺れた.
3 (精神的に)を揺さぶる, にショックを与える. New sex scandals ～*ed* Washington. 新しいセックススキャンダルにワシントンは揺れた.
── 自 (前後[左右]に)**揺れる** (→pitch[1] 自 4, roll 自 3); 震動する. The ship ～*ed* in the storm. 船はあらしの中で揺れた. ～ with laughter 体を揺すって笑う.
── 名 U **1** 揺れ, 揺すること; 動揺.
2 ＝rock'n'roll; rock music. ［＜古期英語］
rock·a·bil·ly /rákəbìli|rɔ́k-/ 名 U ロカビリー《hillbilly の要素の入った rock'n'roll》. ［roll.
rock-and-roll /ràk(ə)nróul|rɔ̀k-/ 名 ＝rock'n'-
ròck-bóttom /形/ 形 どん底の, 最低の. the ～ price 最低価格, 底値.
ròck bóttom 名 U どん底, 奥底; (精神的な)どん底. The deflation seems to have reached [hit] ～. デフレはどん底に達したようだ.
róck·bòund 形 岩ばかりの〔海岸〕.
róck càke [bùn] 名 C 〖英〗ロックケーキ《表面が堅

くざらざらした干しぶどう入りの小型のケーキ》.
ròck cándy 名 UC 〘米〙氷砂糖; =rock 名 4.
róck-clìmber 名 C ロッククライマー, 岩壁登山家.
róck-clìmbing 名 U ロッククライミング, 岩登り.
róck crỳstal 名 U 水晶.
róck dàsh 名 U 〘米〙小石打ち込みセメント (〘英〙pebbledash).
Rock·e·fel·ler /rάkəfèlər|rɔ́k-/ 名 **John Da·vi·son** /déivəs(ə)n/ ～ ロックフェラー (1839–1937)《米国の石油王; 公共的事業にも貢献; 以後その一家は大財閥として有名》.
Róckefeller Cènter 名 ロックフェラーセンター《New York 市 Manhattan 区にある高層ビル群》.
Róckefeller Foundàtion 名 〈the ～〉ロックフェラー財団《飢餓対策から学術研究まで幅広い援助をする》.
róck·er 名 C **1** 揺り木馬 (rocking horse). **2** 〘主に米〙揺りいす (rocking chair). **3** 揺り子《揺りかご, 揺りいすなどの弧状の足》. **4** 〘話〙ロック歌手[作曲家, ファンなど]. **5** 〈しばしば R-〉〘英話〙(1960 年代半ばの)カミナリ族, 暴走族.
off one's rócker 〘俗〙頭がちょっと変で[な] (crazy).
rock·er·y /rάkəri|rɔ́k-/ 名 (複 **-er·ies**) C (ロックガーデンの)築山.
*__rock·et__ /rάkət|rɔ́k-/ 名 (複 **～s** /-ts/) C **1** ロケット; =rocket bomb. launch a space ～ 宇宙ロケットを打ち上げる. **2** 打ち上げ花火 (skyrocket). **3** 〘英話〙〈a ～〉お目玉. get a ～ お目玉を食う. give a person a ～ 人をしかり飛ばす.
── 動 自 **1** VA (ロケットのように) 突進する 〈*along, off* (..)〉; 急上昇する 〈*to* ..へ〉. The train ～*ed along*. 列車は突進した. ～ *to* stardom 一躍スターになる. **2** 〔価格などが〕急騰する 〈*up*〉. Prices have ～*ed* (*up*) this past year. 物価がこの 1 年間急騰した.
[<イタリア語「小さな糸巻き」]
rócket bàse 名 C ロケット基地.
rócket bòmb 名 C ロケット弾, ロケットミサイル.
rock·et·eer /rὰkətíər|rɔ̀k-/ 名 C ロケット技師[研究者].
rócket làuncher 名 C ロケット発射装置[台].
rock·et·ry /rάkətri|rɔ́k-/ 名 U ロケット工学.
rócket science 名 U ロケット工学. This computer program isn't ～. このコンピュータ・プログラムはそんなに難しくなりません.
rócket scìentist 名 C ロケット工学者. I'm not a [no] ～ 私には複雑なことはわかりません.
rócket shìp 名 =spaceship.
róck·fàll 名 C 落石(した石).
róck gàrden 名 C 岩石庭園, ロックガーデン《岩石の築山にあちこち高山植物などを配した庭園》.
róck hàrd /移/ 形 大変固い.
róck hòund 名 C 〘米話〙(趣味の)岩石収集家.
Rock·ies /rάkiz|rɔ́k-/ 名 〈the ～〉 =Rocky Mountains.
róck·ing 名 U 揺れ, 振動.
rócking chàir 名 =rocker 2.
rócking hòrse 名 =rocker 1.
róck-lìke 形 強固な.
róck mùsic 名 U ロックミュージック《ロックンロール及びそれから発達した種々の音楽の総称; 強烈な音響とリズムを特徴とする》.
‡**rock'n'roll** /rὰk(ə)nróul|rɔ̀k-/ 名 U ロックンロール《リズムアンドブルースから発達した 2 拍子の活発な音楽》; それに合わせて踊るダンス.
róck plànt 名 C 岩生植物.
ròck sálmon 名 U 〘英〙岩サケ《ツノザメ (dogfish), ナマズ類 (catfish) などの商用名》.
róck sàlt 名 U 岩塩.
ròck-sólid /移/ 形 きわめて強固な. →as solid as a ROCK.
ròck-stéady /移/ 形 不動の; きわめて強固な, 頑丈な.
Rock·well /rάkwəl|rɔ́k-/ 名 **Norman ～** ロックウェル(1894–1978)《米国の挿絵画家》.
Rock·y /rάki|rɔ́-/ 名 男子の名.
*__rock·y__[1] /rάki|rɔ́ki/ 形 e (**rock·i·er**|**rock·i·est**) **1** 岩の多い, 岩だらけの. a ～ mountain [shore] 岩の多い山[海岸]. **2** 岩の; 岩石から成る; 岩のような. **3** 〔物, 意志が〕岩のように堅い. his ～ determination 彼の不動の決心. [rock[1], -y[1]] ▷**rock·i·ness**[1] 名 U
rock·y[2] 形 **1** 〘話〙ぐらぐらする, 不安定な; 〈結婚生活などが〉危うい. The present regime is ～. 現体制は不安定である. a ～ road いばらの道, 多難な前途. **2** 〘俗〙(体が弱って)ふらふらする. **3** 〔関係が〕長続きしそうにない. [rock[2], -y[1]] ▷**rock·i·ness**[2] 名 U
Ròcky Mòuntain góat 名 C =mountain goat.
Ròcky Mòuntain óyster 名 =prairie oyster 2.
Ròcky Móuntains 名 〈the ～; 複数扱い〉ロッキー山脈《北米大陸西部の大山脈; ニューメキシコからアラスカに及ぶ》.
Ròcky Mòuntain shéep 名 C =bighorn.
Ròcky Mòuntain spòtted féver 名 U ロッキー山斑(はん)点熱《ダニが媒介する急性熱病; 関節・筋肉・骨が痛み発疹(しん)がでる》.
ro·co·co /rəkóukou/ 形 **1** ロココ式[風]の《フランス・北部イタリアに始まり 18 世紀にヨーロッパ全土に流行した華麗な建築・装飾様式; 文学, 美術, 音楽についても言う; baroque 様式より後に流行》. ～ architecture ロココ式建築. **2** 華麗すぎる; 装飾過多の.
── 名 U ロココ式[風]. [フランス語「貝殻細工」]
*__rod__ /rad|rɔd/ 名 (複 **～s** /-dz/) C **1** (細長い鉄, プラスチックなどの)棒; さお; 釣りざお (fishing rod). a lightning ～ 〘米〙避雷針. a curtain ～ カーテンレール. fish with ～ and line 釣りをする. **2** (切り落とした)小枝, 若枝. **3** 〘旧〙(罰を与えるための)むち《棒又は細枝の束》; 〈the ～〉むちで打つこと, 懲らしめ. Spare the ～ and spoil the child. →spare 動 2. **4** 〘米俗〙ピストル, 拳(けん)銃. **5** ロッド《長さの単位; 約 5.03 メートル》.
kìss the ród 〘旧〙甘んじて罰を受ける.
màke a ród for one's òwn báck 自ら災い[苦労]の種をまく.
rúle .. with a ròd of íron →rule.
[<古期英語「細いまっすぐの枝, むち」]
rode /roud/ 動 ride の過去形.
†**ro·dent** /róud(ə)nt/ 名 C 齧歯(げっし)類の動物《ネズミ, リス, ウサギなど》. [<ラテン語 *rōdere*「かじる」]
‡**ro·de·o** /róudiòu, roudéiou/ 名 (複 **～s**) C **1** ロデオ《荒馬を乗りこなしたり投げ縄で捕えたりするカウボーイ[カウガール]の競技会》. **2** (焼き印を押すための)牧牛の駆り集め. [スペイン語]
Rodg·ers /rάdʒərz|rɔ́dʒəz/ 名 **Richard ～** ロジャーズ (1902–79)《米国のミュージカル作詩作曲家》.
Ro·din /roudǽn/ 名 **Auguste ～** ロダン (1840–1917)《フランスの彫刻家》.
rod·o·mon·tade /rὰdəmantéid|rɔ̀dəmɔn-/ 名 U 〘章〙大言壮語, ほら. ── 形 ほら吹きの.
roe[1] /rou/ 名 (複 **～s, ～**) C 〘動〙ノロジカ (**róe dèer**)《小型のシカ》. [<古期英語]
roe[2] 名 UC 魚卵 (hard roe); しらこ, 魚精, (soft roe). sturgeon ～ チョウザメの卵《これの塩漬けが caviar》.
róe·bùck 名 (複 **～s, ～**) C ノロジカ (roe) の雄.
roent·gen, rönt·gen /réntgən|rɔ́nt-/ 名 C レントゲン《エックス線の強度測定の単位; 発見者のドイツ人物理学者 W. K. Röntgen (1845–1923) から》. ── 形 〈しばしば R-〉レントゲン(線)の. ～ rays レントゲン線, エックス線, (X-rays).
roent·gen·ol·o·gy /rèntgənάlədʒi|rɔ̀ntgənɔ́l-/ 名 U レントゲン線学, レントゲン科.

ro·ga·tion /rougéiʃən/ 名 C 〘キリスト教〙〈普通 ~s〉(祈願節中に行われる)祈願, 祈禱(きとう).
Rogátion dàys 名〈the ~〉祈願節《キリスト昇天祭 (Ascension Day) 前の 3 日間》.
Rog·er /rάdʒər|rɔ́dʒə/ 名 **1** 男子の名. **2** = Jolly Roger. [ゲルマン語「槍(やり)の名手」]
rog·er /rάdʒər|rɔ́dʒə/ 間 **1** 了解《電波通信で相手の言葉を受信了解した, の意味》. **2** 〘話〙オーケー. *Roger*, I'll be there. いいですよ, 行くよ.《Roger wilco とも言う》. ── 動 他, 自 〘英卑〙(〔女〕と)セックスをする.
Ro·get /rouʒéi|rɔ́ʒei/ 名 **Peter Mark ~** ロジェ (1779–1869)《英国の医師; *Thesaurus of English Words and Phrases* (1852) の編纂(さん)者》.
†**rogue** /roug/ 名 C **1** 悪者, ごろつき. a black ~ 極め付きの悪党. **2** 〘戯〙いたずらっ子, 腕白小僧, 'お茶目さん'; 'わる', 剽軽(ひょうきん)な人. ── 形 (野生動物が群れから)はぐれて狂暴な; 一匹狼のような〔政治家など〕; 手に負えない, コントロール出来ない. a ~ elephant はぐれ象.
ro·gue·ry /róug(ə)ri/ 名 (複 **-ries**) UC **1** 悪事, 詐欺(行為). **2** いたずら, 茶目.
rògues' gállery 名 C (警察などの)犯人写真台帳; 「問題のある人達.
ro·guish /róugiʃ/ 形 **1** 〔特に子供が〕ふざけたがる, いたずらっぽい. **2** ごろつきのような; 悪事を働く, 不正の.
▷ **~·ly** 副 **~·ness** 名
roil /rɔil/ 動 他 **1** 〔液体〕をかき回す, 濁らす. **2** をいらだたす; を怒らせる. ── 自 〘米〙〔流れが〕荒れ狂う.
▷ **~·y** 形 荒れ狂う.
rois·ter /rɔ́ister/ 動 自 〘旧〙飲み騒ぐ, ばか騒ぎをする; 威張りちらす. ▷ **rois·ter·er** /-st(ə)rər/ 名 C ばか騒ぎをする人. **rois·ter·ing** /-st(ə)riŋ/ 形 飲み騒ぐ, ばか騒ぎをする.
ROK Republic of Korea.
Ro·land /róulənd/ 名 ローラン《Charlemagne 帝に仕えた 12 勇士中一番の英雄》.
‡**role, rôle** /roul/ 名 (複 **~s** /-z/) C **1** (役者の)**配役**, 役. the leading [lead] ~ 主役. a supporting ~ 脇役. play the ~ of Romeo ロミオの役を演じる. **2** **役割**, 任務. play a very important ~ in society 社会で重要な役割を演じる.

> 連結 a major [a key, a principal, a prominent; a minor, an obscure, a subordinate] ~ // take (on) [assume, fill] a ~

[フランス語 'roll' (もと「役者のせりふを書いた巻き物」)]
róle mòdel 名 C 〘社会学〙(他者への模範となる)役割モデル; 模範的人物像.
róle plày [**plàying**] 名 U 役割演技《心理療法で利用される》; (外国語教育の)ロール・プレイ, 役割練習.
róle revèrsal 名 U (男女の)役割交換《妻が家計を担い, 夫が料理・育児を引き受けるなど》.
Ro·lex /róuleks/ 名 C 〘商標〙ロレックス《スイスの高級腕時計》.
‡**roll** /roul/ 動 (**~s** /-z/|過 過分 **~ed** /-d/|**róll·ing**) 自
【転がる, 回る】 **1** VA 〔球, 車輪などが〕**転がる**, 転がって行く; 〔涙のしずくなどが〕流れる. The ball ~*ed down* the hill. ボールは坂を転がり落ちて行った. Big teardrops ~*ed off* [*down*] her cheek. 大粒の涙が彼女のほおから落ちた.
2 (**a**) VA 〔人, 動物などが〕**転がる**; **転げ回る**. ~ (*over*) *in* bed 寝返りを打つ. The patient ~*ed on to* his side. 病人はごろりと体を横向きにした. ~ *about* with laughter 笑い転げる. ~ *in* the aisles →aisle. (**b**) 〔目が〕ぎょろぎょろ動く; 〘米〙〔車などが〕ひっくり返る.
【揺れる】 **3** 〔船, 飛行機などが〕**横揺れする**, 左右に揺れる, (→pitch¹ 自 4); VA 〔人が〕ゆらゆらしながら歩く. The ship was ~*ing* in the storm. 船はあらしの中で横揺れした. The drunken man ~*ed along* the street. 酔っ払いは千鳥足で通りを歩いた.
4 〔土地が〕緩やかに起伏する; VA 〔波などが〕うねる; 〔霧などが〕巻く. The waves were ~*ing against* the boat. 波がボートへ打ち寄せていた. The mist ~*ed up from* the lake. 湖面からもやが巻き上がって来た.
【転がるように進む】 **5** VA 〔馬車, 車などが〕**進んで行く**, 〔人が〕(車で)行く; 〔車などが〕やってくる, 着く. Our car ~*ed down* the main street. 私たちの車は目抜き通りを進んで行った. The pioneers ~*ed along* in covered wagons. 開拓者たちはほろ馬車に乗って進んで行った. The limo ~*ed into* the parking lot. リムジンが駐車場に滑り込んできた.
6 〔カメラ, 輪転機などが〕回る; 〘米話〙動き出す, (仕事などを)始める; 去る, 帰る.
7 【回って来る】 VA 〔天体が〕運行する; 〔歳月が〕めぐる 〈*around*〉. Spring ~*ed around* again. また春がめぐって来た.
8 VA 〔時間が〕(速く)たって行く, 過ぎ去る. Days ~*ed along*. 月日はどんどんたった.
9 〔仕事などが〕進みが速い, はかどる. get the program ~*ing* 計画を発足させる[はかどらせる].
10 【転がるような音を出す】〔雷が〕とどろく, ごろごろ鳴る; 〔太鼓が〕どんどんと鳴る. Thunder ~*ed* very hard as we reached the cabin. 我々が小屋に到着するとすごい雷鳴がとどろいた.
【丸くなる】 **11** VA 〔物が〕丸まる, 巻かれる; 〔人, 動物が〕体を丸める; 〈*up*〉. This rug won't ~ *up* easily. この敷物はなかなか巻きにくい. The cat ~*ed up into* a ball. 猫は背を丸めて体を丸くした.
12 VA 〔糸, 紙などが〕(縮れて)丸く[円筒状に]なる. Yarn ~*s easily*. 紡ぎ糸は丸まりやすい.
【ローラーがかかる】 **13** VA 〔練り粉などが〕伸びる. This paint ~*s well*. このペンキは伸びがよい.
14 〘米俗〙性交する.
── 他 【転がす, 回す】 **1** (**a**) を**回す**; を**転がす**; 〔目〕をぐるぐる動かす. ~ a ballpoint pen between one's fingers ボールペンを指で挟んでぐるぐる回す. ~ one's eyes in amazement 驚きのあまり目をぐるぐるさせる. (**b**) 〘米〙〔車など〕をひっくり返す.
2 VOA 〔球など〕を**転がす**; 〔たるなど〕を転がして行く[運ぶ]. ~ a barrel *over* たるを転がす. **3** 〘米〙〔さいころ〕を投げる; の目を振り出す. ~ a two 2 の目を出す.
【揺する】 **4** を(左右に)揺する; 〔船など〕を横揺れさせる. ~ oneself from side to side 体を左右に揺する.
5 〘話〙〔酔っ払いなど〕から金品を盗む, 奪い取る.
【転がすように進める】 **6** VOA 〔車など〕を転がす, 動かす. ~ the wagon into the kitchen ワゴンを台所に押して行く. **7** 〔カメラなど〕を回す.
8 【転がるような音を出させる】〔太鼓〕をどんどん鳴らす; 〔オルガン〕を大きく響かせる; を低い太い声で読む. The Indians ~*ed* the drums. インディアンたちは太鼓を打ち鳴らした. ~ (out) a verse 詩を朗読する.
【丸くする】 **9** (**a**) を丸める; を巻いて作る 〈*into* ..に〉; (↔unroll). ~ an umbrella 傘を巻く. The children ~*ed* the snow *into* a big snowman. 子供たちは雪で大きな雪だるまをこしらえた. ~ one's own (cigarettes) 紙巻きたばこを自分で巻いて作る. (**b**) VOO (~ X Y)・VOA (~ Y *for* X) X (人)に Y (たばこなど)を巻いて作ってやる. ~ him a cigarette = ~ a cigarette *for* him 彼に紙巻きたばこを巻いてやる.
10 VA を包む, くるむ, 〈*up*〉〈*in* ..に〉. It was so cold she ~*ed* herself (*up*) *in* a blanket. あんまり寒いので彼女は毛布にくるまった.
11 〘音声〙〔r の音〕を巻き舌で発音する. ~ one's r's r の音を巻き舌で発音する.
【ローラーをかける】 **12** 〔地面など〕をならす; VOA 〔練り粉など〕をめん棒で伸ばす 〈*out*〉〈*on* ..の上に〉; VOC (~ X Y) X をならして Y にする. The road menders were ~*ing* the path. 道路工夫たちが道を地ならししていた. She

~*ed* the dough flat. 彼女は練り粉をめん棒で平らに伸ばした. **13**〖米俗〗と性交する.
be rólling in .. 〖話〗..がいっぱいある《<..の中でごろごろしている》. He *is* ~*ing in* money. 彼は金がうなるほどある.
be rólling (in it) 〖話〗金がうなるほどある.
ròll /../ báck (1)〔敷いてあるカーペットなど〕を転がして巻き取る; ..を逆転させる; ..を押し返す. ~ *back* a clock 時計の針を逆に回す. (2)〔敵〕を撃退する. (3)〖米〗(統制して)〔物価, 賃金など〕を元の水準に戻す.
ròll /../ dówn 〔ブラインドなど〕をハンドルを回して下ろす.
ròlled ìnto óne (異質のものが) 1つに合わさって. a poet and a lawyer ~*ed into one* 詩人と弁護士の一人二役.
ròll ín (1)〔波が〕寄せて来る. (2) どんどん集まる, 転がり込む. Offers of help are ~*ing in*. 援助の申し出が殺到している. (3)〈普通, 副詞句を伴って〉〖話〗ふらりとやってくる; 帰り着く; 〔車などが〕到着する. (4)〖米話〗床に就く, 寝る.
ròll ón (1)〔歳月が〕過ぎ去る; 〔川などが〕ゆったりと流れる. (2)〖話〗〈命令文で〉(時などが)早く来る. *Roll on*(,) spring! 春よ早く来い.
ròll /../ ón 〔靴下など〕を巻き戻しながら身に着ける. ~ *on* the stockings ストッキングを丸めてからはく.
ròll óut 転がり出る; 〖米話〗起きる, 起床する, (roll out of bed).
ròll /../ óut (1)〔巻いたもの〕を転がして広げる. ~ a screen *out* 映写幕を広げる. ~ *out* the red carpet for ..を丁重にもてなす. (2) ..をローラー[めん棒]で押して平らにする, 伸ばす. (3) ..を野太い声で言う[歌う] (→他 8). (4)〖話〗..を大量生産する.
ròll óver 転がる (→自 2); ひっくり返る, 横転する.
ròll /../ óver (1) ..を転がす (→他 2). (2)〔債務〕の支払いを延期する; を借り換える, 再投資する. (3) に圧勝する.
ròll úp (1)〔煙などが〕巻き上がる (→自 4); 丸くなる (→自 11). (2) 集まる, たまる, 増える. His debts were ~*ing up*. 彼の借金は増え続けた. (3)〖話〗(遅れて)現れる; 来る; 車で乗りつける. She ~*ed up* when everybody else had left. 彼女は他のみんなが行ってしまったころ(のこのこと)やって来た. *Roll up! Roll up!* いらっしゃい, いらっしゃい《見せ物小屋などの客引きの言葉》.
*****ròll /../ úp*** (1) **..を巻く**; ..を丸める; ..を包む (→他 10). ~ *up* a scroll 巻き物を巻く. (2) ..をまくり上げる; ..を巻き上げる. ~ one's pants *up* to one's knees ズボンをひざまでたくし上げる. ~ *up* one's sleeves →sleeve. (3) ..を集める, 蓄積する. (4)〖軍〗〔敵〕の側面を撃退して包囲する.
── 名 (複 **~s** /-z/) C 【転がり】 **1 転がる[転がす]こと**, 回転. try a ~ of dice さいころを振ってみる.
2 (船の)**横揺れ** (→pitch[1] 名 7); よろめき, 動揺.
3 うねり, 起伏. the ~ of a meadow 牧草地の起伏.
4【転がるような音】〈単数形で〉とどろき〈*of* ..〔雷, 太鼓など〕の〉.
【巻いた物】 **5** (スライスする食パンでない)小型パン (bread roll); **ロールパン**, 巻きパン; (★〖米〗では特に丸型のものを bun とも言う; →bun, →bread 参考); 巻きたばこなど; **ひと巻き**, 1巻, 〈*of* ..の〉. a ~ of bread = a bread ~ ロールパン1個. a blanket ~ 巻いた毛布. a ~ *of* toilet paper トイレットペーパーひと巻き. a ~ *of* film フィルムひと巻き (**róll fìlm**). have ~*s* of fat on one's stomach 脂肪太りで腹が出ている.
6 出席簿, 名簿, 《もとは巻き物》. call the ~ 出欠をとる, 点呼する. be on the ~*s* 名簿に載っている.
7〖米話〗札束; 資金, 大金.
【転がす物】 **8** = roller 2.
9〖話〗金品の強奪 (→他 5). **10**〖米俗〗性交, 前戯.
a ròll in the háy [***sáck***] 〖話〗性交.
on a róll 〖話〗(賭(か)け事などで)勝ち続きで; 〈一般に〉幸運[つき]が続いて.
strìke /../ off the róll(s) 〔特に弁護士〕を名簿から除く, 除名する.
[<古期フランス語 (<ラテン語「小さな車輪 (*rota*)」)]

Rol·land /rɔːlǽŋ/ 名 **Romain ~** (ロマン・)ロラン (1866–1944)《フランスの小説家》.
róll·a·wày 形 〔ベッドなどが〕移動式の.
róll bàr 名 C ロールバー《逆U字形に車体の上に渡される補強用金属棒; レーシングカーなどが転覆した時に乗員を守る》.
róll càll 名 C 点呼, 出欠をとること.
rolled 形 巻いた; 丸めた; 押し伸ばした.
ròlled góld 名 U 金メッキ(された金属), 金張り, (gold plate, 〖米〗filled gold).
ròlled óats 名〈複数扱い〉〖主に英〗押しカラス麦.
ròlled-úp 形 (くるくる)巻いた; 〔そでなどが〕まくり上げられた.
*****roll·er*** /róulər/ 名 (複 **~s** /-z/) C **1 ローラー**《円筒状の棒》; (地図, カーテンなどの)巻き軸; ヘアカーラー《頭髪を巻き付けてウエーヴさせる》. She did her hair up in ~*s*. 彼女はヘアカーラーで髪を整えた. **2** 地ならし機; めん棒; 圧延機; ころ. **3** 巻き包帯 (**róller bàndage**). **4** 大きなうねり[波]《あらしの後などに海岸に押し寄せる》. **5** = Rolls-Royce.
róller·blàdes 名〈複数扱い〉〖商標〗ローラーブレード《ローラースケートの一種》.
róller blìnd 名 C 〖英〗(巻き上げ)ブラインド.
róller còaster 名 C (遊園地などの)ジェットコースター.
róller dèrby 名 C ローラーゲーム.
róller dìsco 名 C ローラースケートを履いてのディスコ.
róller shàdes 名〈複数扱い〉〖米〗巻き上げブラインド (〖英〗**róller blìnd**).
róller-skàte 動 自 ローラースケートをする.
▷**roller-skat·er** 名 C ローラースケートをする人.
roller-skat·ing 名 U ローラースケート《スポーツ》.
róller skàte 名 C ローラースケート《靴》.
róller tòwel 名 C ローラータオル《ローラーに巻いてつるしてある手ふき; タオルを送りながら使う》.
rol·lick /rɑ́lik|rɔ́l-/ 動 自 〖旧〗ふざける, はしゃぐ.
── 名 C しかること. give a person a ~〖英話〗きびしく人をしかる. ▷**~·ing** 形〈限定〉〖旧〗陽気な; はしゃぐ, ふざけ散らす. a ~*ing* drinking song 陽気な酒飲み歌. [<romp + *frolic*]
‡**róll·ing** 形〈限定〉**1** 回る, 回転する; 転がる. his ~ eyes 彼のぎょろつく目. **2** 横揺れする; よたよたした, 千鳥足の, 〔歩き方〕. **3**〔波が〕うねる; 〔土地が〕緩やかに起伏する. ~ hills in the Midlands イングランド中部地方のなだらかな丘陵地帯. **4** 徐々に進む, 段階的に移行する. **5** 鳴り響く; 転がすような〔鳥のさえずり〕.
── 名 U **1** 回転, 転がること. **2** (船, 飛行機などの)横揺れ (↔pitching). **3** (波の)うねり; (地面の)緩やかな起伏. **4** (雷などの)とどろき.
rólling mìll 名 C 圧延工場.
rólling pìn 名 C めん棒.
rólling stòck 名 U〈集合的〉(鉄道の)車両.
ròlling stóne 名 C 〖話〗住所不定者, 定職のない人, 《<転がる石》. A ~ gathers no moss. 〖諺〗転石苔を生ぜず《転々と商売を換えていては金はたまらない; 〖米〗では「動いていれば苔がつかず新鮮である」という意味にもなる》.
Ròlling Stónes 名〈the ~〉ローリングストーンズ《1962年結成の英国のロックバンド》.
róll·mòps 名〈普通, 単数扱い〉ニシンの酢漬け《**róllmop hèrring** とも言う; 普通, 切り身を巻いてタマネギの薄切りなどと一緒に漬ける》.
ròll of hónour 名〈the ~〉〖英〗栄誉者名簿《戦死者, 受賞者, 合格者などの; 〖米〗honor roll》.

róll-on 形, 名 C 回転塗布式の(化粧品など).

ròll-ón ròll-óff 形 〖主に英〗車を運転したまま乗り降りできる〔フェリーなど〕(roro). a ～ ship ロールオン・ロールオフ船.

róll·òver 形 〖米〗借り換えの, 再投資の.

Rolls-Royce /ròulzrɔ́is/ 名 C **1** 〖商標〗ロールスロイス《英国製の高級自動車》. **2** 〖英話〗最高級品(〖米〗Cadillac).

ròll-top désk 名 C ロールトップデスク《巻き込み式のふたが付いた机》.

[roll-top desk]

róll-ùp 名 C 〖英話〗手巻きの紙たばこ.

ro·ly-po·ly /róulipòuli/ 名 (複 -lies) C **1** 〖主に英〗渦巻きプディング(**ròly-poly púdding**)《ジャム, 果物などが入っている》. **2** 〖話〗丸々と太った子供.

── 形 〖話〗丸々太った, ずんぐりした(むっくりの).

‡**ROM** /rɑm|rɔm/ 名 C ロム, 読み出し専用記憶装置, 《<*r* ead-*o*nly *m*emory; →RAM》.

Rom. Roman; Romance.

Ro·ma·ic /rouméiik/ 名 U 現代ギリシア語.

── 形 現代ギリシア語の.

ro·maine /rouméin/ 名 U 〖主に米〗コスチシャ (cos lettuce)《**romàine léttuce** とも言う; レタスの一種》.

***Ro·man** /róumən/ 形 ℂ **1** (古代)ローマの; ローマ帝国の; (古代)ローマ人[風]の. a ～ legion 古代ローマの軍団. **2** 現代ローマ(市)の. **3** 〈r-〉ローマ字の; 〖印〗ローマン体の《普通の印刷字体の活字; →italic, Gothic》. **4** ＝Roman Catholic. ◇名 Rome

── 名 (複 **～s** /-z/) **1** C (古代)ローマ人; (現代)ローマ市民. **2** C ＝Roman Catholic. **3** 〈～s〉〈単数扱い〉＝the Epistle to the Romans. **4** U 〈r-〉ローマ字; 〖印〗ローマン体. printed in ～, not in italics イタリックではなくローマン体で印刷された.

Ròman álphabet 名 〈the ～〉ローマ字(母).

Ròman cándle 名 C ローマ花火《長い筒形》.

Ròman Cátholic 形/ 形 (ローマ)カトリック教の.

── 名 C (ローマ)カトリック教徒.

Ròman Càtholic Chúrch 名 〈the ～〉(ローマ)カトリック教会.

Ròman Cathólicism 名 U (ローマ)カトリック教.

Ro·mance /roumǽns, ⌐-|-⌐/ 形 ロマンス語(派)の.

***ro·mance** /roumǽns, ⌐-|-⌐/ 名 (複 **-manc·es** /-əz/) **1** 〈R-〉＝Romance language. **2** C (中世の)騎士物語. the ～*s* of King Arthur and the Knights of the Round Table アーサー王と円卓の騎士たちの物語.

3 C **伝奇小説**《現実離れした波瀾(らん)万丈の物語》, 空想小説; 冒険[恋愛]小説; 〖楽〗ロマンス(曲); U (文学の1ジャンルとしての)ロマンス. Walter Scott wrote many ～*s*. ウォルター・スコットは多くの伝奇小説を書いた.

4 UC 架空の事, 誇張した作り話, 夢物語. The theory is sheer ～. その理論は全くでたらめだ.

5 U 伝奇性; 情緒, ロマンチックな雰囲気[気分]; 空想癖. a sense of ～ ロマンチックな情緒. a young man *full of* ～ 夢の多い青年.

6 C **恋愛(事件)**, 情事. a summer ～ 夏のロマンス. a whirlwind ～ 熱烈な恋愛. ◇形 romantic

── 形 ロマンス語の.

── 動 自 **1** 作り話をする; 空想を巡らす; 〈*about* ..に ついて〉. **2** 求愛する, 言い寄る, 〈*with* ..に〉. ── 他 **1** をロマンチックに誇張する. **2** とロマンスの花を咲かせる. [<古期フランス語 (<ラテン語 *Rōmānicus* 'Romanic'; 原義は「ロマンス語で書かれた物語」)]

Ròmance lánguage 名 C ロマンス語《ラテン語から分化したイタリア語, フランス語, スペイン語, ポルトガル語, ルーマニア語など》.

ro·mánc·er 名 C 伝奇小説家; (とんでもない)作り話をする人; 夢想家.

Ròman Émpire 名 〈the ～〉ローマ帝国《27 B.C. アウグストゥス (Augustus) 帝の即位から 395 A.D. まで続き, 以後西ローマ帝国と東ローマ帝国に分裂した》.

Ro·man·esque /ròumənésk/ 名 U ロマネスク様式《中世初期ヨーロッパで起こった建築様式, Gothic に先立つ; 壮厳な石造や円型アーチなどが特徴; 英国で Norman 様式と呼ばれるものがこれに当たる; 後に美術一般にも用いる》. ── 形/ 形 ロマネスク様式の.

Ro·ma·ni·a /rouméiniə, -njə/ 名 ルーマニア《ヨーロッパ南東部の国; 首都 Bucharest》.

Ro·ma·ni·an /rouméiniən, -njən/ 名 **1** C ルーマニア人. **2** U ルーマニア語.

── 形 ルーマニアの, ルーマニア人[語]の.

Ro·man·ic /roumǽnik/ 形 ロマンス語派の; 古代ローマの. ── 名 U ロマンス語.

Ro·man·ize /róumənàiz/ 動 他 **1** を(古代)ローマ化する; を(ローマ)カトリック教化する. **2** をローマ字で書く; 〖印〗ローマン体にする.

Ròman láw 名 U (古代)ローマ法《後の多くの法体系はこれを基盤とする》.

Ròman nóse 名 C ローマ鼻《鼻筋の高く通ったわし鼻; →Grecian nose》.

Ròman númeral 名 C ローマ数字 (→Arabic numeral).

ローマ数字(右側)

1	I	16	XVI
2	II	17	XVII
3	III	18	XVIII
4	IV	19	XIX
5	V	20	XX
6	VI	50	L
7	VII	100	C
8	VIII	200	CC
9	IX	500	D
10	X	1,000	M
11	XI	5,000	$\bar{V}$
12	XII	10,000	$\bar{X}$
13	XIII	50,000	$\bar{L}$
14	XIV	100,000	$\bar{C}$
15	XV	1,000,000	$\bar{M}$

(例えば 1987 は MCMLXXXVII)

Ro·ma·no /roumɑ́ːnou/ 名 (複 **～s**) UC ロマーノ《イタリア産の堅いチーズ; **Romàno chéese** とも言う》.

Ro·ma·no- /rəmɑ́ːnou/ 〈複合要素〉「ローマの[と]」という意味. [ラテン語 'Roman']

Ro·ma·nov /róumənɔ̀ːf|-nɔf/ 名 〖史〗ロマノフ王朝《1613–1917 の間ロシアを支配した》.

Ròman róad 名 C ローマ街道《ローマ軍が Britannia 占領時 (1–4 世紀)に作った道路》.

***ro·man·tic** /roumǽntik/ 形 **1** m **伝奇(小説)的な**, 小説にでもありそうな; 冒険に富む. a ～ novel 伝奇小説. live a ～ life 波瀾(らん)万丈の生涯を送る.

2 m **現実離れした**; 空想にふける, ロマンチックな; 恋愛(感情)の; 〔映画・劇が〕恋愛の[を題材とした]. a ～ plan 現実離れした計画. a ～ girl 夢を追う少女. a ～ atmosphere ロマンチックな雰囲気. a ～ relationship 恋愛関係. approach her with ～ intentions 色恋目的で彼女に近づく.

3 ℂ 〈しばしば R-〉(文学, 芸術が)ロマン主義的な, ロマン派の, (→classical). ◇名 1,2 は romance; 3 は romanticism

── 名 C **1** 〈しばしば R-〉ロマン主義[派]の詩人[作

家]. **2** ロマンチックな人; 空想家, ロマンチスト.
[〖古〗*romaunt*「騎士道物語」, -ic]

ro·mán·ti·cal·ly 副 空想的に, 小説じみて; ロマンチックに; 恋愛感情を持って; ロマン派風に. Contrary to the gossip, we have never been ~ involved. うわさと違って私たち (2 人) が恋愛感情を持ったことはない.

‡**ro·man·ti·cism** /roumǽntəsìz(ə)m/ 名 U **1** 〈しばしば R-〉(文学, 芸術の)ロマン主義 (→classicism, realism). **2** ロマンチックなこと, 空想的な傾向[気分].

ro·man·ti·cist /roumǽntəsist/ 名 C ロマン主義者; ロマン派の詩人[作家].

ro·man·ti·cize /roumǽntəsàiz/ 動 他, 自 (を)ロマンチックに描く[考える], 美化する; ロマンチックに行動する. ~ the sailor's life at sea 船員の海上生活をロマンチックに描く.

Romàntic Móvement 名 〈the ~〉ロマン主義運動《18 世紀から 19 世紀初頭にかけてヨーロッパに起こった文学, 芸術などにおける動き》.

Rom·a·ny /rάməni|rɔ́m-/ 名 (複 **-nies**) **1** C ジプシー (Gypsy). **2** U ロマーニー語《ジプシーの言語》. **3** 〈形容詞的〉ジプシーの; ロマーニー語の.

***Rome** /roum/ 名 ローマ《イタリアの首都》; 古代ローマ(帝国). All roads lead to ~.〖諺〗すべての道はローマに通ず《同じ目的を遂げるにも方法はいろいろある》. When in ~ do as the Romans do.〖諺〗郷に入りては郷に従え《<ローマにいる時はローマ人のするようにせよ》. *Rome* was not built in a day.〖諺〗ローマは 1 日にして成らず.

fìddle while Ròme búrns 大事をよそに安逸を貪る[にふける]《皇帝ネロの故事》.
[<ラテン語 *Rōma*]

Ro·me·o /róumiòu/ 名 (複 **~s**) **1** ロミオ《Shakespeare 作 *Romeo and Juliet* の主人公》. **2** C 〈しばしば茶化して〉恋する男, 女好き.

Rom·ish /róumiʃ/ 形 〖軽蔑〗(ローマ)カトリックの.

Rom·mel /rάməl|rɔ́m-/ 名 **Erwin** ~ ロンメル (1891–1944)《第 2 次大戦中のドイツの陸軍元帥》.

‡**romp** /rɑmp|rɔmp/ 動 自 〔子供, 犬などが〕跳ね回る, 遊び騒ぐ, 〈*about, around*〉. The children are ~*ing about* in the backyard. 子供たちが裏庭で遊び騒いでいる. 「勝する.

ròmp hóme [***ín, to víctory***] 〖話〗〔馬, 人などが〕楽↑

ròmp thróugh(..) 〖話〗(〔試験など〕に)楽々合格する; (..を)楽にやってのける; (を)軽快に飛ばす.

ròmp to víctory =ROMP home.

── 名 C **1** 跳ね回ること, 遊び戯れること. **2** 跳ね回る子供. **3** 〖話〗どたばた喜劇[映画]. **4** 〖英戯〗(セックスの)お楽しみ (★主に「新聞用語」).

rómp·er 名 C **1** 跳ね回る人. **2** 〈~s〉ロンパース《上下続きの幼児用の遊び着; **rómper sùit** とも言う》.

Rom·u·lus /rάmjələs|rɔ́m-/ 名 〖ロ伝説〗ロムルス《ローマの建設者で, 最初の王; 弟 Remus と共にオオカミに育てられたと言う》.

Ron·ald /rάn(ə)ld|rɔ́n-/ 名 男子の名《愛称 Ron, Ronnie》.

ron·deau /rάndou|rɔ́n-/ 名 (複 **~x** /-z/) C ロンドー《フランス起源の 10 又は 13 行の短詩》. [フランス語]

ron·do /rάndou|rɔ́n-/ 名 (複 **~s**) C 〖楽〗ロンド, 回旋曲. [イタリア語]

rönt·gen /réntgən|rɔ́nt-/ 名 =roentgen.

roo /ru:/ 名 〖オース・話〗=kangaroo.

rood /ru:d/ 名 C **1** 十字架上のキリスト像《特に, rood screen の中央にあるもの》. **2** 〖英〗ルード《面積の昔の単位; 4 分の 1 エーカー》.

róod scrèen 名 C (教会堂の)内陣仕切り《外陣 (nave) と内陣 (chancel) を分ける; 彫刻が施され, 普通, 中央に十字架上のキリスト像が立つ》.

‡**roof** /ru:f/ 名 (複 **~s** /-s/) C **1 屋根**; 屋上. Our house has a tile [slate] ~. うちの屋根はかわら[スレート]ぶきだ. **2** (乗り物などの)屋根; (トンネルなどの)天井. the ~ of the mouth 口蓋(がい).
3 最高部, てっぺん. the ~ of heaven 青天井, 大空. Mount Everest is the ~ of the world. エベレストは世界の屋根である.

〔have〕***a*** [***no***] ***ròof over one's héad*** 住むところがある[ない].

gò through the róof 〖話〗(1)〔価格が〕天井を打つ, 天井知らずに上がる; 〔気温などが〕ものすごく上がる. (2) 頭にくる, かっかする.

hìt the róof =go through the ROOF (2).

ràise [〖英〗***lìft***] ***the róof*** 〖話〗(怒りなどで)どなり立てる, 大騒ぎする, (歌ったりして)にぎやかにやる; やかましく文句を言う.

The ròof fàlls [***càves***] ***ín.*** 〖米話〗突如大変なことが起こる; すべてがおかしくなる.

under òne [***the sàme***] ***róof*** 1 つ[同じ]屋根の下で.

under a pèrson's róof 人の家で(もてなされて). I remained *under* their hospitable ~ for a week. 親切に甘えてその家庭に 1 週間も泊まってしまった.

── 動 他 に屋根を付ける; 屋根のように[屋根状に]覆う〈普通, 受け身で〉; 〈*with* ..で〉. ~ a house *with* red tiles 屋根を赤いかわらでふく. The path was ~*ed with* overhanging branches. 道には枝が屋根のように覆いかぶさっていた.

ròof /../ ín [***óver***] ..を屋根で覆う. The parking lot is ~*ed over*. その駐車場には屋根がある.
[<古期英語]

-roofed /-t/ 〈複合要素〉..の屋根の. a slate-*roofed* house スレート屋根の家.

róof·er 名 C 屋根職人. 「トラン.

róof gàrden 名 C **1** 屋上庭園. **2** 〖米〗屋上レス↑

róof·ing 名 U 屋根ふき(をすること); 屋根ふき材料, ルーフィング.

róofing fèlt 名 U 屋根ふきフェルト.

róof·less 形 **1** 屋根のない〔家〕. **2** 家のない, 宿なしの, 〔浮浪者など〕.

róof ràck 名 C ルーフラック《スキーなどを運ぶために車の屋根に取り付けた金属製の枠組み》.

róof·tòp 名 C 屋根(の表面); 〈普通 ~s〉屋上. shout [proclaim] .. from the ~*s* 〖話〗..を吹聴する.

róof·trèe 名 C 〖建〗棟(むな)木; 屋根.

‡**rook**[1] /ruk/ 名 C **1** 〖鳥〗ミヤマガラス《樹上に群居する大ガラス; ヨーロッパ産; →crow[1]》. **2** 〖話〗ぺてん師.
── 動 他 〖話〗を(トランプなどで)ぺてんにかける; VOA (~ X *of* ..) ..を X からだまし取る. [<古期英語]

rook[2] 名 C 〖チェス〗ルーク, 城将, (castle)《城をかたどった駒; 日本将棋の飛車の動きをする》. [<アラビア語]

rook·er·y /rúkəri/ 名 (複 **-ries**) C **1** ミヤマガラスの群生(する木立). **2** ペンギン[アザラシ]の群生(地).

‡**rook·ie** /rúki/ 名 C 〖俗〗新兵; 〖米〗〖野球〗新人選手, ルーキー; 〈一般に〉新参者, 初心者. [*recruit* の訛(なま)り]

‡**room** /ru:m, rum/ 名 (複 **~s** /-z/)
【居住空間>部屋】**1** C **部屋**, 室. a dining ~ 食堂. a living ~ 居間. reserve a ~ at a hotel ホテルに部屋を予約する. a single [double] ~ (ホテルの)シングル[ダブル]の部屋. do one's ~ 部屋を片付ける. Room 302 302 号室.
2 C 貸間; 〈~s〉ひとそろいの部屋, (数室から成る)下宿. take ~*s* 下宿する.

> 連結 a large [a spacious; an airy; a bright, a sunny; a pleasant; a comfortable; a snug; a tidy; a cramped, a poky; a dark, a dreary; a

R

dingy] ～ // clean [tidy (up); decorate; furnish] a ～

3〈the ～; 複数扱い〉室内の人々, 一座の人々. His humorous speech set the ～ in a roar. 彼のこっけいな話に一座の人々はどっと笑った.
【空間＞余地】4 U 空間, 場所,〈*for* ..の〉; 余地〈*to* do ..する〉. The sofa takes up too much ～. ソファーが場所を取りすぎている. The hall was so crowded that we had no ～ *to* move. ホールは満員で我々は身動きする余地もなかった. There's ～ *for* you *in* the car. あなたも車に乗れますよ. Please make ～ *for* [give ～ to] this old gentleman. どうかこのお年寄りに席を空けてください. →standing room.
5 U 余地, 余裕, 機会,〈*for* ..のための/*to* do ..する〉. The evidence leaves little ～ *for* doubt. その証拠に疑問の余地はほとんどない. There is still ～ *for* improvement 改善の余地がまだある. The right fielder has ～. 右翼手は(フェンスまで)余裕がある《フライを補球する時に》.
lèave the róom【婉曲】トイレに立つ, 洗面所に行く.
ròom for manéuver 計画変更の[決定を変える]余地.
There is nò ròom at the ínn. 入れる余地はない《＜【聖書】》.
There is nò [not enòugh] róom to swìng a cát (in).【話】身動きできないほど狭い《cat とは昔英海軍で罰を与えるのに用いられた cat-o'-nine-tails のこと》.
── 動 自【米】1 VA (～ ***with*** ..) ..と同室である; ..と同棲する. ～ *with* John in the dormitory. ジョンと寮で同室である. 2 VA 下宿をする, 部屋を借りる, 寮に住む,〈*in* (..に)〉. ── 他 を泊める; 下宿させる.
[＜古期英語]

ròom and bóard 名 U 宿泊と食事, 賄い付きの↑「部屋, 食事込みの寮費.
róom clèrk 名【米】＝desk clerk.
-roomed〈複合要素〉..の部屋がある. a six-*roomed* house 6 室ある家.
róom·er 名 C【米】間借り人, 下宿人, (lodger).
room·ette /ru(ː)mét/ 名 C【米鉄道】(寝台車の)個室《普通トイレ付き》.
room·ful /rú(ː)mfùl/ 名 C 部屋いっぱいの分量[人数]〈*of* ..の〉. a ～ *of* creditors (押し寄せた)部屋にいっぱいの債権者.
róoming hòuse 名 C【主に米】(家具つきの)貸室(lodging house)《ホテルより粗末なのが普通》.
róom·màte 名 C (寮の)同室者; 同宿者, 同居人.
róom sèrvice 名 U ルームサービス《ホテルなどで食事などを部屋まで運んでくれる》;〈単複両扱い; 集合的〉ルームサービス係.
róom tèmperature 名 U 快適な室温《約↑「20℃》.
†**room·y** /rú(ː)mi/ 形〔場所が〕広々とした; ゆったりとした〔上着など〕. a ～ cabin 広々とした船室. ▷**room·i·ness** 名 U
Roo·se·velt /róuzəvèlt/ 名 ルーズヴェルト 1 **Franklin Del·a·no** /délənou/ ～ (1882–1945)《米国第 32 代大統領 (1933–45)》. 2 **Theodore** ～ (1858–1919)《米国第 26 代大統領 (1901–09)》.
†**roost** /ruːst/ 名 C 1 (鳥の)止まり木; ねぐら; 鶏小屋. 2 (人の)休息所, 寝所; (仮の)宿.
at róost ねぐらについて; 寝床に入って, 眠って.
(One's) chìckens [Cùrses] còme hóme to róost. 自業自得だ, (他人への仕打ちが)自分に跳ね返って来る. *Curses come home to* ～.【諺】人をのろわば穴二つ.
rùle the róost 支配する, 牛耳る. His wife *rules the* ～ in his family. 彼の家では細君が牛耳っている.
── 動 自〔鳥が〕止まり木に止まる, ねぐらにつく.
[＜古期英語]

†**roost·er** /rúːstər/ 名 C【主に米】雄鶏(おんどり) (反 hen). ★cock (雄鶏)は卑語として penis の意味もあるので, その使用を避けて rooster を使う.
‡**root**[1] /ruːt/ 名 (複 ～s /-ts/) C
【根】1〈しばしば ～s〉(植物の)根; 地下茎, 根茎;〈～s〉根菜類. the ～ of a tree [plant] 木[草]の根. Radishes are edible ～*s*. ハツカ大根は根菜類である.
2 (毛, 歯, 指, つめなどの)根元, 付け根; (山などの)ふもと(foot). the ～ of a hair 毛根.
【根源】3 根本, 基礎, 核心. Your analysis doesn't strike at the ～ of the problem. 君の分析はその問題の核心を突いていない. Money is the ～ of all evil 金は諸悪の根源. get to the ～ of the matter (事の)真相を究める. 4 根源, 起源, 原因. What is the ～ of the trouble? もめごとの原因は何ですか.
5【原点】〈～s〉故郷, 心のふるさと, ルーツ, (心の)よりどころ. I've lived in London for twenty years, but my ～*s* are in Dublin. 私は 20 年間ロンドンに住んでいますが, ルーツはダブリンです. have its ～*s* in ..〔物などが〕起源は..にある.
【基本形】6【数】根. a square [cube] ～ 平方[立方]根. 2 is the fourth ～ of 16. 2 は 16 の 4 乗根である. 7【文法】＝root form;【言】語根《例 memory の中の mem-》. 8【楽】ルーツ《reggae の一種》. 9【楽】(和音の)基音.
be [lìe] at the róot of .. ..の原因である, 根底にある.
by the [one's] róot(s) (1) 根こそぎ, 根元から. pull up a weed *by the* ～*(s)* 雑草を根元から引き抜く. (2) 根本的に, 徹底的に. That bad practice should be torn out *by* its [*the*] ～*(s)*. あんな悪い慣習は根本的になくす必要がある.
gèt [strìke] at [to] the róot of .. ..の根本を極める; ..の原因をつきとめる, 核心を突く.
pull ùp one's róots 故郷を捨てる, 新生活に入る.
put dòwn (nèw) róots (新しい土地[社会]に)落ち着く[根を下ろす].
ròot and bránch【主に英】(1) 完全に, 根本的に, 徹底的に. The police destroyed the organization ～ *and branch*. 警察はその組織を徹底的に破壊した. (2) 徹底的な. ～ *and branch* reform 徹底した改革.
tàke [strìke] róot (植物の)根がつく;〈比喩的〉〔考え方などが〕定着する, 根を下ろす,〈*in* ..に〉.
── 形 1 根本的な. the ～ cause of the war その戦争の根本的原因. 2 根菜の.
── 動 (～s /-ts/|過 過分 **róot·ed** /-əd/|**róot·ing**) 他
1〔植物〕を根づかせる, 植え付ける;〔思想など〕を定着させる〈しばしば受け身で〉. ～ seedlings in the soil 若木を植え付ける. ～ itself〔植物が〕根うく. →rooted.
2 VOA (～ X ***to*** ..) X を..にくぎうけにする, 立ちすくませる,〈普通, 受け身で〉. →rooted.
3 VOA (～ /X/ ***up, out***) X (植物)を根こそぎにする; (～ /X/ ***out***) X (悪いもの)を根絶やしにする, 根絶する, X (望ましくない人など)をすべてやめさせる; X を根絶する, 皆やめさせる,〈*out of* ..から〉. ～ *out* a disease 病気を根絶する.
── 自 根づく. Chrysanthemums ～ easily. 菊は根うきやすい.
[＜古期英語]

root[2] 動 自 VA (～ ***for*** ..)〔豚などが〕鼻先で地面を掘り返す;〔人が〕(ひっかき回して)捜す;〈*about, around*〉〈*in, through* ..を/*for* ..を求めて〉. She ～*ed about in* her purse *for* the ticket. 彼女はハンドバッグの中をかき回して切符を捜した. ── 他 1 VOA (～ /X/ ***up***)〔豚などが〕X (地面など)を掘り返して食物を捜す; X (木の実・種など)を掘り出す. 2 VOA (～ /X/ ***out***)〔人が〕ひっかき回して X を捜す, X を捜し出す. manage to ～ *out* the ticket 切符をやっと捜し出す.
── 名 C【主に英語】(ひっかき回して)捜すこと. have

a (good) ～ round 良く[ひっかき回して]捜す.
[＜古期英語]

root[3] 動 自 VA (**～ for ..**) ..を応援する; 〖主に米話・スポーツ〗声援する.
ròot /../ ón 〖米話〗..に声援を送る.

róot bèer 名 UC 〖米〗ルートビア《各種の草根類の汁を原料とする炭酸飲料》.

róot-bòund 形 **1** 〖米〗＝pot-bound. **2** 住み慣れた所に愛着がある.

róot cèllar 名 C 〖米〗根菜類貯蔵用地下室[穴倉].

róot cròp 名 C 根菜《ニンジン, カブ, サツマイモなど》.

‡**róot·ed** /-əd/ 形 **1** 〈限定〉根のある; 根ついた; 根強い〔反対など〕. a deep ～ prejudice 根の深い偏見. **2** 〈叙述〉根ついている, 原因がある, 影響されている, 〈*in* ..に〉. be ～ *in* prejudice 偏見に基づいている.
be [stànd] róoted to the spót [gróund] (恐怖, ショックなどで)立ちすくむ, 動けなくなる.

róot fòrm 名 C 〖文法〗原形《動詞の変化していない形; to の付かない不定詞と同形》.

róot hàir 名 C 〖植〗根毛.

ròot infínitive 名 C 〖文法〗原形不定詞《to を付けず動詞の原形そのままの不定詞を言う; bare infinitive とも言う; →infinitive 文法》.

róot·less 形 根のない; 不安定な. ▷**～·ness** 名

róot·stòck 名 C 〖植〗根茎; (接ぎ木の)台木.
róot vègetable 名 ＝root crop.

‡**rope** /roup/ 名 (複 **～s** /-s/) **1** UC **縄**, **綱**, **ロープ**, (類語 rope は太い綱; →line[1] 6). a piece of ～ 1本の綱. jump ～ 縄跳びする. He was tied to the tree with a ～. 彼は縄で木に縛りつけられた.

連結 draw [pull; twist; tighten; loosen, slacken; let go (of); undo, unite] a ～

2 C 〖米〗投げ縄, 輪縄. **3** 〈～s〉(ボクシングのリングなどの)ロープ, 囲い綱. **4** 〈the ～〉〖旧〗絞首索; 絞首刑. **5** C (ひもに通した又は縛った)ひとつなぎ, 一連, 〈*of* ..の〉. a ～ *of* onions [pearls] ひとつなぎのタマネギ[真珠].
be at [còme to] the ènd of one's rópe 〖主に米〗(しくじるのを見込んで)万策尽きている[尽きる]; 進退窮まっている[窮まる]; これ以上我慢ができない.
gìve..enòugh [plènty of, a lòt of] rópe (to háng himsèlf [and he will háng himsèlf]) 〔人〕にしたい放題のことをさせておく. *Give* a fool [thief] *enough* ～ *and* he'*ll hang* himself. 〖諺〗ばか[どろぼう]は好き勝手にさせておけば自滅する.
knòw [lèarn] the rópes 事情に通じている[を知る], こつを心得ている[覚える], 《帆船の索具の使い方を覚えることから》.
on the rópes (ボクシングで)ロープにもたれて; 〖話〗追い詰められて, 絶体絶命で.
shòw [tèach] a pèrson the rópes 人に事情を知らせる; 人にこつを教える.
── 動 (**～s** /-s/|過 過分 **～d** /-t/|**róp·ing**) 他 **1** (**a**) VOA を縄で縛る[くくる]〈*together*〉〈*to* ..に〉. *Rope* this suitcase *to* the roof of your car. このスーツケースを君の車の屋根にロープをかけて縛りなさい. ～ oneself *together* 一緒に身体を縄でしばる. (**b**)〔登山者などが〕(安全のために)をザイル[ロープ]でつなぐ; 〖米〗〔動物〕を投げ縄で捕える. ～ a horse 馬を投げ縄で捕える.
2 VOA (**～ /X/ *in***) X (場所, 人など)をロープで囲う, 囲い込む; (**～ /X/ *off***) X (場所など)をロープで仕切る. The police ～*d off* the entrance to the building. 警察は建物の入り口に(通行止めの)ロープを張った.
3 〖話〗VOA (**～ X *into* (*doing*) ..**) X (人)をだまして..させる, ..(するよう)に誘い込む. ～ them *into* buy*ing* worthless land 彼らをだまして価値のない土地を買わせる.
── 自 VA (**～ *up***)〔登山者が〕ザイルで体をつなぎ合う.
ròpe /../ ín (to do) (1) →他 2. (2)〖話〗〔人〕を(..する)仲間に引き入れる, 誘い込む; だます.
ròpe /../ úp 〔人, 家畜など〕を(逃げられないように)ロープで縛りあげる. [＜古期英語]

rópe brìdge 名 C ロープの釣橋.

rópe·dàncer 名 C 綱渡り師[芸人].

rópe làdder 名 C 縄ばしご.

rópe·wàlk 名 C 縄作り場《細長い》.

rópe·wàlker 名 ＝ropedancer.

rópe·wày 名 (複 **～s**) C ロープウェー, 索道.

rop·(e)y /róupi/ 形 **1** ロープのような; 筋張った〔筋肉など〕. **2** 粘る, 糸を引く. **3** 〖英話〗質の悪い, 劣悪な; しけた〔気分など〕; 具合が悪い.

Roque·fort /róukfərt|rɔ́kfɔː/ 名 U ロックフォールチーズ《羊の乳で作った強烈な風味の青かびチーズ; フランスの地名より》.

ro·ro /róurou/ 形 ＝roll-on roll-off. ── 名 C 車に乗ったまま乗り降りできるフェリー.

Rór·schach tèst /rɔ́ːrʃɑːk-/ 名 C 〖心〗ロールシャッハテスト[検査]《インクの染みの不規則な模様を被験者に示し, それから連想するものを言わせて性格などを知る》.

Ro·sa /róuzə/ 名 女子の名.

ro·sa·ry /róuz(ə)ri/ 名 (複 **-ries**) **1** C 〖カトリック〗ロザリオ《11 個の玉を 1 連とし, 5 連又は 15 連から成る数珠; →chaplet》; 〈一般に〉数珠. **2** 〈the ～〉ロザリオの祈り《1 つの祈りごとに 1 つずつ玉を繰る》. [＜ラテン語「バラ(*rosa*)の園」]

[rosary 1]

‡**rose**[1] /rouz/ 名 (複 **rós·es** /-əz/) **1** C バラ; バラの花; バラ科の植物; 《美, 愛, 安楽などの象徴; イングランドの国花》. a wild ～ 野バラ. No ～ without a thorn. 〖諺〗とげのないバラはない《この世に完全な幸福はない; 文頭に There is を補って考える》. A ～ by any other name would smell as sweet. バラは他のどんな名前でも変わらずよい香りがするだろう《名称はそれが指す実体と関係ない; Shakespeare の *Romeo and Juliet* より》. A rose is a rose is a rose. バラはバラで他のなにものでもない《ものの本質は変わらないことを強調した言い方; rose に代わって別の言葉が用いられても同じこと; Gertrude Stein の言葉がもと》.
2 U バラ色, バラの香り; 〈～s〉バラ色の顔色. The long rest brought back (the) ～*s* to [put the ～*s* back in] her cheeks. ゆっくり休息して彼女の顔がまた健康なバラ色になった.
3 C バラ模様; バラ結び; ＝rose window; ローズ形ダイヤ(モンド); (じょうろ, ホースなどの)散水口; ロゼット《天井のコードを通す円形のもの》.
4 〈形容詞的〉バラの; バラ色の. a ～ petal バラの花びら. a ～ color バラ色. ◇形 rosy
a bèd of róses →bed.
be nòt àll róses [a bèd of róses] 楽な[楽しい]ことばかりではない.
come ùp [òut] smèlling of [like] róses 〖話〗評判を落とすことなく切り抜ける.
còme ùp róses 〖話〗〈普通, 進行形で〉うまくいく, 成功する. Everything's [It's] *coming up* ～*s* for him now. 今は彼は何もかもうまくいっている.
under the róse 〖章〗秘密に, 内緒で.
[＜古期英語 *rōse* (＜ラテン語 *rosa*)]

rose[2] /rouz/ 動 rise の過去形.

‡**ro·sé** /rouzéi/ 名 UC ロゼ(ワイン)《ピンク色の軽いワイン》.

ro·se·ate /róuziət/ 形 〖雅〗**1** バラ色の (rosy), 濃いピンクの. **2** 幸福な; 明るい, 楽観的な.

Róse Bòwl 名 ローズボウル《カリフォルニア州パサディナ

R

にあるフットボール競技場; そこでの 1 月 1 日の大学フットボール試合; 華やかなパレード (the Rose Parade) が行われる》.
róse·bùd 名 C バラのつぼみ.
róse·bùsh 名 C バラの木.
róse còld 名 U 〖医〗バラ熱《バラの花粉で生じる枯草病》.
róse-còlored 〖米〗**, -còloured** 〖英〗 形 **1** バラ色の **2** 明るい, 楽観的な. see [look at] the world through ～ glasses [spectacles] 世の中を楽観的に考える《<バラ色の眼鏡を通して見る》.
róse fèver 名 rose cold.
róse hìp 名 C バラの実.
róse·lèaf 名 (複 **-leaves**) C バラの花びら.
róse màllow 名 C =hibiscus.
‡**rose·mar·y** /róuzmèri|-m(ə)ri/ 名 (複 **-mar·ies**) C ローズマリー, マンネンロウ,《南欧産のシソ科の常緑低木; 葉は料理用, 香料用; 貞節, 忠実, 記憶の象徴》.
róse-tìnted /-əd/ 形 =rose-colored.
Ro·sét·ta stòne /rouzétə-/ 名 〈the ～〉ロゼッタ石《古代エジプト文字解読の手がかりとなった碑石; ナイル河口の Rosetta で 1799 年発見され, 現在は British Museum にある》.
ro·sette /rouzét/ 名 C **1** バラ結び; バラ総(ふさ); バラ花飾り. **2** 〖建〗(壁面などの)花形飾り; =rose window.
róse wàter 名 U バラ香水.
róse wìndow 名 C 〖建〗バラ窓, 円花窓,《教会などの花模様がある丸窓》.

[rose window]

róse·wòod 名 C 〖植〗ローズウッド, 紫檀(たん),《熱帯産》; U 紫檀材《高級家具材》.
Rosh Ha·sha·na /ròuʃ-hɑːʃɔ́ːnə, -ʃɑ́ːnə|rɔ̀ʃ-həʃɑ́ːnə/ 名 ユダヤ教の新年祭《普通, 9 月中》.
Ro·si·cru·cian /ròuzəkrúːʃən/ 名 C バラ十字会員《17–18 世紀に欧州にあった神秘主義的な秘密結社の会員で魔術を知っていると言われた; バラと十字架を記章とした》.
ros·in /rɑ́zən|rɔ́zən/ 名 U ロジン《松やにからテレビン油を蒸留した後の残留物; 滑り止め用》. ── 動 他 〔ヴァイオリンの弓など〕にロジンを塗る. [resin と同源]
ros·i·ness /róuzinəs/ 名 U バラ色であること.
Ros·set·ti /rouzéti|rə-/ 名 ロセッティ **1 Christina Geor·gi·na** /dʒɔːrdʒíːnə/ ～ (1830–94)《英国の叙情詩人; 2 の妹》. **2 Dante Gabriel** ～ (1828–82)《英国の詩人・ラファエル前派の画家; 1 の兄》.
Ros·si·ni /rousíːni|rɔs-/ 名 **Gioacchino** ～ ロッシーニ (1792–1868)《イタリアのオペラ作曲家》.
‡**ros·ter** /rɑ́stər|róus-/ 名 C 勤務当番表[名簿]; 名簿, リスト. ── 動 他 を勤務当番表に載せる.
ros·trum /rɑ́strəm|rɔ́s-/ 名 (複 **～s, ros·tra** /-trə/) C 演壇《特に, 説教壇, 指揮台》.
tàke the róstrum 登壇する. [ラテン語「くちばし」]
***ros·y** /róuzi/ 形 e (**rós·ier**|**rós·iest**) **1** バラ色の; 〔顔などが〕血色のよい. The children had ～ cheeks. その子供たちは(いかにも健康そうな)バラ色のほおをしていた. **2** 明るい, 希望に満ちた; 楽観的な. a ～ future 明るい未来. take a ～ view of things 物事を楽観的に見る. paint a ～ picture of ..を楽観的に(思い)描く.
***rot** /rɑt|rɔt/ 動 (～s /-ts/|過 過分 **rót·ted** /-əd/|**rót·ting**) 自 **1 腐る**; 朽ちる, 枯れる; 〈*away, off*〉. The iron bar has ～*ted* into dust. 鉄の棒は腐ってぼろぼろになってしまった. Most of the boards have ～*ted away*. 板の大半は腐って取れてしまった. ～*ting* reeds 枯れかかっているアシ. **2** 〔社会, 組織などが〕**生気を失う**, 衰退する; 〔体, 器官などが〕衰える; (道徳的に)堕落する. The Roman Empire was beginning to ～ and decay. ローマ帝国は衰亡の兆しを見せ始めていた. I won't ～ in jail. 監獄でなんか朽ち果てないぞ. **3** 冗談を言う.
── 他 **1** を腐らせる, 腐敗させる, 〈*off, away*〉. Dampness has ～*ted* the straw matting. 湿気で畳が腐った. **2** を堕落させる. **3** 〖英話〗をからかう.
ròt óff 腐って落ちる[抜ける].
ròt óut 腐って穴があく.
── 名 **1** U 腐敗(作用), 腐敗物. **2** aU 〈普通 the ～〉衰退; 堕落. start the ～ おかしくなり始める. stop the ～ '泥沼'から抜け出す. The ～ set in when we lost our overseas market. 衰退は我々が海外市場を失った時から始まった. **3** U 〈the ～〉(羊の)腐敗病《ジストマで肝臓が侵されひずめが腐る》. **4** U 〖英旧俗〗ばかげたこと (nonsense). Don't talk ～! ばかを言うな. *Rot!* 〈間投詞的〉ばかな, くだらん. [<古期英語]
ro·ta /róutə/ 名 〖主に英〗=roster.
Ro·tar·i·an /routé(ə)riən/ 名 C ロータリークラブの会員 (→the Rotary Club).
── 形 ロータリークラブ(会員)の.
‡**ro·ta·ry** /róut(ə)ri/ 形 回転する, 輪転する; 回転式の. a ～ fan 扇風機. a ～ press 輪転機.
── 名 (複 **-ries**) C **1** 〖米〗ロータリー, 円形交差点, (〖英〗roundabout). **2** 輪転機. **3** ロータリーエンジン (**ròtary éngine**). [<ラテン語 *rota*「車輪」]
Rótary Clùb 名 〈the ～〉ロータリークラブ《1905 年シカゴで創設; 社会奉仕・世界平和が目的の団体》.
ròtarytíller 名 C 〖米〗回転耕耘(うん)機.
***ro·tate** /róuteit|-ˊ/ 動 (～s /-ts/|過 過分 **-tat·ed** /-əd/|**-tat·ing**) 自 **1 回転する**; 〖天〗自転する. The earth ～*s* on its axis. 地球は地軸を中心に回転する《自転する》. **2** 交替する, 輪番で行う, 循環する. ～ in keeping watch 交替で見張りする. The seasons ～. 季節は巡る.
── 他 **1** を回転させる; を循環させる. ～ crops 〖農業〗輪作する. **2** を交替[輪番]で勤務させる.
[<ラテン語「車輪 (*rota*) のように回る」]
***ro·ta·tion** /routéiʃ(ə)n/ 名 (複 **～s** /-z/) **1** UC **回転**; 〖天〗自転 (↔revolution). the ～ of an engine エンジンの回転. **2** U 循環; (月日の)巡ること; 輪番(制), (規則的)交替. the ～ of months and years 年月が巡ること. the ～ of crops=crop ～ 〖農業〗輪作.
by [*in*] *rotátion* 交替(制)で, 順ぐりに. take office *by* [*in*] ～ 順番に役につく.
▷ **～·al** 形
ro·ta·tor /róuteitər|-ˊ-/ 名 C 回転する[させる]もの[人], 回転装置 (→rotor).
ro·ta·to·ry /róutətɔ̀ːri|-t(ə)ri/ 形 **1** 回転する; 回転させる. ～ motion 回転運動. **2** 交替する; 循環する.
ROTC /rɑ́tsi|rɔ́t-/ 名 〈the ～〉〖米〗Reserve Officers Training Corps.
rote /rout/ 名 U 機械的な手順; (退屈な)繰り返し; 〈主に次の成句で〉. ***by róte*** (意味も分からず)機械的に; 暗記で. learn ..*by* ～ ..を丸暗記する. The boy was merely repeating phrases *by* ～. 少年は語句をただ機械的に繰り返していた. [<中期英語(<?)]
róte lèarning 名 U 丸暗記.
rót·gùt /rɑ́tgʌ̀t|rɔ́t-/ 名 U 〖話〗(胃に悪い)安酒.
Roths·child /rɔ́ːθstʃàild|rɔ́θs-/ 名 ロスチャイルド《ユダヤ系金融資本家一族の家名; 19 世紀にはヨーロッパ各地に銀行を開き国際的地位を築いた; 英国の分家のみが merchant banker として今なお有力》.
ro·tis·ser·ie /routísəriː/ 名 C **1** 回転式肉焼き用オーブン. **2** 焼き肉レストラン. [フランス語]
ro·to·gra·vure /ròutəgrəvjúər/ 名 U 〖印〗輪転グラビア(版) 《円筒状のグラビア(写真凹版)を高速で回転

させて印刷する; <ドイツの印刷会社名》.

ro·tor /róutər/ 名 Ⓒ (発電機などの)回転部; (ヘリコプターの)回転翼. [<*rotator*]

***rot·ten** /rátn|rɔ́tn/ 形 ⓜ **1** 腐った; 悪くなった. a ～ apple 腐ったリンゴ; まわりに悪影響を及ぼす人物. The ～ floorboards gave way beneath him. 腐った床板が彼の足下[重み]で崩れた. a ～ stink 腐敗臭.
2 (道徳的に)腐敗した, 堕落した; 不健全な;〖話〗お粗末な, だめな, ひどい. be ～ to the core 骨の髄まで堕落している. a ～ excuse お粗末な言訳. What a ～ thing to do! なんてひどいことをするんだ. It was ～ of you to say that to her. あんなことを彼女に言うなんてひどい.
3〖話〗ひどく悪い, 不快な, (nasty). a ～ headache ひどい頭痛. ～ weather ひどい天気. I'm feeling ～ today. 今日はひどく気分が悪い. feel ～ about ..のことでうしろめたい思いをする.
―― 副〖話〗〈強意語〉ひどく. spoil a person ～ 人をひどく甘やかす. I miss my grandpa ～. おじいちゃんがいなくてすごく寂しい. I've fancied him ～ ever since.〖英戯〗それ以来私は彼にぞっこんよ.
▷ **～·ly** 副〖話〗ひどく〔扱うなど〕. **～·ness** 名

ròtten bórough 名〖英史〗腐敗選挙区《有権者が激減して有力者に私物化されていた選挙区; 1832 年に廃止された》.

ròtten égg 名 Ⓤ いやな奴《<腐った卵》.

rot·ter /rátər|rɔ́tə/ 名 Ⓒ〖主に英旧俗〗やくざ(者), ろくでなし, 嫌われ者.

Rot·ter·dam /rátərdæm|rɔ́t-/ 名 ロッテルダム《オランダ南西部の港市》.

Rott·wei·ler /rátwàilər|rɔ́t-/ 名〈しばしば r-〉Ⓒ ロットワイラー犬《大形で強いドイツ種の番犬; 短く黒い毛に(黄)褐色の斑(はん)点がある》. ～ politics〖戯〗かみつき合う政治.

ro·tund /routʌ́nd/ 形〖章·戯〗**1**〔人, 顔などが〕(太って)丸い (plump). a ～ face 丸ぽちゃの顔. **2**〔声が〕朗々とした. [<ラテン語 *rotundus*「丸い」] ▷ **～·ly** 副

ro·tun·da /routʌ́ndə/ 名 Ⓒ (丸屋根のある)円形建築物; (天井の高い)円形広間.

[rotunda]

ro·tun·di·ty /routʌ́ndəti/ 名 (複 **-ties**) **1** Ⓤ 球状, 円形; Ⓒ 丸い物. **2** Ⓤ 丸々と太っていること, 肥満. **3** Ⓤ 朗々とした響き; 美辞麗句.

Rou·ault /ru:óu/ 名 **Georges** ～ ルオー (1871–1958)《フランスの画家; 宗教的題材が多い》.

rou·ble /rú:b(ə)l/ 名 = ruble.

rou·é /ru:éi|⌐-/ 名 Ⓒ〖旧〗(中年の)放蕩(とう)者.

Rou·en /ruá:n/ 名 ルーアン《フランス北部 Seine 川に臨む港市》.

†rouge /ru:ʒ/ 名 Ⓤ **1** (化粧用)紅, 口紅, ほお紅, ルージュ. **2**〖化〗べんがら, 鉄丹,《研摩用》. ―― 動 他〔顔, 唇〕に紅をつける. [フランス語 'red']

‡rough /rʌf/ 形 ⓔ (**róugh·er**|**róugh·est**)
【粗い】 **1** ざらざらした, (きめの)粗い; でこぼこの; (↔smooth). ～ skin 荒れた肌. the ～ ground でこぼこの地面. a ～ road でこぼこの道; 多難な前途. The paper is ～ to the touch. この紙はざらざらした手触りだ.
2〔頭髪, 毛などが〕もじゃもじゃの; 毛深い. The dog's coat is ～. その犬は毛むくじゃらである. **3**〔音などが〕耳障りな, 不愉快な;〔味などが〕渋い, 酸っぱい. a ～ voice 耳障りな声. ～ wine (未成熟で)渋いワイン.
【荒々しい】 **4**〔海, 空, 風などが〕**荒れ狂う**, 荒天の;〔場所が〕物騒な, 危険な. The sea [weather] was ～. 海は荒れていた[天気は荒れ模様だった].
5 (**a**)〔人, 態度などが〕**粗野な**, 無作法な, がさつな, 乱暴な;〔仕事などが〕荒っぽい, 激しい. He has ～ manners. 彼は無作法な男だ. look ～ ひどい格好である. a ～ disposition 粗暴な性質. have a ～ tongue 言葉遣いが乱暴だ. ～ work 荒い力仕事; 暴力. (**b**) 治安の悪い. a ～ area 治安の悪い地域.
6〖話〗思いやりのない, 不親切な;〔生活, 運命などが〕つらい, 耐えがたい; 厳しくする;〈*on* ..に対して〉. ～ treatment ひどい[手厚い]扱い. The manager was unnecessarily ～ *on* him. 支配人は必要以上に彼につらく当たった. a ～ night 眠れない夜. have a ～ time (of it) ひどい目に遭う.
7【体調が荒れている】〖話〗〈叙述〉気分が悪い. I feel pretty ～. とても加減が悪い.
【仕上げられていない】 **8** 粗末な; 自然のままの, 未加工の; 磨いていない. ～ implements used by cavemen 穴居人たちの用いた粗末な道具. ～ rice もみ, 玄米. ～ landscape 殺伐な景色.
9 概略の, 概算の; 大まかな. a ～ sketch 略図. a ～ outline of a story 話の粗筋. at a ～ guess 大ざっぱに言って. a ～ estimate 概算. on a ～ calculation ざっと計算したところ. a ～ translation ざっと訳した翻訳 (★必ずしも悪い意味ではなく,「ざっと訳したが要点は外していない」くらいの意味). give a person a ～ idea 大まかなことを教える[話す].
gìve /../ a ròugh ríde [tíme]〖話〗をひどい[いやな]目に遭わせる, 苦しめる, こっぴどくやっつける.
gìve a pèrson the ròugh side of one's tóngue → tongue.
ròugh and réady =rough-and-ready.
―― 副 **1** 荒っぽく, 乱暴に. treat a person ～ 人を手荒く扱う. speak ～ 乱暴な口をきく. play ～ ラフプレーをする. **2** およそ, ざっと, (roughly). **3**〖英〗戸外で, 野宿して. live ～ 宿無し生活をする.
cut ùp róugh →cut.
slèep róugh〔都市の浮浪者が〕戸外で寝る.
―― 名 **1** Ⓤ ざらざら[でこぼこ]の状態; でこぼこの地面, 荒地; Ⓒ 粗い[ざらざらの]物; Ⓤ〖ゴルフ〗〈the ～〉ラフ《fairway の両側の刈り込んでない草地》.
2 Ⓤ 自然のまま, 未加工; Ⓒ 自然のままの物, 未加工品
3〈the ～〉つらい事, 艱(かん)難辛苦.
4 Ⓒ〖話〗乱暴者. **5** Ⓒ 下絵, 素描; 草稿.
a bìt of róugh〖英戯〗タフなセックス・パートナー《自分より下の階層の男》.
in róugh ざっと〔描く, 書くなど〕.
in the róugh (1) 加工していない; 未完成の[で]. a talent still *in the* ～ いまだ十分開花していない才能. (2) 大体において, 概略. *In the* ～, his plan is not bad. 大体において彼の計画は悪くはない.
tàke the ròugh with the smóoth 人生の苦も楽もともに甘受する, 良いことだけでなくいやなこと[苦痛]をも甘受する.
―― 動 他 **1** を粗くする, ざらざらにする; をでこぼこにする. Housework had ～*ed* her once delicate hands. 家事で彼女のかつてはきれいだった手も荒れてしまった.
2 を乱雑にする;〔毛, 髪など〕をもじゃもじゃ[ぼさぼさ]にする. Her hair was ～*ed* (up) by the wind. 風で彼女の髪が乱れた.
ròugh /../ ín を大ざっぱに描き入れる; のあらましを書く[描く]; の荒仕上げをする. ～ *in* the main points of the plan 計画の概要をざっとまとめる.
róugh it〖話〗(キャンプなどで)不便な生活をする.
ròugh /../ óut のあらましをスケッチする[書く, 示す]. ～ *out* an article 原稿をざっと書いてみる.
ròugh /../ úp (1) ..を乱す, 荒らす, (→動 2);〔表面など〕をざらざら[でこぼこ]にする. (2)〖話〗〔人〕を(こっぴどく)

やっつける, 痛い目に遭わす. A gang of boys ~*ed up* the doorman and forced their way in. 少年の一団がドアボーイに乱暴して中に押し入った. [<古期英語]

rough·age /rʌ́fidʒ/ 名 U **1** (野菜などの)繊維質. **2** 粗い飼料[食物]《消化の刺激になる糠(ぬか), わら, 果物の皮など》.

ròugh-and-réady /-(ə)n- ⑱/ 形 **1** 急場しのぎの, 大ざっぱな. a ~ meal 間に合わせの食事. **2** 武骨な, ぞんざい[武骨]だが頼もしい, 行動的な.

ròugh-and-túmble /-(ə)n- ⑱/ 形 むちゃくちゃな, 奔放な; 乱暴な. a ~ fight 乱闘. ── 名 UC (特に男の子の)取っ組み合い, 乱闘; 悪戦苦闘, 抗争.

róugh·càst 名 **1** U 荒塗り仕上げ《漆喰(しっくい)と小石を混ぜて塗った外壁の仕上げ》. **2** C 大体のひな型, 粗筋. ── 動 (→cast) 他 **1** を荒塗り仕上げにする. **2** の大筋を立てる, をあらごしらえする. 「rough.

ròugh díamond 名 《英話》＝DIAMOND in the↑

róugh·drỳ 動 (**-dries**|過 過分 **-dried**|~**·ing**) 他 を洗って乾かすだけにする《アイロンをかけない》.
── 形 洗って乾かしただけの.

ròugh édges 名 〈複数扱い〉 荒削りの所. knock the ~ off a person 人の荒削り[粗野]な所を取る.

rough·en /rʌ́f(ə)n/ 動 他 を粗くする; をざらざらにする; をでこぼこにする. ── 自 粗くなる; ざらざらになる; でこぼこになる. 「をあらごしらえする.

róugh·hèw 動 (→hew) 他 〔材木など〕を荒削りする;↑

róugh·hèwn 動 roughhew の過去分詞. ── /⑱/ 形 荒削りの; 無教養な.

róugh·hòuse 《旧話》名 aU (屋内での)大騒ぎ, ばか騒ぎ; 乱暴; 大げんか. ── 動 自 ばか騒ぎする, (激しく)駆けずり回る, 大げんかする. ── 他 を手荒く扱う.

ròugh jústice 名 《主に英》 **1** 厳しい罰, 不当な扱い. **2** まずまず公平な扱い.

ròugh lúck 名 U 不運.

***rough·ly** /rʌ́fli/ 副 m **1** 手荒く, 乱暴に; 無作法に. speak ~ 乱暴な口をきく. Don't treat the machine ~. 機械を乱暴に扱わないで下さい. **2** 荒削りに; 粗末に, ぞんざいに. **3** おおよそ, ざっと, 概略的に. ~ speaking おおよそのところ, 大ざっぱに言うと. That is ~ what he said. 彼が言ったのは大体そんなところだ. It's ~ ten miles. 大体 10 マイルだ. 「油田労働者.

róugh·nèck 名 C **1** 《米話》ならず者; 無作法者. **2**↑

róugh·ness 名 **1** U 粗いこと; ざらざら, でこぼこ; C ざらざら[でこぼこ]した箇所. **2** U 粗野, 乱暴; (天候などの)荒れ(模様); 未加工. **3** U 耳障り; 不調和; (酒などの)↓

ròugh páper 名 U 下書[下絵]用紙. 渋味.

róugh·rìder, rough rider 名 C **1** 荒馬を乗りこなす人; 調教師. **2** 〈R- R-〉 ラフライダー《1898 年米西戦争中に T.Roosevelt が組織した義勇騎兵隊員》.

róugh·shòd 形 〔馬が〕滑り止めの蹄(てい)鉄を付けた.
rìde róughshod over .. 〔人, 人の気持ち, 意見など〕を踏みにじる, まるで相手にしない.

ròugh slédding 名 U 《話》むずかしいこと[状況]. have ~ in ..に手こずる.

ròugh sléeper 名 C 《英》ホームレス.

róugh stùff 名 U 《英話》乱暴; 暴行.

ròugh tráde 名 U (低い階層出身の)タフな[サディスティックな]男娼.

rou·lette /ru:lét/ 名 **1** U ルーレット《回転盤を用いるゲーム[賭博(とばく)]の一種》. **2** C (ミシン目をつける)点線器. [フランス語「小さな車輪」]

Rou·ma·ni·a /ru:méiniə/ 名 ＝Romania.

Rou·ma·ni·an /-ən/ 形, 名 ＝Romanian.

‡**round**[1] /raund/ 形 e (**róund·er**|**róund·est**)
【丸い】 **1** 丸い (↔square), (半)円形の; 球状の; 円筒形の. a ~ table 丸いテーブル (→round table (見出し語)). (as) ~ as a ball ボールのように丸い. a ~ arch 半円アーチ. Her eyes became ~ in surprise. 驚いて彼女は目を丸くした.
2 【丸味を持った】 丸っこい; 丸々した, ふっくらした. ~ hands ふっくらした手. a ~ cherubic face 丸々太った天使のように愛らしい顔. ~ shoulders 猫背.
3 〖音声〗 円唇の (→round vowel).
4 【まろやかな】 朗々とした, 響き渡る; 流暢(ちょう)な. have a rich, ~ tone 豊かな朗々とした音を出す. a ~ style 流れるような文体.
【丸くした>端数のない】 **5** 〈限定〉 概数の; 〔数量が〕完全な, きっかりの. It'll cost you $497.75, or in ~ figures [numbers] $500. それは 497 ドル 75 セント, つまりざっと 500 ドルかかります. weigh a ~ ton 重さがきっかり 1 トンある.
6 大ざっぱな, 概略の. a ~ guess およその見当.
【まるまるの】 **7** 〔金額が〕かなりの, 多額の. a good ~ sum of money かなり多額の金.
8 【手控えない】 率直な, 遠慮のない; 厳しい, きつい. scold a person in ~ terms 人を厳しい言葉で叱(しか)る. give him a ~ thrashing 彼を散々打ちのめす. **9** 活発な, きびきびした. walk at a ~ pace きびきびと歩く.
【回る】 **10** 〈限定〉 1 周の, ひと回りの. a ~ tour 周遊旅行.
── 名 (複 ~**s** /-dz/) C 【丸形のもの】 **1** 円, 輪; 球形[円筒形] (のもの). draw a ~ 円を描く. dance in a ~ 輪になって踊る.
2 円陣, 車座(の人々); (牛の)もも肉 (**ròund of béef**); (パンなどの)円形のひと切れ, それで作ったサンドウィッチ (**ròund of sándwiches**); (はしご, いすなどの丸形の)横木, さん.
【回ること】 **3** 回転; 循環; (行動, 仕事などの)繰り返し, 連続. the earth's yearly ~ 地球の公転. the ~ of the seasons 四季の循環. sleep the whole ~ of the clock まる 12 時間ぶっ通しで眠る. She did her daily ~ of chores uncomplainingly. 彼女は毎日の家事を不平も言わず片付けた. **4** (**a**) **1 周**, 1 巡; 〈しばしば ~s〉 (巡査, 医者などの)**巡回**, **巡回[受け持ち]区域**; 巡路. pay a ~ of visits 歴訪する. take a ~ ひと回りする, 散歩する. The policeman was on his usual nightly ~. 巡査はいつものように夜間の巡回中だった.
(**b**) 【周囲】 範囲, 全域, 〈*of* ..の〉. the ~ *of* human capabilities 人間の能力の及ぶ範囲.
5 輪舞, 円舞, (**róund dànce**); 〖楽〗 輪唱.
【1 連続】 **6** **ひと勝負**, ひと試合; (ボクシングの) 1 ラウンド《3 分間》, (ゴルフの) 1 ラウンド《18 ホール》; (トーナメントの) 1 回戦(の全試合). play a ~ ひと勝負する. a fight of fifteen ~*s* (ボクシングの) 15 回戦. be defeated in the first ~ (トーナメントの) 1 回戦で敗退する.
7 (**a**) (歓声などの)ひとしきり; (弾薬) 1 発(分), 一斉射撃; 〖弓〗 (特定距離から射る)一定本数の矢. There was a ~ of laughter at his joke. 彼の冗談でどっと笑い声が上がった. a second ~ of wage-hike talks 賃上げ交渉の第 2 回目. (**b**) 一連(の交渉, 協議, 会議など), ラウンド, 多角的貿易交渉. the Uruguay ~ ウルグアイラウンド. (**c**) ひとわたりするだけの飲食物. buy a ~ of drinks 酒を皆にひとわたりおごる. I'll stand you a ~. 君らの分は僕が持とう. It's your ~. 今度は君が(皆の分を)おごる番だ.
dò the [*one's*] ***róunds*** 巡回する 〈*of* ..を〉.
gò the róund(*s*) (1) ＝do the [one's] ROUNDS. (2) 〔うわさ, 病気などが次から次へと〕広まる 〈*of* ..に〉. The rumor *went the* ~*s of* the town. そのうわさが町に広まった.
in the róund (1) 〖彫刻〗 丸彫りで(の) (→relief 9). (2) 〔舞台が〕円形の, 四方八方から見られて. a theater *in the* ~ 円形劇場. (3) (四方から見られて>)あらゆる角度から(見て), 全体的に. 「ROUNDS.
màke the [*one's*] ***róunds*** ＝do the [one's]↑

out of róund 完全に丸くはなく, 真ん丸でない.

── 副 Ⓒ (★〖米〗では概して round より around を多く用いる) 【回って】 **1** ぐるりと, 回転して. look all ~ ぐるりと辺りを見回す. Turn ~ and face the wall. ぐるりと向きを変えて壁の方を向きなさい. The same thoughts just kept going ~ and ~ inside his head. 同じ考えが彼の頭の中をぐるぐる巡っているだけであった. **2** 回り道して, 迂(う)回して. go the long way ~ 遠い回り道をする.

3 (ある場所から他の場所へ)回って; 向きを変えて; こちらへ[あちらへ](出向いて). He ordered the car brought ~. 彼は車をこっちへ回すように言いつけた. Why not come ~ and see me this weekend? 今度の週末には遊びにいらっしゃい. She invited me ~ to her house for a meal. 彼女は私を自宅の食事に招いてくれた. go ~ to see Tom トム(の家)を訪ねる. wear a cap the other [wrong] way ~ 帽子を(前後)あべこべにかぶる.

【1 巡して】 **4** (**a**) 〔季節などが〕巡って; ひと回りして; 循環して. The Olympiad comes ~ every four years. オリンピックは4年に1度回って来る. (**b**) 〈this time などと共に, 特に意味なく〉 this [(the) first] time ~ 今日[最初]は.

5 (一同に)行き渡って, 順々に回って; あちこちに[を], 四方(八方)に, 至る所に. Glasses went ~. グラスが皆に行き渡った. Drinks were handed [passed] ~. 飲み物が次から次へと回された. The news spread ~ immediately. ニュースはすぐ四方に伝わった. for a mile ~ 半径1マイルの全域にわたって.

【回りに, 回りが】 **6** 周囲に[を]取り囲んで, 周りに[を]; その辺りに[で], 近くに. A wood stretched ~. 森が周囲に広がっていた. A crowd gathered ~. 群衆が周りに集まった. Let's sit ~ and watch TV. 周りに腰を下ろしてテレビを見よう. There was no one ~. そのあたりに人っ子1人いなかった.

7 周囲が..で. The pillars looked at least six feet ~. 柱は周囲が少なくとも6フィートはあるように見えた.

àll róund 周囲が全部; すべての点で. taking it *all* ~ (物事などを)あらゆる面から考えると.

àll (the) yèar róund →year.

ròund abóut (..) (1) 輪になって; 周りの[に]; 近くの[に]; 四方(八方)に. All the villages ~ *about* were ravaged. 周囲の村はすべて荒らされた. (2) ほぼ.., およそ..; ..のころ, ごろ. The population of the town is ~ *about* ten thousand. その町の人口はおよそ1万である. ~ *about* 1950 [seven] 1950年[7時]ごろに. (3) 遠回りして, 迂(う)回して, (→roundabout). (4) くるりと(向きを変えて), 反対の側に.

win /../ róund →win.

── 前 (★〖米〗では概して round より around を多く用いる) 【回って】 **1** ..を1周して; ..の周り[周囲]を. We walked slowly ~ the lake. 我々はゆっくり歩いて湖を1周した. travel (all) ~ the globe 世界一周の旅をする. The earth moves ~ the sun. 地球は太陽の周りを回る. The child ran ~ and ~ the table. 子供は食卓の周りをぐるぐると走り回った.

2 ..を回って; ..を曲がった所に[で]; ..を迂(う)回して. The car disappeared ~ the corner in a moment. 車はあっという間に角を曲がって見えなくなった. There's a restaurant ~ the corner. 角を曲がるとレストランがあります.

3 【1 巡して】 ..のあちこちに, ..の四方八方に; ..を次々と. I'll show you ~ the city. 市内をあちらこちらご案内しましょう. He went walking ~ the shops in the downtown area. 彼は繁華街の店を次々と見て歩いた.

【周りに】 **4** ..の周りに, ..の周囲に, ..を取り巻いて; ..の内側[中]をぐるりと. The children were sitting ~ their grandmother. 子供たちは祖母の周りに座っていた. a tree measuring two meters ~ the trunk 幹の周囲が2メートルの木. look ~ the room 部屋の中をぐるりと見回す.

5 ..中[の間]ずっと. a lake visited all ~ the year 1年中観光客などの絶えない湖.

【付近に】 **6** ..の近くに, ..の辺りに. Do you live ~ here? あなたはこの近くにお住まいですか.

7 およそ.., ほぼ.., ..ごろ, (→副 成句 ROUND about (2)). The book will cost somewhere ~ £20. その本の値段は20ポンドぐらいでしょう. I'll expect you ~ noon. 昼ごろおいでください.

round the clóck →clock[1].

── 動 (~s /-dz/|過 過分 **róund·ed** /-əd/|**róund·ing**) 他 【回る】 **1** (**a**) を回る, 曲がる; を1周する. ~ a corner 角を曲がる. (**b**) 〖古・まれ〗を囲む, 取り巻く.

【丸くする】 **2** を丸める, 円形[球状, 円筒状]にする; を丸く膨らます; の角(かど)を取る; 〔犬の耳〕の端を切り落とす (crop). with one's shoulders ~*ed* 肩を丸めて. When attacked, the porcupine ~*s* itself into a ball. 攻撃されるとヤマアラシは体を丸めてまりのようになる. a ~*ed* and smooth stone 角が取れてすべすべになった石. **3** 〖音声〗を円唇で発音する《/uː/, /ɔː/ を発音する時のように》.

4 【端数をなくす】 VOA (端数を切り上げて[下げて])を概数にする 〈*up*, *down*〉 〈*to* ..に〉. It's really £11.50, but we'll ~ it *down to* £11 for you. ほんとは11ポンド50ペンスですが勉強してちょうど11ポンドにいたします.

── 自 **1** 回る; 振り向く; 向きを変える. ~ on one's heels かかとを軸にくるりと向きを変える.

2 曲がる, 湾曲する. **3** 丸くなる; 丸味がつく. His eyes ~*ed* with surprise when he saw them kissing. 彼は彼らのキスシーンを見て驚いて目を丸くした. Her form is ~*ing* (out). 彼女の体に丸味がついてきた.

4 VA (~ *into* ..) ..に仕上がる, 発達[円熟]して..になる. He was an uncouth youth, but now he has ~*ed into* a respectable gentleman. 彼は無骨な若者だったが今や立派な紳士となった.

ròund /../ óff (1) 〔角など〕を丸くする, ..に丸味をつける. He used a file to ~ *off* the edges. 彼はやすりを使って端を丸くした. (2) ..を仕上げる, 完成する; ..を締めくくる 〈*with* ..で〉. ~ *off* a meal *with* coffee コーヒーで食事を終える. (3) ..を端数のない数にする. 1.256 can be ~*ed off* to 1.26. 1.256を四捨五入すれば1.26になる.

***róund on [upon]*..** (1) ..に急に襲いかかる; ..に不意に食ってかかる. (2) ..を密告する, 裏切る.

ròund óut 〔特に女性が〕ふくよかになる (→自 3).

ròund /../ óut (1) = ROUND /../ off. (2) ..を丸く太らせる; 〔計画など〕の肉付けをする, 内容を詳しく説明する.

ròund tó 〖海〗船首を風上に向けて停止する.

ròund /../ úp (1) 〔人, 家畜など〕を駆り集める, 寄せ集める; 〔金など〕をかき集める. The candidate ~*ed up* a lot of votes. その候補者は多くの票を集めた. (2) 〔犯人グループなど〕を検挙する. (3) →他 4.

[<ラテン語 *rotundus*「丸い」(<*rota* 'wheel')]

round[2] 動 他, 自 (を[に])ささやく.

***round·a·bout** /ráundəbàut/ 形 m 〈限定〉 **1** 遠回りの, 回り道の. go by a ~ route 遠回りをして行く. **2** 〔話が〕遠回しの, 回りくどい. a very ~ way of saying things 実にまだるっこい物の言い方.

── 名 Ⓒ **1** 回り道. **2** 回りくどい言い方[やり方]. **3** 〖主に英〗回転木馬 (merry-go-round, 〖米〗 carrousel). **4** 〖英〗ロータリー, 円形交差点, (〖米〗 rotary, traffic circle).

ròund brácket 名 Ⓒ 〈普通 ~s〉〖英〗丸がっこ (parenthesis). →bracket 注意

R

róund·ed /-əd/ 形 丸い; ふっくらした, 曲線美の.
roun·del /ráundl/ 名 C 1 小円盤, 〈特に〉丸い飾り皿, パネル, 窓など 2 (空軍機の国籍を表す)円形標識.
roun·de·lay /ráundəlèi/ 名 (複 **~s**) C 1 短い折り返しのある楽曲[詩]. 2 輪舞, 円舞.
róund·er 名 1 C 丸くする人[道具]. 2 〈~s; 単数扱い〉〖英〗ラウンダーズ《子供が行う野球に似た球技; 野球の前身と言われる》. 3 C 〖米話〗(酒場回りをする)酔っ払い, 放蕩(とう)者.
ròund-éyed /㊥/ 形 (驚きなどで)目を丸くした.
ròund fígure [númber] 名 C 切りのよい数(字)《ゼロで終わるようななど; →round¹ 形 5》.
Róund·hèad 名 C 〖英史〗議会党員《17 世紀の英国内乱の時の反国王派; 頭髪を短く刈っていたところから; →Cavalier》.
róund·hòuse 名 (複 →house) C 1 円形機関車庫《修理などのため中央の転車台から各車庫に導き入れる》. 2 〖船〗後甲板の後部にある船室.
round·ish /ráundiʃ/ 形 丸味のある, やや丸い.
róund·ly 副 1 丸く, 円形に. 2 〖章〗率直に, 露骨に; 厳しく, 激しく. be ~ defeated [scolded] 完敗する[ひどくしかられる]. 3 〖章〗十分に, 徹底的に. 4 概算で, おおよそ. 「3 率直, 露骨.
róund·ness 名 U 1 丸さ, 円形. 2 完全, 円満.↑
ròund númber 名 =round figure.
ròund róbin 名 1 (順序を隠すため円形に署名を並べた)嘆願[抗議文]書. 2 リレー通信《次々に書き加えながら仲間で回覧する手紙》. 3 〖米〗(競技などの)総当たり戦.
ròund-shóuldered /㊥/ 形 猫背の.
rounds·man /ráundzmən/ 名 (複 **-men** /-mən/) C 1 〖米〗巡視警官. 2 〖英〗(牛乳, パンなどの)配達人, 御用聞き; 外商部員.
ròund·táble /㊥/ 形 〈限定〉円卓の〔会議など〕.
ròund táble 名 1 C 円卓; 円卓で会議する人々; 《上下の席の区別がないのが特徴》. 2 〈the R- T-〉アーサー (Arthur) 王の円卓; 〈集合的〉(円卓に座った)アーサー王とその騎士たち.
ròund-the-clóck /㊥/ 形 =around-the-clock.
ròund-tríp /㊥/ 形 〈限定〉1 〖米〗往復(旅行)の (↔ one-way). a ~ ticket 往復切符. 2 〖英〗周遊(旅行)の.
ròund tríp 名 C 1 〖米〗往復旅行 (〖英〗return trip). 2 〖英〗周遊旅行 (circular trip).
róund·ùp 名 C 1 (家畜の)駆り集め. 2 〈集合的〉駆り集めを行う人[馬]; 集められた家畜. 3 (人, 物などの)駆り集め; (犯人などの)一斉検挙. 4 (ニュースなどの)(総)まとめ, 総括. ***hèad for the làst róundup*** 死ぬ.
ròund vówel 名 C 〖音声〗円唇母音《唇を丸めて出す母音; /u/, /ɔ/ など》.
róund·wòrm 名 C 回虫.
*__rouse__ /rauz/ 動 (**róus·es** /-əz/|過 過分 **~d** /-d/|**róus·ing**) 他 1 〖章〗の**目を覚まさせる**, を起こす, 〈*from, out of* ..から〉. The sound ~*d* him *from* his sleep. その物音で彼は眠りから覚めた. ~ oneself 目が覚める.
2 〔感情〕を激発させる; を励ます, 奮起させる; を鼓舞する; 〈*from, out of* ..から〉; VOA (~ X ***to, into ..***)・VOC (~ X ***to do***) X の気持ちを奮いたたせて..させる. His curiosity was ~*d*. 彼は好奇心をかき立てられた. when ~*d* かっとすると. The students were ~*d to* harder study by the teacher's praise. 先生に褒められて生徒たちは一層熱心に勉強に励んだ. be ~*d to* anger かっとなる. ~ oneself *to* look interested がんばって興味を持っている顔をする.
── 自 1 〖章〗目が覚める 〈*up*〉. 2 奮起する; 活動を始める; 〔感情が〕盛り上がる; 〈*up*〉.
[? <アングロノルマン語]
rous·ing /ráuziŋ/ 形 1 目覚めさせる, 奮起させる, 鼓舞する(ような). 2 活発な, 熱狂的な; 燃え盛る〔火〕. give three ~ cheers 熱狂的に 3 度喝采(かっさい)する. 3 〖話〗ひどい, とんでもない.
Rous·seau /ruːsóu|⌐-/ 名 **Jean Jacques ~** ルソー (1712–78)《フランスの思想家・文学者》.
roust /raust/ 動 他 を起こす, 引っ張り出す, 〈*out* ..〔寝床など〕から〉.
roust·a·bout /ráustəbàut/ 名 C 〖米〗港湾労働者; (油田などで働く未熟練の)労働者; (テントの設営や動物の世話をする)サーカスの下働き.
†**rout**¹ /raut/ 名 1 UC 総崩れ, 敗走, 潰(かい)走; 大敗. We put the eneny to ~. わが軍は敵を総崩れにした. 2 C 〖旧〗〈集合的〉暴徒(の群れ), やじうま. ── 動 他 〖章〗を総崩れにさせる, 敗走させる. [<ラテン語 *rupta*「こわれた」]
rout² 動 他 をたたき起こす 〈*up*〉; VOA を追い[引きずり]出す 〈*out* (*of* ..から)〉. Why did you ~ me *out* (*of* bed) so early? なぜ君はそんなに早く私を(床から)引きずり出したのか.
‡**route** /ruːt, raut|ruːt/ 名 (複 **~s** /-ts/) C 1 (**a**) **道**(**筋**), 路線, ルート; 航路, 空路; 〈*to* ..への/*from* ..からの〉; 〖米〗(interstate highway を呼ぶ際の)..号線 (参考 米国では全国的に張り巡らされている interstate highway (州際幹線道路, 国道) のうち, 南北に走る道路に奇数の, 東西のには偶数の番号を付ける; 例えば Route 1 は北は Maine から南は Florida に至る国道). an air [a shipping] ~ 航空路[航路]. a trade ~ 交易路. the ~ of the parade パレードの道筋. on a bus ~ バス路線(の近く)に. follow [take] the same ~ 同じ道[ルート]を行く. discover a new ~ *to* India インドへの新ルートを発見する. →en route. (**b**) 道 〈*to, into* への〉; 方法. the ~ *to* success 成功への道. by [through] an indirect ~ 遠回りの方法で. go down the privatization [Hollywood] ~ 民営化の道[ハリウッド方式]をとる.
2 〖米〗(郵便などの)配達ルート (round). run a milk ~ 牛乳を配達する. have a (news) paper ~ 新聞を配達している.
── 動 他 1 の道筋を決める. 2 VOA を送る; を回送する; 〈*by way of, through, via* ..経由で〉. ~ armaments *through* a third power 第 3 国経由で武器を送る.
[<ラテン語 *rupta* (*via*)「切り拓かれた(道)」(<*rumpere* 'break')] 「軍.
róute màrch 名 C 〖軍〗(訓練のための)長距離行↑
rout·er /rúːtər/ 名 〖電算〗 C ルーター《ネットワーク間のデータ転送のための装置》.
‡**rou·tine** /ruːtíːn/ 名 (複 **~s** /-z/) 1 UC **決まりきった仕事**, 日常の仕事; 型にはまっている手続き[手順], 慣例. daily ~ 毎日繰り返す仕事, 日課. the household ~ 家庭での決まりきった仕事. school ~*s* 学校の日課. a break in the ~ いつもの決まりきった生活からの解放. Just as a matter of ~ I had myself examined by my doctor. 私は定例通り医師に健康診断してもらった.
2 C (ダンスなどの)一定の ステップ[所作].
3 C 〖電算〗ルーチン《コンピュータに特定の機能を実行させる一連の命令操作》.
── 形 /㊥/ © **決まりきった**; 定期的な; 相変わらずの; 変わったことのない; 単調な. one's ~ work 日常の業務. the ~ visit by a nurse to an old man's home 看護婦による老人家庭への定期的訪問. become ~ マンネリ化する. He led a very ~ life. 彼は非常に単調な生活を送った. [フランス語 (<*route*「道」+-ine¹)]
▷ **~·ly** 副 型どおりに, 日常的に; 相変わらず.
rou·tin·ize /ruːtíːnàiz/ 動 他 〖米〗を同じ手順で行わせる; を日常化する.
roux /ruː/ 名 (複 ~ /ruːz/) UC ルー《スープやカレーにとろみをつけるもの》. [フランス語「茶色の(バター)」]

†rove[1] /rouv/ 動 自 **1** 〘雅〙 VA うろつく, 徘徊(はいかい)する, 流浪する, (roam); 〔心, 考えが〕定まらない. ～ all *over* the world 世界中を放浪する. **2** 〔目が〕きょろきょろする 〈*about, around*〉. His eyes kept *roving*. 彼の目は落ち着きなく動き続けた.
—— 他 をうろつく, 徘徊する. [? <古期北欧語]

rove[2] 動 reeve[2] の過去形・過去分詞.

Rov·er /róuvər/ 名 C 〘商標〙 ローヴァー 《英国最大の自動車メーカーの乗用車》.

rov·er /róuvər/ 名 C 〘雅〙 さまよい歩く人; 放浪者.

róv·ing 形 **1** 〘雅〙 うろつく, 流浪する; 定まらない〔心〕. **2** (職務上)移動する. a ～ reporter (テレビ・新聞などの)現場担当記者[レポーター]. a ～ ambassador 移動大使. **3** きょろきょろする〔目〕.
hàve a ròving éye (1) 〘旧話〙 (異性に)目移りする, 浮気である. (2) たえず目配りする 〈*for* ..〔利益など〕に〉.

ròving commíssion 名 C **1** (調査員などが自由に)移動できる権限. **2** 〘話〙 あっちこっちに行く仕事.

‡row[1] /rou/ 名 (複 ～s /-z/) C **1** (横の)列, 行, 並び; (劇場などの)座席の列; (→column 3 語法). a ～ of houses 家並み. a ～ of poplars ポプラ並木. She grinned, showing a ～ of white teeth. 彼女はにっこり笑って白い歯並みをのぞかせた. sit in the front ～ 最前列に座る. ～ upon ～ of .. 幾重にも並んだ...
2 (表などの)横の欄; (数字の)行 (→column 3 語法).
3 (両側に家並みのある狭い)街路; 《街路名として》..通り. live at 20 Maple *Row* メープル通り 20 番地に住む.
a hàrd [tòugh, lòng] rów to hóe 〘旧〙 厄介な[うんざりする]仕事, 厳しい状況[情勢].
hòe one's own rów 自分一人[独力]でやっていく[生きていく].
in a rów (1) 1 列に(並んで). stand *in a* ～ 1 列に並んで立つ. (2) 引き続いて, 連続的に. for ten days *in a* ～ 連続 10 日間. win five times *in a* ～ 連続 5 回勝つ. [<古期英語]

‡row[2] /rou/ 動 (～s /-z/| 過 過分 ～ed /-d/| rów·ing) 他 **1** 〔船〕を漕(こ)ぐ. ～ a boat ボートを漕ぐ. **2** VOA 〔人, 物など〕を漕いで運ぶ. I'll ～ you *across* the river. ボートで川向こうへ運んであげます. **3** VOA (～ X ***against*** ..) ..を相手に X (ボートレース)をする. ～ a race *against* Harvard ハーヴァードと対抗してボートレースをする.
—— 自 **1** 船[ボート]を漕ぐ; 〔船, ボートが〕漕がれる[漕がれて走る]; VA ボートで行く 〈*toward* ..の方へ/*across* ..を横切って〉. **2** ボートレースを行う[に参加する].
be ròwed óut 漕ぎ疲れる; 漕いでへとへとになる.
ròw /../ dówn (ボートレースで)..に漕いで追いつく.
ròw óver (ボートレースで)圧勝する, らくらく勝つ.
—— 名 (複 ～s /-z/) C 〈普通, 単数形で〉 漕ぐこと, 舟遊び; 漕ぐ距離[時間]. go for a ～ ボート漕ぎに行く.
[<古期英語; rudder と同根]

***row**[3] /rau/ 名 (複 ～s /-z/) 〘話〙 **1** C (家庭内などの)けんか, 口論; しかられること; (類語 口語的な語で, 特に家族内や知人同士の(時にどなり合う) 口論; →quarrel). He's always having ～*s* with his wife. 彼はいつでも奥さんとけんかをしている. They constantly got into ～*s* over trifles. 彼らは絶えずささいな事で言い争った. get (into) a ～ しかられる.
2 C (政治的, 社会的な)論議, 論争, 〈*about, over* ..に関する/*between* ..の間の〉. **3** aU 騒ぎ, 騒動; 騒音. What's the ～! 一体この騒ぎは何だ.
màke [kick ùp] a rów 騒ぎたてる, 大騒ぎする, 文句を言う.
—— 動 〘話〙 自 **1** 騒ぐ. **2** 大げんかする 〈*with* ..と/*about, over* ..のことで〉. He and his wife are always ～*ing* (*about* [*over*] money). 彼と妻はいつも(金のことで)けんかばかりしている. [?<*rouse*]

row·an /ráuən, róu-/ 名 C 〘植〙 ナナカマド(の一種) (mountain ash; **rówan trèe**); その赤い実 (**rówan-bèrry**).

‡row·boat /róubòut/ 名 C 〘米〙 漕ぎ船, ボート, (〘英〙 rowing boat).

‡row·dy /ráudi/ 形 〔人, 態度が〕乱暴な, けんか好きな; 口やかましい; 騒がしい. His neighbors complained about the ～ party in his home. 彼の家でのドンチャン騒ぎに近所の人たちから苦情が出た.
—— 名 (複 -dies) C 〘旧〙 乱暴者; 騒がしい人.
[?<row[3]; もと〘米俗〙「未開拓地の無法者」]
▷ **row·di·ly** 副 **row·di·ness** 名 U

rów·dy·ìsm 名 U 乱暴(な行為); 騒ぎ.

row·el /ráuəl/ 名 C (拍車の先端にある)小歯車.

row·er /róuər/ 名 C 漕(こ)ぐ人, 漕ぎ手.

rów hòuse /róu-/ 名 C 〘米〙 連棟式集合住宅の 1 戸, テラスハウス, (〘英〙 terrace(d) house).

‡row·ing /róuiŋ/ 名 U 舟を漕(こ)ぐこと, 舟漕ぎ.

rówing bòat /róuiŋ-/ 名 C 〘英〙 =rowboat.

rówing clùb /róuiŋ-/ 名 C ボート部[クラブ].

row·lock /rálək, rʌ́-, róulɑk|rɔ́lək, rʌ́-, róu-/ 名 C 〘主に英〙 オール受け, 櫂(かい)受け, (〘米〙 oarlock).

Roy /rɔi/ 名 男子の名.

‡roy·al /rɔ́iəl/ 形 ⓒ 〈限定〉 【国王の】 **1** (女王も含めて)国王の; 国王からの[による]; 王室の; (→regal). the ～ family 王室. a ～ palace 王宮. the ～ blood 王族. a ～ prince [princess] 王子[王女]. ～ we 君主の 'we'. →we 3.
2 国王の保護のある; 王立の; 勅許の. a ～ charter 勅許状. a ～ edict 勅命. He became president by ～ appointment. 彼は勅命によって議長になった.
【王者のような】 **3** 王者らしい, 王侯の; 高貴な, 威厳のある. He lives in a ～ way. 彼は王者のような生活をしている.
4 〘話〙 すてきな, すばらしい, (splendid). have a ～ time とても愉快に過ごす. a ～ feast 大変なごちそう. They gave us a right ～ welcome. 彼らは私たちをすばらしく歓迎してくれた. be in ～ spirits すごく元気である.
—— 名 C 〘話〙 王室の一員; 〈the ～s〉 王室の人々, 王族.
[<古期フランス語 (<ラテン語 *rēgālis*「国王 (*rēx*の)」)]

Ròyal Acádemy (of Árts) 名 〈the ～〉 (英国)王立美術院 《1768 年創立; 略 RA, RAA》.

Ròyal Áir Fòrce 名 〈the ～〉 英国空軍 《略 RAF》.

Ròyal and Áncient 名 〈the ～〉 ロイヤルアンドエンシェント 《正式名 Royal and Ancient Golf Club of St. Andrews; 世界的権威を持つスコットランドにあるゴルフクラブ; 略 R & A》.

ròyal assént 名 U 〈しばしば R- A-〉 (議会を通過した法案に対する)国王の裁可.

Ròyal Bállet 名 〈the ～〉 英国ロイヤルバレエ団.

ròyal blúe /㊥/ 名 UC, 形 藤(ふじ)紫色(の).

(Ròyal) Brìtish Légion 名 〈the ～〉 英国在郷軍人会.

Ròyal Canàdian Mòunted Políce 名 〈the ～〉 カナダ騎馬警察隊 《カナダの連邦警察; 略 RCMP》.

Ròyal Commíssion 名 C 〘英〙 (内閣の求めで王が任命する)調査委員会.

Ròyal Enclósure 名 〈the ～〉 ロイヤル・エンクロージャ 《アスコット競馬場の特設スタンド》.

ròyal flúsh 名 C 〘トランプ〙 ロイヤルフラッシュ 《ポーカーで同じ組の ace, king, queen, jack, ten と続いたそろい; 最高の出来役》.

Ròyal Híghness 名 C 〈Your [His, Her] ～〉 殿下[妃殿下] (→highness).

Ròyal Hóusehold 名 〈the ～〉 皇室, 王室.

Ròyal Ínstitute 名 〈the ～〉 英国科学普及会 《1799 年創立》.

R

róy·al·ìsm 名 U 王党[勤王]主義.

†**róy·al·ist** 名 C **1** 王党派(の人), 勤王家. **2**〘英史〙〈R-〉(17 世紀英国内乱時の)王党派(の人) (Cavalier; →Roundhead);〘米史〙(独立戦争当時の)英国支持者. ── 形 王党の, 勤王の.

ròyal jélly 名 U ロイヤルゼリー《働きバチが女王バチになるはずの幼虫に与える栄養分泌物》.

†**róy·al·ly** 副 **1** (王者のように)堂々と (splendidly). **2**〘話〙すばらしく. They welcomed me quite ～. 彼らは私にすばらしい歓迎ぶりを見せてくれた.

Ròyal Máil 名 〈the ～〉 ロイヤル・メール《英国の郵政省》.

Ròyal Marínes 名 〈the ～〉 英国海兵隊《略 RM》.

ròyal mást 名 C 〘船〙最上檣(しょう).

Ròyal Mínt 名 〈the ～〉 英国造幣局; その建物.

Ròyal Nàtional Théatre 名 〈the ～〉 英国国立劇場《Thames 川南岸に 1976 年開設; 1988 年までは the National Theatre の名称》.

Ròyal Návy 名 〈the ～〉 英国海軍《略 RN》.

Ròyal Ópera Hòuse 名 〈the ～〉 英国オペラ劇場《ロンドンにあるオペラ・バレエ劇場; Covent Garden とも言う》.

ròyal pálm 名 C 〘植〙ダイオウヤシ《フロリダ, 西インド諸島産》.

ròyal párdon 名 C 〘英〙(国王の)恩赦.

ròyal prerógative 名 〈the ～; しばしば R- P-〉 国王の特権, 大権,《英国では例えば議会の召集・解散, 大臣の任命など》.

ròyal púrple 名 U 濃い青紫.

ròyal róad 名 C 王道, 近道, 楽な方法. There is no ～ to learning [knowledge].〘諺〙学問に王道はない.

Ròyal Socíety 名 〈the ～〉 英国学士院《1662 年創立》.

†**roy·al·ty** /rɔ́iəlti/ 名 (複 -ties) **1** U 国王であること; 王位; 王権; C〈普通 -ties〉王の特権. **2** C 王領, 王国. **3** U 王族であること;〈単複両扱い〉〈集合的〉王族; C 王族の一員. **4** U 王としての尊厳, 王者らしさ; 高貴. **5** C〈普通 -ties〉(**a**) 特許権[著作権]使用料; 印税. He got *royalties* on the book. 彼はその本で印税をもらった. (**b**) 鉱山[油田]の土地使用料. ◇形 royal

ròyal wárrant 名 C (王室御用達(たつ)の)勅許状.

ròyal "wé" 名 〈the ～〉〘時に戯〙君主の「我々」(→we 3).

Ròy Rógers 名 UC ロイ・ロジャーズ《飲み物; レモネードと grenadine を合わせ, サクランボを添える; 女子に出す場合は **Shirley Temple** と言うこともある》.

rozz·er /rázər|rɔ́zə/ 名 C 〘英・旧俗〙お巡り (policeman).

RP Received Pronunciation.

rpm revolutions per minute (1 分間..回転).

rps revolutions per second (1 秒間..回転).

RR railroad.

rr〘米〙rural route.

RSI repetitive strain injury.

RSPCA Royal Society for the Prevention of Cruelty to Animals (英国動物愛護協会).

RSV Revised Standard Version (of the Bible).

RSVP Répondez s'il vous plaît. (フランス語「ご返事下さい」)《＝Reply, if you please.; 招待状などの末尾に書く》.

rt. right.

rte route.

Rt. Hon. 〘英〙Right Honourable (→right[1] 副 10).

Rt. Rev., Rt. Revd Right Reverend (→right[1] 副 10).

RU Rugby Union.

‡**rub** /rʌb/ 動 (～s /-z/|過 過分 **～bed** /-d/|**rúb·bing**) 他 **1** をこする, 摩擦する, 磨く,〈*with* ..で〉. ～ one's eyes 目をこする. ～ one's hands (together) (暖めるためなどに)両手をこすり合わせる, (喜んで又は満足して)両手をもみ合わせる. The maid ～*bed* the floor *with* an oiled cloth. 女中は油をしみ込ませた布で床を磨いた.
2 (**a**) VOC (～ X Y) X をこすって Y にする. ～ a blackboard clean 黒板をきれいにふく. ～ oneself dry with a towel タオルでぬれた体をふく. (**b**) VOA (～ X *in* ..) こすって..に X (穴など)を作る. I've ～*bed* a hole *in* the elbow of my cashmere undershirt. カシミヤのシャツのひじが擦り切れて穴が開いてしまった.
3 VOA (～ X ***against, on*** ..) ..に X をこすりつける; (～ X ***with*** ..) X に..を擦り込む. The cat purred, ～*bing* itself (up) *against* me. 猫はのどを鳴らして体を私にすりつけた. She ～*bed* ointment *on* [*into*] her hands.＝She ～*bed* her hands *with* ointment. 彼女は手に軟膏(こう)を擦り込んだ.
4 VOA (～ /X/***off, out***) X をこすり消す, こすり取る. The dirty spots were hard to ～ *out*. 染みはなかなか消せなかった. He ～*bed* the rust *off* with sandpaper. 彼は紙やすりでさびを落とした. **5** を擦りむく. These new shoes ～ my heels. この新しい靴はかかとが擦れる.
── 自 **1** 摩擦する; 擦れる;〈*on, against* ..と〉. This door ～*s on* the floor. この戸は床をこする. My shoes are ～*bing* (*against* [*on*] my toe). 靴が(爪先に当たって)擦れる. **2** VA (～ ***at*** ..) ..を(手で)こする〈*away*〉. ～ *at* a stain よごれをこする. **3** VA (～ ***off, out***) 擦り切れる; こすり取れる, 擦りむける. The paint won't ～ *off* easily. このペンキはなかなか落ちません.

rùb alóng 〘主に英話〙(1) 細々と暮らして行く. (2) うまくやって行く〈*with* ..と〉〈*together*〉.
rùb /../ awáy をこすり取る[落とす].
rùb /../ dówn (1)〔汚れなど〕をこすり落とす; ..を磨く. (2) ..をこすって水気[汗]をすっかりふき取る; ..をマッサージする.
rùb élbows with .. ＝RUB shoulders with .. (2).
rùb /../ ín (1) をすり込む. (2)〔相手のいやがること〕を繰り返し言う.
rùb it ín＝***rùb*** *a person's* ***nóse in it*** 〘話〙不愉快なことをくどくど言う, ねちねち小言を言う.
rùb óff (1) →自 3. (2)〘話〙〔性質などが〕うつる〈*on, onto* ..〔人〕(から人)へと〉. Tom's enthusiasm ～*bed off on* the other members of the team. トムの熱心さがチームの他の選手にまで伝染した. (3)〔ペンキなどが〕くっつく〈*on* ..に〉.
rùb /../ óut (1) ..を(消しゴムで)消す (→他 4). (2)〘米旧俗〙..を'消す', 殺す, (murder).
rùb shóulders with .. (1) ..と肩を擦り合わせる. (2)〔有名人など〕と交際する, 一緒になる.
rùb /../ úp (1) ..を磨き上げる, ぴかぴかにする. (2) ..を復習する,〔知識など〕に磨きをかける. ～ *up* one's Latin ラテン語のおさらいをする. (3)〘英俗〙..を愛撫する.
rùb úp against *a person* 〘話〙人と出くわす;〔猫が〕人にすり寄る.
rùb úp on .. 〔外国語など〕を磨く.
rùb *a pèrson* (〘英〙***úp***) ***the wròng wáy***＝***rùb*** *a pèrson's* ***fúr the wròng wáy*** 人の神経を逆なでする, 人を怒らせる.
rùb úp to .. 〔人〕に擦り寄る, ごまをする.

── 名 C **1**〈単数形で〉こすること, 摩擦. She gave the windowpanes a good ～ with a cloth. 彼女は窓ガラスを布でよく磨いた. give a person a ～ 人をマッサージする.
2 (人の)感情を害するもの[事], 当てこすり, いやみ, 皮肉. I do not deserve such ～*s* from you. 君からそんな当てこすりを言われる覚えはない.
3〈the ～〉障害, 困難. The ～ is that everything is not so rosy for depositors. 困ったことには, 預金者にとってすべてがばら色ではないのである. There's [Here's] the ～. それが厄介[問題]なのだ《Shakespeare 作

Hamlet の中の言葉から》. the ～*s* and worries of life 人生の辛酸.

the rùb of the gréen 〘英〙幸運; めぐり合わせ《ゴルフ・ボールが試合とは関係ない人間, 生物, 物体で止められたり, 方向を変えられたりした場合, ペナルティなしであるがままの状態でのプレー再開》.

[＜中期英語 (?＜低地ドイツ語)]

rúb-a-dùb 名 C ドンドン《ドラムの音》.

Ru·bái·yát /rú:baijὰ:t|-baiǽt/ 名 〈the ～〉ルバイヤット《ペルシアの詩人 Omar Khayyám (?–1123) 作; Edward Fitzgerald 英訳 (1859) で有名な, 人生の歓楽を歌った長詩; 原義は「四行詩集」》.

‡rub·ber[1] /rʌ́bər/ 名 (複 ～s /-z/) 【こするもの, 人】 **1** 〘主に英〙C 消しゴム, インク消し, 黒板ふきなど, (eraser). **2** C こする人[もの], 磨く人[もの]; あんま, マッサージ師; 砥(と)石; (マッチ箱の)摩擦面.
【消しゴムの材料】 **3** U ゴム. hard ～ 硬質ゴム. crude [synthetic] ～ 生[合成]ゴム. **4** 〈形容詞的〉ゴムの; ゴム製の. ～ cloth ゴム引き布. ～ gloves ゴム手袋.
【ゴム製のもの】 **5** C 輪ゴム; ゴムタイヤ; 〘米話〙コンドーム; 〘野球〙ピッチャーズプレート《ゴム製》. **6** 〈～s〉〘米〙ゴムのオーバーシューズ (〘英〙galosh). ◇動 rub

bùrn rúbber 〘米〙車を急発進させる《＜タイヤを焦がす》.

where the rùbber mèets the róad 実地に試される場[状況], 真価の問われる場. [rub, -er[1]]

rub·ber[2] 名 C 〘トランプ〙 **1** 3 [5] 回勝負《2 [3] 勝すれば勝ち》. **2** 〈the ～〉3 [5] 回勝負での勝利, 2 [3] 勝; (3 [5] 試合目の)最終戦; (一般に互角の対戦成績の後の)決勝戦.

rùbber bánd 名 C 輪ゴム (〘英〙elastic band, 〘米〙elastic).

rúbber bòot 名 C 〈普通 ～s〉長靴.

rúbber bùllet 名 C ゴム弾《警察などが使う》.

rùbber cément 名 U ゴムのり《接着剤》.

rùbber chéck 名 C 〘米俗〙不渡り小切手《振出人にはね返される; →bounce 自 4》.

rùbber dínghy 名 C 救命用ゴムボート.

rùbber góods 名 〈複数扱い〉〘婉曲〙ゴム製品《避妊用具》.

rub·ber·ize /rʌ́bəràiz/ 動 他 〔布〕にゴムを引く.

rúbber·nèck 名 C 〘米話〙 **1** 物見高い人, (好奇心の強い)知りたがり屋, 野次馬根性の持ち主. **2** 観光客, おのぼりさん. ── 動 自 〘米話〙(首を動かして)物珍しそうに見る; 団体観光旅行する. ▷～·er 名

rúbber plànt [trèe] 名 C ゴムの木.

rùbber-stámp 動 他 **1** にゴム印を押す. **2** 〘話〙に内容をよく確認しないで判を押す; 〔計画など〕を無批判に承認する.

rùbber stámp 名 C **1** ゴム印. **2** 〘話〙内容をよく確認しないで押す判; そのような判を押す人, 言いなりになる人[集団], イエスマン.

rúbber trèe 名 ＝rubber plant. ── 形 無批判に[いつも]承認する.

rub·ber·y /rʌ́b(ə)ri/ 形 ゴムのような; 〔肉料理などが〕(堅くて)ゴムでも噛(か)むような.

rúb·bing 名 **1** UC こす(り取)ること; 摩擦; 磨くこと. **2** C 拓本《石碑や金属器などに刻まれた文字や模様を紙に刷り写したもの》.

rúbbing àlcohol 名 U 〘米〙(皮膚の)消毒用アルコール(〘英〙surgical spirit).

‡rub·bish /rʌ́biʃ/ 名 U **1** 〘主に英〙くず, がらくた, ごみ, (類語 主に紙, 瓶, ぼろ, 食物の残りくずなどの収集されるもの; →garbage)(〘米〙garbage, trash). a heap [pile] of ～ ごみの山. **2** つまらない物, ばかげた考え[事](nonsense), ひどいもの. a load of (old) ～ くだらないもの[こと]. Don't talk ～. ばかなことを言うな. **3** 〈間投詞的〉〘話〙ばかな. *Rubbish*! とんでもない. ── 形 〘英話〙へたくそな 〈*at* ..が〉. ── 動 他 〘英・オース話〙を酷評する, ぼろくそに言う, けなす, 非難する.
[? ＜アングロノルマン語「略奪品」]

rúbbish bìn 名 C 〘英〙くず入れ(〘米〙dustbin).

rub·bish·y /rʌ́biʃi/ 形 〘主に英・オース話〙くずの, ごみの; つまらない.

rub·ble /rʌ́b(ə)l/ 名 U **1** 粗(あら)石, 割りぐり, 《基礎工事の石塊》; 粗石積み(工事). **2** (爆撃, 震災後などの)瓦礫(がれき). The building was reduced to ～ by the explosion. 爆発で建物は瓦礫と化した.

rúb·dòwn 名 aU **1** 〘米〙身体摩擦, マッサージ. **2** 磨くこと, 磨き.

rube /ru:b/ 名 〘米話〙ぽっと出, いなかっぺ.

Rube Gold·berg /rù:b-góuldbə:rg/ 形 複雑すぎて役に立たない〔機械など〕. [＜米国の漫画家 Reuben (通称 *Rube*) *Goldberg* (1883–1970)]

ru·bel·la /ru:bélə/ 名 U 〘医〙風疹(しん) (German measles).

Ru·bens /rú:bənz/ 名 **Peter Paul ～** ルーベンス (1577–1640)《Flanders の画家》.

Ru·bi·con /rú:bikὰn|-kən/ 名 〈the ～〉ルビコン川《イタリア北部を東流する川; イタリア本国と植民地との国境を成す; 紀元前 49 年, Julius Caesar が "The die is cast." と言ってこの川を渡りローマ市に攻め入った》.

cròss [pàss] the Rúbicon (後へ引けない)一線を越える, 背水の陣を敷く, ルビコン川を渡る.

ru·bi·cund /rú:bikənd, -kʌ̀nd|-kənd/ 形 〘章・戯〙〔特に顔が〕赤らんだ, 赤い.

ru·bid·i·um /ru:bídiəm/ 名 U 〘化〙ルビジウム《金属元素; 記号 Rb》.

Rú·bik('s) Cùbe /rú:bik(s)-/ 名 C 〘商標〙ルービックキューブ《ハンガリーの建築学者 Erno *Rubik* が考案した六面体パズル》.

ru·ble /rú:b(ə)l/ 名 C ルーブル《ロシアの貨幣単位; ＝100 kopecks》; 1 ルーブル貨幣《硬貨又は紙幣》.

ru·bric /rú:brik/ 名 C **1** (昔の本, 写本の朱書きの)表題; (章, 節などの)題名. **2** (祈禱(とう)書中の)礼拝方式《昔は赤字で書かれた》; (試験問題などに添えた)注, 注意書き.

†ru·by /rú:bi/ 名 (複 -bies) **1** C ルビー, 紅玉, (→birthstone ★). **2** U ルビー色, 真紅色. **3** 〈形容詞的〉ルビーの; ルビー色の, 真紅の. **4** 〘英〙＝agate 3.
[＜ラテン語 *rubeus*「赤味がかった」(＜*ruber* 'red')]

rùby wédding 名 UC ルビー婚式《結婚 40 年目》.

ruche /ru:ʃ/ 名 C ルーシュ《レース, 紗(しゃ)などのひだを寄せたひも; 袖口, 襟などを飾る》. ▷**ruched** /ru:ʃt/ 形

ruck[1] /rʌk/ 名 **1** C (先頭から遅れた)後続集団《競馬や競走で》. **2** 〈the ～〉〈集合的〉凡俗; 並みの人[もの]. try to get out of the (common) ～ 並みの人であることから抜け出そう[有名になろう]とする. **3** C 〘ラグビー〙ラック《地面にあるボールの奪い合いで組まれるスクラムの一種》.
[? ＜古期北欧語]

ruck[2] 名 C (着物などの)しわ; ひだ. ── 動 自 VA (～ *up*) ひだになる; しわになる. ── 他 VOA (～ /X/ *up*) X をしわにする; X にひだを作る. [＜古期北欧語「しわ」]

ruck·sack /rʌ́ksæ̀k, rúk-/ 名 C リュックサック (backpack). [ドイツ語]

ruck·us /rʌ́kəs/ 名 C 〘主に米話〙〈普通, 単数形で〉騒ぎ, けんか, 言い合い.

ruc·tion /rʌ́kʃ(ə)n/ 名 C 〘話〙〈〘英〙では普通「～s」〉騒ぎ, 騒動, けんか.

†rud·der /rʌ́dər/ 名 C **1** (船の)舵(かじ); (飛行機の)方向舵(だ). **2** 指導原理, 指針. [＜古期英語「かい, オール」]

rúd·der·less /-ləs/ 形 舵(かじ)のない; 〘章〙指針を欠いた, 方向の定まらぬ.

‡rud·dy /rʌ́di/ 形 **1** 血色のよい, 健康な, (↔sallow); 赤らんだ. a ～ complexion 血色のよい顔色. **2** 〘章〙赤い, 赤っぽい. **3** 〘英・旧話〙いまいましい《強意または腹立たしさを表す bloody, cursed の婉曲語》. a ～ idiot 大ばか. *Ruddy* hell! ちくしょうめ. ── 副 〘主に英話〙ひどく《強意の bloody の婉曲語》. ▷**rud·di·ness** 名

‡rude /ruːd/ 形 ⓔ (**rúd·er** /-ər/|**rúd·est** /-əst/)
【粗けずりの】 **1** 〈限定〉自然のままの; 未加工の; 未開の, 野蛮な; 幼稚な, 未発達の. a ～ tribe 未開の部族. civilizations still in the ～ state 未発達の文明.
2【雅】〈限定〉〔物事が〕**粗末**な, 粗雑な作りの; 大ざっぱな. a ～ bed 粗末な寝台. ～ food 粗末な食事. ～ classification 大ざっぱな分類. a ～ drawing 略画.
【荒っぽい】 **3 粗野**な, 教養のない, (↔civil); 乱暴な. ～ treatment of parcels 小包の乱暴な取り扱い.
4 失礼な, 無礼な, 無作法な, 〈*to* ..に対して〉 (↔polite). He ⌞said ～ things [was ～] *to* me. 彼は私に無礼なことを言った. It's ～ of you to stare at me.＝You are ～ to stare at me. 僕のことをじろじろ見て無礼だね君は. **5**【話】〔冗談などが〕際どい, 下品な.
6【粗野な＞乱暴な】〈限定〉激しい, ひどい; 突然の, 出し抜けの. a ～ awakening 突然の目覚め, 幻滅. The ～ shock put him to bed. ひどいショックのため彼は寝込んだ.
in rùde héalth 【章】健康そのもので, 頑健な.
[＜ラテン語 *rudis*「なまの, 粗野な」]

***rude·ly** /rúːdli/ 副 ⓜ **1 手荒く**, 乱暴に; 激しく; 出し抜けに. Father took the comic book ～ from me. 父は手荒く漫画本を私から取り上げた. I was ～ awakened by a loud noise. 大きな音で私は突然たたき起こされた. **2 無礼に**, 無作法に. speak ～ 無礼な口をきく. **3**【雅】粗末に; 粗雑に, ざっと.

rúde·ness 名 Ⓤ 無作法, 失礼 〈*to* ..に対する〉; 粗野; 粗雑; 未加工; 未開. display [show] ～ 失礼な態度を取る.

†ru·di·ment /rúːdəmənt/ 名 Ⓒ **1** 〈the ～s〉基本(原理), 初歩, 'いろは'; (発達の)初期段階, 萌芽(ほうが). learn the ～*s* of physics 物理の基礎[初歩]を学ぶ. **2**【生物】痕(こん)跡[退化]器官. [＜ラテン語「始め」(＜*rudis* 'rude')]

†ru·di·men·ta·ry /rùːdəmént(ə)ri 英/ 形 【章】
1 未発達の, 幼稚な. **2** 基本の; 初歩の; 不十分な. a ～ knowledge of Japanese 日本語の初歩的知識. **3**【生物】痕(こん)跡の(ある), 退化した.

†rue[1] /ruː/ 動 他 【章・戯】を後悔する, 悲しむ, (regret). He'll live to ～ it. 彼は今にそれを後悔するだろう.
rùe the dáy ((***that*** [***when***]) ..) (..ということを)悔やむ. [＜古期英語]

rue[2] 名 Ⓤ ヘンルーダ《ミカン科の常緑低木で南欧原産; 昔はその苦い葉を薬用にした》.

‡rue·ful /rúːf(ə)l/ 形 **1** 〔人, 様子が〕悲しそうな; 悔やんでいる. **2** 〔光景などが〕哀れな, 痛ましい.
▷**～·ly** 副 **～·ness** 名 Ⓤ

ruff /rʌf/ 名 (複 **～s**) Ⓒ ひだ襟《16, 17 世紀に流行した》; (鳥獣の首回りの)環状(羽)毛, 首毛. [? ＜*ruf*fle]

ruffed /rʌft/ 形 ひだ襟のある; 環状(羽)毛のある.

rùffed gróuse 名 Ⓒ 【鳥】エリマキライチョウ.

†ruf·fi·an /rʌ́fiən, -fjən/ 名 Ⓒ 悪漢, 暴漢, ならず者. [＜イタリア語]

rúf·fi·an·ly 形 【章】凶暴な, 残忍な, 無法な.

‡ruf·fle /rʌ́f(ə)l/ 動 他 **1** をしわくちゃにする, くしゃくしゃにする; を波立たせる; 〔鳥が〕〔羽毛〕を立てる 〈*up*〉. ～ one's hair 毛髪をくしゃくしゃにする. A faint wind ～*d* the water. そよ風のため水面にさざ波が立った. **2** の心をかき乱す, 慌てさせる; をいらだたせる, 立腹させる. ～ a person [a person's feelings] 人の気持ちをかき乱す. get ～*d* いらだつ. ～ a person's feathers 人をむっとさせる.
── 自 **1** しわくちゃ[くしゃくしゃ]になる; 波立つ. **2** 腹を立てる, いらだつ.
── 名 Ⓒ (襟, そで口などの)ひだ飾り, フリル, ラフル.
[＜中期英語(＜?)]

RU-486 名 Ⓒ 【商標】性交後ピル《妊娠初期の流産誘発剤; mifepristone とも言う》.

‡rug /rʌg/ 名 (複 **～s** /-z/) Ⓒ **1 敷物**, じゅうたん, 《暖炉の前や床の一部を覆うもの; →carpet ★》; 毛皮の敷物. vacuum a ～ じゅうたんに電気掃除機をかける. **2**【主に英】ひざ掛け (【米】lap robe). a travelling ～ 旅行用ひざ掛け. **3**【米俗】＝toupee.
lìe lìke a rúg 【米俗・しばしば戯】うそっぱちを言う. You *lie like a* ～! そんなのうそっぱちだ.
pùll the rúg (***òut***) ***from under a pérson*** [***a pèrson's féet***] 【話】人への援助[支持]を突然止める.
swèep .. under the rúg ＝sweep .. under the CARPET. [＜北欧語]

†Rug·by /rʌ́gbi/ 名 **1** ラグビー《イングランド中部の都市》; ラグビー校 (**Rúgby Schòol**)《パブリックスクールの名門校; →Eton College, Harrow School》. **2** Ⓤ 〈しばしば r-〉ラグビー《ラグビー校で起こった; **Rùgby Únion** (アマチュアラグビー)は 15 人, **Rùgby Léague** (プロも参加可のラグビー)は 13 人で行う; Rugby football, rugger とも言う; →association football》.

Rúgby shìrt 名 Ⓒ ラグビーシャツ.

***rug·ged** /rʌ́gəd/ 形 ⓜ, ⓔ (**～·er**|**～·est**) **1** 〔岩などが〕ごつごつした; 〔地面などが〕でこぼこの; 岩だらけの. a ～ coast でこぼこした海岸. a ～ mountain 岩山.
2 〈ほめて〉〔顔つきなどが〕男性的な. his ～ good looks 彼の男性的なハンサムな顔.
3 〔機械, 車などが〕頑丈な; 〔人が〕強い, たくましい.
4 洗練されない, 粗野な; 頑固な, 強情な, 耳障りな. ～ manners 洗練されない立ち居ふるまい. ～ individualism 質実剛健な[頑強な]個人主義.
5 耐えがたい, つらい, 苦しい. This winter was specially ～. 今年の冬はことのほか寒さが厳しかった. have a ～ time (of it) つらい目に遭う.
[＜北欧語] ▷**～·ly** 副 **～·ness** 名 Ⓤ

rug·ger /rʌ́gər/ 名 Ⓤ 【英話】ラグビー (Rugby Union →Rugby 2).

rúg·ràt 名 Ⓒ 【主に米話】赤ちゃん, 子供.

Ruhr /ruər/ 名 〈the ～〉ルール川《ドイツ北西部のライン川の支流; 流域はヨーロッパ有数の鉱工業地帯》.

‡ru·in /rúːən/ 名 (複 **～s** /-z/) **1** Ⓤ **荒廃**; 崩壊; 破壊, 破滅; **破産**; 滅亡, 没落. The tower fell into ～. その塔は荒廃[崩壊]した. His plans went to ～ 彼の計画はだめになった. financial ～ 破産. lead to a person's ～ 人の破滅を招く. be on the road to ～ 破滅の道を辿っている. be on the brink [edge] of ～ 破産寸前である.
2 Ⓒ 〈しばしば ～s〉**壊れた物**, 残骸(ざんがい); **廃墟**(きょ), 遺跡; 〈比喩的〉残骸. These ～*s* were once a splendid palace. この廃墟はかつては立派な宮殿であった. the excavation of the ～*s* of Pompeii ポンペイ遺跡の発掘. The house he lived in is a ～ now. 彼が住んでいた家は今は廃墟です.
3 Ⓤ 〈the [one's] ～〉破壊の原因, 堕落のもと, 禍根. Drinking was the ～ of him.＝Drinking was his ～. 彼は酒で身を滅ぼした.
gò to ràck and rúin 破滅する, 荒廃に帰する.
in rúins 廃墟となって; 破滅[破綻(たん)]して; だめになって. an ancient city (lying) *in* ～*s* 廃墟と化した古代都市.
── 動 (**～s** /-z/|過 過分 **～ed** /-d/|**～·ing**) 他 **1 を破滅させる**; を破壊する; を荒廃させる; を**破産させる**. a ～*ed* castle 廃墟となった城. A third world war would ～ all civilization. 第 3 次世界大戦が起こったら文明全体が破壊されるだろう.
2 を台無しにする, だめにする. The long drought ～*ed* the crops. 長い日照りで作物がだめになった. Heavy smoking ～*ed* his health. たばこの吸い過ぎで彼は体をこわした. My life [reputation] is ～*ed*. 私の人生[評判]はもうだめだ.
[＜ラテン語 *ruīna*「崩壊」(＜*ruere* 'fall down')]

ru·in·a·tion /rùːənéiʃ(ə)n/ 名 U 破滅[滅亡](する[させる]こと); 破滅の原因, 禍根. His extravagant wife was his ～. 浪費家の女房が彼の破滅のもとだった.

ru·in·ous /rúːənəs/ 形 **1** 破滅的な; (経済的な)破滅を招く[もたらす]. Air pollution is ～ to health. 大気汚染は健康を損なう. The cost would be ～ to us. その費用で我々は破産してしまうだろう. **2** 荒れ果てた; 廃墟(きょ)と化した. ▷**～·ly** 副

‡rule /ruːl/ 名 (複 **～s** /-z/)

【支配】 **1** U **支配**, 統治; 支配[統治]期間, 治世. the ～ of law [force] 法の[武力による]支配. America was at first under the ～ of England. アメリカは最初イギリスの支配下にあった. foreign ～ 外国人による支配.

連結 harsh [oppressive; iron; autocratic, dictatorial; totalitarian; constitutional; democratic; majority; military; mob; popular] ～

【支配の手段】 **2** C (社会生活上の)**規則**, 規定, ルール; 〖法〗命令; (類語 強制力のない場合もあるが, 公共の利益保護, 秩序維持のために必要な「規約」; 政治用語としては order より細かい規則; →law). ～*s* of conduct [decorum] 処世術[礼法]. moral ～*s* 道徳律. an unwritten ～ 不文律. a hard and fast ～ 厳格な規則. break ～*s* 規則を破る. follow [obey, observe] the ～*s* 規則に従う. Our club has a ～ that dues must be paid monthly. 我々のクラブには会費を毎月納めなければならないという規定がある. *Rules* are ～*s*. 〖話〗規則は規則です《守ってもらいます》. against the ～*s* (*of* [*in*] soccer) (サッカーの)規則違犯で. the ～*s* governing [that governs] ..の[に関する]ルール.

連結 a rigid [a hard and fast, an inflexible, a strict; a broad] ～ // make [establish, lay down; apply; enforce; revoke; comply with, follow, obey, observe; violate] a ～; put a ～ into practice

3 C (文法などの)規則; (数学の)公式, 計算の仕方; (コンピュータの)命令規則. the ～*s* of chess チェスのルール.

4 【規則>決まり】 C 〈普通, 単数形で〉慣習, ならわし; いつものこと, あたりまえ; 原則, 主義; 〈the ～〉普通のこと. In these countries hunger is *the* ～. これらの国では飢餓は普通のことである. It's the exception rather than [not] the ～. それは普通のことではなくて, 例外的なことである. It's against my ～ to compromise. 妥協するのは私の主義に反する.

【規準】 **5** C **物差し**, 定規. **6** C 〖印〗罫(けい), 罫線.

as a (gèneral) rúle* **普通; 概して, 一般に. *As a* ～, I do not sit up late. ふだん僕は夜更かししない.

bènd [strètch] the rúles 規則を曲げる.

by rúle＝accòrding to rúle 規則通りに; 杓子(しゃくし)定規に.

by the rúles 規則[型]通りに. go [do things, play (it)] *by the* ～*s* 規則通りに行動する.

màke it a rúle to dò＝màke a rúle of dòing ..するのを決まりにしている, ..することにしている. I *make it a* ～ never *to* speak ill of a person behind his back. 私は陰で人を悪く言わないことにしている.

rùles and regulátions (わずらわしい)色々な規則.

rùles of the gáme 〈普通 the ～〉物事のやり方[決まり].

wòrk to rúle 〖英〗 (1) 〔労働者が〕遵法闘争を行う. (2) 〈名詞として〉遵法闘争.

―― 動 (～s /-z/|過 過分 ～d /-d/|**rúl·ing**) 他

1 を**支配する**, **統治する**, 治める, (類語 独断専行の響きがあり, 「権力による支配」の意味が強い; →govern). a country ～*d* by a despot 暴君に支配されている国. The king ～*d* the people with dignity. 王は威厳を持って人民を統治した.

2 〖旧〗を**言いなりにする**, 〔感情などが〕を左右する, 〈普通, 受け身で〉. Don't allow yourself to be ～*d* by your feelings. 自分の感情に左右されてはいけない.

3 を**抑制する**, 制御する. ～ one's anger 怒りを抑える.

4 VO (～ X/*that* 節) X を/..と規定する, 裁決する; VOC (～ X Y) X を Y と裁決する. The court ～*d that* he was not entitled to the property. 裁判所は彼にはその財産を受け継ぐ資格がないと判決を下した. His action has been ～*d* illegal. 彼の行為は違法と判定された.

5 〔紙〕に罫(けい)を引く, に定規で線を引く; 〔線〕を引く. ～ straight lines on paper＝～ paper with straight lines 紙にまっすぐな線を引く.

―― 自 **1** 支配する, 統治する, 〈*over* ..を〉.

2 VA (～ *on* ..) ..について裁定する, 決定する; 判決を下す 〈*against* ..に不利な/*for, in favor of* ..に有利な〉.

3 〖俗〗最高だ《落書きなどに使われる表現》.

lèt one's héart rùle over one's héad 理性よりも感情で決定する, 頭でなく心で決める.

rùle /../ óff (from ..) 〔欄など〕を罫(けい)を引いて(..から)区別する; ..を(..から)区切る.

.. rùles ÓK ..(が)最高. Liverpool ～*s OK*. リバプール最高《落書などで使う》.

rùle /../ óut* (決定, 規定などによって)..を除外する**, 排除する; ..を考慮にいれない; 禁止する, 認めない 〈*as* ..として〉; ..を問題外とする, 不可能とする. The possibility cannot be ～*d out*. その可能性は排除できない. Rain ～*d out* our picnic. 雨のためにピクニックは問題外[不可能]になった.

***rùle* X *out of* Y** X を Y から除外[排除]する. ～ violent TV programmes *out of* bounds 暴力的なテレビ番組を締め出す.

rúle ..with a ròd of íron＝rúle ..with an ìron hánd 〔集団など〕を非常に厳しく統制する.

[<ラテン語 *rēgula*「まっすぐな棒, 定規」]

rúle bòok 名 C (競技などの)規則集, ルールブック.

ruled 形 罫(けい)線の入った. ～ paper 罫紙.

rùle nísi 名 (複 **～s nisi**) C 仮命令.

rùle of the róad 名 (複 **rules-**) C (左右いずれかに決められた)通行[航行]規則.

rùle of thúmb 名 (複 **rules-**) UC 概算; 経験的に確かな方法, 経験側.

‡rul·er /rúːlər/ 名 (複 **～s** /-z/) C 【規定するもの】 **1** **支配者**, 統治者. the ～ and the ruled 統治者と被統治者. **2** **定規**, 物差し, (rule). a six-inch ～ 6インチ物差し. [rule, -er¹]

‡rul·ing /rúːliŋ/ 形 〈限定〉 **1** 支配する, 統治する. the ～ class(es) 支配階級. the ～ party 与党, 政権党. **2** 支配的な, 優勢な, 有力な. his ～ passion 彼のいつもの行動の動機; 彼の最も関心のあること.

―― 名 **1** U 支配, 統治. **2** C 〖主に法〗裁定, 判決, 決定. the Supreme Court ～ on [about] ..に関する最高裁の判決. give [make, 〖米〗 hand down] a ～ (that ..) (..するようにとの)判決を下す[言い渡す].

3 U 線引き, (物差しで)罫(けい)を引くこと; 罫.

†rum¹ /rʌm/ 名 **1** U ラム酒《砂糖キビ, 糖蜜(みつ)(molasses)から作る蒸留酒》; 〖米〗〈一般に〉酒. **2** C ラム酒1杯. [<〖廃〗 *rum*bullion「ラム酒」]

rum² 形 〖主に英旧話〗変てこな, 奇妙[珍妙]な, (odd, queer). a ～ dog 変なやつ. feel ～ 気分が悪い[いらいらする]. [?<ロマーニー語 'man']

Ru·ma·ni·a /ruːméiniə, -njə/ 名 ＝Romania.

Ru·ma·ni·an /ruːméiniən, -njən/ 形, 名 ＝Romanian.

rum·ba /rʌ́mbə, rú(ː)m-|rʌ́m-/ 名 C ルンバ《キューバの黒人の踊り; それからできた社交ダンス》; ルンバの曲. dance a ～ ルンバを踊る. [<(南米)スペイン語]

R

†rum·ble[1] /rʌ́mb(ə)l/ 動 自 **1** 〔雷などが〕ごろごろ鳴る, 〔腹が〕ぐーぐーいう. Thunder ～*d* in the distance. 遠くで雷がごろごろ鳴った. **2** VA 〔車などが〕がらがらと行く[通る] 〈*past*〉〈*along, through* (..を)〉. The tanks ～*d along* the road. 戦車はごうごうと道路を通過して行った. **3** 〘オース話〙(殴り合いの)けんかをする.
── 他 を低い太い声で言う 〈*out*〉.
── 名 **1** aU (雷, 車などの)ごろごろ[がらがら]いう音; 騒音. a distant ～ of thunder 遠雷の響き. a protesting ～ 抗議の声. **2** C 馬車の後部の従者席[荷物席]; 〘特に米〙 (旧型自動車で後部(今のトランクの部分)の)折り畳み式無蓋(むがい)補助席 (**rúmble sèat**). **3** C 〘米俗〙ちんぴら同士のけんか. [? ＜中期オランダ語]
rum·ble[2] 動 他 〘主に英話〙〔(人の)不正など〕を見抜く, 見破る 〈普通, 受け身で〉.
rúmble strìp 名 C ランブル・ストリップ《道路上の縞状の段差; タイヤの音で徐行するように教える》.
‡rúm·bling 名 **1** aU ごろごろ[がらがら]いう音. **2** C 〈普通 ～s〉(広がった)不平, 不満, (の声); うわさ.
rum·bus·tious /rʌmbʌ́stʃəs/ 形 〘英話〙〔人, 行為が〕騒々しい; 元気いっぱいの (〘米〙 rambunctious).
ru·men /rúːmən|-men/ 名 (複 **ru·mi·na** /-mənə/) C こぶ胃《反芻(すう)動物の第 1 胃》. [ラテン語「のど」]
ru·mi·nant /rúːmənənt/ 形 **1** 〘動〙反芻(すう)動物の. **2** 〘章〙反芻して考える, 沈思黙考の.
── 名 C 反芻動物《牛など》.
ru·mi·nate /rúːmənèit/ 動 自 **1** 〔牛などが〕反芻(すう)する. **2** 〘章〙思い巡らす, 沈思黙考する, 〈*about, on, over* ..を〉 (類語 繰り返し考えることを強調する語; →think). He ～*d over* the way the accident had happened. 彼はその事故が起きた時の状況を繰り返し考えた. [＜ラテン語 *rūmināri*「反芻する」(＜ *rūmen* 'throat')]
rù·mi·ná·tion 名 U 反芻(すう); 沈思, 熟考.
ru·mi·na·tive /rúːmənèitiv|-nət-/ 形 〔人, 態度が〕黙想的な, 黙想にふける. ▷ **～·ly** 副
‡rum·mage /rʌ́midʒ/ 動 自 VA (捜すために) ひっかき回す 〈*about, around*〉〈*among, in, through* ..の中を/ *for* ..を捜して〉. He ～*d about among* the files *for* the letter. 彼はその手紙を捜し出そうとファイルの中をかき回した.
── 他 **1** (捜すために)〔部屋など〕をひっかき回す, 徹底的に捜索する. The police ～*d* every nook and corner of the house. 警官たちは家の隅々まで捜索した. **2** VOA を捜し[見つけ]出す 〈*out, up*〉. The curio dealer ～*d out* an old piece of china for me. 骨董(こっとう)屋は古い磁器を捜し出してくれた.
── 名 **1** aU (ひっかき回して)くまなく捜すこと; (徹底的な)捜索. have a good ～ (*around* [*about*]) そこら中くまなく捜す. **2** U 〘主に米〙(かき回すと出てくる)古着; がらくた, くず.
[＜古期フランス語「(船倉に)しまう」]
rúmmage sàle 名 C 〘米〙(中古品などを売る)がらくた市; 慈善バザー; (〘英〙 jumble sale).
rum·my[1] /rʌ́mi/ 形 〘主に英話〙＝rum².
rum·my[2] 名 U ラミー《2 組の札でするトランプ遊びの一種》.
‡ru·mor 〘米〙, **-mour** 〘英〙 /rúːmər/ 名 (複 **～s** /-z/) UC うわさ, (世間の)評判, 風聞, 〈*about, of* ..について の〉. a mere ～ 単なるうわさ. an ugly ～ 嫌なうわさ. a strange ～ *about* the doctor その医師についての奇妙なうわさ. according to ～ うわさによると. *Rumor* has it (that) there will be a cabinet reshuffle soon. うわさによると近く内閣改造があるということだ. There is a ～ going around ⌞about Tom [that Tom might be about to quit]. トムに関する[トムがすぐにやめるという]うわさが飛んでいる.

連結 a groundless [a false, an idle, an unfounded; a malicious; a widespread] ～ ∥ start [spread] a ～ ∥ a ～ circulates, flies, spreads

── 動 他 VO (～ X/*that* 節) X を/..であるとうわさする, うわさを広める; VOC (～ X *to do*) 〈普通, 受け身で〉→ rumored 2. They ～*ed that* John was alive. ジョンは生きていると彼らはうわさ話をした (★that 節を伴うときは単純現在形を使わない).
[＜ラテン語「雑音, 人々の話」]
rumored 〘米〙, **-moured** 〘英〙 形 **1** 〈限定〉うわさされている. Monica's ～ marriage モニカの結婚のうわさ. **2** 〈叙述〉うわさで 〈*to be* ..であるとの〉; 〈it is ～ that ..で〉..とのうわさである. She is ～ *to be* having an affair with her boss. ＝*It is* ～ (*that*) she is having an affair with her boss. 彼女は上司と関係を持っているとのうわさだ.
rúmor·mònger 名 C うわさを広める人.
rump /rʌmp/ 名 **1** C (鳥獣などの)臀(でん)部, 〘戯〙(人の)おしり (buttocks); UC (牛の)しり肉, ランプ (の切り身), 《sirloin の後ろで round の上の肉》. **2** C (価値のない)残り物; (特に団体, 組織の)無力な残党. [＜古期北欧語]
rum·ple /rʌ́mp(ə)l/ 動 他 をしわくちゃにする, くしゃくしゃにする 〈*up*〉. a ～*d* suit しわくちゃになったスーツ. ～ one's hair 髪をくしゃくしゃにする.
rúmp stèak 名 UC ランプステーキ(肉).
rum·pus /rʌ́mpəs/ 名 aU 〘話〙がやがや騒ぎ; けんか, 口論. make [kick up, cause, create, raise] a ～ 騒ぎを起こす.
rúmpus ròom 名 C 〘米旧〙(家庭の主に子供用)娯楽室 (recreation room) 《普通, 地下にある》.
rump·y pump·y /rʌ̀mpi-pʌ́mpi/ 名 U 〘英戯〙(行きずりの)セックス.
‡run /rʌn/ 動 (～s /-z/|過 **ran** /ræn/|過分 **run**|**rún·ning**) 自 【走る】 **1** (**a**) 〔人, 動物が〕**走る**, 疾走する, 駆ける. ～ fast 速く走る. ～ about on the beach 浜辺で走り回る. A boy came ～*ning* toward me. 少年が私のほうに走って来た. (**b**) 〔乗り物が〕走る, 動く. How fast is the car ～*ning* now? 車は今どのぐらいの速度で走っているのか. Trains ～ *on* rails. 汽車はレールの上を走る.
2 急いで行く; 駆けつける. ～ to his aid 彼を助けに駆けつける. Just ～ (over) to the bakery for some bread. ちょっとパン屋へひと走りしてパンを買って来なさい. Give him a call and he'll come ～*ning*. 彼に電話をすれば(君のために)飛んできてくれるよ.
3 逃げる, 逃走する. Fire! *Run*! 火事だ, 逃げろ. ～ away [off] →成句. ～ and hide in the mountains 逃げて山中に隠れる. ～ for one's life 命からがら逃げる. ～ before the enemy 敵に追われて逃げる. Shall we ～ or stay? 逃げようか留まろうか. cut and ～ →cut (成句).
【移動する】 **4** VA (**a**) 〔乗り物が〕向かう, 進路をとる. ～ aground 座礁する. ～ *into* port 入港する. (**b**) 〘話〙車で行く, ドライブする. Let's ～ *down to* the coast (in my car). (私の車で)海岸までドライブしよう.
5 VA 〔視線, 感覚などが〕走る; 〔考えが〕浮かぶ. A shiver *ran down* my spine. 震えが背筋を走った. Her fingers *ran* swiftly *over* the keys. 彼女の指は素早く鍵(けん)盤の上を走った. A new idea *ran through* my head. 新しい考えが私の頭にひらめいた.
6 〔時間などが〕早く経過する, 過ぎる. How fast time ～*s* by! 何と時のたつのが早いことか.
7 〔サケが〕(産卵のため)川を上る.
8 【状態が移行する】 VC (～ X) X (普通, 好ましくない状態)になる (become). ～ dry 〔川, 井戸などが〕かれる, 干

上がる; 〔牛などが〕乳が出なくなる. ～ mad 気が狂う. I'm ～*ning* a little low on coffee. コーヒー(の買い置き)が残り少なくなってきた. ～ short →short (成句). ～ wild →wild (成句). ～ high →high (成句).

【走る＞競走[争]に出る】 **9** **ランニングをする; 競走する,** 出走する. ～ in the 400 meters 400 メートル(競走)に出る. I used to ～ at high school. 高校のころは(陸上競技の選手として)走ったものです.

10 〘主に米〙立候補する〈*in* ..〔選挙〕に/*for* ..〔役職〕に〉; 選挙で争う〈*against* ..〔人〕と〉; (★〘英〙ではこの意味では多く stand を用いる). ～ *for* President [(the) Presidency] 大統領に立候補する. He is not ～*ning in* the coming election. 彼は今度の選挙には立たないだろう.

【動く】 **11** 〔機械が〕**動く,** 作動する, 〈*by, on* ..〔ガソリンなど〕で〉; 〘電算〙〔プログラムが〕実行される. ～ by electricity 電気で動く. My watch isn't ～*ning* right. 私の時計は正確に動いていない.

12 〔事業, 生活などが〕営まれる; VA 〔事が〕(うまくなど)運ぶ. The hotel has ceased ～*ning*. そのホテルは営業をやめた. ～ *according to* plan 〔事が〕計画通りに行く. Their married life did not ～ smoothly. 彼らの結婚生活はうまくいかなかった.

13 【運行される】〔交通機関が〕(定期的に)**通う,** 往復する. The buses ～ every ten minutes here. ここではバスは 10 分おきに通る. The trains are ～*ning* in this snow! この雪でも列車は動いている.

14 【ある状態で動く】 VA 〈普通, 進行形で〉〔乗り物が〕(時間通り, 遅れてなど)運行される; 〔人が〕(遅れてなど)いる; 〔計画などが〕進行する. The trains are ～*ning* half an hour late. 列車は 30 分遅れで運行されている. You're ～*ning* late. あなた, (予定より)遅れていますよ. ～ *to* time [*ahead of* schedule] 予定ᴸ通りである[より早い].

【伝わる】 **15** 〔うわさ, 伝染病などが〕**伝わる, 広まる.** A whisper *ran* through the crowd. 群衆の中にささやきが伝わった. The rumor ～*s* that... もっぱら..というううわさです.

16 〘米〙〔靴下が〕'伝線' する (〘英〙 ladder).

【流れる】 **17** (**a**) VA 〔液体が〕**流れる;** (～ ***with*** ..) 〔場所が〕〔水など〕で(びっしょりに)ぬれる, だらけになる, 〈普通, 進行形で〉; (～ ***into, to*** ..) ..に注ぐ. Blood ～*s in* the veins. 血が血管の中を流れる. Water was ～*ning* all *over* the floor. = The floor was ～*ning with* water. 床一面に水が流れていた. tears ～*ning down* her cheeks 彼女のほおを流れ落ちる涙. ～ *at* the mouth 口からよだれを垂らす. (**b**) 〔器官などが〕液体を流す, 〔鼻が〕鼻水を出す, 〔傷が〕うみを出す. The onion made my eyes ～. タマネギを切っていて涙が出た.

18 〔色, インクなどが〕落ちる, にじむ; 〔バター, ろうなどが〕溶ける, 流れる; 〔化粧が〕落ちる. dyes that do not ～ in washing 洗ってもにじまない染料.

19 【血液中に流れる】 VA (～ ***in*** ..) ..の血統である, ..に遺伝している. Fair hair ～*s in* my family. 金髪はうちの家系に流れています.

20 【流れる＞傾向である】 VC (～ X) 一般に[平均して] X である. Prices are ～*ning* low for vegetables. 野菜が安い. Pears are ～*ning* large this year. ナシは今年は概して大きい.

【伸びる, 続く】 **21** VA 〔植物などが〕**伸びる,** はう; 〔道が〕通じる, 走る; 〔物が〕伸びる, 広がる. The ivy *ran up* the wall. ツタは壁をはい上がった. This street ～*s* due north. この通りは真北に伸びている. The fence ～*s along* the garden. 垣根は庭の端から端まで巡らしてある.

22 【言葉が続く】 VA 〔条文, 詩句, 文面などが〕..と書いてある (★as, so, like, how など, あるいは直接の引用文を伴う). *How* does the first article ～? 最初の条項には何と書いてあるか. The story ～*s as* follows [*like* this]. その話はこんな筋だ. "Putin to Visit Japan in Late August," *ran* the newspaper headline.「プーチン氏, 8 月末来日へ」と新聞の見出しに出ていた.

23 VA 〔行事などが〕継続する; 〔興行が〕(続けて)上演される, かかる; 〘法〙〔契約などが〕続く, 有効である; (～ ***with*** ..) 〔権利などが〕..に伴う. The election campaign *ran over* a month. 選挙運動は 1 か月以上続いた. Is Christie's *The Mousetrap* still ～*ning at* the theater? クリスティーの「ねずみ捕り」はまだその劇場で上演中ですか. The lease has still two years to ～. 賃貸契約はまだ 2 年有効期間がある.

── ㊀ (★自動詞に対する使役の意味を持つことが多い)

【走らせる】 **1** (**a**) 〔人, 動物〕**を走らせる;** VOC (～ X Y) X を走らせて Y の状態にする. ～ one's horse along the country road 田舎道を馬を走らせる. ～ oneself breathless [out of breath] 息切れするまで走る. (**b**) 〔車など〕を走らせる, 動かす. He *ran* his car over a cliff. 彼は車を運転していて崖(がけ)から転落した. She ～*s* a Benz. 彼女はベンツに乗っている《所有する》.

2 【追って走らせる】 を追う, 追い立てる, 追いつめる; を突き止める; 〈*to* ..へと〉. ～ a fox キツネを追い立てる. ～ a rumor *to* its source うわさの出所を突き止める.

【激しい勢いで走らせる】 **3** VOA **を衝突させる,** ぶつける, 〈*into, against* ..に〉; **を突き通す,** 刺す〈*through* (..に)〉. →RUN .. through, RUN X through Y (→成句). ～ one's car *into* the guardrail 車をガードレールにぶつける. ～ one's head *against* the glass door 頭をガラス扉にぶつける.

4 を無視(して突破)する; 〔危険〕を冒す; 〔場所〕から逃げ出す, 逃亡する. ～ a blockade 封鎖を突破する. ～ traffic lights 交通信号を無視する. ～ the risk of losing one's post 職を失う危険を冒す. ～ town 町から逃げ出す.

【距離, コースを走る】 **5** **を走破する,** の距離を走る; 〔道, コースなど〕を走る. ～ a mile in four minutes 1 マイルを 4 分で走る. ～ its course →course (成句).

6 【行程をやり通す】〔テスト, 実験など〕を実施する, 行う.

【移動させる】 **7** VOA 〘話〙を(車で)**運ぶ,** 送る. Shall I ～ you home? 家まで車で送りましょうか. I must ～ him *over to* the dentist's. 歯医者さんへ彼を乗せてひと走りしなければならない.

8 VOA 〔視線など〕**を走らせる,** 動かす. ～ one's eyes *over* a list of names 名簿にざっと目を通す. ～ one's fingers *over* the keys 鍵(けん)盤の上に指を走らせる.

【走って競う】 **9** を走って行う; と競争する; 〔レース〕を行う, 開催する. ～ (a race with) him 彼と競走する. ～ an errand for one's mother 母親のお使いをする. The Derby was ～ in bad weather. ダービーは悪天候の中で挙行された.

10 **を出走させる** 〈*in*..〔競走〕に〉; 〘主に米〙を立候補させる〈*for*..〔大統領など〕に〉. ～ one's horse *in* a race 持ち馬を競馬に出走させる. Our party is ～*ning* two candidates in that constituency. 我が党はその選挙区に 2 人の候補者を立てる予定だ.

【動かす】 **11** 〔機械〕**を動かす,** 運転する, 〘電算〙〔プログラム〕を実行[処理]する. a heating system that is ～ on solar energy 太陽エネルギーで運転される暖房設備. ～ a program on a computer コンピュータでプログラムを実行する.

12 【運営する】〔事業〕を経営[運営]する; を支配[指揮]する; 〔講習, サービスなど〕を行う, 提供する; 〔設備, 車など〕を維持する. 100 persons that ～ this country 我が国を動かす 100 人. Lots of women both ～ a home and go out to work. 家庭をちゃんとやって行きながら働きに出る女性がたくさんいる. He's always trying to ～ my life. 〘話〙彼はいつも私に(ああしろこうしろと)指図しようとする. We ～ a course for librarians. うちでは司書コース(の講習)をやっている. What does it cost to ～ a car? 車を持つには費用がどのくらいかかりますか.

13【運行する】〔バスなど〕を**通わせる**,(定期的に)運転する. They ～ a ferry service across the river. その川にはフェリーの便がある.

【流す】 **14** (**a**) を**流す**, 垂らす, 出す; 〔ふろなど〕に水を入れる; 〔蛇口〕を開いて水を出す. ～ hot water into the bath ふろに湯を入れる. The streets *ran* blood. 通りには血が流れていた. She *ran* a bath until the bathroom was dense with steam. 彼女がふろに湯を入れるとふろ場には湯気がもうもうと立ち込めた. (**b**) VOO (～ X Y)・VOA (～ Y *for* X) X のために Y を(流し)入れる. She *ran* ⌞me a hot bath [a hot bath *for* me]. 彼女は私にふろの湯を入れてくれた.

15【金銭を流出させる】〔費用〕がかかる; VOO (～ X Y) X (人)に Y (費用)がかかる; (cost). That watch *ran* (me) $100. その時計は 100 ドルかかった. Dining out at a fashionable restaurant in Tokyo ～*s* you some money. 東京のしゃれた所で食事するのはちょっと金がかかる.

16【不正に流す】 VOA〔麻薬, ピストルなど〕を密輸する〈*from* ..から/*into* ..に〉.

【伸ばす, 続ける】 **17** VOA を広げる, 伸ばす, 通す. ～ pipes *under* the floor 床下にパイプを通す. ～ a boundary *between* two territories 2 つの領土の間に境界線を引く.

18【数値を伸ばす】(**a**)〔熱〕を出す. ～ a fever [temperature] 発熱する. (**b**)〔赤[黒]字〕を出す; 〔支払いなど〕を滞らせる. Japan is ～*ning* the biggest (trade) surplus among leading industrialized countries. 日本は先進工業国の中で最大の貿易黒字を出している. ～ a tab at the pub パブの付けをためる.

19【言葉などを続ける】〔新聞, 雑誌; 人などが〕を掲載する, 出す; 〔テレビでニュースなど〕を流す. ～ an ad 広告を載せる.

***rún acróss ..** (1) **..を横切って走る**. (2) ..にひょっこり会う; ..を偶然見つける. ～ *across* an old friend 旧友にばったり出会う.

***rún after ..** (1) **..を追いかける**; 〖話〗〔異性〕を追いかけ回す. ～ *after* a thief どろぼうを追いかける. (2)〖話〗(召し使いのように)..の後について(世話をして)回る.

***rún agàinst ..** (1) **..にぶつかる**; ひょっこり出会う. (2) ..に反する. That ～*s against* my principles. それは私の主義に反する. (3) →[自] 10.

rùn alóng 〖話〗立ち去る(★しばしば子供に対する命令として用いられる).

rùn and rún 延々と続く; 〔芝居などが〕ロングランになる.

rùn aróund 走り回る; 遊び回る; 〖話〗浮気をして回る. John ～*s around* with girls half his age. ジョンは自分の半分くらいの年の女の子たちと付き合っている.

rún at .. (1) ..に襲いかかる; ..を(飛び越そうと)めがけて走る. (2)〈普通, 進行形で〉〔値段などが〕..の水準に保たれる, ..に達する, ..である. Unemployment was ～*ning at* 15 per cent in the larger cities. 大都市で失業率は 15 パーセントを示していた.

***rùn awáy** **走り去る**; 逃走する; 家出する; 駆け落ちする〈*together*〉. ～ *away* from prison 刑務所を脱走する. ～ *away* from the other runners 他の走者を大きく引き離す.

***rùn awáy with ..** (1) **..と一緒に逃げる**; ..と駆け落ちする; ..を持ち逃げする, 盗む.
(2)(馬などが人を乗せて暴走するように) 〔感情などが〕..の手に負えなくなる. His anger *ran away with* him. 彼は腹が立って前後の見境がつかなくなった. Don't let your tongue ～ *away with* you. いい気になってしゃべり過ぎてはいけない.
(3)〔ある考え〕を簡単に信じ込む〈普通, 否定文で〉. Don't ～ *away with* the idea that everyone is your friend. みんな君の味方だと早合点してはいけない.
(4)〖話〗〔賞など〕を(楽々と)さらう, 〔試合など〕に楽勝する. We *ran away with* the first match. 我々は第 1 試合はゆうゆうとものにした.
(5) ..を大量に消費する, 〔金〕がかかる. Travel nowadays ～*s away with* a lot of money. このごろの旅行はひどく金がかかる.

rùn /../ báck 〔テープ, フィルムなど〕を巻き戻す.

rùn báck over .. ..を振り返る; ..を復習[再検討]する. ～ *back over* the past years 過去の歳月を振り返る.

rùn X ***by*** (Y) 〖主に米話〗X を(Y (人)に)(繰り返し)話す, 説明する, 見せる. Could you ～ that *by* (me) again? 今の話, もう一度言ってくれますか.

rùn dówn (1) 走って降りる; 流れ落ちる; 下へ伸びる; (田舎へ)行く, 下る; (車で)ちょっとひと走りする. Just ～ *down* to the post office. ちょっと郵便局へひと走りしてください. (2)(ぜんまいや燃料が切れて)〔機械が〕止まる, 〔電池が〕切れる. My watch has ～ *down*. 時計が止まってしまった. (3)〔力が〕減少する; 〔産業などが〕衰える. The labor force is ～*ning down* now. 労働力は今減少傾向にある.

rùn /../ dówn (1) ..を突き倒す; 〔車が〕をひき倒す, はねる; 〔船〕を衝突して沈める. (2)〔猟獣, 逃げた犯人など〕を追い詰める; を突き止める, 捜し出す. ～ *down* a thief どろぼうを追い詰める. I had a hard time ～*ning* you *down*. 君の居所を突き止めるのに難儀した. (3)(ぜんまいや燃料が切れて)〔機械〕を止める, 〔電池〕を切らす. (4) ..を衰退させる; 〔人員, 生産など〕を縮小する. (5) ..をくたくたに疲れさせる, 弱らす. The hard work has ～ him *down*. 激務で彼はすっかり参った. (6)〖話〗..をけなす, やっつける; ..を見くびる. Critics *ran down* the play. 批評家はその劇を酷評した. (7)〖野球〗〔ランナー〕を挟んでアウトにする, 挟殺する.

rún for it 〖話〗一目散に逃げる.

rùn ín (1) 駆け込む; 流れ込む. (2) ちょっと立ち寄る. (3) 取っ組み合いになる.

rùn /../ ín (1) ..を駆け込ませる; ..を流し込む; ..を差し込む; 〖話〗..を(留置場に)ぶち込む. be ～ *in* for reckless driving 無謀運転でぶち込まれる. (2)〔新車〕を慣らし運転する. (3)〖印〗を追い込み記事にする, 挿入する; 〖米〗=RUN /../ on (2).

***rún into ..** (1) **..に駆け込む**, 突っ込む; ..に流れ込む, 〔川が〕..に注ぐ. (2) **..と衝突する**, ぶつかる; ..と出くわす. The car skidded and *ran into* a tree. 車はスリップして木に衝突した. (3)〔通常, 悪い状態〕に陥る; 〔ある数量〕に達する. ～ *into* debt 借金をこしらえる. His debts now *ran into* several million yen. 彼の借金は今や数百万円に膨らんだ.

rún X ***into*** Y (1) X を Y に駆け込ませる, 突っ込む, ほうり込む, 流し込む. (2) X を Y に衝突させる, ぶつける, (→[他] 3). (3) X を Y の状態に陥らせる. Drinking *ran* him *into* debt. 酒で彼は借金をこしらえた. 「話す.

rùn it dówn 〖米俗〗 全部(正直に)話す, 洗いざらい↑

***rùn óff** (1) **走り去る**; 逃げる; 〖話〗駆け落ちする〈*together*〉. (2) 流れ去る; 脱線する.

rùn /../ óff (1) ..を流して出す; 走って..だけ(体重を)減量する. (2) ..をすらすら書き[読み]上げる; ..を刷る. ～ *off* several articles each day 毎日いくつか記事を書きとばす. (3) ..を刷る, コピーする. Will you ～ (me) *off* ten copies of her thesis? 彼女の論文のコピーを 10 部とってくれますか. (4)〔優勝決定戦〕を行う.

rùn óff at the móuth 〖米話〗ひっきりなしにしゃべる.

rùn óff with .. 〖話〗=RUN away with.. (1).

***rùn ón** (1) **走り[流れ]続ける**; 〖話〗しゃべり続ける. How that woman ～*s on!* あの女のおしゃべり, よく続く

ねえ. (2)〔時が〕どんどんたつ;〔催し物などが〕(しばしば予定以上に)続く, 進行する. (3)〔字が〕次の字に続く,〔詩で, 文が〕次の行にまたがる.

rún on.. 〔考え, 話が〕..を主題とする, ..に及ぶ. His mind kept ～*ning on* his dead child. 彼の心は死んだ子から離れなかった.

rùn /../ ón (1)..を続ける;〔字〕を続けて書く,〔文〕を書き続ける, つなぐ. Don't ～ *on* your sentences with commas. コンマで文を次々につないではいけない. (2)〖印〗..を追い込みにする.

****rùn óut*** (1)**走り[流れ]出る**; 外へ伸びる, 突き出る;〔綱が〕繰り出される. (2)〔契約などが〕(期限が)**切れる**, 終わる;〔在庫などが〕尽きる. My time is ～*ning out*.＝I am ～*ning* out of time. (→RUN out of..) 私の時間は切れかかっている.

rùn /../ óut (1)〔綱など〕を繰り出す. (2)〔レース〕を完走する.

****rún out of..*** ..を使い尽くす, **'切らす'**. We have ～ *out of* gas.＝Our gas has ～ *out*. (→RUN out (2)) ガソリンが切れた.

rún a person out of.. 〖話〗人を..から追い払う, 追放する.

rùn óut on.. 〖話〗..を置き去りにする, 見捨てる.

****rùn óver*** (1)〔液体, 容器が〕**あふれる**;〔人が〕あふれている〈*with* ..〔活力など〕に〉. The tub *ran over* while I was on the phone. 電話をしている間にふろ桶(おけ)があふれた. (2)(車で)ひと走りする.

rún over.. (1)..を越えてあふれる;〔制限など〕を越える. The water *ran over* the banks. 水は堤防を越えた. (2)..にざっと目を通す; ..のおさらいをする. ～ *over* one's notes 自分のメモをざっと読み直す.

rùn /../ óver (1)..を(車で)運ぶ(→他 7). (2)〔車が〕..をひく;〔人が〕..を車でひく, はねる. A child was ～ *over* here last night. 昨夜ここで子供が(車に)ひかれた. (3)〖米〗 ..にざっと目を通す[説明する]; ..のおさらいをする. She opened the letter and *ran* it *over* rapidly. 彼女は手紙を開けてざっと目を通した.

rùn X ***past*** [***by*** ↑] Y

rùn thróugh 走り[通り]抜ける.

rún through.. (1)..を走り[通り]抜ける; ..を貫く, 貫流する; ..に行き渡る. The Thames ～*s through* London. テムズ川はロンドンを貫流する. A melancholy note ～*s through* his poems. 憂愁の調べが彼の詩に一貫して流れている. (2)..にざっと目を通す; ..を要約する. ～ *through* a list リストに目を通す. (3)..をおさらいする; ..の通しげいこ[リハーサル]をする. (4)..を(短い間に)使い果たす. ～ *through* one's inheritance 遺産を使い切る.

rùn..thróugh 〖雅〗..を突き刺す. ～ a person *through* with one's sword 剣で人を刺す.

rún X ***through*** Y XをYに通す[突き刺す]; X(ペンなど)でY(文字, 言葉など)に線を引いて消す. ～ one's sword *through* a person 剣を人に突き刺す. ～ one's fingers *through* one's hair 指で髪を梳(す)く. ～ a pencil *through* a letter 鉛筆で線を引いて文字を消す.

rún to.. (1)〔ある数量〕に達する. The costs will ～ *to* one million dollars. 費用は100万ドルに達しよう. (2)..に(援助などを求めて)頼る. She's always ～*ning to* me when she's in trouble. 彼女は困ったことがあるといつも私に助けを求めてくる. (3)(とかく)..の[する]傾向がある. I'm ～*ning to* fat. 私はとかく太り気味だ. (4)〖英〗..する金[余裕]がある, ..をまかなえる. I can't ～ *to* a trip to Europe. ヨーロッパ旅行するゆとりはありません.

rùn úp (1)走って上る, するすると上がる; 駆け寄る;〖競技〗助走する. ～ *up* to the scene 現場に駆けつける. (2)急に成長[増大]する;〔物価などが〕急上昇する.

rùn /../ úp (1)..を(高々と)上げる. ～ *up* a flag 旗を掲揚する. (2)..を急に成長[増大]させる; ..を急上昇させる. His daughters have ～ *up* a big phone bill. 彼の娘たちがひどく電話代をかさませてしまった. The war *ran up* the prices. 戦争で物価がはね上がった. (3)..を急ごしらえする. ～ *up* barracks バラックを急造する.

rùn úp against.. 〔人, 障害など〕に出くわす, ぶつかる.

rún upon.. (1)..に出くわす. (2)＝RUN on...

rún with.. (1)〖米〗〔人〕と付き合う. (2)..に同意する; ..を推進する. (3)→自 17, 23.

── 名 (複 ～s /-z/)

【走ること】 C **1** (**a**) 走ること, **疾走**, (ひと)**走り**; (牛乳配達などの)ひと回り; 走る元気. quicken one's pace into a ～ 歩調を速めて走り出す. go for a ～ before breakfast 朝食前にひと走りする. make a ～ for it＝RUN for it (動 の成句). (**b**)〈単数形で〉短い旅行; ドライブ. go for a ～ in the car 車でちょっと出掛ける.

2〈単数形で〉(走る)距離, 行程;〖ゴルフ〗ラン《ボールが転がった距離》. London is an hour's ～ from here. ロンドンはここから(車で)走って1時間です.

【走り回る自由】 **3**〈the ～〉出入り[使用]の自由. I have the ～ of my uncle's library. 私はおじの蔵書を自由に使わせてもらえる.

4 (羊などの)飼育場, (養鶏用などの)囲い場;〖主にオース・ニュー〗放牧場. a rabbit ～ ウサギの飼育場.

【競走, 競争】 **5** (**a**) 競走. a cross-country ～ クロスカントリーレース. (**b**)〖主に米〗出馬, 立候補,〈*for* ..への〉. make a ～ *for* President 大統領に立候補する(→動 自 10). **6**〈単数形で〉殺到, 大需要,〈*on* ..への〉; 取り付け;〈*on*..〔銀行〕への〉. This summer was so hot that we had a great ～ *on* air conditioners. 今年の夏は非常に暑かったのでエアコンの注文が殺到した. a ～ *on* the dollar ドル買いの殺到.

7〖野球・クリケットなど〗(走って得た)**得点**. score a ～ 得点を挙げる. ～*s* batted in (野球の)打点《略 RBI》.

【運転, 運行】 **8** 運転, (飛行機の)滑走; (交通機関の)運行, 便(びん);〔救急車, 爆撃機などの〕出動;〖電算〗(プログラムの)実行, ラン. The bus makes only two ～*s* daily. そのバスは1日2便しかない.

9 (バス, 鉄道などの)路線, 航路; ゲレンデ (ski run). work on the ～ from London to Dover ロンドンからドーヴァーへの線に勤務する.

【伝わること】 **10**〖米〗(靴下などの)'伝線'(〖英〗ladder). I've got a ～ in my new stockings. 新しいストッキングが伝線しちゃったわ.

【流れること】 **11** 流れ, 流出; 流出量[時間];〖米〗(流れの速い)小川.

12 操業(時間), 作業高; (発行)部数. The initial print ～ of 5,000 has sold out. その本の初刷5,000部はもう売り切れた.

13〈the ～s〉〖英話〗下痢, 腹下し.

14【流れ＞様子】〈the ～〉走向; (事態の)形勢, 成り行き. the ～ of a mountain range 山脈の走向. the ～ of the money market 金融市場の形勢.

【続くこと】 **15**〈単数形で〉**連続**; **連続興行**;〖トランプ〗(配られた)そろいの続き札. a ～ of fine weather [bad luck] 好天気[不運]続き. The play has had a long ～ of three years. その芝居は3年間長期興行を続けている. a ～ in spades スペードの続き札.

16〖楽〗走句《急速な連続からなる装飾楽句》.

17 (魚の)移動する群れ. a ～ of salmon サケの移動群.

a (gòod) rún for one's móney 〖話〗(1)他人としのぎを削る機会. Though we lost, we gave them *a* ～ *for* their *money*. 我々は負けたが善戦して相手を大いに悩ました. (2)(払った金, 努力などに対する精神的な)見返り. You'll get *a good* ～ *for* your *money* from this tennis match. このテニスの試合は(金を払っただけのかいがある)見ごたえのあるものになるでしょう.

at a rún 走って, 駆け足で.

****in the lóng rùn*** **長期的には**, 最終的に. Though

more expensive, this suit will be cheaper *in the long* ～. この服の方が高いけれども長い目で見れば安くつくでしょう.
in the shórt rùn 短期的には.
on the [***a***] ***déad rùn*** 全速力で動いて; (多忙で)奔走して.
on the rún (1) 走って, 大急ぎで; 動き回って. Mother's always *on the* ～. 母はいつも動き回っている. (2) 逃走中で. a criminal *on the* ～ 逃走中の犯人.
the òrdinary [***còmmon, etc.***] ***rún*** (***of ..***) (..の)普通の種類, 並. Hal is above *the common* ～ *of* students. ハルは並の学生より優れている.
[＜古期英語 *rinnan, irnan*]

rún·abòut 名 C 〖話〗軽自動車; 軽モーターボート; 小型飛行機.

rún·aròund 名 C 〖話〗〈the ～〉言い逃れ, ごまかし. get the ～ はぐらかされる, ごまかされる. give a person the ～ 〔人を〕ぬらりくらりとごまかし続ける; 〔配偶者に〕隠れて不倫をする.

‡**rún·awày** 名 (複 ～s) C **1** 逃亡者, 脱走者, 家出をした子供; 奔(ほん)馬, 放れ駒(ごま). **2** 逃走; 駆け落ち.
── 形 〈限定〉 **1** 逃走した; 脱走した; 駆け落ちの; 暴走する〔車など〕. a ～ horse 放れ駒. a ～ slave 逃亡奴隷. ～ children 家出した子供. a ～ marriage 駆け落ち結婚.
2 手に負えない; 〔物価などが〕急騰する; 〔上昇などが〕急激な; 楽勝[圧勝]の. ～ inflation とどまるところを知らないインフレ. a ～ best seller ずば抜けているベストセラー. a ～ victory 大差をつけた[一方的]勝利.

rún·bàck 名 C **1** 〖テニス〗(コートの)ベースライン後方のスペース. **2** 〖アメフト〗ランバック《相手のキックしたボール又はパスを奪って, 相手方のゴールラインに向かって走ること[距離]》.

‡**rùn-dówn** /㊥/ 形 **1** 荒廃した, 荒れはてた, 荒れた, 〔家, 地域など〕. a ～ old house 古いあばら家. **2** 〈叙述〉疲れ果てて; 病弱で. You look ～; have you been overworking? 君は疲れ果てているように見える. 働きすぎたのですか. **3** 〔ぜんまい時計が〕止まった. **4** 〈普通, 限定〉(経営上)左前の, 活気のない.
── /ㅗㅡ/ 名 C **1** 〖話〗詳しい報告; 要約, 概要; 〈*on ..* の〉. a ～ *on* the financial situation 財政状況についての詳しい報告. **2** 〈普通, 単数形で〉(企業の社員数, 規模などの)漸次的減少[縮小]; 減量, 衰退. **3** 〖野球〗挟撃(プレー) (→RUN /../ down (7)).

rune /ruːn/ 名 C **1** ルーン文字《昔, 英国民の祖先でもある北欧民族が碑文などに用いた; →thorn 3》. **2** 神秘的な文字[呪文].
rèad the rúnes 〖英〗状況を把握する; (分析の上で)予測する. [＜古期北欧語「神秘, 秘儀」]

ᚠ a ᛒ b ᚳ c ᛞ d
ᛖ e ᚠ f ᚷ g ᚻ h
ᛁ i ᚳ k ᛚ l ᛗ m
ᚾ n ᚩ o ᛈ p ᚱ r
ᛋ s ᛏ t ᚢ u ᚹ w
[rune 1]

rung[1] /rʌŋ/ 動 ring[2] の過去分詞.

‡**rung**[2] 名 C **1** (はしごの)横木, 格(こ); (いすなどの)桟. **2** (社会的地位などの)段階. the top [highest] ～ of the ladder (組織などの)トップ(の地位); 最高の段階. start on the lowest [bottom, first] ～ *of the ladder* どん底[一]からたたき上げる.
3 (車の)輻(や). [＜古期英語]

ru·nic /rúːnik/ 形 ルーン文字 (rune) の.

rún-ìn 名 C **1** 〖米話〗口論, けんか. have a ～ with .. とぶつかる. **2** (リハーサルの)仕上げ段階, 追い込み; 終盤(戦) 〈*to* ..〔選挙など〕の〉. **3** 〖印〗追い込み(事項). **4** 交通事故.

run·nel /rʌ́nl/ 名 C 〖雅〗流れ, 小川; (道路の)側溝.

‡**run·ner** /rʌ́nər/ 名 (複 ～s /-z/) C
【走る人】 **1** 走る人; 競走者; 競走馬; 〖野球〗走者, ランナー. a good ～ 走るのが速い人. a long-distance ～ 長距離走者. **2** 使者, 走り使い, 客引き; 集金人; 注文取り. **3** 〈複合要素〉..密輸商, 密売[員]者, (→run 他 16). a gun-[dope-]～ 銃砲[麻薬]密輸業者.
【走るもの】 **4** (そりの)滑走板, 滑り; (スケートの)刃; (移動用の)ころ, (カーテンなどの)レール. **5** 〖植〗(イチゴなどの)つる, 匍匐枝(ほふくし); それを出す植物. **6** (階段などの)細長いじゅうたん; (テーブル, ピアノなどの)細長い掛け布. **7** 〈～s〉〖オース話〗ランニング・シューズ.
do a rúnner 〖英〗そそくさと立ち去る, ずらかる, (男[女]と)逃げる.

rúnner bèan 名 C 〖英〗サヤインゲン (〖米〗string bean).

‡**rùnner-úp** /-rʌ́p/ 名 (複 **runners-up**, ～s) C (競技, 競争などでの) 2 位の者[チーム]; (2 位に限らない)入賞者, 入選者, 1 位以外の人.

***run·ning** /rʌ́niŋ/ 形 ⓒ 〈限定〉 **1** 走る, 走っている; 走りながらの. a ～ train 走行中の列車. a ～ catch ランニングキャッチ《走りながら捕球すること》. a ～ battle (特に海軍の)追撃戦.
2 走り書きの, 草書体の. ～ notes (走り書きした)メモ. write in a ～ hand 草書[筆記]体で書く.
3 〔機械などが〕動いている, 運転中の; 上演中の. be in ～ order きちんと動いている. a record ～ play 記録的長期興行の芝居.
4 継続の, 連続した, 続けざまの. a ～ pattern 連続模様. ～ numbers 連続番号. a text containing a million ～ words 延べ 100 万語を含む本文. a ～ battle 果てしない戦い; 果てしない議論(＝a ～ argument). the ～ order (コンサートなどの)演奏の順番; (議事などの)進行.
5 〔水が〕流れる, 流動する; 〔水の〕出る; 膿(うみ)の出る, 化膿(のう)した. a ～ nose 鼻水の出ている鼻. a ～ sore じくじくするただれ.
6 現今の, 目下の, (current); 流行の. the ～ month 今月.
ùp and rúnning 正常に働いて.
── 副 ⓒ **連続して**, 続けて, (★数を伴う複数名詞の後に置く). It's been raining three days ～. 3 日間連続で雨が降っている. For the third year ～ he won the world championship. 3 年目も連続して彼は世界選手権保持者になった.
── 名 U **1 走ること**, ランニング; 競走; 〖野球〗走塁; 走力. ～ shoes ランニング・シューズ. **2** 運転. **3** 管理; 経営, 運営. the ～ of a party 党の運営.
in the rúnning (1) 競走に加わって; (選考の)候補に上がって 〈*for* ..の〉. (2) まだ勝つ見込みがあって. They are no longer *in the* ～. 彼らはもう勝つ見込みがない.
màke [***tàke***] ***the rúnning*** (馬が)先頭に立って走る; リードする; お手本を示す, 率先する.
out of the rúnning (1) 競争に加わらずに. (2) 勝算が全くなく.

rúnning bàck 名 UC 〖米〗〖アメフト〗ランニング・バック《ボールキャリアー, レシーバーとしてプレーするハーフバック, フルバック》.

rúnning bòard 名 C (旧式自動車, トラックの)踏み板, ステップ.

rùnning cómmentary 名 C (ラジオ, テレビの)実況放送, 同時説明; (事件)現場報告[レポート]. give a person a ～ 人に現場報告をする.

rúnning còsts 名 〈複数扱い〉〖経〗(車などの)維持費.

rúnning gèar 名 C 〖機〗(車などの)駆動部[装置].

rùnning héad 名 C 〖印〗欄外見出し, 柱.

rùnning júmp 名 C 走り跳び《走り幅飛び, 走り高跳びなど》. ***tàke a rùnning júmp*** (1) 走り跳びをする. (2) 〖話〗さっさと出て行く. I told him to *take a* ～. 彼にさっさと出て行けと言ってやった. *Take a* ～! 出て行け, じゃまをするな.

rùnning knót 名 ＝slipknot.

rúnning lìght [名] [C] (夜間の)航海[航空]灯.
rúnning màte [名] [C] **1** (競馬で, 同じ厩舎(きゅうしゃ)の馬を勝たせるために)ペースメーカーとして出場する馬. **2** 〖米〗(大統領候補と組み合わせの副大統領候補のような)下位の候補者.
rùnning repáirs [名] 〈複数扱い〉 使用しながらの(部分的)修理.
rùnning stárt [名] [C] **1** (三段跳びなどの)助走. **2** さい先のいいスタート.
rúnning stìtch [名] [C] 運針縫い, 並縫い, 《返し針をしない直線縫い》.
rùnning títle [名] =running head.
rùnning tótal [名] [C] (その時その時までの)臨時合計, 累計, 現在高.
rùnning wáter [名] [U] 流水; (栓を回せば)出る水[湯], 水道(設備). cool hot potatoes under ~ 水を出しっ放しにしてその下で熱いジャガイモを冷やす.
run·ny /rʌ́ni/ [形] 〖話〗 **1** 水っぽい, ゆるい, 溶けた. **2** (風邪をひいて)〔鼻が〕鼻水の出る, 〔目が〕涙の出る. go ~ 〔バターなどが〕溶ける.
Run·ny·mede /rʌ́nimi:d/ [名] ラニミード《英国南部 Windsor に近いテムズ川南岸の草原; John 王が Magna C(h)arta に調印したという場所》.
rún·òff [名] ([複] ~s) **1** [C] (同点者の)決勝戦, 決選投票. a ~ election 〖米〗決戦投票《上位 2 名による》. **2** [U] 表面流水(量) 《地下にしみこまない雨水, 雨量》. chemical ~ from farmland 農地から流出する化学薬品.
rùn-of-the-míll /[移]/ [形] 〖しばしば軽蔑〗並の, ありふれた.
rùn-of-the-míne /[移]/ [形] =run-of-the-mill.
rún·òn [形] **1** 〖印〗追い込みの. a ~ entry 追い込み見出し語《例えば, 本辞典 **ruthless** の項の **~·ly**, **~·ness** など》. **2** 〖韻律学〗行またがりの《韻文で文が行末で切れず, 次の行へ続く場合に言う》.
── [名] [C] 〖印〗追い込み(事項); 追い込みの派生語.
rùn-on séntence [名] [C] 〖米〗無終止文《ひと続きになった(非正用)文; and や ';' の代わりに ',' を誤用して生じる》.
runt /rʌnt/ [名] [C] **1** (同一種類中の)小形で発育不良の家畜[植物]. **2** 〖軽蔑〗ちび(助).
rún-thròugh [名] [C] **1** おさらい; 要約, 概観. **2** 通しげいこ, リハーサル.
‡**rún-ùp** [名] [C] **1** 〈the ~〉 準備段階 〈*to* ..への〉. the ~ *to* the coming General Election 今度の総選挙への準備運動. **2** (価格, 数量などの)急上昇, 急増. **3** 〖スポーツ〗助走(距離).
†**rún·wày** [名] ([複] ~s) [C] **1** 〖空〗滑走路. **2** 〖劇〗花道; (ファッションショーの)ステージ. **3** 川筋, 水路; (動物の)通り道, けもの道.
ru·pee /ru:pí:/ [名] [C] ルピー《インド, パキスタン, スリランカなどの貨幣単位》; 1 ルピー貨.
‡**rup·ture** /rʌ́ptʃər/ [名] **1** [UC] 〖章〗破裂. the ~ of a water pipe 水道管の破裂. **2** [UC] 〖章〗(友好関係などの)決裂, 断絶; 仲たがい. the ~ between two big powers 2 大国間の亀裂. come to a ~ 〔交渉が〕決裂する. **3** [C] 〖医〗ヘルニア, 脱腸, (hernia).
── [動] [他] **1** 〖章〗を破裂させる, 裂く. ~ a blood vessel 血管を破る. The extra strain ~*d* the chain. 強く張りすぎたため鎖が切れた. **2** 〖章〗〔関係など〕を断つ; を決裂させる. ~ party unity 党の団結を乱す. **3** 〖医〗にヘルニアを起こさせる. ~ oneself ヘルニアにかかる. a ~*d* disk 椎間板ヘルニア.
── [自] **1** 〖章〗破れる, 破裂する, 裂ける, 割れる; 断絶する, 仲たがいする. **2** 〖医〗ヘルニアにかかる.
[＜ラテン語 *ruptus* (*rumpere* 'break' の過去分詞); -ure]
*__ru·ral__ /rú(ə)rəl/ [形] [C] 〈普通, 限定〉 **田舎の**, 田園の, 農村の; 田舎風の; (↔urban; [類語] 田舎ののどかな楽しい面を強調する; →rustic). a ~ town 田舎の町. ~ life 田園生活. ~ areas 農村地域. a ~ community 農村社会. ~ economy 農村経済. [＜ラテン語 *rūs*「田舎」, -al]
rùral déan [名] =dean 5.
rùral delívery [名] [U] 〖米〗地方無料郵便配達《略 RD; 旧称 rural free delivery》.
rúral ròute [名] [C] 地方集配区域.
Ru·ri·ta·ni·an /rùrətéiniən [移]/ [形] ルリタニア(風)の; メロドラマ風の冒険に満ちた; 権謀術数のうず巻く; 《Ruritania は, 英国作家 Anthony Hope (1863–1933) が描いたヨーロッパの架空の小王国》.
‡**ruse** /ru:z, -s|-z/ [名] [C] 策略, 計略.
*__rush__[1] /rʌʃ/ [動] (**rúsh·es** /-əz/|[過] [過分] **~ed** /-t/|**rúsh·ing**) [自] **1 (a)** [VA] **突進する** 〈*at, against* ..に〉, 殺到する 〈*on* [*upon*]..に向かって〉; 〔水などが〕勢いよく出る 〈*out* (*of* ..から)〉. Tom ~*ed up* the stairs to the classroom. トムは大急ぎで階段を駆け上がって教室へ行った. The car ~*ed against* the guardrail. 車はガードレールに激突した. They ~*ed out of* the room. 彼らは部屋から飛び出して行った. Fools ~ *in* where angels fear to tread. →fear [他] 1 (b). Water is ~*ing out*. 水がほとばしり出ている. All the players ~*ed at* the ball. 選手たちはみんなボールをめがけて突進した. The fans ~*ed upon* the singer. ファンたちはその歌手めがけて殺到した. Time ~*ed away* from him. 彼の持ち時間がどんどんなくなって行った. **(b)** 大急ぎで[慌てて]行く 〈*to* do ..しに〉; (忙しく)走り回る. You don't have to ~—you've got plenty of time. あわてる必要はない, 時間はたっぷりあるから. She always seems to be ~*ing* (*about*). 彼女はいつも忙しく動き回っているようだ. →~ *about* [*around*] (成句). ~ *to* buy a ticket 大急ぎで切符を買いに行く.
2 [VA] 急いで..する; (..に)走る; (**~ *into* ..**) あわてて[軽率に]..をする. ~ *with* a meal 急いで食事を終える. ~ *to* arms 急いで武器を取る. ~ *to* conclusions 一足飛びに結論を出す. ~ *to* extremes 極端に走る. She ~*ed through* the job. 彼女はその仕事を急いで片付けた. ~ *into* marriage あわてて結婚する. ~ *into* print (よく考えをまとめないままで)大急ぎで活字にする.
3 急に現れる 〈*to* ..に〉; 〔考えなどが〕突然浮かぶ 〈*into, upon* ..に〉. Tears ~*ed to* her eyes. 涙が急に彼女の目に浮かんだ. Memories of their happy years together ~*ed* back *upon* her. 彼らが共に過ごした楽しい年月の思い出がどっと彼女によみがえった.
── [他] **1** を突進させる; をせき立てる, せかす; [VOA] (**~ X *into* (*doing*) ..**) X をせき立てて..をやらせる. Don't ~ me. せかすなよ. I was ~*ed into* sign*ing* the contract. 私はせき立てられて契約書に署名した.
2 (a) [VOA] を急いで連れて行く, 急送する, 急派する. The wounded passengers were ~*ed to* (the) hospital. 負傷した乗客は急いで病院に送られた. **(b)** [VOO] (**~ X Y**) X に Y を急送[急派]する. Please ~ us medical supplies. 我々に医薬品を急送してください.
3 を(大)急ぎでや(り遂げ)る. *Rush* the work in a week. その仕事は急いで 1 週間でやってくれ. ~ one's breakfast 急いで朝食をとる.
4 〔敵〕を急襲する; に突進[突撃]する, 押し寄せる; 〖フットボール〗〔球〕を突進して運ぶ. We ~*ed* the fort. 我が軍はその砦(とりで)を急襲した.
5 〖米話〗**(a)** 〔女性〕にしつこく求愛する. **(b)** 〔新入生〕を勧誘[歓待]する《学生クラブ入会を勧めて》; 〔その種のパーティーなど〕に出る.
6 〖話〗に高値をふっかける 〈*for* ..の代金として〉.
7 〖米(学生)俗〗に当たり散らす.
***rùsh abóut* [*aróund*]** せわしなくする, 飛び回る.
rùsh a pérson off his féet 人をいやおうなしに行動させる.
rùsh /../ óut ..を急いで作る《増産, 増刷などする》. ~

out a statement 急遽(きょ)声明書を作成する.
rùsh /../ thróugh 〔仕事など〕をさっさと片付ける,〔議案など〕をしゃにむに通過させる. The bill was ～*ed through* without adequate debate. 議案は適当な討論もせずに強引に通過させられた.
── 名 (複 **rúsh·es** /-ez/) **1** Ⓒ **突進**, 猛進, 突撃; 急襲;〈単数形で〉急な出現. a ～ of water 奔流. a ～ of wind 一陣の風. In his ～ up the stairs, he stumbled on something and fell. 階段を急いで上る際に彼は何かにつまずいて倒れた. a sudden ～ of compassion 突然生じた哀れみの情.
2 Ⓒ〈単数形で〉(人などの)**殺到**, 混み合い, ラッシュ; (注文などの)殺到, 需要の急増,〈*for, on* ..に対する/*to* do ..しようとする〉. the gold ～ to California in 1849 1849年のカリフォルニアへのゴールドラッシュ. They all came into the room in a ～. 彼らは全員どっと部屋の中になだれ込んだ. a ～ *for* [*to* buy] oil 石油を求めて[買いに]殺到すること.
3 aⓊ せわしなさ, めまぐるしさ, 喧噪(けんそう); 急ぐこと. the ～ of city life 都会生活の慌ただしさ. a great ～ of business 大多忙. What's the ～? 何でそんなに急ぐんですか. I'm in a bit of a ～. 私はちょっと急いでいます.
4 Ⓒ〈普通 ～es〉〖映〗〖話〗(撮影直後の)編集用・下見用プリント《急ぎの仕事の意味から》.
5 Ⓒ〖話〗(麻薬による)快感; ぞくっとする感じ, いい気分.
6 Ⓤ〖米話〗他 5 (b) の期間.
7〈形容詞的〉大急ぎの, 急を要する; 殺到する; 多忙を極める. a ～ order 大急ぎの注文. a ～ job 至急の仕事.
with a rúsh (1) 突進して. He came at me *with a* ～. 彼は私めがけて突進して来た. (2) 一度にどっと; 急に; 大急ぎで. She told all of it *with a* ～. 彼女はそれを全部一気にしゃべった.
[＜古期フランス語「追い返す」; (＜ラテン語 *recūsāre*「押し返す, 拒絶する」)]
rush[2] 名 Ⓒ トウシンソウ, イ, イグサ,《イグサ科の草本の総称; 茎はかごなどの材料; 昔は灯芯(とうしん)に用いた》. [＜古期英語]
rùsh cándle 名 Ⓒ トウシンろうそく.
Rush·die /rú∫di/ 名 **Sal·man** /sʌlmáːn/ ～ ラシュディ (1947-)《インド生まれの英国の小説家; 小説 *The Satanic Verses*『悪魔の詩』(1988) は, マホメットへの冒瀆(ぼうとく)とされ, イスラム世界の激しい反発を招いた》.
rúsh hòur(s) 名〈the ～〉混雑時間, ラッシュアワー.
rúsh-lìght 名 ＝rush candle.
Rush·more /rʌ́∫mɔːr/ 名 **Mount ～** ラシュモア山《米国 South Dakota 州西部の山; 4人の大統領 Washington, Jefferson, Lincoln, Theodore Roosevelt の顔が巨大な岩壁に刻まれている》.
rush·y /rʌ́∫i/ 形 トウシンソウの多い; イ製の.
rusk /rʌsk/ 名 Ⓒ ラスク《固く焼いた薄いパン》; 軽く柔らかいビスケット;《主に離乳食》. [＜スペイン語]
Rus·kin /rʌ́skən/ 名 **John ～** ラスキン (1819-1900)《英国の美術批評家・思想家》.
Russ. Russia; Russian.
Rus·sell /rʌ́s(ə)l/ 名 **Bertrand ～** ラッセル (1872-1970)《英国の哲学者・数学者・平和主義者》.
rus·set /rʌ́sət/ 名 **1** Ⓤ〖雅〗赤[黄]褐色. **2** Ⓤ ラセット《昔の農民が用いた赤褐色の手織り生地》. **3** Ⓒ 赤いリンゴの一種. ── 形〖雅〗赤[黄]褐色の; 薄茶色の.
‡**Rus·sia** /rʌ́∫ə/ 名 **1** ロシア, ロシア連邦, (→Russian Federation). **2** ロシア, ソヴィエト連邦, ソ連,《ソヴィエト社会主義共和国連邦 (1991年解体) の俗称; →the Union of Soviet Socialist Republics》. **3** ロシア(帝国)《ロシア革命 (1917) によって崩壊; 首都は St. Petersburg》. [＜古期ロシア語 'Norseman']
‡**Rus·sian** /rʌ́∫(ə)n/ 形 ⓒ ロシア(人, 語)の; ロシア製の; ソ連の. ── 名 (複 **～s** /-z/) **1** Ⓒ ロシア人; ソ連人.
2 Ⓤ ロシア語.
Rùssian dóll 名 Ⓒ〈～s〉マトリョーシカ《いくつかの人形が入れ子になっている》.
Rùssian dréssing 名 Ⓤ ロシア風ドレッシング《刻んだピクルス, チリソース, ケチャップなどの入ったマヨネーズ[ヴィネグレット]ソース》.
Rùssian Federátion 名〈the ～〉ロシア連邦《CIS 最大の構成国; 首都 Moscow》.
Rùssian (Òrthodox) Chúrch 名〈the ～〉ロシア正教会《ギリシア正教会の一派》.
Rùssian Revolútion 名〈the ～〉ロシア革命《1917年に起きた革命; これによりロマノフ (Romanov) 王朝が倒れた》.
Rùssian roulétte 名 Ⓤ ロシア式ルーレット《弾丸が1つ入っている回転式連発拳(けん)銃の弾倉を回し, 自分の頭に向けて引き金を引く命懸けの遊び》.
Rùssian sálad 名 Ⓤ ロシア風サラダ《さいの目に刻んだ野菜をマヨネーズであえる》.
Rùssian Sòviet Fèderated Sòcialist Repúblic 名〈the ～〉ロシアソヴィエト連邦社会主義共和国《ソヴィエト連邦を構成していた最大の国; 現在のロシア連邦 (→Russian Federation, the)》.
Rùssian wólfhound 名 ＝borzoi.
Rus·so- /rʌ́sou/〈複合要素〉「ロシアの」の意味.
Rùsso-Jàpanése /⑧/ 形 日露の, ロシアと日本の.
Rùsso-Jàpanese Wár 名〈the ～〉日露戦争 (1904-05).
‡**rust** /rʌst/ 名 Ⓤ **1** (金属の)さび; さび色. railings covered with ～ さびた手すり. gather ～ さびがつく. **2**〖植〗(赤)さび病.
── 動 自 **1** さびる; VA さびつく,〈*away, through*〉. The old sword ～*ed*. 古い刀はさびた. Better wear out than ～ *out*.〖諺〗(使われずに)さびついてしまうよりはすり減ってしまう方がよい. **2**〔技能などが〕(使わないために)鈍る, 力が落ちる, 'さびる',〈*away*〉. You'll just ～ *away* in idleness. 怠けていては腕が落ちるだけだ.
── 他 **1** をさびさせる; をさびつかせる. **2**〔能力〕をなまらせる. [＜古期英語; red と同根]
rúst bèlt 名〈the ～〉〈しばしば R- B-〉〖米〗錆(さび)地帯《五大湖周辺の重工業地帯; 景気の低迷で鉄鋼・自動車産業などが縮小[廃業]を迫られ, 'さびつく' を連想させるから》.
***rus·tic** /rʌ́stik/ 形 ⓜ **1 田舎の**; 田舎風の; (↔urbane; 類語 田舎の洗練されていない, 又は粗野な面を強調する; →rural). ～ life 田園生活. **2** 素朴な, ぼくとつな; 質素な. His music has a certain ～, unaffected charm. 彼の曲にはある種の素朴な気取らない魅力がある. **3** 田舎者らしい, 粗野な, 無作法な. ～ manners 無作法. **4**〈限定〉丸太[丸木]造りの. a ～ cabin 丸太小屋.
── 名 Ⓒ 田舎者; 武骨者.
[＜ラテン語「田舎 (*rūs*)の」]
rús·ti·cal·ly /-k(ə)li/ 副 田舎風に; 素朴に; 粗野に.
rus·ti·cate /rʌ́stəkèit/ 動〖章〗自 田舎に行く; 田舎住まいをする. ── 他 **1** を田舎に行かせる[住まわせる]; を田舎風にする. **2**〖英〗(大学で)に停学を命じる.
rùs·ti·cá·tion 名 Ⓤ **1** 田舎への放逐; 田舎住まい. **2**〖英〗停学(期間).
rus·tic·i·ty /rʌstísəti/ 名 (複 **-ties**) ⓊⒸ **1** 田舎風; 田園生活. **2** 素朴, 質素. **3** 粗野, 無作法.
rust·i·ness /rʌ́stinəs/ 名 Ⓤ さびて[鈍って]いること.
†**rus·tle** /rʌ́s(ə)l/ 動 自 **1**〔木の葉, 紙, 絹などが〕さらさら[かさかさ]と音を立てる; さらさら音を立てて動く, きぬずれの音を立てて歩く. Leaves ～*d* under my feet as I walked. 歩いて行くと踏まれて木の葉がかさかさ音を立てた. **2**〖主に米話〗(放牧してある)家畜を盗む. **3**〖米話〗精力的に動く[働く].
── 他 **1** をさらさら[かさかさ]鳴らす; をばたばた震わせる. A

breeze ～*d* the branches. そよ風に枝がさわさわ鳴った.
2〘主に米・オース話〙〔家畜〕をかっぱらう.
rùstle /../ úp〘話〙..をかき集める; ..を手早く作る. Will you ～ *up* some lunch? 急いで何かお昼ごはんをこしらえてくれませんか.
── 名 aU さらさら[かさかさ]いう音, きぬずれの音. a ～ of dead leaves 枯れ葉がかさかさいう音.
[＜中期英語; 擬音語]

rús·tler 名 C〘米・オース話〙牛[馬など]どろぼう.

rúst·less 形 さびない; さびていない.

rús·tling 形 さらさら[かさかさ]鳴る. ～ reeds さわさわ鳴るアシ. ── 名 UC **1** さらさら[かさかさ]いう音. **2**〘主に米〙家畜を盗むこと.

rúst·pròof 形 さび止めをした.

‡**rust·y** /rʌ́sti/ 形 e (**rúst·ier**|**rúst·iest**) **1** さびた, 腐食した; さびついた, さびて動かない. a ～ nail さびた釘(くぎ). a ～ hinge さびついて動かないちょうつがい. **2** さび色の;〔黒い布が〕色あせた. a ～ old hat 色のあせた古い帽子. **3**〈主に叙述〉〔知識, 技能などが〕(使わないために)なまった, 'さびついた';〔人の〕腕前が落ちて, 調子がでない. My French is rather ～. 私のフランス語はかなりさびついている. [rust, -y¹]

‡**rut**¹ /rʌt/ 名 C **1** 車の跡, わだち. The tires made ～*s* in the muddy road. 泥んこ道にタイヤの跡がついた. **2**〈単数形で〉決まりきったやり方, 常例, 慣例. be (stuck) in a ～ 型にはまっている, 変わりばえがしない; 退屈している. get (stuck) in a ～ マンネリになる. get into [out of] a ～ マンネリに陥る[を脱け出す].
── 動 (～**s**|-**tt**-) 他 に車の跡[わだち]をつける.
[? ＜route] ▷**rút·ted** /-əd/ 形

rut² 名 U〈普通 the ～〉(シカ, 羊などの)さかり, 発情; 発情期. in ～ 発情して. ── 動 (～**s**|-**tt**-) 自 さかりがつく, 発情する. the ～*ting* season 発情期. [＜ラテン語「吠える」]

ru·ta·ba·ga /rù:təbéigə/ 名 UC〘米〙カブハボタン《黄色い大カブの一種; swede》.

Ruth /ru:θ/ 名 **1** 女子の名. **2**『ルツ記』《旧約聖書中の一書》; ルツ《『ルツ記』の女主人公》. **3 Babe** /beib/ ～ (ベーブ・)ルース (1895–1948)《米国の野球選手; ホームラン王》.

ru·the·ni·um /ru:θí:niəm/ 名 U〘化〙ルテニウム《金属元素; 記号 Ru》.

Ruth·er·ford /rʌ́ðərfərd/ 名 **Lord Ernest ～** ラザフォード (1871–1937)《ニュージーランド生まれの英国の物理学者; 1908 年ノーベル賞》.

***ruth·less** /rú:θləs/ 形 m〔人, 行為などが〕**情け容赦のない**, 無慈悲な, 残忍な; 乱暴な. a ～ judge 無慈悲な裁判官. carry out destruction with ～ efficiency 情け容赦のない能率の良さで破壊を行う. [＜中期英語 *reuth* (＜rue¹＋-th¹); -less]
▷ **～·ly** 副 情け容赦なく; 無情にも. **～·ness** 名

Rut·land·shire /rʌ́tləndʃər/ 名 ラットランドシャー《イングランド中部の旧州; 1974 年 Leicestershire に編入》.

rut·ty /rʌ́ti/ 形 車の跡だらけの.

RV Revised Version (→AV); recreational vehicle.

Rwan·da /ru(:)ɑ́:ndə|ru(:)ǽn-/ 名 ルワンダ《アフリカ中東部の共和国; 首都 Kigali》.

Rwy, Ry railway.

Rx /ɑ̀:réks/ 名 C 処方箋(せん).

-ry /ri/ 接尾〈名詞を作る〉**1**「性質, 行為」を表す. rival*ry*. braver*y*. **2**「境遇, 身分, 階級」を表す. slav*ery*. gent*ry*. **3**「..類」を表す. jewel*ry*. machin*ery*. **4**「製造所, 飼育所」を表す. bak*ery*. nurs*ery*. [フランス語 (＜ラテン語)]

†**rye** /rai/ 名 U **1**〘植〙ライムギ《黒パンの原料, 家畜飼料用; →wheat 参考》; ライムギパン, 黒パン, (**rýe brèad**; →bread 参考). **2**〘主に米〙ライムギ製ウイスキー (1 杯) (**rỳe whískey**). [＜古期英語]

rýe·gràss 名 U〘植〙ホソムギ《飼料用》.

S

S, s /es/ 名 (複 **S's, Ss, s's** /ésəz/) **1** UC エス《英語アルファベットの第 19 字》. **2** C 〈大文字で〉S 字形のもの.
S Saint; satisfactory; Saturday; 〖文法〗sentence; Signor; Society; South; Southern; 〖文法〗subject; 〖化〗sulfur; Sunday.
s second²(s); shilling(s); school; soprano.
-s /(有声音の後で) z, (無声音の後で) s, (/s, z, ʃ, ʒ, tʃ, dʒ/ の後で) əz/ 接尾 **1** 名詞の複数語尾 (→-es 1). boys /-z/, dogs /-z/, cups /-s/, judges /-əz/. **2** 動詞の 3 人称・単数・現在形語尾 (→-es 2). Man dies /-z/. 人は死ぬ. She likes /-s/ flowers. 彼女は花が好きだ. The sun rises /-əz/ in the east. 太陽は東から昇る. **3** nights (夜に), Saturdays (土曜日に)のように名詞に付いて副詞的働きをさせることがある. この -s は歴史的には所有格であるが, 一般には複数形ととられている.
‡'s /(有声音の後で) z, (無声音の後で) s, (/s, z, ʃ, ʒ, tʃ, dʒ/ の後で) əz/ 接尾 **1** 名詞の所有格語尾. Jim's /-z/, cat's /-s/, Max's /-əz/. 語法 (1) -(e)s で終わる複数名詞には ' だけを付ける: girls', babies'. (2) -s で終わる固有名詞には 's でも ' だけでもよい: James's /dʒéimzəz/ 又は James' /dʒeimz/. しかし書く場合は James' が多く, 口頭では /dʒéimzəz/ が多い. (3) 無生物名詞には 's ではなく of.. (→of 17)を使用するのが原則だが, 例えば by a hair's breadth (間一髪で), for mercy's sake (お願いだから)のような慣用表現, an hour's walk (1 時間の徒歩), the hotel's entrance (ホテルの入口), London's traffic (ロンドンの交通)のように時, 場所, 地名などの名詞にはよく用いられる.
2 文字, 数字, 記号などの複数語尾. t's, 3's, M.P.'s. 注意 ' は省略することもある: Rs, MSS., mss.
3 〖話〗(**a**) is の短縮形. It's (=It is) noon. お昼だ. She's (=She is) singing. 彼女は歌っている. There's (=There is) a desk. 机がある. 語法 (1) 特に代名詞の主語, および there, here に続く場合に好んで用いられる. (2) 文末あるいは次に本動詞が省略されている場合には用いない: "Is he coming tonight?" "Yes, he *is* [No, but he *is* tomorrow]."「彼は今夜来るか」「ああ, 来る[いや, でも明日は来る]」(★he's は不可). (3) She is not mistaken. (彼女は間違っていない)には She's not.. と She isn't.. の短縮形があるが, 後者の方が普通.
(**b**) has の短縮形. He's (=He has) finished the job. 彼は仕事を片付けた. 語法 (1) 特に代名詞の主語に続く助動詞用法の場合に多く用いられる. (2) →(a) 語法 (2), (3).
(**c**) does の短縮形. What's (=What does) he want? 彼は何を欲しがっているのだ. ★疑問詞に続く助動詞用法の場合に限られる.
(**d**) us の短縮形. Let's (=Let us) make haste. 急ごう. ★この用法以外には用いない.
$, $ dollar(s)《米国貨幣; $ は U と S を重ね合わせて, さらに U の底部を除いて作られたともいわれる》. $1 (=one [a] dollar) 1 ドル. $30.50 (=thirty dollars, (and) fifty cents) 30 ドル 50 セント.
SA Salvation Army; South Africa [America, Australia]; 〖話〗sex appeal.
Saar /sɑːr, zɑːr | sɑː/ 名 〈the ～〉ザール地方《ドイツ西部のフランス国境沿いの地方》.
Saar·land /sɑ́ːrlænd, zɑ́ːr- | sɑ́ː-/ 名 =Saar.
sab·ba·tar·i·an /sæ̀bətéəriən/ 名 C 〈しばしば S-〉安息日厳守者. ── /形/ 形 安息日厳守の. ▷～·ìsm 名 U 安息日厳守主義.
†Sab·bath /sǽbəθ/ 名 **1** 〈普通 the ～〉安息日 (**Sàbbath dáy**)《仕事や旅行をせず, 祈りと休息に充てるべき日で, ユダヤ教では土曜日, キリスト教では一般に日曜日, イスラム教では金曜日》. break the ～ 安息日を守らない. keep [observe] the ～ 安息日を守る. **2** C 〈s-〉安息, 憩い; 平和. ◇形 Sabbatical [＜ヘブライ語「休息(の日)」]
Sab·bat·i·cal /səbǽtik(ə)l/ 形 〈限定〉安息日の(ような); 〈s-〉安息の, 休息の.
── 名 UC 〈s-〉1 年間の有給休暇《7 年目ごとに大学教員に与えられる; **sabbàtical yéar** [**léave**] とも言う》. Prof. Hill is away on ～ this year. ヒル教授は今年度は有給休暇で大学には出られません.
†sa·ber 〖米〗, **sa·bre** 〖英〗/séibər/ 名 **1** C (騎兵の)サーベル, 軍刀, (→sword 参考, 図). **2** C 〖フェンシング〗サーベル《foil² より重く, 切りと突きの両方に用いる剣; →fencing》; U その競技[試合]. ── 動 他 をサーベルで切る[殺す]. [フランス語 (＜ドイツ語)]
sáber ràttling 名 武力によるおどし《サーベルをがちゃつかせることから》.
sàber-toothed tíger /-tuːθt-/ 名 C 剣歯トラ《化石獣; 漸新世から更新世にかけて生息した古生物》.
sa·ble /séib(ə)l/ 名 **1** C 〖動〗クロテン《北欧・アジア産; その美しい毛皮は高級品として珍重される》. **2** U クロテンの毛皮. **3** 〈～s〉クロテン皮の服[襟巻き]; 〖詩〗喪服. ── 形 **1** クロテン皮[毛]の. **2** 〖紋章〗〈普通, 名詞に後置して〉黒の. an escutcheon with a lion on a field ～ 黒地にライオンのある盾. **3** 〖詩〗黒い, 暗黒の; 陰気な. his ～ Majesty 悪魔大王.
sab·ot /sǽbou, -´|´-/ 名 (複 **～s** /-z/) C 木靴, サボ, 《フランス, オランダなどの農民が履く》. [フランス語]
‡sab·o·tage /sǽbətɑ̀ːʒ/ 名 U **1** 生産妨害行為, 破壊活動[工作], 《労働争議中の労働者, 又は敵側スパイなどが行う》. 注意 日本語で言う「サボタージュ(怠業)」ではない; この意味では〖米〗slowdown, 〖英〗go-slow と言う. **2** 〈一般に〉計画の妨害《ひそかな又は間接的な》.
── 動 他 (計画的に)を破壊する, 妨害する.
[フランス語「sabot で蹴る[を打ち鳴らす]こと」]
‡sab·o·teur /sæ̀bətə́ːr/ 名 C sabotage をする人; 破壊工作員. [フランス語]
sa·bra /sɑ́ːbrə | sǽ-/ 名 C 〖主に米〗イスラエル生まれのイスラエル人.
†sa·bre /séibər/ 名 〖英〗=saber.
SAC Strategic Air Command.
sac /sæk/ 名 C 〖生物〗嚢(のう)《体液などを含む袋状のもの》. [フランス語 'sack'] 「の一種》.
sac·cha·rin /sǽk(ə)rən/ 名 U サッカリン《甘味剤
sac·cha·rine /sǽk(ə)rən, -ràin | -ràin/ 形 **1** 砂糖の; 糖分過多の. **2** 〔声などが〕甘ったるい; なれなれしいほどに親切な. ── /-rən, -riːn/ 名 =saccharin.
sac·er·do·tal /sæ̀sərdóut(ə)l 形/ 形 聖職(者)の, 司祭の; 司祭制の, 聖職尊重の.
sàc·er·dó·tal·ìsm 名 U 聖職者[司祭]制度《神と人間の仲介者としての聖職者の意義を重視する》.
sa·chem /séitʃəm/ 名 C **1** (北米先住民の)酋(しゅう)長. **2** 〖米〗政界のボス.
sa·chet /sæʃéi | ´-/ 名 **1** C (普通プラスチック製で, 1 回分の砂糖, シャンプーなどが入った)小さい袋. **2** C におい

S

袋. **3** Ⓤ 香粉. [フランス語「小さな袋」]

:sack[1] /sæk/ 名 (複 **~s** /-s/) Ⓒ **【袋】 1** (粗い布製の)**大袋**《小麦粉, セメント, 石炭などを入れる》; そのひと袋分(sackful). a ~ of flour 小麦粉ひと袋. **2**〖米〗(食品などを入れる)褐色の紙[ポリ]袋《買い物客に品物を詰めて渡す》; その1杯分.

【袋状の物】 3 (a) (女性, 子供用の)ゆったりとした上着. **(b)** =sack dress. **4**〖米俗〗〈the ~〉ベッド; 寝袋. **5**〖話〗〈the ~〉解雇, '首'. **6**〖野球〗塁(base). **7**〖アメフト〗サック《スクリメッジライン(line of scrimmage)後方で, クォーターバック(quarterback)に組みついて動きを封じること》.

gèt* [*hàve*] *the sáck 〖話〗首になる.

give a pèrson the sáck* = *give the sáck to a pèrson 〖話〗人を首にする《sack は元来, 職人の道具袋》.

hìt the sáck →hit.

be léft hòlding the sáck =be left holding the BAG.

── 動 他 **1** を大袋に入れる. **2**〖話〗を解雇する, 首にする, (fire). **3**〖アメフト〗〔クォーターバック〕にタックルする, 組みついて動きを封じる, (→名 7).

sàck óut 〖米俗〗寝床に入る; 寝入る.

[<ギリシア語 *sákkos*「粗布(の袋)」]

sack[2] 動 他 〔軍隊が, 占領地〕を略奪する.

── 名 Ⓤ 〈普通 the ~〉(都市などの)略奪.

sack[3] 名 Ⓤ サック酒《16, 7世紀にスペインやカナリア諸島から英国に持ち込まれた白ワイン》.

sack·but /sǽkbʌ̀t/ 名 Ⓒ (中世の)低音らっぱ《トロンボーンに似た楽器》.

sáck·clòth 名 Ⓤ **1** ズック, 麻の袋地. **2** 粗布の衣《昔, 喪や悔悟の印に着た》.

in sàckcloth and áshes 非常に嘆いて[後悔して].

sáck còat 名 Ⓒ 男性用のゆったりしたジャケット《ウエストを絞っていない「レス」》.

sáck drèss 名 Ⓒ サックドレス《ずん胴型の女性用ドレス》.

sack·ful /sǽkfùl/ 名 Ⓒ 袋1杯, ひと袋.

sáck·ing 名 **1** =sackcloth. **2** Ⓒ〖話〗解雇, 首にすること.

sáck ràce 名 Ⓒ サックレース《袋に両足を入れてぴょんぴょん跳びながら進む競技》.

sáck sùit 名 Ⓒ sack coat を上着にしたスーツ.

sáck tìme 名 Ⓤ〖米俗〗睡眠中の時間; 就寝時間.

sa·cra /sǽkrə, séi-|séi-/ 名 sacrum の複数形.

sa·cral /séikrəl/ 形 聖式の, 聖礼の.

sac·ra·ment /sǽkrəmənt/ 名 **1** Ⓒ〖プロテスタント〗聖礼典《洗礼・聖餐(さん)のうちの1つ》;〖カトリック〗秘跡, サクラメント, 《洗礼・堅信・聖体・悔悛(しゅん)・終油・叙階・婚姻の7つの秘跡の1つ》. **2** 〈the ~, the S-〉聖餐(式); 聖餐用のパン, 聖体, (**the Blèssed** [**Hòly**] **Sácrament** とも言う). **3** Ⓒ〈一般に〉神聖な物事; 神秘的なもの. [<ラテン語「厳粛な誓い」(<*sacer* 'sacred')]

sac·ra·men·tal /sæ̀krəméntl(ə)l 形/ 形 **1** 聖礼典の, 聖餐(さん)の; 秘跡重視の. **2** 神聖な. a ~ obligation 神聖な義務. ── 名 Ⓒ〖カトリック〗準秘跡《聖水, 聖油の使用や十字を切ること》.

sàc·ra·mén·tal·ìsm 名 Ⓤ 聖餐(さん)重視主義.

Sac·ra·men·to /sæ̀krəméntou/ 名 サクラメント《米国 California 州の州都》.

:sa·cred /séikrəd/ 形 ⓜ (1, 2は ⓒ) **1** 〈限定〉**神聖な**; 神の, 宗教的な; 神に捧(ささ)げられた; (↔secular, profane). a ~ book [writings] 聖典. ~ orders 聖職 (holy orders). ~ music 宗教音楽, 教会音楽. a ~ number 聖なる数《例えば7》. A mosque is a ~ building to Muslims. モスクはイスラム教徒にとって神聖な建物である.

2 〈叙述〉捧げられた〈*to* ..〔ある人, 物, 目的など〕に〉; 祭った〈*to* ..〔神など〕を〉. a monument ~ *to* the memory of the Unknown Warrior 無名戦士に捧げられた記念碑. a temple ~ *to* Apollo アポロを祭った神殿. **3** 〔生き物が〕神のお使いの, 神聖な. the swan ~ *to* Venus ヴィーナスの使いの白鳥.

4 〔約束などが〕厳粛で破ることのできない; 神聖にして犯すべからざる. a ~ promise 厳粛な誓い. a ~ right 犯すべからざる権利. Some judoists want to wear colored uniforms. Is nothing ~ these days?〖戯〗柔道家に色付き柔道着を着たがる者がいる.昨今は(変化に無縁の)聖域なるものはないのか.

be sácred from .. ..を免れている, 被らない.

hòld .. sácred ..を神聖視する, 尊重する. He *holds* a promise ~. 彼は約束を固く守る.

[<ラテン語 *sacer*「神聖な」]

▷ **~·ly** 副 神聖に. **~·ness** 名 Ⓤ 神聖; 不可侵性.

Sàcred Cóllege 名 〈the ~〉=College of Cardinals (→college 7).

sàcred ców 名 Ⓒ **1** (インドの)聖牛. **2**〖戯〗神聖にして犯すべからざるもの《思想, 制度など神聖視されて批判することが許されないものを非難して》. You cannot criticize their system of selecting the leader: it's one of their ~*s*. 彼らの指導者の選び方を批判することはできない. それは言わば彼らの聖域だから.

Sàcred Héart 名 〈the ~〉〖カトリック〗聖心《処刑されたキリストの心臓; キリストの(人類への)愛と罪のあがないの象徴》.

:sac·ri·fice /sǽkrəfàis/ 名 (複 **-fic·es** /-əz/) **1** ⓊⒸ (神に)いけにえを捧(ささ)げること; Ⓒ いけにえ, 犠牲, 捧げ物, 〈*to* ..への〉. kill a goat as a ~ *to* God 神への捧げものとしてヤギを殺す. **2** Ⓤ〖神学〗キリストのはりつけ.

3 ⓊⒸ **犠牲**《特定の目的達成のための》; Ⓒ 犠牲(的行為). Parents often make great ~*s* to educate their children. 親は子の教育にしばしば大きな犠牲を払う. He said he would do it at any ~. 彼はどんな犠牲を払ってもそれをやると言った. **4** Ⓒ 損を承知のたたき売り, 投げ売り. sell at a ~ 犠牲的価格で投げ売りする.

5 Ⓒ〖野球〗=sacrifice hit; sacrifice bunt.

at the sácrifice of .. ..を犠牲にして. John completed the book *at the* ~ *of* his health. ジョンは健康を犠牲にしてその本を完成した.

fàll a sácrifice to .. ..の犠牲になる.

màke the suprème* [*ùltimate*] *sácrifice (1)〖章〗(国・他人のために)一命を捧げる. (2)〖主に戯〗〔女性が〕しぶしぶ身を任せる[体を許す].

── 動 (**-fic·es** /-əz/|過 過分 **~d** /-t/|**-fic·ing**) 他 **1** を犠牲にする, 捧げる, 〈*for, to* ..のために/*to* do ..するために〉. The soldiers ~*d* their lives [themselves] *for* their country. 兵士たちは祖国のために一身を投げ出した. They ~*d* natural beauty *to* (achieve) economic prosperity. 彼らは自然の美しさを経済的繁栄(達成のため)の犠牲にした. **2** 〔動物など〕をいけにえにする, いけにえとして捧げる, 〈*to* ..に〉. **3**〖話〗を投げ売りする. **4**〖野球〗〔ランナー〕を犠打[(犠牲)バント]で進塁させる.

── 自 **1** いけにえを捧げる〈*to* ..に〉. **2** 犠牲を払う〈*to* ..に/*for* ..のために〉. **3**〖野球〗犠打を打つ, バントする.

[<ラテン語「神聖にすること」(< *sacer* 'sacred' + *facere* 'make')]

sàcrifice búnt 名 Ⓒ〖野球〗犠牲バント.

sàcrifice flý 名 Ⓒ〖野球〗犠牲フライ.

sàcrifice hít 名 Ⓒ〖野球〗犠打.

sac·ri·fi·cial /sæ̀krəfíʃ(ə)l 形/ 形 **1** 〈普通, 限定〉いけにえの. **2** 犠牲的な, 献身的な. **3** 投げ売りの. a ~ sale 大出血セール. ▷ **~·ly** 副

sac·ri·lege /sǽkrəlidʒ/ 名 **1** Ⓤ 神聖な物を穢(けが)すこと, 冒瀆(とく); Ⓒ 冒瀆行為《例えば教会荒らし》. **2** ⓊⒸ〖主に戯〗〈一般に〉罰当たり(な行為). It would be (a) ~ to rebuild such an ancient temple. そんなに古い

寺を建て直すのは罰当たりだ. [＜ラテン語「神聖な器物を盗むこと」]

sac·ri·le·gious /sæ̀krəlídʒəs ⓐ/ 形 冒瀆(ぼうとく)の; けしからぬ, 罰当たりな.
▷ **～·ly** 副 罰当たりに. **～·ness** 名 U 冒瀆.

sac·ris·tan /sǽkrəstən/ 名 C **1** (教会, 寺院の)聖具保管係. **2**〖古〗＝sexton.

sac·ris·ty /sǽkrəsti/ 名 (複 **-ties**) C 聖具室, 祭器祭服室, 《教会の聖具を安置する部屋; 聖職者がここで着替えをする》.

sa·cro·il·i·ac /sèikrouíliæ̀k/〖解剖〗形 仙(せん)腸骨間の. ── 名 C 仙腸骨関節(炎).

sac·ro·sanct /sǽkrousæ̀ŋ(k)t/ 形〈しばしば皮肉に〉この上なく神聖な, 神聖にして犯すべからざる.

sa·crum /sǽkrəm, séi-|séi-/ 名 (複 **sa·cra** /-krə/) C〖解剖〗仙(せん)骨.

‡**sad** /sæd/ 形 e (**sád·der**|**sád·dest**) 【悲しい】 **1** 〔人が〕悲しい, 悲しんでいる, 〈*at* ..で/*about* ..を/*to* do ..して〉(↔glad); 悲しげな. look ～ 悲しげに見える. be ～ *at* the news 知らせを聞いて悲しむ. I feel ～ *about* my dog being killed in a traffic accident. 私の犬が交通事故死して悲しい思いだ. I'm ～ *to* hear that. それを聞いて悲しい. What makes you so ～? なぜそんなに悲しんでいるの. a ～ look 悲しげな顔. I came back home a ～*der* and [but] wiser man. 私は(失敗して)悲しかったが, (経験したことで)それだけ賢くなって帰って来た.
2 【沈んだ】〔色が〕くすんだ, 地味な. a ～ color くすんだ色.
【哀れな】 **3** 〔事, ものが〕悲しむべき, 痛ましい, (↔glad); 〔人が〕哀れな, 気の毒な; 淋しい. a ～ story 痛ましい話. ～ news 悲しい知らせ. It is ～ [a ～ fact] that he has been sick for such a long time. 彼がそんなに長く病気だったとは気の毒[気の毒なこと]だ. It's ～ to see such a horrible spectacle. こんな惨状を目にするのは痛ましい. He had his wife die. He's a ～ case.〖話〗彼は奥さんに死なれた. 哀れなやつだ.
4 【哀れむべき】〖話〗〈限定〉ひどい, みじめな, 嘆かわしい, あきれた. a ～ mistake ひどい間違い. a ～ state of affairs みじめな状態.
5〖俗〗(気の毒なほど)ぱっとしない, うんざりする; ばかげている. ◇名 sadness 副 sadly 動 sadden
in sàd éarnest〖古〗大まじめに, 真剣に.
sàd to sáy 悲しい[残念な]ことに(sadly). *Sad to say*, he didn't live up to our expectations. 悲しいことに彼は我々の期待に添わなかった.
[＜古期英語「満足した, うんざりした」]

Sa·dat /sədǽt/ 名 (**Mohammed**) **Anwar el-～** サダト (1918-81)《エジプトの政治家; 大統領 (1970-81); ノーベル平和賞 (1978); 対イスラエル政策に反対する軍人に暗殺された》.

†**sad·den** /sǽdn/ 動 他 を悲しませる. I was ～*ed* to hear his story. 彼の話を聞いて悲しくなった.
── 自 悲しくなる.

‡**sad·dle** /sǽdl/ 名 (複 **～s** /-z/) **1** C (馬の)鞍(くら) (→harness 図); (自転車, オートバイなどの)サドル (→bicycle 図). put a ～ on a horse 馬に鞍を置く. fall out of the ～ 落馬する. swing oneself into the ～ ひらりと鞍にまたがる. **2** C 鞍形のもの; (山の)鞍(あん)部《2つの峰の間の低い部分》. **3** UC (羊, 鹿(しか)などの)鞍下(くらした)肉.
in the sáddle (1) 馬に乗って. (2) 権力を握って (in control). (3) 仕事中で; 職(務)について.
lòse the sáddle 落馬する.
── 動 (～s /-z/|過 過分 ～d /-d/|-dling) 他 **1** 〔馬〕に鞍を置く〈*up*〉. ～ (*up*) a horse 馬に鞍を置く. **2** VOA (～X *with* Y/Y *on* [*upon*] X) X(人)に Y(負担など)を負わせる. ～ a person *with* responsibility＝～ responsibility *on* a person 人に責任を負わせる. He is ～*d* *with* a large family. 彼は大家族を抱えている. ── 自〈次の成句で〉***sàddle úp*** 馬に鞍を置く; 鞍にまたがる.
[＜古期英語]

sáddle·bàg 名 C 鞍(くら)袋, サドルバッグ, 《鞍の後ろや自転車, オートバイのサドルに付けるバッグ; →bicycle 図》.

sáddle blànket 名 C〖米〗鞍下《鞍の下に敷く厚布》.

sáddle·clòth 名 C 鞍(くら)敷き, 鞍下.

sáddle hòrse 名 C 乗馬, 乗用馬.

sád·dler 名 C 馬具職人; 馬具商.

sad·dler·y /sǽdl(ə)ri/ 名 (複 **-dler·ies**) **1** U〈集合的〉馬具(一式). **2** U 馬具製造業. **3** C 馬具店, 馬具商.

sáddle shòe 名 C〈普通 ～s〉サドルシューズ《甲に鞍型の飾り皮のついたかかとの低い靴》.

sáddle sòap 名 U 皮磨き石けん.

sáddle sòre 名 C (馬又は乗り手の)鞍ずれ.

sáddle-sòre 形〈叙述〉〔人が〕鞍(くら)ずれができた[で痛む].

sáddle stìtch 名 UC **1**〖製本〗鞍形綴(と)じ. **2**〖裁縫〗サドルステッチ《革ひもでするかがり縫いの一種》.

Sad·du·cee /sǽdjəsi:/ 名 C サドカイ教徒《死者の復活, 天使, 霊魂の存在などを信じない古代ユダヤ教の一派; パリサイ人 (Pharisee) と対立的関係にあった》. ▷ **～·ism** 名 U サドカイ教.

Sade /sɑ:d/ 名 **Donatien Alphonse François de ～** サド(侯爵) (1740-1814)《フランスの作家; 普通 Marquis de Sade と呼ばれる; →sadism》.

sa·dhu /sɑ́:du:/ 名 C (インドの)聖人.

Sà·die Háwkins Dày /sèidi-/ 名〖米〗セーディーホーキンスデー《例年 11 月ごろに高校, 大学で女性の方から男性を特別な(ダンス)パーティー (**Sàdie Háwkins** (**dànce**)) に誘う日》.

sad·ism /séidiz(ə)m, sǽd-/ 名 U サディズム, 加虐性(変態性欲), (→Sade; ↔masochism).

sad·ist /séidist, sǽd-/ 名 C サディスト.

‡**sa·dis·tic** /sədístik/ 形 サディスト的な, 加虐的な.
▷ **sa·dis·ti·cal·ly** /-k(ə)li/ 副

‡**sad·ly** /sǽdli/ 副 m (★3 は ⓒ) **1** 悲しんで, 悲しそうに. **2** 痛ましくも, 悲しいことに. *Sadly*, his dream didn't come true. 悲しいことに彼の夢は実現しなかった. **3** ひどく, あきれるほど, (badly). He is ～ mistaken. 彼はひどい間違い[思い違い]をしている. Food is reported ～ lacking in North Korea. 北朝鮮では食糧がひどく不足していると伝えられている.

***sad·ness** /sǽdnəs/ 名 (複 **～·es** /-əz/) **1** U 悲しみ, 悲哀. 類語 さまざまな程度の悲しみを表す一般的な語; →grief, sorrow, woe. **2** C〈普通 ～es〉人を悲しませること, 悲しい出来事; 〈a ～〉一種の悲しさ.

sa·do·mas·och·ism /sèidoumǽsəkìz(ə)m, sæ̀d-, -mǽz-/ 名 U サドマゾヒズム, 加虐被虐性変態性欲 《一人の人間が sadism と masochism の両傾向を持つこと》; SM(エスエム)(sadism and masochism).
▷ **sa·do·mas·och·ist** 名 **sà·do·màs·o·chís·tic** /-kístik/ 形

sád sàck 名 C〖米俗〗へまなやつ, のろま, どじ.

s.a.e., SAE stamped addressed envelope (切手宛(あて)名付き返信用封筒).

‡**sa·fa·ri** /səfɑ́:ri/ 名 C **1** (特にアフリカ東部での)旅行《特に狩猟, 科学的調査を目的とした》, サファリ; (狩猟, 調査探検の)旅行隊. **2**〈一般に〉探検. an Arctic ～ 北極探検. ***gò on safári*** (狩猟, 調査探検の)旅に出る.
[＜アラビア語「旅行する」]

safári jàcket 名 C safari suit の上着[ジャケット].

safári pàrk 名 C サファリパーク, 自然動物園, 《人は車から動物を見る》.

safári sùit 名 C サファリスーツ《亜麻布など軽い布製; 普通ベルトと胸ポケット付き》.

‡safe /seif/ 形 e (**sáf·er** /séifər/|**sáf·est** /séifəst/) 【安全な，無事な】 **1**〔場所などが〕**安全な**[で] (↔dangerous; 類語「安全な」の意味の一般的な語; → secure);〈限定〉(危険の及ばない)安全な〔距離〕. a ～ place 安全な場所. What places are the ～*st* during an earthquake? 地震が起こったらどんな場所が一番安全か. Our house was at a ～ distance from the fire. 我が家はその火災から安全な距離にあった.
2 (a)〈叙述〉〔人, ものが〕**安全な**, 無事な,〈*from* ..から〉;〔秘密などが〕守られて. We are ～ *from* any danger while we are in this room. この部屋にいる限りはどんな危険もないよ. keep a person's secret ～ 人の秘密を洩らさない. **(b)**〈しばしば come, return, arrive などの補語として〉無事に, 無傷で. The climbers all returned ～. 登山者はみんな無事に戻ってきた. **(c)**〈限定〉無事に終わる, 何ごともない,〔旅, 配送など〕; 無事の〔帰着など〕. wait for a person's ～ return 人が無事戻るのを待つ.
3 差し支えない, 間違いない,〈*to* do, *in* doing ..して〉. It is ～ *to* say that we will never lose the game. = You are ～ *in* saying that we will never lose the game. 我々はその試合には絶対負けないと言って大丈夫だ. It's ⌞a ～ assumption [～ *to* assume] that the economy is improving. 経済は好転していると思って間違いない. **4**〖野球〗セーフの. a ～ hit 安打.
【心配のない】 **5 (a) 安全な**, 危険を伴わない; 無害な, 危害を加えない,〈*for* ..に〉; (↔dangerous). a ～ road [vehicle] 安全な道路[乗り物]. It's ～ to play in this open space. この空き地なら遊んでも危なくない. Toys must be ～ *for* children. おもちゃは子供に危険のないものでなければいけない. The snake is ～ in the cage. 蛇はおりに入っていて危険はない. **(b)**〈時に悪い意味で〉〔話題, 選択などが〕無難な, さしさわりのない. I usually stick to ～ topics at a party. パーティーでは無難な話題だけを持ち出すことにしている.
6 信頼できる, 確実な; 確実に..する〈*to* do〉. a ～ driver 安全運転をする人. a ～ pair of hands 難しい仕事を確実にやる両手(の人). a ～ investment 安全確実な投資. It's a ～ bet (that) she will make a good wife. 彼女がいい奥さんになるのは間違いない. The bill is ～ *to* pass. 法案は間違いなく通るよ.
(as) sàfe as hóuses きわめて安全で.
be [stày] on the sáfe sìde 安全な側にいる, 危険を冒さない. I stayed in bed one more day just to *be on the* ～ *side*. 私は大事をとってもう 1 日寝ていた.
Better (to be) sàfe than sórry.〖諺〗後悔するより安全第一《「注意一秒, 怪我(けが)一生」の類》.
in sàfe hánds 安全な手中に; 信頼できる人に⌞ゆだねられて[守られて].
plày (it) sáfe〖話〗用心深くやる, 安全策をとる.
sàfe and sóund 無事に, つつがなく. The party returned ～ *and sound*. 一行は無事に戻った.
── 名 (複 **～s** /-s/) C **1 金庫**. **2** (食物をハエから守る)蠅帳(はいちょう).
[＜古期フランス語 *sauf* (＜ラテン語 *salvus*「無傷の」)]

sàfe área 名 C (交戦国内の)安全地域; 緩衝地帯《中立軍が平和を守る》.
sáfe·brèaker 名〖英〗＝safecracker.
sáfe·brèaking 名〖英〗＝safecracking.
sàfe-cónduct 名 **1** U (特に戦時の)特定地区安全通行権. **2** C 特定地区安全通行許可証.
sáfe·cràcker 名 C〖主に米〗金庫破り《泥棒》.
sáfe·cràcking 名 U〖米〗金庫破り《行為》.
sàfe-depósit 名 U 貴重品管理; C (銀行の)貸し金庫室.
sàfe-depósit bòx 名 C (銀行の)貸し金庫.
†sáfe·guàrd 名 C **1** 保護(手段, 規定), 防御(策), 予防(手段, 措置); 安全[防御]装置;〈*against* ..に対する〉. a ～ *against* accidents 事故防御装置. **2** = safe-conduct. **3** 護衛兵.
── 動 他 を保護する, 守る; を護衛する;〈*against* ..に対して〉. a policy to ～ home industries 国内産業保護政策. Food laws serve to ～ our health. 食品法は我々の健康を守る働きをする.
sàfe háven 名 C 安全な場所; (一国の中で宗教などの迫害をおそれずに暮らせる)安全地帯. 「アジト.
sáfe hòuse 名 C (犯罪者などの)隠れ家; (スパイなどの)↑
sàfe·kéeping 名 U 保管; 保護. My important papers are in ～ with a lawyer. 私の重要書類は弁護士に預けてある.
in (a person's) sàfekéeping (人に)保管してもらって; (人に)安心して預けて. When I'm out, I leave my children *in* my mother's ～. 出掛ける時は, 子供は母に安心して預けていきます.
‡safe·ly /séifli/ 副 m **1 安全に**, 無事に. The airplane landed ～. 飛行機は無事着陸した. **2** 危なくないように, 慎重に; 安全な場所に, 大切に,〔保管するなど〕. drive ～ 安全運転する. **3** (..して)差し支えない, 間違いない; 大丈夫で. It may ～ be said [assumed] that health is better than wealth. 健康は富に勝ると言って差し支えないだろう. This soup can ～ be frozen for months. このスープは数か月冷凍しても大丈夫だ. **4** 安らかに; とにかく無事に〔終わるなど〕. be ～ dead and buried 安らかに地下に眠る.
sáfe·ness 名 ＝safety 1.
sáfe pèriod 名 C〈普通 the ～〉〖話〗(避妊)安↓
sàfer séx 名 →safe sex. ⌊全期間.
sàfe séat 名 C (無風選挙区の)当選確実の議席.
sàfe[sàfer] séx 名 U 安全な[より危険性の少ない]性行為《特に HIV などの性感染症 (STD) に感染しないようにコンドームなどを使用する》.
‡safe·ty /séifti/ 名 (複 **-ties** /-z/) **1 (a)** U **安全** (↔danger); 安否, 無事; 安全性. *Safety* First. 安全第一《標語》. There is ～ in numbers.〖諺〗数が多ければそれだけ安全. in ～ 無事に, 安全に. fasten one's seat belt for ～'s sake 安全のためにシートベルトを締める. For your own ～ do not overwork yourself. 御身大切に過労にならないように. There's great concern for the ～ of the missing girl. 行方不明の少女の安否が, 大変気遣われている. be worried about the ～ of the medicine その薬の安全性を心配する. **(b)** U 安全圏, 安全な場所. lead [take] children to ～ 安全な場所に子供たちを誘導する. The refugees are trying to reach ～. 難民は安全地帯を目指している. **(c)**〈形容詞的〉安全な, 安全上の. road ～ rules (自動車の)安全運転規則.

> 連結 seek ～; ensure [secure; endanger, jeopardize] one's [a person's] ～; menace a person's ～

2 C〖話〗＝safety catch. put the ～ on ..に安全装置を掛ける.
3 C〖野球〗安打, ヒット, (base hit).
4 C〖アメフト〗セーフティ《自軍のゴールライン後方へのタッチダウン, 敵に 2 点を与える》. ◇形 safe
at sáfety 安全装置が掛かって. a gun *at* ～ 安全装置の掛かっている銃. 「冒険しない.
plày for sáfety (ゲームなどで)安全第一主義をとる,↑
with sáfety 無事には〔済まないなど〕〈普通, 否定文で〉. You cannot cut his class *with* ～. あの先生の授業をさぼるとただでは済まないぜ. [safe, -ty[1]]
sáfety bèlt 名 C (車, 飛行機などの)シートベルト (seatbelt); (高所での作業用の)安全ベルト; (海上用の)救命帯 (life belt).
sáfety càtch 名 C (銃, 扉などの)安全装置.

S

sáfety chàin 名C 安全鎖《ブレスレット, 時計などの》.
sáfety cùrtain 名C (劇場の)防火幕《延焼防止のためステージと観客席の間に下ろす》.
sáfety-depòsit bòx 名 =safe-deposit box.
sàfety-fírst /㊎/ 形 〖時には軽蔑〗〈限定〉安全第一主義の, 用心深い.
sáfety glàss 名 **1** U (自動車のフロントガラスなどの)安全ガラス《割れても飛び散らない》. **2** C 〈～es〉安全眼鏡《化学薬品, 機械などから目を保護する》.
sáfety inspèction 名 UC 〖英〗車検.
sáfety ìsland 名C 〖米〗(道路上の)安全地帯(traffic island; 〖英〗refuge).
sáfety làmp 名C (鉱山用の)安全灯.
sáfety màtch 名C 安全マッチ《普通のマッチ; 初期のマッチと異なり特定の表面でこすらなければ発火しないのでこの名がある》.
sáfety mèasure 名C 〈しばしば ～s〉安全対策.
sáfety nèt 名C **1** (サーカスで用いる)安全ネット. **2** 保護手段; (財政上などの)保証.
sáfety pìn 名C 安全ピン《日用品》; (手榴弾の)安全ピン.
sáfety ràzor 名C 安全かみそり.
sàfety squéeze 名C 〖野球〗セーフティ・スクイズ《打者が確実にバントしたのを見届けてから三塁走者が本塁へ走る squeeze play; →suicide squeeze》.
sàfety stándards 名 〈複数扱い〉安全基準. set ～ for ..の安全基準を定める. a decline in ～ 安全基準の低下.
sáfety vàlve 名C (ボイラーなどの)安全弁; (感情, 精力などの)はけ口.
sáfety zòne 名 =safety island.
saf·flow·er /sǽflàu(ə)r/ 名C 〖植〗ベニバナ; U ベニバナ染料.
saf·fron /sǽfrən/ 名 **1** C 〖植〗サフラン《秋咲きの crocus》. **2** U サフラン《サフランのめしべを乾燥させた高価な香辛料; 食品着色剤》. **3** U サフラン色《濃黄色》. **4** 〈形容詞的〉サフラン色の.
S. AFr. South Africa(n).
SAG /sæg/ 〖米〗Screen Actors' Guild (映画俳優協会).
‡**sag** /sæg/ 動 (～s|-gg-) 自 **1** 〔橋などの中央部が〕(重みで)下がる, たわむ; 〔道路などが〕陥没する; 〔皮膚, 筋肉などが〕(老齢などのため)垂れ下がる; 〔ズボンの膝(ひざ)などが〕出る, たるむ, 膨れる. His stomach is beginning to ～ with age. 彼は年とともに腹が出始めた. **2** 元気をなくす, がっかりする; 〔興味などが〕薄れる; 〔本などが〕つまらなくなる, だれる. My spirits *～ged* at the news. その知らせを聞いてがっくりきた. **3** 〖商〗〔相場が〕だれる; 〔物価などが〕下落する. **4** 〖海〗〔船が〕風下に流れる.
── 名 aU **1** たるみ; (道路などの)陥没. **2** (相場の)たるみ. **3** 〖海〗流落 (drift)《船が風下に流されること》.
‡**sa·ga** /sɑ́:gə/ 名C **1** サガ《中世のノルウェー, アイスランドの王侯, 豪族などにまつわる伝説》. **2** 〈一般に〉武勇談, 冒険物語; 〖戯〗(しちくどい)苦労話. **3** 大河小説《一族を数代にわたって取り扱った長編; 例えば Galsworthy の *The Forsyte Saga*『フォーサイト家物語』》. [古期北欧語「物語」]
sa·ga·cious /səgéiʃəs/ 形 〖雅〗〔人が〕賢明な, 聡(そう)明な; 明敏な; 〔判断などが〕的確な. 類語 wise よりも固い語. [＜ラテン語 *sagāx*「賢い」] ▷ **～·ly** 副 賢明に. **～·ness** 名U 賢明, 明敏.
sa·gac·i·ty /səgǽsəti/ 名U 〖雅〗賢明, 聡(そう)明, 明敏, (wisdom). ◇形 sagacious
Sa·gan /sægɑ́:ŋ/ 名 **Françoise ～** サガン (1935–) 《フランスの小説家》.
†**sage**[1] /seidʒ/ 名C 賢人, 哲人, 経験に富む人, 《時に皮肉としても言う》.
── 形 〖主に雅〗〈普通, 限定〉(思慮深く経験に富んで)賢明な, 賢い; 〈皮肉〉賢人[利口]ぶった. a ～ remark 賢明な言葉. [＜ラテン語 *sagere*「賢明である」]
▷ **～·ly** 副 賢明に. **～·ness** 名U 賢明, 思慮深さ.
sage[2] 名U **1** 薬用サルビア. **2** セージ《薬用サルビアの葉; 香辛料》. **3** =sagebrush.
ságe·brùsh 名U ヤマヨモギ《米国西部乾燥地帯の雑草》.
sag·gy /sǽgi/ 形 たるんだ, 垂れ下がった.
Sa·gha·lien /sǽgəli:n, ⌣⌣⌐/ 名 =Sakhalin.
Sag·it·tar·i·us /sædʒətéəriəs/ 名 〖天〗射手(いて)座; 〖占星〗人馬宮《黄道 12 宮の 9 番目; →zodiac》; C 人馬宮生まれの人《11 月 22 日から 12 月 21 日の間に生まれた人》.
sa·go /séigou/ 名 (複 ～s) **1** U サゴ《サゴヤシの髄から作るでんぷん》. **2** C 〖植〗サゴヤシ (**ságo pàlm**).
sa·gua·ro /sə(g)wɑ́:rou/ 名 (複 ～s) C サグワロサボテン《巨大なサボテンの一種; 米国アリゾナ州などに多い; 果実は食用》.
Sa·ha·ra /səhɑ́:rə/ 名 〈the ～〉サハラ砂漠 (**the Sahàra Désert**). [アラビア語「砂漠」]
Sa·hib /sɑ́:(h)ib|sɑ:b/ 名 **1** ..閣下, ..様, ..旦那(だんな), 《昔インド人がヨーロッパ人に対して用いた尊称; memsahib》. Colonel ～ 大佐殿. James ～ ジェームズ様. **2** C 〖話〗紳士, 旦那, 《昔インド人が白人(特に英国人)を指して用いた》.
sa·hua·ro /səwɑ́:rou/ 名 =saguaro.
said /sed/ 動 say の過去形・過去分詞.
── 形 〖章〗〈限定〉上述の, 前記の, (aforementioned). the ～ John Smith 上述のジョン・スミス. the ～ person 同人, 当人.
Sai·gon /saigɑ́n|-gɔ́n/ 名 サイゴン《旧ベトナム共和国(南ベトナム)の首都; 1976 年 7 月ホーチミン市の一部となった》.
‡**sail** /seil/ 名 (複 **～s** /-z/, 2 (b) で **～**) C
1 帆 (★慣用的に無冠詞で 1 隻の船の一部又は全部の帆にも用いる). hoist [put up] the *～s*= hoist [put up] ～ 帆を上げる. lower [take down] a ～ 帆を下ろす. unfurl [furl] a ～ 帆を張る[畳む].
2 (a) 帆船 (★しばしば無冠詞). *Sail* ho! 船が見えるぞ《他船が見えた時の叫び》. in the age of ～ 帆船時代に. (b) (複 ～) 〈数詞を伴って〉..隻の船. a fleet of twenty ～ 20 隻の船団.
3 〈単数形で〉帆走; 航海, 航行; 航行距離[期間], 航程. go for a ～ 船遊びに行く. How many days' ～ is it from Osaka to Singapore? 大阪からシンガポールまでは何日ぐらいの航程ですか. **4** 帆の形をしたもの; (風車の)翼; 〖詩〗(鳥の)翼; (バショウカジキなどの)背びれ.
at [in] fùll sáil 帆を全部張って, 全速力で.
in sáil 〔船が〕帆を張って; 〔人が〕帆船に乗って.
màke sáil (1) 帆を上げる; 出帆する. (2) 帆の数を増やして速度を上げる.
sèt sáil (1) 出帆する〈*from* ..から/*for*, *to* ..に向けて〉. (2) 〔事業などが〕スタートする, 船出する. The Bank of Tokyo-Mitsubishi *set* ～ on April 1 in 1996. 東京三菱銀行は 1996 年 4 月 1 日にスタートした.
strìke sáil [one's sáils] 帆を下ろす; 降参する《昔, 他船への敬意, 敗北の印として帆を下ろした》.
take ìn sáil (1) 帆の一部を減らす[下ろす]《速度を落とすため》. (2) 野望などを控え目にする, 活動を抑える.
tàke the wínd out of [from] a pèrson's sáils 〖話〗急に人の自信を失わせる; 人を出し抜く, 人の裏をかく, 《他の船の風上に出るとその船に風が当たらなくなり航行を妨げることから》.
under sáil (1) 帆を上げて; (エンジンを止めて)帆だけで航行して. (2) 航行中で.
── 動 (～s /-z/| 過 過分 ～ed /-d/|sáil·ing) 自
【帆走する】 **1** VA 〔船, 人が〕**帆走する**; **航行する**, 航海する, 〔人が〕船で行く; (★元来, 帆船に用いた語であったが, 現在ではどんな船についても用いる). The ship *～ed up* [*down*] the Thames. 船はテムズ川を上った[下った]. **2**

S

ヨットを操縦する. go ～*ing* (特に, スポーツとして)ヨットで行く.
3 出帆する, 出航する, 〈*from* ..から/*for* ..に向けて〉. The *Olympia* ～*ed from* Liverpool *for* New York yesterday. オリンピア号は昨日リヴァプールからニューヨークに向けて出航した.
【帆船のように進む】 **4** 自 〔鳥, 魚, 雲などが〕すいすい進む, 滑るように進む; 〔特に女性が〕さっそうと歩く; (～ ***through*** (..)) (〔試験など〕)に楽々とパスする. I saw a white cloud ～*ing across* the sky. 白い雲が空を走っているのが見えた. She ～*ed* proudly *out of* the room. 彼女は誇らしげにさっそうと部屋を出て行った. He ～*ed through* the examination. 彼は楽々と試験に通った.
── 他 **1** 〔船, 人が〕を航行する, 帆走する; 〔飛行機が〕〔空〕を航行する, 飛ぶ. The islanders ～*ed* the ocean in their small boats. 島の住民は小船で海を往き来した. **2** 〔船〕を走らせる, 操る. ～ a yacht ヨットを操る.
sàil against the wínd (1) 風上に向かって帆走する. (2) 困難[抵抗]を押し切って行動する.
sàil before the wínd (1) 〔船が〕順風を帆に受けて進む. (2) 〔物事が〕順調に行く; 〔人が〕とんとん拍子に出世する.
sàil clòse to the wínd (1) 〖海〗詰め[一杯]開きで帆走する《逆風の帆走でできるだけ風上方向に近い針路を取る》. (2) 法律[道徳]違反すれすれのことをする, 危ない橋を渡る.
sàil ín (1) 入港する. (2) 〖話〗仕事, 議論などを決然と始める.
sáil into .. (1) ..に入港する. (2) 〔船が〕..にぶつかる, 衝突する. (3) 〖話〗..にくってかかる, 殴りかかる; ..をしかりつける. (4) 〖話〗..を決然とやり始める.
sàil ⌊***nèar*** (***to***) [***clòse to***] ***the wínd*** ↑
[<古期英語]

sáil·bòard 名 C セールボード《1 人乗りの帆が付いたサーフボード; ウィンドサーフィン用》.

sáil·bòat 名 C 〖米〗(レースやレジャーに使う主に小型の)ヨット, 帆船, (〖英〗sailing boat).

sáil·clòth 名 U 帆布, ズック, 《厚手の木綿地》.

sáil·er 名 C **1** 帆船. **2** 〈形容詞を伴って〉船足が..の船. a good [fast] ～ 船足の速い船. a bad [slow] ～ 船足の遅い船.

sáil·fìsh 名 (複 →fish) C 〖魚〗バショウカジキ.

‡**sáil·ing** 名 **1** aU 帆走, 航海; 航海術; 航海(日数), 航程. plain [smooth] ～ 順風満帆; 順調な進行. Four days' ～ left us all exhausted. 4 日の帆走で我々は皆へとへとになった. **2** UC 出帆.

sáiling bòat 名 C 〖英〗ヨット, 帆船, (〖米〗sailboat).

sáiling shìp [**vèssel**] 名 C 帆船 (→steamer).

‡**sail·or** /séilər/ 名 (複 ～**s** /-z/) C **1 船員**, 海員, 船乗り, (類語 広義では船長, 艦長から水夫, 水兵までのすべての乗組員を指す; 専門語としては 2 の意味; →mariner, officer, seaman). **2 水夫**, 下級船員; 水兵, (→officer). a boy ～ 少年水夫《見習いの》.
3 〈形容詞を伴って〉船に..な人. a bad [good] ～ 船に酔う[酔わない]人. **4** ＝sailor hat. [sail, -or[1]]

sáilor blòuse 名 C (女学生や子供の)セーラー服(の上着) (middy).

sáilor còllar 名 C セーラーカラー《水兵服の襟に似た婦人服の折り襟》.

sáilor hàt 名 C 水兵帽《子供, 婦人用の麦わら帽子》.

sáil·or·ing /-ləriŋ/ 名 U 船乗り生活.

sáilor·màn /-mæ̀n/ 名 (複 **-men** /-mèn/) C 〖俗・戯〗船乗り, 水夫. Popeye the ～ 船乗りのポパイ《E.C. Segar 作のマンガの題名, その主人公》.

sáilor sùit 名 C (子供の)セーラー服(上下). →sailor blouse.

sáil·plàne 名 C ソアラー《競技用グライダー》.

Sains·bur·y's /séinzbèriz|-b(ə)riz/ 名 セインズベリー《英国の食料品中心のスーパーマーケットチェーン》.

‡**saint** /seint/ 名 (複 ～**s** /-ts/) C **1 聖徒**, 聖者, 聖人, 《生前, 高徳の人であったため, 死後, キリスト教会によって聖人の列に加えられた人》. the (blessed) ～*s* 在天の聖徒たち. **2 聖人君子**; 〖話〗とても親切な人. live a ～'s life 聖者のような生活を送る. need the patience of a ～ 聖者の(ような)忍耐を要する. **3** 〈普通 ～s〉天国に行った人. **4** 〈S-〉聖..(★普通 St. と略し聖徒名の前に置く; 発音については →St.[1]; 略 S; 聖人については Saint [St.] を除いた人名の項を参照のこと). *St.* Andrew 聖アンデレ. *St.* Paul 聖パウロ. *St.* Thomas More 聖トマス・モア. ── 動 他 を聖徒にする, 聖人の列に加える.
[<ラテン語 *sanctus*「神聖な」]

Saint Àgnes's Éve 名 聖アグネス前(夜)祭《1 月 20 日の夜; この日に女性がある儀式を行うと未来の夫が示されると伝えられている》.

Saint Àndrew's Cróss 名 聖アンデレ十字 (saltire)《X 形の十字; 特に青地に白の X 形の十字; Saint Andrew がこの形の十字架で処刑されたと伝えられている》.

Saint Bernárd (**dòg**) 名 C セントバーナード犬《白と茶のぶちの大形犬; アルプスで人命救助用に使われた》.

sáint·ed /-əd/ 形 **1** 聖者の列に加えられた. **2** 〈限定〉天に召された, 死んだ. **3** 〖旧, 時に戯〗神聖な; 徳の高い. My ～ aunt! 〖英旧話〗これはこれは(驚いた).

Saint-É·mi·lion /sæ̀ntemiljɔ́:ŋ/ 名 U フランス南西部ボルドー地方サンテミリオン産の赤ワイン.

Saint-Ex·u·pé·ry /sæ̀ntègz(j)uperí:/ 名 **Antoine de** ～ サンテグジュペリ (1900–44)《フランスの小説家・飛行家》.

Saint Gèorge's Cróss 名 聖ジョージ十字《白字に赤の十字; イングランドの国旗に用いられている》.

sáint·hòod 名 U **1** 聖人であること; 聖徒の地位. **2** 〈集合的〉聖徒たち.

saint·li·ness /séintlinəs/ 名 U 聖徒らしさ; (聖人のような)気高さ.

Saint Lùke's súmmer 名 UC 〖英〗聖ルカ日和《10 月 18 日前後の好天気が続く時期》.

sáint·ly 形 聖徒らしい; (聖人のように)気高い, 徳の高い. ◇名 saint

Saint Màrtin's súmmer 名 UC 〖英〗小春日和《晩秋 [Martinmas (11 月 11 日)前後]の暖かい日が続く時期; →Indian summer》.

Saint Pátrick's Dày 名 聖パトリックの祝日《3 月 17 日; →Patrick 1》.

saint·pau·li·a /seintpɔ́:liə/ 名 C 〖植〗セントポーリア《イワタバコ科の観賞用草本; アフリカ原産》.

Saint-Saëns /sænsɑ́:ns/ 名 (**Charles**) **Camille** ～ サンサーンス (1835–1921)《フランスの作曲家》.

sáint's dày 名 C 〖カトリック〗聖人記念日.

Saint Válentine's Dày 名 聖ヴァレンタイン祭の日《キリスト教殉教者の聖ヴァレンタインを祭る; 2 月 14 日; 単に Valentine's Day とも言う》.

Saint Ví·tus's dànce /-váitəs(əz)-/ 名 U 舞踏病《突然手足や顔が動く神経障害; 3 世紀の少年殉教者 *St.Vitus* の名から》.

Sai·pan /saipǽn|-pɑ́:n/ 名 サイパン島《the Northern Marianas 中最大の島; もと日本の委任統治地》.

saith /seθ/ 動 〖古〗say の 3 人称・単数・現在形 (says).

‡**sake**[1] /seik/ 名 (複 ～**s** /-s/) C ため, 利益; 目的, 理由; 〈普通 for the ～ of .., for ..'s ～ の形で〉. Please come back early today *for the* ～ *of* the children [*for* the children's ～]. 子供たちのために今日は早く帰ってきてください. art *for* art's ～ 芸術のための芸術, 芸術至上主義. He drives *for the* ～ *of* driving [*for the* ～ *of* it, for its own ～]. 彼はドライブのためのドライブを

S

する《車を乗り回すのが目的》. Give it up *for* both our ～*s* [*for the* ～ *of* both of us]. 我々2人のために(それは)あきらめてくれ.

語法 (1) 複数(代)名詞の後でも sake は単数形が普通だが, for both [all] their ～*s* (彼ら2人[全員]のために)などの sakes の使用は, 複数の人それぞれに異なった目的などが含意されるため. (2)「..のために」という日本語に当たる英語は「利益, 目的」を表す場合は for the ～ of,「原因, 理由」を表す場合は because of, on account of, owing to, due to, thanks to, by virtue of を用いる. (3) for ..'s ～ の場合, sake の前の名詞が /s/ の音で終わる場合には普通 's の s 又は 's 全体を省略する: for convenience(') ～ (便宜上)

for Gód's [Chríst's, Péte's, góodness('), héaven's, mércy's, píty('s)] sàke 〘話〙 (1) 頼むから, お願いだから, 後生だから, 《命令, 依頼を強調して》. *For God's* ～, keep it secret from him! お願いだから, そのことは彼には隠しておいてくれ. (2) 一体全体, これはまた, 《疑問文でいらだち, 困惑を表して》. What's your real intention, *for goodness'* ～? 一体全体, ほんとうはどういうつもりなの. 語法 for Christ's ～ が最も強い表現で, for God's ～ はこれに次ぎ, for goodness(') ～ が最も穏やかな表現である; 〘米〙では for God's [heaven's] ～*s* も用いられる.

for òld sáke's [tímes'] sàke 昔のよしみで.

for one's ówn sàke 自分自身のために. Work *for* your *own* ～. 君自信のために働きなさい.

for the sàke of árgument＝for árgument's sàke 議論[話し合い]の前提として.

Sákes (alìve)! 〘米〙こりゃ驚いた.

[＜古期英語「争い, 犯罪」]

sa·ke², **sa·ki** /sáːki/ 名 UC 日本酒. [日本語]

Sa·kha·lin /sǽkəlìːn/ 名 サハリン, 樺太(からふと).

Sa·kha·rov /sǽkərɑ(ː)f/ 名 **Andrei** ～ サハロフ (1921-89) 《旧ソ連の物理学者・人権擁護運動家》.

Sa·kya·mu·ni /sǽkjəmùni/ 名 〘仏教〙 釈迦牟尼(しゃかむに) (→Buddha, Gautama).

sa·laam /səlɑ́ːm/ 名 C **1** (特にイスラム教徒の)あいさつ; サラーム《あいさつの言葉として》. **2** 額手(ぬかて)の礼《身を深く曲げ右手のひらを額に当てる》. **3** 〈普通 ～s〉 敬意. ── 動 自 額手の礼をする 〈*to* ..〔人〕に〉.

sàl·a·bíl·i·ty 名 U 売り物になり得ること, 販売可能性; よく売れること.

sal·a·ble /séiləb(ə)l/ 形 **1** 売り物になる; よく売れる. **2** 〔値段が〕適当な, ころあいの.

sa·la·cious /səléiʃəs/ 形 **1** 〘旧〙〔人が〕好色な. **2** 〔書物, 絵画などが〕猥褻(わいせつ)な, みだらな.
▷ **～·ly** 副 卑猥に. **～·ness** 名 U 好色; 猥褻.

sa·lac·i·ty /səlǽsəti/ 名 U 〘雅〙好色; 猥褻(わいせつ).

‡sal·ad /sǽləd/ 名 (複 **～s** /-dz/) **1** UC **(a)** サラダ. toss a ～ in mayonnaise サラダをマヨネーズであえる. fruit [vegetable] ～ フルーツ[野菜]サラダ. **(b)** 〘英〙サラダを添えた一品料理. a chicken [lobster] ～ チキン[エビ]サラダ. **2** U サラダ用生野菜《特にレタス》. [＜古期プロヴァンス語「塩味をつけた」(＜ラテン語 *sāl* 'salt'); sauce, sausage と同源]

sálad bàr 名 C サラダバー《レストランでサラダの材料を並べたセルフサービス用のカウンター》.

sálad bòwl 名 C サラダボール.

sálad crèam 名 U クリーム状のサラダドレッシング.

sálad dàys 名 〘旧話〙〈one's ～; 複数扱い〉 初心(うぶ)で世間知らずのころ; 駆け出しのころ, 《Shakespeare の *Antony and Cleopatra* (1:5) から》.

sálad drèssing 名 U サラダドレッシング.

Sal·a·din /sǽlədin/ 名 サラディン (1137?-93) 《エジプトおよびシリアを支配したサルタン (sultan); 第3回十字軍で英国王リチャード1世と戦った》.

sálad òil 名 U サラダ油.

sal·a·man·der /sǽləmæ̀ndər/ 名 C **1** 〘動〙サンショウウオ. **2** サラマンダー, ヒトカゲ, 《火の中に住むという伝説上の怪物》; 火の精 《nymph の一種》. [＜ギリシア語]

sa·la·mi /səlɑ́ːmi/ 名 U サラミソーセージ. [イタリア語 (＜ラテン語 *sāl*「塩」)]

†sal·a·ried /sǽlərid/ 形 **1** 俸給[月給]取りの (★ wages でなく salary をもらっている, の意味). a ～ class サラリーマン階級. **2** 有給の〔仕事など〕. a ～ position 有給職.

‡sal·a·ry /sǽləri/ 名 (複 **-ries** /-z/) UC (会社員, 公務員などの)**給料**, 俸給, サラリー, (類語 普通, 毎月定期的に支給され, 事務職や教職にある者がもらう(筋肉労働者の wages と比較); 小切手か銀行振込みが普通; →pay). a high [low] ～ 高給[安い給料]. a (net) monthly [an annual] ～ 月給(の手取り)[年俸]. a ～ increase [〘米〙 raise, 〘英〙 rise] 昇給. have [be on] a ～ of ..の給料をもらっている. take a drop in ～ 減給になる. get [draw, earn, receive] a ～ of 50,000 dollars per annum 年俸5万ドルをもらう. be engaged on [at] ～ of $20,000 a year 年俸2万ドルで雇われる. I live [manage] *on* my ～. 私は給料で生活[やりくり]している.

連結 a good [a handsome, a substantial; a modest; a poor, a meager, a small] ～ // pay a ～; raise [increase; cut, reduce, slash] a person's ～

── 動 (**-ries**|過 過分 **-ried**|**～·ing**) 他 に給料を払う, 俸給を与える.
[＜ラテン語 *salārium*「兵士の塩代＞給料」(＜*sāl* 'salt')]

sálary·màn 名 (複 **-men** /-mèn/) (日本の)サラリーマン.

sal·chow /sɔ́ːlkou/ 名 C 〘フィギュアスケート〙サルコウ《回転ジャンプの一種; 最初に試みた人の名から》.

‡sale /seil/ 名 (複 **～s** /-z/) **1** U **販売**, 売却. the ～ of alcohol [cameras] 酒類[カメラ]の販売. for [on] ～ → 成句. **2** C (1回の)販売; 売れ行き; 需要. a ～ *on* [*for*] cash 現金売り. a ～ *on* credit 掛け売り. a good [poor] ～ 売れ行き上々[不振]. lose a ～ 売り損なう. How many ～*s* have you made so far today? 今日は今までにどのくらい売れたかね. **3** aU 需要, 買い気. His used word processor found a ready ～. 彼の中古のワープロはすぐ買い手がついた.
4 〈～s〉 **(a)** **売り上げ高**. *Sales* are up [down] this month. 今月は売り上げが上がった[落ちた].

連結 brisk [healthy; heavy; soaring; falling; sluggish] ～*s* // boost [promote] ～*s*

(b) 販売業務; 営業担当. **(c)** 〈形容詞的〉 売り上げ高の; 販売の. a ～*s* slowdown 売上げの鈍化. ～*s* targets 売り上げ目標. a ～*s* campaign 販売促進キャンペーン.
5 C **(a)** **特売**, 大売り出し, 大安売り; 〈形容詞的〉 特売の. a ～ price 特売価格. an end-of-season [a clearance, a closing-down] ～ 期末[在庫一掃, 閉店]セール. The store is having a (bargain) ～. その店は(バーゲン)セール中だ. hold a ～ on winter goods 冬物大売り出しをやる. **(b)** 〈the ～s〉 〘英〙(商店がいっせいにやる)特売(期間). I bought these clothes in the January [summer] ～*s*. これらの衣類は1月[夏]の大売り出しで買った. **6** C 競り, 競売. ◇動 sell

for sále 売り物で[の]. Not *For Sale* 非売品《掲示などで》. put a house up *for* ～ 家を売りに出す. A large house is (up) *for* ～ at £80,000. 大きな家が8万ポンドで売りに出ている.

***on sále** 売りに出て; 〖米〗特売で, 安く, (〖英〗in the sale). The new type of computer will go *on* ～ next spring. 新型コンピュータは来春売り出される. I bought the camera *on* ～. そのカメラを特売で買った.
(***on***) ***sàle or retúrn*** 〖商〗残品引取制で, 委託販売制で.
sàle of wórk 〖英〗手作り品慈善バザー.
[＜古期英語]

sale·a·ble /séiləb(ə)l/ [形] ＝salable.

Sa·lem /séiləm/ [名] セイラム **1** 米国 Massachusetts 州の町; 17 世紀に魔女裁判が行われた. **2** 米国 Oregon 州の州都.

sále·ròom [名] ＝salesroom.

sáles chèck [名] ＝sales slip.

sáles·clèrk [名] [C] 〖米〗(売り場の)店員, 売り子, 《女性にも用いる》.

sáles depàrtment [名] [C] (会社の)販売部.

sáles engineèr [名] [C] 販売担当技術者《販売商品と市場について専門的知識を持っている》.

sáles fòrce [名] [C] (会社の)販売要員総勢.

sáles·gìrl [名] 〖旧〗＝saleswoman.

sáles·làdy [名] ([複] **-dies**) ＝saleswoman.

‡**sales·man** /séilzmən/ [名] ([複] **-men** /-mən/) [C] **1** (店の)**男子販売係**, 男子店員, (男性の)売り子, 《普通, 熟練した》 **2 セールスマン**, 男子外交員. a car [an insurance] ～ 車のセールスマン[保険外交員].
▷ **～·ship** /-ʃip/ [名] [U] 販売技術[手腕].

sáles·pèople [名] 〈複数扱い〉販売人, 販売係, 外交員, 《salesperson の集合的な表現》.

***sáles·pèrson** [名] ([複] **～s** /-z/) [C] **販売係**, 売り子; 外交員. ★男女の差別をなくすために salesman, saleswoman に代わって用いられる; →chairperson.

sáles pìtch [名] ＝pitch 2.

sáles promòtion [名] [U] (広告以外の)販売促進「活動.

sáles representàtive [名] [C] 外交販売員[部].

sáles resìstance [名] [U] (一般消費者の)購買拒否; セールスマンの口車に乗らない心得.

sáles·ròom [名] [C] **1** 商品展示(即売)会場. **2** 競「売場.

sáles slìp [名] [C] 〖米〗売り上げ伝票 (sales receipt).

sáles tàlk [名] [U] 商品売り込みの勧誘; 言葉巧みな説得.

sáles tàx [名] [UC] 〖米〗売上税, 取引高税, 《購買者が個々の商品価格に応じて一定の率で払う》.

†**sáles·wòman** [名] ([複] **-wo·men** /-wìmən/) [C] **1** (店の)女子販売係, 女子店員, (女性の)売り子, 《普通, 熟練した》 **2** セールスウーマン, 女子外交員.

sal·i·cyl·ic /sæləsílik [移]/ [形] サリチル酸の.

sàlicylic ácid [名] [U] サリチル酸.

sa·lience /séiljəns/ [名] 〖章〗 **1** [U] 突出していること, 突起; [C] 突起物. **2** [U] '卓抜'; 顕著; [C] 顕著な点, 重要点.

†**sa·lient** /séiljənt/ [形] 〖章〗 **1** 突き出た; 〔角(かく)が〕凸角の. a ～ angle 凸角. **2** 〈主に限定〉顕著な, 目立った. the ～ characteristics 目立った特徴. ── [名] [C] (とりでの塀, 戦線などの)突き出た部分; 凸角. [＜ラテン語 *salīre*「跳ぶ」; -ent] ▷ **～·ly** [副]

Sa·lie·ri /səljéri|sæliéəri/ [名] **Antonio ～** サリエリ (1750–1825)《イタリア出身の作曲家》.

sa·lif·er·ous /səlíf(ə)rəs/ [形] 塩分を含む.

sal·i·fy /sæləfài/ [動] (**-fies**|[過] [過分] **-fied**|**～·ing**) [他] を塩化する.

sa·line /séili:n, -lain|-lain/ [形] 〖章〗塩の; 塩分を含む; 塩辛い. a ～ lake 塩水湖. a ～ spring 塩類泉. a ～ solution 食塩溶液. ── [名] [U] 塩水; 〖医〗生理食塩水.

Sal·in·ger /sælindʒər/ [名] **J**(**erome**) **D**(**avid**) ～ サリンジャー (1919–)《米国の小説家; *The Catcher in the Rye* 他》.

sa·lin·i·ty /səlínəti/ [名] [U] 塩分; 塩度.

Salis·bur·y /sɔ́:lzbèri, -b(ə)ri|-b(ə)ri/ [名] ソールズベリ **1**《英国 Wiltshire の都市; その cathedral は英国で最も高い尖(せん)塔を持つ》. **2**《旧 (Southern) Rhodesia の首都, 国名が Zimbabwe になって Harare と改称》.

Sàlisbury Pláin [名] ソールズベリ平原《英国 Wiltshire の平原; Stonehenge がある》.

Sàlisbury stéak [名] [C] ハンバーグステーキの一種.

†**sa·li·va** /səláivə/ [名] [U] 唾(だ)液, つば.

sal·i·var·y /sæləvèri|-v(ə)ri/ [形] 唾(だ)液の, つばの.

sálivary glànds [名] 〖解剖〗唾液腺(せん).

sal·i·vate /sæləvèit/ [動] [自] つば[よだれ]を出す.

sàl·i·vá·tion [名] [U] 唾(だ)液分泌.

Sálk vàccine /sɔ́:(l)k-/ [名] [UC] ソークワクチン《小児麻痺(まひ)予防用》. [＜発明者の米国人 Jonas E. *Salk* 博士 (1914–)]

sal·low[1] /sǽlou/ [形] 〔顔色などが〕黄ばんだ, 血色の悪い. a ～ complexion 血色の悪い顔色.
── [動] [他] 〔顔色など〕を黄ばんだ色にする〈しばしば受け身で〉. a face ～*ed* by sickness 病気で黄色くなった顔.
── [自] 〔顔色などが〕黄ばんだ色になる.
[＜古期英語「黒ずんだ, 暗い」] ▷ **～·ness** [名] [U] 血色の悪いこと.

sal·low[2] /sǽlou/ [名] [C] サルヤナギ《余り高くならないヤナギ属の植物》.

Sal·ly /sǽli/ [名] Sarah の愛称.

sal·ly /sǽli/ [名] ([複] **-lies**) [C] **1** (包囲された兵士の)突撃, 出撃. **2** (感情などの)ほとばしり; 急に始めること; 〈*of* ..〔あること〕を〉. a ～ *of* kisses キスの雨. **3** 〖戯〗小旅行, ちょっとした遠出. **4** 〖章〗気の利いたしゃれ, 冗談, ひやかし, 《主に悪意のないものを言う》.
── [動] (**-lies**|[過] [過分] **-lied**|**～·ing**) [自] [VA] (**～ *forth, out***) **1** 〔包囲された兵士が〕打って出る, 出撃する. The men in the fort *sallied out* against the enemy. 要塞(さい)の兵士たちは敵軍に向かって打って出た. **2** 〖戯〗(買い物, 旅行などに)勇んで出かける.
[＜ラテン語 *salīre*「跳ぶ」]

Sàlly Ármy [名] 〖英話〗＝Salvation Army.

Sàlly Lúnn /-lʌ́n/ [名] [UC] サリーラン《お茶用のケーキの一種; トーストにして出す》.

sal·ma·gun·di /sælməgʌ́ndi/ [名] **1** [UC] サルマガンディー《ひき肉, ネギ, 胡椒(こしょう), 卵などを混ぜて作る》. **2** [C] ごちゃ混ぜ; 雑録, 雑文集. [＜フランス語]

sal·mi /sǽlmi/ [名] [UC] 鳥肉シチュー.

***sal·mon** /sǽmən/ [名] ([複] **～s** /-z/, ～) **1** [C] サケ(鮭). **2** [U] サケの肉. **3** ＝salmon pink. ── [形] サーモンピンクの, サケ肉色の. [＜ラテン語 *salmō*]

sal·mo·nel·la /sælmənélə/ [名] [U] サルモネラ菌《食中毒の原因となる》. [＜米国の獣医で発見者 D.E. *Salmon* (1850–1914)]

sàlmon pínk [名] [U] サーモンピンク《黄色がかったピンク》.

sàlmon-pínk /[移]/ [形] サーモンピンクの.

sálmon tròut [名] ([複] **～s**, ～) [C] 〖魚〗ウミマス.

Sa·lo·me /səlóumi/ [名] 〖聖書〗サロメ《Herod 王の後妻の連れ子; Herod 王に願って洗礼者ヨハネ (John the Baptist) の首をもらった娘》.

†**sa·lon** /səlɑ́n, sǽlɑn|sǽlɔŋ/ [名] [C] **1** (フランスなどの大邸宅の)客間, 大広間. **2** サロン《上流婦人の客間で定期的に開かれる文士, 画家などの集い; 17, 8 世紀にパリで盛んだった》. **3** (美容, 服装などの)店. a beauty ～ 美容院《beauty parlor とも言う》. a shoe ～ (流行の靴を扱う)靴店. **4** 美術展覧会場; 〈the S-〉サロン《毎年パリで開かれる現代美術展》. [フランス語 (＜イタリア語 *salone*「大広間」)]

salón mùsic [名] [U] サロン音楽《客間で演奏するのに適するような軽いクラシック音楽》.

†**sa·loon** /səlú:n/ [名] [C] **1** (客船, ホテルなどの)**大広間**, 談話室; (旅客機の)客室. **2** 〖米〗(西部劇に出てくるような)**酒場**. **3** (特定の目的の)..**店**, ..**場**, 《経営者がもった

S

いぶって言う言葉》. a shaving ～ 理容室, 理髪店. a billiard ～ 玉突き場. a dancing ～ ダンスホール. **4** ＝saloon bar. **5** ＝saloon car. [＜salon]

salóon bàr 名C 〖英〗(パブの)特別室《一般席(public bar) と区別され, 同じ飲み物でも料金が少し高い; 但しこの区別は廃止の方向にある》.

salóon càr 名C 〖英〗 **1** (列車の)特別車, 1等車, (〖米〗 parlor car). **2** ＝sedan 1.

salóon càrriage 名 ＝saloon car 1.

salóon dèck 名C 1等船客用甲板.

Sal·op /sǽləp/ 名 サロップ《Shropshire の旧称》.

sal·sa /sǽlsə/ 名U **1** サルサ《ジャズとロックミュージックの要素を取り入れたラテンアメリカ風の音楽; そのダンス》. **2** 〖メキシコ料理〗(トマトをベースにした)ソース.

sal·si·fy /sǽlsəfi, -fài/ 名U バラモンジン, セイヨウゴボウ, 《キク科の二年草; 長筒形の多肉質の根は食用になる; oyster plant とも言う》.

SALT /sɔ:lt/ Strategic Arms Limitation Talks (戦略兵器制限交渉)《1969 年, 米ソ間に始まったが, 後に Reagan 政府により START と改称; →START》.

‡**salt** /sɔ:lt|sɔ(:)lt/ 名 (複 **～s** /-ts/) 【塩】 **1** U 塩, 食塩, 《化学塩に対して **còmmon sált** とも言う》. table ～ 食卓塩. rock ～ 岩塩. sea ～ 海塩. Pass (me) the ～, will you? 塩を取ってください《食卓で, 他人の面前にぬっと手を出すのは失礼》. **2** UC 〖化〗塩(えん), 塩類.
【塩に似たもの】 **3** 〈～s〉薬用塩《下剤など》; (ふろの湯に芳香や色をつける)入浴剤 (**báth sàlts**); ＝Epsom salts; ＝smelling salts. a dose of ～*s* 下剤 1 服.
4 【調味料としての塩】 U ぴりっとした味を添えるもの, 'わさびの利いた' 点, 刺激; 機知. Her story is full of ～. 彼女の話は機知に富んでいる.
5 ＝saltcellar. **6** ＝old salt. ◇形 salty, saline

above* [*below*] *the sált 上座[下座]に《昔, 食卓の中央に塩入れ (saltcellar) を置き, それより主人役に近い席を上座, それより離れた席を下座としたことから》.

èat a pèrson's sált*＝*èat sált with a pèrson 人の客になる; 人の所に居候(いそうろう)する.

in sált 塩を振りかけた; 塩漬けにした. keep [preserve] meat *in* ～ 肉を塩漬けにする.

lìke a dòse of sálts 〖話〗即座に, てきめんに, 《＜a dose of ～*s*; →3》.

nòt màde of sált 雨に降られても大丈夫, '張り子' ではない, 《＜塩でできてはいない》.

pùt* [*càst, dròp, etc.*] (*a pìnch of*) *sált on the táil of.. (1)〔鳥〕の尾に塩を(ひとつまみ)置く[投げる, 落とす]《こうすれば鳥が捕まると子供をからかって教えた》. (2)〖旧〗〔人〕に活を入れる, 発破をかける, 《尾に塩をかけられたら鳥は刺激されじっとしていないから》.

rùb sált into a pèrson's wóund(s) 人の気持ちを一層傷つける《＜傷口に塩をすり込む》.

tàke..with a gràin* [*pìnch*] *of sált →grain.

the sàlt of the éarth '地の塩', 世の模範となる人(々), 《聖書『マタイによる福音書』から》.

wòrth one's sált 〖話〗給料に見合うだけの働きのある; 尊敬するに足る, 《＜ローマ時代, 兵士たちに塩が給料として支給された》〈しばしば否定文で〉. No writer *worth* his ～ would use such bad grammar. ちゃんとした作家ならこんなひどい文法を使いはしない.

── 形 〈限定〉 **1** 塩気のある, 塩辛い, (↔fresh). ～ butter 塩気のあるバター. **2** 塩漬けの. ～ pork 塩漬けの豚肉. **3** 海水につかった〔土地など〕; 塩生の, 海水中に生える, 〔植物〕. ～ grasses 海草. **4** ぴりっとした, 痛烈な, 〔機知など〕.

── 動 他 **1** に塩をする, 塩を振りかける; に塩味をつける. ～ fish 魚に塩を振る. ～ soup スープに塩味をつける. **2** を塩漬けにする〈*down*〉. **3** に味を添える, をぴりっとさせる, 〈*with* ..で〉〈普通, 受け身で〉. a story ～*ed with* amusing episodes 愉快なエピソードが興趣を添える物語. **4** (いんちきで)を実物以上によく見せる; 〈特に〉〔鉱山〕をよりよく見せる《高く売りつけるために他の鉱山から鉱石を持ち込むなどして》. **5** (雪, 氷などを解かすために)〔道路〕に塩をまく.

***sàlt /../ awáy* [*dówn*]** (1) ..を塩漬けにする. (2)〖話〗〔金銭など〕を(しばしば不法に)ため込む, 蓄える.
[＜古期英語]

sált·cèllar 名C **1** (食卓用)塩入れ《小さじですくう深皿式のもの》. **2** 〖英〗＝saltshaker.

sált·er 名C **1** 製塩業者; 塩商. **2** (肉, 魚の)塩漬け業者.

salt·i·ly /sɔ́:ltili/ 副 塩辛く; 塩を含んで; 辛辣(しんらつ)に.

salt·ine /sɔ:ltí:n/ 名C 〖米〗塩クラッカー.

salt·i·ness /sɔ́:ltinəs/ 名U 塩辛さ; 辛辣(しんらつ).

sal·tire /sɔ́:ltaiər, sǽl-/ 名C 〖紋章〗X 形十字, 聖アンデレ十字 (Saint Andrew's Cross). swords in ～ 〖紋章〗X 形に組んだ 2 本の剣.

Sàlt Lake Cíty 名 ソルトレークシティー《米国 Utah 州の州都; モルモン教の本山がある》.

sált lìck 名C (動物が塩をなめるために集まる)岩塩のある所; 岩塩《家畜になめさせる》.

sált màrsh 名UC 塩沢《塩水による湿地》.

sált mìne 名C 岩塩坑.

sált pàn 名C **1** (人工又は天然の)塩田. **2** 塩がま.

salt·pe·ter 〖米〗, **-tre** 〖英〗 /sɔ̀:ltpí:tər/ 名U 硝石, 硝酸カリ, 《火薬, ガラス, 食品保存料などの原料》.

sált rhèum 名U 〖米話〗湿疹(しん) (eczema).

sált·shàker 名C 〖米〗(食卓用)振り出し式塩入れ.

sált·wàter 形 〈限定〉海水の, 塩水の; 海水産の; (↔freshwater). ～ fish 海水魚.

sàlt wáter 名U **1** 塩水; 海水 (↔fresh water). **2** 〖俗〗涙.

sált·wòrks 名 (複 ～) C 製塩所.

‡**salt·y** /sɔ́:lti/ 形 e **1** 塩気のある, 塩辛い; 塩を含んだ; 海の(香りのする), 海(の生活)を思わせる. **2** 〖旧〗〔言葉などが〕ぴりっとした, 機知に富む; 痛烈な; (やや)きわどい. ～ remarks 辛辣(しんらつ)な言葉.

sálty dòg 名UC ソルティードッグ《ジンまたはウォトカベースのカクテルの一種; グラスの縁を濡らして塩を付けて出される》.

sa·lu·bri·ous /səlú:briəs/ 形 〖章〗〔気候などが〕健康によい; 〔空気などが〕さわやかな; (wholesome). ▷ **～·ly** 副 さわやかに. **～·ness** 名 健康によいこと.

sa·lu·bri·ty /səlú:brəti/ 名U 〖章〗(気候などが)健康によいこと.

sa·lu·ki /səlú:ki/ 名C サルーキ《中東原産の猟犬》.

†**sal·u·tar·y** /sǽljətèri|-t(ə)ri/ 形 有益な, 健全な; 健康によい. a ～ lesson [experience] ためになる[有益な]教訓[経験]. ～ exercise 健康によい運動. [＜ラテン語 *salūs*「健康」]

***sal·u·ta·tion** /sæ̀ljətéiʃ(ə)n/ 名 (複 **～s** /-z/) 〖章〗 **1** UC あいさつ (類語 greeting より形式ばった語). **2** C 手紙の書き出し; 演説のあいさつ; 《Dear Sir, Dear Mr. Smith, Ladies and Gentlemen など》. ◇動 salute

sa·lu·ta·to·ri·an /səlù:tətɔ́:riən/ 名C 〖米〗(大学, 高校の)卒業式で開会のあいさつをする卒業生《普通, 次席優等生がなる; →valedictorian》.

sa·lu·ta·to·ry /səlú:tətɔ̀:ri|-t(ə)ri/ 〖米〗 名 (複 **-ries**) C (卒業式の)開会のあいさつ.
── 形 開会のあいさつの.

***sa·lute** /səlú:t/ 動 (**～s** /-ts/|過 過分 **-lut·ed** /-əd/|**-lut·ing**) 他 **1** 〖軍〗に敬礼する《挙手, ささげ銃(つつ), 礼砲などで》. He ～*d* the sergeant. 彼は曹長に敬礼した. **2** 〖章〗〔人, 仕事ぶりなど〕を(公に)賞賛する. **3** 〖旧〗にあいさつする, 会釈する, (greet)《お辞儀したり帽子をちょっと上げるなどして》. **4** 〔人〕を迎える〈*with* ..で〉. ～ him *with* a smile 彼を笑顔で迎える. ── 自 **1** あいさつする〈*to* ..に〉. **2** 〖軍〗敬礼する; 礼砲を撃つ.

── [名] ([複] ～s /-ts/) [C] **1** 〖軍〗**敬礼**; 礼砲, 祝砲. make [give] a ～ 敬礼する. give [fire] a twenty-one gun ～ 21 発の礼砲を放つ. exchange ～*s* 礼砲を交換する. answer [return] a ～ 敬礼に答える. **2** 〖章〗**あいさつ**, お辞儀, 会釈. ★この意味では greeting の方が普通. raise one's hat in ～ あいさつに(かぶっていた)帽子を持ち上げる.

stànd at (the) salúte (直立し手を額まで上げ)敬礼する.
tàke the salúte 〔上官が〕敬礼を受ける《行進中の部下から》.

[<ラテン語「あいさつする」(<*salūs* 'health')]

Sal·va·dor /sǽlvədɔ̀ːr/ [名] ＝El Salvador.

Sal·va·do·r(i·)an /sæ̀lvədɔ́ːr(i)ən ⑱/ [形] El Salvador の. ── [名] [C] エルサルバドル人.

†**sal·vage** /sǽlvidʒ/ [名] [U] 【救助】 **1** 海難救助《人命および貨物の救助》; 沈没船引き揚げ(作業), サルヴェージ. **2** (火災の際の)家財[人命]の救助. **3** (海難, 火災の)救助料. **4** (海難[火災]からの)救出[搬出]貨物[家財]; 引き揚げられた船. **5** 廃品回収; 廃物利用.

── [動] [他] **1** を救助する〈*from* ..から〉([類語] 特に海難や火災などからの救助に用いる; →rescue). ～ one's reputation〈比喩的〉名誉を守る[回復する]. **2** 〔沈没船〕を引き揚げる. **3** 〔再使用できる廃品〕を回収する; 〔だめになりかかったもの〕を修復する.

[<ラテン語 *salvāre* 'save[1]'; -age]

sál·vage·a·ble [形] (海難, 火災などから)救出できる.

*__sal·va·tion__ /sælvéiʃ(ə)n/ [名] ([複] ～s /-z/) **1** [U] 〖宗教〗**救い**, 救済. the ～ of souls 魂の救い. **2** [U] (損害, 災難, 不幸などからの)救済, 救助; 保存. **3** [C] 救う人[もの], 救済者; 〈普通, 単数形で〉救済手段. The hut was the ～ of the hikers. 山小屋のおかげでハイカーたちは命拾いした.

work òut one's òwn salvátion 我と我が身を助ける策を講じる, 独力で切り抜ける.

[<ラテン語 *salvāre* 'save[1]'; -ation] ▷ **～·ist** [名] [C] 救世軍軍人.

Salvàtion Ármy [名] 〈the ～〉救世軍《1865 年に英国の William Booth が創設した国際的なキリスト教社会福祉事業団; 軍隊形式をとる; 〖英話〗Sally Army》.

salve[1] /sæv|sælv, sɑːv/ [名] [UC] **1** 軟膏(こう), 膏薬. spread ～ on the wound 傷に軟膏を塗る.
2 心の傷[やましさ]をいやすもの, 慰め; 媚(こ)び, へつらい.

── [動] [他] 〖雅〗〔心の痛み〕を和らげる, いやす. ～ one's conscience 良心のとがめを和らげる.

salve[2] /sælv/ [動] [他] ＝salvage 1.

sal·ver /sǽlvər/ [名] [C] (金属製で円形の)盆《飲み物, 手紙, 名刺などを載せて手渡すもの》.

sal·vi·a /sǽlviə/ [名] [C] サルビア, ヒゴロモソウ,《夏に赤い花が咲く; シソ科の鑑賞用草本》.

‡**sal·vo** /sǽlvou/ [名] ([複] ～(e)s) [C] **1** 〖軍〗(礼砲の)一斉発射; (特に海戦での)一斉砲火; (爆弾の)一斉投下, 一斉投下された爆弾 **2** 一斉に起こる喝采(かっさい)[非難, 不満の声など]. ～*s* of applause やんやの喝采.

sal vo·lat·i·le /sæ̀l-vəlǽtəli/ [名] [U] 炭酸アンモニア水《気付け薬 (smelling salts) として用いる》.

Sal·yut /sáːljùːt|sæljúːt/ [名] [C] サリュート《旧ソ連の宇宙ステーション; 第 1 号は 1971 年に打ち上げられた》.

Salz·burg /sɔ́ːlzbəːrg|sɔ́ːlz-, sǽlts-/ [名] ザルツブルグ《オーストリア西部の都市; Mozart の生誕地》.

SAM /sæm/ [名] [C] 地[艦]対空ミサイル (surface-to-air missile).

Sam /sæm/ [名] Samuel の愛称.

Sam. 〖聖書〗Samuel 3.

S. Am. South America; South American.

sam·a·ra /sǽmərə/ [名] [C] (オオカエデ, トネリコなどの)翼果 (key fruit).

Sa·mar·i·a /səmé(ə)riə/ [名] サマリア《古代パレスティナの一地方, また都市》.

Sa·mar·i·tan /səmǽrət(ə)n/ [形] サマリア (Samaria) の; サマリア人[語]の. ── [名] **1** [C] サマリア人. **2** [U] サマリア語. **3** 〈時に s-; 形容詞を伴って〉＝good Samaritan. **4** 〈the Samaritans〉〖英〗サマリタンズ《電話・メールで悩み相談を行うボランティア団体》; [C] その 1 員.

sa·mar·i·um /səmé(ə)riəm/ [名] [U] 〖化〗サマリウム《希土類元素; 記号 Sm》.

Sam·ar·kand /sæ̀mərkǽnd|-mɑː-/ [名] サマルカンド《ウズベキスタン共和国中東部の都市》.

sam·ba /sǽmbə/ [名] [C] サンバ《ブラジル起源の軽快なダンス》; その曲. [ポルトガル語]

sam·bo[1] /sǽmbou/ [名] ([複] ～(e)s) **1** [C] (南米の)黒人とインディオの混血. **2** 〖軽蔑〗〈S-〉(男の)黒人.

sam·bo[2] [名] [U] サンボ《柔道に似たロシアの格闘技》.

‡**same** /seim/ [形] [C̸] **1** 〈普通 the ～〉(**a**) **同じ**, **同一の**; **同種の**, ほぼ同じの, 似たような; (↔different; [類語] 同一を表す最も一般的な語, 全く同一(人)物を指す場合と, 同種類のものを指す場合とがある; →identical, selfsame). You and I are the ～ age. 君と僕は同い年だ. I taught in the ～ school for thirty years. 私は同じ学校で 30 年間教えた. I bought the ～ motorcycle *as* he. 私は彼と同じオートバイを買った (→the SAME (..) as..). amount [come] to the ～ thing 結果的には同じことになる. on the ～ time 〖英〗(..の)同じ時期と比べると. be in the ～ boat →boat (成句). (**b**) (以前と)**変わらない**. You look the ～ *as* ten years ago. 君は 10 年前とちっとも変わらない.

2 〈this [these, that, those] ～〉まさにこの[その], 例の, 前述の, (★同一性を強調し, しばしば軽蔑的に用いる). I met this ～ man in Paris last year. 昨年パリでまさにこの男に会った. that ～ evening ちょうどその晩.

about the sáme ＝much the SAME.

*__*at the sáme tìme*__* (1) **同時に**. They arrived *at the ～ time*. 彼らは同時に着いた. (2) **しかしながら**, とは言うものの. He sometimes disappoints us, but, *at the ～ time*, he is a very able man. 彼にはときどきがっかりさせられるが, そうは言うものの, とても有能な人間ではある.

mùch the sáme ほぼ同じで, 似たり寄ったりの. The British and the Americans speak *much the ～* language. 英国人と米国人はだいたい同じ言葉を話す.

nòt the sáme (thìng) without .. ..が居ないと[無いと]つまらない. Our reunions are *not the ～ without* Jane. 我々の再会のパーティーもジェーンが居ないとつまらない.

òne and the sáme 全く同一の. The evening star and the morning star are *one and the ～* star. 宵の明星と明けの明星とは同じ 1 つの星である.

Sàme dífference. 〖話〗(相手の異議に対しだからどうだと言うのだ,) 大した違いはないよ, 同じようなものさ.

Sàme hére. 〖話〗(相手の言葉に答えて)私もだ (me too). "I am afraid I came too late." "*Same here.*" 「来るのが遅すぎたようだ」「私もです」. "I'll have a beer." "*Same here.*"「僕はビールだ」「私にも同じものをね」.

sàme líke .. 〖方・戯〗..と同様に.

sàme tíme, sàme pláce 同じ時間, 同じ場所で《待ち合わせなどの約束で》.

*__*the sáme (..) as ..*__* (1) **..と同じ(..)**. Your feet are *the* ～ size *as* mine. 君の足の大きさは僕と同じだ. make *the* ～ mistake *as* last time 前回と同じ間違いをする. I went to London in *the* ～ year *as* you did. 君が行ったのと同じ年に私もロンドンへ行きました (なお →1 の用例, the SAME (..) that.. [語法]). (2) 〈the same as..〉〖話〗..と同じように. She loved the adopted child *the* ～ *as* she loved her own children. 彼女は養子にした子を自分自身の子と同じように可愛がった.

the sàme óld .. ありふれた.., 相変わらずの... It's *the*

S

〜 *old* story—he's short of money again. いつもの話さ. あいつ, また金が足りないんだ.
***the sáme* (..) *that* [*which, who, when, where*] ..** ..と同じ(..). This is *the* 〜 camera (*that, which*) I sold to John. これは私がジョンに売ったのと同じカメラだ. Put back that key in *the* 〜 place *where* I left it. そのかぎを私の置いといた場所に戻しておきなさい. 語法 (1) 最初の例で that を使えば「同一のもの」を, as を使えば「同種のもの」を指すと言われるが, 厳密な区別はなく as の方が that より多く使われる (→the SAME (..) as..). (2) 目的格の that [which, whom] は省略されることが多い.
***the sáme* (..) *with* ..** ..と同じ(..) (★with の後に名詞(句)が来る). I was born in *the* 〜 year *with* John. 私はジョンと同じ年に生まれた.
the vèry sáme 全く同じの, まさにその.
── 副 〈the 〜〉 同様に (in the same way). We don't think the 〜 as they do. 我々は彼らが考えるようには考えない. I feel the 〜 about this problem. この問題については私も同じ気持ちだ. 語法 the 〜 as ..の場合〖話〗では多く the を省略する: He speaks with a strong Welsh accent, 〜 as his parents. (彼は両親同様ひどいウェールズ訛(なま)りで話す).
── 代 **1** 〈普通 the 〜〉 **同じこと**; 同じもの[人]. The 〜 goes for me. 同じことが私にも当てはまる. You treated me badly. I'll do the 〜 to you some day. ひどい目に遭わせてくれたな. いつか同じ目に会わせてやるぞ. *Same* for me, please.〖話〗私にも同じものをお願いします《注文などで》. **2**〖章・戯〗同上[前述]のもの[人], それ, 彼など, (★3 人称の人称代名詞に相当; the を付けない). Enclosed, please find a check for 〜.〖商〗それに対し小切手を同封いたしますのでお受け取りください.
****àll the sáme*** (1) **それでもやはり**, とは言うものの. Thank you *all the* 〜. (相手の好意などを断った後で)でもありがとうございました. (2) 全く同じで, どうでもよい. 〈*to* ..にとっては〉 It's *all the* 〜 *to* me what you do. 君が何をしようと僕にはどっちみち同じことだ. if it's *all the* 〜 *to* you もしあなたが構わなければ[差し支えがなければ].
I wìsh you the sáme! =〖話〗(***The***) ***sáme to yòu!*** あなたもどうぞ《Merry Christmas. とか Good luck. と言われた時の応答》. 参考 (The) same to you! の方は侮辱的な言葉に対する言い返しにも用いる: "Fuck you!" "(And the) 〜 to you!"「くそくらえ」「お前にも同じ言葉を返してやるよ」.
jùst the sáme =all the SAME.
mòre of the sáme 代わり映えがしない.
(***The***) ***sàme agáin***(***, plèase***).〖話〗お代わり《同じ飲み物を注文する言葉》. [<古期北欧語]

S

sáme·ness 名 U **1** 同じこと, 同一性; 同様, 類似. **2** 代わり映えしないこと, 単調さ; 一律.
S. Am(**er**). South America(n).
same·y /séimi/ 形〖主に英話〗代わり映えしない, 退屈な.
Sam·mie, Sam·my /sǽmi/ 名 Samuel の愛称.
Sa·mo·a /səmóuə/ 名 サモア《南太平洋のサモア諸島 (Samoa Islands) 西部の国; 旧称 Western Samoa (1962–97); 首都 Apia; 東部は米国領》.
Sa·mo·an /səmóuən/ 形 **1** サモアの. **2** サモア人[語]の. ── 名 **1** C サモア人. **2** U サモア語.
sa·mo·sa /səmóusə/ 名 (複 〜s, 〜) C〖インド料理〗サモサ《ひき肉, 刻んだ野菜などを丸い皮の三方をつまんで包み油で揚げたもの》.
sam·o·var /sǽməvɑ̀ːr|⌐−⌐/ 名 C サモワール《ロシアのお茶用の湯沸かし器》. [ロシア語 'self-boiler']
Sam·o·yed(**e**) /sǽməjèd|səmɔ́ied/ 名 C サモイエド犬《スピッツ犬よりやや大きい白い犬; 中央シベリアの Samoyed 族が番犬に使う》.
samp /sǽmp/ 名 U〖米〗ひき割りトウモロコシ; それで作ったかゆ. [<北米先住民語]
sam·pan /sǽmpæn/ 名 C サンパン(三板)《中国, 東南アジアの沿岸や河川で用いる平底の小舟》. [<中国語]
***sam·ple** /sǽmp(ə)l|sɑ́ːm-/ 名 (複 **〜s** /-z/) C
1 見本, サンプル, 試供品. a free 〜 of shampoo シャンプーの無料試供品. **2** 標本; (実験の)試料. The doctor told me he would take a blood 〜 [a 〜 of my blood]. 医師は(検査用に)私に採血しましょうと言った.
3 実例, 例, (類語 それがあればその全体像又は種類全体が想像できるような例や見本; →example). This is a 〜 of his bad manners. これは彼の行儀の悪さを示すよい例だ. **4**〖統計〗(抽出)標本, サンプル, 《調査のために抽出した人[もの]; →random sample》. Our analysis is based on a locally representative 〜 of over 5,000 farmers. 我々の分析は各地方の代表として抽出された 5000 人以上の農民の調査に基づいている. **5** 〈形容詞的〉 見本の. a 〜 bottle of perfume 香水の見本の瓶. a 〜 copy 本の見本.
ùp to sámple 〔品質などが〕見本どおりの[で].
── 動 他 **1** の見本を取る; を見本で調べる. **2** を試食[試飲]する. Let me 〜 your cake. あなたの作ったケーキの味見をさせてください. **3** を実地に経験してみる, 体験する. 〜 the delights of rural life 田園生活の喜びを体験する. **4**〖統計〗 の標本抽出をする. 〜 opinion among 500 freshmen 500 人の大学 1 年生を選んで意見を聞いてみる. **5**〖楽〗〔ある楽曲, 音〕をサンプリングする 《特定の音色・フレーズ・リズムなどをサンプラーなどによって抽出し, (別の曲の)素材にする》; 〔ミュージシャンなど〕(の曲)をサンプリングに使う, の一部を引用する; 〈しばしば受け身で〉. [<古期フランス語 essample 'example']
sám·pler 名 C **1** 標本[試料]検査係. **2** 試食者, 試飲者. **3** 刺繡(しゅう)の試作品《初心者の少女が刺繡の腕を見せるために文字や姓名などを刺繡したもの》. **4**〖米〗見本集, 選集. **5**〖楽・電〗サンプラー《音をデジタル信号に変換して取り込み, 抽出・加工できる機械》.
sám·pling 名 **1** U 見本抽出(法), サンプリング. **2** U 試料採取; 試食, 試飲. **3** C 見本として選んだもの. ask a 〜 of people what political party they support 一般の人から適当に抽出してどの政党を支持するかを尋ねる. **4** U〖楽〗サンプリング (→sample 動 5).
Sam·son /sǽms(ə)n/ 名 **1** 男子の名. **2**〖聖書〗サムソン《怪力のヘブライの士師(し) (judge); Delilah にだまされて敵に捕らわれ盲目にされた》. **3** C 力持ち, 怪力の人.
Sam·son·ite /sǽmsənàit/ 名 C〖商標〗サムソナイト《米国製スーツケース, 旅行用かばんなど》.
Sam·u·el /sǽmjuəl/ 名 **1** 男子の名《愛称 Sam, Sammie, Sammy》. **2**〖聖書〗サムエル《ヘブライの士師(し) (judge)・預言者・裁判官》. **3**『サムエル記』《旧約聖書中の書で上下 2 部から成る; 略 Sam.》.
sam·u·rai /sǽmurài/ 名 (複 〜, 〜s) C 日本の侍, 武士; 〈the 〜; 複数扱い〉 武士階級. [日本語]
San /sɑːn, sæn/ 名 U 〈イタリア, スペイン系の人の名に前置して〉 聖..(Saint). 〜 Antonio 聖アントニオ.
Sàn Ān·drè·as fáult /sæ̀n-ændrèiəs-/ 名 〈the 〜〉〖地〗サンアンドレアス断層《北米西岸に沿った大断層》.
San Antonio /sæ̀n-əntóuniou/ 名 サンアントニオ《米国 Texas 州南部の都市; →Alamo》.
san·a·to·ri·um /sæ̀nətɔ́ːriəm/ 名 (複 **〜s, san·a·to·ri·a** /-riə/) C **1** (特に長期療養者のための)サナトリウム, 療養所. **2** 保養地 (health resort). [ラテン語「治す (*sānāre*)所」]
San·cho Pan·za /sæ̀ntʃou-pǽnzə/ 名 サンチョ・パンサ《*Don Quixote* の中のドンキホーテの従者; しばしば空想的な理想主義者と行動を共にする現実主義的俗物の典型とされる》.
sanc·ta /sǽŋ(k)tə/ 名 sanctum の複数形.
sanc·ti·fi·ca·tion /sæ̀ŋ(k)təfəkéiʃ(ə)n/ 名 U **1**

神聖化. **2** 罪を清めること.
sánc·ti·fied [形] **1** 神聖化された; 聖別された; 清められた. **2** 聖人ぶった. 〜 airs 行い澄ましたような様子.
sanc·ti·fy /sǽŋ(k)təfài/ [動] (**-fies** | [過] [過分] **-fied** | 〜·**ing**) [他] **1** を神聖にする; を神に捧(ささ)げる, 聖別する. **2** を清める. pray to God to 〜 one's heart 心を清めるために神に祈る. **3** を正当化する, 是認する, 〈普通, 受け身で〉. a bad custom *sanctified* by long use 長い習慣で正当化された悪習. [＜ラテン語 *sanctus*「神聖な」, -ify] ▷**sanc·ti·fi·er** [名]
sanc·ti·mo·ni·ous /sæ̀ŋ(k)təmóuniəs, -njəs [移]/ [形] 聖人ぶった, 殊勝らしく見える, 神聖らしく見せかけた. ▷〜**ly** [副] 〜**ness** [名]
sanc·ti·mo·ny /sǽŋ(k)təmòuni | -məni/ [名] [U] 聖人ぶること; 神聖らしく見せかけること.
***sanc·tion** /sǽŋ(k)ʃ(ə)n/ [名] ([複] 〜**s** /-z/) 【権力による許可】 **1** 〖章〗 [U] **認可**, 裁可; 承認, 許可. It is necessary to obtain the 〜 of the authorities to enter this building. この建物に入るには当局の許可を得る必要がある. a marriage without church 〜 教会の承認なしの結婚. give 〜 to ..を認可する, 是認する.
【無許可＞違反への処罰】 **2** [C] (違反者に対する)**制裁**, 処罰; (法などに従う者に対する)褒賞. impose 〜*s* on .. に制裁を加える.
3 [C] 〈普通 〜s〉 (国際法違反国に対する)制裁(措置). adopt [lift] economic 〜*s* against a nation ある国に対して経済的制裁措置を取る[解除する].

[連結] complete [sweeping; wide-ranging; limited; harsh, tough; punitive; effective; trade; international] 〜*s* // apply 〜*s*

4 【処罰＞抑止力】 [C] (悪事に走らせない)道徳的[社会的]拘束. The fear of damnation is the greatest 〜 against perjury. 地獄に落とされる恐怖が偽証に対する最大の抑止力である.
—— [動] [他] 〖章〗 を認可する, 裁可する; を是認する; ([類語] 公的機関の正式な承認を表す; →approve).
[＜ラテン語「神聖にすること」(＜*sanctus* 'holy')]
sanc·ti·ty /sǽŋ(k)təti/ [名] ([複] **-ties**) **1** [U] 神聖, 尊厳. the 〜 of the marriage tie 結婚のきずなの神聖さ. **2** [U] 高潔, 敬虔(けいけん). **3** 〈-ties〉 (家庭などでの)神聖な義務など. the *sanctities* of the home 家庭の神聖な義務.
†**sanc·tu·ar·y** /sǽŋ(k)tʃuèri | -tju(ə)ri/ [名] ([複] **-ar·ies**) **1** [C] 神聖な場所, 聖域, 《教会, 神殿, 寺院など》. **2** [C] (教会の祭壇の前などのような)最も神聖な場所, 至聖所, 内陣. **3** [C] (法の及ばない)聖域, 避難所, '駆け込み寺', 《中世時代, 教会に逃げ込めば法律の力が及ばなかったことから》. The country is considered to be a 〜 for political refugees. その国は政治亡命者の逃げ込み場所だと見なされている. **4** [U] (罪人などに対する)庇護(ひご), 保護; (教会の)罪人庇護権; ([類語] 刑罰などを免除する教会の庇護; →protection). give 〜 to ..を庇護する. **5** [C] (鳥獣の)禁猟区, 保護区. a bird 〜 野鳥保護区. **6** [C] (他人に侵されない)聖域《自分の心の奥底など》.
brèak* [*vìolate*] *sánctuary 聖域を侵す《罪人逮捕のために》.
sèek* [*tàke*] *sánctuary 〔罪人などが〕聖域に逃げ込む, 庇護を求める; (他国などに)亡命する.
[＜ラテン語「神聖な場所」]
sanc·tum /sǽŋ(k)təm/ [名] ([複] 〜**s**, **sanc·ta** /-tə/) [C] **1** 神聖な場所. **2** (自分 1 人で引きこもっていられる)私室, 隠れ場所. [ラテン語 'holy']
Sanc·tus /sǽŋ(k)təs/ [名] 〖キリスト教〗 〈the 〜〉 三聖誦(しょう) 《Sanctus (聖なるかな), sanctus, sanctus で始まる賛美歌》. [ラテン語 'holy']
‡**sand** /sǽnd/ [名] ([複] 〜**s** /-dz/) **1** [U] **砂**. fine grains of 〜 細かい砂の粒. I got 〜 in my shoe. 靴に砂が入ってしまった.
2 〈〜s〉 **砂浜**, 砂原, 砂地; 砂丘; 砂漠; 砂州. play on the 〜*s* 浜辺[砂地]で遊ぶ. the 〜*s* of the Sahara サハラ砂漠. the shifting 〜*s* →shifting. **3** [U] 砂色《黄土色》. **4** 〈the 〜s〉 砂時計の砂; 刻一刻; 寿命, 命数. **5** [U] 〖米話〗 勇気, 度胸; 根性.
***(as) nùmberless as the sánd(s)* [*sànds of the séa*]** 浜の真砂(まさご)のように無数の.
bùilt on (the) sánd 砂上に建てた; 不安定な; 《聖書から》.
bùry** one's **hèad in the sánd →bury.
plòw* [*plòugh*] *the sánd(s) むだ骨を折る.
The sànds (of tìme* [*lìfe*]*) are rùnning óut. 〖雅〗 残された時間がない[余命いくばくもない] (→4).
—— [動] [他] **1** (滑らないように)に砂をまく, を砂で覆う[埋める]; に砂を混ぜる. 〜 a road (滑らないように)道路に砂をまく. **2** (**a**) を砂で磨く; 〔特に木材〕を紙やすりで磨く; 〈*down*〉. (**b**) [VOC] (〜 X Y) X に紙やすりをかけて Y にする. 〜 a door smooth before painting it ペンキを塗る前に戸に紙やすりをかけて滑らかにする. [＜古期英語]
***san·dal** /sǽndl/ [名] ([複] 〜**s** /-z/) [C] **1** サンダル, つっかけ. **2** 〖米〗 (女性用の)浅いオーバーシューズ. **3** サンダル《古代ギリシア, ローマ人が履いた革製の履物》. [＜ギリシア語]
sán·daled, 〖英〗 **sán·dalled** [形] サンダルを履いた.
sándal·wòod [名] **1** [C] ビャクダン《インド原産の小高木》; [U] ビャクダン材《質が堅く香気があり工芸品, 薫香の材料になる》. **2** [U] ビャクダン色《褐色》.
sánd·bàg [名] [C] **1** 砂袋, 砂嚢(のう), 土嚢, 《臨時の弾よけや船のバラストなどに用いる》. **2** (凶器に用いられる)長い砂袋《傷を残さないで相手を倒すことができる》.
—— [動] (〜s | -gg-) [他] **1** を砂嚢で防ぐ[ふさぐ; 強化する]. **2** を砂袋で殴り倒す. **3** 〖米話〗 〔人〕に強引にさせる 〈*into* ..を〉.
sánd·bànk [名] [C] 砂州(す); 砂丘.
sánd·bàr [名] [C] (河口などの)砂州(す).
sánd·blàst [名] **1** [U] 砂吹き《ガラスの表面のつや消しや金属, 壁などの表面をきれいにするため砂を高速で吹きつけること》. **2** [C] 砂吹き機. —— [動] [他] **1** に砂を吹きつける, を砂吹きでつや消しにする[きれいにする]. **2** 〔金属, ガラスなど〕を(高速で砂を吹きつける機械で)切る.
sánd·bòx [名] [C] **1** (機関車の)砂箱《レールにまく滑り止めの砂を入れる》. **2** 〖米〗 (子供用の)砂場, 砂箱.
sánd·bòy [名] ([複] 〜s) [C] 〖英〗 砂売り小僧《昔, 英国の海岸で砂を売った》〈主に次の成句で〉.
(as) jòlly* [*hàppy*] *as a sándboy 非常に陽気で.
Sand·burg /sǽn(d)bəːrg/ [名] **Carl** 〜 サンドバーグ (1878–1967)《米国の詩人・作家》.
sánd·càstle [名] [C] (砂浜で作って遊ぶ)砂の城.
sánd dòllar [名] [C] 〖米〗〖動〗 カシパン(ウニ)《米国産の円盤状のウニ》.
sánd dùne [名] [C] 砂丘.
sánd·er [名] [C] **1** 砂[紙やすり]で磨く人[機械]. **2** 砂をまく人[機械].
sánd flèa [名] [C] 〖虫〗 スナノミ; ＝sand hopper.
sánd flỳ [名] [C] 〖虫〗 スナバエ.
sánd·glàss [名] [C] 砂時計 (hourglass).
sánd hìll [名] [C] 砂丘, 砂山.
sánd·hòg [名] [C] 〖主に米〗 地下[水中]工夫.
sánd hòpper [名] [C] 〖虫〗 イソノミ (beach hopper).
San Di·e·go /sæ̀n-diéigou/ [名] サンディエゴ《米国 California 州南部の港市; 米国海軍の要港》.
san·di·ness /sǽndinəs/ [名] [U] 砂だらけなこと; 黄土色をしていること; ざらざらなこと.
San·di·nis·ta /sæ̀ndəníːstə/ [名] [C] サンディニスタ《1979 年ニカラグアの独裁政府を倒し一時社会主義政権を樹立した革命派の一派》.
S & L 〖米〗 savings and loan association (貯蓄貸付組合).
sánd·lòt 〖米〗 [名] [C] 砂地; (子供の)運動用空き地.

S

── 形 空き地(で)の. ～ baseball (空き地で行う)草野球.
sánd·lòt·ter 名 C 〖米〗草野球をする人.
sánd·màn /-mæ̀n/ 名 (複 **-men** /-mèn/) C 〈the ～〉(子供を眠りに誘うという)睡魔, 眠りの精, 《眠くなると目に砂が入ったように目をこすることから》.
sánd·pàil 名 C 〖米〗砂バケツ《子供の砂遊び用》.
sánd pàinting 名 C 〖米〗砂絵《米国南西部の Navaho 族などの北米先住民が着色した砂で描く》.
sánd·pàper 名 U サンドペーパー, 紙やすり.
── 動 他 をサンドペーパーで磨く〈*down*〉.
sánd·pìper 名 C 〖鳥〗(アメリカ)イソシギ, ムラサキシギなどシギ科の鳥の類.
sánd·pìt 名 C 〖英〗(子供が遊ぶための)砂場 (sandbox 2); 砂を採掘した後の穴.
San·dra /sǽndrə, sɑ́:n-/ 名 Alexandra の愛称.
San·dring·ham /sǽndriŋəm/ 名 サンドリンガム《英国 Norfolk 州にある英国皇室の別邸; クリスマス前後をここで過ごす》.
sánd·shòe 名 C 〖英〗〈普通 ～s〉(砂浜を歩く時などに用いる)ズック靴の一種 (→plimsoll).
‡**sánd·stòne** 名 U 〖地〗砂岩《かつては建築用石材として広く用いられた; →brownstone》.
sánd·stòrm 名 C (砂漠の)砂あらし.
sánd tràp 名 C 〖米〗(ゴルフ場の)バンカー (bunker).
Sand·wich /sǽn(d)witʃ|sǽnwidʒ, -witʃ/ 名 **1** サンドウィッチ《イングランド南東部 Kent 州の商業都市; かつての Cinque Ports の 1 つ》.
2 サンドウィッチ諸島《Hawaiian Islands の旧称》.
‡**sand·wich** /sǽn(d)witʃ|sǽnwidʒ, -witʃ/ 名 (複 **～·es** /-əz/) C **1** サンドウィッチ, 〈複合語で〉..サンド. ham [vegetable] *～es* ハム[野菜]サンド. a toasted ～ トーストサンド. ～ fillings サンドウィッチの中身.
2 〖英〗(ジャム, クリームを間に挟んだ)菓子の一種.
3 (サンドウィッチのように)背中合わせになったもの; サンドウィッチ状のもの. a plywood ～ ベニヤ板合板.
twò sándwiches shòrt of a pícnic 〖話〗頭がとろい[おかしい].
── 動 (**～·es** /-əz/|過 過分 **～ed** /-t/|**～·ing**) 他 **1** VOA を挟む, 挿入する, 〈しばしば受け身で〉. ～ an interview *between* two meetings 2 つの会合の間に面会をさし挟む. a man *～ed* (*in*) *between* two beautiful girls (美女 2 人に挟まれて)'両手に花' の男. lie *～ed in* the middle (両側を)挟まれてまん中に寝る. **2** VOA 〔2 つのもの〕をくっつける 〈*together*〉 〈*with* ..を挟んで〉. ～ crackers *together* (*with* cream) (クリームを挟んで)サンドクラッカーにする.
[食事も忘れてトランプに熱中した, 18 世紀英国の *Sandwich* 伯爵の考案によると伝えられる]
sándwich bòard 名 C サンドウィッチマンが体の前後に下げる広告板(の 1 枚).
sándwich còurse 名 C 〖英教育〗(技術専修学校などの)サンドウィッチ課程《3 か月ないし 6 か月の現場実習を間に挟みながら学習する制度》.
sándwich màn 名 (複 **-men** /-mèn/) C サンドウィッチマン《体の前後に広告板を下げて歩く人》.
San·dy /sǽndi/ 名 **1** Alexander の愛称. **2** Alexandra の愛称.
***sand·y** /sǽndi/ 形 e (**sand·i·er**|**sand·i·est**) **1** 砂の(ような); 砂地の; 砂だらけの. a ～ beach 砂浜. **2** 〔髪が〕砂色の, 黄土色の; 〔人が〕砂色の髪をした. **3** ざらざらした.
sánd yàcht 名 C 砂上ヨット《車輪付き》.
***sane** /sein/ 形 e (**san·er** /séinər/|**san·est** /séinəst/) **1** 〔人が〕正気の, 精神がまともな, (↔insane). **2** 〔考え方, 判断, 忠告などが〕健全な, まともな, 穏健な. ～ judgment [view] まともな判断. ◇名 sanity [＜ラテン語 *sānus*「健全な」] ▷**～·ly** 副 **～·ness** 名
San·for·ized /sǽnfəràizd/ 形 〖米〗〖商標〗サンフォライズした《製品化する前に布地を特殊加工して縮ませ, 防縮布地にする》.
***San Fran·cis·co** /sæ̀n-frənsískou/ 名 サンフランシスコ《米国 California 州の港市》. [スペイン語 'St Francis (of Assisi)']
sang /sæŋ/ 動 sing の過去形.
sang·froid /sæŋfrwɑ́:, sɑ:ŋ-/ 名 U (危険, 困難に際しての)冷静, 沈着. [フランス語 'cold blood']
san·gri·a /sæŋgrí:ə/ 名 UC サングリア《赤ワイン・果汁・ソーダ水などで作るスペイン風飲料》.
san·gui·nar·y /sǽŋgwənèri|-n(ə)ri/ 形 〖雅〗 **1** 〔戦いなどが〕血なまぐさい, 血みどろの, 流血の, (bloody). a ～ battle 血みどろの戦い. **2** 〔人が〕残忍な, 血に飢えた, (bloodthirsty). **3** 〖英〗〔言葉遣いが〕ひどい《例えば bloody などの罵(のの)り言葉を使う》.
▷**sán·gui·nar·i·ly** 副 **sán·gui·nar·i·ness** 名
†**san·guine** /sǽŋgwən/ 形 **1** 〖雅〗血の(ような). **2** 血色のいい. a ～ complexion 血色のいい顔色. **3** 多血質の. 参考 中世医学で, 人には血液 (blood), 粘液 (phlegm), 黄胆汁 (choler 又は yellow bile), 黒胆汁 (melancholy 又は black bile) の 4 つの体液 (cardinal humors) があり, そのうちのどれかが他の体液よりも多いことによって気質や体質が決まるとされていた; →phlegmatic, choleric, bilious, melancholic. **4** 〔人の気質が〕快活な, 陽気な. a ～ temperament 快活な気質. **5** 楽天的な, 楽観的な, 〈*about*, *of* ..〔物事〕に対して〉.
[＜ラテン語 *sanguis*「血」] ▷**～·ly** 副 **～·ness** 名
san·guin·e·ous /sæŋgwíniəs/ 形 **1** 血の; 血紅色の. **2** 多血質の; 楽天的な. **3** ＝sanguinary 1, 2.
san·i·tar·i·an /sæ̀nəté(ə)riən ◎/ 形 衛生の, 公衆衛生の. ── 名 C 衛生改善家; 公衆衛生学者.
san·i·tar·i·um /sæ̀nəté(ə)riəm/ 名 (複 **～s, san·i·tar·i·a** /-riə/) 〖米〗＝sanatorium.
***san·i·tar·y** /sǽnətèri|-t(ə)ri/ 形 **1** Ⓒ 〈限定〉**衛生の**, 公衆衛生の. ～ facilities (トイレなどの)衛生設備. **2** m 衛生的な, 清潔な, (↔insanitary). [＜ラテン語「健康 (*sānitās*) の」]
sánitary bèlt 名 C 生理帯.
sànitary engineér 名 C 衛生技師; 〖戯〗鉛管工.
sànitary engineéring 名 U (上下水道などの)衛生工事[工学].
sánitary nàpkin 名 C 〖米〗生理用ナプキン.
sánitary tòwel 名 〖英〗＝sanitary napkin.
sánitary wàre 名 U 〈集合的〉衛生陶器《便器, 洗面台など》.
†**san·i·ta·tion** /sæ̀nətéiʃ(ə)n/ 名 U **1** (公衆)衛生. **2** 衛生施設《特に下水設備》.
sanitàtion wórker 名 C 〖米〗ごみ回収人, 清掃員, (〖英〗dustman).
san·i·tize /sǽnətàiz/ 動 他 を衛生的にする, 消毒する; (真実を曲げたり, 表現を和らげたりして)〔ニュースなど〕を無害にする, 骨抜きにする.
san·i·to·ri·um /sæ̀nətɔ́:riəm/ 名 〖米〗＝sanatorium.
†**san·i·ty** /sǽnəti/ 名 U **1** 正気, 気の確かなこと, (↔insanity). lose one's ～ 気が狂う. question [doubt] a person's ～ 人が正気かどうか疑う. **2** (考え方, 判断などの)健全さ, 穏健. ◇形 sane
San Jose /sæ̀n-houzéi/ 名 サンノゼ, サンホゼ, 《米国 California 州中西部の都市》.
San Juan /sæ̀n-(h)wɑ́:n/ 名 サンフワン **1** プエルトリコ北東岸にある海港・首都. **2** アルゼンチン西部の都市.
sank /sæŋk/ 動 sink の過去形.
San Ma·ri·no /sæ̀n-mərí:nou/ 名 サンマリノ《イタリア半島北東部の小共和国, およびその首都》.
San Quent·in /sæ̀n-kwéntən/ 名 サンクエンティン《米国 California 州の町, 大きい州刑務所がある》.
sans /sænz/ 前 〖戯〗..なしで, ..がなくて, (without).

～ teeth, ～ eyes, ～ taste, ～ everything (老いぼれて)歯なし目なし味なし全てなし《Shakespeare の *As You Like It* より》. [＜古期フランス語 (＜ラテン語 *sine* 'without')]

Sans. Sanskrit.

San Sal·va·dor /sæn-sǽlvədɔ̀ːr/ [名] サンサルバドル **1** 中米エルサルバドルの首都. **2** 西インド諸島の中の 1 つの島《コロンブスが 1492 年に到達した; 英領》.

sans·cu·lotte /sæ̀nzkjulɑ́t|-lɔ́t/ [名][C] **1** サンキュロット《フランス語で「半ズボンなし」の意味; フランス革命当時, 貴族が下層階級の長ズボン (pantaloons) をはいた共和党員を呼んだ言葉》. **2** 過激革命家.

San·sei, s- /sɑ̀ːnséi, ⌐–/ [名] ([複] ～, ～s) [C] 〖米〗三世《Nisei の子; →Issei, Nisei》. [日本語]

san·ser·if /sænsérəf/ [名] ([複] ～s) [C] 〖印〗サンセリフ体の活字 (〖米〗Gothic)《serif のない字体; **sàns sérif** ともつづる; 例: sanserif; →serif》.

Sansk. Sanskrit.

San·skrit /sǽnskrit/ [名][U] サンスクリット, 梵(ぼん)語, 《古代インドの言語; 略 Sans., Sansk., Skr., Skrt., Skt.》. —— [形] サンスクリットの. [サンスクリット語「洗練された(言語), 雅語」]

***San·ta Claus** /sǽntə-klɔ̀ːz|⌐–⌐/ [名] サンタクロース《St. Nicholas のなまった形と言われる (→Nicholas 2); 〖英〗では Father Christmas と言うことが多い》.

San·ta Fe /sæ̀ntə-féi/ [名] サンタフェ《米国 New Mexico 州の州都》.

Sànta Fè Tráil [名] 〈the ～〉サンタフェ街道《米国 Missouri 州 Independence と New Mexico 州 Santa Fe を結ぶ 1821–80 年ごろ重要な役割を果たした交易路》.

San·ta Ma·ri·a /sæ̀ntə-məríːə/ [名] 〈the ～〉サンタマリア号 《コロンブスが 1492 年アメリカへの最初の航海に用いた旗艦》. 「都》.

San·ti·a·go /sæ̀ntiɑ́ːgou/ [名] サンチャゴ《チリの首↑

San·to Do·min·go /sæ̀ntə-dəmíŋgou/ [名] **1** サントドミンゴ《ドミニカ共和国の首都》. **2** ドミニカ共和国 (the Dominican Republic) の旧称.

São Pau·lo /sàuŋ-páuluː, -lou/ [名] サンパウロ《ブラジル南部の州; その州都》.

São To·mé and Prin·ci·pe /sàuŋ-təméi-ən(d)-prínsəpə/ [名] サントメプリンシペ《西アフリカ大西洋上の 2 つの島から成る共和国; 首都 São Tomé》.

†**sap**[1] /sæp/ [名] **1** [U] 樹液. Beetles gather for the ～ of these trees early in the morning. カブトムシが早朝樹液を求めてこの木々に集まってくる. **2** [U] 活力, 元気, 活気. the ～ of life 活力. **3** [C] 〖話〗(人からいいようにされる)間抜け, ばか. ★主に呼びかけで用いる. **4** ＝sapwood. **5** 〖米〗＝cosh. ◇[形] sappy —— [動] (～s|-pp-) [他] の樹液を搾り取る. [＜古期英語]

†**sap**[2] [名][C] 〖軍〗対壕(ごう)《敵に近づくための塹(ざん)壕》; [U] 対壕を掘ること. —— [動] (～s|-pp-) [自] 対壕を掘る, (敵に)対壕によって近づく. —— [他] **1** 〔塀など〕を掘り崩す, (土台を掘って)を弱くする. **2** (**a**) 〔健康など〕を徐々に弱らせる, 害する. Overwork has ～*ped* his health. 過労が彼の健康を蝕(むしば)んだ. (**b**) から奪い取る〈*of* ..〔活力など〕を〉. He's been ～*ped of* his enthusiasm. 彼はすっかりやる気がなくなった. [＜イタリア語「鋤(すき)」]

sáp·hèad [名][C] 〖米話〗間抜け, ばか.

sa·pi·ence /séipiəns, -pjəns/ [名][U] 〖雅〗知恵 (wisdom); 知ったかぶり.

sa·pi·ent /séipiənt, -pjənt/ [形] 〖雅〗**1** 賢い (wise), 博識の. **2** 知ったかぶりをする. [＜ラテン語 *sapere*「知る, 賢い」; -ent] ▷～**·ly** [副] 「気のない; 面白味のない.

sáp·less [形] **1** 樹液のない, しなびた, 干からびた. **2** 元↑

sap·ling /sǽpliŋ/ [名][C] **1** 苗木, 若木. **2** 若者 (youth). **3** グレーハウンドの当歳犬. [sap[1], -ling]

sap·o·dil·la /sæ̀pədílə/ [名][C] 〖植〗サポディラ《熱帯アメリカ産のアカテツ(赤鉄)科の常緑樹; 樹液からチューインガムの原料 chicle を採る》; その実.

sa·pon·i·fy /səpɑ́nəfai|-pɔ́n-/ [動] [他] を石鹸(けん)化す↓る.

sap·per /sǽpər/ [名][C] 〖英話〗〖軍〗工兵.

Sap·phic /sǽfik/ [形] **1** 〈又は s-〉サッフォー風[詩体]の (→Sappho). **2** 〈s-〉〖章〗〔女性が〕同性愛の, レズビアンの, (lesbian). —— [名][C] 〈しばしば s-〉サッフォー詩体.

†**sap·phire** /sǽfaiər/ [名] **1** [UC] サファイア, 青玉, (→birthstone ★). **2** [U] サファイア色, るり色. —— [形] サファイア色の, るり色の. [＜ギリシア語 (＜セム語)]

Sap·pho /sǽfou/ [名] サッフォー《紀元前 600 年ごろのギリシアの女流詩人》.

sap·py /sǽpi/ [形] **1** 樹液の多い. **2** 元気のいい, 活力にあふれた. **3** 〖米話〗間抜けな, どじな.

sa·pr(a)e·mi·a /sæpríːmiə/ [名][U] 〖医〗敗血症.

sáp·sùcker [名][C] 〖鳥〗シルスイキツツキ《木に穴を開け樹液を吸う; 北米産》.

sáp·wòod [名][U] 白太(しらた), 辺材, 《樹皮のすぐ下の若い部分で, heartwood より柔かい》.

sar·a·band(e) /sǽrəbæ̀nd/ [名][C] サラバンド《17, 8 世紀の 3 拍子のスペイン舞踊》; サラバンド舞曲.

Sar·a·cen /sǽrəs(ə)n/ [名][C] **1** サラセン人《古代のシリア, アラビア系遊牧民》. **2** (十字軍と戦った)アラビア人, イスラム教徒. —— [形] ＝Saracenic.

Sar·a·cen·ic /sæ̀rəsénik [移]/ [形] **1** サラセン人の. **2** 〔建築などが〕サラセン風の.

Sar·ah /sé(ə)rə/ [名] 女子の名《愛称 Sally, Sal》.

Sa·ra·je·vo /sɑ́ːrəjeivòu/ [名] サラエボ《Bosnia and Herzegovina 共和国の首都》.

sa·ran /sərǽn/ [名][U] サラン《合成樹脂の一種》.

Sarán Wràp [名][U] 〖米〗〖商標〗サランラップ (〖英〗clingfilm).

Sar·a·to·ga /sæ̀rətóugə/ [名] サラトガ《New York 州東部の村, 1777 年米国独立軍が英軍を破った所; 現在の名 Schuylerville /skáilər-/》.

Saratòga Spríngs [名] サラトガスプリングズ《サラトガに近い保養地》.

Sa·ra·wak /sərɑ́ːwɑːk/ [名] サラワク《マレーシアの州; Borneo 島北西部にあり, もと英国植民地; 州都 Kuching》.

***sar·casm** /sɑ́ːrkæz(ə)m/ [名] ([複] ～s /-z/) **1** [U] **嫌味**, 皮肉, 当てこすり, ([類語] 特定個人を傷つけようとする悪意のあるものを言う; →irony). bitter ～ 痛烈な皮肉. in ～ 皮肉って. say with heavy ～ 嫌味たっぷりに言う.

> [連結] biting [caustic, cutting, incisive, keen, scathing; cruel; gentle] ～

2 [C] 皮肉の言葉, 当てこすり. [＜ギリシア語「(肉を裂くような)辛辣(らつ)な言葉」]

†**sar·cas·tic** /sɑːrkǽstik/ [形] 皮肉な, 嫌味を言う, 当てこすりの, 辛辣(しんらつ)な. The teacher's ～ comment made her cry. 先生の辛辣な言葉に彼女は泣き出した. ▷**sar·cas·ti·cal·ly** /-k(ə)li/ [副] 皮肉に, 嫌味に.

sar·coph·a·gus /sɑːrkɑ́fəgəs|-kɔ́f-/ [名] ([複] **sar·coph·a·gi** /-gài, -dʒài/, ～**·es**) [C] (彫刻などを施した古代の)石棺.

sard /sɑːrd/ [名][UC] 〖鉱〗紅玉髄.

†**sar·dine** /sɑːrdíːn/ [名] ([複] ～s, ～) [C] 〖魚〗イワシ, サーディン. ***pàcked (ín) like sardínes*** 〖話〗(缶詰の小イワシのように)すし詰めになって. [＜ラテン語 *saldīna* (?＜ギリシア語「サルディニア」)]

Sar·din·i·a /sɑːrdíniə, -njə/ [名] **1** サルディニア《地中海の島; イタリア領》. **2** サルディニア王国《同島および一時はイタリア北西部をも支配した旧王国 (1720–1860)》.

Sar·dín·i·an [形] サルディニア(島・人・語・王国)の.

S

── 名Ⓒ サルディニア人; Ⓤ サルディニア語.

†**sar·don·ic** /sɑːrdánik|-dɔ́n-/ 形 冷笑的な, 皮肉な, あざけりの. a ～ smile 冷笑, せせら笑い. [＜ギリシア語「サルディニアの, せせら笑う」] ▷**sar·don·i·cal·ly** /-k(ə)li/ 副 冷笑して.

sar·don·yx /sɑːrdániks, sɑ́ːrdə-|sɑ́ːdə-/ 名 ⓊⒸ 〘鉱〙アカシマメノウ, サードニックス, (→birthstone ★).

sa·ree /sɑ́ːri(ː)/ 名 ＝sari.

sar·gas·so /sɑːrgǽsou/ 名 (複 ～(e)s) Ⓒ ホンダワラ類の海草.

Sargàsso Séa 名 〈the ～〉藻(も)海《西インド諸島北東の海域; sargasso が繁茂し, 帆船時代には航海者に恐れられ多くの伝説を生んだ》.

sarge /sɑːrdʒ/ 名 〘話〙＝sergeant.

Sar·gent /sɑ́ːrdʒənt/ 名 **John Singer ～** サージェント (1856–1925)《米国出身で英国に住んだ画家》.

‡**sa·ri** /sɑ́ːri(ː)/ 名Ⓒ サリー《インドの女性が体に巻く綿又は絹製の布; またその衣服》.

sar·ky /sɑ́ːrki/ 形 〘英話〙＝sarcastic.

sar·nie /sɑ́ːrni/ 名 〘英話〙＝sandwich 1.

sa·rong /sərɔ́ːŋ|sərɔ́ŋ, sɑ́ːrɔŋ/ 名Ⓒ サロン《マレー人, インドネシア人などの腰布》.

Sa·roy·an /sərɔ́iən/ 名 **William ～** (1908–81)《米国の小説家・劇作家; *My Name Is Aram* 他》.

sar·sa·pa·ril·la /sɑ̀ːrsəpərílə/ 名 **1** Ⓒ サルサ(パリラ)《中米原産のサルトリイバラ属の植物》. **2** Ⓤ サルサ根《強壮薬》. **3** Ⓤ (サルサ根で味付けした)炭酸水.

sar·to·ri·al /sɑːrtɔ́ːriəl/ 形 〘雅〙裁縫師の, 仕立屋の; 裁縫の, 仕立ての, 男子服の; 衣服の. his ～ elegance 彼の洋服の見事な着こなし. [＜ラテン語 *sartor*「仕立屋」]

Sar·tre /sɑ́ːrtr(ə)/ 名 **Jean-Paul ～** サルトル (1905–80)《フランスの実存主義哲学者・作家》.

SAS **1** /sæs/ Scandinavian Airlines System (スカンジナヴィア航空会社). **2** 〘英〙Special Air Service (空軍特殊部隊)《対ゲリラ戦などに出動する》.

s.a.s.e., SASE 〘米〙self-addressed stamped envelope (あて先を書き切手を張った返信用封筒; →s.a.e.).

†**sash**[1] /sæʃ/ 名 (複 **sásh·es**) Ⓒ **1** (女性・子供用の)飾り帯, サッシュ, 《肩に掛けたり腰に巻く》; caftan の飾り帯. **2** 〘軍〙懸章《肩から斜めに掛ける; 将校の正装用》. [＜アラビア語]

sash[2] 名Ⓒ (ガラスをはめ込む)窓[戸]枠, サッシ.

sa·shay /sæʃéi/ 動 (～s|過 過分 ～ed|～·ing) 自 **1** (**a**)〘米話〙VA 滑るように進む〈*on*〉; 〘話〙(体を左右に揺らせたりして) 目立った歩き方をする, 気取って歩く. (**b**) (ダンスで)シャッセ (chassé) で踊る. **2** VA さっさと行ってしまう〈*off*〉. ── 名 **1** Ⓒ 旅行, 遠足. **2** ＝chassé.

sásh còrd [lìne] 名Ⓒ (上げ下げ窓の)つり綱《壁の内部に窓の上げ下げを容易にする分銅を吊るしている》.

sa·shi·mi /sɑ́ːʃəmi/ 名Ⓤ 刺身.

sásh wìndow 名Ⓒ 上げ下げ窓 (→casement).

Sas·katch·e·wan /sæskǽtʃəwɑ̀n, -wən|-wən/ 名 サスカチュワン《カナダ南部中央の州》.

Sas·quatch /sǽskwætʃ/ 名 ＝Bigfoot.

sass /sæs/ 〘米俗〙名 ＝sauce 3.
── 動 他 ＝sauce 2.

sas·sa·fras /sǽsəfræ̀s/ 名 **1** Ⓒ ササフラス《北米産のクスノキ科の木》. **2** Ⓤ ササフラスの根の皮を干したもの《強壮剤, 香料》.

Sas·se·nach /sǽsənæ̀k/ 形, 名Ⓒ 〘スコ・アイル〙〘軽蔑〙イングランド人(の). [ゲール語 'Saxons']

sas·sy /sǽsi/ 形 〘米話〙生意気な《＜saucy》.

SAT 〘米〙Scholastic Aptitude Test (大学進学適性全国テスト).

sat /sæt/ 動 sit の過去形・過去分詞.

Sat. Saturday.

†**Sa·tan** /séitn/ 名 (キリスト教でいう) 悪魔, 魔王, サタン, (the Devil). ◇形 satanic [ヘブライ語「敵, 陰謀者」]

‡**sa·tan·ic** /seitǽnik, sə-|sə-/ 形 〈時に S-〉**1** サタンの, 悪魔の, 魔王の. His *Satanic* Majesty〘戯〙悪魔大王様. **2** 悪魔のような, 邪悪な, 極悪非道の. a ～ mind 悪魔のような心.

sa·tán·i·cal·ly /-k(ə)li/ 副 **1** 悪魔のように. **2** 極悪非道に, 非常に残酷に.

Sa·tan·ism /séitəniz(ə)m/ 名Ⓤ 悪魔主義; 悪魔崇拝.

Sa·tan·ist /séitənist/ 名Ⓒ 悪魔主義[崇拝]者.

satch·el /sǽtʃ(ə)l/ 名Ⓒ 通学用かばん《普通, 革製で肩から下げる》.

sate[1] /seit/ 動 他 に嫌というほど与える〈*with* ..〔もの, 快楽など〕を〉, を十分以上に満足させる〈*with* ..で〉, (★普通, 受け身で用いる; 現在では satiate の方が普通). feel ～*d* after a huge meal 膨大な量の食事を終えて十分満腹した気分になる. [＜古期英語]

sate[2] /sæt, seit/ 動 〘古〙sit の過去形.

sa·teen /sætíːn/ 名Ⓤ 綿繻子(しゅす)《satin に似せた綿布》.

‡**sat·el·lite** /sǽtəlàit/ 名 (複 ～s /-ts/) Ⓒ **1** 〘天〙衛星《惑星 (planet) の周りを回るもの》. The moon is the earth's ～. 月は地球の衛星である. **2** (**a**) **人工衛星** (artificial satellite), 宇宙船 (spaceship). a weather ～ 気象衛星. send [launch] a communications ～ into space 通信衛星を打ち上げる. The show will be broadcast live by ～. そのショーは衛星で生(なま)放送されるだろう (→by 4 (a)). (**b**)〈形容詞的〉人工衛星の[による]. ～ broadcasting 衛星放送. a ～ link 衛星中継. **3** 衛星国; 衛星都市. **4** 供の者; 腰ぎんちゃく, おべっか使い. ── 動 他, 自 (を)衛星中継する. [＜ラテン語 *satelles*「従者」]

sátellite cìty 名 ＝satellite town.

sátellite dìsh (àerial) 名Ⓒ 衛星放送受信用(パラボラ)アンテナ.

sàtellite éarth stàtion 名Ⓒ 衛星放送電波受信局《通信衛星から受けた電波を一定の地域に送る》.

sátellite stàte [nàtion] 名Ⓒ 衛星国《大国に依存・従属する》.

sátellite stàtion 名Ⓒ 宇宙ステーション.

sàtellite télevision 名Ⓤ 衛星テレビ放送.

sátellite tòwn 名Ⓒ 衛星都市; (大都市周辺の)ベッドタウン.

sa·tia·ble /séiʃəb(ə)l/ 形 〘章〙満足させられる.

sa·ti·ate /séiʃièit/ 動 他 〘章〙に嫌というほど与える〈*with* ..〔もの, 快楽など〕を〉, を十分以上に満足させる〈*with* ..で〉, 〈普通, 受け身で〉. *Satiated with* food and drink, Ulysses and his men soon fell asleep. 腹いっぱい食べたり飲んだりしてユリシーズとその部下はまもなく眠り込んでしまった. [＜ラテン語「十分にする」(＜*satis* 'enough')]

sà·ti·á·tion 名Ⓤ 飽き飽きしていること, 飽食.

Sa·tie /sætí(ː)/ 名 **Erik ～** サティ (1866–1925)《フランスの作曲家》.

sa·ti·e·ty /sətáiəti/ 名Ⓤ 腹いっぱい, 満喫, 飽満; うんざりしていること〈*of* ..に〉. to ～ うんざりするほど.

†**sat·in** /sǽtən/ 名 **1** Ⓤ 繻子(しゅす), 繻子織り, サテン, 《絹などで織った光沢のあるすべすべした布地》. **2** 〈形容詞的〉繻子の, 繻子製の; 繻子のような, すべすべした, 光沢のある. [＜アラビア語; 中国の産地名から]

sátin·wòod 名Ⓒ マホガニー類の樹木《東インド産》; Ⓤ その木材《高級家具などに用いる》.

sat·in·y /sǽtəni/ 形 繻子(しゅす)のような; 光沢のある; 滑らかな.

*__sat·ire__ /sǽtaiər/ 名 (複 ～s /-z/) **1** Ⓤ **諷刺**, 皮肉, (類語 社会や社会的地位の高い人に対する諷刺; →irony). political ～ 政治に対する諷刺. a novel full of biting [cruel] ～ 痛烈[残酷]な諷刺に満ちた小説. **2**

Ⓤ 諷刺文学. **3** Ⓒ 諷刺文; 諷刺詩; 〈*on* ..に対する〉. a ～ *on* machine civilization 機械文明に対する諷刺. [＜ラテン語 *satira*「ごたまぜ詩」(＜*satis* 'enough')]

†sa·tir·ic, -i·cal /sətírik/, /-ik(ə)l/ 形 **1** 諷刺の, 諷刺的な. a ～ novel 諷刺小説. a ～ poet 諷刺詩人. **2** 諷刺を好む, 皮肉屋の. a ～ man 皮肉屋.

sa·tír·i·cal·ly 副 **1** 諷刺的に. **2** 皮肉っぽく.

sat·i·rist /sǽtərist/ 名 Ⓒ **1** 諷刺作家, 諷刺的なものを書く人. **2** 皮肉屋, 諷刺家.

sat·i·rize /sǽtəràiz/ 動 他 を諷刺する; を皮肉る, 当てこする. This is a poem *satirizing* the government. これは政府を諷刺する詩だ. ▷**sat·i·riz·er** 名

***sat·is·fac·tion** /sæ̀təsfǽkʃ(ə)n/ 名 (複 **～s** /-z/) 【満足】 **1** Ⓤ **満足**, 充足; 喜び; (content²). job ～ 仕事から得られる満足感. nod with ～ 満足そうにうなずく. get ～ from reaching the summit of a mountain 山頂を極めて満足する. He had the ～ of being a graduate of Harvard University. 彼にはハーヴァード大卒業生という満足感があった. Mr. Brown felt great ～ over his son's success. ブラウン氏は息子の成功に大いに満足した. A fine family is quite a source of ～ to anybody. 立派な家庭はだれにとっても喜びの源である.

連結 deep [hearty, keen; lasting; quiet] ～ // afford [give; derive, find, gain] ～

2 ⓊⒸ 満足させるもの[こと] 〈*to* ..〔人〕を〉, 満足となるもの 〈*to* ..〔人〕の〉; Ⓤ 〖章〗満たすこと 〈*of* ..〔願望, 必要など〕を〉. It is a ～ to know that you are of the same opinion. あなたも同意見であると分かって満足です. It would be the greatest ～ *to* us if you would join us. あなたがご一緒してくだされればこの上なく喜ばしく存じます. Teaching has its ～*s*. 教えることには(やりがいのある)喜びがある. the ～ of the customers' demands 顧客の要望を満たすこと.

【要求を満足させること】 **3** Ⓤ 〖旧章〗(借金の)返済; (損害に対する)賠償; (義務, 約束の)履行; (決闘などによる)名誉回復のチャンス, 名誉毀(き)損の償い. receive ～ for damage 損害賠償を受け取る.

4 Ⓤ 〖章〗納得, 確信, (→成句 to the SATISFACTION of a person). I'll have ～ for that statement. その言葉については納得行くまで説明してほしい 《聞き捨てならない》. **5** Ⓤ 〖カトリック〗懺悔(ざんげ)の苦行; 〖神学〗贖(しょく)罪. ◇↔dissatisfaction 動 satisfy

demànd satisfáction 謝罪を求める, (名誉回復のために)決闘を申し込む.

gìve a pèrson satisfáction*＝*gìve satisfáction to a pèrson (1) 人を満足させる. (2) 人に賠償する. (3) 人の決闘の申し込みを受けて立つ.

in satisfáction of.. ..の代償として.

to the satisfáction of a pèrson*＝*to a pèrson's satisfáction 人の満足の行くように; 人が納得するまで. She played the violin *to* my ～ [*to* her own ～]. 彼女のヴァイオリンの演奏は私の[自分でも]満足の行くものだった. No one can prove *to* my ～ that God exists. 私の納得が行くようにはだれも神の存在を証明できない. [＜ラテン語 *satisfacere* 'satisfy'; -tion]

†sat·is·fac·to·ri·ly /sæ̀təsfǽkt(ə)rili/ 副 申し分なく, 満足行くように, 思いどおりに.

***sat·is·fac·to·ry** /sæ̀təsfǽkt(ə)ri 移/ 形 m **満足な**, 申し分ない, 十分な, 〈*to* ..〔人〕にとって /*for* ..〔物事〕にとって〉 (↔unsatisfactory). a ～ solution 申し分ない解決法. The results were ～ *to* us all. 結果は我々全員の満足の行くものだった.
◇名 satisfaction 動 satisfy

sát·is·fìed 形 満足した (叙述用法は →satisfy 他 1, 5 及び成句). a ～ expression 満足げな表情.

***sat·is·fy** /sǽtəsfài/ 動 (**-fies** /-z/| 過 過分 **-fied** /-d/| **～·ing**) 他 【満足させる】 **1** 〔願望, 必要, 条件など〕を**満足させる**, 満たす, 充足する; 〔人〕を満足させる; を喜ばす; 〈*with* ..で〉 〈しばしば受け身で〉 (類語「満足させる」の意味の一般的な語; →content², gratify). ～ demand 需要を満たす. ～ a person's curiosity 人の好奇心を満足させる. Tom *satisfied* his hunger *with* an apple. トムは飢えをリンゴ1個で満たした. It isn't easy to ～ everybody. みんなの気に入るようにするのは難しい. I'm *satisfied with* my present job. 私は今の仕事に満足している. Tom went home quite *satisfied*. トムはすっかり満足して家に帰った.

連結 be completely [greatly, highly, perfectly, thoroughly; fairly; far from] *satisfied*

2 〖数〗の条件を満たす.

【要求を満たす】 **3** 〔義務〕を履行する; 〔借金〕を返済する; 〔損害〕を賠償する; 〔債権者〕に返済する; 〔名誉毀(き)損など〕の償いをする. ～ a creditor 債権者に(債務を)弁済する. ～ one's debts 借金を返す. ～ a claim (for damages) (損害賠償の)請求に応じる. **4** 〔不安, 疑い〕を解消する. ～ one's doubt 疑いを解消する.

5 〈しばしば再帰形 (satisfy oneself) 又は受け身で (→成句)〉. (**a**) に納得させる, 確信させる, 〈*of, as to* ..を〉. feel *satisfied* 安心[納得]する. The report *satisfied* the lawyer *of* [*as to*] her innocence. ＝The report *satisfied* the lawyer *that* she was innocent (→(b)). その報告書は彼女が潔白であることを弁護士に確信させた. (**b**) VOO (～ X *that* 節) X に..ということを納得[確信]させる. You must ～ me [I must be *satisfied*] *that* you are not involved in the scandal. 君がスキャンダルにかかわり合いがないことを私に納得させてくれなければいけない.

── 自 満足させる, 満足を与える.
◇↔dissatisfy 名 satisfaction 形 satisfactory

****be sátisfied*** (1) **満足する**, 満足である, 〈*with* ..で〉 (→他 1); 満足である 〈*to* do ..して〉. I *am satisfied to* hear that. それを聞いて私は満足だ. (2) 得心がいく, 納得する[している], 〈*of, as to* ..を/*that* 節 ..ということを〉 (→他 5). I *was* at last *satisfied of* my error. とうとう私は自分の誤りに納得が行った.

sátisfy onesèlf 確かめる, 念を押す; 納得する; 〈*of, as to* ..を/*that* 節 ..ということを〉 (→他 5, be satisfied). I want to ～ my*self that* my father's death was an accident as the police say. 警察の言うように父の死が本当に事故だったのか十分に確かめたい.

sàtisfy the exáminers 〖英〗(大学の試験で honours でなく)普通合格の点を取る.
[＜ラテン語「十分にする」(＜*satis* 'enough'＋*facere* 'make')]

†sát·is·fỳ·ing 形 満足な, 十分な; 確かな; (satisfactory). ▷**～·ly** 副 十分に, 申し分なく.

sat·rap /séitræp|sǽt-/ 名 Ⓒ **1** (古代ペルシア帝国の)地方長官, 代官. **2** (植民地の専制的な)総督.

sa·tsu·ma /sǽtsumə, ─⌐─/ 名 Ⓒ 〖主に英〗(温州)ミカン. [＜日本語「薩摩」]

†sat·u·rate /sǽtʃərèit/ 動 他 **1** を浸す, ずぶぬれにする, 〈*with, in* ..で〉; に十分にしみ込ませる 〈*with, in* ..を〉 〈しばしば受け身で〉. a cloth ～*d with* oil 油のしみ込んだ布. They were all ～*d in* sunshine. 彼らは皆日光を浴びていた. **2** (それ以上収容できないほど)をいっぱいにする; 〖経済〗〔市場〕を飽和状態にする, 〈*with* ..で〉. The newspapers nowadays are ～*d with* depressing news of the political scene. 近ごろ新聞は政界の気の滅入るようなニュースでいっぱいだ.

3 〖化〗を飽和させる. **4** 〖章〗〔ある地域〕に飽和[集中]攻撃[爆撃]を加える.

sáturate onesèlf in..*＝*be sáturated with.. ..に没頭する.

S

[＜ラテン語 *saturāre*「満たす」(＜*satur* 'full')]

‡**sát·u·ràt·ed** /-əd/ [形] **1** (水分などを)いっぱいに含んだ; びしょぬれの. **2**〘化〙〔溶液が〕飽和の; 〔油脂が〕飽和の《健康に害がある》. **3**〔色が〕濃い, 飽和度が高い.

sàturated fát [名] [UC] 飽和脂肪《乳製品などに含まれる脂肪》.

sàturated solútion [名] [C] 飽和溶液.

‡**sàt·u·rá·tion** [名] [U] **1** 浸透, 浸潤. **2** 飽和(させること); 〘経済〙(物資の供給過剰による)飽和状態. **3** (色の)飽和度, 彩度, 《白色の混合が少ないほど高い》. **4**〘化〙飽和(状態). **5**〘軍〙飽和[集中]攻撃.

saturátion bòmbing [名] [U] じゅうたん爆撃《目標地域の完全破壊をねらう》.

saturátion pòint [名] [C] **1**〘化〙飽和点. **2**〈無冠詞で; 一般に〉(物事の)限界点. reach ～ 飽和点[限界点]に達する.

‡**Sat·ur·day** /sǽtərdi, -dei/ [名] ([複] **～s** /-z/) [C] (★用法 →Sunday [注意]) **1**〈しばしば無冠詞で〉**土曜日**《略 S., Sat.》. There is no school *on* ～(*s*). 土曜日は学校がありません. **2**〈形容詞的〉土曜日の. on ～ morning 土曜日の朝(に). **3**〈副詞的〉土曜日に;〈～s〉土曜日にはいつも. [＜古期英語「Saturn (ローマ神話のサトゥルヌス又は土星)の日」]

Sáturday gìrl [名] [C] 〘英〙土曜日勤務の若い女性(アルバイト)《店が忙しい土曜日のみ働く》.

Sáturday nìght spécial [名] [C] 〘米話〙小型の安ピストル《週末の犯罪によく使われることから》.

†**Sat·urn** /sǽtərn/ [名] **1**〘ロ神話〙サトゥルヌス《農耕・豊穣(じょう)の神; その子供 Jupiter 以前の黄金時代 (the golden age) の主神; 〘ギ神話〙の Cronus に当たる》. **2**〘天〙土星.

Sat·ur·na·lia /sæ̀tərnéiljə, -liə/ [名] ([複] **～s, ～**) **1**〘古代ローマ〙〈the ～〉農神祭《Saturn を祭って 12 月に行われたどんちゃん騒ぎ》. **2** [C] 〘雅〙〈s-〉お祭り騒ぎ, 無礼講. a *saturnalia* of crime 悪事のしたい放題.

Sa·tur·ni·an /sætə́ːrniən/ [形] **1**〘天〙土星の, 土星の影響を受けた. **2**〘古代ローマ〙農神の; (サトゥルヌスが支配した)黄金時代の.

sat·ur·nine /sǽtərnàin/ [形] 〘主に雅〙〔人, 顔つきが〕むっつりした (sullen), 陰気な (gloomy), 《土星の影響を受けて生まれると陰気になるという占星術の考えから》. ◇[名] Saturn

Sàturn's ríngs [名] 〈複数扱い〉土星環.

sat·yr /séitər, sǽt-|sǽtə/ [名] [C] **1**〘ギ神話〙サチュロス《半人半獣の森の神で酒と女を好む; ローマ神話の faun に相当する》. **2**〘雅〙好色漢.

sa·ty·ri·a·sis /sèitəráiəsis, sæ̀t-|sæ̀t-/ [名] [U] 〘医〙(男性の)異常性欲.

sa·tyr·ic /seitírik, sə-|sə-/ [形] **1** サチュロスの(ような). **2**〘雅〙好色な.

‡**sauce** /sɔːs/ [名] ([複] **sáuc·es** /-əz/) 【ソース】 **1** [UC] ソース《料理にかける種々のソース》. tomato ～ トマトソース. white ～ ホワイトソース. Worcester(shire) ～ ウスターソース. soy (～) しょう油. put [pour] ～ on fried eggs 目玉焼きにソースをかける. make a strawberry ～ for the yogurt ヨーグルト用にイチゴソースを作る. What ～*s* go well with salmon and other fish? どういうソースがサケやその他の魚によく合うか. What's ～ for the goose is ～ for the gander. 〘諺〙甲に許されることは当然乙にも許される《＜雌ガチョウのソースになるものは雄ガチョウのソースにもなる》. Hunger is the best ～. 〘諺〙ひもじい時にまずいものなし《空腹は最上のソース》. **2** [U] 〘米〙煮込んだ果実《主にデザート用》. **3** [U]〈the ～〉〘米俗〙アルコール(飲料). in the ～ (ぐでんぐでんに)酔っ払って.

【味つけ】 **4** [UC] 味を添えるもの, 刺激, 面白味. The love affair added a little ～ to her dreary existence. その恋愛事件は彼女の味気ない生活を少しばかり味わい深いものにした.

5【嫌な味】 [aU] 〘話〙(親, 先生などに対する)生意気な言葉[態度]; ずうずうしさ. None of your ～! 生意気言うな. What a ～! 何てずうずうしいんだろう. He had the ～ to say such a thing to me. 彼はずうずうしくもそんなことを私に言った.

── [動] [他] **1** にソースをかける, ソースで味付けする; に面白味を添える. **2**〘話〙に生意気な口をきく.

[＜ラテン語 *salsus*「塩 (*sāl*) で味つけされた」; salad, sausage と同源]

sáuce·bòat [名] [C] 船形のソース入れ《日本ではカレーなどを盛る容器》.

*__sauce·pan__ /sɔ́ːspæ̀n|-pən/ [名] ([複] **～s** /-z/) [C] ソースパン, シチューなべ, 《長い柄の付いた深なべ》.

‡**sau·cer** /sɔ́ːsər/ [名] ([複] **～s** /-z/) [C] **1** (コーヒー, 紅茶用茶わんの)**受け皿**, ソーサー, (→dish [類語]). a cup and ～ /kʌ̀pənsɔ́ːsər/ 受け皿付きのコーヒー[紅茶]茶わん. **2** (植木鉢の)台皿. **3** 皿状のもの; 円盤;〈特に〉電波望遠鏡のパラボラアンテナ; (→flying saucer).

[＜古期フランス語「ソース入れ」]

sàucer-éyed /-ráid [移]/ [形] 丸い[皿のような]目をした.

sau·ci·ly /sɔ́ːsili/ [副] 生意気に, ずうずうしく.

sau·ci·ness /sɔ́ːsinəs/ [名] [U] 生意気, ずうずうしさ.

sau·cy /sɔ́ːsi/ [形] **1** 生意気な, ずうずうしい, こしゃくな. She's a ～ little girl. 彼女は生意気な小娘だ. **2**〔特に, 衣服が〕スマートな, 小粋(いき)な; 〔物事が〕色っぽい.

Sau·di /sáudi, sɑːúːdi, sɔ́ːdi/ [形] [名] サウディアラビアの.

── [名] [C] サウディアラビア人.

Sàudi Arábia [名] サウディアラビア《アラビア中部の君主国; 石油産出国の 1 つ; 首都 Riyadh》.

sau·er·kraut /sáuərkràut/ [名] [U] ザウアークラウト《塩漬けの刻みキャベツを発酵させて酸っぱくしたもの》.

Sauk /sɔːk/ [名] ([複] **～, ～s**) **1**〈the ～(s); 複数扱い〉ソーク族《アメリカインディアンの一部族》; [C] ソーク族の人. **2** [U] (ソーク族が話す)フォックス語.

Saul /sɔːl/ [名] **1** 男子の名. **2**〘聖書〙サウル《Jonathan の父; イスラエル初代の王》. **3**〘聖書〙サウロ《St. Paul (パウロ)の元の名》.

Sault Sainte [Ste] Marie /sùː-sèint-məríː/ [名] スーセントマリー 《北米 Superior 湖と Huron 湖を結ぶ St. Marys 川を挟んで米国, カナダ両国にまたがる港市; 又そこを通過する 2 つの運河, 1 つは米国側でもう 1 つはカナダ側; 運河は **Sàult Sáinte [Ste] Marìe Canáls** とも言う》.

‡**sau·na** /sáunə, sɔ́ːnə/ [名] [C] **1** サウナ(ぶろ). **2** サウナ浴場. [フィンランド語「浴室」]

†**saun·ter** /sɔ́ːntər/ [動] [自] [VA] ぶらつく, ゆっくり散歩する. ～ *about* あちこちぶらつく. ～ *through* life 人生をむだに過ごす. ── [名] [aU] ぶらぶら歩き, 散歩.

[＜中期英語「空想にふける」] ▷ **～·er** /-t(ə)rər/ [名] [C] ぶらつく人.

sau·ri·an /sɔ́ːriən/ [名] [C] トカゲ類の動物.

── [形] トカゲ類の.

‡**sau·sage** /sɔ́ːsidʒ, sɑ́s-|sɔ́s-/ [名] ([複] **-sag·es** /-əz/) [UC] ソーセージ, 腸詰め. a string of ～*s* (ウィンナーソーセージ (frankfurter) のように)つながったソーセージ. 300 grams of pork ～ 300 グラムのポークソーセージ. [＜ラテン語「塩漬けの(食物)」(＜*salsus*「塩味の」); salad, sauce と同源]

sáusage dòg [名] [C] 〘英話〙＝dachshund.

sáusage mèat [名] [U] (ソーセージ用の)ひき肉.

sáusage ròll [名] [C] 〘英〙ソーセージミート入りロール.

Saus·sure /sous(j)úər/ [名] **Ferdinand de ～** ソシュール (1857–1913)《スイスの言語学者; 構造主義言語学の先駆者として現代の言語学理論のみならず他の学問領域にもに大きな影響を与えた》.

S

sau·té /soutéi|ˊ-/ 名 UC ソテー《バターなどでさっといためた料理》. pork ～ ポークソテー. ── 形 ソテーにした. ～ potatoes ソテー風ポテト. ── 動 他 をソテーにする. [フランス語 'jumped']

Sau·terne(s) /soutə́ːrn/ 名 U ソーテルヌ《フランスボルドー地方産の白ワイン; 甘口》.

sav·a·ble /séivəbl/ 形 **1** 救える. **2** 蓄え得る; 節約できる.

***sav·age** /sǽvidʒ/ 形 m, e (**-ag·er** /-dʒər/|**-ag·est** /-dʒəst/) **1** (a) 野性の, 獰(どう)猛な. a ～ dog 猛犬. (b) 残忍な; 猛烈な. a ～ criticism 残酷な批評. The speaker made a ～ attack on the mayor's policies. 発言者は市長の政策を猛烈に攻撃した. **2** 厳しい, ひどい; 有害な. ～ budget cuts 無茶苦茶な予算カット. **3** 〖旧・軽蔑〗〈限定〉**未開の** (uncivilized). a ～ tribe 未開民族. a ～ country 未開の国. **4** 無作法な, 粗暴な. **5** 〖古〗〔土地などが〕荒涼とした, 荒れた. **6** 〖英話〗かんかんに怒った, すっかり頭にきた, (furious).

gèt sávage with.. 〔人〕にひどく腹を立てる.

── 名 (複 **-ag·es** /-əz/) C 〖旧・軽蔑〗 **1** **未開人**, 野蛮人. **2** 野蛮な人, 残忍な人. **3** 無作法者, 粗野な人.

── 動 他 **1** 〔動物が〕(暴れて)にかみつく, を踏みつける. **2** を酷評する, に'かみつく'.

[<ラテン語「森 (*silva*) の, 野生の」]

sáv·age·ly 副 獰(どう)猛に; 無作法に; ひどく怒って. The play deals ～ with politicians. その劇は政治家をこっぴどくやっつけている.

sáv·age·ness 名 U 未開, 野蛮; 残忍, 獰(どう)猛.

sav·age·ry /sǽvidʒ(ə)ri/ 名 (複 **-ries**) **1** U 未開. **2** U 残忍, 凶暴; C 〈普通 -ries〉残忍な行為, 蛮行.

sa·van·na, -nah /səvǽnə/ 名 UC サヴァンナ, 大草原, 《特に熱帯アフリカ, 亜熱帯地方のもので, 所々に木がある; →prairie, steppe, pampas, veld》.

Sa·van·nah /səvǽnə/ 名 **1** サヴァナ《米国 Georgia 州東部 Savannah 川の河口付近の港市》. **2** 〈the ～〉サヴァナ川《米国南東部の大西洋に注ぐ川》.

sa·vant /sævɑ́ːnt, sǽv(ə)nt, sævɑ́ːŋ|sǽv(ə)nt, sævɑ́ːŋ/ 名 C 〖雅〗碩(せき)学, 知識人, 学識者.

sav·a·rin /sǽvərin/ 名 UC サヴァラン《ラム酒などをしみ込ませたリング型のふわふわしたケーキ》.

‡**save**[1] /seiv/ 動 (**～s** /-z/|過 過分 **～d** /-d/|**sáv·ing**) 他 【安全に守る】 **1** を**救う**, 救助する, 助ける, 〈*from* ..から〉 (類語 結果的な安全の確保に重点がある; → rescue). ～ a person's life 人の命を救う. ～ a little boy *from* the fire 男の子を火事から救出する. That young man ～*d* her *from* drowning. あの青年が彼女を溺(でき)死から救った. I ～*d* my son *from* himself. 息子を愚行から救って[守って]やった.

2 〖神学〗を救う, 救済する, 〈*from* ..〔罪など〕から〉 (redeem). ～ sinners 罪人たちを救う.

3 を守る, 保護する; 〔体面など〕を保つ. ～ one's honor [reputation] 名誉[名声]を保つ. Wear right glasses to ～ your eyes. 目を大切にするなら(度の)合った眼鏡をかけなさい. I'm trying to ～ our marriage. 私は我々の結婚生活を破綻させまいと努力している.

【使わないで守る】 **4** (a) 〔金〕を**蓄える**, 貯蓄する, 〈*up*〉; 〔力など〕を残しておく, 取っておく; 〈*for* ..に備えて〉. ～ money (*up*) for a rainy day 不時の用に備えて貯金する. *Save* your strength [yourself] for the last lap. (レースの)最後の 1 周に体力を残しておきなさい. (b) VOO (～ X Y)・VOA (～ Y *for* X) X (人)のために Y を取っておく. *Save* me the waltz. ワルツは私と踊るために取っておいてください. I'll ～ ˪a seat *for* you [you a seat]. 君の席を取っておくよ.

5 (a) 〔金銭〕を**節約する**, 〔労力, 時間など〕の**むだを省く**; VO (～ *doing*/X('s) *doing*) ..することを/X が..することを省く. You can ～ money (on bus fares) by walking to school. 学校まで歩けば(バス代に)金がかからない. That'll ～ your [you] writ*ing* to him. そうすれば君は彼に手紙を書かないですむよ. A stitch in time ～*s* nine. →stitch 1. (b) VOO (～ X Y) X (人)の Y (労力など)を**省く**, X (人)に Y (迷惑など)をかけない. His helpful advice ～*d* me a lot of trouble. 彼の有益な忠告で手間が大いに省けた. With this huge contribution we will be ～*d* the nuisance of fund raising. この大口の寄付のおかげで面倒な募金運動をしないですむ. (c) VOA (～ X *from* (*doing*) ..) X に..(すること)を省かせる. Thank you: you ～*d* me (*from*) mak*ing* a gaffe. ありがとう. 君のおかげで失態をせずにすんだよ.

6 〔切手など〕を取っておく, 収集する, 〈*up*〉〈*for* ..用に〉.

7 〖電算〗〔ファイルなど〕を保存する, セーブする《バッファー(buffer) にあるファイルをフロッピー[ハード]ディスクにコピーする》.

【失敗から守る】 **8** 〖球技〗〔シュートによる得点〕を防ぐ《サッカーなどで》; 〔試合〕に負けないようにする. His home run ～*d* the game. 彼のホームランで負けないですんだ.

9 〖英〗〔郵便など〕に間に合う. She wrote the letter hurriedly to ～ the next post. 彼女は次便に間に合うように急いで手紙を書いた.

── 自 **1** **蓄える**, 貯金する, 〈*up*〉; 預金する〈*with* ..〔銀行など〕に〉. ～ (*up*) for the future 将来に備えて貯金する. **2** 守る, 保護する. **3** VA (～ *on* ..) 〔金, 時間など〕を節約する. ◇名 savior

(Gòd) sáve me from my fríends! 余計なお世話だ《ありがた迷惑なお節介に対して》.

Gód sàve the Quéen [***Kíng***]***!*** 女王[国王]陛下万歳《英国国歌の題名; 直訳は「神が女王[国王]を守らんことを(祈る)」; save は仮定法現在形》.

sàve one's [***a person's***] ***bácon*** →bacon.

sàve one's bréath →breath.

sàve one's [***a person's***] ***fáce*** →face.

sáve onesèlf 骨惜しみする.

sàve one's (***òwn***) ***skín*** [***néck***] →skin.

sàve one's páins [***tróuble***] むだ骨を折らない.

sàve one's pócket むだな出費を抑える.

sàve the dáy [***situátion***] 難を逃れる, 急場をしのぐ.

── 名 C 〖球技〗(敵のシュートを止めるなどして)得点を防ぐこと, 防衛; 〖野球〗セーブ《救援投手がリードを守りきること》.

[<ラテン語 *salvāre*「安全にする」(<*salvus* 'safe')]

†**save**[2] 前 ..のほかは, ..を除いては, ..は別にして, (except, but), (★〖英〗では〖古・雅〗; 〖米〗では日常も用いるが except の方が普通). All the students went home ～ one. 1 人だけを除いて生徒は皆下校した.

sàve and excépt.. 〖雅〗..を除いては (save).

sáve for.. ..の点を除けば (except for). The dining room was empty ～ *for* four people. 食堂は 4 人を除けば空だった.

sáve that.. ..でなければ (unless); ..という点を除けば. I am well ～ *that* I have a cold. 風邪を引いている以外は悪いところはない.

[<古期フランス語 'excepting'(<ラテン語 *salvus* 'safe')]

save·a·ble /séivəbl/ 形 ＝savable.

sàve-as-you-éarn 名 U 〖英旧〗給料天引き貯金《略 SAYE》.

sav·e·loy /sǽvəlɔ̀i/ 名 (複 **～s**) UC 〖英〗乾製ソーセージ.

‡**sav·er** /séivər/ 名 C **1** 救助者, 救い手. **2** 節約する人, 貯蓄家. **3** 〈しばしば複合要素として〉(労力, 出費などを)節約するもの《道具, 設備など》. a money [time]-～ 出費[時間]をセーブするもの.

Sàv·ile Rów /sæv(ə)l-/ 名 サヴィルロー《ロンドンの紳士服店の多い街路名; 「背広」の語源とする説がある》.

***sav·ing** /séiviŋ/ 形 m 〈限定〉 **1** 救いの, 救済になる; (欠点などの)**埋め合わせになる**, カバーする. a ～ sense of

S

humor ユーモアのセンスという取り柄. →saving grace.
2 (**a**)〔人が〕**倹約する**, 節約する; つましい, 締まり屋の, (economical). a ～ lodger つましい下宿人.
(**b**)〈複合語を作って〉..の節約になる. labor [time]-～ 労力[時間]の節約になる.
3〔条項などが〕保留の, 但し書き的な. →saving clause.
── [名] ([複] ～**s** /-z/) **1** [UC]〈時に複数形で単数扱い〉**節約**, 倹約; 節約[倹約]したもの[量]. a ～ of 10 percent in electricity 1割の電力節減. Of ～, comes having. 〖諺〗節約は富のもと. The revised plan will bring about a slight ～*s* to the town. 見直した計画で町は少し節約できるだろう.
2〈～s〉(銀行などに預けた)**預金**, 貯金, 蓄え. little ～*s* 少額の預金. deposit [keep] one's ～*s* in a bank 銀行に預金する. draw (out) one's ～*s* from a bank 銀行から預金を下ろす. **3** [U] 救助. **4** [U]〖法〗留保, 除外.
── [前]〖古・雅〗＝save².
sàving your présence あなたの前で失礼ですが.

sàving cláuse [名][C]〖法〗保留条項, 但し書き.

sàving gráce [名][C]〈普通, 単数形で〉**1** 神の加護. **2** (欠点を補う)取り柄.

sávings accòunt [名][C] **1**〖米〗普通預金口座《利息の付くもので, 小切手で引き出せる checking account に対する》. **2**〖英〗貯蓄預金口座《deposit account より利息が高い》.

sàvings and lóan assocìation [名] ＝building and loan association.

sávings bànk [名][C] 貯蓄銀行《savings account を扱う》.

sávings bònd [名][C] 貯蓄債券.

sávings certìficate [名][C]〖英〗貯蓄証書《正式には national savings certificate; 我が国の郵便局の定額貯金に近いが, 料金を取る (1981年で £25)》.

***sa·vior**〖米〗, **sav·iour**〖英〗/séivjər/ [名] ([複] ～**s** /-z/) **1** [C] **救済者**, 救い主. a ～ of the country 祖国を救う人. **2**〈the [our] S-〉救世主キリスト《この意味では〖米〗でもしばしば Saviour とつづる》. ◇[動] save

sa·voir-faire /sævwɑːrféər/ [名][U] 社交上のそつのなさ, 世才. [フランス語 'know how to do']

***sa·vor**〖米〗, **-vour**〖英〗/séivər/ [名] [aU] **1** 味, (独特の)風味; 面白味, 興趣, 味わい. This candy has a ～ of strawberries. このキャンディーはイチゴの味がする. Life lost its ～ after his wife died. 妻に死なれた後彼の人生は味気ないものになった.
2 気味, 幾分.., 〈*of* ..の〉. Her words had a ～ *of* malice. 彼女の言葉にはちょっと毒があった.
── [動] [自] **1** [VA] (～ ***of*** ..) ..の味がする, 風味がある. This soup ～*s of* garlic. このスープはニンニクの味がする. **2** [VA] (～ ***of*** ..)〖章〗〈普通, 悪い意味で〉..の気味がある. This ～*s of* treachery. こいつはどうも裏切り臭い.
── [他] **1**〔食物, 飲物〕を(ゆっくりと)味わう, 賞味する. **2** を満喫する, 大いに楽しむ. **3**〔食物など〕に味付けする〈*with*..で〉.
[＜ラテン語 *sapor*「味」(＜*sapere* 'taste')]

‡**sa·vor·y**¹〖米〗, **-vour·y**〖英〗/séiv(ə)ri/ [形] **1** おいしい, 風味のある; 香ばしい; ([類語] 食欲をそそるような香ばしさ, ぴりっとしたうまさに焦点がある; →delicious). **2** 塩のきいた, 塩味の; ぴりっとする. a ～ omelet 塩で味付けしたオムレツ. **3**〈普通, 否定文で〉快適な, 気持ちのよい; (道徳的に)健全な, 芳しい, いかがわしくない. His father didn't have a very ～ reputation here. 彼の父はここではあまり評判がよくなかった. ◇↔unsavory
── [名] ([複] **-vo(u)r·ies**) [C]〖英〗辛口料理, 口直し, 《普通, コースの最後又は前菜に出す》. finish up with a ～ of anchovies and cheese アンチョビーとチーズの辛口料理で(食事を)締めくくる. 「風味.
▷**sa·vor·i·ly** [副] 風味よく. **sa·vor·i·ness** [名][U]↑

sa·vor·y² [名] ([複] **-vor·ies**) [C] キダチハッカ《ヨーロッパ産セリ科の植物の総称》.

sa·vour /séivər/ [名], [動]〖英〗＝savor.

sa·vour·y /séiv(ə)ri/ [形]〖英〗＝savory¹.

Sa·voy /səvɔ́i/ [名] ([複] ～**s**) **1** サヴォイ, サヴォア, 《フランス南東部, イタリア国境地帯の地名》. **2**〈the ～〉＝Savoy Hotel. **3** [UC]〈s-〉チリメンタマナ《キャベツの一種》.

Savòy Álps [名]〈the ～〉サヴォイアルプス《フランス南東部の山脈; アルプス山脈の一部で最高峰は Mont Blanc》.

Savòy Hotél [名]〈the ～〉サヴォイ(ホテル)《英国ロンドンにある豪華ホテル》.

Savòy óperas [名]〈the ～; 複数扱い〉サヴォイオペラ《19世紀後半イギリスの台本作者 Gilbert と作曲家 Sullivan の共作による一連の喜歌劇; ロンドンの the Savoy Theatre で上演された; **the Gìlbert and Sùllivan óperas** とも言う》.

sav·vy /sǽvi/〖俗〗[動] (**-vies**|[過] [過分] **-vied**|～**·ing**) [自] 分かる. If you do that again, I'll sock you. *Savvy?* 今度やったらぶっとばすぞ, 分かったか. ── [名][U] 常識, 知識, (know-how); (事柄などの)飲み込み. ── [形]〖米〗抜け目のない, 目先の利く.

saw¹ /sɔː/ [動] see¹ の過去形.

‡**saw**² /sɔː/ [名] ([複] ～**s** /-z/) [C] **のこぎり**. the teeth of a ～ のこぎりの歯. a circular [〖米〗buzz] ～ 丸のこ. an electric ～ 電動のこ. →chain saw, power saw.
── [動] (～**s** /-z/|[過] ～**ed** /-d/|[過分] ～**ed**,〖主に英〗～**n** /-n/|**sáw·ing**) [他] **1** をのこぎりで切る; をのこぎりでひいて作る; 《日本ののこぎりと異なり, 押し切りにする》. ～ wood 木をのこぎりでひく. ～ a plank in two 厚板をのこぎりで2枚に切る. ～ a tree *down* 木をのこぎりで切り倒す. ～ timber *into* boards＝～ boards *out of* timber 材木をのこぎりでひいて板を作る.
2 をのこぎりで切るようなしぐさをする; をのこぎりで切るように(ごしごし)切る. He ～*ed* the air with his hand as he argued. 彼は議論しながら片手を(のこぎりを押すように)前後に動かした.
── [自] **1** のこぎりで切る, のこぎりを使う, 〈*through* ..を, に〉. **2** [VA] (のこぎりを使うように)手を前後に動かす〈*away*〉〈*at* ..に〉. He ～*ed* (*away*) *at* his tough steak with his knife. 彼は固いステーキをナイフでごしごし切っていた. **3** [VA]〈A は様態の副詞〉〔木などが〕のこぎりで切れる. This wood ～*s* easily [badly]. この木はのこひきやすい[にくい].
sàw /../ óff ..をのこぎりで切り離す.
sàw /../ úp ..をのこぎりで切り刻む. [＜古期英語]

saw³ [名][C] 諺(ことわざ), 格言, ([類語] 古風な語; →proverb). an old ～ 古い諺. a wise ～ 金言.

sáw·bònes [名] ([複] ～, ～**·es**) [C]〖俗〗外科医.

sáw·bùck [名][C]〖米〗**1** ＝sawhorse. **2**〖俗〗10ドル紙幣.

sáw·dùst [名][U] おがくず《昔, 酒場などの床にまいた》.
***lèt the sáwdust out of*..** ..のぼろをさらけ出す《人形に詰まっているおがくずを出すことから》.

sàwed-óff /[移]/ [形] **1** 銃身[柄(え)]を短く切り詰めた〔散弾銃, ほうきなど〕. a ～ shotgun 銃身を短くした散弾銃《ギャングなどが用いる》.
2〖米話〗背の低い, 寸足らずの.

sáw·fìsh [名] ([複] →fish) [C]〖魚〗ノコギリエイ.

sáw·hòrse [名][C] 木挽(こびき)台.

sáw·mìll [名][C] **1** 製材所. **2** 大型製材用のこぎり.

sawn /sɔːn/ [動]〖主に英〗saw² の過去分詞.

sàwn-óff /[移]/ [形]〖英〗＝sawed-off 1.

sáw·pìt [名][C] 木挽(こびき)穴《2人が上下になってのこぎりをひくとき下の人が入る穴》.

sáw-tòothed /-θt/ [形] のこぎり状の歯の; ぎざぎざの.

saw·yer /sɔ́ːjər/ 名 C **1** 木挽(こびき)《のこぎりで木をひく人》. **2** カミキリ虫 (**sáwyer bèetle**).
sax /sæks/ 名 〖話〗＝saxophone.
sáx·hòrn 名 C 〖楽〗サクソルン《金管楽器の一種; saxophone とは別》.
sax·i·frage /sǽksəfridʒ/ 名 U ユキノシタ《ユキノシタ属の植物の総称》.
Sax·on /sǽks(ə)n/ 名 **1** C サクソン人; 〈the ～s〉サクソン族《5, 6 世紀に Angles などと共にイングランドに侵攻し定住したゲルマン系部族; →Anglo-Saxon》. **2** C (アイルランド人, ウェールズ人, スコットランド人に対する)イングランド人. **3** C (南ドイツの)サクソニー (Saxony) 人. **4** U サクソン語; アングロサクソン語 (Anglo-Saxon)《古期英語 (Old English) の旧称》. **5** U サクソニー方言.
── 形 **1** サクソン人[語]の; アングロサクソン人[語]の. **2** サクソニー人[語]の.
Sax·o·ny /sǽksəni/ 名 **1** サクソニー[ザクセン]地方《ドイツ中部から南東部の旧地名》. **2** 〈普通 s-〉 U サクソニー織り《上等な毛織物の一種》.
‡**sax·o·phone** /sǽksəfòun/ 名 C サキソホン, サックス《大型の木管楽器でジャズの中心的楽器; 〖話〗sax》. [A. J. *Sax* (ベルギーの楽器製作者), -phone]
sax·o·phon·ist /sǽksəfòunist | sæksɔ́fə-/ 名 C サキソホン[サックス]奏者.
‡**say** /sei/ 動 (～s /sez/ | 過 過分 **said** /sed/ | **sáy·ing**) 他
【言う】 **1** (**a**) を言う, 述べる, 話す, 〈*to* ..〔人〕に〉(★speak と違って必ずしも口頭でなくてもよい). "What did you ～ *to* her?" "I *said* nothing."「彼女になんと言ったの」「なんにも」. He *said* OK. 彼はオーケーと言った. (That's) well *said*. けだし名言だ. Easier *said* than done. 〖諺〗言うは易(やす)く行うは難し. If you break your promise, he'll have plenty [something] to ～ about it. 約束を破れば, 彼に怒られますよ《<いろいろ言われる; 婉曲表現》. He talked very much but *said* very little. 彼はしゃべりまくったが中身はほとんど無かった. (**b**) 〈直接話法を導いて〉 VO (～ "引用")「..」と言う. Susan *said*, "I need to see you." ["I need to see you," Susan *said*.]「あなたに会う必要があるの」とスーザンが言った.

> 語法 (1)(b) の例のように直接話法の伝達部は被伝達部の前又は後に置く; 又は次の例のように中間に置く: "Hurry up," Susan *said*, "or you'll be late for class." (「急がないと授業に遅れるわよ」とスーザンが言った) (2) 伝達部の主語と動詞の語順は Susan said でも said Susan でもよい; ただし, 文頭では Susan said が普通; 人称代名詞が主語の場合は I [he, etc.] said の語順が普通.

(**c**) VO (～ ***that*** 節/***wh*** 節・句) **..と/..かと言う** (類語 目的語に that 節などを従えて「..と言う」を意味する最も一般的な語; →observe, remark). Bill *said* (*that*) Mary was sick in bed. ビルはメリーが病気で寝ていると言った. They ～ (*that*) [＝It is *said that*] Mr. Smith is an able teacher. スミス先生は有能な教師だと言われている (★(d) の言い方も可能). *Say what* you want to do. 何がしたいか言ってごらん. *Say what* you will [like], I think his latest work is his best one. 君がどう言おうと彼の最近作は一番の傑作だと思う. There is no ～*ing what* will happen tomorrow. 明日何が起こるかなんてだれにも分からない (＝Nobody knows ..). Who *said* I can't read? 私が字が読めないなんてだれが言ったのか《>ちゃんと読めますよ》. Wouldn't you ～ *that* he bribed the witness? 彼は証人を買収したんじゃないのですか. It's not for me to ～ *whether* or not *to* join. 参加するかしないか私は言うべき[口出しすべき]立場にない.

> 語法 (1) 口語では that を省略することが多い. (2) 間接話法では He said to me that.. の形よりも He told me that.. の方が普通.

(**d**) 〈be said to be [have done] の形で〉〔人, ものが〕..だ[..した]と言われる, ..だ[..した]というううわさだ, (★VOC (～ X to do) の受け身の形だが, 能動形では用いない). Mr. Smith *is said to be* an able teacher. スミス先生は有能な教師だと言われている (★(c) の言い方も可能). He *is said to have invented* the machine.＝It is *said* that he invented the machine. 彼がその機械を発明したと言われている.
2 【唱える】〔祈りなど〕を唱える; 〔生徒が〕〔学課など〕を暗唱する. ～ (one's) prayers お祈りを唱える. ～ one's lesson(s) (生徒が先生の前で)学課を暗唱する.
3 【言っている】(**a**) VO (～ ***that*** 節/***wh*** 節/"引用") (新聞, 掲示などに)..と/..かと/「..」と書かれている, 言っている; 〔表情などが〕を物語る, 表す, (★受け身では用いない). The weather forecast ～*s* (*that*) it's going to clear up in the afternoon. 天気予報では午後には晴れると言っている. It ～*s* in the Bible that.. 聖書に..と書いてある. His face *said that* he was disappointed in me. 彼の顔から彼が私に失望していることが読めた. That book doesn't ～ *when* he died. その本には彼がいつ死んだかは書いていない. (**b**) 〔時計などが〕を示す, 知らせる. The clock ～*s* half past seven. 時計は 7 時半を指している.
4 【仮定して言う】(**a**) 〈副詞的; 普通, 例示するものの前に置いて〉 **例えば**, 言ってみれば, 約, (let us say). Would you lend me some money, ～ fifty dollars? ちょっと金を貸してくれないか, まあ 50 ドルばかり. That will take, ～, two weeks. それには, そうね, 2 週間ぐらいかかります. (**b**) VO (～ (***that***) 節)..と提案する; 〈普通, 命令形で〉..と仮定する, 仮に..として (if; suppose). I ～ we should cancel the meeting. 会合は中止したらどうでしょうか. Let's ～ [*Say*] you had a very large fortune, what would you do? とてつもなく財産があったとしよう, そしたらどうするかね. *Say* he gets aware of this, what shall we do? 彼がもしこの事に気付いたらどうしたらいいでしょう.
5 【言いつける】〖話〗 VO (～ ***to do***)..せよと言う, 命令する. Miss Young *said* (for me) *to* come to the teachers' room after school.＝Miss Young told me to come... ヤング先生は放課後職員室に来なさいと言った.
6 〖アイル〗〈普通, 受け身で〉を説得する, おだてる.
── 自 **1 言う**, 話す, しゃべる. She did as I *said*. 彼女は私の言った通りにした. So ～*ing*, he went out of the room. そう言いながら彼は部屋を出ていった. sad, strange to ～ →sad, strange (成句).
2 (自分の意見として)言う. I can't ～ for certain. はっきりとは分からない. "When will she be back?" "Who can ～? [I couldn't ～.]"「彼女はいつ帰ってくるの」「さあ, 知らないね」. So she ～*s*. 彼女はそう言っている(が, 当てになるかどうか).
3 〖米話〗〈間投詞的〉＝I SAY (2).
as mùch as to sáy .. ..と言わんばかりに.
as thèy sáy いわゆる.
as whò should sáy .. →who.
Dòn't sáy (that) .. 〖話〗まさか..じゃないだろうな.
Enòugh sáid! ＝SAY no more!
hàve thís to sày: "..". 〈普通, 引用を続けて〉..と言っている.
having sáid that そうは言うものの(しかし) (nevertheless).
héar sày (that) .. →hear.
Hòw sáy yòu? 〖法〗評決を求めます《陪審員に対して》.
I cànnot sày múch for .. ..はどうも感心しない.
I dàre sáy →dare.

I'll sày! 〖話〗まったくそのとおり, もちろんだ. "Do you like lobster?" "*I'll* ～ (I do)!"「ロブスターは好きかい」「もちろん」.
I múst [háve to] sày 確かに, 本当に, いやはや. He's a bumpkin, *I must* ～. 彼はやぼくさいね, 全く.
I sáy 〖英話〗(1) おや, まあ, 《軽い驚き, 怒り, 興味などを表す》. *I* ～, how reckless of him! まあ, 彼はなんというむちゃを. (2) 〈呼びかけ〉 ねえ, おい, もしもし, (〖米話〗 say).
I should [would] sáy (that).. ..ではなかろうかと思う (I should think). ★控え目な言い方.
It gòes without sáying that.. ..は言うまでもない, ..はもちろんである. ★形式ばった言い方.
It is nòt tòo múch to sáy that.. ..と言っても過言ではない.
I wòuldn't sày nó (to..). 〖話〗 (..は[がいただければ])ありがたい, いいですね, 《主に飲食物を勧められて》.
lèt us sáy →say ㊀ 4.
not be sáying mùch そんなに大した[めずらしい]ことではない.
****nòt to sáy..*** ..とは言わないまでも, と言ってもいいくらいに. I met with a cool, *not to* ～ hostile, reception. 私は敵意を持ったとは言わないまでも, 冷ややかな応対を受けた.
sáy..for oneself 〔言葉など〕を弁解に言う. What have you got to ～ *for yourself?* 何か弁解することがありますか. She has a lot to ～ *for herself*. 彼女はよくしゃべる.
Sày nò móre! 〖話〗もう言わなくていい, 話は分かった, もうたくさん.
sày /../ óut ..をぶちまけて言う.
sàys Í 〖話〗 (..と)言ったんだ (I said).
Sàys which? ＝SAY what?
Sàys yóu! 〖話〗まさか, そんな事あるもんか.
sáy to onesèlf 自分に言って聞かせる, 心に思う, 〈*that* 節 ..と〉. Nancy *said to herself*, "What will become of me?" ナンシーは自分がどうなるのだろうかと思った.
Sày whát? 〖米俗〗何だって, えっ!, 《驚きなどを表す》.
sáy whàt you like [wìll] 何と言おうと 〈*about* ..のことで〉.
Sày whén. →when.
shàll I [we] sáy 何というか, 言わば, そのう.
sò to sáy 言わば (so to speak).
thàt is to sáy ＝THAT is.
Thàt's whàt yóu sày. 〖話〗それは君の意見に過ぎない, 君がそう言っているだけだ(から信用できない).
There's sòmething [a lòt] to be sáid for .. ..にはメリットがある[たくさんある] (★ .. nothing [little] .. とすれば「..がない[ほとんどない]」).
****to sày nóthing of..*** ..はもちろんのこと, 言うまでもなく, (not to speak of) (参考 肯定の意味にも否定の意味にも用いる; let alone, much [still] more, much [still] less, not to mention などの類似表現がある). She can ride a motorcycle, *to* ～ *nothing of* a bicycle. 彼女は自転車はもちろんオートバイにも乗れる. She can't ride a bicycle, *to* ～ *nothing of* a motorcycle. 彼女は自転車にも乗れないんだ, オートバイなど, とてもとても.
to sáy that.. ..である割には, ..を考慮すると.
Whàt do [would] you sáy(..)? 〖話〗いかがですか; どう思いますか; 〈*to* ..は/*that* 節 ..ということは〉. We'll take a couple of days off. *What do you* ～? 二, 三日休みを取りましょう. ね, どうだろうか. *What would you* ～ *to* (playing) a game of chess? チェスを一番しませんか (★*What* ～ *you to*..? と言うこともある). *What do you* ～ ⌊ we eat [to eating] out tonight? 今晩は外食にしましょうか.
whàt one hàs to sáy 言い分. Let's hear *what* he *has to* ～ about it それについて彼の言い分を聞いてみよう.
Whàt sáy? 〖話〗何ですって 《問い返しで》; ＝What do you SAY?.
when àll is sàid (and dóne) →all.
Whò shàll I sáy, sìr [màdam]? どちら様でしょうか 《取り次ぎの文句》.
You can sày that agáin! 全くその通りだ.
You dòn't sáy (sò)! 〖話〗まさか, 本当ですか, 《軽い驚きや皮肉の言葉》.
You [You've] sáid it! 〖話〗 ＝You can SAY that again!
── 名 **1** Ⓤ 言いたいこと, 言い分. have [say] one's ～ →成句. **2** ⓐⓊ 〖話〗発言権; 発言の機会[順番]. **3** 〈the ～〉 最終的な決定権. **4** Ⓒ 〖古〗ことわざ, 格言.
hàve a [nò] sáy in.. ..に発言権がある[ない].
hàve [sày] one's sáy 自分の言いたいことを言う. Let him *have* his ～. 彼の言い分を聞こう. [＜古期英語]

SAYE save-as-you-earn.

say·est /séiəst/ 動 〖古〗 say の2人称・単数・直説法・現在形 《主語が thou の時に用いる; →-est 2》.

***say·ing** /séiiŋ/ 名 (複 ～s /-z/) Ⓒ **1 言うこと, 言葉.** his ～*s* and doings 彼の言行. the ～*s* of Confucius 孔子の言葉. **2 格言**, 諺(ことわざ), (類語 一般の人々の間でよく使われ比較的簡潔なもの; 成句のようなものまで含む; →proverb). a wise ～ 金言. As the ～ goes, "He has bats in the belfry." よく言うことだが[下世話に言うが]あの男は頭にコウモリが巣くってるんだ 《→bat²》.

連結 a common [a popular; an old; a true] ～

‡**sáy-sò** 名 (複 ～s) Ⓒ 〖話〗〈普通 one's ～〉 **1** (こうだという)発言 《論拠は問題にしない》. All right, John, on your ～. よし, ジョン, 君がそうだと言うのなら. **2** (こうしろという)発言, 許可. On our teacher's ～, we swept the schoolground. 先生に言われて我々はグランドを掃いた. Do you need your wife's ～ to buy a new car? 新しい車を買うのに奥さんの許可が要るんですか.

sayst /seist/ 動 ＝sayest.

SB Scientiae Baccalaureus (ラテン語 'Bachelor of Science'; BS); simultaneous broadcast(ing).

Sb 〖化〗 stibium (＜ラテン語 'antimony').

sb 〖野球〗 stolen base(s); 〖文法〗 substantive.

SbE south by east.

S-bend /ˊ-ˋ/ 名 Ⓒ 〖英〗 **1** (道路の) S 字カーブ (〖米〗 S-curve). **2** S 字排水管.

SBN Standard Book Number (標準図書番号).

SbW south by west.

SC Security Council (of the United Nations); Supreme Court; 〖郵〗 South Carolina.

Sc Scotch; Scots; Scottish; 〖化〗 scandium.

sc scene; science; scilicet; scruple.

s.c. small capitals.

scab /skæb/ 名 **1** ⓊⒸ かさぶた. A ～ formed on the patient's wound. 患者の傷にかさぶたができた. **2** Ⓤ 疥癬(かいせん) 《羊などの皮膚病》; (ジャガイモなどの)斑(はん)点病. **3** Ⓒ 〖話〗〈非難して〉 未組織労働者, 非(労働)組合員, '非組'; スト破り 《人》. **4** Ⓒ 〖俗〗ならず者.
── 動 (～s|-bb-) ㊁ **1** 〔傷口が〕かさぶたになる. **2** 〖話〗スト破りをする. [＜古期北欧語]

scab·bard /skǽbərd/ 名 Ⓒ (刀などの)さや.
flìng [thròw] awày the scábbard 断固とした態度をとる, 徹底的にやる.

scab·by /skǽbi/ 形 **1** かさぶただらけの; 疥癬(かいせん)にかかった. **2** 〖話〗卑劣な, けちな.

sca·bies /skéibi:z, -biì:z/ 名 〈単数扱い〉 〖医〗疥癬(かいせん).

sca·bi·ous /skéibiəs/ 名 Ⓤ 〖植〗マツムシソウ.

scab·rous /skǽbrəs|skéib-/ 形 〖章〗 **1** ざらざらの, でこぼこのある. **2** 〔問題などが〕障害の多い, 困難な. **3** 〔小説などが〕際どい.

scads /skædz/ 名 〈複数扱い〉 〖米俗〗どっさり. have

～ of study to do 勉強がたくさんたまっている.

Scà·fell Píke /skɔ̀ːfel-/ 名 スコーフェル山《イングランド北西部の湖水地方にあるイングランド最高峰; 標高 978 m》.

†**scaf·fold** /skǽf(ə)ld, -fould/ 名 C 1 (建築現場などの)足場. 2 死刑台, 絞首台, 断頭台. go to [mount] the ～ 死刑に処せられる. 3 〖雅〗〈the ～〉(絞首, 又は断頭による)死刑. send [bring] a person to the ～ 人を死罪に追い込む; 死刑に処する.
── 動 他 に足場を組む. [<古期フランス語]

‡**scáf·fold·ing** 名 U 1 〈集合的〉足場材料《丸太, 板, 鉄パイプなど》. 2 (1つ, 又は一連の)足場.

scag /skæg/ 名 U 〖俗〗ヘロイン.

sca·lar /skéilər/ 名 C 〖数・物理〗スカラー《方向性を持たないで 1 つの数量で表せる量; 温度, 物体の重量など; ↔vector》.

scal·a·wag /skǽləwæ̀g/ 名 C 〖米話〗 1 ごくつぶし, 役立たず; ならず者 (rascal). 2 〖米史〗腰抜け野郎《南北戦争後, 北部共和主義者に協力した南部白人に対して南部民主党員が浴びせた軽蔑語》.

scald /skɔːld/ 動 他 1 (熱湯, 蒸気で)をやけどさせる (類語 burn と異なり火によるやけどには用いない). She ～*ed* herself in the bath. 彼女はふろでやけどした. 2 に熱湯をかける, を湯通しする, 《トマトなどの皮をむきやすくするために》; を熱湯消毒[洗浄]する. 3 〔ミルク〕を沸騰点近くまで沸かす. ── 名 C (熱湯, 蒸気による)やけど. [<後期ラテン語「熱湯で洗う」]

scáld·ing 形 1 やけどするような. a ～ sun 灼(しゃく)熱の太陽. ～ tears 熱い(悲嘆の)涙, 血涙. 2 痛烈な〔批判など〕. ── 副 (やけどをするほど)ひどく. ～ hot water やけどするほどの熱湯.

‡**scale**[1] /skeil/ 名 (複 ～s /-z/)
【物差し】 1 C 物差し (rule, ruler).
2 C (a) (物差し, 温度計などの)目盛り. the ～ *on* [*of*] a thermometer [ruler] 温度計[物差し]の目盛り. a ruler with a ～ in inches インチ目盛りの物差し.
(b) 〈比喩的〉(考え方などの)尺度, スケール. Millionaires' ～ of values is quite different from ours. 百万長者の価値尺度は我々のと大いに違う.
【尺度】 3 UC (地図, 図面, 模型などの)縮尺; (実物に対する)比率. a map on [with] a ～ of 1:25,000 縮尺 2 万 5 千分の 1 の地図 (: は to と読む). This map is large ～. この地図は大縮尺だ《縮小率が小さく詳しい; →large-scale》.
4 aU 規模, 程度. The ～ of our exports is growing. 我々の輸出の規模は増大している. The plan is grand in ～. その計画は雄大な規模だ. do research on a large [small] ～ 大[小]規模な調査をする.
5 C 段階, 等級; 階級. a pay ～ 給与体系表. be high [low] on the social ～ 社会的地位が高い[低い]. rise [sink] in the ～ 位が上がる[下がる]. get 150 points on a 200-point ～ 200 点満点で 150 点取る. On a ～ of one to five, I received a four. 私は 1 から 5 の段階(評価)で 4 を取った. At the other end of the ～ in India are Brahmans. インドの階級のもう一方の極にはバラモンがいる. →Richter scale.
6 C 〖楽〗音階. the major [minor] ～ 長[短]音階. the ～ of C minor ハ短調の音階. practice ～*s* (ピアノなどで)音階を練習する.
7 C 〖数〗..進法, 記数法. the decimal ～ 10 進法.
ecònomies of scále →economy 2.
in scàle (1) 規模において →4. (2) 釣り合いがとれて 〈*with* ..と〉. The details were so exquisitely *in* ～. 細部の 1 つ 1 つが極めて精巧な調和を持っていた.
out of scále (with ..) (..と)不釣り合いで.
to scále (実物に対して)一定の比率で.
── 動 他 1 〔山など〕によじ登る; 〔塀など〕にはしごで登る; 〔社会的地位, 野望など〕の階段を登る; (類語 登るための装備を使うなどして器用に機敏に climb するという感じが強い). ～ the heights of one's profession 職業の高い地位にのぼる. 2 〔地図, 模型など〕を縮尺する, 縮尺でかく; 〔給与など〕を率に合わせて決める.
── 自 1 よじ登る 2 〔数量などが〕比例する.
scàle /../ úp [dówn, 〖米〗***báck]*** ..を率に合わせて増やす[減らす]; ..を拡大[縮尺]する; ..の規模を拡大[縮小]する. ～ *up* nurses' pay by 5% 看護婦の給料を 5% 引き上げる. ～ *back* investment 投資を縮小する.
[<ラテン語「はしご」(<*scandere* 'climb')]

‡**scale**[2] /skeil/ 名 (複 ～s /-z/) C 1 〈しばしば ～s〉天秤(びん), はかり. a pair of ～*s* 天秤 1 個. a spring ～ ばねばかり. a counter ～ 卓上ばかり. bathroom ～*s* 浴室用の体重計. the ～*s* of justice 正義のはかり; 正義《天秤は正義の象徴》. 2 天秤の皿. 3 〈the Scales〉 = Libra.
hòld the scàles éven (両者を)公平に裁く.
thròw ..into the scále ..を持ち込んで決定的に作用させる《この scale は 名 2》. They *threw* my words *into the* ～. 彼らは私の発言を決め手にした.
tìp [tùrn] the scále(s) (1) 形勢を一変させる, 決定的な影響を及ぼす, 〈*for* ..に有利に /*against* ..に不利に〉. (2) 〖話〗目方がある 〈*at* ..の〉.
── 動 他 をはかりにかける, はかる.
── 自 VC (～ X) X の目方がある (weigh). The boxer ～*s* 116 pounds. そのボクサーは体重が 116 ポンドである.
[<古期北欧語「椀(わん), (はかり)皿」]

†**scale**[3] /skeil/ 名 1 C (魚, 蛇などの)うろこ. scrape the ～*s* off a fish 魚のうろこを取る. 2 C うろこ状のもの; (皮膚などの)薄片. 3 U 〖主に米〗(やかん, 給湯パイプなどの)湯あか, 金ごけ, (〖英〗 fur); 歯石 (tartar).
remòve the scáles from a pèrson's éyes (迷いなどからの)人の目を覚まさせる.
The scàles fáll from a pèrson's éyes. 目からうろこが落ちる, 迷いから覚める, 真実に目覚める, 《聖書から》.
── 動 他 1 〔魚〕のうろこを取る; 〔豆など〕のさやを取る; 〔ペンキ, 歯石など〕を削り取る. 2 をうろこで覆う; に湯あかを付けさせる. ── 自 1 〔ペンキなどが〕ぼろぼろにはげる[はがれる] 〈*off, away*〉. 2 湯あかが付く.
[<古期フランス語「殻」]

scále ìnsect 名 C カイガラムシ.

scále mòdel 名 C 縮尺模型.

sca·lene /skéiliːn, ⌐⌐/ 形 〖数〗不等辺の. a ～ triangle 不等辺三角形.

scáling làdder 名 C (昔, 城攻めに用いた)長ばしご.

scal·lion /skǽljən/ 名 C 〖米〗 1 春タマネギ (〖英〗 spring onion). 2 =shallot.

‡**scal·lop** /skáləp, skǽl-|skɔ́l-/ 名 1 C ホタテガイ, ホタテガイの貝殻 (**scállop shèll**)《小さい皿の代わりに使うことがある; キリスト教徒が聖地巡礼の印として身につけた》. 2 U ホタテガイの貝柱. 3 C 貝なべ《ホタテガイの殻の形をした浅いなべ》. 4 〈～s〉(服の襟, そで, すそなどの)波形模様, スカラップ.
── 動 他 1 〔カキ, ジャガイモなど〕をソースを加えて焼く《ホタテガイの殻などで》. 2 を波形模様で飾る. a ～*ed* neck スカラップ模様の襟元.

scal·ly·wag /skǽləwæ̀g/ 名 〖主に英〗=scamp[1].

‡**scalp** /skælp/ 名 C 1 頭の皮. 2 毛の付いた頭皮《北米先住民が戦利品として敵の死体からはいだ》; 〖話〗戦利品, 勝利(の印).
be àfter [òut of] a pèrson's scálp 〖話〗人をやっつけようとしている, 人に恨みを晴らそうとしている.
── 動 他 1 の頭の皮をはぐ; 〖戯〗〔人〕の髪の毛を短く切りすぎる. 2 をやっつける; をこき下ろす. 3 〖米話〗〔株〕を売り逃げして利ざやを稼ぐ. 4 〖米話〗〔買い込んだ劇場の切符など〕を高く売りつける, のダフ屋をする.

S

scal·pel /skǽlp(ə)l/ [名] [C] **1** (外科用の小さい)メス. **2** (木彫などに使う)小さなナイフ.

scálp·er [名] [C] **1** 頭の皮をはぐ人. **2** 〖米話〗利ざやを稼ぐ人. **3** 〖米話〗ダフ屋 (**tícket scàlper**).

scal·y /skéili/ [形] **1** うろこのある; うろこ状の. **2** (うろこのように)はげ落ちる. **3** 湯あかの付いた.
▷**scal·i·ness** [名]

‡**scam** /skæm/ [名] [UC] 〖俗〗詐欺, ぺてん.

scamp[1] /skæmp/ [名] [C] **1** 腕白, いたずら坊主[娘]. **2** 悪者, ならず者, (rascal).

scamp[2] [動] [他] 〔仕事〕をいいかげん[おざなり]にする.

scam·per /skǽmpər/ [動] [自] **1** [VA]〔子供, 小動物などが〕〔..の方へ〕ちょこちょこと走る; 跳ね回る, 〈*about, around*〉; 素早く逃げる〈*away*〉〈*off, down*(..)〉. The children were ~*ing about* on the lawn. 子供たちが芝生の上で跳ね回っていた. **2** [VA] (~ ***through*** ..)〔本〕を走り読みする; ..を駆け抜けるように旅行する. ── [名] **1** [C] 跳ね回ること; 疾走. **2** [C] 急ぎ旅. **3** [aU] 走り読み.

scam·pi /skǽmpi/ [名] ([複] ~, ~es) **1** [C] クルマエビの一種《prawn より大きい》. **2** [U] スキャンピー《クルマエビを油やバターでいためた料理》.

*__scan__ /skæn/ [動] (~s /-z/|[過] [過分] ~ned /-d/|**scán·ning**) [他] **1** をじっと見る〈*for* ..を知ろうと, 捜して〉; を細かく調べる. ~ the horizon *for* land 陸地を捜してじっと水平線を見る.
2 にざっと目を通す. ~ (*through*) papers 書類にざっと目を通す (★through が入ると [自] 1).
3 〔詩〕の韻律を調べる, を韻脚に分ける, 《詩行の meter を調べ記号を付けること; 次の例参照》; 〔詩〕を韻律を付けて朗読する. (◇[名] scansion)
My héart|leaps úp|when Í|behóld|
A ráin|bow ín|theský.
我が心は躍る, 大空に虹(にじ)を見るとき.
4 〖テレビ・電算・レーダー〗を走査する; 〖医〗〔人体(の部分)〕を(スキャナーで)走査する, スキャンする; [VOA] (スキャナーで走査した)〔データ〕を保存する, 入力する, 〈*in*〉〈*into* ..〔コンピュータ〕に〉.
── [自] **1** [VA] (~ ***through*** ..) ..にざっと目を通す (→[他] 2). **2** 〔詩行が〕韻律に合う; 韻律を調べる. **3** 〔テレビが〕画像を走査する.
── [名] [aU] **1** じっと見ること; 精密調査[探査]. **2** 〖医〗=scanning 2.→CAT scan.
[<後期ラテン語 *scandere*「韻律を調べる」(<ラテン語「登る」)]

Scan(d). Scandinavia(n).

*__scan·dal__ /skǽndl/ [名] ([複] ~s /-z/) **1** [UC] **醜聞**, スキャンダル; 汚職事件, 疑獄, 〈*about, over* ..についての〉. an object of ~ スキャンダルの的. hush [cover] up (a) ~ スキャンダルをもみ消す[隠蔽(いんぺい)する]. expose [uncover] (a) ~ スキャンダルを暴く. spread ~ *about* a pop idol 人気流行歌手のスキャンダルを広める. The aircraft ~ involving the then prime minister broke in 1976. 1976 年時の首相を巻き込んだ航空機疑獄が明るみに出た. **2** [aU] (世間が醜聞に対して抱く)驚き, 反感, 物議. cause (a) ~ 物議を醸す.
3 [C] 〈普通, 単数形で〉けしからんこと, 恥, 不名誉; 全くひどい話[もの, 人]. The slum is a ~ to our town. スラム街は我々の町の恥である. Really, the service at this hotel is a ~. 本当にこのホテルのサービスはひどい. It is a ~ that such a thing really happened. こういうことが実際に起こったことは全くひどい話だ.
4 [U] 中傷, 悪口, 陰口, 〈*about, over* ..についての〉 (gossip, backbiting). talk ~ *about* the mayor 市長を中傷する.
to the scándal of .. ..を憤慨させたことには.
[<ギリシア語「わな」]

scan·dal·ize /skǽnd(ə)làiz/ [動] [他] をあきれさせる, の反感を買う. I was really ~*d* by [at] the jury's verdict. 私は陪審員の評決にほんとうに憤慨した.

scándal·mònger [名] [C] 悪口[醜聞]を言いふらす人.
▷**~·ing** /-g(ə)riŋ/ [形] the ~*ing* world of Hollywood 醜聞の飛び交うハリウッドの世界.

†**scan·dal·ous** /skǽnd(ə)ləs/ [形] **1** 〔行いなどが〕みっともない, 恥ずべき, 不面目な; ひどい. a ~ act 恥ずべき行為. The prices at that restaurant are ~. あのレストランの値段はべらぼうだ. **2** 〈限定〉人を中傷するような, 陰口の. a ~ gossip 人を中傷するようなうわさ. **3** 〔人が〕陰口をきく, 中傷癖のある.
▷**~·ly** [副] ひどく, あきれるほど. **~·ness** [名]

scándal shèet [名] [C] 〖米〗暴露新聞, 醜聞雑誌.

Scan·di·na·vi·a /skænd(ə)néiviə, -vjə/ [名] **1** スカンジナヴィア《ノルウェー, スウェーデン, デンマーク, 時にアイスランド, フィンランドを含む》. **2** スカンジナヴィア半島.

Scan·di·na·vi·an /skændənéiviən, -vjən [移]/ [形] **1** スカンジナヴィアの, 北欧の. the ~ peninsula スカンジナヴィア半島. **2** スカンジナヴィア人[語]の.
── [名] **1** [C] スカンジナヴィア人. **2** [U] スカンジナヴィア語《ノルウェー語, スウェーデン語, デンマーク語, アイスランド語などの北ゲルマン語》.

scan·di·um /skǽndiəm/ [名] [U] 〖化〗スカンジウム《金属元素; 記号 Sc》.

‡**scán·ner** [名] [C] **1** スキャナー《テレビ・レーダーの映像走査機》; 〖電算〗スキャナー《データとして取り込む[読み取る]装置; スーパーのレジでバーコードを読み取るのも scanner の一種》. **2** 〖医〗(人体の走査用の)スキャナー, 断層撮影装置. →CAT scanner.

scán·ning [名] [U] **1** 〖テレビ・電算・レーダー〗走査. **2** 〖医〗スキャニング, 走査, 断層撮影.

scan·sion /skǽnʃ(ə)n/ [名] [U] (詩の)韻律分析; 韻律に従った朗読; (→scan [動] [他] 3).

†**scant** /skænt/ [形] **1** 乏しい, 不十分な; 足りない〈*of* ..が〉(→scanty 1 [類語]). a ~ supply *of* water 乏しい水の供給. a ~ attendance 少ない出席者. be ~ *of* money 金が不足している. pay ~ attention to.. ..にあまり注意を払わない. **2** わずかばかりの, ぎりぎりの. a ~ two minutes わずか 2 分足らず. He was defeated by a ~ 200-vote margin. 彼はわずか 200 票足らずの差で負けた. ── [動] [他] を惜しむ, けちけちする. [<古期北欧語「短い」]

scan·ties /skǽntiz/ [名] 〈複数扱い〉〖話〗(女性用の)短いパンティー, スキャンティー.

scant·ling /skǽntliŋ/ [名] **1** [C] 小角材《5 インチ角以下》. **2** [U] 〈集合的〉小角材類.

*__scant·y__ /skǽnti/ [形] [e] (**scant·i·er**|**scant·i·est**) **1** **乏しい**, 不十分な, わずかな; 貧弱な; ([類語] scant より「不十分」の感じが強い). a ~ crop of wheat わずかな小麦の収穫. a ~ income わずかな収入. **2** 〔衣服などが〕**寸足らずの**, 小さい. a ~ nightgown 寸足らずのナイトガウン. ◇↔ample [scant, -y[1]] ▷**scan·ti·ly** [副] 不十分に, 乏しく; けちけちして. **scan·ti·ness** [名] [U] 乏しさ, わずか, 不足.

scape /skeip/ [名] [C] 〖植〗**1** 花茎《タンポポやスイセンに見られる》. **2** 〖虫〗触覚基部. **3** 〖鳥〗(羽の)羽幹. **4** 〖建〗柱身.

-scape /skeip/ 〈複合要素〉「..の風景」の意味. land*scape*. sea*scape*.

‡**scápe·gòat** [名] [C] **1** 〖聖書〗贖(しょく)罪の山羊(やぎ)《人の罪を負わされて荒野に放たれたヤギ》. **2** 他人の罪を背負う人, 身代わり, 悪玉にされる人. [〖古〗*scape* 'escape', goat]

scápe·gràce [名] [C] いつも面倒を起こす厄介者; ならず者, ろくでなし.

scap·u·la /skǽpjələ/ [名] ([複] **scap·u·lae** /-liː/, ~s) [C] 〖解剖〗肩甲骨 (shoulder blade).

scap·u·lar /skǽpjələr/ [形] 肩甲骨の, 肩の.

*scar[1] /skɑːr/ 名 (複 ～s /-z/) C 1 傷跡, (やけどなどの)跡; (家具などの)傷; (風景などを)損なうもの, 目障りなもの. She has a ～ *on* her forehead. 彼女は額に傷跡がある. The cut left a ～ *on* my jaw. その切り傷の跡が私のあごに残った. 2 心の傷, 胸の痛み; (戦争などの)傷跡. the deep ～*s* of war 深い戦争の爪痕(あと).
—— 動 (～s|過 過分 scarred|scár·ring) 他 に傷跡を残す; を醜くする. His cheek was ～*red* by a sword cut. 彼のほおには刀傷があった. The plane crash ～*red* her for life. その航空機墜落事故は生涯彼女に傷跡を残した. —— 自 〔傷が〕治って跡を残す 〈*over*〉.
[<ギリシア語「かまど, 火鉢, かさぶた」]

scar[2] 名 C 〖英〗(岩ばかりの)山の断崖, 岩壁; 岩礁.
[<古期北欧語]

scar·ab /skǽrəb/ 名 C 1 (昔, エジプト人が再生の象徴として崇拝した)オオタマオシコガネ (**scárab bèetle**). 2 甲虫石, スカラベ, 《オオタマオシコガネの形に彫刻した古代エジプト人のお守り・装飾品》.

Scar·a·mouch(e) /skǽrəmùːʃ, -màutʃ|-màutʃ/ 名 C 1 スカラムーシュ 《イタリア古典喜劇の臆(おく)病な道化役》. 2 〈s-〉空威張りする臆病者; ならず者, やくざ者.

Scar·bor·ough /skáːrbə̀ːrou|skáːrb(ə)rə/ 名 スカーバラ 《イングランドの北ヨークシャー州の海岸にある保養地; ヨークシャーの勤労者が集まる》.

*scarce /skeərs/ 形 e (scárc·er /-ər/|scárc·est /-əst/) 1 〈普通, 叙述〉乏しい, 少ない, 不足して, (scanty; ↔plentiful). Money is ～ at the end of every month. いつも月末は金が不足する. ～ resources 乏しい資源. 2 まれな, 珍しい, (rare). a ～ book 珍本. ◊名 scarcity
màke onesèlf scárce 〖話〗人前からそっと姿を消す; 避ける 〈*from* ..〔人, 面倒など〕を〉.
—— 副 〖雅〗＝scarcely. [<ラテン語「選び出された」]

‡scarce·ly /skéərsli/ 副 ¢ 1 ほとんど..ない. I could ～ believe my eyes. 自分の目がほとんど信じられなかった. Crime has ～ been heard of in this small town. この小さな町では犯罪(の発生)はほとんど聞いたことがない. The girl ⌞spoke ～ [～ spoke] a word. 少女はほとんど一言もしゃべらなかった. *Scarcely* a week goes by without any news of accidents. 1週間事故のニュースなしで過ぎることはほとんどない.

> 語法 (1) 原則として修飾する語の前に置くが, 助動詞を伴う動詞句の場合は普通, (最初の)助動詞の後に置く. (2) scarcely は否定の副詞として扱われるので, 文頭に置かれると主語と助動詞の倒置が起こる (→成句 scarcely..when [before] の用例; →hardly).
> 類語 scarcely, hardly は否定的な意味で, ゆとりがなく, ぎりぎりの状態を表す; seldom は時間について用い「めったに..しない」という意味; →barely.

2 〈not を用いず, かえって否定の意味合いが強まる; やや皮肉な言い方〉まず[まさか, 恐らく]..ない. I ～ think so. そうとはまず思えない. You can ～ expect that much. まさかそれほどは期待できないでしょう. He will ～ consent to our proposal. 恐らく彼は我々の提案に同意しないだろう.
3 かろうじて, やっと, (barely). He died when he was ～ thirty. 彼は30歳になるかならないかで死んだ.
****scàrcely ány..*** ほとんど..ない. There's ～ *any* time left. 残り時間はほとんどない.
scàrcely éver →ever.
****scárcely..whèn* [*befòre*] ..*** するかしないうちに (★口語では as soon as を用いるのが普通; when, before の代わりにまれに than が使われるが誤用とされる; scarcely の代わりに hardly, barely を使うこともある). He had ～ [*Scarcely* had he] started to speak *when* [*before*] she slammed down the receiver. 彼が話し始めるやいなや彼女は電話をがちゃんと切った. (→語法 (2))

*scar·ci·ty /skéərsəti/ 名 (複 -ties /-z/) 1 UC 不足, 欠乏, 〈*of* ..の〉 (類語 主にある地域でのある時期(例えば戦時中など)の一時的な不足を言う; →shortage). a ～ *of* petroleum 石油不足. 2 U まれなこと, 希少価値. ◊形 scarce

scárcity vàlue 名 U 〖経〗希少価値.

‡scare /skeər/ 動 (～s /-z/|過 過分 ～d /-d/|scar·ing /ské(ə)riŋ/) 他 1 を怖がらせる, おびえさせる, びっくりさせる, 〈しばしば受け身で〉 (類語 frighten とほぼ同義であるが, 相手が恐れをなして行動をやめるような場合に用いる). You ～*d* me by coming in so quietly. 君があまり静かに入って来たので私はびくっとしたよ. She was ～*d at* the sight of the dead body. 彼女は死体を見て震え上がった.
2 (a) VOA (～ /X/*away, off*) X をおどして追い払う; X を遠ざける, 気後れさせる. The giant ～*d away* the children. 大男は子供たちをおどして追い払った. Raising prices will ～ customers *off*. 値段を上げたら客足を遠のかせる. (b) VOC (～ X Y) X をおどして Y の状態にする. The lion's roar ～*d* him stiff. ＝He was ～*d* stiff by the lion's roar. ライオンのほえ声で彼は体がこわばってしまった. (c) VOA (～ X *into* [*out of*] *doing* ..) X をおどして..させる[させない]. The robber ～*d* the security guard *into* opening the safe. 強盗は警備員をおどして金庫を開けさせた.
—— 自 怖がる, おびえる, 驚く. He ～*s* quite easily. 彼はすぐに怖がる.
scàre a pérson out of his wíts 人をびっくり仰天させる〈しばしば受け身で〉.
scàre the lífe* [*the héll*] *out of a pérson 〖話〗人をびっくり仰天させる.
scàre a pèrson to déath 〖話〗人を(死ぬほど)ぎょっとさせる[おびえさせる, びびらせる].
scàre /../ úp 〖米話〗を寄せ集めて作る; 〔金など〕をかき集める. ～ a meal *up* 間に合わせの材料で食事をさっと作る.
—— 名 (複 ～s /-z/) C 1 〈単数形で〉恐怖, 恐れ; 驚き (start, jump). You gave me a ～. びっくりするじゃないか. 2 (うわさなどに)騒ぐこと, (世間の)恐慌. cause a major war ～ 戦争が起こるのではないかと大恐慌をきたす. ～ stories *about* a strange disease 奇病について不安をあおる(新聞などの)記事.
[<古期北欧語「怖がらせる」(<「臆(おく)病な」)]

scáre·cròw 名 C 1 かかし. 2 こけおどし. 3 ぼろ服[奇妙な服]を着た人; やせた人.

‡scared /skeərd/ 形 m 1 おびえた, びっくりした. a very ～ child 大変おびえている子供. 2 〈叙述〉怖い 〈*of* ..が〉; 怖くてできない 〈*to* do ..することが〉; びくびくする 〈*that* 節 ..でないかと〉. I'm ～ *of* snakes. 僕は蛇が怖い. At that time I was ～ *to* talk to my boss. その時私は怖くなって上司に話せなかった. I'm ～ (*that*) our baby might catch cold. 私は赤ん坊が風邪を引きはしないかとはらはらしている.

scáred·y càt /skéərdi-/ 〖話・軽蔑〗臆(おく)病な人, 怖がり屋, 《主に子供が言う》.

scáre·hèad 名 C (新聞の)センセーショナルな大見出し.

scáre·mònger 名 C (デマなどで)世間を騒がせる人.

*scarf[1] /skɑːrf/ 名 (複 ～s /-s/, scarves /-vz/) C 1 スカーフ, 襟巻き, ネッカチーフ. 2 (アスコットタイのように)首で結んで端を垂らすネクタイ. 3 〖米〗テーブル[ピアノ]掛け. [<古期フランス語]

scarf[2] 動 他, 自 〖米俗〗(を)がつがつ食べる, 流し込む, 〈*down, up*〉 (scoff[2] の異形).

scar·i·fy /skǽrəfài|skéərəfài, skǽr-/ 動 (-fies|過 過分 -fied|～·ing) 他 1 〖医〗〔皮膚の表面〕に浅い切り傷をたくさん作る 《種痘などで》. 2 〖農業〗〔表土〕をかき起

こす. **3**〘雅〙を酷評する.

scar·la·ti·na /skɑ̀ːrlətíːnə/ 名 U 〘医〙猩(しょう)紅熱 (scarlet fever).

***scar·let** /skɑ́ːrlət/ 名 U **1** 深紅色, 緋(ひ)色. 類語 明るいオレンジがかった赤 (red), 紫がかった赤は crimson. **2** 緋色の服; 深紅の大礼服.
—— 形 m 深紅の, 緋色の. the ～ liveries of the Beefeaters ロンドン塔守衛の赤い制服. blush ～ for shame 恥ずかしくて真っ赤になる. [＜古期フランス語]

scàrlet féver 名 U 猩(しょう)紅熱.

scàrlet létter 名 C 緋文字《昔, アメリカの清教徒の間で姦(かん)通の罪の印に胸に付けさせた緋色の文字 A (adultery の頭文字)》.

scàrlet pímpernel 名 C 〘植〙ベニハコベ. 「ゲン.

scàrlet rúnner 名 C 〘主に英〙〘植〙ベニバナイン↑

scàrlet wóman 名 C 〘婉曲・戯〙尻(しり)軽な女, 売春婦, 《『ヨハネの黙示録』に出てくる緋色の服を着た淫婦(いんぷ)から》.

scarp /skɑːrp/ 名 C 急な坂; 〘築城〙(外堀の)内岸.
—— 動 他 を急坂にする.

scar·per /skɑ́ːrpər/ 動 自 〘英俗〙ずらかる, 逃げる.

scár tìssue 名 UC 〘病理〙瘢痕(はんこん)組織.

scarves /skɑːrvz/ 名 scarf の複数形.

‡**scar·y** /ské(ə)ri/ 形 〘話〙 **1** 〔人が〕びくびくした, 小心な. **2** 〔物事が〕怖い, おっかない.

scat[1] /skæt/ 名 U 〘楽〙スキャット《ジャズなどで意味のない言葉を連続して歌うもの》.
—— 動 自 (～s|-tt-) スキャットを歌う.

scat[2] 動 (～s|-tt-) 自 〘話〙急いで立ち去る〈普通, 命令形で〉. *Scat!* 行っちまえ.

‡**scath·ing** /skéiðiŋ/ 形 〔批評などが〕痛烈極まる, 容赦ない, 〈*about*..に対して〉. a ～ criticism [remark] 痛烈極まる批判[寸評]. ▷**～·ly** 副 痛烈に, 容赦なく.

sca·tol·o·gy /skətɑ́lədʒi|skætɔ́l-/ 名 U **1** 糞(ふん)便学, スカトロジー. **2** 糞便への関心. **3** 糞尿文学(研究).
▷**scat·o·log·i·cal** /skæ̀tələ́dʒikəl|-lɔ́dʒ-/ 形

‡**scat·ter** /skǽtər/ 動 (～s /-z/|過 過分 ～ed /-d/|～·ing /-t(ə)riŋ/) 【まき散らす】 **1** をまく, まき散らす, 〈*on, over*..に/*around*..の回りに〉; 〔金〕を'ばらまく'; VOA (～ X *with*..) X(場所)に..をまき散らす; (類語 しばしば意図しないで, また雑然と物をばらまくこと; →disperse, spread, sprinkle). ～ gravel *on* [*over*] a road＝～ a road *with* gravel 道に砂利をまく. He ～*ed* his paper *with* Latin words. 彼は論文のあちこちにラテン語をちりばめた. ～ one's money *about* 金を方々にばらまく; 湯水のように金を使う. **2** 散在させる, 点々と置く, 〈普通, 受け身で〉(→scattered). The branches of this bank are ～*ed* all over the country. この銀行の支店は国中至る所にある. **3** 〘物理〙〔光〕を散乱させる.
【追い散らす】 **4** (**a**) 〔群衆, 動物など〕を散り散りにさせる, 四散させる. The noise ～*ed* the birds. その音で鳥たちは散り散りに飛んで行った.
(**b**) 〔雲など〕を散らす; 〔恐怖など〕を消散させる.
—— 自 **1** 散る, 散り散りになる. The crowd ～*ed*. 群衆は散ってしまった. **2** 広がる; 〔散弾などが〕飛び散る.
scátter to the fòur wínds →to the four WINDS[1].
—— 名 **1** U まき散らすこと. **2** aU まき散らされたもの; わずか(なもの) (scattering). **3** U (散弾などの)飛散範囲[状況]. [*shatter* の変形か]

scátter·bràin 名 C 〘話〙(憎めないが)気が散漫な人, うっかり屋.

scátter·bràined 形 〘話〙落ち着きのない, 不注意な, 頭が散漫な. 「ション.

scátter cùshion 名 C 〘英〙(装飾用)小型クッ↑

‡**scát·tered** 形 **1** 〈限定〉散らばった, 点在[散在]する. a ～ village 人家まばらな村. ～ houses 点在する家. **2** 散発的な. ～ showers 散発的なにわか雨.

‡**scát·ter·ing** /-t(ə)riŋ/ 名 aU わずか, 少数, まばら. a ～ of sheep grazing on the meadows 牧場にちらほら草を食べているヒツジ.

scátter rùg 名 C (装飾用)小型じゅうたん.

scátter·shòt 形 乱射の; 〔批評などが〕無差別の, むやみに攻撃的な.

scat·ty /skǽti/ 形 〘英俗〙少し気が狂った; 間抜けな, ばかな; 頭の散漫な. ▷**scat·ti·ness** 名

‡**scaup** /skɔːp/ 名 C 〘鳥〙スズガモ (**scáup dùck**).

scav·enge /skǽvəndʒ/ 動 他 **1** 〔街路〕を掃除する. **2** (捨てられたものから)〔使えるもの〕を集める. **3** (エンジンの気筒から)〔ガス〕を排気する. —— 自 **1** (街路の)掃除をする. **2** 〔人, 鳥, 動物などが〕あさる〈*for*..〔食物, 腐肉など〕を〉; 食いあさる〈*on*..〔捨てられた残飯, 腐肉など〕を〉.

scáv·en·ger 名 C **1** 廃品回収業者. **2** 〘主に英〙市街清掃員, 街路掃除人. ★今は dustman が普通の言い方. **3** 腐肉を食べる動物《ハゲタカ, ハイエナ, カブトムシ類など》; ごみ箱から食物をあさる人.

†**sce·nar·i·o** /səné(ə)riòu, -nɑ́ːr-|-nɑ́ːr-/ 名 (複 ～s) C **1** (劇の)筋書き, 台本; (映画の)脚本, シナリオ. **2** (未来の出来事などの)展開予測; (計画, 陰謀などの)筋書き. offer a realistic and tolerable ～ for the settlement of the racial conflict 民族紛争解決への現実的かつ容認可能な筋書きを示す. [イタリア語「舞台, 背景」]

sce·nar·ist /səné(ə)rist, -nɑ́ːr-|síːnər-/ 名 C シナリオライター, 脚本家.

‡**scene** /siːn/ 名 (複 ～s /-z/) C
【舞台】 **1** (小説, 劇などの)**舞台**. The ～ of this drama is laid [set] in 19th-century Japan. このドラマの舞台は 19 世紀の日本である.
2【活動の舞台】 (**a**) 〈the ～〉〘話〙活動の領域, ..界. the theater [fashion] ～ 演劇[ファッション業]界. A new force has appeared [arrived] on the British political ～. 英国の政界に新勢力が出現した. disappear [vanish] from the ～ because of illness 病気で活躍の場から消える. (**b**) 〈単数形で〉〘米旧話〙立場, 事態, (situation). a bad ～ ばつが悪い[不愉快な]場面.
【舞台の場面】 **3** 〘演劇〙**場**(ば) 《act (幕)の中の小区分で, 1 場は普通背景が同じ; 略 sc》. Act III, *Scene* II of *Macbeth*『マクベス』の第 3 幕第 2 場《/ækt θríː, sìːn túː/ と読む》. **4** (舞台の)背景, 書き割り; セット.
【物事が行われる場面】 **5** (劇, 映画などの)**場面**, シーン; (劇的な)光景. a love ～ ラブシーン. ～*s* of violence 暴力シーン. The last ～ of the film was very moving. 映画のラストシーンはとても感動的だった. witness a ～ of horror 恐ろしい光景を目撃する.
6 (災害などの)状態, 情況; 〈単数形で〉(事件などの)**現場**. record the terrible ～*s* after the earthquake on film 震災後の惨状をフィルムに記録する. The ambulances were *on* the ～ within five minutes of the explosion. 救急車は爆発の 5 分以内に現場に到着した. The police are now investigating *at* the ～ of crime. 警察が今犯行現場を調べている.
7【立ち回り】 (人前で泣いたりわめいたりの)**大騒ぎ**, 騒動, 《特に 2 人の間の》. make a ～ (口論などして)人前で大騒ぎを演じる, 修羅場を演じる.
【場面＞風景】 **8** (**a**) (一望の)**景色**, 眺め; (生活などの)**情景**; (類語 一目で見渡せる個々の景色・情景を言い, また自然のほかに人とその動きを含む; →sight). a lovely woodland ～ 美しい森林地帯の景色. a life ～ 人生の一こま. (**b**) 風景画. John Constable's country ～*s* ジョン・カンスタブルの田園風景画. ◇形 scenic
behind the scénes 〘話〙舞台裏で; ひそかに. The two parties made an agreement *behind the* ～*s*. 両党は裏で協定を結んだ.
be nòt one's scéne 〘話〙好みではない.
chànge of scéne 転地(による環境の変化). A *change*

of ～ will refresh you. 転地すれば元気が出るよ.
còme on the scéne 到着する; 登場する, お目見えする.
hìt [***màke*** 〖米〗] ***the scéne*** 〖話〗 =come on the scene.
quìt the scéne 死ぬ; 立ち退く. [<SCENE.]
sèt the scéne (***for..***) (1)(人に)予備知識を与える, 状況説明をする. (2)(物事の)お膳(ぜん)立てをする.
stèal the scéne →steal the SHOW.
[<ギリシア語「天幕, 舞台」]

scéne pàinter 图 Ⓒ (舞台の)背景画家.

‡scen·er·y /síːn(ə)ri/ 图 Ⓤ **1** (1地方全体の)**風景**, 景色, 景観, (類語 scene と異なり, Ⓤ であることに注意; →sight). the ～ of the Alps アルプスの風景. The ～ is beautiful around here. この辺りは眺めがよい. **2** 〈集合的〉 舞台の背景, 道具立て. [<イタリア語 *scenario* 'scenario'; -ery]

scéne·shìfter 图 Ⓒ (芝居の)道具方, 大道具, 「《人》.

†sce·nic /síːnik/ 形 **1** 風景の; 景色のよい, 風光明媚(び)な. Kyoto is famous for its ～ beauty. 京都は風光の美で知られている. a ～ bus route 景色のよいバス路線. **2** 景色を描いた[扱った]〔図案など〕. **3** 舞台の; 背景の, 道具立ての. ～ effects 舞台効果. ◇图 scene
▷**sce·ni·cal·ly** /-k(ə)li/ 副 風景の点で; 舞台上で.

‡scent /sent/ 图 (複 **～s** /-ts/) **1** ⓊⒸ におい; (特に, よい)香り, 芳香; (類語 花などの広く行き渡る香り, 動物などの残すかすかなにおい; →smell). the ～ of roses バラの香り.
2 Ⓒ 〈普通, 単数形で〉 (獣などの)臭跡, 遺臭, 《猟犬がこれを追う》; 手がかり; (→trace[1] 類語). a poor [cold] ～ かすかな[古い]臭跡 《猟犬が追いにくい》. a strong [hot] ～ 強い[まだ新しい]臭跡 《猟犬が追いやすい》. pick up a false [wrong] ～ 間違った手がかりをつかむ, 見当外れをする.
3 Ⓤ 〖主に英〗 香水 (perfume). a ～ bottle 香水瓶. She sprinkled some ～ on her dress. 彼女はドレスに香水を振りかけた.
4 aⓊ (猟犬の)嗅(きゅう)覚; (人の)勘, 直感力, '鼻'. Bloodhounds have a keen ～. ブラッドハウンドはよく鼻が利く. a ～ of danger 危険を察知すること.
follow ùp the scént 〔猟犬が〕臭跡をたどって行く; 〔人が〕手がかりを追う. 「を失う.
lòse the scént 〔猟犬が〕臭跡を失う; 〔人が〕手がかり
off the scént 臭跡[手がかり]を失って. put [throw] a person *off the* ～ 人に手がかりを失わせる[判断を誤らせる]; 人の追跡などを'まく'.
on the scént of.. ..の跡を追って, 手がかりを得て, ..をかぎつけて. The reporter was *on the* ～ *of* a scoop. 取材記者は特だねを追っていた.
── 動 他 **1** 〔猟犬が〕〔獲物など〕をかぎつける, かぎ出す, 〈*out*〉; 〔秘密など〕をかぎつける, に感づく; ⅥⅩ (～ *that* 節) ..と感づく. I ～*ed* mischief among the boys. 私は男の子たちのいたずらに感づいた. I ～*ed that* he was not telling the truth. 彼が本当のことを言っていないことに感づいた. **2** に香水をつける; を充満させる 〈*with*..〔香り, 臭気〕で〉 〈普通, 受け身で〉. ～ oneself behind the ears 耳の後ろに香水をつける. The whole room is ～*ed with* the fragrance of lilacs. 部屋全体にライラックの香りが漂っている.
[<ラテン語 *sentire*「感じる」; sense と同源]

‡scént·ed /-əd/ 形 **1** 香りのする. **2** 香水をつけた, 香水入りの. ～*ed* soap 香水石けん.

scént·less 形 においのない, 無臭の; 臭跡の消えた.

scep·ter 〖米〗, **-tre** 〖英〗 /séptər/ 图 Ⓒ **1** (王, 女王の持つ)笏(しゃく). **2** 〈the ～〉 王権; 王位. wield [swing] the ～ 君臨する, 統治する. lay down the ～ 王位を退く. [<ギリシア語「杖」]

scép·tered 〖米〗, **-tred** 〖英〗 形 笏(しゃく)を持った; 王位にある.

scep·tic /sképtik/ 形, 图 〖英〗 =skeptic.

scep·ti·cal /sképtikl/ 形 〖英〗 =skeptical.

scep·ti·cism /sképtəsìz(ə)m/ 图 〖英〗 =skepticism.

scep·tre /séptər/ 图 〖英〗 =scepter.

scép·tred 形 〖英〗 =sceptered.

sch. school[1].

‡sched·ule /skédʒu(ː)l|ʃédjuːl/ 图 (複 **～s** /-z/) Ⓒ **1** **予定(表)**, 計画(表), スケジュール, 〈*for* ..の〉. a hard ～ ハードスケジュール. have a crowded ～ 予定がいっぱい詰まっている. make a ～ *for* the vacation 休暇の計画を立てる.

> 連結 a heavy [a full, a tight, a tough; a busy, a hectic; a fixed] ～ // plan [draw up; keep to] a ～

2 **表**, 一覧表; (列車などの)**時刻表** (timetable); 時間割り. a train ～ 列車時刻表. a school ～ 授業時間割り. a salary ～ 給与表.
3 別表, (別紙)明細書.
(***accòrding***) ***to schèdule*** 予定どおりに; 予定では.
ahèad of [***behìnd***] ***schédule*** 予定より早く[遅れて].
on schédule 予定[時間]どおりに(進行して).
── 動 (**～s** /-z/|過 過分 **～d** /-d/|**-ul·ing**) 他 **1** を**予定に組む**, 予定する, 〈*for* ..〔ある日時, 事〕に〉; ⅤⅤⅭ (～ X *to do*) X が..することを予定する; 〈普通, 受け身で〉. The baseball game is ～*d for* tomorrow. 野球の試合はあしたに予定されている. Two top Japanese golfers are ～*d for* the U.S.Open. 日本の最優秀ゴルフ選手2人が全米オープン戦に出場予定である. The talks are ～*d to* begin next Monday. 会談は来週月曜日に開かれる予定である. **2** の目録[時間表]を作る. ～ two special trains 臨時列車を2本運行表に組み入れる.
[<後期ラテン語「小さな紙片」(<ラテン語 *scheda*「紙」)]

schèduled flíght 图 Ⓒ (飛行機の)定期便.

Sche·her·a·za·de /ʃəhèrəzáːd(ə)/ 图 シェヘラザード 《『アラビアンナイト』の中の王妃で千一夜の間王に物語をして自分の命を救ったという》.

sche·ma /skíːmə/ 图 (複 **sche·ma·ta** /-tə/, **～s**) Ⓒ 〖章〗 **1** 概要, 大略; 図式. **2** 〖論〗 (三段論法の)格. [ギリシア語 'form']

sche·mat·ic /ski(ː)mǽtik/ 形 概要の; 図式的な; 図式の. ▷**sche·mat·i·cal·ly** /-k(ə)li/ 副 概略的に; 図によって, 図式的に.

sche·ma·tize /skíːmətàiz/ 動 他 を図式化する.

‡scheme /skiːm/ 图 (複 **～s** /-z/) Ⓒ **1 計画**, 案; (特に実行不可能な)空想的計画, 机上の空論; 〈*for* ..のための/ *for doing*, *to do* ..する〉 (類語 特に空想的, また悪意の (→5) plan に用いる). prepare a ～ *for preventing* [*to prevent*] environmental pollution 環境汚染防止の計画を立てる.

> 連結 a clever [a practical; a crazy, a harebrained, a wild] ～ // devise [draw up; launch] a ～

2 〖英〗 (政府の)公共事業計画; (会社などの)事業計画. a pension ～ 年金計画.
3 図式; 大要. the ～ of a novel 小説の粗筋.
4 (教育などの)組織; (学問などの)体系; 配色, 配合, 配列. an educational ～ 教育制度. →color scheme.
5 **陰謀**, はかりごと, 悪だくみ. a ～ to assassinate the President 大統領を暗殺するたくらみ.
the schème of thíngs 物事のあり方; 事態. In *the* ～ *of things* it is hard for Japan to import rice from America. このような状況では日本が米国から米を輸入するのは難しい.
── 動 他 〈普通悪い意味で〉 **1** を計画する, 立案する. ～ (*out*) a new method of taxation 課税の新しい方法を計画する. **2** をたくらむ; ⅤⅩ (～ *to do*) ..しようと企て

S

る. ～ (*for*) the overthrow of the government 政府転覆をたくらむ (★for があれば ⓐ). They ～*d to* kidnap the banker's daughter. 彼らは銀行家の娘を誘拐しようとたくらんだ. ── ⓐ たくらむ, 策動[策謀]する, 〈*for* ..〔事〕を, 〔人〕を擁護しようと/*against* ..〔人〕に対して〉. [＜ギリシア語「形」]

schem·er /skíːmər/ 名 Ⓒ 陰謀家, 策士; 計画者.

schem·ing /skíːmiŋ/ 形 策士の, 腹黒い. ── 名 Ⓤ 計画; はかりごと.

Sche·nec·ta·dy /skinéktədi/ 名 スケネクタディ《米国 New York 州中東部の工業都市》.

scher·zo /skéərtsou/ 名 (複 **～s, scher·zi** /-tsiː/) Ⓒ 〖楽〗 スケルツォ 《軽快・明朗・気まぐれな感じの速い 3 拍子の曲》. [イタリア語 'jest']

Schíck tèst 名 Ⓒ 〖医〗シックテスト《ジフテリアに対する免疫性を皮膚反応で調べる》.

Schil·ler /ʃílər/ 名 **Johann Friedrich von ～** シラー (1759–1805)《ドイツの劇作家・詩人》.

schil·ling /ʃíliŋ/ 名 Ⓒ シリング《オーストリアの貨幣単位》; 1 シリング硬貨.

schism /síz(ə)m, skíz(ə)m/ 名 **1** ⓊⒸ 団体の分裂; (特に教会, 宗派の)分裂, 分派. **2** Ⓤ 宗派分立罪. [＜ギリシア語 *skhísma*「分裂」]

schis·mat·ic /sizmǽtik, skiz-/ 形 (教会などの)分離の; 宗派分立(罪)の. ── 名 Ⓒ 教会分離論者.

schist /ʃist/ 名 Ⓤ 〖地〗片岩.

schiz·o /skítsou/ 名 (複 **～s**) Ⓒ 〖話〗精神分裂症患者. [＜*schizo*phrenic]

schiz·oid /skítsɔid, skízɔid/ 〖医〗 形 分裂(病)質の 《schizophrenia に近い症状を指す》. ── 名 Ⓒ 分裂(病)質者.

‡**schiz·o·phre·ni·a** /skìtsəfríːniə, skìzə-/ 名 Ⓤ 〖医〗精神分裂症.

‡**schiz·o·phren·ic** /skìtsəfrénik, skìzə-⁽ᐟ⁾/ 〖医〗 形 精神分裂症の. ── 名 Ⓒ 精神分裂症患者. ▷**schìz·o·phrén·i·cal·ly** /-k(ə)li/ 副

schlep, schlepp /ʃlep/ 〖米話〗 動 (**～s**|**-pp-**) ⓗ ⓋⓄⒶ 〔重い物〕を骨折って運ぶ[引っ張る] 〈*along, down, around*(..)〉. ── ⓐ ぶらぶらする〈*around*〉.

Schles·wig-Hol·stein /ʃlèsvig-hóulstain/ 名 シュレスヴィヒホルシュタイン. **1** もとデンマークの隣接した 2 つの公国《Schleswig は 1864 年に, Holstein は 1866 年にプロシアに併合》. **2** ドイツ北部の州.

S

schlock /ʃlɑk|ʃlɔk/ 〖米俗〗 形 安っぽい, 低俗な. ── 名 Ⓒ 安っぽいもの, 下劣なもの.

schmal(t)z /ʃmɑːlts, smɔːlts/ 名 Ⓤ 〖話〗(音楽やメロドラマなどの)極端な感傷主義. ▷**schmál(t)z·y** /-i/ 形

Schmidt /ʃmit/ 名 **Helmut ～** シュミット (1918–) 《ドイツの政治家; 西ドイツ首相 (1974–82)》.

schmo /ʃmou/ 名 (複 **～es**) Ⓒ 〖米俗〗ばか.

schmooze /ʃmuːz/ 名 Ⓤ 〖米俗〗下らない話.

schmuck /ʃmʌk/ 名 Ⓒ 〖米話〗愚か者.

schnap(p)s /ʃnæps/ 名 Ⓤ シュナップス《オランダ原産, ジャガイモが原料の蒸留酒》. 「種テリア犬の一種」.

schnau·zer /ʃnáuzər/ 名 Ⓒ シュナウツァー《ドイツ↑

schnec·ken /ʃnékən/ 名 〖主に米〗〈複数扱い〉シュネーケン《シナモン・ナッツ入りの渦巻状ロールパン》. [ドイツ語 'snails']

schnit·zel /ʃníts(ə)l/ 名 ⓊⒸ (仔(こ)牛の)カツレツ. [ドイツ語 'slice']

schnook /ʃnuk/ 名 Ⓒ 〖米話〗ばか者.

schnor·kel /ʃnɔ́ːrk(ə)l/ 名 ＝snorkel.

schnoz(z), schnoz·zle /ʃnɑz|ʃnɔz/, /ʃnɑ́z(ə)l|ʃnɔ́z-/ 名 Ⓒ 〖米・戯〗(大きな)鼻.

Schoen·berg /ʃɔ́ːnbəːrg/ 名 **Arnold ～** シェーンベルク (1874–1951) 《1933 年以後米国に在住したオーストリアの作曲家》.

‡**schol·ar** /skɑ́lər|skɔ́lə/ 名 (複 **～s** /-z/) Ⓒ **1** 学者 《特に人文学, 古典学の; →scientist》. a famous Greek ～ 著名なギリシア語学者.

> 連結 an accomplished [an able, a brilliant, a competent, a learned, a profound; a distinguished, an eminent] ～

2 〖話〗学問のある人, 物知り. He isn't much of a ～. 彼はろくに読み書きもできない.
3 特待生, 奨学生, 給費生, (→scholarship).
4 〖古・雅〗学生, 生徒. ★今日では student が普通. [＜ラテン語「学校 (*schola*) の」]

†**schol·ar·ly** /skɑ́lərli|skɔ́l-/ 形 **1** 〔人が〕学者肌の, 学究的な; 学問好きな; 博学の. a man of ～ tastes 学究肌の人. **2** 学問的な, 学術的な. a ～ journal 学術誌.

‡**schol·ar·ship** /skɑ́lərʃip|skɔ́l-/ 名 (複 **～s** /-s/) **1** Ⓤ **学問**, 学識, 《特に人文科学の》. a new epoch of Chaucer ～ チョーサー研究の新時代. **2** Ⓒ **奨学金**, 育英資金. win [gain] a ～ to the university 大学へ行く奨学金をもらう. go to college on a basketball ～ バスケットボール奨学金をもらって大学に行く.

scho·las·tic /skəlǽstik/ 形 **1** 〖章〗〈限定〉学校(教育)の. ～ attainments 学業成績. ～ education 学校教育. the ～ profession 教職. **2** 〈限定〉〖米〗中学・高校の. **3** 些細(ささい)な物事にうるさい; 学問をてらう, 衒(げん)学的な (pedantic). **4** 〈限定〉〈しばしば S-〉スコラ哲学の, スコラ哲学的な. ── 名 Ⓒ **1** 〈しばしば S-〉スコラ哲学者. **2** 学をてらう人, 学者ぶる人; 形式主義者.

scho·lás·ti·cal·ly /-k(ə)li/ 副 学問的に, 学業に関して. be at the head of the class ～ 学業成績がクラスの首席である. 「しば S-〉 スコラ哲学.

scho·las·ti·cism /skəlǽstəsìz(ə)m/ 名 Ⓤ 〈しば↑

Schön·berg /ʃɔ́ːnbəːrg/ 名 ＝Schoenberg.

‡**school**[1] /skuːl/ 名 (複 **～s** /-z/) **【学校】** **1** Ⓒ (建物, 組織としての)**学校**, 校舎 (schoolhouse). a night [an evening] ～ 夜間学校, 夜学. ★(1) 普通, 小学校から高校までを言う (→college, university); Stanford is a good ～. (スタンフォード(大学)はいい学校だ)のように大学に用いるのは 〖米話〗. (2) 米国では州によって学校制度が異なる; →表.

2 Ⓒ (**a**) **教習所**, 養成所, 塾, ..教室. a dancing ～ ダンス教室. a music ～ 音楽学校. a drivers' ～ 自動車教習所. →finishing school. (**b**) 〈普通, 単数形で〉〖話〗(境遇, 経験などの)修練の場. Life is a hard ～. 人生は厳しい修業の場だ. the ～ of hard knocks 〖旧〗(強打の連続のような)逆境による試練.

3 **【学校の成員】** Ⓒ 〈the ～; 単数形で複数扱いもある; 集合的〉 **全校生徒**(と教員). Half of the ～ is [are] absent because of influenza. 流感で生徒の半数が休んでいる.

4 **【学校での教育】** Ⓤ 〈無冠詞で〉 **学校**; 就学(期間). John is old enough for ～. ジョンはもう学校へ行く年だ (就学適齢期だ). send [put] one's son to ～ 息子を学校にやる, 就学させる. place [put] one's daughter to ～ 娘を学校にやる, 就学させる. Children begin [start] ～ at six in Japan. 日本では子供は 6 歳で就学する. finish ～ (普通, 義務教育の最終学校を)卒業する. teach ～ 〖米〗＝〖英〗teach at [in] a ～ 学校で教える, 教鞭(べん)を執る. After three more years of ～ he got a job. さらに 3 年の就学期間の後彼は就職した.

5 Ⓤ 〈無冠詞で〉 **授業**; 授業のある 1 日, 学校; ⓊⒸ 講習(会) (→summer school). *School* begins on April 8. 学校は 4 月 8 日から始まる. *School* is over at three. 学校は 3 時に終わる. There'll be [We'll have] no ～ tomorrow. あしたは学校がない. *School* was cancelled today because of heavy snow. 大雪のため今日学校

[英米の初等・中等学校制度]

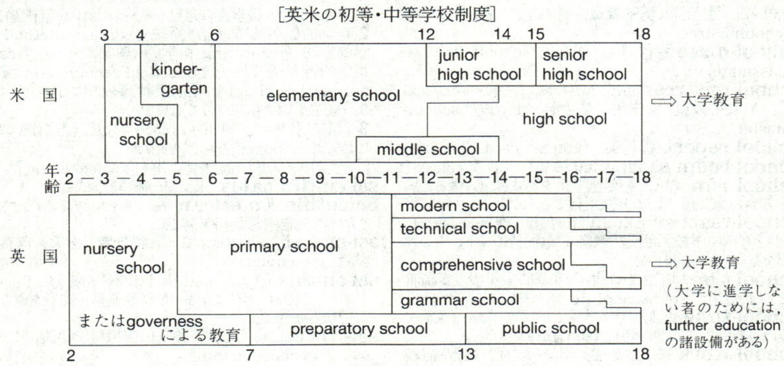

[school¹]

が休校になった.

6 〈形容詞的〉 **学校の**. ～ education 学校教育. ～ life 学校生活. a ～ doctor 校医. a ～ library 学校図書館. a ～ uniform 学校の制服. a ～ curriculum (学校の)履修課程. a ～ dinner [lunch, meal] 学校給食. →old school tie.

【専攻分野】 **7** Ⓒ (学問, 芸術の)**流派**, 学派; 〈一般に〉流儀. the ～ of Plato プラトン学派. the Prague ～ (言語学の)プラーグ学派. the Romantic ～ (芸術上の)ロマン派. a ～ of thought 考えなどを同じくする人々[一派]. of the old ～ →成句.

8 Ⓒ (大学 (university) の)**学部**, 専門学部; 大学院. go to Yale Law *School* エール大学法学部に通う[進学する]. the ～ of medicine＝the medical ～ 医学部. the graduate ～ 大学院.

9 Ⓒ 〖英〗(大学の)学位試験科目《歴史, 数学などの専攻科目に分かれ, 合格すると優等学位 (honors) を与えられる》; 〈～s〉学位試験; 学位試験場.

10 Ⓒ 〖楽〗教則本. a ～ of counterpoint 対位法教則本.

******after schóol* **放課後**; 卒業後. He was kept in *after* ～. 彼は放課後残された.

******at schóol* (1) **学校で**; 学校の授業で. (2) 〖英〗在学中で, 就学中で, (★大学は含まない; →in SCHOOL (1)). be away *at* ～ in Switzerland 遠くスイスの学校に在学している. I was *at* ～ *with* Mary. 私はメリーと同じ学校だった《時代の重なる同窓》. (3) ＝in SCHOOL (2).

******gò to schóol* (1) **通学する**, 登校する. (2) **学校に行っている**, 就学中である. Where did you *go to* ～? あなたはどこの学校に行ったのですか《所を尋ねる場合にも, 具体的に学校名を尋ねる場合にも使う》.

in schóol (1) 〖米〗在学中で (★大学も含む; →at SCHOOL (2)). (2) 出校して, 登校して. John's not *in* ～ today—he has a bad cold. ジョンは今日登校していない. ひどい風邪を引いているから. (3) ＝at SCHOOL (1) (★in the ～ は「校内で」の意味).

******lèave schóol* (1) 〖英〗(大学以下の学校を)**卒業する** (finish [〖米〗graduate from] school). She finished compulsory education and *left* ～. 彼女は義務教育を終了して学校を離れた. (2) 退学する (★leave the ～ なら「下校する」の意味).

of the óld schòol 〈良い意味で〉旧派の, 古風な. a woman *of the old* ～ 古風な女.

out of schóol 学校外で; 卒業して.

— 動 他 〖章〗〔人〕を教育する, 訓練する; 〔動物〕をしつける, 訓練[調教]する; に教え込む 〈*in* ..を〉; VOC (～ X *to do*) X を..するように訓練する. His many misfortunes ～*ed* him *in* patience. 彼は多くの出来事によって忍耐することを覚えた. ～ a seeing-eye dog 盲導犬を訓練する. ～ oneself *to* do ..できるように自己訓練する. The dog has been ～*ed to* obey his master. その犬は主人の言うことを聞くようにしつけられてきた.

[＜ギリシア語 *skholḗ*「余暇, (知識獲得のための)余暇の利用, 学校」]

school² 名 Ⓒ 群れ 〈*of* ..〔魚, 鯨など〕の〉 (→flock¹ 類語). a ～ *of* fish [whales] 魚[鯨]の群れ. — 動 自 〔魚などが〕群れをなす, 群れをなして進む. [＜古期英語]

schóol àge 名 Ⓤ 学齢, 就学年齢; 義務教育年限.

schóol·bàg 名 Ⓒ 学校かばん.

schóol bòard 名 Ⓒ 〖米〗教育委員会.

schóol·bòok 名 Ⓒ 教科書 (textbook).

‡school·boy /skúːlbɔ̀i/ 名 (複 ～s /-z/) Ⓒ **男子児童**[**生徒**]; 男子小[中]学生; (女 schoolgirl) (類語 普通「まだ子供」という気持ちを表す; →pupil¹). He went red like a ～. 彼はまるで小学生のように赤くなった. ～ humor 子供じみたユーモア; たわいない冗談.

schóol bùilding 名 Ⓒ 校舎 (→schoolhouse).

schóol bùs 名 Ⓒ スクールバス.

‡schóol·chìld 名 (複 →child) Ⓒ 学童, 生徒, 《schoolboy 又は schoolgirl》.

schóol dày 名 Ⓒ 授業日; 〈～s〉学校時代.

schóol dìstrict 名 Ⓒ 〖米〗学区.

schóol fèe 名 Ⓒ 〈普通 ～s〉授業料.

schóol·fèllow 名 Ⓒ (過去又は現在の)学校友達, 同窓生, (schoolmate).

schòol fríend 名 Ⓒ 〖主に英〗学校友達.

‡school·girl /skúːlgə̀ːrl/ 名 (複 ～s /-z/) Ⓒ **女子児童**[**生徒**]; 女子小[中]学生; (男 schoolboy).

schòol góvernor 名 Ⓒ 〖英〗学校の理事.

***school·house** /skúːlhàus/ 名 (複 →house) Ⓒ **1** 校舎 《〖英〗では特に村の小学校の小さい校舎》. **2** 〖英〗(学校隣接の)教員宿舎.

‡schóol·ing 名 aU 学校教育; (通信教育の)教室授業, スクーリング. get (a) good ～ ちゃんとした教育を受ける.

schóol-lèaver /-lìːvər/ 名 Ⓒ 〖英〗義務教育終了者.

schóol·mà'am /-màːm, -mæ̀m/ 名 ＝schoolmarm.

school·man /skúːlmən, 2 では-mæ̀n/ 名 (複 **-men** /-mən, 2 では -mèn/) Ⓒ **1** 〈しばしば S-〉(中世の大学の)哲学[神学]教授. **2** 〖米〗教員.

schóol·màrm /-màːrm/ 名 Ⓒ 〖話・戯〗女の先生《特に頭の古い》; 女教師じみた人《古風でやかましく妙に潔癖》.

***school·mas·ter** /skúːlmæ̀stər|-màːs-/ 名 (複 ～s

/-z/) [C] 1〖旧〗**男子教員**, 男先生. 2 校長. ◇[女] schoolmistress

†**schóol·màte** [名][C]〖旧〗同窓生 (schoolfellow; → classmate).

*****school·mistress** /skú:lmìstrəs/ [名] ([複] ～·es /-əz/) [C] 1 **女子教員**, 女先生. 2 女性校長. ◇[男] schoolmaster

schòol repórt [名]〖英〗=report card.

school·room /skú:lrù(:)m/ [名][C] 教室 (classroom).

schóol rùn [名][C]〖英〗(子供を)学校に追いやること, 学校から(家に帰るように)追い出すこと.

*****school·teacher** /skú:ltì:tʃər/ [名] ([複] ～s /-z/) [C] (小学校, 中学校, 高校の)**教師** ([類語] 特に school の教員であることを強調する).

schòol tíe [名][C] スクールタイ《英国の少年少女が制服とともに着用; →old school tie 1》.

schóol·tìme [名][U] 1 (学校での)授業時間; (家庭での)勉強時間. 2 学校時代 (school days).

schóol·wòrk [名][U] 勉強, 学業,《予習・復習・宿題を含めた》.

schóol·yàrd [名][C] 校庭, (学校の)運動場.

schòol yéar [名][C] 学年 (academic year)《英米では普通 9 月から 6 月まで》.

schoon·er /skú:nər/ [名][C] 1 スクーナー《2 本(以上)のマストのある縦帆型の帆船》. 2〖主に米・オース〗(ビールの)大ジョッキ (1 杯の量)《普通 1 パイント入り》;〖主に英〗シェリー酒用の大型グラス (1 杯の量).

Scho·pen·hau·er /ʃóupənhàuər/ [名] **Arthur** ～ ショーペンハウアー (1788–1860)《ドイツの哲学者》.

Schu·bert /ʃú:bərt/ [名] **Franz** ～ シューベルト (1797–1828)《オーストリアの作曲家》.

Schu·mann /ʃú:mən/ [名] **Robert** ～ シューマン (1810–56)《ドイツの作曲家》.

schuss /ʃus/ [名]〖スキー〗[C] 直滑降. ── [動][自] 直滑降をする.

schwa /ʃwɑ:/ [名][UC]〖音声〗シュワー《ago の a や second の o などのあいまい母音; その音を表す記号 /ə/》.

Schwarz·wald /ʃvártsvàlt/ [名] シュヴァルツヴァルト, 黒い森,《ドイツ南西部の森林地帯》. [ドイツ語 'black forest']

Schweit·zer /ʃváitsər, ʃwái-/ [名] **Albert** ～ シュヴァイツァー (1875–1965)《フランスの医師・伝道者・音楽家; 1952 年ノーベル平和賞受賞》.

S

sci. science; scientific.

sci·at·ic /saiǽtik/ [形]〖解剖・医〗座骨の, しりの; 座骨神経(痛)の.

sci·at·i·ca /saiǽtikə/ [名][U] 座骨神経痛.

sciàtic nérve [名][C] 座骨神経.

‡**sci·ence** /sáiəns/ [名] ([複] **-enc·es** /-əz/) 1 [U] **科学**; 〈特に〉自然科学 (→humanity 4). natural ～ 自然科学. social ～ 社会科学. applied [practical] ～ 応用[実用]科学. a man of ～ 科学者. a doctor of ～ 理学博士.

2 [UC] **..学**《個々の学問の分野 (discipline)》. medical ～ 医学. political ～ 政治学. Physics is an exact ～. 物理学は精密科学である.

3 [U] (ボクシング, 料理などの)術, 技; [aU] テクニックを要すること. the ～ of self-defense 護身術. →noble science.

◇[形] scientific [<ラテン語 *scientia*「知(ってい)ること」(<*scire* 'know')]

sciènce fíction [名][C] 空想科学小説《略 SF, sf, sci-fi》.

Scíence Musèum [名] 〈the ～〉(ロンドンの)科学博物館.

scíence pàrk [名][C] 科学パーク《科学技術に携わる会社が集まっている地域》.

‡**sci·en·tif·ic** /sàiəntífik [8]/ [形][m] (1は [C]) 1 〈限定〉**科学の**, 〈特に〉自然科学の; 科学上の, 学術的な. a ～ discovery 科学上の発見. a ～ treatise 学術論文.

2 **科学的な**, 精密な;〖話〗系統立った. a ～ method 科学的方法. ～ farming 科学的な農業. ～ baby care 科学的育児法. I keep household accounts, but I'm not very ～ about it. 私は家計簿をつけてはいるが, あまり系統立てて(きちんとつけて)はいない.

3〔競技(者)などが〕専門的な訓練を積んだ, (力ではなく)技による. a ～ boxer 技巧派のボクサー.

[<後期ラテン語「知識を産み出す」; science, -fic]

sci·en·tíf·i·cal·ly /-k(ə)li/ [副] 科学的に.

Scientìfic Américan [名]『サイエンティフィックアメリカン』《米国の月刊科学雑誌》.

‡**sci·en·tist** /sáiəntist/ [名][C] **科学者**, 〈特に〉自然科学者, (→scholar).

sci·en·tol·o·gy /sàiəntɑ́lədʒi|-tɔ́l-/ [名][U] サイエントロジー《1950 年代に始まった宗教運動; 知識を重んじ, 自己実現を説く》.

‡**sci-fi** /sàifái [8]/〖話〗[形], [名][U] 空想科学小説(の), SF(の), 《<*science fiction*》.

scil·i·cet /sílisèt|sáil-/ [副] すなわち《略 sc》. [ラテン語 'it is permitted to know']

Scíl·ly Ìsles /síli-/ [名] 〈the ～〉シリー諸島《イングランドの南西沖の約 140 の島から成る》.

scim·i·tar /símətər/ [名][C] 三日月刀《昔トルコ人やアラビア人が用いた》.

scin·til·la /sintílə/ [名][C] 〈単数形で〉ごく少量〈*of* ..の〉. There isn't a ～ *of* truth in what you say. 君の言うことには真実のかけらもない. [ラテン語「火花」]

scin·til·late /síntəlèit/ [動][自] 1 火花が出る;〔星などが〕きらめく. 2〔会話, 文章などが〕(才気で)きらめく. a *scintillating* conversation 才気あふれる会話. The author ～*s with* wit. 作者はウィットにあふれている.

scìn·til·lá·tion [名][UC] 1 火花; (星などの)きらめき. 2 才気煥(かん)発.

sci·on /sáiən/ [名][C] 1 (接ぎ木の)接ぎ穂, 若枝. 2〖雅〗(貴族, 名門の)御曹子(おんぞうし), 子弟, 子孫.

scis·sion /síʒən, síʃ-/ [名][U] 切断; 分離, 分裂.

scis·sor /sízər/ [動][他] をはさみで切る, はさみで切り抜く, 〈*out, off*〉. ── [名] =scissors 3.

scíssor kìck [名] =scissors kick.

‡**scis·sors** /sízərz/ [名] 1 〈普通, 複数扱い〉**はさみ** (★数える時は普通 a pair [two pairs] of ～ (はさみ 1 丁 [2 丁])のように言う). These ～ are sharp [blunt]. このはさみはよく切れる[ない] (★談話体では単数にも扱うが, その場合は This pair of ～ is sharp. が普通).

2 〈a ～; 単数扱い〉〖レスリング〗はさみ締め, シザーズ,《頭や胴を両足で締める技》. 3 〈形容詞的に〉はさみの; 挟みつける. a ～ case はさみ入れ. [<ラテン語「切る道具」(<*caedere* 'cut')]

scìssors-and-páste [形] 〈限定〉〖話〗'のりとはさみ'の(編集による)《他人の著書を切り抜いて張り付けるのに似た独創性のない安直な作り方》.

scíssor(s) kìck [名][C]〖水泳〗あおり足;〖サッカー〗シザーズキック《オーバーヘッドシュート》.

sclaff /sklæf/〖ゴルフ〗[動][他]〔クラブ〕に打球直前に地面をこすらせる, ダフらせる. ── [自]〔クラブが〕打球直前に地面をこする, ダフる. ── [名][C] ダフること.

scle·ra /sklí(ə)rə/ [名][C]〖解剖〗鞏膜(きょうまく)《角膜とともに眼球を包む》.

scle·ro·sis /skləróusəs|skliə-/ [名] ([複] **scle·ro·ses** /-si:z/) [UC]〖医〗硬化(症), 硬変. ～ of the arteries 動脈硬化 (arteriosclerosis). [<ギリシア語 *sklērós* 'hard'] ▷**scle·rot·ic** /-rɑ́tik|-rɔ́t-/ [形]

SCM〖英〗state certified midwife (国家公認助産婦).

†**scoff**[1] /skɔ:f, skɑf|skɔf/ [名] ([複] ～s) [C] 1 〈普通 ～s〉あざけり, 嘲(ちょう)笑. 2 〈単数形で〉物笑い, 笑いもの. Jim is the ～ of the world. ジムは世間の笑いものに

なっている. ── 動 自 あざ笑う, ばかにする, 〈*at* ..を〉. He ~*ed at* my warning. 彼は私の警告をあざ笑った. [?<古期北欧語] ▷**scóff·er** 名 C あざ笑う人.

scoff[2] 〖英話〗動 他, 自 (を)食う, がつがつ食べる, 〈*up*〉 ── 名 **1** 〈単数形で〉がつがつ食うこと. **2** U 食い物.

scóff·ing·ly 副 あざ笑って, 冷笑して.

scóff·làw 名 C 〖米〗(交通違反などの軽い)法律違反者.

‡**scold** /skould/ 動 (~s /-dz/|過 過分 **scóld·ed** /-əd/|**scóld·ing**) 他 をしかる, しかりつける, 〈*for* (*doing*)..(した)という理由で〉; VO (~ "引用") 「..」と小言を言う; (類語 不機嫌やいらだちから大声で小言を言うこと; → blame). Mother ~*ed* me *for* coming home late. 母は私の帰りが遅いといって私をしかった. "Where have you been?" she ~*ed*.「どこに行っていたの」と彼女は小言を言った. ── 自 がみがみ言う 〈*at* ..に〉. That woman is always ~*ing at* her husband. あの女はいつも亭主にがみがみ言っている.

── 名 C 〈普通, 単数形で〉口やかましい人(特に女性). [<古期北欧語「詩人 (skald)」; 詩の中で叱ったり, 悪口を言ったりしたことから]

scóld·ing 形 〔女が〕口やかましい.

── 名 UC しかりつけること, 叱責(しっせき), 小言. give a child a ~ 子供をしかりつける.

scol·lop /skáləp|skɔ́l-/ 名, 動 =scallop.

sconce /skɑns|skɔns/ 名 C (壁などに取り付けた)張り出しの電灯[燭(しょく)台].

‡**scone** /skoun|skɔn, skoun/ 名 C 〖英〗スコーン《パンケーキの類の小さくて丸いパン》(〖米〗biscuit).

†**scoop** /sku:p/ 名 C **1** (砂糖, 粉などをすくう)小シャベル; (アイスクリームひと盛り分をすくう)大さじ. **2** (石炭を入れる)小型スコップ; ひしゃく, (→shovel, spade[1]). **3** (浚渫(しゅんせつ)機の)バケツ. **4** ひとすくい(の量); すくい取り. in one ~ ひとすくいで. a big ~ of ice cream アイスクリームの大盛り 1 つ. **5** 〖話〗(新聞, ラジオなどの)特だね, スクープ. **6** 〈単数形で〉〖話〗(商売の)大もうけ.

at òne scóop ひとすくいに; 一挙に.

── 動 他 **1** をすくう, すくい取る, 〈*up*, *out*〉〈*into* ..に〉; 〔泥など〕をさらう 〈*from*, *out of* ..から〉; VOA を(手, 腕などで) すくい取るように素早く動かす[取り上げる] 〈*up*〉〈*in*, *into* ..に/*from* ..から〉. ~ *out* some water *from* the boat ボートから水をくみ出す. He ~*ed* her *up in* his arms. 彼は両手で(軽々と)彼女を抱き上げた. **2** を掘る; を掘って作る 〈*out*〉. They ~*ed out* a hole in the sand. 彼らは砂に穴を掘った. **3** 〖話〗〔新聞, 放送などが他社〕をスクープで出し抜く; 〔特だね〕を出す, すっぱ抜く. That newspaper is always ~*ing* the others. あの新聞はいつもスクープで他社を出し抜いている.

[<中期オランダ語「ひしゃく, スコップ」]

scoop·ful /skú:pfùl/ 名 C 小シャベル 1 杯(分), 大スプーン[ひしゃく] 1 杯(分).

scoot /sku:t/ 動 自 〖話〗駆け出す; 素早く逃げる.

── 名 C 突進; さっと逃げること. [<?]

***scóot·er** 名 (複 ~s /-z/) C **1** (子供が片足を乗せて走る)スクーター. **2** スクーター (motor scooter)《自動 2 輪車》. ── 動 自 スクーターで走る. [scoot, -er[1]]

***scope**[1] /skoup/ 名 U **1** (能力, 活動, 研究などの)**範囲**, 領域. a study of wide ~ 広範囲に及ぶ研究. a man of narrow ~ 活動範囲[視野など]の狭い人. be within a person's ~ ..の力の及ぶ所にある. The theory is beyond the ~ of my understanding. その理論は私には理解できない. Your research is rather limited in ~. 君の調査は範囲がやや狭い.

> 連結 full ~ // extend [broaden, enlarge, widen] the ~

2 (活動などの)**余地**, 機会, 自由, 〈*for* ..〔活動など〕の/*to* do ..する〉. He has little ~ *for* his ability. 彼には能力を振るう余地がほとんどない.

gìve scópe for [*to*] ***..*** ..を十分に働かせる機会を与える, 存分に発揮させる.

[<ギリシア語「観察するもの, 標的」]

scope[2] 名 C 見る[観測する]器械; 〖話〗=microscope; telescope; periscope.

-scope 〈複合要素〉「..を見る器械」「..鏡」の意味. micro*scope*. tele*scope*. horo*scope*. [ギリシア語 'viewer']

sco·pol·a·mine /skoupáləmi:n|-pɔ́l-/ 名 U 〖薬〗スコポラミン《ナス科のベラドンナから採るアルカロイド; truth serum, また morphine と共に鎮痛剤として用いる》.

scor·bu·tic /skɔ:rbjú:tik/ 〖医〗形 壊血病の. ── 名 C 壊血病患者.

***scorch** /skɔ:rtʃ/ 動 (**scórch·es** /-əz/|過 過分 ~**ed** /-t/|**scórch·ing**) 他

1 を焦がす, の表面を焼く, (類語 表面が焦げて生地などが傷つくこと; →singe). She ~*ed* a shirt while ironing it. 彼女はアイロン掛けをしていてシャツを焦がした.

2 〔植物〕を枯らす, しおれさせる, 《日照り, 乾燥で》. The lawn was ~*ed* from lack of water. 芝生は水不足で枯れてしまった. **3** 〖話〗を痛烈に批判[非難]する.

── 自 **1** 焦げる, 焦げつく. **2** 〔植物が〕枯れる, しおれる. **3** 〖話〗VA 〔自動車などが〕猛スピードで飛ばす; 〔人が〕(車を)ぶっ飛ばす. The bank robbers ~*ed off* in their car. 銀行強盗一味は車を飛ばして逃げ去った. Several bikes were ~*ing along* the road. 数台のバイクが道路を猛スピードで飛ばしていた.

── 名 **1** C 焼け焦げ, 焦げ目. **2** C 〖話〗(車などを)ぶっ飛ばすこと. **3** U (熱や菌による植物の)葉焼け, 立ち枯れ. [<中期英語]

scòrched-éarth pòlicy /skɔ̀:rtʃt-/ 名 C 〖軍〗〈普通, 単数形で〉焦土戦術《退却する土地の穀物などを焼き払い敵の利用を防ぐ》.

scórch·er 名 C **1** 〈単数形で〉〖話〗焼けつくような暑い日. **2** 〖話〗車をぶっ飛ばす人. **3** 〈単数形で〉〖俗〗辛辣(らつ)なもの, 痛烈なもの, 《小言, 非難など》; ひどく興奮させるもの.

‡**scórch·ing** 形 **1** 焼けつくような, ひどく暑い. a ~ day in August 8 月の焼けつくような暑い日. **2** 手厳しい, 痛烈な. a ~ denunciation 激しい非難.

── 副 焼けつくように. ~ hot 焼けつくように暑い.

▷ **~·ly** 副 焼けつくように; 痛烈に.

‡**score** /skɔ:r/ 名 (複 ~s /-z/, 6 (a) では ~) C

【刻み目】 **1** ひっかき傷, 刻み目, 切り口. a ~ on the table テーブルの上のひっかき傷.

【目印としての刻み目】 **2** 〖まれ〗勘定, つけ, 借り, 《昔, 酒場で客の飲んだ数量をチョークなどでつけたことから》. Death pays all ~s. 〖諺〗死ねば勘定はすべて御破算. pay one's ~ (酒場の)勘定を済ます. **3** '借り', 恨み. settle [pay off] (old) ~s (with..) (→成句).

4 【借りの理由】〈普通, 単数形で〉理由, 原因; 問題となっている点. on that ~, on the ~ of.., (→成句).

5 【ひと刻み 1 点】 **(a)** 〈普通, 単数形で〉(試合の)**得点**, 点; 得点表, スコア. a high [low] ~ 高い[低い]得点. make a good ~ 大量得点を取る. win a game by a ~ of five to three [5–3] 5 対 3 で試合に勝つ. The final ~ was [stood at] 3–2. 最終得点は 3 対 2 だった. **(b)** 〖米〗(試験や評価の)**点数**, 成績. Give a ~ out of 10 in each category. 各項目に 10 点満点の何点かを記入しなさい. a perfect ~ 満点 (full marks).

6 【ひと刻みが 20】 **(a)** 〖章〗 20 (twenty). a ~ of eggs 20 個の卵. four ~ and seven years ago 87 年前に. for a ~ of reasons 20 ほどもある(=たくさんの)理由で. **(b)** 〈~s〉多数; たくさんの.. 〈*of*〉. ~*s of* letters 何十通という手紙. in ~*s* 大勢で.

7 【刻みつけたような記録】 **(a)** 〖楽〗楽譜; 〈特に〉総譜,

スコア, (full ～)《合奏[唱]や管弦楽などを構成する各部の譜表をまとめて書いたもの》. a vocal ～ 声楽譜. the ～ for [of] Mozart's 'Jupiter' モーツァルトの「ジュピター」の総譜. (**b**)(映画, 芝居などのために作られた)曲.
by the scóre 大量の[に] (→6 (a)). bees *by the* ～ たくさんのミツバチ.
kèep (the) scóre 得点[スコア]をつける.
knòw the scóre 〖話〗事の真相を知っている.
on thàt [this] scóre (1) その[この]せいで. (2) その[この]点については.
on the scóre of .. ..のせいで, ために.
sèttle [pay òff] (òld) scóres (with ..) (〔人〕に)昔の恨みを晴らす.
thrèe scóre (yèars) and tén 70 年《聖書で言う「人間の寿命」》.
Whát's the scóre? (1) 今スコアはどうなっていますか. (2)〖話〗形勢はどうか, どうなってるのか.
── 動 (～s /-z/| 過 過分 ～d /-d/|**scór·ing** /-riŋ/) 他
1 に刻み目をつける; に筋[線]をつける. a face ～*d* by age 年をとってしわの刻まれた顔.
2〔何点〕を取る, 得点する, 《試合, 試験などで》; 〔何点〕の得点になる, に数えられる. That slugger ～*d* three runs. あの強打者は 3 点を挙げた. ～ a goal (球をゴールに入れて)点を取る. I ～*d* 45 out of 50 *in* [*on*] the test. 私はテストで 50 点満点中 45 点を取った. In rugby, a drop goal ～*s* three points. ラグビーでドロップゴールの得点は 3 点だ.
3 (**a**)〔試合の得点〕を記録する, スコアをつける; 〖米〗〔試験〕を採点する. (**b**) VOO (～ X Y)・VOA (～ Y *for* [*to*] X) X (人)に Y (点数) を与える[つける]. The French judge ～*d* ⌊her 9.3 [9.3 *for* her]. フランスの審判は彼女に 9.3 をつけた.
4〔成功など〕を収める. ～ a success [victory] 成功[勝利]を収める. **5**〖俗〗〔麻薬〕を手に入れる; 〖米話〗〈一般に〉をようやく入手する. ～ a ticket (得にくい)切符を手に入れる. **6**〖米〗〔人〕をひどくしかる, やっつける, 酷評する. **7**〖楽〗を作曲[編曲]する〈*for* ..〔管弦楽など〕のために〉〈普通, 受け身で〉.
── 自 **1** (試合, 試験などで)点を取る, 得点する. ～ well [high] 良い点[高得点]を取る. **2** (試合の)得点を記録する. **3** 利益を上げる, うまくやる, 〈*with* ..で〉; 有利である, すぐれている, 〈*over* ..より〉. He ～*d with* his second play. 彼は第 2 作の劇で成功を収めた. You have a lot of experience—that's where you ～ *over* your rivals. 君は経験が豊富だ. そこが君の競争相手より有利な点だ. **4**〖俗〗(口説いて)女をものにする. **5**〖俗〗(不法に)麻薬を手に入れる.
scòre a póint [póints] (over [against, off] ..) (議論などで〔人〕に対して)優位に立つ.
scóre off [over] .. 〖話〗(議論で)〔人〕をへこます, 負かす, ..から 1 本取る.
scòre /../ óut [óff, thróugh] 〖章〗(線を引いて)..を消す, 抹消する.
scòre /../ úp 〔得点〕を記録する; 〔勘定〕を貸しにしておく, 'つけ' にする.
[＜古期北欧語「刻み目, 割り符, 20 の数」; 羊などを数えるときに 20 ごとに棒に刻み目を付けたことから]
scóre·bòard 名 C スコアボード, 得点掲示板.
scóre·bòok 名 C スコアブック.
scóre·càrd 名 C (ゴルフなどの)スコアカード; 得点表.
scóre dràw 名 C (フットボールの試合の)同点引き分け.
scóre·kèeper 名 C 得点記録係.
scóre·less 形 無得点の.
scor·er /skɔ́ːrər/ 名 C **1** (競技などの)記録係, スコアラー. **2** 得点者.
scóring posìtion 名 UC 〖野球〗スコアリングポジション, 得点圏, 《1 本の単打で走者がホームインして得点できる位置; すなわち 2 塁と 3 塁》.

***scorn** /skɔːrn/ 名 U **1** (あからさまな)**軽蔑**, あざけり, さげすみ, 〈*for* ..に対する〉. with ～ 軽蔑して. hold a person in ～ 人を軽蔑する. They were full of ～ *for* the new mayor. 彼らは新しい市長をひどく軽蔑した.
2 〈the ～〉**軽蔑の的**, あざけりの対象. the ～ of the neighborhood 近所の物笑い. ◇形 scornful
làugh ..to scórn 〖章〗..を軽蔑する.
pòur [hèap] scórn on .. ..をあざける, ..に侮蔑(ぶべつ)の言葉を浴びせる. They *poured* [*heaped*] ～ *on* my idea. 彼らは私の考えをあざけった.
── 動 (～s /-z/| 過 過分 ～ed /-d/|**scórn·ing**) 他
1 を軽蔑する〈*as* ..として〉(類語 怒りや嘲(ちょう)笑を伴って激しく軽蔑すること; →despise). He was ～*ed as* a lazy fellow. 彼は怠け者と軽蔑された.
2 (さげすんで)〔申し出など〕を拒絶する. She ～*ed* all proposals of marriage. 彼女は縁談を全部断った.
3〖章〗VO (～ *to do/doing*) ..するのを潔しとしない. ～ to surrender [surrender*ing*] 降伏を潔しとしない.
[＜古期フランス語]
***scorn·ful** /skɔ́ːrnf(ə)l/ 形 m **軽蔑的な**, さげすんだ, 〈*of* ..を〉. a ～ look 軽蔑した顔つき. She was openly ～ *of* my idea. 彼女は私の考えをあからさまに軽蔑した. ◇名 scorn ▷ **～·ly** 副 軽蔑して, さげすんで. **～·ness** 名
Scor·pi·o /skɔ́ːrpiòu/ 名 (複 **～s**)〖天〗さそり座; 〖占星〗天蝎(かつ)宮《黄道 12 宮の 8 番目; →zodiac》; C 天蝎宮生まれの人《10 月 23 日から 11 月 21 日の間に生まれた人》.
scor·pi·on /skɔ́ːrpiən/ 名 C **1**〖虫〗サソリ. **2** 〈the S-〉〖天〗＝Scorpio.
†**Scot** /skɑt|skɔt/ 名 C **1** スコットランド人 (Scotsman, Scotswoman). **2**〖史〗スコット族の人《スコット族は 6 世紀にアイルランドからスコットランドに移住したゲール人 (Gaels) の一族》. ◇形 Scottish, Scotch
scot /skɑt|skɔt/ 名 〈次の用法で〉
pày scòt and lót 分相応の税を納める; 全部支払う.
Scot. Scotch; Scotland; Scottish.
†**Scotch** /skɑtʃ|skɔtʃ/ 形 **1** スコットランドの. **2** スコットランド[(英)語]の. 参考 スコットランド人はスコットランド産の品物について言うとき以外は Scotch を嫌って Scottish, Scots を用いる.
── 名 **1** 〈the ～; 複数扱い〉〈集合的〉スコットランド人. **2** U スコットランド(英)語 (Scots, Scottish). **3** UC ＝Scotch whisky. ◇名 Scotland
scotch /skɑtʃ|skɔtʃ/ 動 他 **1**〔うわさ, 疑念など〕を断つ《確たる証拠を示して》; 〔計画など〕をつぶす. **2** を生(なま)殺しにする. ～ a snake 蛇を生殺しにする.
Scòtch bróth 名 U スコッチブロス《牛肉又は羊肉と野菜や大麦で作った濃いスープ》.
Scòtch égg 名 UC 〖英〗スコッチエッグ《ゆで卵をひき肉で包んで揚げた料理》.
Scòtch-Írish /移/ 形 スコットランド系アイルランド人の《スコットランドから北アイルランドへの移住民, その中でさらに米国へ移住した人々について言う》.
Scótch·man /-mən/ 名 (複 **-men** /-mən/) C スコットランド人 (女 Scotchwoman). ★スコットランド人自身は Scotsman を用いる.
Scòtch míst 名 UC 霧雨.
Scòtch píne [fír] 名 UC 〖植〗欧州アカマツ(材).
Scòtch tápe 名 U 〖米〗〖商標〗スコッチテープ (→sellotape).
Scòtch térrier 名 C スコッチテリア《普通黒の, 脚の短い小形犬》.
Scòtch whísky 名 UC スコッチウイスキー.
Scótch·wòman 名 (複 **-wo·men** /-wìmən/) C スコットランド人の女性 (男 Scotchman). ★スコットランド人自身は Scotswoman を用いる.
Scòtch wóodcock 名 アンチョビーペーストを塗りいり

卵を載せたトースト.

scòt-frée 形 〖話〗〈叙述〉罰を受けない(で), 無事に. ***gò* [*get òff, escàpe*] *scòt-frée*** 罰を免れる, 無罪放免になる; 無事に逃れる.

‡**Scot·land** /skɑ́tlənd|skɔ́t-/ 名 スコットランド《大ブリテン島の北半分を占める, Cheviot Hills 以北の地域で, England とは言語や気質がかなり異なる; 首都 Edinburgh》. ◇形 Scotch, Scottish, Scots

Scòtland Yárd 名 ロンドン警視庁《Metropolitan Police Force (首都警察)本部の俗称; 旧所在地の街路名で, 1967 年 Victoria Street に移転; 現在は New Scotland Yard と呼ばれる》; その刑事部 (Criminal Investigation Department; →CID).

Scots /skɑts|skɔts/ 形 スコットランドの; スコットランド人[語]の. —— 名 **1** Ⓤ スコットランド(英)語. **2** 〈the ~; 複数扱い〉〈集合的〉スコットランド人 (→Scotch 参考).

Scóts·man /-mən/ 名 (複 **-men** /-mən/) Ⓒ スコットランド人の男性 (→Scotchman).

Scóts·wòman 名 (複 **-wo·men** /-wìmən/) Ⓒ スコットランド人の女性 (→Scotchwoman).

Scott /skɑt|skɔt/ 名 スコット **1 Robert Falcon ~** (1868-1912)《英国の海軍大佐・南極探検家》. **2 Sir Walter ~** (1771-1832)《スコットランドの小説家・詩人》.

Scot·ti·cism /skɑ́təsìz(ə)m|skɔ́t-/ 名 Ⓒ スコットランド語法, スコットランド訛(なま)り, 《例えば bairn, kirk, loch など》.

***Scot·tish** /skɑ́tiʃ|skɔ́t-/ 形 **1** スコットランドの. **2** スコットランド人[語]の.
—— 名 **1** Ⓤ スコットランド(英)語. **2** 〈the ~; 複数扱い; 集合的〉スコットランド人 (→Scotch 参考).

Scòttish Híghlands 名 〈the ~; 複数扱い〉スコットランド高地地方《スコットランドの北半分の山岳地方》.

Scòttish Nátional Pàrty 名 〈the ~〉スコットランド国民党《スコットランドの独立を主張》.

Scòttish térrier 名 =Scotch terrier.

†**scoun·drel** /skáundrəl/ 名 Ⓒ 〖旧〗悪党, ならず者.

scóun·drel·ly 形 〖雅〗悪党の, ならず者の; 〔行為などが〕卑劣な (mean).

†**scour**[1] /skauər/ 動 他 **1** 〔汚れた表面〕をごしごし磨く, 磨いてきれいにする, 〈*down, out*〉. ~ *out* a pan なべを磨いてきれいにする. ~ the floor with a brush 床をブラシでごしごし洗う. **2** VOA 〔油汚れ, さびなど〕をこすって落とす; を洗い流す; 〈*away, off*〉. ~ *off* grease from dishes 皿の油汚れを取る. **3** 〔土管, 溝など〕を水を流してきれいにする, の流れ[通り]をよくする, さらう. ~ a ditch どぶをさらう.
—— 名 **1** aU こすり落とすこと, 磨くこと. She gave the saucepan a good ~. 彼女はソースパンに磨きをかけた. **2** Ⓒ 汚れ落とし《磨き砂など》.
[＜後期ラテン語「きれいにする」(＜ラテン語 ex-[1]＋*cūrāre*「世話をする」)] ▷ **~·er** /skáu(ə)rər/ 名 Ⓒ (プラスチックの線, 網などで作った球状の)なべ磨き; Ⓤ それに使う磨き粉.

†**scour**[2] 動 他 〔土地〕を捜し回る〈*for, after* ..を求めて〉, をくまなく捜す. ~ the country *after* the kidnapper 誘拐犯人を国中捜す. —— 自 VA 急いで走り回る, あさり歩く, 〈*about*〉〈*for, after* ..を捜して〉. The tiger ~*ed about for* food. トラはえさをあさり歩いた. [＜古期北欧語]

‡**scourge** /skəːrdʒ/ 名 Ⓒ **1** むち; 懲らしめ. He was the ~ of liberals and democrats in pre-war Japan. 彼は戦前の日本で自由主義者・民主主義を懲らす凶器みたいな男だった. **2** 天罰, たたり, 《疫病, 戦争, 天災など》. the ~ of war 戦禍. the ~ of Heaven 天罰. **3** 悩みの種, 厄介な人[物]. —— 動 他 をむち打つ; を懲らしめる; を苦しめる. [＜古期フランス語「むち打つ」(＜ラテン語 ex-[1]＋*corrigia* 'whip')]

scour·ings /skáu(ə)riŋz/ 名 〈複数扱い〉(こすり落とした)汚れ[さび]; 社会のくず, どん底の人々.

Scouse /skaus/ 名 〖英話〗 **1** Ⓒ Liverpool 出身の人. **2** Ⓤ Liverpool 訛(なま)り[の方言].

‡**scout**[1] /skaut/ 名 (複 **~s** /-ts/) Ⓒ **1** 〖軍〗斥候, 偵察兵; 偵察機[艦]. **2** =talent scout. **3** (a) 〈the ~s [Scouts]〉=Boy Scouts. (b) 〈時に S-〉ボーイスカウトの一員 (boy scout). ★〖米〗ではガールスカウト (Girl Scouts) の一員にも言う. **4** 〖古話〗男, やつ. He's a good ~. あいつは頼もしいやつだ. **5** 〖英〗(Oxford 大学などの)用務員.

on the scóut 偵察中で; 捜して〈*for* ..〔優秀な人材〕を〉.

Scòut's hónor 〖しばしば戯〗誓って言うが, 信じてくれ, 《疑っている相手に信じてもらおうとして; ＜Scout Association の会員の誓いの言葉》.

—— 動 自 **1** 斥候に出る, 偵察する. He went out ~*ing*. 彼は斥候に出た. **2** 〖話〗VA (**~ *about, around* (..)**) (..を)捜し回る〈*for* ..を求めて〉; (**~ *for* ..**) ..を捜し求める. ~ *about for* some firewood まきを捜して歩く. ~ *for* antiques 骨董(とう)品を漁(あさ)る. **3** (スポーツなどの)新人発掘の仕事をする〈*for* ..のために〉(→talent scout).

—— 他 **1** を偵察する; を探索する, 調べる; 〈*out*〉〈*for* ..を求めて〉. ~ (*out*) the place *for* water 水を求めてその場所を調べる. **2** を捜す, 捜し出す, 〈*out, up*〉; 〔新人など〕を発掘する, スカウトする. [＜ラテン語 *auscultāre*「聴く」]

scout[2] 動 他 〔申し出など〕をはねつける, 鼻であしらう.

scòut (a)róund 名 Ⓒ 〈単数形で〉〖英話〗捜し回ること. have a ~ in the wood 森の中を捜し回る.

Scóut Associàtion 名 〈the ~〉ボーイスカウト連盟《1908 年に設立》.

scóut·ing 名 Ⓤ **1** 斥候[偵察, スカウト]活動. **2** ボーイ[ガール]スカウト活動.

scóut·màster 名 Ⓒ **1** ボーイスカウトの隊長《大人》. **2** 斥候長.

scow /skau/ 名 Ⓒ 大型平底船《砂利, 廃棄物運搬用》.

†**scowl** /skaul/ 動 自 顔をしかめる, 嫌な顔をする, (いまいましげに)にらみつける, 〈*at* ..に, を〉.
—— 名 Ⓒ しかめっつら, 渋い顔. [?＜北欧語]

scrab·ble /skrǽb(ə)l/ 動 自 〖話〗 **1** ひっかき回す, あちこち手探りする, 〈*about, around*〉〈*for* ..を捜して〉. The thief ~*d about* in my room *for* money. どろぼうは金を捜して私の部屋をひっかき回した. **2** (手や足で)ひっかく〈*at, against* ..を〉; VA ひっかくような動きをする. ~ *up* a sandhill 砂丘をはい登る. **3** =scribble.
—— 名 **1** Ⓒ 〈単数形で〉ひっかき回すこと. **2** 〖話〗=scramble 3. **3** =scribble. **4** 〖商標〗〈S-〉スクラブル《盤上にアルファベットを記した四角い板を並べて単語を作るゲーム》. [＜オランダ語「引っ掻く」]

scrag /skræg/ 名 **1** Ⓒ やせてひょろひょろした人[生物]. **2** UC (特に羊の)首肉 (**scràg énd**)《シチューやスープのだしにする》. **3** Ⓒ 〖俗〗(人の)首 (neck).
—— 動 (**~s|-gg-**) 他 〖話〗 **1** 〔動物〕を絞め殺す, 'ひねる'. **2** の首を絞める. **3** の首根っこをつかむ; を乱暴に扱う.

scrag·gly /skrǽgli/ 形 〖米話〗 **1** 〔ひげなどが〕不ぞろいの, まばらな. **2** 〔岩などが〕ごつごつした.

scrag·gy /skrǽgi/ 形 **1** やせこけた, 骨ばった. **2** ごつごつした (scraggly).

scram[1] /skræm/ 動 (**~s|-mm-**) 自 〖俗〗とっとと出て行く; 逃げる; 〈普通, 命令形で〉. Hey, you kids! *Scram!* ちびども, とっとと出て行け. [＜*scram*ble]

scram[2] 名 Ⓒ 原子炉の緊急停止. —— 動 他, 自 〔原子炉〕を緊急停止させる; 〔原子炉が〕緊急停止する.

***scram·ble** /skrǽmb(ə)l/ 動 (**~s** /-z/|過 過分 **~d** /-d/|**-bl·ing**) 自 **1** VA はうように進む; よじ登る〈*up* (..を)〉; はい降りる〈*down* (..を)〉. Our party ~*d along*

S

the edge of the cliff. 我々のパーティーは崖(がけ)のふちをはって進んだ. We ～*d over* the rocks. 我々は岩をよじ登って越えた.
2 🅅🄰 急いで..する. ～ *to* one's feet あたふたと立ち上がる. ～ *into* one's clothes 大急ぎで衣服を着る.
3 🅅🄰 **奪い合う**, われがちに取ろうとする, 〈*for* ..を〉; 争って..しようとする〈*to* do〉. The children ～*d for* the ball. 子供たちはボールを奪い合った. People ～*d to* find places of safety. 人々は争って安全な場所を捜した.
4〖軍〗〔戦闘機が〕緊急発進する, スクランブルをかける, 《敵機の侵入に応じて》.
── 他 **1** をごちゃ混ぜにする, 混乱させる, (jumble)〈*up*〉. The wind ～*d* the pages of my paper. 風で私の論文のページ(の順)がめちゃめちゃになった. ～ one's brains〖話〗頭を混乱させる. **2**〔卵〕をかき混ぜながら焼く. **3** をひっかき集める〈*up, together*〉〈*from, out of* ..から〉. **4**〖通信〗(盗聴できないように)〔電話, 無線通信〕の波長を混乱させる[変える];〖テレビ〗〔音声・映像の放送電波〕を変調などする, にスクランブルをかける, 《デコーダーを持つ視聴者だけが受信出来るようにするため》. **5**〖軍〗〔戦闘機〕を緊急発進させる.
── 名 (複 **～s** /-z/) Ⓒ **1**〈単数形で〉はい登り, よじ登り. her obsessive ～ to stardom 彼女の執念ともいうべきスターの座へはい上がろうとする努力.
2 (起伏のひどいコースでの)オートバイ競走.
3〈単数形で〉**奪い合い**, 争奪, 〈*for* ..の〉; 争い〈*to* do ..しようとする〉. a ～ *for* good seats よい席の奪い合い. There was a mad [frantic] ～ *to* get the best bargains. 一番の掘り出し物を手に入れようと血眼(ちまなこ)のもみ合いがあった.
4〖軍〗緊急発進, スクランブル;〖テレビ〗スクランブル (→他 4). [?＜scrabble]

scràmbled égg 名 Ⓤ 又は〈～s〉 スクランブルエッグ《ミルクなどを加えた洋風いり卵》.

scrám·bler 名 Ⓒ〖通信〗(電話, テレビの盗視聴防止のための)周波数帯変換器 (→scramble 他 4; ↔decoder).

⁑scrap[1] /skræp/ 名 (複 **～s** /-s/) **1** Ⓒ **切れ端**, 小片, 破片;〈否定文で〉ほんのわずか(もない)〈*of* ..〔証拠など〕の〉. a ～ *of* paper [cloth] 紙[布]切れ. tear a letter into little ～*s* 手紙をずたずたに破る. There is not a single ～ *of* truth in this story. この話には真実のかけらもない. Nothing made a ～ *of* difference to his resolution.〖話〗何事にせよ彼の決意はこれっぽっちも変わらなかった. **2**〈～s〉残飯, 食べ残し, (leftovers).
3〖まれ〗〈～s〉(新聞などの)切り抜き, スクラップ《〖米〗では clipping,〖英〗では cutting が普通》. ～*s* from *The Times*『タイムズ』からの切り抜き. **4** Ⓤ (鉄)くず, スクラップ, 廃物. collect ～ 廃品を回収する. He sold his car for ～. 彼は車をスクラップとして売り払った.
a* (*mère*) *scràp of páper '紙くず同然'《(反故(ほご)にされた条約, 約束など)》.
── 動 (**～s** /-s/|過 過分 **～ped** /-t/|**scráp·ping**) 他 **をくずとして捨てる**, スクラップにする, 廃棄する;〔計画など〕を取りやめる, 反故(ほご)にする. ～ a car 車をスクラップにする. [＜古期北欧語]

‡scrap[2]〖話〗名 Ⓒ (特にふとした弾みのちょっとした)けんか, いさかい. have a ～ with him 彼とちょっとしたけんかをする. get into a ～ いさかいになる.
── 動 (**～s**|**-pp-**) 自 けんかをする〈*with* ..と〉.

†scráp·bòok 名 Ⓒ スクラップブック, 切り抜き帳.

***scrape** /skreip/ 動 (**～s** /-s/|過 過分 **～d** /-t/|**scráp·ing**) 他 【**こする**】 **1** (**a**) をこする, こすってきれいにする〈*down, out*〉; (包丁を立てて)〔新ジャガなど〕の皮をこそげる. Ann ～*d* the floor (*down*) before waxing it. アンはワックスをかける前に床を磨いた. He ～*d* his muddy boots on the edge of the step. 彼はブーツの泥を踏み段の縁でこすり落とした. (**b**) 🅅🄾🄲 (～ X Y) X をこすって Y にする. ～ a plate clean 皿を磨いてきれいにする.
2〔ひざなど〕を擦りむく〈*on, against* ..で〉; をこすって傷をつける〈*on, against* ..に〉. He ～*d* his knee (*on* a stone). 彼は(石で)ひざを擦りむいた.
3 🅅🄾🄰 (～ /X/ ***off, away***) X (ペンキなど)をこすり落とす, X (皮膚, 壁紙など)をはがす; (～ X ***from, off*..**) ..から X をこすり落とす[はがす]. ～ the snow *away from* a sidewalk 歩道の雪かきをする. He ～*d* the mud *off* (his boots). 彼は(ブーツの)泥をこすり落とした.
4 を引きずって[こすりつけて]耳障りな音を立てる〈*against, along, on* ..に〉. ～ chairs *on* the floor 椅子を床に引きずってがたがた言わせる. ～ one's knife and fork *against* the plate 皿の上でナイフとフォークを使ってかたかた音を立てる.
5【こすり取る】〔勝利, 合格など〕を辛うじて手に入れる;〔収益など〕をなんとか出す. ～ a living →成句.
6【かき出す】(手でかき出して)〔穴〕を掘る. ～ (out) a hole in the sand 砂に穴を掘る.
── 自 **1** 🅅🄰 擦れる, こすれる, 〈*against, on* ..で〉; ..をかする; すれすれに通る, すり抜ける, 〈*along, by* ..を〉. The rope ～*d against* the rock. ロープは岩でこすれた. Branches were *scraping against* the room's windows in the wind. 風の中, 木の枝が窓にこすれて(音を立てて)いた. **2**〔物が〕こすれて耳障りな音を立てる〈*against, on* ..で〉; きーきー鳴らす〈*on* ..〔ヴァイオリンなど〕を〉. **3** 爪(つめ)に灯をともすように倹約する, つましく暮らす. ～ along [by] →成句. pinch and ～ →pinch (成句). **4** (お辞儀の際)片足を後ろに引く.
bòw and scrápe →bow[2].
scràpe a líving どうにか暮らしを立てていく.
scràpe alóng [bý] どうにか暮らしていく〈*on, with* ..で〉; (語学力などが)なんとか間に合う〈*in* ..〔状況など〕で〉. They had to ～ *by on* his low wages. 彼らは彼の安月給でなんとか暮らしていかなくてはならなかった.
scràpe /../ báck〖英〗〔髪〕を後ろに引っ詰めにする.
scràpe /../ dówn〖英〗床を靴で擦り鳴らして〔演説者〕を黙らせる.
scràpe hóme〖主に英〗(競技, 選挙などで)危うく勝つ, 辛勝する.
scràpe ín〖話〗(会社, 学校などに)どうにか入る, すべり込む, 《就職, 入学など》.
scrápe into ..〔会社, 学校など〕にどうにか入る.
scràpe /../ óut (1) ..をこすって消す. (2)〔容器〕の中身をこすり取って空にする;〔中身〕をこすり取る, くり抜く, 〈*of* ..から〉. ～ the jam *out of* a jar びんからジャムをこそいで空ける.
scràpe (the bòttom of) the bárrel 使いものにならない'かす'までかき集める.
scràpe thróugh やっと及第する; やっと切り抜ける. Jim ～*d through* by one point. ジムは 1 点上まわってやっと合格した.
scrápe through ..〔困難など〕をやっと通り抜ける,〔試験など〕にやっと合格する. Britain (just) ～*d through* the War by the narrowest of margins. 英国はどうにかこうにか戦争をくぐり抜けた.
scràpe (up) an acquáintance with ..〖話〗(紹介者なしに)..と何とかして知り合いになる.
scràpe /../ úp [togéther]〔金, 人など〕を(どうにか)かき集める; をこつこつとため込む. ～ *together* enough people to hire a bus バス 1 台を借りられるほどの人数をどうにか集める.
── 名 Ⓒ **1**〈単数形で〉こすること; こする音, がりがり[ぎーぎー]いう音. **2** 擦り傷 (→cut); こすった跡. **3**〖話〗(特に自ら招いた)苦境, 面倒; けんか, いさかい. get into a ～ with ..と厄介なことになる, いざこざを起こす. [＜古期北欧語]

scrap·er /skréipər/ 名 Ⓒ **1** 靴ぬぐい; (ペンキを落と

す)こて; (料理用)ゴムべら. **2** 下手なヴァイオリン弾き. **3** けちけち金をためる人.

scráp hèap 名 **1** Ⓒ 鉄くずの山; ごみ捨て場. **2** 〈the ～〉無用なものの捨て場所. throw [put]..on the ～ ..を廃棄する. go to the ～ 廃棄処分となる. They feel they are on the ～. 彼らは(失業して)干されていると感じている.

scra·pie /skréipi/ 名 Ⓤ 〖獣医〗スクラピー《羊やヤギの神経を冒すウイルス疾患》.

scrap·ing /skréipiŋ/ 名 **1** Ⓤ こすること, かき落とすこと; きしる音, がりがり[ぎーぎー]こする音. **2** 〈～s〉削りくず; かき集めたもの.

scráp ìron 名 Ⓤ くず鉄, スクラップ.

scráp mèrchant 名 Ⓒ 〖英〗くず(鉄)屋.

scráp mètal 名 Ⓤ 金属くず.

scráp pàper 名 〖英〗=scratch paper.

scrap·ple /skrǽpl/ 名 Ⓤ 〖米〗スクラップル《小間切れの豚肉, 野菜, オートミールなどで作る揚げ物料理》.

scrap·py[1] /skrǽpi/ 形 ⓔ **1** くずの, 残り物の. **2** 断片的な, まとまりのない. a ～ report まとまりのないレポート. ▷**scrap·pi·ly** 副 **scrap·pi·ness** 名

scrap·py[2] 形 ⓔ 〖米話〗けんかっ早い, 気の荒い.

‡**scratch** /skrætʃ/ 動 (**scrátch·es** /-əz/|過 過分 **～ed** /-t/|**scrátch·ing**) 他 【**掻**(か)**く**】 **1** (**a**) をひっかく, にひっかき傷をつける, 〈*on* ..で〉. The cat ～*ed* my hand. 猫が私の手をひっかいた. He ～*ed* his arm [himself] *on* a thorn. 彼は(バラなどの)とげで腕に[体に]ひっかき傷をつくった. (**b**) 〔穴〕をひっかいて掘る〈*out*〉; VOA 〔筋など〕をひっかいて作る〈*on, in* ..に〉. They ～*ed* their names *on* the rock with a nail. 彼らはその岩に釘(くぎ)で名前を刻みつけた.

2 (**a**) 〔かゆい所など〕を掻(か)く; 〔マッチなど〕をこする. ～ oneself 体を掻く. Don't ～ the scab [rash]. かさぶた[吹き出物]をひっかくな. *Scratch* my back and I'll ～ yours. 〖諺〗魚心あれば水心《<私の背中を掻いてくれ, そしたら君のを掻いてあげる》. (**b**) 〔レコード盤〕をスクラッチする(→scratch music). **3** 〔堅い襟などが, 首など〕にこすれてかゆい[ひりひりする].

【**ひっかくようにする**】 **4** を走り書きする; 〔名前など〕を刻み込む. She ～*ed* a note hurriedly. 彼女はメモを急いで走り書きした.

5 【**かき消す**】 (**a**) VOA 〔ペンキ, さびなど〕をかき[こすり]落とす; を抹消[削除]する; 〈*away, out*〉〈*off* (..から)〉. ～ some paint *off* the wall 壁をこすってペンキを少しはがす. I ～*ed out* the word. 私はその単語を削った. (**b**) (競馬, 競技, 選挙などで) 〔出走馬, 出場者, 候補者〕を外す〈*from* ..〔レース, 名簿など〕から〉; の出場を取り消す〈*from* ..への〉; 〔計画など〕を取りやめる. He was ～*ed* (*from* the race) because of doping. 彼はドーピングで(レースの)出場停止となった.

―― 自 **1** (爪(つめ)で)ひっかく; (かゆい所を)掻(か)く; (耳障りな)きーきーいう音を立てる, 〔犬猫などが〕ひっかいてがりがり音を立てる〈*at* ..を〉. My cat won't ～. 私の猫はひっかかないよ. **2** 〔セーターなどが〕ちくちくする, かゆい. **3** 〔ペンなどが〕ひっかかる, がりがりいう. This ball-point ～*es* a little. このボールペンは少しひっかかる. **4** VA (～ *along*) どうにかやっていく (scrape along). **5** (競馬, 競技で)出走[出場]を取り消す; (選挙で)立候補を取り下げる.

scràtch abóut [aróund] (地面などを)ひっかきまわす〈*for* ..を捜して〉. Sparrows are ～*ing about* on the ground *for* seeds. スズメが地面をつつきまわして種をあさっている.

scràtch a líving =SCRAPE a living.

scràtch a person's éyes òut 〔女性が〕〔浮気をした夫など〕を容赦しない《<眼をひっかいてくり抜く》. His wife threatened to ～ his *eyes out*. 彼の妻はこのままではすまないわよと脅した.

scràtch one's héad 頭を掻く《当惑の, また何か考え[思い]出そうとする時などの身振り; 日本人の恐縮する身振りとは異なる》; 困って考え込む. I was ～*ing* my *head* for hours about how to solve the puzzle. どうしたらパズルが解けるかと何時間も考え込んでいた.

scràtch the súrface of .. 〔問題など〕の表面だけを論じる, 上っ面だけをなでる. The newspaper report only ～*ed the surface of* the corruption. 新聞報道はその汚職事件の上っ面を論じただけだった.

scràtch /../ togéther =SCRAPE /../ up [together].

scràtch /../ úp (1) 〔机の表面など〕をすり傷だらけにする. (2) 〔猫などが〕をひっかいて掘り出す. (3) =SCRAPE /../ up [together].

―― 名 (複 **scrátch·es** /-əz/) **1** Ⓒ **ひっかき傷**, かすり傷. How did you get those ～*es* on your face? あなたの顔面のひっかき傷はどうしてできたの. It's just [only] a ～. 〖話〗ほんのかすり傷だ. **2** Ⓒ (ペン, レコードなどの)きしる[かする]音. **3** Ⓒ 走り書き. a ～ of the pen さっと書いた署名[メモ]. **4** Ⓒ 〈単数形で〉(かゆい所を)掻(か)くこと. The dog had [gave itself] a good ～. 犬はかゆいところをさかんに掻いた. **5** Ⓤ 〖競技〗(ハンディキャップのない選手の)出発線, スクラッチ; 試合開始線. **6** =scratch music.

from scrátch 〖話〗スタートラインから; ゼロから, 初めから. I had to rewrite the essay *from* ～. 論文を初めから書き直さなければならなかった.

ùp to scrátch 〖話〗 (1) 標準に達して, よい状態で. (2) 用意ができて. come *up to* ～ いつでも来いという用意ができている, 逃げ隠れしない.

without a scrátch 無傷で《ひっかき傷ひとつなく》.

―― 形 〈限定〉 **1** ハンディキャップがゼロの. a ～ golfer ハンディゼロのゴルファー. **2** (ありあわせの物で)にわか作りの, 寄せ集めの. a ～ meal ありあわせの食事. a ～ team にわか作りの(混成)チーム. [<中期英語 (<?)]

scrátch hìt 名 Ⓒ 〖野球〗当たり損ないの安打.

scrátch·ings 名 〖英〗〈複数扱い〉スクラッチング《かりかりに焼いた豚の皮を細かくしたもの; 酒のつまみ》.

scrátch mùsic 名 Ⓤ DJ がレコードを演奏途中で止めたり, 手で動かしてきしる音を出したりして作る音楽.

scrátch pàd 名 Ⓒ 〖主に米〗メモ用紙つづり.

scrátch pàper 名 Ⓤ 〖米〗メモ用紙 (〖英〗scrap paper).

scrátch tèst 名 Ⓒ 〖医〗アレルギー皮膚反応テスト《allergen で軽く皮膚の表面をひっかいて調べる》.

scratch·y /skrǽtʃi/ 形 ⓔ **1** 〔ペンなどが〕ひっかかる; 〔ペン, レコードが〕がりがり[しゃーしゃー]音のする. **2** 〔文字などが〕ぞんざいな, 殴り書きの. **3** にわか作りの, 寄せ集めの, 雑な. **4** 〔衣服(の材質)などが〕ちくちくする, かゆくさせる; かゆい. ▷**scratch·i·ly** 副 **scratch·i·ness** 名

†**scrawl** /skrɔːl/ 動 他 を殴り書きする. ～ a note on the paper 紙にメモを殴り書きする.

―― 自 書き散らす; 落書きする; 〈*on, over* ..に〉.

―― 名 Ⓒ 〈普通, 単数形で〉殴り書き(の手紙); 乱暴な筆跡; 落書き. a child's ～ 子供の落書き. [?<*sprawl*+*crawl*]

scraw·ny /skrɔ́ːni/ 形 やせた, 骨ばった.

‡**scream** /skriːm/ 動 (**～s** /-z/|過 過分 **～ed** /-d/|**scréam·ing**) 自 **1** **金切り声を出す**, 悲鳴を上げる, きゃっと叫ぶ, 〈*out*〉; どなる〈*at* ..〔人〕に/*to* do ..するよう〉; (類語 苦痛, 恐怖, 怒りなどで大きな声を出すことを言い, shriek と意味上大差はない; →cry 1). She ～*ed* (*out*) *in* fright [*with* pain]. 彼女は恐ろしさで[苦痛で]悲鳴を上げた. He ～*ed at* me *to* get out. 彼は私に出て行けとどなった. ～ insults [abuse] *at* a person 人に侮辱的な言葉[悪口雑言]を大声で吐く.

2 (きゃーきゃー言って)笑い転げる; (興奮して)きゃーきゃー

S

叫ぶ. ～ *with* laughter 腹を抱えて大笑いする. ～*ing* fans きゃーきゃー叫ぶファン.
3 (**a**)〔風が〕ひゅーひゅー吹く;〔エンジンなどが〕うなりを上げる;〔フクロウ, 笛, サイレンなどが〕鋭い音を出す. (**b**) 🆅🅰〔風, 車, サイレンなどが〕けたたましい音を立てていく. An ambulance ～*ed past*. 救急車がサイレンを鳴らして通り過ぎた. **4**〖話〗〔色などが〕うるさい, 目立ちすぎる〈*out*〉〈*at* ..に〉. These two colors ～ *at* ⌊each other [you]. この 2 色はどぎつくて⌊互いに[あなたには]合わない.

── ㊐ **1** (**a**) を金切り声で言う〈*out*〉. (**b**) 🆅🅾 (～ *that* 節/"引用") ..と/「..」と絶叫する. She ～*ed* (*out*) *that* I was to blame. 彼女はあなたが悪いのよとわめいた. "Fire!" he ～*ed*.「火事だ!」と彼は絶叫した. **2** 🆅🅾🅲 (～ X Y) 金切り声を上げて X を Y の状態にする. ～ oneself hoarse 声をからして絶叫する. **3**〔新聞などが〕をあおるように[ヒステリックに]書き立てる.

***scréam* [*scream oút*] *for* ..** ..を求めて金切り声をあげる; (悲鳴をあげるように) ..を必死に求める, すぐにも必要とする. ～ *for* help 悲鳴をあげて助けを求める. This problem ～*s out for* attention. この問題は早急に考慮する必要がある.

scrèam one's héad òff 声を限りに絶叫する.

── 图 Ⓒ **1** 金切り声, 悲鳴, きゃっという叫び; (かん高い)笑い声; (鳥獣の)高く鋭い鳴き声; (機械, 風などの)高い[けたたましい]うなり音; (タイヤ, ブレーキなどの)鋭くきしる音. Joan let out a ～ when she saw the burglar. ジョーンはどろぼうを見て金切り声を上げた. **2**〖話〗〈単数形で〉こっけい極まる人[事]. Bert is a perfect ～. バートはまったく面白いやつだ. [＜中期英語; 擬音語]

scréam·er 图 Ⓒ **1** 金切り声を上げる人, きーきーいう人[物]. **2**〖俗〗どっと笑わせるような話[物事]. **3**〖米俗〗(新聞の)センセーショナルな大見出し.

scréam·ing 形 **1**〔人が〕金切り声を上げる. **2**〖話〗すごく面白い. **3** あっと思わせるような, センセーショナルな. **4**〔色が〕どぎつい.
▷ **～·ly** 副〖話〗この上なく, たまらないほど,〔愉快など〕.

scree /skriː/ 图 ⓊⒸ がれ(場)《風化により崩壊した岩石の破片(がたまった山腹の急斜面)》.

†screech /skriːtʃ/ 動 ⓐ **1**〔サル, フクロウなどが〕ぎゃーぎゃー鳴き声を上げる,〔人が〕金切り声を出す,〈*out*〉, (類語 scream より不愉快な声を出すことを言う; →cry 1). **2**〔ブレーキ, タイヤ, ドアなどが〕きーっと鳴る. The car ～*ed* to a halt. 車はきーっと音を立てて急停車した. ── ㊐ を金切り声で言う〈*out*〉. ── 图 Ⓒ 金切り声; けたたましい笑い声; (ブレーキなどの)鋭い音. [＜中期英語; 擬音語] [→hoot].

scréech òwl 图 Ⓒ 〖鳥〗コノハズク《鋭い声で鳴く;↑

screech·y /skríːtʃi/ 形 金切り声の, かん高い.「[話].

screed /scriːd/ 图 Ⓒ〈しばしば ～s〉長たらしい文章↑

‡screen /skriːn/ 图 (複 ～s /-z/) 【仕切り】 **1** Ⓒ びょうぶ, ついたて; 幕; ふすま, 障子;《部屋の中を仕切ったり, 人目や風, 熱などを遮るもの》. a folding ～ びょうぶ. a sliding ～ ふすま, 障子.
2 Ⓒ (映画・スライドの)スクリーン, 映写幕; (テレビ, レーダー, コンピュータ端末機の)画面. →screen saver. **3** Ⓤ〈普通 the ～; 集合的〉映画[テレビ](界) (→silver screen). the big [small] ～ 映画[テレビ](界). adapt a novel *for* the ～ 小説を映画[テレビ]用に脚色する. She is a star of ～ rather than stage. 彼女は舞台というより映画[テレビ]のスターだ. **4** Ⓒ (教会の)内陣仕切り (**róod scrèen**)《合唱隊席と会衆席との間の仕切り》.
【遮るもの】 **5** Ⓒ 遮蔽(しゃへい)物, 目隠し;〈普通, 単数形で〉隠す[保護する]もの〈*for* ..を〉. a smoke ～ 煙幕. a ～ of bamboos 竹林の目隠し. His religious activities were just a ～ *for* crime. 彼の宗教活動は犯罪を隠すためのものにすぎなかった. **6** Ⓒ (虫よけの)網, 網戸. a window ～ 窓の網戸. **7** Ⓒ (砂利, 石炭などをふるう)目の粗いふるい. **8** Ⓒ〖米〗スクリーンプレー《サッカー, バスケットボールなどで球を持つ味方選手を守る[相手選手を妨害する]ために接近し立ちはだかる戦法》. **9**〖クリケット〗＝sightscreen.

under scrèen of níght 闇(やみ)に紛れて, 夜陰に乗じて.

── 動 (～s /-z/|過 過分 ～ed /-d/|scréen·ing) ㊐
【覆って隠す】 **1** を守る, 覆い隠す,〈*from* ..〔光, 熱, 風などから〉. ～ one's eyes with one's hand 片手を目にかざす《まぶしさを避けるなどのために》.
2〔犯人など〕をかばう, かくまう,〈*from* ..〔罰, 危険など〕から〉. ～ a person *from* blame 人を非難からかばう.
【隠す＞遮る】 **3** を隠す, 遮る,〈*from* ..〔人目など〕から〉; 🆅🅾🅰 (～ /X/ *out*) X を閉め出す; (～ /X/ *off*) X を仕切る. ～ oneself *from* view 自分を人目から隠す. We have double glazing to ～ *out* street noises. 通りの騒音を遮るためにうちでは二重ガラス窓にしています. Part of the room was ～*ed off* as a private area. 部屋の一部は私用として仕切られ(てい)た. **4**〔窓, 家など〕に虫よけの金網を張る. **5**〔砂利, 石炭など〕をふるいにかける;〔志願者など〕を審査[選別]する, 'ふるいにかける'; を審査でふるい落とす〈*out*〉;〔人〕を(経歴, 思想, 病気などの点で)チェックする. The secret service ～*ed* all the arrivals from that country. 秘密情報部はその国から到着した人全員をチェックした. ～ all women of the 50–64 age group for breast cancer 50–64 歳の年齢層の全女性に乳癌(がん)の集団検診をする.
【スクリーンにのせる】 **6** を映写[上映, 放映]する; を映画化する, 撮影する;〈しばしば受け身で〉. The old movie will be ～*ed* on TV tomorrow. その古い映画は明日テレビで放映される.

── ⓐ 🆅🅰〈A は様態の副詞〉〔俳優などが〕映画うつりがよい[悪い], 映画向きである[ない]. That actress ～*s well* [*badly*]. あの女優は映画うつりがよい[悪い].
[＜古期フランス語 *escren* (＜ゲルマン語)]

scréen àctor 图 Ⓒ 映画俳優.

scréen àctress 图 Ⓒ 映画女優.

scréen dòor 图 Ⓒ〖米〗網戸.

scréen·ing 图 **1**〈～s〉(砂利, 石炭などの)ふるいかす, 石炭くず. **2** ⓊⒸ 資格審査, 選考;〖医〗集団検診 (**scréening tèst**). **3** Ⓤ 上映, 放映, 映写.

‡scréen·plày 图 (複 ～s) Ⓒ 映画の台本, シナリオ.

scréen prìnting 图 ＝silkscreen.

scréen sàver 图 Ⓒ〖電算〗スクリーンセーバー《モニター画面が焼き付かないように一定時間使わないでいると自動的に作動する動画プログラム》.

scréen tèst 图 Ⓒ (撮影による)映画俳優志願者採用テスト, オーディション; オーディションのために撮影した短い映画. 「ター.

scréen·writer 图 Ⓒ 映画台本作家, シナリオライ↑

‡screw /skruː/ 图 (複 ～s /-z/) Ⓒ 【ねじ】 **1** ねじ, ねじくぎ, もくねじ, ねじボルト (screw bolt). tighten a ～ with a screwdriver ドライバーでねじを締める.
【らせん状のもの】 **2** コルク栓抜き (corkscrew). **3** (船の)スクリュー; (飛行機の)プロペラ; (screw propeller).
【ひねり, ねじ込み】 **4** (ねじの)ひとひねり, ひと回し;〖英〗(ビリヤードの)ひとひねり《球が斜めにねじれるように打つ》. give a bolt another ～ ボルトをもうひと回しする. **5**〖英旧話〗ひねり袋, 'おひねり'; (たばこ, 塩などの)ひねり袋 1 つ分, ひと袋, 少量. a ～ of tea 少量のお茶.
6【ひねり袋の中身】〖英俗〗給料 (pay). a good [poor] ～ 高い[安い]給料. **7**〖英話〗けちん坊.
8【ねじ＞鍵(かぎ)】〖英俗〗(刑務所の)看守 (★主に囚人が使う). **9**〖卑〗性交; その相手.

a tùrn of the scréw (目的達成のため)さらに圧力をかけること, もう一押し, 一層の締め付け[圧力, 過酷な仕打ち], 強要. They put *a turn of the* ～ on him. 彼らは彼に圧力をかけた.

S

hàve a scréw lòose 〖話・戯〗少々頭が狂っている. Jim *has a* ～ *loose*. ジムは頭が少々おかしい.
pùt* [*tìghten*] *the scréw*(*s*) *on* [*to*] *a pérson 〖俗〗人に圧力をかける, 強要する.
── 動 (～s /-z/|過 過分 ～ed /-d/|**scréw·ing**) 他
1 VOA をねじで留める 〈*on, to* ..に〉; (～ /X/ *down* [*off*]) Xのねじを留める[外す]; (～ X *in, into* ..) Xを..にねじ込む. a tightly ～*ed* hook ねじでしっかり留めた鉤(かぎ). ～ two iron rods together 2本の鉄棒をねじで留め合わせる. ～ a latch *on* the door ドアに掛けがねをねじで留める. I tried to ～ the lid *down* [*off*]. 私はふたのねじを留めよう[外そう]とした. ～ a bolt *in* a hole ボルトを穴にねじ込む.
2 (**a**) VOA (～ X *off* [*on*] (..)) X(ふたなど)を回して(..を)開ける[閉じる]; (～ X *around*) X(身体, 腕など)をねじる, ひねる. ～ a lid *off* [*on*] a bottle 瓶のふたを回して開ける[閉じる]. He ～*ed* his head *around* to see me. 彼は首を振り向けて私を見た. (**b**) VOC (～ X Y) XをねじってYの状態にする. ～ a bottle open びん(の栓)をひねって開ける.
3 VOA (～ X *into*..) X(顔)を..の表情にゆがめる, しかめる; X(紙など)を..の状態に丸める. ～ one's face *into* a grimace 顔をゆがめてしかめっ面をする. ～ the bill (up) *into* a ball 請求書をくしゃくしゃにして丸めた. →SCREW /../ up (成句) (2).
4 VOA (～ X *out of, from* ..) Xを..から搾る; 〖英話〗X(金など)を..から搾り取る. ～ juice *out of* oranges オレンジから汁を搾る. ～ money *out of* him 無理やりに彼から金をせしめる. **5** 〖俗〗をだます, ぺてんにかける; からだまし取る〈*for* ..を〉; 〈しばしば受け身で〉. **6** 〖卑〗〔女〕と性交する.
── 自 **1** VA (～ *together, on*) ねじで留まる, ねじが利く; (～*in, into* ..) (..に)回して入れる, ねじ込む; (～ *off*) ねじると取れる. These parts ～ *together*. これらの部品はねじで留まる. This lid doesn't ～ *on* properly. このふたは, ねじってもちゃんと締まらない. This bulb ～*s in* [*into* the socket]. この電球はねじって入れる[ソケットに入れる]. **2** ねじれる, らせん状になる. **3** 〖卑〗性交する〈*with* ..と〉.
***hàve* [*gèt*] *one's héad scréwed ón* (*the rìght wáy*)** 分別がある, 正しい判断ができる.
scrèw aróund (1) 〖俗〗ばかをやって時間を無駄にする. (2) 〖卑〗乱交する (→自 3).
scrèw /../ óver (1) 〖米俗〗をだます, ひどい目に遭わす. (2) をしかりとばす.
scrèw úp (1) 〖俗〗しくじる. I thought I had ～*ed up* on the test, but later I found I had passed it. 試験をしくじったと思っていたが, 後でパスしていたことが分かった. (2) 〔顔が〕ゆがむ, しかめっ面になる.
scrèw /../ úp (1) ..をねじでしっかり留める; 〔ふたなど〕をねじって締める. (2) 〔顔など〕をしかめる; (まぶしくて)〔目〕を細める; 〔紙など〕を丸める. a face all ～*ed up* with laughter 大笑いしてしわくちゃの顔. (3) 〖俗〗..を台無しにする, 壊す. Our section chief ～*ed* everything *up*. 我々の課長がすべてをぶち壊した. (4) 〖俗〗〔人〕を緊張させる; をいらいらさせる; を当惑させる; を苦しめる.
screw ùp one's cóurage 勇気を奮い起こす.
Scrèw yóu* [*hím, etc.*]*! 〖俗〗..なんてくそくらえだ. *Screw you!* このばか. *Scrèw* the rèd tápe! お役所仕事なんてくそくらえだ.
[<ラテン語 *scrōfa*「メスブタ, ねじ」; ブタの尾とねじのらせん状の溝との類似からか]

scréw·bàll 名 C **1** 〖米俗〗変人. **2** 〖野球〗スクリューボール, シュート. ★「シュート(ボール)」は和製英語.
scréw càp 名 C ねじぶた.
scréw·driver 名 **1** C ねじ回し, ドライバー. **2** UC 〖米〗スクリュードライバー《オレンジジュースとウォッカを用いたカクテル》.
scréw jàck 名 =jackscrew.
scréw nùt 名 C ナット.
scréw propèller 名 C (船の)スクリュー; (飛行機の)プロペラ.
scréw stèamer 名 C スクリュー船.
scréw thrèad 名 C ねじ山.
scréw tòp 名 =screw cap.
scréw-tòp(ped) 形 ねじぶたが付いた.
scréw wrènch 名 C 自在スパナ.
screw·y /skrúːi/ 形 〖俗〗気のふれた, いかれた; 〔考えなどが〕変てこな, 奇妙な.
***scrib·ble** /skríb(ə)l/ 動 (～s /-z/|過 過分 ～d /-d/|-bling) 他 を殴り書きする, 走り書きする; VOO (～ X Y)・VOA (～ Y *to* X) XにYを走り書きする; (類語 走り書きの結果の読みにくさを暗示する; →write). He ～*d* (down) my address in his notebook. 彼は手帳に私の住所を走り書きした. ～ Tom a quick note [a quick note *to* Tom] 急いでトムに手紙を殴り書きする. ── 自 走り書きする; ぞんざいな字を書く. No *Scribbling*. 〖掲示〗落書き禁止. ～ all over a wall 壁中に落書きする.
── 名 **1** aU 走り書き; 乱筆, 悪筆. **2** C 〈しばしば ～s〉殴り書きしたもの; 落書き; 雑文, 駄作.
[<ラテン語 *scribere*「書く」]
scríb·bler 名 C **1** 走り書きする人; 悪筆家. **2** 三文文士, へぼ作家.
scribe /skraib/ 名 C **1** (印刷術発明以前の)写字生, 筆記者; 能筆家. **2** 〖聖書〗〈普通 ～s〉律法学者.
── 動 他 に画線器 (scriber) で線を引く.
scrib·er /skráibər/ 名 C 画線器, けびき.
scrim /skrim/ 名 U **1** スクリム《綿又は麻織物の一種; 薄くて透き通る》. **2** 〖米〗スクリムで作ったカーテン《舞台装置用》.
scrim·mage /skrímidʒ/ 名 C **1** 乱闘, つかみ合い; 小競り合い. **2** 〖ラグビー〗=scrummage. **3** 〖アメフト〗スクリメッジ《センターがボールを味方の1人に投げてからボールが死ぬまでのプレー》; 練習試合.
── 動 自 **1** 格闘する, 殴り合いをする. **2** 〖ラグビー〗=scrummage. **3** 〖アメフト〗スクリメッジをする; 練習試合をする. ── 他 **1** と乱闘する. **2** 〖アメフト〗〔ボール〕をスクリメッジに入れる.
scrimp /skrimp/ 動 他 〔食物など〕を切り詰める, 節約する; 〔金〕をこつこつためる. ── 自 けちけちする〈*on* ..を〉.
***scrìmp and sáve* [*scrápe*]** 倹約する, つましい生活をする. We had to ～ *and save* to travel abroad. 私たちは海外旅行をするために倹約しなければならなかった.
scrimp·y /skrímpi/ 形 切り詰めた, けちけちした.
scrím·shànk 動 自 〖英俗〗怠ける, さぼる.
scrim·shaw /skrímʃɔː/ 名 **1** U (水夫が航海中のひまつぶしに鯨骨, 象牙, 貝などで作る)手慰み細工. **2** UC 手慰み細工物.
scrip /skrip/ 名 **1** C 仮証券, 仮証書, 《後で本証券[本証書]に替えることができる》; U 〈集合的〉仮証券類, 仮証書類. **2** C 〖米〗紙切れ, 書き付け. **3** U 軍票.
†**script** /skript/ 名 **1** U 手書き (handwriting; ↔ print); 筆跡. The letter was written in elegant ～. 手紙は優美な筆跡で書かれていた. **2** U 〖印〗筆記体活字, スクリプト体. **3** C (映画, 演劇, 放送などの)台本, スクリプト; (演説の)草稿. Don't ad-lib: just follow the ～. アドリブをしゃべってはいけない. 台本通りやってくれ. **4** UC (ある言語の)字母体系, 文字. I can't read Arabic ～. アラビア文字は読めません. **5** C 〖英〗〈普通 ～s〉答案. ── 動 他 〈しばしば受け身で〉の台本[脚本]を書く.
[<ラテン語「書かれた(もの)」(<*scrībere* 'write')]
scrípt·ed /-əd/ 形 〔放送などが〕台本通りの; 〔スピーチなどが〕草稿を読んだ, 原稿通りの.
scrip·to·ri·um /skriptɔ́ːriəm/ 名 (複 ～s, **scrip·to·ri·a** /-riə/) C (特に修道院の)写字室.
scrip·tur·al /skríptʃ(ə)rəl/ 形 〈時に S-〉聖書の; 聖書に基づく; (Biblical).
†**scrip·ture** /skríptʃər/ 名 **1** 〈S-〉聖書 (the Bible) 《the (Holy) Scriptures, (Holy) Scripture とも言う》.

S

a ～ text 聖書の一節. **2** Ⓒ〈時に S-〉聖書の中の言葉. **3** Ⓒ〈普通 ～s〉(キリスト教以外の)経典, 聖典. Buddhist *～s* 仏典. Vedic *～s* ヴェーダ(聖典). [script, -ure]

scrípt·wrìter 名 Ⓒ (映画, 演劇, 放送などの)台本作家, シナリオライター.

scrive·ner /skrívnər/ 名 Ⓒ 〖史〗代書人; 公証人; 「書記.

scrof·u·la /skrɔ́:fjələ, skrʌ́f-|skrɔ́f-/ 名 Ⓤ 〖医〗瘰癧(るいれき), 腺(せん)病, 《特に首のリンパ腺が膨れる結核性の病気; 王が触れると治ると信じられていたことから the king's evil とも言う》.

scrof·u·lous /skrɔ́:fjələs, skrʌ́f-|skrɔ́f-/ 形 **1** 瘰癧(るいれき)の, 瘰癧にかかった, 腺(せん)病の. **2** 病的な, (道徳面で)退廃的な.

[scroll 1]

†**scroll** /skroul/ 名 **1** Ⓒ (羊皮, 又は紙の)巻き物《昔の書物, 文書》. **2** ⓊⒸ〖建〗渦巻き模様[装飾]; (花文字などの)飾り書き (flourish). **3** Ⓒ (ヴァイオリンの)渦巻き形の頭部.
── 動〖電算〗自 VA スクロールする〈*up, down*〉〈*through* ..〔ファイルなど〕を〉《ディスプレイに表示されたデータが上下・左右に動く》. ── 他 をスクロールする〈*up, down*〉. [＜古期フランス語「(羊皮)紙片」; 綴りは roll に影響された]

scróll sàw 名 Ⓒ 雲形のこぎり.

scróll·wòrk 名 Ⓤ 渦巻き装飾, 唐草模様.

Scrooge /skru:dʒ/ 名 **1** スクルージ《Dickens 作 *A Christmas Carol* の主人公でひどくけちだが最後には改心する男》. **2** Ⓒ〈時に s-〉けちん坊, 守銭奴, (miser).

scro·tum /skróutəm/ 名 (複 **～s, scro·ta** /-tə/) Ⓒ〖解剖〗陰嚢(のう).

scrounge /skraundʒ/ 動 他〖話・しばしば軽蔑〗**1** をくすねる, ごまかす. **2** をせがむ, (せがんで)手に入れる, 恵んでもらう〈*from, off* ..から〉. **3** をかき集める. ── 自 あさり回る〈*around*〉〈*for* ..を〉. ── 名 Ⓒ ねだること〈次の成句で〉.
on the scróunge〖話〗ねだって, せがんで.

scroung·er /skráundʒər/ 名 Ⓒ〖話〗たかり屋; 居候.

†**scrub**[1] /skrʌb/ 動 (**～s**|**-bb-**) 他 **1** (**a**) をごしごしこする; をごしごし洗う[磨く]〈*down*〉; VOA (**～ X *away, off***) X (汚れ, ほこりなど) をごしごしこすって取る. She *～bed* the kitchen floor *down* with a brush. 彼女は台所の床をブラシでごしごし磨きあげた. ～ a spot *off* 染みをごしごしこすって取る. (**b**) VOC (**～ X Y**) X を(ごしごし) こすって Y の状態にする. ～ the wall clean 壁をこすってきれいにする. **2**〖話〗〔計画など〕を取りやめる, 中止する, (cancel). **3**〔ガスなど〕を精製する. ── 自 ごしごし洗ってきれいにする〈*away, off*〉〈*at* ..を〉; VA (**～ *up***)〔医者が〕(手術前に)手や腕をごしごし洗う.
scrùb /../ óut (1)〔汚れなど〕をこすり取る;〔部屋, 容器など〕の中を(こすって)すっかりきれいにする. (2)〖話〗〔計画など〕を中止する;〔命令, 指示など〕を無効にする, 撤回する. (3)〔書いたもの〕に線を引いて消す; を削除する.
scrùb róund ..〖英話〗(1)〔計画など〕を中止する. (2)〔規則など〕を避ける, 逃れる.
── 名 aU ごしごし洗うこと, ひと磨き. give a pan a good ～ なべを念入りにごしごし洗う.
[?＜中期オランダ語]

scrub[2] 名 **1** Ⓤ 低木のやぶ, 雑木林; 低木地帯. **2** Ⓒ〖話〗小柄な人, 小粒な物; 下らない人. **3**〈形容詞的〉成長の止まった, 矮(わい)小な. a ～ pine 小形の松. **4** Ⓒ〖米話〗補欠選手; 2 軍 (**scrúb tèam**). [shrub の変形]

scrúb·ber 名 Ⓒ **1** 掃除人. **2** はけ, たわし. **3**〖英俗〗ふしだらな女; 売春婦.

scrúbbing brùsh 名 ＝scrub brush.

scrúb·bòard 名 ＝washboard 1.

scrúb brùsh 名 Ⓒ 洗いだわし.

scrub·by /skrʌ́bi/ 形 **1**〔動植物が〕いじけた, 発育の悪い. **2** みすぼらしい, ちっぽけな. **3** 低木の茂った.

scrúb·lànd 名 Ⓤ 低木地帯.

scrúb nùrse 名 Ⓒ 手術室付き看護婦.

scrúb sùit 名 Ⓒ (医者, 看護婦などの)手術着.

scrúb·wòman 名 (複 **-wò·men** /-wìmən/) Ⓒ〖米〗掃除婦.

scruff /skrʌf/ 名 (複 **～s**) Ⓒ (人・動物の)首筋, 襟首,〈普通, 次の成句で〉. ***tàke [sèize] ..by the scrúff of the néck*** ..の首筋をつかむ.

scruff[2] 名 (複 **～s**) Ⓒ〖英話〗薄汚れただらしない人.

scruf·fy /skrʌ́fi/ 形〖話〗薄汚れた; みすぼらしい.

scrum /skrʌm/ 名〖話〗＝scrummage.
── 動 自 スクラムを組む〈*down*〉.

scrúm·càp 名 Ⓒ〖ラグビー〗(選手がかぶる)保護帽.

scrúm hàlf 名 Ⓒ〖ラグビー〗スクラムハーフ《スクラムの中へ球を入れる選手》.

scrum·mage /skrʌ́midʒ/ 名 **1** Ⓒ〖ラグビー〗スクラム. **2** ＝scrimmage 1. ── 動 自 スクラムを組む.

scrump /skrʌmp/ 動 他〖英話〗〔リンゴなどの果物〕を木から盗み取る.

scrump·tious /skrʌ́m(p)ʃəs/ 形〖話〗〔食べ物が〕すごくうまい; すてきな, すばらしい.

scrump·y /skrʌ́mpi/ 名 Ⓤ〖英〗(イングランド南西部産の)強いリンゴ酒.

scrunch /skrʌntʃ/ 動 ＝crunch.
── 名 ＝crunch 1.

‡**scru·ple** /skrú:p(ə)l/ 名 **1** ⓊⒸ〈普通 ～s〉ためらい, 良心のとがめ. a man of no *～s* 平気で悪いことをする男. I had a slight ～ *about* doing that kind of thing. 私はそんな事をするのはいささか気がとがめた. **2** Ⓒ スクループル《薬量の単位; 20 grains (1.296 グラム)》.
hàve nò scrúples about dóing ..することをためらわない, 平気で..する.
màke nò scrúple to dó 平気で..する.
without scrúple 平気で, 遠慮会釈なく.
── 動 自 VA (**～ *to do/about ..***) ..するのを/..についてためらう, ちゅうちょする,〈普通, 否定文で〉. He does not ～ *to* betray his friends. 彼は平気で友人を裏切る. [＜ラテン語 *scrūpus*「尖った石＞不安」]

scru·pu·los·i·ty /skrù:pjulásəti|-lɔ́s-/ 名 Ⓤ **1** 綿密さ; きちょうめんさ. **2** 良心的なこと.

†**scru·pu·lous** /skrú:pjələs/ 形 **1** 真っ正直な, 少しでも曲がったことの嫌いな; 良心的な. James is ～ in matters of business. ジェームズは仕事のことでは真っ正直だ. **2** 念入りな, 綿密な; 細かすぎる. The report treats the subject with the most ～ attention. 報告書はその問題をきわめて綿密に扱っている.
◇名 scruple ▷ **～·ness** 名

scrú·pu·lous·ly 副 良心的に; 綿密に; きちょうめんに. She keeps the house ～ clean. 彼女は家を徹底的にきれいにしている.

scru·ti·neer /skrù:təníər/ 名 Ⓒ〖英〗開票立ち会い人.

†**scru·ti·nize** /skrú:tənàiz/ 動 他 **1** を詳しく調べる, 十分吟味する, (類語 特に調査の厳密さを強調する語; → examine). The document has been carefully *～d*. その書類は詳しく調べられた. **2** をじっと見る, 凝視する, 子細ありげに眺める.

scrú·ti·nìz·ing·ly 副 綿密に, 念入りに.

†**scru·ti·ny** /skrú:təni/ 名 (複 **-nies**) ⓊⒸ 詳細な調査, 吟味; じろじろ見ること, 凝視. Your theory won't bear ～. 君の理論はよく調べてみるとぼろが出るだろう.

◇動 scrutinize [＜ラテン語「がらくた (*scrūta*) を選別する, 念入りに調べる」]

scu·ba /sk(j)úːbə/ 名 C スキューバ《潜水用呼吸装置; aqualung はこの商品の以前の商標; ＜*s*elf-*c*ontained *u*nderwater *b*reathing *a*pparatus》.

scúba dìving 名 U スキューバダイヴィング.

Scud /skʌd/ 名 C 〖軍〗 スカッドミサイル (**Scúd mìssile**)《旧ソ連が開発した移動発射台から発射する地対地ミサイル》.

scud /skʌd/ 動 (~s|-dd-) 自 〖雅〗 VA 〔雲などが〕さっと飛ぶ, 疾走する; 〖海〗〔船が〕縮帆して疾走する. Clouds are ~*ding across* the sky. 雲が空を飛んで行く. The yacht was ~*ding before* the gale. ヨットは強風に追われて疾走していた 《船尾に波をかぶり, かなり危険な帆走》. ── 名 **1** C〈単数形で〉疾走, さっと飛ぶこと. **2** U 風に飛ぶ雲, 飛雲. **3** C〈しばしば ~s〉にわか雨.

scuff /skʌf/ 動 自 **1** VA 足を引きずって歩く〈*along* (..を)〉. **2** 〔靴, 床など(の表面)が〕擦れる, 痛む, すり減る,〈*up*〉. ── 他 〔靴, 床など(の表面)〕を傷つける, 〔靴〕をすり減らす,〈*up*〉; 〔足〕を引きずる. My shoes are ~*ed up*. 私の靴はすり減ってしまった.

── 名 (複 ~s) C **1** 足を引きずって歩くこと. **2** (靴などの)傷ついた部分 (**scúff màrk**). **3**〈普通 ~s〉スリッパ. [?＜北欧語]

‡**scuf·fle** /skʌ́f(ə)l/ 名 C 格闘, 取っ組み合い, 小競り合い. ★あまり真剣でなく長くもないものを言う.

── 動 自 **1** 格闘する, つかみ合いをする,〈*with* ..と〉. **2** VA 足を引きずって歩く (scuff). **3** VA 慌てて歩く; 〔小動物などが〕かさこそ音を立てて走る. [scuff, -le[1]]

scull /skʌl/ 名 C **1** スカル《両手に 1 本ずつ持って漕(こ)ぐオール》; スカル《2 本のスカルで 1 人で漕ぐ競漕(そう)用ボート》. **2** ともがい, 櫓(ろ), 《船尾で左右に動かして漕ぐ》.

── 動 他 〔ボート〕をスカル[ともがい]で漕ぐ. ── 自 スカル[ともがい]で漕ぐ.

scúll·er 名 C スカルで漕(こ)ぐ人[舟]; スカル《競漕(そう)用ボート》.

scul·ler·y /skʌ́l(ə)ri/ 名 (複 -ler·ies) C (台所に接する)皿洗い場《特に大家(たいけ)や旧家の》.

scúllery màid 名 C (大家の)皿洗い女.

scul·lion /skʌ́ljən/ 名 C 〖古〗 皿洗い男, 台所の下働き.

sculp. sculptor; sculpture.

sculpt /skʌlpt/ 動 ＝sculpture.

***sculp·tor** /skʌ́lptər/ 名 (複 ~s /-z/) C **彫刻家** (→sculpture). [＜ラテン語 *scalpere*「彫刻する」; -or[1]]

sculp·tress /skʌ́lptrəs/ 名 C 女流彫刻家.

sculp·tur·al /skʌ́lptʃ(ə)rəl/ 形 彫刻の[的な].

***sculp·ture** /skʌ́lptʃər/ 名 (複 ~s /-z/) **1** U **彫刻**, 彫刻術. **2** UC 彫刻品; 〈集合的〉彫刻類. There is some interesting ~ in this museum. この美術館には面白い彫刻類がある.

── 動 他 **1** を彫刻する, の彫像を作る,〈*out of*, *from* ..で〉; を彫って作る〈*into* ..〔彫刻など〕を〉. He ~d a statue *out of* marble [marble *into* a statue]. 彼は大理石で彫像を作った. **2** を彫刻で飾る. **3** 〔風雨が〕〔地表〕の形を刻むように(浸食して)変える.

── 自 彫刻をする; 彫刻家である.

[＜ラテン語「彫られたもの」(＜*scalpere* 'carve'); -ure]

sculp·tured 形 **1** 彫ったようにくっきりした〔筋肉, 美しさなど〕. a man with perfectly ~ features みごとな彫りの目鼻立ちをした男. **2**〈限定〉彫刻で飾られた. a ~ column 彫刻を施した円柱.

scum /skʌm/ 名 **1** aU (沸騰[発酵]する液体の表面に浮かぶ)浮きかす, あく; (よどんだ水の表面に浮かぶ)浮きあか. a pond covered with (a) ~ 浮きあかで表面を覆われた池. **2** U 〖話〗〈単複両扱い〉人間のくず(たち). You ~! この穀(ごく)つぶし(ども).

scum·my /skʌ́mi/ 形 **1** 〔液体が〕浮きかすの生じた; 浮きかすの(ような). **2** 下劣な, 何の価値もない.

scup·per /skʌ́pər/ 名 C 〈普通 ~s〉(船の舷側(げんそく)にある)甲板排水口, 水落とし. ── 動 他 〖英〗 **1** 〔自分の船〕をわざと沈没させる. **2** 〖話〗〔計画など〕をぶち壊す (wreck)〈普通, 受け身で〉. Our plan was ~*ed* completely. 我々の計画は完全にぶち壊された.

scurf /skəːrf/ 名 U 頭のふけ.

scurf·y /skə́ːrfi/ 形 ふけだらけの; ふけのような.

scur·ril·i·ty /skəríləti|skʌr-/ 名 (複 **-ties**) 〖章〗 **1** U 下品. **2** U 口汚さ, 毒舌; C〈しばしば -ties〉口汚い言葉.

scur·ri·lous /skə́ːrələs|skʌ́r-/ 形 〔言葉遣いが〕下品な; 〔人が〕口汚い, 毒舌の. ~ libel [personal remarks] 下品な中傷.

[＜ラテン語 *scurra*「道化師」] ▷**~·ly** 副 口汚く. **~·ness** 名 U 口汚さ.

scur·ry /skə́ːri|skʌ́ri/ 動 (**-ries**|過 過分 **-ried**|**~·ing**) 自 VA ちょこちょこ走る, 小走りに急ぐ; (**~ *to do***) あたふたと..する. ~ *about* ちょこちょこ走り回る. A mouse *scurried across* the floor. ネズミが 1 匹床を素早く横切った. The shower sent us ~*ing for* [*to*] shelter. にわか雨で我々はあたふたと雨宿りしに[をしに]走った.

── 名 (複 **-ries**) **1** aU 小走り, 急ぎ足; 急ぐ足音. I heard a ~ of feet in the corridor. 廊下を走る慌ただしい足音が聞こえた. **2** U 慌ただしさ, うろたえ. with much ~ あたふたと. **3** C 通り雨; にわか雪. a ~ *of* rain [snow] にわか雨[雪]. [＜hurry-*scurry*]

Ś-cùrve 名 C 〖米〗 (道路の) S 字カーブ (〖英〗 S-bend).

scur·vi·ly /skə́ːrvili/ 副 卑劣に, 浅ましく.

scur·vy /skə́ːrvi/ 形 〖旧話〗〈限定〉卑劣な, 浅ましい, 下品な. ── 名 U 壊血病. [＜中期英語; scurf, -y[1]] ▷**scur·vi·ness** 名

scut /skʌt/ 名 C (ウサギ, シカなどの)短いしっぽ.

scutch·eon /skʌ́tʃ(ə)n/ 名 ＝escutcheon.

‡**scut·tle**[1] /skʌ́tl/ 名 C 石炭入れ(バケツ)《室内用; **cóal scùttle** とも言う》.

scut·tle[2] 動 自 VA ちょこちょこ走る (scurry). ~ *away* [*off*] 慌てて逃げる. ── 名 aU **1** 小走り, 急ぎ足; あたふたと逃げること. **2** (現実, 困難などからの)逃避.

scut·tle[3] 名 C 舷窓(げんそう)《船の甲板や船腹に付けた明かり取り・通風用の窓》; (ふた付きの)天窓, 明かり窓, 《建物の天井や壁にある》.

── 動 他 **1** 〔特に自分の船〕を底に穴を開けて[海水弁を開けて]沈める. **2** 〔計画など〕をぶちこわす, 放棄する.

scúttle·bùtt 名 U 〖主に米話〗 うわさ; ゴシップ.

scuzz /skʌz/ 名 (複 **~·es**) C 〖米俗〗 汚らしい人[物]; 実に嫌な人[物].

scuz·zy /skʌ́zi/ 形 〖米俗〗 汚らしい, 不潔な; 実に嫌な.

Scyl·la /sílə/ 名 **1** スキュラ, シラ, 《イタリアのメッシナ海峡にある巨岩; 近くに Charybdis という大渦があり, 航海の難所》. **2** 〖ギ・ロ神話〗 スキュラ《1 の巨岩に住み, Charybdis の大渦を避けてこの岩に近づく船の人々をえじきにしたという 6 頭 12 足の女の怪物》.

between Scỳlla and Charýbdis 〖雅〗 進退窮まって, '前門の虎(とら), 後門の狼(おおかみ)' で.

‡**scythe** /saið/ 名 C (柄の長い)大鎌(がま) (★小鎌は sickle)《しばしば「時」を刈る「死」の象徴として, hourglass とともに Father Time (時の翁(おきな))の持ち物として描かれる》. swing [wield] a ~ 大鎌を振るう.

── 動 他 を大鎌で刈る〈*down*, *off*〉. ── 自 **1** 大鎌を使う[振るう]. **2** 大鎌を使うような動きをする; 大きな弧を描いて空中をよぎる. [＜古期英語]

SD 〖郵〗 South Dakota; special delivery.

S.Dak. South Dakota.

SDI Strategic Defense Initiative (米国の戦略防衛構想, スターウォーズ計画).

SDP Social Democratic Party.

SDRs special drawing rights (特別引き出し権)《IMF の支払い準備資金; 加盟国は IMF への拠出額に比例して引き出せる》.

SE southeast; southeastern.

Se 〖化〗 selenium.

‡**sea** /siː/ 名 (複 ～s /-z/) Ⓒ 【海】 **1** (**a**) 海, 海洋, (ocean; ↔land) (★成句以外は一般に the を付ける); 〈the ～〉海辺, 海岸. an arm of the ～ 入り江. swim in the ～ 海で泳ぐ. sail on the ～ 海上を航行する. Most rivers flow into the ～. たいていの川は海に注ぐ. go to the ～ 海辺に行く (→go to ～ (成句)). the four ～*s* 〖英〗 (英国を囲む) 4 つの海 (→seven seas). I spent my summer vacation by the ～. 私は夏休みを海岸で過ごした. (**b**) 〈形容詞的〉 海の; 海上の. ～ water 海水 (seawater). ～ traffic 海上交通.
2 〈しばしば S-〉 **..海**. the Black *Sea* 黒海. the East China *Sea* 東シナ海. an inland ～ 内海.

> 語法 (1) the Dead *Sea* (死海), the Caspian *Sea* (カスピ海)のように大きな湖を指すこともある. (2) the.. Sea とするか the Sea of.. とするかは個々にほぼ一定している: the Bering Sea (ベーリング海), the Sea of Japan (日本海).

3 〈修飾語(句)を伴って; しばしば ～s〉ある状態の海; 波, 波浪; 大波. a calm ～ 波の穏やかな海. a high ～ 高波 (→high seas). There was a heavy ～ that day. その日は海は荒れていた. She became seasick in rough [mountainous] ～*s*. 彼女は荒波[山のような高波]で船に酔った.

> 連結 an angry [a raging, a stormy; a choppy; a glassy, a peaceful, a smooth] ～

4 〖天〗 (月, 火星などの)海 (mare) 《黒く見える部分》.
【海水のような量】 **5** おびただしい**..**, ..の海, 〈*of*〉. a ～ *of* troubles たくさんの悩み事. ～*s of* blood 血の海. a vast ～ of jungle 広大な海のように広がる密林.
across the séas 〖雅〗 海を越えてはるかかなたに[の].
****at séa*** (1) (陸地の見えない)海上で, 航海中で; 船乗りになって. He was buried *at* ～. 彼は海に葬られた. life *at* ～ 船乗り生活. (2) 〖話〗 途方に暮れて, 当惑して, 〈*with* ..で〉. I was (all) *at* ～ when I lost my job. 失業したとき私は途方に暮れた.
beyond (the) séa(s) 〖雅〗 〈大げさに〉 海のかなたに[の], 外国[海外]に[の].
****by séa*** 海路で, 船で; 船便で. go *by* ～ 船で行く.
fóllow the séa 船乗りを職業とする.
****gò to séa*** (1) 船乗りになる. (2) 出航する.
on the séa (1) 海上に, 海面に; 船に乗って. (2) 海辺に[の] (→1).
out to séa 外洋に, 遠くの海上へ. stare *out to* ～ 海の遠くを見つめる.
put (óut) to séa 船出する, 出港する.
táke the séa 出帆する; 進水する. [＜古期英語]

sèa áir 名 Ⓤ (病気などによい)海(辺)の空気.

séa anèmone 名 Ⓒ 〖海〗 イソギンチャク.

séa bàss /-bæs/ 名 Ⓒ (複 ～, ～es) 〖魚〗 スズキ科の食用魚.

séa bàthing 名 Ⓤ 海水浴.

séa·bèd 名 Ⓒ 〈the ～〉 海底.

Séa·bèe 名 Ⓒ 〖米軍〗 海軍建設隊員 《＜Construction Battalion》.

séa·bìrd 名 Ⓒ 海鳥.

séa bìscuit 名 ＝hardtack.

séa·bòard 名 Ⓒ 海岸; 沿岸地帯. the Atlantic ～ (アメリカの)大西洋沿岸. a ～ town 海岸の町.

séa-bòrn 形 海から生まれた; 海で採れる. the ～ goddess 海から生まれた女神 《Venus [Aphrodite] のこと》.

séa·bòrne 形 海上輸送の[による] (↔airborne). ～ goods 海運貨物. a ～ attack 海からの攻撃.

séa brèam 名 Ⓒ (複 ～, ～s) 〖魚〗 タイ科の各種食用魚.

séa brèeze 名 Ⓒ 海風, 海軟風, 《日中, 海から陸へ吹く風; ↔land breeze》.

séa càptain 名 Ⓒ 〖話〗 (商船の)船長.

séa chànge 名 Ⓒ 〈普通, 単数形で〉 〖雅〗 著しい急激な変化 《＜Shakespeare の *Tempest* 1 幕 2 場》.

†**sea·coast** /síːkòust|⌐⌐/ 名 Ⓒ 海辺, 海岸, 沿岸.

séa·còck 名 Ⓒ 海水栓(せん) 《バラストタンクなどに海水を出し入れするための弁》.

séa còw 名 Ⓒ 〖動〗 海牛(かいぎゅう) 《manatee, dugong など》; セイウチ.

séa cùcumber 名 Ⓒ 〖動〗 ナマコ.

séa dòg 名 Ⓒ **1** 〖雅·戯〗 老練な水夫. **2** 〖動〗 (ゴマフ)アザラシ; 〖魚〗 ツノザメ (dogfish).

séa-èar 名 Ⓒ アワビ (abalone).

sea·far·er /síːfè(ə)rər/ 名 Ⓒ 〖主に雅〗 **1** 船乗り. **2** 船で旅をする人.

sea·far·ing /síːfè(ə)riŋ/ 形 〖主に雅〗 〈限定〉 **1** 船乗り稼業の. a ～ man 船乗り. **2** 航海する.

séa fìght 名 Ⓒ 海戦.

séa-fìsh 名 Ⓒ (複 ～) 海水魚.

séa fòg 名 Ⓤ 海霧.

séa·fòod 名 ⓊⒸ 海産食品, シーフード, 《魚介類》.

séa·fòwl 名 Ⓒ 海鳥.

séa·frònt 名 Ⓒ 〈普通, 単数形で〉 (都市の)海岸地帯 《遊歩道などがある》. the ～ at Cannes カンヌの臨海地区.

séa·gìrt 形 〖詩〗 海に囲まれた.

séa-gòd 名 **1** Ⓒ 海の神. **2** 〈the ～〉 海神ネプチューン (Neptune). ◇女 sea-goddess

séa·gòing 形 **1** 〈限定〉 〔船が〕 大洋を航海する, 遠洋航路用の. a ～ vessel 航洋船. **2** 〔人が〕 航海を職業とする.

sèa·gréen /⑧/ 形 海緑色の.

sèa gréen 名 Ⓤ 海緑色.

séa gùll 名 Ⓒ 〖鳥〗 カモメ.

séa hòlly 名 ⓊⒸ ヒゴタイサコ属の草の類.

séa hòrse 名 Ⓒ **1** 〖魚〗 タツノオトシゴ. **2** 〖神話〗 海馬 《半馬半魚の怪物》.

sèa island cótton 名 Ⓤ 海島(かいとう)綿 《西インド諸島産の良質綿》.

séa·kàle 名 Ⓤ 〖植〗 ハマナ 《北ヨーロッパ産でアブラナ科; 白い若い芽は食用》.

***seal**[1] /siːl/ 名 (複 ～s /-z/) **1** Ⓒ 〖動〗 アザラシ; オットセイ (fur seal). **2** Ⓤ アザラシ[オットセイ]の毛皮. ── 動 自 アザラシ[オットセイ]狩りをする. go ～*ing* アザラシ[オットセイ]狩りに行く. [＜古期英語] ▷**séal·ing** 名 Ⓤ アザラシ狩り.

***seal**[2] /siːl/ 名 (複 ～s /-z/) Ⓒ 【印章】 **1** 判(はん), 印, 印章, 璽(じ), 捺(なつ)印, (★一般の人は用いず, 政府, 会社などが公文書や正式文書が真正であることの証明として用いる; 普通, 熱くした蠟(ろう)や鉛などの柔らかい金属に押される). the Great *Seal* of the United States (アメリカ)合衆国国璽. **2** 印鑑, 判こ, 《普通, 金属製の丸印(いん)》.

[seal[2] 1]

3 (1 を刻印するための)印鑑を押した封蠟[封印用の鉛の小円板] 《署名とともに文書に添えられ, 文書が届く前に開封されれば分かる》; 封印紙.
【封】 **4** 封印, 封緘(かん), 封. →break the SEAL. **5** 封をするもの, (ゴム, パテなどの)密封材; 〈普通, 単数形で〉 (液体, ガスなどの漏れを防ぐための)密封, 密閉. keep the ～ tight 密封を厳重にする. **6** 人の口を封じるもの, 口止め. →under (the) SEAL of secrecy.
7 【張りつけるもの】 シール 《募金運動などのために慈善団

体などが発行する装飾的な図案のもので，封筒などに張って用いる》.
【証印】 **8** 保証; しるし〈of ..〔是認, 愛情など〕の〉. a ring as a ～ *of* undying love 不滅の愛のしるしとしての指輪. The Ministry of Health and Welfare has given their ～ *of* approval to this new drug. 厚生省はこの新薬を認可した.
brèak the séal 開封する. *break the* ～ of a will 遺言状を開く.
pùt* [*sèt*] *one's séal to .. (1)〔書類など〕に判を押す. (2) ..を是認する, ..に賛成する; ..を保証[証明]する.
sèt* [*pùt*] *the séal on .. 〖章〗..を決定的なものにする. The newly developed atomic bomb *set the* ～ *on* the Allies' victory. 新たに開発された原子爆弾が連合国軍の勝利を決定的なものにした.
under* (*the*) *sèal of sécrecy 秘密厳守の約束で.
—— 動 (～s /-z/|過 過分 ～ed /-d/|séal·ing) 他
【押印(おういん)する】 **1** に判を押す, 押印する. The treaty was signed and ～*ed*. 条約は調印された. **2** 〖章〗〔取引, 約束など〕を固める, 確認する; を保証する, 証明する. They ～*ed* their friendship *with* an embrace [*by* embracing]. 彼らは抱き合って友情の証(あかし)とした.
3【押印する＞決める】〔運命など〕を決定する;〔勝利など〕を決定的にする. The jury's verdict ～*ed* his fate. 陪審員の評決が彼の(不幸な)運命を決定的にした.
【封をする】 **4**〔文書など〕に**封をする**, を封印する,〈*up*〉;〔封筒など〕の封をする〈*down*〉;〈*with* ..で〉(↔ unseal). ～ a letter (in an envelope) *with* paste (封筒に入れて)のりで手紙の封をする.
5〔容器, 扉など〕を密閉する,〔割れ目, 穴など〕をふさぐ,〈*up*〉〈*with* ..で〉;〔中身〕を密閉する〈*in* ..〔容器〕に〉. ～ *up* the windows 窓を目張りする. ～ a jam jar well [tightly] ジャムの瓶をよく[きっちり]密閉する.
6〔唇, 目〕をかたく閉じる. Death has ～*ed* the child's eyes. 死がその子の目を閉ざした. My lips are ～*ed*. 私は何も言えない[口止めされている].
7 ＝SEAL /../ off (1) (→成句).
sèal /../ ín ..を封じ込める;〔食物の味など〕を逃がさない. Vacuum-packed foods ～ *in* freshness. 真空包装食品は新鮮さを逃がさない.
sèal /../ óff (1)〔ある地域, 建物など〕を封鎖する, 立ち入り禁止にする,〈*from* ..に対して〉. The police ～*ed off* the area while they hunted the criminal. 警察は犯人の捜索中その地域の立ち入りを禁止した. (2)〔入り口など〕を封鎖する, 密閉する; を遮断する.
[＜ラテン語「小さな印 (*signum*)」]
séa làne 名 C 〖海〗シーレーン, 航路帯.
seal·ant /síːlənt/ 名 UC 密閉材, 防水剤.
sealed 形 封印された; 判を押した.
sèaled bóok 名 C 不可解なこと[もの]《「封印されて内容が分からない本」の意味から; **clòsed bóok** とも言う》.
sèaled órders 名〈複数扱い〉封緘(かん)命令《その時まで目的地, 使命などを秘密にするため開封すべき時点を指定して艦長などに与えられる命令書》.
séa lègs 名〈複数扱い〉〖話〗船酔いしないこと. have [find, get] one's ～ 船に慣れている[慣れる].
séal·er[1] 名 C アザラシ狩猟船[狩猟者].
séal·er[2] 名 **1** C 捺(なつ)印者; 検印者; 度量衡検査官. **2** UC 封印するもの[機械]; U 〖木工〗シーラー《塗装の下地用塗料》.
séa lèvel 名 U (平均)海面. 500 meters above [below] ～ 海抜[海面下] 500 メートル.
séa lìly 名 C 〖動〗ウミユリ.
séaling wàx 名 U 封蠟(ろう).
séa lìon 名 C 〖動〗アシカ,〈特に〉トド.
Séa Lòrd 名 〖英〗海軍委員《2 人おり, 国防省の Admiralty Board の構成員》.
séal rìng 名 C 印鑑つき指輪.
séal·skìn 名 U アザラシ[オットセイ]の毛皮; C それで作ったコート.
Sea·ly·ham /síːlihæm|-liəm/ 名 C シーリアムテリア《短脚・胴長の白いテリア犬; **Sèalyham térrier** とも言う》.
***seam** /siːm/ 名 (複 ～s /-z/) C **1** (服などの)**縫い目**; (張り合わせた板などの)合わせ目, 継ぎ目. the ～*s* of a coat コートの縫い目. the ～*s* of a deck 甲板の板の合わせ目. The pants tore along [at] the ～. ズボンの縫い目がほころびた. **2** (顔などの)しわ; 傷跡; 〖解剖〗(頭蓋(がい)骨の)縫合線. the ～ of an old cut 古い切り傷の跡.
3 〖地〗(厚い地層に挟まれた石炭などの)薄い層. a new [rich] ～ of coal 新しい[豊かな]石炭層.
be bùrsting* [*bùlging*] *at the séams 〖話〗〔場所などが〕はち切れるほどいっぱいで[満員で].
còme* [*fàll*] *apàrt at the séams (1) 縫い目が破れる, ほころびる. (2)〖話〗〔組織, 計画などが〕ばらばらになる, 崩れる, だめになる.
—— 動 他 **1** にしわ[傷跡]をつける〈*with* ..で〉〈普通, 受け身で〉. His face is ～*ed with* age. 彼の顔は老齢でしわが寄っている. **2** を縫い合わせる; を継ぎ合わせる;〈*together*〉. [＜古期英語]
†**sea·man** /síːmən/ 名 (複 **-men** /-mən/) C **1** 水夫, 船乗り, 船員, (↔landsman; 類語 普通, 船長や航海士など高級船員には用いない; →sailor). **2** 水兵; 〖米〗海軍 1 等水兵. 参考 英海軍の petty officer に次ぐ水兵の階級は leading ～, able ～, ordinary ～, junior ～ の順. 米海軍では seaman の下に ～ apprentice, ～ recruit がある. **3** 船を操る人. a good [poor] ～ 船の操縦のうまい[下手な]人.
sèaman appréntice 名 C 〖米〗海軍 2 等水兵.
séa·man·like 形 船乗りらしい.
sèaman recrúit 名 C 〖米〗海軍 3 等水兵.
séa·man·shìp /-ʃìp/ 名 U 航海術, 船舶操縦術.
séa·màrk 名 C 航路標識 (→landmark); (波打ち際の)波線, 満潮水位線.
seamed 形〈限定〉**1** 縫い目のある〔ストッキングなど〕. **2** 〖章〗しわが寄った〔顔など〕.
séa mèw 名 C 〖鳥〗(特にヨーロッパ産の)カモメ.
séa mìle 名 C 海里 (nautical mile)《1,852 メートル》.
séa mìst 名 ＝sea fog.
séam·less 形 縫い目のない; 継ぎ目のない. ～ stockings シームレス(ストッキング).
seam·stress /síːmstrəs|sém-/ 名 C 縫い子, お針子. [seam＋-ster, -ess]
seam·y /síːmi/ 形 e **1** 縫い目のある[見える]. **2** (人生, 社会などの)暗黒面の, 裏面の. the ～ side of life (貧乏, 犯罪など)人生の暗黒面. ◇名 seam ▷**séam·i·ness** 名
Sean /ʃɔːn/ 名 男子の名《John に当たるケルト系の名》.
Sean·ad Eir·eann /ʃænəd-é(ə)rən/ 名〈the ～〉アイルランド共和国の上院 (→Dail Eireann).
se·ance, sé·ance /séiɑːns/ 名 C **1** 会議, 会, (session). **2** 降霊術の会. [フランス語 'sitting']
séa òtter 名 C 〖動〗ラッコ.
séa-pìnk 名 C 〖植〗ハマカンザシ, アルメリア, (thrift).
séa·plàne 名 C 水上飛行機.
‡**sea·port** /síːpɔ̀ːrt/ 名 (複 ～s /-ts/) C **海港**; 港町. Liverpool was once a prosperous ～. リヴァプールはかつては活気あふれる港町であった.
séa pòwer 名 C 海軍国; U 海軍力.
sear /siər/ 動 他 **1** の表面を焦がす, 焼く; に焼き印を押す《比喩的にも使う》;〔傷口〕を焼く《治療のため》. ～ a beefsteak (肉汁が外に出ないように)ステーキの表面をよく熱したフライパンで焦がす. The scene has been ～*ed*

into my memory. その光景は私の記憶に焼き付つけられている. **2**〔植物〕をしなびさせる, 枯らす.
3〔良心, 感情〕を麻痺(ひ)させる, 冷酷にする. a ~*ed* conscience 麻痺した良心.
── 形〘雅〙しなびた, 干からびた. the ~, the yellow leaf 枯れて黄色くなった葉《老境を指す; Shakespeare 作 *Macbeth* から》. ── 名 C 焼け焦げの跡.
[＜古期英語]

***search** /sə:rtʃ/ 動 (**séarch·es** /-əz/|過 過分 **~ed** /-t/|**séarch·ing**) 他【探す】**1**〔場所〕を**捜索する**; をくまなく調べる;〔人の所持品, 着衣〕を調べる, 検査する;〈*for* ..がないかと〉. The police ~*ed* the house *for* evidence. 警察は証拠を求めてその家の家宅捜索をした. I ~*ed* my memory. 私は記憶をたどってみた. The policeman ~*ed* him *for* a gun. 警官は銃を持っていないかと彼の身体検査をした.
2〘電算〙〔ファイルなど〕を(特定の項目・情報を求めて)検索する (retrieve).
3【探る】〔人の顔など〕をじろじろ見る;〔人の心の中など〕を詮索(せんさく)する;〈*for* ..がないかと〉. She ~*ed* my face *for* my real intention. 彼女は私の真意を探ろうと私の顔をじろじろ見た.
【探り入る＞入り込む】**4**〘雅〙〔寒さ, 光, 風などが〕にしみ込む, くまなく入り込む.
── 自 **1 捜索する**, 捜す,〈*for* ..〔人, 物〕を〉. The rescue team is ~*ing* (*for* the missing climber). 救助チームが(行方不明になった登山者の)捜索中だ. **2** VA (~ *for* ..)〔答え, 解決など〕を求める, 探求する; (~ *after, for* ..)〔平安, 名声など〕を希求する. ~ *for* a better solution よりよい解決方法を求める. ~ *after* [*for*] peace of mind 心の平安を希求する. **3** VA〔場所, 所持品など〕を調べる〈*for* ..がないかと〉; (~ *into* ..)〔問題点, 原因など〕を究明する. ~ *through* [*in*] one's pocket *for* a key ポケットを探って鍵(かぎ)を捜す. ~ *under* the bed ベッドの下を調べる. ~ *around* the room 部屋中を捜す. ★次の 2 文を比較: The police ~*ed* the car. (警察はその車の内部を捜索した) The police ~*ed for* the car. (警察はその車の行方を捜した)
***sèarch one's héart* [*cónscience, sóul*]**〘章〙(自分(の信念や行い)に誤りがないかと)深く反省する, じっくり考えてみる.
Sèarch mé!〘話〙そんなこと知るもんか (＝I don't know!). "Is he coming?" "*Search me!*"「彼は来るかい」「そんなこと知るかい」.
sèarch /../ óut ..を探索する; ..を捜し出す. ~ *out* fresh evidence 新しい証拠を捜し出す.
── 名 (複 **séarch·es** /-əz/) C **1 捜索**, 捜査; 追求; 調査, 検査;〈*for, after* ..の〉. make a ~ *for* escaped prisoners 脱獄囚の捜索をする.

> 連結 a careful [a painstaking; an exhaustive, a thorough; a methodical, a systematic; an intensive; a cursory; a fruitless, a futile] ~ // conduct [carry out; call off, cease] a ~

2〈普通, 単数形で〉探究, 追究,〈*for* ..〔知識, 解決策など〕の〉. the ~ *for* truth 真理の探究. **3**〘電算〙(データの)検索, 探索. do a (computer) ~ *for* the words borrowed from Spanish スペイン語からの借入語を(コンピュータで)検索する.
in séarch of .. ..を捜して, 求めて. People rushed to California *in* ~ *of* gold. 人々は金(きん)を捜しにカリフォルニアに殺到した.
[＜後期ラテン語 *circāre*「ひと回りする」(＜ラテン語 *circus* 'circle')]

séarch èngine 名 C〘電算〙検索エンジン《ウェブ上の膨大なホームページ[サイト]などのデータベースを検索するためのシステム》.

séarch·er 名 C 捜索者, 探求者; (税関などの)検査官; (品質などの)検査係.

séarch·ing 形 **1**〔目つきなどが〕探るような, 鋭い. He gave me a ~ look. 彼は私に鋭い一瞥(べつ)をくれた.
2〔調査などが〕隅々に及ぶ, 徹底的な. **3**〔風, 寒さなどが〕身にしみる. ▷**~·ly** 副 探るように; 鋭く, 厳しく.

†séarch·lìght 名 C サーチライト, 探照灯.

séarch pàrty 名 C 捜索隊.

séarch wàrrant 名 C 捜索令状.

séar·ing 形〈限定〉**1** 焼けつくような. a ~ pain 疼(とう)痛. **2** 熱烈な, 身を焦がすような. a ~ love story 熱い恋物語. **3** 痛烈な〔批判, 告発など〕.

séa ròom 名 U 操船余地.

séa ròver 名 C〘古〙海賊(船).

Sèars and Róe·buck /sìərz-ənd-róubʌk/ 名 シアーズアンドローバック《米国の世界最大規模の道具類・衣類・家庭用品一般の Sears, Roebuck & Co. の通称; カタログ販売でも知られた; 単に Sears とも呼ばれる》.

Sèars Tówer 名〈the ~〉シアーズタワー《米国 Chicago にあるかつて世界一の高層ビル (443m); シアーズローバック 社が建てたが経営不振のため手放した》.

séa·scàpe 名 C 海の風景; 海の絵[写真など]; (→ landscape).

Séa Scòut 名 C 海洋少年団員.

séa sèrpent 名 C (伝説上の)大ウミヘビ;〘動〙＝ sea snake.

séa·shèll 名 C (海産の)貝殻.

***sea·shore** /síːʃɔ̀ːr/ 名 (複 **~s** /-z/) UC〈普通 the ~〉**海岸**, 海辺. ★(1) 単に shore とも言う. (2) 法律的には波のかかる所(高潮線と低潮線の間)を言う. find a rare seashell *on* the ~ 海岸で珍らしい貝殻を見つける.

séa·sìck 形 船酔いした. get ~ 船に酔う.
▷**~·ness** 名 U 船酔い.

***sea·side** /síːsàid/ 名 **1** U〈普通 the ~〉**海岸**; 海岸の土地; (類語 特に保養地としての海岸; →shore[1]). go to the ~ for the holidays 休暇に海へ(海水浴, 避暑に)行く. spend a week *at* [*by*] the ~ 海岸で 1 週間過ごす. **2**〈形容詞的〉**海岸の**. a ~ hotel 海浜のホテル. a ~ resort 海岸の保養地.

séa snàke 名 C〘動〙ウミヘビ.

***sea·son** /síːz(ə)n/ 名 (複 **~s** /-z/) C【季節】**1 季節**《四季の 1 つ》. the four ~*s* 四季. Autumn is the best ~ for reading. 秋は読書に最適の季節だ.
【特定の時期】**2** (**a**) (気候が..の)**時期**, 季(節);〈一般に〉(よい)時期, 時節,〈*for, to* do ..(するの)に〉. the rainy ~ 雨季; 梅雨期. the dry ~ 乾季. It's folly to travel around Scotland at this ~. この時節にスコットランドを旅行するのは愚かだ. a proper ~ *for* transplanting dahlias ダリアを移植する適当な時期. (**b**) (動植物にとって..の)時期; (果物, 魚などの)出盛り期, 旬(しゅん). the ~ of harvest [the harvest ~] 収穫期. the breeding [mating] ~ (動物の)繁殖[交尾]期. the strawberry ~ イチゴの出回る時期[旬]. the oyster ~ カキの季節 (→r months).

> 連結 the growing [the flowering, the planting; the raspberry, the plum, the asparagus] ~

3 (**a**) (スポーツ, 商売, 社交などの)**シーズン**, 最盛期, 季節; (狩猟の)猟期. the football ~ フットボールのシーズン. the dull business ~ 商売の霜枯れ時. the London ~ ロンドンの社交季節《5-7 月で the season とも言う》. an off ~ 閑散期; シーズンオフ. the ~ of good will [festive ~] クリスマスシーズン. Most hotels in Kyoto are full at the height of the tourist〘米〙[holiday〘英〙] ~. 観光シーズンの最盛期には京都のほとんどのホテルはいっぱいだ. Has the ~ *for* salmon fishing opened yet? もうサケ釣り[漁]は解禁になりましたか. →close

S

season, high season, low season, open season, silly season.

連結 the hunting [the fishing, the shooting, the basketball, the baseball; the slack, the dead; the peak] ～

(b)〖英〗(テーマ別映画などの)特別催し期間, ..映画[演劇, 音楽]祭, (〖米〗festival). a ～ of Chaplin's films チャップリンの映画祭. **4**〖英話〗＝season ticket.
◇形 seasonable, seasonal

at àll séasons 四季を通じて, 年中.

for a séason〖雅〗しばらくの間.

in gòod séason 折よく; 十分に間に合って, (時間より)早めに; (★in good time の方が普通).

in séason* (1)〔果物, 魚などが〕出盛りで**, 旬で; 〔猟鳥などが〕猟期で, 解禁で; 〔観光が〕シーズンで; 〔動物の雌が〕交尾期で. (2)〔忠告などが〕タイミングのよい, 時宜を得た. a word *in* ～ タイミングのよい忠告.

ín sèason and óut of sèason＝in and óut of sèason いつも, 明けても暮れても, のべつ.

out of séason (1)〔果物, 魚, 観光などが〕季節外れの, 旬でない; 〔猟鳥などが〕禁猟期で. (2) 季節外れに; 時機を失した[て].

Sèason's Gréetings! クリスマスおめでとう《特に非キリスト教国の人に対するクリスマスカードに書く》.

—— 動 (～s /-z/|過 過分 ～ed /-d/|～·ing) 他
【(時季に)適合させる】 **1**【食べごろにする】 に**味を付ける**; を調味する; に興趣を添える, 'さびをきかす'; 〈*with* ..で〉. ～ soup *with* salt and pepper スープに塩と胡椒(こしょう)で味を付ける. This narrative is ～*ed with* humor. この物語はユーモアが利いている. **2** を慣らす, 適応させる, 〈*to* ..〔気候など〕に〉; を鍛える; 〈主に受け身で〉. The baby is not ～*ed to* the open air. 赤ちゃんはまだ外気に慣れていない. ～ oneself *to* cold 寒さに体を慣らす. **3** (使用に適するように)〔木材〕を乾燥させる, 枯らす.

—— 自 慣れる; 〔味などが〕熟す, まろやかになる; 〔木材が〕乾燥する, 枯れる. Some wines are laid up for many years to ～. ある種のワインは熟成させるために何年も寝かされる.

[＜ラテン語 *satiō*「種まきの時期」(＜*serere* 'sow¹')]

séa·son·a·ble 形 **1**〔天候が〕季節にふさわしい, 順調な. ～ temperatures 季節にふさわしい気温. ～ weather 順調な天候. **2**〖章〗〔忠告などが〕タイミングのよい, 時宜を得た. ～ advice 時宜を得た忠告. ▷**～·ness** 名

séa·son·a·bly 副 季節にふさわしく; よい時期に.

†**sea·son·al** /síːz(ə)nəl/ 形 季節の; 季節的な; 季節によって異なる. a ～ laborer 季節労働者. ～ changes of climate 気候の季節的変化. ▷**～·ly** 副 季節によって; 周期的に.

sèasonally adjùsted fígure 名 C 季節失↑業者数.

séa·soned 形 **1**〔料理などが〕辛口[甘口など]に味付けした; 〔酒などが〕熟した; 〔木が〕よく乾燥した; 〔動物などが〕よく馴(な)れた. highly ～ dishes 香辛料などで強い味付けをした料理. well ～ lumber よく乾燥した木材. a ～ pipe よく使い込んだパイプ.
2 経験豊かな, ベテランの, よく鍛えられた. a ～ player ベテラン選手. a ～ traveler 旅慣れた人.

***sea·son·ing** /síːz(ə)niŋ/ 名 (複 ～s /-z/) **1** U 味付け, 調味. This soup needs a little more ～. このスープはもう少し味付けがいる. **2** C (個々の)**調味料**, 香辛料, スパイス. **3** UC 興趣を添えるもの. Humor is the ～ of good conversation. ユーモアは会話を一層味のあるものにする. **4** U 慣らすこと; (木材の)乾燥.

séason tìcket 名 C **1**〖英〗定期券 (〖米〗commutation ticket). **2** (コンサート, 競技などのシーズン中の)通し切符.

‡**seat** /siːt/ 名 (複 ～s /-ts/) C 【座る場所】 **1 座席**; 腰掛け《いす, ベンチなど》; 腰を下ろす所. a garden ～ 庭園用のベンチ. the back [rear] ～ of a car 車の後部座席. a passenger ～ (特に車の)助手席. leave [rise from] one's ～ 席を離れる[立つ]. find an empty ～ 空席を見つける. We all sat down, using boxes as ～*s*. 箱をいす代わりにして, 我々はみんな座った.
2 (劇場などの)**座席**, 席. a reserved ～ 予約席. He bought [booked] two ～*s for* the concert. 彼はコンサートの券を2枚買った[席を2つ予約した].
3 (いすなどの)**座部** (→back, leg), シート; (ズボンなどの)しり; 〖章〗尻(しり) (buttocks). a chair with a cushioned ～ クッションの付いたいす. the ～ of my trousers 私のズボンのしりの部分.
4 議席, 議員[会員など]の地位; 王位; 〖英〗(国会の)選挙区. hold [have] a ～ in the House of Representatives 下院に議席を持つ. win [lose] one's ～ 〔議員が〕議席を獲得する[失う].
5【座り方＞乗り方】 〈単数形で〉(馬, 自転車などの)乗り方, 乗りこなし. have a good ～ on a horse 馬を上手に乗りこなす.
【座る場所＞いる[ある]場所】 **6**〖英旧〗(上流階級の)田舎の大邸宅 (country seat) 《広大な敷地で庭園がある》.
7〖章〗**所在地**; (学問などの)中心地 (center). In Japan, Tokyo is the ～ of government. 日本では東京が政庁所在地である. a ～ of learning 学問の府《特に大学のこと》.

by the sèat of one's pánts〖話〗自分の経験[勘]で《昔の飛行士が, 計器に頼らず自分の勘で操縦したことから》; 辛うじて. You must fly *by the* ～ *of* your *pants*. 君は自分の勘で(飛行機を)操縦しなくてはならない; (物事についての決断などに当たって)頼れるのは経験と勘だけだ.

in the dríver's sèat →driver's seat.

kèep one's séat 座ったままでいる.

on the èdge of one's séat 席に浅く掛けて; 身を乗り出すように熱心に.

tàke a bàck séat →back seat.

tàke [hàve] a séat 座る, 着席する.

tàke one's séat (1) 着席する. (2) (会議などで)決められた席に座る. (3) 議員としての活動を始める.

—— 動 (～s /-ts/|過 過分 **séat·ed** /-əd/|**séat·ing**) 他
【座らせる】 **1**〖章〗を**着席させる**, 座らせる, (→成句). ～ the guests at the table 客をテーブルの席に着かせる. **2**〔劇場などが〕..人(にん)を収容する, ..人分の席がある, 〈進行形不可〉. This theater ～*s* 1,000. この劇場の座席数は千だ.
【据え付ける, 固定する】 **3** VOA (～ X *on, in ..*) X (部品など) を..に固定する, 据え付ける. **4** VOA (～ X *on, in ..*) X (人)を..に定住させる, X (政治機関など) を..に位置させる, 〈普通, 受け身で〉. an old family long ～*ed* in this district この地方に長く根を下ろした旧家. The Dutch Government is ～*ed in* The Hague. オランダ政府はハーグに本拠を置いている. **5**〔いす〕のシートを付け(替え)る; 〔ズボン〕のしり当てを付ける.

be séated 座る, 着席する. Please *be* ～*ed*. どうかお掛けください (★ Please sit down. より形式的な言い方).

remàin [stày] séated 座ったままでいる.

séat oneself 着席する 〈*on, in* ..〔いす〕に/*in* ..〔ひじ掛けいす〕に/*on* ..〔ベンチ, ソファーなど〕に/*at* ..〔テーブルなど〕に〉. [＜古期北欧語 *sæti*]

séat bèlt 名 C (飛行機, 車などの)シートベルト (safety belt). fasten [unfasten, undo] one's ～ シートベルトを締める[はずす].

-seat·er /síːtər/ 〈複合要素〉(乗り物などが)..人乗り; ..人掛け. a two-*seater* (2人乗りの車). a three-*seater* davenport (3人用の大型ソファー).

séat·ing 名 U **1** 着席(させること); 座席の配列[順

序]. **2** 座席数, 収容力. We have enough ～ (room) for the guests. (当店は)お客様のお席は十分ご用意してございます. **3** (いすの)クッション材料; 張り布.

séat·màte 名C 〖米〗(列車, 飛行機などで)隣に座り合わせた人.

SEATO /síːtou/ Southeast Asia Treaty Organization (東南アジア条約機構).

séa tròut 名 (複 ～, ～s) C 〖魚〗降海型のマス.

Se·at·tle /siǽtl/ 名 シアトル《米国 Washington 州の港市》.

séa ùrchin 名C 〖動〗ウニ.

séa·wàll 名C (海岸の)護岸堤, 防波[潮]堤.

sea·ward /síːwərd/ 形 **1** 海に向かった, 海への, (↔landward). a ～ course 海に向かう進路. **2** 〔風が〕海から来る. a ～ wind 海から吹く風.

── 副 海の方へ, 海に向かって.

sea·wards /síːwərdz/ 副 ＝seaward.

séa·wàter 名U 海水.

séa·wày 名 (複 ～s) **1** C 海路, 航路. **2** C (外洋船の入れる)内陸水路. **3** U 船の速度, 船脚.

in a séaway 荒波にもまれて.

màke (gòod) séaway 〔船が〕速い船脚で進む.

†**séa·wèed** 名UC 海草; 海の藻(も).

séa·wòrthy 形 〔船が〕航海に耐える[適する], 耐航力のある, (→airworthy). ▷**sea·worth·i·ness** 名

se·ba·ceous /sibéiʃəs/ 形 脂肪(質)の, 脂肪を分泌する. a ～ gland 皮脂腺.

Se·bas·tian /sibǽstʃən|-tjən/ 名 **1** 男子の名. **2** St. ～ 聖セバスチャン《3 世紀末のローマの殉教者》.

SEbE, S.E.bE. southeast by east.

SEbS, S.E.bS. southeast by south.

se·bum /síːbəm/ 名U 〖生理〗皮脂.

SEC Securities and Exchange Commission.

sec[1] /sek/ 形 〔ワインが〕辛口の (dry).

sec[2] 名C 〖話〗＝second[2] 2. Wait a ～. ちょっと待って.

sec[3] secant.

sec. second[2](s); secondary; secretary; section.

se·cant /síːkænt, -kənt|-kənt/ 〖数〗 形 切る, 割る, 交差する. a ～ line 割線(かっせん).

── 名C 割線; (三角関数の)セカント, 正割.

sec·a·teurs /sékətərz, sèkətə́ːrz/ 名C 〖英〗〈単複両扱い〉(植木の)剪定(せんてい)ばさみ (pruning shears). [フランス語]

se·cede /sisíːd/ 動 自 〖章〗脱退[離脱]する〈*from* ..〔教会, 党派など〕から〉. ◇名 secession

S

se·céd·er 名C (教会, 党派などからの)脱退[離脱]者.

se·ces·sion /siséʃ(ə)n/ 名 **1** U (教会, 党派などからの)脱退, 離脱. **2** 〖米史〗〈しばしば S-〉(南部 11 州の)連邦離脱《南北戦争の原因となった》. **3** U 〖建・美〗〈特に S-〉セセッション, ゼツェッション, 分離派,《19 世紀末ウィーンに興った急進的美術・建築改革運動; Gustav Klimt などが中心》. Vienna ～ ウィーン分離派. ◇動 secede

se·cés·sion·ìsm 名U 脱退論; 〖米史〗〈しばしば S-〉(南部 11 州の)連邦離脱論.

se·cés·sion·ist 名C 脱退論者; 〖米史〗〈しばしば S-〉連邦離脱論者.

se·clude /siklúːd/ 動 他 〖章〗を引き離す, 隔離する, 〈*from* ..から〉. ◇名 seclusion

seclúde onesèlf from [in] .. ..から隠遁(とん)する[..に引きこもる]. She ～d herself *in* her room. 彼女は自分の部屋に引きこもった.

[＜ラテン語「隔離する」(＜*sē-* 'apart'＋*claudere* 'shut')]

†**se·clud·ed** /-əd/ 形 〖章〗 **1** 〔家, 場所などが〕人里離れた, 引っ込んだ; 閑静な. a ～ corner 人里離れた場所. **2** 隠遁(とん)の, 世間から引っ込んだ. a ～ life 隠遁生活, 閑居.

†**se·clu·sion** /siklúːʒ(ə)n/ 名 〖章〗 **1** U 隔離. a policy of ～ 鎖国政策. **2** U 隠遁(とん); 閑居. **3** C 人里離れた場所. ◇動 seclude

live in seclúsion 隠遁する, 閑居する.

se·clu·sive /siklúːsiv/ 形 〖章〗引きこもりがちな, 隠遁(とん)的な. ▷**～·ly** 副 **～·ness** 名

‡**sec·ond**[1] /sékənd/ 形 **1** 〈普通 the ～〉2 番目の, 第 2 の; 第 2 位の; 2 度目の;《略 2nd》. the ～ son 2 番目の息子, 次男. the ～ floor 〖米〗2 階 [〖英〗3 階] (→floor 名 3 ★). What is the ～ largest city in Japan? 日本で 2 番目の大都市はどこですか. It was his ～ visit to Scotland. それは彼の 2 度目のスコットランド訪問であった. ★He was ～ in the race. (彼はレースで 2 位だった)のように補語になる時は冠詞は付かない. なお the ～ としても正しいが, その場合 second は名詞となる (→名 1).

2 (階級が) 2 等の; 〖楽〗第 2 の; (車の変速ギアが)第 2 速の. the ～ officer on a ship 2 等航海士. the ～ violin (オーケストラの)第 2 ヴァイオリン.

3 二次的な, 二流の; 従属的な, 補助の; 次ぐ, 劣る, 〈*to* ..に〉. He's a member of the school's ～ baseball team. 彼は学校の 2 軍の野球選手です. one's ～ house セカンドハウス, 別宅. ～ *to* none →成句.

4 〈a ～〉もう 1 つの, 別の, (another). Try it a ～ time. もう 1 度やってごらん. May I have a ～ helping of mashed potatoes? マッシュポテトのお代わりをしていいですか. a ～ Solomon 第 2 のソロモン; ソロモンの再来.

at sècond hánd 又聞きで, 間接に, (→secondhand 副 2). I learnt of his divorce *at* ～ *hand*. 人伝(づ)てに彼の離婚のことを聞いた.

for the sècond tíme もう1 度, 再び, 2 度目に. marry *for the* ～ *time* 再婚する.

in the sècond pláce 次に, 第二点目として.

sècond ónly to .. ..に劣るだけ. In terms of importance in the company he is ～ *only to* the president. 会社での序列でいうと彼は社長に次ぐものだ.

sècond thóught [〖英〗***thóughts***] 再考, 考え直し. have ～ *thought(s)* 考え直す. on ～ *thought(s)* 考え直してみると; 考え直して. without a ～ *thought* 少しもためらうことなく.

****sècond to nóne*** だれ[何]にも劣らない, 人後に落ちない. John is ～ *to none* in math. ジョンは数学ではだれにも引けを取らない.

── 副 **1** 第 2 に, 2 番目に, 次に; 2 位に; 〈*to* ..に次いで〉. come (in) ～ 2 位になる; 2 番目に(早く)来る. His company is his primary concern; the family comes ～. 会社が彼の第一の関心事で, 家族は二の次だ. **2** ＝secondly. **3** (乗り物の) 2 等で (second-class).

sècond óff 〖俗〗第 2(番目)に, 次に.

── 名 (複 **～s** /-dz/) 【2 番目のもの】 **1** C 〈普通, 単数形で〉(**a**) 第 2 のもの[人]; 2 等[番, 位, 着]. Jim was the ～ to arrive at the party. ジムは 2 番目にパーティー(会場)に着いた. Pat was a good [bad, poor] ～ to Irene in French. パットはフランス語ではアイリーンにほんの少し[はるかに]及ばなかった. (**b**) 〈a ～〉(2 番目の)もうひとりの人[ひとつのもの]《→形 4; third 語法》. (**c**) 〖英〗(大学の試験の成績の)第 2 級. get a ～ in Italian イタリア語で第 2 級を取る.

2 C 〈普通 the ～〉(月の) 2 日(ふつか)《略 2nd》. Today is the ～ of August. 今日は 8 月 2 日です.

3 〈the S-〉 第 2 世《国王などの名前の後に置く》. Charles *the Second* (＝Charles II) チャールズ 2 世.

4 U 〖野球〗〈無冠詞で〉2 塁.

5 U (車などの)第 2 速, セカンド(ギア). shift into ～ ギアをセカンドに入れる. in ～ セカンドで.

6 C 〖話〗〈～s〉(食べ物の)お代わり (**sècond hélping**); (コース料理の) 2 番目に出るもの. **7** UC 〖楽〗2

度(音程).
【等級が 2 番目のもの】 8 Ⓒ (乗り物の) 2 等. 9 Ⓒ 〈しばしば ～s〉 二級品, きず物; 二級の小麦粉(のパン).
10 【わき役】 Ⓒ (ボクシングの)セコンド; (決闘などの)介添え人; 援助者; 〈the ～s〉 控えの[補欠]チーム.
── 動 他 1 を補佐する, 後援する, 支持する.
2 〔動議, 提案など〕を支持する, セコンドする, 《出された動議に対してだれかが I ～. 又は *Second*ed. と言えば議長に取り上げられる》. Someone ～*ed* the motion and the vote was taken. だれかが動議をセコンドして採決が行われた. 3 /sikánd|-ɔ́nd/ 〖英章〗〔将校〕に隊外勤務を命じる; 〔役人など〕を(一時的に)配置換えする; 〈普通, 受け身で〉. She's been ～*ed* to the other department. 彼女は他の課に配置換えになった.
4 〔ボクサーなど〕のセコンドを務める, 介添えする.
[＜ラテン語 *secundus*「(順序が)次に来る」(＜*sequī* 'follow')]

‡sec·ond[2] /sékənd/ 名 (複 **～s** /-dz/) Ⓒ 1 (時間・角度の)**秒** 《略 s, sec; 符号は ″; →minute, hour》. There are sixty ～*s* in a minute. 1 分には 60 秒ある. The wind blew at 20 meters per ～. 秒速 20 メートルの風が吹いた (★per の後は無冠詞). 1h 20′ 43″ (＝one hour, twenty minutes, forty-three ～*s*) 1 時間 20 分 43 秒. Long. 20° 15′ 12″ E＝20° 15′ 12″ E. Long. (＝twenty degrees, fifteen minutes, twelve ～*s* of east longitude) 東経 20 度 15 分 12 秒. 2 〈普通, 単数形で〉 ちょっとの間, 瞬間, (→split second). for a few ～*s* ちょっとの間. within ～*s*＝after a few ～*s* ちょっとの間をおいて, すぐ後で. Wait a ～.＝〖話〗 Just a ～. ちょっと待って. It won't take a ～ to phone. 電話するのに時間はいくらもかからない.
in a sécond あっという間に, たちまち, すぐに.
[＜中世ラテン語 *secunda* (*minūta*) 'second (minute)'; 1 時間の下位区分「分」の更に下位区分]

Sècond Ádvent 名 〈the ～〉 (「最後の審判の日」の)キリストの再臨 (**the Sècond Cóming** とも言う).

sec·ond·ar·i·ly /sèkəndérili|sékənd(ə)r-/ 副 2 番目に; 二次的に; 従属的に.

‡sec·ond·ar·y /sékəndèri|-d(ə)ri/ 形 Ⓒ 1 **第 2 の**; 〔重要性などが〕二次的な, 二義的な 〈*to* ..に対して〉, (→primary, tertiary). a matter of ～ interest [importance] あまり興味をそそらない[重要でない]問題. 2 派生的な, 副次的な; 補助的な. a ～ product 副産物. a ～ infection 二次感染, 続発感染. 3 〈限定〉〔学校・教育が〕中等の.
── 名 (複 **-ar·ies**) Ⓒ 1 二次的なもの. 2 代人, 補助者, 代理者. 3 〖アメフト〗 セカンダリー《前衛の後の第 2 守備軍》. [second[1], -ary]

sècondary áccent 名 ＝secondary stress.

sècondary cólor 名 ⓊⒸ 等和色 《2 原色を等分に混ぜた色》.

sècondary educátion 名 Ⓤ 中等教育.

sècondary módern 名 Ⓒ 〖英〗 →modern school.

sècondary plánet 名 Ⓒ 衛星 (satellite).

sécondary schòol 名 Ⓒ 中等学校 《普通 11 歳から 18 歳までを対象とした教育で英国の grammar school, public school, 米国の high school などの総称; →school[1] 表》.

sècondary séx(ual) characterístic 名 Ⓒ 〖医〗 第二次性徴.

sècondary stréss 名 ⓊⒸ 第 2 強勢[アクセント] 《普通 / ˋ/ で示す》.

sècond báse 名 Ⓒ 〖野球〗 セカンド, 2 塁.

sècond báseman 名 (複 **-men** /-mən/) Ⓒ 〖野球〗 2 塁手.

sècond-bést /㊔/ 形 次善の, 2 番目によい; 第 2 位の. the ～ policy 次善の策.
come òff second-bést 2 位に落ちる, 負ける.

sècond bést 名 ⓐⓊ 次善のもの, 2 番目によいもの, (→second-best).

sècond chámber 名 Ⓒ 〈the ～〉 (二院制議会の)上院 (upper house).

sècond chíldhood 名 Ⓤ 第 2 の幼年期 《(老人の)もうろく(した状態)》.

***sec·ond-class** /sèkəndklǽs|-klɑ́:s ㊔/ 形 ⓒ 1 〈限定〉**二流の**; 劣った. a ～ writer 二流の作家. ～ citizens 二級市民 《同一社会で他の人に比べて十分な権利・機会を与えられていない市民》. 2 〔乗り物などが〕2 等の. a ～ cabin 2 等船室. a ～ carriage 2 等車両. 3 〖米〗〔郵便物が〕第 2 種の 《定期刊行物など》; 〖英〗 普通郵便の. ── 副 2 等で; 〖英〗 普通郵便で. travel ～ 2 等で旅行する.

sècond cláss 名 Ⓒ (乗り物の) 2 等; 〖米〗 第 2 種郵便 《新聞・雑誌などの定期刊行物》; 〖英〗 (速達に対する)普通郵便; 〖英〗＝second[1] 名 1 (c).

Sècond Cóming 名 〈the ～〉＝Second Advent.

sècond cóusin 名 Ⓒ またいとこ.

sècond-degrée /㊔/ 形 1 〔やけどが〕第 2 度の. 2 〔犯罪が〕第 2 級の (→degree 1 (b)). 「成者.

séc·ond·er 名 Ⓒ 後援者; (動議などの形式的な)賛↑

sècond-guéss 動 〖主に米話〗 自 (ああすればよかったと)後から知恵が出る. ── 他 1 を後知恵で批判する. 2 を出し抜く 〈*about* ..の予想で〉. 3 を予想する.

***sec·ond·hand** /sèkəndhǽnd ㊔/ 形 ⓒ 1 〔商品などが〕**中古の** (used); 〈限定〉〔商人, 商店が〕中古品を扱う; (↔new). a ～ car [book] 中古車[古本]. a ～ shop 中古品店, 〈特に〉 古着屋. ～ cigarette smoke 副流煙 《他人の吸ったタバコの煙; →sidestream smoke》. 2 〔話, 知識などが〕又聞きの, 請け売りの. ～ information 又聞き(の情報), 伝聞情報.
── 副 1 中古で. buy a car ～ 車を中古で買う. 2 又聞きで, 間接に. get the news ～ そのニュースを又聞きで聞く.

sécond hànd 名 Ⓒ (時計の)秒針.

sècond-in-commánd 名 Ⓒ 1 〖軍〗 副司令官. 2 次長.

sècond lánguage 名 Ⓒ 第 2 言語 《母語 (mother tongue) に次いで学習し, 使用する言語》.

sècond lieuténant 名 Ⓒ 〖陸軍・米空軍〗 少尉.

***sec·ond·ly** /sékəndli/ 副 ⓒ **次に**, 第 2 点として, (in the second place; →firstly★). He is first wealthy, and ～ he is pretty handsome. まず第 1 に彼は金持ちだ, その次にかなりハンサムだ.

sec·ond·ment /sikándmənt|-ɔ́-/ 名 ⓊⒸ 〖英章〗 (一時的)配置換え. He's on ～ to the Department of Energy. 彼はエネルギー省に配置換えになっている.

sècond náme 名 Ⓒ 姓 (surname; →first name).

sècond náture 名 ⓐⓊ 第 2 の天性, 習性. Habit is (a) ～. 〖諺〗 習慣は第 2 の天性

sècond opínion 名 Ⓒ セカンドオピニオン 《現在診察を受けている医者の見立てに納得できない場合に求める他の医者の診断》.

sècond pérson 名 〈the ～〉 〖文法〗 2 人称.

***sècond-ráte** /㊔/ 形 ⓜ **二流の**, 劣った. a ～ play 二流の芝居.

sècond-rát·er 名 Ⓒ 二流品; 二流の人, つまらない人.

sècond séx 名 〈the ～〉 〈集合的〉 第 2 の性 《特に, 男性上位社会における女性を指した》.

sècond síght 名 Ⓤ 千里眼, 予知能力.

sècond-stríng /㊔/ 形 〖主に米・スポーツ〗〔選手が〕控えの, 補欠の.

sècond stríng 名 Ⓒ 1 〈単数形で〉 〖主に英〗 次善

S

の策[手段]. **2**〖主に英・スポーツ〗補欠[控えの]選手.

sècond tóoth [名] ([複] **second teeth**) [C] 永久歯 (permanent tooth; →milk tooth).

sècond wínd [名] [U] (運動開始で荒くなった呼吸がしばらくして)正常に近くなった呼吸.

gèt* [*gàin*] *one's sècond wínd 元気を取り戻す.

Sècond Wòrld Wár [名] 〈the ～〉〖主に英〗= World War II.

***se·cre·cy** /síːkrəsi/ [名] [U] **1 秘密の状態**; 内密. preserve [maintain] ～ 秘密を保持する. with great ～ 極秘に. The project is still shrouded in ～. その企画はまだ内密にされている. **2 口の固いこと**, 秘密厳守. I rely on your ～. 君の口が固いのは信頼している.

be swòrn to sécrecy 秘密厳守を誓っている.

[＜secret; 語尾は privacy などの影響]

****se·cret** /síːkrət/ [形] [m] 【人に知らせない】 **1 秘密の**, 内密の, 〈*from* ..に対して〉; 機密の (→top-secret). a ～ agreement 秘密協定. keep a meeting strictly ～ *from* the press 会合を報道陣には極秘にする.

2 〈叙述〉〔人が〕隠し立てする, 口の固い, 〈*about* ..について〉. be ～ *about* personal affairs 私事については秘密を守る.

【人に分からない】 **3** 〈限定〉 **ひそかな**, 隠れた, 〔ファン, 酒飲みなど〕; 心に秘めた, 内心の. a ～ smoker 隠れ喫煙者. She has a lot of ～ admirers. 彼女にひそかにあこがれている人はたくさんいる. ～ sorrow 秘めた悲しみ.

4 〈限定〉〔場所が〕**隠れた**, 人目につかない; 人里離れた. a ～ door [pocket] 隠し戸[ポケット]. a ～ hiding place 秘密の隠れ家. a ～ valley 人里離れた谷あい.

5 神秘の, 不可思議な. ◇[名] secrecy

—— [名] ([複] **～s** /-ts/) [C] 【人に知らせないこと】 **1 秘密**, 内緒事, 〈*from* ..に対する〉; 機密. an open ～ 公然の秘密. a military ～ 軍事機密. keep a ～ 秘密を守る. We have no ～*s from* each other. 私たちの間には隠し事はない. let a person into [〖話〗in on] the [a] ～ 人に秘密を明かす. make no ～ of.. ..を少しも隠し立てしない. Can you keep that a ～ *from* Jim? それはジムには伏せといてくれないか. confide [reveal] a ～ 秘密を打ち明ける.

> [連結] a close [a well-guarded, a well-kept; a shameful] ～ // disclose [divulge, give away, betray; unlock] a ～

S

【人の知らないこと】 **2** 〈しばしば ～s〉 **神秘**, なぞ, 不思議. the ～*s* of nature 自然の神秘.

3 〈単数形で〉 **秘訣**(けつ), こつ, 秘伝, 〈*of, to* ..の〉. the ～ *to* [*of*] making good white sauce おいしいホワイトソースを作る秘訣.

in sécret ひそかに, こっそり, 秘密に.

in the sécret 〖旧〗秘密を知って(いる), 内情を知って(いる). Is he *in the* ～? 彼は秘密を知っているのか.

[＜ラテン語 *sēcrētus*「分離された」(＜*sē-* 'apart'＋*cernere* 'sift')]

sècret ágent [名] [C] 秘密諜(ちょう)報部員, スパイ.

sec·re·tar·i·al /sèkrəté(ə)riəl ◁/ [形] 秘書(官)の, 書記(官)の; 大臣の.

sec·re·tar·i·at(e) /sèkrəté(ə)riət/ [名] [C] **1** 事務局, 官房; 秘書課. the United Nations ～ 国連事務局 (→secretary-general). **2** 書記[秘書](官)の職. **3** 〈the ～; 集合的〉 秘書課員, 書記局員.

****sec·re·tar·y** /sékrətèri|-t(ə)ri/ [名] ([複] **-tar·ies** /-z/) [C] **1** (個人の)**秘書**, 私設秘書, 〈*to* ..付きの〉; (**女性**)**事務員**, OL, 〈*in* ..〔オフィスなど〕の〉. She is ～ *to* the president. 彼女は社長秘書をしている (★補語として用いる場合は普通, 無冠詞; She is *a* ～ to the president. とすると複数の秘書の中の 1 人であることを表す).

2 (団体の)**書記**, 幹事; (官庁などの)書記官, 秘書官.

3 〈普通 S-〉 **(a)**〖米〗(各省の)**長官**; 〖英〗**大臣**(正式には Secretary of State と呼ぶ). ★英国では比較的新しく作られた大臣職には minister を用いる; →department. **(b)**〖英〗次官; 大使館付き書記官. →permanent secretary.

4 書き物机 (writing desk)《上部の棚のふたを下に開いてその上で書き物をする引き出し付きの家具; 英国では bureau とも言う》.

[＜後期ラテン語「機密を委ねられた官吏」]

sécretary bìrd [名] [C] 〖鳥〗ヘビクイワシ, 秘書鳥, 《アフリカ産》.

sècretary-géneral [名] ([複] **secretaries-, ～s**) 〈しばしば S-G-〉 [C] (国連などの)事務総長; (政党などの)書記(局)長.

Sècretary of Státe [名] **1** 〈the ～〉〖米〗国務長官《他国の外務大臣に当たる》. **2** ([複] **Secretaries-**) [C] 〖英〗国務大臣.

sécretary·shìp /-ʃip/ [名] [U] 書記(官)の職, 秘書(官)の職; 大臣職; その任期.

sècret bállot [名] [UC] 無記名投票.

†**se·crete** /sikríːt/ [動] [他] **1**〖生理〗を分泌する. **2**〖章〗を秘密にする; を隠す. [＜*secretion*]

‡**se·cré·tion** [名] **1** [U]〖生理〗分泌(作用); [C] 分泌物. **2** [U]〖章〗隠すこと, 隠匿. [＜ラテン語「分離」; secret と同源]

se·cre·tive /síːkrətiv, sikríːtiv/ [形] 〔人が〕隠し立てする, 秘密主義の, 〈*about* ..について〉; 無口な.

▷ **～·ly** [副] 秘密に. **～·ness** [名] [U] 秘密主義.

***se·cret·ly** /síːkrətli/ [副] [c] ひそかに, 秘密に. They ～ supplied weapons to the rebels. 彼らはひそかに反逆者たちに武器を提供した.

se·cre·to·ry /sikríːtəri/ [形] 〖生理〗分泌する; 分泌の; 分泌を促す.

sècret políce [名] 〈普通 the ～; 単複両扱い〉秘密警察.

sècret sérvice [名] 〈the ～〉(国の)秘密情報部[機関]; 〈S- S-〉〖米〗財務省秘密検察部《大統領の護衛と偽造貨幣の摘発を行う》.

sècret socíety [名] [C] 秘密結社.

sècret wéapon [名] [C] 秘密兵器.

secs. seconds; sections.

†**sect** /sekt/ [名] [C] 〖しばしば軽蔑〗 **1** 分派, セクト; 派閥, 党派; 学派. **2** 宗派 ([類語] 普通 denomination より小さい分派). [＜ラテン語「従うこと, 党派」(＜*sequī* 'follow')]

sect. section.

sec·tar·i·an /sekté(ə)riən/〖普通, 軽蔑〗〈普通, 限定〉 [形] **1** 分派(間)の; 宗派(間)の. **2** 党派心の強い; 偏狭な. **——** [名] [C] **1** 派閥に属する人; 宗派に属する信徒. **2** 派閥[宗派, 学閥]心の強い人.

▷ **～·ism** [名] [U] 派閥心, セクト主義; 宗派心.

sec·ta·ry /séktəri/ [名] ＝sectarian.

****sec·tion** /sékʃ(ə)n/ [名] ([複] **～s** /-z/)

【切り分けられた部分】 **1** [C] **(a) 断片**; (仕切られた)部分; ([類語] 明確に区分され, 時に他から遊離した部分; →part). cut a large cake into four ～*s* 大きなケーキを 4 つに切り分ける. The knives and forks are in the left ～ of the drawer. ナイフとフォークは引き出し左の仕切った所にある. the sports ～ of a library 図書館のスポーツ関係書コーナー.

(b) (植物・生体組織などの検査用)切片, 薄片. a microscopic ～ 顕微鏡用の薄片.

2 [C] (組み立て)**部品**; (建造物などの)部分. a bookcase in ～*s* 組み立て式の本箱. the bow ～ of a ship 船のへさき部分. **3** [C] (ミカンなどの)袋, 房.

4 [C] (本, 論文などの)**節**, セクション, (→chapter); (法令などの)項 (→clause); (新聞などの)..欄. the sports ～ of a newspaper 新聞のスポーツ欄.

【組織の部分】 5 Ⓒ (a) 部門; (会社, 官庁などの)課, 部. the accounting ~ of a company 会社の会計[経理]課. (b) (オーケストラなどの)セクション, ..部; 〖軍〗班《platoon を構成する小部隊で 2 個以上の squad から成る》. the string ~ 弦楽部.
6 Ⓒ (社会の)層, 階級; (団体などの)派, 党派. the poorest ~ of society 社会の極貧層.
【区画】 7 Ⓒ 〖米〗(公共地の)区《1 平方マイルで township の 36 分の 1》; 地区, 区域. the residential ~s of the city 市の住宅地域.
8 Ⓒ 〖米〗(寝台車の上下 2 つの寝台から成る) 1 区画.
9 Ⓒ (鉄道の)保線区. a ~ hand [man] 保線作業員. a ~ gang 保線作業班.
【切り分けること】 10 ⓊⒸ 〖医〗切開, 切断, 切除. → Caesarean section.
11 ⓊⒸ 切断面, 断面(図). a horizontal [vertical] ~ 横断[縦断]面. in ~ 切断面で, 断面図で.
── 動 他 1 を区分する, 細かく分ける 〈*into* ..に〉. 2 〖医〗を切除する; (顕微鏡用に) 〔組織などの薄片〕を切り取る. 3 VOA (~/X/*off*) X (場所)を区切る 〈*from* ..から〉.
[<ラテン語「切ること, 切られたもの」(<*secāre* 'cut')]

sec·tion·al /sékʃ(ə)nəl/ 形 1 断面(図)の. a ~ plan of a building 建物の断面図. 2 部分の, 区分の; 部門の; (本などの)節(せつ)の. 3 〈普通, 限定〉地方的な, 地方的偏見のある; 派閥的な. conflicting ~ interests 対立する地域的利害関係. 4 組み立て式の, ユニット式の. ~ furniture 組み立て式家具. a ~ sofa ユニット式ソファー. ▷ **~·ly** 副 部分的に; 区分して; 断面として; 地方(主義)的に.

séc·tion·al·ìsm 名 Ⓤ 地方偏重, 地方主義; 派閥主義, セクト根性.

Sèction Éight 名 〖米〗(軍務不適格による陸軍からの)除隊(兵)《1922–44 年の陸軍規則 615–360, 第 8 項から》.

séction màrk 名 Ⓒ 節記号《§》.

†**sec·tor** /séktər/ 名 Ⓒ 1 〖数〗扇形; 関数尺. 2 〖軍〗(それぞれの部隊が責任を負う)戦闘[作戦]地区. 3 (活動の)分野, 部門, 《産業, 経済などの》. the public [private] ~ 公共[民間]部門. the service ~ サービス業部門. ▷ **sec·to·ri·al** /sektɔ́ːriəl/ 形

†**sec·u·lar** /sékjələr/ 形 1 世俗の, 現世の, 俗人の; 非宗教的な; (類語 spiritual に対立し, 宗教的なものとは無関係という客観的な意味; →worldly). ~ affairs 俗事. ~ education (宗教教育に対して)普通教育. ~ life (僧院生活に対して)世俗の生活. ~ music 世俗音楽 (↔ sacred music). 2 〖カトリック〗〔聖職者が〕修道院に住んでいない, 在俗の, (↔regular). the ~ clergy 〈集合的〉在俗聖職者. 3 1 世紀 1 回の, 1 時代 1 度の. 4 長期にわたる; 不朽の〔名声など〕.
── 名 Ⓒ 1 俗人 (layman). 2 〖カトリック〗在俗聖職者《parish priest など》. [<ラテン語「世代 (*saeculum*) の>現世の」] ▷ **~·ly** 副

séc·u·lar·ìsm /-rìz(ə)m/ 名 Ⓤ 教育宗教分離主義《宗教が教育に入り込むことに反対する》; 世俗主義.

séc·u·lar·ist /-rist/ 名 Ⓒ 教育宗教分離主義者; 世俗主義者. ▷ **sèc·u·lar·ís·tic** /-tik/ 形

séc·u·lar·ìze 動 他 〔教育〕を宗教から分離する, を宗教の支配から解放する; を世俗化する; 〔教会の土地, 建物など〕を世間に開放する. ▷ **sèc·u·lar·i·zá·tion** 名

*__se·cure__ /sikjúər/ 形 e (**-cur·er** /-kju(ə)rər/|**-cur·est** /-kju(ə)rəst/), m 【安全な】 1 安全な, 心配[危険]のない, 〈*from, against* ..に対して〉 (類語 safe と比べると, 安全さに客観的根拠があるという含みが強く, 「心配無用」という感じが強い). *a* ~ hiding place 安全な隠れ場所. We're ~ *from* a thunderbolt here. ここなら落雷の心配はない. The castle was not quite ~ *from* [*against*] enemy attack. その城は敵の攻撃に対し十分に安全ではなかった.
【安心していられる】 2 〔生活, 職などが〕安定した; 〔勝利などが〕確実な. He got a ~ job in the Post Office. 彼は(英国)郵政公社に安定した職を得た. His place in the company is now ~. 会社での彼の地位はもう安泰だ.
3 〈普通, 叙述〉〔人が〕安心している 〈*about* ..について〉; 確実に手に入れられそうで 〈*of* ..を〉; 確信をもって 〈*in* ..に〉. Do you feel ~ *about* the future? 将来について心配ありませんか. I feel ~ with you. あなたといると心強い. The Oxford crew appeared ~ *of* victory. オックスフォードのボートチームが勝つのは確実に見えた. He smiled, ~ *in* the knowledge that he would win. 自分が勝つとの確信を得て彼はにっこりした.
4 〔土台, 足場などが〕しっかりした; 堅固な; 〔信念などが〕確固とした. a ~ foundation しっかりした基礎. a ~ knot 固い結び目. 5 〔戸などが〕きちんと閉まった; 〔囚人などを〕厳重に監禁した; 〔貴重品などを〕厳重に保管した. keep a prisoner ~ 囚人を逃げないように厳重に監禁する.
◇↔insecure 名 security
── 動 (~s /-z/|過 過分 ~d /-d/|**-cur·ing** /-kju(ə)riŋ/) 他
【安全にする】 1 を安全にする; を守る 〈*against, from* ..〔危険, 損害など〕から〉. All the paintings in this museum are carefully ~*d against* theft. この美術館の絵はみんな盗難に備えて厳重に守られている.
2 〔窓など〕をしっかり閉める; を固定させる 〈*to* ..に〉. She ~*d* all the locks. 彼女はかぎを全部かけた.
3 〔権利など〕を保障する; 〔貸付〕に担保を付ける 〈*against, on* ..の〉〈普通受け身で〉. Freedom of speech is ~*d* by the Constitution. 言論の自由は憲法で保障されている. a ~*d* loan 担保貸付. My bank loan is ~*d against* my house. 私の銀行ローンには自宅が担保になっている. 4 〔囚人など〕を監禁する.
【確実に手にする】 5 〖章〗(a) をやっと手に入れる, 確保する, (類語 特に, 手に入れ難いものを他人と争ってでも確保すること; →get). My father ~*d* two seats for the game. 父は試合の切符を 2 枚手に入れた.
(b) VOO (~ X Y)・VOA (~ Y *for* X) X のために Y を手に入れてやる, 確保してやる. The university ~*d* ⌞me adequate lodgings [adequate lodgings *for* me]. 大学は適当な下宿を確保してくれた (★受け身は Adequate lodgings were ~*d for* me by the university. となり, I を主語にはしない).
[<ラテン語 *sēcūrus*「心配 (*cūra*) のない」; sure と同源]

†**se·cúre·ly** 副 安全に; しっかりと.

Se·cur·i·cor /sikjú(ə)rəkɔ̀ːr/ 名 〖英〗セキュリコー《現金輸送を引き受ける会社》.

Secùrities and Exchánge Commìssion 名 〈the ~〉〖米〗証券取引委員会《ロッキード事件摘発のきっかけにもなった; 略 SEC; 〖英〗でこれに当たるのは **the Secùrities and Invéstments Bòard** (証券投資委員会)》.

‡**se·cur·i·ty** /sikjú(ə)rəti/ 名 (複 **-ties** /-z/)
【安全】 1 Ⓤ 安全, 無事, 〈*from* ..からの〉; (経済, 生活などの)安定, 保障. in ~ 無事に, 安全に. *Security from* attack is one of the essentials for progress. 外敵からの安全さが進歩の要件の 1 つである. financial ~ 財政上の保障. Job ~ is important. (失業の心配がない)職の安定性は重要だ.
2 (a) Ⓤ (社会の)安寧, 秩序; (要人保護などのための)警備. national [state] ~ 国家の安全. The ~ was very tight when the premier was here. 首相が来た時警護は厳重だった.
(b) 〈形容詞的〉治安[警備]のための. ~ forces (軍隊と警察をひっくるめて)治安維持部隊, 警備隊. strict ~ measures 厳重な警備対策. a ~ check (空港などでの)ボディーチェック. a ~ firm 警備会社.
3 【安全の確保】 ⓊⒸ 防御 〈*against* ..に対する〉; 防衛

S

〈*from* ..からの〉; 防衛策, 保護対策; (犯罪者などの)監禁. This dog is (a) ~ *against* burglars. この犬は泥棒除(よ)けです. a maximum [minimum] ~ prison 重[軽]警備刑務所. hold a brutal criminal in high ~ 凶悪犯人を厳重に収監する.
4【安全の保証】[UC] 担保; 保証; 担保物件; 保証金, 敷金; [C] 保証人. give one's house as (a) ~ 家を担保にする. borrow money on the ~ of one's estate 家屋敷を抵当に借金する.
5 [C] 〈普通 -ties〉(有価)証券《share, bond などの総称》. government *securities* 国債, 公債.
【安心】 **6** [U] 安心(感), 心丈夫; 〖古〗油断. I feel ~ in your presence. あなたがいてくれると心強い. *Security* is the greatest enemy. 〖諺〗油断大敵《<安心は最大の敵》. ◇[形] secure
in secúrity for .. ..の担保[保証]として.
[secure, -ity]

secúrity ànalyst [名][C] 証券アナリスト.
secúrity blànket [名][C] 幼児が安心感を持つためにいつも手にしている毛布など; 〈比喩的〉精神安定剤.
secùrity cléarance [名] =clearance 5.
Secúrity Còuncil [名] 〈the ~; 単複両扱い〉(国連の)安全保障理事会《略 SC》.
secúrity guàrd [名][C] (会社などの)警備員.
secúrity lìght [名][C] 防犯灯.
secúrity políce [名] 〈the ~; 複数扱い〉治安警察《スパイ防止, 要人警護に当たる》.
secúrity rìsk [名][C] 機密保持上の要注意人物《国家機密を扱うような仕事を任せられない人》.
secúrity sèrvice [名][C] 国家安全機構《米国の CIA など》.
secúrity trèaty [名][C] 安全保障条約.
secy, sec'y secretary.
†**se·dan** /sidǽn/ [名][C] **1** 〖米・オース〗セダン《運転席と後部座席が仕切られていない普通の型の乗用車; 〖英〗saloon car; →limousine》. **2** いすかご (**sedán chàir**)《17, 8 世紀の乗り物》. [<?]
se·date /sidéit/ [形] 〔人が〕落ち着いた, もの静かな; まじめな. ── [動][他] に鎮静剤を与える〈しばしば受け身で〉. [<ラテン語 *sēdāre*「座らせる>落ち着かせる」] ▷**~·ly** [副] 落ち着いて, もの静かに. **~·ness** [名]
se·dá·tion [名][U] 〖医〗(鎮静剤による)鎮静(作用, 状態); 鎮静剤の投与. 「[C] 鎮静剤.
sed·a·tive /sédətiv/ [形] 鎮静作用のある. ── [名]↑
sed·en·tar·y /séd(ə)ntèri|-t(ə)ri/ [形] **1** 座ってする, 座っていてできる; 座ってばかりいる. ~ work 座ってする仕事, 座業. lead a ~ life 座りがちの生活をする. **2** 定住する. [<ラテン語 *sedēre*「座る」] ▷**sed·en·tar·i·ly** [副] **sed·en·tar·i·ness** [名]
Se·der /séidər/ [名][C] (ユダヤ教の)過ぎ越しの祭りの祝宴 (→Passover).
sedge /sedʒ/ [名][U] 〖植〗スゲ《湿地に生える》.
sedg·y /sédʒi/ [形] スゲの茂った.
sed·i·ment /sédəmənt/ [名][aU] 沈殿物, おり; (川などが運んでくる土砂などの)堆(た)積物. [<ラテン語 *sedēre*「座る」]
sed·i·men·ta·ry /sèdəmént(ə)ri [移]/ [形] 沈殿物の, おりの; 沈殿物[堆(た)積物]から生じた. ~ rocks 堆積岩.
sèd·i·men·tá·tion [名][U] **1** 沈殿[堆(た)積](作用). **2** 〖理〗沈降.
se·di·tion /sidíʃ(ə)n/ [名][U] (反政府的)治安妨害; 教唆扇動. ▷**~·ist** [名]
se·di·tious /sidíʃəs/ [形] 治安妨害の; 教唆扇動の; 扇動する. ▷**~·ly** [副] **~·ness** [名]
†**se·duce** /sid(j)ú:s/ [動][他] **1** 〔経験のない[少ない]若い娘〕を誘惑する, だます. She was first ~*d* at the age of eighteen by a middle-aged man. 彼女は 18 歳の時, 中年の男性に初めて誘惑された.
2 [VOC] (~ X *to do*) X をそそのかして..させる; [VOA] (~ X *into* (*doing*) ../X *from* ..) X をそそのかして..させる[に誘い込む]/..させない[から遠ざける]; ([類語] 正道を踏み外させることに重点がある). ~ a boy *into* mischief 男の子をそそのかしていたずらをやらせる. I was ~*d into* buying a fake diamond. 私はだまされて偽のダイヤモンドを買わされた. Her charm ~*d* me *from* my books and studies. 彼女の魅力が私を読書や研究から遠ざけた. **3** をうっとりとさせる, 魅了する. She was ~*d* by the attractions of the metropolis. 彼女は大都会の魅力に引き付けられた.
[<ラテン語「連れ去る」(<*sē-* 'away'+*dūcere* 'lead')]
▷**se·duc·er** [名][C] 誘惑者, 女たらし.
se·duc·tion /sidʌ́kʃ(ə)n/ [名] **1** [UC] 誘惑, そそのかし; 〖法〗婦女誘拐. **2** [C] 〖章〗〈普通 ~s〉魅力的なもの[こと].
se·duc·tive /sidʌ́ktiv/ [形] 魅力[誘惑]的な, 人を引き付ける. a ~ offer よだれの出そうな申し出.
▷**~·ly** [副] 魅力的に. **~·ness** [名][U] 魅力的なこと.
sed·u·lous /sédʒələs|-dju-/ [形] 〖雅〗勤勉な; 念入りな, 丹念な, (diligent). a ~ workman よく働く職人.
▷**~·ly** [副] 勤勉に; 念入りに. **~·ness** [名]
‡**see**[1] /si:/ [動] (~s /-z/|[過] **saw** /sɔ:/|[過分] **seen** /-n/|**sée·ing**) [他] [語法] 3, 4, 9 を除いて普通, 進行形にならない.
【目に映る】 **1** (**a**) を見る, が見える, 目に入る; が見られる, いる[ある]; ([類語] 自然に目に入ることを言い, 意識的に見る look と比較される: I *looked* out of the window, but *saw* nobody. (私は窓の外を見てみたがだれも見えなかった); →behold, contemplate, eye, gape, gawk, gaze, glance, glimpse, look, peek, peep[1], peer[2], stare, watch). I ~ a picture on the wall. 壁に絵が掛かっているのが見える. We can ~ Mt. Fuji from here on a fair day. 天気のよい日にはここから富士山が見える. Can you ~ that smoke? あの煙が見えますか. (★can, could を伴う時は普通努力して見ることを表す場合が多い). You sometimes ~ very fashion-conscious men. 流行に非常にこだわる男性がたまにいるものです.
(**b**) [VOC] (~ X *do*/X *doing*/X *done*) X が..する/..している/..されるのを見る; (~ X Y) X が Y (の状態) であるのを見る. I *saw* a dog *cross* the street. 犬が道路を渡るのが見えた. I *saw* a dog *crossing* the street. 犬が道路を渡っているのが見えた. I hope I'll not ~ such folly *repeated*. こういう愚行が繰り返されるのは見たくない. They were *seen* kissing passionately. 2 人は熱烈なキスをしているところを見られた. I've never ~*n* her so furious. 彼女があんなに怒り狂うのは見たことがない.

> [語法] (1) see X do に対する受け身の文は A dog was *seen to cross* the street. のように to 不定詞が来る. (2) 目的語の後に原形が来る時には動作の一部始終に, 現在分詞が来る時には動作の進行に重点がある; 従って I saw a dog *cross* the street. は犬が横断を始めてから終わるまでを見たこと, I saw a dog *crossing* the street. はたまたま犬が横断中のところが見えた(渡り終えたかどうかは不明)ということ.

【(見ようとして)見る】 **2** を眺める, 観察する; を確かめる, 調べる; [VO] (~ *wh* 節・句) ..かを観察する; ..かを調べる[確かめる]. *See* the car carefully before you buy it. 車を買う前によく調べなさい. *See how* the magician shuffles his cards. 手品師がトランプをどうやって切るかよく見ていなさい. There's a knock on the door. Go and ~ *who* it is. だれかノックしている. 行って見てきなさい. *See if* the door is secure. ドアがきちんと閉まっているかどうか確かめなさい.
3 〔名所〕を見物する; 〔映画, 劇など〕を見る; 〈命令形で〉を見よ, を参照せよ. ~ the sights of Kyoto 京都の名所旧跡を見物する. ～ a play 芝居を見る. *See* page 15. 15 ページ参照.

4【面会する】に会う, 面会する; を訪問する;〔医者〕に診てもらう;〔異性〕と付き合う, 交際する,〈普通, 進行形で〉. I'm glad to ～ you. お会いできてうれしいです; やあ, いらっしゃい(★初対面の時は meet が普通: I'm glad to *meet* you. (初めまして)). I think you'd better ～ the doctor. 医者に診てもらった方がいいと思うよ. She's still ～*ing* Ed. 彼女はまだエドと付き合っている.

5【心の中で見る】**(a)** を想像する, 予測する. We can ～ a day when ordinary people travel in space. 普通の人が宇宙旅行する時代が我々には想像できる. I can ～ no future in this country. この国には何の未来も見いだせない. I ～ no advantage in hiring a maid. お手伝いさんを雇ってもなんにもならないと思う. **(b)** VO (～ *doing*) ..するのを想像する; VOC (～ X *doing*/X *done*) X が..しているのを/..されるのを想像する. I can't ～ myself *lying* in bed until eleven o'clock. 私は 11 時まで寝ているなんて思いも寄らない. **(c)** VOA を想像する; をみなす, 考える,〈*as*..と(して)〉. I can't ～ her *as* my boss. 彼女が僕の上司になるなんて想像できない[とんでもない]. She is widely *seen as* an authority on phonetics. 彼女は音声学の大家として広く認められている. *as* [the way] I ～ it 私の見るところでは. He ～*s* life differently than I do. 彼の人生に対する考え方は私のと違う.

【見て知る】**6** VO (～ X/*that* 節) X を/..ということを読んで知る, 見て知る. I ～ in the paper *that* the actress has remarried. あの女優が再婚したと新聞に出てますよ.

7【理解する】が分かる, を理解する, を悟る; VO (～ *that* 節/*wh* 節・句) ..ということが/..かが分かる, に気付く. ～ the point 要点が分かる. I ～ *what* you mean. おっしゃることは分かります. Sam never ～*s* a joke. サムにはしゃれは決して通じない. I can't ～ the use of climbing mountains. 山登りが何の役に立つのか分からない. I don't ～ *how* you can eat that stuff! よくもまあ, あんなものが食べられるね. I don't ～ *what* to say to help you. あなたのお役に立つには何と言ったらいいのか分かりません. 語法 この意味では挿入節として用いられることがある: Arguing with him, I could ～, would have been useless. (彼と議論をしてもむだであったろうということが分かった)

8【経験する】**(a)** を経験する, ..の目に遭う;〔場所, 時代など〕を目撃する. This town has *seen* a lot of changes. この町も随分変わった. ～ life [the world] 世間を知る, 人生経験を積む. have *seen* it all (before) 世故にたけている, 万事抜け目がない. He will never ～ sixty again. 彼は 60 の坂を越した《＜再び 60 歳を経験しないだろう》. ～ service →service (成句). This coat has evidently *seen* long and hard wear. このコートは長い間激しい使われ方をしたのは明らかだ. The year 1914 *saw* the outbreak of World War I. 1914 年には第 1 次大戦が始まった. Though I started the day with four pairs of dry socks, none *saw* noon in that pleasant state. その日乾いた靴下を 8 枚持って出かけたが, 昼には(みな濡れてしまって)快適な状態のものは 1 枚もなかった. have *seen* better days →better (成句).

(b) VOC (～ X *do*/X *doing*/X *done*)〔場所, 時代などが〕X が..する/..している/..されるのを目撃する. Last week *saw* the U.S. *withdraw* from the Persian Gulf. 先週になってアメリカ(軍)がペルシア湾から撤退した.

【見届ける】**9 (a)** VOA を送る, 送り届ける, 見送る; を案内する. I'll ～ you *to* the gate. 門のところまで送りましょう. I want you to ～ her home. 彼女を家まで送って欲しい. ～ him *around* the aquarium 水族館内を彼を案内して回る.

(b) VOC (～ X Y) X が Y になるのを見届ける. I hope I'll live long enough to ～ you a great pianist. おまえが大ピアニストになるのを見届けるまで生きていたいものだ.

10 を傍観[黙認]する; VOC (～ X *do*/X *doing*/X *done*) X が..する/..している/..されるのを黙って見ている;〈普通, 否定文で〉. I can't ～ her *ruin* her whole life. 彼女が破滅するのを黙って見ていられない.

11【見届ける＞配慮する】VO (～ ***that*** 節) **..であるように取り計らう**; VOC (～ X *done*) **X が..されるよう取り計らう**, 配慮する; (SEE to it that..). *See that* the door is fastened before you go to bed. 寝る前にきちんと戸を締めなさい. I'll ～ the job *done* properly. 仕事がちゃんと行われるように(監督)しよう. **12**〘トランプなど〙〔相手(の賭(か)け金)〕と同額の金を賭ける.

— ㊐ (★語法 普通, 進行形にならない) **1 目が見える**, 見える, (★can を伴うことが多い). Owls can ～ in the dark. フクロウは暗くても目が見える. I can't ～ to read; it's so dark here. ここでは暗くて読めない. as far as the eye can ～ 見渡す限り.

2 調べる, 確かめる; 考えてみる. If you don't believe me, go and ～ for yourself. 私の言うことが信じられなければ自分で行って確かめてごらん.

3 分かる, 理解する. *See* [Do you ～]? 分かりましたか. Don't you ～, we had no choice. 分からないのか, 外に打つ手[方法]がなかったんだよ. You'll ～. 後で話してやるよ; おいおい分かるよ. as far as I can ～ 私の知る限りでは. So I ～. どうもそうみたいだね; もう分かっています. as you can ～ ご承知のように[ご覧のとおり].

4 VA (～ ***to*** **..**) ..に配慮する, 注意する; ..の面倒を見る. You go and play, I'll ～ *to* the dishes. 片付けは私がするから遊んでらっしゃい. You should get that toilet *seen to* by a plumber. その便器は配管工に見てもらった方がいいだろう. ～ *to* it that.. →成句.

I'll sèe you dámned [hánged, blówed, in héll] fírst.〘話〙まっぴらごめんだ《要求に対する強い拒絶》.

I'll sèe [(I'll) be sèeing] you (láter). ＝SEE you (later).

*****I sée.*** なるほど, 分かりました.

I will [I'll] sée. 考えておきましょう.

*****Lèt me [Lèt's] sée.*** →let[1].

Lòng tíme nò sée.〘話〙久しぶりですね《＜同意の中国語からピジン英語 (see は名詞化されている)を経て英語化された表現; 非文法的だが親しい人のあいだで用いられる; ＝I've not seen you for a long time.》.

sée about.. ..を手配する, 配慮する; ..を考えてみる. We'll ～ *about* the hotel. ホテルの手配は私たちの方でいたします. I'll ～ *about* it. 考えておきましょう, 前向きに検討してみましょう, 《確約などを避ける常套(とう)句; →We'll (soon) SEE about that! (成句)》.

sée after.. ..の世話をする (look after).

sèe a pèrson àll ríght →SEE a person right.

sèe a màn [sòmeone] about a dóg [hórse]〘話・戯〙ちょっと失礼する, 用を足す, 《普通, トイレに立つときに言う》.

sée around.. ＝SEE over ...

sèe a person cóming 人の足元を見る, 人に一杯食わす.

sèe fít →fit[1].

Sèe hére! ＝LOOK (here)!

Sèe if Í càre!〘話〙私の知ったことじゃない, 勝手にしろ.

sèe /../ ín (1)〔人〕を(部屋の)中に案内する. (2)〔新年など〕をお祝いして迎える (↔SEE /../ out (4)).

sée X ***in*** Y Y(人)の X に魅力を感じる[関心がある]〈普通, 否定文・疑問文で〉. I have no idea what she ～*s in* Ben. 彼女はベンのどこに惹(ひ)かれているのか分からない.

sée into.. ..を調べる; ..を見抜く.

*****sèe múch [nóthing, líttle, sómething, etc.] of..*** **..によく会う**[全然会わない, ほとんど会わない, ときどき会う

S

など〕. I've *seen nothing of* Jane lately. 最近ジェーンに全然会わない.

*__*sèe /../ óff*__ (1) ..を見送る (↔meet). I went to the airport to ~ Mr. Jones *off*. ジョーンズ氏を見送りに空港へ行った. (2)〔侵入者など〕を追い払う; 〖話〗〔敵など〕を撃退する, ..に打ち勝つ. (3)〖英俗〗..を取っちめる; ..を殺す.

sée X ***off*** Y X(人)をYから追い払う, 立ち退かせる.

sèe /../ óut (1) ..を玄関まで見送る. (2) ..を最後まで見る[聞く]; ..を最後までやり抜く. ~ *out* a two-hour program on TV テレビの2時間番組を最後まで見る. (3)〔物が〕の終わりまでもつ, 足りる;〔人が〕の終わりまで持ちこたえる. have enough fuel to ~ the winter *out* ひと冬を越せるだけの燃料がある. (4)〔旧年〕をお祝いして送る (↔SEE /../ in).

sée over.. (1) ..を越えて見る, ..越しに見る. (2) ..を見回る. (3) ..をよく調べる (examine). He *saw over* the house he wanted to buy. 彼は買おうと思った家を念入りに検分した.

sèe a pèrson ríght [àll ríght] 〖英話〗人の安全を図る; 人が損をしないように取り計らう.

sée round.. ＝SEE over...

sée thìngs 〖話〗幻覚を起こす, 幻を見る. She can't be back already—I must be *~ing things*! 彼女がもう戻ってきているなんてはずはない. 私は幻を見ているに違いない.

sée through.. (1) ..を透かして見る. ~ *through* the window 窓越しに見る. (2) ..を見抜く. I ~ *through* your lies. 君のうそは見えたよ.

sèe /../ thróugh 〔ある事〕をやり通す, 最後まで見届ける,〔人〕を助けて切り抜けさせる. Now that you've started the project, you must ~ it *through*. この計画を始めたからには最後までやり通さなくてはいけない. This money will ~ us *through* till the end of this month. このお金で月末まで何とかやれるだろう.

sée X ***through*** Y Xを助けてYを切り抜けさせる. I *saw* him *through* the difficulty. 私は彼を助けて難事を切り抜けさせた.

sée to.. →自 4.

*__*sée to it thàt.. ..*__*であるように取り計らう. *See* (*to it*) *that* breakfast is ready by six tomorrow morning. 明日の朝6時までに朝食の準備をしておくように(取り計らってくれ). 語法 (1) to it を省く方が談話体 (→他 11). (2) that 節中では, 普通, 現在形を用いる.

S

*__*Sèe you (láter [sóon, agáin,*__ 〖主に米〗 ***aróund*]).** 〖話〗じゃあまた, また会いましょう.

We'll (sóon) sèe about thát! そんなことはさせない, そうは行かない, やめさせてやる.

We will [We'll] sée. (1) 考えておこう (＝I will see.) (2) 今に分かるよ.

you sée あなたも知っての通り; だって, いいですか; ほら, あのですね; (★文頭, 文中, 文尾のいずれにも置き, 言い訳・説明などに軽く添える). "Why didn't you come yesterday?" "*You* ~, I had a terrible headache."「昨日どうして来なかったの」「だってひどい頭痛がしたんだもの」.

You sée if .. ..したら見ものだ, ..のはずはない. He'll forget your birthday, *you* ~ *if* he won't. 彼は君の誕生日を忘れるよ, まあ見てごらん(, そうなるから).

── 名 C 〖話〗(ちらっと)見ること. have [take] a ~ ちらりと見る. [＜古期英語 *sēon*]

see[2] 名 C 司教[主教] (bishop) の地位[管区]; 大司教[大主教] (archbishop) の地位[管区]. the Holy *See* ローマ教皇の地位; ローマ法王庁. [＜ラテン語 *sēdēs*「座席」]

‡**seed** /siːd/ 名 (複 **~s** /-dz/) 【種】 **1** UC 種(たね), 種子, (★集合的には U 扱い) (類語 植物の種(たね)を表す一般的な語; リンゴ, ナシ, ブドウなど果物の小さい種は, 特に 〖英〗では pip と言う; →core, pit[2], stone[1] 6). sunflower ~*s* ヒマワリの種. sow [plant] ~(*s*) in the field 畑に種をまく. a packet of poppy ~ ひと袋のケシの種. raise flowers from ~ 花を種から育てる. ◇形 seedy

2 U (魚などの)卵, 白子; 種カキ; 〖古・雅〗精液.

3 C 〈普通 ~*s*〉原因, 'たね', 萌芽(ほうが), 〈*of* ..〔勝敗, 破滅, 疑いなど〕の〉. sow [plant] the ~*s* of future trouble 将来の災いの種をまく.

4 【種から生じるもの】 U 〖聖書〗子孫. the ~ of Abraham アブラハムの子孫, イスラエル人.

5 【間隔を空けてまかれた種】 C 〖競技〗シード選手[チーム] (→動 他 3). Wimbledon's top [number two] ~ ウィンブルドンの最高[第2]シード選手.

gò [rùn] to séed 〔花が盛りを過ぎて〕種になる, とうが立つ, 花が過ぎる;〔人が〕心身ともに衰える.

in séed 〔花が盛りを過ぎて〕種になって.

── 動 自 **1**〔植物が〕種を生じる, 実を結ぶ; 種を落とす. **2** 種まきをする.

── 他 **1** (**a**)〔土地〕に種をまく〈*with* ..の〉;〔種〕をまく; (類語 sow の方が一般的; →plant). She ~*ed* her garden *with* vegetables. ＝She ~*ed* vegetables *in* her garden. 彼女は自分の菜園に野菜の種をまいた. (**b**) 〈~ oneself の形で〉〔植物が〕〔自分〕の種を生じる[落とす]. Weeds ~ them*selves* and spread rapidly. 雑草は種を落としてたちまちはびこる. **2**〔果物〕の種を取り除く. **3** 〖競技〗〔優秀な選手, チーム〕をシードする〈普通, 受け身で〉 《強いものが勝ち残るよう組み合わせを調整するため, 選手[チーム]にランク付けする》. She was ~*ed* second [number two] in the tournament. 彼女はトーナメントで2番にシードされた. **4**〔雲の間〕に散布する〈*with* ..〔薬品など〕を〉《人工降雨をもたらすため》.

[＜古期英語; sow[1] と同根]

séed·bèd 名 C 苗床; (悪などの)温床.

séed·càke 名 UC 種入りケーキ《キャラウエー (caraway) などの種を入れる》.

séed·càse 名 C 〖植〗果皮.

séed còat 名 C 〖植〗種皮.

séed·còrn 名 U **1** 〖米〗種トウモロコシ; 〖英〗種麦, 種もみ. **2** 〖英〗将来性のある資産[投資].

seed·ed /-əd/ 形 **1** 種を取り除いた; 種のある (↔ seedless). squash ~ tomatoes for soup スープ用に種を取ったトマトをつぶす. a many-~ fruit 種のたくさんある果物. **2** 〖競技〗シードされた (→seed 動 他 3). a ~ player シード選手.

séed·er 名 C **1** 種をまく人; 種まき機. **2** (ブドウなどの) 種取り機.

séed lèaf 名 C 〖植〗子葉.

séed·less 形 種なしの. ~ grapes 種なしブドウ.

seed·ling /síːdliŋ/ 名 C **1** (種から育てた)苗木. **2** 若木.

séed mòney 名 U (新事業の)元手, 基金.

séed òyster 名 C 種カキ《養殖用》.

séed pèarl 名 C 小粒の真珠.

séed plànt 名 C 種子植物.

séed potàto 名 C 種ジャガイモ.

séeds·man /-mən/ 名 (複 **-men** /-mən/) C 種をまく人; 種屋《人》.

seed·y /síːdi/ 形 e **1** 種(たね)の多い; 種のある; とうの立った. a ~ orange 種の多いオレンジ. **2** 〖話〗〔外見, 服装などが〕みすぼらしい, くたびれた. ~ clothes みすぼらしい服装. **3** 〈普通, 叙述〉〖話〗気分がすぐれない, さえない. feel ~ 気分がさえない. ▷**seed·i·ly** 副 **seed·i·ness** 名

***see·ing** /síːiŋ/ 名 (複 **~s** /-z/) UC **1** 見ること; 視覚, 視力. *Seeing* is believing. 〖諺〗百聞は一見にしかず. **2** 〖天文〗天体観測からみた大気の状態.

── 接 ..であることを考えると, ..であるからには, (語法 一般に後に that 節を伴うが that が省略されることもある;

また seeing as 〖話〗や, 標準語法とはされないが seeing as how の形もある). *Seeing (that)* you are busy on Saturday evening, I'll call you on Monday. 君は土曜の夜は忙しいようだから月曜に電話しよう.

Sèeing Éye 名 盲導犬訓練所《米国 New Jersey 州の Morristown にある》.

sèeing-éye [Sèeing-Éye] dòg 名 C 盲導犬.

‡**seek** /siːk/ 動 (~s /-s/|過 過分 **sought** /sɔːt/|**séek·ing**) 他 〖章〗 **1** 〔仕事, 場所など〕を**捜し求める**, 捜す, (look for); 〔幸福, 名声など〕を得ようとする, 追い求める. ~ shelter from the shower [sun] 雨宿りする[日陰に入る]. ~ one's fortune ひと財産作ろうとする; 出世しようとする.

2 〔忠告など〕を**求める**, 要求する, (ask for), 〈*from* ..に〉. ~ a doctor's advice 医者に診てもらう. She is too proud to ~ help *from* her friends. 彼女は気位が高くて友人の助けを求めない.

3 VO (~ *to do*) **..しようと努める**(*try*). She *sought* vainly *to* make him understand. 彼女は彼に分からせようと努力したがむだだった. **4** に行く, 赴く. ~ the park for rest 休息のために公園に赴く.

— 自 〖章〗 VA (~ *for, after ..*) **..を捜し求める; 欲しがる**. ~ *for* fame 名声を得たがる. I *sought for*, but could not find, a means of persuading him. 彼を説得する方法を探したが見つからなかった. Electrical engineers are much *sought after*. 電気技師は引っ張りだこである《このように「人・物が求められている[人気がある]」という意味では, しばしば受け身形が用いられる》.

be nòt fár to sèek 〖主に英〗すぐ見つかる, 遠くない所にある. The answer *is not far to* ~. 答えは簡単に見つかる.

be to séek 〖主に英〗まだ欠けている, まだ見つからない. The answer *is* still [yet] *to* ~. 答えはまだ見つからない.

sèek /../ óut ..を見つけ出す. [＜古期英語]

séek·er 名 C 捜す人, 捜索者; 探求者.

‡**seem** /siːm/ 動 (~s /-z/|過 過分 **~ed** /-d/|**séem·ing**) 自 【**..のように見える**】 **1 (a)** VC (~ X) **X のように見える**, **X らしい**; VA (~ *like ..*) ..のように見える; (★進行形不可). Susan ~*s* sick. スーザンは病気のようだ. Mrs. Evans ~*s* a good teacher. エヴァンズ先生はいい先生みたい. It ~*ed* wiser to them to give up. あきらめた方が利口だと彼らは思った. Nobody is quite what they ~. 人間だれしも見かけ通りとは限らない. She ~*s like* a selfish woman. 彼女はわがままな女性のようだ. It ~*s like* yesterday that we skated together. 一緒にスケートをしたのがまるで昨日のことみたいです.

> 語法 (1) X が形容詞を伴わない名詞の場合は (b) の文型が用いられる:「彼女は先生らしい」は She ~*s* a teacher. ではなく, She ~*s* to be a teacher. と言う (→(a) の第 2 例); ただし, その(意味上の)特性に程度の差がある名詞 (coward, fool, genius など)の場合は (a)(b) 両方の文型が可能: That ~*s* (to be) nonsense to me. (それは私にはナンセンスに思える) (2) X が受け身又は進行形の分詞の場合は (b) の文型が普通: He ~*ed* to be sleeping over there. (彼は向こうで眠っているらしかった)

(b) VC (~ *to do/to be*) **..する/..であるように見える**, ..らしい (★to be を省けば (a) の文型). Susan ~*s to be* sick. ＝Susan ~*s* sick. スーザンは病気のようだ. He ~*s to* think we're fools. 彼は我々が間抜けだと思っているようだ. She never ~*s to* grow older. 彼女は全然年を取らない[成長しない]みたいだ. Susan ~*s to have been* sick. スーザンは病気だったみたいだ (★後に完了形の不定詞が来ると過去の事柄を表す, 比較: Susan ~*ed* to be sick. (スーザンは病気らしかった)). I don't ~ *to* like Beth. 〖話〗何となくベスが気に入らない.

> 語法 否定形の場合次のように 2 通りの言い方が可能であるが, 前者の方が普通: He doesn't ~ to be at home. ＝〖章〗He ~*s* not to be at home. (彼は家にいないらしい)

2 VA (~ *that* 節/*as if* [*as though*]節) 〈it を主語にして〉 **..らしい**, ..のようだ, ..と思われる/(まるで)..のようだ [らしい] (★意味的に It ~*s* (*that*) .. と変わりなく用いられることもある; as if [though] 節内の動詞は仮定法とは限らない). It ~*s* (*that*) we have no other alternative. 外にどうしようもないようだ. It ~*ed* to everybody *that* success was doubtful. 成功はおぼつかないとみんなに思われた. It would ~ *that* he is wrong. どうも彼が間違っているようだ (★It ~*s* that.. より控え目な又は慎重な言い方). It ~*s as if* everything he touches turns to gold. まるで彼の手に触れるものはみんな金に変わるみたいだ. It ~*s as if* our candidate will win. 我々の候補者が勝ちそうだ.

> 語法 (1) 次のような言い換えができる: It ~*s* that John doesn't like fish. ＝It doesn't ~ that John likes fish. ＝John doesn't ~ to like fish. (ジョンは魚が好きでないようだ) (2) it ~*s* は挿入節として文中, 文尾にも用いられる: The couple, it ~*s* to me, are meant for each other. (あの 2 人は似合いの夫婦のように私には思える)
>
> 類語 seem は話し手の主観的な確信を表し, appear は外見はそうでも実際には必ずしもそうでないという気持ちを表す. また look は目で見てそれと分かることを表す: You *seem* tired. (君は疲れているようだ) You *appear* to be tired. (君は疲れているように見える(実際には疲れているかどうかは不明)) You *look* tired. (君は疲れているのがはっきり見える)

càn't sèem to dó 〖話〗..できないようだ, ..できそうもない, (＝It ~*s* that one can't *do*). I *can't* ~ *to* sleep tonight. 今夜は眠れそうもない. She *couldn't* ~ *to* get out of the habit. 彼女はその癖を直せそうもなかった.

It séems like .. ..のようだ[のように思われる] (★It ~*s* that.. の非標準形). *It* ~*s like* he's going to get a promotion. 彼は昇進するらしい.

Sò it séems.＝It séems sò. どうもそうらしい. "He was hospitalized, wasn't he?" "*So it* ~*s*."「彼は入院したんですって」「どうもそうらしい」. 参考 否定の内容を受けるときは It ~*s* not. を用いる: "Is he going to marry Sue?" "It ~*s* not."「彼はスーと結婚するつもりなの」「そのつもりはないようだ」.

There sèem(s) (to bé)... ..があるようだ. *There* ~*s* (*to be*) some misunderstanding between us. (＝It ~*s* that there is some...) どうも我々の間に誤解があるらしい (★否定なら There doesn't ~ to be... となる). *There* ~*s to have been* a traffic accident again at that corner. (＝It ~*s* that there *was* a...) あの角でまた交通事故があったらしい.

[＜古期北欧語「ふさわしくする, 尊敬する」(＜「適切な」)]

séem·ing 形 〖章〗〈限定〉うわべの, 外見上の; 見せかけの, もっともらしい. ~ friendliness うわべだけの親しさ.

***seem·ing·ly** /síːmiŋli/ 副 C **表面は**, 外見は, 見かけは, 〈しばしば文修飾〉. a ~ harmless idea 見かけは害のない考え. *Seemingly* there are no hard feelings between them. 見たところは彼らはお互いに悪い感情はないようだ.

séem·ly 形 e 〖旧・章〗〔言動などが〕礼儀にかなった, ふさわしい. [＜古期北欧語「適切な」] ▷**seem·li·ness** 名

seen /siːn/ 動 see¹ の過去分詞.

seep /siːp/ 動 自 VA 〔液体などが〕しみ出る[込む], にじみ

S

出る; 〔情報などが〕漏れる; 〔感情, 思想などが〕ゆっくり広がる, 浸透する. The water ~ed ⌞into the cellar [out of the tank]. 水が⌞地下倉庫に[タンクから]漏れた. [<古期英語] 「U しみ出た液体.

seep·age /síːpidʒ/ 名 UC しみ出ること, 浸出, 漏出;↑

seer /síər|síːə, síə/ 名 C 〖古·雅〗予知能力のある(と主張する)人, 予言者; 占い師.

seer·suck·er /síərsʌ̀kər/ 名 U サッカー《縦じまがあり, 縮れて薄い綿[亜麻]布》.

see·saw /síːsɔ̀ː/ 名 **1** C シーソー《遊具》. **2** U シーソー遊び. play (at) ~ シーソーで遊ぶ. **3** C 上下[前後]運動, 一進一退. ~ motion 交互に上下[前後]する運動. ── 動 自 **1** シーソーで遊ぶ. **2** 交互に上下[前後]運動する; 一進一退する; 〔政策などが〕猫の目のように変わる, 朝令暮改する. [<saw[2] (の加重形); もとのこぎりを引くときのかけ声] 「大接戦, シーソーゲーム.

sèesaw gáme [mátch] 名 C 追いつ追われつの↑

‡**seethe** /siːð/ 動 自 **1** 〔波などが〕逆巻く, 泡立つ. *seething* waters 逆巻く波. **2** (**a**) 〔群衆などが〕沸き立つ, 騒然とする, 〈*with* ..〔興奮など〕で〉; 〔人が〕煮えくり返る〈*with* ..〔怒りなど〕で〉. The crowd was *seething with* discontent. 群衆は不満で騒然としていた. (**b**) 〔場所が〕混雑する〈*with* ..〔人など〕で〉. (**c**) 〔感情が〕煮えたぎる. Anger and hatred ~*d* within her. 怒りと憎悪が彼女の中で煮えたぎった. **3** 〖古〗煮え立つ, たぎる.

── 他 〖古〗をゆでる, 煮る, (stew). [<古期英語]

seeth·ing /síːðiŋ/ 形 煮えたぎる; 活気あふれる.

▷ **~·ly** 副

sée-thròugh 形 〔服などが〕透けて見える, シースルーの. a ~ négligé 透けて見える部屋着.

†**seg·ment** /ségmənt/ 名 C **1** 部分, 区分, 切片; (社会の)階層; (類語 自然の, 又は構造上必然的な裂け目によって区切られた部分の感じが強い; →part). a ~ of an orange オレンジの実の(中身の)ひと袋. every ~ of society 社会のあらゆる層. **2** 〖数〗線分; (円の)弧. **3** 〖動〗体節. **4** 〖音声〗単音, 分節音.

── /-ˊ-|-ˊ/ 動 他 を分割する, 分ける, 分裂させる. ── 自 分かれる, 分裂する.

[<ラテン語「切断」(<*secāre* 'cut')]

seg·men·tal /segmént(ə)l/ 形 **1** 部分の, 分節の; 分節から成る. **2** 〖数〗弧の; 線分の.

seg·men·ta·tion /sègmentéiʃ(ə)n/ 名 aU 分割, 区分け; 〖生物〗卵割, 分割.

se·go /síːgou/ 名 (複 **~s**) C (北米西部産の)ユリの一種 (**sègo líly** とも言う); その球根《食用》.

†**seg·re·gate** /ségrigèit/ 動 他 〈しばしば, 受け身で〉 **1** を隔離する, 分離する. **2** を人種差別する; 〔施設, 居住地など〕を人種的偏見から分離する; (↔integrate, desegregate). ~ Negro students 黒人学生を差別する《白人の学校に入れないようにする》. Residential areas in Northern cities still remain ~*d*. 北部の住宅地区は依然として人種差別をしている. a ~*d* school [bus] 人種差別をしている学校[バス]; ある人種·集団のためだけの(他から分離された)学校[バス]. ── 自 分離する; 隔離政策を取る. [<ラテン語「群れ (*grex*) から離す」]

sèg·re·gá·tion 名 **1** aU 分離, 隔離. **2** U 人種差別 (**ràcial segregátion**)《学校, ホテル, バスなどに特定の人種を入れないなど; →integration》.

▷ **~·ist** 名 C 人種差別肯定者.

seg·re·ga·tive /ségrigèitiv/ 形 **1** 交際嫌いの, 非社交的な. **2** 人種差別主義の.

sei·gneur /seinjə́ːr/ 名 C 封建領主; 荘園領主. [古期フランス語 'senior']

sei·gnior /síːnjər|séi-/ 名 =seigneur.

Seine /sein/ 名 〈the ~〉 セーヌ川《パリを流れてイギリス海峡に注ぐ》.

seine /sein/ 名 C 引き網, 地引き網. ── 動 他 〔魚〕を引き網で取る. ── 自 引き網漁をする.

seise /siːz/ 動 〖主に法〗=seize 7.

seis·mic /sáizmik/ 形 地震の; 地震によって起こる. a ~ (sea) wave 津波. [<ギリシア語 *seismós*「地震」]

seis·mo·gram /sáizməgræ̀m/ 名 C 震動記象《地震計の記録した震動図》. 「計.

seis·mo·graph /sáizməgræ̀f|-grɑ̀ːf/ 名 C 地震↑

seis·mo·log·i·cal /sàizməlɑ́dʒikəl|-lɔ́dʒ- ⑧/ 形 地震学の.

seis·mol·o·gist /saizmɑ́lədʒist|-mɔ́l-/ 名 C 地震学者.

seis·mol·o·gy /saizmɑ́lədʒi|-mɔ́l-/ 名 U 地震学.

seis·mom·e·ter /saizmɑ́mətər|-mɔ́m-/ 名 C 地震計. 「る. **2** 差し押さえられる.

seiz·a·ble /síːzəb(ə)l/ 形 **1** 捕らえ得る; 奪い取り得↑

‡**seize** /siːz/ 動 (**séiz·es** /-əz/|過 過分 **~d** /-d/|**séiz·ing**) 他 **1** (急に強く)をつかむ, ぎゅっと握る, (類語 力強さを含み強権をもって捕らえるなどの意味; →take). The policeman ~*d* him by the arm. 警官は彼の腕をつかんだ.

2 〔意味など〕をつかむ, 理解する. I ~*d* his point immediately. 私は彼の言いたい点がすぐつかめた.

3 〔機会など〕をつかむ. ~ the opportunity to work in Japan (with both hands) 日本で働くチャンスを(すかさず)つかむ.

4 を奪い取る〈*from* ..から〉; を占領する. ~ a city 都市を占領する. ~ control of.. ..を制圧する. ~ power 権力を掌握する.

5 〔病気, 恐怖などが〕を**襲う** 〈しばしば受け身で〉. Panic ~*d* the whole town. 町中がパニックに陥った. →be SEIZED with (成句).

6 〈しばしば受け身で〉〔犯人など〕を逮捕する. The criminal was ~*d* at the airport. 犯人は空港で逮捕された.

7 〖法〗〈しばしば seise とつづる〉を差し押さえる, 押収する, 没収する, 〈普通, 受け身で〉.

8 〖海〗(結び綱などで)を結びつける.

── 自 **1** VA (~ ***on, upon..***) ..を(急に) ぐいとつかむ, 捕らえる; 〔機会, 口実など〕に飛び付く. He ~*d upon* the dropped weapon. 彼は落とした武器をつかんだ. ~ *on* an opportunity 機会を逃さない.

2 〖主に英〗VA (~ ***up***) 〔エンジンなどが〕オーバーヒートで動かなくなる; 〔交通などが〕(渋滞などで)麻痺(まひ)する; 〔身体, 器官などが〕機能しなくなる.

be séized with.. 〔病気, 恐怖など〕に襲われる; 〔強い感情〕にとりつかれる. He *was* ~*d with* another fit. 彼はまた発作を起こした. I *was* ~*d with* the impulse to meet her. 私は彼女に会いたいという衝動に駆られた.

sèize hóld of.. →hold[1] 名.

[<中世ラテン語「(法的に)手に入れる」(<ゲルマン語)]

†**sei·zure** /síːʒər/ 名 **1** U つかむこと, 捕らえること; UC 捕獲(物). **2** U (場所の)制圧, (権力などの)奪取. **3** C (病気の)発作; ひきつけ; 卒中; (感情の)爆発. a heart [an epileptic] ~ 心臓[てんかん]の発作. **4** U 差し押さえ, 押収, 没収. [seize, -ure]

‡**sel·dom** /séldəm/ 副 m めったに..(し)ない (↔often; rarely; →scarcely 類語). My memory is ~ wrong. 私の記憶はめったに間違うことはない. Mr. Green ~ goes to church. グリーン氏はめったに教会へ行かない (★be 動詞以外の動詞ではその前に seldom を置く). Such things are ~ seen now. こんなものは今はめったに見られない (★「助動詞+動詞」では両者の間に seldom が来る). *Seldom* did he contend with others. めったに彼は人と争うことをしなかった (★強調のため文頭に置くと do (または他の助動詞)と主語との語順転倒を生じる). It is ~ that we have visitors. うちでは来客はめったにない.

nòt séldom しばしば, 往々にして, (often).

S

séldom, if èver →ever.
sèldom or néver めったに..(し)ない. ［＜古期英語］

‡se·lect /səlékt/ 動 (〜s /-ts/|過 過分 〜·ed /-əd/|〜·ing) 他 **1** (多数の中から最適のものとして)を**選ぶ**, 選(よ)り抜く, 〈*out of*, *from* (*among*) ..の中から〉(類語 choose よりも慎重さが強く, 選ぶと同時に他を排除する意味合いがある; 普通, 二者択一の場合には用いられない). Miss Universe is *〜ed from among* candidates all over the world. ミス・ユニヴァースは世界中の候補者の中から選ばれる.
2 VOC (〜 X *to do*) X を..するように選ぶ; VOA (〜 X *as* ..) X を..として選出する. We *〜ed* Tom *to* represent our class. 我々はクラスの代表にトムを選出した. be *〜ed as* [*to be*] chairman 議長に選ばれる.
── 形 m **1** 〈限定〉**選り抜きの**, 一流の, 極上の. 〜 wines 極上のワイン. a 〜 collection of art objects 精選した美術収集品.
2 〔会, 集会などが〕閉鎖的な, 高級の, (exclusive); 好みのうるさい. a 〜 club (会員制などの)高級社交クラブ.
◇名 selection 形 selective ［＜ラテン語「選び出す」(＜*sē*- 'apart'＋*legere* 'choose')］ ▷〜**·ness** 名

selèct commíttee 名 C (英国[米国]議会などの)特別委員会.

se·lect·ee /səlèktíː/ 名 C 〖米〗(兵役義務による)↑「応召兵.

‡se·lec·tion /səlékʃ(ə)n/ 名 (複 〜s /-z/) **1** aU **選択**(する[される]こと), 選抜; 精選. make one's (own) 〜 自分で選ぶ. a wrong 〜 of materials 材料の誤った選択.

> 連結 a wise [a judicious, a proper; a misguided] 〜

2 C **選ばれたもの[人]**, 選(よ)り抜き, 精選品; 抜粋, 選集. Your new secretary is a good 〜. 君の今度の秘書は適任者だ. 〜*s* from 20th-century American poets 20 世紀アメリカ詩人選.
3 C 〈普通, 単数形で〉 選択の余地, バラエティー. a wide 〜 of up-to-date men's fashions いろいろな種類の最新流行男性ファッション.
4 U 〖生物〗淘汰(とうた), 選択. natural 〜 自然淘汰, 自然選択. ◇動 select [select, -ion]

se·lec·tive /səléktiv/ 形 **1** 選択的な; 精選された, 選抜の. **2** 選択眼のある, 慎重に選ぶ, 好みのうるさい〈*about*, *in* ..に(ついて)〉. I'm very 〜 *about* whom I let into my life. 私はだれと付き合うかについて慎重である. **3** 〖生物〗淘汰(とうた)の, 選択の. **4** 〔受信機が〕分離性能のよい. ▷〜**·ly** 副 選択的に, 選んで. 〜**·ness** 名

selèctive sérvice 名 U 〖米〗義務兵役(制度, 期間)《1917 年から 1973 年まで存続; 現在は志願兵制度 (voluntary service); 〖英〗national service》.

se·lec·tiv·i·ty /səlèktívəti/ 名 U **1** 選択性; 選択力. **2** 〖無電〗選択度[性], 分離性.

se·léct·man 名 (複 **-men** /-mən/) C 〖米〗(New England 諸都市の) 行政委員.

se·lec·tor /səléktər/ 名 C **1** 選択者; 〖英〗選手選抜委員. **2** 〖機〗選別器, セレクター《車のギヤセレクター, テレビのチャンネル機構など》.

Se·le·ne /səlíːniː/ 名 〖ギ神話〗セレネ《月の女神; ローマ神話の Luna に当たる》. [ギリシア語 *selḗnē*「月」]

se·le·ni·um /silíːniəm/ 名 U 〖化〗セレン《非金属元素; 記号 Se》. 「計などに使用).

selénium cèll 名 C セレン光電池《カメラの露出↑

sel·e·nog·ra·phy /sèlənágrəfi|-nɔ́g-/ 名 U 〖天〗月理学, 月面地理学, 《月面の特徴・地勢などの記述, 地図作成などを扱う》.

sel·e·nol·o·gy /sèlənálədʒi|-nɔ́l-/ 名 U 〖天〗月学《月の物理的特性, 起源などを扱う》.

‡self /self/ 名 (複 **selves** /selvz/) **1** U **自分**, 自己, 自身; 〈普通 the 〜〉〖哲〗自我. a sense of 〜 自己意識, 自覚. a study of the 〜 自我の探求.
2 C 〈普通, 単数形で〉自己の一面, (ある状態にある)その人. one's better 〜 自分の良い面, 良心, 寛大さ. one's true 〜 本心, 本性. my humble 〜 至らぬ私《謙遜(けんそん)した言い方》. She is her old [normal, usual] 〜 again. 彼女はまたもと[いつも]の自分に戻った《健康や落ち着きなどを取り戻して》.
3 U **自分の損得**, エゴ. He cares for nothing but 〜. 彼は自分のことしか考えない. **4** U 〖雅〗本質, 真髄, そのもの. beauty's 〜 美の本質.
5 UC 〖俗・戯〗〖商〗 本人, 私[あなた, 彼]自身など《myself, yourself, himself などの代用》. your good *selves* (商用文で)貴社, 貴店. two tickets for 〜 and wife 自分と家内用の 2 枚の切符. ◇形 selfish
── 形 © (他のものと)同種の, 同一材料の; 〔色などが〕一様の, 単一色の. ［＜古期英語］

self- /self/ 〈複合要素〉「自己; 自動」の意味.

sèlf-abándoned /㊥/ 形 捨て鉢な, 放縦な.

sèlf-abásement 名 U 謙遜(けんそん), 卑下.

sèlf-abnegátion 名 U 〖章〗自己犠牲; 自制.

sèlf-absórbed /㊥/ 形 自分のことに夢中になった.

sèlf-absórption 名 U 夢中, 自己陶酔.

sèlf-abúse 名 U 〖婉曲〗自慰 (masturbation).

sèlf-ácting /㊥/ 形 自動式の (automatic).

sèlf-addréssed /-t ㊥/ 形 〈普通, 限定〉自分あての. a 〜 envelope 自分あての封筒《返信用》.

sèlf-adhésive /㊥/ 形 〔封筒などが〕接着剤が付いている, 糊(のり)を付ける必要のない.

sèlf-adjústing /㊥/ 形 自動調節の.

sèlf-aggrándizement 名 U 自己拡大.

sèlf-appóinted /-əd ㊥/ 形 〖話〗〈普通, 限定〉自分から買って出た, 頼まれもしない, 〔仕事など〕; 自称の, 自薦の. 「が〕(自分で)組み立てられる.

sèlf-assémbly /㊥/ 形 〈普通, 限定〉〔家具など↑

sèlf-assértion 名 U 自己主張.

sèlf-assértive /㊥/ 形 自己主張の強い, 我(が)の強い, 出しゃばる. ▷〜**·ly** 副 〜**·ness** 名

sèlf-asséssment 名 U 自己評価; (税金などの)自己査定[申告].

sèlf-assúrance 名 U 自信, うぬぼれ.

sèlf-assúred /㊥/ 形 自信のある, うぬぼれた.

sèlf-cátering /㊥/ 形 〖主に英〗自炊(用)の.

sèlf-céntered 〖米〗, **-tred** 〖英〗 /㊥/ 形 自己中心的な; 利己的な. ▷〜**·ly** 副 〜**·ness** 名

sèlf-cléaning /㊥/ 形 自浄能力のある.

sèlf-colléctéd /㊥/ 形 ＝self-possessed.

sèlf-cólored 〖米〗, **-oured** 〖英〗 /㊥/ 形 〔花, 織物などが〕単一色の; 自然色の.

sèlf-commánd 名 U 自制, 克己心; 沈着.

sèlf-complácence, -cency 名 U 自己満足, 自己陶酔.

sèlf-complácent /㊥/ 形 独り善がりの, うぬぼれた.

sèlf-compósed /㊥/ 形 落ち着いた, 沈着な. ▷〜**·ly** /-zədli/ 副

sèlf-concéit 名 U うぬぼれ, 自負心.

sèlf-concéited /-əd ㊥/ 形 うぬぼれの強い.

sèlf-conféssed /-t ㊥/ 形 〈普通, 限定〉(欠点などを)自ら認めた, 白状した. a 〜 liar 自ら認めたうそつき.

***self-confidence** /sèlfkánfəd(ə)ns|-kɔ́n-/ 名 U 自信.

sèlf-cónfident /㊥/ 形 自信のある. ▷〜**·ly** 副

sèlf-congràtulátion 名 U ひとり喜び, ひとりでいい気になること.

sèlf-congrátulatòry 形 ひとりでいい気になる.

***self-con·scious** /sèlfkánʃəs|-kɔ́n- ㊥/ 形 m **1** 自意識過剰の, 照れ屋の, はにかみの; 意識しすぎて〈*about* ..を〉. He is 〜 *about* his big nose. 彼は自分の大きい

[高い]鼻を気にしすぎる. **2**〘哲・心〙自己を意識する, 自覚のある. ▷**～·ly** 副 はにかんで. **～·ness** 名 U 自意識過剰.
sèlf-cónsequence 名 U 尊大.
sèlf-consístent /㊙/ 形 首尾一貫した, 筋の通った.
sèlf-contáined /㊙/ 形 **1** 必要なものが全部そろった, 自給自足の;〔機械が〕自給式の, 1つにまとまった. **2**〈普通, 限定〉〘英〙〔アパートが〕各戸独立した《バス・トイレ・キッチンが共用でなく, また入り口がそれぞれ別のことが多い》. a ～ flat 各戸独立式のアパート. **3** 自制心のある, 冷静な. **4** 無口な, 打ち解けない, 超然とした.
sèlf-contént 名 U 自己満足.
sèlf-còntradíction 名 U 自己矛盾.
sèlf-còntradíctory /㊙/ 形 自己矛盾の.
*__self-con·trol__ /sèlfkəntróul/ 名 U **自制(心)**, 克己. lose [show, exercise] (one's) ～ 自制心を失う[発揮する].
sèlf-contrólled /㊙/ 形 自制心のある.
sèlf-corrécting /㊙/ 形 〔機械などが〕自動修正の.
sèlf-corréctive /㊙/ 形 ＝self-correcting.
sèlf-críticism 名 U 自己批判.
sèlf-decéiving /㊙/ 形 ＝self-deceptive.
sèlf-decéption 名 U 自己欺瞞(ぎまん).
sèlf-decéptive /㊙/ 形 自己欺瞞(ぎまん)の.
sèlf-deféating /㊙/ 形 自滅的な, 自己挫(ざ)折的の. Misapplied military force can be ～. 軍事力も適用を誤ると自ら墓穴を掘ることになりかねない.
*__self-de·fense,__ 〘英〙**-fence** /sèlfdiféns/ 名 U **自衛**, 自己防衛; 護身; 正当防衛. shoot a robber in ～ 自衛上強盗を撃つ. the (noble) art of ～ 護身術《ボクシング, 柔道など》.
sèlf-defénsive /㊙/ 形 自己防衛の, 自衛の.
sèlf-deníal 名 U 自制, 禁欲; (他人を助けるための)自己犠牲, 献身.
sèlf-denýing /㊙/ 形 自制の, 克己心のある, 禁欲的な; 献身的な.
sèlf-destrúct 動 自 〘主に米〙自己破壊する;〔ミサイルなどが〕自爆する. ── 形 自爆装置が付いた.
sèlf-destrúction 名 U 自殺; 自滅.
sèlf-destrúctive /㊙/ 形 自滅的な.
sèlf-determinátion 名 U 自己決定; 民族自決.
sèlf-devótion 名 U 献身.
sèlf-díscipline 名 U 自己訓練, 自己修養.
sèlf-discóvery 名 (複 -er·ies) UC 自己発見.
sèlf-displáy 名 U 自己顕示[宣伝].
sèlf-dóubt 名 U 自信喪失, 自己不信.
sèlf-dríve /㊙/ 形 〘英〙〈普通, 限定〉自分で運転する;〔自動車が〕レンタルの.
sèlf-éducated /-əd ㊙/ 形 独学の, 自学自修の.
sèlf-effácement 名 U 表面に出ないこと, 表立たないこと, 出しゃばらないこと.
sèlf-effácing /㊙/ 形 (謙虚さや自信のなさから)表面に出(たがら)ない, 控えめな, 出しゃばらない.
sèlf-emplóyed /㊙/ 形 自家営業の, 自営の. the ～ 自営業者たち. ▷**self-employment** 名
†**sèlf-estéem** 名 U 自尊心; 自負, うぬぼれ.
†**sèlf-évident** /㊙/ 形 自明の, 分かりきった. ▷**～·ly** 副
sèlf-examinátion 名 U 自省, 反省; 内省.
sèlf-expláining /㊙/ 形 ＝self-explanatory.
sèlf-explánatòry /㊙/ 形 自明の.
sèlf-expréssion 名 U (芸術活動などによる)自己表現; 自我[個性]表出. a gift of ～ 自己表現の才.
sèlf-féeder 名 C (飼料, 石炭などの)自動補給装置.
sèlf-fèrtilizátion 名 U 〘生物〙自家[自花]受精 (↔cross-fertilization).
sèlf-forgétful /㊙/ 形 自己の利害を顧みない, 無私無欲な.
sèlf-fulfílling /㊙/ 形 **1** 自己実現しの[しつつある]. **2**〔予言などが〕当然そうなる. a ～ prophecy 予定どおりに成就される予言.
sèlf-fulfíl(l)ment 名 U 自己実現, 自己達成.
sèlf-góverned /㊙/ 形 自治の, 独立した.
sèlf-góverning /㊙/ 形 自治の, 自立の; 自制の.
†**sèlf-góvernment** 名 U 自治; 自制, 克己.
sèlf-hátred 名 U 自己嫌悪.
sèlf-hélp 名 U 自助. *Self-help* is the best help. 〘諺〙自助は最上の助け. a ～ group 自助グループ《特定の悩みを持っている人を支援するグループを作ったり又はそれに参加することによって, 自分たちで問題を解決するよう努力する》.
sélf-hòod 名 U **1** 自我; 個性. **2** 利己主義.
sèlf-idéntity 名 U 自己同一性.
sèlf-ímage 名 C (自分の性格, 容姿, 資質などについての)自己イメージ.
sèlf-impórtance 名 U 尊大, うぬぼれ; 自尊.
sèlf-impórtant /㊙/ 形 尊大な, 横柄な; 自尊心の強い. ▷**～·ly** 副 横柄に.
sèlf-impósed /㊙/ 形 自らに課した, 進んで引き受けた.
sèlf-impróvement 名 U 自己改良, 自己修養.
sèlf-indúlgence 名 U わがまま, したい放題, 放縦, 独り善がり.
sèlf-indúlgent /㊙/ 形 わがままな, したい放題の, 放縦な, 独り善がりな. ▷**～·ly** 副
sèlf-inflícted /㊙/ 形 自分で課した, 自ら招いた.
*__self-interest__ /sèlfínt(ə)rəst/ 名 U **私利私欲**; 利己主義. His actions were motivated purely by ～. 彼の行為はただ私利私欲に動機うけられていた.
sèlf-ínterested /-əd ㊙/ 形 自分本位の, 利己的な.
sèlf-introdúction 名 UC 自己紹介.
sèlf-invíted /-əd ㊙/ 形 (招かれないのに)押しかけた.
‡**self·ish** /sélfiʃ/ 形 m **自分本位の**, 利己的な, わがままな, (↔unselfish). Don't be ～. 勝手なことを言うな. What a ～ thing to do! 何という身勝手なことをするんだ. ◇名 self [self, -ish¹] ▷**～·ly** 副 身勝手に. **～·ness** 名 U 自分本位, わがまま.
sèlf-justificátion 名 U 自己正当化, 自己弁護.
sèlf-knówledge 名 U 自らを知ること, 自覚.
sélf·less 形 無私無欲の, 私心のない, (unselfish). ▷**～·ly** 副 無欲に. **～·ness** 名 U 無私無欲.
sèlf-lóading /㊙/ 形 〔火器が〕自動充塡(てん)式の.
sèlf-lócking /㊙/ 形 〔ドアが〕自動ロックの《閉めると自然にかぎがかかる》.
sèlf-lóve 名 U 自己愛; 利己主義; うぬぼれ.
sèlf-máde /㊙/ 形 自力で出世した. a ～ man 自分の腕1本で出世した男.
sèlf-móving /㊙/ 形 自動(式)の.
sèlf-opínionated /-əd ㊙/ 形 うぬぼれた; 意固地な, 頑固な;《自説に固執して他を顧みない》.
‡**sèlf-píty** 名 U 自分に対する哀れみ, 自己憐憫(れんびん).
‡**sèlf-pórtrait** 名 C 自画像《絵画・文学作品》; 自刻像.
sèlf-posséssed /-t ㊙/ 形 冷静な, 落ち着き払った.
sèlf-posséssion 名 U 冷静, 沈着, 落ち着き.
sèlf-práise 名 U 自慢, 自賛.
sèlf-prèservátion 名 U 自衛(本能), 自己保存(本能).
sèlf-procláimed /㊙/ 形 自称の.
sèlf-propélled /㊙/ 形 〔ミサイルなどが〕自力推進の, 自走式の.
sèlf-protéction 名 U 自己防衛.
sèlf-ráising /㊙/ 形 〘英〙＝self-rising.
sèlf-recórding /㊙/ 形 自動記録の, 自記式の.
sèlf-regárd 名 U **1** 利己. **2** 自愛.
sèlf-régistering /㊙/ 形 自動記録の.
sèlf-régulating /㊙/ 形 自動調整の.
sèlf-relíance 名 U 自分を頼むこと, 自力本願.
sèlf-relíant /㊙/ 形 自分を頼みにする, 自力本願の.
sèlf-repróach 名 U 自責.

*sèlf-respéct 名U 自尊(心). How can we keep our ~ in such poverty and starvation? こんなに貧乏し飢えていて自尊心をどうして保てようか.

sèlf-respécting /㊀/ 形 自尊心のある. No ~ professor would appear on such a TV program. 自尊心のある教授はそんなテレビ番組に出たりはしない.

sèlf-restráint 名U 自制.

sèlf-ríghteous /㊀/ 形 独り善がりの, 独善的な. ▷~·ly 副 ~·ness 名

sèlf-rísing /㊀/ 形〘米〙〔小麦粉が〕ひとりでにふくれる《ふくらし粉などを新たに入れなくてよい》. ~ flour ふくらし粉入りの小麦粉.

sèlf-rúle 名 =self-government.

sèlf-sácrifice 名U 自己犠牲, 献身.

sèlf-sácrificing /㊀/ 形 献身的な.

sèlf-sáme /㊀/ 形〘雅〙〈the ~; 限定〉全く同一の《same の強調形》. the ~ name 全く同じ名前.

sèlf-satisfáction 名U 自己満足, うぬぼれ.

sèlf-sátisfied /㊀/ 形 独り善がりの, 自己満足の.

sèlf-séaling /㊀/ 形 **1**〔タイヤが〕自動的にパンク孔をふさぐ. **2**〔封筒が〕(ふたを)押すだけで張れる.

sèlf-séeker 名C 利己主義の人, 身勝手な人.

sèlf-séeking /㊀/ 名U 利己主義, 身勝手.
── 形 利己主義の, 身勝手な.

*self-service /sèlfsə́ːrvəs ㊀/ 名U (食堂, スーパーなどの)セルフサービス. ── 形© セルフサービスの. a ~ laundry [cafeteria] セルフサービスのランドリー[カフェテリア]. Everything in a cafeteria is ~. カフェテリアでは何でもセルフサービスです.

sèlf-sérving /㊀/ 形 利己的な.

sèlf-sówn /㊀/ 形〔植物が〕自然に生えた, 自生した.

sèlf-stárter 名C **1**〘旧〙(自動車, オートバイなどの)自動スターター, セル(フスターター). **2**〘話〙自発的に物事をやる人.

sèlf-stýled /㊀/ 形〈限定〉自称の, 自任の. a ~ authority 自称権威者.

‡sèlf-suffíciency 名U 自給自足; うぬぼれ.

‡sèlf-suffícient /㊀/ 形 自給自足の〈*in* ..の点で〉; 自立した; うぬぼれた, 自己を過信した.

sèlf-suffícing /㊀/ 形 =self-sufficient.

sèlf-suppórt 名U (人の)自活, 自立; (会社などの)自営, 独立経営.

sèlf-suppórting /㊀/ 形 自活する, 自営する, 自力でやっている. a ~ woman 自活している(働く)女性.

sèlf-sustáining /㊀/ 形 自活する, 自立した.

sèlf-táught /㊀/ 形 独学の, 独習の. a ~ scholar 独学で学者になった人.

sèlf-tímer 名C (カメラの)セルフタイマー.

sèlf-wíll 名U わがまま; 片意地, 強情.

sèlf-wílled /㊀/ 形 わがままな; 強情な.

sèlf-wínding /-wáindiŋ ㊀/ 形〔腕時計などが〕自動巻きの.

‡sell /sel/ 動 (~s /-z/|過 過分 sold /sould/|séll·ing) 他 【売る】 **1** (a) を売る, 販売する, 〈*for, at*..〔ある価格〕で/*at*..〔割引など〕で〉(↔buy). Bananas were *sold at* [*for*] ten cents apiece. バナナは1本10セントで売られた. ~ one's shares *at* a loss [profit] 持ち株を損して[もうけて]売る. ~ cloth by the yard 布をヤールいくらで売る.

(b) VOO (~ X Y)・VOA (~ Y *to* X) X(人)に Y(物)を売る. Will you ~ me your motorcycle?=Will you ~ your motorcycle *to* me? 君のオートバイを売ってくれないか.

2〔人, 店が〕を売っている, **商う**. Supermarkets ~ a great variety of things. スーパーはいろいろなものを売っている. Do you ~ stamps? (ここでは)切手を売ってますか.

3〔商品が〕の数量売れる[さばける]. The compact disc of their song has *sold* two million (copies). 彼らの歌のコンパクトディスクは2百万枚売れた.

【売り込む】 **4**〔名声, 品質, 注目度などが〕の売れ行きを促進する; (買わせようとして)〔商品の良さなど〕を宣伝する. Its high quality ~*s* this product. 品質がよいからこの製品は売れる. The salesman *sold* the new car to me by exaggerating its merits. セールスマンはその新車の良さを大げさに説明してそれを私に売り込んだ.

5〘話〙VOO (~ X Y)・VOA (~ Y *to* X/X *on* Y) X に Y(考えなど) を売り込む; 納得させる, 信じさせる. I'll ~ the boss this idea.=I'll ~ this idea *to* the boss.=I'll ~ the boss *on* this idea. ボスにこの考えを売り込んでやろう. ~ the scheme *to* one's friends 友人たちを説いて計画に賛成させる.

【売り渡す, 裏切る】 **6**〔友人, 祖国など〕を'売る', 裏切る; 〔貞操, 名誉など〕を売る; 〈*for*..〔金など〕のために〉. ~ a match 試合を売る《八百長をして負けて金をもらう》. ~ one's own country 故国を裏切る. ~ one's body 体を売る, 売春する. ~ one's soul (to the devil) *for* power 権力を手に入れるため(悪魔に)魂を売る. ~ one's principles *for* money 金のために自分の主義を売る.

7〘旧話〙をかつぐ, だます, (deceive)〈普通, 受け身で〉. We've been *sold* again! また一杯食わされたよ.

── 自 **1 商売する**, 売る. They won't ~ to minors at that liquor store. あの酒店では未成年者には売らないだろう.

2 VA〈A は様態の副詞〉〔商品の〕**売れ行きが..である**. The new edition of this book is ~*ing* well [badly]. この本の新版はよく売れている[売れ行きが悪い].

3〔商品が〕売れる〈*at* ..〔高値など〕で〉; VA (~ *for, at* ..) 売り値が..である. This novel won't ~. この小説は売れまい. The new model car will ~ *at* a high price. 新型車は高値で売れるだろう. The picture *sold for* [*at*] two thousand dollars. 絵は2千ドルで売れた.

4〔考えなどが〕賛成を得る, 認められる. His progressive ideas did not ~ with the conservative public. 彼の進歩的な考えは保守的な大衆に受けなかった. ◇名 sale

be sóld on..〘話〙..に熱中している, 惚(ほ)れ込んでいる.

be sòld óut of..〔人, 店が〕..を全部売り尽くしている. We *are sold out of* the commemorative stamps. 記念切手は売り切れました.

sèll a pérson down the ríver →river.

sèll one's life déar(ly) できるだけ敵に損害を与えて死ぬ, むざむざ殺されない.

sèll /../ óff (1)〔手持ちの品〕を安く売り払う. (2)〔土地など〕を換金する, 処分する; 〔会社など〕を売却する, 手放す.

sèll /../ ón ..を転売する〈*to* ..に〉.

séll onesèlf (1) 自分を売り込む. (2) 自分の主義主張を捨てる〈*for* ..〔金など〕のために〉; 自分の魂を売る〈*to* ..に〉. (3) 売春する.

sèll óut (1) 主義を捨てる, 変節する; 裏切り行為をする; 内通する〈*to* ..と〉. ~ *out to* the enemy 敵と内通する. (2)〔物が〕売り切れる; 〔催し物の〕入場券が売り切れる. All the tickets for the concert have [The concert has] *sold out*. そのコンサートの切符は売り切れた. (3)〔人, 店が〕売り切る〈*of* ..を〉. We've *sold out* (*of* bread). (パンは)売り切れました. (4)〘米〙=SELL up.

sèll /../ óut (1) ..を売り切る, 売り尽くす, 売り払う; の切符を売り切る. The concert was completely *sold out*. そのコンサートの切符は売り切れた. (2) ..を裏切る.

sèll..shórt (1)〘株式〙..を空(から)売りする. (2) ..を過小評価する, 見下す, 見くびる. ~ oneself *short* 自分を

S

安売りする. (3)〔人〕をだます.
sèll the páss →pass.
sèll úp 〖主に英〗店じまいする, 全部売り払う.
sèll /../ úp 〖主に英〗〔店, 資産など〕を処分する.
── [名] **1** [C] 〖話〗〈普通, 単数形で〉ぺてん; 期待外れのもの. **2** [aU] 売り込み(方) (→hard sell, soft sell); 〖株式〗売り.
[<古期英語「与える, 譲り渡す」; 原義「取らせる」]

Sel·la·field /séləfiːld/ [名] セラフィールド《イングランド北西部 Cumbria 州にある原子力発電所と核燃料再処理工場の敷地》.

séll-by dàte [名] [C] (牛乳など腐敗しやすい商品に明示された)販売期間最終日付《<何日までに売れという日付; →best before date》.

***sell·er** /sélər/ [名] ([複] **~s** /-z/) [C] **1 売る人**, 売り手, 販売人, (↔buyer). **2 売れる物**; 〈特に〉よく売れる本. a good [bad, poor] ~ 売れ行きのよい[悪い]もの. a best ~ ベストセラー. a big ~ ヒット商品.

séllers' [séller's] màrket [名] [C] 売り手市場《供給より需要が多く, 売り手に有利な状況; ↔buyers' [buyer's] market》.

sélling pòint [名] [C] セールスポイント.

sélling prìce [名] [C] 売り値 (→cost price).

séll·òff [名] [C] (値くずれを起こすような)大量売却.

sel·lo·tape /sélətèip/ [名] [U] 〈しばしば S-〉セロテープ《商標; →Scotch tape》.
── [動] [他] をセロテープで張る[留める, 直すなど].

‡**séll·òut** [名] [C] 〈普通, 単数形で〉**1** 売り切れ; (切符を売り尽くした)札止め(の興行)《芝居, スポーツの試合など》. **2** 裏切り; 内通〈*to* ..への〉.

Sélt·zer (wàter) /séltsər-/ [名] [UC] セルツァー炭酸水《ドイツ産の鉱泉水》; ソーダ水. [<*Selters* (ドイツの地名)]

sel·vage /sélvidʒ/ [名] [C] (ほつれないようになった)織物の耳, 織端(おりはし).

sel·vedge /sélvidʒ/ [名] =selvage.

selves /selvz/ [名] self の複数形.

se·man·tic /simǽntik/ [形] 〈普通, 限定〉意味上の, 意味に関する; 意味論的な. [<ギリシア語 *sēma*「印」]

se·mán·tics [名] 〖言・哲〗〈単数扱い〉意味論.

sem·a·phore /séməfɔːr/ [名] **1** [U] 手旗信号. send a message by ~ 手旗で信号を送る. **2** [C] (鉄道の)腕木信号機, シグナル.
── [動] [他], [自] (を)手旗信号[信号機]で知らせる.

sem·blance /sémbləns/ [名] [aU] **1** 外観, 外形; 見せかけ, うわべ; ([類語] 見かけと現実との対比に用いられることが多い; →appearance). She put on a ~ of anger. 彼女は怒ったふりをした. The child bears the ~ of an angel. その子供の外見は天使のようだ.
2 類似; ..らしさ, ..の片鱗(りん). There is some ~ of truth in his statement. 彼の陳述には多少もっともらしいところがある. There is not even a ~ of proof. 証拠らしいものさえない.
in sémblance 外見は, うわべは.
in the sémblance of.. ..の姿で.
under the sémblance of.. ..の風を装って, ふりをして. [<ラテン語 *simulāre*「まねをする」; -ance]

‡**se·men** /síːmən|-men/ [名] [U] 〖生理〗精液. [ラテン語 'seed']

se·mes·ter /səméstər/ [名] [C] 〖米〗(2学期制度の)半学年, 学期, (→term, quarter). the first [fall] ~ 前[秋]学期《普通9月から1月まで》. the second [spring] ~ 後[春]学期《普通2月から6月まで》. [<ラテン語「6か月の」(<*sex* 'six'+*mēnsis* 'month')]

sem·i¹ /sémi/ [名] 〖米話〗=semifinal.

sem·i² [名] 〖英話〗=semidetached (house).

sem·i³ [名] 〖米話〗=semitrailer.

sem·i- /sémi/ [接頭] 「半分; 幾分; ..に2回」の意味 (→demi-, hemi-). *semi*circle. *semi*monthly. [ラテン語 'half']

sèmi·ánnual /[移]/ [形] 半年ごとの, 年2回の; 半年ごとに刊行される; 半年続く. ▷**~·ly** [副] 半年ごとに, 年に2回.

sèmi·árid [形] 非常に雨の少ない.

sèmi·àutomátic /[移]/ [形] 〔銃などが〕半自動式の.

sémi·brève [名] [C] 〖英〗〖楽〗全音符 (〖米〗whole note).

†**sémi·cìrcle** [名] [C] 半円(形). sit in a ~ around the fireplace 暖炉の周りに半円形になって座る.

sèmi·círcular /[移]/ [形] 半円(形)の.

semicìrcular canál [名] [C] 〖解剖〗(耳の)半規管.

***semi·colon** /ˊ-ˋ-ˋ-|ˋ-ˊ-ˋ-/ [名] ([複] **~s** /-z/) [C] セミコロン《;》.

> **semicolon** (セミコロン).
> 基本的には comma と period との中間の役割を果たす記号で, 最も普通には, 接続詞で結ばれていない等位節の間に置かれる(普通 and, then などの接続詞と同じ働きをする): It was six o'clock in the afternoon; the sun was low in the west. (午後6時だった. 太陽は西方低く傾いていた)という文は2つの独立した文にすることもできるが, 互いの関係をやや緊密にして表現したい場合に semicolon で結ぶ.
> 特に It is only one year since he began to study French; however, he has already made remarkable progress. (彼がフランス語の勉強を始めてまだ1年だが, しかしすでに著しく進歩している)の場合のように, 節の中に comma が使用されていれば, 等位節の間には semicolon を置くのが原則. ..French の後の semicolon を comma にするのは不適切.

‡**sèmi·condúctor** [名] [C] 〖電〗半導体.

sèmi·cónscious /[移]/ [形] 半ば意識のある; 半意識的な.

sèmi·detáched /-t [移]/ [形] 半ば離れた; 〖主に英〗〔家が〕半独立式の《2軒の家の仕切り壁が接し, 戸口は同じ方向を向く》. ── [名] [C] 〖英〗半独立家屋 (**sémidetached hòuse**; →duplex house).

[semidetached house]

sèmi·dòcuméntary [名] ([複] **-ries**) [C] セミドキュメンタリー《ドキュメンタリーの手法を取り入れた半記録映画[番組, 劇]》. ── [形] セミドキュメンタリーの, 半記録の.

†**sèmi·fínal** /[移]/ [形] 準決勝の. ── [名] [C] 〈しばしば ~s〉準決勝, セミファイナル, (→final, quarterfinal). ▷**~·ist** [名] [C] 準決勝出場選手[チーム].

sèmi·fórmal /[移]/ [形] 〔服装, パーティーなどが〕やや格式ばった, 準正式の.

sèmi·lúnar /[移]/ [形] 半月形の.

sèmi·mónthly /[移]/ [形] 半月ごとの, 月2回の.
── [副] 半月ごとに, 月に2回. ── [名] ([複] **-lies**) [C] 月2回の刊行物 (→periodical [参考]).

‡**sem·i·nal** /sémən(ə)l|síːm-, sém-/ [形] **1** 精液(semen)の; 〖植〗種子の. ~ fluid 精液. ~ leaf 子葉. **2** 将来の発展(の可能性)を内蔵した, 生産的な. These ~ ideas were developed later in English philosophy. これらの'萌芽的'概念は後に英国哲学の中で発展された.

†**sem·i·nar** /sémənɑːr/ [名] [C] **1** セミナー, ゼミナール, ゼミ, 演習; 〈一般に〉討論[研究]集会. **2** ゼミ演習室. **3** 大学院課程, 研究科. [ドイツ語 (<ラテン語 *seminārium* 'seminary')]

sem·i·nar·i·an /sèmənέ(ə)riən/ 名 C 神学校学生. 「narian.

sem·i·nar·ist /sémənərist/ 名 〖主に英〗=semi-↑

sem·i·nar·y /séməneri|-n(ə)ri/ 名 (複 **-nar·ies**) C **1** (ローマカトリック系の)神学校. **2** 〖古〗〈大げさに〉(私立の)女学院. **3** 〖米〗ローマカトリック以外の宗派の神学校. [<ラテン語 *semīnārium*「種 (sēmen) をまく所」]

Sem·i·nole /séməndul/ 名 (複 ~, ~s) **1** 〈the ~(s); 複数扱い〉セミノール族《Florida 州南部に住む北米先住民の一部族》; C セミノール族の人. **2** U セミノール語. 「式の; 半官半民の.

sèmi·offícial /®/ 形 〔声明などが〕半公的な, 半ば公↑

se·mi·ol·o·gy /sì:miálədʒi|sèmiɔ́l-/ 名 U =semiotics.

se·mi·ot·ic /sì:miátik|sèmiɔ́t- ®/ 形 **1** 記号論[学]の. **2** 〖医〗症状の; 症候学の.

sèm·i·ót·ics 名 〈単数扱い〉 **1** 記号学, 記号論. **2** 〖医〗症候学.

sèmi·précious /®/ 形 〔鉱石が〕準宝石の. a ~ stone 準宝石《amethyst, garnet など; →gem》.

sémi·prò 形, 名 〖話〗=semiprofessional.

sèmi·proféssional /®/ 形 半職業的な, セミプロの. —— 名 C セミプロの人.

sémi·quàver 名 C 〖英〗〖楽〗=sixteenth note.

sèmi·skílled /®/ 形 半熟練の[を要する].

sèmi-skímmed /®/ 形 〖英〗〔牛乳が〕脂肪を半分除いた.

sèmi·sóft /®/ 形 〔チーズなどが〕やや柔らかい.

sèmi·sólid /®/ 形 半固体の. —— 名 C 半固体.

sèmi·swéet /®/ 形 〔チョコレートなどが〕やや甘い, 甘さを抑えた.

Sem·ite /sémait|sí:-/ 名 C **1** セム人, セム族の人, 《ユダヤ人, アラビア人, フェニキア人, アッシリア人など, セム語を話す人》. **2** ユダヤ人 (Jew).

Se·mit·ic /səmítik/ 形 **1** セム人[族]の; セム語の. **2** ユダヤ人の. —— 名 U セム語《ヘブライ語, アラビア語など》.

sémi·tòne 名 C 〖英〗〖楽〗半音 (〖米〗half tone).

sémi·tràiler 名 C セミトレーラー《前輪に当たる部分がトラクターの台に載る》; この型の大型貨物自動車.

sèmi·transpárent /®/ 形 半透明の.

sèmi·trópical /®/ 形 亜熱帯の.

sémi·vòwel 名 C **1** 半母音《/w, j/ や米音の /r/》. **2** 半母音字《英語の y, w》.

sèmi·wéekly /®/ 形 週2回の. —— 副 週に2回. —— 名 (複 **-lies**) C 週2回の刊行物.

sèmi·yéarly /®/ 形 半年ごとの, 年2回の. —— 副 半年ごとに, 年2回.

sem·o·li·na /sèməlí:nə/ 名 U セモリーナ, 粗い小麦粉, 《マカロニ, プディングなどの原料; →pasta》. [イタリア語]

sem·pi·ter·nal /sèmpitə́:rn(ə)l ®/ 形 〖古・雅〗永久の, 永遠の. [ラテン語 *semper* 'always', eternal] ▷**~·ly** 副 「stress.

semp·stress /sém(p)strəs/ 名 〖主に英〗=seam-↑

Sem·tex /sémteks/ 名 U 〖商標〗セムテックス《チェコで発明された強力プラスチック爆弾》.

SEN 〖英〗State Enrolled Nurse (国家登録看護婦; →SRN).

Sen., sen. Senate; Senator; senior.

‡**sen·ate** /sénət/ 名 (複 **~s** /-ts/) 〈1 (b)以外は, 単数形で複数扱いもある〉 **1** C **(a)** 〈普通 the S-〉(米国, カナダなどの)上院《米国の場合, 定員は各州より2名ずつ, 任期6年で2年ごとに $1/3$ を改選; 略 Sen.; →congress, house》; (米国州議会の2院制の)上院. **(b)** 上院議事堂; 上院議場. **2** 〈the S-〉元老院《古代ローマの》. **3** C (大学の)評議(員)会, 理事会. [<ラテン語「元老院」(<*senex* 'old (man)')]

‡**sen·a·tor** /sénətər/ 名 (複 **~s** /-z/) C **1** 〈しばしば S-〉(米国, カナダなどの)上院議員 (略 Sen.; →congressman). **2** (古代ローマの)元老院議員. **3** (大学の)評議員, 理事. [senate, -or¹]
▷**~·ship** /-ʃip/ 名 U senator の職務[地位].

sen·a·to·ri·al /sènətɔ́:riəl ®/ 形 **1** 上院(議員)の. **2** 元老院(議員)の. **3** (大学の)評議員(会)の.

senatórial dìstrict 名 C 〖米〗州会上院議員選挙区.

‡**send** /send/ 動 (~s /-dz/|過 過分 **sent** /sent/|**sénd·ing**) 他 【送る】 **1 (a)** を送る, 届ける; を発送する, 出す; を送信する〈*out*〉; (↔receive). ~ a parcel by airmail 小包を航空便で送る. ~ a message 伝言を送る. ~ a telegram 電報を打つ. I'll ~ you home in my car. 私の車でお宅まで送らせましょう (★自分で送る場合は普通 I'll drive you home (in my car). のように言う).
(b) VOO (~ X Y)・VOA (~ Y *to* X) X (人)に Y を送る, 届ける. Jane *sent* me some picture postcards.=Jane *sent* some picture postcards *to* me. ジェーンは私に絵はがきを何枚か送ってくれた. George asked his mother to ~ him ten dollars.=George asked his mother to ~ ten dollars *to* him. ジョージは母親に10ドル送ってくれと頼んだ. *Send* her my love. 彼女によろしくね.
2 〔矢など〕を射る; 〔球など〕を打つ[投げる]; 〔弾丸など〕を発射する. ~ an arrow 矢を放つ. The slugger *sent* the ball into the bleachers. その強打者は観客席にボールをたたき込んだ.
【行かせる】 **3 (a)** 〔人〕を行かせる, 派遣する, 遣わす; VOA (~ X *to* Y) X (人)を Y (学校など) に入れる. ~ an ambassador abroad 大使を外国に派遣する. I'll ~ my secretary with a message for you. 秘書に伝言を伝えに伺わせます. Shall I ~ round a car for you? お迎えに車を差し向けましょうか. The boy was *sent to* the drugstore to buy some cold medicine. 男の子はドラッグストアに風邪薬を買いに行かされた. ~ one's son *to* a private school 息子を私学にやる. be *sent to* prison [hospital] 刑務所行きになる[入院させられる].
(b) VOO (~ X Y)・VOA (~ Y *to* X) X (人)の元に Y (人)を行かせる, 派遣する. (★X が場所の場合, VOO は不可) I'll ~ you a messenger.=I'll ~ a messenger *to* you. 君に使いを出そう.
(c) VOC (~ X *to do*) X (人)を行かせて..させる. We *sent* Jim *to* buy some milk. ジムをミルクを買いにやらせた. I was *sent to* pick up our guests. 私は家へ来る客を車で迎えに行かされた.
【ある状態にさせる】 **4** VOA (~ X *to, into* ..) X (人)を..の状態にする; VOC (~ X Y/X *doing*) X (人)を Y の状態にする[陥らせる]/X (人, 物, 事)を..するようにさせる. ~ a child *to* sleep 子供を寝かしつける. ~ a person *into* a rage 人をかっと怒らせる. His conduct *sent* us mad. 彼の行いに我々はかっとなった. My punch *sent* him reel*ing* into the ropes. 私のパンチで彼はロープに倒れ込んだ.
5 〖雅〗 **(a)** VOC (~ X Y) 〔神が〕X (人)を Y の状態にさせ給(たま)う. *Send* her [him] victorious! 女王[国王]に勝利をもたらし給え! 《英国国歌の一節》(★主語に God を補う; send は願望を表す仮定法現在, (b), (c) の例文中の send も同じ). **(b)** VOO (~ X Y)・VOA (~ Y *to* X) 〔神が〕X (人) に Y を恵み給う. God ~ us rain [good health]! 神様が雨[健康]をお恵みになりますよう. **(c)** VO (~ *that* 節) 〔神が〕..であるようにし給う. Heaven ~ *that* it may not be so. どうかそうなりませんように.
6 【興奮状態にする】 〖旧話〗〔特に絵, 音楽が〕を興奮させる, 夢中にさせる. The jazz really *sent* me! そのジャズにはエキサイトした.
—— 自 **1** 使いをやる[よこす]; VA (~ *to do*) ..するために手紙を送る. We *sent to* inquire after him. 彼の様子

S

を尋ねるために人をやった. **2**〘通信〙(情報を)送信する; 〘電算〙〔メールなどが〕送信される. 「公にする.

sènd /../ abróad →他 3 (a); 〘古・詩〙..を広める,↑

****sènd /../ awáy*** (1) **..を追い払う**; ..を首にする. (2) ..を遠くにやる, 派遣する. ～ one's son *away* to England 息子をイギリスへやる.

sènd awáy for .. ..を郵便[通信販売]で注文する.

sènd /../ báck (1) ..を(送り)返す[戻す]; ..を返品する. (2)〘クリケット〙〔打者〕をアウトにする.

sènd /../ dówn (1)〔物価など〕を下降させる. (2)〘英〙〔大学生〕を退学[停学]処分にする《特に Oxford [Cambridge] 大学で》.. (3)〘英話〙..を刑務所に送る. be *sent down* for five years for stealing 窃盗罪で5年の刑務所行きになる. (4)〘クリケット〙〔球〕を投げる.

sènd dówn for .. 〔(ルームサービスの)食事など〕の注文を出す《ホテルなどで》.

sènd /../ flýing 〔敵〕を敗走させる; 〔人〕を殴り飛ばす; 〔火花, 破片など〕を四方八方に飛ばす.

****sénd for ..*** (1) **..を注文する**, **請求する**. ～ *for* a record from a company レコードを会社に注文する. (2) ..に来るように(電話や使いで)頼む, ..を呼ぶ,〈*to* do ..してもらうため〉. ～ *for* a doctor 医者に来てもらう.

****sénd X for Y*** Yを呼びにXをやる; Yを取りにXをやる. I'll ～ my girl *for* the record. 娘にレコードを取りに行かせます.

****sènd /../ fórth*** (1) **..を送り出す**, 派遣する; ..を発送する. (2)〔葉, 芽〕を出す. (3)〔光, 香りなど〕を放つ, 発する. The moon was ～*ing forth* its pale beams. 月は青白い光を放っていた.

sènd ín [awáy↑] for ..

****sènd /../ ín*** (1) ..を部屋に通す. *Send* him *in*. 彼を部屋に通しなさい. (2)〔書類など〕を**提出する**; ..を差し出す. ～ *in* one's resignation 辞表を出す. ～ *in* one's name [visiting card] 名前を言う[名刺を差し出す]《取り次ぎの人に》. (3)〔作品など〕を出品する. (4)〔警察など〕を導入する.

****sènd /../ óff*** (1)〔郵便物など〕を**発送する**. I *sent* the parcel *off* by airmail. 私は小包を航空便で出した. (2) **..を見送る** (see..off), ..の歓送会をする. She *sent* her children *off* to school. 彼女は子供たちが学校へ行くのを見送った. We *sent* him *off* with a party. 我々は彼の歓送会を開いた. (3) ..を追い払う; 〘英〙〔フットボールの選手など〕を退場させる《反則などのために》. (4)〔煙など〕を↓

sènd óff [awáy↑] for .. ⌊発する.

sènd /../ ón 〔手紙など〕を回送する.

sènd óut (1) 使いを出す〈*for* ..〔物〕を取りに〉. (2) 出前[宅配]を頼む〈*for* ..〔ピザなど〕の〉.

sènd /../ óut ..を発送する, 送信する, (→他 1); 〔光, 香りなど〕を放つ; 〔木が〕〔芽, 葉〕を出す.

sènd a pèrson pácking →pack.

sènd /../ úp (1)〔煙, 炎, ロケットなど〕を上げる; 〔目上の(と思われる)人〕に差し出す. ～ *up* the bill to the customer 客に請求書を提出する. (2)〔値段など〕を上げる, 上昇させる. The war *sent up* prices. 戦争で物価が上がった. (3)〘米話〙..を刑務所に送る. (4)〘話〙..をからかう, (まねをして)ひやかす.

sènd wórd →word.

[＜古期英語「行かせる, 送る」]

‡**sénd·er** 名 C **1**〘章〙送り主, 発信人. **2** 発信機, 送信機. ◇→transmitter; ↔receiver

sénd-òff 名 (複 **～s**) C 〘話〙見送り, 送別, 歓送会; (事業などの)門出の前祝い. We gave him a good ～ at the airport. 我々は彼を空港で盛大に見送った.

sénd-ùp 名 C 〘英話〙ちゃかした物まね, パロディ.

Sen·e·ca /sénikə/ 名 **Lucius Annaeus ～** セネカ (4? B.C.–A.D. 65)《古代ローマの文人・政治家》.

Sen·e·gal /sènigɔ́:l/ 名 セネガル《アフリカ西部の共和国; 首都 Dakar》.

Sen·e·ga·lese /sènigəlí:z ◯移/ 形 セネガル(人)の.
── 名 (複 ～) C セネガル人.

se·nes·cence /sənés(ə)ns/ 名 U 〘章〙老衰, 老化.

se·nes·cent /sənés(ə)nt/ 形 〘章〙老けつつある, 老化を示す.

se·nile /sí:nail/ 形 老齢の; もうろくした. ～ dementia 老人性痴呆(ほう). [＜ラテン語 *senex*「老いた(人)」]

se·nil·i·ty /siníləti/ 名 U 老衰, もうろく, 老齢.

‡**sen·ior** /sí:njər/ 形 © **1** (**a**) **年上のほうの**, 父親のほうの, (★同名の男性のうち年長者を区別するために名前の後に付ける; 普通 Sen., Senr., Snr.〘英〙, Sr. などと略す; ↔junior). James Moore, *Sen.* [*Sr.*] 年上[父]のほうのジェームズ・ムア. (**b**) 年上の〈*to* ..より〉; 年老いた《しばしば old の婉曲語; →senior citizen》. Susan is two years ∟～ *to* you (＝older than you). スーザンはあなたより2つ年上だ. 語法 (1) to の代わりに than は用いない. (2) この意味での senior は名詞用法の方が普通 (→名 1).
2 先任の, 先輩の, 古参の; 上司の, 上位の; 〈*to* ..より〉. the ～ congressman from Arkansas アーカンソー選出の古参議員. John is ～ *to* me by two years, because he entered the company immediately after graduation. ジョンは卒業後すぐ入社したから, 私より2年先輩だ. a ～ counsel 首席弁護士.
3〈限定〉〘米〙(大学・高校の)最上級(生)の; 〘英〙(学年が)上級の; 中等教育の. **4**〘主にスポーツ〙18歳以上が対象の〔試合など〕.
── 名 (複 **～s** /-z/) C **1**〈普通 one's ～〉**年長者**; 長老. Susan is your ～ by two years.＝Susan is two years your ～. スーザンはあなたより2つ年上[2年先輩]だ. the village ～*s* 村の長老たち.
2〈普通 one's ～〉**先輩**, 上役, 上官; 〘英〙上級生《grammar school, public school の》.
3〘米〙(大学・高校の)**最上級生**. ★4学年制では freshman (1年生), sophomore (2年生), junior (3年生), senior (4年生); 3学年制では freshman (1年生), junior (2年生), senior (3年生).
4〘米〙＝senior citizen. ◇↔junior
[ラテン語 'older (man)' (*senex*「老いた」の比較級)]

sènior cítizen 名 C 〘婉曲〙高齢者《普通, 男子65歳, 女子60歳以上の退職後の人》. 「話室.

sènior cómmon ròom 名 C (大学の)教員談↑

sènior hígh schòol 名 C 〘米〙高等学校《junior high school の上で, senior high 又は単に high school とも言う; →school¹ 表》.

se·nior·i·ty /si:njɔ́:rəti|sì:niɔ́r-/ 名 U **1** 年長(であること). **2** 先輩であること, 年功(序列), 古参, 先任.

sènior pártner 名 C (合名会社の)社長, 代表社員.

sen·na /sénə/ 名 **1** C 〘植〙センナ《ハブソウ類; アラビア・アフリカ産のマメ科の草本》. **2** U (乾燥した)センナの葉《緩下剤》.

se·ñor /seinjɔ́:r|sen-/ 名 (複 **se·ñor·es** /seinjɔ́:reis|sen-/, **～s**) **1**〈S-; 単数無冠詞〉..氏, ..様, 《英語の Mr. に当たる敬称; 略 Sr.》; だんな, あなた, 《英語の sir に当たる呼びかけ》. **2** C 紳士. [スペイン語 (＜ラテン語 *senior*)]

se·ño·ra /seinjɔ́:rə|sen-/ 名 **1**〈S-; 単数無冠詞〉..夫人, ..様, 《英語の Mrs. に当たる敬称; 略 Sra.》; 奥様, あなた, 《英語の madam に当たる呼びかけ》. **2** C 淑女, 既婚婦人. [スペイン語 (*señor* の女性形)]

se·ño·ri·ta /seinjərí:tə|sen-/ 名 **1**〈S-; 単数無冠詞〉..嬢《英語の Miss に当たる敬称; 略 Srta.》; お嬢さん, あなた. **2** C 令嬢, お嬢様. [スペイン語「小さな↓

Senr. Senior. ⌊señora」]

‡**sen·sa·tion** /senséiʃ(ə)n/ 名 (複 **～s** /-z/) **【感じ】 1**

UC (五官, 特に触覚による)**感覚**, 知覚. He had almost no ~ in the legs. 彼の両足はほとんど感覚が無かった.

連結 a burning [a choking, a pricking, a stinging, a tickling, a tingling] ~ // produce [evoke] a ~

2 C 〈普通, 単数形で〉(寒さ, めまいなどの)**感じ**; 漠然とした感じ[気持ち]. a ~ of dizziness 目が回る感じ. a ~ of happiness 幸福感. She had the ~ that she was floating in the air. 彼女は空中に浮かんでいるような気持ちがした.

【感動】 **3** aU **大評判**, 大騒ぎ, センセーション. The scandal created [made, caused] quite a ~. そのスキャンダルは一大センセーションを巻き起こした.

4 C 〈普通, 単数形で〉 大評判のもの, 大事件. the latest ~ 最近評判のもの《映画, 音楽, 事件など》.

◇形 sensational

[<中世ラテン語「感覚」(<ラテン語 *sēnsus* 'sense')]

***sen·sa·tion·al** /senséiʃ(ə)nəl/ 形 m **1** 感覚の, 知覚の. **2 世間をあっといわせる**, センセーショナルな. The news was ~. そのニュースは世間をあっと言わせた. **3** 〖話〗すばらしい. **4** 〔新聞, 小説などが〕**扇情的な**, 興味本位の; 〔性描写などが〕ショッキングな. a ~ novel 扇情的な小説. ◇名 sensation

▷ **~·ly** 副 扇情的に; センセーショナルに; すばらしく.

sen·sá·tion·al·ìsm 名 U **1** 扇情主義《文学, 芸術, 政治などの》; 扇情的な文体. **2** 人気取り.

sen·sá·tion·al·ist 名 C 扇情的な文章を書く人.

‡sense /sens/ 名 (複 **séns·es** /-əz/) 【感覚】 **1** C **感覚**《五感の1つ》; 感覚器官. The five ~s are sight, hearing, smell, taste, and touch. 五感とは視覚・聴覚・嗅(きゅう)覚・味覚・触覚である. have a keen [sharp] ~ of smell 鋭敏な嗅覚を持っている. a [the] sixth ~ 第六感. the pleasures of the ~s 感覚上の楽しみ.

2 aU **感じ**, ..感, 気持ち, 〈*of*, *that* 節 ..の〉. a ~ *of* hunger 空腹感. a ~ *of* uneasiness 不安感. I had a ~ *that* there was some difficulty we couldn't overcome. 我々が克服できない困難が何かあるような気がした.

3 aU **(a) センス**, 感覚, 〈*of*..に対する〉. a ~ *of* humor ユーモアのセンス. a ~ *of* beauty 美的センス, 美意識. I have a poor ~ *of* direction. 私は方向音痴である. **(b)** 観念, 意識, 〈*of*..〔善悪など〕についての〉. the moral ~ 道徳観. He has no ~ *of* right and wrong. 彼は正邪の区別がつかない.

【正常な感覚】 **4** 〈one's ~s〉 **正気**; 精神的に落ち着いた状態, 平常心. lose one's ~s 気絶する; 気が狂う; 理性を失う. recover [regain] one's ~s 正気に戻る.

5 U **(a) 分別**, 思慮, 判断力, 常識. a man of ~ 分別のある人; 話の分かる人; 《男性》. common ~ 常識.

(b) (あることをするだけの)価値, 意義, 道理. There is some ~ in what you say. 君の言うことにも一理ある. There's no ~ in helping a man like him. 彼のような男を助けても意味がない.

【気持ち>意向】 **6** U (グループ全体の)意見, 意向; 世論. take the ~ of the meeting 集会者の意向をただす[確かめる].

7 【込められた意向】 C (語句の)**意味**, 意義, (類語 語又は語句の特定の意味を言う; →meaning). in a [the] broad ~ of the word その語の広い意味では. in the strictest [narrowest] ~ of the word その語の最も厳密な[狭い]意味では. the literal [figurative] ~ of the expression その表現の文字通りの[比喩的な]意味. He is a gentleman ⌞in every ~ of the word [in the ~ that he never tells a lie]. 彼はあらゆる意味で[決して嘘をつかないと言う意味[点]では]紳士である. There is a ~ in which this is true. ある意味ではこの事は真実である.

8 C 〖数〗〔正[負]の〕向き, 方向.

◇形 sensible, sensitive, sensory, sensual, sensuous

a sènse of occásion (1)(社交での)臨機応変のセンス. (2)重要な機会[出来事]での ⌞ふさわしい感覚[適切なセンス].

brìng a pèrson to his sénses 人を正気に戻す; 人の迷いを覚ます.

còme to one's sénses 迷いが覚める, 正気に返る; 意識を取り戻す.

****in a sénse*=*in sòme* [*òne, a cèrtain*] *sénse*** ある意味では; 幾分. Though he is my friend, he is, *in a* ~, my teacher. 彼は私の友達ですが, ある意味では先生です.

in nò sénse 決して..ではない.

in one's* (*rìght*) *sénses 正気で[の].

knòck* [*bèat, drìve*] (*some*) *sénse into.. 〖話〗〔人〕を(厳しく)鍛え直す; (手荒な手段を用いてでも)〔人〕の態度[考え方]を変えさせる.

màke sénse 〔話などが〕意味をなす, 辻褄(つじつま)が合う; 〔事が〕道理にかなう, 賢明である. He was so drunk that what he spoke didn't *make* ~. 彼はとても酔っ払っていて言う事は意味をなさなかった. It *makes* ~ to save money for one's old age. 老後のために預金をすることは賢明である.

màke sénse* (*out*) *of.. ..を理解する〈普通, 否定文・疑問文で〉. Can you *make* ~ (*out*) *of* what the politician is saying? その政治家の言っていることを理解できますか.

out of one's sénses 正気を失って, 気が違って.

sèe sénse 道理が分かる, 悟る.

tàke léave of one's sénses →leave[2].

tàlk sénse 〖話〗もっともなことを言う, 訳の分かることを言う. Now you're *talking* ~. それなら話が分かる.

── 動 他 **1** を感じる, 知覚する; VO (~ *that* 節/*wh* 節・句) ..ということにうすうす気がつく, ..をそれとなく感じとる. My dog began to ~ the danger. 僕の犬は危険を察し始めた. I ~*d that* there was a double meaning in his words. 私は彼の言葉には二重の意味があるのに気がついた. I could ~ *how* she was weighing up my suggestion. 彼女が私の提案をどのように評価しているかがそれとなく分かった. **2** 〔機械が〕を検知する; 〖電算〗〔データ〕を読み取る. **3** 〖米〗を理解する (understand).

[<ラテン語 *sēnsus*「感じられること」(*sentīre* 'feel' の過去分詞)]

***sense·less** /sénsləs/ 形 m **1** 〈普通, 叙述〉**意識を失った**, 無感覚の. fall ~ 卒倒する, 気を失って倒れる. He was knocked ~. 彼は殴られて気を失った. **2 愚かな**, 無分別な, 無意味な, むだな, (↔sensible). That's a ~ thing to do. 愚かなことをしたもんだ.

▷ **~·ly** 副 愚かにも; 無意識に. **~·ness** 名 U 愚かさ, 無分別; 意識のないこと.

sènse óbject 名 C 〖文法〗意味上の目的語.

sénse òrgan 名 C 感覚器官《目, 耳, 舌など》.

sènse súbject 名 C 〖文法〗意味上の主語.

†sen·si·bil·i·ty /sènsəbíləti/ 名 (複 **-ties**) **1** U (神経などの)感覚(力); 敏感さ, 感受性, 〈*to*..〔刺激〕に対する〉. ~ *to* external stimuli 外的刺激に対する感受性. My right hand lost its ~ for a time. 右手がしばらく感覚が無くなった.

2 C 〈しばしば -ties〉(芸術家などの)鋭敏な感覚, 感受性. He has no artistic ~. 彼には芸術的な感覚がない.

3 C 〈しばしば -ties〉 デリケートな感情, 過敏な神経; 多感. a woman of *sensibilities* 感情のこまやかな女性. offend [wound] a person's *sensibilities* 人のデリケートな感情を害する.

‡sen·si·ble /sénsəb(ə)l/ 形 m **1** 〔人, 人の行動などが〕

S

分別のある, 賢明な, 道理にかなった, (↔senseless); 〈限定〉〔服装などが〕実用的な, ふさわしい〈*for* ..に〉,〖時に軽蔑〗実用一点張りの. It is ～ of you [You are ～] to follow her advice. 彼女の忠告に従うとは賢明ですね. ～ clothes (ごてごてした飾りのない)実用的な服. ～ shoes *for* walking 歩くのに適した靴.
2〖章〗知覚し得る; **気がつくほどの**, 著しい, かなりの. There was a ～ decrease in temperature. 温度がはっきり分かるほど下がった.
3〖章〗〈叙述〉感づいて, 悟って,〈*of*..を〉, (類語 aware などに比べて古風). She is ～ *of* her fiancé's weakness for alcohol. 彼女はフィアンセがアルコールに目がないのを知っている.
[＜中世ラテン語 *sēnsibilis*; sense, -ible]

sén·si·bly 副 **1** 著しく. **2** 分別よく, 賢明に; 〈文修飾〉賢明にも. A gentleman is expected to behave ～ on any occasion. 紳士はいつでも分別を持って行動することを期待される. The weather being so changeable, the race was ～ postponed until today. 天気が非常に変わりやすいので競走が今日まで延期されていたのは賢明であった.

***sen·si·tive** /sénsətiv/ 形 ⓜ **1 感じやすい**, 傷つきやすい, 敏感な, 〈*to* ..に〉(susceptible);〔芸術などが〕微妙な点を表現する, きめの細かい. a ～ girl 感じやすい年ごろの娘. She has ～ skin. 彼女は肌が弱い. Dogs are ～ *to* smell. 犬は臭(にお)いに敏感である. a ～ performance きめの細かい演技[演奏].
2 神経過敏な, 気にする, すぐに怒る,〈*to*, *about* ..〔物事〕に〉. a ～ teacher 怒りっぽい先生. She's very ～ *about* what she wears. 彼女は着るものにとても気を遣う. Japan is very ～ *to* criticism from other Asian governments. 日本は他のアジアの国々の政府からの批評をひどく気にする.
3〔人, 物が〕**敏感に反応する**〈*to* ..に〉;〔機械などが〕高感度の;〔フィルム, コピー紙などが〕感光性の. Mercury is ～ *to* changes in temperature. 水銀は気温の変化に敏感に反応する. a highly ～ camera 高感度カメラ.
4〔市場などが〕変動しやすい; 影響を受けやすい〈*to* ..の〉. The stock market is ～ *to* the political situation. 株式市場は政治状況に敏感に反応する.
5 (**a**) **人がそれに敏感であることを要する**, デリケートな. The use of male-oriented language has become a ～ issue in recent years. 男性中心の言語の使用は近年デリケートな問題になった. (**b**) (政府などの)機密を扱う;〔情報などが〕極秘の, 機密扱いの. people in ～ positions in the government 政府の機密を扱う地位にいる人たち.
[＜古期フランス語 (＜ラテン語 *sentīre* 'feel'); -ive]
▷ **～·ly** 副 敏感に; 過敏に; 微妙に. **～·ness** 名 Ⓤ 感じやすいこと; 過敏.

sénsitive pàper 名 Ⓤ 〖写〗感光紙.

sénsitive plànt 名 Ⓒ 〖植〗オジギソウ, ネムリグサ.

‡**sen·si·tiv·i·ty** /sènsətívəti/ 名 Ⓤ **1** 感じやすさ, 感受性(の豊かさ), 〈*to* ..に対する〉. **2** 神経過敏. **3** (機械, ラジオなどの)感度;〖写〗(フィルムの)感(光)度.

sen·si·tize /sénsətàiz/ 動 他 〈しばしば受け身で〉**1** を敏感にする, 〔人〕の注意を喚起する, 〈*to* ..に対して〉. **2**〖写〗に感光性を与える. ▷ **sèn·si·ti·zá·tion** 名

‡**sen·sor** /sénsər/ 名 Ⓒ センサー《物理的刺激に反応する計測器》.

sen·so·ri·al /sensɔ́ːriəl/ 形 ＝sensory.

‡**sen·so·ry** /séns(ə)ri/ 形 感覚の, 知覚の. ～ organs 感覚器官. ～ nerve 知覚神経.

†**sen·su·al** /sénʃuəl|-sju-/ 形 **1** 肉感的な, セクシーな. She has ～ lips. 彼女は唇が肉感的だ. **2**〔人が〕肉欲にふける, 好色の. **3** 官能の, 官能的な, (↔spiritual). ～ pleasures 官能の喜び《美食, 性的快楽など》. 類語 性的なニュアンスが強い; →sensuous. ▷ **～·ly** 副

sén·su·al·ìsm 名 Ⓤ **1** 肉欲主義, 好色. **2**〖美〗官能主義.

sén·su·al·ist 名 Ⓒ **1** 肉欲にふける人, 好色家; 美食家. **2**〖哲〗感覚論者. **3**〖美〗官能主義者.

sen·su·al·i·ty /sènʃuǽləti|-sju-/ 名 Ⓤ 肉欲, 好色, 官能的なこと, (↔spirituality).

‡**sen·su·ous** /sénʃuəs|-sju-/ 形 〖雅〗**1** 感覚に訴える, 感覚に心地よい; 感覚による. ～ beauty 感覚美《色, 形, 音など感覚に訴える美で, 例えば intellectual beauty (知的な美)に対する》. the ～ charms of the church service 教会の礼拝式の感覚的な魅力. ～ music 感覚に訴える音楽. **2** 感覚の鋭敏な, 美的感覚の鋭い. 類語 性的な意味は含まれないが, 時に sensual の婉曲語としても用いられる.
▷ **～·ly** 副 感覚的に; 〈時に〉官能的に. **～·ness** 名

sent /sent/ 動 send の過去形・過去分詞.

‡**sen·tence** /séntəns/ 名 (複 **-tenc·es** /-əz/) 【判断】
1【判断の表現】Ⓒ 〖文法〗**文**. A ～ usually has a subject and predicate. 文には普通主語と述語がある.

> 連結 a clear [a coherent; a clumsy] ～ // write [compose, construct, form, make; polish; quote; rewrite] a ～

> 文法 **sentence** (文). 構造上独立し得る語または語の集まりを指す. その意味で "*Fire!*" (火事だ)も 1 語ではあるが文と言える. しかし一般的には主語と述語動詞を備えた形のものを言う.
> 文は主語と述語動詞の関係に意味を考慮して次の 4 種類に分けられる.
> (1) **平叙文** (declarative sentence). 基本的には Dogs bark. のように「主語＋述語動詞」の型で, 普通に事実を述べる文.
> (2) **疑問文** (interrogative sentence). 疑問詞や Do を用いたり語順転倒などによって疑問を表す文: *What* is the time?/*Do* you speak Japanese?
> (3) **命令文** (imperative sentence). 主語を出さないで動詞の原形を用いる: *Come* to me.
> (4) **感嘆文** (exclamatory sentence). What または How で始め, 主語と述語動詞は平叙文の語順で, 終わりには感嘆符 (!) をつける. 感嘆を表す: *What* a big plane (that is)!/*How* fast the train is moving!
> この 4 種類のすべての文がきれいに割り切れるものではなく, 例えば Will you shut the window, please? (窓を閉めてくれませんか)は疑問文であるが内容は依頼であり, Please shut the window. という命令文と同じ意味である.
> 感嘆文を除く各種類の文に肯定文と否定文とがある.
> 文を構造上から分類すれば基本的には **単文** (simple sentence), **複文** (complex sentence) (文中に従属節 (→clause 文法) を含むもの), **重文** (compound sentence) (2 つ以上の等位節 (→clause 文法) を含むもの)に分けられる.

2 ⓊⒸ 〖法〗**判決**, (刑の)宣告; 刑; (米英の判決に至る手続きについては →convict 参考). a ～ of death [a death ～] 死刑の判決. a life ～ 終身刑. a ～ of two to ten years in prison 懲役 2 年ないし 10 年の判決.

> 連結 a heavy [a harsh, a severe, a stiff; a light; a lenient; the maximum] ～ // impose [carry out, execute; commute; suspend] a ～

3 Ⓒ 〖古〗金言, 格言.

***pàss* [*gìve, pronòunce*] *séntence on* [*upon*]..** ..に判決を下す, 刑を申し渡す.

sèrve one's séntence 服役する, 刑に服す.

under séntence of 〔two years in prison〕〔懲役

2 年]の刑を言い渡されて.
—— 動 (-tenc·es /-əz/|過 過分 ~d /-t/|-tenc·ing) 他
1 に判決を下す; に宣告する〈*to* ..の刑を〉; VOO (~ X *to do*) X(人)に..するよう宣告する; 〈しばしば受け身で〉. The defendant was ~*d to* death. 被告は死刑の判決を受けた. He was ~*d to* pay a fine of 30,000 yen. 彼は 3 万円の罰金を支払うよう宣告された.
2 VOA (~ X *to* Y)・VOC (~ X *to do*) X(人)に Y の状態を無理に経験させる, 強いる, 運命づける/X に..するのを余儀なくさせる, 〈普通, 受け身で〉. Those people were ~*d to* ⌞a lifetime of poverty [suffer poverty for life]. これらの人々は生涯貧困に苦しむ羽目となった.
[<ラテン語「判断, 見解」(<*sentire* 'feel')]

séntence mòdifier 名 C 〖文法〗文修飾語.

> 文法 **sentence modifier** (文修飾語句). 副詞的修飾語句のうち, 特定の語句を修飾するのでなく, 文全体を修飾するものがある: That is *clearly* my mistake./*Fortunately* for us, the weather cleared up. の clearly, fortunately がそれで, それぞれ It is *clear* that that is my mistake./It was *fortunate* for us that the weather cleared up. と言っても意味は同じ. これらを特に文修飾副詞 (sentence-modifying adverb) と呼ぶ.
> 一般の副詞より文中の位置は自由で, 文頭や文尾に置くこともできるが be 動詞以外の一般動詞では動詞の前に置かれることも多い (I *certainly* like her).
> 上の clearly を We saw Mt.Fuji *clearly*. (富士山がはっきり見えた)のような語修飾の副詞と比較. この種の副詞にはほかに really, truly, naturally, evidently などがある.
> to tell the TRUTH, to be FRANK with you なども文修飾の副詞句と考えられる.

sèntence (mòdifying) ádverb 名 C 〖文法〗文(修飾)副詞 (→sentence modifier 文法).

sèntence páttern 名 C 〖文法〗文型.

séntence strèss 名 C 〖音声〗文強勢《文中で意味的に重要な語に置かれる強勢; 例えば The children are playing football in the park. という文では普通 children, playing, football, park に文強勢が置かれる》.

sen·ten·tious /senténʃəs/ 形 **1** 〖章〗〔人, 話しぶりなどが〕もったいぶった, お説教的な. a ~ speech もったいぶったスピーチ. **2** 〖古〗金言的な; 格言の多い.
▷ **~·ly** 副 もったいぶって, しかつめらしく. **~·ness** 名

sen·tient /sénʃ(i)ənt/ 形 **1** 〖章〗感覚のある, 知覚力のある. Is there ~ life on Mars? 火星には知覚のある生物はいるだろうか. **2** 〖雅〗気がついている〈*of* ..に〉(aware). Few were ~ *of* their failure. 失敗に気づいていた人はほとんどいなかった.

***sen·ti·ment** /séntəmənt/ 名 (複 **~s** /-ts/)
【気持ち, 情】 **1** UC 〖章〗**情**, 情感, 気持ち; 情緒; 情操; (類語 多分に知性[理性]的な要素を含む; →feeling). a hostile ~ 敵意. a poet of profound ~ 情感豊かな詩人. religious ~ 宗教心. True art appeals to ~. 真の芸術は感情に訴えかける. lofty ~s 高邁(まい)な精神. Mary is a girl full of ~. メリーは気持ちの優しい女の子だ. Public [Popular] ~ is against a tax increase. 世論は増税に反対だ.
2 U 〈時にけなして〉(やわで安っぽい) **感傷**, 涙もろさ, (↔reason). There is no place for ~ in business affairs. 商売には情けの入る余地はない. That soap opera is too full of sloppy ~. あの連続ドラマはお涙ちょうだい的すぎる.
【気持ち>感想】 **3** C 〖章・時に戯〗〈普通 ~s〉**意見**, 感想, 〈*on, about* ..〔ある事柄〕についての〉(類語 感情的要素の濃い opinion). I gave him my ~*s on* the subject. 私はその問題についての意見を彼に伝えた. My ~*s* exactly! 同感. **4** 【気持ちを表す文句】 C 〈時に ~s〉あいさつ(の言葉). a New Year's card with a suitable ~ 年頭にふさわしい言葉を記した年賀状.
[<中世ラテン語「感じること」(<ラテン語 *sentire* 'feel')]

***sen·ti·men·tal** /sèntəméntl/ ⑧/ 形 m **1** 〈時にけなして〉〔人が〕**感傷的な**, センチメンタルな; 情にもろい, 多感な; 〈*about* ..のことで〉. go on a ~ journey 感傷旅行に出かける. Old people tend to be far too ~ *about* the past. 老人は昔のことで感傷的になりやすい. **2** 〈時にけなして〉〔作品などが〕**お涙ちょうだいの**, 感傷的な, センチメンタルな. **3** 懐かしさによる, 感情の上での. This watch is precious to me for ~ reasons. この時計は心情的な理由で私に大切なのです《高級品などの理由でなく, 例えば親の形見だなどの理由で》. ▷ **~·ly** 副 感情的に; 心情的に. [sentiment, -al]

sèn·ti·mén·tal·ìsm 名 U 感情[感傷]主義, 情緒主義; 感傷癖[趣味], 涙もろさ, 愚痴っぽさ.

sèn·ti·mén·tal·ist 名 C 感傷的な人, 涙もろい人.

sen·ti·men·tal·i·ty /sèntəmentǽləti/ 名 U 〖しばしば軽蔑〗感傷的なこと; 感傷癖; 感情的なこと.

sen·ti·men·tal·ize /sèntəméntəlàiz/ 動 他 を感傷的に考える[取り扱う, 演ずる]. —— 自 感傷的になる 〈*over, about* ..〔思い出など〕で〉. ~ *about* one's childhood 子供のころのことを考えて感傷的になる.

sen·ti·nel /séntin(ə)l/ 名 C 〖雅・古〗番人, 守衛; 歩哨(しょう), 哨兵; (★今は軍隊では sentry を用いる). stand ~ 見張り[歩哨]に立つ. [イタリア語]

†**sen·try** /séntri/ 名 (複 **-tries**) 〖軍〗 C 歩哨(しょう), 衛兵; U 歩哨の任務. relieve a ~ 歩哨を交替する. He is on ~ duty. 彼は歩哨に立っている.
kèep séntry 歩哨に立つ. [sentinel の異形]

séntry bòx 名 C 哨舎, 見張り番所.

séntry gò 名 U 歩哨勤務.

Seoul /soul/ 名 ソウル《大韓民国の首都》.

Sep. September.

se·pal /síːp(ə)l|sép-/ 名 C 〖植〗萼(がく)片.

sèp·a·ra·bíl·i·ty 名 U 分離できること, 可分性.

sep·a·ra·ble /sép(ə)rəb(ə)l/ 形 分離できる, 区別できる, 〈*from* ..から〉.
▷ **-bly** 副 分離[区別]できて[できるように].

‡**sep·a·rate** /sépərèit/ 動 (**~s** /-ts/|過 過分 **-rat·ed** /-əd/|**-rat·ing**) 他
【分離する】 **1** を**分離する**, 切り離す, 〈*from* ..から〉(類語 普通それぞれ独立性のあるものを分離するのに用いる; →divide). ~ ⌞an egg [the white of an egg *from* the yolk] 黄身と白身に卵を割り分ける. ~ the boxers in a clinch クリンチしているボクサーを引き離す. ~ the boys *from* the girls 男の子と女の子を分ける. ~ cream *from* milk クリームを牛乳から分離する.
2 〔物, 時, 空間などが〕を隔てる; を区切る; 〈*from* ..から〉. There is a stone wall *separating* the two gardens. 石の塀が 2 つの庭を隔てている. Japan is ~*d from* the Asian Continent by the Sea of Japan. 日本は日本海によってアジア大陸から隔てられている. Only a tenth of a second ~*d* the top two skaters. わずか 1/10 秒の差が先頭 2 人のスケート選手の明暗を分けた[勝敗を決めた].
3 (**a**) 〔家族など〕を別れさせる, 引き離す; を仲たがいさせる; 〔病人など〕を隔離する; 〈*from* ..から, と〉. She was ~*d from* her parents when she was very young. 彼女はまだ幼いころに両親から引き離された. The two politicians were once in the same faction, but their different views on diplomacy have ~*d* them. その 2 人の政治家はかつては同じ派閥に属していたが, 外交についての意見の違いで仲たがいした.
(**b**) を別居させる 〈*from* ..から〉〈普通, 受け身で〉. He is

S

〜*d from* his wife. 彼は妻と別居している. The couple was 〜*d*. その夫婦は別居していた.
4 〘米〙を除隊させる; を解雇する; 〈*from* ..から〉.
【区分する】 **5** を区分する, 仕切る; を分類する; 〈*into* ..に〉. 〜 a class *into* two parts クラスを2つに分ける. Tokyo is not clearly 〜*d into* residential and business quarters. 東京は住宅地と商業地域に明確に分かれていない. We can 〜 these words *into* three groups. これらの語は3つに分類することができる.
6 を区別[識別]する〈*out*〉〈*from* ..と〉. 〜 (*out*) fantasy *from* reality 夢と現実を区別する.
── 自 **1** 分かれる〈*into* ..に〉; 分離する, 離れる; ばらばらになる; 〔ミルク, バター(の成分など)が〕分離する〈*out*〉; 離脱する, 独立する〈*from* ..から〉. An orange 〜*s into* ten or twelve sections. 1個のオレンジは10から12ぐらいの袋に分かれている. America 〜*d from* England in the eighteenth century. アメリカは18世紀にイギリスから独立した.
2 〔人が〕別れる〈*from* ..と〉; 散会する; 〔夫婦が〕別居する; 〔家族が〕離れ離れになる. After the meeting we drank until midnight and then 〜*d*. 会議の後我々は真夜中まで飲んでから別れた[解散した]. I 〜*d from* Bob at the bus stop. ボブとはバス停で別れた.
3 〔綱などが〕切れる.
sèparate /../ óut (1) ＝ 他 6. (2) ..を分離して取り出す[除く]〈*from* ..から〉. 〜 metal *out from* ore 鉱石から金属を採取する. use a filter to 〜 *out* impurities 不純物を除くためフィルターを使う.
── /sép(ə)rət/ 形 m **1** 分かれた, 離れた, 分離した, 〈*from*..から〉. Keep the boys 〜 *from* each other or they'll quarrel. 坊主たちを離しておかないとけんかするぞ.
2 別々の, 個別の; 独立した; 別の, 異なる. Children want 〜 rooms. 子供は自分の部屋を欲しがる. two 〜 problems 2つの別個の問題. break the law on three 〜 occasions 3度にわたり法を犯す. We went our 〜 ways. 私たちは別々の方向に行った; (関係を絶つなどして)私たちはそれぞれ別の道を歩んだ.
sèparate but équal 〘米〙分離しかし平等の《学校, 食堂などの公共施設で白人と黒人を分離はするが同じサービスを享受させること; 1896年の最高裁判所の判決によって確立されたが, 1954年公立学校における分離が違憲とされてからこの原則は崩れた》.
── /sép(ə)rət/ 名 C **1** 〈〜s〉セパレーツ《上下別々の服》. **2** (雑誌論文などの)抜き刷り (offprint).
[＜ラテン語 *separātus*「分けられた」(＜*sē-* 'apart' ＋ *parāre* 'prepare')] ▷ **〜·ness** /sép(ə)rətnəs/ 名

sep·a·rat·ed /sépərèitəd/ 形 **1** 〈叙述〉〔夫婦が〕別居して. →separate 動 他 3 (b). **2** 離れた[て]; はぐれて; 〈*from* ..から〉; 離散した〔家族など〕. Alice got 〜 *from* her mother in the crowd. アリスは人混みで母とはぐれた. a 〜 family 離散家族.

sèparate estáte 名 U 〘法〙(妻の)特有財産《婚姻前から有する又は婚姻中に自力で得た財産》.

***sep·a·rate·ly** /sép(ə)rətli/ 副 © 別々に, 単独に; 別れて〈*from* ..と〉. live 〜 別々に住む, 別居している. The two issues cannot be considered 〜 (*from* each other). その2つの問題は別々には考えられない.

sèparate máintenance 名 U 〘法〙(夫が妻に出す)別居手当 (→alimony).

***sep·a·ra·tion** /sèpəréiʃ(ə)n/ 名 (複 〜**s** /-z/)
1 UC 分離(する[させる]こと), 隔離; 分類, 選別; 独立, 離脱. the 〜 of powers 三権分立. the 〜 of [between] church and state 政教分離.
2 UC 〘法〙(夫婦の)別居 (judicial [legal] separation); 別離〈*from* ..からの〉. They began to live together again after a 〜 of two years. 彼らは2年間別居していたがまた同居するようになった.
3 C 分離した箇所, 分岐点; 割れ目. the deep 〜*s* in the rock surface 岩肌の深い割れ目.
4 C 間隔, 距離. a 〜 of twelve feet between the walls 塀と塀の間の12フィートの間隔.
5 U 〘米〙除隊; 解雇. [separate, -ion]

sep·a·ra·tism /sép(ə)rətìz(ə)m/ 名 U 分離主義.

sep·a·ra·tist /sép(ə)rətist/ 名 C 分離主義者, 独立派の人.

sep·a·ra·tive /sépərèitiv, -p(ə)rət-/ 形 分離性の.

sep·a·ra·tor /sép(ə)rèitər/ 名 C **1** (ものを)分離させる人[もの]. **2** 分離器《特に牛乳からクリームを分離する》; 〘電〙(二次電池の)隔離板.

se·pi·a /síːpiə, -pjə/ 名 **1** U (イカの墨から採った暗褐色の)セピア絵の具[インク]. **2** U セピア色. **3** C セピア色の絵[写真]. ── 形 セピア色の. [＜ギリシア語「イカ」]

se·poy /síːpɔi/ 名 (複 〜**s**) C 〘史〙(英国陸軍の)インド人兵士.

sep·sis /sépsəs/ 名 U 〘医〙敗血症, 感染症.

Sept. September.

sept- /sept/ 〈複合要素〉→septi-.

sep·ta /séptə/ 名 septum の複数形.

‡Sep·tem·ber /septémbər, səp-/ 名 9月《略 Sep., Sept.; ラテン語で「7番目の月」の意味; →December》. School begins on *Sept.* 1. 学校は9月1日から始まる.

sep·te·nar·y /séptənèri|septíːnəri/ 形 **1** 7の; 7個の, 7個から成る. **2** ＝septennial.
── 名 UC 7; 7個; 7つひと組; 7年間.

sep·ten·ni·al /septéniəl/ 形 7年間続く; 7年に1回の; 7年ごとの.

「奏[唱]団.

sep·tet(te) /septét/ 名 C 〘楽〙7重奏[唱]曲, 7重↑

sep·ti- /séptə/ 〈複合要素〉「7」の意味《母音の前では sept- となる》. [ラテン語 *septem* 'seven']

sep·tic /séptik/ 形 腐敗性の; 敗血性の; 敗血症にかかった. 〜 poisoning 敗血症. [＜ギリシア語「腐る」]

sep·ti·c(a)e·mi·a /sèptəsíːmiə/ 名 U 〘医〙敗血症.

séptic tànk 名 C (バクテリア利用の)汚水浄化槽.

sep·tu·a·ge·nar·i·an /sèptʃuədʒəné(ə)riən|-tjuə-/ 名 C 70歳代の人.

Sep·tu·a·ges·i·ma /sèptʃuədʒésimə|-tjuə-/ 名 〘カトリック〙四旬節 (Lent) 前の第3日曜日.

Sep·tu·a·gint /séptʃuədʒìnt|-tjuə-/ 名 〈the 〜〉70人訳聖書《紀元前3世紀に完成した旧約聖書の最古のギリシア語訳》. 「生物〙隔壁; 隔膜.

sep·tum /séptəm/ 名 (複 **sep·ta** /-tə/) C 〘解剖・↑

sep·tu·ple /séptupl, sept(j)úː-|séptju-/ 形, 名 C 7倍(の). ── 動 他 を7倍にする.

sep·ul·cher 〘米〙, **-chre** 〘英〙 /sépəlkər/ 名 C 〘古〙墓 (類語 特に岩を掘ったり, 石やれんがで造ったもの; →grave[1]). the (Holy) *Sepulcher* 聖墓《キリストの墓》. a whited 〜 偽善者《聖書から》. [＜ラテン語「埋葬する所」(＜*sepelīre* 'bury')]

se·pul·chral /səpʌ́lkr(ə)l/ 形 **1** 墓の; 埋葬の. a 〜 stone 墓石. **2** 〘雅〙〔顔つき, 声などが〕陰気な (gloomy). a 〜 tone 陰気な口調.

seq. sequel.

†se·quel /síːkwəl/ 名 C **1** 続編, 後編, 〈*to* ..〔小説, 映画など〕の〉. the 〜 *to* the novel その小説の続編. **2** 結果, 成り行き. As a 〜 *to* the talks the two countries have announced missile reductions. 会談の結果としてその両国はミサイルの削減を発表した.
in the séquel 結局は.
[＜後期ラテン語「続き」(＜ラテン語 *sequī* 'follow')]

***se·quence** /síːkwəns/ 名 (複 **-quenc·es** /-əz/)
1 C 一連のもの[事柄], 連続するもの[事柄], (類語 連続

するものの論理的[因果]関係に重点があり, ある結果を暗示する; →series). a ～ *of* tragedies 一連の悲劇. feed a ～ *of* numbers into a computer 一連の数字をコンピュータに送り込む. The film shows the ～ of events that led up to her present fame. その映画は彼女が今の名声を得るに至った一連の出来事を描いている.
2 U **順序**. in alphabetical ～ アルファベット順に. in ～ 次々と; 順序正しく. out of ～ 順序が乱れて.
3 U 結果; 結論. **4** C 〖トランプ〗続き札《同じ組の連続した 3 枚以上のカード》. **5** C 〖映〗(まとまりのある)一連のシーン, シーケンス. the final pursuit ～ 最後の一連の追跡シーン. **6** C 〖数〗数列. **7** U 〖楽〗反復進行. **8** C 〖カトリック〗続唱.
in règular séquence 順序どおりに, 整然と.
[＜後期ラテン語「続くもの」(＜ラテン語 *sequī* 'follow')]

sèquence of ténses 名 〈the ～〉〖文法〗時制の一致.

sé·quenc·er 名 C 〖電算・楽〗シーケンサー《逐次処理を行うプログラム; 特に音楽をデジタル情報として記録・編集・自動演奏できる機器・コンピュータソフトウェア》.

sé·quenc·ing 名 U (特に時間順の)配列, 連なり, 編成. the ～ of trains 列車の運行編成.

se·quent /síːkwənt/ 形 〖章〗 **1** 次の; 続く. **2** 結果として生じる.

se·quen·tial /sikwénʃ(ə)l/ 形 **1** 連続的な; 規則的に続いて起こる. **2** 結果として生じる.
▷ **～·ly** 副 (規則的に)連続して.

se·ques·ter /sikwéstər/ 動 他 **1** 〖雅〗を隠退させる, 引きこもらせる; を隔離する; 〈*from* ..から〉. **2** 〖法〗＝sequestrate.
sequéster onesèlf 引きこもる, 隠退する.

se·qués·tered 形 〖雅〗 **1** 〔人, 生活が〕隠退した. a ～ life 隠退生活. **2** 〔場所が〕へんぴな, 人里離れた.

se·ques·trate /sikwéstrèit/ 動 他 〈普通, 受け身で〉 **1** 〖法〗を一時差し押さえる. **2** 〖国際法〗〔敵国の財産〕を没収する, 接収する.

se·ques·tra·tion /sìːkwəstréiʃ(ə)n/ 名 UC **1** 隠退; 隔離, 追放. **2** 〖法〗(財産の)仮差し押さえ; (敵国財産の)没収, 接収.

se·quin /síːkwən/ 名 C **1** スパンコール (spangle)《衣服に縫い付ける装飾用の小型金属板》.
2 〖史〗昔のイタリア・トルコの金貨.

se·quoi·a /sikwɔ́iə/ 名 C セコイア《米国カリフォルニア州産の巨大な樹木で giant sequoia [big tree] (マンモスノキ) と redwood (セカイヤメスギ)の 2 種類があり, 樹齢 300–500 年を越え, 高さ 100 メートル以上に達するものがある》.

se·ra /sí(ə)rə/ 名 serum の複数形.

se·ragl·io /sərǽljou, -ráːl-|seráːliou/ 名 (複 ～s) C **1** ハレム, 後宮, (harem). **2** トルコの宮殿. [＜イタリア語「鳥かご」(＜ペルシア語)]

se·ra·pe /səráːpi|se-/ 名 C セラーペ《メキシコ地方で肩掛けなどに使う派手な毛布》.

ser·aph /sérəf/ 名 (複 ～s, **ser·a·phim** /-fim/) C 〖雅〗熾(し)天使《最高位の天使; →angel》. [＜ヘブライ語]

se·raph·ic /sərǽfik|se-/ 形 **1** 〖雅〗熾(し)天使の.
2 〔微笑, 子供などが〕天使のような, 清らかな, 神々しい.

ser·a·phim /sérəfim/ 名 seraph の複数形.

Serb /səːrb/ 形 セルビア (Serbia) の; セルビア人[語]の.
── 名 **1** C セルビア人. **2** U セルビア語.

Ser·bi·a /sə́ːrbiə/ 名 セルビア《旧ユーゴスラヴィア中北部の共和国; 首都 Belgrade》.

Ser·bi·an /sə́ːrbiən/ 形, 名 ＝Serb.

Ser·bo-Cro·a·tian /sə̀ːrboukrouéiʃ(ə)n/ 名 U セルボクロアチア語《スラブ語系言語》. ── /㊙/ 形 セルボクロアチア語の.

sere /siər/ 形 ＝sear.

‡ser·e·nade /sèrənéid/ 名 C セレナーデ, 小夜(さよ)曲, 《夜, 男が恋人の家の窓の下で歌う[演奏する]叙情的な曲》; (小規模のグループが演奏する)器楽曲.
── 動 他 にセレナーデを歌って[演奏して]聞かせる. ～ one's sweetheart 恋人にセレナーデを聞かせる.
[＜イタリア語 *sereno*「穏やかな, 晴れた」; イタリア語 *sera*「夜」の影響も加わった] ▷ **ser·e·nad·er** 名

ser·en·dip·i·ty /sèrəndípəti/ 名 U 思わぬ発見をする特異な才能; 掘り出し物上手. [ペルシアのおとぎ話 "The Three Princes of *Serendip*" の主人公たちがこの才を持っていることから]

†se·rene /səríːn/ 形 e, m **1** 〔空が〕澄み渡った, 晴れた; 〔風, 空気などが〕のどかな, うららかな, 〔海が〕穏やかな, 静かな. The sky is ～. 空は澄み渡っている. the ～ waters 静かな海原. **2** 〔顔つき, 生活などが〕落ち着いた, 平和な, 乱すもののない. a ～ look 落ち着いた顔つき. lead a ～ life 平和な生活を送る. **3** 〈S-〉'やんごとなき'《ヨーロッパ, 特に昔のドイツの王侯[王妃]に対する敬称》. His [Her] *Serene* Highness 殿下 (→highness 2 語法).
[＜ラテン語 *serēnus*「晴れた, 穏やかな」] ▷ **～·ly** 副 よく晴れて; うららかに; 落ち着いて. **～·ness** 名

se·ren·i·ty /sərénəti/ 名 U **1** 晴朗; うららかさ, のどけさ. the ～ of the English countryside 英国の田舎ののどけさ. **2** (心の)落ち着き, 沈着. She looked at me with complete ～. 彼女は落ち着き払って私を見た. **3** 〈S-〉殿下《敬称》. His [Her] *Serenity* 殿下 (→serene 3).

serf /səːrf/ 名 (複 ～s) C **1** 〖史〗農奴《特に中世のヨーロッパで土地とともに売買された農民の最下層階級》. **2** 奴隷(のような境遇にある人). [＜ラテン語 *servus*「奴隷」]

serf·dom /sə́ːrfdəm/ 名 U 農奴の身分; 農奴制.

serf·hood /sə́ːrfhùd/ 名 ＝serfdom.

serg. sergeant.

†serge /səːrdʒ/ 名 U サージ《服地の一種》. a blue ～ suit 紺サージの背広. [＜ギリシア語「絹」]

***ser·geant** /sáːrdʒ(ə)nt/ 名 (複 ～s /-ts/) C **1** 〖軍〗(曹長・軍曹級の)**下士官**《略 serg., sergt., sgt.; 〖話〗sarge》. **2 巡査部長**《英国では constable の上, inspector の下; 米国では captain または lieutenant の下》. **3** ＝sergeant at arms. [＜ラテン語「奉仕している(人)」(*servīre* 'serve' の現在分詞)]

sèrgeant at árms 名 (複 **sergeants-**) C (議会, 法廷などの)守衛官, 衛視.

sèrgeant májor 名 (複 **sergeants major, ～s**) C (英陸軍の)特務曹長; (米陸軍・海兵隊の)上級曹長; 《略 Sgt-Maj》.

sergt. sergeant.

†se·ri·al /sí(ə)riəl/ 形 **1** 〔番号などが〕連続の, 通しの. **2** 〈限定〉〔小説などが〕続き物の, 連載[連続]の. a ～ killer 連続殺人犯. ── 名 C (新聞, 雑誌, テレビなどの)続き物, 連載物, 連続物; 定期刊行物. a 'soap opera' ～ on TV テレビの連続メロドラマ. [series, -al] ▷ **～·ly** 副 連続的に; 続き物として.

sè·ri·al·i·zá·tion 名 U 連載; 連続上映[放映, 放送].

se·ri·al·ize /sí(ə)riəlàiz/ 動 他 〈しばしば受け身で〉を連載する; を続き物として上映[放映, 放送]する.

sérial nùmber 名 C 通し番号《例えば紙幣などの》.

sérial rìghts 名 〈複数扱い〉(雑誌などへの)連載権.

sèrial stóry 名 C 続き物, 連続物語.

se·ri·a·tim /sì(ə)riéitim/ 副 〖章〗次々に, 順次に.

ser·i·cul·ture /sérikʌ̀ltʃər/ 名 U 養蚕(業).
▷ **sèr·i·cúl·tur·al** /-tʃərəl ㊙/ 形 **sèr·i·cúl·tur·ist** /-tʃ(ə)rist/ 名

‡se·ries /sí(ə)riːz/ 名 (複 ～) **1** C (同種類のものの)ひと続き; 一連のもの; (類語 何らかの点で関連する同種類のものの連続; →sequence, succession). a ～ of victories 連勝. Her life was a long ～ of misfortunes. 彼女の一生は長い不幸の連続だった. A ～ of

S

lectures on religion will be given by Professor Smith. 宗教の連続講義はスミス教授が行う. 語法 a ～ of の後には複数名詞が来るが普通, 単数扱い.
2 C (切手, 貨幣などの同時発行の)ひとそろい, ひと組.
3 C **双書**, シリーズ; (テレビ番組などの)シリーズもの; (★一つずつ完結するものの連続; →serial). the James Bond spy ～ ジェームズ・ボンドのスパイシリーズ. the first ～ of "Japanese Literary Classics"『日本古典文学全集』の第 1 期刊行シリーズ.
4 C (野球などで同一チームの間の)**連続試合**, シリーズ. the World *Series* ワールドシリーズ《米国大リーグの選手権試合》.
5 C 〖数〗級数. an arithmetical [a geometrical] ～ 等差[等比]級数.
6 U 〖電〗直列 (↔parallel). a ～ circuit [connection] 直列回路. ◇形 serial
in séries (1) 連続して. (2) 双書として, シリーズもので. (3)〖電〗直列で.
[ラテン語「列」(＜*serere* 'link')]

ser·if /sérəf/ 名 (複 ～s) C 〖印〗セリフ《H, I などの活字の上下にある細いひげ飾り》.

[serif]

ser·i·graph /sérigræf|-grɑ̀:f/ 名 C シルクスクリーン (silk-screen) 印画.
se·rig·ra·pher /sirígrəfər/ 名 C シルクスクリーン印画家.
se·ríg·ra·phy 名 U シルクスクリーン印刷.
se·ri·o·com·ic /sì(ə)rioukɑ́mik|-kɔ́m- 🔊/ 形 まじめでこっけいな《くそまじめにして人を笑わせたり, 逆に, 笑わせながら実はまじめな態度などに言う; ＜*serious*＋*comic*》.
▷**se·ri·o·com·i·cal·ly** /-k(ə)li/ 副
‡se·ri·ous /sí(ə)riəs/ 形 m **1** まじめな, 真剣な; 冗談でない, 本気の, 〈*about* ..について〉. a ～ student まじめな学生. Let's have a ～ talk. まじめな話をしよう. I'm deadly ～ about⌞her [wanting to be an astronaut]. 彼女に対する[宇宙飛行士になりたい]僕の気持ちは本当に真剣なんだ. Don't be so ～; it's only a game. そうむきになるな, ただの遊びじゃないか. Are you (being) ～? 本気でそう言ってるのか.
2 〈普通, 限定〉 **(a)** (娯楽本位でない)本格的な, まじめな. ～ literature 純文学. ～ music 本格的音楽《軽音楽などでない》. **(b)**〖話〗たくさんの, かなりの; 上等な, 高価な. earn ～ money 大金をかせぐ. a ～ dress 高級ドレス. **3** 〔顔つきなどが〕**しかつめらしい**, くそまじめな. a ～ look 深刻そうな顔つき. look ～ 深刻な顔をする.
4 〔事件などが〕**重大な**, 由々しい; 〔病気などが〕重い. a ～ mistake 重大な誤り. This is a more ～ matter than I thought. これは僕が思っていたより重大な問題だ. suffer from a ～ disease 重い病気にかかる.
[ラテン語 *sērius*「重い＞まじめな, 厳かな」]
‡se·ri·ous·ly /sí(ə)riəsli/ 副 m **1 真剣に**, まじめに; 本気で. Don't take his promises ～. 彼の約束は本気で受け取ってはいけない. "I've given up teaching." "*Seriously*?"「教えるのはやめたよ」「(それ)ほんとか」.
2〖話〗〈文修飾〉まじめな話だが. *Seriously* though, I really think he's decided to retire. 冗談はさておき, 彼は引退を決意していると本当に思う.
3 ひどく, 重大に, 深刻に. His mother is ～ sick. 彼の母親は重病だ. He is ～ wounded. 彼はひどいけがをした. be ～ offended ひどく不機嫌になる.
4〖話〗とっても, 大変, (very). a ～ good wine 極上のワイン.
sé·ri·ous·ness 名 U **1** 真剣, 本気; 厳粛. **2** 重大さ, 深刻さ; 重症.
in àll sériousness 大まじめで, 本気で.
ser·jeant /sɑ́:rdʒ(ə)nt/ 名 〖主に英〗＝sergeant.

S

***ser·mon** /sə́:rmən/ 名 (複 ～s /-z/) C **1 説教** (類語 教会で牧師の行う speech). preach a ～ 説教する.
2〖話〗小言, 'お説教'; 長談義. give one's son a ～ on his misbehavior 息子に不品行のことで小言を言う.
[＜ラテン語 *sermō*「話」]
sér·mon·ìze /sə́:rmənàiz/ 動 他, 自 **1** (に)説教をする. **2** (に)小言を言う, 'お説教'する.
Sèrmon on the Móunt 名 〈the ～〉〖聖書〗山上の垂訓《『マタイによる福音書』5–7 章にあるキリストの説教で, キリスト教の重要な教義を多く含む》.
se·rol·o·gy /si(ə)rɑ́lədʒi|-rɔ́l-/ 名 U 血清学 (→serum).
se·rous /sí(ə)rəs/ 形 **1** 漿(しょう)液の, 血漿(状)の, 漿液のような. **2** 水のような, 希薄な.
†ser·pent /sə́:rpənt/ 名 C 〖旧〗 **1** 蛇《普通 snake より大きな蛇, 又は毒蛇; しばしば修辞的に用いる》. **2** (蛇のように)悪賢い人, 陰険な人; (邪悪な)誘惑者; 〈the S-〉→Old Serpent.
ser·pen·tine /sə́:rpəntì:n, -tàin|-tàin/ 形 〖雅〗曲がりくねった, 蛇行する. a ～ river 曲がりくねった川.
―― 名 〈the S-〉サーペンタイン池《ロンドンの Hyde Park にある S 字形の池》.
SERPS /sə:rps/〖英〗State Earnings-Related Pension (生涯収入を基礎とする国家年金).
ser·rate /séreit, -rət/ 形 ＝serrated.
ser·rat·ed /séreitəd|-⌐-/ 形 **1** のこぎり状の, ぎざぎざの. **2**〖生物〗〔葉などが〕鋸(きょ)歯状の.
ser·ra·tion /seréiʃən/ 名 **1** U 鋸(きょ)歯状. **2** C 鋸歯状突起. [＜ラテン語 *serra*「のこぎり」]
ser·ried /sérid/ 形 〖雅〗密集した, 林立した; ぎっしり詰まった. ～ ranks of people 密集した人の列.
‡se·rum /sí(ə)rəm/ 名 (複 ～s, se·ra /-rə/) **1** UC 〖医〗血清. a ～ injection 血清注射. **2** U 〖生理〗漿(しょう)液, リンパ液. [ラテン語「乳漿」]
ser·val /sə́:rv(ə)l/ 名 C サーヴァル《アフリカ産のヤマネコの一種; 脚が長く, 黄褐色に黒い斑(はん)点がある》.
‡ser·vant /sə́:rv(ə)nt/ 名 (複 ～s /-ts/) C **1 召使い**, 使用人, (→manservant, maidservant; ↔master). keep a ～ 使用人を置く. employ (a large staff of) domestic ～*s* (大勢の)家事手伝いの人[仲働き]を雇う.
2 従業員 〈*of*..〔会社など〕の〉; ＝civil servant, public servant. **3** しもべ; 奉仕者; 〈*of* ..(へ)の〉. a ～ *of* God 神のしもべ. We mustn't be ～*s of* computers. コンピュータへのしもべになってはならない.
a gòod sérvant but a bàd máster (金(かね), 火などのように)扱い方では益にも害にもなるもの.
Your obèdient [hùmble] sérvant 〖英〗敬具《形式ばった手紙で署名の前に書く; 今ではまれ》.
[＜古期フランス語「仕える人」]
‡serve /sə́:rv/ 動 (～s /-z/|過 過分 ～d /-d/|sérv·ing)
他 **【仕える】 1** 〔人〕に**奉公する**, のために働く; 〔国, 神など〕に尽くす, 仕える. ～ a master for many years as a chauffeur 運転手として長年主人に奉公する. ～ one's country 国のために尽くす. ～ God 神に仕える.
2 〔任期, 年季, 刑期など〕を**勤める**, 勤め上げる. He ～*d* his term (of office) for the full four years. 彼はまる 4 年間の任期を勤めた. Bill has been *serving* his apprenticeship to a carpenter for three years. ビルは大工の見習い奉公を 3 年やっている. I ～*d* three years in the army. 私は 3 年間兵役に就いた. ～ one's sentence (in jail for robbery) (強盗の罪で刑務所で)自分の刑期を勤める.
3【食卓で仕える】(a) 〔人〕に**給仕する** 〈*with* ..〔飲食物〕を〉; 〔飲食物〕を出す 〈*to*..〔人〕に〉. They ～ very good roast beef at that restaurant. あのレストランでは大変おいしいローストビーフを出す. Dinner is ～*d*! お食事の用意ができました《召使いが言う言葉》. She ～*d*

roast pork *to* me.＝She ～*d* me *with* roast pork. 彼女は私にローストポークを出してくれた.
(b) [VOO] (～ X Y) X (人)に Y (飲食物)を出す, ごちそうする. Jim ～*d* me wine. ジムはワインをごちそうしてくれた (★ Jim ～*d* ⌊wine *to* me [me *with* wine]. とも言える; → (a)). **(c)** [VOC] (～ X Y) X (飲食物)を Y の状態で出す. Tea should be ～*d* hot. お茶は熱いのを出さなくてはいけない.
4【客に仕える】〔店の客など〕に**応対する**, の注文を聞く. Are you being ～*d*?＝Have you been ～*d*? ご注文[ご用]を伺っていますか. I'm waiting to be ～*d*. 僕は注文を取りに来るのを待っているところだ. The clerk ～*d* me *with* another bathing suit. 店員は別の水着を見せてくれた.
5【応対する】**(a)**〖話〗[VOA]〈A は様態の副詞〉〔人〕を扱う, 遇する; に報いる. We were ～*d* very *unfairly*. 私たちは大変不当な扱いをされた. She was *ill* ～*d* when she was in that house. 彼女はあの家にいた時はひどい仕打ちを受けた. ～ a person right →成句. **(b)**〖古〗[VOO] (～ X Y) X (人)に Y (いたずら) をする.
【役目を果たす】 **6** の**役に立つ**, 間に合う;〔目的など〕にかなう;〈受け身不可〉. That doesn't ～ our purpose. それは我々の目的にかなわない. This old car ～*s* me quite well. この古い車も結構役に立つ. **7**〈受け身不可〉〔ミサ〕の侍者 (server) を務める. **8**〔種馬などが〕と交尾する, に種付けをする.
9 を操作する; を運転する;〔大砲〕を発射する.
【必要な物を供給する】 **10**〔交通, 公共施設などがある地域の要求など〕を**満たす**; [VOA] (～ X *with* ..) X に..を供給する. This area is ～*d* both by railroad and bus. この地域には鉄道もバスも通っている. This city is poorly ～*d with* water. この市は水道設備が悪い.
11〔料理が〕..人分ある. This dish [recipe] ～*s* five (persons). この料理は 5 人分ある[この調理法(の分量)は 5 人分です]. **12**〖球技〗〔球〕をサーブする.
13〖法〗[VOA] (～ X *with* Y/Y *on* X) X (人)に Y (令状など)を送達する. ～ a summons *on* a person＝～ a person *with* a summons 人に召喚状を送達する.
14〖海〗〔ロープ〕に細綱などを巻きつける《補強のため》.
15〖古〗〔女〕に言い寄る.
── [自] **1** (家事手伝いとして)**奉公する**, 仕える. She ～*d* *as* a parlormaid. 彼女は小間使いをしていた.
2 [VA] **勤務する**, 勤める; 奉仕する. ～ *in* the army 兵役に就く. ～ *on* a committee 委員を務める. ～ *under* a person 人の下で働く. He ～*d as* the county sheriff for seven years. 彼は郡保安官を 7 年やった.
3 給仕する, 食事を出す. She ～*d* at the table. 彼女は食卓で給仕をした.
4 [VA] (～ *to do*) **..するのに役立つ**; (～ *as, for* ..) ..として間に合う, 役に立つ. This ladder is not long enough, but it will ～. このはしごは長さが十分でないが, なんとか使えるだろう. The new treaty will ～ *to* improve the relations between the two countries. 新しい条約は両国の関係を改善するのに役立つであろう. This log will ～ *as* [*for*] a bench. この丸太はベンチの代用になるだろう.
5〔時期, 天候などが〕都合がよい, 適する. He showed off his collection as the occasion ～*d*. 彼は機会あるごとにコレクションを見せびらかした. **6** ミサの侍者を務める.
7〖球技〗サーブする. ◇[名] service
as mèmory sérves 思い出すままに. 「ければ.
if (my) mèmory sérves (me)〖話〗私の記憶が正し↑
sèrve /../ óut (1)〔食物など〕を配る, 盛りつける. (2) ..に復讐(しゅう)する〈*for* ..の〉. ～ him *out* 彼に復讐する. (3)〔任期など〕を勤め(上げ)る.
sèrve a pèrson ríght〖話〗人に当然の報いをする. It ～*s* [*Serve(s)*] him *right*! ざま見ろ, いい気味だ.
sèrve /../ róund〔食物など〕を順々に配る.
sèrve tíme 服役する〈*for* ..の罪で〉; 年季を勤める.
sèrve one's tíme (1) 任期いっぱい勤める. (2)＝SERVE time.
sèrve a person's túrn →turn.
sèrve twò másters 二君に仕える; 同時に相反する 2 つのことをする.
sèrve /../ úp (1) ..を給仕する, 食卓に出す. (2)〖話〗を蒸し返す, (再々)持ち出す;〔番組, 情報など〕を提供する.
── [名] **1** [UC]〖球技〗サーブ; サーブ権; (service). break the opponent's ～ 相手のサーブを破る. **2** [C]〖オース〗(食物の) 1 人前, ひと盛り.
give .. a sérve〖オース話〗..を手荒に扱う; ..をしかりとばす, けなす.
[＜ラテン語 *servīre*「奴隷 (*servus*) である, 仕える」]

†**serv·er** /sə́ːrvər/ [名] [C] **1** 給仕する人; 奉仕者; 勤務者. **2**〖カトリック〗(ミサで司祭を助ける)侍者. **3**〖球技〗サーブする人 (↔receiver). **4** (食物を載せる)大型の盆, 皿; 取り分ける大型のフォークなど. **5**〖電算〗サーバー《各端末のコンピュータ (client) に, あるサービスを提供するコンピュータ[常駐型ソフトウェア]》.

‡**ser·vice** /sə́ːrvəs/ [名] ([複] **-vic·es** /-əz/)【奉仕】 **1** [U] (慈善などの)**奉仕**; [C]〈しばしば ～*s*〉骨折り, 尽力, 貢献;〈～*s*〉(会計士などの)専門家の援助《報酬と引き換えの》. social ～ 社会奉仕. John rendered his ～*s* to his country. ジョンは祖国のために尽くした. the ～*s* of a doctor 医者の診療.

> [連結] efficient [useful, valuable; satisfactory; unselfish] ～ // receive [offer; perform, provide, render] ～

2 [U] 有用, 役に立つこと; 利用[使用](されること). of ～ →成句. This fridge has given (me) good ～. この冷蔵庫は(長いこと)大変役に立ってくれた. come into ～ 使われ出す, 営業を始める. out of ～ →成句.
3【公共への奉仕】[UC] (交通などの)**便**; (郵便, 電話, ガス, 水道などの)施設, 供給; (公共)事業;〈～*s*; 単複両扱い〉〖主に英〗サービスエリア. an hourly train ～ 1 時間に 1 本の列車の便. There is a good bus ～ in this town. この町ではバスの便がよい. the telephone ～ 電話事業. postal ～ 郵便業務. counter ～*s* (郵便局, 銀行などの)窓口業務. a regular air ～ 定期航空便. Not in ～ (＝Out of ～) 回送中, 運転休止,《掲示》.
【勤務】 **4** [UC] **(a)** (公の)**勤め**, 勤務, 業務;〈集合的〉勤務している人々; [U]〖旧〗(servant としての)奉公. enter the diplomatic ～ 外交官になる. →civil service. go into (domestic) ～ 奉公に出る. **(b)** (一定の事務を行う)部(局), 係; (病院の)..科. Give me Customer *Service*. お客様[顧客サービス]係を頼みます《電話で》.
5 [U] **軍務**, 兵役; [C] (陸・海・空の)軍. the (three) ～*s* 陸海空軍, 三軍. the Senior *Service*〖英〗(陸軍に対して)海軍.
6 [UC] **礼拝**, お勤め, (divine service). a marriage ～ 結婚式. He attends church ～*s* twice a week. 彼は週に 2 回礼拝に出る.
【客への応対】 **7** [U] **給仕**, 注文伺い; (ホテルなどの)**客扱い**, 接客; サービス(料金). room ～ ルームサービス. bad ～ ひどい客扱い. You don't get very good ～ at that restaurant. あのレストランの客扱いはあまりよくない. Is ～ included in the bill? サービス料込みの料金ですか. →tea service. [注意] 日本語の「サービス」の持つ「値引き」,「おまけ」の意味はない.
8【給仕用の道具一式】[C] (食器などの)ひとそろい, セット. a tea ～ 紅茶セット. a dinner ～ for six 6 人用の晩餐(さん)用食器セット.
9 [UC] (商品の) **'アフターサービス'**, (機械などの) 修理[点検]. regular ～*s* (車などの)定期点検. take a car in

for (a) ～ 車を点検に出す. The ～ on household electric appliances is pretty good in Japan. 日本では家庭電気製品のアフターサービスはかなり行き届いている. 注意「アフターサービス」は和製英語.

10 UC サービス業 (service industry)《製品を生産しない運送, 娯楽提供などの産業》; 〈普通 ～s〉〖経〗物質的財貨を生産する以外の労働, 用役, 役務. goods and ～*s*〖経〗(物質的)財(貨)と用役《これを市場価格に評価した総計がある年・国の GNP》.

【必要なものの供給】 **11** UC 〖球技〗サーブ, サービス; サーブ権; サービスゲーム. win [hold] one's ～ サービスゲームをキープする. break a person's ～ 相手のサービスゲームに勝つ. lose [drop] one's ～ サービスゲームを落とす[サーブ権を失う]. Whose ～ is it? サーブはどっちの番か.

12 U 〖法〗(令状などの)送達, 執行.

13 U (馬などの)種付け.

14 U 〖海〗細索《索具を巻きからげるのに用いる》.

15 U 〖古・まれ〗敬意; (愛人への)献身.

16 〈形容詞的〉(**a**) 軍用の, 軍隊の. a ～ revolver 軍用ピストル. (**b**) 使用人用の; 業務用の. a ～ entrance [door] 従業員[業務]用出入り口. (**c**) アフターサービスの.

at a pèrson's sérvice いつでも(人の)役に立つ; 使いたい時にいつでも使える. (I'm) *at* your ～. ご用は何なりとお申しつけください. (I'm) John Smith *at* your ～. ジョン・スミスです, どうぞよろしく《自己紹介で; 丁寧だがややユーモラスな言い方》.

*__*dò a pèrson a sérvice*=*dò a sèrvice to a pérson*__* 人に貢献する, 人の助けになる. My secretary has *done* me *a* good ～. 私の秘書はたいへん役に立ってくれた.

dò a pèrson sérvice 〖主に詩〗人に仕える, 尽くす.

in sérvice (1) 軍隊に入って. (2)〔機械などが〕正常に動いて, 使われて;〔軍艦などが〕就役して, 現役で. (3)〖旧〗奉公して.

in the sérvices 〖英〗=in SERVICE (1).

*__*of sérvice*__* 役に立って〈*to* ..の〉. Can I be *of* (any) ～ *to* you? 何かお役に立つことがありますか; ご用がありましたらお申しつけください.

on àctive sérvice 出征中で[の].

on His [Her] Màjesty's Sérvice 〖英〗公用(の)《公文書の無料送達の表記; 略 O.H.M.S.》.

out of sérvice 使用され[でき]ないで, 故障して.

prèss ..into sérvice →press[2] 2.

sèe sérvice (1) 従軍する; 実戦経験を積む. (2)〈完了形で〉〔衣服などが〕使われる, 使われて役に立つ. My suit has *seen* good ～. この背広もずいぶん着て役に立ったものだ.

tàke a pèrson into one's sérvice 人を雇い入れる.

tàke sérvice with [in].. 〖英旧〗..に勤める; ..に奉公する.

── 動 他 **1** のアフターサービスをする, を修理[点検]する. **2** にガス[水道, 電気など]を供給する. **3** に尽くす; の役に立つ. **4**〔ローン, 借金〕の利子を払う. **5** =serve 他 8; 〖俗〗〔女〕と性交する.

[＜ラテン語 *servitium*「奴隷 (*servus*) の身分, 奉公」]

sèr·vice·a·bíl·i·ty 名 U 役に立つこと, 有用性; もちのよいこと.

sér·vice·a·ble 形 **1** 役に立つ, 有用な, 〈*to* ..に〉. **2** もちのよい, (長期又は過酷な)使用に耐える. ▷**-bly** 副

sérvice àrea 名 C **1** (テレビ, ラジオの)良視聴区域; (水道, 電力の)供給区域. **2** サービスエリア《高速道路のわきにあってガソリンスタンド, レストランなどの設備がある》.

sérvice brèak 名 C 〖テニスなど〗サービスブレーク《相手のサービスゲームを破ること; →break point》.

sèrvice céiling 名 C (飛行機の)実用上昇限度.

sérvice chàrge 名 C 手数料, (ホテルなどの)サービス料.

sérvice clùb 名 C 社会奉仕団体《ライオンズクラブなど》.

sérvice còurt 名 C (テニスコートなどの)サーブを打ち込むべき部分.

sérvice èlevator 名 C 〖米〗業務用エレベーター.

sérvice flàt 名 C 〖英〗ホテル式アパート (→apartment hotel)《食事, 掃除などが付く》.

sérvice gàme 名 C サービスゲーム《テニスなどでサービス権を持つ側のゲーム》.

sérvice hàtch 名 C 〖英〗(台所と食堂の間の)配膳(ぜん)口. 「名 10).

sérvice ìndustry 名 UC サービス業 (→service↑

sérvice lìfe 名 UC 耐用年数.

sérvice lìne 名 C (テニスコートなどの)サーブライン《service court でネットに平行な線》.

sérvice·màn /-mæ̀n; 1 では -mən/ 名 (複 **-men** /-mèn; 1 では -mən/) C **1** 軍人. **2** サービスマン, 修理工, 整備工.

sérvice màrk 名 C サービスマーク《企業が自社の業務の特徴を宣伝するために使う文句・標章》.

sérvice pìpe 名 C (ガス・水道の)引き込み管.

sérvice ròad 名 〖英〗=frontage road.

sérvice stàtion 名 C ガソリンスタンド, 給油所, (→filling station;「ガソリンスタンド」は和製英語); (電気製品, ガス器具, 自動車などの)サービスステーション, 修理所.

sérvice wìre 名 C (電気の)引き込み線.

sérvice·wòman 名 (複 **-wo·men** /-wìmən/) C **1** 女性軍人. **2** 女性 修理[整備]工.

ser·vi·ette /sə̀ːrviét/ 名 〖英〗=napkin 1.

ser·vile /sə́ːrv(ə)l|sə́ːvail/ 形 **1** 奴隷の; 奴隷のような, 卑屈な, 〈*to* ..に対して〉. ～ flattery 卑屈なおべっか. **2** 人の言いなりになる, 主体性のない. [＜ラテン語「奴隷 (*servus*) の(ような)」] ▷**～·ly** 副 卑屈に.

ser·vil·i·ty /səːrvíləti/ 名 U 奴隷状態; 奴隷根性, 卑屈. 「理などの) 1 人前.

‡**serv·ing** /sə́ːrviŋ/ 名 **1** U serve すること. **2** C (料↑

ser·vi·tor /sə́ːrvətər/ 名 C 〖古・詩〗しもべ, 従者.

ser·vi·tude /sə́ːrvət(j)ùːd/ 名 U 〖雅〗 **1** 奴隷の状態. **2** 苦役, 労役, 強制労働. penal ～ 懲役.

ser·vo /sə́ːrvou/ 名 (複 ～s) **1** =servomotor. **2** =servomechanism. 「機構.

sérvo·mèchanism 名 U 自動制御装置, サーボ↑

sérvo·mòtor 名 C サーボモーター, 間接調速装置.

‡**ses·a·me** /sésəmi/ 名 U 〖植〗ゴマ; 〈集合的〉ゴマの実 (sesame seeds).

Òpen sésame! 開けゴマ!《『アラビアンナイト』の「アリババと 40 人の盗賊」に出てくる開門のまじないの言葉》; 〈名詞的〉'開けゴマ'《目的が確実に達せられる魔術のような妙案》. [＜ギリシア語]

Sésame Strèet 名 『セサミストリート』《米国の幼児向け教育テレビ番組》.

ses·qui·cen·ten·ni·al /sèskwisenténiəl, -njəl/ 形 150 年(祭)の. ── 名 C 150 年祭. [ラテン語 *sēsqui* 'one and a half', centennial]

*__ses·sion__ /séʃ(ə)n/ 名 (複 ～s /-z/) **1** UC (会議, 議会などが)開かれていること, 開会; (法廷の)開廷. go into ～ 開会する. hold a ～ 開会[開廷]する; 会議を開く.

2 C 会期; 開会[開廷]期間; 会議. a long ～ 長い会期[会議]. a plenary [an extraordinary] ～ 本会議[臨時会議].

3 C 〖米・スコ〗(大学の)学期, 学年; UC 〖米〗授業(時間). cut the afternoon ～ 午後の授業をさぼる. a summer ～ 夏学期, サマースクール.

4 C (特に集団でする特定の目的の)活動, 講習会, (ゲームなどの)集まり; それらの期間. a folk dance ～ フォークダンスの講習会. weekly bridge ～*s* 毎週開くブリッジの会. a recording ～ 録音[録画]取りの顔合わせ, スタジオ

リハーサル. **5** Ⓒ 〘話〙(酒の)飲み会. have a heavy ~ (集まって)ひとしきり大いに飲む. **6** Ⓒ 〘キリスト教〙長老派教会の地方管理団体《牧師が中心》. **7** 〘英法〙〈~s; しばしば単数扱い〉法廷; 治安判事裁判所 (**sès·sions of the péace** とも言う).

in séssion 開会中, 会議中; 開廷中;〔大学などが〕授業期間中; (↔out of session). Congress is now *in* ~. 議会は今開会中である. The nursery school is *in* ~ from 9 to 11:30 a.m. on weekdays. この保育園は週日 9 時から 11 時半まで開いている.

[<ラテン語 *sessiō*「座っていること」(<*sedēre* 'sit')]

sés·sion·al /-n(ə)l/ 形 開会の, 開廷の; 会期の.

séssion musìcian 名 Ⓒ スタジオミュージシャン《フリーで他のミュージシャンの録音などに参加する》.

sèssions of the péace 名 =session 7.

‡**set** /set/ 動 (~s /-ts/|過 過分 ~|**sét·ting**) 他 【置く】

1 VOA を置く, 据え(付け)る, を載せる, (★A 要素との連結関係で「立てる, 入れる, 並べる」など様々な意味になる) (類語 put よりも改まった語で, 特定の場所に置いて動かさないという感じが強い). ~ a music box *on* the desk 机の上にオルゴールを置く. The farmer ~ a ladder *against* the tree. 農夫は木にはしごを掛けた.

2 VOA 〔人員など〕を配置する, 付ける. ~ a watch *on* jewels on display 展示宝石に見張りを置く.

【付ける】 **3** VOA (~ X ***to***..) X を..に付ける, 当てがう. ~ one's lips *to* the glass=~ the glass *to* one's lips グラスに口をつける. ~ pen *to* paper 筆をとる, 書く. ~ fire *to* a house 家に火をつける (=~ a house *on* fire (→15 (b)).

4 〘楽〙を編曲する;〔歌詩〕に曲を付ける; VOA (~ X ***to***..) ..に X (歌詩) を付ける. Bach ~ some of her poems (*to* music). バッハは彼女の数編の詩に曲を付けた. ~ other words *to* a nursery rhyme 童謡の替え歌を作る.

5 〔鶏〕に卵を抱かせる;〔卵〕を鶏に抱かせる, 孵(ふ)卵器に入れる.

【固定する】 **6** VOA (~ X ***in, into*** Y / Y ***with*** X) Y に X (宝石など) をはめ込む, ちりばめる. ~ a diamond *in* platinum ダイヤをプラチナ台にはめ込む. ~ a lighter *with* jewels ライターに宝石をちりばめる. **7** 〔苗木など〕を植える, 定植する,〔種〕をまく;〔活字〕を組む, を活字に組む. ~ seeds 種をまく. ~ plants 苗木を植える. ~ type for a newspaper 新聞の組み版をする.

8 〔顔など〕をこわばらせる; を固まらせる;〔骨〕を接ぐ, 整復する. ~ milk for cheese ミルクを固めてチーズを作る.

【定める】 **9** (a) 〔日時〕を決める, 指定する. October 10th was ~ as the deadline. 10 月 10 日が締め切り日と決定した. Let's ~ the time and date for our next meeting. 次の会合の日時を決めよう.

(b) VOA (~ X ***on***..) ..に X (値)をつける, ..に X (価値)を置く; (~ X ***at***..) X を..と見積もる, 評価する. They ~ a high price *on* the old vase. 彼らは古い花瓶に高い値をつけた. ~ a high value *on* his poems 彼の詩を高く評価する. The price of the car was ~ *at* $12,000. その車の値段は 1 万 2 千ドルに設定された.

10【方向を定める】 VOA を(..に)向ける; (~ X ***to, on***..) X (心, 目など)を..に集中させる. The speaker ~ his face *toward* the audience. 演説者は顔を聴衆に向けた. ~ one's mind *to* [*on*] a task 仕事に集中する.

11 〔猟犬が〕〔獲物〕の位置を指し示す (→setter 1).

【行動の方向を定める】 **12** (a) 〔仕事など〕を課する;〔模範など〕を示す;〔記録など〕を立てる;〘主に英〙〔参考書など〕を指定する 〈*for*..〔試験など〕のために〉 (→形 3). ~ an examination 試験の問題を作る; 試験を課す. You must ~ a good example for your children. 子供のよい手本にならなくちゃね. ~ a precedent 先例を作る. ~ the pace [trend] →pace, trend (成句). ~ a world record for the high jump 走り高跳びの世界記録を立てる. (b) VOO (~ X Y)・VOA (~ Y ***to*** [***for***] X) X (人)に Y (仕事など)を課する; X (人)に Y (模範など)を示す. Professor Brown ~ us a very difficult problem. ブラウン教授は我々に非常な難問を課された. His success ~ them a good example.=His success ~ a good example *to* them. 彼の成功は彼らによい手本となった.

13 VOC (~ X ***to do***)・VOA (~ X ***to doing***) X (人)に..し始めさせる, X (人) に..させる. I ~ Jim *to* unpack. 私はジムに荷ほどきをさせた. *Set* a thief *to* catch a thief. 〘諺〙'蛇(じゃ)の道はヘビ'《<泥棒を捕まえるには泥棒を使え》. ~ him *to* dust*ing* the carpet 彼をカーペットの掃除に取りかからせる.

【定まった状態にする】 **14** (a) 〔器具など〕をセットする, 調整する, 用意する. ~ a camera カメラをセットする《絞りや時間を決める》. My alarm clock was ~ for five a.m. 目覚まし時計は午前 5 時にかけました. ~ one's watch *by* the time signal (ラジオ, テレビなどの)時報に時計を合わせる. ~ a trap for a fox キツネのわなをかける.

(b) VOA 〔舞台, 場面など〕を設定する, セットする, 〈*in, at*..〔ある場所[時代]〕に〉. *Macbeth* is ~ *in* medieval Scotland.『マクベス』(劇)は中世スコットランドを舞台にしている.

15 〔食卓など〕を準備する;〔髪〕をセットする;〔のこぎりの歯〕を目立てする. ~ the table (料理などを並べて)食卓を整える. get one's hair ~ 髪をセットしてもらう. ~ a saw のこぎりの目立てをする.

16【ある状態に置く】 (a) VOC (~ X Y) X を Y の状態にする; VOC (~ X ***doing***) X に..させる. They wouldn't ~ the hostages free. 彼らは人質をどうしても解放しようとしなかった. He ~ the engine go*ing*. 彼はエンジンを始動させた. That ~ me think*ing* a great deal. それで僕はすっかり考え込んでしまった. (b) VOA を〔..の〕状態にする. ~ a prisoner *at* liberty 囚人を釈放する. Low oil prices have ~ the country *on* the road to rapid industrialization. 原油価格の安さがその国に急速な工業化への道を歩ませた.

17 〘ブリッジ〙(コントラクトを失敗させて)〔相手〕を負かす.

18 〘スコ・アイル〙を賃貸する.

19 〔植物が〕〔種, 果実など〕をつける, 実らせる.

— 自 【定まった方向に向かう】 **1** 〔太陽, 月が〕**沈む**, 没する, (↔rise). The sun ~*s* in the west. 日は西に沈む.

2 VA 〔風, 流れが〕(..に)向かう;〔時代の傾向などが〕(..に)向かう. The wind ~ *to* the north. 風が北に吹いていた.

3 〔猟犬が〕立ち止まって獲物を示す, 'セット' する, (→setter 1).

4 VA (あることに) 取りかかる; 出発する. ~ *about*..; ~ *to* (..); ~ *forth* [*off, out* (1)]; (→成句). ~ *forward* 〘古〙(旅に)出かける.

5 〘ダンス〙(相手と)向き合う.

【固まる>定着する】 **6** 固まる, 凝固する;〔顔などが〕こわばる, きっとなる;〔骨折などした骨が〕治る, 整復する;〔染料などが〕固着する, 染みつく;〔髪が〕セットされる. Cement ~*s* as it dries. セメントは乾くと固まる. Her face ~ to hear the news. 彼女の顔はその知らせを聞くとこわばった.

7 〔植物が〕実を結ぶ, 実る. The peaches have ~ well this year. 今年は桃の実がよくついた.

8 VA 〈A は様態の副詞〉〔衣服が〕体に合う (fit).

9 〔めんどりが〕卵を抱く. **10** 〔金属が〕曲がる. **11** 〘方・非標準的〙座る (sit).

gèt [***hàve***] ***a person sét*** 〘オース・ニュー俗〙人に恨みを持つ.

****sét about***.. (1) ..に取りかかる; ..し始める 〈*doing*〉 (go about). He ~ *about* shav*ing*. 彼はひげをそり始めた. (2) 〘話〙..を攻撃する; ..に殴りかかる.

sét X ***against*** Y (1) X を Y と比べる. when ~ *against* Y Y と対比して(考えて)みると. (2) X を Y と敵

S

対させる; XをYから離反させる. ～ the brothers *against* one another 兄弟を互いに離反させる. (3) Yを背景にしてXを際立たせる[映えるようにする]; X(芝居など)の背景をYに設定する, Y(ある背景)のもとにXを作る. The movie is ～ *against* the backdrop of the French Revolution. その映画はフランス革命が背景となっている. (4) =SET /../ off (5).

sèt . . apárt →apart.

****sèt /../ asíde*** (1) **..を取っておく**, 蓄える, (set /../ by). ～ some money *aside* for old age 老年に備えていくばくかの金を残す. (2) ..を無視する. (3)〘法〙..の無効を宣告する.

sét at . . ..を襲う, 攻撃する.

***sét* X *at* Y** X(犬など)をYにけしかける. He ～ his dog *at* me. 彼は僕に犬をけしかけた.

****sèt /../ báck*** (1) **..を妨げる**, 遅らせる;〔時計の針〕を遅らせる. An obstacle ～ the project *back* for three weeks. 障害が1つ出て計画が3週間遅れた. (2) ..を後ろへ下げる. The houses were mostly ～ *back* from the street. 家はたいてい通りから引っ込めてあった. (3)〘話〙〔人〕に(いくら金が)かかる. This car ～ me *back* ⌊quite a lot [two million yen]. この車にはかなりの金を取られた[200万円を出した].

***sét* X *before* Y** (1) X(提案, 事情など)をYに説明する. (2) XをYよりも優先させる.

***sét* X *beside* Y** XをYのそばに置く, XをYと比較する, 〈しばしば受け身で〉. *Set beside* her, no singer seems very good. 彼女と比べるとどの歌手もあまり良くない.

sèt /../ bý 〘米〙=SET /../ aside (1).

****sèt /../ dówn*** (1) **..を下に置く**; ..を着陸させる;〘英〙〔乗客〕を降ろす. *Set* me *down* at the next stop. 次の停留所で降ろしてください. (2) ..を書き留める; ..を規定[制定]する. The policeman ～ *down* the witness's description of the thief. 警官は泥棒がどんな風だったか目撃者が説明するのを書き留めた. (3) ..をせいにする〈*to* ..の〉; ..をみなす〈*as* ..と〉. My boss ～ my failure *down to* my idleness. 上司は私の失敗は私が怠けたためだとした. We ～ his remark *down as* a slip of the tongue. 我々は彼の言葉をうっかり口を滑らしたものと考えた. (4) ..を負かす, やっつける;〘野球〙〔打者〕を打ち取る.

sèt fórth 〘雅〙出発する, 出かける, (類語 set off [out]より文語的; →start).

sèt /../ fórth 〘章〙..を述べる, 明らかにする. ～ *forth* one's ideas 自分の考えを述べる.

sèt /../ fórward ..を促進する; ..を提出する.

sèt ín (1)〔病気, 悪天候などが〕始まる. The rainy season has ～ *in*. 雨季に入った. (2)〔潮が〕差す, 上げ潮になる, (↔set out).

sèt líttle [líght] by . . ..を軽視する.

sèt múch by . . ..を重視する.

****sèt óff*** **出発する** (→SET forth). He ～ *off* on another trip to Guam. 彼はまたグアム旅行に出かけた.

****sèt /../ óff*** (1) **..を引き立たせる**, 目立たせる. The white dress ～ *off* her dark hair. 白いドレスが彼女の黒髪を引き立たせた. His very long hair ～ him *off* from the ordinary businessman. たいへん長い髪をしていたので彼は普通の実業家とは違って目立った. (2) ..を仕切る, 分ける. (3)〔花火など〕を上げる;〔大砲〕を発射する. ～ *off* a nuclear explosion 核爆発を起こさせる. (4)〔人〕に..し始めさせる〈*doing*〉; ..を引き起こす. His angry words ～ her *off* cry*ing*. 彼の怒った言葉を聞くと彼女は泣き始めた. The pay cuts ～ *off* a wave of strikes. 賃金カットがストライキの波の引き金になった. (5) ..で相殺する〈*against* ..を〉; ..を棒引きにする〈*by* ..で〉. ～ *off* gains *against* losses = ～ *off* losses *by* gains 利益で損失を埋め合わせる.

S

sét on [upon] . . ..を襲う. On the way, he was ～ *on* by a robber. 彼は途中で盗賊に襲われた.

sèt /../ ón ..をけしかける, そそのかす. An older boy ～ him *on* to the mischief. 年上の少年が彼をけしかけていたずらをさせた.

***sét* X *on [upon]* Y** X(犬など)をYにけしかける (set X at Y). Get out of here or I'll ～ the dog *on* you! ここから出て行け, そうしないと犬をけしかけるぞ.

sèt onesèlf to dó ..しようと努める; ..しようと心に決める.

****sèt óut*** (1) **出発する**, 旅に出る, (→SET forth). ～ *out for* New York ニューヨークに向けて出発する. ～ *out on* a trip 旅に出かける. (2) **..しようと決心する**; ..し始める; 〈*to* do〉. He always achieves what he ～*s out to* do. 彼はいつもやろうと決めたことは成し遂げる. (3)〔潮が〕引く (↔set in).

sèt /../ óut (1) ..を述べる, 説明する. He ～ *out* his reasons for resigning. 彼は辞職の理由をあれこれ説明した. (2)〔商品など〕を陳列する. (3) ..を区画する; ..を割り当てる;〔いすなど〕をきちんと配列する.

sèt /../ óver 〘米俗〙〔人〕を'ばらす' (kill).

sèt stóre by . . →store.

sèt tó 〘話〙本気で取りかかる; けんかを始める; 食べ始める. If you ～ *to*, you'll finish your assignment in less than an hour. 本気でやれば宿題なんか1時間もしないで片づくさ. The girls ～ *to*. 女の子たちはけんかを始めた.

sét to . . ..に取りかかる, ..をせっせとやり出す. They ～ *to* work. 彼らは仕事に取りかかった.

sèt úp (1) 一本立ちする, 独立する, 商売を始める, 〈*as* ..として〉. He ～ *up as* a baker. 彼はパン屋として独立した (→SET /../ up (3)). (2) 自称する, 気取る, 〈*as* ..として〉. Bill ～*s up as* a great scholar. ビルは大学者気取りでいる.

****sèt /../ úp*** (1) **..を立てる**; ..を建てる. ～ *up* a tent [hut] テントを立てる[小屋を立てる]. ～ *up* a sign 看板を立てる. (2) ..を設立する; ..を創業する;〔規則など〕を作る;〔記録など〕を立てる;〘電算〙〔ハードウェアなど〕をセットアップする, の環境設定をする;〔ソフトウェア〕をコンピュータに入れる (→install);〘印〙〔活字〕を組む, ..を版にする, (→他 7). ～ *up* a private school 私立学校を創設する. ～ *up* house 居を構える. The Transport Ministry has ～ *up* a committee to investigate the accident. 運輸省はその事故の調査委員会を設けた. (3)〔人〕を一本立ちさせる, 独立させる; に商売を始めさせる〈*as* ..として〉. I'll ～ you *up* in business. 君に商売をやらせてみよう. He ～ himself *up as* a baker. 彼はパン屋として身を立てた. (4)〔声〕を立てる, 叫ぶ;〔抗議, 意見など〕を唱える, 申し立てる. (5)〔病気など〕を引き起こす;〔音など〕を出す. ～ *up* inflation インフレを引き起こす. (6)〘話〙..を元気づける. That long vacation has quite ～ him *up*. その長期休暇で彼の元気はすっかり回復した. (7) ..に供給する〈*with*, *for* ..を〉〈しばしば受け身で〉. The refugees are well ～ *up with* [*for*] food. 難民たちは食料を十分供給されている. (8)〈～ oneself up で〉自称する, 気取る, 〈*as*, *for*, *to* be ..と〉(→SET up (2)). ～ oneself *up for* a scholar 学者気取りでいる. (9)〘話〙〔人〕にぬれ衣を着せる. I think you've been ～ *up*. 君はまんまとはめられたんだと思うよ. (10)〘米話〙〔酒など〕をおごる;〔人〕におごる〈*to* ..〔酒など〕を〉. He ～ *up* the next round. 次は彼がみんなの飲み代を持った.

sèt úp against . . ..に対抗する.

── 形 ⓜ (★3は Ⓒ) **【固定した】 1 固定した**;〔目などが〕じっと動かない;〔顔などが〕硬直した. ～ eyes 据わった目. a ～ smile 作り笑い.

2 決意の固い; 頑固な. Old people are usually too ～ in their ways to change. 老人は普通自分の流儀に凝り固まって変われない. of ～ purpose →purpose.

【決められた】 **3** Ⓒ〈限定〉予定の, 指定された; 所定の. at a ～ time 規定の時間に. the ～ books for an examination 試験用の指定図書. a ～ lunch [menu] 〘英〙定食形式のランチ[料理]《à la carte と比べると比較的安い》. **4** 型にはまった, 規定どおりの; 本式の. in ～ terms 決まり文句で. a ～ speech (前もって準備した)正式な演説. **5**〈叙述〉準備のできた〈*for* ..の/*to* do ..する〉. get ～ →成句.

àll sét 〘話〙すっかり用意ができて.

be sèt on [***against***] ***..*** ..を固く心に決めている[に反対している]. She *was* ～ *on* [*upon*] quitt*ing*. 彼女は辞職しようと固く決心していた. I'*m* (dead) ～ *against* (the idea of) buying a house. 家を買うことには(断固)反対だ.

gèt sét 用意する; 覚悟する. On your mark(s)! *Get* ～*!* Go!〈競走で〉位置について, 用意, どん!

sèt fáir 〔天候が〕(崩れる兆しがなく)安定して.

with sèt téeth 歯をくいしばって; 断固として.

—— 名 (複 ～s /-ts/) 【ひとそろい】 **1** Ⓒ (食器などの)ひとそろい, セット. a coffee ～ コーヒーセット. a ～ of golf clubs ゴルフクラブ 1 セット《普通 14 本》.

2 Ⓒ (テレビ・ラジオの)**受信機**, 1 台. buy a television ～ テレビを買う.

3【一定したメンバー】(**a**) ⓐⓊ〈単複両扱い; 修飾語を伴って〉**連中**, 仲間; (特定の)社会; (同じ学力の生徒などの)集団. be in the top ～ in ..〔特定科目など〕でトップグループに入っている. a horsy ～ 馬好きな連中. a fine ～ of men 立派な男たち. →jet set, smart set. (**b**) Ⓒ〘米話〙(ある集団の)会合, パーティー(の場).

4 Ⓒ〘数〙集合. an infinite [an empty] ～ 無限[空]集合. **5** Ⓒ (テニス, バレーボールなどの試合の)**セット**.

6 Ⓒ〘劇・映〙**セット**, 舞台装置. on the ～〔役者などが〕セット入りして.

【一定の型】 **7** Ⓒ〈単数形で〉(髪の)**セット**. give one's hair a ～ 髪をセットする.

8 Ⓤ (肩, 首などの一時的な又は生まれつきの)**様子**, 格好. I can recognize Jim by the ～ of his head. ジムは頭のすわり具合で分かる. know instantly by the grim ～ of her mouth that.. 彼女の険しい口元(の様子)から..であることがすぐに分かる.

9 Ⓤ (衣服の)着心地, (帽子などの)かぶり具合. the ～ of a coat 上着の着心地.

10 Ⓤ〘狩猟〙(獲物を見つけた時の猟犬の)不動の姿勢.

【一定の方向】 **11** Ⓤ〈普通 the ～〉(風, 潮などの)向き, 方向; ゆがみ, 反り; 形状; たたずまい; (心の)構え. the ～ of public opinion 世論の動向.

12 Ⓤ〘詩〙日[月]の入り; 日没.

【固定】 **13**【定植されるもの】Ⓒ 苗, 挿し木, 若木; 種芋. **14** Ⓒ〈単数形で〉凝固. **15** Ⓤ (床又は舗装用の)敷石. **16** Ⓤ〘印〙(活字の)幅 (**sét wìdth**).

gèt [***hàve, tàke***] ***a sét on ..*** 〘オース・ニュー話〙..に恨みを持つ.

màke a dèad sét at .. →dead.

[＜古期英語 *settan*「座らせる＞置く」; sit の使役形]

†**sét·bàck** 名 Ⓒ **1** (進歩の)妨げ; 失敗; 敗北; (病気の)ぶり返し. His resignation is a serious ～ to the company. 彼の辞職は会社にとって重大な痛手だ.

2〘建〙セットバック《高層建築上部の段形後退》.

Seth /seθ/ 名〘聖書〙セツ《Adam の三男》.

sét-ìn 形 はめ込みの.

sét·lìne 名 Ⓒ〘主に米〙はえなわ (trawl line).

sét·òff 名 (複 ～s) Ⓒ **1** (他のものを)引き立てるもの, 飾り. **2** (借金の)棒引き, 相殺. **3** (旅への)出発 (setout).

sét·òut 名 **1** ⓊⒸ 出発; 開始. **2** ⓊⒸ (旅などの)準備, いでたち. **3** Ⓒ (食器などの)ひとそろい, セット; ずらりと並べた料理; 宴会.

at the first sétout まず最初に.

sèt phráse 名 Ⓒ 成句, 決まり文句.

sét pìece 名 Ⓒ **1** 型どおりの作品. **2** 仕掛け花火. **3** 綿密な計画に基づく軍事行動[作戦]. **4** ＝set scene.

sét pòint 名 Ⓒ セットポイント《テニスなどでセットの勝ちを決定する最後の得点; →match point》.

sét scène 名 Ⓒ〘劇〙舞台装置, セット.

sét·screw 名 Ⓒ 止めねじ《ノブや歯車を軸に固定する小ねじ》.

sèt scrúm 名 Ⓒ〘ラグビー〙セットスクラム《審判の指示によって組む》.

sét squàre 名 Ⓒ (製図用の)三角定規.

sett /set/ 名 ＝set 名 15.

‡**set·tee** /setíː/ 名 Ⓒ (背もたれ, ひじ掛け付きの)ソファー,長いす.

sét·ter 名 Ⓒ **1** セッター(種の猟犬) (→set 自 3, 他 11; →pointer). **2**〈普通, 複合語で〉set する人[物]; 植字工 (typesetter); 作曲者; 象眼者.

sét thèory 名 Ⓤ〘数〙集合論.

***set·ting** /sétiŋ/ 名 (複 ～s /-z/) **1** Ⓤ **置くこと, 据え付け**; (太陽, 月の)沈むこと, 入り. the ～ of the sun 日没.

2 Ⓒ〈普通, 単数形で〉**背景**; 環境; 舞台装置[背景, 設定]. The village stands in a beautiful mountain ～. 村は美しい山を背景にしている. The ～ of the story is Japan in the late Meiji period. その物語の舞台は明治末期の日本である.

3 ⓊⒸ (宝石などの)はめ込み(台), 象嵌(物).

4 Ⓒ (速度, 高さ, 温度などの) 切り換え装置 [目盛り]. This record player has three speed ～*s*. このレコードプレーヤーはスピード切り換えが 3 つ付いている. **5** Ⓒ 1 人分の食器類; ＝place setting. **6** ⓊⒸ 詩などに曲をつけること; その曲, 節(ふし). **7** ⓊⒸ (髪の)セット. **8** Ⓒ (1 羽のめんどりの)ひとかえりの卵.

sétting lòtion 名 Ⓤ (髪の)セット(用)ローション.

***set·tle**[1] /sétl/ 動 (～s /-z/|過 過分 ～d /-d/|-tling) 他

【落ち着かせる】 **1**【解決する】(**a**) ⓋⓄ (～ X/*that* 節/*wh* 節・句/*to do*) Xを/..ということを/..かを/..することを**決める**, 決定する, (類語 最終的決定であることが強調される; →decide). ～ the date and place for the next meeting 次の会合の日取りと場所を決める. ～ the details of a contract 契約の細目を決定する. That ～*s* it. それで決まりだ. We've [It's] ～*d that* we'll start tomorrow. 我々は明日出発することにした[決まっている]. We haven't yet ～*d where* to spend [we'll spend] our vacation. 我々は休暇をどこで過ごすか, まだ決めていない.

(**b**) を解決する; を処理する, 片付ける. ～ a quarrel 口げんかをおさめる. They ～*d* their differences and were friends again. 彼らは不和を解消して仲直りした.

2 (ある場所に)を**定住させる**; に定住する; を入植させる; に植民する;〈しばしば受け身で〉. ～ refugees 難民を定住させる. Their forefathers ～*d* this island. 彼らの祖先はこの島に定住した. Jamestown was ～*d* by English people in 1607. ジェームズタウンに英国人が入植したのは 1607 年だった.

3 に身を固めさせる; を落ち着かせる, なじませる,〈*in, into*, ..〔新しい仕事など〕に〉. I had trouble *settling* my son *into* his new school. 息子を新しい学校に慣れさせるのは大変だった. ～ oneself →成句 (1).

4 ⓋⓄⒶ を**きちんと置く**, 据える; を座らせる. ～ oneself →成句 (2). She ～*d* her baby *on* the sofa. 彼女は赤ん坊をソファーの上にそっと置いた.

【安定させる】 **5**〔ほこりなど〕を**静める**;〔かす, おりなど〕を沈殿させる;〔液体〕を澄ませる;〔粉末など〕を固く詰める. The rain ～*d* the dust. 雨でほこりがおさまった. Shake the bag and ～ the sand. 袋を揺すって砂をもっと固く詰めなさい.

6 の**気持ちを落ち着かせる**; を静める. Susie could not ～ her fears for hours. スージーは何時間も怖い気持ちを落ち着かせることができなかった. ～ one's stomach (何か食べて)胃を落ち着かせる. Music ～*s* our nerves [us]. 音楽は神経を静めてくれる[気持ちを落ち着かせる].

S

‖【かたを付ける】‖ **7** を**清算する**, 支払う. ～ (*up*) a bill 勘定を払う. **8**〘法〙VOA (～ X *on*..) X(財産など)を..に贈与する(ことに決める). ～ one's estate *on* his wife 財産を妻に贈与する.

── 自 ‖【落ち着く】‖ **1** VA **住みつく**, 定住する; 移民する; 〈*down*〉. ～ in →成句. Bob got married and ～*d in* Boston. ボブは結婚してボストンに住みついた.

2〔人が〕**身を固める**, 腰を落ち着ける. His son ～*d* into a new job. 彼の息子は新しい職に落ち着いた.

3 VA ゆったりと座る, くつろぐ. ～ (*back*) *in* the chair いすにどっかと座る.

4【落着する】**決定する**;〔事態が〕収拾する, まとまる; 和解する, 同意する. ～ for.. →成句. ～ on →成句.

‖【安定する】‖ **5**〔天候が〕**定まる**;〔興奮などが〕おさまる;〔子供などが〕静かになる. The weather will ～ before long. 天候はもうすぐ安定するだろう. ～ down →成句.

6【とどまる】〔ほこりなどが〕おさまる, 積もる;〔かす, おりなどが〕沈殿する;〔液体が〕澄む;〔粉末などが〕ぎっしり固く詰まる;〔霧などが〕降りる;〔雪などが〕解けずに残る. Dust ～*d* on the furniture. ほこりが家具類に積もった. The plum wine ～*d*. プラム酒が澄んだ.

7〔食物などが〕おさまる, 消化する.

8〔表情などが〕現れる, 定着する; VA (～ *into*..)〔顔が〕..の表情になる. A cheerful smile slowly ～*d* on his face. 明るい微笑がゆっくりと彼の顔に現れた. His face ～*d into* a grimace. 彼の顔はしかめっ面になった.

‖【停滞する】‖ **9**〔雲などが〕(覆いかぶさるように)停滞する〈*on, over* ..の上に〉. A calm ～*d over* the village. 静けさが村を覆った.

10〔病気などが〕急に快復しない, こじれる. A cold is *settling* in my throat. 風邪がこじれてのどが痛い.

‖【降りる, 下がる】‖ **11** VA (～ *on* [*upon*] ..)〔鳥, 視線などが〕..に止まる, 降りる. The bird ～*d on* a low branch. 鳥は下の方の枝に止まった. Her eyes ～*d on* the dress. 彼女はそのドレスに目をとめた.

12〔地盤などが〕沈下する;〔船が〕沈みかける, 傾く;〔車などが〕(ぬかるみに)はまり込む. My car ～*d* in the soft ground. 車がぬかるみにはまってしまった.

‖【かたを付ける】‖ **13** (借金, 勘定などを)清算する, 支払う, 〈*up*〉〈*with*..〔人〕に〉. I promise to ～ (*up*) *with* you as soon as payday comes around. 給料日が来たらすぐあなたに払うと約束します. ◇名 settlement

***sèttle one's accóunt* (*with*..)** (..に)借金を払う; (..に)復讐(しゅう)する, '借りを返す'.

sèttle one's affáirs 身辺整理をする; (特に遺言などで)死後のことを決めておく.

****sèttle dówn*** (1)〔人, 状況などが〕**落ち着く**,〔興奮などが〕静まる. The children will ～ *down* soon. 子供たちはすぐに落ち着くでしょう. (2) 身を固める; 腰を落ち着ける〈*in* ..〔新しい仕事など〕に〉; 本腰を入れる〈*to* ..に/*to* do ..するのに〉. It's time you got married and ～*d down*. そろそろ結婚して身を固めたらどうだ. ～ *down to* write a long letter 腰をすえて長い手紙を書く. (3) ゆったり座る[横になる]. ～ *down* for the night 夜寝るために横たわる. (4) 定住する, 移住する. (5) 沈殿する;〔液が〕澄む; 傾く, 沈下する.

sèttle /../ dówn ..を落ち着かせる, おとなしくさせる.

séttle for.. (不満ながら)..で我慢する, よしとする; ..に甘んじる. *I can't* ～ *for* this boring life. 私はこんな退屈な生活には我慢できない. ～ *for* third place 3 位に甘んじる.

sèttle ín (新しい家, 環境などに)落ち着く; 家でゆっくりくつろぐ.

sèttle /../ ín ..を鎮める, 黙らす; ..を落ち着かせる. The child will get ～*d in* soon. 子供はすぐ落ち着くでしょう.

sèttle into shápe 目鼻がつく.

***séttle on* [*upon*]..** ..に決める, ..を決定する; ..に同意[合意]する. I have ～*d on* green for the curtains. カーテンは緑色に決めた.

séttle onesèlf (1) 身を固める; 居を構える. (2) (いすなどに)どっかと座る. He ～*d himself* (*down*) *in* a chair to watch TV. 彼はいすにどっかと座り込んでテレビを見た.

sèttle (..) out of cóurt (事件を)示談で解決する.

sèttle (úp) with.. (1) →自 13. (2) ..に借りを払う[返す], 復讐(しゅう)する.

[＜古期英語「置く, 据える」(＜settle²)]

set·tle² 名 C 背が高くひじ掛けのある木製の長いす. [＜古期英語「座る所, 席」]

‡**sét·tled** 形 **1** 固定した, 確固とした; 根深い; 落ち着いた. a ～ conviction 確固たる信念. ～ weather 安定した天候. lead a quiet, ～ life 静かで安定した生活を送る. **2** 決着のついた; 清算[決済]済みの. a ～ account 支払い済みの勘定. That matter is ～. その件はもうけりがついている.

‡**set·tle·ment** /sétlmənt/ 名 (複 ～s /-ts/) **1** U 植民, 入植, 移住; 定住. **2** C (特に辺境の)**小規模な村落**, 新開地; (初期の)植民地. They established ～*s* in southernmost Africa. 彼らはアフリカ最南部に植民地を作った. penal ～*s* 流刑地.

3 UC (**a**) **解決**, 和解; 調停; (労働交渉などの)妥結. negociate the ～ of a dispute 紛争の解決策を協議決定する. seek a peace [divorce] ～ 和平[離婚]調停を求める. The union reached a pay ～ with the management. 組合と経営者側の賃金交渉は妥結した. (**b**) 示談(金額). accept an out-of-court ～ of 5,000 dollars 5000 ドルの示談金額を受け入れる.

4 UC **支払い**, 清算, 決済. a ～ of a bill 勘定の支払い. in ～ of an account 請求書の決済として.

5 U (結婚, 就職などで)身をし固める[落ち着ける]こと; 安定化, 定着.

6 C セツルメント, 社会福祉事業団, 《貧民区に定住して福祉などの向上に尽くす》; 隣保館 (**séttlement hòuse**).

7 UC〘法〙(財産などの)贈与, 譲渡; C 贈与された財産. make a ～ on one's daughter (結婚などの際)娘に財産を贈与する.

8 U (建物, 地盤などの)沈下. [settle, -ment]

***set·tler** /sétlər/ 名 (複 ～s /-z/) C **1** (問題を)解決する人[もの, 事]. **2** (初期の)**植民者**, 移住者; 開拓民.

set·tlings /sétliŋz/ 名 〈複数扱い〉沈殿物, おり.

‡**sét·tò** 名 (複 ～s) C〘話〙〈単数形で〉殴り合い; ボクシングの試合; (短い)激論.

‡**sét·ùp** 名 C **1** 〈普通, 単数形で〉(会社などの)組織, 機構, 仕組み; (機械などの)組み立て, 装置.

2〘米〙姿勢, 身のこなし. **3** 〈普通 ～s〉飲酒材料・容器一式《グラス, 氷, ソーダ水など》. **4**〘米話〙'八百長' 試合; (前もって仕組まれた)罠(わな); 楽な仕事. **5** セットアップ《バレーボールなどで次の攻撃のためにボールを上げること》; セットアップしたボール(の位置). **6**〘電算〙セットアップ《コンピュータが正常に作動するように, 初めに行う環境設定》. a ～ disk セットアップ用の(フロッピーなどの)ディスク.

Seu·rat /surá:|sə:-/ 名 **Georges** ～ スーラ (1859–91)《フランスの画家; →pointillism》.

‡**sev·en** /sév(ə)n/ (★用法 →five) 名 (複 ～s /-z/) **1** U (基数の) 7, 七. *Seven* is a lucky number. 7 は縁起のいい番号[数字]だ. Lesson *Seven* 第 7 課.

2 U (**a**) **7 時**; **7 歳**; 7 ドル[ポンドなど]; 《何の量かは前後関係で決まる》. a girl of ～ 7 歳の女の子. It's ～ sharp. ちょうど 7 時だ. (**b**) 7 分; 7 インチ; 7 セント[ペンスなど]《(a) より低い単位の量を表す》. **3** 〈複数扱い〉**7 人**; **7 つ**; 7 個. There were ～ of us. 我々は 7 人だった. **4** 7 を示す記号[数字, 文字]《7, VII, vii など》. **5** C 7 個[7 人]ひと組のもの. **6** C〘トランプ〙7 のカード.

at sìxes and sévens →six.

── 形 **7 つの**, 7 個[7 人]の; 〈叙述〉7 歳で. There

are ～ days in a week. 1 週間は 7 日ある. Jim is ～. ジムは 7 歳です. [＜古期英語 *seofon*]

sèven dèadly síns [名] 〈the ～; 複数扱い〉 (地獄に落ちる) 7 つの大罪 《pride, covetousness, lust, anger, gluttony, envy, sloth の 7 つ》.

Sèven Dwárfs [名] 〈複数扱い; the ～〉 (童話『白雪姫』中の) 7 人の小人たち 《Disney の映画ではそれぞれに名を付けた; Doc, Grumpy, Sleepy, Bashful, Happy, Sneezy, Dopey》.

7-Eléven [名] セブンイレブン 《米国のコンビニエンスチェーンストア》.

séven·fòld [形] 7 倍の; 7 重の; 7 部から成る.
── [副] 7 倍[7 重]に.

Sèven HíIls [名] 〈複数扱い; the ～〉 ローマ 7 丘 《古代ローマ市がその周りに建設された》.

Sèven Ságes (of Gréece) [名] 〈the ～; 複数扱い〉 (古代ギリシアの)七賢人 《Solon, Thales 以外は今は有名でない》.

sèven séas [名] 〈複数扱い; the ～〉 7 つの海 《the South Pacific Ocean, the North Pacific Ocean, the South Atlantic Ocean, the North Atlantic Ocean, the Indian Ocean, the Antarctic Ocean, the Arctic Ocean の 7 つ》.

‡**sev·en·teen** /sèv(ə)ntíːn/ [名] ([複] **～s** /-z/) **1** [U] (基数の) 17. **2** [U] (**a**) 17 時; 17 歳; 17 ドル[ポンドなど]. sweet ～ 芳紀 17 歳; 妙齢. (**b**) 17 分; 17 セント[ペンスなど]. **3** 〈複数扱い〉 17 人; 17 個. ── /[移]/ [形] **17 の**, 17 個[人]の; 〈叙述〉 17 歳で. [seven, -teen]

‡**sev·en·teenth** /sèv(ə)ntíːnθ [移]/ 〈17th とも書く〉 [形] **1** 〈普通 the ～〉 **17 番目の**, 第 17 の. **2** 17 分の 1 の. ── [名] ([複] **～s** /-θs/) [C] **1** 〈普通 the ～〉 **17 番目** (の人, 物); (月の) 17 日. **2** 17 分の 1.

‡**sev·enth** /sév(ə)nθ/ 〈7th とも書く〉 (★用法 →fifth) [形] **1** 〈普通 the ～〉 **7 番目の**, 第 7 の. **2** 7 分の 1 の. ── [名] ([複] **～s** /-θs/) [C] 〈普通 the ～〉 **1** 7 **番目**(の人, 物); (月の) 7 日; 〖楽〗 7 度(音程). July (the) *7th*＝〖英〗 *7th* July 7 月 7 日. **2** 7 分の 1. three ～*s* 7 分の 3.
in (the) sèventh héaven 〖話〗 有頂天になって 《the seventh heaven (第 7 天)は神や天使の住む最上天と考えられたことから》.
[seven, -th²] ▷ **～·ly** [副] 7 番目に.

Sèventh Dáy [名] 〈the ～〉 (週の)第 7 日 《土曜日でユダヤ人の安息日; →Sabbath》.

Sèventh-Day Ádventist [名] [C] 安息日再臨派の信者 《キリストの再臨を信じ, Seventh Day を厳守する》.

***sev·en·ti·eth** /sév(ə)ntiəθ/ 〈70th とも書く〉 [形] 〈普通 the ～〉 **70 番目の**; 70 分の 1 の.
── [名] ([複] **～s** /-θs/) [C] **1** 〈普通 the ～〉 **70 番目**(の人, 物). **2** 70 分の 1.

‡**sev·en·ty** /sév(ə)nti/ [名] ([複] **-ties** /-z/) **1** [U] (基数の) 70. **2** [U] 70 歳; 70 ドル[ポンドなど]. **3** 〈the -ties〉 (世紀の)**70 年代**; 〈one's -ties〉 70 歳代. in one's (early [late]) *seventies* 70 歳代(前半[後半])で[に]. **4** 〈複数扱い〉 70 人; 70 個.
sèventy tìmes séven 〖聖書〗 7 の 70 倍(の); 幾多の; たび重なる; 《『マタイによる福音書』18 : 22》.
── [形] **70 の**, 70 個[70 人]の; 〈叙述〉 70 歳で.
[seven, -ty²]

sèven·ty-éight [名] [C] 〖話〗 78 回転のレコード盤 《旧式》.

Sèven Wónders of the Wórld [名] 〈複数扱い; the ～〉 世界の 7 不思議 《エジプトのピラミッド, ギリシアのロードスの巨像など》.

「の浮気(心).

sèven-year ítch [名] 〈the ～〉 〖話〗 (結婚) 7 年目↑

Sèven Yéars' Wár [名] 〈the ～〉 七年戦争 《1756–63; 英国・プロシア対フランス・オーストリア》.

†**sev·er** /sévər/ [動] [他] 〖章〗 **1** を切断する; を切り離す 〈*from* ..から〉. His right leg was ～*ed* in the accident. 彼の右足は事故に遭って切断された. ～ the meat *from* the bone 骨から身を切り離す. [語法] 手術の「切る」などの意味では使わない.
2 〔関係など〕を断つ; の仲を裂く. ～ diplomatic ties with the neighboring country 隣国との外交関係[国交]を断絶する. We ～*ed* our relations with that company. うちはあの会社とは関係を絶った.
3 〔場所〕を隔てる 〈*from* ..から〉; を分割する 〈*into* ..に〉. The English Channel ～*s* England *from* France. イギリス海峡は英国をフランスから隔てている.
── [自] **1** 離れる, 切れる, 裂ける. **2** 〔関係などが〕断絶する. [＜ラテン語 *sēparāre* 'separate']

‡**sev·er·al** /sév(ə)rəl/ [形] [C] 〈限定〉 **1 いくつかの**, 数個[数人]の, ([類語] several は普通 3 ないし 5 か 6 くらいの数を表し, 実際の数は a few とあまり違わないが, a few の持つ「少数の」という気持ちはなく積極的で, *only* several のような言い方はしない; some は漠然とした数を表す). ～ days ago 数日前. ～ thousand dollars 数千ドル. I saw ～ people in the park. 私は公園で数人の人を見かけた.
2 〖章〗 **それぞれの**, めいめいの, (separate, different). They went their ～ ways. 彼らはそれぞれ別の道を行った. **3** 〖雅〗 種々の (various).
── [代] 〈複数扱い〉 **いくつかのもの**, 数個[数人]. *Several* of the guests are strangers to me. お客のうちの数人は私の知らない人だ.
[＜中世ラテン語 *sēparālis* 「別々の」 (＜ラテン語 *sēpar* 「別の, 分かれた」)]

sév·er·al·ly [副] 〖旧章〗 めいめいに, 個別に, (separately). We considered those points ～. 私たちはそれらの点を 1 つ 1 つ検討した.

sev·er·ance /sév(ə)rəns/ [名] [U] 〖章〗 **1** 切断; 分離, 隔離; 断絶. **2** 契約解除; 退職; 解雇.

séverance pày [名] [U] 退職金.

‡**se·vere** /səvíər/ [形] [e] (**-ver·er** /-ví(ə)rər/|**-ver·est** /-ví(ə)rəst/) **1** 〔人, 物事が〕**厳しい**, 厳格な, 〈*on, with* ..〔人〕に対して〉; 〔顔つき, 視線などが〕厳しい, 険しい; 〔規律などが〕厳格な; 〔試験などが〕厳正な, 厳密な; 〔競争などが〕きつい, 激烈な; ([類語] severe は規律, 職務などに忠実な結果の厳しさを意味し, 従って a ～ judge は厳しい裁判官であっても人間的には温かい人のこともあり得る; →rigid 4, stern¹, strict, stringent). a ～ teacher 怖い先生. a ～ look 厳しい表情. ～ military rules 厳しい軍律. pass a ～ examination 厳しい試験に合格する. ～ reasoning 厳密な推論. He is very ～ *on* [*with*] his children. 彼は自分の子供にとても厳しい.
2 〔批評などが〕**痛烈な**, 峻(しゅん)烈な; 〔罰などが〕厳しい, 情け容赦のない. ～ criticism 峻烈な批評.
3 〔気候, 痛みなどが〕ひどい, 厳しい; 〔病気が〕重い; 〔状況が〕深刻な. ～ heat 酷暑. a ～ winter 厳寒. a ～ pain 激痛. suffer a ～ sickness 重い病気にかかる. a ～ shortage of oil 深刻な石油不足.
4 〔服装, 建物などが〕しぶい, 簡素な; そっけない; 〔文体などが〕簡潔な, '枯れた'. a ～ dress 地味なドレス. a ～ style むだのない文体. [＜ラテン語 *sevērus* 「厳格な, 苛酷な」]

***se·vere·ly** /səvíərli/ [副] [m] **1 厳しく**; ひどく. be ～ scolded こっぴどく叱(しか)られる. be ～ injured 重傷を負う. **2** 簡素に, 簡潔に, 地味に. the ～ designed interior (装飾を極力排除した)簡素な設計の(家屋)内部.

†**se·ver·i·ty** /səvérəti/ [名] ([複] **-ties**) **1** [U] 厳しさ, 厳格さ. the ～ of the punishment 罰の厳しさ. punish *with* ～ 厳しく罰する. **2** [U] ひどさ, 過酷さ, 厳しさ; [C] 〈普通 -ties〉 厳しい経験[行為]. the ～ of the storm 嵐(あらし)の激しさ. the ～ of his wounds 彼の傷のひどさ.

S

the *severities* of life 人生の厳しい経験, 世の荒波; 生活の厳しさ. **3** [U] 簡潔さ, 地味.

Sev·ern /sévərn/ [名] 〈the 〜〉 セヴァン川 《イングランド南西部を流れ, Bristol 湾に注ぐ》.

Se·ville /səvíl/ [名] セビリア 《スペイン南西部 Guadalquivir 川沿いの港市》.

Sevìlle órange [名] [C] セビリアオレンジ 《苦味と酸味のあるオレンジ; マーマレード用》.

Sè·vres /sévr(ə)|séi-/ [名] [U] セーヴル焼き 《高級な磁器; パリ近郊の地名から》.

‡**sew** /sou/ [動] (〜s /-z/|[過] 〜ed /-d/|[過分] 〜n /-n/, 〜ed /-d/|séw·ing) [他] **1** 〔布など〕を縫う, 縫い合わす 〈*together*〉; を縫って作る; 〔縫い目など〕を繕う 〈*up*〉 (→ SEW /../ up (1)). a needle for 〜*ing* silk 絹針. 〜 a dress on a sewing machine ドレスをミシンで縫う. 〜 pieces of cloth *together* by hand 布切れを手で縫い合わす. **2** [VOA] を縫い付ける[込む]; 〔切断した手など〕を縫合して付ける. 〜 a button *on* (a shirt) (シャツに)ボタンを付ける. 〜 a ten-dollar bill *in* [*into*] the lining of a coat 10 ドル紙幣をコートの裏地に縫い込む. 〜 *down* the flaps of pockets ポケットのふたを縫い付ける. The thumb was 〜*n* (back) *on*. (切断した)親指は(もと通りに)縫合された.

── [自] 縫い物をする; ミシンをかける.

sèw /../ úp (1) ..を縫って繕う; ..を縫い合わせる; ..を縫ってふさぐ. 〜 *up* a wound 傷口を縫合する. (2) 〖米話〗..を独占する. (3) 〖話〗〈しばしば受け身で〉〔交渉など〕をうまくまとめる. 〜 *up* a deal 取引をうまくまとめる. We seem to have the race 〜*n up*. 我々がレースに勝つのが確実に見える. [＜古期英語]

sew·age /sú:idʒ/ [名] [U] 下水, 汚水, 汚物. [＜*sewer*[2]＋*-age*]

séwage dispòsal [名] [U] 下水処理.

séwage fàrm [名] [C] 下水処理場 《時に肥料として利用することから》.

sew·er[1] /sóuər/ [名] [C] 縫う人, お針子, 縫い子.

‡**sew·er**[2] /sú:ər/ [名] [C] 下水道[管], 下水溝. [＜古期北部フランス語 (＜ラテン語 ex-[1]＋*aqua* 'water')]

sew·er·age /sú:əridʒ/ [名] [U] 下水処理, (下水溝による)排水; 下水設備, 下水工事; 下水(汚物).

séwer ràt /sú:ər-/ [名] [C] ドブネズミ.

*****sew·ing** /sóuiŋ/ [名] [U] **1 裁縫**, 針仕事. **2** 縫い物. a 〜 basket 縫い物かご.

séwing machìne [名] [C] ミシン.

sewn /soun/ [動] sew の過去分詞.

‡**sex** /seks/ [名] ([複] **séx·es** /-əz/) **1** [U] **性別**, 性. Circle M or F to indicate 〜 on the application form. 申し込み用紙の M (男)又は F (女)を丸で囲んで性別を記しなさい. without distinction of age or 〜 年齢・性別に関係なく. 〜 discrimination 性差別.

2 [C] 〈集合的〉〈普通 the＋形容詞＋〜 で〉 (**男**[**女**]) **性**. the male [rough(er), sterner, stronger] 〜 男性. the female [fair, gentle, softer, weaker] 〜 女性. the equality of the 〜*es* 男女平等. a school for both 〜*es* 男女共学の学校. a member of the opposite 〜 異性 《1 人》.

3 [U] **性的なこと**, 性, セックス; 性欲; 性交. be interested in 〜 性に興味を持つ. There's too much 〜 in TV programs these days. 近ごろのテレビ番組はセックス過剰だ. have 〜 (*with* a person) (人と)性交渉を持つ. premarital 〜 婚前交渉.

> [連結] safe [unprotected, risky; straight; anal, oral, vaginal; marital; extramarital; illicit] 〜

4 ＝sex organ. ◇[形] sexual; sexy

── [動] [他] 〔動物, 特にひよこ〕の性別鑑定をする.

[＜ラテン語 *sexus*「性」; 原義は「分割」か]

séx abùse [名] [U] (特に子供への)性的虐待.

séx àct [名] [C] 性行為; 性交.

sex·a·ge·nar·i·an /sèksədʒəné(ə)riən [米]/ [形], [名] [C] 60 歳(代)の(人). [＜ラテン語 *sexāgintā*「60」]

séx appèal [名] [U] 性的魅力.

séx chànge [名] [C] 〈普通, 単数形で〉 性転換.

séx chròmosome [名] [C] 〖生物〗 性染色体.

séx crìme [名] [C] 性犯罪

Sèx Discriminátion Áct [名] 〈the 〜〉 〖英〗 (雇用, 教育などに関する差別をなくすための) 性差別条例 《1975 年施行》.

séx drìve [名] [UC] 性欲.

sexed /-t/ [形] **1** 性的な; 性欲のある. **2** 〈複合語の一部で〉 性欲が..の. under*sexed*. over*sexed*.

séx educàtion [名] [U] 性教育.

séx hòrmone [名] [C] 性ホルモン.

†**séx·ism** [名] [U] 性差別主義; 〈特に〉 男性上位主義, 女性蔑(べつ)視. [＜*sex*＋*racism*]

†**séx·ist** [名] [C] 性差別[男性上位]主義者.

── [形] 性差別の[をする], 性差別主義(者)の.

séx kìtten [名] [C] 〖旧話〗 セクシーな若い女性.

séx·less [形] **1** 男女の別のない, 無性の, 中性の. **2** 性的魅力のない; 性的欲望のない; セックス抜きの〔関係など〕.

séx lìfe [名] [C] 性生活.

séx-lìnked [形] 伴性(遺伝)の.

séx màniac [名] [C] 〖話〗 色気違い 《人》.

séx òbject [名] [C] (セックスの対象としてだけの)女性.

séx offènder [名] [C] 性犯罪者.

sex·ol·o·gy /seksáləd͡ʒi|-sɔ́l-/ [名] [U] 性科学.

▷**sex·ol·o·gist** [名]

séx òrgan [名] [C] 生殖器.

sex·ploi·ta·tion /sèksplɔitéiʃ(ə)n/ [名] [U] 〖話〗 (映画, 雑誌などで) 性を売り物にすること. [＜*sex* ex*ploitation*]

séx·pòt [名] [C] 〖話〗 肉感的な女, 色気のかたまり.

séx shòp [名] [C] ポルノショップ.

sèx-stárved /[米]/ [形] 〖話〗 性に飢えた.

séx sỳmbol [名] [C] セックスシンボル 《性的魅力で有名な人; Marilyn Monroe など》.

sext /sekst/ [名] [C] 〖キリスト教〗 6 時課 《正午の礼拝》.

sex·tant /sékstənt/ [名] [C] 6 分儀 《天体間の角度などを測って現在地を測定する, 船舶用の小型観測器; → quadrant》. [＜ラテン語 *sextāns*「6 分の 1」]

sex·tet, -tette /sekstét/ [名] [C] **1** 〖楽〗 6 重唱[奏](曲); 6 重唱[奏]団. **2** 6 つ[6 人]ひと組. [＜ラテン語 *sex*「6」]

sex·ton /sékstən/ [名] [C] 教会用務員, 寺男, 《教会の雑役夫で鐘を鳴らしたり墓穴を掘る》.

sex·tu·ple /sekst(j)ú:p(ə)l|sékstjup(ə)l/ [形] 6 倍の; 6 部から成る; 6 重の; 〖楽〗 6 拍子の. ── [名] [C] 6 倍(のもの). ── [動] [他], [自] (を) 6 倍にする[なる]. [＜ラテン語 *sextus* 'sixth'; quadru*ple* にならった造語]

sex·tu·plet /sekst(j)ú:plət, sékstə-|sékstju:-/ [名] [C] 6 つ子の 1 人[1 匹], 〈〜s〉 6 つ子; 6 つひと組.

‡**sex·u·al** /sékʃuəl|-sju-/ [形] [C] (2は [m]) **1 性の**, 性に関する; **性的な**. 〜 differences 性差. 〜 equality [discrimination] 男女平等[差別]. →sex abuse. **2** 性的関心の強い, 性欲の; 性交に関する. 〜 appetite [desire] 性欲. 〜 appeal＝sex appeal. **3** 〔生物が〕 有性の, 有性生殖の. 〜 reproduction 有性生殖. [sex, -al]

sèxual deviátion [名] [UC] 変態性欲, 性倒錯, (perversion).

sèxual harássment [名] [U] 性的嫌がらせ, セクハラ, 《特に企業, 組織内で, 男女を問わず上位者が下位者に対して権力を背景に行う》.

sèxual íntercourse [名] [U] 〖章〗 性交 (sex). have 〜 with ..と性交する.

†**sex·u·al·i·ty** /sèkʃuǽləti|-sju-/ 名 U **1** 性別; 性徴. **2** 性的興味, (過度の)性衝動; 性欲; セックスの強さ, 性的能力. 「の別によって.

sex·u·al·ly 副 性的に; 性行為によって; 男女[雌雄]↑

sèxually transmìtted diséase 名 UC 性感染症《性的な接触によって感染する梅毒, 淋(りん)病, エイズなど; 略 STD》.

sèxual seléction 名 U 〖生物〗雌雄選択.

†**sex·y** /séksi/ 形 e 〖話〗**1** セクシーな, 性的魅力のある; 〔服などが〕挑発的な. a ～ film きわどい[猥褻(わいせつ)すれすれの]映画. **2** かっこいい, 魅惑的な. a ～ new bike かっこいい新品のオートバイ. a ～ investment こたえられない(ほど魅力的な)投資. **3** 性的に興奮した.
[sex, -y¹] ▷**sex·i·ly** 副 **sex·i·ness** 名

Sey·chelles /seiʃélz/ 名 〈the ～; 単複両扱い〉セイシェル《インド洋西部の群島; 共和国; 首都 Victoria》.

SF, sf science fiction.

sf. sforzando.

sfor·zan·do /sfɔːrtsɑ́ːndou|-tsǽn-/ 副, 形 スフォルツァンドで[の]《1 つの音又は和音に突然強いアクセントを付ける》. —— 名 (複 **～s, sfor·zan·di** /-di/) C スフォルツァンド《略 sf., sfz.》. [イタリア語 'using force']

sfz. sforzando.

sgd signed.

Sgt. sergeant.

Sgt. Maj. sergeant major. 「もつうる》.

‡**sh** /ʃ/ 間 しーっ《無言, 静粛を求める発声; shh, ssh と↑

***shab·by** /ʃǽbi/ 形 e (**-bi·er**|**-bi·est**) **1** 〔着物, 帽子などが〕**擦り切れた**, ぼろの; 〔住居などが〕(手入れが悪くて)荒れ果てた, 汚い. a ～ old hat 擦り切れた古帽子.
2 〔人が〕みすぼらしい, ぼろをまとった. **3** 〔人, 行為が〕ひどい, 汚い, 卑劣な; 不公平な. What a ～ trick! 何という汚い手だ! receive ～ treatment 不当な扱いを受ける.
[＜古期英語「かさぶた」, -y¹; scabby と同源]
▷**shab·bi·ly** 副 みすぼらしく; 卑劣に. **shab·bi·ness** 名 U みすぼらしさ; 卑しさ.

‡**shack** /ʃæk/ 名 C **1** 掘っ建て小屋, バラック.
2 〖話〗部屋. a radio ～ 無線室.
—— 動 自 同棲(せい)する 〈*up, together*〉〈*with* ..と〉.

†**shack·le** /ʃǽk(ə)l/ 名 C **1** 〈普通 ～s〉手枷(かせ), 足枷. **2** U 字形金具《南京錠などの》; 連環. **3** 〖雅〗〈普通 ～s〉束縛, 拘束. free one's country from the ～*s* of the United States 自国を米国の束縛から自由にする.
—— 動 他 **1** に手枷(かせ)[足枷]をはめる; を鎖につなぐ.
2 を束縛する, の自由を奪う, 〈普通, 受け身で〉. ～*d* by old conventions 古い因習に束縛されて. be ～*d to* one's husband for the rest of one's life 死ぬまで夫に縛られる. [＜古期英語「足かせ」]

shad /ʃæd/ 名 (複 **～s, ～**) C ニシンダマシ, シャド,《北米の北大西洋岸で獲(と)れるニシン科の食用魚》.

shad·dock /ʃǽdək/ 名 C 〖植〗ザボン, ブンタン,《大形の柑橘(かんきつ)類》; その果実.

‡**shade** /ʃeid/ 名 (複 **～s** /-dz/) 【陰】 **1** aU 〈しばしば the ～〉**陰**, 日陰; 木陰; (類語 shade は光の当たらない部分を言い; shadow は影法師のように平面上に投影された影を言う). in the ～ →成句. This elm tree gives a welcome ～ (from the sun). このニレの木はけっこうな日陰を作ってくれる. There is little ～ in this desert. この砂漠には日陰がほとんどない.
2 C 〖雅〗〈(the) ～s〉闇(やみ), 暗さ. The ～*s* of evening soon fell. 夕闇がすぐに訪れた.
3 【闇の世界】〖主に雅〗C 霊, 亡霊 (ghost); 〈the ～s〉冥(めい)土, 黄泉(よみ)の国. Some Japanese still worship the ～*s* of the generals of old Japan. 旧日本の将軍たちの霊を尊崇している日本人が今でもいる. go to the ～*s* あの世へ行く.
【陰を作るもの】 **4** C 〈しばしば複合語で〉(ランプの)かさ (lampshade); 日よけ; 〖米〗ブラインド; 〖主に米話〗〈～s〉サングラス. eye*shade* (サン)バイザー.
【陰の度合い】 **5** C **濃淡**, 色合い, (類語 普通, 同一系統の色で濃さや色合いの度合いによる違い; →color); U (絵の)陰影; 暗い部分; (→light¹). light and dark ～*s* of green 明るい緑と濃い緑. light and ～ 光と陰; 明暗.
6 C **ちょっとした違い**, ニュアンス, 〈*of* ..〔意味など〕の〉. a delicate ～ *of* meaning 意味の微妙なニュアンス. all ～*s of* opinion 少しずつ違ったさまざまな意見.
7 C 〈a ～〉ごくわずか, ほんの気持ちだけ. a ～ of irony かすかな皮肉. ★次のように副詞的にも用いる: This T-shirt is a ～ too gaudy for me. (この T シャツは僕には少し派手すぎる); I feel a ～ better today. (今日は少し気分がいい) ◇形 shady

have it màde in the sháde 〖米話〗大金持ちである.

in the sháde 日陰[木陰]に; 日陰では; 世に忘れられて, 目立たないで. sit *in the* ～ of a tree 木陰に座る.

pùt* [*thròw, càst*] *.. in* [*into*] *the sháde ..を目立たなくする, ..を顔色(がんしょく)なからしめる. Her performance *put* mine *in the* ～. 彼女の演奏(のすばらしさ)のために私の演奏はかすんでしまった.

Shádes of ..! 〖話〗(これを見ると[聞くと])私は昔の..を思い出す. *Shades of* the late premier! He would have known what to do! こうなると前総理のことが思い出される. あの人ならどうすべきか分かっていただろう.

—— 動 (～s /-dz/|過 過分 **shád·ed** /-əd/|**shád·ing**) 他 **1** を**陰にする**, に陰を落とす. ～ one's eyes with one's hand 片手を目にかざす《直射日光を避ける》. The house is ～*d* by a big elm. その家は大きなニレの陰になっている. **2** 〔光, 熱など〕を遮る; に日覆い[かさ]を付ける. ～ a lamp 電灯にかさを付ける.
3 〔絵(の一部)など〕に**陰影をつける**, 明暗をつける, 〈*in*〉. ～ (*in*) the background of a painting 絵の背景に陰影をつける. **4** 〔意見など〕を徐々に変えてゆく.
—— 自 VA (**～ *into, to* ..**) 〔色彩, 意味, 意見などが〕..に少しずつ変化する. white *shading* (*off*) *into* gray (ぼかしで)しだいに灰色に変わっている白.
[＜古期英語 *sċeadu*; この活用形から shadow ができた]

sháde·less 形 (日)陰のない. 「など》.

sháde trèe 名 C 〖主に米〗日陰用の木《ニレ, カエデ↑

shad·ing /ʃéidiŋ/ 名 **1** U 陰にすること, 遮光.
2 U (絵の)濃淡; 暗部; 〖美〗描影法, 明暗法.
3 C (色, 性質などの)かすかな違い[変化].

‡**shad·ow** /ʃǽdou/ 名 (複 **～s** /-z/)
【(物の)影】 **1** C **影**, 影法師, (→shade 類語). the ～ of a man 男の影. The tree cast a long ～. 木は長い影を投げていた. A man followed me like a ～. 男が影のように私につきまとった.
2 C 〖まれ〗(水, 鏡などによる)影, 映像, 姿, (reflection).
3 【暗さ】 (**a**) U (光の当たらない)**陰**, 暗がり; (絵の)陰影, 暗部; (shade). The backyard is now in ～. 裏庭は今, 日陰になっている.
(**b**) 〈the ～s〉(日没後の)薄暗がり, 夕闇(やみ); (光を遮られた)陰, 暗がり. the ～*s* of evening 夕闇. rush out of ～*s* 暗がりから飛び出す. Someone was lurking in the ～*s*. だれか薄暗がりの中に潜(ひそ)んでいた.
【影に似たもの】 **4** C (影のように)暗い部分; (目の下などの)くま; (レントゲン写真の)影. You have ～*s* under your eyes. 目の下がくまになっているよ.
5 C 影のようなもの, 実体のないもの; 幻. Since her sickness, she has been only a ～ of her former self. 彼女は病気以来, 以前と比べると見る影も無い. a ～ of a smile かすかな微笑. catch at ～*s* 実体の無いものをつかもうとする; 幻を追いかける. **6** C 幽霊, 亡霊.
7 C (不幸などの)暗い影, 陰り. the ～ of death 死の影. dark ～*s* of fear 恐怖の暗い影. His death cast a

long [dark] ～ on [over] the government. 彼の死は政府に深刻な暗い影を落とした.
8 Ⓒ (悪い)前ぶれ, 前兆. the ～ of recession 景気後退の前兆.
9 Ⓒ 〈a ～〉ごくわずか〈普通, 否定文で〉. There is not a ～ of truth in what he says. 彼の言うことには真実のかけらもない. I never had a ～ of (a) doubt that he was American. 彼がアメリカ人だと私はすっかり思い込んでいた.
10 Ⓒ (**a**) (影のように)つき従うもの[人], 腰巾着(ぎんちゃく). He's Jim's ～. あいつはジムの腰巾着だ. (**b**) (影のように)つきまとうもの[人]; 尾行者. put a ～ on a suspect 容疑者に尾行者を張りつかせる.
be afràid [frìghtened, scàred] of one's (own) shádow 自分の影におびえる, びくびくする.
beyond a shàdow of (a) dóubt 少しも疑う余地なく.
in the shádow 物陰に; 人目につかない所に. live *in the* ～ 世を忍んでひっそり暮らす.
in [under] the shádow of.. (1)..の陰に. lie down *in the* ～ *of* a tree 木の陰に横になる. (2)..のすぐ近くに. He grew up *in the* ～ *of* St. Paul's. 彼はセントポール寺院のすぐそばで成長した. (3)〔人〕の影にかくれて; 〔人〕より目立たない, ぱっとしない. He has always been *under the* ～ *of* his famous wife. 彼は著名な妻にかくれていつも目立たない存在だった. (4)..の脅威にさらされて. be *under the* ～ *of* war 戦争の脅威下にある.
without [beyond↑] a shàdow of (a) dóubt
wòrn to a shádow 〖話〗(人が)疲れ果てて; 衰弱して.
── 動 (～s /-z/|過 過分 ～ed /-d/|～·ing) 他 **1** を陰にする, 陰で覆う, 陰で暗くする. a house ～*ed* by a tall building 高い建物の陰になった家. **2**〔気持ち, 表情など〕を暗くさせる, 憂うつにする. **3** を尾行する; に影のようにつきまとう. We're being ～*ed*. (だれかに)後をつけられている.
── 形 〈限定〉**1** 影の, 陰の. **2** 必要時にL活用できる[本物になれる]; 〖英〗影の内閣の〔大臣など〕(→shadow cabinet). a ～ army '影の軍隊'.
[＜古期英語 sċeadwe (*sċeadu* 'shade' の属格・与格形)]
shádow·bòx 動 自 **1** シャドーボクシングをする. **2** 煮え切らない態度をとる, 腹の探り合いをする.
shádow·bòxing 名 Ⓤ **1** シャドーボクシング《目の前に相手がいると想像して1人で行う練習》. **2** 煮え切らない対応, 腹の探り合い.
shàdow cábinet 名 Ⓒ 〖英〗影の内閣《政権を取った時を想定して野党が作る》.
shádow·less 形 影のない.
shádow pìcture 名 Ⓒ 影絵.
shádow plày 名 Ⓒ 影絵芝居.
shádow pùppet 名 Ⓒ 影絵(芝居)用の操り人形.
***shad·ow·y** /ʃǽdoui/ 形 ⓔ (-ow·i·er|-ow·i·est), ⓜ **1** 影の多い; 陰になった, 日陰の, 暗い. a ～ path 日陰の小道. **2**〈普通, 限定〉影のような, ぼやけた; ほとんど知られていない, 謎(なぞ)めいた; 空虚な. a ～ outline ぼやけた輪郭. a ～ figure (暗がりなどで)はっきりしない人影; 謎に包まれた人物. have a ～ hope はかない望みを抱く.
▷**shad·ow·i·ness** 名
†**shad·y** /ʃéidi/ 形 ⓔ **1** 日陰の, 陰になった. a ～ spot 日陰の場所. **2**〔木などが〕陰をなす. We had a long walk under ～ trees. 私たちは木陰を長い間散歩した. **3**〖話〗いかがわしい, うさん臭い. ～ dealings いかがわしい取引. There are some ～ incidents in his past. 彼は過去によからぬ事件をいくつか起こしている.
on the shàdy síde of.. →side.
▷**shad·i·ly** 副 **shad·i·ness** 名
***shaft** /ʃæft|ʃɑːft/ 名 (複 ～s /-ts/) Ⓒ
【柄(え)】 **1** (槍(やり), ゴルフクラブ, 斧(おの)などの)柄, シャフト. the ～ of an arrow 矢がら. **2**〖古・雅〗矢; 槍. **3**〖章〗'矢', 舌鋒(ぜっぽう), 鋭い矛先, 〈*of*..〔皮肉, 諷刺など〕の〉. a ～ *of* sarcasm 痛烈な皮肉. ～*s of* wit 才気縦横の毒舌. **4**〖機〗〈しばしば複合語で〉軸, 心棒, シャフト. a drive ～ 駆動軸. a crank～ クランク軸. **5**〈普通 ～s〉(馬車などの)轅(ながえ).
【縦に長いもの】 **6**〈しばしば複合語で〉縦坑, 縦穴, シャフト. an elevator〖米〗[a lift〖英〗] ～ エレベーターのシャフト《エレベーターの通る空間》. a mine ～ 鉱山の縦坑. **7**〖建〗柱身, 柱体. **8** ひとすじ〈*of*..〔光など〕の〉. a ～ *of* light 一条の光. a ～ *of* inspiration インスピレーションのひらめき.
gèt the sháft 〖米話〗ひっかかる, 一杯食わされる.
gìve a pèrson the sháft 〖米話〗〔人〕をひどい目に遭わせる; (人を)だます, ひっかける.
── 動 他 〖米話〗〔人〕をひどい目に遭わせる; 〔人〕をだます, ひっかける; 〈しばしば受け身で〉. [＜古期英語]
shag[1] /ʃæg/ 名 Ⓤ **1** (犬などの)むく毛. **2** (織物の)けば. **3** 強い刻みたばこ. **4**〖鳥〗鵜(う). [＜古期英語]
shag[2] 動 自, 他 〖英俗〗(と)性交をする. ── 名 Ⓒ 〖英俗〗性交.
shagged /ʃægd/ 形 〖英俗〗〈叙述〉へばった〈*out*〉.
‡**shag·gy** /ʃǽgi/ 形 **1**〔犬などが〕むく毛の, 毛むくじゃらの, 〔髪, ひげなどが〕もじゃもじゃ[くしゃくしゃ]の. a ～ dog むく毛の犬. **2**〔織り物などが〕けば立った, 毛足の長い.
▷**shag·gi·ly** 副 **shag·gi·ness** 名
shàggy-dóg stòry 名 Ⓒ 話し手が思っているほど面白くもない長話; わざと要点をぼかした長話.
sha·green /ʃəgríːn, ʃæ-/ 名 Ⓤ 粒起皮; サメ皮《研磨用》. 「で称号として用いた》.
shah /ʃɑː/ 名 Ⓒ (王制時代の)イラン王《しばしば〈S-〉↑
Shak. Shakespeare. 「ができる.
shak·a·ble /ʃéikəbl/ 形 揺さぶられる; 動揺させること↑
‡**shake** /ʃeik/ 動 (～s /-s/|過 **shook** /ʃuk/|過分 **shák·en** /-(ə)n/|**shák·ing**) 他
【振る, 揺する】 **1** を振る, 揺さぶる; 〔体など〕を震わせる. ～ a cocktail シェーカーを振ってカクテルをつくる. ～ a tree 木を揺さぶる. ～ one's sides (with laughter) 腹を抱えて笑う. ～ a child by the shoulders 子供の肩をつかんで強く揺さぶる《普通, 子供を強くたしなめる動作》. The dog came out of the water and *shook* itself dry. 犬は水から上がると体をぶるっと震わせて水気を払った. An earthquake *shook* the Osaka area last night. 昨夜大阪地方に地震があった. The gas explosion *shook* the whole building to its foundations. ガス爆発で建物全体が土台まで揺れた.
2 (**a**) VOA を振って[揺さぶって]..する[落とす, 出すなど]. ～ apples (*down*) *from* a tree 木を揺さぶってリンゴを落とす. ～ crumbs *off* (a tablecloth) (テーブルクロスの)パンくずをふるい落とす. ～ salt *on* a boiled egg ゆで卵に塩を振りかける. She *shook* her things *out of* her handbag. 彼女はハンドバッグをふるって中身を出した.
(**b**) VOC (～ X Y) X を振って[揺さぶって]Y の状態にする. ～ a person awake 人を揺すって起こす. She *shook* herself free from his embrace. 彼女は彼の抱擁を振りほどいた.
3〔棒, こぶしなど〕を振り回す; 〔じゅうたんなど〕を振り動かす《ほこりなどを払うため》. ～ one's fist at a person (怒って)人にこぶしを振り回す. ～ one's finger at.. →成句. **4** (**a**)〔信頼, 信念など〕を動揺させる, ぐらつかせる. ～ a person's faith 人の信仰(心)をぐらつかせる. Nothing will ～ his courage. どんなことがあっても彼の勇気はくじけまい. (**b**)〔出来事が人〕に大ショックを与える, を震え上がらせる, 〈*up*〉〈普通, 受け身で〉. She was badly ～*n* (*up*) by the news of the accident. 彼女はその事故の知らせに震え上がった. **5**〖米話〗＝SHAKE /../ off (3).
── 自 **1** (**a**) 揺れる, ぐらつく; 震動する. The earth is

shaking. 地面が揺れている. (**b**) VC (～ X) 震動して X の状態になる. The screw has ～*n* loose. ねじが震動で緩んでしまった. **2** 〔気持ち, 信念などが〕**動揺する**, ぐらつく.
3 〔体, 声などが〕**震える** 〈*with*..〔恐怖, 寒さ, 怒りなど〕で〉(類語 この意味で最も一般的な語; →quake, quaver, quiver[1], shiver[1], shudder, tremble, vibrate). ～ *with* laughter 腹を抱えて笑う. Her voice *shook with* emotion. 彼女の声は感動で震えた. The child was frightened at the sight and *shakig* like a ⌊leaf [〖英〗jelly]. 子供はその光景におびえてぶるぶる震えていた.
4 〖話〗 握手する(～ hands). We *shook* and were friends again. 我々は握手して仲直りした.

***mòre* (..) *than yòu* [*òne*] *can shàke a stíck at* ..** 〖米話〗 数えきれないほどたくさん(の..). There were *more* dolls *than you could shake a stick at*. 数えきれないほどの人形があった.

shàke a lég 〖旧話〗 急ぐ (hurry); 急いでやる; 〈普通, 命令文で〉.

shàke** a pérson **by the hánd**=**shàke** a person's **hánd 人と握手する. →SHAKE hands.

shàke dówn (1) 揺さぶられて落ちる[倒れる]; 〔穀物などが〕揺さぶられて(容器などの底に)落ち着く. (2) 〖英話〗 (環境などに)なじむ; 落ち着く. (3) 〖話〗 (ベッド以外の)仮の寝床で寝る.

shàke /../ dówn (1) ..を揺さぶり落とす; ..を揺り倒す; 〔穀物など〕を揺さぶって落ち着かせる. (2) 〖米話〗 (脅したり, だましたりして)〔人〕から金を巻き上げる. (3) 〖米話〗 (隠し持つ武器などを捜して) 〔人〕を厳しく検査する; 〔場所など〕を徹底的に調査[捜査]する. (4) 〔新しい船, 機械など〕をならし運転する (→shakedown 4).

shàke** one's **fínger at .. (警告, 非難などのために) ..に向かって人差し指を(左右に)振る.

****shàke hánds*** **握手する** 〈*with* ..と〉. Let's ～ *hands* and be friends. 握手して仲直りしよう. I *shook hands with* him. 彼と握手した.

****shàke** one's **héad*** **首を横に振る** 《"No." と言うのに相当し, 否定, 拒絶, 非難, 不信, 落胆などを表す; 逆は nod (one's head)》. The detective *shook* his *head* impatiently. 探偵はいらいらして首を横に振った. 参考 "Aren't you sleepy?" (眠くありませんか)のような否定文で尋ねられた時に shake one's head すれば "No." の意味であるから「ええ, 眠くありません」という意味になる.

***shàke in** one's **shóes** [**bóots**]* 〖話〗 (怖くて[緊張して])びくびくする.

shàke it úp 〖話〗 急ぐ.

***shàke like a léaf* [*jélly*]** →自 3 用例.

****shàke /../ óff*** (1) **..を振り払う**, 振り落とす, (→他 2 (a)). (2) 〔悪い習慣, 病気など〕を治す, 断ち切る. (3) 〖話〗 〔つきまとう人など〕から逃げる, をまく; ..を振り切る.

sháke on it 〖話〗 (同意[和解]して)握手する.

shàke /../ óut (1) ..を振って空ける, 振り出す; ..を振ってほこりなどを払う. (2) 〔旗など〕を振って広げる. (3) = SHAKE /../ up (3).

***sháke** X **out of** Y* (1) Y を振って(中の) X を出す. →動 他 2(a) 最後の例. (2) X (人)に揺さぶりをかけて Y (態度, 考え方など)を改めさせる. ～ a boy *out of* his laziness 少年の怠け癖をたたき直す.

shàke /../ úp (1) ..を振ってよく混ぜる. (2) 〔人〕を奮起させる. (3) 〔組織など〕を編成し直す, 大改造する. (4) →他 4 (b).

── 名 (複 **～s** /-s/) C 【振り】 **1** 〈普通, 単数形で〉 **振ること**; ひと振り; =handshake. a ～ of the head (否定, 拒絶などで)首を横に振ること. a ～ of the hand 握手. give a bottle a good ～ 瓶をよく振る.
2 〖米話〗 ミルクセーキ (milk shake).
3 【さいころ振り＞運】 〖米話〗 〈a [one's] ～〉 〈普通, 修飾語(句)を伴って〉 扱い; 取り引き. get a fair ～ 公正な取り引きをする[公平な扱いを受ける].
【揺れ】 **4 震動**, 揺れ; 〖米話〗 =earthquake.
5 【ひと揺れの時間】 〖話〗 瞬間, ちょっとの間.
【震え】 **6** ぶるぶる震えること, 震え. a ～ in the voice 声が震えること. **7** 〖話〗 〈the ～s; 単数扱い〉 (恐怖, 熱などによる)体の震え. I got the ～*s* thinking about our upcoming negotiations. 来たるべき交渉のことを考えると怖くて体が震えた.

àll of a sháke ぶるぶる震えて.

be nò grèat shákes 〖話〗 〔人, ものが〕大したものではない 〈*as* ..としては〉.

in* ⌊*twò* [*a cóuple of*] *shákes*=*in a bràce of shákes*=*in hàlf a sháke 〖話〗 たちまち.
[＜古期英語]

sháke·dòwn 名 C **1** 〖話〗 (わらなどを床の上に敷いた)間に合わせの寝床. **2** 〖米話〗 ゆすり. **3** 〖米話〗 徹底的な検査[捜査]. **4** 〈形容詞的〉 (新造船, 飛行機などの)ならし運転の. a ～ voyage [flight] 最終テスト航海[飛行].

shak·en /ʃéik(ə)n/ 動 shake の過去分詞.

sháke·òut 名 C **1** 景気後退. **2** (組織, 人事などの)大改革, 大編成替え.

shak·er /ʃéikər/ 名 C **1** 振る人[もの]; 攪拌(かくはん)器.
2 カクテルシェーカー; 〖米〗 (塩, 胡椒(こしょう)などの)卓上用振りかけ器 (saltshaker).
3 〈S-〉 シェーカー教徒 《18 世紀米国におけるキリスト教の一派の信者; 現在はほとんど消滅》.

***Shake·speare** /ʃéikspiər/ 名 **William ～** シェイクスピア (1564–1616) 《英国の劇作家・詩人》. [「槍を振る人, 武士」]

Shake·spear·i·an, -spear·e·an /ʃeikspí(ə)riən/ 形 シェイクスピアの; シェイクスピア風の; シェイクスピア時代の. ── 名 C シェイクスピア学者.

‡**sháke-ùp** 名 C **1** 激しく揺さぶること; 奮起.
2 〖話〗 (内閣, 会社などの)大刷新, 大改造.

shak·i·ly /ʃéikili/ 副 震えて; よろよろして[と].

shak·i·ness /ʃéikinəs/ 名 U 震え; 動揺, ぐらぐらすること.

shak·ing /ʃéikiŋ/ 名 C 振ること, ひと振り; 強く揺さぶること. give a bottle a good ～ 瓶をよく振る. I gave the boy a ～. 私はその男の子の両肩をつかんで揺さぶった (→shake 他 1).

shak·o /ʃǽkou/ 名 (複 **～(e)s**) C シャコー 《羽毛飾りの付いた円筒形の軍帽》.

†**shak·y** /ʃéiki/ 形 e **1** 揺れる, ぐらつく. a ～ chair ぐらぐらするいす. **2** 〔声などが〕震える; 〔人が〕よろよろする. a ～ voice 震え声. be ～ on one's legs 足元がよろよろする. feel ～ ふらふらする. **3** しっかりしない; あやふやな, 当てにならない. His argument rests on ～ ground. 彼の議論は根拠があやふやだ. Their marriage was ～ before a year had passed. 1 年たたないうちに彼らの結婚はぐらつきだした.

shale /ʃeil/ 名 U 〖地〗 頁(けつ)岩, 泥板岩.

shále òil 名 U 頁岩油.

‡**shall** /ʃ(ə)l, 強 ʃæl/ 助 (過去 **should**; 2人称・単数 **shalt** 〖古〗; 短縮形 **'ll**; 否定の短縮形 **shan't**)

> 語法 (1) shall は限られた場合以外は用いられず, 代わりに will が用いられる. この傾向は特に 〖米〗 で強い; 人称と shall, will の選択については →will.
> (2) shall の否定形は shall not のほかに短縮形 shan't があるが, この形は (気取った響きがあり) 〖米〗 ではまれ.
> (3) 過去形 should の用法は →should.

I 〈平叙文で〉
1 〈主語は 1 人称〉 (**a**) 〈単純未来〉 **..するでしょう**; ..であろう; 〈未来完了 (～ have done)〉 ..して(しまって)い

S

るでしょう. I ～ be sixteen years old next month. 来月で16歳になります. I ～ examine the pronunciation of this dialect in what follows. 以下ではこの方言の発音を検討することにする《論文などの文体》. We ～ be landing at Narita in ten minutes. 当機はあと10分で成田空港に着陸(予定)でございます. I ～ have left Chicago by that time. そのころまでにはシカゴを離れているでしょう. 語法 〖米〗では will を用いるのが普通で,〖英〗でも口語では will 又は短縮形 'll が多い.

(**b**)〈予定・弱い意志〉 ..であろう; ..するつもりだ. I *shan't* be long. そんなに遅くなりません. We ～ let you know the time and place. 日時についてはいずれお知らせします. ★この用法は特に〖英〗に多い.

(**c**)〈決意・確信〉 **必ず..するつもりだ.** I ～ have my own way. 是が非でも思うようにやってみるよ. I love you. I've never loved anyone else. I never ～. あなたを愛しています. あなた以外のだれも愛したことはないし, 今後も決してないわ. I *shan't* forget. 忘れるもんか. 語法 この場合の shall, shan't は強く発音される; I will [won't] より意味が強い.

2〖章〗〈主語は2人称・3人称; 一般に /ʃæl/ と発音する〉(**a**)〈話し手の意志〉〔君[彼など]に〕**..させてやろう,** ..してやろう; ..しなさい. You ～ have a reward. 褒美を取らせよう (=I will give you a reward.). He ～ be fired. あいつは首だ (=I will fire him.). You ～ not say things like that. そんなことを言ってはならない (★普通, 子供や目下の人に対して用いる).

(**b**)〈法律文書などに用いて一般的命令, 禁止, 規定などを表す〉 ..すべし, ..するものとする. All fines ～ be paid in cash. 罰金はすべて現金にて支払うものとする. The Diet ～ be the highest organ of state power, and ～ be the sole law-making organ of the State. 国会は, 国権の最高機関であって, 国の唯一の立法機関である《日本国憲法第41条》.

(**c**)〖雅〗〈すべての人称に用いて予言を表す〉 ..であろう, ..なるべし. Seek, and ye ～ find. 尋ねよ, さらば見いださん《聖書から》. 参考 現代語訳では Ask, and you *will* receive. となっている.

(**d**)〖雅〗〈2人称に対する命令, 禁止〉 ..するなかれ, ..してはならない. Thou *shalt* not kill. =You ～ not kill. なんじ殺すなかれ《聖書から》.

II〈疑問文で〉

3〈1人称の疑問文 (Shall I [we]..?)〉(**a**)〈単純未来〉 **..するでしょうか.** *Shall* we be back in time? 時間どおり戻れるでしょうか. 語法 〖米〗では一般に will を用いる; 〖英〗でも今日では口語ではしばしば will を用いる.

(**b**)〈提案をしたり, 相手の意志, 指示を問う〉 **..しましょうか.** *Shall* I call you again later? 後でもう一度電話しましょうか (語法 今では Do you want [Would you like] me to call you again later? を多く用いる; 又, 〖主に米話〗では Why don't I..? という言い方もする). *Shall* we invite her to the party? 彼女をパーティーに招待しましょうか. What ～ we drink? 何を飲みましょうか (語法 相手の指示を求める; What will we drink? は単純未来で「私たちは何を飲むことになりますか」).

(**c**)〈Let's.., ～ we? の形で〉 **..しましょう(か)** (→let[1] 2 (b)). Let's start now, ～ we? そろそろ出かけようか.

4〈2人称の疑問文 (Shall you..?)〉〈相手の予定, 都合を尋ねる〉ご予定[都合]は..でしょうか. *Shall* you be free tomorrow? あしたはお暇ですか. 語法 今では普通 Will you..?

5〖古〗〈3人称の疑問文 (Shall he [she, it, they] ..?)〉〈相手の意志を問う〉 ..させましょうか. *Shall* he wait? 彼を待たせておきましょうか. 語法 今ではこの形はほとんど用いられず, 代わりに Do you want him to wait? などを用いるのが普通.

Shàll I* [*we*] *dó? →3.

[<古期英語 *sċeal*「負い目がある, 義務がある」]

shal·lop /ʃǽləp/ 名 C (帆, オールで動かす)小型のボート.

‡**shal·lot** /ʃəlɑ́t|-lɔ́t/ 名 C 〖植〗エシャロット《ユリ科の多年草でワケギに似たネギの類; 日本でこの名で市販されているものはラッキョウを若採りしたもの》.

‡**shal·low** /ʃǽlou/ 形 e (～·**er**|～·**est**) **1**〔川, 容器などが〕**浅い** (↔deep). a ～ stream 浅い小川. a ～ dish 浅い皿. The river is ～*est* here. 川はここが一番浅い (語法 同一物内の比較なので the ～est としないのが普通). **2**〔人, 考え方などが〕**浅薄な,** 思慮の浅い, 薄っぺらな. a ～ woman 浅はかな女. ～ and unoriginal views 浅薄で独創性に欠ける意見. **3**〔呼吸が〕浅い.

── 名 C 〈普通 ～s〉浅瀬.

── 動 自 〔川などが〕浅くなる.

[<中期英語; shoal[2] と同源か] ▷ **～·ly** 副 浅く; 浅はかに. **～·ness** 名

sha·lom /ʃəlóum/ 間 シャローム《「こんにちは」「さようなら」に当たるユダヤ人のあいさつの言葉》. [ヘブライ語 'peace']

shalt /ʃ(ə)lt, 強 ʃælt/ 助 〖古〗shall の2人称・単数・直説法・現在形《thou が主語の時に用いる》. Thou ～ not steal. なんじ盗むなかれ.

†**sham** /ʃæm/ 形 〈限定〉見せかけの, ごまかしの; 模擬の; 模造の. ～ friendship 見せかけの友情. ～ tears 空涙. a ～ examination 模擬試験. ～ pearls 模造真珠.

── 名 **1** C 偽もの, 食わせもの. **2** aU ごまかし, 見せかけ. Her headache was a mere ～. 彼女の頭痛は仮病にすぎなかった. **3** C ぺてん師, いんちき野郎.

── 動 (～**s**|-**mm**-) 他 のふりをする, と見せかける, を装う. ～ sleep [death] 眠った[死んだ]ふりをする. She ～*med* interest in her husband's talk. 彼女は夫の話に興味を持ったふりをした.

── 自 **1** ふりをする, 見せかける. She isn't really so disappointed; she's only ～*ming*. 彼女はそれほどがっくりしていない, そういうふりをしているだけだ.

2 VC (～ X) X のふりをする. ～ dead 死んだふりをする. He often ～*s* sick. 彼はよく仮病を使う. [?<*shame*]

sha·man /ʃɑ́:mən|ʃǽm-/ 名 C (shamanism における)シャーマン, 呪術師.

sha·man·ism /ʃɑ́:mənìz(ə)m|ʃǽm-/ 名 U シャーマニズム《北方ユーラシアの狩猟[遊牧]民に特有な宗教観念とそれにまつわる儀礼の総体を言う; 拡大されて新大陸, オセアニア, アフリカの原始宗教の一部についても用いられる》.

sham·a·teur /ʃǽmətʃər, -tər|-tə̀:, -tʃə/ 名 C 〖英話・軽蔑〗裏金をもらっているアマチュア選手《<*sham*+*amateur*》.

sham·ble /ʃǽmb(ə)l/ 動 自 VA よろよろ歩く〈*along, past* (..)〉. ── 名 C よろよろ歩き, よろめき.

‡**sham·bles** /ʃǽmb(ə)lz/ 名 **1** C 屠(と)殺場. **2** C 殺戮(さつりく)の場, 流血の場. **3**〈a ～〉〈普通, 単数扱い〉〖話〗大混乱, めちゃめちゃ; 修羅場. The guests left the hotel room in a ～. 客はホテルの部屋をめちゃめちゃにして出て行った. 「乱の.

sham·bol·ic /ʃæmbɑ́lik|-bɔ́l-/ 形 〖英話〗大混↑

‡**shame** /ʃeim/ 名 **1** U **恥ずかしさ,** 恥; 羞恥(しゅうち)心. The student hung [bowed] his head in ～. その学生は恥ずかしさにうつむいた. blush with ～ 恥ずかしくて顔を赤くする. feel a deep sense of ～ 深く恥じ入る. She has no ～. 彼女は恥知らずだ. To my ～ I've broken my promise. 恥ずかしながら, 私は約束を破った.

2 U **恥辱,** 不面目, (★惨めさの感じを伴う強い恥辱を言う). bring ～ *on* [*to*] a person 人に恥をかかせる, 人の名を汚す. There's no ～ in being ill. 病気であるのは恥ではない.

3 aU 恥になる事[もの, 人], **面汚し**, 〈*to* ..にとっての〉. Her misconduct was a ～ *to* her family. 彼女の不品行は一家の面汚しだった.
4 aU 〖話〗ひどいこと, とんでもないこと; 残念[遺憾]なこと. It's a ～ (that) you can't come to the party. 君がパーティーに来られないとは残念だ. It's a (crying) ～ to waste water like that. そんな風に水を無駄にするのは(全く)ひどい.
dèad to [lòst to, pàst] sháme 恥知らずで.
For sháme! ＝SHAME on you!
for [from, out of] sháme 恥ずかしくて(..できない). I can't do that *for* ～. そんなことは恥ずかしくてできない.
pùt..to sháme 〔物事が〕〔人〕に恥ずかしい思いをさせる, ..を辱める; 〔同種の物〕を(質的に)圧倒的にしのぐ. Mike's painting *puts* artists *to* ～. マイクの絵には(本職の)画家も顔負けだ.
Sháme on yòu! 恥を知れ, 見っともないぞ; 困った人だね《やや軽く》.
thìnk [fèel] shàme to dó ..するのを恥とする.
Whàt a sháme! (1) 何というひどいことだ. (2) それは残念だ[気の毒だ]. *What a* ～ (that) bankruptcies have soared particularly among small and medium-sized companies. 倒産が特に中小企業に急増したことは残念だ.
—— 動 (～s /-z/|過 過分 ～d /-d/|**shám·ing**) 他 **1** を恥じ入らせる, 赤面させる. Jim's diligence ～*d* us all. ジムの勤勉さに我々はみな自分が恥ずかしくなった. **2** に恥をかかせる, を侮辱する, に不名誉をもたらす. He ～*d* me in front of my friends. 彼は友達の前で私を侮辱した. **3** VOA (～ X *into* (*doing*)..) Xを恥じさせて..させる; (～ X *out of* (*doing*)..) Xを恥じさせて..をやめさせる. He was ～*d* ⌞*into* studying harder [*out of* his lazy life]. 彼は恥じて⌞もっと勉強するようになった[だらけた生活をやめた]. **4** を圧倒して恥じ入らせる, よりはるかに勝る. My husband's cooking ～*s* mine. 主人の料理は私のよりずっとましだ. [＜古期英語]

shàme·fáced /-t ⊛/ 形 **1** はにかみ屋の, 内気な. **2** 恥じ入った, (自責の念にかられて)決まり悪げな. [＜〖古〗 *shamefast* (＜shame＋fast[1]); 通俗語源で -fast が -faced に変わった] ▷ **～·ly** /-féistli, -féisədli/ 副 **～·ness** 名

***shame·ful** /ʃéimf(ə)l/ 形 m **1** **恥ずべき**, **不面目な**. ～ conduct 恥ずべき行い. **2** けしからぬ, ひどい, 浅ましい. The way they treat their dog is ～. 彼らの犬の扱い方はひどい. [shame, -ful] ▷ **～·ly** 副 恥ずかしくも, 不名誉にも. 「**～·ness** 名

†shame·less /ʃéimləs/ 形 m 恥知らずの, ずうずうしい; 猥褻(わいせつ)な. a ～ woman 恥知らずの女. ～ lies ずうずうしいうそ. ▷ **～·ly** 副 恥ずかしげもなく. **～·ness** 名

shàm fìght 名 C 模擬戦, 演習.

Sha·mir /ʃæmiər/ 名 **Yitzhak** ～ シャミル(1915–)《イスラエルの政治家・首相(1983–84, 1986–92)》.

sham·mer /ʃæmər/ 名 C 偽る人, ごまかし屋, ぺてん師.

sham·my /ʃæmi/ 名 (複 **-mies**) ＝chamois 2.

‡sham·poo /ʃæmpúː/ 名 (複 **～s**) **1** C 髪を洗うこと, 洗髪. give a person a ～ 人の髪を洗ってやる.
2 UC シャンプー《洗髪用》; (カーペットなどの)洗剤.
—— 動 他 〔髪〕を洗う; (洗剤を使って)〔カーペットなど〕をクリーニングする. [＜ヒンディ語(＜「こねる」)]

sham·rock /ʃæmrɑ̀k|-rɔ̀k/ 名 UC 〖植〗シロツメクサ《クローバーの類; アイルランドの国花》.

sha·mus /ʃáːməs, ʃéi-/ 名 C 〖米俗〗私立探偵, 警官, デカ.

shan·dy(·gaff) /ʃǽndi(gæ̀f)/ 名 (複 **～s**) UC シャンディ《ビールとジンジャーエール又はレモネードの混合酒》.

Shang·hai /ʃæŋhái/ 名 シャンハイ(上海)《中国東部の大海港都市》.

shang·hai /ʃæŋhái, ⌐⌐/ 動 (**～s**|過 過分 **～ed**|**～·ing**) 他 **1** 〖旧俗〗(酔いつぶしたり殴って気を失わせて)を無理やり船に連れ込んで水夫にする. **2** 〖話〗をだまして[に無理やり]..させる〈*into* ..を〉.

Shan·gri-la /ʃæŋgrilɑ̀ː, ⌐⌐⌐/ 名 地上の楽園《James Hilton の小説 *Lost Horizon* (『失われた地平線』)中のチベットにあるという不老長寿の理想郷》.

shank /ʃæŋk/ 名 C **1** 〖古〗脛(すね)《knee から ankle まで》; (人の)足(全体). **2** (動物の)脚の肉. **3** 脛状のもの; (ねじ, ねじ回しの)軸の滑らかな部分; (いかり, かぎ, スプーン, 釣り針などの)柄(え), 軸. **4** (靴底の)土踏まず (→sole, heel). **5** 〖米〗(休暇などの)終わりごろ; (夕暮れなどの)始めのころ. the ～ of the vacation 休暇の終わりごろ. in the ～ of the evening 宵の口に.
gó [ríde] on shànk's [shànks's] máre [póny] 〖旧話・戯〗てくてく歩いて行く. [＜古期英語]

Shan·non /ʃǽnən/ 名 〈the ～〉シャノン川《アイルランド最長の川》.

shan't /ʃænt|ʃɑːnt/ shall not の短縮形. ★〖米〗では余り用いない.

shan·tey /ʃǽnti/ 名 ＝chantey.

shan·tung /ʃæntʌ́ŋ/ 名 U シャンタン, 山東絹, 《つむぎ風の絹布》. [＜中国語「山東(省)」]

shan·ty[1] /ʃǽnti/ 名 (複 **-ties**) C 小屋, 掘っ建て小屋. [＜(カナダ)フランス語]

shan·ty[2] 名 (複 **-ties**) ＝chantey.

shánty·tòwn 名 C 掘っ建て小屋; 貧民街.

SHAPE /ʃeip/ Supreme Headquarters of Allied Powers in Europe (シェープ, ヨーロッパ連合軍最高司令部).

‡shape /ʃeip/ 名 (複 **～s** /-s/) 【形, 姿】 **1** UC **形**, 格好, 形状, 外形, (form). houses of all ～*s* and sizes ありとあらゆる形と大きさの家. a person's (body) ～ 人の体形. What ～ is Mars? 火星はどんな形をしていますか (★Of what shape ..と of を付けてもよい). The hotel takes the ～ of a sail. そのホテルは帆の形をしている. A rugby ball is oval in ～. ラグビーボールは長円形をしている. **2** C 判然としない形[姿], 人影; 幽霊. I could see a dim ～ in the fog. 霧の中にぼんやりした形のものが見えた.
3 UC 〈単数形で〉**姿**, なり. a devil in human ～ 人間の姿をした悪魔. in the ～ of ..→成句.
4 U (計画などの)**具体的な形**, まとまった姿; (物事の)在り方, 形態. His ideas got *into* ～. 彼の考えはまとまった. the ～ of things to come 来たるべき未来の姿. the ～ of Japanese industry today 今日の日本の産業形態.
5 U (あるものの)本来の形, あるべき姿. This tailor-made suit ⌞doesn't lose [keeps] its ～. このあつらえたスーツは型くずれしない.
6 C 入れ型 (mold); 型に入れて作ったもの; タイプ, 様式. get over difficulties of every ～ あらゆるタイプの困難を乗り越える.
【姿＞状態】 **7** U 〖話〗(健康, 経営, 機械などの)(よい)**状態**, 調子. She's *in* good [no] ～. 彼女は体の調子がよい[悪い]. That company is *in* pretty bad [poor] ～. あの会社の経営状態はかなり悪い. get one's house into ～ 家を住み心地よくする.
còme in all shàpes and sízes 〔物事が〕多岐にわたる, 多様である. 「をとる.
fìnd a shápe (in..) (..に)具体化する, (..という)形
gèt (oneself) into shápe 体調を整える. 「める.
gìve shápe to.. ..に形をつける, を(明確な形に)まと
in àny (wáy,) shápe (or fórm) 〈普通, 否定語を伴って〉〖話〗どのような形でも(..ない); どうしても(..ない). I don't like seafood *in any* ～ *or form*. 私はシーフードはどんな風(な料理)であれ好きではない.
in shápe (1) 形が, 形としては.→1 最後の例. (2) 健康

S

で，体の調子がよくて；〔物事が〕よい状態で，整った形で；(→7；↔out of shape).

*in the shápe of ..（1）..の姿をして[た]，に化けて[た]. Satan *in the* ～ *of* a serpent 蛇の姿をしたサタン.（2）..の形で. I received the money *in the* ～ *of* a bonus. 私はその金をボーナスの形で受け取った.

lìck [knòck, whìp 〖主に米〗] .. into shápe → lick.

out of shápe（1）形がくずれて. My hat is *out of* ～. 私の帽子は形がくずれている.（2）体の具合が悪い.

pùt [gèt] .. into shápe〔自分の考えなど〕をまとめる，具体化する.

*tàke shápe〔考え，計画などが〕**具体化する**，はっきりした形をとる. The program is *taking* ～ now. 計画はだんだんまとまってきた.

── 動 (～s /-s/|過 過分 ～d /-t/|sháp·ing) 他

【形を与える】 **1** を**形作る**，作る，〈*into* ..に〉；を形作る〈*from*, *out of* ..から〉. Jim ～*d* snow *into* a snowman. ジムは雪を(丸めて)雪だるまにした. ～ small balls *out of* ground meat ひき肉でだんごを作る.

【形を定める】 **2**〔計画など〕を**はっきり決める**，具体化する；を口に出して言う. ～ a specific plan 明確な計画を打ち出す. ～ a question 質問を口に出して言う.

3〔人格，思想など〕を**形成する**；〔進路，将来など〕の方向を定める. A person's character is said to be ～*d* in childhood. 人の性格は子供のころに形成されると言われている. He early ～*d* his course in life. 彼は早くから自分の進むべき道を決めた.

4【ある形に合わせる】 を合わせる，適合させる，〈*to* ..に〉〈普通，受け身で〉. These boots are not ～*d to* my feet. このブーツは私の足に合わない.

── 自 **1** VA (はっきりした) **形をとる**，形になる〈*into* ..の〉；具体化する；〈*up*〉. The plan began to ～ *up*. 計画は具体化してきた. **2** VA 発展する，うまく行く，〈*up*〉. Things are *shaping* (*up*) well. 万事うまく行っている. **3**〖スポーツ〗VA (～ *to do*) (球技などで) ..しようと身構える.

shàpe úp（1）→自 1, 2.（2）〖話〗体の調子がよくなる，〔仕事の〕調子が出る. How are things *shaping up* in the lab? 研究室で仕事の進み具合はどうかね.（3）〖話〗大いに努力する，ちゃんとやる；行いを改める，心を入れ替える. All the newcomers are *shaping up* nicely now. 新入社員はみな立派にちゃんと努力している. *Shape up* or ship out!〖米話〗ちゃんとやれないなら出ていってくれ[首だ].（4）〖主に米〗進展する，なる，〈*as* ..に/*to be* ..であるように〉. It's *shaping up as* [*to be*] a hot summer. 暑い夏になりそうだ.

[＜古期英語「創り出されたもの，形」]

S

‡**shaped** /-t/ 形〈しばしば複合要素として〉..の形をした. a ship-～ cloud 船の形をした雲.

shape·less /ʃéipləs/ 形 **1** (はっきりした)形のない. **2** 形がくずれた，ぶざまな，不格好な. a ～ old raincoat よれよれの古レインコート. **3**〔計画，考えなどが〕まとまりのない，混乱した. ▷ ～·**ly** 副 ～·**ness** 名

†**shápe·ly** 形 e〔特に女性の体が〕形のよい，姿のよい. ▷**shape·li·ness** 名

shard /ʃɑːrd/ 名 C **1** (瀬戸物，ガラスの)破片. **2** (甲虫の)翅鞘(しょう).

‡**share**[1] /ʃeər/ 名 (複 ～s /-z/) **1** aU **割り当て**，分担，〈*of* ..〔仕事，出費，責任など〕の〉. bear one's ～ *of* the responsibility 責任の一端を負う. do one's ～ *of* work 割り当てられた仕事をする. She's had more than her (fair) ～ *of* trouble. 彼女は人一倍苦労した.

2 aU **役割**，貢献，〈*in* ..における〉. contribute one's ～ to environmental cleanup 環境浄化に応分の貢献をする. He hasn't taken much ～ *in* this project. 彼はこの事業では大した役割を果たしていない. The students have a ～ *in* electing the president at this university. この大学では学生が学長選挙に一役を買っている.

3 C〈単数形で〉**分け前**，取り分，〈*of*, *in* ..〔利益など〕の〉(類語 分け前を意味する一般的な語；→cut 5, portion 2). get a [one's] fair ～ *of* the gains 収益の正当な分け前をもらう. claim an equal ～ *in* [*of*] the profits 利益の均等の分け前を要求する.

連結 a large [a generous, a good, a sizable; an equitable; a modest; a meager, a small] ～ ‖ take [receive] a ～; allot a ～ to ..

4 C (**a**) (財産，資本などの)分担所有，出資分. (**b**) **株**，株式，〈*in* ..の〉《総資本 (stock) を分けたひと株》；株券. hold [buy, sell] 2,000 ～*s* (of stock) *in* a trading company ある商社の株を2千株持っている[買う，売る] (→stock 15 (a) の用例). ～ prices 株価.

5 UC 市場占有率，シェア；〈一般に〉(全体に占める)割合.

(a) shàre and shàre alíke 等分，山分け；(同条件での)共用. It's (a matter of) ～ *and* ～ *alike*. みんなで平等に分けることだ.

gò shåres (with ..) 〖話〗(..と)山分けする；(..と)共同でやる；(..と)共同で負担する，折半する；〈*in*, *on* ..を〉. I *went* ～*s with* my cousin *in* the profits. 私はいとこと利益を山分けした. Let's *go* ～*s on* lunch. ランチ代を割り勘にしよう.

on shåres 共同で損益を負担して.

── 動 (～s /-z/|過 過分 ～d /-d/|shár·ing) 他

1〔道具，部屋など〕を**共用する**，共有する，〈*with* ..と〉；〔仕事，費用など〕を分担する 〈*with* ..と/*between*, *among* ..の間で〉. Won't you ～ my taxi? タクシーに相乗りしませんか. I ～ an apartment *with* a classmate. 私は同級生と共同でアパートを借りている. ～ a responsibility 責任を分担する. Let's ～ the expenses *between* us. 費用は我々の間で分担しましょう.

2〔特徴，経験，趣味など〕を**分かちあう**，同じくする；〔賞など〕を**分け合う**，共に受ける；〈*with* ..と〉. She's the very woman I want to ～ my life *with*. 彼女こそ私が人生を共にしたい女性だ. I don't ～ their view. 僕は彼らの意見に同調しない.

3 を**分配する**，分ける〈*out*〉〈*between*, *among* ..の間で〉；〔自分の物〕を分けてやる，使わせる，〈*with* ..に〉. The prize money was ～*d* (*out*) equally *among* the members of the team. 賞金は等分してチームのメンバーに与えられた. Why don't you ～ your cookies *with* Jim? ジムにお菓子を少し分けてやったら.

4〔情報，秘密など〕を伝える，教える；〔気持ちなど〕を聞いてもらう；〈*with* ..に〉. She won't ～ her worries (*with* us). 彼女は心配事を(我々に)話そうとしない.

── 自 **1** (部屋，道具などを)**共同で使う**. There's only one umbrella, so we have to ～. 傘は1本だけだから相々傘するしかない.

2 VA (～ *in* ..) **..の分け前を取る**；**..を分担する**，一緒にやる；〔仕事など〕に参加する；(類語「参加して役割を分担する」という意味が強い；→participate). ～ *in* the expenses equally 費用を均等に負担する. Husband and wife should ～ *in* their joys and sorrows. 夫婦は喜びも悲しみも共にすべきだ.

shàre and shàre alíke 山分けする，等分にする.

[＜古期英語「切ること，区分」; shear と同根]

share[2] 名 C すきの刃 (plowshare).

sháre certìficate 名 C 株券.

sháre·cròp 動 〖米〗自 小作する. ── 他〔土地〕を小作する.

sháre·cròpper 名 C 〖米〗小作人.

shared 形 共用[共有]の；共通の〔経験，関心など〕. ～ ownership 共有権. a ～ room 相部屋.

‡**sháre·hòlder** [名][C] 株主(〖米〗stockholder).

sháre ìndex [名][C] 株式指数《例えば FT Index》.

share-out /ʃé(ə)ràut/ [名][C] 〈単数形で〉分配.

sháre·wàre [名][U] 〖電算〗シェアウエア《製作者に一定の代金を払うことになっているソフト; ほとんどは無料で実際に試用できる》.

shar·er /ʃé(ə)rər/ [名][C] 共有者; 参加者; 分配者.

sha·ri·a /ʃəríːə/ [名][U] イスラム教法典.

***shark** /ʃɑːrk/ [名][C] **1** ([複] ~s /-s/, ~)〖魚〗サメ, フカ. **2** ([複] ~s /-s/)〖話〗欲の深い人; 高利貸し (loan shark); ぺてん師. **3** ([複] ~s /-s/)〖米〗達人, やりて, 〈*at, in* ..の〉. [<?]

shárk·skìn [名][U] **1** サメ皮. **2** シャークスキン《レーヨン・毛・木綿・絹などサメ皮に似た織り目の生地》.

‡**sharp** /ʃɑːrp/ [形][e] (**shárp·er**|**shárp·est**)

【鋭い】 **1** 〔刃物, 刃などが〕**鋭い**, よく切れる; とがった; (↔blunt, dull). a ~ knife よく切れるナイフ. a pencil with a ~ point 先のとがった鉛筆.

2 〈普通, 限定〉〔音, 声などが〕**鋭い**, かん高い. a ~ cry 鋭い叫び声.

3 〔味が〕**ぴりっとする**; 辛い, 酸っぱい; 〔臭(にお)いが〕つんとする. This cheese has a ~ taste. このチーズはぴりっとした味がする.

4 〔人, 感覚, 頭などが〕**鋭い**, 鋭敏な. a ~ young executive 頭の切れる若い経営者. have a ~ eye for detail 細部にまで目がきく. Keep a ~ eye [watch] on the kids playing on the beach. 浜辺で遊んでいる子供に対し目を光らせ[厳重に監督し]なさい.

5 〔人が〕抜け目のない, ずる賢い. ~ practices (違法すれすれの)あくどい手口.

【対比が鋭い】 **6** 〔輪郭などが〕**くっきりした**, はっきりした, 鮮明な. a ~ outline はっきりした輪郭. stand ~ against the sky 空を背にくっきりと浮き出る. a ~ contrast between the young and old generations 若い世代と年老いた世代の鋭い対照.

7 〔顔の造作などが〕**とがった**, 鋭角的な. have a ~ nose とがった鼻をしている.

8 【パンチの利いた】〖話〗〈普通, 限定〉身だしなみのよい, 'スマートな'. a ~ dresser 身だしなみのよい人. You look ~ in your new suit. 〖米〗新しいスーツですてきだよ.

【鋭い>痛烈な】 **9** 〔寒さなどが〕**厳しい**, 身を切るような, 刺すような; 〔痛み, 食欲などが〕**激しい**, 鋭い, (↔dull); 〔打撃などが〕痛烈な. a ~ morning 身を切るように寒い朝. a ~ pain 激痛.

10 〔言葉などが〕**厳しい**, 辛辣(らつ)な; 〔人が〕厳しい, 口やかましい, 〈*with* ..に対して〉. ~ words 辛辣な言葉. a ~ lesson 厳しい教訓. Billy has a ~ tongue. ビリーは毒舌家だ. Don't be so ~ *with* your students. 学生にあまりきつい言葉を使わないで.

【変化, 動きが鋭い】 **11** (**a**) 〔カーブ, 坂などが〕**急な**, 険しい. a ~ bend in the road 道路の急な曲がり. The road makes a ~ right turn there. 道路はそこで急な右カーブになっている. (**b**) 〈普通, 限定〉〔出来事の変化, 程度などが〕急な. a ~ rise in prices 物価の急激な上昇. a ~ fall in profits 収益の激減.

12 〔歩き方などが〕活発な, 迅速な; 〔試合, 競争などが〕猛烈な, 激しい. take a ~ walk 急ぎ足で散歩する. a ~ contest 激烈な競争.

13 〖楽〗 (**a**) 〈名詞の後に置いて〉半音高い, 嬰(えい)音の, 《記号 ♯; ↔flat》. C ~ 嬰ハ調. (**b**) 〔声, 楽器などが〕キーがやや高い.

(as) shàrp as a néedle [táck] 針[鋲(びょう)]のようにとがった, 鋭い; 〖話〗目から鼻に抜けるような; 抜け目のない.

Shàrp's the wórd. 急いで急いで, 早く早く.

── [副][e] (3 は [C]) **1** 鋭く, 抜け目なく. **2** 急に, 突然. turn ~ (to the) left 急に左折する. **3** 〈時刻に用いて〉きっかり, 正確に. She arrived at six ~. 彼女は6時きっかりに着いた. **4** 〖楽〗半音高く; 正確な音より高く.

lòok shárp 急ぐ; 気をつける. *Look ~!* 急げ[気をつけろ].

── [名][C] **1** 〖楽〗嬰(えい)音; 嬰記号 (♯); (↔flat).

2 〖話〗ぺてん師 (sharper); 〖米話〗専門家, くろうと, (expert).

── [動] [他] 〖米〗〖楽〗を半音高くする, やや高い調子にする, (〖英〗sharpen). [<古期英語; scrape と同根]

***sharp·en** /ʃɑ́ːrpən/ [動] (~s /-z/|[過] [過分] ~ed /-d/|~·ing) [他] **1** を鋭くする, とがらせる; を研ぐ; 〈*up*〉. ~ a pencil 鉛筆を削る. ~ a knife ナイフを研ぐ.

2 〔食欲, 痛みなど〕を(より)強くする, 激しくする; 〔議論, 競争など〕を激化させる. ~ the appetite 食欲をそそる.

3 〔感覚, 機知など〕を鋭敏にする; 〔技, 腕前など〕をみがく, よくする; 〈*up*〉. ~ one's wit 機知をさらに鋭くする[働かせる]. Repeated rehearsals will ~ *up* the players' performance. 何度も下稽古をすれば演奏者の演奏にみがきがかかる. **4** 〔言葉など〕を辛辣(らつ)にする. ~ one's tongue ますます毒舌をふるう. **5** 〖英〗〖楽〗を半音高くする, やや高い調子にする.

── [自] **1** (さらに)鋭くなる, とがる. **2** 敏感になる, 激しくなる; 〔技などが〕みがかれる, よくなる; 〈*up*〉. **3** 〔声[言葉]の調子などが〕激しくなる. His voice ~*ed* as he grew irritated. 彼の声の調子はいらだつにつれてますます激しくなった. **4** 〔輪郭などが〕はっきりする, 鮮明になる.

shárp ènd [名][C] 〈普通 the ~〉 **1** 〖英戯〗船首, へさき. **2** 〖話〗(仕事, 組織などの)最も厳しい部分.

shárp·en·er [名][C] **1** 研ぐ人, 削る人. **2** 研ぎ道具, 削り道具. a pencil ~ 鉛筆削り.

shárp·er [名][C] 詐欺師, (カードの)いかさま師, (〖米話〗sharp).

shàrp-éyed [移] [形] 眼の鋭い; 目ざとい; 推理[洞察]力に優れた.

shárp·ish /ʃɑ́ːrpiʃ/ [形] やや鋭い[鋭敏な, 激しい].

── [副] 〖英話〗素早く, 急に.

***sharp·ly** /ʃɑ́ːrpli/ [副][m] **1 鋭く**, 厳しく, とげとげしく, ぴしゃりと, 〔言うなど〕. a ~ pointed pencil 鋭くとがった鉛筆. He looked at me ~. 彼は鋭く私を見た. She rebuked him ~. 彼女は語調鋭く彼を非難した.

2 抜け目なく; 敏感に.

3 はっきりと, くっきりと, 鮮明に. The mountain was ~ outlined against the sky. 山は空をバックにくっきりと見えた. ~ contrasting opinions 際立って対照的な意見. **4 急に**; 素早く. The road turns ~ (to the) right. 道路は急に右に曲がっている. Share prices have fallen ~. 株価が急落した.

†**shárp·ness** [名][U] **1** 鋭さ; 厳しさ. **2** 急なこと; 素早さ. **3** 鮮明さ. **4** 抜け目のなさ, 鋭敏さ.

shàrp-nósed [移] [形] **1** とがった鼻の. **2** 嗅(きゅう)覚の鋭い. **3** 金銭感覚の鋭い, 利にさとい. 「先端が鋭い.

shàrp-sét [移] [形] **1** ひどく飢えた. **2** 熱望する. **3**

shárp·shòoter [名][C] 射撃の名手; 狙(そ)撃兵.

shàrp-síghted /-əd [移]/ [形] 目の鋭い; 目ざとい; 抜け目のない.

shàrp-tóngued [移] [形] 口の悪い, 毒舌の.

shàrp-wítted /-ed [移]/ [形] 頭のよく働く, 抜け目のない, (clever).

shat /ʃæt/ [動] shit の過去形・過去分詞.

Shatt-al-Arab /ʃæ̀tælǽrəb/ [名] 〈the ~〉シャッタルアラブ川《Tigris 川と Euphrates 川の合流点からペルシア湾までの部分》.

***shat·ter** /ʃǽtər/ [動] (~s /-z/|[過] [過分] ~ed /-d/|~·ing /-t(ə)riŋ/) [他] **1 を粉々にする**, 打ち砕く. The ball ~*ed* the window. ボールは窓ガラスを粉々にした.

2 〖話〗〔健康, 精神状態など〕**を損なう**, 害する; 〔希望, 夢など〕を打ち砕く. The war ~*ed* his nerves. 戦争で彼の神経はぼろぼろになった. ~ her illusions 彼女の幻想を打ち砕く. His hopes were ~*ed*. 彼の希望は無残に砕か

S

れた. **3**〖話〗の気を動転させる, を仰天させる, 〈普通, 受け身で〉. I was ~*ed* at [to hear] the sad news. その悲しい知らせに[を聞いて]私は気が動転した. **4**〖主に英話〗をくたくたに疲れさせる, 参らせる, 〈普通, 受け身で〉. He was completely ~*ed* after a two-hour press conference. 2時間の記者会見で彼はすっかり参った.

── 自 粉々になる, 砕ける. The wineglass ~*ed* into tiny pieces. ワイングラスは木っ端みじんに砕けた.
[＜中期英語; scatter と同源]

‡**shát·ter·ing** /-t(ə)riŋ/ 形 **1**〔人の心を〕打ち砕くような. a ~ performance 衝撃的な演奏. **2**〖主に英〗〔人を〕くたくたにさせる.

shátter·pròof 形〔ガラスなどが〕割れても破片が飛散しない.

‡**shave** /ʃeiv/ 動 (~s /-z/|過 ~d /-d/|過分 ~d, **sháv·en** /-(ə)n/|**sháv·ing**) 他 **1 (a)**〔顔, ひげ, 頭髪, 体毛など〕をそる; 〔人〕のひげをそる; VOA (~/X/ *off*) X(ひげなど)をそり落とす. ~ one's face [oneself] ひげをそる, 顔をあたる. He ~*d* his mustache *off*. 彼は口ひげをそり落とした. The barber ~*d* his customer. 床屋は客の顔をそった. **(b)** VOC (~ X Y) Xをそって Yの状態にする. ~ a person's head bald 人の頭をそって坊主にする.
2 にかんなをかける; VOA〔木の皮など〕を削る, 薄くそぐ, 〈*off* (..から)〉. ~ *off* the bark of a log 丸太の皮を薄くそぐ. ~ a thin slice *off* the piece of cheese チーズの塊からひと切れ薄くそぎ取る.
3〖話〗をすれすれに通る〈*by* ..の透き間を残して〉, かする. The car just ~*d* the corner. 車は角すれすれに通った.
4〖話〗〔価格, 利ざやなど〕をほんの少し下げる〈*by* ..だけ〉; VOA〔僅かな時間, 金額など〕を減らす, 削る, 〈*off* (..から)〉. The gold medalist ~*d* a second *off* the world record. その金メダリストは世界記録を1秒縮めた.
5〖米話〗〔手形〕を(不法[当]に)大きな割引率で買う.
── 自 ひげをそる. ~ every morning 毎朝ひげをそる.
── 名 (複 ~s /-z/) C **1**〈普通, 単数形で〉**ひげそり**; 剃髪(ていはつ). have a (close) ~ ひげを(深く)そる[そってもらう]. give a person a ~ 人にひげをそってやる. **2** 薄片, 削りくず. **3**〖話〗〈普通, 単数形で〉かろうじて逃れること, 間一髪. It was a (close) ~. もう少しで危ないところだった. [＜古期英語]

‡**shav·en** /ʃéiv(ə)n/ 動 shave の過去分詞.
── 形 ひげをそった; 頭を丸めた; (→clean-shaven).

‡**shav·er** /ʃéivər/ 名 C **1** 電気かみそり. **2** そる人; 削る人. **3**〖話〗若者, 男の子, 小僧っ子, (boy).

Sha·vi·an /ʃéiviən/ 形 バーナード・ショー(流)の (→Shaw). ── 名 C Shaw のファン[研究者].

‡**shav·ing** /ʃéiviŋ/ 名 **1** U そること, ひげそり. **2** C 〈しばしば ~s〉かんなくず, 削りくず.

sháving brùsh 名 C ひげそり用ブラシ.

sháving crèam 名 U ひげそり用クリーム.

sháving fòam 名 U (泡状の)ひげそり用クリーム.

sháving-stìck 名 C ひげそり用棒状せっけん.

Shaw /ʃɔː/ 名 **George Bernard** ~ ショー(1856–1950)《アイルランド生まれの英国の劇作家・批評家》.

†**shawl** /ʃɔːl/ 名 C ショール, 肩かけ. wear a ~ ショールを掛ける. [＜ペルシア語]

Shaw·nee /ʃɔːníː/ 名 (複 ~, ~s) **1**〈the ~(s); 複数扱い〉ショーニー族《もと米国中東部に住んでいた北米先住民の一部族; 今は Oklahoma 州に居住》; C ショーニー族の人. **2** U ショーニー語.

shay /ʃei/ 名〖主に方言〗＝chaise.

‡**she** /ʃi, 強 ʃiː/ 代 (複 **they**) (人称代名詞; 3人称・女性・単数・主格; 所有格と目的格 her, 所有代名詞 hers, 再帰代名詞 herself)
1〈普通, 前に出た女性を表す名詞を受けて〉**彼女は**, 彼女が, その女は[が].

> 語法 (1) 男性・女性両方を表す語(例えば baby, teacher, everybody)を受ける場合に従来多用されてきた he を意識的に避けるために, she を用いることがある.ただし, *he* or *she*, *him* or *her* のような表現が多くなり, 書く時は *he/she*, *s/he*, *(s)he* も使われる (→they 1 語法 (1)). (2) 人間以外の動物の雌にも用いることがある.

2〈it の代用として〉**(a) それは, それが**, 《ship, car, boat, plane, country, city, university, その他女性的と感じられる moon, sea, nature, spring, earth, art, beauty, darkness などを擬人化して; 但し car, boat などは愛着心から she を使うので, 所有者が女性の場合は he があり得る》. I bought an Italian motorcycle and ~ is a beauty. 僕はイタリア製のオートバイを買ったんだけど, すごくいいヤツなんだ. **(b)**〖オース・ニュー話〗〈普通, 成句表現で,「事態, 状況など」を指して〉*She*'s right. →right¹ (成句).
Whò's 'shé', the càt's móther?〖英話〗'彼女'ってだれのこと(, 猫のお母さんかい)《目の前にいる人をきちんと名前で呼ばない子供などをたしなめて言う》.
── /ʃiː/ 名 (複 ~s /ʃiːz/) C **1 女**, 雌. Is this baby a he or a ~? この赤ちゃんは男ですか女ですか.
2〈普通ハイフンで後続する語に結ばれて〉(動物の)雌の. a ~-cat 雌猫; 意地悪女. a ~-goat 雌ヤギ. ◇男 he
[?＜古期英語 *sēo* (the の女性形)＋*hēo* (3人称単数女性代名詞)]

s/he 代 ＝she or he (→she 語法 (1)).

sheaf /ʃiːf/ 名 (複 **sheaves** /-vz/) C 束〈*of* ..〔穀物, 手紙など〕の〉(類語 bundle より適用範囲が狭い). a ~ *of* wheat ひと束の小麦. a ~ *of* letters ひと束の手紙.

†**shear** /ʃiər/ 動 (~s|過 ~ed|過分 **shorn** /ʃɔːrn/, ~ed|**shear·ing** /ʃí(ə)riŋ/) 他 **1**〔羊毛など〕を刈る, 切る, 《大ばさみで》; 〔羊〕の毛を刈る; 〔木など〕を刈り込む; 〖古〗〔人の髪〕を刈る. ~ wool from sheep＝~ sheep 羊の毛を刈る. ~ cloth 織物のけばを取る.
2 VOA (~ X *of* ..) X(人)から..を奪い取る〈普通, 受け身で〉. The disease ~*ed* him *of* his physical strength. 病気が彼の体力を奪い取った. They have been *shorn of* the will to resist. 彼らは抵抗する気力を奪われた. **3**〖機〗を剪(せん)断する; に剪断変形を生じさせる.
── 自 **1** はさみで刈る, はさみを入れる. **2**〖機〗剪断変形を生じる.
shèar /../ óff ..を摘み切る; ..をかすり取る. ~ *off* a person's plume 人の高慢の鼻をへし折る.
── 名 **1**〈~s〉大ばさみ《scissors より大型; 羊毛刈りや植木の剪定などに使う》; 剪断機. a pair of ~*s* 大ばさみ1丁. **2** C (羊の毛の)刈り込み(回数); (羊の)年齢. a sheep of two ~*s* 2歳の羊. **3** U〖機〗剪断変形; ずれ. [＜古期英語「切る」]

shéar·er 名 C 刈り込む人, 羊毛刈り込み人.

†**sheath** /ʃiːθ/ 名 (複 ~s /-ðz, -θs/) **1** C (刃物などの)さや. **2** C (道具の)覆い, (電線などの)被覆. **3** U〖植〗葉鞘(しょう); 〖虫〗鞘翅(しょうし), さやばね. **4** C ぴったりと体にフィットした服《女性用》. **5** C コンドーム (condom); 〈単数形で〉コンドーム使用による避妊. [＜古期英語]

sheathe /ʃiːð/ 動 他 **1** をさやに納める. ~ a knife ナイフをさやに納める. **2** (保護のために)を覆う, 包む, 〈*with*, *in* ..で〉.
shèathe the swórd →sword.

sheath·ing /ʃíːðiŋ/ 名 U 覆い, 被覆材料; 〖船〗船底の包板(ほうばん); 〖電〗鎧(がい)装.

shéath knìfe 名 C さや付きナイフ.

sheave /ʃiːv/ 名 C 滑車輪.

sheaves /ʃiːvz/ 名 sheaf, sheave の複数形.

She·ba /ʃíːbə/ 名〖史〗シバ《アラビア南西部の昔の王国》. the Queen of ~〖聖書〗シバの女王《多くの宝物を持参してソロモン王に教えを請うた》.

she·bang /ʃibǽŋ/ 名 C 物, 事, 事件. the whole ～〖主に米話〗その件全体, 何もかも.
she·been /ʃibíːn/ 名 C (特にアイルランド, 南アフリカの)もぐりの酒店[酒場]. [＜アイルランド語「安ビール」]
‡shed[1] /ʃed/ 動 (～s /-dz/|過 過分 ～|**shéd·ding**) 他【放つ, 放出する】 **1**〖章〗〔涙, 血など〕を**流す**, 出す; を流させる. She ～ tears while listening to the story. 彼女はその話を聞いていて涙を流した. ～ blood (戦争などで)血を流す, 流血の惨事を引き起こす. ～ one's blood →成句. **2**〔光など〕を**投ずる**, 発散する, 〈*on*, *over* ..に〉. This discovery will ～ new light *on* the cause of cancer. この発見は癌(がん)の原因に新たな光を投げるであろう. **3**〔楽しい雰囲気など〕を与える. ～ confidence around 周囲の人に信頼感を与える.
【放つ＞(不要物を)捨てる】 **4**〔人が〕〔服など〕を**脱ぐ**, 脱ぎ捨てる, 〔動物が〕〔羽根, 歯, 角(つの), 皮など〕を抜け替わらせる, 〔木が〕〔葉など〕を落とす. Snakes ～ their skin. 蛇は脱皮する. The maple trees have ～ their leaves. カエデの木は葉を落とした.
5〔不要なものなど〕を取り除く, なくす; 〔余分な人員, 仕事など〕を整理する, 削減する. I'd like to ～ a few kilograms (体重を)数キロ落としたい. ～ one's inhibitions 抑圧を排除する. **6**〔水など〕をはじく. This raincoat ～*s* water completely. このレーンコートは水を完全にはじく. **7**〖英〗〔乗り物が〕〔積み荷 (load)〕を過って落とす.
── 自 脱皮[脱毛]する; 〔葉などが〕落ちる.
shèd one's blóod〖章〗血を流す, 死ぬ, 〈*for* ..〔祖国など〕のために〉.
shèd the blóod of a pèrson＝shèd a pèrson's blóod〖章〗人を傷つける; 人を殺す.
[＜古期英語「分ける」]
***shed**[2] /ʃed/ 名 (複 ～s /-dz/) C **1 小屋**, 物置; 家畜小屋. **2** 車庫, 格納庫. a bicycle ～ 自転車置き場. [＜古期英語 (shade の異形)]
‡she'd /ʃid, 強 ʃiːd/ she had, she would の短縮形.
‡sheen /ʃiːn/ 名 aU 輝き, つや, 光沢, (類語 表面の自然の滑らかさが強調される; →luster). Her black hair has a silky ～. 彼女の黒髪は絹のような光沢がある.
▷**shéen·y** 形
‡sheep /ʃiːp/ 名 (複 ～) **1** C **羊** (参考 雄は ram, 雌は ewe, 子羊(の肉)は lamb; 羊肉は mutton). a flock of ～ 羊の群れ. *Sheep* bleat [baa]. 羊はめーと鳴く. follow like ～ 盲従する. **2** U 羊皮 (sheepskin).
3 C 臆(おく)病な人; 気の弱い人; 愚かな人. **4** C 〈普通, 複数形で〉(教会の)信者, 教区民.
a wólf in shèep's clóthing 羊の皮をかぶったオオカミ《聖書から》. 「うため).
còunt shéep (頭の中で柵を越す)羊を数える《眠りを誘
màke* [〖古〗*càst*] *shèep's éyes at .. ..に色目を使う.
may* [*might*] *as wèll be hánged* [*húng*] *for a shèep as a lámb〖諺〗毒を食らわば皿まで《子羊を盗んで殺されるくらいなら親羊を盗んだ方がましだ》.
sèparate* [*tèll*] *the shéep from the góats〖聖書〗善人と悪人を区別する《goats が悪人》.
[＜古期英語]
shéep·còte 名〖主に英〗＝sheepfold.
shéep·dìp 名 UC 洗羊液《害虫駆除のため, 刈る前に毛を洗う時に用いる》; C その水槽.
shéep·dòg 名 C 羊の番犬, 牧羊犬, 《collie など》.
shéep·fòld 名 C 羊の囲い; 羊小屋.
shéep·hèrder 名 C〖米〗羊飼い (shepherd).
‡sheep·ish /ʃíːpiʃ/ 形 (羊のように)気の弱い, おどおどした; 内気な, はにかみ屋の, きまり悪げな. ▷～**·ly** 副 内気に, きまり悪がって. ～**·ness** 名 U 内気.
shéep·shèarer 名 C 羊毛を刈る人[機械].
shéep·shèaring 名 **1** U 羊毛刈り. **2** C 羊毛刈りの時期; 羊毛刈りの時期の祭り.
shéep·skìn 名 **1** U 羊皮《普通, 毛の付いたもの》. **2** C 羊皮製の衣服[手袋など]. **3** U 羊皮紙; C 羊皮紙の書類. **4** C〖米戯〗卒業証書 (diploma)《羊皮紙の文書, の意味から》.
***sheer**[1] /ʃiər/ 形 e (**sheer·er** /ʃí(ə)rər/|**sheer·est** /ʃí(ə)rəst/)【純粋の】 **1**〈限定〉**全くの**, 本当の, 純粋の; 単なる (mere), 絶対的な, 〔大きさ, 重さなど〕. a ～ delight 全くの喜び. ～ nonsense 愚の骨頂. hold to the old traditions by ～ force of habit ただもう今までの習慣だけから古い伝統にしがみつく. The ～ size of a pyramid impresses tourists strongly. ピラミッドの大きさだけでも[文句なしの大きさは]観光客に強烈な印象を与える.
2【純粋(に垂直)な】 **険しい**, 切り立った, 垂直の. a ～ cliff 切り立った崖(がけ). a ～ drop of 100 meters 100メートル落ちること.
3【濁りのない＞透明な】〔織物が〕透き通る, ごく薄地の. ～ stockings 透けて見えるストッキング.
── 副 **1** 全く, 全然, 完全に, もろに. He ran ～ into the wall. 彼はもろに壁にぶつかった.
2 垂直に, まっすぐに. The stone fell ～ into the pit. 石は穴の中にまっすぐ落ちた. The cliff rises ～ out of the sea. その崖は海面からまっすぐにそそり立っている.
[＜中期英語]
sheer[2] 動 自 VA (～ *away, off*), 他 〔船などが〕向きを変える, 針路[進路]からそれる; 〔船など〕の針路を変える; 〈*to* ..へ〉; 避ける 〈*from* ..〔嫌な人, 話題など〕を〉. ── 名 C 針路の転換; 避けること [＜shear]
‡sheet[1] /ʃiːt/ 名 (複 ～s /-ts/) C【薄い長方形のもの】 **1 敷布**, シーツ, 《普通, 上下 2 枚用いて, その間に寝る》. put clean ～*s* on the bed ベッドに新しいシーツをかける. We change the ～*s* every other day. うちでは 1 日おきにシーツを替える.
2 (紙など薄いものの)**1 枚**; 薄板; 《普通, 一定の大きさのもの; →piece》. a (clean) ～ [two (clean) ～*s*] of paper (何も書いてない)紙 1 枚[2 枚] (→clean 7). a ～ of iron 薄い鉄板. a ～ of glass 1 枚のガラス板.
3〈しばしば ～s〉**一面の広がり** 〈*of* ..〔水, 雪, 火など〕の〉. a ～ *of* flame 一面の炎. a ～ *of* water 一面の水, 水の広がり. ～*s* of rain 滝のような雨. in ～*s* →成句 (1). **4** (郵便切手の)シート; 〖印〗刷り紙《両面刷り上がって, いつでも製本できる状態のもの》; 〖俗〗新聞. a fly ～ ちらし. an information ～ (観光などの情報を提供する)案内広告(紙).
(as) pàle* [*white*] *as a shéet〖話〗〔顔が〕真っ青な, 血の気のない.
gò* [*gèt*] *between the shéets 寝床に入る.
in shéets (1) どしゃ降りに, 激しく. The rain fell *in* ～*s*. 雨が激しく降った. (2)〔印刷物が〕製本前で, 刷ったままで.
── 動 他 **1**〔ベッド〕にシーツをかける. **2** を一面に覆う. ～*ed* with snow [leaves] 一面雪[落ち葉]に覆われて.
── 自〔雨などが〕激しく降る〈*down*〉〈普通, 進行形で〉. It [The rain] is ～*ing down*. 雨がどしゃ降りだ.
[＜古期英語]
sheet[2] 名 C〖船〗 **1** 帆脚索(ほあしづな)《風との関連で帆の位置を調節する索》. **2**〈～s〉船首[船尾]座.
── 動 他〔帆〕を帆脚索で引っ張る.
thrèe shèets in the wínd〖話〗へべれけに酔って.
shéet ànchor 名 C **1**〖海〗非常用の大いかり. **2** いざという時に頼りになる人[もの], 最後の頼みの綱[切り札].
shéet glàss 名 U 板ガラス.
shéet·ing 名 U **1** シーツ地. **2** 板金(ばんきん).
shéet ìron 名 U 薄い鉄板.
shéet lìghtning 名 U 幕電光《雲に反射して幕状に光る稲妻》.

S

shéet mètal 名 U 板金(ばんきん).
shéet mùsic 名 U (綴(と)じてない) 1 枚刷りの楽譜.
Shef·field /ʃéfi:ld/ 名 シェフィールド《イングランド中部 South Yorkshire の工業都市》.
shé-gòat 名 C 雌ヤギ (→goat 参考).
She·her·a·za·de /ʃəhèrəzá:d(ə)/ 名 =Scheherazade.
‡**sheik(h)** /ʃi:k|ʃeik/ 名 C (イスラム教徒, 特にアラビア人の)家長, 族長, 村長, 教主, 《敬称としても用いる》.
▷ **~·dom** /ʃí:kdəm|ʃéik-/ 名 C sheik の領地, 首長国.
shei·la /ʃí:lə/ 名 C 〖オース・ニュー話〗娘, 女の子.
shek·el /ʃék(ə)l/ 名 C **1** シェケル《古代バビロニアの重量単位; 約半オンス》. **2** (古代ユダヤの)シェケル銀貨《重さが 1 シェケルあった》. **3**〖俗・戯〗〈~s〉銭; 富.
shel·drake /ʃéldrèik/ 名 (複 **~(s)**) C 雄の shelduck.
shel·duck /ʃéldʌk/ 名 (複 **~(s)**) C 〖鳥〗ツクシガモ(の雌)《アジア・北部アフリカ産》.
‡**shelf** /ʃelf/ 名 (複 **shelves** /-vz/) C **1 棚**. put up a ~ 棚を作る. Put the book on the top ~. その本を一番上の棚に置きなさい. **2** ひと棚分の物《特に本》. a ~ of books ひと棚分の本. **3** (崖(がけ)の)**岩棚**; 暗礁(しょう); 浅瀬, 砂州. the continental ~ 大陸棚. ◇動 shelve
off the shélf 在庫があってすぐ買える.
on the shélf〖話〗(1) 棚ざらしで; 〔計画, 案などが〕棚上げされて; 〔引退者などが〕無用の存在で. (2)〖旧〗〔女性が〕オールドミスになって, '売れ残りで', 《しばしば性差別表現》. She felt she had been left *on the* ~. 彼女は自分は売れ残りだと感じた. [<中期低地ドイツ語]
shélf lìfe 名 (複 →life) C 〈普通, 単数形で〉(食物などの)在庫可能期間, 保存期間.
shélf-màrk 名 C (図書館の本に付けられた) 書架番号.
Shell /ʃel/ 名 〖商標〗シェル《世界で 2 番目に大きい国際石油グループ》.
‡**shell** /ʃel/ 名 (複 **~s** /-z/) 【**堅い外皮**】 **1** UC **貝殻** (seashell); 卵の殻 (eggshell); (昆虫の)抜け殻; (カメ, カニ, エビの)甲; (豆の)さや; (クルミ, クリなどの)殻 (nutshell). a snail ~ カタツムリの殻. buttons made from ~ 貝製ボタン. When I broke an egg to poach it, a few pieces of ~ fell into the boiling water. 落とし卵にしようと卵を割ったら, 殻のかけらが少し熱湯の中に落ちた.
2 C **骨組み**, 外枠; 船体. the ~*s* of bombed buildings 爆弾を受けた建物の骨組み. **3** C (パイなどの)皮.
4 C 〈単数形で〉(中身に対して)**外観**, 見せかけ. His illness has made him a mere ~ of a man. 病気のため彼は抜け殻のようになってしまった. have a ~ of loyalty うわべは誠実そうに見える.
【**貝殻状のもの**】 **5** C **砲弾**, 破裂弾, (類語 鉄の殻の中に火薬や散弾を詰めたもので, 炸(さく)裂弾を指す; →bullet); 〖主に米〗薬莢(きょう) (cartridge). a blind ~ 不発弾. a tear ~ 催涙弾.
6 C シェル《競漕(そう)用の軽量ボート》.
brìng a person out of his shéll 人を自分の殻から出させる, 人を打ち解けさせる.
còme* [*cràwl*] *out of* one's *shéll 自分の殻から出る, 打ち解ける.
gò* [*cràwl, retìre, withdràw*] *into* one's *shéll 自分の殻に閉じこもる, 無口になる.
―― 動 他 **1** の殻を取る[むく]; 〔豆〕をさやから取り出す; 〖米〗〔トウモロコシの実〕を芯(しん)から取る. ~*ed* oysters 殻を取ったカキ (★「殻が(半分)ついているカキ」は an oyster in a (half) shell). ~*ed* peanuts 殻つきのピーナッツ (★普通は殻をとって食べるものの場合意味がこのように逆になることがある). **2** を砲撃する. ~ a village 村を砲撃する.
shèll /../ óut〖話〗(1) 〔金〕を(しぶしぶ)払う; 〔金〕を手渡す; 〈*for* ..の〉. (2)〖米〗(Halloween の日に) 〔菓子など〕を訪れる子供にやる. [<古期英語; scale³ と同根]

‡**she'll** /ʃil, 強 ʃi:l/ she will [shall] の短縮形.
shel·lac /ʃəlǽk/ 名 U シェラック《lac を精製したものでワニスなどの原料》.
―― 動 (~s|過 過分 **-lacked**|**-lac·king**) 他 **1** にシェラックを塗る. **2**〖米俗〗をこてんこてんにやっつける.
shel·láck·ing 名 C 〖米話〗〈普通, 単数形で〉完全な敗北, こてんこてんにやられること.
shéll bèan 名 C 〖米〗さやを食べないマメ類.
Shel·ley /ʃéli/ 名 **Per·cy** /pə́:rsi/ **Bysshe** /biʃ/ ~ シェリー (1792–1822)《英国のロマン派詩人》.
shéll·fìre 名 UC 砲火.
‡**shéll·fìsh** 名 (複 →fish) C **1** 貝. **2** 甲殻類《エビ, カニなど》. 語法 食物としての貝・甲殻類は U 扱い.
shéll gàme 名 C 〖米〗**1** シェルゲーム《伏せた3 つのクルミの殻の 1 つに物を隠し, 素早く動かした後に, どれに物が隠されているかを当てさせる》. **2** いんちきな賭(か)け事.
shéll hèap 名 C 〖考古〗貝塚 (kitchen midden).
shéll mòund 名 =shell heap.
shéll·pròof 形 防弾の, 砲撃に耐える.
shéll shòck 名 U 〖旧〗戦闘神経症, シェルショック《戦争での心理的緊張から兵士がかかるノイローゼで, 視力[記憶]喪失などを伴う; →combat fatigue》.
shéll-shòcked 形 **1** 戦闘神経症[シェルショック]にかかった (→shell shock). **2** (過度に緊張する出来事を経験して)疲れ切った, 参った.
shéll sùit 名 C シェルスーツ《表地は派手な色の防水性ナイロン, 裏地は綿で手首・足首がくくられたカジュアルウェア》.
shell·y /ʃéli/ 形 e **1** 貝殻の多い. **2** 貝殻のような.
‡**shel·ter** /ʃéltər/ 名 (複 **~s** /-z/) **1** U **避難**; 保護, 遮蔽(へい); 〈*from* ..からの〉 (類語 特に風雨や危険などから一時的に保護されること; →protection). find [take] ~ *from* a storm あらしから避難する. give [provide, offer] a person ~ 人を保護してやる. run for ~ 急いで避難する.
2 C 〈しばしば複合語で〉 **避難所**, 隠れ場; 地下壕(ごう). an air-raid ~ 防空壕. a bus ~ (雨よけのしてある)バスの停留所. a ~ from the rain 雨宿りの場所.
3 C (特に家のない人々のための)一時的な住居, 収容施設; U (仮の)住まい, 住居. food, clothing and ~ 衣食住 (★日本語と違った順序で英語でも順序は一定).
under the shélter of.. ..に保護されて, かくまわれて.
―― 動 (~s /-z/|過 過分 **~ed** /-d/|**~·ing** /-t(ə)riŋ/) 他 **を保護する**, かばう; 〔逃亡犯人など〕をかくまう; 〈*from* ..から〉. a ~*ed* industry 保護産業. The trees ~ my house *from* the wind. 木が私の家を風から守ってくれる. ~ a political offender for the night 政治犯をひと晩かくまう.
―― 自 **避難する**, 隠れる; 雨宿りする; 〈*from* ..から〉. ~ *from* the rain 雨宿りする. They ~*ed* ⌞*in* the church [*under* the bridge]. 彼らは⌞教会に[橋の下に]避難した.
shélter onesèlf (1) 身を守る, 身を隠す. Jack ~*ed* him*self* from the shower under a tree. ジャックは木の下に雨宿りした. (2) 保身を計る〈*under, behind, beneath* ..の下[陰]で〉. He tried to ~ him*self under* the faction leader. 彼はその派閥の領袖(しゅう)の庇護(ご)に頼ろうとした. [<?]
shélter bèlt 名 C 防風林.
‡**shél·tered** 形 **1** 〔特に場所が〕(風雨, 危険などから)守られた, 保護された. **2**〖しばしば軽蔑〗〔人, 生活などが〕(危害, 苦労が及ばないように)保護された. lead a ~ life 保護が行き届いた[過保護の]生活を送る. **3** 障害者・老人に社会復帰への場[機会]を与える. ~ housing for the handicapped 障害者用施設[住居].
shél·ter·less 形 隠れる場所のない, 避難場所のない; よるべのない.
shélter tènt 名 C 小型テント, ツェルト.

†**shelve** /ʃelv/ 動 他 **1** を棚に載せる[並べる]. ～ books 本を棚に置く. **2**〔問題など〕を棚上げする;〔解決など〕を延ばす;〔議案など〕を握りつぶす. ～ a bill 法案を棚上げする. **3** に棚を付ける.
── 自 VA 緩やかに傾斜する 〈*up*, *down*〉. The land ～*s down* toward the sea. その土地は海に向かってゆっくりと傾斜している. ◇名 shelf

shelves /ʃelvz/ 名 shelf の複数形.

shelv·ing /ʃélviŋ/ 名 U **1** 棚材料;〈集合的〉棚. **2** 棚に載せること. **3** 緩やかな傾斜.

Shem /ʃem/ 名〖聖書〗セム《Noah の長子; セム族の祖と伝えられる》.

Shem·ite /ʃémait/ 名 ＝Semite.

she·moz·zle /ʃimázl|-mɔ́-/ 名 C〈普通, 単数形で〉〖話〗乱痴気騒ぎ.

Shen·an·do·ah /ʃènəndóuə/ 名〈the ～〉シェナンドア川《米国 Virginia 州の北西部を流れる川》.

she·nan·i·gan /ʃənǽnigən/ 名 C 〈普通 ～s〉〖話〗**1** いたずら, ふざけ. **2** ごまかし, ぺてん.

Shen·yang /ʃènjáːŋ/ 名 瀋(しん)陽《中国東北部, 遼寧省の省都; 旧称奉天; 英語名 Mukden》.

She·ol /ʃíːoul/ 名 U **1**〖聖書〗冥土(めいど), 黄泉(よみ)の国. **2**〈しばしば s-〉地獄.

Shep·ard /ʃépərd/ 名 **Alan Bartlett ～** シェパード (1923–)《米国の最初に飛んだ宇宙飛行士》.

***shep·herd** /ʃépərd/ 名 C **1 牧羊者**, 羊飼い. **2** 指導者;〈特に〉牧師.
── 動 他 **1**〔羊〕の**番をする**; の世話をする. **2** VOA を(羊のように) 導く, 引率する; を案内する. The kids were ～*ed around* (the park) by a teacher. 子供たちは先生に引率されて(公園を)あちこち回った. The secretary ～*ed* the reporters *into* the manager's office. 秘書は記者たちを支配人室に案内した.
[＜古期英語; sheep, herd[2]]

shépherd dòg 名 ＝sheep dog《日本で言う「シェパード」は German shepherd (dog)》.

shep·herd·ess /ʃépərdəs|ʃèpədés/ 名 C 女の羊飼い.

shèpherd's chéck 名 U 黒と白の格子じまの布.

shèpherd's cróok 名 C 牧羊者の杖(つえ), 牧杖(ぼくじょう),《羊の首などをひっかけるために先端が曲がっている》.

shèpherd's píe 名 UC シェパードパイ《パイの一種; ひき肉をマッシュポテトで包んで焼く》.

shèpherd's pláid 名 ＝shepherd's check.

shèpherd's púrse 名 UC〖植〗ナズナ, ペンペングサ.

Sher·a·ton /ʃérətn/ 名 **1** U シェラトン様式《18 世紀末の英国の家具様式; 製作者名 (Thomas ～) から》. **2** シェラトン《米国のホテルチェーン; その高級ホテル》.

†**sher·bet** /ʃə́ːrbət/ 名 **1** U〖米旧〗シャーベット (sorbet)《果汁に牛乳, 卵白, 砂糖などを加えて凍らせたもの》; C シャーベット 1 杯. **2** U〖英〗(果物の味付けをした甘い発泡性の)ジュースのもと《粉末》; それを水に溶いた物. [＜アラビア語「飲み物」]

sherd /ʃəːrd/ 名〖主に考古学〗＝shard.

Sher·i·dan /ʃéridn/ 名 シェリダン **1 Philip Henry ～** (1831–88)《米国南北戦争の時の北軍の将軍》. **2 Richard Brins·ley** /brínzli/ ～ (1751–1816)《英国の劇作家・政治家》.

†**sher·iff** /ʃérəf/ 名 (複 ～s) C **1**〖米〗郡保安官《郡民によって選出され, 郡 (county) の治安をつかさどる》. **2**〖英〗州長官《州 (county) での国王の代理; 儀礼的な職務しか持たない; 正式には **Hìgh Shériff**》. **3** (スコットランドの)簡易裁判所 (**shériff còurt**) の判事. [＜古期英語; shire, reeve[1]]

Sher·lock Holmes /ʃəːrlɑk-hóumz|-lɔk-/ 名 シャーロック・ホームズ《Conan Doyle 作の一連の推理小説の主人公である名探偵》.

Sher·lock·i·an /ʃəːrlákiən|-lɔ́k-/ 名 C, 形 ホームズ研究家[ファン](の).

Sher·man /ʃə́ːrmən/ 名 **1 William Tecumseh** /təkʌ́msə/ ～ シャーマン (1820–91)《米国南北戦争の時の北軍の将軍》. **2** C シャーマン戦車《第 2 次世界大戦に活躍した米国の中型戦車》.

Sher·pa /ʃéərpə, ʃə́ːr-|ʃə́ː-/ 名 (複 ～, ～s) C シェルパ(族の人)《チベットの一種族でヒマラヤ山地に住み, 山登りが巧みで登山家の案内人[荷物の運搬人]を務める》. [チベット語「東の国の住人」]

†**sher·ry** /ʃéri/ 名 (複 -ries) **1** U シェリー《＜スペインの原産地 Xeres (現在は Jerez); 薄い褐色がかった強い白ワインで食前酒として英国人に愛好される》;〈一般に〉白ワイン. **2** C その 1 杯.

Shèr·wood Fórest /ʃə́ːrwud-/ 名 シャーウッドの森《イングランド中部にあった王室林; Robin Hood とその仲間がここに住んだと言われている》.

‡**she's** /ʃiz, 強 ʃiːz/ she is [has] の短縮形. *She's* at home. 彼女は家にいる. *She's* already finished her homework. 彼女はもう宿題を終えた.

Shet·land /ʃétlənd/ 名 シェットランド諸島《スコットランドの北北東にある群島; the Shetlands とも言う; 正式には **the Shètland Íslands**》.

Shètland póny 名 C シェットランド種の小馬《シェットランド原産の丈夫な馬》.

Shètland shéepdog 名 C シェットランド原産のコリーに似た小型牧羊犬.

Shètland wóol 名 U シェットランド産の羊毛(から紡いだ毛糸).

shew /ʃou/ 動 (～s|過 ～ed|過分 ～ed, shewn /ʃoun/|～·ing)〖古〗＝show.

s.h.f., SHF. superhigh frequency.

shh /ʃ/ 間 ＝sh.

Shi·a(h) /ʃíːə/ 名 **1**〈the ～; 複数扱い〉(イスラム教の)シーア派. **2** ＝Shiite.

shib·bo·leth /ʃíbələθ|-lèθ/ 名 C **1**〖聖書〗シボレテ《敵対するエフライム人が /ʃ/ の音を発音できなかったことからギレアデ人が敵を見分けるのに用いた(ヘブライ語で「麦の穂」の意味の)試し言葉; 旧約聖書『士師記』より》.
2 (生国, 階級などを見分けるための)試し言葉. Once the verb *contact* was regarded by some as a ～ that exposed its user's imperfect mastery of good English. かつて *contact* の動詞用法はその使用者が正しい英語をものにしていないことの印と考えられた.
3 (ある集団特有の)合い言葉 (password). Obscenities and vulgarities are ～*s* for being young. 猥褻(わいせつ)語や卑語は若いことの記章のようなものだ.
4 (かつての重要な意味を失った)陳腐な文句[慣習].

shied /ʃaid/ 動 shy[1,2] の過去形・過去分詞.

‡**shield** /ʃiːld/ 名 (複 ～s /-dz/) C **1 盾**《槍(やり), 刀, 矢などを防ぐ武具》; ＝riot shield. **2 防御物**; 保護物; 擁護者, うしろ盾;〈*against*..に対する〉. The bank robber used one of the bank clerks as a ～. 銀行強盗は行員の 1 人を盾にとった. **3** 盾形のもの;〖紋章〗(盾形の)紋地 (escutcheon); 盾形トロフィー. **4** (機械などの)盾(じゅん)装《危険防止用》. **5**〖土木〗シールド, 盾構(たてこう). **6** (原子炉を包む)遮蔽(しゃへい)材. **7**〖米〗(警官の)バッジ.
the òther síde of the shíeld 盾の半面, (物事の)逆の見方, (the other side of the coin).
── 動 (～s /-z/|過 過分 **shíeld·ed** /-əd/|**shíeld·ing**) 他 **1 を保護する**, かばう, (protect)〈*from*, *against*..から〉. ～ one's eyes *from* direct sunlight with one's hand 手で直射日光をさえぎって目をかばう. I will ～ you *from* any danger [criticism]. どんな危険[批判]からも君を守ってやろう. This cream ～*s* your skin *against* ultraviolet rays. このクリームは紫外線からお肌を守ります. The electric wires were poorly ～*ed* and caused a fire. 電線の被覆状態が悪く火事を引き

起こした. **2** を遮蔽(しゃへい)する, さえぎる; を隠す, 覆う; 〈*from* ..から〉. Tall trees ～ the house *from* view [the road]. 高い木々が(中の)家を視界から[道路から(見えないように)]さえぎっている. [＜古期英語]

shi·er /ʃáiər/ 形 shy[1] の比較級.

shies /ʃaiz/ 動 shy[1,2] の3人称・単数・現在形.
── 名 shy[1,2] の複数形.

shi·est /ʃáiəst/ 形 shy[1] の最上級.

***shift** /ʃift/ 動 (～s /-ts/|過 過分 **shíft·ed** /-əd/|**shíft·ing**) 他 **1** を移す, ずらす; 〔家具など〕を動かす, 移動する; 〔場面, 舞台背景など〕を変える. ～ one's position 位置を変える. ～ one's weight from one foot to another 体重を別の足に掛け替える. We spent the whole day ～*ing* the furniture around. 部屋の家具をあちこち動かして1日過ごしました. The scene of negotiation has been ～*ed* from London to Berlin. 交渉の舞台はロンドンからベルリンに移った.
2 〔関心, 重点など〕を移し変える, 転じる; 〔財源など〕の投入[負担]先を変える, を回す; 〈*from* ..から/*to*, *toward* ..へ〉; 〔責任など〕を転嫁する 〈*onto* ..へ〉. The emphasis has been ～*ed to* economic issues. 重点は経済問題に移ってきた. Don't try to ～ the blame onto your sister. 妹に責任を転嫁しようとするな.
3 〖主に米〗〔車のギア〕を入れ替える(〖英〗change) 〈*up*, *down*〉 〈*out of* ..から/*into* ..へ〉.
4 を(同種類の別のものに)変える, 取り替える. ～ ideas 考えを変える. He often ～*s* jobs [friends]. 彼はよく職[友人]を変える. ★普通, 目的語は複数形. **5** 〖英〗〔汚れなど〕を取り除く. Benzine ～*s* oil stains. ベンジンは油汚れを落とす. **6** 〖英話〗〔在庫品など〕を(換金)処分する; 〔盗品など〕を売り飛ばす. **7** 〖言〗〔音〕を推移させる.
── 自 **1** 移る, (向きが)変わる, 動く; 〔場面などが〕変わる. ～ from place to place あちこち移動する. The wind has ～*ed* (from the east) to the north. 風は(東から)北へ変わった. He ～*ed* about uneasily in his chair. 彼は不安気にいすの上でもじもじした. China is ～*ing* toward a market economy. 中国は市場経済に移りつつある. **2** 〔重点, 方針などが〕移り変わる, 転換する, 〈*from* ..から/*to*, *toward* ..へ〉. The focus of attention has ～*ed to* how to protect the environment. 関心の焦点は, どう環境を守るかに変わってきた.
3 〖話〗(場所を)移る, 退(の)く; 〖英話〗素早く動く, さっさと行く. No smoking here. If you want to smoke, ～ (yourself)! ここは禁煙だ. 吸いたいなら, よそへ行け. (★yourself が入れば 他)
4 〖主に米〗〔人が〕ギアを入れ替える(〖英〗change) 〈*up*, *down*〉 〈*out of* ..から/*into* ..へ〉. ～ *up* [*down*] ＝～ *into* high [low] シフトアップ[ダウン]する. ～ *out of* second gear *into* third ギアをセカンドからサードに入れ替える.
5 やりくりする, どうにか切り抜ける; ごまかす. ～ *with* little money なけなしの金でやりくりする. ～ for oneself 自力でやりくりする. **6** 〔汚れなどが〕落ちる. **7** 〖言〗〔音が〕推移する.

shìft one's gróund →ground[1].

shíft /../ óff 〔責任など〕を押しつける 〈*on* ..に〉.

── 名 (複 ～s /-ts/) **1** C (場所, 方向, 傾向, 状況などの)**変化**, 変更, 移動, 転換. a ～ in the wind 風向きの変化. a personnel ～ 人員の配置転換. a sudden ～ in diplomacy 外交方針の急な転換. a marked ～ in public opinion 世論の目立った変化.

連結 a major [a complete, a fundamental, a radical; an abrupt; a gradual; a subtle] ～ // a ～ occurs [takes place]

2 C 〖球技〗守備位置の移動, シフト.
3 C **交替(制)**, 交替の勤務時間; 〈集合的; 単数形で複数扱いもある〉 交替の組. an eight-hour ～ 8時間交替. work *in* [*on*] ～*s* 交替制で働く. He ˪is *on* [does, works] the night ～. 彼は夜勤˪についている[で働く]. on a treble-～ system 3交代制で.
4 UC 〖旧〗〈しばしば ～s〉 やりくり, 工面, 窮余の策; ごまかし. live by ～(*s*) やりくりして暮らす. We'll have to make ～ (*with* twenty dollars) until payday. 給料日まで(20ドルで)何とかやりくりしなくてはなるまい.
5 C (**a**) シフトドレス《ウエストを絞らず肩からまっすぐに裁ったワンピース》. (**b**) 〖古〗シュミーズ. **6** UC (タイプライターなどの)シフト(キー). **7** C 〖言〗音韻推移.
[＜古期英語「整える, 割り当てる」]

shíft·ing 形 〈限定〉 絶えず変化[移動]する. ～ glances きょろきょろ定まらない視線. ～ attitudes toward education 教育に対し揺れ動く[腰の定まらない]態度. the ～ sands of ˪the Sahara [the political world] 絶え間なく変わるサハラ砂漠[変転きわまりない政界].

shíft kèy 名 C (タイプライターなどの)シフトキー.

shíft·less 形 無能な, やる気のない, ぐうたらな. a ～ son ぐうたら息子. ▷ **～·ly** 副 **～·ness** 名

shíft stìck 名 C 〖米〗(車の)変速レバー (〖英〗gear-lever).

shift·y /ʃífti/ 形 e ずるい, あてにならない; 〔目つきなどが〕ずるそうな. a ～ look ずるそうな顔つき. ～ eyes (きょろきょろして)小ずるそうな眼. ▷ **shift·i·ly** 副 **shift·i·ness** 名

Shi·ite /ʃíːait/ 名 C (イスラム教の)シーア派の人.

shill /ʃil/ 〖米俗〗 名 C (ギャンブラー, 大道商人などのための)'さくら'. ── 動 自 'さくら' になる 〈*for* ..の〉.

†shil·ling /ʃíliŋ/ 名 C **1** シリング《1971年以前の英国の貨幣単位; 1ポンドの20分の1; 1シリングは12旧ペンス; 略号は s., /-; →penny》. 2s. [2/-] 2シリング. 3s. 6d. ＝3/6 (three and six とも読む) 3シリング6ペンス. **2** シリング銀貨《1946年からは白銅貨》. **3** シリング《Kenya, Uganda, Tanzania, Somaria の貨幣単位; ＝100cents》.

tàke the Kìng's* [*Quèen's*] *shílling 〖英〗兵隊になる《昔, 募兵に応じた人は1シリングもらえたことから》.
[＜古期英語]

shílling shòcker 名 C 低俗な扇情小説.

shil·ly-shal·ly /ʃíliʃæ̀li/ 名 U 優柔不断, ぐずぐずすること. ── 動 (**-lies**|過 過分 **-lied**|**～·ing**) 自 〖話〗〔人が〕ぐずぐずする, 煮え切らない, (hesitate).

shi·ly /ʃáili/ 副 ＝shyly.

shim /ʃim/ 名 C 詰め木[がね], (くさび形の)支(か)い物.
── 動 (**-mm-**) 他 に支い物をする, 物をあてがう.

†shim·mer /ʃímər/ 動 自 **1** ちらちら光る (類語 反射光が柔らかくちらちらすること; →shine). The moonlight ～*ed* on the surface of the lake. 月の光が湖面でちらちら光った. **2** 〔陽炎(かげろう)などが〕ゆらゆら揺らめく.
── 名 aU 揺らめく光, かすかな光. the blue ～ of smoke rising from a distant chimney 遠くの煙突から立ち上る煙の揺らめく薄い青色.
[＜古期英語; shine と同源]

shim·my /ʃími/ 名 (複 **-mies**) C **1** シミー《体を震わせて踊るジャズダンスの一種, 1920年代米国ではやった》. **2** 〖米〗(自動車の前輪の)異常震動.
── 動 自 **1** シミーを踊る. **2** ひどく震動する.

†shin /ʃin/ 名 C 向こうずね; 脛(けい)骨 (shinbone); 牛のすね肉. She kicked him on the ～. 彼女は彼の向こうずねを蹴(け)飛ばした. ── 動 (～s|-nn-) 自 VA 素早くよじ登る 〈*up* ..に, を〉, するすると降りる 〈*down* ..から, を〉《両腕と脚のすねを使って, 木, ロープなどを登り降りすること》. ── 他 の向こうずねを蹴飛ばす. [＜古期英語]

shín·bòne 名 C 〖解剖〗脛(けい)骨 (tibia).

shin·dig /ʃíndìg/ 名 C 〖話〗 **1** にぎやかなパーティー

《ダンスパーティー, 宴会など》. **2** ＝shindy. 「か.

shin·dy /ʃíndi/ 名 (複 **-dies**) C 〖英話〗大騒ぎ; けん↑

kick ùp a shíndy 大騒ぎする; 抗議運動を起こす.

‡shine /ʃain/ 動 (**～s** /-z/|過 過分 **shone** /ʃoun/, 他 2 では普通 **～d** /-d/|**shín·ing**) 自 **1 (a)** 〔太陽, 照明などが〕**輝く**, 光る, 照る, (類語「光る, 輝く」の意味の最も一般的な語; →flash, gleam, glimmer, glint, glisten, glitter, glow, radiate, shimmer, twinkle). The sun is *shining* bright. 太陽が明るく輝いている.

(b) 反射して輝く[光る]. The blade of his sword was *shining*. 彼の刀の刃がぴかぴか光っていた.

2 〔人の顔, 目が〕生き生きと輝く〈*with* ..で〉. Her face was *shining with* happiness. 彼女の顔は幸せで輝いていた.

3 目立つ, 異彩を放つ, 〈*at*, *in* ..の分野で/*as* ..として〉. He doesn't ～ *as* a history teacher. 彼は歴史の先生としてはぱっとしない.

4 VA (**～ *out***) 〔勇気, 誠実さなどが〕はっきり見える, 明白である; (**～ *through* (..)**) (..を通じて) 明らかである, 見通せる. Her sincerity ～*s out* [*through* (her actions)]. 彼女の誠実さは(その行動を見れば)はっきり分かる.

── 他 **1** 〔明かり〕を照らす, 光らせる, 〈*into*, *over*, *etc.* ..に〉; 〔光など〕を当てる, 向ける, 〈*on*, *at* ..に〉. I *shone* my torch *into* the dark room. 暗い部屋の中に懐中電灯を照らした. **2** 〔靴など〕を磨く (polish). I had my boots ～*d*. 私は靴を磨かせた.

shìne úp to .. 〖米話〗..のご機嫌を取る.

── 名 (複 **～s** /-z/) **1** aU **光**, 輝き, つや, 光沢. the ～ of passing headlights 通り過ぎてゆく車のヘッドライトの光. **2** aU (靴の)ひと磨き. "*Shine*, sir?"「靴磨きはいかがですか」. give one's shoes a good ～ 靴をよく磨く. **3** 〖米話〗〈～s〉いたずら, ふざけ騒ぎ.

(come) ràin or shíne →rain.

tàke a shíne to .. 〖話〗〔人, 物〕を(出会ってすぐに)好きになる, ..に一目惚(ぼ)れする.

tàke the shíne off [out of] .. ..の光を奪う; ..を見劣りさせる. [＜古期英語]

shin·er /ʃáinər/ 名 C **1** 光るもの; 目立つ人. **2** 〖旧話〗黒あざになった目(の周り) (black eye).

shin·gle[1] /ʃíŋg(ə)l/ 名 C **1** 屋根板, こけら板; 板ぶきの屋根; 《元来は屋根をふくのに用いられたが, 地域によっては外壁にも使用される》. the dusty ～*s* of the roof ほこりだらけの屋根板. **2** 〖米話〗(医者, 弁護士などの)小型の看板. hang out [up] one's ～ 〔医者などが〕看板を出す, 開業する. **3** (女性の頭髪の)刈り上げ, シングルカット.

── 動 他 **1** を屋根板でふく. **2** 〔女性の髪〕をシングルカットにする.

shin·gle[2] 名 U 〈集合的〉(海岸などの)丸い小石《砂利 (gravel) より大きい》; 小石の浜辺 (～ beach).

shin·gles /ʃíŋg(ə)lz/ 名 〖医〗〈単数扱い〉(特に腰部にできるウイルス性の)帯状疱疹(ほうしん) (herpes zoster).

shin·gly /ʃíŋgli/ 形 丸い小石の多い.

shín guàrd 名 C すね当て, レガース, 《球技などに使用》. ★「レガース」は和製英語.

‡shin·ing /ʃáiniŋ/ 形 **1** 光る, 輝く. a ～ silver coin ぴかぴかの銀貨. **2** 〈限定〉目立つ, 優れた. a ～ example 立派な手本.

shin·ny[1] /ʃíni/ 名 (複 **-nies**) **1** U シニー《ホッケーに似た子供の競技》. **2** C シニー用バット.

shin·ny[2] 動 (**-nies**|過 過分 **-nied**|**～·ing**) 自 〖米〗＝shin.

shín pàd 名 ＝shin guard.

Shin·to /ʃíntou/ 名 U 神道(しんとう). ▷**～·ìsm** 名 U 神道. **～·ist** 名 C 神道信者. **～·is·tic** /ʃìntouístik/ 形

†shin·y /ʃáini/ 形 e **1** 〔特に平らな表面が〕光る, 輝く, ぴかぴかの. ～ shoes ぴかぴかの靴. His face is always bright and ～. 彼の顔はいつも明るく輝いている.

2 〔衣服が擦れて〕てかてかになった. The seat of his pants is ～. 彼のズボンのしりはてかてか光っている.

◇名 shine ▷**shin·i·ness** 名

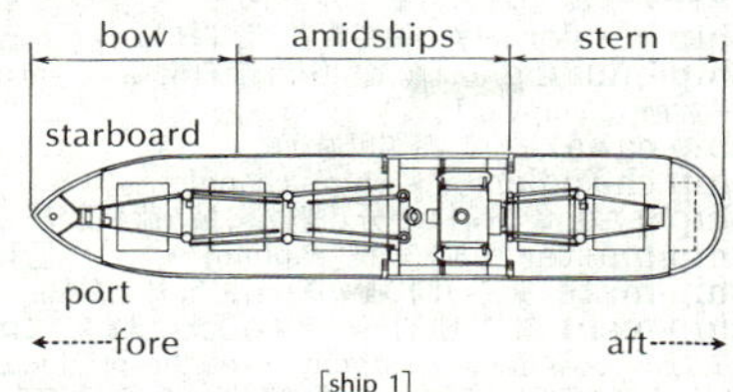

[ship 1]

‡ship /ʃip/ 名 (複 **～s** /-s/) C **1** (大型の)**船**, 艦, (★しばしば女性代名詞で受ける; 類語 船を表す最も一般的な語; →boat, vessel). a cargo ～ 貨物船. a sailing ～ 帆船. go on board (a) ～ 乗船する. a ～'s doctor 船医. build a ～ 船を造る. They are steering the ～ of state at random. 彼らは行き当たりばったりに国政を動かしている《国を船にたとえて言う》.

連結 a merchant [a passenger] ～ // sail [navigate; launch] a ～; board [leave] (a) ～ // a ～ sails [steams; anchors; lists, pitches, rolls, tosses; sinks]

2 〖話〗飛行船 (airship); 宇宙船 (spaceship); 〖米〗飛行機. **3** 〖海〗3 本マスト(以上)の横帆船.

4 〖話〗レース用ボート. **5** 〈集合的〉乗組員(と乗客).

by shíp 船で, 海路で (by sea).

jùmp shíp →jump.

(like) shìps that pàss in the níght (また会うこともなさそうな)行きずりの人(のように).

rùn a tìght shíp (会社などを)厳しく[きちんと]管理運営する.

tàke shíp 乗船する; 船で行く.

when one's ship còmes hóme [ín] 金持ちになったら, 運が向いたら.

── 動 (**～s** /-s/|過 過分 **～ped** /-t/|**shíp·ping**) 他 **1 を船に積む**, 乗船させる; VOA を船で運ぶ〈*out*〉〈*to* ..へ〉. ～ goods 船積みする. ～ passengers 旅客を乗船させる. My car is being ～*ped* (*out*) *to* Japan now. 車はいま日本へ船で運ばせています.

2 VOA (トラック, 列車などで) を**輸送する**; を発送[出荷]する; 〈*out*〉〈*to* ..へ〉; 〈普通, 受け身で〉.Goods are ～*ped out* by rail. 貨物は鉄道便で送られる. **3** を船員として雇う. **4** 〔マストなど〕を船に取り付ける; 〔オール〕をボートに引き上げる《オール受けから外して》. **5** 〖電算〗〔ソフトウェアなど〕を発売する.

── 自 **1** 乗船する; 出航する, 船旅をする, 〈*out*〉. **2** 船に乗り組む, 船の乗務員になる, 〈*as* ..として〉. **3** 〖電算〗〔ソフトウェアなどが〕発売される.

ship /../ óff (1) ..を(船などで)輸送する; を派遣する; 〈*to* ..へ〉. (2) 〖話〗..を送り込む; ..を追っ払う; 〈*to* ..へ〉. The badly injured were ～*ped off to* the hospital. 重傷者は病院へ送り込まれた.

shìp óut (1) →自 1. (2) 〖米話〗辞める, 出て行く; 首になる. Shape up or ～ *out*! →SHAPE up (3).

shìp wáter [séa] 〔船が〕水をかぶる. [＜古期英語]

-ship /ʃip/ 接尾 **1** 名詞に付けて「状態, 身分, 官職, 関係, 能力, 術など」を表す抽象名詞を作る. partner*ship*. friend*ship*. lord*ship*. penman*ship*. marksman*ship*. **2** 形容詞に付けて抽象名詞を作る. hard*ship*. [古期英語; shape と同根]

shíp bìscuit 名 ＝ship's biscuit.

shíp·bòard 名 U 船〈次の成句のみ〉.

on shípboard 船上に, 船内に. go *on* ～ 乗船する.

S

── [形] 船上の. a ～ romance 船の上のロマンス《恋愛そのもの又はそのような物語を指す》.

shíp bròker [名] [C] 船主[船会社]代理人《船の売買・チャーター, 海上保険の手続きなどを行う》.

shíp·bùilder [名] [C] 造船業者, 造船技師.

†**shíp·bùilding** [名] [U] 造船(術); 造船業. a ～ yard 造船所 (a shipyard).

shíp canàl [名] [C] 船舶用運河.

shìp chándler [名] ＝ship's chandler.

shíp·lòad [名] [C] 船1隻分の積載量; 積み荷と乗客全員.

shíp·màster [名] [C] 船長 (captain).

shíp·màte [名] [C] (同じ船の)船員仲間; 船客仲間.

†**shíp·ment** [名] **1** [U] 船積み; 出荷, 発送. ★〖英〗では主に船による発送を言う. urgent ～ of the products by air 航空便による製品の緊急の出荷. **2** [C] 積み荷; 〖主に英〗船荷.

shìp of the désert [名] [C] 砂漠の船《ラクダのこと》.

shíp·òwner [名] [C] 船主.

shíp·per [名] [C] **1** 運送業者; 〖主に英〗海運業者. ★〖米〗では陸・空の輸送業者も含む. **2** 荷主.

†**shíp·ping** [名] [U] **1** 船積み; 輸送, 運送. **2** 運送業; 〖主に英〗海運業. **3** 〈集合的〉(1港又は1国の)船舶; 船舶トン数.

shípping àgent [名] [C] 海運業者, 船積み代理人.

shípping clèrk [名] [C] (貨物の)発送係; 運送店員.

shípping fòrecast [名] [C] (ラジオによる)海上気象予報.

shíp's bìscuit [名] [C] 〖史〗船員用堅パン (hardtack).

shìp's chándler [名] [C] 船具雑貨商.

shíp·shàpe 〖話〗[形] 〈普通, 叙述〉きちんとした, 整然とした, (tidy). ── [副] きちんと, 整然と.

shìp's pápers [名] 〈複数扱い〉船舶証明書類《その船の船籍・所有者・積み荷などを記した書類で, 船が常時備えておくべきもの》.

shìp-to-shíp /[移]/ [形] 〔ミサイルなどが〕艦対艦の.

shíp·wòrm [名] [C] 〖動〗フナクイムシ.

***ship·wreck** /ʃíprèk/ [名] ([複] ～s /-s/) **1** [UC] 難破, 難船. suffer ～ 難破する. **2** [C] 難破船. **3** [U] 破滅, 失敗; 挫(ざ)折. the ～ of her marriage 彼女の結婚生活の失敗.

màke shípwreck of .. ..を破滅させる, ぶち壊す.

── [動] (～s /-s/|[過] [過分] ～ed /-t/|～·ing) [他] **1** 〔人〕を難破させる, 難船させる, 〈普通, 受け身で〉. They were ～*ed* off the coast of California. 彼らはカリフォルニア沖で難破した. **2** 〔人, 希望など〕を破滅させる, 挫折させる.

S

shíp·wrìght [名] [C] 船大工, 造船工.

shíp·yàrd [名] [C] 造船所 (dockyard).

‡**shire** /ʃaiər/ [名] [C] 〖英〗 **1** 〖旧〗州 (county) (→-shire). **2** 〈the ～s [Shires]〉イングランド中部地方《特にキツネ狩りの盛んな Leicester*shire*, Northampton*shire*》. [＜古期英語]

-shire /ʃər, ʃiər/ [接尾] 〖英〗「..州」. Derby*shire*. Lanca*shire*.

shíre hòrse [名] [C] (イングランド中部産の)大型で力の強い荷車用の馬.

†**shirk** /ʃəːrk/ [動] [他] 〔責任, 義務など〕を避ける, 怠ける; [VO] (～ *doing*) ..することを怠る; ([類語] 普通, 怠惰や臆(おく)病にその原因がある; →avoid). ～ one's responsibilities 責任を逃れる. ～ go*ing* to school 学校(へ行くの)をさぼる. ── [自] 責任逃れをする, さぼる, 怠る. ── [名] ＝shirker. [?＜ドイツ語「悪党」]

shírk·er [名] [C] 責任を回避する人, 怠ける人.

Shir·ley /ʃə́ːrli/ [名] 女子の名《元来は男子の名》.

shirr /ʃəːr/ [名] ＝shirring. ── [動] [他] **1** にシャーリングをつける《洋裁で縫い糸を絞って飾りひだをつける》. **2** 〖米〗〔卵〕をバターを塗った皿に割り落として天火で焼く.

shirr·ing /ʃə́ːriŋ/ [名] [C] シャーリング《洋裁で何本か平行してつけたギャザー》.

‡**shirt** /ʃəːrt/ [名] ([複] ～s /-ts/) [C] **1** (ワイ)シャツ (★日本で「シャツ」と呼ぶ肌着は undershirt と言う; →2). wear a ～ and tie ワイシャツを着てネクタイをする. stripped to the ～ ワイシャツ1枚になって. →dress shirt, sweat shirt, T-shirt.

> [連結] put on [take off; button (up); unbutton, undo] one's ～

2 〖米〗肌着, 下着, (undershirt). **3** ＝shirtwaist. **4** ＝nightshirt.

kèep one's shírt òn 〖話〗腹を立てないでいる, (いらいらしないで)落ち着いている, 〈普通, 命令文で〉.

lòse one's shírt 〖話〗無一物になる, 大損をする.

pùt [bèt] one's shírt on [upon] .. 〖英話〗〔特に競馬〕に有り金を全部賭(か)ける; ..を確信する.

the shìrt off a person's báck 〖話〗人に残された最後の所有物[財産]. have *the* ～ *off* a person's *back* (借金のかたなどに)人から身ぐるみはぎ取る. He will give you *the* ～ *off* his *back*. 彼なら丸裸になっても君を助けるだろう.

without a shirt to one's báck 〖話〗着るものひとつなく, 無一物で. [＜古期英語; 原義は「短く切られた衣服」; skirt と同源]

shírt·frònt [名] [C] (ワイ)シャツの胸部《特に正装用ワイシャツの固く糊(のり)付けした》.

shírt·ing [名] [UC] (ワイ)シャツ地.

shírt-slèeve [名] **1** [C] (ワイ)シャツのそで. **2** 〈形容詞的〉(ワイ)シャツ姿の; ざっくばらんの, 肩の凝らない, 非公式の; 庶民的な. ***in one's shírt-sleeves*** 上着を脱いで, (ワイ)シャツ姿で.

shírt·tàil [名] [C] ワイシャツのすそ.

shírt·wàist 〖米〗, **-wàist·er** 〖英〗[名] [C] (女性用)シャツブラウス; シャツドレス.

shirt·y /ʃə́ːrti/ [形] [e] 〖特に英話〗不機嫌な, 怒った (angry). ▷**shirt·i·ly** [副] **shirt·i·ness** [名]

shish kebab /ʃíʃ-kəbɑ̀b|-kəbæ̀b/ [名] ＝kebab.

†**shit** /ʃit/ 〖卑〗[動] (～s /-ts/|[過] [過分] ～, **shat** /ʃæt/, **shít·ted** /-əd/|**shít·ting**) [自] 糞(くそ)をする. ── [他] **1** 〔糞〕をする. **2** を糞で汚す.

shìt on a pérson 人にひどい仕打ちをする.

shít onesèlf 〖卑〗(1) 大便をもらす[ちびる]. (2) びくびくする.

── [名] **1** [U] 糞. **2** [aU] 糞をすること; 〈～s〉下痢. I need a ～. 糞がしたい. **3** [aU] 愚劣なこと, たわごと; 糞ったれ; [C] 糞野郎.

bèat [kìck, knòck] the shít out of a pérson 〖卑〗人をぶちのめす.

in the shít 〖卑〗困って, 面倒なことになって.

nót gìve a shít about .. 〖卑〗..なんかはちっともかまわない. He does*n't give a* ～ *about* money. 彼は金のことはちっとも気にしてない.

nòt wòrth a shít 〖卑〗なんの値打ちもない.

scàre the shít [héll] out of a pérson 〖卑〗人の度胆(どぎも)を抜く.

the shìt hìt [is going to hìt, will hìt] the fán 〖卑〗(予想通り)大変面倒なことになった[なるだろう] 《＜糞が扇風機にひっかかる》. If my parents hear about this, *the* ～*'s going to hit the fan*. もし私の両親がこのことを聞いたら大変厄介なことになるだろう.

Tòugh shít! ざまあ見ろ, それ見たことか.

── [間] くそっ!, ちくしょう!, 《怒り, いらだち, 嫌悪などを表して》. [＜古期英語「下痢」]

shít·hòuse [名] ([複] →house) [C] 〖米卑〗(屋外)便所.

shit·ty /ʃíti/ [形] [e] 〖卑〗嫌な, うんざりする; ひどい.

Shi·va /ʃíːvə/ [名] ＝Siva.

***shiv·er**[1] /ʃívər/ [動] (～s /-z/|[過] [過分] ～ed /-d/|～·ing /ʃív(ə)riŋ/) [自] 震える, 身震いする, 〈*with* ..〔寒さ,

恐怖, 興奮など)で〉(類語 寒さや恐怖で一時的にぶるっと震えること; →shake). She was ~*ing with* cold. 彼女は寒さで震えていた.

── 名 (複 ~s /-z/) C **1** 震え, 身震い, おののき. A ~ ran down my back. 背筋がぞくっとした.

2 〖話〗〈the ~s〉(発熱などによる)寒け, 悪(お)寒; 戦慄(りつ). have the ~s 寒けがする. His mere presence gives me the ~s. 彼が居るだけで私はぞっとする.

sènd shìvers [***a shìver***] (***up and***) ***down*** *a person's* ***spíne*** [***báck***] 人を震え上がらせる, 人をぞっとさせる.

[<中期英語「ふるえる(?<歯をがたがた言わせる)」]

shiv·er[2] 名 C 〖雅〗〈普通 ~s〉かけら, 破片. break to [into] ~*s* 粉々になる.

── 動 他 を粉々に砕く. ── 自 粉々になる.

shiv·er·ing·ly /ʃív(ə)riŋli/ 副 震えて, おののいて.

shiv·er·y /ʃív(ə)ri/ 形 **1** 〔人が〕(寒さ, 恐怖で)震える, 寒けがする. I feel ~. 寒けがする. **2** 〔天候が〕寒い.

shoal[1] /ʃoul/ 名 C (魚の)大群 (→flock[1] 類語); 〖話〗多数, たくさん. a ~ of salmon サケの群れ. ~*s* of people 大勢の人の群れ. in ~*s* 群れをなして.

── 動 自 〔魚が〕群れをなす, 群れをなして泳ぐ.

shoal[2] 名 C **1** 浅瀬; 州, 砂州. the ~*s* 海の浅瀬. **2** 〈普通 ~s〉隠れた危険; 落とし穴. ── 動 自 浅くなる, 浅瀬になる. [<古期英語; shallow と同根]

shoal·y /ʃóuli/ 形 浅瀬の多い.

shoat /ʃout/ 名 C 〖米〗(離乳した)子豚.

‡**shock**[1] /ʃɑk|ʃɔk/ 名 (複 ~s /-s/) **1** C (衝突, 爆発などの)ショック, 衝撃; (地震のひと続きの)震動. the ~ of an explosion 爆発のショック. I didn't feel the first ~ of the earthquake. 私は地震の最初の震動は感じなかった.

2 (**a**) UC (精神的な)ショック, 衝撃, 打撃. Her father's sudden death was [came as] a great ~ *to* her. 父親の急死は彼女にとって大きなショックだった. It was [gave me] quite a ~ to be told that my wife had lung cancer. 妻が肺癌(がん)だと聞かされて私は大変なショックだった. Ellen was white with ~. エレンはショックで真っ青だった. a short, sharp ~ →short (成句). (**b**)〈形容詞的に〉衝撃的な, 思いがけない, ショッキングな, 〔出来事, 発表など〕. a ~ defeat まさかの敗北.

> 連結 a profound [a rude, a severe, a tremendous; a sudden; a slight] ~ // get [feel, have, receive, suffer] a ~

3 C (社会通念, 伝統などに対する)衝撃, 動揺. a culture ~ カルチャーショック, 文化衝撃. That event was the greatest ~ to our society. その出来事は我々の社会にとって最大の衝撃であった.

4 C 電気的ショック, 電撃. An electric ~ can be fatal. 感電で死ぬこともある. get a ~ 感電する.

5 U 〖医〗ショック(症), 衝撃. die of ~ ショック死する. go into [be in] ~ ショック状態に陥る[ある]. The sole survivor of the accident was rushed to hospital suffering from ~. 事故のただ1人の生存者は, ショック症状で病院に急送された.

6 C 〖話〗=shock absorber.

── 動 (~s /-s/|過 過分 ~**ed** /-t/|**shóck·ing**) 他

1 に衝撃を与える, をぎょっとさせる; を憤慨させる, あきれさせる. Everybody was deeply ~*ed by* [*at*] the scandal. その汚職事件にはみんなが心底腹を立てた. It ~*ed* me to hear that John's company was bankrupt. ジョンの会社が倒産したと聞いて, 私は衝撃を受けた.

2 〔電気が〕を感電させる〈普通, 受け身で〉. get ~*ed* 感電する. ── 自 **1** 衝撃を与える; あきれさせる. use bad language on purpose to ~ ぎょっとさせるのが目的で悪態をつく. **2** 衝撃を受ける. He ~*s* easily. 彼は簡単に動揺する. [<古期フランス語(<?)]

shock[2] 名 C もじゃもじゃの髪の毛(のかたまり). a ~ of red hair もじゃもじゃの赤毛. 「てかけた束).

shock[3] 名 C 稲むら《穀物を乾燥させるために互いに立↑

shóck absòrber 名 C 〖機〗ショックアブソーバー《震動, 衝撃などを弱める車, オートバイなどの緩衝装置》.

shóck·er 名 C 〖戯〗**1** ぞっとさせる人[もの], 嫌な人[もの]. That woman is a real ~. あの女には全くぞっとする. **2** 扇情的な小説[映画, 劇].

shòck·héaded /-əd 形/ 形 〖旧〗もじゃもじゃ頭の.

*__shock·ing__ /ʃákiŋ|ʃɔ́k-/ 形 m **1** ぞっとするような, 恐ろしい, ショッキングな; (ぞっとするほど)下品な, 不愉快な. ~ news ぎょっとするようなニュース. ~ pink (はっとするほど)派手なピンク. ~ conduct ぞっとするような(下品な)行動. **2** 〖話〗ひどく悪い, 全くひどい, あきれた. catch a ~ cold ひどい風邪を引く. a ~ dinner 恐ろしくまずい食事. **3** 〖話〗〈副詞的〉ひどく, とても, (very). ~ bad weather ひどい天気. ▷ ~·**ly** 副 ぞっとするほど; 〖話〗ひどく.

shóck·pròof 形 衝撃に耐えられる; 耐震性の. a ~ watch 耐衝撃腕時計.

shóck tàctics 名 〈複数扱い〉奇襲作戦.

shóck thèrapy 名 =shock treatment.

shóck trèatment 名 U 〖医〗ショック療法《電気ショックや強い薬物などによる; 比喩的にも用いられる; shock therapy》.

shóck tròops 名 〈複数扱い〉奇襲部隊, 突撃隊.

shóck wàve 名 C 〖理〗衝撃波.

shod /ʃɑd|ʃɔd/ 動 shoe の過去形・過去分詞の1つ.

shod·dy /ʃádi|ʃɔ́di/ 形 e **1** 見せかけの, 見かけ倒しの; いいかげんな. a ~ house 安普請の家. **2** 卑しい, けちな, 〔策略など〕. He played a ~ trick upon me. あの男は僕をひどいぺてんにかけた. ── 名 U **1** 再生毛糸《ぼろから再生した毛糸》. **2** 見かけ倒しの安物.

▷**shod·di·ly** 副 **shod·di·ness** 名

‡**shoe** /ʃu:/ 名 (複 ~s /-z/) C 【靴】 **1** 〈普通 ~s〉靴; (一般に)履き物. a pair [two pairs] of walking ~*s* ウォーキング・シューズ1足[2足]. These ~*s* are tight [fit well]. この靴はきつい[ぴったり合う]. She has new high-heeled ~*s* on. 彼女は新しいハイヒールを履いている.

> 連結 put on [wear; polish, shine] (one's) ~*s*; take off [lace (up), tie] (one's) ~*s*

> 参考 (1)〖米〗ではくるぶしまで達しない短靴 (low shoe) と, くるぶしに達するもの (high shoe) を言い, 〖英〗では low shoe のみを指す. (2)〖米〗ではくるぶしを越える「長靴」を boot と言い, 〖英〗では high shoe 及びそれより長いものを boot と言う.

【靴に似た物】 **2** 蹄(てい)鉄 (horseshoe); (杖(つえ)などの)石突き; (ドラムブレーキの)シュー《車輪との接触部》; (いすの足にかぶせる)(ゴム)キャップ; (そりの下に打つ)滑り金; (車などの)タイヤ. The horse cast [threw] a ~. その馬は蹄鉄を1つ落とした.

anòther pàir of shóes 全く別なこと, 別問題.

dìe in *one's* ***shóes***=***dìe with*** *one's* ***shóes on*** →boot.

fill *a pèrson's* ***shóes*** 〖話〗人の後がまに座る.

If the shòe fíts, wéar it. 〖米〗=If the CAP fits, wear it.

in *a pèrson's* ***shóes*** 〖話〗人の立場に立って; 人に代わって. I wouldn't like to be *in* your ~*s* for that. 君に代わってそんなことを引き受けるのはごめんだ. Can you put yourself *in* his ~*s* for a while? ちょっとの間彼の身になってみることができますか. If I were *in* your ~*s*, I'd tell him the truth. もし私が君の立場なら彼に真実を話す.

S

(*knów*) *where the shòe pínches* →pinch.
Over shóes, over bóots〘諺〙毒を食らわば皿まで.
pùt the shóe on the rìght fóot 責めるべきは責め褒めるべきは褒める, 信賞必罰の態度で臨む.
shàke in *one's* ***shóes*** →shake.
stèp into [***fìll*** ↑] *a person's* ***shóes***
The shóe is on the óther fòot. 形勢は逆転した.
wáit for a dèad màn's shóes 人の遺産[後がま]をねらう.

── 動 (~s|過|過分 **shod** /ʃɑd|ʃɔd/, ~d|**shóe·ing**) 他 に靴を履かせる; に蹄(てい)鉄を打つ; の先に石突きを付ける. neatly *shod* children〘雅〙きちんと靴を履いた子供たち. She was *shod* in pumps. 彼女はパンプスを履いていた. ~ a horse 馬に蹄鉄を打つ. a stick *shod* with iron 先に鉄の石突きの付いた杖(つえ). [<古期英語]

shóe·blàck 名 C 〘主に英〙=bootblack.

shóe·hòrn 名 C 靴べら. ── 動 他〘話〙を押し[詰め]込む 〈*in, into* ..〔狭い場所など〕に〉.

*__shoe·lace__ /ʃú:lèis/ 名 (複 **-lac·es** /-əz/) C **靴ひも** (〘主に米〙shoestring). do (up) [untie] one's ~*s* 靴ひもを結ぶ[解く, ほどく].

shóe lèather 名 U 靴用の皮; C 〈一般に〉靴.

*__shoe·mak·er__ /ʃú:mèikər/ 名 (複 ~s /-z/) C **靴屋**, 靴直し, 《人》.

shóe·màking 名 U 靴作り, 靴直し.

shóe pòlish 名 U 靴墨.

shóe·shìne 名〘主に米〙UC 靴を磨くこと; U 磨いた靴のつや. a ~ boy 靴磨きの少年.

shóe·strìng 名 C **1**〘主に米〙靴ひも (shoelace). **2**〘話〙わずかな金, 乏しい資金. on a ~ わずかな金[資本]で. **3**〘米〙〈形容詞的〉(**a**) 細長い. (**b**)〔金, 資本などが〕やっと足りる, わずかの. a ~ budget 窮屈な予算. (**c**) かろうじての.

shóe·trèe 名 C 靴型《靴の形くずれを防ぐ》.

sho·gun /ʃóugʌn|ʃóugu(:)n/ 名 C (日本の幕府の)将軍. [日本語]

sho·gun·ate /ʃóugənət, -nèit/ 名 U (日本の)将軍職; 将軍政治; 幕府(時代). the Tokugawa ~ 徳川幕府.

Sho·lo·khov /ʃɔ́(:)ləkɔ̀(:)f/ 名 **Mikhail Aleksandrovich** ~ ショーロホフ (1905-84)《旧ソ連の小説家; Nobel 文学賞受賞》.

shone /ʃoun|ʃɔn/ 動 shine の過去形・過去分詞.

shoo /ʃu:/ 間 しーっ! しーっ!《鳥などを追い払う声》.
── 動 他〘話〙をしっと言って追い払う 〈*away, off*〉.

shóo-ìn 名 C〘米話〙楽勝を予想される人[馬, 競争].

shook /ʃuk/ 動 shake の過去形.

‡**shoot** /ʃu:t/ 動 (~s /-ts/|過|過分 **shot** /ʃɑt|ʃɔt/|**shóot·ing**) 他 **【発射する】 1**〔銃〕を**撃つ**, 発射する; 〔弓〕を射る; 〔弾丸, 矢〕を発射する, 放つ, 〈*off*〉〈*at, toward* ..に向けて/*into* ..へ〉; 〔銃などが〕〔弾丸〕を発射する. ~ a gun [bow] 銃を撃つ[弓を射る]. He *shot* the arrow cleanly through the bull's-eye. 彼はきれいに的のど真ん中を射抜いた. He *shot off* a bullet to test the gun. 彼は銃を試そうと 1 発撃った.

2 (**a**)〔光〕を**放射する**; を噴出する; 〔芽〕を出す; VOA〔人, 物〕を放り出す, (放り)投げる, 〈*out* (*of* ..から)〉. The sun began to ~ its beams through the clouds again. また太陽が雲間からさし始めた. One of the passengers was *shot out of* the car. 乗客[同乗者]の 1 人が車から放り出された. (**b**) VOO (~ X Y)・VOA (~ Y ***at*** X) X に Y (視線など)をさっと投げかける; X に Y (続けざまの質問など) を浴びせかける. She *shot* me a stern look. =She *shot* a stern look *at* me. 彼女は私に鋭い視線を投げかけた. He *shot* questions *at* me. 彼は矢継ぎ早に私に質問した.

3 (**a**) VOA を素早く[勢いよく]動かす[運ぶなど]; **を突き出す** 〈*out*〉. His home run *shot* his team *into* the lead. 彼のホームランでチームは首位に躍り出た. That movie *shot* him *to* fame. その映画で彼は一躍有名になった. ~ out one's tongue 舌を突き出す. (**b**)〔舟などが〕をさっと過ぎる[くぐり抜ける]. ~ the rapids 早瀬を乗り切る.

4〘話〙〔麻薬など〕を注射する.

【目標を撃つ】 5 (**a**)〔人, 動物など〕を**撃つ**, 射る; を射殺[銃殺]する; 〔場所〕で銃猟する. ~ a fox キツネを撃つ. ~ oneself (ピストルなどで)自殺する. ~ a person through the heart 人の心臓をぶち抜く. The detective was *shot* in the stomach. 探偵は腹を撃たれた. ~ the woodland 森林を銃猟して回る. (**b**) VOC (~ X Y) X を撃って Y の状態にする. The robber *shot* the guardsman dead. 強盗は警備員を撃ち殺した. (**c**) VOA〔人, 銃などが〕(撃って)穴など〕を(..に)作る[開ける]; 〔鉱〕を爆発させる. ~ a hole *in* the door ドアを撃ち抜いて穴を開ける.

6 (ドアの開閉で)〔かんぬき〕を滑らせる. ~ a bolt to shut [open] a door ドアを閉める[開ける]ためにかんぬきを滑らせる. **7** を撮影する, 写す. He *shot* children springing into the sky from a trampoline. 彼は子供たちがトランポリンから空中に跳び上がっているところを撮影した.

8〘球技〙〔球〕をゴールにシュートする; 〔ゴール〕にシュートする《得点する》; 〔パスなど〕を素早く送る; (ゴルフで)〔ある打数〕を打つ. She *shot* (a) 72 on the final 18 holes. 彼女は最終ラウンドの 18 ホールで 72 のスコアを出した.

9〘米〙〔さいころ博打(ばくち), 玉突きなど〕をする; 〔金〕を賭(か)ける. ~ craps クラップをする.

10〔天体〕の高度を計測する.

── 自 **1 撃つ**, 射撃する; (銃で)狩猟をする. He ~*s* badly. 彼は射撃が下手だ. be ordered to ~ to kill (犯人などの)射殺を命じられる. He went ~*ing*. 彼は猟に出かけた.

2〔銃などが〕実際に撃てる, 発射される. This gun doesn't ~ straight. この銃は正確に命中しない.

3 (**a**) VA **素早く動く[走る]**, さっと..する, **勢いよく飛び出す** 〈*out* (*of* ..から)〉; ぱっと光る. The girl *shot out of* the room. 娘は部屋から飛び出した. A dog *shot past* me. 犬が私のそばを駆け抜けて行った. Streaks of red flame *shot out*. 幾条もの赤い炎が吹き出した. (**b**) VA (~ ***to*** ..)〔ある地位など〕に急に伸(の)し上がる, 一躍..になる. ~ *to* fame [stardom] 一躍有名[スター]になる.

4 VA (~ ***along, through, up, down*** ..)〔痛みなどが〕..を走る. A sharp pain *shot through* his right leg. 鋭い痛みが彼の右足を走った.

5〔芽が〕出る; 〔植物が〕芽を出す. New leaves ~ forth in spring. 春になると新しい葉が出る.

6 VA (~ ***out***)〔岬などが〕突き出る; 突き出す.

7〘主に米話〙〈普通, 命令文で〉(話し)始める, しゃべる. Now, we'll get your whole story. *Shoot!* お話を全部聞きましょう. さあ, しゃべりなさい.

8 撮影する, 写真を撮る. **9**〘球技〙シュートする. **10**〘俗〙射精する.

I'll be shót if ... ..なら首をやる, 断じて..ではない[しない].
shóot at [***for***] .. ..をねらって撃つ[シュートする]《命中したという意味は含まない》; ..を目ざす.
shòot awáy 撃ち続ける〈しばしば進行形で〉.
shòot /../ awáy〔弾丸〕を撃ち尽くす.
shòot báck .. ..と鋭く反論する. "How stupid you are!" she *shot back*.「なんてばかなの, あなた」と彼女は切り返してきた.
shòot /../ dówn (1)〔(丸腰の)人〕を(冷酷に)射殺する; ..を射落とす; ..を撃墜する. ~ *down* planes 飛行機を撃ち落とす. (2)〘話〙〔議論の相手〕をへこます; 〔提案, 動議など〕を断固否決する[退ける]; (★ in flames や from a great height が付くこともある).
shòot from the híp〘話〙後先を考えずに行動する[しゃべる].
shòot it óut〘話〙撃ち合いで(争いの)片を付ける.
shòot *one's* ***móuth òff***〘話〙→mouth.

shòot óff (1)〘英話〙(さっさと)立ち去る, 急いで行く. (2) = 自 10.

shòot /../ óff (1)→他 1. (2) ..を撃ってちぎる. (3)〔銃砲〕を空に向けて発射する;〔花火〕を打ち上げる.

shóot onesèlf in the fóot 〘話〙自分で自分の足を(銃で)撃つ《へまをすることのたとえ》.

shòot the crów 〘スコ俗〙行方をくらます; 食い逃げを↓

shòot the líghts 信号を無視して突っ走る. ⌊する.

shòot thróugh 〘オース・ニュー話〙(1) 出発する; ずらかる, 姿をくらます. (2) 死ぬ.

shòot úp (1)〔子供, 植物などが〕急速に成長する;〔塔, 岩などが〕そびえ立つ;〔物価が〕急上昇する; 急増する. (2)〘話〙(‘薬’を)注射する. ～ *up* on scag ヘロインをうつ.

shòot /../ úp (1)〘米話〙〔ある地域〕を銃を乱射しておびやかす. (2)〘話〙〔‘薬’〕を注射する;〔人〕に注射する〈*with* ..〔‘薬’〕を〉. 「する.

shòot one's wày ín [ìnto..] 銃を撃って(..に)侵入↑

shòot one's wày óut [out of..] 銃を撃って(..から)脱出する.

── 名 (複 ～s /-ts/) C **1 射撃**; (ロケットなどの)発射. **2** 射撃会, 狩猟旅行; 猟場. **3** 新芽, 若枝. bamboo ～*s* 竹の子. **4** =chute 1. **5**〘球技〙(ゴールへの)↓

the whòle (bàng) shóot 〘話〙何もかも. ⌊シュート.

── 間〘米話〙ちぇっ!《不快・失望を表す》.

[<古期英語] 「多い映画.

shóot-'em-ùp /-əm-/ 名 C〘話〙撃ち合いシーンの↑

shóot·er 名 C **1** 射手; 狩猟者; シュートする人. **2** 連発銃. a six-～ 6 連発銃.

‡shóot·ing 名 **1** U 射撃, 発射; 銃猟(権) (→hunting 類語). **2** UC ずきずきする痛み. **3** U〘映〙撮影.

shóoting bòx 名 C〘英〙狩猟用別荘《狩猟期に利用する》.

shóoting bràke 名〘英旧〙=estate car.

shóoting gàllery 名 C 射撃練習場; (市(いち)などの)射的場.

shóoting ìron 名 C〘米俗〙飛び道具;〈特に〉ピ↓

shóoting lìcense 名 C 狩猟許可証. ⌊ストル.

shóoting lòdge 名 =shooting box.

shóoting màtch 名 C 射撃競技会. the whole ～ 何もかも.

shóoting rànge 名 C (ライフルの)射撃練習場.

shòoting stár 名 C〘話〙流星 (falling star).

shóoting stìck 名 C (先端が開いて腰掛けになる)戸外用ステッキ.

shòoting wár 名 C〘話〙武力戦争 (→cold war).

‡shóot-òut 名 C 撃ち合い; 銃撃戦.

‡shop /ʃɑp|ʃɔp/ 名 (複 ～s /-s/) **1** C **(a)** (物を売る)**店**, 小売り店, (類語 特に〘英〙で用いる語,〘米〙でも特定商品を扱う小さな専門店などに用いられる; →store). a dress ～ 洋服店. a flower ～ 花屋 (★花は貯蔵 (store) できないので〘米〙でも store でなく shop). a chemist's (～) →chemist. a grocer's (～) →grocer. a gift ～ ギフトショップ《贈り物販売店》. keep [run] a ～ 店を経営する. open [close] (a) ～ 開[閉]店する. The book is in the ～*s* now. その本は今なら店に出ている[で買える]. **(b)** (サービス業の)**店**. a beauty ～ 美容院. **(c)**〘米〙(デパートなどの)専門店(コーナー); (特定商品の)売場. the golf ～ at Gimble's ギンブルズ(デパート店)のゴルフ用品売場.

2 C〈普通, 複合語で〉仕事場, 製作所, (workshop); (工場の)..室, 部門. a repair ～ 修理工場. the body ～ in a car factory 自動車工場の車体部門.

3〘米〙C (小・中学校の)工作室; U 工作, 技術科[コース]. **4** U 商売, 営業; (自分の)専門. talk ～ →成句. **5** C〘話〙職場. **6** C〘英話〙〈単数形で〉買い物, 買い出し. do the weekly ～ every Saturday 毎週土曜に週 1 回の買い物をする.

àll over the shóp 〘英話〙(1) 取り散らかして, 乱雑に. Don't leave your toys *all over the* ～. おもちゃを散らかしておかないで. (2) 至る所に[を], くまなく.

clòse the shóp =shut up SHOP (2).

còme [gò] to the wròng shóp 〘話〙お門違いの人に頼みに来る[行く].

kèep shóp 店番をする.

sèt up shóp (1) 開店する. (2) 事業を始める. *set up* ～ as a lawyer 弁護士を開業する.

shùt up shóp (1) 廃業する, 仕事をやめる. (2) (閉店時刻, 休日などで)閉店する. 「商売を隠す.

sìnk the shóp (自分の)専門の話を控える; (自分の)↑

tàlk shóp (相手構わず)自分の専門[商売]の話をする.

── 動 (～s /-s/|過 過分 ～ed /-t/|**shóp·ping**) 自 **買い物をする**, 買いに行く,〈*for* ..を〉. go ～*ping* at a department store デパートへ買い物に行く.

── 他 **1**〘米〙(買い物のために)〔店〕を訪れる. **2**〘英俗〙を密告する, ‘たれこむ’, ‘売る’.

shòp aróund (for..) (〔より良い買い物〕を捜して) 方々の店を見て回る;〘話〙(〔仕事など〕を)物色する, 捜す. ～ *around* (*for* the best price) before deciding which TV set to buy どのテレビを買うか決める前に(一番得な値段はどれか)方々見歩く.

[<古期英語「屋台, 差し掛け小屋」]

shop·a·hol·ic /ʃɑ̀pəhɔ́:lik|ʃɔ̀pəhɔ́lik/ 名 C 買い物中毒者. [<*shop*+alco*holic*]

shóp assìstant 名 C〘英〙(小売り店の)店員 (〘米〙salesclerk).

shóp·bòy 名 C (若い男の)店員.

shóp·fìtting 名 U〘英〙店舗装飾(業).

shòp flóor 名〘英〙〈the ～〉**1** 作業場. **2**〈単複両扱い〉(経営陣に対して)作業現場の人々.

shóp frònt 名 C〘英〙(商店の)店先, 店頭.

shóp·gìrl 名 C 女店員.

shóp hòurs 名〈複数扱い〉〘英〙(商店の)営業時間.

‡shop·keep·er /ʃɑ́pkì:pər|ʃɔ́p-/ 名 (複 ～s /-z/) C〘主に英〙**小売店経営者**, 小売店主. ★〘米〙では storekeeper が普通; →merchant.

a nàtion of shópkeepers 商人の国, 商人根性の国民,《英国(人)を軽蔑した言い方》.

shóp·lìft 動 他, 自 (を)万引きする. ▷～**·ing** 名 U 万引き《行為》.

shóp·lìfter 名 C 万引き《人》.

shoppe /ʃɑp|ʃɔp/ 名〘米〙=shop. ★主に店名に用いる; 古めかしい気取ったつづり. 「〘英〙大きな買い物袋.

shóp·per 名 C **1** 買い物客 (→guest 類語). **2**↑

‡shop·ping /ʃɑ́piŋ|ʃɔ́p-/ 名 U **1 買い物**(をすること);〈形容詞的〉買い物のための. do the [one's] ～ 買い物をする. go ～ →shop 動 自. a ～ expedition〘戯〙買い出し, 買い物に出かけること. a ～ list 買い物用リスト. **2**〈集合的〉買った品物. Help me carry the ～. 買い物の荷物を持って行くのを手伝ってよ.

shópping bàg 名 C〘英〙(使い捨てでない)買い物袋;〘米〙(店でくれる紙, ビニールなどの手さげ)買い物袋 (〘英〙carrier bag).

shòpping-bag lády 名 C〘米〙持ち物全部を買い物袋に入れて放浪する女性.

shópping càrt 名 C〘米〙(大型のかごを乗せた)買い物用ワゴン《スーパーなどで客が利用する手押し車》.

shópping cènter 名 C ショッピングセンター《諸種の商店や飲食店を計画的にまとめて作った所; 都心を避け, 駐車場も広くとってある》.

shópping màll 名 C〘米〙**1** =mall 3. **2** = shopping center. 「ショッピング街.

shópping prècinct 名 C〘英〙歩行者専用↑

shópping tròlley 名 C〘英〙=shopping cart.

shóp·sòiled 形〘英〙=shopworn.

shòp stéward 名 C (労働組合の)職場委員.
shóp·tàlk 名 U **1** (ある職業特有の)専門用語, 商売用語. **2** (場所柄をわきまえずにする)専門[商売]の話 (→talk SHOP (成句)).
shóp·wàlker 名 C 〖英〗(デパートなどの)売り場監督 (〖米〗floorwalker).
shóp·wìndow 名 C (店の)ショーウィンドー, 陳列窓, (show window).
shóp·wòrn 形 〖米〗〔商品が〕棚ざらしの; 〔アイデアなどが〕新鮮味のない; (〖英〗shopsoiled).
shor·an /ʃɔ́ːræn/ 名 U 〖空〗ショラン《航空機の自位置測定装置; < *sh*ort *r*ange *n*avigation; →loran》.
‡shore[1] /ʃɔːr/ 名 (複 ~s /-z/) **1** C (海, 川, 湖の)岸; 海岸地帯; (類語 海や湖に接した陸地を意味する最も一般的な語; →beach, coast, riverside, seacoast, seashore, seaside). walk along the ~ of a lake 湖のほとりを歩く. I saw a fishing boat about half a mile off [from] the ~. 海岸から約半マイル沖に漁船が見えた.

連結 a sandy [a pebbled, a rocky, a stony; a forbidding, an inhospitable; a distant] ~ // regain the ~

2 U 陸, 陸地, (land). set out for ~ 陸に向けて泳ぎ[漕(こ)ぎなど]出す. fight one's way to ~ against the current 流れに逆らって一生懸命に泳いで[漕いでなど]陸に着く. **3** C 〖雅〗〈普通 ~s〉国; 〈these ~s〉(発話者の今いる)この国. return to one's native ~*s* 祖国に帰る. It was in 1492 that the first foreigners reached these ~*s*. この国に最初に外国人が来たのは 1492 年だった.
in shóre 岸近くに.
off shóre 沖合いに.
on shóre 陸に, 陸へ, (ashore). go *on* ~ 上陸する.
[<中期オランダ語]
shore[2] 名 C (建造, 修理の際に, 建物, 船体などの倒壊を防ぐ)支柱. —— 動 他 を支柱[つっかえ棒]で支える; 〈一般に〉を強化する, 支える; 〈*up*〉.
shóre dìnner 名 C 〖米〗磯料理.
shóre lèave 名 U 〖海〗(船員の)上陸休暇[期間], 許可.
shóre·less 形 **1** (上陸するのに)岸のない. **2** 〖雅〗果てしない. ~ waters 果てしない大海原.
shóre·lìne 名 C 海岸線.
shóre patròl 名 C 〖米海軍〗〈しばしば S- P-〉海軍憲兵隊《略 SP; →military police》.
shóre·ward 副 岸の方へ, 陸の方へ. —— 形 岸の方(への).
shóre·wards 副 =shoreward.
shorn /ʃɔːrn/ 動 shear の過去分詞の 1 つ.
—— 形 **1** 刈り込んだ. a ~ lamb 毛を刈られて裸の子羊. God tempers the wind to the ~ lamb. →temper 他 1. **2** 奪われた 〈*of* ..を〉. a king ~ *of* his power 権力を奪われた国王.
‡short /ʃɔːrt/ 形 e (**shórt·er** | **shórt·est**) 【短い】 **1** (寸法が)**短い** (↔long). a ~ skirt 短いスカート. ~ legs 短足. She looks cute with her hair ~. 彼女は髪を短くするとかわいく見える. This coat is too ~ on me [in the sleeves]. このコートは私には[袖(そで)が]短すぎる. This pencil is ~*er* than that. この鉛筆はあれより短い.
2 背が低い, 丈が短い, (↔tall). a ~ man 背の低い男. ~ grass 丈の短い草. be ~ of stature 背が低い.
3 〔距離が〕**短い**, 近い, (↔long). at a ~ distance 近くに.
4 〔時間, 期間が〕**短い**, 短く感じる, (↔long). a ~ life 短い一生. a ~ trip 短い旅. in a ~ time 短時間に. have a ~ memory 記憶力が悪い《最近の事しか覚えていないなど》.
5 〖商・株式〗〔手形などが〕短期の; 品薄の; 安値目当ての; 空売りする, 弱気の. a ~ bill 短期手形.
6 〖音声〗短音の (↔long). a ~ vowel 短母音《met, pill の /e/, /i/ など》.
7 〔文章, 物語などが〕**短い**; 〔語などが〕短縮形で 〈*for* ..の〉; 簡潔な (brief). a ~ novel 中編小説《novel にしては短いもの;「短編小説」は short story と言う》. a ~ explanation 手短な説明. 'Govt.' is ~ *for* government. Govt. は government の短縮形である. To be ~, he was in love with her. 要するに彼は彼女に恋していたのだ. I'd like a ~ word with you before the meeting. 会議の前にちょっとお話ししたいのですが. His explanation was ~ and to the point. 彼の説明は簡潔で要領を得ていた.
【短い>不足した】 **8** (**a**) 不足した, 足りない, 不十分な, 〈*of* ..〔量, 金額, 距離など〕が〉. The shopkeeper was found giving us ~ weight. その商店主は量目不足をしていたことが分かった. Canned goods were in ~ supply then. 当時缶詰は不足していた. ~ *of* breath 息切れして. I'm ten dollars ~. 私は 10 ドル金が足りない. (**b**) 〖クリケット〗〔球が〕打者に届かないで; 〔守備が〕浅い守りで.
9【言葉が不足した >そっけない】ぶっきらぼうな, 無愛想な, 〈*with* ..〔人〕に〉; 短気な; 〔人が〕口数が少ない. a ~ reply そっけない答え. She's always ~ *with* me. 彼女はいつも僕にそっけない. have a ~ temper 気が短い.
10【粘りが不足した】〔菓子などが〕ぼろぼろする, さくさくした (crumbly); 〔粘土などが〕粘りが悪い, もろい.
11 〔酒などが〕水で割らない, 強い. something ~ (生(き)のままの)強い酒. ◇名 shortage 動 shorten
a shòrt(,) shàrp shóck 厳しい(一時的な)罰則《特に若い犯罪者への》.
****be shórt of ..*** ..が足りない; ..に達しない. We *are* ~ *of* food. 食物が不足している. It *is* ten minutes ~ *of* five. 〖米〗5 時 10 分前 (=It is ten to five.). That *is* decidedly ~ *of* satisfactory. それは明らかに, 満足すべきものとは言いがたい. *be* ~ *of* [*on* ↓] brains 〖話〗脳味噌(みそ)が足りない, 利口でない.
be shórt on .. 〖話〗..が足りない. The students *are* rather ~ *on* debating ability. その学生たちは討論する能力がやや不足している.
by a shòrt héad (1) (競馬で)頭より少ない差で. (2) ほんのちょっとの違いで, わずかに.
hàve [gèt] a pèrson by the shòrt and cúrlies [háirs] 〖話〗人を完全に牛耳る, 人の弱みを握る.
in the shòrt térm →term.
lìttle shórt of .. ..も同然で. To go out in this blizzard would be *little* ~ *of* madness. この吹雪の中を出かけるのはほとんど狂気の沙汰(さた)だ. Our foreign policy has been *little* ~ *of* disastrous [a disaster]. これまで我が国の外交政策は無残と言ってよいくらいだった.
màke shòrt wórk of .. →work.
nòthing shórt of .. (1) 全く..にほかならない. My win was *nothing* ~ *of* a fluke. 私の勝ちは全くのまぐれだった. (2) ..以下ではしない. He was content with *nothing* ~ *of* the post of managing director. 彼は専務以下のポストでは満足しなかった.
shòrt and swéet 〖話〗〔演説や手紙が〕簡潔な; 〈皮肉〉短くてまことに結構な. His answer was ~ *and sweet*: "No." 彼の返事は短く「いや」と言っただけだった.
to màke [cùt] a lòng stóry shòrt →story[1].
—— 副 e **1** 不十分に, 不足して. **2** 簡潔に; 無愛想に, そっけなく. **3** 急に, 出し抜けに, (suddenly). The car turned ~ to the left. 車は急に左折した. **4** もろく, ぼろぼろと. break ~ ぽきんと折れる.
be càught [〖英〗tàken] shórt (1) 不利な立場に置かれる; 〖米〗〔金などが〕急に足りなくなる. (2) 〖主に英話〗急に便意を催す.
brìng [pùll] a person ùp shórt 〔人〕に(それまでして

いたことを)急にやめさせる. We were *brought up* ～ by the announcement of her resignation. 彼女の辞任が発表されたために私たちはそれまでやっていたことを急にやめさせられた.

còme shórt (1)〔金, 物などが〕不足する. (2)〘南アフリカ〙困った[面倒な]ことになる.

**còme [fàll] shórt of ..* ..に達しない, 及ばない;〔期待などに添わない; (↔come up to). The arrow *fell* ～ *of* the target. 矢は的に届かなかった.

cùt /../ shórt →cut.

fàll shórt =come SHORT (1).

fàll [còme↑] shórt of ..

gò shórt (of ..) (..に)不自由する, (..を)なしで済ます. At that time we had to *go* ～ *of* toilet paper. 当時はトイレットペーパーなしで済まさねばならなかった.

rùn shórt* (1)〔人が〕(使い切って)不自由な状態になる**〈*of* ..が不足して〉. We will *run* ～ *of* oil some day. 我々はいつかは石油が不足して困ってしまうだろう. (2)〔物が〕**不足する**. Sugar is *running* ～. 砂糖が不足してきた.

sèll /../ shórt →sell.

shórt of .. (1)..を除いては, ..は問題外として. *Short of* robbery, I'd do anything to marry her. 彼女と結婚するためには強盗以外なら何でもやる. (2)..の手前に[で]. It lies somewhere ～ *of* London. それはどこかロンドンの手前です. (3)..なしで(は)(without). Nothing ～ of a miracle would improve his behavior. 彼の行状は奇蹟でも起きなければ改まらないね.

stòp shórt →stop.

stòp /../ shórt →stop.

tàke ùp a pèrson shórt 人の話をさえぎる.

── 名 **1**〈the ～〉要点, 概略. **2** Ⓒ〈普通 ～s〉不足分, 欠けているもの. **3** Ⓒ〘話〙短編映画[小説]. **4** Ⓒ〘野球〙ショート(shortstop). **5** Ⓒ〘話〙=short circuit. **6** Ⓒ〘音声〙短母音; 短音節. **7** Ⓒ〘話〙=short drink. **8** Ⓒ〘商・株式〙空売り(する人);〈～s〉短期社[公]債. **9** Ⓒ (服の) S サイズ;〈～s〉=shorts (見出し語). **10**〈～s〉粉まじりのふすま《製粉工程で出る》. **11** Ⓒ〘米俗〙車; 路面電車. **12**〈the ～s〉〘米俗〙金欠病.

for shórt 略して. Margaret is called Meg *for* ～. マーガレットは略してメグと呼ばれている.

in shórt* **要するに, つまり. The plan is, *in* ～, wholly unrealistic. その計画は(縷々(るる)述べてきたが)要するに全く非現実的なんだ.

── 動 他 **1**〘話〙をショートさせる,〈*out*〉(short-circuit). **2**〘米話〙=shortchange. **3**〘株式〙を空売りする. ── 自 ショートする〈*out*〉.

[<古期英語; shirt, skirt と同根]

***short·age** /ʃɔ́ːrtidʒ/ 名 (複 **-ag·es** /-əz/) ⓊⒸ〈しばしば ～s〉**不足**, 欠乏; 不足高; (類語 普段あるべき一定数量又は需要数量に達していないこと; →deficiency, scarcity). an acute housing ～ 深刻な住宅難. There are serious teacher ～*s*. 深刻な教師不足だ. There is no ～ (at all) of .. ..には(全く)事欠かない. (a) ～ of petroleum 石油不足. a ～ of ten tons 10 トンの不足高. [short, -age]

shòrt back and sídes 名〘英〙耳の周りと首の後ろが極端に短い(男性の)髪の刈り方.

shórt·brèad 名 Ⓤ (バターをたっぷり入れたさくさくした)クッキー風の菓子.

shórt·càke 名 ⓊⒸ **1**〘米〙ショートケーキ《普通イチゴなどの果物を載せクリームをかける》. **2**〘英〙=shortbread.

shòrt·chánge 動 他〘話〙に釣り銭を少なく渡す;〈一般に〉をだます. We felt we had been ～*d* by stockbrokers. 我々は株屋にだまされていたと思った.

shòrt-círcuit 動 他 **1**〘電〙をショート[短絡]させる. **2** (面倒なことなどを省いて)を簡単に行う, 端折(はしょ)る; を回避する. **3** のじゃまをする, を妨害する.

── 自〘電〙ショートする.

shòrt círcuit 名 Ⓒ〘電〙ショート, 短絡.

†short·com·ing /ʃɔ́ːrtkʌ̀miŋ/ 名 Ⓒ〈普通 ～s〉短所, 欠点; 不足, 欠乏; (類語 failing と同じく fault より軽い). criticize a person for his ～*s* 人の欠点を責める.

shòrt·crust (pástry) /ʃɔ̀ːrtkrʌst-/ 名 Ⓤ (パイ・タルト用の)ショートクラスト・ペーストリー《小麦粉 2, 油脂 1 の割合で作る焼き上がりがさくさくと柔らかい生地》.

***short·cut** /ʃɔ́ːrtkʌ̀t/ 名 (複 **～s** /-ts/) Ⓒ **1** 近道〈*to* ..への〉. take a ～ 近道をする. **2** 簡略した[簡単な]やり方〈*to* ..の〉. There is no ～ *to* mastering English. 英語をマスターする近道はない. 「割り算》.

shòrt divísion 名 aU〘数〙短除法《暗算でできる↑

shórt drìnk 名 Ⓒ 小さいグラスに注いだ少量の強い酒 (↔long drink).

***short·en** /ʃɔ́ːrtn/ 動 (**～s** /-z/|過 過分 **～ed** /-d/|**～·ing**) 他 **を短くする**, 縮める. have one's trousers ～*ed* ズボンを短くしてもらう. The new express highway ～*s* the trip a great deal. 新高速道路のおかげで旅行の時間がうんと短縮される.

── 自 **短くなる**, 縮まる. I felt the days were ～*ing* considerably. 日がめっきり短くなってきたと感じた.

◇↔lengthen 形 short

shórt·en·ing 名 **1** Ⓤ (語などを)短縮すること; Ⓒ 短縮語. 'Bi' is⌞formed by ～ from 'bisexual'. bi は bisexual⌞から短縮で作られている[の短縮語だ]. **2** Ⓤ ショートニング 《菓子を舌ざわりよくするために入れる油脂, バターなど》.

‡shórt·fàll 名 Ⓤ 不足額[量]〈*in*, *of* ..の〉.

‡shórt·hànd 名 Ⓤ **1** 速記 (→longhand). write (*in*) ～ 速記で書く. a ～ writer 速記者. **2** 簡略した(しばしばあいまいな)表現〈*for* ..に代わる〉.

shòrt·hánded /-əd ⑧/ 形 人手不足の.

shòrthand týpist 名 Ⓒ〘主に英〙速記タイピスト《言葉を速記し, それをタイプに打つ;〘米〙stenographer》. 「間」.

shòrt hául 名 Ⓒ〈単数形で〉短い(運送)距離[時↑

shórt-hàul 形〈限定〉〔特に航空便が〕短距離輸送の.

shórt·hòrn 名 Ⓒ 短角牛《イングランド原産の優良↓

short·ie /ʃɔ́ːrti/ 名 =shorty. ⌞肉牛》.

short·ish /ʃɔ́ːrtiʃ/ 形 やや短い, 少し背の低い.

shórt lìst 名 Ⓒ〘英〙(職, 地位などの)候補者[予備選考通過者]名簿. 「載せる.

shórt-lìst 動 他〔人〕を(職, 地位などの)候補者名簿に↑

†short-lived /ʃɔ̀ːrtláivd|ʃɔ̀ːtlívd ⑧/ 形 短命の; はかない, 一時的な. a ～ cabinet 短命内閣. a ～ success 一時的な成功.

***short·ly** /ʃɔ́ːrtli/ 副 ⓜ **1** まもなく, じきに;〈after, before などの前で〉ちょっと, 少し. She will arrive here ～. 彼女はまもなくここへ来るでしょう. My grandfather died ～ after [before] my birth. 祖父は私の誕生のすぐ後[前]に死んだ. 語法 最初の例のように他の副詞(句)の修飾ではなく, 単独で用いる時は未来の事柄に限られる. **2** 簡潔に, 短く. to put it ～ 簡単に言えば. **3** ぶっきらぼうに, そっけなく. "No," he said ～.「いや」と彼はそっけなく言った.

shórt·ness 名 Ⓤ 短いこと; 不足, 不十分; そっけないこと. ～ of life 人生の短さ. ～ of breath 息切れ.

shòrt ódds 名〈普通, 複数扱い〉(3 対 2 のような)小差の[勝算の高い]賭(か)け率. →long odds.

shòrt órder 名 Ⓒ〘米〙即席料理(の注文).

shórt-order còok 名 Ⓒ 即席料理のコック《ハンバーガーなどを作る》.

S

‡shòrt-ránge /㊥/ 形 射程の短い; 短期(間)の. a ～ missile 短距離ミサイル. a ～ forecast 短期予測.
‡shorts /ʃɔ:rts/ 名 〈複数扱い〉(運動用の)**半ズボン**; 〖主に米〗(男子用の)**パンツ** (underpants) (★日本語の「ショーツ」と異なり「婦人用パンティー」の意味はない).
Èat my shórts! 〖米俗〗うるせーな, 消え失せろ, 引っ込んでろ.
shórt-shèet 動 他 〖米話〗〔ベッド〕のシーツを丸め込んで短くする《ベッドに入った人が足が伸ばせなくて驚く; いたずら》.
shòrt shòrt stóry 名 UC ショートショート《雑誌 1 ページ分くらいの超短編小説》.
shòrt shríft 名 U 懺悔(ざんげ)期間《死刑執行直前に与えられる懺悔のための時間》; 〈一般に〉粗雑な扱い. get ～ from one's boss 上司に軽くにあしらわれる. make ～ of the problem その問題を簡単に片付ける.
shòrt síght 名 U 近視; 浅慮.
†short·sight·ed /ʃɔ̀:rtsáitəd ㊥/ 形 **1** 近視の, 近眼の (nearsighted). **2** 先見の明のない, 近視眼的な. a ～ plan 先見の明のない計画. ◇↔longsighted
▷ **～·ly** 副 近視眼的に. **～·ness** 名 U 近視; 短見.
shòrt-spóken /㊥/ ぶっきらぼうな, そっけない.
shòrt-stáffed /-t ㊥/ 形 〔会社などが〕人手不足の.
shórt·stòp 名 UC 〖野球〗遊撃手, ショート(の守備位置).
shòrt stóry 名 UC 短編小説《語数が約 1 万以下の小説; short novel (→short 形 7) と言えば「中編小説」に当たる》.
shòrt súbject 名 C 〖米〗短編映画.
shòrt·témpered /㊥/ 形 短気な, 怒りっぽい.
†shòrt-térm /㊥/ 形 〖商〗短期の《通常 1 年未満》.
shòrt tíme 名 U 〖経〗操業短縮, 操短.
shòrt tón 名 C 米トン, 小トン, 《重量; →ton 参考》.
shòrt wáve 名 C 〖電〗短波《周波数が 3～30 メガヘルツ; 略 SW; →long wave》.
shòrt-wéight 動 他 〔人〕に商品を量目不足で売る.
short·wind·ed /ʃɔ̀:rtwíndəd ㊥/ 形 **1** 息切れしやすい. **2** 〔表現が〕簡潔な, ぶっきらぼうな.
short·y /ʃɔ́:rti/ 名 (複 **short·ies**) 〖話〗 **1** C 〖軽蔑〗〈単数形で〉'ちび', '寸詰まり'. ★呼びかけとして用いられる. **2** 〈形容詞的〉〔衣服が〕短い, 'つんつるてんの'.
Sho·sho·ne, Sho·sho·ni /ʃouʃóuni/ 名 (複 **～s, ～**) **1** 〈the ～(s); 複数扱い〉ショショーニ族《もと米国南西部に住んでいた北米先住民の一部族》; C ショショーニ族の人. **2** U ショショーニ語.
Sho·sta·ko·vich /ʃɑ́stəkouvitʃ | ʃɔ́-/ 名 **Dmitri** ～ ショスタコーヴィッチ (1906–75)《旧ソ連の作曲家》.
‡shot[1] /ʃɑt | ʃɔt/ 名 (複 **～s** /-ts/, 2 では ～) **1** C **発砲**, 発射, 射撃; 銃声. a good ～ 命中. at a ～ 1 発で. fire three ～*s* 3 発撃つ. take [have] a ～ at a target 的をねらって撃つ. I heard a ～ just now. たった今銃声がした.
2 C **銃弾**, (昔の)砲弾; U 散弾《筒形の cartridge の中に粒状の玉がつまっている》; (類語 shell と異なり炸(さく)裂しない; →bullet). fire a few ～ 弾を 2, 3 発撃つ.
3 C (競技用の)砲丸. put the ～ 砲丸投げをする (→shot put). **4** C 射撃手, **射手**. a good [poor] ～ 射撃のうまい[下手な]人. **5** U 射程, 着弾距離. out of [within] ～ 射程外[内]に. **6** C (**a**) 当てずっぽう, 山勘(かん); 試み; 〈*at* ..に対する〉. make a good [bad] ～ (当てずっぽうで)うまく当てる[当て損なう]. I made very lucky ～*s at* the questions on the English test. 僕は英語の試験問題の山がみごとに当たった. give it one's best ～ 〖話〗事に最善を尽くす. (**b**) 〖話〗(賭(か)けの)勝ち目. The horse is a 10 to 1 ～. その馬の勝ち目[オッズ]は 10 対 1 だ.
7 C (球技などにおける)一撃[一打, ひと蹴(け)り], シュート. a penalty ～ ペナルティーシュート.
8 C 〖話〗(**a**) (皮下)注射 (injection). have [get] a ～ 注射をしてもらう. (**b**) (ウイスキーなどの少量の) 1 杯. He drank a ～ of whisky. 彼はウイスキーをちょっぴり飲んだ. a ～ glass ショットグラス《酒を少量飲むための小さなグラス》. (**c**) 飲み代.
9 C 写真, スナップ写真; (映画・テレビの)ショット, 場面, 《連続した一場面; sequence》.
10 C (ロケットなどの)打ち上げ. fire a moon ～ 月ロケットを打ち上げる. **11** C 〖主にスコ〗(土地の)一区画. **12** 〖米俗〗好み, 'おはこ'. **13** 〈the ～〉〖オース俗〗必要なもの, まさにもってこい[おあつらえ向き]のもの. ◇動 shoot
a shòt acròss the bóws (計画中止の)警告.
a shòt in the árm (1) 腕への(麻薬)注射. (2) 〖話〗'刺激剤', 勇気づけるもの. (3) 〖米俗〗〔酒の〕1 杯.
a shòt in the dárk 〖話〗あてずっぽう, 成功しそうもない試み.
a shòt in the néck 〖米俗〗〔ウィスキーの〕1 杯.
càll one's shóts 〖米話〗前もって自分の意図をはっきり言う.
càll the shóts 〖話〗命令を出す; 采(さい)配を振る.
hàve a shót at [for] .. (1) ..をやってみる. (2) 〖オース〗..をひやかす, 困らす, けなす.
like a shót 〖話〗鉄砲玉のように; すぐに; (★〖アイル俗〗では *like a shòt off a shóvel* とも).
nòt a shót in one's lócker 〖英〗(備えの)金などがすっかりなくなって, すっからかんで.
Thàt's the shót. 〖オース話〗その調子[意気].
[<古期英語]
shot[2] 動 shoot の過去形・過去分詞.
── 形 **1** 玉虫色の《光の加減で色が変わるような織り方をしたもの》; 彩られて 〈*with* ..で〉. ～ silk 玉虫色の絹布. a tablecloth ～ *with* silver threads 銀色の糸で彩られたテーブルクロス.
2 〖主に雅〗〈叙述〉あふれた 〈*with* ..で〉. a story ～ (through) *with* wit ウイットに富む物語.
3 〈叙述〉〖米話〗すっかり参った, 疲れ切った; 〖俗〗酔っ払って. His nerves are ～. 彼の神経はぼろぼろだ. **4** 〈叙述〉〖話〗使いきって, 使えなくなって, だめになって, (～ to hell [pieces]).
be [gèt] shót of .. 〖英話〗..を免れる, 厄介払いする.
†shót·gùn 名 C 散弾銃, 猟銃, (→gun).
shòtgun márriage [wédding] 名 UC 〖しばしば戯〗女性を妊娠させたために至急にさせられる結婚《女性の父親が猟銃で脅して男に責任を取らせたことから》.
shót pùt 名 〈the ～〉〖競技〗砲丸投げ.
shót-pùtter 名 C 砲丸投げ選手 (→shot put).
‡should /ʃəd, 強 ʃud/ 助 (否定の短縮形 **shouldn't**) 〈shall の過去形〉 **1** 〈現在形の shall に対応する用法; 時制の一致により, 過去のある時点から見た未来を表す〉 I was afraid I ～ be late. 遅刻するのではないかと心配した. My holiday was over; I ～ be back home the next day. 私の休暇は終わり, 翌日は家に戻ることになっていた. The day was near when I ～ be twenty years old. 私が 20 歳になる日は間近だった. We said we ～ win. 我々は勝つだろうと言った (＝We said, "We shall win."). He said that he ～ get well before long. 彼は間もなく元気になるだろうと言った (語法 直接話法 "I *shall* get well..." の shall をそのまま残して 3 人称の主語に用いているが, 下の語法参照).

> 語法 上に述べた should の用法は伝統的な用法で, 現代米語, また英国英語でも談話体では would を使うのが一般的になっている. 次の 2 にもあてはまる.

2 (**a**) 〈普通 if＋仮定法過去で表される条件節に対する帰結節中に用いて〉〈1 人称〉 **..**(する)であろう. I ～ be glad to go with you if I could. できたら喜んでお伴する

S

のですが(実際はできない). I ～ ask him (if I were you). 私(がもし君)だったら彼に尋ねますよ; 彼に尋ねたほうがいいでしょう.
(**b**)〈普通 if＋仮定法過去完了で表される条件節に対する帰結節中に用いて〉〈1 人称〉〈should have＋過去分詞の形で〉 **..したであろう.** I ～ *have gone* to the party if I had been invited. 私はもし招待されたらその会に出たでしょう(実際は招待されなかった). If I had had a lot of money at that time, I ～ *have bought* a new car. 私はあの時お金をたくさん持っていたら新車を買うところだったのに. (**c**)〈1 人称に用いて; 仮定的な意味が薄くなり, 単に語調を弱める〉 **..なのですが, まあ..でしょう.** I ～ like to talk to you. 君に話したいことがある (→like[1] 他 3). I ～ say [think] she's over forty. 彼女, まあ 40 を越えてるでしょうね. I ～ *have liked* to go with you. ご一緒したかったのですが(できませんでした).
3 (**a**) **..すべきである;** 〈you ～で〉 ぜひ..しなさい; (★should は強く発音される; 類語 義務・必要の意味は must, ought to より弱い; 感じの柔らかい勧告・助言を表し,「..したほうがよい, ..しなさい」などの意味になることが多い). Brothers ～ not quarrel. 兄弟げんかはすべきでない. He told me that I ～ be more careful. 彼は私にもっとよく気をつけるようにしなさいと言った. *Should* I apologize to him? 彼に謝るべきかしら. *"Should* we borrow from the bank?" "No, we'd better not." 「銀行から借金したほうがいいかしら」「いや, よしたほうがいいな」. 語法 *Should* I [we] do? が *Shall* I [we] do? と大差なく用いられることがある: *Should* I call a taxi? (タクシーを呼びましょうか) You really ～ see that movie. その映画ぜひ見てみるといいわ. I ～*n't* wonder.〖話〗(それくらいのこと)驚くにはあたらない; 別に不思議はないさ.
(**b**)〈should have＋過去分詞の形で〉 **..すべきであった, ..したほうがよかった;** ..したことがなければならない. You ～ *have been* more careful. 君はもっとよく気をつけるべきであった. He ～*n't have answered* back. 彼は口答えすべきではなかった. You ～ *have seen* him dance! 彼のダンスは本当に見ものだった《＜君は彼がダンスするのを見るべきだった》. Applicants ～ *have worked* for at least five years in a high school. 応募者は少なくとも高校に 5 年間勤務したことがなければならない. 語法 (b) は現在から見て,「過去のある時にそう(しなかったが)すべきであった」という意味である. 単に過去のある時の義務を表すには had to (間接話法では「should＋動詞原形」→(a)の第 2 例)でよい.
4〈確実さを表して〉(**a**) (当然) **..するはずである,** きっと..だろう. John ～ be here any minute now. ジョンは今にもここへ来るはずだ. I think this ～ do. これで間に合うはずだ. (**b**)〈should have＋過去分詞の形で〉 ..してしまったはずである. Their train ～ *have arrived* at Manchester by now. 彼らの乗った列車は今ごろはもうマンチェスターに着いているに違いない.
5〈種々の批評的判断を表す文中の that 節 で〉 **..とは.** It is surprising that you ～ say so. 君がそう言うとは驚くべきことだ. It was natural that he ～ fall sick. 彼が病気になるのも無理からぬことだった. He was angry that you ～ suspect him. 君が彼を疑うとは(けしからぬ)と彼は怒っていた. It is a pity that he ～ *have died* so young. 彼があんなに若くして死んだとは(考えただけでも)残念です. 語法 (1) この構文と次の 6 の構文とを混同しないこと; この should を省く場合には動詞は仮定法でなく直説法を用いる; 例えば It is a pity that he *has* died so young. (彼があんなに若くして死んだと(いう事実)は残念なことだ)となり, 客観的叙述となる. 一方, should を伴う場合は話者の感情が入る主観的叙述となる. (2) 主文の It is.. を略することもある: That it ～ come to this! (こんな事になろうとは(実に残念です)).
6〈要求, 提案などの内容を表す名詞節中で〉 **..すること.** The rule requires that theses ～ be written in English. 規則では論文は英語で書かれることが必要である. I suggested that we ～ start at once. 私はすぐに出発することを提案した. It is necessary that everybody ～ do his duty. 各自その義務を果たすことが必要だ. I declined his request that I ～ attend the conference. 私は会議に出席するようにとの彼の依頼を断った.

> 語法 (**1**) しばしばこの should を省略して, 仮定法現在形の動詞を用いる;〖米〗では省略するのが普通; この名詞節を導く動詞にはほかに command, demand, desire, dictate, insist, move, order, propose, request, urge などがある. (**2**) 形容詞で necessary のほかにこの構文をとるのは essential, imperative, proper, advisable, desirable, preferable など; 名詞は (1) の動詞と同形のもの及びその派生名詞など.

7〈疑問詞と共に用いて強調, 驚きなどを表す〉(★should は強く発音される) Why ～ she object? 一体何で彼女は反対するのか (★There is no reason why she ～ object. (彼女が反対すべき理由はない)と言うのに近い). How ～ I know? どうして私が知っていようか. Who ～ come in but the teacher herself? だれが入って来たかと思ったら先生ご自身だった. Then what ～ happen but (that) her car crashed into the guardrail! それから何が起こるかと思ったら彼女の車がガードレールにどかんと激突さ(★最後の 2 例のように but.. を伴う時は過去の事柄を表す).
8〈条件節中に用いて可能性が非常に少ないことを表す〉 **もし万一..したら** (★should は強く発音される). If I ～ fail, what would my parents say? もし万一私が失敗したら両親は何と言うだろうか. I will go even if it ～ rain heavily. たとえ大雨になっても私は行く. I will warn him of that, ～ it be necessary. 必要とあれば私がその事について彼に警告します. 語法 (1) were to の方がより実現困難なことを表す (→be 助 5). (2) if を省くと should は主語の前に置かれる; この構文は〖章〗.
9〈lest, for fear, in case, so that などの節中で〉 **..(しない)ように,** ..するといけないから. I took shelter *lest* [*for fear*] I ～ get wet through. ずぶぬれにならないように私は雨宿りした. She tiptoed to the bed *so that* she ～*n't* wake up the baby. 彼女は赤ん坊を起こさないようにベッドまで忍び足で歩いて行った. 語法 (1) →lest. (2) should の代わりにしばしば would, might などを用いる.
10〈反語的用法で否定の意味を表す〉少しも..する必要はない. He was fired? Hé ～ wòrry! He's fabulously rich. 彼が首になったって. 気にすることはないさ. あいつは大金持ちなんだから. Í ～ càre. 私は構わないよ. I ～ worry. →worry (成句). **11**〈同意・驚きなどの気持ちを強めて〉もちろん[当然]..., てっきり... "She's very proud of her son." "I ～ think so."「彼女, 息子のことが本当に誇りなんだ」「むろんそうでしょう」. "I can't do this by myself." "I ～ think not"「こんなの 1 人じゃできないよ」「むろんそうでしょう」(★not は否定文を受けるとき). I ～ have thought he'd pay for the dinner. 食事の代金は彼が払ってくれるもんだとばかり思っていたのに.
[＜古期英語 *sċeolde* (shall の過去)]

‡**shoul·der** /ʃóuldər/ 名 (複 **～s** /-z/) **1** Ⓒ **肩;** 〈～s〉上背部. square [sloping] ～*s* 怒(いか)り[なで]肩. walk with one's ～*s* hunched 背中を丸くして歩く. sling one's coat over one's right ～ コートを右肩に掛ける. shrug one's ～*s* →shrug. I'll give you a ride over my ～*s*. 肩車をしてあげよう. He patted me on the ～. 彼は僕の肩をぽんとたたいた.
2〈～s〉(重荷, 責任などを負う) **双肩,** 肩. have [carry] a lot (of responsibility) on one's ～*s* 多く(の責任)を双肩に担う. They shifted the blame onto my ～*s*.

彼らは責任を僕になすりつけた. The burden of sin was lifted ftom my ~*s* when I confessed to the priest. 司祭に懺悔(ざんげ)して罪の重荷から解放された.
3 Ⓒ (服の)肩; (瓶・山の)肩; 〖米〗(道路の)路肩(〖英〗hard shoulder). padded ~*s* パッドを入れた服の肩 (→shoulder pad). the ~ of a bottle 瓶の肩. the soft ~ (of a road) (道路の舗装していない)軟路肩.
4 ⓊⒸ (羊, ヤギなどの)肩肉《肩つきの前足又は前身部》.
5 Ⓒ 〖軍〗〈the ~〉担(にな)え銃(つつ)の姿勢. come to the ~ 担え銃をする.
a shòulder to crý on 悩みを聞いてくれる人.
crý on** a pèrson's **shóulder 人に苦しみを打ち明けて同情を得ようとする.
hàve a chíp on** one's **shóulder →chip.
hàve bròad shóulders 肩幅が広い; 〔人が〕頼りになる.
hèad and shóulders above →head.
lày the bláme on the rìght shóulders 責めるべき人を責める.
pùt* [*sèt*] *one's* shóulder to the whéel 大いに努力する, ひと踏ん張りする.
rùb shóulders with .. →rub.
shòulder to shóulder 〖話〗肩を並べて, 密集して; 助け合って; 〈*with* ..と〉. work ~ *to* ~ 互いに協力して働く. He stood ~ *to* ~ *with* me in the dispute. その論争で彼は私に同調して協力した.
squàre** one's **shóulders 肩を怒(いか)らせる.
(stràight) from the shóulder 〖話〗率直に, 単刀直入に, ずばりと, 《曲げた腕を肩から真っ直ぐに突き出すボクシングの打ち方から》.
the còld shóulder →cold shoulder.
── 動 (~**s** /-z/|過 過分 ~**ed** /-d/|~·**ing** /-riŋ/) 他
1 を担ぐ, 肩に負う. *Shoulder* arms! 〖軍〗担(にな)え銃(つつ)!
2 〔責任など〕を負う, 引き受ける. ~ a burden 重荷を背負う. ~ the expenses 費用を負担する. **3** VOA を肩で押す. be ~*ed* aside [*to* one side] 肩でわきに[片側へ]押しやられる.
shòulder** one's **wáy 肩で押し分けて進む〈*through*, *into* ..〔群集など〕を〉(→way¹ 2 語法). [<古期英語]
shóulder bàg 名 Ⓒ ショルダーバッグ.
shóulder bèlt 名 Ⓒ (車の)肩かけシートベルト.
shóulder blàde 名 Ⓒ 肩甲骨 (scapula).
shóulder hàrness 名 Ⓒ 〖主に米〗=shoulder belt.
shòulder-hígh /㊙/ 形 肩の高さまで(ある).
shóulder knòt 名 Ⓒ 肩飾り; 〖軍〗正装肩章.
shòulder-léngth /㊙/ 形 〔髪が〕肩まで届く(長さの).
shóulder màrk 名 Ⓒ 〖米〗(海軍の)肩章.
shóulder pàd 名 Ⓒ (婦人服の)肩パッド.
shóulder stràp 名 Ⓒ (ズボン, スカート, ブラジャー, カバンなどの)つりひも; 〖軍〗(階級を表す)肩章.
‡**shouldn't** /ʃúdnt/ should not の短縮形.
shouldst /ʃədst, 強 ʃudst/ 助 〖古〗shall の 2 人称・単数・過去形. ★主語が thou の時に用いる.
should've /ʃúdəv/ should have の短縮形.
‡**shout** /ʃaut/ 動 (~**s** /-ts/|過 過分 **shóut·ed** /-əd/|**shóut·ing**) 自 **大声で言う**, どなる, 叫ぶ, 〈*out*〉〈*at*, *to* ..に/*to* do ..するように〉(類語 普通, 感情とは直接関係なく単に大声で話し(かけ)たり, 叫んだりすることだが, 怒りや苦痛を伴う場合もある; →cry 1). ~ at the top of one's voice 声を限りに叫ぶ. ~ for [with] joy 歓声を上げる. ~ for help 助けてと叫ぶ. You needn't ~. 大声を出さなくてもいい. couples who constantly ~ *at* each other いつもどなり合っている夫婦. He ~*ed at* [*to*] her *to* be careful. 彼は彼女に気をつけろと大声で言った.
── 他 **1** (**a**) 〔命令, 名前など〕を**大声で言う**, どなって言う; 〔悪口など〕をわめく; 〈*out*〉〈*at*, *to* ..に〉. Someone is ~*ing* my name. だれかが僕の名前を大声で呼んでいる. ~ disapproval「不賛成」と大声で叫ぶ. ~ abuse *at* a person 人に罵言(ばげん)を浴びせ掛ける. (**b**) VO (~ *that* 節/"引用") ..と/「..」と大声で言う. Bill ~*ed that* he was all right. ビルは自分は大丈夫だと叫んだ. "Be quick!" ~*ed* Tom.「早くしろ!」とトムがどなった.
2 VOC (~ X Y) どなりすぎて X を Y の状態にする. ~ oneself hoarse. 声がかれるまで叫ぶ.
shòut** a pèrson **dówn 人をやじり倒す, 人を大声を出して黙らせる.
shòut** one's **héad òff 長い間(繰り返し大声で)叫ぶ, 根限り叫ぶ.
── 名 (複 ~**s** /-ts/) Ⓒ **1 大声**, 叫び(声), 歓声. a ~ of anger 怒りの叫び声. give [let out] a ~ of joy 歓声を上げる. Give me a ~ when you've finished your work. 〖話〗君の仕事がすんだら私に一声かけてくれ. **2** 〖英話〗〈one's ~〉酒をおごる番.
[<中期英語; shoot と同根か]
shóut·ing 名 Ⓤ 叫ぶこと; 叫び声; 歓声, 喝采(かっさい); 怒声. a ~ match どなり合いのけんか, やじの応酬.
be àll óver bàr* [*bùt*] *the shóuting 〖主に英話〗勝負の山は見えた《あとは喝采(さい)[正式発表]だけ》. When the home team went into the lead six to two, it *was all over bar the* ~. 地元チームが 6 対 2 とリードした時勝負の山は見えた.
withìn* [*in*] *shòuting dístance 大声で叫べば聞こえる所に.
†**shove** /ʃʌv/ 動 他 **1** (乱暴に)を押す, 突き飛ばす, 押しのける. ~ a person aside [out of the way] 人を押しのける. ~ one's way 押しのけて進む (→way¹ 2 語法). **2** 〖話〗VOA を乱暴に入れる[置く, 突っ込む]. She ~*d* the letter *into* her pocket. 彼女は手紙をポケットにねじ込んだ. ── 自 押す, 突く; VA 押して進む. The fans were pushing and *shoving* to get into the stadium. ファンはスタジアムに入ろうとして押し合いへし合いしていた. ~ *through* the crowd 人込みを押し分けて進む.
shòve /../ aróund 〖話〗〔人〕をあれこれとこき使う.
***shòve óff* [*óut*]** 〔ボートの人が〕(棹(さお)で突くなどして)岸を離れる; 〖話〗離れる, 立ち去る, 〈普通, 命令形で〉. *Shove off!* あっちへ行け.
***shòve úp* [*óver*]** 〖話〗詰めて場所を空ける.
── 名 Ⓒ 〈普通, 単数形で〉ひと押し, ひと突き. He gave me a ~. 彼は私をぐいと押した. [<古期英語]
shòve-hálf·pen·ny /-héip(ə)ni/ 名 Ⓤ 〖英〗銭(ぜに)ころがしの一種《賭(か)け》.
***shov·el** /ʃʌ́v(ə)l/ 名 (複 ~**s** /-z/) Ⓒ **1** (**a**) シャベル (→scoop, spade¹). (**b**) (掘削用)ショベル(車)《パワーショベルなどの建設機械》. **2** シャベル[ショベル] 1 杯(分) (shovelful). a ~ of cement シャベルひとすくいのセメント. **3** =shovel hat.
── 動 (~**s**|〖英〗-**ll**-) 他 **1** をシャベルですくう; 〔道など〕をシャベルで作る; 〖米〗〔道など〕の除雪をする. ~ *up* snow シャベルで雪をすくい上げる. ~ sand into a box 砂をシャベルで箱に入れる. ~ a path (through the snow) シャベルで(除雪して)道を作る. **2** VOA を無造作にほうり込む. Don't ~ your food *into* your mouth. そんなにがつがつ食べないで. [<古期英語「shove する道具」]
shóvel·bòard 名 =shuffleboard.
shov·el·ful /ʃʌ́v(ə)lfùl/ 名 Ⓒ シャベル 1 杯.
shóvel hàt 名 Ⓒ (英国国教会の牧師がかぶる黒い)つばの広い帽子.
shóvel·(l)er 名 Ⓒ **1** シャベルを使って働く人. **2** 〖鳥〗ハシビロガモ.
‡**show** /ʃou/ 動 (~**s** /-z/|過 ~**ed** /-d/|過分 **shown** /-n/, ~**ed**|**shów·ing**) 他
〖(出して)見せる〗 **1** (**a**) を**見せる**, 示す. *Show* your driver's license, please. 免許証を見せてください. Gray does not ~ the dirt. ねずみ色(の服)は汚れが目立たない. The cat ~*ed* its teeth. 猫は歯をむき出した.
(**b**) VOO (~ X Y)・VOA (~Y *to* X) X(人)に Y(物)を見せ

る. Mary ～*ed* me the letter.＝Mary ～*ed* the letter *to* me. メリーは手紙を私に見せた. 語法 (1) 受け身は I *was* ～*n* the letter by Mary. 又は The letter *was* ～*n* (*to*) me by Mary. となる. (2) 文脈上Ｙが自明のときは, 次の言い方が可能: "I've got a diamond ring." " Well, ～ me."(「私, ダイヤの指輪持ってるの」「じゃ, 見せてよ」)

2 を**陳列する**, 展示する; を上映[上演]する. The movie ˪will be ～*n* next week [is being ～*n* now]. その映画は来週上映される[今上映中だ].

3【見せに連れて行く】(**a**) VOA 〔人〕を**案内する**; (部屋などに) を通す. He ～*ed* me *to* the door. 彼は玄関まで送ってくれた (★He ～*ed* me the door. は「(ドアを指さして)私に出て行ってくれと言った」の意). When you come to Osaka, I'll ～ you *around* [*round*]. 君が大阪に来たら, あちこち案内してあげます. Bill ～*ed* me *around* [*round*] Chicago. ビルはシカゴを案内してくれた. ～ a person *in* [*out*] 人を中へ通す[送り出す].

(**b**) VOO (～ X Y) X(人)をＹに案内する; X(人) にＹを見せて回る. I'll ～ you your room. お部屋へご案内しましょう. He ～*ed* his aunt the sights of the city. 彼はおばさんに町を見物させてやった. 語法 文脈上Ｘ又はＹが自明のときは, 次の言い方が可能: Her room is upstairs. I'll ～ you. (彼女の部屋は上の階です. ご案内しましょう)

【見せる＞分からせる】 **4** (**a**) VO (～ *wh* 節・句) ..かを教える; VOO (～ X Y/X *wh* 節・句) X(人) にＹを/..かを**教える**, 説明する, 《言葉, 態度などで具体的に》. Please ～ me the way to the nearest police station. 最寄りの警察署へ行く道を教えてください. I'll ～ you *how* to catch fish. 魚の釣り方を教えてあげよう. He didn't ～ me *who* he meant by 'she'. 彼は「彼女」とはだれのことか教えてくれなかった. 語法 文脈上Ｙ(に相当する表現)が自明のときは, 次の言い方が可能: "You shoot with both hands, like this," I ～*ed* him. 「両手を使って撃つんだ, こんなふうに」と, 彼に手本を見せてやった.

(**b**)〖話〗(本領を発揮して)〔人〕に実力[腕前など]を見せてやる; 〔人〕にいい見せしめになる. I'll ～ you [him, etc.]. 今に見てろよ. That'll ～ him. それは彼にとっていい'薬'になるだろう.

【表へ出す】 **5** (**a**) を**明らかにする**; を示す; VO (～ *that* 節/*wh* 節) ..であること/..かを示す, 証明する. This episode ～*s* his ingenuity.＝This episode ～*s* ˪*that* he is ingenious [*how* ingenious he is]. このエピソードで彼の器用さが分かる (＝This episode ～*s* him (*to be*) ingenious (→(b)).). That ～*s how* little we know of ourselves. そのことで我々が自分のことをいかに知らないかが分かる.

(**b**) VOC (～ X (*to be*) Y) X がＹであることを示す, 証明する. Jim has ～*n* himself (*to be*) a capable leader. ジムは自分が有能なリーダーであることを(実際の行動などで)示した (＝Jim has ～*n that* he is a capable leader→(a).). A new piece of evidence ～*ed* her (*to be*) innocent. 新しい証拠が彼女が潔白であることを証明した (＝A new piece of evidence ～*ed that* she was innocent (→(a)).). (**c**) VO (～ X/*wh* 節)〔写真, 絵などが〕X を/..かを描写する, 示す; VOC (～ X *doing* [*done*]) X が..しているところ[..の状態のところ]を描写する, 示す; VOA (～ X *as* ..)〔絵などが〕X を..として描く, 示す. This picture ～*s* my mother ˪play*ing* with me [*seated* on a horse]. この写真は母が˪(赤ん坊のころの)私をあやしている[馬に乗っている]写真です.

6 (**a**)〔感情など〕を表に出す, 示す; 〔好意, 情けなど〕を示す. ～ anger 怒りを顔に出す. He doesn't ～ any interest in science. 彼は科学には全然興味を示さない. ～ respect towards the aged 老人を敬う.

(**b**) VOO (～ X Y)・VOA (～ Y *to* X) X(人)にＹ(好意, 敬意など) を示す. She ～*ed* me great kindness.＝She ～*ed* great kindness *to* me. 彼女は僕にとても親切にしてくれた. ～ mercy *to* orphans 孤児に慈悲をかける.

7〔温度, 時間など〕を示す, 表示する. The thermometer ～*s* 60 degrees. 温度計が 60 度を示している.

8〖法〗〔訴訟事由など〕を申し立てる.

── 自【見える】 **1 見える**, 現れる;〖話〗〔人が〕顔を出す, 姿を現す; 〔妊婦が〕おなかが目立つ. Your slip is ～*ing*. 下着がすそからのぞいていますよ. Anger ～*ed* on his face. 彼の顔に怒りの色が現れた. The scar left by the burn ～*s* clearly. やけどの跡がはっきりと残っている. Did Tom ～ at the party? トムはパーティーに顔を出したかい.

2 VC (～ X) X に見える (★X は形容詞); VA ..に見える. The island ～*ed* black in the moonlight. 島は月光の中に黒々と見えた. ～ willing やる気を見せる. ～ *to* good advantage [*like* an egg] ぐっと引き立って[卵のように]見える.

3【入賞者の中に顔を出す】〖米〗(競馬などで) 3 位(以内)に入る.

【見られる】 **4**〖話〗〔映画などが〕上映[上演]される〈普通, 進行形で〉; 〔人が〕ショーを開く. The movie is now ～*ing* in the West End. その映画は今ウェストエンドで上映中である.

(..) *and it shóws* 〖話〗(..は)一目瞭(りょう)然である, 見れば分かる, 《主に悪い事などに》.

gò to shów .. ..ということの例証となる, (結局)..ということになる. He got caught cheating in the exam, which *goes to* ～ that dishonesty doesn't pay! 彼はカンニングがばれてしまったが, 結局不正は割に合わないということだ.

(*hàve*) *nòthing to shów for ..* 〔努力など〕の成果が皆無(である) (★nothing は別の語になることもある).

shòw** a person **a gòod tíme 人をもてなす, 人を歓待する.

shòw /../ dówn 〖トランプ〗〔カード〕を上向きに並べる《これで勝負が決まる》.

shòw /../ fórth 〖古〗..を誇示[展示]する; ..を説明する.

shòw óff かっこよく見せる. He's just ～*ing off* in front of the girls. 彼は女の子の前でかっこつけてるだけさ.

shòw /../ óff ..を見せびらかす; ..を引き立たせる. ～ *off* one's talent 自分の才能をひけらかす.

shów oneself 現れる, 姿を見せる.

shòw óut (1) 見えてくる; 本性を現す. (2)〖ブリッジ〗組札のないことを明かす.

***shów** X **over** Y* 〖主に英〗X(人)にＹ(工場, 売家など)を案内して回る. I ～*ed* Inspector Carella *over* the murder scene. カレラ警部を連れて殺人現場を(説明しながら)案内した.

shòw the wáy →lead the WAY.

shòw thróugh 〔物が〕透けて見える; 〔本性などが〕出てしまう, 隠せない.

****shòw úp*** (1)〖話〗(集まりなどに)**顔を出す**, 来る. ～ *up* to work late [on time] 仕事に遅れて[定刻に]顔を出す. (2)〔本性などが〕現れる; 〔傷などが〕目立つ.

****shòw /../ úp*** (1)〔人の本性など〕を**暴く**〈*as*, *for*, *to be* ..だと〉. I ～*ed* him *up for* what he is. あいつの本性を暴いてやった. (2) ..を目立たせる. (3)〖話〗..をしのぐ, ..に勝る. (4)〖話〗..に恥ずかしい思いをさせる.

── 名 (複 ～*s* /-z/)【見せ物】 **1** C **品評会**, 展示会, 展覧会. a cat [flower] ～ 猫[花]の品評会. an automobile ～ 自動車ショー.

2 C ショー, 見せ物, 興行, 《映画, 演劇, テレビ・ラジオ番組など》. a picture ～ 映画. a TV ～ テレビのショー. go to a ～ ショー[映画]を見に行く. a one-man ～ →one-man

S

【見もの】 3 Ⓒ 見もの, みごとな眺め; 〈～s〉 〖スコ・北イング話〗 =funfair. The lineup of pretty girls was quite a ～. 美人がずらりと並んでいたのは見ものだった.
4 aⓊ 〖話〗 物, 代物; 努力, 出来栄え; 企て, 商売(の成績). Good [Bad, Poor] ～! →成句. put up a good [poor] ～ (of..) (商売, 試験などで)好成績[芳しくない成績]をあげる; (..を)うまくやる[しくじる].
【見せ場】 5 aⓊ 〖話〗 腕の見せ場, チャンス. Give him a fair ～. 彼にチャンスを与えてやれ.
6 Ⓒ 〖米〗 (競馬などの) 3 位. win, place, and ～ (競馬の) 1 着, 2 着, 3 着.
【見(せ)かけ】 7 aⓊ 見せかけ, うわべ, (pretense); 外観, 様子, 兆候, (appearance); 誇示. a ～ of friendship 見せかけの友情. His penitence was (a) mere ～. 彼の改悛(しゅん)はうわべだけだった. There is some ～ of reason in what he says. 彼の言うことには多少もっともらしいところがある. put on a ～ of strength 力を誇示する.
8 aⓊ 見え; 見せびらかし. Everybody is fond of ～. だれでも見えっぱりなところがある.
9 Ⓒ 〖医〗 (陣痛などの前兆となる)出血.
àll over the shów 至る所に, くまなく.
a shòw of hánds (賛否の)挙手. Let's have *a ～ of hands* on this issue. この問題は挙手で決めよう.
Bàd shów! 〖主に英旧話〗 まずかったな, 残念だったな.
bòss [***rùn*** ↓] ***the shów***
for shów 見せびらかしに; 見えで; 見せるためだけに. She's doing it *for* ～. 彼女は見えでやっているだけだ.
gèt [***pùt***] ***the*** [***this***] ***shòw on the róad*** 〖話〗 (事[行動など]を)開始する.
gìve the (***whòle***) ***shów awày*** 〖話〗 秘密を漏らす; 馬脚を現す; 《失言, 態度などで》.
Gòod shów! 〖主に英話〗 よくやった, でかした 《少々古めかしい表現》. Jolly *good ～!* お見事.
in shów 見かけは, 表面は, (in appearance).
màke a gòod [***pòor***] ***shów*** 見栄えがよい[悪い].
màke a shów of .. (1) ..を見せびらかす. (2) ..のふりをする. He *made a ～ of* being very concerned about political reform. 彼は政治改革に大変関心があるふりをした.
màke a shów of onesèlf 自らの恥をさらす, 物笑いになる.
*__*on shów*__* 陳列されて, 展示されて. The antique cars are now *on* ～. クラシックカーが現在展示されている.
Pòor [***Bàd*** ↑] ***shów!***
rùn the shów 〖話〗 (商売などで)采(さい)配を振る, 管理する.
stànd [***hàve***] ***a shów*** 〖米話〗 (わずかの)見込みがある 〈*of* ..の〉.
stèal the shów 〖話〗 〔わき役が〕主役を食う; (主役を圧倒して)喝采(かっさい)を浴びる.
stòp the shów 〔芝居が〕(中断せざるを得ないほど)観客から大喝采を浴びる, 大好評を博する, (→showstopping).
The shòw must gò ón. 仕事などの中断は許されない, いまさら後には引けない; (いろいろ難儀しても)生き続けなければならない. [＜古期英語「見(て調べ)る」]

shòw and téll 名Ⓤ 〖米〗 展示と説明 《生徒に珍しい物を持って来させて説明させる教育方法》.

shów bìll 名Ⓒ 広告ビラ, ポスター, ちらし; 番付.

shów·bìz 名 〖話〗 =show business.

shów·bòat 名Ⓒ ショーボート 《劇場と劇団を乗せた船; もと米国 Mississippi 川を上下しながら, 所々に停泊して興行した》.

shów bùsiness 名Ⓤ 芸能界, 興行.

‡**shów·càse** 名Ⓒ 1 陳列用ガラスケース. 2 〈一般に〉陳列場, (人に)見てもらう場, 認めてもらう機会.
── 動他 を展示する.

‡**shów·dòwn** 名Ⓒ 〈普通, 単数形で〉 1 (ポーカーで)手札を全部開いて並べること 《それで勝者が決まる》. 2 (論争, けんかなどにけりをつけるための)対決, 最終的段階. through either a compromise or a ～ 妥協かそれとも対決によって. The two sides in the dispute are heading for a final ～. 論争している両方が最後の対決の方向へ向かっている.

‡**show·er** /ʃáuər/ 名 (複 ～s /-z/) Ⓒ 【にわか雨】 1 〈しばしば ～s〉 にわか雨, 夕立; (雪, みぞれなどの)短いひと降り. a heavy [light] ～ 大降り[小降り]のにわか雨. I was caught in a ～ on my way home. 帰宅の途中でにわか雨に遭った. *Showers* are predicted [forecast] for today. 今日はにわか雨がある見込み. Mostly cloudy, with scattered [occasional] snow ～*s*. おおむね曇り, 所により[時々]にわか雪 《天気予報の文句》.
【降り注ぐもの】 2 '雨', おびただしい数[量], 〈*of* ..〔ほこり, 火花, 手紙, 侮蔑(べつ)など〕の〉. a ～ *of* presents たくさんの贈り物. a ～ *of* bullets 雨あられの弾丸. a ～ of praise 嵐のような賞賛.
3 シャワー (shower bath). have [take] a ～ シャワーを浴びる. I prefer a ～ to a bath. 僕はふろよりもシャワーの方がよい.
4 〖米〗 (近く結婚[出産]する女性への)お祝い品贈呈パーティー 《お祝い品を浴びせかける, の意味》.
5 〖英話〗 だらけたいやなやつ(ら), ろくでなし.
in shówers どっと, どっさりと.
── 動自 1 にわか雨が降る. It started to ～. にわか雨が降り始めた. 2 VA 雨のように降り注ぐ; どっと押し寄せる. Cherry blossoms were *～ing down* (*over* the lawn). 桜が花吹雪になって(芝生に)舞い降りていた. Letters of protest *～ed* (*in*) *on* him. 抗議の手紙が彼のところへどっと来た. 3 シャワーを浴びる.
── 他 1 に水をまいてぬらす, 水を注ぐ. ～ the garden plants with water 庭木に水をやる.
2 VOA (～ X *with* Y/Y *on* X) X(人)に Y(賞賛, 贈り物など)を浴びせる. He was *～ed with* praise. 彼は絶賛を浴びた. He *～ed* gifts *on* her.＝He *～ed* her *with* gifts. 彼は彼女にどっさりと贈り物をした. [＜古期英語]

shówer bàth 名Ⓒ 1 シャワー室[装備]. 2 = shower 名 3.

shówer càp 名Ⓒ シャワーキャップ.

shówer gèl 名Ⓤ シャワー用液体石けん.

shówer hèad 名Ⓒ シャワーヘッド 《取っ手の先端の湯の出る部分》.

shówer·pròof 形 〔布, 服などが〕防水の.

shówer trày 名Ⓒ シャワートレー 《シャワーを浴びる時立つ凹(へこ)んだ所》.

show·er·y /ʃáuəri/ 形 〔天候が〕にわか雨の(多い).

shów gìrl, show·girl 名Ⓒ (ミュージカル, レビューなどの)ショーガール, 踊り子, 《群舞やコーラスの中の 1 人として舞台に出る》.

show·i·ly /ʃóuili/ 副 派手に, けばけばしく.

show·i·ness /ʃóuinəs/ 名Ⓤ 派手, けばけばしさ.

shów·ing 名 1 Ⓒ 展示, 公開, 上映, 上演. the forthcoming ～ of the film 近日中の上映.
2 aⓊ 外観, 体裁, 見栄え; 成績. make a good [poor] ～ 見栄えがよい[悪い]; よい[悪い]成績をとる. make [manage] a strong ～ in a election 選挙で善戦する.
3 〈単数形で〉 (実状などを)見せること, 提示[立証]すること, (→成句).
on a person's cùrrent [***prèsent***] ***shówing*** 人の現状から判断するに.
on a person's òwn shówing 人の言い分によれば[よって]. *On his own* ～, it must be true. 彼の言い分によればそれは真実に違いない.

shów jùmping 名Ⓤ 〖馬術〗 障害飛越(競技).

shów·man /-mən/ 名 (複 -men /-mən/) Ⓒ 1 興行師, 見せ物師. 2 人の注意をよく引きつける人, ショーマン.

▷～·ship /-ʃìp/ 名 U 興行術; 興行上の手腕; 観客[聴衆]を引きつける手腕.

shown /ʃoun/ 動 show の過去分詞.

shów-òff 名 (複 ～s)〖話〗 **1** C 見せびらかす人, 自慢屋, 気取り屋. **2** U 見せびらかし.

‡**shów·pìece** 名 U **1** 展示品;〈特に〉優れた見本. **2** 模範的なもの; (競技会などで)見もの.

shów·plàce 名 C 名所, 旧跡.

‡**shów·ròom** 名 C ショールーム, (商品)展示室.

shów·stòpper 名 C (showstopping されるような)見事な役者[演技など].

shów·stòpping 〖話〗 形 〔演技が〕拍手喝采(かっさい)などで中断されるほど見事な.

shów trìal 名 UC 見せかけ裁判《一般人民への効果をねらって政府がやる》.

shów wìndow 名 C ショーウインドー, 陳列窓.

†**show·y** /ʃóui/ 形 **1** 目立つ, 華やかな. ～ flowers 目の覚めるような花. **2** 派手な, けばけばしい, (gaudy, loud; ↔quiet). ～ clothes 派手な着物.

shrank /ʃræŋk/ 動 shrink の過去形.

‡**shrap·nel** /ʃræpn(ə)l/ 名 **1** C りゅう散弾; U〈集合的〉りゅう散弾. **2** U 砲弾(特にりゅう散弾)の破片. [＜発明者の英国人 H. *Shrapnel* (1761–1842)]

†**shred** /ʃred/ 名 C **1**〈しばしば ～s〉切れ端, 小片. in ～*s* ずたずたになって[なった]. **2**〈a ～〉ごくわずか〈普通, 否定・疑問文で〉. There is not a ～ of truth in what she says. 彼女の言うことには一片の真実もない.

cùt* [*tèar*] ..*into* [*in, to*] *shréds (1) ..をずたずたに切る[裂く]. (2)〖話〗〔主張, 作品など〕をずたずたに引き裂く, けなす, 台無しにする. They *tore* her newly published paper *into* ～*s*. 彼らは彼女の新しく発表された論文をこっぴどくやっつけた.

── 動 (～s|過 過分 **shréd·ded,** 〖米〗 ～|**shréd·ding**) 他 をずたずたにする, 切り刻む. ～ cabbage for a salad サラダ用にキャベツを細かく切る.
[＜古期英語; shroud と同源]

shréd·der 名 C **1** シュレッダー《書類を寸断する機械》. **2** 野菜刻み器.

shrew /ʃruː/ 名 C **1**〖旧〗がみがみ言う女, 口うるさい女. **2**〖動〗トガリネズミ. [＜古期英語「トガリネズミ」]

***shrewd** /ʃruːd/ 形 e (**shréwd·er**|**shréwd·est**) **1** **抜け目のない**, 利に敏(さと)い, 敏腕な. a ～ politician 抜け目のない政治家. It was ～ of you [You were ～ (enough)] to foresee the sharp rise in stocks. 株の急騰を予見するとは君も目が利く.
2〔判断, 選択などが〕**明敏な**, 鋭い, 賢い. make a ～ observation [investment] 鋭い観察[賢い投資]をする. **3**〔顔付き, 視線などが〕鋭い, 厳しい.
[〖廃〗*shrew*「悪態をつく」の過去分詞]
▷**shréwd·ly** 副 抜け目なく, 機敏に. **shréwd·ness** 名 U 機敏さ, 抜け目のなさ.

shrew·ish /ʃrúːiʃ/ 形 〖旧〗〔女が〕がみがみ言う, 口うるさい; 意地の悪い. ▷～·**ly** 副 ～·**ness** 名

shréw·mòuse 名 (複 →mouse) C ＝shrew 2.

Shrews·bury /ʃrúːzbèri|ʃróuzb(ə)ri, ʃrúːz-/ 名 シュローズベリー《英国 Shropshire の州都; 郊外にパブリックスクール **Shréwsbury Schòol** がある》.

‡**shriek** /ʃriːk/ 動 (～s /-s/|過 過分 ～ed /-t/|**shríek·ing**) 自 (怒り, 痛み, 恐怖, 興奮などで)**金切り声を上げる**, きゃっと言う, 叫ぶ, 〈*out*〉(類語「感情を込めて鋭く叫ぶ」ことで, yell ほど強くない; →cry 1). Helen ～*ed with* terror. ヘレンは怖くて叫び声を上げた. Tommy ～*ed with* laughter. トミーはかん高い声で笑った. ── 他 VO (～ X/"引用") X を/「..」と金切り声で言う. ～ (*out*) an oath 金切り声でののしる. "Get out!" he ～*ed*.「出て行け」と彼はかん高く叫んだ.
── 名 (複 ～s /-s/) C **金切り声**, 悲鳴; かん高い笑い声; 鋭い音. give [let out] a ～ 悲鳴を上げる. ～*s* of laughter きゃっきゃっという笑い声. the ～ of a siren サイレンの鋭い音. jump up with a ～ of joy 喜びの叫び声をたてて躍り上がる. [擬音語]

shrift /ʃrift/ 名 U 〖古〗懺悔(ざんげ); 臨終懺悔; (懺悔による)罪の許し.

shrike /ʃraik/ 名 C 〖鳥〗モズ.

***shrill** /ʃril/ 形 e (**shríll·er**|**shríll·est**) **1**〔声, 音が〕**鋭い**, かん高い, けたたましい. a ～ voice 金切り声. The girl gave a ～ cry of surprise. 娘は驚きの悲鳴を上げた. The jet engine makes a ～ sound. ジェットエンジンはけたたましい音を出す. **2**〔人, 批判, 苦情などが〕声高で執拗(しつよう)な, 激しい. make ～ demands for money 金をあくどく要求する. ～ protests about the new consumption tax 新しい消費税に対する激しい反対の声.
── 名 C 金切り声; かん高い音.
── 動 他 をかん高い声で言う〈*out*〉. ── 自 金切り声を上げる; 鋭い音を出す. The wind ～*ed* around the house. 家の周りで風がひゅーひゅー鳴った.
[＜中期英語; 擬音語]

shríll·ness 名 U (声, 音の)かん高い[鋭い]こと.

shril·ly /ʃrílli, ʃríli/ 副 かん高く; 鋭く.

†**shrimp** /ʃrimp/ 名 (複 ～s, ～) C **1** 小エビ《主にヨーロッパ産の食用小エビの総称; prawn より小さい; →lobster》. **2**〖普通, 軽蔑〗'ちび' (の人). ── 動 自 小エビを捕らえる. go ～*ing* 小エビ捕りに行く. [＜中期英語]

shrìmp cócktail 名 UC シュリンプカクテル《ぴりっとしたトマトソースをかけたエビの前菜》.

***shrine** /ʃrain/ 名 (複 ～s /-z/) C **1** (**a**) (聖者の像, 遺骨などを祭った)**聖堂**, 廟(びょう); 礼拝堂, 祭壇. a ～ to St. George 聖ジョージ聖堂. (**b**) **神社**, 社(やしろ), 神殿, (→temple[1] 参考). a Shinto ～ 神社. the Yasukuni *Shrine* 靖国神社. **2** 聖地;〈一般に〉ゆかりの地; (学問などの)殿堂. a ～ of learning 学問の殿堂. Liverpool is the ～ for the Beatles' fans. リバプールはビートルズファンの「聖地」である. **3** 聖体[聖遺物]容器《聖者の遺骨, 遺品などを納めた箱》.
── 動 他 〖雅〗＝enshrine.
[＜ラテン語 *scrinium*「(本を納める)箱」]

‡**shrink** /ʃriŋk/ 動 (～s /-s/|過 **shrank** /ʃræŋk/, **shrunk** /ʃrʌŋk/|過分 **shrunk, shrúnk·en** /-(ə)n/|**shrínk·ing**) 自 【**縮む**】 **1**〔布などが〕**縮む**, 小さくなる;〔人が〕(恐怖などで)身を縮める. My sweater *shrank* in the wash. 私のセーターは洗ったら縮んでしまった. ～ (up) with cold 寒さで縮み上がる. **2**〔量, 価格などが〕減る. The volume of business at that shop has *shrunk* by 30%. あの店の売り上げは 30 パーセント落ちた. The number of marriages is ～*ing* every year. 結婚の数は毎年減少している.
【**縮こまる**】 **3** VA すくむ, ひるむ, 〈*away, back*〉; (～ *from* (*doing*) ..) ..(すること)からしり込みする, おじけづく, 〈普通, 否定文で〉. ～ *back* in fear 恐怖でたじろぐ. ～ into oneself 自分の殻に引きこもる. He never ～*s* *from* danger. 彼は決して危険からしり込みしない. He didn't ～ *from* tell*ing* her the whole truth. 彼はちゅうちょせずに彼女に事の次第を全部話した.
── 他 **1**〔布など〕を縮ませる;〔布など〕に防縮加工をする《水に浸すなどして》. **2** の量[額など]を減らす, 小さくする. Telecommunications continues to ～ the world. 遠距離通信は世界をますます小さくする.
shrìnk awáy (1) しり込みする.→自 3 (2) 減ってゆく.
── 名 C 〖米俗・戯〗＝headshrinker. [＜古期英語]

shrínk·a·ble 形 縮みやすい.

shrink·age /ʃríŋkidʒ/ 名 aU (布などが)縮むこと; (量, 規模などの)縮小, 減少, 低落.

shrìnking víolet 名 C 内気な人.

shrìnk-wráp 動 他 〔食物など〕を(ラップで)収縮包装する.

shrive /ʃraiv/ 動 (～s|過 ～d, **shrove** /ʃrouv/|過分

~d, shriv·en /ʃrív(ə)n/|shrív·ing)〖古〗㊀〔司祭が〕の懺悔(ざんげ)を聞いて罪を許す. ── ㊁ 懺悔を聞く; 懺悔する.

†**shriv·el** /ʃrív(ə)l/ 動 (~s|〖英〗-ll-) ㊁ しわが寄る, しなびる, 縮む, 〈*up*〉. ── ㊀ にしわを寄らせる, をしぼませる, 〈*up*〉. The potatoes were old and *~ed*. ジャガイモは古くてしわが寄っていた. [?<古期北欧語]

shriv·en /ʃrív(ə)n/ 動 shrive の過去分詞.

Shrop·shire /ʃrάpʃər|ʃrɔ́p-/ 名 **1** シュロップシャー《イングランド西部の州; 1974-80 年は Salop と称した》. **2** Ⓒ シュロップシャー種の羊《角がなく食用》.

†**shroud** /ʃraud/ 名 Ⓒ **1** 経帷子(きょうかたびら)《死体に着せる白衣; →winding-sheet》. **2** 覆い, 包むもの. a ~ over a statue 像の覆い. a ~ of mist [darkness] 霧[闇(やみ)]のとばり. wrapped in a ~ of mystery 神秘の覆いに包まれて. **3**〖船〗〈普通~s〉横静(よこせい)索《マストを固定させるため船の両側とマストを結ぶ》. ── 動 ㊀ **1** に経帷子を着せる. **2** を覆い隠す〈しばしば受け身で〉. His disappearance is *~ed* in mystery. 彼の失跡はなぞに包まれている. [<古期英語「衣服」; shred と同源]

shrove /ʃrouv/ 動 shrive の過去形の 1 つ.

Shròve Súnday [Móndav, Túesday] /ʃròuv-/ 名〖キリスト教〗懺悔(ざんげ)日曜[月曜, 火曜]日《聖灰水曜日 (Ash Wednesday) のすぐ前の日曜[月曜, 火曜]日》.

Shróve·tìde 名 聖灰水曜日直前の 3 日間《昔, 懺悔(ざんげ)をする期間とされた》.

***shrub** /ʃrʌb/ 名 (複 ~s /-z/) Ⓒ **灌(かん)木**, 低木, (類語 tree より低く幹が根元から分かれたものを言う; →bush). They played hide-and-seek among the *~s*. 彼らは灌木の中で隠れん坊をした. [<古期英語]

▷**shrúb·by** 形 灌木の(ような); 灌木の茂った.

shrub·ber·y /ʃrʌ́b(ə)ri/ 名 (複 -ber·ies) Ⓤ〈集合的〉灌(かん)木 (shrubs); Ⓒ 灌木の茂み[植え込み].

***shrug** /ʃrʌg/ 動 (~s /-z/|過 過分 ~ged /-d/|shrúg·ging) ㊀〔肩〕をすくめる《疑い, 当惑, 無関心などを示す動作》. He *~ged* his shoulders as if it made no difference to him. 彼はまるでそんなことはどっちでも同じだと言わんばかりに肩をすくめた. ── ㊁ 肩をすくめる.

shrùg /../ óff ..を(どうでもよいこととして)うっちゃっておく, 無視する. I can't just ~ *off* such a criticism. そのような非難をただ無視するわけにはいかない.

── 名 Ⓒ 肩をすくめること. He received the news with a ~ (of the shoulders). 彼はその知らせを受けて肩をすくめた. [<?]

S

shrunk /ʃrʌŋk/ 動 shrink の過去形・過去分詞.

shrunk·en /ʃrʌ́ŋk(ə)n/ 動 shrink の過去分詞の 1 つ. ── 形〈限定〉しぼんだ, 縮んだ, しなびた. a ~ head (首狩り族が作る)しぼんだ首.

shtick /ʃtik/ 名 ⓊⒸ〖米話〗**1** お決まりのこっけいな場面. **2** 特徴, 特技.

shuck /ʃʌk/〖主に米〗名 Ⓒ **1** (トウモロコシ, ピーナッツなどの)殻, 皮, さや. **2**〈~s〉下らないもの, くず; いんちき. It's not worth *~s*. それは三文の値打ちもない.

── 動 ㊀ **1** の殻を取る, 皮をむく. ~ corn トウモロコシの皮をむく. **2**〖話〗〔着物など〕を脱ぐ.

shucks /ʃʌks/ 間〖米話〗ちえっ, なんだ, ひどい, しまった, 《失望, 不快, 当惑などをやや控え目に表す》.

****shud·der*** /ʃʌ́dər/ 動 (~s /-z/|過 過分 ~ed /-d/|~·ing /-d(ə)riŋ/) ㊁ **1**〔人が〕**身震いする**〈*with* ..で〉; ぞっとする〈*at* ..に〉; 身震いする〈*to* do ..して〉; (類語 恐怖や嫌悪, 寒さなどで一時的に身震いすること; →shake). ~ *with* cold 寒さで震える. She *~ed at* the sight of the accident. 彼女はその事故の光景を見てぞっとした. She *~ed at* the mere thought of it. 彼女はそれを考えただけでぞっとした. He *~ed to* hear that. 彼はそれを聞いて震え上がった. I ~ *to* think what we would do without oil. 我々は石油がなかったらどうするか考えるとぞっとする. **2**〔乗り物などが〕(強く)震える, 揺れる.

── 名 (複 ~s /-z/) Ⓒ **身震い**, 戦慄(りつ); 震え. She gave a ~ of horror. 彼女は嫌悪で身震いした. give a person the *~s*〖話〗人を震え上がらせる. send a ~ through the country 全国を震え上がらせる. [<中期オランダ語]

shúd·der·ing·ly /-d(ə)riŋli/ 副 震えながら, ぞっとしながら.

†**shuf·fle** /ʃʌ́f(ə)l/ 動 ㊀ **1**〔足〕を引きずって歩く;〔ダンス〕をすり足で踊る. ~ one's feet 足を引きずって歩く. **2**〔自分の位置, 足など〕を(いらいらして)ずらす, 動かす. **3**〔トランプ〕を混ぜて切る (→cut 16); をごちゃ混ぜにする. The cards were *~d* before the deal. トランプは配る前に混ぜて切られた. He *~d* the papers on his desk, looking for the letter. 彼はその手紙を捜そうとして机の上の書類をごちゃ混ぜにした. **4** をあちこち動かす, 移し変える; を押しやる.

── ㊁ **1** VA 足を引きずる, 足を引きずって歩く; すり足で踊る. He *~d along*. 彼は足を引きずって歩いた. **2** トランプを切る. It's your turn to ~. 君が切る番だ. **3** VA (いらいらして) 足をずらす, 体を動かす; あちこち動き回る, 転々とする. ~ *from* city *to* city 町から町へと転々とする. ~ *from* job *to* job 職を転々とする. He was *~ing around* in his seat. 彼は座席で(いらいらして)体を動かしていた. **4** 煮え切らない態度をとる. **5** VA (~ ***through ..***) ..をどうにか切り抜ける; 大急ぎで〔たくさんの書類など〕に目を通す[を整理する]; (~ ***out of ..***) (ずるをして) ..を切り抜ける. ~ *through* a crisis 危機を何とか切り抜ける. He *~d out of* the task by pretending he was sick. 彼は病気のふりをしてその仕事を逃れた.

shùffle /../ óff (1)〔衣服〕を無造作に脱ぎ捨てる;〔わずらわしいもの〕を捨てる, 除く. (2)〔責任など〕を押しつける〈*on* (*to*) ..〔人〕に〉. Don't try to ~ the blame *off onto* me. 責任を私に押しつけようとするのはやめろ.

shùffle /../ ón ..を無造作に着る.

── 名 Ⓒ **1**〈単数形で〉足を引きずって歩くこと; (ダンスの)すり足. **2** トランプを切ること; トランプを切る番[権利]. give the cards [pack] a good ~ トランプをよく切る. **3** (位置・人員の)入れ替え. a Cabinet ~ 内閣改造. **4** 言い逃れ, ごまかし. [?<中期低地ドイツ語「ぎくしゃく歩く」]

shúffle·bòard 名 Ⓤ 円盤突き《船の甲板でするゲームで, 円盤を長い棒で突いて碁盤状に仕切った枠に入れて点数を競う》.

shúf·fler 名 Ⓒ **1** トランプを切る人. **2** ごまかす人.

shuf·ty, -ti /ʃʌ́fti/ 名〖英旧俗〗〈a ~〉ちらりと見ること, ひと目. Just take [have] a ~ at this flower. ちょっとこの花を見てごらん.

***shun** /ʃʌn/ 動 (~s /-z/|過 過分 ~ned /-d/|shún·ning) ㊀ VO (~ X/*doing*) X を/..するのを避ける, X に近寄らない, (類語 嫌悪や慎重さに起因する習慣的回避を意味する; →avoid). ~ society 人付き合いをしない. He was *~ned* by his friends after that. その後友人たちは彼に近づこうとしなかった. [<古期英語「嫌う, 避ける」]

'shun /ʃʌn/ 間 気をつけ (Attention!).

‡**shunt** /ʃʌnt/ 動 ㊀ **1** VOA〔話題など〕を他に転じる, 変える;〔議論〕を回避する;〔計画など〕を棚上げする. He *~ed* the conversation *on to* baseball. 彼は話題を野球に変えた. The bill was *~ed aside* by a two-thirds vote. 法案は全体の 3 分の 2 の票数で否決された. **2** VOA〔人〕をのけ者にする;〔人〕を左遷する〈*to* ..に〉; 〈*off*, *away*〉. **3** VOA〔物〕の位置を移動する, を移す;〔車など〕をわきへ寄せる. **4** VOA〖鉄道〗〔車両〕を入れる (switch)〈*to*, *onto* ..〔側線 (siding) など〕に〉〈普通, 受け身で〉. The train was *~ed to* a branch line. 列車は支線に入れら

れた. **5**〘電〙を分路に流す. **6**〘医〙〔血液など〕の流れを側路によって変える.
── [自] **1** わきへ寄る. **2**〘鉄道〙〔車両が〕側線に入る(switch).
── [名][C] **1** わきへそらす[それる]こと. **2**〘鉄道〙転轍(てつ)(器)(switch). **3**〘電〙分路. **4**〘医〙(血液の)側路. [<中期英語 (?<shun)]

shúnt·er [名][C]〘鉄道〙操車係, 転轍(てつ)手.

shush /ʃʌʃ/ [間] しっ(hush). ── [動][自],[他] (〔人〕に向かって)(人差し指を口に当てて)しっと言う〈*up*〉.

‡**shut** /ʃʌt/ [動] (**~s** /-ts/|[過] [過分] **~** |**shút·ting**) [他]
【閉じる】**1 (a)**〔ドア, 窓, ふたなど〕を**閉める**, 閉じる, (↔ open; [類語] 開閉の具体的動作を強調する; →close, put /../ to, slam¹). Jim ~ the door behind him. ジムは入って[出て]戸を閉めた. She ~ the door ⌊on him [against him, in his face]. 彼女は彼の目の前でぴしゃりとドアを閉めた《中に入らせないなどのために; →door (成句)》. **(b)**〔目, 口, 容器など〕を閉じる, にふたをする. *Shut* your eyes. 目をつぶりなさい. *Shut* your mouth! 黙れ. **(c)** [VOA] (**~ X *to* ..**) ..に対して X(目, 耳, 心など) を閉ざす. ~ one's eyes *to* reality 現実から目を背ける. He ~ his ears *to* what his parents said. 彼は両親の言うことを聞こうともしなかった.
2〔ナイフ, 本など〕を**たたむ**, 閉じる. ~ an umbrella [a pen knife] 傘[ポケットナイフ]をたたむ. *Shut* your textbooks. 教科書を閉じなさい. He ~ his teeth. 彼は歯を食いしばった.
3〔店など〕を閉める. ~ a factory 工場を閉鎖する.
【閉じ込める】**4** [VOA] を**閉じ込める**〈*up*〉〈*in, into* ..に〉. I was ~ (*up*) *in* that dark room all day. 私はあの暗い部屋に 1 日中閉じ込められていた.
5 [VOA] (**~ X *in* ..**) X(指など) を..に挟む. ~ one's finger *in* the door 指をドアで挟む.
── [自] **1 閉まる**, 閉じる. The door ~ by itself. ドアはひとりでに閉まった. Their eyes ~ at the same time. 彼らの目は同時に閉じた. **2**〔店などが〕閉まる. They ~ at four on Fridays. あの店は金曜は 4 時に閉まる.
be shút of .. ..を厄介払いする.
shùt /../ awáy〔人, 自身〕を世間から遠ざける;〔物〕をしまい込む. The murderer was ~ *away* for life. その殺人者は生涯世間から遠ざけられた.
****shùt dówn*** (1)〔工場などが〕休業する, **閉鎖する**. The factory ~ *down* for the vacation. 工場は休暇のため休業した. (2)〔霧などが〕立ちこめる;〔夜のとばりが〕降りる〈*on, over* ..の上に〉.
shùt /../ dówn〔上げ下げ窓など〕を閉じる;〔工場など〕を休業にする, 閉鎖する.
****shùt /../ ín*** (1) ..を**閉じ込める**, 監禁する. I ~ myself *in*. 私は部屋に閉じこもった. (2) ..を取り囲む; ..を見えなくする, 遮る. The garden is ~ *in* by high hedges. 庭は高い生け垣に囲まれて見えない.
Shút it!〘英話〙黙れ, 静かに.
shùt a person's móuth〘話〙人の口を封じる, 人が秘密を漏らさないようにする. He told us to keep our *mouth* ~ about all this. 彼はこの件については一切黙っているように我々に命じた.
shùt óff〔機械などが〕止まる.
shùt /../ óff (1)〔ガス, 水道など〕を止める;〔エンジン〕を切る;〔音, 光など〕を遮る. ~ *off* the gas [radio] ガス[ラジオ]を止める. (2) ..を遠ざける, 隔離する,〈*from* ..から〉. Deciding to ~ himself *off from* the world, he became a hermit. 彼は世間から離れていようと決心して世捨て人になった.
****shùt /../ óut*** (1) ..を**締め出す**, 遮る;〔景色など〕を見えなくする. ~ *out* the sunlight 日光を遮る. (2)〔考え, 感覚など〕をふりはらう. She tried to ~ *out* such thoughts from her mind. 彼女はそのような考えをふりはらおうとした. (3)〘野球〙..をシャットアウトする, 完封する. The pitcher ~ *out* the Giants on three hits. その投手はジャイアンツを 3 安打で完封した.
shùt the dóor to [on] .. →door.
shùt tó〔戸などが〕閉まる, 閉じる.
shùt /../ tó〔戸など〕をぴったり閉じる. ~ the door *to* ドアをぴったり閉じる.
****shùt úp***〘話〙**黙る**. *Shut up!* 黙れ.
****shùt /../ úp*** (1)〔部屋など〕を**閉め切る**,〔家〕を完全に戸締まりする;〔店〕をたたむ, 廃業する;〔店〕を閉める《閉店時に》. We ~ *up* the house and set off. 我々は家の戸締まりをして出かけた. ~ *up* shop →shop. (2) ..を閉じ込める; ..をしまい込む; ..を密閉する. She decided to ~ herself *up* in her room for the work. 彼女はその仕事のために部屋に閉じこもろうと決心した. The money was ~ *up* in the safe. 金は金庫にしまってあった. (3)〘話〙..を黙らせる; ..の口を封じる. Give the dog some food to ~ it *up*. 犬を黙らせるために食べ物を与えなさい.
[<古期英語「ドアのかんぬきをさす」]

†**shút·dòwn** [名][C] (工場などの)一時閉鎖, 操業停止.

shút-èye [名][U]〘話〙(ひと)眠り.

shùt-ín /㊥/〘米〙[形] (病気などで)家に閉じこもっている.
── [名][C] 家にこもりっきりの病人, 寝たきりの人.

shút·òut [名][C] **1** 締め出し; 工場閉鎖(lockout). **2**〘野球〙シャットアウト, 完封; 完封試合.

***shut·ter** /ʃʌ́tər/ [名] ([複] **~s** /-z/) [C] **1**〈普通 **~s**〉**よろい戸**, 雨戸, シャッター. open [close, pull down] the ~*s* よろい戸を開ける[閉める, 下ろす]. **2** (カメラの)シャッター; (オルガンの)開閉器. press [push, release] the ~ シャッターを切る.
put ùp the shútters (1) よろい戸を閉める. (2)〘話〙(閉店時に)店を閉める; 店をたたむ, 廃業する.
── [動][他] のよろい戸を閉める; によろい戸を付ける;〈普通, 受け身で〉. [shut, -er¹]
▷ **~ed** [形] よろい戸の⌊閉まった[ある]〔部屋, 窓など〕.

shútter·bùg [名][C]〘米話〙写真狂《人》.

†**shut·tle** /ʃʌ́tl/ [名][C] **1** (織機の)杼(ひ)《横糸(weft)を左右に運ぶ》; (下糸を出すミシンの)シャトル. **2**〘米〙(近距離用の)折り返し運転, 往復便,《バス, 列車, 飛行機などの》; =shuttle bus [train]. **3** =shuttlecock. **4** =space shuttle.
── [動][他] [VOA] (2 点間で)を往復させる; をあちこち移動させる. A bus ~*s* the guests *between* the hotel and the airport. バスがホテルと空港間を往復して客を送迎する. ── [自] [VA] (2 点間を) 往復する; せわしなく動く.
[<古期英語「投げ槍(やり)」]

shúttle bùs [名][C] 近距離往復バス.

shúttle·còck [名] **1** [C] (バドミントン, 羽根つきの)羽根, シャトル. **2** [U] 羽根つき遊び(battledore and shuttlecock).

shúttle diplòmacy [名][U] 往復外交《一緒の会談を拒否する首脳たちの間を往き来して事をまとめる》.

shúttle sèrvice [名][UC] 折り返し運転, シャトル便.

shúttle tràin [名][C] 近距離往復列車.

‡**shy**¹ /ʃai/ [形] [e] (**shý·er, shí·er**|**shý·est, shí·est**)
【しり込みする】**1**〔人が〕**はにかみ屋の**, **恥ずかしがりの**, 内気な,〈*of, with* ..に対して〉;〔態度が〕はにかんだ, 恥ずかしがった; ([類語] 性格的な恥ずかしがり; →bashful, coy). a ~ girl 恥ずかしがりの女の子. a ~ glance 恥ずかしそうな視線. John is painfully ~ *with* [*of*] women. ジョンは女の人の前でひどく照れる. My son is too ~ to talk to a stranger. 私の息子は恥ずかしがり屋で見知らぬ人には口もきけないほどだ.
2〔動物などが〕臆(おく)病な, びくびくした. Deer are ~ animals. シカは臆病な動物だ.
【しり込みする>十分に行わない】**3**〘主に米話〙〈叙述〉不足して〈*of, on* ..が〉,〈数量表現を伴った名詞の後で〉

S

(..の分だけ)足りない〈of ..に〉. We're ～ *on* fuel. 燃料が不足している. I'm ～ (*of*) two dollars. 2ドル足りない. My grandpa is two months ～ *of* ninety. 私のおじいさんは90歳まであと2か月だ.

be shý of.. (1)..を用心する, 避ける; ためらう〈*doing* ..するのを〉. Cats *are* very ～ *of* water. 猫は水(に入るの)をひどく嫌がる. Jane *was* ～ *of* speak*ing* to the boss. ジェーンは社長に話しかけるのを躊躇(ちゅうちょ)した. (2)..が不足している(→3).

fight shý of.. ..を避けようとする, 敬遠する. Employees tend to *fight* ～ *of* (learning) new skills. 従業員はとかく新技術を(学ぶのを)敬遠する傾向がある.

── 動 (shies|過 過分 **shied**|**shý·ing**) 自 〔馬などが〕驚いて飛びのく〈*at* ..に〉. The horse *shied at* the sound. 馬はその音に驚いて飛びのいた.

shỳ awáy from (doing).. 〔人が〕..(すること)からしり込みする, 避ける. ～ *away from* (mak*ing*) a deal 取り引き(するの)を(用心して)避ける.

── 名 (複 shies) C (馬の)後ずさり, 飛びのくこと.

[<古期英語「(馬が)しり込みする」]

shy[2] 動 (shies|過 過分 **shied**|**shý·ing**) 他 〖旧話〗を投げつける〈*at* ..に〉. ～ stones *at* a dog 犬に石を投げつける. ── 自 〖旧話〗投げつける, さっと投げる.

── 名 (複 shies) C **1** 投げること. **2** 〖話〗やってみること, ねらい. **3** 〖話〗ひやかし.

hàve [tàke] a shý at.. (1)..に物を投げつける. (2)〖話〗..を試しにやってみる. (3)〖話〗..をひやかす.

-shy 〈複合要素〉「..嫌い」,「..を恐れる」の意味. camera-*shy* (カメラ[写真]嫌いの). work-*shy* (仕事嫌いの).

shý·er 名 C しり込みする人.

Shy·lock /ʃáilɑk|-lɔk/ 名 シャイロック《Shakespeare 作 *The Merchant of Venice* の中の冷酷なユダヤ人高利貸し》.

†shý·ly 副 **1** はにかんで, 恥ずかしそうに. **2** びくびくして.

shý·ness 名 U はにかみ, 内気; 臆(おく)病.

shy·ster /ʃáistər/ 名 C 〖米俗〗食わせ者,〈特に〉いんちき弁護士.

SI /èsái/ International System (of units of measurement).

Si 〖化〗silicon.

si /siː/ 名 UC 〖楽〗シ《ドレミ音階の第7音; te, ti とも言う》.

Si·am /saiǽm, ⌐/ 名 シャム《Thailand の旧名》.

Si·a·mese /sàiəmíːz 形/ 形 シャムの; シャム人[語]の.

── 名 (複 ～) **1** C シャム人. **2** U シャム語.

Sìamese cát 名 C シャム猫.

Sìamese twíns 名 〈複数扱い〉シャム双生児《体の一部が接合したまま生まれた双子》.

sib /sib/ 名 =sibling.

Si·be·lius /sibéiliəs/ 名 **Jean** ～ シベリウス(1865–1957)《フィンランドの作曲家》.

Si·ber·i·a /saibí(ə)riə/ 名 シベリア.

Si·ber·i·an /saibí(ə)riən/ 形 シベリアの.

── 名 C シベリア⌊生まれの人[の住民].

Sibèrian húsky 名 C シベリアンハスキー《シベリアでそり犬として使われるハスキー犬の一種; →husky[2]》.

sib·i·lant /síbələnt/ 形 **1** しゅーしゅーいう. **2** 〖音声〗歯擦音の. ── 名 C 〖音声〗歯擦音《hissing sounds の /s/, /z/, 及び hushing sounds の /ʃ/, /ʒ/, /tʃ/, /dʒ/ など》.

†sib·ling /síbliŋ/ 名 C 〖章〗(男女の別なく)きょうだい《兄・弟・姉・妹の1人》. ～ rivalry きょうだい(間の)抗争[競争]. [古期英語 *sib*(*b*)「親族」(→gossip), -ling]

sib·yl /síbəl/ 名 **1** C (古代ギリシア, ローマの)巫子(みこ). **2** C 女占い師, 女予言者; 魔女. **3** 〈S-〉女子の名.

sib·yl·line /síbəlàin, -liːn|síbəlàin, sibílain/ 形 **1** 巫子(みこ)の(語った). **2** 予言的な; 神秘的な.

sic[1] /sik/ 動 (～s|過 過分 **sicked**|**sick·ing**) =sick[2].

‡sic[2] 副 原文のまま《誤った, 又は疑わしい原文をそのまま引用する時, (sic) 又は [sic] と付記する》. [ラテン語 'so, thus']

Si·cil·ian /sisíljən, -liən/ 形 シチリア[シシリー]島の; シチリア[シシリー]人[方言]の.

── 名 **1** C シチリア人. **2** U シチリア方言.

Sic·i·ly /sísili/ 名 シチリア[シシリー]島《イタリア南端にある地中海最大の島; 面積は日本の四国の約1.3倍》.

‡sick[1] /sik/ 形 e (**síck·er**|**síck·est**)

【病気の】 **1** (a) **病気の**, 病気で, (↔well, healthy) (類語 次の例にあるようにこの意味で補語として用いるのは〖米〗;〖英〗では普通, 限定的にしか用いず, 補語としては ill 又は unwell を用いる). a ～ man (男の)病人. the ～ =～ people 病人たち. I went to the hospital to see my ～ friend. 病気の友達を見舞いに病院へ行った. My mother is ～ [〖英〗ill] in bed. 母は病気で寝ています. Mary has been ～ [〖英〗ill] for two weeks. メリーはこの2週間病気です. John is ～ *with* a cold. ジョンは風邪を引いている. (b) 〈比喩的に〉〔会社, 経済などが〕'病んで', 経営不振の, 財政難にある.

連結 seriously [critically, desperately, gravely; incurably; terminally; slightly] ～

2 〈限定〉病人(用)の. a ～ nurse 付き添い看護婦. a ～ room =a SICKROOM.

3 〖話〗〔冗談などが〕病的な, 気味の悪い. a ～ joke 気味の悪い冗談, ブラックジョーク. a ～ mind 異常心理.

4 〔機械などが〕調子の悪い;〔酒などが〕変質した.

5 【病気になりそうな】〈叙述〉恋しがって〈*for* ..を〉. You are ～ *for* home, aren't you? うちが恋しい[ホームシックにかかっている]のでしょう.

【気分の悪い】 **6** 〈叙述〉〖主に英〗**吐き気がする**, むかつく;〈限定〉むかつくような. She has been ～ several times since morning. 彼女は朝から数回もどした. a ～ smell むかつくようなにおい. I feel ～ to my stomach. 〖米〗吐き気がする;〈比喩的〉全くむかむかするよ. 語法 この意味に用いる場合,〖英〗では feel ～ だけで済むが,〖米〗では普通 feel ～ の後に to [at] one's stomach などの説明を加える; →ill 2.

7 〈叙述〉うんざりして, 嫌になって,〈*of* ..に〉. You make me ～. 君にはうんざりだ. Her grandchildren are ～ ⌊and tired [to death] *of* her sermons. 彼女の孫たちは彼女のお説教にはうんざりしている. I'm ～ *of* (listening to) your criticisms of our boss. 上司についての君の批判は聞きあきたよ.

8 〖話〗〈叙述〉しゃくにさわって〈*at, about* ..が〉; くさって, くよくよして,〈*at, about* ..に〉. She was ～ *at* having made a fool of herself in public. 彼女は公の席でばかなことをしたとくさっていた. It makes me ～ to think of the way taxes keep increasing. 税金が上がり続けて行く現状を思うとしゃくにさわる.

9 〖米俗〗禁断症状を起こして; 薬(やく)を欲しがって.

10 〖農〗収穫が十分に上げられない.

11 〖医〗〔建物などが〕不衛生な, 健康に悪い.

◇名 sickness 動 sicken

(as) sick as a dóg 〖話〗とても気分が悪くて[むかついて].

(as) sick as a párrot 〖話〗とてもがっかりして.

be òff síck 病気で(休みで)ある.

càll [phòne] in síck 電話で病欠届けをする.

fàll [gèt] síck 〖米〗病気になる (become ill).

gò [repòrt] síck 〖主に軍〗病気欠勤を届ける.

lòok síck (1)顔色が悪い, 具合が悪そうだ. You *look* ～. 君は顔色が悪い. (2)〖話〗(他に比べると)見劣りがする, 影が薄く見える.

sìck at héart 悩んで, 悲観して.

tàke síck 〖旧章〗病気になる.

wòrried síck (病気になるほど)ひどく心配して.

—— 名 U 〖英話〗嘔吐(ᵒᵘ)物, へど, (vomit); 〈the ～s〉〖米俗〗むかつき, 吐き気. 「て].
on the sick 〖話〗病気でㇾ働けなくて[失業手当を受け↑
—— 動 他 〖話〗VOA (～/X/***up***) X を吐く, もどす. ——
自 吐く, もどす. [＜古期英語]

sick[2] 動 他 を攻撃する; 〔犬〕をけしかける 〈***on*** ..に〉 (★主に犬に命令する時に用いる). *Sick* him! やつにかかれ.

síck bày 名 C (艦船, 学校内の)病室, 医務室.

síck·bèd 名 C 病床.

sìck búilding sỳndrome 名 C ビル病症候群《エアコン設備のある建物内に勤務する人がかかりやすい; 頭痛, めまいなどさまざまな症状から成る》.

síck càll 名 U 〖軍〗診断呼集(の時間[場所]).

†**sick·en** /síkən/ 動 自 **1** 病気になる, 病む; 〖英〗VA (～ ***for..***) 〔ある病気〕の症状を表す, を発症する. ～ *for* measles ハシカの症状を表す. I feel I'm ～*ing for* something. どこか体の具合が悪い《病気になりそうだ》. **2** 吐き気を催す 〈*at* ..に〉; むかつく 〈*to* do ..して〉. I ～ *at* the sight of [*to* see] blood. 私は血を見ると吐き気がする. **3** 〖章〗VA (～ ***of..***) ..にうんざりする, 嫌になる, あきあきする.
—— 他 **1** を病気にする. **2** に吐き気を催させる. The fishy smell ～*ed* me. 生臭いにおいで気持ちが悪くなった. **3** をうんざりさせる, あきあきさせる. [sick, -en]

†**síck·en·ing** 形 吐き気を催させる; うんざりする, 不愉快極まりない. ▷ **～·ly** 副

sìck héadache 名 C 嘔吐(ᵒᵘ)性頭痛, 偏頭痛.

sick·ish /síkiʃ/ 形 病気気味の; 少し吐き気がする.

sick·le /sík(ə)l/ 名 C (片手用の)鎌(ᵏᵃ), 小鎌, (★大鎌は scythe). [＜ラテン語 *secula*「鎌」]

síck lèave 名 U 病気休暇《病気による有給休暇》.

síckle cell an(a)émia 名 U 〖医〗鎌状赤血球貧血《黒人に見られる》.

síck lìst 名 C (軍隊などの)患者名簿. be on the ～ 〖話〗病気(で休み)である.

†**síck·ly** 形 e **1** 病身の, 病弱な. a ～ child 病弱な子供. **2** 〔気候などが〕健康に悪い. **3** 吐き気を催させる; うんざりする. a ～ smell 吐き気を催しそうなにおい. **4** 弱々しい, 元気のない; 〔顔色が〕青白い. a ～ smile 元気のない微笑. Her face was a ～ color. 彼女の顔は青白かった.
—— 副 病気で; 病的に; 弱々しく.

‡**sick·ness** /síknəs/ 名 (複 ～·es /-əz/) **1** UC **病気** (類語 illness よりやや口語的; 2 の意味はどちらかというと〖英〗に多い; →illness). a slight [severe] ～ 軽い[重い]病気. feign [sham] ～ 仮病を使う. John can't come because of ～. ジョンは病気で来られません. **2** U 吐き気, むかつき. suffer travel ～ 乗り物酔いをする. →morning sickness, seasickness. [sick, -ness]

síckness bènefit 名 U 〖英〗(国民健康保険の)病気手当. 「が書く》.

síck nòte 名 C 病気証明書《医師, 本人の母親など↑

sick·o /síkou/ 名 (複 ～s) C 〖米話〗精神病患者, 精神異常者. 「た欠勤スト》.

síck-òut 名 C 〖米〗病欠ストライキ《病気を口実とし↑

síck paràde 名 〖英〗＝sick call.

síck pày 名 U 病気休暇中の給与.

síck·ròom 名 C 病室.

sic tran·sit glo·ri·a mun·di /sìk-trænzit-glɔ̀ːriə-múndi/ この世の栄華はこのようにして消えゆく《驕(ᵒᵍᵒ)る平家は久しからず》. [ラテン語 'so passes the glory of the world']

‡**side** /said/ 名 (複 ～s /-dz/) 【側, 面】 **1** C 側(ᵍᵃʷᵃ), 面, (★左右, 上下, 表裏, 内外, 前後などの点, 線, 面のいずれにも用いる). on the left ～ of the river 川の左側[左岸]に. on the sunny [shady] ～ of the street 通りの日の当たる[日陰の]側に. the upper and under ～*s* of a box 箱の上側と下側. the other ～ of the moon 月の裏側. on the other ～ of the sea (from London) (ロンドンから)海を隔てて向こう側に. on both ～*s* of the Pacific [Atlantic] 日米両国[米英両国]で (★国名は文脈で変わり得る). on the obverse [reverse] ～ of a coin コインの表[裏]に. ～ A of a cassette カセットの A 面. on this ～ of the street 街路のこちら側に. on each [either] ～ of the road＝on both ～*s* of the road 道路の両側に. Americans may unwittingly drive on the wrong ～ of the road in our country. アメリカ人が我が国でそれと知らずに道路の反対車線を走ってしまう可能性がある《米国では右側走行なので》. the right [wrong] ～ of the cloth [paper] 布[紙]の表[裏]側. You have your socks on wrong ～ out. 君は靴下を裏返しにはいているよ (★on は副詞).
2 C (長方形の長い方の)辺; (ベッド, テーブルなどの)長辺; (↔end); 〖数〗(3 角形などの)辺; (立方体の)面.
3 C (物事の)**局面**, 面; (人の性格などの)側面. the bright ～ of life 人生の明るい面. Of course, this must be only one ～ of her story. もちろんこれは彼女の話のほんの一面にすぎないに違いない.
4 【紙の表の面】 C (本の) 1 ページ (page).
【横の面, 側】 **5** C (正面, 裏面, 上下を除いた)**側面**, 横の面. the ～ of a house 家の側面.
6 C 横腹, わき腹; (牛などの)わき肉. I had a slight pain in my ～. わき腹が少し痛かった. lie on one's ～ 横になる. a ～ of beef 牛のわき肉.
7 C **山腹**, (丘などの)斜面. on the ～ of a mountain 山腹に.
8 C 〈普通, 単数形で〉(人, 物の)そば, わき, 横. by [at] a person's ～ →成句. The dog never left its sleeping master's ～. 犬は眠っている主人のそばを片時も離れなかった.
9 〈形容詞的〉 **(a)** わきの, 横の; 側面の; 横からの. a ～ glance 横目. a ～ entrance 通用口. **(b)** 副次的な, 二次的な; どうでもよい. a ～ job 副業, アルバイト.
【一方の側】 **10** C **(a)** (敵・味方の)**側**, 組, ..派, 味方; チーム; (交渉などの)一方の側; (一方の側の)主張, 論点, 態度. the winning [losing] ～ 勝った[負けた]方. pick ～*s* (ゲームの前に)敵, 味方を決める. the dove [hawk] ～ ハト[タカ]派. .. is [have ..] on one's ～ ..が味方についている[..という武器がある]. Whose ～ are you on? 君はどっちの味方だ. the misunderstanding on their ～ 彼らの側の誤解. **(b)** 〖西インド諸島〗(2 つひと組のものの)一方, 片方.
11 C (血統の)..方(ᵍᵃᵗᵃ). an uncle on the paternal [maternal] ～ 父方[母方]のおじ. She is my aunt on my mother's ～. 彼女は私の母方のおばです.
12 【自分の側】 U 〖英旧話〗もったいぶり, 偉そうな態度. put on ～ もったいぶる.
13 【回線の相手側】 C 〖英話〗テレビの放送局; チャンネル. on the other ～ 裏番組で.
14 C 〖米〗＝side dish [order].
15 U 〖英〗〖ビリヤードなど〗(球の)ひねり.
16 C 〖米俗〗レコード(の曲, 片面); 録音.

bùrst one's sídes ＝SPLIT one's sides.

by [***at***] ***a pèrson's síde***＝***by*** [***at***] ***the síde of a pèrson*** 人のわきに, そばに; 人に比べて. sit *at* [*by*] her ～ 彼女のわきに座る. He looks young *by the* ～ *of* his friends. 彼は友人たちと比べると若く見える.

dràw [***tàke***↓] ***a pérson on*** [***to***] ***òne síde***

from àll sídes [***èvery síde***] あらゆる方面から, 四方から; あらゆる角度から, 周到に.

from sìde to síde 左右に, 横に; 端から端へ. sway *from* ～ *to* ～ 左右に揺れる. 「笑う.

hòld one's sídes for [***with***] ***láughter*** 腹を抱えて↑

lèaving..to one síde ..はひとまず措(ᵒ)くとして.

lèt the síde dòwn 〖話〗同僚[身内, 友達など]の期待

S

[信頼]を裏切る; 同僚などに迷惑をかける. He's the kind of man who'd never *let the* ～ *down*. 彼は決して同僚の期待を裏切るような男ではない.
Nò síde! (ラグビーなどの)試合終了《試合が終われば敵味方の区別がなくなることから》.
on àll sídes [***èvery síde***] 至る所に, 四方八方に.
on the rìght [***brìght, bètter, sùnny***] ***síde of*..** 〖話・戯〗..歳前で (↔on the wrong side of..).
on the síde 〖話〗 (1) 〖英〗アルバイトで, 副業に; 片手間に. (2) 〖主に米〗添えもの[付けたり]として. (3) 1辺が. a cube which is two inches *on the* ～ 1辺2インチの立方体. (4) 秘密に, 不正に; 夫[妻]以外に. a bit *on the* ～ 〖話〗 不倫(の相手).
on the..síde ..気味で, やや..のほうで. He's *on the* small ～ for a baseball player. 彼は野球の選手としては小柄なほうだ.
on the wròng [***shàdy***] ***síde of*..** 〖話・戯〗..歳を過ぎて, ..の坂を越えて, (↔on the right side of..).
(*on*) *thìs side of the gráve* 〖雅〗この世で, 生きている間.
pàss bý on the òther síde (困っている人を)見捨てる.
pùt..on [***to***] ***òne síde*** (1) ..をわきにどける, 片付ける. (2) ..を無視する; ..を一時棚上げにしておく.
shàke one's sídes ＝SPLIT one's sides.
****sìde by síde*** 並んで; 伍(ご)して; 共存共栄して; 協力して; 〈*with* ..と〉. We walked ～ *by* ～. 我々は並んで歩いた.
split one's sídes →split.
tàke a pèrson on [***to***] ***one síde*** (わきに呼んで)人と内緒話をする.
tàke ⌞sídes with [***the síde of***] ***a person*** ＝***tàke a person's síde*** 人の味方をする, 肩を持つ.
the òther síde (***of*..**) (..の)(自分から)一番遠い所, 遠く離れた所. *the other* ～ *of* town 町の外れ.
thìs síde (***of*..**) 〖話〗(..の)こちら側で[の], 手前で[の]; ..の前に, 以前に. the largest city *this* ～ *of* the Alleghenies アレゲーニー山脈の手前で最大の都市. the best oyster *this* ～ *of* Hiroshima 広島まで行かないで手に入る最良のカキ. He worships Milton only *this* ～ *of* idolatry. 彼のミルトン崇拝ぶりは偶像崇拝の1歩手前だ. I'm still *this* ～ *of* forty. 私はまだ40前だ.
── 動 自 VA (**～ *with*../*against*..**) ..に賛成の/..に反対の側につく. She always ～*s with* her sister. 彼女はいつも姉の肩を持つ. ── 他 **1** に側面[外壁]を付ける. **2** 〖北イング〗〔食器など〕を片付ける〈*away, up*〉
[＜古期英語 *sīde*「(体の)側面」; 原義は「横に広がったもの」か]
síde·àrm 形 〖野球〗サイドスローの. a ～ curve ball サイドスローのカーブ. ── 副 サイドスローで.
síde àrm 名 C 〈普通 ～s〉携帯用武器《ピストル, 剣など》.
***side·board** /sáidbɔ̀ːrd/ 名 (複 **～s** /-dz/) **1** C **食器戸棚**, サイドボード, 《食堂の壁際に置く装飾的な戸棚》. **2** 〖英話〗〈～s〉＝sideburns.
síde·bùrns 名 〈複数扱い〉 **1** 短く切ったほおひげ. **2** (耳の前の)もみあげ.
síde·càr 名 C **1** (オートバイに付ける)サイドカー. **2** サイドカー《ブランデー, オレンジジュースで作るカクテルの一種》.
-sid·ed /sáidəd/ 〈複合要素〉「(..個)の面[辺, 側]のある」の意味. one-*sided*. many-*sided*. three-*sided*.
síde dìsh 名 C 添え料理《主料理に対して》.
síde **drùm** 名 ＝snare drum.
síde effèct 名 C 副作用.
síde hòrse 名 C 〖体操〗〖米〗鞍馬(あんば) (〖英〗pommel horse).
síde ìssue 名 C 枝葉の問題.
síde·kìck 名 C 〖米話〗(片棒担ぎの)仲間, 手下.
síde·lìght 名 **1** U 横から入る光, 側光. **2** C (車などの)側灯 (〖米〗parking light; →headlight); (船の)舷(げん)灯《夜間, 右舷に緑の, 左舷に赤の灯をつける》. **3** C 横窓; (船の)舷窓. **4** UC 側面的情報[説明]〈*on* ..の〉. These relics throw ～*s on* the life of the ancients. これらの遺跡は古代人の生活の一端を明らかにしている.
‡**síde·lìne** 名 C **1** (テニスコート, サッカーのフィールドなどの)サイドライン, 側線; 〈～s〉サイドラインの外側《観客や控え選手の場所》. **2** 副業, 内職; (主流商品以外の)二次的商品.
on the sídelines 現役を退いて; 傍観者として.
── 動 他 〖米〗(けがなどで)を選手から外す; を'蚊帳(かや)の外に置く'.
síde·lòng 副 横に, 斜めに. look ～ at him 彼を横目で見る. ── 形 〈限定〉横の, 斜めの. her ～ glances of malice 彼女の悪意の込もった横目づかい. [〖古〗*sideling* (＜side＋*-ling* (副詞語尾))の変形]
síde·man /-mən/ 名 (複 **-men** /-mən/) C (ジャズバンドなどの)サイドマン《主演奏者を助ける伴奏者》.
sìde·ón /⑳/ 形 横の, 横への. ── 副 横に, 横へ.
síde òrder 名 〖主に米〗＝side dish.
si·de·re·al /saidí(ə)riəl/ 形 〈限定〉星の; 恒星の; 星座の; 星座の運行に基づいた. a ～ day 恒星日《太陽日より約4分短い》. a ～ year 恒星年《365日6時間9分9.54秒》. [＜ラテン語 *sīdus* 'star']
sid·er·ite /sídəràit | sáid-/ 名 U 菱(りょう)鉄鉱.
síde ròad 名 C わき道.
síde·sàddle 名 C 横乗り用の鞍(くら)《女性用》.
── 副 横乗りに. ride ～ 馬に横乗りする.
síde·shòw 名 C **1** (サーカスなどの)余興, わきの出し物. **2** 枝葉の問題, 副次的事件.
síde·slìp 名 C (車などの)横滑り; (旋回のための, 飛行機の)滑り飛行. ── 動 (**～s**|**-pp-**) 自 横滑りする.
sídes·man /-mən/ 名 (複 **-men** /-mən/) C (英国国教会の)教区委員 (churchwarden) 補佐役.
síde·splìtting 形 〖話〗おかしくてたまらない, 抱腹絶倒の, (→SPLIT one's sides).
‡**síde·stèp** 動 (**～s**|**-pp-**) 他 **1** 〔攻撃など〕を横に寄ってかわす《ボクシング, フットボールなどで》. **2** 〔嫌な質問など〕を回避する. ── 自 横に寄る, 横に寄ってかわす.
síde stèp 名 C サイドステップ **1** ボクシングなどで攻撃を避けるために1歩横に逃げること. **2** ダンスの横歩(よこあし).
sìdestream smóke 名 U 副流煙 (→second-hand 1).
síde strèet 名 C 横町.
síde·stròke 名 C 〖水泳〗〈普通, 単数形で〉横泳ぎ, サイドストローク. do [swim] the ～ 横泳ぎをする.
síde·swìpe 〖米〗動 他 (かするように)を横殴りする; 〔車などが〕をこする, に接触する. ── 名 C 横なで, なで打ち; 〖話〗(突然矛先を変えた)批判.
síde tàble 名 C サイドテーブル《壁際に置いたり, ベッドや机のわきに置く小型テーブル》.
síde·tràck 名 C **1** 〖鉄道〗側線, 待避線. **2** '脱線', 逸脱. ── 動 他 **1** 〖鉄道〗を側線に入れる. **2** 〔話など〕をわき道にそらす; 〔人〕を 脱線させる. Our history teacher got ～*ed* by a student's question into talking about politics. 歴史の先生は1人の学生の質問でわき道へそれ政治について話し出した.
síde-vìew 名 C 側景; 側面図.
síde-view mìrror 名 C (自動車の)サイドミラー.
‡**síde·walk** /sáidwɔ̀ːk/ 名 C 〖米〗**歩道** (〖英〗pavement).
sídewalk àrtist 名 〖米〗＝pavement artist.
sidewalk café /⌐‐‐‐⌐|⌐‐‐‐/ 名 ＝pavement café.
síde·wàrd 副, 形 横へ(の); 斜めに(の).
síde·wàrds 副 ＝sideward.
síde·wày 副, 形 ＝sideways.
***side·ways** /sáidwèiz/ 副 ⓒ **1** (前を向いたまま)**横に**, 横から; 同列(の地位など)に. She looked at him ～. 彼

女は横目で彼を見た. step ～ 足を横に踏み出す. He was not promoted but only moved ～. 彼は昇格にならないで, ただ横すべりさせられた. **2** 横向きに; 斜めに. Jim turned ～ so I could see his profile. ジムが横を向いたので横顔が見えた. carry a bed out ～ through a door ベッドを斜めにして戸口から運び出す. ── 形 〈限定〉横の; 横向きの, 斜めの. a ～ glance 横目.

síde-whèeler 名 C 〘米〙両側外輪船.

síde whìskers 名 〈複数扱い〉(長い)ほおひげ.

síde wìnd 名 C **1** 横風, 側風. **2** 間接的な影響[作用].

síde·wìnder /-wàindər/ 名 C **1**〘動〙ヨコバイガラガラヘビ《S 字状になって横に進む》. **2**〘米軍〙サイドワインダー《空対空ミサイルの一種》. **3**〘米話〙横殴り(の強打).

síde·wìse 副, 形 ＝sideways.

sid·ing /sáidiŋ/ 名 **1** C 〘鉄道〙側線, 待避線. **2** U 〘米〙(木造家屋の)下見張り.

si·dle /sáidl/ 動 自 VA (こっそりと, 又は恥ずかしそうに)にじり寄る 〈*up*, *over*〉〈*to*, *toward* ..に〉; 立ち去る 〈*away*〉〈*from*, *out of* ..から〉; そっと通り過ぎる 〈*along*, *past* (..を)〉. The boy ～*d up to* me. 男の子はそっと私の方へにじり寄った. ～ *out of* the room こっそりと部屋を出てゆく. [＜sidelong]

Sid·ney /sídni/ 名 男子[女子]の名.

SIDS Sudden Infant Death Syndrome (乳幼児突然死症候群; crib [cot] death の正式名).

†siege /si:dʒ/ 名 UC **1** (とりで, 都市などの)包囲攻撃; 包囲期間; 籠(ろう)城期間. push the ～ 包囲して猛攻する. stand a ～ 包囲攻撃に屈しない. undergo a ～ 包囲される. The town was *under* ～ for two months. 町は2か月間包囲下にあった. **2** しつこい勧誘[要請]; 〘米〙(病気などによる)長い苦しみの期間, 病気続き. She had a ～ of illnesses last year. 彼女は昨年は病気ばかりしていた. ◇動 besiege

lày síege to.. ..を包囲攻撃する; 〔新聞記者など大勢の人が〕を取り囲む, 押し寄せる.

ràise* [*lìft*] *the síege of.. ..の包囲を解く.

[＜古期フランス語 (＜ラテン語 *sedēre* 'sit')]

Sieg·fried /sí(:)gfri:d/ 名 ジークフリート《古代ドイツ・北欧伝説中の英雄; 竜を退治した》.

Síegfried Lìne 名 〈the ～〉ジークフリート線《第2次世界大戦でドイツ西部の要塞(さい)線に英国が付けた名称》.

Sieg Heil /zì:k-háil/ 間 勝利万歳《ナチ(信奉者)のあいさつ》. [ドイツ語 'hail victory']

si·en·na /siénə/ 名 U シエナ土《酸化鉄を含む粘土で顔料》; シエナ色《黄[赤]褐色》.

si·er·ra /siérə|síərə/ 名 C **1** のこぎり状の山脈《特にスペイン, 中南米の》. **2**〘魚〙サバの類. [スペイン語 'saw²']

Si·er·ra Le·one /sièrə-lióun/ 名 シエラレオネ《アフリカ西端の国; 首都 Freetown》.

Si·er·ra Ma·dre /sièrə-má:dri/ 名 シエラマドレ《メキシコ中央部メキシコ高原にある3つの山脈の総称》.

Si·er·ra Ne·va·da /sièrə-nəvǽdə, -vá:-/ 名 〈the ～〉シエラネヴァダ山脈 **1** 米国 California 州東部の山脈. **2** スペイン南部の山脈.

si·es·ta /siéstə/ 名 C シエスタ《スペイン, イタリア, ラテンアメリカなどの国の午睡, 昼寝》. have [take] a ～ 昼寝をする. [スペイン語 'sixth (hour), noon']

†sieve /siv/ 名 C (目の細かい)ふるい; 茶こし. put [pass] earth through a ～ 土をふるいにかける. ***hàve a héad* [*mínd*, *mémory*] *like a síeve*** 〘話〙物覚えが大変悪い, 非常に忘れっぽい, 《頭からみんな漏れてしまう》. ── 動 他 をふるう; をこす; をふるいにかける 〈*out*〉. [＜古期英語]

†sift /sift/ 動 他 **1** (**a**) をふるう, ふるいにかける; をこす. ～ flour 粉をふるう. (**b**) VOA 〔人, 物〕を選び出す; をより分ける; 〈*out*〉〈*from* ..から〉. ～ the wheat *from* the chaff 小麦をもみ殻からふるい分ける. ～ *out* some of the brightest students 成績最優秀の学生を何人か選び出す. **2** (振りかけ器から)を振りかける. ～ sugar *over* [*onto*] a cake ケーキに砂糖を振りかける. **3** を詳しく調べる, 吟味する, (→自 2). We ～*ed* (*through*) all the evidence before reaching a decision. 我々は結論を出す前にあらゆる証拠をよく調べた (★ through が入れば 自).
── 自 **1** VA 〔粉などが〕ふるいを通って落ちる; 〔雪などが〕降り込む; 〈*down*〉. **2** VA (*～ through..*) ..を詳しく調べる (→他 3). [＜古期英語]

síft·er 名 C ふるい分ける人; 詳しく調べる人; (料理用の)ふるい, 振りかけ器.

sig. signal; signature; signor.

‡sigh /sai/ 動 (～s /-z/|過 過分 ～ed /-d/|sígh·ing) 自 **1** ため息をつく 〈*with*..〔悲しみ, 疲れ, 落胆, 安堵(あんど)感など〕で〉. ～ deeply *with* relief 安堵の深いため息をつく. **2** 〔風が〕そよぐ, (ため息のような音をたてて)鳴りわたる; 〔木などが〕風に鳴りわたる. The wind ～*ed* in the trees. 風が音を立てて木々をわたった.

sígh for.. 〘章〙〔失われたものなど〕を慕う, 焦がれる. ～ *for* one's lost youth 失われた青春を今一度と焦がれる.
── 他 〔ため息など〕をつく; VO (～ X/"引用") X を/「..」とため息まじりに言う 〈*out*〉. ～ a deep sigh 長嘆息をもらす (＝～ deeply (→自); ★名 の sigh は同族目的語; →cognate object). ～ *out* a prayer ため息まじりにお祈りを唱える. "I'm tired out," he ～*ed*. 「疲れ果てた」と彼はため息をついた.
── 名 (複 ～s /-z/) C **ため息**, 嘆息; (風の)そよぐ音. give [heave, breathe, utter] a ～ ため息をつく. She let out a ～ of grief [relief]. 彼女は悲しみ[安堵(あんど)]のため息をついた. [＜古期英語]

‡sight /sait/ 名 (複 ～s /-ts/) **【見ること】** **1** aU **見ること**, 一目, 一見, 目撃; 観察. I can't bear the ～ of that fellow. あいつは見るのも嫌だ. The mere ～ of the picture of her hometown moved her to tears. 故郷の町の写真を見ただけで彼女は涙ぐんだ.
2 〈形容詞的〉一覧しての, 初見での. a ～ translation その場で見てすぐの翻訳.
3 U **視力**, 視覚. long [near, short] ～ 遠[近]視. lose one's ～ 視力を失う. Bill has good [poor] ～. ビルは目がいい[悪い].
4 U **視界**, 視野. in [out of] ～, in ～ of, →成句.
5 C 〈しばしば ～s〉(銃の)照準, 照星; U ねらい; (★しばしば比喩的に). adjust ˪a gun's [one's] ～(*s*) 銃の照準を合わせる. take a careful ～ よくねらいを定める. have .. in one's ～*s* ..をねらう. set one's ～*s* (*on* something) (あるものに)照準を定める, 目標[ねらい]を定める; (あるものに)努力を傾ける. He has his ～*s* set on becoming a singer. 彼は歌手になるつもりでいる. raise [lower] one's ～*s*＝set one's ～*s* higher [lower] 照準を上げる[下げる]; 目標設定を高く[低く]する.
【見方】 **6** U 〘章〙**見方**, 見解, 見地. In our ～, you've done a beautiful job. 我々の見るところでは, 君はよくやった. In the ～ of the law, he is not guilty. 法律的には彼は無罪だ.
【見えるもの】 **7** C **光景**, 眺め; 景色; (類語 見えたままの光景そのものを意味する; →landscape, panorama, scene, scenery, spectacle, view 4, vista). Mt. Fuji is a glorious ～ at sunset. 日没時の富士山はすばらしい眺めだ. It was a ～ to see him dance. 彼がダンスをする様子は見ものだった.

> 連結 a common [a familiar; an attractive, a beautiful; an impressive; an awe-inspiring; an awesome] ～

【見るべきもの】 **8** 〈the ～s〉**名所**, 観光地. see [do]

S

the ～s of London ロンドンを見物する.
【見もの】 9 Ⓒ 〖話〗〈a ～〉ひどいもの, 物笑い, 'ざま'. She looked a perfect ～. 彼女は全く見られたものではなかった. What a ～ he is! あいつのざまはどうだ. My room was a ～ after the party. パーティーが終わった後の私の部屋はひどいもんだった.
10 〖英話〗(a)〈a ～ of ..で〉たくさんの.. (a lot of). a ～ of money たくさんのお金. (b)〈副詞的〉うんと. a (long) ～ better ずっとよい.
11 〈～s〉〖方〗眼鏡. ◇動 see
a sight for sòre éyes →sore.
****at first sight*** (1) **一目で[の]**, すぐに[の]. love *at first* ～ 一目惚(ぼ)れ. She fell in love with him *at first* ～. 彼女は彼に一目惚れした. (2) 一見したところでは. The statue looked pretty good *at first* ～. その彫刻は一見なかなかよさそうに見えた. *At first* ～ the case seemed a mystery. ちょっと見ると事件はなぞのようだった.
at sight 見てすぐに, 初見で; 見かけ次第すぐに; 〖商〗一覧して. play music *at* ～ 初見で音楽を演奏する. a draft payable *at* ～ 一覧払い手形.
****at (the) sight of ..*** **..を見て**. Pat shuddered *at the* ～ *of* the body. パットは死体を見て震えた.
****càtch sight of ..*** **..を見つける**, 見かける. I *caught* ～ *of* the boat. 私はそのボートを見つけた.
còme into [in] síght 見えて来る. At last land *came into* ～. ついに陸地が見えて来た.
gèt sight of .. ＝catch SIGHT of...
****in síght*** 〔物, 場所などが〕**見える範囲に[の]**; すぐ間近に迫って[迫る]. The mountain is still *in* ～. 山はまだ見えている. Victory is *in* ～. 勝利は目前にある.
in sight of .. 〔見る人が〕..の見える所に. We came *in* ～ *of* land. 陸が見える所まで来た.
kèep ..in sight＝kèep sight of .. (1) ..を見失わない. (2) ..を忘れないようにする, 意識する.
knòw a pèrson by síght 人と顔見知りである (→by NAME). I *know* the girl *by* ～. その女の子の顔は知っている(が友人ではない).
****lòse sight of ..*** (1) **..を見失う**; ..の音信[消息]が絶える. We *lost* ～ *of* our child in the crowd. 人混みの中で子供がはぐれた. (2) ..を忘れる, 見落とす. In the labor-management dispute, the customer's interests were *lost* ～ *of*. 労使の争いの中で消費者の利益は忘れられてしまった.
nòt a prètty síght 〖話〗見られたざまではない.
nòt .. by a lòng síght 〖話〗ちっとも..でない.
on síght (1) ＝at SIGHT. (2) 発見したらすぐ, 見つけ次第. The guards are ordered to shoot *on* ～ anyone crossing the border. 警備員は国境を越える者は誰でも見つけ次第撃つよう命令されている.
****out of síght*** (1) 〔物, 場所などが〕**見えない所に[の]**. The ship was already *out of* ～. 船はもう見えなくなっていた. Keep *out of* ～! (だれにも見られないように)姿を見せないようにしなさい. *Out of* ～, out of mind. 〖諺〗去る者日々に疎(うと)し《＜目の前からいなくなると忘れられる》. (Get) *out of* my ～! 消えうせろ. (2) 〖話〗〔値段などが〕法外な[に]; 〖米俗〗すばらしい, いかす.
sìght unséen (先に)現物を見ないで, 下見なしで.
within sight of .. ＝in SIGHT of...
── 動 他 1 を見つける; を目撃する, を認める; 〔天体など〕を観測する. ～ land 陸地を見つける. ～ a UFO ユーフォーを見つける. 2 をねらう, に照準を定める; 〔銃〕の照準を合わせる〈*on* ..に〉; 〔銃〕に照準器を付ける.
── 自 照準を合わせる; 視線を向ける.
[＜古期英語「見えるもの」(＜see¹)]

síght dràft 名 Ⓒ 〖商〗一覧払い手形.
síght·ed /-əd/ 形 視力のある (↔blind).
-síght·ed 〈複合要素〉「..の視力の」の意味. near*sighted*. far*sighted*.
‡síght·ing 名 1 Ⓤ 照準を定めること. 2 Ⓒ 見られる[観察される]人[物], 目撃例.
síght·less 形 1 〖しばしば婉曲〗目が見えない (blind). 2 〖まれ〗目に見えない (invisible).
síght·ly 形 1 見て気持ちのよい, 見目麗しい. 2 〖米〗眺めのよい. ▷**síght·li·ness** 名
síght·rèad /-rìːd/ 動 (→read¹) 他, 自 (を)初見で演奏する[歌う] (→sight reading).
síght rèading 名 Ⓤ 〖楽〗視奏, 視唱, 《初見で演奏する[歌う]こと; →at SIGHT》.
síght·scrèen 名 Ⓒ 〖クリケット〗サイトスクリーン.
síght·sèe 動 他, 自 (を)見物して歩く, 観光旅行する, 遊覧する. go ～*ing* (in) Paris パリを観光旅行する. have only two days *to* ～ London ロンドンの観光に2日しかない. 語法 この動詞は下の sightseeing 名 からの逆成 (→back-formation) で, 過去形, 過去分詞形の用法はない.
‡sight·see·ing /sáitsìːiŋ/ 名 Ⓤ **観光**, 見物. a ～ tour 観光旅行.
síght·sè·er /-sìːər/ 名 Ⓒ 観光客.
sig·ma /sígmə/ 名 ⓊⒸ シグマ《ギリシア語アルファベットの18番目の文字; Σ, σ (語尾では ς); ローマ字の S, s に当たる》.
sìgma párticle 名 Ⓒ 〖物〗シグマ粒子.
‡sign /sain/ 名 (複 **～s** /-z/) 【しるし】 1 Ⓒ **記号**, 符号, (類語 記号の意味で一般的な語; →signal, symbol). mathematical ～*s* 数学記号 《plus sign 《＋》, minus sign 《－》, multiplication sign 《×》, division sign 《÷》など》. phonetic ～*s* 音声符号. a call ～ (無線局などの)呼び出し符号. 注意 日本語の「署名」の意味の「サイン」は signature (署名) 又は autograph (有名人などのサイン)と言う.
2 Ⓒ 〈普通, 複合語で〉**標識**, 標示, 掲示; (店の)看板 (signboard). a traffic ～ 交通標識. a street ～ 街路名標示. the "No Smoking" ～ 「禁煙」の掲示. a neon ～ ネオンサイン. a drugstore's ～ ドラッグストアの看板. post [put up, set up] a ～ 標識[掲示]を立てる.
3 Ⓒ 〖天〗宮(きゅう)(〖話〗star sign) 《zodiac の12区分の1つ; →signs of the ZODIAC の囲み》. What ～ were you born under? あなたは何座の生まれですか.
【合図】 4 (a) Ⓒ **身振り**, 手まね, 'サイン'; (音などによる)合図. make the ～ of the cross 手で十字を切る. Deaf people talk with [in, by] ～*s*. 耳の聞こえない人は手まね[手話]で話す. I gave him a ～ to come quickly. 早く来るように彼に合図した. That bell is the ～ ⌊for our train to start [that our train should start]. あのベルは我々の列車の発車合図だ. (b) Ⓤ ＝sign language. communicate in ～ 手話でやりとりする.
5 Ⓒ 合い言葉, 符丁. a ～ and a countersign 合い言葉《'山' と言えば '川' と答える類》.
【あかし, あらわれ】 6 Ⓒ しるし, 証拠; 様子, 気配, 形跡; 徴候, 前兆; 〈*of* ..の/*that* 節 ..ということの〉. The coming of robins is a ～ *of* spring. コマドリの訪れは春のしるしだ. Rising unemployment is a ～ *that* the economy is turning down. 増加する失業率は経済が悪化している証拠だ. There seems to be no ～ *of* life on Mars. 火星には生物の(いる)形跡はないようだ. There is every ～ *of* rain. 今にもひと雨ありそうだ. He showed little ～ *of* being interested in our project. 彼は我々の企画に興味ありそうな様子をほとんど見せなかった. show ～*s* of illness 病気のいろいろな徴候を示す.

連結 a manifest [an obvious, a telltale, an unmistakable; a certain, a sure] ～

7 〖米〗〈～s〉(野獣の)足跡. 8 Ⓒ 〖聖書〗奇跡, 神の

S

お告げ. ～s and wonders 奇跡.
a sign of the times 〈悪い意味で〉時代の徴候.
── 動 (～s /-z/|過 過分 **～ed** /-d/|**sign·ing**) 他 **1** (**a**) に**署名する**, サインする; 〔条約, 協定など〕に署名して合意する〈*with* ..と〉; 〔名前〕を記載する〈*to*, *on* ..に〉. ～ a letter 手紙にサインする. The agreement was ～*ed* and sealed. その協定は調印された. I ～*ed* my name *to* the contract. 私は契約書に署名した. (**b**) VOC (～ X Y) X の名を Y と署名する, X に Y と署名する. ～ oneself 'John Smith' 自分の名を「ジョン・スミス」とサインする. The picture is ～*ed* Monet. その絵には「モネ」の署名がある.
2 を契約して正式に雇う. ～ a player to a three-year contract 選手を 3 年契約で雇う.
3 (**a**) を**身振りで示す**; を手話(法)で表す. She ～*ed* her anger by raising her eyebrows. 彼女はまゆをつり上げて怒りをあらわにした. ～ the word 'bread'「パン」という語を手話で示す. (**b**) VOO (～ X *to do*) X (人)に**..するように合図する** (motion); VO (～ ***that*** 節/***wh*** 節・句) ..ということ/..かを合図する〈*to* ..に〉. The policeman ～*ed* me *to* move on. 警官は私に立ち止まらないで[車を止めないで]進むように合図した. Tom ～*ed to* his wife on the phone *that* he would go out. トムは電話中の妻に出かける合図をした.
── 自 **1 署名する**; 署名して同意する. *Sign* here, please. ここにサイン願います. **2** 〔スポーツ選手などが〕(署名して)契約する〈*with*, *to* ..と〉. **3** (身振りなどで)合図する〈*to*, *for* ..に/*to* do ..するよう〉. He ～*ed to* [*for*] us *to* come. 彼は僕らに来るようにと合図した.
◇名 signature
sign /../ awáy [***óver***] 〔権利など〕を署名して放棄する[譲渡する]〈*to* ..に〉.
sígn fòr.. (1) ..の受け取りの署名をする. (2)〖英〗〔チーム〕の(サッカー選手)契約をして署名する.
sign ín (ホテルなどで)到着の署名をする (↔sign out).
sign /../ ín (自分の署名で)..を受け入れる《クラブ員以外の人をビジターとして入れる際などの保証》.
sign óff (1) (決まった音楽や言葉などで) 1 日の放送終了の合図をする (↔sign on). (2)〖英〗(サインして友人などへの)手紙を終わりにする, 筆を置く; 通話を終える挨拶をする. (3) 仕事を⌊終える[切り上げる]; 〖米話〗話をやめる, 黙る. (4)〖米〗(校正, 点検など)終了のサインをする; 非公式に承認を与える; 〈*to* ..に〉. I expect the boss to ～ *off to* my project. 私の企画を上司が承認してくれればよいが. (5)〖英話〗(就職できて失業者の)登録を取り下げる (↔sign on).
sign ón (1) ＝SIGN up. (2)〖英話〗(失業者として)登録する (↔sign off). (3)〔放送局が〕その日の放送開始の合図をする (↔sign off).
sign /../ ón ..を正式に雇う.
sign on the dòtted líne 〖話〗(1) (購入などの)契約書に署名する. (2) 慌てて[急いで]無条件に同意する.
sign óut 出発[外出]の署名をする (↔sign in).
sign /../ óut (1) 署名して..を出発[外出]させる. (2)〔本など〕を署名して借り出す.
sign /../ óver [***awáy*** ↑]
sign** one's **òwn déath wàrrant 自分の死[破滅]につながるようなことをする.
sign úp (1) 署名して加入する[雇われる, (軍隊に)入隊する], 〈*for* ..に〉. (2) 申し込みをする, 登録をする, 〈*for* ..講座などの/*to* do ..する〉. ～ *up* ⌊*for* the French course [*to* do French] フランス語⌊コース[をやるよう]に登録する.
sign /../ úp (1) ＝SIGN /../ on. (2) ..を(署名して)加入[参加など]させる〈*for* ..に〉; ..に(仕事などの)契約を結ばせる〈*with* ..と〉.
[＜古期フランス語 (＜ラテン語 *signum*「しるし, 合図」)]

***sig·nal** /síɡn(ə)l/ 名 (複 **～s** /-z/) C 【**合図**】 **1 信号**, 合図, 暗号; 信号機; (類語 音, 光, 手旗などによるあらかじめ定められた合図; →sign; 注意 交通信号の色は green, red, 注意信号は〖英〗・〖カナダ〗では amber, 〖米〗は yellow). a danger ～ 危険信号. a stop ～ 停止信号. The teacher gave [sent] a ～ that the children should be quiet. 先生は子供たちに静かにするよう合図した. The referee blew his whistle as a ～ for the match to start. 審判は試合開始の合図にホイッスルを吹いた. When a (traffic) ～ is at [on] red, we have to stop. (交通)信号が赤なら, 停止しなければならない. →distress signal.
2 (テレビ・ラジオの)信号《電波で送られる音声, 映像, 情報など》.
3 しるし, 証拠; 前触れ, 徴候; 〈*of* ..の/*that* 節 ..ということの〉. The Russian president's visit is a clear ～ *that* he makes much of our support. ロシア大統領の訪問は, 彼が我々の支援を重視している事を明確に示すものだ. a ～ of cancer 癌(がん)の徴候. Is this a ～ of economic recovery? これは景気回復の前兆か.
4【口火】きっかけ, 動機, '引き金', 〈*for* ..の〉. The murder of their leader was the ～ *for* a general uprising of the peasants. 彼らの指導者が殺されたのが, 農民の一斉蜂(ほう)起の引き金となった.
── 形 〖章〗〈限定〉目覚ましい, 際立った, (noticeable). ～ ability 際立った才能. ◇動 signalize
── 動 (～s /-z/|**～ed**, 〖英〗**～led** /-d/|**～·ing**, 〖英〗**～·ling**) 他 **1** (**a**) 〔人, 船など〕に**合図する**, 信号を送る; の合図になる; を信号で送る[伝える]. ～ a boat ボートに合図する. ～ a message 通信を送る. The gong ～s the beginning and the end of each round. ゴングは各ラウンドの始まりと終わりの合図となる. (**b**) VOO (～ X *to do*/ X ***that*** 節/X ***wh*** 節・句) X に**..せよと/..ということを/..かを合図する**; VO (～ ***that*** 節/***wh*** 節・句) ..ということ/..かを合図する. The leader ～*ed* the party *to* stop. リーダーは一行に止まれと合図した. Jim ～*ed* (to) us *that* the teacher was coming. ジムは僕たちに先生が来るぞと合図した. She ～*ed* (us) *which* way to go. 彼女は(我々に)どっちに行けばいいか合図した.
2 VO (～ X/ ***that*** 節/***wh*** 節・句) X/..ということ/..かを(言動で) 示す, 明らかにする. He ～*ed* ⌊his readiness to help [*that* he was ready to help]. 彼は進んで援助する意志を示した.
3 の前兆[証拠, しるし]になる. The days are getting shorter, which ～s the end of summer. 日がだんだん短くなり, それは夏の終わりを告げる.
── 自 **合図する**, 信号を送る, 〈*at*, *to*, *for* ..に/*for* ..を求めて/*to* do ..するよう〉. He ～*ed* wildly *at* the helicopter, but it flew away without noticing him. 彼はヘリコプターに必死で合図したが, 彼に気付かないまま飛び去った. I ～*ed to* [*for*] the waiter *to* clear the table. 私は給仕にテーブルの上を片付けるよう合図した. I ～*ed to* a doorman *for* a taxi. 私はボーイにタクシーを呼んで欲しいと合図した.
[＜ラテン語 *signālis*「しるし (*signum*) の」]

sígnal bòx 名 C 〖英〗(鉄道の)信号指令室.
Sígnal Còrps 名 C 〈the ～〉〖米軍〗通信隊.
síg·nal·er 名 C **1** 信号手[兵]. **2** 信号機.
sig·nal·ize /síɡnəlàiz/ 動 他 **1** を有名にする; を際立たせる; 〈普通, 受け身で〉. This century is ～*d* by remarkable scientific progress. 今世紀は目覚ましい科学の進歩が特色である. **2** を(はっきりと)指摘する, に注意を喚起する.
síg·nal·ler 名 〖英〗＝signaler.
síg·nal·ly 副 〖章〗著しく, 際立って, (noticeably).
sig·nal·man /síɡn(ə)lmən, -mæ̀n/ 名 (複 **-men** /-mən, -mèn/) C 〖英〗(鉄道の)信号係; (陸海軍の)通信兵.
sígnal tòwer 名 〖米〗＝signal box.

S

‡sig·na·to·ry /sígnətɔ̀ːri|-t(ə)ri/ 名 (複 **-ries**) C 署名者; 加盟国, 調印国, 〈*to* ..〔条約〕の〉. the *signatories to* the treaty 条約加盟国. ── 形 署名[調印]した. the ～ powers (条約)調印[加盟]国.

‡sig·na·ture /sígnətʃər/ 名 (複 **～s** /-z/)
1 C **署名**, サイン, (→autograph 類語). put [write] one's ～ to [on] .. ..に署名する. collect ～*s* for a petition 陳情の署名集めをする. forge a person's ～ 人の署名を偽造する.
2 U 署名すること. The budget requires no presidential ～. その予算は大統領の署名(による承認)を必要としない. consent by ～ 署名による承認.
3 C 〖楽〗記号; ＝key signature; ＝time signature. **4** C 〈普通, 単数形で〉特徴, 特色. The hard-boiled style is the ～ of Hemingway's works. ハードボイルドな文体はヘミングウェイの作品の特徴だ.
5 C 〖製本〗(本の)折丁(おりちょう)《印刷された 1 枚の紙で, これを折ってページにする; 現在日本では普通 16 ページ分か 32 ページ分で, この辞典では 32 ページ分》; (折丁を重ねて 1 冊の本に製本する際, 順序が狂わないように付ける)折丁記号, 背丁(せちょう). **6** C 〖米〗＝signature tune. **7** C 〖米〗(処方せんに指示された)薬の使用法.
◇1, 2 の 動 sign [＜ラテン語 *signāre*「署名する」; -ure]

sígnature tùne 名 C 〖主に英〗(番組の)テーマ音楽 (theme tune).

sígn·bòard 名 C 看板, 掲示板.

sígn·er 名 C 署名者.

sig·net /sígnət/ 名 C **1** 印鑑, 印章, 認め印, 《普通, 指輪に付いている》. **2** 〈the ～〉(昔, 英国王の用いた)玉璽(ぎょくじ). 「て用いた》.

sígnet rìng 名 C 印鑑付き指輪《昔 seal² 2 とし↑

‡sig·nif·i·cance /signífikəns/ 名 aU **1 重要性**, 重大さ, (↔insignificance; 類語 将来に向かっての重要性に重点がある; →importance). a matter of little [no] ～ 大して[全然]重要でない問題. Regular exercise is of great [major] ～ to health. 規則的に運動することは健康に大変重要だ. The event has a special ～ for us. その出来事は我々にとって特別な重要性がある. **2 意義**, 意味, (類語 しばしば隠れた, 又は間接的に分かる意味の深さ; →meaning). the ～ of a sign 記号の意味. take on a different ～ 違った意味(合い)を持ち始める. I didn't realize the true [full] ～ of my father's advice. 私は父の助言の真意を[意味を充分に]理解していなかった. **3** 意味深長なこと. the ～ of her smile 彼女の意味ありげな微笑. [signify, -ance]

***sig·nif·i·cant** /signífikənt/ 形 m **1 重要な**[で], 重大な影響を及ぼす, (important) 〈*to, for* ..にとって/*to* do ..することが/*that* 節 ..ということが〉. a ～ contribution to society 社会への重要な貢献. Educational reform is highly ～ *for* our future. 教育改革は我々の将来にとって大変重要な意味をもつ. It's ～ *to* [*that* we] learn by experience. 体験学習は大切だ. **2** かなりの(量の), 相当な. a ～ portion of the students 学生のうちのかなりの人数. a ～ increase in the trade surplus 貿易黒字のかなりの増加. **3 意味深い**, 意味のある; 有意(味)の〔差など〕. a ～ phrase 意義深い文句.
4 意味ありげな, 含蓄のある. He gave me a ～ glance. 彼は意味ありげな一瞥(べつ)を私にくれた.
◇名 significance 動 signify
be signíficant of .. ..を表す, 意味する.
[signify, -ant]

sig·níf·i·cant·ly 副 **1** 意味ありげに. give a cough ～ 意味ありげにせき払いする. **2** かなり, 相当; 有意(味)に. Nighttime temperatures will be ～ higher than yesterday's. 夜の気温は昨日よりもかなり高いでしょう《天気予報》. **3** 意義あることだが; 含蓄のある[意味深長な]ところだが. *Significantly* the prime minister did not say a word about the current exchange rate. 首相が現在の(外国)為替相場に一言も触れなかったのは意味深長なことだ.

signìficant óther 名 C **1** 〖米話〗'大切な人'《夫, 妻, 恋人》. **2** 〖社会〗重要な他者《親, 友人など人間形成に影響を与える人》.

sig·ni·fi·ca·tion /sìgnəfəkéiʃ(ə)n/ 名 〖雅〗U 意味, 意義; C (語の)意味, 語義; (類語 語や記号が持つ社会的に確立された明確な意味; →meaning).

***sig·ni·fy** /sígnəfài/ 動 (**-fies** /-z/|過 過分 **-fied** /-d/|**～·ing**) 他 〖章〗**1** (身振りなどで)を**表す**, 示す; VO (～ *that* 節) ..ということを表す. ～ one's agreement [*that* one is in agreement] by raising one's hand 挙手によって賛成の意を表す.
2 VO (～ X/*that* 節)〔記号, 身振りなどが〕X を/..という**ことを意味する**. The sign ♂ *signifies* 'male'. ♂という記号は「男性」を意味する.
3 の前兆である. A dark cloud often *signifies* a storm. 黒い雲はしばしばあらしの前兆である.
── 自 重要である〈普通, 否定文・疑問文で〉(matter). What you think doesn't ～ at all. 君の考えなどはどうだっていいことだ.
[＜ラテン語 *significāre*「しるし (*signum*) をつけて示す, 意味する」; -ify]

sígn lànguage 名 UC 手まね[身振り]言語; (聾唖(ろうあ)者の) 手話(法).

sìgn mánual 名 C (特に国王の)自署, 親署 (★ manual は形容詞).

sígn-òff 名 U 放送終了(の合図).

si·gnor /síːnjɔːr/ 名 (複 **si·gno·ri** /siːnjɔ́ːri/)
1 〈S-〉〈名前の前に置いて〉..様, ..殿, ..君, 《英語の Mr., Sir に当たる》. **2** U 〈呼びかけ〉あなた, だんな様, 《英語の sir に当たる》. **3** C (特にイタリアの)紳士, 貴族. [イタリア語 'senior']

si·gno·ra /siːnjɔ́ːrə/ 名 (複 **si·gno·re** /siːnjɔ́ːrei/)
1 〈S-〉〈名前の前に置いて〉..夫人《英語の Mrs., Madam に当たる》. **2** U 〈呼びかけ〉奥様《英語の madam に当たる》. **3** C (特にイタリア人の)奥様, 貴婦人. [イタリア語 (signor の女性形)]

si·gno·ri·na /sìːnjəríːnə|-njɔːr-/ 名 (複 **si·gno·ri·ne** /-nei/) **1** 〈S-〉〈名前の前に置いて〉..嬢《英語の Miss に当たる》. **2** U 〈呼びかけ〉お嬢様[さん]《英語の miss, madam に当たる》. **3** C (特にイタリア人の)令嬢, お嬢さん. [イタリア語「小さな signora」]

sígn pàinter 名 C 看板屋《人》.

sígn·pòst 名 C **1** 道標, 案内標識. **2** しるし, (明らかな)手がかり.
── 動 他 〖主に英〗**1** 〔道路〕に案内標識をつける〈普通, 受け身で〉. Route 66 is well ～*ed*. 66 号線には案内標識がよくついている. **2** を明確に表明する. **3** 〖主に雅〗〔物事の進路〕の道しるべを示す, を切り開く.

Si·ha·nouk /sìːɑːnúːk/ 名 **Prince Norodom ～** シアヌーク (1922–)《カンボジアの政治家; 国王 (1941–55); 首相 (1955–60); 国家元首 (1960–70); 国王 (1993–)》.

Sikh /siːk/ 名 C シーク教徒. ── 形 シーク教徒の.

Síkh·ìsm 名 U シーク教《16 世紀にヒンドゥー教から分派したインド北部の宗教; 一神教でカースト制を排する》.

Sik·kim /síkim/ 名 シッキム《インド北東部の州; チベットに接し, もとインドの保護国》.

Si·kor·sky /sikɔ́ːrski/ 名 (複 **～s, -skies**) C 〖商標〗シコルスキー《米国製のヘリコプター; ＜ロシア生まれの米国人航空機設計者名》.

si·lage /sáilidʒ/ 名 ＝ensilage.

‡si·lence /sáiləns/ 名 (複 **-lenc·es** /-əz/)
【音がしないこと】 **1** U **静寂**, 静けさ. the dreadful ～ before a storm あらしの前の無気味な静けさ. The ～ of

the night was suddenly shattered by a shrill scream. 夜の静寂が突然鋭い悲鳴で破られた. In the cathedral ˪~ reigned [there was absolute ~]. 大聖堂の中は全く静まりかえっていた.
【無言】 **2** (**a**) UC **沈黙**, 無言; 音を立てないこと; C 沈黙の時間; 黙禱(もく). a man of ~ 無口な男. *Silence!* 静かに, 黙れ. keep [break] ~ 沈黙を守る[破る]. Speech is silver, ~ is gold(en). 〖諺〗 雄弁は銀, 沈黙は金. There was an awkward ~. 気まずい沈黙が続いた. Our appeal for help (was) met with a stony ~. 援助を求めた我々の訴えが直面したのは石のような沈黙だった《全く反応のないこと》. In Japan there is a one-minute ~ in honor of the war dead at noon on the 15th of August every year. 日本では毎年 8 月 15 日の正午に戦没者慰霊の 1 分間の黙禱をする.

連結 (a) complete [(a) dead; (an) eerie; (an) embarrassed; (an) ominous; (a) pregnant; (a) prolonged; (a) respectful; (a) solemn] ~

(**b**) UC ぶさた, 音信不通. After ˪a long [three years of] ~, she wrote to me again. 長いこと[3 年間]音信がなかった後, 彼女は再び私に便りをよこした. Forgive me for my long ~. 永らくごぶさたの段お許し下さい.
3 U ことさら黙っていること, 沈黙, 〈*on*, *about* ..について(の)〉; 黙殺; 忘却. buy a person's ~ 金で人の口止めをする. The media's ~ *on* this issue is unnatural. マスコミがこの問題について沈黙しているのは不自然だ. *Silence* gives [means] consent. 〖諺〗 黙っていると承知したことになる. ◇形 silent
in sílence 黙って; 静かに. We looked at each other *in* ~. 我々は黙って静かに顔を見合わせた.
pùt* [*redùce*] *a pèrson to sílence 〔人〕を(言いこめて; 威圧して)黙らせる.
── 動 他 を黙らせる, 〔発言など〕を封じる, 抑える; 〔騒音〕を静める. ~ a crying baby 泣いている赤ん坊を黙らせる. ~ criticism [one's critics] 非難を封じる[批評家を黙らせる]. The enemy's guns were completely ~*d*. 敵の砲列は(味方の攻撃により)完全に沈黙させられた.
[<ラテン語 *silentium*「沈黙」(<*silēre* 'be silent'); -ence]

sí·lenc·er 名 C **1** (銃の)消音装置, サイレンサー. **2** 〖英〗 (自動車などの)マフラー (〖米〗 muffler).

‡si·lent /sáilənt/ 形 m e (~·er|~·est) (4, 5, 6 は ©)
1 沈黙した, 無言の; 声を出さない; 無口な; ぶさたしている, 音信不通の; (類語 ものを言わないことに重点がある; → quiet). a ~ protest 無言の抗議. a ~ prayer 黙禱(もく) (→silence 名 2 (a)). ~ reading 黙読. Be ~! 黙れ. a man of the strong ~ type 強くて無口なタイプの男. You're very ~ today. 君は今日は大変無口だね. The girl fell ~ and dropped her eyes. 少女は急に黙りこんで目をふせた.
2 〔場所などが〕**静かな**, 〔機械などが〕静かな, 音を立てない. The house is very ~. 家は静まりかえっている. (as) ~ as the grave (墓場のように)まったく静かな.
3 〈叙述〉 沈黙を守って; 言及しないで; 〈*on*, *about* ..について〉. the right to remain ~ 黙秘権. Why is he ~ *on* [*about*] this matter? 彼はなぜこの問題について何も言わないのか. History is ~ *on* these issues. これらの問題について歴史には何の記述もない.
4 〔映画が〕無声の. a ~ movie [film] 無声映画.
5 〖音声〗 黙音の, 発音されない. a ~ letter 黙字《knife の k, doubt の b など》.
6 活動しない, 休止した. The airport was ~ for three days during the strike. 空港はストの間 3 日間営業を中止した. ◇名 silence
── 名 C 〖話〗〈普通 ~s〉 無声映画.
[<ラテン語 *silēns*「黙っている」(*silēre* 'be silent' の現在分詞); -ant]

***si·lent·ly** /sáiləntli/ 副 m **黙って; 静かに**, 音もなく. The boy followed me ~. その少年は黙って私についてきた.

sìlent majórity 名 aU 〈単複両扱い; 普通 the ~〉 声なき大衆《公然と(政治的)発言 ˪ができない[をしたがらない]大多数の人々》.

Sìlent Níght 名 『きよしこの夜』《クリスマス歌曲》.

sìlent pártner 名 C 〖米・経〗 匿名社員 (〖英〗 sleeping partner) 《出資し利益配分を受けるが業務には参加しない》.

Si·le·sia /sailíːʒə, -ʃə|-ziə/ 名 シレジア《ヨーロッパ中部の地方; 今は大部分ポーランド領》.

sil·hou·ette** /sìluːét/ 名 (複 **~s** /-ts/) C **1** シルエット, 黒色半面画像; 影絵. **2** (明るい背景を背にした人, 物の)影, 輪郭. ***in silhouétte シルエットで; 輪郭だけで.
── 動 他 の輪郭を見せる; をシルエットに描く; 〈*against* ..を背景に〉〈普通, 受け身で〉. The hill was ~*d against* the dawn sky. 丘は明け方の空を背景に輪郭を写し出していた. [<フランスの政治家 E. de *Silhouette* (1709–67); 理由は諸説がある]

sil·i·ca /sílikə/ 名 U シリカ, 無水珪(けい)酸, 珪石. ~ gel シリカゲル《乾燥剤》. [<ラテン語 *silex*「火打ち石」]

sil·i·cate /sílikət, -kèit/ 名 UC 〖化〗 珪(けい)酸塩.

†sil·i·con /sílikən/ 名 U 〖化〗 珪(けい)素, シリコン, 《非金属元素; 利用価値の高い半導体の一種; 記号 Si》. [< silica; 語尾を carb*on* などにならって変えた]

sílicon chìp 名 C 〖電子工学〗 シリコンチップ《集積回路がプリントされた半導体小片; chip とも言う》.

sìlicon dióxide 名 U 2 酸化珪素.

sil·i·cone /síləkòun/ 名 UC シリコン《有機珪(けい)素化合物の重合体; 塗料, 絶縁体用など》.

sìlicone ímplant 名 C (整形美容用の)埋め込みシリコン《人体に有害との説もある》.

Sìlicon Válley 名 シリコンヴァレー《米国 California 州南部にある盆地の俗称; エレクトロニクス産業が集中している地域》.

sil·i·co·sis /sìləkóusəs/ 名 U 〖医〗 珪(けい)肺症《silica を含む石材の粉塵(じん)の吸入が原因の職業病》.

‡silk /silk/ 名 (複 **~s** /-s/) **1** U (**a**) **絹**; 生糸, 絹糸; 絹織物. raw ~ 生糸. The baby's skin is as smooth as ~. 赤ちゃんの肌は絹のように滑らかだ. artificial ~ 人絹《現在は rayon と言う》. (**b**) 〈形容詞的〉 **絹の**, 絹製の. a ~ umbrella 絹の傘. ~ stockings 絹の靴下. **2** 〈~s〉 絹物, 絹の服; 〈特に〉 (競馬騎手の)騎手服《各厩(きゅう)舎ごとの色に染められている》. be dressed in ~*s* 絹の服をまとっている. **3** C 〖英話〗 勅選弁護士 (King's [Queen's] Counsel) 《絹の法服を着る》; =silk gown. **4** U (絹糸に似た)クモの糸; トウモロコシの毛.
◇形 silken, silky
hìt the sílk 〖主に米俗〗 パラシュートで飛び降りる.
sìlks and sátins 〖雅〗 美服.
tàke sílk 〖英〗 勅選弁護士になる.
[<古期英語; 東アジア語起源でヨーロッパ諸語に入った]

sílk cὸtton 名 =kapok.

silk·en /sílkən/ 形 〖雅〗 **1** 絹の, 絹製の. **2** =silky.

sìlk gówn 名 C 〖英〗 絹の法服《英国勅選弁護士(の身分)》.

sìlk hát 名 C シルクハット.

Sìlk Róad 名 〈the ~〉 絹の道, シルクロード, 《昔, 中国からローマまで絹を運んだ交易路》.

sílk·scrèen 名 U シルクスクリーン, 絹紗(しゃ)スクリーン捺染(なっせん)法.

sìlk-stócking /移/ 〖米話〗 形 **1** ぜいたくな服装をした. **2** 〔ある地域などが〕裕福な, 上流の. ── 名 C **1** ぜいたくな服装をした人. **2** 裕福な人, 上流階級の人.

sílk·wòrm 名 C 〖虫〗 カイコ(蚕).

S

†silk·y /sílki/ 形 ⓔ **1** 絹のような; 柔らかい, すべすべした, 〔肌, 髪の毛など〕. **2** つやのある. **3** 〔声, 態度などが〕もの柔らかな; 猫なで声の. ▷**silk·i·ness** 名

†sill /sil/ 名 C 窓敷居 (windowsill); 敷居; 土台《柱, 壁などの下の横材》. [＜古期英語]

sil·la·bub /síləbʌ̀b/ 名 UC シラバブ《牛乳又はクリームを泡立てワインなどと混ぜた飲み物》.

sil·li·ly /sílili/ 副 愚かにも.

sil·li·ness /sílinəs/ 名 U 愚かさ; 愚かな行い.

Sil·li·toe /sílətou/ 名 **Alan** ～ シリトー (1928–)《英国の小説家》.

‡sil·ly /síli/ 形 ⓔ (**-li·er**|**-li·est**) **1** 〔人, 考えなどが〕ばかな, 愚かな, ばかげた; (類語 foolish より意味が強く談話体). a ～ ass 間抜け. a ～ question ばかばかしい質問. a ～ mistake ばかげた間違い. Don't be ～! ばかなことを言うな[するな]. It is very ～ of you [You are very ～] to trust them. あいつらの言うことを信じるなんて, 君はどうかしてる. I've taken a wrong bus. What a ～ thing to do! バスを乗り間違えた. なんてばかやってんだ. **2** 子供じみた, ふざけた; みっともない. **3** 【まれ】低能の; ぼけた. **4** 【話】〈叙述〉(殴られなどして)気絶した; ぼうっとなった, (senseless). He was knocked ～ by the news. 彼はそのニュースを聞いて呆(ぼう)然とした. bore a person ～ 人を退屈でうんざりさせる. drink oneself ～ 飲んでへべれけになる. laugh oneself ～ →laugh 動 他 3 (a). **5** 【クリケット】〔野手が〕打者に非常に接近した.

── 名 (複 **-lies**) C 【話】おばかさん《普通, 子供同士又は子供に向かって; 呼びかけ》. Of course I know that, ～. ばか, それはおれだってもちろん知ってるさ.
[＜古期英語「幸せな」; 16 世紀ごろ「ばかな, おめでたい」の意味が発生]

sílly bìlly 名 ＝silly.

sílly sèason 名 〈the ～〉【英】(ニュースの)夏枯れ時.

si·lo /sáilou/ 名 (複 **～s**) C **1** サイロ《飼料を蓄える普通, 円筒形の建物》; 地下貯蔵庫. **2** (ミサイルの)地下格納庫《発射装置も設置されている》. [＜ギリシア語]

sílo bùster 名 C 【軍俗】サイロバスター《サイロ内のミサイルを直接攻撃する ICBM》.

silt /silt/ 名 U (河口などの底の)沈泥.

── 動 他 VOA (～ /X/ *up*) X (河口など)を(沈泥で) ふさぐ. ── 自 VA (～ *up*) (沈泥で) ふさがる.

sílt·y 形 沈泥の[に似た]; 沈泥でいっぱいの.

Sil·u·res /síljərì:z/ 名 〈複数扱い〉シルリア人《古代ウェールズ南部に居住; ローマ侵攻に抵抗した》.

Si·lu·ri·an /sailú(ə)riən/ 形 **1** (古代英国の)シルリア人 (Silures) の. **2** 【地】シルル紀[系]の.

── 名 【地】〈the ～〉シルル紀[系].

sil·van /sílv(ə)n/ 形 ＝sylvan.

‡sil·ver /sílvər/ 名 (複 **～s** /-z/) **1** U **銀**《金属元素; 記号 Ag》. sterling ～ 純銀《純度 92.5%》. a tiepin made of ～ 銀のタイピン. **2** U **銀貨**; 貨幣, 金銭. £5 in ～ 銀貨 5 ポンド. I have some copper but no ～ with [on] me. 銅貨は少しあるけれど銀貨は持っていない. **3** U 〈集合的〉 **銀食器** 《銀又は類似の金属製のもの》; (食器, 燭(しょく)台などの)銀器 (silverware). table ～ 銀食器《ナイフ, フォーク, スプーンなど》. clean the ～ 銀器を磨く. **4** U 銀色, 銀白. **5** UC 銀メダル. win (a) ～ 銀メダルを獲得する.

── *形* Ⓒ̸ *1* **銀の**; *銀製の*; (★金に次ぐ貴重なものとしてしばしば比喩的に用いられる). a ～ mine 銀山. a ～ bell 銀の鈴. a ～ watch 銀時計. a ～ spoon 銀のスプーン. a ～ coin 銀貨. **2 銀色の**, 銀白の. ～ hair 銀髪. the ～ moon 銀のように光る月. **3** 銀本位制の. **4** 〔声, 音が〕澄んだ, さえた, 鈴を振るような; 〔弁舌が〕さわやかな. a ～ voice 澄んだ声.

be bòrn with a sìlver spóon in one's móuth → spoon.

── 動 他 **1** に銀をかぶせる, 銀めっきする. **2** 【雅】を銀色にする. Age has ～*ed* his hair. 寄る年波に彼も頭に霜を置くようになった. ── 自 銀色になる. [＜古期英語]

sìlver áge 名 〈the ～; しばしば S- A-〉【ギ・ロ神話】(黄金時代に次ぐ)銀の時代 (→golden age).

sìlver bírch 名 (複 **～, ～·es**) UC 【植】シラカバ.

sìlver dóllar 名 C (米国のかつての) 1 ドル銀貨.

síl·ver·fìsh 名 (複 →fish) C **1** 銀魚, シロガネウオ《銀色の金魚》; 〈一般に〉銀色の魚. **2** 【虫】シミ《紙, 衣服を食う》.

sílver fòil 名 U **1** 銀箔(ぱく). **2** (チョコレート, たばこなどの包装用)銀紙; ＝tinfoil.

sìlver fóx 名 【動】C 銀ギツネ; U その毛皮.

sìlver íodide 名 U 【化】ヨウ化銀.

sìlver júbilee 名 C 25 年祭; 【英】即位 25 周年記念祭; (→jubilee).

sìlver líning 名 C 〈普通, 単数形で〉(どんな不幸な境遇にもある)希望の光, 明るい半面《Every cloud has a ～. (苦あれば楽あり, どんな雲も裏は日に当たって銀色に輝いている)という諺から》.

sìlver médal 名 C 銀メダル.

sil·vern /sílvərn/ 形 【古】銀の(ような).

sìlver nítrate 名 U 【化】硝酸銀.

sílver pàper 名 U 【英】 **1** ＝silver foil 2. **2** (銀器等を包む)上質薄紙.

sìlver pláte 名 U 〈集合的〉銀(めっき)の食器.

sìlver-pláted /-əd ⑧/ 形 銀めっきの.

sìlver scréen 名 C (映画の)銀幕《映写用の幕》; 〈the ～〉〈集合的〉映画.

sílver·sìde 名 U 【英】(牛の)最上のもも肉.

sílver·smìth 名 C 銀細工師.

sílver stàndard 名 〈the ～〉銀本位制.

Sìlver Stár 名 【米陸軍】銀星勲章.

Sílver·stòne 名 **1** U 【商標】シルヴァーストーン《フッ素樹脂加工の金属表面こげつき防止加工》. **2** シルヴァーストーン(サーキット)《英国 Northamptonshire にある自動車レース場》.

sìlver-tóngued /⑧/ 形 【主に雅】雄弁な.

sílver·wàre 名 U 〈集合的〉銀器 (→silver 名 3).

sìlver wédding (annivèrsary) 名 C 銀婚式《結婚 25 周年の祝い》.

†sil·ver·y /sílv(ə)ri/ 形 **1** 銀色の, 銀白色の. ～ hair 銀髪. **2** 〔音が〕さえた, 鈴を振るような. a ～ voice 鈴を振るような声.

Sil·ves·ter /silvéstər/ 名 男子の名.

Sil·vi·a /sílviə/ 名 女子の名.

Sim /sim/ 名 Simeon, Simon の愛称.

Si·me·non /sí:mənɔ̃(:)ŋ/ 名 **Georges** ～ シムノン (1903–89)《フランスの推理小説家; メグレ (Maigret) 警部物で有名》.

Sim·e·on /símiən/ 名 男子の名《愛称 Sim》.

sim·i·an /símiən/ 形 サルの; 類人猿の; サルのような.

── 名 C サル; 類人猿.

‡sim·i·lar /símələr/ 形 ⓜ **1 類似した**, 共通点のある, 同様の, 〈*to* ..と/*in* ..が〉(類語 一般に like より類似の程度が低い; →alike). a ～ example 類例. The earth is ～ *to* an orange *in* shape. 地球は形がオレンジに似ている. **2** 【数】相似の. ～ triangles 相似 3 角形. ◇↔ dissimilar 名 similarity, similitude [＜ラテン語 *similis*「似ている」]

†sim·i·lar·i·ty /sìməlǽrəti/ 名 (複 **-ties**) **1** U 類似, 相似, (類語 性質などの部分的な類似; →likeness). ～ of character 性格の類似. **2** C 類似点, 同様の点. There are many *similarities* between the two districts. これら 2 つの地方には多くの類似点がある.

連結 a strong [a close; a marked; a striking; a

vague] ～ // bear a ～ to..

†sim·i·lar·ly /símələrli/ 副 **1** 類似して, 同じように. my grandfather and another, ～ old man 私の祖父ともう一人の同じくらい年を取っている人.
2 同様に. Plants need water and sunshine. *Similarly*, men need stimulus and argument for their mental growth. 植物は水と太陽を必要とする, 同様に人間はその精神的成長のために刺激と論争を必要とする.

†sim·i·le /síməli:|-li/ 名 UC 〖修辞学〗直喩(ゆ), 明喩, 《as, like などを使ってある物にたとえる比喩: *as* easy *as* ABC (ABC のように易しい), fight *like* a lion (ライオンのように戦う＞獅子(し)奮迅する); →metaphor》. [ラテン語「似たもの」]

si·mil·i·tude /similət(j)ù:d/ 名〖雅〗**1** U 類似, 相似, (類語 similarity より形式ばった語; →likeness). **2** C 類似した物[人]. **3** C 比喩(ゆ), たとえ. talk in ～s 比喩を使って話す.
in the simílitude of.. ..の姿で, ..を模して.

†sim·mer /símər/ 動 自 **1** (とろ火で)ぐつぐつ煮える; 〔湯が〕(沸騰直前の状態で)ちんちんいう (→boil). The soup is ～*ing*. スープがぐつぐつ煮えている. **2** 〔人が〕煮えくり返る, 今にも爆発しそうになる, 〈*with*..〔怒りなど〕で〉; 〔抗争などが〕くすぶり続ける. ～ *with* rage 今にも怒りが爆発しそうになる. The ～*ing* racial tensions were at last brought to a boil. 鬱(うっ)積した人種間の緊張がついに爆発した. Discontent is ～*ing* in the working classes. 労働階級の間で不満が高まっている.
── 他 (とろ火で)をぐつぐつ[とろとろ]煮る.
sìmmer dówn 〔人, 怒り, 事態などが〕静まる, 冷静になる, 〈しばしば命令文で〉.
── 名 C 〈単数形で〉煮え立つ寸前の状態; (怒りなどが)爆発寸前の状態. keep soup *at* a [*on* the] ～ スープをとろ火で煮続ける. [擬音語]

Si·mon /sáimən/ 名 **1** 男子の名《愛称 Sim》.
2 〖聖書〗シモン《キリストの 12 使徒の 1 人》. **3 Neil** ～ サイモン (1927–)《米国の劇作家・台本作者》.
4 Paul ～ サイモン (1941–)《米国の歌手・作詞作曲家; Simon and Garfunkel のコンビで有名》.
(the rèal) Sìmon Púre 本物《人, 物について言う; Simon Pure は 18 世紀の英国喜劇中の人物の名》.

Sìmon Péter 名〖聖書〗シモン・ペトロ (→Peter 2).

si·mon-pure /sàimənpjúər ⑱/ 形 本物の, 正真正銘の, (genuine)《＜(the real) SIMON Pure》.

Sìmon Sáys 名 サイモンセッズ《リーダーが "Simon says" と言ってから出す指示に従って動作をするジェスチャーゲーム》.

si·mo·ny /sáiməni, sím-/ 名 U 〖史〗聖職売買.

si·moom, si·moon /simú:m/, /-mú:n/ 名 C シムーム, シムーン《アラビア地方の熱い砂あらし》.

simp /simp/ 名〖米俗〗＝simpleton.

sim·pat·i·co /simpǽtikou/ 形〖米話〗**1** 気の合う; 人好きのする (likable). **2** 意見が一致して〈*about*..について〉. [イタリア語 'sympathetic']

sim·per /símpər/ 名 C (間の抜けた)作り笑い, にやにや笑い. ── 動 自 (間の抜けた)作り笑いをする.

sím·per·ing·ly /-p(ə)riŋli/ 副 にやにやして.

‡sim·ple /símp(ə)l/ 形 e (★2 (b), 5 は ©)(**～r** /-ər/|**～st** /-əst/) 【単純な】 **1** 簡単な, 易しい. a ～ problem 簡単な問題. a ～ explanation 分かりやすい説明. a book written in ～ English 易しい英語で書かれた本. I wish I could study abroad, but it's not as ～ as that. 〖話〗留学できればしたいけど, そうは簡単にいかない. The job he gave me was ～ to do. 彼のくれた仕事は簡単だった (★It を主語にした文型も用いる: It was ～ to do the job he gave me.)
2 〈普通, 限定〉(**a**) 〔構造, 組織などが〕単純な (→complex). a ～ tool 単純な道具. An amoeba is a one-celled organism, the ～*st* form of life. アメーバは単細胞生物, つまり最も単純な生命体だ. →simple machine. (**b**) 単一の, 単.. (★術語に付けて用いる). a ～ eye (昆虫の)単眼. a ～ substance 単体《1 元素から成る物質》. ～ time 単純拍子《2, 3, 4 拍子》. →simple interest, simple sentence.
3 【飾らない】 **質素な**, 地味な, 飾り気のない. ～ food 粗食. enjoy a [the] ～ life in the country 田舎で質素な生活を楽しむ. **4** 〖雅〗〈限定〉身分の卑しい; 平民(の出)の. ～ people 庶民. a ～ farmer 一介の農民. a ～ soldier 一兵卒.
5 【純然たる】〈限定〉**全くの**, 純然たる. ～ madness 全くの狂気の沙汰(た). the ～ truth 全くの真実. I couldn't attend the meeting for the ～ reason that I had missed the plane. 飛行機に乗り遅れたばっかりにその会合に出られなかった.
【純真な】 **6 無邪気な**, 純真な; 実直な, 素朴な. My husband is as ～ as a child. 夫は子供のように無邪気です. **7** (**a**) お人よしの, だまされやすい; 愚かな. I'm not so ～ as to believe you. 私は君の言うことを信じるほどお人よしではない. (**b**) 〖話〗〈叙述〉精神薄弱で; 〔老人などが〕'ぼけて'. ◇名 simplicity 副 simply 動 simplify
pùre and símple →pure.
── 名 C 〖古〗薬草.
[＜ラテン語 *simplus*「単一の, 単純な」]

sìmple fráction 名 C 〖数〗単分数.

sìmple frácture 名 UC 〖医〗単純骨折 (→compound fracture).

sìmple·héarted /-əd ⑱/ 形 純真な, 素直な; 愚「直な.

sìmple ínterest 名 U 〖経〗単利 (→compound interest).

sìmple machíne 名 C 単純機械《lever, wedge, pulley, wheel and axle, inclined plane, screw を言う》.

sìmple-mínded /-əd ⑱/ 形 純真な; お人よしの, 単純な; ばかな, 低能な. ▷**～·ly** 副 **～·ness** 名

sìmple séntence 名 C 〖文法〗単文 (→sentence, compound sentence, complex sentence).

Sìmple Símon 名 何でも信じ込む間抜け(のサイモン)《童謡の登場人物の名から》.

sìmple ténse 名 UC 〖文法〗単純時制《She sings [sang]. (彼女は歌う[歌った])のように助動詞なしで表現される時制; この例は単純現在[過去]時制》.

sim·ple·ton /símp(ə)lt(ə)n/ 名 C 〖旧〗ばか, まぬけ.

sim·plex /símpleks/ 形 **1** 単純な; 単一の; (↔complex). **2** 〖通信〗単信方式の. [ラテン語 'one-fold, simple']

‡sim·plic·i·ty /simplísəti/ 名 (複 **-ties** /-z/) **1** U **簡単**, 平易; 単純, 単一. The idea is ～ itself. その考えはきわめて簡単だ. For ⌞the sake of ～ [～'s sake], we'll discuss only this topic. 事を分かりやすくするため, この話題に限って議論しよう. **2** U **質素**, 地味. a life of ～ 質素な生活. **3** U **無邪気**, 純真, 素朴. He smiles with childlike ～. 彼は子供のように無邪気に笑う. **4** U 愚直, 人のよいこと, 単純. **5** C 〈普通 -ties〉簡単[質素, 素朴]なもの. ◇形 simple [simplex, -ity]

sim·pli·fi·ca·tion /sìmpləfəkéiʃ(ə)n/ 名 **1** UC 簡略化, 単純化. **2** C 簡略化[単純化]したもの.

sim·pli·fied 形 単純[簡略]化した; 平易な. a story in ～ English 易しい英語で書かれた話.

***sim·pli·fy** /símpləfài/ 動 (**-fies** /-z/|過 過分 **-fied** /-d/|**～·ing**) 他 を**単純化する**; を簡単にする, 平易にする. ～ an explanation 説明を分かりやすくする.
◇形 simple [simplex, -ify]

‡sim·plis·tic /simplístik/ 形 過度に単純化した. a ～ solution 安直な解決方法.

S

▷**sim·plís·ti·cal·ly** /-k(ə)li/ 副 単純に割り切って.

‡**sim·ply** /símpli/ 副 m (★4, 5 は ©) **1 簡単に**, 平易に; あっさりと. explain ～ 簡単に説明する. to put it ～ 簡単に[手短に]言えば. Jim solved this problem quite ～. ジムはこの問題をやすやすと解いた.
2 質素に, 地味に. live ～ 質素に暮らす. The girl was dressed ～. 娘は質素な服を着ていた.
3 無邪気に; 愚かにも.
4 (a) 〈後続の語, 句, 節を強調・修飾して〉 **単に**, ただ, (only). read books ～ for pleasure ただ娯楽のために本を読む. Bess is ～ a child. ベスはまだほんの子供だ. I say this ～ because I'm afraid for you. 君のことを心配するからこそこんなことを言うのだ. It's ～ that Tom needs money. それはただトムが金を必要とするからなんだ. **(b)** 全然, 絶対に, 〈普通, 否定文で〉. I ～ can't stand it. 僕にはそれはとても我慢できない. I ～ refuse to do it. そんなことをするのは絶対お断りだ. **(c) 全く**, ひどく, すごく. That's ～ ridiculous. それは全くばかげている. The play was ～ divine. あのお芝居すごくよかったわ.
5 〈しばしば文頭に用いて〉 率直に言って; 明らかに. Quite ～, it's not a wise choice. はっきり言ってそれは賢明な選択ではない.

Simp·son /símpsən/ 名 男子の名.

sim·u·la·crum /sìmjəléikrəm/ 名 (複 **sim·u·la·cra** /-krə/, **～s**) C 〖章〗 **1** 像; 似姿. **2** 影, 幻影. **3** 偽物. [ラテン語 'likeness']

†**sim·u·late** /símjəlèit/ 動 他 **1** のふりをする, に見せかける, を装う. ～ illness [anger] 仮病を使う[怒ったふりをする]. **2** をまねる, 模する, 模造する; の模擬演習[実験]をする, をシミュレートする. The exercise ～*d* actual battle conditions. 演習は実戦を模したものだった. **3** 〖生物〗〔昆虫などが〕の擬態をとる. The butterfly ～*s* a leaf. そのチョウは葉の擬態をとる. [＜ラテン語「まねる」(＜*similis* 'like')]

sím·u·làt·ed /-əd/ 形 まねた, 似せた, 装った; 〔毛皮, 宝石などが〕模造の.

†**sìm·u·lá·tion** 名 UC **1** 見せかけ, ふり; 〖生物〗擬態. **2** シミュレーション 《コンピュータを用いて諸現象の動向予測や問題分析をする手法》, 模擬実験.

sim·u·la·tor /símjəlèitər/ 名 C シミュレーター 《実物そっくりの模型の装置; 自動車[飛行機, 宇宙船]運転などの訓練用や遊戯用》.

si·mul·cast /sáim(ə)lkæ̀st, sím-|-kɑ̀ːst/ 動 (→cast) 他 を同時放送する 《テレビとラジオ, AM と FM, 音声多重放送で; ＜*simul*taneous＋broad*cast*》.
── 名 C 同時放送.

si·mul·ta·ne·i·ty /sàim(ə)ltəníːəti, sìm-/ 名 U 同時性, 同時であること.

†**si·mul·ta·ne·ous** /sàim(ə)ltéiniəs, sìm-|sìm- ⊛/ 形 同時の, 同時に起こる; 同時に存在する; 〈*with* ..と〉. ～ interpretation 同時通訳. [ラテン語 *simul*「同時に」, momen*taneous*] ▷**～·ness** 名

simultàneous equátions 名 〈複数扱い〉〖数〗 連立方程式.

†**si·mul·ta·ne·ous·ly** /sàim(ə)ltéiniəsli, sìm-/ 副 同時に, 一斉に. The two accidents happened ～. その2つの事故は同時に起こった.

‡**sin**[1] /sin/ 名 (複 **～s** /-z/) **1** UC **罪**, 罪悪, (類語 宗教上・道徳上の罪; →crime, offense). commit a ～ 罪を犯す. *It is a ～ to tell lies.* うそを言うのは悪いことだ. My ～ has found me out. 私がその犯人だということがばれた 《聖書『民数記』の文による》. A certain sect considers going to a movie a ～. ある宗派では映画を見に行くことを罪と考える. →seven deadly sins, mortal sin, original sin.

> 連結 an unforgivable [an unpardonable; a venial] ～ // expiate [atone for] one's ～; forgive a person's ～

2 C 違反, 過失, 〈*against* ..〔慣習など〕に対する〉. a ～ *against* good manners 無作法.
3 C 〖戯〗ばかげたこと, ひどいこと, 常軌を逸したこと. It's a ～ to spend a fine day like this indoors. こんないい天気に家の中にいるなんてもってのほかだ.
(as) mìserable as sín 〖話〗とっても哀れな.
(as) ùgly as sín 〖話〗とっても醜い.
còver [hìde] a mùltitude of síns 〖しばしば戯〗〔(嫌な)事実など〕を隠す[伏せる], 臭いものにふたをする.
for one's síns 〖英話・戯〗何かの罪で. I am in the garment industry *for* my ～*s*. 何の因果か衣料屋をやってます.
lìke sín 〖俗〗ひどく, 激しく; むきになって.
lìve in sín 〖旧婉曲・戯〗(未婚のまま)同棲(せい)をする (cohabit).
── 動 (**～s** /-z/|過 過分 **～ned** /-d/|**sín·ning**) 自
1 罪を犯す 〈*against* ..に対して〉. I have ～*ned*. 私は罪を犯しました. I am a man more ～*ned against* than ～*ning*. 罪を犯したがそれ以上に他人からひどい目に遭わされた男だ《Shakespeare 作 *King Lear* から》.
2 VA (**～ *against* ..**)〔礼儀作法, 法律など〕に背く. ～ *against* propriety [the law] 礼儀にもとる[法を犯す]. [＜古期英語]

sin[2] /sain/ sine.

Si·nai /sáinai/ 名 **1 Mount ～** 〖聖書〗シナイ山《モーセが神から十戒を授かった所》. **2** シナイ半島《紅海北端に臨む; **the Sìnai Península**》.

Sin·bad /sínbæd/ 名 ＝Sindbad.

‡**since** /sins/ 接 **1 ..以来**, ..した時から.

> 語法 (1) 過去のある時から現在まで, 時には過去, 又は未来のある時まで継続する, 又はその間に起こった事柄の起点を表す. (2) 普通 since 節の動詞は過去形であるが, 〖話〗では完了形になることもある: It's been ages ～ I've seen Tom. (〖話〗もう随分長くトムに会っていない); 特に, その状態が今でも続いている場合に完了形が自然である: I've read three English novels ～ I've been ill. (病気になってから英語の小説を3冊読んだ) (3) 主節の時制は, (「..以来」の意味での) since の品詞を問わず完了形が普通であるが, 主節の動詞が be や状態などを表す場合, 又は特に 〖主に米〗 では現在[過去]形も少なくない: I'm feeling better ～ I had an operation. (手術を受けてからの方が体調が良い) *Since* the accident I walk with a limp. (事故以来私は足を引きずって歩いている) I lost five kilos ～ I started jogging. (ジョギングを始めてから体重が5キロ減った)

It is [has been 〖主に米〗] two years ～ he left for Hawaii. ＝Two years have passed ～ he left for Hawaii. 彼がハワイに行ってから2年になる. Pat and I have been good friends ～ we met first. パットと私は最初会った時から仲良しです.
2 ..なので, ..である以上. *Since* we live in the computer era, you should get used to personal computers. 今はコンピュータの時代なのだからパソコンに慣れたほうがいいですよ. *Since* you're drunk, go by taxi. 君は酔っているんだからタクシーで行きなさい. *Since* she wants to go, I'd let her. 彼女は行きたがっているのだから, そうさせてやろう.

> 語法 (1) because より意味が弱く, 話し相手が既に知っている理由を述べる (→because 1 類語). (2) この意味での since 節 は文頭に来ることが多い.

── 前 **..以来**, ..から(今まで), (語法 接続詞の用法に準ずる; →接 1 語法 (1), (3)). Susan has been sick in

S

bed ～ last Sunday. スーザンは先週の日曜日から病気で寝ている. I haven't eaten anything ～ yesterday. 昨日(食べて)から何も食べていない. She's been my secretary ～ leaving university. 彼女は大学を出てからずっと私の秘書をしている. *Since* when do you have so much money? 〖主に米話〗一体いつからそんなに金持ちになったのだ (→接 1 語法 (3)). I had been in Africa ～ the year before. 私はその前年からアフリカに住んでいた. the greatest inventor ～ Edison エジソン以来の傑出した発明家. I spoke to him for the first time ～ the party. そのパーティー以後初めて彼と口をきいた.

Sìnce whén? 〖主に米話〗〈驚きなどを表して〉いつから(そうなんだ); (そんなの)聞いてない, 初耳だ, (→用例の第4番目参照).

── 副 ⓒ **1 それ以来**, その後, (語法 普通, 現在完了形と共に用いる). Things have changed ～. それ以来, 事態は変わった. He went over to Italy two years ago and I haven't heard from him ～. 彼は2年前にイタリアに渡ったがその後私は彼から便りをもらっていない. The old bridge has ～ been reconstructed. その古い橋はその後架け直された.

2 ..前に (ago) (語法 過去時制, 現在時制と共に用いる). My grandma died many years ～. 祖母はずっと前に死んだ.

èver sínce →ever.

lòng sínce ずっと以前に, ずっと以前から. He has *long* ～ given up golf. 彼がゴルフをやめてから久しい. The incident happened *long* ～. その事件はずっと以前に起きた.

nòt lòng sínce 最近, つい先ごろ.

[＜中期英語 *syn(ne)s* (＜古期英語 *sīththan* 'after that')]

‡sin·cere /sinsíər/ 形 ⓔ (**-cer·er** /-sí(ə)rər/|**-cer·est** /-sí(ə)rəst/), ⓜ **1** 〔人が〕**誠実な**; 忠実な〈*in* ..〔信念, 約束など〕に〉; (類語 自分に忠実で, うそ・ごまかし・見せかけが全くない; →faithful, true). a ～ friend 誠実な友人. She is not quite ～ *in* what she says. 彼女の言うことはそっくり本心からとは言えない.

2 〔感情, 行動などが〕**心からの**, **偽りのない**. ～ thanks 心からの感謝. I believe this letter to be entirely ～. この手紙(の内容)は全く本心から出たものと思う.

◇↔false, insincere 名 sincerity. [＜ラテン語 *sincērus*「純粋な」]

***sin·cere·ly** /sinsíərli/ 副 ⓜ **心から**, 本当に. She thanked them ～. 彼女は心から彼らに感謝した.

Yòurs sincérely, ＝***Sincérely yòurs,*** →yours.

***sin·cer·i·ty** /sinsérəti/ 名 Ⓤ **誠実**, 誠意; 正直; まじめさ. a man of ～ 誠実な男性. speak in all ～ 〖章〗まごころをもって話す. ◇形 sincere

Sin·clair /síŋkleər, ‐́‐/ 名 シンクレア **1 Sir Clive** ～ (1940‐)《英国の電気装置の発明家; 1人用の一種の電気自動車 Sinclair C5 を発明した》. **2 Upton** ～ (1878‐1968)《米国の小説家; 社会の不正・腐敗を暴く作品を書いた》.

Sind·bad /sín(d)bæd/ 名 シンドバッド (**Sìndbad the Sáilor**)《『アラビアンナイト』の中の船乗り》.

sine /sain/ 名 Ⓒ 〖数〗サイン, 正弦, 《略 sin》.

si·ne·cure /sáinikjùər, sín-/ 名 Ⓒ (収入, 名誉を与えるためだけの)閑職; 楽で収入のいい仕事, 〈特に〉実働のない有給聖職. [＜ラテン語 'without care']

si·ne die /sàini-dáii:/ 副 無期限に. [ラテン語 'without day']

si·ne qua non /sìni-kwɑ̀:-nɑ́n, sàini-kwèi-nóun|-nɔ́n/ 名 Ⓒ 必要条件, 不可欠のもの. [ラテン語 'without which not']

sin·ew /sínju:/ 名 **1** ⓊⒸ 〖解剖〗腱(けん) (tendon). **2** 〈～s〉筋肉 (muscles); 体力, 腕力; 精神力. a man of ～ 筋骨たくましい男性; 精力的な男性. **3** 〈～s〉支えとなるもの; 資力, 資金. the ～*s* of war 軍資金, 戦費. [＜古期英語「腱」]

†sin·ew·y /sínju(:)i/ 形 **1** 筋骨たくましい, がっしりした. ～ arms 太い腕. **2** 〔肉が〕筋っぽい, 固い. **3** 〔文体などが〕引き締まった, 力強い.

†sin·ful /sínf(ə)l/ 形 **1** 罪深い, 罪のある. **2** ひどい, 恥ずべき, 〈*to* do ..するのは〉. a ～ waste of money ひどい金のむだ使い. ▷ **～·ly** 副 罪深く; ひどく. **～·ness** 名 Ⓤ 罪深さ.

‡sing /siŋ/ 動 (**～s** /-z/|過 **sang** /sæŋ/, 〖旧〗**sung** /sʌŋ/|過分 **sung**|**síng·ing**) 自 【**歌う**】 **1** (歌を)歌う; 歌う〈*to* ..〔楽器など〕に合わせて/*for, to* ..に向かって〉. My older sister ～*s* very well. 姉は歌がとても上手だ. Dad likes ～*ing*, but he ～*s* out of tune. 父は歌うのが好きですが音痴です. We *sang to* the piano. 私たちはピアノの伴奏で歌った. *Sing to* us. 歌って聞かせて.

2 〔小鳥, 虫などが〕鳴く, さえずる, 〈*away, on*〉. Birds are ～*ing* (*away*) merrily in the trees. 小鳥たちが木々の間で楽しく歌っている.

3 〖米俗〗密告する, 'さえずる'.

【**歌うように鳴る**】 **4 (a)** 〔やかんなどが〕しゅんしゅんいう〈*away*〉; 〔耳が〕鳴る. The kettle is ～*ing*. やかんがしゅんしゅんいっている. My ears are ～*ing*. 耳鳴りがする. **(b)** VA 〔風, 弾丸などが〕びゅーびゅー音を立てていく; 〔小川などが〕さらさら流れる; 〈*past, through* (..を通り過ぎて)〉. The bullet *sang past* my ear. 弾丸がひゅーんと私の耳をかすめた.

【**詩歌を作る**】 **5** 〖雅〗詩作する, 歌を詠(よ)む; (歌, 詩で)賛美する〈*of* ..を〉. ～ *of* the glories of the past 過去の栄光を賛美する.

── 他 **1 (a) を歌う**; (オペラなどで)の役を演じて歌う. ～ a song 歌を歌う. We *sang* 'White Christmas' together. 私たちは「ホワイトクリスマス」を一緒に歌った. ～ (the part of) Carmen カルメン(の役)を演じて歌う. **(b)** VO (～ "引用")「..」と歌う. He began to ～ 'Row, row, row your boat...' 彼は「漕(こ)げ, 漕げ, 漕げよ, ボート漕げよ..」と歌い出した.

(c) VOO (～ X Y)・VOA (～ Y *for* [*to*] X) **X に Y を歌う**. *Sing* us a song, Mommy. ＝*Sing* a song *for* us, Mommy. ママ, 歌を歌って聞かせて.

2 VOA (～ X *to* ..) X に歌を歌って..の状態にさせる; (～ X *away*) 歌って X (悩みなど)を解消する. ～ a baby *to* sleep 歌って赤ん坊を寝かしつける. ～ one's cares *away* 歌って心配事を忘れる.

3 VOA (～ /X/ *out*) X (旧年)を歌って送る; (～ /X/ *in*) X (新年) を歌って迎える. ～ the old year *out* and the new year *in* 歌って旧年を送り新年を迎える.

4 〔小鳥などが〕をさえずる.

5 〖雅〗を歌に詠む; を賛美する. ◇名 song

sìng alóng 合わせて歌う〈*with* ..〔人, 曲など〕に/*to* ..〔曲など〕に〉. The audience *sang along with* the singers on the stage [*to* 'Auld Lang Syne']. 聴衆は舞台の歌手[「過ぎ去った日」(＝蛍の光)の曲]に合わせて歌った.

sìng anòther [a dìfferent] sóng ＝sing another [a different] TUNE.

sìng óut 〖話〗どなる, 大声で言う, 〈*for* ..を求めて〉.

sìng /../ óut 〖話〗..をどなる, 大声で言う.

sìng X's práises＝***sìng the práises of*** X X (人, もの)をほめそやす.

sìng the sàme sóng 同じことを繰り返す.

sìng úp 〖主に英〗(もっと)声を張り上げて歌う〈しばしば命令文で〉.

── 名 Ⓒ 〖話〗歌うこと; 〖米〗合唱の集い (〖英〗singsong). [＜古期英語]

sing. singular.

síng·a·ble 形 歌える, 歌いやすい.

síng-alòng 名 Ⓒ 〖米〗(観客などによる)合唱; (気楽

な)合唱の集い.

Sin·ga·pore /síŋ(g)əpɔ̀:r|sìŋgəpɔ́:/ 名 **1** シンガポール《マライ半島の南端の島; もと英国の直轄植民地で今は共和国; 英連邦の一員》. **2** シンガポール《シンガポール共和国の首都; 港市》. [サンスクリット語「ライオンの町」]

singe /sindʒ/ 動 他 **1** の表面を焦がす(類語 ごく表面的な焦げ方, また料理用に毛をむしった鳥などの残った短い毛を焼いて除く場合にも用いる; →scorch). I ~*d* my right eyebrow while lighting a cigarette with a lighter. ライターでたばこに火をつけていて右の眉(まゆ)毛を焦がした. ~ a fowl 鳥の毛焼きをする. **2** 〔布〕のけばを焼く. **3** 〔髪〕に(ヘア)アイロンをあてる[掛ける]. ── 自 焦げる.
singe one's wings (冒険して)しくじる; 名声を傷つける.
── 名 C 焼け焦げ(の跡). [<古期英語]

Sing·er /síŋər/ 名 シンガー **1** 《米国のミシンなどの製造会社》. **2 Isaac Ba·shev·is** /bɑ:ʃévis/ ~ (1904–91)《ユダヤ系米国作家; ノーベル文学賞 (1978)》.

‡**sing·er** /síŋər/ 名 (複 ~s /-z/) C **歌手**; 歌う人, 歌い手. a good [bad] ~ 歌のうまい[下手な]人. a ~ songwriter 歌手兼作詞作曲家. [sing, -er[1]]

Sin·gha·lese /sìŋgəlí:z ◈/ 形, 名 =Sinhalese.

***síng·ing** 名 **1** U **歌うこと**, 歌唱, 声楽; 歌声. a ~ lesson 歌のレッスン. **2** U さえずり; 鳴ること, びゅーびゅーという音. a ~ bird 鳴鳥. **3** aU 耳鳴り. I have a ~ in my ears. 耳鳴りがする.

‡**sin·gle** /síŋg(ə)l/ 形 ⓒ **1** 〈限定〉(**a**) たった1つ[1人]の, 単独の; 〈否定文で〉ただの1つ[1人]も. a ~ sheet of paper たった1枚の紙. Not a ~ clue was found. 手がかり1つ見つからなかった. (**b**) 個別の, それぞれの, (★しばしば every, 形容詞の最上級などを伴って個別性を強調する). Here we don't deal with ~ problems. ここでは個別の問題は扱わない. every ~ person だれもかれも. the ~ greatest state occasion 最も重要な公式行事の1つ.
2 独身の (↔married); 恋人のいない; 孤独な, 1人だけの. ~ life 独身(生活). ~ blessedness 独身(の気楽さ). remain ~ 独身で通す. He came ~ to the party. 彼はパーティーに1人でやって来た. a ~ mother with a son 男の子を連れた独り身の母親.
3 〈限定〉**1人用の**; 1家族用の. a ~ bed シングルベッド (→double bed, twin bed). reserve a ~ room 1人部屋を予約する.
4 〔競技などが〕**シングルスの**; 1対1の. ~ tennis テニスのシングルス.
5 〔花などが〕**ひと重の**. a ~ rose ひと重咲きのバラ.
6 〔数が〕ひと桁(けた)の. in ~ figures ひと桁の数字で.
7 〖英〗〈限定〉**片道の** (〖米〗 one-way; ↔return). a ~ ticket 片道切符.
── 名 C **1** 〖英〗片道乗車券 (↔return).
2 〖テニスなど〗〈~s; 単数扱い〉 シングルス (→double, mixed doubles). **3** 〖野球・クリケット〗単打, シングルヒット; 〖ゴルフ〗2人試合 (→foursome).
4 〈普通 ~s〉独身者. a club for ~*s* 独身者クラブ. → singles bar. **5** 〖話〗〈普通 ~s〉〖米〗1ドル札; 〖英〗1ポンド札. $10 in ~*s* 1ドル札で10ドル.
6 (レコードの)シングル盤 (↔LP, album).
7 (ホテルの) 1人部屋 (→double room, twin room).
── 動 (~*s* /-z/|過 過分 ~*d* /-d/|-*gling*) 他 VOA (~/X/ *out*) Xを**選抜する**, 選び出す, 〈*for* ..のために/*as* ..として/*to* do ..するよう〉. He was ~*d out for* promotion. 彼は抜擢(てき)されて昇格した. ── 自 シングルヒットを打つ. [<ラテン語 *singulus*「個別の」]

sìngle-áction /◈/ 形 〔拳(けん)銃が〕シングル・アクションの《撃鉄 (hammer) を起こしてから引金を引く(旧式); 引金を引くだけでよいのは **dòuble-áction**》.

sìngle-bréasted /-əd ◈/ 形 〔上着が〕シングルの, 片前の, (→double-breasted).

sìngle cómbat 名 UC 一騎打ち.

sìngle créam 名 U 〖英〗(乳脂肪分が比較的少な)クリーム.

sìngle cúrrency 名 (複 **-cies**) C (数か国共通の)単一通貨.

sìngle-décker 名 C (double-decker に対して) 2階なしのバス[電車].

sìngle éntry 名 (複 **-tries**) UC 〖簿記〗単式記帳法 (→double entry).

Sìngle Europèan Márket 名 〈the ~〉単一ヨーロッパ市場《EU が目指す自由貿易市場; 通貨統合し加盟国間の物流, 人の移動などに制約がない; →EU》.

sìngle-éyed /◈/ 形 **1** 片目の. **2** わき目もふらぬ, ひたむきな.

sìngle fíle 名 U 1列縦隊 (★副詞的にも使う). walk (in) ~ 1列縦隊で歩く.

‡**sìngle-hánded** /-əd ◈/ 形 **1** 片手の; 片手用の. **2** 独力の, 単独の. ── 副 片手で; 独力で. ▷ **~·ly** 副

sìngle-héarted /-əd ◈/ 形 誠実な; いちずな, ひたむきな. ▷ **~·ly** 副 **~·ness** 名

síngle·hòod 名 U 未婚[独身]であること[の状態].

síngle-lèns 形 〖写〗1眼の (→twin-lens). a ~ reflex (camera) 1眼レフ.

sìngle márket 名 〈しばしば S- M-〉=Single European Market.

‡**sìngle-mínded** /-əd ◈/ 形 1つのことに熱中した, ひたむきな. ▷ **~·ly** 副 ひたむきに. **~·ness** 名 U 熱中.

síngle·ness 名 U **1** 単一, 単独. **2** 独身. **3** 誠意; 専心. ~ of mind [purpose] 一意専心.

sìngle párent 名 C 片親《もう1人の親がいない》. a *single-parent* family=a ONE-PARENT family.

sìngle quótes 名 〖話〗〈複数扱い〉1重引用符《'';→quotation mark; double quotes》.

síngles bàr 名 C 独身者用バー《交際相手を求めて集まる》.

sìngle-séater 名 C 1人乗り自動車[飛行機, オートバイ].

síngle-sèx 形 男性・女性どちらか一方の(ための). a ~ school 男子[女子]校.

sìngle-spáce 動 をシングルスペースでタイプ[印刷]する《行間をあけない; →double-space》. 「合].

síngle·stìck 名 C (片手用の)木刀; U 木刀術[試合].

sin·glet /síŋglət/ 名 C 〖英〗(男子用の)袖(そで)なしシャツ《下着, 運動着用》.

sin·gle·ton /síŋg(ə)lt(ə)n/ 名 C **1** 〖トランプ〗1枚札《競技者の手にある孤立した札; →pair》. **2** 1人っ子.

sìngle-tráck /◈/ 形 **1** 〔鉄道が〕単線の; 〔道路が〕1車線の. **2** 1つの事しか考えられない, 融通の利かない.

síngle·trèe 名 C 〖米〗(馬車前部の)横木《ひき皮を結びつけるための棒》.

sìngle yellow líne 名 C 駐車可能を示す道路上の黄線.

†**sin·gly** /síŋgli/ 副 別々に, 1人[1つ]ずつ; 単独に. The guests came ~. お客はばらばらにやってきた. Misfortunes never come ~. 〖諺〗泣きっ面にハチ《不幸は決して単独では来ない》.

Síng Sìng 名 シンシン《New York 州の刑務所》.

síng·sòng 名 **1** aU (話し方の)単調さ, 棒読み, 《抑揚が一本調子》. **2** C 単調な歌[詩]. **3** C 〖英〗合唱の集い (〖米〗 sing, sing-along).
in a síngsong 単調な調子で.
── 形 単調な. in a ~ voice 単調な口調で.

‡**sin·gu·lar** /síŋgjələr/ 形 m **1** 〖章〗**まれに見る**, 並外れた, 非凡な. a man of ~ talent 非凡な才能の持ち主《男》. a girl of ~ beauty まれに見る美少女. This diary is of ~ interest to me. この日記は私には殊の外興味深い. **2** 〖旧章〗**奇妙な**, 風変わりな. ~ behavior 奇行. He has a most ~ countenance. 彼は何とも奇妙な顔をしている. **3** 〖文法〗単数の (↔plural). a ~

form 単数形. the ～ number 単数.
── [名]〘文法〙 **1** [U]〈普通 the ～〉単数. a noun in the ～ 単数名詞. **2** [C] 単数形.
[＜ラテン語 *singulāris*「単一の」; single, -ar]

sin·gu·lar·i·ty /sìŋgjəlǽrəti/ [名] ([複] **-ties**) **1** [U]〘旧章〙奇妙, 風変わり; 非凡, 類まれなこと. **2** [C]〘旧章〙奇異なもの; 特異性. **3** [U] 単一, 単独. **4** [C] ＝ black hole 1.

sín·gu·lar·ly [副] **1**〘旧章〙奇妙に, 不思議に. **2**〘章〙特に, 際立って.

Sin·ha·lese /sìnhəlíːz [移]/ [形] シンハラ(人, 語)の.
── [名] ([複] ～) **1** [C] (Sri Lanka の)シンハラ族の人. **2** [U] シンハラ語.

†**sin·is·ter** /sínəstər/ [形] [m] **1** 不吉な, 縁起の悪い. a ～ omen 不吉な前兆. **2** 悪意のある, 邪悪な, 不気味な. a ～ look 人相の悪い顔. a ～ grin 不気味な笑い. **3**〘紋章〙(紋章の盾(たて) (escutcheon) の)左側の《盾に向かって右側; ↔dexter》. [＜ラテン語「左(側)の」; ローマの占い師は左側を不吉と考えた]

sin·is·tral /sínistrəl/ [形] 左(側)の; 左利きの; (↔dextral).

‡**sink** /siŋk/ [動] (～s /-s/|[過] **sank** /sæŋk/,〘旧〙**sunk** /sʌŋk/|[過分] **sunk**,〘まれ〙**sunken** /sʌŋkən/|**sínk·ing**) [自]【沈む】 **1** (水面下などに)沈む (↔float); 沈没する; 〔太陽などが〕沈む. A fresh egg ～*s in* water. 新鮮な卵は水に沈む. The sun *sank* slowly below the horizon. 太陽はゆっくりと地平線の下に沈んでいった. His feet *sank in* the mud. 彼の足は砂にめり込んだ.
【落ち込む】 **2**〔地盤, 建物などが〕落ち込む, 下がる, 沈下する; 傾く. The ground around here has *sunk* five centimeters during the past 5 years. この辺りの地盤はこの5年間に5センチも沈下した.
3〔目が〕落ち込む, くぼむ; 〔ほおが〕こける; 〈*in*〉. Your eyes [cheeks] have *sunk* (*in*). 君は目がくぼんだね[ほおがこけたね].
4【倒れる】 [VA] くずれるように倒れ込む; 身を沈める; 〈*down, back*〉〈*into, on* ..〔ベッド, ソファーなど〕に〉. ～ *to* [*on*] one's knees がっくりと膝(ひざ)をつく. ～ (*down*) *into* an armchair ひじかけいすにぐったり[ゆったり]腰を下ろす.
5【陥る】 [VA] (～ *into* ..) ..の状態に陥る. ～ *into* a deep sleep 深い眠りに陥る. ～ *into* despair [poverty] 絶望[貧困]に陥る.
【下がる, 衰える】 **6**〔首, 肩などが〕垂れる, 下がる; 〔目が〕下を向く, うつむく. His shoulders *sank* in shame. 彼は恥ずかしさで肩を落とした.
7〔物価, 評価などが〕下がる, 低下する, 下落する; (数量が)落ち込む, 減る; 〔人が〕落ちぶれる; 堕落する. Prices are ～*ing*. 物価が下がっている. The yen *sank* lower against the dollar. 円がドルに対してさらに下落した. My income has *sunk* ten percent. 収入が10パーセント減った. The government *sank* in the public's estimation. 政府は大衆の信望を失った. He has *sunk* to cheating his old friend. 彼は落ちぶれて旧友を欺いた.
8〔風, 火勢などが〕おさまる〈*down*〉; 〔水が〕退く, 水位が下がる; 〔声が〕低くなる. The wind *sank down*. 風がおさまった. His voice *sank* to a whisper. 彼の声は低くなってささやき声に変わった.
9〔病人などが〕衰弱する, ぐったりする; 〔気力などが〕衰える, なえる. She's ～*ing* fast, and won't last the week. 彼女はどんどん衰弱していて, 今週いっぱいもつまい. My heart [spirits] *sank* at the news. その知らせを聞いてがっくりきた.
【入り込む】 **10** [VA] (～ *into, through* ..)〔水などが〕..にしみ込む, 浸透する; 〔針などが〕..に突き通る; (～ *into* ..)〔心など〕にしみる, 銘記される. Rain ～*s* fast *into* sandy soil. 雨は砂地にはすぐしみ込む. What he said *sank into* my mind. 彼の言ったことは私の心に深く刻まれた.
── [他]【沈める】 **1** を沈める, 沈没させる. ～ a ship 船を沈める. **2**〘話〙〔人, 計画など〕を挫折(ざせつ)させる, だめにする. I'll be *sunk* if you don't help me. 君が助けてくれなければ, 私はだめになる.
3【沈めて隠す】〔名前など〕を伏せる, 隠す; を無視する, 忘れる, 不問に付す. ～ evidence [one's identity] 証拠[身分]を隠す. ～ oneself [one's own interests] 自分の事[自分の利益]を忘れる. ～ minor differences 小異を捨てる.
【下げる, 弱める】 **4**〔目, 首など〕をうつむける, 落とす. **5**〔声, 音〕を低くする, ひそめる. ～ one's voice to a whisper 声をひそめてささやき声になる.
【入り込ませる】 **6**〔くい, 導管など〕を埋め込む; 〔井戸など〕を掘る; 〔文字など〕を彫る; 〈*in, into* ..に〉. ～ a post (in the ground) 柱を地面に打ち込む. ～ a well 井戸を掘る.
7 [VOA] (～ X *into* ..) X(刃, 歯, 爪など)を..に食い込ませる. ～ a knife *into* meat 肉にナイフを切り込ませる.
8 (a) [VOA] (～ X *in, into* ..) X(金, 時, 力など)を〔(回収不能の) 事業など〕につぎ込む, 投入する. I *sank* all my money *into* that project. 私は有り金を全部その事業につぎ込んだ. (b)〔財産〕を'する', つぶす.
【入れる】 **9**〘スポーツ〙〔球〕を入れる〈*into* ..〔ゴール, ホールなど〕に〉. **10**〘英話〙〔多量の酒など〕を飲む.
be súnk in .. 〔無気力, 物思いなど〕に沈んでいる. stay home, *sunk in* gloom 意気消沈して家にこもる.
sìnk ín (1) しみ込む. (2) 心にしみる, 十分に理解される.
sìnk or swím 沈むか浮かぶか; 一か八か, のるかそるか. His friends left him to ～ *or swim*. 彼の友人たちは(沈むなり浮くなり)勝手にしろと彼をほったらかした. It's really (a case of) ～ *or swim* to them. それはほんとうに彼らにとってのるかそるかである.
── [名] ([複] ～s /-s/) [C] **1** (台所の)流し;〘米〙洗面台; 下水溝; 汚水だめ; くぼ地. a kitchen ～ 台所の流し. a ～ unit 台所設備一式《流し, 水切り台, 下の方の戸棚などを含む》. **2**〘主に雅〙(悪などの)巣窟(そうくつ), たまり場.
[＜古期英語]

sínk·a·ble [形]〔船などが〕沈められる, 沈むおそれのある.

sínk·er [名] [C] **1** 沈める人[もの]; 井戸を掘る人. **2** (釣りの)おもり. **3**〘野球〙シンカー. **4**〘米話〙ドーナツ.

sínk·hòle [名] [C] **1** (流しの)穴; 汚水だめ. **2**〘地〙ドリーネ《すり鉢状くぼ地》.

sínking fèeling [名] [C]〈普通 a [that] ～〉〘話〙(恐怖, 不安, 空腹などによる)血の引くような不安感, 虚脱感.

sínking fùnd [名] [C] 減債基金.

sín·less [形] 罪のない, 潔白な; 純潔な. ▷～**·ness** [名]

†**sin·ner** /sínər/ [名] [C] (宗教, 道徳上の)罪人.

Sinn Fein /ʃìn-féin/ [名] シンフェーン党《アイルランドの完全独立を目指して1905年ごろ結成された》.
[アイルランド語 'we ourselves'] ▷～**·er** [名] [C] シンフェーン党員.

Si·no- /sáinou, sínou/ 〈複合要素〉「中国の」の意味 (Chino-). [フランス語]

Si·no-Jap·a·nese /sàinoudʒæpəníːz [移]/ [形] 日中(間)の. the ～ War 日清[中]戦争.

Si·nol·o·gist /sainɑ́lədʒist, si-|sinɔ́l-/ [名] [C] 中国研究家, シナ学者.

Si·nol·o·gy /sainɑ́lədʒi, si-|sinɔ́l-/ [名] [U] 中国学, シナ学.

sin·ter /síntər/ [名] [U] (温泉の)湯の花.

sin·u·os·i·ty /sìnjuɑ́səti|-ɔ́s-/ [名] ([複] **-ties**)〘章〙[U] 曲折, 湾曲; [C] (川などの)曲がり角, 湾曲部.

sin·u·ous /sínjuəs/ [形] **1** 曲がりくねった; 入り組んだ; 〔動きが〕しなやかな, くねくねした. **2**〔話などが〕遠回しの.
[＜ラテン語 *sinus*「曲折」] ▷～**·ly** [副]

si·nus /sáinəs/ [名] ([複] ～, ～**·es**) [C]〘解剖〙洞(どう); 静

脈洞; 〖医〗瘻(ろう). [ラテン語 'bend, hollow']
si·nus·i·tis /sàinəsáitis/ 名 U 〖医〗静脈洞炎.
-sion /ʃ(ə)n, ʒ(ə)n/ 接尾 →-ion.
Siou·an /sú:ən/ 名 U, 形 スー語族(の).
Sioux /su:/ 名 (複 ~ /su:, su:z/) **1** C スー族の人《北米先住民の1部族》. **2** U スー語. ── 形 スー族の; スー語の.
Sìoux Státe 名 〈the ~〉米国 North Dakota 州の俗称.
***sip** /sip/ 動 (~s /-s/|過 過分 **~ped** /-t/|**síp·ping**) 他 をちびりちびり飲む, する. ~ (*up*) coffee コーヒーをすする. ── 自 ちびりちびり飲む 〈*at* ..を〉.
── 名 (複 **~s** /-s/) C (飲み物の)ひと口, 1すすり. take a ~ of brandy ブランデーをひと口飲む.
[＜中期英語 (?＜中期低地ドイツ語)]
†**si·phon** /sáif(ə)n/ 名 C **1** サイフォン, 吸い上げ管. **2** サイフォン瓶 (**síphon bòttle**)《ソーダ水がガス圧で勢いよく出る》. **3** 〖動〗水管; 吸管. ── 動 他 をサイフォンで吸い取る. ── 自 〔液体が〕サイフォンを通る.
sìphon /../ óff [óut] (1) ..を吸い上げ管で吸い出す. (2) 〔余剰購買力, 過剰交通量など〕を吸収する. (3) 〔人など〕を引き抜く. (4) (不正に)を横流しする
[＜ギリシア語「管」]
Si·quei·ros /sikéirous/ 名 **David Alfaro ~** シケイロス (1898–1974)《メキシコの壁画家》.
‡**sir** /sər, 強 sə:r/ 名 (複 **~s** /-z/) C **1** あなた, 先生, お客さん, だんな, (★目上の男性や見知らぬ男性, 又は男の客などに対する呼びかけの敬称; 日本語に訳す必要がないことが多い; →madam, ma'am). Good morning, ~. おはようございます. Yes, ~. はい. May I help you, ~? (何かお手伝いいたしましょうか＞)いらっしゃいませ 《店員が言う》.
2 〈しばしば S-〉 **拝啓**《手紙の書き出し》. (Dear) *Sir* 拝啓. (Dear) *Sirs* 各位 (★会社, 団体あてに用いる; 〖米〗では Gentlemen が普通).
3 〈S-〉..**卿**(きょう), サー.., (→lord). 参考 (1) 英国のナイト (knight) 又は准男爵 (baronet) の氏名又はクリスチャンネームの前に置く. この場合は Mr. を付けない. (2) *Sir* Laurence Olivier, *Sir* Laurence と言うが, *Sir* Olivier とは言わない.
4 おい., こら., 《目下の男性を叱(しか)る時, 又は皮肉で》. Come here at once, ~! おい, 早く来い. My dear ~! 君にちょっと言っておくがね《小言などの前置きに》.
5 〖米話〗(..)ですとも《相手の男女に関係なく Yes 又は No を強め, sir に強勢を置く》. Yes ~, she sure is rich. そうですとも, 彼女はたしかに金持ちです. I won't agree, no ~. 私は同意しませんよ, 絶対に.
6 〖英話〗(自分の習っている, 男性の)先生. *Sir*'s slow in coming. 先生遅いな. Goodbye, ~. 先生, さようなら. →Miss 3 (b). [＜中期英語 *sire* 'sire']
sire /sáiər/ 名 C **1** 〖古〗〈呼びかけ〉陛下, 殿下. **2** 〖詩〗父; 父祖. **3** (家畜, 家禽(きん)の)雄親; 〈特に〉種馬; (↔dam). ── 動 他 〔種馬などが子〕を産ませる. X was ~*d* by Y out of Z. X (子馬)は Y (雄馬)を父として Z (雌馬)から産まれた. [＜ラテン語 *senior* 'senior']
si·ren** /sáiərən/ 名 (複 **~s** /-z/) C **1 サイレン, 警笛.** The police car sounded its ~. 警察の車がサイレンを鳴らした. **2** 〖ギ神話〗〈しばしば S-〉 セイレン《美しい声で近くを通る船に歌いかけ難破させたという半人半鳥の海の精; この語の語源》. ***3 *美声の女流歌手; (男をたらす)妖(よう)婦*; 美人だが危険な女性. **4** 〈形容詞的〉〖雅〗魅惑的な, 抵抗しがたい, 〔声, 誘いなど〕.
Sir·i·us /síriəs/ 名 〖天〗シリウス, 天狼(ろう)星, (Dog Star).
sir·loin /sə́:rlɔ̀in/ 名 UC サーロイン《牛の腰上部の肉; →tenderloin》. ~ steak サーロインステーキ. [＜古期フランス語; sur-^{2}, loin]
si·roc·co /sərɑ́kou|-rɔ́k-/ 名 (複 **~s**) C シロッコ《アフリカから南欧へ吹く熱風》. [＜アラビア語「東風」]

sir·rah /sírə/ 名 U 〖古〗おい, こら, 《軽蔑(べつ), 立腹を表す呼びかけ》.
sir·ree /sərí:/ 名 =sir 5.
sir·up /sírəp, sə́:r-|sír-/ 名 〖米〗=syrup.
sis /sis/ 名 C 〖話〗=sister; 〈呼びかけ〉お嬢さん.
si·sal /sáis(ə)l/ 名 U **1** 〖植〗サイザルソウ《リュウゼツランの一種》. **2** シサル麻 (**sísal hèmp**)《綱の原料; サイザルソウの葉から採る》.
Sis·ley /sízli/ 名 **Alfred ~** シスレー (1839–99)《フランスの画家》.
sis·si·fied /sísəfàid/ 形 =sissy.
sis·sy /sísi/ 名 (複 **-sies**) C 〖話〗**1** 意気地のない男の子, 女のような男(の子), 弱虫, 〈呼びかけにも用いる〉. **2** 〖俗・軽蔑〗ホモ, 'おかま'. ── 形 〖話〗**1** 意気地のない, 女々しい. **2** 〔服などが〕女の子みたいな. [sis, -y^1]
‡**sis·ter** /sístər/ 名 (複 **~s** /-z/) C **【女のきょうだい】 1 姉, 妹,** 女のきょうだい, (→brother ★). an older [an elder, a big] ~ 姉. a younger [little] ~ 妹. How many ~*s* do you have? 女のきょうだいは何人ですか. The two are brother and ~. 2人はきょうだいだ. a full ~ 両親とも同じ姉[妹] (→half sister).
【姉妹のようなもの】 2 女の親しい友人; 姉[妹]のような人; (ウーマンリブ運動などの)女性の同志 〈呼びかけにも用いる〉; 同級の女生徒. She was a ~ to the children in the orphanage. 彼女は孤児院の子供たちを姉のように世話した.
3 〖米話〗〈呼びかけ〉ねえちゃん, 女の子, 《なれなれしい言い方; 時に, 軽蔑的》.
4 〖カトリック〗修道女, シスター, 《特に慈善事業・教育事業・医療に従事している人》〈称号, 呼びかけにも用いる〉.
5 〖英〗(看護)婦長; 〈一般に〉看護婦; 〈呼びかけにも用いる〉.
6 (船, 都市, 学校などの) '姉妹', 対(つい). The two schools are ~*s*. その2つの学校は姉妹校である.
7 〈形容詞的〉姉妹... ~ cities 姉妹都市. a ~ language 姉妹語 《祖語が同一; 英語とドイツ語など》. ~ ships 姉妹船《同じ設計に基づく船》.
[＜古期北欧語 *systir*]
síster·hòod /-hùd/ 名 **1** U 姉妹であること, 姉妹関係, (ウーマン・リブ運動などの)同志関係; 姉妹の情. **2** C 〈単数形で複数扱いもある〉(慈善などの)婦人団体; (特にカトリックの)修道女会.
†**síster-in-làw** /-rin-/ 名 (複 **sisters-**, 〖英〗**~s**) C 義理の姉[妹] (→brother-in-law).
sís·ter·ly 形 姉妹の(ような), 仲のよい. ~ love [affection] 姉妹愛; 姉[妹]としての愛《男女を問わず自分のきょうだいに対する, 又, 好意を抱いているが恋人ではない男に対する女性の愛情》. ▷**sis·ter·li·ness** 名
Sìsters of Chárity 名 〈the ~〉(カトリック修道女の)慈善婦人会.
Sis·tine /sísti:n, -tàin/ 形 ローマ教皇シクストゥス (Sixtus) の.
Sìstine Chápel 名 〈the ~〉システィナ礼拝堂《ローマのヴァチカン宮殿の教皇の礼拝堂; Sixtus IV の命で建てられた; ミケランジェロの壁画で有名》.
Sis·y·phe·an /sìsəfí:ən (移)/ 形 Sisyphus の. ~ labor きりのないむだ骨折り.
Sis·y·phus /sísəfəs/ 名 〖ギ神話〗シシフォス, シーシュポス《ギリシアの Corinth の悪王; 罰として地獄で何度でも落ちる大岩を山の頂上に押し上げる無限の仕事を課せられた》.
‡**sit** /sit/ 動 (~s /-ts/|過 **sat** /sæt/, 〖古〗**sate** /sæt, seit/|過分 **sat**|**sít·ting**) 自 **【座る】 1 (a) 座っている, 腰掛けている**; VC (~ X/*doing*) X の状態で/..して座っている; (↔stand) (★普通 sit は「座っている」という状態を, sit down は「座る」という動作を表す; →(b)). He *sat* [was ~*ting*] *at* the desk. 彼は机に向かっていた. It's no good ~*ting* and watching TV for hours. 何時間もテレビばかり見ているのは良くないよ (★~*ting* and *doing* の形はしばしば非難を表す). ~ still じっと座ってい

る. She *sat* reading for hours. 彼女は何時間も座って本を読んでいた. (**b**) 自 座る, 腰掛ける, 〈*down*〉〈*in, at* ..に〉; (何もしないで)〔..に〕居座る, じっとしている. ～ *on* [*in*] a chair いすに座る(★in はひじ付きのいすなどに深く座る場合). ～ *at* table 食卓につく. Jim *sat at* home all day. ジムは(何もしないで)一日中家にいた.
2 自 〔犬などが〕'お座り'する; 〔鳥が〕止まる. The puppy was ～*ting on* its hind legs. 子犬はお座りしていた. I saw a strange bird ～*ting in* a tree in the park. 公園の木に見慣れない鳥が止まっているのが見えた.
3 〔鳥が〕卵を抱く, 巣につく. The hen is ～*ting* now. メンドリは今卵を抱いている.
4【ある目的のために座る】自 (～ *for* ..) 〔写真, 肖像画など〕のモデルになる, ポーズをとる; 〘主に英〙〔試験〕を受ける; 〘英〙〔選挙区など〕の選出議員である. ～ *for* a portrait 肖像画のモデルになる. ～ *for* an examination 受験する.
5 (**a**) =baby-sit; 自 (～ *with* ..) 〔病人など〕の世話をする. (**b**) 〈複合語 (X-sit) で〉 X (人, ペットなど)の世話をする〈*for* ..〔(留守中の)人〕のために〉. cat-～ [house-～] *for* her 彼女に代わって猫の世話[家の留守番]をする.
6【負担となって居座る】自 (～ *on* ..) 〔損害などが〕..の苦になる, 負担になる; 〈普通, 否定(的)表現で〉〔食物が〕消化される, (胃に)収まる. The responsibility *sat* heavily *on* him. 責任が彼に重くのしかかった. Fat meat ～*s* heavily [heavy] *on* the stomach. 脂身の多い肉は胃にずしりともたれる. The *tempura* didn't ～ *well* with me. てんぷらが胃にもたれていた.
7【決まった位置を占める】(**a**) 自 〔建物などが〕位置する, ある; 〔風向きが〕..である. The church ～*s on* the side of the hill. 教会は丘の中腹にある. The wind ～*s in* the west. 風は西風である. (**b**) (同じ状態に)とどまる; 自 (使われずに) 放置されている, 置きっぱなしにしてある. let the matter ～ 問題をそのままにしておく. My word processor *sat in* the attic for a year. 僕のワープロは1年間屋根裏部屋に眠っていた.
【公職に座る】**8** 自 (～ *in, on* ..) 〔委員会など〕の一員である, ..の役職に就く; ..の議員になる. ～ *in* Congress 〘米〙[Parliament 〘英〙] 国会に議席を持つ. ～ *on* a committee 委員になる.
9【着席する】〔議会などが〕開会する; 〔裁判所が〕開廷する; (↔rise). Congress is ～*ting*. 国会は開会中である.
【'座り' が..である】**10** 自 〔衣服, 帽子, 役職などが〕似合う, 体に合う, '座り'がよい; 調和する〈*with* ..と〉. This coat ～*s* very *well on* me. この上着は僕にぴったりだ.
── 他 **1** 〔馬〕に乗る, を乗りこなす. The knight *sat* his horse badly. その騎士は乗馬が下手だった. **2** (**a**) 他 を..に座らせる. ～ a child *at* a table 子供を食卓に座らせる. (**b**) 〘米〙〔劇場などが..人分〕の席がある. This theater ～*s* 2,000 people. 当劇場は2千名収容できる.
3 〘主に英〙〔試験〕を受ける. **4** 〘米〙(スポーツで)〔選手〕を欠場させる. ◇名 seat
sit abóut [***aróund, bý***] ぶらぶらする, 傍観している.
sit at the féet of a pèrson＝***sit at a pèrson's féet*** 人の弟子である.
sit báck 深々と腰掛ける; のんびりする; 手をこまねいて何もしないでいる. I ～ *back* and watch TV in the evenings. 晩にはのんびりテレビを見る. We must not ～ *back* and allow those refugees to die of hunger. 我々は手をこまねいてその難民たちが餓死するがままにしてはならない.
****sit dówn*** (1) **座る**, 着席する. Please ～ *down*. どうぞお掛けください(★より形式的な言い方が Please be seated.). (2) (包囲攻撃のために)〔軍隊が〕陣を張る.
sit /../ dówn ..を座らせる. *Sit* yourself *down*. お掛けなさい.
sit dówn to .. ..にとりかかる.
sìt dówn under .. 〔侮辱など〕を甘受する.
sìt ín (1) (会議などに)代理として出る〈*for* ..の〉; 参観[傍聴]する〈*on* ..を〉. (2) 〘話〙 ベビーシッターをする. (3) (抗議の)座り込みに参加する.
sít on .. (1) →自 6, 7, 8. (2) 〔事件など〕を審理する. ～ in judgment *on* .. →judgment (成句). (3) 〘話〙〔手紙, 申込書など〕をほうっておく《返事, 処理などしないで》; 〔ニュースなど〕を押さえる, 握りつぶす, もみ消す. The government *sat on* the damaging report. 政府はその不利になる報告を握りつぶした. (4) 〘話〙〔目下の人など〕を押さえつける, 頭が上がらないようにする.
sìt on one's áss [***árse***] 〘俗〙 何もしないで(じっとして)いる; 行動を起こさない.
sìt on one's hánds 〘話〙 (両手を尻(しり)に敷いて)拍手しない; 手をこまねいている.
sìt óut (1) 屋外(の日の当たる所など)に座る. (2) ダンスなどに参加しないでいる.
sìt /../ óut (1) 〔劇など〕を(辛抱して)最後まで見る[聞く]. (2) 〔ダンスなど〕に参加しないでいる; 〘米〙(スポーツで)..の期間欠場する; 〔選手〕を欠場させる. I'll ～ this dance *out*. 今度のダンスは抜けます. (3) 〔他の客〕より長居をする.
sít over .. (1) ..をゆっくりと食べる[飲む]. ～ *over* dinner リラックスしたムードで食事をする. (2) 〘トランプ〙..の左側に座る《有利な位置》.
sìt /../ thróugh =SIT /../ out (1).
sìt tíght 〘話〙 じっと腰を据える; 頑張り通す.
sìtting prétty →pretty.
****sìt úp*** (1) (寝ている状態から)**体を起こす**; (背筋を張って)きちんと座り直す; 〔犬が〕ちんちんする. *Sit up* and drink this. 体を起こしてこれを飲みなさい. I taught the dog to ～ *up*. 私は犬にちんちんを教えた. (2) **寝ないで起きている**. ～ *up* (till) late 遅くまで起きている, 夜更かしをする. ～ *up* all night 徹夜する. ～ *up for* a person 人の帰りを待って寝ないでいる. (3) 〘話〙 はっと我に返る, ぎょっとする, 聞き耳を立てる, 目を見張る. make a person ～ *up* 人をびっくりさせる.
sìt úp and tàke nótice (1) 〔病人が〕だいぶ元気になる《起き直って身の回りの事に気を配るほどに》. (2) =SIT up (3).
sít upon .. =SIT on ...
sìt wéll with .. ..に受け入れられる, 気に入られる; ..(の好み)に合う.
── 名 C (待って)座っている時間; (衣服の)すわり, 着心地. [<古期英語 *sittan*]

si·tar /sitáːr/ 名 C シタール《インドの弦楽器》.

‡**sit·com** /sítkɑ̀m|-kɔ̀m/ 名 〘話〙 =situation comedy.

sít-dòwn 名 C **1** (仕事もしない)居座りストライキ (**sít-down strìke**). **2** (抗議のための)座り込み. **3** 〘英話〙 座ってひと休み. ── 形 〈限定〉 着席しての〔晩餐(さん)会など〕《buffet スタイルでない》.

***site** /sait/ 名 (複 ～**s** /-ts/) C **1 用地**, 予定地, 敷地, 〈*for, of* ..〔建物, 都市など〕の〉; (すでにある[かつてあった]建物, 都市などの)場所, 位置, 敷地. the ～ *for* a new international airport 新国際空港の用地. a building ～ 建築予定地[現場]. a home ～ 家屋の敷地.
2 遺跡; 現場 〈*of* ..〔事件など〕の〉. Gettysburg is a famous tourist ～. ゲティスバーグは有名な観光地である. **3** 〘電算〙 サイト《各種 server の設置されたコンピュータ環境(全体); (インターネット上の)情報(ページ)のひとまとまり, website》.
on síte (建設などの)用地[現場]で. The builders met together *on* ～ yesterday. 昨日建築業者が現場に集まった.
── 動 他 VOA を(..に)置く, 設置する, 位置させる, 〈普通, 受け身で〉. The airport was ～*d* thirty miles from the city. 空港はその市から30マイル離れた所に

S

あった.
[＜ラテン語 *situs*「位置」(＜*sinere* 'put, place')]

sít-ìn 名 C 1 (人種差別などに反対する)座り込み抗議. 2 ＝sit-down 1.

si·tol·o·gy /saitálədʒi|-tɔ́l-/ 名 U 栄養学. [ギリシア語「食物」, -logy]

sít·ter 名 C 1 (肖像画, 写真などの)モデルになる人; ＝sitter-in 2. 2 ＝baby-sitter. 3 卵を抱いている鳥. 4 (a) 撃ちやすい獲物. (b)〖俗〗楽な仕事; 手に入れ[盗(と)り]やすい物. (c)〖話〗(サッカーでの)易しいシュート.

sìt·ter-ín 名 (複 sitters-) C 1〖主に英〗＝baby-sitter. 2 (抗議の)座り込みに参加する人.

†**sít·ting** 名 1 U 座ること, 着席. 2 C 開会; 開廷; 会期, 開廷期間. 3 C (肖像画, 写真などの)モデルになる1回分. That picture was completed after five ～*s*. その絵はモデルが5回にわたりポーズをとった後に出来上がった. 4 C (仕事を一気に片付ける)時間, 一気. 5 UC (鶏などの)抱卵(期); C 1回の抱卵数. 6 C (船中の食堂などで交替で食事する場合の)ひと組. Dinner is served in two ～*s*. 夕食は2交替制で出される.

at a* [*òne*] *sítting 一気に, 一息に; 一度に.

── 形〈限定〉1 現職の. the ～ members (総選挙時の)現職議員. 2〖英〗現在住んでいる. a ～ tenant 現在の借家人. 3〔鳥が〕巣についている, 卵を抱いている.

Sìtting Búll 名 シティングブル (1834–90)《北米先住民 Sioux 族の酋(しゅう)長; Little Bighorn で Custer 将軍の部隊を全滅させた》.

sìtting dúck 名 C〖話〗容易な的(まと); だましやすい「人[物], 'かも'.

sìtting ròom 名 C〖主に英〗居間 (living room).

sìtting tárget 名 ＝sitting duck.

sit·u·ate /sítʃuèit|-tju-/ 動 他〖章〗VOA を(ある場所に)置く, 位置させる; を(ある境遇, 脈絡に)置く, 位置づける. [＜ラテン語 *situāre*「位置 (*situs*) を定める, 置く」]

***sit·u·at·ed** /sítʃuèitəd|-tju-/ 形 ℂ〈叙述〉1 位置して〈*at, in, on* ..〔ある場所〕に〉;〈副詞(句)を伴って〉位置が..で; (located). Our town is ～ *at* the foot of Mt. Aso. 僕たちの町は阿蘇(そ)山のふもとにある. His house is favorably ～. 彼の家はいい所にある.
2〈副詞(句)を伴って〉〔人などが〕(ある)境遇にある, 立場にある,〈*to* do ..するのに〉. be awkwardly ～ 困った立場にある. The firm is badly ～ *to* survive the depression. 会社は不況をしのぐには苦しい状況にある.

‡**sit·u·a·tion** /sitʃuéiʃ(ə)n|-tju-/ 名 (複 ～s /-z/) C

S

【位置】1 (建物, 町などの)位置, 場所; 立地条件. The ～ of this house affords a lovely view of the bay. この家のある場所からは入り江の美しい眺めがよく見える.
2【地位】〖旧章〗勤め口, 職,《一般に低い地位のものを言う》(類語 欠員を補充することに重点があるのでしばしば新聞などの求職広告欄に用いる; →job 3). *Situations* Wanted [Vacant]. "職[人]を求む"《新聞の求職[人]広告欄》.
【置かれた状況】3 事態, 状況, 情勢. the international ～ 国際情勢. the political [economic] ～ 政治[経済]情勢. the housing ～ 住宅事情. What is the ～ right now? 事態は今どうなっているか.
4 (人の)立場, 境遇, 状態. get into [out of] a difficult ～ 困難な立場に陥る[から抜け出す]. I find myself in a rather delicate ～. 私はかなり微妙な立場にある. *save the* ～ →save (成句).

3, 4 の 連結 an awkward [a tricky; a strained, a tense; a hopeless; a threatening] ～ // realize [grasp, take in; take stock of; face; accept; meet; control] the ～

5 (小説, 劇などの)急な局面, 'やま'; (言語外の)場面, 状況. [situate, -ion]

sit·u·a·tion·al /-ʃ(ə)nəl/ 形 場面の; 状況による.

sìtuation cómedy 名 (複 -dies) UC (ラジオ・テレビの)連続ホームコメディー《どたばた喜劇 (slapstick) でなく, 登場人物の置かれた立場から来るおかしさをねらう;〖話〗sitcom》.

sít·ùp 名 C 起き上がり腹筋運動.

sít-upòn 名 C〖主に英話〗尻(しり).

SÍ únits 名〈複数扱い〉国際単位《メートル, キログラム, 秒, アンペアなどから成る体系; →SI》.

Si·va /sí:və|sívə/ 名 シヴァ《ヒンドゥー教の3大神の第3神; 破壊の神; →Brahma, Vishnu》.

‡**six** /siks/ (★用法 →five) 名 (複 síx·es /-əz/) 1 U (基数の) 6, 六. 2 U (a) 6時; 6歳; 6ドル[ポンドなど];《何の量かは前後関係で決まる》. (b) 6分; 6インチ; 6セント[ペンスなど];《(a) より低い単位の量を示す》. 3〈複数扱い〉6人; 6つ, 6個. There are ～ in my family. うちは6人家族です. 4 C 6人[6つ]ひと組のもの; 6人チーム《アイスホッケーなどの》. 5 C (文字としての) 6, 6の数字[活字]《6, VI, vi など》. 6 C (トランプの) 6の札; (さいころの) 6の目. the ～ of hearts ハートの6. 7〖クリケット〗＝sixer.

at sìxes and sévens〖話〗混乱して;〔意見などが〕まちまちで.

sìx of óne and hàlf a dózen of the óther〖話〗似たり寄ったりで, 五十歩百歩で, 結局同じ事で.

── 形 1 6の; 6個の; 6人の. ～ months 6か月. 2〈叙述〉6歳で. Jim is ～ (years old). ジムは6歳です. [＜古期英語 *siex*]

síx·er 名 C〖クリケット〗6打点.

síx·fòld 形, 副 6倍[6重]の[に].

sìx·fóoter 名 C〖話〗身長6フィートの[を超す](大柄な)人.

síx-gùn 名 ＝six-shooter.

síx·pàck 名 C〖主に米〗(缶, 瓶などの) 6個入り手さげカートン[ボール箱]《特にビール用》.

six·pence /síkspəns/ 名〖英〗U 6ペンス(の価); C (旧制度の) 6ペンス銀貨. ★(1) 1946年以降は白銅貨になった. (2) 1971年以後の新制度では2ペンス半として通用したが, 1980年廃止された. (3) 子供が歯医者に行ったごほうびになったり, 童謡で歌われたりした.

síx·penny 形〖英史〗6ペンスの.

síx-shòoter 名 C〖主に米話〗6連発ピストル.

‡**six·teen** /sìkstí:n 移/ 名 (複 ～s /-z/) 1 U (基数の) 16. 2 U (a) 16時; 16歳; 16ドル[ポンドなど]. →SWEET sixteen. (b) 16分; 16セント[ペンスなど]. 3〈複数扱い〉16個[人]. ── 形 16の; 16個[人]の;〈叙述〉16歳で. [six, -teen]

‡**six·teenth** /sìkstí:nθ 移/〈16th とも書く〉形 1〈普通 the ～〉第16の, 16番目の. 2 16分の1の.
── 名 (複 ～s /-s/) C 1〈普通 the ～〉第16番目(の人, 物). 2 16分の1. 3〈普通 the ～〉(月の) 16日. [sixteen, -th²]

síxteenth nòte 名 C〖米〗〖楽〗16分音符 (〖英〗semiquaver).

‡**sixth** /siksθ/〈6th とも書く〉(★用法 →fifth) 形 1〈普通 the ～〉第6の, 6番目の. 2 6分の1の.
── 名 (複 ～s /-s/) C 1〈普通 the ～〉第6番目(の人, 物). 2〈普通 the ～〉(月の) 6日. September *6th*＝ the *6th* of September 9月6日. 3 6分の1. five ～*s* 6分の5. [six, -th²] ▷ ～·ly 副 6番目に.

síxth fòrm 名 C〖英〗第6学年《義務教育終了後 A level を取るための学年 (1–2年間); sixth-form college として独立している学校もある》. 「form の学生」.

sìxth-fórm·er 名 C〖英〗第6学年生《sixth

sìxth sénse 名 C〈単数形で〉第六感, 直感.

***six·ti·eth** /síkstiəθ/〈60th とも書く〉形 1〈普通 the ～〉第60の, 60番目の. 2 60分の1の.
── 名 (複 ～s /-s/) C 1〈普通 the ～〉60番目(の人, 物). 2 60分の1.

‡**six·ty** /síksti/ 名 (複 -ties /-z/) 1 U (基数の) 60.

2 Ⓤ **60 歳**; 60 ドル[ポンド, セント, ペンスなど].
3 〈複数扱い〉 60 人; 60 個. **4** 〈one's -ties〉 60 歳代. He is *in* his *sixties*. 彼は 60 代である.
5 〈the -ties〉 ((今)世紀の) 60 年代; (温度の) 60 度台.
── 形 **1 60 の**; 60 個[人]の. **2** 〈叙述〉 60 歳で. My grandmother only lived to be ～. 祖母は 60 歳までしか生きなかった. [six, -ty²]

sìxty-four(-thòusand)-dòllar quéstion 名 〈the ～〉 〖話〗 最重要問題, 大難問, 《1940 年代に米国にあった賞金最高 64 ドルのクイズ番組から》.

sìxty-níne 名 Ⓤ 〖卑〗 シックスナイン 《同時に相手の性器に接吻(ふん)し合う性行為》.

‡**síz·a·ble** 形 かなり大きな, 相当な. obtain a ～ pay increase かなりの賃上げを獲得する.

‡**size**¹ /saiz/ 名 (複 **síz·es** /-əz/) 【大きさ】 **1** ⓊⒸ **大きさ**, 寸法. a building of great [small] ～ 大きな[小さな]建物. life ～ 実物大. a theater of some ～ かなり大きな劇場. The garden is 20 acres *in* ～. その庭園は 20 エーカーの広さだ. The room is a good [fair, nice] ～. その部屋はけっこう広い. It is (about) (half [twice]) the ～ of an egg. それは卵(の半分 [2 倍])ほどの大きさである. A bomb (of) that ～ can sink a battleship. その大きさの爆弾なら戦艦 1 隻を沈められる. The tailor took the ～ of my waist. 仕立屋は私の腰の寸法を取った. He's all ～ and no strength. 彼は図体ばかり大きくて力がない.

> 連結 an average [a medium, a standard; a handy; the proper, the right; the wrong] ～

2 Ⓒ (靴, 帽子などの)**サイズ**, 型, 番, 寸法; (パック入り商品などの)大きさ, 容量. all ～*s* of shoes＝shoes of all ～*s* ありとあらゆるサイズの靴. What ～ shoes do you wear [take]? どのくらいのサイズの靴を履きますか. This helmet is two ～*s* too large. このヘルメットは 2 サイズ大きい. an economy [a large] ～ bag of raisins レーズンの徳用[大]袋. The canned beer comes in various ～*s*. 缶ビールはいろいろな大きさで市販されている.
3 Ⓤ **(大)規模**, スケール; (人の)器量, 力量. an enterprise of immense ～ 巨大な規模の事業. The tourists were impressed by the sheer ～ of the pyramid. 観光客はピラミッドの巨大さに感動した. a man of ～ 器量のある人.
4 【実際の大きさ】 Ⓤ 〖話〗 真相, 実情. That's about the ～ of it. 事実はまあそういったところです.
còme in all shàpes and sízes →shape.
cút** a person **dòwn to síze →cut.
of a [the sàme] síze 同じ大きさの.
trỳ ..for síze サイズが合うかどうか..を試着などする. *try* a suit (on) *for* ～ スーツが合うかどうか着てみる.
to síze 適切な大きさに〔切るなど〕.
── 動 他 を大きさに従って並べる[分類する]; をある大きさに作る. a chair ～*d to* the average human frame 普通の人間の体格に合わせて作ったいす.
sìze /../ úp 〖話〗〔人, 価値, 程度など〕を評価する, 値踏みする; 〔情勢など〕を判断する, 認識する. I ～*d* him *up* carefully. 彼の品定めを念入りにやった. He ～*s* people *up* very quickly. 彼は人を瞬時に正しく判断する.
[＜古期フランス語 (*as*)*size*「(課税のために)査定されたもの」(＜ラテン語 ad-＋*sedēre* 'sit')]

size² 名 Ⓤ サイズ 《紙や織物の吸水性を減らすために表面に塗る材料, 普通ゼラチン質溶液》. ── 動 他 にサイズを塗る.

síze·a·ble 形 ＝sizable.

-sized /saizd/ 〈複合要素〉「大きさが..の」の意味. medium-*sized* (大きさが中くらいの). bite-*sized* (一口サイズの).

‡**siz·zle** /síz(ə)l/ 動 自 **1** 〔油の中のものなどが〕じゅーじゅーいう. The bacon began to ～ in the frying pan. ベーコンがフライパンでじゅーじゅーいい始めた. **2** 〖話〗 大変暑い. **3** 〖話〗 すごく腹を立てる, かんかんに怒る.
── 名 Ⓤ **1** じゅーじゅーいう音. **2** 非常な熱[興奮]. [擬音語]

síz·zler 名 Ⓒ 〖話〗 焼けつくような日.

síz·zling 形 〖話〗 **1** じりじり暑い. It's a ～ hot day. じりじり焼けるように暑い日だ. **2** かんかんに怒った[て]; 熱烈な〔恋など〕.

S.J. Society of Jesus 《イエズス会の会員が名前の後に付ける: Francisco Xavier *S.J.*》.

skag /skæg/ 名 〖俗〗 ＝scag.

Skag·er·rak /skǽgəræk/ 名 〈the ～〉 スカゲラック(海峡) 《デンマークとノルウェーの間の海峡》.

skald /skɔːld/ 名 Ⓒ 〖史〗 古代スカンジナヴィアの吟唱詩人. [→scold]

‡**skate**¹ /skeit/ 名 (複 **～s** /-ts/) Ⓒ 〈普通 ～s〉
1 (アイス)スケート靴; スケート靴の刃の付いた金属部分. a pair of ～*s* スケート靴 1 足. **2** ローラースケート靴 (roller skate).
gèt [pùt] one's skátes òn 〖話〗 急ぐ (hurry).
── 動 (**～s** /-ts/ | 過 過分 **skát·ed** /-əd/ | **skát·ing**) 自 (アイス)スケートをする. ～ *on* the pond 池でスケートをする. go *skating* スケートに行く.
skàte on thìn íce 薄氷を踏む (→on thin ICE).
skáte over [round].. ..をそそくさと済ませる; 〔話題など〕を避ける.
skáte through.. 〔仕事など〕を早くすらすらやり通す.
[＜オランダ語]

skate² 名 (複 ～, ～s) ⓊⒸ 〖魚〗 ガンギエイ 《美味な高級魚; その身(み)》.

skáte·bòard 名 Ⓒ スケートボード 《板の下に車を付けた遊び道具》. ── 動 自 スケートボード遊びをする.

skát·er 名 Ⓒ スケートをする人.

skát·ing 名 Ⓤ スケート.

skáting rìnk 名 Ⓒ スケートリンク.

ske·dad·dle /skidǽdl/ 動 自 〖話〗 急いで逃げる 〈普通, 命令文で〉.

skeet /skiːt/ 名 Ⓤ スキート射撃 (**skéet shòoting**).

skein /skein/ 名 Ⓒ **1** かせ 《糸の束》. a ～ of yarn 糸ひとかせ. **2** もつれ, 混乱. **3** (ガンなどの)飛ぶ鳥の群れ.

‡**skel·e·tal** /skélətl/ 形 **1** 骨格の; 骸(がい)骨の. **2** (飢え, 病気などのために)骨と皮ばかりにやせた. **3** 骨格となる; 根幹を成す.

***skel·e·ton** /skélətn/ 名 (複 **～s** /-z/) Ⓒ
1 骸(がい)骨; 骨格(標本). **2** 〖話〗 骨と皮ばかりにやせた人[動物]; 見る影もない姿. a mere [living] ～ 骨と皮ばかりの人. be reduced to a ～ 骨と皮ばかりにやせる.
3 〈普通, 単数形で〉 (**a**) (建物などの)**骨組み**; (火事の)焼け残り. the ～ of a skyscraper 高層ビルの骨組み. (**b**) (計画, 事件などの)概略, (理論などの)骨子.
4 〈形容詞的〉 (**a**) 骨格の, 骸骨の; やせこけた. (**b**) 〔人員, 交通機関の運行などが〕最小限度の, 基幹の. a ～ staff [crew] 最小限の定員[乗組員]. We have a ～ bus service on New Year's Day. 元旦のバスの本数は最低限だ.
skèleton at the féast 座を白けさすもの[人].
skèleton in the clóset [〖英〗 ***cúpboard***] ＝family skeleton. [＜ギリシア語「乾いたもの」]

skel·e·ton·ize /skélətənàiz/ 動 他 **1** を骸(がい)骨にする. **2** の大要を記す. **3** 〔人員など〕を大幅に減らす.

skéleton kèy 名 Ⓒ 親かぎ (master key).

skep /skep/ 名 Ⓒ (柳細工の)かご, ハチの巣箱.

‡**skep·tic** 〖米〗, **scep-** 〖英〗 /sképtik/ 名 Ⓒ 疑ぐり深い人; 懐疑論者; 〈俗に〉 無神論者; 〈特に〉 キリスト教不信仰者; 〖哲〗 〈S-〉 (古代ギリシアの)懐疑主義哲学者 《Pyrrho /pírou/ (360?–270 B.C.) とその追随者》.
── 形 ＝skeptical.

†**skep·ti·cal**〘米〙, **scep-**〘英〙/sképtik(ə)l/ 形 懐疑的な; 懐疑論の; 無神論の. be ～ *about* his sincerity 彼の誠実さを疑う. I am ～ *that* he will reform himself. 彼が心を入れ替えるかどうか怪しいと私は思っている. ▷～**ly** 副 懐疑的に, 疑い深く. [＜ギリシア語「考えにふける, 思慮深い」]

†**skep·ti·cism**〘米〙, **scep-**〘英〙/sképtəsìz(ə)m/ 名 U 懐疑(論), 懐疑的な態度; キリスト教不信; 無神論.

‡**sketch** /sketʃ/ 名 (複 **skétch·es** /-əz/) C **1** スケッチ, 写生画; 下絵; 略図, 見取り図; (類語 ざっと書いた素描; →outline). Helen made a (rough) ～ of the mountain. ヘレンは山を(ざっと)スケッチした. **2** 概略, 大要, 点描; 草案, 下書き. a ～ of one's career 略歴. **3** (小説, 演劇などの)小品, 短編, (滑稽(こっけい)な)寸劇. **4**〘楽〙小品.

── 動 (**skétch·es** /-əz/|過 過分 ～**ed** /-t/|**skétch·ing**) 他 **1** を写生する, スケッチする. ～ the animals in the zoo 動物園の動物を写生する. **2** の概略を記す[述べる], を点描的に描写する, 〈*out*〉; VOA (～/X/*in*) X(細部など)を付け加える. ～ *out* a plan 計画の概略を立てる. ～ a map on the ground 地面に略図をかく. Let me ～ *in* a few more points. もう二, 三点(説明に)加えさせてください.

── 自 写生する, スケッチする.

[＜オランダ語(＜ギリシア語「即席でなされた」)]

skétch·bòok 名 C **1** スケッチブック, 写生帳. **2** (文芸作品などの)小品集.

skétch màp 名 C (普通, 手書きの簡単な)見取り図, 略図.

skétch·pàd 名 ＝sketchbook 1.

‡**sketch·y** /skétʃi/ 形 e **1** スケッチ風の; 概略の, 大ざっぱな. a ～ plan 大ざっぱな計画. **2** 不完全な, 不十分な; 貧弱な. I have a very ～ knowledge of business. 私は商売についてはほんのお粗末な知識しかない. a ～ meal 貧弱な食事. ◇名 sketch

▷**sketch·i·ly** 副 **sketch·i·ness** 名

‡**skew** /skjuː/ 形 **1** 斜めの; ゆがんだ, 曲がった. a ～ bridge 斜橋《川などに斜めに架かる》. That portrait is ～. あの肖像画は斜めになっている.

2〘統計〙歪(わい)対称の, ひずんだ;〘幾何〙ねじれの位置の《同一平面上にない 2 つの線について言う》.

── 名 UC 傾斜, ゆがみ, ひずみ.

on the skéw 斜めの[に] (askew), 曲がった[て].

── 動 他 を斜めにする; をゆがめる; 〔事実など〕をねじ曲げる; 〈普通, 受け身で〉. ── 自 ゆがむ; それる.

S

skéw·bàld 形 〔馬などが〕白黒まだらの.

‡**skéw·er** 名 C (木, 又は金属の料理用)串(くし), 焼き串.

── 動 他 を串に刺す.

skèw·whíff /⑧/ 形〘英話・戯〙斜めの, ゆがんだ.

‡**ski** /skiː/ 名 (複 ～**s** /-z/) C **1** (木製, グラスファイバー製の)スキー(板); 水上スキー(板) (water ski). a pair of ～*s* スキー 1 台. glide over the snow *on* ～*s* 雪の上をスキーで滑る. **2** (乗り物に付ける, スキーに似た)滑走具. **3** 〈形容詞的〉 スキー(用)の. ～ pants スキーズボン. ～ boots スキー靴. a ～ suit スキー服. a ～ resort スキー場《ゲレンデやホテルなどを含めた土地全体》.

── 動 (～**s** /-z/|過 過分 ～**ed** /-d/|**skí·ing**) 自 スキーをする. go ～*ing* in Naeba 苗場へスキーに行く.

[ノルウェー語 *ski* (＜古期北欧語「雪ぐつ」)]

skí·bòb 名 C スキーボブ《車輪の代わりに前後にそりを付けた自転車状のスポーツ用具; ＜*ski*＋*bob* sled》.

†**skid** /skid/ 名 C **1** 〈普通, 単数形で〉横滑り《自動車や 2 輪車に用いる》. The car went into a ～. 車が横滑りした. **2** (車輪の)滑り止め, 歯止め, 《坂道を下る時にじかに押しつけて速度を抑えるためのもの》.

3 〈普通 ～s〉(物を滑らせて運ぶ)敷き板, 滑り材, ころ.

4 (ヘリコプターなどの)着陸用そり.

on the skíds〘話〙〔人が〕落ち目になって; 〔物事が〕破綻(はたん)しそうになって.

pùt the skíds under ..〘話〙(1) ..をせき立てる; ..を(せき立てて)破滅の道を走らせる. (2)〔人, 計画など〕を失敗[挫折(ざせつ)]させる.

── 動 (～**s**|-**dd**-) 自 〔車などが回らずに〕スリップする; 〔車が〕横滑りする (類語 スピードを落とさずにカーブを曲がろうとしてブレーキをかけると起こる; slip[1]). ── 他 **1** に滑り止めを掛ける. **2** を敷き板の上に載せて滑らせる.

[?＜北欧語]

skíd·lìd 名 C〘英話〙(オートバイ用)ヘルメット (crash helmet).

skíd·pàn 名 C〘主に英〙スリップ運転練習場《わざと滑りやすくしてある道路など》.

skìd rów /-róu/ 名 U〘米話〙どや街《浮浪者, アル中患者などのたまり場》.

***ski·er** /skíːər/ 名 (複 ～**s** /-z/) C スキーをする人, スキーヤー.

skiff /skif/ 名 (複 ～**s**) C スキフ《1 人でこぐ小船》.

skif·fle /skífl/ 名 U〘英〙スキッフル《ジャズとフォークソングを混合した音楽の一種; 1950 年代後半に流行》.

‡**ski·ing** /skíːiŋ/ 名 U (競技, スポーツとしての)スキー (★ski は用具を言う). a ～ ground スキー場. a ～ slope ゲレンデ.

skí instrùctor 名 C スキーの指導員.

skí jùmp 名 C (スキーの)ジャンプ(台); その競技.

skil·ful /skílf(ə)l/ 形〘英〙＝skillful.

skíl·ful·ly 副〘英〙＝skillfully.

skí lìft 名 C (スキー場の)リフト.

‡**skill** /skil/ 名 (複 ～**s** /-z/) **1** U 上手なこと, 熟練, 腕前, 〈*in, at* ..が, (で)の/*in* [*at*] doing, *to* do ..するのが, する上での〉. sing with a lot of ～ 大変上手に歌う. ～ *in* diplomacy 外交手腕. Jim has ～ *in* [*at*] ski*ing*. ジムはスキーがうまい. This kind of work requires a lot of ～. この種の仕事は熟練を要する.

2 C (特定の) **技術**, 技能, 《手先の器用さや訓練を要するもの》. Skin diving is a ～ that takes time to learn. スキンダイビングは覚えるのに時間がかかる技術だ.

> 1, 2 の 連結 great [consummate, exceptional, superior] ～ // develop [improve; display, show; try] one's ～

◇形 skilled, skillful [＜古期北欧語「識別, 知識」]

skíll·cèntre 名 C (英国政府の)技術訓練センター.

†**skilled** 形 **1** 〔人が〕熟練した, 上手な, 〈*in, at* (doing) ..(するの)が, に〉(↔unskilled; 類語 今までの訓練の積み重ねに重点がある; →skillful). a highly ～ craftsman 非常に腕のいい工芸家. ～ hands [workmen] 熟練工. He is ～ *in* carpentry. 彼は大工仕事が上手だ. **2** 〈限定〉〔仕事が〕熟練を要する. a ～ job 熟練を要する仕事.

skìlled lábor 名 U 熟練労働; 〈集合的〉熟練工.

skil·let /skílət/ 名 C **1**〘米〙フライパン (frying pan). **2**〘英〙シチューなべ《普通, 足付き》.

‡**skill·ful**〘米〙, **skil·ful**〘英〙/skílf(ə)l/ 形 m 上手な, 熟練した, 〈*at, in* (doing) ..(するの)が, に〉(類語 現在の腕の良さや器用さを言う; →skilled). a ～ cook 腕のいい料理人. Nowadays children are not ～ *at* [*in*] us*ing* chopsticks. 近ごろの子供は箸(はし)の使い方が下手だ. She's ～ *with* her fingers. 彼女は手先が器用だ. [skill, -ful] ▷～**ly** 副 上手に, 巧みに. ～**ness** 名

‡**skim** /skim/ 動 (～**s** /-z/|過 過分 ～**med** /-d/|**skím·ming**) 他 【表面をかすめる】 **1** をかすめて飛ぶ, の上をすれすれに通る, 〈受け身不可〉. The airplane ～*med* the ground before it crashed. 飛行機は墜落する前に地面すれすれに飛んだ.

2 〔平たい石〕で水切り遊びをする (skip) 《かすめるように水面に投げて, 何回も跳ねさせる》.

3 〔液体(の表面に浮かんだもの)〕をすくい取る; 〔クリームなど〕をすくい取る 〈*off, from* ..から〉. ～ milk ミルクの(表

面に浮く)クリームをすくい取る. ～ the grease *from* [*off*] soup スープのあくを取る.
4 をざっと読む, をおざなりに扱う. ～ a newspaper 新聞にざっと目を通す. ～ the surface of an issue 問題を皮相的に扱う.
―― ⾃ **1** VA (～ ***across, along, over*** (..)) (..を)かすめて(通り)過ぎる, すれすれに通る; (なめらかにすべるように)進む; 〔石が〕水を切って進む (→他 2). The swallow ～*med over* the water. ツバメは水面すれすれに飛んだ. The stone he threw ～*med across* the lake. 彼の投げた石は湖面を切っていった.
2 VA (～ ***through, over*** ..) ..にざっと目を通す. ～ *through* a report 報告書にざっと目を通す.
3 〔あく, 水あかなどが〕表面を覆う; 上皮ができる.
skìm /../ óff (1) 〔(浮いた)油など〕をすくい取る. (2) 〔人材など〕をえりすぐる; 〔人の金, 儲(もう)けなど〕をかすめ取る. ～ *off* the best teachers 最優秀な教員を集める.
skìm the créam off .. 〔ミルク〕からクリームをすくい取る; ..から一番いいところを取る. Early comers had ～*med the cream off* the bargain counters. 早く来た人たちがバーゲン売場から一番いい物をさらってしまった.
―― 形 クリームをすくい取った, 脱脂の. [＜*skimmer*]
skím·mer /skímər/ 名 C **1** 網じゃくし《あくなどをすくうしゃくし》. **2** スキマー《上が平らでつばの広い麦わら帽》. **3** 〖鳥〗アジサシモドキ《アジサシの類の水鳥; 水面すれすれに飛ぶ》. [＜古期フランス語「泡 (*escume*) をすくう道具」]
skìm [skìmmed] mílk 名 U スキムミルク, 脱脂乳.
skím·ming 名 **1** 〈～s〉すくい取ったクリーム. **2** U クリームをすくい取ること. **3** U 〖米俗〗(脱税の目的で)所得を隠すこと.
skimp /skimp/ 動 他 **1** 〔材料など〕をけちけちする; 〔人〕に惜しみ惜しみ与える〈*for, on* ..〔食物など〕を〉. ～ sugar when making cookies クッキーを作るのに砂糖をけちる.
2 〔仕事〕をいい加減にやる.
―― ⾃ VA (～ ***on*** ..) ..をけちけちする, 切り詰める. ～ *on* clothes to save money 金を節約するために衣料費をけちる. The government always ～*s on* education. 政府はいつも文教予算を削る.
▷**skímp·i·ly** 副 乏しく, つましく. **skímp·i·ness** 名 U 乏しいこと; つましさ.
skímp·y /-i/ 形 e 乏しい; 貧弱な; 量の不足した; 〔衣服が〕寸足らずの, 窮屈な. a ～ supper つましい夕食. a ～ swimming suit 露出部の多い水着.
‡skin /skin/ 名 (複 **～s** /-z/) 【表皮】 **1** UC (人の)**皮膚**, 肌; (動物の)皮 (→bone, flesh). Mary has (a) fair [dark] ～. メリーは肌が白い[浅黒い]. We got wet [soaked] to the ～. 我々はずぶぬれになった. The ～ of animals is covered with hair. 動物の皮は毛で覆われている.

> 連結 pale [ivory; olive; ruddy; sallow; sunburned, tanned; clear; wrinkled; dry; smooth; rough; delicate, sensitive] ～

2 C (動物から剝(は)いだままの状態の)**皮**, 毛皮, 《なめすと leather になる; →leather 参考》; (敷き皮にする)獣皮; 皮製の器具, 〈特に〉皮袋《液体を入れる》. a wine ～ ワインを入れる皮袋. This coat is genuine leopard ～. このコートは本物のヒョウの皮です.
3 UC (果実などの)**皮**; (種子などの)殻; (ソーセージの)皮; (真珠の)外皮. an apple ～ リンゴの皮. slip on a banana ～ バナナの皮を踏んで滑る.
4 UC (温めたミルク, シチューなどの表面にできる)薄い膜.
5 C (船, 飛行機などの)外板. **6** C 〖俗〗コンドーム.
7 〈～s〉〖米俗〗(楽団の)ドラム.
8 〖米俗〗＝skinflint. **9** C 〖米俗〗詐欺師, ぺてん師.
10 C 〖米俗〗ドル紙幣.
11 〈形容詞的〉皮の; 皮膚の(ための); 裸が売り物の, ポルノの. ～ cancer 皮膚癌(がん). a ～ magazine ポルノ雑誌.
be àll [ònly] skìn and bóne(s) 〖話〗〔人が〕骨と皮ばかりにやせている.
be nò skín off a pèrson's nóse [báck, téeth] 〖話〗人の知ったことではない, 人にとって関係ない[痛くもかゆくもない].
by the skìn of one's téeth 〖話〗命からがら, やっとのことで, (narrowly).
chànge one's skín ＝change one's SPOTS.
gèt under a pèrson's skín 〖話〗人をかんかんに怒らせる; 人を興奮させる[夢中にさせる].
hàve a thìck [thìn] skín 〔人が〕鈍感[敏感]である.
have gòt a pérson ùnder one's skín 〖話〗人に強く惹(ひ)かれている, 夢中である.
in a pèrson's skín 人の身になって.
in one's skín 裸のままで.
jùmp [lèap] out of one's skín (喜び, 驚きなどで)飛び上がる.
rìsk one's skín 命をかける.
sàve one's (òwn) skín [néck] 〖話〗無事に逃れる.
under the skín ひと皮むけば, 心の中では.
with [in] a whòle skín 〖話〗無傷で.
―― 動 (**～s** /-z/|過 過分 **～ned** /-d/|**skín·ning**) 他
1 の**皮をはぐ**; 〔果物〕の皮をむく. ～ a deer シカの皮をはぐ. ～ an apple リンゴの皮をむく. Potatoes should be boiled in their skins and then ～*ned*. ジャガイモは皮ごとゆでてから皮をむきなさい. **2** を**擦りむく**. ～ one's knee ひざを擦りむく. **3** を皮(のような物)で覆う.
4 〖話〗からだまし取る, 'むしる', 〈*of* ..〔金〕などを〉. ～ a person *of* his money 人から金をだまし取る.
5 〖米話〗を徹底的にやっつける, 打ちのめす.
―― ⾃ **1** 皮で覆われる 〈*over*〉. The wound has ～*ned over*. 傷にはかさぶたができた. **2** 脱皮する. **3** やっとパスする[すり抜ける].
kèep one's éyes skìnned 〖話〗目を開いてよく見張る, 用心する.
skìn ..alíve ..の生皮をはぐ; 〖米話〗..を散々やっつける; ..をこっぴどく叱(しか)る.
[＜古期英語 (＜古期北欧語)]
skín·càre 名 U, 形 (特に女性の(顔の)皮膚の)手入れ(の).
skìn-déep /⊛/ 形 〈叙述〉 皮一重の; うわべの, 外観だけの. Beauty is but ～. 〖諺〗美貌(ぼう)はただ皮一重《見かけより心が大切》.
skín-dìve 動 (→dive) ⾃ スキンダイビングをする《アクアラング・足ひれ・水中眼鏡で潜水する》.
skín dìver 名 C スキンダイバー (→skin-dive).
skín dìving 名 U スキンダイビング.
skín flìck 名 C 〖俗〗ポルノ映画.
skín·flìnt 名 C 〖軽蔑〗ひどいけち, '爪(つめ)に火をともす'人.
skin·ful /skínfùl/ 名 C 皮袋一杯(分); (酒, 食事などの)腹一杯(分). with a ～ かなり酔って.
skín gàme 名 C 〖話〗ぺてん, いんちき.
skín gràft 名 C 〖医〗 **1** 植皮される皮膚. **2** 植皮(術).
skín·hèad 名 C 〖話〗 **1** 頭髪を短く刈った[剃(そ)った]男. **2** スキンヘッド《丸刈り頭のちんぴら少年》.
skín·less 形 **1** 皮のない. **2** 〔ソーセージが〕皮なしの.
skinned /skind/ 形 **1** 皮をはがれた. **2** 〈複合語で〉..の皮膚をした. fair-[dark-]～ 肌が白い[浅黒い].
Skin·ner /skínər/ 名 **Bur·rhus** /bʌ́rəs/ **Frederic** ～ スキナー (1904-90)《米国の心理学者》.
skin·ner /skínər/ 名 C **1** 皮はぎ職人; (毛)皮商人.
2 〖話〗ぺてん師.
†skin·ny /skíni/ 形 〖話・軽蔑〗やせっぽちの, 骨と皮の.
★しばしば男の子のあだ名になる.
skín·ny-dìp 〖米話〗 動 ⾃ 真っ裸で泳ぐ.
―― 名 C 真っ裸で泳ぐこと.

S

skint /skínt/ 形 〘英俗〙〈叙述〉文無し[素寒貧]で.

skìn·tíght /㊞/ 形 〔衣服などが〕体にぴったりした.

***skip**[1] /skíp/ 動 (~s /-s/|過 過分 **~ped** /-t/|**skíp·ping**) 自 【ぴょんぴょん跳ぶ】 **1 (a)** スキップする; 跳ねる, 飛ぶ. ~ over a fence フェンスを跳び越す. ~ about [around] 跳ね回る. The children *~ped* happily home. 子供たちは楽しそうにスキップして家へ帰った. **(b)** 〔レコードの針が〕飛ぶ. **2** 〔石が〕跳ねるように飛ぶ〈*across, over* ..〔水面〕を〉(→他 2). **3** 〘英〙 **縄跳びする** (→他 3). I was *~ping* when Dad came home. 父さんが帰ってきた時私は縄跳びをしていた.

4 【間を飛ばす】 **飛ばし読みする** 〈*through* ..を〉; (読まないで[扱わないで])飛ばす〈*over* ..〔ある部分〕を〉; (間を)飛ばして進む〈*to* ..に〉. read a novel without *~ping* 小説を飛ばさずに読む. ~ *through* a magazine 雑誌を飛ばし読みする. ~ *over* a few chapters 2, 3 章読まないで飛ばす. ~ *to* the last topic for discussion 最後の議題に飛ぶ. **5** 〘米〙 学年を飛ばして進級する, 飛び級する. ~ to the next grade 次の学年に飛び級する. **6** 〘話〙 [VA] こそこそ立ち去る《罰, 支払いを恐れて》; 慌てて逃げる, 高飛びする; 〈*off, out*〉〈*out of* ..から〉.

【あちこち移動する】 **7** 〘話〙 [VA] ちょっと旅行する; 〔人, 記述などが〕(脈絡もなく)あちこち話題を転じる. ~ over to Korea 韓国までちょっと旅行する. His lecture *~ped* *around* [*from* one subject *to* another]. 彼の講演は話題を転々とした.

── 他 **1** を**軽く飛び越す**. ~ a stream 小川を飛び越す. **2** 〔石〕が跳ねるように飛ばす〈*across, over* ..〔水面〕を〉(skim)《水切り遊びで》. **3** 〘米〙〔縄〕で縄跳びをする (→自 2). ~ (a) rope 縄跳びする. **4 (a)** を読まないで飛ばす; 〘話〙 を省く, 抜かす; 〔授業など〕をさぼる, すっぽかす. ~ a few pages 2, 3 ページ読まないで飛ばす. ~ a lecture (学生が)講義をさぼる. ~ breakfast 朝食を抜く. The teacher *~ped* my name when he called the roll. 先生は出欠をとっていて私の名前を抜かした. **(b)** [VO] (~ *doing*) ..するのを逃げる, さぼる. ~ do*ing* the dishes 皿洗いをさぼる. **5** 〘米〙〔学年〕を飛ばして進級する. ~ a grade [year] 1(学)年飛び級する. **6** 〘話〙〔ある場所〕から逃げる〈受け身不可〉. ~ town 町から逃げ出す.

Skíp it! 〘話〙〈命令文で〉 (1) そのことはもう話すな, その話はもうたくさん. (2) 逃げろ, 失せろ.

skìp óut on .. 〘米〙〔妻子など〕を見捨てる.

── 名 [C] **1** スキップ; 軽く跳ぶこと; 縄跳び. **2** 飛ばし読み(した部分); 省略, 飛ばすこと. [?<北欧語]

skip[2] 名 [C] **1** (人・物を運ぶ鉱山用)ケージ, バケット. **2** 〘英〙 (建設現場で廃棄物などを運ぶ鉄製の)大型容器.

skíp·jàck 名 [C] **1** (複 ~, ~s) 海面で跳びはねる魚《カツオなど》. **2** 〘英〙 コメツキムシ. **3** 〘海〙 スキップジャック《主に米国東海岸で見られる帆船》.

skí plàne 名 [C] スキー装着機《雪面での離着陸用に車輪の代わりにスキーを付けている飛行機》.

skí pòle 名 [C] 〘米〙 ストック.

†**skip·per**[1] /skípər/ 名 [C] 〘話〙 **1** (小型商船, 漁船などの)船長. **2** (航空機の)機長; (チームの)主将[マネージャー]. ── 動 他 の船長[主将]を務める.

skíp·per[2] 名 [C] 軽く跳ぶ人, はねるもの.

skíp·ping-ròpe 名 〘英〙 =skip rope.

skíp ròpe 名 [C] 〘米〙 縄跳び用の縄 (jump rope; 〘英〙 skipping-rope).

skirl /skə́ːrl/ 名 〈the ~〉 バグパイプ (bagpipe) のぴーぴーいう音. ── 動 自 (バグパイプのように)ぴーぴーいう, 金切り声を出す.

‡**skir·mish** /skə́ːrmiʃ/ 名 [C] 小競りあい, (小規模の)遭遇戦, (↔pitched battle); 小論争. →fight 名 類語

── 動 自 小競りあいする〈*with* ..と〉. [<古期フランス語]

skír·mish·er 名 [C] 小競りあいする兵; 前哨(しょう)兵, 斥候兵.

‡**skirt** /skə́ːrt/ 名 (複 **~s** /-ts/) 【すそ, へり】 **1** [C] **スカート**; 〈しばしば ~s〉(服の)すそ《ウエストから下》. a long [short] ~ 長い[短い]スカート. hide behind one's mother's ~ 母親の(スカートの)陰に隠れる; 母親にかばってもらう.

> 連結 put on [take off; zip (up); undo, unzip] one's ~; wear a ~

2 【スカートをはく人】 [U] 〘俗・軽蔑〙〈集合的〉(性の対象としての)女, 若い娘. a nice bit of ~ いかす女. **3** [C] 〈普通 ~s〉(町, 森などの)**周辺**; 町外れ, 郊外, (outskirts). on the *~s* of a town 町外れに. **4** [C] (危険防止などのため, 機械, 車両などの下部に付ける)スカート, 覆い. **5** [C] 鞍(くら)の垂れ. **6** [C] (牛などの)横隔膜; 牛のわき腹肉 (flank).

── 動 他 **1** 〔道, 川などが〕の周辺を通る; を取り巻く, 囲む. A river *~s* the farm on the east. 川が農場の東側に沿って流れている. **2** をよけて通る; 〔問題など〕を回避する. ~ the wood (迂(う)回して)森の周りを行く. ~ a problem 問題を回避する.

── 自 **1** [VA] (~ ***around*** ..) 〔道, 川などが〕..の周辺にある; 〔人などが〕..の周辺を通る. ~ *around* the forest 森の縁を回って行く. **2** [VA] (~ ***around*** ..) 〔人が〕..を回避する.

[<古期北欧語「シャツ」; shirt と同源]

skírt·ing 名 [UC] **1** スカート地. **2** 〘英〙 =baseboard (**skírting bòard** とも言う).

skí rùn 名 [C] ゲレンデ《ゲレンデ (Gelände) はドイツ語; 単に run とも言う→run 名 9》.

skí stìck 名 〘英〙 =ski pole.

skit /skít/ 名 [C] 短い諷刺文[諷刺劇], 寸劇, 〈*on* ..についての〉.

skí tòw 名 [C] 〘米〙 スキートウ《循環するロープを用いたリフトの一種》.

skit·ter /skítər/ 動 自 **1** 〔鳥などが〕水面すれすれに飛ぶ; 〔小動物などが〕素早く走る. **2** (毛針などを)水面すれすれに引いて釣る.

skit·tish /skítiʃ/ 形 **1** 〔馬などが〕物に驚きやすい, 物おじする; 〔人が〕内気な. **2** 〔特に女性が〕はしゃぎすぎの, おてんばな; 移り気な. ▷ **~·ly** 副 **~·ness** 名

skit·tle /skítl/ 名 [C] **1** 〈~s; 単数扱い〉 9 柱戯 (ninepins)《ボウリングに似た英国のゲーム》. **2** 9 柱戯の柱 (**skíttle pìn**).

(Life is) ***nòt all bèer and skíttles.*** 〘英〙(人生は)楽しいことばかりではない.

── 動 他 を(9 柱戯の柱のように)なぎ倒す; 〘クリケット〙 [VOA] 〔打者〕を次々とアウトにする〈しばしば受け身で〉.

skive /skaiv/ 動 自 〘英俗〙 (仕事を)投げ出す, さぼる; (勝手に)早引けする, (こっそり)ずらかる, さぼる, 〈*off*〉.

skiv·vy[1] /skívi/ 〘英話〙 名 (複 **-vies**) [C] 〘軽蔑〙 下女, 女中. ── 動 自 下女働きをする〈*for* ..の〉.

skiv·vy[2] 名 (複 **-vies**) [C] 〘米俗〙 **1** (男子用)綿製 T シャツ. **2** 〈-vies〉 T シャツとパンツから成る下着.

skoal /skoul/ 間 乾杯. [<古期北欧語]

Skr., Skrt., Skt. Sanskrit.

sku·a /skjúːə/ 名 [C] 〘鳥〙 オオトウゾクカモメ.

skul·dug·ger·y /skʌldʌ́g(ə)ri/ 名 [U] 〘話・戯〙 ぺてん, いんちき, (trickery); 不正(行為).

skulk /skʌlk/ 動 自 **1** [VA] こそこそ逃げる, こそこそ隠れる; (よからぬことを企んで)こそこそする. ~ *around* (a house) こそこそ(家の周りを)歩き回る. **2** 〘主に英〙 さぼる, ずるける; 責任を回避する. ▷ **~·er** 名

***skull** /skʌl/ 名 (複 **~s** /-z/) [C] **1 頭蓋(ずがい)骨**, どくろ; しゃれこうべ. **2** 〘話〙 あたま. have a thick ~ 血の巡りが悪い, 鈍感である. Can't you get it into your thick ~ that you're on the wrong track there? その点で君が間違っているということが分からないのか. [<中期英語]

skùll and cróssbones 名 (複 **skulls and cross-bones**) C どくろじるし《どくろの下に大腿(たい)骨を十字に組み合わせた絵; 昔の海賊の旗; 今は毒薬の瓶などに張る》.

skúll·càp 名 C スカルキャップ, 縁なし帽《カトリックの聖職者, ユダヤ人や老人の室内用》.

skull·dug·ger·y /skʌldʌ́g(ə)ri/ 名 =skulduggery.

skúll pràctice 名 =skull session.

skúll sèssion 名 C 〘米俗〙討論会, 情報交換会; (スポーツチームの)作戦研究会.

†**skunk** /skʌŋk/ 名 **1** C 〘動〙スカンク《北米産イタチ科の動物; =polecat》. smell like a ～ スカンクのように悪臭を放つ. **2** U スカンクの毛皮. **3** C 〘話・戯〙嫌な奴, '鼻つまみ'. ── 動 他 〘米話〙を零敗[惨敗]させる, スコンクで負かす. [＜北米先住民語]

skúnk càbbage 名 UC 〘植〙ザゼンソウ《サトイモ科の多年草; 悪臭がある》; ミズバショウ.

‡**sky** /skai/ 名 (複 **skies** /-z/) UC **1** 空, 天, (★the sky, the skies, また形容詞が付けば a..sky ともする). a blue ～ 青空. a cloudy ～ 曇り空. high up in the ～ 空高くに. A bit [patch] of blue ～ can be seen between the clouds. 雲間に青空がのぞいて見える. Judging from the look of the ～, it will rain at any moment. 空模様から見ると, 今にも雨が降りそうだ.

> 連結 a bright [a cloudless, a glorious; a dull, a grey, a leaden, an overcast; a threatening; a starry] ～

2 〈しばしば skies〉空模様, **天候**; 気候; 風土. Clear [Fair] *skies* are forecast for tomorrow's race. 明日のレースは晴天に恵まれるとの予報だ. Welcome to the land of sunny *skies*. 陽光ふりそそぐ当地にようこそ《観光宣伝》.

3 〈しばしば skies〉天国, 天界, (heaven); 神. be in the ～[*skies*] 天国にいる, あの世に行っている. be raised to the *skies* 昇天する, 死ぬ.

out of a clèar ský 不意に, 出し抜けに.

pràise [***làud, extòl***]***..to the skíes*** ..を天まで持ち上げる, ほめそやす.

The ský's the límit. 〘話〙際限[上限]がない.

── 動 (**skies**|過 過分 **skied**|**ský·ing**) 他 〔ボールなど〕を高く打つ. [＜古期北欧語「雲」]

skỳ-blúe /⊛/ 形 空色の.

ský blúe 名 U 空色.

ský·bòrne 形 空輸による.

ský·càp 名 C 〘米〙空港のポーター.

ský·dìve 動 自 スカイダイビングをする《パラシュートをできるだけ遅く開いて空中を遊泳するスポーツ》.

▷**ský·dìver** 名 C スカイダイビングをする人. **ský·dìving** 名 U スカイダイビング.

Skye /skai/ 名 **1** スカイ《スコットランド西部 Hebrides 諸島の島》. **2** C スカイテリア (**Skỳe térrier**).

skỳ-hígh /⊛/ 〘話〙形 天まで届く, 非常に高い. ～ prices べらぼうに高い物価.

── 副 **1** (天まで届くほど)高く. Land prices in this district have soared ～. この地域の地価はこの上ないほどに上がった. **2** 粉々に, こっぱみじんに. be blown ～ 粉々に爆破される; 完膚なきまでに論破される.

ský·jàck 動 他 〔飛行機〕を乗っとる, ハイジャックする, 《＜*sky*＋ hi*jack*》.

▷**～·ing** 名 U 飛行機乗っ取り.

ský·jàck·er 名 C 飛行機乗っ取り犯.

[skylight]

Sky·lab /skáilæb/ 名 スカイラブ《米国の宇宙実験ステーション》.

†**ský·làrk** 名 C 〘鳥〙ヒバリ (→lark[1]).

── 動 自 〘旧話〙ばか騒ぎする〈*about*〉.

ský·lìght 名 C 天窓, 明かり窓.

†**sky·line** /skáilàin/ 名 C **1** 地平線 (horizon). **2** スカイライン《高層建築, 市街地, 山脈などの空を背にした輪郭線[シルエット]》.

[skyline 2]

ský·ròcket 名 C 打ち上げ花火.

── 動 自 〘話〙花火のように上がる; 急上昇する, 急騰する. ～*ing* unemployment 急増している失業.

***sky·scrap·er** /skáiskrèipər/ 名 (複 **～s** /-z/) C **超高層ビル**, 摩天楼, 《＜空をこする (scrape) ほど高い》.

ský·ward 副 空の方へ. ── 形 空に向かった.

ský·wards 副 =skyward.

ský wàve 名 C 〘無電〙空間波《電離層反射波》.

ský·wày 名 (複 **～s**) C 航空路; 〘米〙高架高速道路.

ský·wrìt·ing 名 U 空中文字[広告]《飛行機が煙などで空中に描く》.

‡**slab** /slæb/ 名 C **1** (石, 木, 金属などの)幅の広い厚板; (肉, チーズ, パンなどの)厚い切れ. a stone ～ 石板. a ～ of meat 肉の厚い切れ. **2** 〘英話〙〈the ～〉(病院, 死体安置所の石の)死体置き台. **3** 〘野球・俗〙ピッチャーズプレート.

***slack**[1] /slæk/ 形 e (**sláck·er**|**sláck·est**)

1 たるんだ, 緩い, (↔tight, taut). a ～ rope たるんだロープ. ～ jaws 締まりのないあご. **2** 〔法律, 規則などが〕甘い, いいかげんな. ～ laws 甘い法律.

3 〔人が〕だらけた, いいかげんな, 'ルーズな'; のろい 〈*in, at, about* ..に〉. John is always ～ *in* [*at*] finishing his assignments. ジョンはいつも宿題を片付けるのが遅い. a ～ current よどんだ流れ. **4** 〔商売などが〕不景気な, ひまな, 動きの悪い. ～ time (食堂, 乗り物などの)閑散時. Business is ～ these days. 近ごろは不景気だ.

kèep a slàck réin [***hánd***] 手[手綱]を緩めておく; 寛大な扱いをする〈*on* ..に〉.

── 名 U **1** (**a**) 〈普通 the ～〉(綱, 帆などの)緩み, たるみ; たるんだ部分. (**b**) (組織の人, 資金などの)余分, だぶつき. There is little ～ in this year's budget. 今年の予算にはほとんどゆとりがない. **2** 不況, 不振, 不景気(の時期).

take ùp the sláck (1) (綱などを引き締めて)たるみを取る. (2) (余分の資金, 人などを活用して組織の)たるみを是正する, 活性化する. (3) (仕事などの)穴埋めをする, 肩代わりをする. If your wife can't pay, you must *take up the* ～. 奥さんが払えないんなら, あんたになんとかしてもらいたい.

── 動 他 **1** を緩める, たるませる, 〈*off*〉. ～ *off* a rope ロープを緩める. **2** 〔義務, 仕事など〕を怠ける, 怠る. Stop ～*ing* your work. 仕事をさぼるのはよせ. **3** 〔努力, 速度など〕を緩める〈*off, up*〉. ～ *off* speed 減速する.

── 自 **1** 〔綱などが〕緩む, たるむ, 〈*off*〉. **2** 〔景気などが〕沈滞する, 不活発になる, 〈*off, up*〉. Business ～*ed up* after the holidays. 休暇明けから景気が落ち込んだ. **3** 怠ける, 怠る, 〈*off*〉〈*at, on* ..を〉. He's been ～*ing off on* the job. 彼は仕事を怠けていた.

4 (努力, 速度などを)緩める, ゆっくりやる; 〔雨などが〕弱まる; 〔仕事などが〕楽になる; 〈*off, up*〉. *Slack off* a bit after the test. テストの後は少しゆっくりなさい.

[＜古期英語「怠けぐせのある, のろい」]

S

▷**sláck·ly** 副 **sláck·ness** 名U たるみ, 不景気.
slack² 名U 粉炭.
†**slack·en** /slǽkən/ 動 他 **1** 〔ロープなど〕を緩める, たるませる, 〈*off*〉. **2** 〔力, 速度など〕を弱める 〈*off, up*〉. ~ one's pace 歩くペースを落とす. ~ one's grip 握っている手を緩める. ── 自 **1** 〔ロープなどが〕たるむ, 緩む; ロープを緩める. *Slacken off!* ロープを緩めろ. **2** 〔速度などが〕落ちる; 速度を落とす; 〔商売などが〕不活発になる; 〈*off, up*〉; 〔風などが〕弱まる. The train suddenly ~*ed*. 汽車は急に速度を落とした.
sláck·er 名C 怠け者, さぼり屋; 兵役忌避者.
***slacks** /slæks/ 名 《やや旧》〈複数扱い〉 **スラックス**, (ゆったりした)替えズボン. wear a blue blazer and brown ~*s* 青いブレザーに茶色のスラックスをはいている.
sláck sùit 名C 《米》 **1** スラックスーツ《スラックスとジャケット[シャツ]を合わせた男子用カジュアルウエア》. **2** = pantsuit. 「(川の)よどみ.
slàck wáter 名U (干潮時, 満潮時の)潮のたるみ;↑
slag /slæg/ 名 **1** U かなくそ, スラグ, 《鉱石から金属を取った後のかす》; 火山岩滓(し). **2** C 《英俗・軽蔑》汚らしくてふしだらな女. ── 動 自 かなくそができる. ── 他 《英俗》 VOA (~/X/*off*) X〔人〕をこっぴどくやっつける[けなす].
slág·hèap 名C 《主に英》ぼた山.
slain /slein/ 動 slay の過去分詞.
slake /sleik/ 動 他 **1** 〔渇き, 飢えなど〕をいやす; 〔怒り〕を和らげる; 〔恨み〕を晴らす. ~ one's anger 怒りを和らげる. I ~*d* my thirst with a large glass of beer. 大きなコップ 1 杯のビールで渇きをいやした. **2** 〔石灰〕を(水をかけて)消和する. ~*d* lime 消石灰 (calcium hydroxide) 《水をかける前のは quicklime》.
── 自 〔石灰が〕消和する.
‡**sla·lom** /slɑ́:ləm|sléi-/ 名C 〈普通 the ~〉 (スキー, オートバイ, カヌーなどの)スラローム, 回転競技. [＜ノルウェー語 'sloping path']
***slam**¹ /slæm/ 動 (~**s** /-z/|過 過分 ~**med** /-d/|**slám·ming**) 他 **1** (**a**) 〔ドアなど〕を**ぴしゃり[ばたん]と閉める** 〈*to*〉. ~ the door *to*= ~ the door shut (→(b)). She ~*med* the window down. 彼女は窓をばたんと下ろした. (**b**) VOC (~ X Y) X をぴしゃり[ばたん]と Y の状態にする. ~ the door shut=~ shut the door ドアをぴしゃりと閉める.
2 VOA をどすんと置く[投げ出す] 〈*down*〉〈*on, onto* ..(の上) に〉. ~ the phone *down* 受話器をがちゃっと置く. ~ a book (*down*) *on* the desk 本を机の上にどすんと置く.
3 VOA を強打する, たたきつける, 〈*against, into* ..(の方)に〉; (~/X/*on*) X(ブレーキ)を急に踏む. ~ one's head *against* a wall 頭を壁にぶつける. ~ the brakes *on*= ~ *on* the brakes 急ブレーキをかける.
4 《話》 を酷評する, 'たたく' 〈*for* ..(のこと)で/*as* ..だと言って〉《普通, 新聞用語として》.
── 自 **1** ぴしゃり[ばたん]と閉まる 〈*to*〉; VC (~ X) ばたんと X の状態になる. The door ~*med* (shut [*to*]) in the wind. ドアが風でばたんと閉まった. **2** VA どすんと落ちる[ぶつかる]. The helicopter ~*med against* the hillside. ヘリコプターは山腹に激突した.
slám into .. (1) ..に激突する. (2)《話》〔部屋など〕に(怒って)飛び込む. (3) = 他 4.
slám out of .. 〔部屋など〕から(怒って)飛び出す.
slàm the dòor in a person's fáce (1) 人の鼻先で戸をばたんと閉める. (2) 人の申し出をにべもなく断る.
── 名C 〈普通, 単数形で〉 ばたん, ぴしゃり, (という音). shut the door with a ~ ばたん[ぴしゃり]とドアを閉める. [＜北欧語]
slam² 名C 《ブリッジ》スラム《全勝又は 1 組を除いて全部勝つこと; →grand slam, little [small] slam》.

S

slàm·báng 副 《話》ばたんと, どしんと; 猛然と.
slám dùnk 名C 《バスケ》(力を込めた)ダンクシュート.
── 動 自, 他 (〔ボール〕を)ダンクシュートする.
slám·mer 名C 《米俗》刑務所.
†**slan·der** /slǽndər|slɑ́:n-/ 名UC 悪口, 誹謗(ひぼう), 中傷; 《法》口頭名誉毀(き)損 (→libel). Anne is given to ~. アンには中傷癖がある. sue [bring an action against] a person for ~ 口頭名誉毀損で人を訴える.
── 動 他 の悪口を言う, を中傷する. [scandal と同源]
▷ **~·er** /-d(ə)rər/ 名C 悪口を言う人, 中傷者.
slan·der·ous /slǽnd(ə)rəs|slɑ́:n-/ 形 〔言葉が〕人を中傷する(ような), 中傷的な; 〔人が〕口の悪い, 中傷癖のある. ▷ **~·ly** 副 人を中傷して.
‡**slang** /slæŋ/ 名U **1 俗語(的表現)**, スラング, 《★談話体 (colloquialism) の一種であるが標準的 (standard) とは認められない語・語法で, 表現の奇抜さや特殊な効果をねらうもの; 例えば「麻薬常用者」を head,「密告する, '指す'」を finger,「死ぬ」を kick the bucket (→bucket の成句)と言うなど》. a ~ word 俗語(の単語) (語法 slang は U だから個々の語を指すには ~ word と言う).
2 (特定グループの間で用いる)..語, 通語, 用語, (jargon). college [students'] ~ 学生語 《exam, math など》. doctor's ~ 医者仲間の専門語. army ~ 軍隊俗語.
── 動 他 《英話》をののしる (abuse). ***slánging màtch*** 《英話》ののしり合い, 泥仕合. [＜?]
sláng·y 形 e 俗語的な; 俗語の多い, 言葉がぞんざいな. ▷**slang·i·ness** 名
***slant** /slænt|slɑ:nt/ 名 (複 ~**s** /-ts/) **1** aU **傾斜**, 傾き; C 斜面. The slope has only a slight ~. 坂は緩く傾斜している. The floor is *on* [*at*] a ~. 床が傾いている. cut a bamboo *on* the ~ 竹を斜めに切る. **2** C (心などの)**傾向**, 偏向; **物の見方**, 観点; (事実, 題材などの)扱い方《時に片寄ったものを言う》. a paper giving news with a leftist ~ 左翼的偏向を持ったニュースを載せる新聞. have a new ~ on the financial situation 金融情勢について新しい見方をする. **3** C 《主に米話》横目で[ちらりと]見ること. give [take] a ~ at ..をちらりと見る.
4 《印》=slash 4.
── 動 (~**s** /-ts/|過 過分 **slánt·ed** /-əd/|**slánt·ing**) 自 VA **傾く**, 傾斜する, 斜めになる. The land ~*s down to* the sea. 土地は海に向かって下り坂になっている. The evening sun ~*ed through* the west window. 夕日が西窓から斜めに差し込んだ.
── 他 **1 を傾ける**, 斜めにする. **2** 〔記事, 事実など〕をゆがめる; 〔雑誌など〕を編集する; 〈*toward* ..寄りに〉〈しばしば受け身で〉. ~ one's testimony 証言をねじ曲げる. This article is decidedly ~*ed toward* the management. この論文は歴然と経営者側に偏した姿勢で書かれている.
── 形 傾いた, 斜めの. [?＜北欧語]
slànt-éyed /⊛/ 形 目じりの上がった《英米人から見て, 日本人や中国人の特徴》.
slánt·ing·ly 副 傾いて, 斜めに.
slánt·wìse, -wàys 副 斜めに, はすに.
‡**slap** /slæp/ 名 (複 ~**s** /-s/) C **1 平手打ち**, ぴしゃりと打つこと[打つ音], (類語 平手(のようなもの) で鋭く打つ; →strike). give a person a ~ on the back=~ a person on the back (→動 1 の 2 つ目の例). **2** 非難, 侮辱.
a slàp in the fáce 《話》顔の平手打ち, びんた; 痛撃; 拒絶; 公然たる侮辱.
a slàp on the wríst 《話》ほんの申し訳の罰[警告].
slàp and tíckle 《英話》(男女の)ふざけ合い, いちゃつき.
── 動 (~**s** /-s/|過 過分 ~**ped** /-t/|**sláp·ping**) 他 **1** を(平手で)ぴしゃりと打つ. ~ a person *in* [*across, on*] the face=~ a person's face 人の顔をぴしゃりと打つ

[にびんたを張る]. ～ a person *on* the back (祝い, 親しみの気持ちで)人の背中をぽんとたたく. ～ one's knee [thigh] ひざを打つ《上機嫌のしぐさ》.
2 VOA を(無造作に)ばたんと置く, 放り出す, 〈*down*〉〈*on, into* ..に〉; (～ X *on, against* ..) X を..にたたきつける. The waitress ～*ped* the plate (*down*) *on* the table. ウエートレスは皿をテーブルにばたんと置いた. ～ a rug *against* the gatepost じゅうたんを門柱にはたきつける.
sláp against .. 〔波などが〕..に当たってぴしゃぴしゃ音をたてる.
***slàp /../ aróund* [*abóut*]** 〖話〗〔人〕を何度も平手打ちする, やたら殴る.
slàp /../ dówn 〖話〗〔人〕をやっつける; ..を(手荒に)押さえつける, 制する.
slàp /../ ón 〖話〗(1) ..を無造作に塗りつける; ..をぺたっと張る. ～ skin cream *on* スキンクリームを素早く(顔などに)のばす. (2)〔衣類〕を素早く着る, さっと身に着ける. (3)〔税, 追加料金など〕をいきなり(不当に)上乗せする.
***slàp X̀ on* [*onto*] Ý** 〖話〗(1) X を Y に無造作に塗り[張り]つける. ～ paint *on* the wall 壁にペンキをさっと塗る. (2) X(衣類)を素早く Y(体の部分)に着ける. ～ a cap *on* one's head 頭にひょいと帽子をのせる. (3) X(税金など)を Y にいきなり上乗せする; X(禁止令, 制約など)を Y に不当に課す. The government ～*ped* 2% *on* top of the current 3% consumption tax. 政府は 3% の消費税に 2% を急に上乗せした.
slàp /../ togéther 〔家など〕をぞんざいに作る.
—— 副 〖話〗ぴしゃりと; ばたんと; 出し抜けに; もろに. She ran ～ into the wall. 彼女は壁にもろにぶつかった.
[＜中期英語; 擬音語]

slàp-báng 副 〖話〗出し抜けに; もろに.
sláp·dàsh 副 慌てて, ぞんざいに, いいかげんに.
—— 形 いいかげんにやった, やっつけ仕事の.
sláp-hàppy 形 〖話〗 **1** (殴られて)頭がぼうっとなった (punch-drunk). **2** いやにはしゃいだ, 上機嫌な. **3** 〖英〗＝slapdash.
sláp·stìck 名 U 低俗などたばた喜劇 (**slàpstick cómedy**). [slapstick は元来, 道化師などが人を叩くのに用いた薄板を(音を大きくするため) 2 枚重ねた小道具]
sláp-ùp 形 〖英話〗〈限定〉〔食事などが〕すばらしい, 一流の; 最新式の.
†**slash** /slæʃ/ 動 他 **1** をさっと切る, 深く切り込む, 切り裂く; にさっとひと笞(むち)くれる. ～ a car seat 車のシートを切り裂く. **2** 〔衣服〕に切れ目を入れる, スリットを入れる. a ～*ed* dress スリットを入れたドレス. **3** をこき下ろす, 酷評する. **4** 〔価格, 給料, 予算など〕を大幅に削減する, ばっさり削る. The store ～*ed* prices. その店は値段を大幅に下げた. ～ $1 million *from* the budget 予算から 100 万ドル削減する. **5** 〔本の内容など〕を削除する, に大改訂を加える.
—— 自 **1** VA (～ *at* ..) ..にさっと切りつける[打ちかかる]. **2** VA (～ *against* ..)〔雨などが〕..にさっと降りつける.
—— 名 C **1** さっと切ること; ひと笞(むち); 深い切り傷. **2** (衣服の)切れ目[スリット]. **3** 大削減; 切り下げ. **4** 斜線, スラッシュ, 《語や数字の間に入れる斜線; 例: and/or, /ə/》. **5** 〖英卑〗〈a ～〉小便すること.
[＜古期フランス語「破る」]
slàsh-and-búrn 形 〔農業が〕焼き畑式の.
slásh·ing 形 **1** 鋭い, 猛烈な, 辛辣(らつ)な. **2** 〖話〗すばらしい, すごい.
slásh màrk 名 ＝slash 4.
slat /slæt/ 名 C (金属製, 木製, プラスチック製などの)細長い薄板 (→Venetian blind).
***slate**[1] /sleit/ 名 (複 ～s /-ts/) **1** C スレート《屋根ふき用; 粘板岩を薄板状にしたもの》; U 粘板岩; スレート色《青味がかった濃い灰色》. a roof covered with ～*s* スレートぶきの屋根. roofing ～*s* 屋根ふき用スレート. **2** C 石板《昔, 小学生がノート代わりに用いた木枠付きの粘板岩の板》. **3** C 〖米〗公認候補者名簿.
clèan the sláte＝wìpe the slàte cléan 過去を清算する, 一から出直す.
pùt ..on the sláte 〖英旧〗..を貸しとして記入する.
〔start〕 ***with a clèan sláte*** 汚点のない経歴で[過去を清算して]〔出発する〕.
—— 動 他 **1** 〔屋根〕をスレートでふく. **2** 〖米話〗 VOA (～ X *for* Y)・VOC (～ X *to be* Y) X(人)を Y の候補者名簿に載せる, 候補に立てる, 〈普通, 受け身で〉. Miller was ～*d* ⌞*for* the chairmanship [*to be* chairman]. ミラーは議長候補になった. **3** 〖米話〗 VOA (～ X *for* Y)・VOC (～ X *to do*) X(物事)を Y(日時)に/..するように予定する〈普通, 受け身で〉. The election is ～*d* ⌞*for* [*to* take place in] January. 選挙は 1 月に予定されている.
[＜古期フランス語「割られたもの, 断片」]
slate[2] 動 他 〖英話〗を酷評する〈*for* ..のことで〉《新聞の書評欄などで》.
slàte-blúe 形 スレートブルーの.
slàte blúe 名 U スレートブルー《灰色がかった紺》.
sláte clùb 名 C 〖英話〗貯蓄組合《毎週少しずつ蓄えてクリスマスに分配する》.
slàte-gráy 〖米〗[〖英〗**-gréy**] 形 スレートグレーの.
slàte gráy 〖米〗[〖英〗**gréy**] 名 U スレートグレー《青味がかった濃い灰色; →slate[1] 名 1》.
slàte péncil 名 C 石筆《蠟(ろう)石を筆の形にしたもの; 石板に書く》.
slát·er 名 C スレートふき職人.
slath·er /slǽðər/ 〖米話〗 名 〈～s〉たくさん, 大量.
—— 動 他 VOA (～ X *on* Y/Y *with* X) X を Y に厚く塗る; (～/X/*on*) X を厚く[たっぷり]塗る. ～ butter *on* toast＝～ toast *with* butter トーストにバターを厚く塗る.
slát·ted 形 細長い薄板で作られた.
slat·tern /slǽtərn|-tə(ː)n/ 名 C 〖旧雅〗身だしなみの悪い女 (→sloven); 自堕落な女; (slut).
▷ **～·ly** 形 〔女性が〕身だしなみの悪い; 自堕落な.
slat·y /sléiti/ 形 スレートのような; スレート色の《灰色がかった青色》.
***slaugh·ter** /slɔ́ːtər/ 名 (複 ～s /-z/) **1** UC (普通, 大規模な)**虐殺**, 大量殺人, (massacre), (類語 homicide の一種). **2** U (食用動物の)**屠(と)殺**, 畜殺. **3** C 〖話〗〈普通, 単数形で〉(特にスポーツでの)惨敗.
—— 動 (～s /-z/|過 過分 ～ed /-d/|～·ing /-riŋ/) 他 **1** を大量に殺す (kill), **虐殺する**. Many civilians were ～*ed* by the victorious army. 多くの民間人が勝利軍に殺された. Many people are ～*ed* in car accidents every year. 毎年多くの人が交通事故で死ぬ. **2** を**屠殺する**. Cattle are ～*ed* for meat. 牛は食肉用に屠殺される. **3** 〖話〗(スポーツで)を惨敗させる, 一方的に破る.
[＜古期北欧語「(屠殺(とさつ)した)獣肉」; slay と同根]
sláugh·ter·er /-tərər/ 名 C **1** 屠(と)殺者. **2** 虐殺者.
sláughter·hòuse 名 (複 →house) C 屠(と)殺場 (abattoir).
sláugh·ter·ous 形 殺戮(さつりく)を好む, 殺生(せっしょう)な, 残虐な; 破壊的な. ▷ **～·ly** 副
Slav /slɑːv, slæv/ 名 C **1** スラヴ人. **2** 〈the ～s〉スラヴ民族《ロシア人, ブルガリア人, ポーランド人など》.
—— 形 **1** スラヴ民族の. **2** スラヴ語の.
‡**slave** /sleiv/ 名 (複 ～s /-z/) C **1** **奴隷**. free ～*s* 奴隷を解放する. **2** 奴隷のように働く人; (奴隷のように)献身的に尽くす人. make a ～ of oneself for one's master 主人のために身を粉にして働く. **3** **とりつかれた人**, '奴隷', 〈*of, to* ..〔欲望, 習慣など〕に[の]〉. a ～ *of* [*to*] alcohol 酒におぼれた人. **4** ＝slave ant.
◇形 slavish
—— 動 自 〖話〗 VA 奴隷のようにあくせく働く〈*away*〉〈*at* (*doing*) ..で〉. Jim ～*d away at* his job from

morning till night. ジムは朝から晩まであくせく仕事に励んだ. I'm now *slaving over* a hot stove.〖戯〗今(レンジに向かって)あくせく料理しているところだ.
[<中世ギリシア語「スラヴ人」; 中世にスラヴ民族がしばしば征服され, 奴隷にされたことから]

sláve ànt 名 C 〖虫〗奴隷アリ.

sláve drìver 名 C **1** 奴隷監督. **2**〖話〗人をこき使う雇い主[上司], 学生を猛烈にしぼる教師.

sláve·hòlder 名 C 〖史〗奴隷所有者.

sláve·hòlding 名 U 〖史〗奴隷所有.

slàve lábor 名 U **1** 奴隷による労働. **2**〖戯〗ただ働き同然のつらい仕事; 強制労働.

slav·er[1] /sléivər/ 名 C 〖史〗奴隷商人; 奴隷船.

slav·er[2] /slǽvər/ 動 自 **1** よだれを流す〈*over* ..を見て〉. **2** VOA (〜 X *over* ..) ..をのどから手が出るほど欲しがる. **3** へつらう〈*over* ..〔人〕に〉.
── 名 U よだれ (saliva);〖古〗おべっか.

***slav·er·y** /sléiv(ə)ri/ 名 U **1 奴隷の身分**, 奴隷であること. be sold into 〜 奴隷に売られる. **2 奴隷制度**. the abolition of 〜 奴隷制度の廃止. **3** 隷属, 束縛; 耽溺(たんでき)〈*to* ..〔欲望など〕への〉. 〜 *to* gambling 賭博(とばく)におぼれること. **4** 骨の折れる仕事, 苦役. [slave, -ery]

sláve shìp 名 C 〖史〗奴隷船.

Sláve Stàtes 名〈the 〜〉〖米史〗奴隷制度州《南北戦争当時まで奴隷制度を認めていた 15 の州; ↔Free States》.

sláve tràde 名〈the 〜〉〖史〗(特に 17–19 世紀の)奴隷売買.

slav·ey /sléivi|slǽvi/ 名 (複 〜s) C 〖英話〗(下宿などの)下働きの女中.

Slav·ic /slǽvik, slɑ́:v-/ 形 スラヴ人[民族]の; スラヴ語の. ── 名 U スラヴ語.

slav·ish /sléiviʃ/ 形 **1** 奴隷(制)の; 奴隷のような, 卑屈な, 卑しい. **2** 盲目的に忠実な, 独創性の全くない. a 〜 copy of the original 原物の盲目的な模写.
▷ **〜·ly** 副 **〜·ness** 名

Sla·von·ic /sləvɑ́nik|-vɔ́n-/ 形, 名 =Slavic.

slaw /slɔ:/ 名〖話〗=coleslaw.

†**slay** /slei/ 動 (〜s|過 **slew** /slu:/|過分 **slain** /slein/|**sláy·ing**) 他 **1** を殺す; を虐殺する; (類語〖英〗では kill の雅語,〖米〗では特に新聞などで kill の代用). President Kennedy *Slain* in Dallas. ケネディ大統領ダラスで殺される. **2**〖米俗〗を死にそうなほど笑わせる; を悩殺する.
[<古期英語「打つ, 殺す」]

sláy·er 名 C 殺害者; 殺人犯人.

SLBM[SLCM] submarine-launched ballistic [cruise] missile (潜水艦発射弾道[巡航]ミサイル).

SLD〖英〗Social and Liberal Democrats.

sld sailed; sealed.

sleaze /sli:z/ 名 U〖話〗薄汚さ, 低俗さ.

‡**slea·zy** /slí:zi/ 形 e **1**〔建物などが〕薄汚れた, 安っぽい; みすぼらしい. a 〜 hotel 安ホテル. **2**〔織物, 服などが〕薄っぺらな, ぺらぺらの. **3**〔内容などが〕安っぽい, 中身の乏しい.
▷ **slea·zi·ly** 副 **slea·zi·ness** 名

‡**sled** /sled/ 名 (複 〜s /-dz/) C 〖主に米〗**1** (子供が雪の上で遊ぶ)小型のそり. **2** (馬, 又は犬が引く荷物運搬用の)大型そり (→sleigh 類語). ── 動 (〜s|-dd-) 自 そりに乗る, そりで行く. ── 他 をそりで運ぶ. [<中期オランダ語; slide と同根]

sléd·ding 名 U〖米〗**1** そりに乗ること; そりでの運搬. **2** (そりを用いる時の)雪面状態. **3** (仕事などの)進み具合. hard 〜 (仕事などが)はかどらないこと.

sléd dòg 名 C そり用の犬.

sledge[1] /sledʒ/ 名 C, 動〖主に英〗=sled.

†**sledge**[2] 名 C 大槌(づち). ── 動 他 を大槌で打つ.

slédge·hàmmer 名 **1** =sledge[2]. **2**〈形容詞的〉強力な; 壊滅的な. a 〜 blow 壊滅的な打撃.

†**sleek** /sli:k/ 形 **1**〔頭髪, 毛皮などが〕すべすべした, 滑らかな, つやつやした. 〜 hair 滑らかな髪の毛. **2**〔猫などが〕栄養がよくて手入れの行き届いた. **3**〖時に軽蔑〗スマートな, りゅうとした身なりの; 人当たりのよい. **4**〔車などが〕格好いい. ── 動 他 を滑らかにする; のつやを出す. 〜 (*down*) one's hair 髪の毛をなでつける. [slick の変形] ▷ **sléek·ly** 副 滑らかに. **sléek·ness** 名 U 滑らかなこと.

‡**sleep** /sli:p/ 動 (〜s /-s/|過 過分 **slept** /slept/|**sléep·ing**) 自 **【眠る】** **1** 眠る, 寝る; 夜を過ごす, 泊まる〈*at* ..に〉. 〜 well [badly] 熟睡する[よく眠れない]. 〜 late on Sundays 日曜日は寝坊する. I 〜 eight hours every night. 私は毎晩 8 時間眠る. 〜 on a bed [sofa] ベッド[ソファー]で寝る. I can't seem to 〜 a wink tonight. 今夜は一睡もできそうにない. I *slept at* a hotel [*in* my study] last night. 昨夜はホテルに泊まった[自分の書斎で眠った].

【眠っているようである】 **2**〖婉曲〗〔死者が〕永眠している, (安らかに)眠っている. He 〜*s* in his grave. 彼は墓場で眠っている. **3**〔機能などが〕活動しない;〔町などが〕静まりかえっている;〔人が〕ぼんやりと[うかうかと]日を送る;〔動物が〕冬眠する;〔回っているこまが〕澄む, 静止しているように見える.
── 他 **1**〈普通, 形容詞を伴う同族目的語を伴って〉..な眠り方をする. 〜 a sound sleep ぐっすりと眠る.
2〖話〗を宿泊させる,〔..人〕を泊められる,〈受け身不可〉. This hotel 〜*s* fifty. このホテルは 50 人泊められる.
3 VOC (〜 *oneself* X) 眠って自分を X の状態にする. 〜 one*self* sober 眠って酔いをさます.

slèep aróund〖話〗多くの異性と関係する.

slèep /../ awáy ..を寝て過ごす;〔頭痛, 心痛など〕を眠って治す. 〜 *away* the better part of the day 一日の大半を寝て過ごす.

slèep ín (1) 寝坊する (oversleep). I usually 〜 *in* on holidays. 休日はたいてい朝寝をする. (2)〔雇い人が〕住み込む (↔sleep out).

sléep one's làst sléep 永眠する.

slèep like a lóg [tóp]〖話〗ぐっすり眠る.

slèep /../ óff ..を眠って治す[忘れる]. 〜 *off* a headache 眠って頭痛を治す. 〜 it *off* 眠って酔いをさます.

sléep on [upon, over] ..〖話〗(すぐ決めないで)..を一晩寝て考える; ..を寝ながら考える.

slèep óut (1) 外泊する; 野外で寝る. (2)〔雇い人が〕通いで勤める (↔sleep in).

slèep óver (よその家に)泊まる.

slèep róugh →rough.

slèep the slèep of the júst 心にやましい所がない人のようにぐっすり眠る.

slèep thróugh 目覚めないで寝通す.

sléep through .. ..があっても目覚めない. 〜 *through* a noise 音で目覚めずに寝通す.

slèep tíght →tight.

slèep togéther (1) (1 つのベッドに)一緒に寝る (→SLEEP with.. (1)). (2)〖話・婉曲〗〔特に, 結婚していない者同士が〕性交する, 不倫して肉体関係を持つ.

sléep with .. (1) ..と寝る. (2)〖話・婉曲〗..と性交する, '寝る'.

── 名 **1** U **睡眠**, 眠り; aU 睡眠時(間). She couldn't get to 〜 last night because she was worried about her job. 彼女は仕事のことが心配で昨夜は寝つけなかった. have little [a good] 〜 ほとんど眠らない[ぐっすり眠る]. talk [walk] in one's 〜 寝言を言う[〔夢遊病患者が〕夢中遊行する]. fall into a deep 〜 深い眠りに陥る. She sang her baby *to* 〜. 彼女は子守歌を歌って赤ん坊を寝かしつけた.

> 連結 a heavy [a dead, a dreamless; a peaceful, a sound; a broken, a fitful, a light] 〜

2 Ⓤ 〘婉曲〙永眠, 死, (death). one's last [big, long, eternal] ～ 永眠, とわの眠り.
3 Ⓤ 活動休止, 不活動; (感覚の)麻痺(まひ).
4 Ⓤ (植物の)睡眠; (動物の)冬眠. **5** Ⓤ 〘話〙目やに.
◇形 sleepy
crỳ [sòb ↓] oneself to sléep
*__*gò to sléep*__ (1) 眠る, 寝入る. (2)〘話〙〔手足などが〕しびれる.
lòse sléep over . . . .が心配で夜も眠れない, . .のことであれこれ気をもむ, 〈普通, 否定文で〉.
nòt gèt [hàve] a wìnk of sléep 一睡もしない.
pùt [sènd] . .to sléep (1)〔人〕を寝かしつける. *put* [*send*] a child *to* ～ 子供を寝かしつける. (2)(手術などのため)〔人, 動物〕に麻酔をかける. (3)〘婉曲〙〔動物〕を殺す, '眠らせる', 《苦しまないように安楽死させる場合が多い》.
ròck [sìng] . .to sléep 歌って[揺り動かして]〔赤ん坊〕を寝かしつける.
sòb oneself to sléep 泣き寝入りする.
[＜古期英語]

sléep·er 名 Ⓒ **1** 〈形容詞を伴って〉眠る人; 寝坊. a heavy [light] ～ ぐっすり眠る[眠りの浅い]人. **2**〘主に米話〙(しばらく鳴かず飛ばずで)急に人気の出た人[もの]《本, 演劇など》. **3** 寝台車(の寝台). **4**〘米〙〈～s〉(子供の)寝巻き. **5**〘建築〙(地面に直接置く)ころばし根太(ねだ); 〘英〙まくら木 (〘米〙tie). **6** スリーパー《長い間その地に住んで同化しているスパイ》. **7**〘英〙小さいピアス耳輪《穴がふさがらないようにするため付ける》.

sléep·i·ly /slíːpili/ 副 眠そうに.

sléep-ìn 形 〔召し使いなどが〕住み込みの. ── 名 Ⓒ 住み込みの使用人.

sléep·i·ness /slíːpinəs/ 名 Ⓤ 眠いこと, 眠気.

†**sléep·ing** 形 〈限定〉眠っている, 休眠中の; しびれた; (★叙述的には asleep を用いる). Let ～ dogs lie. → dog (成句). ── 名 Ⓤ 眠ること, 睡眠; 休止; 不活発.

sléeping bàg 名 Ⓒ 寝袋, シュラーフ.

Slèeping Béauty 名 〈the ～〉眠れる森の美女《広く知られているおとぎ話の主人公; 魔法によって 100 年間眠らされていた王女が真の恋人である王子のキスによって目を覚ます; Tchaikovsky に同名のバレエ曲がある》.

sléeping càr [〘主に英〙**càrriage**] 名 Ⓒ 寝台車.

sléeping dràught 名 Ⓒ 催眠薬.

slèeping pártner 名 〘英〙＝silent partner.

sléeping pìll [tàblet] 名 Ⓒ (錠剤の)睡眠薬.

slèeping políceman 名 Ⓒ 〘主に英〙(道路の)減速ゾーン《車のスピードを落とさせるために細長く隆起している; 〘米〙speed bump》.

sléeping sìckness 名 Ⓤ 眠り病; 嗜(し)眠性脳炎.

*__sleep·less__ /slíːpləs/ 形 ℂ **1 眠れない**; 眠らない. spend [pass] a ～ night 眠れない夜を過ごす. **2** 休まない, 不断の; 油断のない. the ～ ocean 一時も静止していない海. ～ care 不断の注意. ▷**～·ly** 副 **～·ness** 名

sléep·ò·ver 名 Ⓒ 〘米〙子供の泊まりがけでの遊び.

sléep·wàlk 動 自 夢中歩行する.

sléep·wàlker 名 Ⓒ 夢遊病者.

sléep·wàlking 名 Ⓤ 夢遊病.

sléepwèar 名 Ⓤ 寝巻き, ナイトガウン.

‡**sleep·y** /slíːpi/ 形 ⓔ (**sléep·i·er**|**sléep·i·est**) **1 眠い**, 眠そうな. I was ～ all day today. 今日は 1 日中眠かった. give a ～ yawn 眠そうなあくびをする. **2**〔人が〕眠っているような, ぼんやりした. **3** 眠くなる[させる]ような, 活気のない, 静かな. a ～ town 活気のない[静かな]町. **4**〘英〙〔果物などが〕熟し過ぎた, 腐りかけた. [sleep, -y[1]]

sléepy·hèad 名 Ⓒ 眠がり屋, 寝坊, 《特に子供》.

†**sleet** /sliːt/ 名 Ⓤ みぞれ. ── 動 自 〈it を主語にして〉みぞれが降る. It ～*ed* yesterday afternoon. 昨日昼過ぎにみぞれが降った.

sléet·y 形 みぞれの(ような); みぞれの降る.

‡**sleeve** /sliːv/ 名 (複 **～s** /-z/) Ⓒ **1 袖**(そで), たもと. Jim pulled me by the ～. ＝Jim pulled my ～. ジムは僕の袖を引っ張った. **2**〘機〙スリーヴ, 套(とう)管; 吹き流し. **3**〘主に英〙(レコードの)ジャケット (〘米〙jacket).
hàve [kèep] 〔an ace, a trick, *etc.*〕***up one's sléeve*** 〘話〙〔うまい手, 秘策, 奥の手, 策略など〕をひそかに用意している.
làugh up [in] one's sléeve 〘話〙陰でくすくす笑う, ほくそ笑む, 〈*at* . .に対して〉.
roll ùp one's sléeves 〘話〙シャツの袖をまくり上げる《仕事, けんかの用意などのため》, (本気で)仕事に取りかかる.
[＜古期英語]

sleeved /sliːvd/ **1** 形 袖(そで)付きの. **2** 〈複合要素〉「. .の袖のある」の意味. short[long]-*sleeved* (袖の短い[長い]).

sléeve·less 形 袖(そで)なしの, ノースリーブの.

sléeve lìnks 名 〈複数扱い〉〘英〙カフスボタン (cuff links).

sléeve nòtes 名 〈複数扱い〉〘英〙＝〘米〙liner notes.

*__sleigh__ /slei/ 名 (複 **～s** /-z/) Ⓒ **そり** (類語 普通, 馬が引き人が乗る; 〘米〙では最も普通の語であるが〘英〙では sledge が普通; ただし sleigh もよく用いられるようになってきた; →sled, sledge[1]). Santa Claus in his ～ そりに乗ったサンタクロース. a one-horse open ～ 1 頭立ての無蓋(がい)のそり. ── 動 自 そりで行く; そりに乗る. go ～*ing* そりで行く; そり遊びに行く. [＜オランダ語 (sled の異形)]
▷**sléigh·ing** 名 Ⓤ そりで行く[遊ぶ]こと.

sléigh bèll 名 Ⓒ そりの鈴.

sleight /slait/ 名 **1** Ⓤ 巧妙さ, 早業, 手練. **2** ⓊⒸ ぺてん, 策略. [＜古期北欧語「ずる賢さ」(sly の名詞形)]

slèight of hánd 名 ⓊⒸ **1** 手先の早業, 手練. **2** 手品, 奇術. **3** ぺてん, 策略.

‡**slen·der** /sléndər/ 形 ⓔ (**-der·er** /-rər/|**-der·est** /-rəst/) **1**〔人(の体)が〕**ほっそりした**, すらっとした; 〔物が〕(優雅で)細長い, (類語 優美さしなやかさを持った細さ; →slim). a ～ girl すらっとした女の子. ～ fingers ほっそりした指. a ～ bottle 細長い瓶.
2〔収入などが〕わずかな, 乏しい; 〔見込み, 根拠などが〕乏しい, 弱い. a ～ income わずかな収入. ～ hopes かすかな望み. We have only a ～ chance of success. 我々が成功する見込みはわずかしかない. a person of ～ means [resources]〘婉曲〙手元不如意の人. by [with] a ～ majority かろうじて過半数で.
[＜中期英語 (＜?)] ▷**～·ly** 副 ほっそりと, すらりと. **～·ness** 名 Ⓤ すらりとしていること; 乏しさ.

slen·der·ize /sléndəràiz/ 動 〘米話〙他 を細くする; (特に節食, 運動で)をやせさせる; やせているように見せる.
── 自 細くなる; やせる.

slept /slept/ 動 sleep の過去形・過去分詞.

sleuth /sluːθ/ 名 Ⓒ **1**〘旧話・戯〙刑事, 探偵, (detective). **2** ＝sleuthhound 1.
── 動 自 〘旧話・戯〙追跡する, 探偵(のまね事を)する.

sléuth·hòund 名 Ⓒ **1** 警察犬, 〈特に〉ブラッドハウンド (bloodhound). **2** ＝sleuth 1.

Ś lèvel 名 Ⓒ 〘英〙S レベル《GCE の中で最高のレベル; ＜*s*cholarship *level*》.

slew[1] /sluː/ 動 slay の過去形.

slew[2] 名 〘米〙＝slough[1] 2.

slew[3] 動 他 を回す; をそらす. ── 自 VA (～ ***around***) 回る; それる. ── 名 Ⓒ 回転.

slew[4] 名 Ⓒ 〘主に米話〙〈普通, 単数形で〉たくさん (lot). a ～ *of* people たくさんの人.

slewed /sluːd/ 形 〘主に英話〙〈叙述〉酔って (drunk).

‡**slice** /slais/ 名 (複 **slíc·es** /-əz/) Ⓒ **1 薄いひと切れ** 〈*of* . .〔パンなど〕の〉. a ～ *of* bread 薄く切ったパンひと切れ. a ～ *of* meat 肉の切り身. cut cake into ～*s* ケーキを切り

分ける. **2** 一部分, 分け前, 〈*of* ..の〉(share). a ～ *of* luck ちょっとした好運. a ～ [share] *of* the cake → cake (成句). a ～ of the profits 利益の分け前. take up a large ～ of.. の大きな部分を占める. **3** 〖ゴルフ・野球・テニスなど〗スライスボール《利き腕と同じ方向にカーブする打球; その打法; ↔hook》. **4** 薄刃包丁; (魚などの)取り分けナイフ《食卓用》; へら.

a slìce of lífe (写実主義の短編小説が描くような)実人生の一断片.

── 動 (**slíc·es** /-əz/|過 過分 **～d** /-t/|**slíc·ing**) 他 **1** を薄く切る〈*up*〉; VOC (～ X Y) X を Y に切る; VOO (～ X Y)・VOA (～ Y ***for*** X) X(人)に Y を切ってあげる; (類語 薄く cut すること). ～ a loaf of bread パンを薄く切る. a ～*d* lemon 輪切りのレモン. She ～*d* the ham thin. 彼女はハムを薄く切った. *Slice* me a thin piece of cake. =*Slice* a thin piece of cake *for* me. ケーキを薄く切ってください. **2** 〖ゴルフ・テニスなど〗〔ボール〕をスライスさせる. **3** 〔船などが〕を切るように進む.

── 自 **1** VA (～ ***in/into..***) ..にナイフを入れる; (～ ***through..***) ..を薄く切る. **2** スライスボールを打つ; 〔ボールが〕スライスする. **3** VA (～ ***through, into..***) ..の中を(ナイフで切るように)進む.

àny wày [no màtter hów] you slíce it 〖米話〗どう考えようとも.

slìce /../ óff (1) を切り取る[落とす]. ～ *off* a piece of meat 肉をひと切れ切り取る. (2) 〖スポーツ〗〔(記録のタイムで)数秒など〕を縮める.

sliced /-t/ 形 〈限定〉(売られる前に)薄切りになった〔パンなど〕. ～ bread [loaf] 薄切りで売られているパン.

the bést thìng since slìced bréad 〖話〗最高(の物[人]). [＜古期フランス語「裂片, こっぱ」]

slíc·er 名 C スライサー《パン, ベーコンなどを薄切りにする機械》.

†**slick** /slik/ 形 **1** なめらかな, すべすべした; つるつる滑る《氷, 油などで》. a ～ road スリップしやすい道路. **2** 上手な, うまい, スムースな; 〔手口などが〕巧妙な. a ～ speech 上手な演説. **3** 〔人が〕口先のうまい, いやに愛想のいい, ずるい. a ～ talker 口先のうまい人. **4** 〖米旧話〗すばらしい; 魅力的な. ── 副 **1** なめらかに; うまく; ずるく. **2** まともに, もろに; 全く. She hit him ～ in the face. 彼女は彼の顔をもろにたたいた.

── 名 C **1** なめらかな部分[場所]; (水面の)油膜 (**óil slick**); (レーシング用の)スリックタイヤ. **2** 〖米話〗〈普通 ～s〉(つるつるの上質紙を使った)豪華雑誌《内容は通俗的; →pulp; 〖英〗glossy magazine》.

── 動 他 をなめらかにする; 〖米話〗をきちんとする〈*up*〉; VOA 〔髪〕を(整髪料などで)きれいになでつける〈*down, back*〉. We ～*ed* the house *up* for the party. 我々はパーティーに備えて家をきちんと片付けた.

[?＜古期英語] ▷ **slíck·ly** 副 **slíck·ness** 名

slíck·er 名 C 〖話〗**1** 〖米〗(ゴム, プラスチック, 油布製などの)防水コート. **2** (いい身なりの口のうまい)油断のならない人物. →city slicker.

slid /slid/ 動 slide の過去形・過去分詞.

slid·den /slídn/ 動 〖古〗slide の過去分詞.

‡**slide** /slaid/ 動 (**～s** /-dz/|過 **slid** /slid/|過分 **slid,** 〖古〗**slid·den** /slídn/|**slíd·ing**) 自 【滑る】**1** (**a**) 滑る, 滑走する, 滑るように進む, 〈*on, over* ..の上を/*along* ..を/*across* ..を横切って〉(類語 主に意図的に長く滑ること; →slip[1]). ～ *on* the ice 氷の上でスケートをする. ～ *down* a banister 階段の手すりを滑り降りる. ～ *off* the stool (高い)スツールから滑り降りる. The drawers ～ badly. その引き出しは滑りが悪い. (**b**) VC (～ X) 滑って X の状態になる. ～ open [shut] 〔ドアなどが〕滑って開く[閉じる].

2 〖野球〗VA (～ ***into..***) 〔塁〕に滑り込む. ～ *into* second base [home] セカンド[ホーム]に滑り込む.

3 〔物が〕滑り落ちる〈*from, off, out of* ..〔手など〕から〉; 〔人が〕(足を踏み外したりして)滑る; 〔車が〕スリップする. The glass *slid from* my hand. グラスが手から滑り落ちた. **4** 〔通貨価値, 物価などが〕下落する.

【滑るように動く】**5** VA **そっと去る[出る]**〈*away*〉〈*out of* ..から〉; そっと[さっと]入る〈*into* ..に〉; 〔年月などが〕知らないうちに過ぎる〈*past, by*〉. The man *slid* quietly *into* [*out of*] the room. 男はそっと部屋に入った[部屋から出て行った]. The years *slid past*. 年月が流れた.

6 【ずるずると陥る】VA (～ ***into..***) 〔悪い習慣など〕に知らず知らず陥る. ～ *into* bad habits 悪い習慣にずるずると陥る. ～ *into* bad company 悪い仲間と付き合うようになる.

── 他 **1** を滑らせる, 滑走させる; VOC (～ X Y) X を滑らせて Y の状態にする. ～ a boat *on* the lake ボートを湖で走らせる. ～ a drawer *out* [*shut*] 引き出しを滑らせて開ける[閉じる]. He *slid* the book *across* the desk to me. 彼は本を机の上を滑らせてよこした.

2 VOA **を滑り込ませる**, そっと[さっと]入れる, 〈*in, into* ..の中に/*under* ..の下に〉; さっと出す〈*out*〉〈*out of* ..から〉. He *slid* the money *into* my pocket. 彼は金を私のポケットにそっと入れた.

lèt ..slíde 〖話〗..をほうっておく, さぼる, 成り行きに任せる. *let* homework ～ 宿題をほったらかす. *let* things ～ for a while しばらく事態を見守る[ほったらかしにする].

slíde over [around].. 〔問題など〕を(正面から取り組まずに)避けて通る.

── 名 (複 **～s** /-dz/) C **1 滑ること**, 滑走. go for a ～ スケートに行く. **2** 地滑り (landslide); 雪崩 (snowslide). **3** (子供の)滑り台; (そりなどの)滑走路. play on a ～ 滑り台で遊ぶ. **4** 〖野球〗滑り込み. **5** (価格, 分量などの)下落, 低下. be on the ～ 〔経済などが〕悪くなりつつある. **6** (幻灯, 顕微鏡用の)スライド. examine a specimen on the ～ 標本をスライドで調べる. I'll show you the ～*s* of my trip to Europe. ヨーロッパ旅行のスライドを見せてあげよう. **7** 〖英〗髪留め, ヘアークリップ, (hair slide; 〖米〗barrette). **8** 〖楽〗滑走音; スライド《トロンボーンなどの滑る音》; トロンボーンのスライド管《U 字形の滑る部分》. [＜古期英語; sled と同根]

slíde fàstener 名 C 〖主に米〗(衣類などの)ファスナー, チャック, (zipper).

slíde projèctor 名 C スライド映写機.

slíd·er 名 C 滑る人[もの]; 〖野球〗スライダー.

slíde rùle 名 C 計算尺.

slíd·ing 名 UC 滑り, 滑走; 〖野球〗滑り込み.

slìding dóor 名 C 引き戸《日本家屋のふすまや障子のように左右に動く戸》.

slìding scále 名 C 〖経〗(賃金, 年金などの)スライド制《物価上昇率に合わせて金額を調整する》.

slìding séat 名 C (競漕(そう)用ボートの)滑り座.

‡**slight** /slait/ 形 e (**slíght·er**|**slíght·est**) **1** 〈普通, 限定〉わずかな, 少しの, 軽い; ささいな, 小さな. a ～ reward わずかな報酬. a ～ pain かすかな痛み. a ～ cold 軽い風邪引き. I believe I was of some ～ service to you. 私はあなたにいくらかお役に立ったことと思います. *Slight* consideration was given to age or sex. 年齢も性別もほとんど考慮されなかった. I ⌊don't have 〖英〗haven't⌋ the ～*est* idea what his real intention is. 彼の真の意図は何なのか私にはさっぱり分からない.

2 〔姿などが〕**ほっそりした**; 〔物が〕きゃしゃな, もろい; (類語 きゃしゃなやせ方を連想させる; →slim). a ～ girl ほっそりした女の子. **3** つまらない, 取るに足らない.

in the slíghtest 〈否定文・疑問文で〉少しも(..ない). I don't mind *in the* ～*est* who he is. 彼が何者であろうと全然気にしない.

màke slíght of.. 〖古〗..を軽視する.

── 名 C 軽蔑, 侮辱; 軽視, 冷遇; 〈*on, to* ..の〉. He

S

took my remark as a ～ *on* him. 彼は私の言葉を自分への侮辱と取った.

***pùt a slíght on* [*upon*] ..** 〔人〕を軽んじる.

── 動 他 を軽んじる, 無視する; を侮辱する, 〔人〕の気を悪くする; (類語 尊大な態度を暗示する; →ignore). The receptionist ～*ed* me on purpose. 受付係はわざと私を無視した. [＜古期北欧語「なめらかな」]

slíght·ing 形 侮辱的な.

slíght·ing·ly 副 軽んじて, 軽蔑して, 失礼にも.

***slight·ly** /sláitli/ 副 m **1** わずかに, かすかに, 少し. be ～ different ちょっと違っている. I know her ～. 彼女をほんの少し知っている. Morning temperatures will be ～ higher [warmer] than yesterday's. 午前中の気温は昨日よりやや高いでしょう《天気予報》.

2 きゃしゃに, ほっそりと. a slightly-built young man ほっそりとした体格の青年.

slíght·ness 名 U 軽微なこと; ほっそりしていること.

sli·ly /sláili/ 副 ＝slyly.

***slim** /slim/ 形 e (**slím·mer**|**slím·mest**) **1** 〔人, 体が〕**ほっそりした**, きゃしゃな, スリムな, (類語 引き締まってぜい肉のないすらりと感じのよい様子; →gaunt, lean², scrawny, skinny, slender, slight, spare, thin); 〔物が〕(普通より)細長い. a ～ person ほっそりした体つきの人. keep ～ 太らないでいる. a ～ volume 薄い本.

2 **わずかな, 貧弱な**; 〔見込みなどが〕薄い. a ～ income 薄給. ～ pickings わずかな儲(もう)け[稼ぎ]. a ～ chance (of ..) (..の)望み薄.

── 動 (～s|-mm-) 自 〖主に英〗(節食, 運動などで)減量する, やせる, 〈*down*〉. She is ～*ming down* with diet and exercise. 彼女は節食と運動で減量している.

── 他 **1** を細くする; やせさせる 〈*down*〉. **2** を削減する, 減らす, 〈*down*〉. [＜オランダ語「傾いた＞悪い, ずるい」]

▷**slím·ly** 副 **slím·ness** 名

slime /slaim/ 名 U **1** (川底などの)ねばねばした泥, ヘドロ. **2** (魚, カタツムリなどの)粘液, ねばねば[ぬるぬる]したもの. **3** 嫌な物, 汚らわしい物. **4** 〖米俗〗嫌なやつ. a ～ ball 嫌なやつ. ── 動 他 に泥を塗る; 〔蛇が〕を粘液で覆う. [＜古期英語]

slím·line 形 **1** (飲み物が)低カロリーの. **2** 薄型の, 小型の.

slím·mer 名 C 〖主に英〗(節食, 運動などで)減量している人.

slím·ming 名 U 〖主に英〗スリミング《節食・運動で減量する方法(への関心)》; 〈形容詞的〉スリミングの[に関する]. a ～ magazine スリミングに関する雑誌. ～ exercises 美容体操.

slim·y /sláimi/ 形 e **1** ぬるぬるした, ねばねばした; ヘドロのような. **2** 〖話〗〔人, 言葉などが〕汚らわしい, いやらしい, 嫌な. **3** 〖主に英話〗へつらう, ぺこぺこする, 卑屈な. a ～ manner 卑屈な態度. ▷**slim·i·ness** 名

†sling /sliŋ/ 名 C **1** 投石器《昔の武器》; ぱちんこ (slingshot). **2** (投石器による)投石; 投げ飛ばすこと; 一撃. **3** つり包帯, 三角巾(きん); つり上げ機; つり縄[鎖]《重い物を持ち上げるための》. **4** (銃の)つり革, 負い革.

slíngs and árrows 〖章〗(身にふりかかった)不快な事, 難事, 《Shakespeare 作の *Hamlet* から》.

── 動 (～s|過 過分 **slung**|**sling·ing**) 他 **1** を投げつける, を投石器で投げる, 〈*at* ..に〉; VOA をほうる, ほうり出す[入れる] 〈*into* ..に/*off*, *out of* ..から〉. ～ a stone *at* a dog 犬に石を投げつける. ～ mud *at*.. →mud (成句). be *slung out of* college [an apartment] 大学[アパート]から追い出される. ～ together a few things *into* the bag バッグに必要なものをほうり込む.

2 (**a**) VOA (つり革[ひも]などで) をつるす, ぶら下げる; (つり縄などで) をつり下げ[上げ]る. ～ a gun *over* one's shoulder 肩に銃をかける. have a camera *slung* around one's neck. 首にカメラをぶら下げている. (**b**) VOA を掛ける, 下げる. She *slung* her slacks *over* the back of a chair. 彼女はスラックスをいすの背に掛けた. [?＜低地ドイツ語]

slíng·bàck 名 C バックベルトの靴《女性用》. ── 形 バックベルトの.

slíng·shòt 名 C 〖米〗(子供が石を飛ばす)ぱちんこ(〖英〗catapult).

slink /sliŋk/ 動 (～s|過 過分 **slunk**|**slink·ing**) 自 VA こそこそ歩く[逃げる] 〈*away, off, by, in*〉. The dog *slunk away* with his tail between his legs. 犬はしっぽを巻いて[足に挟んで]こそこそ逃げていった. ～ *off* そっと出て行く. [＜古期英語「這う」]

slínk·ing·ly 副 こそこそと, こっそりと.

slink·y /slíŋki/ 形 **1** 〔行動が〕こそこそした, 人目を忍ぶ. **2** 〖話〗〔女性の体などが〕ほっそりした; 〔女性の動きなどが〕セクシーな; 〔衣服が〕ぴったりして体の線を目立たせる.

▷**slink·i·ness** 名

***slip**[1] /slip/ 動 (～**s** /-s/|過 過分 ～**ped** /-t/|**slíp·ping**) 自 【つるっと滑る】 **1** **つるっと滑る**, 滑って転ぶ, 〈*over*〉〈*on* ..の上で〉; 〔車などが〕スリップする (skid); (あるべき位置を)ずれる; 滑り落ちる, ずり落ちる, 〈*down, off*〉; (類語 slip ははずみで[誤って]滑ることを, slide は主に意図的に長く滑ることを言う; →glide, skid, slide). ～ *on* a banana peel バナナの皮に足を滑らす. The tablecloth ～*ped down* from the table. テーブルクロスがテーブルから滑り落ちた. The razor ～*ped* and he cut himself. かみそりが滑って彼は顔を切った.

2 【滑って転ぶ】 うっかり間違える, しくじる, 〈*in, on, over* ..について〉. Jim often ～*s in* his spelling. ジムはつうりをよく間違える. ～ *up* →成句.

3 【滑り落ちる＞低下する】 〔体力, 記憶力などが〕衰える; 〔生産などが〕落ち込む; 〔株が〕下がり気味になる. My memory is ～*ping*. どうも物覚えが悪くなった.

【するりと動く】 **4** (**a**) VA **するっと入る** 〈*in*〉〈*into* ..へ〉; **するっと出る** 〈*out*〉〈*from, out of* ..から〉; 滑るように進む (*slide*). ～ *away from* the party パーティーをそっと抜け出す. I just ～*ped in* to say goodby. お別れを言いにちょっと立ち寄ってみました. A mistake has ～*ped in*. 誤りが紛れ込んだ. The ship ～*ped through* the water. 舟は水を分けて滑るように進んだ. (**b**) VA (～ ***into***..) (いつの間にか) ..になる, 陥る. ～ *into* sleep いつの間にか眠る. My son has ～*ped* back *into* his drug habit. 息子はいつの間にか麻薬の悪癖に戻った.

5 VA するりと[さっと]着る 〈*on*〉〈*into* ..〔服など〕を〉; 〔人が〕するりと脱ぐ 〈*off*〉〈*out of* ..〔衣服〕を〉; 〔衣服が〕するりと脱げる 〈*off of* 〖米〗[*off* 〖英〗] ..〔人〕から〉. The child ～*ped into* [*out of*] his pajamas. 子供はするっとパジャマに着替えた[を脱いだ].

6 【するりと過ぎる】 (**a**) VA (～ ***away, by, past***) 〔時が〕**知らない間に過ぎる**. Months ～*ped by*. 知らない間に数か月が過ぎた. (**b**) 〔機会などが〕去る, 消える, 〈*from* ..から〉. Her name had ～*ped from* his mind [memory]. 彼女の名前がどうしても彼には思い出せなかった.

── 他 【するりと動かす】 **1** (**a**) VOA **を滑らす**; をそっと入れる 〈*into* ..に〉, をそっと出す 〈*out of* ..から〉. She ～*ped* the money *into* my hand. 彼女は金を私の手にそっと入れた. (**b**) VOO (～ X Y)・VOA (～ Y *to* X) X(人)に Y(物) をそっと渡す. I ～*ped* the girl my letter.＝I ～*ped* my letter *to* the girl. 私は手紙を娘にそっと渡した.

【するりと着る[脱ぐ]】 **2** VOA 〔衣類など〕をするっと身に着ける 〈*on*〉, 〔靴など〕をさっと履く 〈*on*〉, するっと脱ぐ 〈*off*〉. ～ *on* a coat＝～ a coat *on* 上着をするっと身に着ける. ～ *off* a sweater＝～ a sweater *off* セーターをするっと脱ぐ. ～ a ring *on* to a finger 指輪を指にするりとはめる.

【するりと放す[逃れる]】 **3** VOA 〔犬など〕を放してやる 〈*from, out of* ..から〉; 〔錨(いかり)〕を放つ, 〔ロープなど〕を解く, 〈*from, off* ..から〉. ～ a hound *from* the leash 猟犬を綱から放してやる.

S

4〔犬が〕〔首輪など〕を外す, 振り切る;〔追っ手など〕を逃れる. The dog ~*ped* his collar and ran away. 犬は首輪から抜けて逃げて行った. He managed to ~ his shadow. 彼はなんとか尾行者をまいた.
5〔記憶など〕から去る, 忘れられる;〔注意など〕から漏れる. It ~*ped* my mind [memory] that she was coming today. 彼女が今日来るのを忘れていた. That matter just ~*ped* my attention. その事はちょっと気がつかなかった. ~ a stitch 編み目を1つ飛ばす. ◇形 slippery
lèt /../ slíp →let[1].
slìp a dísk [〘英〙***dìsc***] 椎(つい)間板ヘルニアになる.
slìp awáy〔チャンスなどが〕遠ざかる.
slìp** a person **fíve →five.
Slìp me fíve. =Give me FIVE!
Slìp me some skin! =Give me FIVE!
slìp óne [***sómething***] ***òver on** a **pèrson*** 〘主に米話〙人をだます, 人に一杯食わせる.
slìp óut ふと口から出てしまう.
slìp through** a **pèrson's fíngers →finger.
slìp through the cráck 思い出せなくなる.
slìp úp つまずく, 滑って転ぶ; しくじる〈*on* ..のことで〉.
── 名 (複 **~s** /-s/) C **1** 滑り; (自動車, 飛行機などの)スリップ; 滑って転ぶこと, 足を踏み外すこと. have a ~ in the bathroom 浴室で滑って転ぶ. **2** うっかりミス (類語 不注意などによるささいな mistake). make a ~ うっかりする. a ~ of memory 度忘れ. a ~ of the pen [tongue, lip] 書き間違い[言い間違い; 失言]. There's many a ~ 'twixt the cup and the lip. 〘諺〙事成って初めて何事も確実になる《茶わんを口に持っていく間にも失敗はいろいろある》. **3** (質, 量, 価格などの)低下, 下落, 〈*in* ..の〉. **4** スリップ《女性用下着》; まくらカバー (pillowcase); (女性用の)体操着 (gymslip). **5**〈普通 ~s〉(水中に斜めに張り出た)造船台 (slipway)《進水用・引き揚げ用》. **6**〈普通 ~s〉〘クリケット〙スリップス《三柱門の後方, 打者の三柱門の後方, 打者の左側に立つ野手》.
gìve** a **pèrson the slíp 〘話〙人をまく, すっぽかす.
[<中期オランダ語]

***slip**[2] /slip/ 名 (複 **~s** /-s/) C **1** (紙, 木などの)**細長い切れ端**; 伝票; メモ用紙. a ~ of paper 細長い紙片. a sales ~ 売り上げ伝票. **2**〘園芸〙接(つ)ぎ穂, 挿し枝. **3**〘旧話〙〈普通 a ~〉ほっそりした男[女]の子; 子孫. a ~ of a girl [lad] ほっそりした女の子[若者]. **4** =slipway. [<中期オランダ語]

slip[3] 名 U 液状粘土《陶芸用》.

S

slíp·càse 名 C (本を保護する)ブックケース, 外箱.

slíp·còv·er 名 C **1** (いすなどの)カバー, 覆い, 《取り外しが可能》. **2** =slipcase.

slíp·knòt 名 C **1** 引き結び《片方を引けば解ける》. **2** 投げ縄結び《引くと結び輪が締まる》.

slíp-òn 形〈限定〉**1**〔セーター, 手袋, 靴などが〕(ひも, ボタンなど使わず)着脱が容易な, スリップオンの. **2** =slipover. ── 名 C (セーター, 手袋など)簡単に着たり脱いだりできるもの; スリップオン《靴ひもを用いず, 着脱が容易》.

slíp·òver 形〈限定〉〔セーターなどが〕頭からかぶる. ── 名 C 頭からかぶるセーター (pullover).

slíp·page /slípidʒ/ 名 U **1** 滑ること. **2** 価値[価格]の低下. **3** 計画[目標]通り進まないこと. **4** (動力の)損失(量). 「ア, ぎっくり腰.

slìpped dísk [〘英〙**dísc**] 名 C 椎(つい)間板ヘルニ↑

‡**slip·per** /slípər/ 名 (複 **~s** /-z/) C〈普通 ~s〉**室内履き**, 上靴, (かかとのある)スリッパ, (★日本で言う「スリッパ」は普通 mules と言い, 室内履きにはいろいろの種類がある). a pair of ~*s* スリッパ1足. *in* one's ~*s* スリッパを履いて; くつろいで.
[slip[1], -er[1]] ▷ **~ed** 形 室内履きを履いた.

***slip·per·y** /slíp(ə)ri/ 形 ⓜ, ⓔ (**-per·i·er**|**-per·i·est**) **1 つるつる滑る**, 滑りやすい. a ~ road 滑りやすい道路. A fine drizzle made everything ~ to hold. ぬか雨で何もかもがつるつる滑ってつかみにくかった.
2〘話〙〔人, 物事が〕つかみどころのない, (事柄が)扱いの難しい; あてにならない, 信用できない;〔状況などが〕不安定な. He's a ~ fish [customer]. あいつは信用できない男だ. (as) ~ as an eel →eel (成句).
the slìppery slópe 〘英話〙ずるずる深みにはまりそうな危ない状態. He's on [going down] *the ~ slope*. 彼はひとつ間違えば危ない立場にある.
[〘方〙*slipper*「つるつる滑る」(<古期英語), -y[1]]
▷ **slip·per·i·ness** 名

slíp·py 形〘話〙**1** =slippery. **2**〘英〙すばしこい, 素早い. Look ~! ぐずぐずするな.

slíp ròad 名 C 〘英〙(高速道路出入り口の)ランプ (〘米〙entrance [exit] ramp; →access road).

slíp·shòd 形 **1**〔身なりなどが〕だらしのない. **2**〔仕事などが〕いいかげんな, ずさんな, ぞんざいな. a ~ report いいかげんな報告書. [<「スリッパを履いた」; slip[1], shod]

slíp·slòp 名 U **1**〘古〙水っぽい酒[食物].
2〘話〙くだらない話, しまらない文章.

slíp·strèam 名 C **1** スリップストリーム《高速で走行中のレーシングカーの後にできる低圧の部分; この部分で走る後続の車はスピードの維持がしやすい》. in the ~ of.. を真似て. **2**〘空〙(プロペラの)後流《プロペラで後方に押される気流》. ── 動 自 (先行する車の)スリップストリームの中で車を走らせる[運転する].

slíp-ùp 名 C 〘話〙ちょっとした間違い.

slíp·wày 名 (複 **~s**) C 造船台《単に slip とも言う》.

†**slit** /slit/ 名 C **1** 細長い切れ目, 割れ目; 長い切り口. make a ~ in.. に切れ目を入れる; を切開する. **2** (自動販売機などの)硬貨差し入れ口; (郵便受けなどの)投入口. **3** スリット (slash)《スカートなどの切り込み》〈*in* ..の〉.
── 動 (**~s**|過 過分 **~**|**slít·ting**) 他 **1**〔布など〕を縦に切る[裂く, 破る]; を切り開く; VOC (~ X Y) X を切って Y の状態にする. ~ her throat 彼女の喉を切る《殺す》. ~ an envelope (open) with a knife (開けるために)ナイフで封筒を切る. **2**〔衣服〕にスリットを入れる〈*up*〉. a coat ~ *up* (at) the back 後ろにスリットが付いているコート. **3**〔目など〕を(切れ目のように)細くする. [<古期英語]

‡**slith·er** /slíðər/ 動 自 〘話〙**1** VA (よろよろ不安定に)滑り歩く; ずるずる滑る. ~ *down* a slope 坂をよろよろと滑りながら降りる. **2** VA〔かたつむり・爬(は)虫類などが〕(蛇のように)くねくねと進む 〈*into*..の中へ〉. [<古期英語; slide, -er[3]] ▷ **~·y** /-əri/ 形 (つるつると)滑りやすい.

‡**sliv·er** /slívər/ 名 C **1** (木材, ガラスなどの)細片, 裂片. **2** (ケーキなどの)薄いひと切れ; 小魚の半身《釣りのえさ》.
── 動 他 を細長く切る[裂く]. ── 自 細く割れる, 裂ける.

sliv·o·vitz /slívəvits, slí:-/ 名 U スリボビッツ《東欧産のスモモのブランデー》. [<セルボ・クロアチア語「スモモ」]

Sloane /sloun/ 名 =Sloane Ranger.

Slòane Ránger /slòun-/ 名 C 〘英話・軽蔑〙スローン族《上中流階級のおしゃれで保守的な若者(特に女性); <*Sloane* Square (ロンドンの高級住宅地) + Lone *Ranger* (米国の西部劇ドラマ)》.

slob /slɑb|slɔb/ 名 C 〘話〙怠け者《普通, 薄汚なく, 魅力がない》, 間抜け, 薄汚いやつ. ── 動 自 VA (~ *around, about, out*)〘話〙ぶらぶらしている.

slob·ber /slɑ́bər|slɔ́bə/ 動 自 **1** よだれを垂らす; べたべたキスをする. **2** VA (~ ***over..***) ..を猫かわいがりする, 手放しで褒める. ── 他 をよだれでぬらす.
── 名 U **1** よだれ. **2** 感傷的な繰り言.

slob·ber·y /slɑ́b(ə)ri|slɔ́b-/ 形 **1** よだれを流す; よだれでぬれた; 唾(だ)液でべたべたする〔キス〕. **2** 感傷的な繰り言を言う. 「実.

sloe /slou/ 名 C 〘植〙リンボク《スモモの類》; リンボクの↑

slóe·èyed 形 黒目の; アーモンド(の実のような)形の目を

した《魅力的な目》.

slòe gín 名 U スロージン《スモモのリキュール酒》.

‡**slog** /slɑg|slɔg/ 動 (~s|-gg-) 他 (ボクシング, クリケットなどで)を強打する (slug). The boxer ~*ged* his opponent on the jaw. ボクサーは相手のあごを強打した.

── 自 **1** 重い足取りで歩く, たゆまず歩く, ⟨*on, down, up, along*⟩. ~ *through* the snow 雪の中を難儀して歩く. **2** せっせと励む ⟨*away*⟩ ⟨*at, through* ..〔仕事〕に⟩. ~ (*away*) *at* one's work 〘話〙せっせと仕事をする. **3** (クリケットなどで)強打する ⟨*at* ..を⟩.

slòg one's gùts óut 〘話〙必死に働く.

slòg it óut 〘英話〙(ボクサーのように)決着がつくまで戦う.

slòg one's wáy 重い足取りで歩く; せっせと励む[精を出す]; ⟨*through* ..を, に⟩.

── 名 **1** C (クリケットなどでの)強打, 乱打. **2** aU 苦しい道のり; 骨の折れる仕事.

***slo·gan** /slóugən/ 名 (複 ~s /-z/) C (政党, 団体などの)スローガン, モットー, 標語, (類語 政治的宣伝や商業上宣伝を目的とする標語; 例えば "Small is beautiful." (小さいことは美しい); →motto). under the ~ of ..というスローガンを掲げて. [<ゲール語 'war cry']

slo·gan·eer /slòuganíər/ 名, 動 自 スローガンを作る[使用する](人).

slò·gan·éer·ing /-gəní(ə)riŋ/ 名 U 〘主に米〙スローガン(の使用).

slóg·ger 名 C **1** (クリケット, ボクシングなどの)強打者 (〘米話〙slugger). **2** せっせと仕事をする人.

sloop /slu:p/ 名 C スループ型帆船《1 本マストで, その前に jib を持つ; 普通のヨットはこの型》; 〘英〙スループ型砲艦 (**slòop of wár**). [<オランダ語]

‡**slop**[1] /slɑp|slɔp/ 名 **1** U こぼれ水; (道路の)水たまり, ぬかるみ. **2** U 又は ⟨~s⟩ (台所などの)流し水, 汚水, (人の)排泄(せつ)物, 小便; (豚に食わせる)水っぽい残飯, 台所くず. **3** U 又は ⟨~s⟩ (まずい)流動食《病人用など》; まずい食べ物[飲み物]. **4** U 安っぽい感傷的な文[場面].

── 動 (~s|-pp-) 他 **1** (特に, 不注意で)をこぼす ⟨*over, on, onto* ..に⟩; (泥水をこぼして)を汚す; に泥水をひっかける. ~ milk *on* [*onto*] the floor ミルクを床にこぼす. ~ dirty water *over* one's trousers ズボンに泥水をはねかける. **2** 〘米〙〔ブタなど〕に残飯を与える. ── 自 **1** VA (~ ***over, out***) こぼれる; あふれる. The coffee was ~*ping over* onto the saucer. コーヒーは皿の上にこぼれていた. **2** VA (~ ***through*** ..) ..のぬかるみを歩く.

slòp aróund [***abóut***] 〘話〙(1)〔液体が容器の中などで〕揺れ動く. (2)(水たまりの中を)水をはねながら歩き回る.

slòp óut 〔囚人が〕(室内用便器から)汚水を捨てる.

slòp /../ óut 〔汚水, 汚物〕を捨てる, 始末する.

slòp óver 〘主に米話〙(1) →自 1. (2)(あることに)感傷的になりすぎる, とめどなく話す. [?<古期英語]

slop[2] 名 C **1** ⟨普通 ~s⟩ (安物の)水兵服[寝具]. **2** ⟨普通 ~s⟩ 安物の既製服. a ~ dealer 既製服屋.

slop[3] 名 C ⟨普通 ~s⟩ 〘英俗〙お巡り (policeman).

slóp bàsin [**bòwl**] 名 C 〘英〙茶こぼし《卓上用の》.

‡**slope** /sloup/ 名 (複 ~s /-s/) **1** C **坂**, 斜面. a steep [gentle] ~ 急な[緩やかな]坂. an upward [a downward] ~ 上り[下り]坂. mountain [ski] ~*s* 山の斜面[ゲレンデ]. walk *up* [*down*] a ~ 坂を上る[下る].
2 UC 傾斜, 勾(こう)配. give a ~ to a roof 屋根に傾斜をつける. a 45° ~ 45 度の傾斜. at a ~ of 1 in 3 3 分の 1 の傾斜で. **3** U 〘英軍〙⟨the ~⟩ 担え銃(つ)の姿勢.

── 動 (~s|過 過分 ~d|**slóp·ing**) 他 **1** に傾斜を与える, に勾配をつける, を斜めにする. The roof was ~*d* sharply to let the snow slide off. 雪が落ちるように屋根に急な勾配がつけてあった. **2** 〘英軍〙〔銃〕を担う. *Slope* arms! 担え銃.

── 自 **1** 傾斜する; 坂になる; ⟨*up, down, away*⟩. The land ~*s* toward [*down* to] the lake. 土地は湖の方に傾斜している. My handwriting ~*s* forward [backward]. 私の字は右[左]に傾く. **2** VA 〘話〙(~ ***into*** ..) ..にさっと入る; (~ ***out of*** ..) ..からさっと出る; (~ ***about*** ..) ..をぶらぶら歩く.

slòpe óff 〘英・オース話〙(仕事から逃れるために)ずらかる, こっそり立ち去る. [<中期英語 aslope「傾斜して」]

slóp·ing 形 斜めの; なで肩の.

‡**slop·py** /slɑ́pi|slɔ́pi/ 形 e **1** 水っぽい, 薄い. ~ soup 水っぽいスープ. **2** 〔道路などが〕ぬかるんだ, 水でじくじくした; 〔食卓などが〕こぼれた水でぬれた[汚れた]. a ~ road ぬかるんだ道路. ~ snow (溶けかかって)ぐしゃぐしゃした雪. **3** 〘話〙〔衣服などが〕乱れた, だらしなく汚い; 〔仕事などが〕いいかげんな, ぞんざいな. ~ English だらけた[不正確な]英語. **4** 〘話〙感傷的な, 甘ったるい, めそめそした. ~ self-pity めめしい愚痴.

▷ **slop·pi·ly** 副 **slop·pi·ness** 名

slòppy jóe [**Jóe**] 名 C **1** 〘米〙スロッピージョー《ぴりっとしたトマト[バーベキュー]ソースで煮た挽(ひ)き肉をロールパンに載せた料理》. **2** 〘英〙ゆったりとしたセーター.

slóp·shòp 名 C (安物の)既製服店.

slosh /slɑʃ|slɔʃ/ 名 **1** U =slush 1. **2** aU (ばしゃばしゃ[ぴちゃぴちゃ])水をはねかけること[音]. **3** U 〘話〙水っぽい飲料. **4** aU 〘英話〙強打.

── 動 他 **1** 〔泥水など〕をはねかける, 〔ペンキなど〕を塗りたくる; 〔液体〕をばしゃばしゃかき回す, 揺り動かす, ⟨*about, around*⟩. **2** 〘英話〙〔人〕を強打する.

── 自 **1** VA 泥[水]の中をはね回る ⟨*about*⟩, はねながら行く ⟨*through* ..〔泥(水)〕の中を⟩. **2** VA 〔液体が〕(容器の中で) ばしゃばしゃはねる; ⟨*about, around*⟩.

sloshed /-t/ 形 〘主に英話〙⟨普通, 叙述⟩ 酔っ払った (drunk).

†**slot** /slɑt|slɔt/ 名 C **1** (機械の)溝; 細長い穴. **2** (自動販売機などの)硬貨差し入れ口 (slit). **3** 〘話〙(組織, 一連のものなどの中で) (占めるべき)位置, 場所; (テレビなどの)時間帯. the 8 o'clock ~ on TV テレビの 8 時の時間帯.

── 動 (~s|-tt-) 他 **1** に溝[細長い穴]をつける. **2** VOA を差し入れる, はめ込む ⟨*in, into* ..の中に⟩. ~ .. together.. をはめ込んで作る. **3** VOA (~/X/*in*) X (予定外の人など) を割り込ませる. ── 自 **1** VA はめ込まれる, おさまる, ⟨*in*⟩ ⟨*into* ..の中に⟩. **2** VA (~ ***in***) 〔予定外の人などが〕割り込む.
[<古期フランス語「(胸部中央を縦に走る)胸骨のくぼみ」]

slót càr 名 C 〘米〙スロットカー《リモコンで走る小型の模型電気自動車》.

sloth /slɔ:θ, slouθ|slouθ/ 名 **1** U 〘主に雅〙怠惰, 無精, ものぐさ. **2** C 〘動〙ナマケモノ《サルに似た哺(ほ)乳動物; 熱帯アメリカ産》. [<古期英語; slow, -th[1]]

sloth·ful /slɔ́:θf(ə)l, slóuθ-|slóuθ-/ 形 〘主に雅〙怠け者の, 無精な (lazy); のろまの.

▷ **~·ly** 副 怠惰に, 無精して. **~·ness** 名 U 無精.

slót machìne 名 C 〘英〙自動販売機; 〘米〙スロットマシーン《〘英〙fruit machine; ゲーム機械の一種》.

slót·ted /-əd/ 形 溝のある. a ~ screw (頭に)溝のあるねじ.

slòtted spátula 名 〘米〙=fish slice.

slòtted spóon 名 C 穴のあいたスプーン.

slouch /slautʃ/ 名 C **1** ⟨単数形で⟩ 前かがみ, 疲れたように肩を丸めている[歩く]姿勢. walk with a ~ 前かがみになって歩く. **2** 〘話〙不器用な人 ⟨*at* ..で⟩; 無精な人; 能なし; ⟨普通, be no ~ で⟩. He is no ~ *at* chess. 彼はチェスは大変なものだ.

── 動 自 だらしないかっこうをする, 前かがみに座る; だら

S

りと垂れる; [VA] 前かがみになって歩く〈*along*〉. ～ *about* [*around*] うろつき回る.
slòuch dówn でれっとする.
slòuch óver (座っている人などが)横にへたへたと崩れる.
slòuch hát [名] [C] 〖米・オース〗縁の垂れた幅広のソフト帽.
slóuch·ing·ly [副] 前かがみに, 肩を丸めて.
slouch·y /sláutʃi/ [形] [e] **1** 前かがみの. **2** だらしのない, しまらない, 無精な.
slough[1] /sluː, 3 では slau|slau/ [名] [C] **1** ぬかるみ. **2** 〖米〗沼地, 泥沼. **3** 〖旧章〗(なかなか抜け出せない)窮地, '泥沼'. the ～ of despond '絶望の淵(ふち)'《Bunyan の *Pilgrim's Progress* より》. a ～ of despair 絶望の泥沼. [＜古期英語]
‡**slough**[2] /slʌf/ [名] [C] **1** (蛇などの)抜け殻, 脱皮; かさぶた. **2** '古い殻'《(棄て去るべき)古い偏見や習慣など》.
── [動] [他] [VOA] (～/X/*off*) X を脱皮する; 〔古い偏見や習慣など〕を捨てる, 脱却する. ～ *off* one's bad habits 悪い習慣を脱却する. I've ～*ed off* my cold. 風邪が抜けた.
── [自] [VA] (～ *off*) 〔殻が〕抜け落ちる; 〔かさぶたが〕はがれる; 〈比喩的〉脱却する. [?＜低地ドイツ語]
Slo·vak /slóuvɑːk, -væk|-væk/ [名] [C] スロヴァキア人; [U] スロヴァキア語. ── [形] スロヴァキア人[民族]の; スロヴァキア語の.
Slo·va·ki·a /slouvɑ́ːkiə, -vǽ-/ [名] スロヴァキア共和国《旧チェコスロヴァキアの東部を占める; 首都 Bratislava》.
Slo·va·ki·an /slouvɑ́ːkiən, -vǽk-/ [名], [形] ＝Slovak.
Slòvak Repúblic [名] 〈the ～〉スロヴァキア共和国(→Slovakia).
slov·en /slʌ́v(ə)n/ [名] [C] 〖雅〗(服装などが)しまらない男, だらしのない男, 無精者. ★女性には slattern, slut を用いることが多い.
Slo·vene /slóuviːn/ [名] [C] スロヴェニア人; [U] スロヴェニア語. ── [形] スロヴェニア人[民族]の; スロヴェニア語の.
Slo·ve·ni·a /slouvíːniə/ [名] スロヴェニア共和国《旧ユーゴスラヴィアを構成していた; 首都 Ljubljana》.
Slo·vé·ni·an [名], [形] ＝Slovene.
‡**slov·en·ly** /slʌ́v(ə)nli/ [形] 身なりがしまらない, だらしのない; いいかげんな, ぞんざいな. ── [副] だらしなく.
▷**slov·en·li·ness** [名]
‡**slow** /slou/ [形] [e] 【(時間的に)遅い】 **1** (**a**) **遅い**, のろい, 緩慢な, (↔fast, quick, swift). ～ progress 遅い進歩. a ～ train 鈍行[普通]列車. a ～ journey ゆっくりした旅行. a ～ walker のろのろ歩く人. walk at a ～ pace ゆっくりした歩き方をする. a ～ ball 〖野球〗スローボール. A ～ but steady improvement is being made in the water quality of this river. この川の水質はゆっくりではあるが着実に良くなりつつある. *Slow* and [but] steady wins the race. 〖諺〗急がば回れ《＜遅くても着実なのがレースに勝つ》. (**b**) 〈叙述〉**遅れた**〈*in* doing, *to* do ..するのが〉. The Smiths were ～ *in* arriving [*to* arrive]. スミス夫妻は着くのが遅かった.
2 〈叙述〉〔時計が〕**遅れた** (↔fast); 〔人が〕時間に遅れた. My watch is five minutes ～. 私の時計は 5 分遅れている.
【のろのろした】 **3** (**a**) 〔人が〕のろい, 鈍い, ぐずの, (↔quick). a ～ pupil 物覚えの悪い生徒. ～ *of* speech 口が重い. Jim is ～ *at* figures. ジムは計算がのろい. You are ～ *of* [*in*] understanding. 君は飲み込みが遅いね. I found the student a little ～ ⌊off the mark [on the uptake]. その学生は少し飲み込みが遅いことが分かった. (**b**) 〈叙述〉のろい〈*to* do, *in* doing ..するのが〉. Bill is very ～ *to* learn [*in* learning] his lessons. ビルは学課を覚えるのが非常にのろい. (**c**) 容易に..しない, いやいや..する, 〈*to* do, *in* doing, *to* ..を〉. He's ～ *to* take offense. ＝He's ～ *to* anger [wrath]. 彼はなかなか怒らない.
4 〔薬などが〕回りが遅い; 〔フィルムなどが〕感光度が低い. a ～ poison 回りの遅い毒.
5 〈限定〉〔道路, コースなどが車などの〕速度を落とさせる(ようにしてある), 速く走れない. a ～ track 速く走れない競走路. →slow lane.
【不活発な】 **6** 〔商売などが〕**不景気な**, 活気のない; 〔ストーブなどの〕火力が弱い. a ～ town 活気のない町. Business is ～ these days. 近ごろは景気がよくない. Cook the fish on a ～ fire. 魚を弱火で煮なさい.
7 退屈な, つまらない. a ～ game 退屈な試合. He found life in the country a little ～. 彼には田舎の生活が少し退屈だった.
── [副] [e] ゆっくりと, 遅く, のろく, ([語法] slow は drive slow, go slower and slower などのように, 一般に動詞の後にしか来ないが, slowly は文頭や動詞の前にも来る; slow は談話体又は慣用的表現に多い). Do it ～. ゆっくりやりなさい. How ～ the traffic moves around here! この辺りはなんて車の進行がのろいことか. ～ but sure ゆっくりとではあるが, 着実に.
gò slów (1) ゆっくり行く; 徐々にやる; 用心する. (2) 〖英〗＝slow down (→[動] 成句).
── [動] (～s /-z/|[過] [過分] ～**ed** /-d/|**slów·ing**) [自] **速度が落ちる**, 遅くなる[する]; (車などの)スピードを落とす; 〈*down, up*〉. The car ～*ed down* [*up*]. 車の速度が落ちた. He ～*ed up* at the corner. 彼は曲がり角でスピードを落とした. Population growth has ～*ed*. 人口増加は緩やかになってきた. the ～*ing* economy (成長の速度が)のろい経済.
── [他] **を遅くする**; のスピードを落とす; 〔人〕にスピードを落とさせる; 〔スピード〕を落とす; 〈*down, up*〉. *Slow down* [*up*] your car. 車のスピードを落としなさい.
slòw dówn (1) →[自]. (2) (忙しく働くのをやめて)のんびりする. (3) 〖米〗〔労働者が〕サボタージュをする, 怠業する, (〖英〗go slow).
slòw úp (1) →[自]. (2) ＝SLOW down (2).
[＜古期英語「うすのろな, のろのろした」]
slòw búrn [名] [C] だんだん強くなる怒り. do a ～ だんだん怒りを感じる.
slów·còach [名] [C] 〖英・オース話〗のろま, 時代遅れの人, (〖米話〗slowpoke).
‡**slów·dòwn** [名] [C] **1** 減速; (景気などの)低迷, 停滞. **2** 〖米〗サボタージュ, 怠業, (〖英〗go-slow); (工場の)操短.
slòw-fóoted /-əd [移]/ [形] 足の遅い, のろい.
slòw hándclap [名] [C] ゆっくりした拍手《不快, いらだちなどの表示》.
slòw láne [名] [C] (高速道路の)低速車用レーン.
‡**slow·ly** /slóuli/ [副] [m] ゆっくりと, のろく, 遅く, (↔quickly; →slow [副] [語法]). speak ～ ゆっくりと話す. drive ～ 低速で運転する. The patient's condition is ～ improving. 患者の容体は徐々に良くなっている. take it ～ のんびりする.
slòwly but súrely ゆっくりしかし着実に. *Slowly but surely* he climbed the cliff to the very top. ゆっくりだが着実に彼はがけを頂上までよじ登った.
‡**slòw-mótion** /[移]/ [形] スローモーションの; のろい. a ～ picture [sequence] スローモーション映画[場面].
slòw mótion [名] [U] 〖映画・テレビ〗スローモーション. in ～ スローモーションで.
slòw-móving /[移]/ [形] **1** 遅い, のろい. ～ traffic ゆっくり進む車の流れ. **2** 売れ足の遅い.
slów·ness [名] [U] 遅いこと; 鈍感.
slów pìtch [名] [U] スローピッチ《ソフトボールの一種; 投手は遅い山なりの球だけを投げる》.
slów·pòke [名] [C] 〖米話〗のろま, 時代遅れの人, (〖英〗slowcoach).

slòw·wítted /-əd [移]/ [形] うすのろの.
slów·wòrm [名] [C] 〖動〗アシナシトカゲ《ヨーロッパ産》.
SLR single-lens reflex (camera) (一眼レフ).
sludge /slʌdʒ/ [名] [U] **1** (溶けかかった)どろどろの雪; 泥, ぬかるみ. **2** (排水処理タンクなどの底にたまる)沈積物, ヘドロ. **3** (海の)軟氷.
sludg·y /slʌ́dʒi/ [形] どろどろの, ぬかるんだ.
slue[1] /slu:/ [動], [名] 〖米〗=slew[3].
slue[2] [名] =slough[1] 2.
slue[3] [名] =slew[4].
slug[1] /slʌg/ [名] [C] **1** 〖動〗ナメクジ. **2** 〖主に米話〗のろま, のろのろした動物[車]; 怠け者. **3** 金属の小さい塊; 〖主に米話〗(空気銃の)ばらだま. **4** 〖米〗(自動販売機で使う)にせ硬貨. **5** 〖印〗大型の込め物, インテル, 《6 ポイント程度》; (ライノタイプの) 1 行. **6** 〖米俗〗(生(き)のウイスキーなどの)ひと飲み(分).
── [動] (~s|-gg-) [自] 怠ける, のらくら過ごす.
slug[2] [動] (~s|-gg-) [他] 〖米話〗を強く殴る《げんこつで》; (野球などで)をかっ飛ばす. ~ a home run ホームランをかっ飛ばす. ***slùg it óut*** 〖話〗とことんまで激しく戦う.
── [名] [C] 強打 (slog).
slug·fest /slʌ́gfèst/ [名] [C] 〖米話〗(ボクシングなどの)激しい打ち合い; 〖野球〗打撃戦; 〈比喩的〉論争.
slug·gard /slʌ́gərd/ [名] [C] 〖雅〗怠け[無精]者.
slug·ger /slʌ́gər/ [名] [C] 〖米話〗(野球の)強打者, スラッガー; (ボクシングの)ハードパンチャー.
slùgging áverage [名] [C] 〖野球〗塁打率《総塁打数(単打は 1, 本塁打は 4 と数えて)を総打席数で割って出す》.
†**slug·gish** /slʌ́giʃ/ [形] **1** 〔人, 行いなどが〕怠け者の, 無精な. **2** 〔川の流れなどが〕のろい, 緩やかな. a ~ stream 緩やかな流れ. **3** 〔エンジンなどが〕不活発な; 〔商売などが〕不振の. The engine of my motorbike is ~ on cold mornings. 私のオートバイのエンジンは寒い朝だとどうもかかりが悪い.
[slug[1], -ish[1]] ▷ **~·ly** [副] 無精に; ゆっくりと; 不活発に. **~·ness** [名] [U] 無精; 緩慢; 不活発.
sluice /slu:s/ [名] [C] **1** (ダムなどの)水門 (**slúice gàte** [**vàlve**]). **2** =sluiceway. **3** せき水; (水門からの)流出水. ── [動] [他] **1** 〔水〕を水路で引く; (水門から)〔水〕を押し流す 〈*out, off*〉. **2** を水でざぶざぶ洗う, 洗い流す, 〈*out, down*〉. ~ a sidewalk (*down*) with hoses ホースで歩道を洗う. ── [自] [VA] 〔水が〕(水門などから)流れ出す 〈*down, out*〉. [<ラテン語 *exclūdere*「閉め出す」]
slúice·wày [名] (複 ~s) [C] 排水路, 人工水路, (水門の)溝, 放水路.
†**slum** /slʌm/ [名] [C] **1** 〈しばしば ~s〉スラム街, 貧民街. live in a ~ スラム街に住む. the ~*s* of New York ニューヨークのスラム街. turn into a ~ スラム化する. **2** 〖話〗不潔な場所《部屋, 家など》.
── [動] (~s|-mm-) [自] (慈善, 見物などのために)スラム街を訪れる; 〈*be* ~*ming* で〉=*slum it* (→成句).
slúm it 〖話・しばしば戯〗切り詰めた生活をする, 生活水準を落とす.
[<?] ▷ **slúm·mer** [名] [C] **1** (慈善のために)スラムを訪れる人. **2** スラムの住人.
†**slum·ber** /slʌ́mbər/ 〖雅〗 [名] [UC] 〈しばしば ~s〉眠り, まどろみ, (sleep); 活動しない状態, 休止. fall into a deep ~ 深い眠りに陥る. She woke from her ~(*s*). 彼女は目覚めた. His conscience lay in (a) ~. 彼の良心は眠っていた.
── [動] [自] (安らかに)眠る, まどろむ, (sleep); 休止する. erupt after ~*ing* for decades 〔火山が〕何十年も休止していて突然噴火する.
── [他] [VOA] (~/X/***away, out***) X (時)を眠って過ごす, 無為に過ごす; X (悩みなど) を眠って忘れる. ~ an afternoon *away* 午後を寝て過ごす. ~ one's life *away* 一生を無為に過ごす. ~ one's troubles *away* 眠って悩みを忘れる. [<古期英語] ▷ **~·er** /-b(ə)rər/ [名]
slum·ber·ous, -brous /slʌ́mb(ə)rəs/, /-brəs/ [形] 〖雅〗**1** 〔人が〕眠い; 眠そうな; (sleepy). **2** 眠気を誘う. a ~ monotone 眠気を誘う単調な音. **3** 眠っているような, 静寂な.
slúmber pàrty [名] 〖米〗=pajama party.
slúm·lòrd [名] [C] 〖米〗(ぼろアパートで法外な家賃を取る)悪徳不在家主《<*slum*+land*lord*》.
slum·my /slʌ́mi/ [形] [e] 〖話〗**1** スラム街の(多い). **2** むさ苦しい.
†**slump** /slʌmp/ [名] [C] **1** どすんと落ちること. **2** (株価, 物価などの)暴落, 不況, 〈*in* ..の〉(↔boom); (人気の)がた落ち, 不評. a ~ *in* business 不況. a ~ *in* prices 物価の暴落. **3** 〖主に米〗(運動選手などの)不振, スランプ. be *in* a ~ スランプに陥っている.
── [動] [自] **1** [VA] どすんと落ちる, どさっと倒れ込む, 崩れるように座る, ぐったりする, 〈*over, back, down*〉〈*to, on* ..に〉. ~ (*down*) *to* the floor 床にどさっと倒れる. ~ *over* (座っている人が)がくんと崩れる; 机などにもたれる. ~ *into* a chair いすに崩れるように座る. **2** 〔物価などが〕暴落する; 〔景気が〕急に不振になる; 〔人気, 熱意などが〕急に衰える. Sales ~*ed* badly. 売り上げががた落ちになった. a seriously ~*ing* economy 深刻な不振に陥っている経済.
[?<北欧語] ▷ **~ed** /slʌm(p)t/ [形] ぐったりして.
slung /slʌŋ/ [動] sling の過去形・過去分詞.
slúng·shòt [名] [C] 〖米〗投げ分銅《縄, 革ひもの先に分銅を付けた武器》.
slunk /slʌŋk/ [動] slink の過去形・過去分詞.
†**slur** /slə:r/ [動] (~s|-rr-) [他] **1** [VO] (~ X/"引用") X を/「..」と不明瞭(りょう)に言う《音を続けて発音したり, 省いて発音したりして》; を不明瞭に崩して[続けて]書く. ~ one's words [speech] (酔っていたり, 寝ぼけていて)言葉がはっきりしない. **2** 〖楽〗〔音符〕を続けて歌う[演奏する]; に連結線[スラー]を付ける. **3** をあっさり片付ける, 軽く扱う; を見て見ぬふりをする; 〈*over*〉. The biography ~*s over* his early years. その伝記は彼の幼いころはあっさりと片付けている. **4** をけなす, 中傷する.
── [自] **1** 不明瞭に発音する[書く], 言葉がはっきりしない. **2** 〖楽〗音符を続けて歌う[演奏する]; 連結線[スラー]を付ける.
── [名] [C] **1** 不明瞭な発音[字の書き方]; 発音[書き方, 歌い方]の不明瞭な部分. **2** 中傷, 悪口. **3** 汚名, 恥, 〈*on, upon, against* ..への〉. a ~ *on* one's reputation 名誉を傷つける汚点. **4** 〖楽〗連結線, スラー, 《⌒ 又は ‿ の記号; →tie [名]》.
pùt [***càst***] ***a slúr upon ..*** = ***càst*** [***thròw***] ***slúrs at ..*** ..を中傷する, けなす.
[<?] ▷ **~red** [形] (言葉が)はっきりしない.
slurp /slə:rp/ [動] 〖話〗 [他], [自] (を)音を立てて食べる[飲む]. Don't ~ your soup. スープを音を立ててすすってはいけない. ── [名] [C] くちゃくちゃかむ[(ずーずー)すする]音. [<オランダ語]
slur·ry /slə́:ri|slʌ́ri/ [名] [U] 泥漿(でいしょう), 懸濁液, 《水と粘土, セメントなどが混合したもの》.
slush /slʌʃ/ [名] [U] **1** 雪解け; ぬかるみ. **2** 潤滑油. **3** 〖話〗甘ったるい感傷(的な文章[語り口]) 《文学作品[映画など]の》. **4** 〖米話〗(出版社への)持ち込み原稿.
slúsh fùnd [名] [C] 〖米〗(賄賂(わいろ)用の)裏金(うらがね), 買収資金《それから出た金が **slúsh mòney**》.
slush·y /slʌ́ʃi/ [形] [e] **1** 雪解けの; ぬかるんだ. **2** ばかげた, くだらない. ▷ **slush·i·ness** [名]
slut /slʌt/ [名] [C] **1** 身だしなみの悪い女 (→sloven). **2** ふしだら女; 売春婦.
slút·tish /slʌ́tiʃ/ [形] **1** 〔女が〕だらしのない. **2** 〔女が〕ふしだらな, 不品行な. ▷ **~·ness** [名]
slut·ty /slʌ́ti/ [形] =sluttish.

*__sly__ /slai/ 形 e (slý·er|slý·est, 又は〖米〗slí·er|slí·est) **1** ずるい, 悪賢い. He is as ～ as a fox. 彼はキツネのようにずるい. **2**〈普通, 限定〉〔顔つき, 言葉などが〕陰険な, 隠し立てをしているような. **3** 茶目っ気のある, いたずらっぽい, (mischievous). a ～ wink [glance] いたずらっぽいウインク[目つき].

on the slý 〖話〗こっそりと. Jim sometimes has a smoke *on the* ～ in his room. ジムは時々自分の部屋でこっそりたばこを吸っている.

[＜古期北欧語「打つことができる, ずる賢い」]

†**slý·ly** 副 ずるく; こっそりと, 陰険に.

slý·ness 名 U ずる賢さ, 陰険さ.

SM[1] Scientiae Magister (L＝Master of Science); Sergeant Major.

SM[2] sadomasochistic; sadomasochism.

Sm 〖化〗 samarium.

†**smack**[1] /smæk/ 名 C 〈普通, 単数形で〉 **1** 味, 風味, 香り, 持ち味, 〈*of* ..の〉. This candy has a ～ *of* ginger. この菓子はショウガの味がする.

2 気味〈*of* ..の〉, ..じみたところ; 少し... His behavior has a ～ *of* insanity about it. 彼の行動には狂気じみたところがある. There isn't a ～ *of* intelligence about him. 彼には知性のかけらもない.

── 動 自 **1** VA (～ ***of*** ..) ..の味がする, 香りがある. This soup ～*s of* fish. このスープは魚の味がする. **2** VA (～ ***of*** ..) ..の気味がある, 様子がある, 可能性がある. His manner ～*s of* insincerity. 彼の態度にはどこか不誠実なところがある. [＜古期英語]

†**smack**[2] 動 他 **1 (a)** (特に罰するために) 〔子供〕をぴしゃっと打つ, に平手打ちを食わせる;〖英話〗〔人〕にパンチをくらわす, を叩く. She ～*ed* him across the face. 彼女は彼の顔に平手打ちを食わせた. **(b)** VOA 〔手のひらなど〕をばしっと打ち付ける〈*against, into, on* ..に〉; 〔ボールなど〕をばしっとぶつける〈*against* ..に〉. **2** 〔答(むち)〕をばしっと鳴らす. **3** (食べたくて)〔唇〕を急に開いて音を出す; (おいしくて)〔舌鼓〕を打つ; (怒って)〔舌打ち〕をする; 〈*over* ..に〉. ～ one's lips ＝LICK one's lips. **4** 〔人〕にちゅっとキスをする; 音を立てて〔キス〕をする; 〈*on* ..〔人の顔など〕に〉. ～ a kiss *on* her cheek 彼女のほおにちゅっとキスをする.

── 自 **1** 舌を鳴らす, 舌なめずりする, 〈*at* ..に〉. **2** VA ぶつかる〈*into* ..に〉.

smàck /../ dówn (1) ..をばしっと音を立てて置く. (2) 〖米話〗〔人〕をぴしゃりとたしなめる.

── 名 C **1** ぴしゃっ[ばしっ]という音《平手打ち, 答の》; 平手打ち;〖英話〗げんこつ. a ～ in the face びんた; ひどく叱(しか)られること. **2** 舌打ち; 舌を鳴らすこと. with a ～ of the lips 舌を鳴らして. **3** ちゅっと音を立てるキス. She gave me a ～ on the cheek [lips]. 彼女は私のほっぺ[口]にちゅっとキスをしてくれた.

gèt a smáck in the éye 〖話〗出鼻をくじかれる, 面「食らう.

hàve a smáck at **(*doing*)..** 〖話〗..(すること)を試しにやってみる.

── 副〖話〗ぴしゃっと, いきなり; まともに, もろに; まさに. run ～ into a wall 壁にもろにぶつかる. (right) ～ in the middle of ..の(ど)真ん中に.

[＜中期オランダ語; 擬音語]

smack[3] 名 C (いけすのある)小型漁船.

smack[4] 名〖俗〗＝heroin.

smáck-bàng 形 副〖英話〗＝smack-dab.

smàck-dáb 副〖米話〗まともに, もろに, (smack). ～ in the middle (真ん)真ん中に.

smáck·er 名 C **1** 舌鼓(したつづみ)を打つ人. **2**〖俗〗〈普通 ～s〉 1 ドル; 1 ポンド. **3**〖話〗＝smack[2] 名 3 (**smack·er·oo** /smækərúː/ とも言う).

smáck·ing 形 **1** 〔風などが〕きつい, 身を引き締める; 大きな音を立てる. **2**〖主に英俗〗すごい, 見事な.

‡**small** /smɔːl/ 形 e (**smáll·er**|**smáll·est**) 【小さい】 **1** 小さい, 小形の; 狭い; (↔large; 類語 客観的に小さいことを表し, little の持つような「かわいい」というような感情的意味合いは少ない). ～ children 年齢的に小さい子供たち《cute *little* children (かわいい子供たち) と比較》. a ～ town 小さい町. a ～ house 小さい[狭い]家 (★この 2 例のように面積が狭いという時 narrow は使わない). a ～ family 小家族. This hat is a little too ～ for me. この帽子は僕には小さすぎる. My dog is ～*er* than yours. 僕の犬は君のより小さい.

2 〔声が〕小さい, 低い. The student read aloud in a ～ voice. 学生は小さな声で読んだ.

【数量が少ない】 **3** 少ない, わずかな. a ～ sum of money わずかな金. a ～ number of attendants 少ない出席者. live on a ～ income わずかな収入で暮らす. The expense was ～. 費用はわずかだった.

4 〈限定; U 名詞を修飾して〉ごくわずかな, ほとんどない, (little). She pays ～ attention to what people say. 彼女は世間の人が言うことをほとんど気にかけない. *Small* wonder that he thinks so. 彼がそう思うのも無理はない《文頭に It is を補って考える》. ★some を前に置くと肯定的な意味になる: It is a matter of *some* ～ concern. (それはちょっと気になる事だ).

【規模が小さい】 **5** 〈限定〉小規模の, ささやかな. a ～ dinner party ささやかな夕食会. a ～ farmer 小農. a ～ businessman 小商売人. a ～ eater 少食の人. on a ～ scale 小規模に.

6 【ちっぽけな】 つまらない, 取るに足りない, くだらない. a ～ mistake ささいな誤り. a ～ problem 取るに足りない問題. ～ differences between the two statements 2 つの申し立ての間のささいな違い.

7 【みみっちい】 狭量な, けちな; 卑劣な. a ～, nasty trick けちで汚い手. It's ～ of you to speak ill of your friends. 自分の友達の悪口を言うなんてみっともないぞ.

fèel [lòok] smáll しょげる, 肩身の狭い思い[様子]をする. The boss's criticizing me in front of my colleagues made me *feel* ～. 社長に同僚たちの前で非難されて肩身が狭かった.

grèat and smáll 貴賤(きせん)を問わず.

in a smáll wày ささやかに, こぢんまりと; それなりに, 小さいなりに. She keeps a toyshop *in a* ～ *way*. 彼女は細々とおもちゃ屋をやっている.

It's a smàll wórld. 〖話〗世間は狭いものだ《思いもよらない所で知人に出会った時などに使う》.

*__*nò smáll*__* 少なからぬ, 大した. a matter of *no* ～ importance 少なからず重要な問題. *no* ～ sum of money 少なからぬ額の金.

Smàll is béautiful. 小さいものは美しい《特に組織, 企業, 政府は小規模の方が良いという考え方》.

── 副 **1** 小さく, 細かく. Don't write so ～. そんなに小さく(字を)書かないでください. **2** こぢんまりと. **3** 小さい声で.

── 名 **1** U 〈the ～〉細い部分〈*of* ..〔あるもの〕の〉. the ～ *of* the back 腰の細くくびれた部分. **2**〖英旧話〗〈～s〉小さい洗濯物《下着, ハンカチなど》. [＜古期英語]

smáll àd 名〖英話〗＝want ad.

smáll àrms 名 〈複数扱い〉小火器《ピストル, 小「銃など》.

smàll béer 名 U 〖雅〗弱いビール;〖話〗くだらない人[物]. Ignore his opinion—he's just ～. 彼の意見など無視しなさい, つまらない男だから.

smàll búsiness 名 U (普通, 従業員 50 人以下の)小企業.

smàll cálorie 名 C グラムカロリー《1 グラムの水の温度を摂氏 1 度高めるのに要する熱量》.

smàll cápital [cáp.] 名 C 〖印〗スモールキャピタル《略 s.c.》.

smàll chánge 名 U 小銭; つまらない人[事].

smàll cláims còurt 名 C 〖法〗小額裁判所《小

額の訴訟を扱う).
smàllest róom 名〈the ～〉〖英・婉曲〗=toilet 1.
smàll fórtune →fortune (成句).
smàll frỳ 名〈複数扱い〉〖話〗雑魚(ざこ)ども, 小物.
smàll gáme 名 U〈集合的〉(釣り, 狩猟の)小物 (↔ big game).
smáll·hòlder 名 C〖英〗小自作農《土地所有者又は借地人》.
smáll·hòlding 名 C〖英〗小自作農地《普通 50 エーカー以下》.
smàll hóurs 名〈the ～〉真夜中すぎ, (3, 4 時ごろまでの)夜更け.
smàll intéstine 名〈the ～〉〖解剖〗小腸.
smáll·ish 形 小さめの; 小柄の.
smàll létter 名 C 小文字 (↔capital letter).
smàll-mínded /-əd ◈/ 形 狭量な; 卑劣な. ▷～·ness 名
smáll·ness 名 U 小さいこと; 狭量, 卑劣.
smàll potátoes 名〈しばしば単数扱い〉〖米話〗'小粒の連中'; つまらない人[もの] (〖英〗small beer).
smáll·pòx 名 U〖医〗天然痘, 疱瘡(ほうそう).
smàll prínt 名 =fine print.
‡**smàll-scále** /◈/ 形 **1** 小規模の. **2** 小縮尺の〔地図〕.
smàll scréen 名〈the ～〉〖英〗テレビ.
smàll slám 名 C〖ブリッジ〗1 回の勝負で 13 のトリック (trick) のうち 12 に勝つこと《little slam とも言う; →grand slam》.
smàll tálk 名 C 世間話, 雑談.
smàll-tíme /◈/ 形 ちゃちな, 三流の, 〔泥棒など〕(↔ big-time). a ～ criminal つまらぬ罪を犯した人.
smàll-tówn /◈/ 形 小さな町の;〖主に米〗田舎じみた; 素朴な. ～ values 小さな町の出身者の価値感《誠実, 友情, 愛国心, 謙虚などを宗(むね)とするが, 狭量もその特徴とされることがある》.
smàll tówn 名 C〖主に米〗小さな町 (→small-town)《人口約 1 万人の規模まで; ★〖米〗では village は旧世界や第三世界を連想させる意味合いがあるので, 小さな村・町を指す時 I come from a ～. (私は小さな町の出身です)のように言うのが普通》.
smarm /smɑ́ːrm/ 動 自〖話〗ごまをする.
smarm·y /smɑ́ːrmi/ 形 e〖英俗〗おべんちゃらを言う, お世辞たらたらの, (unctuous). ▷**smarm·i·ly** 副
‡**smart** /smɑːrt/ 形 e (**smárt·er**|**smárt·est**)
【ぴりっと痛む】 **1**〔苦痛などが〕激しい, ひりひり[ずきずき]痛む;〔罰などが〕厳しい;〔打撃などが〕強烈な. a ～ blow 痛烈な一撃. He felt a ～ pain in the side. 彼はわき腹に激しい痛みを覚えた. receive a ～ punishment 厳罰を受ける.
【ぴりっとした＞きりっとした】 **2**〔足取りなどが〕**活発な**, きびきびした. be ～ at one's work 仕事が手早い. walk at a ～ pace きびきびと歩く. Look ～! 急げ.
3〖主に米〗**頭の良い**;〔人, 言葉が〕**気の利いた**; 利口な;〈時にけなして〉抜け目ない, ずるい;〖話〗生意気な; (類語 clever にすばしこさを加えた感じの語). a ～ student 頭の良い学生. a ～ saying 気の利いた言葉. Jim is ～ at [in] math. ジムは数学ができる. That salesman looks pretty ～. あのセールスマンはなかなか抜け目がなさそうだ[ずるそうだ]. You always give ～ answers. おまえはいつも生意気な答え方をする. get ～ with..〔人〕に生意気なことを言う. have a ～ mouth〖話〗ちゃらちゃらしたことを言う.
4【外見がぱりっとした】 (**a**)〔服装, 人が〕**しゃれた**, こぎれいな, 洗練された. a ～ cocktail dress しゃれたカクテルドレス. You look very ～ in that new leather jacket. その新しいレザージャケットを着るとすごくいかすよ. 注意 日本語の「スマート」にある「ほっそりしてスタイルのよい」の意味はない. (**b**)〖英〗金持ちのための, 上流[社交界]の人の好む, 高級な; 上流の住む.
5 コンピュータ内蔵の[組み込みの].
—— 副 =smartly.
plày it smárt〖主に米話〗てきぱきと正しいことをやってのける.
—— 名 **1** UC うずき, ずきずきする痛み, (類語 傷口などのずきずきする痛み; →pain). **2** C 苦悩, 傷心; 憤慨. **3**〈～s; 単数扱い〉〖米話〗知性, 分別, 洞察力.
—— 動 (～s /-ts/|過 過分 **smárt·ed** /-əd/|**smárt·ing**) 自 **1**〔傷が〕うずく, ずきずき痛む;〔人が〕うずきを覚える. My eyes still ～. 目がまだうずく. **2** (**a**) 感情を害する, 憤慨する; 悩む, 苦しむ;〈*under, over, from* ..で〉. ～ *under* an injustice 不当な扱いに腹を立てる. Are you still ～*ing over* [*from*] my remarks? 君はまだ僕の言ったことで悩んでいるのか. (**b**) VA (**～ *from*..**)〔批判, 失敗など〕から立ち直れないでいる〈普通, 進行形で〉. 注意 主にジャーナリズム用語. **3** 報いを受ける, ひどい目に遭う,〈*for* ..で〉. I'll make you ～ *for* this. こんなことをしたからには, ただでは置かないぞ[痛い目に遭わせるぞ].
[＜古期英語「激痛を与える」]
smárt àleck [**àlec**] 名 C〖話〗知ったかぶりをする人, 利口ぶる人. ▷**smart-aleck·y** 形
smárt àrse 名〖英・オース話〗=smart ass.
smárt àss 名 C〖米話〗知ったかぶり, 利口ぶったやつ.
smárt bòmb 名 C 誘導爆弾.
smárt càrd 名 C スマートカード《マイクロプロセッサーなどの半導体チップを内蔵したカード; 従来の磁気カードに代わる; 秘密保持性が高く, 偽造が困難》.
smárt drùg 名 C 頭[記憶]を良くする薬.
smart·en /smɑ́ːrtn/ 動 他 VOA (～ X *up*) **1** X をこぎれいにする, ぱりっとさせる. ～ oneself *up* こぎれいにする. **2** X をきびきびさせる, の頭の働きをよくさせる. ～ up one's act てきぱき動く. —— 自 VA (～ *up*)〔人が〕こぎれいになる.
smárt·ly 副 **1** こぎれいに, ぱりっと. **2** 活発に, きびきびと. **3** 抜け目なく; ずるく. **4** 厳しく; 激しく, 強く.
smárt mòney 名 U **1** (経験豊富な人による株, 賭(か)けなどへの)投資金, 賭け金. **2**〖米〗懲らしめの罰金《懲罰的な損害賠償金など》.
smárt·ness 名 U **1** こぎれいなこと, ぱりっとしていること. **2** 機敏; 抜け目のなさ. **3** 厳しさ.
smárt sèt 名〈the ～〉上流社交界のお歴々.
smárt·y-pànts 名 (複 ～)〖話・戯〗=smart aleck.
‡**smash** /smæʃ/ 動 (**smásh·es** /-əz/|**～ed** /-t/|**smásh·ing**) 他 【粉砕する】 **1** を粉々にする, 粉砕する,〈*up, down*〉; VOC (～ X Y) X を打ち壊して Y の状態にする. ～ a window 窓を粉々にする. ～ *down* a door ドアをたたき壊す. ～ *up* a toy おもちゃを粉々に壊す. ～ a mirror to [into] pieces 鏡を粉々に割る. ～ a door open [closed] ドアをたたき壊して開ける[(風が)ドアをバタンと閉める].
2〔希望など〕を打ち砕く; を破産させる. The error ～*ed* all hopes of success. その失策で成功の望みが全くなくなった. The depression ～*ed* his company. 不況で彼の会社はつぶれた.
3〔敵など〕を**撃破する**;〔因習, 記録など〕を破る, 打破する. ～ the enemy 敵を撃破する. ～ an opponent in argument 議論で相手を粉砕する. ～ all traditions すべての伝統を打破する.
【痛打する】 **4** を**激しく打つ**;〔剣など〕を激しく打ち下ろす. ～ a person on the head 人の頭をぶん殴る. He ～*ed* his head *against* the door. 彼はドアに頭を激しくぶつけた.
5〖テニス, バドミントン〗〔ボール, シャトル〕をスマッシュする.
—— 自 **1** **粉々になる**〈*up*〉. The vase ～*ed* to pieces. 花瓶は粉々に割れた. **2** 破産する, つぶれる,〈*up*〉. **3** VA 激突する, 激しくぶつかる,〈*into, onto, against* ..に〉; 激しく当たって突き抜ける〈*through*..を〉. The sports car

S

～*ed into* a truck. そのスポーツカーはトラックに激突した.
smàsh /../ ín (1)〔ドアなど〕を(外から)押し倒す. ～ a door *in* ドアをたたき壊して(内側へ)押し倒す. (2) ぶん殴る. ～ a person's head [face] in 人の頭[顔]を(へこむほど)激しく殴ってひどいけがをさせる.
smàsh óut of .. ..を壊して出る.
smàsh /../ úp (1) を壊す, めちゃくちゃにする. (2)〔車〕をぶつけて壊す.
── 名 (複 **smásh·es** /-əz/) Ⓒ **1**〈単数形で〉**粉々になること**, 粉砕; がちゃんという音. The plate fell to the floor with a ～. 皿はがちゃんと床に落ちて割れた. **2 破産**, 倒産; 失敗, 破滅. **3** (車, 汽車などの)**激突**; 墜落; 倒壊. a car ～ 車の激突. **4** 強打; (テニスなどの)スマッシュ. **5** ＝smash hit.
gò [còme] to smásh 〖話〗粉みじんになる; ぺちゃんこになる, つぶれる; 倒産する.
── 副 ぴしゃんと, がちゃんと; まともに, もろに. The bus went ～ into a telephone pole. バスは電柱にまともにぶつかった. [擬音語; ?＜*smack*[2]＋*mash*]

smàsh-and-gráb /-(ə)n- ㊗/ 形〈限定〉, 名 Ⓒ〖主に英話〗ショーウィンドーを破って物を盗む(こと). a ～ robbery [raid] ショーウィンドー破りの盗難事件.

smashed /-t/ 形〖話〗〈叙述〉すごく酔っ払った, へべれけな.

smásh·er 名 Ⓒ **1** 猛烈な打撃[墜落]. **2**〖主に英旧話〗すばらしい人[もの]. **3** 粉砕者; (テニスなどで)スマッシュの得意な選手.

smàsh hít 名 Ⓒ (興行などの)大当たり, 大ヒット.

smásh·ing 形 **1**〔打撃などが〕猛烈な. a ～ blow 猛烈な一撃. **2**〖主に英話〗すばらしい. a ～ victory 大勝利. a ～ motorbike すばらしいオートバイ.

smásh·ùp 名 Ⓒ **1**〖話〗(汽車, 車などの)大衝突. **2** 大敗; 大失敗. **3** 倒産, 破産.

smat·ter·ing /smǽt(ə)riŋ/ 名 Ⓒ〈普通, 単数形で〉生かじりの知識〈*of* ..の〉. He has a ～ *of* French. 彼はフランス語をちょっと知っている.

smaze /smeiz/ 名 Ⓤ スメイズ《smog より薄い煙霧; ＜*sm*oke＋h*aze*》.

†**smear** /smiər/ 動 他 **1** (**a**) VOA〔油, ペンキなど〕を塗り付ける〈*on, over* ..に〉; に塗り付ける, なすりつける,〈*with* ..〔油, バターなど〕を〉. ～ cream *on* one's face＝～ one's face *with* cream 顔にクリームを塗る. Joe ～*ed* jam *on* the chair. ジョーはいすにジャムを塗って汚した. (**b**) を汚す〈*with* ..で〉. ～ one's face *with* dirt 顔を泥で汚す. **2** をこすって分からなくする. The address on the parcel got ～*ed* during delivery. 小包のあて先が配達中にこすれて読めなくなった. **3**〔人, 人の名誉〕を傷つける,〔人〕を中傷する. ★主にジャーナリズム用語. **4**〖米俗〗を圧倒する, 徹底的にやっつける.
── 自〔ペンキなどが〕こすれて汚れる.
── 名 Ⓒ **1** 染み, 汚れ,〈*of* ..〔油, ペンキなど〕の〉. **2** 中傷, 悪口,〈*on* ..に対する〉. **3**〖医〗塗抹(とまつ)標本《顕微鏡で調べるための血液など》; ＝smear test. [＜古期英語]

sméar campàign 名 Ⓒ 中傷合戦, 泥仕合.

sméar tèst 名 Ⓒ〖医〗塗抹(とまつ)検査《痰(たん)や(癌(がん)検査のため)子宮頸(けい)部の組織などをスライドに塗り付けて調べる》.

sméar wòrd 名 Ⓒ (中傷のための)あだ名, レッテル.

smear·y /smí(ə)ri/ 形 汚れた, 染みのある; 汚す.

‡**smell** /smel/ 動 (～s /-z/|過 過分〖主に米〗～**ed** /-d/,〖主に英〗**smelt** /-t/|**sméll·ing**) 他 **1** をかぐ, のにおいをかぐ,〈受け身不可〉. He ～*ed* the wine and made a wry face. 彼はワインのにおいをかいで顔をしかめた.
2 (**a**) をかぎ付ける, (においで)に感うく; (気配で)に感うく; VO (～ *that* 節) ..ということをにおいで分かる;〈受け身・進行形不可〉. I ～ gas. ガスのにおいがする. She ～*ed* danger. 彼女は危険(な気配)に感ういた. Some people cannot ～ certain odors. ある種のにおいが分からない人もいる. I could ～ (*that*) she had been drinking. 彼女が(酒を)飲んでいたことがにおいで分かった.
(**b**) VOC (～ X *doing*) X が..しているのをかぎ付ける〈進行形不可〉. I can ～ something burn*ing*. 何か燃えているにおいがする.
── 自 **1** (**a**) VC (～ X) (★X は 形) X のにおいがする, 香りがする,〈普通, 進行形不可〉. Roses ～ sweet. バラはいいにおいがする. Rotten eggs ～ bad. 腐った卵はひどいにおいがする. (**b**) VC (～ X) X のように思える. It still didn't ～ right to him. 彼には依然としておかしく思えた. **2** VA (～ *of* ..) ..のにおいがする; 気味がある; (～ *like* ..) ..のようなにおいがする;〈進行形不可〉. Babies' skin ～*s of* milk. 赤ちゃんの肌はミルクのにおいがする. This deal ～*s of* dishonesty. この取引きは不正のにおいがする. It ～*s like* sulphur. 硫黄(いおう)のようなにおいがする.
3 悪臭を放つ, 臭い,〈進行形不可〉. The fish began to ～. 魚が臭くなってきた. Your breath ～*s*. 君の息は臭い.
4 鼻が利く, 嗅(きゅう)覚がある,〈進行形不可〉. Scientists have discovered that fish can ～. 科学者たちは魚に嗅覚があることを発見した.
5 かぐ, かいでみる,〈*at* ..を〉. ～ *at* the meat 肉のにおいをかいでみる.
smèll abóut [aróund] かぎ回る, 探る.
smèll físhy〔話・言い訳などが〕怪しい, くさい.
smèll /../ óut (1) ..をかぎ出す, 探り出す. (2)〔においの悪い物が〕〔場所〕に嫌なにおいを与える.
smèll /../ úp〖米話〗〔ある場所〕を悪臭で満たす.
── 名 (複 ～**s** /-z/) **1** Ⓤ **嗅覚**. Dogs have a keen sense of ～. 犬は嗅覚が鋭い.
2 Ⓒ〈普通, 単数形で〉ひとかぎ. take a ～ *at* [have a ～ *of*] a violet スミレのにおいをかいでみる.
3 ⓊⒸ におい, 香り;〈普通 a ～〉悪臭; (類語 においを表す最も意味の広い語で, 芳香にも悪臭にも用いられるが, 形容詞なしで使うと悪臭を指すことが多い; →aroma, fragrance, odor, perfume, reek, scent, stench, stink). the ～ of lilies [cigarettes] ユリの香り[たばこのにおい]. have a nice [bad] ～ いい[ひどい]においがする. What a ～! ひどいにおい(だ)! the sweet ～ of success 成功の甘美な余韻《比喩的用法》.

連結 a good [an agreeable, a pleasant; a tantalizing; a disagreeable, a disgusting, a foul; an overpowering, a strong; a slight; an acrid, a pungent; a sweet] ～

4 aU 気味, 疑い,〈*of* ..の〉. There is a ～ *of* dishonesty about this transaction. この取引きは不正のにおいがする. [＜中期英語(＜?)]

sméllling bòttle 名 Ⓒ 気付け薬の瓶, かぎ瓶.

smélling sàlts 名〈複数扱い〉気付け薬《炭酸アンモニア》.

‡**smell·y** /sméli/ 形 e 臭い, 悪臭のある.

smelt[1] /smelt/ 動 smell の過去形・過去分詞.

smelt[2] 動 他〖冶金〗を溶解する; を精錬する. ～ copper 銅を精錬する.

smelt[3] 名 (複 ～, ～s) Ⓒ〖魚〗キュウリウオ《ヨーロッパ産の食用魚》.

smélt·er 名 Ⓒ 精錬業者; 精錬工; 精錬所, 溶鉱炉.

Sme·ta·na /smétənə/ 名 **Bedrich ～** スメタナ (1824-84)《旧チェコスロヴァキアの作曲家》.

smid·gen, smid·gin /smídʒən/ 名〈a ～〉〖主に米話〗(ほんの)ちょっぴり, 微量,〈*of* ..の〉. just a ～ ほんの少し.

smi·lax /smáilæks/ 名 Ⓒ サルトリイバラ属の植物.

‡**smile** /smail/ 動 (～**s** /-z/|過 過分 ～**d** /-d/|**smíl·ing**) 自 **1** にっこりする, ほほえむ, 微笑する. Mike seldom

~s. マイクはめったに笑わない. ~ happily 楽しそうに笑う. ~ to oneself ひとりほほえむ. He ~d bitterly. 彼は苦笑いした. *Smile* when you say that. 冗談だよね. ~ to think [remember].. を考え[思い出し]てほほえむ.
2 **(a)** 自 (~ *at* ..) ..にほほえみかける, にこにこする. The doctor ~d *at* the patient. 医師は患者にほほえんだ. *Smile at* the camera, children! さあ, みんなカメラの方を見て笑いなさい. **(b)** 自 (~ *at* ..) ..をおもしろがる《顔には出さないで》.
3 〖章〗 自 (~ *on* [*upon*] ..) ..に〔運命, 幸運などが〕好意を示す, ほほえみかける, 向いている. Fortune ~d *on* her. 彼女に運が向いてきた. The weather ~d *on* us. 我々は天気に恵まれた.
── 他 **1** 自 (~ X/"引用") X(同意など)/「..」ということを笑顔で示す. She ~d her approval. 彼女はにこっとして同意を示した. "Thank you," he ~d. 彼はにっこり笑って感謝の意を表した.
2 〈同族目的語を伴って〉..な笑い方をする. ~ a happy smile うれしそうに笑う. He ~d a smile of contempt. 彼は軽蔑の笑いを浮かべた.
3 自 〔悲しみなど〕を笑って忘れる〈*away*〉; にほほえみかけて..させる[する]〈*into* ..を〉. Jim ~d his sadness *away*. ジムは笑って悲しみを忘れた. She ~d her husband *into* a good humor. 彼女はほほえんで夫の機嫌を直させた.
come ùp smíling 〖話〗(ボクシングで)〔選手が〕元気に次のラウンドに立ち向かう; 新たな難事に立ち向かう.
── 名 (複 ~s /-z/) C **1 微笑**, ほほえみ, 笑顔, 笑い, (類語 声を立てずに唇もほとんど開かず, にこりとすること; →laugh). She greeted me with a ~. 彼女はにっこりして私を迎えた. She has a sweet ~. 彼女は笑顔がかわいい. flash a business ~ パッと顔一面の営業用スマイルを浮かべる. He gave her a big ~. 彼は彼女ににっこりと笑った. crack a ~ ちょっとにっこりする.
2 (運命などの)恵み. the ~*s* of fortune 運命の恵み.

連結 a bright [a genial, a friendly; a delighted, a happy; a broad; an innocent; a beguiling; an ingratiating; a mischievous; a shy; a faint; a forced; a nervous] ~ // give [break into; wear] a ~

be àll smíles 喜色満面である.
[<古期北欧語; smirk と同根]

smíl·ing·ly 副 にこにこして, ほほえんで.

smirch /sməːrtʃ/ 動 他 **1** (泥などで)を汚(よご)す, 汚くする. **2** 〔名声など〕をけがす.
── 名 C 汚れ; 汚点, 汚名, 〈*on, upon* ..の〉.

‡smirk /sməːrk/ 動 自 (得意げに)気取って笑う, (人を小馬鹿(ばか)にしたように)にやにや笑う.
── 名 C 気取った笑い, にやにや笑い.
[<古期英語「ほほえむ」; smile と同根]

Smir·noff /sməːrnɔːf|-nɔf/ 名 U 〖商標〗スミ(ル)ノフ《米国産のウォトカ》.

smite /smait/ 動 (~s|過 **smote**|過分 **smit·ten, smit** /smit/, 〖米〗 **smote**|**smít·ing**) 〖古·雅〗 他
1 を強く打つ; を殺す; を打ち破る; 〖聖〗〔ほおなど〕を打つ. The knight *smote* his enemy with his sword. 騎士は刀で敵を打ち倒した.
2 〖主に雅〗〔良心などが〕を責める, とがめる; 〔病気, 災難などが〕を襲う. be *smitten* ⌊by remorse [with a desire to *do*] 後悔の念[..したい欲望]にとりつかれる.
3 〔美人, 魅力などが〕を参らせる, 魅了する, 〈普通, 受け身で〉. They were all *smitten* by [with] her beauty. 彼らは彼女の美しさにすっかり参ってしまった.
[<古期英語「塗る, 汚す」; 「打つ」は中期英語から]

Smith /smiθ/ 名 スミス **1 Adam ~** (1723–90)《英国の経済学者; 『国富論』の著者》. **2 Joseph ~** (1805–44)《米国の宗教家; モルモン教会の創始者》.

smith /smiθ/ 名 C 金属細工人; 〈特に〉鍛冶(かじ)屋; (ものを)作る人. ★普通, 複合語で用いられる; →black*smith*, gold*smith*, tin*smith*, white*smith*, tune*smith* (ポピュラー音楽作曲家). [<古期英語「鍛冶屋, 大工」]

Smìth and Wésson /-ən-wésən/ 名 〖商標〗スミスアンドウェッソン《米国の銃器メーカー; その製品》.

smith·er·eens /smiðəríːnz/ 名 〖話〗〈複数扱い〉破片, 粉みじん. smash a vase *to* [*into*] ~ 花瓶を粉々に壊す. *in* ~ 粉々になって. [<アイルランド語]

Smith·só·ni·an Institùtion /smiθsóuniən-/ 名 〈the ~〉スミソニアン協会《米国 Washington, D. C. に本部を置き多くの博物館, 研究施設を含む国立の学芸普及機関; 設立資金は James Smithson の寄付》.

smith·y /smíθi, smíði/ 名 (複 **smith·ies**) C 鍛冶(かじ)屋の仕事場.

smit·ten /smítn/ 動 smite の過去分詞.

†smock /smɑk|smɔk/ 名 C (衣服の上に着る)上っ張り, 仕事着; (主に幼児用の)スモック. ── 動 他 **1** に飾りひだ (smocking) を付ける. **2** に仕事着[スモック]を着せる. [<古期英語「(女性用)肌着, シャツ」]

smóck·ing 名 U (衣服などの)飾りひだ, スモック.

***smog** /smɑg, smɔːg|smɔg/ 名 (複 ~s /-z/) UC スモッグ, 煙霧, 《<*smoke*+*fog*; →smaze》. photochemical ~ 光化学スモッグ. ▷ **smóg·gy** /-gi/ 形 e スモッグのかかった.

‡smoke /smouk/ 名 (複 ~s /-s/) **1** UC **煙**. cigarette [tobacco] ~ たばこの煙. I see ~ coming out of the chimneys. 煙突から煙が出ているのが見える. He was gone like ~. 彼は煙のように消え失せた. There is no ~ without fire. 〖主に英·オース〗〖諺〗火のない所に煙は立たぬ《うわさには必ず何か根拠がある; 〖主に米〗 Where there's ~, there's fire. とも言う》.

連結 thin [dense, heavy, thick] ~ // a cloud [a column, a pillar, a plume, a puff, a thread, a wisp; volumes] of ~ // belch (out) [emit, give off; be enveloped in] ~ // ~ curls up [drifts, hangs in the air, rises]

2 UC 煙のようなもの《霧, 湯気, 土ぼこりなど》.
3 UC はかない[むなしい]もの, 'けむり', '夢'. His hopes proved to be ~. 彼の希望も夢に終わった.
4 C 〖話〗〈普通, 単数形で〉(たばこの)一服, 喫煙. have a quiet ~ after dinner 食後静かに一服する.
5 C 〖旧話〗(1本の, 又はパイプひと詰めの)たばこ.
6 〈the S-〉〖英·オース〗大都市《ロンドンなど》.
blòw smóke (***up a person's áss***) 〖米〗(人を)だまそうとする, '煙に巻く'.
ènd (***úp***) ***in smóke*** =go up in SMOKE (2).
gò úp in smóke (1) (燃えて)煙になる, 全焼する. The house *went up in* ~. その家は全焼した. (2) 水泡に帰す, 夢と消える. Our plans *went up in* ~ when we ran out of money. 我々の計画は資金が切れた時水の泡になった.
smòke and mírrors 〖主に米〗(注意をそらして)人を欺くもの[策], 欺瞞(ぎまん), カムフラージュ.
── 動 (~s /-s/|過 過分 ~d /-t/|**smók·ing**) 自
1 煙を出す[吐く], 噴煙を上げる; **煙る**, くすぶる. The chimney is *smoking*. 煙突は煙を出している. Damp paper ~*s* before bursting into flame. 湿った紙は燃え上がる前にくすぶる. The fireplace ~*s* (badly). (煙突が詰まって)暖炉が(ひどく)いぶる.
2 (煙るように)湯気を立てる, 蒸気を出す. The horse's flanks were *smoking*. 馬のわき腹は(汗で)湯気を立てていた. The valley lay *smoking* in the dawn light. 夜明けの光の中で谷はもやで煙っていた.
3 たばこ[マリファナなど]**を飲む**, 喫煙する. Do you mind

S

if I ～? たばこを吸っていいでしょうか.
―― ⑯ 【煙を吸う】 **1** 〔たばこ, マリファナ, 阿片(あへん)など〕を吸う, 飲む. ～ a packet of cigarettes a day 1 日に 1 箱のたばこを吸う. ～ a cigar 葉巻を吸う. ～ a pipe パイプをくゆらす. ～ marijuana マリファナを吸う.
【いぶす】 **2** を薫製にする. ～ a ham 豚のもも肉を薫製にする. **3** (消毒, 駆除のために煙で)〔植物, 害虫など〕をいぶす. **4** を煙で汚す; をいぶして煙らせる.
smòke /../ óut (1)〔虫など〕をいぶり出す;〔場所〕をいぶして消毒する, 煙で充満させる. ～ cockroaches *out* ゴキブリをいぶり出す. (2)(隠れ家などから)..を公の場に引きずり出す,〔秘密など〕を明るみに出す; ..を見つけ出す.
[＜古期英語] 「知器].
smóke alàrm [detèctor] 名 C 煙警報器[探↑
smóke bòmb 名 C 【軍】発煙弾.
smoked /-t/ 形 いぶした, 薫製の. ～ salmon 薫製のサケ. ～ glass スモーク・グラス; 煙でいぶしたガラス《太陽を直視するためにすすの被膜を作る》.
smóke detèctor 名 C ＝smoke alarm.
smòke-filled róom 名 C 【米】(ホテルなどの)秘密会議用の部屋《密室政治の象徴》.
smóke-frèe /㊕/ 形 禁煙の.
smóke-hòuse 名 (複 →house) C 薫製場[室].
smóke jùmper 名 C 【米】降下消防隊員《山火事の際パラシュートで降下する》.
smóke·less 形 無煙の. ～ powder 無煙火薬. ～ tobacco 【米】かみたばこ.
smòkeless zóne 名 C (特に大都市の)排煙禁止区域《居住者は煙の出ない燃料 (smokeless fuels) を使うことを義務づけられる》.
†**smok·er** /smóukər/ 名 C **1** 喫煙者[家], たばこ飲み. a heavy ～ 大の愛煙家. **2** 【旧話】＝smoking car [carriage] (↔nonsmoker); ＝smoking compartment. **3** 男ばかりのくだけた会合.
smóke scrèen 名 C 【軍】煙幕《一般に「隠蔽(いんぺい)するもの」という意味で比喩的にも用いる》.
smóke sìgnal 名 C (北米先住民などが用いた)のろし; 〈比喩的〉'観測気球'.
smóke·stàck 名 C (工場, 汽船などの)大煙突; 【米】蒸気機関車の煙突.
smòkestack índustry 名 C 〈普通, 複数形で〉【主に米】'大煙突工業', 重工業, 《自動車工業など従来の重工業を指す; 大気汚染が問題》.
S ‡**smok·ing** /smóukiŋ/ 名 U **喫煙**. No ～.＝*Smoking* prohibited. 【掲示】禁煙. →passive smoking.
―― 形 **1** 湯気を出す, 煙る. **2** 〈副詞的〉湯気の立つほど. ～ hot bread (焼きたてで)ほかほかのパン.
smóking càr 【米】 **[càrriage** 【英】**]** 名 C (列車の)喫煙車. 「煙客室.
smóking compàrtment 名 C (車両内の)喫↑
smòking gún 名 C 【米】(犯罪などの現場に残された)決定的な証拠《＜まだ煙の出ている銃》.
smóking jàcket 名 C (男性用のしゃれた)室内用上着, スモーキングジャケット, 《昔は喫煙用》.
smóking ròom 名 C 喫煙室.
†**smok·y** /smóuki/ 形 e **1** 煙る, いぶる; 煙い, 煙もうもうの. a ～ fireplace いぶる暖炉. a ～ room 煙のこもった部屋. **2** 煙のような;〔色が〕くすんだ, すすけた,〔味, においが〕煙臭い, いぶったような. a ～ blue haze 煙のような青いもや. ～ cheese いぶったような味のチーズ. ▷**smok·i·ness** 名
‡**smol·der** 【米】, **smoul-** 【英】 /smóuldər/ 動 自 **1** 〔火, まきなどが〕(火炎が出ないで)いぶる, 煙る. **2** 〔不満などが〕くすぶる, (心の中で)もやもやしている;〔人が〕もやもやしている 〈*with* ..〔抑えた不満など〕で〉. *～ing* discontent across the country 国中にくすぶっている不満. Her eyes were *～ing with* anger. 彼女の目は怒りで燃えていた. **3** セクシーである. ―― 名 C 〈普通, 単数形で〉いぶり, くすぶり. [?＜smother]
smooch /smu:tʃ/ 【話】 動 自 キスする, 抱擁する; ぴったり抱き合って踊る; 〈*with* ..と〉. ―― 名 aU キス, 抱擁.
smóoch·y 形 e 【英話】ぴったり抱き合って踊るのにもってこいの(遅い)〔曲, レコードなど〕.
‡**smooth** /smu:ð/ 形 e 【滑らかな】 **1** (表面が)滑らかな, 平らな; でこぼこのない, 平坦(たん)な; すべすべした,〔髪などが〕なでつけられた; (↔rough). (as) ～ as marble [a baby's bottom, silk] きわめて滑らかな《決まり文句; ＜大理石[赤ちゃんのお尻, 絹]のように》. This cloth feels ～. この布は手触りがすべすべしている. a ～ road 平坦な道. a ～ face ひげの(生えて)ない顔. ～ cheeks しわのないほお. ～ water(s) 静かな海[水面]《物事が順調に運んでいるたとえにも用いる》.
2 〔動きなどが〕**円滑**な, 滑らかな;〔物事が〕**順調**な, 障害のない,〔航海などが〕平穏な. a ～ descent 滑らかな降下. make things ～ for a person 人のために物事をやりやすくする. a ～ sea 穏やかな海. a ～ ride [flight] 滑らかな(車の)乗り心地[揺れない飛行]. His path has always been ～. 彼の進んで来た道は平坦だった《これまで順調に進んで来た》.
【当たりのよい】 **3** 〔態度などが〕物柔らかな, 人当たりのよい; お世辞のうまい, 口先のうまい[うますぎる]. a ～ temper 穏やかな気質. ～ manners 人をそらさない態度. a ～ talker 口先のうまい人.
4 〔文体, 言葉などが〕よどみのない, 流れるような, なだらかな;〔音色が〕柔らかい, 耳に快い;〔飲み物が〕口当たりのよい; (↔harsh, rough). have a ～ tongue 弁舌さわやかである. ～ wine 口当たりのよいワイン.
5 〔ソースなどが〕塊[だま]のない;〔練りもの, 糊(のり)などが〕むらのない, よく練れた; (↔lumpy).
―― 動 他 **1** を滑らかにする, 平らにする, 〈*down*〉;〔布〕をのす,〔折り目, しわなど〕を伸ばす, 〈*down, out*〉;〔髪〕をなでつける 〈*down, back*〉; VOC (～ X Y) X のしわを伸ばして Y の状態にする. ～ a board with sandpaper 紙やすりで板を滑らかにする. ～ *out* a handkerchief with an iron アイロンでハンカチのしわを伸ばす. ～ a letter flat 手紙を平らにする.
2 を円滑にする, 平穏にする;〔怒りなど〕を鎮める, なだめる. ～ the path [way] to [toward, for] . . . への道を平坦にする[..を助ける]. **3** VOA (～ X *into, over* ..) X (クリームなど) を ..に塗る, つける.
―― 自 滑らかになる, 平らになる; 平穏になる, 治まる, 〈*down*〉.
smòoth /../ awáy (1)〔しわ〕を伸ばす. ～ *away* wrinkles しわを伸ばす. (2)〔困難など〕を取り除く.
smòoth /../ óut (1)→他 1. (2)〔障害など〕を除く. (3)〔文章など〕を推敲(こう)する.
smòoth /../ óver 〔過失など〕を取り繕う, かばう;〔困った事態〕を丸く治める. We tried to ～ *over* the mistrust between the two sides. 我々は双方の間の不信を取り除こうとした.
―― 副 ＝smoothly. [＜古期英語]
smóoth·bòre 形 〔銃砲が〕滑腔(こう)の, 無旋条の.
―― 名 C 滑腔銃.
smòoth-fáced /-t ㊕/ 形 **1** ひげのない; きれいにひげをそった; 表面が滑らかな. **2** (うわべは)人当たりのよい, 猫かぶりの.
smóoth·ie /smú:ði/ 名 C **1** 【話・軽蔑・戯】当たりのいい人, 猫かぶり, 《特に男》. **2** 【主に米・オース】スムージー《フレッシュジュースにミルク, ヨーグルト, アイスクリームなどを加えた飲み物》.
†**smooth·ly** /smú:ðli/ 副 **1** 滑らかに, 平らに; 円滑に, 順調に. The plane took off ～. 飛行機は滑らかに離陸した. If everything goes ～, the work will be

finished by tomorrow. 万事順調に行けばこの仕事は明日までには終わるでしょう. **2** 流暢(ちょう)に; 口先上手に.

†smóoth·ness 名 U **1** 滑らかさ; 円滑さ; 平坦(たん); 平穏. **2** 人当たりのよさ, 口先上手; 口[耳]当たりのよさ.

smòoth-spóken /形/ 形 言葉巧みな, 口先上手の.

smóoth-tàlking 形 〈普通, けなして〉 言葉巧みな, 甘言で人を釣る.

smòoth-tóngued /形/ 形 =smooth-spoken.

smooth·y /smúːði/ 名 (複 **-thies**) =smoothie.

smor·gas·bord /smɔ́ːrgəsbɔ̀ːrd/ 名 UC スモーガスボード《大皿に盛った各種の料理を各自が取って食べるビュッフェ形式の料理; 北欧で始まった; 日本でいう「バイキング料理」》; C バイキング料理店. [スウェーデン語 'butter goose table']

smote /smout/ 動 smite の過去形・過去分詞.

†smoth·er /smʌ́ðər/ 動 他

【窒息させる】 **1** を窒息(死)させる, 息苦しくさせる. The baby was accidentally ~*ed* under the pillow. 赤ん坊は過って枕(まくら)の下で窒息死した. The smog is ~*ing* me. スモッグで息が詰まりそうだ.

【覆って消す, 抑える】 **2** 〔火〕を覆い消す, いける, 〈*with* ..〔灰など〕をかぶせて〉. ~ a fire with sand 砂をかぶせて消火する. **3** 〔感情など〕を抑制する; 〔あくび, 笑いなど〕を抑える; 〔人の発言など〕を封ずる. ~ one's anger [a yawn] 怒りを抑える[あくびをかみ殺す]. **4** 〔犯罪など〕をもみ消す, うやむやにする; 〔事実, 回答など〕を握りつぶす; 〈*up*〉. ~ (*up*) a scandal スキャンダルをもみ消す.

【すっかり覆う】 **5** VOA (~ X ***with, in..***) X を..ですっかり覆う[包む], 埋め尽くす. a steak ~*ed with* mushrooms マッシュルームを一面に載せたステーキ. The gift was ~*ed in* wrapping paper. 贈り物は包装紙でぐるぐる巻きになっていた. **6** VOA (~ X ***with, in..***) X を〔キスなど〕で息苦しくさせる, X を〔愛情, 親切など〕で圧倒する. Jane ~*ed* her dear child *with* kisses. ジェーンはかわいいわが子にキスの雨を浴びせた.

── 自 窒息(死)する, 息が詰まる.

── 名 aU (息の詰まるような)濃霧, もうもうたる煙[ほこりなど]〈*of* ..の〉. [<古期英語]

smoul·der /smóuldər/ 〖英〗 動, 名 =smolder.

SMSA 〖米〗 Standard Metropolitan Statistical Area (標準大都市地区)《人口, 生活水準などに関する情報の収集・比較のために選ばれた地区》.

smudge /smʌdʒ/ 動 他 **1** を汚す, に染みを付ける; 〔名誉など〕に傷を付ける; 〔汚れ〕を付ける 〈*onto* ..に〉. Don't ~ that picture with your greasy hands. その写真を油だらけの手で触って汚さないでくれ. **2** 〖米〗 〔果樹園など〕を煙でいぶす《除虫, 霜よけのために》.

── 自 汚れる, 染みが付く; 〔インクが〕にじむ.

── 名 C **1** 汚れ, 汚点, 染み. **2** 〖雅〗 ぼやけた形, かすんで見える一帯. **3** 〖米〗 (除虫, 霜よけの)いぶし煙.

smudged 形 **1** 汚れた. **2** はっきりしない.

smúdge pòt 名 C 〖米〗 いぶし煙をたく燃料つぼ.

smudg·y /smʌ́dʒi/ 形 e 汚れた, 染みだらけの; 不鮮明な, ぼやけた.

†smug /smʌg/ 形 〖普通, 軽蔑〗 独りよがりの, 自己満足をしている, 気取った, 取り澄ました, きざな. ~ optimism 独りよがりの楽観主義. [?<低地ドイツ語「こぎれいな」]

▷ **smúg·ly** 副 気取って. **smúg·ness** 名 U 独りよがり, 気取り.

†smug·gle /smʌ́g(ə)l/ 動 他 **1** を密輸する (★「輸入」の場合は in,「輸出」の場合は out を付けて区別する); を密輸入する[密入国させる] 〈*into* ..へ〉; を密輸出する[密出国させる] 〈*out of* ..から〉. ~ *in* [*out*] cocaine コカインを密輸入[出]する. ~ terrorists *into* a country テロリストを密入国させる. ~ .. through customs 税関の目をごまかして..を国内に持ち込む.

2 VOA をこっそり持ち込む 〈*in*〉 〈*into* ..に〉, をこっそり持ち出す 〈*out*〉 〈*out of* ..から〉. ~ knives *into* a jail 刑務所にナイフをこっそり持ち込む.

── 自 密輸を行う. arrest a person for *smuggling* drugs 人を麻薬密輸のかどで逮捕する.

[<低地ドイツ語]

‡smúg·gler 名 C 密輸者; 密輸船.

smúg·gling 名 U 密輸.

smut /smʌt/ 名 **1** UC すす(の一片), 石炭の粉; 汚れ. the ~ from the factories 工場から出る煤(ばい)煙. **2** U (麦などの)黒穂病. **3** U みだらな言葉[内容], 猥褻(わいせつ)(文書). talk ~ 猥談をする. The play is nothing but ~. あの芝居はただのポルノだ. ── 動 (~s|-tt-) 他, 自 (すすなどで)を汚す, 黒くする; 汚れる, 黒くなる.

smut·ty /smʌ́ti/ 形 **1** 汚れた, すすけた, 黒ずんだ. **2** 〖話〗 みだらな, 卑猥(ひわい)な. a ~ joke 卑猥な冗談.

▷ **smut·ti·ly** 副 **smut·ti·ness** 名

Smyr·na /smɔ́ːrnə/ 名 スミルナ《小アジア西海岸の古代の都市; 古代の貿易の中心地; 近代名 Izmir》.

Smyth /smiθ, smaiθ, smaið/ 名 男子の名.

Sn 〖化〗 tin. [<ラテン語 *stannum*]

***snack** /snæk/ 名 (複 **~s** /-s/) C (主に食間の)**軽食**, 間食(用食品), (→meal[1] 参考). Let's drop in this café for a ~. この軽食堂に入って軽く食事をしよう.

── 動 自 軽食[間食]を取る 〈*on* ..の〉. ~ *on* biscuits ビスケットを(食事と食事の間に)食べる.

[<中期オランダ語「ひと噛み」(snap の異形)]

snáck bàr [**còunter**] 名 C 軽食堂, スナック《日本の「スナックバー」と違って酒類は出さない》.

snáck fòod 名 UC 〈普通 ~s〉 スナック食品《ポテトチップス, ポップコーン, ピーナッツなど》.

snaf·fle[1] /snǽf(ə)l/ 名 C 軽勒(ろく) (**snáffle bìt**) 《馬の小型のくつわ》. ── 動 他 〔馬〕に軽勒を付ける.

snaf·fle[2] 動 他 〖英・オース話〗 **1** を自分だけで食べてしまう; 独り占めにする; をかっぱらう, くすねる. **2** 〔投げた球〕を楽に捕(と)る.

sna·fu /snæfúː/ 〖米・オース話〗 名 U 大混乱(状態), はちゃめちゃ. ── 形 大混乱の, てんやわんやの.

── 動 他 を大混乱させる. [<*s*ituation *n*ormal, *a*ll *f*ucked [*f*ouled] *u*p (状態は相も変わらずすっかりめちゃめちゃで); 第 2 次世界大戦中の造語]

‡snag[1] /snæg/ 名 C **1** 〈一般に〉 鋭い[とがった]突起物; (折れ残った)枝株, 欠け歯. **2** (水底に突き刺さった)沈み木, 隠れ木, 《航行の障害になる》. **3** (思いがけない)障害, 引っ掛かり, 問題. hit [strike, run into, come across] a ~ 思わぬ障害にぶつかる. **4** (衣類などの)かぎ裂き, (ストッキングの)引っ掛け傷, ほつれ.

── 動 (~s|-gg-) 他 **1** を引っ掛ける 〈*on* ..〔くぎなど〕に〉. I ~*ged* my sweater *on* the barbed wire. 私はセーターを有刺鉄線に引っ掛け(てほつれさせ)た. **2** をじゃまする, 妨害する. **3** から沈み木を取り払う. **4** 〖米話〗 を(素早く)つかまえる[ひっつかむ, かっさらう].

── 自 引っ掛かる 〈*on* ..に〉; VA (~ ***on..***) 〔話し合いなどが〕..でもつれる.

snag[2] 名 C 〖オース話〗 ソーセージ.

snag·gle·tooth /snǽgltùːθ/ 名 (複 →tooth) C 乱ぐい歯; 反っ歯.

snag·gy /snǽgi/ 形 **1** 枝株がごつごつ出ている, 沈み木の多い. **2** 突き出た.

***snail** /sneil/ 名 (複 **~s** /-z/) C **1** 〖動〗 **カタツムリ**; 巻き貝. (as) slow as a ~ (カタツムリのように)のろのろした. **2** のろま, 怠け者.

***at a snàil's páce* [*gállop*]** 〖話〗 のろのろと.

[<古期英語; snake と同根]

snáil màil 名 C 〖話・戯〗 通常の郵便《e-mail など↑「との対比で」》.

‡snake /sneik/ 名 (複 **~s** /-s/) C **1** 〖動〗 **蛇** (→serpent). *Snakes* coil. 蛇はとぐろを巻く. **2** (蛇のように)陰険[狡猾(こうかつ)]な人. **3** 〖建〗 へび《排管掃除用のらせ

S

ん状針金)。**4** (EC 加盟国の一部の間で行われていた)変動為替相場制.

a snàke in the gráss 〘普通, 戯〙目に見えない危険; 隠れた敵, 不実な友人.

sèe snákes 〘俗〙(アル中で)幻覚や震えが来る.

wàrm [chèrish] a snáke in one's bósom 恩を仇(あだ)で返すような人を大事にする, (飼い主の手をかむような)恩知らずを(それと知らずに)かわいがる.

── 動 自 VA (蛇のように)くねる, 〔川などが〕蛇行する〈*across, along, through* ..を/*past* ..を過ぎて〉. Pipes ~*d* all *around* the ceiling. 天井の至る所にパイプが張り巡らされていた.

── 他 VOA 〘米話〙〔丸太など〕を引っ張る, 引きずる, 〈*out*〉.

snàke one's wáy (through [into]..) (..を[へ])くねって進む, 蛇行する.

[< 古期英語; 原義は「這うもの」で snail と同根]

snáke·bìte 名 **1** UC 蛇にかまれること; C その傷. **2** 〘英〙スネーク・バイト《ラガービールとサイダーを等量入れた飲み物》.

snáke chàrmer 名 C 蛇使い《インドなどで笛を吹いてコブラなどを踊らせる》.

snáke dànce 名 C 蛇踊り《北米先住民の宗教的儀式》; ジグザグ行進《優勝祝いなどの》.

snáke òil 名 U 〘米〙(万能薬として売られているが)疑わしい薬, 'がまの油'. a *snake-oil* salesman いんちき商品を売る男.

snáke pìt 名 C 〘米〙 **1** (患者扱いのひどい)精神病院. **2** 大混乱の場所[状態].

snàkes and ládders 名 〈単数扱い〉蛇とはしご《すごろくに似たさいころゲーム; はしごの下に来れば上まで進み, 蛇の頭に来たら尾まで戻る》. 「た)蛇革.

snáke·skìn 名 C 蛇の皮; U (加工, 細工用のなめし↑

snak·y /snéiki/ 形 e **1** 蛇の(ような); 曲がりくねった. a ~ river うねうねと流れる川. **2** 蛇の多い. a ~ forest 蛇の多い森. **3** 陰険な, 狡猾(こうかつ)な. **4** 〘オース話〙怒った.

***snap** /snæp/ 動 (~s /-s/|過 過分 ~ped /-t/|snáp·ping) 自 【勢いよく音を立てる】 **1** (a) ぱちっ[ぱたっ, ぴしっ]と音を立てる. The whip ~*ped* sharply across the horse's flank. 馬の横腹にむちがぴしっと鳴った. The door ~*ped* to. ドアがぱたんと閉まった (★to は 副). ~ together (部品などが)ぱちんとはまる. (b) ぽきっと折れる, 〔糸などが〕ぷっつり切れる, 〈*off*〉. The flag pole ~*ped off* at the base. 旗ざおが根元でぽきっと折れた. The cord ~*ped* when I pulled it tight. 綱をきつく引っ張ったらぷつんと切れた. (c) 神経的に参る, 〔神経が〕耐え切れなくなる. 〔忍耐力, 我慢などが〕切れる, 〔人が〕かっとなる, '切れる'. (d) VC (~ X) ぱちっと音がして X の状態になる. The lock ~*ped* shut. かぎがかちっと閉まった.

【勢いよく動く】 **2** 素早い行動をする. ~ to attention (兵隊が)さっと気をつけの姿勢をとる.

3 (ぱくっと)かみつく, かみつこうとする, 〈*at* ..に〉. The fish ~*ped at* the bait. 魚はえさに食い付いた.

4 (喜んで)飛びつく, 食らいつく, 〈*at* ..〔うまい話など〕に〉. The boy ~*ped at* the opportunity to go abroad. 少年は外国へ行く好機に飛びついた.

5 'かみつく', がみがみ言う, 〈*at* ..に〉. The angry man ~*ped at* everyone. 腹を立てた男はみんなに当たり散らした. **6** スナップ写真を撮る. ~ away (at her) (彼女を)ばちばち撮る.

── 他 **1** (a) をぱちっ[ぱたっ, ぴしっ]といわせる[鳴らす]; 〔ふたなど〕をぱたっと閉じる[開く]. ~ one's fingers 指をぱちっと鳴らす《注意を引くためなど》. (b) をぽきっと折る, ぷっつり切る, 〈*off*〉. ~ a stick in ⌊two [half] 棒をぽきんと2つに折る. ~ a branch *off* 枝をぽきっと折る. (c) VOA をぱちっと..する. ~ the switch *on* [*off*] スイッチをぱちっと入れる[切る]. ~ the light *on* スイッチをぱちっと押して電灯をつける. ~ *down* the lid of a box 箱のふたをぱたっと閉める. (d) VOC (~ X Y) ぱちっと音を立てて X を Y の状態にする. ~ a suitcase shut スーツケースをぱたんと閉める.

2 に(ぱくっと)かみつく〈*up*〉; をかみ切る〈*off*〉. A shark ~*ped* the man's leg (*off*). サメがその男の足に食いつい(てかみ切っ)た.

3 〔言葉など〕を語気鋭く言う〈*out*〉; VO (~ "引用")「..」と鋭い口調で言う; 〔人〕に急に(言葉を遮るように) 話しかける. ~ *out* orders 語気鋭く命令する. The young woman ~*ped* her answer into the phone and hung up with a bang. その若い女はかみつくような調子で返事をしてがちゃんと電話を切った.

4 〔写真〕を撮る; のスナップ写真を撮る.

snàp báck (1) 〔曲げた針金などが〕(ぱちっと音がして)跳ね返る. (2) きつく(言葉を)言い返す〈*at* ..〔人〕に〉. (3) 〘話〙急に回復する[元(の水準)に戻る]; 立ち直る.

snàp one's fíngers at.. ..を軽蔑[無視]する.

snàp it úp 〘米話〙〈主に命令文で〉急ぐ, さっさとする.

snàp a pèrson's nóse [héad] òff 〘話〙人の話を乱暴に遮る; 人にけんか腰の返事をする.

snàp óut of.. 〔めいっていた状態など〕から立ち直る.

snàp óut of it 〘話〙〈主に命令文で〉元気を出す, 気を取り直す.

snáp to it 〘話〙〈主に命令文で〉急ぐ, さっさとやる.

snàp /../ úp (1) ..に食い付く, 飛び付く, (安いので)衝動買いする. The cheapest articles were soon ~*ped up*. 一番安い品物は奪い合うように売れてしまった. (2) ..をものにする; ..をひったくる, かっさらう; 〔人・選手など〕を取る, スカウトする.

snàp a pèrson úp shòrt (急に言葉を挟んで)人の話の腰を折る.

── 名 (複 ~s /-s/) **1** C ぱちっ[ぱたっ, ぴしっ]という音; ぽきっと折れる音[こと], ぷっつり切れる音[こと]. Mother closed her purse with a ~. 母はぱちっと(音をさせて)ハンドバッグを閉めた. a ~ of one's fingers ぱちっと指を鳴らすこと.

2 C 〈普通 a ~〉(ぱくっと)**食い付くこと**. The dog made a ~ *at* the meat. 犬はその肉に食い付いた.

3 C (天候の)急変, 〈特に〉一時的寒さ[冷え込み]. a cold ~ 急な寒気. **4** U 〘話〙活気, 元気. Students don't seem to have much ~ these days. このごろの学生はあまりぴりっとしたところがないみたいだ. **5** 〈a ~〉〘主に米〙きびきびした話し[書き]方, 語気の鋭さ. He gave orders with a ~. 彼は語気鋭く命令を与えた. **6** C 〘主に米〙=snap fastener. **7** C 〘話〙スナップ写真(snapshot). **8** C 薄焼きのクッキー《普通, 複合語を作る》. ginger ~*s* ショウガ入りクッキー. **9** C 〘米話〙〈単数形で〉楽な仕事. The test will be a ~. テストは易しいですよ. **10** U 〘英〙スナップ《子供のトランプ遊びの一種; 札を同時に出し同種の札が出た時, 先に *Snap!* と叫んだ者が相手の札を取る》.

in a snáp すぐに.

nòt (càre) a snáp 少しも(気にかけ)ない.

── 形 〈限定〉**1** 〔決断などが〕即座の, 素早い; 不意の, 抜き打ちの. a ~ judgment [decision] とっさの判断[決断]. **2** 〘米話〙とても楽な, ちょろい. a ~ problem 楽な問題. ── 副 ぱちっと; ぽきっと, ぷっつりと. *Snap* went the stick. 棒がぽきっと折れた.

── 間 〘英〙 **1** スナップ《トランプで; →名 10》. **2** おそろいだ, 同じだ,《同種のものを見て驚いて》.

[< 中期オランダ語「(すばやく)つかむ, 噛む」]

snáp bèan 名 C 〘米〙莢(さや)豆.

snáp·dràgon 名 C キンギョソウ《ゴマノハグサ科の園芸植物; 南ヨーロッパ, アフリカ北部産》.

snáp fàstener 名 C (服などの)ホック, スナップ,《一対の凹凸型の留め金; 〘英〙 press stud, 〘英話〙

popper). close the ～s on the suitcase スーツケースの留め金を留める.

snáp-òn 形 〈限定〉ぱちんとはまる〔おもちゃなど〕.

snáp pèa 名 〖米・オース〗=snow pea.

snap·per /snǽpər/ 名 C **1** ぱちっと鳴るもの; がみがみ言う人. **2** =snapping turtle; フエダイ《熱帯産のタイの一種; 食用魚》.

snápping tùrtle 名 C カミツキガメ《北米の淡水産でかみつく力が強い, スッポンを大型にしたようなカメ》.

snap·pish /snǽpiʃ/ 形 **1** 〔犬などが〕かみつく癖のある. **2** 〔人が〕がみがみ言う, つっけんどんな.
▷ **～·ly** 副 **～·ness** 名

snap·py /snǽpi/ 形 e **1** =snappish 2. **2** 〔火などが〕ぱちぱち音のする. **3** 〖話〗元気のいい, きびきびした; きびきびした話し方の, 語気鋭い. **4** 〖話〗しゃれた, かっこいい. ***Màke it snáppy!***=〖英〗***Lòok snáppy!*** 〖話〗急げ, さっさとやれ. ▷**snap·pi·ly** 副 **snap·pi·ness** 名

***snap·shot** /snǽpʃɑ̀t|-ʃɔ̀t/ 名 (複 **～s** /-ts/) C スナップ, 早撮り写真. take a ～ of one's daughter 娘のスナップ写真を撮る.

‡**snare** /sneər/ 名 C **1** (動物を捕える)わな《普通, ロープが動物の脚に引っ掛かって締まる仕掛けを言う》. lay [set] ～s for a hare ノウサギを捕えるためにわなを仕掛ける. **2** 〖章〗(人の陥りやすい)わな, 誘惑. The enemy fell right into our ～. 敵はまんまと我々の仕掛けたわなに掛かった. **3** 〈普通 ～s〉さわり弦《響きを増すために太鼓の下面の中央に張る弦》.
── 動 他 **1** をわなで捕える; を陥れる, 誘惑する. **2** をまんまと手に入れる. ～ a good job いい仕事にありつく.
[<古期英語(<古期北欧語)]

snáre drùm 名 C (さわり弦付き)小太鼓, スネアドラム.

†**snarl**[1] /snɑːrl/ 動 自 **1** 〔犬などが〕(歯をむき出して)うなる〈*at* ..に向かって〉(→dog 参考). The big dog ～*ed at* the salesman. その大きな犬はセールスマンに向かってうなった. **2** がみがみ言う, どなる, 〈*at* ..に〉. The old woman ～*ed* angrily *at* the naughty boys. 老婦人は怒って腕白小僧どもをどなりつけた.
── 他 VO (～ X/"引用") X を/「..」とどなって言う. The captain ～*ed* curses at his men. 隊長は部下に大声で悪態を浴びせかけた.
── 名 C うなり声; 荒々しい言葉, ののしり. Her reply came out in an angry ～. 彼女の返事は怒ったどなり声で戻って来た. [?<オランダ語]

snarl[2] 名 C 〈普通, 単数形で〉 **1** (毛髪, 糸などの)もつれ. **2** 混乱. a terrific traffic ～ ひどい交通麻痺(まひ).
── 動 他 をもつれさせる; 〔交通など〕を混乱させる; 〈*up*〉〈普通, 受け身で〉. ── 自 もつれる; 混乱する.
[snare, -le[1]]

snarled 形 (交通が)渋滞して.

snárl-ùp 名 C 〖話〗(交通などの)渋滞, 混雑, 混乱.

snatch** /snætʃ/ 動 (**snátch·es** /-əz/|**～ed** /-t/|**snátch·ing**) 他 **1** (**a**) をひったくる, 強奪する; をひっつかむ; (類語 grab よりさらに素早く強くひったくること; →take). The thief ～*ed* her purse and ran. どろぼうは彼女のハンドバッグをひったくって逃げた. (**b**) VOA (～ X ***from, out of..) X を..からひったくる; (～/X/***away***) X (手, 皿など)をさっと引っ込める, X をさっと取り上げる, 〔死が〕〔人〕をさっと連れ去る; (～/X/***up***) X をひっつかむ; (～/X/***off***) X をひょいっと取る. He ～*ed* his umbrella *up* and hurried out of the house. 彼は傘をひっつかみ急いで家から出て行った. The princess was ～*ed away* [*off*] by fairies. 王女は妖(よう)精にさらわれた. The pianist was ～*ed away* by premature death. そのピアニストは突然早世した.
2 (機を見て)を素早く手に入れる; 〔食事, 休息など〕を急いで取る. The youth ～*ed* a kiss from the girl. 若者は娘から不意にキスを奪った. ～ victory from the jaws of defeat 負け戦(いくさ)を逆転して勝ちを拾う. ～ defeat from the jaws of victory 勝利目前で逆転される. *Snatching* meals is bad for your digestion. 急いで食事を取るのは消化に悪いよ. ～ a few moments' rest (暇を盗んで)ひと休みする.
3 VOA (～ X ***from..***) X (人)を..からやっと救い出す. The surgery ～*ed* the child *from* the jaws of death. 外科手術のおかげでその子はようやく一命を取り留めた.
4 〖話〗を誘拐する.
snátch at.. (1) ..をひったくろうとする, ..につかみかかる. The climber ～*ed at* the rock too late and fell. 登山者は岩につかまろうとしたが間に合わず転落した. (2) 〔機会, 申し出など〕に飛び付く. ～ *at* an offer [a chance] 申し出[好機]に飛び付く.
── 名 C **1** 〈a ～〉ひったくること, 強奪. make a ～ at a bag バッグをひったくろうとする.
2 〈普通 ～es〉小片; (歌, 話などの)断片; (活動の)ひと仕切り. little ～*es* of information 断片的な情報. overhear ～*es* of conversation 話をとぎれとぎれに耳にする. sleep in ～*es* 途切れ途切れに眠る. work in ～*es* 時々思い出したように働く. **3** 〖重量挙げ〗スナッチ《バーベルを一気に頭上まで引き上げ両腕を完全に伸ばす; →jerk》. **4** 〖主に米俗〗誘拐. **5** 〖米卑〗女性の陰部.
[?<中期オランダ語 (snack の異形か)]

snátch·er 名 C ひったくり(犯人); 誘拐犯.

snátch squàd 名 C 〈単数形で複数扱いもある〉(軍, 警察の)暴動首謀者などの専門取り締まり班.

snátch·y 形 e 断片的な; 切れ切れの.

snaz·zy /snǽzi/ 形 e 〖話〗かっこいい, いかした, ぱりっとした; 〈時に〉派手な. ▷**snaz·zi·ly** 副 **snaz·zi·ness** 名

***sneak** /sniːk/ 動 (**～s** /-s/|過 過分 **～ed** /-t/, 〖米〗では時に **snuck** /snʌk/|**snéak·ing**) 自
1 VA こそこそ動く[入る, 出る]〈*in, out, off*〉〈*into* ..へ/*out of* ..から/*past* ..を過ぎて〉. ～ *about* [*around*] こそこそ立ち回る. ～ *away* [*off*] こっそり立ち去る. ～ *in* by the back door こそこそと裏口から中へ入る. ～ *out of* the room 部屋をそっと抜け出す.
2 卑屈なふるまいをする. I sometimes found him ～*ing* before the boss. 私は時々彼が上司の前でいやにぺこぺこしているのを見た. **3** 〖英俗〗告げ口する, ちくる, 〈*on* ..〔人(のこと)〕を/*to* ..〔先生など〕に〉.
── 他 **1** VOA をこっそり入れる[出すなど]; こっそり連れ出す[連れ込むなど]; 〈*in, out*〉〈*through, by, past* ..を通って〉. The man ～*ed* the puppy under his coat. 男は小犬をこっそり上着の懐の中に隠した. The hijackers had ～*ed* a bomb *onto* the plane. 乗っ取り犯人たちは飛行機にひそかに爆弾を持ち込んでいた.
2 〖話〗(**a**) VOA (～ X ***from..***) X を..からくすねる, こっそり盗む[盗み見る]. (**b**) VOO (～ X Y)・VOA (～ Y ***to*** X) X (人) に Y をこっそりと見せる. ～ her a note=～ a note *to* her 彼女にメモをこっそり見せる.
snèak a glánce [***lóok***] ***at ..*** ..をこっそり見る.
snèak úp (***on..***) (1) (人に)忍び寄る, そっと近づく. The rascal ～*ed up on* me from behind and hit me. あの悪党は私の背後から忍び寄って殴ったのだ. (2) 〔事が〕(人に)予期しない時に起こる.
── 名 C **1** 〖話〗こそこそ立ち回る人, 卑劣な人間; =sneak thief. **2** 〖英俗〗告げ口屋(の生徒). **3** 〖話〗〈形容詞的〉いきなりの, 出し抜けの; 内密の.
[<古期英語「はう」]

‡**snéak·er** 名 C **1** こそこそする人; 卑劣な人間. **2** 〖主に米〗〈～s〉スニーカー《ゴム底の運動靴, ズック》(★〖英〗では普通 plimsolls).

snéak·ing 形 〈限定〉 **1** こそこそする, 卑屈な, 意気地

S

なしの. You ～ liar! この卑劣なうそつきめ. **2**〔気持ちなどが〕内々の, 口に出せない. have a ～ affection for a person 人にひそかな思慕を抱く. have a ～ suspicion [feeling] that ..だとひそかに疑って[思って]いる.
▷**～·ly** 副 こそこそと; ひそかに.

snèak préview 名 C 〖映画〗(内容の予告なしの)抜き打ち試写.

snéak thìef 名 C こそ泥.

snéak·y 形 e 〖話〗こそこそする; 陰険な. He played a really ～ trick on us. 彼は私たちに対して実に陰険なだまし方をした. ▷**sneak·i·ly** 副 **sneak·i·ness** 名

***sneer** /sníər/ 動 (～s /-z/|過 過分 ～ed /-d/|snéer·ing /sní(ə)riŋ/) 自 冷笑する, あざ笑う, ばかにする, 〈*at* ..を〉. They ～*ed at* the prophet's warning. 彼らは予言者の警告をあざ笑った.
── 他 **1** VO (～ X/*that* 節/"引用") X を/..ということを/「..」とせせら笑って言う. That fellow ～*ed* his answer to my request. あいつは僕の依頼に対してせせら笑うような返答をした. **2** VOA (～/X/*down*) X(人)を嘲笑して黙らせる; X(人)をさんざん嘲(ちょう)笑する.
── 名 (複 ～s /-z/) C 冷笑, あざけり, (→laugh 類語); 人を小ばかにした顔つき[言動]. Ignore the vulgar ～s at your efforts. 君の努力に対する低俗な連中の嘲笑は無視しなさい. He curled his lips in a ～. 彼は軽蔑したように唇をゆがめた. [たぶん擬音語]

snéer·ing·ly /-riŋli/ 副 あざけって, ばかにして.

***sneeze** /sniːz/ 動 (snéez·es /-əz/|過 過分 ～d /-d/|snéez·ing) 自 くしゃみをする (★くしゃみの音は atchoo, atishoo). Cover your mouth when you ～! くしゃみをする時は口を覆いなさい《こうするのが常識》. "God bless you!" said the old man when the boy ～*d*. 少年がくしゃみをすると老人は「神よお守りを」と言った《くしゃみをした人に不吉な事が起こらないように God bless you! Bless you! と言うのは古来の習慣; Gesundheit! とも言う》.
nòt to be snéezed at 〖話・しばしば戯〗なかなかばかにできない, 相当なものである. Such a job offer is *not to be ～d at*. そのような仕事の(提供の)話はばかにしてはいけない.
── 名 (複 snéez·es /-əz/) C くしゃみ. *Sneezes* are often a sign of a cold. くしゃみは風邪の兆候であることが多い. let out a large ～ 大きなくしゃみをする.
[中期英語 *fnese* (＜古期英語)の f- を s- に変えたもの]

snéez·er 名 C くしゃみをする人.

snick /snik/ 動 他 **1** に刻み目を付ける, に切れ目を入れる, をちょっと切る. **2** 〖クリケット〗〔球〕をそれるように打つ.
── 名 C (小さな)刻み目, 切り込み.

‡**snick·er** 動 自 **1** 〖主に米〗〖時に軽蔑〗くすくす笑う, 忍び笑いする, 〈*at, over* ..を〉(〖主に英〗snigger). **2** 〖主に英〗〔馬が〕いななく. ── 他 VO (～ *that* 節) ..とくすくす笑いながら言う. ── 名 C **1** 〖主に米〗くすくす笑い, 忍び笑い. **2** 〖主に英〗馬のいななき.

snide /snaid/ 形 意地悪な, 皮肉っぽい, 〔言葉など〕. make ～ remarks [comments] (about..) (..を)皮肉っぽく言う. ▷**sníde·ly** 副 **sníde·ness** 名

***sniff** /snif/ 動 (～s /-s/|過 過分 ～ed /-t/|sníff·ing) 自 **1** (a) (くんくん)かぐ 〈*at* ..を〉. The dog ～*ed at* the stranger. 犬は見知らぬ人のにおいをかいだ. (b) VA (～ *at*..) 〈比喩的〉に関心を示す. **2** 鼻をすする, 鼻をぐすぐす言わせる. People with hay fever often ～ and sneeze. 花粉症にかかった人はよく鼻をすすりくしゃみをする. The child ～*ed* and tried not to cry. その子は鼻をすすり, 泣くまいとした. **3** 鼻をふんふん言わせて息を吸い込む《軽蔑, 不信のしぐさ》; 鼻であしらう, ばかにする, 〈*at* ..を〉. The haughty woman just ～*ed* when I said hello. 「やあ」とあいさつしたらあの高慢な女はふんと小鼻を膨らませただけだった.
── 他 **1** を(鼻から)吸い込む〈*up*〉; のにおいをかいでみる. The cook ～*ed* the soup. 料理人はスープのにおいをかいでみた. ～ glue シンナーを吸う《glue は接着剤[ボンド]》. **2** VOA (～/X/*out*) X をかぎつける; X に感うく, 見つけ出す. We ～*ed* danger in his manner. 我々は彼の態度に危険を感じた. ～ rebellion [a coup d'état] 反乱[クーデター]を(事前に)察知する. The dog ～*ed out* drugs. 犬は麻薬をかぎつけた. **3** VO (～ "引用")「..」と鼻であしらって[不満げに]言う.
not to be sníffed at 〖話〗ばかにできない; 〔申し出などが〕見逃せない.
sníff (a)róund 〖話〗(情報を求めて)かぎまわる.
sníff (a)round .. 〈be ～ing (a)round ..で〉〔人〕に目をつけている.
── 名 (複 ～s) C **1** においをかぐこと; 鼻をふんふんさせること. take a ～ of a rose バラのにおいをかぐ. with a ～ and a shrug 鼻をふふんといわせ肩をすくめて《軽蔑のしぐさ》. **2** におい; 〈比喩的〉気配.
[＜中期英語; 擬音語]

sníff·er 名 C **1** かぐ人. a glue ～ シンナーを吸う人. **2** におい探知器.

sníffer dòg 名 C (麻薬・爆発物をかいで見つける)探索犬.

snif·fle /sníf(ə)l/ 動 自 鼻をぐずぐずいわせる, 鼻をすする; 泣きじゃくる. ── 他 VO (～ "引用")「..」と鼻声で言う. ── 名 C **1** 鼻をぐずぐずいわせること[音]. **2** 〖話〗〈the ～s〉(軽い)鼻風邪. have [get] the ～s 〖話〗軽い風邪を引く.

sníff·y 形 e 〖話〗**1** お高くとまった, 鼻もちならない; 鼻であしらう, ばかにする, 〈*about* ..を〉. **2** 〖英〗臭い, 鼻をつく.

snif·ter /sníftər/ 名 C **1** 〖主に英話〗(酒の)ほんのひと口[1杯]. **2** 〖米〗ブランデーグラス.

‡**snig·ger** /snígər/ 〖主に英〗動, 名 ＝snicker.

‡**snip** /snip/ 動 (～s|-pp-) 他 をはさみで切る, ちょきんと切る; VOA (～/X/*off*) X を切り取る. ～ a thread 糸をはさみでぱちっと切る. ～ the ends *off* 端を切り落とす.
── 自 はさみで(ちょきんと)切る〈*at, through* ..を〉. ～ *at* a string ひもをちょきんと切る.
── 名 C **1** ちょきんと切ること; ちょきん(と切る音). **2** (a) 切れ端, 断片. (b) 少し (bit). **3** 〖米話〗小物《人》, ちんぴら, (生意気な)若造[小娘]. **4** 〖英話〗〈普通, 単数形で〉安売り商品, 特売品. be a ～ 驚くほど安い, お買い得である. **5** 〈～s〉金(かな)切りばさみ.
hàve the sníp 〖英話〗精管切除[パイプカット]をする.
[＜低地ドイツ語「小片」] ▷**～·ping** 名 C (布などの)切れ端.

snipe /snaip/ 名 (複 ～s, ～) C 〖鳥〗シギ. ── 動 自 **1** 〖まれ〗シギ猟をする. **2** 狙(そ)撃する〈*at* ..を〉. **3** (匿(とく)名による非難, 攻撃などで)'ねらい撃ち' する〈*at* ..を〉. The politician was often ～*d at* in the newspapers. その政治家は新聞でねらい撃ち的にしばしばたたかれた.

‡**snip·er** 名 C 狙(そ)撃兵; 狙撃者.

‡**snip·pet** /snípət/ 名 C 切れ端, 断片, 〈*of* ..〔知識, 情報など〕の〉.

sníp·py 形 e **1** 断片的な, 寄せ集めの. **2** 〖米話〗ぶっきらぼうな, 横柄な.

snit /snit/ 名 aU 〖米話〗興奮, いらだち. be [get] in a ～ 怒って[興奮して]いる[怒る].

snitch /snitʃ/ 〖話〗動 自 密告する, 'たれ込む', ちくる, 〈*on* ..〔人〕を〉. ── 他 〔大した値打ちもないもの〕を失敬する, くすねる. ── 名 C **1** 密告者. **2** 〖英・戯〗鼻.

sniv·el /snív(ə)l/ 動 (～s|〖英〗-ll-) 自 **1** 鼻水を垂らす; 鼻をすする. **2** すすり泣く; すすり泣きしてぐちを並べる. **3** そら泣きする. ── 名 U **1** 鼻水(を出すこと). **2** すすり泣き, 泣きごと.
▷**sniv·el·er** 〖米〗, **sniv·el·ler** 〖英〗名

‡**snob** /snɑb|snɔb/ 名 C **1** 俗物, スノッブ, 《地位や階級に非常な関心を持ち, 自分より上の階級の人の生活態

度をまねたがり, 下の階級の人との付き合いを嫌がる人》. **2** 似非(えせ)通人[インテリなど]《自分の学問, 知識, 趣味の良さなどを鼻に掛ける人》. an intellectual ~ 知的スノッブ. a wine ~ ワイン通ぶる人. have ~ value [appeal] '通' に受ける.
[<〖方〗「靴屋」]

snób appèal 名 =snob value.

‡**snob·ber·y** /snɑ́b(ə)ri|snɔ́b-/ 名 (複 **-ber·ies**) U 俗物根性, 紳士[上流]気取り, 《snob の性格や心理》; C 〈普通 -beries〉 俗物的言動. inverted ~ 裏返しの俗物根性《下流階級の方が上の階級の人より優れていると考える》.

snob·bish /snɑ́biʃ|snɔ́b-/ 形 俗物の, 紳士[上流]気取りの. ▷ **~·ly** 副 **~·ness** 名

snób·by 形 =snobbish.

snób vàlue 名 U 俗物根性に訴える特質; 一部の人々(特にスノッブ)に認められるような点.

snog /snɑg|snɔg/ 〖英話〗 動 他, 自 (と)キスして抱き締める 〈*with* ..と〉 (★特に若者が使う語). —— 名 C 〈普通, 単数形で〉 キスして抱き締めること.

snood /snu:d/ 名 C (女性の)ヘアネット.

snook /snu(:)k/ 名 C 〖英〗 親指を鼻先に当てて他の指を広げて見せるしぐさ《軽蔑を表す》.
còck a snóok at.. 〖主に英〗 ..を(snook の動作をして)ばかにする.
Snóoks! くだらない.

snóok·er 動 他 〖話〗 のじゃまをする, を出し抜く, を苦境に立たせる, 〈しばしば受け身で〉. —— 名 U スヌーカー (**snóoker pòol**) 《ビリヤードの一種》.

snoop /snu:p/ 〖話〗 動 自 のぞき見する; こそこそのぞき[かぎ]回る 〈*around*〉; スパイする, 詮索(せんさく)する, 〈*into* ..を〉; VA (~ **on**..) ..をこっそり見張る.
—— 名 C こそこそかぎ回る人, のぞき見する人; スパイ.
[<オランダ語「こっそり食べる」]

snóop·er 名 =snoop.

Snóop·y 名 スヌーピー《米国の漫画 (Charles Schulz 作 *Peanuts*) の主人公の犬; →Brown 1》.

snóop·y 形 **1** のぞき回る. **2** 詮索(せんさく)好きの.

snoot /snu:t/ 名 C 〖主に米話〗 鼻; 人を見下すような渋面. [snout の変形]

snóot·y 形 e 〖話〗 人を見下すような, 横柄な, (自分は社会階層が上であることをしばしば含意).
▷ **snoot·i·ly** 副 **snoot·i·ness** 名

snooze /snu:z/ 〖話〗 動 自 うたた寝する, 居眠りする.
—— 名 C 〈普通, 単数形で〉 うたた寝, 居眠り.

snóoze bùtton 名 C (目覚まし時計の)スヌーズ用ボタン.

*__snore__ /snɔ:r/ 動 (~**s** /-z/|過 過分 ~**d** /-d/|**snór·ing** /-riŋ/) 自 いびきをかく. People who are drunk ~ loudly. 酔っ払った人は大きないびきをかく.
—— 他 VOA (~/X/*away, out*) いびきをかいて X(時)を過ごす; VOC (~ X Y) いびきをかいて X を Y の状態にする. I've ~*d* the whole weekend *away*. 週末をぐーぐー寝て過ごした. He ~*d* himself [his wife] awake. 彼は自分のいびきで目が覚めた[いびきで妻の目を覚ました].
—— 名 C いびき. a loud [heavy] ~ 大いびき.
[擬音語]

snor·er /snɔ́:rər/ 名 C いびきをかく人.

snor·kel /snɔ́:rk(ə)l/ 名 C シュノーケル《スキンダイバーが潜水中に呼吸するために使う筒》; (潜水艦の)換気筒
—— 動 (~**s**|〖英〗 **-ll-**) 自 シュノーケルを使って泳ぐ.
▷ **~·(l)ing** 名 U シュノーケリング.

†**snort** /snɔ:rt/ 動 自 **1** 〔馬などが〕鼻を鳴らして荒い息をする; 〔蒸気機関車が〕大きな音で蒸気を吐く. **2** 鼻を鳴らす 〈*at* ..に対して〉《軽蔑, いらだち, 憤慨などを表して》. The workers ~*ed at* the employer's answer. 労働者たちは雇い主の返事にぶーぶー言った. ~ with laughter 大笑いする.
—— 他 **1** VO (~ X/"引用") X と/「..」と鼻息荒く言う 〈*out*〉. ~ *out* a curt reply 鼻を鳴らしてぶっきらぼうな返事をする. **2** 鼻を鳴らして〔怒り, 軽蔑など〕を表す. ~ one's indignation 鼻を鳴らして憤懣(まん)を示す. **3** 〖俗〗〔麻薬など〕を鼻から吸飲する.
—— 名 C **1** 荒い鼻息, 鼻を鳴らすこと; 機関の排気音. **2** 〖話〗(強い酒の, ぐいとあおる) 1 杯; 〖俗〗(コカインなどの) ひと吸い. [擬音語]

snórt·er 名 C **1** 鼻息の荒い人[動物]. **2** 〈普通, 単数形で〉 〖話〗 どえらい物, すごい物. a real ~ of a typhoon どえらい台風.

snot /snɑt|snɔt/ 名 U 〖話〗 **1** 鼻水, 青ばな, 《下品な表現》. **2** 生意気なやつ, 鼻持ちならない人.

snót·ty 形 e 〈しばしば, けなして〉 **1** 〖話〗 鼻水だらけの, 青ばな垂らした. **2** 〖俗〗 生意気な, 鼻持ちならない.

snòtty-nósed /移/ 形 〈けなして〉 =snotty 2.

snout /snaut/ 名 **1** C (豚, 犬, ワニなどの)突き出た鼻 (→muzzle); 〖話・軽蔑・戯〗(人の)鼻《特に, 大きな, 不格好な》. poke one's ~ into other people's affairs 他人の事に余計な口出し[おせっかい]をする. **2** C 鼻に似た突出部《水道ホース, 銃などの筒先など》. **3** U 〖英俗〗 たばこ. **4** C 〖英俗〗 警察の '犬', 密告者. [<中期オランダ語]

‡**snow** /snou/ 名 (複 ~**s** /-z/) 【雪】 **1** U 雪; UC 雪降り, 降雪; 〈~s〉 積雪, (長い)降雪期. (as) white as ~ [the driven ~] 真っ白の《決まり文句》. *Snow* fell in large flakes. 大きな雪片がひらひらと降った. The ~ lay thick on my car. 私の車に厚く雪が積もっていた. The ~ has melted [turned into slush]. 雪は解けた[解けてぬかるみに変わった]. New York got a great deal of ~ that winter. その冬ニューヨークには大量の雪が降った. We expect a heavy ~ tonight. 今夜大雪が降るだろう. the (eternal) ~*s* of the Himalayas ヒマラヤの(万年)雪. the first ~s of winter 最初の積雪. the ~*s* of last year 〖雅〗 去年(こぞ)の雪《はかなく消えるもののたとえ》.

連結 deep [firm, hard; powdery; soft; fresh, pristine; drifting, driving] ~

【雪に似たもの】 **2** 〖詩・雅〗 〈~s〉 白髪. the ~*s* of 70th years 頭髪に置く 70 年の霜. **3** U 〖俗〗 粉末コカイン, ヘロイン. **4** C 吹雪 〈*of* ..の〉. a ~ *of* confetti 紙吹雪. **5** U 〖テレビ〗 スノー《電波が弱いため画面が雪降り状になる》.
(as) pùre as the drìven snów 大変純粋で, 全く混じり気がなく.
—— 動 (~**s** /-z/|過 過分 ~**ed** /-d/|**snów·ing**) 自
1 〈it を主語として〉 雪が降る. It ~*s* heavily here during the winter. 当地は冬大雪が降る. Has it stopped ~*ing*? 雪はやみましたか.
2 〔花びらなどが〕雪のように降る; 〔手紙などが〕わっと舞い込む 〈*in*〉. Complaints from the citizens came ~*ing in*. 市民からの苦情が殺到した.
—— 他 **1** を雪のように降らせる[振りまく]. The cherry tree ~*ed* its blossoms on the grass. 桜の木は芝生の上に花びらを雪のように降らせた.
2 〖米話〗 にまんまと取り入る, を口車に乗せる, たらし込む. Don't try to ~ me with that kind of lies. そんなうそでおれをだまそうとしてもだめだよ. ◇形 snowy
snòw /../ ín [úp] ..を雪で閉じ込める 〈普通, 受け身で〉. The area remains ~*ed in*. その地域は依然として雪で孤立している. The blizzard ~*ed* us *in*. 大吹雪で我々は外に出られなかった.
snòw .. únder 〈主に受け身で〉 (1) ..を雪でうずめる. (2) 〖話〗 ..を圧倒する 〈*with* ..で〉; (選挙などで) ..を大敗させる. He was ~*ed under with* work [in the elec-

S

tion]. 彼は山のような仕事に押しつぶされんばかりだった[選挙で大敗した]. [<古期英語]

‡**snów·bàll** [名] **1** [C] (雪合戦の)雪玉, 雪つぶて; (雪の中を転がして作る)大雪玉. a ~ fight 雪合戦. **2** 〈形容詞的〉雪だるま式に増える. ── [動] [他] に雪玉を投げつける. ── [自] 雪だるま式に増える. His debts ~*ed*. 彼の借金は雪だるま式に膨らんだ.

nòt hàve [stànd] a snòwball's chànce in héll (of doing) 〖話〗(..する)見込み[チャンス]はまったくない.

snów·bànk [名] [C] 雪堤, 雪の吹きだまり.

snów·bèlt [名] [C] 〖米〗 **1** 豪雪地帯. **2** 〈the S- B-〉スノーベルト《米国北部の雪の多い地方》.

snów·bèrry [名] (複 **-ries**) [C] セッコウボク《北米産のスイカズラ科の低木》.

snów·bìrd [名] [C] **1** 〖鳥〗(北米産の)ヒワの類; ユキホオジロ. **2** 〖米話〗避寒する人《特に, 老人》. **3** 〖米俗〗コカイン常用者.

snów-blìnd [形] 〈普通, 叙述〉雪盲(せつもう)になった.

snów blìndness [名] [U] 雪盲(せつもう).

snów-blòwer [名] [C] 〖主に米〗(雪を空中に吹き飛ばす)除雪車.

snów·bòard [名] [C] スノーボード. ▷ **~·er** [名] **~·ing** [名]

snów·bòund [形] 雪で閉じ込められた, 雪で立ち往生した.

snów·càp [名] [C] 山頂の雪.

snów-càpped /-t/ [形] 〖雅〗〈普通, 限定〉雪を頂いた.

snów chàins [名] 〈複数扱い〉(車のタイヤに付ける)スノーチェーン.

snów-clàd [形] 〖雅〗〈普通, 限定〉雪に覆われた.

snów-còvered [形] 〈普通, 限定〉=snow-clad.

Snow·don /snóudn/ [名] **1** スノードン《英国 Wales 北西部の山; 1085m》. **2 the Earl of ~** スノードン伯爵(1930–)《英国の写真家; Margaret 王女と結婚, 1978年離婚》.

snów·drìft [名] [C] 雪だまり, 雪の吹き寄せ.

snów·dròp [名] [C] スノードロップ, マツユキソウ,《イングランド原産のヒガンバナ科の園芸草本; まだ雪が残っているころに下向きの白い花が咲く》.

snów·fàll [名] [C] 降雪; [aU] 降雪量.

snów·fìeld [名] [C] (高山の万年雪に覆われた)雪原.

snów·flàke [名] [C] 雪片.

snów-gòose [名] [C] 〖鳥〗ハクガン.

snow·i·ness /snóuinəs/ [名] [U] 雪の多いこと; 雪白.

snów jòb [名] [C] 〖主に米話〗口先三寸, 口車, 巧みなうそ《弁舌巧みに口説き落とすこと[だますこと]》.

snów lèopard [名] [C] 〖動〗ユキヒョウ《中央アジア山地産》.

snów lìne [名] 〈the ~〉雪線《万年雪の残る最低境界線》.

***snow·man** /snóumæ̀n/ [名] (複 **-men** /-mèn/) [C] **1** 雪だるま, 雪人形. **2** 〈しばしば S-〉雪男《ヒマラヤ山中に住むと言う; 別名 Abominable Snowman》.

snów·mèlt [名] [U] 雪解け水.

snow·mo·bile /snóumoubì:l|-mə-/ [名] [C] スノーモービル, 雪上車.

snów pèa [名] [C] 〖米〗スノーエンドウ《莢(さや)と豆を食用》.

snów·plòw 〖米〗, **-plòugh** 〖英〗 [名] [C] 雪かき, 除雪機, 除雪車.

snów ròute [名] [C] 〖米〗スノールート《除雪のために車の通行止めとなる都市部の道路》.

snów·shèd [名] [C] 〖主に米〗雪崩よけ《山沿いの線路を覆うように造る》.

snów·shòe [名] [C] 〈普通 ~s〉雪靴, かんじき.

snòwshoe rábbit [háre] [名] [C] 〖動〗カンジキウサギ.

snów·slìde [名] [C] 雪崩.

***snow·storm** /snóustɔ̀:rm/ [名] [C] 吹雪(→blizzard).

snów·sùit [名] [C] 〖米〗スノースーツ《子供用防寒服》.

snów tìre [〖英〗 **týre**] [名] [C] (自動車の)スノータイヤ《普通のより溝が深い》.

Snòw Whíte [名] 白雪姫《童話 *Snow White and the Seven Dwarfs* の主人公》.

‡**snòw-whíte** /移/ [形] 雪のように白い, 純白の.

‡**snow·y** /snóui/ [形] [e] (**snow·i·er**|**snow·i·est**) **1** 雪の降る, 雪の多い. It was ~ yesterday. 昨日は雪だった. ~ weather 雪降り《天気》. the ~ season 雪の季節. **2** 雪に覆われた, 雪深い. ~ mountains 雪に覆われた山々. **3** 雪のような; 雪のように白い; 清浄な. a ~ skin 雪の肌. ◇[名] snow [snow, -y[1]]

SNP Scotland National Party (スコットランド民族党)《イングランドからの独立を目指す政党》.

Snr. 〖英〗 Senior 2.

†**snub** /snʌb/ [動] (**~s**|**-bb-**) [他] **1** を冷たくあしらう; を鼻であしらう, (ことさら)無視する;〔申し込みなど〕をすげなくはねつける;〔人〕の発言を頭ごなしに遮る; 〈しばしば受け身で〉. be ~*bed* into silence やり込められて黙る. **2**〔船, 馬など〕を(綱で)制御する, つなぐ. ~ a horse to a tree 馬を木につなぐ. **3** 〖米〗〔たばこ〕をもみ消す.

── [名] [C] けんつく, ひじ鉄; 冷遇; 無視(されること). receive a ~ 鼻であしらわれる.

── [形] 〈限定〉〔鼻が〕低くつぶれた, あぐらをかいた. a ~ nose しし鼻. [<古期北欧語「がみがみしかる」]

snúb·ber [名] [C] **1** しかりとばす人. **2** 急に止める物. **3** 〖米〗 =shock absorber.

snub·by /snʌ́bi/ [形] [e] **1** しし鼻の. **2** 冷たくあしらう.

snùb-nósed /移/ [形] しし鼻の;〔ピストルが〕銃身のごく短い.

snuck /snʌk/ [動] 〖米〗 sneak の過去形・過去分詞.

snuff[1] /snʌf/ [動] [他] 〔特に動物が〕を鼻でかぐ.

── [自] **1** 鼻で吸う; 鼻をふんふんいわせる; ふんふんかいでみる〈*at* ..を〉; (sniff). **2** かぎたばこをかぐ.

── [名] (複 **~s**) **1** [C] 〈普通, 単数形で〉くんくんかぐこと[音]; におい; (sniff). **2** [U] かぎたばこ. take (a pinch of) ~ かぎたばこをかぐ.

ùp to snúff (1) 〖米話〗〔体調などが〕良好で;〔成績などが〕標準に達して, まあまあの線まで行って. (2) 〖英俗〗抜け目のない, 一筋縄で行かない. [<中期オランダ語]

snuff[2] [名] [U] ろうそくの芯(しん)の焦げた部分.

── [動] [他] 〔ろうそく, ランプ〕の芯を切る, 炎を消す.

snúff it 〖英・オース俗〗死ぬ.

snùff /../ óut 〔ろうそくなど〕を消す《吹き消すのではなく, 芯を指でつまんだり snuffer を使って》;〔野火など〕を消す;〔望み, 命など〕を断つ; ..を滅ぼす, 消滅させる; ..を鎮圧[制圧]する.

snúff·bòx [名] [C] かぎたばこ入れ《普通, 携帯用》.

snúff·er [名] [C] **1** ろうそく消し《炎にかぶせる柄付き円錐(すい)形金具》. **2** 〈~s〉(ろうそくの)芯(しん)切りばさみ.

snuf·fle /snʌ́f(ə)l/ [動] [自] **1** 鼻が詰まる; (風邪などで)鼻をぐすぐすいわせる; 鼻息荒く呼吸する;〔犬などが〕(かごうとして)鼻をふんふんいわせる (sniff), くんくんかぎまわる〈*about*, *around*〉. Stop *snuffling* and blow your nose. 鼻をぐすぐすいわせていないでかみなさい. **2** 鼻声を出す, 鼻声で話す[歌う].

── [他] [VO] (~ X/"引用") X を/「..」と鼻声で言う[歌う]. The old man ~*d* (out) his assent. 老人は鼻声で「よろしい」と言った.

── [名] [C] 鼻をぐすぐす[くんくん]いわせること[音]; 鼻声; 鼻詰まり; 〈the ~s〉鼻風邪. sing in [with] a ~ 鼻声で歌う.

snúff mòvie [名] [C] 殺人(実写)ポルノ映画《ポルノ映画で殺人を伴う》.

†**snug** /snʌg/ [形] **1** 居心地のよい, 安楽な, 暖かくて気持ちのよい, ([類語] ほどよくこぢんまりとした空間や暖かさなどを暗示する; →comfortable). a ~ corner by the fireside 炉端の居心地よい一角. We lay ~ in our beds. 私たちはベッドに心地よく寝ていた. a ~ berth 安

楽な[快適な]仕事. **2** きちんとした, こぎれいな; こぢんまりした. a ～ kitchen こぢんまりした台所. **3**〔収入, 地位などが〕ささやかながら不自由のない, 相当な. lay by a ～ little fortune 小金をためる. **4**〔衣服などが〕ぴったり合う; 〈時に〉きつすぎる. a ～ vest 体によく合った(着心地のよい)チョッキ. be a ～ fit ぴったりである. **5** 隠れた, 見えない.
(as) snùg as a búg in a rúg 〖話・戯〗非常に居心地よく, ぬくぬくと, (*snug, bug, rug* が韻を踏む).
── 動 他 にぴったり合う; VOA (～ X *to* ..) X を..にぴったり合わせる. This belt ～*s* my waist. このベルトは腰にぴったり合う. ～ a collar to the neck 襟を首にぴったりと合わせる. ── 自 VA (ぴったりと) 寄り添う 〈*down*〉.
── 名 C 〖英〗(特に居酒屋 (pub) の)こぢんまりした部屋[一角].
── 副 ＝snugly.
[?＜低地ドイツ語] ▷**snúg·ness** 名

snug·ger·y /snʌ́gəri/ 名 (複 **-ger·ies**) C 〖主に英〗 **1** 居心地のよい場所. **2** こぢんまりとした部屋. **3** (パブの)小部屋.

snug·gle /snʌ́g(ə)l/ 動 自 VA 心地よく横たわる 〈*down*〉; (暖かさ, 愛情などを求めて) すり寄る, 寄り添う, 〈*up*〉〈*to*..に〉. ～ *down* on the sofa ソファーの上に心地よく横たわる. The kitten ～*d* onto my lap. 子猫はすり寄って来て私のひざに上がった.
── 他 VOA をすり寄せる, 抱き寄せる. She ～*d* her baby close in her arms [to her bosom]. 彼女は赤ん坊を腕に[胸に]ひしと抱き締めた.

†**snúg·ly** 副 **1** 居心地よく, 快適に. **2** こぢんまりと. **3** ぴったりと. fit ～ ぴったりする.

So. south; southern.

‡**so**[1] /sou/ 副 【そのよう(なふう)に】 **1** そんなふうに, そのように, そう(いう具合に). Don't hold your chopsticks *so*. 箸(はし)はそんなふうに持つものではありません. You must not behave *so*. そんなふるまいをしてはいけない. Why are you hurrying *so*? どうしてそんなに急ぐのか.
2 〈前に出た語の代用〉 そう, そのようで. "Is he rich?" "Yes, immensely *so*."「あの人は金持ちですか」「ええ, とても大金持ちです」I am his friend and will remain *so*. 私は彼の友人です, そしていつまでもそうでしょう.
3 〈前文の内容を受ける〉 語法 肯定文で用い, 否定文では not を用いる; →not 6.
(**a**) 〈補語的〉 そう, その通りで, (語法 副詞, 接続詞などの後ではしばしば省略的に用いる). "Jane is engaged to Jim." "Oh, is that *so*?"「ジェーンはジムと婚約してるんだよ」「へえ, そうなの」(★しばしば驚きを表す). Well, maybe *so*. まあそうかも知れないな. *So* it appears [seems]. どうもそうらしい. Quite *so*. 全くその通りだ. Not *so*. そうじゃない. Do you say he is too busy? If *so*, we have to find another man. 彼は忙しすぎると言うのか. もしそうなら別の男を捜さなければならない (so は he is too busy の代わり; →IF not).
(**b**) 〈目的語的〉 そう, そのように, (語法 say, speak, think, suppose, hope, fear, be afraid, do などと共に用いる). *So* said Socrates. そうソクラテスは言った. I don't think *so*. 僕はそうは思わないよ. "Do you think it'll be rainy tomorrow?" "I'm afraid *so*."「明日は雨だろうか」「どうもそうみたいだな」(so は it'll be rainy tomorrow の代わり). You don't say *so*! →say (成句). do *so* →成句. I told you *so*. だから言わないことじゃない.
4 〈so を文頭に〉 語法 (1) 前出の肯定文を受ける. (2) V は前文に be 動詞, 助動詞が用いられている場合は be 動詞, 助動詞を, 前文に本動詞が用いられている場合は do を用いる. (3) 主語 (S), (助)動詞 (V) のうち文末に来たほうが強調されて強勢を受ける.
(**a**) 〈so＋S＋V として〉 **その通りである**, 確かにそうだ, (★S は代名詞). "Your little brother likes beef very much." "*So* he dóes."「君の弟さんは牛肉が大好きだね」「ああ好きだよ」"Susie will be very happy." "*So* she wíll."「スージーは大喜びするよ」「きっとそうだ」"I've heard your son is in Chicago." "*So* he ís."「息子さんはシカゴにおられると聞きましたが」「ええ, そうです」
(**b**) 〈so＋V＋S として〉 **..もそうである** (→neither 副, nor 3). "Tom speaks French." "*So* does his bróther."「トムはフランス語を話す」「トムの弟も話すよ」My father was a doctor, and *so* am Í. 父は医師だったし私も医師です.
【それほど(の程度)に】 **5** **それほど(までに)**, そんなに. Why are you *so* late? なぜそんなに遅くなったの. Don't be *so* worried! そんなに心配するな. Dick can't understand that, he is *so* stupid. ディックにはそれが分からない, そのくらいばかなのだ (語法 この so は前の節を受ける用法で, 文全体としては, 同じ意味の Dick is *so* stupid that he can't understand that. よりもくだけた表現).

> 語法 (1) 主に形容詞, 副詞の前に置かれる. (2) as, that などを伴うことが多い; →成句参照. (3) an idle man のような不定冠詞を伴う名詞句に so が用いられる場合は so idle a man という語順になる (＝such an idle man); idle men という複数表現の場合は so を用いず such idle men とする.

6 〖話〗 **非常に**, 実に, (very; very much). It's *so* kind of you. 本当にご親切さま. My husband *so* wants to go. 夫はとても行きたがっています. Susie loves gardening *so*. スージーはすごく園芸が好きなんです. Thanks *ever so* much. まあ本当にありがとう (★ever は so の強め). I'm *so*, *so* sorry, dear. 本当に, 本当にごめんなさいね. 語法 どの程度かを示すはっきりした基準がなく, ただ程度が高いことを示す; 女性がよく使う言葉.
7 〖話〗 確かに, 本当に, (語法 否定の陳述に反駁(ばく)する場合, 子供などが用いる). "You weren't there, were you?" "I was *so*!"「おまえはそこにいなかったな」「いたってば」
8 〖主にアイル〗 〈強調のために先行節を繰り返す場合〉 本当に, 全くもって. Liz is gorgeous, *so* she is. リズはすてきだ, 実にすてきだ.

****and só*** **そういう訳で**, それで, そこで. Father told me to do it, (*and*) *so* I did it. 父さんがそうしろと言ったので, そうしたのだ. 語法 〖話〗ではしばしば and は省略され, so は接続詞とみなされる; →接 1.
and só òn [fòrth] →and.
***às* X, *só* Y.** X であると同様に Y である. *As* bees love honey, *so* Frenchmen love their wine. ハチが蜜(みつ)を好むようにフランス人はワインが好きだ.
Bè it só. ＝so be it.
****dó so*** 〖やや章〗 そう[そのように]する (★前出の動詞句(の一部)を受ける). If you haven't sent a telegram to him, please *do so* immediately. まだ彼に電報を打っていないのなら, すぐに打ってください. She told me to close the door, and I *did so* as quietly as possible. 彼女にドアを閉めるように言われて, できるだけ静かに閉めた.
èven só →even[1] 副.
jùst só (1) 正にその通り(だ) (quite so). (2) きちんとなって[整頓(とん)されて]いる. Everything is *just so*. すべてがきちんとなっている.
Lèt it be só. ＝so be it.
like só →like[2].
..or sò →or.
so as .. (1) 〖古〗 もし..ならば. (2) 〖方・古〗 ..するように.
****sò* X *as* Y** (1) 〈否定文で〉 Y ほど X (ではない) (語法 X は形容詞, 副詞; Y で特に示す必要のない動詞は普通省略される; as..as.. を代わりに用いてもよい). Joe is not *so* strong *as* his brother (is) [*as* he used to be]. ジョー

は兄ほど[昔ほど]丈夫ではない. It's not *so* hot *as* yesterday. 昨日ほどは暑くない. The boy never felt *so* happy *as* when he was alone. 少年はひとりでいるときほど幸福に感じることはなかった《ひとりでいるときに一番幸福に感じた》. (2) Y のように X な (語法 X は形容詞(を含む名詞句)). Do you know anyone *so* capable *as* Allen? アレンのように有能な人をご存知ですか. *so* charming a girl *as* Betty ベティーのように魅力的な娘 (語法 such a charming girl as Betty と同じ意味; as charming a girl as Betty とすると「ベティーと同じくらいに魅力的な(他の)娘」の意味).

***sò as to dó** ..するために, するように, (in order to do) (★成句 so that.. (1) の構文に対応する). I left home early *so as to* get [*so that* I might get] a good seat. よい席が取れるように私は早く家を出た. hurry *so as to* be in time [*so as* not *to* be behind time] 間に合うために[遅刻しないように]急ぐ (★not の位置に注意).

***sò ..as to dó** (★成句 so..that の構文に対応する) (1) **..するほど..な[に]** (語法 so の後は形容詞・副詞). The driver was *so* fortunate *as to* escape death [*so* fortunate *that* he escaped death]. 運転していた人は幸運にも死を免れた. I spoke *so* loudly *as to* be heard by everyone. 皆に聞こえてしまうほどの大声でしゃべった[大声でしゃべったので皆に聞こえてしまった] (★比較: I spoke loudly *so as to* be heard by everyone. (皆に聞こえるようにと大声でしゃべった)). (2) ..するよう(な具合)に (語法 so は動詞を修飾). The coat is *so* made *as to* be buttoned [*so* made *that* it buttons] all the way to the neck. その上着は首までずっとボタンがかけられるようにできている.

So bé it. それならそれでいい[仕方がない], そうしておこう, 《承諾, あきらめの決まり文句》.

Sò lóng! 〖話〗さようなら《good-bye よりくだけた別れのあいさつ; salaam の音訳から》.

so lóng as →long¹.

so mány [múch] →many, much.

so múch as →not so MUCH (..) as.

***só that..** (1) **..するために, ..するように,** (語法 that 節で can, 〖章〗may, 〖話〗will を用いる). He worked hard *so that* his family could [might, would] live in comfort. 彼は家族が楽に暮らせるようにと一生懸命働いた (語法 so を省略するのは〖章〗; →that 接 9). Hurry *so (that)* you won't miss the bus. バスに遅れないように急げ (語法 that を省略するのは〖話〗). (2) **それで..,** それだから... It was extremely hot, *so (that)* I took my coat off. とても暑かったので上着を脱いだ (語法 that を省略するのは〖話〗).

***só ..that** (1)〈前から訳して〉あまり**..なので(..である)**;〈後から訳して〉(..である)ほど..である; (語法 so は形容詞・副詞を修飾; that を省略するのは〖話〗; →SUCH.. that). Mary was *so* tired *(that)* she went to bed early. メリーはたいそう疲れていたので早寝をした. No man is *so* busy *(that)* he cannot talk to his wife for a week. 1 週間も奥さんと口をきく暇のないほど忙しい男なんていない. John's wife is *so* young *(that)* she is pretty without makeup. ジョンの奥さんは若い盛りだからお化粧しないでもきれいだ[化粧なしでもきれいなほどの若さだ]. *So* terrible was her concert *that* half the audience left. 彼女のコンサートは全くひどかったので観客の半分が帰ってしまった (語法 倒置形は〖章〗で, 普通の語順 (Her concert was *so* terrible *that*..) より強意的). (2) ..するよう(な具合)に (語法 so は動詞を修飾; →so..as to do (2) の用例). It *so* happened *that* both the students gave the same curious answer. たまたまその 2 人の学生が同じ奇妙な答えをした.

sò to sáy [spéak] →say, speak.

── 接 **1** そういうわけで, それで, そこで, (★and so (→副 成句)としても用いる). It was late, *so* I went home. 遅くなったので家に帰った.

2〈文頭に用いて〉では, つまり, どうやら, さては, (then; after all). *So* you really don't care. それじゃ本当に構わないんですね. *So* here we are at last. どうやらやっと着いたぞ. *So* this is Paris. なるほどこれがパリか.

3〖話〗=so that.. (1); so..that (1); (→副 成句).

4〖古〗..しさえすれば.

júst sò.. 〖話〗..しさえすれば, ..の限りは. *Just so* it is done, it doesn't matter how. できさえすれば方法は問題ではない.

Sò whát? →what 代.

── 間〈驚き, 不快などを表して〉まさか; それで(どうしたって言うの) (So what?);〈是認などを表して〉ようし, そのまま. *So!* 本当ですか, まさか. *So*, you too suspect me! そうか, 君まで僕を疑っているのか. A little more to the right, *so!* もう少し右へ, ようし. ── 形 **1**〖古俗〗その気(け)がある, ホモの. **2**〖方〗その, この.

[＜古期英語 *swā*; →also, as]

so² 名 =sol¹.

***soak** /souk/ 動 (~s /-s/|過 過分 ~**ed** /-t/|**sóak·ing**) 他 【浸す】 **1 を浸す,** つける,〈*in, with* ..〔液体〕に〉. Mother *~ed* the dirty rug *in* hot water. 母さんは汚れた敷物を湯に浸した.

2〔液体が〕をびしょぬれにする. →soaked.

【吸い上げる】 **3** VOA (~ /X/ *up*) X を吸い込む, 吸い上げる, X(日光)を吸収する[いっぱいに浴びる]; X(知識など)を吸収する. The trail of her long dress *~ed up* the morning dew. 彼女の長いドレスの裾(すそ)が朝露にぬれた. ~ *up* the sunshine [sun] 日光浴をする. The boy *~ed up* everything he was taught. 少年は教わったことをすべて身に着けた.

4〖話〗を酔わせる (語法 普通, 過去分詞で形容詞的に用いる). get *~ed* 酔っ払う.

【吸い取る】 **5** VOA を吸い取る〈*out*〉〈*out of* ..から〉.→成句. **6**〖話〗〔人〕から法外な金を取る, ぼ(ったく)る; に高い税金を課す. Watch out so they don't ~ you. 連中にぼられないように気をつけろよ.

── 自 **1 浸る,** つかる,〈*in* ..に〉;〔人が〕ゆっくり湯につかる. Let the beans ~ overnight *in* water. 豆を水に一晩浸しなさい. leave the dishes to ~ 皿を水につけておく.

2 VA〔液体が〕しみ込む〈*in, into* ..に〉; しみ通る[込む]〈*through* ..を, に〉, しみ[にじみ]出る〈*out of* ..から〉;〔考えなどが〕(徐々に) 吸収される〈*in, into* ..〔頭〕に〉. The lecturer paused to let the import of his words ~ *in*. 講演者は言ったことの趣旨を(聴衆に)飲み込ませるために間を置いた. The rain began to ~ *through* the roof. 雨が屋根にしみて漏り始めた.

3〖話〗大酒を飲む.

sòak /../ óff (水に浸して)..をはがす.

sóak oneself in.. 〔学問など〕に没頭する;〔雰囲気など〕に浸る;〔風呂(ふろ)など〕につかる.

sòak /../ óut (1)〔汚れなど〕を(水につけて)しみ出させる. (2) =SOAK /../ off. (3)〔真相など〕を探り出す.

── 名 C **1**〈普通 a ~〉浸すこと; ずぶぬれ; (風呂に)つかること. give the sheets a good ~ in hot water シーツをどっぷり湯につける. I think I'll take a long ~ in the tub. 湯船に長いことつかっていよう. **2**〖旧話〗飲んべえ, 飲んだくれ. an old ~〖英・戯〗飲み助.

[＜古期英語「浸る」]

soaked /-t/ 形 ずぶぬれの. be ~ through ずぶぬれである. I was caught in the rain and got ~ to the skin. 雨に遭ってすっかりびしょぬれになった. ~ in sweat 汗でびっしょりぬれて.

be sóaked in.. (1) ..に専心[没頭]している. (2) ..に満ちている, ..でいっぱいである.

be sóaked with.. =be SOAKED in.. (2).

S

-soaked 〈複合要素〉 **1** ..でびっしょりの. rain-*soaked* 雨でびっしょりの. blood-*soaked* 血のしみ込んだ. **2** ..に満ちた. sun-*soaked* 燦々(さんさん)と太陽のそそぐ.

‡**sóak·ing** 形 **1** ずぶぬれにする[なる]ような. **2** 〈副詞的〉ずぶぬれに. I got ～ wet. びしょぬれになった.

── 名 ＝soak.

sóaking solùtion 名 UC コンタクトレンズの保存液.

‡**só-and-sò** /-ən-/ 名 (複 ～s) **1** U (★名称[内容]を忘れたか, 知らないか, あるいは口にしたくない場合に用いる)だれそれ, 何の某(なにがし); 何々, かくかくしかじか. Mr. *So-and-so* だれそれ氏, 某氏. say ～ しかじかとしゃべる. **2** C 嫌なやつ《激しいののしりのタブー表現である son of a bitch, bastard などの婉曲な言い方》. You dirty ～s! この汚い野郎ども.

*‡**soap** /soup/ 名 (複 ～s /-s/) **1** U **石けん**. a cake of ～ 石けん 1 個. a bar of ～ 棒石けん 1 本. liquid [medicinal, powdered] ～ 液体洗剤[薬用石けん, 粉石けん] (★(合成)洗剤は detergent と言う). wash with ～ 石けんで洗う. This ～ won't make any suds. この石けんはどうも泡が立たない. I got ～ in my eyes! 目に石けんが入った. **2** C 《話》＝soap opera.

nò sóap 《米俗》 (1) だめだ, 承知できない, 《提案などに対する返答として》. say *no* ～ だめだと言う. (2) 無益で, 効果のない. I did everything, but it was just *no* ～. できるだけのことはしたが, 全くのむだ骨だった.

── 動 他 を石けんで洗う; に石けんをつける; 〈*up*, *down*〉. ～ oneself (*down*) 石けんで体を洗う.

[＜古期英語]

sóap·bòx 名 C **1** 石けん箱《荷造り用の木箱》. **2** 《話》(街頭演説の台にする)空き箱, 即席の演壇《ハイドパークのものが有名》.

on* [*off*] *one's sóapbox 《話》自分の意見を強く主張する[をやめる]. get *on* one's ～ 熱弁をふるう, 演説を[一席]ぶつ.

Sòap Bòx Dérby 名 C 《主に米》ソープボックスダービー《レーシングカーに似せた手製の箱車による子供たちのレース; ＜商標》.

sòapbox órator 名 C 街頭演説者.

sóap bùbble 名 C シャボン玉《美しいがはかないもののたとえとしても用いられる》.

sóap dìsh 名 C (洗面台に置く)石けん皿.

sóap flàkes 名 〈複数扱い〉薄片状の石けん《洗濯用》.

sóap òpera 名 C 《話》(昼間に放送する)連続メロドラマ《以前よく石けん会社がスポンサーになったことから》; (お涙ちょうだいの)メロドラマ (→tearjerker).

sóap pòwder 名 U 《英》粉石けん《洗濯用》.

sóap·stòne 名 U 凍石, 石けん石,《talc の一種; 滑らかな感触で, テーブル板や飾り物の材料》.

sóap·sùds 名 〈複数扱い〉石けんの泡; 泡立った石けん水.

sóap·y /sóupi/ 形 e **1** 石けん(だらけ)の; 石けんのような, 石けん質の. ～ water 石けん水. **2** 《話》〔言葉, 声などが〕お世辞たらたらの, 猫なで声の. **3** 《話》メロドラマ的な, お涙ちょうだいの, (→soap opera). ▷**soap·i·ness** 名 U (石けんのように)滑らかなこと; おべっか.

***soar** /sɔːr/ 動 (～s /-z/|過 過分 ～ed /-d/|sóar·ing /-riŋ/) 自 **1** 〔鳥, ロケットなどが〕**空(高く)舞い上がる** 〈*up*〉 〈*into* ..に〉. The lark ～*ed into* the sky. ヒバリが空高く舞い上がった.

2 〔鳥が〕(翼を羽ばたかないで広げたまま)空に舞う; 《空》〔グライダーなどが〕滑空する. the hawks ～*ing* above 頭上を舞うタカ. **3** 〔物価などが〕急に上がる, 急上昇する (★主にジャーナリズム用語). The unemployment rate has ～*ed* recently. 最近失業率が急上昇した.

4 〔大望などが〕膨らむ, 高まる, 天(てん)がける. the poet's ～*ing* imagination 詩人の天がける想像力.

5 〔山などが〕高くそびえる, そびえ立つ, 〈進行形不可〉. Manhattan's skyscrapers ～*ed* in the distance. マンハッタンの摩天楼が遠方にそびえていた.

6 〔音楽が〕(音量・調子の点で)高まる.

── 名 C 高く舞い上がること; 高さ.

[＜古期フランス語 (＜ラテン語 ex-[1]＋*aura*「そよ風, 空気」)] ▷**sóar·ing** /-riŋ/ 形 高くそびえる; 急上昇する.

SOB, s.o.b. /èsoubíː/ 名 C 〈普通, 単数形で〉《主に米俗》＝son of a bitch.

*‡**sob** /sɑb|sɔb/ 動 (～s /-z/|過 過分 ～bed /-d/|sób·bing) 自 **1** すすり泣く, むせび泣く, 嗚咽(おえつ)をもらす, (類語 普通, 惨めな又は不時の出来事を連想させる; → cry 4). The widow stood by the casket ～*bing* bitterly. 未亡人は棺(ひつぎ)のそばに立って激しくすすり泣いた. ～ into one's handkerchief ハンカチを顔に当ててすすり泣く. **2** 〔風などが〕むせび泣くような音を立てる. The wind ～*bed* through the trees. 風がむせぶような音を立てて木立を渡った.

── 他 を涙ながらに言う 〈*out*〉; VO (～ "引用") 「..」とすすり泣きながら言う. The old woman ～*bed out* her answer. 老婦人はすすり泣きながら答えた.

sòb one's héart òut 胸が張り裂けるほど泣く.

sòb onesèlf to sléep 泣き泣き寝入る.

── 名 (複 ～s /-z/) C **すすり泣き**, すすり泣く声; (風などの)むせび泣きするような音. ask with a ～ [between (one's) ～s] 泣きじゃくりながら頼む. give a convulsive ～ 引き付けたように一声しゃくり上げる.

[?＜中期オランダ語]

sób·bing·ly 副 すすり泣きながら.

***so·ber** /sóubər/ 形 e (-ber·er /-b(ə)rər/|-ber·est /-b(ə)rəst/), m **1** 酔っていない, しらふの, (↔drunk(en)); 酒をたしなまない. Drunk or ～, he is a gloomy man. 彼は酔っていてもしらふでも陰気な男だ. become ～ 酔いがさめる. be stone cold ～ 全くしらふである.

2 (**a**) 〔人柄, 態度などが〕まじめな, 謹厳な, 〔言動などが〕冷静な, 節度のある, 穏当な. lead a ～ life まじめな生活をする. a ～ critic 冷静な批評家.

(**b**) 〔事実などが〕ありのままの, 誇張のない. a ～ fact [estimate] ありのままの事実[見積もり].

3 《章》〔色などが〕**地味な**, 落ち着いた; くすんだ. wear a ～ dark suit 地味なダーク・スーツを着る. ◇名 sobriety

(***as***) ***sòber as a júdge*** まったくしらふで; 大まじめな[で], 謹厳そのものの[で], 堅苦しい.

in sòber éarnest きまじめに.

── 動 他 **1** VOA (～ /X/ *up*) X (人)の酔いをさます; 〈比喩的〉〔人〕に現実に直面させる. A cup of coffee will ～ you *up*. コーヒーを 1 杯も飲めば酔いがさめる. **2** をまじめにさせる; の心を落ち着かせる; 〈*down*〉.

── 自 **1** VA (～ *up*) 酔いがさめる, 酔いをさます. **2** まじめになる; 落ち着く; 〈*down*, *up*〉. The teacher waited for the class to ～ *down*. 先生は生徒たちが静まるのを待った. [＜ラテン語 *sōbrius*「酔っていない」]

‡**só·ber·ing** /-b(ə)riŋ/ 形 〈主に限定〉(人を)まじめにする, 思慮深くする. ～ words 人を考え込ませるような言葉.

†**só·ber·ly** 副 まじめに; 落ち着いて; 地味に.

sòber·mínded /-əd 形/ 形 落ち着いた, 冷静な.

sóber·sìdes 名 (複 ～) C 〈単数扱い〉落ち着き払った人, きまじめな人.

so·bri·e·ty /səbráiəti/ 名 U 《章・戯》 **1** しらふ, 正気; 禁酒, 節酒, 節制. a ～ test 《米》飲酒テスト. **2** まじめ, 謹厳; 冷静; 穏健. ◇形 sober

so·bri·quet /sóubrəkèi/ 名 C 《雅》あだ名, 異名, (nickname); 仮名. [フランス語]

sób sìster 名 C 《米俗》お涙ちょうだいものの(婦人)記者《センチメンタルなゴシップ記事ばかり書く》.

sób stòry 名 C 《話》お涙ちょうだいの物語.

sób stùff 名 U 《話・しばしば軽蔑》お涙ちょうだいもの《書き物, 話など》.

Soc., soc. social; socialist; society.

*__so-called__ /sòukɔ́:ld [移]/ [形] 〈限定〉 いわゆる, ..と称する, (★(1) 軽蔑的に「その名に値しない」という意味を含むことがある. (2) 新しく用いられるようになった表現にも使う). The ～ reform bill is all nonsense. そのいわゆる改正案なるものは全くばかげている. a ～ Buddhist 名ばかりの仏教徒. He's engaged in his ～ research. 彼は自分で言うところの「研究」に従事している.

*__soc·cer__ /sɑ́kər|sɔ́kə/ [名] [U] **サッカー** (〖英〗ではassociation football あるいは単に football とも言う). [＜*asso*ciation football＋-*er*¹]

主なサッカー用語
競技場など: playing field; halfway line, touch line, goal line, penalty area, goal area, goal; goalpost, crossbar **ポジションなど**: offense; forward [FW], center forward, striker, wing(er); midfielder [MF], linkman, half(back) [HB]; defense; defender, fullback [FB], stopper, sweeper [libero]; goalkeeper [GK]; substitute (player) **ルールなど**: referee, linesman; foul, obstruction, handling, offside; yellow card, red card; kickoff, throw-in, free kick, penalty kick, corner (kick), goal kick, penalty shoot-out, sudden death; hattrick; own goal; assist **技術その他**: pass, one-two (pass), wall pass, trapping [trap], dribble, feint, centering, header [heading], shot [shoot], clearance, intercept, offside trap; football hooligan; supporter

__so·cia·bil·i·ty__ /sòuʃəbíləti/ [名] [U] 社交性; 交際好き; 社交上手.

†__so·cia·ble__ /sóuʃəb(ə)l/ [形] **1** 社交好きな; 社交的な, 愛想のいい, 人をそらさない. She is very ～. 彼女はたいへん社交的だ. **2** 〔会合などが〕懇親的な, 打ち解けた. a ～ evening 懇親の夕べ.
── [名] [C] 〖米〗(特に教会主催の)懇親会.
▷**-bly** [副] 社交的に, 愛想よく, 打ち解けて.

‡__so·cial__ /sóuʃ(ə)l/ [形] [m] **1 社会の**, 社会的な. ～ justice 社会正義. a ～ problem 社会問題. ～ life in ancient Rome 古代ローマにおける社会生活. a ～ system 社会体制. ～ reforms 社会改革.
2 社会生活を営む; 〖動〗群居する; 〖植〗叢(そう)生の. a ～ insect [animal] 群居性の昆虫[社会的動物].
3 社交的な, 懇親の; 打ち解けた; 社交好きな (sociable). a ～ club 社交クラブ. a ～ gathering 懇親会. ～ drinking 友人と飲む[つきあいの]酒. I don't have the time for much ～ life. 私はあまり人づきあいをする時間がない.
4 社交界の, 上流社会の. a ～ event 社交界の行事. ～ gossip 社交界のゴシップ.
5 社会的地位に関する. ～ class(es) 社会階級. We are interested in her ～ background. 我々は彼女の社会背景に関心を持っています.
6 社会主義の (socialist). ◇[名] society
── [名] [C] 〖旧〗(内輪のくだけた)懇親会.
[＜ラテン語「仲間 (*socius*) の, 同盟の」]

__Sòcial and Lìberal Démocrats__ [名] 〈the ～〉 〖英〗社会自由民主党 (1988年に the Liberal Party と the Social Democrats の多数派が合同して結成).

__sòcial anthropólogy__ [名] [U] 社会人類学.

__Sòcial Chárter__ [名] 〈the ～〉 社会憲章 (労働者, 失業者, 老人, 健康などに関する EC の社会政策上の合意).

__sòcial clímber__ [名] [C] 〖軽蔑〗(名士などに取り入って)上流社会に入ろうとする人; 〈一般に〉 出世第一の人.

__sòcial cómpact__ [名] 〈the ～〉 ＝social contract.

__sòcial cónscience__ [名] [U] (貧しい人々に対する)社会的良心.

__sòcial cóntract__ [名] 〈the ～〉 社会契約説 (Rousseau などが唱えた).

__sòcial demócracy__ [名] [U] 社会民主主義.

__sòcial démocrat__ [名] [C] 社会民主主義者 (英国で言えば労働党の右派; 左派は socialist); 社会民主党員.

__sócial disèase__ [名] [C] 〈婉曲〉 社会病 (性病のこと).

__sòcial drínker__ [名] [C] だれか(友人など)と一緒の時だけ酒を飲む人.

__sòcial engineéring__ [名] [U] 社会工学.

__sócial fùnd__ [名] 〈the ～〉 社会基金 (生活困窮者に必要に応じて貸与する; 英国の社会保障制度の一部).

__sòcial gráces__ [名] 〈複数扱い〉 社交上のたしなみ.

__sòcial insúrance__ [名] [U] 社会保険.

*__so·cial·ism__ /sóuʃ(ə)lìz(ə)m/ [名] [U] **社会主義**; 社会主義運動[政策].

*__so·cial·ist__ /sóuʃ(ə)list/ [名] ([複] ～s /-ts/) [C] **1 社会主義者**. **2** 〈普通 S-〉 社会党員. ── [形] 社会主義(者)の; 〈普通 S-〉 社会党(員)の.

__sò·cial·ís·tic__ /[移]/ [形] 社会主義(者)の; 社会主義的な.
▷__so·cial·is·ti·cal·ly__ /-k(ə)li/ [副]

__Sòcialist Párty__ [名] 〈the ～〉 社会党; 〖英話〗(英国の)労働党.

__so·cial·ite__ /sóuʃ(ə)làit/ [名] [C] 社交界の名士.

__so·ci·al·i·ty__ /sòuʃiǽləti/ [名] ([複] -ties) **1** [U] 社交性; 交際好き; [C] 社交的な活動. **2** [U] 群居性, 群居的傾向.

__sò·cial·i·zá·tion__ [名] [U] 社会化; 社会主義化.

‡__so·cial·ize__ /sóuʃ(ə)làiz/ [動] [他] **1** 〔(特に)子供〕を社会的にする, 社会生活に適合させる, 〈*into* ..になるように〉. be ～*d* very quickly 非常に速く社会生活に適合する. **2** を社交的にする. **3** を社会に役立つようにする, 社会化する. **4** 〔体制など〕を社会主義化する; 〔産業など〕を国有化する. ── [自] 社交的活動をする; (パーティーなどに)溶け込む, 仲良く交際する 〈*with* ..と〉.

__sòcialized médicine__ [名] [U] 〖米〗医療社会化制度.

__só·cial·ly__ [副] **1** 社会的に. ～ inferior people 社会的に下層の人々. **2** 社交上; 社交界で. I've never met him ～. 彼とパーティーなどで会ったことはない. **3** 親しく, 打ち解けて.

__sòcial mobílity__ [名] [U] 〖社会学〗(場所, 仕事, 社会階級などに関する人々の)移動性.

__sòcial órder__ [名] [UC] 社会秩序.

__sòcial régister__ [名] [C] 〖米〗名士録, 紳士録, (もと商標).

__sòcial scíence__ [名] [UC] 社会科学 (政治学, 経済学, 社会学など; →natural science). ▷__sòcial scíentist__ [名]

__sòcial secúrity__ [名] [U] **1** 社会保障(制度). **2** 〈しばしば S- S-〉 (米国政府の)社会保障(計画). **3** 〖英〗生活保護 (〖米〗 welfare). be on ～ 生活保護を受けている.

__Sòcial Secúrity Númber__ [名] [C] (米国政府の)社会保障登録者番号.

__sócial sèrvice__ [名] **1** [U] (組織・団体による)社会奉仕. **2** 〈～s〉 〖主に英〗(政府による)社会事業.

__sòcial stúdies__ [名] 〈複数扱い〉 社会科 (学校の教科).

__sòcial wélfare__ [名] [U] 社会福祉.

__sòcial wórk__ [名] [U] 社会福祉事業.

__sócial wòrker__ [名] [C] 社会福祉指導員, ソーシャルワーカー.

__so·ci·e·tal__ /səsáiətl/ [形] 社会の[に関する].

‡__so·ci·e·ty__ /səsáiəti/ [名] ([複] -ties /-z/)
【社会】 **1** [U] **社会**, 世間; [C] 共同体, 社会, (community). a member of ～ 社会の一員. the laws of ～ 社会の決まり, 世間の掟(おきて). (modern) Western ～ (現代)西欧社会. Japanese ～ 日本社会. an affluent

～ 豊かな社会. advanced information society 高度情報(化)社会. the consumer ～ 消費社会. a danger to ～ 社会に対する脅威. a primitive agrarian ～ 原始農業社会[共同体].

連結 an advanced [a civilized, a decadent, a free, a just, an open, a peaceful, a pluralistic, a progressive, a stable, a tolerant] ～

【特定の集団】 **2** Ⓒ **..界**; 社会階層. a low-income ～ 低所得者層. the musical ～ of this country この国の音楽界[楽壇].

3 Ⓤ **社交界(の人々)**, 上流社会; 〈形容詞的〉 社交界の, 上流社会の. She ⌊made her debut in [was introduced *into*] ～ last year. 彼女は昨年社交界にデビューした. move in ～ 社交界に出入りする. All the high ～ of London attended the concert. ロンドン中の上流人士たちがこの演奏会に出席した. a ～ beauty 社交界の花. a ～ occasion 社交界の行事.

4 Ⓒ **協会**, 会, 学会; 組合, 団体; (類語 association よりも構成員の資格が限定されている). a medical ～ 医師会. a ～ of musicians 音楽家協会. a co-operative ～ 協同組合.

【社交】 **5** Ⓤ 〖章〗 (人との)**交際**, 付き合い; 同席, 一緒に居ること, (company); (★普通 a person's を前に付けるか of 句を伴う). I enjoy the poet's ～ [the ～ *of* the poet] very much. あの詩人との交際[同席]はたいそう楽しい. avoid each other's ～ 互いに顔を合わせるのを避ける. prefer one's own ～ 独りでいることを好む. Emily grew up without much male ～ but her father's. エミリーは父以外は男性との付き合いがあまりないまま成長した. **6** Ⓒ 〖生物〗 (昆虫, 動物などの)社会; (植物の)群落. ◇形 social, sociable, societal [＜ラテン語 「仲間であること, 同盟」 (＜*socius* 'companion')]

socíety còlumn 名 Ⓒ (新聞の)社会欄.

Socìety of Fríends 名 〈the ～〉 キリスト友会(ゆうかい), フレンド会, 《1650 年ごろ創立; Quakers と呼ばれる》.

Society of Jésus 名 〈the ～〉 イエズス会 《1534 年創立のカトリック修道会; 会員は Jesuit; 略 S.J.》.

so·ci·o- /sóusiou-, -ʃi-/ 〈複合要素〉「社会の, 社会学の」 の意味. *socio*linguistics. [＜ラテン語 *socius* 'companion']

sòcio·biólogy 名 Ⓤ 社会生物学.

‡**sòcio·económic** /⑧/ 形 社会経済的な.

sòcio·linguístics 名 Ⓤ 社会言語学.

so·ci·o·log·i·cal /sòusiəládʒik(ə)l|-lɔ́dʒ- ⑧/ 形 社会学の; 社会学的な. ▷ **～·ly** 副

so·ci·ol·o·gist /sòusiálədʒist|-ɔ́l-/ 名 Ⓒ 社会学者.

***so·ci·ol·o·gy** /sòusiálədʒi|-ɔ́l-/ 名 Ⓤ **社会学**. [socio-, -logy]

so·ci·o·path /sóusiəpæθ/ 名 Ⓒ 〖精神医〗 社会病質者 《他人に対する社会的・道徳的責任感の欠如した反社会的人格の持ち主》; 〈一般に〉 ＝psychopath. ▷ **sò·ci·o·páth·ic** /⑧/ 形

sòcio·polítical 形 社会政治的な.

‡**sock**[1] /sak|sɔk/ 名 (複 **～s** /-s/) (★〖主に米〗 で商標などとして 複 **sox** /saks|sɔks/ を用いることがある) Ⓒ **1** 〈普通 ～s〉 (ひざに達しない短い)**靴下**, **ソックス**, (→stocking); 靴の中敷き 《防寒用》. two pairs of cotton ～s 木綿のソックス 2 足. in one's ～s 靴下をはいて, 靴を脱いで, 〔(身長) 6 フィートあるなど〕. **2** (古代ギリシア・ローマの喜劇役者が舞台で履いた)軽い靴; 喜劇.

pùll one's sócks ùp 靴下を引っ張り上げる; 〖主に英話〗 奮起する, ひとふんばりする.

Stùff* [〖英〗 *Pút*] *a sóck in it! 黙ってくれよ, 黙らっしゃい!

── 動 他 にソックスをはかせる.

sòck /../ awáy 〖米俗〗 〔金など〕をため込む, へそくる.

sòck /../ ín 〖米俗〗 〔空港〕を(霧などの悪天候のため)閉鎖する. The airport was ～*ed in*. 空港は(悪天候のため)閉鎖された.

[＜ギリシア語「(喜劇役者が履いた)かかとの低い靴」]

sock[2] 〖話〗 動 他 を(げんこつで)ひどく殴る, ぶん殴る; を強打する. ～ a person on the jaw 人のあごをぶん殴る. ～ a home run ホームランをかっとばす.

sóck it 〖話〗 力の限りを尽くす.

sóck it to a pèrson 〖旧話〗 人をこっぴどくやっつける; 人を圧倒する, 人に強烈な印象を与える.

── 名 Ⓒ 〈普通, 単数形で〉 (げんこつの)強打. give him a ～ 彼を強く殴る. take a ～ at.. をげんこつで殴ろうとする.

── 副 〖主に英〗 したたかに, まともに. The champion hit the challenger ～ on the chin. チャンピオンは挑戦者のあご先に強打をもろに命中させた.

***sock·et** /sákət|sɔ́k-/ 名 (複 **～s** /-ts/) Ⓒ **1** (電球の)**ソケット**, コンセント, (★〖米〗 は普通 outlet); (物を差し込む)穴, (プラグの)差し込み口, 受け口, 軸受け. screw a light bulb into a ～ 電球を(ソケットに)ねじ込む.

2 くぼみ; 〖解剖〗 (目などの)窩(か), 腔(こう); 関節窩. the ～ of the eye＝the eye ～ 眼窩.

[＜アングロノルマン語「小さな鋤(すき)の刃」]

sóck·ing 副 〖主に英話〗 非常に, とてつもなく. ～ great とてつもなく大きい.

Soc·ra·tes /sákrətìːz|sɔ́k-/ 名 ソクラテス (469–399 B.C.) 《古代ギリシアの哲学者》.

So·crat·ic /səkrǽtik|sɔ-/ 形 ソクラテス(哲学)の, ソクラテス式の. ── 名 Ⓒ ソクラテス学徒[門下生].

Socràtic írony 名 Ⓤ 〖哲〗 ソクラテス的反語 《無知を装って質問をし, 答える相手の無知を暴露するやり方》.

Socràtic méthod 名 〈the ～〉 ソクラテス式問答法.

sod[1] /sad|sɔd/ 名 Ⓤ 芝土, 芝生; Ⓒ (四角に切り取った移植用の)芝(土). ***under the sód*** 葬られて, 草葉の陰で. ── 動 (～s|-dd-) 他 を芝(土)で覆う. [＜中期オランダ語]

sod[2] 〖英卑〗 名 Ⓒ **1** げす, くそったれ, 《＜*sod*omite》. **2** 〈同情して又はねたんで〉 やつ, あいつ, がき. the poor ～ かわいそうなやつ. **3** 〈単数形で〉 七面倒な[難しい]事.

nòt gìve* [*càre*] *a sód ちっとも気にしない.

sòd áll 〖英話〗 何も..(し)ない. He's got ～ *all* done today. 彼は今日は何もしなかった.

── 動 (～s|-dd-) 他, 自 (を)のろう; 罰が当たる 〈普通, 次の成句で〉.

Sód it* [*thàt, yòu*]*! 〖英卑〗 畜生, くそくらえ, ちぇっ.

Sòd óff! 〖英卑〗 とっとと失(う)せやがれ.

***so·da** /sóudə/ 名 (複 **～s** /-z/) **1** Ⓤ **ソーダ** 《特に炭酸ソーダ, 重炭酸ソーダ[重曹], 苛(か)性ソーダ》. baking ～ ふくらし粉. **2** Ⓤ ソーダ水 (soda water). **3** Ⓒ 〖主に米〗 (1 杯の飲み物としての)**ソーダ水** (〖米話〗 soda pop); (アイス)クリームソーダ (ice-cream soda). [＜中世ラテン語(＜アラビア語「頭痛」; 頭痛薬に用いられたソーダ分を多く含む植物の名から)]

sóda bìscuit 名 ⓊⒸ 〖米〗 ソーダビスケット 《重曹を用いて焼く》; 〖英〗 ＝soda cracker.

sóda cràcker 名 ⓊⒸ 〖米〗 ソーダクラッカー 《軽焼きで塩味》.

sóda fòuntain 名 Ⓒ ソーダ水容器 《蛇口からソーダ水, シロップなどを出して調合する》; 〖米旧〗 ソーダ水売店[コーナー] 《カウンター式で, アイスクリーム, 軽食なども売る》.

sóda jèrk 名 Ⓒ 〖米俗〗 ソーダ水売店の店員.

so·dal·i·ty /soudǽləti/ 名 (複 **-ties**) **1** Ⓤ 友好, 仲間関係. **2** Ⓒ 組合, 協会; 〖カトリック〗 兄弟会, 信心会.

sóda pòp 名 ⓊⒸ 〖米話〗 ソーダ水 《味付けした缶[瓶]入り清涼飲料》.

sóda wàter 名 U (味付けしない)ソーダ水, 炭酸水.
‡**sod·den** /sάdn|sɔ́dn/ 形 **1** 水浸しの; ずぶぬれの. the ~ earth 水をたっぷり含んだ地面. **2** 〔パンなどが〕生焼けの, ふやけた. **3** (飲酒, 疲労などで)〔頭, 表情が〕ぼんやりした; 不活発な, 元気のない, ぼーっとした.
▷**~·ly** 副 **~·ness** 名
-sódden 〈複合要素〉 **1** ..浸りの. whiskey-*sodden* ウィスキー浸りの. **2** ..でびっしょりの. rain-*sodden* 雨でぐっしょり濡れた. 「い.
sód·ding 形 〖英俗〗実にひどい, いまいましい, くだらな↑
†**so·di·um** /sóudiəm/ 名 U 〖化〗ナトリウム, ソジウム, 《金属元素; 記号 Na》; (食品成分で)塩分.
sòdium bicárbonate 名 U 〖化〗重炭酸ナトリウム, 重曹, (baking soda). 「塩》.
sòdium chlóride 名 U 〖化〗塩化ナトリウム《食↑
sòdium hydróxide 名 U 〖化〗水酸化ナトリウム, 苛(か)性ソーダ.
sòdium nítrate 名 U 〖化〗硝酸ナトリウム.
Sod·om /sάdəm|sɔ́d-/ 名 〖聖書〗ソドム《死海南岸にあった町; 人々の罪悪のため隣の Gomorrah と共に天の火で焼き滅ぼされた》.
sod·om·ite /sάdəmàit|sɔ́d-/ 名 C 〖旧章〗男色者《<「Sodom の住人」》.
sod·om·y /sάdəmi|sɔ́d-/ 名 U **1** 男色, 獣姦(かん), 肛(こう)門性交, 《特に男性同士の》. **2** 〖米法〗フェラチオ.
Sód's Làw 名 〖英話〗=Murphy's Law.
so·ev·er /souévər/ 副 **1** どんなに..でも. how great ~ he may be 彼がどんなに偉大であろうとも. **2** 〈any, no, what で修飾される名詞を強調して〉 少しも, 全然. He has *no* sense of humor ~. 彼にはユーモア感覚が全然ない. **3** 〈the+最上級の後で〉 この上なく. the most selfish ~ in the world 世界で一番わがままな人.
‡**so·fa** /sóufə/ 名 (複 **~s** /-z/) C ソファー, 長いす, (→chair). lie on a ~ ソファーに横になる. [<アラビア語]
sófa bèd 名 C ソファーベッド.
So·fi·a /sóufiə/ 名 **1** ソフィア《ブルガリアの首都》. **2** 女子の名.
‡**soft** /sɔːft|sɔft/ 形 e (**sóft·er**|**sóft·est**)
【柔らかい】 **1** 〔物体が〕柔らかい; 〔金属, 木材などが〕軟質の《他と比べて柔らかい》; (↔hard). a ~ cushion 柔らかいクッション. The ice cream soon got [went] ~ in the warm room. 部屋が暑くてアイスクリームがじきに柔らかくなった. (as) ~ as butter バターのように柔らかい. footmarks on the ~ ground 軟弱な地面についた足跡. ~ pencils (芯(しん)の)柔らかい鉛筆. Lead is a ~ metal. 鉛は軟質の金属だ.
2 手触りの柔らかい, (表面の)滑らかな, すべすべした, (smooth; ↔rough). a ~ skin 柔らかな皮膚. Velvet feels ~. ビロードは手触りがすべすべする. (as) ~ as a baby's bottom 大変滑らかな.
3 (**a**) 〈限定〉〔色, 光などが〕(きつくなく)柔らかい, ぎらぎらしていない, 落ち着いた; 〔輪郭が〕柔らかにぼやけた. ~ gray 落ち着いた柔らかな灰色. a ~ light [shadow] 柔らかい光[ぼんやりした影]. (**b**) 〔声, 音楽などが〕低くて静かな《聞いて感じがいい》. Nancy has a ~, sweet voice. ナンシーはしっとりとした美しい声をしている. ~ background music 静かなバックグラウンドミュージック.
4 〔水が〕軟性の《塩類の含有量が少ない; ↔hard》; 〖話〗〔飲料が〕アルコール分のない (→soft drink).
5 軟音の《c, g をそれぞれ /k/, /g/ でなく /s/, /dʒ/, /ŋ/ と発音する場合などに言う通俗な用語; ↔hard》. 「扱う》.
6 〖話〗〔学問が〕ソフトな《数字や事実よりも思想などを↑
【穏やかな】 **7** 〔気候, 季節などが〕温和な, 温暖な; 〔風などが〕穏やかな, 快い. a ~ climate 温和な気候. a ~ summer night 快い夏の夜. a ~ rain 静かな雨.
8 〔気だて, 態度などが〕優しい, 親切な, 柔和な. The girl has a ~ heart. その娘は心が優しい. ~ eyes 柔和な目.
9 (**a**) 厳しくない, 寛大な, 甘い, 〈*on* ..〔人, 物事〕に対して〉. He is very ~ *on* his students. 彼は学生に大変甘い. (**b**) 優しすぎる, 甘い, 〈*with* ..〔人〕に〉. He is too ~ *with* his son. 彼は息子に甘すぎる. take a ~ line (*with*..) (..に)甘い[寛大な]措置を取る, 甘い.
10 〖話〗〔仕事などが〕楽な, 苦労のいらない. lead a ~ life 苦労知らずの生活をする. have a ~ job 仕事が楽である. →soft option.
【弱い】 **11** 〔性格などが〕柔弱な, めめしい; 弱い; 〔身体が〕なまった. He's getting ~ in his old age. 彼も年のせいで弱気になってきている. ~ muscles なまった筋肉. get [go] ~ 身体がなまる. **12** 〖話〗頭の弱い. a bit ~ in the head (おつむ)が少々足りない. **13** 〔麻薬が〕中毒性が弱い《マリファナ, ハシシなど; ↔hard》. **14** 〔ポルノ雑誌などが〕猥褻(わいせつ)度が低い (↔hard). **15** 〖商〗〔市場, 市価などが〕軟調の, 弱気の, (↔hard). **16** 〔X 線が〕透過力の弱い.
be sóft on.. (1) 〔人〕に恋をしている, ほれている (★ *about*.. も使う). (2) →形 9 (a).
hàve a sòft pláce in one's héart for.. =***hàve a sòft spót (in one's héart) for..*** ..が好きである, ..に愛情を感じる, 心を引き付けられる.
── 副 柔らかに; 穏やかに; 弱く.
── 名 C 頭の弱い人.
◇動 soften [<古期英語「快い, 穏やかな」]
sóft·bàll 名 U 〖競技〗ソフトボール; C ソフトボール用のボール.
sòft-bóiled /㊥/ 形 **1** 〔卵が〕半熟の. **2** 寛大な; 感傷的な. (↔hard-boiled).
sòft·bóund /㊥/ 形 表紙が柔らかい, ペーパーバックの, (↔hard bound).
sòft cóal 名 U 瀝(れき)青炭, 有煙炭.
sòft cópy 名 U 〖電算〗ソフトコピー《コンピュータの記憶装置に蓄えられた, 又はスクリーンに表示された情報; →hard copy》.
sòft-córe 形 〔ポルノが〕ソフトコアの (↔hard-core).
sòft còver 名 〖米〗=paperback.
sòft cúrrency 名 UC 〖経〗軟貨《金・外貨に換えられない通貨; →hard currency》.
sòft drínk 名 U 清涼飲料《アルコール分を含まない; Coca-Cola など》.
sòft drúg 名 C 弱い麻薬《害はないと考えられているが違法; ↔hard drug》.
***sof·ten** /sɔ́ːf(ə)n|sɔ́f-/ 動 (**~s** /-z/|過 過分 **~ed** /-d/|**~·ing**) 他 **1** を柔らかにする; 〔肌など〕を滑らかにする. Oil ~*s* leather. 油は皮革を柔らかにする. **2** 〔心〕を優しくする; 〔声, 色, 光など〕を和らげる; 〔苦痛など〕を弱める. ~ the blow [impact] (of..) (..の与える)打撃[ショック]を和らげる.
── 自 柔らかになる, 軟化する; 優しくなる; 穏やかになる; 和らぐ, 弱まる. Ellen's attitude toward me began to ~. エレンの私に対する態度が軟化し始めた. ◇↔harden
sòften /../ úp 〔敵〕の抵抗力を弱める《前もって爆撃などを加えて》; 〔人〕の態度を軟化させる, ..を懐柔する, 《事前工作などで》; 〖話〗..のごきげんをとる. [soft, -en]
sóf·ten·er 名 C 柔らかくする[和らげる]人[もの]; (繊維)軟化剤; (硬水を軟水に変える)軟化剤[装置].
sòftening of the bráin 名 U 脳軟化症; 〖話〗ぼけ.
sòft fócus 名 U 〖写〗軟焦点, ソフトフォーカス, 《被写体の輪郭がぼやけるように焦点を合わせること》.
sòft frúit 名 U 〖主に英〗小さくて堅い皮・芯(しん)のない果物《イチゴなど》. 「soft goods.
sòft fúrnishings 名 〈複数扱い〉〖英・オース〗=↑
sòft gòods 名 〈複数扱い〉〖米〗室内繊維製調度品類《カーテン, クッションなど》.
sòft-héaded /-əd ㊥/ 形 とんまな, 薄のろな.

sòft-héarted /-əd ㊗/ 形 心の優しい, 情け深い. ▷ ～·ness 名

soft·ie /sɔ́ːfti|sɔ́f-/ 名 =softy.

soft·ish /sɔ́ftiʃ/ 形 やや柔らかい.

sóft-lànd 動 他 〔宇宙船など〕を軟着陸させる. ― 自 〔宇宙船などが〕軟着陸する.

sòft lánding 名 C (宇宙船の)軟着陸.

sòft lóan 名 C ソフトローン, 長期低利貸付け.

‡**soft·ly** /sɔ́ːftli|sɔ́ft-/ 副 m **1** 静かに, そっと. walk [speak] ～ 静かに歩く[話す]. Snow is falling ～. 雪が音もなく降っている. **2** 穏やかに; 優しく.

sòftly-sóftly 形 ゆっくりとして注意深い. make a ～ approach to the snake 蛇にゆっくりと注意して近づく.

soft margarine /⸗ ⸗--|⸗ --⸗/ 名 U ソフトマーガリン《冷やしても硬くならない》.

sòft móney 名 U **1** 紙幣. **2**〖米〗ソフトマネー《政党活動の名目で, 個人の候補者に使われる選挙資金》.

*__sóft·ness__ 名 U 柔らかさ; 穏やかさ; 優しさ; 弱さ.

sòft óption 名 C 〖しばしば軽蔑〗楽な方を選ぶこと, 安易なやり方[選択] (★〖米〗は easy option の方が普通). take the ～ 楽な方を選ぶ.

sòft pálate 名 C 〖解剖〗軟口蓋(がい).

sòft-pédal 動 (～s|〖英〗-ll-) 他 **1** 〔ピアノ〕の音を弱音ペダル (soft pedal) を踏んで弱める. **2**〖話〗の調子を和らげる; を抑えて述べる, 目立たないようにする, 手加減する, 〈普通, 受け身で〉. ― 自 **1** 弱音ペダルを使う. **2** 目立たないようにする, 手加減する; 抑える, 控える, 〈*on*..を〉.

sóft pèdal 名 C (ピアノの)弱音ペダル (→soft-pedal).

sòft pórn 名 U ソフトポルノ.

sòft séll 名 C 柔らかな物腰での売り込み[セールス] (↔ hard sell).

sóft-shèll 形 (脱皮後の)殻が柔らかい.

sòft-shell cráb 名 C 〖動〗脱皮直後の殻が柔らかいカニ(の総称)《殻ごと食べられるので珍重される》.

sòft·shóe 名 **1** U (一種の)タップダンス. **2** C 〈普通 ～s〉 ソフトシュー《金具のないタップダンス靴》. ― 動 自 ソフトシューで踊る; VA そっと歩く〈*around*..を〉.

sòft shóulder 名 C (舗装道路の)路肩(ろかた).

sòft sóap 名 U **1** 軟石けん, カリ石けん. **2**〖話〗おべっか, ごますり, 追従(しょう).

sóft-sòap 動 他 〖話〗に(説得するために)耳ざわりの良いことを言う, をおだてる, 丸め込む.

sòft-spóken /㊗/ 形 〔人が〕言葉遣いの優しい; 〔言葉が〕物柔らかな.

sòft spót 名 C **1** 弱点; 泣きどころ. **2** →have a SOFT spot (in one's heart) for..(成句).

sòft tárget 名 C 攻撃しやすい場所[人].

sòft tóuch 名 C 〖話〗(思い通りになる)(甘っ)ちょろい相手, 'かも'.

sòft tóy 名 C ぬいぐるみの動物.

*__soft·ware__ /sɔ́ːftwὲər|sɔ́ft-/ 名 U ソフトウェア, 利用技術, 《コンピュータを働かせるためのプログラム全体; → hardware》. load the new ～ 新しいソフトをロードする.

sóftware hòuse 名 C ソフト(ウェア)ハウス《ソフトウェア開発を専門とする企業》.

sóftware pàckage 名 C パッケージソフト.

sòft wáter 名 U 軟水 (→soft 形 4).

sóft·wòod 名 U 軟材《材質の柔らかい木材; 特に, 松, モミなどの針葉樹材》; C 針葉樹; (↔hardwood).

sóft·y 名 (複 soft·ies) C 〖話〗**1** (体の)弱々しい人. **2** 感傷的な人; 意志の弱い人. **3** ばか, 間抜け.

‡**sog·gy** /sági, sɔ́ːgi|sɔ́gi/ 形 e **1** ぐしょぬれの, 〔土地などが〕じめじめした; 〖米〗湿気の多い; 〖主に英〗雨の多い. the ～ grass [soil] ぐしょぬれの草(地)[地面]. **2** 〔パンなどが〕生焼けの, ふやけた. **3** 〔話などが〕だらだらした, 退屈な. ▷**sog·gi·ly** 副 **sog·gi·ness** 名

soh /sou/ 名 =sol[1].

SOHO Small Office, Home Office《パソコンを利用して自宅で行う仕事[業務]》.

So·Ho /sóuhòu/ 名 ソホー《ニューヨークの Manhattan 南東部の高級な店やレストランで有名な地区》.

So·ho /souhóu, ⸗-/ 名 ソホー《ロンドン中心街の一地区; 外国人経営の料理店や低俗な演芸場が多い》.

soi·gné /swɑːnjéi/ 形 (女 **-gnée** /同/)〖章〗**1** 念入りな. **2** きちんとした〔身なりなど〕. [フランス語 'taken care of']

‡**soil**[1] /sɔil/ 名 (複 **～s** /-z/) **1** UC 土, 土壌, (earth); 風土, (悪などの)温床. poor [rich] ～ やせた[肥えた]土. Watermelons grow well on sandy ～. スイカは砂地に良く育つ. His genius thrived in the rich artistic ～ of Paris. 彼の天分はパリの豊かな芸術風土の中で開花した.

> 連結 fertile [barren; stony; swampy; soggy] ～ // cultivate [plow, till, work] the ～

2 U 〈the ～〉 農業, 農耕生活(をする大地). make one's living from the ～ 〖雅〗土から生活の糧を得る《農業で生計を立てる》. a man of the ～ 農夫.
3 U 〖章〗国, 地. one's native ～ 母国, 故郷, 生地. land [set foot] on foreign ～ 異郷の地を踏む. on American ～ アメリカで. [<ラテン語 *solum*「土地」]

*__soil__[2] /sɔil/ 動 (～s /-z/|過 過分 ～ed /-d/|**sóil·ing**) 〖章〗他 **1** を汚(よご)す; 〔名誉など〕をけがす. He ～*ed* his hands with bribery. 彼は賄賂(わいろ)で手を汚した. **2** を糞(ふん)[大便]で汚す. The bench was ～*ed* by the birds. ベンチは鳥に(糞で)汚されていた.
― 自 **1** 汚れる, 染みが付く. White cloth ～*s* easily. 白い布はすぐ汚れる. **2** 糞をする.
― 名 U 汚れ, 染み; 汚物, 糞尿.
[<古期フランス語「汚す」(<ラテン語 *sucula*「子ブタ」)]

sóil pìpe 名 C (水洗便所から下水道への)汚水管.

sóil science 名 U 土壌学.

soi·ree, -rée /swɑːréi|⸗-/ 名 C 〖章〗(音楽, 談話などのための)夜会, 夕べの集い, 〖劇〗夜公演, (→matinee). [フランス語「夜 (*soir*) の集い」]

so·journ /sóudʒəːrn|sɔ́-/ 〖雅〗名 C (一時的な)滞在, 逗留(とうりゅう). a long ～ 長逗留. during my ～ in England 英国滞在中に.
― 動 自 VA (一時)滞在する, 逗留する, 〈*in*, *at*..に〉; 滞在する, 寄寓(ぐう)する, 〈*with*..方(かた)に〉. For the next few months the poet ～*ed in* the Lake District. 続く 2, 3 か月間詩人は湖畔地方に滞在した. [<古期フランス語(<sub-+後期ラテン語 *diurnum* 'day')]
▷ **～·er** 名 C 滞在者.

Sol /sɑl|sɔl/ 名 〖ロ神話〗ソル《太陽の神; ギリシア神話の Helios に当たる》; 〖雅〗太陽.

sol[1] /soul|sɔl/ 名 UC 〖楽〗ソ《ドレミ音階の第 5 音; so, soh とも言う》.

sol[2] /sɑl, soul|sɔl/ 名 U 〖化〗ゾル《液状態にあるコロイド溶液; 固まると gel になる》. [<*sol*ution]

‡**sol·ace** /sáləs|sɔ́l-/ 名 U 慰め, 慰安; C 慰めとなるもの. give ～ to a person 人を慰める. find ～ in keeping pets ペットを飼うことに慰安を見いだす. be a (great) ～ to ..にとって(大きな)慰めである.
― 動 他 〔人〕を慰める; 〔苦痛, 悲しみなど〕を和らげる; 〈*with*..で〉. ～ a friend in his grief 悲嘆に暮れる友を慰める. ～ oneself *with* prayer 祈って気を紛らせる. [<ラテン語 *sōlārī*「慰める」]

*__so·lar__ /sóulər/ 形 ℂ **1** 太陽の (→lunar). ～ time 太陽時《太陽の出没を基準とする時刻》. a ～ day 太陽日(じつ)《太陽が子午線を通過して再び同じ子午線を通過するまでの時間; 24 時間》. **2** 太陽から生じる; 太陽熱利用の. ～ heat [energy] 太陽熱[エネルギー]. a ～ furnace 太陽炉. [<ラテン語「太陽 (*sōl*) の」]

sòlar báttery [céll] 名 C 太陽電池.

S

sòlar cálendar [名] 〈the ～〉 太陽暦.
sòlar eclípse [名][C] 〖天〗日食 (→lunar eclipse).
sólar hòuse [名][C] 太陽熱利用の家, ソーラーハウス.
so·lar·i·um /soulé(ə)riəm/ [名] ([複] **～s, so·lar·i·a** /-iə/) [C] **1** (病院, 海辺のホテルなどの)日光浴室, サンルーム. **2** (人工的に日焼けする)太陽灯室.
sòlar pánel [名][C] 太陽電池板.
sòlar pléxus [名] 〈the ～〉〖解剖〗太陽神経叢(そう) 《胃の後方にある》; 〖話〗みぞおち.
sólar sỳstem [名] 〈the ～〉〖天〗太陽系.
sòlar wínd [名] 〈the ～〉〖気象〗太陽風 《太陽から惑星空間に放出されているプラズマの流れ》.
sòlar yéar [名][C] 〖天〗太陽年 《365 日 5 時間 48 分 46 秒》.
sold /sould/ [動] sell の過去形・過去分詞.
sol·der /sádər|sɔ́ldə, sóul-/ [名][U] **1** はんだ, しろめ. **2** きずな. ── [動][他] **1** をはんだ付けする, 接合する, 〈*up, together*〉. **2** を固く結合させる 〈*up*〉. [＜ラテン語 *solidāre*「固くする」]
sóldering ìron [名][C] はんだごて.
‡**sol·dier** /sóuldʒər/ [名] ([複] **～s** /-z/) [C] **1** (陸軍の)**軍人**. ～*s* and sailors 陸海軍人. go for [enlist as] a ～ 軍人になる. Old ～*s* never die. They only [simply] fade away. 老兵は死なず, ただ消え行くのみ 《第 1 次世界大戦時の英国軍の軍歌の一節》. **2** (将校に対して)**兵士**, 兵, (→officer). a private ～ 兵卒. **3** 〈普通, 形容詞を伴って〉〔..な〕勇士, 将軍, 指揮官. a fine [poor] ～ 有能[無能]な指揮官. the great ～*s* of history 歴史上の勇士[勇将]たち. **4** (大義のための)戦士, 闘士. a ～ for peace 自由の戦士. a ～ of Christ [the Cross] キリスト[十字架]の戦士 《熱心な伝道者》. **5** ＝soldier ant. **6** (暴力団などの)手下, 兵隊, '鉄砲玉'. **7** 〖英〗〈～s; 複数扱い〉細長パン 《棒状のパン又はトーストで半熟卵に浸して食べる》.
còme [*plày*] *the òld sóldier* 〖やや旧〗 (1) 先輩風を吹かす 〈*over* ..に〉. (2) (さぼるために)仮病を使う. (3) (元軍人だったふりをして)物乞(ご)いする.
plày at sóldiers 兵隊ごっこをする.
── [動][自] **1** 〈普通 ～ing の形で〉陸軍軍人になる, 兵役に就く. go ～*ing* 軍人になる. **2** (仕事をするふりをして)さぼる; 仮病を使う.
sòldier ón (困難に直面しても)頑張り抜く.
[＜古期フランス語 *soulde*「(兵士)の賃金」(＜ラテン語 *solidus*「金貨」), -ier]
sóldier ànt [名][C] 〖虫〗兵隊アリ.
sóldier·ing /-dʒəriŋ/ [名][U] 軍人の生活; 軍務.
sóldier·lìke [形] ＝soldierly.
sól·dier·ly [形] 軍人らしい, 軍人然とした; 軍人にふさわしい.
sòldier of fórtune [名][C] (金銭目当てに雇われる)冒険軍人, 傭(よう)兵; 冒険家.
sol·dier·y /sóuldʒəri/ [名][U] 〖雅〗〈the ～; 単複両扱い; 集合的〉兵隊, 軍人, 軍隊; [U] 軍事教練, 軍事知識.
sòld-óut /[移]/ [形] **1** 売り切れの. **2** 〔店などが〕売り切った 〈*of* ..を〉.
*__sole__[1] /soul/ [形] [¢] 〈限定〉 **1 唯一の**, ほかにない; 〈複数形の名詞を修飾して〉..だけの. the ～ exception 唯一の例外. Your ～ job is to get this project under way. この計画を推進させることだけが君の仕事だ. We were the ～ passengers. 私たちのほかに乗客はいなかった.
2 単独の, 独占的な. the ～ right of use 独占使用権. the ～ agent in Japan for the sale of these planes これらの飛行機の日本における販売の総代理店[人].
[＜ラテン語 *sōlus, sōla* 'alone']
*__sole__[2] [名] ([複] **～s** /-z/) [C] **1 足の裏**; (靴, スリッパ, 靴下などの)**底**; 《普通, かかと (heel) は含めない》. The ～*s* of his feet were very sore. 彼の足の裏はたいそうひりひりしていた. I have a hole in the ～ of this shoe. この(片方の)靴底に穴が開いた. **2** 〈一般に〉底部, 裏の部分, 《スキー, そりの底面, ゴルフクラブのソールなど》.
── [動][他] 〔靴など〕に底を付ける〈普通, 受け身で〉.
[＜ラテン語 *solea*「サンダル」(＜*solum* 'ground, bottom')]
sole[3] [名] ([複] **～s, ～**) [C] シタビラメ 《美味とされる白身の食用魚; 形が靴底に似ている》. [＜古期フランス語 (＜sole[2])]
sol·e·cism /sáləsìz(ə)m|sɔ́l-/ [名][C] **1** 〖文法〗文法[語法]違反, 破格, 《between you and me となるところを between you and I とするなど》. **2** 非礼, 無作法.
-soled 〈複合要素〉..底の. rubber-*soled* shoes ゴム底の靴.
*__sole·ly__ /sóulli/ [副] [¢] **1** たった 1 人で, 単独で. We are ～ to blame. ひとえに私たちが悪いのです.
2 ただ, 単に, (only); 全く, もっぱら, (entirely). read ～ for pleasure ただ楽しみだけを求めて読書する.
*__sol·emn__ /sáləm|sɔ́l-/ [形] [e], [m] **1** 〔態度, 顔つきなどが〕まじめな, いかめしい; まじめくさった, しかつめらしい; ([類語] 儀式的な荘厳さを強調する; →grave[2]). put on a ～ face しかつめらしい顔をする. **2** 〔儀式などが〕**厳粛な**, 厳かな, 荘厳な, 荘重な; 〔行事などが〕儀式にのっとった; 〔約束, 宣誓などが〕厳粛な, 心からの. a ～ funeral 厳粛な葬儀. one's ～ promise [word, commitment] 本気で守る約束. take a ～ oath 厳かに誓う[正式に宣誓する]. **3** 宗教上の, 神聖な. a ～ holy day 聖日.
◇[名] solemnity [＜ラテン語 *sollemnis*「毎年祝われる, 定例の」]
‡**so·lem·ni·ty** /səlémnəti/ [名] ([複] **-ties**) **1** [U] まじめさ, いかめしさ; しかつめらしさ. **2** [U] 厳粛さ, 荘重, 荘厳. a ceremony of great ～ たいそう厳粛な儀式. **3** [C] 〈普通 -ties〉儀式, 式典. ◇[形] solemn
sòl·em·ni·zá·tion [名][U] 挙式; 厳粛にすること.
sol·em·nize /sáləmnàiz|sɔ́l-/ [動][他] **1** を式を挙げて行う 《特に結婚について言う》. ～ a marriage (教会で正式に)結婚式を執り行う. **2** を厳粛に[いかめしいものに]する. His ominous words ～*d* an otherwise festive occasion. 彼の不吉な言葉でせっかくのめでたい席がお通夜のようになった.
†**sol·emn·ly** /sáləmli|sɔ́l-/ [副] まじめに, まじめくさって; 厳粛に, いかめしく.
Sòlemn Máss [名][C] 〖カトリック〗荘厳ミサ 《香をたき音楽を奏し完全な式次第によるミサ》.
sól·emn·ness [名][U] まじめさ; 厳粛さ.
so·le·noid /sóulənɔ̀id/ [名][C] 〖電〗ソレノイド 《円筒状コイル》.
sòle ówner 〖米〗, **sòle tráder** 〖英〗 [名][C] 個人事業主.
sol-fa /soulfɑ́ː|sɔl-/ [名][U] 〖楽〗ドレミ音階 《do, re, mi, fa, sol, la, ti [si]》. [イタリア語]
sol·feg·gio /sɑlfédʒ(i)ou|sɔlfédʒiou/ [名] ([複] **sol·feg·gi** /-dʒi/, **～s**) [UC] 〖楽〗ソルフェージュ; ドレミファ練習; 字音唱歌法. [イタリア語 (＜sol-fa)]
so·li /sóuliː/ [名] solo の複数形.
‡**so·lic·it** /səlísət/ [動][他] **1** 〖章〗 (**a**) 〔援助, 金銭, 情報, 投票など〕を懇願する, せがむ, 求める, 〈*of, from* ..〔人〕に〉 ([類語] 熱心に, また丁寧に頼むこと; →ask 2). ～ alms 施しを請う. ～ votes *from* [*of*] those people その人々に投票を依頼する. The situation ～*s* the closest attention. 情勢は綿密な配慮を要求している. (**b**) に懇願する 〈*for* ..を〉; [VOC] (**～ X *to do***) X(人)に..してくれとせがむ. ～ the government *for* relief＝～ relief *from* [*of*] the government 政府の救済を懇願する. ～ all workers *to* join the movement 全労働者に運動参加を強く要請する. **2** 〖主に法〗〔売春婦が〕〔客〕を引く; を悪事に誘う. ～ a public official 公務員を(贈賄で)誘惑する. **3** 〖米〗を(注文を取って)訪問販売する.

── ⾃ **1** 懇願[懇請]する〈*for* ..を〉. **2**〔売春婦が〕客を引く.
[＜ラテン語「動揺させる」(＜*sollus* 'entire'＋*ciēre* 'excite')] ▷**～·ing** 名 U (売春婦の)客引き.

so·lic·i·ta·tion /səlìsətéiʃ(ə)n/ 名 UC 懇願, 懇請; 勧誘, (売春婦の)客引き.

†**so·lic·i·tor** /səlísətər/ 名 C **1**〖米〗注文取り, 勧誘員, 《セールスマン, 選挙運動員など》.
2〖米〗(市, 町の)法務官. **3**〖英〗事務弁護士《法律相談や法律書類の作成・管理, また法廷弁護士 (barrister) の訴訟事務・連絡などの手伝いをする; 上級裁判所法廷での弁護はできない; →lawyer 類語》.

solìcitor géneral 名 C (複 **solicitors-**)〈又は S-G-〉〖米〗(連邦政府の)法務局長《司法長官 (attorney general) を補佐する; 連邦最高裁判所において連邦政府の代理人として訴訟事務を行う》;〖英〗法務次官《法務長官 (attorney general) を補佐する》.

so·lic·i·tous /səlísətəs/ 形〖章〗**1** とても心配する, 懸念する, 気遣う, 〈*about, for, of* ..を〉. be ～ *about* his future 彼の将来を案じている. be ～ *for* [*about, of*] a person's health 人の健康を気遣う.
2 切望する〈*of* ..を〉; しきりに..しようとする〈*to* do〉. be ～ *of* praise 賞賛を得ようと努めている.
▷**～·ly** 副 心配して, 気遣って; 切望して, しきりに. **～·ness** 名

‡**so·lic·i·tude** /səlísət(j)ù:d|-tjù:d/ 名 **1** U〖章〗心配, 憂慮, (過度の)心遣い, 〈*about, for* ..に対する〉. her deep ～ *for* her son 息子に対する彼女の深い心遣い. **2**〈～s〉心配の種.

‡**sol·id** /sáləd|sɔ́l-/ 形 e 【固い】 **1** (**a**) **固体の**, 固形の, (→liquid, fluid, gaseous). a ～ body 固体. ～ food (流動食に対して)固形食. ～ fuel 固形燃料. Water becomes ～ at 0°c. 水は 0°c で氷になる.
(**b**) 堅い; 濃い; 厚い. as ～ as a rock 大変堅い. a ～ mass of clouds 厚い雲塊. Rain fell in ～ sheets. 猛烈な土砂降りだった.
【中身の詰まった】 **2** 中空でない, ぎっしり詰まった, (↔hollow);〔食事などが〕中身のある, 実質的な. a ～ tire ソリッドタイヤ 《中空でなくゴムが詰まっている; 乳母車用など》. a ～ meal たっぷりとして食べでのある食事. ～ reading 熟読玩味(がんみ).
3〖数〗立体の, 立方の, 三次元の.
【(中身が)一様な, 掛け値なしの】 **4**〈限定〉〔金, 銀などが〕中まで同質の, 純粋の;〔木材などが〕(合板でなく)むくの, 天然木の;〔満足などが〕本物の, 真の. ～ gold ソリッド・ゴールド《他の金属などと張り合わせてもないし, メッキでもない》. a ～ walnut table むくのクルミ材のテーブル.
5〈限定〉〔色などが〕一様の, 無地の, 濃淡のない. a cloth of ～ blue 青い無地の布.
6 途中で切れない, 中断しない; 隙間(すきま)のない;〖話〗正味の, まるまる, まる... a ～ wall around a castle 城を途切れなく囲む城壁. a ～ line 実線. a ～ line of traffic びっしり詰まった車の列. two ～ hours of work ぶっ通しで 2 時間の仕事. They worked for two hours ～. 彼らは 2 時間ぶっ通しで働いた. **7**〔複合語が〕ソリッドの《ハイフンで結ばれたり, 2 語に分離したりしないで 1 語の》;〖印〗(行間, 字間のスペースがなく)ベタ組みの.
【堅固な】 **8**〈建物, 土台などが〉がっしりした, 丈夫な, しっかりした, (類語 中身が充実しているための堅さを表す; →firm). This house has a ～ base. この家は土台がしっかりしている. on a ～ foundation [basis] しっかりとした基礎の上に.
9〔事業などが〕**堅実な**, (財政的に)健全な[安定した];〔人間, 議論, 証拠などが〕しっかりした, 信頼できる, 手堅い. a ～ business 手堅い商売. a ～ citizen 信頼できる市民. ～ reasoning [evidence] 十分根拠のある論証[証拠].
10 団結した, 結束した, 満場一致の. be 100% ～ 完全に結束している. The President had the ～ support of Congress. 大統領は議会の満場一致の支持を得た. a ～ supporter 忠実な支持者. My classmates were ～ against my idea. 級友たちはこぞって僕の考えに反対した. **11**〈good, right を強めて〉〖話〗まったくの, 強烈な. a good ～ oath 本当に偽りのない誓い. **12**〖米話〗仲がいい〈*with* ..と〉.
── 名 (複 **～s** /-dz/) C **1 固体** (→liquid 参考). **2**〈普通 ～s〉(液体中の)固形物; 固形食. **3**〖数〗立体.
── 副〖話〗一杯に, びっしりと.
◊名 solidity 動 solidify [＜ラテン語 *solidus*「固い, 完全な」]

sol·i·dar·i·ty /sàlədǽrəti|sɔ̀l-/ 名 **1** U (共通の意見, 目的, 利害などから生ずる)結束, 団結, 連帯〈*with* ..との〉; 連帯責任. **2**〈S-〉(ポーランドの自主管理労働組合の)連帯 (→Walesa).

sòlid cómpound 名 C ソリッドの複合語 (→solid 形 7).

sòlid geómetry 名 U 立体幾何学.

sol·i·di /sálidài|sɔ́l-/ 名 solidus の複数形.

so·lid·i·fi·ca·tion /səlìdəfəkéiʃ(ə)n/ 名 U 固める[固まる]こと, 凝固; 団結, 結束.

so·lid·i·fy /səlídəfài/ 動 (**-fies**|過 過分 **-fied**|**～·ing**) 他 **1** を凝固させる, 固体化する;〔結論など〕を固める. **2** を団結[結束]させる. **──** ⾃ **1** 凝固する, 固体になる; 固まる; 〈*into* ..に〉. **2** 団結[結束]する.

so·lid·i·ty /səlídəti/ 名 U **1** 固体性. **2** 中空でないこと; 充実. **3** 堅いこと; 堅固, 堅牢(ろう); 堅実, 健全.

†**sól·id·ly** 副 **1** 頑丈に, 堅牢(ろう)に. ～ constructed furniture 堅牢に作られた家具. **2** 堅実に, しっかりと, 信頼できるように. **3** 団結して, 一致して; 支持して. **4** 切れ目なく, 中断しないで. rain ～ for five hours 5 時間降り続く.

sól·id·ness 名 U 固体性; 充実; 堅いこと; 堅実.

Sòlid Sóuth 名〈the ～〉〖米〗(伝統的な民主党地盤としての)南部諸州.

sòlid-státe /⑧/ 形 **1**〈普通, 限定〉〔電子機器などが〕固体部品を使用した, 真空管不使用の, 《トランジスターなどの半導体を使用》. **2**〖物理〗固形の. ～ physics 固形物理学.

sol·i·dus /sálidəs|sɔ́l-/ 名 (複 **sol·i·di** /-dài/) C 斜線 (oblique)《日付・分数などを示す; 日付の場合, 2/6 は, 米国では 2 月 6 日, 英国では 6 月 2 日》. [ラテン語 'solid']

so·lil·o·quize /səlíləkwàiz/ 動 ⾃ 独白する《特に劇中で》, 独語する. **──** 他 VO (～ X/*that* 節) X と/「..」と独白する.

so·lil·o·quy /səlíləkwi/ 名 (複 **-quies**) UC 独り言;〖劇〗独白. [＜ラテン語 *sōlus* 'alone'＋*loquī* 'speak']

So·ling·en /zóuliŋən/ 名 ゾーリンゲン《ドイツ西部の工業都市; 刃物類の製造で有名》.

sol·ip·sism /sóuləpsìz(ə)m, sál-|sɔ́l-, sóul-/ 名 U〖哲〗唯我論. ▷**sòl·ip·sís·tic** 形 **sól·ip·sist** 名 C 唯我論者.

sol·i·taire /sálətèər|sɔ̀lətéə/ 名 **1** C ひとつ珠(たま)(の装身具)《特にダイヤの指輪》. **2** U〖米〗ソリテール《独りトランプ;〖英〗patience》. **3** U ソリテール《マーブル又はペグを用いて一人でやるゲーム》. [フランス語 'solitary']

sol·i·tar·i·ly /sàlətérəli, ⌒⌒⌒--|sɔ́lət(ə)rəli/ 副 独り(だけ)で, 寂しく.

***sol·i·tar·y** /sálətèri|sɔ́lət(ə)ri/ 形 m **1 独りだけの**, 単独の; 孤独を愛する; (類語 好んで独りを求める気持ちを含む; →lonely). a ～ traveler 独り旅をする人. lead a ～ life 孤独な生活を送る. feel ～ 孤独を[寂しく]感じる. **2**〔場所などが〕**寂しい**, 人里離れた. a ～ lighthouse 人里離れた灯台. **3**〈限定〉唯一の (sole); ただ 1 つの (single)〈否定文・疑問文などで〉. a ～ example 唯一の

S

例. without a ～ word 一言も言わずに. There wasn't a ～ tree left on the hill. 丘の上に木はただの1本も残っていなかった.

── 名 (複 -tar·ies) 1 Ⓒ 独居する人; 隠遁(とん)者. 2 〖話〗=solitary confinement.

[<ラテン語「独りきりの」(<*sōlus* 'alone')]

sòlitary confínement 名 Ⓤ 独房監禁.

***sol·i·tude** /sálət(j)ùːd|sɔ́l-/ 名 (複 ～s /-dz/) 1 Ⓤ **孤独**, 独りきり(でいること); 寂寥(りょう), 寂しさ. live in ～ 独りで住む, 人を避けて[寂しく]暮らす. enjoy ～ 孤独を楽しむ. the ～ in the heart of the mountains 深山の寂しさ. 2 Ⓒ 寂しい場所, 僻(へき)地. a vast ～ 広漠とした辺地. [sole¹, -tude]

***so·lo** /sóulou/ 名 (複 ～s /-z/, so·li /sóuliː/) Ⓒ 1 〖楽〗ソロ, 独奏(曲), 独唱(曲), (→duet, trio, quartet, quintet, sextet, septet, octet). play a piano [violin] ～ ピアノ[ヴァイオリン]の独奏をする[独奏曲を弾く]. 2 (舞踏などの)単独の演技; 〖空〗単独飛行. 3 ソロホイスト《一人で数人を相手にするトランプ遊び》.

── 形 〈限定〉 一人でする, 単独の; 独奏[独唱]の. make a ～ flight 単独飛行をする. a ～ homer 〖野球〗ソロホームラン.

── 副 一人で, 単独で, (alone). fly [sail] ～ 単独飛行[航海]をする. go ～ 一人でやる.

── 動 自 〖話〗1 (特に, 初めて)単独飛行する. 2 独奏[独唱, 独演]する.

[イタリア語 (<ラテン語 *sōlus* 'sole¹')]

‡**so·lo·ist** /sóulouist/ 名 Ⓒ ソリスト, 独奏[独唱, 独演]者. 参考 日本語の「ソリスト」はフランス語の soliste から.

Sol·o·mon /sáləmən|sɔ́l-/ 名 1 〖聖書〗ソロモン《紀元前10世紀ごろの Israel の王; David の子; その賢明さと富で有名》. 2 Ⓒ (ソロモンのような)賢人. →Song of Solomon.

Sòlomon Íslands 名 〈the ～〉〈複数扱い〉ソロモン諸島《南太平洋西部 New Guinea 島東方の島々; もと英国保護領で1978年独立; 英連邦の一員; 首都 Ho- niara》.

Sòlomon's séal 名 Ⓒ 1 =Star of David. 2 〖植〗ナルコユリの各種植物.

So·lon /sóulən|-lɔn/ 名 1 ソロン (638?–559? B.C.)《Athens の立法家; ギリシア七賢人の1人》. 2 Ⓒ 〈又は s-〉賢人; 立法家; 〖米話〗議員.

‡**sol·stice** /sálstəs|sɔ́l-/ 名 Ⓒ 〖天〗至(し)《太陽が赤道から北[南]に最も遠く離れた時; →summer [winter] solstice》.

sol·u·bil·i·ty /sàljəbíləti|sɔ̀l-/ 名 Ⓤ 可溶性, 溶解性[度]; (問題などの)解決可能性.

†**sol·u·ble** /sáljəb(ə)l|sɔ́l-/ 形 1 溶ける, 溶けやすい, 〈*in* ..に〉. Resin is ～ *in* alcohol. 樹脂はアルコールに溶ける. water-～水溶性の. 2 〖章〗〔問題などが〕解決できる, 説明できる.

‡**so·lu·tion** /səlúːʃ(ə)n/ 名 (複 ～s /-z/) 1 (a) Ⓤ **溶解**, 溶けること, 溶解状態. salt in ～ in sea water 海水に溶けている塩. (b) Ⓒ **溶液**. a ～ of sugar and vinegar 砂糖と酢の溶液.

2 (a) Ⓤ **解決**, 解明. The problem seemed too difficult to admit ～. 問題は困難を極め解決の余地はなさそうだった. (b) Ⓒ **解決法**, 解答, 〈*to, for, of* ..の〉; 〖数〗解. find a ～ *to* [*for*] the trouble 紛争の解決策を見いだす. the ～ *to* a puzzle パズルの答え.

> 連結 a logical [a rational; an ingenious; a reasonable, a sensible; a satisfactory; an ideal; an easy] ～

3 Ⓤ 分離, 分解. 4 Ⓤ 〖法〗債務履行.

◇動 solve [<ラテン語「解くこと, 緩めること」]

solv·a·ble /sálvəb(ə)l|sɔ́l-/ 形 解決[解答]できる.

‡**solve** /sɑlv|sɔlv/ 動 (～s /-z/|過 過分 ～d /-d/|**sólv·ing**) 他 〔問題など〕を**解決する**, 解明する; 〔設問など〕に**解答する**, を解く. ～ the problem of food 食料問題を解決する. ～ a mystery [crime] なぞを解明する[犯人を見つける]. ～ an arithmetic problem 算数の問題を解く.

◇名 solution [<ラテン語 *solvere*「解く, 緩める」]

sol·ven·cy /sálv(ə)nsi|sɔ́l-/ 名 Ⓤ (負債に対する)支払い能力(のあること) (↔insolvency).

‡**sol·vent** /sálv(ə)nt|sɔ́l-/ 形 1 支払い能力のある. 2 溶解力のある. ── 名 Ⓒ 溶剤, 溶媒. an ideal ～ for most paints たいていの塗料に好適な溶剤.

sólvent abùse 名 〖章〗=glue sniffing.

sólv·er 名 Ⓒ 解く人, 解決する人, 解答者.

Sol·zhe·nit·syn /sòulʒəníːtsin|sɔ̀l-/ 名 **Alexander** ～ ソルジェニーツィン (1918–)《旧ソ連の作家; ノーベル文学賞 (1970)》.

So·ma·li /soumáːli, sə-/ 名 (複 ～, ～s) 1 Ⓒ ソマリ人《黒人, アラブ人などの混血; ソマリア及びその付近に住む》. 2 Ⓤ ソマリ語.

So·ma·li·a /soumáːliə, sə-/ 名 ソマリア《アフリカ東部の共和国; 首都 Mogadishu》.

So·ma·li·land /soumáːlilæ̀nd, sə-/ 名 ソマリランド《アフリカ東部の沿海地方》.

so·mat·ic /soumǽtik/ 形 (精神に対して)体の, 肉体の. a ～ cell (生殖細胞以外の)体細胞.

▷ **so·mat·i·cal·ly** /-k(ə)li/ 副

***som·ber** 〖米〗, **-bre** 〖英〗 /sámbər|sɔ́m-/ 形 ⓜ

1 **薄暗い**, 曇った; 〔色などが〕黒ずんだ, くすんだ. ～ shadows of the trees 木立の落とす暗い影. a ～ brown suit 暗褐色のスーツ.

2 **陰気な**, 憂うつな; 真剣な, 深刻な. a ～ house [man] 陰気な家[男]. be in a ～ mood 気が滅入っている.

[<ラテン語 (<sub-+*umbra*「影」)]

▷ **～·ly** 副 黒っぽく; 地味に; 陰気に. **～·ness** 名

som·bre·ro /səmbré(ə)rou|sɔm-/ 名 (複 ～s) Ⓒ ソンブレロ《メキシコ, 米国南西部などで用いる広縁のフェルト帽》. [スペイン語 'shade']

‡**some** /s(ə)m, 強 sʌm/ (★品詞, 意味の違いに応じて強形, 弱形の使い分けがある; →any) 形 Ⓒ

【いくつかの, いくらかの】 1 /s(ə)m/ 〈可算名詞の複数形に付けて〉**いくつかの**, 多少の, 数..の, (→several 類語); 〈不可算名詞に付けて〉**いくらかの**, 若干量の.

(a) 〈肯定平叙文で〉*Some* boys were singing in the room. 数人の少年が部屋で歌っていた《*A boy* was singing.. の複数形に相当》. I want ～ stamps [money]. 切手[金]が(少し)欲しい (★次の例では「ほかのものでなく, 金というもの」という意味で some は不要: I want money, not sympathy. (金が欲しい, 同情なんかでなく)). Play me ～ Chopin. ショパンを弾いて聞かせてください. I'll wear ～ red shoes, too! 私も赤い靴を履くわ. 注意 数・量の意味が非常に弱く, 日本語に訳出しなくてもよい場合が多い.

(b) 〈疑問文・条件節で〉 Will [Won't] you have ～ tea? お茶を召し上がりませんか. Did you do ～ work last night? ゆうべ仕事をしましたか. If you have ～ money, you should buy the book. お金がある(の)なら, その本を買いたまえ.

(c) 〈否定平叙文で〉 It is surprising that you have *not* paid ～ attention to this fact. 君がこの事実にいくらかも注意を払わなかったのは不思議だ.

> 語法 **some と any** (1) 一般に some は肯定平叙文の中で用い, 否定文・疑問文・条件節では普通 any が代わりに用いられる. したがって I want *some* stamps. には I do*n't* want *any* stamps. (私は切手はいらない)《否定文》; Do you want *any* stamps? (切手はいりますか)《疑問文》; *If* you want *any* stamps.. (もし

切手が入用なら..)《条件文》が対応する(ただし→1 (b) と 語法 (2), (3)).
このことは *some* body, *some* thing, *some* where などの複合語についても当てはまり, 肯定平叙文以外ではそれぞれ *any* body, *any* thing, *any* where などとなる. したがって I know *some* body who can speak Hebrew. (私はヘブライ語を話せる人を知っている)には I do*n't* know *any* body who can speak Hebrew. (私はヘブライ語を話せる人を知りません); Do you know *any* body who..?; *If* you know *any* body who.. が対応する.
(2) (b) の例文のように形は(肯定・否定のいかんを問わず)疑問文でも, 意味が命令・依頼・勧誘を表す場合, または肯定の答えを相手に期待する場合には any ではなく some を用いる. (b) の第 2 例の Did you do *some* work..? は, 仕事をしたことを期待しながら尋ねているが Did you do *any* work..? ではそのような期待はない.
(3) (b) の最後の例文の *If* you have *some* money.. を *If* you have *any* money.. (もしお金を(少しでも)持っているなら)とすると普通の条件節であるが, some を用いると any の場合よりもその条件の可能性が強いことを暗に意味する.
(4) (c) の例文では,「当然いくらか注意を払ったはずだ」(You ought to have paid *some* attention to this fact.) という気持ちを含む. any を使えば「全然注意を払わなかった」という意味になる.

2 /sʌm/【ある(若干の)】〈可算名詞の複数形, 不可算名詞に付けて〉(ある)一部の. *Some* houses are damp in winter. 冬じめじめする家もある. *Some* people are tall and ～ [others] (are) not. 背の高い人もあればそうでない人もある. The President's speech did not please ～ people. 大統領の演説は一部の人には喜ばれなかった. 語法 (1) 日本語に訳す時に,「(中には)..なもの[人]もある」とする場合が多い. (2) しばしば some..some, some..others [other＋複数名詞]のように対照して用いられる.
【ある(はっきりしない)】 **3** /sʌm/〈可算名詞の単数形に付けて〉ある, 何か.., だれか... Mary is talking with ～ boy. メリーがだれか男の子と話してるよ. I have read that in ～ book. 何かの本でそれを読んだ. The train came late for ～ reason. なぜか分からなかったが汽車が遅れて来た. 語法 普通はっきりと何か[だれか]分からない場合に, また時に, はっきりさせたくない場合に用いる; →certain 5, 6.
4 /sʌm/【だいたい】〈数詞に付けて〉およそ, 約, (about). *Some* thirty of our class came to the meeting. 我々の同期のおよそ 30 人が会合に来た. ～ twenty houses 20 軒ほどの家. ★この場合の some は副詞とも考えられる.
【いくらかの＞ちょっとした＞かなりの】 **5** /sʌm/ かなりの, 相当多い;〖話〗大した, すごい. I had ～ trouble over this matter. この件ではいささか[相当]苦労した. a man of ～ position ちょっとした[かなりの]地位の人. That was ～ race. すごいレースだった. *Some* friend you are! 大した友人だよ, 君は. *Some* help you've been! おかげで大助かりだったよ, 全く. 語法 最後の 2 例のように, しばしば皮肉的に用いられる.
sóme dày ＝someday.
sòme féw [líttle] (1) 少数[量](の). There were ～ *few* (teachers) present. (先生も) 2, 3 名は出席していた. (2) かなり(多く)の. He was kept waiting for ～ *little* time. 彼はかなりの間待たされた.
sòme móre もう少し多く(の), もういくつか(の). This bag isn't quite the right color. Show me ～ *more*. このかばんは色がどうもぴったりではない, もっといろいろ見せてください (★「もう 1 つ別のを」なら another (one)).
some one (1) /⌐-⌐/ ＝someone. (2) /⌐-⌐/ どれか 1 つ(の), だれか 1 人(の). ～ *one* of the houses その家のうちどれか 1 軒.
****sòme..or óther*** ..か何か, ..かだれか, (this or that) (★*some* one, *some* time などの複合語にも類似の表現がある; or other は some に含まれる不定の気持ちを強めるだけの働き). (in) ～ way *or other* どうにかして, 何がしかの方法で. ～ day *or other* いつかそのうちに (＝some other day). He is always doing ～ mischief *or other*. 彼はいつも何かしらいたずらをしている.
sòme òther dáy [tíme] いつかそのうちに. I'm not feeling well today—let's go there ～ *other time*. 今日は気分がよくないのでそこへはいつか別の日に行こう.
****sóme tìme*** しばらく(の間), かなり長い間. We lay (for) ～ *time* on the grass. 我々はしばらく芝生の上に横になっていた. I've known your reputation for ～ *time*. ご名声はかねてより承っておりました.
—— 代〈可算名詞に代わって用いられる時は複数扱い, 不可算名詞に代わって用いられる時は単数扱い〉 **1** /səm/ いくらか, 一部分, (★any との使い分けは 形 に準ずる; → some 形 語法). You can eat ～ *of* these oranges. このオレンジをいくつか食べてもいいよ. *Some* (*of* the milk) was spilled. (ミルクの)いくらかはこぼれた. I need some money. If you have *any*, please lend me ～. 金が必要だ, あったら少し貸してくれないか (★初めの some は形容詞).
2 /sʌm/ ある人たち, ある物, (★形 2 の用法に準ずる). *Some* agree with us. 我々と同意見の人もある. *Some* are wise and ～ are otherwise. 賢い人もあればそうでない人もある. *Some* of the class said it was true, others not, and still others were indifferent. クラスの生徒たちの中には, それが本当だと言う者もあり, そうでないと言う者もあり, さらに(そんな事に)無関心な者もあった.
and thén some 〖米話〗さらにもっと(うんと). He's as handsome as Richard Geare—*and then* ～. 彼はリチャード・ギアぐらいの男まえだ. いやそれ以上だな.
gèt sóme 〖米俗〗(女と)'やる' (→Getting ANY?).
—— /sʌm/ 副〖話〗いくらか, やや, 多少;〖米話〗随分, 相当に. He seemed annoyed ～. 彼はいささか気を悪くしたようだった. Lie down and rest ～. 横になってちょっと休みなさい. That's going ～! なかなかやるね, すごい. [＜古期英語 *sum*]

-some /səm/ 接尾 **1** 名詞, 形容詞, 動詞に付けて「..に適する, ..を生ずる, ..しやすいなど」の意味の形容詞を作る. trouble*some*. glad*some*. win*some*.
2 数詞に付けて「..の組(の)」の意味の形容詞, 名詞を作る. two*some*. four*some*. [古期英語]

‡some·bod·y /sʌ́mbɑ̀di, -bədi|-bədi, -bɔ̀di/ 代 だれか, ある人. ～ else だれか他の人. *Somebody* careless left the door open. だれかうっかり者がドアを開けっ放しにした. There's ～ (who) wants to see you. あなたに会いたいと言う人が(来て)います. If ～ is to be blamed, it is me. だれか罪があるとすれば, それは私である (→some 形 1 語法). *Somebody* left their umbrella. だれかが傘を忘れて行った. Ask a policeman or ～. 警官かだれかにききなさい.

語法 (1) 同義の someone よりもくだけた語; →someone. (2) 否定文・疑問文・条件節では普通 anybody を用いる; →anybody; →some 形 1 語法. (3) 普通, 単数扱いであるが,〖話〗ではしばしば they で受ける; 最後の用例参照. (4) 修飾する形容詞は後に置く; 2 番目の用例参照.

sómebody or òther だれか(知らない人).
Sòmebody up thère lóves [hátes] me. 〖米話〗どなたかの助けがある[見離されている]のだ, 私は運に恵まれている[いない].
—— 名 (複 **-bod·ies** /-z/) C ひとかどの人物, 大した人,

S

(★しばしば不定冠詞 a が省かれるが, その場合は 代 とも考えられる). I wish I were a ～. 私はひとかどの人物になりたい. He thinks himself (to be) (a) ～. 彼は自分を大物だと思っている. [＜中期英語; some, body]

‡some·day /sʌ́mdèi/ 副 Ⓒ (未来の)いつか, そのうち, (★some day とも綴る; →one DAY). *Someday* I'll visit America. いつかアメリカを訪れようと思う.

‡some·how /sʌ́mhàu/ 副 Ⓒ 〈しばしば ～ or other として〉 **1** どうにか, 何とかして. *Somehow* (*or other*) the pilot managed to land the plane. パイロットは飛行機をどうにか着陸させた. I'll finish it today ～. 何とかして今日片付けましょう.
2 どういうわけか, どういうものか, 何となく. *Somehow* I don't trust him. なぜか彼を信用できない. *Somehow* I have the feeling that he is still alive. 何となく彼はまだ生きているような気がする. [some, how]

‡some·one /sʌ́mwʌ̀n, -wən/ 代 だれか, ある人. "I want to see ～," she said. "Anyone—but right away."「どなたかにお会いしたいのです. どなたでも結構ですが, 今すぐお願いします」と彼女は言った. I have to meet ～ at seven. 7時に人と会う約束があります. *Someone* of you must go. 君たちのうちだれかが行かなくてはならない (注意 このような of 句を伴う場合 somebody を代わりに使うことはできない). ～ new だれか新しい人.

> 語法 (**1**) somebody よりやや堅い語. (**2**) 否定文・疑問文・条件節では普通 anyone を用いる; →anyone; →some 形 1 語法. (**3**) some one ともつづる; ただし, このつづりは人だけではなく物を表す場合もある; →SOME one (2)(some 形 成句).

── 名 ＝somebody. [＜中期英語; some, one]

sóme·plàce 副 〖主に米話〗＝somewhere.

som·er·sault, -set /sʌ́mərsɔ̀:lt/, /-sèt/ 名 Ⓒ とんぼ返り, 宙返り; 前[後]転; (意見, 政策などの)逆転, 180度転換. turn [do] a ～ とんぼ返り[でんぐり返し]をする.
── 動 自 とんぼ返りをする.

Som·er·set /sʌ́mərsèt, -sət/ 名 サマセット《イングランド南西部の州; 州都 Taunton》.

‡some·thing /sʌ́mθiŋ/ 代 **1** (**a**) 〈肯定文で〉 **何か**, 何事か; ある物, ある事. 語法 something を修飾する形容詞は後に置く. I have ～ to tell you. 君に言っておきたいことがある. Some people try to get ～ for nothing. 何もしないで何かを得ようとする人もある. Here's (a little) ～ for you. これ(少しだが[たいしたものではないが])君にあげる (★a little something の something は名詞). There is ～ wrong with this machine. この機械はどこか具合がおかしい. There was ～ mysterious about him. 彼にはどこかなぞめいたところ[雰囲気]があった. There's ～ about Ireland that I find romantic. アイルランドにはどこかロマンチックなところがある. There is ～ in what you say. 君の意見には一理ある. He does ～ in the movies. 彼は映画関係の仕事をしている.
(**b**) 〈疑問文で〉 何か. 語法 人に物を勧めたり, 肯定的な答えが予期されたり, 話し手が肯定的に考えている場合は anything ではなく, something が用いられる. Would you like ～ to eat? 何か召し上がりますか. Did you say ～? 何か言いましたか[言ったでしょう]. Could you tell us ～ about Galway? ゴールウェイのことをお話し下さいませんか.
(**c**) 〈条件節で〉 何か. 語法 話し手が実際に起こりうると予測したり, 肯定的に考えている場合は anything ではなく, something を使う: *If* you do*n't* eat ～ now, you'll be hungry on the train. (今何か食べておかないと汽車に乗ってからおなかが減るよ).
(**d**) 〈否定文で〉 何か. This is not ～ to be afraid of. これはこわがるようなことではない (★この文は This is ～ that you should not be afraid of. の意味であって, not は something を否定してはいない). This serenity of mind is not ～ that comes easily. この心の静けさは簡単に訪れてくれるものではない.
2 いくらか, 多少. ～ of .. →成句. I know ～ about law. いささか法律の心得はあります. Five thousand dollars—that isn't much, but it's ～. 5千ドルか—大金とは言えないが, まあ相当な額だ. *Something* is better than nothing. 〖諺〗(いくらかでも)有るは無きに勝る.
3 〈補語・目的語としてのみ〉 (**a**) 重要な事柄; 大した[結構な]こと. It is ～ at any rate that the worst is now over. とにかく最悪の事態を脱しただけでもありがたい. That's ～. 結構なことだ. be really [quite] ～ なかなかのものである. (**b**) ひとかどの人物. That upstart thinks he is ～. あの成り上がり者は名士気取りでいる.
4 何とか, なにがし, だれそれ, (★はっきりしない, 又は伏せておきたい名前・数字などの(一部)に用いる). ～ over [under] £1,000 千ポンドを多少超える[下回る]額. The actor's name was Charles ～. その俳優の名はチャールズ何とかといった. the two ～ train 2時何分か発の列車. in the year eighteen (hundred and) ～ 1800何年かに. Most people there were sixty-～. 〖話〗そこにいた大部分の人は60何歳かであった.

hàve sómething to dó with .. ..と(いくらか)関係がある (→have to DO with).

màke sómething of .. (**1**) ..を活用する. (**2**) 〔人〕をひとかどの者に仕上げる. *make* ～ *of* oneself [one's life] 立身出世する.

****..or sómething*** ..か何か, ..とかどうとか, (★内容に対するあいまいな付け足しを表す; 名詞のみに限らず用いられる). Use a knife *or* ～. ナイフか何かを使いなさい. John came late—his car had broken down *or* ～. ジョンは遅刻した, 車が故障したとかどうとかだった.

sèe sómething of a pèrson 人と時々会う.

sòmething a little strónger 〖戯〗何か(もうちょっと強い)別のもの《酒類を指す》.

sòmething élse (**1**) 何か他のもの[事]. (**2**) 〖話〗飛び切り上等のもの[人]. His new movie is ～ *else*. 彼の今度の映画は実にいい出来栄えだよ.

sòmething èlse agáin 全くの別問題, 別件; (..となると)話は別.

****sómething of ..*** ..が[を]少し, 多少[かなり]..らしいところ, ちょっとした.., (→ANYTHING of .., NOTHING of ..). Tom is ～ *of* a miser. トムはちょっとけちなところがある. I have seen ～ *of* the world. 私もこれまでいささか世間を見て来た. There is ～ *of* uncertainty in his story. 彼の話にはどこかはっきりしないところがある. The book created ～ *of* a literary sensation. その本は文壇でちょっとした騒ぎを起こした.

sómething or òther 何か(かんか).

Sòmething télls [tóld] me .. 〖話〗..という気がする[した]. *Something told me* I would find you here. 何となくあなたにここで会えそうな気がした.

You knòw sómething? →know.

You've gòt sòmething thére. それはいい考えだ; まさに至言だ.

── 副 **1** 幾分, いささか, (somewhat). Bob was ～ stouter than his brother. ボブは兄よりも太りぎみだった. **2** 〖話〗とても, すごく, (★普通, 形容詞を修飾する). It hurts ～ awful. ばかに痛いよ. rave ～ fierce ものすごくわめき散らす.

sómething like .. →like².

── 名 Ⓒ 〈普通, 単数形で〉 あるもの. an unknown ～ ある未知のもの. [＜古期英語; some, thing]

***some·time** /sʌ́mtàim/ 副 Ⓒ **1** (未来の)いつか, そのうちに, 近いうちに. Why don't you come over ～? そのうちにぜひいらっしゃいよ. I think I can meet her ～ next week. 来週のいつか彼女に会えると思う. **2** (過去

の)いつか, ある時. I met your father ～ last month. 先月のいつだったか君のお父さんに会った. ～ around 1950 1950 年頃.

sómetime or òther 早晩, いずれ.

── [形] [C] 〖章〗〈限定〉以前の, かつての, 元.., 前.., (former). a ～ professor at London University ロンドン大学の元教授. [＜中期英語; some, time]

‡**some·times** /sʌ́mtàimz/ [副] [C] **時々**, 時には. My brother ～ sings in his sleep. 弟は時々眠っていて歌を歌う. *Sometimes* I wish I were somewhere else. 時にはどこかよそへ行きたいと思うこともある. *Sometimes* he came alone and ～ with his wife. 彼は時には 1 人で, 時には奥さんと一緒に来た. [＜中期英語; some, time, -s 3]

sóme·wày(s) [副] 〖米話〗 **1** なんとかして (somehow). *Someway*, somehow, we must let them know that. なんとかかんとかして彼らにそのことを知らせなくてはいけない. **2** どういうわけか (somehow). I ～*s* like a day just like this. どうしてか今日のような日が好きだ.

‡**some·what** /sʌ́m(h)wɑ̀t|-(h)wɔ̀t/ [副] [C] **やや**, いくらか, 多少, (rather, a little). It is ～ cold today. 今日は少し寒い. You look ～ paler than usual. 君はいつもより幾分顔色が悪い. We were ～ disturbed to hear the news. その知らせを聞いて我々は多少不安に思った.

── [代] 多少, 幾分, (something).

mòre than sómewhat 〖英話〗大変, とても. The news disturbed me *more than* ～. その知らせに私はひどく不安になった.

sómewhat of .. 〖話〗＝SOMETHING of...
[＜中期英語; some, what]

‡**some·where** /sʌ́m(h)wèər/ [副] [C] **1** (**a**) どこかに, どこかへ, どこかで. The accident happened ～ around here. 事故はどこかこの辺で起こった. You will find the book ～ in my study. その本は私の書斎のどこかにあるだろう. [語法] 否定文・疑問文・条件節では普通 anywhere を用いる; →anywhere; →some [形] 1 [語法].
(**b**) 〈名詞的〉どこか. ～ to live どこか住む所. ～ different どこか違った所. ～ else どこか別の所.
2 〈場所以外の意味に用いて〉..ぐらい, ..ごろ, 約.., (★about, around, between, in the region of などで始まり数詞などを含む副詞句を伴う). arrive ～ *around* ten o'clock 10 時前後に着く. The old man must be ～ *in* his eighties. あの老人は 80 歳代に違いない. The cost will be ～ *between* one and two million yen. 費用は 100 万円から 200 万円の間のどこかになるだろう.

gèt sómewhere 〈進行形で〉〖話〗どうやら成功する, (かなり)うまく行く, (→get ANYWHERE, get NOWHERE).
[＜中期英語; some, where]

som·me·lier /sɔ̀:məljéi, sʌ̀mə-|sʌ́məljèi/ [名] [C] ソムリエ《ワイン係の給仕, ワイン選びの相談にも乗る; wine waiter とも言うが, 一般的でない》. [フランス語 'butler']

som·nam·bu·lism /sɑmnǽmbjəlìz(ə)m|sɔm-/ [名] [U] 夢遊病, 夢中遊行症, (sleepwalking). [＜ラテン語 *somnus*「眠り」＋*ambulāre*「歩く」]

som·nám·bu·list [名] [C] 夢遊病者 (sleepwalker). ▷**som·nàm·bu·líst·ic** /[移]/ [形]

som·nif·er·ous /sɑmnífərəs|sɔm-/ [形] **1** 催眠の, 眠くする. **2** 眠い.

som·no·lence /sɑ́mnələns|sɔ́m-/ [名] [U] 〖雅〗(非常に)眠いこと, 眠け.

som·no·lent /sɑ́mnələnt|sɔ́m-/ [形] 〖雅〗 **1** 眠い (sleepy). **2** 眠けを催させる. ▷**～·ly** [副]

Som·nus /sɑ́mnəs|sɔ́m-/ [名] 〖ロ神話〗ソムヌス《眠りの神; 〖ギ神話〗の Hypnos (ヒプノス)に当たる》.

‡**son** /sʌn/ [名] ([複] ～**s** /-z/) [C] **1 息子**, せがれ, (↔daughter); 義理の息子, 養子, (son-in-law). You have a fine ～. すばらしい御子息をお持ちですね. our oldest [eldest] ～ うちの長男. Ted is his father's ～. テッドはさすが父親の子だ[父親にそっくりだ]. Edward, ～ to the king 王子エドワード.
2 〈普通 ～s〉(男の)子孫. the ～*s* of Adam アダムの子孫《人類》.
3 〖雅〗..国の人; 子, 一員, 〈*of* ..の〉. faithful ～*s of* America アメリカの忠実なる国民. a ～ *of* Mars マルス[軍神]の子《軍人》. a ～ *of* the Muses ミューズ[詩神]の子《詩人》. a ～ *of* the soil 土の子, 農夫.
4 〈呼びかけ〉(**a**) 君 (★年輩者などが青少年に対して用いる). Looking for someone, ～? だれかを探しているのかい, 君. (**b**) 〈my son で〉あなた《聖職者が男性に対して》.
5 〈the S-〉御(み)子《Trinity (三位一体)の第 2 者としてのキリスト》. [＜古期英語 *sunu*]

so·nance /sóunəns/ [名] [U] **1** (音の)響き. **2** 〖音声〗有声.

so·nant /sóunənt/ [形] **1** 音のある; 響く. **2** 〖音声〗有声の (voiced).
── [名] [C] 〖音声〗 **1** 有声音. **2** 音節主音.

so·nar /sóunɑ:r/ [名] [UC] 水中音波探知機, ソナー, 《＜*so*und *na*vigation *r*anging》.

***so·na·ta** /sənɑ́:tə/ [名] ([複] ～**s** /-z/) [C] 〖楽〗ソナタ, 奏鳴曲. [イタリア語 'sounded']

son·a·ti·na /sɑ̀nətí:nə|sɔ̀n-/ [名] ([複] ～**s, son·a·ti·ne** /-nei/) [C] 〖楽〗ソナチネ, 小奏鳴曲.

sonde /sɑnd|sɔnd/ [名] [C] ゾンデ《高空気象などを知るために打ち上げるロケット, 気球など; →radiosonde》. [フランス語 'sounding (line)'; →sound³]

son et lu·mi·ère /sɑ̀n-ei-lú:mjeər|sɔ̀n-/ [名] [U] ソンエリュミエール《史跡などで行われる, その由来などをテーマにした夜間の野外ショー; 迫真性を得るため効果音・照明が多用される》. [フランス語 'sound and light']

‡**song** /sɔ:ŋ|sɔŋ/ [名] ([複] ～**s** /-z/) **1** (**a**) [C] **歌**, 唱歌, 歌曲, ([類語] 歌を表す最も一般的な語; →ballad, carol, chanson, hymn, lullaby). sing a ～ 歌を歌う. a popular [marching] ～ 流行歌[進軍歌].
(**b**) [U] 〈集合的〉歌曲集, 歌のレパートリー.

> [連結] a joyful [a cheerful, a happy, a rapturous; a melancholy, a mournful, a plaintive, a sad; a tragic; a boisterous, a noisy; a melodious; a ribald; a drinking; a folk; a love; a theme] ～ // play [perform; hum; whistle; compose, write] a ～

2 [U] 歌うこと. rejoice in ～ 歌を楽しむ. break [burst] into ～ 急に歌い出す.
3 [C] (特に歌唱に適した)詩 (poem); [U] 詩歌 (poetry). a lyric ～ 叙情詩. a legendary king honored in ～ 詩歌に名高い伝説上の王.
4 〈the Songs〉＝Song of Solomon.
5 [UC] (鳥の)さえずり, (虫の)鳴き声. The birds filled the morning with ～. その朝は小鳥たちのさえずりでにぎやかだった. **6** [U] (小川の)せせらぎ, (やかんの)沸き立つ音.
◇[動] sing

for a sóng 〖話〗ただ同然で〔買う〕, 二束三文で〔売る〕. go *for a* ～ 二束三文になる.

on sóng 〖英〗〔スポーツ選手などが〕絶好調で, 乗って(い↑

sìng anòther [***a different***] ***sóng*** ＝change one's TUNE. [＜古期英語]

sòng and dánce [名] [C] 〈単数形で〉 **1** 歌って踊っての演技. **2** 〖米話〗(お決まりの)言い逃れ, まゆつば話; 〖英話〗(不必要な)大騒ぎ; 〈*about* ..のことでの〉. go into the same old ～ 相も変わらずぐたぐた言い訳を始める. That's nothing to make a ～ about. それは大騒ぎするに値しないことだ.

sóng·bìrd [名] [C] 鳴鳥(なきどり)《よい声で鳴く鳥》; 〖話〗女性歌手, 歌姫.

S

sóng·bòok 名 C 唱歌集, 歌の本.

sóng·fèst 名 C 〖米〗 歌の集い《フォークソングなどを, 聴衆も歌手と一緒に歌う》.

sóng·less 形 **1** 歌のない; 歌えない. **2**〔小鳥などが〕さえずらない.

Sòng of Sólomon [Sóngs] 名 〈the ～〉『雅歌』《旧約聖書中の一書; 単に the Songs 又は the Canticles とも言う》.

sóng spàrrow 名 C 〖鳥〗 ウタスズメ《北米産の鳴鳥(なきどり)》.

song·ster /sɔ́ːŋstər|sɔ́ŋ-/ 名 C 〖雅〗 **1** 歌手; 歌の作者, 詩人. **2** 鳴鳥(なきどり) (songbird).

song·stress /sɔ́ːŋstrəs|sɔ́ŋ-/ 名 C 〖雅〗 (特に流行歌を歌う)女性歌手, 歌姫.

sóng·thrùsh 名 C 〖鳥〗 ウタツグミ.

‡**sóng·wrìter** 名 C (普通, ポピュラーソングの)作詞[作曲]家.

‡**son·ic** /sɑ́nik|sɔ́n-/ 形 音の, 音波の; 音速の; (→ subsonic, transonic, supersonic, hypersonic). [＜ラテン語 *sonus*「音」]

sònic bárrier 名 〈the ～〉 〖物理〗 音速障壁 (sound barrier)《飛行機, 弾丸などの速度が, 音速に近い時に起こる空気抵抗》.

sònic bóom [〖英〗 **báng**] 名 C ソニックブーム《飛行機が超音速で飛ぶ時の衝撃波による爆発音》.

†**son-in-law** /sʌ́ninlɔ̀ː/ 名 (複 **sons-**, 〖英〗 では又 **～s**) C 婿《娘の夫》; 養子.

‡**son·net** /sɑ́nət|sɔ́n-/ 名 C ソネット, 14 行詩, 《イタリア起源で, 普通, 弱強五歩格 (iambic pentameter)》. [＜イタリア語「小さな音」]

son·net·eer /sɑ̀nətíər|sɔ̀n-/ 名 C **1** ソネット詩人. **2** 〖軽蔑〗 へぼ詩人.

son·ny /sʌ́ni/ 名 (複 **-nies**) C 〖旧話〗 坊や. ★主に年長者からの呼びかけとして用いる.

sòn of a bítch 名 (複 **sons of bitches**) C 〖主に米卑〗 **1** 畜生, 野郎, 《下等な言葉なので S.O.B., s.o.b., SOB と略したり, son of a gun と言い換えることがある》. **2** やっかいなこと. be a (real) ～ とてつもなく難しい. **3** 〈間投詞的〉 えいくそっ.

sòn of a gún 名 (複 **sons of guns**) C 〖米旧話〗 **1** 野郎, 畜生, あいつめ, 《男性仲間の極めて親密な言葉として「あいつ」,「きさま」の意味でよく使われる;「きさま」の意味では普通 you (old) ～ の形で用いられる》. Man, can that ～ sing! あの野郎, めっぽう歌がうめえぞ. **2** 〖戯〗 あいつ《やっかいな物を指して》, やっかいなこと.

Sòn of Gód 名 〈the ～〉 〖聖書〗 神の子《キリスト》.

Sòn of Mán 名 〈the ～〉 〖聖書〗 人の子《キリスト》.

sòn of mán 名 (複 **sons of men**) C 人間.

so·nor·i·ty /sənɔ́ːrəti|-nɔ́r-/ 名 U 〖章〗 **1** よく響き渡ること. **2** 〖音声〗 音(おん)の聞こえ《一般に母音は子音より, 有声音は無声音より sonority が大きい》.

‡**so·no·rous** /sənɔ́ːrəs, sɑ́nərəs|sənɔ́ːrəs, sɔ́n-/ 形 〖章〗 **1** 〔声などが〕朗々とした, よく通る; 〔場所が〕音のよく響き渡る. **2** 〔文体, 演説などが〕堂々とした, 格調の高い; 〔言葉(の響き)などが〕仰々しい, 大げさな. [＜ラテン語「声高な」] ▷**～·ly** 副

‡**soon** /suːn, sun|suːn/ 副 e (**sóon·er|sóon·est**)

1 間もなく, すぐに; 近いうちに, そのうち; (類語 ある時点を起点にしてそこから「間もなく」; →early). Spring will ～ be here. もうすぐ春です. She'll be back pretty [very, quite] ～. ほどなく彼女は戻るでしょう. See you (real) ～. じゃあまたね. (I'll) talk to you ～. また電話するね. The accident happened ～ after sunset. 事故は日没後間もなく発生した. I shall hear from him ～. いずれ彼から手紙が来るだろう.

2 早く, (予定より)早めに. I didn't expect you to get here so ～. 君がこんなに早く来るとは思わなかったよ. How ～ can you come to help me? いつごろ[どのくらい早く]手伝いに来られるかね. (Are you) leaving [Must you leave] so ～? もうお帰りですか (★ていねいな表現であるが, 最後に帰る客には皮肉). Don't speak too ～. まだ何とも言えない(よ). I spoke too ～. いやあ, 早まった. Yesterday wouldn't be too ～. いくら早くても早すぎることはない(ですよ). *Sooner* than you think. 意外に早いかもね. The ～*er* the better. 早ければ早い方がいい.

àll too sóon あっけなく. The vacation came to an end *all too* ～. 休暇は実にあっけなく終わってしまった.

****as sóon as..*** (1) ..するとすぐに, するやいなや. Call me *as* ～ *as* you get there. 着いたらすぐ電話をくれたまえ. (2) ..ほど早く. She didn't arrive *as* [so] ～ *as* we had expected. 彼女は我々が予期していたほど早くは到着しなかった (★否定語の後には so ～ as の形も用いられる).

****as sòon as póssible*** [*one cán*] できるだけ早く. The fighting must be brought to an end *as* ～ *as possible*. その戦闘は一刻も早く終わらせねばならない. I'll start *as* ～ *as* I *can*. できるだけ早く出発しよう.

at the sóonest 一番早く事が運んで, どんなに早くても. I'll be back next Sunday *at the* ～*est*. 私は一番早くて今度の日曜日に帰ります.

nòne [***nòt a mòment***] ***too sóon*** やっとのことで.

****no sóoner X than..*** X するかしないうちに.., X するとすぐに.., X するやいなや... I had *no* ～*er* [*No* ～*er* had I] hung up *than* the phone started to ring again. 電話を切った途端にまた鳴りだした.

> 語法 (1) as soon as よりは〖章〗. (2) 普通 no sooner の節は過去完了形(時に過去形), than に導かれる節は過去形の動詞を持つ. (3) no sooner が文頭に出る場合は主語と動詞が倒置される.

Nò sòoner sáid than dóne. (1) すぐします(よ). (2) すぐに実行された.

nòt a mòment [***nòne*** ↑] ***too sóon***

****sòoner or láter*** 遅かれ早かれ, いずれは. *Sooner or later* bubbles burst. 遅かれ早かれ泡ははじけるものだ.

****would*** (***jùst***) ***as sóon*** むしろ..したい[でありたい]. I'*d just as* ～ stay home (*as* go out). (出かけるより)むしろ家にいたい. I'*d just as* ～ you didn't tell anyone about that. どちらかと言えば君にそのことを口外してほしくない. I'*d as* ～ be dead. = I'd ～*er* be dead. 死んだ方がましだ.

> 語法 (1) 普通, 動詞の原形が後に続くが, 2 番目の用例のように仮定法過去形の動詞を持つ節が続くこともある. (2) さらに 1 番目の用例のように as＋動詞の原形, あるいは as not が付加されて, もう 1 つの選択の内容を明示する場合もある.

would as sòon nót = ***would sòoner nót*** むしろしたくない. "Will you go?" "I'*d as* ～ *not*!"「君行くかい」「どっちかと言うと行きたくないな」.

****would sòoner X́*** (***than Ý***) (Y より)むしろ X したい[する方がましだ] (→would RATHER). I'*d* ～*er* be a live coward *than* a dead hero. 死んで英雄になるより臆(おく)病者として生きる方がました. I'*d* ～*er* stay, if you don't mind. あなたが構わなければ, (行くより)残りたい.

> 語法 (1) sooner, than の後には動詞の原形が来る. (2) 文脈などから明白な場合 than 以下が省かれることもある.

[＜古期英語「ただちに」]

***soot** /sut, suːt, sʌt|sut/ 名 U すす, 煤煙(ばいえん). clean the ～ out of the fireplace 暖炉のすすを払う. covered with [in] ～ すすで覆われた.

── 動 他 をすすで汚す, すすだらけにする, 〈*up*〉〈普通, 受け身で〉. ◇形 sooty [＜古期英語]

sooth /suːθ/ 名 U 〖古〗 真実, 事実, (truth).

in (***gòod***) ***sóoth*** 〖古〗 誠に, げに, (truly).

***soothe** /suːð/ 動 (**sóoth·es** /-əz/|過 過分 **~d** /-ðd/| **sóoth·ing**) 他 **1** 〔人〕をなだめる, 慰める, 落ち着かせる; 〔神経, 感情など〕を静める; (calm, comfort). We tried to ~ him (down). 我々は彼をなだめようとした. The mother *~d* her baby by giving him some milk. 母親は赤ん坊にミルクを与えて落ち着かせた. ~ a person's nerves [hurt feelings, anger] 人の神経を鎮静させる[痛んだ心を慰める, 怒りを静める]. **2** 〔薬などが〕〔苦痛など〕を**和らげる**, 楽にする; 〔人が〕〔恐怖心など〕を取り除く; 〈*away*〉. This syrup will stop your cough and ~ your (sore) throat. このシロップは咳(せき)を止め, のどの痛みを楽にするよ.
[<古期英語「真実 (sooth) であることを証明する」; 現在の意味は 17 世紀から]

sooth·ing /súːðiŋ/ 形 **1** なだめる(ような), 安らぎを与える. **2** 〔薬剤などが〕痛みを緩和する, 鎮静効果のある.
▷**~·ly** 副 なだめる[慰める]ように; 優しく.

sooth·say·er /súːθsèiər/ 名 C 《古》占い師, 易者.

sóoth·sàying 名 U 《古》占い, 占うこと; UC 予言, 卦(け).

†**soot·y** /súti, súː-|súti/ 形 e **1** すすの(ような); すすだらけの. **2** 〔色が〕すすけた, 黒ずんだ.

sop /sɑp|sɔp/ 名 **1** C ソップ《牛乳, スープ, 肉汁などに浸したパン切れなど》. **2** U 水浸しでぐしゃぐしゃの[ふやけた]もの《雪解け, 大雨の後のぬかるみ状態など》. **3** C 〈単数形で〉(機嫌取りの)えさ, ‘あめ’; 賄賂(わいろ), 鼻薬; 〈*to* ..への〉. a mere ~ *to* low-income workers 低所得労働者へのただの機嫌取り.
── 動 (**~s**|**-pp-**) 他 **1** VOA 〔パン切れなど〕を浸す 〈*in* ..に〉. ~ bread *in* gravy パンを肉汁に浸す. **2** VOA (~/X/ *up*) X(液体)を(布などにしみ込ませて) 吸い取る. ~ *up* the spilt water with a rag こぼれた水を雑巾(ぞうきん)でふき取る. **3** ずぶぬれにする. ── 自 びしょぬれになる.
[<古期英語]

sop. 《楽》 soprano.

soph. sophomore.

So·phi·a /soufíːə|səfáiə/ 名 女子の名《愛称 Sophie, Sophy》. [ギリシア語「利発, 才知」]

So·phie /sóufi/ 名 Sophia の愛称.

soph·ism /sɑ́fiz(ə)m|sɔ́f-/ 名 C 詭(き)弁, こじつけ; U 詭弁(を弄(ろう)すること). [<ギリシア語「名案, 奸計」(<「賢い, 小賢しい」)]

soph·ist /sɑ́fist|sɔ́f-/ 名 C **1** 〈しばしば S-〉ソフィスト《古代ギリシアの哲学・修辞・弁論術などの教師》. **2** 詭(き)弁家, 屁(へ)理屈屋; 学者.

so·phis·tic /səfístik/ 形 **1** 詭(き)弁の; 〔議論などが〕詭弁的な. **2** 〔人が〕詭弁を弄(ろう)する. [<ラテン語「詭弁の」(<ギリシア語)]

so·phís·ti·cal /-tik(ə)l/ 形 =sophistic. ▷**~·ly** 副

so·phis·ti·cate /səfístəkèit/ 動 他 **1** 〈良い意味で〉〔人, 趣味など〕を洗練させる, 高度化する. **2** 〈悪い意味で〉〔人, 態度など〕を世間慣れさせる, 悪擦れさせる; を都会風にする. Their minds have been *~d* by literature. 彼らの心は文学で悪擦れしてしまった. **3** 〔器械, 装置など〕を複雑化する, 精巧にする. **4** 〔議論, 意味など〕を詭(き)弁を弄(ろう)してねじ曲げる, みだりに変える.
── /-kət, -kèit/ 名 C **1** 世間擦れした人, 擦れっ枯らし. **2** 教養人, 高度の知識人.
[<中世ラテン語「詭弁を弄する」; sophistic, -ate]

***so·phis·ti·cat·ed** /səfístəkèitəd/ 形 m
【単純でない】 **1** 〈良い意味で〉**洗練された**, 高度に教養のある; 〔雑誌などが〕教養人[インテリ]向きの, 高級な. The magazine has a small, but ~ readership. この雑誌は数は少ないが高度に知的な読者層を持っている. an audience too ~ for such maudlin treatment こんなお涙ちょうだい式の扱い方では乗ってこない高級な観客. readers who are ~ about phonetics 音声学の予備知識のある読者. **2** 〈概して悪い意味で〉**世間慣れした**, 如才ない; 純朴でない, 悪擦れした; (↔naive). Jane seems rather too ~ for one so young. ジェーンはあの年で少しませ過ぎのようだ. **3** 気取った, 上品ぶった. **4** 〔器械, 装置, 技術, 思考などが〕複雑な, 精巧な, 高度な, 精密な. very ~ data-processing techniques 高度に複雑なデータ処理技術. This computer is the most ~ yet devised. このコンピュータは精巧さにおいてこれまでの最高である. a ~ argument 精密な議論.
◇↔unsophisticated

‡**so·phis·ti·ca·tion** /səfìstəkéiʃ(ə)n/ 名 U **1** 世間慣れ(している[させる]こと). **2** (高度の)洗練, 教養. **3** 精巧さ, 複雑さ.

soph·ist·ry /sɑ́fəstri|sɔ́f-/ 名 (複 **-ries**) 《章》
1 C 〈普通 -ries〉詭(き)弁, こじつけ; U 詭弁(を弄(ろう)すること); (sophism). **2** U 〈しばしば S-〉(古代ギリシアの Sophists の)詭弁法.

Soph·o·cles /sɑ́fəklìːz|sɔ́f-/ 名 ソフォクレス (496?–406 B.C.)《古代ギリシアの悲劇詩人》.

soph·o·more /sɑ́fəmɔ̀ːr/ 名 C 《米》 **1** (4 年制の大学, 高校の) 2 年生 (→senior 3★). **2** (活動, 事業などで) 2 年目の人, 2 年生(議員, 選手など). This season he is expected to do better as a ~. 今シーズンは彼は 2 年目の選手としてもっと活躍するだろう. [<ギリシア語 *sophós*「賢い」+*mōrós*「ばかな」]

soph·o·mor·ic /sɑ̀fəmɔ́ːrik|sɔ̀fəmɔ́r- 形/ 形 《米》 2 年生の; (浅薄未熟なくせに)気負ってむきになる, 知ったかぶりをする.

So·phy /sóufi/ 名 Sophia の愛称.

sop·o·rif·er·ous /sɑ̀pərífərəs|sɔ̀p- 形/ 形 催眠の, 催眠(誘発)性の.

sop·o·rif·ic /sɑ̀pərífik, sòup-|sɔ̀p- 形/ 形 眠けを催させる, 催眠の; 眠くなるような. a ~ drug 催眠薬. ~ lectures 眠くなる講義. ── 名 C 催眠薬.
[<ラテン語 *sopor*「熟睡」; -fic] ▷**sop·o·rif·i·cal·ly** /-k(ə)li/ 副

sóp·ping 形 《話》ずぶぬれの, ぐしょぬれの; 〈副詞的〉びしょびしょに. be ~ wet びしょぬれである.

sop·py /sɑ́pi|sɔ́pi/ 形 e **1** びしょぬれの, ぬれてぐしゃぐしゃの; 〔天候が〕じめじめした, 雨降りの. **2** 《英話》〔人, 物語などが〕いやに感傷的な, やたらにしめっぽい[甘ったるい]; 愚かな. **3** 《英話》目がない, 弱い, 大好きで, 〈*about* ..に, が〉; べたぼれで, いかれて, 〈*on* ..〔人〕に〉.
▷**sop·pi·ly** 副 **sop·pi·ness** 名

‡**so·pran·o** /səprǽnou, -prɑ́ːn-|-prɑ́ːn-/ 名 (複 **~s**, **so·pran·i** /-iː/) 《楽》 **1** U ソプラノ《女性や変声期前の少年の最高声域》. sing ~ ソプラノを[で]歌う. speak in a clear ~ (voice) 澄んだソプラノの声で話す. a ~ solo ソプラノの独唱. a ~ score ソプラノの楽譜. **2** C ソプラノ歌手[楽器]《同系楽器の中で最高音部を受け持つ》; ソプラノ声部. a ~ trombone ソプラノトロンボーン. [イタリア語 (<*sopra* ‘above’)]

sor·bet /sɔ́ːrbət|sɔ́ː-, -bei/ 名 U シャーベット (《米》では sherbet とも言う). [<アラビア語「飲物」]

Sor·bonne /sɔːrbɑ́n|-bɔ́n/ 名 〈the ~〉ソルボンヌ(大学)《元来パリ大学の理学部・文学部; 1968 年の学制改革により今はパリ第 4 大学の俗称》.

sor·cer·er /sɔ́ːrs(ə)rər/ 名 C 魔法使い, 魔術師.

sor·cer·ess /sɔ́ːrs(ə)rəs/ 名 C 女魔法使い, 魔女.

sor·cer·y /sɔ́ːrs(ə)ri/ 名 U 魔法, 魔術. [<ラテン語 *sors*「くじ, 運命」]

†**sor·did** /sɔ́ːrdəd/ 形 m **1** 〔場所, 環境などが〕汚い, むさ苦しい. a ~ little house in the slums スラム街のむさ苦しいちっぽけな家.
2 下劣な, 卑しい, 浅ましい; 金銭に汚い, 強欲な. a ~ scheme 卑しいたくらみ. ~ details おかしなことのあれこれ.
[<ラテン語 *sordidus*「汚れた」]

S

▷ ～·ly 副 ～·ness 名

‡**sore** /sɔːr/ 形 e (**sór·er** /-rər/|**sór·est** /-rəst/)
【ひりひり痛い】 **1** (ちょっと触っても)**痛い**; (けが, 炎症などで)ひりひりする, ずきずき痛む, 赤くただれた; 〔筋肉などが〕(使い過ぎのため)痛む. a ～ heel (靴擦れで)痛いかかと. I have a very ～ arm where you hit me. 君にたたかれた腕の所がとても痛い. have a ～ throat のどがひりひりする. My eyes are ～ after so much reading. 本を読み過ぎて目が痛い.
2 〈叙述〉〔人が〕痛みを感じる. I feel [am] ～ all over after all that sudden exercise. 急にあんなに運動したので体中が痛い.
【心が痛い】 **3** 〔心などが〕痛む, 〔人が〕悲しい, 傷心の. with a ～ heart 悲嘆に暮れながら, 傷心のうちに. a young widow ～ at heart 悲嘆に暮れる若い未亡人.
4 〈限定〉 癇(かん)に触る, 触れてほしくない, 痛い, 〔話題など〕. Her son's failure is a ～ point [spot, subject] with her. 息子の失敗は彼女にとって痛いところだ.
5 【主に米話】〈叙述〉怒っている 〈*at, with* ..〔人〕に/*about, for* ..〔不当な仕打ちなど〕で〉. He got ～ *with* us (*about* not being invited to the party). 彼は私たちに(パーティーに呼ばれないことで)腹を立てた. He is ～ *at* me *for* criticizing him. 彼を批判したので彼は私に対して怒っている.
6 【章】悲惨な; 激しい, ひどい. in ～ need ひどく窮乏して. ～ trouble ひどい困難. My son is a ～ trial to me. 息子は私の大きな頭痛の種です. be in ～ need of ..が大変必要である.
a sight for sòre éyes 見るもうれしいもの, 珍客.
── 名 C 触ると痛い所 《はれ物, ただれ, 傷など》; 嫌な思い出, 癪(しゃく)の種, 痛い所. old ～s (心の)古傷.
[古期英語]

sóre·hèad 名 C 【米話】怒りっぽい人; 不平の多い人; 悔しがる人, (試合などで)負けっぷりの悪い人.

‡**sóre·ly** 副 【章】ひどく, 激しく; 非常に. feel ～ tired ひどく疲れを感じる. ～ against one's will 全く心ならずも. be ～ tempted to *do* 大変..したい気になる. be ～ needed 大変必要とされている.

sóre·ness 名 U 痛み, 痛さ.

sor·ghum /sɔ́ːrgəm/ 名 UC モロコシ 《モロコシ属の植物の総称》; U モロコシのシロップ.

So·rop·ti·mist /sərɑ́ptəmist|-rɔ́p-/ 名 C ソロプティミストクラブ会員 《職業を持つ女性などから成る国際的奉仕団体 **Soróptimist Clùb** の会員》.

so·ror·i·ty /sərɔ́ːrəti, -rɑ́r-|-rɔ́r-/ 名 (複 **-ties**) C 【米】(特に大学の)女子学生社交クラブ 《会員はその寮に住む》; 女性クラブ; (→fraternity). [＜ラテン語 *soror* 'sister']

sor·rel[1] /sɔ́ːrəl, sɑ́r-|sɔ́r-/ 名 UC 【植】ソレル, スイバ, ギシギシ(の類), 《スープ, 卵料理などに使われるハーブ》; カタバミ(の類).

sor·rel[2] 形 くり色の; 〔馬などが〕明るいくり毛の.
── 名 U くり色; C 明るいくり毛の馬など.

Sor·ren·to /səréntou/ 名 ソレント 《イタリアの Naples の近くの海港・保養地》.

‡**sor·row** /sɑ́rou, sɔ́ːr-|sɔ́r-/ 名 (複 ～**s** /-z/)
1 U (深い)**悲しみ**, 悲哀, 悲嘆, 〈*at, for, over* ..に対する〉 (↔joy; 類語 激しい, 永続的な sadness). The death of his mother filled him with ～. 母が死んで彼は深い悲しみに沈んだ. in ～ and in joy うれしいにつけ悲しいにつけ. feel much ～ *for* one's dog's death 飼い犬の死をたいそう悲しむ. To my great ～, my father died young. 大変悲しいことに父は若くして亡くなった.

> 連結 deep [intense, keen, overwhelming; indescribable; unbearable] ～ // cause [inflict; show] ～; alleviate [ease, relieve] a person's ～

2 U 後悔; 残念, 遺憾. We left the place without much ～. 我々はそう名残惜しいとも思わずその地を去った. I heard of the passing of your father with a deep sense of ～. お父上のご逝去をうかがい深い哀悼の念を禁じ得ませんでした. express one's (great) ～ at [for] the death of one's former teacher 旧師の死に(深い)哀悼[遺憾]の念を表す.
3 C 悲嘆の原因; 後悔の種. Try to forget every care and ～. 辛いこと悲しいことはすべて忘れるようにしなさい. The boy's laziness was a great ～ to his family. 少年の怠け癖は一家の頭痛の種だった. the Man of *Sorrows* 【聖書】悲しみの(もとを数多く背負った)人 《キリストのこと》. ◇形 sorrowful
dròwn one's sórrows (in drínk) 【主に戯】(酒に)悲しみを紛らす.
mòre in sòrrow thàn in ánger 怒ってというよりはむしろ悲しい気持ちで.
── 動 自 【主に雅】嘆く, 悲しむ, 〈*at, for, over* ..を〉 (類語 grieve より形式ばった語). She never sits before the mirror without ～*ing for* her lost youth. 彼女は鏡の前に座ると必ず年を取ったと嘆く.
[＜古期英語]

***sor·row·ful** /sɑ́rouf(ə)l, sɔ́ːr-|sɔ́rə-/ 形 m
1 〔人が〕悲しんでいる, 悲嘆に暮れている; 〔表情などが〕悲しそうな, 悲しみに満ちた. The news made us all ～. その知らせを聞いて我々は皆悲嘆に暮れた. a ～ face [voice] 悲しげな顔[声]. **2** 〔物事が〕悲しい, 悲しみを誘う, 哀れな, 痛ましい. a ～ event 悲しい出来事. a ～ sight 痛ましい光景. ◇名 sorrow
▷ ～·ly 副 悲しそうに, 悲しんで. ～·ness 名

‡**sor·ry** /sɑ́ri, sɔ́ːri|sɔ́ri/ 形 e (**-ri·er**|**-ri·est**)
1 〈叙述〉 **(a) 気の毒に思って**. I am (very) ～. (大変)お気の毒です. **(b) 気の毒に思って**, かわいそうで, 〈*about, for* ..のことを, が〉. We are ～ *about* your misfortune. ご災難お気の毒に存じます. Nobody will feel ～ *for* such a scoundrel. こんな悪いやつをだれもかわいそうだとは思うまい. I rather feel *sorrier for* the murderer than *for* the murdered. 殺された方より殺した方に同情したいくらいだ. feel ～ *for* oneself 自分を哀れに思う. **(c) 気の毒に思って** 〈*that* 節..ということを〉. I am very ～ (*that*) your father is ill. お父上のご病気大変お気の毒に存じます. **(d) 気の毒に思って** 〈*to* do ..して〉. I'm very ～ *to* hear that. それをお聞きして非常にお気の毒に思います.
2 〈叙述〉 **(a) すまないと思って, 後悔して**. I'm ～. すみません 《しばしば単に *Sorry.*》. I'm very [so, awfully] ～. 本当に申し訳ありません. If you anger me, you'll be ～. 僕を怒らせると後悔するぞ. **(b) すまないと思って, 後悔して**, 〈*about, for* ..のことを〉. I'm awfully ～ *about* the matter. その件では本当にすみません. He isn't really ～ *for* what he has done—he's only acting ～. あいつは自分のしたことを本当にすまないとは思っていない, すまないふりをしているだけだ. **(c) すまないと思って, 後悔して**, 〈*that* 節..ということを〉. I'm ～ (*that*) I have given you so much trouble. たいそう面倒をおかけしてすみません. Say (you are) ～ to him. 彼に謝りなさい. **(d)** すまなく思って 〈*to* do ..することを〉. (I'm) ～ *to* be late. 遅くなってごめんなさい. (I'm) ～ *to* have given you so much trouble. たいそう面倒をおかけしてすみません. 語法 くだけた用法では I am [I'm] の部分が省かれることが多い; なお →3, 4; →EXCUSE me, I beg your PARDON.
3 〈間投詞的〉 **(a)** 〈わびの表現として〉すみません, ごめんなさい, (→2). I'm ～.＝So [Awfully] ～! どうもすみません, これはたいそう失礼しました.
(b) 〈儀礼的な表現として〉 すみません, 残念です, あいにくです, (→4). I'm ～, I don't know. 申し訳ありませんが,

存じません. *Sorry*, but I'm a stranger here. (道を聞かれて)あいにくです, 私もここの人間じゃないんです.
(c)〘英〙〈上昇調で発音して〉何と言われましたか, もう一度言ってください, (Pardon?). *Sorry?*↗ What was that you said?↗ 何ですか, 何と言われましたか.
(d)〈今述べたことを訂正して〉間違えました. refugees—〜, immigrants 難民, ではなくて, 移民でした.
4〈叙述〉《断り, 言い訳などの儀礼的な表現で》**(a) 残念で**, 遺憾で, (★わびの表現 I am 〜. (→2) の準用; I am はしばしば省略される). I'm 〜, sir, but we are closed. お客様, すみませんが休業[閉店]でございます. **(b) 残念で**, 遺憾で, 〈*that* 節..ということが〉. I am 〜 (*that*) I cannot come to your party. 残念ながらパーティーにはお伺いできません. (Are you) 〜 you asked? 聞かなきゃあよかった? You'll be 〜 you asked. 聞かなければよかったと思いますよ.
(c) 残念で, 遺憾で, 〈*to* do ..して〉. I'm 〜 *to* say (that) he refused our offer. 残念ながら彼は私たちの申し出を断りました.
5〈限定〉惨めな, 哀れな, 情けない; 貧弱な, 下手な. come to a 〜 end 惨めな結果に終わる. a 〜 sight 見るも哀れな有様. a 〜 excuse 下手な言い訳. a 〜 state of affairs 哀れな有様[こと].
[＜古期英語「痛い」; sore, -y[1]]

‡sort /sɔ:rt/ 名 (複 **〜s** /-ts/) C **1 種類**, タイプ, 部類, 〈*of* ..の〉(類語 やや漠然とした「種類」を指すことがある; また時に非難を含意する (→2); →kind[2]). this 〜 [〘話〙 these 〜] *of* apples＝apples *of* this 〜 この種類のリンゴ (★「これらの種類の..」は these 〜*s of*.., .. *of* these 〜*s*; these 〜 of cameras are.. を非標準とする見方もある). various 〜*s of* toys いろいろな(種類の)おもちゃ. .. *of* some 〜＝some 〜 *of*.. ある種の... people *of* every 〜 and kind ありとあらゆる種類の人々. a new 〜 *of* material 新しい種類の原料. phrases *of* a noble 〜 上品な言い回し. What 〜 *of* animal is this? これはどんな種類の動物ですか. What 〜 *of* a man is he? あの人はどんな男ですか. This is not the 〜 *of* car I want. これは私の欲しい種類の自動車ではない. problems *of* one 〜 or another あれやこれやの問題.
2〈普通 a [the] 〜〉..な種類[性質, たぐい]の人[物] (★形容詞などの修飾語を伴う). Tom is not a bad 〜. 〘旧話〙トムは悪いやつじゃない. Jane is not my 〜 (of woman). ジェーンはどうも好きなタイプ(の女)じゃない. It takes all 〜*s* (to make a world). 〘諺〙いろんな(性格・タイプの)人間がいて世の中は成り立っている; 世間には変わり者もいるものだ; 《takes は「必要とする」》.
3〘電算〙並べ替え, ソート, ソーティング.
after* [*in*] *a sórt まあどうやら, 幾分は.
áll sòrts of.. あらゆる種類の.., 各種の... *all* 〜*s of* flowers [trouble] ありとあらゆる花[困難]. ★flowers [trouble] *of all* 〜*s* とも言う.
a sórt of.. 〘話〙**一種の..; ..の一種**; ..のようなもの; 漠然とした..; (★無冠詞の単数名詞を伴う). He is *a* 〜 *of* poet in his own way. 彼は彼なりにまあ詩人だ.
in bàd sórts 不機嫌で.
nòthing of the sórt そんなことは全然..でない. I said *nothing of the* 〜. そんなことは毛頭言った覚えはない. You'll do *nothing of the* 〜. (そんなこと)とんでもない.
of a sórt (1) 同類の (★この a は「同一の」の意味; →a 2). The two political systems are very much *of a* 〜. 両政治体制は酷似している. (2) 一種の. (3) 辛うじて..と言える, 名ばかりの. coffee *of a* 〜 怪しげなコーヒー. a poet *of a* 〜 へぼ詩人. ◇→of a KIND[2]
of sórts (1) いろいろな種類の. (2)＝of a SORT (2).
out of sórts 〘話〙 (1) 気分がすぐれない, 元気がない. I've been feeling *out of* 〜*s* lately. 最近気分がすぐれない. (2) 機嫌が悪い. Father is always *out of* 〜*s* when he has had a busy day. 父は忙しかった日は機嫌が悪い.
sórt of 〘話〙〈副詞的〉幾分, 多少, (rather, somewhat, kind of). I 〜 *of* expected it. まあ多少は期待していた. He looked 〜 *of* sleepy. 彼はちょっぴり眠そうだった.
sórt of lìke 〘主に英話〙何と言ったらいいか.
(thát) sòrt of thíng 〘主に英話〙そういったもの[こと].
── 動 他 を分類する, 仕分けする, 分ける, 並べ替える, 〈*through, over*〉〈*from* ..から/*into* ..に〉; を整頓(とん)する; 〘電算〙ソートする.
****sòrt /../ óut*** (1) **..を選(よ)り分ける**, 選り出す, 〈*from* ..から〉. She's 〜*ing out* the files. 彼女はファイルを選り分けている. (2)〘英〙..を整頓する. (3) ..を解決する. I've been to Tokyo to 〜 *out* some personal affairs. 個人的問題を少し片付けるために東京へ行ってきた. (4)〘英俗〙..をやっつける, 懲らす. (5)〈sort oneself out で〉〔人が〕気持ち_が落ち着く[を整理する]; 〔事態が〕落ち着く.
[＜ラテン語 *sors*「くじ, 運命」; sorcery と同源]

sort·a, sort·er[1] /sɔ́:rtə/, /sɔ́:rtər/ 副 〘話〙＝SORT of.

sórt·er[2] 名 C 分類する人, 分類[仕分け]係; 分類機, 仕分け機; 分類ソフト.

‡sor·tie /sɔ́:rti/ 名 C **1** (防御陣地からの)出撃, 突撃; (軍用機の)単機出撃. **2**〘話・戯〙(よく知らない場所[土地]へ)ちょっと出かけること, 短期旅行. **3** (未知の分野への)進出. ── 動 自 単機出撃する. [フランス語 'going out']

sórting òffice 名 C (郵便物などの)仕分け所.

sórt-òut 名 C 〘英話〙〈普通, 単数形で〉整理, 整頓(とん).

SOS /èsoués/ 名 (複 **〜's**) C **1** (船, 飛行機の無電による)遭難信号; 〘話〙救援の要請. send [put out] an 〜 遭難信号を送信する. **2**〘英〙特別緊急呼び出し放送《急病人の縁故者を呼び出すなど》〈*for* ..に対する〉. [緊急時に最も発信・受信しやすいモールス信号の組み合わせから]

‡só-sò, só sò 形 〘話〙〔成績などが〕まあまあの, よくも悪くもない. "How are you doing today?" "*So-so.*"「今日はいかがですか」「まあまあですね」.
── 副 まあどうやら, まあまあ. The negotiations went 〜. 交渉はまずまずの首尾だった.

sos·te·nu·to /sòustənú:tou|sɔ̀s- ㊈/ 〘楽〙 形, 副 〔音を〕延ばした[て]; 次第にゆっくりした[て]. [イタリア語 'sustained']

sot /sɑt|sɔt/ 名 C 〘旧〙大酒飲み, 飲んだくれ.

Soth·e·by's /sʌ́ðəbiz/ 名 サザビーズ《ロンドンにある美術品, 骨董(こっとう)品などの競売業者》.

sot·tish /sɑ́tiʃ|sɔ́t-/ 形 大酒飲みの, 飲んだくれの; (飲み過ぎで)頭のぼーっとなった. ▷ **〜·ly** 副 **〜·ness** 名

sot·to vo·ce /sɑ̀tou-vóutʃi|sɔ̀t-/ 副 (人に聞かれないように)低い声で, 小声で, こっそりと; 〘楽〙小さな声で. [イタリア語 'under (one's) voice']

sou /su:/ 名 C **1**〈否定文で用いて〉〈a 〜〉びた一文(も..ない). I don't have a 〜. 一文なしだ. without a 〜 一文も持たず. **2** スー《フランスの旧 5 サンチーム(＝1/20フラン)銅貨》.

sou·brette /su:brét/ 名 C (喜劇, オペラの)女中, 侍女, 《勝ち気で色っぽく, 計略にたけた役柄》; 女中役を演ずる女優[女声歌手]. [フランス語 'maidservant']

sou·bri·quet /sú:brəkèi/ 名 ＝sobriquet.

souf·flé /su:fléi|⌐⌐/ 名 UC スフレ **1** 卵の黄身, ホワイトソース, チーズなどに泡立てた卵白を加えて焼いた料理. **2** 泡立てた卵白に果汁, チョコレート, ヴァニラなどを加えたデザート. [フランス語 'blown']

S

sough /sʌf, sau/ 〘雅〙 動 自 〔風が〕ひゅーひゅーと鳴る, 〔木の葉などが〕ざわざわいう.
── 名 U ひゅーひゅー[ざわざわ]いう音, そよぎ.

sought /sɔːt/ 動 seek の過去形・過去分詞.

‡**sóught-àfter** 形 〘主に英〙 珍重される, 引く手あまたの, 引っ張りだこの, (→seek 自).

souk /suːk/ 名 C (イスラム教国の)市場.

‡**soul** /soul/ 名 (複 **~s** /-z/) 【魂】 **1** UC (肉体に対立するものとしての)**魂**, 霊魂, (↔body, flesh); (肉体を離れた)霊; 死者の霊, 亡霊; (類語 spirit, heart, mind とともに心的なものを表す語であるが, soul は body と対立して存在する実体としての意味合いが強い). believe in the immortality of the ~ 霊魂不滅を信じる. Does the ~ leave the body at death? 死ぬ時魂は肉体を離れるのだろうか. Let's pray for the ~*s* of the dead. 亡くなった方々の冥(めい)福を祈りましょう.

【魂の作用】 **2** UC **精神**, 心, (↔body); (ある人の)本質, 人間性, 真情. put (one's) heart and ~ into one's studies 研究に全身全霊を打ち込む. deep down in one's ~ 心の奥底で(は).

3 U (知性・知力に対して)暖かい心, 情; 芸術が分かる心; 熱情, 気迫, 生気. a man very clever but lacking in ~ たいそう利口だが心の暖かみのない男. The fellow has no ~. 気の抜けたようなやつだ. The ~ of the play has been completely washed out in the translation. 戯曲の生気が翻訳ではすっかり消えてしまった.

【魂のようなもの】 **4** C 〈単数形で〉 (物事の)本質的部分, 精髄, 命; (ある民族・国家の)魂, 精神, 本質, 根源. Brevity is the ~ *of* wit. 簡潔は機知の真髄 《Shakespeare 作 *Hamlet* から》. **5** C (運動, 組織などの)中心人物, 指導者. the (life and) ~ *of* the party 会の中心人物[人気の的]. The ex-farmer was now the symbol, the very ~, *of* the revolution. この農民出身の男は今や革命の象徴, 革命の中心人物だった. **6** C 〈the ~〉 典型, 権化, 〈*of* ..の〉. Martha is the ~ *of* kindness [discretion]. マーサは親切そのもの[慎重さの塊]だ.

【魂の持ち主】 **7** C **人**, 人間. (**a**) 〈形容詞を伴って〉 ..な人 (person). a kind ~ 親切な人. every living ~ on the earth 地上のすべての人間. Laura's lost all her money, poor ~! ローラはお金をみんななくしたんだ, かわいそうに.
(**b**) 〈否定の文脈で〉 〈a ~〉 (人っ子)ひとり(..ない); 〈数詞を伴って〉 ..人(にん). Not a (single) ~ was to be seen in the park. 公園には人っ子ひとり見えなかった. Don't tell a ~. だれにも言わないでくれ[ね]. a village of barely a hundred ~*s* 人口が辛うじて 100 人の村.

【魂の表現】 **8** =soul music.
9 U 〘米話〙 (soul music に表現されるような)黒人文化, 黒人の民族意識[誇り].

bàre one's sóul →bare 他 2.
be gòod for the sóul 〘戯〙 いいことである.
Blèss my sóul! =Upon my SOUL!
bòdy and sóul →body.
cànnot càll one's sóul one's ówn 他人の言いなり放題である.
for the sóul of me 〈否定文で〉 命にかけても[どうしても](..できない).
hèart and sóul →heart.
sèarch one's sóul 反省する.
sèll one's sóul (to the dévil) どんな(ひどい)ことでもやりかねない.
Upon my sóul! 〘旧〙 こりゃ驚いた, 本当かね.
with àll one's hèart and sóul →heart.
[<古期英語]

sóul bròther 名 C 〘米〙 黒人同胞 《男性; 黒人の用語》.

sóul-destròying 形 〘話〙 〔仕事などが〕(頭の働かせようがないほど)退屈な, 飽き飽きする, うんざりする.

sóul fòod 名 U 〘米〙 (特に南部の)黒人の伝統的食物 《豚, 子牛などの小腸, ヤムイモなど》.

‡**soul·ful** /sóulf(ə)l/ 形 魂のこもった; 情熱[感情]をこめた. ▷ **~·ly** 副 **~·ness** 名

sóul·less 形 **1** 〔人が〕高貴な感情[感受性]を欠いた. **2** 〔生活, 仕事などが〕退屈な, 非人間的な, 機械的な. ▷ **~·ly** 副 **~·ness** 名

sóul màte 名 C 気心の合う人, 心の友.

sóul mùsic 名 U ソウルミュージック 《黒人音楽の一種; ブルースのスタイルにジャズのリズム, 霊歌(ゴスペル)などの要素が加わったもの; 「魂を揺さぶる音楽」の意味》.

sóul-sèarching 名 U, 形 内省(の), 真剣な自己反省(の), 自分の考え[気持ち]の十分な検討.

sóul sìster 名 C 〘米〙 黒人同胞 《女性; 黒人の用語》.

sóul-stìrring 形 魂を揺さぶるような, 感動的な.

‡**sound**[1] /saund/ 名 (複 **~s** /-dz/) **1** UC **音**(おと), 音響, (類語 音を表す最も一般的な語で, 聞こえてくる音すべてに用いられる; →clamor, noise, uproar). *Sound* travels in waves. 音は波になって進む. the ~ of thunder [a piano, ringing bells] 雷[ピアノ, 鳴り響く鐘]の音. Not a ~ was heard. 物音 1 つ聞こえなかった. merry ~*s* of laughter 陽気な笑い声.

> 連結 a loud [a faint, a feeble; a soft, a gentle; a harsh, an irritating; a dull; a sharp, a piercing, a grating] ~ ‖ the volume [strength] of ~ ‖ make [utter, produce] a ~ ‖ a ~ fades away [dies away; gets louder]

2 C 〘音声〙 音(おん). a voiced [voiceless] ~ 有声[無声]音. a vowel [consonant] ~ 母音[子音].
3 C 〈単数形で〉 (言葉などの)印象, 聞こえ, 感じ. The report has a false ~. でっち上げの感じがする報告だ.
4 U 聞こえる範囲 〈*of* ..の〉. a true Cockney born within (the) ~ *of* Bow bells ボウ教会の鐘の音の聞こえる所で生まれた生っ粋のロンドン子. I can't sleep well within (the) ~ *of* waves. 私は波の音の聞こえる所ではよく眠れない. out of ~ *of* his voice 彼の声の聞こえない所に.
5 U 騒音, 騒ぎ. ~ pollution 騒音公害. There is more ~ than sense in the candidate's speech. その候補者の演説はただ騒ぎ立てるだけで内容は乏しい.
6 〈形容詞的〉 音の, 音に関する; (テレビではなく)音声の. ~ radio ラジオ. ~ broadcast ラジオ放送.

── 動 (**~s** /-dz/|過 過分 **sóund·ed** /-əd/|**sóund·ing**) 自 **1** **鳴る**; 響く. I pushed the buzzer but it didn't ~. ブザーを押したが鳴らなかった. This instrument ~*s* well [ill]. この楽器は良く鳴る[響かない]. Can you make this trumpet ~? このらっぱを鳴らせますか.
2 (**a**) VC (~ X) 〔声などが〕 X (のよう)に/..(であるか)のように聞こえる, (耳に) 響く. The flute ~*ed* clear. フルートは澄んだ音を立てた. ~ as if [as though, like] →成句. (**b**) VC (~ X)・VA 〔話などが(聞いてみると)〕 X (のよう)に/..(であるか) のように思われる, 聞こえる. That ~*s* reasonable. それ[君の言うこと]は(一応)もっともに聞こえる. This ~*s* a very good idea. これは大変な名案みたいだ. "How does April 5 ~ (to you)?" "That's fine with me." 「4 月 5 日は(都合は)どうだろうか」「私は大丈夫よ」 ~ as if [as though, like] →成句.

── 他 【音を出す】 **1** 〔楽器, ベルなど〕を**鳴らす**. The dinner gong was ~*ed* and the guests filed into the hall. ディナー開始のどらが鳴り客は次々と食堂に入って行った. You should ~ your horn when necessary. 必要な時には(車の)警笛を鳴らすべきだ.
2 〔文字, 語など〕を発音する. The Japanese tend to ~ 'thank you' as 'sank you'. 日本人は 'thank you' を 'sank you' のように発音する傾向がある.

【音で知らせる】 **3** (らっぱ, 太鼓, 鐘などで)の合図をする, を知らせる. ～ the retreat (らっぱ, 太鼓などで)退却の合図をする. ～ the alarm 警報を鳴らす.
4 〔評判など〕を広める. The news of the success was ～*ed* abroad [far and wide]. 成功の知らせは四方に広まった.
【音で調べる】 **5** 〔レールなど〕をたたいて(異常を)調べる; 〔医者が〕を打診する. The doctor ～*ed* the boy's back. 医者は少年の背中を打診した.
*__*sóund as ìf* [*as thòugh, lìke*] *. . .*__ ..のように聞こえる[思われる]. This record ～*s as if* it is cracked. このレコードはひびが入っているような音がする. Your English ～*s* a bit *like* German. 君の英語はちょっとドイツ語みたいに聞こえる. It ～*s* (to me) *as if* [*though*] he has something to do with this matter. どうも彼はこの一件に一枚かんでいるようだ. This ～*s like* a fairy tale. これはまるでおとぎ話みたいだ. You ～ *like* you're a lot better. (声を聞いていると)大分良くなったみたいね.
sòund óff 【話】 大声でまくしたてる, ほらを吹く, 〈*about, on* ..について〉.
[＜中期英語 *soun* (＜ラテン語 *sonus*「音」); 16 世紀頃に -d が付いた]

‡**sound**[2] /saund/ 形 e (**sóund·er**|**sóund·est**)
【完全な状態の】 **1** (肉体的・精神的に)**健全**な, 健康な, (類語 病気やけがのない完全な健康状態を言う; →healthy). A ～ mind in a ～ body. 【諺】 健全な身体に健全な精神(が宿らんことを). be of a ～ mind 正気である[精神的に健全である].
2 〔物が〕**無傷の**, 傷んで[腐って]いない; 丈夫な, しっかりした. ～ timber 腐っていない材木. The house is structurally ～. その家は構造的に頑丈だ.
3 〈普通, 限定〉〔睡眠などが〕**深い** 《熟睡して容易には目覚めない》; 〔打撃などが〕したたかな; 十分な, 徹底的な. have a ～ sleep ぐっすり眠る. My father is a ～ sleeper. 父は熟睡するたちである. I gave him a ～ beating. やつを散々ぶん殴ってやった. a ～ defeat 完敗.
【健全な＞しっかりした】 **4 堅実**な, 手堅い, しっかりした. a ～ financial policy 堅実な財政政策. ～ investment 確実な投資. a ～ plan しっかりした計画. ～ society 安定した社会. have a ～ knowledge of ..の知識をしっかり持っている.
5 正しい, 妥当な; 〔思想などが〕正統の, 穏健な. ～ advice [judgment] 適切な助言[判断]. ～ reasoning [reasons] 妥当な推論[理由]. She is very ～ on health care. 彼女は健康管理のことについてはまっとうな考え方をしている.
(as) sòund as a béll →bell.
sàfe and sóund →safe.
sóund in wìnd and límb すこぶる健康で, 元気いっぱいで, 《もともと馬の体調について言った; wind は「息づかい」》.
── 副 e **ぐっすりと**, 十分に, (soundly) (★睡眠について用いる). be ～ asleep ぐっすり眠っている. sleep ～ ぐっすり眠る. [＜古期英語]

sound[3] 動 他 **1** 〔海など〕の深さを測る, 〔水深〕を測量する, 《測鉛などを用いて》; 〔水底, 地層〕を探査する. ～ (the depth of) a lake 湖の深さを測る.
2 VOA (～/X/*out*) X の意中を探る, X に探りを入れる, 〈*about, on* ..について〉. Let's ～ him *out about* [*on*] this question. この問題について彼の意向を探ってみよう[打診してみよう].
── 自 **1** 水深を測る; 水底[地中]を探る. **2** 〔測鉛が〕水底に達する. **3** 〔魚が〕水底に潜る.
[＜古期フランス語 *sonder* (＜ラテン語 sub-＋*unda*「波」)]

sound[4] 名 C 海峡, 瀬戸; 入り江.

sóund àrchives 名 〈複数扱い〉(放送)録音コレクション.

sóund bàrrier 名 C 音速障壁 (sonic barrier).

sóund bìte 名 C (ニュース番組で, 政治家の演説などから取り出した)短い言葉.

sóund·bòard 名 ＝sounding board.

sóund bòard 名 C 【電算】 サウンドボード《音源に関する機能用の拡張カード》.

sóund bòoth 名 C 防音室《聴覚の検査をする》.

sóund bòx 名 C サウンドボックス《ヴァイオリン, チェロなどの共鳴胴; 蓄音器の音響再生装置》.

sóund chèck 名 C (コンサートの前のマイク, スピーカーなどの)サウンドチェック.

sóund effècts 名 〈複数扱い〉(劇, 放送などの)音響効果.

sóund·er[1] 名 C **1** 鳴らす人; 鳴る物. **2** 【電】 受信機.

sóund·er[2] 名 C 測深手; 測深器.

sóund fìlm 名 C 発声映画 (talkie; ↔silent film).

sóund·ing[1] 形 **1** 音のする, 鳴る; 鳴り響く (resounding). **2** 言葉だけの; 仰々しい.

sóund·ing[2] 名 UC **1** (測鉛による)測深, 地質調査 (soil ～). **2** 〈しばしば ～s〉 水深; 〈～s〉 測鉛線で測れる場所《深さ 600 フィート以内; 座礁などしないよう, 航行に注意が必要》; 測深の値. take ～*s* 水深を測る. The vessel is still in [on] ～*s*. 船はまだ測鉛の届く所にいる. **3** (**a**) (意向の)打診, さぐり. take ～*s* 意向を打診してみる. (**b**) (意向の)打診に対する反応.

sóunding bòard 名 C **1** 【楽】 (ピアノ, ヴァイオリンなどの)共鳴板. **2** 反響板《声や音をよく伝えるために演壇の上などに取り付ける》; (考えや意見の)反応[反響]を知るために話してみる人[集団]; 広報手段.

sóunding lìne 名 C 測鉛(線).

sóund·less 形 音のしない, 音を出さない, 静かな, (silent). ▷ **～·ly** 副 音もなく, 静かに. **～·ness** 名

†**sound·ly** /sáundli/ 副 **1** 健全に; 丈夫に; 堅実に, しっかりと; 正しく, 妥当に. He stated his opinion very ～. 彼は理路整然と自分の意見を述べた. **2** したたか, ひどく, 〔打つ, 打ち負かすなど〕. be ～ defeated 完敗する. **3** ぐっすりと〔眠る〕 (sound).

sóund·ness 名 U 健全; 堅固; 堅実; 妥当; 穏健; (睡眠の)十分さ.

sóund·pròof 形 防音の. ── 動 他 〔部屋, 建物など〕に防音設備[装置]を施す, を防音にする.

sóund·tràck 名 C 【映】 (フィルムの縁の)録音帯, サウンドトラック; 映画音楽, サントラミュージック.

sóund trùck 名 C 【米】 宣伝カー.

sóund wàve 名 C 音波.

‡**soup** /suːp/ 名 (複 **～s** /-s/) **1** U (★種類を言う時は C) **スープ** 《ディナーの最初に出る; →consommé, potage》. The ～'s on! スープが火にかかりました《ディナーの用意ができました》. tomato [pea, vegetable, chicken] ～ トマト[エンドウマメ, 野菜, チキン]スープ. instant 【米】 (packet 【英】) ～ インスタントスープ. canned 【米】 (tinned 【英】) ～ 缶詰めのスープ. (a) thick [thin] ～ 濃い[薄い]スープ. eat ～ (スプーンを使って皿から)スープを飲む. drink ～ (カップから直接に)スープを飲む. **2** 〈the ～〉 【話】 濃霧. **3** U 【米俗】 ニトログリセリン. **4** U 【話】 写真の現像液.
from sòup to núts 【米話】 始めから終わりまで, 何から何まで, 《スープに始まりデザートのナッツで終わる食事からのたとえ》. In college he studied everything *from* ～ *to nuts*. 大学で彼は何でも勉強した.
in the sóup 【話】 困って, 苦しい羽目になって.
── 動 他 VOA (～/X/*up*) (1) X (コンピュータなど)の性能をアップする; X (エンジン, モーターなど)の出力を増す, 馬力を上げる; 【話】 X を一層大きく[魅力的に]する.
[＜古期フランス語 *soupe* 'sop' (＜ゲルマン語)]

S

soup·çon /suːpsɔ́ːŋ|ˊ-ˊ/ 名〈単数形で〉〖時に戯〗気味; ほんの少し; 〈*of* ..の〉. a ～ *of* humor ちょっとしたユーモア. a ～ *of* onion タマネギ少々. [フランス語 'suspicion'] 「など」.

sóuped-ùp /⑱/ 形 (改造して)馬力を増した〔自動車↑

sóup kìtchen 名 C (困窮者, 罹(り)災者のための)無料食堂.

sóup plàte 名 C スープ皿.

sóup spòon 名 C スープ用スプーン《dessertspoon の大きさでやや深い》.

sóup·y 形 e **1** スープのような, どろどろした. **2**〔霧が〕スープのように濃い; 一面に曇った. a ～ fog 濃い霧. **3**〖主に米話〗めそめそと感傷的な.

‡**sour** /sauər/ 形 e (**sour·er** /sáu(ə)rər/ | **sour·est** /sáu(ə)rəst/) **1 酸っぱい**; (発酵して)酸っぱくなった, 酸敗した; すえたにおいのする; (類語 主に腐敗・発酵による酸味を表す; →acid). ～ green apples 酸っぱい青リンゴ. The dressing tastes too ～. ドレッシングが酸っぱすぎる. ～ breath すえたような臭い息.

2〔土壌が〕酸性の, 不毛の; 〔ガソリンが〕硫黄分の多い, 純度の低い.

3 不機嫌な, 気難しい, 意地の悪い; 〔物事が〕不快な, 嫌な. ～ looks 不機嫌な顔つき. a ～ attitude 気難しい態度. take a ～ view of their new plan 彼らの新計画について意地の悪い見方をする. a ～ task 不愉快な仕事.

be sóur on .. 〖米話〗..を嫌っている, ..に背を向けている.

gò* [*tùrn*] *sóur (1) 酸っぱくなる. The milk *went* ～ in the heat. 暑さで牛乳が酸っぱくなった. (2)〔物事が〕うまく行かなくなる, だめになる, 落ち目になる. Their marriage soon *turned* ～. 彼らの結婚(生活)は間もなくうまくいかなくなった.

── 動 他 **1** を酸っぱくする. Thunder ～*s* milk. 雷が牛乳を(腐らせて)酸っぱくする《昔の迷信》.

2 を気難しくする, ねじけさせる; 〖米話〗〔人〕に嫌いにさせる〈*on* ..を〉. His misfortunes have ～*ed* his outlook on life. 不幸な出来事が彼の人生観をねじけさせた. These nasty experiences have ～*ed* her *on* facing reality. こんな嫌な経験が重なって彼女は現実を直視するのが嫌になった. **3**〔物事が〕〔関係, 状況など〕をまずくする, 悪くする.

── 自 **1** 酸っぱくなる, すえる. **2** 気難しくなる, ねじける; 〔物事が〕まずくなる. After this dispute their friendship ～*ed* into enmity. この紛争後, 彼らの仲はまずくなり反目の間柄となった. **3** VA (～ ***on*** ..) ..が嫌いになる.

── 名 **1** C 酸っぱいもの. **2** UC 〖米〗サワー《レモンジュースを混ぜたウイスキーなどのカクテル》. [＜古期英語]

sóur bàll 名 C サワーボール《酸っぱく, 堅くて丸いキャンディー》.

‡**source** /sɔːrs/ 名 (複 **sóurc·es** /-əz/) C **1 源**, 源泉, 根源; 原因; 〈*of* ..の〉. a new ～ *of* energy [income] 新しいエネルギー[収入]源. a good ～ *of* vitamin B すぐれたビタミン B 源. cut off the evil at its ～ 災いをその根本の所で断ち切る. track down [find, locate, trace] the ～ *of* the pollution 汚染の原因を突き止める. have its ～ in..〔伝統などが〕..に由来する; 〔事が〕..に原因がある.

2 水源(地). the ～*s of* the Nile ナイル川の水源. This river has its ～ in France. この川はフランスに源を発する.

連結 a constant [an endless, a rich] ～ // discover [locate, trace] the ～

3〈普通 ～s〉(情報などの)**出所**, 典拠. ～ material (研究, 調査などの)基礎資料. primary [secondary] ～*s* 一次[二次]資料 《研究のための》. This information comes from a reliable [good] ～. この情報は信頼すべき筋から得たものである. according to well-informed ～*s* 消息筋によれば.

── 動 他 **1**〔製品, 情報など〕の源を突き止める. **2**〔商品など〕を入手する〈*from* ..から〉〈しばしば受け身で〉. [＜古期フランス語「飛び出す」(＜ラテン語 *surgere* 'rise, surge')]

sóurce bòok 名 C 原典, 史料集.

sóurce còde 名 C 〖電算〗ソースコード《機械語に翻訳変換しなければコンピュータで実行できないプログラム形式》; ＝source program.

sóurce lànguage 名 U 起点言語《翻訳の原文の言語》; 〖電算〗原始言語.

sóurce prògram 名 C ソース[原始]プログラム《プログラム言語で書かれる; 機械語に翻訳変換しなければコンピュータで実行できない》.

sóurc·ing 名 U (海外での)部分調達.

sóur·dòugh 名 **1** U 〖方〗(パン種用の)発酵した練り粉. **2** C 〖米・カナダ〗アラスカ[北西カナダ]の開拓者[探鉱者].

sóur(ed) crèam 名 U サワークリーム《クリームを乳酸菌で発酵させたもの; 酸味がある; 料理用》.

sòur grápes 名〈複数扱い〉'酸っぱいブドウ'《欲しいけれど手に入らないものを負け惜しみからこう呼ぶ; イソップ寓(ぐう)話のキツネとブドウの話から》. That's just ～. それは負け惜しみだよ.

sóur·ly 副 機嫌悪く, 意地悪く.

sòur másh 名 U 〖米〗サワーマッシュ《バーボンウイスキーなどの蒸留に使う仕込み液》.

sóur·ness 名 U **1** 酸っぱさ, 酸味; 酸性度. **2** 不機嫌, 気難しさ, 意地悪さ.

sòur órange 名 C 〖植〗ダイダイ; ダイダイの実.

sóur·pùss 名 C 〖話〗気難し屋; ひねくれ者.

Sou·sa /súːzə/ 名 **John Philip** ～ スーザ (1854–1932)《米国の吹奏楽団指揮者・作曲家》.

sou·sa·phone /súːzəfòun/ 名 C スーザフォン《tuba の一種; ブラスバンドに使用; ＜発明者 J.P. *Sousa*》.

souse /saus/ 動 他 **1** を水などに漬ける; に水などをかける, をずぶぬれにする. be ～*d* to the skin ずぶぬれになる. **2**〔食品など〕を塩漬けにする, 酢に漬ける. **3**〖俗〗を酔わせる.

── 名 **1** C 水浸し, ずぶぬれ; ざぶりと飛び込むこと, ざぶり(という水音). **2** U 塩漬け《豚の頭, 耳, 足などの》; (漬け物用の)塩汁. **3** C 〖俗〗(常習の)酔っ払い, 飲んだくれ. 「(drunk).

soused /-t/ 形 〖俗〗〈叙述〉酔っ払った, へべれけの,↑

sou·tane /suːtáːn/ 名 C 〖カトリック〗スータン (cassock)《司祭の平服》.

‡**south** /sauθ/ 名 U **1**〈普通 the ～〉**南**, 南方, 《略 S; →north 参考》. We are sailing to the ～. 我々は南に向かって航海している. Which direction is ～? 南はどっちですか. lie five miles to the ～ of here ここより 5 マイル南にある. **2**〈the ～ 又は the S-〉**南部(地方)**. the ～ of France フランスの南部.

3〈the S-〉(**a**)〖米〗南部(地方), 南部諸州, 《Pennsylvania 州南境と Ohio 川の線より南方, かつ Mississippi 川東方の地域を言う (→Deep South); 主に南北戦争時に南部同盟を形成した諸州から成る》; 〖米史〗(南北戦争時の)南部諸州, 南部同盟 (the Confederacy). The *South* lost the Civil War. 南部は南北戦争に負けた. (**b**)〖英〗(イングランド)南部地方《およそ Cambridge 州の北辺から Bristol 湾を結ぶ線より南方の地域》. (**c**) 南半球の発展途上国《北の先進工業国に対して》. ◇↔north

── 形 ₵ **1 南の, 南方の**; 南への; (→north 語法). the ～ side of my house わが家の南側. the ～ latitudes 南緯. **2**〔風が〕南からの. a ～ wind 南風. **3** 南部の.

── 副 ₵ **1 南へ[に]**, 南方へ[に]. Wild geese fly ～

in the winter. ガンは冬南へ渡る. The wind blows ～. 風が南へ吹く (→north ★). face ～ 南向きである. **2** 南に, 南側[方]に, 〈*of* . . の〉. Mexico is [lies] ～ *of* the U.S. メキシコはアメリカ合衆国の南にある.

dòwn sóuth 〖話〗 南(部)へ〔行くなど〕, 南(部)に, 南(部)で〔暮らすなど〕, (↔up north).

gò sóuth (1)〖米〗だめになる, おかしくなる. (2)(暖かい)南へ行く.

in [***on, to***] ***the sóuth of . .*** . . の南部[南側, 南方]に (★in は内にある場合, on は接している場合で, to は南方にある場合).

[＜古期英語; 原義は「太陽の方へ」か]

Sòuth África 名 南アフリカ共和国《首都 Pretoria; 正式名 the Republic of South Africa》.

Sòuth Áfrican 形, 名 C 南アフリカ(共和国)の; 南アフリカ(共和国)人.

Sòuth América 名 南アメリカ, 南米.

Sòuth Américan 形, 名 C 南アメリカ(人)の; 南アメリカ人.

South·amp·ton /sauθǽmptən/ 名 サウサンプトン《イングランド南部の海港》.

Sòuth Ásia 名 南アジア.

Sòuth Austrália 名 オーストラリア南部の一州.

sóuth·bòund 形 〔船, 飛行機, 列車などが〕南行きの.

sòuth by éast 名 U, 形, 副 南微東(の, へ, に)《略 SbE》.

sòuth by wést 名 U, 形, 副 南微西(の, へ, に)《略 SbW》.

Sòuth Carolína 名 サウスカロライナ《North Carolina の南の州; 略 SC〖郵〗, S.C.; 州都 Columbia》.

Sòuth Carolínian 形, 名 C サウスカロライナ州の(人).

Sòuth Chìna Séa 名 〈the ～〉南シナ海.

Sòuth Dakóta 名 サウスダコタ《North Dakota の南にある州; 州都 Pierre /piər/; 略 SD〖郵〗, S.Dak.》.

Sòuth Dakótan 形, 名 C サウスダコタ州の(人).

Sòuth Dówns 名 〈the ～〉南ダウンズ(丘陵地帯)《イングランド南部の高原地帯; →downs》.

‡**south·east** /sàuθí:st/ 名 U **1** 〈普通 the ～, しばしば S-〉**南東**(の方角); 南東部(地方); 《略 SE》. **2** 〈the S-〉米国南東部地方.

── /㊗/ 形 〈限定〉 **1** 南東の[にある]. **2** 〔風が〕南東(から)の; 南東への〔旅行〕.

── 副 〈しばしば S-〉南東へ[に].

southèast by éast 南東微東《略 SEbE》.

southèast by sóuth 南東微南《略 SEbS》.

Sòutheast Ásia 名 東南アジア.

sòuth·éast·er 名 C 南東風, 南東からの強[暴]風.

sòuth·éast·er·ly /㊗/ 形 **1** 南東への; 南東にある. **2** 〔風が〕南東からの.

── 副 **1** 南東に[へ]. **2** 〔風が〕南東から.

†**sòuth·éast·ern** /㊗/ 形 **1** 南東の; 南東部の; 南東への. **2** 南東からの.

sòuth·éast·ward /㊗/ 形 南東への. ── 副 南東へ[に].

sòuth·éast·ward·ly /㊗/ 形, 副 ＝southeasterly.

sòuth·éast·wards 副 ＝southeastward.

south·er /sáuðər/ 名 C (強い)南風.

south·er·ly /sʌ́ðərli/ 形 南の, 南寄りの; 南への; 〔風が〕南からの. ── 副 南に[へ], 南寄りに; 〔風が〕南から. The cold air mass is moving ～. 寒気団は南下しつつある.

‡**south·ern** /sʌ́ðərn/ 形 ⓒ **1** 〈しばしば S-〉**南の**; 南方[部, 国]の; 南への, 南向きの; 〔風が〕南からの; (略 S, So〖主に米〗; →north 語法). *Southern* Europe 南ヨーロッパ. a strong ～ wind 強い南風. **2** 〈S-〉〖米〗南部(地方)の, 南部からの. the *Southern* States 南部諸州. Jimmy has a *Southern* accent. ジミーは南部訛(なま)りがある. ◇名 south

── 名 〈普通 S-〉 **1** C ＝southerner. **2** U 〖米〗南部方言. [＜古期英語]

Sòuthern Cróss 名 〈the ～〉〖天〗南十字星.

sóuth·ern·er 名 C **1** 南部地方の人, 南国人. **2** 〖米〗〈S-〉南部地方の人, 南部出身者.

Sòuthern Hémisphere 名 〈the ～〉南半球.

sòuthern hospitálity 名 U アメリカ南部(流)の手厚いもてなし.

sòuthern líghts 名 〈the ～; 複数扱い〉南極光 (aurora australis).

sóuthern·mòst 形 〖章〗最南(端)の.

Sòuthern Ócean 名 〈the ～〉南洋.

Sòuth Ísland 名 南島《ニュージーランドの 2 つの主な島の中の 1 つ; →North Island》.

Sòuth Koréa 名 韓国《正式名 the Republic of Korea (大韓民国); 略 ROK; 北緯 38 度線以南》.

sóuth·lànd 名 C 〖詩〗南国; 南部.

sóuth·pàw 名 C 〖話〗サウスポー《野球の左腕投手, 左利きのボクサーなど》; 〖米〗〈一般に〉左利きの人; (left-hander). [野球場の設計で, 打者が夕日の直視を避けるため東を向いていたので, 相対する投手は左手が南を向いたことから]

Sòuth Póle 名 〈the ～〉南極; 〈the s- p-〉(磁石の) S 極.

Sòuth Sèa Íslander 名 C 南洋諸島の住民.

Sòuth Sèa Íslands 名 〈the ～〉南洋諸島《南太平洋の島々》.

Sòuth Séas 名 〈the ～〉南太平洋, 南洋; 南半球の海洋.

sòuth-sòuthéast 名 U 〈普通 the ～〉南南東《略 SSE》. ── 形 南南東(へ)の; 〔風が〕南南東(から)の. ── 副 南南東へ[に].

sòuth-sòuthwést 名 U 〈普通 the ～〉南南西《略 SSW》. ── 形 南南西(へ)の; 〔風が〕南南西(から)の. ── 副 南南西へ[に].

***south·ward** /sáuθwərd/ 副 ⓒ **南へ**, 南方に; 南に向いて. The refugees moved ～ into India. 難民たちは南へ移動してインドに入った.

── 形 **1** 南(方)への. The ～ flow of tourists reaches its peak in December. 観光客の南への流れは 12 月がピークだ. **2** 〔風などが〕南からの.

── 名 U 〈the ～〉南方.

sóuth·ward·ly 形, 副 南向きの[に]; 〔風などが〕南から(の).

sóuth·wards 副 ＝southward.

‡**south·west** /sàuθwést/ 名 U 〈普通 the ～, しばしば S-〉**南西**; 南西部(地方)《〖米〗メキシコに隣接する諸州; 〖英〗Somerset, Devon, Cornwall の諸州; 略 SW》.

── /㊗/ 形 〈限定〉 **1** 南西の[にある]. **2** 〔風が〕南西(から)の; 南西への〔旅行〕.

── 副 〈しばしば S-〉南西へ[に].

southwèst by sóuth 南西微南《略 SWbS》.

southwèst by wést 南西微西《略 SWbW》.

Sòuth-Wèst África 名 南西アフリカ《正式名 Namibia》.

sòuth·wést·er 名 C **1** 南西風, 南西からの強[暴]風. **2** (水夫, 消防士などの)防水帽《後部のつばが広い》.

sòuth·wést·er·ly /㊗/ 形 **1** 南西への; 南西にある. **2** 〔風が〕南西からの. ── 副 **1** 南西に[へ]. **2** 〔風が〕南西から.

†**sòuth·wést·ern** /-ərn ㊗/ 形 **1** 南西の; 南西部の; 南西への. **2** 南西からの.

sòuth·wést·ward /㊗/ 形 南西への. ── 副 南西へ[に].

sòuth·wést·ward·ly /㊗/ 形, 副 ＝southwesterly.

sòuth·wést·wards 副 ＝southwestward.

Sòuth Yórkshire 名 サウスヨークシャー《イングランド北部の旧州; 州都 Barnsley /bá:rnzli/》.

*__sou·ve·nir__ /sù:vəníər, ∸-∸/ 名 (複 **~s** /-z/) C (旅などの)**記念品**, 形見, みやげ, 《昔の経験などを思い出させるもの》. ~*s* of my American trip 私のアメリカ旅行の記念品. collect restaurant menus for ~*s* 記念にレストランのメニューを集める. [フランス語 'memory']

sou'west·er /sàuwéstər/ 名 〖海〗 =southwester.

sov. sovereign(s).

*__sov·er·eign__ /sávrən|sɔ́v-/ 名 (複 **~s** /-z/) C
1 君主, 元首, (monarch); 主権者; 《略 sov.》. the relation between ~ and subject 君主と臣下との関係. **2** ソヴリン貨《英国の旧 1 ポンド金貨》.
── 形 **1** 君主[元首]である, 主権[王位]を有する. a ~ prince 君主. ~ authority 主権(者). **2** 〔国家が〕主権を有する, 独立した, 自主の. a ~ state [republic] 独立国[共和国]. **3** 最高の, 至上の, 絶対の. the ~ good 至高善. a problem of ~ importance 最重要問題. ~ power 主権. **4** 〖雅〗〈大げさに〉 極度の, 極め付きの; 〔薬などが〕卓効のある. a ~ remedy for a headache [unhappiness] 頭痛[不幸]の特効薬[療法]. a ~ fool 途方もない大ばか. [<古期フランス語「君主」(<ラテン語 *super* 'above'); 綴りは reign に影響された] ▷ **~·ly** 副

†**sov·er·eign·ty** /sáv(ə)rənti|sɔ́v-/ 名 (複 **-ties**)
1 U 主権; 宗主権, 統治権. assume ~ 主権を得る. have ~ over.. に主権がある.
2 C 独立国, 主権国家.

‡**So·vi·et** /sóuvièt, -ət/ 名 〖史〗 **1** 〈the ~〉 **ソ連** (the Soviet Union). **2** 〈the ~s〉 ソ連政府; ソ連国民. **3** C 〈s-〉 (ソ連の)会議, 評議会; 〈時に s-〉 (ソ連の)勤労者代表者会議. →Supreme Soviet.
── 形 ℂ **1** ソ連の. ~ missiles ソ連のミサイル. **2** 〈s-〉 (ソ連の)会議[評議会]の. [ロシア語 'council']

so·vi·et·ism /sóuviətìz(ə)m/ 名 U ソヴィエト主義[制度]; 共産主義.

so·vi·et·ize /sóuvietàiz/ 動 他 をソヴィエト化する, ソ連圏内に入れる.

So·vi·e·tol·o·gy /sòuviətálədʒi|-tɔ́l-/ 名 U ソヴィエト(政体)研究. ▷ **So·vi·e·tol·o·gist** 名

Sòviet Rússia 名 〖史〗 **1** ソ連《the Soviet Union の通称》. **2** =Russian Soviet Federated Socialist Republic.

Sòviet Sòcialist Repúblic 名 〖史〗 ソヴィエト社会主義共和国《ソ連を構成した共和国; 15 あった; 1991 年解体; 略 SSR》.

Sòviet Únion 名 〈the ~〉 〖史〗 ソヴィエト連邦, ソ連邦, 《USSR の略称》.

‡**sow**[1] /sou/ 動 (**~s** /-z/|過 **~ed** /-d/|過分 **~n** /-n/, **~ed**|**sów·ing**) 他 **1** 〔種〕をまく, 〔作物〕を植え付ける, 〈*in*, *on* ..に〉; にまく, 植え付ける, 〈*with* ..〔種[作物]〕を〉; (類語 種をばらまくという手の動きが強調される; →plant). ~ oats *in* the field [~ the field *with* oats] 畑にカラスムギ(の種)をまく. The paddies have not been ~*n* yet. 田はまだ植え付けが済んでいない.
2 〔紛争など(の種)〕をまく, 〔不信感など〕を広める, 植え付ける. ~ (the seeds of) dissension [hatred, discontent] 不和[憎しみ, 不平]の種をまく.
── 自 **種をまく**, **種まきをする**. Farmers ~ at this time every year. 農家の人たちは毎年今ごろ種まきをする. As a man ~*s*, so shall he reap. 〖諺〗 自業自得《まいた種は(自ら)刈らねばならない》.
[<古期英語; seed, season と同根]

sow[2] /sau/ 名 C **1** (成長した)雌豚 (→pig 参考); (クマ, タヌキなどの)雌. **2** 〖冶金〗 大鋳型 (→pig 4).
(as) drùnk as a sów ぐでんぐでんに酔って.
gèt [tàke, hàve] the wròng sów by the éar お門違いの人[もの]のせいにする; 間違った結論に達する.
[<古期英語]

sów bùg /sáu-/ 名 C 〖虫〗 ワラジムシ (wood louse).

sow·er /sóuər/ 名 C 種をまく人; 種まき機; 広める人, 扇動者, 〈*of* ..〔不和など〕を, の〉.

sown /soun/ 動 sow[1] の過去分詞.

sox /saks|sɔks/ 名 〈複数扱い〉 〖主に米〗 短い靴下 (socks) 《主に商標に用い, 勝手につづりを変えたもの》.

‡**soy** /sɔi/ 名 U **1** 醬油(しょうゆ) (**sóy** [〖英〗 **sóya**] **sàuce**). **2** 大豆 (soybean). [<日本語]

soy·a /sɔ́iə/ 名 〖英〗 =soy.

sóy·bèan, 〖英〗 **sóya-** 名 C 大豆《植物, 実》.

So·yuz /sɔijú:z, sɔ́:ju:z/ 名 ソユーズ《1967 年以来旧ソ連が打ち上げた有人宇宙船》. [ロシア語「団結」]

soz·zled /sázld|sɔ́-/ 形 〖俗〗 酔っ払った.

SP 〖米海軍〗 Shore Patrol.

Sp. Spain; Spaniard; Spanish.

sp. special; spelling.

‡**spa** /spɑ:/ 名 C **1** 鉱泉, 温泉; 温泉地, 湯治場; ヘルスセンター; 《鉱泉で有名なベルギーの地名から》. a ~ town 温泉の町. **2** 〖米〗 ジャクージ, ジャグジー, (jacuzzi).

‡**space** /speis/ 名 (複 **spác·es** /-əz/)
【空間】 **1** U (時間に対して)**空間**; 宇宙, 虚空. time and ~ 時間と空間. stare [look, gaze] into ~ 空を見つめる, ぼんやりしている.
2 (**a**) U (地球の大気圏外の)**宇宙**(**空間**) (★厳密には **òuter spáce** と言う). travel through ~ 大気圏外を旅する, 宇宙旅行をする. launch a rocket into (outer) ~ ロケットを大気圏外へ打ち上げる. (**b**) 〈形容詞的〉 宇宙の. a ~ rocket 宇宙ロケット. ~ fiction 宇宙小説.
【限られた空間】 **3** U (一定量の)**場所**, 面積, スペース; (新聞などの)紙面. a feeling [sense] of ~ 広々とした感じ. The house has a lot of ~. その家は広々としている. These books take up too much ~ on the shelf. これらの本は棚の上で場所を取りすぎている. *Space* forbids fuller treatment. スペースの都合でこれ以上詳述できない.
4 UC 〈普通, 複合語を作って〉 (ある用途の)場所, 用地, 区域. a parking ~ 駐車する場所. office ~ オフィスのための場所[スペース]. Russian air ~ ロシア領空.
5 【自分の空間】 U (他人との関係に縛られない)自由, 自由にできる場[時間]. →breathing space.
【空所】 **6** UC **空所**, 空き, 余地, 余白, 空欄; (乗り物の)座席, 空席. a built-up area with little open ~ [few open ~*s*] left 空き地のほとんど残っていない住宅密集地. wide open ~*s* 広々とした建物のない(田園)地帯. a blank ~ 余白, 空欄. leave (a) ~ 場所を空けておく; 空欄にしておく; 間を空ける. clear a ~ 片付けて場所を空ける. Could you make ~ for me? ちょっと空けていただけませんか《座れるスペースを作ってくれるよう依頼する時など》. reserve one's ~ on the plane 飛行機の座席を予約する.
7 【二物間の空所】 UC (二物間の)**間隔**, 距離; C 〖印〗 語[字, 行]間. There isn't enough ~ between the two houses. この 2 軒の家の間隔は十分ではない. for a ~ of five miles 5 マイルにわたって. Indent the first line several ~*s*. 最初の行は数字分引っ込めること.
8 【時間の間隔】 C 〈普通, 単数形で〉 (時間の)間; 〈a ~〉 しばらくの間. for the [a] ~ of ten years 10 年にわたって. in [during, within] the ~ of three years 3 年間で. after a short ~ (of time) しばらくして, 短い時間で. for a ~ しばらくの間.
── 動 他 に(時間的, 又は空間的)間隔を置く, を間隔を取って置く[並べる], 〈*out*, *along*〉 〈普通, 受け身で〉. The trees are evenly ~*d*. 木立は等間隔になっている. Why don't you ~ *out* your cigarettes? たばこを余り続けざまに吸わないようにしたらどうかね.
── 自 〖米話〗 ぼうっとする.

spàce /../ óut 〖俗〗〔人〕に目のくらむ思いをさせる.
◇形 spacious, spatial [＜ラテン語 *spatium*「空間, 時間」]

spáce-àge 形 宇宙時代の.

spáce àge 名 〈the ～〉宇宙時代.

spáce bàr 名 C スペースバー《コンピュータなどのキーボードで字間を空ける時に押す》.

spáce cadèt 名 C **1** 〖話〗(麻薬で)ぼうっとした人. **2** 宇宙飛行訓練士.

spáce càpsule 名 C (宇宙ロケットの)カプセル.

spáce còlony 名 C スペースコロニー《人類が住むための大型人工衛星》.

†**spáce·cràft** 名 (複 ～) C 宇宙船.

spàced-óut /-st- 形/ 形 〖話〗(麻薬で)ぼうっとなった.

spáce flìght 名 C 宇宙飛行.

spáce hèater 名 C 室内暖房器《集中暖房の一部ではなく独立の》.

spáce·làb 名 C 宇宙実験室, スペースラブ, 《＜*space*＋*lab*oratory》.

spáce·less 形 **1** 超空間の, 無限の. **2** 場所を占めない《例えば点》.

spáce·màn /-mæ̀n/ 名 (複 **-men** /-mèn/) C (男の)宇宙飛行士 (astronaut).

spáce mèdicine 名 U 宇宙医学.

spáce plàtform 名 ＝space station.

spáce·pòrt 名 C 宇宙船基地.

spáce pròbe 名 C 宇宙探査用ロケット.

spáce scìence 名 U 宇宙科学. ▷ **spáce scìentist** 名

†**spáce·shìp** 名 ＝spacecraft.

spáce shùttle 名 C スペースシャトル, 宇宙往復船, 《何回もの使用に耐える》.

spáce stàtion 名 C 宇宙ステーション.

spáce sùit 名 C 宇宙服.

spàce-tíme 名 U 〖物理〗時空連続体 (**spàce-tíme contìnuum**)《第 4 次元》.

spáce tràvel 名 U 宇宙旅行.

spáce·wàlk 名 C 宇宙遊泳《宇宙船外で行う》.
—— 動 自 宇宙遊泳をする.

spáce·wòman 名 (複 **-wo·men**/-wìmən/) C 〖話〗女性宇宙飛行士.

spáce wrìter 名 C 行(ぎょう)ぎめ記者[寄稿者]《印刷行数に応じて報酬を受ける》.

space·y /spéisi/ 形 e 〖話〗 **1** ぼうっとした《麻薬や時差ボケなどで》. **2** 変な.

spa·cial /spéiʃ(ə)l/ 形 ＝spatial.

spac·ing /spéisiŋ/ 名 U 間隔(を取ること); C (語間, 行間などの)空き.

***spa·cious** /spéiʃəs/ 形 m **1** 広々とした, 広大な. a ～ hall 広々とした広間. **2** 広範な, 大規模の.
◇名 space ▷ **～·ly** 副 **～·ness** 名

spac·y /spéisi/ 形 ＝spacey.

‡**spade**[1] /speid/ 名 C 鋤(すき), 踏みぐわ, 《shovel より金属部分の面が平ら》.
càll a spàde a spáde 〖話〗ありのままを言う, ずけずけものを言う, 《＜鋤を鋤と呼ぶ》.
—— 動 他, 自 (〔地面など〕を)鋤で掘る. [＜古期英語]

spade[2] 名 C **1** 〖トランプ〗スペード札; 〈～s〉スペードひと組. the 9 of ～*s* スペードの 9. **2** 〖旧俗・軽蔑〗黒人.
in spádes 〖米話〗(1) たっぷりと. (2) 確かに, 断然. (3) ずけずけと, 遠慮なく, 〔言うなど〕.

spáde·fùl /-fùl/ 名 C 鋤(すき)1 杯(の量).

spáde·wòrk 名 U 骨の折れる下準備[基礎作り], 根回し.

spa·dix /spéidiks/ 名 (複 **spa·di·ces** /speidáisi:z, spéidəsi:z/) C 〖植〗肉穂(すい)花序.

spag bol /spæ̀g-bɔ́l/ 名 U 〖英話〗スパゲッティ・ボロネーズ. [＜*spag*hetti *Bol*ognese]

‡**spa·ghet·ti** /spəgéti/ 名 U スパゲッティ. ～ (alla) bolognese スパゲッティ・ボロネーズ. [イタリア語「小さなひも」]

Spaghètti Júnction 名 C 〖英話〗スパゲッティ交差点《複雑に交差した高速道路のインターチェンジ》.

spaghètti wéstern 名 C 〖米話〗マカロニウェスタン《イタリア製西部劇》.

***Spain** /spein/ 名 スペイン《ヨーロッパ南西部の王国; 首都 Madrid; →Spanish, Spaniard》.

spake /speik/ 動 〖古〗speak の過去形.

Spam /spæm/ 名 U 〖商標〗スパム《ハムの缶詰》. ★ spam とも書く. [＜*sp*iced h*am*]

spám màil 名 U スパムメール《営利目的などで大量に送りつけられる電子メール; 単に spam とも言う》.

***span**[1] /spæn/ 名 (複 **～s** /-z/) C
【端から端までの長さ】 **1** スパン《手のひらを十分に広げた時の親指と小指との間の長さ; 普通 9 インチ (約 23cm)》.
2 (端から端までの)**全長**, 全幅; (飛行機の両翼の端から端までの)翼長; (橋, アーチなどの支柱間の)径間(わたり). the ～ of one's arms 両腕を広げた長さ.
3 (特に時間の, ある限られた)**長さ**, 期間; 〈a ～〉わずかな時間[距離]. the ～ of human life 人間の寿命. over a (time) ～ of five years 5 年間にわたって. for a short [long] ～ of time 短い[長い]間. For a ～ of fifty miles there was nothing to be seen but meadows. 50 マイルにわたって見えるのは牧場ばかりだった. Our life is but a ～. 人生はつかの間にすぎない. have a short attention [concentration, memory] ～ 注意[集中, 記憶]力の続く時間が短い. have a wide ～ of responsibility いろいろなことに責任がある.
—— 動 (**～s** /-z/|過 過分 **～ned** /-d/|**spán·ning**) 他
1 を指を広げて[手で握って]測る; 〈一般に〉を測る. ～ one's wrist 手首(の太さ)を握って測る. His eye ～*ned* the distance. 彼は距離を目測した. The carpenter ～*ned* the board with his arms. 大工は両腕を広げて板の寸法を測った.
2 〔橋などが〕に架かる; に架ける〈*with* ..を〉; 〔人が〕に架橋する. A fine bridge ～*s* the river. 川には美しい橋が架かっている. A rainbow ～*ned* the sky. 空に虹(にじ)が架かっていた. ～ the moat *with* drawbridges 堀に跳ね橋を架ける.
3 〔ある時間, 距離, 範囲〕にわたる, 及ぶ. His life ～*ned* nearly a century. 彼の生涯はほぼ 1 世紀にわたった.
[＜古期英語]

span[2] 形 ＝spick-and-span.

span[3] 名 C 〖主に米・南ア〗ひと軛(くびき)の牛[馬など] (→yoke).

span[4] 動 〖古〗spin の過去形.

Span. Spanish, Spaniard.

span·dex /spǽndeks/ 名 U スパンデックス《伸縮性のあるポリウレタン系合成繊維; ガードル, スポーツウェアなどの素材; ＜商標》.

span·drel /spǽndrəl/ 名 C 〖建〗三角小間(こま)《アーチの斜め上方の小壁》.

span·gle /spǽŋg(ə)l/ 名 C スパンコール《特に舞台衣装などの, ぴかぴか光る金属片》; 〈一般に〉ぴかぴか光るもの《星, 雲母(うんも), 霜など》. —— 動 他 (スパンコールなどで)を飾る, ぴかぴか光らせる, 〈普通, 受け身で〉. The flowers were ～*d with* morning dew. 花は朝露できらきらしていた. →star-spangled. ▷ **span·gled** 形 輝いている〈*with* ..で〉. **span·gly** 副

Spang·lish /spǽŋgliʃ/ 名 U 〖主に米〗スパングリッシュ《スペイン語と英語の混交語; ＜*Span*ish＋Eng*lish*》.

***Span·iard** /spǽnjərd/ 名 (複 **～s** /-dz/) C スペイン人 (→Spain, Spanish)《略 Sp.》.

span·iel /spǽnjəl/ 名 C スパニエル犬《美しい毛並みで

S

耳の垂れた小形[中形]犬). [＜古期フランス語 'Spanish (dog)']

*Span·ish /spǽnɪʃ/ 形 Ⓒ (★2は m) 1 スペインの; スペイン人[語]の. 2 スペイン風の. ◇名 Spain

── 名 1 Ⓤ スペイン語. 2 〈the 〜; 複数扱い; 集合的〉 スペイン人[国民]. ★1 人のスペイン人は Spaniard.

Spànish Amérìca 名 スパニッシュアメリカ圏 《(ポルトガル語使用の)ブラジルを除く中南米; →Latin America》.

Spànish-Américan /⑳/ 形 スパニッシュアメリカ(人)の (→Spanish America); スペインと米国の.

── 名 Ⓒ スパニッシュアメリカの(特にスペイン系の)住民; スペイン系米国人.

Spànish-Amèrican Wár 名 〈the〜〉〖史〗米西戦争 (1898).

Spànish Armáda 名 〈the 〜〉 ＝Armada.

Spànish Cìvil Wár 名 〈the 〜〉 スペイン内戦 (1936–39).

Spànish flý 名 ＝blister beetle.

Spànish Máin 名 〈the 〜〉〖史〗南米の北岸 《オリノコ川からパナマ地峡に至る地域》; (後の)カリブ海 (the Caribbean Sea); 《昔, 財宝を積んだスペイン商船をねらって, 海賊が出没した地域》.

Spànish móss 名 ⓊⒸ 〖植〗サルオガセモドキ 《米国南部・熱帯アメリカ産》.

Spànish ómelet 名 Ⓒ 〖米〗スペイン風オムレツ 《ジャガイモとタマネギが入っている》.

spank[1] /spæŋk/ 動 他 〔子供(のしりなど)〕を(平手[スリッパなど]で)ぴしゃりと打つ 《罰としてひざの上にうつ伏せにさせて》; 〔馬〕をむち打って走らせる. He 〜*ed* the naughty boy with a slipper. 彼は腕白坊主のしりをスリッパでたたいた. ── 名 ⓊⒸ ぴしゃりと打つこと, 平手打ち. get a 〜 おしりをたたかれる. The player gave his teammate a friendly 〜. その選手は親しみを込めてチームメート(のしり)をぽんとたたいた. [擬音語]

spank[2] 動 自 〖旧話〗〔馬, 船などが〕疾走する, 〔人が〕(馬, 船などに乗って)疾走する 〈*along*〉. [＜*spank*ing[2]]

spánk·er 名 Ⓒ 1 〖旧話〗すばらしいもの[人]. 2 〖話〗足の速い動物; 駿馬(しゅんめ). 3 スパンカー 《横帆の船で最後尾マストの下部に付けた縦帆》.

spánk·ing[1] 名 ⓊⒸ (罰としての)しりたたき. give [get] a sound [good] 〜 散々しりをたたく[たたかれる].

spánk·ing[2] 形 1 〈限定〉〔歩調などが〕速い; 〔馬などが〕威勢よく走る; 〔風などが〕ぴゅーぴゅー吹く. at a 〜 pace [rate] 〖旧〗すごいスピードで. 2 〈副詞的〉 すごく, すばらしく. 〜 new [clean] 真新しい[大変きれいな].

‡**span·ner** /spǽnər/ 名 Ⓒ 〖英〗スパナ (〖米〗 wrench) 《工具》.

thròw* [*pùt*] *a spànner in* [*into*] *the wórks 〖英話〗他人の仕事などをぶち壊す; 邪魔をする(〖米〗 throw a WRENCH in the works).

spán ròof 名 Ⓒ 切妻屋根.

spán wòrm 名 Ⓒ 尺取り虫 (measuring worm).

Spar, SPAR /spɑːr/ 名 Ⓒ 〖米〗沿岸警備女子予備隊員 《沿岸警備隊のラテン語のモットー *S*emper *Par*atus 'always ready' から》.

spar[1] /spɑːr/ 名 Ⓒ (船の)円材 《帆柱, 帆桁(ほげた)など》; (飛行機の)翼桁. [＜古期北欧語]

‡**spar**[2] 動 (〜s|-rr-) 自 1 〖ボクシング〗練習する, スパーリングを行う; 打ってかかる 〈*at* ..に〉. 〜 (three rounds) with ..と(3 ラウンドの)スパーリングをする. 2 (腹を探るような)議論をする, 言葉のやり取りをする, 〈*with* ..と〉. [＜古期英語「打つ」(spur の変形か)]

spar[3] 名 Ⓤ へげ石 《光沢のある結晶体で薄板状に割れやすい鉱石(方解石, 鉄平石など)の一般名》.

*‡**spare** /speər/ 動 (〜s /-z/|過 過分 〜d /-d/|spar·ing /spé(ə)rɪŋ/) 他

【使うのを差し控える】 1 をなしで済ます, 手放す. I cannot 〜 you [your services] today. 今日は君を手放せない[君に働いてもらわなくてはやっていけない].

2 〔金, 労力など〕を惜しむ, けちけちする, 〈普通, 否定文で〉. 〜 no expense [pains, effort(s)] 費用[労力, 努力]を惜しまない. *Spare* the rod and spoil the child. 〖諺〗かわいい子には旅をさせよ 《むちを惜しめば子供はだめになる》. The president has a weak throat, and always 〜*s* his voice as much as possible before a speech. 社長はのどが弱いので演説の前にはいつも声を出来るだけ使わないようにしている.

3 【自分が使うのを差し控える】〈否定文・疑問文で〉〔時間など〕を割く, を分け与える; VOO (〜 X Y)・VOA (〜 Y *for* X) X(人)に Y(物)を分け与える. I have no time to 〜 away from my work. 仕事にかかりっきりで時間が割けない. Can you just 〜 me five minutes [〜 five minutes *for* me]? ほんの 5 分だけ時間をいただけますか.

【労力, 苦痛などを免除する】 4 に苦痛を与えない, をいたわる; VOO (〜 X Y) X(人)に Y(労力, 苦痛など)を免れさせる. Let us 〜 his tender feelings. 彼の傷つきやすい気持ちをいたわってやりましょう. I was 〜*d* the agony of standing in line for a seat. 私は席を取るのに行列する苦痛を味わわずに済んだ. The phone will 〜 you a visit. 電話すれば行く手間が省けるよ. 〜 a person the details 人に細かいことは言わないでおく.

5 の命を助ける, に危害[罰など]を加えずにおく, を容赦する; VOO (〜 X Y) X(人)の Y(命など) を助けてやる. Not a man was 〜*d*. だれ一人命は助からなかった. Please 〜 (me) my life. どうか命だけはお助けください. His tongue 〜*d* nobody. 彼は相手構わずこき下ろした.

enòugh and to spáre →to SPARE.

spàre a thóught for.. ..のことを考えてやる, ..に同情する.

spáre oneself 〈普通, 否定文で〉〖章〗自分をいたわる, 労を惜しむ. The premier should have 〜*d himself* a little more. 首相はもう少し体をいたわるべきだった.

to spáre 〈直前の名詞を修飾して; 時に enough and to 〜 の形で〉 余分の, 余っている. arrive at the station with only a minute *to* 〜 たった 1 分前に駅に着く. He came in first with energy *to* 〜. 彼は十分余力を残して 1 着でゴールインした.

── 形 e (spar·er /spé(ə)rər/|spar·est /spé(ə)rəst/) 【余分の】 1 予備の, スペアの; 〔金銭などが〕余った, 余分の; 〔時間が〕暇の. a 〜 room 使っていない[来客用の]部屋, 予備室. a 〜 key スペアキー. 〜 money 余った金. in a 〜 moment わずかな暇をみて. a 〜 part 予備部品. in one's 〜 time 暇な時に.

【予備程度の＞十分でない】 2 〔食事などが〕乏しい, 貧弱; つましい; 〔演技などが〕控え目な. 3 やせた, やせぎすの, (類語 文語的で, 身長のわりにやせているという意味; →thin). a man of 〜 build やせ型の男. a 〜 old horse やせた老馬.

be going spáre 〖英話〗余っている. if it's *going* 〜 余っているなら.

drìve a pèrson spáre 〖英話〗人を怒らせる[心配させる].

gò spáre 〖英話〗 大変怒る[心配する]. My mum *went* 〜 when she found out that I had played truant. ママは僕が学校をずる休みしたことを知ってすごく怒った.

── 名 Ⓒ 1 予備, スペア, 《予備の(交換)部品, キー, タイヤなど》. 2 〖ボウリング〗スペア 《2 投目で残りピンを全部倒すこと[倒した得点]; →strike》.

[＜古期英語] ▷**〜·ly** 副 **〜·ness** 名

spàre-part súrgery 名 Ⓤ 〖話〗臓器移植 《死者の臓器を利用する》.

spáre·rìbs 名 〈複数扱い〉 スペアリブ 《豚の肉付きあばら骨; 肉は大部分除いてある》.

spàre tíre 〖米〗[〖英〗**týre**] 名C **1** スペアタイヤ. **2**〖英話・戯〗腹の(回りの)ぜい肉; 中年太り.

†**spar·ing** /spé(ə)riŋ/ 形 つましい, 倹約した; けちけちする, 控えた, 〈*of, in, with* ..を〉(類語 むだを省いて切り詰める感じが強い; →economical). make ~ use of medicine 薬を控え目に使う. be ~ *with* words 口数が少ない. be ~ *in* [*with*] one's praise あまり褒めない.

‡**spár·ing·ly** 副 つましく, 控え目に; けちけちと.

***spark**[1] /spɑːrk/ 名 (複 **~s** /-s/) C **1 火花**, 火の粉; 〖電〗(放電の際の)火花, スパーク; 閃(せん)光, きらめき. strike a ~ from a flint 火打ち石で火花を出す. **2** 火種, 原因. the ~ that touched off the war 戦争を触発した火種《直接の誘因》.

3 ひらめき〈*of* ..〔才知など〕の〉; 生気, 活気. a ~ *of* genius [wit] 天才[機知]のひらめき. the vital ~ = the ~ *of* life 活気, 生気. **4** 〈a ~〉わずか〈*of* ..の〉〈普通, 否定文で〉. I don't have *a* ~ *of* interest in this plan. この計画には全然関心がない. I wish he had shown *a* ~ *of* human warmth! 彼が人間らしい思いやりをひとかけらでも示していてくれたらなあ. **5**〖旧俗〗〈~s; 単数扱い〉(船, 飛行機の)電信技師, 無線士.

a* [*some*] *bright spárk →bright spark.

spàrks flý 激しい議論[言い争い]が行われる, '火花が散る'. make the ~*s fly* '火花を散らす'ことになる. send ~*s flying* '火花を散ら'せる.

── 動 自 火花を出す; きらめく, ひらめく; 〖電〗スパークする. ── 他 **1**〖主に米〗を活気づかせる, 〔興味など〕をかき立てる; VOA (~ X *into* ..) X を刺激して..させる. ~ his interest 彼の興味をかき立てる. ~ them *into* action 彼らをたきつけて行動させる. **2** の導火線[きっかけ]になる, を引き起こす, 〈*off*〉. Her comment ~*ed off* the trouble. 彼女の言ったことがそのもめ事のきっかけとなった.

[＜古期英語]

spark[2] 名C かっこいい青年, 色男.

── 動 他, 自 〖米旧〗(〔女〕に)言い寄る.

spárking plùg 名〖英〗= spark plug.

***spar·kle** /spáːrk(ə)l/ 動 (**~s** /-z/|過 過分 **~d** /-d/|**-kling**) 自 **1** (**a**)〔宝石, 目などが〕**輝く**, きらきら[ぴかぴか]光る. The diamond ~*d* in the bright light. ダイヤモンドは明るい光にきらきら光った. His eyes ~*d* with delight [anger]. 彼の目が喜び[怒り]に燃えた. (**b**)〔人が〕輝く. She ~*s* at parties. 彼女はパーティーで光る.

2 (盛んに)火花を発する; 〔シャンペンなどが〕(ふつふつと)泡立つ. **3** ひらめく, 光る, 〈*with* ..〔才気など〕で〉(flash). His lectures ~ *with* wit. 彼の講演は機知のひらめきが感じられる.

── 名 (複 **~s** /-z/) **1** UC (宝石, 目などの)**輝き**, きらめき. the ~ of a diamond ダイヤモンドの輝き. There was an unmistakable ~ in her eye. 間違いなく彼女の目が輝いた. **2** C (細かい)火花, 閃(せん)光; (シャンペンなどの)泡立ち. **3** UC (才気などの)ひらめき, 輝き; aU 生気. a woman with plenty of ~ and spirit in her talk 話にひらめきと生気のあふれた女性.

[＜中期英語; spark, -le[1]]

spár·kler 名C **1** きらめくもの; 才子. **2** 花火. **3** 〖俗〗輝く宝石, 〈特に〉ダイヤモンド.

spàrkling wáter 名UC ソーダ水.

spàrkling wíne 名UC 発泡性ワイン《シャンペンなど》.

spárk plùg 名C 〖米〗**1** (エンジンの)点火栓, プラグ. **2**〖話〗活気づける人, 中心人物.

spark·y 形 e 〖英話〗生気[活気]あふれる.

spárring màtch 名C **1** 練習試合. **2** 和気藹藹(あいあい)の議論.

spárring pàrtner 名C **1** スパーリングパートナー《ボクサーの練習相手》. **2** (仲のいい)議論相手.

***spar·row** /spǽrou/ 名 (複 **~s** /-z/) C 〖鳥〗スズメ《〖英〗では主にイエスズメを指すが, 〖米〗では各種のスズメをも含む; →hedge sparrow, house sparrow》. the chirping [twittering] of a flock of ~*s* スズメの群れのさえずり. [＜古期英語]

spárrow hàwk 名C 〖鳥〗ハイタカ《ヨーロッパ産》; マダラハヤブサ《アメリカ産; 小形》.

†**sparse** /spɑːrs/ 形 **1** まばらな; 〔毛などが〕薄い, 〔人口などが〕希薄な; (↔dense). a ~ audience まばらな聴衆. Good weather is ~ in this high latitude. この高緯度にあっては好天はたまにしかない. a ~ beard 薄いあごひげ. **2** 乏しい, 貧弱な. [＜ラテン語 *spargere*「散らす」(の過去分詞)] ▷**spárse·ly** 副 まばらに, ちらほらと, 散在して. **spárse·ness** 名 = sparsity.

spar·si·ty /spáːrsəti/ 名U まばら, 希薄, 散在.

Spar·ta /spáːrtə/ 名 スパルタ《古代ギリシアのアテネと対立した軍国主義的な都市国家》.

Spar·ta·cus /spáːrtəkəs/ 名 スパルタクス (?–71 B.C.)《古代ローマの剣闘士; ローマに対し反乱を起こし敗死》.

†**Spar·tan, spar·tan** /spáːrtn/ 形 スパルタ(人)の; スパルタ式の, 質実剛健な, 厳格な. ── 名C スパルタ人; 質実剛健な人. ▷**~·ism** 名U スパルタ主義.

†**spasm** /spǽz(ə)m/ 名 **1** UC 〖医〗痙攣(けいれん), ひきつけ; C 〈一般に〉発作. go into a ~ of coughing 急にせき込み始める. **2** C 激発〈*of* ..〔感情など〕の〉. a ~ *of* grief 急に込み上げて来る悲しみ. **3** C 一時的[突発的]衝動〈*of* ..〔努力など〕の〉. work in ~*s* 時々思い出したように働く. [＜ギリシア語「引っぱること」]

spas·mod·ic /spæzmádik|-mɔ́d-/ 形 **1** 痙攣(けいれん)(性)の, ひきつけの. ~ asthma 痙攣性喘息(ぜんそく). **2** 発作的な, 突発的な; 急に思い出したような, 長続きしない. a ~ pain 発作的な痛み. ~ attempts 思い出したようにする試み. a ~ worker 働いてはすぐやめる人.

spas·mód·i·cal /-k(ə)l/ 形 = spasmodic.

spas·mód·i·cal·ly 副 発作的に, 思いついたように.

spas·tic /spǽstik/〖医〗形 **1** 痙攣(けいれん)の, 痙攣性麻痺(ひ)の. **2**〖俗〗のろまな. ── 名C 痙攣性麻痺患者, 〈特に〉脳性麻痺患者.

spàstic parálysis 名U 痙攣性麻痺.

spat[1] /spæt/ 動 spit[1] の過去形・過去分詞.

spat[2] 名C 〈普通 ~s〉スパッツ《足首を包むボタン留めの短い保温用ゲートル; 短靴の上にかける》. ★日本語のスパッツ(ぴったりしたタイツ)の意味はない. [＜*spat*terdash]

spat[3] 〖米話〗名C **1** (ささいな)けんか, 口論, (→quarrel). have [get into] a ~ over money matters お金のことでけんかする[になる]. **2** 平手打ち. **3** (雨などの)ぱたぱたいう音. There was a sudden ~ of rain on the tin roof. 急にトタン屋根に当たる雨音が聞こえた.

── 動 (**~s**|**-tt-**) 自 (口)げんかする.

spat[4] 名 (複 **~, ~s**) C (カキなどの貝類の)卵; 子ガキ.

── 動 (**~s**|**-tt-**) 自 〔カキなどが〕卵を産む.

spatch·cock /spǽtʃkàk|-kɔ̀k/ 動 他 **1** 〔鳥〕を殺してすぐ料理する. **2** 〔言葉〕を(不適切に)挿入する.

── 名 (殺してすぐ料理した)簡単な鳥肉料理.

‡**spate** /speit/ 名 aU **1** (言葉, 感情などの)ほとばしり; (物の)氾濫(はんらん), 洪水, 殺到; 次々と起こること〈*of* ..〔事件など〕が〉. a ~ of angry words 次々と出て来る怒りの言葉. the recent ~ of pornography 最近のポルノの氾濫. **2**〖英〗(川の)異常増水, 氾濫; どしゃ降り, 豪雨. The river is in (full) ~. その川は増水[氾濫]している.

spathe /speið/ 名C 〖植〗仏炎苞(ぶつえんほう).

‡**spa·tial** /spéiʃ(ə)l/ 形〖章〗空間の, 空間的な; 空間を占める; 場所の. ~ relations 空間的関係.

◇名, 動 space ▷**~·ly** 副 空間的に.

spa·ti·al·i·ty /spèiʃiǽləti/ 名U 空間性.

spà·ti·o·témporal /spèiʃiou-㊕/ 形 時間空間の, 時空の.

spat·ter /spǽtər/ 動 他 **1** 〔水, 泥など〕をはね散らす; を

S

はねかける〈*on, over* ..に〉; にはねかける〈*with* ..を〉; に浴びせる〈*with* ..〔悪口など〕を〉; 〔泥などが〕にふりかかる[ふりかかって汚す]. A passing car ～*ed* mud *on* us [～*ed* us *with* mud]. 行きずりの車が我々に泥をはねかけた. The paint ～*ed* the floor. 塗料が床に飛び散った. **2**〔雨, 弾丸などが〕にばらばら当たる. Rain ～*ed* the deserted streets. 人通りのない街に雨がばらばらと落ちた.

── 自 〔水などが〕はねる; VA〔雨などが〕ばらばら落ちる〈*down*〉〈*on* ..に〉.

── 名 C はね, 飛び散ったもの; ばらばら言う音. a ～ of rain ばらつく雨. [擬音語]

spátter·dàsh 名 C 〖史〗〈普通 ～es〉泥よけの長いゲートル《乗馬用》.

spat·u·la /spǽtʃələ/ 名 C **1** へら《食物, 薬の混合, ペンキ塗りなどに用いる》. **2**〖医〗舌圧子, スパーテル. [ラテン語「小さなへら (*spatha*)」] ▷**spát·u·lar** /-lər/ 形 へら状の.

spav·in /spǽvin, -v(ə)n/ 名 U 〖獣医〗(馬の足の)飛節内腫(しゅ).

spáv·ined 形 〔馬が〕飛節内腫(しゅ)にかかった.

‡**spawn** /spɔːn/ 名 U **1**〈集合的〉(魚, カエル, 貝などの)卵, 白子; (孵(ふ)化したばかりの)子. **2**〖植〗(キノコの)菌糸. **3**(努力などの)所産, 結果.

── 動 他 **1**〔魚, カエル, 貝などが〕〔卵〕を産む. **2**〔結果など〕を産み出す, 引き起こす. **3**〖章〗〈しばしばけなして〉を大量に生む[生産する]; を(次々と)たくさん作る. The Government has ～*ed* a lot of new organizations. 政府は次々と新しい機関を作った.

── 自 **1**〔魚, カエル, 貝などが〕卵[子]を産む. **2**〖章〗〈しばしばけなして〉大量に生まれる[生産される]; (次々と)たくさんできる. Small businesses have ～*ed*. 小さな企業が次々とたくさん出現した.

spay /spei/ 動 (～s|過 過分 ～**ed**|**spáy·ing**) 他 〔動物〕の卵巣を取り去る; 〔動物の雌〕に不妊手術を施す.

spaz /spæz/ 名 C 〖米俗〗へんなやつ.

hàve a spáz 怒る, かっとなる.

── 動 自 〖米俗〗VA (～ ***around***) ぶらぶらする; (～ ***out***) 大げさに騒ぎ立てる. [＜*spastic*]

SPCA Society for the Prevention of Cruelty to Animals (動物虐待防止[愛護]協会) (→RSPCA).

SPCC Society for the Prevention of Cruelty to Children (児童虐待防止協会).

‡**speak** /spiːk/ 動 (～**s** /-s/|過 **spoke** /spouk/, 〖古〗 **spake** /speik/|過分 **spoken** /spouk(ə)n/, 〖古〗 **spoke**|**spéak·ing**) 自

S

【人が話す】 **1 話す**, しゃべる, 口をきく. Our baby is learning to ～. うちの赤ん坊が口をきくようになってきました. I was so upset, I couldn't ～. すっかりうろたえて物が言えないほどでした. Don't ～ so rapidly, please. そんなに早口でおっしゃらないでください. ～ in broken English 怪しい英語でしゃべる. We are no longer ～*ing*. 我々はもう口をきいていない《不仲である》.

2 話をする, 談話する, (類語 言葉を発することを強調する; また講演や演説のような, 改まった重みのある話をする場合にも用いられる; →talk). ～ to [with] .. →成句. Hello, (this is) Ann ～*ing*. May I ～ *to* Mike? 《電話で》もしもし, こちらアンです. マイクさんをお願いします. Who's ～*ing*, please? 《電話で》どちら様ですか.

3 演説する, 意見を述べる, 論ずる, 〈*about, on* ..について〉. Professor Mann *spoke about* urban life [*on* the use of solar energy]. マン教授は都会生活[太陽エネルギー使用]に関する講演をした. ～ in public 演説をする. ～ to a large audience 多数の聴衆に向かって演説する.

【物が話す】 **4**〔目, 顔, 行動などが〕**真実[感情など]を伝える**. Her eyes *spoke* of suffering. 彼女の目には苦悩が表れていた. Actions ～ louder than words. 行動は言葉より雄弁だ.

5【音を出す】〔楽器, 銃, 時計などが〕鳴る, 響く; 〖主に英〗〔犬が〕ほえる. The dog *spoke* for a biscuit. 犬はビスケットをくれといってほえた.

── 他 **1**〔言葉など〕を**話す**, 発する; 〔意見, 事実など〕を述べる, 語る. Not a single word was *spoken*. 一言も発せられなかった. *Speak* your mind freely. 思うことを自由に話しなさい. ～ the truth 真実を語る. ～ one's lines (劇などで)せりふをしゃべる. ～ one's piece →piece (成句).

2〔言語〕を**話す**, 使える. ～ several languages 数か国語を話す. I can ～ German a little. ドイツ語が少々話せます.

3〖章〗〔表情, 動作, 事実などが〕を表す, 示す; 〖古〗VOC (～ X Y) X が Y であることを示す. Her every gesture *spoke* her complete bewilderment. 彼女の動作のはしばしにすっかり狼狽(ろうばい)している様子が窺(うかが)えた.

4〖海〗〔船〕と通信[通話]する. **5**〖古〗に話しかける, と話す. ◇名 speech

****nòt to spéak of ..*** ..は言うまでもなく, もちろん. His friends are now against him, *not to* ～ *of* his enemies. 彼の敵はもちろんのこと友人たちまで今や彼に反対している.

****sò to spéak*** いわば. He is, *so to* ～, a wise fool. 彼はいわば賢い愚か者だ.

spèak dówn ＝TALK down.

spéak for .. (1) ..を弁護する; ..の代弁をする. ～ *for* the poor 貧しい者の代弁をする. (2) ..を表す, 証明する. This ～*s for* his honesty. これは彼が正直なことを物語る. (3)〈普通, 受け身で〉..を予約する, 申し込む. Is she already *spoken for?* 彼女はもう決まった相手がいますか. (4) ..を(人のために)取っておく.

spèak for itsélf [***themsélves***] 〔物事が〕おのずから明らかである, 説明を要しない. The author has little to say on the subject, but the material he presents ～*s for itself*. その問題について著者はあまり語らないが, 彼の提示する材料を見ればすべて明らかである.

spéak for onesèlf (1) 自分のために弁ずる; 自分の立場[考え]を述べる. (2)〈命令文で; ～ for yourself で〉(他)人[私など]もそうだとは思わないでくれ. "After all, we both like her, don't we?" "*Speak for yourself*, honey!"「どうやら我々は 2 人とも彼女が好きということかね」「おい, 私は違うよ」.

****spèak íll of ..*** ..を悪く言う, けなす, (↔speak well of ..). I was brought up never to ～ *ill of* others. 他人の悪口を決して言わないようにしつけられた.

.. spéaking 〈普通, -ly 副詞と共に〉..に言うと[言って]. Personally ～*ing*, I don't agree with them. 個人的に言えば彼らに賛成できない. →FRANKLY [GENERALLY, STRICTLY] speaking.

spéaking as .. ..の立場[経験]から言うと.

spèaking for myséłf [***oursélves***] 〖話〗私[我々]の意見[考え]では.

spéaking of .. ＝TALKing of ...

****spéak of ..*** (1) ..のことを言う[口に出す], ..をうわさする. The incident was much *spoken of*. その出来事は大いに取りざたされた. *Speaking of* the devil, look who's here. うわさをすれば(影とやらで), そらごらん(当人が来たよ). (2)〔物事が〕..を示す, 表す, (→自 4). (3) ..という表現を使う. We ～ *of* high temperature, not (*of*) hot temperature. 我々は high temperature (高い温度)とは言うが hot temperature (熱い温度)とは言わない.

spèak óut 堂々と[思い切って]意見を述べる〈*against* ..に反対して〉; 大きな声で話す.

spèak próper 〖英俗〗標準(英)語をしゃべる.

****spéak to ..*** (1) ..に話しかける; ..と話す; (参考 speak with より普通の言い方で, 用法も広い). Who was that girl you were ～*ing to*? 君が話をしていた女

性はだれですか. (2) ..に(要求などがあって)話す; ..に意見する, ..を叱(しか)る. I'll ～ *to* those children. They've been picking flowers in my garden again. あの子供らに注意してやろう. またうちの庭の花を摘んでいる. (3)〖章〗..を証明する; ..について述べる. I can ～ *to* his having been there. 彼がそこにいたことを証言できます. (4)〖話〗〔人, 心など〕に訴えかける, の興味を引く. Classical music doesn't ～ *to* her at all. 彼女はクラシック音楽を聞いても少しも感動しない.

speàk tòo sóon 早まったことを言う. Don't ～ *too soon* —we haven't decided to move yet. 早合点しないでくれよ. まだ引っ越すと決めたわけじゃないんだから.

speàk úp (1) (もっと)大声ではっきり話す. (2) ＝SPEAK out. (3) 強く弁護する〈*for* ..を〉. 「よい.

speàk wéll for.. ..のよいことを証明する; ..のために↑

****speàk wéll of..*** **..をよく言う**, 褒める, (↔speak ill of..). His former colleagues ～ *well of* him. 以前の同僚たちは彼のことを褒める.

spéak with.. ..と話をする, 相談する, (→SPEAK to.. 参考). 語法 〖英〗ではやや形式ばった長い話し合いの場合に用いる.

..to spéak of 取り立てて言うほどの..(ではない)〈普通, 否定文・疑問文で〉. The book isn't much *to* ～ *of*. その本は別に大したものではない.

── 名 〖米俗〗＝speakeasy.

[＜古期英語 *sp(r)ecan*]

-speak 〈複合要素〉〈しばしばけなして〉「用語」の意味. computer*speak* (コンピュータ用語). advertiser*speak* (広告用語). new*speak*.

spéak·èasy 名 (複 **-eas·ies**) C 〖米〗(禁酒法施行当時 (1920–33) の)もぐり酒場.

‡**speak·er** /spíːkər/ 名 (複 **～s** /-z/) C **1 話す人**;〈形容詞を伴って〉話が..な人, ..な話し手; 話し手〈*of* ..〔語〕の〉. a dull ～ 話の退屈な人. a fluent ～ *of* English 英語を流暢(ちょう)にしゃべる人. **2 演説者**, 講演者, (↔hearer). an after-dinner ～ ディナーの後でスピーチする人. Each ～ was allotted twelve minutes. 弁士はそれぞれ 12 分の持ち時間が与えられた. **3**〈the S-〉(英米などの下院の)議長. ★発言を求める議員は Mr. Speaker と呼びかける. **4** スピーカー, 拡声器, (loudspeaker).

Spèaker of the Hóuse 名 〈the ～〉〖米〗下院議長.

spéaker·phòne 名 C 〖主に米〗スピーカーフォン《拡声器の付いた, 手に持たずに使える電話機》.

Spèakers' Córner 名 スピーカーズコーナー《ロンドン Hyde Park 北東の角で, 毎日曜日, 演説者と聴衆でにぎわう》.

spéaker·shìp /-ʃìp/ 名 U (下院)議長の地位.

†**spéak·ing** 形 **1** 話す, 物を言う, 口をきく;〈複合要素〉..語を話す. a ～ voice 話し声《歌声などに対して》. a ～ acquaintance 会えば言葉を交わす程度の間柄[知人]. English-～ peoples 英語を使う諸国民. ～ machines 話す機械《人が話すように音声で必要な情報を与える; a ～ camera [car, VTR, etc.]》. **2** 物を言うような, 生きているような. a ～ likeness 生き写し(の像).

── 名 U 話すこと, 談話; 演説, 弁論.

be on spéaking tèrms 言葉を交わす間柄である〈*with* ..と〉. She *is* not *on* ～ *terms with* her husband. 彼女は(不和で)夫と口もきかない.

spèaking clóck 名 C 〈単数形で〉〖英話〗(電話の)時刻案内サービス.

spéaking trùmpet 名 C 拡声器, メガホン.

spéaking tùbe 名 C (船などの)通話管, 伝声管.

***spear** /spiər/ 名 (複 **～s** /-z/) C **1** やり, 投げやり; (魚を突く)やす. **2** (草などの細長い)芽, 葉, 若枝.

tàke the spéar (in one's chést) 非難の矢面に立つ.

── 動 他 をやり[やす]で突く[刺す]; を(フォークなどで)刺す.

[＜古期英語]

spéar·hèad 名 C **1** やりの穂先. **2** (攻撃などの)先鋒(ぽう); (事業などの)率先者(たち). ── 動 他 〔攻撃, 事業, 運動など〕の先頭に立つ. 「兵, やり使い.

spéar·man /-mən/ 名 (複 **-men** /-mən/) C 槍(そう)↑

spéar·mìnt 名 U ミドリハッカ, オランダハッカ, 《ヨーロッパ原産のシソ科の草本; チューインガムなどの風味用》.

spéar sìde 名 〈the ～〉(家系の)父方, 父系, (↔the spindle [distaff] side).

spec /spek/ 名 **1** UC 〖話〗投機 (speculation). **2** ＝specification 2. 「負で.

on spéc 〖主に英話〗投機的に, 思惑で; 出たとこ勝↑

spec. special; specially; specification.

‡**spe·cial** /spéʃ(ə)l/ 形 m **【普通[並]ではない】 1 特別の**, 特殊の, (↔general, ordinary; 類語 同種類の他のものと比較して特別な性質を持つことを強調する; 略 sp., spec. →especial, particular, peculiar, specific). a ～ correspondent (新聞社の)特派員. a ～ occasion 特別な場合[日]. ～ treatment 特別待遇. for a ～ purpose 特殊な目的のために[の]. His is a very ～ case, not an ordinary one. 彼のケースは普通ではなく極めて特殊だ.

2 異例の, 特筆に値する; 格別の, 並外れた. Nothing ～ was happening. 特別にこれという出来事はなかった. a matter of ～ importance 特別重要な件. She has a lot of boyfriends, but this one is ～. 彼女には男友達が多いが, この男は別格だ[とびきり親しい].

【独自の】 3 独特の, 独自の, 固有の, (→peculiar 類語). a ～ talent 異才. This fruit has a ～ flavor. この果物には独特の風味がある.

4 専門の, 専攻の. his ～ field of study 彼の専門領域. a ～ hospital 専門病院; 〖主に英〗特殊病院《障害者などのための》.

5【独自な用途の】 専用の, 特製の; 特設の; 特定の; 特別仕立ての. my father's ～ chair 父専用のいす. a ～ edition 限定版; (新聞の)特別号. He was ordered on a ～ diet. 彼は特別な食餌(じ)療法を命じられた. There is a ～ train leaving for Dover in an hour's time. 後 1 時間たつとドーヴァー行きの臨時[特別]列車が出ます.

◇名 specialty, speciality 動 specialize

── 名 C **1** 特別な人[もの]; 特派員, 特使; 特別[臨時]列車, (テレビなどの)特別番組, 特集(記事), (新聞の)号外. **2** (飲食店の)特別奉仕定食; お買い得品, 特売品.

be on spécial 特売[安売り]中である.

[＜ラテン語 *speciālis*「特有の, 特別の」(＜*speciēs* 'species')]

spècial ágent 名 C (FBI の)特別捜査官.

Spècial Àir Sérvice 名 〈(the) ～; 単数形で複数扱いもある〉〖英〗特殊空軍部隊《隠密・ゲリラ作戦を行う》.

Spécial Brànch 名 〈(the) ～; 単数形で複数扱いもある〉〖英〗(警察の)公安部.

spècial cónstable 名 C 〖英〗(非常時の)臨時警官.

spècial delívery 名 U 速達便《略 SD》.

spècial educátion 名 U 特殊教育.

spècial effécts 名 〈複数扱い〉(映画などの)特殊効果; 特殊撮影.

spècial eléction 名 C 〖米〗補欠選挙.

Spècial Fórces 名 〈複数扱い〉〖軍〗特殊部隊《ゲリラ戦用など》.

spècial ínterest (gròup) 名 C 特殊利益集団.

spe·cial·ise /spéʃəlàiz/ 動 〖英〗＝specialize.

spécialìsm 名 C 専門分野; U 専門にすること.

‡**spe·cial·ist** /spéʃəlist/ 名 (複 **～s** /-ts/) C **1 専門家**, 専門医, 〈*in* ..の〉. a ～ *in* Greek history [*on* modern English literature] ギリシア史[現代イギリス

S

文学]の専門家. an eye ～ 眼科医. **2**〈形容詞的〉専門的な. a ～ course 専門家養成 ∟課程[講座].
[special, -ist]

spe·ci·al·i·ty /spèʃiǽləti/ 名 《英》=specialty.

†**spè·cial·i·zá·tion** 名 U 専門化, 特殊化; 《生物》分化; UC 専門(分野).

*__spe·cial·ize,__ 《英》**-ise** /spéʃəlàiz/ 動 (**-iz[s]·es** /-əz/|過 過分 **～d** /-d/|**-iz[s]·ing**) 自 **1 専攻する**, 専門にする, 〔店が〕専門に扱う, 〈*in, on* ..を〉. ～ *in* economics 経済学を専攻する. ～ *on* Women's Lib ウーマンリブを専門にする. **2** 特殊化する; 《生物》分化する.
── 他 を専門[特殊]化する; 《生物》を分化させる; 〈普通, 受け身で〉. ◇形 special 名 specialty, speciality
[special, -ize]

spécialized 形 専門的な. ～ knowledge 専門知識. highly ～ 高度に専門的な. a ～ agency 国連専門機関.

spècial lícense 名 C 《英》特別許可証《普通, 認められない日時・場所での結婚を英国国教会が許可する》.

*__spe·cial·ly__ /spéʃ(ə)li/ 副 m **特別に**, 特に. **1**〈ある目的や用途を特に取り出して示す〉I came here ～ to see you. 私は君にわざわざ会いに来たんだ. The desk was ～ made to suit my needs. 机は私の要求を満たすように特別に作られた. Not ～. (質問に答えて)特にありません.
2〈平均より優れて程度が高いことを示す〉He is not ～ talented in music. 彼は特に音楽の才能があるわけではない. a ～ large room 特別広い部屋.

spècial néeds 名 〈複数扱い〉養護. 「されて.

spècial óffer 名 C 特価提供, 特売. on ～ 特売↑

Spècial Olýmpics 名 〈the ～〉=Paralympics.

spècial pléading 名 U 手前勝手[一方的]な議論.

spécial schòol 名 C 《主に英》特殊[養護]学校《障害[遅進]児などのための》.

spècial stúdent 名 C 《米》(大学の)聴講生 (→auditor).

†**spe·cial·ty** /spéʃ(ə)lti/ 名 (複 **-ties**) C 《主に米》**1** 専門, 専攻; 本業; 得意. This painter's ～ is portraits. この画家の専門は肖像画だ. **2** (店, 会社の)特製品, 特選品; (土地の)名産, 名物(料理). Roast beef is the ～ of Simpson's. ローストビーフがシンプソン亭の特製料理だ. a local ～ (この)土地の名産. a ～ shop 高級専門店. **3** 特色, 特殊性. ◇形 special

màke a spécialty of.. ..を専門[得意, 名物]にする.

spe·cie /spíːʃiː/ 名 U 《章》(紙幣に対して)正金, 正貨. payment in ～ 正貨支払い.

‡**spe·cies** /spíːʃiːz/ 名 (複 ～) **1** C 《生物》**種**(しゅ) (→classification 参考). The lion and the tiger are two different ～ of cat. ライオンとトラはネコ(科)の2つの違った種です. *The Origin of Species*『種の起源』《Darwin の著書 (1859)》. a threatened ～ 絶滅∟のおそれがある種. an extinct ～ 絶滅した種.

> 連結 a common [an abundant; a rare; an exotic; a new; an indigenous; an endangered] ～ // save [preserve] a ～ // a ～ dies out

2〈the [our] ～〉人類. **3** C 《話》種類, 一種, (sort). a ～ of bravery 一種の勇気. **4** UC 《論》種, 種概念. **5** U 《カトリック》ミサ用のパンとワイン.
[<ラテン語「見ること, 外形, 種類」(<*specere* 'look')]

specif. specific; specifically.

spec·i·fi·a·ble /spésəfàiəbl/ 形 明記できる; 特定できる; 詳述できる.

*__spe·cif·ic__ /spəsífik/ 形 m **1**〔目的, 理由などが〕**明確な**, はっきりした; 具体的な. The doctor could find no ～ reasons for his illness. 医者には彼の病気のこれという原因が分からなかった. Could you be (a bit) more ～ about your plan? 君の計画をもう少し具体的に話していただけませんか.
2〈限定〉**ある特定の**, 一定の, (↔general; 類語 明確な実例として特に選び出したという意味合いがある; →special). No ～ time has been set for the meeting. 会合の時間は未定である. impose a ～ ideology on students 学生にある特定のイデオロギーを押しつける. Are you doing anything ～ on Sunday? 日曜日には何か特別な予定はありますか. **3** 特有な, 固有の, 〈*to* ..に〉. a tendency ～ *to* Meiji sculpture 明治時代の彫刻に特有の傾向. **4** 《医》〔薬剤などが〕特効のある〈*for* ..に〉; 〔疾患などが〕特異な. There is no ～ medicine *for* cold. 風邪の特効薬はない.
── 名 C 《章》特効薬〈*for* ..の〉; 〈普通 ～s〉詳細, 明細, 細目. Now, let's get down to ～*s*. さあ細目に取りかかろう.
[<後期ラテン語 *specificus*「特別の」(<ラテン語 *speciēs* 'species')]

*__spe·cif·i·cal·ly__ /spəsífik(ə)li/ 副 m **1 特に**, とりわけ. The text was written ～ for high school students. そのテキストは特に高校生用に書かれた. **2** 明確に, はっきりと. **3**〈文修飾〉明確に言えば, 具体的には; すなわち. *Specifically*, we're looking for a secretary who can speak Hungarian. 具体的に言うと, ハンガリー語が話せる秘書を捜しています.

‡**spec·i·fi·ca·tion** /spèsəfəkéiʃ(ə)n/ 名 **1** U 明細な記述, 詳説; C 明細事項, 明細. **2** C〈普通 ～s〉(構造, 性能などの)仕様書, 設計明細書, スペック, 〈*for, of* ..〔建築など〕の〉.

specìfic grávity 名 U 《物理》比重《略 sp. gr.》.

specìfic héat 名 U 《物理》比熱.

spec·i·fic·i·ty /spèsəfísəti/ 名 U 特性; 特異性.

spècified stóck 名 U 《株式》指定銘柄.

†**spec·i·fy** /spésəfài/ 動 (**-fies**|過 過分 **-fied**|**～·ing**) 他 **1** を(いちいち名を挙げて)明記する; を明細に述べる[記す], 細かく指定[特定]する; VO (**～ *that*** 節/***wh*** 節・句) ..と/..かをはっきり述べる[記す, 規定する]. Please ～ the time and place for our next meeting. この次の会合の時と場所を指定してください. The will *specified who* should receive his fortune. 遺書にはだれが彼の財産を受け取るべきかがはっきり記してあった. **2** を明細書に記入する. [species, -fy]

*__spec·i·men__ /spésəmən/ 名 (複 **～s** /-z/) C
1 見本, 実例, 典型; 〈形容詞的〉見本の; (類語 sample とほぼ同意であるが,「同類の代表」という意味合いが強い; →example). Please show me some ～*s* of your work. 君の仕事の見本を少し見せてください. an excellent ～ of primitive art 原始芸術の優れた一実例. ～ pages 見本ページ. a ～ copy 見本本; (記入事項などの)見本, 参考例.
2 標本. butterfly ～*s* チョウの標本. a tissue [blood, urine] ～ (医学検査用の)組織[血液, 尿]サンプル.
3 《話》〈形容詞を伴って; しばしばけなして〉..な人, ..なやつ. What a strange ～! 何て変てこなやつだ.
[ラテン語「例, 見本」(<*specere* 'look')]

spe·cious /spíːʃəs/ 形 《章》もっともらしい(が偽りの), まことしやかな; 見かけだけはよい, 見かけ倒しの. a ～ excuse もっともらしい弁解. ▷**～·ly** 副 もっともらしく. **～·ness** 名

*__speck__ /spek/ 名 C **1 小さな点**; 斑(はん)点, 染み, 汚点; (果物などの)小さな打ち傷. There were a few ～*s* of paint on the rug. 敷物の上にペンキの染みが少し点々と付いていた. The plane was now just a ～ in the distance. 今や飛行機は遠く飛び去って点になった.
2 細片, 小粒; ごくわずか; 〈普通, 否定文・疑問文で〉. There wasn't a ～ of truth in his story. 彼の話には一片の真実もなかった. [<古期英語]

specked /-t/ 形 斑(はん)点入りの; 傷のある. ～ eggs (殻

が)斑点入りの卵.

†**speck·le** /spék(ə)l/ 名 C 小さな斑(ふ)点, 染み; ぶち, 斑紋. —— 動 他 に斑点[染み]を付ける; をまだらにする. [＜中期オランダ語]

spéck·led 形 斑(ふ)点のある, まだらの; 点在した 〈*with* ..の〉.

spèckled tróut 名 ＝brook trout.

specs /speks/ 名 〖話〗〈複数扱い〉 **1** 眼鏡 (spectacles). **2** ＝specification 2.

‡**spec·ta·cle** /spéktək(ə)l/ 名 (複 **～s** /-z/) C **1 光景**, 有り様; 壮観, 奇観; (類語 目を見張らせるような印象的な光景に用いる; →sight). The sunrise we saw from the top of Mt. Fuji was a fine ～. 富士山頂から見た日の出は壮観だった.
2 (**a**) **見もの**, (滑稽(こっけい)な)見せ物; (映画などの)(大掛かりな)スペクタクル[見せ場]. The victory parade was a tremendous ～. 勝利の行進はすばらしい見ものだった. (**b**)〈けなして〉見もの. He is a sad ～ in his old age. 彼は老いさらばえて惨めな姿だ. quite a ～ たいした見もの.

連結 a splendid [a dramatic, a striking] ～ // stage [put on; witness] a ～

3 〈～s〉〖章〗**眼鏡** (類語 glasses より形式ばった語). a pair of ～*s* 眼鏡 1 丁. wear ～*s* 眼鏡を掛けている.
màke a spéctacle of onesèlf 人に笑われるようなふるまい[服装]をする, 自分の恥をさらす.
◇形 spectacular [＜ラテン語「劇, 光景」(＜*spectāre*「しばしば見る (*specere*)」)]

spéc·ta·cled 形 眼鏡を掛けた; 〔動物が〕眼鏡状の斑(ふ)点のある.

spèctacled cóbra 名 C メガネヘビ, インドコブラ.

***spec·tac·u·lar** /spektǽkjələr/ 形 m **1** 見せ物の(ような), 見ものの. **2 壮観な**, 豪華な, 目覚ましい, 華々しい. The race ended in a ～ finish. レースのゴールの模様は実に見ごたえがあった. ◇名 spectacle
—— 名 C (映画の)超豪華大作, スペクタクル; (テレビの)豪華ショー[番組]. [spectacle, -ar] ▷ **～·ly** 副 目覚ましく, 豪華に.

spec·tate /spékteit/ 動 自 (スポーツを)観戦する 〈*at* ..を〉.

‡**spec·ta·tor** /spékteitər, ―́―́―|―́―́―/ 名 (複 **～s** /-z/) C **1 観客**, 見物人. The baseball game drew over 50,000 ～*s*. その野球の試合には 5 万を超える観客が集まった. **2** 傍観者, 目撃者. **3** 〈the S-〉『スペクテイター』《政治, 芸術, その他の時事などを扱う英国の週刊誌; 1711 年 Joseph Addison と Sir Richard Steele が発刊した雑誌の名前を 1828 年に受け継いだ》. [＜ラテン語 *spectāre*「しばしば見る, 見物する」; -or[1]]

spectator sport /―́――|―́――/ 名 C 見る[観客動員力のある]スポーツ (↔participant sport).

‡**spec·ter** 〖米〗, **-tre** 〖英〗 /spéktər/ 名 C 幽霊, 亡霊, 妖(よう)怪, (ghost); (心の中に巣くう)恐怖の影. the ～ of unemployment 失業の恐れ. 類語 ghost より文語的. [spectrum と同源]

spec·tra /spéktrə/ 名 spectrum の複数形.

spec·tral /spéktrəl/ 形 **1** 幽霊 (specter) の(ような); 怪奇な, 怖い. **2** 〖物理〗スペクトル (spectrum) の. ～ colors 虹(にじ)の 7 色.

spec·tre /spéktər/ 名 〖英〗＝specter.

spec·tro·gram /spéktrəgræm/ 名 C 分光[スペクトル]写真.

spec·tro·graph /spéktrəgræf|-grɑ̀ːf/ 名 C 分光[スペクトル]写真機.

spec·trom·e·ter /spektrɑ́mətər|-trɔ́mitə/ 名 C 分光計.

spec·tro·scope /spéktrəskòup/ 名 C 〖物理〗分光器. ▷ **spec·tro·scop·ic** /spèktrəskɑ́pik|-skɔ́p-/ 形

spec·tros·co·py /spektrɑ́skəpi|-trɔ́s-/ 名 U 分光学.

†**spec·trum** /spéktrəm/ 名 (複 **spec·tra** /-trə/, **～s**) C **1** 〖物理〗スペクトル《プリズムで太陽光を分解して得られる連続した 7 色の色帯》. **2** (波動の)範囲. a sound ～ 音響スペクトル. a radio ～ 電波スペクトル. **3** 〈一般に〉(変動)範囲 〈*of* ..の〉. a wide ～ *of* political views 広範囲にわたるさまざまの政治的意見. the social ～ いろいろな社会階層. [ラテン語「見えるもの, 像, 姿」(＜*specere* 'look')]

***spec·u·late** /spékjəleit/ 動 (**～s** /-ts/|過 過分 **-lat·ed** /-əd/|**-lat·ing**) 自 **1** (確実な知識・根拠なしに)いろいろと考える, **あれこれ推量する**, 〈*about, on, upon* ..について〉. ～ *about* the future 将来のことに思いを走らす.
2 投機をする, 思惑をやる, 〈*in* ..に/*on* ..で〉. ～ *in* gold mines 金鉱にやまをかける.
—— 他 VO (～ ***that*** 節/"引用"/***wh*** 節) ..と/「..」と/..かを推測する.
◇名 speculation 形 speculative [＜ラテン語「物見やぐら (*specula*) から見張る」(＜*specere* 'look')]

†**spec·u·la·tion** /spèkjəléiʃ(ə)n/ 名 UC **1** (事実に基づかない)推測; 空論; 思索, 考察; 〈*over, about, on, upon* ..についての〉. His idea is only ～. 彼の考えはただの当てずっぽうだ. pure [wild, idle] ～ まったくの[でたらめな]推測. **2** 投機, 思惑(買い), 〈*in* ..への〉. buy land on ～ 土地の思惑買いをする. ◇動 speculate 形 speculative

‡**spec·u·la·tive** /spékjəlèitiv, -lət-/ 形 **1** 推測の, 推論による; 空論の, 実際的でない; 〔学問などが〕純理論的な, 思弁的な. be purely [entirely] ～ まったくの推測である. ～ philosophy 思弁哲学. too ～ to be of much practical use 理論に走りすぎて大して実用にはならない.
2 投機の; 投機的な, 思惑の. a ～ deal 投機的取引. a ～ stock 仕手株. make a ～ investment 投機的な投資をする. ◇動 speculate 名 speculation
▷ **～·ly** 副 投機的に, 思惑で.

‡**spec·u·la·tor** /spékjəlèitər/ 名 C **1** 思弁家; 純理論家. **2** 投機家, 相場師.

spec·u·lum /spékjuləm/ 名 (複 **spec·u·la** /-lə/, **～s**) C **1** 金属鏡, 反射鏡, 《反射望遠鏡などの》. **2** 〖医〗検鏡《子宮鏡, 耳門鏡など》. [ラテン語 'mirror' (＜*specere*「見る」)]

sped /sped/ 動 speed の過去形・過去分詞.

‡**speech** /spiːtʃ/ 名 (複 **spéech·es** /-əz/)
【話すこと】 **1** 【言語】 aU 話し言葉; 方言, 地方語; 言語, 国語; 運用言語. everyday ～ 日常の話し言葉. *Speech* links us with each other. (話し)言葉は私たちお互いを結びつけます. in ～ 話し言葉で (↔in writing 書き言葉で). the ～ of the common people 一般大衆の言葉. Music is a common ～ for humanity. 音楽は人類の共通語である. the native ～ of Ireland アイルランドの土着語.
2 【話す能力】 U **話す力**, 言語能力; 話すこと, 物を言うこと. a ～ impediment 言語障害. the power of ～ (言葉を)話す能力. Man has the faculty of ～. 人間には言語能力がある. He lost his ～ at the sight. 彼はその光景を見て[に驚いて]口がきけなくなった. find one's ～ また口がきけるようになる. *Speech* is silver, silence is golden. 〖諺〗雄弁は銀, 沈黙は金. freedom of ～ 言論の自由. give ～ to horrible thoughts 恐ろしい考えを口に出す.
3 【話】 C **演説**, 講演, あいさつ; 談話; 〈*on, about* ..についての〉; (類語 聴衆を前にして行う「演説」の意味で一般的な語; →address, declamation, discourse, oration, sermon, talk). make an opening [a closing] ～ 開会[閉会]の辞を述べる. make an offhand ～ 即席で演説する.

S

> 連結 a long [a brief, a short; an eloquent; a passionate; a powerful; an impressive; a stirring; a persuasive; a boring; a rambling; an after-dinner; a farewell; an inaugural; a keynote] ～ // deliver [give] a ～

【話し方】 **4** U 話しぶり, 言葉つき. We knew from her ～ that she was British. 彼女の話しぶりから英国人だと分かった. His ～ is clear [blurred]. 彼の言葉は明瞭(りょう)[不明瞭]だ. **5** U (学科としての)話し方, 弁論(術). **6** C (役者の)せりふ《数行にわたる》. Hamlet's long ～ ハムレットの長いせりふ. **7** U 〖文法〗話法 (narration; →narration 文法). direct [indirect] ～ 直接[間接]話法. ◇動 speak [＜古期英語 *sp(r)ǣc*]

spéech àct 名 C 〖言〗発話行為.

spéech ballòon [bùbble] 名 C (漫画の)吹き出し.

spéech commùnity 名 C 〖言〗言語共同体.

spéech dày 名 C 〖英〗表彰日《学年が変わってから前期の活動に対する表彰や賞品授与が行われる》.

speech·i·fy /spíːtʃəfài/ 動 (-fies|過 過分 -fied|～·ing) 自 〖話・戯〗(長々と)演説をぶつ〈*about* ..について〉.

†**spéech·less** 形 **1** 〈叙述〉口のきけない〈*with* ..〔興奮など〕のために〉; あっけにとられて; 絶句して. He was struck ～ at the horror of it. その恐ろしさに彼は口もきけなかった. I'm ～. 言葉も出ません《驚いた》. **2** 〈限定〉言葉に言い表せないほどの. ～ grief 言い尽くせぬほどの悲しみ. **3** 口のきけない; 無言の, 口数の少ない. ～ animals 物言わぬ動物たち. ▷～·**ly** 副 ～·**ness** 名

spéech màrks 名 〈複数扱い〉引用符《"", ''》.

spéech òrgans 名 〈複数扱い〉音声器官.

spéech recognìtion 名 U 〖電算〗音声認識.

spéech sỳnthesizer 名 C 音声言語合成装置.

spéech thèrapist 名 C 言語療法士.

spéech thèrapy 名 U 言語療法, 言語矯正(術).

spéech wrìter 名 C (他人のための)演説原稿書き, スピーチライター.

***speed** /spiːd/ 名 (複 ～s /-dz/)

【速いこと】 **1** U (行動の)速さ, 迅速さ. More haste, less ～. 〖諺〗急がば回れ. In this case quality rather than ～ is essential. この場合(仕事の)速さよりも質が大事だ. make ～ 急ぐ. his reading ～ 彼の読む速さ. his ～ of working 彼の速い仕事ぶり.

【速度】 **2** UC 速度, 速力. drive at a ～ of 50 miles an hour 時速 50 マイルの速度で運転する. (at) full [pelt, tilt] ～ 全速力で. wind ～s 風速. a ～ freak スピード狂; 〖俗〗(アンフェタミンなどの)覚醒(せい)剤の常用者(→5).

> 連結 low [slow; moderate; great, high; full, top; breakneck, breath-taking, furious, lightning] ～ // increase [gain, gather, pick up, put on; maintain; decrease, lower, reduce, slacken] ～

3 C (車などの)変速装置, ギア. a sedan with five forward ～*s* (前進) 5 速のセダン.

4【感光速度】 U 〖写〗(フィルム, 感光紙の)感度; 露光時間, シャッタースピード. at a (shutter) ～ of 1/125 1/125 秒のシャッターで.

5 U 〖俗〗覚醒剤, 刺激剤, 《アンフェタミン, メシドリンなど》. He's hooked on ～. 彼はアンフェタミンを常用している.

at spéed スピードを出して, 速く.

fúll spèed ahéad 全速力で. *Full ～ ahead!* 全速力で進め.

ùp to spéed (1) ふだんの調子[具合]で. bring..*up to* ～ ..をよい調子にする. (2) 熟知して〈*with* ..に〉.

with àll spéed 大急ぎで, 速やかに.

── 動 (～s /-z/|過 過分 **sped** /sped/, **spéed·ed** /-əd/|**spéed·ing**) (★〖英〗では 自 1 では sped, それ以外では ～ed; 〖米〗では sped の方が好まれる) 自 **1** VA 急ぐ, 疾走する, 〈*along, down* .. を/*to* ..へ〉. The ambulance *sped* down the street. 救急車は通りを急いで行った. The arrow *sped to* its mark. 矢は的に向かって飛んだ.

2 スピードを出しすぎる; (車で)スピード違反をする; 〈普通, 進行形, 現在分詞形で〉. Maybe I was not ～*ing*. 多分スピード違反はしていなかった.

── 他 **1** 〔事業など〕をはかどらせる, 促進する. ～ the building program 建設計画を促進させる. **2** VOA を急がせる, 疾走させる, 〈*to* ..へ〉. Mother ～*ed* us off *to* school. 母は我々をせかして学校へ行かせた.

spèed bý あっと言う間に過ぎる.

****spèed úp*** 速度が増す, 速くなる; (車の)速度を上げる, 急ぐ. The flow of traffic [Steel production] ～*ed up*. 車の流れが速くなった[鋼鉄生産のピッチが上がった].

spèed /../ úp ..の速度を増す, ..を急がせる, 早める. ～ *up* the preparations 準備を(もっと)急ぐ.

[＜古期英語「成功, 繁栄」]

spéed·bàll 名 U **1** 〖米〗スピードボール《サッカーに似たゲーム》. 参考 野球の「速球」は fastball と言う. **2** 〖米俗〗スピードボール《コカインとヘロインなどの混合注射[麻薬]》.

spéed·bòat 名 C 高速モーターボート.

spéed bùmp 名 C (道路の)減速ゾーン(〖英〗では, speed hump, ramp, rumblestrip, sleeping policeman とも言う).

spéed·er 名 C スピード狂(運転者).

spéed gùn 名 C スピードガン《車のスピード・投手の球速を測定する機器》.

spéed hùmp 名 〖英〗＝speed bump.

†**spéed·i·ly** 副 速く, 速(すみ)やかに.

spéed-ìndicator 名 〖章〗＝speedometer.

spéed·i·ness 名 U 敏速さ, 手早さ.

spéed·ing 名 U スピード違反. be fined for ～ スピード違反で罰金を取られる.

spéed lìght 名 C 〖写〗スピードライト, ストロボ, (strobe light).

spéed lìmit 名 C (車の)最高制限速度. break [be over] the ～ 制限速度を越す[越している].

spéed mèrchant 名 C 〖英俗〗スピード狂.

speed·o /spíːdou/ 名 (複 ～s) 〖英話〗＝speedometer.

speed·om·e·ter /spi(ː)dámətər|-dɔ́m-/ 名 C (車などの)速度計.

spéed rèading 名 U 速読.

spéed skàting 名 U スピードスケート.

speed·ster /spíːdstər/ 名 C **1** スピード狂; スピード違反者. **2** 高速で走る自動車[列車]. [speed, -ster]

spéed tràp 名 C スピード違反取り締まり重点(道路)区間, 'ねずみ取り' 実施区間.

spéed·ùp 名 UC **1** スピードアップ, 加速〈*in* ..の〉. **2** 生産能率のアップ, 能率促進.

spéed·wày 名 (複 ～s) **1** C オートバイ[自動車]競走場, スピードウェイ; U オートバイレース. **2** C 〖米〗高速道路.

spéed·wèll 名 UC 〖植〗クワガタソウ(属の草本の総称)《イヌフグリ, カワジキなど》.

***speed·y** /spíːdi/ 形 e (**speed·i·er**|**speed·i·est**) 速い, 速(すみ)やかな, 敏速な; 〖話〗〔乗り物が〕速い, 快速の; (類語 quick よりも高速を意味する; →fast[1]). Mrs. Brown is a ～ worker. ブラウン夫人は仕事が速い. I wish you a very ～ recovery. 一刻も早くご回復なさりますよう. [speed, -y[1]]

spe·l(a)e·ol·o·gy /spìːliálədʒi|-ɔ́l-/ 名 U 洞穴学; 洞穴探検.

▷**spè·le·ol·ó·gi·cal** 形 **spe·le·ol·o·gist** 名

⁑spell[1] /spel/ 動 (〜s /-z/|過 過分 〖主に米〗〜ed /-d/, 〖主に英〗**spelt** /-t/|**spéll·ing**) 他

【つづる】**1** (a)〔語〕をつづる, つづりどおりに言う[書く]. I could not 〜 the word correctly. その単語を正しくつづれなかった. 〜 one's name wrong [wrongly] 名前のつづりを間違える. How do you 〜 your name? お名前のつづりを言ってください. British people 〜 'honor' with a 'u'. イギリス人は 'honor' を u を入れて [honour として]つづる.

(b) VOC (〜 X Y)・VOA (〜 X *as* Y) X を Y とつづる. Don't 〜 "achieve" (*as*) "acheive". achieve を acheive とつづってはいけない.

2〔文字が(つづられて)〕..という語になる. What word do these letters 〜? このつづり字は何という語になりますか. S-A-L-T 〜*s* "salt". S, A, L, T を(その順に)つづると salt という語になる.

【(つづった語が)意味する】**3**〖話〗(必然的に)..という結果になる. Diminished sales 〜*ed* disaster for the firm. 売れ行き不振が会社に大被害をもたらした. 〜 trouble 面倒なことになる.

── 自 字を(正しく)つづる, 語のつづりを言う[書く]. He tends to 〜 phonetically. 彼はとかく発音どおりにつづり[当て字を書き]がちだ. ◇名 spelling

spèll /../ óut (1)〔語〕を1字1字拾って読む, ..を苦労して読む. (2) ..を〔くわしく[はっきりと]〕説明する. Do I have to 〜 it *out* for you? もっとはっきり言えというのかい. (3)〔語・句〕を略さずに完全な形で書く.

[<古期フランス語 *espeller*「つづる」(<spell[3])]

⁑spell[2] /spel/ 名 (複 〜s /-z/) C **1** ひと続き, 一時; しばらくの間(ま). a long 〜 of fine weather 長い晴天続き. a very dry [wet] 〜 大変な日照り[雨降り]続き. rest (for) a 〜 しばらく休む. Come in and sit [〖米俗〗set] a 〜. ちょっと家へお入り下さい.

2 (ひとしきりの)発作, 発病. have a coughing 〜 ひとしきりせき込む. a 〜 of dizziness=a dizzy 〜 一時のめまい. **3** ひと続きの仕事[服務]; 交替番; 〈*at, on* ..の〉. a 〜 of work ひと仕事. give a person a 〜 交替して人を休ませる. take 〜*s at* rowing 交替で漕(こ)ぐ. take a 〜 *at* rowing (人に代わって)自分で漕ぐ.

── 動 他 〖主に米・オース〗と交替する; (代わって)〔人〕を休ませる. [<古期英語「交替する」]

†spell[3] 名 C **1** 呪文(じゅもん), まじない. The wizard muttered 〜*s* over the prince. 魔法使いは呪文を唱えて王子に魔法をかけた. **2**〈普通, 単数形で〉魔力, 魔法; 魅力. cast [put] a 〜 on a princess 王女に魔法をかける; 王女を魅惑する. break the 〜 魔力を解く; 正気に返らせる. under a 〜 呪文に縛られて; 魅せられて. [<古期英語「話, 言葉」]

spéll·bìnd 動 (→bind) 他 を呪文(じゅもん)で縛る; を魅惑する, うっとりさせる. ▷**〜·ing** 形

spéll·bìnd·er 名 C **1** 聴衆を魅了する雄弁家《特に政治家》. **2** 魅了させるイベント.

spéll·bòund 動 spellbind の過去形・過去分詞.
── 形〈普通, 叙述〉呪文(じゅもん)[魔法]をかけられた; 魅せられ(てぼーっとし)た. hold [keep] a person 〜 人を魅了する. She stared at him 〜. 彼女は魅せられたように彼を見つめた.

spéll·chèck 動 他, 自 (に)スペルチェックをかける.

spéll·chèck·er 名 C (ワープロ, パソコンの)スペルチェッカー《**spélling chècker** とも言う》.

spéll·er 名 C **1** 字をつづる人. a good [bad, poor] 〜 つづりが正確な[をよく間違える]人. **2** =spelling book.

⁑spell·ing /spéliŋ/ 名 (複 〜s /-z/) **1** U (語の)つづり方, スペリング, 正書法, (→orthography). His 〜 is very good [terrible]. 彼のつづり方はたいそう正確だ[ひどい]. The 〜 of English is rather arbitrary. 英語のスペリングはいささか規則性に欠ける. **2** C (単語の)つづり, 'スペル'. 'Shakespeare' has some variant 〜*s*. Shakespeare には別のつづりがいくつかある. [<spell[1]]

spélling bèe 名 C 〖米〗つづり字競技会 (→bee).

spélling bòok 名 C つづり字教本.

spélling pronunciàtion 名 U 〖言〗つづり字発音《例えば clerk は〖英〗では /klɑːk/ であるが,〖米〗ではつづり字に基づいて /kləːrk/ と発音するなど; アメリカ英語にこの傾向が強い》.

spelt[1] /spelt/ 動 〖主に英〗spell[1] の過去形・過去分詞.

spelt[2] 名 U 〖植〗スペルトコムギ《昔, ヨーロッパで広く栽培されていたが, 今ではドイツなどで家畜飼料として栽培》.

spe·lunk·er /spəlʌ́ŋkər/ 名 C 〖主に米〗アマチュア洞穴研究家. [<ラテン語 *spēlunca* 'cave']

spe·lunk·ing /spəlʌ́ŋkiŋ/ 名 U 〖主に米〗洞穴探検(〖英〗caving, potholing).

Spen·cer /spénsər/ 名 **Herbert 〜** スペンサー (1820–1903)《英国の進化論的哲学者》.

⁑spend /spend/ 動 (〜s /-dz/|過 過分 **spent** /spent/|**spénd·ing**) 他 【費やす】**1**〔金〕を使う, 費やす, 〈*on, upon, for* ..に/(*on*) do*ing* ..することに〉(★*on* do*ing* は〖章〗) (類語「費やす」の意味で一般的な語; →disburse, expend). He 〜*s* most of his money *on* books. 彼は金の大部分を本に費やす. She 〜*s* most of her salary *for* new clothes. 彼女は給料のほとんどを服の新調に使う. He *spent* 50 dollars shopp*ing* for food. 彼は食料品を買うのに 50 ドル使った. It's money well *spent*. それが賢明な金の使い方である. Don't 〜 it all in one go. 全部一度に使ってはだめですよ《(特に小額の)金を与えたあとで》.

2〔時〕を過ごす, 費やす, 〈*on* ..で/(*in*) do*ing* ..して〉(★*in* do*ing* は〖章〗). 〜 a sleepless night 眠れない夜を過ごす. How did you 〜 your Christmas vacation? クリスマス休暇をどのように過ごしましたか. He *spent* long hours (*in*) repair*ing* the machine. 彼は機械の修理に長時間かけた. 〜 the night with a person 人と一夜を過ごす[ベッドを共にする]. 〜 time with one's hobbies 趣味で時間を過ごす.

3〖雅〗〔力など〕を使い切る, 使い果たす, (use up); を弱らせる, 衰えさせる, 疲れ切らせる; 〈多く受け身, 又は 〜 oneself として〉. 〜 one's strength 力を出し尽くす. Don't 〜 any more breath trying to reason with him. 彼に理を説こうとするようなむだ骨はもう折らないことだね. The storm will soon 〜 itself [its force]. あらしは(散々荒れたので)間もなく収まるだろう.

── 自 金を使う; 浪費する; 〈*on* ..に〉. 〜 foolishly [lavishly] *on* gambling 賭(か)け事に愚かにも[惜しげもなく]金を費やす. 〜 rather than save ためるよりは使う. [<古期英語(<ラテン語 *expendere*「費やす」)]

Spend·er /spéndər/ 名 **Sir Stephen 〜** スペンダー (1909–)《英国人の詩人・批評家》.

spénd·er 名 C〈普通, 形容詞を伴って〉金遣いの..な人; 浪費家. a good [big] 〜 金の使い方のうまい[荒い]人.

spénd·ing 名 U **1** 消費, 浪費. **2** (政府などの)支出, 経費, 出費. government 〜 政府の出費[歳出].

spénding mòney 名 U 小遣い銭.

spénd·thrìft 名 C 金遣いの荒い人, 浪費家; 放蕩(とう)者. ── 形 金遣いの荒い, 浪費の.

Spen·ser /spénsər/ 名 **Edmund 〜** スペンサー (1552?–99)《英国の詩人; *The Faerie Queene* (1590–96) の作者》.

Spen·se·ri·an /spensí(ə)riən/ 形 スペンサー風の. the 〜 stanza 〖詩学〗スペンサー連《Spenser が *The Faerie Queene* で用いた詩型》.

spent /spent/ 動 spend の過去形・過去分詞.

S

── [形] **1**〖雅〗〈普通, 叙述〉〔人が〕力尽きた, 弱り切った. **2**〈普通, 限定〉使い切った; 力[影響力]などがなくなった. ～ nuclear fuel 使用済み核燃料. a ～ force もはや力を失った人.

†**sperm**[1] /spəːrm/ [名] ([複] **～, ～s**) 〖生理〗 [U] 精液 (semen); [C] 精子, 精虫, (→ovum). have a low ～ count 精子の数が少ない. [<ギリシア語「蒔(ま)かれるもの, 種」]

sperm[2] [名] ＝spermaceti; ＝sperm whale.

sper·ma·ce·ti /spə̀ːrməsíːti, -séti/ [名] [U] 鯨蠟(ろう) 《マッコウクジラの頭から採る; ろうそく, 香料などの原料》.

sper·mat·ic /spəːrmǽtik/ [形] **1** 精液の; 精子の. **2** 生殖の.

sper·mat·o·zo·on /spəːrmæ̀təzóuɑn, -ən, spə̀ːrmətə-|spə̀ːmətouzóuɔn, -ən/ [名] ([複] **sper·mat·o·zo·a** /-zóuə/) [C] 〖生理〗精虫, 精子.

spérm bànk [名] [C] 精液[精子]銀行《人工授精に用いる精子の貯蔵所》.

sper·mi·ci·dal /spə̀ːrməsáidl [移]/ [形] 殺精子剤の. ～ jelly 避妊ゼリー《女性用》.

sper·mi·cide /spə́ːrməsàid/ [名] [C] 殺精子剤.

spérm òil [名] [U] 鯨油《潤滑油に用いる》.

spérm whàle [名] [C] 〖動〗マッコウクジラ.

‡**spew** /spjuː/ [動] [他] **1** [VOA] を噴き出す, 噴出する; 〔工業廃水など〕を流し出す; 〈*out, forth*〉〈*into* ..へ〉. The volcano was ～*ing out* lava. その火山は溶岩を噴出していた. **2**〖話〗〔へど〕を吐く〈*up, out*〉. **3**〔怒りなど〕を吐き出す, ぶちまける, 〈*out, forth*〉. ── [自] **1**〖話〗吐く, もどす, 〈*up*〉. **2** [VA]〔煙, 水などが〕噴出する〈*out*〉; 流れ出る〈*into* ..へ〉. [<古期英語]

SPF [名] sun protection factor.

sp. gr. specific gravity.

sphag·num /sfǽgnəm/ [名] ([複] **～s, sphag·na** /-nə/) [UC] 〖植〗ミズゴケ《鉢に詰めたり植物の根を包む; 主に園芸用に用いる》.

*__sphere__ /sfiər/ [名] ([複] **～s** /-z/) [C] **1 球**, 球体. the celestial ～〖天〗天球. **2** 天体; 地球儀. a heavenly ～ 天体. **3 領域**, 範囲, 〈*of* ..〔活動, 勢力, 興味など〕の〉. his ～ *of* action [influence] 彼の活動領域[勢力圏]. in every ～ of life 生活のあらゆる面で. **4** (社会的)地位, 身分, 階層. remain in one's (proper) ～ 自己の本分を守る. live in a very different social ～ 全く別の階層の人間である. **5**〖詩〗天, 天空. [<ギリシア語「球, 地球」]

-sphere /sfiər/〈複合要素〉「..球(体)」の意味. hemi*sphere*. atmo*sphere*.

spher·i·cal /sférik(ə)l/ [形] 球(形)の; 天体の.

spher·oid /sfí(ə)rɔid/ [名] [C] 回転楕(だ)円面.
▷**～·al** /-dl/ [形]

sphinc·ter /sfíŋktər/ [名] [C] 〖解剖〗括約筋.

†**sphinx** /sfiŋks/ [名] ([複] **～·es, sphin·ges** /sfíndʒiːz/) **1**〖ギ神話〗〈the S-〉スフィンクス《頭は女性で翼のあるライオンの胴体を持った怪物; 通行人になぞをかけて解けなかった者を殺したと言う》. **2** [C] 〖古エジプト〗スフィンクス《体はライオンで頭は男[タカ, 羊]の架空の動物》; 〈the S-〉(エジプトの Giza の付近にある)スフィンクス像. **3** [C] 不可解な人, なぞの人物. [<ギリシア語]

sphyg·mo·ma·nom·e·ter /sfìgmoumənɑ́mətər|-nɔ́m-/ [名] [C] 血圧計. [ギリシア語「脈」, manometer]

spic, spik /spik/ [名] [C] 〖米・オース・軽蔑〗スペイン系アメリカ人.

spic·ca·to /spikɑ́ːtou/ [形], [副] 〖楽〗スピッカートの[で]《弦楽器を弓をはずませて弾く》. [イタリア語 'detached']

*__spice__ /spais/ [名] ([複] **spíc·es** /-əz/) **1** [UC] **薬味**; 〈集合的〉香辛料, スパイス. She put too much ～ in this food. 彼女はこの料理にスパイスを加え過ぎた. *Spices* give relish to a dish. 香辛料は料理に風味を添える. **2** [aU] ぴりっとするもの, 趣(を添えるもの), 〈*of* ..の〉. Variety is the ～ *of* life. 変化こそ人生を面白くするものだ. add ～ to.. に刺激[趣]を与える. **3** [aU] 気味, ちょっぴり, 〈*of* ..の〉. There was a ～ *of* envy in her tone. 彼女の口ぶりには羨(せん)望の響きがあった.

── [動] [他] **1** に薬味を加える, にさらに味つけをする[辛くする], 〈*up*〉〈*with* ..〔薬味〕を, で〉. **2** に趣を添える, をもっと面白くする, 〈*up*〉〈*with* ..で/*by doing* ..することで〉. [<ラテン語 *speciēs*「種類>商品」]

Spìce Íslands [名] 〈the ～〉香料諸島《Moluccas の旧名》.

spic·i·ly /spáisili/ [副] 香(こう)ばしく; ぴりっと, 辛辣(らつ)に.

spic·i·ness /spáisinəs/ [名] [U] spicy であること.

spìck-and-spán /-ən- [移]/ [形] 〈普通, 叙述〉〔衣服, 部屋などが〕こざっぱりした, きちんとした; 〔デザイン, 考えなどが〕真新しい, 斬(ざん)新な.

†**spic·y** /spáisi/ [形] [e] **1** 香辛料の入った[利いた]; 香(こう)ばしい. a ～ flower 芳香のある花. **2** ぴりっとした, 趣のある; 〔話などが〕際どい. ～ gossip 下品なうわさ話.

‡**spi·der** /spáidər/ [名] ([複] **～s** /-z/) [C] **1**〖虫〗**クモ**; (クモのように)人を陥れる者. Most ～*s* spin webs. たいていのクモは巣を張る. **2**〖米〗鋳鉄製のフライパン《もと三脚が付いていた》. [<古期英語「紡ぐ(spin)もの」]

spíder·màn /-mæ̀n/ [名] ([複] **-men** /-mèn/) [C] 〖英話〗ビル建築中に高い所で働く人《男性》.

spíder mònkey [名] [C] 〖動〗クモザル.

spíder·plànt [名] [C] オリヅルラン《南アフリカ原産》.

spíder·wèb [名] [C] 〖米・オース〗クモの巣(〖英〗cobweb).

spi·der·y /spáid(ə)ri/ [形] [e] クモの(巣の)ような; (クモの足のように)細長い〔筆跡など〕; クモの多い, クモだらけの.

spied /spaid/ [動] spy の過去形・過去分詞.

Spie·gel /spíːgəl, ʃpíː-/ [名] 〈Der ～〉『シュピーゲル』《ドイツの総合月刊誌; 誌名はドイツ語で「鏡」の意味》.

spiel /spiːl, ʃpiːl/ [名] [UC] 〖話〗〈普通, けなして〉(物売りなどの)長話, 口上〈*about* ..についての〉. [ドイツ語「遊び」]

spies /spaiz/ [名] spy の複数形.
── [動] spy の 3 人称・単数・現在形.

spiff /spif/ [動] [他] [VOA] (～ /X/ ***up***)〖米話〗X をきれいにする, 飾り立てる. ── [自] [VA] (～ ***up***) かっこよくする, しゃれる. ── [名] [U] かっこよさ.

spìffed óut [形] 〖米話〗ドレスアップした; 飾り立てた.

spif·fing /spífiŋ/ [形] 〖英旧〗すばらしい.

spif·fy /spífi/ [形] 〖俗〗しゃれた, こぎれいな; すばらしい.

spig·ot /spígət/ [名] [C] **1** (たるなどの)栓, 口. **2**〖米〗蛇口, 飲み口, (faucet).

†**spike**[1] /spaik/ [名] [C] **1** 長くぎ; 忍び返し《とがった頭を上又は外にして塀, 垣根などに打ち付ける》; (鉄道用の)犬くぎ. **2** (競技用の靴底の)スパイク, 鋲(びょう); 〈～s〉スパイクシューズ. **3** (グラフなどの)波形曲線の尖(せん)頭. **4** 若いシカの角. **5**〖魚〗サバの子. **6**〖バレーボール〗スパイク.

── [動] [他] **1** を長くぎ[犬くぎ]で打ち付ける; に忍び返しを付ける; 〔靴〕にスパイクを付ける. **2**〔人〕をスパイクで傷つける, スパイクする, 《野球などで》. **3**〖話〗〔飲み物など〕に(こっそりと)加える〈*with* ..〔強いアルコール[麻薬, 毒薬など]〕を〉. **4**〔噂〕を止める.

spìke a pèrson's gúns 〖話〗人の計画の裏をかく, 人の攻撃力を奪う, 《大砲の火門をくぎでふさいで撃てなくすることから》. [?<中期オランダ語]

spike[2] [名] [C] (穀類の)穂; 〖植〗穂(すい)状花序《例えば gladiolus の花》. [<ラテン語 *spīca*]

spiked /-t/ [形] **1** 長くぎを打った; スパイクを付けた. a ～ golf shoe ゴルフ用スパイクシューズ. **2** 逆立った〔髪〕. **3**〖話〗(こっそり)アルコールを入れた.

spíke hèel [名] [C] (婦人靴の)細く高くとがったかかと.

spike·nard /spáiknɑːrd, -nərd|-nɑːd/ [名] [UC]

〖植〗カンショウ(甘松)《オミナエシ科の多年草; 香油を採る》; Ⓤ カンショウ香.

spik·y /spáiki/ 形 e **1** くぎのような, とがった; くぎがいっぱい出ている[打ってある], スパイク状の.
2〖話〗〔人が〕頑固で扱いにくい; 怒りっぽい.

spile /spail/ 名 Ⓒ **1** (たるなどの)木栓. **2** くい. **3** 差し管(くだ)《サトウカエデの樹液を採るための》.

‡**spill**[1] /spil/ 動 (~**s** /-z/|過 過分〖主に米・オース〗~**ed** /-d/,〖主に英〗**spilt** /spilt/|**spíll·ing**) 他 **1**〔液体, 粉など〕をこぼす,〔内容物〕をこぼす, ばらまく,〈*from*, *out of* ..から/*on*, *onto*, *over*, *down* ..へ〉. It is no use crying over *spilt* milk.〖諺〗覆水盆に返らず《<こぼれたミルクを嘆いてもしかたがない; 済んでしまったことを悔やんでもどうにもならない》. The child ~*ed* his toys *out of* the box *onto* the floor. 子供は箱を逆さにしておもちゃを床にばらまいた.
2〖雅〗〔血〕を流す〈普通, 受け身で〉. Enough blood has been ~*ed* —stop the war now! 血は十分に流された, 戦争はもうやめよ.
3〖話〗を転落させる, 放り出す, 振り落とす,〈*from* ..〔乗り物など〕から〉. My horse ~*ed* me. =I was ~*ed from* my horse. 私は馬から振り落とされた.
4〖話〗〔秘密など〕を漏らす, ばらす.
── 自 **1**〔液体が〕あふれ出る, こぼれる, 漏れる,〈*out*〉〈*from* ..から〉. Tears ~*ed from* her eyes. 彼女の目から涙がこぼれた. Tons of oil ~*ed out from* the tanker. タンカーから石油が何トンも流出した.
2 VA〔人, 人口などが〕あふれ出る;〔紛争などが〕広がる, 長びく;〈*out*, *over*〉〈*into*, *onto* ..に/*from* ..から〉. The mob ~*ed over from* the square *into* the streets. 暴徒は広場から街路にあふれた. The conference ~*ed into* a second day. 会議は 2 日目に延びた.
spìll one's gúts〖米〗洗いざらい話す.
spìll óut (1) こぼれる, あふれ出る, (→自 1). (2)〔秘密が〕漏れる, ばれる.
spìll /../ óut (1) ..をこぼす (→他 1). (2)〔秘密〕を漏らす, ばらす, (→他 4).
── 名 Ⓒ **1** こぼす[こぼれる]こと; 流出; こぼれ(た量). an oil ~ 重油の流出(事故). **2** 転落, 放り出される[振り落とされる]こと; 落馬, (オートバイなどからの)落車,《特にレースなどで》. take [have] a ~ 転落する.
[<古期英語「殺す, 血を流す」]

spill[2] 名 Ⓒ (点火用の)つけ木, こより.

spill·age /spílidʒ/ 名 UC 漏れること; (船からの)油の流出; 流出量.

spíll-òver 名 UC〖主に米〗**1** あふれ出ること, はみ出し,《特に大都会からあふれ出る人口など》. **2** 副作用, 副産物, 余波, '後遺症'. a ~ of the territorial issue 領土問題の後遺症. ~ (effect)〖経〗溢出(いっしゅつ)効果《公共投資のもたらす間接的な影響[効果]》.

spíll·wày 名 (複 ~**s**) Ⓒ (ダムなどの)水はけ口, 放水路.

spilt /spilt/ 動 spill[1] の過去形・過去分詞.

‡**spin** /spin/ 動 (~**s** /-z/|過 **spun** /spʌn/,〖古〗**span** /spæn/|過分 **spun**|**spín·ning**) 他
【紡ぐ】 **1**〔糸〕を紡ぐ, を紡績する; を紡いで..にする〈*from* ..から/*into* ..〔糸〕に〉. ~ cotton [yarn] 綿を紡績する[糸を紡ぐ]. ~ wool *into* thread 羊毛を紡いで糸にする. **2**〔クモ, カイコが〕〔糸〕を吐く;〔クモが〕〔巣〕をかける,〔カイコが〕〔まゆ〕を作る. Silkworms ~ cocoons. カイコはまゆを作る.
3【紡ぎ出す】〔話〕をする, 作り上げる.
【紡錘(つむ)のように回す】 **4**〔こまなど〕を(くるくる)回す;〔ボールなど〕に回転を与える, スピンをかける. ~ a top こまを回す. ~ a coin コインを(指で空中にはじいて)回す《表か裏かで順番などを決めるため; →coin 名 1》.
5〔洗濯物〕を(遠心)脱水する; VOC (~ X Y) X (洗濯物)を(遠心) 脱水して Y の状態にする. She *spun* the clothes dry. 彼女は脱水機で衣類の水を切った.
── 自【紡ぐ】 **1** 紡ぐ, 紡績する;〔クモ, カイコが〕糸を吐く, 巣[まゆ]を作る. She passed her days ~*ning* and sewing. 彼女は毎日糸紡ぎと縫い物に明け暮れた.
【勢いよく回る】 **2**〔こま, 紡錘などが〕(くるくる)回る,〔人が〕くるっと振り向く,〈*around*, *round*〉;〔車が〕スピンする,〔飛行機が〕きりもみする. The dancer *spun around* on her toes. 踊り子はつま先立ちでくるくる回った. ~ out of control〈比喩的〉手に負えなくなる. **3**〔頭が〕くらくらする, めまいがする, 混乱する.
4【勢いよく走り回る】 VA〔車(の運転者)が〕疾走する, 突っ走る,〈*along*〉. Cars *spun* past us. 車が次々と走り過ぎて行った.
spìn a yárn [***stóry, tále***] 長々と(信じがたい冒険談などを)物語る, 作り話[ほら話]をする. He *spun a yarn* about the old days. 彼は昔のことを長々と語った.
spìn óff (1)〔車, 車輪が〕スピンする. (2) (回転して)はずれる.
spìn /../ óff (1) ..を二次的に[副産物として]生む; (他の番組から)〔新番組〕を作る. (2)〖主に米〗〔別会社〕を設立する, 分離独立させる, (→spin-off).
spìn óut〔車が〕スピンする.
spìn /../ óut〔話など〕を引き延ばす, 長々とする;〔年月など〕を送る, 費やす;〔金銭など〕を長持ちさせる, (できるだけ)もたせる.
spìn one's whéels むだなことをする《<'空回りする'》.
── 名 **1** UC 回転. give a ball lots of ~ ボールにたっぷり回転を与える. **2** Ⓒ〖話〗〈普通 a ~〉(モーターボート, 自動車などでの)ひと走り, 短いドライブ. take [go for] a ~ (車で)ひと走りする, ちょっとドライブする. **3** Ⓒ〖空〗〈普通 a ~〉(飛行機の)きりもみ降下. go into a ~ きりもみ降下する. **4** Ⓒ〈普通, 単数形で〉(遠心)脱水(すること). **5** Ⓒ〖話〗〈普通 a ~〉急落. **6** Ⓒ〖話〗〈普通 a ~〉混乱状態, 恐慌(状態). **7**〖米話〗(ニュースなどの)解釈, 操作. **8**〖物理〗スピン.
gò [***fàll, gèt***] ***into a*** (***flàt***) ***spín*** (1)〖英・オース〗〔飛行機が〕きりもみ降下する. (2)〖話〗あわてふためく.
[<古期英語]

spi·na bi·fi·da /spàinə-báifədə, -bíf-/ 名 Ⓤ〖医〗脊椎(せきつい)破裂, 二分脊椎,《先天性欠陥》. [ラテン語 'spine split in two']

†**spin·ach** /spínitʃ|-idʒ, -itʃ/ 名 Ⓤ〖植〗ホウレンソウ. Popeye eats ~ to get power. ポパイは力を得るためにホウレンソウを食べる. [<ペルシア語]

‡**spi·nal** /spáin(ə)l/ 形 背骨の, 脊(せき)柱の; 脊髄の. ~ marrow 脊髄. ◇名 spine

spínal còlumn 名 Ⓒ 脊(せき)柱 (backbone, spine).

spínal còrd 名 Ⓒ 脊(せき)髄.

spìn bówler 名 Ⓒ〖クリケット〗スピンボール(が得意の)投手.

spín contròl 名〖米話〗スピン・コントロール, 情報の操作.

spin·dle /spíndl/ 名 Ⓒ **1** 錘(つむ)《糸によりをかけ巻き取る棒》, (紡績機械の)紡錘(すい). **2** (工作機械の)心棒, 主軸. [<古期英語; spin, -le[2]]

spíndle-lègged 形 足の細長い.

spíndle·lègs 名 (複 ~) **1**〈複数扱い〉〈けなして〉ひょろ長い (2 本の)足. **2** Ⓒ〖話〗足長の人.

spíndle sìde 名〈the ~〉(家系の)母方, 母系, (distaff side; ↔spear side).

spíndle trèe 名 Ⓒ〖植〗ニシキギの類《昔この材から spindle を作った》.

spin·dling /spíndliŋ/ 形 ひょろ長い, 細長い, きゃしゃな. ── 名 Ⓒ ひょろ長い人[物].

spin·dly /spíndli/ 形 細長い, ひょろ長い.

spín dòctor 名〖米〗スピン・ドクター《党派党略に沿った解釈をマスコミに流す》.

S

spìn-dríer, -drýer 名 C (遠心分離式)脱水機.
spín·drìft 名 U 波しぶき, 波煙; 雪煙.
spìn-drý 動 (-dries|過 過分 -dried|~·ing) 他 〔洗濯物〕を(遠心)脱水する.
†**spine** /spain/ 名 C **1** 背骨, 脊(せき)柱, (spinal column). have a curved ~ 背骨が曲がっている. The sight sent a chill [shiver] down my ~. その光景に背筋がぞっとした. **2** (書物の)背 (→book 図); (山, 丘陵などの)背, 尾根. **3** (サボテンなどの)とげ, 針; (動物の)棘(きょく)状突起, とげ. ◇形 spinal [＜ラテン語 *spīna*「とげ」]
spíne-chìller 名 C 背筋をぞくっとさせるもの, スリラー本[映画].
spíne-chìlling 形 背筋をぞっとさせる, 恐怖の.
spíne·less 形 **1** 〔動物が〕脊椎(せきつい)のない; 針[とげ]のない. **2** 意気地のない, 弱虫の. ▷ **~·ly** 副 **~·ness** 名
spin·et /spínət|spinét, spínət/ 名 C スピネット《小型の harpsichord》; 〖米〗 小型竪(たて)型ピアノ[エレクトーン].
spin·na·ker /spínəkər/ 名 C (船首の)大 3 角帆《レース用ヨットの大檣(しょう)帆の反対側に張る》.
spín·ner 名 C **1** 紡績工; 紡績機. **2** スピナー《水中で引くと回転するルアー》. **3** 〖クリケット〗 スピンボール; ＝spin bowler.
spin·ney /spíni/ 名 (複 ~s) C 〖英〗 やぶ, 雑木林.
spín·ning 名 U 糸紡ぎ, 紡績; 〈形容詞的〉 紡績の. a ~ mill [machine] 紡績工場[機].
spínning jènny 名 C (昔の)多軸紡績機.
spínning mùle 名 ＝mule[1] 3.
spínning rèel 名 C (釣り用の)スピニングリール.
spínning whèel 名 C (昔の)紡ぎ車, 糸車.
‡**spín-òff** 名 (複 ~s) **1** UC 副産物 〈*from, of* ..の〉 (by-product). **2** U 〖米〗〖経〗 スピンオフ《親会社からの分離・独立による新会社設立》. **3** C (テレビ番組などの)焼き直し, 続編, 《同じ登場人物を別の番組で使ったり, テレビで受けたものを舞台の作品にしたりする》.
── 形 派生的[二次的]な, 副産物の.

[spinning wheel]

Spi·no·za /spinóuzə/ 名 **Baruch** ~ スピノザ(1632-77)《オランダの哲学者》.
‡**spin·ster** /spínstər/ 名 C **1** 〖軽蔑〗 (婚期を逸した)未婚の女, オールドミス (old maid), (→bachelor). ★「未婚の女性」は a single woman が好まれる. **2** 〖英法〗 未婚女性. **3** 〖古〗 紡ぎ女. [spin, -ster]
spínster·hòod /-hùd/ 名 U (女性の)独身, 未婚(状態).
spin·y /spáini/ 形 e **1** 〔動植物が〕とげ[針]のある, とげだらけの. **2** 〔問題などが〕難しい, 面倒な, てこずる.
spìny lóbster 名 C 〖動〗 イセエビ.
***spi·ral** /spái(ə)rəl|spáiər-/ 名 (複 ~s /-z/) C **1** 螺(ら)旋, 渦巻き線. a long blue ~ from his pipe 彼のパイプから立ち昇る長い紫煙の渦巻き. the ~ of a tornado 竜巻の渦. **2** 螺旋形のもの; ぜんまいばね; 渦巻き貝. **3** 〖空〗 螺旋降下. **4** 〖経〗 (悪循環による)螺旋状進行, 急上昇, 連続的変動. an upward ~ うなぎ昇り. the vicious ~ of rising wages and prices 賃金と物価上昇の悪循環の繰り返し. →inflationary spiral.
── 形 ⓔ **螺旋形の**, 渦巻き状の. a ~ staircase 螺旋階段. a ~ spring 螺旋ぜんまい.
── 動 (~s|〖英〗 -ll-) 自 **1** VA 螺旋形になる[動く]; 〖空〗 螺旋降下する; 〈*up, upward, down, downward*〉; 〈*to* ..へ〉. The plane ~*ed down* [*downward*]. 飛行機は螺旋を描きながら落下した. **2** (**a**) 〔物価などが〕急速に上昇する, 急激に進む, 急騰する, 〈*up*〉. The prices began to ~ (*up*). 物価がとめどなく上昇し始めた. (**b**) VA 〔物価などが〕絶えず下がる 〈*down, downward*〉.
── 他 VOA を螺旋形にする 〈*round* ..の周りに〉.
[spire[2], -al] ▷ **~·ly** 副 螺旋状に.
spìral-bóund 形 螺旋とじの.
spi·rant /spái(ə)rənt/ 〖音声〗 名, 形 ＝fricative.
***spire**[1] /spaiər/ 名 (複 ~s /-z/) C **1** (尖(せん)塔の)とがり屋根, 尖頂; 尖塔; (→steeple). the tall ~ of the church 教会の高い尖塔. **2** (とがった山の)頂上; (円錐(すい)状の)梢(こずえ); (葉, 芽などの)細い茎. [＜古期英語「高くて細い茎」]
spire[2] 名 C 螺(ら)旋(のひと巻き), 渦巻き. [＜ギリシア語]
spired 形 尖(せん)塔のある.
spi·ril·lum /spairíləm|spaiə-/ 名 (複 **spi·ril·la** /-rílə/) C 〖細菌学〗 螺(ら)旋菌, 螺菌.
‡**spir·it** /spírət/ 名 (複 ~s /-ts/)
【精神】 **1** U **精神**, 心, (死後も存在すると考えられる)霊魂, (↔body, flesh; 類語 魂を物としてよりも, その性質・作用・運動の面を重視した場合に用いられる; →soul). body and ~ 肉体と精神. May his ~ rest in peace. 彼の霊が安らかに眠らんことを祈る. Blessed are the poor in ~. 幸いなるかな心の貧しき者《聖書から》. The ~ is willing but the flesh is weak. やる気はあるのだが体がいうことをきかない《聖書から》. I'll be with you in ~ though I cannot attend in person. この身は出席できないが心はあなたと共にいます.
2 U 神霊; 〖キリスト教〗 〈the S-〉 ＝the Holy Spirit. the ~ of god 聖霊.
3 C (**精**)**霊**; 精, 妖(よう)精; 幽霊. children dressed as ~*s* and goblins 妖精や小鬼に扮(ふん)装した子供たち. drive away evil ~*s* 悪霊を追い払う. raise the ~*s* of the dead 死者の霊を呼び起こす.
【精神の状態】 **4** aU 〈形容詞(句)を伴って〉〔..な〕**気持ち**, 心, 念. an independent ~ 独立心. an offer made in a ~ *of* kindness 親切心から出た申し出. His patriotic ~ bordered on fanaticism. 彼の愛国心は狂信と紙一重だった. team ~ チームスピリット. community ~ 共同体意識. take the decision in the wrong [the right] ~ 決定を曲解する[正しく受け止める].
5 aU 〈形容詞(句)を付けて〉..気風, かたぎ; (時代, 社会などの)精神, 気運; 雰囲気. a ~ *of* reform 改革の気運. the adventurous ~ *of* the times 当時の冒険的精神. the ~ *of* the age [the times] 時代精神. get [enter] into the ~ 〖英〗 雰囲気に溶け込む[なじむ] 〈*of* ..の〉.
6 【特定の精神の持ち主】 C 〈形容詞を伴って〉〔..な気質の〕**人**, **人物**. a noble ~ 高潔な人. one of the leading ~*s* of the anti-war movement 反戦運動の指導者の 1 人.
7 〈~s〉 **気分**, 機嫌; 元気. be in good [high] ~*s* 機嫌がよい, 元気いっぱいである. be in bad [low] ~*s* しょげている. raise [lift] a person's ~*s* 人の気持ちを高揚させる. His ~*s* lifted [sank]. 彼は元気が出た[意気消沈した]. Keep up your ~*s*. 気を張りなさい.
8 【しっかりした精神】 U **勇気**; 気概, 意気; 熱心. a man of backbone and ~ 気骨ある人. the fighting ~ 闘魂, 闘志. with (great) ~ (大変な)気迫で, (大いに)気を入れて. That's the ~! そうだ, その意気だ. have no ~ 意気地がない, やる気がない. break a person's ~ 人の気をくじく; 精神力をなくさせる.
【精神＞精髄】 **9** U 〈普通 the ~〉 精神, 真意, 〈*of* ..〔法など〕の〉. Policemen must understand both the letter and the ~ *of* the law. 警官は法の文面だけ

でなくその精神をも理解しなくてはならない.

10【酒精】(**a**) [U] アルコール, 酒精. (**b**) [C] 〈普通 ～s〉蒸留酒《ウイスキー, ブランデーなどの強い酒》; (薬剤などの)アルコール溶液, 工業用アルコール. My father drinks beer but no *～s*. 父はビールは飲むが蒸留酒は飲まない. white ～ 溶剤用テレビン油. methylated ～(s) 変性アルコール《飲用に不適》.

when* [*as, if*] *the spìrit móves a person 〖話〗 気が向いたら. ◇[形] spiritual, spirituous

—— [動] [他] [VOA] 〔子供など〕をさらう, 神隠しにする; 〔人, 物〕をこっそり連れ出す[持ち出す]; 〈*away, off*〉.

[＜ラテン語「息, 生命, 魂」(＜*spīrāre* 'breathe')]

‡spír·it·ed /-əd/ [形] **1** 元気な, 活発な, 勇ましい; 勢いの激しい, 猛烈な. a ～ attack 猛烈な攻撃. **2** 〈複合要素〉気分[精神]が..な. high-～ 元気のいい. public-～ 公徳心[公共心]のある. ▷ **～·ly** [副] 元気よく.

spírit làmp [名] [C] アルコールランプ.

spír·it·less [形] 元気[気力, 熱, 勇気]のない.

spírit lèvel [名] [C] アルコール水準器.

Spìrit of St. Lóuis [名] スピリットオブセントルイス号《1927 年, リンドバーグが大西洋を横断した飛行機; → Lindbergh》.

***spir·it·u·al** /spírətʃuəl/ [形] [m] **1** **精神の**, 精神的な; 霊的な, 魂の; (↔material, physical, sensual). ～ comfort 心の慰安[安楽]. ～ beings 霊的存在. have a ～ love for a person 人に精神的な恋をする. one's ～ home 心の故郷(ふるさと). **2** 脱俗的な, 崇高な. a ～ mind 気高い心. **3**〖章〗宗教上の, 教会の, (↔secular). ～ songs 聖歌. →Lords Spiritual. ◇[名] spirit

—— [名] [C] 信仰[宗教]歌, (特に米国南部の)黒人霊歌 (Negro spiritual).

spír·it·u·al·ìsm [名] [U] **1**〖哲〗唯心論, 心霊論, (↔materialism). **2** 降霊術, 神おろし; 降霊説.

spír·it·u·al·ist [名] [C] **1**〖哲〗唯心論者. **2** 降霊術信者, 降霊術師.

spir·it·u·al·is·tic /spìrətʃulístik/ [移] [形] **1** 唯心論(者)の. **2** 降霊術(師)の.

spir·it·u·al·i·ty /spìrətʃuǽləti/ [名] [U] 精神的であること, 精神性; 霊性; 脱俗; (↔sensuality).

spir·it·u·al·ize /spírətʃuəlàiz/ [動] [他] **1** 〔人, 心など〕を精神[霊]的にする, 清くする; を高尚にする. **2** を精神的に解釈する, に精神的意義を与える.

▷ **spìr·i·tu·a·li·zá·tion** [名] [U] 霊化, 浄化.

†spír·it·u·al·ly [副] 精神的に; 脱俗的に, 気高く; 敬虔(けいけん)に.

spir·it·u·ous /spírətʃuəs/ [形]〖章〗(蒸留)アルコールを含む; 〔酒が〕(醸造でなく)蒸留の.

spi·ro·ch(a)ete /spáirəkìːt/ [名] [C] スピロヘータ, 波状菌, 《再帰熱, 梅毒の病原菌など》.

spi·rom·e·ter /spairámətər|spài(ə)rɔ́mitə/ [名] [C] 肺活量計.

spirt /spəːrt/ [動], [名] ＝spurt.

spir·y[1] /spái(ə)ri/ [形] **1** 先のとがった, 尖(せん)塔状の. **2** 尖塔の多い.

spir·y[2] [形] ＝spiral.

‡spit[1] /spit/ [動] (～s /-ts/|[過] [過分] **spat** /spæt/, 〖米·古〗 ～|**spít·ting**) [自]

1 **つばを吐く**, つばを飛ばす; つばを吐きかける, 侮辱する; 〈*at, on, upon* ..に(向かって)〉. Don't ～ *on* the sidewalk. 歩道につばを吐いてはいけない. I ～ *on* his authority! 彼の権威などくそくらえだ. ～ in a person's face (怒って[軽蔑して])人の顔につばを吐きかける.

2 〔猫が〕(怒って)ふーっという 〈*at* ..に向かって〉; 〔人が〕つばを吐くような音を立てる《軽蔑して又は怒って》.

3 〈普通 it を主語にして進行形で〉〔雨, 雪などが〕ぱらぱらと降る. It is still *～ting* (with rain). まだ雨がぱらぱらと降っている. **4** 〔ろうそくのろう, 火, 熱した油などが〕ぱちぱちはねる; 〔銃声が〕ぱんとはじける.

—— [他] **1** 〔つば, 血, 食物など〕を**吐き出す** 〈*out*〉. The machine gun *spat* bullets. 機関銃から弾丸が発射された. **2** [VO] (～ X/"引用") X (悪口など) を/「..」と吐き出すように言う 〈*out*〉. She *spat* (*out*) the words at him contemptuously. 彼女はさも軽蔑したようにその言葉を彼に吐きかけた.

Spìt it óut! 〖話〗 本当のことを言え, 白状しろ; (遠慮しないで)はっきり言え.

***spìt blóod* [*vénom,* 〖米〗 *náils,* 〖オース〗 *tácks*]** かっとなる.

spìt úp 〔特に, 赤ん坊が〕食物を少しもどす.

—— [名] **1** [C] つばを吐くこと; ぺっというその音. **2** [U] つば, 唾(だ)液, (saliva). **3** [U] (ある種の昆虫などが吐き出して植物に付く)泡状の分泌物.

be the spìt and ímage of ..＝be the spìtting ímage of ..＝be the dèad spít of .. 〖話〗 ..とそっくりである, 生き写しである.

in* [*within*] *spítting dìstance 大変近くに; もう少しで..するところで.

spìt and sáwdust 〖英話〗 大衆パブ《きれいとは言いかねる》. [＜古期英語; 擬音語; spout と同根]

spit[2] [名] [C] **1** 焼き串(くし). **2** (海に長く突き出た)砂州(す), 岬. **——** [動] (～s|-tt-) [他] 〔肉など〕を焼き串に刺す; 〔人など〕を突き刺す, 串刺しにする, 〈*on* ..〔銃剣など〕で〉. [＜古期英語]

spit[3] [名] [C] 〖英〗 鋤(すき)の刃の分だけの深さ.

spìt and pólish [名] [U] 〖話〗 磨き立てること, (特に軍隊での過度なまでの)清潔整頓(とん).

spít·bàll [名] [C] **1** (噛(か)んで固めた)紙つぶて. **2** 〖野球〗 スピットボール《投手が球につばを付けて投げる打ちにくい反則の変化球; 又その反則投球》.

spít cùrl [名] 〖米〗 ＝kiss curl.

‡spite /spait/ [名] [aU] **悪意**, 意地悪; 恨み, 反感. She ruined my data file from [out of] ～. 彼女は悪意で[反感から, 腹いせに]私のデータのファイルを台無しにした. have a ～ against a person 人に恨みを持つ. pure [sheer] ～ 悪意そのもの.

****in spíte of .. ..*にもかかわらず** (despite). *In* ～ *of* all her efforts, she failed. いろいろと彼女は努力したが, だめだった. *In* ～ *of* everything we've had a successful marriage. いろいろ(なことが)あったけれども, 我々は幸せな結婚生活を送った.

in spíte of onesèlf (やるまいと思っても)思わず, 我知らず, 意志に反して. The policeman smiled *in* ～ *of* him*self*. お巡りさんは思わず顔をほころばせた.

—— [動] [他] に意地悪をする, をいじめる, 〈常に to 不定詞として〉. He built a high fence *to* ～ his neighbors. 彼は隣人への嫌がらせに高い塀を作った.

[＜古期フランス語 de*spit*「軽蔑」(＜ラテン語 *dēspectāre*「見下す」)]

†spite·ful /spáitf(ə)l/ [形] 悪意に満ちた, 意地悪な.

▷ **～·ly** [副] **～·ness** [名]

spít·fìre [名] [C] **1** (特に女性の)かんしゃく持ち, がみがみ屋. **2** 〈S-〉 スピットファイア《第 2 次世界大戦時の英国の戦闘機》.

spit·ter /spítər/ [名] ＝spitball.

spit·tle /spítl/ [名] [U] 〖旧〗 つば (spit).

spit·toon /spitúːn/ [名] [C] 痰壺(たんつぼ).

spitz /spits/ [名] [C] スピッツ《愛玩(がん)犬》. [ドイツ語 'pointed (dog)']

spiv /spiv/ [名] [C] 〖英俗〗 (正業に就かず)ごまかして世を渡る人; やみ屋. ▷ **spiv·ish** /spívish/ [形]

‡splash /splæʃ/ [動] (**splásh·es** /-əz/|[過] [過分] **～ed** /-t/|**splásh·ing**) [他] **1** 〔水, 泥など〕を**はね散らす** 〈*about*〉; をはねかけてぬらす[汚す] 〈*on, onto, over* ..に〉; にはねかける 〈*with* ..を〉; 〔酒など〕を無造作に注ぐ. ～ paint *about* 塗料をはね散らす. ～ the book *with* ink インクをこぼして

S

本を汚す. I ~*ed* cold water *on* my face. 私は顔にざぶざぶと冷水をかけた. A Cadillac sped by ~*ing* mud *on* us. キャデラックが我々に泥をはねかけて疾走して行った.
2 を散らし模様にする〈*with* ..で〉. The autumn leaves ~*ed* the hill *with* yellow and red. 丘は秋の木の葉で黄と赤のまだら模様だった.
3〖話〗〔新聞などが〕〔ニュースなど〕を派手に扱う, 大いに書き立てる,〈*across*, *over* ..紙面で〉. The story of their marriage was ~*ed across* [*over*] the front page (of the newspaper). 彼らの結婚のニュースは(新聞の) 1 面で派手に扱われた.
4 VOA (~ /X/*about, around, out*)〖主に英〗〔金〕を派手に使う, ばらまく. He is ~*ing* his money *about*. 彼は金を派手に使いまくっている.
── 自 **1**〔水, 泥などが〕**はねる, はね散る**;〔子供, 犬などが〕水をぱちゃぱちゃはねかえす; VA はね[しぶき]を飛ばす〈*against*, *on*, *over* ..に当たって〉. Don't let the dog go in that puddle; he ~*es*. 犬を水たまりに入らせるな, ぱちゃぱちゃやるから. ~ *about* [*around*] (水の中で)ぱちゃぱちゃ遊ぶ. Waves ~*ed against* the rocky coast. 波が海岸の岸壁に当たってしぶきを上げた.
2 VA〔人が〕**はねを飛ばして進む**[動く, 落ちる], ぱちゃぱちゃ(水)音を立てて行く〈*along* .. を〉;〔物が〕ざぶんと落ちる〈*into* ..に〉. ~ *across* the river 川をざぶざぶ渡る. ~ *along* the muddy path ぬかるんだ道をはねを上げながら行く.
3 VA (~ *out*)〖主に英〗派手に金を使う, 気前よく奮発する,〈*on* ..に〉. ~ *out on* a new car 新しい車を奮発する.
splàsh dówn〔宇宙から帰還したロケットが〕着水する《洋上で回収するため》.
splàsh one's wáy はねを飛ばして進む.
── 名 (複 **splásh·es** /-əz/) C **1 ばしゃん[ざぶん]とはねる音**, はねること. fall into water with a (loud) ~ ばしゃんと水中に落ちる.
2 (水, 泥などの)はね, 染み; 斑(はん)点, ぶち, 模様. a ~ of ink on the shirt シャツにはねたインクの染み. a white dog with gray ~*es* 白地に灰色のぶちの(ある)犬. a ~ of color (周りと対照的な)明るい色彩.
3〖主に英話〗(酒を割る)少量の(ソーダ)水《ひとはね＞少量》. A Scotch, with just a ~ of soda please. スコッチを下さい, ほんの少しソーダ水を入れて.
4〖話〗派手な見せかけ, 大騒ぎ; (新聞などで)書き立てること. ~ headlines 派手な見出し.
màke* (*quìte*) *a splásh ぼちゃんと音を立てる;〖話〗大評判を取る, 人々の耳目を集める, 人をあっと驚かす.
── 副 ばしゃんと, ざぶんと. fall ~ into water ばしゃんと水中に落ちる. [擬音語]
splásh bàck 名〖英〗＝splash board.
splásh bòard 名 C〖米〗(水道栓の後ろにある)はねよけタイル《流し, 浴室の》.
splásh·dòwn 名 C (宇宙船などの)着水.
splásh guàrd 名 C〖米〗(車の後輪の後ろにある)はねよけ(〖英〗mudflap).
splash·y /splǽʃi/ 形 e **1** ぱちゃぱちゃはねる. **2** 泥だらけの; 斑(はん)点だらけの. **3**〖主に米話〗大評判の; 派手な(showy).
splat /splæt/ 名 aU〖話〗ぱしゃっ, ぴしゃっ,《水などのはねる音》. ── 副 ぴしゃっと.
‡**splat·ter** /splǽtər/ 動 他〔水など〕を(ぱちゃぱちゃ)はね飛ばす. ── 自 VA〔水などが〕(ぱちゃぱちゃ) はねる〈*on*, *against* ..に〉. ── 名 C はねかし, ぱちゃぱちゃ(いう音).
splay /splei/ 動 (~s|過 過分 ~ed|spláy·ing) 他〔窓など〕を外広がりにする, 扇形に開く,〈*out*〉;〔脚〕を広げる. a ~*ed* window 外広がりの窓. ── 自 外広がりになっている, 扇形に開く,〈*out*〉. ── 形 外広がりの;〔ひざなどが〕ぶざまに開いた; 不体裁な, ぶざまな. ── 名 (複 ~s) C (窓枠などの)外広がり. [＜di*splay*]
spláy·fòot 名 (複 →foot) C 扁(へん)平足 (flatfoot). ▷**~·ed** /⸗⸗⸗ 㮣/ 形 扁平足の.
‡**spleen** /spliːn/ 名 **1** C〖解剖〗脾(ひ)臓《昔, 憂うつ・怒り・悪意などの宿る場所と考えられた; →2》. **2** U 腹立ち, 不機嫌; 意地悪. in a fit of ~ かっとなって. vent one's ~ upon [on] one's men 部下に当たり散らす[うっぷん晴らしをする]. [＜ギリシア語]
▷**spléen·ful** /-f(ə)l/ 形 怒りっぽい, 不機嫌な.
‡**splen·did** /spléndəd/ 形 m **1 壮麗な**, 豪華な, (類語 まばゆいほどの豪華さや美しさに重点がある; →grand). a ~ sunset みごとな日没. a ~ display of precious stones 目を奪うばかりの宝石の陳列. a ~ palace 豪華な宮殿.
2 輝かしい, あっぱれな, みごとな. the most ~ of the legendary heroes 伝説上の英雄の中で最も輝かしい存在. win a ~ success 華々しい成功を収める.
3〖話〗**すばらしい**, すてきな. have a ~ time すごく楽しく過ごす. a ~ idea すばらしい考え. a ~ error みごとな間違い《反語的》.
◇名 splendor [＜ラテン語「輝かしい」(＜*splendēre* 'shine')]
†**splén·did·ly** 副 壮麗に, 豪華に; 立派に, みごとに;〖話〗すごく, すてきに.
splen·dif·er·ous /splendífərəs/ 形〖話・戯〗豪勢な, すばらしい, すごい, (splendid).
‡**splen·dor**〖米〗, **-dour**〖英〗/spléndər/ 名 (複 **~s** /-z/) UC **1 輝き**, 光輝, 光彩. the ~ of a diamond ダイヤの輝き. **2**〈時に ~s〉**壮麗**, 華麗, 豪華; (名声などの)顕著, 卓越. boast a scenic ~ 風景の壮麗さを誇る. the ~*s* of Rome ローマの栄華. the ~ of his name 彼の輝かしい名声. ◇形 splendid [ラテン語 (＜*splendēre*「輝く」, -or²)]
sple·net·ic /splənétik/ 形〖雅〗怒りっぽい, 気難しい, 意地の悪い. ◇名 spleen
splen·ic /splénik/ 形 脾(ひ)臓の.
splice /splais/ 動 他 **1**〔縄など〕を継ぎ合わせる, 組み継ぎする,《解きほぐした双方の端を編んで継ぐ》;〔木片など〕を重ね継ぎする;〔フィルム, テープなど〕をつなぐ《編集するためなど》〈*together*〉; を接合する. **2**〖旧話〗を結婚させる〈普通, 受け身で〉. get ~*d* 結婚する.
── 名 C 組み[重ね]継ぎ(の継ぎ目); 接着(部).
splíc·er 名 C スプライサー《フィルム・録音テープなどをつなぐ道具》.
spliff /splif/ 名 C〖話〗マリファナタバコ.
splint /splint/ 名 C **1** (骨折部に当てる)副木(そえぎ). **2** (かごなどを編む)へぎ板. ── 動 他 に副木を当てる.
splínt bòne 名 C〖解剖〗腓(ひ)骨.
†**splin·ter** /splíntər/ 名 **1** C (木, ガラスなどのとげ状の)かけら, 裂片; 木っ端, とげ. I got a ~ of glass in my thumb. 僕の親指にガラスのかけらが刺さった. Tornadoes can reduce houses to ~*s*. 竜巻は家を木っ端みじんにすることがある. smash into ~*s* こなごなに壊れる. **2**〈形容詞的〉少数で分裂[分派]した. a ~ group 離党少数派. a ~ party 離党者が作った党.
── 動 他 を(細かく)割る, 裂く. ── 自 (細かく)割れる, 裂ける; (組織などから)分派する;〈*off*〉. [＜中期オランダ語] 「ざぎざの; 裂け[割れ]やすい.
splin·ter·y /splíntəri/ 形 破片[裂片]の(ような); ぎ↑
‡**split** /split/ 動 (~s /-ts/|過 過分 ~|**splít·ting**) 他
1 を割る, 裂く,〈*in*, *into* ..に〉; VOC (~ X Y) X を割って[裂いて] Y の状態にする; 破裂させる. ~ .. open ..を割る. ~ logs for the fireplace 暖炉にくべるまきを割る. Lightning ~ the trunk *in* two. 落雷で幹が真っ二つに裂けた.
2 を分裂させる, 仲間割れさせる,〈*up*〉〈*into* ..に/*on*,

over ..で〉. The party was ～ (*up*) *into* two groups *over* the issue. 党はその問題で 2 グループに分裂した.
3 〔物, 地域〕を**分割する**, 分ける, 〈*into* ..に〉; 〔利益, 費用など〕を分配する, 分担する; 〈*up*〉. *Split* (*up*) the chocolates among you. チョコレート菓子をみんなで分けなさい. They ～ the profits five ways [between the five of them]. 彼らは利益を 5 等分した. I ～ the cost with him. 私は彼とその費用を折半した.
4 〖物理〗〔原子〕に核分裂を起こさせる.
5 〖主に米俗〗〔場所〕から(さっさと)立ち去る, とんずらする.
── 自 **1 割れる**, 裂ける; VC (～ X) 割れて X の状態になる. This wood ～*s* easily [straight]. この材木は楽に[まっすぐに]割れる. ～ at the seams 〔衣服などが〕ほころびる《<縫い目のところで裂ける》. ～ open 割れる, 開いてしまう. **2 分裂する**, 仲間割れする; 別れる, 別居する; 〈*up*〉. ～ (*up*) into three factions 3 派閥に分裂する.
3 割り勘にする. Let's ～ on the gas. ガソリン代は折半しよう. **4** 〖主に米俗〗(さっさと)立ち去る, ずらかる. (I've) got to ～. もう行かなくちゃ.
***split awáy* [*óff*]** 離れる, 分裂する, 〈*from* ..から〉.
***split /../ awáy* [*óff*]** ..を離す, 分裂[分離]させる; 割る; 〈*from* ..から〉.
split háirs →hair.
splìt on .. 〖英俗〗〔人〕を密告する, ..のことをばらす, 〈*to* ..〔人〕に〉.
split one's sídes 腹を抱えて笑う 〈*with laugh*/*laughing*〉.
split the dífference →difference.
***split one's* [*the*] *tícket* [*vóte*]** 〖米〗分割投票をする (→split ticket).
split úp 離婚する; 別れる (→自 2). ～ *up* with her boyfriend ボーイフレンドと別れる.
split /../ úp (1) を別れさせる (→他 2). (2) を分ける 〈*into* ..に〉 (→他 3).
── 名 C **1** 割れ目, 裂け目; 裂片. a Chinese dress with a ～ up the thigh 腿(もも)の所にまで切れ込みが入ったチャイナドレス. **2** 分裂, 仲間割れ, 不和; 分派; 分割. a ～ of a party 党の分裂. **3** 〈しばしば the ～s〉 開脚座, 大股(また)開き, 《両脚を左右又は前後に一直線に開き, 上体を起こしたまま尻(しり)をつける体操, 曲芸などでの演技》. do the ～*s* 開脚座をする. **4** 〖ボウリング〗スプリット《初投でピンが左右に分かれて残る; spare が取りにくい》. **5** バナナスプリット《バナナを半分に縦割りにした上にアイスクリームなどを載せたもの》. **6** 〖話〗(酒, ソーダ水などの半分量の)小瓶; 半杯. **7** 株式分割. **8** 〖話〗(金の)分け前. a five-way ～ (利益などの) 5 等分.
── 形 割れた, 裂けた; 分裂した, 分離した. The committee is ～ on this issue. 委員会はこの問題で(意見が)割れている. [<中期オランダ語]

split decísion 名 C 〖ボクシング〗スプリットデシジョン《3 人の審判の採点が分かれ, 2 対 1 で決まった判定(勝負)》.

split énd 名 **1** 〈～s〉 枝毛. **2** C 〖アメフト〗スプリット・エンド. 《攻撃側のフォーメイション数ヤード左のエンド; →end 11》

split-fingered fástball 名 C 〖野球〗スプリットフィンガー(ファーストボール) 《フォークボールより速く変化が少ない》.

split infínitive 名 C 〖文法〗分離不定詞《to と動詞原形の間に副詞が挿入されたもの; 多くの場合, その副詞が不定詞を修飾することを明確にするため; 例: I forgot *to completely check* the figures. (私は数字が正しいかどうかを完全に確かめるのを忘れてしまった)》.

split-lével /移/ 形 〖建〗〔家, 部屋などが〕(隣接部分と)階が段違いになった, 中 2 階などの[になった].
── 名 C 段違いの[中 2 階のある]家.

split péa 名 C 乾燥して半分に割ったエンドウ《スープ用など》.

split personálity 名 C 二重人格.

split pín 名 C 割りピン《割れた先端が広がる金属製の留めピン》.

split ríng 名 U (鍵(かぎ)などを下げるための二重になった)金属製の輪《輪の端を裂き開くようにして鍵などを挟み込む》.

split scréen 名 C (映画, テレビなどの)分割画面《1 つの画面を分割して同時に別々の映像を映す》.

split sécond 名 C ほんの(短い)一瞬. in a ～ あっという間に.

split-sécond /移/ 形 ほんの一瞬の.

split shíft 名 C 〖英〗分割勤務制《1 日の勤務時間を分けて中間に数時間の休みを置く》.

split tícket 名 C 〖米〗分割投票《一部を反対党候補者に投票した連記投票; →straight ticket》.

splít·ting 形 〔頭が〕割れるような[に痛い]; (割れるように)激しい〔頭痛など〕. I have a ～ headache. 頭が割れるように痛い.

splít-ùp 名 C 仲違い, 分裂.

splodge /splɑdʒ|splɔdʒ/ 〖英〗名, 動 ＝splotch.

splosh /splɑʃ|splɔʃ/ 動 自 〖話〗 VA ばちゃばちゃと音を立てる[立てて動き回る] 〈*about*〉.

splotch /splɑtʃ|splɔtʃ/ 〖主に米話〗名 C (大きな)汚れ, 染み; (色・光による)ぶち, 斑(はん)点. ── 動 他 に汚れを付ける, を染みで汚す; に斑点を付ける.
▷**splótch·y** /-tʃi/ 形

splurge /spləːrdʒ/ 〖話〗名 C (身分不相応の)豪遊, 散財; (富などの)見せびらかし. go on a drinking ～ 酒を飲んでどんちゃん騒ぎをする.
── 動 自 (大)散財をする, 奮発する, 〈*on* ..に〉; 見せびらかす. ── 他 に(大)散財する.

‡**splut·ter** /splʌ́tər/ 動 自 **1** ぱちぱち[ぶつぶつ]音を立てる. **2** (興奮, 怒りなどのため)早口で(訳の分からぬことを)しゃべる. ── 他 VO (～ X/"引用") X を/「..」と早口で言う 〈*out*〉. ～ forth an excuse せき込んで(支離滅裂の)言い訳を口走る. ── 名 C ぱちぱち[ぶつぶつ]いう音. [擬音語]

spode, Spode /spoud/ 名 U スポード焼《英国産の陶磁器; <創業者 Josiah *Spode* (1754–1827)》.

⁑spoil /spɔil/ 動 (～s /-z/|過 過分 ～ed /-d/, ～t /-t/|**spóil·ing**) (★他 2 は 過分 は普通 ～t を用いる) 他
1 を台無しにする, だめにする; 〔肉, 酒など〕を腐らせる. ～ one's appetite 食欲がなくなる. ～ everything 何もかもだめにする. The rainstorm has ～*ed* the cherry harvest. あらしでサクランボが不作になった. The scandal will ～ his chances for the presidency. このスキャンダルで彼が大統領になる見込みはなくなるだろう. Her husband's behavior ～*ed* the party. 彼女の夫のふるまいがパーティーを台無しにした. Too many cooks ～ the broth [stew]. →cook 名.
2 〔投票用紙〕に(投票が)無効になるような記入をする. ～*t* ballot papers 無効票.
3 〔特に子供〕を甘やかしてだめにする, 増長させる, 〈*with* ..を与えて/*by doing* ..して〉; を特別扱いする, に過剰サービスする; に振る舞う 〈*with* ..を〉. a ～*ed* [～*t*] child だだっ子. Try not to ～ your dog. 犬を甘やかさないようにしなさい. ～ a child with expensive toys 高いおもちゃを与えて子供を甘やかす. have a ～*ed* mouth 口がおごっている. You're ～*ing* me! 本当に何から何までお世話になりまして 《<そんなにしていただいては私が甘やかされることになる》. *Spoil* yourself. (遠慮なく)もっとどうぞ; (何でも)自分の気に入ったようにしなさい.
4 VOA (～ X ***for*..**) X (人)に..では満足できなくする. The meals at this hotel will ～ us *for* canteen food. このホテルで食事をすると社員食堂[学食]の料理では物足りなくなる.
5 〖古〗(★過去形・過去分詞は ～ed) から奪う 〈*of* ..

を〉. ～ a person *of* a thing 人から物を奪う.

── ⓐ 台無しになる; 腐る, 悪くなる; 〔冗談などが〕廃れる. Meat ～*s* in warm weather. 暑いと肉が傷む[もたない]. ***be spóiling for..*** 〔特にけんか〕を求めて[がしたくて]うずうずしている. He *is* ～*ing for* a fight. 彼はけんかをふっかけたくてうずうずしている.

be spòilt for chóice 〖英〗(良いものばかりで)どれを選んでいいか分からない.

── 名 (複 **～s** /-z/) **1** Ⓤ 〈又は ～s〉 **略奪品**, 分捕り品, 戦利品. divide (up) the ～*s* 獲物の山分けをする. All the treasures fell ～ to the invaders. すべての財宝が侵略者たちに略奪された (★spoil は fell の補語). **2** 〖主に米〗〈～s〉 利権 《選挙で勝った政党が任命できる官職, 地位など》. To the victor belongs the ～*s*. 戦利品は勝者の物 《選挙に勝てば, 官職などを好きに決められる; →spoils system》. **3** 〈～s〉 賞品; 収集品, 掘り出し物. [＜ラテン語 *spoliāre*「動物の皮をはぐ, 略奪する」]

spoil·age /spɔ́ilidʒ/ 名 Ⓤ 〖章〗 **1** 台無しにする[なる]こと. **2** (腐敗・損傷から生じた)廃棄物(の量).

spóil·er 名 Ⓒ **1** 台無しにする人[もの]; 甘やかす人. **2** (飛行機, レーシングカーの)スポイラー 《空気抵抗増大・揚力減衰で速度制限などの働きをする翼状の装置》. **3** 略奪者. **4** 〖スポーツ〗 (**a**) (ボクシングなどで相手のリズムを狂わせたりして)相手をうまくかわす選手. (**b**) 〖米〗 有力チーム[選手]を台無しにするチーム[選手], 大物食い. **5** 妨害本[記事] 《他の本などの注目度を減らそうとする》. **6** 〖主に米〗 (有力な候補・競争者のじゃまをする)妨害候補[者].

spóils·man /-mən/ 名 (複 **-men** /-mən/) Ⓒ 〖米〗 利権屋 《利権を求めて政党を支持する》.

spóil·spòrt 名 Ⓒ 他人の興をそぐ[楽しみをじゃまする]人, 面白くないやつ.

spóils sỳstem 名 〈the ～〉 〖米〗 猟官[利権]制度 《政権を取った政党が官職などを占める; →merit system》.

spoilt /spɔilt/ 動 spoil の過去形・過去分詞.

spoke[1] /spouk/ 動 speak の過去形, 〖古〗 過去分詞.

spoke[2] 名 Ⓒ **1** (車輪の)スポーク, 輻(や) (→bicycle 図). **2** (はしごの)段, 格(こ), (rung).

pùt a spóke in a pèrson's whéel 人の(計画の)じゃまをする. [＜古期英語]

***spo·ken** /spóukən/ 動 speak の過去分詞.

── 形 Ⓒ **1** **口頭の**, 口で言う; 口語の. a ～ order 口頭の命令. the ～ word 話し言葉, 口語, (↔written language). **2** 〈複合要素〉 話し方が..な, ..に物を言う. soft-～ 柔らかい口調の. smooth-～ 口先のうまい.

be spóken for (1) 売約[予約]済みである. (2) 〖旧〗 すでに結婚している[深い仲である].

†**spokes·man** /spóuksmən/ 名 (複 **-men** /-mən/) Ⓒ スポークスマン, 代弁者, 代表者, 《男性》. ★PC 語は spokesperson. [spoke[1], -s 3, -man]

†**spókes·pèrson** 名 Ⓒ 代弁者, 代表者; 説明者. a ～ *for* Buckingham Palace バッキンガム宮殿のスポークスマン. 注意 spokesman, spokeswoman の PC 語; →chairperson.

†**spókes·wòman** 名 (複 **-women**) Ⓒ 女性のスポークスマン, 代弁者. ★PC 語は spokesperson.

spo·li·a·tion /spòuliéiʃ(ə)n/ 名 Ⓤ 〖章〗 **1** 略奪 《特に戦時中に交戦国が中立国船舶に仕掛ける》. **2** (環境などの)破壊.

spon·da·ic /spandéiik|spɔn-/ 形 〖韻律学〗 強々[長々]格の.

spon·dee /spándi:|spɔ́n-/ 名 Ⓒ 〖韻律学〗 強々格 《英詩ではまれに詩行の一部分に見られるだけ; 例えば, Ĭts trót|těrs stúck|*stráight óut*》.

‡**sponge** /spʌndʒ/ 名 (複 **spong·es** /-əz/) **1** Ⓒ **海綿**, 海綿動物. have a memory like a ～ 記憶力がよい 《海綿のようによく吸収する》. **2** ⓊⒸ (入浴, 詰め物などに用いる)**スポンジ**; Ⓒ 〈a ～〉 〖主に英〗 スポンジで洗うこと. wipe up the water with a ～ 水をスポンジでふき取る. **3** Ⓒ 〈主に単数形で〉 ＝sponge bath. **4** ⓊⒸ 〈一般に〉 海綿状のもの; 〖医〗 ガーゼ帯; ＝sponge cake [pudding]. **5** Ⓒ 〖話〗 居候, 食客, たかり屋.

pàss the spónge over.. ..を忘れ去る, 水に流す.

thròw [tòss] in [ùp] the spónge 〖話〗 敗北を認める, 降参する, 《ボクシングで敗北を認めた印にスポンジ又はタオルをリングに投げ込むことから》; 〈一般に〉 お手上げである.

── 動 ⓗ 【スポンジでふく】 **1** 〔物〕をスポンジ[海綿]でふく[こする, 洗う] 〈*down*〉; VOA 〔汚れ〕をスポンジでぬぐい去る, 消す, 〈*away, off, out, up*〉. ～ (*down*) a car 車をスポンジで洗う.

【吸い取る】 **2** を(海綿などに)吸い取る 〈*up*〉. ～ *up* the spilt ink with an old rag こぼれたインクを古布で吸い取る. **3** 〖話〗 をせびる, 無心する, 〈*from, off* ..〔人〕に〉. He ～*d* the fare *off* his brother and went south. 彼は兄貴から旅費をせしめて南部へ行った.

── ⓐ **1** 〔海綿などが〕(液体を)吸収する. **2** 〖話〗 たかって生活する, 居候[寄食]する, 〈*on, off* ..〔人(の家)〕に〉. [＜ギリシア語]

spónge bàg 名 Ⓒ 〖英〗 (普通プラスチック製の)携帯用洗面用具入れ.

spónge bàth 名 Ⓒ スポンジぶき 《ぬれたスポンジ[タオル]で体をふくこと》.

spónge càke 名 ⓊⒸ スポンジケーキ 《ふわふわしたカステラの類》.

spònge cúcumber [góurd] 名 ⓊⒸ 〖植〗 ヘチマ.

spònge púdding 名 Ⓒ スポンジケーキに似たプディング.

spóng·er 名 Ⓒ **1** 海綿でぬぐう人. **2** 海綿採集者[船]. **3** 〖話〗 居候, 食客, 〈*on* ..の〉; たかり屋.

spònge rúbber 名 Ⓤ 〖米〗 スポンジラバー 《クッション, 詰め物などに用いる》.

spong·i·form /spʌ́ndʒəfɔ:rm/ 形 海綿状の.

spóng·y 形 ⓔ 海綿状[質]の, スポンジのような; 小穴の多い; ふわふわした; 吸収性の. ▷**spong·i·ness** 名

***spon·sor** /spánsər|spɔ́n-/ 名 (複 **～s** /-z/) Ⓒ **1** 保証人, 身元引受人. stand ～ for a person 人の保証人となる. **2** (民放などの)**スポンサー**, 番組提供者, 広告主. **3** 発起人; (イベント, チャリティー, 選挙の立候補者などの)後援者; (法案の)提案者. **4** (洗礼での)名(付け)親 (godparent), 教父, 教母. stand ～ to one's niece's baby めいの赤ん坊の名付け親になる.

── 動 ⓗ **1** の保証人になる; 〔民放〕のスポンサーになる; を発起する; 後援する. ～ a TV program テレビ番組の提供者となる. **2** 〖英〗 のチャリティー活動を支援する 《sponsored walk などへの献金を約束する》. **3** 〔提案など〕を支持する. **4** 〔交渉など〕を提案する. [ラテン語「保証人」(＜*spondēre*「厳かに約束する」)]

spònsored wálk [swím] 名 Ⓒ チャリティー・ウォーク[水泳] 《チャリティーへの献金集めに歩く[泳ぐ]運動; 1 マイル歩くごとに後援者が献金するなど》.

▷**spon·so·ri·al** /spansɔ́:riəl|spɔn-/ 形

‡**spón·sor·shìp** /-ʃìp/ 名 Ⓤ **1** 保証人[スポンサー, 後援者, 名親]であること. **2** 後援; 発起. **3** スポンサーの出資金; (後援者からの)助成金.

‡**spon·ta·ne·i·ty** /spàntəní:əti|spɔ̀n-/ 名 Ⓤ 自然さ, 自発性.

***spon·ta·ne·ous** /spantéiniəs|spɔn-/ 形 ⓜ **1** 〔行動などが〕**自然に起こる**, 自然な, 思わず知らず出てくる; 自発的な. **2** 〔現象などが〕自然発生の, 自然の; 〔植物などが〕自生の, 天然(産)の. ～ recovery from a disease 病気の自然回復. **3** 〔文体などが〕のびのびした, 巧(た)まざる. a ～ expression of joy 自然に湧(わ)いて出る喜びの声. a ～ action 自発的行動. **4** 〔人が〕率直な, 感情[考え]をありのままに表現する. [＜後期ラテン語「自由意志

の」(<ラテン語 (*sua*) *sponte* 'of (one's) own accord')] ▷～·ly 副 自然に, 自発的に, 進んで. ～·ness 名

spontàneous combústion 名U 自然発火.

spontàneous generátion 名C 〖生物〗自然[偶然]発生.

spoof /spu:f/ 〖話〗名(複 ～s) **1** C パロディ, ちゃかし(た作品), 〈*of, on* ..〔作品など〕の〉. **2** UC かつぐこと, いたずら. ── 動他〔作品など〕をちゃかしてもじる;〔人〕を冗談にだます, かつぐ. ── 自 冗談にだます, かつぐ.

spook /spu:k/ 〖話〗名C **1** 〖話〗幽霊, お化け, (類語 特に, しばしば出没する ghost). **2** 〖話〗変人, 奇人. **3** 〖米話〗スパイ. **4** 〖米俗〗〖軽蔑〗黒人. ── 動他 〖話〗**1** 〔幽霊が〕に出る, 取りつく. **2** 〖米〗〔馬, 人など〕をおびえさせる, 怖がらせる. ── 自 おびえる〈*at* ..に〉. [<オランダ語「お化け」]

spóok·y /spú:ki/ 形 e 〖話〗**1** 幽霊のような[出そうな], 無気味な. **2** 〖米〗〔馬などが〕おびえやすい, 神経質な.

‡**spool** /spu:l/ 名C 〖米〗糸巻き (〖英〗reel); (フィルムの)スプール; ひと巻き(の糸など). a ～ of tape [red thread] テープ[赤糸]ひと巻き. ── 動他 VOA を糸巻き[巻き枠]に巻く〈*in*〉〈(*back*) *into* ..に〉; を糸巻きからほどく[繰り出す]〈*out*〉. [<中期英語(<ゲルマン語)]

‡**spoon** /spu:n/ 名(複 ～s /-z/) C **1** スプーン, 匙(さじ). eat with a ～ スプーンで食べる. He can't even lift a ～. 彼はスプーンも持ち上げられない(ほど弱っている). → soup spoon, teaspoon, tablespoon. **2** スプーン 1 杯(分の量) (spoonful). **3** 〖ゴルフ〗スプーン, 3 番ウッド.

be bòrn with a sìlver spóon in* one's *móuth 富貴の家に生まれる.

── 動他 **1** VOA をスプーンですくう〈*up, out*〉; をスプーンで振りかける〈*over* ..に〉; (～ X *into* ..) X をスプーンですくって..に入れる. ～ *out* cocoa *into* cups from the can 缶からココアをスプーンですくってカップに入れる. **2** (ゴルフ, クローケーなどで)〔球〕を(すくうように)軽く打つ〈*up*〉. ── 自 〖俗〗いちゃつく〈*with* ..と〉(neck). [<古期英語「木くず」]

spóon·bìll 名C 〖鳥〗ヘラサギ.

spoon·er·ism /spú:nəriz(ə)m/ 名UC 頭音転換 (*cr*ushing *bl*ow を *bl*ushing *cr*ow と言い誤る類; → metathesis). [<英国人牧師 W.A. *Spooner* (この癖があった)]

spóon-fèd 動 spoon-feed の過去形・過去分詞. ── 形 **1** 〔子供, 病人などが〕スプーンで食べさせられる. **2** 〔生徒が〕(自主性を失うほど)一方的に教え込まれた. **3** 〔子供などが〕甘やかされた, 過保護の. **4** 〔産業などが〕過度に保護されている.

spóon-fèed 動 (→feed) 他 **1** にスプーンで食べさせる. **2** を過度に甘やかす, 過保護にする; を手取り足取り教える〈*with* ..〔知識など〕を〉; VOA (～ X *to* Y) X(知識など)を Y(学生など)に手取り足取り教える; VOO (～ X Y) X(学生など)に Y(知識など)を(自分で考えさせないで)一方的に教え込む.

*__spoon·ful__ /spú:nfùl/ 名(複 ～s /-z/, **spoons·ful** /spú:nzfùl/) C **スプーン 1 杯**, ひと匙(さじ). a level ～ スプーンすり切り 1 杯. two ～s of sugar 砂糖ふた匙.

spoon·y /spú:ni/ 〖話〗形 e 甘い〈*on, upon* ..〔女〕に〉. ── 名(複 **spóon·ies**) C 女に甘い男.

spoor /spuər, spɔ:r/ 名C (動物, 人の)足跡, 臭跡. ── 動他, 自 (の)足跡[臭跡]を追う. [<アフリカーンス語]

‡**spo·rad·ic** /spərǽdik/ 形 **1** 時折起こる, 散発的な; 〔病気が〕散発性の, 特発性の. **2** 〔植物が〕まばらな, 散在する. ～ gunfire 散発的な砲火. [<ギリシア語「まき散らされた」]

spo·rád·i·cal·ly /-k(ə)li/ 副 時折, 散発的に; まばらに.

‡**spore** /spɔ:r/ 名C 〖生物〗胞子, 芽胞.

spor·ran /spɔ́:rən, spɑ́r-|spɔ́r-/ 名C スポラン (スコットランド高地の男子が短いスカート (kilt) の前につるす毛皮製の袋). [<ゲール語]

‡**sport** /spɔ:rt/ 名(複 ～s /-ts/) 【気晴らし】**1** U 娯楽, 楽しみ, 気晴らし. It was great ～ to make snowmen. 雪だるま作りはたいそう面白かった. take a walk just for the ～ of it ほんの気晴らしに散歩をする.

【戸外の気晴らし】**2** (a) U 〈集合的〉スポーツ, 運動; C (個々の)運動競技, スポーツ; (注意 狩猟, 魚釣り, 競馬なども含み, 日本での「スポーツ」の通念よりも範囲が広い. →blood sport). be fond of ～(*s*) スポーツが好きである. play [do] ～*s* スポーツをする. athletic ～*s* 運動競技; 〖英〗陸上競技(会). country ～*s* 野外スポーツ (狩猟, 魚釣り, 競馬など). indoor [outdoor] ～*s* 室内[屋外]競技. the ～ of kings 〈大げさに〉王者のスポーツ (もとは(特に馬に乗って行う)狩猟, 今は競馬のこと). Tennis is my favorite ～. テニスは私の大好きなスポーツです. What ～*s* do you enjoy most? スポーツは何が一番好きですか. There is too much ～ on TV. テレビにはスポーツ(番組)が多すぎる. (b) 〈しばしば ～s〉〈形容詞的〉スポーツの, 運動(用)の. ～(*s*) clothes [shoes] 運動着[靴]. a ～*s* page (新聞の)スポーツ欄.

3 〖英〗〈～s〉運動会, 競技会. the school ～*s* 学校の運動会.

4 C 〖旧話〗(スポーツマンタイプの)明朗な人, (気性のさっぱりした)いい人. a good [bad, poor] ～ いい[さっぱりとしない]人. Be a ～! スポーツマンらしく[潔く]しろ. Be a (good) ～ and lend me your camera. 頼む, カメラ貸してくれ.

5 C 〖主にオース話〗〈男同士の呼びかけ〉君; 〖米旧〗〈若者への呼びかけ〉君; (..な)やつ, 男, (chap); 〖米〗プレイボーイ.

【ふざけ】**6** U 楽しみ; aU ふざけ; からかい, 冗談. in [for] ～ →成句. make ～ of →成句. a ～ of words 言葉の遊戯, しゃれ.

7 【からかいの対象】C (運命, 波浪などに)もてあそばれるもの; 笑い物, なぶりもの. be the ～ of fortune 運命にもてあそばれる.

8 〖米〗ばくち打ち. **9** C 〖生物〗変種.

****in* [*for*] *spórt*** 冗談に, ふざけて, 面白半分に. He said it just *in* ～. 彼はほんの冗談にそう言ったのだ. Man is the only animal who kills *for* ～. 人間は楽しみのために(他の動物を)殺す唯一の動物である.

màke spórt of .. 〖旧〗..をひやかす, ばかにする.

── 動自〈普通, 進行形で〉〔子供, 動物が〕遊ぶ, 戯れる, 〈*about, around*〉; 〖古〗からかう〈*with* ..を〉.

── 他〈普通, 進行形で〉〖話〗を見せびらかす, 誇示する. He is ～*ing* a new tie. 彼は新しいネクタイをこれ見よがしに着けている. [<*disport* (<古期フランス語 *des-* 'away' ＋*porter* 'carry')]

spórt càr 名 ＝sport(s) car.

sport·ful /spɔ́:rtf(ə)l/ 形 遊び戯れる, 陽気な.

†**spórt·ing** 形 **1** 〈限定〉スポーツ[競走, 狩猟]好きの; 運動用の. a ～ event スポーツ行事. a ～ gun 猟銃. a ～ goods store 運動具店. **2** スポーツマンらしい, 正々堂々とした, (↔unsporting). a ～ family スポーツ一家. That wasn't very ～ of you. あれはどうもスポーツマンらしい態度じゃなかったね. **3** (特にスポーツに関して)賭博(とばく)的な, 賭(か)けの. ▷～·ly 副 正々堂々と.

spòrting blóod 名U 冒険心, はやる血.

spòrting chánce 名C (勝利への)五分五分の[公平な]チャンス; 努力次第で成功しそうな見込み.

spórting hòuse 名C 〖米旧話・婉曲〗売春宿, '悪所'.

spor·tive /spɔ́:rtiv/ 形 〖時に雅〗遊び戯れる, ふざける; 陽気な; 戯れの, 冗談の. ▷～·ly 副 ふざけて; 陽気に. ～·ness 名

spórt(s) càr 名C スポーツカー.

S

spórts·càst 名 C 《米》スポーツ放送; スポーツニュース[解説]. 「サー[解説者].
spórts·càster 名 C 《米》スポーツ担当アナウン↑
spórts cèntre 名 C 《英》スポーツセンター.
spórts còat 名 ＝sports jacket.
spórts dày 名 C 《主に英》運動会の日 (→field day 2).
spórts èditor 名 C (新聞の)運動欄編集者.
spórt shìrt 名 ＝sport(s) shirt.
spórts jàcket 名 C スポーツジャケット《ゆったりとした替え上着; 遊び着》.
‡**sports·man** /spɔ́ːrtsmən/ 名 (複 **-men** /-mən/) C **1** スポーツマン, 〈特に〉狩猟家, 釣り好きの人, 競馬愛好家. 注意 日本語の「スポーツマン」はむしろ athlete に相当することが多い. **2** スポーツマン(シップの持ち主), 正々堂々とやる人, 勝負に淡々とした人, 《男性》. →sportsperson. [sport, -s 3, -man]
▷ **～·like, ～·ly** 形 スポーツマンらしい; 正々堂々の.
†**sports·man·ship** /spɔ́ːrtsmənʃìp/ 名 U **1** スポーツマンシップ; 公明正大な態度. good [bad] ～ スポーツマン精神にかなった[もとる]態度[やり方]. **2** スポーツ[狩猟, 釣り]の技量[腕前].
spórts mèdicine 名 U スポーツ医学.
spórts·pèrson 名 (複 **～s, -people** /-pìːp(ə)l/) C スポーツを(職業として)する人. ★sportsman, sportswoman の PC 語.
spórts schòlarship 名 C スポーツ奨学金.
spórt(s) shìrt 名 C スポーツシャツ.
spórts shòp 名 C 運動具店. 「用衣料.
spórts·wèar 名 U 〈集合的〉スポーツ着, レジャー↑
spórts·wòman 名 (複 **-women** /-wìmən/) C **1** 女性スポーツマン. **2** スポーツマンシップの持ち主《女性》. →sportsman, sportsperson. 「記者.
spórts·wrìter 名 C (新聞などの)運動部[スポーツ]↑
‡**sport·y** /spɔ́ːrti/ 形 e 《話》 **1** 〔服装, 外見などが〕派手な, けばけばしい; 軽快な, スポーティーな. **2** スポーツマンの[らしい], スポーツ好きの. **3** (特に 2 人乗りでスポーツカー風の)速い〔車など〕. ▷ **sport·i·ness** 名 U 派手であること; スポーツマンらしさ.
‡**spot** /spɑt|spɔt/ 名 (複 **～s** /-ts/) C
【斑(はん)点】 **1** 斑点, ぶち, まだら, 《dot より大》; (布地などの)水玉模様. My dog is white with brown ～*s*. 私の犬は白地に茶色のぶちです. a white scarf with green ～*s* on it 緑の水玉模様の白いスカーフ.
2 【(点ほど)わずかな量】 《主に英話》 〈a ～〉 少量, 少し, 〈*of* ..の〉. Would you care for a ～ *of* tea? お茶でもちょっといかがですか. take a ～ *of* rest ひと休みする. a ～ *of* bother 《英》 ちょっと困ったこと, 少々のトラブル.
3 【点】 《米話》 〈数詞の後で〉 《トランプ》 (2 から 10 までの)札(ふだ); ..の紙幣. a five ～ 5 ドル札; 5 の札(ふだ).
【汚点】 **4** (インクなどの)染み, 汚れ, 汚点; (肌の)染み, ほくろ, あざ; 《婉曲》 にきび, 吹き出物, (水ぼうそうなどの)瘢痕(はんこん), (はしかの)発疹. The spilled tea left a ～ on her dress. こぼれた紅茶で彼女の服に染みができた.
5 傷, 汚点, 〈*on* ..〔人格, 名声など〕の〉. a ～ *on* his reputation 彼の名声に付いた汚点.
【地点】 **6** 場所, (ある特定の)地点, 箇所; (事件などの)現場. a good ～ for a picnic ピクニックに好適な場所. a sunny [shady] ～ 陽の当たる[陰の]場所. This is the very ～ on which she died. まさにここで彼女は死んだのだ. →beauty spot, nightspot.
7 〈形容詞を伴って〉 ..な所, 箇所. Your criticism touched his tender ～. 君の批判は彼の痛い所を突いた. a sore ～ 人に触れてほしくない点. one [the only] bright ～ (楽しくない出来事などの中の)ただ 1 つの明るい[良い]こと.
8 《話》 (序列の中での)位置, 順位, 地位; (テレビの番組などの中での)出番, 'こま'; スポット(コマーシャル).
9 《話》 ＝spotlight.
10 【その場の】 〈形容詞的〉 即座の; 《商》 現金取引の; 現地での[からの]〔放送など〕, 番組の間に入れる〔コマーシャルなど〕. ～ exchange 《商》 直物為替. a ～ fine その場での罰金.
chànge one's spóts 性格[行い]を(よい方へ)変える〈主に否定文・疑問文で〉. →leopard.
hàve a sòft spót for .. →soft.
hìt the hìgh spóts 《米話》 要点だけに触れる; (観光地などの)主だった所だけ回る.
hìt the spót 《話》 〔特に飲食物などが〕申し分ない, ちょうどいい, おあつらえ向きである. Iced coffee *hits the* ～ on a hot day like this. アイスコーヒーはこんな暑い日にはもってこいだ.
in a (tìght, bàd, tòugh) spót 《話》 困って, 窮地に陥って. I was *in a* ～ when my car broke down in the mountains. 車が山の中で故障して困った. put a person *in a* ～ 人を困った立場に立たせる.
knòck spóts off .. 《英話》 ..を楽に負かす, ..よりもはるかに優れている[まさる].
****on the spót*** (1) ただちに, その場で. be killed *on the* ～ 即死する. (2) その場に[へ], 現場へ. The police were *on the* ～ within ten minutes. 10 分もしないうちに警察が現場に来た. (3) 元気一杯で, 張り切って. (4) ＝in a SPOT.
pùt a person on the spót (1) 人を困った立場に立たせる; 人に即座の対応[即答]を迫る. (2) 《米俗》 人の命をねらう, 人を消そうとする.
rùn on the spót 駆け足足踏みをする; 立ちすくむ.
spòt ón ＝spot-on (見出し語).
stànd [be] ròoted to the spót 立ちすくむ, 身動きできなくなる.
── 動 (**～s** /-ts/|過 過分 **spót·ted** /-əd/|**spót·ting**)
他 【斑(はん)点を付ける】 **1** を汚す, に染みを付ける, 〈*with* ..で〉 〈普通, 受け身で〉. The mud ～*ted* her dress. 彼女の服に(点々と)泥の染みが付いた. His jeans were ～*ted with* paint. 彼のジーンズは塗料で汚れていた.
【点々と置く】 **2** 〔衛兵など〕を配置する, 点在させる, 〈普通, 受け身で〉. The policemen were ～*ted* along the road. 道路に沿って警官が配置された.
【存在箇所を突き止める】 **3** 〔見つけにくいもの〕を見つける, 〔敵など〕を見つけ出す; を(前もって)言い当てる; VO (～ X/*that* 節/*wh* 節) X を/..であると/..かを見抜く; VOA (～ X *as* Y) X を Y と見抜く[見分ける]; VOC (～ X *doing*) X が..しているのを見つける. ～ an error 誤りを見つけ出す. I ～*ted* my friend in the crowd. 人込みの中に友を見つけた. ～ his potential 彼の可能性を見抜く. easy [difficult] to ～ 見つけ易い[にくい]. He was ～*ted* by the guard *going* out through the backdoor. 彼はガードマンに裏口から出て行くところを見つけられた.
【得点させる】 **4** 《米話》 VOO (～ X Y) (試合などで) X (相手)に Y (得点など)を(ハンデとして)与える, 先行される. The Giants ～*ted* the Dragons 2 runs. ジャイアンツはドラゴンズに 2 点先取された.
5 《米》 VOO (～ X Y) X に Y を貸す. Can you ～ me ten bucks? 10 ドル貸してもらえないかね.
── 自 **1** 〔布などが〕染みになる, 汚れる, 〈*with* ..で〉; 〔インクなどが〕染みをつくる. Silk ～*s with* rain. 絹は雨で染みになる. **2** 《英》 〈it を主語として〉 (ぽつりぽつりと)降る 〈*with* ..〔小雨〕が〉. It's ～*ting* (*with* rain). 小雨が降っている.
── 副 《英話》 正確に; ぴったりに. arrive ～ on time きっかり時間どおりに着く.
[＜中期英語 (?＜中期オランダ語)]
spót annòuncement 名 C スポットアナウンス《番組の前[中]などに入るごく短いコマーシャルなど》.

spót càsh 名 U 〘商〙支払い用現金, 即金.

spot-check /⁻⁻|⁻⁻/ 動 他 を(無作為に)抜き取り検査する. 「..の〉.

spót chèck 名 C (無作為)抜き取り[抽出]検査〈on〉

*__spot·less__ /spɑ́tləs|spɔ́t-/ 形 ⓒ 汚れ[染み]のない; 欠点のない, 非の打ちどころのない; 潔白な. a ~ pearl 一点の曇りもない真珠. a ~ character [record] 非の打ちどころのない人物[履歴]. ▷ **~·ly** 副 一点の汚れもなく; 非の打ちどころもないほどに. **~·ness** 名

†**spót·lìght** 名 **1** C スポットライト《舞台上の一箇所に当てる照明》. **2** 〈the ~〉(世人の)注目, 関心の的. be in [under] the ~ 衆目を集めている. out of the ~ 世間の注目を浴びなくなって. The ~ is on.....が注目されている. steal the ~ (世間の)注目をさらう. put [turn, focus] the ~ on.. にスポットライトを当てる.

── 動 (~s|過 過分 **spót·lìt** /-lìt/, **~·ed**; 2 では普通 **~·ed**|**~·ing**) **1** にスポットライトを当てる. **2** に注意を引く; を目立たせる.

spòt néws 名 U スポットニュース《番組間[中]に入る》.

spòt-ón /⊛/ 〘英話〙形, 副 正確な[に], ぴったりの[と]. *Spot-on.* どんぴしゃりだ.

spòt príce 名 C 〘商〙現物[スポット]価格《すぐに引き渡せる商品(小麦, 原油など)について言う; ↔future 4》.

‡**spót·ted** /-əd/ 形 斑(ふ)点のある, まだらの; 汚れた, 汚点のある.

spòtted díck 名 U 〘英〙干しブドウ入りプディング.

spòtted féver 名 U 〘医〙脳脊(せき)髄膜炎.

spòtted gúm 名 C 〘オース〙(斑(はん)点が樹皮にある)ユーカリ; U ユーカリ材.

spòtted ówl 名 C マダラフクロウ.

spót·ter 名 C **1** (ドライクリーニングの)染み抜き職人. **2** 対空監視員. **3** 〘米話〙(雇い人, 万引きなどの)監視人, 目付け. **4** 〈しばしば複合要素として〉..捜しをする人[スカウト]; (趣味の)..観察者. a talent-~ タレントスカウト(→scout 名). a bird ~ 小鳥を観察する人. **5** 〘主に米〙〘スポーツ〙(フットボールの試合を実況放送する)アナウンサーのアシスタント《主に選手名を知らせる》.

spótter plàne 名 C 偵(てい)察[索敵]機.

-spót·ting 〈複合要素〉「(趣味としての)..観察」の意味. bird-*spotting* 鳥の観察.

spót·ty 形 ⓔ **1** 斑(はん)点のある, まだらの; 染みだらけの. **2** 〘英話〙にきびだらけの, にきび盛りの. **3** 〘米〙(質的に)一様でない, 不規則な, むら[欠陥]のある.

spót wèlding 名 U スポット溶接.

†**spouse** /spaus, spauz/ 名 C 〘章〙配偶者《夫または妻》. [<ラテン語 *spōnsus, spōnsa* (*spondēre*「約束する, 婚約する」の過去分詞)]

‡**spout** /spaut/ 動 他 **1** 〔液体など〕を噴き[吹き]出す〈*out*〉. an elephant ~*ing* water from his trunk 鼻から水を吹き出している象.

2 〘話〙〈けなして〉〔特に, 意味のないこと〕を滔々(とうとう)と弁じる, 〔詩など〕を長々と吟ずる, 〈*at* ..〔人〕に向かって〉.

── 自 **1** (a) VA 〔液体などが〕噴出する〈*out*〉; 〔噴水が〕ほとばしり出る〈*from, out of* ..から〉. Blood ~*ed from* the wound. 血が傷からほとばしり出た. (b) 〔クジラが〕潮を吹く. **2** 〘話〙滔々と弁じる[まくしたてる]〈*off, forth*〉〈*about* .. について〉.

── 名 C **1** (急須(きゅうす), ポットなどの)口, 飲み口; (クジラの)噴水孔; 管, とい. **2** 噴水, 水柱; 噴出; 奔流. The fireman sent a ~ of water into the burning building. 消防士は燃えている建物に水を噴射した.

ùp the spóut 〘主に英話〙(1)〔やったことが〕むだになって, 〔計画などが〕だめになった; 〔お金など所有物が〕きれいさっぱりなくなって. (2) 質に入って. (3) 絶望的で, 困り果てて. (4)〈けなして〉はらんで, 妊娠して. get her *up the* ~ 彼女を妊娠させる.

[<中期オランダ語; spit[1] と同根]

†**sprain** /sprein/ 名 C 捻挫(ねんざ). ── 動 他 〔手首など〕を捻挫する, くじく; の筋をたがえる. [<?]

sprang /spræŋ/ 動 spring の過去形.

sprat /spræt/ 名 C ニシンの類の小魚《大西洋ヨーロッパ沿岸産; 食用》. ***thròw a sprát to càtch a whále [máckerel]*** 'エビでタイを釣ろう' とする.

†**sprawl** /sprɔːl/ 動 自 **1** (だらしなく)手足を伸ばして寝そべる[座る], 大の字になる; 腹ばいになる; 〈*out, about*〉〈*in, on* ..に〉. ~ *on* the lawn 芝生に寝そべる. The blow sent the champion ~*ing* onto all fours. その一発でチャンピオンは倒れて四つんばいになった. go ~*ing* だらしなく倒れる. **2** 〔植物などが〕ぶざまに広がる; 〔筆跡などが〕のたくる; 〔都市などが〕無計画に広がる, スプロール化する, 〈*out*〉〈*across, into* ..に〉.

── 他 〔手足〕を大の字に伸ばす〈*out*〉〈普通, 受け身で〉; を腹ばいにさせる; をぶざまに広げる. be ~*ed* [~ oneself] on a bed ベッドに大の字になる.

── 名 C 〈普通, 単数形で〉 **1** (だらしなく)大の字に寝ること; 腹ばい. **2** 不規則な広がり; (書類などの)散らかし; (都市などの)スプロール(現象)《宅地が郊外に無計画に広がること; →ribbon development》. The countryside is being destroyed by urban ~. 郊外は都市の無計画な拡大によって破壊されている.

[<古期英語「手足をぴくぴく動かす」]

spráwl·ing 形 **1** 無秩序に広がる〔都市など〕. **2** 大の字に寝そべった. **3** のたくった〔筆跡など〕.

*__spray__[1] /sprei/ 名 (複 **~s** /-z/) **1** aU しぶき, 水煙; (消毒液などの)噴霧. get wet with sea ~ 波しぶきでぬれる. a ~ of bullets 雨あられと降り注ぐ弾丸.

2 C **噴霧器**, スプレー; 香水吹き, 消毒器; UC 噴霧液, 散布剤. →hair spray.

── 動 (~s /-z/|過 過分 **~ed** /-d/|**~·ing**) 他 〔香水, 塗料, ペンキなど〕を**吹きかける**, 〔薬剤など〕を(噴霧状にして)散布する, 〈*on, onto, over* ..に〉; に吹きかける, 浴びせる, 掃射する, 〈*with* ..を〉; に(水, 殺虫剤などの)噴霧をかける; VOC 噴霧して..にする. She ~*ed* perfume *on* herself. 彼女は体に香水をスプレーした. ~ flowers *with* water =~ water *on* flowers 花に散水する. ~ a car *with* bullets 車に銃弾を浴びせる. ~ bullets into shoppers 買物客に銃弾を浴びせる. ~ a car black (噴霧して)車を黒く塗る.

── 自 **1** しぶき[噴霧]になる; VA 〔水, 種などが〕こまかく飛ぶ〈*into* ..〔空中など〕に〉. **2** 散水[農薬の散布, 吹き付け]を行う. ~ against insects 昆虫に農薬をかける.

[<中期オランダ語]

†**spray**[2] 名 (複 **~s**) C (花・葉付きの装飾用)小枝; (宝石などの)小枝模様, 枝状装飾. [<中期英語(<ゲルマン語)]

spráy càn 名 C スプレー用缶.

spráy·er 名 C 噴霧する人; 噴霧器, スプレー. a paint ~ (吹き付け)塗装工.

spráy gùn 名 C (塗料などの)吹き付け器.

spráy pàint 名 U スプレー用ペンキ.

‡**spread** /spred/ 動 (~s /-dz/|過 過分 ~|**spréad·ing**) 他 【広げる】 **1** (a) 〔人, 動・植物などが手足, 枝など〕を**広げる**, 張る, 伸ばす, 〈*out*〉; 〔鳥が翼〕を広げる. ~ (*out*) one's arms [fingers] 両腕[指]を広げる. A lady would not sit with her knees ~ apart. 淑女ならひざを開いて座るようなことはしないだろう. (b) VOC (~ X Y) X を Y に広げる. ~ one's hands wide 両手を広く広げる.

2 VOA 〔物〕を**一面に広げる**, 塗り広げる, 覆いかぶせる, 〈*out*〉〈*on, over* ..の上に〉; に一面に広げる[塗る, かぶせる]〈*with* ..を〉; (類語 平面的に広げるのが中心的意味; →scatter). ~ butter *on* the hot toast = ~ the hot toast *with* butter 熱いトーストにバターを塗る. the floor ~ *with* carpet じゅうたんを敷き詰めた床.

3 〔食物など〕を並べる; 〔テーブル〕に料理を並べる. ~

dishes on the table 食卓にごちそうを並べる. ～ the [a] table 〘旧〙食事の用意をする.
4【広める】〔うわさなど〕を広める, 流布する; 〔病気など〕を蔓(まん)延させる; をまき散らす, 散布する; 〈*over*, *among* ..に〉. ～ seeds 種をまく. ～ learning 学問を広める. ～ fertilizer *over* a field 畑一面に肥料をまく.
【遠くへ広げる＞延ばす】 **5** (**a**) VOA 〔支払い(期間)など〕を長引かせる, 引き延ばす, 〈*out*〉〈*over* ..まで〉. ～ the work *over* a year 仕事を1年(まで)も長引かせる.
(**b**) 〔仕事, 金など〕を分散させる, 分ける. ～ the burden [load] 負担を分ける. My father invested his money in half a dozen companies in order to ～ the risks. 父は危険性を分散させるために金を6つほどの会社に投資した.
── 自 **1** (**a**) 広がる, 伸びる, 〈*out*〉. ～*ing* branches 伸び広がる枝. A blush ～ over her face. 彼女は顔をぽーっと赤らめた. (**b**) VA 〔人種, 動・植物が〕広がる, 分布する, 〈*over*, *throughout* ..に〉. (**c**) VA 〔枝などが〕広がる, 張る, 〈*across*, *over* ..に〉. (**d**) VA 〔笑顔などが〕広がる 〈*over*, *across* ..〔顔〕に〉. A smile ～ *across* her face. 彼女はにっこりほほえんだ
2 〔うわさなどが〕広まる, 伝わる; 〔物事が〕普及する; VA 〔病気などが〕蔓(まん)延する; 〈*through*, *to* ..に〉. The news ～ quickly *through* the town. そのニュースはたちまち町中に伝わった. **3** テーブルに料理を並べる〈*for* ..〔食事〕のために〉. ～ *for* dinner ディナーの用意をする.
4 VA わたる, 及ぶ, 〈*out*〉〈*over* ..〔ある期間, 範囲〕に〉. Our trip ～ (*out*) *over* two weeks. 我々の旅行は2週間にもわたった. **5** 〔バターなどが〕よく塗れる, 伸びる. Margarine ～*s* better than butter. マーガリンの方がバターよりもよく伸びる.
sprèad it òn thíck ごまをする, お世辞を言う.
sprèad /../ ón 〔バター, ペンキなど〕を広く塗る.
sprèad óut (1) 〔人, 物が〕散らばる, 広がる, 散開する, 間隔を空ける. (2) 〔都市などが〕伸び広がる. (3) 〔風景などが〕開ける. The desert ～ *out* before [beneath] us. 眼前[眼下]に砂漠が展開した.
sprèad /../ óut 〈普通, 受け身で〉 (1) 〔人, 物〕を散開させる[散らばらせる]; 広げる; 〔人, 物〕の間隔を空けさせる. *Spread* yourselves *out*! (固まってないで)お互いにもっと間隔を空けなさい. (2) 〔都市など〕を広げる. (3) →他 5 (a).
spréad onesèlf (1) 体を伸ばす, 長々と寝そべる; 広がる, 伸びる, 〔都市などが〕発展する. (2) (ある話題について)詳しく話す[書く]. (3) 物を気前よくし使い果たす[提供する]; 好きなようにふるまう, (いろいろな方面に)手を広げる. (4) 〘話〙(特に異性に)気に入られようと努める.
sprèad onesèlf too thín 〘米話〙一時に多くの事に手を出す[そうとする], 手を広げすぎる.
── 名 【広がる[広げる]こと】 **1** U 拡大, 拡張, 拡散; 普及, 蔓(まん)延. the ～ of education [the disease] 教育の普及[病気の蔓延].
2 aU 広がり, 広さ, 範囲, 幅, 開き, 伸び. the wide ～ of prairie 広々とした大平原. The wings of this bird have a ～ of two feet. この鳥の翼幅は2フィートある. over a ～ of three years 3年間にわたって.
3【広い場所】 C 〘米話〙牧場 (ranch), 農場 (farm).
4【体が横に広がること】 UC 胴回りが太ること. middle-age(d) ～ 中年太り.
【広げられるもの】 **5** C テーブルクロス; ベッドカバー (bedspread). **6** UC スプレッド《パンに塗るチーズ, ジャム, ペーストなど》. **7** C 〘話〙(テーブルにずらりと並んだ)ごちそう, 豪勢な食事. lay [〘英〙put] on a lovely ～ すばらしいごちそうを出す. **8** C (新聞・雑誌の)見開き, 大記事, 《数段にわたる広告, 記事, 写真など》. a double-page ～ 見開き. **9** (原価と売価の)開き; 〘株〙スプレッド《直先(じきさき)相場の差》.
[＜古期英語] ▷**spréad·a·ble** 形

spréad-èagle 形 **1** 翼を広げたワシのような, 四肢(し)を広げた. **2** 〘米話〙〔特に米国人が〕(狂信的に)お国自慢の, 国粋的な.
── 動 他 を手足を広げて大の字にし寝かせる[立たせる]〈普通, 受け身で〉. He was ～*d* to the canvas by the blow. 彼はその一撃でキャンバスに大の字になった. ── 自 手足を広げて寝る[立つ].

sprèad éagle 名 C **1** 翼を広げたワシ《米国の国章; →bald eagle; →seal 図》. **2** 〘スケート〙(スプレッド)イーグル《両足を横一文字に広げて片側のエッジで滑る》. **3** 〘主に米・カナダ〙自慢する人.

spréad·er 名 C **1** 広げる[広がる]人[もの]; バターナイフ. **2** (種子, 肥料などの)散布機.

spréad·shèet 名 C 〘電算〙スプレッドシート《会計用の計算処理などをするソフトウェア》.

‡**spree** /spriː/ 名 C ばか騒ぎ, 浮かれ騒ぎ; (衝動的な)めちゃめちゃなふるまい. have a ～ 浮かれ騒ぐ. go (off) on a drinking [spending, shooting] ～ 飲み放題に飲む[派手に金を使う, 銃を乱射する].
── 動 自 飲み浮かれる. [＜?]

‡**sprig** /sprɪg/ 名 C **1** (葉, 花の付いた)小枝, 若枝, (→branch); 小枝模様. a ～ of holly [parsley] ヒイラギの小枝[パセリの茎]《装飾[料理]用》. **2** (頭のない)小釘(くぎ), 鋲(びょう). **3** 〘戯〙子孫〈*of* ..〔一家〕の〉; 〘軽蔑〙若造, 小僧っ子. [?＜低地ドイツ語] ▷**spríg·ged** /-əd/ 形 〔織物が〕小枝模様の.

spright·ly /spráitli/ 形 活発な, 軽快な; 快活な, かくしゃくとした; 《特に老人に用いる》. [sprite (の異形), -ly[2]] ▷**spright·li·ness** 名

‡**spring**[1] /sprɪŋ/ 名 (複 ～s /-z/) 【跳ぶこと】 **1** C 跳躍, 跳ねること, (類語 jump より形式ばった語). He went over the fence with an easy ～. 彼はひと跳びに柵(さく)を跳び越えた. The pup made a ～ at the butterfly. 子犬はチョウ目がけて跳びかかった.
2【弾力】 U 弾性, はじく力; aU 活気, 元気. The coils have no ～ left in them. コイルにはもう弾力がない. His mind has lost its ～. 彼はもう頭が堅くなってしまった. My grandfather still has a ～ in his step. 祖父はまだ歩き方に弾力がある.
【跳び出すもの】 **3** (**a**) C ばね, ぜんまい, スプリング. a watch ～ 時計のぜんまい. The toy works by a ～. そのおもちゃはぜんまい仕掛けだ.
(**b**) 〈形容詞的〉ばね(仕掛け)の, スプリングが入った. a ～ balance ばね秤(ばかり). a ～ lock ばね錠. →spring mattress.
4 C (板の)反り, ゆがみ; 裂け目. **5** C 〘建〙迫元(せりもと).
【湧(わ)き出るもの】 **6** (**a**) C 泉, 湧き水; 〈しばしば ～s〉温泉, 鉱泉. There is a small ～ in the village. 村には小さな泉がある. hot [mineral] ～s 温[鉱]泉. (**b**) 〈形容詞的〉泉の. ～ water 湧き水.
7【源泉】 C 〈しばしば ～s〉源, 根源; 動機, 原動力. the ～ of human happiness 人間の幸福の源泉. ～*s* of action 行動の動機.
── 動 (～s /-z/ | 過 **sprang** /spræŋ/, **sprung** /sprʌŋ/ | 過分 **sprung** | **spríng·ing**) 自
【跳ぶ, 跳ねる】 **1** VA 跳ねる, 跳ぶ, 躍る, 跳び上がる, (類語 jump より形式ばった語で, 不意にまた素早く跳ねること). ～ up 跳び上がる. ～ out of bed ベッドから跳ね起きる. ～ to one's feet ぱっと立ち上がる. ～ to attention 〔兵士が〕さっと立って気をつけの姿勢をとる. ～ back 後ろへ跳びのく. The tiger *sprang* upon its prey. トラは獲物に跳びかかった. ～ to a person's defense 〈比喩的〉急いで人をかばう. ★sprung を過去形として使うのは, 〘英〙では非標準.
2 VA (ばね仕掛けのように)はじける, 跳ね返る, 〈*back*〉; VC (～ X) 跳ね返って[ばね仕掛けで, 勢いよく] X の状態になる.

The door *sprang back* with a loud slam. ドアがばたんと大きく音を立てて(ひとりでに)閉まった. The lid *sprang* open [shut]. ふたがぱっと開いた[ばたんと閉まった].
3【跳ねたように変化する】〔木などが〕反る, ゆがむ; ひびが入る, 割れる. The beams had *sprung* with age. 梁(はり)が古くなってひずんでしまっていた.
【跳び出る】 **4** VA〔水, 涙などが〕湧(わ)く, 〔風が〕吹き出す, 起こる; 〔物事が〕(にわかに)出現する, 起こる, 〈*up*〉; 〔人が〕突然姿を現わす〈*from* ..から〉; 〔草木が〕芽[葉]を出す; 急になる〈*into* ..に〉. Water was *~ing out of* a crevice in the rocks. 水が岩の割れ目から湧き出ていた. New grass *~s up* in spring. 春には新しい草が生えだす. His fan clubs *sprang up* all over the country. たちまち国中に彼のファンクラブができた. Strange thoughts *sprang into* [*to, up in*] my mind. 妙な考えが心に浮かんだ. ~ *into* existence [fame] 突如出現する[一躍有名になる]. Where did you [he] ~ *from*? おや, あなた[彼は]ここにいたの.
【湧き出る】 **5** VA (~ *in..*)〔川が〕源を..に発する. The river *~s in* the Alps. その川はアルプスに源を発する. **6** VA (~ *from..*)〔物事が〕〔原因, 動機など〕から起こる, 〔アイディアなどが〕..から出る. Where did that foolish idea ~ *from*? どこからあんなばかな考えが出たのか.
7 VA (~ *for..*)〖米話〗..をおごる, ごちそうする. I'll ~ *for* dinner. 食事をおごろう.
── 他 【跳ぶ】 **1**〔垣根など〕を跳び越す.
【(急に)跳ばせる】 **2**〔猟鳥など〕を(隠れ場所から)飛び立たせる; 〖話〗の逃亡を助ける.
3〔ばね〕を跳ね返らせる; VOC (~ X Y) X を跳ね返して Y の状態にする. ~ a trap〔獲物が〕罠に掛かる; 〔人が〕術中に陥る. He *sprang* open the lid with a knife. 彼はナイフを使ってふたをぱちんと開けた.
4〔木など〕を反らせる, たわませる; にひびを入れる, を割る.
5 を急に持ち出す; VOA (~ X *on..*)〖話〗X (相手の驚く事実など)を〔相手〕に急に持ち出す. ~ a new proposal 出し抜けに新提案をする. He likes to ~ surprises *on* us. 彼はいきなり我々をびっくりさせるのが好きだ.
spring* [*stàrt*] *a léak →leak.
sprìng into áction にわかに活気づく.
sprìng to lífe ＝SPRING into action.
[<古期英語 *springan*「急に動く, 飛び出す, 水が湧き出る」]

‡**spring**[2] /spríŋ/ 名 (複 ~s /-z/) **1** UC〈普通, 無冠詞単数形, 又は the ~〉**春**. Crocuses are the first sign of ~. クロッカスの花は春の訪れを告げる. in (the) ~ 春に(なると). in the ~ of 2001 2001年の春に. early [late] ~ 早春[晩春]. this [last, next] ~ 今年[昨年, 来年]の春(に). 参考 北半球では春分から夏至まで; 通俗には大体3-5月; この意味での 形 は vernal.
2 UC (人生などの)初期, 青春期. He was in the ~ *of* his manhood. 彼は男らしさを発揮し始めた時期だった. Her life entered a second ~, so to speak. 彼女はいわば第2の青春を迎えた.
3〈形容詞的〉**春の**, 春期の, 春向きの. the ~ term [〖米〗semester] 春学期《2学期制の後期; 2月から6月》. the ~ vacation 春休み. a ~ rain 春雨. ~ wear 春の装い.
[<spring[1];「源泉>(年の)始まり」; 16世紀頃から]

spríng·bòard 名 C (飛び板飛び込みの)飛び込み板, (体操の)跳躍板; 出発点, 足掛かり, 〈*to, for* ..〔将来の飛躍など〕への〉.
spríngboard dìving 名 U 飛び板飛び込み.
spring·bok /spríŋbɑ̀k|-bɔ̀k/ 名 (複 ~s, ~) C 〖動〗トビカモシカ《アフリカ南部産のレイヨウ (antelope) の一種; 高く跳び上がる》.
sprìng bréak 名 C 〖米〗(大学の)春休み.
sprìng chícken 名 C (フライ・ブロイル用の)若鶏(どり); 〖俗〗初心(うぶ)な小娘, おぼこ娘; 青二才. She's no ~. 〖戯〗もう決して若くはない.
sprìng-cléan 動 他 の(春の)大掃除をする. ── 名 〖英〗〈a ~〉(春の)大掃除 (spring-cleaning).
▷ **~·ing** 名
spríng·er 名 C **1** 跳ねる人[もの]. **2** スプリンガースパニエル《狩猟犬》(**sprìnger spániel**). **3**〖建〗迫元(せりもと)石.
sprìng féver 名 U 春の気持ちの高ぶり; 春先の物憂さ.
Spríng·fìeld 名 スプリングフィールド **1** 米国 Massachusetts 州南部の工業都市. **2** 米国 Illinois 州中央部の都市; 同州の州都. **3** 米国 Ohio 州西部の都市. **4** 米国 Missouri 州南西部の都市.
Sprìngfield rífle 名 C スプリングフィールド銃 **1** 米国マサチューセッツ州 Springfield で開発・製造された米陸軍のライフル銃, 単発前装式; 南北戦争で使われたが, 戦後元込めに改良され1893年まで使用. **2** 1903年から第1次大戦中米軍が使った遊底・弾倉型の銃.
sprìng gréens 名〈複数扱い〉若いキャベツ.
spríng·hèad 名 C 源泉; 源.
spríng màttress 名 C スプリング(入り)マットレス.
sprìng ónion 名 C 〖英〗春タマネギ《長い葉が付いている; サラダ用》(scallion).
spríng ròll /⌐⌐/〖英〗/ 名〖英〗＝egg roll.
spríng·tide 名〖古・詩〗＝springtime.
sprìng típe 名 C (新月・満月時に起こる)大潮.
***spring·time** /spríŋtàim/ 名 U **春**, 春季; 初期, 青春期, 〈*of* ..の〉.
sprìng tráining 名 U 〖米〗〖野球〗春季キャンプ.
spring·y /spríŋi/ 形 e 弾力のある, ばねのような; 軽快な. a ~ step [walk] 軽快な足どり[歩き].
▷ **spring·i·ly** 副 **spring·i·ness** 名
***sprin·kle** /spríŋk(ə)l/ 動 (~s /-z/| 過 過分 ~d /-d/| -kling) 他 **1** (**a**)〔粉, 液体など〕を**振りまく**; を振りかける, 散布する, 〈*on, onto, over* ..に〉; に振りかける〈*with* ..を〉; (類語 小さな粉や滴を振りかけること; →scatter). ~ water *on* the lawn ＝ ~ the lawn *with* water 芝生に水をやる. (**b**)〔場所〕に散水する, 水をかける. The priest *~d* (holy water over) the infant's head. 牧師は幼児の頭に聖水を注いだ.
2 VOA (~ X *over, about..*) X を..に散在[点在]させる; (~ X *with* Y/Y *into* X) X に Y を点在させる, ちらほら交じえる; 〈普通, 受け身で〉. a speech *~d with* humor [jokes] ユーモア[ジョーク]をちらほら交じえた演説. ~ jokes *into* one's speech スピーチにジョークを散りばめる.
── 自 〖主に米〗〈it を主語として〉雨がぱらつく. It is *~ing* (a little). 雨がぱらついている.
── 名 C **1** 振りかけること. **2**〖主に米〗ぱらぱら(と降る)雨; 少量 (sprinkling). a ~ of nutmeg ナツメグ少し. [?<中期オランダ語]
sprín·kler 名 C スプリンクラー《防火・散水用》.
sprínkler sỳstem 名 C スプリンクラー[自動消火, 散水]装置.
sprín·kling 名 **1** U まき散らすこと. **2** C〈普通, 単数形で〉少量, 少数, 〈*of* ..の〉(★「数」を表すときは複数名詞,「量」のときは数えられない名詞を of の後に用いる). a ~ *of* snow ぱらぱら雪. a ~ *of* officers in uniform among the spectators 観衆の中にちらほら交じった制服姿の警官.
†**sprint** /sprint/ 名 C 短距離競走; (競走の終わりの)全力疾走, ラストスパート. a ~ car 短距離競走用自動車. make [put on] a ~ 全力疾走する. ── 動 他, 自 (短距離を)全力疾走する. ~ up the steps 階段をかけ上る. [<北欧語]
sprínt·er 名 C 短距離走者, スプリンター.
sprit /sprit/ 名 C 〖船〗斜桁(こう)《帆を張り出すのに用いる》; 第1斜檣(しょう).

sprite /sprait/ 名 C **1** (いたずらな)小妖(ょぅ)精; 小鬼. **2**〖電算〗スプライト《CG で背景から独立して移動が可能な図形》. [<*spirit*]

spritz /sprits/ 動 他 〖米〗をさっと(吹き)かける. ── 名 C さっと吹きかけること.

spritzer /sprítsər/ 名 UC スプリッツァ《白ワインと炭酸ソーダを混ぜた飲物》.

sprock·et /sprɑ́kət|sprɔ́k-/ 名 C (自転車のチェーンの掛かる)鎖歯車 (**sprócket whèel**); 鎖歯車の歯; 〖写〗スプロケット《カメラのフィルムを送る歯車》.

sprog /sprɑg|-ɔ-/ 名 C 〖英・オース俗〗子供, 赤ん坊.

*__sprout__ /spraut/ 動 (~s /-ts/|過 過分 **spróut·ed** /-əd/|**spróut·ing**) 自 **1**〔植物, 種子などが〕**芽が出る**, 生え始める. Buds are ~*ing* on the roses. バラのつぼみが出て来た. **2** VA (~ *up*) 急に伸びる[成長する]; 突如として次々に現れる. Billy ~*ed up* this summer. ビリーはこの夏急に大きくなった. Hotels are ~*ing up* in this part of the city. 市のこの地域にはホテルが次々と建っている.

── 他 **1** を発芽させる. **2**〔角, ひげなど〕を生やす; を出現させる. ~ wings 羽をはやす; 善人になる. **3**〔ジャガイモなど〕の芽を取り除く.

── 名 (複 ~**s** /-ts/) C **1 芽**, 新芽. **2**〈普通 ~s〉メキャベツ (Brussels sprouts); 〖米〗アルファルファ. **3** = beansprout. [<古期英語]

spruce[1] /spru:s/ 名 C トウヒ, スプルース,《マツ科トウヒ属の常緑針葉樹の総称; エゾマツ, ハリモミなど》; U スプルース材.

spruce[2] 形〔服装などが〕こざっぱりした, スマートな. The boy looked ~ in his new uniform. 少年は新しい制服を着てぱりっとしていた.

── 動 自 VA (~ *up*)〖話〗こぎれいにする, おめかしする. ── 他 VOA (~ /X/ *up*) X をこぎれいにする, 身仕度を整える, めかす. She ⌞~*d* (herself) [was ~*d*] *up* for the dinner. 晩餐(さん)会に出るために彼女は⌞おめかしをした[めかし込んでいた]. ▷ ~**·ly** 副 ~**·ness** 名

sprung /sprʌŋ/ 動 spring の過去形・過去分詞. ── 形 スプリング[ばね]が入った.

spry /sprai/ 形〔老人などが〕元気な, 活発な, はしっこい. ▷**sprý·ly** 副 **sprý·ness** 名

spt. seaport.

spud /spʌd/ 名 C **1** (除草用の)小鋤(すき). **2**〖話〗ジャガイモ (potato). ~ bashing〖英軍俗〗(罰としての)ジャガイモの皮むき作業.

── 動 (~s|-dd-) 他 を小鋤で掘る〈*up*, *out*〉.

spue /spju:/ 動 =spew.

spume /spju:m/ 名 U 〖雅〗泡 (foam). ── 動 自 泡立つ.

spun /spʌn/ 動 spin の過去形・過去分詞. ── 形 **1** 紡いだ. **2** 引き伸ばした, 細く絞り出した.

spunk /spʌŋk/ 名 U **1** 火口(ほくち). **2**〖話〗元気, 勇気. **3**〖英卑〗精液 (semen). **4**〖オース話〗魅力的な男[人].

spunk·y /spʌ́ŋki/ 形 e 〖話〗元気[勇気]がある.

spùn súgar 名 U 〖米〗綿菓子.

*__spur__ /spə:r/ 名 (複 ~**s** /-z/) C **1 拍車**. wear boots and ~s 拍車を付けたブーツを履く. put [set] ~s to .. 〔馬〕に拍車をかけ(て急がせ)る; 〔人〕にはっぱをかける.

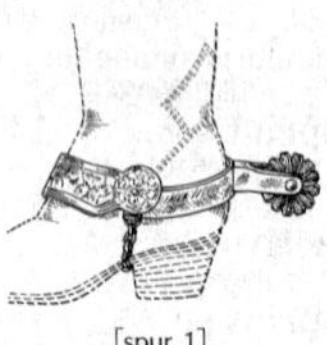
[spur 1]

2 拍車状のもの; (おんどりなどの)蹴爪(けづめ); (山脈などの)支脈, 枝になった尾根; (鉄道, 道路などの)支線. a ~ track (鉄道の)支線.

3 刺激, 激励; 刺激物; 〈*to*, *for* ..への〉. Poverty can be a good ~ *to* [*for*] harder study. 貧乏はさらに熱心に勉強するためのよい刺激になり得る. act as a ~ 刺激になる.

on the spùr of the móment とっさに, 時の弾みで, 衝動的に, よく考えもせずに.

wìn* [*gàin*, *èarn*] *one's spúrs (手柄を立てて)認められる[名を上げる]《昔, 軍功により knight に叙せられた騎士が黄金の spur を下賜されたことから》.

── 動 (~**s** /-z/|過 過分 ~**red** /-d/|**spúr·ring** /-riŋ/) 他 **1**〔馬〕に**拍車をかける**; に拍車をかけて駆る[疾走させる]; 〈*on*, *onward*〉. The rider ~*red* his horse *on*. 騎手は馬を駆り立てた.

2 VOA を**刺激**[**激励**]**する**; を刺激して前進[努力]させる〈(*on*) *to*, *into* ..へと〉; VOC (~ X *to do*) X を励まして..させる. A sense of competition ~*red* the students *on*. 競争心が学生たちを駆り立てた. ~ a person *to* [*into*, *to* take] action 人を激励して行動させる.

3〔進歩, 改革など〕を促進する, 奨励する. The Government should ~ more private investments in high tech industries. 政府は民間の投資がもっとハイテク産業に向けられるように奨励すべきだ.

── 自 〖雅〗VA (馬に拍車を当てて) 急ぐ, 馬を急がせる〈*on*, *forward*〉.

[<古期英語; 原義は「蹴(け)る」で spurn と同根]

‡**spu·ri·ous** /sp(j)ú(ə)riəs/ 形 **1** 偽の, 偽造の, 偽作の. ~ coins 偽貨幣. a ~ substitute (試験などの)替え玉. **2** 見せかけの, もっともらしい. **3** 怪しい, いいかげんな, 〔推理, 論理など〕. **4** 嫡出でない, 庶生の. **5**〖植〗擬似の. a ~ fruit 擬果. [<ラテン語「庶生の>偽の」] ▷~**·ly** 副 不正に, 偽って. ~**·ness** 名

†**spurn** /spə:rn/ 動 他 〖章〗〔提案, 人など〕をはねつける, 拒絶する, (★軽蔑を伴う); 相手にしない. a ~*ed* lover 袖(そで)にされた恋人. [<古期英語「蹴(け)る」]

spùr-of-the-móment /spə̀:rəv-⊛/ 形〖話〗〈限定〉即席の, とっさの (→spur 名 (成句)). a ~ decision とっさの決定.

†**spurt** /spə:rt/ 動 自 **1**〔液体, 炎などが〕噴出する, ほとばしる, 〈*out*〉〈*from*, *out of*..から/*over*..に〉. The blood ~*ed* (*out*) *from* the cut in his arm. 彼の腕の傷から血がほとばしった. **2** 短時間に全力を出す; 〖競技〗スパートする; 〈*for*.. 目がけて/*toward*..へ〉.

── 他〔液体, 炎など〕を噴出させる〈*out*〉. The broken pipeline ~*ed* oil. 壊れた送油管から石油が噴出した.

── 名 C **1** (液体, 炎などの)噴出. The lava came out with a ~. 溶岩が噴出した. **2** (活動, エネルギーなどの)激発, 瞬発; 〖競技〗スパート. put on [make] a ~ スパートをかける, 急ぐ. an initial [a last] ~ 出だしの[ラスト]スパート. a ~ of applause わっと起こる喝采(かっさい). in ~s 猛烈に. have a growth ~ (成長期に)急に背が伸びる. [<?]

sput·nik /spútnik, spʌ́t-/ 名 C (旧ソ連の)人工衛星, スプートニク,《第 1 号は 1957 年に世界で最初に打ち上げられた》. [ロシア語 'fellow-traveler']

sput·ter /spʌ́tər/ 動 自 **1** ぱちぱち[ぶつぶつ]と音を立てる. The candle ~*ed* out. ろうそくがぱちぱちといって消えた. The car's engine ~*ed* for a while and died. 車のエンジンはしばらくがたがたといってとまった. **2** (早口で)つばを飛ばしてしゃべる. ── 他 **1** (せき込んで話して)〔つば, 食物など〕を飛ばす. **2** VO (~ X/"引用") X を/「..」とつばを飛ばして[早口に]言う. ── 名 UC ぱちぱち[ぶつぶつ]いう音; 早口. [<オランダ語; 擬音語]

spu·tum /spjú:təm/ 名 (複 **spu·ta** /-tə/) UC 唾(だ)液; 〖医〗痰(たん).

‡**spy** /spai/ 名 (複 **spies** /-z/) C **スパイ**, 密偵. act as an industrial ~ 産業スパイを務める. on charges of being a ~ スパイの嫌疑で. a ~ plane 偵察機.

── 動 (**spies** /-z/|過 過分 **spied** /-d/|**spý·ing**) 自 ス

パイする; VA (～ *on* [*upon*]..) ..〔人の行動など〕をひそかに見張る; VA (～ *into*..) ..をこっそり調べる, 探る, 詮(せん)索する. ～ for the enemy 敵のためにスパイをする. ～ *on* a person [*into* a person's activities] 人を[の行動を]見張る.

— 他 **1**〖章〗を**見つける**, 認める; VOC (～ X *doing*) Xが..しているのを見つける. I *spied* a tiny flame (flicker*ing*) in the distance. 遠方に小さな炎が(ちらつくのが)見えた. **2** をひそかに見張る, 監視する; VOA (～ /X/ *out*) Xを探り出す, こっそり[それとなく]調べる, 〈*out*〉. ～ *out* the secret 秘密を探り出す. ～ *out* restaurants (行く前に)レストランを調べておく.

I spý! 見つけた《隠れん坊で》.

spỳ òut the lánd 土地の様子をつぶさに内偵する; 情勢を探り出す.

[<*espy* (<古期フランス語「(ひそかに)見張る(者)」)]

spý·glàss 名 C (昔の)小望遠鏡.

spý·hòle 名〖英・オース〗=peephole.

sq. square; the following《<ラテン語 *sequentia*》.

sq. ft. square foot [feet].

sq. in. square inch(es).

sq. mi. square mile(s).

Sqn Ldr squadron leader.

squab /skwɑb|skwɔb/ 名 C **1** (羽毛の生えそろわない)ひなバト. **2** 厚いクッション; ソファー;〖英〗(車の座席の)背もたれ. **3** ずんぐりした人. — 形 **1**〔ひなバトが〕生まれたばかりの, 羽毛の生えそろわない. **2** ずんぐりした.

‡**squab·ble** /skwɑ́b(ə)l|skwɔ́b(ə)l/ 名 C 口論, けんか, (類語 ささいな事が原因の大人げない quarrel).

— 動 自 つまらない口論[けんか]をする〈*about, over*..のことで〉.

†**squad** /skwɑd|skwɔd/ 名 C 〈単数形で複数扱いもある〉分隊 (→company 参考); 〈一般に〉団, 隊, 組, チーム. a ～ of children 子供の一団, 一団の子供. a police [soccer] ～ 警官隊[サッカーチーム]. a drugs ～ (警察の)麻薬班. [<イタリア語「正方形」]

squád càr 名 =prowl car.

squad·die, squad·dy /skwɑ́di|-ɔ́-/ 名 C〖英話〗兵卒, 兵隊.

‡**squad·ron** /skwɑ́drən|skwɔ́d-/ 名 C 〈単数形で複数扱いもある〉**1**〖海軍〗(艦隊 (fleet) の)支隊, 戦隊;〖陸軍〗騎兵大隊;〖英空軍〗(飛行)中隊;〖米空軍〗飛行大隊. **2** (統制のある)集団, 団体. [<イタリア語「方陣をとる兵団 (<squad)」]

squàdron léader 名 C〖英軍〗空軍少佐, 飛行中隊長《略 Sqn Ldr》.

‡**squal·id** /skwɑ́ləd|skwɔ́l-/ 形 **1**〔住まい, 環境などが〕汚い, むさ苦しい; 惨めな. **2** (道徳的に)不潔な, 浅ましい. ◇名 squalor ▷**～·ly** 副 **～·ness** 名

†**squall**[1] /skwɔːl/ 名 C (雨, 雪などを伴う短時間の)突風, スコール;〖話〗(短時間の)騒ぎ. — 動 自 〈it を主語にして〉突風が吹く. [?<北欧語]

squall[2] 動 自 〔赤ん坊などが〕ぎゃーぎゃー泣き叫ぶ[わめく]. — 名 C (ぎゃーぎゃーいう)わめき, 悲鳴.

squall·y /skwɔ́ːli/ 形 突風の多い[になりそうな];〖話〗〔成り行きなどが〕荒れ模様の, 険悪な.

‡**squal·or** /skwɑ́lər|skwɔ́lə/ 名 U 汚らしさ, むさ苦しさ; 惨めさ; 堕落, 不潔. ◇形 squalid [ラテン語]

†**squan·der** /skwɑ́ndər|skwɔ́n-/ 動 他 〔金, 時間, 労力など〕を浪費する, 無駄遣いする, 〈*on*..に〉. ～ away a fortune by gambling ばくちで一財産を無駄に使い果たす. Don't ～ your life *on* drink. 酒で一生を台無しにするな. [<?] ▷**～·er** /-d(ə)rər/ 名

‡**square** /skweər/ 名 (複 **～s** /-z/) C【正方形】**1** (**a**) **正方形**, 四角; 方形のもの. draw a ～ 正方形を描く. All sides of a ～ are the same length. 正方形の四辺の長さは等しい. a ～ of glass 真四角のガラス. a head ～ スカーフ. (**b**) (チェス盤, クロスワードパズルなどの)目, ます.

2 (町中の方形の)**広場**, 小公園; 〈S-〉..広場《地名として; 円形の広場は →circus》. a town ～ 町の広場. Trafalgar *Square* (ロンドンの)トラファルガー広場. a hotel in Russell *Square* ラッセル広場に面したホテル.

3〖米〗(街路に囲まれた市街地の) 1 区画, 街区; 街区の 1 辺の長さ, 丁; (★block の方が普通). a house a few ～*s* up 数丁先の家. **4**〖軍〗方陣(形).

5〖数〗**平方**, 2 乗, 《略 sq.; →cube》. Nine is the ～ of three. 9 は 3 の平方だ. a perfect ～ 完全平方《整数の 2 乗になっている数; 1, 4, 9 など》.

6 直角定規《T[L] 字型定規, 曲(かね)尺など》.

7〖旧話〗(旧弊な)堅物, 朴念仁(ぼくねんじん).

bàck to [***at***] ***squàre óne***〖英〗振り出しに戻って, 一からやり直しで, 《square one はすごろくの一種などで最初のます目からの説がある》.

by the squáre 精密に, 正確に.

on the squáre (1) 直角に. (2)〖話〗正直に[な], 公平に[な].

out of squáre (1) 直角にならないで, 斜めに, 〈*with*..に対して〉. (2) 合わないで, 不一致で, 〈*with*..と〉.

— 形 e (**squar·er** /skwé(ə)rər/ | **squar·est** /skwé(ə)rəst/) (★1, 2, 4 は ©)

【正方形の】**1 正方形の**, 四角の, (↔round). The room isn't quite ～; it's rectangular. 部屋は完全な正方形ではなく長方形だ. a ～ box 四角い箱.

2 直角な〈*to*..に対して〉. a ～ corner 直角なかど[隅].

3〔肩, 体格などが〕**角張った**, がっしりした. ～ shoulders 怒り肩. a ～ jaw 四角い[張った]あご. a man of ～ frame 体格のがっしりした男.

4〈限定〉**平方の**, 平方..; 《長さの単位の後に付けて》..平方[四方]の. a ～ inch [yard] 1 平方インチ[ヤード]. three ～ miles of land 3 平方マイルの土地. a room not ten feet ～ 10 フィート四方もない部屋. ten feet ～ =one hundred ～ feet 10 フィート四方=100 平方フィート.

【ゆがみのない】**5**〈叙述〉きちんとした[なった]; 水平の, 同じ高さで, 〈*with*..と〉. get everything ～ 何もかもきちんと整頓(とん)する.

6〔やり方などが〕公正な, 正直な; まっとうな, ちゃんとした. be ～ with a person 人を公正に扱う. a ～ shooter 正直(で率直)な人. →square deal.

7【公平な】〈叙述; be (all) ～ で〉貸借のない〈*with*..と〉; 対等の, 五分五分である, 同点である, 〈*with*..に対して〉(even). Now we're all ～. これで貸借はなしだ[みな同点だ]. Let's call it (all) ～, shall we? 決済ずみにしようじゃないか. get ～ *with*.. →成句.

8〈限定〉きっぱりとした, 断固たる, 〔拒絶など〕. a ～ refusal [denial] 断固たる拒絶.

9〖話〗たっぷりの〔食事など〕. a ～ meal 栄養のバランスのとれた[たっぷりの]食事.

10〖旧話〗古くさい, (昔かたぎで)堅苦しい; 四角四面の.

a squàre pég (***in a ròund hóle***) →square peg.

gèt squáre with.. (1) ..と同等[五分五分]になる, 貸借[勝負]なしになる. (2) ..に仕返しする.

— 副 **1** 直角に, 四角に. stand ～ まっすぐに立つ. Cut it ～. それを正方形に切りなさい.

2〖話〗公正に, 正々堂々と, 正直に. play (fair and) ～ 正々堂々とプレーする.

3〈普通, 副詞(句)を伴って〉〖話〗まともに, もろに. The ball hit the boy ～ between the eyes. ボールは少年の眉間(みけん)にまともに当たった. look a person ～ in the eye 人の目を直視する.

— 動 他【四角にする】**1** を四角[直角]にする, を四角に区切る, に碁盤目を引く, 〈*off*〉. **2**〔肩, ひじなど〕を怒(いか)らせる, まっすぐにする, 張る; の曲がりを正す. ～ one's shoulders 肩を張る《決意などを示す》. **3**〔数〕を 2 乗す

る〈普通, 受け身で〉5 ～*d* is [equals] 25. 5の2乗は25.

【きちんとする】 **4** VOA (～ X *with* Y) XをYに合わせる, 適合させる, 折り合いを付けさせる; Y(人)にXを了解してもらう, YとXの折り合いをつける. ～ the theory *with* the facts 理論を事実に合わせる. He managed to ～ it *with* his conscience. 彼は良心をとがめないようになんとかやった.

5〔勘定, 借金など〕を払う, 決済する;〔試合など〕を同点[五分]にする; VOC〔試合〕を..対..の同点にする. ～ accounts with →account (成句). Mike scored another goal to ～ the game (2-2). マイクがもう1点得点して(2対2の)同点にした.

6【片をつける】【話】〔人〕を買収する, 抱き込む,〔物事〕を賄賂(わいろ)で始末する; VOC (～ X *to do*) Xが..するように抱き込む. Bill was ～*d to* say nothing. ビルは何も言わないようにうまく抱き込まれた.

── 自 VA (～ *with*..) と一致する, 適合する. Your idea does not ～ *with* mine. 君の考えは私の考えと折り合わない. The theory does not ～ *with* the facts. その理論は事実と合わない.

squàre awáy (1)【海】(帆を竜骨と直角にして真後ろから)追い風を受けて走る. (2)【米話】準備をする〈*for*..の/*to* do..する〉; きちんと片付ける; ＝SQUARE off.

squàre /../ awáy (1)〔帆〕を竜骨と直角にする. (2)..をきちんと整頓(えい)する. (3)【話】〔人〕によく分かるように説明する. Are you ～*d away* now? (話が)のみこめましたか. (4)〔人〕に気を配る.

squàre óff【話】(さあ来いと)身構える; 競う.

squàre /../ óff ..を四角にする.

squáre oneself【米話】償う〈*for*..〔誤りなど〕を〉, (誤りなどを清算して)仲直りする〈*with*..〔人〕と〉.

squàre the círcle →circle.

squàre úp (1)(勘定, 借金を)精算する. (2)【ボクシング】身構えて接近する〈*to*..〔相手〕に〉;【英】勇気を持って立ち向かう〈*to*..〔困難など〕に〉.

[＜古期フランス語(＜ラテン語 ex-[1]＋*quandra*「正方形」)]

squáre·bàshing 名 U【英軍俗】営庭での軍事教練[演習].

squàre bráckets 名〈複数扱い〉角がっこ《[ ]; 「→bracket」》.

squáre·built 形 肩幅の広い, がっしりした(体格の).

squáre dànce 名 C【主に米】スクエアダンス《2人1組が4組で向かい合って正方形を作るように踊る》.

squàre déal 名 C【話】公正な取り引き, 正当な扱い.

squàre-éyed /⑧/ 形 テレビばかり見ている.

squáre knòt 名 C【米】【船】こま結び.

squàre lég 名 UC【クリケット】打者の後方のウィケットと並ぶ位置(を守る選手).

***squáre·ly** /skwéərli/ 副 m **1** 方形に, 四角に; 直角に〈*to*..に〉. **2** 公正に, 正直に; 率直に, きっぱりと; 確かに. Deal ～ with me, and I'll deal ～ with you. 私を公正に扱ってくれ, そうしたら私も君を公正に扱ってやろう. **3** まともに〔見る, ぶつかるなど〕; 十分に〔食事するなど〕. look ～ at [face ～]..をまともに見る; 直視する. He hit me ～ on the jaw. 彼はまともに私のあごを殴った.

squàre méal 名 C まともな[ちゃんとした, たっぷりした]食事. three ～*s* a day 3度3度のまともな食事.

squàre méasure 名 C【数】平方積.

Squàre Míle 名〈the ～〉【英】'1平方マイル'《ロンドンの the City の俗称》.

squáre·ness 名 U square であること; 方形[四角]であること, 直角を成すこと〈*to*..と〉; 公正, 正直.

squàre pég (in a ròund hóle) 名 C 向いていない人[物], (周りに)合わない人《＜「丸い穴に四角なくぎ」》.

squàre-rígged /⑧/ 形【船】横帆式の《縦帆式は「fore-and-aft rig」》.

squàre-rígger 名 C【船】横帆船.

squàre róot 名 C【数】平方根.

squáre sàil 名 C 横帆.

squàre shóoter 名 C【米話】正直[公正, 率直]な人.

squàre-shóoting /⑧/ 形 公正な.

squáre-shòuldered 形 肩の張った, 怒(いか)り肩の, (↔round-shouldered).

squàre-tóed /⑧/ 形 **1**〔靴が〕四角いつま先の. **2** 古くさい, 堅苦しい, 保守的な.

squar·ish /skwé(ə)riʃ/ 形 ほぼ四角の; 角張った.

†**squash**[1] /skwɑʃ|skwɔʃ/ 動 他 **1** を押しつぶす, ぐしゃぐしゃにする; VOC を押しつぶして..にする. ～ a hat [can] (flat) 帽子[缶]をぺちゃんこにする. **2** VOA を押し[詰め]込む〈*in, into, inside*..に〉; をぎゅうぎゅう詰めにする[押しつける]〈*up*〉〈*against*..〔人など〕に(対して)〉. ～ clothes *into* a small suitcase 小さなスーツケースに衣類を詰め込む. **3**〔暴動など〕を鎮圧する;〔言論, うわさなど〕を押さえ込む[封じ込める];〔提案など〕を却下する, 退ける,〔人〕をやり込めて黙らせる. ～ rumors うわさを吹き消す.

── 自 **1** つぶ(さ)れる, ぐしゃっとなる. **2** VA ぴしゃぴしゃ音を立てて動く[進む]. ～ *through* the mud 泥の中をぴしゃぴしゃ進む. **3** VA 無理に割り込む〈*in, into*..に〉, 押し合いへし合いしながら通る〈*through*..を〉; ぎゅうぎゅう詰めになる〈*up*〉. We ～*ed into* the bus. 我々は押し合いながらバスに乗り込んだ. ～ *in* (車などに)無理に入る, 詰める. ～ *up* (狭い所に)詰める.

squàsh /../ dówn ..をつぶす; ..を押し込む.

── 名 **1** C ぐしゃり(とつぶれる音); U つぶれ(てぐしゃぐしゃになっ)た物[状態]. The tomato hit the floor with a ～. トマトがぐしゃっと床に落ちた. go to ～ ぐしゃぐしゃにつぶれる.

2 aU【話】(狭い場所での)押し合いへし合い, ぎゅうぎゅう詰め, 人込み. a ～ of fans in the doorway 戸口に押しかけたファンの群れ. It's a ～. ぎゅうぎゅうだ. **3**【英】U スカッシュ《アルコール分のない果汁飲料》; C (1杯の)スカッシュ. orange [lemon] ～ オレンジ[レモン]スカッシュ.

4 U ＝squash rackets; ＝squash tennis.

[＜古期フランス語(＜ラテン語 ex-[1]＋*quassāre* 'shatter')]

squash[2] 名 (複 ～, **squásh·es**) C【主に米】【植】カボチャ, トウナス, (の類)《marrow, gourd, pumpkin, zucchini など》. [＜北米先住民語「生で食べられる野菜」(の短縮)]

squásh ràckets 名〈単数扱い〉スカッシュラケット《壁に囲まれたコートでゴムボールと短いラケットを使って2人又は4人で行うテニスに似たゲーム》.

squásh tènnis 名 U スカッシュテニス《squash rackets に似た2人用のゲーム; ボールとラケットは少し大きい》.

squash·y /skwɑ́ʃi|skwɔ́ʃi/ 形 e つぶれやすい;〔地面などが〕どろどろの, ぐしゃぐしゃの. ▷**squash·i·ly** 副 **squash·i·ness** 名

***squat** /skwɑt|skwɔt/ 動 (～s /-ts/|過 過分 **squát·ted** /-əd/|**squát·ting**) 自 **1** うずくまる, しゃがむ, しゃがみこむ, 〈*down*〉;〔動物などが〕(隠れるためなどに)うずくまる, 地上に伏せる. **2**【英話】座る (sit). **3** 無断で他人の土地[公有地]に居座る[住みつく], 土地[家屋]に不法定着する〈*in, on*..に〉. ── 他〈普通 ～oneself で〉**1** しゃがむ. **2**〔場所などに〕無断で住みつく.

── 形 **1** しゃがんだ, うずくまった. **2** e ずんぐりした.

── 名 **1** aU うずくまること; しゃがんだ姿勢. **2** C【英話】不法に占拠された(人が住む)建物[空き家].

[＜古期フランス語(＜ラテン語 ex-[2]＋*cōgere* 'compress')]

‡**squát·ter** 名 C **1** うずくまる人[動物]. **2** (他人の土地・空き家の)無断居住者, 不法占拠者; 公有地占拠[定住]者. ～'s rights【話】【法】(公有地)定住権.

3〖オース〗牧羊業者.

squat·to·cra·cy /skwɑtɑ́krəsi|-tɔ́k/ 名 UC〖オース〗大農場[牧場]所有者階級.

squat·ty /skwɑ́ti|skwɔ́t-/ 形 e ずんぐりした.

squaw /skwɔː/ 名 C 1 (北米先住民の)女, 妻. 2〖米・戯〗(年輩の)女, おばさん; 〈one's ～〉(うちの)女房, 'かみさん'. [北米先住民語「女」]

squawk /skwɔːk/ 動 自 〔カモメ, オウムなどが〕ぎゃーぎゃー鳴く; 〖話〗〔人が〕ぎゃーぎゃー不平を鳴らす.
—— 名 C ぎゃーぎゃー(鳴く鳥の声); 〖話〗やかましい不平[抗議]. 「カー.

squáwk bòx 名 C 〖話〗社内[館内]放送用スピー↑

squáw màn 名 C 〖米・カナダ〗〖軽蔑〗北米先住民の女ㄴを妻にする[と同棲(せい)する]白人.

†**squeak** /skwiːk/ 名 C 1 ちゅーちゅー《ネズミなどの鳴き声》; きーきー《ドアなどのきしる音》; (類語 小さく短い高音; →squeal). 2 危うく逃れること〈主に次の成句で〉.
a nàrrow [clòse, nèar] squéak 〖話〗間一髪(の脱出).
—— 動 自 1〔ネズミなどが〕ちゅーと鳴く; 〔ドアなどが〕きーときしる; 〔人が〕きーきー声を出す. 2 VA〖話〗危うく(危機を) 逃れる, どうにか通る, 危ういところで[かろうじて]成功する[勝つ], 〈*through* ..を/*into* ..に〉. ～ *through* the House 〔法案などが〕下院をかろうじて通る. ～ *through* an interview 面接をどうにか通る. ～ *into* school [the final] かろうじて入学できる[決勝戦に進む]. 3〖俗〗= squeal 2.
squéak by (**..**) (..を)どうにか切り抜ける[勝つ, やっていく, 合格する]. ～ *by* Professor Smith スミス教授の単位をどうにか取る.
—— 他 1 VO (～ X/"引用") Xを/「..」ときーきー声で言う〈*out*〉. 2 VOA (～ /X/ ***through***) Xをどうにか認めてもらう. [擬音語]

squéak·er 名 C 1 ちゅーちゅー[きーきー]いう動物[もの]; (おもちゃの中の押すと)きーきー(音を立てる装置). 2 (試合などでの)辛勝. 3 =squealer 2.

squeak·y /skwíːki/ 形 e 1 きーきーいう, きーきー声の, きしる. The ～ wheel gets the grease. 〖米〗〖諺〗きーきー言うと聞いてもらえる《一番不平を言う人が最も聞いてもらえる》. 2〖主に米話〗〈副詞的; 次の句で〉. ～ clean 実にきれいな; 高潔な, 清廉潔白な. 3〖主〗僅差での.

†**squeal** /skwiːl/ 名 C きーっ(という音)《豚などの鳴き声, 急ブレーキの時のタイヤのきしりなど》; かん高い悲鳴[歓声]; (類語 耳障りで squeak より長い大きな高い音).
—— 動 自 1 きーっと鳴く[鳴る], きーっと悲鳴[歓声]を上げる. ～ to a halt〔車が〕きーっと音をたてて止まる.
2〖俗〗裏切る, (警察に)密告する, たれ込む, 〈*on* ..を〉.
3〖俗〗不平[不満]を言う. —— 他 VO (～ X/"引用") Xを/「..」ときーきーと耳障りな声で言う〈*out*〉. [擬音語]

squéal·er 名 C 1 きーきーいう動物[もの]. 2〖俗〗密告者, 'たれ込み屋'.

squeam·ish /skwíːmiʃ/ 形 1 吐きやすい, すぐにむかつく. 2 (道徳的に)潔癖すぎる, 気難しい; 神経質な. the ～〈複数扱い〉上品ぶった人たち.
▷ **～·ly** 副 神経質に, 気難しく. **～·ness** 名

squee·gee /skwíːdʒiː/ 名 C (窓ふき用などのゴム付き)棒ぞうきん, スクイージ; 〖写〗ゴムローラー. —— 動 他〔窓など〕を棒ぞうきんでふく; 〔印画紙〕にゴムローラーを当てる.

‡**squeeze** /skwiːz/ 動 (**squéez·es** /-əz/|過 過分 **～d** /-d/|**squéez·ing**) 他
【締め付ける】 1 を圧搾する, 締め付ける, 〈*into* ..〔の大きさ, 形〕に〉. The boa ～s its victim to death. ボアは獲物を絞め殺す. ～ a piece of paper (up) *into* a ball 紙切れを握ってくしゃくしゃに丸める. 2〔人〕をぎゅっと抱き締める, 〔手〕を強く握り締める《握手だけでなく, 愛情・同情の表現として》. The girl ～*d* her doll affectionately. 少女は人形をいとおしげに抱き締めた.
【絞る】 3〔果物など(の水分)〕を搾る; 〔水分など〕を絞る, 絞り出す, 〈*out*〉〈*from, out of* ..から〉; VOA (～ X ***into*** **..**) Xを..に絞り入れる; (～ X ***on, onto*** **..**) X(レモンなど)を搾って..にかける; VOC (～ X Y) Xを絞ってYの状態にする. ～ a lemon (*on* the fish) レモンを搾る[搾って魚にかける]. ～ the water *from* [*out of*] the sponge スポンジの水を絞る. ～ the towel dry = ～ *out* the towel タオルを絞って水を切る.
4 (経済的に)に圧迫を加える; を逼(ひっ)迫させる; 〔人〕を搾取する; 〖話〗〔人〕を脅して取る〈*for* ..〔金など〕を〉; VOA (～ X ***from, out of*** **..**) ..からX(税など)を搾り取る, X(金など)を無理やりに巻き上げる, ..からX(情報など)を無理に引き出す; VOC〈～ X Y〉X(人)を搾ってY(一文なしなど)の状態にする. ～ a person until the pips squeak 人から搾れるだけ搾る. ～ money [information, a promise] *out of* the man その男からㄴ金を搾り取る[無理やり情報を聞き出す, 無理やり約束を取り付ける]. ～ money *out of* the family budget 家計から何とか金をひねり出す. He ～*d* his victim dry. 彼は彼のかもを搾りつくした.
5〔経済〕を引き締める.
【無理に入れる】 6 (**a**) VOA (～ X ***into, in*** **..**) Xを..に押し込む, 割り込ませる, (～ /X/ ***in***) X(人(と会う約束), 予定など)を無理して割り込ませる; (～ /X/ ***up***) Xを無理して詰め込む. ～ everything *into* the suitcase スーツケースに何もかも詰め込む. (**b**) VOA (～ ***oneself into*** **..**) 無理して..を着る.
—— 自 1 圧搾される, 絞れる. Foam rubber ～*s* easily. フォームラバーは楽に絞れる. His belly ～*d* out over his belt. 彼の(太った)腹はベルトの上にくびれてはみ出していた.
2 VA 押し分けて[無理に]通る〈*through* ..を〉; (やっとのことで)擦(す)り抜け通る〈*by, past*〉; 割り込む〈*in*〉〈*in, into* ..に〉; 無理に着る〈*into* ..〔小さな服など〕を〉(込んだところで)詰め合わせる, (座席などに) 無理に詰める, 〈*up*〉. ～ *through* a narrow doorway 身をねじるようにして狭い戸口を通る. ～ *into* [〖米〗*onto*] a crowded train 満員の列車に割り込む. I was not well prepared for the exam; I just ～*d through*. 私の受験準備は十分でなかった, やっとこ通ったんだ. 3 VA かろうじて成功する; やっと入学できる; 〈*into, through* ..に〉.
squeèze /../ óff 〔弾丸〕を発砲する.
squeèze one's wáy 押し分けて進む〈*through* .. を〉.
—— 名 1 C 圧搾; 抱擁, ぎゅっと握り締め(られ)ること, 握手. give a person's hand a ～ 人の手を握り締める.
2 C (レモンなどの)搾り汁. a ～ of lemon レモンひと搾り.
3 aU ぎゅうぎゅう詰め(の状態), 押し合い, 雑踏. It's a bit of a ～ with four on the sofa. このソファーに4人座るのはちょっときつい.
4 aU〖話〗(**a**) (財政面などの)困難な立場, 窮乏, ピンチ. be in a close [narrow] ～ 苦境に陥っている. a housing ～ 住宅難. (**b**) (経済の)引き締め. a credit ～ 金融引き締め. (**c**) 強要, 強迫; 圧力; 〈*on* ..に対する〉. put the ～ *on* a person for money 人から金を搾り取る. They put the ～ *on* him to agree to do the task. 彼らは彼に圧力をかけてその仕事をすることを承知させた. put the ～ *on* inflation インフレを抑えようとする.
5 C =squeeze play.
6〖米話〗〈one's ～ で〉恋人, ガールフレンド. his main ～ 彼のガールフレンド.
7 C 上司. the main ～ 一番偉い人, 上司.
a tight squéeze (1) ぎゅうと握ること. (2) ぎゅうぎゅう詰め; むずかしい状況. It was *a tight* ～ in the bus. バスはすし詰めだった. It will be *a tight* ～ to get there on time. そこに時間どおりに着くのはむずかしいだろう. be in *a tight* ～ 苦境に陥っている. [<?]

squéeze bòttle 名 C (柔らかいプラスチック製の)容

S

器, チューブ, 《ハミガキ, マヨネーズ, ケチャップなどの; 握って中身を絞り出せる》.
squéeze·bòx 名 C 〖話〗アコーディオン.
squéeze bùnt 名 C 〖野球〗スクイズバント.
squéeze plày 名 C **1** 〖野球〗スクイズ(プレー) 《バントを確認してから走る safety squeeze と投球と同時に走る suicide squeeze とがある》; 〖トランプ〗スクイズ 《ブリッジで強い手で相手に大事な札を捨てさせること》. **2** 圧力.
squéez·er 名 C **1** 圧搾器; (レモン, オレンジの)搾り器. **2** 搾取者.
squelch /skweltʃ/ 動 他 を押しつぶす, ぺしゃんこにする; 〖話〗〔人〕をへこます, やり込める, 〔提案, 運動など〕を抑える, つぶす. ── 自 びしゃびしゃ[ぐちゃぐちゃ]音を立てる[立てて歩く] 〈*through*, *along*, *up* (..を)〉.
── 名 C **1** 〖話〗やり込めること[言葉]. **2** びしゃびしゃ[ぐちゃぐちゃ](いう音).
squib /skwib/ 名 C **1** 爆竹 《ねずみ花火に似ている小さい花火の一種》. **2** 当てこすり; 風刺文.
a dàmp squíb 〖英話〗目算外れ(だった企て) 《<湿って不発に終わった爆竹》.
‡**squid** /skwid/ 名 (複 ~s, ~) C 〖動〗イカ, 〈特に〉ヤリイカ. ★コウイカは cuttlefish.
squidg·y /skwídʒi/ 形 e 〖主に英話〗柔らかくて湿り気のある.
squiff /skwif/ 動 自 VA (~ *out*) 〖俗〗(酔い)つぶれる.
squif·fy /skwífi/ 形 e 〖英旧話〗ほろ酔いの.
squig·gle /skwígl/ 名 C ミミズののたくったような線; 書きなぐり. ▷**squig·gly** /-gli/ 形 くねった, のたくった.
‡**squint** /skwint/ 動 自 **1** 目を細めて見る 《銃のねらいをつけたり, まぶしい時など》, 横目で見る; うさんくさそうに見る; 〈*at* ..を〉. **2** 〈進行形不可〉斜視[やぶにらみ]である.
── 他 〔目〕を細める.
── 名 C **1** 斜視, やぶにらみ. **2** 〖話〗一瞥(べつ); 盗み見. have [take] a ~ at a thing 物をちらりと見る.
── 形 斜視の; やぶにらみの.
── 副 斜めに (askew). ▷**squínt·er** 名
squìnt-éyed /㊥/ 形 **1** 斜視の; 横目で見る. **2** 偏見[悪意]のある.
squint·y /skwínti/ 形 m, e 斜視の, やぶにらみの.
†**squire** /skwaiər/ 名 C **1** (英国の地方の)郷(ごう)士, 大地主. ★「だんな様」の意味で敬称としても用いられる. **2** 〖史〗(騎士, 貴人の)小姓, 従者. **3** (女性の)付添い 《男性》, エスコート役. **4** 〖米〗治安判事. ★その敬称にも用いる. **5** 〖英話〗だんな 《男性が他の男性に親しみを込めて, 又丁寧に呼びかける時に用いる》.
── 動 他 〔男性が〕〔女性〕に付き添う[添って行く].
[<*esquire* (<ラテン語「楯(たて)(*scūtum*)を持つ人」)]
squir(e)·ar·chy /skwái(ə)rɑ̀ːrki/ 名 (複 -chies) C 〈単数形で複数扱いもある〉〖英〗地主階級; U 地主政治 《特に 1832 年以前の地主階級の支配による》.
‡**squirm** /skwəːrm/ 動 自 **1** (蛇などが)のたくる; 〔人が〕もがく; VC (~ *free*) 身をのたくらせて離れる; VA (~ *out*) もぞもぞ出てくる 〈*of* ..から〉. **2** (退屈して)もぞもぞ体を動かす; (当惑などで)もじもじする. ── 名 C もがき; もぞもぞ, もじもじ. [擬音語; worm の影響もある]
*__squir·rel__ /skwə́ːrəl|skwír-/ 名 (複 ~s /-z/) C 〖動〗リス; U リスの毛皮. ── 動 他 〖主に米話〗VOA (~ /X/ *away*) X をせっせと蓄える. ── 自 VA せわしなく動き回る 〈*around*〉. [<ギリシア語(<「影」+「尾」)]
†**squirt** /skwəːrt/ 動 自 VA 〔液体などが〕噴出する, 吹き出る, 〈*out*〉 〈*from*, *out of* ..から〉; 勢いよく入る 〈*in* ..に〉. ── 他 〔液体など〕を噴出させる 〈*out*〉 〈*from*, *out of* ..から〉; を(勢いよく)注ぎ込む 〈*into* ..へ〉; を(勢いよく)かける 〈*on* ..に〉; に吹きかける 〈*with* ..〔水など〕を〉. The little boy ~*ed* me *with* a water pistol. 少年は私に水鉄砲で水をひっかけた.
── 名 C **1** (水, 粉末状の物などの)噴出, ほとばしり; 注射器 (syringe), 水鉄砲 (**squírt gùn**). **2** 〖話〗生意気な若者; ちび. [擬音語]
squírt·er 名 C (液体などの)噴出装置.
squish /skwiʃ/ 動 他 〖米話〗〔柔らかいもの〕をつぶす.
── 自 **1** 〖米話〗つぶれる. **2** びしゃびしゃ音を立てる; VA びしゃびしゃ音を立てて進む 〈*through* ..を〉.
▷**squish·y** 形 e ぐしゃぐしゃした. **squish·i·ness** 名
sq. yd. square yard(s).
Sr[1] 〖化〗strontium.
Sr[2] Senior; Señor; Sister.
Sra Señora.
SRC 〖英〗Science Research Council (科学研究協議会).
Sri Lan·ka /srìː-lɑ́ŋkə|-lǽːŋ-/ 名 スリランカ 《インド洋上の国; もとの Ceylon; 英連邦の一員; 首都 Sri Jayawardenepura Kotte》.
Srì Lán·kan 名 C, 形 スリランカ人(の). 「RGN》.
SRN 〖英旧〗State Registered Nurse 《現在は RGN》.
SRO standing room only (立ち見席のみ) 《劇場などの掲示》.
Srta Señorita.
SS Saints 《例: SS Peter and Paul》; steamship 《S/S とも書き船名の前に置く》; Sunday school; Secretary of State; 〖米陸軍〗Silver Star; Schutz Staffel (ヒトラー親衛隊) 《ドイツ語》.
SSA Social Security Administration (社会保障局).
SSE south-southeast.
SSgt staff sergeant.
ssh /ʃ/ 間 =sh.
SSR Soviet Socialist Republic.
SST supersonic transport (超音速輸送(機)).
SSW south-southwest.
ST sanitary towel; 〖英〗summer time.
‡**St.**[1], **St**[1] /seint, sənt|(母音の前) s(ə)nt, (子音の前) sn(t), sən/ (複 SS, Sts) 聖.., セント.., 《Saint の略; キリスト教の聖者や使徒の名前の前に付ける; 又, 聖者や使徒にちなむ建造物名や, 地名の中では Saint とせず St. を用いるのが普通》. *St.* George 聖ジョージ. *St.* Paul's (Cathedral) セントポール大聖堂[寺院].
*__St.__[2], __St__[2] /striːt/ ..街, ..通り, 《Street の略; 街路名に用いる》. No. 10 Downing *St.* ダウニング街 10 番 《英国首相官邸の家屋番号》.
St.[3], **St**[3] Strait.
st. stanza; stone 《〖英〗重量の単位》.
-st /-st/ 接尾 first で終わる序数詞であることを示す. 21*st* = twenty-first.
Sta. Station.
*__stab__ /stæb/ 動 (~s /-z/|過 過分 ~bed /-d/|stáb·bing) 他 **1** を刃物で刺す; を刺す, 突く, 〈*with* ..で〉; を突き刺す[通す] 〈*into* ..に〉. Caesar was ~*bed* to death. シーザーは刺殺された. He ~*bed* the fish *with* his spear [~*bed* his spear *into* the fish]. 彼はやすで魚を突き刺した.
2 〔指, とがったものなど〕を突きつける, たたきつける, 〈*at* ..に向かって〉. She ~*bed* her cigarette end *into* the ashtray. 彼女はたばこの吸い殻を灰皿に突き刺した. **3** 〔感情, 良心など〕に突き刺すような痛みを与える; を中傷する.
── 自 **1** 突きかかる 〈*at* ..を目がけて〉, 刺そうとする 〈*at* ..を〉; 突き刺さる 〈*into* .. に〉; 突き通す 〈*through* ..を〉. **2** 〔痛みが〕ずきんずきんする.
stàb a pérson in the báck 〖話〗(1) 人の背中を刺す. (2) 〈比喩的〉人に卑劣な不意打ちを食わせる[裏切りをする]. Why did you ~ me *in the back*? なぜ俺を裏切ったんだ.
── 名 C **1** 刺すこと; ひと突き; 突き傷. **2** 刺すような痛み; 〖章〗突かれるような痛み 〈*of* ..〔感情〕の〉. a ~ *of* pain in the back 背中の刺すような痛み. a ~ *of* regret [envy] ちくりと感じる後悔[羨(せん)望の念]. **3** 〖話〗(特に初めての)試み. have [make, take] a ~ at.... ...を(自信

はないが)やってみる.

a stàb in the báck 〖話〗 (1) 背後からのひと突き. (2)〈比喩的〉思いも寄らぬ裏切り, 中傷など.

a stàb in the dárk 当てずっぽう. make *a* ～ *in the dark* 当てずっぽうを言う. [＜?]

Sta·bat Ma·ter /stɑ̀:bɑ:t-mɑ́:tər|-bæt-/ 图 〖キリスト教〗 スターバト・マーテル《悲しみの聖母に対する賛美歌[曲]》. [ラテン語 'Stood the Mother'「聖母は立てり」]

stáb·ber 图 Ⓒ 突き刺す人[もの].

‡**stáb·bing** 图 Ⓒ 刺すこと; (刃物による)傷害ざた.
── 形 〈普通, 限定〉刺すような〔痛みなど〕; 辛辣(らつ)な〔評言など〕. a ～ pain in one's chest 胸の刺すような痛み.

***sta·bil·i·ty** /stəbíləti/ 图 Ⓤ **1 安定**, 安定性[度], 座り, (↔instability). emotional [political] ～ 情緒[政治]の安定. **2** 強固, 堅実, 着実. a man of ～ 堅実な男. ◇形 stable

†**stà·bi·li·zá·tion** 图 Ⓤ 安定(化).

†**sta·bi·lize,** 〖英〗 **-ise** /stéibəlàiz/ 動 他 を安定させる, 固定する, 堅固にする. ～ prices 物価を安定させる. a *stabilizing* force 安定化の力.
── 自 安定する, 固定する.

sta·bi·liz·er /stéibəlàizər/ 图 Ⓒ **1** 安定させる人[もの]. **2** (船・飛行機の)安定装置, スタビライザー; 〖英〗(子供用自転車の)補助輪(〖米・オース〗 training wheel); (品質低下防止用などの)安定剤.

‡**sta·ble**[1] /stéib(ə)l/ 形 ⓔ (～**r**|～**st**) **1 安定した**, しっかりした; 永続的な. The world needs a ～ peace. 世界は安定した平和を必要としている. a ～ marriage 安定した結婚. ～ foundations 揺るがない基礎. **2**〔人, 性格, 信念などが〕**しっかりした**, 堅固な, 着実な, 信頼できる. a man of ～ character しっかりした性格を持った男性. **3**〔化学物質が〕安定した《容易に変化したり分解したりしない》.
◇↔unstable 图 stability [＜ラテン語 *stabilis*「立っていられる, 確固たる」(＜*stāre* 'stand')]

***sta·ble**[2] /stéib(ə)l/ 图 (複 ～**s** /-z/) Ⓒ **1**〈しばしば ～s; 単数扱い〉**馬小屋**; (競馬の)厩(きゅう)舎; 家畜小屋. **2**〈～s; 集合的; 単数扱い〉(ある厩舎所属の)競走馬《全体》. **3**〈普通, 単数形で〉〖話〗訓練組織(に所属の人々)《ボクシングジム, 劇団, 俳優養成所など》; (同じ組織などに所属する)群, ひと組(の人々). What ～ does Musashimaru belong to? 武蔵丸は何部屋の所属ですか.

lòck [shùt, clòse] the stáble dòor after the hòrse has bólted 馬が逃げ出した後馬小屋の戸を閉める; 後の祭りになる.
── 動 他 〔馬〕を馬小屋に入れる.
[＜ラテン語 *stabulum*「立っている(*stāre*) 所」]

stáble·bòy 图 (複 ～**s**) Ⓒ (若い)馬丁, 厩(きゅう)務員.

stáble·làd 图 ＝stableboy.

sta·ble·man /stéib(ə)lmæ̀n, -mən/ 图 (複 **-men** /-mèn, -mən/) Ⓒ 馬丁, 厩(きゅう)務員.

stá·bling 图 Ⓤ **1** 厩(きゅう)舎設備. **2**〈集合的〉馬小屋.

stá·bly 副 安定して; しっかりと.

stáb wòund 图 Ⓒ 刺し傷.

stacc. staccato.

stac·ca·to /stəkɑ́:tou/ 〖楽〗 形 スタッカートの, 断音の, 《音を明確に切って演奏する; ↔legato》; スタッカートのような, とぎれとぎれの. the ～ sounds of the machine guns ダッダッダッという機関銃の銃声. ── 副 スタッカートで. ── 图 (複 ～**s**) Ⓒ スタッカート, 断音. [イタリア語 'detached']

***stack** /stæk/ 图 (複 ～**s** /-s/) Ⓒ **1** (戸外に積み上げた)**干し草[麦わら]の山** (→haystack).
2 (整然とした)**積み重ね**, 堆(たい)積, 〈*of* ..の〉; 〖話〗〈しばしば ～s〉大量, 多数, たくさん, 山〈*of* ..の〉. pile blocks up in a neat ～ 積み木をきちんと積み重ねる. a ～ *of* papers 書類の山, 山のような書類. have ～*s* of money 金を山ほど[たくさん]持っている.
3 (図書館の)書架; 〈～s〉書庫; 〖電算〗スタック《データを積み上げるように後入れ先出し方式で記憶する》. return books to the ～*s* 本を書庫に返す. **4** (汽船, 工場などの)煙突 (smokestack); ＝chimney stack 2. **5** 〖軍〗叉(さ)銃《普通, 3 丁の銃を銃口を上にピラミッド形に組んで立てたもの》. **6** (空港上空を旋回して)着陸待機中の飛行機《普通, 複数の》. **7** 〖オース〗車の事故.

blòw one's stáck 〖米話〗かんしゃくを起こす.
── 動 (～**s** /-s/|過 過分 ～**ed** /-t/|**stáck·ing**) 他
1 を(きちんと)**積み重ねる**[上げる]〈*up*〉; 〔スーパーの棚など〕に商品を積む; VOA (～ X ***with*** Y/Y ***on*** X) X に Y を積む〈普通, 受け身で〉; (類語 pile より整然と, ある一定の形や束に集めること; →heap). ～ *up* books on the table ＝～ the table *with* books テーブルに本を山と積む. be ～*ed with* food 〔冷蔵庫などが〕食物で一杯である. **2** 〔銃〕を叉銃に組む. **3** 〔飛行機〕に(空港上空を旋回させて)着陸待機させる〈*up*〉. **4** 〔法廷, 会議など〕に送り込む, 揃える, 〈*with* ..〔特定の考えを持った人〕を〉.
── 自 **1** (山と)積まれる; 積める. **2** 〔飛行機が〕(着陸するために)待機する〈*up*〉.

hàve the cárds [ódds] stacked agáinst one 非常に不利な立場に置かれ(てい)る.

stàck the déck 〖米〗[〖英〗***cárds***] 〖トランプ〗カードを不正な切り方をする; 不正手段を取る〈*against* ..〔人〕(の不利になるよう)に〉.

stàck úp (1)〔物が〕(山のように)積まれる. (2)〖米話〗かなう, 太刀打ちできる, 匹敵する, 〈*against*, *with*, *to* ..に〉. How does the new dictionary ～ *up against* older ones? 今度の辞書はこれまでのものと比べてどうですか. (3)〔事が〕運ぶ. (4)〔仕事などが〕たまる. (5)〔車が〕詰まる. (6) もっともらしい, つじつまが合う. (7) →自 2.

The òdds [càrds] are stácked against .. [in a person's favor]. ..は非常に不利[有利]である.
[＜古期北欧語「干し草の山」]

stacked /-t/ 形 〖俗〗〔女性が〕バストが大きい, ボイン[巨乳]の, でかパイの. be well ～ グラマーである.

stáck sỳstem 图 Ⓒ 積み上げ型ステレオ.

stáck-ùp 图 Ⓒ (飛行機の)着陸待ち.

***sta·di·um** /stéidiəm/ 图 (複 ～**s** /-z/, **sta·di·a** /-diə/) Ⓒ **1 競技場**, スタジアム; 野球場. **2** (古代ギリシアの)競走場. **3** スタディオン《古代ギリシアの長さの単位; 約 200 m》. **4** 〖医〗(病状の)進行段階. [＜ギリシア語]

‡**staff** /stæf|stɑ:f/ 图 (複 ～**s** /-s/, 2, 3, 4 では **staves** /steivz/ の形もある) Ⓒ 【支え】 **1**〈集合的; 単数形で複数扱いもある〉(**a**) (団体, 会社などの)**職員**, 部員, (↔management); 幹部, スタッフ. a large [small] ～ 多[少]人数の部員. *Staff* only. 《掲示》関係者以外立入禁止. Our editorial ～ is [are] excellent. うちの編集陣は優秀だ. the teaching ～ 教授陣《事務職員に対して; →faculty》. We have ⌞a ～ of 50 [50 on our ～, 〖英〗 50 ～]. うちのスタッフは 50 人だ. be in charge of 20 ～ [a ～ of 20] 20 人の職員の上に立つ. How long have you been ⌞a member of the library ～ [on the ～ of the library]? どのくらい図書館の職員をしているのですか. a ～ member スタッフの一員, 部員. (**b**)〈形容詞的〉職員の. be in a ～ meeting (職員)会議中である. ～ cuts 職員の削減. (**c**) 〖軍〗**参謀**, 幕僚. the general ～ 参謀本部. a ～ of officers to assist the general 将軍を補佐する幕僚.
【つえ, 棒】 **2** 〖旧〗**つえ**, 棒; さお, 旗ざお (flagpole); 権標, 職杖(しょくじょう)《高官, 高僧が権能などを示すために持つつえ》. lean on one's ～ つえにもたれる. a bishop's ～ ビショップ職の権標. **3** 旗竿.

4 支え[頼り](になるもの). The Constitution is the ～ of our democracy. 憲法はわが民主主義の支えである.
5【横に並んだ棒】【楽】譜表, 五線, (stave).
the stàff of lífe【雅】生命の糧《主食, 特にパン》.
── 動 他 に職員[部員]を置く[入れる]; VOA (～ X ***with*** ..) X に〔職員など〕を配置する〈普通, 受け身で〉. The center is ～*ed* at all times. センターには常時職員がいます. That office is ～*ed with* experienced people. あのオフィスには経験のある人たちが働いている. be over-～*ed* 職員が多すぎる. [＜古期英語「棒, 杖(つえ)」]

‡**stáff·er** 名 C【主に米】1 スタッフの一員, 部員. 2 (新聞[雑誌]などの)編集部員, 記者.

staff·ing 名 U 職員.

stáff nùrse 名 C【英】看護婦次長《sister 5 または charge nurse の次位の nurse》.

stáff òfficer 名 C 参謀(将校).

Staf·ford·shire /stǽfərdʃər/ 名 スタフォードシャー《イングランド中西部の州; 略 Staffs.》.

stáff·ròom 名 C (学校の)職員室.

Staffs. Staffordshire.

stáff sèrgeant 名 C【米】(陸軍・海兵隊の) 2 等軍曹(そう);【英】(陸軍の)特務曹長《下士官の最上位》.

†**stag** /stæg/ 名 (複 ～s, ～) C 1 雄ジカ (→deer 参考); (キツネ, 七面鳥などの)雄. 2【話】(**a**) (社交的会合で)女性を同伴しない男子; ＝stag party. (**b**)〈形容詞的〉男性だけの(ための); ポルノ的な〔ショー, フィルムなど〕. a ～ dinner 女性抜きの晩餐(さん)会. a ～ movie ポルノ映画. 3【英】新株利食い屋《利鞘(りざや)目当てで新株に応募する人》.
gò stág【話】女性を同伴しないで出かける〈*to* ..〔会合など〕に〉.
── 動 自 1【米話】＝go STAG (→名 (成句)). 2 利食い目的で新株を買う. ── 他〔株〕を利食い目的で買う. [＜古期英語; 原義は「オスの動物」]

stág bèetle 名 C【虫】クワガタムシ.

‡**stage** /steidʒ/ 名 (複 **stág·es** /-əz/) C【舞台】1 (劇場の)**舞台**, ステージ; 演壇;〈the ～〉演劇; 劇壇, 演劇界; 俳優業. appear on (the) ～ 舞台に登場する. go on [take to] the ～ 俳優になる. be on the ～ 俳優である; 舞台に出ている (★the は省略可). bring [put] a play to the ～ 劇を上演する. quit [retire from] the ～ 役者をやめる. the medieval ～ 中世演劇.
2【雅】**舞台**〈*of* ..〔活動, 事件など〕の〉. the political ～＝the ～ *of* politics 政治の舞台. be popular on the world ～ 世界的に人気がある. →stage right [left].
【高い段＞段階】3 **段階**, 時期,〈*of* ..〔発達など〕の〉. at an [early] ～ [初期の]段階で. at this [that] ～ (of the game) 今の[あの]段階で. at one ～ ある段階で(は). the toddling ～ *of* a child 子供のよちよち歩きの時期. in [by] ～*s* 段階的に, 少しずつ. The negotiations have reached an important ～. 交渉は重大な局面に差しかかっている.

> 連結 a critical [a crucial; the initial, the opening; an advanced, a late; the final, the closing; a new; a transitional] ～ // enter [begin] a ～

4 (ロケットの)..段; (顕微鏡の)載物台. a two-～ rocket 2 段式ロケット. The rocket was fired in three ～*s*. ロケットは 3 段式で発射された.
【旅行の 1 段階】5 (街道の)宿場, 駅,《昔の駅馬車が馬を換えた》; (宿場間の)旅程;【英】(バスの)同一運賃区間; (数日にわたるレースなどの)区切り. 6 ＝stagecoach.
be at the cènter of the stáge ＝take center STAGE.
be gòing through the stáge 今はそういう時期である《発達の一段階で, やがて変わる》.
by* [*in*] *èasy stáges ゆっくりと楽な旅程で, 休み休み,〔旅をする, 仕事をするなど〕.
hòld the stáge (1)〔劇が〕上演を続ける, 好評である. (2) 注目の的である.
sèt the stáge for .. ..のお膳(ぜん)立てをする; ..を可能[容易]にする. *set the* ～ *for* a summit meeting サミット会談のお膳立てをする.
stàge by stáge 少しずつ.
tàke cènter stáge 関心の的である.
trèad the stáge →tread.
ùp* [*dòwn*] *stáge →upstage, downstage.
── 動 (**stág·es** /-əz/| 過 過分 **～d** /-d/| **stág·ing**) 他 1〔劇など〕を**上演する**;〔公開の催し〕を行う, 開催する; を派手にやってのける. ～ an opera [a flower show] オペラを上演[花の展示会を開催]する. ～ a comeback 返り咲きをする. It turned out that the incident had been ～*d* by the TV station. その事件はテレビ局のやらせだったことが分かった. 2〔暴動, ストライキなど〕を計画する, 敢行する. ～ a 24-hour strike 24 時間ストを行う.
── 自 VA〈A は様態の副詞〉〔作品が〕舞台にのる, 上演される. His play ～*d* terribly. 彼の芝居の上演は散々だった.
[＜古期フランス語「位置, (建物の)階」(＜ラテン語 *stāre* 'stand')]

stáge·còach 名 C 駅馬車《昔, 宿場ごとに馬を換えて定期的に乗客, 郵便物などを運んだ大型 4 輪馬車》.

stáge·cràft 名 U 劇作の才; 作劇法, 演出法.

stáge dirèction 名 C 舞台指示, ト書き; 演出.

stáge dirèctor 名 C 舞台演出家.

stàge dóor /⌐‐⌐/ 名 C〈普通, 単数形で〉楽屋口. at the ～ 楽屋口で.

stáge effèct 名 C 舞台効果.

stáge frìght 名 U (特に初舞台での)舞台負け, あがること. have ～ あがる.

stáge·hànd 名 C 舞台係《装置, 照明などの係》.

stàge léft 副 舞台左手に, 上手(かみて)に,《観客に向かって左側》.

stáge-mànage 動 他 1 の舞台監督[主任]をする. 2 裏で..の企画を立てる, を操る.

stáge mànager 名 C 舞台監督, 舞台主任.

stáge nàme 名 C 舞台名, 芸名.

stág·er 名 C【英話】老練な人; 経験者 (old stager).

stàge ríght 副 舞台右手に, 下手(しもて)に,《観客に向かって右側》.

stáge-strùck 形 (特に, 俳優を志願して)舞台にあこがれている; 演劇好きの.

stáge whìsper 名 C (他の役者には聞こえていないという設定で観客に聞こえるように言う)わきぜりふ; 聞こえよがしのささやき[独り言].

stage·y 形 ＝stagy.

stag·fla·tion /stæ̀gfléiʃ(ə)n/ 名 U【経】スタグフレーション《不況下のインフレ; ＜*stag*nation＋in*flation*》.

‡**stag·ger** /stǽgər/ 動 (～s /-z/| 過 過分 **～ed** /-d/| ～·**ing** /-g(ə)riŋ/) 自 1 よろめく, ぐらぐらする; VA よろめきながら歩いて行く〈*away*〉〈*into* ..の中へ/*out of* ..から/*through* ..を〉. The sick man ～*ed* to his feet 病人はよろよろと立ち上がった. ～ along よろよろ歩いて行く. come ～*ing into* the house よろめきながら家に入ってくる. 2 たじろぐ, ためらう;〔決心などが〕ぐらつく. Her resolution ～*ed*. 彼女の決心はぐらついた. ～ under the burden [weight] of one's responsibilities 責任の重さにたじろぐ.
── 他 1 をよろめかせる;〔決心など〕をぐらつかせる;〔人〕に肝をつぶさせる, をびっくり仰天させる; を震撼(しんかん)させる. The difficulty of the situation ～*ed* his determination. 事態の困難さに彼の決心はぐらついた. She was

~*ed* ⌊by [to hear, on hearing] the news of his death. 彼女は彼の死の知らせに茫(ぼう)然とした. a discovery that ~*s* the imagination 想像を絶する発見.
2 を互い違いに置く; 〔始業時, 休日など〕を重ならないようにずらす; 〖競技〗〔スタート地点など〕を少しずつずらす. ~ office hours 時差出勤[勤務](制に)する.
— 名 C **1** よろめくこと. (drunken) with a ~ (酔っぱらって)よろめきながら. **2** 〈the ~s; 単数扱い〉(馬, 牛などの)暈(え)倒病 (**blìnd stággers**).
[<古期北欧語「(繰り返し)押す, よろめかせる」]

†**stág·ger·ing** /-g(ə)riŋ/ 形 **1** よろめく, よろめかせる; ためらう, ためらわせる. a ~ blow よろめかせるような強打. **2** 肝をつぶすような, 驚くべき, 〔数, 量など〕. a ~ sum of money 驚くほど巨額の金.

stág·ger·ing·ly 副 **1** よろよろと; ためらって. **2** びっくりするほど(に).

stag·ing /stéidʒiŋ/ 名 **1** UC 上演, 演出(ぶり). Who's in charge of the ~ of this play? だれがこの劇の演出を担当しているのか. **2** U (建築現場の)足場.

stáging àrea 名 C 〖軍〗(作戦地への)部隊集結地域. 「に航空機の).

stáging pòst 名 C (長い旅程中の)立ち寄り地《特↑

stág·nan·cy 名 U **1** 停滞, 沈滞. **2** 不景気.

†**stag·nant** /stǽgnənt/ 形 m **1** 〔水, 空気などが〕よどんだ, 流れない, よどんで臭い. a ~ pond 水のよどんだ池. ~ polluted air よどんで汚染した空気. **2** 〔活動, 仕事などが〕沈滞した, 不活発な, 不振な. a ~ economy 沈滞した経済. [<ラテン語 *stāgnāre*「水たまり (*stāgnum*) になる, よどむ」(の現在分詞)] ▷ **~·ly** 副

‡**stag·nate** /stǽgneit/ 動 自 **1** 〔水などが〕よどむ, 腐る. **2** 〔活動などが〕沈滞する, 不活発になる. Some people find that their minds ~ after their retirement. 退職後は頭の働きが鈍くなっていると思っている人もいる.

stàg·ná·tion 名 U よどみ; 沈滞; 景気停滞, 不景気, 不況.

St. Ágnes's Éve 名 →Saint Agnes's Eve.

stág pàrty [nìght] 〖英〗 名 C 〖話〗男ばかりのパーティー《特に, 近く結婚する男のために挙式前夜に開く; →hen party [night]》.

stag·y /stéidʒi/ 形 e 舞台の; 芝居がかった, 大げさな. ▷**stag·i·ly** 副 **stag·i·ness** 名

staid /steid/ 形 落ち着いた; まじめな, 着実な; 〈けなして〉しかつめらしい, 古くさい.
[stay[1] の過去分詞] ▷**stáid·ly** 副 **stáid·ness** 名

‡**stain** /stein/ 動 (~**s** /-z/|過 過分 ~**ed** /-d/|**stáin·ing**) 他 **1** を汚す, に染みを付ける, 〈*with* ..で〉〈普通, 受け身で〉. a rug ~*ed with* ink インクの染みの付いた敷物. **2** 〔名声など〕をけがす, 傷つける, 〈普通, 受け身で〉. ~ his name [reputation, honor] 彼の名前[評判, 名誉]をけがす. **3** 〔布地, 木材, ガラス, 顕微鏡標本など〕に着色する; VOC (~ X Y) X を Y (色) に着色する[汚す]. ~ the leather dark brown 革を暗褐色に染める.
— 自 染みが付く, 染みになる; VA 汚れる. The fabric ~*s* easily. この生地は染みになりやすい.
— 名 (複 ~**s** /-z/) **1** UC (落ちにくい)汚れ, 染み. Fruit ~*s* are difficult to get out [remove]. 果物の染みは抜きにくい.
2 C 〖章〗汚点, 傷, 〈*on, upon* ..〔人格, 名声など〕に対する〉. leave a great ~ *on* the family's good name 一族の名声に大きな汚点を残す. **3** UC 着色剤, 染料.
[<古期フランス語「(地色と)違った色をつける」(<ラテン語 dis-+*tingere* 'tinge')]

-stained 〈複合要素〉..の付いた. blood-*stained* 血の付いた. 「ス.

stàined gláss 名 U (教会堂の窓などの)ステンドグラ↑

stáin·less 形 **1** 〔金属が〕さびない; ステンレス (stainless steel) (製)の. **2** 汚れ[染み]のない; (道徳的に)汚(けが)れのない, 清廉潔白な.

stàinless stéel 名 U ステンレス(鋼).

‡**stair** /steər/ 名 (複 ~**s** /-z/) C **1** 〈普通 ~s; 単複両扱い〉(ひと続きの)**階段**《特に, 屋内の階と階をつなぐ; 屋外にあるものは steps》. a flight of ~*s* ひと続きの階段. a pair of ~*s* (1 階を上下するための, 間に踊り場のある)階段. at the bottom [top, head] of the ~*s* 階段の下[上]で. Watch your step, the ~*s* are steep. 足元に気をつけて, 階段は急だよ. go down [up] the ~*s* 階段を降りる[上る]. run up the ~*s* two at a time 階段を 2 段ずつ駆け上がる. a screw [spiral] ~ らせん階段.
2 (**a**) (階段の) **1 段**. the top [bottom] ~ but one 上[下]から 2 段目. (**b**) 〖旧章〗(ひと続きの)階段.
3 〖英〗階 (floor). a single gentleman living on the ~ above (すぐ)上の階に住んでいる独身の男の人.
abòve stáirs 〖英旧〗階上で; 主人の部屋で.
belòw stáirs 〖英旧〗階下で; 召使いの部屋で; 召使いの仕事をして. He worked *below* ~*s* all his life. 彼は一生召使いで過ごした. [<古期英語「登るもの」]

stáir càrpet 名 C 階段用じゅうたん.

‡**stair·case** /stéərkèis/ 名 (複 **-cas·es** /-əz/) C (ひと続きの)**階段**《段々 (stairway) だけでなく, 手すり, 踊り場, 時には壁, 天井なども含む》, (建物の)階段部分.

stáir ròd 名 C 階段用じゅうたん押さえ《蹴(け)込みの下部で固定する金属棒など》.

‡**stáir·wày** 名 (複 ~**s**) C 階段(の段々)《屋内·屋外を問わず》.

stáir·wèll 名 C 〖建〗階段吹き抜け.

***stake** /steik/ 名 (複 ~**s** /-s/) C 【杭(くい)】 **1** 杭, 棒. drive a ~ into the ground 地面に杭を打つ. The cowboy tied his horse to a ~. カウボーイは馬を杭につないだ. **2** 〈the ~〉火刑用の柱; 火あぶり, 火刑. burn .. at the ~ ..を火あぶりにする; 〈比喩的〉手きびしく..を非難する[やっつける]. go to the ~ 火あぶりになる; 〈比喩的〉(へまをして)つらい目に遭う.
【杭の上に載せた賭(か)け金】 **3** (**a**) 〈普通 ~s〉(賭け事, 特に競馬の)**賭け金**, 元手; (競馬などの)賞金; 〈~s, 時に Stakes; 単数扱い〉〖競馬〗特別賞金レース《主にレース名として用いられる》. play for high ~*s* 大金を賭ける; 大ばくちを打つ; 一か八(ばち)かの手段に出る. the Belmont *Stakes* ベルモントステークス《米国の 3 大競馬レースの 1 つ; →Triple Crown》. raise (up) the ~*s* 賭け金を上げる; 〈比喩的〉緊張を高める. (**b**) 〈~s〉競走, 競争. be high in the popularity ~*s* 人気がある.
4 (事業などへの)出資金; それによる権益; 利害関係 〈*in* ..における〉. have a [no] ~ *in* the deal その取引に一枚かんでいる[関与していない]. have a 60 percent ~ *in* the joint venture 共同事業に 60 パーセント出資している.
at stáke (1) 金が賭けられて. I have a lot of money *at* ~ in this enterprise. 私はこの事業に大金を賭けて[つぎ込んで]いる. (2) 〔名誉, 生命などが〕賭けられて, 危うくなって; 〔議席などが〕争われて. He fought desperately to win the suit, for his political career was *at* ~. 彼はその訴訟に勝つために必死に戦った, 彼の政治生命がかかっていたから. (3) 問題となって(いる). the question *at* ~ 問題点.
gò to the stáke over [for].. ..に(危険を冒してまで)固執する, ..のためにどのような事も甘受する.
pull ùp stákes 〖米話〗家[仕事など]を引き払ってよそへ移る, 引っ越す, 立ち去る; 仕事を辞める, 転職する.
up stákes 〖英話〗=pull up STAKES.
— 動 (~**s** /-s/|過 過分 ~**d** /-t/|**sták·ing**) 他
1 〔家畜など〕を杭(くい)につなぐ; 〔植物など〕を棒で支える; 〈*up*〉. ~ (*up*) tomato plants トマトに支柱を立てる.
2 〔土地〕に杭を打って仕切る[囲む] 〈*out, off*〉. ~ *out* the boundaries 境界を杭で仕切る.

S

3〔金, 名誉, 生命など〕を賭(か)ける〈*on* ..に〉(類語 しばしば賭けに勝つ自信を暗示; →bet). He ~*d* his political future *on* the outcome of the election. 彼は選挙結果に政治生命を賭けた. I'd ~ my life [reputation] *on* it. 確かにそうなるよ.

4〖話〗VOA (~ X *to* ..) X(人)に..を融通して[買って]やる, おごる;〖米話〗Xに〔資金など〕を援助する. I'll ~ him *to* the necessary capital. 彼に必要な資金を融通してやろう.

stàke /../ óut (1)→動 2. (2)〔自分の専門分野など〕をはっきりさせる. ~ *out* tough positions 強硬な姿勢をはっきり出す. (3)〖主に米話〗〔ある場所〕に張り込みをする;〔人〕を見張りにつける〈*on* ..に〉.

stàke (òut) one's [a] cláim (1) 権利を主張する〈*to* ..に対する〉《昔, 開拓民などが杭を打って自分の土地を囲い込んだことから》. (2) 当然自分のものだと思う[公言する]〈*to, on* ..〔物, 人〕が〉.

[<古期英語「杭, 棒」; stick[1] と同根]

stáke·hòlder 名 C **1** 賭(か)け金を預かる人. **2**〖法〗係争物保管人《普通, 弁護士》.

stáke·òut 名 C〖主に米話〗警察の張り込み(場所).

sta·lac·tite /stəlǽktait|stǽləktàit/ 名 C〖鉱〗(鍾乳(しょうにゅう)洞の天井にできる)鍾乳石.

sta·lag·mite /stəlǽgmait|stǽləgmàit/ 名 C〖鉱〗(鍾乳(しょうにゅう)洞の下面にできる)石筍(じゅん).

***stale** /steil/ 形 e (**stál·er**|**stál·est**) **1**〔食物などが〕**新鮮でない**, 腐りかけた;〔酒などが〕気の抜けた; かび臭い, むっとする;〔空気が〕いやな臭いの. ~ bread ぱさぱさして固くなったパン. go ~ ぱさぱさになる. ~ air こもって汚れた空気. **2**〔ニュース, しゃれ, 冗談などが〕**新鮮味のない**, 古くさい. a ~ joke 陳腐な冗談. **3** (同じことを長い間して)マンネリ化した;〔人が〕(過労などで)疲れた, 生気のない, やる気のない;〔運動選手などが〕(練習過多[不足]で)調子が悪い. go [get, grow] ~ マンネリ化する.

── 動 他 を気抜けさせる, つまらなくする.

── 自 新鮮でなくなる; 古くさくなる.

[<古期フランス語「静止する」] ▷**stále·ly** 副 **stále·ness** 名

‡**stále·màte** 名 UC **1**〖チェス〗ステールメート, 手詰まり,《双方とも指し手のない状態; 試合は引分けになる; →checkmate》. **2** (交渉などの)行き詰まり, 膠(こう)着状態, (deadlock). reach [be at] a ~ 行き詰まる[まっている].

── 動 他〖チェス〗〔相手(のキング)〕をステールメートにする;〔交渉など〕を行き詰まらせる;〈普通, 受け身で〉.

Sta·lin /stáːlən/ 名 **Joseph** ~ スターリン (1879–1953)《旧ソ連の共産党書記長・首相; 長年にわたるその恐怖政治の実態が死後暴かれた》.

Stalin·grad /stáːlənɡræd/ 名 スターリングラード《Stalin の声望失墜後 1961 年 Volgograd と改称》.

Stá·lin·ìsm 名 U スターリン主義《国内の反対勢力の徹底的弾圧と攻撃的対外政策が特徴》.

†**stalk**[1] /stɔːk/ 名 C **1**〖植〗(草本の)茎, (葉・花の)柄;〖動〗茎状部. **2** 茎状の物, 細長い支え, 細長い物,《ワイングラスの脚, 細長い煙突など》.

A person's èyes are on stálks.〖英話〗驚いて目を大きくする. [<中期英語 (?<古期英語「はしごの段」)]

***stalk**[2] /stɔːk/ 動 (~**s** /-s/|過 過分 ~**ed** /-t/|**stálk·ing**) 他 **1**〔獲物など〕に**こっそり近づく**, 忍び寄る. Wolves ~*ed* the herd. オオカミが牛の群れに忍び寄った. **2** にストーカー行為をする. **3**〖章〗〔疾病, 災害, 死などが〕に広がる, はびこる. Fear ~*ed* the city streets. 街には恐怖が広がった.

── 自 **1** VA (威張って) **大またに歩く**〈*into* ..の中へ/*out* (*of*) (..から)外へ〉. cranes ~*ing* gracefully along the shore 岸辺を優雅に歩むツル. ~ *in* [*into* ..] (..に)憤然として大またで入って行く. He ~*ed out of* the room in anger. 彼は憤然として部屋から大またで出て行った. **2**〔疾病などが〕広まる〈*through*〉. **3** 獲物に忍び寄る. **4** ストーカー行為をする.

── 名 C **1** 忍び寄ること. on the ~ 獲物に忍び寄って. **2** 威張り歩き, 闊(かっ)歩.

[<古期英語「忍び足で歩く」; steal と同根]

stálk·er 名 C **1** 忍び寄る人; 獲物にこっそり近うく人 (→deerstalker). **2** ストーカー《ゆがんだ欲望でしつこく人をつけまわす人》.

stalk·ing 名 U ストーカー行為.

stálk·ing-hòrse 名 C **1** 忍び馬《狩猟者が身を隠して獲物に忍び寄るための馬(形の物)》. **2** 口実; 偽装; おとり. **3** (選挙の)当て馬(候補).

stalk·y /stɔ́ːki/ 形 e 茎のある[多い].

***stall**[1] /stɔːl/ 名 (複 ~**s** /-z/) C

【仕切られた場所】 **1** (**a**) (家畜小屋の)**ひと仕切り**, (厩(きゅう)舎の)馬房,《stable の中を仕切った 1 頭分の場所》. (**b**) (個人用に)小さく仕切った場所[部屋]《プールの脱衣所, シャワー室, 公衆トイレなど》.

2 売店, 屋台(店), スタンド; 商品陳列台; (★しばしば複合要素として用いる). run a market [street] ~ 市場の売店[露店]で商売をする. a book ~ 屋台の本屋, 本の売店. **3** (教会の)聖職者席; 聖歌隊席.

4〖英〗〈普通 the ~s〉(劇場の) 1 階正面席 (〖米〗parquet). **5** =fingerstall.

set òut one's stáll〖英〗手はずを整える〈*to* do ..するための〉.

── 動 他〔家畜〕を小屋に入れる.

[<古期英語「立つ場所, うまや」]

stall[2]〖話〗動 他【進行を止める】 **1**〔交渉など〕を時間稼ぎで引き延ばす,〔人〕を時間稼ぎでごまかす, 引き止める[めておく]; 行き詰まらせる, 足踏みさせる. ~ off the creditors 債権者をうまくごまかして返済を延ばす. Please ~ him off while I make my escape. 私が逃げて行く間彼を引き止めておいてね. **2**〔エンジン〕を止まらせる, エンストさせる;〔飛行機〕を失速させる;〔景気回復など〕を足踏みさせる;〖主に米〗〔馬(車), 車, 列車など〕を立ち往生させる;〈しばしば受け身で〉. ~ traffic〔事故などが〕交通(の流れ)を止める.

── 自 **1** 引き延ばし作戦をする; (スポーツで)時間切れをねらう. ~ for time 時間稼ぎをする. **2**〔人が〕車にエンストを起こさせる, 飛行機を失速させる;〔車, 飛行機が〕エンストする, 失速する;〔馬(車)などが〕立ち往生する;〔景気回復などが〕足踏みする;〔事が〕行き詰まる, 立ち往生する. The car [engine] ~*ed* on a steep hill. 車[エンジン]は急な坂道で止まってしまった.

── 名 C **1** (時間稼ぎの)口実, ごまかし. **2** (エンジンの)停止, エンスト; (飛行機の)失速; (交通機関の)立ち往生. go into a ~ エンスト[失速]する. get out of a ~ エンスト[失速]状態を脱する.

[<アングロノルマン語「囮(おとり)の鳥」]

stáll·hòlder 名 C〖英〗屋台[売店]の持主[借主].

‡**stal·lion** /stǽljən/ 名 C 種馬 (→horse 参考).

‡**stal·wart** /stɔ́ːlwərt/ 形 **1**〖章〗背が高くがっしりした, たくましい; 勇猛な. **2**〔人が〕信念[意志]の堅固な; 愛党心の強い. ── 名 C 頑強な人; 忠実な党員, 熱心な支持者. [<古期英語「役に立つ」] ▷**~·ly** 副 **~·ness** 名

sta·men /stéimən|-men/ 名 (複 ~**s, sta·mi·na** /stǽmənə/) C〖植〗雄蕊(ずい), 雄しべ, (→pistil). [ラテン語「糸」]

stam·i·na /stǽmənə/ 名 **1** U 精力, 元気; 根気, 持久力, スタミナ. run out of ~ スタミナが切れる. **2** stamen の複数形. [ラテン語「運命の女神が織った糸」(stamen の複数)]

stam·i·nate /stǽmənit/ 形〖植〗雄蕊(ずい)のある.

***stam·mer** /stǽmər/ 動 (~**s** /-z/|過 過分 ~**ed** /-d/|~**·ing** /-m(ə)riŋ/) 自 どもる (類語 一時的にどもる意味の一般的な語; →stutter). The secretary often ~*ed*.

その秘書はしばしばどもった.
── 他 VO (～ X/"引用") Xを/「..」とどもりながら言う〈*out*〉. ～ (*out*) words of gratitude どもりどもり感謝の言葉を言う.
── 名 C 〈普通, 単数形で〉どもった話し方; 口ごもり. speak with a ～ どもりながら話す. have a bit of a ～ 少しどもる.
[＜古期英語] ▷**～·er** /-m(ə)rər/ 名 C どもる人.

stám·mer·ing·ly /-m(ə)riŋ-/ 副 どもりながら.

‡stamp /stæmp/ 動 (**～s** /-s/|過 過分 **～ed** /-t/|**stámp·ing**) 他 【踏みつける】 **1** を踏みつける, 〔足〕をどしんと踏み下ろす, 踏み鳴らす; VOC (～ X Y) X を踏みつけて Y の状態にする. ～ /../ out →成句. ～ one's foot in anger 怒って足を踏み鳴らす. He ～*ed* the mud off his shoes. 彼は足をどんと踏んで靴の泥を落とした. ～ the soil flat [down] 土を踏み固める[ならす].
【踏み跡を付ける＞印を押す】 **2** (**a**) に印を押す; 〔印〕を押す; VOO (～ X Y) X に Y の印を押す; VOA に押す〈*with* ..〔印など〕を〉; を押印する〈*on* ..〔書類など〕に〉; 刻印する〈*into* ..〔金属など〕に〉. The officer ～*ed* my passport. 係官はパスポートに判を押してくれた. ～ a document "Top Secret" 書類に「極秘」の印を押す. ～ a document *with* one's name＝～ one's name *on* a document 文書に自分の名のスタンプを押す. ～ the trademark *into* the metal 金属部に商標を打刻する. (**b**) 〔機械部品など〕を型に合わせて打ち抜く〈*out*〉〈*from* ..から〉.
3 に切手[印紙]をはる. ～ a letter 手紙に切手をはる. This envelope is not ～*ed*. この封筒には切手がはっていない. →stamped addressed envelope.
【強く印象うける】 **4** VOA を深く刻み込む, 強く印象うける, 〈*on* ..〔心など〕に〉; に刻み込む〈*with* ..〔印象など〕を〉. The event was ～*ed on* his memory. その出来事は彼の終生忘れ難い記憶となった. The mother's face was ～*ed with* deep grief. 母親の顔には深い悲しみが刻まれていた.
5 VOC (～ X Y)・VOA (～ X *as* Y) 〔物事が〕X が Y であることを示す[と決めつける]. This alone ～*s* him (*as*) a swindler. このことだけで彼に詐欺師の極印(ごくいん)を押すことができる.
── 自 足を(どしんどしんと)踏み鳴らす, じだんだを踏む; VA どしんどしん[乱暴に]歩く. ～ on the floor 床を踏み鳴らす. She glared at him for a moment and then ～*ed out of* the room. 彼女は一瞬彼をにらみつけ, それから乱暴に足を踏み鳴らして部屋を出て行った.
stámp on .. (1) ..を踏みつぶす. (2) 〔考えなど〕を断固退ける; 〔反乱など〕を鎮圧する.
stàmp /../ óut (1) 〔たき火など〕を踏み消す. (2) 〔病気など〕を根絶[撲滅]する; 〔暴動など〕を鎮圧する. The mayor pledged to ～ *out* crime in the city. 市長は市の犯罪を根絶すると公約した.
── 名 (複 **～s** /-s/) 【踏みつけること】 **1** C 足を踏み鳴らすこと[音], じだんだ.
【印章】 **2** C スタンプ《打印器》, 判, 印章; (押してできた)印, スタンプ; 消印, 検印. a rubber ～ ゴム印. a date ～ 日付印. a ～ of approval 承認印; お墨付き.
3 【印紙】 C 切手 (postage stamp); 収入印紙 (revenue stamp); 証紙; ＝trading stamp. a sheet [book] of ～*s* 切手のシート[切手帳]. put [stick] a (40 cent) ～ on an envelope 封筒に (40 セント)切手をはる. My hobby is collecting ～*s*. 切手集めが趣味です.

連結 a rare [a commemorative; a foreign] ～ // issue [cancel; lick, moisten] a ～; attach [affix] a ～ to.., stick a ～ on..

【押された印】 **4** C 〈普通, 単数形で〉しるし; 特徴, 特質, 印象. The work certainly bears the ～ of genius. その作品には確かに天才の刻印が押されている《天才の作品だということが明らかに見て取れる》.
5 【区別のための印】 UC 〖章〗〈普通, 単数形で〉型, 種類. of the same ～ 同じタイプの. a woman of her ～ 彼女のようなタイプの女性. music of (a) serious ～ まじめな[堅い]音楽.
[＜中期英語「すりつぶす」(＜ゲルマン語)]

Stámp Àct 名 〈the ～〉〖史〗印紙条令《1756 年英国がアメリカ植民地に課した》.

stámp àlbum 名 C 切手帳.

stámp collècting 名 U 切手収集.

stámp collèctor 名 C 切手収集家 (philatelist).

stámp dùty 名 U 印紙税.

stàmped addrèssed énvelope 名 C 切手をはり(自分の)あて名を書いた返信用封筒《略 s.a.e., SAE; 〖米〗では self-addressed stamped envelope とも言う》.

‡stam·pede /stæmpí:d/ 名 C **1** (家畜の群れが驚いて)一斉に逃げる[暴走する]こと; (パニック状態の人々が)先を争って逃げること; (軍隊の)大潰(かい)走, 総崩れ.
2 (群衆の)殺到, 狂奔.
── 動 自 どっと逃げる, 敗北する; 殺到する. ～ for an exit 出口に殺到する. ～ out of.. ..からどっと出る.
── 他 をどっと逃げ出させる; VOA (～ X ***into*** (*doing*) ..) X を狼狽(ろうばい)のあまり[やみくもに]..させる. ～ them *into* buy*ing* 彼らにやみくもに買わせる.
[＜(メキシコ)スペイン語「騒動」(＜ゲルマン語)]

stámp·er 名 C **1** スタンプを押す人. **2** (郵便の)消印係. **3** 押印器.

stámping gròund 名 C 〖話〗気に入りの場所, たまり場. my (old) ～ 私の(昔)なじみの所.

stámp machìne 名 C 切手販売機.

stámp tàx 名 ＝stamp duty.

†stance /stæns/ 名 C 〈普通, 単数形で〉 **1** (ゴルフ, 野球などで打球の際の)足構え, スタンス; 〈一般に〉立った姿勢, 構え, (posture). **2** 姿勢, 態度, 〈*on* ..〔物事〕に対処する〉. adopt [take] a tough ～ 強硬な姿勢を取る.
[stanza と同源]

†stanch[1] /stɔ:ntʃ, stɑ:ntʃ|stɑ:ntʃ/ 動 他 〖米〗〔血〕を止める, 〔傷〕を血止めする. ★〖英〗では (〖米〗でもしばしば) staunch とつづる. [＜古期フランス語]

stanch[2] 形 ＝staunch[1]. ▷**～·ly** 副

stan·chion /stǽntʃ(ə)n, -ʃ(ə)n|stɑ́:nʃ(ə)n/ 名 C (窓などの縦の)支柱; (家畜小屋, 船などの)仕切り棒.

‡stand /stænd/ 動 (**～s** /-dz/|過 過分 **stood** /stud/|**stánd·ing**) 自 【立つ】 **1** 立ち上がる, 起立する, 〈*up*〉(↔sit); (戦いに, 再度)立ち上がる[向かう]. ～ *up* →成句. Everybody *stood* (*up*) when the lady came in. 貴婦人が入って来た時全員が起立した. 語法 基本的には stand は「立っている」で, 「立ち上がる」は stand up であるが, 前後関係ではっきり区別できない場合もある.
【立っている】 **2** (..して)立っている; VC (～ X) X の状態で立っている. ～ upright 直立する. Can you ～ on your hands? 逆立ちができるかい. ～ still じっと(動かないで)立っている. ～ at ease [attention] 休め[気をつけ]の姿勢をする.
3 【立つと..である】〈数量表現を伴って〉 (**a**) VC (～ X) 〔人が〕立って X の高さ[身長 X]である; 〔物が〕X の高さ[丈]である. He ～*s* six feet [foot] two. 彼は身長 6 フィート 2 インチだ (→foot 名 5 ★). The building ～*s* over 100 feet high. ビルは高さ 100 フィートを超える. (**b**) VA (～ ***at*** ..) 〔温度計などが〕..度を示す, 〔得点, 値段, 利率などが〕..である. The thermometer ～*s at* 86°F [30℃]. 温度計は華氏 86 度[摂氏 30 度]を示している. ★86°F, 30℃ はそれぞれ eighty-six degrees Fahrenheit, thirty degrees Celsius [centigrade] と

S

読む. Interest rates ～ *at* 1%. 利息は 1 歩(ぶ)である.
【ある位置に立っている＞ある】 **4** (**a**) VA 〔物が〕立っている; (立てかけられて) 置かれている. High *above* the city *stood* the statue of the prince. 街並みからひときわ高く王子の像が立っていた. a broom ～*ing in* the corner 隅に立てかけてあるほうき. (**b**) 〔建物が〕元のまま建っている《倒壊などを免れて》; VA 〔建物, 町などが〕**位置している**, ある; 〔ある地位, 順位などに〕(位置付けられて)いる, ある; (★意味は be と大差ない; 進行形不可). There are few houses left ～*ing* after the big earthquake. その大地震のあとで原形をとどめて残った家はほとんどない. There once *stood* a little village *by* the river. 川のそばにかつて小さな村があった. Her name ～*s first* in the list. 彼女の名前はリストの一番最初にある. *Where* do you ～ in your class? 君の成績はクラスで何番? Your son ～*s high* in their opinion. 君の息子に対する彼らの評価は高い. (**c**) VA (..の) 立場[態度]である. where a person STANDS (→成句).
5【状態にある】 (**a**) VC (～ X) X (な状態)である. The door *stood* open. ドアが開いていた. ～ astonished びっくりしている. These machines are ～*ing* idle. これらの機械は停止中である. You ～ in need of extra training. 君は特訓の必要がある. ～ a person's friend 人の味方になる. ～ accused of murder 殺人罪で告訴される. ～ condemned 非難を甘受せざるを得ない. (**b**) VA (～ *to do*) ..しそう(な形勢) である. He *stood to* receive $200,000 if his wife's death were judged accidental. 妻の死が事故死と判定されれば彼は 20 万ドルを受け取れる見込みがあった.
【立ったままでいる＞動かない】 **6** 立ち止まる, 止まっている; VA 〔列車, 車が〕停車する. "*Stand* still! What are you doing there?" 「止まれ! そこで何をしているのか」. The train was ～*ing at* a country station. 列車は田舎の駅に停車中だった. No ～*ing*. 〖米〗停車禁止《交通標示》.
7 (**a**) 〔水が〕よどむ; 〔涙などが〕たまる. Sweat *stood* in beads on his forehead. 彼の額に汗が玉となってたまった. ～*ing* puddles after the rain 雨のあとに残っている水たまり. (**b**) (こねた小麦粉などを)寝かしておく.
【状態が動かない】 **8** そのままである, 有効である, 変更されない; 長続きする, 持続する. Our agreement [His world record] still ～*s*. 我々の契約は依然有効である[彼の世界記録はまだ破られていない]. Let the words ～. その字句を(変更せずに)そのままにしておけ. The military government will not ～ very long. 軍事政権はそう長くはもつまい.
9 〖主に英〗立候補する. She *stood* unsuccessfully at the last election. 彼女はこの前の選挙で落選した. ～ *as* a Tory 保守党員として出馬する. ～ for .. →成句.
10 〖クリケット〗審判をする.
11 〔猟犬が〕獲物のありかを教える (set, point).
12 VA 〔船が〕〔..へ〕進路をと(り続け)る. ～ *out* from the shore 岸から沖に乗り出す.
— 他 【立てる】 **1** VOA を**立てる**, 立たせる, 立てかける. ～ a ladder *against* a wall 壁にはしごを立てかける.
【じっと立っている＞こらえる】 **2** を**我慢する**, に耐える; VO (～ *doing*/*to do*/X *doing*) **..することを我慢する**, こらえる/X が..するのをこらえる; (endure) (★普通, 否定文・疑問文で用い, 進行形では用いない) (類語 bear[1] よりくだけた語で, 一向にへこたれないという感じが強い). I will not ～ any nonsense. ばかなことには我慢できない. Who can ～ this noise? こんな騒音が我慢できるもんか. I can't ～ hear*ing* [*to* hear] it. それを聞くのは耐えられない. I just can't ～ them talking loudly. 彼らが大声で話しているのをとても我慢できない. cloth that will ～ wear なかなか傷まない[擦り切れない]布. This cloth will not ～ wash*ing*. この布は洗濯がきかない.

3 〔試練, 困難など〕に耐える, 立ち向かう. ～ an attack 攻撃に耐える. His plays have *stood* the test of time. 彼の戯曲は時間の試練に耐え(て評価が確立し)た.
4 〔裁判など〕を受ける. ～ trial for murder 殺人罪で裁かれる.
5【負担をこらえる】〖話〗〔食べ物など〕をおごる, の費用をもつ; VOO (～ X Y) X (人)に Y (食べ物など)をおごってやる[くれる]. Who will ～ the cost? だれが費用をもつのか. I will ～ you a dinner [a dinner *for* you]. 君に食事をおごろう.

as 〔*affàirs* [*màtters, thìngs, etc.*]〕 ***stánd*** 現状(のまま)では. His plan, *as* it ～*s*, is not acceptable. 彼の計画は, そのままでは受け入れられない.
hòw [***whère*** ↓] ***a pèrson stánds***
stànd abóut [***aróund***] 何もしないで(突っ立って)いる, ぼけっとしている.
stànd a chánce 見込みがある 〈*of* ..の〉. ～ *a* good [fair] *chance* 十分(成功の)見込みがある. ～ very little [*a* poor] *chance of* being elected 当選の見込みはほとんど[あまり]ない.
stánd against.. (1) ..を背にして立つ. ～ *against* the fire 暖炉に背を向けて立つ. (2) ..に抵抗する; (選挙で)..の対抗馬となる.
stànd alóne 孤立する, 唯一である; 目立つ.
Stànd and delíver! 有り金残らず置いて行け《昔の追いはぎの決まり文句》.
stànd asíde (1) わきへ寄る[どく]. (2) 傍観する.
stànd awáy 離れている, 近寄らない.
stànd báck 後ろに下がる[どいている].
****stànd bý*** (1) そばに立つ[いる]; 傍観する. We just *stood by* while the two men quarreled. 我々はその 2 人の男がけんかしている間傍観しているだけだった. (2) 待機する 〈*for* ..に備えて〉; 〖放送〗出番を待つ, スタンバイする. ～ *by for* a message メッセージを待つ. (3) 〖英〗〖法〗〔国王が, 陪審員〕を忌避する.
stánd by.. (1) 〔人〕を助ける, 支援する. Only Philip has *stood by* me during this crisis. この危機の間中フィリップだけが私を支援してくれた. (2) 〔約束など〕を固く守る.
stànd cléar of.. ..から離れ(てい)る; ..を避ける.
stànd corrécted 訂正の必要がある. I ～ *corrected*. (誤りを認めて)ご指摘の通りです.
stànd dówn (1) 公職から身を引く, 〔候補者が〕降りる. (2) 〔証人が〕証人台から降りる.
****stánd for..*** (1) **..を表す**, 象徴する. What does this sign ～ *for*? この記号は何を表すのか. EC ～*s for* European Community. EC とは European Community を表します. (2) 〔主義など〕を**提唱する**, ..に味方する, ..のために戦う; ..に役立つ. ～ *for* liberty 自由を擁護する. ～ *for* nothing 何の役にも立たない. (3) 〖話〗..を我慢する 〈普通, 否定文・疑問文で〉. (4) 〖英〗..に立候補する, 出馬する, (〖主に米〗 run for..).
stànd ín (1) 金を出し合う 〈*with* ..と〉. (2) 〖主に米話〗仲がよい 〈*with* ..と〉.
stànd in for.. ..の代役[吹き替え役]をする; ..の代理を務める; (→stand-in).
stànd óff 離れている; 冷淡である 〈*from* ..に〉.
stand /../ óff (1) ..を退ける, 撃退する; ..を敬遠する. (2) 〖英〗〔労働者〕を一時解雇する (lay /../ off).
stànd ón 〖海〗〔船が〕一定進路を取り続ける.
stánd on [***upon***]***..*** (1) ..に基づく. My philosophy ～*s on* principles of freedom and equality. 私の人生観は自由と平等の原理に基づいている. (2) 〔儀礼など〕を固守する, ..にうるさい; 〔権利など〕を主張する.
Stànd on mé. 〖英旧話〗任せてくれ; 本当だよ.
stànd or fáll on [***by***]***..*** 〔成功[命運など]が〕..にかかっている, 生きるも死ぬも..次第である.

S

*stànd óut (1) 突き出る〈from ..から〉; 目立つ; 傑出している〈among ..の中で〉. (2) 屈しない, へこたれない, 〈against ..に〉; 頑張り通す〈for ..を〉.
stànd óver 延期になる.
stánd over.. (1)〔人〕をそばに立って監視する. (2) ..を延期する. (3)〘オース・ニュー話〙..をおどす; ..から金をゆすり取る.
stànd tó〘主に英〙待機する〈for ..に備えて〉.
stánd to.. (1)〔約束, 立場など〕を固守する, 固持する. (2)〔武器など〕を離さないで頑張り通す. ～ to one's oars [guns] 休まず漕(こ)ぎ続ける[武器を手離さず抗戦を続ける; 自説を固守する]. (3)〘アイル話〙〔人〕の役に立つ.
*stànd úp (1) 立ち上がる, 起立する; 毅(き)然と立つ[構える] (→STAND up to (1)). Stand up, everybody! 全員起立《号令》. Why don't you ～ up and fight like a man? 男らしく堂々と立ち向かったらいいじゃないか. (2)〔物が〕もつ; 耐える, 耐えて長持ちする, 〈to, under ..に〉; 〔理論などが〕検証に耐える, 確立している. ～ up ⌞to rough use [under high pressure] 酷使[高圧]に耐える.
stànd /../ úp〘話〙〔デートの相手など〕に待ちぼうけをくわせる.
stànd úp for..〔人, 主義など〕を支持する, 弁護する.
stánd upon.. ＝STAND on..
stànd úp to.. (1) ..に勇敢に立ち向かう, 恐れずぶつかる. (2) →STAND up (2).
stànd úp with..〘話〙〔花婿, 花嫁〕の介添えをする.
stànd wéll with..〔人〕によく思われている, 〔人〕との関係がうまく行っている.
whère a pèrson stánds 人の立場[意見, 見方など]; 人に対する見方など〈with ..の〉. from where I ～ 私見では. Where do you ～ on abortion? 妊娠中絶をどう思われますか. He doesn't know where [how] he ～s with his fellows. 彼は仲間にどう思われているか知らない.

── 名 (複 ～s /-dz/) C【立ち止まること】1 停止, 静止; 停滞, 行き詰まり. be at a ～ 停止している; 行き詰まっている. come to a ～ 停止する; 行き詰まる. bring a project to a ～ 計画を行き詰まらせる.
2【立ち寄り】(巡業の)宿泊地, 興行地; 興行. a one-night ～ 1夜だけの興行.
【立ち止まる位置】3 (立つ)場所, 位置. take a ～ at the gate 門の所⌞に位置を占める[で部署につく].
4 立場, 主張; 根拠. the minister's ～ on housing problems 住宅問題に関する大臣の立場[考え方, 意向]. take a ～ →成句.

連結 a firm [a resolute, a strong, a tough; a courageous; a defiant] ～

5【立場を守ること】抵抗, 踏みとどまり; 固守. make a ～ →成句. the enemy's last ～ 敵の最後の抵抗.
【(立てる)台】6 (物を立てる[載せる])台; 〈複合要素〉..台, ..立て. an umbrella ～ 傘立て. a music ～〘楽〙譜面台. 7 屋台店, 売店, スタンド. a roadside fruit ～ 果物の露店. a news ～ 新聞売店.
8〘米〙(法廷の)証言台. take the ～ 証言台に立つ.
9 (タクシーの)客待ち所, たまり.
10〈しばしば ～s〉観覧席, スタンド.
【立っているもの】11 (a) (立ち木などの)群生, 林立; (林立した)植物群, 作物. a ～ of clovers クローバーの群生, 群生したクローバー. (b)〘俗〙勃(ぼっ)起.
12〘オース・ニュー〙(羊毛刈りの)作業場. 13〘南ア〙建設⌞用地[予定地]. 14〘アイル俗〙謝礼, 心付け.
at a stánd〘古〙途方に暮れて, 行き詰まって.
màke a stánd (1) 立ち止まる〈at ..に〉. (2) あくまで[踏みとどまって]戦う; 固守する〈for ..を〉, 抵抗する〈against ..に対して〉. make a ～ for independence [against oppression] 独立のために[圧政に対して]抵抗する.
tàke a stánd 明確な態度を打ち出す〈on, over ..について〉. [＜古期英語]

‡stand·ard /stǽndərd/ 名 (複 ～s /-dz/) C
【まっすぐ立っているもの】1 まっすぐな支柱《ランプ台, 杯の足など》; (灌(かん)木, 蔓(つる)植物でなく直立した)立ち木, 低木; (植木などの)支え木, 添え木.
2 旗; 軍旗; (類語 特に儀式用に使われるもの). The royal ～ is flying over Buckingham Palace. バッキンガム宮殿に国王旗が翻っている. join the ～ of ..の旗の下に[軍に]はせ参じる. raise the ～ of revolt 反旗を翻す.
【目安として立てたもの】3 標準, 基準, 水準; 〈しばしば ～s〉(人の道徳的)水準, '程度', 節操. a fixed ～ 規格, 規範. up to ～ 水準に達して. meet [come up to] a ～ 水準に達する. maintain ～s 水準を維持する. set high ～s for.. に高い水準を定める. let ～s fall [drop, slip] 水準を落とす. This is the ～. これが標準的なものです. by the ～s of the time 当時の標準から見れば. by today's ～ 今日の標準から言うと. by international ～s 国際的に[な水準で]. a man with no ～s 節操のない[品性に欠ける]男.

連結 a low [the minimum; an acceptable] ～ ∥ set [establish; adopt; attain, reach] a ～; lower [raise] the ～ ∥ the ～ goes down [improves]

4 (度量衡の)基準, 基本単位; 原器. 5 本位《通貨体系の価値の基準》. the gold [silver] ～ 金[銀]本位(制). 6 (音楽の)スタンダードナンバー《標準的な演奏曲目となった(ジャズ, ポピュラーミュージックなどの)曲》.
above [below] (the) stándard 標準以上で[以下で; 落第で].
up to (the) stándard 標準に達して; 合格して.

── 形 m 1〈限定〉台付きの; まっすぐ伸びるようにした, 立ち木造りの, 〔果樹など〕.
2 標準の, 標準的な; 並の, 普通の, 平均的な. ～ pronunciation 標準的な発音. a ～ size 標準サイズ. ～ operating procedure 決まりきった作業手順《略 SOP》. ～ practice 普通に行われていること.
3〈限定〉一流の, 権威のある. ～ works [texts] on Milton ミルトンの権威ある図書[テキスト].
4〘米〙(牛肉が)並の《FDA の等級で, 上から prime (秀), choice (優), good (良), standard, commercial (徳用), utility (実用)》.
[＜古期フランス語「集合地点(を示す旗)」(＜ゲルマン語「立つ場所」)]

Stàndard Américan 名 U 標準アメリカ英語.
stándard-bèarer 名 C〘軍〙旗手; (政党, (政治)運動などの)旗頭, リーダー.
stàndard deviátion 名 C 標準偏差.
Stàndard Énglish 名 U 標準英語.
stándard gàuge [gàge] 名 C〘鉄道〙標準軌間《レール間の幅が約 1.435m; 日本の新幹線はこの幅; その軌間の線路[車両]》.
stàndard-íssue /⑧/ 形 (兵士の)標準装備の.
‡stàndard·i·zá·tion 名 C 標準[規格, 画一]化.
*stand·ard·ize /stǽndərdàiz/ 動 (-iz·es /-əz/|過 過分 ～d /-d/|-iz·ing) 他 を標準化する, 標準に合わせる, 規格化する, 画一にする. Education has been excessively ～d. 教育はあまりにも画一化されすぎてきた.
stándard làmp 名〘英〙＝floor lamp.
stàndard of líving 名 C 生活水準. Standards of living have fallen. 生活水準が下がった.
stàndard tíme 名 U 標準時《ある地域全体で用いる時刻; 英国では Greenwich 時; 米国本土では経度によって地区を分け, 西から東へ1時間ずつ遅れる; Pacific, Mountain, Central, Eastern, の4つがある; 米国には

S

他に Bering, Alaska (Yukon), Hawaii-Aleutian, Atlantic 標準時もある》.

‡**stánd·bỳ** [名] ([複] **～s**) **1** [C] (いざという時に)頼みになる人[物]. **2** [C] 非常時用要員[物資]; (俳優などの)代役, (予定番組の)代わりの番組. **3** [U] (飛行機などの)キャンセル待ち; [C] キャンセル待ちの客. **4** 〈形容詞的〉予備の, 代わりの; キャンセル待ちの.

on stándby 待機して(いる); キャンセル待ちで. put the troops *on* ～ 軍隊を待機させる. I was put *on* ～. 私はキャンセル待ちにしてもらった.

stand·ee /stændíː/ [名] [C] 〖話〗(席がなくて)立ちん坊「の観客[乗客].

stánd-ìn [名] [C] (映画俳優の)吹き替え, スタンドイン; 〈一般に〉代役; 替え玉.

†**stánd·ing** [名] [U] **1** 地位, 身分, 立場; 名声, 信望, 評判. the social ～ of Japanese women 日本女性の社会的地位. a person of high [low] ～ 評判の良い[良くない]人. He enjoys considerable ～ among his peers. 彼は同輩に相当受けが良い. my financial ～ at present 私の今の財政状態. in good ～ 正規の. **2** 継続[存続](期間). a friend of long ～ 長く付き合っている友人. of three years' ～ 3年続いた.

── [形] 〈限定〉 **1** 立っている, 立ったままの; 〖競技〗助走なしの. ～ corn 刈ってないトウモロコシ. a ～ broad jump 立ち幅跳び. a ～ start スタンディングスタート; 停止した状態からの発進. →standing ovation. **2** 永続的な; 常設の; 不変の; 決まった. a ～ jest [dish] お決まりの冗談[料理]. a ～ menace to this country 我が国に対する絶えざる脅威. He gave me a ～ invitation to dinner. 彼はいつでも食事においでと言ってくれていた.

3 〔水などが〕動かない, よどんだ, (→running).

stànding ármy [名] [C] 常備軍.

stánding commìttee [名] [C] 常任委員会.

stànding órder [名] [C] **1** (中止の申し出があるまで続く)継続注文《例えば新聞, 牛乳, 多巻物の全集などの》; 〖英〗(口座からの)自動引き落とし依頼 (**bànker's órder**). **2** 〈～s〉永続的規定《軍の規律, 服務規定など》; (議会の)議事規則.

stànding ovátion [名] [C] 〈普通, 単数形で〉スタンディング・オヴェーション《立ち上がっての拍手喝采(かっさい)》.

stánding ròom [名] [U] 立つだけの余地; (劇場の)立ち見席. ～ only 立ち見席以外満員《略 SRO》.

stànding wáve [名] [C] 〖物理〗定常波.

Stan·dish /stǽndiʃ/ [名] **Miles ～** スタンディッシュ (1584?–1656) 《Pilgrim Fathers の1人; Mayflower 号の船長》.

stánd·òff [名] ([複] **～s**) **1** [U] 離れていること. **2** [U] よそよそしさ, 冷淡; 遠慮. **3** [C] 均衡状態; (試合の)同点, 引き分け; にらみ合い, 対立; 行き詰まり, 膠(こう)着状態.

stàndoff hálf [名] [C] 〖ラグビー〗スタンドオフ(ハーフ)《ハーフバックの選手の1人; スクラムから出たボールをスクラムハーフからパスされる; 攻撃のかなめ; **flỳ hálf** とも言う》.

stànd·óff·ish /-iʃ [移]/ [形] 冷淡な, よそよそしい; つんとした, お高くとまった. ▷ **～·ly** [副] **～·ness** [名]

stánd·òut 〖米話〗[名] [C] **1** 目立つ人[もの]; 傑出した人. **2** 協調しない人. ── [形] 傑出した.

stánd·pàt [形] 〖米話〗自説を固執する; 現状維持を主張する, 保守的な. ▷ **stand·pat·ter** [名]

stánd·pìpe [名] [C] 給水[貯水]塔; 給水栓.

***stand·point** /stǽn(d)pɔ̀int/ [名] ([複] **～s** /-ts/) [C] 立場; 見地, 観点. from my [a biological] ～ 私の立場[生物学的見地]から(すれば). Let's look at the problem from the ～ of the teacher. その問題を教師の立場から考えてみよう.

St. Ándrews [名] セントアンドルーズ《スコットランド東部の都市; スコットランド最古の大学とゴルフ場で有名》.

St. Ándrew's Cróss [名] →Saint Andrew's Cross.

†**stand·still** /stǽn(d)stìl/ [名] [C] 〈単数形で〉停止, 休止; 立ち止まること; 行き詰まり. be at a ～ 止まって[行き詰まって]いる. come to a ～ 止まる, 行き詰まる. bring ..to a ～ 止める, 行き詰まらせる.

stánd-ùp [形] 〈限定〉 **1** 立っている〔襟(えり)など〕 (↔turndown). **2** 立ったままの, 立ちながらの, 〔食事など〕; 立ち上がっての〔口論など〕. a ～ comedian [comic] 立ったまま話術で人を笑わせるコメディアン《日本の漫談のようなもの》. ── [名] [U] **1** 話術で笑わせるコメディー《一人で立ったまま演じる》. **2** (バーでの)立ち飲み. do ～ at a bar バーで立ったまま飲む.

Stan·ford /stǽnfərd/ [名] スタンフォード(大学)《米国の有名大学の1つ》.

stank /stæŋk/ [動] stink の過去形.

Stan·ley /stǽnli/ [名] **Sir Henry Mor·ton** /mɔ́ːrtn/ ～ スタンリー (1841–1904)《英国のアフリカ探検家》.

Stánley knìfe [名] [C] 〖英〗スタンリーナイフ《カッターナイフの一種; <商標》.

stan·za /stǽnzə/ [名] [C] 〖韻律学〗連, スタンザ, 《普通, 4行以上の脚韻のある詩句から成る; 略 st.》. [イタリア語 'halting place' (<ラテン語 *stāre*「立つ」)]

sta·pes /stéipiːz/ [名] ([複] **～, sta·pe·des** /stəpíːdiːz/) [C] 〖解剖〗(中耳の)あぶみ骨.

staph·y·lo·coc·cus /stæ̀fəloukɑ́kəs|-kɔ́k-/ [名] ([複] **staph·y·lo·coc·ci** /-kɑ́ksai|-kɔ́k-/) [C] 〖医〗ブドウ状球菌.

†**sta·ple**[1] /stéip(ə)l/ [名] **1** [C] 主要産物, 重要産品. Coffee is a ～ of Brazil. コーヒーはブラジルの主要産物だ. **2** [C] 主要素, 主成分; (話などの)主題; 基本生活物資[食品]《綿, 塩, 小麦粉など》. the ～ of our talk 話の主題. **3** [aU] 繊維《filament 1より短い》; (繊維の)毛足; 原材料. have a long ～ 繊維が長い.

── [形] 〈限定〉主要な, 重要な. a ～ diet 主食; (テレビの)いつも作られる番組, '定番'. ～ foods 主要食品. ～ industries 基幹産業.

[<古期フランス語「市場」(<中期オランダ語「柱」)]

sta·ple[2] [名] [C] ステープル《U字形のくぎ, 留め金》; ホッチキス針; かすがい. ── [動] [他] をステープル[ホッチキス]で留める. [<古期英語「支柱」]

stáple gùn [名] [C] (ステープルなどを板やれんがに打ち込む)強力なホッチキス.

sta·pler[1] /stéiplər/ [名] [C] **1** 主要物産商. **2** 羊毛を分類する人, 羊毛商.

stá·pler[2] [名] [C] ホッチキス《紙をとじる道具; ホッチキス(Hotchkiss)は考案者の名による〖商標〗》.

Star [名] 〈The ～〉『スター』《米国 New York で発刊されている大衆向け週刊新聞》.

‡**star** /stɑːr/ [名] ([複] **～s** /-z/) [C] 【星】 **1** 星; 〖天〗恒星 (fixed star; →planet, comet, meteor). watch ～*s* through a telescope 望遠鏡で星を見る. under the ～*s* 星空の下で. →shooting star, falling star.

> [連結] a bright [a luminous; a distant; a fixed] ～ // a ～ shines [glitters, gleams, twinkles]

2 〈単数形で〉(占星術で)運星; 〈しばしば ～s〉星回り, 運勢; (→horoscope). His ～ has set [is in the ascendant]. 彼の運勢は衰えた[上り坂だ]. His ～ is rising. 彼の運は上向きだ. read one's ～*s* 自分の星占い(の欄)を読む. curse one's ～*s* 運命をのろう. bless one's ～*s* (よい)星回りをありがたいと思う. be written in the ～*s* 〖章〗運命が決まって. be born under a lucky [unlucky] ～ 幸運[不運]な星のもとに生まれる.

【星に似た物】 **3** 星形の物. **(a)** 星形勲章, 星章; 星印, (電話の)＊印(ボタン); (等級を示す)星; 《☆ ✡ ＊》(→asterisk). [参考] (1) 旅行案内書などでホテルやレストランの格付けに用い, 普通, 5つ星が最高: a three-～ hotel (3つ星のホテル). (2) 〖米話〗陸軍将官の階級を示すのに用いる; →general [名]. (**b**)(馬の額の)星《白い星形の毛》.
4 スター, 人気俳優, 花形. a pop [child] 〜 ポップス[子役]のスター. a big [rising] 〜 大スター[新星]. a 〜 in the classroom クラスの花形[人気者].
5 〈形容詞的〉(**a**) 星の; 星形の. a 〜 map 星座図. (**b**) スターの, 花形の, 主役の; 抜きん出た, 優秀な. a 〜 football player フットボールの花形選手. the 〜 part スターの演じる役. the 〜 quality (俳優などの)スター性. a 〜 attraction 呼び物. a 〜 student [salesman] 抜群に優秀な学生[セールスマン].
rèach [shòot] for the stárs できそうもないことを望む, 極めて難しいことを出来ると信じる.
get [have] stàrs in one's éyes 映画[演劇]に夢中になる; (安易な)楽観的気分になる; 得意満面である, (幸せで, 希望に燃えて)目を輝かす. 「がくらくらする.
sèe stárs (頭を強くぶつけるなどして)目から火が出る; 目↑
thànk one's (lùcky) stárs 自分の幸運をありがたく思う〈*that* 節 ..ということで〉. We ⌞can [ought to] *thank* our *lucky* 〜*s that* we arrived after the earthquake. 我々が地震の後で到着したのは, 自分たちが幸運であったとありがたく思っていい.
── [動] (〜s|-rr-) [他] **1** を星で飾る; に星印を付ける; を飾る〈*with* ..〔星(状の物)〕で〉. the valley 〜*red with* yellow flowers 星を散りばめたように黄色い花の咲いた谷. **2** 〔映画などが〕に主演させる, を主役にする〈*in* ..で〉. She is 〜*red in* the new film. 彼女は新作映画で主演している. *Gunsmoke* 〜*ring* James Arness *as* Matt Dillon. ジェームズ・アーネスがマット・ディロン役で主演している『ガンスモーク』.
── [自] 主演する〈*in* ..で〉. 〜 *in East of Eden* 『エデンの東』で主役を演じる. 〜 with [opposite] .. の脇役を演じる[つとめる]. a 〜*ring* role 主役.
[＜古期英語]
‡**stár·bòard** [名] [U] 〖海〗右舷(げん)《船首に向かって右側》; (飛行機の, 機首に向かって)右側; (↔port).
── [形], [副] 右舷の[へ].
── [動] [他] 〔舵(かじ)〕を右に取る, を面(おも)舵にする.
†**starch** /stɑːrtʃ/ [名] **1** [U] 澱(でん)粉; [UC] 〈普通 〜es〉澱粉質の食物. **2** [U] (衣類用の)糊(のり). **3** [U] (態度などの)堅苦しさ, しゃちほこばり. **4** [U] 〖話〗活力; 熱意.
tàke the stárch out of .. 〖話〗(1) ..をこけにする, ..の意気[勢い]をそぐ. (2) ..にびっくりする.
── [動] [他] 〔衣服〕に糊を付ける.
[＜中期英語「(澱(でん)粉で)固くする」]
Stár Chàmber [名] **1** 〈the 〜〉〖英史〗星法院《専断不公平で有名な民事法院; 1641 年廃止》. **2** [C] 〈しばしば s- c-〉専断不公平な裁判所[集団].
stárch·y [形] [e] **1** 澱(でん)粉(質)の, 澱粉のような. **2** 糊(のり)の(ような); 〔衣類などが〕糊付け(してぴんと)した. **3** 〖話〗〔態度などが〕堅苦しい, こちこちの. ▷**starch·i·ly** [副] 「〜love 悲恋.
stár-cròssed /-t/ [形] 〖雅〗星回りの悪い, 不運な.↑
‡**stár·dom** [名] [U] スターの地位, スターダム; 〈集合的〉スターたち. shoot to [rise to, leap into] international 〜 一躍国際的スターにのし上がる. be groomed for 〜 スターになるように仕込まれる.
stár dùst [名] [U] **1** 星くず; 〖天〗宇宙塵(じん). **2** 〖話〗夢を見るような[ロマンチックな]気分.
‡**stare** /steər/ [動] (〜s /-z/|[過] [過分] 〜d /-d/|**star·ing** /-té(ə)riŋ/) [自] **じっと見つめる**, じろじろ見る, 〈*at* ..を〉; (驚いて)目を見張る; ([類語] 驚きや好奇心から目を見開いて凝視すること; →see). The teacher 〜*d* in disapproval *at* the noisy pupils. 先生は騒いでいる生徒たちをとがめる目つきでにらんだ. 〜 into space [in the distance] 空(くう)[遠く]をじっと見つめる.
── [他] **をじっと見つめる**, じろじろ見る, にらむ; [VOA] (〜 X *into* Y) X をにらみつけて Y の状態にさせる. 〜 a person up and down 人を頭のてっぺんからつま先までじろじろ見る. 〜 a person *into* silence 人をにらみつけて黙らせる.
stàre /../ dówn 〖米〗[***óut*** 〖英・オース〗] 〔人〕をにらみつけて(気後れ, 決まり悪さなどで)視線をそらさせる.
****stàre a pérson in the fáce*** (1) **人の顔をじっと見つめる**. The strange old man 〜*d* me straight *in the face*. 見知らぬ老人はじろじろと私の顔を見た. (2) 〔人〕の直前[目前]にある; 〔事実などが人〕にとって明白である[避けられない]; 〈進行形で〉. Ruin [Death] was *staring* him *in the face*. 破滅[死]が彼の目前に迫っていた.
── [名] ([複] 〜s /-z/) [C] **じっと見つめること, 凝視**. give a person a cold [rude] 〜 人を冷たく[失礼なほど]じろじろ見る. In the countryside foreigners often receive curious 〜*s*. 田舎では外国人はよく詮索(せんさく)好きな目で見つめられる. [＜古期英語]

[連結] an intense [a hostile; an icy; a shocked; a sleepy; a wooden] 〜 // level a 〜 at..

stár·fìsh [名] ([複] →fish) [C] 〖動〗ヒトデ.
stár·frùit [名] [C] 〖植〗五斂子(ごれんし) (carambola) の実《断面は星形; 食用になる》.
stár·gàze [動] [自] **1** 星を眺める. **2** 空想にふける.
▷**stár·gàz·ing** [名]
stár·gàz·er [名] [C] **1** 星を眺める人; 〖戯〗天文学者, 占星術者. **2** 夢想家, 空想家.
star·ing /sté(ə)riŋ/ [形] **1** じっと見つめる(ような). **2** 〖主に英〗〔色などが〕けばけばしい.
stàrk stàring mád →stark. ▷**〜·ly** [副]
stár jùmp [名] [C] 〈普通 〜s〉〖英〗スター・ジャンプ《体操の一種》.
†**stark** /stɑːrk/ [形] **1** 硬い, こわばった; 〔死体などが〕硬直した. **2** 〔場所などが〕殺風景な, 荒涼とした; 〔描写などが〕むき出しの, あからさまの. the 〜 reality 厳しい現実. **3** 〈限定〉全くの, 本当の. 〜 horror 本物の恐怖. 〜 incompetence 全くの無能. in 〜 contrast to the country 田舎とまるきり対照的に.
── [副] 〖話〗全く, まるで. 〜 mad 全く気が狂って. 〜 naked 素っ裸で. 「て.
stàrk ràving [stàring] mád 〖戯〗完全に気が狂っ↑
[＜古期英語「強い, 固い」] ▷**〜·ness** [名]
stárk·ers /-ərz/ [形] 〖英俗・戯〗〈叙述〉素っ裸で.
stárk·ly [副] こわばって; 露骨に; くっきりと. contrast 〜 with his view 彼の意見とくっきり対照を成す.
stàrk-náked /-əd [移]/ [形] 素っ裸の[で].
stár·less [形] 星(明かり)のない.
stár·let [名] [C] **1** 小さな星. **2** (将来のスターとして売り出された)新進女優.
stár·lìght [名] [U] 星の光, 星明かり. a 〜 night 星↓
stár·lìke [形] **1** 星形の. **2** 星のように輝く. ⌊月夜.
star·ling /stáːrliŋ/ [名] [C] 〖鳥〗ホシムクドリ《ヨーロッパ原産であるが米国にも移入された; おしゃべり・物まね・盗癖で知られる》. [＜古期英語]
stár·lìt [形] 〖雅〗星明かりの.
Stàr of Dávid [名] 〈the 〜〉ダヴィデの星《ユダヤ教, イスラエルを象徴》.

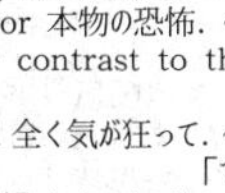
[Star of David]

starred [形] 星印のついた; 〔レストランなどが〕星印のつく.
†**star·ry** /stáːri/ [形] [e] **1** 星の多い, 星をちりばめた. a 〜 sky [night] 星空[星月夜]. **2** 〔目などが〕星のように輝く.
stàrry-éyed /[移]/ [形] 〖話〗空想的な, 目を輝かしている, 夢を追う.
Stàrs and Bárs [名] 〈the 〜〉**1** 〖史〗南部連合旗. **2** 〖米話〗＝Stars and Stripes. 「国旗》.
Stàrs and Strípes [名] 〈the 〜〉星条旗《米国↑

stàr sápphire 名 U スターサファイア《宝石》.
stár sìgn 名 C 〖話〗宮(きゅう) (sign; →zodiac). What ~ are you? あなたの(星占いの)星座は何ですか.
stár-spàngled 形 星をちりばめた.
Stàr-Spangled Bánner 名 〈the ~〉「星条旗」《米国国歌》; 星条旗 (the Stars and Stripes)《米国国旗》.
stár-strùck 形 〈しばしばけなして〉スターに夢中な.
stár-stùd·ded /-əd/ 形 スターがずらり並ぶ. a ~ cast オールスターキャスト.
START /stɑːrt/ Strategic Arms Reduction Talks (戦略兵器削減交渉).
‡**start** /stɑːrt/ 動 (~**s** /-ts/|過 過分 **stárt·ed** /-əd/| **stárt·ing**) 自 【動き始める】 **1 出発する** 〈*from* ..から〉, 旅立つ 〈*for* ..へ〉; 出かける 〈*on* ..〔旅行など〕に〉; (類語「出発する」の意味の最も一般的な語で, 動きの開始, 出発点に重点がある; →depart, leave¹, set forth, set off, set out). ~ *from* New York *for* London ニューヨークを発ってロンドンに向かう. The train ~s at six. 列車は 6 時発だ. ~ *for* work [school] 仕事先[学校]に出かける. ~ *on* a journey 旅に出る.
2 〖競技〗スタートする, 出発する; (試合の先発メンバーとして)出場する; (レースに)出走する.
【始まる・始める】 **3** 〔仕事, 行事などが〕**始まる**. School ~s at eight-thirty. 学校は 8 時半始業だ. The new program will ~ early next spring. 新計画の発足は来春早々になるだろう. It all ~*ed* when... そもそもの事の起こりは..であった.
4 (a) 開始する, 着手する, 〈*out*〉〈*on, in* ..〔事業, 仕事など〕を, に〉; まず始める[始まる]〈(*off* [*out*]) *with* ..から/(*off* [*out*]) *by* do*ing* ..することから〉; 働き始める 〈*as* ..として〉. ~ *on* a task 仕事を始める. He ~*ed in* business when he was fourteen. 彼は 14 歳で商売を始めた. ~ *with* potato salad ポテトサラダから食べ始める. Let us ~ *by* test*ing* your eyes. 目の検査から始めましょう. ~ *as* a receptionist 受付係として第一歩を踏み出す. **(b)** VA 〔川(の源), 道路(の起点)などが〕始まる 〈*in, at* ..から〉; 〔価格などが〕始まる 〈*at, from* ..から〉. Prices for a single room ~ *at* $80 a night. シングルの一泊料金は(最低) 80 ドルからでございます.
5 〔機械などが〕動き出す, 始動する. This engine won't ~. このエンジンはどうしてもかからない.
6 〔火事などが〕(急に)始まる, 起こる, 〈*up*〉. Where did the fire ~? 火元はどこですか.
【急に動き始める】 **7** (驚いて)**飛び上がる**, ぎくっとする, 〈*at* ..に〉(startle). ~ in surprise [*at* the noise] びっくりして飛び上がる[音を聞いてぎくりとする]. ~ back [aside] 後ろへ[わきに]飛びのく.
8 〔目が〕(驚いて)飛び出しそうになる; 〔涙が〕急に浮かぶ; 〔液体が〕勢いよく流れ出す; 〖雅〗〔人などが〕突然現れる, 飛び出す. His eyes seemed to be ~*ing* out of their sockets [out of his head]. 彼は(驚き[恐怖]の余り)目が飛び出しそうだった. Great gushes of oil suddenly ~*ed* from the well. 油田から突然石油がどっと噴出した.
9 〔船材, くぎなどが〕飛び出す, ゆるむ.
10 〖話〗うるさいことを言い始める, 騒ぎ立てる. Don't you ~ (on me)! なんだかんだうるさいことを言うな.
── 他 【始める】 **1 を始める**; を使い[書き, 読み, など]始める (★目的語によっていろいろに訳される); VO (~ *to do*/*doing*) ..し始める; (類語 多くの場合 begin と同義だが, start の方が開始に重点がある. 語法 *to* do と do*ing* の使い分けは begin の場合と同じ; →begin 2 語法). ~ one's journey [a long discussion] 旅行[長い論議]を始める. I always ~ the day with a good, hearty breakfast. 私はいつも 1 日の始めにたっぷり朝食を取る. ~ a book 本を読み[書き]始める. I ~*ed* college three years ago. 3 年前に大学に入った. She ~*ed* life as a fashion model. 彼女はファッションモデルとして世に出た. It ~*ed* snow*ing* [*to* snow]. 雪が降り始めた. ~ work [*to* work, work*ing*] 仕事を始める.
【始めさせる】 **2** 〖競技〗をスタートさせる; を出走[(先発)出場]させる. ~ a rookie at quarterback 新人をクォーターバックに先発出場させる.
3 VOA (~ X (*off* [*up*]) *on* [*in*] ..) X に〔事業など〕を始めさせる; VOC (~ X *doing*) X に..し始めさせる. He ~*ed* his son *in* politics. (資金を提供するなどして)彼は息子を政界入りさせた. The shock of his fiancée's death ~*ed* him (*off*) drink*ing*. 婚約者の死によるショックで彼は酒に浸り始めた.
4 〔機械など〕を動き出させる, 始動させる. *Start* the car. 車を発進[(のエンジンを)始動]させなさい.
5 〔火(事)など〕を起こす, 発生させる. I learned to ~ a fire without matches. 私はマッチを使わずに火を起こすことを覚えた. It is Meg that ~*ed* that rumor. そのうわさを立てたのはメグだ.
【急に動き始めさせる】 **6** 〔動物・鳥〕を(びっくりさせて)飛び出させる, 狩り出す. ~ a rabbit [bird] ウサギを狩り出す[鳥を飛び立たせる《飛び立つところを撃つために》].
7 〔船材, くぎなど〕をゆるませる. **8** 〔酒など〕をたる[容器]から注ぎ出す; 〔ボトルなど〕の口を開ける; 〔容器〕を空にする.
9 〖古・方〗=startle.
gèt stárted 始める 〈*on* ..を〉; 始まる.
stàrt báck (1) 帰途につく, 引き返す. (2) = 自 7.
stàrt ín 〖話〗 (1) (話などを)始める; 取り掛かる 〈*on* ..に〉; 始める 〈*to* do, (*on*) do*ing* ..することを〉. (2) 叱(しっ)責[批判]し始める 〈*on* ..〔人〕を〉.
stàrt /../ ín 〔人〕を雇い入れる 〈*as* ..として〉.
stàrt óff =START out (1).
stàrt /../ óff (1) ..を[に]始め(させ)る (→他 3). (2) ..を笑わ[怒ら]せる.
stárt on.. (1) →自 1. (2) 〖話〗..を責める, ..に食ってかかる.
stàrt ón at.. =START on.. (2).
stàrt óut (1) 旅を始める; 動き始める; スタートを切る; →自 4(a). We ~*ed out* at dawn. 我々は夜明けに出かけた. ~ *out* as an actor 俳優として世に出る. (2) 〖話〗着手する, 乗り出す, 〈*to* do ..することに〉.
stàrt /../ óut [*ín*↑]
stàrt óver 〖米〗(初めから)やり直す (★ ~ (all) over again とも言う).
stàrt..óver 〖米〗..をやり直す; 〔人〕にやり直しをさせる.
stàrt sómething 〖話〗ごたごた[けんか]を引き起こす.
stàrt úp (1) 驚いて立ち上がる; はっとする. ~ *up* from sleep 眠っていたが驚いて飛び起きる. (2) 〔考えなどが〕急に起こる. (3) 始まる, 始める, 〈*with* ..から〉; 立ち上げる, 創業[起業]する, 仕事を始める, 〈*in* ..を, の〉. (4) 〔エンジンなどが〕始動する.
stàrt /../ úp (1) 〔エンジンなど〕を始動させる. (2) を発足させる, 設立する; 〔商売など〕を始める, 起業する.
to stárt with =to BEGIN with.
── 名 (複 ~**s** /-ts/) 【出発】 **1** C **出発**, スタート; 〈the ~〉出発点, スタートライン. make an early ~ 早めに出発する. give a person a ~ in life 人を社会人として出発させる. have one's ~ in crime [as a criminal] 犯罪に手を染める. The runners lined up for the ~. 走者が出発線上に並んだ.
2 【早いスタート】 aU 先発, 前進位置; 先行, 有利な位置, 〈*on, over* ..に対する〉. He gave me a ten-yard ~ and still beat me. 彼は僕に 10 ヤード先から走らせ[10 ヤードのハンデをくれ]たが, それでも僕に勝った. His father's name gave him the ~ *on* other applicants. 父親の名声のおかげで彼は他の志願者より有利だった.

【開始】 **3** Ⓒ (事業などの)**開始**, 着手; (物事の)出だし, 当初. make a ～ on a job 仕事を始める. make a fresh ～ 新規蒔(ま)き直しをする. from the ～ 当初から, 開始[出発]時から.
【急な開始】 **4** Ⓒ 〈普通 a ～〉(**驚いて)飛び上がること**, ぎくりとすること; 〈～s〉発作, 衝動, (fit); 〖話〗驚くべき[どきっとする]出来事. wake up with a ～ はっと目を覚ます. Oh, it's you. What a ～ you gave me! 何だ君だったのか, びっくりしたよ, 本当に. She gave a ～. 彼女はぎくりとなった.
at the stárt 初めは, 最初に; 出発点に立って, 物事を始めようとして.
by [in] fìts and stárts →fit[2].
for a stárt まず第一に, 皮切りとして.
from stàrt to fínish 始めから終わりまで, 徹頭徹尾.
gèt òff to a bàd [gòod, flỳing] stárt 幸(さい)先がよくない[よい]スタートを切る.
hàve [gèt] the stárt of .. ..の機先を制する.
[<古期英語「跳ぶ>急に動く」]

†**stárt·er** 名 Ⓒ **1** これから始めようとしている人, 出発[開始]する人[物]; 口火, 皮切り; 競争参加者, 出走馬; 先発選手. a slow ～ 出足の悪い選手[馬など]. **2** (競走の)スタート合図係, スターター; (列車の)発車係. be under ～'s orders スターターの合図を待っている. **3** (機械の)起動装置, (セルフ)スターター. **4** 〖英話〗〈～s〉(3コース以上からなる食事の)第1コース, 前菜, 《スープなど; 〖米〗では appetizer とも言う》.
for stárters (1)〖話〗まず第1に, 皮切りに; (問題点は)他にある. (2) 最初のコースとして. →4.
Your stàrter for tén. 〖戯〗ちょっと質問.

stárter hòme 名 Ⓒ 〖英〗(購入する)最初の家.
stárter mòtor 名 Ⓒ スターター, 起動装置.
stárt·ing 名 Ⓤ 出発, 開始.
stárting blòck 名 Ⓒ (競走の)スターティングブロック.
stárting gàte 名 Ⓒ (競馬などの)出走ゲート.
stárting pìtcher 名 Ⓒ 〖野球〗先発投手.
stárting pòint 名 Ⓒ 出発点.
stárting pòst 名 Ⓒ (競走の)出発標.
stárting prìce 名 Ⓒ 〖英〗〖競馬・競犬〗最終賭(か)け率《競走開始時の》.
stárting sàlary 名 Ⓒ 初任給.

‡**star·tle** /stɑ́ːrtl/ 動 (～s /-z/|過 過分 ～d /-d/|-tling) 他 **を驚いて飛び上がらせる**, 仰天させる; VOA (～ X *into* (*doing*)..) Xを驚かして..させる; (類語 astound より強意的, →surprise). I was ～*d* at the sight. その光景に仰天した. The girl was ～*d* to see a bulldog. 少女はブルドッグを見てぎょっとした. How you ～*d* me! ああびっくりした.
[<古期英語「蹴(け)る, もがく」; start, -le[1]]

***star·tling** /stɑ́ːrtliŋ/ 形 m **はっと驚くような**, ショッキングな. ～ news 聞いて腰を抜かすような知らせ.
▷ **～·ly** 副 びっくりするほど(に), はっとさせるほど(に).

stárt-ùp 形 〖米〗新しい事業を始めるための〔費用など〕; 発足[操業開始]したばかりの. ── 名 Ⓒ 発足[設立]したばかりの会社[企業]; 操業開始.

stár tùrn 名 Ⓒ 〖英〗(ショーなどの)呼び物, 看板の出し物.

***star·va·tion** /stɑːrvéiʃ(ə)n/ 名 Ⓤ **1 飢餓**; 餓死. be driven to ～ 飢餓[餓死]に追いやられる. die of [from] ～ 餓死する. **2** 〈形容詞的〉飢餓を生じさせるような. ～ wages 飢餓賃金. ◇動 starve [starve, -ation]

starvátion cùre 名 Ⓒ 絶食[断食]療法.
starvátion dìet 名 ⓊⒸ 絶食[断食]ダイエット.

‡**starve** /stɑːrv/ 動 (～s /-z/|過 過分 ～d /-d/|**stárv·ing**) 自 **1 飢える**; 餓死する; 〖話〗ひもじい, 腹ぺこである, 〈普通, 進行形で〉. ～ to death 餓死する. I'm simply *starving*. もう腹がぺこぺこだ.
2 VA 飢える, 切望する, 〈*for* ..〔愛情など〕に, を/*to* do ..することに[を]〉〈普通, 進行形で〉. The boy is *starving for* companionship [*to* hear from you]. その子は友情に飢えている[君の便りを今か今かと待っている].
── 他 **1** を飢えさせる; を餓死させる; VOA (～ X *to*/X *into* (*doing*)..) Xを飢えさせて..させる; (～/X/*out*, *down*) Xを飢えさせて降伏させる. ～ down [out] the enemy 敵を兵糧攻めで降伏させる. torture and ～ a prisoner *to* death [*into* confession] 囚人を拷問し餓死[飢えさせて白状]させる. The model tried to ～ herself *into* shape. モデルは絶食してシェイプアップしようとした.
2 VOA を飢えさせる〈しばしば受身形で〉〈*for*, *of* ..〔愛情など〕に〉; (～ X *of* Y) XにY(資金など)を不足させる. be ～*d of* [*for*] affection 愛情に飢えている. be ～*d of* funds 資金が不足する.
stàrve /../ óut ..を兵糧攻めにする.
[<古期英語「死ぬ」]

starve·ling /stɑ́ːrvliŋ/ 名 Ⓒ 〖雅〗飢えてやせこけた人[動物], 枯れかかっている植物. [starve, -ling]

Stár Wàrs 名 〈複数扱い〉〖話〗スターウォーズ計画《SDI の別称; <映画の題名》.

‡**stash** /stæʃ/ 動 他 〖話〗をしまい込んでおく〈*away*〉.
── 名 Ⓒ 〖主に米話〗**1** 隠匿物資. **2** 隠し場所.

stásh bàg 名 Ⓒ 〖話〗スタッシュ・バッグ **1** 麻薬を入れる袋. **2** 運転免許証, 口紅などを入れるバッグ.

sta·sis /stéisis/ 名 (複 **sta·ses** /-siːz/) ⓊⒸ **1** 〖生理〗体液流の停滞; 血行停止. **2** 停滞; 活動停止.

stat. statuary; statue; statute(s).

‡**state** /steit/ 名 (複 **～s** /-ts/) 【状態】 **1** aU **状態**, 有り様, 情勢, (類語 condition, plight より意味が広い). the ～ of things 事情. We should preserve this forest in its natural ～. この森を自然のままに保存するべきだ. declare [proclaim] a ～ of emergency 非常事態宣言を発する. Ice is water in the solid ～. 氷は固体の状態の水である. a patient in a critical ～ 重体の病人. in a good [bad] ～ いい[ひどい]状態で. be in a good [bad] ～ of repair 修理が行き届いている[いない]. in a ～ of confusion 混乱状態の[で]. be not in a fit ～ to drive 運転できる(健康)状態ではない. in a ～ of nature 〖章・戯〗全裸で. a ～ of war 戦争状態.
2 Ⓒ 〖話〗〈単数形で〉ひどい有り様, 興奮状態. She worked herself up into an awful ～. 彼女は手がつけられないほど取り乱した. The room was in (quite) a ～. 部屋は(ひどく)乱雑だった. get into a ～ 心配[興奮]する.
【社会での状態】 **3** Ⓤ 身分, 階級, 地位. the ～ to which a person was born 出身の階級. the ～ of a royal monarch 王侯の身分. descend in ～ 地位が下がる.
4 【高い身分>威厳】 Ⓤ 威厳, 堂々とした様子, 盛観; 儀式. keep (up) one's ～ もったいぶる. a visit of ～ 公式訪問.
【統治の状態>政体】 **5** Ⓤ 〈しばしば the ～, 又は S-〉**国家**, 国, 《政治権力として, あるいは教会に対するものとしての》; Ⓒ (1つの集合体としての)**国家**; (類語 国の政府, 政治組織などを念頭に置いて, 主権を有する国家を指す; →country). affairs [matters] of ～ 国務[国事]. the clear separation of Church and *State* 政教の明確な分離. an independent [a democratic] ～ 独立[民主]国家.
6 【州】 〈しばしば S-〉 Ⓒ (米国, オーストラリアなどの)**州**. Georgia is his native ～. ジョージアが彼の出身州だ. There are fifty ～*s* in the U.S. 合衆国には50の州がある.
7 〖話〗〈the States〉**米国** (★主に在外米国人が本国のことを指して言う). Where in the *States* do you come from? 米国のどこのご出身ですか (→from 5 ★).

S

8 〈形容詞的〉(**a**) 儀式の, 公式の; 立派な. a ～ coach 儀式用馬車. a ～ banquet 公式の宴. on ～ occasions (国家の)公式の行事に. (**b**) 国家の, 国事の. ～ affairs 国務. ～ secrets 国家機密. a ～ guest [criminal] 国賓[国事犯]. a ～ school 〖英〗国立[公立]学校. be placed under ～ control 国の管理[統制]下に置かれる. the *State* Opening of Parliament (イギリス議会の)国会開会式. (**c**) 〖米〗州の (→federal). Columbus is the ～ capital of Ohio. コロンバスはオハイオの州都である. a ～ university [bank] 州立大学[銀行]. a ～ prison 州立刑務所《重罪犯を収容》. a ～ flower 州花.

in a státe 気をもんで, 心配して.

in státe (1) 堂々と, 威儀を正して, 盛装して. ride [perform a ceremony] *in* ～ 威風堂々と馬で行く[厳粛に儀式を行う]. (2) 公式に.

lìe in státe (国王などの遺体が葬儀に先立って)正装安置される.

stàte of pláy →見出し語.

── 動 (～s /-ts/|過 過分 **stát·ed** /-əd/|**stát·ing**) 他 〖やや章〗〔意見, 立場など〕を(**明確に**)**述べる**, (公式に)表明する; VO (～ *that* 節/"引用"/*wh* 節・句) ..と(いうことを)/「..」と/..かを述べる, 言明する, 陳述[供述]する; (類語 特に形式ばった内容を明確に[注意深く]述べる時に用いる; →say). The minister ～*d that* he would visit China soon. 大臣は近く中国を訪問する意向を表明した. ～ the obvious 分かりきったことを言う. as ～*d* above 上述の通り. Follow the instructions (as) ～*d* below. 下の指示に従うこと. ◇名 statement

[＜ラテン語 *status*「立っていること, 状態」(＜*stāre* 'stand')]

stàte attórney 名 C 州検事.

stàte bénefit 名 UC 〈しばしば, 複数形で〉国家給付金.

státe còurt 名 C (アメリカ合衆国の)州裁判所.

státe·cràft 名 U 国政の術, 政治的手腕.

stát·ed /-əd/ 形 〈普通, 限定〉定まった, 約定の; 明言[明示]された. the ～ time 所定の時間. One is not arrested except for ～ reasons. 人は明記した理由による以外は逮捕されることはない. ▷ **～·ly** 副

Stàte Depàrtment 名 〈the ～〉〖米〗国務省 (the Department of State).

Stàte Enròlled Núrse 名 C 〖英〗登録(準)看護婦《State Registered Nurse より低い地位; 略 SEN; →SRN》.

stàte fáir 名 C 〖米〗州品評会《家畜, 農産物などのコンテスト》.

‡**státe·hòod** /-hùd/ 名 U (一人前の)国家[州]であること, 国家[州]の地位.

státe·hòuse 名 (複 →house) C 〈しばしば S-〉(米国の)州会議事堂 (→Capitol).

státe·less 形 無国籍の, 市民権のない. ▷ **～·ness** 名

state·let /stéitlət/ 名 C 小国《新聞用語》.

stàte líne 名 C (アメリカ合衆国の)州境.

státe·li·ness 名 U 威厳; 荘重さ.

†**state·ly** /stéitli/ 形 e (**-li·er**|**-li·est**) 威厳のある, 堂々たる; 荘重な, 品位のある; (類語 優雅さを備えた威厳に重点がある; →grand). at a ～ pace おごそかな足取りで. [state, -ly²]

stàtely hóme 名 C 〖英〗豪華大邸宅《由緒ある country house で, 一般に公開されているものが多い》.

‡**state·ment** /stéitmənt/ 名 (複 **～s** /-ts/) **1** U 述べること. The details require exact ～. 細部について正確に述べることが必要である. **2** C **陳述**(内容), 申し立て; 〖法〗供述. make a false ～ (*about..*) (..のことで)虚偽の申し立て[供述]をする. a sworn ～ 宣誓付き供述.

> 連結 a brief [a short; a concise, a succinct; a detailed; a clear; a misleading; an oral; a written] ～ // withdraw [retract] a ～

3 C (政府などの)**声明**(**書**), ステートメント. The government issued a ～ condemning the invasion. 政府は侵略を非難する声明を発表した. **4** C (会社などの)財政一覧表; (銀行の)口座収支報告書 (bank statement). **5** C 〖楽〗(主題の)提示. [state, -ment]

Stàt·en Ísland /stǽtn-/ 名 スタテン島《旧名 Richmond; 米国 New York 市の 1 区》.

stàte occásion 名 C 公式行事.

stàte of affáirs 名 C 情勢, 事態.

stàte of mínd 名 C 精神状態. her depressed ～ 彼女の落ち込んだ(精神)状態.

stàte of pláy 名 〈the ～〉**1** 〖主にクリケット〗試合の形勢, スコア. **2** 〈一般に〉(競争者間の)形勢, 進行[現在の]状況.

‡**stàte-of-the-árt** /⑧/ 形 最新式の, 最新技術を採り入れた, (→state of the art).

stàte of the árt 名 U 〈the ～〉(科学技術などの)現在の到達水準.

Stàte of the Únion Mèssage 名 〈the ～〉(アメリカ合衆国大統領の出す)年頭教書.

stàte párk 名 C (アメリカ合衆国の)州立公園.

stàte políce 名 〈複数扱い〉国家警察; 〖米〗〈しばしば S- p-〉州警察.

stàte prémier 名 C 〖オース〗州知事.

stat·er /stéitər/ 名 C 陳述する人; 声明者.

Stàte Règistered Núrse 名 C 〖英〗正看護婦《略 SRN; →RGN》.

Stàte Ríghts 名 ＝State's Rights.

státe·ròom 名 C **1** (船, 列車などの)特等室. **2** (宮中などの)謁見室, 大広間.

stàte's attórney 名 ＝state attorney.

stàte's évidence 名 〖米法〗検察側証拠. turn ～ 共犯者に不利な証言をする (→King's evidence).

státe·sìde 形, 副 〖米話〗米国(本土)の[へ].

***states·man** /stéitsmən/ 名 (複 **-men** /-mən/) C 政治家 (→politician). There are many politicians, but few *statesmen*. 政治屋は多いが政治家は少ない. a great ～ who devoted his life to his country 一生を国のために捧(ささ)げた偉大な政治家. an elder ～ 長老政治家《顧問格》. [state, -s 3, -man]

▷ **～·like**, **～·ly** 形 政治家的な, 政治家にふさわしい.

státesman·shìp /-ʃìp/ 名 U 政治的手腕.

stàte sócialism 名 U 国家社会主義.

Stàte's [Stàte] Ríghts 名 〈複数扱い〉〖米〗州の権利《憲法が連邦政府に許した以外の》.

státes·wòman 名 (複 **-women** /-wìmən/) C 女性政治家.

stàte tàx 名 UC (アメリカ合衆国の)州税.

stàte tróoper 名 C (アメリカ合衆国の)州警察官.

stàte vísit 名 C (国賓としての)正式訪問.

‡**stàte·wíde** /⑧/ 形 〖米〗州全体の, 州全域にわたる.

†**stat·ic** /stǽtik/ 形 **1** 静的な, 静止した; 行動的でない, 活気[元気]のない. Commodity prices have been ～ for some time. 物価はここしばらくの間安定している. **2** 静力学の (↔dynamic, kinetic). **3** 〖電〗空電の; 静電(気)の.

── 名 U **1** 〖電〗空電; (ラジオ, テレビの)空電妨害, (がーがーいう)雑音. **2** ＝static electricity. **3** 〖米話〗非難, 批判, 反対. [＜ギリシア語「立たせる」; -ic]

stát·i·cal 形 ＝static. ▷ **～·ly** 副

stàtic electrícity 名 U 静電気.

stat·ics /stǽtiks/ 名 〈単数扱い〉〖物理〗静力学 (→dynamics, kinetics).

‡**sta·tion** /stéiʃ(ə)n/ 名 (複 **～s** /-z/) **1** C (鉄道の)駅; (バスの)発着所. a railroad 〖米〗[railway 〖英〗] ～ (鉄道の)駅. a terminal ～ 終着駅. a freight 〖米〗[a goods 〖英〗] ～ 貨物駅. a ～ platform 駅のホーム. get off at the next ～ 次の駅で降りる.

2 [C] (官庁などの)..署, ..局; (施設のある)..所; (★文脈から明らかな場合は単に station と言うことが多い; 略 Sta.). a police [fire] ～ 警察[消防]署. a broadcasting [radio] ～ 放送局. get [pick up] a ～ 放送局を受信する. a (nuclear) power ～ (原子力)発電所. a research ～ 調査研究所[リサーチセンター]. a service [filling, petrol, 〖米〗gas] ～ ガソリンスタンド.
3 [C] 〖軍〗駐屯地, (艦船の)根拠地. a naval ～ 軍港, 海軍根拠地. **4** [C] (オーストラリアなどの)大農場, 大牧場.
5 [C] 持ち場, 部署. keep [take up] one's ～ 持ち場を離れない[部署に就く].
6 [UC] 〖旧〗地位, 身分. people in all ～*s* of life あらゆる階層の人々. marry beneath [above] one's ～ 自分より身分の低い[高い]人と結婚する.
── [動] [他] **1** [VOA] を部署に就かせる, 配置する, 〈*in*..に〉. troops [missiles] ～*ed in* Europe ヨーロッパに駐留する部隊[配備されたミサイル]. **2** [VOA] (～ *oneself*..) ..で待機する. ～ oneself *at* a window 窓のところに立つ.
[<ラテン語「立つこと, 立つ所」(<*stāre* 'stand')]

***sta·tion·ar·y** /stéiʃ(ə)nèri|-n(ə)ri/ [形] **1** [m] 動かない, 静止した; 変化[増減]しない. collide with a ～ vehicle 静止している車に衝突する. The population remains ～. 人口は変動しないでいる. stand ～ じっと立っている. **2** [C] 〔機械などが〕据え付けの; 〔軍隊などが〕常備の, 常駐の. ～ scenery 作り付けの大道具. [station, -ary]

stàtionary frónt [名] [C] (2つの気団の間の)停滞前線.

stàtionary órbit [名] [C] (人工衛星の)静止軌道.

státion brèak [名] [C] 〖米〗〖放送〗ステーションブレイク《番組間の切れ目; 放送局名などを流すのに用いる》.

stá·tion·er [名] [C] 文房具商《人》. a ～'s (shop) 文房具店. [<中世ラテン語「(決まった場所に店を持つ)商人, 書籍商」; station, -er[1]]

‡**sta·tion·er·y** /stéiʃ(ə)nèri|-n(ə)ri/ [名] [U] 〈集合的〉 **1** **文房具**. the ～ section in a department store デパートの文房具売り場. **2** (ホテルなどの)用箋(せん), 便箋, 《普通, 封筒付き》. The letter was written on company ～. 手紙は会社の便箋に書かれていた. [stationer, -ry]

Státionery Òffice [名] 英国政府印刷局《官庁の事務用品の調達のほか, 政府刊行物の発行を行う; 正式名 Her [His] Majesty's Stationery Office; 略称 HMSO》.

státion hòuse [名] [C] 〖米旧〗警察署; 消防署.

státion·màster [名] [C] 駅長.

stàtions of the cróss [名] 〈the ～〉〖キリスト教〗十字架の道の留(りゅう) 《キリストの受難を順に14の場面に表したもの》.

stàtion-to-státion /⑱/ [形] 〔長距離電話が〕番号通話の《特定の人とは限らず先方と話し始めた時, 通話料の計算が始まる; →person-to-person》.

státion wàgon [名] [C] 〖米・オース〗ステーションワゴン (〖英〗estate car) 《後部座席が折り畳み式で背部から荷物の出し入れができる乗用車》.

stat·ism /stéitiz(ə)m/ [名] [U] (経済, 行政の)国家統制. ▷**stat·ist** [名] [C], [形] 国家統制主義者; 国家統制主義(者)の.

†**sta·tis·tic** /stətístik/ [名] [C] (1つの)統計値[量].

†**sta·tis·ti·cal** /stətístik(ə)l/ [形] 統計の, 統計上の; 統計学の. ▷**～·ly** [副] 統計的に, 統計(学)上.

stat·is·ti·cian /stæ̀təstíʃ(ə)n/ [名] [C] 統計学者[作成者].

***sta·tis·tics** /stətístiks/ [名] **1** 〈複数扱い〉**統計**(の数値). recent [official, the latest] ～ 最近[公式, 最新]の統計. These ～ do not tell the whole story. これらの統計数値だけでは全容は分からない. *Statistics* show [indicate] that ... 統計によると..である. **2** 〈単数扱い〉**統計学**. [<(現代)ラテン語 *statisticus*「国事に関する」(<ドイツ語)]

sta·tive /stéitiv/ [形] 〖文法〗〔動詞が〕(動作ではなく)状態を表す (↔dynamic).

sta·tor /stéitər/ [名] [C] 〖電〗固定子《発電機などの》.

stats /stæts/ [名] 〖話〗＝statistics 1.

stat·u·ar·y /stǽtʃuèri|-tjuəri/ [名] [U] **1** 〈集合的〉彫像, 塑像, (→statue). **2** 彫像術《略 stat》.
── [形] 彫[塑]像(術)の; 彫像用の〔大理石など〕.

‡**stat·ue** /stǽtʃuː/ [名] ([複] **～s** /-z/) [C] **彫像**, 塑像, 像, 《特に, 等身大またはそれより大きな立像; →bust; 略 stat.》. carve a ～ 像を彫る. put up [erect] a ～ to.. ..の像を立てる. tear down the dictator's ～ 独裁者の像を引き倒す. [<ラテン語「立っているもの, 立像」(<*stāre* 'stand')]

Stàtue of Líberty [名] 〈the ～〉自由の女神像《米国ニューヨーク湾内 Liberty Island 上にある》.

stat·u·esque /stæ̀tʃuésk|-tju-/ [形] 彫像のような; 輪郭の整った, 均斉のとれた; 威厳のある. a ～ woman 彫像のように均斉のとれた女性.

stat·u·ette /stæ̀tʃuét|-tju-/ [名] [C] 小さな像.

†**stat·ure** /stǽtʃər/ [名] [U] **1** 〖やや章〗身長. of short ～ 背の低い. be short of ～ 背が低い. He is more than six feet in ～. 彼は背が6フィート以上ある.
2 (知的・道徳的な)高さ, 器量; 高邁(まい)さ; 名声; 重要. His ～ in the office is lower now. 職場での彼の株は前より下がった. a scientist of great ～ 重要な科学者. men of his intellectual ～ 彼ほどの知的力量を持った男. gain ～ 重視される. **3** 達成(した水準).
[<ラテン語「立っている姿, 身長」; -ure]

***sta·tus** /stéitəs/ [名] [aU] **1** (社会的・法的)**地位**, 身分; 高い地位. the ～ of women 婦人の地位. the ～ of a spouse 配偶者の身分. Doctors enjoy (a) high ～ in our society. 我々の社会では医師の地位は高い. seek ～ 上の身分に上がろうとする. lose one's ～ 地位を失う, 失脚する.

> [連結] (an) equal [(a) privileged; (a) superior; (an) inferior, (a) subordinate; (a) low; (a) special, (a) unique] ～

2 **状態**, 形勢. the present ～ of affairs 現在の情勢. [ラテン語「立っていること, 状態」(<*stāre* 'stand')]

stàtus quó /-kwóu/ [名] 〈the ～〉現状. maintain [preserve] the ～ 現状を維持する. [ラテン語 'the state in which']

státus sỳmbol [名] [C] 身分の象徴, ステータス・シンボル, 《その人の社会的・経済的地位を示すもの, 例えば豪壮な邸宅, 高級自動車》.

†**stat·ute** /stǽtʃu(ː)t|-tjuːt/ [名] [C] **1** 法令, 法規; 制定法, 成文法; ([類語] 特に, 成文化された法律; 略 stat.; →law). the public [private] ～ 公[私]法.
2 (大学などの)規則, 規程; (法人などの)定款(かん).
[<後期ラテン語「立てられたもの」]

státute bòok [名] 〈the ～〉法令全書. be on [reach] the ～ 議会で承認される.

státute làw [名] [U] 制定法, 成文法, (→common law).

státute mìle [名] [C] 法定マイル《5280フィート; 1609メートル強》.

†**stat·u·to·ry** /stǽtʃutɔ̀ːri|-tjut(ə)ri/ [形] 法令の, 法定の; 法令に触れる. ▷**stat·u·to·ri·ly** [副]

stàtutory offénse [名] [C] 制定法上の犯罪.

stàtutory rápe [名] [C] 法定強姦《承諾年齢 (age of consent) 以下の同意能力がないとされる人との性交》.

†**staunch**[1] /stɔːntʃ, stɑːntʃ/ [形] 信頼するに足る, 忠実な; 〔抵抗などが〕頑強な. a ～ patriot 熱烈な愛国者. ～ friendship 信頼の置ける友好関係. [<古期フランス語「水の漏(も)れない, 信頼できる」] ▷**stáunch·ly** [副]

stáunch·ness 名

staunch[2] 動 〖主に英〗=stanch[1].

‡**stave** /steiv/ 名 Ⓒ **1** (おけ・たるの)側板. **2** 棒, さお. **3** (はしごの)段, 格(こ), (rung) 《横木》. **4** 〖韻律学〗(詩の) 1 節, 1 連; 〖楽〗=staff 5.

── 動 (~s|過 過分 ~d, stove /stouv/|stáv·ing) 他 VOA (~/X/ *in*) X (おけ, 船など)を(内側にへこませて) 穴を開ける, を陥没させる. ── 自 VA (~ *in*) 〔おけ, 船などが〕穴が開く, 壊れる.

stàve /../ óff 〔危険, 災難など〕を(差し当たって)食い止める, 逸(そ)らす, かろうじて免れる, (★この場合の 過 過分 は staved). [<*staves* (staff の複数)]

staves /steivz/ 名 staff, stave の複数形.

‡**stay**[1] /stei/ 動 (~s /-z/|過 過分 ~ed /-d/|stáy·ing) 自 【とどまる】 **1** (場所に)とどまる; VA とどまる, (とどまって) いる; 待つ, ゆっくりする, 〈*for, to* ..まで/*to* do ..するまで〉. Are you going or ~*ing*? 君は行くのか残るのか. I'm afraid I can't ~. おいとましなければなりません. Come back when you can ~ longer. もっとゆっくりできる時にまた来て下さい. ~ (at) home 家にいる (→home 副 2). ~ in [out] ずっと(家, 部屋などの)中[外]にいる. Won't you ~ *for* [*to*] dinner? 夕食を食べていきませんか. He couldn't ~ *to* see the end of the game. 彼は(球場に)とどまって試合を最後まで見ることはできなかった. I'll ~ and help you. 私は残って手伝いましょう (★stay and do は〖話〗; =stay to help you). ~ (behind) after school 放課後居残る[残される].

2 〖雅〗〈普通, 命令形で〉 止まる, (止まって)待つ *Stay!* 止まれ[待て]. *Stay* there! じっとしてろ.

3 滞在する, 泊まる; VA 滞在する, 泊まる, 〈*at, in* ..に〉, 家に泊まる 〈*with* ..〔人〕の〉. Why don't you ~? 泊まったらどうだい. ~ *in* London for a month ロンドンに 1 か月滞在する. ~ overnight 泊まり込む; 一晩泊まる, 1 泊する. ~ *with* Tom [*at* Tom's] トムの家に泊まる. ~ *at* a motel モーテルに泊まる.

4【状態にとどまる】 **(a)** VC (~ X) **X のままでいる**, X の状態を続ける. ~ single 独身のままでいる. ~ cool 冷静でいる. ~ friends 友達であり続ける. ~ still じっとしている. The weather ~*ed* bad. 悪い天気が続いた. *Stay* active and ~ young. 活動を続けていつまでも若くあれ. *Stay* tuned. そのまま(テレビ, ラジオを)見ていて[お聴き]下さい. Bus fares have ~*ed* the same for three years now. バス料金はこの 3 年間据え置かれてきた. **(b)** VA (~ *in* ..) ..を続ける, ..のままでいる. ~ *in* teaching 教師を続ける.

5【踏みとどまる】 長続きする, 耐える; VA (~ *with*..) (競技などで)..に持ちこたえる, (遅れず) ..について行く; ..を続ける. ~ *with* the front runners 先行の走者に(遅れずに)ついて走る. ~ *with* a healthy diet 健康食を続ける.

── 他 **1** の間滞在する, を通して滞在する, 〈*out*〉. ~ the night *with* Tom [*at* Tom's] その夜をトムのところで過ごす (→自 3). ~ the summer (*out*) in Hawaii 夏中ハワイで過ごす. **2** を持ちこたえる, 耐える. This horse won't ~ the distance. この馬は長丁場に耐えられないだろう. **3** を(一時的に)止める, 食い止める, 防ぐ. He ~*ed* his hand. 彼は(殴りかかろうとした)手を止めた; 〖旧〗 彼はやろうとしていたことをやめた. ~ the plague 伝染病を食い止める. A snack will ~ your hunger. 軽く食べておけばしばらく腹がもつだろう. **4** 〖法〗〔判決など〕を延期する, 猶予する. ~ decision [proceedings] 決定[訴訟手続き]を延ばす.

be hère to stáy 〖話〗〔物事が〕定着している, 根を下ろしている, 受け入れられている. Rock'n'roll *is here to* ~. =Rock'n'roll has *come to* ~. (→come to STAY (2)) ロックンロールは根を下ろしている.

còme to stáy (1) 泊まりに来る. (2) 〈普通, 完了形で〉 〖話〗 =be here to STAY.

stáy at .. (1) →自 3. (2) 〔大学など〕に残る. ~ *at* university 大学に残る.

stày awáy (from ..) (1) (..に)寄りつかない, (..を)留守にする, 欠席する. Don't ~ *away* so long. もっと[また]遊びに来てよ[ね]. *Stay away* (*from* me). (私に)近づかないで(欲しい). ~ *away from* work 仕事をしない. (2) (..の)じゃまをしない.

stày báck (1) 離れている. (2) とどまっている.

stày behínd (1) (他人より)後に残る, 居残る. (2) 後ろの方にいる.

stày dówn (1) 低い所にとどまる, しゃがんでいる, 身を伏せている. (2) 潜ったままでいる. (3) 〔値段などが〕上がらない. (4) 〔食物などが〕(もどされないで)胃に収まる. (5) 〔スイッチなどが〕下がったままである.

stày ín (1) 家にいる, 外出しない. (2) (罰として)学校に居残らされる.

stày óff 学校[仕事]を休む.

stày ón (1) 〔テレビなどが〕ついたままの状態でいる[ある]. Every night my wife drops off while the TV ~*s on*. 毎晩妻はテレビをつけっぱなしにして居眠りする. (2) (いつまでも)居続ける, 滞在し続ける; 居座る, 居残る. ~ *on* in London ロンドンに居続ける. Wanting to get the job finished, John ~*ed on* after his colleagues had gone home. ジョンは仕事を終わらせたかったので同僚たちの帰宅後残業をした. (3) (大学, 同じ職場[職務]に)残る 〈*at* ..に/*as* ..として〉. ~ *on at* university (就職しないで)大学に残る.

stáy on .. (1) 〔馬など〕に乗ったままでいる; 〔道など〕を進み続ける. (2) ..を追求し続ける.

stày on tóp of .. ..を掌握する.

stày óut (1) (夜遅くまで)外に出ている, 家に帰らない, 家を空ける, (→自 1). (2) ストライキを続行する. (3) 近寄らない.

stày /../ óut (1) =outstay. (2) ..を通して滞在する (→他 1).

stáy out of .. ..に近寄らない, 巻き込まれない, かかわらない, 触れない. *Stay out of* this [my business]! 口出しをしないでくれ, かまわないでくれ.

stày óver 泊まる. Can I ~ *over* at Bill's tonight? 今晩ビルの家に泊まっていい?

stày pút 〖話〗動かない[変わらない]ままでいる. *Stay put* here till I come back. 私が戻ってくるまでここを動くな.

stày togéther 〔夫妻, 男女などが〕別れないでいる.

stày úp (1) 寝ないでいる. ~ *up* late 遅くまで起きている, 夜更かしする. ~ *up* until midnight 真夜中まで起きている. (2) 〔物が〕ずり落ちないでいる.

stáy with .. (1) →自 3. (2) 〔人〕と一緒にいる. (3) ..を続行する, 続ける. (4) 〔歌などが〕〔人〕の頭に残っている.

── 名 (複 ~s /-z/) **1** Ⓒ 〈普通, 単数形で〉 **滞在**, 逗(とう)留 〈*at, in* ..での/*with* ..の家での〉; 滞在期間. make a long ~ 長逗留する. a week's ~ *in* Italy 1 週間のイタリア滞在. **2** ⓊⒸ 〖法〗 猶予, 延期; 停止, 抑止, 〈*on* ..の〉. grant (a) ~ of execution 執行猶予を与える. a ~ *on* raises 賃金凍結. **3** Ⓤ 持久力. [<古期フランス語 *ester* (<ラテン語 *stāre*「立つ」)]

stay[2] 名 (複 ~s) Ⓒ **1** 支え, 支柱; 〖雅〗 支え(となる人[もの]). Religion was the ~ of his old age. 宗教は老後の彼のよりどころであった. **2** 〖海〗 支索 《帆柱を前方から支える》. **3** (衣類の襟(えり)などの)芯(しん); 〈~s〉 (鯨のひげなどで作った昔の)コルセット. ── 動 (~s|過 過分 ~ed|~·ing) 他 **1** を支える; 〖雅〗 の心を支える. **2** 〖海〗 を支索で支える. [<ゲルマン語]

stáy-at-hòme 形, 名 Ⓒ 〖話〗〈普通, けなして〉 家にばかりいる(人), 出無精な(人).

stáy·er[1] 名 Ⓒ **1** 滞在者. **2** 耐久力のある人[動物]. **3** 長距離馬.

stáy·er[2] 名C 支持者.

stáying pòwer 名U 持久力, スタミナ.

stáy-in strìke 名C 座り込みスト(ライキ).

stay·sail /stéisèil, -sl/ 名C 〖海〗支索帆《三角形で, マスト前方の支索から張る》.

St. Barthòlomew's Hóspital 名 セントバーソロミュー病院《ロンドンの the City にあり, ロンドン大学に所属する医学部を持つ》.

St. Bernard /sèint-bərnɑ́:rd|s(ə)n(t)-bə́:nəd/ 名 =Saint Bernard (dog).

STD sexually transmitted disease.

std standard.

STD code /ésti:dì:-kòud/ 名C 〖英〗市外局番(〖米〗area code)《<*s*ubscriber *t*runk *d*ialling code; 東京の 03 に当たる; Inner London は 0171, Outer London は 0181》.

‡**stead** /sted/ 名U 代わり, 代理, 〈次の成句で〉.

*__*in a pèrson's* [*a thìng's*] *stéad*__ 〖章〗**人[物]の代わりに,** 人[物]に代わって, (→instead). If you can't come, send someone *in* your 〜. もしあなたが来られなければだれか代理をよこして下さい.

in stéad of . . =INSTEAD of . . .

stànd** a pérson **in gòod stéad 〔物事が〕(必要な時に)人に大いに[大変]役立つ. Your English ability will *stand* you *in good* 〜 in the future. 君の英語の能力は将来大いに君に役立つでしょう. [<古期英語「場所」]

*__stead·fast__ /stédfæ̀st, -fəst|-fɑ̀:st, -fəst/ 形 m

1 不動の, 不変の. a 〜 faith 不動の信念. be 〜 *in* one's faith 信念が揺るがない.

2 しっかりした, 着実な. study with 〜 concentration しっかり打ち込んで研究する.

[<古期英語「しっかりと立っている」; stead, fast[1]]

▷ **〜·ly** 副 しっかりと, 着実に, 断固と. **〜·ness** 名 確固たること.

*__stead·i·ly__ /stédəli/ 副 m **しっかりと, 堅実に; 絶え間なく.** work 〜 たゆまず働く.

†**stead·i·ness** /stédinəs/ 名U 安定; 不変; 着実.

‡**stead·y** /stédi/ 形 e (**stéad·i·er**|**stéad·i·est**)

1 〔足場, 地位などが〕**しっかりした,** ぐらつかない, 安定した, 確固たる, (↔unsteady). a 〜 hand しっかりした手つき[手並]. keep[hold] a camera 〜 カメラをしっかり持つ. The patient is not very 〜 on his feet. その病人はまだ足もとが(ふらふらして)危なっかしい.

2 変わらない, 一様な, 間断のない. a 〜 rise in prices 物価の不断の上昇. a 〜 income 安定した収入. get a 〜 job 定職を得る. work at a 〜 pace むらのないペースで働く. a 〜 gaze (じっと見据えた)凝視. a 〜 stream of . . 続々と来る. . .

3 〔人柄, 行動などが〕**落ち着いた,** しっかりした; 着実な; 堅実な, まじめな. a 〜 young man しっかりした青年. a 〜 relationship 長続きのする関係[交際]. a man of 〜 nerves 沈着な神経の持ち主《男》. Slow and 〜 wins the race. 〖諺〗→slow 形 1.

(*as*) ***stèady as a róck*** 大変信頼できる; 極めて堅固な.

gò stéady 〖主に米話〗決まった異性とだけ交際する (→play the FIELD), ステディの間柄になる 〈*with* . . と〉.

plày stéady あせらない, 落ち着いてやる.

***Stèady* (*ón*)!** 〖主に英話〗気をつけて, 落ち着け.

── 動 (**stéad·ies**|週 過分 **stéad·ied**|**〜·ing**) 他 を安定[しっかり]させる; を落ち着かせる 〈*down*〉. *Steady* yourself. しゃんと立ちなさい; 落ち着きなさい. 〜 one's nerves 気を静める.

── 自 安定する; 落ち着く; 〈*down*〉.

── 名 (複 **stéad·ies**) C 〖主に米話〗ステディ《決まった交際相手で, 結婚に至る可能性も大きい異性》.

[<中期英語「1 つの場所にとどまっている>固定した」 stead, -y[1]]

stèady státe thèory 名 〈the 〜〉〖天〗定常宇宙説.

‡**steak** /steik/ 名 (複 **〜s** /-s/) UC **ステーキ, 焼き肉,** 《一般に肉や魚の厚い切り身を焼いた料理; 特にビーフステーキ (beefsteak) を指すことが多い; 焼き具合については →rare[2]》; ステーキ用の肉. "How would you like your 〜?" "Medium-rare [Rare, Well-done], please."「ステーキの焼き具合はいかがいたしますか」「ミディアム・レア[レア, ウェルダン]にして下さい」a salmon 〜 サーモンステーキ. [<古期北欧語]

stéak·hòuse 名 (複 →house) C ステーキ専門店.

stéak knìfe 名C 〖米〗ステーキ用ナイフ《歯にギザギザがある》.

stèak tártar(**e**) 名 =tartar steak.

‡**steal** /sti:l/ 動 (**〜s** /-z/|週 **stole** /stoul/|過分 **sto·len** /stóulən/|**stéal·ing**) 他 **1** 〔物〕**を盗む;** をこっそり取る; 〔人のアイディアなど〕を盗む; 〈*from* . . から〉(類語「盗む」の意味の最も一般的な語, 「こっそり」の感じが最も強い; →filch, lift 5, pilfer, purloin; deprive, rob との違いは →rob 語法). a *stolen* car 盗難車. 〜 money *from* a safe 金庫から金を盗む. I had my watch *stolen*. 時計を盗まれた. 〜 trade secrets 企業秘密を盗む. 〜 attention 注目を集める.

2 〔キスなど〕を(こっそり, 素早く)盗む, 奪う, 手に入れる. 〜 a person's heart (away) いつのまにか人の愛情を手に入れる. 〜 a glance[look] at a person 人の顔をちらっと盗み見る. **3** VOA をこっそりと動かす[運ぶ, 置くなど] 〈*into* . . へ/*out of* . . から〉. He *stole* a whisky bottle *into* his room. 彼はウイスキーの瓶をひそかに部屋に持ち込んだ.

4 〖野球〗〔塁〕を盗む, に盗塁する. 〜 second base 二盗する (★second base は無冠詞).

── 自 **1 盗みをする** 〈*from* . . から〉. Robin Hood *stole from* the rich and gave to the poor. ロビン・フッドは金持ちから取って貧乏人に与えた.

2 VA **こっそり行く** 〈*to, toward* . . の方へ〉; 忍び込む 〈*into* . . へ〉; ひそかに出る 〈*out of* . . から〉. 〜 away そっと立ち去る. 〜 *out* (*of* the house) こっそり(家を)抜け出す. The killers *stole up on* him. 殺し屋たちが彼に忍び寄った. Sleep *stole* over me. いつしか私に睡魔が忍び寄った. The years *stole* by. 歳月はいつのまにか過ぎ去って行った. **3** 〖野球〗盗塁する.

── 名 **1** U 〖話〗盗み. **2** C 〖米話〗盗品.

3 C 〖主に米話〗〈単数形で〉格安品, 掘り出し物. At only $1,500 this car is a real 〜, sir. たったの 1500 ドルですからこの車は本当に掘り出し物ですよ.

4 C 〖野球〗盗塁. [<古期英語]

†**stealth** /stelθ/ 名U **1** 内密 〈普通, 成句 by 〜 で〉. **2** (ステルスの)レーダー捕捉(ほそく)不能. **3** 〈普通 S-; 形容詞的〉〔飛行機などが〕レーダーなどに捕捉されにくい.

by stéalth こっそりと, 内密に, (stealthily).

[steal, -th[1]]

stéalth bòmber [**fìghter**] 名C 隠密爆撃機, ステルス, 《レーダーなどに捕捉(ほそく)されることなく敵地に侵入して爆撃できる》.

stealth·i·ly /stélθəli/ 副 こっそりと, 内密に.

†**stealth·y** /stélθi/ 形 e こそこそした, ひそかな, 内密の. a 〜 whisper ひそひそ話. 〜 eyes こそこそした目つき.

▷ **stealth·i·ness** 名

‡**steam** /sti:m/ 名U **1** (水)**蒸気** 《厳密には vapor と異なり無色透明》; 湯気; もや. The windows got clouded with 〜. 窓が湯気で曇った. a building heated by 〜 スチーム暖房の建物. **2** 蒸気の力; 〖話〗(人の)馬力, 元気. The first car was driven by 〜. 最初の自動車は蒸気の力で走った. the age of 〜 蒸気機関車の時代.

blow* [*let*↓] *òff stéam

fùll stèam ahéad 全速で前進して, 猛スピードで; 全力を挙げて. go *full* 〜 *ahead* with . . を全力を挙げて推

S

進する.
get ùp stéam (1)〔乗り物が〕徐々にスピードを上げる. (2)《話》馬力[元気]を出す, がんばる; 興奮する. (3)〔プロジェクトなどが〕ますます重要になる, ますます幅を利かす; 〔物事が〕勢いがつく, はずみがつく.
hàve stéam còming out of one's éars (怒りで)かっかする (★with ～ coming out of one's ears なら「(怒りで)かっかして」の意).
let [blow, work] òff stéam 《話》余った精力[こもった感情, ストレスなど]を発散する; うっぷん晴らしをする.
lòse stéam スピードが落ちる; 活力を失う, 勢いが衰える.
pick ùp stéam ＝get up STEAM (3).
rùn out of stéam 《話》馬力[元気]がなくなる.
under one's òwn stéam 自力で; 人の助けを借りずに.
work [let ↑] òff stéam
── 動 自 **1** 蒸気[湯気]を立てる〈*away*〉; 蒸発する. a ～*ing* kettle 湯気を立てているやかん. **2** VA 蒸気の力で動く[進む]. The ship ～*ed out of* the harbor. (蒸気)船は港から出て行った. **3**《話》激怒する, かーっとなる. **4** VA (～ *in*)《英話》けんかを始める.
── 他 に蒸気を当てる, を蒸す, ふかす; VOC 湯気[蒸気]を当てて..する; VOA (～ /X/ *off* (..)) 湯気を当てて X を(..から)はがす; (～ /X/ *out*) 蒸気を当てて X を取る. ～ fish 魚を蒸す. ～ potatoes ジャガイモをふかす. ～ an envelope open [*off*] 湯気を当てて封筒を開ける. ～ a stamp *off* an envelope 湯気を当てて封筒から切手をはがす.
stèaming hót ひどく熱い (★steaming は副詞的). ～*ing hot* coffee ひどく熱いコーヒー. It's ～*ing hot*. うだるように暑い.
stèam úp 〔ガラス, 鏡, レンズなどが〕湯気で曇る.
stèam /../ úp (1) ..を湯気で曇らせる. (2)《話》..を激怒させる〈普通, 受け身で〉. get [be] ～*ed up* (about [over] ..) (..で)かっとなる.
[＜古期英語]

stéam bàth 名 C スチームバス, 蒸し風呂(ぶろ).
steam·boat /stíːmbòut/ 名 C 汽船, 蒸気船, 《川, 湖, 沿岸用の小型のもの; →steamship》.
stéam bòiler 名 C 蒸気ボイラー.
stéam·clèan 動 他 〔布(製品)〕を蒸気で洗浄する.
steamed 形 ＝steamed-up.
stèamed-úp 形〈叙述〉《話》怒った, かっとなった; 興奮した.
stéam èngine 名 C 蒸気機関.
‡**steam·er** /stíːmər/ 名 (複 ～s /-z/) C **1** (帆船に対して)汽船; 〈特に〉＝steamship. **2** 蒸し器, せいろ. [steam, -er[1]]
stéam ìron 名 C 蒸気アイロン.
stéam locomòtive 名 C 蒸気機関車, SL.
stèam rádio 名 U 《英話・戯》ラジオ放送《テレビと比較して大変旧式という意味で》.
stéam·ròller 名 C **1** (地面をならす)蒸気ローラー. **2** 《話》強圧手段, 横車. ── 動 他, 自 (を)蒸気ローラーで地ならしする; 《話》(〔反対など〕を)強圧する, 押しつぶす.
†**stéam·shìp** 名 C 汽船, 商船, 《海洋を航行する大型のもの; 略 SS, S/S》.
stéam shòvel 名 C 《米》蒸気ショベル (excavator).
stéam tràin 名 C 汽車.
stéam tùrbin 名 C 蒸気タービン.
‡**stéam·y** 形 e **1** 蒸気の(ような); 蒸気を出す; 湯気[もや]の立ち込めた; 高温多湿の. **2**〔本, 映画などが〕エロティックな. ▷**steam·i·ly** 副 **steam·i·ness** 名
ste·ap·sin /stiǽpsin/ 名 U 《生化》ステアプシン《膵(すい)臓から分泌される脂肪分解の酵素》.
ste·ar·ic /stiǽrik/ 形 《化》ステアリンの.
steàric ácid 名 U 《化》ステアリン酸.
ste·a·rin /stíːərin|stíə-/ 名 U 《化》ステアリン《脂肪素》; ステアリン酸《ろうそく製造用》.

steed /stiːd/ 名 C 《雅・詩》(乗用)馬, 駿馬(しゅんめ).
‡**steel** /stiːl/ 名 (複 ～s /-z/) **1** U **鋼鉄**, はがね; 製鋼(業). *Steel* is made from iron. はがねは鉄から作る. tools made of ～ スチール製の道具. **2** C (刃物を研ぐ)鋼砥(はがねと). **3** aU 《雅・詩》剣(つるぎ), やいば. cold ～ 刀剣, 白刃. **4** U (鋼鉄のような)堅さ; 非情. muscles [nerves] of ～ 強靱(じん)な筋肉[神経]. a heart of ～ 堅固[非情]な心(の持ち主). **5**〈形容詞的〉鋼鉄(製)の; はがねのような; 製鋼(業)の. a ～ knife 鋼鉄製のナイフ. ～ gray 鉄灰色《青味がかった灰色》. a ～ mill 製鋼所.
── 動 他 **1**〔心〕を堅くする, 非情にする; 〈～ oneself の形で〉心を鬼にする, 気を強く持つ; 〈*for, against* ..に対して〉. ～ *oneself* [one's heart] *against* those students それらの学生に対して心を鬼にする. She ～*ed* her*self* not *to* cry. 彼女は泣くまいと気を張った. **2** にはがねをかぶせる, はがねの刃を付ける.
[＜古期英語; 原義「しっかりした[固い]もの」]
stèel bánd 名 C スチールバンド《ドラム缶をいろいろに切って楽器とする, 特に西インド諸島に多い楽団》.
stèel blúe 名 UC 鋼色《黒っぽい青》.
stèel drúm 名 C ドラム缶.→steel band.
Steele /stiːl/ 名 **Sir Richard ～** スティール (1672–1729)《アイルランド生まれの英国の随筆家・劇作家》.
stèel guitár 名 C スチールギター.
stéel·hèad 名 (複 ～, ～s) C 《魚》北太平洋産のニジマスの一種.
stéel màker 名 C 鋼鉄製造会社.
stèel-plát·ed /-pléitəd 移/ 形 鋼板を張った.
stèel tráp 名 C 鉄わな. have a mind like a ～ 飲み込み[分かり]が早い.
stèel wóol 名 U 鋼綿, スチールウール, 《研磨用》.
stéel·wòrk 名 **1** U〈集合的〉鋼鉄製品; 鋼鉄構造部分[骨組み]. **2**〈～s; 単複両扱い〉製鋼所.
stéel·wòrk·er 名 C 製鋼所工員.
‡**steel·y** /stíːli/ 形 e **1** 鋼鉄(製)の; はがね色の. **2** (鋼鉄のように)堅固な. ～ determination 断固たる決意. **3** 無情な. a ～ glance 冷たい目. ▷**steel·i·ness** 名
stéel·yàrd 名 C さお秤(ばかり).
steen·bok /stíːnbɑ̀k|-bɔ̀k/ 名 (複 ～s, ～) C 《動》スタインボック《小型のレイヨウ; アフリカ産》.
‡**steep**[1] /stiːp/ 形 e (**stéep·er**|**stéep·est**) **1 険しい**, 切り立った, 急勾(こう)配の; 急激な〔増加, 減少など〕. a ～ hill [incline] 険しい丘[急坂]. a ～ rise in prices 物価の急騰. **2**《話》〔要求, 値段などが〕法外な; 〔話が〕大げさな, まゆつばの. That's a ～ price to pay. そりゃ(払うには)無茶な値段だよ. It's [That's] a bit ～. 《英話》そいつあ無茶だよ. [＜古期英語; stoop[1] と同根]
▷**stéep·ly** 副 険しく. **stéep·ness** 名 U 険しさ.
***steep**[2] /stiːp/ 動 (～s /-s/|過 過分 ～ed /-t/|**stéep·ing**) 他 **1** VOA (～ X *in*..) X を〔液体〕に**漬ける**, 浸す. ～ beans *in* water overnight 豆を一晩水に漬ける. **2** VOA (～ X *in*..) X を〔霧など〕にすっぽり包む; X を〔罪悪など〕にすっかり浸す[染める]; X を〔研究など〕に没頭させる; 〈普通, 受け身で〉. the hillsides ～*ed in* darkness やみに包まれた山腹. be ～*ed in* tradition [history] 伝統[歴史]が深くしみ込んでいる. be ～*ed* [～ oneself] *in* learning 学問に夢中になる.
── 自 浸(っている)〈*in* ..に〉. Let the tea ～ for several minutes. 茶の葉を数分浸しておきなさい.
[＜古期英語 (＜ゲルマン語)]
steep·en /stíːp(ə)n/ 動 他 を険しく[急勾配に]する.
── 自 険しく[急勾配に]なる.
steep·ish /stíːpiʃ/ 形 やや[かなり]険しい.
†**stee·ple** /stíːp(ə)l/ 名 C (教会などの)尖(せん)塔《その先端が spire》. [＜古期英語; steep[1], -le[2]]
stéeple·chàse 名 C **1** 障害競馬 (→flat racing). **2** (人間の)障害物競走《特に 3 千メートルの》.

stéeple·chàser 名 C **1** 障害競馬の騎手[馬]. **2** 障害物競走選手. 「人.
stéeple·jàck 名 C 尖(せん)塔[高い煙突など]の修理職↑
‡**steer**[1] /stiər/ 動 (~s /-z/|過 過分 ~ed /-d/|steer·ing /stí(ə)riŋ/) 他 **1** 〔船, 自動車など〕の舵(かじ)を取る, 〔飛行機など〕を操縦する. ~ a ship 船を操縦する. ~ the car into the driveway 車をドライブウエーに乗り入れる. **2** 〔一定の方向〕に進む. ~ a straight course まっすぐの進路を取る. **3** VOA 〔人〕を向ける, 導く, 〈*to, toward* ..〔ある方向〕へ/*away from* ..から離れるように〉; を導いて向かわせる, 案内する, 〈*to, toward, into* ..〔ある方向〕へ〉. The coach ~*ed* his team *to* victory. コーチはチームを勝利に導いた. ~ the conversation *away from* taboo subjects 会話をタブーの話題からそらせる.
── 自 **1** 舵を取る, 運転を行う; VA 向かう, 進む, 〈*for, to* ..に〉. **2** VA 〈A は様態の副詞(句)〉〔乗り物が〕操縦がきく. His car ~*s like* a sports car. 彼の車はスポーツカー並みの操縦性だ.
stèer cléar of.. (1) ..にぶつからないように舵を取る[運転する]. (2)〖話〗..を避ける, よけて通る; 〔麻薬など〕に手を出さない.
stèer a mìddle cóurse 中道を行く.
── 名 C 〖主に米話〗助言, 忠告. a bum ~ でたらめな助言. [<古期英語]
steer[2] 名 C (去勢した)雄の子牛《食肉用》.
steer·age /stí(ə)ridʒ/ 名 U **1** 操舵(だ). **2** 〖旧〗(汽船の) 3 等船室 (tourist [third] class); 〈形容詞的・副詞的〉3 等の[で].
stéerage·wày 名 U 〖海〗舵(だ)効速度《舵(かじ)が効くのに必要な最小船速》. 「ラム.
stéering còlumn 名 C (自動車の)ステアリング・コ↑
stéering committèe 名 C 運営委員会.
stéering gèar 名 U 舵(かじ)取り装置.
stéering whèel 名 C (船の)舵(だ)輪; (自動車の)ハンドル (→car 図).
stéers·man /-mən/ 名 (複 **-men** /-mən/) C 舵(だ)手, 操舵員.
steg·o·saur /stégəsɔ̀:r/ 名 C 〖古生物〗ステゴサウルス, 剣竜. [<ギリシア語「覆い」+「トカゲ」]
stein /stain/ 名 C (陶器製)ビール用ジョッキ. [ドイツ語 'stone']
Stein·beck /stáinbèk/ 名 **John Ernst** /ə:rnst/ ~ スタインベック (1902-68)《米国の小説家; *The Grapes of Wrath*『怒りの葡萄(ぶどう)』他; 1962 年ノーベル文学賞受賞》.
stein·bok /stáinbɑ̀k|-bɔ̀k/ 名 =steenbok.
Stein·way /stáinwèi/ 名 (複 **~s**) C 〖商標〗スタインウェイ《米国製のピアノ》.
ste·le /stí:li/ 名 (複 **ste·lae** /-li:/, **~s**) C 〖考古学〗碑文を刻んだ石柱, 石碑.
Stel·la /stélə/ 名 女子の名.
stel·lar /stélər/ 形 〖章〗〈限定〉**1** 星の; 星のような; 星をちりばめた **2** 主役の, スターの; 主要な, 一流の. [<ラテン語 *stella*「星」]
‡**stem**[1] /stem/ 名 (複 **~s** /-z/) C **1** (草の)**茎**, (木の)幹; 花梗(こう), 葉柄, 果柄. have a flower on a ~ 茎に花をつける. **2** 茎に似た物; (ワイングラスなどの)足, (パイプの)軸, (工具の)柄, (温度計の)胴, 羽軸, (時計の)竜頭(りゅうず), (音符の)符尾《縦線》, (活字の)太い縦線部分. **3** 船首, へさき, (↔stern). **4** 〖言〗語幹《屈折変化, 接辞を取り除いた基本形》. **5** 血筋, 家系. **6** 船首.
from stèm to stérn 船首から船尾まで; どこからどこまで, 隅から隅まで.
── 動 (~s|-mm-) 他 〔果物など〕の茎[軸]を取り去る.
── 自 VA (~ *from*..) ..から発する, 生じる, 由来する; (~ *back to*..) ..に由来する, 原因は..にある. Her troubles ~ *from* past mistakes. 彼女の苦労は過去の過ちのせいだ. [<古期英語]
stem[2] 動 (~s|-mm-) 他 **1** 〔..(の流れ)〕を止める, せき止める. ~ the (flow of) blood 止血する. **2** 〔潮, 風など〕に逆らって進む; 〔時流など〕に逆らう, 抵抗する. ~ the powerful head winds 強烈な向かい風に逆らって進む.
── 自 〖スキー〗制動(回転)する.
stèm the tíde (of..) (..の)流れを変える, (..を)抑える, (..に)逆らう. ~ *the tide of* history 歴史の流れに逆らう. [<古期北欧語]
-stemmed /stemd/ 〈複合要素〉「茎[軸], 茎[軸]の付いた」の意味. red[long]-*stemmed* (茎の赤い[長い]).
‡**stench** /stentʃ/ 名 C 〖章〗**1** 〈普通, 単数形で〉(ひどい)悪臭 (→smell 類語). **2** 〈the ~〉いやな臭い〈*of* ..〔不正など〕の〉. ◇動 stink [<古期英語「におい」]
‡**sten·cil** /sténs(ə)l/ 名 C **1** ステンシル, 型板, 《金属板, 紙などに模様[文字]を切り抜き, その上からインクを塗ったり吹きつけたりして印刷する》. **2** 謄写版原紙. **3** ステンシルで刷った図柄[文字]. ── 動 (~s|〖英〗-ll-) 他 〔図案, 文字など〕を刷る[謄写する]〈*on* ..に〉; 〔紙など〕に刷り込む 〈*with* ..〔図案, 文字〕を〉. [<古期フランス語「彩飾する」(<ラテン語 *scintilla*「火花」)]
Sten·dhal /stendɑ́:l|stɔ́ndɑ:l/ 名 スタンダール (1783-1842)《フランスの小説家;『赤と黒』他》.
Stén gùn /stén-/ 名 C ステンガン《英国製の軽機関銃》.
sten·o /sténou/ 名 (複 **~s**) 〖主に米話〗**1** =stenographer. **2** =stenography.
sten·o·graph /sténəgræ̀f|-grɑ̀:f/ 動 他 を速記する.
ste·nog·ra·pher /stənɑ́grəfər|-nɔ́g-/ 名 C 〖英では旧〗速記者; 速記タイピスト (〖主に英〗shorthand typist).
sten·o·graph·ic /stènəgrǽfik ⑧/ 形 速記(術)の.
ste·nog·ra·phy /stənɑ́grəfi|-nɔ́g-/ 名 U 〖主に米〗速記(術) (〖主に英〗shorthand). [ギリシア語 *stenós*「狭い, 小さい」, -graphy]
Sten·o·type /sténətàip/ 名 C **1** 〖商標〗ステノタイプ《速記用タイプライターの一種》. **2** 〈s-〉速記用文字.
▷**stén·o·tỳp·ist** 名 C (ステノタイプを使用する)速記タイピスト. 「(術).
sten·o·typ·y /sténətàipi/ 名 U ステノタイプ速記↑
sten·to·ri·an /stentɔ́:riən/ 形 〖章〗大声の, 大きな〔声など〕《ホメロスの *Illiad* に登場する 50 人に匹敵する声量を持つ伝令使 Stentor /séntɔ:r/ から》.
‡**step** /step/ 名 (複 **~s** /-s/) 【歩み】**1** C **歩み**; 1 歩, (1 歩の)歩幅; 〈単数形で〉ひと足の所. take a ~ (toward..) (..の方へ) 1 歩進む. take two ~s forward [backward, back] 2 歩前進[後退]する. a [one] ~ at a time 急がずに, ゆっくりと. every ~ of the way 全行程をずっと; いつも. They stood three ~*s* apart. 彼らは 3 歩離れて立っていた. The station is only a ~ away. 駅はほんの目と鼻の先だ. That's one small ~ for a man, one giant leap for mankind. 1 人の人間にとっては小さな 1 歩だが, 人類にとっては大きな飛躍である《1969 年月面着陸の際の Neil Armstrong の言葉》.
2 C **足音** (footstep). I heard ~*s* outside. 外で足音が聞こえた.
3 C **足跡** (footprint). We saw ~*s* in the mud. 我々は泥の中に足跡を見た.
【歩き方】**4** C **歩きぶり**, 足取り, (footstep). She has a brisk ~. 彼女は活発な足取りで歩く. The old man walks with steady ~*s*. その老人はしっかりした足取りで歩く.

連結 a firm [a lively, a quick; a light; a tottering, an unsteady] ~

5 UC 歩調; (ダンスの)ステップ. dance with a waltz ~ ワルツのステップで踊る. change ~ 〖主に軍〗歩調を変え

S

る.
【前進の 1 歩】 **6** Ⓒ (成功などへの) 1 歩, 進歩. take [make] a giant ～ forward in space science 宇宙科学における一大前進をなしとげる. I'll go a ～ further in my analysis. 分析をさらに 1 歩進めよう. a ～ up 一段階上.
7【目的への 1 歩】 Ⓒ (前進などのための)**手段**, 処置. The next ～ is to call a doctor. 次の処置は医者を呼ぶことだ. take a rash ～ 早まった処置をする. a ～ in the right direction 正しい一歩[措置]. a ～ backward 一歩後退.

連結 an important [a critical; a decisive; a bold; a dangerous; a drastic; a right; a false, a wrong] ～

【踏み段】 **8** Ⓒ (階段, はしごなどの)**段**, 踏み段; 〈～s〉〖英話〗脚立(きゃたつ) (stepladder). He stopped on the top ～ and waited for his mother to come up. 彼は階段の一番上で立ち止まり母親が上がってくるのを待った. He put his foot on the ～ of the bus. 彼はバスのステップに片足をかけた. a pair[set] of ～*s* (1 つの)脚立.
9 〈～s〉 **階段** 《普通, 屋外にある段々を言う; →stair 1》. a flight of ～*s* (ひと続きの)階段. go up the stone ～*s* of a big temple 大寺院の石段を上る.
10 Ⓒ (体操の)踏み段; ⓊⒸ 踏み段体操.
【段階】 **11** Ⓒ (軍隊などでの)階級; 昇進. A major is one ～ above a captain. 陸軍少佐は大尉の 1 階級上だ. get a ～ up in the company 会社で 1 段昇格する.
12 Ⓒ (温度計などの)ひと目盛り, 度; 〖主に米〗〖楽〗音程《2 音間の高さのへだたり》, 度, (tone); 全音(程); 〖電算〗ステップ《処理[操作]の 1 単位》.
brèak stép (行進, ダンスで)歩調を乱す.
fàll [***còme, gèt***] ***into stép*** 歩調をそろえて歩く.
fòllow [***trèad***] ***in a pèrson's stéps*** 人の後について行く; 人の手本にならう. By becoming a doctor, he *followed in* his father's ～*s*. 医者になって彼は父の志を継いだ.
****in stép*** **歩調をそろえて**, 調和して, 意見が合って, 〈*with* ..と〉. *in* ～ to music 音楽に合わせて. be *in* ～ *with* the times 時代と共に歩む. keep *in* ～ *with* fashion ファッションに遅れない. 「〈*with* ..と〉.
kèep stép 歩調をそろえる, 調子を合わせる, 調和する,↑
one stèp ahéad (***of*** ..) (..より)一歩先んじて.
out of stép 歩調が合わないで; 調和しないで, 〈*with* ..と〉. be *out of* ～ *with* the times 時勢と(歩調が)合わ↓
stèp by stép 1 歩 1 歩(と), 着実に. ⌊ない.
tàke stéps 手段を講じる, 措置を取る, 〈*to* do ..を達成するために〉.
****wàtch*** [〖英〗 ***mìnd***] ***one's stép*** **足もとに気をつける**; 慎重に(行動)する. *Watch* your ～! 足もとに気をつけて.
—— 動 (～s /-s/|過 過分 **～ped** /-t/|**stép·ping**) 自 **1** VA (特に短い距離を) **歩く**, (ある足取りで) 歩む, 進む. Please ～ this way. どうぞこちらへおいでください. ～ along さっさと進む. ～ forward [back] (1 歩)進み出る[後へさがる]. ～ inside 中に入る. (Do) you want to ～ outside? 外へ出(てけんかをや)るか. ～ out into the bright sunlight 外に出て明るい日光を浴びる. ～ out of one's previous job into a whole new world 前の仕事をやめて, 全く新しい世界に入る. ～ high 足を高く上げて歩く; (馬が)足を高く上げる. **2** VA (**～** ***on*** [***upon***] ..) ..を踏む, 踏みつける. Don't ～ *on* the flowers. 花を踏むな. ～ *on* the brake(s) ブレーキを踏む.
—— 他 **1** 〔道など〕を歩く; 〔..歩〕を歩む. The baby ～*ped* several paces before he fell. 赤ん坊は数歩歩いてから倒れた. He was forbidden to ～ foot on English soil again. 彼は 2 度と英国の地を踏むことを禁じられた.
2 〔ダンスのステップ〕を踏む. ～ a lively polka ポルカを軽快に踊る.
3 〔距離〕を歩測する 〈*off, out*〉. ～ (*off*) the length of a room 部屋の長さを歩測する. ～ *off* [*out*] 100 yards 100 ヤードを歩測する.
stèp asíde (1) わきに寄(って道を空け)る. Please ～ *aside*. ちょっとどいて下さい. (2) わき道にそれる; 道を譲る 〈*for, in favor of* ..〔後進など〕に〉, 身を引く, 辞任する; 譲歩する.
stèp báck (1) →自 1. (2) (問題などを)一歩退いて考える, 客観的に考える, 〈*from* ..に影響されないで〉.
stèp dówn (1) 降りる 〈*from* ..〔乗り物〕から〉. (2) (人に譲るために)辞任する, おりる, 〈*from, as* ..〔役職など〕を〉. (3) スピードを下げる.
stèp /../ dówn (1) 〔電圧など〕を下げる, 減じる. (2) ..のスピードを下げる.
stèp fórward (1) →自 1. (2) 進み[申し]出る, 志願する, (come forward).
****stèp ín*** (1) (家に)**入る**, 立ち寄る. (2) 介入する, 干渉する; 乗り出す, 割って入る. The teacher ～*ped in* when the boys started to hit each other. 少年たちが殴り合いを始めた時先生が割って入った.
stép into .. (1) 〔部屋など〕に入る. (2) 〔問題など〕に介入する. (3) 〔仕事など〕を引き継ぐ; 〔状況, 立場など〕に楽々と[一足飛びに]飛び込む; 〔財産など〕にありつく. ～ *into* a great fortune 莫(ばく)大な財産にありつく.
stèp óff (1) 歩き出す, 行進を始める. (2) (高い所などから)降りる.
stép off .. (1) ..から降りる. (2) 〔距離〕を歩測する.
stép on a pèrson 〖話〗人を踏みにじる, 人を叱(しか)る.
stép on it 〖話〗急ぐ, スピードアップする; (車の)アクセル↓
stèp on the gás ＝STEP on it. ⌊を踏む.
stèp óut (1) ちょっと外に出る[席を外す]. My husband has ～*ped out* for a minute, but do come in and wait. 夫はちょっと外出していますが, 入って待っていて下さい. (2) (急ぎ足で)大またに[きびきびと]歩く. (3) 〖話〗パーティー[デート]に行く, 遊び歩く. (4) 不倫をする, 浮気する. (5) (ベルトをはずして床に落としたズボンなどから)出る. (→STEP out of ..).
stèp /../ óut →他 3.
stép out of .. 〔ズボン, パンティーなど〕を脱ぐ (★スカートなど 2 つに分かれていないものを脱ぐことには使わない).
stèp óut on .. 〔夫[妻]など〕を裏切って不倫をする.
stèp óver 来る, 行く 〈*to* ..へ〉. *Step over* here. ちょっとここへ来て下さい.
stèp out of líne →line.
stèp úp (1) (段を)上がる; 昇進する 〈*to* ..に〉. (2) 近寄る, 進み寄る[出る], 〈*to* ..に〉. *Step* right *up* and buy one of these. さあ前に出て 1 つお買いなさい. (3) 〔生産, 交通量などが〕増える.
stèp /../ úp 〖話〗(1) 〔スピード, 大きさなど〕を増す, 〔ペースなど〕を速める. (2) 〔目標など〕を促進する, ..に一層力を入れる. [＜古期英語]

step- /step/ 〈複合要素〉「父[母]の再婚による義理の」の意味. [古期英語「孤児となった」]
stép·bròther 名 Ⓒ まま兄弟《父[母]の再婚による義理の兄弟; →half brother》.
stèp-by-stép 形 /㊙/, 副 段階的な[に].
stép·child 名 (複 →child) Ⓒ まま子.
stép·dàughter 名 Ⓒ まま子《女》.
stèp-dówn /㊙/ 形 電圧を低める; 〔変圧器が〕逓(てい)減する; (↔step-up).
***stép·fà·ther** 名 (複 **～s** /-z/) Ⓒ **継父**, まま父.
Ste·phen /stíːv(ə)n/ 名 男子の名《愛称 Steve》.
Ste·phen·son /stíːv(ə)nsən/ 名 **George ～** スティーヴンソン (1781–1848)《英国の技師; 蒸気機関車の完成者》.
stép-ìn 形 足を入れてそのまま着られる[はける]. —— 名

Ⓒ〈普通 ～s〉足を入れてそのまま着る衣服[はく靴].

stép·làdder 名 Ⓒ 脚立(きゃたつ).

***step·moth·er** /stépmʌ̀ðər/ 名 (複 ～s /-z/) Ⓒ 継母, まま母.

stép·pàrent 名 Ⓒ まま親.

steppe /step/ 名 Ⓒ〈普通 ～s〉ステップ《シベリアなどにある樹木のない大草原》. [＜ロシア語]

stèpped-úp /-pt- ㊙/ 形 増大[増強]した; 増加した; 速くなった.

‡**stépping-stòne** 名 Ⓒ **1** (浅瀬などを渡るための)踏み石, 飛び石. **2** 踏み台, 手段, 方法, 〈*to* ..〔出世など〕への〉.

stép ròcket 名 Ⓒ 多段式ロケット.

stép·sìster 名 Ⓒ まま姉妹《父[母]の再婚による義理の姉妹; →half sister》.

stép·sòn 名 Ⓒ まま子《男》.

stèp-úp /㊙/ 形 電圧を上げる;〔変圧器が〕逓(てい)増する.

stép-wìse 副 階段風に; 段階的に一歩ずつ.

-ster /stər/ 接尾「..をする人, ..の人」の意味の名詞を作る《時に軽蔑的な意味を持つ》. young*ster*. gang*ster*. song*ster*. spin*ster*. [古期英語]

***ster·e·o** /stériòu/ 名 (複 ～s /-z/) Ⓤ **ステレオ**; Ⓒ ステレオ(再生装置) (**stéreo sèt**). Put a record on the ～. ステレオにレコードをかけて下さい. in ～ ステレオで.

── 形 〔レコードなどが〕ステレオの (→monaural, binaural). a ～ effect ステレオ音響効果. ～ broadcasting ステレオ放送. [＜*stereo*phonic]

ster·e·o- /stériou/ 〈複合要素〉「固, 堅, 立体」の意味. [ギリシア語 *stereós* 'solid, hard']

stere·o·gram /stériəgræ̀m/ 名 Ⓒ **1** ステレオレコードプレーヤー付きラジオ. **2** ＝stereograph.

ster·e·o·graph /stériəgræ̀f|stíəriəgrɑ̀:f/ 名 Ⓒ 立体画; 浮き出し写真. ▷**stèr·e·o·gráph·ic** /-ik/ 形

ster·e·o·phon·ic /stèriəfánik|-fɔ́n- ㊙/ 形 〘章〙＝stereo. 「(効果).

ster·e·oph·o·ny /stèriáfəni|-ɔ́f-/ 名 Ⓤ 立体音響

ster·e·o·scope /stériəskòup/ 名 Ⓒ 立体(写真)鏡《2 枚の写真をそれぞれ別の眼で同時にのぞくことにより立体感を出すようにした光学装置》.

ster·e·o·scop·ic /stèriəskápik|-skɔ́p- ㊙/ 形 立体(写真)鏡の; 立体的な.

stéreo sỳstem 名 Ⓒ ステレオ(装置).

†**ster·e·o·type** /stériətàip, stí(ə)r-/ 名 **1** ⓊⒸ 〘印〙ステロ版, 鉛版; ステロ版印刷. **2** Ⓒ 定型, 固定観念; 紋切り型, 典型; 決まり文句. racial ～ 人種に伴う固定観念. conform to [fit, fill] the ～ of a banker 世間で言う銀行マンのイメージに合う. a ～ of a fawning yes-man. おべっかを使う人間の典型.

── 動 他 **1** をステロ版に[で印刷]する. **2** を型にはめる, 固定化する, 類型化する, 〈*as* ..として〉.

[＜フランス語; stereo-, type]

▷**ster·e·o·typ·ing** 名 Ⓤ 型にはめること.

stéreo·tỳped /-t/ 形 **1** ステロ版で印刷された. **2** 型にはまった, 陳腐な. a ～ excuse 型にはまった言い訳.

***ster·ile** /stérəl|-rail/ 形 ⓜ **1**〔土地などが〕**不毛の**, 不作の;〔動物が〕**子を産まない**, 不妊の;〔植物が〕実を結ばない; (↔fertile; 類語 不妊を表す一般的な語で, 人にも動物にも用いる; →barren). Unfortunately my wife is ～. 不運にも妻は子供のできない体です.

2 無菌の, 殺菌した. Milk is rendered ～ by heating. 牛乳は加熱により殺菌される.

3〔議論, 文章などが〕内容の乏しい, 非生産的な;〔想像力などが〕貧困な, 不毛の;〔文体などが〕平板な, 含蓄に乏しい. have a ～ hope むだな望みを抱く. ～ foreign policies 不毛な[効果の上がらない]外交政策.

[＜ラテン語「不毛の」] ▷**～·ly** 副

ste·ril·i·ty /stəríləti/ 名 Ⓤ 不毛; 不妊; 無菌(状態); (内容的)貧困; 無効果, 無益.

stèr·i·li·zá·tion 名 Ⓤ 不毛[不妊]にする[される]こと; 断種; 殺菌, 消毒.

†**ster·i·lize** /stérəlàiz/ 動 他 **1**〔土地〕を不毛にする; を不妊にする, 断種する, に不妊手術を施す. **2** を殺菌[消毒]する.

stér·i·lìz·er 名 Ⓒ 消毒 装置[器].

‡**ster·ling** /stə́:rliŋ/ 名 Ⓤ **1** 英国貨幣, 英貨.

2 (英国の金貨, 銀貨の)法定純度《金貨については 92% 弱, 銀貨については 50%》.

3 (法定)純銀 (sterling silver)《純銀 92.5% 以上のもの》; 〈集合的〉純銀製品.

── 形 **1** 英貨の, 英国ポンドの. 語法 金額の後に付記し, 普通 stg. と略す: £500*stg.*＝five hundred pounds ～ (500 英貨ポンド).

2〈限定〉〔銀が〕法定純度分を含む, 〔貨幣, 製品が〕(法定)純銀の. **3**〈限定〉〔性格などが〕本物の, 信頼できる. a ～ reputation 本物の名声. a ～ character 非の打ちどころのない人物. ～ qualities 非常にすぐれた資質.

[＜中期英語(＜古期英語 *steorra* 'star'＋-ling); ノルマン王朝時代の銀貨に「小さな星」が打刻してあったことから]

stérling àrea [blòck] 名 〈the ～〉ポンド(通用)地域, スターリング圏.

stèrling sílver 名 Ⓤ (法定)純銀 (→sterling 3).

***stern**[1] /stə:rn/ 形 ⓔ (**stérn·er|stérn·est**)

1〔人などが〕**厳格な**〈*in* ..の面で/*with* ..に対して〉;〔命令, 取り扱いなどが〕手厳しい, 過酷な; (類語 情け容赦のない厳しさを表し, a ～ judge といえば人間的にも温かみのない近寄りがたい裁判官; →severe). a father too ～ *with* his children 子供に厳格すぎる父親. a ～ punishment 厳罰. the ～ realities 厳しい現実. a ～ rebuke 手厳しい非難.

2〔顔つきなどが〕怖い, 近うきにくい. He gave me a ～ look. 彼は怖い顔をして私を見た.

be màde of stèrner stúff 〔人が〕物に動じない, 強い.

[＜古期英語; stare と同根]

▷**stérn·ly** 副 **stérn·ness** 名

†**stern**[2] 名 Ⓒ **1** 船尾, とも, (↔bow, stem). **2**〈一般に〉後部; 〘話・戯〙(猟犬などの)尾; しり. [＜古期北欧語; steer[1] と同根]

ster·na /stə́:rnə/ 名 sternum の複数形.

Sterne /stə:rn/ 名 **Laurence ～** スターン (1713–68)《アイルランド生まれの英国の小説家》.

stérn·mòst 形 船尾に最も近い; 最後方の.

ster·num /stə́:rnəm/ 名 (複 **ster·na** /-nə/, ～s) Ⓒ 〘解剖〙胸骨 (breastbone).

stérn·ward(s) /-wərd(z)/ 副 船尾へ, 後方へ.

stérn·wày 名 Ⓤ (船の)後進.

stérn·whèel·er 名 Ⓒ 船尾外輪船.

‡**ster·oid** /stí(ə)rɔid, stér-/ 名 Ⓒ 〘生化〙ステロイド《多くのホルモンを含む; 運動選手などの筋肉増強剤に用いられるが, 多くの競技会で使用は禁止されている》.

── 形 ステロイドの.

ster·to·rous /stə́:rtərəs/ 形 〘章〙(特に卒中などで)高いびきをかく; 〘雅・戯〙高いびきの. ▷**～·ly** 副

stet /stet/ 間 'イキ'《いったん訂正した箇所を「もとにのままにせよ」という意味の校正用語; ラテン語 'let it stand'》. ── 動 (～s|-tt-) 他〔訂正した文字, 語など〕をもと(の状態)に戻す, 'イキ' にする.

steth·o·scope /stéθəskòup/ 名 Ⓒ 〘医〙聴診器.

steth·o·scop·ic /stèθəskápik|-skɔ́p- ㊙/ 形 聴診器 の[に関する]. ▷**steth·o·scop·i·cal·ly** 副

Stet·son, s- /stéts(ə)n/ 名 Ⓒ 〘商標〙ステットソン《cowboy のかぶる縁が広いソフト帽》. 「称》.

Steve /sti:v/ 名 男子の名《Stephen, Steven の愛

ste·ve·dore /stí:vədɔ̀:r/ 名 Ⓒ (船荷の積み下ろしをする)港湾労働者, 沖仲士.

Ste·ven·son /stíːv(ə)nsən/ 名 **Robert Louis ～** スティーヴンソン (1850–94) 《英国スコットランドの小説家・詩人; R.L.S. の略称がある》.

*__stew__ /st(j)uː/ 動 (～s /-z/|過 過分 ～ed /-d/|stéw·ing) 他 をとろ火で煮る, シチューにする. Too many cooks spoil the stew. →cook 名.

in a stéw やきもきして, 心配して.

── 自 **1** とろとろ煮える. **2**〘話〙気をもむ, やきもきする; 怒る, 〈*about, over* ..で〉.

stéw in one's òwn júice〘話〙自業自得で苦しむ. Let [Leave] him ～ *in* his *own juice*. 自業自得だから苦しませておけ.

── 名 **1** UC シチュー《料理》. beef ～ ビーフシチュー. **2** aU〘話〙やきもき. in a ～ 気をもんで, やきもきして. get (oneself) into a ～ やきもきし始める.

[＜古期フランス語 (＜ラテン語 ex-[1]＋ギリシア語「蒸気」)]

*__stew·ard__ /st(j)úːərd|stjú(ː)əd/ 名 (複 ～s /-dz/) C **1** 家令, 執事; 支配人. 参考 封建領主が数か所に領地を所有した場合, それぞれの土地を bailiff が監督し, 全体を steward が監督した. **2** (クラブ, 病院, 学寮などの)賄い方, 用度係. **3** (旅客機, 客船などの)**スチュワード**《乗客係の男子; →PC 語は flight attendant を使うことが多い; →stewardess》. **4** (会合, 催し物などの)世話係, 幹事. **5** ＝shop steward. ── 動 自 steward をする.

[＜古期英語「家の管理者」]

*__stew·ard·ess__ /st(j)úːərdəs|stjú(ː)ədəs/ 名 (複 ～·es /-əz/) C (旅客機, 客船などの)**スチュワーデス**《乗客サービス係の女性; →PC 語は flight attendant》; 〈一般に〉女性の steward. [steward, -ess]

stéward·shìp 名 U steward の地位[職務].

stewed 形 **1** 煮込んだ, シチューにした. ～ fruit とろとろに煮た果物《普通, デザート用》. **2** 〔紅茶が〕(ポットに長く入れておきすぎて)濃すぎる. **3** 〈普通, 叙述〉酔っ払った.

stéwing stèak 名 U シチュー用牛肉.

stéw·pàn 名 C シチューなべ.

St. Ex. Stock Exchange.

stg. sterling.

St. He·le·na /sèint-həlíːnə, -hélinə|sènt-ilíːnə/ 名 セントヘレナ《大西洋南東部の火山がある英領の島; 1815 年, ナポレオン 1 世はここに流された; →Elba》.

‡**stick**[1] /stik/ 名 (複 ～s /-s/) **1** C **棒きれ**, 木ぎれ; (木から切り[折り]取った)小枝, 枯れ枝; そだ. collect ～*s* to start a fire 火をたくために枯れ枝を集める.

2 C 〘主に英〙**つえ**, ステッキ, (walking stick).

3 C (小枝の)むち; 〈the ～〉 むち打ちの罰. give a person the ～ 人をむちで罰する.

4 U 〘英話〙(人に対する)ひどい仕打ち, 容赦ない扱い; ののしり, 酷評. get [take] a lot of ～ さんざん'たたかれる', ぼろくそにけなされる. give a person ～ 人をけなす['たたく'].

5 C (競走用の)バトン, (ホッケー, ポロなどの)スティック; (音楽の)指揮棒, タクト, (太鼓の)ばち; (飛行機の)操縦桿(かん), (自動車の)シフトレバー.

6 C 棒状の物 (1 本) 〈*of* ..の〉《チョコレート, アンテナ, セロリなど》; やせっぽちの人; 〈～s〉〘米俗〙脚(あし). a ～ *of* dynamite [chalk] ダイナマイト[チョーク]1 本.

7 C 〘話〙(家具の) 1 点 (piece). The room contained only a few ～*s* of furniture. 部屋にはろくに家具もなかった.

8 C 〘話〙のろま, でくのぼう, くそまじめな人; 〈普通 old ～〉(..な)やつ. a dull *old* ～ とんまなやつ.

9 C 〘米話〙〈the ～s〉(森林地帯の)奥地, 辺境.

10 C (紅茶などに入れる)少量の酒《ブランデーなど》; 〘英俗〙(グラス 1 杯の)ビール; 〘(旧)俗〙マリファナタバコ. **11** C 〘印〙植字盆. **12** 〈the ～s〉〘話〙(サッカーの)ゴールポスト, (wicket の)柱. **13** C 〘オース俗〙〘スポーツ〙サーフボード. **14** C 〘古〙〘海〙帆柱, 円材. **15** C 〘米俗〙酔っ払い; 'さくら' (shill). **16** C 〘英卑〙'さお', ペニス.

a stìck to bèat** a pérson **with →beat.

cùt** one's **stíck〘話〙逃げ(去)る.

gèt (hòld of) the wròng énd of the stíck 誤解する, 情勢判断を誤る.

gèt the dírty ènd of the stíck〘話〙不公平な扱いを受ける.

on the stíck〘米俗〙油断のない, 機敏で.

ùp [〘オース〙***pìck up***] ***stícks*** →up 動.

ùp the stíck〘英俗〙妊娠して; 狂って.

[＜古期英語「突き刺すもの＞棒」; stick[2] と同根]

‡**stick**[2] /stik/ 動 (～s /-s/|過 過分 **stuck** /stʌk/|stíck·ing) 他 【突き刺す】 **1** (a) VOA (～ X *into* [*in, through*] Y) X を Y に**突き刺す**[**通す**]; (～ X *with* Y) X を Y で突く, 刺す. ～ one's thumb *with* a needle＝～ a needle *into* one's thumb 親指を針で突く《裁縫中などに》. (b) 〔魚〕をやすで突く; 〘話〙〔豚など〕を刺して殺す[畜殺する]. ～ a person (to death) 人を刃物で刺(し殺)す.

2 VOA (～ X *in, into* ..) X を..に**突っ込む**, 差し込む; を**突き出す** 〈*out of* ..から〉. ～ a rose *into* one's buttonhole ボタン穴にバラを差す. Don't ～ your head *out of* the window. 窓から首を出すな.

3 【突き刺して固定する】 (ピンなどで)を留める, 固定する, 〈*on* ..に〉 (類語 突き刺して fasten すること). ～ a medal *on* one's coat 勲章を上着に(ピンで留めるなどして)付ける. *stuck* butterflies 虫ピンで留められたチョウ《標本》.

【固着する, くっつける】 **4** を(糊(のり)などで)**張る** 〈*on* ..に〉; をくっつける 〈*with* ..で〉. ～ a stamp *on* an envelope 封筒に切手を張る. *Stick* no bills! 〘掲示〙張り紙を禁ず. **5** 【固定させる】〘話〙 VOA を(無造作に)置く (put). Let's ～ the vase on the shelf for the time being. 花瓶はひとまず棚に上げておこう. They *stuck* me in a dingy room. 私はひどい部屋をあてがわれた.

6 〘話〙 VOA (～ X *with* ..) X に〔嫌な事など〕を押しつける; (～ X *for* ..) X に〔金など〕を強要する. be *stuck with* the baby for the whole day 1 日中赤ん坊の世話をしなければならなくなる. be *stuck with* each other お互い離れられない(関係にある)《腐れ縁などで》.

7 【くっつく】〘話〙 を我慢する; VO (～ (X) *doing*) (X が) ..するのを我慢する; 〈普通, 否定文・疑問文で〉. I can't ～ ⌊this business [liv*ing* in this place]. こんな事はとても我慢できない[こんなところに住むのはごめんだ].

【動きがとれなくする】 **8** を動けなくする, 〔車・人〕を立ち往生させる; 〔仕事など〕を行き詰まらせる; 〈普通, 受け身で〉. be *stuck* in traffic 交通渋滞で動けない. I couldn't stand being *stuck* at home all day. 1 日中家から抜け出せないなんて耐えられないわ. be *stuck* in recession 不景気に陥っている.

9 〘話〙 を困らせる, 当惑させる. This crossword is too difficult. I'm *stuck*. このクロスワードパズルは難しすぎるよ. もうお手上げだ. be *stuck* for a reply 返答に窮する.

10 〘話〙 〔嫌なものなど〕を(とっとと)持ち帰る, (好きなように)どうにでもする, (★相手の申し出などに対する強い拒絶表現となる). You can ～ your job. そんな仕事こっちから願い下げだ. I told him to ～ his job. そんな仕事くそ食らえだと彼に言ってやった.

── 自 【突き刺さる】 **1** VA (～ *in, through*/*in, into, through* ..) (..に) **突き刺さる**. An arrow *stuck in* the king's eye. 矢が王の目に刺さった.

2 VA **突き出る**, 張り出す. A wallet was ～*ing from* Al's hip pocket. アルの尻(しり)ポケットから札入れが頭を出していた. ～ *out* [*up*] →成句.

【固着する】 **3** くっつく; くっついて離れない, 固着[定着]

S

する; 自 (～ *in ..*)〔出来事などが〕〔心〕にずっと残る, 焼き付いて離れない. Two color prints have *stuck* together. 2枚のカラー写真がくっついてしまった. The memory of the accident still ～*s in* my mind. その事故の記憶はまだ私の頭にこびりついている.

4 動かなくなる, 立ち往生する; つかえる. The door has *stuck* fast. ドアがびくとも動かない. The wheels *stuck* in the mud. 車輪が泥にはまり込んで動かなくなった.

5〖話〗〔告発などが〕有効とされる. make .. ～ ..を有効とする[立証する]; ..にけりをつける.

be stúck (1)〖話〗首ったけである, 惚(ほ)れ込んでいる, 〈*on* ..に〉. (2)→他 8, 9.

gèt stúck in [***into***]**..**〖英話〗..に本腰を入れてかかる.

stìck aróund [***abóut***]〖話〗そばを離れないでいる, 近くで待っている.

stíck at.. (1)..を一生懸命にやる, ..に励む. *Stick at* it, and you're sure to succeed. 頑張れ, そうすればきっとうまくいく. (2)..にこだわる, ..をためらう, 〈普通, 否定文で〉. He will ～ *at* nothing for money. 彼は金のためにはどんな事でも平然とやってのける男だ.

stíck by.. ..に忠実[誠実]である, 〔友人〕を見捨てない, 〔主義など〕を固守する. Masashige *stuck by* Emperor Godaigo through thick and thin. 正成(まさしげ)はどんな事があっても後醍醐(ごだいご)帝に付き従った.

stìck /../ dówn (1)..を張り付ける. (2)〖話〗..を書き留める (WRITE /../ down). (3)..を下へ置く, おろす.

stìck in one's thróat のどにひっかかる, 〔言葉などが〕口から出ない; 〔要求などが〕'飲めない', ひっかかりが感じられる.

stìck it ón〖英俗〗ぼる, 法外な値を吹っかける.

stìck it [***óne***] ***on..***〖話〗..をぶん殴る.

stìck it óut〖話〗(嫌な事を)頑張ってやり抜く.

Stìck [***Pùt***] ***it thére!*** →there.

stíck it to..〖米話〗..にひどい仕打ちをする; 〔人〕を食い物にする.

stíck X ***in*** Y〖話〗X(悪事など)をY(人)のせいにする[になすりつける].

**stìck óut* 突き出る; 〖話〗目立つ.

stìck /../ óut ..を突き出す. ～ *out* one's tongue at ..に向かって舌を突き出す《軽蔑のしぐさ》.

stìck óut for.. ..をしつこく要求する.

Stìck thát in your pípe and smóke it. →pipe 名 成句.

**stíck to..* (1)..にくっつく; ..を変えない. (2)〔仕事, 努力など〕をたゆまず続ける; 〔論題など〕から脱線しない, 終始離れない. He never ～*s to* anything very long. 彼は何事にも長続きしない[飽きっぽい]. *Stick to* it! がんばれ. ～ to one's word 約束を守る. (3)＝STICK² by...

stíck X ***to*** Y XをYにくっつける.

stìck to a pèrson's fíngers〖話〗〔金品が〕人に盗まれる[着服される].

stìck togéther〔物が〕くっつき合う(→自 3); 〖話〗団結を守る, 友好を維持する.

stìck /../ togéther ..をくっつけ合わせる. ～ broken pieces *together* with glue 破片を接着剤でくっつける.

stìck úp 突き出る, 直立する.

stìck /../ úp (1)〔ビラなど〕を張り付ける. (2)..を差し上げる, 立てる, (put up). *Stick* 'em *up!*〖話〗手を上げろ《強盗が言う》. (3)〖米話〗〔人〕をホールドアップさせる《強奪のため, 凶器を突きつけて》, 〔店など〕にピストル強盗に入る. ～ *up* a bank 銀行に押し入る.

stìck úp for..〖話〗〔人〕を弁護する, 支持する. ～ *up for* oneself 自分を守る.

stíck with..〖話〗(1)..にあくまで忠誠である. (2)..を根気よく続ける. *Stick with* it. へこたれるな.

[＜古期英語「突き刺す」]

stíck·bàll 名 U〖米〗スティックボール《ゴムボールと棒切れなどでする子供の野球》.

‡stíck·er 名 C **1** ステッカー《糊(のり)付きの張り札》. **2**〈一般に〉張(り付け)る人[物]. **3** 頑張り屋, 粘る人. **4**(衣服などに付く植物などの)いが, とげ.

stícker prìce 名〈the ～〉〖米〗(特に, 自動車の)表示価格.

stíck·ing plàster 名 UC ばんそうこう (adhesive tape).

stícking pòint 名 C〈単数形で〉(交渉などの)同意できない事柄, 障害.

stíck ìnsect 名 C〖虫〗ナナフシ.

stíck-in-the-mùd 名 C〖話〗偏屈で旧弊な人.

stick·le /stíkl/ 動 自 **1** ささいなことを言い争う. **2** 異議を唱える, ためらう, 〈*at* ..に/*about* ..を〉.

stíckle·bàck 名 C〖魚〗トゲウオ.

stíck·ler 名 C **1** 小事にこだわる人, やかまし屋〈*for* ..についての〉. **2**〖話〗難題, 厄介な物事.

stíck-òn 形 接着剤[糊(のり)]付きの〔シールなど〕.

stíck·pìn 名 C〖米〗ネクタイピン (tiepin)《安全ピン型でネクタイを縫い刺しにする》.

stíck shìft 名 C〖米〗スティックシフト《変速レバーによる車の手動変速装置》.

stick-to-it·ive·ness /stìktúːitivnəs/ 名 U〖米話〗根気《＜*stick to it*＋-ive＋-ness》.

stíck·ùp 名 C〖旧俗〗ピストル強盗, ホールドアップ, 《行為, 事件; →STICK² /../ up (3)》.

***stick·y** /stíki/ 形 e (**stíck·i·er**|**stíck·i·est**) **1** ねばねば[べとべと]する; 粘着性の, くっつく. a ～ label 糊(のり)付きラベル. **2**〔天候などが〕湿気の多い, 蒸し暑い. **3**〖話〗〔問題, 状況などが〕面倒な, 厄介な. the *stickiest* problem 最も厄介な問題. **4**〖話〗〈叙述〉こうるさい, かたくなな, 文句をつける, 〈*about* ..について〉.

be on a stìcky wícket〖英話〗不利な立場である, やばいことになっている, 《クリケットで2つの3柱門の間がぬかるんで打者に不利な状態を a sticky wicket と言うことから》.

mèet [***còme to***] ***a stìcky énd***〖話〗惨めな結末になる[末路をたどる, 死に方をする].

[stick², -y¹]

▷**stick·i·ly** 副 ねばついて, しつこく; 蒸し蒸しして.

stick·i·ness 名 U ねばねば[べとべと]すること, 蒸し暑さ.

stìcky fíngers 名〈複数扱い〉〖米話〗盗癖, 悪い手癖. ***have stìcky fíngers*** 手癖が悪い; 〖アメフト〗ボールをうまく取る.

***stiff** /stif/ 形 e (**stíff·er**|**stíff·est**)【堅い】**1** 堅い, 硬直した; 〔手, 足などが〕凝った, こわばった; 〔綱などが〕ぴんと張った; (類語 曲げにくいことに重点がある; →firm¹). a ～ brush 硬いブラシ. I've got a ～ neck. (寝違えなどして)首が凝っている. I feel ～. 体が凝っている. The corpse was ～. 死体は硬直していた.

2 固い, 固まった, 凝固した; 粘りのある. a ～ paste 堅練りのペースト. ～ dough 腰の強い練り粉.

3〔ドア, 鍵(かぎ)などが〕堅い, 〔引き出しなどが〕うまく[滑らかに]動かない. The machine's gears were rusted and ～. 機械のギアはさびて堅くなっていた.

4【堅苦しい】〔動作, 態度などが〕**堅苦しい**, ぎこちない; しゃちほこばった. make a ～ bow 四角張ったお辞儀をする. a ～ style of writing 堅苦しい文体. a ～ voice こわばった声で.

【強い, 厳しい】**5**〔風などが〕強い; 〔競争などが〕激しい; 〔酒などが〕強い, アルコール分が多い. a ～ drink 強い酒.

6〖話〗〔値段などが〕法外な, べらぼうな.

7 強硬な, 頑固な; 〔抵抗などが〕頑強な; 〔問題などが〕手ごわい, 困難な; 〔罰などが〕厳しい. a ～ opposition 強硬な反対. That book was ～ reading. あの本は読むのに苦労した. a ～ penalty [sentence] 厳しい罰[判決]. ～ competition 厳しい競争.

8〘話〙〈副詞的〉べらぼうに, 恐ろしく. scare [bore] a person ～ 人をひどくびっくり[退屈]させる. I got frozen ～. すごく寒かった.

(as) stìff as a bóard [***póker***] (態度などが)ひどく堅苦しい.

kèep a stìff ùpper líp →lip.

── 名 (複 ～s) C 〘俗〙 **1** 死体. **2** しゃちほこばったやつ; 不器用者, 間抜け;〈形容詞を伴って〉..なやつ[野郎, 人]. You big ～! このばか野郎め. just an ordinary working ～ ただの普通の労働者. ◇動 stiffen

── 動 他 〘主に英話〙〔ウエーターなど〕にチップを出さない, に金を払わない. [＜古期英語]

▷**stíff·ly** 副 堅く(なって); 堅苦しく, 頑固に; きつく; ぎこちなく. **stíff·ness** 名 U 堅いこと; 堅苦しさ; ぎこちなさ.

***stiff·en** /stíf(ə)n/ 動 (～s /-z/|過 過分 **～ed** /-d/|**～·ing**) 他 を堅くする; を強める, 強化する; を硬直[硬化]させる; 〔体〕をこわばらす; 〈*up*〉〈*with* ..で〉. ～ cotton sheets with starch 糊(のり)で綿のシーツをぱりっとさせる《糊付けすること》. The doctor's warning ～*ed* my resolve to stop drinking. 医師の警告で禁酒の決意が固くなった.

── 自 **1** 堅くなる; 硬直[硬化]する; 〔体が〕(緊張などで)こわばる; 〈*up*〉. **2** 〔風などが〕強くなる; 〔価格などが〕高くなる; 〔抵抗などが〕強まる. **3** 堅苦しくなる, よそよそしくなる. He ～*ed* at her vulgar language. 彼は彼女の下品な言葉に態度を堅くした. [stiff, -en]

stíff·en·er 名 C 堅くするもの; (襟, 表紙などの)芯(しん).

stíff·en·ing 名 U stiffener の材料.

stìff-nécked /-t ㊞/ 形 頑固な, 強情な, 《傲慢さを含意》.

stiff·y /stífi/ 名 C 〘英卑〙 勃(ぼっ)起.

***sti·fle** /stáif(ə)l/ 動 (～s /-z/|過 過分 **～d** /-d/|**-fling**) 他 **1** を窒息させる, の息を止める[詰まらせる]. The smoke [heat] almost ～*d* me. 煙[暑さ]で息が詰まりそうだった. **2** 〔火など〕を(もみ)消す (put out). **3** 〔あくびなど〕を抑える, かみ殺す; 〔自由など〕を抑圧する; 〔反乱など〕を鎮圧する; (suppress). ～ a sob すすり泣きをこらえる. ～ initiative 進んでやろうとする気持ちをなくさせる. ～ complaints 不平を黙らせる.

── 自 窒息(死)する; 息が詰まる, 息苦しく感じる. [?＜古期フランス語]

‡**stí·fling** 形 息が詰まるような; 重苦しい, 窮屈な.

‡**stig·ma** /stígmə/ 名 (複 ～s, 3 では **stig·ma·ta** /-mətə, stigmɑ́ːtə/) C **1** 恥辱, 汚名, 汚点. a ～ on the entire family 一門の恥. a social ～ 社会的汚名. **2** 〘植〙(めしべの)柱頭. **3** 〘キリスト教〙〈stigmata〉聖痕(こん)《十字架にかかったキリストの体の傷に似た傷跡で, 聖人などの体に現れるとされる》. [ギリシア語「印, 焼き印」]

stig·mat·ic /stigmǽtik/ 形 不名誉な.

stig·ma·tize /stígmətàiz/ 動 他 に汚名を着せる〈*as* ..という〉, を非難する〈*as* ..として〉, に烙印(らくいん)を押す〈*as* ..という〉. ▷**stìg·ma·ti·zá·tion** 名

stile /stail/ 名 C 踏み越し段《牧草地を区切る柵(さく), 壁; 家畜は通れず人間だけが越せるようにした》; ＝turnstile.

[stile]

sti·let·to /stəlétou/ 名 (複 ～(e)s) C **1** (細身で先の鋭い)短剣, 小剣. **2** (刺繡(ししゅう)用の)目打ち, 穴あけ錐(きり). **3** 〘英〙〈普通 ～s〉スティレットヒールの靴.

stilètto héel 名 C 〘主に英〙スティレットヒール《婦人靴の高く先が細いかかと》.

‡**still**[1] /stil/ 形 e (**stíll·er**|**stíll·est**)

【静止した】 **1** 静止した, 動かない; 〔水面などが〕穏やかな, 波の立たない; 風のない. a ～ picture スチール写真《motion picture に対して; 単に still とも言う→名 2》. stand [sit] ～ じっと立っている[座っている]. Babies don't keep ～. 赤ん坊はじっとしていないものだ. a ～ lake 穏やかな湖面. The air is ～. 風が全然ない.

2 〔酒などが〕泡の立たない, 発砲性でない, (↔sparkling).

【静かな】 **3** 静かな, 音のしない, 黙った, (類語 動きがないことの結果としての静かさを意味する; →quiet). a ～ evening 静かな夕べ. The empty house was ～. 空き家はしんとしていた. in ～ meditation 沈思黙考して. [You'd] better keep ～ about it. そのことは人に言わない方がいいよ. *Still* waters run deep. 〘諺〙静かな流れは底が深い《沈黙の人こそ思慮が深い[内に情熱を秘めている]》.

4 〔声などが〕優しい, 低い, (low, soft). the [a] ～, small voice (of conscience) 〘聖書〙(良心の)静かな細い声《良心のささやき》. the ～ murmuring of the pines 松の木立の低いざわめき.

hòld stíll (1) じっとしている. (2) がまんする, 黙っている〈*for* ..を, に対して〉

stànd stíll (1) →形 1; →stand 動 自 6. (2) ＝hold STILL (2).

── 副 © **1** まだ, なお, 今まで[それまで]通りに. You're ～ young. 君はまだ若い. Night fell, but it was ～ hot. 夜になったが, まだ暑かった. She is ～ talking. 彼女はまだ話をしている. I ～ don't think so. 私は依然としてそう思わない. She's ～ not at school. ＝She ～ isn't at school. 彼女はまだ欠席している.

> 語法 (1) 普通, ある状況が終止せず依然として続いていることを表す肯定表現で, 反意表現は no longer. 肯定文の場合は still は, 本動詞の前[本動詞の be 動詞の後]に, 助動詞の後に置く(進行形も同様)のが普通. しかし上の第 4, 5 例のように否定文で用いる場合は否定語の前に置く. 次の場合に注意: She isn't still at school. (彼女はもう学校にいない) I don't ～ think so. (私は考えを変えた) (2) 日本語の「まだ..でない」の表現には not..yet を用いるが, これはある状況の開始を問題とするもので, 対応する肯定表現は already. (3) still と already は, それぞれ「終止の遅さ」,「開始の早さ」に対する意外感を強く含意することがある.

2 〈しばしば接続詞的〉**それでもなお**, でもやはり, しかしながら. Mr. Jones, though rich, is ～ unhappy. ジョーンズさんは金持ちでありながら, それでもなお不幸だ. I'm tired; ～, I must work a few hours more. 疲れてはいる, それでもあと数時間働かなくてはならない.

3 〈比較級を強めて〉**さらに一層**, もっと. You should study ～ harder. 今まで以上に勉強に励みなさい. Write to her, or better ～ go and see her. 彼女に手紙を書きなさい. もっといいのは彼女に会いに行きなさい.

4 〈another, other を伴って〉なおその上に, さらに(別の). The shortstop made ～ another error. ショートはまたもやエラーをした.

stìll and áll 〘話〙それでもやはり, それにもかかわらず.

stìll léss →less.

stìll móre ＝MUCH more.

── 動 他 を静める; を鎮静させる, 和らげる; 〔泣く子など〕を黙らせる. ── 自 静まる, 和らぐ.

── 名 **1** U 〈the ～〉静寂, 沈黙. in the ～ of night 夜のしじまに. **2** C (映画の)スチール(写真)《宣伝用の場面写真》. [＜古期英語]

still[2] 名 C (アルコール類の)蒸留器[所]. [＜di*still*]

stíll alàrm 名 C 〘米〙(警鐘でなく電話などによる)火災警報.

stíll·bìrth 名 UC 死産; C 死産児.

stíll·bòrn 形 〔赤ん坊が〕死んで産まれた, 死産の.

stíll hùnt 名 C 〘米〙 **1** (獲物に)忍び寄って行う狩猟. **2** 〘話〙秘密工作.

stìll lífe 名 **1** U 〖美〗静物. **2** C 静物画(★この意味では 複 **still lifes** となる).

***still·ness** /stílnəs/ 名 U **静寂**; 静止; 沈黙. The explosion shattered the ～ of the night. 爆発が夜の静寂を打ち砕いた.

stíll·ròom 名 C 〖英〗(大邸宅, ホテルなどの)食料品・酒類の貯蔵室.

Stíll·son wrènch /stílsn-/ 名 C 〖商標〗モンキーレンチの一種《L 字形のあごが調節できる》.

stil·ly /stíli/ 副 〖詩〗静かに.

stilt /stilt/ 名 C **1** 〈普通 ～s〉竹馬. a pair of ～*s* 竹馬ひと組. walk on ～*s* 竹馬に乗って歩く. **2** (水上家屋などの)支柱, 脚柱.

stílt·ed /-əd/ 形 〈けなして〉〔文体, 話し方などが〕しゃちほこばった, 堅苦しい; 大げさな. ▷**～·ly** 副

Stil·ton /stíltən/ 名 U スティルトンチーズ《英国産のブルーチーズ (blue cheese) の一種》.

†**stim·u·lant** /stímjələnt/ 形 **1** 〖医〗興奮性の, 刺激性の. **2** 激励する, 鼓舞する.

── 名 C **1** 〖医〗興奮剤; 興奮性飲料《酒類, コーヒー, 茶など》. **2** 刺激, 誘因〈*to* ..の〉.

***stim·u·late** /stímjəlèit/ 動 (～**s** /-ts/|過 過分 **-lat·ed** /-əd/|**-lat·ing**) 他 **1** 〔器官など〕を**刺激する**, 興奮させる; 〔経済など〕を刺激する, 活性化する. Physical exercise ～*s* the circulation. 運動は血行をよくする. ～ demand [the economy] 需要[経済]を刺激する.

2 を**元気づける**, 激励する, 〔感情など〕を鼓舞する; を励ます, 刺激する, 〈*to, into* ..するように〉; VOC (～ X *to do*) X を励まして[刺激して]..させる. ～ a person's curiosity 人の好奇心を刺激する. I could not ～ him *into* a display of courage [*to* work harder]. 彼を激励して勇気を発揮[もっと勉強]させることができなかった.

── 自 刺激[激励]になる. ◇名 stimulus, stimulation [＜ラテン語 *stimulāre*「突く, 刺激する」]

†**stìm·u·lá·tion** 名 U 刺激(する[される]こと); 激励, 鼓舞. intellectual [sexual] ～ 知的[性的]刺激.

stim·u·la·tive /stímjulətiv, -lèit-/ 形 刺激的な; 激励する; 励ます.

***stim·u·lus** /stímjələs/ 名 (複 **stim·u·li** /-lài/) C **刺激物**, 興奮剤; UC 刺激, 激励, 〈*to* ..への〉; 〖心〗刺激, (↔response). a ～ *to* the US economy アメリカ経済への刺激. ◇動 stimulate [＜ラテン語「(家畜を駆る)突き棒」]

‡**sting** /stiŋ/ 動 (～**s** /-z/|過 過分 **stung** /-stʌŋ/|**stíng·ing**) 他 **1** を**刺す**《針, とげなどで》. Bees [Nettles] *stung* him. ミツバチ[イラクサ]が彼を刺した.

2 を**刺すように痛ませる**, ずきずき[ひりひり]させる; 〔舌など〕をぴりっとさせる, 刺激する. The seawater is ～*ing* my cut. 海水が傷にしみて痛い. ～ a person's eyes 目をぴりぴりさせる.

3 〔良心などが〕を苦悩させる, 責める; の感情を傷つける. be *stung* with remorse 後悔して悩む. His criticism *stung* Mary sharply. 彼の批判はメリーをひどく傷つけた.

4 VOA (～ X *to*../X *into* (*doing*)..) X を刺激して[駆り立てて]..させる. Her words *stung* him *into* action. 彼女の言葉に刺激されて彼は行動を開始した.

5 〖主に英話〗をだます; から巻き上げる, ぼる, 〈*for* ..〔の金額〕を〉; VOA (～ X *for*..) X から..を借りる. They *stung* me *for* £80. 80 ポンドぼられた.

── 自 **1** 〔ハチ, イラクサなどが〕**刺す**. Some insects ～. 昆虫には刺すのがいる.

2 刺すように痛む, ずきずき[ひりひり]する; 〔薬品などが〕しみて痛い. My cut ～*s*. 傷がずきずきする.

3 〔言葉などが〕苦痛を与える, 人の心に突き刺さる.

── 名 (複 ～**s** /-z/) C **1** (ハチなどの)**針**; 毒牙(が); (植物の)とげ. A bee dies when it loses its ～. ミツバチは針を(敵に刺して)失うと死ぬ.

2 刺す[刺される]こと; 刺し傷; 刺された痛み. get a nasty ～ from a wasp スズメバチにこっぴどく刺される.

3 刺すような痛み, 激痛; (心の)痛み, 苦悩. I felt a sharp ～ in my hand. 手に鋭い痛みを感じた.

4 (言葉などに含まれた)'とげ', 辛辣(らつ)さ; 刺激. make a jest with a ～ とげのある冗談を言う. **5** 〖俗〗かたり, 強奪; 〖米俗〗おとり捜査 (**stíng operàtion**).

a stìng in the* [*its*] *táil 後で分かる不愉快な事, 嫌な後味.

tàke the stíng out of .. 〔批判など〕のとげを抜く; 〔嫌な事など〕を和らげる. [＜古期英語]

sting·er /stíŋər/ 名 **1** C 刺す動物[植物]; (動物の)針, とげ. **2** C 皮肉[毒舌]屋; 〖話〗痛打; 当てこすり, 皮肉. **3** C 〖俗〗ぺてん. **4** U 〖米〗ブランデーを使ったカクテルの一種.

stin·gi·ly /stíndʒəli/ 副 けちけちと[して].

stin·gi·ness /stíndʒinəs/ 名 U けち, 吝嗇(りんしょく).

sting·ing /stíŋiŋ/ 形 **1** 刺す. **2** 〔苦痛などが〕刺すような, 鋭い. **3** 〔皮肉などが〕辛辣(らつ)な; 激しい〔批判など〕. ▷**～·ly** 副 刺すように, 鋭く.

stínging nèttle 名 C 〖植〗イラクサ.

stíng·rày 名 (複 ～**s**) C 〖魚〗アカエイ《尾にとげが「ある」》.

†**stin·gy** /stíndʒi/ 形 〖話〗 **1** けちな, 物惜しみをする. He is ～ with his money. 彼は金に渋い. **2** 〔収入, 食事などが〕乏しい, わずかな. [?＜sting＋-y¹;「とげのような」＞「意地の悪い」＞「けちな」か]

†**stink** /stiŋk/ 動 (～**s**|過 **stank** /stæŋk/, 〖米・オース〗**stunk** /stʌŋk/|過分 **stunk**|**stínk·ing**) 自 **1** 嫌なにおいがする, 臭い〈*of* ..で/*like* ..のような[に]〉; 〈比喩的〉においが(ぷんぷん)する, 臭い, 〈*of* ..〔不正など〕の[で]〉. ～ *of* wine 酒臭い. ～ *of* corruption 汚職のにおいがする. **2** VA (～ *of, with*..) 〖話〗〔金〕が余るほどある. He ～*s of* money. 彼には金があり余るほどある. **3** 〖俗〗鼻持ちならない, 悪評ふんぷんである; 最低である. Oh, Diane, marriage ～*s*. ねえダイアン, 結婚なんてやりきれないわ. It ～*s*. 全くいただけない.

── 他 VOA (～/X/*up* 〖米〗[〖英〗*out*]) 〖話〗X (場所)を悪臭でいっぱいにする; (～/X/*out*) 〖話〗X を悪臭で追い出す[いぶり出す].

── 名 C **1** 悪臭, 臭気. **2** 〖話〗騒ぎ, 悶(もん)着.

like stínk 〖話〗強烈[猛烈]に; 熱心に〔働くなど〕.

ràise* [*kick ùp, màke, càuse, creàte*] *a* (*big*) *stínk 〖話〗 (不満などを持ち出して)騒ぎを起こす. *kick up* an almighty ～ 苦情をわめきちらす.

[＜古期英語「におう」; stench と同源]

stínk bòmb 名 C 悪臭弾《いたずら用》.

stínk·bùg 名 C 〖虫〗悪臭を発する昆虫《カメムシ「など」》.

stínk·er 名 C **1** 悪臭を出す人[動物]. **2** 〖英旧俗〗嫌な[鼻持ちならない]やつ, うんざりするもの. **3** 〖英話〗嫌な仕事, 難問.

stínk·ing 形 **1** 悪臭を発する. **2** 〖主に英話〗鼻持ちならない, 最低の, 愚劣きわまる. have a ～ cold ひどい風邪をひく. I'll bid farewell to this ～ school. このひでえ学校にもおさらばだ.

── 副 〖俗〗うんざりする[鼻持ちならない]ほど(★軽蔑的強意語). ～ rich 腐るほど金を持った, 札びらを切る.

stink·y /stíŋki/ 形 e 悪臭を放つ.

‡**stint** /stint/ 動 他 〔費用, 食事など〕を切り詰める, 出し惜しみする; に出し惜しみをする, 制限する, 〈*of* ..〔物〕を〉〈しばしば否定文で〉. He does not ～ his praise. 彼は人に賞賛の言葉を惜しまず与える. We don't need to ～ ourselves *of* milk. 牛乳はけちけちしなくていい.

── 自 けちけちする〈*on* ..を〉.

── 名 **1** U 出し惜しみ, 制限. help without ～ 〖章〗惜しみなく[無制限に]援助する. **2** C 割り当ての仕事; 一定の労働期間, 年季. a two-year ～ in the army [overseas] 2 年のㄴ兵役(期間)[海外勤務].

sti·pend /stáipend/ 名 C 1 (牧師, 教授, 判事などの)俸給. 2 年金; 奨学金.

sti·pen·di·ar·y /staipéndièri|-diəri/ 形 俸給の; 〔人が〕俸給を受ける; 〔職が〕有給の. ── 名 (複 -ar·ies) C 俸給を受ける人《牧師など》; 〖英〗有給治安判事.

stip·ple /stíp(ə)l/ 動 他, 自 (を)点刻する, (に)点画を描く. a ~*d* area 点刻部分.

── 名 U 点刻[点画](法); C 点画.

‡**stip·u·late** /stípjəlèit/ 動 他 を(条件として)要求する, 規定する; VO (~ *that* 節/*wh* 節) ..ということを/..かを規定する, 明記する. ~ a time limit 最終期限を規定する. The contract ~*s that* all payments (should) be made in dollars. 契約はすべて支払いはドルで行うと定めている. ── 自 条件として明記[規定]する〈*for* ..を〉. ▷ **stip·u·la·tor** /-tər/ 名

stip·u·lá·tion 名 U 契約[規定, 明記](すること); C 契約条項, 約定〈*that* 節 ..という〉.

stip·ule /stípju:l/ 名 C 〖植〗托(たく)葉.

‡stir[1] /stə:r/ 動 (~s /-z/|過 過分 ~red /-d/|stír·ring /-riŋ/) 他 【揺り動かす】 1 (a) を(かすかに)動かす, 揺るがす. The wind gently ~*red* the leaves. 風が木の葉をそよがせた. do not ~ an eyelid まぶたをぴくりとも動かさない, 平然としている. ~ oneself 体を動かす; 活動し始める. ~ him from sleep (揺り動かして)彼を目覚めさせる. (b) 〈~ oneself で〉体を動かす. *Stir* your*self*! 〖主に英〗腰を上げなさい.

2【かきまぜる】〔液体など〕をかき回す; VOA (~ X *into*..) ..に X を入れてかき混ぜる; VOA (~/X/*in*) (料理などで) X をかき混ぜながら入れる. ~ the soup スープをかき回す. ~ the fire with a poker 火かき棒で火をかき立てる. She ~*red* the milk *into* her coffee. 彼女はコーヒーにミルクを入れてかき混ぜた. *Stir in* vinegar and olive oil. 酢とオリーブ油をかき混ぜながら入れなさい.

【かき立てる】 3 〔人〕を奮起させる, 扇動する, 〈*up*〉; VOA (~ X *into, to*..) X を扇動して..へと駆り立てる; VOC (~ X *to do*) X を奮起させて[扇動して]..させる. His speech ~*red* the crowd *to* a rebellion. 彼の演説は群衆を反乱へと駆り立てた. ~ the crowd *to* take action 群衆を扇動して行動を起こさせる.

4 〔記憶, 想像力など〕をかき立てる; の心を揺り動かす, を感動させる. The photos ~*red* happy memories. 写真を見ると楽しい記憶が呼び戻った. ~ a person's blood 人の血を沸き立たせる.

── 自 1 (かすかに)動く, 身動きする; 活動している, 動き回る. Not a blade of grass ~*red*. 草の葉 1 本動かなかった. If you ~, I'll shoot. ちょっとでも動いたら撃つぞ. Nobody in the house was ~*ring*. 家の者はまだだれも起きていなかった. He seldom ~*s* from his bed. 彼はめったにベッドから出ることもない.

2 〔感情などが〕沸く, かき立てられる. No tender emotion ever ~*red* in his icy breast. 彼の氷のような胸には優しい感情が沸くことはなかった.

3 VA (~ *from, out of*..) ..から出る, ..を去る.

shàken, but not stírred 動揺はするが大きな影響はない.

stìr /../ úp (1) ..をかき回す[混ぜる]. (2) 〔ほこりなど〕を立てる. (3) 〔もめ事など〕を(引き)起こす. ~ *up* trouble [discontent] もめ事[騒動]を起こす[不満をかき立てる]. ~ things *up* 事を起こす. (4) 〔好奇心など〕をかき立てる. ~ *up* their curiosity 彼らの好奇心を呼び起こす. (5) →他 3.

── 名 1 C 〈普通, 単数形で〉(かすかな)動き; (風の)そよぎ. 2 C かきまぜること. give the fire a ~ 火をかき立てる. 3 aU 混乱, 騒動; 興奮. The news caused [created] a great ~. そのニュースで大騒ぎとなった. [<古期英語]

stir[2] 名 C 〖俗〗刑務所. *in stír* 服役中で.

stìr-crázy /⑧/ 形 〖主に英話〗(閉じこめられて)頭がおかしい.

‡**stír-frỳ** 動 (→fry[1]) 他 を(かき混ぜながら)強火でさっといためる《中国料理でみられる》. ── 名 C いため料理.

Stir·ling·shire /stə́:rliŋʃər/ 名 スターリングシャー《Scotland 中央部の旧州; 現在は Central 州の一部》.

stir·rer /stə́:rər/ 名 C 1 〖話〗ごたごたを起こす人; 扇動者. 2 攪拌(かくはん)器, かき混ぜ棒.

‡**stir·ring** /stə́:riŋ/ 形 1 人の心を動かす; 動揺[感動]させる. 2 活発な; 多忙な, あたふたした; 〔町などが〕にぎやかな. ── 名 C (感情などが)かき立てられること; 芽生え. feel a ~ of curiosity 好奇心がわいて来る. ~*s* of love [rebellion] 恋[反乱]の芽生え.

▷ ~**·ly** 副 感動的に; 活発に, 忙しく.

†**stir·rup** /stə́:rəp, stír-|stír-/ 名 C (乗馬用の)あぶみ (→harness 図). [<古期英語「登る(ための)ロープ」]

stírrup cùp 名 (昔, 旅に出る馬上の人などに勧めた)別れの杯.

stírrup pùmp 名 消火用手押しポンプ.

***stitch** /stitʃ/ 名 (複 **stítch·es** /-əz/) 1 C ひと針, ひと縫い; ひと編み; 〖医〗(傷口を縫う)ひと針. drop a ~ (編み物で)目を落とす. I had four ~*es* put in my forehead. 額を 4 針縫ってもらった. A ~ in time (saves nine). 〖諺〗今日のひと針(明日の 10 針)《<早めのひと針は 9 針の手間を省く》.

2 UC 縫い方, 編み方, ステッチ.

3 C 〖話〗〈普通, 単数形で〉(★主に否定文・疑問文で用いる) (a) (ごく小さな)布切れ, 切れ端. do notㄴhave a ~ on [wear a ~]. 一糸まとわぬ姿[丸裸]である. without a ~ on 丸裸で. not have a ~ to wear (パーティーなどに)着て行くものがない. every ~ of sail 〖海〗帆の全部. (b) ちょっと, 少し. not do a useful ~ of work 役に立つ仕事は何にもしない.

4 aU (走っている時など起きる)わき腹の痛み[差し込み]. have a ~ in his side. わき腹が痛む.

in stítches 〖話〗 ばか笑いをして, 笑いが止まらない. have [keep] a person *in* ~*es* 人を大笑いさせる.

── 動 他 を縫う (sew); を縫い合わせる[とじる], かがる; を縫い付ける〈*onto* ..に〉. ~ an agreement together 〈比喩的〉急いで合意する. ── 自 縫う.

stìtch /../ ón 〔バッジなど〕を縫い付ける.

stìtch /../ úp (1) ..を縫い繕う; 〔人〕の傷口を縫い合わせる. ~ *up* a wound 傷を縫う. (2) 〖話〗..を見事に仕上げる[まとめる]. (3) 〖俗〗..を裏切る, だます; 〖英話〗を犯人にでっち上げる.

[<古期英語「刺すこと」]

stítch·ing 名 U 縫うこと; 縫い目, ステッチ; 縫い.

St. Jàmes's (Pálace) /seint-|s(ə)n(t)-/ 名 セントジェームズ宮殿《London の王宮;「英国宮廷」の意味で用いることがある; →ambassador の用例》.

St. Jóhn's /seint-|s(ə)n(t)-/ 名 セントジョンズ 1 カナダ Newfoundland 島南東部の港市・州都. 2 西インド諸島中の島国 Antigua and Barbuda の港市・首都.

St. Láwrence /seint-|s(ə)n(t)-/ 名 1 〈the ~〉セントローレンス川《Ontario 湖に発しカナダと米国の国境を流れ, カナダ南東部から大西洋に注ぐ》. **2 the Gulf of ~** セントローレンス湾《カナダ南東部 Newfoundland 島とカナダ東海岸との間の湾》.

St. Làwrence Séaway /seint-|s(ə)nt-/ 名 〈the ~〉 セントローレンス水路 1 大型船舶を通すため St. Lawrence 川上流の Montreal と Ontario 湖間に開発した水路. 2 北米 5 大湖及び St. Lawrence 川を運河で結ぶ大水路.

St. Leg·er /seint-lédʒər|s(ə)n(t)-/ 〈the ~〉 名 セントレジャー競馬《イングランドの Doncaster で 9 月に行わ

れる》.

St. Louis /sèint-lú:i(s)|s(ə)n(t)-lúis/ 名 セントルイス《米国 Missouri 州東部の都市》.

St. Lúcia /seint-|s(ə)n(t)-/ 名 セントルシア《西インド諸島南東部の島・独立国》.

St. Lùke's súmmer 名 →Saint Luke's summer.

St. Màrtin's súmmer 名 →Saint Martin's summer.

St. Mar·y-le-Bow /seint-mè(ə)riləbóu|s(ə)n(t)-/ 名 (セントメアリル)ボー教会 (→Bow bells).

stoat /stout/ 名 C 〖動〗エゾイタチ, シロテン,《特に, 夏期の褐色の毛皮をした; →ermine》.

‡**stock** /stɑk|stɔk/ 名 (複 **~s** /-s/)

【幹】 **1** C (木の)**幹**; 茎, 根茎. **2** C 切り株.

3【幹のようなもの】 C 〖植〗アラセイトウ, ストック,《アブラナ科; 茎が木の幹のように堅い》.

4【太いもの】 C (幅広の)襟飾り《19 世紀初頭の代表的首飾り》.

【元になるもの】 **5** C (接ぎ木の)台木, 親木, 元株.

6 (**a**) aU 血統, 家系. a man of French ~ フランス系の男. come of (a) good ~ 良家の出である. (**b**) UC (動植物などの)種族, 族; 〖言〗語族; 〖動物〗群体, 群生; C (魚などの)全体の数.

7 UC 原料, 材料; スープのもと, ストック,《肉, 骨などの煮出し汁》. paper ~ 製紙原料.

【台】 **8** C 銃床《銃の木部》; 台《かんななどの木部》; (むちなどの)握り, 柄. the ~ of a rifle 銃床.

9 〈the ~s〉 (昔の刑罰用の)さらし台《足かせ付き》. sit in the ~*s* (足かせをはめられて)さらし者になる.

10 〈the ~s〉 造船台. on the ~*s* →成句.

【土台>蓄え】 **11** UC **貯蔵**, 蓄え, 〈*of* ..の〉. Our ~ *of* food is low. 我々の食物の蓄えは少ない. have a large ~ *of* information 豊富な情報を有する. exhaust one's ~ *of* patience 勘忍袋の緒が切れる. build up a ~ of ..を蓄えている.

12 UC (商品の)**在庫**, 仕入れ品, ストック. The store has a large ~ *of* toys. その店はおもちゃを豊富に取りそろえている. cleared ~ 整理品.

13 U 〈集合的〉 家畜 (livestock)《食肉用》. take over a farm with the ~ 家畜ごと農場を譲り受ける.

14 C 〖米〗ストック劇団 (stock company 2); そのレパートリー. do ~ ストック劇団の一員である.

【元手】 **15** (**a**) U **株式**, 株式資本,《会社が株式を発行して得た資本金の総額; 個々の株式は share》; 〈~s〉 (個人の持つ)株式. I have 5000 shares of that company's ~. 私はその会社の株式を5,000 株持っている. (**b**) C (特定会社の)株式. There's not a ~ on the market today that's safe 今どき上場されている株式で安全なのは一つもない. (**c**) U 〖英〗公債.

16 U 〖章〗(世間の)評価, 評判, '株'. His ~ is going up. 彼の株[人気]は上昇中だ.

in stóck 在庫にして, 手持ちで. goods *in* ~ 手持ち品. We have many cars of this type *in* ~. この型の車はたくさん在庫があります.

on the stócks (1)〔船が〕建造中の[で] (→名 10). (2)〔計画などが〕進行中の[で].

****out of stóck*** 品切れで. be [run] *out of* ~ 品切れである[になる].

pùt stóck in .. =take STOCK in.. (3).

stòcks and stónes 無生物, 木石; 偶像; でくのぼうども.

stòck in tráde →stock-in-trade (見出し語).

tàke stóck (1) 在庫品を調べる, 棚卸しする. (2) つくづく考えて見る.

tàke stóck in .. (1) ..に投資する. (2) ..に関心を持つ. (3)〖話〗..を重んじる, 信頼する; ..を信用する, 信じる.

tàke stóck of .. 〔情勢など〕を判断する, よく調べる. Let's *take* ~ *of* the present situation before we go any further with the scheme. この計画をさらに推進する前に現状を再検討しよう.

── 形 〈限定〉 **1** 持ち合わせの, 在庫の; 標準(品)の. ~ articles 在庫品. ~ sizes in shoes 靴の標準サイズ. **2** ありふれた, 平凡な. a ~ phrase 決まり文句. a ~ joke 月並みな冗談. **3** 家畜飼育の. **4** 株式の.

── 動 他 **1** 〔商品〕を店に置く, 扱う; を貯蔵する. The store ~*s* imported wines. その店は輸入ワインを置いている. **2** (**a**)〔店など〕に仕入れる; に仕入れる 〈*with* ..〔商品など〕を〉. ~ a farm (*with* cattle) 農場に牛を入れる. He ~*ed* his store *with* fashionable clothes. 彼は店に流行の服を仕入れた. a well-~*ed* library 蔵書の充実した図書館. (**b**) に備える, 蓄える, 〈*with* ..を〉. Her memory is ~*ed with* a great deal of information. 彼女はたくさんの情報を記憶している. (**c**)〔川, 池など〕に入れる 〈*with* ..〔魚〕を〉. a pond ~*ed with* carp 鯉のいる池.

stòck úp 仕入れをする, 買い込んでおく, 〈*on, with* ..の〉. ~ *up on* [*with*] food for the winter 冬期用に食料を仕込む.

stòck /../ úp ..に蓄える 〈*with* ..を〉.

[<古期英語「幹, 丸太, 切り株」]

stock·ade /stɑkéid|stɔk-/ 名 C **1** (防御用の)柵(さく), 矢来; くいで囲った場所; (ワイヤーの家畜用)囲い. **2** 〖米〗営倉.

── 動 他 を柵で囲う[防御する].

stóck·brèeder 名 C 畜産[牧畜]業者.

‡**stóck·bròker** 名 C 株式仲買人. the ~ belt 〖英話〗都市周辺の高級住宅地.

stóck·bròking 名 U 株式仲買業.

stóck càr 名 C **1** ストックカー《市販車をベースにエンジンだけを改良した競走用自動車》. **2** 〖米〗家畜用貨車.

stóck certìficate 名 C 〖米〗株券.

stóck còmpany 名 C 〖米〗 **1** 株式会社 (〖英〗joint-stock company). **2** レパートリー劇団《固有の劇場, 座付き俳優, 一定の出し物を持つ》.

stóck contròl 名 U 在庫管理.

stóck cùbe 名 C 固形スープ.

stóck dìvidend 名 株式配当.

stóck exchànge 名 C **1** 株式取引所. **2** 株式の売買.

stóck fàrm 名 C 畜産場.

stóck fàrmer 名 C 畜産業者.

stóck·fìsh 名 (複 →fish) C (塩を引かずに日干しにした)干し魚《タラなど》.

†**stóck·hòld·er** 名 C 〖米〗株主 (shareholder).

Stock·holm /stákhòu(l)m|stɔ́khòum/ 名 ストックホルム《スウェーデンの首都》.

stock·i·ly /stákili|stɔ́k-/ 副 ずんぐりと.

stock·i·ness /stákinəs|stɔ́k-/ 名 U ずんぐりしていること.

stock·i·net(te) /stɑ̀kənét|stɔ̀k-/ 名 U メリヤス《伸縮性があり, 幼児の下着などの材料》.

‡**stock·ing** /stákiŋ|stɔ́k-/ 名 (複 **~s** /-z/) C 〈普通 ~s〉 (**長**)**靴下**, ストッキング, (→sock[1]). a pair of ~*s* 靴下 1 足. silk ~*s* 絹の靴下.

in one's stóckings [***stòcking féet, stòcking sóles***] 靴を脱いで, 靴下をはいただけで. She is six feet *in* her ~*s*. 彼女は靴を脱いで 6 フィートの身長だ. rush out *in* one's ~ *feet* 靴下のまま外へ飛び出す.

[〖方〗*stock*「ストッキング」, -ing]

stócking càp 名 C 〖米〗(先にふさの付いた)毛糸の円すい形の帽子(〖英〗bobble hat).

stóck·inged 形 靴下をはいた.
in one's stòckinged féet =in one's STOCKINGS.
stócking-fìller 名 C ささやかなクリスマスプレゼント.
stócking màsk 名 C (強盗などの)ストッキングの覆面.
stòck-in-tráde 名 U 在庫品;〈一般に〉商売道具; 常套(とう)手段, いつもの手口.
stock·ist /stákist|stɔ́k-/ 名 C 〖英〗特約店(主).
stóck·jòbber 名 C **1**〖英〗=jobber 3. **2**〖米〗〈けなして〉相場師, 株屋.
stóck·man /-mən/ 名 (複 **-men** /-mən/) C **1**〖主に米〗牧畜業者. **2**〖主にオース〗牧場使用人, 牧夫. **3**〖米〗在庫品係.
stóck màrket 名 C 株式取引所, 株式市場; 株式売買. a ~ crash 株式市場の暴落.
‡**stóck·pìle** 名 C (資材などの非常用)備蓄; 貯蔵; 貯蔵原料[兵器]. ── 動 他 を備蓄する;〔武器など〕を貯蔵する.
stóck·pòt 名 C スープなべ.
stóck·ròom 名 C 在庫品倉庫.
stòck-stíll 副 全く静止して, ぴくとも動かないで.
stóck·tàking 名 U 在庫品調べ, 棚卸し; 実績調査.
stock·y /stáki|stɔ́ki/ 形 e 〔特に, 男の体つきが〕ずんぐりした, がっしりした.
stóck·yàrd 名 C (畜殺場・市場へ送る前の)家畜収容場.
stodge /stɑdʒ|stɔdʒ/ 名 U 〖話〗〈けなして〉**1** 腹にもたれる食物. **2** 難解でうんざりする本[科目など].
stodg·y /stádʒi|stɔ́dʒi/ 形 e 〖話〗〈けなして〉**1**〔食物が〕(こってりして)腹にもたれる **2**〔本, 学科などが〕難解でうんざりする;〔文体などが〕重苦しい. **3**〔人が〕面白味のない, 固苦しい, のっそりした. **4**〔衣服などが〕やぼったい.
▷**stodg·i·ly** 副 **stodg·i·ness** 名
sto·gy, -gie /stóugi/ 名 (複 **-gies**) C 〖米〗(細長い)安葉巻.
†**Sto·ic** /stóuik/ 名 C **1** ストア学派の哲学者 (→Stoicism). **2**〖章〗〈s-〉禁欲主義者. ── 形 **1** ストア学派の. **2**〈s-〉=stoical 1.
[<ギリシア語 *stoá*「柱廊」; Zeno がアテネの柱廊で教えを説いたことから]
sto·i·cal /stóuik(ə)l/ 〖章〗形 **1** 禁欲主義の, 克己心の強い; 冷徹な. be ~ about ..に平然としている. **2**〈S-〉=stoic 1. ▷**~·ly** 副 禁欲的に; 冷徹に.
Sto·i·cism /stóuisiz(ə)m/ 名 U **1** ストア哲学《ギリシアの哲学者 Zeno (335-263 B.C.) が唱えた学説; 禁欲克己による平静な心境が人間の本性にかなうとする》. **2**〖章〗〈s-〉禁欲(主義); 冷徹.
‡**stoke** /stouk/ 動 他 **1**〔炉, 機関など〕に燃料をくべる, 火をたく,〈*up*〉. ~ *up* the fire (with coal) (炉などの)火に燃料(の石炭)をくべる. **2**〔機関など〕の火夫を務める.
── 自 燃料をくべる;〖話〗たらふく[たっぷり]食べる.
stòked óut 〖俗〗疲れ切って.
stòke /../ úp (1) →他 1. (2)〔恐怖心, 怒りなど〕を煽(あお)る. (3)〖俗〗..を喜ばせる.
stòke úp (on [with] ..) 〖話〗(1)(..を)たらふく食う. (2)(..を)どっさり買う. [<*stoker*]
stoked /-t/ 形 〖米話〗狂喜して, 夢中で,〈*on, about* ..に〉;〖俗〗ほろ酔いきげんの.
stóke·hòld 名 C (汽船の)機関室, 火夫室.
stóke·hòle 名 C =stokehold; (炉の)燃料補給口.
Stòke-on-Trént /stòuk-/ 名 ストーク(オントレント)《イングランド中部 Staffordshire 州の都市; the Potteries の中心地》.
stok·er /stóukər/ 名 C **1** (汽船, 機関車などの)火夫, かまたき. **2** 給炭機[装置]. [<オランダ語]
STOL /stoul/ 名 C, 形 〖空〗短距離離着陸機(の)《<*s*hort *t*ake*o*ff and *l*anding》.
stole[1] /stoul/ 動 steal の過去形.
stole[2] 名 C **1** (女性用の)肩掛け, ストール. **2**〖キリスト教〗ストール, ストラ, 《牧師用の襟掛け; 法衣の一部》.
sto·len /stóul(ə)n/ 動 steal の過去分詞.
Sto·lich·na·ya /stɑlíːtʃnɑːjə|stɔ-/ 名 U 〖商標〗ストリチナヤ《ロシア産ウォトカの一種》.
stol·id /stáləd|stɔ́l-/ 形 鈍感な, 無神経な.
▷**~·ly** 副 **~·ness** 名
sto·lid·i·ty /stəlídəti/ 名 U 鈍感, 無神経.
‡**stom·ach** /stʌ́mək/ 名 (複 **~s** /-s/) **1** C 胃, 胃部. the lining of the ~ 胃の粘膜. a sour ~ 胸やけ. on an empty ~ 空腹で[の時に]. Don't go swimming on a full ~. 満腹の時は泳ぎに行くな. turn a person's ~ =make a person's ~ turn 人に吐き気を起こさせる. The beefsteak lay heavy on his ~. ステーキが彼の胃にもたれた.
2 C 腹, 腹部, (類語 腹部を表す一般的で上品な語; → abdomen, belly, inside, tummy). the pit of the ~ みぞおち. a pain in the ~ 腹痛. get a kick in one's ~ 下腹をけられる. lie on one's ~ 腹ばいになる.
3 aU 食欲; 欲望, 好み;〈*for* ..に対する〉〈普通, 否定文・疑問文で〉.
hàve a stròng stómach (1) 胃が丈夫である. (2) (ぞっとするような場面でも)動じない, 平然としている.
hàve nò [not hàve the] stómach for .. (1)〖旧〗..は食べたくない. *have no* ~ *for* heavy food こってりした食事に食欲がわかない. (2) ..をする気[勇気]がない; ..は嫌いである. *have no* ~ *for* a fight 戦う気がない.
sìck to one's stómach (1) 吐き気がして. get *sick to* one's ~ むかつく. (2) むかつく〈*about* ..に対して〉.
── 動 他 を何とか我慢して食べる[飲み下す];〔侮辱など〕を我慢する, 腹に据える;〈普通, 否定文・疑問文で〉. cannot ~ the thought of staying in a motel モーテルに泊まるなんて考えてもいやだ. find his attitude hard [difficult] to ~ 彼の態度には我慢できない.
[<ギリシア語「のど, 食道>胃」]
***stom·ach·ache** /stʌ́məkèik/ 名 (複 **~s** /-s/) UC 腹痛; 胃痛. have (a) bad ~ 腹[胃]がひどく痛む.
stom·ach·er /stʌ́məkər/ 名 C (特に 15-16 世紀の女性が主に用いた, 三角形の)胸飾り, 胸当て.
stom·ach·ful /stʌ́məkfùl/ 名 C 胃[腹]いっぱい(の分量); 十分;〈*of* ..の〉.
sto·mach·ic /stəmǽkik/ 形 **1** 胃の. **2** 健胃の; 食欲増進の. ── 名 C 健胃剤.
stómach pùmp 名 C 〖医〗胃ポンプ, 胃洗浄器.
‡**stomp** /stɑmp|stɔmp/ 動 〖話〗他 を手荒に[どしんどしん]踏みつける;〔足〕をどしんと踏み下ろす.
── 自 VA (わざと)どしんどしん踏みつける, どしんどしんと歩く[踊る]〈*about, around*〉. ~ (*up*) the stairs どかどかと階段を上がる. ~ *on* ..〔アクセルなど〕を踏む;〖主に米〗..を蹴(け)飛ばす;〈比喩的〉踏みにじる.
stómping gròund →stamping ground (見出し語).
── 名 C ストンプ《ジャズ初期のダンス曲の一種》.
[stamp の変形]
‡**stone**[1] /stoun/ 名 (複 **~s** /-z/)
【石】 **1** U 石, 石材, 《堅固さ, 冷酷さなどを象徴》;〈形容詞的〉石の, 石造りの. a house built of ~=a ~ house 石造りの家. (as) hard as ~ (石のように)固い; 無情な. have a heart of ~= be made of ~ (石のように)冷酷な心の持ち主である.
2 C 小石, 石つぶて. a heap of ~*s* 小石の山. The mob threw ~*s* at the cops. 暴徒は警官たちに投石した. 類語 rock の小片を言う; ただし〖米〗では rock を stone の意味に用いることもある; pebble, gravel は stone より小粒のもの, ballast は砕石.
3 C 宝石 (precious stone). a ring set with five ~*s*

宝石が 5 つはまった指輪.
4 C 切り石; 墓石 (tombstone, gravestone), 臼(うす)石 (millstone), 砥(と)石 (whetstone, grindstone), 敷石 (paving stone), 飛び石 (stepping-stone).
【石に似たもの】 **5** C あられ, ひょう, (hailstone). **6** C 〖植〗(桃などの)種, 核(さね), (類語 果肉の中核を成す硬い部分, その中に seed が入っている). peach ~*s* 桃の種. **7** C〈普通 ~s〉〖古・卑〗睾(こう)丸. **8** 〖医〗C (腎(じん)臓などにできる)結石, U 結石症. ◊形 stony
be càrved [sèt, ètched] in (tàblets of) stóne 〔考え, 規則などが〕変えることができない.
càst [thròw] the fìrst stóne 真っ先に非難する〈*at* ..を〉《聖書から》.
dròp[fàll] like a stóne すごい速さで落ちる.
gìve a pèrson a stóne for bréad 人を助けるように見せかけて実はばかにする《<パンの代わりに石を与える; 聖書から》.
lèave nò stóne untúrned (*to do*) (..しようと)あらゆる手段を尽くす《<ひっくり返さない石はないほど徹底的に捜す》.
Stònes will crỳ óut. 石も叫ぶ《不正の横行が目に余って; 『ルカによる福音書』19:40》.
thròw stónes 攻撃[非難]する〈*at* ..を〉.
── 動 他 **1** に石を投げつける; に石を投げて追い払う[殺す]《特に昔, 罰として》. The murderer was ~*d* to death. 殺人者は石を投げつけられて殺された. **2** に石を敷く; に石を積む. **3** 〔果物〕の種を取り除く.
Stòne the crǒws! = ***Stòne mé!*** 〖英旧話〗おや, まさか. [<古期英語]

stone[2] 名 (複 ~, ~s) C 〖英〗ストーン《重量の単位で 14 ポンド (約 6.35 キロ) に相当; 特に人の体重を表すのに用いる; 略 st.》. weigh 13 ~ 13 ストーンの体重がある.

stone- 〈複合要素〉「完全に」の意味. *stone*-deaf.

Stóne Àge 名 〈the ~〉〖考古学〗石器時代 (→Bronze Age, Iron Age).

stòne-blínd /移/ 形 全盲の.

stóne·brèaker 名 C (道路舗装の)砕石作業員; 砕石機.

stòne-bróke /移/ 形 〖米俗〗一文無しの, すってんてんの.

stòne círcle 名 C 環状石列 (→megalithic).

stòne-cóld /移/ 形 石のように[非常に]冷たい.

stòne-cold sóber 形 全くしらふの.

stóne·cùtter 名 C 石切り工; 石切り機.

stoned 形 **1** 〔果物などが〕核を取り除いた. **2** 〖俗〗〈叙述〉酔った; (麻薬で)興奮した.

stòne-déad /移/ 形 完全に死んだ.

stòne-déaf /移/ 形 全く耳が聞こえない.

stóne·fìsh 名 (複 →fish) C オニダルマオコゼ《熱帯魚で猛毒》.

stóne frùit 名 核果《桃, サクランボなど; stone[1] 6 がある》.

stóne-gròund 形 〔粉が〕石うす挽(び)きの.

Stone·henge /stóunhèndʒ|ニ△/ 名 ストーンヘンジ《英国 Wiltshire 州の Salisbury 平原にある巨大な石柱群; 石器時代後期の遺物とされている》.

stóne·less 形 〔果物が〕種なしの; 種を取り除いた.

stóne·màson 名 C 石工, 石切り工.

Stòne of Scóne 名 〈the ~〉スクーンの石《Westminster Abbey 内の戴(たい)冠式用玉座の下に据えてある石; もと Scone の教会にあった》.

stóne pìt 名 C 採石場, 石切り場, (quarry).

stóne's thròw 名 C 石を投げて届く距離, 近距離. The hospital is within a ~ of his house. 病院は彼の家から目と鼻の先だ. be only a ~ away すぐ近くである.

stòne wáll 名 C 石壁, 石塀(べい), 《畑の境界, 家の外壁などの》; (政治上などの)障害, 妨害, 壁. run into a ~ 石塀にぶつかる; 〈比喩的〉障害にぶつかる, うまくいかない.

stòne-wáll 動 自 〖主に英〗 **1** 〖クリケット〗(引き分けるため)消極的な打球をする. **2** (のらりくらりと)議事を妨害する. ── 他 を妨害する. ▷ ~·er 名 C

stóne·wàre 名 U 炻(せっ)器《粘土と石を細粉にした材料を高熱で処理して作る硬質の陶器; 急須の万古焼がこれ; →ceramics ★》.

stòne·wáshed /-t 移/ 形 〔ジーンズなどが〕(使い込んだ感じを出すため)ストーンウォッシュ加工をした.

stóne·wòrk 名 U 石細工; 石造物, (建物の)石造の部分.

ston·kered /stáŋkərd|stɔ́ŋ-/ 形 〖英・オース・ニュー話〗疲れ切った.

stonk·ing /stáŋkiŋ|stɔ́ŋk-/ 〖英話〗形 すばらしい, 極めつきの.

‡**ston·y** /stóuni/ 形 e (**stón·i·er**|**stón·i·est**)
1 石の; 石の多い, 石ころだらけの. a ~ road 石ころだらけの道. be ~ ground for ..〈比喩的〉を受け入れようとしない. **2** 石のような; 石のように堅い. **3** 〔心などが〕(石のように)冷酷な, 無慈悲な; 〔目つきなどが〕(石のように)動かない, 無表情な. a ~ expression 石のような無表情. keep ~ silence 石のように押し黙っている. 副
fàll on [upon] stòny gróund 〔忠告, 依頼などが〕無視される, 冷たくあしらわれる.
stòny bróke 〖英話〗=stone-broke.
[stone, -y[1]] ▷ **ston·i·ly** 副

stòny·fáced /-t 移/ 形 無表情な.

stòny·héarted /-əd 移/ 形 冷酷な.

stood /stud/ 動 stand の過去形・過去分詞.

stooge /stuːdʒ/ 名 C **1** (喜劇, 漫才の)引き立て役, からかわれ役. **2** 〖話〗(人の言いなりになる)たいこ持ち, 傀儡(かいらい). ── 動 自 〖話〗引き立て役[たいこ持ち]を務める〈*for* ..の〉.

stook·ie /stúki/ 名 C 〖スコ〗 **1** ギプス. **2** にぶい奴.

*__stool__ /stuːl/ 名 (複 ~s /-z/) **1** C (背もたれ・ひじ掛けのない)腰掛け, スツール, (→chair). **2** C 足台 (footstool); ひざつき台. **3** C 〖古〗(腰掛け式の)便器; U 又は〈~s〉〖医〗(検査用に採取する)(大)便. **4** C 親木, 親株; 親株から出た若枝.
fàll between twò stóols あぶはち取らずになる《<2つの腰掛けのどちらにも座れない》. [<古期英語]

stool·ie /stúːli/ 名 〖米俗〗=stool pigeon.

stóol pìgeon 名 C 囮(おとり)のハト; 〖話〗客引き, 'さくら'; 警察のスパイ, 密告者.

stóol tèst 名 C 検便.

‡**stoop**[1] /stuːp/ 動 (~s /-s/|過 過分 ~ed /-t/|**stóop·ing**) 自 **1** 身をかがめる, 前にかがむ, 腰を曲げる, 〈*down, over*〉. He ~*ed* (*down*) to put on his shoes. 彼は靴を履くためにかがんだ. ~ over a desk 机に突っ伏す.
2 腰が曲がっている, 猫背である. He ~*s* with age. 彼は年取って腰が曲がっている.
3 VA 身を落とす〈*to* ..まで/*to* do ..するまで〉; 〈普通, 否定文・疑問文で〉. ~ *to* conquer [win] 恥辱を忍んで目的を遂げる. I couldn't ~ *to* taking [*to* take] bribes. わいろを取るまでには成り下がれなかった.
4 VA 〔タカなどが〕(空中から)飛びかかる, 急降下する, 〈*at, on* ..めがけて〉.
stòop so lów いやしいことをする〈*as to* do ..するような〉. She ~*ed so low as to* sell herself. 彼女は身を売るようなことまでした.
── 他 〔頭, 首, 背など〕をかがめる, 曲げる.
── 名 C 〈普通, 単数形で〉 **1** 前かがみ(の姿勢); 腰の曲がり, 猫背. walk with a ~ 前かがみに歩く. **2** (タカ, ワシなどの)急降下, 襲撃.
[<古期英語; steep[1] と同根]

stoop[2] 名 C 〖米〗玄関口への階段.

S

stooped /-t/ 形 腰が曲がっている; 猫背の.
stóop làbor 名 U 背をかがめてする仕事[農作業].
‡**stop** /stɑp|stɔp/ 動 (~s /-s/|過 過分 ~ped /-t/|**stóp·ping**) 他 【やめる】 **1** 〔仕事など〕をやめる; VO (~ *doing*) ..することをやめる; (↔begin, start) (★この意味では to *do* を伴わない; →自 2). ~ work [cry*ing*] 仕事を[泣くのを]やめる. It has ~*ped* rain*ing*. 雨はやんだ.
【活動をやめる>止める】 **2** 〔動いているもの〕を止める, 停止させる; 〔活動, 供給, 効力など〕を停止[中止, 中断]させる. ~ the train [machine] 列車[機械]を止める. The game was ~*ped* by rain. 試合は雨で中止[中断]になった. ~ the electricity 電気(の供給)を止める. ~ a quarrel 口論を止める.
3 を妨げる, さえぎる, 引き止める; VOA (~ X *from doing*)・VO (~ X (*'s*) *doing*) X が..するのを妨げる[止める], X に..させないようにする. I won't ~ you, if you really want to. 本当にそうしたいのなら君を止めはしない. She could scarcely ~ herself *from* cry*ing* aloud. 彼女は声を立てて泣くのを抑えることができなかった. Nothing will ~ his [him] marry*ing* Jane. 彼はどんな事があってもジェーンと結婚するだろう.
4 (**a**) 〖スポーツ〗〔パンチ, 突きなど〕を受け止める, 受け流す; をノックアウトする《ボクシングで》; 〖英ではまれ〗〔相手(チーム)〕を負かす; を殺す. (**b**) 〖話〗〔弾丸など〕に当たる, を'食らう'. **5** 〖英〗に句読点を打つ.
【通路を止める>ふさぐ】 **6** 〔通路, 水路など〕を遮断する, ふさぐ; 〔出血など〕を止める. ~ the way 道をふさぐ, じゃまになる. ~ bleeding 止血する. ~ a person's breath 人の息の根を止める.
7 〔穴など〕をふさぐ, 詰める, 〈*up*〉; 〖英〗〔虫歯〕を詰める, 充塡(てん)する, (fill); にふた[栓]をする. ~ one's ears (手で)両耳をふさぐ. ~ *up* cracks with putty パテで割れ目をふさぐ. have a tooth ~*ped* 歯を詰めてもらう.
8 〖楽〗〔管楽器(の穴, 音栓)〕を押さえる; 〔弦楽器(の弦)〕を押さえる.
── 自 【止まる】 **1** 〔動いている物, 運動, 活動などが〕止まる, 停止する, やむ, (↔start; 類語 「止まる」を表す最も一般的な語; →cease, discontinue, halt[1]). My watch had ~*ped*. 時計が止まっていた. The rain had already ~*ped*. 雨はもうやんでいた.
2 立ち止まる (halt); 立ち止まって〔(仕事などの)手を休めて〕..する〈*to* do〉. *Stop*, thief! どろぼう, 待て. He ~*ped to* help her. 彼は彼女を助けるために立ち止まった (★比較: He ~*ped* help*ing* her. (助けるのをやめた); →他 1). *Stop* or I'll shoot you! 止まれ, (止まらないと)撃つぞ. ~ *to* think じっくりと(腰を据えて)考える. No one ~*s to* listen to him. わざわざ彼に耳を貸す者はいない.
【止まる>泊まる】 **3** 〖主に英話〗**宿泊する**, 滞在する, とどまる 〈*at* ..に〉; 〖主に米〗VA ちょっと立ち寄る (→成句 ~ by); 〖英話〗とどまる 〈*for* ..まで〉. ~ *at* a hotel overnight ホテルに 1 泊する. Can you ~ *for* supper? 夕食を食べていきませんか. ~ *at* home 家にとどまる.
4 【とどまる】 〖主に西インド諸島〗VC ..(のまま)である, ..でいる; VA ..にふるまう. ~ barefooted はだしでいる.
cànnot stòp dóing (1) ..するのがやめられない. Once I started I *could not* ~ runn*ing*, so steep was the descent. いったん動き出すと走るのをやめられなかった, それほど急な下り坂だった. (2) ..せずにおれない. He was so funny that I *could not* ~ laugh*ing*. 彼はとてもこっけいだったので笑わずにはいられなかった.
stòp aróund 〖主に米話〗(人の家などに)立ち寄る.
stòp at nóthing 何事をも物ともしない, どんなことでもやりかねない, 〈*to* do ..するためなら〉.
stòp báck 〖米〗(あとで)また立ち寄る, 出直す.
stòp behínd 居残る.
stòp bý 〖主に米〗(人の家などに)立ち寄る.
stóp by .. 〖主に米〗..に立ち寄る.
stòp déad 急に止まる.
stòp /../ dówn 〖写〗〔レンズ〕を絞る.
stòp ín (1) 〖話〗(雨などで)家にいる, 外に出ない. (2) 〖米〗=STOP by.
stòp a pèrson's móuth 人の口をふさぐ; 人に口止めする, 人を黙らせる, 《時には殺すことによって》.
stóp off 途中で立ち寄る, 途中下車する, 〈*at, in* ..に〉.
stòp óne 〖俗〗弾を食らう, 'やられる'; 〖オース俗〗一杯ひっかける.
stòp óut (1) 〖英話〗(遅くまで)家に戻らない. (2) 〖米〗(一時)休学する.
stòp /../ óut 〔版の一部〕を覆う《印刷, エッチングなどされないように》.
stòp óver 途中下車する; (飛行機などの旅の途中で)しばらく滞在する; 〖英話〗ひと晩泊まる.
stóp over .. 〖米〗..にちょっと立ち寄る.
stòp shórt (1) 急に止まる. (2) 思いとどまる 〈*of* do*ing* ..するのを/*at* ..を〉.
stòp /../ shórt 〔話など〕をさえぎる; ..を急にやめる.
stòp úp 〖話〗夜更かしする 〈*to* do ..するために〉.
stòp /../ úp 〔穴など〕をふさぐ, 埋める, (→他 7).
── 名 (複 ~s /-s/) C **1 止まること**, 停止; 休止; 終止. come to a ~ 止まる, 行き詰まる, 終わる. bring..to a ~ →bring (成句). make a ~ 止まる, ひと休みする, (乗り物が停留所に)停車する. Put a ~ to their fighting. けんかをやめさせろ.
2 (旅の途中などでの短期間の)滞在, 立ち寄り, 寄港.
3 停留所, 停車場. a bus ~ バス停.
4 止め具, 留め. a ~ for a door ドアの止め.
5 句読点, 〈特に〉終止符 (full stop).
6 ふさぐ[詰める]もの; 栓; 〖楽〗(オルガン, 管楽器の)ストップ, 音栓.
7 (カメラの)絞り.
8 〖音声〗閉鎖音《/p, t, k, b, d, g/ など; explosive とも言う》.
pùll óut àll (the) stóps 最大限の努力をする, ありとあらゆる手段を用いる, 《<音栓 (→6) 全部を抜いて弾くと大きな音が出る》.
with àll the stóps òut 全力を傾けて.
[<古期英語「ふさぐ」]
stóp·còck 名 C (水道などの)調節弁, 止めコック.
stóp·gàp 名 C 間に合わせのもの[人], 一時しのぎ; 埋め草; 〈形容詞的〉一時しのぎの. a ~ measure 一時しのぎの手段[措置].
stòp-gó /⑧/〖英話〗名 U, 形 ストップゴー政策(の)《経済の引き締めと緩和を交互に行う》.
stóp·lìght 名 C **1** 交通信号, 〈特に〉赤信号. **2** (自動車後尾の)制動灯, ブレーキランプ.
stóp·òver 名 C (特に飛行機の旅の途中で)立ち寄ること; 途中下車; 立ち寄り先.
‡**stop·page** /stɑ́pidʒ|stɔ́p-/ 名 UC **1** 停止(状態); 停滞; 支払い停止. **2** C 〖主に英〗(給料からの)天引き額(〖米・オース〗deduction). **3** ふさぐ[ふさがれる]こと; 障害[閉塞(そく)](物). ~ time=injury time.
†**stóp·per** 名 C **1** 止める[留める, ふさぐ]道具[人]; (機械などの)停止装置. **2** (瓶, たるなどの)栓. **3** 〖サッカー〗ストッパー; 〖野球〗ストッパー《押さえの投手》.
pùt* ⌞*the stópper*(*s*) [*a stópper*] *on .. ..に栓をする; 〖話〗..を抑える, 防止する.
── 動 他 に栓をする, をふさぐ.
-stóp·per 〈複合要素〉「..を止めさせるもの」「..をさえぎるもの」の意味. →show*stopper*. heart*stopper*.
stóp·ping 名 C (歯の)詰めもの, 充塡(てん)剤.
stópping dìstance 名 UC (前の車との)安全な車間距離.
stópping tràin 名 C 〖英〗(ほとんど)各駅に停車する列車, 鈍行.

S

stop·ple /stápl|stɔ́pl/ 名 C 栓. ── 動 他 に栓をする.

stóp prèss 名 〈the ～〉【英】(新聞印刷の途中に入った)最新ニュース; ニュース速報用のスペース.

stóp·wàtch 名 C ストップウォッチ.

*__stor·age__ /stɔ́:ridʒ/ 名 (複 **-ag·es** /-əz/) **1** U 貯蔵, 保管. in ～ 貯蔵されて. in cold storage→cold storage. **2** U 貯蔵[保管]用スペース. Let's use our garage for ～. うちの車庫を倉庫に使おう. **3** U 保管料, 倉敷料. **4** C【電算】記憶装置 (memory). [store, -age]

stórage bàttery 名 C【電】蓄電池.

stórage capàcity 名 U **1** 収納能力. **2**【電算】記憶容量.

stórage devìce 名 C【電算】記憶装置.

stórage hèater 名 C【英】蓄電ヒーター.

‡**store** /stɔːr/ 名 (複 **～s** /-z/) 【貯蔵】 **1** C **蓄え**, 蓄積, 貯蔵, 持ち合わせ,〈*of* ..の〉. Squirrels lay in a ～ *of* food for the winter. リスは冬に備えて食料を蓄える. a ～ *of* books 蔵書; 図書の在庫.
2 〈～s〉(食料, 衣料, 武器などの)備え, 用意, 備品; 貯蔵庫[室]. military ～*s* 軍需品.
3【多量の貯蔵】C 豊富, 多量, たくさん. He has vast ～*s of* experience. 彼は経験を豊富に積んでいる. a ～ *of* facts たくさんの事実.
【貯蔵所】 **4** C【主に英】倉庫, 収納庫, 貯蔵所, (storehouse).
5【商品の貯蔵所】C **(a)**【米】**店**, 商店, (類語 店を表す【米】の一般的な語,【英】の shop に当たる; chain store, department store, general store など参照). keep [open] a little stationery ～ 小さな文房具店を経営[開店]する. go to the ～ for some food 食物を買いに店に行く. **(b)**【英】大型店, デパート.
6【英】**(a)**〈a [the] ～s; 単複両扱い〉百貨店, デパート, 大型店, (【米】department store). There is a small ～*s* in this street where you can buy foods, clothes and other goods. この通りには小さなデパートがあって, そこでは食料品, 衣類その他のものが買えます. **(b)**〈a [the] ～s; 単数扱い〉よろず屋. a general ～*s* (村などにある)雑貨店, よろず屋, (【米】general store).
7【主に英】＝storage 4.
8【米】〈形容詞的〉店で売っている; 既製の〔服など〕.
in stóre (1) 蓄え(られ)て, 用意して. They have plenty of grain *in* ～. 彼らは大量の穀物を蓄えている. (2)〔運命などが〕待ち構えて〈*for* ..を〉, 身にふりかかろうとして〈*for* ..の〉. We don't know ⌊what the future holds *in* ～ *for* us [what lies *in* ～ *for* us]. 将来私たちに何が待ち構えているか分からない.
mìnd the stóre【米】仕事に精を出す; 取りしきる.
sèt [pùt, lày] stóre by [on].. ..を重んじる, 評価する (★普通 store に形容詞が付く). I *set* great ～ *by* what he says. 僕は彼の言うことを極めて重く見る.
── 動 (～s /-z/|過 過分 ～d /-d/|**stór·ing** /-riŋ/) 他
1 を**蓄える**, 貯蔵する, しまっておく,〈*away, up*〉. ～ (*up*) food [energy] 食物[エネルギー]を蓄える. ～ *up* trouble [problems] 後になってから困るようなことをしていく.
2 VOA (～ X ***with***..) X に..を蓄積する, 供給する, 備える. ～ a cabin *with* provisions 小屋に食糧を保管する. a mind well ～*d with* practical knowledge 実用的な知識が詰まった頭脳.
3〔家具など〕を(倉庫に)保管する, 収納する. thousands of books ～*d* in my library 私の書庫の数千部の蔵書. ～ old things away in the attic 古い物を屋根裏にしまい込む. **4**〔容器などが〕を入れ得る, が入る.
5【電算】〔情報〕を(記憶装置に)記憶させる[させておく].
[＜古期フランス語 *estorer*「回復する」(＜ラテン語 *instaurāre* 'renew')]

stóre brànd 名 C【米】自家ブランド製品 (製造元でなく小売店などの商標を付けた).

stóre càrd 名 C【英】(特定の店でのみ通用する)クレジットカード.

stóre detèctive 名 C (デパートなどで窃盗防止するための)防犯係.

stóre·frònt 名 C【米】(商店の)店先, 店頭.

†**stóre·hòuse** 名 (複 →house) C **1** 倉庫, 収納庫, 貯蔵所. **2** (知識などの)宝庫《人についても言う》. a ～ of information 情報[知識]の宝庫.

‡**store·keeper** /stɔ́:rkì:pər/ 名 (複 ～s /-z/) C【主に米】**店主**, 小売り商人, 店長, (【主に英】shopkeeper);【主に英】(特に軍需品の)倉庫管理人.

†**stóre·ròom** 名 C 貯蔵室, 収納庫, 物置.

stóre·wìde 形【米】店全体の. ～ renovations 全店改装.

sto·rey /stɔ́:ri/ 名 (複 ～s)【英】＝story².

sto·ried /stɔ́:rid/ 形【雅】〈限定〉**1** 物語[歴史]に名高い. **2** 歴史画[絵図]などで飾った.

-storied【米】, **-storeyed**【英】/stɔ́:rid/〈複合要素〉「..階建ての」の意味. a five-*storied* pagoda (五重の塔).

†**stork** /stɔːrk/ 名 C コウノトリ《欧米ではこの鳥が赤ん坊を運んで来るものと子供は教えられた》. a visit from the ～ 赤ん坊の誕生. [＜古期英語]

‡**storm** /stɔːrm/ 名 (複 ～s /-z/) C **1 あらし, 暴風雨**, 荒天;【気象】暴風《風速毎秒 28.5–32.6 メートル》(類語 gale より強い; →wind¹). A ～ is brewing [coming up]. あらしが起ころうとしている[やってくる]. After a ～ comes a calm.【諺】あらしの後はなぎ.

連結 a severe [a fierce, a heavy] ～ // a ～ gathers [rages; howls, roars; abates; passes]

2 (矢, 弾丸の)雨, (拍手などの)あらし, (怒りなどの)激発; 動乱, 波乱, 騒ぎ. a ～ *of* bullets 雨あられと降り注ぐ弾丸. a ～ of protest 抗議のあらし. a ～ *of* applause あらしのような喝采(かっさい). The scandal caused a ～ of indignation among the public. その汚職事件は世間に憤激のあらしを起こした. ～ and stress 疾風怒濤(とう)《＜ドイツ語 *Sturm und Drang*》.
3【米話】〈～s〉＝storm window [door].
◇形 stormy
a stòrm in a téacup【英】つまらないことでの大騒ぎ, 'コップの中のあらし', (【米】a tempest in a teapot).
tàke .. by stórm〔敵陣など〕を強襲して占領する;〔観客など〕を心酔させる, うっとりさせる.
ùp a stórm【米話】精力的に, ばりばり; どっさり. sing *up a* ～ 力一杯歌う.
wèather [rìde (out)] the stórm 難局をなんとか乗り切る.
── 動 他 **1** を強襲する. ～ a fort 要塞(さい)を強襲する.
2〔場所など〕に荒々しく押し入る, 突進する,〈*across, in, through*〉. A large crowd ～*ed* their way *in*. 大勢が無理に押し入った. **3**【主に米】VOA (～ X ***with***..) ..を X (人)に乱暴[無理]に押しつける. ～ a person *with* questions 人を質問攻めにする. **4**【章】VO (～ X/"引用") X と/「..」とどなる, X (要求など)をどなりながら言う.
── 自 **1**〈it を主語として〉あらしが吹く, 荒天である. It ～*ed* all day. 1 日中荒れた.
2 ひどくしかる, どなる,〈*at* ..〔人〕を〉.
3 VA 荒々しく出る〈*out* (*off* ..から)〉, 荒々しく入る〈*in*〉〈*into* ..に〉, 突進する. The angry workers ～*ed* into the building. 怒った労働者たちは建物の中になだれ込んだ. ～ *out* (*of* the room) (部屋から)飛び出す.
[＜古期英語]

stórm-bòund 形〔船, 旅行者などが〕あらしで ⌊足止めを食った[孤立した].

S

stórm cèllar 名 C 〘米〙暴風雨[旋風]避難用地下室.
stórm cènter 名 C 暴風雨の中心;〈比喩的〉動乱[論議など]の中心点[人物], '台風の目'.
stórm clòud 名 C あらし雲;〈普通 〜s〉(動乱などの)前兆.
stórm dòor 名 C 〘主に米〙防風雨戸.
stórm dràin 名 =storm sewer.
stórm làntern 名 C ほや付き耐風ランプ.
stòrm pétrel 名 =stormy petrel.
stórm sèwer 名 C 雨水の排水管.
stórm sìgnal 名 C 暴風警報標識《旗など》.
stórm wìndow 名 C 暴風雨[吹雪]よけの窓《普通の窓の外側に付ける》.
‡storm·y /stɔ́:rmi/ 形 e (**stórm·i·er**|**stórm·i·est**)
1 あらしの, 暴風雨の; 荒れ模様の; (↔calm). 〜 weather 荒天. **2** 〔情熱, 行動などが〕**激しい**; 激越な, 乱暴な; 騒々しい, 激動する. a man of 〜 passion 気性の激しい男. a 〜 debate 激論. a 〜 life 波乱の一生.
◇名 storm ▷**storm·i·ly** 副 **storm·i·ness** 名
stòrmy pétrel 名 C 〘鳥〙ヒメウミツバメ《大西洋・地中海産; 暴風雨を予報すると伝えられる》.
‡sto·ry[1] /stɔ́:ri/ 名 (複 **-ries** /-z/)
1 C **物語**, 話, お話, (類語 創作・実話を問わず,「話」を表す最も一般的な語; →anecdote, narration 2, narrative, tale, yarn). a true 〜 実話. a ghost 〜 怪談. Dad used to tell me bedtime *stories*. 父さんはよく僕におやすみ時のお話をしてくれた. the 〜 of one's life 身の上話, 生い立ちの記. 語法「ウサギがカメと競走した話」という場合 the 〜 that.. は使えず, the 〜 *of* a hare compet*ing* with a tortoise とでもするしかないが, 6 の意味では that 節が可能.

> 連結 an interesting [a boring; a charming; a complicated; a dirty; a funny; an exciting, a gripping, a thrilling; a harrowing; a moving, a poignant, a touching; a sad; a shocking; a tragic] 〜 // relate [narrate] a 〜

2 UC (文学の一形態としての)物語, 小説,《普通 novel より短い; short story は「短編小説」で, short novel は「中編小説」》.
3 UC (小説, 劇などの)筋, ストーリー, (plot). The novel tells a complicated 〜. その小説はこみ入った筋を持っている.
4 UC (人, 物にまつわる)伝説, 言い伝え; いわく, 素性. a personage famous in 〜 伝説に名高い人物. a woman with a 〜 いわくつきの女.
5 C 話(の内容), 一部始終. her side [half] of the 〜 彼の言い分. His 〜 is different from yours. 彼の話は君の言っていることと違う. They all tell the same 〜. 彼ら一同の言うところが一致している. That's not the whole 〜 [only part of the 〜]. 話はそれで全部ではない. It is another 〜 now. 今では事情が変わってきた. an old 〜 相も変わらぬこと[話]. It is the same old 〜. よくある話[言い訳]だ, 相変わらず(のこと)である. It's the same 〜 in Tokyo. 東京でも事情は同じだ. That's [It's] the 〜 of my life. 私はいつもそうなんだ《いやな事がまた起こった》. His inert body told its own 〜. 彼の動かぬ体それだけで事態は明らかだった《彼が死んでいたことを指す》. A likely 〜! (そんな話)まさか《反語的》.
6 C うわさ. The 〜 goes that.... ....というううわさだ, うわさでは..だ. (Or) so the 〜 goes. うわさではそういうことだ.
7 C 〘話〙〘幼〙うそ, 作り話, (lie). tell *stories* うそをつく. **8** C 新聞記事[報道] (news story); ニュース種.
ènd of the stóry 〘英話〙それだけのことだ, 他に言うことはない.
to màke [cùt] a lòng stòry shórt (話せば長いが)手短に言えば, 早い話が.
[<古期フランス語 *estoire*「歴史, 物語」(<ラテン語 *historia* 'history')]
‡sto·ry[2] /stɔ́:ri/ 名 (複 **-ries** /-z/) C 〘米〙(建物の)**階**, 層, (→floor 3). a house of three *stories* 3 階建ての家. an upper 〜 上の階.
[<story[1]; ?<アングロ・ラテン語「(歴史の物語を描いた各階にある)飾り窓」]
stóry·bòok 名 C (子供向きの)お話の本, 童話の本;〈形容詞的〉お話に出てくるような, 物語そっくりにロマンチックな. a 〜 ending ハッピーエンド.
stóry lìne 名 C 話の筋.
***story·teller** /stɔ́:ritèlər/ 名 (複 **〜s** /-z/) C **1** 物語をする人; **物語作家**. **2** 〘話〙うそつき《特に子供》.
stóry·tèlling 名 U **1** 物語をする[書く]こと; 物語の技術[腕]. **2** 〘話〙うそをつくこと.
stoup /stu:p/ 名 C **1** (昔の)大コップ, 酒杯. **2** 〘キリスト教〙(教会堂の入り口内の)聖水鉢.
***stout** /staut/ 形 e (**stóut·er**|**stóut·est**) **1 頑丈な**, がっしりした, 丈夫な, 強固な. a 〜 wall 頑丈な壁. a 〜 ship がっしりした船. 〜 laborers 屈強な労働者たち.
2 〘婉曲〙**太った**, ふっくらした, (類語 中年太りなどを遠回しに表す語; →fat). "You're getting a little 〜", the wife told her husband.「あなた少し太めになってきたわね」と妻が夫に言った.
3 〘章〙勇敢な, 不屈の; 〔敵, 抵抗などが〕頑強な. a 〜 heart 剛毅(き). 〜 resistance 頑強な抵抗.
—— 名 U スタウト《英国の強い黒ビール; ギネスが有名; porter より強い》.
[<古期フランス語「大胆な」] ▷**stóut·ly** 副 頑強に; 敢然と. **stóut·ness** 名
stòut·héarted /-əd ⑱/ 形 剛毅(き)な, 大胆な.
▷**〜·ly** 副 **〜·ness** 名
‡stove[1] /stouv/ 名 (複 **〜s** /-z/) C **1** (暖房用)**ストーブ**; 暖炉. an oil [a wood] 〜 石油[まき]ストーブ.
2 (料理用)こんろ; ガス[電気]レンジ《バーナー, オーブン付きの調理器具》. a cooking 〜 こんろ. a gas 〜 ガスこんろ, ガスレンジ. **3** 乾燥室; 〘英〙〘園芸〙温室. [<中期オランダ語「暖めた部屋」]
stove[2] 動 stave の過去形・過去分詞.
stóve·pìpe 名 C **1** ストーブの煙筒[煙突]. **2** 〘話〙(山の高い)シルクハット (〘主に米話〙**stòvepipe hát**).
‡stow /stou/ 動 他 **1** をしまう; VOA を(きちんと)しまい込む, 詰め込む, 〔荷など〕を積む, 積み込む, 〈*in, into* ..に〉; をいっぱいにする, にきっちり詰める, 〈*with* ..で, を〉. 〜 toys おもちゃをしまう. 〜 baggage *in* a car trunk 車のトランクに荷物を積み込む. freighters 〜*ed with* arms 武器を積んだ貨物船. **2** 〘俗〙〔騒ぎ, 冗談など〕をやめる〈普通, 命令形で〉. *Stow* it! やめろ, 黙れ.
stòw awáy 密航する; 無賃乗船[乗車]する.
stòw /../ awáy (1) ..をしまい込む, 片付ける. (2) ..をがつがつ食う, たいらげる, がぶがぶ飲む.
[<古期英語「場所」]
stow·age /stóuidʒ/ 名 U 積み込み, 荷積み(作業, 法); 積載容量[スペース]; 荷積み料.
stów·a·wày 名 (複 **〜s**) C 密航者; 無賃乗客.
Stowe /stou/ 名 **Harriet Elizabeth Beecher 〜** ストウ (1811-96)《米国の小説家; *Uncle Tom's Cabin* (1852) の作者》.
St. Pátrick's Dày /seint-|s(ə)n(t)-/ 名 →Saint Patrick's Day.
St. Pául /seint-|s(ə)n(t)-/ 名 セントポール《米国 Minnesota 州の州都》.
St. Pàul's (Cathédral) /seint-|s(ə)n(t)-/ 名 セントポール大聖堂《ロンドンの the City にある; ロンドン主教はここに主教座を持つ》.
St. Péter's /seint-|s(ə)n(t)-/ 名 (ヴァチカンの)サンピエ

トロ大聖堂《カトリックの総本山》.

St. Pe·ters·burg /seint-píːtərsbəːrg|s(ə)n(t)-/ 名 サンクトペテルブルク《バルト海に面するロシアの都市; 帝政ロシアの首都; 旧称 Leningrad》.

str. steamer; strait. 「視の.

stra·bis·mal, -mic /strəbízməl/, /-mik/ 形 斜↑

stra·bis·mus /strəbízməs/ 名 U 〖医〗斜視.

Strad /stræd/ 名 C ＝Stradivarius.

strad·dle /strǽdl/ 動 他 **1**〔馬などに〕にまたがる, に馬乗りになる; (地理的に)にまたがる;〔複数の分野, 時期〕にまたがる, 及ぶ. a multinational that ~*s* the world 世界にまたがる多国籍企業. **2**〖米話〗〔問題などに〕二またをかける, どっちつかずの態度をとる. **3**〖砲術〗(標的を少し外して)〔弾丸, 砲弾〕を撃つ.

── 自 **1** またを広げて立つ[座る, 歩く]. **2**〔両足が〕広がる. **3**〖米話〗日和見をする, あいまいな態度をとる.

── 名 C **1** またぐ[またがる]こと; またいだ距離. **2**〖米話〗二またをかけること. [stride, -le[1]]

Strad·i·var·i·us /strædəvé(ə)riəs|-váːr-/ 名 C ストラディヴァリウス《イタリア人 Stradivari (1644–1737) の製作した弦楽器; 特にヴァイオリン》.

strafe /streif|strɑːf/ 動 他 (低空飛行で)を機銃掃射する; に猛爆撃を加える. [＜ドイツ語「罰する」]

strag·gle /strǽg(ə)l/ 動 自 **1** VA だらだらと連なる[進む, 広がる]; ばらばらに散る[広がる]; 散在する, 点在する, 〈*along* ..に〉. Cows ~*d along* the lane. 牛が道をぞろぞろと進んだ. **2** (道, 本隊などから)離れる, 落伍(ご)する, はぐれる. [?＜〖方〗*strake*「行く, 動く」＋-le[1]]

strág·gler 名 C 落伍(ご)者; ぶらつく人; はびこる草木[枝].

strág·gling 形 **1** 点在[散在]する. **2** 落伍(ご)した. ~ soldiers 敗残兵. **3**〔髪が〕ほつれた.

strag·gly /strǽg(ə)li/ 形 **1** ばらばらに進む, だらしなく広がった; 散在する, まばらの. ~ hair ほつれた髪の毛. **2** 列を離れた, 落伍(ご)した.

‡straight /streit/ 形 e (**stráight·er**|**stráight·est**)

【まっすぐな】 **1** まっすぐな, 一直線の. draw a ~ line 直線を引く. ~ hair まっすぐな毛《縮れ毛に対して》. a ~ back まっすぐな背《猫背に対して》. Keep your spine ~! 背筋をしゃんと伸ばせ. as ~ as an arrow 矢のようにまっすぐな.

2〈叙述〉**直立した**, 垂直な; (他の物に対して)一直線をなす, 平行の, 水平な. Put the mirror ~. 鏡を(左右に傾けず)まっすぐにしなさい.

3【まっすぐに続く】〈限定〉連続した, 途切れない;〖トランプ〗(ポーカーで) 5 枚続きの, ストレートの. in ~ succession 絶えることなく, 連続して. for five ~ days 5 日間続けて. win 5 ~ games 5 試合に連勝する. for the fourth ~ day 4 日目も引き続き. get ~ A's (成績の)オール A [全優]をとる. win [lose] in ~ sets (テニスで)ストレートで勝つ[負ける].

【曲がっていない】 **4**〈叙述〉**(a)** きちんとした, 整頓(とん)した, (tidy);〔勘定などが〕正しい, 間違いのない, (correct). Let's get the house ~. 家の片付けをしよう. keep things [accounts] ~ 物を整頓[会計をきちんと]しておく. set [put] a person ~ (*about, on* ..) (..について)人の誤りを正す; (..について)人が正しく理解するようにする. get it ~ *about* ..をはっきりと理解する[させる]. Let me get this [it] ~. (このことは)はっきりさせておきたい. Let's get things ~. はっきり[間違いのないように]させておこう. **(b)** 貸し借りなしの.

5 正直な,〔暮らしぶりなどが〕まっとうな, 率直な, あからさまな, (candid, honest). ~ dealings 公正な取引き. a ~ answer 率直な返事[答え]. ~ talk 率直な話. Be ~ with others. 他人には正直に対応しなさい. keep ~ (悪事に走らず)まじめに暮らす. I want some ~ talk here. ここで率直な話をしたい.

6〔考え方などが〕筋の通った, 論理的な;〖話〗信頼すべき, 確かな,〔情報など〕.

7 二者択一の. a ~ choice 二者択一. Just give me a ~ yes or no. イエスかノーかだけ答えてほしい.

8〈限定〉〔演技などが〕本格派の, まともな.

9〖話〗まともな, お堅い; ゲイ[レズビアン]でない; 麻薬をやらない.

【まっすぐな＞純粋の】 **10**〖米〗〈限定〉〔党員などが〕徹底した, 生え抜きの. **11**〔ウイスキーなどが〕水などで割らない, ストレートの. drink whiskey ~ ウイスキーを生(き)で飲む.

kèep a stràight fáce (笑いをこらえて)まじめくさった顔をしている.

the stràight and nárrow 〖聖書〗道徳的に非の打ちどころのない生活;〖話・戯〗まっとうな暮らし;《『マタイによる福音書』7:14 の *Strait* is the gate *and narrow* is the way ..から》. keep him on *the* ~ *and narrow* 彼にまっとうな暮らしをさせる. stray [slip] from *the* ~ *and narrow* まっとうな道からそれる.

── 副 e **1** まっすぐに, 一直線に; 直行して; まともに. run ~ ahead まっすぐに前進する. keep ~ on まっすぐ進む; どんどん続ける. ~ in front of you あなたの目の前に. go ~ to London ロンドンに直行する. shoot an arrow ~ into the target 矢を的に命中させる. come ~ to the point すぐに要点に触れる.

2 すぐに. Go ~ home. すぐ家に帰りなさい. She came ~ back. 彼女はすぐ戻ってきた.

3 直立して, しゃんと. stand [sit up] ~ まっすぐ立つ[背中をしゃんとして座る].

4 正直に; 率直に, あからさまに. talk ~ ぶちまけて話す. live ~ まっとうな暮らしをする. play it ~〖話〗(いんちきをしないで)フェアにやる. play ~ with ..〔人〕に対して正直にふるまう.

5 続けて. for three years ~ 3 年連続で.

6 はっきりと. He's so drunk he can't think [see] ~. 彼は酔っていてちゃんと考えられ[はっきり見え]ない.

give it to .. stráight 〔人〕に率直に[はっきりと]話す. *Give it to* me ~. ずばり言ってほしい.

gò stráight 非行から立ち直る, 堅気になる.

****stràight awáy*** [***óff***] **即座に**, すぐに; ためらいなしに. I refused his request ~ *off*. 彼の要求を即座に拒否した.

stràight óut 率直に, あからさまに. She told me ~ *out* that she didn't believe me. 彼女は私を信じていないとあからさまに言った.

stràight úp (1)〖英話〗本当に(そうだ[そうかい]). (2)〖米〗〔カクテルなどが〕氷で割らないで, ストレートで.

── 名 C **1**〈普通, 単数形で〉まっすぐ, 一直線;〈the ~〉(競技場の決勝点近くとその向かい側の)直線コース.

2〖トランプ〗(ポーカーの)ストレート, 5 枚続き.

3〖ボクシング〗ストレート, 直打.

4〖話〗まともな人; 保守的な人; ゲイ[レズビアン]でない人, 異性愛者, (heterosexual); 麻薬をやらない人.

◇ 動 straighten [＜中期英語「いっぱいに伸びた」(stretch の過去分詞)] ▷**stráight·ly** 副 **stráight·ness** 名

stráight àngle 名 C〖数〗平角《180 度》.

stràight árrow 名 C〖主に米〗真っ正直な人, お堅い人.

stráight·a·wày 副 直ちに, 即座に.

── 形〖米〗一直線の, 直線コースの.

── 名 (複 ~s)〖米〗＝straight 1.

stráight bàll 名 C〖野球〗ストレート, 直球.

stráight·èdge 名 C 直(ちょく)定規.

***straight·en** /stréitn/ 動 (~s /-z/|過 過分 ~ed /-d/|~·ing) 他 **1** をまっすぐにする. ~ one's tie ネクタイをまっすぐに直す. **2** を整頓(とん)する, きちんとする, 清算する. ~ (*up*) a room 部屋をきちんとする. ~ one's face 真顔

になる. ── [自] **1** まっすぐに[きちんと]なる. **2** 体をまっすぐにする, しゃんとした姿勢をする.
stràighten oneself úp ＝[自] 2.
stràighten óut (1)〔混乱などが〕おさまる. (2) まともな人間になる. (3) まっすぐになる.
stràighten /../ óut (1) ..の混乱[もつれなど]を取り除く,〔混乱など〕を収拾する; を整頓する. (2)〖話〗〔人間など〕を矯正する,〔人〕をまともにする;〔人〕の言った事を訂正する, を直す. (3) をまっすぐにする.
stràighten úp (1) →[自] 2. (2)(行動などを)きちんとする. ～ *up* and fly right〖米旧〗行動を改める.
stràighten /../ úp (1) ..をまっすぐにさせる. (2) ＝STRAIGHTEN /../ out (2). (3) を整頓する. ～ *up* one's room 自分の部屋をきれいにする. [straight, -en]

stràight-fáced /-t [移]/ [形] (笑いをこらえた)まじめくさった顔の.

stràight fíght [名] [C]〖英〗(選挙などで 2 候補だけの)一騎打ち.

stràight flúsh [名] [C] (ポーカーの)ストレートフラッシュ《同種札の 5 枚続き; →flush³》.

***straight·for·ward** /strèitfɔ́ːrwərd [移]/ [形] [m] **1** まっすぐな. **2 真っ正直な**, 率直な. a ～ person 正直な人. a ～ refusal 率直な拒絶. **3** わかりやすい. a ～ question わかりやすい質問. ── [副] まっすぐに; 真っ正直に. ▷**～·ly** [副] **～·ness** [名]

stràight·fórwards [副] ＝straightforward.

stràight góods [名]〈複数扱い〉〖米俗〗**1** 本当の事. **2** 正直者.

stráight·jàcket [名], [動] ＝straitjacket.

stràight-láced /-t [移]/ [形] ＝strait-laced.

stráight màn [名] [C] 喜劇俳優の引き立て役.

stràight-óut /[移]/ [形]〖米話〗**1** あからさまの, 遠慮しない. **2** 徹底した; まったくの.

stràight pláy [名] [C] 純正劇, 台詞芝居, ストレートプレー,《ミュージカルなどに対して, 普通の劇》.

stràight rázor [名] [C]〖米〗西洋かみそり (〖英〗cutthroat (razor)).

stráight shòoter [名] [C]〖米話〗正直者.

stràight tícket [名] [C]〖米〗(各種議員などの同時選挙で)同一政党候補者だけに入れられた連記投票 (→split ticket). vote a ～ 同一政党に投票する.

stráight·wày [副]〖英では古〗直ちに, すぐに, (at once).

[S]

‡**strain**¹ /strein/ [動] (～s /-z/|[過] [過分] ～ed /-d/|**stráin·ing**) [他] 【ぴんと張る】 **1**〔糸, 綱など〕を(ぴんと)張る, 引っ張る, 引き締める. The load was ～*ing* the cables. 荷の重みで綱はぴんと張りつめていた.
2〔神経, 筋肉など〕を**極度に使う**, 張りつめる;〔目, 耳など〕を精いっぱい働かせる. ～ every nerve to win 勝つために全力を注ぐ. I ～*ed* my eyes but could make out nothing in the fog. 目を凝らして見たが霧の中で何も見分けがつかなかった. ～ one's ears 耳を澄ます. ～ one's voice 声を振り絞る.
【無理に引っ張る】 **3** を使い過ぎて痛める;〔筋など〕を違える, に(過度の)負担をかける. He ～*ed* his eyes by reading too much. 彼は読書のし過ぎで目を痛めた. ～ oneself (体に)無理をする; 無理をして体をこわす; がんばる.
[参考] 手首, 足首などをくじく場合は sprain を用いる.
4 を(圧力で)変形させる, ひずませる. The roof of the barn was ～*ed* by the weight of the snow. 納屋の屋根は雪の重みでひずんでいた.
5 (a)〔規則, 意味など〕をできるだけ拡大する, ねじ曲げる, こじつける; を乱用する. ～ the constitution to the limit 憲法を限界まで拡大解釈する. ～ the truth 事実を歪(わい)曲する. ～ the author's real intention 著者の真の意図を曲解する. ～ one's official power 職権を乱用する. **(b)**〔関係など〕を緊張させる, おかしくする. ～ relations between the two countries 2 国間の関係を緊張させる. ～ a person's friendship 人の友情に付け込む.
【強く締める, 搾(しぼ)る】 **6** を抱き締める. She ～*ed* her child to her bosom. 彼女は我が子を胸に抱き締めた.
7 を濾(こ)す; を濾して取り除く〈*out, off*〉. ～ soup スープを濾す.
── [自] **1** [VA] (～ *at* ..) ..を引っ張る, 力いっぱい引く. The horse ～*ed at* the harness. 馬は馬具を懸命に引っ張った. **2** [VA] 全力を尽くす〈*at* ..に〉; 精いっぱい努力する〈*to* do ..しようと/*after* ..を目指して〉; 耐える〈*under* ..に〉. ～ *at* the oar 懸命に漕(こ)ぐ. ～ *under* the pressure of work 仕事のプレッシャーを必死にこらえる. I ～*ed to* hear him. 彼の言うことを聞こうと懸命に努めた. **3** [VA] (～ *against* ..)〔人(の腹など)が〕..を押しつける. **4**〔液体などが〕濾(こ)される, しみ出る.
── [名] ([複] ～s /-z/) [UC] **1 張り**, 緊張; (かかってくる)力, 負担. The rope broke the ～. 綱は張り過ぎて切れた. take the ～ (ロープなどを)ぴんと張っておく.

> [連結] (a) severe [(an) excessive; (a) continuous; (an) emotional] ～ // bear [handle; ease, relieve] the ～

2 負担, 重圧,〈*on* ..〔心身など〕への〉; 過労, 使い過ぎ; (2 者, 2 国間などの)緊張. the stresses and ～*s* of a job 仕事のストレスと緊張. The boy's education put a ～ *on* the family budget. その子の教育は家計に負担を強いた. the constant ～ of worry 絶え間ない心労. be under ～ 緊張関係にある. be under a heavy mental ～ 精神的にひどい重圧を受けている. at (full) ～ あらん限りの力を出して.
3 (身体の)痛み; 筋違い (→sprain). a back ～ 背中の痛み. **4**〖力学〗ひずみ.
[＜ラテン語 *stringere*「強く引く, 固く縛る」]

†**strain**² [名] [C] 【一貫した筋】 **1** 血統, 家系; 種族, 品種;〖医〗(細菌などの)種類, 亜種; 菌株. come of a good ～ 名門の出である.
2〈a [the] ～〉(遺伝的な)素質, 気質, 性向; 傾向, 気味,〈*of* ..の〉. the Celtic ～ in the English character 英国人の性格にあるケルト的素質. There is a ～ *of* sadness in his poems. 彼の詩にどことなく悲しさが感じられる.
3〈単数形で〉(話などの)調子 (tone);〖雅〗〈しばしば ～s; 単数扱い〉旋律, 調べ, (melody). in the same ～ 同じ調子で. ～s of mirth 楽しき調べ.
[＜古期英語「獲得物」]

†**strained** [形] **1**〔人が〕緊張した, (疲れて)神経質な;〔関係などが〕緊張[緊迫]した. ～ relations between labor and management 労資間の緊張した[こじれた]関係. a ～ silence 気詰まりな沈黙. **2** 不自然な, 無理に作った, わざとらしい; こじつけの. a ～ laugh 作り笑い.

stráin·er [名] [C] 濾(ろ)過器; 濾(こ)し網, 茶濾し (tea strainer).

***strait** /streit/ [名] ([複] ～s /-ts/) [C] 【狭い水域】 **1 (a) 海峡**, 瀬戸, ([類語] channel より狭い; 固有名詞の場合は普通 ～s となるが単数扱い). the *Strait*(*s*) of Dover ドーヴァー海峡 (→English Channel). **(b)**〈the Straits〉(もとは)ジブラルタル海峡; (今は)マラッカ海峡.
【窮屈な状況】 **2**〈普通 ～s〉窮乏, 窮境. be in dire [desperate] ～*s* ひどく金に困っている.
── [形]〖古〗狭い, 窮屈な. the ～ gate〖聖書〗狭き門. [strict と同源]

strait·ened /stréitnd/ [形] 金に困った. I am ～ for money. 金がなくて困っている.
in stràitened círcumstances 窮乏して.

stráit·jàcket [名] [C] (精神病患者などに着せる)拘束服; 束縛(するもの). ── [動] [他] に拘束服を着せる; を拘

束[束縛]する.

stràit-láced /-t ㊇/ 形 〈非難して〉(道徳的に)堅苦しい, やかましい.

†**strand**[1] /strǽnd/ 動 他 **1** 〔船〕を座礁させる; を岸に乗り上げる. **2** VOA 立ち往生させる; 行き詰まらせる; 〈*in, on, at* ..で〉〈普通, 受け身で〉. →stranded. ── 名 C **1** 〖主に詩〗浜, いそ, 岸辺. **2** 〈the S-〉(ロンドンの)ストランド街. [<古期英語]

†**strand**[2] 名 C **1** 絢(こ)《これをより合わせて 1 本の糸, 縄, 綱にする》, 撚(よ)り糸, (真珠, 数珠玉などの)連; (頭髪の)房. ~*s of* a rope 綱の絢. a ~ *of* pearls 真珠の連. **2** (話, 議論などの)脈絡, 要素. [<?]

stránd·ed /-əd/ 形 座礁して, 立往生して 〈*in, on, at* ..で〉; どうしようもなくなって; 行き詰まった. leave a ship [tourists] ~ 船を座礁させる[観光客を立往生させる].

‡**strange** /streindʒ/ 形 e (**stráng·er**|**stráng·est**)
【未知の】 **1 見知らぬ**, 見[聞き]慣れない; なじみのない, 未知の, 〈*to* ..にとって〉(↔familiar). a ~ face 見慣れない顔[人]. I cannot sleep well in a ~ bed. 床(とこ)が変わるとよく眠れない. a place ~ *to* me 知らない[初めて訪れた]土地.
2 〖古〗外国の, 他国の, (foreign). visit ~ lands 異国を訪れる. ~ gods 異教の神々, 異神.
【慣れていない】 **3** 〈叙述〉〔人が〕不案内な; 不慣れな, 不得意な, 〈*to* ..に〉. I am quite ~ here. ここは全く不案内だ. I am ~ *to* this job. 私はこの仕事に慣れていない.
4【珍しい>変な】 **奇妙な**, 変な; 意外な, 予想外な. Her behavior has been a bit ~ lately. 近ごろ彼女のふるまいは少々おかしい. That's ~. 変だ(ぞ). That's a ~ thing to say! これはまたおかしなことを言うじゃないか. There is something ~ about ... ..にはどこか変なところがある. It's ~ that we should meet here. 我々がここで会うとは不思議だ. *Strange* as it may sound, the giraffe has no voice. 変に聞こえるかもしれないがキリンは声が出ない.
fèel stránge (1) 勝手が違ってしっくりしない, 違和感があって溶け込めない. (2) 気分[体の調子]が変である.
strànge to sáy [***téll, reláte***] 不思議なことに, 妙なことだが. *Strange to say*, none of us noticed the mistake. 不思議なことに我々はだれもその間違いに気がつかなかった.
── 副 〈動詞の後で〉〖米〗変に.
[<ラテン語 *extrāneus*「外(側)の」(<*extrā* 'outside'); extraneous と同源]

***strange·ly** /stréindʒli/ 副 m **1 奇妙に**, 変な風に. Mary stared at me ~. メリーは奇妙な顔をして私を見つめた. **2** 〈文修飾〉 **不思議なことに**, 不可解なことに. *Strangely* (enough), his letter took two months to reach me. 不思議なことに彼の手紙は私に届くのに 2 か月かかった.

stránge·ness 名 U 未知, なじみのなさ; 奇妙さ, 不思議さ.

‡**stran·ger** /stréindʒər/ 名 (複 ~**s** /-z/) C
1 見知らぬ人; 他人; 外国人, よそ者; (類語 foreigner と比べると, その土地の習慣や言葉に不慣れであることに重点がある). a complete [perfect, total] ~ to me 見も知らぬ人. Country people are often afraid of ~*s*. 田舎の人はよくよそ者を恐れる. Hello, ~.=You're quite a ~. 〖話・戯〗お久しぶりですね《たまに来た人に向かって言う》. make a ~ *of* a person 人を他人扱いする.
2 不案内な人; 未経験[不慣れ]な人; 〈*to* ..に〉. I am quite a ~ in this town. この町は全くの不案内です. He is no ~ *to* sorrow. 〖章〗彼にはいろいろ悲しみの経験がある. be no ~ *to* (success) (成功)と無縁というわけではない (★新聞でよく使われる). [strange, -er[1]]

†**stran·gle** /strǽŋɡ(ə)l/ 動 他 **1** を絞め殺す; を窒息(死)させる. Such a man should have been ~*d* at birth. あんな男は生まれた時に絞め殺されるべきだったのに. The top button of my shirt is *strangling* me. 〈比喩的〉ワイシャツの一番上のボタンがきつくて息苦しい.
2 〔成長, 伸び, 行動, 発展など〕を抑圧する; 〔発声など〕を抑える. a school system which ~*s* creativity 創造性を圧殺する教育制度. ~ .. at birth 初期の段階で..を抑える. a ~*d* cry [sob] 押し殺したような(かすかな)叫び[泣きじゃくり]. [<ラテン語「絞殺する」(<ギリシア語「絞首ロープ」)] ▷**stran·gler** 名

‡**strángle·hòld** 名 C **1** 〖レスリング〗のど輪攻め《反則行為》. **2** (自由, 発展などを阻む)強圧, 締めつけ; 完全な支配. have [keep] a ~ on ..を押さえている, 支配している. break the ~ of ..の締めつけを破る.

stran·gu·late /strǽŋɡjəlèit/ 動 他 **1** 〖医〗の血行を圧止する, を括約する. **2** を絞殺する. ── 自 〖医〗括約する, 括約感がある.

stràn·gu·lá·tion 名 U 〖医〗括約, 嵌頓(かんとん), 狭窄(さく); 絞殺.

***strap** /strǽp/ 名 (複 ~**s** /-s/) C **1** (物を固定する, 特に革の)ひも, 帯; (むちに使う)革ひも; 〈the ~〉(革ひもによる)せっかん. a watch ~ 時計の革バンド. ~*s* around a box 箱にかけてある帯輪. a book ~ (学生などが本を縛る)ブックバンド. **2** (電車などの)**つり革**. **3** (婦人服, 水着などの)肩ひも, ストラップ. **4** (かみそりを研ぐ)革砥(かわと).
── 動 (~**s**|-**pp**-) 他 **1** VOA をひもで縛る[くくる] 〈*on, in, down, up, together*〉〈*to* ..に〉. I ~*ped* myself *in* before the plane took off. 離陸前に私はシートベルトを締めた. be ~*ped in* シートベルトを付けている. **2** を革ひもでむち打つ. **3** 〖主に米〗を革砥で研ぐ. **4** 〖英〗〔けがをした手足など〕に包帯を巻く 〈*up*〉〈しばしば受け身で〉(〖米〗tape). [strop の異形]

stráp·hàng 動 自 つり革にぶら下がって電車[バス]に乗る[通勤する]. ▷~**·ing** 名 U 〖英話〗つり革につかまっての(電車, バスなど)乗車.

stráp·hànger 名 C 〖話〗(座れないで)つり革にぶら下がる乗客[通勤者]; 通勤客.

stráp·less 形 〔ドレス, ブラジャーなどが〕肩ひものない, ひもなしの.

strapped /-t/ 形 **1** 革ひもでくくりつけた; 革ひも飾りの. **2** 〖話〗〈叙述〉金(かね)に詰まった; ない 〈*for* ..が〉. He's ~ *for* cash. 彼は現金は一文もない.

stráp·per 名 C **1** 革ひもで縛る人. **2** (屈強な)大男.

stráp·ping 形 〖話〗大柄でがっしりした. a ~ youngster 大柄な若者.

strap·py /strǽpi/ 形 ストラップ付きの〔靴など〕.

Stras·bourg /strɑ́:sbə:rɡ|strǽz-/ 名 ストラスブール《フランス北東部の都市》.

†**stra·ta** /stréitə|strɑ́:-/ 名 stratum の複数形.

‡**strat·a·gem** /strǽtədʒəm/ 名 UC 〖章〗戦略; 計略, 策略. adopt a ~ 策を用いる. a ~ of chess チェスの戦略. capture a castle by ~ 策略で城を乗っ取る. [<ギリシア語「軍の導き方, 戦術」]

†**stra·te·gic, -gi·cal** /strətí:dʒik/, /-dʒik(ə)l/ 形 戦略(上)の, 策略(上)の; 戦略上重要な. ~ bombing 戦略爆撃《軍事目標だけでなく産業施設や交通機関も攻撃する》. ~ materials 戦略物資. ~ weapons [arms] 戦略兵器《特に核兵器》. occupy ~ points 戦略上の要点を占拠する. 参考 しばしば tactical (戦術(上)の)と対照して用いられる. ▷**stra·te·gi·cal·ly** 副

Stratègic Áir Commànd 名 〖米〗戦略空軍地下司令部《Nebraska 州 Omaha 市近郊にある; 米国本土のみならず全世界に展開した核部隊を統率する; 略 SAC》.

Stratègic Defénse Inìtiative 名 →SDI.

stra·té·gics 名 〈単数扱い〉=strategy 1.

strat·e·gist /strǽtədʒist/ 名 C 戦略[兵法]家; 策

士.

***strat·e·gy** /strǽtədʒi/ 名 (複 **-gies** /-z/) **1** U **兵法**, 用兵学. **2** UC (大規模な)**戦略**, 作戦, (類語 tactics と異なり全体的な作戦・用兵を意味する). **3** UC (軍事に限らず一般に) 戦略, 計画, 〈*for* ..のための〉. business *strategies* 商業戦略. Japan's marketing ～ in the U.K. 日本の英国におけるマーケティング計画. *strategies* for communicating effectively in English 英語で効果的にコミュニケーションをするための戦略[方策].

> 連結 a masterly [a clever; a cunning; an effective; a well-thought-out; a shortsighted; a long-term] ～ // develop [plan, work out; adopt; implement] a ～

[＜ギリシア語「軍を導くこと, 将軍であること」]

Stràt·ford-upon-Ávon, -on- /strǽtfərd-/ 名 ストラトフォード・アポン・エイヴォン《イングランド Warwickshire の都市, Avon 川に臨む; Shakespeare の生地》.

Strath·clyde /stræθkláid/ 名 ストラスクライド《スコットランド西部の州; 州都 Glasgow》.

stra·ti /stréitai/ 名 stratus の複数形.

strat·i·fi·ca·tion /strætəfəkéiʃ(ə)n/ 名 U **1**〖地質〗成層. **2** (社会の)階層(化). ▷**strat·i·fi·ca·tion·al** 形

strat·i·fied /strǽtəfàid/ 形 **1** 階層化した〔社会など〕. **2**〖地質〗層状をなした.

strat·i·fy /strǽtəfài/ 動 (**-fies**|過 過分 **-fied**|**～·ing**) 他 を層にする; を階層化する. ── 自 層になる; 階層を形成する.

strat·o- /strǽtou/ 〈複合要素〉「層」の意味. [ラテン語 'stratum']

strat·o·cu·mu·lus /strætəkjúːmjələs/ 名 (複 **-li** /-lai/) UC〖気象〗層積雲.

strat·o·sphere /strǽtəsfìər/ 名 〈the ～〉 **1**〖気象〗成層圏《troposphere の上の大気層》. **2** 最高段階[階級, レベルなど]. She moved in the ～ of English society. 彼女は英国社交界の最高のレベルで活躍した.

strat·o·spher·ic /strætəsférik ⑱/ 形 成層圏の. ～ flying 成層圏飛行.

†stra·tum /stréitəm|stráː-/ 名 (複 **stra·ta** /-tə/, ～s) C **1** 層. **2**〖地〗地層. **3** (社会の)階層. [ラテン語「広げられたもの」(＜*sternere* 'strew')]

stra·tus /stréitəs/ 名 (複 **stra·ti** /-tai/) UC〖気象〗層雲.

Strauss /straus/ 名 シュトラウス **1 Johann ～** (1825–99)《オーストリアの作曲家》. **2 Richard ～** (1864–1949)《ドイツの作曲家・指揮者》.

Stra·vin·sky /strəvínski/ 名 **Igor ～** ストラヴィンスキー (1882–1971)《旧ソ連の作曲家; 後に米国に帰化》.

‡straw /strɔː/ 名 (複 **～s** /-z/) **1** (**a**) U わら, 麦わら. a house thatched with ～ わらぶき屋根の家. a heap of ～ 麦わらの山. (**b**)〈形容詞的〉(麦)わら製の; わらのような; 麦わら色の. a ～ hat 麦わら帽.

2 C (**a**) わら 1 本 (★しばしばつまらない無価値の物の象徴). A ～ shows which way the wind blows.〖諺〗桐一葉落ちて天下の秋を知る《＜1 本のわらで風向きが分かる》. A drowning man will catch at a ～. →drown 自. (**b**) ごくわずか, 少し, 〈否定文・疑問文で〉. I don't care a ～ [two ～*s*]. ちっとも構わない. The painting is not worth a (single) ～! あんな絵はびた一文の値打ちもありはしない.

3 C (麦などの)茎. **4** C (飲み物を吸う)ストロー. drink through a ～ ストローで飲む.

a stràw [stràws] in the wínd 風向き[世論の動向]を示すもの.

clùtch [gràsp] at stráws わらにもすがろうとする.

dràw stráws (わらの)くじを引く《長さの違うわらを用いてする》.

the shòrt stráw 貧乏くじ. draw *the short* ～ 貧乏くじを引く.

the lást stràw that brèaks the càmel's báck →last straw.

thròw stráws against the wínd むなしい抵抗をする, 不可能なことを企てる.

[＜古期英語; strew と同根]

‡straw·ber·ry /strɔ́ːbèri|-b(ə)ri/ 名 (複 **-ries** /-z/) **1** C〖植〗イチゴ, オランダイチゴ, (→berry). **2** U イチゴ色《深紅色》. [＜古期英語; straw, berry]

stràwberry blónde 名 C 赤みがかった金髪の女性.

stráwberry màrk 名 C〖医〗イチゴ状赤痣(あざ).

stráw·bòard 名 U ボール紙《わらから作る》.

stràw bóater 名 C ストローハット.

stráw bòss 名 C〖米話〗(工場の)職長代理; 実権のない上役.

stráw-còlored〖米〗, **-oured**〖英〗 形 麦わら色の, 淡黄色の.

stráw màn 名 C **1** 麦わら人形. **2** 取るに足りない人[もの]; 利用されるだけの人, 手先. **3** (わざと攻撃目標として立てる)根拠薄弱な議論; 架空の敵.

stráw vòte [pòll] /〖英〗ˊ-ˊ/ 名 C〖政〗(非公式の)世論調査.

***stray** /strei/ (**～s** /-z/|過 過分 **～ed** /-d/|**stráy·ing**) 自 **1** 道に迷う, はぐれる; それてさまよう 〈*from* ..から〉; VA〔手, 視線などが〕さまよう 〈*to*, *toward* ..の方へ〉. ～ off into the woods 森に迷い込む. ～ far *from* home 家から遠くさまよい出る. The plane ～*ed* across the border. 飛行機は進路を見失って越境した.

2〔話などが〕横道にそれる, 脱線する, 〈*from* ..から/*into*, *onto* ..へ〉. ～ *from* the subject [point] 本題[要点]からそれる. **3** それる, 邪道に入る, 〈*from* ..から〉. **4** 浮気をする.

── 形 Ⓒ 〈限定〉**1** 道に迷った, はぐれた; それた; (→astray). a ～ child [cat] 迷子[迷い猫]. a ～ bullet 流れ弾. **2** 時折の, 思い出したような; まばらにある[起こる]; 思いがけない. a ～ customer 振りの客. Except for a few ～ cactuses, the desert was completely bare. 砂漠上はたまに見るサボテン以外に全く何もなかった.

── 名 (複 **～s**) C **1** 迷い出た家畜. **2** 迷子, 宿なし; 野良(のら)犬[猫]. waifs and ～*s* →waif (成句). **3**〖話〗本来あるべき所から外れている人[もの].

[＜*astray* (＜ラテン語「外へさまよい出る」)]

***streak** /striːk/ 名 (複 **～s** /-s/) C **1** 筋, しま, 線条, 〈*of* ..の〉. ～*s of* sunlight on the wall 壁に映った日光のしま. a ～ *of* lightning 一条の稲妻.

2 (鉱石の)脈; (肉中の脂肪などの)層.

3 〈普通, 単数形で〉(性格の中の)一傾向; 気味 〈*of* ..の〉. He has a mean ～ [a ～ *of* meanness] in him. 彼には少々卑しいところがある.

4〖話〗(短い)一時期 (spell); ひと続き (series), 一連. have a ～ *of* bad luck しばらく不運が続く. his two lucky ～*s* 2 回にわたる彼の幸運(続き).

hìt [be on] a wìnning [lósing] strèak 連勝[連敗]中である.

like a strèak (of líghtning) 電光石火のように, たちまちのうちに.

── 動 他 に筋[しま]をつける 〈*with* ..で〉〈普通, 受け身で〉. The boy's face was ～*ed with* mud and sweat. 少年の顔は泥と汗でしま模様になっていた.

── 自 **1** しま[筋]になる. **2** VA〖話〗猛烈な速さで動く, 疾走する 〈*across*, *along*, *down*, *through* ..を〉;〔涙などが〕すうーっと流れる 〈*down* ..〔頬(ほお)など〕を〉. **3** ストリーキングをする. ～ down the street 通りをストリーキングで突っ走る.

[<古期英語「ひと書き」; strike と同根]

stréak·er 名 C ストリーキングをする人.

stréak·ing 名 U ストリーキング《注意を引こうと全裸で戸外を走り回ること; 1970 年代に米国の学生などの間で流行した》.

streak·y /stríːki/ 形 e 筋[しま]のある. ～ bacon ストリーキーベーコン《赤身と脂肪の層がしま模様になっている》.
▷**streak·i·ly** 副 **streak·i·ness** 名

‡**stream** /striːm/ 名 (複 ～s /-z/) C **1** 小川, 流れ, (類語 river より小さく brook より大きい). walk along a clear ～ 水の澄んだ小川沿いに歩く.

連結 a murmuring [a whispering; a trickling, a gliding, a rushing; a meandering; a sparkling] ～

2 (川, 液体, 気体の)流れ, 海流; (人, 物の)(切れ目なく続く)流れ. a ～ *of* cold air [traffic] 冷たい空気[交通]の流れ. *Streams of* angry spectators poured onto the field. 怒った観衆が続々とフィールドになだれ込んだ. a steady ～ *of* cars 間断のない車の流れ. letters of complaint coming in ～*s* 続々と届く苦情の手紙.
3 〈普通 the ～〉 流れ(の方向); (時勢, 歴史などの)流れ. row a boat down [up] (the) ～ 下流[上流]へ向かってボートを漕(こ)ぐ. go [swim] against [with] the ～ 時勢に逆行[順応]する.
4 〖主に英〗〖教育〗能力別編成クラス(〖米〗track).
on stréam 生産して; 〔工場などが〕稼働して, 使用されて. come [be] *on* ～ 稼働する.
── 動 (～s /-z/|過 過分 ～ed /-d/|**stréam·ing**) 自
1 (**a**) VA 〔涙, 液体などが〕流れる; 〔光が〕差し込む 〈*into* ..に〉; 〔人, 物が〕流れるように動く 〈*out of* ..から/*into* ..へ〉. Tears ～*ed* down her face. 涙が彼女の顔を流れ落ちた. The moonlight ～*ed* into the room. 月の光が室内に差し込んだ. The people ～*ed* out of the hall. 人々がホールから続々と出て来た.
(**b**) 〔目が〕涙を流す; VA 〔目, 額などから〕流れる 〈*with* ..〔涙, 汗など〕が〉. His forehead ～*ed with* perspiration. 彼の額から汗がしたたった. ～*ing* eyes＝eyes ～*ing with* tears 涙のあふれ出る目. a ～*ing* cold 〖英〗鼻水の出る(ひどい)風邪.
2 〔旗が〕翻る; 〔髪などが〕なびく. hair ～*ing* in the breeze そよ風になびく髪.
── 他 **1** を流す, 流出させる, 注ぐ. The gaping wound ～*ed* blood. 大きく開いた傷から血が流れ出た.
2 〖主に英〗〖教育〗〔生徒たち〕を能力別に編成する(〖米〗track).
strèam dówn 流れ落ちる; 〔光が〕降り注ぐ; 〈*on* ..に〉.
strèam ín 〔人が〕どっと入る; 水が流れ込む.
stréam into .. 〔水, 人が〕..に(どっと)流れ込む.
[<古期英語「流れ」]

stréam·er 名 C **1** 吹き流し, 長旗. **2** 飾りリボン; 色紙テープ《出港の見送りなどに投げる》. **3** (オーロラなどの)流光, 射光. **4** 〖米〗(新聞の)全段抜き大見出し(banner). **5** 〖電算〗ストリーマー《記憶装置の1つ; 特に大量のデータのバックアップ用》.

stréam·ing 名 U 能力別編成.

stream·let /stríːmlət/ 名 C 小さな流れ, 細流.

†**stréam·lìne** 動 他 **1** を流線形にする. **2** 〔機構など〕を(むだをなくして)合理化[能率化, 簡素化]する, すっきりさせる.

†**stréam·lìned** 形 **1** 流線形の. **2** 合理化した, 能率化した; 最新式の.

stréam·lìn·ing 名 UC 合理化, 能率化, 簡素化. In a recent corporate ～, I found myself out on the street. 最近の会社の合理化で私は失職した. ～ efforts 合理化.

strèam of cónsciousness 名 C 〖心・文学〗意識の流れ.

‡**street** /striːt/ 名 (複 ～s /-ts/) **1** C **街路**, 通り, (類語 建物が立ち並んだ都市部の道路で, 普通, 歩道を含む; 「道」そのものというより「街」の意味に用いられることも多い; →way[1]). the main [〖英〗high] ～ 本通り, 目抜き通り. a treelined ～ 並木通り. walk down [up] the ～ 通りを歩いていく. meet a friend on 〖米〗[〖英〗in] the ～ 通り[街]で友達に会う. The ～ was crowded with pedestrians. 通りは歩行者で混雑していた. be dressed for the ～ 外出の服装をしている.

連結 a wide [a narrow; a busy; a quiet; a deserted, an empty, a lonely] ～

2 (**a**) 〈S-; 街路名, 町名として〉 **..街**, ..通り, 《しばしば St. と略す; →avenue》. No. 221 b, Baker *Street* (ロンドンの)ベーカー通り 221 番の b《Sherlock Holmes が住んでいたと言う》. Wall *Street* (ニューヨークの)ウォール街.
(**b**) 〖話〗〈the S-〉 金融などの中心地区《Wall [Fleet] *Street* など》.
3 〈the ～〉 (歩道と区別して)車道. cross the ～ 道路を横断する. **4** 〈the ～; 集合的〉 町内の人々.
5 〈形容詞的〉 通り[街路]の[に面した]; 外出用の〔服〕. a ～ map 市街地図. a ～ musician ストリートミュージシャン. a ～ demonstration 街道デモ.
gò [lìve] on the stréets 〖婉曲〗売春によって暮らす.
nòt in the sàme stréet with [as] .. 〖話〗..にはとても及ばない.
on [in] the stréet (1) →1. (2) 住む家のない; 失業中で(ぶらぶらして). →streamlining の例文. (3) (出獄して)自由の身になって.
(òut) on the stréets (1) ホームレスで. (2) ＝walk the STREETS (3).
pùt .. on the stréet 〖米話〗〔秘密, 困ったことなど〕をしゃべる, しゃべってしまう.
rìght up [down] a person's stréet ＝up [down] a person's ALLEY.
strèets ahéad (of ..) 〖主に英話〗(..より)はるかに勝った[優れた].
tàke to the stréets 街頭デモに繰り出す, 抗議デモを行う, 《しばしば暴力を伴う》.
the màn [wòman] on 〖米〗 [***in*** 〖英〗] ***the stréet*** 平均的市民; (専門家に対して)素人, 普通の人.
wàlk the stréets (1) 街を歩く. (2) 宿無しである. (3) 〖旧・婉曲〗売春する.
wòrk bóth sìdes of the stréet 二枚舌を使う.
[<ラテン語 (*via*) *strāta*「舗装された(道)」(*sternere* 'strew, scatter' の過去分詞)]

stréet Àrab 名 C 浮浪児, 宿なし子.

†**street·car** /stríːtkɑ̀ːr/ 名 C 〖米〗市街電車, 路面電車, (〖英〗tram, tramcar).

stréet clèaner [〖米〗**swèeper**] 名 C 街路掃除人.

strèet credibílity [〖話〗**créd** /-kréd/] 名 U (特に若者などの間で)一般受けするイメージ[流行など]. ▷ **strèet-crédible** 形

strèet críes 名 〈複数扱い〉〖英〗(行商人の)呼び売り声.

stréet dòor 名 C (街路に面した)表口(の戸).

stréet fùrniture 名 U 街頭設置物《街灯, 道路表示など》.

stréet·lìght, -làmp 名 C 街灯.

stréet pèople 名 〈複数扱い〉ホームレス.

stréet-smàrt 形 ＝streetwise.

stréet smàrts 名 〖米話〗〈単数扱い〉都会暮らしの知恵.

stréet stỳle 名 U 都会人スタイル.

stréet swèeper 名 〖米〗＝street cleaner.

stréet thèater [〖英〗**thèatre**] 名 U 街頭演劇.

stréet ùrchin 名 C 浮浪児, 宿なし子.

stréet vàlue 名C 市価; (麻薬などの)末端価格.
stréet·wàlker 名C 〖旧〗売春婦.
stréet·wìse 形 〖話〗大都会(の暗黒街)の事情に通じた; 大都会[世の中]の裏を知り尽くした.
‡strength /streŋ(k)θ/ 名 (複 **~s** /-θs/) 【力】 **1** U 力, 強いこと; 体力; (→power 1 類語). the ~ of a blow 打撃の強さ. physical ~ 体力. a man of great ~ 非常に力の強い人. with all one's ~ あらん限りの力で. He hardly has the ~ to walk yet after the operation. 彼は手術後でまだ歩けるだけの体力がない.

連結 gather [collect, concentrate, summon (up); save; lose, spend; try; renew] one's ~

2 U (**a**) (精神的な)力, 能力, 知力, 道義心; 耐久力, 抵抗力; 勢力. ~ of mind [character, will] 精神力, 知力[性格の強さ, 意志の強さ]. inner ~ 精神力. It is beyond his ~. それは彼の手に余ることだ. ~ of feeling 感情の持つ力. (**b**) (経済的な)力. the economic ~ of a nation 国の経済力. the ~ of the dollar ドルの力.
3 UC 【力になるもの】 力[頼り]になるもの; 強み, 長所; (議論などの)強み, 説得力. Religion was her ~. 宗教は彼女の心の支えだった. Patience is his ~. 我慢強さが彼の長所だ. one's ~*s* and weaknesses 長所と短所.
【強さ】 **4** U (物の)強度; (光, 色などの)強さ; (酒などの)強さ, 濃さ, 効き目. The plastic has great tensile ~. そのプラスチックは伸張力が強い. the ~ of coffee コーヒーの濃さ. the ~ of a color [drug] 色の濃さ[薬の強さ].
5 aU 兵力, 兵員; 多勢; 人数. the ~ of the fort とりでの兵力. in full ~ 全員そろって. in (great) ~ 大勢で, 大挙して. The tennis club has a ~ of 70. テニスクラブのメンバーは 70 名だ. ◇形 strong 動 strengthen
at fùll stréngth 欠員がなく; 全員そろって.
belòw stréngth 欠員があって.
from* (*a posìtion of*) *stréngth 強い[有利な]立場から.
Gìve me stréngth! 〖話〗 いいかげんにしてくれ, 冗談じゃないよ, 《いらだちなどを表す》.
gò from strèngth to stréngth ますます良くできるよう[有名, 強力]になる, どんどん良くなる.
on the stréngth 〖話〗 (1) 兵籍に入って. (2) 正式に雇われて, 正社員で.
on the stréngth of .. ..を頼みにして; ..を当てにして; ..に基づいて; ..を根拠にして.
ùp to stréngth 定員を満たして. bring the police force *up to* (full) ~ 警察の定員を満たす.
[<古期英語; strong, -th[1]]
***strength·en** /stréŋ(k)θ(ə)n/ 動 (**~s** /-z/|過 過分 **~ed** /-d/|**~·ing**) 他 を強くする, 丈夫にする; を増強する; 〔地位, 経済など〕を強化する; 〔構造など〕を補強する; 〔議論など〕に説得力を与える; を元気づける, 支援する. ~ the support of a building 建物の支えを強化する. The news ~*ed* our hopes. そのニュースは我々の希望を強めた. ~ the bond of friendship 親交を深める.
— 自 強くなる, 強固になる; 〔通貨が〕強くなる 〈*against* ..に対して〉; 元気づく. The wind has ~*ed* into a gale. 風は激しくなり強風になった. The patient is beginning to ~. 患者は回復し始めている.
***strèng then a person's hánd*(*s*)** 〔人〕の立場を有利にする; 〔人〕を奮起させる.
◇↔weaken 名 strength 形 strong
†stren·u·ous /strénjuəs/ 形 **1** 〔仕事などが〕努力を必要とする. a ~ task 骨の折れる仕事. **2** 精力的な, 奮闘的な, 熱心な. make ~ efforts 懸命に努力する. a ~ advocate of tax reform 税制改革の熱心な提唱者.
[<ラテン語「活発な」] ▷**~·ly** 副 **~·ness** 名
strep /strep/ 名 〖米〗=streptococcus.
strèp thróat 名UC 〖話〗はげしい喉の痛み.
strep·to·coc·cal /strèptəkɑ́k(ə)l|-kɔ́k-㊕/ 形 連鎖状球菌の.
strep·to·coc·ci /strèptəkɑ́k(s)ai|-kɔ́kai/ 名 streptococcus の複数形.
strep·to·coc·cus /strèptəkɑ́kəs|-kɔ́k-/ 名 (複 **strep·to·coc·ci**) C 連鎖状球菌 《略 strep》.
strep·to·my·cin /strèptəmáisən/ 名 U 〖薬〗ストレプトマイシン 《結核などに効く抗生物質》.
***stress** /stres/ 名 (複 **stréss·es** /-əz/) 【圧力】 **1** UC (物理的な)圧力, 重力, 〈*on* ..にかかる〉. the ~ *on* the wings of an airplane 飛行機の翼にかかる圧力.
2 UC (状況などの)**圧迫**, 重圧, 強制. times of ~ 緊迫の時, 非常時. The boy stole under the ~ of hunger. その少年は空腹に迫られて盗みを働いた.
3 UC 心理的圧迫感, **ストレス**, 精神的重圧. the ~*es* and strains of city life 都会生活のストレスと緊張. He developed a stomach ulcer from the continued ~. ストレスの連続で彼は胃潰瘍(かいよう)になった. ~-related illness ストレス関連の病気. ~ management ストレス・マネージメント 《従業員のストレスに対する企業の組織的対処法》.

連結 intense [severe; extreme; acute; chronic; constant; pent-up; emotional, mental] ~ // bear [handle; ease, relieve] ~

【強めること】 **4** U **強調**, 力説, 重視, 〈*on* ..の〉. lay [put, place] ~ *on* ..を強調する, ..に重きを置く.
5 UC (**a**) 〖音声〗**強勢**, アクセント. In "educate" the primary ~ falls on the first syllable. educate という語では第 1 強勢は第 1 音節にある. (**b**) 〖楽〗強勢.
Nò stréss 〖話〗だいじょうぶ, 問題ない.
— 動 (**stréss·es** /-əz/|過 過分 **~ed** /-t/|**stréss·ing**) 他 **1** を**強調する**, 力説する, に重きを置く; VO (~ *that* 節) ..と強調する. I want to ~ this point. 私はこの点を力説したい. Our teacher ~*ed that* we should study harder. 私たちの先生は私たちはもっと勉強しなければならないと強い調子で言った. **2** 〖音声〗に**強勢**[**アクセント**]**を置く**, を強く発音する. ~*ed* vowels 強勢のある母音. **3** を緊張させる, にストレスを与える.
strèss /../ óut ..にストレスを与える, ..を大変疲れさせる. [<*distress*]
stréss àccent 名UC 〖音声〗強弱アクセント 《英語などのアクセント; →pitch accent》.
stréss disèase 名UC 〖医〗ストレス病.
stressed /-t/ 形 ストレスを受けて.
strèssed óut /㊕/ 形 ストレスを受けて.
***stress·ful** /strésf(ə)l/ 形 m 〔仕事, 状況などが〕ストレスを起こす[の多い]. ▷**~·ly** 副 **~·ness** 名
stréss màrk 名C 〖音声〗強勢[アクセント]符号 《この辞書では /´/ と /`/》.
‡stretch /stretʃ/ 動 (**strétch·es** /-əz/|過 過分 **~ed** /-t/|**strétch·ing**) 他
【伸ばす】 **1** を**伸ばす**, 広げる, 張る; を引き伸ばす, 引っ張る, 〈*out*〉; VOC (~ X Y) Xを伸ばしてYの状態にする; (類語 伸縮するものを引っ張って伸ばすこと. しかし限度がある; →lengthen). ~ a carpet on the floor 床にじゅうたんを広げる. ~ a rubber band ゴムバンドを引っ張る. ~ a rope tight 綱をぴんと張る. After you've washed the woollen sweater, ~ it *out* a little. その羊毛のセーターを洗ったら少し引っ張って伸ばしなさい.
2 〔手足など〕を伸ばす, 〔手〕を差し出す, 〈*out, forth, forward*〉; 〈~ oneself で〉 体[手足]を伸ばす, 伸びをする. ~ (*out*) one's arm for a book 本を取ろうと腕を伸ばす. ~ *out* a baby 赤ん坊の手足を伸ばして寝かせる. ~ oneself on one's toes 背伸びをする. ~ one's legs 脚を伸ばす 《長い間座っていた後で, 散歩に行くなど》.
3 〔人〕を伸ばす, 打ち倒す. The blow ~*ed* him on the ground. 殴られて彼は地面に伸びた.

S

【精いっぱい伸ばす】 **4** を精いっぱい[限度いっぱいに]使う; 〔神経など〕を極度に緊張させる; 〔財政など〕を圧迫する; 〔人〕の能力のすべてを必要とする; 〔金銭など〕を(やりくりして)長持ちさせる〈*out*〉; 〔両眼など〕を大きく見開く; 〈～ oneself で〉(能力の限界まで[を超えて])無理をする, '背伸びする'; VOC (～ X Y) X を広げすぎて Y の状態になる. ～ one's powers to the utmost ぎりぎりまで力を出す. ～ a person's patience to the limit 人の堪忍袋の緒を切れんばかりにする. be fully ～*ed* 全力を尽くしている; (仕事などで)手いっぱいである. She does everything to ～ her low wages as far as she can. 彼女は少ない給料をできるだけ使い伸ばすためにあらゆる事をする. You've ～*ed* yourself too thin. 君はあまりに手を広げすぎて何事にも手薄になっている.

5 VOA (～ X ***into, to..***) X を..まで引き延ばす. ～ the talks *into* a second week 会談を次の週まで長びかせる.

6 〔法律など〕を無理に解釈する, 拡大解釈する, こじつける. ～ the truth 真実を曲げ(て誇張す)る. ～ the law 法を曲げる[拡大解釈する]. It's ～*ing* it to call him a genius. 彼を天才と言うのはいくらなんでもオーバーだよ. ～ a point →point (成句).

— 自 **1 伸びる**, 広がる; VA 〔道路などが〕伸びている, 〔土地などが〕広がっている, 続く〈*out*〉〈*from* ..から/*to* ..まで〉. The road ～*ed for* miles through the hills. 道は丘陵地帯を通って何マイルも続いていた. ～ (*out*) as far as the eye can see 目の届くかぎり広がっている.

2 手足を伸ばす, 伸びをする, 〈*out*〉; VA 手を伸ばす〈*for* ..を取るために〉; (～ ***out***) 長々と寝そべる, 大の字になる. ～ *out* on the bed ベッドに大の字に寝る. yawn and ～ あくびして背伸びする. ～ *for* a book 本を取ろうと手を伸ばす.

3 VA (時間的に) 続く, わたる〈*over* ..の期間に/*into* ..に〉; 遡る〈(*back*) *to* ..まで〉. The talks ～*ed* on for weeks. 会談は何週間にも及んだ. ～ *from* nine *to* five 9時に始まり5時に終わる. ～ *back to* 1929 1929年まで遡る.

4 〔金銭が〕もつ〈*to* ..まで〉〈否定文で〉; 〔人が〕出せる〈*to* ..の額まで〉.

— 名 (複 **strétch·es** /-əz/) 【伸ばす[伸びる]こと】 **1** (**a**) C 〈普通, 単数形で〉 **伸ばすこと**, 伸張, 拡張; (体などの)伸び; ストレッチ. have a good ～ 体をしっかり伸ばす, 伸びをする. (**b**) 〈形容詞的〉 伸縮性のある, 伸び縮みする, 〔ズボン, 織物など〕. a ～ fabric 伸縮性のある布地.

2 U 伸長力, 収縮性. This elastic band has lost its ～. このゴムバンドは張りがなくなった.

【伸び＞延び】 **3** C **広がり**, 連続, 〈*of* ..〔土地など〕の〉. a ～ *of* road 一筋の道. a sandy ～ *of* beach 広々とした砂浜.

4 C (時間, 仕事などの)**ひと続き**; 〈普通, 単数形で〉【話】刑期. over a ～ *of* two years 2年間にわたって. He worked for long ～*es* with almost no rest in between. 彼は中休みもろくに取らず長時間働きうめだった. do a ten-year ～ 10年間服役する.

5 C 〈普通, 単数形で〉 (走路の)直線コース, ストレッチ, (→backstretch, homestretch).

【精いっぱい伸ばすこと】 **6** C (能力などを)精いっぱい[無理に]使うこと; (法律などの)乱用. beyond the ～ *of* reason 道理の限界を越えて.

at a strétch (1) 一息に, 一気に, ぶっ通しで. The sentry has to stand for several hours *at a* ～. その衛兵は数時間ぶっ通しで立っていなければならない. (2) 無理をすれば.

at fùll strétch (1) 全力を挙げて. Our factories are working *at full* ～ to meet the increased demand. 我々の工場は増加した需要に応じるために全力で操業している. (2) 体[腕]を一杯に伸ばして.

***by àny strètch* (*of the imaginátion*)** 〈否定文で〉どんなに想像をたくましくしても. These acts cannot be justified *by any* ～ *of the imagination*. いくら想像を働かせてもこれらの行為は正当化できない. *by no* ～ (*of the imagination*) どんなに想像をたくましくしても..できない.

[＜古期英語]

†strétch·er 名 C **1** (病人を運ぶ)担架 **2** 伸ばす[張る, 広げる]道具. — 動 他 VOA を担架で運ぶ〈*off*〉〈*into* ..へ〉

strétcher-bèarer 名 C 担架を運ぶ人.

strétcher pàrty 名 C (特に戦場の)担架救助隊.

strétch lìmo [lìmousine] 名 C ストレッチ・リムジン《車体の特に長いリムジン》.

strétch·màrk 名 C 〈普通 ～s〉(経産婦の下腹部の)妊娠線.

stretch·y /strétʃi/ 形 伸びる; 弾力性のある.
▷ **stretch·i·ness** 名

streus·el /strú:zəl|strɔ́i-/ U 【主に米】シュトロイゼル《バター, 砂糖などで作ったトッピング; それを載せたケーキ》.

‡strew /stru:/ 動 (～**s**|過 ～**ed**|過分 ～**ed,** ～**n** /-n/| **stréw·ing**) 他 **1** (**a**) VOA をまき散らす, 振りまく, 〈*on, over, across* ..に〉; (..の表面)を一面に覆う, にまき散らす, 〈*with* ..で, を〉. The crowd ～*ed* roses *over* the path [the path *with* roses]. 群衆は道一面にバラの花をまいた. be ～*n with* difficulties〈比喩的〉困難に満ちている. (**b**) 〔物が〕に散らかっている. **2** 【主に雅】〔花などが〕を一面に覆う. Daffodils ～*ed* the slopes on both sides of the path. ラッパズイセンが道の両側の斜面一帯に咲いていた.
[＜古期英語; straw と同根]

strewn /stru:n/ 動 strew の過去分詞.

strewth /stru:θ/ 間 【英・オース旧俗】うわあ, ちえっ, 《驚き, いらだち, うろたえなどを表す; ＜God's *truth*》.

stri·at·ed /stráieitəd|-⌐-/ 形 筋[みぞ]のある, 筋跡[筋線]のある.

stri·a·tion /straiéiʃ(ə)n/ 名 **1** U 筋[みぞ]をつけること; 筋[みぞ]のある状態. **2** C 筋, みぞ.

‡strick·en /stríkən/ 動 【古】strike の過去分詞.
— 形 **1** 〈限定〉(矢などで)傷ついた; 打撃を受けた; 苦悩の. a ～ deer 手負いのシカ. the ～ district 被災地域. a ～ look 苦悩のまなざし. **2** (**a**) 襲われた〈*with, by* ..〔病気, 苦難など〕に〉. Half the expedition had been ～ *with* malaria. 遠征隊員の半数はマラリアに冒されていた. (**b**) 〈複合要素〉「..に襲われた」の意味. a terror-～ girl 恐怖に取りつかれた少女. a poverty-～ family ひどく貧乏な一家.

strick·le /stríkl/ 名 C 斗かき, 升かき, 《穀物を量る時, 升の表面をならす木片》.

***strict** /strikt/ 形 e (**stríct·er**|**stríct·est**) **1 厳しい**, 厳格な, 厳重な, 〈*with* ..〔人〕に/*about* ..のことで〉 (類語 規則などをあくまで守ろうとする厳しさを言う; →severe). give ～ orders 厳命を下す. a ～ teacher 厳格な先生. be ～ *about* being punctual 時間にやかましい. My father was ～ *with* me. 父は私に厳しかった.
2 厳密な, 正確な. a ～ translation 正確な翻訳. He is not a Cockney in the ～ sense of the word. 彼はその語の厳密な意味での Cockney (ロンドン子)ではない.
3 全くの, 完全な. ～ silence 完全な沈黙. live in ～ seclusion 全く引きこもって暮らす. in the ～*est* confidence 極秘に. **4** 厳格に規則を守る. a ～ vegetarian 厳格な菜食主義者. [＜ラテン語 *strictus*「狭い, 厳格な」(*stringere*「強く引く」の過去分詞)]
▷ **stríct·ness** 名 U 厳しさ, 厳格; 厳密.

***strict·ly** /stríktli/ 副 m **1 厳しく**, 厳格に, 厳重に. be brought up ～ 厳しく育てられる. be ～ opposed to gambling 賭(か)け事に断然反対する.
2 厳密に, 正確に; 厳密に言えば (→成句). That's not ～ correct. それは厳密には正しくない. **3** 全く. This is

S

～ between ús. これは絶対秘密だよ. ～ confidential [personal] 親展. **4** もっぱら. ～ for ..専用で.

strictly spéaking 〈文修飾〉厳密に言えば. *Strictly* (*speaking*), England is not "Eikoku". 厳密に言えば, England は「英国」ではない.

stric·ture /stríktʃər/ 名 C **1**〘章〙〈しばしば ～s〉非難, 酷評, 〈*on, upon, against* ..に対する〉. pass ～*s on* a person 人を非難する. **2**〘章〙制限, 拘束, 〈*against* ..の〉. **3**〘医〙狭窄(きょう).

strid·den /stríd(ə)n/ 動 stride の過去分詞.

***stride** /straid/ 動 (**～s** /-dz/|過 **strode** /stroud/|過分 **strid·den** /-stríd(ə)n/|**stríd·ing**) 自 VA **大またに歩く**, 闊歩(かっぽ)する, 〈*along*〉〈*to, toward* ..の方へ〉; またぐ, またいで越す, 〈*over, across* ..を〉. He *strode* away from us. 彼は我々の所から大またで立ち去った. ～ *over* a ditch みぞをまたぎ越す.

── 他 **1**〔通りなど〕を大またに歩く, 大手を振って歩く. **2**〔みぞなど〕をまたいで越す. **3**〔馬など〕にまたがる (bestride).

── 名 (複 **～s** /-dz/) C **1 大また(の 1 歩)**, 闊歩; ひとまたぎ. He has a long ～ that is hard to keep up with. 彼は歩幅が大きくてついて行くのが大変だ. at [in] a ～ ひとまたぎで. **2**〈普通 ～s〉進歩. make great [big, giant, rapid] ～*s* (in..) (..で)長足の進歩をする. **3**〈～s〉〘オース話〙ズボン.

hit〘米〙[***gèt into***〘英〙] ***one's stríde*** 普段の調子に戻る, ペースを取り戻す; 調子が出る, 能力を発揮する.

pùt a person óff his [*her*] ***stríde*** 人の調子[リズム]を狂わせる.

strìde for stríde (なんとか)互角に.

tàke..in (*one's*) ***stríde***〔物事〕を苦もなくやってのける[切り抜ける]; を平然と[余裕をもって, 冷静に]受けとめる.

without brèaking stríde〘主に米〙立ち止まらずに; 立て続けに.

[＜古期英語「足を大きく広げて立つ[歩く]」]

stri·den·cy /stráid(ə)nsi/ 名 U 耳障りなこと, かん高いこと.

‡**stri·dent** /stráid(ə)nt/ 形 〔音, 声が〕耳障りな; きーきーいう, かん高い. ▷ **～·ly** 副

strid·u·late /strídʒulèit|-dju-/ 動 自 〔コオロギなどが〕(羽をこすり合わせて)かん高い音を出す, きりきりと鳴く. ▷ **strid·u·lá·tion** 名

†**strife** /straif/ 名 **1** U 争い, 闘争, けんか; 不和, 反目. political ～ 政争. be at ～ with ..と争って[反目して]いる. There is ～ between the two countries. その 2 国間には紛争がある.

連結 racial [ethnic; factional; internecine, sectarian; domestic, marital] ～

2 UC〘オース話〙困難, 面倒, (trouble). get into ～ 困ったことになる.

[＜古期フランス語 *estrif*「争い」(＜*estriver* 'strive')]

‡**strike** /straik/ 動 (**～s** /-s/|過 過分 **struck** /strʌk/|**stríck·ing**) (★過去分詞形として〘米〙では 他 6 (a) で〘古〙の stricken を用いることがある) 他

【打つ】 **1 を打つ**, たたく, 殴る; VOO (～ X Y) X に Y (打撃)を与える; VOC (～ X Y) X を打って[殴って] Y にする; (類語 比較的強い打撃を与えるという意味の一般的な語で hit と置き換えられることが多い; →beat[1], knock, punch[1], slap, whip). ～ the table with one's fist こぶしでテーブルをたたく. ～ a ball ボールを打つ[蹴る]. ～ a person down 人を打ち倒す; 〔病気が〕人を倒す[殺す]. Jim *struck* me on the head [*struck* my head]. ジムは僕の頭を殴った. ～ a person a violent blow 人をひどく殴る. ～ a person senseless 人を打って気絶させる.

2【打ち込む】〔くぎ, 短刀など〕を打ち込む, 刺し通す, 突き刺す; 〔人など〕を刺す〈*with* ..で〉. ～ a dagger into a person's heart＝～ a person to the heart *with* a dagger 人を短剣で心臓をひと突きにする.

【打ち当たる】 **3** にぶつかる, (突き)当たる; をぶつける〈*against* ..に〉. The ball *struck* a passer-by. ボールは通行人に当たった. The ship *struck* a shoal. 船は浅瀬に乗り上げた. I *struck* my shin *against* something hard in the dark. 暗闇で何か固いものに向こうずねをぶっつけた.

4〔光などが〕に当たる, さす; 〔音などが〕〔耳〕に達する. A strange sound *struck* my ears. 変な音が聞こえた. What ～*s* the eye in that district are skyscrapers. その地域で人目を引くのは超高層ビルだ.

5 に(偶然に)行き当たる; を偶然見つける; 〔金鉱, 石油など〕を掘り当てる. The road eventually ～*s* the river. その道をどこまでも行くと川に出る. ～ oil →oil (成句).

【打つ＞襲う】 **6 (a)**〔災害, 死などが〕を**急に襲う**; に取りつかせる〈*with* ..〔驚き, 恐怖など〕を〉, をとりこにする〈*with* ..の〉; 〔恐怖など〕を急に起こさせる〈*into* ..に〉. The enemy *struck* the fortress before dawn. 敵は夜明け前に要塞(さい)を急襲した. A curious disease *struck* the town. 奇妙な病気が町を襲った. A twinge of shame *struck* Ellen. エレンは急に激しい羞恥(しゅうち)心に襲われた. He was *struck* [〘米〙で時に stricken] *with* terror at the sight. 彼はその光景を見て恐怖に取りつかれた. His words *struck* terror *into* her (heart). 彼の言葉は彼女をぞっとさせた.

(b) VOC (～ X Y) X を急に Y の状態にする〈普通, 受け身で〉. My mother was *struck* dumb at the sight. 母はその光景を見てあぜんとした. be *struck* blind 急に目がくらむ. The climber was *struck* dead by lightning. その登山者は雷に打たれて死んだ.

【心を打つ】 **7 の心を打つ**, に感銘を与える, をはっとさせる; VOA (～ X ***as***..) X に..の印象を与える. She was *struck* by the beauty of the scenery [by his resemblance to her late husband]. 彼女は美しい風景に感動した[彼が亡くなった夫と似ているのではっとした]. He doesn't ～ me *as* efficient [an efficient person]. 彼は有能な[有能な人の]ようには見えない. *How* does his plan ～ you? 彼の計画をどう思いますか.

8【急に心に浮かぶ】〔考えが〕の**心に浮かぶ**; 〈it を主語にして〉(..(か)という考えが)の心に浮かぶ〈*that/how* 節〉; 〈進行形では用いない〉. An idea *struck* me. ある考えがふと思い浮かんだ. *It struck* me *that* he was hiding something from me. 彼が何か私に隠しているような気がした.

【打って作る[出す]】 **9**〔貨幣など〕を鋳造する. ～ a medal メダルを作る.

10〔マッチ〕をする; 〔火, 光など〕を打って[こすって]出す. ～ a match マッチをする. ～ sparks out of a flint 火打ち石から火を打ち出す.

11〔時計などが〕〔時〕を**打つ**, 打って知らせる; 〔音〕を鳴らす《ピアノなどで》. The clock [It] has just *struck* four. ちょうど 4 時を打ったところだ.

12【張り出す】〔植物が〕〔根〕を張る; を根づかせる. ～ root 根を張る. ～ a cutting 切り枝を根づかせる.

13【態度を打ち出す】〔(気取った)姿勢など〕を取る[する]. ～ a graceful attitude 優美な様子をする. The actress *struck* a pose for the photographer. 女優はカメラマンにポーズを取った.

14【手を打つ】〔取り引き, 契約など〕を取り決める; を決済[決算]する. ～ a bargain →bargain (成句). ～ a balance →balance (成句).

【打ち払う＞片付ける】 **15**〔旗, 帆など〕を下ろす; 〔テントなど〕をたたむ, 取り外す. ～ camp キャンプを引き払う.

16〘米〙を相手にストライキをする.

── 自 【打つ】 **1 打つ**, 殴る〈*at* ..めがけて〉; 攻撃する, 襲う, 攻めかかる, 〈*at* ..を, に〉; 〔不幸, 病気などが〕襲う. He *struck at* me with a stick. 彼は私にステッキで殴り

S

かかった. Snakes ～ only if they are surprised. 蛇は不意を襲われた時しか向かって来ない.
【当たる】 **2** ぶつかる, 衝突する, 〈*against, on, upon* ..に〉; 〔光線などが〕当たる, 照る, 〈*on, upon* ..に〉. The car *struck* violently *against* a tree. 車は立ち木に激突した. Sunbeams *struck* full *on* his face. 日光がまともに彼の顔を照らした.
【(当たって)抜ける＞進む】 **3** (突き)通る, 貫く, しみ通る, 〈*to, through* ..を〉. The damp ～*s through* the walls. 湿気が壁にしみ通る《壁を弱くする》.
4 🅅🄰 〔(新しい) 方向へ〕向かう, 進む, 〈*off, out*〉. ～ *northward* 北方に向かう[進路を取る]. ～ to the left 左に道を取る. The disease *struck inward*. 病気は内攻した.
【打って作る】 **5** 〔マッチなどが〕点火する, 火がつく. The damp match refused to ～. 湿ったマッチはなかなか火がつかなかった.
6 〔時計などが〕打つ, 鳴る; 〔時間が〕報じられる; 〔時機が〕到来する; 〔胸が〕どきどきする. The hour has *struck*. 時報が鳴った; 時機が来た.
【心を打つ】 **7** 🅅🄲 (～ X) Xの感じ[印象]を与える. His behavior *struck* strange. 彼の態度は妙に感じられた.
【仕事を打ち捨てる】 **8** ストライキをする, ストを打つ, 〈*for* ..を求めて〉. *striking* workers スト中の労働者たち. ～ *for* shorter hours 労働時間短縮を要求してストライキをする. ◇名 stroke[1] 形 stricken
Strike a líght! 〖英旧俗〗おやまあ(本当かい)《驚きの表現》.
strike at the róot of .. →root[1].
strike báck (1) 打ち返す, 殴り返す; 仕返しをする. (2) 反論する, 反撃する, 〈*at* ..に〉.
stríke /../ dówn (1) ..を打ち倒す; 〈普通, 受け身で〉〔病気が〕〔人〕を襲う, 倒す, 急死させる. (2) 〖米〗〔判決など〕を破毀(き)する, 無効にする.
strike hánds 協定を結ぶ, '手を打つ', 〈*with* ..と〉.
strike hóme 〔刀などが〕急所を突く, 致命傷を与える; 〔言葉などが〕急所を突く, 的を射る.
strike ín 人の話に横から口を出す[割り込む].
stríke ìnto .. 突然..する[し始める]; 〔会話, 口論など〕に突然割り込む. ～ *into* song 急に歌い出す.
strike (it) lúcky 〖話〗幸運に恵まれる〈*with* ..(について)は〉.
strike it rích 〖話〗(うまく山を当てて)大もうけする, 急に金持ちになる.
strike óff 横にそれる〈*from* ..から〉.
strike /../ óff (1) 〔首など〕を切り落とす. (2) 〔名前, 語句など〕を削除する, 削る. (3) ..を印刷する.
***stríke* X *off* [*from*] Y** XをYから削る, 削除する. His name was *struck off* the register. 彼の名は名簿から除かれた.
****stríke on* [*upon*] ..** (1) 〔考えなど〕を(急に)思いつく. (2) ..にぶつかる, 当たる, (→自 2).
strike óut (1) 打ちまくる〈*at* ..を〉, めちゃめちゃに殴りかかる, 〈*at* ..に〉. (2) 懸命に泳ぐ. (3) 歩き出す; (物事, 活動などを)やり出す, 始める. ～ *out* on one's own 独立する, ひとり立ちを始める. ～ *out* as an actor 俳優としての第一歩を踏み出す. (4) 〖野球〗三振する. (5) 〖米話〗落伍(ご)者になる, 失敗する.
strike /../ óut (1) 〔火花など〕を打ち出す. (2) = STRIKE /../ off (2). (3) 〔計画など〕を案出する. (4) 〖野球〗を三振させる.
strike /../ thróugh (1) ..を(棒線を引いて)消す, 抹消する. (2) ..を突き通す.
strike úp 〔楽団などが〕演奏を始める; 〔曲などが〕始まる.
strike /../ úp (1) 〔曲, 会話など〕を始める. (2) 〔交際など〕を始める; 〔協定など〕を結ぶ. ～ *up* an acquaintance with a person 人と(ふと)知り合いになる.
***strúck on* [*with*] ..** 〖話〗..に夢中で, 魅了されて.
within stríking distance 直ちに攻撃のできる範囲内の[で] 〈*of* ..が〉; 非常に近い所にある〈*of* ..の〉.
── 名 (複 ～s /-s/) Ⓒ **1** 打撃, 殴打; (蛇などの)攻撃; (爆撃機, ミサイルなどによる)急襲. an air ～ 空襲. **2** ストライキ, 同盟罷(ひ)業. a general ～ ゼネスト. a hunger ～ ハンスト. call a ～ ストライキを指令する. break a ～ スト破りをする.

> 連結 an all-out [a full-scale; an unofficial, a wildcat; a sudden; a long; a costly] ～ // stage [avert; put down; settle] a ～

3 (石油, 金鉱などを)掘り当てること; 大当たり, 思わぬ大成功. make a lucky ～ 運よく大もうけする. **4** 〖野球〗ストライク (↔ball); 〖ボウリング〗ストライク《1投目でピンを全部倒す; →spare》. I had two ～*s* against me. 〖野球〗私はツーストライクを取られた; 〖米話〗不利な立場に追い込まれた. **5** 〖地質〗走向.
*(***òut***) ***on stríke*** ストライキ中で. be [go] *on* ～ スト中である[に入る].
[＜古期英語「動く, 軽くこする」;「打つ」の意味は中期英語から]
stríke·bòund 形 (ストライキで)〔工場などが〕操業停止の; 〔交通などが〕まひした.
stríke·brèaker 名 Ⓒ スト破り《人》.
stríke·brèaking 名 Ⓤ スト破り《行為》.
stríke·òut 名 Ⓒ 〖野球〗三振.
stríke pày 名 Ⓤ (ストライキ中の)賃金補償《労働組合が支給する》.
†**stríḱ·er** 名 Ⓒ **1** スト(ライキ)参加者. **2** 打つ人[道具]; (時計の)時報装置. **3** 〖サッカー〗ストライカー《ゴールへのシュートを主な役割にする選手》.
stríke zòne 名 Ⓒ 〖野球〗ストライクゾーン.
***strik·ing** /stráikiŋ/ 形 ⓜ 著しい, 目立つ; 目覚ましい; (類語 人に与える鮮やかな印象に重点がある; →noticeable). a ～ nose 人目を引く鼻. a ～ difference [contrast] 著しい相違.
†**stríḱ·ing·ly** 副 著しく, 目立って.
‡**string** /striŋ/ 名 (複 ～s /-z/)
【ひも】 **1** ⓊⒸ ひも, 糸, (類語 太い糸, 細いひもで, 主に物を縛るのに用いる; →line[1]). a ball of ～ ひと巻きのひも, ひもの玉. I need some ～ to tie up this package with. この包みを縛るひもが少々要る. work puppets with ～*s* 人形を糸で操る. 語法 普通はⓊで, 本数を数える時は a piece of ～, two pieces of ～とするが, 一定の長さのひもの場合はⒸでa ～, two ～*s*と言う.
2 Ⓒ (エプロンなどの)結びひも; 〖主に米〗靴ひも (shoestring).
3 【ひと続き】 Ⓒ ひとつなぎ; 連続するもの; ひと続き. a ～ *of* pearls [fish] 一連の真珠[さし縄に通した魚]. a long ～ *of* cars 長い車の列. a ～ *of* questions 連続した質問. a ～ *of* successes [insults] 成功[侮辱]の連続. run a ～ *of* coffee shops 一連のコーヒー店を経営する.
4 【'ひも' 付き】 Ⓒ 〖話〗〈普通 ～*s*〉付帯条件, 'ひも'. with no ～*s* [without (any) ～*s*] attached to it 全く'ひも'がつかないという条件で, 無条件で[の]. with the ～ that ..という条件付きで.
【弦】 **5** Ⓒ (楽器の)弦, (弓の)つる. A violin has four ～*s*. バイオリンは弦が4本だ. I had the ～*s* tightened on my tennis racket. テニスラケットのガットを締め直してもらった. **6** 〈the ～s; 集合的〉弦楽器; (オーケストラの)弦楽部[奏者たち]; (→brass, reeds).
7 【弓のつる】 Ⓒ (能力による)選手のクラス. the first [second] ～ 1軍[2軍]《弓の＜1本[2本]目のつる》.
【すじ】 **8** Ⓒ (豆のさやなどの)すじ.
9 〖電算〗ストリング, 文字列.
gèt* [*hàve, kèep*] *a pèrson on a* [*the*] *stríng 人を思いのままに操る.
***hàve more than òne* [*a sècond, anòther*]**

S

strìng to one's bów 別の手がある《<弓のつるが切れてもまだ 1 本ある》.

have twò stríngs to one's bów 打つ手を 2 つ用意してある《<弓のつるを 2 本持っている》.

on a* [*the*] *stríng 思いのままに操られて. →get a person on a [the] STRING.

plày sècond stríng →second string (見出し語).

pùll* (*the*) *stríngs 陰で[裏で]糸を引いて操る; 内密に運動する, 根回しする, 'コネ'に働きかける. We think America secretly *pulls the* ~*s* in our country. アメリカが私たちの国を裏で操っていると思っている.

── 動 (~s|過 過分 **strung** /strʌŋ/|**stríng·ing**) 他 **1** (**a**)〔数珠玉など〕をつなぐ〈*on* ..に〉;〔ひもなど〕を通してつなぐ〈*with* ..を〉. ~ beads (*on* a cord)=~ a cord *with* beads ビーズ玉を糸でつなぐ. (**b**) VOA (デコレーションのためなどに) をつないで吊るす.〈*across, along, over* ..に〉. ~ streamers over the doorway 色テープを玄関のドアの上に吊るす.

2〔弓, 弦楽器など〕に弦を張る;〔ラケット〕にガットを張る. tightly *strung* racket ガットを固く張ったラケット.

3〔電線, 物干しひもなど〕を張り渡す; 張る;〈*across* ..に〉.

4〔人, 気持ち〕を緊張させる, 興奮させる,〈*up*〉〈普通, 受け身で〉. The boxer was *strung up*. そのボクサーはひどく緊張[興奮]していた. a highly *strung* woman ひどく神経質[感情的]な女. ~ oneself *up* to do やっきになって..する. **5**〔豆など〕のすじを取る[除く].

strìng alóng (差し当たっては)ついて行く; 協力する; 従う;〈*with* ..に〉.

strìng /../ alóng 〖話〗〔人〕を(空約束などで)だます; に気をもたせる.

strìng óut ずらりと並ぶ.

strìng /../ óut (1) ..を(間隔を置いて) 1 列に並べる. They *strung out* the flags of many countries on a line. 彼らは綱に万国旗を 1 列に結んだ. be *strung out* along a coastline 海岸線に連なっている. (2)〖話〗〔演説など〕を引き伸ばす, 延長する.

strìng /../ togéther 〔事実など〕をつなぎ合わせる.

strìng /../ úp (1) ..をひもで結ぶ. (2) ..をひもでつるす. (3)〖話〗..を縛り首にする, つるし首にして殺す;〈比喩的〉..を罰する. (4) →動 4.

[<古期英語「強く張ったもの>ひも」; strong と同根]

stríng bàg 名 C (ひもを編んで作った)手さげ袋.

strìng bánd 名 C 弦楽団.

stríng bèan 名 C **1**〖米〗サヤインゲン (〖英〗runner bean). **2**〖話〗やせて長身の人.

stringed 形 **1** 弦を持った. a ~ insturument 弦楽器. **2**〈複合要素〉「弦が..の」の意味. three-~ 3 弦の.

strìnged ínstrument 名 C 弦楽器.

strin·gen·cy /stríndʒ(ə)nsi/ 名 U (規則などの)厳重さ; 切迫, 金詰まり; (議論などの)説得力.

strin·gen·do /strindʒéndou/ 形, 副〖楽〗次第に速い[速く]. [イタリア語 'binding together']

‡**strin·gent** /stríndʒ(ə)nt/ 形 **1**〔規則などが〕厳重な, 厳正な, (類語 抑え制限する厳格さの感じが強い; → severe). Saudi Arabia's ~ alcohol laws サウディアラビアの厳格なアルコール(禁止)法. **2**〔金融などが〕逼(ひっ)迫した; 金詰まりの. a ~ budget 緊縮予算. [<ラテン語「強く引っ張る」] ▷ **~·ly** 副

stríng·er /-ŋər/ 名 C **1** 弦を張る人《楽器, 弓などの弦張り職人など》. **2**〖話〗(新聞・雑誌の)非常勤地方通信員. **3**〖米〗..クラス[級, 軍]の選手. a first-~ 1 軍選手.

strìng órchestra 名 C 弦楽合奏団.

stríng-pùlling 名 U 'コネ'を使うこと.

strìng quartét 名 C 弦楽四重奏曲[団].

stríng tìe 名 C ひもタイ《幅が狭くて短いネクタイ》.

string·y /stríŋi/ 形 e **1** 糸の(ような); 糸を引く, ねばねばする. **2** 繊維の多い;〔肉, 豆などが〕筋のある. **3** やせて筋肉質の. ▷ **string·i·ness** 名

‡**strip**[1] /strip/ 動 (~s /-s/|過 過分 **~ped,** 〖まれ〗**stript** /-t/|**stríp·ping**) 他 **1** (**a**)〔外皮, 衣服など〕をはぐ, むく,〈*off*〉〈*from, off* ..から〉. ~ the wallpaper *off* 壁紙をはがす. ~ the paint (*off*) with sandpaper サンドペーパーで塗料をはがす. ~ *off* one's clothes 衣服を脱ぎ捨てる. ~ husks *from* corn トウモロコシの皮をむく. ~ the bark *off* a tree 樹皮をはぐ.

(**b**)〔人, 木など〕を**裸にする**〈(*down*) *to* ..まで〉; からはぐ〈*of* ..を〉; VOC (~ X Y) X をはいで[から奪って] Y の状態にする. ~ oneself 裸になる. ~*ped to* the waist 上半身裸で. He was ~*ped down to* his shorts. 彼はパンツ一枚になった. ~ a bed ベッドからシーツや毛布などを取る《洗濯のためなど》. ~ a tree (*of* its leaves)(=~ the leaves *from* [*off*] a tree →(a)) 木を丸坊主にする. ~ a room *of* furniture [bare] 部屋の家具を取り払う. The bandits ~*ped* the gentleman naked. 山賊たちはその紳士を身ぐるみはいだ. (**c**) を取り去る〈*out*〉.

2 VOA (~ X ***of*** ..) ..を X から奪う, 強奪する, (rob); ..を X から剝(は)く奪する. The robbers ~*ped* the traveler *of* all his money. 盗賊どもは旅人の有り金を全部奪った. The soldier was ~*ped of* his rank. その兵士は階級を剝奪された.

3〔船, 自動車など〕の装備を取り外す, 分解する,〈*down*〉. ~ *down* an old car 古い車の部品類を取り外す.

4〔ねじ〕のねじ山をすり減らす,〔ギア〕を磨耗させる.

── 自 着物を脱ぐ, 裸になる,〈*off*〉〈*down to* ..まで〉; 〖米〗ストリッパーとして働く; VC 衣服を脱いで..になる. ~ *down to* running shorts ランニングパンツ 1 枚になる. ~ naked 裸になる.

strìp /../ awáy (1) ..をひきはがす. (2)〔表面的なもの〕をはぎ取る;〔権利など〕を(徐々に)取り除く[去る].

strìp dówn 裸になる.

── 名 C 〖主に米〗ストリップショー (striptease). do a ~ ストリップ(ショー)をする.

[<中期英語(<ゲルマン語)]

*__strip__[2] /strip/ 名 (複 **~s** /-s/) C **1** (布, 紙などの)**細長い 1 片**; 細長い土地. a ~ *of* paper 細長い紙切れ. a tiny metal ~ 細長い金属の小片. a sandy ~ *of* beach 細長い砂浜. cut papers into ~*s* 書類をずたずたに切る.

2 =airstrip; =comic strip.

3〖英・オース話〗(サッカーなどの)ユニフォーム《両チームの選手が容易に区別できるような配色になっている》.

tèar a pèrson óff a strip*=*tèar a stríp òff a pérson 〖英話〗人をがみがみしかりつける.

[<中期低地ドイツ語]

strip[3] 名 C 〖米〗〈普通 the ~〉(レストラン, ガソリンスタンド, ホテルなど様々な店が両側に並ぶ)街路, 大通り,《しばしば幹線道路上, 都市の外れにある》. He opened a club on the ~. 彼は大通りにクラブを開いた. This area in L.A. is known as Sunset *Strip*. ロサンゼルスのこの地域はサンセットストリップとして知られている (語法 このように固有名の一部として用いられる時は the を付けない).

strìp ártist 名 C ストリッパー.

stríp cartòon 名 〖英〗=comic strip.

stríp clùb 名 C 〖英〗ストリップ劇場.

‡**stripe** /straip/ 名 (複 **~s** /-s/) C

1 (**a**) (地色と違う)**筋**, **線条**, (集まって模様を作る)**しま**, ストライプ. a white cloth with a green ~ 緑の筋が入った白い布. the center ~ of a road 道路のセンターライン(の白線). Zebras have black and white ~*s*. シマウマは黒と白のしま模様をしている.

(**b**)〈~s〉〖米俗〗しま模様の服, 囚人服.

2〖軍〗〈~s〉袖(そで)章《筋の数で階級, 勤続年数などを表す》. get [lose] one's ~*s* 昇進する[降等される].

3〖古〗むち打ち (1 回)《罰》; むち跡, みみずばれ.

4〖米〗種類, タイプ. people of that intolerant ~ あ

S

のような偏狭なタイプの人たち. religions of every ～ あらゆる種類の宗派.

èarn one's strípes (地位などにふさわしく)十分に力を発揮する.

── 動 他 に筋をつける, をしま模様にする. [＜*striped*]

†**striped** /-t/ 形 筋の入った; しま模様の. vertically ～ 縦じまの. [?＜中期オランダ語]

stríp jòint 名 《話》＝strip club.

stríp lìght 名 C 線型照明《蛍光灯を連ねたものなど》.

stríp lìghting 名 U 線型照明.

stríp·ling /stríplıŋ/ 名 C 青二才, 若輩.

stríp màll 名 C (小さな)ショッピングセンター《一連の店の前に駐車》.

stríp mìne 名 C 露天掘り鉱山.

stríp mìning 名 U 《主に米》露天掘り.

‡**stríp·per** 名 C **1** はぐ[むく]人[道具]. **2** 《話》＝stripteaser.

stríp·per·gram /strípərgræ̀m/ 名 C ストリップ電報《ストリッパーが配達して, 配達時にストリップのサービスをする; **stríp·pa·gràm** とも言う》.

strìp póker 名 C 負けたら衣類を 1 枚ずつ脱ぐポーカーゲーム.

stríp sèarch 名 C 裸にしての(麻薬などの)取調べ.

── 動 他 を裸にして調べる.

stríp shòw 名 C ストリップショー.

stript /stript/ 動 《まれ》strip の過去形・過去分詞.

stríp·tèase 名 C ストリップショー. ── 動 自 ストリップショーをする.

stríp·tèaser 名 C ストリッパー.

stríp·y /stráipi/ 形 筋のある; しま模様の.

***strive** /straiv/ 動 (～s /-z/|過 **strove** /strouv/, 《米》 ～d /-d/|過分 ～n /strív(ə)n/, 《米》 ～d|**strív·ing**) 自 《章》 **1 努力する**, 懸命になる, 〈*for, after* ..を求めて〉; 努める, 励む, 〈*to* do ..しようと〉; (類語 普通, 長期間の懸命の努力を言う; →try). ～ *for* victory [*to* win] 勝利を得ようと努める. **2** 《古》戦う, 抵抗する, 〈*against, with* ..と, に〉. swim *striving against* the current 流れに逆らって懸命に泳ぐ.

[＜古期フランス語 *estriver*「口論する, 争う」(＜ゲルマン語)] ▷**strív·er** 名

striv·en /strív(ə)n/ 動 strive の過去分詞.

strobe /stroub/ 名 C **1** ＝stroboscope 1. **2** 《写》ストロボ (**stróbe lìght**; →speed light).

stro·bo·scope /stróubəskòup/ 名 C **1** ストロボスコープ《急速に回転又は振動する物体を観察研究する装置》. **2** ＝strobe 2. [ギリシア語「つむじ風」, -scope]

strode /stroud/ 動 stride の過去形.

stro·ga·noff /stróugənɔ̀ːf|strɔ́gənɔ̀f/ 形 細切りしていためてサワーソースをからめた. beef ～ ビーフストロガノフ. [＜19 世紀初頭のロシアの外交官の名]

‡**stroke**[1] /strouk/ 名 (複 ～s /-s/) C

【打つこと】 **1 一撃**, 一打, ひと突き, (blow); (雷の)一撃. He cut down the tree with one ～ of his axe. 彼はおのの一撃で木を倒した. be killed by a ～ of lightning 雷に打たれて死ぬ.

2【打つ音】 (時計の)打つ音; 〈the ～〉 時を打つこと, 定刻. count the ～*s* of the village clock 村の時計の音を数える. on the ～ 時間通り[定刻]に. arrive at [on] the ～ of three 3 時を打つのと同時に着く. on the ～ of midnight ちょうど夜中の 12 時に.

3 (心臓の)鼓動, 脈拍.

【(不意の)一撃】 **4** (病気の)発作, 〈特に〉 (脳)卒中 (apoplexy). have [suffer] a ～ 卒中にかかる.

5【不意の事件】〈a ～〉 (幸運などの)思わぬ到来. by a ～ *of* luck [fortune] 運よく.

【(反復運動の)ひと動作】 **6** (鳥の)ひと羽ばたき; (ピストンの)ストローク《ひと動き》, 行程.

7 (ボートの)ひと漕(こ)ぎ, (水泳の)ひとかき, 泳法, (テニス, ゴルフなどの) 1 打. row with long ～*s* 大きいストロークで漕ぐ. Jane cannot swim a ～. ジェーンは全く泳げない. the back ～ 背泳. He has a good backhand ～. 彼はバックハンドがうまい. do a short hole in four ～*s* ショートホールを 4 打であがる.

8 (ボートの)整調(手)《最も船尾寄りに座って漕ぎ, 他の漕ぎ手はこれに合わせる》.

9 (ペン, 鉛筆, 絵筆などの)**ひと筆**, 筆づかい; 筆致; 一刀, ひと彫り, (字の)一画(かく); 《主に英話》斜線《/》. Another ～ of the brush, and the painting will be finished. もうひと筆で絵は仕上がる. write with a thick ～ 肉太の字を書く. a bold ～ 大胆な筆法; 〈比喩的〉 大胆な試み 〈*for* ..のための〉.

10【ひと仕事】〈単数形で〉 ひと働き, ひと仕事. He hasn't done a ～ of work all day. 彼は 1 日中何 1 つ仕事をしていない. a great ～ of diplomacy 外交の一大成功. a ～ of wit [genius, inspiration] すばらしい機知[天才的ひらめき].

at a* [*in òne*] *stróke 一気に, 一挙に. clear away all obstacles *at a* [*one*] ～ ひと息にあらゆる障害を取り除く. ◇動 strike

at* [*with*] *a stròke of the pén (ちょっと)サインしただけで; ちょっと動いただけで.

Dìfferent strókes for dìfferent fólks. 人それぞれだ, 十人十色だ.

dràw* [*pàint, skètch*] *.. in bròad strókes ..を大ざっぱに扱う[描く].

pùt a person òff his* [*her*] *stróke 人の調子[リズム]を狂わせる; 人をためらわせる; (put a person off his [her] STRIDE).

── 動 他 **1** 〔ボート〕の整調を漕(こ)ぐ, 整調手をする. **2** に線を引く, を線と引いて消す. **3** 〔ボール〕を(軽く)打つ[蹴る].

[＜中期英語「打つこと」(＜古期英語「軽く触れること」)]

***stroke**[2] /strouk/ (～s /-s/|過 過分 ～d /-t/|**strók·ing**) 他 **1** 〔頭など〕をなでる, さする. ～ one's hair 髪をなで(つけ)る. ～ a dog 犬をなでる. **2** VOA 〔化粧品など〕を軽くなでつける 〈*on* ..に〉. **3** 《米話》をおだてる.

stròke /../ awáy 軽くなでて〔涙など〕をぬぐう.

stròke /../ dówn 〔人〕をなだめる, すかす.

stròke a pèrson* [*a person's hàir*] *the wròng wáy 人の感情を逆なでする, 人を怒らせる.

── 名 C なでること, ひとなで. Mary gives her hair a hundred ～*s* every morning. メリーは毎朝たっぷり髪をとかす.

[＜古期英語「軽く触れる」; strike と同根]

stróke òar 名 C 《漕艇(そうてい)》整調(手)の漕ぐオール; 整調(手).

stróke plày 名 U 《ゴルフ》ストロークプレー《一定のホール数をプレーし, その通算打数で順位を競う》.

***stroll** /stroul/ 動 (～s /-z/|過 過分 ～ed /-d/|**stróll·ing**) 自 ぶらぶら歩く, 散歩する, 〈*along, around, across* ..を〉. ～ *along* the river [*around* town] 川沿いに散策する[街をぶらつく].

── 名 C 〈普通, 単数形で〉**ぶらぶら歩き**, 散歩. take a ～ ぶらつく. go for a leisurely ～ in the woods のんびりと森へ散歩に行く. [?＜ドイツ語]

stróll·er 名 C **1** ぶらつく人. **2** 放浪者, 無宿者. **3** 旅役者, 巡業者. **4** 《米・オース》ベビーカー (《英》pushchair)《折り畳み式の簡易乳母車; 幼児を寝かせるのではなく座らせて移動する; →perambulator》. 注意「ベビーカー」は和製英語.

stróll·ing 形 〔役者などが〕旅回りの, 放浪の.

‡**strong** /strɔːŋ|strɔŋ/ 形 e (～·**er** /strɔ́ːŋgər|strɔ́ŋgə/|～·**est** /strɔ́ːŋgəst|strɔ́ŋgəst/)

【強力な】 **1** (力の)**強い** (↔weak). The boy is ～ enough to carry the suitcase. その男の子はスーツケー

S

スを運ぶぐらいの力はある. the ～(,) silent type めっぽう強いが寡黙な男, 無口だが実行力のある男《古い冒険映画などに出てきそうなタイプ》. Give a ～ pull on the rope. 綱を強く引っ張りなさい.

2〔国家, 軍隊などが〕**強力**な, 強大な;〔指導者などが〕権力[影響力]の強い;〔風などが〕(勢いの)強い. a ～ government [ruler, leader] 強力な政府[支配者, 指導者]. a ～ rival candidate for the seat 議席を争う有力な対立候補. The country has a ～ army. その国は強大な軍隊を持つ. He exerted ～ pressure on the committee. 彼は委員会に強い圧力をかけた. a ～ wind [current] 強い風[流れ].

3〈数詞の後に置いて〉兵力[人員]..の, 総勢..の. The army [crowd] was three thousand ～. 兵力[群衆の総勢]は3千人だった. a small choir four or five ～ 全部で4, 5名の小さな聖歌隊.

4〔声が〕**力強い**, 太くて大きい. speak in a ～ voice 力強い声で話す.

5〔議論, 証拠などが〕**有力**な, 強力な;〔支援などが〕力強い, 頼もしい;〔可能性などが〕大きい. I have a ～ reason to believe so. そう信ずるに足る十分な理由がある. The chances are not ～ that we will win. 我々が勝つ可能性はあまり強くない.

6【力に優れた】**得意**な, '強い',〈*in, on* ..が, に〉. one's ～ point 長所, 得手. my ～ subject 私の得意科目. be ～ *in* judgment 判断力に富む. He is ～ *in* mathematics [*on* religion]. 彼は数学が得意だ[宗教のことに通じている].

【強い＞丈夫な】 **7**〔物が〕**頑丈**な, 容易に壊れない;〔とりでなどが〕強固な, 難攻不落の. a ～ chain 頑丈な鎖. ～ cloth 丈夫な布. a ～ castle 難攻不落の城. **8**〔体が〕**丈夫**な, 強壮な, 健康な, (robust, healthy);〖婉曲〗太った (fat). have a ～ constitution 体格がよい, 頑丈な体である. She isn't very ～. 彼女はあまり丈夫でない.

9〔性格, 信念などが〕**強固**な, しっかりした, 揺るがない, (firm);〔関係などが〕強い. His nerves are ～ enough to face such difficulties. 彼の神経はそのような困難に立ち向かうのに十分強い. a ～ faith in the democratic system 民主的制度に対する強固な信念. Even the ～*est* willpower would have crumbled before such temptation. このような誘惑の前にはどんな堅い意志の力も崩れ去ったことだろう. have a ～ bond with .. と強い絆で結ばれている.

【強烈な】 **10**〔感情などが〕**激しい**, 強い, 抑えがたい; 心を強く打つ;〔誘惑などが〕強い. his ～ love [hatred] for her 彼女に対する彼の強い愛情[激しい憎悪]. a ～ situation (劇, 物語などの)感動的な場面. voice a ～ protest 強い抗議の声を上げる. the enemy's ～ resistance 敵の激しい抵抗. have a ～ sense of responsibility 責任感が強い. a ～ temptation 強い誘惑.

11〔言葉などが〕激越な;〖主に英話〗〔表現が〕極端な;〔手段, 運動などが〕強硬な, 激しい. ～ language 激しい言葉, 悪口, 悪態 (swearing). take ～ measures 強硬手段を取る. The anti-smoking movement is very ～ in the States. 合衆国では反喫煙運動が非常に激しい.

12【効果の強烈な】〔コーヒー, 茶などが〕**濃い**;〔薬などが〕(作用の)強い;〔酒などが〕強い,〔飲料が〕アルコール分を含む. Do you like your coffee ～? コーヒーは濃いのがいいですか. The bleach is too ～ for this kind of cloth. その漂白剤はこのような布地には強すぎる. →strong drink.

13〔光, 香り, 味などが〕**強烈**な, 強い;〔チーズなどが〕においの強い. the ～ sunshine on the beach 浜辺の強い日差し. She wears rather ～ perfume. 彼女のつけている香水はちょっと強すぎる.

14 (悪くなって)強烈なにおいのする, 悪臭を放つ. ～ breath 臭い息.

【程度が強い】 **15** 著しい, 甚だしい, はっきりした;〔訛(なま)りが〕強い. He bears a ～ resemblance to his mother. 彼は母親によく似ている. ～ features はっきりとした目鼻立ち. a ～ accent 強い訛り.

16〖主に英話〗〈叙述〉度が過ぎた, 容認できない. It's a bit ～ (of him) to say such a thing. (彼が)そんなことまで言うのはちょっと行き過ぎだ.

17【買い気が強い】〖商〗〔市場などが〕強気の, 上向きの. A ～ dollar threatens U.S. exports. ドル高だと米国の輸出がおびやかされる.

18【変化が盛んな】〖文法〗〔動詞が〕強変化の, 不規則変化の, (↔weak). a ～ verb 強変化動詞《sing, sang, sung などのように語幹母音を変えて活用する不規則変化動詞; このような動詞の変化を強変化 (**stróng conjugàtion**) と言う; →irregular conjugation》.

19〖音声〗強音の, 強勢のある. the ～ form of 'a' (不定冠詞) a の強形《/ei/》.

── 副 強く, 力強く, (strongly).

◇名 strength 動 strengthen

(as) stròng as a hórse [an óx] すごく力が強い.

be (stìll) gòing stróng 〖話〗(年などにめげず)達者である, ぴんぴんしている, (相変わらず)元気[盛ん]である, 活気がある. Miniskirts *are still going* ～. ミニスカートは今なお健在である.

by the stròng árm [hánd] 腕ずくで, 暴力的に; 強硬手段で. subdue a rebellion *by the* ～ *arm* of the law 反乱を強権発動で鎮圧する.

còme [gò] it stróng 〖話〗大いにやる, やり過ぎる.

còme on stróng 〖話〗(1) 激しい言い方をする, (言動が)強烈である. (2) (異性への)関心をあらわにする〈*to* ..に〉.

hàve a stròng stómach 強靭(じん)な胃を持つ《何を食べてもめったに気持ち悪くならない》.

with a stròng hánd ＝by the STRONG arm.

[＜古期英語; string と同根]

stróng-àrm 形〖普通, 軽蔑〗〈限定〉腕ずくの, 暴力的な; 強圧的な. use ～ tactics 実力行使をする.
── 動 他 に腕力[暴力]を振るう; を強圧する.

stróng·bòx 名 C (小型)金庫, 貴重品箱.

stròng bréeze 名 C〖気象〗大風.

stròng drínk 名 UC アルコール飲料 (↔soft drink); (強い)酒類.

stròng gále 名 C〖気象〗大強風.

stròng·héaded /-əd ㊥/ 形 向こう見ずの; 知力の優れた.

‡**stróng·hòld** 名 C **1**〖旧〗要塞(さい), とりで. **2** 本拠地, 牙(が)城,〈*of* ..〔ある思想など〕の〉. The city office is a ～ *of* inefficiency and corruption. その市役所は非能率と腐敗の本拠だ.

***strong·ly** /strɔ́ːŋli|strɔ́ŋ-/ 副 m **1 強く**; 熱心に; 強硬に; 激しく. advise [protest] ～ 熱心に勧める[強硬に抗議する]. a ～ worded speech 激しい言葉遣いの演説. I ～ agree that the plan should be abandoned. 計画が取りやめになることに大賛成だ. **2** 頑丈に, 強固に. a ～ built house しっかりと建てられた家.

stróng màn 名 C (サーカスなどの)怪力男, 力持ち;「有力者.

stròng méat 名 U (一部の人々以外には)受け入れられないもの《嫌悪・反感をもたらす教義, 行為, 有り様など》.

stròng-mínded /-əd ㊥/ 形 意志のしっかりした, 果断な;〔女性が〕勝ち気な. ▷**～·ly** 副 **～·ness** 名

stróng ròom 名 C (銀行などの)金庫室, 貴重品室.

stròng súit 名 C **1**〖トランプ〗(勝負できる)強い手[持ち札]. **2** 得手, 得意の手. Writing is his ～. 文章を書くのは彼は得意だ.

stròng-wílled /㊥/ 形 意志の強い; 頑固な.

stron·ti·um /strάnʃiəm, -tiəm|strɔ́ntiəm/ [名] [U] 〖化〗ストロンチウム《金属元素; 記号 Sr》.

stròntium 90 /-náinti/ [名] [U] ストロンチウム 90《ストロンチウムの人工放射性同位元素の1つ; 核爆発の際に放出され人体に有害; 記号 ^{90}Sr》.

strop /strap|strɔp/ [名] [C] **1** 革砥(かわと) (strap)《理髪店などでかみそりを研ぐのに用いる》. **2** 〖英・オース話〗不機嫌. be in a ～ 機嫌が悪い. ── [動] (～s|-pp-) [他] を革砥で研ぐ. [＜ギリシア語「綱, 縄」]

stro·phe /stróufi/ [名] [C] **1** ストロペ《古代ギリシア劇の合唱舞踏隊の右から左への旋回; ↔antistrophe》; (旋回の時に歌う)歌章. **2** 〖韻律学〗節, 連, (stanza). [ギリシア語 'turning']

strop·py /strάpi|strɔ́pi/ [形] 〖英話〗手に負えない, 気難しい. get ～ with ..に当たる. ▷**strop·pi·ness** [名]

strove /strouv/ [動] strive の過去形.

struck /strʌk/ [動] strike の過去形・過去分詞. ── [形] 〖米〗スト(ライキ)で閉鎖された, ストの影響を受けた.

***struc·tur·al** /strʌ́ktʃ(ə)rəl/ [形] [¢] **1 構造の**, 構成の, 組織上の. a ～ fault 構造上の欠陥. ～ unemployment 構造的失業《例えば輸送手段として鉄道が衰微するというような社会構造の変化から来る失業》.
2 〔柱, 梁(はり)などが〕(建物の)構造部をなす, 構造用の. ～ iron 構造用鉄材《例えば girder》. [structure, -al]

strùctural engineér [名] [C] 構造工学技師.

strùctural engineéring [名] [U] 構造工学.

strùctural fórmula [名] [C] 〖化〗構造式.

strúc·tur·al·ìsm [名] [U] (哲学, 言語学などの)構造主義.

strúc·tur·al·ist [名] [C] 構造主義者; 構造言語学者.

strùctural linguístics [名] [U] 〖言〗構造言語学.

strúc·tur·al·ly [副] 構造上, 構成的に. The building was ～ unsound. その建物は構造上弱かった.

strùctural méaning [名] [C] 〖言〗構造的意味《文の意味のうち, 構成素である語の意味の総和に還元しえないものの総称; →grammatical [lexical] meaning》.

****struc·ture** /strʌ́ktʃər/ [名] ([複] ～s /-z/) **1** [U] **構造**, 構成, 組成, 組織, 〈of ..の〉. the wonderful ～ of the human body 人体のすばらしい仕組み. Japan's economic ～ 日本の経済構造. power ～ 権力構造. the ～ of a novel 小説の構成. **2** [C] 構造物, 組織体.
3 [C] **建造物**, 建物. There are many fine marble ～s in Rome. ローマには多くのみごとな大理石の建造物がある. a dilapidated ～ 老朽建築物.
── [動] [他] 〔考え, 計画など〕を組織立てる, 組み立てる, 〈around ..を中心に〉〈普通, 受け身で〉. a well ～d argument うまく組み立てられた議論.
[＜ラテン語 *struere*「積み上げる, 建築する」; -ure]

strúc·tured [形] 組織的な, 構造的な.

stru·del /strú:dl/ [名] [UC] 果物・チーズなどを薄い練り粉で包んで天火で焼いた菓子. [ドイツ語「渦巻」]

****strug·gle** /strʌ́g(ə)l/ [動] (～s /-z/|[過] [過分] ～d /-d/|-gling) [自] **1** もがく, じたばたする. The hare ～d to escape from the snare. ウサギはわなを逃れようともがいた. ～ for breath 呼吸しようともがく.
2 組み打ちする, 争う, 激闘[苦闘, 死闘]する, 〈*against*, *with* ..と〉. He ～d *with* his assailant for the gun. 彼は銃をもぎ取ろうと襲撃者と格闘した. The engineer ～d *with* the problem of pollution control. 技師は必死になって公害規制の問題に取り組んだ. ～ *with* a heavy trunk 〈比喩的〉重いトランクを動かすのに悪戦苦闘する. ～ *against* the tide [wind] 潮の流れ[風]に逆らって進む. ～ *against* poverty 貧困と闘う.
3 努力する, 奮闘する, 〈*for* ..を求めて〉; 骨折る〈*to* do ..しようと〉. ～ *for* a living 生活のため苦闘する. The doctor ～d *to* keep his patient alive. 医師は何とかして患者の生命をつなぎとめようとした.
4 [VA] もがいて[苦労して, やっとのことで]..する; 骨折って進む〈*along*, *on*〉, 押し分けて行く〈*through* ..を〉. ～ *along* [*on*] やっとのことで進んで行く, どうにかやって[暮らして]行く, 苦労して続ける. ～ up a steep hill 急坂を苦労して上る. ～ *through* the crowd 人混みを押し分けて進む. ～ *through* a book 本をなんとか読み終える.
strùggle thróugh なんとか終える.
strùggle to one's féet やっと立ち上がる.
strùggle one's wáy 苦労して押し進む (→way[1] 2 [語法]).
── [名] ([複] ～s /-z/) [C] **1** もがき, あがき.
2 闘争, 激闘. have a conclusive ～ with the enemy 敵と決戦する. a power ～＝a ～ for power 権力闘争. a ～ with disease 闘病.
3 〈普通, 単数形で〉**努力**, 奮闘, 骨折り, 〈*for* ..を得ようという/*to* do ..しようという〉. I got the tickets without a ～. 苦もなく切符を手に入れた. make a desperate ～ *to* make both ends meet 収支を合わせようと必死に努力する.

> 1, 2, 3 の [連結] a hard [an arduous, a bitter, a fierce, a heroic, a passionate, a tremendous, a violent; a constant, an unceasing] ～ // wage [carry on, put up] a ～

[＜中期英語; 擬音語か]

strùggle for exístence [lífe] [名] [C] 〈単数形で〉生存競争.

strug·gling [形] 苦闘する.

‡**strum** /strʌm/ [動] (～s|-mm-) [自] (ギター, バンジョーなどを)下手に[ぽつんぽつんと]鳴らす, つま弾く. ～ on a guitar ギターをつま弾く. ── [他] を下手に鳴らす; 〔曲〕を下手に弾く. ── [名] [C] つま弾き(する音).

stru·ma /strú:mə/ [名] ([複] **stru·mae** /-mi:/) [C] 〖医〗甲状腺腫(せんしゅ); 〖古〗瘰癧(るいれき) (scrofula).

strum·pet /strʌ́mpət/ [名] [C] 〖古〗売春婦.

strung /strʌŋ/ [動] string の過去形・過去分詞.

strùng-óut /⑱/ [形] 〈叙述〉〖話〗**1** 麻薬中毒の; 麻薬が切れて苦しんでいる; 〈*on* ..で〉. **2** 疲れ果てて, 神経過敏で. **3** 恋しい〈*for* ..〔別れた人など〕が〉.

strùng-úp /⑱/ [形] 〖英〗いらいらして; 緊張している.

‡**strut**[1] /strʌt/ [動] (～s|-tt-) [自] 威張って[そっくり返って]歩く, 気取って歩く. the ～*ting* gangs of the far right 我が物顔に横行する極右集団.
strùt one's stúff 〖話〗腕前の程(ほど)を見せる, 力を誇示する; 〖主に戯〗(ダンスで)魅力[セクシーさ]を見せつける.
── [名] [C] 〈普通, 単数形で〉もったいぶった[気取った]歩き方. [＜古期英語「頑張る」]

strut[2] [名] [C] 〖建〗支柱, 突っ張り.

struth /stru:θ/ [間] ＝strewth.

strych·nine /stríknən, -ni:n, -nain|-ni:n/ [名] [U] 〖化〗ストリキニーネ《神経興奮剤》.

Stu·art /st(j)ú:ərt|stjuət/ [名] **1** 男子の名. **2** [C] (英国の)スチュアート王家の人; 〈the ～s〉＝the House of *Stuart*. スチュアート王家《James 1 世から Anne 女王に至る (1603-1714) 英国の王家》. **3 Charles Edward** ～ スチュアート (1720-88)《James 2 世の孫で 4 の子; 英王位を要求し反乱を起こしたが敗れた; the Young Pretender と呼ばれる》. **4 James Francis Edward** ～ スチュアート (1688-1766)《James 2 世の子; 英王位を要求し継承しようとしたが失敗; the Old Pretender と呼ばれる》. **5 Mary** ～ →Mary 6.

‡**stub** /stʌb/ [名] [C] **1** (木の)株, 切り株. **2** (鉛筆などの)使い残し. a cigar ～ 葉巻の吸い残し. a ～ of a pencil 鉛筆の使い残し, すっかり短くなった鉛筆. **3** 〈一般に〉短いずんぐりしたもの. a ～ of a tail 短いしっぽ. **4** (小切手などの)控え《小切手を切り離した後で小切手帳に残る》, (切符などの)半券.

—— 動 (~s|-bb-) 他 **1**〔株など〕を引き抜く,〔土地〕の株を掘り抜く,〈*up*〉. **2**〔つま先〕をぶつける〈*on, against* ..〔切り株, 石など〕に〉. I ~*bed* my big toe against the stairs in the dark. 暗やみの中で足の親指を階段にぶつけた. **3** VOA (~ /X/ *out*) X(たばこの吸い残し)をもみ消す.
[<古期英語]

stub·ble /stʌ́b(ə)l/ 名 **1** C (麦などの1本の)刈り株; U〈集合的〉(一面の)刈り株. The ~ was burnt after harvesting. 取り入れが済んで畑の刈り株は燃された. **2** aU 刈り株状のもの; 短く刈った髪[ひげ]; 無精ひげ. He still had a ~ on his chin. 彼はまだあごに無精ひげを生やしたままだった.
[<ラテン語 *stup(u)la*「わら」]
▷**stub·bly** 形 刈り株だらけの; 刈り株のような,〔ひげなどが〕短くて硬い.

***stub·born** /stʌ́bərn/ 形 m **1** **頑固な**, 強情な. a ~ child 強情な[言うことをきかない]子供. (as) ~ as a mule とても頑固な. **2** **頑強な**, 不屈の, しぶとい. a ~ refusal 断固とした拒否. ~ resistance [opposition] 執拗(よう)な抵抗[反対]. **3**〔問題などが〕扱いにくい, 手に負えない. a ~ fact 曲げようのない事実. a ~ rash 頑固な[治りにくい]発疹(しん). ~ stains 頑固なしみ. [<中期英語 (<?)] ▷**~·ly** 副 頑固に, 強情に; 頑強に. **~·ness** 名 U 頑固[強情](さ); 頑強さ.

stub·by /stʌ́bi/ 形 e **1** 切り株のような; 切り株だらけの;〔毛などが〕短くて硬い. **2**〔指などが〕ずんぐりした. The dog has a ~ tail. その犬のしっぽは太くて短い.

stuc·co /stʌ́kou/ 名 (複 ~(e)s) UC 化粧しっくい(細工). —— 動 (~(e)s) 他〔壁など〕に化粧しっくいを塗る. [イタリア語] ▷**stuc·coed** 形

stuck /stʌk/ 動 stick² の過去形・過去分詞.
—— 形〈叙述〉**1** 動かなくて, 動かなくなって. **2** 行き詰まって, にっちもさっちもいかなくなって; 窮して, 不足して. **3** 離れられないで.
be stúck with →stick² 他 6.
be stúck on .. →stick².
get stùck ín →stick².
—— 名 U〈次の成句で〉. ***be in stúck***〖英話〗困っている.

stùck-úp /移/ 形〖話〗つんとした, お高くとまった, 生意気な.

†**stud**¹ /stʌd/ 名 C **1** (飾り)びょう《革などに打つ》; (道路の仕切りを示すのに打つ)びょう; (靴底の)びょう; (タイヤの)スタッド; (ワイシャツの)飾りボタン; ピアス. The belt was ornamented with brass ~*s*. ベルトはしんちゅうの飾りびょうが打ってあった. **2**〖建〗間(ま)柱;〖機〗植え込みボルト, 栓.
—— 動 (~s|-dd-) 他 **1** に(飾り)びょうを打つ, 飾りボタンを付ける. **2** に散りばめる, 点在させる,〈*with* ..を〉; に点在する. Little islands ~ the bay. 小さな島々が湾内に点在している. →studded.
[<古期英語「杭, 支柱」]

stud² 名 C **1**〈集合的〉(繁殖, 狩猟, 競馬用に飼っておく)馬群. **2**〖米〗種馬, 種牡(しゅぼ)馬. **3**〖卑〗(セックスの面で)精力的な(若い)男.
at [***in***] ***stúd*** 繁殖[種馬]用の.
(***be***) ***pùt óut to stúd*** 種馬として飼われて(いる).

stúd·bòok 名 C (競走馬などの)血統書.

stud·ded /-əd/ 形 **1**〈叙述〉散りばめる, 点在した,〈*with* ..を, が〉. a night sky ~ *with* stars 星を散りばめた夜空. **2**〈限定〉宝石[びょう]を散りばめた.

stud·ding·sail /stʌ́diŋsèil, stʌ́nsl/ 名 C〖船〗補助帆, スタンスル,《横帆の左右に付ける; 微風時用》.

‡**stu·dent** /st(j)úːd(ə)nt/ 名 (複 ~s /-ts/) C **1** (**a**) (大学の)**学生**;〖米〗(主にハイスクール以上の)生徒; (→pupil 類語). a law [medical] ~ 法科[医学部]学生. She is a Harvard ~ = She is a ~ at Harvard University 彼女はハーヴァード大の学生だ. an A [a B, a C] ~〖米〗(評価の) A[B, C]を取る[取った]学生. a ~ activist 学生運動家. a high school ~〖米〗高校生. (**b**)〈形容詞的〉学生の; 実習[見習い]の. a ~ nurse 看護実習生.

> 連結 an excellent [a bright, a brilliant, a clever, a gifted, an outstanding; a dull, a poor; a diligent, an industrious; a lazy; a foreign, an overseas] ~

2 **研究者**, 学者,〈*of* ..の〉. a great ~ *of* Oriental art 東洋美術研究の大家. **3**〖英〗(給費)研究生《特に Oxford 大学 Christ Church の fellow を指す》.
[<ラテン語 *studēns*「勤勉な」(<*studēre*「熱心に取り組む, 努力する」); -ent]

stúdent bòdy 名 C (1校の)全学生団.

stùdent cóuncil 名 C〖米〗学生自治委員会.

stùdent góvernment 名〖米〗=student council.

stùdent lóan 名 C 学生ローン《大学生が学資のために利用する; 卒業後就職してから返済する》.

stúdent·shìp 名 U **1** 学生であること. **2**〖英〗(大学の)奨学金.

stùdent('s) únion 名 C〖英〗学生会(館).

stùdent téacher 名 C 教(育実習)生.

stùdent téaching 名 U〖米〗教育実習(〖英〗teaching practice).

stúd fàrm 名 C 種馬飼育場.

stúd·hòrse 名 =stud² 2.

stud·ied /stʌ́did/ 形 **1** たくらんだ, 故意の;〔文体などが〕わざとらしい, 不自然な. in a ~ way わざと. with ~ politeness [indifference] わざとらしい丁寧さで[ことさら無関心を装って]. **2** 熟慮した; よく練れた, 周到な.
▷**~·ly** 副 **~·ness** 名

***stu·di·o** /st(j)úːdiòu/ 名 (複 ~s /-z/) C **1** (芸術家の)**仕事場**; 画室, アトリエ, 彫刻室; 写真撮影室, 写真館. **2** (ラジオ, テレビ局の)放送室, スタジオ; (レコードなどの)録音室. **3**〈しばしば ~s〉映画撮影所, スタジオ. **4**〖米〗=studio apartment.
[イタリア語 'study']

stúdio apàrtment 名 C〖主に米〗(台所, バス付きの)1間のアパート, ワンルーム・マンション, (〖英〗**stúdio flàt**; →bed-sitting room).

stúdio àudience 名 C (単数形で複数扱いもある)(ラジオ・テレビの公開放送に参加する)スタジオ視聴者.

stúdio còuch 名 C ベッド兼用ソファー《ベッドとして用いる場合は普通ダブルベッドになる》.

†**stu·di·ous** /st(j)úːdiəs/ 形 **1** 学問好きな, 勉強家の. **2** 熱心な, 苦心する, 努める,〈*to* do ..しようと〉, 熱心な〈*of* ..に〉. Shopkeepers should be ~ *to* please customers. 店主は客の気に入るように努めるべきだ. She is always ~ *of* her mother's comfort. 彼女は母親に楽をさせるようにいつも努めている. **3**〖章〗注意深い, 念入りな, 慎重な. The report treats the problem in ~ detail. 報告書はその問題を詳細綿密に扱っている.
[study, -ous] ▷**~·ly** 副 せっせと; 熱心に; 慎重に; 故意に. **~·ness** 名

‡**stud·y** /stʌ́di/ 動 (**stud·ies** /-z/|過 過分 **stud·ied** /-d/|**~·ing**) 他【よく努力して学ぶ】**1** **を勉強する**, 学ぶ, 学習する; VO (~ X/*wh* 節) X を/..かを研究する; (類語 何かを習得するための意識的努力を意味する; →learn). He's ~*ing* law. 彼は法律を学んでいる[法科の学生である]. I've been ~*ing* Russian for two years but have learned very little. この2年ロシア語を勉強しているが, あまり覚えていない. ~ Shakespeare under Dr. Horn ホーン博士の指導でシェイクスピアを研究する. ~ *how* dioxin causes cancer ダイオキシンがいかに癌(がん)の

原因となるかを研究する.
【よく検討する】 **2** を(詳しく)調べる, 調査する, 吟味する, 検討する. We'd better ～ the map before we go driving. ドライブに出かける前によく地図を調べた方がよい. The lawyer *studied* the case. 弁護士は事件をよく検討した.

1, 2 の 連結 ～ hard [intensively; diligently, earnestly; carefully; closely; systematically; extensively; desultorily]

3 〔人の顔など〕をよく見る, 注視する. I *studied* his face for signs of weariness. やつれの跡があるかどうか彼の顔をじっと見た. **4** に心を用いる, を配慮する. ～ one's own interests 自己の利益を図る. ～ the refugees' needs 難民たちに必要なものを配慮する.
── 自 **勉強する** 〈*at* ..で/*for* ..のために/*under* ..のもとで〉, おさらいをする; 研究する. ～ abroad 留学する. Susie *studies* harder than Jack. ジャックよりスージーの方が勉強家だ. What did you ～ *at* university? 大学で何を勉強しましたか. Fred is ～*ing* to be a doctor. フレッドは医者になるために勉強している. ～ *for* the bar 弁護士を目指す. ～ *for* one's exams 試験勉強をする. ～ *under* a well-known professor 有名な教授の下で学ぶ.
stùdy /../ óut 〔解決, 計画など〕を考え出す; 〔なぞなど〕を解く.
stùdy úp on .. 〖米話〗..を綿密に検討する, 詳しく調べる.
── 名 (複 **stúd·ies**) 【勉強, 研究】 **1** U **勉強**(すること), 勉学, 学習; 勉強, 研究; C 〈しばしば studies〉学業, 研究(活動). language ～ 言語学習. spend a lot of time in ～ 勉強に多くの時間を費やす. We begin the ～ *of* English in junior high school. 私たちは中学から英語の勉強を始める. He continued his *studies* at Cambridge. 彼はケンブリッジ大学で研究を続けた.
【研究の対象】 **2** C 学科, 学習分野; 学問, 研究分野. social *studies* 社会科. a comparatively new ～ 比較的新しい学問. media [American] *studies* マスコミ[アメリカ]研究.
3 【よい研究対象＞典型】 C 〈単数形で〉研究[注目]に値するもの, 見もの; 見本, 典型, 〈*of, in* ..の〉. His entire career was a ～ *in* selfishness and greed. 彼の全生涯は利己主義と貪(どん)欲の一色だった. He is a ～ *of* honesty. 彼は正直を絵にかいたような男だ.
【研究の場】 **4** C **書斎**, 勉強室, 研究室. I visited Professor Roth in his ～. ロス教授を研究室に訪ねた.
【研究[勉強]の成果】 **5** C 研究(論文); 検討, 調査; 調査報告; 〈*of, in, on, into* ..の〉. A *Study of* Poetry『詩の研究』《書名》. *Studies in* Middle English『中期英語研究』《書名》. make [carry out] a ～ 研究をする. do a ～ *into* ..を調査する. Recent *studies* show [suggest] that .. 最近の研究によると, ..であることを示して[示唆して]いる. make a thorough ～ *of* traffic problems 交通問題を徹底的に検討する.

連結 a careful [a meticulous; a detailed, an exhaustive, an in-depth; a comprehensive; a large-scale; a classic; a definitive] ～ // do [conduct] a ～

6 C (文学, 美術などの)習作, スケッチ; 〖楽〗練習曲, エチュード. a ～ of a woman's profile 女性のプロフィールの習作.
7 C 〖劇〗〈普通, 修飾語と共に〉(せりふ暗唱能力から見た)俳優. a quick [slow] ～ せりふ覚えの早い[遅い]役者.
in a bròwn stúdy 〖旧〗ぼんやり考え込んで.
[＜ラテン語 *studēre*「熱心に取り組む, 努力する」]

stúdy gròup 名 C (定期的に開かれる)研究会(のメンバー).

stúdy hàll 名 C 〖米〗(学校の)自習室; 自習時間.

***stuff** /stʌf/ 名 U 【材料】 **1 材料**, 原料; 資料, 素材; 〈読書の対象としての本やテレビ番組などを指して〉もの. building ～ 建築資材. What ～ is this article made of? この品物は何でできていますか. That ～ will make boring reading. その程度のものじゃ読んで退屈なものになるだろう. There's some good ～ on TV today. 今日のテレビはいいのがある.
2 (**a**) (人の)素質. He has good ～ in him. 彼はよい素質を持っている. I'll make them know what ～ I'm made of. おれがどんな人間かあいつらに知らせてやろう. I'm made of sterner ～ than that. 私はそんなやわではない. (**b**) (事柄の)本質. the ～ of democracy 民主主義の本質.
3 【材料＞物資】 (**a**) 織物; 〈特に〉毛織物, ウール, 《cotton, linen, silk などに対して》. a dress made of ～ ウールの服. (**b**) 食べ物, 飲み物; 薬, 酒; 〖俗〗麻薬. garden [green] ～ 野菜, 青物. doctor's ～ 薬.
【材料＞物】 **4** 〖話〗〈一般に〉**物**, 物体, 物質, (類語 名前のはっきりしないもの, はっきり言う必要のないものなどに用いる; →thing). some sticky ～ 何やらべとつく物. What's the name of that ～ you mended the vase with? 君が花瓶を修理するのに使ったあれ, 何て名前だったかな. We can get curtain rods, screws, and all that ～ nearby. カーテンレール, 木ねじなどといったものは近所で買える. This is very good ～. これはとても上出来の代物だ.
5 〖話〗家財道具; 持ち物, 手回り品; 〖俗〗〈the ～〉金(かね), 現なま. Did the insurance pay for the ～ that was burned in the fire? 火事で焼けた家財の損害は保険で賄えましたか. I've packed and sent my ～ already. 持ち物はもう荷造りして送ったよ.
【つまらない物】 **6** くず, がらくた. The attic is full of old ～. 屋根裏部屋はがらくたでいっぱいだ. emphasis on all this PC ～ 何でもかんでも PC と言うくだらないものの強調.
7 ばかばかしいもの, 下らない考え; 駄作. She believed all that ～ the swindler told her. 彼女はあのぺてん師の言うばかなことを何でも信じた.
a bit of stúff 〖英俗・軽蔑〗(性の対象としての)女, すけ.
and (all thát) stùff その他のすべて.
dò [shów] one's stúff 〖話〗本領を発揮する, 期待通りに活躍する; 腕前(の程(ほど))を見せる.
knòw one's stúff 〖話〗自分の仕事[職分]をよくわきまえている, 万事抜かりがない, よく知っている.
Stùff and nónsense! 〖話〗(人が言ったことに対して)そんなばかな, とんでもない, 《今はややまれな表現》.
Thàt's the stúff! 〖話〗全くその通り, まさにそれだ, 《Great ～! とも言う》.
── 動 (～**s** /-s/|過 過分 ～**ed** /-t/|**stúff·ing**) 他
【物を詰める】 **1** (**a**) 〔容器など〕に**物をいっぱいに詰める**, をぎゅうぎゅう詰めにする; に詰める〈*with* ..を〉; VOA を詰め込む, 押し込む, 〈*into, in* ..に/*behind* ..の後に/*inside* ..の中に〉. My pockets were ～*ed with* small change. ポケットの中は小銭でいっぱいだった. ～ one's head *with* facts＝～ facts *into* one's head いろいろな事実を頭に詰め込む. (**b**) 〔クッションなど〕に中身を詰める〈*out, up*〉; 〔鳥, 野菜など〕に(調理前に)詰め物をする. ～ a pillow [turkey] まくらに(羽毛などの)中身を詰める[七面鳥に(野菜, 調味料などの)詰め物をする]. (**c**) VOC (～ X Y) 詰め込んで X を Y にする〈*with* ..で〉. Don't ～ your mouth so full (*with* food). 口の中に(食べ物を)そんなに詰め込むな. a wallet ～*ed* full of dollars ドル札のどっさり入った財布.
2 〔鳥, 獣〕を剝(はく)製にする〈主に受け身で〉. The tiger was ～*ed* and put in a museum. トラは剝製にされて博物館に置かれた. →stuffed.

S

3〔穴, 耳などを〕(物を詰めて)ふさぐ〈*up*〉. My nose is ~*ed up*. (風邪を引いて)鼻が詰まっている. ~ *up* a hole in the wall with paper pellets 壁の穴を紙つぶてを詰めてふさぐ.

4【腹に詰め込む】〖話〗にたらふく[いっぱい]食わせる, 〈~ oneself で〉たらふく食べる, がつがつ食う, 〈*with* ..を〉. He ~*ed himself with* hotdogs. 彼はホットドッグをたらふく食べた. The baby's simply ~*ed*, and he can't eat another bite. 赤ん坊はすっかり満腹だ, もうひと口も食べられないよ.

5〖主に英旧卑〗〔女性〕と性交する, 'やる'.

6【にせ物を詰める】〖米〗〔投票箱〕に不正投票する.

【くずとして扱う】 7〖俗〗を(いいかげんに)あしらう, (不要のものとして)始末する; 〖話〗〈can ~で〉..なんかごめんだ. You *can* ~ the job! そんな仕事なんかごめんだ. **8** を負かす, 破る.

── 自〖話〗がつがつ[たらふく]食う.

Gèt stúffed!〖英俗〗いいかげんにしろ, あっちへ行け, もうたくさんだ, 《大変無礼な表現》.

stùff one's fáce たらふく食べる, がつがつ食う, 〈*with* ..を〉.

Stúff it!*＝*Stùff yóu* [*thém*]*! ＝Get STUFFed!

stùff /../ úp (1)→他 1(b). (2)..を詰めてふさぐ.

[＜古期フランス語 *estoffe*「原料, 備品」(＜ゲルマン語)]

stuffed /-t/ 形 **1** 剝(は)製の. a ~ tiger 剝製のトラ. a ~ animal〖米〗縫いぐるみ(〖英〗soft toy). **2** 詰め物をした. **3** 満腹で.

stùffed shírt 名 C〖話〗もったいぶった威張り屋, しかつめらしいうるさ型(の男), 堅苦しい男.

stùffed-úp /㊥/ 形 鼻詰まりで, 詰まって.

‡**stúff·ing** 名 U 詰め物《家具などに詰める羽毛, 綿, わらなど; 鳥料理で腹に詰めるパン, 調味料など》.

knòck* [*tàke*] *the stúffing out of a pérson〖話〗人をこてんこてんにやっつける[すっかり参らせる].

‡**stuff·y** /stʌ́fi/ 形 e **1**〔部屋などが〕風通しの悪い; むっとする, 息苦しい. ~ weather うっとうしい天気. **2**〔鼻が〕詰まった. **3**〔話などが〕退屈極まりない, 無味乾燥な. **4**〔人が〕堅苦しい, 気詰まりな. ▷**stuf·fi·ly** 副 **stuff·i·ness** 名 U 風通しの悪いこと; 堅苦しさ.

stul·ti·fy /stʌ́ltəfài/ 動 (-fies|過 過分 -fied|~·ing) 他〖章〗**1**〔努力など〕をばからしく見せる[思わせる], 無意味にする. The reform plan was *stultified* by general indifference. 改革案はみんなの無関心のために尻(しり)すぼみになった. **2** (後の矛盾した行為で)を無効にする, ぶち壊す; を無気力[だめ]にする. Repetitive work will ~ your mind. 同じことを繰り返す作業は退屈で頭を鈍くするものだ.

stúltify onesèlf ばか丸出しにする; 自己矛盾に陥る.

[＜ラテン語 *stultus*「愚かな」]

▷**stul·ti·fi·ca·tion** /stʌ̀ltəfəkéiʃ(ə)n/ 名

stúl·ti·fỳ·ing 形 うんざりするような.

***stum·ble** /stʌ́mb(ə)l/ 動 (~s /-z/|過 過分 ~d /-d/|-bling) 自 **1** つまずく, つまずいて転ぶ, 〈*over, on* ..に〉; VA よろめく, よろめきながら歩く. He ~*d* and fell down the stairs. 彼はつまずいて階段を転げ落ちた. ~ *over* a stone 石につまずく. ~ along よろめき進む. ~ into bed よろめきながらベッドに入る. ~ into debt〈比喩的〉借金生活に落ち込む. ~ through 将来を考えずにぶらぶら過ごす. **2**〖雅〗失敗をする, やり損なう; (道徳的に)つまずく, 罪を犯す. **3** とちる, つかえる, どもる, 〈*at, over* ..〔言葉など〕を〉. He often ~*d over* his words. 彼はしばしば言葉がつかえた. ~ through a speech つかえつかえ演説を終える.

stúmble across* [*on, upon, onto*] *.. ..に偶然出くわす[巡り合う], ..を偶然見つける.

── 名 U つまずき, よろめき; 〖雅〗失策, 過失.

[＜古期北欧語; stammer と同根] ▷**stum·bler** 名

stúmble·bùm 名 C〖米話〗**1** のろまな二流ボクサー. **2** ぐず, 能なし.

stúmbling blòck 名 C じゃま物, 障害, 〈*to* ..への〉《＜〖聖書〗『ローマの信徒への手紙』14:13》.

stúm·bling·ly 副 よろめきながら; つかえつかえ, しどろもどろに.

†**stump** /stʌmp/ 名 C **【切り株】 1** (木の)切り株 (stub). sit on a ~ and have a rest 切り株に腰掛けてひと休みする. **2** 演壇《昔, 米国の新開地で木の切り株に上って演説したことから》; 選挙[政治]演説. a ~ speech 選挙演説. **3**〖クリケット〗(wicket の)柱《3本立っている》.

【切り残し】 4 (鉛筆などの)使い残し, (たばこの)吸い残し; (折れた歯の)根, (切断された手足の)基部. Use your pencils till they are worn to their ~*s*. すっかり短くなるまで鉛筆を使いなさい. the ~ of a tail (先を切ってしまったような)短く太い尾.

5 義足; 重い[ぎくしゃくした]足取り[足音]; 〖話〗〈~s〉足. **6** 擦筆(さっぴつ)《鉛筆画などのぼかしに使う》.

on the stúmp〖話〗選挙運動をして, 遊説に[で].

stìr one's stúmps〖旧話〗急いで歩く; 急いで[さっさと]やる.

tàke* [*tàke to, gò on*] *the stúmp〖話〗選挙演説をして歩く, 遊説する.

up a stúmp〖米話〗途方に暮れて, 困惑して. have a person *up a* ~〔人〕を困らせる.

── 動 他 **1**〔木〕を切り株にする; 〔土地〕の切り株を取り去る. **2**〔土地〕を(選挙)演説して歩く, 遊説する. **3**〖クリケット〗〔打者〕をアウトにする《捕手がボールを柱にタッチして》. **4**〖話〗〔質問などが〕をまごつかせる, 立ち往生させる, 〈主に受け身で〉. I'm ~*ed*. 困った. He was ~*ed* for words [a retort]. 彼は言葉に[やり返すのに]窮した. **5**〖米話〗〔人〕に挑む, 挑戦する.

── 自 **1** VA (義足で歩くように)重苦しく[ぎくしゃく]歩く, どたばた歩く, 〈*across, along* ..を〉. Stop ~*ing* around the room. 部屋の中をどたばた歩き回るのはやめろ. **2** 遊説する〈*for* ..のために〉; VA 遊説に出る. ~ *around* the country 全国を遊説して回る.

hàve* [*gèt*] *a person stúmped〔質問などで〕人を困らせる. (You've) *got* me ~*ed*. 全く分かりません.

stùmp úp〖主に英話〗金をしぶしぶ払う[出す]〈*for* ..のための〉.

stùmp /../ úp〖主に英話〗〔金〕を(しぶしぶ)払う, 出す. ~ *up* cash 金を出す. [＜中期低地ドイツ語]

stúmp·er 名 C **1** 当惑させるもの, 難問. **2** ＝stump orator. **3**〖英話〗＝wicketkeeper.

stúmp òrator [spèaker] 名 C 選挙演説者.

stump·y /stʌ́mpi/ 形 e 切り株だらけの; (切り株のように)ずんぐりした, 太くて短い.

***stun** /stʌn/ 動 (~s /-z/|過 過分 ~ned /-d/|stún·ning) 他 **1** を(打って)気絶させる, 目を回させる; 〔大音響が〕の耳を聞こえなくする. The robber ~*ned* him with a blow to the head. 賊は彼の頭を殴って気絶させた. **2** を仰天させる, あっけにとらせる, 〈しばしば受け身で〉. He was ~*ned* by the news. 彼はその知らせに茫(ぼう)然自失だった. a ~*ned* silence 驚きのあまりの沈黙.

[＜古期フランス語; astonish と同源]

stung /stʌŋ/ 動 sting の過去形・過去分詞.

stún gùn 名 C スタンガン, 高電圧銃, 《電気ショックを利用した護身道具; 暴徒などを制圧するためにも用いる》.

stunk /stʌŋk/ 動 stink の過去形・過去分詞.

stún·ner 名 C 気絶[びっくり]させるもの[人, こと]; 〖旧話〗すてきな美人[代物(しろもの)].

†**stún·ning** 形 **1** 気絶させるほどの; 耳を聾(ろう)するばかりの; 唖(あ)然とするほどの. **2**〖話〗すてきな, すばらしい; すごくきれいな. What a ~ beauty! 何てすごい美人だ. **3** 驚くべき. ▷**~·ly** 副

stun·sail, stun·s'l /stʌ́nsl/ [名] ＝studdingsail.

‡**stunt**[1] /stʌnt/ [動] [他] の成長を妨げる, をいじけさせる; 〔成長, 発展〕を阻止する. Poor soil and the hard climate ～ the plants in this area. やせた土と厳しい気候のためにこの地域の草木はいじけている. a ～*ed* pine tree (盆栽の松のように)成長の止まった木. a ～*ed* mind 発育不全の精神[知能]. [＜古期英語「ばかな」]

‡**stunt**[2] [名] [C] **1** (人をあっといわせるような, 危険を伴う)離れ業, 妙技, 曲芸; 曲乗り[高等]飛行, (自動車の)曲乗り運転, スタント. do [perform] a ～ 曲芸[スタント]を行う; あっと言わせるような事をやる. **2** (ことさらに人目を意識した)行為, 人気取り. a publicity ～ 派手な宣伝活動. pull a ～ ばかな〔危ない〕ことをする; (愚かな)策略を巡らす. [＜?]

stúnt màn [wòman, pèrson] [名] [C] 〖映〗 スタントマン《危険な場面で俳優の代役を務める》.

stu·pa /stúːpə/ [名] [C] 〖仏教〗 仏舎利(ぶっしゃり)塔.

stupe /st(j)uːp/ 〖医〗 [名] [C] 温湿布.
── [動] [他] に温湿布する.

stu·pe·fa·cient /st(j)ùːpəféiʃənt [移]/ [形] (感覚を)麻痺(まひ)させる.
── [名] [C] 〖医〗 麻酔剤.

stu·pe·fac·tion /st(j)ùːpəfǽkʃ(ə)n/ [名] [U] 〖章〗 昏(こん)睡(状態); 茫(ぼう)然自失.

stu·pe·fy /st(j)úːpəfài/ [動] (**-fies** | [過] [過分] **-fied** | **～·ing**) [他] 〖章〗 **1** を昏(こん)睡させる, の知覚を失わせる, 〈しばしば受け身で〉. The drug *stupefied* her [her senses]. その薬で彼女は知覚を失った. **2** を茫(ぼう)然とさせる; を仰天させる, まごつかせる; 〈*with* ..で〉〈しばしば受け身で〉. be *stupefied with* grief 悲しみで茫然となる. [＜ラテン語 *stūpere*「気絶する」; -ify] ▷**stu·pe·fied** [形] 茫然とした.

stu·pen·dous /st(j)uːpéndəs/ [形] 途方もない, びっくりするほどの; 巨大な; すばらしい. look down from a ～ height 途方もない高所から見下ろす. a ～ mistake とてつもない間違い. [＜ラテン語 *stupēre*「立ち止まる, あきれる」] ▷ **～·ly** [副] 途方もなく.

‡**stu·pid** /st(j)úːpəd/ [形] [e], [m] **1** (生来)ばかな, 愚鈍な, 間の抜けた; 〔言動などが〕ばかげた, ばかばかしい; (↔ clever; [類語] foolish より強い語; 非難やののしりの気持ちを込める). This dog is too ～ to learn tricks. この犬はばかなのでどうしても芸を覚えない. This is the ～*est* mistake. これはこの上なくばかばかしい誤りだ. How ～ of me (it was to have forgotten it)! (それを忘れたなんて)私としたことが何と間の抜けた話だ.
2 面白くない, 下らない, 退屈な. a ～ speech [party] 下らない演説[パーティー].
3 〈限定〉〖話〗〔物が〕腹立たしい, いらいらさせる; いまいましい. That ～ television is out of focus again! あのばかテレビめが, また画面がぼけてる.
4 〈叙述〉昏(こん)睡した, ぼーっとなった〈*with* ..で〉. feel ～ from lack of sleep 睡眠不足で頭がはっきりしない. ～ *with* shock ショックでぼーっとなった. The blow knocked him ～. その一撃で彼は昏倒した.
── [名] [C] 〖話〗 ばか, 間抜け.
[＜ラテン語 *stupidus*「気絶した, ばかな」(＜*stūpere*「気絶する, あきれる」)] ▷ **～·ly** [副]

*__stu·pid·i·ty__ /st(j)uːpídəti/ [名] ([複] **-ties** /-z/) [U] 愚鈍, ばかさ(加減); [UC] 〈普通 -ties〉ばかな行為[言葉]. the ～ of his remark 彼の言葉の愚かさ. This is just another of her usual *stupidities*. これも彼女の例のばかな行いにすぎないよ. [stupid, -ity]

†**stu·por** /st(j)úːpər/ [名] [UC] 人事不省, 昏(こん)睡; 無感覚; 茫(ぼう)然自失. in a drunken ～ 酔っ払って正体がない. [ラテン語 (＜*stūpere*「気絶する」)]

stur·di·ly /stə́ːrdili/ [副] 頑丈に, しっかりと; 頑強に.

stur·di·ness /stə́ːrdinəs/ [名] [U] 屈強, 頑丈; 不屈, 剛毅(き).

*__stur·dy__ /stə́ːrdi/ [形] [e] (**-di·er** | **-di·est**) **1** 屈強な, 体の頑丈な, 頑健な; 丈夫な(作りの). He is not tall but ～. 彼は背は高くないががっちりとたくましい. the ～ oaks of the forest 森の頑丈なカシの木. a very ～ chair 非常にしっかりできたいす. **2** 不屈の〔勇気など〕; 剛毅(き)な; 頑強な. a ～ resistance 頑強な抵抗. [＜古期フランス語「気絶した, 目を回した (?＞目まいがするような)」]

stur·geon /stə́ːrdʒ(ə)n/ [名] ([複] **～, ～s**) [C] 〖魚〗 チョウザメ《北半球の淡水, 海水に住む; 食用; caviar や isinglass を採る》.

‡**stut·ter** /stʌ́tər/ [動] [自] **1** どもる, どもり癖がある, ([類語] 特に, 癖で stammer すること). **2** 〔機械などが〕連続音を発する, だっだっだっという. **3** [VA] 〔古い車などが〕がたがたと進む〈*along*〉; 〔議論などが〕ぎくしゃくと続く〈*on*〉.
── [他] [VO] (～ X/"引用") X を/「..」とどもりながら言う; を連続音を発しながら出す; 〈*out*〉. ～ (*out*) a reply どもりながら返答をする. The teleprinter ～*ed out* its gloomy news. テレタイプはその暗い知らせをばたばたと打ち出した.
── [名] [C] どもること, どもり(癖).

stút·ter·er /-t(ə)rər/ [名] [C] どもる人.

stút·ter·ing /-t(ə)riŋ/ [形] 良かったり悪かったりの.

stút·ter·ing·ly /-t(ə)riŋli/ [副] どもりながら.

St. Valentine's Day /seint-vǽləntainz-dèi | s(ə)n(t)-/ [名] ＝Saint Valentine's Day.

St. Vi·tus's dance [名] →Saint Vitus's dance.

sty[1] /stai/ [名] ([複] **sties**) [C] 豚小屋《今は普通 pigsty と言う》; (豚小屋のように)汚い場所[家].

sty[2], **stye** /stai/ [名] ([複] **sties, styes**) [C] 〖医〗 麦粒腫(しゅ), ものもらい. have a ～ in one's eye 眼にものもらいができる.

Styg·i·an /stídʒiən/ [形] **1** 三途(さんず)の川 (Styx) の, 地獄の. **2** 〖雅〗 地獄のような; 真っ暗な, 陰気な. ～ gloom 真っ暗闇(やみ).

‡**style** /stail/ [名] ([複] **～s** /-z/) **【方式】** **1** [UC] (物事の)**やり方**, 流儀, 方式, ..流, ..風. the British ～ of living 英国流の暮らし方. American management ～ アメリカ式管理. It's just not my ～. そういうやり方は私はしない[好まない]. I don't like rap; Eurobeat is more my ～. ラップは好きではない. ユーロビートの方が私はいい.
2 [UC] **文体**; 話しぶり, 口調; 印刷様式《つづり, 句読点などの規則》. He writes in a simple ～. 彼は簡潔な文章を書く. a writer without a ～ (独自の)文体を持たない作家. a formal ～ of speaking 堅苦しい話しぶり. write in house ～ 特定出版社の印刷様式に従って書く.

> [連結] an elegant [a refined; a plain; an austere; a clear, a lucid; a lively, a vivid; a delicate; a terse; a flowery, an ornate; a ponderous; a pretentious; a sloppy] ～ // develop [polish] one's ～

3 **【様式】** [UC] (建築, 工芸, 文芸などにおける時代, 流派などの)**様式**, 風(ふう), 作風. classic ～*s* of architecture 古典的な建築様式. pointed arches in the Gothic ～ ゴシック風のとがったアーチ. compose in the ～ of Beethoven ベートーヴェン風の曲を作る.
【型】 **4** [C] (服装などの)**型**, スタイル. the latest ～*s* in hats 帽子の最新の型. [注意] 日本語で「スタイルがいい」という場合のスタイルは英語では figure.
5 [UC] **流行(型)**, ファッション, ([類語] 洗練された独特な流行の型に重点があり, しばしば高級の感じを与える; →fashion 3). *Styles* in clothing keep changing. 衣服の流行は絶えず変化する. be in [come into] ～ 流行している[になる]. be [go] out of ～ 流行遅れである[になる].

S

6 [C] 種類, 型, タイプ, (kind, sort). What ～ of man is he? 彼はどういうタイプの人ですか.
7【種類＞格付け】 [C] 〘章〙 称号, 肩書き, 呼称. He wrote under the ～ of Mark Twain. 彼はマーク・トウェーンという名で物を書いた.
【優雅な生活様式】 8 [U] 当世風の暮らし; 優雅[ぜいたく](な暮らし). live in (grand, great, fine) ～ 豪勢な暮らしをする. travel [wine and dine] in ～ 大名旅行[酒食の大盤振る舞い]をする.
9 [U] (作法, 態度などの)上品さ, 品位. Lupin is a thief with ～, so to speak. ルパンはさしずめ気品あるどろぼうといったところだ. There is no ～ about her. あの女には品というものがない.
【筆 (＜stylus)】 10 ＝stylus 1.
11 [C] 〘植〙 花柱(かちゅう) 《雌しべの柱状部》.
12【日時計の針＞時】 [C] (日時計の)針; 暦法. →New [Old] Style.
── [動] [他] 1 (a) 〔衣服, 家具など〕を一定の様式に合わせる[合わせて作る]; をデザインする 〈*for* ..向きに〉; 〔髪〕を整える, セットする. have one's hair ～*d* 髪をセットしてもらう. (b) [VOA] (～ X *on* ..) X を〔ある様式など〕に合わせる; (～ *oneself on* ..) ..をまねる. a bar ～*d on* an English pub イギリスのパブ風の飲み屋. 2 [VOC] (～ X Y) X を Y と称する[呼ぶ]. Lincoln was ～*d* "Honest Abe." リンカーンは「正直者のエイブ」と呼ばれた.
[＜ラテン語 *stilus*「(ろう板に書くための)尖筆, 鉄筆」]

-style 〈複合要素〉「..風[式]の」. a Beaujolai-*style* wine ボージョレー風ワイン. American-*style* management アメリカ式管理. dress 1960s-*style* 1960 年代風に装う.

stýle·bòok [名] [C] 1 〘米〙 スタイルブック 《流行の服装を図示した本》. 2 印刷便覧 《印刷, 編集上の句読点などの規則を書いた本》.

sty·li /stáilai/ [名] stylus の複数形.

stýl·ing [名] [U] 1 スタイル. 2 調髪.

stýling brùsh [名] [C] (特に, 女性用の)スタイリング・ブラシ.

‡**styl·ish** /stáiliʃ/ [形] 流行の; いきな, かっこいい.
▷ ～**·ly** [副] 当世風に, ハイカラに. ～**·ness** [名]

‡**styl·ist** /stáilist/ [名] [C] 1 文体に凝る人, 名文家. 2 (衣服, 髪型, 室内装飾などの)デザイナー, スタイリスト; (自動車の)設計家, カーデザイナー. [注意]「自分をスマートに見せるのに気を配る人」という日本語の「スタイリスト」の意味は stylist にはない.

‡**sty·lis·tic** /stailístik/ [形] 文体(上)の; 文体論(上)の; 様式(上)の. ▷ **sty·lis·ti·cal·ly** /-k(ə)li/ [副] 文体(論)上; 様式において.

sty·lís·tics [名] 〘言〙〈単数扱い〉文体論.

‡**styl·ize** /stáilaiz/ [動] [他] 〔表現など〕を在来の型にはめる, 様式化する. a ～*d* representation of shamrock シロツメクサの(写実的でなく)様式化した絵. ▷ ～**d** [形] **stỳl·i·zá·tion** [名]

sty·lo·graph /stáiləgræf|-grɑ̀:f/ [名] [C] 万年尖(せん)筆 《先が細い管になっている; 旧式なもの》.

sty·lus /stáiləs/ [名] ([複] ～**·es, sty·li** /-lai/) [C] 1 尖(せん)筆 《昔, 蠟(ろう)板に字を書くのに用いた》. 2 鉄筆; (レコードプレーヤーの)針; (日時計の)針; (地震計などの)針. [ラテン語]

sty·mie, -my /stáimi/ [名] ([複] **-mies**) [C] 1 〘ゴルフ〙 スタイミー 《グリーン上で自分の球とホールの間に相手の球がある状態》, スタイミー状態にある球. 2 〘話〙 妨害されること; 困った状態.
── [動] [他] 1 〘ゴルフ〙〔相手(のボール)〕をスタイミーでじゃまする. 2 〘話〙〔人の行動〕を妨害する, じゃまする.

styp·tic /stíptik/ [形] 〔物質が〕出血を止める, 止血性の. ── [名] [C] 止血剤.

stỳptic péncil [名] [C] (口紅状の)止血薬, 血止め, 《ひげそりの傷などに塗る》.

sty·rene /stái(ə)ri:n, stí(ə)r-|stáiər-/ [名] [U] 〘化〙 スチレン, スチロール, 《合成樹脂, 合成ゴムの原料》.

Sty·ro·foam /stái(ə)rəfòum/ [名] [U] 〘商標〙 スタイロフォーム 《発泡スチロール》.

Sty·ron /stái(ə)rən/ [名] **William ～** スタイロン (1925–) 《米国の作家》.

Styx /stiks/ [名] 〈the ～〉〘ギ神話〙 ステュクス, '三途(さんず)の川', 《死者の国 (Hades) を取り巻いて流れる川》. cross the ～ 三途の川を渡る, 死ぬ. [ギリシア語 (＜「憎むべき」)]

sua·sion /swéiʒ(ə)n/ [名] [U] 説得, 勧告, (persuasion) 〈普通, 次の成句で〉. ***mòral suásion*** 道義に訴える勧告.

suave /swɑ:v/ [形] 〔人, 話しぶり, 態度などが〕柔和な, 温和な, 人当たりのいい, 物腰の丁寧な.
▷ **suáve·ly** [副] 柔和に, 丁寧に. **suáve·ness** [名]

suav·i·ty /swɑ́:vəti/ [名] ([複] **-ties**) 1 [U] 柔和, 人当たりのよさ, いんぎんさ. 2 〈-ties〉 丁寧な言動, いんぎんな態度.

sub /sʌb/ 〘話〙 [名] [C] (★sub- で始まる語の短縮形) 1 潜水艦 (submarine). 2 代役, 補欠(選手); 代用品; (substitute). 3 副主筆 (subeditor); 〘軍〙 属[副]官 (subordinate), 〘英軍〙 陸軍中[少]尉 (subaltern), 〘英〙 海軍中尉 (sublieutenant); 〘米〙 代用教員. 4 〘英〙 (加入団体へ払う定期的な)会費 (subscription). 5 〘英〙 (給料の)前借り 《＜subsidy》. 6 〘米〙 ＝submarine sandwich (→hero sandwich).
── [動] (～s|-bb-) [自] 代わりをする 〈*for* ..の〉.
── [他] 1 の副主筆を務める. 2 〔(給料の)前借り〕を渡す[受け取る].

sub. subaltern; subject; submarine; substitute; suburb(an); subway.

sub- /sʌb, səb/ [接頭]「下; 次, 亜, 副; やや, 半など」の意味. *sub*marine. *sub*tropical. *sub*conscious.
★c, f, g, p, r の前ではそれぞれ suc-, suf-, sug-, sup-, sur- となり, m の前では sum- 又は sub-, s の前では sus- 又は sub- となる. [ラテン語 *sub* 'under, close to']

sùb·ácid /[形]/ [形] 1 やや酸っぱい. 2 〔言葉などが〕やや辛辣(らつ)な.

sùb·ágent [名] [C] 副代理人.

sub·al·tern /səbɔ́:ltərn, sʌ́b(ə)l-|sʌ́b(ə)lt(ə)n/ [名] [C] 次官, 副官; 〘英軍〙 陸軍中[少]尉.

sùb·antárctic /[形]/ [形] 南極に近い, 亜南極の.

sùb·áqua /[形]/ [形] 潜水の.

sùb·árctic /[形]/ [形] 北極に近い, 亜北極の.

sùb·área [名] [C] 地域[分野]の下位区分, サブエリア.

sùb·árid [形] 〔地域, 気候が〕亜乾燥の.

sùb·átom [名] [C] 〘物理〙 亜原子 《陽子, 電子など》.

sùb·atómic /[形]/ [形] 〘物理〙 亜原子の 《原子より小さい陽子, 電子などを言う》. ～ particles 亜原子粒子.

súb·clàss [名] [C] 〘生物〙 亜綱.

sùb·commíttee [名] [C] 〈単数形で複数扱いもある〉 小[分科]委員会.

sub·com·pact /-ˊ-ˊ-, ˋˊ-ˊ-|-ˊ-ˊ-/ [名] [C] 〘米〙 超小型車 (**subcómpact càr**).

***sub·con·scious** /sʌ̀bkɑ́nʃəs|-kɔ́n- [形]/ [形] [¢] 潜在意識の(中にある); ぼんやりとしか意識していない. Your nervousness in his presence comes from a ～ hatred of him. 君が彼の前でいらいらするのは彼への潜在的な憎しみから来ている.
── [名] [U] 〈the [one's] ～〉 潜在意識, 下意識.
▷ ～**·ly** [副] 潜在意識的に, おぼろげに. ～**·ness** [名] [U] 潜在意識.

sùb·cóntinent [名] [C] 亜大陸 《インド, アラビア, ニューギニアなど》. the (Indian) ～ インド亜大陸.

sùb·continéntal /[形]/ [形], [名] [C] 〘米〙 (インド)亜大陸の(人). [語法] 〘米〙では普通, インド亜大陸の人についてこの語を用い, 東・東南アジアの人については Asian 又は

Oriental を用いる; 〘英〙では普通, いずれの場合も Asian を用いる.

sùb·cón·tract 名 C 下請け(契約). ── /ˌ-ˈ-|ˌ-ˌ-/ 動 他, 自 (を)下請け(契約)する.

sub·con·trac·tor /sʌ̀bkántræktər, -kəntrǽk-|-kəntrǽktə/ 名 C 下請け人[業者].

súb·cùlture 名 UC 下位文化, サブカルチャー, 《1つの文化の中にある小さな文化(集団); 例えばアメリカ文化の中のユダヤ人文化》. the gay ～ ゲイカルチャー.

sub·cu·ta·ne·ous /sʌ̀bkju(ː)téiniəs ㊙/ 形 皮下の. ～ fat 皮下脂肪. ▷～·ly 副

sùb·déacon 名 C 〘キリスト教〙副助祭, 副補祭.

sub·deb /sʌ́bdèb/ 名 〘米話〙＝subdebutante.

sub·deb·u·tante /sʌ̀bdébjutàːnt/ 名 C 〘米〙(社交界へ出る前の) 15–16 歳の娘.

‡**sub·di·vide** /sʌ̀bdəváid, ˌ-ˌ-ˈ-|ˌ-ˌ-ˈ-/ 動 他 をさらに分ける, 再分割する, 細別する, 〈*into* ..に〉. ～ the land and sell it in small lots 土地をさらに分割し, 小さく区分けして売る. The second part is ～*d into* eight chapters. 第 2 部はさらに 8 章に分けられている.
── 自 再分割される, 細別される, 〈*into* ..に〉.
[sub-, divide]

†**sub·di·vi·sion** /sʌ̀bdəvíʒ(ə)n, ˌ-ˌ-ˈ-/ 名 U 再分割[細別](すること); C (分けられた)一部分, 下位区分; 〘米〙分譲区画[宅地].

sub·du·al /səbd(j)úːəl|-djúː(ː)-/ 名 U **1** 征服. **2** 抑制. **3** 緩和.

*__sub·due__ /səbd(j)úː/ 動 (～s /-z/|過 過分 ～d /-d/|-du·ing) 他 **1** 〔敵国など〕を**征服する**, 服従させる, 〔暴徒など〕を鎮圧する, (類語 軍隊などによる武力制圧を言う; →defeat). ～ a country [revolt] 国を征服[暴動を鎮圧]する.
2 〔怒りなど〕を**抑える**, 抑制する. ～ the desire to laugh 笑いたいのを抑える.
3 〔音, 色など〕を和らげる, 控え目にする, 〈主に過去分詞で; →subdued〉. Paper screens ～ the light in the room. 障子は部屋の光を柔らかにする.
[<ラテン語「下に導く」(<sub-＋*dūcere* 'lead')]

‡**sub·dúed** 形 **1** 抑えられた; 〔音, 色などが〕和らげられた, 控え目の. in a ～ voice 声をひそめて. **2** (いつになく)沈み込んだ, 元気のない. look very ～ 非常に沈んだ様子である. **3** 〔市場などが〕活気のない.

sùb·édit 動 他 **1** 〔印刷所に入れる前に原稿〕に手を入れる, を編集する. **2** 〔新聞, 雑誌など〕の副主筆を務める.

sùb·éditor 名 C 〘話〙副主筆, 編集次長.

súb·fàmily 名 (複 -lies) C **1** 〘生物〙亜科. **2** (言語などの)支[亜]族.

súb·gènus 名 (複 **sub·gen·e·ra** /-dʒènərə/, ～·es) C 〘生物〙亜属.

súb·gròup 名 C **1** (群を分割した)小群, 下位群. **2** 〘化〙亜族. **3** 〘数〙部分群.

súb·hèad, -hèading 名 C (新聞の)小見出し; 「副表題.

sùb·húman /㊙/ 形 **1** (進化の程度が)人間に近い, 類人の. **2** 〘普通, 軽蔑〙(知能, 道徳的に)人間以下の.

subj. subject; subjective; subjunctive.

sub·ja·cent /sʌ̀bdʒéisnt/ 形 下にある; 下方にある.

‡**sub·ject** /sʌ́bdʒikt/ 名 (複 ～s /-ts/) C
【中心的に扱われるもの】 **1** (議論などの)**主題**, 題目, テーマ, (theme); 話題 (topic). an unfit ～ for discussion ふさわしくない討論材料. His comments are getting off the ～. 彼の批評は問題の本筋から離れている. How did we get onto the ～ of religion? どうして宗教の話になってしまったのだろう. Suddenly he changed the ～. 急に彼は話題を変えた.

> 連結 an interesting [a boring; a controversial; a delicate; a difficult, a thorny; an unpleasant] ～ // bring up [broach; deal with, discuss, expound, treat; avoid] a ～

2 〘楽〙主楽想, 主題, テーマ; 〘美〙主題.
3 (学校の)**科目**, 学科. elective 〘主に米〙[optional] ～*s* 選択科目. required [compulsory] ～*s* 必修科目. How many ～*s* are you taking? 何科目取っていますか.
4 〘文法〙**主部** (↔predicate); **主語** 《主部の中心となる語》. Give the ～ of each sentence. 各文の主部[主語]を言いなさい. **5** 〘論〙主辞 (↔predicate). **6** 〘哲〙主体, 主観, 自我, (↔object).
【支配・作用を受けるもの】 **7** (君主に対して)**臣民**, 臣下, 国民, (類語 王国, 帝国の国民を言う; →citizen). a British ～ 英国民. the emperor's ～*s* 皇帝の臣下.
8 (実験などの)被験者, 実験材料(の動物); (絵などの)題材となる物[人]; 被写体; 解剖用死体 (**sùbject for dis·séction**). He proved a poor ～ for hypnotism. 彼は催眠術の実験台には向かないことが分かった《術がかからなかった》. The photographer asked his ～ to change her pose. 写真家はモデルにポーズを変えるように言った.
9 〘医〙〈形容詞を伴って〉 ..患者; ..質[性]の人. a hysterical [neurotic] ～ ヒステリー[ノイローゼ]患者.
【感情の的】 **10** (感情などの)対象, 的, 種; 原因, 理由, 〈*for, of* ..の〉. a ～ *of* [*for*] rejoicing 喜びの種. a ～ *of* criticism 批判の的. His behavior is a ～ *of* much controversy. 彼のふるまいは大いに物議をかもしている.
◇形 subjective

on the súbject of.. ..に関して[関する]; ..を話題にして. write (a thesis) *on the* ～ *of* AIDS エイズについて(の論文を)執筆する. while we're *on the* ～ *of* ..の話のついでだが.

── 形 C 【支配・作用を受ける】 **1** 〈限定〉他に支配された, 従属の, 隷属する. the ～ peoples in colonies 植民地の被支配諸民族. a ～ nation 属国.
2 〈叙述〉**支配を受ける**; 従属[服従]する; 〈*to* ..に〉. We are ～ *to* the laws of our country. 我々は国家の法律によって支配される[に従わねばならない]. be ～ *to* considerable restrictions かなり制限される. a nation which has never been ～ *to* foreign rule 一度も外国の支配を受けたことのない国.
3 〈叙述〉**受けやすい**, 被りやすい, 〈*to* ..を〉; かかりやすい〈*to* ..〔病気など〕に〉; 受ける(ことがある)〈*to* ..を〉. be ～ *to* damage 損傷を受けやすい. be ～ *to* moods [the boss's whims] 気分に支配されやすい[上司の気まぐれに左右される]. He is ～ *to* colds. 彼はすぐ風邪を引く. If you break this law, you are ～ *to* a fine of £100. この法律に違反すると 100 ポンドの罰金を科せられる. The prices are ～ *to* change without notice. 価格は予告なく変更することがあります《商品カタログなどで》.
4 〈叙述〉受ける必要のある, 条件とする, 〈*to* ..〔承認など〕を〉. This plan is ～ *to* your approval. この計画はあなたの承認次第で決まる. The railway fares are ～ *to* Government approval. 鉄道運賃は政府の承認を要する.

súbject to .. ..を条件として, ..次第で. You may go, ～ *to* your parent's permission. 親が許可すれば, 行ってもいい. *Subject to* performance, early advancement to a Board appointment is envisaged. 業績次第で早々に重役に昇進することも考えられています《求人広告の文句》.

── /səbdʒékt/ 動 (～s /-ts/|過 過分 ～·ed /-əd/|～·ing) 他 【支配・作用を受けさせる】 **1** 〔他の国家など〕を**服従させる**, 支配下に置く; を従わせる, 従属させる; 〈*to* ..に〉. Rome ～*ed* much of Europe *to* her rule. ローマはヨーロッパの大半を支配下に置いた.

S

2 VOA (〜 X *to*..) X に..を受けさせる; X を..に遭わせる; ..に X をさらす, 当てる; 〈しばしば受け身で〉. He was 〜*ed to* torture [great danger]. 彼は拷問を受けた[大きな危険にさらされた]. She saw no reason to 〜 herself further *to* such rudeness. 彼女はそれ以上こんな無礼な仕打ちに身をさらす気はなかった. 〜 specimens *to* a test 標本をテストする. 〜 a thing *to* X-rays [high pressure] 物にエックス線を当てる[高い圧力を加える].
[ラテン語「下に投げられた(人[物])」(<sub-+*jacere* 'throw')」]

sùbject cáse 名 =subjective case.

sùbject cómplement 名 =subjective complement.

†**sub·jec·tion** /səbdʒékʃ(ə)n/ 名 U 征服(する[される]こと), 平定; 服従, 従属, 〈*to*..への〉. in 〜 *to* ..に服従[従属]して.

*__sub·jec·tive__ /səbdʒéktiv/ 形 m (3, 4 は ©) **1 主観の**, 主観的な, (↔objective). Most of our likes and dislikes are 〜. 好き嫌いの多くは主観的なものだ. **2** 〔文学, 芸術作品などが〕主観的な(表現の). **3** 想像(上)の. **4**〖文法〗主格の; 主部の, 主語の.
◇名 subject [subject, -ive] ▷ 〜**·ly** 副 主観的に.

subjèctive cáse 名 U〖文法〗主格.

subjèctive cómplement 名 C 主格補語.

sub·jéc·tiv·ìsm 名 U 主観論, 主観主義.

sub·jéc·tiv·ist 名 C 主観論[主義]者.

sub·jec·tiv·i·ty /sʌ̀bdʒektívəti/ 名 U 主観性, 自己本位; 主観(主義); (↔objectivity).

súbject màtter 名 U (論文, 研究などの)問題, 主題; 題材, テーマ.

sub·jóin 動 他〖章〗を添える, 増補する, 追加する, 〈*to*..に〉.

sub ju·di·ce /sʌ̀b-dʒú:disi/ 形 〈叙述〉審理中の, 「未決の.

sub·ju·gate /sʌ́bdʒəgèit/ 動 他 を征服する, 鎮圧する, 服従させる.

sùb·ju·gá·tion 名 U 征服; 従属.

sub·ju·ga·tor /sʌ́bdʒəgèitər/ 名 C 征服者.

*__sub·junc·tive__ /səbdʒʌ́ŋktiv/〖文法〗形 © **仮定法の**, 叙想法の, (→indicative, imperative). ── 名 (複 〜**s** /-z/) 〈普通 the 〜〉**仮定法**, 叙想法; C 仮定法の動詞. [<ラテン語「下につなぐ」(<sub-+*jungere* 'join')] ▷ 〜**·ly** 副

subjùnctive móod 名 〈the 〜〉仮定法, 叙想法, (→mood² 文法).

> 文法 **subjunctive mood** (仮定法). ある事柄を事実としてでなく, 話者の考えた事 (idea) として述べる場合の動詞の形をいう. Tom goes. は「トムが行く」という事を単に事実として述べているにすぎないが, I demand that Tom *go*. とすると「トムが行くことを私は要求する」という意味で,「トムが行く」のは fact としてでなく要求の内容という idea として述べられている. この場合の動詞の形を **仮定法** と呼ぶ.
> 現代英語では仮定法は現在形で 3 人称単数の場合に -s の付かない形 (be 動詞の場合には be) ではっきり示されるだけ, 過去形では be の場合に単数で (was もあるが) were で示されるだけで直説法過去と同形である. しかし事実に反する仮定を述べる場合に, 現在については過去形を, 過去については過去完了形を用いるがこれを仮定法過去(完了)と考えてよい.
> なお上の demand の例文は I demand*ed* that Tom *go*. のように主節動詞が過去形になっても go は時制の一致の規則に従わない. また I demand(ed) that Tom *should* go. と should を用いてもよい(特に〖英〗で).
> 従属節中でなく仮定法現在を用いると願望を表す. 助動詞 may を用いた場合と同じ意味である: God *send* us rain. =May God send us rain. (→send 5) 仮定法過去(完了)の例は if の 2 以下を参照. 他に It's high time that you got marri*ed*. →high の成句.

subjùnctive pást 名 〈the 〜〉仮定法過去《the past subjunctive とも言う》.

subjùnctive pàst pérfect 名 〈the 〜〉仮定法過去完了.

subjùnctive présent 名 〈the 〜〉仮定法現在《the present subjunctive とも言う》.

súb·kingdom 名 C〖生物〗亜界《kingdom (界) の下, phylum (門)の上》.

súb·lèase 名 C (土地, 家屋などの)転貸, 又貸し. ── /ˌ-ˊ/ 動 他 を転貸する;〔第三者が〕を又貸ししてもらう.

sùb·lét 動 (→let¹) 他, 自 (を)転貸する, 又貸しする; 転借する; (請け負った仕事を)下請けに出す. ── /ˊ-ˋ/ 名 C 転貸[転借](した物件).

sùb·lieuténant 名 C〖英〗海軍中尉.

sub·li·mate /sʌ́bləmèit/ 動 他 **1**〖化〗を昇華させる (sublime). **2**〖心〗〔(特に性的な)衝動など〕を昇華させる. **3** を高尚にする, 純化する.
── /-mət, -mèit/ 形 **1**〖化〗昇華した. **2** 純化した, 高尚な. ── /-mət, -mèit/ 名 UC〖化〗昇華物.

sùb·li·má·tion 名 U **1**〖化〗昇華;〖心〗昇華. **2** 純化, 高尚化.

†**sub·lime** /səbláim/ 形 e **1** 崇高な, 荘厳な; 雄大な; 卓越した, 抜群の. 〜 beauty 崇高な美. a 〜 sight 荘厳な眺め. one of the 〜*st* poems in all English literature 英文学の中で最も崇高な詩の 1 つ.
2〖話・軽蔑, 又は皮肉〗〈限定〉大した, 途方もない. a 〜 idiot 手に負えない大ばか. his 〜 self-conceit 彼のとてつもない自負心.
── 名 〈the 〜〉崇高なもの, 崇高(さ); 至高. "On the *Sublime* and the Beautiful"『崇高と美について』《Edmund Burke の著作の書名》. from the 〜 to the ridiculous すばらしい物[事]から下らない物[事]に至るまで, ピンからキリまで.
── 動 他 **1**〖化〗〔物質〕を昇華させる《固体から気体, 気体から固体へ変える》. **2** を高尚にする, 純化する. ── 自 **1**〖化〗昇華する. Dry ice 〜*s*. ドライアイスは昇華する. **2** 高尚になる, 純化する. ◇名 sublimity
[<ラテン語「敷居 (*līmen*) まで届くような」] ▷ 〜**·ly** 副 崇高[荘厳]に;〖話〗途方もなく, すごく. 〜**·ness** 名

sub·lim·i·nal /sʌ̀blímən(ə)l ㊐/ 形〖心〗識閾(いき)下の, 意識に上らない, 潜在意識の, サブリミナルの. 〜 messages 識閾下のメッセージ. 〜 perception 閾下知覚.

sublìminal ádvertising 名 U サブリミナル[識閾(いき)下]広告《瞬間的で, 潜在意識に働きかける》.

sub·lim·i·ty /səblíməti/ 名 (複 -**ties**) **1** U 崇高, 荘厳; 絶頂, 極致. **2** 〈-ties〉崇高な物. ◇形 sublime

sùb·lúnar /㊐/ 形 =sublunary.

sub·lu·na·ry /sʌ̀blú:nəri ㊐/ 形 月下の; 地上の; この世の.

sùb·machíne gùn 名 C 小型軽機関銃.

*__sub·ma·rine__ /sʌ́bmərì:n, ˌ-ˊ/ 名 (複 〜**s** /-z/) C **1 潜水艦**. a 〜 equipped with missiles ミサイルを搭載している潜水艦. **2**〖俗〗〖野球〗下手投げ, アンダースロー. **3**〖米〗=submarine sandwich. ── /ˊ-ˋ, ˌ-ˊ/ 形 **1** 海底の, 海中の. a 〜 volcano 海底火山. 〜 animals 海底動物. **2**〖俗〗〖野球〗アンダースローの.
[sub-, marine]

súbmarine chàser 名 C 駆潜艇《潜水艦追撃用の快速艇》.

sub·ma·rin·er /ˊ-ˋ-, ˌ-ˊ-|sʌbmǽrinər/ 名 C 潜水艦乗組員.

sùbmarine sándwich 名 =hero sandwich.

†**sub·merge** /səbmə́:rdʒ/ 動 他 **1** を水中に沈める, 水に浸す. Whales can remain 〜*d* for a long time. 鯨

は長い間水に潜っていられる. ～ a metal plate in a solution 金属板を溶液に漬ける.

2 をすっかり覆い[包み]隠す; VOA (～ X *in*..) Xを〔貧苦など〕に沈める; (～ X *in*) X(人)を〔思索など〕に没頭させる〈普通, 受け身で〉; (～ *oneself in*..)〔思索など〕に没頭する. Her talent was ～*d* by her shyness. 彼女の才能は内気さに包み隠されていた. The artist was ～*d in* his work. 画家は制作に没入していた.

── 自 水中に沈む, 〔潜水艦などが〕潜水する, (↔emerge). [sub-, merge]

sub·mérged 形 水没した, 水中の. ～ houses 水没家屋.

submèrged ténth 名 〈the ～〉どん底生活者, 極貧層, 《<社会の約10分の1の層》.

sub·mer·gence /səbmə́:rdʒ(ə)ns/ 名 U 水没; 浸水; 潜水.

sub·merse /səbmə́:rs/ 動 ＝submerge.

sub·mérsed /-t/ 形 沈水性の〔植物など〕.

sub·mers·i·ble /səbmə́:rsəb(ə)l/ 形 〔艦艇が〕潜水[潜航]できる.

sub·mer·sion /səbmə́:rʒ(ə)n|-ʃ(ə)n/ 名 ＝submergence.

***sub·mis·sion** /səbmíʃ(ə)n/ 名 (複 ～**s** /-z/) **1** U **服従**, 降服, 〈*to* ..への〉. starve the enemy into ～ 敵を兵糧攻めにして降参させる. in ～ *to* a person's orders 人の命令に服従して. **2** U 従順(さ), 恭順; 柔和.

3 U (書類などの)提出, 付託; (意見などの)報告, 具申; C 〖章〗 提案 〈*that* 節 ..という〉. In my ～, there is some element of truth in what the defendant said.＝My ～ is *that* there is... 私の意見としては, 被告が述べたことにはいくらかの真実性があるということです.

◇動 submit [submit, -sion]

†**sub·mis·sive** /səbmísiv/ 形 従順な, 素直な; 服従的な〈*to* ..に対して〉.

▷ ～·**ly** 副 素直に, おとなしく. ～·**ness** 名

‡**sub·mit** /səbmít/ 動 (～**s** /-ts/|過 過分 **-mit·ted** /-əd/|**-mit·ting**) 自

【屈して従う】 **1 屈服する**, 降服する, 服従する, 〈*to* ..に〉. The enemy will never ～. 敵は絶対に降参しないだろう. ～ *to* a person's will 人の意志に従う.

2 甘受する 〈*to* ..〔つらいことなど〕を〉; 甘んじる 〈*to* ..に〉; 受ける〈*to* ..〔手術など〕を〉. ～ *to* one's fate 運命を甘んじて受ける. She would not ～ *to* being hospitalized. 彼女は入院することをどうしても承服しなかった.

── 他 【上の者へ差し出す】 **1**〔報告, 資料など〕を**提出する**, 提示する; を付託する, ゆだねる; 〈*to* ..に〉. *Submit* your homework on Monday. 宿題を月曜日に出しなさい. ～ a case *to* the court 裁判所に訴え出る. ～ a problem *to* the voters 問題の可否を投票者にゆだねる.

2 【上申する】〖法〗 VO (～ *that* 節) ..ではないかと意見を出す[申し立てる], ..はどうかと提言する. I ～ *that* my opinion is better-founded than yours. 私の意見の方が君の意見よりも根拠がしっかりしているのではないかと申し上げたい. ◇名 submission 形 submissive

submít onesèlf to.. 〔権力など〕に屈服する, 従う; ..を甘受する, ..に甘んじる. ～ one*self to* many injustices 幾多の不当な扱いを甘受する.

[<ラテン語「下に置く」(<sub-+*mittere* 'send')]

sùb·nórmal /㊀/ 形 (特に知能的に)普通[標準]以下の; 知恵遅れの.

sùb·órbital 形 地球[他の天体]を完全には一周しない.

súb·òrder 名 C 〖生物〗 亜目.

***sub·or·di·nate** /səbɔ́:rdənət/ 形 ⓒ **1 下(位)の**, 次位の, 〈*to* ..より〉; 劣る 〈*to* ..に〉; 従属する, 付随する, 〈*to* ..に〉. a ～ rank 下位. a ～ officer 属[副]官. Quickness of work should be ～ *to* accuracy. 仕事の速さより正確さを優先させるべきだ. I am ～ *to* him. 私は彼の部下だ.

2 〖文法〗 従位の, 従属の, (↔coordinate).

── 名 C 下級[下位]の者, 部下; 〖軍〗 属[副]官.

── /səbɔ́:rdənèit/ 動 他 **1** を下位に置く 〈*to* ..よりも〉, 従属させる〈*to* ..に〉. **2** を下に[軽く]見る, 重んじない, 〈*to* ..よりも〉. We ～*d* our wishes *to* his. 我々は彼の望みを重視して我々の望みを抑えた.

[<中世ラテン語「下の序列に置く」(<sub-+*ordināre*「順に置く」)]

subòrdinate cláuse 名 C 〖文法〗 従(属)節 (→main [coordinate] clause).

subòrdinate [subòrdinating] conjúnction 名 C 〖文法〗 従位接続詞.

sub·òr·di·ná·tion 名 U 下(位)に置く[置かれる]こと; 従属; 服従; 〖文法〗 従属(関係).

sub·or·di·na·tive /səbɔ́:rdənèitiv|-nə-/ 形 下位の; 従属的な.

sub·orn /səbɔ́:rn/ 動 他 〖章〗 に(金などを与えて)偽証させる; を買収する.

sub·or·na·tion /sʌ̀bɔ:rnéiʃ(ə)n/ 名 U 偽証させること; 買収.

súb·plòt 名 C (劇, 小説の)わき筋.

‡**sub·poe·na, -pe-** /sə(b)pí:nə/ 〖法〗 名 C (法廷への)出頭命令, 召喚状. ── 動 他 を召喚する, 呼び出す; VOC (～ X *to do*) ..するように X を召喚する; VOA (～ X *as*..) Xを..として召喚する.

sùb-póst òffice 名 C (業務の限られた)小郵便局.

sub·ro·gate /sʌ́brəgèit/ 動 他 **1** 〔人〕の肩替わりをする. **2** 〖法〗 に代位させる, 他の代替わりをさせる.

sùb·ro·gá·tion 名 U 〖法〗 代位; 肩替わりすること.

sub ro·sa /sʌ̀b-róuzə/ 形, 副 ＝under the ROSE. [ラテン語]

súb·ròutine 名 C 〖電算〗 サブルーティン《自立した機能を持つプログラムの単位; 主プログラムの一部として組み込み, 特定の目的のために繰り返し利用できる》.

sùb-Saháran /㊀/ 形 サハラ砂漠以南の〔アフリカ, 国など〕.

***sub·scribe** /səbskráib/ 動 (～**s** /-z/|過 過分 ～**d** /-d/|**-scrib·ing**) 他

【署名して同意する】 **1** 〖章〗〔姓名など〕を文書の下に書く, 署名する, 記名する; 〔請願書など〕に(賛成の)署名をする; (類語 sign より形式ばった語). The Premier ～*d* his name to the charter. 首相は憲章に署名した.

2 〔金〕を**寄付する** 〈*to, for* ..に〉. I ～*d* $100 *to* the campaign. その募金運動に100ドルの寄付(申込み)をした. **3** VOA (～ X *for*..) 〔株〕に X(金額) を出資する. **4** 〖英〗 VOA (～ X *for*..) ..のために X(金) を出し合う.

── 自 **1** VA (～ *to*..) 〖章〗 ..に(賛同, 承認の) 署名[記名]をする. ～ *to* a petition 請願書に署名[賛同]する.

2 VA (～ *to*..) ..に賛同する, 賛成する, 〈しばしば否定文・疑問文で〉. I don't ～ *to* your idea at all. 僕は君の考えには全く賛成できない.

3 〖英〗 VA (～ *to*..) 〔基金, 運動などに〕(定期的に) 寄付をする. ～ *to* a fund 基金に寄付する.

4 VA (～ *to, for*..) **..を予約(購読)する**; (出版前に) ..を購入予約する; 〔ケーブルテレビ〕に加入する. ～ *to* a newspaper 新聞を(月ぎめなどで)購読する. ～ *for* a book 出版前に図書の購入予約をする. **5** VA (～ *for*..) 〔株〕に申し込む, 出資する. ～ *for* 2,000 shares 2千株申し込む. ◇名 subscription

subscríbe onesèlf..＝subscrìbe one's náme as.. 〖章〗 ..と署名する. The man ～*d* him*self* [his *name as*] Smith. 男はスミスと署名した.

[<ラテン語「(名前を)下に書く」(<sub-+*scribere* 'write')]

***sub·scrib·er** /səbskráibər/ 名 (複 ～**s** /-z/) C **1** 記名者, 署名者; 賛同者, 同意者, 〈*to* ..の〉. **2 寄付(申込み)者** 〈*to* ..への〉. **3 予約(購読)者** 〈*to, for* ..の〉; 電話加入者, (ケーブルテレビなどの)加入者.

subscrìber trúnk dìalling 名 U 〘英〙加入者ダイヤル直通長距離電話《交換手を通さない; 略 STD》.
súb·script 形 〔文字, 数字などが〕下側に書いた, 下付きの. —— 名 C 下付きの文字[数字]《H_2O の 2など; ↔ superscript》.
***sub·scrip·tion** /səbskrípʃ(ə)n/ 名 (複 **~s** /-z/) **1** C 〘章〙署名, 記名, (signature). **2** U 同意, 賛成. **3** U **寄付(申込み)**; **予約(購読)**. renew one's ~ to a magazine 雑誌の予約購読を更新する. **4** C **寄付金**; **予約(購読)金**; 〘英〙会費〈*to* ..〔クラブ, 協会など〕の〉. raise ~*s* 寄付金を募る. an annual ~ 年会費. ◇動 subscribe
subscríption còncert 名 C (予約制の)定期演奏会.
subscríption dànce 名 C 予約制ダンスパーティー《必要な数の予約が集まったら開く》.
subscrìption télevision[**TV́**] 名 U (有線で送る)有料テレビ.
súb·sèction 名 C (法律の条文などの)小部; 細別.
sub·se·quence /sʌ́bsəkwəns/ 名 U 後であること, 次であること; 続いて起こる事件.
***sub·se·quent** /sʌ́bsəkwənt/ 形 ⓒ **1** 〈限定〉**その次の**; 後の; (↔previous). His ~ statement cleared up the question. その次の彼の言葉で問題が解決した. **2** 次に, 後で, (結果として)起こる, 〈*to* ..の〉; 伴って起こる〈*to* ..に〉. I want quick action ~ *to* whatever decision is taken. どのような決定がなされるにせよ(その後)速やかに実行に移して欲しい. [sub-, sequent]
†súb·se·quent·ly 副 **1** その後, 続いて, 次に. The kidnaper was caught and was ~ sentenced to death. 誘拐犯は捕まり, のち死刑の判決を受けた. **2** 〈~ to ..で〉..の後, ..に続いて.
sub·sérve 動 他 〘章〙〔目的, 行動など〕の役に立つ, 一助となる.
sub·ser·vi·ence /səbsə́ːrviəns/ 名 U 〘章〙 **1** 追従, 卑屈. **2** 役立つこと, 貢献.
‡sub·ser·vi·ent /səbsə́ːrviənt/ 形 〘章〙 **1** 卑屈な; へつらう〈*to* ..に〉, 言いなりになる〈*to* ..の〉. a ~ waiter 丁寧すぎる給仕人. Don't be ~ *to* your boss. 上役にやたらにぺこぺこするな. **2** 役立つ, 貢献する, 〈*to* ..に〉. **3** 重要でない, 付随的な, 〈*to* ..より, に〉. ▷ **~·ly** 副
súb·sèt 名 C 〘数〙部分集合.
†sub·side /səbsáid/ 動 自 **1** 〔建物, 地面などが〕沈下する, 陥没する. **2** 〘話・戯〙深々と身を沈める, へたへたと腰を下ろす, 〈*into* ..〔いすなど〕に〉. **3** 〔風雨, 騒動, 激情などが〕静まる, おさまる; 〔洪水などが〕ひく; 〔論争者などが〕黙ってしまう. The angry waves ~*d*. 怒濤(どとう)が静まった. Her violent sobbing ~*d* into a soft whimper. 彼女の激しい泣きじゃくりがおさまってしくしくという小声に変わった. [<ラテン語「下に沈む」(< sub-+ *sīdere* 'settle')]
sub·sid·ence /səbsáid(ə)ns, sʌ́bsəd-/ 名 UC (地盤などの)沈下, 陥没; (あらしなどの)鎮静, 減退.
sub·sid·i·ar·i·ty /səbsìdiǽrəti/ 名 U サブシディアリティ《実務担当者決定方式》.
†sub·sid·i·ar·y /səbsídièri|-diəri/ 形 **1** 補助の; 副次的な, 従属的な, 〈*to* ..に対して〉. ~ business 副業. a ~ coin 補助貨幣. a ~ stream 支流. **2** 他の会社に支配される; 傘下の〈*to* ..の〉. a ~ company 子会社. **3** 助成[補助]金の[による]. —— 名 (複 **-ar·ies**) C 補助となる人[もの], 〈特に〉子会社.
sùb·si·di·zá·tion 名 U 補助金交付; 〘米〙買収, 贈賄.
†sub·si·dize /sʌ́bsədàiz/ 動 他 **1** に補助[奨励]金を与える. a heavily ~*d* industry 手厚く助成されている産業. **2** 〘米〙(金で)の援助を取りつける, に贈賄する. ▷ **sub·si·diz·er** 名
†sub·si·dy /sʌ́bsədi/ 名 (複 **-dies**) C 補助金, 助成金, 奨励金. farm *subsidies* 農業補助金. [<ラテン語「援助」(<sub-+*sedēre* 'sit')]
†sub·sist /səbsíst/ 動 自 〘章〙 **1** (どうやら)生きていく, 露命をつなぐ, 〈*on* ..によって〉. ~ by begging こじきをして暮らす. ~ *on* bread and water パンと水だけでやっと生きていく. **2** 〔風習などが〕(依然として)残っている, 残存する, 存続する. Many feudal practices ~ in the outlying areas. 辺鄙(ぴ)な地域には多くの封建的慣習が今なお残っている. [<ラテン語「しっかり立つ」(<sub-+*sistere* 'stand')]
†sub·sist·ence /səbsíst(ə)ns/ 名 **1** U (ぎりぎりの)生存, 生命維持; aU 暮らし, 糊(こ)口の道, 生計. get a bare ~ 細々と暮らしていく. **2** U 残存, 存続.
subsístence allòwance 名 U 〘主に英〙(入社, 入隊の)支度金; 出張[特別]手当; (軍隊の)食費手当.
subsístence cròp 名 C 自家用穀物 (↔cash crop).
subsístence dìet 名 C (生きていくのに)最低の食事.
subsístence fàrming 名 U 自給農業.
subsístence lèvel 名 U (食うや食わずの)最低生活水準.
subsístence mòney 名 =subsistence allowance.
subsístence wàges 名 〈複数扱い〉 最低生活賃金.
súb·sòil 名 U 下層土, 底土.
sùb·sónic /⑱/ 形 亜音速の, 音速より遅い. ~ flight 亜音速飛行.
súb·spècies 名 (複 ~) C 〘生物〙亜種.
subst. substantival; substantive; substitute.
‡sub·stance /sʌ́bstəns/ 名 (複 **-stanc·es** /-əz/) 【物】 **1** C **物質**, 物. a chemical ~ 化学物質. I wonder what this powdery ~ is. この粉(になった物)は何かしら.

> 連結 a hard [a solid; a liquid; a gaseous; a flammable; a soluble; a natural; a synthetic; an organic; an edible; a toxic] ~

【物の本体】 **2** U (物事の)**本質**, 実体, 本体. in ~ → 成句. the ~ of religion 宗教の本質.
【内容】 **3** U **実質**, 内容; 重要さ; 中身(の濃さ), 実(み), こく; (物の)厚さ, 固さ. an argument of little ~ ろくに内容のない議論. matters [issues] of ~ 重要な問題. sacrifice the ~ for the shadow 名を取ろうとして実(じつ)を捨てる. The rumor is without ~. そのうわさは根拠がない. give ~ to ..に信憑(しんぴょう)性を与える. The castle was surrounded by stone walls of massive ~. 城はどっしりとして堅牢(ろう)な石の城壁に囲まれていた. This cloth lacks ~. この布には'こし'がない.
4 U 〈the ~〉(話などの)**趣旨**, 要点, 本意. I will tell you the ~ *of* his remarks. 彼の言葉の大意をお話ししましょう.
5 U 〘章〙資産, 財力. a man[woman] of (some) ~ (ちょっとした)資産家. ◇形 substantial 動 substantiate
in súbstance 実質的に, 本質上; 大体において; 事実上, 現に. My opinion is the same as yours *in* ~. 私の意見は実質的にあなたの意見と同じです.
[<ラテン語「下に立つもの>本質」(<sub-+*stāre* 'stand')]
súbstance abùse /-əbjùːs/ 名 UC 〘医〙薬物乱用. ▷ **súbstance abùser** /-əbjùːzər/ 名 C 薬物乱用者.
sùb·stándard /⑱/ 形 **1** 〔製品などが〕規格に合わない, 法定基準に達しない. **2** 〔語法などが〕標準以下の, 非標準の, 《I saw it. の代わりに I *seen* it. としたり, himself の代わりに *his*self とするような語法を指し, 無教養の印とされる》; 俗語[卑語]の.

*sub·stan·tial /səbstǽnʃ(ə)l/ 形 m (★1, 2 は ©)
【実在の】 1 〖章〗実体のある; 実在する(actual), 本当の(real). His fears were not ～. 彼の心配は取り越し苦労だった.
【実質の】 2 〈限定〉 本質的な, 実質上の, 事実上の, 〔一致, 成功など〕. be in ～ agreement 実質上[大筋において]一致している.
3 相当な, 多大の; 重要な, 重大な. a ～ improvement [concession] 大きな進歩[大幅な譲歩]. This makes a ～ difference. これでだいぶ事情が変わってくる. a ～ contribution to science 科学への多大な貢献. a ～ number of .. 相当数の... 4 実質的な, 充実した; 〔食事などが〕実(み)のある, たっぷりした. have [eat] a ～ meal たっぷりした食事をとる.
5 丈夫な, しっかりした, 質のよい. The tents were more ～ than they looked. テントは見かけ以上に丈夫だった. a man of ～ build がっしりした体格の人.
6 資産のある, 裕福な.
◇名 substance [substance, -ial]

sub·stán·tial·ism 名 U 〖哲〗実体論.

sub·stan·ti·al·i·ty /səbstæ̀nʃiǽləti/ 名 U 1 実質のあること; 実在性. 2 堅固; 真価.

†sub·stán·tial·ly 副 1 本質上, 実質的に; 大体において; 事実上. The two theories are ～ the same. その2つの理論は実質的には同じものである. 2 十分に, たっぷり.

‡sub·stan·ti·ate /səbstǽnʃièit/ 動 他 〖章〗 1 を実証する, 証拠立てる. I am going to ～ these criticisms. これらの評言(に根拠があること)をこれから実証しよう. 2 を実体化する, 具体化する. 「具体化.

sub·stàn·ti·á·tion 名 U 実証, 立証; 実体化,

sub·stan·ti·val /sʌ̀bstəntáiv(ə)l ⑱/ 形 〖文法〗実詞の, 名詞(として)の. ▷～·ly 副

‡sub·stan·tive /sʌ́bstəntiv, səbstǽntiv/ 形 1 〖章〗実在する; 自立した; 本質的[実質的]な, 内容のある; 重みのある; 相当量の. 2 〖文法〗実詞[名詞]の(働きをする); 存在を示す. the ～ verb 存在動詞《be 動詞》. 3 (媒染剤なしで)〔染料が〕直接染まる. 4 〈限定〉〖軍〗(臨時ではなく)正式の〔地位など〕. ── /sʌ́bstəntiv/ 名 C 〖文法〗実詞, 名詞.
▷～·ly 副 実質上; 〖文法〗実詞[名詞]として.

súb·stàtion 名 C (郵便局, 放送局などの)支署, 支所, 分局, 出張所; 変電所.

*sub·sti·tute /sʌ́bstət(j)ù:t/ 名 (複 ～s /-ts/) C
1 代わりの人, 代役, 代(理)人, 補欠, 替え玉, 身代わり, 〈for ..の〉. He is a ～ for his brother. 彼は兄の代理だ. act as a ～ 代役[身代わり]をする.
2 代用物, 代用品, 〈for ..の〉; 〖文法〗代用語《代名詞, 代動詞 (He runs faster than I *do*. の do) など》. I don't want a ～; I want the real thing. 代用品は嫌だ, 本物が欲しい. a sugar ～ 砂糖の代用品. be ⌞no ～ [a poor ～]⌟ *for* ..に代わることはできない[..よりも質の落ちる代用品[代役]である].

> 連結 a good [a perfect; an adequate, a satisfactory, a suitable; an acceptable; a poor; a temporary] ～ // find [provide] a ～

3 〈形容詞的〉 代わりの; 代理の, 代役の, 補欠の; 代用の. a ～ player [teacher] 補欠選手[代講の先生]. ～ menus 代わりの献立.
── 動 (～s /-ts/|過 過分 -tut·ed /-əd/|-tut·ing) 他 を代わりに使う; VOA (～ X *for* Y) Y の代わりに X を使う[代用する], X に Y の代わりをさせる, Y を X で置き換える; (～ Y *with, by* X) Y の代わりに X を使う (★特に受け身で専門的なコンテクストで使われるようになっている; この用法を誤用とする人もいる). ～ another word *for* this one この単語を別の単語に置き換える. We cannot ～ any other wine *for* champagne at celebrations. お祝いにシャンペンの代わりにほかのワインというわけにはいかない. Sugar was ～*d with* [*by*] saccharin. 砂糖の代わりにサッカリンが使われた.
── 自 代わりをする, 代わりになる, 〈*for* ..の〉. We must find someone to ～ *for* the speaker. 代わりに演説する人をだれか捜さなければならない.
[＜ラテン語 *substituere*「代わりに立てる」(＜sub-＋*statuere* 'set up')]

†sùb·sti·tú·tion 名 UC 1 代用, 代理, 〈*for* ..の〉; 取り替え, 置き換え, 〈*for* ..との〉. free ～ of players 選手の自由な交代. ～ of one evil *for* another 悪をなくそうとして別の悪を招くこと. sentence patterns and ～ drills 文型と置き換え練習. in ～ *for* ..の代理[代用]に. 2 〖化〗置換; 〖数〗代入; 〖文法〗代用.

sub·sti·tu·tive /sʌ́bstət(j)ù:tiv/ 形 代理になる; 代用の. ▷～·ly 副

sub·stra·tum /sʌ́bstrèitəm|sʌ̀bstrá:-, -stréi-/ 名 (複 sub·stra·ta /-tə/) 1 C (表層の下にある)下層; U 下層土 (subsoil). 2 C 〈一般に〉 土台, 基礎, 根底.

súb·strùcture 名 C 下部[基礎]構造, 基礎(工事), 土台; 〈一般に〉 基礎.

sub·sume /səbs(j)ú:m/ 動 他 〖章〗 を含める, 入れる, 〈*in, into, under, within* ..〔より大きな範疇(ちゅう)〕に〉; 〖論〗 を包摂[包含]する; 〈普通, 受け身で〉. The function of a common noun is to ～ particular specimens *under* a generic concept. 普通名詞の役割は個々の例を一般的な概念のもとに包摂することである.

súb·sỳstem 名 C サブシステム, 下位組織, 《より大きなシステムの一部》.

sub·teen /sʌ̀btí:n/ 名 C 〖米・カナダ話〗思春期間近の子供 《(teenager 間近の) 11-12 歳; 13 になれば ⌊-teen が付く》.

sùb·ténancy 名 UC 又借り.

sùb·ténant 名 C (家屋, 土地の)又借り[転借]人.

sub·ténd 動 他 〖数〗〔弦, 辺が弧, 角〕に対する.

sub·ter·fuge /sʌ́btərfjù:dʒ/ 名 C 逃げ口上, 口実; U ごまかし.
[＜ラテン語「こっそり (*subter*) 逃げる (*fugere*)」]

‡sub·ter·ra·ne·an /sʌ̀btəréiniən ⑱/ 形 1 地下の, 地中の, (underground). a ～ passage 地下道. 2 隠れた, ひそかな, 秘密の. a ～ network of spies 秘密のスパイ網. [＜ラテン語「地面 (*terra*) の下の」]

súb·tèxt 名 C サブテキスト《文学作品などの隠れた意味》; 〈一般に〉 言外の意味.

sub·tile /sʌ́tl/ 形 〖古〗＝subtle.

sub·til·ize /sʌ́təlàiz/ 動 他 1 を希薄にする. 2 を繊細にする; を洗練する. 3 をいたずらに細かく論じる.
── 自 微に入り細をうがつ.

súb·tìtle 名 C 1 (書物などの)副題《本題の説明として添える》. 2 〈普通 ～s〉〖映・テレビ〗字幕, スーパー(インポーズ). ── 動 他 に副題[字幕]を付ける; VOC (～ X Y) X に Y と副題を付ける〈普通, 受け身で〉.

súb·tìtled 形 1 〔書物などが〕副題が付いた, ..という副題の. 2 〔映画などが〕字幕付きの.

*sub·tle /sʌ́tl/ 形 e (～r|～st)
【(それと分からないほど)かすかな】 1 〔香り, 味などが〕かすかな, ほのかな, 淡い; 〔違いなどが〕微妙な, 細かい. a ～ perfume かすかな芳香. ～ irony やんわりとした皮肉. a difference so ～ as to be barely noticeable 目につくかつかないかの微細な違い. a ～ change in his attitude 彼の態度の微妙な変化.
2 (意味, 意図などの)捕え難い; 名状し難い, 不可思議な; 〔問題などが〕難解な, 複雑な. a smile as ～ as the Mona Lisa's モナリザのようななぞめいた微笑. a ～ situation 難しい[微妙な]立場.
【微細にわたる】 3 〔人, 知覚などが〕敏感な, 明敏な; 精妙な; 巧緻(ち)な. a ～ observer [mind] 明敏な観察者

S

[知性]. ～ reasoning 鋭敏な推理. a ～ analysis of mental phenomena 心的諸現象の精妙な分析.
4【抜け目のない】 狡猾(こうかつ)な; 陰険な, 下心のある. a ～ design behind his smile 彼の微笑の陰に隠された腹黒い意図. ◇名 subtlety [＜ラテン語「見事に織られた」(＜sub-＋*tēla*「織り物」)] ▷～·**ness** 名

†**sub·tle·ty** /sʌ́tlti/ 名 (複 **-ties**) **1** U 微妙; 難解; 敏感(さ), 明敏(さ); 精妙; 巧緻(ち); 狡猾(こうかつ).
2 C〈しばしば -ties〉細かい区別(立て), 微細[微妙]な点. It is very difficult for us Japanese to grasp the *subtleties* of English meter. 英詩の韻律の微妙な点をつかむことは我々日本人には難しい. ◇形 subtle

†**sub·tly** /sʌ́tli/ 副 かすかに, 微妙に; 鋭敏に, 敏感に; 精細に; 巧妙に; 陰険に.

sub·to·pi·a /sʌbtóupiə/ 名 UC 〖英·軽蔑〗郊外住宅団地《郊外を侵食し, 自然景観を破壊する新興住宅団地地域; ＜*sub*urb＋u*topia*》.

súb·tòtal /ˊ-ˋ-/ 名 C 小計.

‡**sub·tract** /səbtrǽkt/ 動 (～**s** /-ts/|過 過分 ～·**ed** /-əd/|～·**ing**) 他 を引く, 減じる, 引き算する,〈*from* ..から〉(↔add); を差し引く, 控除する. *Subtract* three *from* eight and you get five. 8 から 3 引けば 5 になる.
── 自 引き算をする. [＜ラテン語「下に引く」(＜sub-＋*trahere* 'draw')]

sub·trác·tion 名 UC 引き算, 減法, (↔addition); 差し引くこと, 控除.

sub·trac·tive /səbtrǽktiv/ 形 減じる; 引くことができる.

sùb·trópical /⑱/ 形 亜熱帯の.

sùb·trópics 名〈the ～; 複数扱い〉亜熱帯(地方).

‡**sub·urb** /sʌ́bəːrb/ 名 (複 ～**s** /-z/) C
1〈the ～s; 集合的〉**郊外**, 都市周辺地域, 郊外(住宅)地域,《町中の商業区域, 純然たる農村地域に対する》(類語 生活環境としての快適さや住宅地域としての機能性などに重点がある; →outskirts). commuters from the ～*s* 郊外からの通勤者. beautiful houses in the ～*s* 郊外のしゃれた家々.
2 郊外(の一地区). The average Englishman is quite content with his six-roomed castle in a ～. 平均的な英国人は郊外の 6 室ある自分の城に十分満足している. Wimbledon is a southwestern ～ of London. ウィンブルドンはロンドンの南西の郊外にある.
[＜ラテン語 *suburbium*「郊外」(＜sub-＋*urbs* 'city')]

***sub·ur·ban** /səbə́ːrbən/ 形〈限定〉
1 ⓒ **郊外の**, 都市周辺の. a ～ area 郊外地域. ～ life 郊外生活. **2** ⓜ 〖英·軽蔑〗郊外生活者的な; 偏狭な, 洗練の足りない; 平凡な, ありきたりの.
── 名 ＝suburbanite. [suburb, -an]

sub·ur·ban·ite /səbə́ːrbənàit/ 名 C 〖話·しばしば軽蔑〗郊外居住者.

sub·ur·bi·a /səbə́ːrbiə/ 名 U 〖しばしば軽蔑〗**1**〈集合的〉郊外; 郊外居住者たち, '郊外族'. **2** 郊外居住者の生活[思考]様式.

sub·ven·tion /səbvénʃ(ə)n/ 名 C 〖章〗(政府などからの)補助金, 助成金.

‡**sub·ver·sion** /səbvə́ːrʒ(ə)n|-ʃ(ə)n/ 名 U 転覆, 破壊.

‡**sub·ver·sive** /səbvə́ːrsiv/ 形 転覆する, 破壊しようとする,〈*of* ..〔政府, 体制など〕を〉. ～ activities 破壊活動. ── 名 C 危険人物, 破壊分子.
▷～·**ly** 副 ～·**ness** 名

‡**sub·vert** /səbvə́ːrt/ 動 他 〖章〗**1**〔政府, 体制など〕を覆す, 破壊する;〔主義など〕を打破する. **2** を(道徳的に)腐敗させる, 堕落させる. [＜ラテン語「下へ向ける」(*vertere*)]

‡**sub·way** /sʌ́bwèi/ 名 (複 ～**s** /-z/) C **1** 〖米〗**地下鉄** (〖英〗underground, tube). get off the ～ at Shinjuku 新宿で地下鉄を降りる. Let's take [ride] the ～; it's faster than a cab. 地下鉄に乗ろう, タクシーより早いよ. the complicated network of ～*s* 複雑な地下鉄網. go by ～ 地下鉄で行く.
2 〖主に英〗**地下道** (underpass). Pedestrians use ～*s* to cross busy streets. 交通の激しい道を歩行者は地下道を通って渡る. [sub-, way]

sùb·zéro /⑱/ 形 〔温度が〕零[氷点]下の.

suc- /sə(k), sʌ(k)/ 接頭〈c- の前で〉sub- の異形.

‡**suc·ceed** /səksíːd/ 動 (～**s** /-dz/|過 過分 ～·**ed** /-əd/|～·**ing**) 自
【事が続いて起こる】 **1**【うまく成り行く】(**a**) **成功する**〈*in, at* ..に〉;〔人が〕立身[出世]する〈*as* ..として〉,〔商売, 計画などが〕うまく行く. ～ *in* the examination 試験に合格する. ～ *in* solving the problem 問題を首尾よく解決する. She has ～*ed at* whatever she has tried. 彼女がやる事はみなうまく行っている. If at first you don't ～, try, try, and try again. 初めにうまく行かなくても, 何度もやってみなさい. ～ as a politician [an actor] 政治家[役者]として成功する. ～ *in* life 出世する.
(**b**)〈しばしば only を伴って; 反語的〉まんまと[ものの見事に] ..する〈*in doing*〉. I tried to please Al, but only ～*ed in* offend*ing* him. アルを喜ばせようとしたところ, (逆に)彼の機嫌を損ねる破目になってしまった. ◇↔fail 名 success 形 successful
2【あとに続く】(**a**) **継承する**〈*to* ..を〉; 後任[跡継ぎ]になる. He ～*ed to* his father's business. 彼は父の商売を継いだ. ～ *to* a fortune [the presidency] 財産を相続する[後任の大統領になる]. If the king dies childless, who will ～ (*to* the throne)? もし国王が世継ぎなしで死んだらだれが王位を継ぐのか. (**b**)〔出来事などが〕続く, 次いで起こる,〈*to* ..のあとに〉. There ～*ed* a period of peace. 平和の時代があとに続いた. ◇名 succession 形 successive
── 他 【あとに続く】 **1**〔出来事などが〕に**続く**, の次に起こる. A week of sunshine ～*ed* the typhoon. 台風のあと好天が 1 週間続いた. One exciting event ～*ed* another. 面白い出来事が相次いで起こった.
2 の跡を継ぐ, 後任になる, に代わる,〈*as* ..として〉. Mr. Jones ～*ed* Mr. Smith *as* chairman. ジョーンズ氏がスミス氏の後任の議長になった. The model T Ford was ～*ed* by the model A. フォード T 型に代わり A 型が世に出た. 類語「次に来る, あとに続く」の意味で follow は一般的な語; succeed は先行する人[もの]に取って代わることを意味する.
[＜ラテン語 *succēdere*「接近して行く」(＜sub-＋*cēdere* 'go')]

suc·céed·ing 形 続いて起こる, 次の, (↔preceding). the ～ days そのあとに続く日々. the ～ chapters このあとに続く章. ▷～·**ly** 副 続いて, 次に. Various events happened ～*ly*. いろいろな出来事が続いて起こった.

‡**suc·cess** /səksés/ 名 (複 ～·**es** /-əz/)
【よい成り行き】 **1** U **成功(すること)**〈*in* ..に〉, うまく行くこと〈*in* ..が〉; (人生, 社会での)成功, 出世; (↔failure). have ～ *in* ..に成功する. We wish you every ～ *in* your future career. お仕事での成功を祈ります. Our efforts met with little ～. 我々の努力はほとんど実を結ばなかった. seek social ～ 社会的成功を求める. enjoy great ～〔人が〕大成功を収める;〔作品などが〕大当たりする. a ～ story 出世物語, 成功談. Money is not a measure of ～. 金は成功の度合いを計るものさしではない. His ～ went to his head. 彼は成功していい気になった. I tried hard without ～. 一生懸命やったがうまく行かなかった. Nothing succeeds like ～. 〖諺〗1 つうまく行くと万事うまく行く.
2 C **成功(した事[物])**. The play was a great ～. 芝居は大当たりだった. The venture was a financial ～. その冒険的事業は財政的にうまく行った. Napoleon had

S

a series of military ~*es*. ナポレオンは一連の戦闘に勝利を収めた. prove a ~ 成功する.

> 連結 a tremendous [a howling, a huge, an immense, an outstanding, a phenomenal, a resounding; an immediate, an instant; a lasting; a transient] ~

3 Ⓒ **成功者**. The boy wanted to be a ~. 少年は世の中で成功したいと思った. He was a ~ ˪in business [as a dramatist]. 彼は事業の[劇作家としての]成功者だった. ◊動 succeed 形 successful

drink success to .. 〔人, 仕事など〕の成功を祈って[祝って]乾杯する.

make a success of .. ..を立派にやる, 成功させる.

with good [bad, ill] success 首尾よく[不首尾に].

[<ラテン語 *successus*「結果, 首尾」(*succēdere* 'succeed' の過去分詞)]

‡**suc·cess·ful** /səksésf(ə)l/ 形 ⓜ **成功した**, うまく行った, 〈*in* ..に〉; (人生, 社会で)成功した, 出世した; (試験などに)合格した. a ~ businessman 成功した実業家. a ~ candidate (試験の)合格者, (選挙の)当選者. a ~ marriage [match] うまく行った[行く]結婚. be ~ *in* the examination 試験に及第する. Their efforts were highly [eminently] ~. 彼らの努力は大いに効を奏した. ◊↔unsuccessful 名 success 動 succeed [success, -ful]

***suc·cess·ful·ly** /səksésf(ə)li/ 副 ⓜ **首尾よく**, 具合よく. Everything turned out ~. 何もかもうまく行った. He ~ sued the company. 彼はその会社を告訴して勝った.

***suc·ces·sion** /səkséʃ(ə)n/ 名 (複 **~s** /-z/)

【後続】 **1** Ⓤ **継承**, 後継, 相続, 〈*to* ..〔王位, 財産など〕の〉; 王位継承権, 相続権; 継承[相続]順位. the ~ of a new king *to* the throne 新王の王位継承. His ~ was questioned. 彼の継承[相続]権(の有無)が問題となった. the first in ~ 継承順位第1番目(の者). settle the ~ 跡目[後継者]を決定する.

2 【連続】 Ⓤ **連続(すること)**; Ⓒ 〈普通, 単数形で〉 **ひと続き**, 連続, 一連, 〈*of* ..〔出来事など〕の〉; (類語 何ら必然的関連のないものの series). in ~ →成句. A ~ *of* rainy days was [were] responsible for the delay. 雨降り続きが遅れた原因であった. a ~ *of* disasters [scandals] 相次ぐ災害[スキャンダル].

◊動 succeed 形 successive

by succession 世襲により.

in succession (1) 連続して[した], 相次いで(の), 相次ぐ. She had three boys *in* (rapid) ~. 彼女は男の子を(矢継ぎ早に) 3人続けて産んだ. Several traffic accidents happened *in* quick ~ at this crossroads. この十字路で交通事故がいくつか立て続けに起こった.

(2) 後継(者)として〈*to* ..の〉, 継承[相続]して〈*to* ..を〉. Akishinonomiya is second *in* ~ *to* the throne. 秋篠宮の皇位継承順位は第2位だ.

[succeed, -sion]

suc·ces·sion·al /səkséʃ(ə)nəl/ 形 **1** 連続の. **2** 継承の; 相続の.

succéssion dùty 名 Ⓒ 相続税.

***suc·ces·sive** /səksésiv/ 形 ⓒ **連続する**, 引き続く; 歴代の. Our team won [lost] three ~ games. 我がチームは3連勝[連敗]した. hold ~ conferences 立て続けに会議を開く. the ~ holders of the noble title その貴族の称号の歴代の保持者. ◊名 succession 動 succeed

†**suc·cés·sive·ly** 副 引き続いて. fail three times ~ 3回続けて失敗する.

***suc·ces·sor** /səksésər/ 名 (複 **~s** /-z/) Ⓒ **後継者**, 継承者, 後任, 相続者, 〈*to, of* ..の/*as* ..としての〉; 引き続いて来るもの, 取って代わるもの, 〈*to, of* ..に〉. the ~ *to* the throne 王位継承者. the professor's ~ その教授の後継者[後任]. the ~ *of* Mr. Jones *as* chairman 議長ジョーンズ氏の後任. ◊↔predecessor

succéssor stàte 名 Ⓒ (大きな国が分かれて出来た)後継国家.

‡**suc·cinct** /səksíŋ(k)t/ 形 〔文体などが〕簡潔な, 簡明な. a ~ explanation 簡潔な説明.

▷**~·ly** 副 簡潔に. **~·ness** 名 Ⓤ 簡潔, 簡明.

suc·cor 〖米〗, **-cour** 〖英〗 /sʌ́kər/ 〖雅〗 名 Ⓤ (危急の際の)救助, 救援, (help, aid). seek [offer] ~ 救援を求める[申し出る]. ── 動 他 を救援[救済]する.

[<ラテン語「助けに走る」(<sub-+*currere* 'run')]

suc·co·tash /sʌ́kətæʃ/ 名 ⓊⒸ 〖米〗 サコタッシュ《豆とトウモロコシのごった煮; 北米先住民語が起源》.

suc·cu·bus /sʌ́kjəbəs/ 名 (複 **suc·cu·bi** /-bai/) Ⓒ 女の夢魔《睡眠中の男と性交をするという; →incubus》.

suc·cu·lence /sʌ́kjələns/ 名 Ⓤ 汁[水分]の多いこと.

‡**suc·cu·lent** /sʌ́kjələnt/ 形 **1** 〔果物, 肉などが〕汁[水分]の多い; (汁けがたっぷりして)美味な, ジューシーな. a ~ peach 水気の多いモモ. **2** 〖植〗 (サボテンのような)多肉多汁の. ── 名 Ⓒ 〖植〗 多汁の植物. [<ラテン語 *succus*「汁」] ▷**~·ly** 副

‡**suc·cumb** /səkʌ́m/ 動 自 〖章〗 **1** 屈する, 屈服する, 負ける, 〈*to* ..に〉. ~ *to* temptation [persuasions] 誘惑に負ける[説得に折れる]. No one can make him ~. 彼はだれにも屈服しない. **2** 死ぬ〈*to* ..で〉; 屈する〈*to* ..〔病気など〕に〉. My father finally ~*ed to* cancer. 父はついに癌(がん)で死んだ. [<ラテン語「下に寝る, 倒れる」]

‡**such** /sətʃ, 強 sʌtʃ/ 形 ⓒ (語法 such は Ⓒ の単数名詞に伴う場合は「不定冠詞+名詞」の前に置かれる; some, any, another, no, many, all などと用いられる場合はその後に置かれる; 代名詞の another, others には such another [others] の形を用いる)

【そんな(具合の)】 **1** そんな, そういう, こんな, あんな. *Such* a (nice) girl cannot be a thief! あのような(いい)娘がどろぼうをするはずがない. The scientist denied all ~ possibilities. その科学者はそのような可能性をすべて否定した. I shall never have another ~ chance. こんな機会はもう二度とあるまい. *Such* things are none of my business. そんなことは私の知ったことではない. There are no ~ things as fairies. 妖(よう)精などというものは存在しない.

> 語法 この意味のときは, 形容詞を伴うか (→最初の3例), 又は such X as .. (→成句)の形をとるのが普通であり, 「such (a)+名詞」だけの表現は堅い文章体で, 一般的ではない. その代わりに「(a) 名詞+like this [that]」, 「this [that] sort of+名詞」などの表現が好まれる: I'd like ˪*a car like that* [〖章〗 *such a car*]. (そんな車が欲しいな) *This sort of* music [〖まれ〗 *Such music*] is very popular. (こんな音楽が今はやりなんだ)

2 〈叙述的に; 前に述べたことを指して, 又は先行の形容詞の代わりに〉 そんなふうな, こういう具合で, (語法 しばしば倒置されて文頭に置かれる). *Such* is life, my friend. 世の中[人生]とはそんなものだよ, 君. If ~ is the case, I must change my mind. もし事実がそうなら私は考えを変えなければならない.

3 【それほど(高度)の】 **非常な**, 大変な, とてつもない; 〈「形容詞+名詞」の前で副詞的に〉 **そんなに**, これほどに; 大変, とても. It was ~ a lovely day. とってもいい天気でした. He's ~ a nice boy! 彼は本当にいい少年ですよ. I've got ~ a toothache. (=I've got ~ a terrible toothache.) ひどい歯痛なんだ. His death was ~ a blow to our plan. 彼の死は私たちの計画にとって大打撃だった. We've had ~ fun! 本当に楽しかった!

S

【それと似た】 **4** **それと似た**, 同様の. beer, soda water, or some ～ cold beverage ビールかソーダ水か又は何かそのような冷たい飲み物.
5〖法・章〗前述[上記]の(ような).
ever such →ever.
súch and sùch これこれの, しかじかの. Each of us was ordered to go to ～ *and* ～ a place to see ～ *and* ～ a person. 我々はめいめいこれこれの場所へ行きしかじかの人に会うよう命じられた. 語法 「これこれ[しかじか]のもの[人]」の意味で名詞的にも用いる; →代 成句.
sùch a óne (1)〈*as* ..を伴って〉..のような人[もの]. (2)〖古〗なにがし, だれそれ.
****súch as ..*** (1)〈例を挙げて〉**例えば..のような**. beautiful flowers, ～ *as* lilies, roses, and tulips 例えばユリやバラやチューリップのようなきれいな花 (★SUCH X as .. (1)の第1例と同意). a professional man ～ *as* a doctor 医者のような知的職業人. (2)〈節を導いて〉..する[である]ような. She is a girl ～ *as* any man would want to marry. 彼女は男性ならだれでも結婚したいと思うような(すてきな)女性だ. (3)〈節を導いて〉..はつまらないものであるが. *Such as* the food was, there was plenty of it. 大したものではなかったが, 食べ物はたくさんあった.
****súch X as ..*** (1) **..のようなX**. ～ beautiful flowers *as* lilies, roses, and tulips ユリやバラやチューリップのようなきれいな花 (→SUCH as .. (1)の第1例). There is no ～ thing *as* a typical English school. 典型的な英国の学校などというものは無い. (2)〈節を導いて〉**..する[である]ようなX**. ～ animals *as* eat meat 肉を食べる動物. We need ～ persons *as* will help us.〖章〗私たちには援助してくれるような人たちが必要だ. I lost ～ patience *as* I had left.〖章〗残っていた辛抱もついに底をついた.
sùch as it ís [***they áre***] (★they are は受けるものが複数の場合) つまらないものだが, 大したものではないが; お粗末な, 名前ばかりの. You're welcome to use my car there, ～ *as it is*. あんなものですが, あそこの車をお使い下さい. My savings, ～ *as they are*, are fading into thin air. 私の貯金は, と言ってもしれたものだが, どんどん無くなって行きます.
sùch(..) as to dó ..するような(..), ..するほど(..)で; 大変..なので. The accident was ～ *as to* make everybody uneasy. その事故はみんなを不安にさせるほどのものだった. Mike is not ～ a fool *as to* rely on you. マイクは君を信頼するようなばかではない. It was ～ a loud noise *as to* wake everybody in the house. 大変大きな音だったので家中の人が目を覚ました (★*such* a loud noise that it woke.. の方が普通).
súch that .. (1) 大変なものなので.. (★such は倒置されて文頭に来ることがある). His courage was ～ *that* people couldn't help admiring him. =*Such* was his courage *that* people ... 彼の勇気は大変なものだったので人は彼を賞賛せざるを得なかった. (2) ..のようなもので. His behavior was ～ *that* everyone who knew him disliked him. 彼の態度は彼を知る者みなが彼を嫌うようなものだった. (3)〈副詞節〉〖章〗..のようなやり方で (=in such a way that ..). He carefully structures his poems ～ *that* their ambiguities duplicate the opacity of the world. 彼は曖昧さが世界の不透明さを倍加するように, 詩を注意深く構成する.
****súch .. that*** **非常に..なので** (★such の次には名詞(句)が来る; →so..that). It was ～ a nice day *that* we decided to go on a picnic. あまりいい天気だったので私たちはピクニックに出かけることにした.
── 代 **1**〈単複両扱い〉〈前に述べた人, 物, 事を受けて〉そのような人[物, 事], このような人[物, 事]. Everybody thought him a foreigner, but he proved not to be ～. みんなは彼を外国人だと思っていたが, そうではないことが分かった.
2〖商・話〗前述のもの《it, they, them の代用としても使う》.
.. and súch〖話〗..など (and so on). doctors, lawyers, *and* ～ 医者や弁護士など.
as súch (1) それとして, その資格で; そういう人として. The young man was a prince and was welcomed *as* ～. その若者は王子であったのでそれ相応に迎えられた. (2) それだけで, それ自体では. Smoke *as* ～ is not a pollution problem. 煙はそれ自体では汚染問題にはならない. (3) 本当の意味での. "Did you have a good vacation?" "Well, sort of. It wasn't a vacation, *as* ～." 「いい休暇でしたか」「まあね. 休暇というほどのものではなかったけどさ」.
or sòme súch あるいはそんなもの.
sùch and súch しかじか(の事).
súch as ..〖章〗〈複数扱い〉..である[する]人[物, 事]. *Such as* I saw were not interesting. 私が見たものは面白くなかった.
súch that .. ..のような性質[種類]のもの. His behavior was ～ *that* everybody disliked him. 彼のふるまいはみんなが彼を嫌うような性質のものであった.
[＜古期英語 swilc 'so-like²']

súch·lìke〖話〗形〈限定〉そのような, この種の. ── 代 そのようなもの, この種のもの. loafers and ～ 浮浪者とそうした手合い.

***suck** /sʌk/ 動 (～s /-s/|過 過分 ～ed /-t/|**súck·ing**)
他 **1**〔液体(のしみた物)〕を**吸う**, すする, 〈*up*〉; VOC (～ X Y) X を吸って Y (水分のない状態) にする. ～ soda through a straw ストローでソーダ水を吸う. The baby is ～*ing* milk from its mother. その赤ん坊は母親から乳を吸っている. ～ an orange dry オレンジを汁一滴残さず吸う.
2 を吸い込む, 吸い取る, 〈*up, in, down*〉〈*into* ..に〉; 〔植物などが水分〕を吸い上げる〈*up*〉; VOA〔渦巻きなどが〕を吸い込む, 巻き込む, 〈*under, along*〉〈*into* ..に〉. The vacuum cleaner ～*ed up* the dirt on the carpet. 電気掃除機はカーペットのほこりを吸い取った. The dry earth ～*ed up* the spring rain. 乾いた天地は春の雨を吸い込んだ. **3**〔指, あめなど〕をしゃぶる, なめる. Stop ～*ing* your thumb. 親指をしゃぶるのをやめなさい. **4**〔知識など〕を得る, 吸収する, 〈*in*〉〈*out of* ..から〉. **5**〖卑〗にフェラチオをする〈*off*〉.
── 自 **1** 乳を吸う; 吸う, すする, 〈*away*〉〈*at* ..を〉; VA (～ *on*,〖英〗*at* ..)〔あめなど〕をしゃぶる. A bear likes ～*ing at* a honeycomb. クマはミツバチの巣をすするのが好きだ. the baby ～*ing at* its mother's breast 母親の乳房を吸っている赤ん坊. **2**〖主に米話〗全く取るに足りない[面白くない]; 軽蔑すべき[不愉快な]ものである. He thinks school ～*s*. 学校なんて面白くないと彼は思っている.
sùck .. drý (1) →他 1. (2)〈比喩的〉..を吸い尽くす; ..から(金, 情報などを)搾り取る.
sùck /../ ín (1)〔渦などが〕〔人〕を呑み込む; 〔掃除機などが〕を吸い込む; 〔腹など〕を(息を吸って)引っ込める. (2)〖話〗をだます.
súck X in [***into***] **Y** X を(無理に)Y(論争, 争い, 悪事など)に引き込む; X を Y (ひどい状態)にする; 〈普通, 受け身で〉.
súck it and sée〖英〗(うまく行くかどうか)試しにやってみる.
sùck úp (to ..)〖話〗([人]に)おべっかを使う, ごまをする. ～ *up to* the manager 支配人におべっかを使う.
── 名 **1** C ひと吸い, ひとすすり; ひとなめ. have [take] a ～ at one's pipe パイプでちょっと一服する.
2 U 吸うこと, 吸い込み; 乳を飲むこと.
give súck to ..〖古〗..に乳を飲ませる.
Súcks (to you)!〖英俗〗いい気味だ, ざまあ見ろ, 《Yah

boo ~s to you! とも言う》. [<古期英語]

‡**súck·er** [名] [C] **1** 吸う人[物]; 乳飲み子, (豚, 鯨の)乳離れしない子. **2** 〖話〗だまされやすい人, 間抜け. There's a ~ born every minute. 〖米〗おめでたい人間はいつの世にもいるものだ. **3** 〖話〗夢中になる人, 目がない人, 〈*for* ..〔特に, おかしなこと〕に〉. **4** 〖動〗吸盤; 〖植〗吸枝, 吸根; ゴムなどで出来た吸着盤. **5** 〖魚〗サッカー《北米産》. **6** 〖米話〗棒付きキャンディー (lollipop).

── [動] [他] だます; [VOA] (~ X *into* (*doing*) ..) 〖米〗 Xをだまして..させる. You've been ~*ed*. お前はだまされたのだ.

súcker lìst [名] [C] (すぐ買ってくれる)お得意さん名簿.

súcker pùnch [名] [C] 予期せぬ打撃〈*to* ..にとっての〉.

súcking pìg [名] [C] まだ乳離れしない子豚《特にクリスマス用の料理に使われる》.

suck·le /sʌ́k(ə)l/ [動] [他] **1** に乳を飲ませる, 哺(ほ)乳する. **2** 〔子〕を育てる. ── [自] 乳を飲む[吸う].

suck·ling /sʌ́kliŋ/ [名] [C] 〖雅・古〗乳児; 乳離れしない獣の子. ***bàbes and súcklings*** →babe.

su·cre /súːkrei/ [名] [C] スクレ《エクアドルの貨幣単位; 100 centavos》.

su·crose /s(j)úːkrous|-krouz/ [名] [U] 〖化〗蔗(しょ)糖.

†**suc·tion** /sʌ́kʃ(ə)n/ [名] [U] **1** 吸うこと. **2** 吸引力; 吸い込み, 吸い上げ. This vacuum cleaner has great ~. この電気掃除機は吸引力が強い. **3** 吸盤, 吸着カップ (〖米〗**súction cùp**). ── [動] [他] 〔医者などが〕を吸引して除去する.

súction càp [名] [C] 〖英〗吸盤.

súction pùmp [名] [C] 吸い上げポンプ.

suc·to·ri·al /sʌktɔ́ːriəl/ [形] **1** 吸引[吸入]の. **2** 吸うに適する. **3** 〖動〗吸盤のある.

Su·dan /suːdǽn|-dɑ́ːn/ [名] 〈the ~〉スーダン《アフリカ北東部の国; 首都 Khartoum》.

Su·da·nese /sùːdəníːz [移]/ [形] スーダンの, スーダン人の. ── [名] ([複] ~) [C] スーダン人.

su·da·to·ri·um /sùːdətɔ́ːriəm/ [名] ([複] **su·da·to·ri·a** /-riə/) [C] 発汗室《特に古代ローマの, 熱気, 蒸気で汗を出させる浴場内の部屋》.

‡**sud·den** /sʌ́dn/ [形] [m] **突然の**, 思いがけない, 不意の; 急な. a ~ rain にわか雨. a ~ change in the weather 天候の急変. regret a ~ decision 急いでした決定を後悔する. Oh, this is so ~. あら, そう急に言われても困りますわ《突然求婚された時などの返事》.

── [名] 〈次の成句で〉.

(àll) of a súdden 突然, 急に, いきなり. *All of a* ~, the lights went out. 突然明かりが消えた.

on a súdden 〖古〗突然.

[<ラテン語 *subitus*「突然の」(*subīre*「こっそり行く(*īre*)」の過去分詞)]

sùdden déath [名] **1** [UC] 急死. **2** [C] 〖競技〗サドンデス《延長戦で先に点を取った側を勝者とする方式; ホッケー, サッカー, ポロ, ゴルフなどで》. ▷**sùdden-déath** /[移]/ [形] a ~ play-off サドンデス式決勝戦.

sùdden ìnfant déath sỳndrome [名] [U] 乳幼児突然死症候群《生後 1–5 か月の, それまで健康であった乳幼児が突然死亡する原因不明のぽっくり病; 略 SIDS; 〖米〗crib death, 〖英〗cot death とも言う》.

‡**sud·den·ly** /sʌ́dnli/ [副] [m] **突然**, 不意に, 急に. *Suddenly*, the telephone rang. 突然電話が鳴った. One of the boys ~ ran away. 少年たちの 1 人が急に逃げ出した.

súdden·ness [名] [U] 突然, 不意.

Su·dra /súːdrə, ʃúː-/ [名] [C] スードラ《インドのカーストの中で最下級の人; →caste》.

suds /sʌdz/ [名] 〈複数扱い〉**1** 石けんの泡; 泡立った石けん水; (soapsuds). **2** 〖米話〗ビール.

be in the súds 〖俗〗困っている; 〖米俗〗酔っ払っている.

── [動] [他] を石けん水[洗剤]で洗う〈*out*〉.

[?<中期オランダ語「沼地」]

suds·y /sʌ́dzi/ [形] 石けん水のような; 泡立った.

Sue /s(j)uː/ [名] 女子の名《Susan, Susanna(h) の愛称》.

†**sue** /s(j)uː/ [動] (**~s**|[過] [過分] **~d**|**sú·ing**) [他] 〔人〕を訴える, 告訴する, 〈*for* ..のかどで, ..を求めて〉. ~ a person *for* libel [negligence] 名誉毀(き)損[過失]で人を訴える. ~ a company *for* damages 損害賠償を求めて会社を訴える. ~ Bill *for* divorce ビルに対して離婚訴訟を起こす. ── [自] **1** 訴える, 訴訟を起こす. **2** 〖章〗請願する, 請う, 〈*to* ..〔人など〕に/*for* ..を〉. ~ *for* mercy [peace] 慈悲を請う[和平を求める].

◇[名] suit 4, 5 [<ラテン語 *sequī*「続く, 従う」]

suede, suède /sweid/ [名] [U] スエード革《内側をけば立てて柔らかくした子ヤギなどの革》; スエード革に似(せ)た布. ~ shoes スエード革製の靴. [フランス語 'Swedish']

su·et /súːət/ [名] [U] 牛脂, 羊脂, 《腎(じん)臓, 腰部から採った堅い脂肪; 料理などに用いる》.

▷**~·y** /-i/ [形] 牛脂[羊脂]のような; 脂肪の多い.

Su·ez /suːéz, ⌐–|súːiz/ [名] スエズ《エジプト北東部の港市; スエズ運河の南端にある》.

Suèz Canál [名] 〈the ~〉スエズ運河.

suf- /sʌ(f), sə(f)/ [接頭] 〈f- の前で〉sub- の異形.

Suff. Suffolk.

‡**suf·fer** /sʌ́fər/ [動] (**~s** /-z/|[過] [過分] **~ed** /-d/|**~·ing** /-f(ə)riŋ/) [他] **1** 〔苦痛, 損害など〕を**受ける**, 被る. ~ severe injuries in the accident 事故で重傷を負う. Japan ~*ed* great losses in World War II. 日本は第 2 次世界大戦で大損害を被った.

2 〖章〗に**耐える**, を我慢する, 〈主に否定文・疑問文で〉. He could not ~ the slightest disobedience from his men. 彼は部下の不服従はどんなに小さなことでも我慢できなかった. I have never been known to ~ fools gladly. 世間の人も知るとおり私はばか者どもに我慢なんかした試しはない.

3 〖古〗[VOC] (~ X *to do*) Xが..するのを許す[するに任せる] (allow, permit). I cannot ~ you *to* be idle any more. 私は君をこれ以上怠けさせてはおけない. Julian did not ~ himself *to* be imposed upon. ジュリアンは人にだまされたままでいるようなことは決してなかった.

── [自] **1 苦しむ**, 悩む, 〈*from*, *for* ..で〉; 患う〈*from*, *for* ..を〉; 報いを受ける, 思い知る, 〈*for* ..のことで〉. The victims ~*ed* terribly. 犠牲者たちはひどく苦しんだ. ~ *from* hunger 飢えに苦しむ. ~ *from* rheumatism リューマチを患う. We made him ~ *for* his impudence. あの男は生意気なので僕らで懲らしめてやった. You'll ~ *for* it. あとでひどい目に遭うよ. **2** 損害を被る; 悪くなる. His health has ~*ed* much from overwork. 彼の健康は過労でひどく害されている. Your reputation will ~. 評判が悪くなるよ. Poems ~ badly in [by] translation. 詩は翻訳すると失われる所が大きい.

sùffer fòols gládly 〖聖書〗喜んで愚か者を忍んでくれる《『コリント人への第二の手紙』11:19》→[他] 2.

[<ラテン語 *sufferre*「下で耐える(*ferre*)」]

suf·fer·a·ble /sʌ́f(ə)rəb(ə)l/ [形] 耐えられる, 我慢できる; 許せる. ▷**-bly** [副]

suf·fer·ance /sʌ́f(ə)rəns/ [名] [U] 許容, 黙認.

on súfferance (仕方なく)お情けで, 黙認されて.

†**suf·fer·er** /sʌ́f(ə)rər/ [名] [C] 苦しむ人, 悩む人; 被害者, 被災者; 患者. a cancer ~ 癌(がん)の患者.

***suf·fer·ing** /sʌ́f(ə)riŋ/ [名] ([複] **~s** /-z/) **1** [U] (心身の)苦しみ; 痛み, 苦悩. The medicine relieved the patient of his ~. 薬で病人の痛みは楽になった.

[連結] great [acute, intense; untold; unmitigated] ~ // experience [endure; overcome; cause,

S

inflict] ～; alleviate [ease] a person's ～

2 〈～s〉 苦しい気持ち, 苦難, 災難.

***suf·fice** /səfáis/ 動 (**-fic·es** /-əz/|過 過分 **～d** /-t/|**-fic·ing**) 〈進行形不可〉〖章〗自 **十分である** 〈*for* ..に/*to* do ..するのに〉. One more witness will ～. 証人はもう 1 人で十分だろう. $100 will ～ *for* expenses. 費用は 100 ドルあれば足りるだろう.

── 他 に十分である, を満たす. A glass of wine will ～ me. 私はワイン 1 杯で十分だ.

suffíce (it) to sày that.. 〖章〗..と言えば十分だろう, ..とだけ言っておこう, (★suffice は仮定法現在). I don't want to discuss the matter; ～ *it to say that* I disagree with you. その問題は議論したくないが, 僕は君と意見が合わないとだけ言っておこう.

[<ラテン語 *sufficere*「下に置く>十分である」(<sub-+*facere* 'make')]

‡suf·fi·cien·cy /səfíʃ(ə)nsi/ 名 〖章〗 **1** aU 十分な量 〈*of* ..の〉 (↔deficiency). a ～ *of* funds 十分な資金. I've had a ～. 十分いただきました. **2** U 十分(であること).

‡suf·fi·cient /səfíʃ(ə)nt/ 形 m **1 十分な** 〈*for* ..に/*to* do ..するのに〉; (↔deficient; 類語 enough よりやや形式ばった語で, 分量, 内容, 程度などについて用いられる). ～ supplies 十分な糧食. a ～ condition for..to take place ..が起こりうる条件. There isn't ～ evidence ⌊*for* the trial [to convict her]. その裁判[彼女を有罪とする]には十分な証拠はない. Do we have ～ time *to* do the work? 我々はその仕事をするのに十分な時間があるか. *Sufficient* unto the day is the evil thereof. その日にはその日の苦労で十分《明日の事は心配するな; 聖書から》. **2** 〖古〗技量[資質]のある. [<ラテン語 *sufficiēns* (*sufficere* 'suffice' の現在分詞); -ent]

†suf·fi·cient·ly /səfíʃ(ə)ntli/ 副 m 十分に, たっぷりと. I've had ～. 十分いただきました. The water is not ～ warm *to* swim in. 水は泳げるほど温かくない. He is not ～ experienced *for* the post. 彼はその地位に十分なほど経験を積んでいない.

suf·fix /sʌ́fiks/ 名 C 接尾辞 (↔prefix) 《-ness, -ly など》. ── /sʌ́fiks, səfíks/ 動 他 を接尾辞として付ける. [<ラテン語「下につなげたもの」]

***suf·fo·cate** /sʌ́fəkèit/ 動 (**～s** /-ts/|過 過分 **-cat·ed** /-əd/|**-cat·ing**) 他 **1** を**窒息(死)させる**, の息を詰まらせる. The baby was ～*d* with a blanket. その赤ん坊は毛布で窒息(死)した. **2** を抑圧する, 押しつぶす.

── 自 **1** 窒息(死)する; 息が詰まる, むせる. ～ in the smoke 煙にむせる. **2** 〈進行形で〉息が詰まりそうである《比喩的にも用いる》. [<ラテン語「窒息させる」(<sub-+*faucēs*「のど」)] ▷**sùf·fo·cá·tion** 名 U 窒息.

súf·fo·càt·ing 形 **1** 窒息させるほどの, 息苦しい(ほどの). **2** 抑圧する; 弾圧的な. ～ school regulations 抑圧的な校則. ▷**～·ly** 副

suf·fo·ca·tive /sʌ́fəkèitiv/ 形 息の止まる, 窒息するような.

Suf·folk /sʌ́fək/ 名 サフォーク《イングランド南東部の州; 略 Suff.》.

suf·fra·gan /sʌ́frəgən/ 〖キリスト教〗名 C 属司教, 補佐主教. ── 形 〔司教が〕補佐の; 属司教の, 補佐主教の. a ～ bishop 属司教.

†suf·frage /sʌ́fridʒ/ 名 **1** U 投票権, 選挙権, 参政権, (franchise). manhood ～ 成年男子選挙権. female [woman('s), women's] ～ 婦人選挙権[参政権]. universal ～ 普通選挙権. **2** C 〖章〗賛成票; 投票, 票. [<ラテン語 *suffrāgium*「投票」]

suf·fra·gette /sʌ̀frədʒét/ 名 C (特に 20 世紀初期の英国の)婦人参政権論者(の女性).

suf·fra·gist /sʌ́frədʒist/ 名 C 参政権拡張論者; 婦人参政権論者.

suf·fuse /səfjúːz/ 動 他 〔液体, 光などが〕を覆う; を満たす; 〈*with* ..で〉〈しばしば受け身で〉. The crimson light ～*d* the western sky. 真っ赤な光が西の空一面に広がった. His face was ～*d with* blood. 彼の顔は血がのぼって真っ赤だった.

suf·fu·sion /səfjúːʒ(ə)n/ 名 U 充満; (顔などの)紅潮.

sug- /sʌ(g), sə(g)/ 接頭 〈g- の前で〉sub- の異形.

‡sug·ar /ʃúgər/ 名 (複 **～s** /-z/) **1** U **砂糖**; C 角砂糖 1 個, 砂糖スプーンに 1 杯. a lump of ～ 角砂糖 1 個. three spoonfuls of ～ スプーンに 3 杯の砂糖. drink coffee without ～ コーヒーを砂糖を入れずに飲む. Do you take ～ (in your tea)? あなたは紅茶に砂糖を入れますか. How many ～*s* do you want in your tea? 紅茶に砂糖をいくつ入れますか. a reduced-～ product 甘さ控え目の製品. **2** C 〈普通 ～s〉〖化〗糖.

3 〖主に米話〗〈好きな人への呼びかけ〉 あなた, おまえ, (darling, honey).

be sùgar and spíce 優しい.

Oh(,) súgar! 〖主に英話〗しまった, ちえっ, ちくしょう, 《Oh, shit! を避けて用いる》.

── 動 他 **1** に砂糖を入れる[かける], を糖衣で包む, 砂糖で甘くする. I've ～*ed* your coffee for you. あなたのコーヒーに砂糖を入れました. **2** の不快さを和らげる〈主に次の成句で〉. ***sùgar the píll*** →pill.

[<アラビア語 (?<サンスクリット語)]

súgar bàsin 名 C (卓上用の)砂糖入れ.

súgar bèet 名 U 〖植〗甜(てん)菜, 砂糖大根.

Súgar Bòwl 名 〈the ～〉シュガーボウル《ニューオリンズにあるアメフト競技場; 同競技場で毎年 1 月 1 日に行われる大学フットボール試合》.

súgar bòwl 名 =sugar basin.

súgar·càne 名 U 〖植〗サトウキビ《これから cane sugar (蔗(しょ)糖)を作る》.

súgar·còat 動 他 **1** 〔錠剤など〕に糖衣を着せる. **2** をよく見せる, うまくごまかす.

sùgar·cóated /-əd ⑧/ 形 **1** 糖衣を着せた〔錠剤, 菓子など〕. **2** 不快さを包み隠した; よく見せかけた; お世辞の.

súgar cùbe 名 =sugar lump.

súgar dàddy 名 C 〖話〗**1** 'パパ', 'おじさま', 《金品を与えて若い女性と関係を持つ中年男》. **2** 気前のいい金蔓(づる).

súgared 形 砂糖で甘くした.

sùgar-frée 形 無糖の.

sùgaring-óff 名 U 〖米〗かえで糖つくり.

súgar·less 形 砂糖の入っていない, 無糖の.

súgar lòaf 名 C 棒砂糖《昔売られていた円錐(すい)状に固めた砂糖》; 棒砂糖状の物.

súgar lùmp 名 C 〖主に英〗角砂糖.

súgar màple 名 C 〖植〗サトウカエデ《砂糖, メープルシロップなどの原料》.

súgar pèa 名 =snow pea.

súgar·plùm 名 C 〖英では旧〗あめ玉, ボンボン.

súgar tòngs 名 〈複数扱い〉角砂糖ばさみ.

sug·ar·y /ʃúg(ə)ri/ 形 **1** 砂糖でできた, 砂糖を含んだ, 甘い. **2** 〈けなして〉甘ったるい, (お世辞)べたべたの; あまりに感傷的な. speak in a ～ voice 甘ったるい声で話す.

‡sug·gest /səgdʒést, sədʒést|sədʒést/ 動 (**～s** /-ts/|過 過分 **～·ed** /-əd/|**～·ing**) 他

【思い起こさせる】 **1 (a)** 〔構想, 計画など〕を**提案する**, 提唱する; VO (**～ *that*** 節/"引用"/***wh*** 節・句/***doing***) **..ということを/「..」と/..かを/..することを提案する**; 〈*to* ..に〉. ～ a new remedy 新しい治療法を提案する. a ～*ed* price (販売元の)希望小売価格. Tom ～*ed* another plan *to* the committee. トムは別の案を委員会に提唱した. The aide ～*ed* changing the tactics. 副官は戦術の変更を進言した. I ～ (*that*) your son (should) spend a week with us. お宅の息子さんが私たちの所で 1 週間お過ごしになったらどうでしょうか (語法 こ

の文のような場合〖英〗では should を用いるのが好まれる; また〖英〗では ..your son spends.. のように直説法を使うこともある). May [Might] I ～ *that* you speak to the manager(, then)? 支配人と話してみてはいかがでしょうか (★ていねいな言い方). It was ～*ed* (*that*) the boys (should) go to the sea by themselves. 少年たちだけで海へ行ってはどうかと提案された. "Let's go (and) see the game," I ～*ed* to Tom.「その試合を見に行こう」と私はトムに言った. Can you ～ *how* we should [might] deal with this situation? この状況にどう対処したらよいかご提案願えますか. (**b**) を薦める, 推薦する, 〈*for* ..〔仕事など〕に/*as* ..として〉. I ～*ed* Mr. Oliver *for* the job. オリバー氏をその仕事の候補としてあげた. (**c**) [VO] (～ ***that*** 節)〈I suggest that.. で〉〖法〗..と思うが事実か. I ～ *that* you were in the house at 9 o'clock. あなたは 9 時に家にいたと思うが, 事実か《弁護士の決まり文句》.

2 (**a**) [VO] (～ ***that*** 節)〔人が〕..であることをほのめかす〈*to* ..に〉. Father ～*ed to* me *that* I might be wrong. 父は私が間違っているのではないかとそれとなく言った. I'm not ～*ing that* you're too old for the job. 私はあなたがその仕事には年を取り過ぎているなどとは言ってません. (**b**) 〔物事が〕を**暗示する**, 示唆する; を思い起こさせる, 連想させる; [VO] (～ ***that*** 節) ..であることをほのめかす. Ink blots ～ different things to different people. インクの染みは人それぞれに異なったものを連想させる《インクの染みは心理テストに用いられる》. The dark sky ～*ed that* it would rain. 暗い空は雨が降ることを示した. His attitude ～*ed* indifference to fame. 彼の態度はそれとなく名声に対する無関心を表していた. The music ～*s* a spring morning. その音楽を聴くと春の朝を思う.

suggést itsèlf to.. 〔物事が〕..の心に浮かぶ. That idea never ～*ed itself to* me. その考えは私の心には全く浮かばなかった.

[＜ラテン語 *suggere*「下に運ぶ」(＜sub-＋*gerere* 'bring')]

sug·gèst·i·bíl·i·ty [名] [U] 示唆[暗示]できること.

sug·gést·i·ble [形] **1** 〔人が〕暗示にかかりやすい. **2** 暗示[示唆]できる.

‡**sug·ges·tion** /səgdʒéstʃən, sədʒés-|sədʒés-/ [名] ([複] ～**s** /-z/) 【思い起こさせること】 **1** [U] **提案**, 提唱, 提議, 〈*on, about, concerning* ..について〉; [C] **提案(された物事)**, 提案〈*that* 節 ..という〉. offer a helpful ～ 有益な提案をする. He decided to go abroad at [on] my ～. 彼は私の提言で外国行きの決心をした. We are open to ～(*s*). どんな提案でも歓迎します. He made a ～ *that* we (should) launch the program. 彼はその計画を実施に移すべきだと提案した. if I may [might] make a ～ 私が言ってもよろしければ.

> [連結] a valuable [a sensible; a timely; a useless] ～ // put forward [adopt, act on, follow; ask for, invite] a ～

2 [U] **暗示**, 示唆, ほのめかし; [C] **暗示(された物事)**. a speech full of ～*s* 示唆に富んだ演説.

3 【わずかな示唆】 [C] かすかなしるし, 様子, 気味, 〈*of* ..の〉. red with a ～ *of* yellow 黄色味がかった赤. speak English with a ～ *of* an Italian accent ごく軽いイタリア語訛(なま)りで英語を話す. There is no ～ that he will be offered the job. 彼にその仕事が与えられる可能性は少しもない. **4** [UC] 連想(作用); 思いつき. The sound of waves always carries a ～ of my hometown by the sea. 波の音はいつも海辺にある私の生まれ故郷の町を連想させる. [suggest, -ion]

†**sug·ges·tive** /sə(g)dʒéstiv|sədʒés-/ [形] **1** 暗示する, 示唆する, 〈*of* ..を〉. The gentleman's manner of speech is ～ *of* his noble birth. その紳士の話し方は高貴な家柄を暗示している. **2** 暗示的な, 示唆的な; 暗示[示唆]に富んだ. a ～ book 示唆に富んだ本 (★3 の意味で「挑発的な本」の意味にもなる). **3** (性的に)挑発的な, 思わせぶりな. a ～ neckline 挑発的な襟ぐりの線.
▷ **～·ly** [副] 暗示[示唆]的に. **～·ness** [名]

Su·har·to /su:há:rtou/ [名] **T.N.J.** ～ スハルト (1921 –)《インドネシアの政治家; 大統領 (1968–98)》.

‡**su·i·cid·al** /s(j)ù:əsáidl [移]/ [形] **1** 自殺の, 自殺的な; 自殺しそうな. **2** 自滅的な, 自殺行為的な. It would be ～ to do such a thing. そんな事をするのは自殺的行為だ. ▷ **～·ly** [副]

‡**su·i·cide** /s(j)ú:əsàid/ [名] ([複] ～**s** /-dz/) **1** [U] **自殺**; 自殺(的行為), 自滅. commit ～ 自殺する. *Suicide* was illegal in this country. 自殺はこの国では違法であった. attempted ～ 自殺未遂. (physician-)assisted ～ (医師の)助けをかりた自殺. artistic ～ 芸術的自殺行為《例えば剽窃(ひょうせつ)などが暴露されて再び芸術家として立てなくなること》. **2** [C] 自殺者; 自殺行為. **3** 〈形容詞的〉 決死の. on a ～ mission 生きて帰らぬ任務を帯びて. [＜(近代)ラテン語 *suīcīdium*「自らを殺す (*caedere*) こと」]

súicide pàct [名] [C] 自殺契約, 心中の約束.

sùicide squéeze [名] [C] 〖野球〗スイサイドスクイズ《打者のバントを確認しないうちに, 投球とほぼ同時に走るスクイズプレー; →safety squeeze》.

su·i ge·ne·ris /s(j)ù:ai-dʒénəris/ [形], [副] 独特の[で], 独自の[で]. [ラテン語 'of its own kind']

‡**suit** /s(j)u:t/ [名] ([複] ～**s** /-ts/) 【一貫したもの＞ひとそろい】 **1** [C] (**a**) **スーツ**《男性用は上着・ズボン, 女性用は上着・スカート又はズボンから成る; 男性用ではヴェストを加えることもある》. wear a dark ～ 黒のスーツを着ている. My ～ is made to order. 私のスーツはあつらえだ. (**b**) (特別な目的の)衣服, ..着. a bathing ～ 水着. a wet ～ ウェットスーツ. (**c**) 〖俗〗(会社, 組織の)幹部, 背広[エリート]族. **2** [C] (馬具, 武具などの)ひとそろい, 一式. a ～ of mail 1 着の鎖かたびら. **3** [C] 〖トランプ〗組み札《hearts, diamonds, clubs, spades いずれか 1 種類の札 13 枚から成る》. →strong suit.

【一貫した追求】 **4** [UC] **訴訟**, 告訴, (lawsuit, **sùit at láw**). bring [file] a ～ against a company 会社を相手取って訴訟を起こす. drop one's ～ 告訴を取り下げる. **5** [U] 〖章〗要求, 依頼, (request); 〖古〗(女性への)求婚. plead [press] one's ～ 懸命に[しつこく]求婚する. ◇4,5 [動] sue

fòllow súit (1)〖トランプ〗先に出された札と同種の札を出す. (2)(前の)人のまねをする. Mike joined the club, and Ted *followed* ～. マイクがそのクラブに入るとテッドもそれにならった.

in one's birthday súit 〖戯〗生まれたままの姿で, 裸「で.

── [動] (～**s** /-ts/|[過] [過分] **súit·ed** /-əd/|**súit·ing**) [他] 【そろえる＞合わせる】 **1** [VOA] (～ X ***to..***) X を..に合わせる, 適合させる. ～ one's words *to* the occasion その場にふさわしい言葉を使う.

【合う】 **2** に合う, 都合がよい; 〔必要など〕を**満たす**; に**適する**. What day of the week ～*s* you best? 何曜日があなたに一番都合がいいですか. (It) ～*s* me (fine). (それで)いいですよ. The car will ～ all our needs. その車は我々の必要をすべて満たしてくれるだろう. The climate in California ～*s* my health. カリフォルニアの気候は私の健康に適している. This [It] doesn't quite ～ me. 欲しいのとはちょっと違います《店員などに言う》. You can't ～ everyone. すべての人に気に入るようには出来ない.

3 〔人〕に**似合う**. Your hairstyle doesn't ～ you. 君のしている髪型は君には似合わない.

4 〈受け身で〉 **適している**, 向いている, →suited.

── [自] 適する, 都合がよい. The ten o'clock train will ～ fine. 10 時の汽車がとても好都合だ. That date will

～. その日なら都合がいい.
sùit a pèrson (rìght) dówn to the gróund 〖英話〗人にぴったり[おあつらえ向き]である.
sùit the áction to the wórd 言行を一致させる; 言った通りに脅迫などを実行する《< Shakespeare, *Hamlet*》.
sùit úp 〖主に米〗(制服, 宇宙服などを)着こむ, 着用する. ～ *up* for the Fourth of July parade (7月4日の)独立記念日パレード用の服装をする.
Súit yoursèlf. 〖話〗勝手に[好きなように]しなさい.
[< 古期フランス語「ひとそろいの物」(< ラテン語 *sequī*「従う, 続く」)]

sùit·a·bíl·i·ty 名 U 適当, 適合, ふさわしい[似合う]こと.

‡suit·a·ble /s(j)úːtəb(ə)l/ 形 m **適当な**, 適切な; ふさわしい, 好都合の; 〈*for, to* ..に〉(類語 特定の条件や要求にかなって適切なということ; →fit¹ 1). shoes ～ *for* hiking ハイキング向きの靴. ～ presents *for* girls 少女たちに適したプレゼント. His conduct was not ～ *to* the occasion. 彼の行為はその場にふさわしくなかった.
[suit, -able]
▷**-bly** 副 適当[適切]に, ふさわしく. *suitably* dressed (その場に)ふさわしい服装で. be *suitably* impressed いい印象を持つ, 感心する. **～·ness** 名 U 適当, 適切.

‡suit·case /s(j)úːtkèis/ 名 (複 **-cas·es** /-əz/) C スーツケース《旅行用の小型かばん; trunk より小さい》. ***lìve out of a súitcase*** (あちこち旅行ばかりして)ホテル暮らしをする《< スーツケースから必要な物を取り出して使う生活》.

†suite /swiːt/ 名 C **1** (ホテルなどの)ひと続きの部屋《寝室, 居間, 浴室などから成る》; 〖米〗アパート. **2** ひと組[ひとそろい]の家具; 〈一般に〉ひと組, ひとそろい. a ～ for the living room 居間用の家具ひと組. a three-piece ～ (家具の) 3点セット(テーブルに椅子2つなど). **3** (一団の)従者, 随行員. **4** 〖楽〗組曲.
[フランス語; suit と同源]

súit·ed /-əd/ 形 **1** 適している, 向いている〈*to, for* ..に〉〈*to* do ..するのに〉. He is not ～ *to* the job. 彼はその仕事に向いていない. a dance ～ *to* the music その音楽に向いたダンス. **2** 〈叙述〉〔男女が〕似合いで. They are well ～ (to each other). 2人はお似合いのカップルだ. **3** スーツを着た.

súit·ing 名 UC 洋服地《特に男子服用の》.

‡suit·or /s(j)úːtər/ 名 C **1** 〖旧〗求婚者. **2** 〖法〗提訴者, 原告. **3** 〖まれ〗請願者, 嘆願者.

Su·kar·no /suːkáːrnou/ 名 **Achmed ～** スカルノ (1901–70)《インドネシア初代大統領 (1945–67)》.

Su·la·we·si /súːləweisi/ 名 スラウェシ《Celebes のインドネシア名》.

sulf-, sulph- /sʌlf/ 〈複合要素〉「硫黄を含む」の意味.

sul·fa /sʌ́lfə/ 形 〖薬〗サルファ剤(系)の.

súlfa drùg 名 C サルファ剤.

sul·fate /sʌ́lfeit/ 名 UC 〖化〗硫酸塩.

sul·fide /sʌ́lfaid/ 名 UC 〖化〗硫化物.

sul·fo- /sʌ́lfou/ 〈複合要素〉=sulf-.

sul·fon·a·mide /sʌlfɑ́nəmàid, -mid/ 名 C 〖薬〗スルフォンアミド《細菌性疾患の治療用》.

†sul·fur /sʌ́lfər/ 名 U 〖化〗硫黄. [ラテン語]

sul·fu·rate /sʌ́lfjurèit, -fə-/ 動 他 を硫黄と化合させる, に硫黄を含ませる, を硫化させる.

sùlfur dióxide 名 U 二酸化硫黄, 亜硫酸ガス.

sul·fu·re·ous /sʌlfjú(ə)riəs/ 形 **1** 硫黄の. **2** 硫黄を含んだ. **3** 硫黄臭い.

sul·fu·ric /sʌlfjú(ə)rik/ 形 **1** 硫黄の; 硫黄を多く含む. **2** 硫酸の.

sulfùric ácid 名 U 硫酸.

sul·fur·ous /sʌ́lf(ə)rəs/ 形 **1** 硫黄の(ような). **2** 硫黄を少し含む. **3** (燃える)硫黄のように臭い.

‡sulk /sʌlk/ 動 自 すねる, ふくれっ面をする.
── 名 C 〈しばしば the ～s〉すねてふくれること. have [be in] (a fit of) the ～*s* すねている, ふくれている. go into a ～ すねる.

†sulk·y /sʌ́lki/ 形 e **1** すねた, ふくれっ面をした; すぐすねる[ふてくされる]. a ～ child だだっ子. **2** 〔天候などが〕陰気な, うっとうしい. the ～ gray sky 陰気な灰色の空.
── 名 (複 **sulk·ies**) C (1人乗り用)軽2輪馬車《今では主に競走用に用いられる》. [〖廃〗*sulke*「扱いにくい」, -y¹] ▷**sulk·i·ly** 副 **sulk·i·ness** 名

***sul·len** /sʌ́l(ə)n/ 形 m **1 不機嫌な**, すねた, むっつりした. a ～ look 不機嫌な顔. **2** 〖主に雅〗〔空などが〕**陰気な**, 陰うつな. The ～ sky suggested rain. 陰うつな空は雨になるのではないかと思わせた.
[< アングロノルマン語「孤独な」(< ラテン語 *sōlus* 'alone')] ▷**～·ly** 副 不機嫌に, むっつりして. **～·ness** 名 U 不機嫌, 無愛想.

Sul·li·van /sʌ́livən/ 名 **Sir Arthur ～** サリヴァン (1842–1900)《英国の作曲家; →Savoy operas》.

sul·ly /sʌ́li/ 動 (**-lies**|過 過分 **-lied**|**～·ing**) 他 〖主に雅〗〔名誉, 品位など〕をけがす, そこなう. ～ one's family's name 家名をけがす.

sulph- /sʌlf/ 〈複合要素〉=sulf-.

sul·pha /sʌ́lfə/ 形 =sulfa.

sul·phate /sʌ́lfeit/ 名 =sulfate.

sul·pho- /sʌ́lfou/ 〈複合要素〉=sulfo-.

sul·phur /sʌ́lfər/ 名 〖主に英〗=sulfur.

sul·phur·ic /sʌlfjú(ə)rik/ 形 =sulfuric.

sul·phur·ous /sʌ́lf(ə)rəs/ 形 =sulfurous.

‡sul·tan /sʌ́lt(ə)n/ 名 **1** C イスラム教国君主, サルタン. **2** 〈the S-〉(昔の)トルコ皇帝. [< アラビア語「権力, 支配者」]

sul·tan·a /sʌltǽnə|-táːnə/ 名 C **1** イスラム教国王妃; サルタンの母[姉妹, 娘]. **2** 種なし干しブドウの一種.

sul·tan·ate /sʌ́ltənèit/ 名 C **1** 〈普通, 単数形で〉サルタンの地位[統治]. **2** サルタンの領地, イスラム教国.

***sul·try** /sʌ́ltri/ 形 e (**-tri·er**|**-tri·est**) **1 蒸し暑い**, 暑苦しい; 焼けつくように暑い. a ～ day 蒸し暑い日. **2** 〔女性が〕熱情的な; 官能的な, 色っぽい. She wore a ～ smile. 彼女は官能的な微笑を浮かべていた.
[〖廃〗*sulter* 'swelter', -y¹]
▷**sul·tri·ly** 副 **sul·tri·ness** 名

‡sum /sʌm/ 名 (複 **～s** /-z/) C **1** 〈the ～〉**総計**, 合計, 総額[数], 和. find the ～ 和を求める. The ～ of four and five is nine. 4と5の和は9である.
2 〈the ～〉概要, 概略, 要点, 要旨; 根本. the ～ (and substance) of the report その報告の概要.
3 〈the ～〉すべて, 総体, 〈*of* ..〔望ましくないこと〕などの〉. That is the ～ (total) *of* what he has done in the political world for the last 6 years. それが彼が過去6年間政界でやってきたことのすべてだ.
4 金額. a small [large] ～ of money 少額[多額]の金. the ～ of 500 dollars 500ドルの金(額). I won't part with my car for any ～. いくら金をもらっても私の車は手放さない.
5 算数の問題, 加減乗除. do ～*s* 計算する. do one's ～*s* 〖英話〗(ある目的のための)金があるかどうか計算する. get one's ～*s* wrong 計算を間違える.
grèater [mòre] than the sùm of its párts (全体では)個々の力以上で.
in súm 〖章〗要するに, つまり.
── 動 (**～s** /-z/|過 過分 **～med** /-d/|**súm·ming**) 他 **1 を合計[総計]する**〈*up*〉. ～ *up* the prices 値段を合計する. **2 を要約する**, 約言する, 〈*up*〉; VOA (～/X/*up*) X を一口で評する. ～ *up* one's past 自分の過去を要約する. That (about) ～*s* it *up*. 〖話〗要点はまあそんなところです.

3 VOA (～ /X/ *up*) X (人, 状況など)を(適確に) 判断する, の本質をつかむ. ～ *up* the situation quickly 状況を素早く把握する. He is good at ～*ming* people *up*. 彼は人物の寸評がうまい.

── 自 **1** 計算をする. **2** VA (～ *to* ..) 合計[総計]して..になる. **3** VA (～ *up*) 要約する, 概説する; 〔判事が〕(申し立てられた) 証拠の略説をする.

to sùm úp 要約すれば, 要するに.

[＜ラテン語 *summa*「総額, 全体」(＜ *summus* 'highest')]

su·mac(h) /ʃúːmæk, súː-/ 名 C 〖植〗スマック《南欧産のウルシ属の一種》; U スマックの乾燥した葉《革なめし料, 染料》.

Su·ma·tra /su(ː)máːtrə/ 名 スマトラ島《インドネシア領, 大スンダ列島北西部にある》.

Su·mer /súːmər/ 名 シュメール《古代バビロニア, ユーフラテス川下流地域》.

Su·mer·i·an /s(j)umíəriən/ 形 シュメールの; シュメール人[語]の. ── 名 C シュメール人; U シュメール語.

sum·ma cum lau·de /sùmə-kum-láudei, sʌ̀mə-kʌm-lɔ́ːdi/ 副 〖主に米〗 最優等で 《以下 magna cum laude, cum laude の順》. [ラテン語 'with highest praise']

sum·mar·i·ly /səmérili, sʌ́m(ə)r-|sʌ́m(ə)r-/ 副 **1** かいつまんで, 手短に. **2** 略式に; 即座に.

***sum·ma·rize,** 〖英〗**-rise** /sʌ́mərὰiz/ 動 (**-riz[s]·es** /-əz/ 過 過分 **～d** /-d/|**-riz[s]·ing**) 他 を要約する, 手短に言う. *Summarize* the passage in about one hundred words. 約 100 語でその一節を要約しなさい. [summary, -ize] ▷**sùm·ma·ri·zá·tion** 名

***sum·ma·ry** /sʌ́m(ə)ri/ 名 (複 **-ries** /-z/) C 要約, 概要, 大略. write a ～ at the end of each chapter 各章の終わりに要約を書く.

in súmmary 要約して; 要約すると.

── 形 ¢ 〖章〗 **1** 概略の, かいつまんだ. ～ descriptions 概略的説明. **2** 〔手続きなどが〕略式の; 〔判決などが〕即決の. ～ dismissal 即時解雇. ～ justice 即決裁判. [＜ラテン語 *summa* 'sum'; -ary]

sum·mat /sʌ́mət/ 代 〖英·方〗 ＝somewhat (＝something).

sum·ma·tion /sʌméiʃ(ə)n/ 名 〖章〗 **1** U 足し算[合計]すること, 加算. **2** C 合計, 和. **3** C 総括, 概括, (講演者自身の)要約. **4** C 〖米法〗(弁護人の)最終弁論.

‡**sum·mer** /sʌ́mər/ 名 (複 **～s** /-z/)

1 UC 〈普通, 無冠詞単数形, 又は the ～〉**夏**. a beautiful ～'s day 美しい夏の日. a cool [hot] ～ 涼しい[暑い]夏. high ～ 真夏. during the ～ 夏の間に. The days are longer in ～ than in winter. 冬より夏の方が日が長い. We are going to Europe this ～. 我々はこの夏ヨーロッパへ行く. 参考 北半球では 6–8 月; 天文学的には夏至から秋分まで.

> 連結 a glorious [a hot, a scorching; a cool; a poor] ～ // ～ comes

2 U 〖特に雅〗〈the ～〉(人生の)**盛り**, 壮年期. the ～ of life 人生の盛り.

3 C 〖特に古·雅〗〈普通, 数詞を伴って〉年, 年齢; ..歳; (類語 肯定的な文脈で用いる; →year 3; なお winter と比較). a lad of fifteen ～*s* 15 歳の若者.

4 〈形容詞的〉夏の, 夏季用の. the ～ heat 夏の暑さ. a ～ drink 夏用の飲み物. the ～ season 夏季. the ～ vacation 夏休み.

── 動 〖まれ〗自 VA 夏を過ごす. ～ *in* Alaska アラスカで夏を過ごす. ── 他 〔家畜〕を夏季放牧する.

[＜古期英語 *sumor*]

súmmer·hòuse 名 (複 →house) C (庭園などにある)納涼用のあずまや.

sùmmer hóuse 名 C 〖米〗夏の別荘.

sùmmer púdding 名 UC 〖英〗干しブドウやラズベリーなどを入れたプディング.

súm·mer·sàult, -sèt /-sɔ̀ːlt/, /-sèt/ 名, 動 ＝somersault.

súmmer schòol 名 UC (大学の)夏季学校, 夏季講習会.

sùmmer sólstice 名 〈the ～〉夏至.

sùmmer stóck 名 U 〖米〗(避暑地などでの)夏期公演(の劇).

‡**súmmer·tìme** 名 U 夏季, 夏.

súmmer tìme 名 U 〖英〗夏時間 (〖米〗daylight saving time).

sum·mer·y /sʌ́məri/ 形 夏の(ような); 夏らしい.

‡**súm·ming-ùp** 名 (複 **summings-**) C 要約, 摘要; 〖法〗(裁判官が行う)証言の要約.

***sum·mit** /sʌ́mət/ 名 (複 **～s** /-ts/) **1** C (山などの)**頂上**, いただき, (類語 peak より狭く, 山の「てっぺん」の意から転じて, 「努力して達し得る最高点」や「政治機構の最高レベル」を指す; →top). reach the ～ of a hill 丘の頂上に着く.

2 U 〈the ～〉絶頂, 頂点; 極み. reach the ～ of success 成功の絶頂を極める. be the ～ of rudeness 〔行為などが〕無礼極まりないものである.

3 U 〈the ～〉(国家などの)首脳(陣); C 首脳会議, サミット. The matter should be discussed at the ～. その問題は首脳会議で議論されるべきだ.

[＜ラテン語 *summum*「最高, 頂上」]

súmmit cònference 名 C 首脳会議.

sum·mit·eer /sʌ̀mətíər/ 名 C 首脳会議出席者.

súmmit mèeting [tàlk] 名 ＝summit conference.

***sum·mon** /sʌ́mən/ 動 (**～s** /-z/|過 過分 **～ed** /-d/|**～·ing**) 他 **1** 〔人〕を**呼び寄せる**, 呼び出す, 召喚する, 〈*to* ..に〉; VOC (～ X *to do*) X を召喚して..させる. ～ the doctor 医者を呼ぶ. The men were ～*ed* for help. 男たちが救援に呼び出された. I was ～*ed to* his presence. 私は彼の面前に呼び出された. The driver was ～*ed to* appear in court as a witness. その運転手は証人として出廷するように命じられた.

2 (**a**) VOA を呼び出して行かせる 〈*to*..に〉. Mother and I were ～*ed to* the hospital. ママと僕は病院に呼び出された. (**b**) VOC (～ X *to do*) X に..するように求める[命じる]. We ～*ed* him *to* make the tea. 私たちは彼にお茶を入れるように求めた.

3 〔議会など〕を召集する. ～ a monthly conference 月例会議を召集する.

4 〔勇気, 力など〕を奮い起こす, 振り絞る, 〈*up*〉. ～ *up* one's strength to move a desk 机を動かそうと力を振り絞る.

5 VOA (～ /X/ *up*) 〔記憶, 考えなど〕を呼び起こす. This smell ～*s up* memories of my childhood. このにおいは私の幼時の思い出を呼び起こす.

[＜ラテン語「ひそかに警告する (*monēre*)」]

súm·mon·er 名 C **1** 召喚者. **2** 〖史〗(法廷の)呼出し係.

†**sum·mons** /sʌ́mənz/ 名 (複 **～·es**) C **1** 呼び出し, 召集; 呼び出し状. answer one's ～ 呼び出しに応じる. **2** 〖法〗(裁判所への)出頭命令(書), 召喚状. serve a ～ on.. 〔人〕に召喚状を発する.

── 動 他 を裁判所へ呼び出す, 召喚する; VOC (～ X *to do*) X に..するよう召喚する 〈普通, 受け身で〉. He was ～*ed to* appear as a witness. 彼は証人として出廷するように召喚された.

sum·mum bo·num /sʌ̀məm-bóunəm/ 名 U 〖倫〗至高善. [ラテン語 'highest good']

su·mo /súːmou/ 名 U 相撲《**sùmo wréstling** とも言う》. a ～ wrestler 力士. [日本語]

S

sump /sʌmp/ 名 C **1** 汚水だめ. **2** 〖鉱〗(坑底の)水だめ. **3** 〖英〗(内燃機関の)油だめ.

sump·tu·ar·y /sʌ́m(p)tʃuèri|-tjuəri/ 形 〖章〗〔法令などが〕消費規制の, ぜいたく規制の.

‡**sump·tu·ous** /sʌ́m(p)tʃuəs|-tju-/ 形 ぜいたくな, 豪華な; 高価な. a ～ dress ぜいたくなドレス. a ～ meal 豪華な食事. ［＜ラテン語 *sūmptus*「費用」(＜*sūmere* 'take')］ ▷**～·ly** 副 **～·ness** 名

Sum·ter /sʌ́mtər/ 名 **Fort ～** サムター砦(とりで)《米国 South Carolina 州 Charleston 港にあった; 1861 年 4 月 12 日南軍がこの砦を砲撃して南北戦争が始まった》.

sùm tótal 名 〈the ～〉 **1** 総計, 合計. **2** ＝sum 名 3. **3** 要旨.

‡**sun** /sʌn/ 名 (複 **～s** /-z/) **1** C 〈普通 the ～〉 **太陽**, 日. worship the ～ 太陽を崇拝する. The ～ rises in the east and sets in the west. 太陽は東から上り西に沈む. The ～ is shining brightly. 日がさんさんと輝いている. the ～'s rays 太陽光線. under a tropical ～ 熱帯の太陽の下で. A winter ～ was shining feebly. 冬の太陽が弱く照っていた. ★上 2 例で a が付いているのは特定の状態の太陽を指すから.

連結 a hot [a blazing, a burning, a scorching, a strong; a bright, a brilliant, a dazzling; a weak] ～ // the ～ beats down

2 U 〈しばしば the ～〉 **日光**, ひなた. bask in the ～ ひなたぼっこをする. dry fruit in the ～ 果実を日に当てて乾燥させる. You need some ～. 君は日に当たる必要がある. The bottle should be kept out of the ～. その瓶は日の当たらない所に置かなくてはいけない.

3 C 恒星. ◇形 sunny

against the sún 〖海〗左回りに.

a plàce in the sún 日の当たる場所; 有利な地位[状況].

càtch the sún 日焼けする (sunburn).

from sùn to sún 〖古〗日の出から日没まで.

tàke the sún 日光浴する, ひなたぼっこする.

thìnk the sún shìnes out of *a pèrson* [*a pèrson's*] ***áss*** [***báckside, behínd***]] (恋心で)人に盲目的になっている, 人から後光が射して見える.

under the sún (1) この世で[の]. There is nothing new *under the* ～. →new 1. (2) 〈what で始まる疑問文などを強めて〉一体全体 (on earth); 全く. (3) 考えられる限りの. try everything *under the* ～ ありとあらゆる手を試みる.

S

with the sún (1) 太陽と共に; 日の出[日の入り]に. rise *with the* ～ 太陽と共に起きる《早起きをする》. (2) 左から右へ, 右回りに.

── 動 (**～s**|**-nn-**) 他 を日に当てる, 日に干す, 日で暖める; 〈～ oneself で〉日光浴をする. I spent the day ～*ning myself* on the beach. 浜辺で日光浴をしてその日を過ごした. ── 自 ひなたぼっこする, 日光浴する, (sun oneself). ［＜古期英語 *sunne*］

Sun. Sunday.

sún-bàked /-t/ 形 **1** 〔道路などが〕太陽熱で乾いた[ひび割れた]; 〔れんがなどが〕太陽熱で堅く焼いた. **2** 太陽がかんかん照りつける.

sún bàth 名 C 日光浴.

‡**sún·bàthe** 動 自 日光浴する, ひなたぼっこする. The English like to ～ in their gardens. 英国人は庭で日光浴するのが好きだ. ▷**sun·bath·er** 名

***sun·beam** /sʌ́nbìːm/ 名 (複 **～s** /-z/) C **日光**, 太陽光線. *Sunbeams* filtered through the blinds. 日光がブラインドから漏れていた.

sún·bèd 名 C (医療用)人工太陽光線用ベッド.

Sún·bèlt, sún- 名 〈the ～〉'太陽地帯'《米国南(西)部一帯の温暖で快適な生活のできる地方》.

sún·blìnd 名 C 〖主に英〗(窓, 戸, 店などの外側に張る)日よけ.

sún·blòck 名 UC 日焼け止めクリーム.

sún·bònnet 名 C (赤ん坊用の)日よけ帽子《顔や首に日光が当たらないように縁を広くしてある》.

***sun·burn** /sʌ́nbə̀ːrn/ 名 (複 **～s** /-z/) UC **日焼け** (類語 直射日光による皮膚の炎症; →suntan); (皮膚の)日焼けした部分. have a bad ～ ひどく日焼けしている.

── 動 (→burn[1]) 他 を日焼けさせる.

── 自 日焼けする. The boy's back ～*ed* terribly. その少年の背中はひどく日に焼けた.

sún·bùrnt /-t/ 動 sunburn の過去形・過去分詞.

── 形 日焼けした《〖米〗ではひりひりするほど日焼けした状態, 〖英〗ではきつね色に程よく日焼けした状態を指すことが多い》.

sún·bùrst 名 C **1** 雲間からさっと漏れる日光. **2** 旭日(きょくじつ)をかたどった装飾品; 旭日型ブローチ.

sun·dae /sʌ́ndi|-dei/ 名 C (アイスクリーム)サンデー《果実, シロップなどを加えたアイスクリーム》. [?＜Sunday]

Sùn·da Íslands /sùːndə-, sʌ̀n-/ 名 〈the ～; 複数扱い〉スンダ列島《マレー諸島中の列島》.

‡**Sun·day** /sʌ́ndi, -dei/ 名 (複 **～s** /-z/) **1** C 〈しばしば無冠詞〉**日曜日**《略 Sun.》; (キリスト教徒の)安息日. ～ is the first day of the week. 日曜日は週の最初の日です (注意 成句を除き, 以下の例文中の Sunday を別の曜日に代えてもよい). We have five ～*s* this month. 今月は日曜日が 5 回ある. two ～*s* ago 先先週の日曜日に. on the ～ (話題になっている週の)日曜日に. Ann comes to see us of a ～. アンはよく日曜日に訪ねて来ます (★of a ～ は習慣的行為を表す). Ann will visit [Ann visited] me on ～. アンは(次の, 次週の)日曜日に私を訪ねてくる[(前の, 先週の)日曜日に訪ねて来た]. 語法 「この前[次]の日曜日に」は last [next] ～ (副詞的用法; →4), on ～ last [next]; 「ある[特定の]日曜日に」は on a [the] ～; 「日曜日はいつも」は on ～(*s*) だが on ～*s* の方が習慣の気持ちが強い. **2** ＝Sunday paper.

3 〈形容詞的〉日曜(日)の. I leave for Bonn on ～ afternoon. 日曜の午後ボンに発(た)ちます (★この on については→morning 1 ★). a ～ painter 日曜画家.

4 〈副詞的〉〈無冠詞で〉日曜日に; 〈～s〉毎週日曜日に; (★〖米話〗, 新聞記事などでよく用いられる). sleep till noon ～ 日曜日はお昼まで寝る. The store is closed ～ [～*s*, every ～]. その店は毎日曜日休業です.

a wèek [***mònth***] ***of Súndays*** 非常に長い間. It'll be *a month of* ～*s* before we ever meet again. 我々がまた会えるのは随分先になるだろうなあ.

in [***for***] ***a mònth of Súndays*** (1) 非常に長い間. (2) 〈never と共に〉決して..しない.

one's ***Sùnday clóthes*** [***bést***] 〖話・戯〗(特に, 日曜日に教会へ行く際に着る)晴れ着, 外出着, 一張羅.

［＜古期英語 (ラテン語 *diēs sōlis* 'day of the sun' の翻訳)］

Sùnday dríver 名 C のろのろ運転手《不慣れなため人の迷惑になる》.

Sùnday-go-to-méeting clòthes 名 〈複数扱い〉よそ行きの服.

Sùnday páper 名 C 日曜紙《日刊紙よりもページ数が多くスポーツ, 娯楽, 求職[人]欄などいろいろな部門がある》.

Súnday schòol 名 UC (宗教教育のための)日曜学校.

Sùnday Tímes 名 〈the ～〉『サンデータイムズ』《英国の日曜紙》.

sún·dèck 名 C **1** (客船の)上甲板. **2** サンデッキ《日光浴用の平屋根[ベランダ]》.

sun·der /sʌ́ndər/ 〖雅〗動 他 を切り離す, 2 つに分ける; 分断する. ── 自 2 つに分かれる, 切れる.

sún·dèw 名 C 〖植〗モウセンゴケ《食虫植物》.

sún·dìal 名 C 日時計.

sún·dòg 名 C 幻日《日暈(かさ)の上に現れる光輪; parhelion とも言う》.

sún·dòwn 名 U 〖主に米・オース〗日没(時)(sunset).

sún·dòwn·er 名 C 〖主に英話〗夕暮れの一杯《仕事を終わって夕方に飲む酒》.

sún·drènched /-t/ 形 〖話〗太陽をいっぱいに浴びた〔場所〕.

sún·drèss 名 C サンドレス《腕, 背中, 肩を露出した》.

sùn·dríed /㊙/ 形 日に干した.

sun·dries /sʌ́ndriz/ 名 〈複数扱い〉 雑多な物, 雑品; 種々雑多な用件, 雑件.

‡**sun·dry** /sʌ́ndri/ 形 m 〈限定〉 いろいろの, 雑多な. in ～ ways いろいろな方法で. I have assisted him on ～ occasions. いろいろな場合に彼を援助してきた.

àll and súndry 〈名詞的; 複数扱い〉〖話〗だれもかれも, いろいろな人たち. They asked *all and* ～ to their housewarming. 彼は新居移転祝いにいろいろな人たちを招いた. [＜古期英語「別々の」]

sún·fàst 形 日光で色があせない.

sún·fìsh 名 (複 →fish) C 〖魚〗マンボウ《平たく丸いかっこうをしている》.

†**sún·flòwer** 名 C 〖植〗ヒマワリ《キク科》.

Sùnflower Státe 名 〈the ～〉米国 Kansas 州の俗称.

sung /sʌŋ/ 動 sing の過去形・過去分詞.

‡**sún·glàss·es** 名 〈複数扱い〉サングラス. wear ～ サングラスをかける.

sún·gòd 名 C (昔, 太陽を支配すると考えられた)太陽神, 日の神.

sún hàt 名 C (縁が広い)日よけ帽.

sún hèlmet 名 C 日よけヘルメット.

sunk /sʌŋk/ 動 sink の過去形・過去分詞.
── 形 **1** ＝sunken. **2** 〈叙述〉すっかりだめになって, お手あげで, 落ちぶれて.

†**sunk·en** /sʌ́ŋkən/ 動 sink の過去分詞.
── 形 **1** 〈限定〉 沈んだ, 沈没した; 水中の. a ～ vessel 沈没船. a ～ reef 暗礁. ～ treasure 沈没した船の宝. **2** 〔目などが〕くぼんだ, 落ち込んだ; 〔ほおなどが〕肉の落ちた. have deep ～ eyes 深くくぼんだ目をしている. ～ cheeks くぼんだ頰. **3** 〈限定〉(周囲より)掘り下げた. a ～ garden 窪(くぼ)庭.

sùnk fénce 名 C 隠れ垣, 伏せ柵(さく).

sún-kìssed /-t/ 形 日に当たった[焼けた].

Sun·kist /sʌ́nkìst/ 名 〖商標〗サンキスト《米国産の果実・ジュース》. [-kist は kissed を暗示]

sún·làmp 名 C (紫外線を出す)太陽灯《医療用》.

sún·less 形 **1** 日の当たらない, 暗い; 日がささない. **2** 元気のない; 憂うつな.

‡**sun·light** /sʌ́nlàit/ 名 U **日光**. in the ～ 日の当たる所で[に(ある)]. in direct [strong] ～ 直射日光の下に. Draw the curtains to let in the ～. 日光を入れるためにカーテンを開けなさい.

sún·lìt 形 日光に照らされた, 日のさす.

sún lòunge 〖英〗 [**pàrlor, pòrch** 〖米〗] 名 C 日光浴室, サンルーム.

sún lòunger 名 C 日光浴用椅子.

Sun-Maid /sʌ́nmèid/ 名 U 〖商標〗サンメイド《米国産の干しブドウ》. [-maid は made のごろあわせ]

Sun·na, Sun·nah /súnə, sʌ́nə/ 名 〈the ～〉〖イスラム教〗スンナ《ムハンマドの示した範例》.

Sun·ni /súniː/ 名 (複 ～s, ～) C スンニー派教徒《コーランとともに正統的口伝を奉じるイスラム教一派の教徒》.
── 形 スンニー派教徒の.

sun·ni·ly /sʌ́nili/ 副 日当たりがよく; 陽気に, 快活に.

sun·ni·ness /sʌ́ninəs/ 名 U 日の当たること, 日当たりがよいこと; 陽気, 快活.

‡**sun·ny** /sʌ́ni/ 形 e (**-ni·er**|**-ni·est**) **1** 日当たりのよい, 明るく日がさす. Our living room is ～. うちの居間は日当たりがいい.
2 〔空, 天候などが〕雲ひとつない, 快晴の. a ～ sky 雲ひとつない空. It is ～ today. 今日は快晴だ.
3 陽気な, 快活な. Kate has a ～ disposition. ケートは陽気な性質の持ち主だ. a ～ smile 快活な笑み.

on the sùnny side of .. →side.

the sùnny síde 日当たりのよい側; より楽しい[明るい]面. look on [see] *the* ～ *side* of life 人生の明るい面(だけ)を見る. [sun, -y¹]

sùnny-side úp 形 〖米〗〔卵が〕片面焼きの, 目玉焼きの. three eggs ～ 目玉焼き 3 個. I like my eggs ～. 卵は目玉焼きが好きだ.

sún·pròof 形 日光を通さない, 耐光性の.

sún·rày 名 (複 ～s) C 〈普通 ～s〉 **1** 太陽光線, 日光. **2** 人工太陽光線《医療用人工紫外線》. ── 形 〈限定〉(医療用)紫外線の. ～ treatment 紫外線治療.

‡**sun·rise** /sʌ́nràiz/ 名 (複 **-ris·es** /-əz/) UC **日の出**; 日の出時, 暁, 日の出の空; (↔sunset). start before ～ 日の出前に出発する. at ～ 日の出に. a splendid ～ すばらしい日の出.

súnrise ìndustry 名 C 成長産業.

sún·ròof 名 (複 ～s) C (自動車の)サンルーフ《屋根の一部が窓のように開く》.

sún·ròom 名 〖米〗＝sun lounge.

sún·scrèen 名 UC 日焼け止め(クリーム[ローション]).

‡**sun·set** /sʌ́nsèt/ 名 (複 ～s /-ts/) UC **1 日没**, 日の入り; 日没時, 夕焼け空; (↔sunrise). go home at ～. 日暮れ時に家へ帰る. a beautiful ～ 美しい夕焼け空. walk [drive, ride] off into the ～ ハッピーエンドになる, めでたしめでたしとなる《映画の主人公が日没に向かって行く場面で終わることが多いことから》.
2 晩年, 衰退期. Mr. Brown is in the ～ of his life. ブラウン氏は晩年に入っている.

súnset làw 名 C 〖米〗行政改革促進法.

sún·shàde 名 C **1** (大型の)日傘 (類語 今日では parasol よりも一般的; →umbrella); 日よけ帽. **2** (ショーウインドーなどの)日よけ.

‡**sun·shine** /sʌ́nʃàin/ 名 U **1 日光**; ひなた; 晴天. open the window to let in the ～ 日光を入れるために窓を開ける. play in the ～ ひなたで遊ぶ. I go for a walk every day, in ～ or in rain. 晴れても雨が降っても毎日散歩に出かける. **2** 陽気, 快活; 陽気[幸福]にするもの. You are my ～. 君こそは私の太陽《君は私を幸せにしてくれる人だ》. **3** 〖英話〗〈呼びかけ〉君《親しみを込めて使う; 時に失礼にあたる》.

a rày of súnshine (1) 一条の陽光; (苦しみの中の 1 つの)楽しみ, 喜び. (2) 〖話〗陽気な人.

súnshine làw 名 C 〖米〗議事公開法.

súnshine ròof 名 ＝sunroof.

Sùnshine Státe 名 〈the ～〉米国 Florida 州, South Dakota 州(時に New Mexico 州)の俗称.

sún·shìny 形 **1** 日当たりのよい; 晴れた. **2** 明るい, 陽気な.

*__sun·spot__ /sʌ́nspɑ̀t|-spɔ̀t/ 名 (複 ～s /-ts/) C **1** 〖天〗**太陽黒点**. **2** 〖英話〗(暖かく日当たりのよい)保養地, 行楽地.

sún·stròke 名 U 〖医〗日射病 (heatstroke).

sún·strùck 形 日射病にかかった.

sún·tàn 名 C 日焼け (類語 皮膚の健康そうな小麦色の日焼け; →sunburn). get a ～ 日焼けする, 肌を焼く.

súntan lòtion 名 UC 日焼けローション.

sún·tànned 形 日焼けした.

súntan òil 名 ＝suntan lotion.

sún·tràp 名 C (風よけをした)日当たりのいい場所.

sún·ùp 名 U 〖米〗日の出(時) (〖英〗sunrise).

sún vìsor 名 ＝visor 3.

sún·ward 形 太陽の方の. ── 副 太陽の方へ.

sún·wards 副 ＝sunward.

sún wòrship 名 U **1** 太陽(神)崇拝. **2** 〖話〗日光浴好み.

sún-wòrshipper [名][C]〘話〙日光浴の好きな人.

Sun Yat-sen /sùn-jà:tsén/ [名] 孫逸仙(1867–1925)《中国の政治家・革命家, 孫文の別名; 欧米ではこの名で呼ばれることが多い》.

sup[1] /sʌp/ [動](**~s**|**-pp-**) [自]〘古〙夕食を食べる. ~ on roast beef ローストビーフで夕食をとる. Who *~s* with the devil will need a long spoon. =If you ~ with the devil you need a long spoon.〘諺〙悪魔と食事をする者は長いスプーンを必要とする《危険な人物を相手にする時は注意せよ》. [<古期フランス語 *soper*「スープをすする, 夕食をとる」]

sup[2] [動](**~s**|**-pp-**)〘英方言・戯〙[他] を少しずつ飲む, すする, (sip). —— [自] [VA] 少しずつ飲む 〈*off, on* ..を〉.
—— [名][C] (飲み物の)ひと口, ひとすすり. have a ~ of whiskey ウイスキーをひと口飲む.

sup. superior; superlative; supply; supplement; supra; supreme.

sup- /sʌ(p), sə(p)/ [接頭] 〈p- の前で〉 sub- の異形.

su·per /s(j)ú:pər/ [名][C]〘話〙**1** 監督者, 管理者[人], (superintendent). **2**〘英〙警視 (superintendent). **3** (映画の)端役の役者 (supernumerary). **4**〘米〙= supermarket. **5**〘商〙特等品, 特製品; 特大品.
—— [形] **1**〘話〙すばらしい, 上等の, '最高の'; 特大の, ばかでかい. a ~ cook 料理の達人. **2**〘商〙=superfine 1. —— [副]〘話〙極めて, 非常に, '超'. We were ~ tired by the end of the trip. 旅行が終わる前には'超'疲れていた.

super- /s(j)ú:pər/ [接頭]〈形容詞, 名詞, 動詞に付いて〉「上, 超, 過度など」の意味. *super*ficial. *super*natural. [<ラテン語 *super* 'above, beyond']

su·per·a·ble /s(j)ú:p(ə)rəbl/ [形] 打ち勝てる, 征服できる.

sùper·abúndance /-rəb-/ [名]〘章〙[aU] 過多, 過剰, 余剰. a ~ of grain 過剰な穀物.

sùper·abúndant /-rəb- [移]/ [形]〘章〙過剰な, 余剰の.

sùper·ádd /-rǽd/ [動][他] をさらに加える, 付け加える.

su·per·an·nu·ate /s(j)ù:pərǽnjuèit/ [動][他] **1** 〔人〕を老齢[病弱]のため(年金を与えて)退職させる. **2** を時代遅れとして排除する.
—— [自] 老朽化する, 時代遅れになる.

su·per·an·nu·at·ed /s(j)ù:pərǽnjuèitəd [移]/ [形] **1** 老齢[病弱]のため退職した. **2** 老朽化した; 時代遅れになった.

su·per·an·nu·a·tion /s(j)ù:pərænjuéiʃ(ə)n/ [名][U] **1** 老齢退職. **2**〘主に英〙退職年金.

sùperannuátion sỳstem [名]〈the ~〉老齢年金制度.

***su·perb** /s(j)u(:)pə́:rb/ [形][m], [e] **1** 〔建物などが〕壮大な, 堂々とした. a ~ palace 壮麗な王宮.
2 すばらしい, 見事な. give a ~ performance 見事な演技を見せる.
3 豪華な, 華やかな. a ~ meal 豪華な食事.
[<ラテン語 *superbus*「そびえる, 高慢な」(<*super* 'above')] ▷ **~·ly** [副]

Sùper Bówl [名]〈the ~〉スーパーボウル《毎年 1 月に行われる全米プロフットボール優勝決定戦》.

super·cargo /⌐–⌐–, ⌐–⌐–/ [名]([複] **~(e)s**) [C] 貨物上(うわ)乗り人《商船に乗り組んだ積み荷監督》.

súper·chàrge [動][他] **1** 〔エンジン〕を過給する. **2** 〔感情など〕を過度にこめる[みなぎらせる]. an atmosphere *~d* with jingoism 好戦気分に沸き立つ雰囲気.

súper·chàrged [形] **1** 〔エンジンなどが〕過給されて非常に強力な. **2** 〔人が〕活発な, 機敏な.

súper·chàrger [名][C] (エンジンなどの)過給器《馬力を高める与圧装置》.

su·per·cil·i·ous /s(j)ù:pərsíliəs [移]/ [形] 人を見下す, 高慢な, 尊大な. ▷ **~·ly** [副] 偉ぶって, 尊大に. **~·ness** [名]

súper·cìty [名]([複] **-cit·ies**) [C]〘主に米〙巨大都市; =megalopolis.

sùper·cònductívity [名][U]〘物理〙超伝導, 超電導.

sùper·condúctor [名][C]〘物理〙超伝導[超電導]体.

sùper·cóol [動][他]〔液体〕を凍結させずに氷点下に冷却する. —— [自]〔液体が〕凍結せずに氷点下に冷却する.

su·per·du·per /s(j)ù:pərd(j)ú:pər [移]/ [形]〘旧話〙すばらしい, 飛び切り上等の.

sùper·égo /-rí:-/ [名]([複] **~s**) [C]〘精神分析〙超自我.

sùper·éminent /-rém- [移]/ [形] 卓越した; 際立った. ▷**super·em·i·nence** /-nəns/ [名]

su·per·er·o·ga·tion /s(j)ù:pərèrəgéiʃ(ə)n/ [名][U] 義務[必要]以上に働くこと.

su·per·e·rog·a·to·ry /s(j)ù:pərirɑ́gətɔ̀:ri|-rɔ́gət(ə)ri [移]/ [形] **1** 義務[必要]以上のことをする. **2** 余分な, 不要な.

sùper·expréss /-riks- [移]/ [形] 超特急の. —— [名][C] 超特急列車.

***su·per·fi·cial** /s(j)ù:pərfíʃ(ə)l [移]/ [形][m] **1 (a)** 表面の; 表面的な, 上辺だけの. bear a ~ resemblance to that man その男に上辺だけ似ている. a ~ change 上辺だけの変化. **(b)** 表層の〔土壌など〕. ~ soil 表土. **2** 表面だけの〔傷〕. receive a ~ wound かすり傷[表面だけの外傷]を受ける. **3** 皮相的な, 浅薄な; 上辺だけしか見ていない. a ~ knowledge of navigation 航海についての浅薄な知識. a ~ person 浅はかな人. a ~ examination 上辺だけの調査[検査]. [superficies, -al] ▷ **~·ly** [副] 表面的に(は); 浅薄に.

su·per·fi·ci·al·i·ty /s(j)ù:pərfìʃiǽləti/ [名][U] 表面的なこと, 浅薄.

su·per·fi·cies /s(j)ù:pərfíʃi:z, -fíʃii:z/ [名]([複] ~) [C]〘章〙表面, 外面; (物の)外観. [ラテン語 (<super-+*faciēs*「顔」)]

súper·fìne [形] **1**〘商〙極上の. ~ silk 極上の絹. **2** 〔区別, 議論などが〕細かすぎる. **3** 〔粒状の物が〕細かすぎる, 極微粒の.

su·per·flu·i·ty /s(j)ù:pərflúəti/ [名]([複] **-ties**) [UC] 過剰, 余分; [C] 余分な物. a ~ of.. あり余るほどの...

***su·per·flu·ous** /s(j)u:pə́:rfluəs/ [形][m] **余分な**, 余計な; 不必要な〈*to* ..に〉. a ~ remark 余計なひと言. Ten workers are ~ *to* the requirements. 10 人の従事員が余分である. [<ラテン語「あふれた」(<super-+*fluere* 'flow'); -ous] ▷ **~·ly** [副] 余分に; 不必要に. **~·ness** [名]

súper·glùe [名][U] 強力瞬間接着剤.

súper·gràss [名][C]〘英〙(警察への)犯罪情報提供者《特に犯罪に関わっている者》.

súper·gròup [名][C] (ポップスなどの)スーパーグループ.

sùper·héat [動][他] **1** を過熱する. **2** 〔蒸気, ガス〕を飽和点以上の温度にまで熱する; 〔液体〕を蒸発させずに沸点以上に熱する. ▷ **~·ed** /-əd/ [形]〘物〙過熱した.

súper·hèro [名]([複] **~es**) [C] スーパーヒーロー《物語などで超人的な能力を持ち犯罪や悪と戦う主人公》.

su·per·het·er·o·dyne /s(j)ù:pərhétərədàin/ [名][C] 高感度ラジオ受信機 (**superhèterodyne recéiver**).

sùperhigh fréquency [名][C]〘無電〙超高周波《略 SHF, s.h.f.》.

sùper·híghway [名]([複] **~s**) [C] **1**〘主に米〙高速道路 (expressway). **2**〘電算〙スーパーハイウェイ.

sùper·húman /[移]/ [形] 超人的な; 神業の. ~ endurance 超人的な忍耐. ~ efforts 超人的努力.

‡**sùper·impóse** /-rim-/ [動][他] **1** (下の物が見えるように)を上に置く, 重ねる〈*on, upon, onto, over* ..の〉; を加える〈*on, onto* ..に〉. ~ one's own ideas *on* the report 報告に自分の考えを付け加える. **2** をスーパーインポーズする, 〔字幕スーパー・絵など〕を重ね合わせ(て表示す)

る, 〈*on*〔画像など〕に〉. 「幕スーパー.

sùper·imposítion /-rim-/ [名] [UC] (外国映画の)字↑

sùper·indúce /-rin-/ [動] [他] **1** にさらに加える. **2**〔病気など〕を併発させる. ▷**sù·per·in·dúc·tion** /-rìn-/ [名]

‡**su·per·in·tend** /s(j)ù:pərinténd/ [動]〖章〗[他]〔仕事, 労働者など〕を指揮する, 監督[管理]する. ～ all the employees 全従業員を監督する. ── [自] 監督[指揮]する. [＜ラテン語 super-＋*intendere*「注意を向ける」]

su·per·in·tend·ence /s(j)ù:pərinténdəns/ [名] [U] 指揮, 監督, 管理. work under the ～ of the manager 支配人の監督のもとで働く.

su·per·in·tend·en·cy /s(j)ù:pərinténdənsi/ [名] ([複] **-cies**) **1** [U] 監督者[所長]の地位[職務]. **2** [C] 監督[管理]区域.

***su·per·in·tend·ent** /s(j)ù:pərinténdənt/ [名] ([複] **～s** /-ts/) [C] **1 監督者**, 管理者, 所長, 局長, 部長, 校長. a ～ of a factory 工場長. **2**〖英〗警視《inspector より上位》;〖米〗警察署長[本部長]. **3**〖米〗(ビルなどの)管理人. [superintend, -ent]

Su·pe·ri·or /səpí(ə)riər, su(:)-|s(j)u(:)-/ [名] **Lake** ～ スペリオル湖《米国とカナダの国境にある; 五大湖 (Great Lakes) の最北西に位置する》.

‡**su·pe·ri·or** /səpí(ə)riər, su(:)-|s(j)u(:)-/ [形] [C]

【より上の】 **1 上位の**, 高位の; 上の; 〈*to* ..より〉. my ～ officer 私の上官. Bill was ～ *to* me in the military. ビルは軍隊では私より位が上だった.

2 上部の, 上方の;〖印〗上(うわ)付きの (→[名] 4).

3 優勢な, 多い. ～ numbers 多数, 優勢. We fought against ～ forces. 我々は優勢な敵軍と戦った.

4〈叙述〉左右されない〈*to* ..に〉, 超越した〈*to* ..を〉. be ～ *to* prejudice 偏見にとらわれない. He seems ～ *to* earthly hardship. 彼はこの世の困難を超越しているようだ.

【すぐれた】 **5 すぐれた, 優秀な**; まさる; 〈*to* ..より〉. a ～ grade of gasoline 上等なガソリン. ～ skill 優秀な技術. This dictionary is ～ *to* that one. この辞書はあれよりすぐれている.

6【優越を信じ込んだ】高慢な, えらぶった. The villagers resented her ～ airs. 村人たちは彼女の高慢な態度に憤慨した. ～ persons エリート, お偉方,《皮肉》.

── [名] ([複] **～s** /-z/) [C] **1**〈普通 one's ～〉**目上の人**, 上役, 先輩. show respect to one's ～*s* 目上の人たちに尊敬を払う. one's immediate ～ 直属の上司. **2** すぐれた人, 優越者, 〈*in* ..に, の〉. Ted is my ～ *in* swimming. テッドは私より水泳が上手だ. **3**〈普通 S-〉修道院長 (→mother superior). **4**〖印〗肩[上付き]文字《fell³ の 3 など》.

◇↔inferior [ラテン語「より上にある」(*superus*「上に (*super*) ある」の比較級)]

supèrior cóurt [名] [C] 上級裁判所《英国では Crown Court 以上の裁判所の一般的名称; 米国のいくつかの州では一般的管轄権を持つ裁判所》.

***su·pe·ri·or·i·ty** /səpì(ə)riɔ́:rəti, su(:)-|s(j)u(:)pìəriɔ́r-/ [名] [U] **1 優越**, 卓越, 優勢, 〈*over*, *to* ..に対する/*in* ..における〉. a sense of ～ 優越感. the ～ of this equipment *to* that この装備の方があれよりもすぐれていること. **2** 高慢, えらぶること. assume an air of ～ 高慢な態度をとる. ◇↔inferiority [superior, -ity]

superiórity còmplex [名] [C]〖精神分析〗優越感 (↔inferiority complex). have a ～ 優越感を持つ.

súper·jèt [名] [C] 大型(超音速)ジェット機.

superl. superlative

†**su·per·la·tive** /səpə́:rlətiv, su(:)-|s(j)u(:)-/ [形] **1** 最高の, 最上の, ([類語] 普通, 質や程度においての最上位を表す; →supreme). He gave a ～ performance. 彼の演技は最高だった. **2**〖文法〗最上級の (→comparative, positive). the ～ form of "well" well の最上級《best のこと》.

── [名] [C] **1** 最高の人[物]. artistic ～*s* 芸術上の最高級品. **2**〖文法〗〈the ～〉最上級; 最上級の語. **3**〈普通 ～s〉最大級の言葉. speak in ～*s* (最大級の言葉で)大げさに話す. a string of ～*s* 最大級の賛辞をつらねたほめ方. [＜ラテン語「上に運ばれた」; -ive]

▷**～·ly** [副] 最大級に〔良いなど〕, 最高に. **～·ness** [名]

supèrlative degrée [名]〈the ～〉〖文法〗最上級.

súper·màn [名] ([複] **-men** /-mèn/) **1** [C] スーパーマン, 超人. **2**〈S-〉スーパーマン《米国の漫画[映画]に登場する超人で, ヒーロー的存在》. **3** 超人《ニーチェのドイツ語 *Übermensch* の英訳》.

‡**su·per·mar·ket** /s(j)ú:pərmɑ̀:rkət/ [名] ([複] **～s** /-ts/) [C] **スーパー(マーケット)**. go shopping at a ～ スーパーに買い物に行く. a ～ cart〖米〗[trolley〖英〗] スーパーのカート. [super-, market]

súpermarket tàbloid [名] [C] (スーパーで売られる)タブロイド(週刊)紙.

súper·mìni [名] [C]〖電算〗スーパーミニコンピュータ《従来のミニコンピュータより処理スピードが速く, 主記憶装置の容量も大きい; **sùpermíni·compùter** とも言う》.

súper·mòdel [名] [C] スーパーモデル《国際的なファッションモデル》.

su·per·nal /s(j)u(:)pə́:rn(ə)l/ [形]〖雅・詩〗天の, 神の; 天からの.

***su·per·nat·u·ral** /s(j)ù:pərnætʃ(ə)rəl [移]/ [形] [C] **1 超自然の**; 不可思議な, 神秘的な. ～ beings 超自然的存在. **2**〈the ～; 名詞的〉超自然現象, 神秘. believe in the ～ 超自然現象(の存在)を信じる. ▷**～·ly** [副] 超自然的に; 神秘的に.

sùper·náturalìsm [名] [U] **1** 超自然力(信仰). **2** 超自然論.

‡**sùper·nóva** [名] ([複] **-no·vae** /-vi:/, **～s**) [C] 超新星《普通の新星より桁(けた)外れに明るい; →nova》.

su·per·nu·mer·ar·y /s(j)ù:pərn(j)ú:mərèri|-m(ə)rəri [移]/ [形] **1** 余分の; 不必要な. **2**〔役者が〕(せりふなしの)端役の. ── [名] ([複] **-ar·ies**) [C] **1** 定員外の人; 臨時雇い. **2** (せりふなしの)端役, エキストラ.

sùper·órdinate /-rɔ́:rd- [移]/ [形] **1** (地位・位が)上位の〈*to* ..より〉. **2**〖論〗上位関係にある. ── [名] [C] **1** 上位の人[物]. **2**〖言〗上位語《より包括的な語; 例えば flower は tulip や rose の上位語と言う》.

sùper·phósphate [名] [UC]〖化〗過燐(りん)酸塩.

su·per·pose /s(j)ù:pərpóuz/ [動] [他] を上に置く, 上に重ねる, 〈*on*, *upon* ..の〉.

su·per·po·si·tion /s(j)ù:pərpəzíʃ(ə)n/ [名] [U] 上に置く[重ねる]こと.

***súper·pòwer** [名] **1** [C] **超大国**. a military [an economic] ～ 軍事[経済]超大国. **2** [U] 超強力;〖電〗超出力《いくつかの発電所をつないで得る》.

sùper·sáturate [動] [他] を過度に飽和させる.

súper·sàver [名] [C] **1** 特別割引航空券[乗車券]. **2**〖英〗格安[目玉]商品. 「側]に書く.

su·per·scribe /⌐-⌐, ⌐-⌐-/ [動] [他] の上[上部, 外↑

su·per·script /s(j)ú:pərskrìpt/ [形] 上に書いた. ── [名] [C] 肩付き文字, 肩数字,《H^2, C^n の 2 や n など; ↔subscript》.

su·per·scrip·tion /s(j)ù:pərskrípʃ(ə)n/ [名] [C] 上書き; (手紙, 小包などの)あて名.

‡**su·per·sede** /s(j)ù:pərsí:d/ [動] [他] **1**〔古くなったものなど〕に(取って)代わる; 〔人〕に取って代わる; 〈*as* ..として〉〈しばしば受け身で〉. Many people said in those days that films would be ～*d* by television. 当時多くの人が映画はテレビに取って代わられるだろうと言っていた. Oil has largely ～*d* coal *as* fuel. 燃料として石油は大部分石炭に取って代わった. **2**〔人〕を更迭する, 免職する. **3** を不用にする, 廃する. [＜ラテン語「上に座る (*sedēre*)」]

S

sùper·sénsitive /㊙/ 形 過敏な.

sùper·séssion 名 U 〘章〙取って代わること; 更迭.

†**super·sonic** /s(j)ùːpərsɑ́nik|-sɔ́n- ㊙/ 形 超音速の, 音速より速い. a ～ aircraft 超音速(飛行)機.

sù·per·són·ics 名 〈単数扱い〉=ultrasonics.

supersónic trànsport 名 C 超音速輸送機《略 SST》.

‡**súper·stàr** 名 C スーパースター《非常に人気の高い歌手, 俳優, 運動選手など》.

súper·stàte 名 C 超国家《EU のような国家の連合による上位組織》.

*__su·per·sti·tion__ /s(j)ùːpərstíʃ(ə)n/ 名 (複 ～s /-z/) UC **1 迷信**〈*that* 節 ..という〉. believe in ～*s* 迷信を信じる. **2** 迷信的慣習[行為]. **3** 偶像崇拜.

> 連結 a popular [a common, a widespread; an ancient, an old; a harmless; a curious, a strange] ～

[＜ラテン語「上に立つ(*stāre*)もの, 超自然的なものへの恐怖」]

*__su·per·sti·tious__ /s(j)ùːpərstíʃəs ㊙/ 形 m **迷信的**な, 迷信を信じやすい; 迷信の. a ～ belief 迷信的な考え. be ～ about old taboos 古いタブーについて迷信深い[を信じ込んでいる]. ▷～**·ly** 副

súper·stòre 名 C スーパーストア《超大型スーパーマーケット》.

sùper·strátum 名 (**-stra·ta** /-tə/) C 上層.

súper·strùcture 名 C **1** (建物, 船などの)上部構造《基礎[主要甲板]より上の部分》. **2** (社会の)上部構造.

súper·tànker 名 C 超大型油槽船, マンモスタンカー.

súper·tàx 名 UC **1** 〘米〙累進付加税. **2** 〘英〙付加(所得)税《今は surtax と言う》.

súper·tìtle 名 C 〘米〙(オペラ上演の際の)スーパータイトル, 字幕.

Sùper Túesday 名 スーパーチューズデー《米国大統領予備選挙の山場》.

su·per·vene /s(j)ùːpərvíːn/ 動 自 〘章〙〔予期せぬことなどが〕起こる, 併発する.
▷**sù·per·vén·tion** /-vénʃ(ə)n/ 名

†**su·per·vise** /s(j)úːpərvàiz/ 動 他 〔仕事, 人など〕を監督する, 管理する; VOC (～ X *doing*) X が..するのを監督する, 見張る. ～ what the boy is doing その少年がやっていることを監督する. ～ the children swim*ming* in the sea. 子供たちが海で泳ぐのを見張る. ── 自 監督する, 管理する.
[＜ラテン語「上から見る(*vidēre*)」]

†**su·per·vi·sion** /s(j)ùːpərvíʒ(ə)n/ 名 U 監督, 管理. under a person's ～ 人の監督のもとで.

†**su·per·vi·sor** /s(j)úːpərvàizər, ⌐-⌐-/ 名 C **1** 監督(者), 管理者[人]. **2** 〘米〙指導主事《いくつかの学校を受け持って特定学科目の教育法又はその担当教員たちの指導に当たる》. **3** 〘英〙(大学, 特に大学院の)指導教員[教授].

‡**su·per·vi·so·ry** /s(j)ùːpərváiz(ə)ri ㊙/ 形 監督の, 管理の.

súper·wòman 名 (複 **-wo·men** /-wìmən/) C **1** 女性のスーパーマン, 女性の超人. **2** 超人的女性《結婚して子育てもするキャリアウーマン》.

su·pine /suːpáin|s(j)úːpain/ 形 **1** あお向けの (↔ prone). **2** 無精な, 怠惰な, 消極的な.
▷～**·ly** 副 あお向けに; 怠惰に.

supp. supplement(ary)

‡**sup·per** /sʌ́pər/ 名 (複 ～s /-z/) **1** UC **夕食**《昼に dinner を食べた場合で, dinner より簡単なものを言う》; (軽い)夜食《晩に dinner を食べた後の》; (→meal[1] 参考). eat ～ 夕食を食べる. have pasta [a hamburger] for ～ 夕食にパスタ[ハンバーガー]を食べる. watch television after ～ 夕食後にテレビを見る. have a light ～ after the party パーティーの後で軽い夜食をとる.
2 C 〘米〙晩餐(ばん)会《dinner より略式》.
sìng for one's súpper 〘旧〙(ごちそうなどの)お礼に仕事をする; (それ)相応の事をする.
[＜古期フランス語 *soper* 'sup[1]'(の名詞化)]

súpper clùb 名 C 〘米〙(小規模の)高級ナイトクラブ.

súpper·less 形 夕食をとらない; 夕食抜きの.

suppl. supplement(ary).

‡**sup·plant** /səplǽnt|-plɑ́ːnt/ 動 他 〘やや章〙 **1** に取って代わる. Streetcars were ～*ed* by subways. 路面電車は地下鉄に取って代わられた. feel ～*ed* (in a person's affections) 〈比喩的〉〔子供などが〕自分は(人に)好かれなくなったと感じる. **2** 〔人〕の地位をだまし取る. The man tried to ～ the manager. その男は支配人を追い出してその後がまに座ろうとした. [＜ラテン語「(足を掛けて)ひっくり返す」(＜sub-＋*planta*「足の裏」)]

‡**sup·ple** /sʌ́p(ə)l/ 形 **1** 〔体の関節などが〕柔軟な, しなやかな. the ～ body of a cat 猫のしなやかな体.
2 (頭の)回転の速い, 考えの柔軟な, 融通がきく.
── 動 他, 自 (を)しなやかにする[なる]; (を)従順にする[なる]. [＜ラテン語 *supplex*「ひざまずいた」] ▷～**·ly** /sʌ́p(ə)lli/, **sup·ply** /sʌ́p(ə)li/ 副 ～**·ness** 名

*__sup·ple·ment__ /sʌ́pləmənt/ 名 (複 ～s /-ts/) C **1 補足**, 追加; 補遺, 付録; 〈*to* ..への〉; (栄養)補填(ほてん)[給]剤, サプリメント, (類語 不足や欠陥とかかわりなく, ただ追加すること; →complement). a Sunday ～ (新聞の)日曜付録. a vitamin ～ ビタミン補填剤.
2 (**a**) (特別のサービスなどのための)追加支払い金(額), 追加料金. (**b**) (特に低所得者への)補足給付金(額). **3** 〘数〙補角.
── /sʌ́pləmènt/ 動 他 **1 を補う**, 補足する〈*with, by* ..で/*by* do*ing* ..することにより〉. ～ one's diet *with* vitamins 食事をビタミンで補う. The text is ～*ed by* a glossary. 本文には用語集が付加してある. **2** に付録[補遺]を付ける.
[＜ラテン語 *supplēre* 'supply'; -ment]
▷**sup·ple·men·ta·tion** /sʌ̀pləmentéiʃ(ə)n/ 名

*__sup·ple·men·ta·ry__ /sʌ̀pləmént(ə)ri ㊙/ 形 ¢ **1** 補充の, 補足の; 付録[補遺]の; 〈*to* ..への〉. a ～ lesson 補習授業. be ～ *to* ..の補いとなる. **2** 〘数〙補角の.

sùpplementary ángle 名 C 〘数〙補角《与えられた角との和が 180° になる角; →complementary angle》.

sùpplementary bénefit 名 U 〘英旧〙補足給付《低所得者の生活費を補うため政府から給付された; 現在は income support を用いる》.

sup·pli·ant /sʌ́pliənt/ 〘主に雅〙 名 C 嘆願[哀願]者〈*for* ..の〉. ── 形 嘆願[懇願]する〈*for* ..を〉.
▷～**·ly** 副

sup·pli·cant /sʌ́plikənt/ 名, 形 =suppliant.

sup·pli·cate /sʌ́pləkèit/ 動 〘雅〙 他 に嘆願[懇願]する〈*for* ..を〉; VOC (～ X *to do*) X に..するように嘆願する. ～ the king *for* mercy 王に慈悲を嘆願する.
── 自 嘆願[懇願]する〈*for* ..を〉.
[＜ラテン語「ひざまずいて頼む」]

sùp·pli·cá·tion 名 UC 嘆願.

†**sup·pli·er** /səpláiər/ 名 C 〈しばしば ～s〉(商品などの)供給者, 補充者, 供給会社; (石油, 武器などの)供給国.

‡**sup·ply** /səplái/ 動 (**-plies** /-z/|過 過分 **-plied** /-d/|～**·ing**) 他 **1** (**a**) 〔人〕に供給する, 与える, 〈*with* ..を〉; 〔物〕を供給する〈*for, to* ..に〉; (類語 必要なものの不足を補充することに重点がある; →provide). Cows ～ milk. 乳牛は牛乳を出す. ～ tools *to* workers ＝～ workers *with* tools 労働者に道具を与える. The company *supplies* gasoline *for* my service station. その会社が私のガソリンスタンドにガソリンを供給している.

(**b**)〖米〗 VOO (～ X Y) X に Y を与える. Cows ～ us milk. 乳牛は我々に牛乳を与えてくれる.
2〔必要などを〕**満たす**;〔不足, 損失など〕を補う. ～ the need of money 金銭の必要を満たす. Losses must be *supplied* from reserve funds. 損失は予備資金で補わねばならない. ～ a missing word 欠けている語を補う.
3〖古〗〔職務など〕の代わりを務める. ～ his place 彼に代わる.
── 名 (複 **-plies** /-z/) **1** U **供給**, 補給, (↔demand). problems of food ～ 食料供給の問題.
2 C〈普通, 単数形で〉供給物, 支給品; 供給量, 供給率; (店の)在庫品; 貯蔵物; 貯え, 在庫. lay in a ～ of hay for winter feed 冬期の飼料用に干し草を蓄える. cut off a ～ (水の供給などを)止める. the emergency ～ 非常用の貯蔵物. We have a good ～ of canned goods in the cellar. 我々は地下室に缶詰を十分に貯蔵している. a month's ～ of the tablets 1 か月分の錠剤.

> 連結 a large [an abundant, a liberal, a plentiful; a sufficient; a limited; an inadequate] ～ // provide [replenish] *supplies*

3〈-plies〉生活必需品; (軍隊の)必需品《食料, 弾薬, 衣類など》. The soldiers were short of *supplies*. 兵士たちには必需品が不足していた.
4〈形容詞的〉(**a**) 臨時の, 代用の. a ～ train 臨時列車. (**b**) 供給の; 補給の(ための). a ～ base [route] 補給基地[路].
in shòrt supplý 不足して. Skilled carpenters are *in short* ～ now. 今熟練した大工が不足している.
on supplý 代理で[として].
[＜ラテン語 *supplēre*「補充する」(＜sub-＋*plēre* 'fill')]

supplỳ and demánd 名〈単数扱い〉需要と供給.

supplý-sìde 形〖経〗供給面重視の.

supplý-side económics 名 U サプライサイド経済学.

supplý tèacher 名 C 〖英〗臨時教員(〖米〗substitute teacher).

‡sup·port /səpɔ́ːrt/ 動 (～s /-ts/|過 過分 ～·ed /-əd/|～·ing) 他 【支える】 **1** (**a**) (倒れないように)を**支える**. a beam ～*ing* the roof 屋根を支えている梁(はり). Her sprained ankle could not ～ her. 足首をくじいて彼女は立っていられなかった. (**b**)〈比喩的〉〔通貨〕を支える. ～ the yen 円を支える.
2【精神的に支える】〔人〕を**力づける**, 励ます. Sally had no one to ～ her. サリーには元気づけてくれる人が 1 人もいなかった. **3** を**支持する**, に賛成する; を援助[支援]する, 後援する,〈*in* ..の面[点]で〉;〔サッカーのチームなど〕を応援する, のファンである, サポートする,《特に, 試合を見に行くような場合》. ～ a plan [proposal] 計画に賛成する[提案を支持する]. Which team do you ～? 君はどのチームのファンですか.
4〖劇〗〔主演俳優〕を助演する, のわき役を務める.
5【生命を支える】の生命を維持する, を養う. The land is so poor that it cannot ～ many creatures. その土地はあまりにもやせているので多くの生き物を養えない.
6【経済的に支える】(**a**)〔家族など〕を**養う**, 扶養する;〔施設など〕を(財政的に)支持[維持]する. ～ one's family [wife and children] 家族[妻子]を養う. ～ a hospital (金銭援助をして)病院を維持する. ～ a lavish lifestyle ぜいたくなライフスタイルを維持する. (**b**)〈～ oneself〉自活する.
7【事実を支える】を確証する, 立証する. The latest data strongly ～ your theory. 最新のデータが君の理論をしっかりと立証している.
【支える＞圧力に負けない】 **8**〖章〗〈can 又は cannot を伴って; 普通, 否定文で〉に耐える, を辛抱する. They could not ～ the fatigue. 彼らは疲労に耐えられなかった.
9〔悪い習慣〕を続けるために金を得る.
10〖電算〗をサポートする, の機能に対応する,〔機器〕に対応する.
── 名 (複 **～s** /-ts/) **1** U **支え(ること)**; C **支え(る物)**, 支柱. Paul offered her his arm for ～. ポールは彼女につかまるようにと腕を差し出した. One of the ～*s* of the porch has broken. ポーチの支柱が 1 本折れている.
2 U **支持**; 賛成, 援助, 支援; 激励; C 支持者, 後援者. give the plan little ～ その計画をほとんど支持しない. The President lost the ～ of the people. その大統領は国民の支持を失った. He needs our ～. 彼を激励してあげなくてはいけない. military ～ 軍事援助.

> 連結 full [unqualified; solid; strong; active, enthusiastic; generous, liberal, unstinting] ～ // lend [extend; receive; gain, obtain, secure, win] ～

3 U **扶養**; 生活費; C 生計を支える人. a means of ～ 生計を立てる手段《仕事など》. the sole ～ of the family 一家の大黒柱. The ～ of the family was left to the eldest son. 一家の扶養は長男に任された. have no (visible) means of ～ (はっきりした)生活手段がない.
4 U〈集合的〉支持者. **5**〖電算〗サポート.
in suppórt of.. (1) ..を支援する[して]. (2) ..を支持[賛成]する[して]. Nobody spoke *in* ～ *of* Bill's claim. だれもビルの主張に賛成の発言はしなかった. (3) ..を要求する[して]. a strike *in* ～ *of* a 3% pay rise 3% 昇給を求めるストライキ.
[＜ラテン語 *supportāre*「下で支える」(＜sub-＋*portāre* 'carry')]

sup·pórt·a·ble 形〖章〗〈普通, 否定文で〉 **1** 支えられる; 支持できる. **2** 扶養しうる. **3** 耐えられる.

sup·pórt·er 名 C **1** 支柱. **2** (運動競技用の)サポーター (athletic supporter). **3** 支持者, 賛成者; 援助者, 後援者; (サッカーチームなどの)ファン, サポーター. a strong [firm, staunch] ～ of ..の強力な支持者. **4** 扶養者.

suppórt gròup 名 C 支援[支持]グループ, 後援会.

sup·pórt·ing 形 **1** 支える, 支持[支援]する; わき役の, 添え物の. a ～ wall 支持壁. a ～ part [role] わき役. a ～ actor [actress] 助演男[女]優, わき役. a ～ film [program]〖英〗同時上映(の小品)映画[補助番組].

‡sup·pórt·ive 形 〖章〗支持を与える(ような). a ～ role 補助的な役割. his ～ wife 彼の協力的な妻. be ～ *of*.. を支持する, ささえる.

suppórt nètwork [sỳstem] 名 C 支援体制.

‡sup·pose /səpóuz/ 動 (-pos·es /-əz/|過 過分 ～d /-d/|-pos·ing) 他 **1** VO (～ *that* 節) **..と思う**, 推測する; VOC (～ X (*to be*) Y/～ X *to do*) X を Y だと考える/X は..すると思う. 語法 1, 2, 3 いずれの文型でも that は省略することが多い. I ～ (*that*) the answer is correct. その答えは正しいと思う. I ～ you think that's funny! そんなのが面白いと思ってるんですね. What do you ～ Dick can do? ディックに何ができると思いますか. This restaurant is ～*d to be* very good. このレストランは大変いいと思われている. What's that ～*d to* mean? それはどういう意味だい. The man was ～*d* (*to be*) guilty. その男は有罪だと考えられた.
2 VO (～ *that* 節) **..と仮定する**, 想定する; VOC (～ X *to do*) X が..すると仮定する. Let's ～ (*that*) it is raining now. 今雨が降っていると仮定してみよう. We ～*d* them *to* strike first. 我々は彼らが先に攻撃してくることを想定した.

S

3 〈命令形で〉 [VO] (〜 ***that*** 節) (**a**) 仮に. . としたら, もし **. . ならば**, (if). *Suppose* he refuses to cooperate. What are we going to do then? 仮に彼が協力を拒んだとしよう. そのときは我々はどうしたらいいだろう. *Suppose* you were President, what would you do? もし君が大統領だったらどうしますか. [語法] 前半の if 節に相当する部分しか表現されないことがある: *Suppose* our teacher should find us. (先生に見つかったらどうなるだろう)
(**b**) 〈提案, 勧告などを表す〉 **. . したらどうか**[どうだろうか]. *Suppose* we wait for Jim here. ここでジムを待ってみてはどうかね. *Suppose* you did the dishes first. まず食器洗いを済ませたらどうかしら. *Suppose* I do? (↘) そうしたら, どうだっていうんだい. *Suppose* I don't? (↘) そうしなかったら, どうなるんだい.
4 〖章〗 を前提[条件]とする (presuppose). Most crimes 〜 motivation. 大部分の犯罪には動機がある.
—— [自] 推定する. You 〜 wrong. あなたの推測は間違ってます.
be suppósed to do (★普通 /-səpóus(t)tə/ と発音される) (1) →[他] 1. (2) (慣習, 法律などによって) **. . するものと考えられている**, . . するものとされている, . . すべきである, . . しなければならない. What *are* you 〜*d to* wear to the party? そのパーティーには何を着て行くことになっていますか. Jimmy *is* 〜*d to* be of an age to understand such things. ジミーはそんなことは分かっていい年ごろだ《いらだちを表す》. Bill *was* 〜*d to* come to lunch. ビルは昼食に来ることになっていた(のにどうしたのだろう). "They didn't deliver the pizza we ordered." "*Supposed to*." 「注文したピザが来ていないよ」「来ることにはなってんだがね」(★ 'sposed とも書かれる).
(3) 〈否定文で〉 . . することは認められていない[. . してはいけない, 禁じられている]; . . しないことになっている. You *are* not 〜*d to* play baseball here. ここでは野球をしてはいけないことになっている.
I dòn't suppóse . . 〖主に英〗 〈婉曲的な依頼表現として〉 . . していただくわけにはいきませんか. *I don't* 〜 you could baby-sit for us (, could you)? あなたに子守をお願いするのはご無理かしら.
I suppóse (1) (たぶん) . . だと思う (→[他] 1). (2) 〈文末に追加したり, 挿入句として〉 (たぶん) . . でしょう. I'm quite a competent salesman, *I* 〜. 私は自分ではかなり優秀なセールスマンだと思っているんですがね.
I suppóse so [***not***]. そうでしょう, そうだね[そうではないでしょう]. "Is she right?" "Yes, *I* 〜 *so*." 「彼女の言い分は正しいですか」「正しいでしょう」(★しぶしぶ, あるいはためらいを表す; so は that she is right の代用). "Can you give Dick a lift?" "Yes, *I* 〜 *so*, if we must." 「ディックを乗せてもらえますか」「はあ, 乗せなくてはいけないなら」. "Will he come?" "No, *I* 〜 *not*." 「彼は来るだろうか」「いいえ, 来ないと思います」(★not は that he will not come の代用).
[<ラテン語「下に置く (*pōnere*)」]

†**sup·posed** /səpóuzd/ [形] 〈限定〉 (特に事実に反する) 仮定の, 想像上の; うわさの. the politician's 〜 wealth その政治家の推定上の財産. This is the 〜 route he took. これが彼がとったと考えられる道筋です.

sup·pos·ed·ly /səpóuzədli/ [副] (本当かどうか怪しいものだが)うわさでは, 想定されているところでは; 建て前としては. Edith 〜 quit secondary school in order to attend an art school, but actually . . . うわさでは[表向きは]イーディスは美術学校に行くために中学をやめたというのだが, 実際は. . 《行かなかったなど》. *Supposedly*, law-enforcement officers exist to serve the people. 建て前上は法執行官は人民に奉仕するために存在するのだ.

***sup·pos·ing** /səpóuziŋ/ [接] **もし. . ならば** (if). *Supposing* we miss the plane, what shall we do? もし飛行機に乗り遅れたら私たちどうしましょうね. *Supposing* I declined your offer, what would you do? もし私が君の申し出を断ったらどうしますか. *Supposing* I do? (↘) そうしたら, どうだっていうんだい. "You must do better in school." "*Supposing* I don't?" (↘) 「成績をもっとあげなくてはだめだ」「そうしなかったら, どうなの」.

†**sup·po·si·tion** /sʌ̀pəzíʃ(ə)n/ [名] **1** [U] 想像, 推測. The report is based upon 〜. その報告は推測に基づいている. **2** [C] 仮説, 仮定. We started on the 〜 that the rain would stop soon. 我々は雨はじきにやむだろうと思って出発した. 「定」の.

sùp·po·sí·tion·al /-n(ə)l [移]/ [形] 想像[推測, 仮↑

sup·po·si·tious /sʌ̀p(ə)zíʃəs [移]/ [形] =supposititious.

sup·pos·i·ti·tious /səpɑ̀zətíʃəs|-pɔ̀z- [移]/ [形] **1** すり替えた, 偽の. **2** 想像上の, 仮定の. ▷ **〜·ly** [副]

sup·pos·i·tive /səpɑ́zətiv|-pɔ́z-/ [形] **1** 想像の, 仮定の. **2** 〖文法〗 仮定を表す. **——** [名] [C] 〖文法〗 仮定語 《if, provided など》. 「〖医〗 座薬.

sup·pos·i·to·ry /səpɑ́zətɔ̀:ri|-pɔ́zit(ə)ri/ [名] [C]↑

***sup·press** /səprés/ [動] (〜·es /-əz/|[過] [過分] **〜ed** /-t/|**〜·ing**) [他] 【抑える】 **1** 〔反乱, 暴動など〕を**抑圧する**, 鎮圧する; 〔活動など〕を禁止する. 〜 human rights 人権を抑圧する. The revolt was 〜*ed* by the police. 反乱は警察によって鎮圧された.
2 〔感情など〕を**抑える**, 抑制する. 〜 a laugh 笑いを抑える. 〜 one's astonishment 驚きを顔に出さない. **3** 〖生理〗 〔体の自然な機能など〕を抑える. **4** 〔衝動など〕を(意識的に)抑制する. **5** 〔インフレなど〕を抑制する.
【押し隠す】 **6** 〔事実など〕を発表しない, 隠す; 〔本など〕を発売禁止にする. The news was 〜*ed* for the time being. そのニュースは当分の間差し止めになった. The writer's novels have been 〜*ed* in this country. その作家の小説はこの国では発禁になっている.
[<ラテン語「下に押しつける (*premere*)」]

sup·pres·sant /səprésənt/ [名] [C] 抑制剤.

sup·préss·i·ble [形] **1** 抑圧[鎮圧]できる; 抑えうる. **2** 隠しうる. **3** 禁止[削除]できる.

†**sup·pres·sion** /səpréʃ(ə)n/ [名] [U] **1** (反乱などの)抑圧, 鎮圧.

[連結] violent [bloody; brutal, cruel, merciless, ruthless; vigorous] 〜

2 (感情などの)抑制; 〖生理〗 (機能などの)抑制; 抑圧, サプレッション; (衝動などの)抑制. Constant 〜 of feelings produces neurosis. いつも感情を抑えているとノイローゼになる. **3** (事実などを)隠すこと, 隠蔽(ぺい); (本などの)発売禁止.

sup·pres·sive /səprésiv/ [形] 〖章〗 **1** 抑圧[鎮圧]する. **2** 隠蔽(ぺい)する; 禁止する. **3** 〔薬が〕鎮静効力のある.

sup·pres·sor /səprésər/ [名] [C] **1** 抑圧者, 鎮圧者; 抑制者; 抑制遺伝子. 〜 genes 癌(がん)抑制遺伝子. **2** 〖電〗 (ラジオ, テレビの)電波妨害防止装置.

sup·pu·rate /sʌ́pjərèit/ [動] [自] 〔傷が〕うむ, 化膿(のう)する. ▷ **sùp·pu·rá·tion** [名] [U] 化膿.

sup·pu·ra·tive /sʌ́pjurèitiv, -rət-/ [形] 化膿(のう)させる, 化膿性の. **——** [名] [C] 化膿薬.

su·pra /s(j)ú:prə/ [副] 上に; (本の中で)先に, 前に.

su·pra- /s(j)ú:prə/ [接頭] 「上, 超越, 前」の意味. [ラテン語 *suprā* 'above, beyond']

sùpra·nátional /[移]/ [形] 超国家の, 超国家的な.

sùpra·rénal /[移]/ [形] 〖解剖〗 腎(じん)臓の上の; 副腎の. 〜 glands 副腎. **——** [名] [C] 〖解剖〗 副腎.

su·prem·a·cist /səpréməsist|s(j)u(:)-/ [名] [C] (特定集団の)優越論者[至上主義者]. a male 〜 男性優位論者.

†**su·prem·a·cy** /səpréməsi|s(j)u(:)-/ [名] [U] **1** 至高, 最高; 最高位. **2** 主権; 支配権. Each nation as-

serted its ～. 各国がその主権を主張した. **3** 優越, 絶対的優位, 《単に優勢というだけならば superiority》. America's ～ in naval power 海軍力における米国の絶対的優位. air ～ 制空権. →white supremacy.

***su·preme** /səprí:m|s(j)u(:)-/ 形 © **1** **最高の**, 至上の, (類語 政治や社会の組織内の最高位を意味する; →paramount, superlative). the ～ ruler 最高統治者. ～ power 至上権; 最高の権力. reign ～ 支配する, 最も重要である.

2 (程度, 質, 重要性などが)**最上の**, 最大の, この上ない; 無類の. make a ～ effort to pass the examination 試験に合格するために最大の努力をする. speak with ～ confidence この上ない自信をもって話す. be of ～ importance 最も重要である.

the suprème sácrifice 最大の犠牲 《特に戦争などで命をささげること》.

[＜ラテン語 *suprēmus*「一番上にある (*suprus*「上にある」の最上級)」] ▷**～·ly** 副 最高に; この上なく.

Suprème Béing 名 〈the ～〉〖雅〗至高の存在 《God を指す》.

Suprème Cóurt 名 〈the ～〉〖米〗(国, 州の)最高裁判所.

Suprème Sóviet 名 〈the ～〉〖史〗ソ連最高会議 《日本の国会に当たる旧ソ連最高の立法機関》.

su·pre·mo /səprí:mou, su-|s(j)u:-/ 名 (複 **～s**) C 〖英話〗最高権力者.

Supt., supt. superintendent.

sur-[1] /sə:r/ 接頭 〈r の前で〉 sub- の異形.

sur-[2] 接頭 ＝super-.

sur·cease /sə́:rsi:s, ─́/ 〖古〗名 U 停止. ── 動 他, 自 (を)中止する.

‡**sur·charge** /sə́:rtʃà:rdʒ/ 名 C **1** 追加[不足]料金; (不正申告に対する)追徴金. **2** (手紙の)切手不足額表示. **3** (荷物の)積み過ぎ, 過重. ── /─́/ 動 他 **1** に追加料金[追徴金]を課す. **2** に荷を積み過ぎる.

sur·cin·gle /sə́:rsìŋgl/ 名 C **1** (馬の)腹帯. **2** 法衣の帯.

sur·coat /sə́:rkòut/ 名 C (中世の男女の)外衣《特に騎士が鎧(よろい)の上に着けたもの; →arms 2》.

surd /sə:rd/ 〖数〗形 無理数の. ── 名 C 無理数.

‡**sure** /ʃuər|ʃuə, ʃɔ:/ 形 e (**sur·er** /-rər/|**sur·est** /-rəst/) **1** 〈叙述〉 (**a**) 〔人が〕**確信している**, 確かであると思う. I am not ～, but I think he will accept your invitation. 確信はないが, 彼はあなたの招待に応じると思う. Are you ～? 確かですか. Don't be too ～. そうじゃないかもね, そうでしょうかね. (**b**) 〔人が〕確信している, 信じている, 〈*of, about* ..を〉. Susie seems ～ *of* that. スージーはそのことを確信しているようだ. Do you feel ～ *about* the telephone number? その電話番号は確かですか. (**c**) 確信している 〈*that* 節 ..ということを〉. Are you ～ ∟(*that*) you did [*of* having done] your best? 君は最善を尽くしたと信じていますか (→(b)). (**d**) 〈普通, 否定文・疑問文で〉 確信している 〈*wh* 節・句..かを〉. I'm not ～ *whether* I can solve the problem or not. 私はその問題が解けるかどうか自信がない. I am not ～ *where* to go. 私はどこへ行けばいいのかよく分からない. (**e**) 確信している 〈*if* ..かどうかを〉. I was not ～ *if* this was true. これが正しいかどうかは自信がなかった. 類語 事実に対する主観的な確信を表す; →certain, confident, positive.

2 〔物事が〕**確かな**, 確実な; 信頼できる, 間違いのない. Don't you know a ～ remedy for colds? 風邪に確実に効く治療薬を知っていませんか. ～ skills as a carpenter 大工としての信頼できる技術. a ～ sign of coming rain 雨の確かな前兆. have [get] a ～ footing [hold] しっかりと足を下ろす[つかむ].

3 〈叙述〉 **きっと** 〈*to* do ..する〉. My horse is ～ *to* win. 私の馬は必ず勝つ 《話し手の主観的な確信》 (語法 これを It is ～ that my horse will win. とすることもまれにあるが, sure の代わりに certain を用いるのが普通). The party is ～ *to* be a noisy one. きっと騒々しいパーティーになるだろう. Be ～ *to* [〖話〗and] mention my name to the manager. 必ず支配人に私の名前を言いなさい.

(as) sùre as héll 〖主に米話〗〈強意〉 絶対に, 本当に.

be [fèel] súre of onesèlf 〖時には軽蔑〗 自信がある, 自信を持っている. He's very ～ *of* him*self*. 彼は自信満々だ.

****for súre*** (1) 確かに, **確実に**; きっと; 〈否定文で〉 はっきりとは. Betty will come *for* ～. ベティはきっと来る. (I) can't say *for* ～. はっきりとは分からない. The boss will retire soon. It's *for* ～. 社長は間もなく引退するだろう. それは確かだ. What do you know *for* ～? どお, 調子? (★ 会ったときのくだけた挨拶). (2) 〖話〗〈質問の答えとして〉 うん, はい.

****I'm súre*** (1) 〖話〗〈言葉を強めて〉 **本当に**, きっと, (★文頭, 文末に用いる); 〈挿入的に用いて〉 確かに. *I'm* ～ I don't know about that.＝I don't know about that, *I'm* ～. そのことは本当に知らないのです. (2) ＝to be SURE (2).

****màke súre*** (1) **確かめる**, 念を押す. *Make* ～ again. もう一度確かめなさい. (2) 確かめる 〈*of* ..を〉. You should *make* ～ *of* its condition before buying a car. 車を買う前にはその状態をよく確かめるべきだ. *make* ～ *of* the fact 事実を確かめる. (3) 確かめる 〈*that* 節 ..だと〉. I *made* ～ *that* no one was watching. 私はだれも見ていないことを確かめた. (4) **確実に手に入れる**, 確保する, 〈*of* ..を〉. *make* ～ *of* a villa for the summer 夏を過ごすための別荘を確保する. (5) 必ず手配する 〈*that* 節 ..するように〉. *Make* ～ (*that*) you get back before ten o'clock. 必ず 10 時前に帰るようにしなさい.

sùre as shóoting (1) 確実に. (2) もちろん, いいですよ, 'おっと合点, 承知之助(すけ)'.

Sùre dó! 〖話〗 うん, お願いするよ[頼むよ] 《物を勧められるなどして》 "You want a beer?" "*Sure do!*" 「ビール飲むかい」「いいねー」.

sùre thíng 〖話〗 (1) 〈普通 a sure thing で〉 絶対に確かなこと; 確実な勝利, 確実に勝つ選手[馬]. It's *a* ～ *thing* that she'll accept Ben's offer. 彼女がベンの申し出を受け入れるのは間違いない. (2) 〖米〗 もちろん, いいとも, 了解; 本当に, 全く.

****to be súre*** (1) **確かに**; 〈but と呼応して〉 なるほど..だが. *To be* ～, Steve came here as usual. 確かにスティーブはいつものようにここへ来た. *To be* ～, Sam is young, but he has originality. なるほどサムは若いが, 独創性を持っている. (2) 〈Well to be sure として〉 おやまあ, これはこれは, 《驚きの表現》.

── 副 〖主に米話〗 **1** 確かに, きっと, 本当に. It ～ was a great birthday party, John. ジョン, ほんとにすばらしい誕生日パーティーだったね. Your father will come back as ～ as you are sitting there. 君のお父さんは(君がそこに座っているのと同じくらい確実に＞)絶対確実に帰って来る. **2** 〈質問の答えとして〉 まったくだ, その通りだ; なるほど; もちろん, いいとも; 〈相手の礼に対して〉 どういたしまして. "May I use your dictionary?" "*Sure.*" 「君の辞書を使ってもいいですか」「いいとも」. **3** 〈否定文に対して〉 いや. "Pluto doesn't have any satellite." "*Sure*, it does." 「冥王星には衛星はない」「いや, あるぞ」.

Òh, súre. 〈皮肉をこめて〉 そう(だ)よね, ほんとなの.

sùre as shóoting きっと.

sùre enóugh 〖話〗 果たして, 案の定; 確かに, 本当に. I thought the boy would come, and ～ *enough* he appeared. その少年は来るだろうと思っていたら案の定現れた.

[＜ラテン語 *sēcūrus*「心配 (*cūra*) のない」; secure と同

源] ▷**súre·ness** [名] 「の.
sùre-enóugh [形] 〘米話〙本物の (genuine); 実際↑
súre·fìre [形] 〘話〙〈限定〉確実な; はずれっこのない. a ～ plan [champion] 絶対確かな計画[優勝確実な選手]. be a ～ success 成功すること間違いない.
sùre·fóoted /-əd [移]/ [形] 足もとの確かな; 着実な, 確実な. ▷**～·ly** [副] **～·ness** [名]
‡**sure·ly** /ʃúərli | ʃɔ́ː-, ʃúə-/ [副] [C] (★ 2 は [m])
1 確かに, 必ず, きっと; 本当に. It will ～ rain tonight. 今夜はきっと雨が降る.
2 着実に, 確実に; 安全に. Slowly but ～ the civil rights movement has been gaining support. ゆっくりだが着実に公民権運動は支持を得てきている.
3 〘主に米〙〈質問の答えとして〉その通りだ; いいとも (of course). "Will you lend me some money?" "*Surely!*"「金を少し貸してくれないか」「いいとも」.
4 〈普通, 否定文で〉まさか, よもや. *Surely* you didn't forget to mail my letter. まさか僕の手紙をポストに入れるのを忘れなかったろうね.
sure·ty /ʃúərti | ʃɔ́ːrəti, ʃúər-/ [名] ([複] **-ties**) **1** [U] (損失, 損害などの)保証; [C] 保証の品, 担保. A fire insurance company gives ～ against loss by fire. 火災保険会社は火災による損失に対して(補償を)保証する. **2** [UC] 〘法〙保証人; 〘米〙連帯保証人. stand ～ for a person 人の保証人になる. **3** [aU] 確実 (★〘英〙では次の成句のみ). ***of* [*for*] *a súrety*** 確かに, 必ず.
†**surf** /səːrf/ [名] **1** [U] (岩, 海岸などに打ち寄せる)泡立つ波, 磯(いそ)波. **2** [C] 〈単数形で〉サーフィン. ── [動] [自] **1** サーフィンをする. go ～*ing* サーフィンに行く. **2** 〘電算〙(インターネットのサイトを)ネットサーフィンする. ── [他] 〔大波など〕に乗る; をあちこち見て[聞いて]いく, 〔ネット〕をサーフィンする. ～ the (Inter) net ネットサーフィンする.
‡**sur·face** /sə́ːrfəs/ [名] ([複] **-fac·es** /-əz/) [C] **1** (物, 液体などの)**表面**, 外面; 〘数〙面. the earth's ～ 地球の表面. on the ～ of the sea 海面に. the ～ of a road 道路の表面. The moon has many craters on its ～. 月の表面にたくさんのクレーターがある. The tree was reflected in the ～ of the lake. その木は湖面に映っていた. This table has a smooth ～. このテーブルの表面は滑らかだ. **2** 外観, うわべ, 見かけ. look below the ～ of the problem その問題の内面を見る. below [beneath, under] the surface 奥[裏]に, 内面に.
còme* [*rìse*] *to the súrface (1) (水中から)表面に浮かび上がる. The fish *came to the* ～ of the stream. その魚は小川の水面へ浮かび上がってきた. (2) 表面化する, 明らかになる. The scandal *came to the* ～. スキャンダルが表面化した.
on the súrface 外面(上)は, うわべは; 表面上の, うわべだけの. The teacher was calm *on the* ～ but angry inside. 先生はうわべは冷静だったが内心は怒っていた.
── [形] 〈限定〉**1** 表面の; (空, 地下, 水中に対して)地上の, 地表の, 水上の. a ～ line (地下鉄に対して)(地上の)鉄道路線. ～ temperature 地表の温度. **2** 外面的な, 外見上の. ～ kindness 外面的な[うわべの]親切. ～ appearances うわべ.
── [動] [他] **1** に表面をつける; の表面を仕上げる; 〔道路など〕を舗装する〈*with* ..で〉. **2** 〔潜水艦など〕を浮上させる. ── [自] **1** 〔魚, 潜水艦などが〕浮上する. The submarine ～*d* before entering port. 潜水艦は入港する前に浮上した. **2** 〔隠されていたことが〕表面化する. The details of the plot have just begun to ～. 陰謀の詳細がたった今明るみに出始めた. **3** 〘話・しばしば戯〙〔人が〕寝床から出て顔を見せる; 目を覚ます; 起きる. **4** 〘話〙(長いこと経って)再び姿を現す, 活動を再開する.
[フランス語; sur-², face]
sùrface máil [名] [U] 海[陸]上便《airmail に対し↓
súrface sòil [名] [U] 表土. 「て》.
súrface strùcture [名] [U] 〘言〙表層構造《生成文法用語; ↔deep structure》.
sùrface ténsion [名] [U] 〘物理〙表面張力.
sùrface-to-áir /[移]/ [形] 〘軍〙〔ミサイルなどが〕地[艦]対空の. a ～ missile 地[艦]対空ミサイル.
sùrface-to-súrface /[移]/ [形] 〘軍〙〔ミサイルなどが〕地[艦]対地[艦]の.
súrf·bòard [名] [C] 波乗り板, サーフボード. ── [動] [自] 波乗りをする, サーフィンをする.
súrf·bòat [名] [C] (浮きやすく丈夫な)荒波用のボート.
súrf·càsting [名] [U] 〘米〙磯(いそ)釣り.
†**sur·feit** /sə́ːrfət/ [名] 〘章〙**1** [C] 〈普通, 単数形で〉過多, 過剰. a nation suffering from a ～ of crises 危機の山積に苦しむ国. **2** [U] 食い過ぎ, 飲み過ぎ.
── [動] [他] 〘章〙[VOA] (～ X ***with*** ..) ..をX(人)に食わせ[飲ませ]過ぎる; ..にX(人)をあきあきさせる〈普通, 受け身で〉. The guests were ～*ed with* good food and drink. 客たちはおいしい飲食物に飽食した.
[<ラテン語 *superfacere*「やり過ぎる」]
súrf·er [名] [C] 波乗りをする人, サーファー.
‡**súrf·ing** [名] [U] **1** サーフィン, 波乗り. **2** 次々に見ること. channel ～ (テレビの)チャンネルを次々に変えて見ること. cyber ～ 〘電算〙ネットサーフィンすること.
súrf·rìder [名] ＝surfer.
súrf-rìding [名] ＝surfing.
surf·y /sə́ːrfi/ [形] [e] 寄せ波の多い; 波の荒い; 磯(いそ)波↓
surg. surgeon; surgery; surgical. 「のような.
†**surge** /səːrdʒ/ [名] [C] 〈普通, 単数形で〉**1** 大波, うねり. **2** (群衆などの)大波. the ～ of demonstrators 押し寄せるデモ隊. **3** (感情などの)ほとばしり, 高まり. a ～ of anger 怒りの高まり. There has been a sudden ～ in demand for air conditioners. クーラーに対する需要が急増してきた. **4** 急上昇, 急な増加, 〈*in* ..の〉. a 30% ～ *in* sales 30%の売上げ増加.
── [動] [自] **1** 大波がたつ, うねる. The sea ～*s* on the cliffs. 大波ががけに押し寄せる. **2** [VA] 〔群衆などが〕(波のように)押し寄せる; 急にスピードを増す. ～ forward 前に押し寄せる. The spectators ～*d toward* the exits. 観衆は出口の方へ殺到した. ～ *into* the lead (競技で)突然スピードを出してリードする. **3** 〔感情などが〕わき立つ, ほとばしる, 〈*up*〉. **4** 〔物価などが〕急騰する; 〔利益, 支持などが〕急増する; 〔電流などが〕急増する.
sùrge ín 〔水が〕どっと流れ込む; 〔人が〕どっと押し寄せる〈*to* ..に〉.
sùrge óut 〔水が〕どっと流れ出す; 〔人が〕どっと出てくる.
sùrge úp (1) 〔液体が〕吹き出る. (2) 〔価格などが〕高騰する. (3) →[自] 3.
[<ラテン語 *surgere*「起き上がる」]
***sur·geon** /sə́ːrdʒ(ə)n/ [名] ([複] **～s** /-z/) [C] **1** **外科医** (→doctor [類語]). a brain [heart] ～ 脳[心臓]外科医. **2** 〘軍〙軍医.
[<古期フランス語; →surgery]
sùrgeon géneral [名] ([複] **surgeons-**) [C] 〘米〙**1** 〘軍〙軍医総監. **2** 公衆衛生局長官.
***sur·ger·y** /sə́ːrdʒ(ə)ri/ [名] ([複] **-ger·ies** /-z/)
1 [U] **外科**, 外科医学, (↔internal medicine). study ～ 外科医学を学ぶ. **2** [U] (外科)手術 ([類語] [U] として用いる点が個々の手術を指す operation と異なる). undergo [have] ～ ⌞for cancer of the breast [on one's heart] 乳癌(がん)[心臓]の手術を受ける. **3** [C] 〘主に米〙(外科)手術室 (〘英〙theatre). **4** 〘英〙[C] 診療室 (〘米〙office); [UC] 診療時間 (〘米〙office hours). **5** [C] 〘英〙下院議員の面会時間《選挙区民などと会う》.
[<ギリシア語「手仕事」(< *kheír* 'hand' + *érgon* 'work')]
†**sur·gi·cal** /sə́ːrdʒik(ə)l/ [形] **1** 外科の (→medical), (外科)手術の; 外科[手術]用の. **2** 〈限定〉〔患者などの衣

類が〕特定治療用の. ～ stockings [boots] 治療用ストッキング[ブーツ]. ▷ ～·ly 副 外科的に.

sùrgical spírit 名 U (外科の)消毒用アルコール (〖米・オース〗rubbing alcohol).

sùrgical stríke 名 C (電撃的)局地爆撃, ピンポイント攻撃 (**sùrgical attáck** とも言う).

Su·ri·nam(e) /sùːrinάːm, súːrinæ̀m|sùərinǽm/ 名 スリナム 《南米北部の共和国; 首都 Paramaribo》.

sur·ly /sə́ːrli/ 形 e 気難しい, 機嫌の悪い; ぶっきらぼうな. What are you so ～ about? なんでそんなにむくれているのか. ▷ **sur·li·ly** 副 **sur·li·ness** 名

†**sur·mise** /səːrmáiz, ⌐–|⌐–/ 動 〖章〗 他 を推測する, 憶測する; VO (～ *that* 節/*wh* 節/"引用") ..と/..かを/「..」と推測する; (類語 想像力に頼った直観的な推測; →***guess***). ～ the rest of the story 物語の残りの部分を推測する. ～ *that* the news is false その知らせがうそだと推測する. ── 自 推測する. ── 名 〖章〗 UC 推量, 推測. remain ～ 推測の域を出ない.

***sur·mount** /səːrmáunt/ 動 (～s /-ts/|過 過分 ～·ed /-əd/|～·ing) 他 **1** 〔困難など〕に**打ち勝つ**, を乗り越える. ～ the problem 問題を切り抜ける. **2** 〔山, 障害物など〕を越える. ～ a fence 塀を乗り越える. **3** の上に立てる[載せる] 〈普通, 受け身で〉. The tower is ～*ed* by a large clock. その塔の上に大きな時計が載っている.
[＜古期フランス語 (＜sur-² ＋*monter*「登る」)]

sur·móunt·a·ble 形 〔困難などが〕打ち勝てる, 乗り越えられる.

***sur·name** /sə́ːrnèim/ 名 (複 ～s /-z/) C 姓, 名字, (family name) 《John Smith なら Smith; →Christian name, first name》. [＜フランス語 (＜sur-²＋*nom*「名前」)]

***sur·pass** /səːrpǽs|-pάːs/ 動 (～·es /-əz/|過 過分 ～ed /-t/|～·ing) 他 **1** 〖章〗をしのぐ, ..よりまさる, 〈*in* ..において〉; (類語 質・程度・能力・数量などの点で優位に立つことを意味する一般的な語; →exceed, excel, outdo, outstrip, transcend). Dick ～*es* his classmates *in* skiing ability. ディックはスキーの腕前では級友たちより上だ. ～ oneself 前よりも良い仕事をする[よくやる]; 〖戯〗ご立派である. **2** を越える. ～ (all) description 筆舌に尽くせない. The pianist's performance ～*ed* all expectations. そのピアニストの演奏は全く予想を上回るものだった. ～ a person's understanding [comprehension] 人の理解を越える. [＜フランス語 (＜sur-² ＋*passer*「通る」)]

sur·páss·a·ble 形 越えることのできる.

sur·páss·ing 形 〈限定〉〖雅〗すぐれた, 卓越した, ずば抜けた. of ～ loveliness とび抜けたかわいさ[愛らしさ]. ▷ ～·ly 副 すぐれて, ずば抜けて.

sur·plice /sə́ːrpləs/ 名 C 〖キリスト教〗(牧師, 聖歌隊員などが儀式の時に着用する)白い法衣.

súr·pliced /-t/ 形 法衣を着た.

†**sur·plus** /sə́ːrpləs/ 名 C **1** 余り, 余剰; 過剰. have a ～ of rice 米が余る. a ～ of exports over imports 輸出超過(量). **2** 剰余金, 残額, (貿易などの)黒字, (↔ deficit). Japan enjoys a hefty trade ～. 日本はかなりの貿易黒字を出している. a budget ～ 予算の黒字.
in súrplus (輸出)超過[過剰]で.
── 形 余った, 残余の, 過剰の. ～ funds 剰余金. ～ population 過剰人口. ～ to requirements 必要以上に多い, 注文数[量]を超えて; 〖英〗余剰人員で. ～ value 〖経〗剰余価値.

‡**sur·prise** /sərpráiz/ 動 (-pris·es /-əz/|過 過分 ～d /-d/|-pris·ing) 他 **1** を**驚かす**, びっくりさせる; 〈受け身形で〉驚く 〈*at*, *by* ..に/*to* do ..して/*that* 節 ..ということに〉; (類語 「驚かす」を表す最も一般的な語で意外性に重点がある; →amaze, astonish, astound, dumfound, flabbergast, startle). Polly wanted to ～ her mother. ポリーは母親を驚かしたいと思った. The news ～*d* us. そのニュースには驚いた. His behavior never ceases to ～ me. 彼の行動にはいつもびっくりさせられる. I ～*d* her with a kiss. 私は彼女にキスをして驚かした. What ～*d* us was her coolness in face of danger. 私たちを驚かしたのは彼女の危険に直面しての冷静さであった. ～ oneself 自分で驚く.
2 を**不意に襲う**; 〔敵軍, 敵地など〕を奇襲する, 奇襲して占領する. ～ the enemy 敵を奇襲する. He ～*d* his opponent. 彼は相手に不意打ちを食わせた.
3 に偶然出くわす, を(現場で)見つける; VOC (～ X *doing*) Xが..しているところを見つける[捕らえる]. Next day I ～*d* John and Mary deep in conversation. 翌日私はジョンとメリーとが話に夢中になっている所に出くわした. They ～*d* the woman (in the act of) stealing. 彼らはその女を盗みの現行犯で捕らえた.
4 VOA (～ X *into* (*doing*) ..) X(人)の不意を打って..させる, Xを驚かして..させる; (～ X *from*, *out of* Y) Y(人)にだしぬけに質問などしてXを引き[聞き]出す. They ～*d* him *into* acknowledg*ing* his guilt. 彼らは彼の不意をついて罪を認めさせた. I ～*d* the truth of the matter *from* her. 彼女に不意打ちを食らわせて事の真相を聞き出した.
── 名 (複 -pris·es /-əz/) **1** U **驚き**. exclaim in ～ 驚いて叫ぶ. I felt great ～ at the change in the situation. 私は事態の変化に大変驚いた. faint with ～ 驚きのあまり失神する.
2 C **驚くべき事**, 意外な物事. His answer was quite a ～ to me. 彼の返答は私には全く意外だった. What a wonderful ～! 全く思いもかけないすばらしいことだ. Both results came as a ～. 両方の結果は驚きだった. It came as no ～ to learn that his sports heroes were McGwire and Sosa. 彼のスポーツの英雄がマグワイアとソーサだと知っても驚きではなかった. I have a ～ for you. 君をびっくりさせるものがある《知らせ, 贈り物など》.

> 連結 a complete [an immense, a tremendous; an agreeable, a pleasant; a nasty] ～

3 〈形容詞的〉不意の, だしぬけの. a ～ attack 奇襲. a ～ visit [announcement] 不意の訪問[突然の発表]. a ～ ending (物語の)意外な結末.
by surpríse 不意に. The attack caught the enemy entirely *by* ～. その攻撃は完全に敵の不意を襲った.
Surpríse! 驚くなかれ.
Surprìse, surpríse! (1) 〈冗談, 皮肉で〉何の驚くことですか, よくあることだ[ね]. (2) 驚いたでしょ, 驚くではないか.
****tàke..by surpríse*** (1) 〔要塞(さい), 町など〕を**奇襲して奪う**. They *took* the fort *by* ～. 彼らはその砦(とりで)を奇襲して占領した. (2) 〔人〕の不意を打つ. The burglar was *taken by* ～. 泥棒は不意を打たれた.
to a pèrson's surpríse 人が驚いたことには. *To* my great ～ [Much *to* my ～], Ron was not hurt in the accident. 大変驚いたことに, ロンはその事故でけがをしなかった.
[＜古期フランス語「急襲する」(＜ラテン語 super-＋*praehendere* 'seize')]

***sur·prísed** 形 **1** 〈限定〉びっくりした. a ～ look 驚いた顔. **2** 〈叙述〉**驚いた**, びっくりした, 〈*at*, *by* ..に/*to* do ..して/*that* 節 ..ということに/*wh* 節 ..かに〉. She looked ～. 彼女は驚いた顔をした. "He and Lucy have got divorced." "I'm not ～." 「彼とルーシーは離婚したよ」「(別に)驚かないね[そうだろうね]」. I shouldn't [wouldn't] be ～ if it snowed today. 今日雪が降っても別に驚きはしない 《「降るかもしれない」を含意》. We were very ～ *at* the news [*to* hear the news]. そのニュースを聞いて私たちは驚いた. I am ～ *at* you! 君にはあ

S

きれたね. She could no longer be ～ *by* anything he might say or do. 彼がどんなことを言おうがしようが彼女はもはや驚くようなことはなかった. He was ～ *to* meet us there [*to* learn that]. 彼は私たちにそこで会って[それを知って]驚いた. She was ～ *that* he had come back so soon. 彼がそんなに早く帰ってきて彼女は驚いた.

sur·prís·ed·ly /-zədli/ 副 驚いて, びっくりして.

surpríse pàrty 名 C 〖米〗 **1** びっくりパーティー《友人たちがこっそり主賓に知らせず計画準備して急に開く》. **2** 不意[不慮]の出来事.

***sur·pris·ing** /sərpráiziŋ/ 形 m **驚くべき**, 意外な; 目ざましい. How ～! なんということだ. It is really ～ that Kay (should have) failed the examination. ケイが試験に落ちたとは本当に意外だ. It is not [hardly, scarcely] ～ that.. ..は驚くには当たらない[別に驚くことではない].

sur·prís·ing·ly 副 **1** 驚くほど. **2** 〈文修飾〉驚いたことに. *Surprisingly*, Bob won first prize in the contest. 驚いたことにボブはコンテストで 1 等を取った. not ～ 驚くことではないが.

‡**sur·re·al** /səríːəl|-ríəl/ 形 超現実(主義)的な.

sur·ré·al·ìsm 名 U 〖美・文学〗 超現実主義, シュールレアリスム.

sur·ré·al·ist 名 C 超現実主義者.

▷**sur·re·al·is·tic** /sərìːəlístik|-rìə-/ 形 超現実主義(者)の, シュールレアリスムの.

***sur·ren·der** /səréndər/ 動 (～s /-z/|過 過分 ～ed /-d/|～·ing /-d(ə)riŋ/) 他 **1** 〔要塞(さい), 軍隊など〕を**引き渡す**, 譲り渡す, 明け渡す, 〈*to* ..に〉. They had to ～ the fortress *to* the enemy. 彼らは要塞を敵に明け渡さなければならなかった. **2** 〖章〗〔権利, 希望など〕を**やむをえず放棄する**, 捨てる. ～ an insurance policy 保険を解約する. The king was forced to ～ his absolute power. 王はその絶対な権力を強制的に放棄させられた. She never ～*ed* hope. 彼女は決して希望を捨てなかった. **3** 〔切符, パスポートなど〕を渡す, 差し出す, 〈*to* ..〔係など〕に〉.

── 自 **降服する**, 屈服する, 降参する, 〈*to* ..に〉. The troops ～*ed*. 軍隊は投降した. I decided to ～ *to* him. 彼にかぶとを脱ぐことに決めた.

surrénder (oneself) to.. 〖章〗 (1)〔感情, 状況など〕に身を任せる, ふける. ～ *to* temptation 誘惑に負ける. Janet ～*ed* (*herself*) *to* despair. ジャネットは絶望感に陥った. (2)〔警察など〕に投降する, 自首する.

── 名 (複 ～s /-z/) UC **1 引き渡し**, 明け渡し; 譲り渡し 〈*to* ..への〉; 放棄; 身をまかせること 〈*to* ..に〉. The ～ of the city was a turning point in the war. その市の明け渡しは戦争の変わり目になった. **2 降服**, 投降; 自首. unconditional ～ 無条件降服. **3** (保険の)解約. [＜古期フランス語「上に返す (*rendre*)」] 「し額.

surrénder vàlue 名 U (保険の)中途解約払い戻↑

‡**sur·rep·ti·tious** /sɜ̀ːrəptíʃəs|sʌ̀r- ㊥/ 形 内密の, 内々の; こそこそした, 不正な. give a ～ wink こっそり目配せする. by ～ means 人目を盗んで.

▷ **～·ly** 副 こっそり; 不正に. **～·ness** 名

Sur·rey /sə́ːri|sʌ́ri/ 名 サリー《イングランド南部, ロンドンの南に接する州》.

sur·rey /sə́ːri|sʌ́ri/ 名 (複 **～s**) C 〖米〗 サリー《2 座席 4 輪の遊覧馬車》.

‡**sur·ro·gate** /sə́ːrəgèit|sʌ́rəgət/ 名 C **1** 代理, 代理人, 〈*for* ..の〉. **2** 〖英国国教〗 監督代理. **3** 〖米法〗 遺言検証[遺言処理]判事. ── 形 代理の, 代役の. a ～ birth 代理出産.

sùrrogate móther 名 C 代理母. 《人工授精その他の方法で子のない夫婦の妻に代わって子供を産む女性》, 母の役をする人. ▷**sùrrogate mótherhood** 名

‡**sur·round** /səráund/ 動 (～s /-z/|過 過分 ～·ed /-əd/|～·ing) 他 **を囲む**, 取り巻く, 〈*with, by* ..で〉; VOA (～ ***oneself with*** ..) 〔人, 物〕に取りまかれる; (★比喩的にも用いる); 〖軍〗 を包囲する; (類語「周囲を取り囲む」の意味で一般的な語; →encircle, enclose, encompass). The reporters ～*ed* the actress. 記者たちがその女優を取り囲んだ. (The) police ～*ed* the house. 警察がその家を包囲した. the fields ～*ing* the farmhouse 農家の周りの畑. Controversy ～*s* the question of gun control. 銃の規制をめぐって議論が交わされている. Japan is ～*ed by* the sea. 日本は海に囲まれている. The government's plan was ～*ed* by secrecy. 政府の計画は秘密に包まれていた. He likes to ～ himself *with* friends. 彼は自分の周りに友人を集めるのが好きだ.

── 名 C 〖主に英〗 **1** 飾り縁. have a tiled ～ タイルで囲まれている. **2** じゅうたんの周りの(壁までの)床; へり敷物.

[＜ラテン語「(水が)あふれる」(＜super-＋*undāre*「波 (*unda*) が立つ」)]

***sur·round·ing** /səráundiŋ/ 名 (複 **～s** /-z/) 〈～s〉 **周囲の状況**, 環境; 周囲の事物; (類語 単に周囲の状況の意味; →environment). social ～*s* 社会環境. The detective found himself in unfamiliar ～*s*. その探偵は気がついてみたら見慣れぬ場所にいた. get used [adapt] to one's new ～*s* 新しい環境に慣れる[適応する].

> 連結 peaceful [quiet; cheerful; comfortable; unpleasant; noisy; natural] ～*s*

── 形 〈限定〉周囲の, 回りの, 付近の. the ～ villages [areas] 周囲の村々[地域].

sur·tax /sə́ːrtæ̀ks/ 名 UC 累進付加税; (地方公共団体が本税に上積みして課す)付加税; (→supertax).

sur·ti·tle /sə́ːrtàitl/ 名 ＝supertitle.

‡**sur·veil·lance** /sərvéil(ə)ns/ 名 U 監視, 見張り; 監督. a ～ camera 監視カメラ. ***under survéillance*** 監視を受けて.

‡**sur·vey** /sərvéi/ 動 (～s /-z/|過 過分 ～ed /-d/|～·ing) 他 【全体を見渡す】 **1 を見渡す**, 見下ろす; の全体を観察する, を概観する. We ～*ed* the scenery from the top of a hill. 我々は丘の頂から景色を眺めた. This course attempts to ～ the whole of European history. この講座はヨーロッパ史全体を概観しようとするものである.

【詳しく見る】 **2 をつぶさに観察する**, 検査する, 調査する. The customs inspector ～*ed* me grimly. 税関の検査官は私をじろじろと眺め回した.

> 連結 an exhaustive [a comprehensive, a full-scale, an in-depth; an official] ～ // carry out [conduct, do] a ～

3 〔土地など〕を**測量する**, 測定する. The engineer ～*ed* the land. 技師は土地を測量した.

4 〖英〗〔家屋など〕を(構造上の問題点などがないかどうか)鑑定する. *Survey* the house before you buy it. 買う前に家を調査しなさい.

5 〔人々(の考え方など)〕を(アンケートなどで)調査する. Sixty percent of those ～*ed* supported the Government. 調査した人の 60% は政府を支持した.

── /sə́ːrvei/ 名 (複 **～s** /-z/) **1** C **概観**, 概説; 見渡すこと. a ～ of human geography 人文地理学の概説. **2** UC (全体的な)**調査**, 検査, 検分. a market [public opinion] ～ 市場[世論]調査. carry out [conduct] a ～ of.. の調査を行う. make a complete [brief] ～ of the situation 状況を徹底的に[ざっと]調査する. a geological ～ 地質調査. **3** UC **測量**; C 測量図; C (地質などの)調査部. make a ～ of the site 敷地を測量する. **4** C 〖英〗 (家屋などの)鑑定 (→動 他 4).

[＜中期ラテン語「上から見る」(＜ラテン語 super-＋ *vidēre* 'see')]

sur·véy·ing 名 U 測量(術).

†**sur·vey·or** /sərvéiər/ 名 C **1** 測量者; (土地, 家屋の)測量技師. **2** 〖主に英〗鑑定士; 検査官.

sur·viv·a·ble /sərváivəb(ə)l/ 形 生き残ることができる. ▷**sur·vìv·a·bíl·i·ty** 名 U 生き残れる能力.

‡**sur·viv·al** /sərváiv(ə)l/ 名 (複 **~s** /-z/) **1** U **生き残ること**, 生存, 残存, 存続. His ~ is doubtful under the circumstances. 今の状況では彼が生き残ったかどうかは疑わしい. his chance of ~ as prime minister 彼が首相を続けられる可能性. **2** C 生存者, 残存物; 遺物, 遺風; 〈*from* ..〔..時代〕の〉. ~*s* of the feudal age 封建時代の遺物.

the survìval of the fíttest 〖生物〗適者生存《Herbert Spencer の言葉; →natural selection》.

sur·viv·al·ism /sərváivəliz(ə)m/ 名 U **1** 生き残り政策[術]. **2** サバイバルゲーム.

sur·viv·al·ist /sərváiv(ə)list/ 名 C 〖主に米〗大災害が起こっても(備えがあるので)生き残れると思っている人.

survíval kìt 名 C 非常用携帯品一式《特に冒険, 旅行用の食糧, 薬品など生き残るための最小限度のもの》.

survíval ràte 名 C 生存率.

‡**sur·vive** /sərváiv/ 動 (**~s** /-z/|過 過分 **~d** /-d/|**-viv·ing**) 他 **1** より**長生きする**. He ~*d* his wife by ten years. 彼は妻に先立たれた後 10 年生きた.

2〔災害, 危機, 事故, 苦境など〕を**切り抜ける**, **生き延びる**; VOC (~ X Y) X(災害など)を Y の状態で切り抜ける. Two of the crew ~*d* the shipwreck. 難破して助かった乗組員は 2 人だった. His grandfather ~*d* the war. 彼の祖父は戦時を生き抜いた. Their love didn't ~ the end of the money. その金がなくなると彼らの愛も終わった. Some buildings ~*d* the earthquake [war] unscathed [intact]. 地震で壊れなかった[戦災を免れた]建物もあった.

── 自 **生き残る**, 残存する, 〈*as* ..として/*from* ..〔前の時代など〕から〉; なんとか(困難, 危機などを)切り抜ける 〈*on* ..で〉. The custom has ~*d* into the twentieth century. その習慣は 20 世紀まで続いている. I had to ~ *on* 5 dollars a week [four hours sleep]. 週 5 ドル[4 時間の睡眠]で凌(しの)がざるをえなかった. "How's things?" "Oh, (I'm) *surviving*."「どうだい」「なんとか生きてるよ」.

[＜後期ラテン語「生き延びる」(＜ラテン語 super-＋ *vīvere* 'live')]

†**sur·vi·vor** /sərváivər/ 名 C **1** 生き残った人, 生存者; 残存物, 遺物; 〖米〗遺族. the only [sole, lone] ~ of the accident その事故の唯一の生存者. look for ~*s* 生存者を捜す. a cancer ~ ＝a ~ from cancer 癌(がん)の治癒者. **2** (どんなことがあっても)なんとかやっていく人.

sus /sʌs/ 名 U 〖英話〗容疑 (suss). **──** 動 ＝suss.

sus- /sʌ(s), sə(s)/ 接頭 sub- の異形.

Su·san, Su·san·na(h) /súːz(ə)n/, /suːzǽnə/ 名 女子の名《愛称 Sue, Susie》. [ヘブライ語「ユリ」]

‡**sus·cèp·ti·bíl·i·ty** 名 (複 **-ties**) **1** U 感じやすいこと, 影響されやすいこと, 〈*to* ..に〉; 感受性, 敏感さ, 〈*to* ..に対する〉. ~ *to* flu 流感にかかりやすいこと.

2 〈-ties〉(傷つきやすい)感情; 心の傷つきやすい部分. My words seem to have wounded [hurt, upset, offended] his *susceptibilities*. 僕の言葉が彼の痛い所を傷つけたらしい.

†**sus·cep·ti·ble** /səséptəb(ə)l/ 形 **1** 〈叙述〉感じやすい, 動かされやすい, 影響されやすい, 〈*to* ..に〉; かかりやすい 〈*to* ..に〉, 受けやすい 〈*to* ..を〉. be ~ *to* colds [stress] 風邪にかかり[ストレスを受け]やすい. be ~ *to* flattery おだてに乗りやすい. She is very ~ *to* criticism. 彼女は批判に影響されやすい. **2** 感じやすい, 敏感な; 多感な, 情にもろい. a ~ nature 感受性の強い性質. **3** 〖章〗〈叙述〉許す 〈*of* ..を〉, できる, 余地がある, 〈*of* ..の〉. The argument is ~ *of* serious misunderstanding. その議論は重大な誤解を招く可能性がある. ~ *of* proof 証明することのできる. [＜ラテン語「取り入れることができる」(＜ sub-＋*capere* 'take')] ▷**-bly** 副

sus·cep·tive /səséptiv/ 形 ＝susceptible.

su·shi /súːʃi/ 名 U 鮨(すし). a ~ bar 鮨屋, スシバー.

Su·sie /súːzi/ 名 Susan, Susanna(h) の愛称.

‡**sus·pect** /səspékt/ 動 (**~s** /-ts/|過 過分 **~·ed** /-əd/|**~·ing**) 他 〈進行形不可〉

1〔人〕を**怪しいと思う**; VOA (~ X *of* (*doing*) ..) X(人)に..(しているの) ではないかと嫌疑をかける[疑う]. ~ three people 3 人に嫌疑をかける. a ~*ed* person 容疑者. a ~*ed* case 擬似患者. a child ~*ed of* having diphtheria ジフテリアにかかっている疑いのある子供. The detective ~*ed* the butler *of* the murder. 刑事は執事に殺人の嫌疑をかけた. He was ~*ed of* lying. 彼はうそを言っているのではないかと疑われた.

2 (**a**) VO (~ *that* 節) **..ではないかと思う**, ..らしいと思う. I ~ (*that*) he was on the spot. 彼は現場にいたのではないかと思う. 語法 (1) 普通, 良くないこと, 望ましくないことを表す場合に用いる. (2) 同じく「疑う」と訳されるが suspect は「..であろう」と疑う場合に, doubt は「..ではあるまい」と疑う場合に用いる: I *suspect* he is ill. (あの人は病気らしい) I *doubt* he is ill. (あの人は病気かどうか怪しい≒病気ではなさそうだ); ただし4 のような使い方もある.

(**b**) VOC (~ X *to do*) **X が..であると感じる**, ではないかと思う, (語法 do は be など状態を表す動詞, および一般に be doing または have done の形にした動詞). I ~ him *to* ⌞ be a liar [know the secret]. 彼は⌞うそつきでは[秘密を知っているのでは]ないかと思う. I ~ him *to* ⌞ be telling [have told] a lie. 彼はうそを⌞ついている[ついた]のではないかと思う.

3 **の存在に感づく**, 〔危険, 陰謀など〕をうすうす感じる. ~ danger 危険に感づく. ~ a plot 謀略があるなと感づく. ~ murder 殺人があったのではないかと思う.

4 の信頼度を疑う, を信用しない, 怪しむ, (doubt). ~ the evidence 証拠を信用しない. I ~ his honesty. 彼が正直かどうか怪しい.

5 VO (~ *that* 節) 〖話〗..であると思う (suppose). I ~ (*that*) he may be right. 彼は正しいと思う. I ~ so [not]. そうでしょう[そうではないでしょう] (★ so, not は節の代用). ◇名 suspicion 形 suspicious

── /sʌ́spekt/ 名 (複 **~s** /-ts/) C **容疑者**, 被疑者. arrest a ~ 容疑者を逮捕する. He's a (prime) ~ in the case. 彼はその事件の(有力な)容疑者だ.

── /sʌ́spekt/ 形 疑わしい, 怪しい. a very ~ person 大変怪しい人物. a ~ package 疑わしい包み. What he says is very [highly] ~. 彼の言うことは大変疑わしい.

[＜ラテン語 *suspicere*「下から見る」(＜sub-＋*specere* 'look')]

‡**sus·pend** /səspénd/ 動 (**~s** /-dz/|過 過分 **~·ed** /-əd/|**~·ing**) 他 **【宙ぶらりんにする】** **1** 〖章〗をつるす, かける, 〈*from* ..に, から/*by* ..で〉. ~ a ball *by* a thread ボールを糸でつるす. a chandelier ~*ed from* the ceiling 天井からつり下げられたシャンデリア.

2 VOA〔ちり, 微粒子など〕を宙に浮かせる, 沈ま[落ち]ないようにする, 浮遊させる, 〈*in* ..に〉〈普通, 受け身で〉. A dust was ~*ed in* the air. ほこりが空中に漂っていた. Fat particles are ~*ed in* milk. 脂肪の粒子はミルクの中に浮いている.

【中途で止める】 **3**〔権利, 法の効力, 活動など〕を**一時休止[停止]する**, 中断[中止]する, 〖電算〗(節電のため)サスペンド状態にする; 〔人〕を停職[休職]にする, を停学にする, 〔選手〕を出場停止処分にする, 〈普通, 受け身で〉. ~

S

rules 規則(の効力)を一時停止する. ～ business 営業を一時停止する. ～ payment 支払いを(一時)停止する. ～ a player 選手を出場停止処分にする. Jeff was *～ed* from school for misbehaving. ジェフは不品行のために停学処分にされた. a *～ed* game〖野球〗サスペンデッドゲーム, 一時停止試合,《突発的な事故などにより停止した試合; 後日その続きを行う; →call ⊕ 8 (b) の用例》.
4〔決定, 承諾など〕を保留する, 決めずにおく, 延ばす. ～ a decision 決定を見合わせる. He *～ed* his judgment for the time being. 彼は当分の間判断を保留した.
◇名 suspension, suspense［＜ラテン語「宙ぶらりんにする」(＜sub-＋*pendere* 'hang')］

suspènded animátion 名 U 仮死(状態), 人事不省;〈比喩的〉不活発(な状態).

suspènded séntence 名 C 執行猶予の判決.

sus·pénd·er 名 **1**〖米〗〈～s〉ズボンつり (〖英〗braces). a pair of *～s* ズボンつり 1 つ. **2** C〖英〗〈普通 ～s〉靴下留め (garter). a pair of *～s* 靴下留め 1 つ.

suspénder bèlt 名〖英〗＝garter belt.

†sus·pense /səspéns/ 名 U **1** 不安, 気がかり. Don't keep me in ～ like this. こんな風に私を不安な気持ちのままにしておかないでくれ. The ～ is killing me! どうなるのか胸がどきどきする. **2** 未決定, 未定; 宙ぶらりん, あやふや. Matters hung in ～. 事態はどっちつかずであった. **3** (小説, 映画などの)サスペンス《持続的不安感, 緊張感》. a movie full of ～ はらはらする場面がいっぱいの映画. The game kept us in ～ until the final out. その試合は最後のアウトまで私たちをはらはらさせ通しだった.［＜ラテン語「宙うりの(状態)」(*suspendere* 'suspend' の過去分詞)］
◇動 suspend

suspénse accòunt 名 C〖簿記〗仮勘定.

sus·pense·ful /səspénsf(ə)l/ 形 サスペンスに満ちた.

‡sus·pen·sion /səspénʃ(ə)n/ 名 **1** U つるすこと; ぶら下がり; 浮遊(状態); 宙ぶらりん; 未決定; どっちつかず. be held in ～ 浮遊している. **2** U 一時停止, 中止; 延期; 保留; 停職; 停学; 支払い停止; (刑の)執行猶予. the ～ of a newspaper 新聞の発行停止. the ～ of a student 学生の停学. a two-year ～ 2 年間の出場停止. the ～ of the decision 決定の保留. **3** UC (自動車, 列車などの)サスペンション. **4** C〖化〗懸濁液. ◇動 suspend

suspénsion brìdge 名 C つり橋.

suspénsion pòint 名 C〈普通 ～s〉〖主に米〗省略符号《普通...と 3 点ドットで示す; break とも言う》.

S

sus·pen·sive /səspénsiv/ 形 **1** 未決定の; あやふやな, 不確かな; 優柔不断の. **2** (効力などを)停止する, 停止の. **3**〔言葉などが〕気をもたせる, サスペンスに満ちた.
▷ **～·ly** 副

sus·pen·so·ry /səspénsəri/ 形 つり下げの, 懸垂の.
── 名 (複 **-ries**) C **1** 懸垂筋[帯]. **2** つり包帯.

‡sus·pi·cion /səspíʃ(ə)n/ 名 (複 **～s** /-z/)
【疑い】 **1** UC **疑い**, 疑念, (→doubt 類語); 容疑, 嫌疑. regard [look upon] a person with ～ 人を疑惑の目で見る. He has a lot of *～s*. 彼は疑い深い人だ. This aroused [raised] her ～. このことが彼女に疑いの念を引き起こした. The finger of ～ points to.... ...に疑いの目が向けられている.
2 C **思うこと**〈*that* 節 ..ではないかと〉, **感じ**〈*that* 節 ..らしいという〉; 感づくこと〈*of* ..を〉. I had a ～ *that* the man was dishonest. 私はその男はうそをついているのではないかと思った. I hadn't the slightest ～ *of* his presence. 彼がいることに全く気づかなかった.

1, 2 の 連結 a strong [a faint, a lurking, a slight, a sneaking, a vague; a groundless, an unfounded] ～ // create [excite; allay, dispel] (a) ～; entertain [harbor; confirm] a ～

3【あるかどうか疑わしい量】aU ごくわずか, 気味,〈*of* ..の〉. a salad with just a ～ *of* garlic ほんの少しニンニクの味がついたサラダ. There was a ～ *of* arrogance in his speech. 彼の話にはどこか傲(ごう)慢なところがあった.
◇動 suspect 形 suspicious

above* [*beyond*] *suspícion 疑われる余地なく[ない]. Caesar's wife must be *above* ～. シーザーの妻たる者は疑いを受けるような行動があってはならない《Caesar が妻を離縁した際のことば》.

on* (*the*) *suspícion of.. ..の疑いで, 容疑で,〔逮捕されるなど〕.

***under suspícion* (*of..*)** (..を)疑われて, (..の)嫌疑を受けて. come [fall] *under* ～ 疑われる.
［＜ラテン語 *suspiciō*「不信」(＜*suspicere* 'suspect')］

***sus·pi·cious** /səspíʃəs/ 形 m **1 疑わしい**, 怪しい. a ～ character 怪しい人物. ～ behavior 不審な挙動. in ～ circumstances 不審な状況で. **2 疑う**, 怪しいと思う,〈*of, about* ..を〉; 疑問視する〈*of* ..を〉. I am ～ *of* him. 彼が怪しいと思う. **3 疑い深い**, 邪推する. ～ people 疑い深い人たち. a ～ glance 疑わしげな目つき. Linda began to get ～ of Bill's coming home later and later each night. リンダはビルが夜毎に遅く帰宅するのを疑うようになった. The teacher has a ～ nature. その先生は疑い深い性質の人だ. ◇動 suspect 名 suspicion [suspicion, -ous] ▷ **～·ness** 名

†sus·pí·cious·ly 副 疑い深く, 怪しんで, 怪しげに. look ～ at a person 人を怪しそうに見る. look ～ like ..〖しばしば戯〗..に疑わしいほど似ている[そっくりだ].

Sus·que·han·na /sʌ̀skwəhǽnə/ 名〈the ～〉サスケハナ川《米国 New York 州中部から Chesapeake 湾に注ぐ》.

suss /sʌs/〖英話〗動 ⊕ **1** を疑う. **2** を調べる, 見抜く, 突き止める,〈*out*〉; VO (～ X/*that* 節/*wh* 節) X が/..ということが/..かが分かる〈*out*〉. ── 名 C 容疑者; UC 容疑. on ～ (of..) (..の)疑いをかけられて. ── 形〖オース話〗怪しい.［＜*sus*pect］

sussed /sʌst/ 形〖英話〗よく分かっている.

Sus·sex /sʌ́siks/ 名 サセックス《イングランド南東部の旧州; 1974 年 East Sussex と West Sussex に分割》.

***sus·tain** /səstéin/ 動 (～s /-z/| 過 過分 **～ed** /-d/|～·**ing**) ⊕
【支える】 **1**〖章〗〔重さなど〕を支える. Heavy piers ～ the bridge. 重い橋脚が橋を支えている.
2〖章〗〔困難, 被害など〕をこらえる, 耐え忍ぶ, に屈しない. ～ a shock 衝撃に耐える.
3【負担を負う＞被る】〖章〗〔損害など〕を受ける, 被る. ～ damage [a loss] 損害[損失]を被る. ～ a defeat 敗北する. I *～ed* minor injuries in the accident. 私は事故でちょっとした傷を受けた.
【維持する】 **4**〔生命力, 活力など〕を**維持する**;〔人〕を養う, 扶養する;〔食物が〕〔人〕にスタミナを与える. food sufficient to ～ life 生きていくのに十分な食糧. His income was not adequate to ～ a family of six. 彼の収入は 6 人の家族を養うには不十分だった.
5〔活動など〕を**持続する**, 維持する. It requires a great effort to ～ a conversation in a foreign language. 外国語で会話を続けるには大変な努力が必要である. a *～ing* member 維持会員.
【支持する】 **6**〔主張など〕を支持する;〔予言など〕を裏書きする. My findings ～ what he said. 私の調査結果は彼の言ったことを裏うけている.
7〖法〗(法廷などで)〔発言など〕を承認する, 確認する. Objection *～ed*. 異議を認めます《裁判官の言葉》. The judge [court] *～ed* his objection. 裁判官[法廷]は彼の異議を認めた. ◇名 sustenance
［＜ラテン語「下から支える」(＜sub-＋*tenēre* 'hold')］

sus·tain·a·bil·i·ty /səsteinəbíliti/ 名 U 持続(可能性); (開発などの)持続可能. →SUSTAINABLE development.

‡**sus·táin·a·ble** 形 **1** 支えうる. **2** 耐えうる; 持続できる. ～ development 持続可能な開発《将来の環境を損なわずに現在の環境を利用していこうとする考え方》.

sustáined 形 持続した, 長く続く. make ～ efforts たゆまず努力する.

sustáining prògram 名 C 〚米〛〚ラジオ・テレビ〛(スポンサーによらない)自主番組, サスプロ.

sus·te·nance /sʌ́stənəns/ 名 U **1** 生命の維持; 食物; 栄養(物); 〚話〛腹に入れる物. The orphans were in need of proper ～. 孤児たちは適当な食物を必要としていた. **2** (精神的な)支え. **3** 生計; 暮らし.

su·tra /súːtrə/ 名 C 経, 経典. [＜サンスクリット語]

sut·tee /sʌtíː, sʌ́ti(ː)/ 名 **1** U 妻の殉死《昔インドで妻が夫の死体と共に焼死したヒンドゥー教の習慣》. **2** C 殉死した妻.

Sut·ton Hoo /sʌ̀t(ə)n-húː/ 名 サットンフー《7 世紀の舟が発見された Suffork 州の遺跡》.

su·ture /súːtʃər/ 〚医〛 名 **1** U (傷口の)縫合. **2** C 縫合用の糸. ── 動 他 〔傷口〕を縫合する.

Su·wan·nee /səwɑ́ni, -wɔ́(ː)ni|-wɔ́ni/ 名 〈the ～〉スワニー川《米国南部 Georgia 州, Florida 州を流れてメキシコ湾に注ぐ; S.C. Foster の "Old Folks at Home" で有名》.

su·ze·rain /súːzərən, -rèin|-rèin/ 名 C **1** (封建)領主; 宗主. **2** 宗主国《属国に対する》. [＜フランス語]

su·ze·rain·ty /súːz(ə)rənti, -rèin-|-rèin-/ 名 U 宗主権; 領主の地位[権力].

svelte /svelt/ 形 〔主に女性が〕すらりとした, 姿のよい. [＜イタリア語]

Sven·ga·li /svengɑ́ːli/ 名 **1** スベンガーリ《George Du Maurier の小説 *Trilby* (1894) の作中人物; 弟子に催眠術をかけて操る》. **2** 〈s-〉(邪悪な動機で)人を操る人.

SW southwest(ern).

Sw. Sweden; Swedish.

swab /swɑb|swɔb/ 名 C **1** (消毒したり, 薬液を塗ったり, 分泌物を採取したりするための)綿球, 布, スポンジ; 綿棒; (体から)採取した分泌物《検査用》. **2** モップ《甲板などを掃除する》. **3** 〚俗〛でくのぼう.
── 動 (～s|-bb-) 他 **1** (体から)〔分泌物〕を綿球で採取する 〈*out*〉. **2** 〔体の一部〕を綿球でふく; に綿球で塗る 〈*with* ..〔薬液〕を〉; VOC (～ X Y) X を綿球でふいて Y にする. ～ the wound clean 傷を綿球できれいにする. **3** 〔甲板など〕を掃除する 〈*down*〉. **4** VOA (～ /X/ *up*) X (水分など) をふき取る.

swad·dle /swɑ́dl|swɔ́dl/ 動 他 〔特に赤ん坊〕をくるむ 〈*in* ..〔細長い布, 産着などで〕〉《昔の習慣; 赤ん坊が動き回らないように又は防寒のために》.

swáddling clòthes [bànds] 名 〈複数扱い〉 **1** (昔, 赤ん坊が動き回らないようにするために, 又は防寒のために巻きつけた)細長い布. **2** (未成年者などに対する)束縛[監督].

Swa·de·shi /swɑːdéiʃi/ 名 U 〚インド史〛英国品[外貨]排斥運動, スワデシ運動. [＜ヒンディー語「自国の」]

swag /swæg/ 名 **1** C 花飾り, 花綱, 垂れ飾り. **2** U 〚旧俗〛盗品; 不正利得. **3** C 〚オース・ニュー〛(森林地帯旅行者などの)携帯品包み.

‡**swag·ger** /swǽgər/ 動 自 **1** 威張って歩く, ふんぞり返って歩く, 〈*in, down* ..を〉. **2** 威張り散らす, 自慢する. ── 名 aU 威張った歩き方. walk with a ～ 肩で風を切って歩く. ── 形 〚主に英旧話〛しゃれた, スマートな.

swág·ger·ing·ly /-riŋli/ 副 ふんぞり返って, 威張り散らして.

swágger stìck [〚英〛 càne] 名 C (軍人などが外出する時に持つ)短いつえ.

swág·màn /-mæ̀n/ 名 (複 **-men** /-mèn/) C 〚オース・ニュー〛(swag 3 を持ち歩く)浮浪者.

Swa·hi·li /swɑːhíːli/ 名 (複 ～s, ～) **1** C スワヒリ人《アフリカ Zanzibar とその周辺に住む Bantu 人》. **2** U スワヒリ語《東部・中部アフリカの共通語》.

swain /swein/ 名 C 〚主に雅・詩〛田舎の若者; 田舎の色男; 恋人, 求婚者, 《男性》.

swale /sweil/ 名 C 〚米〛低湿地; 低地.

‡**swal·low**[1] /swɑ́lou|swɔ́l-/ 動 (～s /-z/|過 過分 ～ed /-əd/|～·ing) 他 【まるごと飲み込む】 **1** 〔食べ物, 飲み物など〕を**飲み込む**, 飲む, ぐいと飲む. Chew your food well before you ～ it. 食べ物は飲み込む前によくかみなさい. *Swallow* this pill with a sip of water. 水と一緒にこの丸薬を飲み込みなさい.
2 を(まるごと)飲み込む; 〔水, 大地などが〕を吸い込む; 〔利益など〕を吸い取る, 使い尽くす; 〔姿など〕を見えなくする; 〈*up*〉. The waters of the lake ～*ed* him *up*. 彼は湖水に飲まれてしまった. be ～*ed up* in the fog [crowd] 霧に包まれて[群衆の中に]見えなくなる.
3 〚話〛〔人の話など〕をうのみにする, 早合点する, すぐ真に受ける. Surely you won't ～ that story. まさかその話を真に受けたりはしないだろうね. be hard [difficult] to ～ 信じ難い. **4** 〔金など〕を使い果たす, (使って)なくす, 〈*up*〉. He ～*ed* all Susan's savings fixing up this house. 彼はこの家の修理にスーザンの預金を全部使ってしまった. My pay increase was ～*ed up* by taxes. 給料の増えた分は税金でなくなってしまった.
【我慢して飲み込む】 **5** 〚章〛〔侮辱など〕を我慢する, 忍ぶ. I had to ～ his insult. 彼の侮辱を黙って受けねばならなかった. a bitter pill to ～ →pill (成句). **6** 〔怒り, 誇りなど〕を胸に納める, 抑える, 顔に出さない. ～ anger 怒りを抑える. She ～*ed* down her tears. 彼女は出てくる涙をじっと抑えた. ～ one's pride →pride (成句).
7 〔言葉など〕を取り消す. ～ one's words →成句. **8** 〔言葉〕をもごもご言う, 聞き取りにくく言う.
── 自 **1** 飲み込む. **2** (緊張, 興奮などで)のどをごくりとさせる. He ～*ed* hard, and stepped onto the stage. 彼はのどをごくりとさせて舞台へ出て行った.
swállow /../ dówn 〔錠剤など〕を飲み込む.
swàllow /../ úp (1) →他 2, 4. (2) 〔会社など〕を吸収する; 〔国など〕を併合する; 〈普通, 受け身で〉.
swàllow..whóle (1) 〔食べ物など〕を丸ごと飲み込む. (2) 〔人の話など〕をうのみにする.
swàllow one's wórds (1) 前言[言ったこと]を取り消す (→eat one's WORDS). (2) ぼそぼそと話す, 聞き取りにくい声で言う.
── 名 C 飲むこと, 飲み下すこと; ひと飲み(の量). down..in one ～ ..を一気に飲み干す. He took a ～ of beer. 彼はビールをぐいと飲んだ. [＜古期英語]

***swal·low**[2] /swɑ́lou|swɔ́l-/ 名 (複 ～s /-z/) C ツバメ. One ～ does not make a summer. 〚諺〛ツバメ 1 羽で夏にはならぬ《早合点を戒める諺》. [＜古期英語]

swállow dìve 名 〚英〛＝swan dive.

swállow·tàil 名 C **1** ツバメの尾(の形をしたもの). **2** ＝swallow-tailed coat. **3** 〚虫〛アゲハチョウ.

swállow-tàiled 形 燕(え)尾状の.

swàllow-tailed cóat 名 C 燕(え)尾服《男子の夜の礼服; →morning dress》.

swam /swæm/ 動 swim の過去形.

swa·mi /swɑ́ːmi/ 名 C スワーミ《ヒンドゥー教の有資格の導師の尊称》.

***swamp** /swɑmp, swɔːmp|swɔmp/ 名 (複 ～s /-z/) UC **沼沢地**; 沼, 湿地. The traveler got lost in the ～. その旅行者は沼沢地で道に迷った.
── 動 他 **1** を水浸しにする; を水没させる; (水浸しにして)〔船〕を沈める. The street was completely ～*ed* in the flood. 街路は洪水ですっかり水浸しになった. High waves ～*ed* the boat. 高波がボートを沈没させた. **2** 〔意識などが〕を襲う. Feelings of guilt suddenly ～*ed* him. 彼は突然罪の意識に襲われた. **3** に殺到する, 〔仕事

などが〕を追いまわす，〔借金などが〕を動きがとれなくする，〈普通，受け身で〉. We were ～*ed with* visitors. 私たちは訪問客で忙殺された. He was ～*ed with* requests for money. 彼のところに金を求める要請が殺到した. be ～*ed with* work 仕事に追いまわされている. be ～*ed with* [*by*] debts 借金で動きがとれない. **4**〔物事が〕〔能力など〕を超えている；〔服などが〕には大き過ぎる. ── ⓐ 水浸しになる.
[?＜中期オランダ語]

swámp·lànd 名Ⓤ 沼沢地.

swamp·y /swάmpi, swɔ́:m-|swɔ́m-/ 形ⓔ 沼沢の；沼の多い；湿地の，じめじめした.

‡swan /swαn, swɔ:n|swɔn/ 名(複 ～s /-z/) Ⓒ **1** 白鳥《ガンカモ科ハクチョウ属の水鳥の総称；→cygnet》. **2** 詩人. the *Swan* of Avon 'エイボンの白鳥'《Shakespeare のこと；その生誕地 Stratford-upon-Avon にちなむ》.
── 動(～s|-nn-) ⓐ〖主に英話〗Ⓥ〈けなして〉気ままに遊び回る〈*off*〉〈*around, about* ..を〉；のんきにも出かける[行く]〈*off*〉〈*to, into* ..に〉. He ～*ned off* to the cinema when he should have been at school. 彼は学校にいるべき時に悠然と映画を見に行った.
[＜古期英語]

swán dìve 名Ⓒ〖米〗〖水泳〗前飛び伸び型飛び込み(〖英〗swallow dive)《両腕を大きく広げ伸ばし，両脚をくっつけ，後方に反り身になって行う》.

Swa·nee /swάni, swɔ́(:)ni|swɔni/ 名 ＝Suwannee.

swank /swæŋk/〖話〗名〖しばしば軽蔑〗**1** Ⓤ 見せびらかし，気取り，空威張り. He wears a diamond tiepin just for ～. 彼はただ見せびらかすためにダイヤのネクタイピンをしている. **2** Ⓒ 見せびらかしをする人；気取り屋.
── 形〖話〗派手な；おしゃれな. a ～ hotel しゃれたホテル. ── 動ⓐ〖主に英話〗見えを張る，威張る，〈*about* ..のことで〉.

swank·y /swǽŋki/ 形ⓔ〖話〗**1**〖軽蔑〗見えを張る；空威張りする. **2** 派手な，豪勢な，いきな.
▷**swank·i·ness** 名

Swàn Láke 名「白鳥の湖」《チャイコフスキー作曲の同名の曲によるバレエ》.

swán's-dòwn, swáns·dòwn 名Ⓤ **1** 白鳥の綿毛《衣装のへりや，おしろいのパフに用いる》. **2** ベビー服などに用いる柔らかい生地《片面がけば立っている》.

Swan·sea /swάnsi, -zi|swɔ́nzi/ 名 スウォンジー《ウェールズ南部の都市；もと石炭の輸出港；観光の拠点》.

swán sòng 名Ⓒ **1** 白鳥の歌《白鳥が死に際に歌うと言う》. **2**（詩人，音楽家などの）最後の作品；絶筆，辞世，最後の功業[演奏，演技].

S

†swap /swαp, swɔ:p|swɔp/〖話〗動(～s|-pp-) ⓣ **1** を交換する〈*around, over*〉；を取り替える〈*for*..〔物〕と/*with* ..〔人〕と〉；(類語 exchange よりくだけた語). ～ stamps 切手を交換する. ～ jokes [phone numbers] 冗談を言い合う[電話番号を教え合う]. ～ a watch *for* a camera 時計をカメラと交換する. Never ～ horses ˌwhile crossing the stream [in midstream].〖諺〗川を渡る中途で馬を取り替えるな《危機が去るまで現状のままで押し通せ》. ～ seats〖米〗[places〖英〗] *with* a person 人と席[場所]を取り替える；人と境遇[立場]を取り替える. **2** ⓋⓄⓄ (～X Y) X(人)と Y(物)を交換する〈*for* ..〔(X の) 物〕と引き換えに〉. I'll ～ you my yacht *for* your car. 私のヨットとあなたの車を交換しましょう.
── ⓐ **1** 交換する，取り替える，〈*with*..〔人〕と〉. Let's ～. 交換しよう. **2**〖卑〗夫婦交換[スワッピング]する.
swàp róund [*óver*]〖英〗席を変える.
swáp with a person (1)→ⓐ 1. (2) 人と立場を取り替える (→ⓣ 1).
── 名Ⓒ **1**〈普通，単数形で〉(物々)交換. do a ～ 交換する. do her a ～ of my necklace for her watch 彼女との間で自分のネックレスと彼女の時計を交換する. **2** 交換物. **3**〖卑〗夫婦交換，スワッピング.
[＜中期英語「打つ」；擬音語]

swáp mèet 名Ⓒ〖米〗(不用品)交換会 (〖英〗car-boot sale).

swa·raj /swərά:dʒ/ 名Ⓤ〖史〗(インドの)自治，独立.

sward /swɔ:rd/ 名Ⓤ〖古·雅〗草地；芝生.

swarf /swɔ:rf/ 名Ⓤ（金属，プラスチックなどの）削りくず.

***swarm[1]** /swɔ:rm/ 名(複 ～s /-z/) Ⓒ
1〈単数形で複数扱いもある〉（昆虫などの動いている）**群れ**(→flock[1] 類語)；ミツバチの群れ《特に女王バチが率いて巣分かれする群れ》. a ～ of ants アリの群れ.
2〈しばしば ～s〉（動いている人の）**群れ**，群衆；多数. ～*s* of tourists 観光客の群れ. ～*s* of letters おびただしい手紙. ～*s* of protests 殺到する抗議.
── 動(～s /-z/|過 過分 ～ed /-d/|swárm·ing) ⓐ
1（ミツバチ，昆虫が）**群がる**；群がって行く[飛ぶ]；Ⓥ〔人が〕群がる〈*around* ..の周りに/*over* ..に〉.群がって動く〈*into* ..の中へ/*out of* ..から〉The bees ～*ed around* the queen. ミツバチが女王バチの周りに群がっていた. Bargain hunters ～*ed into* the department store. バーゲン品をあさる客が百貨店に群れをなして押し寄せた.
2 Ⓥ (～ *with*..)〔場所が〕..**でいっぱいである**，〔場所に〕..がうようよしている，(類語 群れの動きを暗示する；→abound). The garden ～*s* [is ～*ing*] *with* bees. 庭はミツバチでいっぱいだ. The beach is ～*ing with* people. 浜辺は人でいっぱいだ (★1 の構文を使えば People are ～*ing* over the beach.).
── ⓣ に群がる，集まる. [＜古期英語]

swarm[2] 動〖まれ〗ⓐ Ⓥ，ⓣ (に)よじ登る〈*up* (..に，を)〉；(を)(手足を使って)はい下りる〈*down* (..を)〉.

swarth·y /swɔ́:rði/ 形ⓔ **1**〔皮膚，顔色が〕浅黒い，黒ずんだ. **2**〔人が〕肌が浅黒い.
▷**swarth·i·ly** 副 **swarth·i·ness** 名

swash /swαʃ, swɔ:ʃ|swɔʃ/ 動ⓐ **1**〔水が〕ざーざー[ばしゃばしゃ]いう；〔波が〕ざぶんと音を立てる. The waves ～*ed* against the breakwater. 波が防波堤にざぶんと打ち寄せた. **2** 空威張りする (swagger). ── ⓣ〔水など〕をはね飛ばす，ばしゃばしゃいわせる.
── 名Ⓒ 水しぶき；ばしゃばしゃ，ざーざー，《水の音》.

swásh·bùckler 名Ⓒ（特に映画や物語に登場する）空威張りする剣士[軍人].

swásh·bùckling /-bʌ̀kliŋ/ 形 空威張りする.

‡swas·ti·ka /swάstikə|swɔ́s-/ 名Ⓒ **1** 卍(まんじ)，左まんじ. **2**（ナチスの紋章の）右曲がりのかぎ十字，右まんじ，(卐；Hakenkreuz). [＜サンスクリット語「幸運(のシンボル)」]

SWAT /swαt|swɔt/ 名Ⓒ〖米〗(警察機構の)特殊(任務)部隊，スワット，(SWAT team)《＜*S*pecial *W*eapons *a*nd *T*actics》.

swat /swαt|swɔt/ 動(～s|-tt-) ⓣ〔ハエなど〕をぴしゃりとたたく. ── 名Ⓒ **1** ぴしゃりと打つこと. **2** はえたたき.

swatch /swαtʃ|swɔtʃ/ 名Ⓒ（織物などの）見本.

swath /swαθ, swɔ:θ|swɔ:θ/ 名(複 ～s /-θs, -ðz/) Ⓒ
1（大鎌(がま)での）牧草のひと刈り；ひと刈りの刈り跡；(草刈り器などで刈られた) 1 列の刈り草. **2** ひと並び；細長く伸びたもの[場所]；広大な帯状の地域. huge ～*s* of rain forest 広大な熱帯雨林. **3** 包む[巻く]布.
cùt a swáth through .. ..に大きな打撃を与えて進む. A hurricane *cut a* ～ of destruction *through* Florida. ハリケーンが片っ端からなぎ倒しながらフロリダ州を通り抜けた.
cùt a (***wìde***) ***swáth***〖主に米〗大見えを切る，(人目につくように)派手にやる.

‡swathe /sweið/ 動ⓣ〖雅〗を巻く；ⓋⓄⒶ (～ X *in*..) X を..で巻く，..に包む〈普通，受け身で〉. His injured hand was ～*d in* gauze. けがをした彼の手にはガーゼが巻

かれていた. The distant hills were ~*d in* morning mist. 遥かな山々は朝霧に包まれていた. ~ oneself *in* silk 絹に身を包む[を着る]. ── 名 ＝swath.

SWÁT tèam 名 ＝SWAT.

swát·ter 名C ぴしゃりと打つ人[物]; はえたたき.

***sway** /swei/ 動 (~s /-z/|過 過分 ~ed /-d/|~·ing) 自 【揺れる】 **1 揺れる**, ゆらゆらする; スイングする. The trees are ~*ing* in the wind. 木が風に揺れている. ~ from side to side 〔船が〕左右に揺れる. Julia ~*ed* and then she fainted. ジュリアはゆらゆらとし, それから気を失った. With a glass in his hand, the drunken man stood ~*ing* in front of me. グラスを手に, その酔った男はゆらゆら揺れながら私の前に立っていた.

2 〔意見などが〕**動揺する**. Government economic policies ~*ed* from one extreme to the other. 政府の経済政策は極端から極端に揺れ動いた.

【一方に傾く】 **3** VA 〔意見, 趨(すう)勢などが〕**一方に傾く**, ある方向に向かう. The car ~*ed to* the right on the curve. 車はカーブで右に傾いた. Public opinion has ~*ed in favor of* the reforms. 世論が改革の方向に傾いた.

── 他 **1** をゆさぶる, 揺らせる. ~ one's head from side to side 頭を左右にゆする.

2 〔意見など〕を動かす, **左右する**, に影響を与える; 〔聴衆など〕を把握する, 思うようにする; VOC (~ X *to do*) X (人)を動かして..させる; VOA (~ X *into* (*doing*) ..) X を動かして..させる. The politician was unable to ~ the voters. その政治家は有権者を引きつけることができなかった. How is public opinion ~*ed*? 世論の動向はどうなっているか. The chance to win the gold medal ~*ed* her *to* enter the race. 金メダルを取れるかもしれないと思って彼女は競走に参加した. **3** 〖古〗を支配する, 統治する, (rule). ~ the realm 国を支配する.

── 名U **1 揺れ**, 動揺. the ~ at the top of the tower 塔の頂上の揺れ. At this speed, a certain amount of ~ is unavoidable. この速さではある程度の揺れは避けられない.

2 影響(力), 勢力. Antony is under the ~ of his ambitious mother. アントニーは野心家の母親の思い通りにさせられている. **3** 〖古・雅〗統治, 支配; 支配権.

hòld swáy 支配する, 自由にする, 影響力を持つ, 〈*over* ..を, に〉. *hold* ~ *over* the tennis world テニス界に君臨する. These theories *held* ~ for a time. 一時はこのような理論が支配的であった.

under the swáy of.. ..の支配[統治]を受けて. England was then *under the* ~ *of* the Tudors. イングランドは当時テューダー家の統治下にあった. *under the* ~ *of* emotion 感情に支配されて.

[＜中期英語 (＜ゲルマン語)]　「脊(せき)柱湾曲.

swáy·bàck 名C (特に, 馬の異常な)背のくぼみ,↑

Swa·zi·land /swɑ́ːzilæ̀nd/ 名 スワジランド《アフリカ南東部の王国, 英連邦の一員; 首都 Mbabane》.

SWbS southwest by south.

SWbW southwest by west.

‡**swear** /sweər/ 動 (~s /-z/|過 **swore** /swɔːr/|過分 **sworn** /swɔːrn/|~·ing /-riŋ/) 自

【誓って言う】 **1 誓う**, 宣誓する, 〈*on, by* ..にかけて〉. Will you ~? 誓いますか. I don't know anything about him, I ~ (it). 誓って言うが, 彼のことは何も知らない. ~ *by* [to, before] God 神かけて誓う. ~ *on* one's honor 名誉にかけて誓う. The witness *swore* on the Bible. 証人は聖書に手を置いて誓った.

2 VA (~ *to* ..) (誓って) ..と断言する, ..を確信する 〈普通, 否定文で〉. I wouldn't ~ *to* that. そう断言する自信はない.

3 【罰当たりなことを誓う】 **ののしる**, 悪口を言う, 〈*at* ..を, の〉 (curse); 汚い[罰当たりな]言葉を使う《日本語の「畜生」とか「くそ」に当たる語感を持つ By God!, Jesus Christ! など; 「みだりに神の名を口にするな」という the Ten Commandments の命に背くため, 悪い[汚い]言葉になる》. curse and ~ 口汚くののしる, こん畜生と言う. Stop ~*ing!* 口汚い言葉を使うのはやめなさい. Don't ~ *at* me. 僕にそんなに悪態をつくな.

── 他 **1** を誓う; VO (~ *to do*/*that* 節/"引用") ..することを/..であると/「..」と誓う, 約束する. ~ allegiance [an oath of loyalty to..] 忠誠[..への忠誠]を誓う. The witness *swore* ⌞*to* tell the truth [(*that*) he would tell the truth]. 証人は真実を述べることを誓った.

2 〖話〗 VO (~ *that* 節) **..だと断言する**. Helen ~*s* she has nothing to do with it. ヘレンはそのことに無関係だと断言している. The salesman *swore* to me (*that*) the engine was as good as new. そのセールスマンは私にエンジンは新品同然だと明言した.

3 (法廷などで宣誓した後で)を確認する, 断言する, 証言する. ~ a charge against him 宣誓して彼を告訴する. ~ (that) black is white →black (成句).

4 (法廷などで)に誓わせる; VOA (~ X *to*..) X に..を誓わせる. ~ a jury 陪審員に宣誓させる. I *swore* him *to* secrecy [silence]. 彼に絶対に秘密を守ると誓わせた.

I could have swórn (that).. ..であることはまず確かである.

swèar blínd (that).. ＝SWEAR up and down.

swéar by.. (1) ..にかけて誓う (→自 1). (2) 〖話〗..を信じ切る, 絶対によいと思う; ..を大いに推奨する. My father ~*s by* that brand. 私の父はあの銘柄を絶対信じている.

swèar /../ ín 〈普通, 受け身で〉 (1) 〔法廷で, 証人など〕に宣誓させる. The doctor stepped up to the witness stand and was *sworn in* by the clerk. その医者は証人台に進み寄り書記に宣誓をさせられた. (2) 〔人〕を宣誓させて任命する. Bill Clinton was *sworn in* as president at noon on January 20. ビル・クリントンは1月20日正午に宣誓して大統領に就任した.

swèar X̀ into Ý X (人)を宣誓させて Y に就任[加入]させる; X に約束させて Y (クラブなど)に入れる.

swéar off.. 〖話〗〔酒など〕を誓って断つ. He's *sworn off* smoking [alcohol]. 彼はたばこ[酒]をやめると誓った.

swèar /../ óut 〖米〗〔逮捕状〕を宣誓して出してもらう. A warrant was *sworn out* for their arrest. 彼らを逮捕するために令状が出された.

swèar ⌞ùp and dówn 〖米〗 [***blínd*** 〖英〗] ***(that)..*** ..であると断言する.　[＜古期英語; →answer]

swéar·er /swéərər/ 名C **1** 宣誓者. **2** ののしる人.

swèaring-ín /-riŋ-/ 名C 〈単数形で〉宣誓, 宣誓就任[式].　「口, (→swear 自 3).

swéar·wòrd 名C ののしりの言葉, 不敬の言葉, 悪↑

‡**sweat** /swet/ 名 (複 ~s /-ts/) 【汗】 **1** U 汗, 発汗(状態), (類語 人, 特に女性について用いる場合は下品な感じを伴うので perspiration が用いられる). work dripping with ~ 汗だくで働く. be bathed in ~ 汗びっしょりになる. The ~ stood on her face. 彼女の顔には汗がにじんでいた. beads of ~ 玉の汗.

2 aU 汗をかくこと; 〖話〗不安, いらだち. break out in a ~ どっと汗をかく. in a ~ →成句.

3 【汗の出る仕事】 aU 〖話〗骨の折れる仕事, 苦役, (drudgery). What a ~! なんという苦労だろう. A ~ will do him good. 苦しい仕事をするのが彼のためになるだろう.

【汗に似たもの】 **4** U (物の表面に生じる)水気, 水滴. the ~ on the wall 壁に付いた水滴.

5 〖主に米話〗〈~s〉 トレーニングスーツ (sweat suit), トレパン (sweat pants).

àll of a swéat 〖話〗 (1) 汗だらけになって. (2) 不安

〔心配〕で, びくびくして.
brèak a swéat 〖米〗汗をかく, 骨折る.
brèak out in a (còld) swéat どっと汗をかく; (こわくて)冷や汗が出る.
brèak swéat 〖英〗= break a SWEAT.
by [in, from] the swèat of one's brów [fáce] 額に汗して, 労働して《〖聖〗『創生記』3 : 19 より》. He earned that money *by the* ~ *of* his *brow*. 彼は汗水流してその金を稼いだ.
cànnot stànd the swéat of it その苦しさには耐えられない.
gèt into a swéat (about . .) (. . を)心配する.
in a swéat 〖話〗汗を流して; 心配して, いらだって. Don't get yourself all *in a* ~, there's nothing to worry about. そんなにいらいらするなよ, 何も心配することはないのだから.
nò swéat 〖話〗楽で[に]; 簡単で[に]; 〈間投詞的〉お安いご用だ, いいですよ, かまいません, (no problem).
wòrk up a swéat (激しく動いて)汗を流す[かく].
── 動 (~s /-ts/|過 過分 ~, **swéat·ed** /-əd/|**swéat·ing**) 自 **1** 汗をかく, 汗ばむ; 冷や汗をかく; (★ 上品に言う場合は perspire; →名 1 類語). It was so hot that they were ~*ing* all over. あまり暑かったので彼らは全身に汗をかいていた. ~ heavily [profusely, like a pig] 〖話〗大変[ひどく]汗をかく. ~ with fear こわくて冷や汗をかく.
2 〖話〗汗水流して働く, ねじり鉢巻きで勉強する, さんざん働く, 骨を折る, 〈*over* . . で〉. We had to ~ twelve hours a day in the mines. 炭鉱では 1 日に 12 時間汗水たらして働かねばならなかった. I ~*ed over* the exam. 試験のために猛勉強をした. **3** 〔壁などが〕湿気を生じる, 水滴が付く, '汗をかく'. the ~*ing* walls 水滴が付いている壁. The cheese ~*ed* slightly soon after it was taken out of the refrigerator. 冷蔵庫から出してまもなくチーズは表面にうっすら汗をかいた.
4 〖話〗心配する, 不安が募る, いらいらする; ひどい目にあう, 罰を受ける. You'll ~ for this! 今に痛い目を見るぞ.
── 他 **1** に汗をかかせる. ~ a patient 患者に汗をかかせる. ~ a horse 馬に運動させて汗をかかせる.
2 〔人〕を汗だくで働かせる, 酷使する; 〔人〕を不当に安い賃金で働かせる. ~ one's employees 雇い人をこき使う.
3 に湿気[水分]をにじみ出させる, をいためる.
4 VOA 〔人が〕〔体重〕を汗をかいて減らす 〈*off, out, away*〉; 〔労働などが〕〔体重〕を(汗とともに)減らさせる 〈off . . 〔人〕から〉. Two weeks of hard work ~*ed* six pounds *off* him. 2 週間の重労働のおかげで彼は体重が 6 ポンド減った.
5 〖主に米話〗(**a**) 〔容疑者など〕に自白を強要する; VOA 過酷な尋問により〔情報など〕を引き出す, を'はかす' 〈*out of* . . 〔人〕から〉. (**b**) 〔金など〕をふんだくる; VOA 〔人〕からふんだくる 〈*of* . . 〔金など〕を〉.
Dòn't swéat it. 〖米話〗心配することないよ, 恐れることはない.
swèat blóod 〖話〗(1) 汗水たらして働く. (2) はらはらする, いらいらする. I ~*ed blood* until the doctor told me the tumor was benign. 医師に私の腫瘍(しゅよう)が良性だと言われるまではらはらした.
swèat búckets ひどく汗をかく.
swèat búllets 〖米話〗ひどく気をもむ[心配する; ひどく汗をかく].
swèat it óut 〖話〗(1) 激しい運動をする. (2) (いやなことなどを)最後まで我慢する, しのぎ切る. (3) 結果をじりじり待つ.
swèat /../ óut (1) →他 4. (2) 〔病気など〕を汗を出して治す. ~ *out* a cold 汗を出して風邪を治す. (3) 〖話〗. . をいらいらしながら待つ. (4) 〖話〗. . を我慢し通す; . . を苦労して手に入れる.
swèat over a hòt .. . . を使って忙しく働く. ~ *over a hot* computer コンピュータの仕事で大忙しである.
swèat the smáll stùff 〖米話〗つまらないことを気にかける. [<古期英語「汗, 生き血」]

swéat·bànd 名 C (帽子の内側の)防汗革, びん革; (手首や頭に巻く)汗取り布[鉢巻き], スエットバンド.
swéat·ed /-əd/ 形 低賃金労働の[による]. ~ labor [goods] 低賃金労働[低賃金労働製品].
***sweat·er** /swétər/ 名 (複 ~s /-z/) C **1** セーター《もと, 汗を出して減量する用途だった》. knit a ~ セーターを編む. Celia is wearing a pink ~. シーリアはピンクのセーターを着ている. **2** 汗をかく人[もの]. **3** 低賃金で職工を酷使する雇い主.
swéater gìrl 名 C 〖話〗バスト豊かな女性《セーターを着ると目立つ》.
swéat glànd 名 C 〖解剖〗汗腺(せん).
swéat pànts 名 〈複数扱い〉スエットパンツ, トレーニングパンツ.
swéat shìrt, swéat·shìrt 名 C (運動選手の着る)トレーニングシャツ, スエットシャツ《これとズボンの **swéat pànts** とを合わせて **swéat sùit** (トレーニングスーツ, トレーナー)と言う》.
swéat·shòp 名 C 搾取工場《悪条件下で長時間働かせる工場》.
swéat sòck 名 C 〈普通 ~s〉〖米〗スエットソックス.
swéat sùit 名 C トレーニングスーツ《スエットシャツとスエットパンツ》.
‡**swéat·y** 形 e **1** 〔人が〕汗をかいている; 汗だらけの, 汗じみた. **2** 汗くさい. **3** 汗をかかせる(ような); 蒸し暑い. ~ work 骨の折れる仕事. **4** 〔チーズなどが〕汗をかいた.
Swed. Sweden, Swedish.
†**Swede** /swiːd/ 名 C **1** スウェーデン人. **2** 〖英〗〈s-〉カブハボタン (〖米〗rutabaga)《スウェーデン原産の野菜; Swedish turnip とも言う》.
***Swe·den** /swíːdn/ 名 スウェーデン《北欧の王国; 首都 Stockholm》.
†**Swed·ish** /swíːdiʃ/ 形 スウェーデンの; スウェーデン人の; スウェーデン語の. ── 名 **1** U スウェーデン語. **2** 〈the ~; 複数扱い〉スウェーデン人《全体》.
Swèdish túrnip 名 UC = Swede 2.
Swee·ney /swíːni/ 名 〈the ~〉〖英話〗特別機動隊.
Téll it to the Swéeney. (そんなこと)信じられない.
‡**sweep** /swiːp/ 動 (~s /-s/|過 過分 **swept** /swept/|**swéep·ing**) 他
【掃く】 **1** (**a**) (ほうき, ブラシなどで)〔部屋など〕を掃く, 掃除する. *Sweep* the floor. 床を掃きなさい. My mother is ~*ing* the living room. 母が居間を掃除している. (**b**) VOC (~ X Y) X を掃除して Y にする. Barbara *swept* the room clean. バーバラは部屋をきれいに掃除した.
2 VOA 〈*into* . . に〉〔ごみ, ちりなど〕を(掃くなどして) 払いのける 〈*away*〉〈*off, from* . . から〉, 集める 〈*up*〉〈*into* . . に〉. ~ *up* dead leaves 枯れ葉を掃き集める. ~ the dirt *into* a dustpan ごみを掃き集めてちり取りに入れる. ~ the dust *away* ほこりを掃きのける. ~ the crumbs *from* the table テーブルからパンくずを払う.
【掃くように運び去る】 **3** VOA を(掃くように) 運び去る, 吹き去る, 押し流す, 〈*away, off*〉. The wind *swept* all the leaves *away*. 風で葉がみんな散ってしまった. The bridge was *swept away* by the flood. 橋は洪水で押し流された.
4 VOA を一掃する, 払いのける, 〈*away*〉〈*out of* . . から〉; (~ X *of* . .) X (場所など) から . . を追い払う, 撲滅する. ~ away all the difficulties 困難を一掃する. ~ enemies *out of* the country = ~ the country *of* enemies 国から敵を追い払う.
5 【全部さらってしまう】 (**a**) 〔選挙, 競技; 地域など〕で圧勝する. The Republicans *swept* the election. 共和党が選挙に大勝した. (**b**) 〖米〗〔シリーズ戦など〕で全勝する, を勝ち抜く.
【掃くように動く[動かす]】 **6** にさっと触れる. Her fingers *swept* the keys of the piano. 彼女の指がピアノのキーを

S

さっとなでた. **7** 〖VOA〗〔はけ, 手, 髪など〕をさっと動かす[走らす]. She *swept* her brush across the canvass. 彼女は絵筆をカンバスにさっと走らせた. **8** 〔目など〕をさっと走らす; をさっと見渡す. He *swept* his eyes over the page. 彼はそのページにさっと目を通した. Police searchlights *swept* the darkness. 警察のサーチライトが暗やみをぱっと照らした.
9 〔台風, ニュースなどが, ある地域〕を**さっと通過する**, の全体に広がる, を痛撃する. A storm *swept* the Keihin district. あらしが京浜地方を襲った. The miniskirt *swept* the whole country. ミニスカートが全国を風靡(び)した.
10 〔服(のすそ)が〕〔床[地面]〕の上を引きずる.
── 自 【掃く】 **1 掃除する**, 掃く. Mother is busy ～*ing*. 母さんは掃除で忙しい. A new broom ～*s* clean. →broom 1.
2 〖VA〗 **さっと過ぎて行く**; かすり通る; 襲来する; 飛び去る, 吹き去る. The wind *swept over* the valley. 風は谷を吹き過ぎた. A look of horror *swept over* his face. 恐怖の表情が彼の顔をかすめた. A flock of birds *swept by*. 一群の鳥がさっと飛び去っていった.
【掃くようにさっと動く】 **3** 〖VA〗 〔目, 視線が〕さっと見渡す, 届く; (**～ *across, through* ..**) 〔うわさなどが〕..(中)にさっと広まる. as *far* as the eye can ～ 目の届く限り. His glance *swept about* the room. 彼は部屋の中をさっとひとわたり眺めた. The epidemic *swept through* Utah. その伝染病はあっという間にユタ州全域に蔓(まん)延した.
4 〖VA〗 さっそうと歩く; 堂々と進む. The actress *swept on to* the stage. 女優はさっそうと舞台に登場した.
5 〖VA〗 〔丘, 道などが〕曲線を描いて延びる[広がる], (湾曲して) 延々と続く. The river *swept down* the hill in graceful curves. 川は美しい曲線を描いて延々と丘を下って流れていた.
swèep /../ asíde (1) ..をさっと払いのける; ..を排除する; 〔敵など〕を蹴(け)散らす, に楽勝する. (2) 〔反対, 批判など〕を退ける, 無視する.
swèep..awáy (1) ..を払いのける, 一掃する (→他 2, 4); 〔悪習など〕を速やかに廃止する. (2) 〔人の心〕を奪い去る, 夢中にさせる. I was *swept away* by the sight of the George Washington Bridge in the distance. 私は遠くにジョージ・ワシントン橋を眺めてうっとりした.
swèep a pérson off his* [*her*] *féet (1) 人の足をさらう, 人をひっくり返らせる. (2) 人を夢中にさせる, 人を熱狂させる, 人を有頂天にする. Jack *swept* Jill *off* her *feet* without much trouble. ジャックは大した苦労もしないでジルを夢中にさせた. The audience were *swept off* their *feet* by his speech. 聴衆は彼の演説にすっかり熱狂した.
swèep ⌞the wórld* [*éverything, áll*] *before one 破竹の勢いで進む.
***swèep..under the cárpet* [*rúg*]** →carpet.
── 名 Ⓒ 【掃くこと】 **1** 掃除, 掃くこと. I gave the room a good ～. 私はその部屋をよく掃除した.
2 一掃; 全廃; 掃討; 掃射, なぎ倒すこと; 圧勝.
3 さっと動く[動かす]こと; (腕, 鎌(かま)などの)ひと振り; 流れ, 流れるような動き, 不断の流れ; (風, 波などの)吹きまくること, 突進. with an impatient ～ of the hand もどかしそうに手を振って. a ～ of the oars オールのひとこぎ. the ～ of the tide 潮の流れ. the ～ of economic development 経済発展の動き. a ～ of wind 一陣の風.
【ひと掃きした跡】 **4** 〈普通, 単数形で〉 曲線; 湾曲; 大きく曲がった道[川の流れ]. the ～ of his eyebrows 彼のまゆの曲線. the ～ of the road 道路の大きいカーブ.
5 (動作などの)範囲, 領域; 視界; 広がり, 一帯. the ～ of human intelligence 人知の及ぶ範囲. beyond the ～ of the flashlight 懐中電灯の光の届かない所に. within the ～ of the eye 視界内に. an unbroken ～ of desert 果てしない砂漠.
【掃く人[物]】 **6** 〖話〗 =chimney sweep.
7 〖海〗 長柄のオールの一種 《掃くようにこぐ》.
8 〈～s〉 〈単複両扱い〉 〖話〗 =sweepstakes.
9 〈～s〉 〖米〗 視聴率調査期間 《秋, 冬, 春に行われる》.
at òne swéep 一挙に, 一撃で.
màke a clèan swéep of.. ..をきれいに一掃する, 全廃する; ..に[で]圧勝する, 完勝する. The fire has *made a clean ～ of* the village. 火事は村をひとなめにした. The Democrats were expected to *make a clean ～ of* the South. 民主党は南部諸州で圧勝すると予想された. [<中期英語 (<ゲルマン語)]

swéep·er 名 Ⓒ **1** 掃除人; 掃除機. **2** 〖サッカー・ホッケー〗 スウィーパー 《goalkeeper の直前で守備する選手》.

***sweep·ing** /swíːpiŋ/ 形 ⓜ **1 一掃する**; 押し流す; さっと動く; すさまじい. **2** 広い, 全般にわたる, 広範な. ～ reforms 全般的な改革. ～ cuts 大幅削減. with one ～ glance さっとひとわたり見渡して. **3 徹底的な**, 完全な. a ～ victory 完全な勝利. make ～ changes [alterations] 徹底的に変える. **4** 細かい点まで配慮しない, 大ざっぱな, 十把一からげの. a ～ generalization 大ざっぱな一般論. **5** (曲線を描いて)長く広がる〔湾など〕.
── 名 (複 **～s** /-z/) **1** Ⓤ **掃除**; 一掃. **2** 〈～s〉 掃き集めたもの, ごみ, くず. throw the ～*s* in the garbage can 掃き集めたごみをごみ箱に投げ入れる.
▷ **～·ly** 副 一括して; 全面的に; 大ざっぱに.

swéep·stàke 名 〖主に英〗 =sweepstakes.

swéep·stàkes 名 (複 ～) Ⓒ 〖主に米〗 **1** 賭(か)け金独占(競馬) 《競馬で言えば, 馬主が各自一定の金を出し合い, 2, 3 着になった馬主が少しの分け前を取るほか, 残り全部を 1 着の馬の馬主が取る》; この方式による賞金. **2** 〈一般に〉 賞金レース[競争]; 富くじ.

Sweet /swiːt/ 名 **Henry ～** スウィート (1845-1912) 《英国の音声学者・英語学者》.

‡**sweet** /swiːt/ 形 ⓔ (**swéet·er**|**swéet·est**)
【感覚に快い】 **1 甘い** (↔bitter); 砂糖入りの; うまい, 味のよい. Sugar is ～. 砂糖は甘い. Paul is fond of ～ things. ポールは甘い物が好きだ. ～ tea 砂糖が入っているお茶.
2 香りのよい, 芳香のある. a ～ smell 芳香. The roses in our garden smell ～. うちの庭のバラはいいにおいがする. a ～-smelling flower 香りのいい花.
3 〔声, 音楽などが〕**心地よい**, 美しい, 耳あたりがよい. ～ music 心地よい音楽. a ～ voice 美しい声. Linda's song was so ～ that he asked her to sing it again. リンダの歌がとても良かったので, 彼はもう 1 度歌ってくれと頼んだ.
4 〔人, 動物が〕**かわいらしい**, きれいな, すてきな. ～ one あなた 《夫婦同士などの呼びかけ》. Susie is a ～ little girl. スージーはかわいい女の子です. a ～ little cat かわいい子猫. **5** (酸敗したりよどんだりしていない)新鮮な. ～ milk [air] 新鮮な牛乳[空気]. **6** 塩気のない. ～ water 真水. ～ butter 塩気のないバター. **7** 〔酒が〕甘口の (↔dry). ～ sherry 甘口のシェリー. You don't drink ～ wine during a meal. 食事中は甘口ワインは飲まないものです.
【心に快い】 **8 やさしい**, 親切な. a ～ temper やさしい気質. It was ～ of you to help me. 手伝っていただきましてありがとうございます. How ～ of you to come and see me! ご親切にもわざわざ来てくださってありがとうございます (★女性が好んで用いる表現).
9 〈一般に〉 **快い**, 気持ちのよい, 愉快な, 楽しい. a ～ sleep 快い眠り. a ～ home 楽しい家庭. ～ life 楽しい人生. Revenge is ～. 〖諺〗 復讐は楽し.
10 〖米〗 うまみのある. a ～ deal うまみのある取引き.
11 操作が楽な, 容易に動かせる, 〔船, エンジンなど〕.
12 〔ジャズなどが〕(即興なしに)適度なテンポで演奏される.

13〈強意〉全くの. in one's ～ time 全く好きなように. He always goes his own ～ way. 彼は全く思い通りに振る舞う. 14〈同意を表して〉〖話〗いいです(よ).

at one's òwn swèet wíll＝in one's òwn swèet tíme＝in one's òwn swèet wáy 好きなように, 勝手に. 「ている.

be swéet on [upon].. 〖旧話〗..が好きだ, ..にほれ↑

hàve a swèet tóoth 甘い物が好きである, 甘党である.

kèep..swéet 〖話〗(あとで何か頼むために)〔人〕に気に入られるようにする.

Shè's swéet. 〖オース話〗すべてうまく行っている.

Swèet dréams. おやすみ. Good night, children, ～ *dreams*. (子供に)おやすみ.

swèet sixtéen かわいい純真な16歳(の少女).

── [名] ([複] ～s /-ts/) 1 [C] 〖英〗砂糖菓子, 甘い物, キャンディー, (〖主に米〗candy). a box of ～*s* キャンディーひと箱. Don't eat any ～*s*; we're going to have dinner soon. 甘い物を食べないで, すぐお食事ですよ.

2 [UC] 〖英〗(特にレストランの)食後の甘い物, デザート, 《アイスクリーム, プリンなど》(〖米〗dessert).

3〖章〗〈the ～s〉楽しみ, 愉快なこと, 〈*of*..の〉; 気持ちのよいもの, 楽しいこと. the ～*s* and bitters *of* life 人生の苦楽. taste the ～*s of* success 成功の喜びをかみしめる. 4〈呼びかけ〉〈しばしば my ～〉かわいい人, いとしい人. 5 [C] 〖米話〗＝sweet potato.

── [副] ＝sweetly. [＜古期英語]

swèet-and-sóur /-(ə)n(d)- [移]/ [形] 甘酸っぱい(味の). ～ pork 酢豚.

swéet·brèad [名] [C] 子牛・子羊の膵(すい)臓《食用》.

swéet·brìer, -brìar [名] [C] 〖植〗ハマナスに類するノバラの一種《赤色で一重咲き; ヨーロッパの路傍でよく見かける》.

swèet chéstnut [名] 〖植〗ヨーロッパグリ.

swèet cíder [名] [UC] 〖米〗リンゴジュース《発酵していない》. 「ン, 《実が甘い》.

swéet còrn [名] [U] 〖植〗トウモロコシ, スウィートコー↑

†**sweet·en** /swíːtn/ [動] [他] 1 (特に砂糖を加えて)を甘くする. ～ coffee コーヒーを甘くする. 2〔味, 音, においなど〕をよくする, 快くする. 3〔苦痛, 重荷など〕を和らげる, 軽くする. 4〖話〗〔人〕をなだめる; (物を与えたりして)〔人〕を思うように動かす, 抱き込む; 〈*up*〉. ── [自] 甘くなる, 甘さが増す. ***swèeten the kítten [pót, déal]*** (金銭的に)色をつける, 条件をよくする. [sweet, -en]

‡**swéet·en·er** [名] [C] 1 甘味料. 2〖話〗賄賂(わいろ).

swéet·en·ing [名] [U] 1 甘くすること. 2 甘味料.

sweet FA /⌐⌐⌐/ [名] [U] 〖英俗〗ゼロ (nothing at all) 《sweet は強意; FA を fuck all の代わりに使う人もいるため, 〖卑〗と考える人もいる》. know ～ なんにも知らない.

swèet Fànny Ádams [名] ＝sweet FA.

swéet flàg [名] [C] 〖植〗ショウブ.

†**swéet·hèart** [名] 1 [C] 恋人. 2〈呼びかけ〉いとしい人 (darling). 3〈呼びかけ〉(知らない女性に)あなた (★ 失礼と思う女性もいる).

swéetheart còntract 〖米〗 **[agrèement, dèal** 〖主に英〗**]** [名] [C] (雇用者と労組幹部との)なれ合い協約《労働者に不利な内容》.

swéetheart nèckline [名] [C] (前部が下に深くえぐれている)ハート形のネックライン[襟ぐり線].

sweet·ie /swíːti/ [名] 〖話〗1 [C] 愛らしい[かわいい]人[物, 動物]《特に女性語》. 2〖話〗やさしい[親切な]人. 3 [C] 〖英〗甘いお菓子, 砂糖菓子, 《特に幼児語》. 4〈呼びかけ〉かわいい人《特に女性に対して用いる》. 5 グレープフルーツの一種《普通のグレープフルーツより甘い》.

swéetie pìe [名] [C] 〖米〗すてきな人, 恋人; 〈呼びかけ〉あなた.

sweet·ish /swíːtiʃ/ [形] やや甘い.

†**sweet·ly** /swíːtli/ [副] [m] 1 甘く; 芳しく; 心地よく; 〔エンジンなどが〕調子よく〔動くなど〕, 〔ボールを〕しっかりと〔キックするなど〕. 2 やさしく, 親切に; 美しく; 愛らしく.

swéet·mèat [名] [C] 〈普通 ～s〉甘い菓子《ボンボン, キャンディー, 果物の砂糖漬けなど》.

*__sweet·ness__ /swíːtnəs/ [名] [U] 1 甘いこと; 芳香; (音などの)美しさ. the ～ of honey 蜂蜜の甘さ. the ～ of the music その音楽の美しさ. 2 かわいらしさ; 快いこと; 温和; やさしさ. the ～ of her smile 彼女のほほえみのやさしさ. have a natural ～ 生まれつき気立てがやさしい.

swèetness and líght (1)〈皮肉〉やさしさに満ちて; おだやかな雰囲気で; とても親切で物分かりがいい. She's all ～ *and light* when Bill is around. ビルがそばにいる時にかぎって彼女はやさしい. (2)(政治的, 社会的な)融和. (3)〖文学〗調和と知性.

swèet nóthings [名] 〈複数扱い〉〖話・戯〗(恋人同士の)たわいのない睦言, 甘いささやき.

swéet pèa [名] [C] 〖植〗スウィートピー.

swèet pépper [名] [C] アマトウガラシ.

sweet potato /⌐⌐|⌐⌐/ [名] [C] 〖植〗サツマイモ.

swéet ròll [名] [C] 〖米〗甘いロールパン.

swéet·shòp [名] [C] 〖英〗砂糖菓子屋 (〖米〗candy store).

swéet·tàlk [動] 〖主に米話〗[他] におべっかを使う; [VOA] (～ X *into* (*doing*)..) X をおだてて..させる. ── [自] おべっかを使う.

swèet tálk [名] [U] 〖主に米話〗おべっか, ご機嫌取り.

swèet·témpered /[移]/ [形] 気立てのやさしい.

swèet Wílliam [名] [UC] 〖植〗アメリカナデシコ《観賞用草本; アメリカ産》.

‡**swell** /swel/ [動] (～s /-z/|[過] ～ed /-d/|[過分] ～ed, swollen /swóul(ə)n/|swéll·ing) [自]

【ふくれる】 1 ふくらむ, ふくれる; 膨張する; 〔手足などが〕はれる; 突き出る, 盛り上がる; 〔川などが〕増水する; 〈*up*〉; 〔帆などが〕ふくらむ 〈*out*〉; 〔海が〕うねる. The balloon ～*ed*. 気球がふくらんだ. My injured finger began to ～ (*up*). 私のけがした指ははれ上がってきた. The buds are ～*ing*. つぼみがだんだんふくらんできている. The river ～*ed* with the rain. 川が雨で増水した. 2〖話〗〔胸が〕いっぱいになる〈*with* ..で〉. Her heart [breast] ～*ed with* pride. 〖章〗彼女は誇りでいっぱいになった.

【増大する】 3〔数量, 程度などが〕増える, 増大する; 〔音などが〕高まる; 〈*to* ..に(まで)〉. My bank account has been ～*ing*. 私の銀行預金高は増大している. Membership soon ～*ed to* a thousand. 会員数はすぐに1000人に増えた. The music ～*ed* near the climax of the piece. 音楽は曲の最高頂に近づくにつれて音が高まった. ever-～*ling* どんどん増える.

── [他] 1 をふくらませる; をはれ上がらせる; 〔川など〕を増水させる. The wind ～*ed* (out) the sails. 風で帆がふくらんだ. The river was *swollen* with the rain. 川は雨のために増水した.

2〔数量, 程度など〕を増やす, 増大させる, 〈*to* ..に(まで)〉. ～ the population 人口を膨脹させる. His expenditures were *swollen* by extravagance. 彼の支出はぜいたくのためにふくれ上がった. ～ the ranks (of..) (..の)数を増やす. 3〔胸〕をいっぱいにする〈*with* ..〔感情〕で〉. Pride ～*ed* her heart as her son was awarded the prize. 彼女は息子がその賞を受賞して鼻高々であった.

swèll /../ óut ..をふくらませる.

swèll the tíde of.. ..の勢いを強める.

── [名] ([複] ～s /-z/) 1 [aU] ふくらみ, 膨張; (数量の)増大, 増加. a ～ in population 人口の増大.

2 [aU] (陸, 胸などの)隆起, ふくらみ. the ～ *of* the ground 地面の隆起. the ～ *of* the upper arm 二の腕のふくらんだ部分. 3 [aU] (暴風雨の後の)大波, うねり, 《個々の波を乗せて起こるさらに大きな波動》.

4 [aU] (音声の)高まり; 〖楽〗(音量の)増減; [C] 増減記号 《＜, ＞》. the ～ of an organ オルガンの音の高まり. **5** Ⓒ 〘旧話〙お歴々; ダンディー, しゃれ者.
stèm the swéll **(*of ..*)** (..を)食い止める.
── 形 〘主に米話〙大した, すてきな; 一流の; 〔服装が〕スマートな, しゃれた; 流行の. a ～ hotel 一流のホテル. a ～ tennis player 一流のテニス選手. That's ～. それはすばらしい. ～ clothes しゃれた服装. [＜古期英語]

swèlled héad 名 Ⓒ 〘主に米話〙ひどいうぬぼれ, 大変な思い上がり, (〘英〙swollen head). have [get] a ～ ひどくうぬぼれている[うぬぼれる]. ▷**swèlled-héaded** /-əd ⑧/ 形

swéll·fìsh 名 (複 →fish) Ⓒ 〘魚〙フグ (→puffer).

swéll·hèad 名 Ⓒ 〘話〙うぬぼれ屋.

swèll-héaded /-əd ⑧/ 形 うぬぼれの強い; うぬぼれる.

‡**swéll·ing** 名 **1** Ⓤ 膨張; 増大; はれ. **2** Ⓒ はれもの; こぶ; 隆起部.

swel·ter /swéltər/ 動 自 〔人が〕暑さにうだる, 汗だくになる. ── 名 Ⓤ うだるような暑さ, 暑苦しさ.
[＜古期英語「死ぬ」] ▷**～·ing** /-t(ə)riŋ/ 形 〔気候, 部屋などが〕うだるような, 暑苦しい.

swept /swept/ 動 sweep の過去形・過去分詞.

swèpt·báck /⑧/ 形 **1** 〔髪が〕オールバックの. **2** 〘空〙後退し角[翼]の.

†**swerve** /swəːrv/ 動 自 **1** それる〈*from, off* ..から/*into* ..に〉; 〈普通, 否定文で〉〘章〙逸脱する, はずれる, 〈*from* ..〔主義, 本文など〕から/*to* ..に〉. The bullet ～*d from* its mark. 弾丸が的からそれた. He has never ～*d from* his duty. 彼は自分の本分を踏み外したことはない. **2** (進行していて)急に片側にそれる[寄る]. I saw the car ～ toward me. 車が急に私の方に寄ってきたのが見えた. ── 他 〔車など〕をそらせる, の向きを変える.
── 名 Ⓒ (急に)それること, 急転回.
[＜古期英語「去る, 歩きまわる」]

Swift /swift/ 名 **Jonathan ～** スウィフト(1667–1745)《アイルランド生まれの英国の風刺作家, Dublin の聖職者; *Gulliver's Travels* (1726) の著者》.

‡**swift** /swift/ 形 ⓔ (**swíft·er**|**swíft·est**) **1 速い**, 速やかな, (↔slow) (類語 やや形式ばった語で, 迅速さに加えてしばしば滑らかな動きを意味する; →fast[1]). a ～ runner 速い走者. a ～ horse 足の速い馬. the ～*est* jet 一番速いジェット機. She is ～ in her movements. 彼女は動きが敏捷(しょう)だ. be ～ of foot 〘章〙足が早い.
2 ..するのが早い, ..しやすい, 〈*to* do〉; すぐ..になる〈*to*〉. Arthur is ～ *to* judge others. アーサーは人を見抜くのが早い. be ～ *to* anger すぐ怒る.
3 早速の, 即座の. a ～ reply 即答. the ～ execution of the plan 計画の速やかな実施.
── 名 Ⓒ 〘鳥〙アマツバメ《飛翔(しょう)力に特にすぐれる》.
[＜古期英語]

swìft-fóoted /-əd ⑧/ 形 足の速い.

†**swíft·ly** 副 すみやかに, 速く. run ～ 速く走る. work ～ 敏速に働く. Time goes very ～. 時は非常に速く過ぎていく.

†**swíft·ness** 名 Ⓤ 速いこと, 敏速.

swig /swig/ 〘話〙名 Ⓒ ひと息にぐいと飲むこと, がぶ飲み. drink in one ～ ぐいとひと息に飲む. take a ～ of beer [tea] ビール[お茶]をがぶりと飲む.
── 動 (～s|-gg-) 他 をぐいとひと息に飲む, がぶ飲みする, 〈*down, back*〉. ── 自 ぐいと飲む〈*at* ..を〉.

swill /swil/ 動 他 **1** 〘話〙〈けなして〉をがぶがぶ飲む; を飲みすぎる. **2** 〘主に英〙を(大量の水をそそいで)洗う, ゆすぐ, 〈*out, down*〉. ～ *down* the decks 甲板を洗う. **3** VOA 〔ブランデーなど〕を(グラスの中などで) 回転させる 〈*around, about*〉. ── 自 **1** がぶがぶ飲む. **2** VA 〔液体が〕流れる, 動く, 〈*around, about*〉.
── 名 **1** Ⓒ がぶ飲み. **2** aU 〘主に英〙洗い流し. give the bathroom floor a ～ 浴室[手洗い]の床を(水で)洗い流す. **3** Ⓤ (台所の)残飯, 流し汁; 豚のえさ《主に台所の残飯》.

‡**swim** /swim/ 動 (～s /-z/|過 **swam** /swæm/|過分 **swum** /swʌm/|**swím·ming**) 自
【泳ぐ】 **1** 泳ぐ; 水泳する. ～ on one's back 背泳をする. "Can you ～?" "No, I can't."「泳げますか」「いいえ泳げません」My brother ～*s* well. 私の兄は泳ぎがうまい. They *swam* across the river. 彼らは川を泳いで渡った. Let's go ～*ming*. 泳ぎに行こう.
【泳ぐように動く】 **2** 滑らかに動く[歩く]. A beautiful lady *swam* into the room. 美しい女性がすうっと部屋に入った. The plane's shadow *swam* across the field. 飛行機の影が飛行場をすうっと横切った. Now the business is ～*ming* along. 今やその事業はどんどん動いている.
3 (**a**) めまいがする, 〔頭が〕くらくらする; 目が回る. My head is ～*ming*. 頭がくらくらする. (**b**) 〔物, 部屋などが〕動いて[ぐるぐる回って]見える.
【浮く】 **4** 浮かぶ. leaves ～*ming* on the water 水に浮かぶ木の葉.
5 【液体の中に浮く】 (**a**) VA 浸る, あふれる, いっぱいである〈普通, 進行形で〉; 〔食物などが〕浮かぶ〈進行形, または現在分詞で名詞を修飾して〉; 〈*with, in* ..〔液体など〕で, に〉. Her eyes were ～*ming with* [*in*] tears. 彼女の目には涙があふれていた. be ～*ming in* delight 喜びに浸っている. The thick pieces of meat were ～*ming in* gravy. 〈けなして〉 分厚い肉がグレイヴィーソースの中に浮かんでいた《ソースのかけすぎ》. (**b**) VA (**～ *in ..***) 〔金など〕を一杯持っている. She is ～*ming in* money. 彼女は金をどっさり持っている.
── 他 **1** 〔川, 海峡など〕を泳ぐ, 泳いで渡る. ～ a river 川を泳いで渡る. ～ the (English) Channel イギリス海峡を泳いで渡る. **2** を泳がせる; VOA 〔馬など〕に泳いで渡らせる〈*across, over* ..を〉. They *swam* their horses *across* the river. 彼らは馬に川を泳ぎ渡らせた.
3 〔競泳〕をする; 〔泳法〕をする. ～ a race 競泳をする. ～ breast stroke [backstroke, crawl] 平泳[背泳, クロール]で泳ぐ. ～ a dynamic butterfly バタフライでダイナミックに泳ぐ.
swìm against the tíde **[*cúrrent, stréam*]** 時勢に逆らう.
swìm with the tíde **[*stréam*]** 時勢に従う.
── 名 (複 ～s /-z/) Ⓒ **1** 〈普通, 単数形で〉**水泳**, 泳ぎ; ひと泳ぎ; 泳ぐ距離. have a ～ 泳ぐ, ひと泳ぎする. Let's go out for a ～. 泳ぎに出かけよう. **2** 泳ぐような動き. **3** めまい. **4** ＝swim bladder.
in the swím 時流に乗って; 情勢[実情]に通じて; (人と調子を)合わせて.
out of the swím 時勢に取り残されて; 情勢に疎く.
[＜古期英語]

swím blàdder 名 Ⓒ (魚の)浮き袋.

***swim·mer** /swímər/ 名 (複 ～s /-z/) Ⓒ **泳ぐ人**, 泳ぎ手. a good [poor] ～ 泳ぎがうまい[下手な]人.

‡**swim·ming** /swímiŋ/ 名 **1** Ⓤ **水泳**, 泳ぐこと, (類語 ただ水につかっている (bathe) だけでなく泳ぐこと). a ～ club スイミング・クラブ. **2** aU めまい. have a ～ in the head めまいがする.

swímming bàth 名 Ⓒ 〘英〙(普通, 公共の屋内)水泳プール《のゴム製の》.

swímming càp 名 Ⓒ 水泳帽《髪を濡らさないため》.

swímming còstume 名 ＝swimming suit.

swím·ming·ly 副 〘旧〙すらすらと, 楽に; とんとん拍子に, すいすいと. go ～ すらすらと進む.

swímming pòol 名 Ⓒ (普通, 屋外の)水泳プール.

swímming sùit 名 Ⓒ 〘主に米〙水着 (bathing suit)《女性用のワンピース》.

swímming trùnks 名 〈複数扱い〉 水泳パンツ.

swím·sùit 名 ＝swimming suit.

‡**swím·wèar** 名 Ⓤ 水着.

Swin·burne /swínbəːrn/ 名 **Al·ger·non** /ǽldʒər-

S

nən/ **Charles ~** スウィンバーン (1837–1909) 《英国の詩人》.

†swin·dle /swíndl/ 動 他 〔人〕をだます, 詐欺にひっかける; 〔人〕からだまし取る〈*out of* ..を〉; 〔金など〕をだまし取る〈*out of, from* ..から〉; (類語 人の信用につけこんで(普通)金銭をだまし取ること; →defraud). You've been ~*d*. 君はだまされた. She was ~*d out of* all her savings. 彼女は預金を全部だまし取られた. He ~*d* all her savings *out of* [*from*] her. 彼は彼女の預金を全部だまし取った. ── 名 C 1 詐欺, いんちき, ぺてん. He was arrested for a ~. 彼は詐欺行為で逮捕された. 2 《話》いかさま物, 偽物. [<*swindler*]

swín·dler 名 C 詐欺師. [<ドイツ語 *Schwindler*]

†swine /swain/ 名 C 1 (複 ~) 豚. ★《英》では動物学用語などとして以外は《古》; 普通, 集合的に用いる; →pig 参考. 2 (複 ~, ~s) (a) 《旧話》〈しばしば呼びかけ〉卑怯(きょう)者; 欲張り; いやなやつ. an absolute ~ 本当にいけすかないやつ. You ~! この豚野郎. (b) 《話》いやなもの. [<古期英語]

swíne fèver 名 U 《英》豚コレラ (《主に米》hog cholera).

swíne·hèrd 名 C 養豚者, 豚飼い.

‡swing /swiŋ/ 動 (~s /-z/|過 過分 **swung** /swʌŋ/|**swíng·ing**) 自 【ぶら下がって揺れる】 1 〔つり下げた物が〕揺れる, 振れる, ぶらぶらする. The boy was watching the pendulum ~ on the old clock. 少年はその古時計の振り子が揺れるのを見ていた. Our arms ~ as we walk. 歩く時腕が揺れる. The hanging rope was ~*ing* to and fro. つったロープは前後[左右]に揺れていた.
2 VA ぶら下がる, つり下がる; VA (ぶら下がりながら) ひょいと動く. ~ *from* a tree 木からぶら下がる. ~ *on* the rope ロープでぶら下がる. Tell the children not to ~ *on* the gate. 子供たちに門にぶら下がらないように言いなさい. ~ *on* to one's bicycle ひょいと自転車に飛び乗る. The monkey is ~*ing from* branch *to* branch. サルが枝から枝へと飛んでいる. 3 《旧話》絞首刑になる, '吊(つ)るされる', 〈*for* ..の罪で〉.
4 ぶらんこに乗る. My son likes to ~ in the park. 私の息子は公園でぶらんこに乗るのが好きだ.
【急に振れる】 5 (a) VA ぐるりと回る, 回転する; 〔車, 運転手などが〕カーブする. He *swung around* to see me. 彼はくるりと振り返って私を見た. The door *swung to* with a loud click. ドアはかちりと大きな音を立てて閉まった. The road ~*s to* the left here. 道はここで大きく左に曲がる. We *swung onto* the turnpike. 我々は(カーブして)高速道路に出た. (b) VA 〔意見などが〕方向が変わる, ぐるりと変わる. The talk *swung* round *to* land reform. 話は一転して農地改革のことになった. France *swung* back *to* protectionism. フランスは一転して再び保護貿易主義に戻った. Her moods tend to ~ *between* elation and gloom. 彼女の気分は急にはしゃいだり急に落ち込んだりと揺れ動きがちだ.
6 VC (~ X) 〔ドアなどが〕ぐるっと回って X となる. The gate *swung* open [closed]. 門がぱっと開いた[閉まった].
【振り回す】 7 (バットなどを)振る, 打つ〈*at* ..を, に〉; VA (~ *at*..) ..に殴りかかる. The player has a habit of ~*ing at* bad pitches. その選手は悪球に手を出す癖がある. ~ *at* him 彼に殴りかかる.
8 VA (体を振って) 勢いよく歩く, さっさと進む; 滑らかに動く. Toby came ~*ing along*. トビーはさっそうとやって来た. ~ into action [high gear] さっと行動に移る[ピークに達する, フル回転する]. 9 (a) 〔音楽が〕強烈なリズムを持つ. (b) スイングを演奏する. 10 《話》(a) 生き生きしている, 現代風である, トレンディーである, '進んでいる'; 〔場所, パーティーなどが〕賑(にぎ)やかである, 楽しい. (b) 乱交する, スワッピングをする. 11 《クリケット》〔球が〕カーブする.
── 他 【揺すぶる, ぶらぶらさせる】 1 を揺り動かす, ぶらぶらさせる, 振る; を揺すぶる; 〔幼児〕を揺すってあやす. ~ one's arms 両腕を振る. Don't ~ your handbag as you walk. 歩きながらハンドバッグをぶらぶらさせてはいけない. 2 VOA 〔ハンモックなど〕をぶら下げる, つるす, つる. ~ a hammock *between* nearby trees 近くの木の間にハンモックをつるす.
【振り回す】 3 (a) 〔武器, バットなど〕を振り回す〈*at*..に〉. ~ a sword 剣を振る. ~ a bat (at the ball) (ボールをめがけて)バットを振る. (b) VOA をぐるっと回す, 回転させる; 〔車など〕をカーブさせる; を振り上げる, ひょいと持ち上げる. I *swung* the bag *onto* my back. 私は袋をひょいと背中にかついだ. He *swung* the child *up* over his head. 彼は子供をひょいと頭上に持ち上げた. The driver *swung* his car *into* a side road. 運転手は車をカーブさせてわき道に入れた. (c) VOA 〈~ oneself で; A は方向の副詞(句)〉 (支えをつかんで) 体をぐいっと..の方に動かす. ~ oneself (up) into a saddle 鞍にひょいと乗る.
4 VOC (~ X Y) X をぐるっと回して Y にする. A blast of wind *swung* the door shut. 突風が吹いてドアがばたんと閉まった.
5 VOA 〔意見など〕を(..に)変え(させ)る, 向ける. ~ public opinion *in* favor of organ transplants 世論を臓器移植支持の方向に持っていく. She managed to ~ Ben round *to* her point of view. 彼女はなんとか自分の考え方にベンを同調させることができた.
6【思いどおりに動かす】《話》(a) を上手に処理する, やってのける; に影響力を行使する. ~ a deal 取り引きをうまくやる. ~ the election 選挙の大勢を左右する. (b) 〈~ it ..で〉なんとかする. Can you ~ *it* for me so that I see the president [for him to get the job]? 社長さんに会えるように[彼がその仕事に就けるように]ひとつお骨折りいただけますか. 7 〔曲〕をスイング調に演奏する[歌うなど]. 8 《クリケット》〔球〕をカーブさせる.

swing a frèe lég 《英俗》独り者でいる, 独身である.
swing around the círcle 《米》選挙区を(遊説して)飛び回る.
swing bóth wàys 《話》両性愛者である.
swing bý 《主に米話》ちょっと寄(り道をす)る.
swíng by .. 《主に米話》..にちょっと寄(り道をす)る.
swíng it (1) = 自 9(b). (2) →他 6(b). (3) = swing the LEAD².
swing the léad →lead².
There is nò [not enòugh] róom to swing a cát (in). →room.

── 名 (複 ~s /-z/) 1 UC 振動, 動揺, 揺れ; 振ること; 振り回すこと; 《ゴルフ, 野球など》(クラブ, バットの)振り, スイング; 《クリケット》(球が)カーブすること. the ~ of a pendulum →pendulum (成句). with a few ~*s* of the axe おのを数回振るって. take a ~ at a ball [him] バットを振ってボールを打つ[彼に殴りかかる].
2 C 振幅, 揺れの幅[距離]. a maximum ~ of about eighty centimeters 最高約 80 センチメートルの揺れ幅.
3 C 変動, 大きな変化, (支持, 世論などの)動き, 〈*to, toward* ..への〉. a ~ in prices 物価の変動.
4 C ぶらんこ; ぶらんこに乗ること. get on a ~ ぶらんこに乗る. have a ~ ぶらんこに乗って遊ぶ. 5 C のびのびした歩き方; 活発な動き. walk with a ~ 威勢よく歩く.
6 aU (音楽, 詩の)律動, 調子. the ~ of music 音楽の調子. the ~ of a dance tune 舞踏曲の律動.
7 U 行動の自由, 気まま. Give him full ~. 彼を自由にさせておけ.
8 =swing music.
9 C 《主に米》(周遊[遊説])旅行. go on a ~ through five states 5 州を回る遊説の旅に出る.
10 C 《米俗》(労働者の)休憩時間.

gèt in [into] the swíng of 〔things, it, *etc.*〕《話》〔事情, 様子など〕が分かってくる, に慣れる.
gò with a swíng 《話》(1) 〔音楽, 詩が〕良いリズムを

持っている. (2) とんとん拍子に進む.
in fúll swíng 最高潮の[で]; どんどん進行中の[で]. The party was *in full* ～ when we got there. 我々が着いた時はパーティーはたけなわであった.
swings and róundabouts 〘主に英話〙 元のもくあみ[差し引きゼロ](の状況) (《<lose on the swings what you make on the roundabouts (回転木馬でのもうけをぶらんこに乗って失う)》). [< 古期英語]
swíng·bòat 名 C (向き合って乗る)大型ブランコ《ボートの形をしている》.
swíng brìdge 名 C 〘英〙 回旋[旋開]橋.

[swing bridge]

swíng dòor 名 = swinging door.
swinge /swindʒ/ 動 他 〘古〙 をむち打つ, たたく.
swinge·ing /swíndʒiŋ/ 形 〘主に英話〙 **1** 強い, したたかな, 厳しい, 〔打撃など〕. **2** 〔数量, 金銭, 財政が〕ひどく大きい, 途方もない. ～ cuts in [on] ..の厳しい削減. announce ～ increases in income tax 所得税の途方もない増税を発表する.
swing·er /swíŋər/ 名 C **1** 陽気で活発な人. **2** (特に性の面で)自由奔放な人, スワッピング[フリーセックス]愛好者.
swing·ing /swíŋiŋ/ 形 **1** 揺れる; ぐるっと回る. **2** 陽気で活発な. **3** (特に性の面で)自由な. ▷ **～·ly** 副
swìnging dóor /swìŋiŋ-/ 名 C (前後に開く)自在戸, スイングドア《押せば開き, 手を離すと自然に閉じる》.
swíng mùsic 名 U スイング《1930 年代後半から 40 年代までに流行したジャズの一種》.
swing·om·e·ter /swiŋámətər|-5-/ 名 C 〘英話〙 (選挙中テレビでの)支持率変動表示(装置).
swíng sèt 名 C 〘米〙 ぶらんこ.
swíng shìft 名 〈単数形で〉〘米話〙 半夜勤《普通, 午後 4 時から深夜 12 時まで》.
swíng-wìng 形 可変後退翼の.
—— 名 C 可変後退翼の飛行機.
swin·ish /swáiniʃ/ 形 豚のような; 野卑な; 下品な; 不快な. a ～ person すごくいやなやつ. ▷ **～·ly** 副 **～·ness** 名
‡**swipe** /swaip/ 名 C **1** 強打, 大振り, 《クリケットなどで》; 思い切り打つこと. **2** 非難.
tàke a swípe at .. (1) ..を思いきりたたく, ..に殴りかかる. (2) ..を(公に)非難する.
—— 動 他 **1** 〔クリケットのボールなど〕を強打[大振り]する; を思い切り打つ. **2** 〘話・戯〙 〔品物など〕を盗む, ちょろまかす; を無断で借りる. **3** 〔磁気カードなど〕を読み取り機に通す. **——** 自 強打する 〈*at* ..を〉.
swípe càrd 名 C 磁気カード《クレジットカード, ID カードなど; 読み取り機にさっと通す》.
‡**swirl** /swəːrl/ 動 自 **1** 〔水, 空気などが〕渦巻く 〈*about, around*〉. the ～*ing* water 渦巻いている水. **2** 〔頭が〕ふらふらする; 目が回る. **——** 他 **1** 〔水, 空気など〕に渦巻きを起こさせる, を(グラスの中で)回転させる. ～ the wine round (グラスを揺すって)ワインに渦を生じさせる《年代・銘柄などを見るため》. **2** を渦に巻き込んで運び去る 〈*away, off*〉.
—— 名 C 渦, 渦巻き. a ～ of dust 渦巻くほこり.
‡**swish** /swiʃ/ 動 他 〔むちなど〕をひゅーと振る; をひゅーと言わせる. The ass ～*ed* its tail. ロバが尾をひゅっと振った.
—— 自 **1** ひゅー[ひゅっ]と鳴る; ひゅーと飛ぶ. Automobiles ～*ed* past me. 車がびゅんびゅん私のそばを飛ばして行った. **2** 〔服などが〕しゅっしゅっときぬずれの音を立てる.
swish X̀ off (of) Ý X を Y からさっと払い取る.
—— 名 C **1** ひゅー[しゅっ]という音. **2** 〘米俗・軽蔑〙 めめしい男. **——** 形 **1** 〘主に英話〙 スマートな, しゃれた. **2** 〘米俗・軽蔑〙 めめしい, ホモ野郎の. [擬音語]
swish·y /swíʃi/ 形 e 〘米俗・軽蔑〙 ホモ野郎の.
***Swiss** /swis/ 名 (複 ～) **1** C スイス人. **2** 〈the ～; 集合的〉スイス人, スイス国民.
—— 形 スイスの, スイス風の; スイス人の. a ～ watch スイス製の時計. ★国名は Switzerland.
Swìss ármy knìfe 名 C (スイス)アーミーナイフ, 十徳ナイフ.
Swìss chárd 名 = chard.
Swìss chéese 名 UC スイスチーズ《堅くて穴が多い》.
Swìss Guárd 名 〈the ～〉〈複数扱い〉 **1** (昔のフランスなどの)スイス人雇い兵. **2** (ローマ教皇庁の)スイス人衛兵.
Swìss róll 名 UC スイスロール《薄いスポンジケーキにジャムかクリームを塗って巻いたケーキ》.
Swìss stéak 名 UC 〘米〙 スイス風ステーキ《牛肉[ラム]に小麦粉をまぶして軽くいため, 肉汁とトマトソースで調理》.
‡**switch** /switʃ/ 名 (複 **swítch·es** /-əz/) C
1 (電気の)スイッチ. turn on [off] the light ～ 電灯のスイッチをつける[切る]. throw a ～ スイッチを入れる. an on [off] ～ 入れる[切る]スイッチ. **2** 〘主に米〙〘鉄道〙 転轍(てつ)器, ポイント, (〘英〙 points). **3** 切り替え; 交換; 取り替え; (急な)変化, 変更. a ～ to market economy 市場経済への切り替え. make the ～ こっそり取り換える. That's a ～. 珍しいこともあるものだ. **4** (木から切り取った)しなやかな小枝; むち. whip with a ～ むちで打つ. **5** (普通, 長い)入れ毛, かもじ. [を逸して.
aslèep at the swítch 〘米話〙 職務を怠って; 機会を逸して.
—— 動 (**swítch·es**|過 過分 **～ed** /-t/|**swítch·ing**) 他
1 を変える, 転じる, 〈*to* ..へ/*from* ..から〉; を交換する; を(こっそり)取り換える. Let's ～ the party *to* Friday. パーティーを金曜日に変えよう. ～ the furniture around 家具の配置を変える. ～ ideas 意見を交換する. ～ jobs [positions] for ..と仕事[立場]を変える. **2** 〔列車など〕を転轍(てつ)する. The train was ～*ed* to another track. 列車は別の線路に入れられた.
3 VOA 〔電灯など〕をスイッチで切り替える; (～ X *to* ..) X のスイッチを..に変える. ～ the heater *to* maximum ヒーターのスイッチを最高にする. ～ /../ off [on] →成句.
4 をむち[尾など]で打つ. The horse ～*ed* the flies off his back with his tail. 馬はしっぽで背中のハエを追い払った. **5** 〔尾など〕を振る. The cow ～*ed* its tail. 牛はしっぽを振り回した.
—— 自 **1** 変わる, 転じる; VA (～ *to* ..) ..に変わる. ～ *to* journalism ジャーナリストに転身する. He suddenly ～*ed to* a different topic. 彼は突然別の話題に転じた. ～ *to* Irish studies アイルランド研究に転じる. **2** VA (～ *with* ..) 〔人〕と(仕事, 出番を) 変わる.
swìtch báck (1) 戻る 〈*to* ..に〉. (2) 〔道路が〕ジグザグする.
swìtch /../ báck ..を戻す 〈*to* ..に〉.
swìtch óff (1) (電灯などの)スイッチを切る[が切れる]. (2) 〘話〙 (相手の話などを)聞くのをやめる; 興味を失う.
****swìtch /../ óff*** (1) 〔電灯など〕をスイッチで消す, ..のスイッチを切る. ～ *off* the light 電灯のスイッチを切る. Please ～ *off* the TV. テレビを消してください. (2) 〘話〙 〔人〕に興味を失わせる[を退屈させる].
swìtch ón スイッチをつける; スイッチがつく.
****swìtch /../ ón*** (1) 〔電灯など〕をスイッチでつける, ..のスイッチをつける. He ～*ed on* the radio. 彼はラジオをつけた. (2) 〘話〙 (スイッチを入れたようにぱっと>) 〔魅力, 集中力など〕を急に出す[発揮する]. ～ *on* the charm [tears] さっと魅力ある顔に変わる[ここぞとばかりに泣いてみせる]. (3) 〔人〕の興味を引く.
swìtch óver (1) 転じる, '乗り換える', 〈*from* ..から/*to* ..に〉. I've ～*ed over from* Protestant *to* Catholic. プロテスタントからカトリックへ転じた. (2) 〘英〙 (テレビ,

S

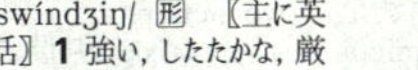

ラジオの局, チャンネルを)切り替える〈to ..へ〉. ～ over to channel 1 1チャンネルに替える.
switch /../ óver 〖英〗..を切り替える〈from ..から/to ..へ〉. ～ the TV *over* テレビのチャンネルを変える.
[?＜中期オランダ語「小枝」; 英語で最初の意味は「しなやかな枝(のむち)」]

swítch·bàck 名 C 1 〖鉄道〗折り返し, スイッチバック, 《急な坂を登るための》. 2 (急坂の)折り返し道; ジグザグの坂道. 3 〖英〗＝roller coaster.

swítch·blàde 名 C 〖米〗飛び出しナイフ (**switchblade knífe**; 〖英〗flick knife).

‡**swítch·bòard** 名 C 1 (電気の)配電盤. 2 (電話の)交換台. jam the ～ 交換台でさばききれないほど電話する.

swìtched-ón /⊛/ 形 1 〖旧話〗流行の最先端を行く. 2 〖話〗興奮した; (麻薬で)幻覚症状を起こしている.

swítch·gèar 名 U 〖電〗接続[開閉]装置.

swítch-hìtter 名 C 1 〖野球〗スイッチヒッター《左右どちらでも打てる打者》. 2 〖主に米俗〗両性愛者.

swítch·man /-mən/ 名 (複 **-men** /-mən/) C 〖米〗〖鉄道〗転轍(てつ)手 (〖英〗pointsman).

swítch·òver 名 C 切り替え, 転換.

swítch·yàrd 名 C 〖米〗〖鉄道〗操車場.

***Switz·er·land** /swítsərlənd/ 名 スイス《ヨーロッパ中部の国; 首都 Bern》. ◇形 Swiss

‡**swiv·el** /swív(ə)l/ 名 C 1 〖機〗回り継ぎ手, 猿環(さるかん), 縒(よ)戻し, 《継いだ両方の部品がそれぞれ自由に回転する》. 2 (回転いすの)回転台.
── 動 (～s|〖英〗-ll-) 他 1 を猿環で回す; を回す. ～ one's head 顔の向きを変える. 2 に回転軸を付ける.
── 自 1 (猿環で)回る. 2 〔人, 目などが〕向きを変える. ～ around [round] ぐるりと回る.

[swivel 1]

swível chàir 名 C 回転いす.

swiz(z) /swiz/ 名 C 〖英話〗〈a ～〉失望; 詐欺; ごまかし. What a ～! 〖旧〗だまされちゃった.

swiz·zle /swíz(ə)l/ 名 C 1 スウィズル《カクテルの一種》. 2 〖英話〗＝swiz(z).

swízzle stìck 名 C かきまわし棒, 攪拌(かくはん)棒, 《カクテルなど用》.

‡**swol·len** /swóul(ə)n/ 動 swell の過去分詞.
── 形 1 はれた; ふくれた; 増水した. his ～ feet 彼のはれた両足. Her lymph glands are ～. 彼女のリンパ腺(せん)ははれている. a ～ river 増水した川. 2 〈限定〉過大の, 大げさな, うぬぼれた, 〔評価など〕. He has a rather ～ opinion of himself. 彼は自分自身をかなり買いかぶっている.

swòllen héad 名 〖英〗＝swelled head.

swòllen-héaded /-əd/ 形 〖英〗思い上がって, うぬぼれて.

†**swoon** /swu:n/ 動 自 1 〖雅・戯〗うっとりする, 夢中である, (強い感情, 苦痛などで)気が遠く(なりそうに)なる, 〈over ..に〉. ～ *over* Presley プレスリーに夢中になる. 2 〖旧〗気絶する, 気が遠くなる, (★この意味では今は faint が普通). ── 名 C 〖旧〗気絶, 卒倒, (faint). fall into a ～ 気絶する. [＜古期英語「圧倒された, 死んだ」]

swoop /swu:p/ 動 自 〔タカなどが〕上から飛びかかる, 襲いかかる, 〈down〉〈on ..に〉; 〔軍隊, 警官などが〕突然襲う〈on ..を〉. The hawk ～*ed down on* its prey. タカは急降下して獲物に襲いかかった. ～ *down on* the cake 〈比喩的〉ケーキに飛びつく.
── 他 をひっつかむ, ひっさらう, 〈*up, away, off*〉.
── 名 C 上から襲いかかること; 急襲〈on ..の〉. at [with] a ～ さっと〔急襲するなど〕.
at [in] òne fèll swóop →fell[3]. [＜古期英語]

swop /swɑp|swɔp/ 動 (～s|-pp-), 名 ＝swap.

[sword 1]

‡**sword** /sɔ:rd/ 名 (複 **～s** /-dz/)
1 C 剣, 刀. an old Japanese ～ 古い日本刀. draw a ～ 刀を抜く. 参考 sword の種類: dagger, saber, rapier, bayonet, foil[2], scimitar, など. 2 〈the ～〉武力, 兵力. The pen is mightier than the ～. 〖諺〗文は武よりも強し. Those who live by the ～ perish by the ～. 剣によって生きる者は剣によって滅ぶ.
at swórd [swórd's] pòint＝at the pòint of the swórd 刀を突きつけて; 強迫して; 武力で; 不和で.
at swòrds' póints ひどく仲が悪くて, 今にもけんか[戦争]しそうで, 衝突寸前で. The two factions are *at ～s' points* over economic issues. その両派は経済問題で衝突寸前である.
cròss swórds (with ..) (1) (..と)剣を交える, 戦う. (2) (..と)対立する, 論争する. I wouldn't *cross ～s with* him, if I were you. 私が君なら彼とは絶対に争わない.
on the pòint of a swórd 剣の先について; 剣を突きつけられて.
pùt ..to the swórd 〖雅〗..を刀にかける, 殺す. be *put to the* ～ 処刑される.
shèathe [put ùp] the swórd 剣を(さやに)収める; 講和する. [＜古期英語]

swórd bèlt 名 C 剣帯, 刀帯.

swórd càne 名 C 仕込み杖(づえ).

swórd dànce 名 C 剣舞, 剣の舞, 《特に, 抜いた剣を地上に置き, その周りを踊り回るもの》. ▷**sword dancer** 名 **sword dancing** 名

swórd·fìsh 名 (複 →fish) C 〖魚〗メカジキ《上顎(あご)が剣状》.

swòrd of jústice 名 〈the ～〉司法権.

swórd·plày 名 U 1 剣術, フェンシング. 2 激しい議論のやりとり.

swórd ràttling 名 ＝saber rattling.

swórds·man /-mən/ 名 (複 **-men** /-mən/) C 剣士, 剣術家.

swórdsman·shìp /-ʃìp/ 名 U 剣術, 剣道.

swórd·stìck 名 ＝sword cane.

swore /swɔ:r/ 動 swear の過去形.

sworn /swɔ:rn/ 動 swear の過去分詞.
── 形 〈限定〉誓った, 宣誓済みの, 宣誓により結ばれた; 絶対的な. ～ brothers [friends] 盟友. ～ enemies [foes] 不倶戴天(ふぐたいてん)の敵, 憎くてたまらない敵[同士]. ～ evidence 宣誓して提出した証拠. a ～ statement 宣誓付供述.

swot /swɑt|swɔt/ 〖英話〗動 (～s|-tt-) 自 猛勉強する, がり勉する, 〈up〉〈on ..を/for ..のために〉. ～ *up on* French フランス語を猛烈に勉強する. ── 他 を猛勉強する. *swòt /../ úp* (特に試験前に)〔学科〕をにわか勉強する. I'm ～*ting up* my mathematics for tomorrow's test. 明日のテストに備えて数学の猛勉強をしているところだ. ── 名 C がり勉屋 (**swót·ter**); U がり勉. ▷**swót·ty** 形

swum /swʌm/ 動 swim の過去分詞.

swung /swʌŋ/ 動 swing の過去形・過去分詞.

swúng dàsh / 〖英〗 ˊ-ˊ / 名 C 波形ダッシュ《～》.

syb·a·rite /síbəràit/ 名 C 〖雅〗奢侈(しゃし)逸楽の徒. [＜*Sybaris* (南イタリアにあったギリシア人の町)]

syb·a·rit·ic /sìbərítik ⊛/ 形 〖雅〗奢侈(しゃし)逸楽にふける, 柔弱な.

syc·a·more /síkəmɔ̀:r/ 名 C 〖植〗1 イチジクの一種《中近東産》. 2 〖英〗オオカエデ. 3 〖米〗スズカケノキ

(plane⁴). [<ギリシア語 (<「イチジク」+「桑」)] 「追従.
syc·o·phan·cy /síkəfənsi/ [名] [U] おべっか, へつらい,↑
syc·o·phant /síkəf(ə)nt/ [名] [C] 〘章・軽蔑〙 おべっか者, へつらい者, 追従者. [<ギリシア語「密告者」]
syc·o·phan·tic /sìkəfǽntik [移]/ [形] へつらう.
Syd·ney /sídni/ [名] シドニー《オーストラリア南東部の港市で同国最大の都市》.
syl- /si(l)/ [接頭] 〈l- の前で〉 syn- の異形.
syl·la·bar·y /síləbèri|-b(ə)ri/ [名] ([複] **-bar·ies**) [C] 音節文字表《日本語の五十音図など》.
syl·la·bi /síləbài/ [名] syllabus の複数形.
syl·lab·ic /səlǽbik/ [形] **1** 音節の. **2** 音節から成る; 音節を表す; 音節を構成する. a ～ consonant 音節主音的子音, 成節子音, 《音節主音となった子音; button /bʌ́tn/ の /n/, little /lítl/ の最後の /l/ など》.
── [名] [C] 音節文字; 〘音声〙 音節主音 《syllable の中心となる音》. ▷**syl·lab·i·cal·ly** /-k(ə)li/ [副]
syl·lab·i·cate /səlǽbəkèit/ [動] [他] を音節に分ける, 分節する.
syl·làb·i·cá·tion [名] [U] 音節に分けること, 分節(法).
syl·lab·i·fi·ca·tion /səlæ̀bəfəkéiʃ(ə)n/ [名] ＝syllabication. 「～·ing) ＝syllabicate.
syl·lab·i·fy /səlǽbəfài/ [動] (**-fies**|[過] [過分] **-fied**|↑
***syl·la·ble** /síləb(ə)l/ [名] ([複] **～s** /-z/) [C] **1 音節**, シラブル, 《ある音を中心とした, 間に切れ目の感じられない音の集団; 単独の母音が音節を成すこともある; syllable という語は /sil/, /ə/ /b(ə)l/ の 3 音節から成るが, つづり字の上では syl, la, ble に分ける》. In the word "cement", the stress falls on the second ～. cement という語では, アクセントは第 2 音節にある.
2 ひと言, 一語. Don't breathe a ～ of this. このことはひと言も口外するな. in words of one ～ 易しい言葉で(言えば); 簡単に[ぶっきらぼうに], 〔説明する, 答えるなど〕.
[<ギリシア語「並べ合わせたもの, 音節」]
-sýl·la·bled 〈複合要素〉 「..音節の」の意味. a three-*syllabled* word (3 音節の語).
syl·la·bub /síləbʌ̀b/ [名] ＝sillabub.
‡**syl·la·bus** /síləbəs/ [名] ([複] **～·es, syl·la·bi** /síləbài/) [C] (大学などの)講義(概要)一覧表; (講義の)摘要, 教授細目; (講義)時間割り. [中世ラテン語; ラテン語 *sittybus* 「書名のラベル」の綴りの誤読から]
syl·lep·sis /silépsis/ [名] ([複] **syl·lep·ses** /-si:z/) [UC] **1** 〘修辞学〙 一語双叙法《同一語に(具象的・抽象的の) 2 つの意味をもたせる用法; She *lost* her purse and her temper. (彼女は財布をなくして頭に来た)》, 軛(くびき)語法 (zeugma). **2** 〘文法〙 兼用法《例えば Either they or I am wrong. の am の用法; 統語的には they と I と両方に関係があるが, 数の上では I に一致》.
syl·lo·gism /síləd͡ʒìz(ə)m/ [名] [C] 〘論〙 三段論法《大前提 (major premise), 小前提 (minor premise), 及び帰結 (conclusion) から成る論法; 例えば All cats are animals; all animals have four legs; therefore all cats have four legs.》.
syl·lo·gis·tic /sìləd͡ʒístik [移]/ [形] 三段論法の.
sylph /silf/ [名] [C] **1** 空気の精. **2** すらりとした優美な女性[少女]. **3** ハチドリの一種.
sýlph·lìke [形] 〘雅・戯〙 空気の精のような; すらりとして美しい, たおやかな. 「ラテン語 *sylva*「森」]
syl·van /sílv(ə)n/ [形] 〘主に雅〙 森の; 森に住む. [<↑
Syl·vi·a /sílviə/ [名] 女子の名.
sym- /si(m)/ [接頭] 〈b-, m-, p- の前で〉 syn- の異形.
sym·bi·o·sis /sìmbaióusis/ [名] [UC] **1** 〘生物〙 (相利)共生《例えばアリとアブラムシの関係》. **2** 〈一般に〉 共存, 共同(生活). ▷**sỳm·bi·ótic** /-ɑ́tik|-ɔ́- [移]/ [形]
⁑**sym·bol** /símb(ə)l/ [名] ([複] **～s** /-z/) [C] **1 象徴**, 表象, シンボル, ([類語] 記号とその表すものとの間に何らかの内面的な関係がある場合に用いることが多い; →sign). The dove is a ～ of peace. ハトは平和の象徴である. →sex symbol, status symbol. **2 記号**, 符号. a chemical ～ 化学記号. a phonetic ～ 発音記号.
── [動] [他] 〘古〙 を象徴する.
[<ギリシア語「一緒に投げられたもの, 記号, 印」]
***sym·bol·ic, -i·cal** /simbɑ́lik|-bɔ́l-/, /-k(ə)l/ [形] [C] **1 象徴的な**, 象徴の; 象徴する 〈*of* ..を〉. a ～ meaning [gesture] 象徴的な意味[意思表示]. The dove is ～ *of* peace. ハトは平和を象徴する. **2** 記号の, 符号の. **3** 象徴主義の; 象徴主義的な.
sym·ból·i·cal·ly [副] 象徴的に; 記号的に, 記号に↓
symbòlic lógic [名] [U] 記号論理学. ⌊よって.
‡**sým·bol·ìsm** [名] [U] **1** 〈しばしば S-〉 (文学, 芸術の)象徴主義; (フランスの)サンボリズム 《例えば Mallarmé, Rimbaud などの立場》. **2** 象徴[記号]の使用; 象徴[記号]で表すこと. **3** (自然の事物の)象徴的意味; 象徴性; 象徴化.
sým·bol·ist [名] [U] 象徴[記号]使用者; 象徴主義者, サンボリスト. ── [形] 象徴主義[派]の. 「記号化.
sỳm·bol·i·zá·tion [名] [U] 象徴化; 記号で表すこと,↑
†**sym·bol·ize** /símbəlàiz/ [動] [他] **1** を象徴する, 表している, の象徴[記号]である. ～ truth 真理を象徴する. A ring ～*s* love that never ends. 指輪は永遠の愛を象徴する. **2** を象徴[記号]化する.
†**sym·met·ric, -ri·cal** /simétrik/, /-k(ə)l/ [形] (左右)相称の, 対称的な; 釣り合い[均斉]の取れた.
sym·mét·ri·cal·ly [副] 対称的に; 釣り合いが取れて. There were two pictures hung on the wall, ～ placed at equal distances from the door. 壁には 2 枚の絵がドアから等距離に対称的に掛かっていた.
†**sym·me·try** /símətri/ [名] [U] **1** (左右の)対称, 相称. **2** 釣り合い, 均斉美; 調和美. the perfect ～ of the garden 庭園の完璧(ぺき)な均斉美. a work of such delicate ～ このような微妙な釣り合いを保った作品. [<ギリシア語「同じ尺度」]
***sym·pa·thet·ic** /sìmpəθétik [移]/ [形] [m] **1 同情のある**, 思いやりのある; 同情的な; 〈*to, toward, with* ..〔人〕に/*about* ..のことで〉. a ～ person 思いやりのある人. ～ words 同情的な言葉. They were ～ *to* [*toward*] the orphan. 彼らはみなその孤児に同情した. lend a ～ ear 親身になって[進んで]聞く.
2 共鳴する, 好意的な, 共感する, 〈*to* ..に〉; 賛成の 〈*to, toward* ..に〉. He's ～ *to* our plan. 彼は我々の計画に好意的だ. a ～ character [figure] (小説, 映画などの)共感を呼ぶ(登場)人物. **3** 〘まれ〙 気の合った; 気に入った. ～ surroundings 性に合った環境. **4** 〘生理〙 交感の; 〘物理〙 共鳴[共振]する. the ～ nerve 交感神経. ～ magic 交感魔術《ある場所でのある行為が他の場所で似た行為を引き起こしたり, それに影響を及ぼすとされる魔術》. ◊[名] sympathy
sỳm·pa·thét·i·cal·ly /-k(ə)li/ [副] 同情して; 共鳴↓
sympathètic ínk [名] ＝invisible ink. ⌊して.
sympathètic stríke [名] ＝sympathy strike.
***sym·pa·thize,** 〘英〙 **-thise** /símpəθàiz/ [動] [自] (**-thiz[s]·es** /-əz/|[過] [過分] **～d** /-d/|**-thiz[s]·ing**) **1 同情する** 〈*with* ..に〉, 気の毒がる 〈*with* ..を〉. Susie ～*d with* her friend. スージーは友人に同情した.
2 共鳴する, 同感する, 賛成する, 〈*with* ..に〉. The author does not ～ *with* the view that industrialization is the root of all evil. 著者は産業化は諸悪の根源であるという意見に賛成しない.
3 一致する, 調和する, 〈*with* ..と〉.
sým·pa·thìz·er [名] [C] **1** 同情者. **2** 共鳴者, 支持者, 'シンパ'.
sým·pa·thìz·ing·ly [副] 同情して; 共鳴して.
⁑**sym·pa·thy** /símpəθi/ [名] ([複] **-thies** /-z/) **1** [U] **同情**; 哀れみ; 思いやり; 〈*with, for* ..への〉 ([類語] 同情を表

す最も一般的な語で，語源(「共に感じる」)から言っても相手の立場に立って苦しみなどを共感すること; →compassion, commiseration, pity). weep in ～ 同情して泣く. express deep ～ *for* ..に対して深い同情を表明する. have no ～ *for*.. には同情しない. play on a person's ～ 人の同情につけこむ.

連結 strong [heartfelt, keen, profound] ～ // arouse [feel; show] ～

2 UC 〈普通 -thies〉 同情の言葉[表現]; 同情の気持ち; 悔やみ. a letter [message] of ～ ＝a ～ card 悔やみ[見舞い]状. You have [Please accept] my (deepest) *sympathies*. お気持ちお察しいたします; この度は心からお悔やみ申し上げます《悔やみ状の文面などで》. I sent him my *sympathies* on his mother's death. 私は彼の母親の死に際し彼に悔やみの手紙を送った.
3 U **共鳴**, 同感, 賛成, 〈*with, for* ..への〉 (↔antipathy). I have no ～ *with* that sort of idealism. あの種の理想主義には共鳴しない. The President expressed ～ *for* the plan. 大統領はその計画に対して賛意を表明した. come out *in* ～ (*with*..) (..に)同調してストライキをする.
4 〈-thies〉 共鳴の気持ち, 共感, 共鳴する点. His *sympathies* did not lie with the revolutionists. 彼は革命論者たちには共鳴しなかった. We have many *sympathies* in common. 我々は共鳴する点が多い.
5 U 〖生理〗交感; 〖物理〗共鳴, 共振.
in sýmpathy with.. ..に同情して; ..に共鳴して; ..と一致して; ..に合わせて. They were not *in* ～ *with* the strike. 彼らはそのストライキに同調しなかった.
[＜ギリシア語「共感」(＜sym-＋*páthos* 'feeling')]

sýmpathy strìke 名 C 同情[支援]スト.

sym·phon·ic /simfánik|-fɔ́n-/ 形 交響楽の, シンフォニーの. a ～ poem 交響詩.

***sym·pho·ny** /símfəni/ 名 (複 **-nies** /-z/) C **1 交響曲**, シンフォニー. Beethoven's Ninth *symphony* ベートーヴェンの第9交響曲. **2** 交響楽団 (**sýmphony òrchestra**). [＜ギリシア語「音の調和」(＜sym-＋*phṓnē* 'sound')]

‡**sym·po·si·um** /simpóuziəm/ 名 (複 **～s, sym·po·si·a** /-ziə/) C **1** シンポジウム, 討論会, 《特に学問上の特定の問題についての》〈*on* ..についての〉. **2** 論文集《同じテーマに関する諸家の》. **3** 酒宴《本来は古代ギリシアの》. [＜ギリシア語「饗宴」]

S

***symp·tom** /sím(p)təm/ 名 (複 **～s** /-z/) C **1** (病気などの)**兆候**, 症状. develop the ～*s* of pneumonia 肺炎の兆候が出始める. I saw ～*s* of anger gathering on her face. 彼女の顔に怒りの兆候が次第に募ってきた.

連結 clear [overt, unmistakable; specific; full-blown; severe; mild; early; acute; chronic] ～*s* // have [manifest] ～*s*

2 (物事の)兆候, 兆し. a ～ of social change 社会的変化の兆し.
[＜ギリシア語「事故, 不幸」(＜「共に落ちる」)]

†**symp·to·mat·ic** /sìm(p)təmǽtik ⑱/ 形 兆候がある[である] 〈*of* ..の〉. Unusual thirst may be ～ *of* diabetes. 異常にのどが渇くのは糖尿病の兆候のことがある. ▷**symp·to·mat·i·cal·ly** /-k(ə)li/ 副

syn. synonym; synonymous; synonymy.

syn- /sin/ 接頭 「ともに, 合成, 同時, 類似」の意味. ★ b, m, p の前では sym-, l の前では syl-, r の前では syr-, s の前では sy(s)- となる. [ギリシア語 *sun* 'with']

†**syn·a·gogue** /sínəgɑ̀g, -gɔ̀:g|-gɔ̀g/ 名 C **1** ユダヤ教会堂. **2** 〈the ～〉 (礼拝のための)ユダヤ人集会. [ギリシア語「集会」]

syn·apse /sínæps, ─´|sáinæps/ 名 C 〖生理〗シナプス《神経刺激を伝達する神経細胞の連接部》.

sync, synch /siŋk/ 名 〖話〗＝synchronization. in ～ (with..) (..と)同調[一致]して. out of ～ 同調しないで, 合って[合わないで]. ── 動 他 同調させる〈*to* ..に〉.

syn·chro·mesh /síŋkrəmèʃ/ 名 U (車のギヤの)同時かみ合い装置.

syn·chron·ic /sinkránik, siŋ-/ 形 **1** ＝synchronous. **2** 〖言〗共時的な《ある一時期の言語などの姿を歴史的観点を交えずに一時点における構造を体系的に記述, 研究する方法について言う; ↔diachronic》. ▷**sỳn·chro·ní·city** 名

syn·chro·nism /síŋkrənìz(ə)m/ 名 **1** U 同時発生, 併発; 同調; 同時性. **2** U (歴史的事件などの)年代的配列. **3** C 対照歴史年表. **4** U 〖電〗同期.

sỳn·chro·ni·zá·tion 名 U 同時に起こること; 同時性; 時間の共有.

‡**syn·chro·nize** /síŋkrənàiz/ 動 自 **1** 時間が一致する, 同時に起こる, 〈*with* ..と〉. **2** 〔複数の時計が〕同時刻[標準時刻]を示す.
── 他 **1** 〔2つ以上の物事〕を同時に起こるようにする, 同調させる. ～ one's trip *with* the annual jazz festival 旅行が年1回のジャズ音楽祭に重なるように調整する. **2** の時間を合わせる. Let's ～ our watches. お互いの時計の時間を合わせよう. **3** 〖映・テレビ〗〔音声〕を画面と一致させる. **4** 〔歴史的事件〕の同時性を明らかにする, を同時性が明らかになるように配列する.

sỳnchronized swímming 名 U シンクロナイズドスイミング.

syn·chro·nous /síŋkrənəs/ 形 同時に起こる, 同時の. [＜ギリシア語(＜syn-＋*khrónos*「時」)] ▷**～·ly** 副 **～·ness** 名

sỳnchronous sátellite 名 C 静止衛星.

syn·chro·ny /síŋkrəni/ 名 U **1** 同時性. **2** 〖言〗共時的研究. →synchronic.

syn·chro·tron /síŋkrətrɑ̀n|-trɔ̀n/ 名 C 〖物理〗シンクロトロン《サイクロトロン (cyclotron) を改良した粒子加速装置》.

syn·co·pate /síŋkəpèit/ 動 他 **1** 〖楽〗〔曲〕を切分(せつぶん)する. **2** 〖言〗〔語〕を中略する (→syncope 1).

sỳn·co·pá·tion 名 U **1** 〖楽〗切分(せつぶん), シンコペーション. **2** ＝syncope 1.

syn·co·pe /síŋkəpi(:)|-pi/ 名 UC **1** 〖言〗語中音消失, 中略, 《never を ne'er とするなど; →apheresis, apocope》. **2** 〖医〗失神.

syn·dic /síndik/ 名 C **1** (大学などの)理事《事務的な面を担当する》. **2** (地方)行政府高官, 長官. [＜ギリシア語「被告の弁護人」]

syn·di·cal·ism /síndik(ə)lìz(ə)m/ 名 U 労働組合主義, サンディカリズム, 《ゼネストなどにより社会の生産と分配の支配権を労働組合の手中に収めようとする》.

syn·di·cal·ist /síndik(ə)list/ 名 C 労働組合主義者, サンディカリスト.

‡**syn·di·cate** /síndəkət/ 名 C 〈単数形で複数扱いもある〉 **1** 〖経〗企業家合同, シンジケート, 《cartel の更に進展した形; →cartel, trust》. **2** 〖金融〗公社債[株式]募集引き受け団体, シンジケート団. **3** 新聞雑誌用記事[写真]配給業 《ニュースや写真などを同時に多くの新聞や雑誌に供給する事業》; 〖米〗(売春や賭博(とばく)のチェーンを支配する)犯罪組織, シンジケート. a crime ～ 広域暴力団. **4** (大学などの)理事会《syndic 1 の集まり》.
── /síndəkèit/ 動 他 **1** をシンジケートに組織する. **2** 〔記事など〕をシンジケートを通して流す. a nationally ～*d* columnist 全国的にシンジケートを通して流すコラムニスト. ── 自 シンジケートを組織する.
[＜後期ラテン語 *syndicus*「団体の代表団」(＜syndic)]

sỳn·di·cá·tion 名 U シンジケートを組織すること, シンジケート化.

†**syn·drome** /síndroum/ 名 C **1** 〖医〗症候群《例え

ば Down's ～》. **2** シンドローム《社会のある状態を示すような一群の意見・行動》. Not a few Senators succumb to the "Why not me?" ～ when the Presidential nomination approaches. 大統領候補指名時期が近づくと「おれでいいじゃないか」病にとりつかれる上院議員が少なくない. [<ギリシア語「一緒に走ること」]

syn·ec·do·che /sənékdəki/ 名 UC 〘修辞学〙提喩(ゆ)《一部で全体を, 特殊で一般を示す言い方, その逆を意味することもある; sail で ship, a creature で a man を表すなど; →metonymy》.

syn·er·gy /sínərdʒi/ 名 UC 相乗効果.

Synge /siŋ/ 名 **John Millington** /míliŋtən/ ～ シング (1871–1909)《アイルランドの劇作家・詩人》.

syn·od /sínəd/ 名 C **1** 〘キリスト教〙教会会議, 宗教会議. **2** 〈一般に〉会議, 集会. →General Synod.

*__syn·o·nym__ /sínənìm/ 名 (複 ～s /-z/) C **類義語**, 同意語, 《例: hit と strike; kind と sort; ↔antonym》. [<ギリシア語「同名」(<syn-+*ónuma* 'name')]

†**syn·on·y·mous** /sənɑ́nəməs|-nɔ́n-/ 形 類義語の, 同意語の; 類義の〈*with* ..と〉.

syn·on·y·my /sənɑ́nəmi|-nɔ́n-/ 名 U **1** 類義(性). **2** 類義語研究. **3** 類義語反復《例: in any *shape* or *form*》.

syn·op·sis /sənɑ́psəs|-ɔ́p-/ 名 (複 **syn·op·ses** /-si:z/) C 概要, 梗(こう)概, 大意. [<ギリシア語「一緒に見ること」]

syn·op·tic /sənɑ́ptik|-ɔ́p-/ 形 全体を見渡す, 総観的な; 概要の, 大意の. ▷**syn·óp·ti·cal·ly** /-k(ə)li/ 副

Synòptic Góspels 名 〈the ～〉共観福音書《新約聖書の(ヨハネを除き)マタイ・マルコ・ルカの 3 福音書; キリストの生涯など同一の内容を述べているのでこう呼ぶ》.

syn·o·vi·a /sənóuviə/ 名 U 〘解剖〙滑液, 関節滑液.

syn·tac·tic /sintǽktik/ 形 〘文法〙シンタックスの, 構文論の, 統語論の; 統語法に従った; 統語上の. ◇名 syntax. ▷**syn·tac·ti·cal·ly** /-k(ə)li/ 副 統語(論)上.

syn·tax /síntæks/ 名 U 〘文法〙シンタックス, 構文論, 統語論; 統語法, 構文; 《phonology, morphology と共に grammar (文法)を構成》. [<ギリシア語「一緒に並べること」]

†**syn·the·sis** /sínθəsəs/ 名 (複 **syn·the·ses** /-si:z/) **1** U 総合 (↔analysis); C 総合体. **2** U 〘化〙合成. [<ギリシア語「一緒に置くこと」]

‡**syn·the·size** /sínθəsàiz/ 動 他 **1** を総合する. **2** 〘化〙を合成する. ▷**～d** 形 合成された〔音, 声など〕.

‡**sýn·the·sìz·er** 名 C **1** 総合する人[もの]. **2** シンセサイザー《電子回路を用いていろいろな音を合成する装置》.

†**syn·thet·ic** /sinθétik/ 形 **1** 総合的な, 総合の, (↔analytic). **2** 〘化〙合成の〔ゴムなど〕. ～ fibers 合成繊維. ～ resin 合成樹脂. **3** 〘話〙代用の; 本物でない; 自然のままでない, 人工的な. ～ modesty みせかけの謙遜(そん). ── 名 C 〘化〙合成物質. [synthesis, -ic]

sỳn·thét·i·cal /-k(ə)l 移/ 形 =synthetic. ▷**～·ly** 副 総合的に; 合成して.

synthètic lánguage 名 C 〘言〙総合的言語《ラテン語など; ↔analytic language》.

syph·i·lis /síf(ə)ləs/ 名 U 〘医〙梅毒. [<*Syphilus* (最初にこの病気にかかったと伝えられる羊飼いの名)]

syph·i·lit·ic /sìfəlítik 移/ 形 〘医〙梅毒(性)の. ── 名 C 梅毒患者.

sy·phon /sáif(ə)n/ 名, 動 =siphon.

syr- /si(r)/ 接頭 〈r- の前で〉syn- の異形.

Syr·a·cuse /sírəkjù:s, -kjù:z|-kjù:s/ 名 **1** シラキュース《米国 New York 州中部の都市》. **2** /〘英〙sáirəkjù:z/ シラクーザ《シシリー島東部の海港》.

Syr·i·a /síriə/ 名 シリア《アジア南西部の地中海に臨む国; 首都 Damascus》.

Syr·i·ac /síriæ̀k/ 名 U 古代シリア語《Aramaic に属する》. ── 形 古代シリア語の.

Syr·i·an /síriən/ 形 シリアの, シリア人[語]の. ── 名 C シリア人.

sy·rin·ga /səríŋgə/ 名 C ハシドイ属の植物; バイカウツギ属の植物.

‡**sy·ringe** /sərínd3, síránd3/ 名 C **1** (皮下)注射器. a hypodermic ～ 皮下注射器. **2** 洗浄器, スポイト; 浣(かん)腸器. ── 動 他 **1** 〔患部など〕を洗浄する. **2** を注射する; を注入する. [<ギリシア語「管, 笛」]

syr·inx /síriŋks/ 名 (複 **sy·rin·ges** /siríndʒi:z/, ～·es) C **1** 牧神パンの笛 (panpipe). **2** 〘鳥〙鳴管.

*__syr·up__ /sírəp, sə́:rəp|sírəp/ 名 U **1** シロップ, 糖蜜(みつ). **2** シロップ剤. cough ～ せき止めシロップ. [<アラビア語「飲み物」]

sýr·up·y 形 e シロップの(ような); シロップを含む; 甘ったるい.

sys- /si(s)/ 接頭 〈s- の前で〉syn- の異形.

‡**sys·tem** /sístəm/ 名 (複 ～s /-z/) **1** C **組織**, 制度. a social ～ 社会組織. a ～ of government 政治組織, 政体. the feudal ～ 封建制度. a ～ of education 教育制度.

連結 devise [develop, formulate; improve] a ～

2 C **体系**; 系統; (天体, 地質などの)系. the railway ～ 鉄道網. the nervous [digestive] ～ 神経[消化器]系統. the solar ～ 太陽系. a river ～ 河川系.
3 UC **体系的方法**, 方式, 方法. There is no ～ in his study. 彼の研究には体系的な所がない.
4 C 〈the [one's] ～〉身体, 五体, 全身, (body). Too much coffee is bad for the ～. コーヒーの飲みすぎは体に悪い. **5** 〈the〉(支配)体制, (社会の)しきたり. You can't beat the ～. 体制には従わざるをえない. buck the ～ 体制に逆らう. **6** (機械などの)装置《いくつかの部品が 1 つのユニットとして機能する》; 〘電算〙システム. a stereo ～ ステレオ. an anti-air missile control ～. 対空ミサイル制御装置.
(It's) áll sỳstems gó. 準備(はすべて)完了(である)〈*for* ..(のため)の〉.
gèt ..òut of one's sýstem 〘話〙〔悩み, 激情, 欲望など〕を頭から追い払う, 積極的に解消する; 〔恋人など〕を忘れる.
[<ギリシア語「組み合わされて一緒になったもの, 組織(体)」]

‡**sys·tem·at·ic, -ti·cal** /sìstəmǽtik 移/, /-k(ə)l/ 形 m **1 組織的な**; 体系的な; 理路整然とした. ～ problems 組織上の問題. a ～ attempt to eradicate crime in the city 市の犯罪を根絶しようとする組織的な試み. a ～ method 体系的方法. **2 きちょうめんな**, 規律正しい. a ～ researcher 秩序立てて研究する人. **3** 故意の, 計画的な. a ～ liar 一貫してうそをつく人. [<後期ラテン語 *systēmaticus*; system, -ic]

†**sỳs·tem·át·i·cal·ly** 副 組織的に; 系統的に, 体系的に; 整然と.

sỳs·tem·a·ti·zá·tion 名 U 組織化, 体系化; 分類.

sys·tem·a·tize /sístəmətàiz/ 動 他 を組織化する, 体系[系統]化する; を分類する.

‡**sys·tem·ic** /sistémik/ 形 **1** 系統[体系, 組織]の. **2** 〘医〙全身的な. a ～ disease 全身病.

sýstems anàlysis 名 U システム分析《ある組織, 企画などを最も効率的に作用させるための方法の科学的分析; 普通, コンピュータを用いる》.

sýstems ànalyst 名 C システム分析者.

sýstems engineèring 名 U システム工学.

sys·to·le /sístəli/ 名 U 〘生理〙心臓収縮(期) (→diastole). ▷**sys·tól·ic** /-tɑ́lik|-ɔ́-/ 形

Sze·chwan /sètʃwɑ́:n/ 名 四川省《中国中西部の省》. ── /⌐-⌐/ 形 四川料理の.

S

T

T, t /tiː/ 名 (複 **T's, Ts, t's** /-z/) **1** [UC] ティー《英語アルファベットの第 20 字》. **2** [C] 〈大文字で〉 T 字形のもの. ★しばしば形容詞的に用いられる: *T*-bone, *T*-shirt など.
cròss one's* [*the*] *t's /-tíːz-/ (***and dòt one's* [*the*] *i's***) →cross.
***to a T* [*tée*]** /tíː/ 〖話〗きっかり, ぴったり, 《T＜*t*ittle》. The job suited him *to a T*. その仕事は彼にうってつけだった.

T tablespoon(s); telephone; Territory; Testament; 〖化〗tritium; Thursday; Tuesday.

t teaspoon(s); temperature; tenor; tense; territory; time; ton(s); tonne(s); transitive; troy.

't /t/ 〖古・詩〗 it の短縮形: *'t* is＝it is; *'t* was＝it was; on*'t*＝ on it.

TA Territorial Army; teaching assistant.

Ta 〖化〗 tantalum.

ta /tɑː/ 間 〖英・幼・話〗ありがと (thank you).

TAB, Tab typhoid-paratyphoid A and B vaccine (腸チフス・パラチフス混合ワクチン).

‡**tab** /tæb/ 名 [C] **1** 垂れ, つまみ, タブ. [参考] 物に付けそれでつまんだり, つるしたり, 目じるしにしたりする布, 紙などの小片; 缶ジュース, ビールなどのふたをあけるつまみ (〖英〗 ring-pull), 上着の襟の「つり」, 帽子の「耳覆い」, 帳簿やカードのへりに付ける見出し用の「つまみ」, 英軍の参謀将校の赤い「襟章」など. **2** 付け札, 合い札. **3** 〖米話〗(特に, 飲食の)勘定書き, 請求書 **4** 〖話〗＝tabulator.
kèep tábs* [*a táb*] *on.. (1) ..を帳簿につける. *keep ~s on* daily expenses 毎日の支出を帳簿につける. (2) 〖話〗..を監視する, ..から目を離さない. *keep ~s on* the radical groups 過激派の行動を監視する.
***pick ùp the táb* (*for..*)** 〖話〗(..の)(全)費用を負担する (→名 3).
── 動 (~s|-bb-) 他 **1** につまみ[垂れ]を付ける. **2** 〖米〗 [VOC] (~ X Y) X を Y に選ぶ, X を Y と呼ぶ.

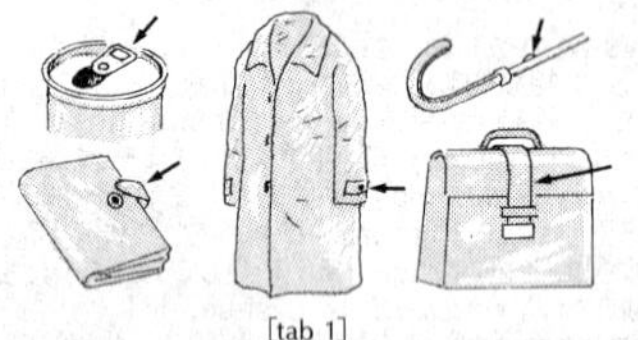

[tab 1]

tab·ard /tǽbərd/ 名 [C] 〖史〗 **1** タバード《中世の騎士が着た紋章付き陣羽織》. **2** (主君の紋章付きの)伝令使服.

Ta·bas·co, t- /təbǽskou/ 名 [U] 〖商標〗タバスコソース (**Tabàsco sáuce**) 《トウガラシから作った辛いソースの一種》. [＜メキシコの州名]

tab·bou·leh /təbúːlə|tæbúːlei/ 名 [U] タブーラ《ひき割り小麦にタマネギ, トマト, パセリ, オリーブ油などを混ぜた中東のサラダ》. [＜アラビア語]

tab·by /tǽbi/ 名 (複 **-bies**) [C] **1** (灰色又は茶色の)ぶち猫, とら猫, (**tábby càt**). **2** (一般に)飼い猫; (特に雌の)飼い猫 (↔tomcat).

tab·er·nac·le /tǽbərnæk(ə)l/ 名 **1** [C] 大礼拝堂; 〖英〗(非国教派の)礼拝所. **2** 〖ユダヤ史〗〈the ~, しばしば the T-〉幕屋《ユダヤ人がエジプトからパレスチナへの放浪の間用いた, the Ark of the Covenant を納めたテント形式の移動式神殿》. **3** [C] ユダヤ神殿. **4** [C] 〖キリスト教〗聖体容器, 聖櫃(せいひつ), 《祭壇上に設けられた聖体を保存する容器》; (聖像を安置する)天蓋(てんがい)付き壁龕(へきがん).

tab·la /tɑ́ːblə, tʌ́b-/ 名 [C] タブラ《インド音楽で用いる小太鼓; 2 つ 1 組で手でたたく》. [＜アラビア語]

‡**ta·ble** /téib(ə)l/ 名 (複 **~s** /-z/)
【(脚付きの)平板＞卓】 **1** [C] **テーブル**, 食卓, ([類語] 主に飲食用・会議用のものを言う; →desk). He ⌞made a reservation for [booked] a ~ for five. 彼は 5 人用のテーブルを予約した. clear the ~ 食事の後片付けをする. lay [set, spread] the ~ (テーブルクロスを掛け, 皿, ナイフ, フォークなどを並べて)食卓の用意をする. sit down to [at] ~ 食卓につく. rise from ~ (食事が終わって)食卓から立つ. Dinner's on the ~! 食卓に食事の用意ができています.
2 [C] 仕事台, ゲーム台, 手術台. a billiard ~ 玉突き台. a card ~ トランプ用テーブル. a work~ 仕事台. an operating ~ 手術台.
3 〈形容詞的〉テーブルの, 卓上の. a ~ lamp 卓上電気スタンド.
4 【食卓に出されるもの】〈普通 the ~〉 **食べ物**, **料理**; 食事; (..な)食べ物, (..の)料理. pleasures of the ~ 飲食の楽しみ. set [provide] a good ~ ごちそうを出す. The hotel keeps a first-rate ~. あのホテルの出す料理は(いつも) 1 級品だ.
5 【卓を囲む人々】 [C] 〈単数形で複数扱いもある〉テーブルを囲んでいる人たち. a ~ of bridge ブリッジをしている 1 組の人. keep the ~ amused (面白い話などをして)一座の人たちを終始面白がらせる. set the whole ~ ⌞in a roar [laughing] 一座の人たちをどっと笑わせる.
6 【卓状のもの】 [C] 高原, 台地, (tableland).
【ものを記した板】 **7** [C] 一覧表, リスト; 目録; 計算表, 掛け算表. a ~ of contents 目次. a time~ 時刻表, 行事予定表. learn one's (multiplication) ~*s* 九々(表)を覚える ([参考] ただし, 英語圏では 9×9 までではなく 12×12 までの表). ◇形 tabular 動 tabulate
8 [C] (銘文などを刻んだ木や石の)平板 (tablet); (平板に刻まれた)銘文. the ~*s* of the law モーセの十戒.
****at* (*the*) *táble*** (★〖米〗では the を付けることが多い) 〖章〗**食卓について**, 食事中で. sit (down) *at* ~ 食卓につく. It is bad manners to sing *at* ~. 食事中歌を歌うのは行儀が悪い. We were *at* ~ when the earthquake called. 地震が起こった時私たちは食事中だった.
bring..to the táble (1) (会議などで) 〔問題など〕を討議の俎上(そじょう)にのせる. (2) 〔人〕を話し合い[交渉]のテーブルにつかせる.
drínk a pèrson under the táble 〖話〗(飲んでも自分は平気で)人を酔いつぶす, 人に飲み勝つ.
on the táble (1) 〖米〗〔議案などが〕棚上げになって, 無期延期になって. The bill was laid [put] *on the* ~ until after the election. 法案は選挙が終わるまで棚上げされた. (2) 〖英〗〔議案などが〕(委員会などで)審議中で, 上程されて. [注意] 米英で意味が反対になる (→動).
****tùrn the tábles on..*** 〔今まで優勢だった相手〕**と形勢を逆転する**, ..に仕返しをする. We *turned the ~s on* our opponents in the end. 我々は結局は相手に対して形勢を逆転させることができた.
under the táble 〖話〗 (1) 酔いつぶれて(食卓の下にず

り落ちて). (2) 秘密に; 不正に. A lot of money passed *under the* ～ to obtain the contract. 契約を得るために陰で多額の金が動いた.

── 動 他 1〖米〗〔議案〕を棚上げする. 2〖英〗〔問題〕を討議に付する, 上程する 3 を(一覧)表[リスト, 目録]にする. [＜ラテン語 *tabula*「板」]

tab·leau /tǽblou/ 名 (複 **～x** /-z/, **～s**) C 1 活人画《生きた人々が扮(ふん)装し, 無言でじっとして名画や歴史的事件の場面などを舞台上などで再現すること》. 2 驚くべき事態, 劇的場面. 3 絵画; 絵のような描写. [フランス語「絵＜小さな板」]

tàbleau vivánt /-viːvɑ́ːŋ|-víːvɑːŋ/ 名 C (複 **tableaux vivants** /同/) ＝tableau 1. [フランス語 'living picture']

*__ta·ble·cloth__ /téib(ə)lklɔ̀ːθ|-klɔ̀θ/ 名 (複 →cloth) C テーブル掛け, テーブルクロス.

táble-cùt 形 〔宝石が〕テーブルカットの《頂上面を大きく平らにカットした》.

ta·ble d'hôte /tɑ̀ːb(ə)l-dóut, tæ̀b(ə)l-|tɑ̀ːb(ə)l-/ 名〈形容詞的〉定食(の)《5 コースなら 5 コースの料理が決められ全体の価格が付いている; ↔à la carte》. [フランス語 'table of the host']

táble·hòp 動 自〖話〗(レストランなどで)テーブルからテーブルへとおしゃべりをしてまわる.

táble knìfe 名 C 食卓用ナイフ.

táble làmp 名 C テーブルなどの上に置く電気スタンド.

táble·lànd 名 C 〈しばしば ～s〉高原, 台地.

táble lìcence 名 UC〖英〗(食事と同時に提供する場合だけの)限定酒類販売免許.

táble lìnen 名 U 又は〈～s〉食卓用白布《テーブルクロス, ナプキンなど》.

táble mànners 名〈複数扱い〉食卓の作法, テーブルマナー.

táble·màt 名 C (皿などの)下敷き《熱を遮るためにテーブルの上に敷く; 各人用の小さなものは place mat》.

táble nàpkin 名 C (布, 又は紙製の)ナプキン.

táble ràpping 名 UC (降霊術の)テーブル叩(たた)き《霊の力がテーブルをこつこつ叩くとする》.

táble sàlt 名 U 食卓塩.

†**táble·spòon** 名 C 1 テーブルスプーン, 食卓用大さじ, 《ボール, 大皿などからめいめいの皿へ分ける時に使う; 略 T; →teaspoon》. 2 ＝tablespoonful.

táble·spòon·ful /-ful/ 名 (複 **～s, tablespoonsful**) C 食卓用大さじ 1 杯(分)《約 15cc; 小さじ 3 杯分》.

‡**tab·let** /tǽblət/ 名 (複 **～s** /-ts/) C **【小さな平板】** **1 銘板**, タブレット, (plaque)《銘文を刻んだ石, 金属などの板で記念碑, 壁などにはめ込む》. a memorial ～ 記念牌(はい). 2 (古代人の)書き板《粘土や蠟(ろう)で作った》.

【小板状のもの】 3 **錠剤** (pill) (→medicine 類語); 錠剤形のもの《菓子, 石けんなど》. take a cold ～ 風邪の錠剤を飲む. 4 (はぎ取り式の)便箋(せん), メモ帳.

written* [*càrved*] *in tàblets of stóne (変更の余地なく)明確[厳格]に述べられ[記され]た 《＜石板に刻まれた》. [table, -et]

táble tàlk 名 C 食卓での雑談.

táble tènnis 名 U 卓球, ピンポン, (ping-pong).

táble·tòp 名 C テーブルの表面[上面]. ── 形 卓上(用)の.

táble tùrning 名 UC (降霊術の)テーブル傾転《テーブルに触ると霊の力で傾いたり動いたりする; 我が国の狐狗狸(こっくり)と類似》.

táble·wàre 名 U 〈集合的〉食卓用食器類《皿, コップ, ナイフ, フォーク, スプーンなど》.

táble wìne 名 UC テーブルワイン《食事中に飲む普通の品質のワイン》.

‡**tab·loid** /tǽblɔid/ 名 C タブロイド判新聞《普通の新聞の半分ほどの大きさで, 写真やさし絵, また扇情的な記事が多い; →broadsheet》; 小型版, 要約版.

── 形 タブロイド判の; 小型の; 要約した; 扇情的な. read the novel in a ～ form 小説の要約版を読む. ～ journalism 大衆新聞, 赤新聞.

*__ta·boo__ /təbúː, tə-|tə-/ 名 (複 **～s** /-z/) 1 UC タブー, 禁忌(きんき), 《ある物や人などを神聖又は不浄なものとして, それに触れたりその名を言ったりすることを禁じる風習》; C 忌み言葉. Pork is under ～ in the Islamic world. 豚肉はイスラム世界ではタブーである.

2 UC (特に習慣によって定まっている)禁制, 法度(はっと); 〈一般に〉禁止. Kissing in public is a ～ in some countries. ある国々では人前でキスすることはご法度である. place a ～ on.. ＝put..under (a) ～ ..を禁止する. There is a ～ on talking about politics here. ここでは政治の話は禁物です.

── 形 タブーの; 厳禁の. Don't do anything ～. 禁制を犯してはいけない. a ～ word 禁忌語《four-letter word など》.

── 動 他 をタブーにする; を厳禁する. The subject is ～*ed*. その話題は禁物だ. [＜トンガ語]

ta·bor, -bour /téibər/ 名 C (昔, 笛を吹きながら片手で打った)小太鼓. [＜古期フランス語 (?＜ペルシア語)]

ta·bor·et, -bour- /tæ̀bərét|tǽbərit/ 名 C 1 スツール《ひじや背のない低い腰掛け》; 低い台, 小卓. 2 刺繡(しゅう)枠. 3〖古〗小太鼓《小型の tabor》.

ta·bu /təbúː, tə-|tə-/ 名, 形, 動 ＝taboo.

tab·u·lar /tǽbjələr/ 形 1 平たい, 卓状の. a ～ plateau 卓状台地. 2 表(ひょう)の, 表にした. in ～ form 表になって, 表にして, 表の形で. ▷ **～·ly** 副

ta·bu·la ra·sa /tǽbjələ-rɑ́ːsə, -rɑ́ːzə, -réi-/ 名 (複 **ta·bu·lae ra·sae** /tǽbjəliː-rɑ́ːsiː, -rɑ́ːziː, -réi-/) C 1 (幼児などの)純真な心; 白紙状態. 2 文字の消された書き板. [ラテン語 'scraped tablet']

‡**tab·u·late** /tǽbjəlèit/ 動 他 〔数字, 情報など〕を表にする, 一覧表にする. [＜ラテン語 *tabula*「板」]

tàb·u·lá·tion 名 U 表にすること; 図表化.

tab·u·la·tor /tǽbjəlèitər/ 名 C 1 (特にタイプライターの)タビュレーター《表を作るために同じ行の位置を設定する装置;〖話〗では tab》. 2 図表作成者.

tac·a·ma·hac /tǽkəməhæ̀k/ 名 U タカマハック《芳香樹脂の一種》; C〖植〗タカマハックを採る木, 〈特に〉アメリカポプラ.

tach /tæk/ 名〖米話〗＝tachometer.

ta·cho /tǽkou/ 名 (複 **～s**)〖英話〗＝tachometer.

tach·o·graph /tǽkəgræ̀f|-grɑ̀ːf/ 名 C 記録式回転速度計, タコグラフ, 《トラックなどに取り付けて運行記録をとる》. [ギリシア語 *tākhos* 'speed', -graph]

ta·chom·e·ter /tækɑ́mətər|-kɔ́m-/ 名 C (エンジンの)回転速度計, タコメーター.

tach·y·car·di·a /tæ̀kikɑ́ːrdiə/ 名 U〖医〗頻脈, 頻拍.

ta·chym·e·ter /tækímətər/ 名 C スタジア測定器, 視距儀; (腕時計に付いている)速度計, タキミーター.

†**tac·it** /tǽsət/ 形 ℂ 〈普通, 限定〉無言の; 暗黙の. a ～ reply 無言の返事. a ～ agreement [understanding] 暗黙の合意[了解]. ～ consent 黙諾. [＜ラテン語 *tacēre*「沈黙する」(の過去分詞)]

▷ **～·ly** 副 無言で; 暗黙のうちに. **～·ness** 名

tac·i·turn /tǽsətə̀ːrn/ 形〖章〗無口な, 口数の少ない; むっつりとした〔表情など〕. He is not unfriendly; merely ～ by nature. 彼は敵意があるわけではなく生まれつき無口なだけだ. ▷ **～·ly** 副

tac·i·tur·ni·ty /tæ̀sətə́ːrnəti/ 名 U 無言; 寡(か)黙.

Tac·i·tus /tǽsətəs/ 名 タキトゥス (55?–117?)《ローマの歴史家; ゲルマン民族の記録を残した》.

†**tack**[1] /tæk/ 名 **【留めるもの】** 1 C 鋲(びょう), 留めくぎ, (カーペットを留める)平鋲, (→thumbtack, tie tack).

2 C (目の粗い)ひと縫い, しつけ, 仮縫い.

【帆の留め方】 3 UC〖海〗(a) (帆の)開き《風上に間

切って進む際の帆の構え》. on the port [starboard] 〜 左[右]舷(げん)開きで 《風を左[右]舷に受ける時の帆の向け方》. (**b**) 間切り《向かい風を斜めに受けてジグザグに進む航法》. 〜 and 〜 間切りに間切って. (**c**) 上手(うわて)回し《間切る際に風を受ける側を変えるために船首を風上側にまわすこと》.

4【進路】 UC 方針; 政策; やり方. be on the wrong [right] 〜 方針を誤っている[いない]. try another [change] 〜 別の方針を試みる; 別の話題に切り換える.

── 動 他 **1** VOA (〜 /X/ ***up, down***) Xを鋲で留める; (〜 X ***to, on, onto..***) Xを..に鋲で留める. 〜 a notice to the wall 鋲で壁に掲示を張る. 〜 down a carpet カーペットを平鋲で留める. **2** をざっと縫い合わせる[付ける], 仮縫いする, (baste[1]); VOA (〜 X ***onto..***) Xを..に(急いで)付け加える. **3** 〖海〗〔帆船〕を間切って進ませる **4** の方針を変える.

── 自 **1** 〖海〗間切る, 間切って進む. **2** 方針を変える.

tàck /../ ón (1) ..をゆるく縫い付ける 〈*to* ..に〉. (2) ..を(急いで補足として)付け加える 〈*to* ..に〉. a paragraph *〜ed on* as an afterthought 後から思いついて付け加えられた 1 節. [<中期英語]

tack[2] 名 C 〈集合的〉(乗馬用の)馬具(一式).

táck hàmmer 名 C 鋲打ち用ハンマー.

***tack·le** /tǽk(ə)l/ 名 (複 〜s /-z/)

【つかまえる道具】 **1** U **道具**, 用具; 釣り道具 (fishing tackle). **2** UC **巻き揚げ装置**, ろくろ; 〖海〗 /téik(ə)l/ 滑車装置.

【組み付くこと】 **3** C **タックル** 《〖サッカー〗相手から球を奪うこと; 〖ラグビー・アメフト〗 球を持って走る相手に組み付いて前進を妨げること》; 〖アメフト〗 タックル 《guard と end の間の 2 選手中の 1 人》.

── 動 (〜s /-z/| 過 過分 〜d /-d/|**tack·ling**) 他 【組み付く】 **1** 〖ラグビーなど〗〔敵〕に**タックルする**; 〔泥棒など〕に組み付く, を捕える. I *〜d* the robber as he was running away. 私は逃げてゆく泥棒に組み付いた.

【取り組む】 **2** 〔問題, 仕事〕に**取り組む**. He *〜d* the problem of racial equality with energy. 彼は人種平等の問題に精力的に取り組んだ.

3 〔人〕と議論をたたかわす, 渡り合う, 〈*about, on, over* ..について〉. 〜 the boss *on* a raise 賃上げをボスに掛け合う. It's high time we *〜d* the neighbor *about* the noise from his radio. ラジオの音を何とかしてくれと隣の人にねじこんでもいいころだ.

── 自 タックルする.

[?<中期低地ドイツ語] ▷**tack·ler** 名

tack·y[1] /tǽki/ 形 e 〔ペンキなどが生乾きで〕べとつく, くっつく. ▷**tack·i·ly** 副 **tack·i·ness** 名

tack·y[2] 形 e みすぼらしい; 安っぽい; 野暮(やぼ)な, 悪趣味な, (tatty). a 〜 dress 安っぽい服. a 〜 remark 品のない評言. ▷**tack·i·ly** 副 **tack·i·ness** 名

ta·co /tɑ́:kou/ 名 (複 〜s /-z/) C タコス《メキシコ料理; トウモロコシパンでチーズ, ひき肉などを包んで揚げたもの》.

***tact** /tækt/ 名 U **機転**, 如才なさ; こつ. handle a situation with 〜 機転をきかして事態をうまく処理する. have great 〜 in ..に臨機応変の才がある, ..のこつを心得ている. [<ラテン語 *tangere*「さわる」(の過去分詞)]

†**tact·ful** /tǽktf(ə)l/ 形 機転のきく, 如才のない, (↔tactless). You told her; that wasn't very 〜 of you. 君は彼女に知らせたのか. まずかったな. ▷**〜·ness** 名

táct·ful·ly 副 機転をきかせて, 如才なく. She said it 〜, but I got the point. 彼女は当たり障りのない言い方をしたが私には彼女のねらいがよく分かった.

***tac·tic** /tǽktik/ 名 (複 〜s /-s/) C **1** (目的を達するための)方策. use [employ] strong-arm *〜s* 実力行使の策を取る. **2** (個々の)戦術《戦場での》. His battle *〜s* were brilliant. 彼の用兵術は見事なものだった. **3** 〈〜s; 単複両扱い〉 **戦術**, 兵法, (類語 個々の戦闘の作戦・用兵を意味する; →strategy). He studied 〜 at the military academy. 彼は兵学校で用兵学を学んだ. **4** 〈〜s; 複数扱い〉 策略, 駆け引き. The opposition employed delaying *〜s*. 野党は引き延ばし戦術を用いた.

> 1, 2, 3, 4 の 連結 masterly [brilliant, clever, shrewd; effective; unfair; strong-arm] *〜s* // use [adopt] *〜s*; change one's *〜s*

[<ギリシア語「(軍の)配列, 戦術」]

†**tac·ti·cal** /tǽktik(ə)l/ 形 戦術の, 戦術上の, (→strategic 参考); 策略にたけた, 駆け引きのうまい. 〜 (nuclear) weapons 戦術(核)兵器. make a 〜 error 戦術を誤る.

tàctical vóting 名 U 戦術投票《気に入らない候補者[政党]を落とすために, 支持もしない他の有力候補者[政党]に投票すること》. ▷**〜·ly** 副 戦術上; 策略的に.

tac·ti·cian /tæktíʃ(ə)n/ 名 C 戦術家; 策略家.

tac·tile /tǽktl|-tail/ 形 〖章〗 **1** 触覚の; 触覚を持った. a 〜 organ 触覚器官. **2** 触知できる (tangible). **3** 〔布地などが〕いい感触の. **4** 〔人が〕(親愛の表現として)相手の体によく触る. ▷**tac·til·i·ty** /tæktíləti/ 名

táct·less 形 機転のきかない, へまな, (↔tactful). He was so 〜 as to ask her age. 彼は気がきかなくて彼女の年を尋ねたりした. ▷**〜·ness** 名 U 機転のきかないこと.

táct·less·ly 副 へまなことに. She laughed at him 〜. 彼女は彼のことをあざ笑ったがへまなことをしたものだ.

tac·tu·al /tǽktʃuəl/ 形 〖章〗触覚の; 触覚器官の. ▷**〜·ly** 副

tad /tæd/ 名 C 〖米話〗 **1** ちびっ子《男》. **2** 少量. a 〜 (big) ちょっと(大きい).

†**tad·pole** /tǽdpòul/ 名 C オタマジャクシ. [<古期英語 'toad-head']

Ta·dzhik·i·stan /tɑ:dʒíkistæ̀n, -stɑ̀:n, ----⌐| tɑ:dʒìkistɑ́:n/ 名 タジキスタン《パキスタン, 中国と国境を接する共和国; 首都 Dushanbe; CIS 構成国》.

tae kwon do /tài-kwɑn-dóu|-kwɔ́n-/ 名 U テコンドー, 跆拳(たいけん)道, 《日本の空手に似た朝鮮の武術》. [朝鮮語]

tael /teil/ 名 C テール, 両, 《(1) 中国などの重量単位; 普通 1 1/3 オンス(約 38g). (2) (昔の)中国の貨幣単位》.

taf·fe·ta /tǽfətə/ 名 U タフタ, 琥珀(こはく)織り, 《光沢のある絹[リネン, レーヨンなど]の織物の一種》.

taff·rail /tǽfrèil, -rəl/ 名 C 〖船〗船尾の手すり.

Taf·fy /tǽfi/ 名 (複 -fies) C 〖英話・軽蔑〗ウェールズ人《ウェールズ人を代表させる固有名としても用いる; *Davy* (<David) の変形》.

taf·fy /tǽfi/ 名 (複 -fies) UC 〖米〗 **1** タフィー《キャラメルの一種》. **2** 〖主に話〗おべっか.

Taft /tæft/ 名 **William Howard** 〜 タフト (1857–1930) 《米国の政治家; 第 27 代大統領 (1909–13)》.

†**tag**[1] /tæg/ 名 C **1** 下げ札; 荷札; 定価札; 付箋(ふせん); タッグ《所在の把握, 万引防止などのために人, 物に付ける電子装置; →electronic tagging》. a name [number, price] 〜 名[番号, 定価]札. **2** 垂れさがったもの; 垂れ飾り; (靴ひもなどの)先の金具; 襟つり《上着などの襟あしの部分にあるループ; これをかぎに掛けてつるす》. **3** (特にラテン語の)決まりきった引用句, 格言. **4** (人, 組織などにつけた)あだ名, レッテル. **5** 〖文法〗 =tag question.

── 動 (〜s|-gg-) 他 **1** に札[付箋]を付ける. 〜 a parcel 小包に荷札を付ける. **2** VOC (〜 X Y)・VOA (〜 X *as* Y) X (人など)に Y とレッテルを張る, あだなをつける. 〜 her *as* stupid 彼女に愚か者のレッテルを張る. **3** VOA (〜 /X/ ***on***) Xを付け加える, 添える, 〈*to, onto* ..に〉; (〜 X ***onto..***) Xを..に付け加える, 添える. **4** 〖話〗に(しつこく)ついて行く, つきまとう. The dog *〜ged* me home. その犬は家まで私についてきた. **5** 〔ドライバー〕に交通違反カー

ドを渡す,〔車〕に交通違反シールを張る.
— 自 1 VA (～ *along*) ついて行く〈*behind, after, with* ..に〉. 2〖話〗VA (～ *on*) 付きまとう〈*to* ..に〉. [<?]

tag[2] 名 1 U 鬼ごっこ (★鬼は it と言う). play ～ 鬼ごっこをする. 2 C〖野球〗(走者, ベースへの)タッチ.
— 動 (～s|-gg-) 他 1 (鬼ごっこで)〔鬼が〕をつかまえる〈*out*〉. 2〖野球〗〔走者, ベース〕にタッチする〈*out*〉. ～ the runner *out* 走者をタッチアウトにする.
tàg úp〖野球〗タッチアップする《打者がフライを打ち上げた時塁を離れていた走者が帰塁すること》. [?<*tig*]

Ta·ga·log /təgá:ləg/ 名 (複 ～s, ～) 1 C (フィリピンの)タガログ人. 2 U タガログ語 (Pilipino).

tág dày 名 C〖米〗街頭募金日《寄付者に付け札(tag) を渡すことから;〖英〗flag day》.

tàg énd 名 C 最後の部分;〈普通 ～s〉切れ端.

tag·lia·tel·le /à:ljətéli|tæljə-/ 名 U〖料理〗タリアテーレ《パスタの一種》. [イタリア語 (<「切る」)]

tág lìne 名 C (演説, 芝居などの)結びの一句; (広告宣伝の)うたい文句, キャッチフレーズ.

Ta·gore /təgɔ́:r/ 名 **Sir Rabindranath** ～ タゴール (1861–1941)《インドの詩人・哲学者; ノーベル文学賞(1913)》.

tág quèstion 名 C〖文法〗付加疑問.

> 文法 **tag question** (付加疑問). You like this place, *don't you?* (あなたはこの土地がお好きでしょう)の斜体部分のように文末に付け加えられる. 肯定文の後には否定の, 否定文の後には肯定の付加疑問が原則. 付加疑問を下降調で発音すれば上例のように軽く念を押す気持ちであるが, 上昇調に発音すれば「私はあなたがこの土地をお好きだと思いますが, いかがなものでしょうか」という問いかけの意味になる. 肯定文に肯定の付加疑問もあるが, これは上昇調で発音し, 驚きや皮肉などを表す: Oh you like this place, *do you?* (ああ, あなたはこんな土地が好きなんですか) なお叙述文だけではなく, Do sit down, *won't you?* (どうぞお座りになりませんか), How lovely that girl is, *isn't she?* (あの子はなんてかわいらしいんでしょうね)のように, 命令文や感嘆文にも付けて使う.

tag·rag /tǽgræg/ 名 ＝ragtag.

tàg, ràg and bóbtail 名 ＝ragtag.

ta·hi·ni, -na /təhí:ni/, /-nə/ 名 U タヒニ《ゴマをすりつぶしたペースト; 中東の料理に用いる》.

Ta·hi·ti /təhí:ti/ 名 タヒチ島《南太平洋 Society 諸島の主島; フランス領》.

Ta·hi·tian /təhí:ʃ(ə)n/ 形 タヒチ島[人, 語]の.
— 名 C タヒチ島人; U タヒチ語.

Ta·hoe /tá:hou, téi-/ 名 **Lake** ～ タホー湖《米国 California と Nevada にまたがる山中の湖; 避暑地》.

tai chi, t'ai chi (ch'uan) /tài-dʒí:(-tʃwá:n), -tʃí:-/ 名 U 太極拳(けん)《中国の拳法・健康法》. [中国語]

tai·ga /táigə/ 名 UC タイガ《シベリアなどの常緑針葉樹林(地帯)》. [<モンゴル語]

‡tail[1] /teil/ 名 (複 ～s /-z/) C【尾】1 (動物, 鳥, 魚の)尾, しっぽ. a dog's ～ 犬のしっぽ. 2 尾に似たもの, 垂れているもの;〈～s〉(服の)すそ;〖話〗〈～s〉＝tailcoat;〖印〗テール《g, y などの並び線より下に出る部分》;〖楽〗(音符の)符尾. a comet's ～ 彗(すい)星の尾. the ～ of a kite 凧(たこ)のしっぽ. the ～s of a dress 服のすそ. wear one's hair in a ～ 髪をお下げにしている.
【後部】3〈普通 the ～〉後部, しり; 末尾, 終わり;〈*of* ..の〉. the ～ *of* a plane [rocket] 飛行機[ロケット]の尾部. the ～ *of* a parade パレードの後部. the ～ *of* a speech 演説の最後.
4【後ろ>裏】〈普通 ～s〉貨幣の裏 (↔head). Heads or ～*s*? 表か裏か《コインを投げて物事を決める場合》.
5〖話〗けつ (buttocks);〖卑〗(この語義のみ U) 女性器,〈集合的〉(セックスの対象としての)女性.
6〖話〗(犯人などの)尾行者. He has (put) a ～ on me. 彼は私に尾行をつけている.
hàve one's tàil úp [dówn] 元気がよい[沈んでいる]; (先行き, 自分の能力などに)自信がある[懸念を抱く].
màke hèad or táil of.. →head.
on a pèrson's táil 人(の車)のすぐ後を追って[にくっついて].
out of the táil of one's éye 横目で.
pùt [thròw] sált on a pèrson's táil〖旧〗人に活を入れる《→put SALT on the tail of》.
tùrn táil (and rún) (背中を向けて)逃げ出す. As soon as they saw the enemy, they *turned* ～ *and ran*. 彼は敵を見るとすぐに走って逃げ出した.
twist a pèrson's táil 人が怒りそうなことをする[言う].
with one's táil between one's légs (犬が)しっぽを巻いて[下げて]; (人が)すっかり参って, 恐れをなして, こそこそと.
— 動 他〖話〗1〔人〕を尾行する, の後をつける. The detective ～*ed* the suspect. 刑事は容疑者を尾行した. 2〔果実など〕のへた[軸]を取る,〔草木〕を根元から切り取る. 3〔馬, 犬など〕の尾を切る.
— 自 VA 後について行く〈*along*〉〈*after* ..の〉. The correspondent was assigned to ～ *after* the President. 記者は大統領に付いて回る任務を与えられた.
tàil báck〖英〗〔交通が〕渋滞する (〖米〗back up).
tàil óff [awáy]〔音声, 力, 量などが〕次第に細くなる[少なくなる, 弱くなる, 消える];〔話などが〕尻(しり)すぼみになる; (行進, 競走などで)落伍(らくご)してだらだら続く列になる. The sound ～*ed off* into the jungle stillness. 音は次第に小さくなり, とうとう密林の静けさの中に消えた.
[<古期英語]

tail[2]〖法〗名 U 限嗣相続, 相続人限定. estate in ～ 限嗣相続不動産. — 形 限嗣相続の (★名詞の直後に付ける). estate ～＝estate in ～ (→名).

táil·bàck 名 C 1〖英〗(事故, 道路工事などによる)交通渋滞車の列. 2〖アメフト〗テールバック《スクリメッジラインから最も離れた位置にいるハーフバック》.

táil·bòard 名 C〖主に英〗(荷の積み降ろしなどのための)トラックやハッチバックなどの後部板, 後部ドア, (〖米〗tailgate).

tail·coat /⌐⌐, ⌐⌐/ 名 C 燕尾(えんび)服, モーニング,《男子の夜間の正装; 単に tails とも言う》.

-tailed /teild/〈複合要素〉「..の尾を持った, 尾が..の」の意味. a long-*tailed* monkey (尾の長いサル).

tàil énd 名 C〈普通 the ～〉末端; 終わり, 最後の部分. He was at the ～ of the line. 彼は列の最後に並んでいた.

tàil énder 名 C (スポーツで)びり, 最下位,《選手, チームなど》;〖クリケット〗下位打者.

táil·gàte 名 C 1 (運河の)放水閘(こう)門. 2〖米〗＝tailboard. — 動 他, 自〖主に米話〗(〔前車〕に)ぴったりくっついて運転する.

táil·làmp 名 ＝taillight.

táil·less 形 尾のない.

táil·lìght 名 C (車などの赤い)尾灯 (↔headlight).

‡tai·lor /téilər/ 名 (複 ～s /-z/) C (主に男子服を注文で作る)洋服屋, 仕立屋, (★婦人服の仕立屋は普通 dressmaker). a custom ～ 注文専門の洋服屋.
Nine táilors màke [gò to] a mán.〖諺〗仕立屋 9 人で一人前《仕立屋は体力がないという俗説から》.
The táilor màkes the mán.〖諺〗馬子にも衣装.
— 動 他 1〔服〕を仕立てる. His suit is well-～*ed*. 彼の服は仕立てがいい. 2 VOA (～ X *for, to*..) X を〔必要など〕に合わせる, 調整する. a study program ～*ed to* the needs of foreign students 外国人学生の必要に

T

合うように作った学習計画. ── 自 1 服を仕立てる. 2 仕立屋を営む. [<アングロノルマン語「切る人」]

táilor·bìrd 名 C ハヌイドリ《葉を縫い合わせて巣を作るアジア産の小鳥》.

tái·lored 形 =tailor-made.

tái·lor·ing /-lərɪŋ/ 名 U 1 洋服仕立業; 仕立職. 2 仕立ての技術, 仕立て方.

‡**tàilor-máde** /移/ 形 1〔男子服が〕注文作りの, あつらえの, (↔ready-made). a ~ suit あつらえのスーツ. 2〔婦人服が〕男子服仕立ての《男の背広のように単純な線で堅い感じのものに言う》. 3〈一般に〉ぴったりの, おあつらえ向きの, 〈*for* ..に〉. This job is ~ *for* Jim. =Jim is ~ for the job. この仕事はジムにぴったりだ.

tàilor-máke 動 他 を(必要, 目的に合わせて)作る, 調整する. ~ a person's tour 人の希望に合わせて旅行を組む. ~ commercials 要請に合わせてコマーシャルを作る.

táil·pìece 名 C 1 付け足し, 後書き. 2〖印〗(書物の章末余白などに入れる)装飾用カット (→headpiece).

táil pìpe 名 C (車などの)排気管.

táil plàne 名 C〖空〗水平尾翼.

táil·ràce 名 C (水車の)放水路.

táil·spìn 名 C 1〖空〗きりもみ(を伴う落下)《尾部の方が大きく回る》. They came out of the ~ at about two thousand feet. 彼ら(の機)は約 2 千フィートの高度まで落下してきりもみ状態を脱出した. 2 狼狽(ろうばい), あわてふためき; 経済の悪化[沈滞, 混乱]. Her report threw them into a ~. 彼女の報告で彼らは恐慌に陥った. go into a ~〔システム, 組織などが〕機能しなくなる.

táil·wìnd 名 C 追い風.

†**taint** /teɪnt/ 名 1 UC 汚(よご)れ, しみ, (stain); 欠点; 汚名. a ~ on his reputation 彼の名声についた汚点. The ~ of traitor remained with him. 裏切り者の汚名が彼について回った. 2 aU 痕(こん)跡, 気味, 〈*of* ..〔悪いもの〕の〉. A ~ *of* madness runs in the family. その家系には精神異常の血が流れている. 3 U 病毒; 腐敗; (道徳的)腐敗, 堕落. meat free from ~ 腐っていない肉. be free from moral ~ 堕落していない.

── 動 他 1 を汚(よご)す; を堕落させる, 〈*with* ..で〉. Such TV programs ~ young minds. こんなテレビ番組は青少年に有害だ. 2 を腐らす, だめにする. air ~*ed* by exhaust gas 排気ガスで汚染された空気. The ham is ~*ed*. ハムは腐っている. ── 自 汚(よご)れる, 腐る. Meat will soon ~ in warm weather. 肉は暑い天候の時はすぐ腐る. [<ラテン語 *tingere* 'tinge']

táint·less 形 よごれのない, 清らかな.

Tai·pei, -peh /tàipéi/ 名 タイペイ, 台北,《台湾の首都》.

Tai·wan /tàiwɑ́:n/ 名 台湾《アジア極東部, 中国の東方の島(旧称 Formosa); 共和国; 正式名 the Republic of China; 首都 Taipei》.

Tai·wa·nese /tàiwəní:z 移/ 名 (複 ~) C 台湾人; U 台湾語. ── 形 台湾(人)の.

Ta·ji·ki·stan /tɑdʒí:kistæn, -stɑ̀:n|tɑ:dʒìkistɑ́:n/ 名 =Tadzhikistan.

Taj Ma·hal /tɑ̀:ʒ-məhɑ́:l, tɑ̀:dʒ-/ 名 〈the ~〉タージマハール《インドの Agra にある白大理石造りの壮麗なイスラム教廟(びょう); 17 世紀に王が王妃のために建てた》.

ta·ka /tɑ́:kə, -kɑ:/ 名 (複 ~, ~s) タカ《バングラデシュの通過単位(=100 paisa)》.

‡**take** /teɪk/ 動 (~s /-s/|過 **took** /tʊk/|過分 **tak·en** /téɪkən/|**ták·ing**) 他

【(手に)取る】 1 (a) をつかむ, 握る, 抱える, 取る, (類語「手に取る, つかむ」を表す最も一般的な語; →capture, catch, clutch[1], grab, grasp, grip[1], seize, snatch). He *took* my hand [me by the hand] as the footing was dangerous. 足元が危ないので彼は私の手につかまった. She *took* her baby in her arms. 彼女は赤ん坊を腕に抱えた. (b) VOA (~ X ***from, out of***..) X を..から取り出す; (~ X ***off***..) X を〔場所〕からとり去る, どける. ~ a key *from* [*out of*] one's pocket 鍵をポケットから取り出す. ~ books *off* a desk 本を机からどける. (c) VOA (~ X ***off, away from*** Y) Y(人)から X(物)を取り上げる. I *took* the knife *off* [*away from*] the child. 私は子供からナイフを取り上げた.

【つかまえる】 2 を捕らえる, とりこにする, 捕獲する; VOC (~ X Y) X を Y(捕虜など)にする. ~ many prisoners 多数の捕虜を捕える. ~ a person captive 人をとりこにする. I was ~*n* prisoner. 私は捕虜になった.

3〔病気〕にかかる;〔発作, 病気などが〕〔人〕を襲う; VOC (~ X Y) X を Y(病気など)にかからせる, 感染させる, 〈普通, 受け身で〉. ~ cold [a chill] 風邪をひく. be ~*n* with a fit of coughing 急にせき込む. be ~*n* ill 病気になる.

4 (a) VOA の不意を襲う. The question *took* me by surprise [unawares]. その質問に面くらってしまった. (b)〔打撃などが〕に当たる. The blow *took* me on the cheek. 打撃は私のほおに当たった.

【やっつける】 5〔相手〕に勝つ, を打ち負かす. He's a tough opponent but I think I can ~ him. 彼は手ごわい相手だが負かせると思う.

6 を乗り越える, 越える, 渡る. ~ a hurdle ハードルを跳び越す. The horse *took* the stream in one jump. 馬は小川をひと跳びで越えた.

【手に入れる】 7〔賞, メダルなど〕を獲得する, 取る. ~ first prize in the contest コンテストで 1 等賞を取る. ~ two weeks' holiday 2 週間の休暇を取る. ~ five [ten]〖米話〗(5 分又は 10 分ぐらい)ちょっと休憩する.

8〔称号など〕を得る;〔位置〕を占める;〔職〕に就く. ~ the title of baron 男爵の称号を得る. ~ a master's degree 修士号を取得する. ~ an important position 重要な地位につく. ~ a job 就職する. ~ the chair →chair (成句).

9 を買う;〔アパートなど〕を(短期間)借りる;〔新聞〕を購読する (★〖英〗では古くは ~ in とも言った). ~ an apartment downtown 都心にアパートを借りる. ~ the New York Times ニューヨークタイムズ紙を購読する.

10 (a)【受領する】をもらう;〔報酬, 代金など〕を受け取る〈*for* ..に対して〉. He wouldn't ~ any money *for* his services. 彼は手を貸してくれたのに金は一切受け取ろうとしなかった. What will you ~ *for* it? いくらで売りますか. Do you ~ this credit card? (支払いに)このクレジットカードが使えますか.

(b)【受け継ぐ】〔属性など〕を受け継ぐ. Beth *took* her good manners from her mother. ベスの行儀の良さは母親譲りだ.

【取り入れる】 11 を摂取する, 食べる;〔飲物, 薬〕を飲む, (→drink 注意; 一般に「食べる, 飲む」では,〖米〗では have を,〖英〗でも今は have の方を多く用いる);〔息など〕を吸う. I ~ cream in my coffee. 私はコーヒーにクリームを入れ(て飲み)ます. *Take* this liquid medicine. この水薬を飲みなさい. ~ a deep breath 深く息を吸い込む.

12〔態度, 方針など〕を取る;〔忠告など〕をいれる, に従う. ~ .. to wife →wife (成句). ~ an arrogant attitude 横柄な態度を取る. ~ a strong line →line[1] (成句). *Take* my advice; don't go. 私の忠告を聞いて, 行くのはよしなさい.

【受け入れる】 13 (a)〔人〕を採用する, 取る, (迎え)入れる;〔配偶者〕を迎える. How many new students will the school ~? あの学校は新入生を何人入れるだろうか. Do you ~ this man to be your husband? あなたはこの男性を夫としますか《結婚式での牧師の文句》. (b)〔物事〕を受け入れる, 容認する, 承認する. ~ criticism 批判を受け入れる. He never ~*s* no for an answer. 彼は人にいやと言わせない. He *took* the applause with a bow. 彼は拍手に答えて頭を下げた. (c) VOA (..な態度で)〔物事〕を受けとめる, に対処する. ~ the news calmly 平然と知らせを聞く. ~ things in one's stride 物事に冷静に対処する.
14【甘受する】〔侮辱など〕を忍ぶ, に耐える;〔被害, 損害など〕を被る. His insolence was more than I could ～. 彼の無礼には我慢できなかった. I find her arrogance hard to ～. 彼女の傲(ごう)慢さを耐え難く思う. ～ heavy casualties 多数の死傷者を出す. ～ it →成句 (2).
15〖野球〗〔投球〕を見送る. ～ a third strike 3つ目のストライクを見送る《見送りの三振》.
16【受け取る】 **(a)** VOA を(よく, 悪く) **取る**, 解釈する. ～ it *ill* [*well*] それを悪く[よく]取る. No one *took* me *seriously*. だれも私の話をまじめに聞いてくれなかった. ～ the symptom lightly その徴候を軽く考える. Don't ～ it so *hard*. そんなに気にするな[悲しむのはよせ]. **(b)** を理解する; が分かる; VOC (～ X ***to be*** Y)・VOA (～ X ***for*** [***as***] Y) **X を Y と理解する**, 思う, みなす; VOC (～ X ***to do***) X が..すると思う. I ～ your point. 君の言いたいことは分かった. I *took* her *to be* a singer. 彼女は歌手だと私は思った. ～ his comment *as* a compliment 彼のコメントを賛辞と受け取る. Do you ～ me *for* a fool? 僕をばかだと思っているのか. He *took* me *to* mean I refused. 彼は私が拒否したと思った.
【引き受ける】 **17 (a)**〔責任など〕を**引き受ける**;〔患者など〕を引き受ける;〔申し出など〕に応じる;〔電話〕に出る;〖米俗〗〔会合〕に出る. Does she ～ lodgers? あの婦人は下宿人を置きますか. She kindly *took* the trouble to cook us a meal. 彼女は親切にも私たちに食事を作ってくれた. The doctor *took* three more patients. 医者はさらに3人の病人(の治療)を引き受けた. ～ a job offer (就職の)求人に応じる. She refused to ～ my calls. 彼女は私が電話しても出ようとしなかった. **(b)**〔クラスなど〕を受け持つ; VOA (～ X ***for*** [***in***]..) X(人)に〔学科など〕を教える. Miss Smith ～*s* me *for* Spanish. 私はスミス先生にスペイン語を習っている.
18【収容する】 の**容積がある**, 収容力がある; が入る; 〈受け身不可〉. This bottle ～*s* nearly two liters. この瓶には2リットル近く入る. The plane can ～ only ten passengers. その飛行機には10人しか乗れない.
【選び取る】 **19 (a)** を選び出す, 選ぶ, **選択する**;〔料理など〕を選ぶ, にする;〔授業科目〕を**取る**, 履修する, 受講する;〔試験〕を受ける. I'll ～ that one. それ｣をもらいます[にします]《買い物などで》. ～ an opportunity 好機を利用する. We *took* his name from a list of applicants. 志願者表の中から彼の名を選んだ. ～ English [history] 英語[歴史]を取る. I'm *taking* five courses. 5科目取っている. ～ an exam 試験を受ける. **(b)** を(例に)取り上げて考える, 検討する. Let's ～ Italy, for example. イタリアを例に取って考えてみよう. ～*n* altogether 全体的に見て, 概して.
20〔乗り物など〕を使う, に**乗る**, (★交通手段としてバス, タクシーなどを利用すること; get on [in] は「乗り込む」動作を表す);〔特定の道路, ルートなど〕を使う, 行く. ～ a bus [taxi] バス[タクシー]に乗る. ～ the 10:30 train 10時30分発の列車に乗る. Which road shall we ～? どの道を行こうか.
【取って行く】 **21 (a)** を運ぶ, 移す, 〈*to* ..へ〉; を**持って**[**連れて**]**行く** 〈*to* ..へ/*for* ..に〉; VOA (～ X ***doing***) X(人)を..しに連れて行く.

> 語法 (1) bring が話し手のいるところへ「持って来る」「連れて来る」のに対し, take は話し手のいるところから「持って行く」「連れて行く」ことを言う. (2)「携帯して」「一緒に」の意味で with one の付くことが多い

Let's ～ our dog *with* us. 犬も一緒に連れて行こう. Don't forget to your cell phone (*with* you). 忘れずに携帯電話を持って行くのよ. You can't ～ it *with* you. 〖諺〗(お金など)あの世までは持って行けない. I'll ～ you *to* the zoo tomorrow. 明日動物園へ連れて行ってあげる. I'll ～ you home [*around*]. 家まで送り[あちこち案内してあげ]ましょう. ～ her *for* a drive [walk] 彼女をドライブ[散歩]に連れて行く. You can't ～ him *anywhere*. 〖話〗彼は｣どこにも連れて歩けない[人前に出せない]. Mother *took* me shop*ping* yesterday. きのう母は私を買い物に連れて行ってくれました(★*go* shop*ping* に並行する他動詞表現). **(b)** VOA〔乗り物, 道, 出来事などが〕を(..に) 運ぶ, 行かせる, 進める, 至らせる;〔人が〕〔議論など〕を進める. This bus [road] ～*s* you *to* the police station. このバス[道]で警察署に行けます. My work ～*s* me *to* London twice a year. 仕事の都合で私は年に2回ロンドンへ行く. His diligence *took* him *to* the top of the class. よく勉強して彼はクラスの1番になった. ～ one's argument a stage further 議論を一歩進める. **(c)** VOO (～ X Y)・VOA (～ Y ***to*** X) **X(人)のところへYを持って行く**, 届ける. *Take* him this note.＝*Take* this note *to* him. 彼のところへこの手紙を届けてください. **(d)** VOA (～ X ***to*** [***before***]..) X(問題など)を..(のところ)に解決のために持ち込む. I *took* that problem *to* him. その問題について彼に助言を求めた.
22【取り去る】 VOA (～ X ***from*** Y) **Y から X を引く**, 減じる, (subtract). When you ～ six *from* ten, four remains. 10引く6は4.
【奪い取る】 **23**〔権利など〕を**奪う**;〔都市など〕を奪取する, 占領する. Who has the right to ～ the life of another man? だれが他人の生命を奪う権利を持っているか《持っているものはいない》. ～ the city 市を占領する.
24〖婉曲〗の命を奪う[取る]〈普通, 受け身で〉. He was ～*n* from us last October. 彼は去る10月に他界した.
25〔人の注意など〕を引きつける; を喜ばす; の心を奪う; 〈*by*, *with* ..で〉〈しばしば受け身で〉. The red suit *took* my eye. 赤いスーツに目が行った. The sports car *took* his fancy. 彼はそのスポーツカーが気に入った. He was ～*n* *by* her charm. 彼は彼女の魅力に心を奪われた.
26 (a)【取り出す】 VOA (～ X ***from*** [***out of***]..) **X を..から取り**[**引き**]**出す**; X(名前など)を..から取る; X(物語, 描写, 論文など)を..から引用する[写し取る, 盗作する]. I *took* the credit cards *out of* my wallet. 財布からクレジットカードを全部取り出した. Shakespeare *took* the story *from* Plutarch. シェークスピアはその話をプルタークから取った. **(b)** を**盗む**, 取る, 借りる, 使う, 〈*from*, *out of* ..から〉. Who has ～*n* my dictionary? 僕の辞典を持って行ったのはだれだ.
27【占める】〔場所〕をとる, ふさぐ,〔席〕を占める,〔いす〕に座る, (→成句 TAKE /../ up (6)). I *took* a chair near the door. ドアの近くのいすに座った.
【要する】 **28 (a)**〔時間, 代金, 労力など〕を**要する**, 取る; ..だけかかる; 〈*to* do/do*ing* ..するのに〉; 〈some [much, *etc.*] do*ing* を目的語にして〉(相当なを..を要する>)..するのは相当など難しい. We *took* five hours *to* get there. 我々はそこへ着くのに5時間かかった. The experiment *took* three years (*to* conduct).＝It [We] *took* three years *to* conduct the experiment. その実験(をするの)に3年かかった. It will ～ at least two years *before* the system takes effect. そのシステムが効果を上げるには少なくとも2年はかかるだろう. It ～*s* a long time (for us) *to* master a foreign language. (我々が)外国語をマスターするには長時間かかる. It *took* a lot of money *to* send him to college. 彼を大学へやるのに多額の金がかかった. It *took* courage [nerve] to talk back to him. 彼に口答えするのには勇気が要った. It *took some* [*a lot of*] do*ing* to persuade her. 彼女を説き伏せるのにはちょっと骨が折れた. His story ～*s* some believing. 彼の話を信じるのは容易でない.
(b) VOO (～ X Y) **X(人)に Y(時間, 代金など)がかかる, X に Y を必要とする**, 〈*to* do ..するのに〉. It *took* me five hours *to* drive from here to Tokyo. 私が車でここから

T

東京へ行くのに5時間かかった. The schoolhouse will ～ them a year *to* build. 彼らが校舎を建てるには1年かかるであろう. It *took* me nearly a million yen *to* buy my child a piano. 子供にピアノを買ってやるのに百万円近くかかった.

(c)〔燃料, 部品など〕を**要する**, 使用する; 〔(特定サイズの)靴, 服など〕をはく, 着用する, 《＜必要とする》. This engine only ～*s* unleaded gasoline. このエンジンには無鉛ガソリンしか使えない. Does this machine ～ five-hundred-yen coins? この機械には500円硬貨は使えますか. What size shoes do you ～? あなたは靴のサイズどのくらいですか.

29〖文法〗〔目的語など〕を取る. The verb 'give' can ～ two objects. 'give' という動詞は目的語を2つ取ることがある.

【行動を取る】 **30**〈動作を表す名詞を目的語として〉を実行する, 経験する; をする, 行う, 取る; を作る. ～ a look around town 町をひと回りしてくる. ～ a bath 入浴する (＝bathe). ～ another sip of one's coffee コーヒーをもう一口飲む. ～ a walk 散歩する. If you ～ another step, I'll shoot. もう1歩でも動いたら撃つぞ. This is the only measure we can ～. 我々が取れる方策はこれだけだ. ～ steps to reduce unemployment 失業を減らす手段を講じる. ～ an oath 誓う.

> 語法 「take a＋名詞」とそれに対応する動詞を比較すると微妙な違いがある. 例えば look (動詞)が漠然と行為そのものを意味するのに対し, *take* a look は前後に区切りのある1回の行為を意味する. have も同様に用いる (→have 11 (b), give ㊀ 12, make ㊀ 14)

31【感情を取る＞持つ】〔ある感情〕を抱く, 味わう. ～ an interest in pottery 陶器に興味を持つ. ～ a liking to.. →liking (成句). ～ pleasure in ..を楽しむ. ～ delight in ..を喜ぶ. ～ offense 気分を害する. ～ pride in ..を誇りに思う.

> 語法 感情を表す名詞を目的語として取り, その目的語と同じ形又は同根の動詞と意味的に関連するものが多い. 最後の2例はそれぞれ be [get] *offended*, *pride* oneself on.. と言い換えられる.

【記録に取る】 **32** を**調べる**, **計る**, 取る. The doctor *took* his pulse [temperature]. 医者は彼の脈を取った[体温を計った]. ～ stock 在庫を調べる.

33〔写真〕を撮る. They *took* her picture. 彼らは彼女の写真を撮った. She had her picture ～*n* by her son. 彼女は息子に写真を撮らせた.

34 を書き留める. ～ a speech 演説を筆記する. Anything you say will be ～*n* down. 君の言うことはすべて記録される.

【取り込む, ものにする】 **35**〔染料, 香りなど〕を吸収する; 〔火〕がつく; 〔つやなど〕を得る, が出る. That cloth ～*s* dye. その布は染料に染まる. ～ a high polish (磨くと)ぴかぴかつやが出る.

36〖話〗をだます. **37**〔女〕と性交する.

― ㊀ **1**〔染め物が〕染まる; 〔種痘が〕つく; 〔植物が〕根づく; 〔火が〕つく; 〔薬が〕効く. The vaccination didn't ～. 種痘はつかなかった. **2** ⅤA (A は様態の副詞)(写真に)撮れる. ～ *well* [*badly*] 写真写りが良い[悪い]. **3**〔魚が〕かかる, 餌(え)を食う. **4** 人気を博する, 受ける, 〈*with* ..の間で〉. **5**〖米話〗ⅤC (～ X) X の状態(病気など)になる (become) (→㊀ 3). She suddenly *took* ill. 彼女は突然病気になった. **6** ⅤA 行く, 進む. ～ *across* ..を横切って行く. ～ *to*.. →成句 (3).

be táken〖戯〗もう結婚している[いい人がいる].

****táke after..*** (1) **..に似ている** (類語 外見, 性質などが普通「親に似ている」場合に用いる; →resemble). The boy ～*s after* his father in everything. あの少年はあらゆる点で父親に似ている. (2)〔人〕をまねる. (3)〖米〗..を追いかける. I *took after* him, but couldn't catch him. 彼を追いかけたがつかまえられなかった.

táke against..〖主に英〗〔人, 物が〕(さしたる理由もなく)..が嫌いになる.

tàke /../ alóng ..を連れて来る[行く], 持って来る[行く].

tàke /../ apárt →apart.

tàke /../ aróund [***róund***] ..を案内する, 持って回る, (→㊀ 21 (a)).

tàke awáy 食卓を片付ける.

****tàke /../ awáy*** (1) **..を運び[持ち, 連れ]去る**; 〔痛み, 悩みなど〕を取り除く; 〔楽しみなど〕を奪う. The suspect was ～*n away* to the police station. 容疑者が警察署に連行された. The waiter *took* the dishes *away*. 給仕は食器を下げた. The sight *took* his breath *away*. その光景に彼は思わず息をのんだ. (2)〔ある数, 額〕を引く, 値引く. Ten ～ *away* two leaves eight. 10引く2は8 (★take away が minus の意味で使われている). (3)〖英〗〔料理〕を買って持ち帰る《店で食べずに; →TAKE out》.

tàke (***awáy***) ***from..*** ..(の効果[価値])を弱める, 下げる, (↔add to..). His disheveled hair ～*s away* greatly *from* his appearance. 乱れた髪が彼の風采(さい)を著しく落とす.

tàke X (***awáy***) ***from*** Y Y から X (価値, 効果など)を減じる, 弱める. The tiny birthmark *took* nothing *from* her loveliness. 小さなあざは彼女の美しさを少しも損なわなかった.

****tàke /../ báck*** (1)〔前言など〕を**取り消す**. I ～ *back* what I said about her. 彼女について言ったことは撤回します. (2) ..を戻す, 持ち[連れ]帰る, 〈*to* ..へ〉; ..を取り戻す; 〔品物〕を返品する; 〔返品〕を引き取る; ..を再び(家庭に)迎え入れる, ..と撚(よ)りを戻す. ～ *back* a book *to* the library 図書館へ本を返す. ～ *back* a dress and exchange it for another (売った)服を引き取って[(買った)服を返品して]他の服と交換する. His wife *took* him *back*. 妻は彼を迎え入れた. (3)〔人〕に思い出させる〈*to* ..を〉. The book ～*s* one *back to* the Victorian age. この本は読者をヴィクトリア時代へいざなう. (4)〖印〗..を前行[頁]に送る.

****tàke /../ dówn*** (1) **..を降ろす**; 〔ズボンなど〕をずり下げる. ～ *down* a flag 旗を降ろす. (2)〔言葉〕を**書き留める** (→㊀ 34). (3)〔建物〕を取り壊す; 〔木〕を切り倒す; 〔機械〕をばらばらにする. The circus tents were ～*n down*. サーカスのテントは取り払われた. (4)〔髪など〕をほどく. (5)〖話〗〔人〕をこきおろす, へこます, ..に恥をかかせる. ～ a person *down* a peg (or two) →peg (成句). (6) ..を飲み込む. He *took* it *down* in one swig. 彼はぐいと一気に飲みほした.

****táke*** X ***for*** Y (1) X を Y と思う[みなす], (→㊀ 16 (b)). (2) **X を Y と間違える**, X を誤って Y と思う. I *took* him *for* an American. あの人をアメリカ人と間違えた.

táke from.. ＝TAKE (away) from ...

táke..from ＝TAKE X (away) from Y.

****tàke /../ ín*** (1) **..を取り入れる**; 〔食物など〕を摂取する; 〔空気, 水など〕を吸い込む, 飲む. ～ *in* the clothes ahead of the rain 雨にならないうちに洗濯物を取り込む. (2)〔客〕を泊める; 〔下宿人〕を置く; 〔子供〕を引き取る; ..を警察に連行する. Could you ～ me *in* for the night? 私を泊めて頂けますか. ～ *in* boarders (賄い付きの)下宿人を置く. She *took* the child *in* and raised it as her own. 彼女はその子供を引き取り, 自分の子供として育てた. (3)〔仕事〕を自宅で引き受ける; ..を(収入として)得る. ～ *in* washing [sewing] 内職に洗濯[縫い物を]する. (4) ..を含む, 包含する; ..を考慮に入れる. Our tour *took in* most of the British Isles. 我々の旅行は英国の島の大多数を含んでいた. The study will ～ *in* all the country. 研究は国全体を対象とする. (5)〔衣服など〕を縮める; 〔帆〕をたたむ; (↔let..out). have the waist ～*n in* (服の)ウエストを詰めてもらう. (6)..を理解する; ..を見てとる; 〔うそなど〕を(疑わずに)受け入れる. He *took in* all I taught him. 彼は私が教えたことを全部理解した. He *took in* the whole scene and phoned the police at once. 彼はその場の状況を見てとり直ちに警察に電話した. (7)〖話〗〔人〕をだます (cheat). She was ～*n in* by his sweet talk. 彼女は彼の甘い言葉にだまされた. (8)〖米〗..を訪問する, ..に出席する;〔映画など〕を見る;〔名所など〕を見物する. (9)..に見入る[聞き入る], ..に集中する; ..を一目で見る. (10)〖英旧〗〔新聞など〕を取る, 購読する, (→⑩ 9). (11)〔金額〕の売り上げがある;〔作物〕を収穫する.

táke it (1)思う〈*that* 節 ..と〉. I ～ *it* (*that*) you know each other very well. あなた方はお互いによくご存じのことと思います. You wrote that, I ～ *it?* 君がそれを書いたと思うんだが. (2)信じる(→TAKE it from me.);〖話〗罰[困難, 批判など]によく耐える. I'll ～ *it* on his say-so. 彼がそう言うのだから信じよう. He can ～ *it* if anyone can. 人に耐えられるものなら彼にも耐えられる.

tàke it [***thìngs***] ***éasy*** →easy.

Tàke it from mé. それは本当です; 私の言うことを信じなさい; (=You may [can] ～ it from me.)

táke it or léave it (1)受け入れるか拒むかする(★最後的な提案であることを意味し, 命令文で用いることが多い). That's my last offer, (you can) ～ *it or leave it*. これ以上はまけないから, いやならやめなさい. (2)〈you can の後につけて〉(提案されたことの)どちらでも結構です.

táke it out of.. (1)〔人〕に復讐(ふくしゅう)をする. (2)〔給料など〕から弁済させる. (3)〖話〗〈又は take a lot out of ..〉..をくたくたに疲れさせる. This job ～*s a lot out of* me. この仕事にはほとほと疲れてしまう.

tàke it óut on.. 〖話〗〔人, 物〕に当たりちらす. I know you got the sack, but don't ～ *it out on* me. 知ってるよ君が首になったのは, だが僕に当たらないでくれ.

tàke óff (1)〔飛行機などが〕離陸する;〔動物, 鳥などが〕飛び上がる, 飛び立つ,〈*from* ..〔地面など〕から〉; 走り出す;〖話〗(突然)立ち去る, 出かける,〈*for, to* ..へ(向かって)〉. My plane ～*s off* at nine o'clock. 私の飛行機は9時に離陸する. The kids *took off* for the movies tonight. 子供たちは今晩映画を見に出かけました. (2)〖話〗〔仕事が〕軌道に乗る; (急に)人気が出る;〔パーティーなどが〕盛り上がる. Her career *took off* in earnest two years ago when she won the Academy Award. 2年前にアカデミー賞を取ってから彼女の仕事が本格的に軌道に乗った. (3)〖話〗熱中する, 夢中になる,〈*on* ..に〉.

****tàke /../ óff*** (1)**..を取り去る**;〔帽子, 衣服など〕を脱ぐ; (↔put..on). ～ *off* the cover 覆いを外す. He *took off* his hat [glasses]. 彼は帽子を脱いだ[眼鏡をはずした]. (2)〈しばしば受け身で〉〔列車, バスなど〕の運行をやめる;〔劇など〕の上演を打ち切る. (3)〔手など〕を離す;〔手足など〕の切断手術をする. *Take* your hand *off*. その手を離せ. (4)〔値段など〕を引く. (5)〔人〕を連れて行く, 立ち去らせる; (難破船などから)を救出する. be ～*n off* to prison 牢獄へ連れ去られる. (6)〈～ oneself off で〉(突然)立ち去る, 出発する. (7)〖話〗〔人〕の物まねをする. He is clever at *taking off* his teachers. 彼は先生たちのまねがうまい. (8)..の休暇を取る. ～ ten days *off* (from work) in August 8月に10日間の休暇を取る. (9)〔病気などが〕の命を奪う, を殺す. be ～*n off* by pneumonia 肺炎で死ぬ.

táke X ***off*** Y (1)YからX(手など)を離す; YからXを取り去る[外す, 除く]; YからXを救い出す. He could not ～ his eyes *off* her. 彼は彼女から目を離すことができなかった. (2)YからX〔金額など〕を引く. ～ 50 cents *off* the price 値段から50セント引く. (3)Y(職務など)からX(人)を外す, 免職させる.

tàke ón (1)〖話〗ひどく悲しむ[心配する]; かっとなる, 騒ぎたてる. For heaven's sake, don't ～ *on* so. 後生だから, そんなに興奮しないで. (2)流行する, 人気を得る. The Afro hairstyle *took on* for some time. アフロの髪型はしばらく流行した.

tàke /../ ón (1)..を雇い入れる, 採用する, (→employ 1 類語). ～ him *on* as an assistant 彼を助手に採用する. (2)〔外観〕を見せる, 呈する;〔性質〕を帯びる. Her face *took on* an expression of disbelief. 彼女の顔は信じられないという表情になった. ～ *on* new meanings 新しい意味を帯びる[持つ]. (3)〔仕事, 責任など〕を引き受ける;〔敵〕を相手にする. I can't ～ *on* any more work. これ以上の仕事は引き受けられない. The fighter agreed to ～ *on* all comers. そのボクサーはだれとでも相手になると言った. (4)〔客〕を乗せる;〔荷, 燃料など〕を積み込む. The ship had *taken on* too many passengers. 船は客を乗せ過ぎていた.

táke /../ on oneséIf 〔責任など〕を引き受ける; 思いきって..する〈*to* do〉. ～ *on* one*self* the responsibility for.. の責任を負う. She *took* it *on herself to* call the police. 彼女は思いきって警察に電話した.

tàke óut 〖米〗出かける, 出発する,〈*for* ..に〉.

****tàke /../ óut*** (1)**..を(中から)取り出す**; ..を持ち出す, 借り出す. He *took out* his pen. 彼は万年筆を取り出した. Not to be ～*n out*. 帯出禁止. (2)**..を(遊び, 食事などに)連れ出す**. Have you ever ～*n* her *out?* 彼女とデートしたことがありますか. (3)..を抜く; ..を取り除く. have one's appendix [a tooth] ～*n out* 盲腸を切り取って[歯を抜いて]もらう. Soap and water will ～ *out* the stain. 石けんと水でその汚れは落ちる. (4)〔免許状など〕を受ける, 取得する;〔保険など〕を契約する. ～ *out* a driver's license (申請して)運転免許を取得する. ～ *out* an insurance policy 保険契約をする. (5)〖話〗..を破壊する, 役に立たなくする; ..を殺す;〖フットボール〗〔相手〕をブロックする. The bomber *took out* the enemy's fuel depot. 爆撃機は敵の燃料倉庫を破壊した. (6)〖米〗〔料理〕を買って持ち帰る《店で食べずに; →TAKE away》. Five cheeseburgers to ～ *out*, please. チーズバーガーを5つ持ち帰りでお願いします. To eat here, or to ～ *out* [to go]? ここで召し上がりますか, お持ち帰りですか. (7)〖オース話〗〔試合など〕を勝ち取る.

tàke** a **pérson out of himsèlf 人の悩み[心配ごと]を忘れさせる, 人を楽しませる. A trip abroad would help to ～ him *out of* him*self*. 海外旅行でもすれば少しは彼の気も紛れるだろう.

tàke /../ óut on** a **pérson 〖話〗〔怒りなど〕を人にぶちまける(→TAKE it out on..). Never ～ *out* your anger *on* your children. 何かに腹が立ったからといって, 子供たちに当たり散らしてはいけない.

tàke óver (1)引き継ぐ, 後継者になる; (代わって)支配する; (→takeover). I'll ～ *over* while you're gone. あなたの留守の間(代わりは)引き受けました. ～ *over* as chairman 後任の議長になる. In January 1959, Castro *took over* in Cuba. 1959年1月カストロはキューバの政権を引き継いだ. (2)(優勢になり)取って代わる〈*from* ..に〉. Robots have ～*n over from* workers in that factory. その工場ではロボットが労働者に取って代わった.

****tàke /../ óver*** (1)**..を運んで[連れて]行く**. I'll ～ you *over* to the manager's office. あなたを部長室にお連れしましょう. (2)〔仕事など〕を引き継ぐ;〔事業の経営権など〕を接収する, 乗っ取る; を支配する, 独り占めする. ～ *over* one's father's business 父親の事業を継ぐ. Sue *took over* the starring role. スーが主役の代役をした. ～ *over* a company 会社の経営権を買い取る. He ～*s*

over any party he goes to. 彼はどんなパーティーへ行っても一番の人気者になる. (3)〘印〙..を次行[頁]へ送る.
tàke /../ róund [↑***aróund***]
Tàke thát! これでも食らえ《人を殴る時の文句》.
*__táke to..__ (1) ..が好きになる, ..になじむ; (楽しんで)..するようになる. The children *took to* her right away. 子供たちはたちまち彼女が好きになった. He *took to* his new job like a fish to water. 彼は新しい仕事に水を得た魚のように取りかかった. ～ kindly *to*.. →kindly[2] (成句). (2)(習慣的に)..するようになる, に没頭する, にふける. ～ *to* drink(ing) 飲酒にふける(ようになる). ～ *to* jogging before breakfast 朝食前に(日課として)ジョギングを始める. ～ *to* one's bed →bed (成句). (3)(休息, 逃亡などの目的で)..に向かう. ～ *to* the hills 山に逃げ込む. ～ *to* the streets 街頭デモをする. (4)〔暴力など〕に訴える, 〘ニュー俗〙..を(こぶしで)攻撃する. (5)..に順応する.
tàke úp (1)(とぎれた話, 中断した仕事などを)続ける, 再開する, (→TAKE /../ up (11)). (2)〘米〙〔学期が〕始まる.
*__tàke /../ úp__ (1)..を拾い上げる; ..を持ち上げる. ～ a puppy *up* in one's arms 小犬を抱き上げる. (2)〔人〕を乗り物に乗せる, 〔客〕を拾う; 〔人〕を採用する, ..の保護者になる. The bus couldn't ～ *up* any more passengers. バスはそれ以上乗客を乗せられなかった. (3)〔主義, 主張など〕を支持する. ～ *up* the reform cause 改革運動を支持する. (4)〔草木などが〕〔水など〕を吸収する. (5)〔人〕を保護する; ..を捕縛する. (6)〔時間〕を取る; 〔場所〕をふさぐ, 占める; 〔態度, 立場など〕を取る. Excuse me for *taking up* so much of your time. こんなにもお時間を取らせて申し訳ありません. Every seat was ～*n up*. 席はすべてふさがっていた. The bed *took up* practically the entire room. ベッドがほとんど部屋全体をふさいでいた. ～ *up* thirty percent of the budget 予算の30%を占める. ～ *up* one's station 部署につく. (7)〔人〕の心を占める, を熱中させる, 忙しくさせる, 〈しばしば受け身で〉. The government is ～*n up* with modernizing the country. 政府は国の近代化に専念している. (8)〔人〕の言葉を遮る; ..を非難する〈*on* ..のことで〉. The Premier was ～*n up* on his statement. 首相はその発言を問題化された. (9)〔研究, 趣味など〕を始める. ～ *up* business management 経営学の勉強を始める. ～ *up* painting [the piano] 絵[ピアノ]を始める. (10)〔問題〕を取り上げる, 論じる. The committee *took up* the problem. 委員会はその問題を取り上げた. I'll ～ that *up* with him at the next meeting. そのことは次の会で彼と論ずる予定である. (11)〔とぎれた話, 中止した仕事など〕を続ける. We'll ～ *up* (the story) where we left off yesterday. 昨日やめた所から(話を)また続けよう《the story を省けば自動詞》. (12)〔招待, 挑戦, 賭(か)けなど〕に応じる; 〔人〕に応じる, と論じる, 〈*on* ..のことで〉. She *took up* his invitation. =She *took* him *up* on his invitation. 彼女は彼の招きに応じた. He never ～*s up* bets. 彼は決して賭けに応じない. (13)〔住居〕を定める. ～ *up* (one's) residence →residence (成句). I *took up* my quarters in the new building. 新しい建物に住居を定めた. (14)〔服など〕を縮める; 〔たるみなど〕を引き締める. The hem has to be ～*n up* an inch. すそを1インチ上げなくてはならない. ～ *up* the slack in a fishline (リールを巻いて)釣り糸のたるみを取る. (15)〔負債〕を全部払う, 完済する. (16)〘オース・ニュー〙〔処女地〕を開拓する.
tàke úp for.. 〘米〙(議論などで)..の味方をする.
táke /../ upon oneséłf. =TAKE /../ on oneself.
tàke úp with.. 〘話〙〔(普通, あまり好ましくない)人〕と親しくなる, 交際し始める, かかり合いになる. I wish you wouldn't ～ *up with* that crowd. あの連中とは付き合ってもらいたくない.

── 名 C 1〘映・テレビ・音楽〙1場面分の撮影, テーク; (演奏の)1回分の録音. We had to do several ～*s* for the same scene. 同じ1場面のために数回撮影し直さなければならなかった. Scene one, ～ three! 第1場面の3度目のテーク. have a chat between ～*s* 撮影の合間に雑談をする. **2**〈普通, 単数形で〉領収金額, 売上高; (泥棒などの)取り分, 分け前. **3** 捕獲[漁獲]量. a great ～ of sardine イワシの豊漁. **4**〘話〙(うまく)つくこと《種痘, 植皮などが》. **5**〘印〙(植字工が1回に組む)原稿量. **6**〘米話〙〈a person's ～ で〉意見, 見解, 解釈, 評価, 〈*on* ..についての, に対する〉. What's your ～ *on* abortion? 妊娠中絶をどう思われますか. **7**〘オース・ニュー俗〙詐欺; ぺてん師.
on the táke 〘話〙賄賂(わいろ)を欲しがって[受け取って], 賄賂の効く.
[＜古期英語 *tacan* (＜古期北欧語)]

táke·awày 〘英〙名 (複 ～s) C 持ち帰り用の料理(を売る料理店[レストラン]), (〘米〙takeout, carryout) (→TAKE /../ away (3)). ── 形〔料理などが〕持ち帰り用の, レストランで買った.

táke-home pày 名 U (税などを差し引いた)手取り「給料.

táke-ìn 名 UC 〘話〙ぺてん, 詐欺.

tak·en /téikən/ 動 take の過去分詞.

***take·off** /téikɔ̀:f|-ɔ̀f/ 名 (複 ～s /-s/) **1** UC (飛行機などの)**離陸** (↔landing), 出発; (跳躍の)踏み切り(点); (国の)'経済的離陸(期)'《工業国家化が軌道に乗ること[時期]》. The ～ was smooth. 離陸は滑らかだった. Most accidents occur during either ～ or landing. たいていの事故は離陸か着陸の時に起こる. **2** C 〘話〙(おどけた)物まね; (風刺)漫画. He did a brilliant ～ on [of] the President. 彼は大統領の見事な物まねをした.

táke·òut 〘米〙名 C 持ち帰り用料理(を売る料理店[レストラン]) (〘英〙takeaway) (→TAKE /../ out (6)). ── 形〔料理などが〕持ち帰り用の.

†**táke·òver** 名 C 引き継ぎ; (会社などの)経営権取得, 乗っ取り, (→TAKE /../ over (2)).

tàkeover bíd 名 C (株式の)公開買い付け《会社乗っ取りを策して, 価格を提示してその株を買い集めること; 略 TOB》.

tak·er /téikər/ 名 C 〘話〙〈普通 ～s で否定文で〉応じる人〈*for* ..〔賭(か)け, 投資の勧誘, 挑戦など〕に〉.

tak·ing /téikiŋ/ 名 **1** C 捕獲高, 漁獲高. **2**〈～s〉売上高, 収入. the day's ～*s* その日の売上高[かせぎ]. ── 形 **1**〘旧話〙魅力のある, 心をひきつける, (attractive). a ～ smile 魅力たっぷりなほほえみ. **2**〔病気が〕伝染性の.

talc /tælk/ 名 U 〘鉱〙滑石, タルク; =talcum「powder.

tálc pòwder 名 =talcum powder.

tal·cum /tælkəm/ 名 =talc; talcum powder.

tálcum pòwder 名 タルカムパウダー.

‡**tale** /teil/ 名 (複 ～s /-z/) C **1** (事実又は架空の)**話**, 物語, (類語 story[1] より文章語的). fairy ～*s* おとぎ話. folk ～*s* 民話. ～*s* of adventure 冒険談. tell a sad ～ 悲しい話をする. That tells a ～. それには何か訳があるはずだ. The statistics tell their own ～. その統計は説明を要しない《「自明だ」の意味》. →old wives tale.
2 うそ, 作り話; (悪意のある)うわさ; 告げ口, 悪口. all sorts of ～*s* いろいろなうわさ話.
lìve [***survìve***] ***to tèll the tále*** 生き残って真相を伝える, 生き証人となる.
tèll a [***the***] ***tále*** (1)→1. (2)〔物事が〕真実[その間の事情]を物語る.
tèll táles (1)秘密を言いふらす; 告げ口をする; 〈*about* ..〔人〕の〉. She's the type who *tells* ～*s*. あれはおしゃべりな女だ. Dead men *tell* no ～*s*. 〘諺〙死人に口なし. (2)うそをつく, 作り話をする, 〈*about* ..についての〉.

T

Therebỳ hàngs a tále. →thereby.
[<古期英語「話; 勘定, 計算」(→tell)]

tále·bèarer 名 C 《旧》告げ口屋, 他人の秘密を言いふらす人, (teleteller).

***tal·ent** /tǽlənt/ 名 (複 **~s** /-ts/) **1** UC (生まれつきの) **才能**, 適性, 素質, 〈*for* ..に対する〉(類語 talent は努力, 訓練によって伸ばすことのできる(生得的) 才能; →ability). He has a ~ *for* languages. 彼は語学の才がある. have a ~ *for* making friends 友達を作るのがうまい. He has great musical ~. 彼はすぐれた音楽の才能を持っている. a man of many ~*s* 多才な人. a girl with ~ *for* singing 歌の才能のある少女. develop one's ~*s* 自分の才能を伸ばす. *Talent* merely exploits discoveries made by genius. タレントとは天才による発見を単に開発利用するだけの能力だ.

> 連結 rare [extraordinary; hidden; budding; raw; wasted] ~ // show [display] (one's) ~; cultivate [develop] one's ~

2 U 〈集合的; 複数扱い〉**才能のある人たち**, 人材; C 《主に米》〈普通, 修飾語を伴って〉才能のある人; 《芸能分野だけに限らない》(参考 日本語の「テレビタレント」に当たる英語は a TV celebrity [personality, star]). scout musical ~ 有能な音楽家をスカウトする. look out for local ~ 地方の人材を物色する. golfing ~ ゴルフの達人たち. a new ~ in modern jazz 現代ジャズ界の新星. The rookie is a real ~. その新人選手はすばらしい素質の持ち主だ.
3 U 《英俗》〈集合的, 複数扱い〉(性的魅力に満ちた)いかす人[特に女]たち. the local ~ 土地のギャルたち.
4 C 《史》タラント《古代ギリシア・ローマ・ヘブライなどで用いられた貨幣[重量]の単位》.
[<ギリシア語「天秤皿, タラント(→4)」; 「才能」の意味は《聖書》『マタイによる福音書』25章14–30節の「才能に応じてタラントを与える」というたとえ話から中世ラテン語でできた]

***tál·ent·ed** /-əd/ 形 m **才能[素質]のある**, 有能な[で].

tálentless 形 才能のない.

tálent scòut [spòtter] 名 C タレントスカウト《スポーツ, 芸能などの新人を捜し出す職業の人》.

tále·tèller 名 物語をする人, 語り手; =talebearer.

ta·li /téilai/ 名 talus の複数形.

tal·is·man /tǽləsmən, -əz-/ 名 (複 **~s**) C (魔よけの, あるいは幸運をもたらす)お守り, 護符; 不思議な力のあるもの. carry a ~ for protection 魔よけのお守りを身に着けている. ▷**tàl·is·mán·ic** /-mǽnik 移/ 形

‡talk /tɔːk/ 動 (**~s** /-s/|過 過分 **~ed** /-t/|**tálk·ing**) 自
1 話す, しゃべる, 〈*about, on* ..について〉; 相談する, 話し合う, 協議[交渉]する, 〈*to, with* ..と〉; (類語 脈絡のある話によって自分の考えを語ることを強調する; 又, くだけた軽い会話をかわしたり, 無意味なことをぺらぺらしゃべる時にも用いられる; →chat, chatter, converse, gossip, prate, prattle, speak). ~ *about* old times 昔の話をする. He doesn't ~ much. 彼は口数が少ない. ~ in low voices ひそひそ話し合う. ~ on the telephone 電話で話す. ~ together 相談し合う. Don't ~ in class. 授業中はおしゃべりをしないように. Beth and I are not ~*ing*. 《話》ベスと私は(けんかをして)口をきいていない.
2 〔赤ん坊が〕物を言う; 〔重病人が〕口をきく; 〔鳥などが〕(人間の)言葉をまねる. Can the baby ~ yet? 赤ん坊はもう物が言えますか. teach a bird to ~ 鳥に言葉を教える. **3** (身ぶりなどで)意思を伝える, 語る. ~ by using signs 身ぶり手まねで話す. ~ by radio 無線で通信する.
4 うわさ話をする〈*about* ..〔人〕の〉; (仕方なく)秘密を明かす. People will ~. うわさが立ちますよ; 《諺》人の口に戸は立てられぬ. make the prisoner [suspect] ~ 捕虜[容疑者]に口を割らせる.
5 物をいう, 効果を発揮する. Money ~*s*. 金が物を言う.
— 他 **1** のことを話す[語る, 論ずる]; を言葉で表す, 言う; (★that 節を目的語に取らない). ~ shop 自分の商売[専門]の話をする. ~ business [music, politics] 商売[音楽, 政治]の話をする. You're ~*ing* nonsense [sense]. 君の言うことはばかげている[もっともなことだ]. A Porsche? You're ~*ing* serious money. ポルシェ(を買う)だって? 大金が必要だよ.
2 (a) VOA に話をして[を説得して]..の状態にする. ~ a child *to* sleep 話をして子供を寝かしつける. ~ a person *down* (飛び降り自殺などしようとする)人を説得して˪降りてこさせる[冷静にさせる]. **(b)** (**~ X *into* (*doing*)../X *out of* (*doing*)..**). X(人)を説得して..させる[をやめさせる]. The salesman ~*ed* my mother *into* buy*ing* a sewing machine. 母はセールスマンに説得されてミシンを買うことになった. We could not ~ her *out of* her decision. 我々が説得しても彼女の決心は変えられなかった. He ~*ed* himself *into* [*out of*] accept*ing* the offer. 彼は納得した上でその申し出を˪受け入れた[断った].
3 〔(特定の)言語〕を話す[使う](ことができる) (★この意味では speak の方が普通). Do you ~ German? ドイツ語ができますか.
4 VOC (**~ *oneself* ..**) しゃべりまくって..の状態になる. ~ one*self* hoarse [out of breath] しゃべりまくって声をからす[息切れする]. I ~ my*self* blue in the face but he never listens. 私が青筋立ててしゃべっているのにあの人はてんで聞いてくれない.

can tàlk under ˪wáter [wèt cément] 《オース話》おしゃべりである, 口達者である.

knòw what one is tálking about (その道の)専門家である (→TALK about..).

Lòok [Hàrk] who's tálking! 《話》君だって同じことじゃないか, よくいうよ, 《ひとのことなど言えたものではない》.

Nòw you're tálking. 《話》それなら話が分かる; そうこなくちゃいけない, それがいい, 名案だ.

tàlk a blùe stréak 《米話》のべつまくなしにしゃべる.

Tálk about.. (1) よく..が引き合いに出されるが《このほうがもっとひどい, という気持ち》. *Talk about* Russia under Stalin! スターリン下のロシアも顔負けだ. (2) 《話》〈反語的にも〉なんてすごい[ひどいなど]..だ(った), ..とはまさにこのことだ. *Talk about* rain [laugh]! 降った[笑った]のなんのって!

tálk about.. (1) **..について話す**. What are you ~*ing about?* 何の話をしているの; 一体何(をばかなことなど)を言っているんだ. We're [You're] ~*ing* (*about*) ..(の話)だよ; ..が必要である (→他 1). (2) ..のうわさをする. He is always ~*ed about*. =He always gets himself ~*ed about*. 彼はいつもうわさの種になっている. (3) =TALK of.. (2); =TALKing about [of].

tàlk a pèrson's árm [éar, lég, etc.] òff 《話》のべつまくなしにしゃべって人をうんざりさせる[閉口させる] (★talk one's HEAD off が原形).

tálk around.. 〔問題〕に直接触れないで話す, ..を遠回しに言う. He ~*ed around* the problem. 彼の話は問題を避けて通った.

tàlk /../ aróund 《米》..を説得して自分の意見に従わせる. I ~*ed* him *around* finally. とうとう彼を説得した.

tálk at.. (1) 〔人〕にあてつけて言う. (2) 〔人〕に向かって(一方的に[横柄な態度で])しゃべりまくる.

tàlk awáy 話し続ける.

tàlk /../ awáy (1) 〔時〕を話して過ごす. We ~*ed away* the evening. 我々がおしゃべりしているうちに夜がふけた. (2) 〔問題など〕を話で片付ける, 〔恐怖心など〕を話してまぎらす. The problems cannot be ~*ed away*. その問題は˪話して[口先だけで]片付けるわけにはいかない.

T

tàlk báck 口答えする〈*to* ..に〉. No one ever dared ～ *back to* him. 彼に口答えする者は1人もいなかった.
tàlk bíg 〘話〙大言壮語する, ほらをふく,〈*about* ..について〉. He always ～*ed big* but didn't do much. 彼はいつも大言壮語していたが大したことはできなかった.
tàlk dówn 調子を下げて[見下した調子で]話しかける〈*to* ..に〉. He tends to ～ *down to* his audience. 彼は聴衆に分かりやすく調子を落として話す傾向がある. She resented being ～*ed down to*. 彼女は横柄に話しかけられたことに憤慨した.
tàlk /../ dówn (1)→㊀ 2. (2)〔人〕をしゃべり負か(して黙ら)す; ..をけなす; ..を軽視する. Every time I tried to get in a word he would ～ me *down*. 私が一言口を挟もうとするたびに彼にしゃべり負かされて口を挟むことができなかった. The Congressman was ～*ing* the bill *down*. 国会議員は法案をこきおろしていた. (3)〘空〙〔飛行機, パイロット〕を無線誘導して着陸させる. The plane had to be ～*ed down* through the fog. 飛行機は霧の中を無線誘導で着陸させねばならなかった. (4)〘主に英〙(交渉して)..に(いくらいくら)値引きさせる, を引き下げる.
tàlk /../ ín ＝TALK /../ down (3).
******tálking about* [*of*] ..** 〈普通, 文頭に用いて〉..のことと言えば, ..の話のついでだが. *Talking of* Jimmy, how is his mother these days? ジミーの話が出たついでだが, このごろ彼のお母さんの具合はどうなんだ.
******tálk of* ..** (1)..**について話す**; ..のうわさをする; (★talk about の方が普通). We ～*ed of* many things. 我々はいろいろな事を話し合った. *Talk of* the devil and he is sure to appear. →devil (成句). (2)..という表現を使う. We ～ *of* higher education, not high education. 一般に higher education (高等教育)と言って, high education (高度の教育)という言い方はしない. (3)〈～ of doing で〉..するつもりだなどと言う. He's always ～*ing of* quit*ting* his job. 彼はいつも仕事をやめるつもりだなどと言っている.
tàlk /../ óut (1)〔問題〕を徹底的に論じる; ..を話し合って決着をつける. We ～*ed* the problem *out* last night. 我々は昨夜その問題を徹底的に話し合った. (2)〘英〙〔法案〕を質疑を長引かせて採決させない.
***tálk over* ..** ..しながら話し合う (→over 前 9). We ～*ed* about our future *over* a cup of coffee. コーヒーを飲みながら私たちは将来の事を話し合った.
******tàlk /../ óver*** (1)〔問題〕を**よく話し合う**, 討議する. I'll have to ～ it *over* with my parents. そのことは両親とよく話し合ってみなければなりません. (2)＝TALK /../ around.
***tálk round* ..** 〘英〙＝TALK around...
talk /../ róund 〘英〙＝TALK /../ around.
tàlk /../ thróugh 〔問題〕をよく話し合う, 論じ尽くす,〈*with* ..〔人〕と〉.
tàlk X̀ through Ý X(人)にYの説明(指導)をする.
***tàlk through* one's *hát* [*áss, árse, bácksíde*]** → hat.
******tálk to* ..** (1)〔人〕**に話しかける**, ..と話し合う, (→自 1)(参考 talk to はこちらが一方的に話す場合, talk with は双方がしゃべって話し合う場合, と区別することもある; 又〘英〙では to が好まれ,〘米〙では to も with も用いられるという傾向もある). He is easy to ～ *to*. 彼は話をしやすい人だ. Can I ～ *to* you for a minute? ちょっと話があるんだけどいいかい. I'm ～*ing to* you. ちゃんと話を聞け. (2)〘話〙..をしかる, ..に小言を言う. You had better ～ *to* the boy before he gets himself into trouble. 何かとんでもない事をしでかさないうちにあの子に言ってきかせてください.
tàlk..to déath (1)〔人〕におかまいなしに長話をする. (2)〔法案など〕を議事妨害をして廃案にする.
***tálk to* oneself** 独り言を言う.
tàlk úp 大声で話す, はっきりと言う.
tàlk /../ úp (1)〘主に米〙〔手柄など〕をほめ上げる, 宣伝する(promote);〔法案など〕を支持する. (2)〘主に英〙(交渉して)〔物の値段〕をつり上げる,〔人〕にもっと多く払わせる, に値引きさせる.
tàlk* one's *wáy out of 〔trouble, etc.〕うまいことを言って[巧みに説得して]〔面倒など〕を切り抜ける.
******tálk with* ..** 〔人〕**と話す**, 相談する, (→TALK to 参考). I have often ～*ed with* him on that problem. その問題は彼としばしば話し合った.
Yóu can('t)* [〘米〙 *should(n't)*] *tálk!*＝*Yòu're a (fíne) one to tálk 〘話〙(1)＝Look who's TALKing! (2)〈You can talk! で〉そんなことを言ってすましていられるなんてうらやましいよ, 君はそれで済むからいいよ.

── 名 (複 **～s** /-s/) **1** C **話**, 談話; 相談. I had a long ～ with my teacher. 私は先生と長い間話した. I must have a ～ with my son. 息子にちょっと言っておかなければならない《小言を言うことを遠回しに》.

連結 an honest [a frank, a man-to-man; a personal, a private; a serious] ～

2 C (特に放送などの, 短い) **講演**, 講話,〈*on* ..についての〉(類語 内容も語り口もくだけた短い speech). a TV ～ *on* music today テレビの音楽時評. He gave a ～ *on* fire prevention. 彼は防火の話をした.
3 U 無意味な言葉, むだ話. That's just a lot of ～. それは話だけで実は何もない. be all ～ (and no action)〔人が〕口先ばかりである. end in ～ 空論に終わる.
4 (**a**) U 話(にすること); うわさ. There is ～ ˪that Parliament may dissolve [of Parliament dissolving]. 国会が解散するという話[うわさ]がある. (**b**) うわさの的になる人[物]. She is the ～ *of* the town. 彼女は町中のうわさの種になっている.
5 〈～s〉会談, 協議, 話し合い. Peace [Summit] ～*s* begin next week. 和平[首脳]会談が来週始まる.
6 U (特殊な)話し方, 口調; (人間の話し方に似た)動物の言葉. →babytalk.
màke tálk (1)(時間つぶしに)おしゃべり[雑談]をする. (2)うわさ(の種)になる, 評判になる.
wàlk* one's *tálk (人に言うことを)自分で率先して実行する.
[＜古期英語 *talian*「数える」; tell, tale と同源]

talk·a·thon /tɔ́:kəθɑ̀n|-θən/ 名 C 長時間に及ぶ討議[討論]. [＜*talk*＋mara*thon*]
†talk·a·tive /tɔ́:kətiv/ 形 話し好きな, おしゃべりな.
tálk·a·tive·ness 名 U 話し好き, 口数の多いこと.
†tálk·er 名 C **1** おしゃべりな人; 座談家; 講演者. **2** 〈修飾語を伴って〉話す人. a good [bad, poor] ～ 話のうまい[まずい]人. **3** 話す鳥.
talk·ie /tɔ́:ki/ 名 **1** C 〘古話〙トーキー, 発声映画, (talking picture). **2** 〈the ～s; 集合的〉トーキー.
tálk·ing 形 **1** 物を言う〔鳥など〕. **2** 表情に富んだ〔目など〕. ── 名 U 話すこと. do the ～ 話す役を引き受ける; 代弁する, 代表して話す.
tàlking bóok 名 C (盲人用などの) CD [テープ]《読み物などが録音されている》.
tàlking fílm [pícture] 名 C 〘古〙発声映画.
tàlking héad 名 C 〘話・主に軽蔑〙(テレビ(の討論番組など)で)大写しになってしゃべる人《ニュースキャスター, コメンテーター, 評論家など》.
tálking pòint 名 C (議論などの)論点, 話題.
tálking shòp 名 C 〘主に英・軽蔑〙(行動[実行]力のない)おしゃべりだけの場《会議, 委員会など》.
tálking-tò 名 (複 **～s**) C 〘話〙小言 (→TALK to ..). The boy was given a good ～ by his teacher. 少年は先生にうんとしかられた.
tálk shòw 名 C (テレビ, ラジオで)ゲストとのインタビュー番組 (〘英〙 chat show).

T

‡tall /tɔ:l/ 形 e (3 は C) **1 背の高い**, 高い, (↔short; 類語 高さとともに細長さを含意する; →high). a ~, dark and handsome man 長身で浅黒い肌をしたハンサムな男《大そう魅力的な男性の典型》. The boy is ~ for his age. 少年は年の割には背が高い. He's two inches ~*er* than I.=He's ~*er* than I by two inches. 彼は私より2インチ背が高い. Jim is the ~*est* in his class. ジムはクラスで一番背が高い. a ~ building (細くて)高い建物. a ~ glass たけの高いグラス. a ~ pine tree 高い松の木. **2** 〈長さの表現を伴って〉**背の高さが..ある**, 高さが..の. "How ~ are you?" "I'm five feet ~." 「身長はいくらありますか」「5フィートです」 **3**〘話〙法外な; 大げさな, 信じられない. a ~ price 法外な値段. That's a pretty ~ story. それはいささか大げさな話だ.

── 副 〘話〙大げさに; 大いばりで. talk ~ ほらを吹く. walk ~ 胸を張って歩く; 仕事に[自分に]誇りと自信を持つ.

[<中期英語「大きい, 立派な, 勇敢な」(?<古期英語「すばやい」)]

Tal·la·has·see /tæ̀ləhǽsi/ 名 タラハシー《米国 Florida 州の州都》.

táll·bòy 名 (複 ~s) C 〘英〙(寝室用の)高だんす(〘米〙 highboy).

tàll drínk 名 UC トールドリンク《たけの高いグラスで飲む酒類》.

tàll hát 名 C シルクハット.

Tal·lin(n) /tǽlin, tá:-/ 名 タリン《Estonia の首都》.

tall·ish /tɔ́:liʃ/ 形 背が高めの.

táll·ness 名 U 高いこと, 高さ.

tàll órder 名 C 〈普通 a ~〉〘話〙難しい注文, 無理な要求.

tal·low /tǽlou/ 名 U 獣脂《ろうそく, 石けんなどの原料》. a ~ candle 獣脂ろうそく. ▷ **~·y** /-i/ 形 獣脂の(ような); ろう色の.

tàll póppy 名 C 〘オース話〙高給取り, 目立つ人, '出る杭(くい)'.

tàll shíp 名 C 横帆船, 大型帆船.

tàll tále [stóry, tálk] 名 C 〘話〙大ぼら, 大ぶろしき.

‡tal·ly /tǽli/ 名 (複 -lies) C **1** 割り符, 合い札, (**tálly stìck**)《昔, 細長い木片に刻み目をつけて貸した金の金額, 渡した品物の数量などを記し, これを2つに割って後日の証拠として当事者それぞれが所有した》. **2** 対(つい)の片方; (書類などの)写し, 副本. **3** 符合, 一致. **4** (分類, 識別のための)付け札, 名札など. **5** 記録, 帳簿. **6** 計算, 勘定; (競技の)得点, スコア; 得票. Let's keep a ~ of what we spend. 支出は記録しておこう. **7** (物を数える際の)計算単位《1ダース, 1束など》; (計算単位の)ちょうどの数《20個単位で数える場合, '18, 19, tally' といえば20のこと》; 数を記録する符号《日本で「正」の字を書くのに相当》.

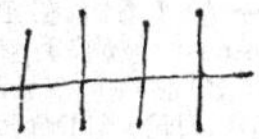

[tally 7]

── 動 (-lies|過 過分 -lied|~·ing) 他 **1** を一致[符合]させる, のつじつまを合わせる. **2** を計算する; を合計する 〈*up*〉; 〔得点など〕を記録する. ~ *up* the figures その数字を合計する. when all the votes were *tallied* 全投票を集計すると.

── 自 **1** 一致[符合]する, つじつまが合う, 〈*with* ..と〉. His story *tallied with* yours.=His story and yours *tallied*. 彼の話は君の話と符合した. **2** (ゲームで)得点する. [<ラテン語「切った枝, 棒」]

tal·ly·ho /tæ̀lihóu/ 間, 名 C ほーほー《猟師がキツネを見つけて犬をけしかける時の掛け声》.

tálly·man /-mən/ 名 (複 -men /-mən/) C 〘英〙 **1** 分割払いによる(安い)物品の(戸別訪問)販売人. **2** 計算係, (得点の)集計係.

Tal·mud /tá:lmud, tǽlməd|tǽlmud/ 名 〈the ~〉タルムード《ユダヤ教の律法と注解の集大成》.

▷ **Tàl·múd·ic** /-múdik/, **Tàl·múd·i·cal** /-múdik(ə)l/ 形

tal·on /tǽlən/ 名 C 〈普通 ~s〉(ワシのような猛鳥の)鉤(かぎ)つめ, つめ. [talus と同源]

ta·lus /téiləs/ 名 (複 **ta·li** /téilai/) C 〘解剖〙距(きょ)骨; 踝(くるぶし). [ラテン語 'heel']

TAM 〘英〙television audience measurement (テレビ視聴者数(測定)).

tam /tæm/ 名 =tam-o'-shanter.

tam·a·ble /téiməb(ə)l/ 形 =tameable.

ta·ma·le /təmá:li/ 名 U タマーリ《トウモロコシ粉とひき肉にコショウを混ぜトウモロコシの皮で包んで蒸した, 強烈な味のメキシコ料理》.

tam·a·rack /tǽməræ̀k/ 名 **1** C 〘植〙アメリカカラマツ. **2** U アメリカカラマツ材.

tam·a·rind /tǽmərənd/ 名 **1** C 〘植〙タマリンド《熱帯産マメ科の常緑高木》. **2** U タマリンドの実《食用, 清涼飲料, 薬剤の材料》.

tam·a·risk /tǽmərisk/ 名 C 〘植〙ギョリュウ(御柳)《羽毛状の緑の葉が密生し, 春, 夏に薄紅色の小花を付ける落葉小高木》.

tam·bour /tǽmbuər/ 名 C **1** (円形の)刺繍(ししゅう)枠. **2** (特に低音の)小太鼓. **3** (多数の細い木片を丈夫な布に張り付けた蛇腹状の)巻き込み式の蓋(ふた)《roll-top desk などの》. [フランス語 (<tabor)]

tam·bou·rine /tæ̀mbərí:n/ 名 C 〘楽〙タンバリン. [tambour の指小語]

‡tame /teim/ 形 e (**tám·er**|**tám·est**) **1** 〔動物が〕飼いならされた, なれた, おとなしい, 従順な, (↔wild; →domesticate 類語). a ~ bear 人になついたクマ. The bronco at the rodeo was anything but ~. ロデオの半野生馬は乗り手の思い通りになど決してならなかった. **2** 〘話・戯〙〔人が〕他人の言うなりになる, 意気地のない, 卑屈な. a ~ follower 意気地なしの[いいなりになる]追従者. **3** 活気のない; つまらない, 平凡な. a ~ book [game, party] 退屈な本[ゲーム, パーティー]. ~ scenery 平凡な風景. **4** 〘米〙〔植物が〕栽培された[用の]; 〔土地が〕耕された.

── 動 (~s /-z/|過 過分 ~d /-d/|**tám·ing**) 他 **1** 〔野生動物〕を飼いならす, ならす. ~ a lion [hawk] ライオン[タカ]を飼いならす. **2** 〔反抗する人など〕を従わせる; 〔気力など〕を弱める, くじく. ~ a rebellious teenager 反抗的なティーンエージャーをおとなしくさせる. ~ one's temper かんしゃくを抑える. **3** 〔(川の水などの)自然の力〕を制御する, 利用する. **4** 〔土地〕を耕す, 〔植物〕を栽培する.

[<古期英語] ▷ **táme·ly** 副 なれて; おとなしく, 柔順に; 意気地なく. **táme·ness** 名 U なれていること; 従順; 無気力; 平凡.

táme·a·ble 形 (飼い)ならすことのできる.

tàme cát 名 C 飼い猫; 他人の言いなりになる人; 役に立つので居候を許されている人.

tam·er /téimər/ 名 C (野獣などを)ならす人, 調教師. a lion(-)~ (サーカスの)ライオン使い.

Tam·er·lane /tǽmərlèin/ 名 チムール, 帖木児, (1336?–1405)《モンゴルの征服者でアジア南部・西部にまたがるチムール帝国の創始者; トルコ名 Timur》.

Tam·il /tǽməl/ 名 (複 ~, ~s) C タミール人《南インド及びセイロン島に住む人種》; U タミール語.

── 形 タミール人[語]の.

Tam·ma·ny /tǽməni/ 名 タマニー派《18世紀末 New York 市にできた民主党系友愛団体; しばしば市政腐敗の元凶となった》. [北米先住民の酋(しゅう)長の名]

Támmany Háll 名 タマニー会館《タマニー派の本部; 何回か移動したが, 腐敗政治の象徴的名称となる》.

tam·my /tǽmi/ 名 (複 -mies) =tam-o'-shanter.

tam-o'-shan·ter /tǽməʃæ̀ntər|⌐‐⌐‐/ 名 C タモシャンター《スコットランド起源の大黒ずきん形の帽子;

Burns の詩の主人公の名から》.

tamp /tæmp/ 動 他 **1**〔土など〕を軽くたたいて詰める〈*down*〉. **2**〔爆薬を詰めた穴の口〕を砂[粘土など]でふさぐ《爆発力を強めるため》.

†**tam·per** /tǽmpər/ 動 自 **1** VA (~ ***with*** ..) 不正に変更する, 勝手にいじる; (毒物などを混入させる目的で) 包装をいじる, 開封する. ~ *with* a manuscript 他人の原稿に勝手に筆を入れる. Someone has ~*ed with* this lock. だれかこの錠をいじった形跡がある. **2** VA (~ ***with*** ..) 不正な干渉をする; 買収する. ~ *with* the jury 陪審員を買収する. [*temper* の変形]

támper-èvident /-rèvəd(ə)nt/ 形 ＝tamper-resistant.

támper-pròof 形〔食料品, 薬品などの包装が〕販売前開封防止の.

támper-resìstant 形〔食料品, 薬品などの包装が〕(販売前に)いじれば露見する《シールなどを用いる; 犯罪防止のため》.

tam·pi·on /tǽmpiən/ 名 C (銃口, 砲口の)木栓(もくせん).

tam·pon /tǽmpɑn|-pɔn/ 名 C タンポン, 止血栓,《脱脂綿を固めたもの; 生理用又は医療用》. [フランス語「小さな栓」]

tam-tam /tʌ́mtʌ̀m, tǽmtæ̀m/ 名 C **1**〖楽〗タムタム, どら, (gong)《金属製の大型の打楽器》. **2** ＝tom-tom.

*__tan__[1] /tæn/ 動 (~s /-z/|過 過分 **~ned** /-d/|**tán·ning**) 他 **1**〔皮〕をなめす. **2**〔皮膚〕を**日焼けさせる** (類語 burn と違い, 見た目に好感を与える焼け方). a skier's (snow-)~*ned* face スキーヤーの雪焼けした顔. get [become] ~*ned* 日焼けする. The burning sun ~*ned* her limbs. 燃えるような太陽が彼女の手足を日焼けさせた. **3**〖話〗をひっぱたく. ── 自 **日に焼ける**. His skin easily ~*s*. 彼の皮膚はすぐに日焼けする. ~ to a golden brown 金色がかった茶色に焼ける.

tàn a pèrson's híde →hide[2].

── 名 U 黄褐色; C 日焼け(した色). have [get] a good ~ (肌が)小麦色に焼けている[焼ける]. She came back from Miami with a beautiful ~. 彼女はマイアミから美しく日焼けして帰ってきた.

── 形 黄褐色の. ~ shoes 赤靴.

[<古期英語 (?<ケルト語)]

tan[2] tangent.

tan·a·ger /tǽnədʒər/ 名 C〖鳥〗フウキンチョウ《アメリカ全域に住む羽毛の美しい小型の鳴鳥》.

tán·bàrk 名 U タン皮《皮なめし用のタンニンに富む樹皮; オーク, ツガなどから採る》.

‡**tan·dem** /tǽndəm/ 副 (2つ(以上)の座席, 2頭(以上)の馬が)前後1列に, 縦に並んで. drive ~ 縦につないだ馬に引かせた馬車を駆る.

rìde tándem with **..** ..とタンデムに乗る, 前後に相乗りする; ..と協力する;〔病気などが〕..と同時に起こる.

── 形 縦並びの; 2つ(以上)の座席が縦に並んだ.

── 名 C **1** 縦につないだ2頭(以上)の馬(車). **2** (縦列座席の) 2人(以上)乗り自転車, タンデム, (**tándem bìcycle**).

in tándem (2つが)縦に並んで, 相前後して; (2人, 2つの物が)協力して; 同時に;〈*with* ..と〉. Ellery Queen was really two persons writing *in* ~. エラリー・クイーンは実は協力して書いている2人の人だった.

[ラテン語「ついに」; 英訳の 'at length' を「縦に」ともじったスラングから]

tan·doo·ri /tændú(ə)ri/ 名 U (インドの)タンドリー料理《粘土製のかまどで炭火で焼いたパン・肉など》.

Tang, T'ang /tɑːŋ|tæŋ/ 名 唐《中国の王朝; 618-907》.

tang /tæŋ/ 名 C〈普通, 単数形で〉 **1** ぴりっとする味; 強いにおい. the ~ of the sea air 潮風の(つんとくる)香り. **2** 気味〈*of* ..の〉. There was a ~ *of* irony in his praise. 彼の賛辞には皮肉がぴりっと効いていた.

◇形 tangy

Tan·gan·yi·ka /tæ̀ŋgənjíːkə/ 名 **1** タンガニーカ《もと中東アフリカの共和国; 現在は Tanzania の一部》. **2** **Lake ~** タンガニーカ湖《Tanzania と Zaire の間にある大きな湖》.

tan·ge·lo /tǽndʒəlou/ 名 (複 **~s**) UC〖植〗タンジェロ《タンジェリンとグレープフルーツの交配種; 木, 実》.

tan·gen·cy /tǽndʒənsi/ 名 U 接触(状態).

tan·gent /tǽndʒənt/ 名 C〖数〗**1** 接線. **2** タンジェント, 正接, 《略 tan》.

gò [flỳ] óff on [at] a tángent 〔談話, 行動が〕急にわき道へそれる, 急転換する. He's always *flying off on a* ~. 話をしていると彼はいつも脱線する.

── 形 **1** 接触する, 接した,〈*to* ..に〉. **2**〖数〗接線の; 正接する.

tan·gen·tial /tændʒénʃ(ə)l/ 形 **1**〖数〗接線の; 接線となる〈*to* ..の〉. **2** 軽く触れる〔扱いなど〕; (本筋から)それる; 多岐に分かれる. ▷**~·ly** 副

tan·ge·rine /tændʒəríːn, ⌐－⌐|⌐－⌐/ 名 **1** UC タンジェリン《米国, 南アフリカ産のミカン》. **2** U ミカン色.

tàn·gi·bíl·i·ty 名 U〖章〗触知できること; 現実性.

†**tan·gi·ble** /tǽndʒəb(ə)l/ 形 **1**〖章〗触知できる, 実体のある;〖法〗有体の, 有形の; (↔intangible). ~ objects such as tables and chairs テーブルやいすのような触知可能なもの. ~ assets (会社の)有体資産《信用, 評判などの無形資産に対して, 建物, 機械設備など》.

2〈普通, 限定〉確実な, 明白な, 現実の. produce no ~ evidence 確実な証拠は1つも提出しない. Has the tax reform brought any ~ benefits to ordinary salaried workers? 税制改革は一般サラリーマンに果たして恩恵をもたらしただろうか.

[<ラテン語 *tangere*「さわる」] ▷**-bly** 副 触知できるほど; 明白に.

Tan·gier(s) /tændʒíər(z)/ 名 タンジール《モロッコ北部, ジブラルタル海峡に臨む都市》.

*__tan·gle__[1] /tǽŋg(ə)l/ 動 (**~s** /-z/|過 過分 **~d** /-d/|**-gling**) 他 **1**〔糸やロープなど〕を**もつれさせる**, からませる,〈*up*〉〈*in* ..に〉. The wind ~*d* her long hair. 風が彼女の長い髪の毛をもつれさせた. His clothes got ~*d up in* the barbed wire. 彼の衣服が有刺鉄線にからまった. **2**〔事態など〕を紛糾させる, 混乱させる;〔人など〕を巻き込む〈*in* ..〔混乱など〕に〉. be hopelessly ~*d in* ..に巻き込まれて逃げられない. **3**〔鳥など〕を網などにからませて捕える.

── 自 **1** もつれる. The fishing line ~*d* every time he cast. 彼が投げ込むたびに釣り糸がもつれた. **2** 紛糾する. **3**〖話〗VA (~ ***with*** ..) ..と(特に, 勝ち目がないのに)争う, 口論する. Don't ~ *with* him. あの男とは面倒を起こすな.

── 名 C **1** (髪の毛や糸などの)**もつれ**. a ~ of wool 羊毛のもつれたかたまり. She brushed the ~*s* out of her hair. 彼女はヘアブラシで髪のほつれを直した. **2** 紛糾, 混乱. a ~ of figures ごたごた並んだ数字. **3**〖話〗争い, 口論,〈*with* ..との〉. get into a ~ *with* ..とけんかする.

in a tángle もつれて[た], からみ合って[た]; 紛糾して[た], 混乱して[た]. [<中期英語 (?<北欧語)]

tan·gle[2] 名 U 大型の海藻《特に昆布》.

tán·gled 形 もつれた; 紛糾した, 混乱した. a ~ affair 紛糾した事態. Her hair was ~. 彼女の髪の毛はもつれていた.

tán·gly 形 e ＝tangled.

‡**tan·go** /tǽŋgou/ 名 (複 **~s**) **1** C タンゴ《南米起源の社交ダンス》. dance [do] the ~ タンゴを踊る. **2** UC タンゴ《曲, 音楽》. ── 動 自 タンゴを踊る. It takes two to ~.〖諺〗どちらにも責任がある《けんか両成敗; <タンゴを踊るには2人必要; It takes two to make a quarrel. が原形》.

[(アメリカ)スペイン語 (?<アフリカの言語)]

tan·gram /tǽŋgrəm/ 名 C タングラム《中国起源のパズル; 正方形の厚紙をいくつかの3角形や4角形の小片に分割したものを組み合わせていろいろな形にする》.

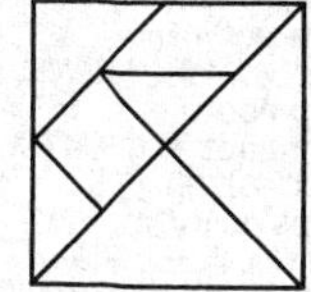
[tangram]

‡**tang·y** /tǽŋi/ 形 e 〔味が〕ぴりっとする, 〔においが〕つんとする. a ～ sea breeze つんとくる海の風.

‡**tank** /tæŋk/ 名 (複 ～s /-s/) C **1** (水, 油, ガスなどを蓄える)**タンク**, 大おけ; =tankful. an oil ～ 油槽. a gas ～ ガスタンク; 〖米〗(車の)(ガソリン)タンク. a ～ for small fish 金魚鉢. a water ～ 水槽. **2 戦車**, タンク, 《この新兵器が作られる際に機密保持のため water tank (水槽)と呼ばれたことから》. **3** 〖インド・パキスタン・オース〗貯水池, 池.
── 動 他 をタンクにいっぱいに入れる. ── 自 VA (～ *up*) 車を満タンにする; 〖話〗酔っ払う.
be* [*get*] *tànked úp 〖話〗酔っ払う, へべれけになる, 〈*on* ..を飲んで〉. [<サンクリット語「池」]

tank·ard /tǽŋkərd/ 名 C タンカード《取っ手付き大型コップ; 普通, ふた付きでビール用》; タンカード1杯の量.

tánk càr 名 C (鉄道の)タンク車《ガス, ガソリンなどを輸送する》.

***tank·er** /tǽŋkər/ 名 (複 ～s /-z/) C **タンカー**, 油槽船; 給油(飛行)機; タンク車; タンクローリー.

tánk fàrm 名 C 石油貯蔵地区.

tánk fàrming 名 U 水耕栽培.

tank·ful /tǽŋkfùl/ 名 C タンク1杯分の量.

tánk tòp 名 C タンクトップ《袖(そで)なしシャツ》.

tánk tòwn 名 C 〖米〗(列車が)給水のために停車する町; ちっぽけな町.

tánk tràp 名 C タンク・トラップ《戦車の前進を阻止するための障害物》.

tánk trùck 名 C 〖米〗タンクローリー, ガソリン輸送トラック.

tan·ner[1] /tǽnər/ 名 C 皮なめし工, 製革業者.

tanner[2] 名 C 〖旧英話〗(旧制度の) 6ペンス銀貨.

tan·ner·y /tǽn(ə)ri/ 名 (複 **-ner·ies**) C なめし革工場.

tan·nic /tǽnik/ 形 タンニン性の.

tànnic ácid 名 U 〖化〗タンニン酸.

tan·nin /tǽnən/ 名 U 〖化〗タンニン酸.

tan·ning /tǽniŋ/ 名 **1** U 皮なめし, 製革法. **2** UC 日焼け. **3** UC 〖話〗むち打ち, ひっぱたき.

tan·sy /tǽnzi/ 名 (複 **-sies**) C 〖植〗ヨモギギク《薬用, 料理用》.

‡**tan·ta·lize** /tǽnt(ə)làiz/ 動 他 (さも望みがかなうかと見せかけて)〔人, 動物〕をじらして苦しめる〈*with* ..〔欲しいもの〕で〉(→Tantalus 1). Don't ～ me *with* that food; I'm on a diet. 私はダイエットしているのだから, そんな料理を出してじらさないでくれ.
tán·ta·lìz·ing 形 じれったがらせる. a ～ smell of food (おいしそうで)待ち遠しい思いをさせる食物のにおい.
▷**～·ly** 副 じらすように.

tan·ta·lum /tǽnt(ə)ləm/ 名 U 〖化〗タンタル《金属元素; 記号 Ta》.

Tan·ta·lus /tǽntələs/ 名 **1** 〖ギ神話〗タンタロス《Zeus の息子; 神々の秘密を漏らした罪であごまで水中につけられ, 水を飲もうとすれば水は退き, 頭上の果実を取ろうとすれば枝が退いて苦しめられた; →tantalize》. **2** 〈t-〉C 〖英〗酒瓶棚《外から見えるが, 鍵(かぎ)がないと瓶が取り出せない》.

‡**tan·ta·mount** /tǽntəmàunt/ 形 〈叙述〉同等の, (事実上)等しい, 〈*to* ..と〉(類語 非物質的なものにだけ用い, 特に, 望ましくないものに等しいことを表す; →equal). Working in coal mines was formerly ～ *to* slavery. 炭坑で働くのはかつては奴隷労働と変わらなかった.

tan·tar·a /tæntǽrə|tæ̀ntərɑ́ː/ 名 C らっぱの吹奏者, ファンファーレ.

‡**tan·trum** /tǽntrəm/ 名 C (特に子供の)かんしゃく. be ⌊in [having] a ～ かんしゃくを起こしている. go [get] into (=throw) (one of) one's ～*s* かんしゃくを起こす.

Tan·za·ni·a /tæ̀nzəníːə|-níə/ 名 タンザニア《アフリカ東部にある英連邦に属する共和国; 首都 Dodoma》.

Tao /tau, dau/ 名 U (道教, 儒教で説く)道(どう).

Taoi·seach /tíːʃək, -ʃəx/ 名 〈the ～〉(アイルランド共和国の)首相. [アイルランド語 'chief, leader']

Tao·ism /táuiz(ə)m|tɑ́ːouiz(ə)m/ 名 U 道教《中国の老子 (Lao-tse) の教え》.
▷**Táo·ist** 形, 名 C 道士(の); 道教の.

‡**tap**[1] /tæp/ 動 (～s /-s/|過 過分 ～ped /-t/|táp·ping) 他 **1 を軽くたたく**《注意を引くなどのために》〈*with* ..で〉. He ～*ped* me on the shoulder. 彼は私の肩をぽんとたたいた. Rain ～*ped* the windows. 雨がぽつぽつと窓をたたいた.
2 〔手, 足など〕で**こつこつとたたく**〈*on, against* ..を〉; でとんとんと拍子をとる. ～ one's fingers *on* the desk 指先で机をこつこつとたたく《いらいらしてなど》. ～ one's foot to the music 音楽に合わせて片足で拍子をとる.
3 〔たばこの灰など〕をたたいて落とす. ～ the ash into the ashtray とんとんとたたいて灰を灰皿へ落とす.
4 〔音〕をこつこつと出す; 〔信号, 通信文など〕をこつこつ[とんとん]と(キーをたたくなどして)送る[打ち出す]; 〈*out*〉. The reporter ～*ped out* an article on his typewriter. 記者はタイプライターで記事を作った. ～ data into a computer コンピュータにデータを打ち込む. ～ in a nail with a little hammer 小さな金づちで釘を打ち込む.
5 〖米〗を選ぶ, 指名する, 〈*as* ..に〉
── 自 **1** VA **こつこつたたく**〈*at, on, against* ..を〉. ～ *at* [*on*] a door ドアをとんとんたたく. ～ *away at* [*on*] a typewriter タイプをぱたぱた打つ. The twigs are ～*ping against* the window in the wind. 小枝が風に揺れて窓にこつこつ当たっている. **2** タップダンスを踊る.
── 名 **1** C 軽く打つこと[音]〈*at, on* ..を〉. He gave me a gentle ～ *on* the shoulder. 彼は私の肩を軽くぽんとたたいた. Didn't you hear a ～ *at* the window? 窓をたたく音がしなかったか. **2** U タップダンス; C (タップダンス用の)靴底に付ける金具, 靴底の張り替え革.
[<古期フランス語]

***tap**[2] /tæp/ 名 (複 ～s /-s/) C **1** 〖主に英〗(水道などの)**蛇口**, 栓, (〖米〗faucet). a water [gas] ～ 水[ガス]栓. turn the ～ on [off] 蛇口を開ける[閉める]. leave the ～ running (蛇口から)水[湯]を出しっ放しにする. The ～ leaks. 蛇口が漏る. **2** (たるなどの)栓, 飲み口. **3** 〖機〗タップ, 雌ねじ切り. **4** 〖電〗(電気回路の)中間口だし, タップ. **5** (電話の)盗聴(装置). Someone put a ～ on his telephone. だれかが彼の電話に盗聴装置を仕掛けた.
on táp (1) 〔ビールなどが〕たるから注ぎ出すばかりになって. There's hot and cold water *on* ～. お湯と水がいつでも(蛇口から)出る. (2) 〖話〗いつでも使える状態で, すっかり準備が整って. Another pitcher was kept *on* ～. いつでも登板できるようにもう1人の投手がとってあった.
── 動 (～s|-pp-) 他 **1** 〔たる〕の口をきる[栓を抜く]; 〔酒〕を飲み口を開けて出す〈*off*〉〈*from* ..〔容器の中〕から〉; 〔たる〕に栓[飲み口]を付ける. ～ a barrel たるの栓を抜く. The wine was ～*ped* too soon. このワインはたるの口を切るのが早すぎた. **2** 〔樹木〕の幹から樹液を採る; 〔樹液〕を採る〈*off*〉〈*from* ..から〉. ～ rubber trees ゴムの樹液を採る. **3** 〔天然資源〕を開発する; 〔経験, 知識, 人の意見など〕を利用[活用]する, '生かす'. ～ (into) new energy sources 新エネルギー源を開発する (★into を用いた場合 tap は 自; →成句). **4** 〔人, 人の通話〕を盗聴する; に盗聴器を取り付ける. Our phone is being ～*ped*.

私たちの電話は盗聴されている. **5**〖主に英話〗〔人〕にせがむ, ねだる, 〈*for* ..〔金, 情報など〕を〉.

── 自 VA (〜 *into* ..)〔市場など〕に入り込む; ..を利用[活用]する; 〔貯えなど〕に手を付ける. [<古期英語]

táp-dànce 動 自 タップダンスを踊る.

táp dàncer 名 C タップダンサー.

táp dàncing 名 U タップダンス.

‡tape /teip/ 名 (複 〜s /-s/) **1** U (包装などに使う)平ひも, 紙テープ. **2** C 〈the 〜〉 決勝点のテープ. breast [break] the 〜 (競走で先頭走者が)テープを切る, 1着になる. **3** UC **磁気テープ**《録音・録画・データ記憶用》(magnetic tape); C **録音[録画]済みのテープ**; U テープ録音[録画], テープへのデータ入力. a cassette 〜 カセットテープ. record [put] a conversation on 〜 会話をテープにとる. I have Mr. Clinton's speech on 〜. 私はクリントン氏の演説をテープに録音してある. **4** U (**a**) 受信用テープ (tickertape); 絶縁テープ (insulating tape); 〖電算〗 プリントアウト用テープ. (**b**) 粘着テープ; ばんそうこう (〖米〗 adhesive tape); セロテープ (sellotape, Scotch tape). **5** C 巻き尺 (tape measure).

── 動 (〜s /-s/|過 過分 〜d /-t/|táp·ing) 他 **1**〔音楽, テレビ番組など〕を(テープに)録音[録画]する (tape-record). 〜 the President's speech 大統領の演説を録音[録画]する. **2**〔包みなど〕を平ひもでくくる〈*up*〉; にテープを張る[巻く]. **3**〖米〗 に包帯を巻く〈*up*〉〈しばしば受け身で〉(〖英〗 strap). **4** VOA (〜 X *on* ..) X を..にセロテープで張る. 〜 a message *on* the door ドアにメッセージを張る. **5** を巻き尺で計る.

be táped 〖英話〗〔物事のやり方, 事態などが〕よく分かっている, 完全に把握されている, (「寸法を計ってある」(→4)の意味から).

hàve [have gòt] ..táped 〖英話〗〔人, 物事のやり方, 事態など〕がよく分かる, ..の扱い方を心得る[飲み込む]. His wife *has* (*got*) him 〜*ed*. 彼の奥さんは彼の扱い方をよく心得ている. [<古期英語]

tápe dèck 名 C テープデッキ.

tápe drìve 名 C 〖電算〗 テープドライブ《テープからコンピュータに情報を移したり, コンピュータからの情報を保存するための装置》.

tápe machìne 名 C **1**〖英〗 チッカー (〖米〗 ticker). **2**〖米〗 テープレコーダー.

tápe mèasure 名 C 巻き尺《布, 金属製の》.

†ta·per /téipər/ 名 C **1** (長い物の)先細り; (尖塔, オベリスクなど)先細の物. pants with a slight 〜 少し先細りになったズボン. **2** (ろう引きの)灯心《点火用の》. **3** 細長いろうそく.

── 動 他 の先を次第に細くする; を漸減させる; 〈*off*〉. 〜 a stake to a fine point 杭(くい)の先を細くとがらす. 〜 *off* smoking 少しずつ喫煙の習慣をやめる. ── 自 次第に先が細くなる; 漸減する, しりすぼみになる; 〈*off*〉. The wide road 〜*ed* (*off*) *to* a footpath. その広い道はだんだん小道になった. His passion soon 〜*ed off*. 彼の情熱はじきに衰えた.

[<古期英語 (?<ラテン語 *papȳrus*「紙」)]

tápe-recòrd 動 他 をテープ録音[録画]する.

tápe recòrder 名 C テープレコーダー.

tápe recòrding 名 U テープ録音[録画]; 録音[録画]済みのテープ; 録音された音声, 録画された映像.

tá·per·ing /-p(ə)riŋ/ 形 先細の〔指など〕; 漸減する.

‡tap·es·try /tǽpəstri/ 名 (複 -tries) **1** UC タペストリー, つづれ織り, 《絵, 図案を色糸で織り込んだ厚地の布; 壁かけや家具覆いに用いる》. **2** C 〈比喩的〉(つづれ織りのような)景色[人間模様など]. [<ギリシア語]

tápe·wòrm 名 C 〖虫〗 条虫, サナダムシ.

tap·i·o·ca /tæpióukə/ 名 U タピオカ《cassava の根から作った食用澱(でん)粉; 料理, 菓子, のりなどの原料》.

ta·pir /téipər/ 名 (複 〜, 〜s) C 〖動〗 バク《マレー半島・中南米産の, ブタに似た哺(ほ)乳動物》.

tap·is /tǽpiː, -pəs|tǽpiː/ 名 U じゅうたん〈次の成句のみ〉. ***on the tápis*** 審議中で; 考慮中で.

tap·pet /tǽpət/ 名 C 〖機〗 タペット, 凸子(とっ), 《内燃機関の弁を動かす装置の1つ》.

táp·ròom 名 C (たるから出して飲ませる)バー.

táp·ròot 名 C 〖植〗 (まっすぐ下に伸び, そこから支根が出ている)主根, 直根.

taps /tæps/ 名 〈普通, 単数扱い〉〖米軍〗 消灯らっぱ[太鼓]; 葬送[追悼]らっぱ.

tap·ster /tǽpstər/ 名 C 酒場の給仕, バーテン.

táp wàter 名 U (蛇口から出る)水道の水.

†tar /tɑːr/ 名 **1** U タール (coal tar)《道路の舗装, 木材の保存などに用いる, 黒色又は, 褐色の濃い粘液》; (たばこの)タール, やに. a low [high](-)〜 cigarette 低[高]タールのたばこ. **2** C 〖旧話〗 船乗り, 水夫, (jack-tar).

── 動 (〜s|-rr-) 他, 自 (に)タールを塗る; (〔人〕に)汚名を着せる, (〔名声など〕を)傷つける.

be tárred with the sàme brúsh 同様の欠点がある[同罪である]として非難される〈*as* ..〔他の人〕と〉.

tàr and féather .. ..の体一面に熱いタールを塗り鳥の羽根をべったり付ける《昔, 私刑として》; 厳しく罰する.

[<古期英語; 原義は「(黒い油状の)樹液」; tree と同根]

tar·a·did·dle /tærədídl|ˊ-ˋ-ˋ-/ 名 UC 〖主に英話〗 うそ, ほら; たわごと.

ta·ra·ma·sa·la·ta /tɑ̀ːrəməsəlɑ́ːtə|tæ̀-/ 名 U 〖料理〗 タラマサラータ《タラコの薫製から作るペースト; オードブル用》.

tar·an·tel·la, -telle /tæ̀rəntélə/, /-tél/ 名 **1** C タランテラ《2人で踊るイタリア起源の活発なダンス》. **2** UC タランテラの曲.

tar·an·tism /tǽrəntìz(ə)m/ 名 U 〖医〗 舞踏病《手足や顔に生ずる不随意運動で, 歩く様子が踊っているように見える; 15–17世紀にイタリア南部で流行; タランチュラに咬(か)まれると起こると信じられた》.

ta·ran·tu·la /tərǽntʃələ/ 名 (複 〜s, **ta·ran·tu·lae** /-liː/) C タランチュラ《毒グモの一種; 南欧原産で大型; 毛で覆われている》.

tar·boosh /tɑːrbúːʃ/ 名 C タープーシュ《イスラム教徒男子がかぶる縁なしふさ付き帽子; fez に類似》.

tar·dy /tɑ́ːrdi/ 形 e **1**〖章〗〔動作などが〕のろい, 緩慢な; 遅い, 遅ればせの, 遅まきの, 〈*in* (*doing*) ..(するのが)〉; ぐずぐずする, いやいやの. make 〜 progress 進歩が遅い. be 〜 *in* one's payment 支払いが遅れる. 〜 consent しぶしぶの承諾. **2**〖主に米〗 遅刻した (late). be 〜 *for* [*to, at*] school [*for* an appointment] 学校に遅刻する[約束に遅れる]. [<ラテン語「遅い」] ▷**tar·di·ly** 副 のろのろと; 遅ればせに; 遅刻して. **tar·di·ness** 名 U のろいこと; 遅刻.

tare[1] /teər/ 名 C **1**〖聖書〗〈普通 〜s〉 毒麦; 雑草. **2** ＝vetch.

tare[2] 名 C 〈普通, 単数形で〉 **1** (貨物の)風袋(ふうたい)《貨物の容器や包装材料の目方》. **2** (燃料その他を除いた)車体重量; (実積載量を計測する際に総重量から差し引く)車両重量.

***tar·get** /tɑ́ːrgət/ 名 (複 〜s /-ts/) C **1** (銃, 弓などの)的, 標的; (爆撃, ミサイルなどの)攻撃目標. a 〜 area (爆撃の)目標地区. 〜 practice 射撃練習. a 〜 ship 標的艦. hit [miss] the 〜 的に当てる[的をはずす].

2 的, 種, 〈*of*, *for* ..〔非難, 嘲(ちょう)笑など〕の〉. a 〜 *for* severe criticism 厳しい批評の的. He was the 〜 *of* their jokes. 彼は彼らの笑いの種だった.

3 (努力, 達成の)目標, 目的物; 〈形容詞的〉 目標の. be going for a 〜 目標に向かって努力する. reach [achieve] one's 〜 目的を達する. be off 〜 目標に達していない. a 〜 date (計画遂行の)目標期日. a 〜 lan-

guage (習得しようとする)目標言語.
on tárget (1) 正確にねらいが定まって, 的中するコース上に. (2)〔判断, 予測などが〕正確で, 目標(額など)を達成しそうで.
── 動 他 を(攻撃, 非難などの)目標[標的]にする; の目標[標的]を定める 〈*on, at* ..に〉. The bombing was ~*ed* precisely *on* the enemy's military bases. 爆撃は正確に敵の軍事基地をねらった. The program is ~*ed at* young people. その番組は若者向けに作られている.
[<古期フランス語「小さな楯」]

†**tar·iff** /tǽrəf/ 名 (複 ~s) C **1** 関税(率) 〈*on* ..にかかる〉; 関税表. a ~ *on* foreign cars 外国製自動車にかける関税. **2**〘主に英〙(旅館, レストランなどの)料金表; (ガス, 電気など公共料金の)料金表, 料率; (鉄道, バスなどの)運賃表. a hotel ~ ホテル宿泊料金表.
[<アラビア語「通知」]

táriff bàrrier 名 =tariff wall.

táriff ràte 名 C 税率; (保険などの)料率.

táriff refòrm 名 UC 関税改正.

táriff wàll 名 C 関税障壁.

tar·la·tan /tɑ́ːrlətən/ 名 U ターラタン《目の粗い薄地のモスリン (muslin); 舞踊服などに用いる》.

tar·mac /tɑ́ːrmæk/ 名 **1** 〈T-〉 U 〘商標〙 ターマック, タールマカダム, 《<*tarmac*adam》. **2** C 〈普通, 単数形で〉 ターマックで舗装した滑走路[道路] (〘米〙 blacktop).
── 形 ターマックで舗装した.
── 動 (~s|過 過分 **-macked**|**-mack·ing**) 他 〔道路など〕をターマックで舗装する.

tàr·macádam 名 U タールマカダム《タールと砕石の混合物で道路舗装用; →macadam, tarmac》.

tarn /tɑːrn/ 名 C (山中の)小さい湖, 山湖, 《特にイングランド北部のをいう》.

‡**tar·nish** /tɑ́ːrniʃ/ 動 他 **1** 〔金属など〕の光沢を曇らせる; を変色[退色]させる. Salt ~*es* silver. 塩は銀を変色させる. **2** 〔名誉など〕を汚(けが)す, 傷つける. The sex scandal ~*ed* his reputation. その女性問題が彼の名声を傷つけた. ── 自 曇る; 変色[退色]する. This metal ~*es* easily. この金属は変色し[曇り]やすい.
── 名 aU **1** 金属などの表面の曇り; 変色, 退色. **2** 汚点, きず.

ta·ro /tɑ́ːrou/ 名 (複 ~s) C 〘植〙 タロイモ《熱帯地方産》; タロイモの根《食用》.

tar·ot /tǽrou, -ˊ/ 名 C タロットカード《22 枚 1 組で占い用》; 〈the ~〉 タロット遊び.

tarp /tɑːrp/ 名 〘米・オース話〙 =tarpaulin.

tár pàper 名 U タール紙《防水用》.

tar·pau·lin /tɑːrpɔ́ːlən/ 名 **1** UC (タールなどを塗った)防水布[シート]. **2** C (特に水夫の)防水帽.

tar·pon /tɑ́ːrpən/ 名 (複 ~s, ~) C ターポン《メキシコ湾に多い銀色の大魚》.

tar·ra·gon /tǽrəgɑ̀n|-gən/ 名 U **1** 〘植〙 タラゴン《ニガヨモギの類》. **2** タラゴンの葉《香辛料》.

tàrragon vínegar 名 U タラゴン酢.

tar·ry[1] /tǽri/ 動 (**-ries**|過 過分 **-ried**|**~·ing**) 自 〘古・雅〙 **1** (予定より長く)とどまる, 滞在する. ~ a few days in Venice ヴェニスに 2, 3 日とどまる. **2** 遅れる, 手間どる. Don't ~ on the way. 道草を食うな. **3** 待つ 〈*for* ..を〉. [<中期英語 (<?)]

tar·ry[2] /tɑ́ːri/ 形 タールの, タール質の; タールを塗った.

tar·sal /tɑ́ːrsl/ 〘解剖〙 形, 名 C 足根骨(の).

tar·si·er /tɑ́ːrsiər/ 名 C 〘動物〙 メガネザル《インドネシア, フィリピン産の小型の夜行性のサル》.

tar·sus /tɑ́ːrsəs/ 名 (複 **tar·si** /-sai/) C 〘解剖〙 足根; 足根骨.

†**tart**[1] /tɑːrt/ 形 **1** すっぱい, 酸味のある. a ~ apple すっぱいリンゴ. **2** 痛烈な, 辛辣(らつ)な, (sarcastic). a ~ answer 手厳しい返事. [<古期英語「厳しい」]

▷**tárt·ly** 副 辛辣に, ぴしゃりと. **tárt·ness** 名 U 辛辣さ.

tart[2] 名 **1** UC タルト《皿型に焼いたパイ皮に果物, チーズ, ジャムなどを詰めたパイ; 〘英〙では中身が見えるものが多い; 〘米〙 のものは一般に小型で一口で食べられるようなものもある; →pie[1] 参考》. **2** C 〘話〙 尻軽(しりがる)女; 売春婦.
── 動 他 〘英話〙 VOA (~ /X/ *up*) X(人)にけばけばしい服装をさせる; X(物)を(けばけばしく)飾り立てる. ~ oneself *up* 着飾る.

‡**tar·tan** /tɑ́ːrtn/ 名 **1** U 格子じまの毛織物, タータン, 《特にスコットランド高地人の》. **2** C 格子じま, タータンチェック, 《スコットランドの各氏族 (clan) 特有の模様があり, clan の名を冠して呼ばれる》. the MacGregor ~ マグレガー・タータン. [?<古期フランス語]

Tar·tar /tɑ́ːrtər/ 名 C **1** 〘史〙 タタール人, 韃靼(だったん)人. **2** 〘話〙 〈又は t-〉 手に負えない[狂暴な, 気性の激しい]人; 執念深い人; 《特に地位のある女性》. ***càtch a tártar*** (捕らえてみたらタタール人>)思わぬ強敵と出会う, 予想外に面倒なことにかかわり合いになる; 手こずる.

tar·tar /tɑ́ːrtər/ 名 U **1** 歯石. **2** 酒石《ワイン醸造だるの底に沈殿する物質; 酒石酸の原料》. **3** =cream of tartar.

tar·tàr·ic ácid /tɑːrtǽrik-/ 名 U 〘化〙 酒石酸.

tartar sauce /ˊ-ˊ|ˊ-ˊ/ 名 UC タルタルソース《マヨネーズに刻んだ野菜を入れたもの; 特に魚料理に添える; **tartare** /tɑ́ːrtər/ ともつづる》.

tártar stèak 名 UC タルタルステーキ《粗く挽(ひ)いた牛肉の赤身を卵黄・玉ねぎなどを添えて生で食べる料理》.

Tar·ta·rus /tɑ́ːrtərəs/ 名 〘ギ神話〙 タルタロス《地獄の下の底なしの淵(ふち)》; C 地獄 (Hades).

tart·let /tɑ́ːrtlət/ 名 C 〘英〙 小さなタルト (tart[2]).

Tar·zan /tɑ́ːrzæn, -zən/ 名 **1** ターザン《米国の作家 Edgar Rice Burroughs /bə́ːrouz/ (1875-1950) の一連の小説の主人公; ジャングルの野獣の間で成長する》. **2** 〈又は t-〉 C 筋骨たくましく敏捷(しょう)な男.

Tas. Tasmania.

Tash·kent /tæʃként/ 名 タシケント《Uzbekistan の首都》.

‡**task** /tæsk|tɑːsk/ 名 (複 ~s /-s/) C **仕事**, 課業; 職務; (類語 task は義務として課せられた仕事, そしてしばしば, 困難な又は不愉快な仕事; →work). a routine ~ いつも決まっている仕事. a school holiday ~ 学校の休み中の課題. The boy's ~ is to take care of the dog. 少年の仕事は犬の世話である. Mother set me (to) the ~ of milking the cows. 母は私に牛の乳搾りの仕事を言いつけた. It is no easy ~ to work one's way through college. 働きながら大学を卒業するのは容易なわざではない.

> 連結 an allotted [an appointed; a congenial; a hard, a heavy, a laborious, an onerous, a weary; an urgent] ~ // undertake [do, perform; accomplish; neglect, shirk] a ~

tàke [càll, brìng] a pèrson to tásk 人をしかる, 人を非難する, 〈*for, about, over* ..のことで〉. She would often *take* him *to* ~ *for* his laziness. 彼女はしばしば彼のことを怠惰だと言って責めた.
── 動 他 **1** 〔仕事などが〕を酷使する, の能力[体力など]を費やさせる. The war ~*ed* the resources of the country. 戦争は国の資源をひどく消耗した. **2** 〈普通, 受け身で〉〔人〕に仕事[任務]を課す 〈*with* ..という〉. be ~*ed with* drudgery 骨折り仕事を課せられる.
[<中世ラテン語 *tasca* (<*taxa* 'tax')]

tásk fòrce 名 C 〈単数形で複数扱いもある〉 **1** 〘軍〙 (特殊任務を帯びた)機動部隊. **2** (その時々の必要に応じて組織される)特別研究班[委員会], 特捜班. a ~ on juvenile delinquency 少年非行特別研究班.

tásk·màster 名 C 〈主に a hard ~ として〉 (厳しい)

T

仕事を課する人; 厳しい主人[教師]. ▷**tásk·mìstress** 名女

Tasm. Tasmania.

Tas·ma·ni·a /tæzméiniə, -njə/ 名 タスマニア島《オーストラリアの南東にある》.

Tas·má·ni·an /-ən/ 形, 名C タスマニアの(人).

Tasmànian dévil 名C 〖動〗フクロアナグマ《タスマニア産の有袋(ﾀﾞｲ)類》.

Tasmànian tíger [wólf] 名C 〖動〗フクロオオカミ《タスマニア産の有袋類》.

TASS, Tass /tɑːs, tæs/ 名 タス通信社《旧ソ連の国営通信社; 1992 年新設のロシア通信社イタルと統合しイタルタス (ITAR-Tass) 通信社となった》.

tas·sel /tǽs(ə)l/ 名C **1** (飾り)房, タッセル, 《服, 旗, カーテン, 靴などの》. **2** 〖植〗(トウモロコシなどの)房.

tás·seled, 〖主に英〗**-selled** 形 (飾り)房の付いた.

‡taste /teist/ 動 (**~s** /-ts/|過 過分 **tást·ed** /-əd/|**tást·ing**) 他 **1** の味を見る, を試食[試飲]する; (ゆっくり)味わって食べる[飲む], 賞味する. She ~*d* the soup to see if it was salty enough. 塩加減を見るために彼女はスープの味見をした. Have you ever ~*d* caviar? キャヴィアを食べたことがありますか. The boy was so hungry that he hardly ~*d* the meal but just swallowed it. 少年は大そう空腹だったので食事をろくに味わわず飲み込んだ.
2 の味を感じる〈進行形不可; しばしば can を伴う〉. Can you ~ the garlic in this dish? この料理はニンニクの味がしますか. **3** を口にする, 食べる, 飲む, 〈進行形不可〉. I have not ~*d* food since I left home. 私は家を出てから何も食べていない. **4** 〔ある生き方, 感情など〕を経験する, を味わう. The Russians never ~*d* freedom under Stalin's rule. ロシア人はスターリンの治下では自由というものを味わったことがなかった.

── 自 **1** 〈進行形不可〉(**a**) VC (~ X) X な味がする (★X は味を具体的に示す形容詞). "How did the milk ~?" "It ~*d* sour." 「牛乳はどんな味がしましたか」「すっぱかった」. (**b**) VA (~ *of*../*like*..) ..の/..のような味がする. "What does this candy ~ *like* [*of*]? (＝How does this candy ~?)" "It ~*s* slightly *of* mint." 「このキャンデーはどんな味がしますか」「かすかにはっかの味がします」.
2 味がわかる〈進行形不可; しばしば can を伴う〉. I could not ~ while my tongue was under anesthesia. 舌に麻酔が利いている間は味覚がなかった.
3 VA 経験する〈*of* ..を〉. have never ~*d of* fame 名声の味を知らない.

── 名 (複 **~s** /-ts/) **1** UC 味覚《flavor を識別する感覚》. The accident robbed him of his sense of ~. その事故のために彼の味覚は失われた. It was bitter to my [the] ~. それは苦い味がした.
2 UC (食物, 飲み物の)味, 風味. The cheese had a strange ~. そのチーズは妙な味がした. a cheap wine with no ~ 風味のない安ワイン.

> 連結 an agreeable [a pleasant; a mild; a rich; a smooth; a sharp, a tangy; a sweet; a fruity, a nutty, a spicy, a salty; an unusual] ~

3 C 〈普通 a ~〉ひと口, 少量; 味見; 〈*of* ..〔食物, 飲み物〕の〉. May I have just a ~ *of* the pie? パイのお味見をしてもいいですか.
4 C 〈普通 a ~〉経験, 味; 一端, ちょっぴり; 〈*of* ..の〉. a ~ *of* poverty 貧乏の味. We can get a ~ *of* foreign life by traveling. 我々は旅行によって外国生活をちょっぴり味わうことができる. have a ~ *of* the hardness of the real world beforehand 実社会の厳しさを前もってちょっぴり味わう.
5 U 観賞力, 審美眼, センス. That woman has ~. あの女性には審美眼がある. He has no [excellent] ~ in poetry. 彼には詩が分からない[彼の詩のセンスはすばらしい].
6 UC 好み, 趣味, 〈*for, in* ..に対する〉. He has developed a ~ *for* mystery novels. 彼はミステリー小説が趣味になった. Which one to choose is purely a matter of ~. どれを選ぶかは全く好みの問題だ. have good [bad, poor] ~ *in* [*for*] ..の趣味が良い[悪い]. I don't like your ~ *in* color. 君の色に対する好みは感心しない. There is no accounting for ~(*s*). 〖諺〗蓼(ﾀﾃﾞ)食う虫も好きずき《人の好みは説明できない》.

> 連結 elegant [exquisite, refined; vulgar; simple; discriminating, fastidious] ~ // acquire [cultivate; gratify, indulge] a ~

in bàd [pòor] táste 悪趣味で, 下品で. The furniture was *in poor* ~ [*in the worst* of ~]. そこの家具は悪趣味[悪趣味も最たるもの]だった.

***in gòod táste* 趣味よく,** 上品で. The room was decorated *in good* [*in the best* possible, *in the best* of] ~. 部屋の飾り付けは上品にできていた[上品この上なかった].

lèave a bàd [nàsty] táste in the [one's] mòuth 〔飲食物が〕後味が悪い; 〔経験などが〕後味が悪い. The drink [incident] *left a nasty* ~ *in* my *mouth*. その飲み物[事件]はいやな後味を残した.

to táste 好みに応じて. Salt the food *to* ~. この料理には好みに応じて塩を加えて下さい.

***to a pèrson's táste* 人の気に入って;** 人の好みで. I hope the wine is *to* your ~. ワインがお気に召すといいのですが.

[＜古期フランス語「さわる, 試食する」(?＜ラテン語 *tangere*「さわる」＋*gustāre*「味わう」)]

táste bùd 名C 〈普通 ~s〉〖解剖〗味蕾(ﾐﾗｲ)《舌面にあって味覚をつかさどる感覚球》.

‡taste·ful /téistf(ə)l/ 形 〔人, 服装などが〕趣味のよい, 風雅な, (↔tasteless). a ~ dress [room] 趣味のよい服[部屋]. ▷ **~·ly** 副 上品に, 風雅に. a ~*ly* furnished room 趣味のよい家具の備わった部屋. **~·ness** 名U 趣味のよいこと, 上品.

táste·less 形 **1** 味のない, まずい. a ~ meal まずい食事. **2** 〔人, 服装などが〕趣味の悪い, 下品な, (↔tasteful); 〔演技, 文章などが〕面白くない, 退屈な; 俗悪な. a ~ remark [performance] 下品な言葉[退屈な演技].
▷ **~·ly** 副 味なく; 下品に. **~·ness** 名U 味のないこと; 下品.

tast·er /téistər/ 名C **1** (職業として酒や茶の味を試す)鑑定人, 味きき《人》. **2** (ワインの)鑑定杯, テースター《チーズの味を見るため少量抜き取る器具》. **3** 味見用の少量の食べ[飲み]物; 〖主に英〗(発売予定出版物などの)サンプル, 一部分.

‡tast·y /téisti/ 形 e **1** おいしい, 美味な, (類語 特に, 甘くなく塩味の風味を言い, 香りは含まない; →delicious). a ~ meal おいしい食事. **2** 〖話〗〔特にニュース, ゴシップなどが〕面白い, 興味津々の. a ~ bit of gossip 面白いうわさ話. **3** 〖英話〗〔女性が〕性的魅力がある, 性欲をそそる, 'うまそうな', (★男性が用いる, 女性にとっては不愉快な語). ▷ **tast·i·ly** 副 おいしそうに. **tast·i·ness** 名

tat[1] /tæt/ 動 (**~s**|**-tt-**) 他 〔レース, ふち飾り〕をタッチング (tatting) で作る. ── 自 タッチングをする.

tat[2] 名 〈次の成句のみ〉 ***tit for tát*** →tit[3].

tat[3] 名U 〖英話〗がらくた, 安物.

ta-ta /tɑ̀ːtɑ́ː|tætɑ́ː/ 間 〖英幼・話〗＝good-bye.

Ta·tar /tɑ́ːtər/ 名 ＝Tartar.

Tàtar Stráit 名 〈the ~〉タタール海峡《ロシア共和国シベリア東岸とサハリンの間の海峡; オホーツク海と日本海北部を結ぶ; 間宮海峡と呼ばれることもあるが厳密にはタタール海峡の最狭部が間宮海峡》.

Tàte Gállery /téit-/ 名 〈the 〜〉 テートギャラリー《London にある国立美術館; 砂糖事業で成功した Sir Henry Tate (1819–99) が創立》.

ta·ter /téitər/ 名 〖方・話〗 =potato.

tat·ter /tǽtər/ 名 C (裂けて垂れ下がった)ぼろぎれ; 〈〜s〉 ぼろの服. a bum in (rags and) 〜*s* ぼろを着た浮浪者.

in tátters 〔布, 衣服などが〕ぼろぼろ[ずたずた]になって; 〔名声, 希望, 自信などが〕めちゃめちゃに損なわれて[潰(つい)えて]. The curtains hung *in* 〜*s*. カーテンはぼろぎれのように垂れ下がっていた. The government's economic policy is *in* 〜*s*. 政府の経済政策はがたがただ.

tèar..to tátters 〔布など〕をずたずたにする; 〔相手の議論など〕をさんざんにやっつける, 完膚なきまで論破する. The violent wind *tore* the sail *to* 〜*s*. 暴風は帆をずたずたに引き裂いた. The professors *tore* his thesis *to* 〜*s*. 教授たちは彼の論文をこきおろした.

tat·ter·de·mal·ion /tæ̀tərdəméiljən/ 〖まれ〗 名 C ぼろを着た人. —— 形 =tattered 1.

‡**tát·tered** 形 **1** 〔衣服, 書物などが〕ぼろぼろの; ぼろを着た. **2** 〔名声, 希望, 自信などが〕めちゃめちゃに損なわれた[潰(つい)えた]. His ambition for power now lies 〜 and torn. 彼の権力への野望は今や潰え去った.

tát·ting 名 U タッチング《レース風の編み糸細工》; タッチングで編んだレース.

tat·tle /tǽtl/ 動 自 おしゃべりをする; 他人の秘密をしゃべる; 〔子供が, 先生などに〕告げ口をする〈*on* ..〔人〕のことを/*to* ..〔人〕に〉. —— 他 〔他人の秘密〕をしゃべる. —— 名 U おしゃべり; うわさ話. ▷**tat·tler** 名 C おしゃべり屋.

táttle·tàle 名 C おしゃべり屋, 告げ口屋(の子供).

†**tat·too**[1] /tætúː|tæ-, tə-/ 名 (複 〜**s**) C **1** 〈単数形で〉〖軍〗(深夜の)帰営太鼓[ラッパ]. **2** 太鼓をとんとんたたく音; (連続的に)とんとんたたく音 〈*on* ..を〉. The rain beat a steady 〜 *on* the tin roof. 雨がトタン屋根をとんとんと単調にたたいていた. **3** (夜間, 余興のために行う)軍楽隊パレード. the world-famous Edinburgh 〜 世界的に有名なエディンバラの軍楽隊パレード. [＜オランダ語「酒樽の栓を閉めよ」]

tat·too[2] 名 (複 〜**s**) C 入れ墨. The sailor had a 〜 of an anchor on his right arm. その船乗りは右腕に錨の入れ墨をしていた. —— 動 他 〔..の絵など〕を入れ墨する〈*on* ..に〉; 〔皮膚など〕に入れ墨する〈*with* ..の絵の〉. A snake had been 〜*ed* on his chest. 彼の胸には蛇の入れ墨があった. [＜タヒチ語]

tat·tóo·ist 名 C 入れ墨師.

tat·ty /tǽti/ 形 e 〖主に英話〗 すりきれた; みすぼらしい; だらしない; 安っぽくけばけばしい.
▷**tat·ti·ly** 副 **tat·ti·ness** 名

tau /tau, tɔː|tɔː, tau/ 名 UC タウ《ギリシア語アルファベットの 19 番目の文字; *T*, *τ*; ローマ字の T, t に当たる》; T 字形, T 印.

táu cròss 名 C T 字形十字(形).

taught /tɔːt/ 動 teach の過去形・過去分詞.

†**taunt** /tɔːnt/ 動 他 〔人〕をあざける, ばかにする, やじる, 〈*with*, *about*, *over* ..のことで〉; VOA (〜 X *into* (*doing*) ..) X(人)をあざけって..させる. They 〜*ed* him *with* [*about*] his accent. 彼らは彼のなまりをあざ笑った. He was 〜*ed into* fight*ing* by the other boys. 彼は他の少年たちにばかにされて思わず飛びかかっていった.
—— 名 C 〈しばしば 〜s〉 あざけり, 愚弄(ぐろう). endure 〜s with indifference 素知らぬ顔であざけりを受け流す. [?＜フランス語 *tant* (*pour tant*) 'like (for like)']
▷**taunt·ing·ly** 副 あざけって.

táu pàrticle 名 C 〖物理〗 タウ粒子《電荷をもち, 電子の約 3,500 倍の質量をもつ軽粒子; 人工的に作られるが, 不安定で, 急速に崩壊して電子, 中間子などになる》.

taupe /toup/ 名 U, 形 濃い灰褐色(の), モグラ色の.

Tau·re·an /tɔ́ːriən/ 形, 名 C 金牛宮[雄牛座]生まれの(人).

tau·rine[1] /tɔ́ːrain/ 形 雄牛の; 牛類の. [＜ラテン語 *taurus* 'bull']

tau·rine[2] /tɔ́ːri(ː)n/ 名 U 〖生化〗 タウリン《魚介類などに含まれる, 脂肪の代謝に重要な中性アミノ酸物質; 最初に牛の胆汁から得られた》.

Tau·rus /tɔ́ːrəs/ 名 〖天〗 雄牛座 (the Bull); 〖占星〗 金牛宮《黄道十二宮の 2 番目; →zodiac》; C 金牛宮[雄牛座]生まれの人《4 月 20 日から 5 月 20 日の間に生まれた人》.

‡**taut** /tɔːt/ 形 **1** ぴんと張っている〔ロープ, 針金, 筋肉など〕 (↔slack). They pulled the rope 〜. 彼らはロープをぴんと張った. **2** 緊張した〔神経など〕; 心配しきった〔表情など〕. The examinees' nerves were 〜. 受験者たちの神経は張り詰めていた. Her face was 〜 with anxiety. 彼女の顔は不安で緊張していた. **3** 〔船などが〕きちんと整備された, 整然とした. **4** 〔体つきなどが〕引き締まった, 〔身なりなどが〕きちんとした; 〔本や映画などが〕(むだがなく)ぴりっと引き締まった, まとまりのよい. her slim, 〜 figure 彼女のほっそりとして引き締まった肢体.
[＜中期英語 (tow[1] の過去分詞)] ▷**táut·ly** 副 ぴんと張って; きちんとして. **táut·ness** 名 U 緊張; 引き締まっていること.

taut·en /tɔ́ːt(ə)n/ 動 他 〔ロープなど〕をぴんと張る.
—— 自 ぴんと張る.

tau·to·log·i·cal /tɔ̀ːtəlɑ́dʒik(ə)l|-lɔ́dʒ-/ 形 類[同]義語を反復する; 冗漫な. ▷〜**·ly** 副

tau·tol·o·gy /tɔːtɑ́lədʒi|-tɔ́l-/ 名 (複 **-gies**) UC 〖修辞学〗 類[同]義語反復; むだな繰り返し; 《例えば The war *finally* ended *at last*. (戦争はついにやっと終わった) など; →pleonasm》.

‡**tav·ern** /tǽvərn/ 名 C 〖古・雅〗 **1** 居酒屋, 酒場, (〖英〗 pub, 〖米〗 bar). **2** 宿屋, はたご, (inn). stay at a 〜 宿屋に泊まる. [＜ラテン語「小屋」]

taw /tɔː/ 名 **1** C おはじきの石 (marble); (おはじきの)はじき出し線 (**táw lìne**). **2** U おはじき《遊び》.

taw·dry /tɔ́ːdri/ 形 安くてぴかぴかした, 趣味の悪い. a 〜 dress けばけばしい服. a 〜 woman 下品な女.
▷**taw·dri·ly** 副 **taw·dri·ness** 名

taw·ny /tɔ́ːni/ 形 黄褐色の. the lion's 〜 coat ライオンの黄褐色の毛皮.

‡**tax** /tæks/ 名 (複 **táx·es** /-əz/) **1** UC **税金**, 租税. an income 〜 return 所得税申告書. direct 〜*es* 直接税. free of 〜 無税で. charge an oppressive 〜 on ..に重税を課す. pay a 〜 in kind 税金を物納する. a cut in 〜 on ..に課される税の削減. Nearly half of my income goes in 〜. 私の収入の半分近くは税金にとられる. That comes to $52 with [plus] 〜. それでは税込み[税別]で 52 ドルになります《店員が言う》.

> 連結 an excessive [an exorbitant] 〜 // assess [impose, levy; collect; increase, raise; reduce, cut; introduce; abolish, repeal; dodge, evade] a 〜

2 aU 重い負担, 厳しい責任, 〈*on*, *upon* ..に対する〉. a heavy 〜 *upon* a person's health 人の健康にさわる無理な仕事. Teaching the children put a 〜 *on* her patience. 子供たちを教えることは彼女に忍耐を強いた.

after [*before*] *táx* 税ᴗ引き[込み]で.

—— 動 (**táx·es** /-əz/|過 過分 〜**ed** /-t/|**táx·ing**) 他 **1** 〔人, 物〕に**課税する**, 税をかける. be 〜*ed* at source 税金を源泉徴収される. These foreign goods are heavily 〜*ed*. これら外国製品は重く課税される.
2 〖英〗〔車など〕の保有税を払う. My car is 〜*ed* until March. 私の車は 3 月まで税が払ってある.

3〔つらい仕事などが人の能力など〕に重い負担をかける, を酷使する, 苦しめる. ～ one's [a person's] eyes 目を酷使する[人の目に負担をかける]. The climb ～*ed* my strength. 登山は私の体力をひどく消耗した. The puzzle ～*ed* her brain. そのパズルに彼女は頭を随分ひねらされた.
4〖章〗VOA (～ X *with*..) X(人)を..(の理由)で責める, 非難する. ～ a person *with* being neglectful 怠慢だと言って人をしかる.
◇名 taxation [＜中世ラテン語「課税(する)」(＜ラテン語 *taxāre*「鋭く触れる (*tangere*)＞非難する, (損害などを)評価する」)]

‡**táx·a·ble** 形 課税できる, 課税対象となる, 有税の. ── 名 C 〈しばしば ～s〉〖米〗課税対象者[収入, 資産]. ▷**tàx·a·bíl·i·ty** 名

†**tax·a·tion** /tækséiʃ(ə)n/ 名 U **1** 課税, 徴税. be exempt from ～ 税を免除される. be subject to ～ 課税対象になる. **2** (支払うべき)税額; 税率 (tax rate); (国などの)税収. ◇動 tax

táx avòidance 名 U 節税《合法的》.
táx brèak 名 C 〖米〗(特定の理由による)税制上の優遇措置.
táx collèctor 名 C 収税吏.
táx cùt 名 C 減税.
tàx-dedúctible /㊇/ 形 課税控除される.
tàx-deférred /㊇/ 形〖米〗後になって課税される, 税金後払いの.
táx dìsc 名 C 〖英〗自動車税納付済証票《フロントガラスに張り付ける円形のステッカー》.
táx evàsion 名 U 脱税.
tàx-exémpt /㊇/ 形〖米〗免税の, 非課税の.
táx èxile 名 C (税金逃れの)国外移住者.
tàx-frée /㊇/ 形, 副 免税の[で], 無税の[で]; 税引きの〔配当金など〕.
táx hàven 名 C 租税回避地《税金がない[安い]国など》.

‡**tax·i** /tǽksi/ 名 (複 ～(e)s /-z/) C **タクシー** 《taxicab の略; cab とも言う》. hail a ～ タクシーを呼び止める. take [call] a ～ タクシーに乗る[を呼ぶ]. We went to the airport by ～. 我々は空港へタクシーで行った.

連結 hire [get in(to); get out of; flag down] a ～

── 動 (～(e)s /-z/|過 過分 **～ed** /-d/|**～·ing, tax·y·ing**) 自 〔飛行機が〕陸上[水上]を(自力で)移動する. The plane is ～*ing* along the runway. 飛行機が滑走路を移動している. ── 他 〔飛行機〕を(自力で)陸上[水上]移動させる. [＜*taxi*cab]

†**táxi·càb** 名 C タクシー《*taxi*meter *cab* の略》.
táxi dàncer 名 C (ダンスホールなどの)職業ダンサー.
tax·i·der·my /tǽksədə̀ːrmi/ 名 U 剝(は)製術. ▷**tax·i·der·mist** 名 C 剝(は)製師.
táxi drìver 名 C タクシーの運転手.
táxi fàre 名 C タクシーの料金.
táxi·man /-mən/ 名 (複 **-men** /-mən/) C 〖主に英〗タクシーの運転手.
táxi·mèter 名 C (タクシーの)メーター, 料金表示器. The ～ showed a fare of £5.20. メーターに5ポンド20ペンスの料金が出ていた. [＜フランス語; tax, -meter]
táx·ing 形 大そう負担になる, きつい, 苛酷な, (demanding). ▷**～·ly** 副
táx inspèctor 名 C 課税査定官.
táxi stànd〖主に米〗**[rànk**〖英〗**]** 名 C タクシー乗り場 (〖米〗では cabstand とも言う).
táx·màn /-mæ̀n/ 名 (複 **-men** /-mèn/) C 収税吏, 課税査定官;〖英〗〈the ～〉'税金マン'《国税庁 (Board of Inland Revenue) の擬人化》.
tax·o·nom·ic, -nom·i·cal /tæ̀ksənɑ́mik|-nɔ́m- ㊇/, /-k(ə)l/ 形 分類法[学]の, 分類上の. ▷**tax·o·nom·i·cal·ly** 副
tax·on·o·my /tæksɑ́nəmi|-sɔ́n-/ 名 U (生物)分類(法), 分類学. ▷**tax·on·o·mist** 名 C 分類学者.
***táx·pày·er** 名 (複 **～s** /-z/) C **納税者**.
táx ràte 名 C 税率.
táx relìef 名 U 課税控除.
táx shèlter 名 U 節税策[手段].
táx thrèshold 名 C 課税対象最低限度所得額.
táx wrìte-off 名 C 〖米話〗課税控除対象《例えば慈善事業への寄付》.
táx yèar 名 C 税制年度《米国では1月1日からの, 英国では4月6日からの1年間》.
Tay·lor /téilər/ 名 **Zach·a·ry** /zǽk(ə)ri/ ～ テイラー (1784–1850)《米国の軍人・政治家; 第12代大統領》.

†**TB** tuberculosis.
Tb〖化〗terbium.
T-back /⌐-⌐/ 名 C ティーバック《水着, 下着など》.
T-bar lift /⌐-⌐/ 名 C ティーバーリフト《スキーヤーを運ぶT字形リフト》.
Tbi·li·si /t(ə)bilíːsi/ 名 トビリシ《Georgia (グルジア)の首都》.
T-bill /⌐-⌐/〖米〗treasury bill.
T-bone (steak) /⌐-(⌐)/ 名 C T字形の骨付きステーキ《porterhouse に次いで上等とされる》.
tbs, tbsp tablespoon(ful).
TC traveler's check.
Tc〖化〗technetium.
T-cell /⌐-⌐/ 名 C 〖医〗T細胞《胸腺依存性のリンパ球; 免疫に関与する》.
Tchai·kov·sky /tʃaikɔ́(ː)fski/ 名 **Peter Ilyich** ～ チャイコフスキー (1840–93)《ロシアの作曲家》.
tchr. teacher.
TD〖フットボール〗touchdown;〖米〗Treasury Department.
Te〖化〗tellurium.
te /tiː/ 名 ＝si.

‡**tea** /tiː/ 名 (複 **～s** /-z/) **1** (**a**) U **茶**, ティー, 《普通, 紅茶をさす》; 茶の葉; C 茶の木 (tea plant). have a cup of ～ with biscuits ビスケットを食べながらお茶を1杯飲む. serve (green) ～ (緑)茶を出す. make ～ お茶をいれる. The hostess poured ～. 女主人はお茶をついだ. a pound of ～ 茶1ポンド. grow ～ 茶(の木)を栽培する. a ～ plantation 茶畑, 茶園. I take my ～ black [white]. 私は紅茶にミルクを入れないで[入れて]飲む. She likes her ～ strong [weak]. 彼女は濃い[薄い]茶が好きです. I put two lumps of sugar but no milk in my ～. 私はお茶に角砂糖を2個入れるが牛乳は入れない. Mr. Smith makes a good pot [cup] of ～. スミス氏はお茶をいれるのが上手だ.

連結 strong [weak; milky; steaming; fragrant] ～ // brew [drink, sip] ～

(**b**) C **1杯のお茶** (a cup of tea). Three ～*s*, please. 紅茶3つお願いします.
2 UC 〖英〗(**a**) **午後のお茶** (afternoon tea)《サンドイッチ, ケーキなども食べる》; (午後の)**お茶の会** (tea party) (→meal[1] 参考). You are invited to ～ on Thursday. 木曜日のお茶の会にぜひおいでください. Most men find ～*s* dull. たいていの男性はお茶の会に退屈する. (**b**) (夕方の)軽い夕食《high tea とも言い, (a) よりは料理が多い》. 参考 (a) は中流階級以上の, (b) は労働階級, また英国北部の習慣. (**c**)〖オース・ニュー・英〗夕食.
3 U (薬用の)せんじ汁. herb ～ ハーブティー, 薬草湯. beef ～ (病人用の)濃い牛肉スープ.
4 U〖俗〗マリファナ (marijuana).
anòther cùp of téa〖話〗全く別のもの[人]. It's easy to make a plan, but it's *another cup of* ～ to put it into practice. 計画することは容易だが, それを実行することは別問題だ.
one's cùp of téa 〈普通, 否定文で〉好みのもの, お気に

入り. Watching television isn't my *cup of* ～. テレビを見るのは好きでない.

nòt..for àll the tèa in Chína 《話》どんなことがあっても決して..ない. I would *not* marry such a servile man *for all the* ～ *in China*. あんな主体性のない男とは絶対に結婚などしないわ.

tèa and sýmpathy 《話》困っている人への親切な対応, 口先だけの同情. [＜中国語「茶」]

téa bàg 名 Ⓒ ティーバッグ.

téa bàll 名 Ⓒ 《主に米》ティーボール《球型の網状の[穴のあいた]金属製茶入れ》.

téa bìscuit 名 Ⓒ 《英》ティービスケット《甘味をつけた丸い小型ビスケット; お茶の時に出す》.

téa brèak 名 Ⓒ 《英》お茶の休憩時間 (→coffee break).

téa càddy 名 Ⓒ 茶筒, 茶入れ.

téa càke 名 ⓊⒸ 《英》ティーケーキ《お茶の時トーストしてバターを付けて食べる果実入りの丸く平たい菓子》; 《米》クッキー.

téa càrt 名 Ⓒ 《米》(食堂用の)ワゴン.

téa cèremony 名 Ⓒ (日本の)茶道.

‡**teach** /tiːtʃ/ 動 (**téach·es** /-əz/|過 過分 **taught** /tɔːt/|**téach·ing**) 他 **1** (**a**) VOO (～ X Y)・VOA (～ Y *to* X) XにY(学科など)を教える, 教授する; XにY(芸など)を仕込む; XにY(教訓など)を悟らせる; VOO (～ *oneself* Y) Yを独学する; (類語「教える」を表す最も一般的な語; →coach, educate, instruct 2, tutor). Please ～ me the alphabet. 私にアルファベットを教えてください. ～ him swimming 彼に泳ぎを教える (→1 (c)). ～ English *to* immigrants from Asia アジアからの移民に英語を教える. That experience *taught* him generosity. その経験から彼は寛大さを学んだ. ～ *oneself* Russian ロシア語を独習する.

(**b**) VOO (～ X *that* 節) X(人)に..ということを教える, 悟らせる. She has *taught* us (*that*) reading poetry is fun. 彼女は私たちに詩を読むのは楽しいということを教えてくれた.

(**c**) VOO (～ X *how* 句) X(人)に..の方法[仕方]を教える. He is ～*ing* his son *how* to swim. 彼は息子に泳ぎ方を教えている. (→1 (f))

(**d**) VOO (～ X *wh* 節・句) X(人)に..かを教える. The librarian *taught* me *where* ⌞I could find the book [to find the book]. 図書館員はどこへ行けばその本が見つかるか教えてくれた.

(**e**) VO (～ *that* 節/*how* 句/*doing*/*wh* 節・句) ..ということを/..の方法[仕方]を/..の仕方を/..かを教える. Father *taught that* we should always do our best. 父はいつでも最善を尽くさねばならないと教えた. Mike can ～ *how* to ski. マイクはスキーを教えることができる. She *taught* play*ing* the piano there. 彼女はそこでピアノを教えた.

(**f**) VOO (～ X *to do*) X(人)に..の方法[仕方]を教える, 訓練する; 《話》X(人)に..する[した]ことの報いを教える. ～ a child *to* ride a bicycle 子供に自転車の乗り方を教える. I'll ～ you *to* disobey me. 言うことを聞かないと⌞どんな目にあうか教えてやる[承知しないぞ]. That should ～ you *to* talk back! 口答えしたらどうなるかそれで分かったはずだ. That'll ～ you. それで君も思い知る[少しは身にしみた]だろう.

2 〔学科など〕を教える; 〔人〕を教える. ～ history at a college 大学で歴史を教える. ～ a class in physics 物理を1クラス教える. ～ dancing 踊りを教える. ～ school 《米》学校の教師をする.

— 自 教える; 教師をする ⟨*at, in* ..で⟩. He is ～*ing at* [*in*] a high school *in* Japan. 彼は日本で高校の先生をしている.

tèach a person a lésson →lesson.

tèach a person the rópes →rope.

[＜古期英語 *tǣcan*「示す, 指す」; token と同根]

téach·a·ble 形 〔学科などが〕教えられる, 教えやすい; 〔人が〕よく教えをきく, 教えやすい. ▷ ～**·ness** 名

‡**teach·er** /tíːtʃər/ 名 (複 ～**s** /-z/) Ⓒ **先生**, 教師; 教える人; (類語「教師」を表す最も一般的な語; →professor, schoolmaster[-mistress], schoolteacher). a high school English ～ 高校の英語の先生. a ～*s'* room 教員室. be one's own ～ 独学する (teach oneself). Experience is the best ～. 経験こそ最良の教師である.

> 連結 an inspiring [a capable, a competent; a dedicated; a diligent; a born; a dull; a demanding; a strict; a lax] ～
>
> 参考 (1) 特に米国の初等・中等教育では女性教師が多いので, 一般的に言う場合に代名詞 she で受けることが多い. (2) 先生への呼び掛けには Mr. [Miss, Mrs., Ms.] をつけて名前を用い, teacher は用いない. (3) 状況から先生であることが明らかで, その名前が分かっている時には teacher より名前の方が多く用いられる. Here comes Miss Smith. (スミス先生が来た)の方が Here comes our teacher. (先生が来た)より一般的.

[teach, -er¹]

téachers còllege 名 Ⓒ 《米》教員養成大学 (《英》(teacher) training college).

tèacher's pét 名 Ⓒ 《話》先生のお気に入り(の生徒).

téa chèst 名 Ⓒ (輸送用の)茶箱.

téach-ìn 名 Ⓒ ティーチイン《大学内などで行われる政治問題などに関する討論集会》.

***teach·ing** /tíːtʃiŋ/ 名 **1** Ⓤ **教えること**; 授業, 教え方; 教職. His ～ was effective. 彼の授業は効果的だった. the ～ profession 教師の職業, 教職. He left ～ to become a businessman. 彼は教員をやめて実業家になった. **2** Ⓒ ⟨しばしば ～s⟩ 教え, 教訓. the ～*s* of the Bible 聖書の教え.

téaching àid 名 Ⓒ (学校で使う)教具, 補助教材.

téaching assìstant 名 Ⓒ **1** (補)助教員《教員の資格を持たず, 正教員の授業を手助けする》. **2** ティーチングアシスタント《略 TA; (授業料を免除される代わりに学部の授業を担当する大学院特別奨学生; **téaching fèllow** ともいう》.

téaching hòspital 名 Ⓒ 医大付属病院.

téaching machìne 名 Ⓒ ティーチングマシン《プログラム学習のできる教育機器》.

téaching mèthod 名 Ⓒ 教授[育]法.

téaching pràctice 名 Ⓒ 《英》教育実習 (《米》student teaching).

tèach yoursélf bòok 名 Ⓒ (特定の問題, 技術などの)独習書.

téa clòth 名 Ⓒ 茶卓掛け; ＝tea towel.

téa còzy [**còsy**] 名 Ⓒ ポットカバー《ポットから熱が逃げないようにする》.

téa·cùp 名 Ⓒ **1** (紅茶)茶わん. **2** ＝teacupful.

a stòrm in a téacup →storm.

téacup·fùl /-fùl/ 名 (複 ～**s, teacupsful**) Ⓒ (紅茶)茶わん1杯の量.

téa dànce 名 Ⓒ (午後の)お茶の会を兼ねたダンスパーティー.

téa·gàrden 名 Ⓒ **1** 茶畑, 茶園. **2** (建物の内部でなく)戸外のレストラン《飲み物, 軽食を出す》.

téa·hòuse 名 (複 →house) Ⓒ (日本, 中国などの)茶房, 喫茶店; (茶道の)茶室.

teak /tiːk/ 名 **1** Ⓒ チーク(の木)《ミャンマー・タイなどに産するクマツヅラ科の大高木》. **2** Ⓤ チーク材《材質は堅固で朽ちにくい; 船舶, 建築, 家具などの用材となる》.

téa·kèttle 名 Ⓒ 湯わかし, やかん.

téak·wòod 名 ＝teak 2.

teal /tiːl/ 名 (複 ～**s,** ～) Ⓒ 《鳥》コガモの類.

téa làdy 名 Ⓒ (工場, 事務所などの)お茶出し(の女性)

T

《専らお茶の時間の接待が役目》.
tèal blúe 名 U 暗い緑がかった青色.
téa·lèaf 名 (複 -leaves) 1 C 茶の葉. 2 〈-leaves〉茶がら《その模様は占いに用いられることがある》.
‡**team** /tiːm/ 名 (複 ~s /-z/) C 〈単数形で複数扱いもある〉 1 (競技などの)チーム, (一方の)組, 団; 〈形容詞的〉チームの, チームで行う. Our soccer ~ is (the) strongest. わがサッカーチームは最強だ. The U.S. ~ were mostly blacks. アメリカチームはほとんど黒人だった (参考 〖英〗では個々のメンバーを問題にする時は複数扱いが多い). a ~ game チームで行うゲーム. *Team* sports are exciting. チーム対抗のスポーツは手に汗を握らせる. Jim made the baseball ~. ジムはその野球チームに入ることができた. He is on [〖英〗 in] the school football ~. 彼は学校のフットボールチームにいる.

連結 an unbeatable [an undefeated; a weak; an opposing, a rival; a home; a visiting; a local; a national; an international] ~ // coach [manage; captain; field] a ~

2 (2人以上の人がひと組で働く)班, 隊. a research ~ 研究班. a rescue ~ 救助隊. a ~ of doctors 医師団. 3 (車, そり, すきなどにつながれた) 2頭以上の馬[牛など]のひと組. a ~ of four horses 馬の4頭ひと組.
—— 動 自 VA 協力する; 連合する; チームを作る; 〈*up, together*〉. ~ *up* with ..と協力する, チームを作る. The companies ~*ed up* to build the dam. ダム建設のためにそれらの会社は協同事業体を作った.
[<古期英語「子孫」]
‡**téam·màte** 名 C チーム仲間.
tèam spírit 名 U 団体精神《個人の利益よりその団体の利益を考える》.
team·ster /tíːmstər/ 名 C 1 〖米〗トラック運転手. 2 (1連の馬[牛など]の)御者. 3 〈the Teamsters〉チームスターズ《米国最大の労働組合; **the Tèamsters' Únion** とも言う》.
téam·wòrk 名 U チームワーク, 協同作業. We can only win the game by ~. チームワークがなければこの試合には勝てない.
téa pàrty 名 C (午後の)お茶の会《普通4時か5時ごろ》.
téa plànt 名 C 茶の木.
téa plànter 名 C 茶畑[茶園]主.
†**téa·pòt** 名 C (紅茶をいれる)ティーポット. a tempest in a ~ 〖米〗 = a STORM in a teacup (成句).
‡**tear**[1] /tiər/ 名 (複 ~s /-z/) C 1 〈普通 ~s〉 **涙**. The sad news brought ~*s* to her eyes. 悲しい知らせは彼女の目に涙を催させた. burst into ~*s* わっと泣き出す. draw ~*s* from a person 人の涙を誘う. move a person to ~*s* 人に感動の涙を流させる. shed [weep] bitter ~*s* 悲痛の涙を流す. shed ~*s* of gratitude [joy] 感謝[喜び]の涙を流す. with ~*s* in one's eyes 目に涙を浮かべて. At the news, she was close to ~*s*. その知らせを聞いて彼女はほとんど泣いていた. *Tears* glistened in his eyes. 彼の目に涙がきらりと光った. The old man told the story of his life between his ~*s*. 老人は泣き泣き身の上話をした. German without ~*s* 涙なしの[楽に学べる]ドイツ語《語学入門書などのキャッチフレーズ》. Dry your ~*s*. 涙をふきなさい. The ~*s* rolled [streamed] down her cheeks. 涙が彼女の頰(ほお)をつたって落ちた. Hamlet has not a ~ for Ophelia. 〖古〗ハムレットはオフィーリアのために流すべき涙を持たない《全然かわいそうと思わない》.

連結 hold back [choke back; break into; brush [wipe] away] one's ~*s*; reduce a person to ~*s* // ~*s* flow [fall]

2 (水滴など)涙に似たもの, しずく. a ~ of crystal [amber] 涙のしずくの形をした水晶[琥珀(こはく)].
between téars 泣きながら, 涙を流しながら.
in téars 涙を流して, 泣いて. Dora stood by the door *in* ~*s*. ドーラは泣きながらドアのそばに立っていた. It'll (all) end *in* ~*s*. 〖英話〗涙を流すことになろう, 不幸な結果を招こう.
with téars 涙ながらに. She told the story of her husband's death *with* ~*s*. 彼女は夫の死んだ時のことを涙ながらに話した. [<古期英語]
‡**tear**[2] /teər/ 動 (~s /-z/| 過 **tore** /tɔːr/| 過分 **torn** /tɔːrn/| **téar·ing** /té(ə)riŋ/) 他
【裂く】 1 (a) を引き裂く, 破る, 〈*up*〉〈*in, to, into* ..〔ある状態〕に〉. Don't ~ (*up*) the newspaper. 新聞を破くな. She *tore* her dress on a nail. 彼女は釘(くぎ)にひっかけて服にかぎ裂きを作った. ~ ..*in* two [half] ..を2つに裂く. ~ a letter *to* [*into*] pieces 手紙をずたずたに引き裂く. His clothes were *torn to* shreds. 彼の着物はずたずたに裂けていた. an old *torn* dress 破れた古服. (b) VOC (~ X Y) Xを引き裂いてYにする. She *tore* the package open [*tore* open the package]. 彼女は小包を破って開けた.
2 〔筋肉など〕を断裂させる; 〔皮膚など〕に裂傷[ひっかき傷]を負わせる. Briers *tore* his skin as he fled through the bushes. 彼は茂みの中を逃げる際にイバラで傷ついた.
3 VOA (~ X *in*..) ひっかいて[破って]..にX(穴など)をあける; ..にX(かぎ裂き)を作る. The nail *tore* a hole *in* my coat. 私の上着は釘にひっかかってかぎ裂きができた.
4 〔国家など〕を分裂させる; 〔心など〕をひどく悩ます, 千々に乱す; 〈*apart*〉〈普通, 受け身で〉. His heart was *torn* (*apart*) by conflicting emotions. 彼の心はいろいろな気持ちの葛藤に苦しんでいた.
【勢いよく[乱暴に]裂く】 5 VOA を引きはがす, 引き離す, 〈*off, down*〉〈*out of, from* ..から〉. He *tore* a page *out of* his notebook. 彼はノートから1ページ破り取った. ~ *down* a poster ポスターを破り取る. The door was *torn off* [*from*] its hinges. ドアは蝶番(ちょうつがい)からもぎ取られていた. be *torn from* one's parents 両親から(むりやり)引き離される.
6 (怒り, 悲しみなどで)〔髪の毛など〕を掻きむしる. ~ one's hair (out) →hair (成句).
—— 自 【裂ける】 1 裂ける, 破れる. This paper ~*s* easily. この紙は破れやすい. The cloth *tore* down the middle. 布は真ん中から裂けた.
【裂くような勢いで走る】 2 VA (..に)突進する, 疾走する. The boy *tore* ⌞*down* the stairs [*into* the house]. 少年は階段を走り降りた[家に走り込んだ]. A gust of wind *tore through* the town. 突風が町を吹き抜けた.
be tórn between X ***and*** Y XとYのどちらを選ぶべきかに悩む[板ばさみになる].
tèar /../ apárt (1) ..をずたずたに引き裂く; 〔家など〕を取りこわす (TEAR /../ down). ~ an old house *apart* 古家を解体する. (2) 〔取っ組み合っている人など〕を引き⌞分ける[離す]. (3) 〔家族など〕を離散させる; 〔国家など〕を分裂させる; 〔心など〕をひどく悩ます; (→他 4). The war *tore apart* the young couple. 戦争がその若い夫婦を引き離してしまった. a country *torn apart* by civil war 内戦で分裂した国家. (4) 〖話〗..を酷評する; ..をひどく叱(しか)る. He *tore* my theory *apart*. 彼は私の理論をめちゃめちゃにこきおろした. (5) 〔場所〕を(ひっかき回して)くまなく捜す[調べる].
tèar aróund [〖英〗 ***róund***] 暴れ[走り]回る.
téar at.. ..を引きちぎろうとする; ..に激しくつかみかかる; ..をむしり取ろうとする, 掻きむしる. The hungry boy *tore at* the bread. 空腹だった少年はパンにむしゃぶりついた.
tèar awáy 疾走する; (力ずくで)逃れる〈*from* ..から〉. The boy *tore away* across the square. 少年は広場を

横切って全速力で走り去った.

tèar..awáy ..を引き裂く[はがす]; ..を引き離す 〈*from* ..から〉. She couldn't ～ her eyes *away from* the scene. 彼女はその場面から容易に目を離すことができなかった.

tèar /../ dówn (1)〔ポスターなど〕をはぎ取る; 〔建物など〕を取り壊す; 〔機械など〕を分解する; (類語 demolish よりくだけた表現; →他 5). ～ *down* an old building 古い建物を取り壊す. (2)〔議論など〕を論破する; 〔人の業績など〕をけなす. I *tore* his argument *down* in five minutes. 私は 5 分間で彼の主張を論破した.

téar into.. 〖話〗 (1)〔人, 物事〕を激しく攻撃する, 非難する. (2)..を(乱暴に)切り裂く; ..をがつがつ食べ始める. The lion *tore into* the carcass. ライオンはその死体をがつがつ食べ始めた.

téar it 〖話〗 チャンスをふいにする, 計画などをおじゃんにする.

tèar it úp 〖米(学生)俗〗 大いに楽しむ.

tèar óff ぷいと行ってしまう.

tèar /../ óff (1)..を引きはがす[離す]; ..を破り[むしり]取る. ～ *off* one's clothes 着ているものをかなぐり捨てる. The gale *tore* the leaves *off* the trees. 強風が木立の葉を吹き払った. (2)〖話〗〔仕事など〕を大至急片付ける. ～ *off* an article in time to make the evening edition 大急ぎで記事を書き上げ夕刊に間に合わせる.

tèar off a bít [píece] 〖主に英俗〗 (女と)'やる'.

***tèar** a person **off a stríp＝tèar a stríp off** a person* 〖英話〗 人をこっぴどく叱(しか)る.

tèar oneself awáy from.. 〔離れたくない場所など〕からむりに身を離す, 後ろ髪を引かれる思いで..から去る. *Tear* your*self away from* your work and come to supper. 仕事に何とか区切りをつけて食事に来てください.

tèar (oneself) lóose 束縛を振り切って自由の身になる[逃げる].

tèar.. to píeces [bíts, shréds] ＝tear..to TATTERS.

*****tèar /../ úp*** (1)..を細かく引き裂く (→他 1); ..を根こそぎにする. ～ *up* a sheet of paper 紙きれを細かく引き裂く. (2)..を破棄する, 反古(ほご)にする. ～ *up* a treaty 条約を破棄する. (3)〖米〗..を深く悲しませる, ひどく取り乱させる; 〖米俗〗〈be torn [時に tore] (up) で〉酒[麻薬]に酔っている.

Thàt's tórn it!＝Thàt téars it! 〖英話〗 それで[これで]すっかり台無し[おじゃん]だ.

── 名 C **1** かぎ裂き, ほころび; 裂くこと. mend a ～ ほころびを繕う. ～ and wear →WEAR and tear (成句). **2** 大急ぎ, 突進; 立腹. full ～ 全速力. go into a ～ かっとなる. **3** 〖米話〗 どんちゃん騒ぎ, ばか騒ぎ, (spree).

on a téar かんかんに怒って; 〖米話〗 ばか騒ぎをして; 連勝して. [＜古期英語]

tear·a·way /té(ə)rəwèi/ 名 (複 **～s**) C 〖英話〗 向こう見ずの若者, ちんぴら.

téar bòmb /tíər-/ 名 C 催涙弾.

téar·dròp /tíər-/ 名 C 涙(のひとしずく). *Teardrops* ran down her cheeks. 涙の玉が彼女の頰(ほお)を流れ落ちた. Her earrings are like ～*s*. 彼女のイヤリングは涙のしずく形をしている.

†**tear·ful** /tíərf(ə)l/ 形 **1** 〔目が〕涙ぐんだ; 〔人が〕涙もろい, 泣き出しそうな. ～ eyes 涙ぐんだ目. in a ～ voice 涙声で. **2** 〔事態などが〕涙を催すような, 悲しい. ～ news 悲報. a ～ reunion [farewell] 涙の再会[別れ]. His funeral was a ～ occasion. 彼の葬儀は涙をさそう悲しいものだった. ▷ **～·ly** 副 **～·ness** 名

téar gàs /tíər-/ 名 U 催涙ガス.

tear·ing /té(ə)riŋ/ 形 **1** 引き裂くような, かきむしるような, 〔苦痛など〕. **2** 猛烈な, ひどい. in a ～ hurry [rush] 大急ぎで.

tear·jerk·er /tíərdʒə̀ːrkər/ 名 C 〖話〗 お涙ちょうだいもの[小説, 芝居, 映画など].

téar·less /tíərləs/ 形 涙を出さない; 涙も出ないような. ▷ **～·ly** 副

téa·ròom 名 C 喫茶室[店].

téa ròse 名 C 〖植〗 ティーローズ《茶に似た香りのするバラの一種; 中国原産》.

tear·y /tí(ə)ri/ 形 e 涙の(ような); ＝tearful.

***tease** /tiːz/ (**téas·es** /-əz/｜過 過分 **～d** /-d/｜**téas·ing**) 他 **1** 〔人, 犬など〕をいじめる, からかう, 〈*about* ..のことで〉; VO (～ "引用")「..」と言ってからかう. ～ a girl *about* her red hair 赤毛だと言って少女をからかう. He ～*d* the dog by pulling its tail until it bit him. 彼は犬のしっぽを引っ張っていじめているうちにかみつかれた.

2 VOA (～ X ***for***..) X(人)に..をせがむ, ねだる; VOC (～ X ***to do***) X(人)に..してくれとせがむ. The child ～*d* his mother *to* buy a bicycle. その子は母親に自転車を買ってくれとせがんだ. **3** 〔人〕を性的にじらす.

4 VOA (～ X ***out***)〔羊毛, 麻, 髪のほつれなど〕を梳(す)く; 〔ラシャなど〕の毛を立てる.

5 〖米・カナダ〗〔髪〕に逆毛を立てる (〖英〗 backcomb).

── 自 いじめる, からかう, 人を性的にじらす.

tèase /../ óut (1)＝他 4. (2)〔情報など〕を(むりやり)引き出す. ～ a business secret *out* of an employee 社員から企業秘密を引き出す.

── 名 C 〖話〗 **1** 他人をいじめる[からかう]のが好きな人. He's an awful ～. 彼はひどいいじめ屋だ. **2** じらし屋《特に男を性的に興奮させるだけでそれに応えない女》. **3** いじめ, からかい; じらし.

[＜古期英語「(羊毛などを)すく」]

tea·sel /tíːz(ə)l/ 名 C **1** 〖植〗 ラシャカキグサ, オニナベナ **2** (乾燥した)オニナベナの球果《昔, 毛織物のけば立て用に用いた》.

teas·er /tíːzər/ 名 C **1** ＝tease 1, 2. **2** 〖話〗 難問, 難題. **3** 〖米〗 ティーザー《情報を小出しにする商品広告; 映画などの短い予告編》.

téa sèrvice [sèt] 名 C ティーセット, 紅茶道具一式, 《teapot, cups, saucers, plates など》.

téa shòp 名 〖英〗 ＝tearoom.

teas·ing /tíːziŋ/ 名 U いじめる[からかう, じらす]こと.

── 形 いじめる[からかう, じらす](ような); うるさい, 悩ましい. ▷ **～·ly** 副

***tea·spoon** /tíːspùːn/ 名 (複 **～s** /-z/) C **1** 茶さじ, 小さじ, (★さらに dessertspoon, soup spoon, tablespoon の順に大きくなる). **2** ＝teaspoonful.

†**tea·spoon·ful** /tíːspu(ː)nfùl/ 名 (複 **～s, tea·spoonsful**) C 茶さじ 1 杯(の量); 〖料理〗 茶さじすりきり 1 杯の量《約 5cc》.

téa stràiner 名 C 茶こし.

teat /tiːt/ 名 C **1** (雌の哺(ほ)乳動物の)乳首; (男女を問わず人間の)乳首 (nipple). **2** 〖英〗 (哺乳瓶の)乳首 (〖米〗 nipple).

téa tàble 名 C ティーテーブル, 茶卓.

téa-thìngs 名 〈複数扱い〉〖主に英〗 紅茶道具(一式) (tea service [set]).

téa·tìme 名 U (午後の)お茶の時間.

téa tòwel 名 C 〖英〗 ふきん (〖米〗 dish towel).

téa trày 名 C 茶盆.

téa trèe 名 C 〖オース〗 茶の木《その葉が茶の代用品となる低木の一種》.

téa tròlley 名 〖英〗 ＝tea cart.

téa ùrn 名 C 湯わかし.

téa wàgon 名 〖米〗 ＝tea cart.

tea·zel, tea·zle /tíːz(ə)l/ 名 ＝teasel.

tech /tek/ 名 **1** 〖英話〗 ＝technical college. **2** ＝technician. **3** ＝technology.

tech(.) technical(ly); technician; technique; technological; technology.

tech·ne·ti·um /tekníːʃiəm/ 名 U 〖化〗テクネチウム《放射性元素; 記号 Tc》.

tech·nic /téknik/ 名 **1** ＝technique. **2** 〈～s〉(**a**)〈単数扱い〉＝technology. (**b**)〈複数扱い〉専門用語; 専門的事項.

‡**tech·ni·cal** /téknik(ə)l/ 形 m (★1, 4 では ⓒ) **1** 工業の; 科学技術の. ～ education 工業(技術)教育. **2** 技術の, 技術的な. a ～ adviser 技術顧問. ～ skill 技術上の腕前, 技巧. He played with ～ precision but little warmth. 彼の演奏は技術的に正確であったが暖かさに欠けていた. **3** 専門の, 専門的な; 特殊な. ～ terms 専門用語, 術語. ～ books 専門書. go into ～ detail 〔話などが〕詳しく専門的なことに立ち入る. an explanation too ～ for laymen 素人には専門的すぎる説明.
4〈限定〉法律[規定]の上で成立する, 厳密な法解釈による. a ～ offense 厳密に言えば法律違反.
[＜ギリシア語 *tékhnē*「技術」; -ical]

téchnical còllege 名 C 〖英〗工芸短大 (polytechnic).

tèchnical fóul 名 C 〖バスケなど〗テクニカルファウル《身体接触によらないファウル》.

tèchnical hítch 名 C (機械故障による)中断, 停止; 思いがけない障害[妨害].

‡**tech·ni·cal·i·ty** /tèknəkǽləti/ 名 (複 **-ties**) **1** C (一般人にはわからない)専門的事項[細目]; 細かい規定, 細則; 専門用語. the *technicalities* of stagecraft 劇演出の専門的事項. His suit was dismissed on a ～. 彼の訴えは細かな法的理由で却下された. **2** C (実質的にどうということはない)形式上の手続, 事務的な手順. a mere ～ ほんの事務的なこと. **3** U 専門的であること; 専門し用語[的方法]の使用.

tèchnical knóckout 名 C 〖ボクシング〗テクニカルノックアウト《略 TKO》.

‡**téch·ni·cal·ly** /-k(ə)li/ 副 技術的に(は), 専門的に(は);〈文修飾〉(法律などに従って)厳密に言えば. a ～ possible method 技術的には可能な方法. *Technically* (speaking), I am still a citizen of Russia, though I left that country when I was 19. 私は19の時にロシアを出たが厳密に言えば今でもロシアの市民です.

tèchnical mérit 名 C (フィギュアスケートなどの)技術的評価 (→artistic impression).

téchnical schòol 名 UC 〖英〗工業学校.

tèchnical sérgeant 名 C (米空軍の) 3 等曹長《staff sergeant (軍曹)の 1 階級上位》.

tech·ni·cian /tekníʃ(ə)n/ 名 C **1** 技術者. a dental [an electrical] ～ 歯科技工士[電気技師]. **2** 専門家 **3** (音楽, 絵画などの)技巧家, テクニシャン, (★しばしば, 内容的な深さを欠いて技巧にのみ走ることを含意する). The pianist is a great ～. あのピアニストは大変な技巧派だ.

Tech·ni·col·or /téknəkʌ̀lər/ 名 U 〖映〗〖商標〗テクニカラー《天然色映画方式の 1 つ》; 〖話〗〈また t-〉鮮明な色彩.

‡**tech·nique** /tekníːk/ 名 (複 **～s** /-s/) **1** U (芸術, 科学, スポーツなどの)**技巧**, 技術, テクニック. a piano player's finger ～ ピアノ奏者の運指のテクニック. **2** C (目的達成の)方法; 技法, 演奏法, 画風. a unique ～ of painting 独特な画風. She has a wonderful ～ for handling children. 彼女は子供の扱い方がすばらしくうまい.

> 連結 an up-to-date [a state-of-the-art; an advanced; an innovative; an ingenious; a sophisticated; a radical; an old-fashioned] ～ // develop [perfect; adopt] a ～

[フランス語 'technic']

tech·no /téknou/ 名 U テクノ《シンセサイザーなどを用い, 機械的なリズムが特徴》.

tech·no- /téknou/ 〈複合要素〉「(科学)技術, 工芸, 工業」の意味. *techno*crat. *techno*logy. [ギリシア語 'art, craft']

tech·noc·ra·cy /teknákrəsi|-nɔ́k-/ 名 (複 **-cies**) UC 技術家集団(による産業, 社会の支配), テクノクラシー; C 技術家支配国《技術家集団が産業を支配する国》.

‡**tech·no·crat** /téknəkræ̀t/ 名 C 技術家行政官, テクノクラート; 技術家政治[テクノクラシー]の主張者.
▷**tèch·no·crát·ic** /-tik 形/ 形

tech·no·fear /téknəfìər/ 名 〖話〗＝techno- 「phobia 2.

***tech·no·log·i·cal** /tèknəlɑ́dʒik(ə)l|-lɔ́dʒ- 形/ 形 m **科学技術の**, 工学の; 科学技術(の発達)による[伴う]. a great ～ advance 科学技術上の大進歩. ▷**～·ly** 副

tech·nol·o·gist /teknɑ́lədʒist|-nɔ́l-/ 名 C 科学技術者; 工学者.

***tech·nol·o·gy** /teknɑ́lədʒi|-nɔ́l-/ 名 (複 **-gies** /-z/) **1** U **テクノロジー, 科学技術**, 工学, 応用科学. modern ～ 現代の科学技術.

> 連結 up-to-date [leading-edge, state-of-the-art; advanced; futuristic; innovative; sophisticated; complex; outdated] ～ // use [employ] ～

2 C (個別的な) 技術, 産業; 技術的方法. a ～ for mining ocean deposits 海底堆(たい)積物を発掘する技術. **3** U〈集合的〉(特定分野の)専門用語.
[techno-, -logy] 「盲信.

tech·no·ma·ni·a /tèknəméiniə/ 名 U 科学技術

tech·no·pho·bi·a /tèknəfóubiə/ 名 U **1** 科学技術恐怖症《科学技術の発達による環境破壊を懸念する》. **2** (コンピュータなどの)先端技術機器恐怖症.

tech·nop·o·lis /teknɑ́pəlis|-nɔ́p-/ 名 C テクノポリス《先端科学技術を活用した産業都市》. [techno-, ギリシア語 *pólis* 'city']

téchno·strèss 名 U テクノストレス《ハイテク環境で働くことから生じるストレス》.

tech·y /tétʃi/ 形 e ＝tetchy.

tec·ton·ic /tektɑ́nik|-tɔ́n-/ 形 **1** 構造の, 建築の, 構築の. **2** 〖地質〗地質構造の; 地殻変動の[による].

tectònic pláte 名 C 〖地質〗プレート《地球最表層の岩盤》.

tec·tón·ics 名 U **1** 構造[建築, 構築]学. **2** 構造地質学, テクトニクス.

Ted /ted/ 名 **1** 男子の名《Edward, Theodore の愛称》. **2**〈又は t-〉〖英話〗＝Teddy boy.

ted /ted/ 動 (**～s**|**-dd-**) 他 〔刈った草〕を広げて干す.

téd·der 名 C 干し草乾燥機.

Ted·dy /tédi/ 名 (複 2 で **ted·dies**) **1** ＝Ted. **2**〈t-〉＝Teddy bear.

Téddy [téddy] bèar 名 C クマのぬいぐるみ《狩猟好きだった米国 26 代大統領 Theodore Roosevelt (愛称 *Teddy*) が子グマを助けた漫画からアイデアを得て作られた》.

Téddy [téddy] bòy 名 C 〖英〗テディボーイ《1950 年代に 20 世紀初頭の服装をまねた(非行)青少年; *Teddy*＜Edward VII (在位 1901–10)》.

Te De·um /tìː-díːəm, tèi-déiəm/ 名 〖カトリック〗テデウム《Te Deum で始まる神を賛美する歌》; テデウムの曲; 神を賛美する礼拝. [ラテン語 '(we praise) thee God']

***te·di·ous** /tíːdiəs, -dʒəs|-diəs/ 形 m **退屈な**, あきあき[うんざり]させる. a ～ speech [job] 退屈な講演[仕事].
[＜ラテン語 *taedium*「倦怠」] ▷**～·ly** 副 長たらしく; うんざりさせるほど. **～·ness** 名 U 退屈.

te·di·um /tíːdiəm/ 名 ＝tediousness.

tee[1] /tiː/ 名 C T [t] の字; T 字形のもの.

T

to a tée →T (成句).

‡**tee**[2] 名C **1**〖ゴルフ〗ティー《各ホールの打ち始めにボールを載せる盛り土, 又はプラスチック[木]製のピン》; ティーの周囲. **2** (ボウリング, 輪投げ, カーリング (curling) などでの)目標.

—— 動 (～s|過 過分 ～d|tée·ing) 他, 自 〖ゴルフ〗(〔ボール〕を)ティーの上に置く.

tèe óff (1)〖ゴルフ〗ティーからボールを打ち出す. (2) 開始する〈*with* ..を〉. (3)〖米話〗厳しく責める, 叱(しか)りつける,〈*on* ..を〉.

tèe /../ óff (1)〔活動など〕を開始する. (2)〖米俗〗〔人〕を怒らせる, いら立たせる. He really ～*s* me *off*. あの男には本当に腹が立つ.

tèe úp 〖ゴルフ〗(ボールを)ティーの上に載せる.

tèe /../ úp (1)〖ゴルフ〗〔ボール〕をティーの上に載せる. (2) ..を整える, 準備する. [<〖古〗*teaz* (<?)]

tèed óff /tì:d-/ 形〖米俗〗怒った, いら立った, (→TEE /../ off).

tee·hee /tì:hí:/ 名, 動 =tehee.

‡**teem**[1] /ti:m/ 動 自〖主に雅〗〈しばしば進行形で〉**1** VA (**～ *with*..**)〔川などが〕〔魚など〕で一杯である (→swarm). The river ～*s with* fish.=Fish ～ in the river (→2). This forest is ～*ing with* small animals. この森には小動物がたくさんいる. a town ～*ing with* tourists 観光客があふれている町. **2** VA (**～ *in*..**)〔魚などが〕〔川など〕にたくさんいる(類語 普通ある特定の生物に用い, 活発な動きを暗示する; →abound). Fish ～ *in* the river. その川には魚がたくさんいる. [<古期英語「生む」]

teem[2] 動 自 (雨が)どしゃぶりに降る〈*down*〉〈普通, 進行形で〉. It's ～*ing* (*down*) (with rain).=The rain is ～*ing* (*down*). (雨が)どしゃぶりだ.

téem·ing 形〖主に雅〗〈限定〉生き物がたくさん住む; ごったがえす, 混みあった. a ～ forest 動物がたくさんいる森林. a ～ station 雑踏する駅.

***teen** /ti:n/〖主に米話〗名 (複 **～s** /-z/) C ティーンエイジャー(teenager). **——** 形 =teenage.

-teen 接尾「10..」の意味《13 から 19 までの数詞の語尾》. thir*teen*. eigh*teen*. nine*teen*. [古期英語 'ten']

***teen·age, -àged** /tí:nèidʒ/ 形 ⓒ〈限定〉**10 代の**, 13–19 歳の. ～ fashions 10 代に流行のファッション. two ～ daughters 10 代の娘 2 人.

***teen·ag·er** /tí:nèidʒər/ 名 (複 **～s** /-z/) C **10 代の少年[少女]**, ティーンエイジャー, 《厳密には -teen のつく 13–19 歳の少年[少女]》. [teenage, -er[1]]

***teens** /ti:nz/ 名〈複数扱い〉**10 代**(の少年少女)《語尾に -teen のつく 13–19 歳の年齢》. The ～ are the hardest period. 10 代はもっともむずかしい時期だ. high ～ 18–19 歳. be in one's (early [late]) ～ 10 代(前[後]半)である. be out of one's ～ (10 代を過ぎて) 20 代に入っている. This clothing was designed for ～. この服は 10 代の若者向きに作られた.

teen·sy /tí:nsi|-zi/ 形 =teeny.

tèen·sy wéen·sy /-wí:nsi, -zi/ 形 =teeny weeny.

tee·ny /tí:ni/ 形〖話・幼〗ちっちゃい (tiny).

teen·y·bop·per /tí:nibɑ̀pər|-bɔ̀pə/ 名 C〖話〗ティーニーボッパー《ポップ音楽, 先端的風俗に熱中する 9 歳から 14 歳ぐらいの少女, 時に少年》.

tèe·ny wée·ny 形 =teeny.

tee·pee /tí:pi:/ 名 =tepee.

tée shìrt 名 =T-shirt.

‡**tee·ter** /tí:tər/ 動 自 **1** よろよろする, (不安定に)ゆらゆら動く,〈*about, along, around*〉; (心理的に)動揺する. The rock ～*ed* at the edge of the cliff. 岩はがけのふちでぐらぐら揺れた. **2**〖米〗シーソーに乗る (seesaw).

tèeter on the brínk [*édge*] (*of..*) (..の)瀬戸際[危機]にある.

—— 名 C〖米〗シーソー (seesaw); 動揺.

téeter-tòtter 名 C〖米〗シーソー (seesaw).

teeth /ti:θ/ 名 tooth の複数形.

teethe /ti:ð/ 動 自〔赤ん坊に〕歯が生え(始め)る〈普通 teething の形で〉.

téeth grìnding 名 U (睡眠中の)歯ぎしり. 「ため.

téething rìng 名 C (赤ん坊にかませる)環形の歯が↑

téething tròubles [**pròblems**] 名〈複数扱い〉(事業発足時などの)初期の困難, (新製品などの)初期トラブル.

tee·to·tal /ti:tóutl ⑱/ 形 絶対禁酒の. the ～ movement 禁酒運動. [<*total* (*abstinence*); 強調のため total の語頭音 t (=tee[1]) を前に付けた] ▷**～·er**〖米〗, **～·ler**〖英〗名 C 絶対禁酒家.

tee·tó·tal·ìsm 名 U 絶対禁酒(主義).

tee·to·tum /ti:tóutəm/ 名 C (指で回す)こま; 四角ごま. ***like a teetótum*** くるくる回って.

TEFL /téf(ə)l/ Teaching English as a Foreign Language (外国語としての英語教授(法)) (→TESL, TESOL).

Tef·lon /téflɑn|-lɔn/ 名 U〖商標〗テフロン《酸に強い合成樹脂で, 器具の被覆などに用いる》;〈形容詞的〉〔特に政治家が〕(焦げつかない)'テフロン加工の', スキャンダルをうまく逃れる. the ～ ex-president (うさん臭いがしっぽをつかませない)テフロン加工の元大統領《レーガン元大統領》.

teg·u·ment /tégjumənt/ 名 =integument.

te·hee /tì:hí:/ 名 C, 動 自 えへへ[いひひ](と笑う).

Te·he·ran, Teh·ran /tèiərǽn, -rɑ́:n|teərɑ́:n; tèhə-/ 名 テヘラン《イランの首都》.

tel. telegram; telegraph(ic); telephone.

tel·a·mon /téləmən/ 名 (複 **tel·a·mo·nes** /tèləmóuni:z/, **～s**) C〖建〗男像柱《entablature を支える; →caryatid》. 「の都市, 海港》.

Tel A·viv /tèl-əví:v/ 名 テルアヴィヴ《イスラエル西部↑

tel·e /téli/ 名 UC〖米〗テレビ(受像機).

tel·e- /télə/ 〈複合要素〉「遠い; テレビジョン」の意味. [ギリシア語 *tēle* 'far off, distant']

téle·càst 動 (～s|過 過分 ～, ～·ed|～·ing) 他 をテレビで放送する《<*tele*vision+broad*cast*》.

—— 名 C テレビ放送[番組].

‡**tèle·commùnicátion(s)** 名〈普通, 単数扱い〉電気通信(の技術), テレコム, 《電話, 電報, 有線, 無線などによる》.

tel·e·com(s) /télekɑ̀m(z)|-kɔ̀m(z)/ 名 =telecommunication(s).

téle·cònference 名 C (テレビ, 長距離電話などによる)遠隔地間の会議. 「育課程.

téle·còurse 名 C〖米〗(大学・短大の)テレビ通信教↑

teleg. telegram; telegraph(ic); telegraphy.

tel·e·gen·ic /tèlədʒénik ⑱/ 形 テレビ(放送)向きの[に適した]; テレビ映りのよい.

‡**tel·e·gram** /téləgræ̀m/ 名 (複 **～s** /-z/) C **電報**《送られる通信文, 又その用紙;〖米〗wire; →telegraph》. Send us a ～ when you arrive. 到着したらこちらへ電報を打ってください. receive [deliver] a ～ 電報を受け取る[配達する]. sign for a ～ 電報受領のサインをする. by ～ 電報で. [tele-, -gram]

***tel·e·graph** /téləgræ̀f|-grɑ̀:f/ 名 (複 **～s** /-s/) **1** U **電信**, 電報, 《電報のシステム, 通信用機械を表す; →telegram》. send a message by ～ 電報で知らせる. a ～ form 電報発信紙, 頼信紙. a ～ office [station] 電報局. a ～ operator 電信技師. **2** C 電信機. **3** 〈T-〉..テレグラフ《新聞名》. The Daily *Telegraph*『デーリーテレグラフ』《英国の新聞の 1 つ》.

—— 動 (～s /-s/|過 過分 ～ed /-t/|～·ing) 他 **1** (**a**) 〔人〕に**電報を打つ**; 〔知らせなど〕を**電報で伝える**, 〔金など〕を電報で(依頼して)送る,〈*to* ..に〉. Remember to ～

T

him. 忘れずに彼に電報を打て. ～ condolences *to* the widow 未亡人に弔電を打つ. ～ money 電信為替で送金する. He *～ed* flowers to his mother in the country on Mother's Day. 彼は母の日に郷里の母に花を送るよう電報で頼んだ.
(**b**) VOO (～ X Y)・VOA (～ Y ***to*** X) X (人)に Y を**電報で知らせる**. Please ～ me the result. ＝Please ～ the result *to* me. 私に結果を電報で知らせてください.
(**c**) VO (～ ***that*** 節) ..と電報で知らせる, 打電する; VOO (～ X ***that*** 節) X に..ということを電報で知らせる. Mike *～ed* (us) (*that*) he was accepted by the firm. マイクは(私たちに)自分が会社に採用になったと打電してきた.
(**d**) VOC (～ X ***to do***) X (人)に..するように打電する. We *～ed* him *to* come as soon as possible. 彼に至急来るように電報を打った.
2 〔意図など〕をそれとなく知らせる, 感づかれる, 〈*to* ..〔人〕に/*with* ..〔しぐさなど〕で〉; 〖ボクシング〗〔パンチなど〕を読まれる〈*to* ..〔相手〕に〉.
── 自 電報を打つ; 合図する. ～ to a person to do 人に..するように合図をする. [tele-, -graph]

te·leg·ra·pher /təlégrəfər/ 名 C 電信技師.

tel·e·graph·ese /tèləgræfí:z|-grɑ:-/ 名 U 電文体《省略や略語が非常に多い; 例: ARRIVE APR 10 NOON JAL STOP CAN WE MEET HEATHROW (日航で 4 月 10 日正午到着予定. ヒースローに迎え頼む); STOP はピリオドを意味する》.

tel·e·graph·ic /tèləgræfik ⑧/ 形 **1** 電報の; 電信の; 電送の; 電信機の. a ～ address (あて名の)電信略号. a ～ code 電信符号. a ～ picture 電送写真. **2** 電文体の, 簡潔な, 〔文章, 言葉など〕. with ～ brevity 電報のように短く. ▷**tel·e·graph·i·cal·ly** /-k(ə)li/ 副

te·leg·ra·phist /təlégrəfist/ 名 C 電信技師.

télegraph lìne 名 C 電信線.

télegraph pòle [pòst] 名 C 電柱.

télegraph wìre 名 ＝telegraph line.

te·leg·ra·phy /təlégrəfi/ 名 U 電信(術).

tel·e·ki·ne·sis /tèləkiní:sis, -kai-/ 名 U 〖心霊術〗隔動《外力を加えず念力で人・物を動かす》.

tel·e·mark /téləmɑ̀:rk/ 名 C 〖スキー〗テレマーク《回転・着地法の一種》; 〖ダンス〗テレマーク《かかとを軸に回転するステップ》. [ノルウェーの地名から]

tele·marketing /⌐–⌐–⌐–, ⌐–⌐–⌐–/ 名 ＝telesales.

tele·mèssage, T- 名 UC 〖英〗〖商標〗テレメッセージ《電話やテレックスの通信文を印刷して配達する電報》.

tel·e·me·ter /təlémətər, téləmì:tər/ 名 C (ロケットなどの)自動計測電送装置.

te·lem·e·try /təlémətri/ 名 U 自動計測電送.

te·le·o·log·i·cal /tèliəlɑ́dʒik(ə)l|-lɔ́dʒ- ⑧/ 形 目的論 の[的な]. ▷**～·ly** 副

te·le·ol·o·gy /tèliɑ́lədʒi|-ɔ́l-/ 名 U 〖哲〗目的論. ▷**te·le·ol·o·gist** 名 C 目的論者.

tel·e·path /téləpæθ/ 名 C 精神感応力のある人.

tel·e·path·ic /tèləpǽθik ⑧/ 形 〔人が〕精神感応力のある; テレパシーによる, 以心伝心的な. ▷**tel·e·path·i·cal·ly** /-k(ə)li/ 副

te·lep·a·thist /təlépəθist/ 名 ＝telepath.

te·lep·a·thy /təlépəθi/ 名 U 精神感応, テレパシー, 《話, 書きもの, 身ぶりなどによらずに他人の心中を知り, 自分のを伝えること》; テレパシーの能力. [tele-, -pathy]

‡tel·e·phone /téləfòun/ 名 (複 **～s** /-z/) U **電話**; C 電話機; (★〖話〗では phone と言う). a pay [public] ～ 公衆電話. a ～ receiver [transmitter] 受話器[送話器]. by ～ 電話で. pick up [put down] the ～ 受話器を取る[置く]. make a ～ call to ..に電話をかける. call a person on the ～ 人を電話で呼び出す. answer the ～ 電話に出る. talk to a person over [on] the ～ 人と電話で話をする. May I use your ～? 電話をお借りしてよいですか (★携帯電話の場合は borrow も使う). Your wife was on the ～ earlier. さっき奥さんから電話がありました. You're wanted [Somebody wants you] on the ～. あなたに電話がかかっています. We are not on the ～ yet. 〖英〗まだ電話を引いていません; (引越し直後などで)まだ電話が通じません.
── 動 (**～s** /-z/|過 過分 **～d** /-d/|**-phon·ing**) 他
1 (**a**) VOO (～ X Y)・VOA (～ Y ***to*** X) X (人)に Y を**電話で伝える** (類語 「電話する」を表す最も一般的な語; → buzz, call, dial, phone[1], ring[2]). I *～d* him the news. ＝I *～d* the news *to* him. 彼にその知らせを電話で伝えた. (**b**) 〔人, 場所〕に電話をかける; 〔注文など〕を電話で伝える. She *～d* her fiancé. 彼女は婚約者に電話をかけた. He *～d* me for my opinion. 彼は電話で私の意見を求めた. For more details, ～ us on 0394-27627. さらに詳細は当方 0394-27627 にお電話ください. She *～d* her regrets. 彼女は電話で招待を断った. We *～d* our order and they delivered it. 我々が電話で注文すると配達してくれた.
(**c**) VOC (～ X ***to do***) X (人)に..するよう電話をかける. I *～d* the police *to* come at once. すぐ来てくれるように警察に電話した.
(**d**) VOO (～ X ***that*** 節) X (人)に..と電話で話す. She *～d* him *that* she couldn't come. 彼女は来られないと彼に電話した.
2 VOO (～ X Y)・VOA (～ Y ***to*** X) (電話で依頼して) X (人)に Y (お祝いの電報など)を送る. He *～d* Mary a greetings telegram. 彼は(電話局に電話して)メリーにお祝いの電報を打った.
── 自 電話をかける〈*to* ..に/*for* ..を求めて〉. Jean has just *～d to* me to say that she can't come. ジーンはさっき来られないと電話してきた. *Telephone for* a doctor, please. 電話してお医者さんを呼んで下さい. [tele-, -phone]

télephone bòok 名 C 電話帳.

télephone bòoth [〖英〗**bòx, kìosk**] 名 C 公衆電話ボックス.

télephone càll 名 ＝phone call.

télephone dirèctory 名 ＝telephone book.

télephone exchànge 名 C 電話交換局.

télephone nùmber 名 C 電話番号.

télephone òperator 名 C 電話交換手 (〖英〗telephonist).

tèlephone sélling 名 ＝telesales. 「話による.

tel·e·phon·ic /tèləfɑ́nik|-fɔ́n- ⑧/ 形 電話の, 電↑

te·leph·o·nist /təléfənist/ 名 C 〖英〗電話交換手 (telephone operator).

te·leph·o·ny /təléfəni/ 名 U 電話通信(科学).

tele·photo /tèləfóutou/ 名 (複 **～s**) **1** 〖話〗＝telephotograph. **2** ＝telephoto lens. ── 形 望遠(写真)の.

tèle·phótograph 名 C **1** 望遠写真. **2** 電送写真. ── 動 自 他 (を)望遠レンズで写す; (写真を)電送する. 「送写真の.

tèle·photográphic /⑧/ 形 **1** 望遠写真の. **2** 電↑

tèle·photógraphy 名 U **1** 望遠写真術. **2** 写真電送術.

telephòto léns 名 C 望遠レンズ.

téle·plày 名 (複 **～s**) C 〖米〗テレビドラマ.

téle·prìnter 名 〖主に英〗＝teletypewriter.

Téle·Pròmp·Ter 名 C 〖商標〗テレプロンプター, テレビ用プロンプター装置, 《出演者のせりふなどが拡大されて 1 行ずつ出てくる; 個々の装置は teleprompter と綴ることが多い; 〖英〗autocue》.

tel·e·ran /télərǽn/ 名 U 〖航空〗テレラン《地上レーダーで得た情報を進入する航空機にテレビで伝えるシステム; ＜*tele* vision *r*adar *a*ir *n*avigation》.

téle·sàles 名 U 〈単数扱い〉電話による売込み, 電話セールス.

*__tel·e·scope__ /téləskòup/ 名 (複 ~s /-s/) **1** C **望遠鏡** (→binocular). an astronomical ~ 天体望遠鏡. a reflecting [refracting] ~ 反射[屈折]望遠鏡. a radio ~ 電波望遠鏡. the barrel of a ~ 望遠鏡の筒. **2** 〈形容詞的〉 望遠鏡の筒のような, はめ込み式の. a ~ bag (伸縮自在の)たたみ込みかばん.

—— 動 他 **1** (望遠鏡の筒のように)をはまり込ませる; (衝突などで)をめり込ませる. The cars were ~*d* together in the head-on collision. 車は正面衝突してお互いにめり込んだ. **2** を短くする, 縮める, 〈*into* ..に〉. ~ the original *into* a one-act play 原作を一幕物の芝居に縮める.

—— 自 (望遠鏡の筒のように)はまり込む; 伸縮する.

[tele-, -scope]

tel·e·scop·ic /tèləskɑ́pik|-skɔ́p- 形/ 形 **1** 望遠鏡の; 望遠鏡のような. a ~ lens 望遠鏡のレンズ. a ~ sight (銃などの)望遠照準器. an almost ~ eye まるで望遠鏡のように遠くまで見える目. **2** 望遠鏡で見た; 望遠鏡でしか見えない. a ~ image of Mars 望遠鏡で見た火星の姿. These stars are ~. これらの星は肉眼では見えない.

3 はめ込み式の, 伸縮できる. a ~ antenna 伸縮自在のアンテナ《トランジスタラジオなどの》. a ~ tripod 伸縮自在のカメラ用三脚. a ~ umbrella 折りたたみ傘.

▷**tel·e·scop·i·cal·ly** /-k(ə)li/ 副

téle·tèxt 名 U テレテキスト, 文字多重放送.

tel·e·thon /téləθɑ̀n|-θɔ̀n/ 名 C 〖米〗テレビの長時間番組《慈善募金などのための; ＜*tele-*＋mara*thon*》.

Tel·e·type /télətàip/ 名 〖米〗〖商標〗＝teletypewriter. —— 動 他, 自 〈t-〉(を)テレタイプで打つ.

tèle·týpewrìter 名 C 〖米〗テレタイプ《キーを打って送信すれば先方で電文が文字で打ち出される》.

téle·tỳpist 名 C テレタイプのタイピスト.

tel·e·van·ge·lism /tèlivǽndʒəlìz(ə)m/ 名 U 〖主に米〗テレビ伝道《＜*tele*vision＋*evangelism*》.

▷**tèl·e·ván·ge·list** 名 C テレビ伝道家.

téle·vìew 動 他 をテレビで見る. —— 自 テレビを見る.

▷**~·er** 名 C テレビ視聴者.

†**tel·e·vise** /télәvàiz/ 動 他 をテレビで L放送する[見る]. —— 自 〔劇, 演説などが〕テレビで放送される. [＜*television*]

‡**tel·e·vi·sion** /téləvìʒ(ə)n|⌐-⌐-, ⌐-⌐-/ 名 (複 ~s /-z/) **1** U **テレビジョン**; テレビ放送(番組); テレビ産業; (参考 (1) 略語 TV を用いることが多い. (2) 無冠詞であることが多い. (3)〖米話〗the tube, 〖英話〗the telly, the box とも言う). watch (much) ~ テレビ(たくさん)を見る. We watched a football game on (the) ~. フットボールの試合をテレビで見た. He has appeared several times on (the) ~. 彼は数回テレビに出演した. John works [is] in ~ as a cameraman. ジョンはテレビ局のカメラマンをしている.

2 C テレビ(受像機) (**télevision sèt**). We need a new ~. うちでは新しいテレビが必要だ. He used to refer to the ~ as an 'idiot box'. 彼はテレビのことを「白痴箱」と呼んだものだった.

連結 put [switch, turn] the ~ on; switch [turn] the ~ off

3 〈形容詞的〉 テレビの. a ~ camera テレビカメラ. ~ commercials テレビコマーシャル. a ~ newscaster テレビニュースキャスター. a ~ station テレビ放送局.

[tele-, vision]

television license /⌐---- ⌐-, --⌐- ⌐-/ 名 C (英国政府が毎年発行する有料の)テレビ受信許可証.

tel·e·vis·u·al /tèləvíʒuəl 形/ 形 〖主に英〗テレビ(放送)の; テレビ向きの (telegenic).

‡**tel·ex** /téleks/ 名 **1** U テレックス, 加入電信, 《加入者が teletypewriter で通信文を直接交信する国際通信網; ＜*tel* etype＋*ex*change》. send a message by ~ テレックスで通信文を送る. **2** C テレックス(の機械); テレックス通信文. —— 動 他 〔ニュースなど〕をテレックスで送る〈*to* ..に〉.

Tell /tel/ 名 **William** ~ テル《スイスの14世紀の伝説的英雄; 愛児の頭上にのせたリンゴを射るようにと悪代官に命じられそれに成功したと言う》.

‡**tell** /tel/ 動 (~s /-z/|過 過分 **told** /tould/|**téll·ing**) 他

【言う, 語る】 **1** 〔物語など〕を**話す**; 〔冗談など〕を言う; 〔人〕に話す, 言う, 語る, 〈*about, of* ..について〉; VOO (~ X Y)・VOA (~ Y *to* X) X(人)に Y(物語など)を話す; VOO (~ X *that* 節/X *wh* 節・句/X "引用") X(人)に..と/..かを述べる/「..」と言う; (★意味上 2 との差が明白ではないこともある). ~ a fairy tale おとぎ話をする. ~ a lie [joke] うそ[冗談]を言う. ~ the truth ありのままを言う. She *told* (it *to*) everyone in town. 彼女は(それを)町中の人にしゃべってしまった. He *told* me *about* his childhood. 彼は自分の子供のころについて私に話してくれた. *Tell* us a story. 私たちに話をして下さい. What did I [Didn't I] ~ you?＝I *told* you (→成句). The story was *told* (*to*) me by a friend. その話は友達から聞いた. You can't ~ him anything. あいつには打ち明け話はできないよ《すぐにしゃべってしまう》. He *told* me (*that*) he would be right back.(＝He said to me [*told* me], "I will be right back.") 彼はすぐ戻ってくると私に言った (参考 間接話法では He said to me that.. より He told me that.. の方が普通; 間接目的語を省略する場合は He told that.. ではなく, He said that.. と言う). They ~ me [I'm *told*] *that* he's a genius.—So she ~*s* me, too. 彼は天才だそうですね.—彼女も私にそう言っています (★この So は that 節の内容を指す). I want to ~ you *how* sorry I am. 私がどんなにお気の毒に思っているかを申しあげたい. "I love you," I told her. 「好きだ」と彼女に言った.

【知らせる】 **2** 〔秘密など〕を告げる, 教える; 〔人など〕に告げる, 教える, 知らせる, 〈*about, of* ..を〉; VOO (~ X Y)・VOA (~ Y *to* X) X(人)に Y(秘密など)を知らせる; VOO (~ X *that* 節/X *wh* 節・句/X "引用") X(人)に..であることを/..かを/「..」と知らせる; 〖話〗に言いつける, 告げ口する, 〈on ..〔人のこと〕を〉 (→自 2). He *told* her *about* her work in his office. 彼は事務所での彼女の仕事について説明した. I *told* him *of* my decision. 彼に自分の決心を告げた. *Tell* me your name, please. お名前をお聞かせ下さい. He *told* me his secret. 彼は私に秘密を教えてくれた. He *told* me *when* the Queen would arrive. 彼はいつ女王が到着するか私に知らせてくれた. *Tell* me *which* button to push. どのボタンを押すのか教えて下さい. Could you ~ me the way to the station? 駅までの道を教えていただけないでしょうか (語法 teach は使わない. 地図を描いたり, 実際に道案内をしてもらう時は show を使う). Please don't ~ the police *on* him. 頼むから警察に彼のことを密告しないでくれ. 語法 挿入節として用いるときも間接目的語が必要で, 省略する場合は say を用いる (→1 参考): He had robbed the bank, she told me [she said], and had been arrested. (彼は銀行強盗をして逮捕されたと彼女が私に教えてくれた[彼女が言った]).

3 〔物事が〕を示す, 表す; VOO (~ X *that* 節/X *wh* 節・句) X(人)に..であることを/..であるかを示す, 表す. The red lamp ~*s* you (*that*) the machine is on. 赤ランプがつけば機械が動いていることを示す. Traffic lights ~ you *when* to stop and *when* to walk. 交通信号はいつ立ち止まり, いつ道を横断していいかを知らせる.

4 【分かって知らせる】〈普通 can を伴って〉 (**a**) が**分かる**, を知る, 見定める; VO (~ *that* 節/*wh* 節・句) ..ということを/..かを知る, 見分ける. You can always ~ a gen-

T

tleman. 紳士はどこにいても分かる. You can ～ by his speech *that* he is educated. 彼の言葉から彼には教育があるということが分かる. Who can ～ what will happen? どんなことになるのかだれにも予見できない.
(**b**)を**識別する**; VOA (～ X ***from*** Y) XとYを見分ける. I can't ～ one brother *from* the other.＝I can't ～ the two brothers apart. 2人の兄弟の見分けがつかない. He couldn't ～ the difference between right and wrong. 彼には善悪の区別もつかなかった.
5【なすべきことを知らせる】 VOO (～ X ***to do***)・(～ X ***wh*** 節・句/X "引用") X(人)に**..せよと/..かを/「..」と命じる, 言いつける**; X(人)に..するように..かを/「..」と警告[助言, 指示]する. Mother *told* me not *to* smoke.＝Mother said to me, "Don't smoke." 母はたばこを吸ってはいけないと私に言った. Do as you are *told* (*to* do). 言いつけ通りにしなさい. He's always ～*ing* me *what* to do. 彼は私に(何をすべきか＞)用ばかり言いつける. Do what she ～*s* you. 彼女の言いつけ通りにしなさい. He won't be *told*, will he? 彼は言うことを聞かない[聞き分けのない]人だね(★ここは VO の受け身).
6〖古〗を数える. ～ one's beads →bead (成句).
── 自 **【言う, 知らせる】** **1** 語る, 話す; 示す; 〈*of*, *about* ..について〉. He was ～*ing about* his adventures in Africa. 彼はアフリカでの冒険談をしていた. The shell marks *told of* the fierce battle. 弾の跡は激戦を物語っていた. Time will ～. 時が経てば真相が分かるだろう. I'm not ～*ing*! 言いたく[答えたく]ないね《質問などされて》.
2(人の)秘密をもらす;〖話・幼〗VA (～ ***on..***)〔人のこと〕を告げ口する. I'll never ～. 決して他言はしません. "I'll ～ *on* you," said the girl to her brother. 少女は「言いつけてやるから」と兄に言った.
3〈普通 can を伴って〉分かる, 見分ける. She may wear makeup but I can't ～. 彼女は化粧をしているかもしれないが, 私には見分けがつかない. as far as I can ～ 私の知る限りでは.
【物を言う】 **4** 効き目がある; 響く, 悪影響を及ぼす, 疲れさせる, 〈*on*, *upon* ..に〉. It is teachers, not methods, that really ～ in education. 教育で真に物を言うのは方法ではなくて教師である. Every shot *told*. 弾丸はみんな命中した. The alcohol is beginning to ～ *on* his speech. アルコールが彼のしゃべり方に出始めている.
5〖英方〗おしゃべりする, 雑談する, (chat).
àll tóld 全部で, 合計で; 全体として(見れば), 総じて, 結局; 《他 6 から》. *All told*, thirty people died in the plane accident. その飛行機事故で合計30人が死んだ.
Dòn't [***Nèver***] ***tèll me..!*** まさか..《「信じられない」などの意味》. *Don't* ～ *me* you're going away! まさかあなたが行ってしまうなんて.
Dò téll! 〖米話〗本当かい, まさか, (You don't tell!).
hèar téll of.. →hear.
hèar téll (***that..***) →hear.
I (***can***) ***téll you***＝***Lèt me téll you*** 確かに..ですよ. I've never felt happier, *I can* ～ *you*. 本当に, こんな幸せな気持ちになったことはありません.
I càn't téll you 〖英話〗(いかにすごい[ひどいなど]か)言葉にならない, 何て言ったらいいのか.
(***I'll***) ***téll you whàt.*** 〖話〗いいかね; 言いたいことがある; 〖主に米〗実はね, 正直な話. *Tell you what* — you go ahead and wait for me. あのね[こうしよう], 君が先に行って僕を待つんだ.
I'm télling you. 〖話〗(いいかい)本当(の話)なんだから.
I tóld you (***so***)***!*** 〖話〗そうらごらん, 言った通りだろう, 《Didn't I ～ you?; What did I ～ you! などとも言う》.
téll against.. ..にとってマイナスになる[不利に作用する].
tèll..apárt ..を見分ける, 識別する, (→他 4 (b)).
tèll it lìke it ís 〖主に米話〗ありのままに[ずばずばと]物を言う.
Téll me abòut it! 〖話〗(1)＝You're TELLing me! (2)私もそうなんです, こちらも同様です, 《同病相憐(あいあわ)れむような場合》.
Tèll me anóther (***one***). 〖話〗それはあやしいな; それは冗談でしょう.
tèll /../ óff (1)〖話〗..を叱(しか)りつける; ..をこきおろす, 〈*about*, *for* ..のことで〉. His wife began ～*ing* him *off* in front of the guests. 彼の妻は客のいる前で彼のこきおろしを始めた. (2)..を(全体から)別にする, 割り当てる, 〈*to* do ..するために/*for* ..のために〉. Bill and I were *told off to* make a fire. ビルと僕は別に火を起こす役を言いつかった. (3)＝TELL /../ over.
tèll /../ óver 〖古〗..を数える.
tèll táles →tale.
tèll (***the***) ***tíme*** 〔幼児などが〕(時計などを見て)時刻が分かる(★the を省くのは〖米〗).
tèll the wórld (***that..***) 〖話〗(..ということを)断言する, 言い張る.
tèll a person whère to gèt óff [***whère a person gèts óff***] 〖話〗人を厳しく叱る[たしなめる]; 激しい口調で言い返す.
Thàt would be télling. 〖話〗それは(秘密だから)言えない.
There is nò télling.. ..はよく分からない, ..はなんとも言えない. *There's no* ～*ing* what they will do next. 彼らが次に何をするか分かったもんじゃない.
to tèll the trúth →truth.
You can nèver [***nèver can***] ***téll.*** 先のことは[見かけだけでは]分からないものですよ; どうかな, 多分ね.
You're tèlling mé! 〖話〗そんなことは百も承知だ, 言われなくても分かってる; まったくその通りだ. "He's a rat." "*You're* ～*ing me!*"「あの男は卑劣だ」「まったくその通り」
Yòu téll'em! 〖話〗そうそう, その通り, 《人の発言に同調して》.
Yóu tèll mé. 〖話〗こっちが教えて欲しいよ, さあね, 分からんなあ.
[＜古期英語 *tellan*「数える, 話す」(＜*talu* 'tale')]

téll·a·ble 形 〔事柄などが〕話すに値する; (人に)話せる.

‡**téll·er** 名 C **1**(話の)語り手. a clever joke ～ 冗談のうまい人. **2**〖主に米・オース〗(銀行の)出納係, 窓口, (〖英〗cashier). **3**(議会などの)投票集計員.

‡**téll·ing** 形 **1** 効果的な; 著しい, 印象的な. a ～ argument 大そう説得力のある議論. deliver a ～ blow to ..に有効な一撃を加える. suffer ～ losses 痛い損害を被る. **2**(内情などをおのずから)暴露する (revealing). That is rather ～. それで内情はかなり分かった. a ～ look 本心を表すような顔つき. ── 名 UC 話す[語る]こと. ▷**～·ly** 副 効果的に.

tèll·ing-óff 名 (複 **tellings-off**) C 〖英話〗大目玉, こきおろし. give a person a ～ for ..のことで人にお目玉をくらわせる.

téll·tàle 名 C **1**〖話〗他人の秘密などを言いふらす人, 告げ口をする人《特に子供》, 密告者. **2** 自動モニター[記録, 警告]装置; タイムレコーダー; 〖海〗舵(だ)角表示機《甲板上にあって舵の位置がわかる》; 〖米鉄道〗警簾(れん)《トンネル・低い陸橋の手前に吊るしたリボン; 貨車に乗った鉄道従業員への警告のため》.
── 形〈限定〉(秘密などを)おのずから表す, 隠しきれない; 暴露的な. the ～ bloodstains on the floor 証拠となる床の上の血痕(こん). the ～ wrinkles around her eyes 彼女の年齢をおのずから表す目の周りのしわ.

tel·lur·i·um /tel(j)ú(ə)riəm/ 名 U 〖化〗テルル《非金属元素; 記号 Te》.

‡**tel·ly** /téli/ 名 (複 **-lies**) 〖主に英話〗＝television.

tel·pher /télfər/ 名 C テルファー《バケツ型の空中ケーブル車; 石などを運ぶ》.

Tel·star /télstɑ̀ːr/ 名 C テルスター《米国の通信衛星;

テレビ, 国際電話などを中継する》.

Tel·u·gu /téləgùː/ 名 (複 ～(s)) **1** U テルグ語《インド南東部で用いられる非インドヨーロッパ系の言語》.
2 C テルグ族(の人)《テルグ語を話す》.

tem·blor /témblɔːr, -blər/ 名 C 〖米〗地震 (earthquake). [<(アメリカ)スペイン語]

te·mer·i·ty /təmérəti/ 名 U 〖章〗無鉄砲, 蛮勇; 無遠慮, 厚顔. He had the ～ to ask for more. 彼は厚かましくももっとよこせといった.

temp /temp/ 〖話〗名 C 臨時雇い(の秘書など) (temporary). ── 動 自〈普通, 進行形で〉臨時雇い(の秘書)として働く.

temp. temperature; temporary.

‡**tem·per** /témpər/ 名 (複 ～s /-z/)
【気分の調節】 **1** C (一時的な)**機嫌**, 気分; 気性, 気質. be in a good [bad] ～ 機嫌がいい[悪い]. have a sweet [hot] ～ 優しい[すぐかっとなる]気性である. the ～ of the times 時代の風潮.

> 連結 have a quick [a short; a nasty; an explosive, a violent; a calm, an even] ～ // control one's ～

2 U 冷静, 落着き, 自制. *Temper*, ～! まあまあ落着いて, そんなに怒らないで. keep [lose] one's ～ →成句.
3 【害された気分】 UC **短気**, 怒り, かんしゃく. have a ～ かんしゃく持ちである. be in a ～ かんしゃくを起こしている, 機嫌が悪い. She broke off her engagement in a fit of ～. 彼女は腹立ち紛れに婚約を破棄してしまった.
【硬度の調節】 **4** U (鋼などの)鍛え; 硬度, 弾性.
flỳ* [*gèt*] *into a témper かっと怒り出す.
kèep* [*hòld*] *one's témper 怒りを抑える. I *kept* my ～ only with the greatest difficulty. やっとの思いで怒りを抑えていた.
lòse one's témper かんしゃくを起こす.
out of témper 腹を立てて[た], かんしゃくを起こして[た]. The report put him *out of* ～. 彼はその報告に腹を立てた.
── 動 他 〖章〗 **1** を調節する, 緩和する, 軽減する, 〈*with* ..で〉. ～ whiskey *with* water ウイスキーを水で割る. ～ justice *with* mercy 正義(の実行)を慈悲で和らげる. God ～*s* the wind to the shorn lamb. 〖諺〗神は弱者には不幸を軽くしてくださる《神は毛を刈り取られた羊には風を和らげる》. **2** 〔鋼など〕を鍛える《適度の硬度と弾性を得るため熱を加え急に冷却して》. a ～*ed* sword 鍛えられた剣. **3** 〔粘土, しっくいなど〕を適度に練る.
4 〔楽器〕を調律する, 〔声〕の音程を合わせる.
◇形 temperate 名 temperance [<ラテン語 *temperāre*「(程よく)混ぜ合わせる」(<*tempus* 'time')]

tem·per·a /témpərə/ 名 U テンペラ絵の具; テンペラ画法《特にフレスコ画 (fresco) に用いられた》. [イタリア語]

***tem·per·a·ment** /témp(ə)rəmənt/ 名 (複 ～s /-ts/) **1** UC **気質**, 気性; 体質; (類語 言動や考え方に表出された気質; →character). an artistic ～ 芸術家的気質. be excitable by ～＝have an excitable ～ 興奮しやすい気性である. a choleric [melancholic, phlegmatic, sanguine] ～ 胆汁[黒胆汁, 粘液, 多血]質 (→sanguine 3). **2** U (抑えのきかない)激しい気性. She was as famous for her ～ as for her voice. 彼女は美声に劣らず激しい気性でも有名だった.
[<ラテン語「(4 種の体液の)適度の混合」; →cardinal humors]

tem·per·a·men·tal /tèmp(ə)rəméntl ◎/ 形 **1** 気質上の, 性分による, 生まれつきの. I have a ～ dislike for jazz. ジャズは私の性に合わない. **2** 怒りっぽい; 気まぐれな; 〔機械などが〕その都度調子が異なる, 信頼できない. a ～ girl 気性の激しい[お天気屋の]娘.
▷ **～·ly** /-t(ə)li/ 副 気質上; 気まぐれに.

tem·per·ance /témp(ə)rəns/ 名 U **1** 〖章〗(言動が)度を過ごさないこと, 節制, 自制; 節酒. Many philosophers preached ～ in all things. 多くの哲人が万事に節制することを説いた. **2** 禁酒. a ～ hotel 酒を出さないホテル. a ～ league [society] 禁酒同盟. a ～ movement 禁酒運動.

***tem·per·ate** /témp(ə)rət/ 形 m **1** 〖章〗〔人, 生活が〕**節制ある**, 自制した, 冷静な; 節度がある〈*in* ..に〉; 節酒の, 禁酒の. be ～ *in* eating and drinking 飲食に節度がある. He is ～ though his brother is alcoholic. 兄はアルコール依存症であるのに彼自身は酒を全く飲まない. **2** 〔気候が〕**温暖な**; 温帯の; (→frigid, torrid). a ～ climate [region] 温暖な気候[地域].
[<ラテン語 *temperāre* 'temper' (の過去分詞)]
▷ **～·ly** 副 節度をもって; 穏やかに. **～·ness** 名 U 節度のあること; 温暖なこと.

Témperate Zòne 名 〈the ～; 又は the t- z-〉温帯.

‡**tem·per·a·ture** /témp(ə)rətʃər/ 名 (複 ～s /-z/) UC **1 温度**; 気温; 体温; (感情の)強さ, 度合. The ～ is too high in this room. この部屋の温度は高すぎる. There was a twenty-degree drop in ～ overnight. ＝The ～ fell [dropped] by 20 degrees overnight. 夜の間に気温が 20 度下がった. There has been a gradual rise in ～ over the past thirty years. この 30 年の間に除々に気温が上昇している. The nurse took my ～. 看護婦は私の体温を計った. raise the ～ 緊張[敵意]をつのらせる. The ～ of his passion began to cool. 彼の激情の熱は冷え始めた.

> 連結 a hot [a comfortable, a mild; a low, a cold; a normal; an extreme; a constant; a variable] ～ // measure [control] the ～ // the ～ rises [goes down; remains steady]

2 〈単数形のみ〉〖話〗(病気の)**高熱** (fever). bring down the patient's ～ 患者の熱を下げる.
hàve* [*rùn*] *a témperature 熱がある[を出す].
[<ラテン語「(適度の)混合」; temperate, -ure;「温度」の意味は 17 世紀から]

tèmperature-humìdity índex 名 C 温湿指数《65 が最も快適とされる; 略 THI; もと discomfort index (不快指数)といった》.

tém·pered 形 和らげられた, 緩和された; 〔鋼鉄が〕鍛えられた; 〔粘土, しっくいなどが〕ほど良く練り上げられた; 〖楽〗調律された.

-tém·pered 〈複合要素〉「..の気質の」の意味. sweet-*tempered*. hot-*tempered*.

tem·pest /témpəst/ 名 C 〖雅〗大あらし, 暴風雨, 大吹雪; 〈比喩的に〉'あらし'〈*of* ..の〉; 大騒ぎ, 大混乱. ***a tèmpest in a téapot*** 〖米〗＝a STORM in a teacup. [<ラテン語 *tempestās*「天候」(<*tempus* 'time, season')]

†**tem·pes·tu·ous** /tempéstʃuəs|-tju-/ 形 〖雅〗 **1** 大あらしの, 暴風雨の, 大吹雪の. a ～ sea 大あらしの海. **2** 騒がしい; 激動の, 動乱の; 激しい, 激情に駆られた, 激越な, 熱烈な. a ～ period in English history 英国史上の激動期. ▷ **～·ly** 副 **～·ness** 名

tem·pi /témpiː/ 名 tempo の複数形の 1 つ.

témp(ing) àgency 名 C (臨時雇いの)人材派遣[あっせん]業.

Tem·plar /témplər/ 名 C **1** 〖史〗聖堂騎士《12 世紀初頭, 聖地巡礼者の保護のために組織された聖堂騎士団 (Knights Templars) の 1 員》. **2** 〈しばしば t-〉〖英〗法曹学院の法律家《法曹学院 (temple[1] 5) に事務所のある法廷弁護士 (barrister) や法学生》.

tem·plate /témpleit, -lət/ 名 C **1** (金属, 石, 木材

T

などを切る時に用いる)型板, 指形(さしがた). **2**〘電算〙テンプレート.

‡tem·ple[1] /témp(ə)l/ 名 (複 ~s /-z/) C **1** (古代ギリシア, ローマ, エジプトなどの)**神殿**. a Greek ~ ギリシアの神殿. the ~ of Apollo アポロの神殿. **2** (仏教, ヒンドゥー教の)**寺院** (参考 日本では普通, 寺を temple, 神社を shrine と訳す); (キリスト教, モルモン教の)礼拝堂, 教会堂. the Honganji *Temple* 本願寺. **3** 〈the T-〉エルサレムのエホバの神殿; ユダヤ教の教会堂 (synagogue). **4** (芸術などの)殿堂. The theater will be a ~ of pleasure. 劇場は楽しみの殿堂になるだろう. **5**〘英〙〈the T-〉法曹学院《Inner Temple と Middle Temple; →the Inns of Court》. [<ラテン語 *templum*「聖なる場所」]

***tem·ple**[2] /témp(ə)l/ 名 (複 ~s /-z/) C 〈普通 ~s〉 **1**〘解剖〙こめかみ. **2**〘米〙眼鏡のつる. [<ラテン語 *tempora* (*tempus*「額」の複数形)]

tem·plet /témplət/ 名 =template.

‡tem·po /témpou/ 名 (複 ~s, **tem·pi** /-piː/) C **1** (仕事などの)速さ, テンポ. adjust to the busy ~ of urban living 都会生活の速さに慣れる. increase the ~ of production 生産の速度を速める. **2**〘楽〙速度, テンポ. 参考 楽曲の演奏速度の主なものを速いものから順に並べると, presto, allegro, allegretto, moderato, andantino, andante, adagio, lento, largo. [イタリア語「時」]

†tem·po·ral[1] /témp(ə)rəl/ 形 〘章〙 **1** 時間の (↔ spatial); 〘文法〙時を表す, 時の. a ~ clause 時を表す(副詞)節. a ~ conjunction 時を表す接続詞《when, as, while など》. **2** 現世の, 非宗教の; 世俗の, 俗界の; (secular; ↔religious, spiritual; 類語 俗世間における権勢や権力に用いることが多い; →worldly). ~ affairs 俗事. ~ power (教皇などの)俗事上の権力《例えば, 教皇のヴァチカン帝国の長としての権力》. **3** 一時的な, 束の間の, (temporary). **4** 非教会の. →Lords temporal.

tem·po·ral[2] 形〘解剖〙こめかみの, 側頭部の. the ~ bone. 側頭骨.

tem·po·ral·i·ty /tèmpərǽləti/ 名 (複 **-ties**) **1** U 一時性 (temporariness). **2** C 〈普通 -ties〉(教会, 聖職者などの)財産, 収入.

†tem·po·rar·i·ly /tèmpərérili, ╴╴╴╴|témp(ə)rərili/ 副 一時的に, 一時(いっとき)は; 臨時に.

tem·po·rar·i·ness /témpərèrinəs|-p(ə)rəri-/ 名 U 一時性.

***tem·po·rar·y** /témpərèri|-p(ə)rəri/ 形 ⓒ **一時的な**, 束の間の, 仮の; 臨時の; (↔permanent, eternal). a ~ job 臨時の仕事. ~ measures 当面の処置. ~ pleasures 一時的な快楽. ~ accommodations 臨時の収容設備. ── 名 (複 **-rar·ies**) C 臨時雇い《人》. [<ラテン語「一時的な」(<*tempus* 'time'); -ary]

tèmporary restráining òrder 名 C〘米法〙(裁判所が発する)一方的緊急差止命令.

tem·po·rize /témpəràiz/ 動 自〘章〙 **1** 一時しのぎをする, (時間をかせぐために)ぐずぐずする. **2** 時勢[世論]に迎合する; 妥協する 〈*with* ..と〉.

tém·po·rìz·er 名 C 一時しのぎの方策をとる人.

‡tempt /tem(p)t/ 動 (~s /-ts/|過 過分 **témpt·ed** /-əd/|**témpt·ing**) 他 **1** [人]を**誘惑する**; VOC (~ X *to do*) X (人)を..するようそそのかす; VOA (~ X *into* (*doing*)..) X (人)をそそのかして..させる; (類語「誘惑する」の意味で最も一般的な語; →allure, entice, lure, seduce). Satan ~*ed* Eve. サタンはイヴを誘惑した. The player was ~*ed* by the money. 選手はその金に誘惑された. Bad friends ~*ed* him ⌞*to* steal [*into* steal*ing*]. 彼は悪友にそそのかされて盗みをする気になった.

2 [人]を引きつける, 魅惑する; VOC (~ X *to do*) X (人)に..したがらせる; VOA の気を引く〈*out* (*of*..から)/*to* ..に〉; (~ X *into* (*doing*)..) X (人)を引きつけて..させる; 〈しばしば受け身で〉. The food ~*ed* the boy. その食べ物は少年の食欲をそそった. The magazine ad ~*ed* us ⌞*to* go to Florida [abroad]. 雑誌広告を見て⌞フロリダ[外国]へ行きたくなった. I heard the piano, and I was ~*ed into* dancing. ピアノが聞こえたので踊ってみたくなった. ◇名 temptation

tèmpt próvidence [***fáte, the fátes***] 向こうみずなことをする, 危険を冒す, 《<神意を試す》. [<ラテン語 *temptāre*「触れる, 試みる」]

témpt·a·ble 形 誘惑されやすい[に弱い].

***temp·ta·tion** /tem(p)téiʃ(ə)n/ 名 (複 ~s /-z/) **1** U **誘惑**. the ~ to smoke marijuana マリファナを吸ってみたいという誘惑. resist [fall into, give in to, yield to] ~ 誘惑にあらがう[負ける]. lead a person into ~ 人を誘惑に陥れる. **2** C **誘惑するもの[事]**. A big city provides many ~s. 大都会には誘惑するものが多い. A Cabinet post was a great ~. 閣僚のいすは大きな誘惑だった. Money was no ~ to him. 彼は金には誘惑されなかった. ◇動 tempt [tempt, -ation]

témpt·er 名 **1** C 誘惑する人[もの]. **2** 〈the T-〉悪魔 (Satan).

†tempt·ing /tém(p)tiŋ/ 形 誘惑する, 心をそそる; 欲望をそそる. a ~ offer 魅力のある申し出. a ~ bit of meat よだれの出そうな肉片. It was ~ to have a drink. 1 杯飲んでみたかった. ▷ **~·ly** 副 心をそそるように.

tempt·ress /tém(p)trəs/ 名 C 誘惑する女.

tem·pus fu·git /tèmpəs-fjúːdʒət/ 光陰矢のごとし. [ラテン語 'time flies' (時間は逃げて行く)]

‡ten /ten/ (★用法 →five) 名 (複 ~s /-z/) **1** U (基数の)10, 十. **2** U (**a**) **10 時**; **10 歳**; 10 ドル[ポンドなど]《何の量かは前後関係で決まる》. (**b**) 10 分, 10 インチ, 10 セント[ペンスなど]《(a) より低い単位の量を示す》. take ~〘話〙10 分程[ちょっと]休む. **3** 〈複数扱い〉**10 人**; 十(とお), 10 個. **4** C 10 人[10 個] 1 組のもの. **5** C 10 の数字[活字]《10, x, X》. **6** C 〈普通 ~s〉10 の位の数字. **7**〘話〙C 10 ドル[ポンド]紙幣. **8** C (トランプの) 10 の札.

tèn a pénny 〘英話〙ありふれた, 価値のない, (〘米話〙a dime a dozen)《<10 個で 1 ペニー》.

tèns of thóusands (***of..***) 幾万も(の..).

tèn to óne 十中八九, まず間違いなく. It's a good ~ *to one* that Ned will be late. まず間違いなくネッドは遅刻するだろう.

── 形 **1** 10 人の; 十(とお)の, 10 個の. **2** 〈叙述〉10 歳の. ***tèn tímes*** 10 倍も; 〘話〙はるかに. [<古期英語 *tēn*(*e*)]

ten·a·ble /ténəb(ə)l/ 形 **1** 〔陣地などが〕守ることができる; 〔学説などが〕弁護できる, しっかりした. The theory of laissez faire is no longer ~. 自由放任主義の理論はもはや通らなくなった. **2** 〈叙述〉〔官職などが〕継続[維持]できる〈*for* ..の期間/*by* ..によって〉. The lectureship is ~ *for* two years. 講師の職は 2 年維持できる. ▷ **tèn·a·bíl·i·ty** 名

†te·na·cious /tənéiʃəs/ 形 **1** 粘り強い, 不撓(ふとう)不屈の; しつこい. keep a ~ grip on ..をしっかりつかんで離さない. The ~ cat finally chased the dog off. 猫は粘り抜いて遂に犬を追い払った. her ~ suitor 彼女のしつこい求婚者. **2** 〔記憶力が〕強い, なかなか忘れない. The old man's memory was as ~ as his grip on life. 老人の記憶力は生命力に劣らず強かった. **3** 〈叙述〉強くつかんで離さない, 固執する, 〈*of* ..を〉. a man ~ *of* his rights 自分の権利を固執する人. The tribe is ~ *of* its traditions. その部族は自分たちの伝統をかたくなに守っている. **4** 粘着性の. ~ clay ねばねばする粘土. [<ラテン語 *tenāx*「粘着する, 固持する」(<*tenēre* 'hold')]

▷ **~·ly** 副 粘り強く, 執拗(しつよう)に; 頑固に.

‡**te·nac·i·ty** /tənǽsəti/ 名 U 粘り強さ, 不屈; しつこさ; 固執; 粘着性. ～ of purpose 目的意識の堅固さ.

‡**ten·an·cy** /ténənsi/ 名 (複 **-cies**) **1** U (土地, 家屋などの)賃借. **2** C 賃借期間.

***ten·ant** /ténənt/ 名 (複 **～s** /-ts/) C **1** (土地, 家屋, 部屋の)賃借者; **借家人**, 間借り人; (貸しビルなどの)**テナント**, 入居者; **借地人**, 小作人; (↔landlord). the ～*s* of an apartment アパートの間借り人たち. **2** 占有者, 現住者, 〈*of* ..〔建物など〕の〉. the ～*s* of the woods 森の住人《鳥のこと》. ── 動 他 〔土地, 家屋など〕を賃借りする〈普通, 受け身で〉. The house was ～*ed* by the Indian consul. その家はインドの領事が借りて住んでいた. [＜ラテン語「保持している」(*tenēre* 'hold' の現在分詞)]

tènant fármer 名 C 小作人.

ten·ant·ry /ténəntri/ 名 〈the ～; 単複両扱い〉(1人の地主から土地を借りている)全小作人.

tén-cent stòre 名 〖米〗＝five-and-ten.

tench /tentʃ/ 名 (複 **～, ～es**) C テンチ《コイ科の淡水魚, 食用; ヨーロッパ産》.

Tèn Commándments 名 〈the ～〉〖聖書〗モーセの十戒《→*Exodus*(『出エジプト記』20:2)》.

‡tend[1] /tend/ 動 (**～s** /-dz/|過 過分 **ténd·ed** /-əd/|**ténd·ing**) 自 **1** VA (～ *to do*) ..しがちである; (～ *to, toward*..) ..の傾向がある. One ～*s to* shout when excited. 人は興奮すると大声を出す傾向がある. The students ～ *toward* radicalism. 学生は過激な思想に傾きやすい. I ～ *to* think I am too lenient with my students. 私は学生に寛大過ぎるのではないかという気がします(★単なる I think より控え目).

2 VA (～ *to, toward, etc...*) ..の方向へ進む, 向かう. The road ～*ed to* the south [*into* the forest]. 道は南に向かって[林の中へ入って]いた. Crime figures continue to ～ *upward*. 犯罪数は増加の一途をたどっている.

◇名 tendency [＜ラテン語 *tendere*「伸びる, 広がる」]

***tend**[2] /tend/ 動 (**～s** /-dz/|過 過分 **ténd·ed** /-əd/|**ténd·ing**) 他 **1** 〔病人など〕を**看護する**, 世話する; 〔家畜, 機械など〕の番をする, を管理する; 〔畑, 庭など〕の手入れをする; (take care of, look after). ～ the patient('s injuries) 患者(の切傷)を看護する. The shepherd [priest] ～*s* his flock. 羊飼い[牧師]は自分の羊の群れ[信者たち]の世話をする. The fireman ～*s* the boiler. 火夫はボイラーを管理する. **2** 〖米〗〔店, バーなど〕の番をする, 客に応対する. ～ a shop [store] 店番をする. ～ bar バーテンをする.

── 自 **1** 〖主に米・カナダ話〗注意する, 気を配る; 応対する, 対処する; 〈*to* ..に〉(attend). *Tend to* your own business. お節介は無用だ. ～ *to* the customers [complaints] お客に応対する[苦情を処理する]. The doctor ～*ed* (*to*) his wound. 医師は彼の傷口を処置した(★to を省けば 他 1). **2** 〖古〗仕える, かしずく, 〈*on, upon* ..に〉(wait). [＜at*tend*]

‡tend·en·cy /téndənsi/ 名 (複 **-cies** /-z/) C **1 性癖**, 傾向, 〈*to* do ..する/*to, toward*(*s*) ..への〉. Babies have a ～ *to* cry when they are hungry. 赤ん坊は空腹になると泣くものだ. There is a ～ for weak vowels *to* disappear. 弱い母音は消失する傾向がある. The ～ *toward* violence is increasing. 暴力への傾向が強まっている.

> 連結 a general [a prevalent; a marked, a pronounced, a strong; a growing] ～ // show [display, exhibit; overcome, resist] a ～

2 天分, 素質, 〈*to, toward* ..への〉. Some people are born with musical *tendencies* [*tendencies to* crime, criminal *tendencies*]. 生まれつき音楽的[悪事を行うような]素質のある人もいる.

◇動 tend[1] [＜ラテン語 *tendere* 'tend[1]'; -ency]

ten·den·tious /tendénʃəs/ 形 〖章〗〔本, 話などが〕偏った思想をもった, 特定の政治的[宗教的]目的のための, 宣伝的な, 偏向した. ▷**～·ly** 副 **～·ness** 名

‡ten·der[1] /téndər/ 形 e 【**柔らかい**】 **1 柔らかい**〔食肉, 野菜など〕(↔tough). feed on ～ young leaves 柔らかい草の芽をえさにする. The meat was ～ and deliciously flavored. 肉は柔らかでおいしく味つけしてあった. **2** 【**心の柔らかい**】**優しい**, 親切な, 思いやりの深い; 情にもろい. a warm and ～ smile 温かくて優しい笑顔. his ～ regard for her 彼の彼女に対する思慕の念. a ～ and affectionate mother 優しく愛情に満ちた母.

【**傷つきやすい**】 **3** かよわい, もろい, こわれやすい. a ～ bud [flower] かよわいつぼみ[花]. the girl's ～ frame 少女のきゃしゃな体つき. **4** 〈限定〉若い, 幼い, 未熟な. at the ～ age of nine 9歳の幼さで. despite his ～ years 彼の若さにもかかわらず.

【**敏感な**】 **5 さわると痛い**; 感じやすい. a ～ spot (さわると)痛い所; 弱点. a ～ bruise 痛い打ち傷. his ～ conscience 彼の敏感な良心. My finger is still ～ from the injury. 私の指はあの負傷のため今もさわると痛い. **6** 扱いにくい, 微妙な, 〔問題など〕. a ～ subject of conversation 微妙な話題. **7** 〖古〗気遣う, 用心して, 〈*of* ..を〉. be ～ *of* one's honor 名誉を重んじる. [＜ラテン語 *tener*「柔らかい, 繊細な」]

tend·er[2] 名 C **1** 番人, 世話人, (→tend[2], bartender). **2** 〖鉄道〗(機関車に付く)炭水車. **3** はしけ《岸と親船の間を乗客, 食料, 燃料などを運ぶ》.

***ten·der**[3] /téndər/ 動 (**～s** /-z/|過 過分 **～ed** /-d/|**～·ing** /-d(ə)riŋ/) 他 〖章〗 **1** 〔代金など〕を**支払う**. Passengers are requested to ～ the exact fare. 料金は釣り銭のないようにお願いします. **2** を差し出す, 提出する. ～ one's regret (that..) (..であることについて)遺憾の意を表す. ～ one's resignation (to the king) (王に)辞表を提出する. ～ invitations 招待状を出す.

── 自 入札をする〈*for* ..〔請負など〕の〉.

── 名 **1** C 〖商〗請負見積書; 入札; 〈*for* ..への〉. put..out to ～ (工事など)の入札を募る. The firm put in [made, submitted] a ～ *for* the project. その会社は計画に入札した. win a ～ 落札する. **2** C 提供(物), 申し出. **3** ＝legal tender.

[tend[1] と同源] ▷**～·a·ble** /-d(ə)rəb(ə)l/ 形 **～·er** /-d(ə)rər/ 名

ténder·fòot 名 (複 **～s, -feet** /-fiːt/) C **1** 〖米〗(西部の)新参者. **2** 初心者, 未熟者. a business ～ 新米実業家.

tènder·héarted /-əd ⑱/ 形 心の優しい, 情け深い. ▷**～·ly** 副 **～·ness** 名

tén·der·ìze /-d(ə)ràiz/ 動 他 〔肉など〕を柔らかくする. ▷**ten·der·iz·er** 名 UC 食肉軟化剤.

ténder·lòin 名 U テンダーロイン《牛, 豚の腰部の肉; fillet と同義, 又はその前寄りの部分で最も柔らかい高級肉》.

***ten·der·ly** /téndərli/ 副 m **1 優しく**, 親切に. She sang ～ to the child. 彼女は子供に優しく歌ってやった. **2 慎重に**. treat a machine ～ 機械を慎重に扱う.

†**tén·der·ness** 名 U **1** 優しさ, 親切心. her ～ with the children 子供に対する彼女の優しさ. **2** 柔らかさ. **3** かよわさ.

†**ten·don** /téndən/ 名 C 〖解剖〗腱(けん).

ten·dril /téndrəl/ 名 C 〖植〗巻きひげ, つる.

te·neb·ri·ous /tənébriəs/ 形 ＝tenebrous.

ten·e·brous /ténəbrəs/ 形 〖章〗暗い(dark); 陰気な(gloomy).

ten·e·ment /ténəmənt/ 名 C **1** ＝tenement house. **2** 〖法〗(tenant が借りる)借地, 借家.

ténement hòuse 名 C 安アパート《特に大都市の貧しい地域の apartment house》.

ten·et /ténət|tén-, tíːn-/ 名 C 〖章〗(個人, 党派など

の)主義 (principle), 信条 (belief), 教義 (doctrine).
tén·fòld 形 10 倍の; 十重(とえ)の. ── 副 10 倍に; 十重に.
tèn-gallon hát 〖米〗テンガロンハット《縁の広いカウボーイ帽 (cowboy hat)》.
Tenn. Tennessee.
ten·ner /ténər/ 名 C 〖米話〗10 ドル(札); 〖英話〗10 ポンド(札).
Ten·nes·see /tènəsíː/ 名 **1** テネシー《米国南東部の州; 州都 Nashville; 略 TN 〖郵〗, Tenn.》.
2 〈the ～〉テネシー川《Ohio 川の支流》.
[北米先住民語(村の名から)]
▷ **～·an** /-ən ⑱/ 形, 名 C テネシー州の(人).
Tènnessee Válley Authòrity 名 〈the ～〉テネシー川流域開発公社《1933 年発足; 発電, 治水などに成果を上げ, 類似の計画の模範となった; 略 TVA》.
‡ten·nis /ténəs/ 名 U テニス, 庭球, (参考 今日単にテニスといえば lawn tennis のこと. 'lawn tennis' は, かつてテニスの原型として室内で行われた court tennis と区別するための言葉である). play ～ テニスをする. a ～ racket テニス用ラケット. ～ shoes テニスシューズ. [＜古期フランス語 *Tenez*!「(球を)取れ」(＜*tenir*「保つ, つかむ」＜ラテン語 *tenēre* 'hold'); サーバーがレシーバーに言った言葉から]
ténnis còurt 名 C テニスコート.
tènnis élbow 名 U ひじの関節炎《テニスなどでの使い過ぎが原因》.
Ten·ny·son /ténəsn/ 名 **Lord Alfred ～** テニソン (1809–92)《英国の桂冠(けいかん)詩人》.
ten·on /ténən/ 名 C 〖木工〗ほぞ (→mortise).
†ten·or /ténər/ 名 【主旋律】 **1** UC 〖楽〗テナー, テノール, 次中音,《男声の最高音部; →bass[1]》; 〈the ～〉テナー声部. sing the ～ テナー声部を歌う. **2** C 〖楽〗テナーの声を持つ人, テナー歌手; テナー楽器. The song was written for a ～. その歌はテノール用に書かれた. **3** 〈形容詞的〉テナーの. a ～ voice テナーの声. Joe plays (the) ～ sax. ジョーはテナーサックスを吹いている.
【主流】 **4** C 〈普通, 単数形で〉〖章〗(人生などの)進路, 傾向. The event affected the ～ of my life. その事件は私の人生航路に影響を与えた.
5 C 〈普通, 単数形で〉〖章〗(文章, 演説などの)大意, 趣旨. the ～ of the report 報告の趣旨.
[＜イタリア語 *tenore*「保つ者, 定旋律を受け持つ者」]
ténor clèf 名 C ハ音記号《中音部記号; C clef とも言う》.
tén·pènce 名 〖英〗 **1** U 10 ペンス. **2** C 10 ペンス「白銅貨.
tén·pènny 形 **1** 〖英〗10 ペンスの. **2** 〈限定〉〔くぎが〕大きい, 〖米〗3 インチの. a ～ nail 3 インチくぎ.
tén·pìn 名 C (tenpins で用いる)ピン, 柱.
tènpin bówling 名 〖英〗＝tenpins.
tén·pìns 名 〈単数扱い〉〖米〗テンピン (〖英〗tenpin bowling)《10 本のピンで行うボウリングの一種; →nine-pin》.
‡tense[1] /tens/ 形 e (**téns·er**|**téns·est**) **1** 〔綱などが〕ぴんと張った. a ～ rope 強く張った綱. ～ muscles ぴんと張った筋肉. **2** 〔神経などが〕**緊張した**, 張り詰めた; 〔人, 体が〕(緊張して)堅くなった; 〔人が〕神経質な, 堅苦しい; 〔状況などが〕緊迫した. ～ nerves 張り詰めた神経. a face ～ with worry 心配で引きつった顔. There was a ～ atmosphere in the room. 部屋には緊張した雰囲気が感じられた. a ～ moment 緊迫の一瞬. **3** 〖音声〗緊張音の (→lax 5).
── 動 他 をぴんと張る; を緊張させる 〈*up*〉. He was *tensing* (*up*) all his muscles for the leap. 彼は跳躍するために全筋肉を緊張させた. He seems very ～*d up*. 彼はひどく緊張した面持ちでいる. ── 自 緊張する 〈*up*〉. His body ～*d* (*up*) ⌊for action [with fright]. 行動に移ろうと[恐ろしさで]彼の体は緊張した. "Don't ～ up," said the coach.「かたくなるな」とコーチは言った.
[＜ラテン語 *tendere*「張る, 伸びる」(の過去分詞)]
▷ **ténse·ness** 名 U 緊張.
***tense[2]** /tens/ 名 (複 **téns·es** /-əz/) UC 〖文法〗(動詞の)**時制**, テンス. the present [past, future] (perfect) ～ 現在[過去, 未来](完了)時制. [＜ラテン語 *tempus*「時」]
ténse·ly 副 緊張して; 神経質に, ぴりぴりして. They waited ～ for his decision. 彼らは彼の裁定をかたずを飲んで待っていた.
ten·sile /téns(ə)l|-sail/ 形 **1** 引き伸ばすことのできる. **2** 〈限定〉張力の. the ～ strength of a rope 綱の張力.
ten·sil·i·ty /tensíləti/ 名 U 伸張性; 張力.
‡ten·sion /ténʃ(ə)n/ 名 (複 **～s** /-z/) **1** U (綱などの)緊張, ぴんと張ること; 〖物理〗張力; 気体の膨張力, 圧力. the ～ in the strings 弦の張り具合. surface ～ 表面張力. **2** U (精神的な)**緊張**, 不安. be under extreme ～ 極度に緊張している. ease [relieve] the ～ (in the room) (部屋の中の)緊張を和らげる. suffer from nervous ～ 神経の過労で病んでいる.
3 UC 〈普通 ～s〉 緊迫した関係《個人, 国家間の》. racial ～*s* 人種間の緊迫関係. international ～ 緊迫した国際関係. *Tension* was building between the two. 両者の間に緊張が高まっていた.

> 2, 3 の 連結 mounting [acute, severe] ～ // cause [create; heighten, increase; lessen, reduce, relieve] ～

4 U 〖電〗電圧 (voltage). high-～ wires 高圧線.
[tense[1], -ion] ▷ **～·al** /-nəl/ 形 緊張の; 張力の.
ten·sor /ténsər, -sɔːr/ 名 C 〖解剖〗張筋.
tén-strìke 名 C 〖米〗〖ボウリング〗(10 ピンを 1 投で倒す)ストライク; 〖米話〗大成功, 大当たり.
‡tent /tent/ 名 (複 **～s** /-ts/) C **1** テント, 天幕. pitch [put up] a ～ テントを張る. strike [take down] a ～ テントをたたむ. live in ～*s* キャンプ生活をする. **2** テント状のもの《特に医療に用いる》. →oxygen tent [＜ラテン語 *tenta*「張られたもの」(＜*tendere* 'stretch, extend')]
‡ten·ta·cle /téntək(ə)l/ 名 C **1** 〖動〗触手, 触角; 〖植〗触毛. **2** (情報収集, 働きかけなどの)工作ルート, 筋; 〈～s〉(個人に対する組織, 思想などの)がんじがらめの束縛, しがらみ. the ～*s* of the law 法の網.
ten·tac·u·lar /tentǽkjələr/ 形 触手[触角, 触毛]の(ような).
†ten·ta·tive /téntətiv/ 形 **1** 試験的な; 確定的でない. come to a ～ agreement 仮の合意に達する. a ～ plan 試案. **2** ためらいがちの, 自信のない. give a ～ nod ためらいがちにうなずく. [＜ラテン語 *tentāre*「試す」; -ive]
▷ **～·ly** 副 試験的に; ためらいながら. **～·ness** 名
tént càterpillar 名 C 〖虫〗テンマクケムシ《米国, カナダ産; 樹の枝にテント状の網を張り中に群生する害虫》.
ten·ter·hooks /téntərhùks/ 名 〈次の成句のみ〉 ***on ténterhooks*** 気をもんで, やきもきして.
‡tenth /tenθ/ 〈10th とも書く〉(★用法 →fifth) 形 **1** 〈普通 the ～〉**第 10 の**, 10 番目の. **2 10 分の 1 の**. a ～ part 10 分の 1.
── 名 (複 **～s** /-θs/) C **1** 〈普通 the ～〉**第10**, 10 番目(のもの[人]). **2** 〈普通 the ～〉(月の)**10 日**《略 10 th》. on the ～ of April 4 月 10 日に. **3 10 分の 1.** one ～ 10 分の 1. three ～*s* 10 分の 3.
── 副 ＝tenthly. [＜古期英語; ten, -th[2]]
ténth·ly 副 10 番目に.
tént pèg 名 C (木製の)テントのくい《ロープを留める》.
tént stìtch 名 C 〖服飾〗テント縫い《短く斜めに刺して行くステッチ》.
te·nu·i·ty /ten(j)úːəti/ 名 U 〖章〗 **1** 極めて細い[薄い]こと; 希薄. **2** 薄弱; 貧弱.
‡ten·u·ous /ténjuəs/ 形 **1** 非常に細い, 極めて薄い;

〔空気などが〕希薄な. a ～ thread 細い糸. **2**〔意見などが〕実質のない, 取るに足りない; 〔関係, 関連などが〕薄い, 〔根拠などが〕薄弱な. ～ rhetoric 空虚な美辞麗句. ～ distinctions 不明瞭な区別. [<ラテン語] ▷ **～·ly** [副] 希薄に; 貧弱に. **～·ness** [名] [U] 希薄; 貧弱.

†**ten·ure** /ténjər, -njuər|-njuə/ [名] [UC] **1** (土地, 職などの)保有(権). a farmer's ～ of his land 農民による土地の保有. during his ～ of office 彼の在職中に. **2** 保有条件. **3** 在職期間. a President's ～ of four years 4 年間の大統領在職期間. **4** (特に米国で大学教師などの)(定年までの)在職権《associate professor になるとこれを取得できる大学が多い》. be granted [awarded] ～ 定年までの在職権を与えられる.
[<ラテン語「保持」(<*tenēre* 'hold')]

te·nu·to /tənú:tou/ 〖楽〗[形], [副] 音を十分に持続した[て]. [イタリア語 'sustained']

Ten·zing /ténziŋ|-siŋ/ [名] **～ Norgay** /nɔ́:rgei/ テンジン (1914–86)《ネパールの Sherpa 族出身の登山家; 1953 年に Hillary とともにエヴェレスト初登頂》.

te·pee /tí:pi:/ [名] [C] ティピー《北米先住民の獣皮[樹皮, 布]製の円錐(すい)形テント小屋; →wigwam》.

‡**tep·id** /tépəd/ [形] **1**〔湯, 茶などが〕なまぬるい. ～ water ぬるま湯. a ～ bath ぬるいふろ. ～ tea なまぬるい茶. **2**〔反応, 歓迎などが〕熱意のない. the government's ～ response to our appeal 我々の訴えに対する政府の熱のない反応. a ～ smile 気のない笑顔. [<ラテン語] ▷ **～·ly** [副] なまぬるく; 熱意がなく. **～·ness** [名] = tepidity.

te·pid·i·ty /təpídəti/ [名] [U] なまぬるさ; 熱意のなさ.

te·qui·la /təkí:lə/ [名] [U] テキーラ《リュウゼツラン (agave) を原料とするメキシコの蒸留酒》.

tequìla súnrise [名] [UC] テキーラサンライズ《テキーラ, オレンジジュース, グレナディンで作るカクテル》.

ter. terrace; territorial; territory.

ter·bi·um /tə́:rbiəm/ [名] [U] 〖化〗テルビウム《希土類元素; 記号 Tb》.

ter·cel /tə́:rsl/ [名] [C] 〖鳥〗オスのハヤブサ《タカ狩り用》.

ter·cen·te·nar·y /tə̀:rsenténəri, tə(:)rséntənèri|tə̀:sentí:n(ə)ri/ [名] ([複] **-nar·ies**) [C] 300 年; 300 年祭 (→centenary). ── [形] 300 年(祭)の.

ter·cen·ten·ni·al /tə̀:rsenténiəl [移]/ [名], [形] = tercentenary.

ter·cet /tə́:rsət, tə:rsét/ [名] [C] 〖韻律学〗3 行(押韻)連句; 〖楽〗3 連音符 (triplet).

te·re·do /tərí:dou/ [名] ([複] **～s**) [C] 〖虫〗フナクイムシ (shipworm).

Te·re·sa /tərí:sə, -résə|-zə/ [名] **1** 女子の名《愛称 Tess, Tessa, Terry》. **2 Saint ～** 聖テレジア(1515–82)《スペインのカルメル会の修道女・著作家》. **3 Mother ～** マザー・テレサ (1910–97)《アルバニア出身の修道女; インドのカルカッタのスラム街で奉仕活動を行う; ノーベル平和賞受賞 (1979)》.

ter·gi·ver·sate /tə́:rdʒivəsèit/ [動] [自] 〖章〗**1** 変節する, 党派[宗旨]を変える. **2** 言いのがれをする, あいまいにしてごまかす. ▷ **tèr·gi·ver·sá·tion** [名]

‡**term** /tə:rm/ [名] ([複] **～s** /-z/)
【限定された時間】**1** [C] **期間**, 期限; 任期. for a ～ of ten years 10 年の期間中. a person's ～ of life 人の寿命[一生]. a short [long]-～ contract 短[長]期契約. the ～ of office 任期. be appointed as chairman on a four-year ～ 任期 4 年で委員長に任命される. serve a long prison ～ 長い刑期を務める.
2 (**a**) [C] **学期** (→semester) ([語法] in, of, during などに続く時は冠詞なしで用いられることが多い). the spring [fall, autumn] ～ 春[秋]の学期. at the end of ～ 学期末に. during ～ 学期中に. The school year is divided into two or three ～*s*. 学年は 2 学期か 3 学期に分かれている. a ～ [mid-～] examination 期末[中間]試験. (**b**)〈形容詞的〉学期の. ～ time 学校のある期間《休暇に対して》.
3 [C] 〖法〗(裁判所の)開廷期間.
4【期日】〖章〗[C] (貸借などの)満了期日, 満期; 契約の(有効)期間; (妊婦の)出産予定日.
【限定>条件】**5**〈～s〉(契約, 支払いなどの)**条件**, 条項; 要求額, 値段, 料金. the ～*s* of payment [peace] 支払い[講和]条件. ～*s* of reference 〖英章〗(調査委員会などの)委託された権限, 委任事項. according to the ～*s* of the contract 契約の条件に従って. on our ～*s* 我々の望みどおりの条件で. agree to new ～*s* 新条件を受け入れる. sell at reasonable ～*s* 手ごろな値段で売る. set ～*s* 条件をつける. *Terms* cash. 〖商〗現金払い. The surrender ～*s* were harsh. 降伏条件は過酷だった.
【相互間の条件>関係】**6**〈～s〉**間柄**, 交際関係, 〈*with* ..との〉. We are on good [bad] ～*s with* them. 我々は彼らと仲がいい[悪い]. They weren't on speaking ～*s* then. 彼らは当時口もきかない仲だった.

> [連結] on friendly [close, familiar, intimate; nodding, writing, visiting] ～*s* (with a person)

7 [C] 〖数〗項; 分数の分子[分母].
【限定された表現】**8** [C] **術語**, 専門用語, (特別な)言葉; 〖論〗名辞. a business ～ 商売上の言葉. a legal [medical] ～ 法律[医学]用語. a technical ～ 専門用語. a contradiction in ～*s* →contradiction.
9 [C]〈しばしば ～s〉**言葉遣い**, 言い回し, 言い方. a ～ of abuse ののしり言葉, 悪態. explain in layman's ～*s* 素人に分かる言葉で説明する. speak in general ～*s* 一般的な言い方をする. speak of a person in glowing ～*s* 人をほめちぎる. a protest in strong ～*s* 強い[怒りを込めた]言葉での抗議. a good job in money ～*s* [in ～*s* of money] 金銭面でよい職. talk in economic [political] ～*s*＝talk in ～*s* of economics [politics] 経済[政治]的観点から話す.

brìng a pèrson to térms 人をむりやり同意させる, 降服させる, 〈*with* ..に〉. The strikers were finally *brought to* ～*s*. スト参加者もついに合意させられた.

còme to térms (1) 合意する, 仲直りする, 〈*with* ..と〉. The two sides finally *came to* ～*s*. 両者はやっと仲直りした. (2) 甘んじる, あきらめて従う, 〈*with* ..に〉. You must *come to* ～*s with* the fact that you will never be a first-rate actor. 君は, 一流の俳優にはとうていなれないという事実をいやでも受け入れなければならない.

in nò uncèrtain térms (歯に衣(きぬ)着せず)ずけずけと, きっぱりと.

****in térms of ..*** (1) ..の言葉で, 言い方で, (→[名] 9). (2) ..の(観)点から, 見地から, (→[名] 9); ..に換算して. *In* ～*s of* quality, his is the best report. 質の点で彼のレポートが最高だ. The English aristocracy saw life *in* ～*s of* duty and honor. 英国の貴族階級は人生を義務と名誉という見地から見た. (3)〈think [talk] in ～s of do*ing* で; 普通, 進行形で〉(将来の方針として)..することを考慮する. He is *thinking in* ～*s of retiring*. 彼は引退する方向で考えている《引退を考慮中》.

in the lòng [shòrt] térm 長期的[短期的]に見ると.

màke térms ＝come to TERMS.

nòt on [upon] ány tèrms*＝*on [upon] nó tèrms (どんな条件でも)決して..しない. *Not on any* ～*s* will I work for them. 私はどんなことがあっても彼らのためには働かない.

on èqual [the sàme] térms (with ..) (..と)対等(の条件[立場])で (→[名] 5, 6).

── [動] [他] [VOC] (～ X Y) X を Y と名づける[呼ぶ] (Y は名詞又は形容詞). He ～*s* himself a scholar. 彼は自分を

T

学者と言っている. This he ~*ed* absurd [utter nonsense]. 彼はこれを˪ばかげている[全くのナンセンス]と決めつけた.
[<ラテン語 *terminus*「終り, 境界, 制限」]

ter·ma·gant /tə́ːrməgənt/ 名 C, 形 〖主に雅〗口やかましい(女).

ter·mi·na·ble /tə́ːrmənəb(ə)l/ 形 〖章〗終わらせることのできる; 〔契約などが〕期限のある; 満期となる. a ~ annuity 有限年金. The contract is ~ in 10 years. 契約は 10 年で切れる.

‡ter·mi·nal /tə́ːrmən(ə)l/ 形 ¢ **1 毎期の**; 学期ごとの; (学)期末の. ~ accounts 期末決算. a ~ examination 〖まれ〗学期末試験 (→term 2 (a)). **2** 〔病気などが〕末期の, 死に至る; 〖話〗絶望的な, 救いようのない. The business is in (a) ~ decline. *その事業は破滅的に衰退している*. a ~ disease 不治の病気. a ~ patient 末期患者. ~ care 末期[終末]医療. His cancer was pronounced ~. 彼の癌(がん)は末期症状と宣告された.
3 終わりの; 終点の〔駅など〕; 最終の〔支払いなど〕. the ~ station 終着駅. the ~ payment (分割払いなどの)最終の支払い.
── 名 (複 ~s /-z/) C **1** 空港直通バスターミナル《市内に設けられる》; 〖米〗(鉄道, 長距離バスなどの)**終点, 終着駅**, (〖英〗terminus). The bus pulled into the ~. バスは終点に到着した. **2** 〖電〗電極; 端子. **3** 〖電算〗端末, ターミナル, 《指令を入れ, 情報を取り出す部分》.
[<ラテン語 *terminus* 'term'; -al]

tér·mi·nal·ly /-nəli/ 副 毎期に, 定期に; 学期ごとに; 終末に; 末期症状で. be ~ ill 末期症状である.

términal wàrd 名 C 末期患者˪病室[病棟].

***ter·mi·nate** / tə́ːrmənèit/ 動 〖章〗(~s /-ts/|過 過分 **-nat·ed** /-əd/|**-nat·ing**) 他 **1 を終わらせる**. ~ a contract 契約を解除する. ~ one's studies 研究を打ち切る. **2** 〔物事が〕の終わりに来る, 〔物事で〕が終わる. The hero's return home ~*s* the story. 主人公の帰郷でその物語は終わる. **3** 〖英〗〖医〗〔妊娠〕を人工中絶する.
── 自 **1** 終わる. The contract ~*s* on June 30. 契約は 6 月 30 日に切れる. Their marriage ~*d*. 彼らの結婚に終止符が打たれた. **2** VA 終わる 〈*in, with* ..〔ある結果〕に, で〉. The game ~*d in* a draw. 勝負は引き分けに終わった. English has many nouns *terminating in* '-ment'. 英語には '-ment' で終わる多数の名詞がある. **3** VA (~ *at* ..) 〔列車などが〕.. で終着となる. [<ラテン語「終り (*terminus*) にする」]

tèr·mi·ná·tion 名 〖章〗 **1** UC 終了, 終結; 結末; 満期. the ~ of an agreement 契約の満期. at the abrupt ~ of a path 小道の急に途切れたところで. The dispute was brought to a ~. 論争は終結の運びになった. **2** C 〖英〗〖医〗(妊娠の)人工中絶 (abortion). **3** C 〖文法〗語尾.

ter·mi·na·tive /tə́ːrmənèitiv/ 形 終止の; 終結の, 「決定的な.

ter·mi·ni /tə́ːrmənài/ 名 terminus の複数形.

ter·mi·no·log·i·cal /tə̀ːrmənəlɑ́dʒik(ə)l|-lɔ́dʒ-/ 形 術語(学)の, 用語上の. ~ inexactitude 不正確な言葉遣い. ▷ **~·ly** 副

†ter·mi·nol·o·gy /tə̀ːrmənɑ́lədʒi|-nɔ́l-/ 名 (複 **-gies**) **1** UC 〈集合的〉術語, 専門用語, 《term の集まり》. legal ~ 法律用語. technical ~ 専門用語. **2** U 術語学.

térm insùrance 名 U 定期保険.

†ter·mi·nus /tə́ːrmənəs/ 名 (複 **termini**, **~·es**) C 〖英〗終点, 終着駅, (〖米〗terminal). [ラテン語 'end']

ter·mite /tə́ːrmait/ 名 C 〖虫〗シロアリ.

térm·ly 形 〖主に英〗学期[任期]ごとの.

tèrm páper 名 C 〖米〗学期末レポート.

tern /təːrn/ 名 C アジサシ《カモメ科の海鳥》. 「3 位の.

ter·na·ry /tə́ːrnəri/ 形 3 つから成る, 3 つの組の; 第

Terp·sich·o·re /təːrpsíkəriː/ 名 〖ギ神話〗テルプシコラ《the Muses の 1 人; 歌舞の女神》.

Terp·si·cho·re·an /tə̀ːrpsikəríːən 移/ 形 **1** 〖ギ神話〗テルプシコラの. **2** 〖雅·戯〗〈t-〉舞踏の. ── 名 C 〖雅·戯〗〈t-〉踊り子, ダンサー.

terr. terrace; territory.

***ter·race** /térəs/ 名 (複 **-rac·es** /-əz/) C **1** (ひな壇型の)**段地**(の 1 つ). **2** (庭などの)**テラス**. **3** 〈普通 the ~s〉(フットボール場などの)立ち見の見物席. **4** 〖英〗連棟式集合住宅《普通 2, 3 階建てで, 道路に沿い, 各戸が仕切り壁で縦長に区画されている; その 1 戸分を **tèrrace(d) hóuse** (〖米〗row house) と言う; しばしば大文字で町名の一部になる》. ── 動 他 **1** 〔土地など〕をひな壇式にする. ~*d* fields 段々畑. **2** 〔庭など〕にテラスを付ける. [<古期フランス語「盛り上がった土」(<ラテン語 *terra* 'earth')]

[terrace(d) house]

ter·ra·cot·ta /tèrəkɑ́tə|-kɔ́tə/ 名 U **1** テラコッタ《赤土の素焼き》; テラコッタ細工《花瓶, 像など》. **2** 赤褐色. ── /移/ 形 **1** テラコッタの. a ~ vase テラコッタの花瓶. **2** 赤褐色の. [イタリア語 'baked earth']

ter·ra fir·ma /tèrə-fə́ːrmə/ 名 U 〖戯〗陸地, 大地, 《水, 大気に対して》. [ラテン語 'firm land']

‡ter·rain /təréin/ 名 UC 土地; 地形, 地勢. hilly ~ 丘陵地帯.

ter·ra in·cog·ni·ta /tèrə-inkɑ́gnətə|-kɔ́g-/ 未知の土地[領域]. [ラテン語 'unknown land']

Ter·ra·my·cin /tèrəmáis(ə)n/ 名 U 〖医〗〖商標〗テラマイシン《抗生物質》.

ter·ra·pin /térəpən/ 名 C 〖動〗イリエガメ《北米淡水産 turtle の一種; 食用》.

ter·rar·i·um /teré(ə)riəm/ 名 (複 **~s, ter·rar·i·a** /-iə/) C 陸生小動物の飼育器 (→aquarium); (植物栽培用の)ガラス器.

ter·raz·zo /tərǽzou, -tsou/ 名 (複 **~s**) UC テラゾー《大理石などの小片をはめ込んだ研ぎ出しセメント床材》.

ter·rene /teríːn, tə-/ 形 〖章〗地球の (terrestrial); 俗世の, 現世の, (worldly, mundane).

‡ter·res·tri·al /təréstriəl/ 形 **1** 地球の (→celestial). ~ life 地球上の生物(全体). **2** 陸地の; 陸生の (→aquatic). ~ heat 地熱. ~ animals [plants] 陸生動物[植物]. **3** 現世の, この世の. **4** (テレビ放送が衛星によらずに)地上電波による. ── 名 C 地球上の生物, 人間, (→extraterrestrial). ▷ **~·ly** 副

terrèstrial glóbe 名 C 地球儀.

‡ter·ri·ble /térəb(ə)l/ 形 m **【怖い】 1 恐ろしい, 怖い**, (類語 人の度肝(ぎも)を抜くような怖さを感じさせる; →fearful). a ~ disease 恐ろしい病気. a ~ fire 恐ろしい火事. look ~ 怖い顔をする.
【ひどい】 2 〈限定〉(程度, 大きさなどが)**猛烈な**, ものすごい, ひどい. ~ heat 猛烈な暑さ. in a ~ hurry ひどく急いで. make a ~ mistake 大間違いをする.
3 〖話〗ひどい, ひどく悪い; ひどくへたな 〈*at* ..が〉. ~ weather ひどく悪い天気. ~ manners ひどい不作法. As a teacher he is ~, but he is nice personally. 彼は教師としてはなっていないが個人的にはいい人だ. feel ~ ひどく気分が悪い, みじめな気持ちである. He is ~ *at* golf [a ~ golfer]. 彼はゴルフがへたくそだ.
◇名 terror 動 terrify
[<ラテン語 *terrēre*「怖がらせる」; -ible]

tèrrible twós 名 〈the ~; 複数扱い〉2 歳前後の子供の手に負えない状態.

‡ter·ri·bly /térəbli/ 副 m **1** 〖話〗ひどく, とても,

T

(very, extremely). be ～ worried ひどく心配する. That was ～ nice of you. なんてご親切なんでしょう. I'm ～ sorry to be late. 遅くなってしまい, 本当にすみません. **2** ひどく悪く[下手になど]. The work was ～ done. その仕事の出来はひどかった.

†**ter·ri·er** /tériər/ [名] [C] **1** テリア犬. **2** 〖英話〗〈T-〉国防義勇軍兵士 (Territorial). [＜ラテン語 *terra*「地」]

‡**ter·rif·ic** /tərífik/ [形] [m] **1** 〖話〗**すばらしい**, すてきな. a ～ idea すばらしい考え. Ali's ～ comeback アリの奇跡的なカムバック. You look ～ in that red gown. 君はあの赤いガウンを着るとすてきに見える. **2** 〈限定〉〖話〗(程度, 大きさなどが)**ひどい**, 猛烈な, すごい. a ～ wind ものすごい風. drive at a ～ speed 猛スピードで車を走らせる. **3** 恐ろしい, ぞっとする. ◇[名] terror [＜ラテン語 *terrificus*「恐ろしい」(＜*terrēre* 'frighten')] ▷**ter·rif·i·cal·ly** /-k(ə)li/ [副] 〖話〗すばらしく, 非常に.

‡**tér·ri·fìed** [形] おびえた, ぞっとした, 〈*at*, *by* ..に〉; ひどく恐れた〈*of* (do*ing*), *to* do ..(すること)を/*that* 節 ..ということを〉. a ～ expression on one's face おびえた表情. He was ～ *of* be*ing* found out. 彼は見つかりはしないかとおびえた. We were ～ (*that*) the time bomb would explode at any moment. 時限爆弾がいつ何時爆発するかとこわくてならなかった.

***ter·ri·fy** /térəfài/ [動] (-**fies** /-z/|[過] [過分] -**fied** /-d/|～·**ing**) [他] **1** 〔人〕を**ひどく恐れさせる**, おびえさせる, ([類語] 恐怖心の激しさを強調する; →frighten). The man *terrified* the little children. 男は小さな子供たちを怖がらせた. **2** (**a**) [VOA] (～ X *into* ..) X(人)をおどして..させる. She was *terrified into* compliance. 彼女は怖くなって承諾した. (**b**) [VOA] (～ X *out of* ..) X(人)をおどして..を奪う[なくさせる]. ～ a person *out of* his senses 人を怖がらせて正気を失わせる. ◇[名] terror [形] terrible [terror, -ify]

***tér·ri·fỳ·ing** [形] [m] **恐ろしい**, ぞっとする. a ～ storm 恐ろしい暴風. ▷～·**ly** [副] 恐ろしく; ぞっとするほど.

ter·rine /təríːn/ [名] [C] **1** テリーヌ《パテ (pâté) などを調理する楕円形の陶製蓋つき容器》; テリーヌ料理《特にパテ》. **2** ＝tureen.

†**ter·ri·to·ri·al** /tèrətɔ́ːriəl [移]/ [形] **1** 土地の; 領土の; 地域の. ～ air 領空. ～ possessions 領土. ～ rights 領土権. a ～ dispute 領土紛争. **2** 〈限定〉〈しばしば T-〉 (**a**) 〖米・カナダ・オース〗 准州の, 半自治領の. (**b**) 〖英〗国防義勇軍の. ── [名] [C] 〖英〗〈しばしば T-〉国防義勇軍の兵士. [territory, -al] ▷～·**ly** [副] 領土的に; 地域的に.

Territòrial Ármy [名] 〈the ～〉〖英〗国防義勇軍《1908 年に結成; 略 TA; 1967 年に他の組織と合同し the Territorial and Army Volunteer Reserve (国防義勇予備軍; 略 TAVR) として再編成されたが, この TAVR は 1979 年に the Territorial Army と改称された》.

「(→high seas).

territòrial wáters [名] 〈the ～; 複数扱い〉 領海↑

‡**ter·ri·to·ry** /térətɔ̀ːri|-t(ə)ri/ [名] ([複] -**ries** /-z/)

1 [UC] **領土**, 領地, 《植民地なども含む》; 地域. invade Chinese ～ 中国の領土を侵略する. drive through unknown ～ 未知の地方を車で行く.

2 [C] 〖米史・カナダ・オース〗〈しばしば T-〉准州, 半自治領. The *Territories* of Alaska and Hawaii were the last to achieve statehood. アラスカとハワイの 2 准州が最後に州に昇格した.

3 [UC] (学問, 芸術などの)**領域**; (個人の)活動範囲. Outside his own narrow ～, he's a complete ignoramus. 彼は自分の狭い専門領域外では全くの無知だ.

4 [UC] (動物の)縄張り, テリトリー. The bird sings to proclaim its own ～. 鳥のさえずりは自分の縄張りを宣言するためのものだ.

5 [UC] (セールスマン, 警官などの)受け持ち[管轄]区域, テリトリー. The new salesman cut into my ～. 新しいセールスマンが私の受け持ち区域に食い込んできた.

◇[形] territorial

còme* [*gò*] *with the térritory (特定の職業, 状況, 場所などに)つきものである, 当然あり得ることである. Such accidents *go with the* ～. そのような事故はその分野[状況]では起こりやすい.

[＜ラテン語「(市を囲む)領域」(＜*terra* 'land'); -ory]

‡**ter·ror** /térər/ [名] ([複] ～**s** /-z/) **1** [aU] (非常な)**恐怖**, 恐ろしさ, ([類語] fear よりも激しい恐怖). run away in ～ 怖くなって逃げ出す. sob with ～ 怖さの余り泣く. strike ～ into ˪a person [a person's heart] 人の度肝を抜く, 人を極度におびえさせる. have a ～ of ..を怖がる. go [live] in ～ of ..におびえて[びくびくしながら]暮らす. The captive was in ～ of his life. 捕虜は殺される恐怖におびえていた. →Reign of Terror.

2 [C] **恐ろしいもの[事, 人]**, 恐怖の的. experience the ～*s* of war 戦争のいろいろな恐ろしい事を経験する. He was a ～ to his foes. 彼はその敵にとって恐ろしい人間だった. Old Miss Brock was the ～ of the school. 老ブロック先生は学校中で恐れられていた.

3 [U] テロ (terrorism).

4 [C] 〖話〗厄介者, 手に負えないやつ. The child is a real ～. その子はいたずらで全く手に負えない. →holy terror. ◇[動] terrify [形] terrible

hòld nò térrors for *a pérson* 〔物が〕人を怖がらせない, くよくよさせない. Execution *held no* ～*s for* the queen. 王妃は処刑されることを少しも恐れなかった.

[＜ラテン語「恐怖」(＜*terrēre* 'frighten')]

†**ter·ror·ism** /térərìz(ə)m/ [名] [U] (特に政治手段としての)暴力[テロ]行為, テロリズム; 恐怖政治. TV ～ テレビの暴力番組[暴力シーン]. They use ～ as a political tool. 彼らは政治的手段としてテロ行為を行う.

†**ter·ror·ist** /térərist/ [名] [C] 暴力主義者, テロリスト; 恐怖政治主義者. ── [形] 暴力主義(者)の.

ter·ror·is·tic /tèrərístik [移]/ [形] 暴力主義的な.

tèr·ror·i·zá·tion [名] [U] (暴力などによる)威嚇, 弾圧.

‡**ter·ror·ize** /térəràiz/ [動] [他] (脅迫, 暴力などで)〔人〕を怖がらせる; 〔人々〕に恐怖政治[テロ行為]を行う; [VOA] (～ X *into* (do*ing*)..) (暴力でおどして)X(人)に..させる. refugees ～*d into* leav*ing* their homes テロで家を追われた避難民.

térror-strìcken, -strùck [形] 恐怖におびえた.

ter·ry /téri/ [名] [U] テリ織り, タオル地, (**térry clòth**).

‡**terse** /təːrs/ [形] **1** 〔文体, 表現などが〕簡潔な, きびきびした, (concise). The reply was ～ and to the point. 返事は簡潔で要を得たものだった. **2** 言葉が足りない, ぶっきらぼうな, 無愛想な, (brusque). He was ˪a ～ speaker [～ in his reply]. 彼はぶっきらぼうな人間だった[ぶっきらぼうな返事をした]. a ～ rejection そっけない拒否.

▷ **térse·ly** [副] 簡潔に, きびきびと; ぶっきらぼうに. **térse·ness** [名] [U] 簡潔さ; ぶっきらぼう, 無愛想.

ter·tian /tə́ːrʃ(ə)n/ [形] 〖医〗〔熱が〕隔日に起こる.

ter·ti·ar·y /tə́ːrʃièri|tə́ːʃ(ə)ri/ [形] **1** 〖章〗第 3 (次, 位, 期, 級)の (→primary, secondary). a ～ industry 第三次産業. **2** 〖医〗〔梅毒などの症状が〕第 3 期の; (やけどが)第 3 度の. **3** 〖地〗〈T-〉第 3 紀の. the *Tertiary* period 第 3 紀. **4** 〖化〗(第) 3 次の. ── [名] 〖地〗〈the T-〉第 3 紀(層). [＜ラテン語 *tertius*「第 3 の」]

tèrtiary educátion [名] [aU] 〖主に英〗第 3 次教育《secondary education に続く大学レベルの教育; →higher education》.

Ter·y·lene /térəlìːn/ [名] [U] 〖英〗〖商標〗テリレン《合成繊維の一種; 〖米〗 Dacron》.

TESL /tìːiːesél, 〖話〗 tésl/ Teaching English as a

T

Second Language (第2言語としての英語教授(法); →TEFL).

TESOL /tíːsɔːl, tésəl|tésɔl/ 〖主に米〗 Teaching English to Speakers of Other Languages (他言語話者に対する英語教授(法))《ほぼ TEFL に同じ》; Teachers of English to Speakers of Other Languages (他言語話者に英語を教える教師の会).

Tess /tes/ 名 女子の名《Teresa, Theresa の愛称》.

TESSA /tésə/ 名 UC 〖英〗 テッサ, 特別免税預金,《1991年創設の制度; 元金を5年以上据置くのが条件; <*T*ax *E*xempt *S*pecial *S*avings *A*ccount》.

tes·sel·lat·ed /tésəlèitəd/ 形 〔床, 舗道などが〕モザイク模様の.

tes·sel·la·tion /tèsəléiʃ(ə)n/ 名 U モザイク細工[模様].

tes·ser·a /tésərə/ 名 (複 **tes·ser·ae** /-rìː/) C (モザイクに用いる)はめ石《大理石, ガラスなどの小角片》.

‡test¹ /test/ 名 (複 **~s** /-ts/) C **1 試験**, テスト; 検査; 試し, (核爆発などの)実験; (類語 一定規準に合うかどうかを確かめるのが目的; →experiment). an intelligence ~ 知能検査. an eye ~ 目の検査. give a ~ in English [an English ~] 英語の試験をする. take [sit] a ~ 試験を受ける. pass [fail] the driving ~ 運転免許試験に合格[失敗]する. stand [bear] the ~ of time 時の試練に耐える. make a laboratory ~ (実験室で)実験する. a ~ for AIDS エイズ検査. nuclear ~*s* 核実験. **2** (人, 物を)**試すもの**[手段], '試金石', 試練; (判断などの)標準. The fight was a ~ of strength. そのけんかで力が試された. Poverty is sometimes a ~ of character. 貧乏は時に人格の試金石になる. **3** 〖英話〗 = test match.

pùt..to the tést ..を試験する, 試す. Adversity *put* his faith *to the* ~. 逆境が彼の信念を試した.

── 動 (~s /-ts/|過 過分 **tést·ed** /-əd/|**tést·ing**) 他 **1** を**試験する**, 検査する; を実験する; の具合を試してみる. ~ the water of a well 井戸水(の水質)を検査する. have one's eyesight ~*ed* 視力を検査してもらう, 検眼する. The new medicine will be ~*ed on* animals. 新薬は動物で実験されるだろう. The teacher ~*ed* her pupils *on* the multiplication tables. 先生は生徒たちに九九のテストをした.

2 を試す; の(厳しい)試練になる. I was only ~*ing* you. 私は君を試していたにすぎない. ~*ing* times 厳しい試練の時. The race ~*ed* the cars. レースは車にとって試練だった. This task will ~ your ability. この仕事は君の能力の試練となろう.

3 を試験する, 調べる, 〈*for* ..を見つけるために〉. ~ the ore *for* its gold content 金の含有量を知るために鉱石を調べる. ~ food *for* harmful additives 食品の有害添加物(の有無)を検査する.

── 自 **1** VA (~ ***for..***) ..のテスト[検査]を受ける; 検査を行う. ~ *for* the leading role in a new film 新しい映画の主役のテストを受ける. ~ *for* radioactive contamination in the area その地域の放射能汚染を検査する. **2** VC (~ X) 試験[検査]の結果が X である. He ~*ed* positive for cocaine use. 彼は検査の結果コカイン使用が陽性と分かった. He ~*s* better in math than in history. 彼は歴史より数学の方が試験でいい成績を取る.

tèst /../ óut 〔理論, 考えなど〕を実地に試してみる.

[<ラテン語 *testum*「土製のつぼ」; 金属の精錬, 試金に用いられたことから]

test² 名 C 〖動〗(無脊椎(せきつい)動物などの)外殻; 〖植〗=testa.

Test. Testament.

test. testator; testimonial; testimony.

tes·ta /téstə/ 名 (複 **tes·tae** /-tiː/) C 〖植〗 種皮《種の固い外皮》. [ラテン語 'shell']

Tést Àct 名 〈the ~〉〖英史〗 審査律《カトリック教徒が公職につくことを禁止した法律; 1673年制定, 1828年廃止》.

tes·ta·cy /téstəsi/ 名 U 〖法〗 遺言があること.

†tes·ta·ment /téstəmənt/ 名 **1** C 〖章〗〖法〗 遺言(書)《特に one's last will and testament として》. **2** 〈the T-〉 新約[旧約]聖書. →New [Old] Testament. **3** C 〈普通, 単数形で〉〖章〗(明らかな)証拠, 証左, 〈*to* ..の〉. [<ラテン語 *testārī*「証言する」; -ment]

tes·ta·men·ta·ry /tèstəmént(ə)ri 形/ 形 〖法〗 遺言の; 遺言による; 遺言中にある.

tes·tate /tésteit|-tət, -teit/ 形, 名 〖法〗 遺言書を残して死んだ(人) (↔intestate).

tes·ta·tor /tésteitər, ‐⸗‐|‐⸗‐/ 名 C 〖法〗 遺言者.

tes·ta·trix /testéitriks/ 名 (複 **-tri·ces** /-trisìːz/) C 〖法〗 女性遺言者.

tést bàn 名 C 核実験禁止協定.

tést càrd 名 C 〖英〗 =test pattern; (目の検査に使う)視力表.

tést càse 名 C 〖法〗 試訴《その結果が他の訴訟事件の先例となる》; 〈一般に〉 テストケース.

tést-drìve 動 (→drive) 他 〔テストドライバーが〕〔車〕に試乗する.

tést drìve 名 C (車の)試乗, 試運転.

tést·er¹ 名 C **1** 試験する人, 検査員. **2** 試験装置, テスター.

tés·ter² 名 C (ベッドの)天蓋 (canopy).

tes·tes /téstiːz/ 名 testis の複数形.

‡tes·ti·cle /téstik(ə)l/ 名 C 〖解剖〗〈普通 ~s〉 睾丸(こうがん). [<ラテン語「小さな証人 (*testis*)」]

tes·ti·fi·er /téstəfàiər/ 名 C 証言者, 証人.

***tes·ti·fy** /téstəfài/ 動 (**-fies** /-z/|過 過分 **-fied** /-d/|**~·ing**) 自 **1** (特に, 法廷で宣誓の上で)**証言する** 〈*for* ..に有利に/*against* ..に不利に〉; 証明する. ~ at the trial [before the committee, before the court] 裁判で[委員会で, 法廷で]証言する. ~ *against* [*for*, *in favor of*, *on behalf of*] the defendant 被告に不利な[有利な]証言をする. ~ *to* a person's honesty 人が正直であることを証明する. ~ *to* the fact that ..という事実を証明する.

2 〖章〗 VA (**~ *to* ../*against* ..**) 〔物事が〕**..の/..でない証拠になる**. The buds *testified to* the approach of spring. つぼみは春の近いことを告げていた. The bloodstains *testified against* his innocence. 血痕(こん)が彼の潔白を否定する証拠になった.

── 他 **1** を**証言[証明]する**; VO (~ ***that*** 節) ..と証言する. He *testified* under oath *that* the defendant had purchased the gun at his shop. 彼は被告が彼の店でその銃を買ったと証言した.

2 〖章〗〔物事が〕の証拠になる; VO (~ ***that*** 節) ..という証拠になる. The confusion *testifies* a total lack of leadership. この混乱は指導力の完全な欠如を証明している. His tone *testified that* he had not given up. 彼の口調は彼がまだあきらめていないことを物語っていた.

[<ラテン語 *testis*「証人」+*facere*「する, 行なう」]

tes·ti·ly /téstili/ 副 怒りっぽく.

‡tes·ti·mo·ni·al /tèstəmóuniəl, -njəl/ 名 C **1** 人物証明書, 推薦状, 《特に雇い主の書くもの; →reference》. **2** 表彰状, 感謝状; 記念品; (スポーツの)引退試合. hold a ~ (game) for the retiring slugger その強打者の引退試合を催す. ── 形 表彰の, 謝恩の, 慰労の.

†tes·ti·mo·ny /téstəmòuni|-məni/ 名 (複 **-nies**) **1** UC (特に法廷で, 宣誓の上での)証言; 証明. eloquent [mute] ~ 雄弁な[無言の]証明. The witness gave ~ [false ~] that he had seen the accused at the scene of the crime. 証人は犯行現場で被告を見たと証言[虚偽の証言を]した.

2 aU 証拠 (proof) (類語 宣誓証言による証拠; →evidence). produce ~ of [to] his innocence 彼が無実である証拠をあげる. We presented him with a watch in ～ of our gratitude for his long and devoted service. 長年の献身的な勤務への感謝の印に彼に時計を贈った. His suicide is (a) ～ to the hardness of life. 彼の自殺は生活苦の如実な現れだ. **3**〈the ～〉〖聖〗モーセの十戒 (the Ten Commandments).

bèar téstimony **(*to*..)** (事実などを)証言する; (..を)立証する. Subsequent developments *bore* ～ *to* the truth of his words. その後の事態は彼の言葉の正しさを立証した.

càll a pèrson in téstimony 人を証人に立たせる.

[<ラテン語「証言」]

tes·ti·ness /téstinəs/ 名 U 短気, つっけんどん.

test·ing /téstiŋ/ 形 **1** 〔状勢, 問題などが〕(対処が)きわめて難しい, 最大の努力[能力]を必要とする. **2** 試験[実験]のための, テスト(用)の. ── 名 試験[実験](すること), テスト.

tes·tis /téstəs/ 名 (複 **tes·tes** /-ti:z/) ＝testicle.

tést màtch 名 C 〖英〗クリケット[ラグビー]の国際試合.

tes·tos·te·rone /testástəròun|-tɔ́s-/ 名 U 〖生化〗テストステロン《男性ホルモンの一種》.

tést pàper 名 C 試験問題[答案](用紙); 〖化〗試験紙.

tést pàttern 名 C 〖テレビ〗テストパターン.

tést pìlot 名 C 〖空〗テストパイロット.

tést-tùbe 形 試験管中で作った. a ～ baby 人工授精児; 試験管ベビー.

tést tùbe 名 C 試験管.

tes·ty /tésti/ 形 e 〔人, 性質が〕怒りっぽい; 〔言動が〕いらいらした.

te·tan·ic /tetǽnik/ 形 破傷風の.

tet·a·nus /tét(ə)nəs/ 名 U 〖医〗破傷風 (→lockjaw).

tetch·y /tétʃi/ 形 e 怒りっぽい. ▷**tetch·i·ly** 副 いらいらと. **tetch·i·ness** 名 U 短気.

tête-à-tête /tèitətéit|tèitɑ:-/〖章〗副, 形 2 人きりで[の], 差向かいで[の](face to face); 内密に[の]. a ～ luncheon 差向かいの昼食. ── 名 (複 **～s**) C **1** 2 人の密談. have a ～ 2 人で密談[打ち解けた話]をする. **2** テタテート《S 字形の 2 人掛けのいす; 差向いで座れる》. [フランス語 'head to head']

‡teth·er /téðər/ 名 C (牧草を食(は)む家畜をつないでおく)つなぎ縄, つなぎ鎖. put a cow on a ～ 牛をつなぐ.

at the ènd of one's téther 忍耐力[能力, 財源など]の限界にきて.

beyond one's téther 力の及ばない所に, 権限外に.

── 動 他 〔家畜〕をつなぎ縄[鎖]でつなぐ〈*to* ..〔杭(くい), 木など〕に〉. [<古期北欧語]

tet·ra- /tétrə/ 〈複合要素〉「4」の意味. [ギリシア語]

tet·ra·cy·cline /tètrəsáiklin, -klain, ⌐⌐⌐⌐/ 名 U 〖薬学〗テトラサイクリン《抗生物質の一種》.

tet·rad /tétræd/ 名 C 4 個; 4 つ組; 〖生〗4 分染色体; 〖化〗4 価元素.

tèt·ra·eth·yl léad /tètrəeθil-/ 名 U 〖化〗4 エチル鉛《ガソリンに混入してアンチノック剤とする》.

tet·ra·gon /tétrəgɑ̀n|-gən/ 名 C 四角形, 四辺形, (★quadrangle, quadrilateral の方が普通の語).

▷**tet·rag·o·nal** /tetrǽgənl/ 形

tet·ra·he·dron /tètrəhí:drən, -hé-/ 名 (複 **～s, tet·ra·he·dra** /-drə/) C 四面体.

▷**tet·ra·he·dral** /-dr(ə)l ㊕/ 形

te·tral·o·gy /tetrǽlədʒi/ 名 (複 **-gies**) C 〈集合的〉(オペラ, 小説などの) 4 部作.

te·tram·e·ter /tetrǽmətər/ 名 C 〖韻律学〗4 歩格《詩脚 (foot) が 4 つある詩行; →meter²》.

tet·ra·pod /tétrəpɑ̀d|-pɔ̀d/ 名 C 4 脚の構造物; テトラポッド《コンクリート製のブロック; 波よけ, 護岸, 埋立の基礎工事などに用いる》.

tet·ter /tétər/ 名 U 皮疹(しん)《俗称》.

Teut. Teutonic.

Teu·ton /t(j)ú:tn/ 名 C **1** チュートン人. **2** ドイツ人. **3** 〈the ～s〉チュートン民族《紀元前 4 世紀ごろヨーロッパ中部に現れたゲルマン民族の一派で, 今のドイツ人, オランダ人, スカンジナビア人, イギリス人などの北欧民族を含む》.

Teu·ton·ic /t(j)u:tánik|-tɔ́n-/ 形 **1** チュートン人[民族]の. **2** ドイツ人の. **3** 〖旧〗チュートン語派の (★現在では Germanic というのが普通).

── 名 U 〖旧〗チュートン語派 (Germanic).

Tex. Texan; Texas.

Tex·an /téksən/ 形, 名 C テキサス(州)の(人).

Tex·as /téksəs/ 名 テキサス《米国南西部の州; 州都 Austin; 略 Tex.; 〖郵〗TX》. [北米先住民語「友人, 同盟者」]

Tèxas léaguer 名 C 〖野球〗テキサスヒット, ぽてんヒット, 《内野手と外野手の間に落ちるフライの安打》.

Tèxas Rángers 名 〈the ～; 複数扱い〉〖米〗テキサス州騎馬警官隊; 〖米史〗テキサス・レンジャーズ《19 世紀に先住民や無法者と戦うために組織された半官半民の警備隊》.

Tex-Mex /tèksméks ㊕/ 形 〔音楽, 食物, 言語などが〕テキサス・メキシコ混交の, メキシコ風テキサスの.

‡text /tekst/ 名 (複 **～s** /-ts/) **1** UC (注釈, 索引, 挿絵などに対して)**本文**; 〖電算〗テキスト, 文書, 文字列. The book has 200 pages of ～ and 15 pages of maps. その本には 200 ページの本文と 15 ページの地図がある.

2 UC (演説, 論文などの)**本文**, (翻訳などの)**原文**, 原典, テキスト. work on the ～ of a speech 演説の文章を起草する. The full ～ of the President's speech is printed here. 大統領の演説の全文がここに掲げてある. The actors followed the ～ word for word. 俳優たちは一字一句脚本の言葉通りに演じた.

3 C 〈修飾語を伴って〉(本の)..版. a corrupt ～ (原文が)改悪された版. the original ～ of *Moby Dick*『白鯨』の原本.

4 C 聖書の句, 一節, 《説教の題目などに用いられた》.

5 C 教科書 (textbook); (試験問題の)本文. a set ～ for Composition II「作文 II」の指定教科書[課題図書]. ◇形 textual

[<ラテン語「織られたもの」(<*texere* 'weave')]

‡text·book /téks(t)bùk/ 名 (複 **～s** /-s/) **1** C **教科書**. Open your ～ to [〖英〗at] page 35. 教科書の 35 ページを開けなさい. **2** 〈形容詞的〉教科書の; 教科書[お手本]通りの, 模範[典型]的な. a ～ soldier 模範的兵士. a ～ case 典型例.

†tex·tile /tékstail, -tl|-tail/ 名 C 織物; 織物の原料; 〈～s〉繊維産業[業界]. ～ fabrics 織物. the ～ industry 繊維工業. England is famous for its woolen ～*s*. イングランドは毛織物で知られている. [<ラテン語「織られた(もの)」]

tex·tu·al /tékstʃuəl|-tju-/ 形 本文の, 原文中の; (特に, 聖書について)原文[原典]どおりの. a ～ error 原文の誤り. a ～ quotation 原文のままの引用. ▷**～·ism** 名 U (特に, 聖書の)原文固執, 原典研究. **～·ly** 副

tèxtual críticism 名 UC テクスト批評; (特に聖書の)原典研究.

tex·tur·al /tékstʃ(ə)rəl/ 形 織物の; 組織[構造]の.

†tex·ture /tékstʃər/ 名 UC **1** (皮膚, 木材, 岩石などの)肌理(きめ), 手触り. Her skin has the ～ of silk. 彼女の肌は絹のようにきめ細かだ. **2** (織物の)織り具合, 生地; (土壌, 食物などの)身の詰まり[締まり]具合, 質感. The ～ of this cloth is too rough. この布地の織り目は粗すぎる. The cake has a spongy ～. そのケーキはふわふわしている. **3** (組織体の)構造, 構成, 組成, (structure, composition). **4** 特質, 本質. the ～ of the Japanese spirit 大和魂の本質. **5** (音楽, 文学作品などの, 全体的な)基調. [<ラテン語「織り物」; text, -ure]

T

téxtured 形 **1** 〔壁の仕上げなどが〕粗い, ざらざらの. **2** 〈複合要素〉..の手触りのある; ..織りの, 織り方が..の. rough-[smooth-]～ 手触りの粗い[なめらかな]. close-[loose-]～ 目のつんだ[目の粗い]織り方の.

tèxtured vègetable prótein 名 U (大豆から作る)植物性蛋白質《肉の代用品》.

TG transformational(-generative) grammar.

TGIF 〖主に米話〗 Thank God it's Friday. (ありがたや, 金曜日[花金(はなきん)]だ)《仕事から解放される週末を期待して言う》.

T́-gròup 名 C 〖心〗 T グループ《トレーナーのもとで, 円滑な人間関係を学ぶために感受性訓練を受ける集団; ＜ sensitivity *t*raining *group*》.

TGV train à grande vitesse (フランスの超特急列車).

TGWU the Transport and General Workers' Union (運輸一般労働組合)《英国最大の労働組合》.

Th 〖化〗 thorium; Thursday.

-th[1] /θ/ 接尾 形容詞, 動詞から抽象名詞を作る. tru*th*. grow*th*. [古期英語]

-th[2] 接尾 1 の位が 1, 2, 3 以外の数, 下 2 桁(けた)が 11, 12, 13 の数, および文字の序数を作る. four*th*. eigh*th*. twelf*th*. twentie*th*. n*th* /enθ/ (n 番目の). the 5*th* of May. [古期英語]

-th[3] 接尾 〖古〗 動詞の 3 人称・単数・直説法現在形を作る. do*th* (＝does). ha*th* (＝has). take*th* (＝takes). [古期英語]

Thack·er·ay /θǽkəri/ 名 **William Makepeace** /méikpiːs/ ～ サッカレー (1811–63)《英国の小説家》.

Thai /tai/ 名 **1** (複 ～(s)) C タイ人; 〈the ～(s); 集合的〉タイ人. **2** U タイ語《シャム語 (Siamese) とも言う》.
—— 形 タイ(国)の; タイ語の.

Thai·land /táilænd, -lənd/ 名 タイ《東南アジアの王国; 旧称は Siam; 首都は Bangkok》.

thal·a·mus /θǽləməs/ 名 (複 **thal·a·mi** /-mai/) C **1** 〖解剖〗 視床. **2** 〖植〗 花托(かたく), 葉状体.
▷ **tha·lam·ic** /θəlǽmik/ 形

Tha·li·a /θəláiə, θéiliə/ 名 〖ギ神話〗 タレイア《喜劇・牧歌をつかさどる女神; the Muses の 1 人》.

tha·lid·o·mide /θəlídəmàid/ 名 U サリドマイド《以前用いられた鎮静睡眠薬の一種》.

thalídomide bàby[chìld] 名 C サリドマイド児《妊娠中のサリドマイド服用が原因の奇形児》.

thal·li·um /θǽliəm/ 名 U 〖化〗 タリウム《希金属元素; 記号 Tl》.

thal·lo·phyte /θǽləfàit/ 名 C 〖植〗 葉状植物.

Thames** /temz/ 名 〈the ～〉テムズ川《ロンドンを貫流する川》. ***sèt the Thámes on fíre →fire. [ケルト語「暗い川」]

Thàmes Embánkment 名 〈the ～〉テムズ河岸通り《ロンドンのテムズ川北岸の 2 キロほどの遊歩道》.

‡**than** /ðən, 強 ðæn/ 接 **1** 〈比較級に続いて〉**..よりも, ..以上に.** He's *taller* ～ I (am) by three centimeters. 彼は私よりも 3cm だけ背が高い (語法 than の導く節ではこの場合の am のように動詞が省略されることが多い; →前 1 (a)). You love him *more* ～ (you love) me. あなたは僕よりも彼の方をもっと愛している (注意 than の導く節で省略をした場合, 残った代名詞の格で意味の区別が示される: You love him *more* ～ I (love him [do]). (あなたは私(が彼を愛している)よりもっと彼を愛している)). Nothing is *more* important here ～ being [to be] punctual. ここでは時間厳守が一番大事である. It snows *less* in Tokyo ～ in Hokkaido. 東京は北海道より雪が少ない (★more 又は less を含む成句は→more, less). I made *more* money ～ did my colleagues. 私は同僚よりも稼ぎがよかった (★than 以下がリズムなどの関係で倒置形になることがある). He runs *faster* ～ any other boy in his class. 彼はクラスのどの少年よりも走るのが速い (★any boy とすると any boy に彼も含まれてしまい非論理的になる). I have never met anyone *cleverer* ～ you. あなたより利口な人には会ったことがない. She's *prettier* ～ she used to be. 彼女は以前よりきれいだ. He is a *more* diligent student ～ I thought (he would be [him to be]). 彼は私が思っていた以上に勤勉な生徒だ. It's sometimes *cheaper* to travel by plane ～ by train. 汽車より飛行機で旅行する方が安いことがある. I was *more* surprised ～ angry. ＝I was surprised rather ～ angry. 私は怒るよりもむしろ驚いた. There's *more* in life ～ meets the eye. 人生には目に映る以上のものがある《そう単純ではない》. I have taken more time ～ had been planned. 予定以上の時間がかかってしまった. He talked louder ～ was necessary. 彼は必要以上に大声で話した. He has *more* money ～ I have. 彼のほうが私よりも金がある. ★最後の 4 例の than はそれぞれ meets の主語, had been の主語, was の主語, have の目的語の働きを兼ねているので関係代名詞とみなされることがある.

> 参考 (1) 〖米話〗 では原級の different(ly) に than が続く用法がある (→different 語法, differently): She is very *different* ～ she used to be. (彼女は以前とは大分違っている) (2)「..よりも」の意味で慣用的に than ではなく to を用いる語に inferior, junior, prefer, preferable, senior, superior などがある.

2 〈rather, sooner などのあとに続いて〉..するよりはむしろ, ..するくらいならいっそ. I would *rather* [*sooner*] die ～ surrender. 降伏するくらいならいっそ死を選ぶ (→would RATHER). no *sooner* X ～ →soon (成句).

3 〈other, otherwise, else などのあとに続いて〉..よりほかの, ..より以外には. There was no *other* way ～ that. それしかほかに方法がなかった. none [no] *other* ～ →other (成句). How *else* can we reach him ～ by helicopter? ヘリコプター以外でどうやって彼の所まで行けるか. I could not do *otherwise* ～ follow him. 私は彼について行くしかなかった. have no choice ～ to stay home 家に居るしかない (★この表現では but の方が普通).

4 〈hardly, scarcely, barely などと共に用いて〉＝when (★no sooner..than との混同による誤用). *Hardly* had he [He had *hardly*] come home ～ she started complaining. 彼が帰宅するやいなや彼女はぶつぶつ言い始めた.

—— 前 **1** 〈比較級に続いて〉(**a**) 〖話〗 ..よりも, ..以上に. He's *taller* ～ me. 彼は私よりも背が高い (★..than I (am). となれば接続詞). He is much wealthier ～ us ⌊all [both]. 彼は我々 ⌊みんな [2 人]よりもはるかに裕福だ. (**b**) 〈ever, before, usual などの前に用いて〉..よりも, ..以上に. He comes *oftener* ～ *before*. 彼は以前よりも頻繁に来る. I left home *earlier* ～ *usual*. 私はいつもより早く家を出た.

2 〈主に whom, which の前に用いて〉..よりも, ..以上に. I admired him, ～ *whom* there never was a greater scholar. 私は彼を尊敬したが, それは彼ほど偉大な学者はいなかったからだ.
[＜古期英語 *thanne*「その時に」; then と同源]

than·a·tol·o·gy /θæ̀nətɑ́lədʒi|-tɔ́l-/ 名 U 死亡学, 死亡心理研究. [ギリシア語 *thánatos*「死」, -logy]
▷ **than·a·to·log·i·cal** /thæ̀nətəlɑ́dʒik(ə)l|-lɔ́dʒ-/ 形

than·a·top·sis /θæ̀nətɑ́psis|-tɔ́p-/ 名 U 死についての考察, 死観.

Than·a·tos /θǽnətɑ̀s|-ɔ̀s/ 名 〖ギ神話〗 タナトス《擬人化された死》; U 〈t-〉〖精神分析〗 死の本能.

thane /θein/ 名 C **1** 〖英史〗 豪族《戦功によって王から土地を授かった; 貴族と平民の間に位する》. **2** 〖スコ史〗

(下級の)貴族, 族長.

‡**thank** /θæŋk/ 動 (**~s** /-s/|過 過分 **~ed** /-t/|**thánk·ing**) 他 〔人〕に**感謝する**, ありがとうと言う, 〈*for* ..に対して〉, (類語「感謝する」を表す最も一般的な語; →appreciate). The old man *~ed* me *for* helping him across the road. 老人は手を貸して道路を横断させてあげたことに対し私に礼を言った. I can't ~ you enough *for* all your help. あなたにはこんなにお助けいただいてお礼の申しようもありません. Your wife won't ~ you *for* leaving her alone. 奥さんは一人に放っておかれてありがたいとは思うまい《君に腹を立てるだろう》.

hàve onesèlf to thánk (**for..**) (..は)身から出た錆(さび)である. You *have* only your*self to* ~ *for* the trouble you've had. 君のその苦しみは自業自得だ.

hàve a pèrson to thánk (**for..**) (..は)人のせいである, 人のおかげである. You *have* Jim *to* ~ *for* your failure. 君の失敗はジムのせいなんだ.

I'll thánk you for [***to*** do] **..** ..を[..して]ください; (さっさと)..をよこせ[..してくれ]; (注意 表現上はていねいだが, しばしば乱暴な依頼, 皮肉[非難]のこもった命令となる). *I'll ~ you for* that ball. そのボール取ってください; さっさとそのボールを取ってくれ. *I'll ~ you to* mind your own business. 余計なお節介はしてくれない方がありがたいな. *I'll thank you* not *to* make any noise. 騒がないでくれ.

****Nò, thánk you.*** いいえ, **結構です**《申し出をていねいに断る時; ↔Yes, please.》. "Care for some more tea?" "*No*, ~ *you*." 「お茶をもう少しいかがですか」「いいえ, 結構です」

Thànk Gód [***góodness, héaven(s)***]**!** →god, goodness, heaven.

****Thánk you.*** (1) /⌐–/ (★ /θæŋkju/ の他, /hæŋkju, ŋkju/ などと発音することもある) **ありがとう**; 《演説の終わりで》(ご清聴)ありがとうございました, 以上です. *Thank you* very much for inviting me. お招きいただきまことにありがとうございます. (2) /–⌐/《軽いあいさつとして》ありがとう (参考 (1), (2) とも主語をつけた I ~ you. は形式ばった言い方). "*Thank you*." "You're welcome." 「ありがとう」「どういたしまして」(3) /⌐–/ ありがたいけれども[折角ですが](結構です)《申し出を断る時に付け加える》(Thanks. (→名 成句); →No, THANK you.; →just the SAME); 《気に入らない行為などに反発して皮肉に》(..してくれれば)ありがたい, 礼を言おう. I can manage it, ~ *you*. (折角ですが)ひとりで何とかできますから(結構です). Take your hands off me, ~ *you*. その手どかしてよ. Don't stand in my way, ~ *you*. 道をふさがないでもらいたいね.

Thànk you for nóthing! もう結構, 頼むものか, 《依頼などを断られた時の応答》; 余計なお世話だ.

— 名 (複 **~s** /-s/) 〈~s〉**感謝**, 謝意. a letter of *~s* お礼の手紙, 礼状. bow one's *~s* 頭を下げて謝意を表す. express one's *~s* 礼を言う. Give my *~s* to your mother for her cake. お母さんにケーキのお礼を言っておいて下さい. decline an invitation with *~s* せっかくですがと言って招待を断る.

> 連結 one's best [cordial, grateful, heartfelt, sincere, warmest] *~s* // offer [extend, tender] one's *~s*

gìve thánks (食前, 食後などに)神に感謝の祈りを捧げる.

Nó, thànks. =No, THANK you (→動 成句).

nò [***smàll***] ***thánks to..*** ..のおかげはこうむらずに. Well, we've made it, *no ~s to* you! やれやれ, 何とかできたぞ, 君のおかげじゃないけれど.

retùrn thánks →return.

Thanks. ありがとう, どうも, (参考 Thank you. よりもくだけた言い方; 誇張して Many [A thousand] *thanks*. *Thanks* a lot [thousand, million]. などと言う). "How are you?" "Fine, *~s*." 「ご機嫌いかがですか」「おかげさまで元気です」*Thanks* so much *for* your help. 助けてくれてありがとう. I want to do it myself. *Thanks*, just the same. それは僕自身でやりたい. ご好意ありがとう《結果的には相手の申し出を断ったが, ともかくありがとうという意味》. "Can I get you a cup of coffee?" "*Thanks*, no." 「コーヒーいれようか」「どうも, 結構です」

****thánks to..*** ..のおかげで; ..のせいで; (注意 皮肉に用いられることもある). *Thanks to* your being late we must wait till the next train. 君の遅刻のおかげで我々は次の列車まで待たなければならない.

[<古期英語「思いやり>感謝」; 原義は「思う」で think と同根]

***thank·ful** /θæŋkf(ə)l/ 形 m **1** 〔人が〕**感謝している**, ありがたく思う, 〈*to* ..〔人, 神〕に/*for* ..〔こと〕に/*to* do ..することに/*that* 節 ..ということに〉(類語 自分の幸運を漠然と喜ぶ場合に用いることが多い; →appreciative, grateful). I'm ~ *to* you *for* giving me the chance. 機会をお与えくださってありがとうございます. The boys were ~ (*that*) they could go. =The boys were ~ *to* be able to go. 少年たちは行くことができて喜んだ. You do have a job, at least; so you have to be ~ *for* small mercies. 曲がりなりにも職は持っているのだから, (不満はあっても)よしとしなければいけない.

2 〔言動などが〕感謝を表す, 感謝に満ちた. with a ~ look on one's face 顔に感謝の色を浮かべて.

◇↔thankless ▷**~·ly** 副 感謝して; ありがたいことに. **~·ness** 名 U 感謝の気持ち.

‡**thánk·less** 形 **1** 〔仕事などが〕感謝されない, 割の悪い. a ~ task [job] 割に合わない仕事. **2** 〔人が〕感謝しない; 恩知らずの. a ~ child 恩知らずの子. ◇↔thankful ▷**~·ly** 副 感謝の念なく; 感謝されずに. **~·ness** 名

†**thanks·giving** /θæŋksgíviŋ|⌐––/ 名 **1** UC (特に神への)感謝の表現; 感謝の祈り.

2 〈T-〉 =Thanksgiving Day.

Thanksgíving Dày 名 『米・カナダ』感謝祭《休日; 米国では 11 月の第 4 木曜日, カナダでは 10 月の第 2 月曜日; 米国への移住者が 1621 年に最初の収穫を神に感謝したのが始まり》.

thánk·you, thánk-you 形 〈限定〉, 名 C 感謝の気持ちを表す(こと). a ~ letter お礼の手紙. Don't forget to say your *~s* to the host and hostess before leaving. 帰る前にご夫妻にお礼を言うのを忘れないようにしなさい.

‡**that** /ðæt/ 代 〈指示代名詞〉(複 **those** /ðouz/)

【あれ, それ】 **1 (a)** 〈話し手から離れたものを指差しながら〉 **それ, あれ**; その物, あの人; (↔this). *That's* my daughter. あれは私の娘です. *Those* are my daughters. あれは私の娘たちです. What's ~ on the table? テーブルの上のあれは何ですか. Which will you take, this or ~? これかあれか, どちらを取りますか. *That*'s your car, isn't it? あれはあなたの車ですよね.

(b) 〈指差すような気持ちで〉 "Who's ~?" "It's me." 「(そこにいるのは)だれですか」「私です」Who's ~, please? 『英』(電話で)どなたでしょうか (★『米』では this を用いる). "Is ~ Tom?" "Yes, speaking." (電話で)「トムですか」「はい, そうです」Be quiet, ~'s a dear. いい子だから静かにしておくれ. *Those* were the days! あのころは良かったなあ.

2 〈前に出たことを指して〉 **それ, あれ**. What does ~ mean? それはどういう意味ですか. *That* will do. それで結構. *That*'s all. それで全部[おしまい]です. *That*'s true. その通りです. I had a bad headache. *That* 's why I went to bed early. ひどい頭痛がしたんです. それで早く寝たのです. I wouldn't marry her, *that* I wouldn't. 彼女とは結婚しない, 絶対に (★that は動詞 marry の代わり). "It's hot today, isn't it?" "It is ~." 「今日は暑

T

いね」「全くだね」(★that は hot の代わり).
3 (**a**)〈前に出た名詞の代わり〉それ;〈this と相関的に〉前者 (★この意味では the former の方がよく使われる; → former, this). The climate of England is milder than ～ (＝the climate) of Scotland. イングランドの気候はスコットランドのそれ[気候]より温暖である. His manners were not *those* of a gentleman. 彼の行儀は紳士のそれではなかった. Health is above wealth. This does not give us so much happiness as ～. 健康は富にまさる. 後者[富]は前者[健康]ほど幸福を与えない.
(**b**)〈関係代名詞の先行詞として〉〖章〗もの (the thing, something). He squandered away ～ which he had received from his father. 彼は父から受けついだものを浪費した (★that which は what に相当). There is ～ about him which inspires respect in others. 彼には人に尊敬の念を起こさせる何物かがある.
and àll thát →all 形.
and thát →and.
at thát →at.
I lìke thát! →like[1].
like thát (1) そんなふうに[な]. Don't talk *like* ～. そんな口のきき方をするものではない. He wouldn't ask for help—he's *like* ～. 彼は助けてもらおうとしなかった—いかにもあの男らしい. (2)〖話〗苦もなく, 楽々と. He did the job just *like* ～. 彼はいとも簡単にその仕事をやってのけた.
****thàt ís＝thàt is to sáy*** (1) すなわち, 言い換えると. The meeting will be held next Tuesday, ～ *is*, April 3rd. 会は今度の火曜日, すなわち 4 月 3 日に開かれます. (2) と言っても..(ならば)の話だが, 少なくとも,《前の発言に限定を加える》. There's been no post today. *That is*, so far. 今日は郵便が来ない. 少なくとも今のところ. You learn a great deal from a trip abroad—if you keep your eyes wide open, ～ *is*. 外国旅行は非常に勉強になる—もっとも, よく目を開いて見ればの話だが. (3)〈～ is で〉というよりも, ではなくて,《放送などで前の表現を訂正する》. In America, sorry, in Armenia, ～ is, .. アメリカでは, 失礼, アルメニアでは...
Thát's..fòr you! →for.
Thát's it. 〖話〗(1) (そう)それだ, その通り, (★that は直前に相手が言った事[物]; it は前から問題にして[探して]いたもの). "Isn't this the book you're looking for?" "*That's it*, thanks." 「これが君の捜している本ではありませんか」「あっ, そうです, ありがとう」"Are you seeing someone at the moment? *Is* ～ *it*?" "No, ～*'s* not *it*." 「今だれかと付きあっているの, そうなの」「いや, そうじゃない」(2) それでおしまい, それで全部だ; (それで終わり＞)もういいかげんにしなさい《いらだちを表す》. *That's* (about) *it* for tonight. 今夜はそこまで. (3) そこが問題なんだ (★この意味では強勢は it). (4) (そう, そう)その調子《激励などを表す》.
thàt's thát 〈しばしば and, so, well のあとに用いる〉それで終わりさ[決まりだ], こうといったらこうなんだ;《話の結びとして》というわけだ. I'm not going to take you with me, and ～*'s* ～. 君を連れて行くのは御免だよ. 御免たら御免だ.
thìs and [or] thát →this.
upon thát そこで(すぐ).
with thát →with.
── 形〈指示形容詞〉(複 **those**)
1 その, あの. (**a**)《指差しながら》What is ～ tree? あの木はなんですか. *Those* girls are her classmates. あの少女たちは彼女の同級生です. ～ gentleman over there あそこにいるあの男の人. (**b**)《指差すような気持ちで》What's ～ sound? あの音は何だろう. in *those* days そのころは[の]. (**c**)《感情を込めて》It's ～ wife of his, of course. もちろん彼のあの細君(のせい)だ. He's done it, ～ fool of a Tom. あのトムのばかめが, そんな事をした. *those* ill-mannered children あの無作法な子供たち. (**d**)〖話〗《相手の知っている人[物]を指して》例の, あの. *That* idiot Sam has left his umbrella here. (君も知っている)あのサムのばかがここに傘を忘れていった.
2〈前出のものを指して〉そんな, その. Mr. Bloom? I don't know any man of ～ name. ブルームさんですって, そんな名前の人は知りません. As he lived many years in London and Paris, he has many friends in *those* cities. 彼は長年ロンドンとパリに住んでいたのでそれらの市に多くの友人がいる. *That* fifty pounds helped me greatly. その 50 ポンドで大いに助かった (語法 pounds は複数だが 1 つの金額なので単数形 that を使った).
3〈関係代名詞の先行詞につけて〉(語法 the より強調的で, これによって関係代名詞の先行詞がはっきり示される) ～ part of the country *which* lies south of the Thames テムズ川から南にある地方. one of *those* great events in English history that every child knows どんな子供も知っている英国史上の大事件の 1 つ.
4〈this と相関的に〉あの. He is reading *this* novel and ～. 彼はあれこれ小説を読みあさっている (★that one [novel] の短縮されたものであるが, 形の上からは代名詞ともとれる).
thàt thére 〖俗〗あの, その, (that); 性行為.
thát wày (1) あちらへ, あんなふうにすれば. (2)〖米話〗恋仲で; 大好きで〈*about*, *for* ..が〉. I'm ～ *way about* bourbon. バーボンには目がないんだ. (3)〖婉曲〗その気(け)があって, ゲイで.
── 副〈指示副詞〉〖話〗そんなに, それほど, (so) (→ this 副). Don't go ～ far. そんなに遠くへ行くな. If you are ～ rich, why do you need my money? そんなに金持ちなら, 何故私の金が必要なのか. He's not ～ bad a guy. 彼はそんな悪い奴じゃない. 参考 結果を表す so.. that の表現で, so の代わりにこの that を使うのは〖英方〗で正用法ではない: I was ～ tired that I could hardly stand. (えらく疲れていて立っていられないほどだった)
àll thát →all 副.
thát mùch それだけ; そんなに; (→as [so] MUCH). *That much* was true. それだけは本当だった《名詞的》. I don't like tennis ～ *much*. テニスはそれほど好きではない.
── /ðət/ 代〈関係代名詞〉
1 (..する)ところの, (..である)ところの. (**a**)〈関係詞節の中で主語として〉the house ～ stands over there あそこに建っている(ところの)家. one of the greatest dramatists ～ have ever lived これまでに生きた最大の劇作家の 1 人. Who ～ has common sense can believe this? 〖古〗常識のあるだれがこれを信じ得るか. In the two weeks ～ followed, I finally made my decision. その後の 2 週間の間に私はついに決心をした (★先行詞が時を表す名詞の場合 that を使うのが普通).
(**b**)〈関係詞節の中で主格補語として〉He looks the great artist ～ he is. 彼はさすがに大芸術家の顔つきをしている《＜彼がそうであるところの大芸術家の顔つきをしている》. Fool ～ I am! 何てばかなんだ私は. I'm not the man (～) I was. 私はもう昔の私ではない (＝I'm not what I was.).
(**c**)〈関係詞節の中で他動詞・前置詞の目的語として〉(★しばしば省略される) all the pictures (～) Tom has painted トムが描(か)いたすべての絵. the highest mountain (～) I have ever climbed 私が登ったことのある最も高い山. This is the only English dictionary (～) I have. これは私の持っている唯一の英語辞書です. the book (～) I was looking for 私が探していた本. Is there anyone (～) you know who can speak Arabic? 君の知っている人でアラビア語を話せる人がいるか.

T

> 語法 (1) 先行詞が物を表し all, the same, the only, the first, 最上級形容詞などに修飾される場合又は先行詞が all, anything, everything, nothing, little, much などの場合, which より that のほうが好まれる. (2) 先行詞が疑問代名詞の場合は that を使う (→1 (a) 第3例). (3) who, which, that のどれを使ってもよい場合は that が好まれる. (4) 先行詞が物と人, 人と人以外の生物などの場合には that を使うのがよいとされる. ただし, 実際には直前の名詞に応じて which 又は who を使うことが多い. (5) that は制限的用法に用い, 継続的用法はまれである. (6) which と異なり that はその前に前置詞を置かない: the things ～ I am interested in (私が興味を持っている事) 《which なら the things *in which* I am interested と言うことができる》.

2 〈関係副詞的用法〉 ..ところの (at [in] which, when, why) (★省略することが多い; when に相当する場合が多い). I don't like the way (～) he does everything. 彼のすることなすこと, やり方が気に入らない. This is the first time (～) I've heard that from you. 君からそれを聞くのはこれが初めてです. the year (～) he was born 彼が生まれた年. There isn't one hour that's gone by ～ I haven't thought about you. これまでに過ぎたどの1時間もあなたのことを思わなかった1時間はない《最初の that は関係代名詞》. Tell me the reason (～) he was fired. 彼が首になった理由を教えてくれ.

> 語法 Do you know anywhere (that) you can eat Japanese food? (日本食が食べられる所をご存じですか)などはよいが, 一般に where に相当する that の用法はまれである; 例えば「彼が勤めている会社」は the office ⌞where he works [(that) he works at] などと言うが, the office (that) he works とは普通言わない.

3 〈it .. that 節の強調構文で〉 →it 代 6.

thàt wás もとの《旧名称であることを示す》. Do you know Mrs. Smith—Jane Hart ～ *was?* スミス夫人をご存じですか, もとのジェーン・ハートさんですが. in Istanbul (Constantinople ～ *was*) イスタンブール(旧称コンスタンチノープル)で. 参考 近く使われだす名称の場合は ***thàt is to bé*** (未来の, 将来の).

the pówers that bé →power.

—— /ðət/ 接 **I** 〈名詞節を導く〉 (..する[である])ということ. **1** 〈主語〉 *That* he is sick is true. (=*It* is true *that* he is sick.) 彼が病気だということは本当です.

2 〈補語〉 The plain fact is (～) he has been cheating us. 事実をはっきり言えば彼は我々をだましていたということだ. My opinion is ～ [My opinion is,] .. 私の意見は..ということです. It is that .. (実は)..ということ[わけ]です (→NOT that ..). It isn't laziness; it is simply ～ I don't know how to begin. 怠けているのではない, どう始めてよいか分からないだけです (★この that は because に代えてもほぼ同じ意味).

3 〈動詞の目的語〉 (★しばしば省略される) I know (～) you don't like him. 君が彼を好かないのは知っている. Do you consider it fair ～ he should treat me thus? 彼が私をこんなに扱うのを当然と考えますか (★it が that 節の形式目的語になったもの).

> 語法 that 節が and, but で連結される場合, 初めの that は省略しても第2(以後)の that は省略しないのが原則: He says (～) he was born in London, but ～ his wife comes from Scotland. (彼は自分はロンドンの生まれだが妻はスコットランド出身だと言っている) ★but の次の that は says の目的語となる名詞節であることを明確に示す.

4 〈前置詞の目的語〉 He said nothing except ～ he was willing. 彼は承知したとしか言わなかった. in ～.. →in (成句). 参考 that 節を目的語にできる前置詞は in, except, but, save などの少数に限られ, 主に〖章〗.

5 〈同格節〉 ..という (★普通省略されない). He was blind to the fact ～ he was behind the times. 自分が時代遅れになっているという事実に彼は気づかなかった. Word came during dinner ～ his wife had died. 彼の奥さんが亡くなったという知らせが食事中に届いた (★このように同格節が, (文のバランスなどの関係で)名詞 (Word) から離れることがある). A rumor is going around ～ the mansion is haunted. その屋敷には幽霊が出るといううわさが飛んでいる. his belief ～ he will win 必ず勝てるという(彼の)信念 (★比較: He believes ～ he will win. 彼は必ず勝てると信じている; →接 3). 参考 省略がまれではない例もある: I have a feeling Cal lied to us. (カルが我々に嘘をついたような気がする) 《=.. feeling that ..》.

6 〈形容詞などに伴う節を導く〉 (★しばしば省略される) She was afraid (～) the dog would bite. 彼女はその犬がかみつくのではないかと恐れた (→lest 2★). I'm sure (～) I'll get well soon. 僕は間違いなくじきによくなる. I'm very disappointed ～ they got divorced. 彼らが離婚したのでとてもがっかりしている (★このような場合は原因を表す副詞節とも考えられる).

> 参考 (1) be afraid, be sure はそれぞれ fear, believe に相当し, that 節は一種の目的語節とも考えられる. (2) このように that 節を伴い得る形容詞にはほかに anxious, certain, eager, glad, happy, sorry などがある.

7 〈主節を省略して〉〖雅〗 ..であればよいのだが, ..とは(驚いた). O ～ he were alive! ああ彼が生きていたら(どんなによいか). Would (to God) ～ the rumor might turn out false! そのうわさが間違いだったらよいのになあ. *That* it should come to this! 事ここに至るとは(残念).

8 〈but (～) で〉 →but 接 4 (c), (d).

II 〈副詞節を導く〉

9 〈目的を表す節〉〖章〗 ..するために, ..するように. Some people read ～ they may have pleasure. 楽しみを得るために読書する人もある. ★so that, in order that とするのが普通.

10 〈判断の根拠を示す節〉 ..とは. Who are you, ～ you should say such a thing to me? 僕にこんなことを言うなんて, 君は自分をだれだと思っているのか. You are crazy ～ you should lend money to him. あんな男に金を貸すとは, 君はどうかしてるよ.

11 〈so, such と相関する節; 程度・結果を表す〉 →so.. that, SUCH.. that.

12 〈否定語の後で〉 ..する限りでは (as [so] far as). There's no one like him ～ I can see. 私の見る限り彼のような人はいない. She's not happy ～ I know of. 私の知る限り彼女は幸せではない. "Is she married?" "Not ～ I know of." 「彼女は結婚してるのか」「僕の知る限りでは, していない」.

13 〈譲歩を表す節〉 ..だけれども (★主格補語が that の直前に置かれる). Poor ～ she was, she gave money to the church. 彼女は貧しかったが, 教会にお金を寄付した. Child ～ he was (=Though he was a child), he understood what his parents said. 彼は子供だったが両親の言うことが分かった. 語法 補語が単数名詞の時でも冠詞はつけないこと, また文脈によっては理由に近い意味に用いることもあるのは as 接 6 の場合と同じ.

14 〈it.. ～節の強調構文で〉 →it 代 6.

15 〈but (～) で〉 →but 接 4 (a), (b).

nót that →not.
[＜古期英語 *thæt* (＜指示代名詞[形容詞] *sē* 'the'の単数中性形)]

†thatch /θǽtʃ/ 名 **1** Ｕ 屋根ふき材料《わら，かや，しゅろなど》; Ｃ わら[かや]ぶき屋根. a ～ cottage わらぶき屋根の田舎家. **2** Ｃ 〘戯〙豊かな[ぼさぼさの]頭髪.
── 動 他 〔屋根〕をふく〈*with* ..で〉; 〔家屋〕をわらぶき屋根にする. ～ a roof *with* straw わらで屋根をふく. a ～*ed* roof わらぶき屋根. [＜古期英語「覆う」]

Thatch·er /θǽtʃər/ 名 **Margaret Hilda ～** サッチャー (1925–)《英国の政治家; 英国初の女性首相 (1979–90); 今は Lady Thatcher と呼ばれる》. ▷ **～·ism** /-tʃ(ə)rìz(ə)m/ 名 Ｕ サッチャー主義《公費節減, 自由市場資本主義, 自由企業などの推進を特徴とする》.

thatch·er /θǽtʃər/ 名 Ｃ 屋根ふき職人.

‡that'll /ðǽtl/ that will の短縮形.

‡that's /ðæts/ that is [has] の短縮形.

***thaw** /θɔː/ 動 (**～s** /-z/|過 過分 **～ed** /-d/|**tháw·ing**)
自 **1** 〔雪, 氷などが〕解ける (類語 凍結したものが「解ける」; →melt). The snow [river] began to ～. 雪[川の氷]が解け始めた. **2** 〈it を主語にして〉雪[氷など]が解ける, 雪解けの陽気になる. It ～*ed* early this spring. 今年の春は雪解けが早かった. **3** 〔冷凍した物が〕戻る; 〔冷えた体が〕暖まる〈*out*〉. We gathered around the stove to ～ *out*. 私たちはストーブの周りに集まって冷えた体を暖めた.
4 〔態度, 気持ちなどが〕和らぐ, 打ち解ける, 〈*out*〉. At first everyone stood on ceremony, but the party began to ～ (*out*) after a few drinks. 初めはみんな堅苦しくしていたパーティーも酒を 2, 3 杯飲むと和やかになってきた.
── 他 〔雪, 氷など〕を解かす; 〔冷凍した物〕を戻す, 解凍する; 〔冷えた体〕を暖める〈*out*〉; 〔態度など〕を打ち解けさせる. The sun ～*ed* (*out*) the snow. 太陽で雪が解けた. ～ the old antagonism 古くからの対立を解消する. ～ a person *out* 人の気持ちをなごませる.
── 名 Ｃ **1** 雪解け; 雪解けの季節, 解氷期. The avalanche was caused by a sudden ～. なだれの原因は突然の雪解けだった. Usually the ～ sets in March here. この地方では通常 3 月に雪が解け始める.
2 (緊張した関係などの)緩和, '雪解け'. a ～ in U.S.-Chinese relations 米中関係の緊張緩和.
[＜古期英語]

Th.D. Doctor of Theology (神学博士).

‡the /ðə (子音の前で), ði (母音の前で); 強 ðiː/
定冠詞 **その**, この, あの, 例の, (語法 なんらかの意味で限定された名詞の前に付けられるが, this や that ほど強く指し示す気持ちはなく, 日本語に訳さなくてよい場合が多い; 慣用的なものを除くと, 基本的には特定化(1–8), 一般化 (9, 11), 抽象化 (10, 12) などの働きをする).
1 〈前後関係やその場の状況又は説明句によって限定されそれと分かる名詞の前で〉**その**, あの. We keep a dog and a cat. *The* dog is white and ～ cat black. 私の家では犬と猫を飼っているが, 犬は白くて猫は黒い. Open ～ door, please. (その)ドアを開けてください. Will you pass me ～ salt, please? 塩をとっていただけますか. I'm going to ～ post office. 私は郵便局へ行くところだ《いつも行く郵便局》. ～ day before yesterday おととい. This is ～ book she was talking about. 彼女が話題にしていたのはこの本だ. Turn ～ light on. 明かりをつけなさい《その場所の明かり》. I made a kennel and painted ～ roof blue. 犬小屋を作り, 屋根をペンキで青く塗った (★既出の名詞に関連したものをさす).
2 (**a**) 〈最上級, 序数詞, only 形 などの前につけて〉Tom is ～ tallest of us. 僕らの中でトムが一番背が高い. This pencil is (～) longest. この鉛筆が一番長い. Of all seasons I like autumn (～) best. すべての季節の中で秋が一番好きだ (★副詞の最上級ではしばしば the が省かれる). This street is ～ busiest in this city. この都市ではこの通りが一番混雑している. 語法 他の通りとの比較ではない時は This street is busiest between 7 and 8 in the morning. (この通りは朝の 7 時から 8 時の間が一番混雑する)のように the をつけない. Ann was ～ third person to arrive. アンが 3 番目に到着した. Mr. Smith is ～ only Englishman in this school. スミス先生はこの学校でただ 1 人の英国人だ. 語法 1 つに限定する力が弱い場合には不定冠詞を付ける: *a* most beautiful day (本当によく晴れた日), *a* first night ((芝居の)初日), *an* only child (ひとりっ子).
(**b**) 〈比較級の前につけて〉2 人 [2 つ]のうちでより. . な方. Jane is ～ taller of the two. ジェーンは 2 人のうちで背の高い方です. 語法 普通 of the two を伴う.
3 〈唯一の地位, 官職名, 敬称などを表す〉Alfred ～ Great アルフレッド大王. ～ King of England 英国王. ～ Emperor Showa [Showa Emperor] 昭和天皇. ～ Pope ローマ教皇.
4 〈ある種の固有名詞の前で〉(**a**) 〈官公庁, 公共施設, 建造物, 外国の神社・宮殿など〉～ White House ホワイトハウス. ～ British Museum 大英博物館. ～ Savoy Hotel サヴォイホテル. ～ Cambridge Theatre ケンブリッジ劇場. ～ Meiji Shrine 明治神宮. ～ Kremlin クレムリン宮殿. 注意 公園, 駅, 通り, 寺院, 宮殿, 大学などは普通, 無冠詞: Hyde Park (ハイドパーク), Washington Square (ワシントン広場), Waterloo Station (ウォータールー駅), Oxford Street (オックスフォード通り), Westminster Abbey (ウェストミンスター寺院), Canterbury Cathedral (カンタベリー大聖堂), Buckingham Palace (バッキンガム宮殿), Yale University (イェール大学).
(**b**) 〈船, 列車, 鉄道, 航空路など〉～ Queen Elizabeth II クイーンエリザベス II 世号. ～ Orient Express オリエント急行. ～ Trans-Pacific Line 太平洋横断航空路.
(**c**) 〈橋〉～ Brooklyn Bridge (ニューヨークの)ブルックリン橋 (注意 〘英〙では多く無冠詞: London Bridge (ロンドン橋)).
(**d**) 〈川, 海, 半島, 砂漠など〉～ Mississippi (River) ミシシッピ川. ～ (River) Thames テムズ川. ～ Pacific (Ocean) 太平洋. ～ Iberian Peninsula イベリア半島. ～ Sahara (Desert) サハラ砂漠. 注意 湾, 湖, 山, 島などは無冠詞: Hudson Bay (ハドソン湾), Lake Michigan (ミシガン湖), Lake Geneva (ジュネーヴ湖), Mount McKinley (マッキンレー山), Manhattan Island (マンハッタン島).
(**e**) 〈新聞, 書籍など〉*The* Washington Post『ワシントンポスト』《米国の日刊紙》. *The* Economist『エコノミスト』《英国の経済専門週刊誌》.
(**f**) 〘スコ・アイル〙〈氏族 (clan) 長の名に冠して〉～ Grant グラント氏. 語法 上掲の無冠詞の固有名詞に of 句を用いて言い換えられるものがあるが, その場合は the が付く: *the* Bay of Naples (ナポリ湾), *the* Lake of Geneva.
5 〈複数形の固有名詞(群島, 山脈, 国民, 家(け)など)の前で〉～ Hawaiian Islands ハワイ諸島. ～ Rockies [Rocky Mountains] ロッキー山脈. ～ Italians イタリア国民. ～ Bennets ベネット家(の人々), ベネット夫妻.
6 〈修飾語句で限定された固有名詞の前で〉～ England of Chaucer チョーサー(時代)の英国. ～ English of Shakespeare シェークスピアの英語. ～ Edison of Japan 日本のエジソン(のような発明家). ～ English for 'mizu'「水」に相当する英語. ～ late President Kennedy 故ケネディ大統領. ～ new Japan 新生日本. ～ fair Ophelia 麗しのオフィーリア. ～ young Byron 若き日のバイロン. ～ New York I like 私の好きなニューヨーク(の部分[側面]). 注意 形容詞が単に主観的感情を表すに

T

過ぎない時は無冠詞になる傾向がある: poor John (気の毒なジョン), old Tom (トムじいさん).

7 〈強く /ðiː/ と発音する; 印刷では普通, 斜字体にする〉例の; 有名な; 最良の; 典型的な. You're not ～ George Harrison? あなたはまさかあのジョージ・ハリソンさんじゃあないでしょうね. He's just ～ man for the job. 彼はその仕事にうってつけの男だ. Written one hundred years ago, this is still ～ Egyptian travel book. 百年前に書かれたのだが本書は依然として最高のエジプト旅行記である.

8 〈所有格の代名詞の代わりに〉 **(a)** 〈身体の一部又は所有物を表す名詞の前で〉 He patted me *on* ～ shoulder. 彼は私の肩をぽんとたたいた. be shot *in* ～ leg 脚を撃たれる. give him a punch *on* ～ nose 彼の鼻をぶん殴る. get fat *round* ～ middle 胴回りが太くなる. He caught me *by* ～ sleeve. 彼は私の袖をつかんだ.

> 語法 (1) 主に「on [by, in など] + the . .」の形の場合で, 次のような例では所有格代名詞を用いるのが普通: He broke *his* leg in the accident. (彼はその事故で脚を折った) (2) 例えば pat me on the shoulder は pat my shoulder とも言えるが前者のほうが慣用的. この表現はまず me で人を目的語にすることによってその影響《気を引くなど》を受けるのが人全体であることを示し, 次にその動作が加えられる体の部分が提示される. 後者では体の部分に注意が向けられる. 次の 2 文を比較: (a) He kissed the girl on the forehead. (彼は少女の額に接吻した) (b) The guest kissed the Queen's hand. (客は女王の手に接吻した). 後者を (a) の型で表現することはない.

(b) 〖話〗 〈所有物や近親者などを表す名詞の前で〉 *The* (=My) car broke down on my way to school this morning. 今朝学校へ行く途中で車が故障した. I asked ～ (=my) boss for more money. 上司に昇給を求めた. How are ～ children? 子供たちは元気か (★ my [our] children の意味).

9 〈形容詞又は分詞の前につけて, 主に複数普通名詞の代用をする〉 ～ living and ～ dead (=living and dead people) 生きている人々と死んだ人々. ～ poor 貧しい人々. 注意 (1) the accused (被告), the deceased (故人)は単複両扱い. (2) ある種の of 句の中ではしばしば省略される: the number of unemployed in Poland (ポーランドの失業者数).

10 〈形容詞につけて抽象名詞の代用をする〉 ～ beautiful 美 (beauty). ～ true 真実 (truth). 参考 *the* unknown (未知の世界)などのように抽象名詞に相当しない場合もあり, 又頻繁に使われると名詞と感じられるようになる.

11 〈単数普通名詞又は集合名詞につけてその類全体を表す〉 (★例えば, 動植物, 発明品などを表す名詞につく) **. .** というもの. Who invented ～ telephone? だれが電話を発明したか. *The* horse is a useful animal. 馬は役に立つ動物だ. ～ nobility 貴族階級.

> 語法 (1) man, woman は無冠詞のままで「男, 人間」,「女」全体を代表する. (2) ほかに, 不定冠詞と単数普通名詞(例えば a horse), 無冠詞の複数普通名詞(例えば horses) などで類全体を表すことができる; →a, an 3 語法

12 〈普通名詞につけて, その機能, 性質を表す〉 *The* artist in him wanted to stop and paint it. 彼の内なる芸術家はとどまってそれを描きたいと思った. *The* pen is mightier than ～ sword. →pen[1] 2. ～ mother → mother 2.

13 〈特殊な病名の前で〉 ～ measles はしか. ～ mumps お多福風邪. ～ jitters 神経過敏. 注意 病名は多く無冠詞; measles, mumps も無冠詞のことがある.

14 〈天体・自然現象・方位・時期・時間区分などを表す〉 **(a)** 〈天体など唯一物〉 ～ Galaxy 銀河. ～ solar system 太陽系. ～ sun 太陽. ～ moon 月. 注意 (1) (*the*) Earth 以外の他の 8 つの惑星 (Mars (火星), Venus (金星) など) は無冠詞. (2) 形容詞がついて a に変化する場合があることについては →sun 1★, moon 1★. **(b)** 〈主語として用いられる形容詞のつかない sea, air, wind, sky などの前で〉 *The* wind was strong. 風は強かった (語法 形容詞が付くと the ではなく a になる: A strong wind was blowing. (強い風が吹いていた)). **(c)** 〈east, west, south, north, 及びこれらの複合語の前につけて,「. . 地方」の意味にする〉 ～ west 西部(地方). ～ Northeast (特に米国の)北東部(地方). **(d)** 〈前置詞の目的語として用いられる場合〉 in ～ morning [afternoon] 午前[午後]. during ～ day [night] 日中[夜分に]. 参考 季節名の場合はしばしば省略される: in (～) spring [summer] (春[夏]に); 同様に〖米〗の fall も in (～) fall (秋に)となる.

15 〈単位を表す名詞につけて〉 at 100 dollars ～ ton トン 100 ドルで (★この用法では a ton とする方が普通). sell by ～ dozen ダースで売る. rent by ～ hour 1 時間いくらで借りる. Our car does less than 20 miles to ～ gallon. うちの車は 1 ガロン当たり 20 マイルも走らない.

16 〈20's [20s], 30's [30s] などにつけて,「(世紀中の) . . 十年代」,「(個人の) . . 歳代」を表す〉 ～ 50's [50s, fifties] (世紀中の) 50 年代; (個人の) 50 歳代. Jazz became popular in ～ 20's [20s, twenties]. ジャズは 20 年代に流行し始めた.

17 〈play, like などの目的語となる楽器名につけて〉 I can't play ～ violin, but I can play ～ piano. 私はヴァイオリンは弾けないがピアノは弾ける. 語法 この the はジャズやロックなど(のプロの演奏家)の文脈では省略されることがある: Al used to play piano in a jazz band. (アルは昔ジャズバンドでピアノを弾いていた). 注意 無冠詞で用いるスポーツ名の場合とは区別のこと: play tennis.

18 〖話〗 〈感情的に付加される(罵(ば)声)語に付けて怒りなどを表す〉 He lied to me, ～ bastard! やつはおれに嘘つきやがった, 畜生め!

19 〖ウェールズ〗 〈固有名詞 + the + 職業(を特徴づける)名詞で〉 . . 屋[家(か), 者(しゃ)]のだれだれ. Smith ～ Bread パン屋のスミス.

20 〈成句で〉 by ～ way ところで. on ～ sly こっそりと. He got ～ sack. 彼は首になった.

> 語法 (1) all, both, double (「2 倍の」の意味の時), half などの形容詞は the の前にくることに注意: all [both] ～ books (その本全部[その 2 冊とも]). double [half] ～ price (倍額[半額]). (2) 特に〖話〗では the が省略できる(慣用)表現がある: (*The*) trouble is. . . (困ったことに. . だ) (*The*) same to you. (あなたもご同様に). (3) the の有無が〖英〗〖米〗で異なる(慣用)表現がある (→4 (c) 注意): 〖英〗 be in hospital = 〖米〗 be in ～ hospital (入院中である). その他 →university 1 語法.
>
> 文法 **冠詞の省略** (不定冠詞・定冠詞まとめて).
> 可算名詞の単数形は限定されて the が付かないかぎり必ず a が付く. また可算不可算, 単数複数を問わず名詞が限定された意味を持てば, 他の限定詞 (this, any など) が付かないかぎり the が付くのが原則である. この原則を破って a も the も用いられていない場合があるが, そのような場合を **冠詞の省略** と呼ぶ.
> (1) 呼びかけ: *Waiter*, please bring me some water. (給仕さん, 水をいただけませんか)
> (2) 家庭内で: →father, mother.
> (3) 固有名詞の前に置かれた肩書: *King* George V, *President* Lincoln.
> (4) 固有名詞の後に置かれ同格となる場合: Dr.

Smith, *Professor* of English at Harvard University.
(5) 不完全動詞の補語となる場合 (VC VOC). 同じ時に 2 人が就くことのできない役職に限る: Mr. Smith was [was elected] *President* of this company. (スミス氏がこの会社の社長だった[に選ばれた])
(6) bed, school, church のような語が, その物よりもその役目を表すとき: go to *bed*, go to *school*, in *church*.
(7) 交通機関が by などの目的語として手段の意味が強いとき: →car, airplane, train など. 具体的な 1 台の交通機関が意味される場合は冠詞は省かれない.
(8) 対句的な表現で: from *flower* to *flower*/*rich* and *poor*/*hand* and *foot*/*side* by *side*/*year* by *year*.
(9) その他の慣用句で: at *heart*/take *place*/set *foot* in/on *top* of/keep *house*/take in *hand*.

—— 副 **1** 〈the more.., the more.. のように, 2 つの比較級の前につけて〉 **..すればするほどますます..** *The* harder you work, ~ more successful you will be. 懸命に働けばそれだけ出世するだろう (＝You will be (~) more successful, ~ harder you work./As you work harder, you will become more successful.) *The* more I knew him, ~ less did I like him. 彼を知れば知るほど彼が嫌いになった. *The* sooner, ~ better. 早ければ早いほどよい. 語法 この形の文には省略が多い.
2 〈比較級の前につけて〉 **それだけ..**, **ますます..**, かえって.. I like him (all) ~ better for his faults. 彼には欠点があるのでかえって好きだ. His parents loved him (all) ~ more because he was sickly. 彼は病身だったのでよけい両親にかわいがられた. 語法 for.., because.. を後続させて原因, 理由などを述べることが多い. He was in a half-sitting posture, ~ better to watch the game. 彼はゲームをもっとよく見ようと中腰の姿勢でいた.
[＜古期英語 *thē* (＜指示代名詞[形容詞]の単数男性形 *sē*, 女性形 *sēo*; 単数中性形 *thæt*は that になった)]

‡**the·a·ter** 〖米〗, **-tre** /θíːətər|θíətə/ 〖英〗 (★注意 劇場名を表す時は〖米〗でもしばしば -tre のつうりを用いる) 名 (複 ~s /-z/) 【劇場】 **1** Ⓒ **劇場**; 〖主にオーストラリア・ニュー〗 映画館 (〖主に英〗 cinema). We often go to the ~. 私たちはよく芝居[映画]を見に行く. The ~ was filled to capacity. 劇場は満員だった.
2 Ⓤ 〈the ~〉 **演劇**; 演劇界; 〈しばしば the ~; 集合的〉 劇文学, 戯曲. He studied the modern French ~. 彼は現代フランス演劇を研究した. ~ people 演劇界の人々. go into the ~ 演劇界に入る. the ancient Greek ~ 古代ギリシア劇. the ~ of the absurd 不条理劇.
3 Ⓤ 劇の上演(効果)[出来映え]. be [make] good ~ 〔劇が〕舞台で映える, 上演向きである.
【(活動の)舞台】 **4** Ⓒ (重要な事件などの)舞台; 戦域 《個々の戦場を含む広い地域》. the Pacific [European] ~ of war 太平洋[ヨーロッパ]戦域.
5 Ⓒ 手術教室 (operating theater); 階段教室 (lecture theater); 〖英〗 (病院などの)手術室 (〖主に米〗 operating room). a ~ sister [nurse] 手術室付看護婦. in (the) ~ 手術室で. ◇形 theatrical
[＜ギリシア語「見る場所」]

théater·gòer 名 Ⓒ 芝居の常連, 芝居好き.
théater·gòing 形 芝居好きな. —— 名 Ⓤ (頻繁な)芝居見物.
thèater-in-the-róund 名 Ⓒ 〖劇〗 円形劇場 《観客席の中央に舞台がある》.
the·a·tre /θíːətər|θíətə/ 名 ＝theater.
†**the·at·ri·cal** /θiǽtrik(ə)l/ 形 **1** 劇場の; 演劇の. a ~ company 劇団. ~ costumes 舞台衣装. ~ performances 上演, 演劇. **2** 〔人, 態度が〕芝居がかった; 不自然な. Paula made a ~ entrance. ポーラは芝居がかった態度で入って来た. ▷ **the·àt·ri·cál·i·ty** /-kǽləti/ 名 Ⓤ 芝居がかっていること. **~·ly** 副 演劇的に; 芝居じみて.
the·át·ri·cals 名 〈複数扱い〉 芝居, 〈特に〉 素人芝居; 劇の演技[所作]; (本職の)俳優; 〖英話〗 芝居じみたふるまい. amateur ~ 素人芝居.
the·at·rics /θiǽtriks/ 名 **1** 〈単数扱い〉 演出法. **2** 〈複数扱い〉 芝居がかったしぐさ.
The·ban /θíːbən/ 形, 名 Ⓒ テーベ (Thebes) の(人).
Thebes /θiːbz/ 名 **1** テーベ 《古代エジプトの都市》. **2** テーベ 《古代ギリシアの都市国家; Alexander 大王に滅ぼされた》.
‡**thee** /ði, 強 ðiː/ 代 〖古〗 なんじに; なんじを; 《thou の目的格》. [＜古期英語]
*__theft__ /θeft/ 名 ⓊⒸ **盗み**; 窃盗(行為); (★「盗む人」は thief). be accused of the ~ of a car 車の窃盗容疑で告発される. The ~ wasn't discovered until the next day. 盗難は翌日まで発見されなかった. 類語 theft は, こっそり盗む (steal) ことも, 暴力で盗む (rob) ことも含む広い意味の語. [＜古期英語]
thegn /θein/ 名 ＝thane.
‡**their** /ðər, 強 ðeər/ 代 〈they の所有格〉 **彼らの, 彼女らの, それらの**. The boys like ~ school. 少年たちは自分たちの学校が好きだ. No one in ~ right mind would do such a thing. 正気の人ならだれもそんなことはしない. Has anyone lost ~ purse? だれか財布をなくした方はいませんか. 語法 上例の no one, anyone, その他 someone, everyone のように不特定の人を指す単数(代)名詞を their で受けることがしばしばある; 〖章〗 では his, her で受ける; →they 語法. [＜古期北欧語]
‡**theirs** /ðeərz/ 代 〈they の所有代名詞〉 **1** 〈単複両扱い〉 **彼ら[彼女ら, それら]のもの**. Blessed are the poor in spirit; for ~ is the kingdom of heaven. 幸いなるかな心の貧しき者, 天国は彼らのものなればなり 《聖書『マタイによる福音書』》. *Theirs* is the best way. 彼らの方法が一番よい. 語法 「their＋名詞」の代用として, 名詞が文脈から明らかな場合に用いられる. **2** 〈of ~ で〉 彼ら[彼女ら, それら]の. that car of ~ 彼らのあの車 (語法 他の語との関係で their を名詞の前に置けない時に用いる; この例では that と theirs を並置できないため).
[＜中期英語; their, -s 3]
the·ism /θíːiz(ə)m/ 名 Ⓤ 有神論 (↔atheism); 一神論. [ギリシア語 *theós*「神」, -ism]
the·ist /θíːist/ 名 Ⓒ 有神論者 (↔atheist); 一神論者.
the·is·tic, -ti·cal /θiːístik/, /-k(ə)l/ 形 有神論[一神論](者)の. ▷ **the·is·ti·cal·ly** 副
‡**them** /ðəm, 強 ðem/ 代 **1** 〈they の目的格〉 **彼らを[に], 彼女らを[に], それらを[に]**. When you see John and Mary, give ~ my love. ジョンとメリーに会ったら, よろしく言ってください. He wrote the letters and mailed ~. 彼はそれらの手紙を書いて郵送した. 語法 動名詞の意味上の主語としての them については →me 2 語法. **2** 〈単数の不定代名詞を受けて〉 その人を[に] (→they 語法). If anyone phones, tell ~ I'll call back. だれか電話してきたら, 後でこちらから掛け直すと言っておいてくれ. [＜古期北欧語]
the·mat·ic /θi(ː)mǽtik/ 形 論題[主題]の; 〖楽〗 主題[テーマ]の. ▷ **the·mat·i·cal·ly** /-k(ə)li/ 副
*__theme__ /θiːm/ 名 (複 ~s /-z/) Ⓒ **1 題目**, 論題, テーマ. the ~ of an essay 論文のテーマ. **2** 〖楽〗 主題; 主旋律. **3** 〖主に米〗 (学校で課する)作文, (短い)論文. the weekly ~*s* 毎週の課題作文.
[＜ギリシア語「置かれたもの」]
théme pàrk 名 Ⓒ (特定のテーマをもつ)テーマ遊園地.

théme sòng [tùne] 名 C (映画, ミュージカルなどの)主題歌[曲], テーマソング[曲]; =signature tune.

The·mis /θíːmis, θémis/ 名 〘ギ神〙テミス《法律, 裁判などを司る女神》.

‡**them·selves** /ðəmsélvz/ 代 〈they の再帰代名詞〉 **1** 〈強意用法〉 **彼ら自身**, 彼女ら自身, それら自身. They ~ did it [They did it ~]. そうしたのは彼ら自身だ. We want to meet with the directors ~. 我々は取締役とじかに会いたいのだ. **2** 〈再帰用法; 強勢は弱まり動詞の方を強く発音する〉 **彼ら自身を**[に]. The retainers killed ~. 家来たちは自殺した. They should be ashamed of ~. 彼らは自らを恥じるべきである. **3** 〈単数の不定代名詞を受けて〉 彼(女)自身(を[に]). Everyone must do their homework by ~. 皆宿題は自分でやらなくてはいけない. **4** 本来[正常な]彼ら自身. be ~ →be ONESELF.
★成句については →oneself. [them, self]

‡**then** /ðen/ 副 **1** **その時**(に), あの時(は), 当時(は), (語法 過去にも未来にも用いる; →now 4 語法). We were younger ~. あのころは我々はもっと若かった. I'll show you around ~. その時, あちこち案内してあげます.
2 **その次に**, それから, 次いで, (★順序を示す). We watched TV and ~ went to bed. 我々はテレビを見てそれから寝た. First came the band, (and) ~ the dancers. 先頭に楽隊, 続いて踊り手たちが来た.
3 **それでは**, そういうわけなら, そうすると; それゆえ; (語法 普通, 文頭[節の始め]又は文尾にくる). *Then* don't do it. それなら, それはよしなさい. "He is not a student." "What does he do ~?"「彼は学生ではない」「それじゃ何をしてるの」. Until tomorrow ~, bye. じゃまた明日ね, さよなら. Well ~, do as you like! それじゃ好きにするがよい. If you're free, ~ come on over. お暇だったら, おいでください. When you are in need of help, ~ tell me so. 助けが必要な時には, 私にそう言って下さい. (★これらの例文のように if, when などと相関的に用いられることも多い). He worked really hard, and ~ passed all the exams. 彼は本当によく勉強した, それですべての試験にパスしたのだ.
4 そのほかに, その上, それに(また), (in addition). He gained wealth, fame and ~ power. 彼は富と名声, それに加えて権力まで手に入れた.
but thén (again) そうは言っても; しかし又一方では. He liked her, *but* ~ his parents didn't. 彼は彼女が好きだったが, いかんせん彼の両親は気に入らなかった.
(èvery) nòw and thén →now.
nów..thén.. →now.
thèn and thére = ***thère and thén*** その場で, 直ちに. The police shot the robbers to death *there and* ~. 警官隊はその場で強盗を射殺した.
── 名 U 〈主に前置詞の目的語として〉 その時. by ~ その時までに(は). till [until] ~ その時まで(ずっと). from ~ on その時から(ずっと), それ以降. Was there any sign before ~? それ以前に何か兆候があったか. Since ~ we have become friends. その時以来我々は友達になった.
── 形 〈限定〉 〈the ~〉 その当時の, (その)時の. the ~ Prime Minister その当時の首相. the ~ party boss その当時の党首. the ~ unknown illness 当時は知られていなかった病気.
[<古期英語 *thænne*「その時に」; than と同源]

‡**thence** /ðens/ 副 〘章〙 **1** そこから (from there; → hence). We went to New York and (from) ~ to Washington. 我々はニューヨークへ行き, そこからワシントンへ行った. The feeling of suspicion about him grew into a distrust, ~ to a hatred. 彼についての疑惑の念が不信感へ, そして憎悪へと変わった. **2** 〘まれ〙 それゆえに (therefore). He was rich, ~ an attractive suitor. 彼は金持ちであった, ゆえに魅力のある求婚者であった.

thènce·fórth 副 〘章〙 その時から, それ以後.

thènce·fórward(s) 副 〘章〙 =thenceforth.

the·o- /θíːə|θíə/ 〈複合要素〉「神」の意味. [ギリシア語 *theós* 'god']

the·oc·ra·cy /θiːákrəsi|θiɔ́k-/ 名 (複 **-cies**) U 神権政治, 神政, 《神の掟をもとに僧侶階級が行う政治》; C 神権国家.

the·o·crat /θíːəkræt/ 名 C 神権政治 ⌞家[主義者].

the·o·crat·ic, -i·cal /θìːəkrǽtik|θiə- 移/, /-k(ə)l 移/ 形 神権政治の.

the·od·o·lite /θiːádəlàit|θiɔ́d-/ 名 C 〘測量〙 経緯儀《水平角・俯(ふ)仰角を測定する器具》.

The·o·do·ra /θìːədɔ́ːrə|θiə-/ 名 女子の名.

The·o·dore /θíːədɔ̀ːr|θíə-/ 名 男子の名《愛称 Ted, Teddy》. [ギリシア語「神の贈り物」]

theol. theologian; theological; theology.

‡**the·o·lo·gian** /θìːəlóudʒ(i)ən|θiə-/ 名 C 神学者.

†**the·o·log·i·cal** /θìːəládʒik(ə)l|θiəlɔ́dʒ- 移/ 形 神学の; 神学上の; 神学的な. a ~ student 神学校の生徒. discuss ~ questions 神学上の問題を論じ合う.
▷ **~·ly** 副 神学上, 神学的に.

thèological séminary 名 UC 〘米〙 (聖職者養成のための)神学校.

thèological vírtues 名 〈複数扱い〉〘キリスト教〙 神学的徳《faith, hope, charity の 3 つ; cardinal virtues を補完するもの》.

†**the·ol·o·gy** /θiːálədʒi|θiɔ́l-/ 名 (複 **-gies**) **1** U 神学. **2** UC (特定の)宗教理論; ..神学. Luther's ~ shocked the Church authorities. ルターの宗教理論は教会当局者たちに衝撃を与えた. [theo-, -logy]

the·o·rem /θíːərəm|θíə-/ 名 C **1** 〘数〙 定理 (→ axiom). **2** 一般原理, 法則.

the·o·ret·ic /θìːərétik|θiə- 移/ 形 =theoretical.

†**the·o·ret·i·cal** /θìːərétik(ə)l|θiə- 移/ 形 **1** 理論の, 理論上の, 理論的な; 純理的な; (↔practical, empirical, applied). ~ physics 理論物理学. **2** 非実際[現実]的な, 理論の上でしか存在しない; 空論的な.
◇名 theory

‡**thè·o·rét·i·cal·ly** 副 理論的に; 理論上は, 理論的に言えば (↔practically) *Theoretically*, this plan is practical. 理論上は, この計画は実行可能である.

the·o·re·ti·cian /θìːərətíʃ(ə)n|θiə-/ 名 C 理論家《応用面よりも理論に関心を持つ》.

‡**the·o·rist** /θíːərist|θíə-/ 名 C 理論家; 空論家. a political ~ 政治理論家[研究者].

‡**the·o·rize** /θíːəràiz|θíə-/ 動 自 **1** VA 理論[推論]を立てる〈*about*, *on* ..に関して〉. Man is always *theorizing about* his origin. 人間は自分たちの起源に関して絶えず新たな理論を作り出している. **2** 空理空論を弄(もてあそ)ぶ.
── 他 VO (~ ***that*** 節) ..であると理論うける, 立論する, 推理する. The detectives ~*d that* the two killings were connected. 刑事たちはその 2 つの殺人は関係があると推理した.

‡**the·o·ry** /θíːəri, θíə-|θíə-/ 名 (複 **-ries** /-z/) **1** C **学説**; ..説, ..論, 〈*about* ..に関する/*that* 節 ..という〉. a ~ about the origin of language 言語の起源に関する説. the Copernican ~ (that the earth travels round the sun) コペルニクス (Copernicus) の(地球が太陽のまわりを回るという)地動説. Einstein's ~ of relativity アインシュタインの相対性理論. the ~ of evolution 進化論. the atomic ~ 原子理論; 〘哲〙 原子論.

連結 form [advance, propose, propound, put forward; prove; disprove; refute] a ~

2 U **理論**, 学理, (↔practice). musical ~ 音楽理論.

T

〜 and practice 理論と実際. Your plan, though excellent in 〜, is impracticable. 君の計画は理論的にはすばらしいものだが実行不可能だ.
3 [C] 理屈; 推測; 意見, 考え. My 〜 is that he is the murderer. 殺人犯は彼だというのが私の推測だ.
◇[形] theoretical [動] theorize
[<ギリシア語「見ること, 見解」]

thèory of gámes [名] =game(s) theory.

the·o·soph·ic, -i·cal /θìːəsάfik|θì(ː)əsɔ́f- [移]/, /-k(ə)l [移]/ [形] 接神論の. ▷**the·o·soph·i·cal·ly** [副]

the·os·o·phy /θiːάsəfi|θiɔ́s-/ [名][U] 接神論, 神知学, 《瞑(めい)想と祈りによって人間の魂が神に接することができるとする哲学》. ▷**the·os·o·phist** [名][C] 接神論者.

‡**ther·a·peu·tic, -ti·cal** /θèrəpjúːtik [移]/, /-k(ə)l [移]/ [形] **1** 治療(上)の. 〜 exercise 治療に役立つ運動. **2** (心・身の)健康によい.
▷**ther·a·peu·ti·cal·ly** [副] 治療(学)上.

thèr·a·péu·tics [名] 〈単数扱い〉〖医〗治療学.

ther·a·peu·tist /θèrəpjúːtist/ [名] =therapist.

‡**ther·a·pist** /θérəpist/ [名][C] **1** (特定の病気や欠陥の)治療士, 療法士, セラピスト, 《特に障害者の社会復帰を助ける専門家を指すこともある》. a physical 〜 理学[物理]療法士. a speech 〜 スピーチセラピスト, 言語療法士. **2**〖米〗精神分析専門医 (psychoanalyst).

†**ther·a·py** /θérəpi/ [名] ([複] **-pies**) [UC] (普通, 薬を用いたり, 外科手術を行わない)治療, 療法; 理学[物理]療法 (physiotherapy); 心理[精神]療法 (psychotherapy). radium 〜 ラジウム療法. speech 〜 言語障害治療. [<ギリシア語「世話, 治療」]

‡**there** /ðeər; 4 では ðər/ [副] 【(話し手から離れた)そこに】
1 (**a**) 〈多少とも離れた場所を指して〉 **そこに[で, へ], あそこに[で, へ]**, (↔here). What are you doing 〜? そこで何をしているのか. Your book is 〜, on the sofa. あなたの本はあそこのソファーの上にある. I see a bird up 〜. あの上の方に鳥が見える. [語法] この例のように, 方向の副詞をつけていっそうはっきり場所を示すことがある; ほかに down *there*, over *there*, out *there* など.
(**b**) 〈前に話に出た場所を指して〉 **そこに[で, へ]**. He was born in London and lived 〜 all his life. 彼はロンドンに生まれ, 一生そこに住んだ. I left my home town ten years ago and have never been 〜 since. 私は10年前に郷里を出て, それ以来そこへ行ったことがない. I found nobody 〜. そこにはだれもいなかった. Can I walk 〜? そこへは歩いて行けますか.
2 〈話の途中などで〉 **そこで**; そのとき; その点で. We built the foundation and 〜 we ran out of money. 基礎まで打ったところで金がなくなった. The teacher read to the end of the chapter and stopped 〜. 先生は章の終わりまで読みそこでやめた. I agree with you 〜. その点では私はあなたと同意見だ.
3 〈文頭に置いて相手の注意を喚起する〉 **それ**そこに; そら; ([語法] 主語が代名詞でなければ動詞がすぐ続く; →here 1 [語法] (2)). *There* they are! ほら, あそこに彼らがいる. *There* it is! ほら(そこに)あった (→成句). "He should be here by now." "*There* he is!"「彼はもう来てもいい時間だが」「ほら, 来ましたよ」. *There* goes the bell! そら, 鐘が鳴っている. Are we 〜? もう着いたの. 〜 you are [go] →成句.
4 〈文頭に置かれる形式的な there〉 ([注意]「そこに」という意味はなく, 発音は弱音の /ðər/)
(**a**) 〈there is [are など] X〉 X **..がある, いる**, (★〖話〗では there's, there're などとなる). *There*'s a man at the door. 玄関に人が来ています (★A man is at the door. よりも自然な言い方). *There's* nobody 〜. そこにはだれもいない (★2つ目の there は「そこに」の意味). *Is* 〜 a grocery store near here? この近所に食料品店がありますか. *There's* some beer in the fridge, isn't 〜? 冷蔵庫にビールは入ってますよね. *There's* very little we can do now. 今となっては我々にできることはほとんどない. *There's* a bed, a table and a couple of chairs in the room. 部屋の中にはベッド, テーブルそれにいすが2脚ほどある ([語法] 主語に応じて動詞も複数形にすべきだが, ものを列挙する時, 特に直後に単数形名詞が来た時に見られる; 次の2例のような場合もある). *There are* [〖話〗 *There's*] movies and movies. 映画といっても(ピンからキリまで)いろいろある. *There's* lots of things to do today.〖話〗今日すべきことがたくさんある. *There* must *be* some mistake. 何か間違っている⌊にちがいない[ようだ]. *There* used [seems] to *be* a store on the corner. 昔この角に1軒の店があった[この角に店が1軒あるようだ]. *There's been* an important change. 重大な変更があった. What is (〜) in the box? その箱に何が入っているのか. We don't want 〜 to *be* any misunderstanding. 私たちはどんな誤解があっても困る. *There being* no moon that night, it was completely dark in the wood. その晩は月が出ていなかったので森の中は真っ暗だった. I have no doubt about 〜 having been insider trading. インサイダー取引があったのは間違いないと思う.
(**b**) 〈there comes [seems] など〉 **..が来る[..らしい** など**]** ([語法] 存在 (exist など), 状態 (remain など), 到来 (come など)などを表す種々の自動詞と共に用いられる). *There* once *stood* a castle on the hill. 丘の上には昔城が立っていた. *There came* a strange-looking man. 異様な風体の男がやってきた. *There appeared* a car in the distance. 遠方に車が1台現れた.
(**c**) 〈there is [are] など+X+形容詞, 現在[過去]分詞の形で〉 Xが..である. *There was* soon a taxi *available*. すぐにタクシーがつかまった. *There are* birds *singing* in the tree. 小鳥が木で鳴いている. *There's* still much time *left*. まだ時間はたくさんある. *There are* about 2,000 people liv*ing* in this area. この地区には約2千人が暮らしている (★There are living about .. とはならない).

> [語法] (1) (a), (b), (c) の例のように「there+動詞+X」構文における X は一般に不定のものを表す名詞句であり, それが意味上の主語となる; ただし, 修飾語句などのために X が特定のものを表す名詞句になることがある: *There is*, however, *the* problem of housing. (しかし住宅問題がある)
> (2) there は文法的には主語の扱いを受ける: 〈(付加)疑問文で主語として〉 (a) の第3, 4例; 〈準動詞の主語として〉 (a) の最後の3例.
> (3) X の後に関係代名詞が続く時は主格でも省略できる: *There's* somebody (who) wants to see him. (彼にお客さんですよ); この構文自体が関係詞節になる場合, 関係代名詞は省略されるのが普通: This is the best book 〜 *is* on radiotherapy. (放射線療法に関してはこれ以上にいい本はない) That's all 〜 is to it. (それがすべてです)

5 〈形容詞的〉〖話〗**そこの, あそこの**, (あ)そこにある[いる], (★(代)名詞のあとに置かれる). She lives in that house 〜. 彼女はあそこのあの家に住んでいる. You 〜! Be quiet! そこの君, 静かにしたまえ.

Are you thére? もしもし, 聞こえますか, 《電話で相手が聞いているかどうかを確かめる時など》.

be áll [quíte] thère 〖話〗〔頭が〕しっかりしている, 正気である, (★普通, 否定文・疑問文で用いる). I don't think she's *all* 〜. 彼女は少しおかしいんじゃないか.

bèen thére, dòne thát 〖話〗もう(とっくの昔に)経験ずみである.

be thére for a person 〖話〗人の力になる, 人に(救いの)手を差し伸べる. He's always 〜 *for* me. (私が困って

T

いるとき)彼はいつも頼りになる存在です.
gèt thére 到達する; 〚話〛目的を遂げる; うまくいく. If you keep trying, you'll get ～ one of these days. 頑張り続ければ, いつかは成功する.
have béen thère (befóre) 〚俗〛(経験して)よく知っている, お手のものだ.
I'm thére! 〚米話〛必ず行きます《招待などを受けて》.
òut thére (1) 向こうに; 世間では; 海外で[に]. (2) 〚米話〛〈又は way out there で〉とても奇妙[不思議, 異様]で.
òver thére あそこ[向こうの方]に, 〚米話〛 あちらで[に]《第1次大戦の頃のヨーロッパを指して》.
Pùt [Stìck] it thére! 〚話〛(和解などの印に)じゃ握手しだ.
thàt thére →that.
thère agáin それとさらに, それにまた, 《挿入的に, 説明を追加する; again 3》.
thère and báck →back.
thère and thén＝***thèn and thére*** →then.
Thère go(es) .. 〔チャンス, 人生などが〕ふいに[おじゃんに]なった.
****There is nó dòing*** (1) ..することはできない (＝It is impossible to do). *There is no telling* when the rain will stop. いつ雨がやむかとても予測することはできない. (2) ..してはいけない.
Thère it ís. (1) それで困っているんだ. (2) (..が)そういう実状なんだ; もうどうしようもない.
thère or thèreabóut(s) 〚話〛〈数量, 場所に関して〉そのくらい, そのあたり.
thére's a good 〔boy [girl, dog, *etc.*]〕 いい子だ《小さな子供, 動物をほめたり励ましたりして言う》. Go to bed now, ～*'s a good* boy. いい子だからもう寝なさい.
Thère's ..fòr you! →for.
thère you áre (1) ほらここにある, さあどうぞ; だから言ったじゃないか, それごらん. *There you are*— it's a Swiss watch. さあどうぞ, スイス製の時計です. Well, ～ *you are!* That's exactly what I said would happen! それごらん, 僕が言った通りになったじゃないか. (2)〈普通 and の後で〉それで⌞オーケー[終わりだ, うまく行く]《説明, 指示などを終える時に言う》. (3)〈普通 but の後で〉(そういう事情だから)仕方がない (***thère we áre***). (4) おっしゃる通りです. (5) 〚押韻俗語〛パブ (pub).
thère you gó (1) ＝THERE you are (1), (3). (2) 〚話〛よし, その調子[意気]. (3) 〚話〛そら又やっている[言っている]. *There you go*, talking about the hat trick you made in the soccer game. ほら又始まった, サッカーの試合で君がやったハットトリックの話を. (4) そのやり方[心構えなど]でいいんだ. "That's a hard task for me, but I will do my best." "*There you go!*"「それは私には大変な仕事だけどベストを尽くすつもりだ」「それでいいんだ」.
thère you háve it 〈相手の注意を喚起して〉 いいですか; それだけでいいんです; (ほら,)簡単でしょ.
ùp thére (1) あそこ(の上の方)で; 向こう(の北の方)で(は). (2) 天(国)に. Somebody *up* ～ loves me. 〚話〛とてもついている[運がいい]; 何かに守られている気がする. (3) 〚話〛同じ(高い)レベルで〈*with* ..と〉.
You hàve [You've gòt] me thére. (1) そいつは1本とられた. (2) 私は知りません.
── 名 U 〈前置詞や他動詞の目的語として〉そこ; あそこ. near ～ その近くに. We went to New York from ～. 私たちはそこからニューヨークへ行った. leave ～ そこを去る. ***in thére*** (1) その中に; 〈数量に関して〉そのぐらい. It must have been around ten o'clock, ten-thirty, *in* ～. きっと10時か, 10時半, その(間)ぐらいだった. (2) 〚米俗〛誠実な, 感じのいい; せっせと頑張って; よく分かっている.
── 間 **1** そら, それ, それ見ろ, よしよし, (★確認, 満足, 励まし, 慰めなどを表す; その時の状況, 言い方などによって意味が異なる). *There*, ～. Don't cry. よしよし, 泣くのはおよし. *There* now, I told you he would come. ほらごらん, 彼は来ると私が言ったじゃないか.
2 おい君《相手への呼び掛け》. Hello [Hi], ～! やあ君. Stop talking, ～! 君, おしゃべりはよしたまえ.
So thére! 〚話〛もう決めたんだ(決心は変わらない)《拒絶などを表す》; さあどうだ(参ったか).
[＜古期英語 *thǣr*]

†there·a·bout(s) /ðé(ə)rəbàut(s), ⌣⌣⌣́/ 副 **1** 〈普通 or ～ で〉その辺に, そこらあたりに. He was from Texas *or* ～. 彼はテキサスかどこかその辺の出身だった. **2** そのころ, その前後に. I'll be there at ten *or* ～. 私はあちらへ10時かそこらに行っている. **3** およそ, ..ぐらい. The project will cost six million dollars *or* ～. この事業にはおよそ6百万ドルかかる.

***there·af·ter** /ðè(ə)rǽftər|-ɑ́ːf-/ 副 〚章〛その後(は), それ以来, (→hereafter). *Thereafter* he stayed away from the place. それ以来彼はそこに近づかなかった.

there·at /ðè(ə)rǽt/ 副 〚章・英では古〛その場所で; それゆえに; その時に.

†thère·bý 副 〚章〛 **1** それによって; その結果として. He signed the document, ～ gaining control of the firm. 彼は書類に署名し, それによってその会社の支配権を獲得した. **2** それに関して. **3** 〚英では古〛その辺に, その近くに.
Therebỳ hàngs a tále. それにはいささかわけがある.

there'd /ðeərd/ there had [would] の短縮形.

thère·fór 副 〚章・英では古〛その[この]ために (for this [that, it]).

***there·fore** /ðéərfɔ̀ːr/ 副 それゆえに, 従って, その結果. She had a cold and ～ missed school for a week. 彼女は風邪を引いていた, それで学校を1週間休んだ. I think, ～ I am. 我思う, ゆえに我在り (★この例のように接続詞の働きを兼ねる場合もある). He is not a man to listen to others. It would ～ [～ would] be a waste of time to reason with him. 彼は他人に耳を貸すような男ではない. 従って彼に理を説くのは時間の浪費だ.
[＜古期英語; there, for]

thère·fróm 副 〚章・英では古〛そこから, それから, (from that [there]).

‡there·in /ðé(ə)rín/ 副 **1** 〚章・法〛そこに; その(文書の)中に (in that place). the conditions ～ stated そこに述べられている条件. **2** 〚章〛その点で[に]; その問題に関して; (in that respect). There is a consensus ～ of all political parties. その点についての全政党の合意がある. *Therein* lay the cause of the airline's bankruptcy. そこにその航空会社の倒産の原因があった.

thère·in·áfter /-rin-/ 副 〚法〛後文に, 以下に, (in that part that follows).

there'll /ðeərl/ there will [shall] の短縮形.

there·of /ðè(ə)rʌ́v, -ɑ́f|-ɔ́v, -ɔ́f/ 副 〚章・法〛それの, その, (of that [it]); その事から (→hereof). these projects and the costs ～ これらの事業とその費用.

there·on /ðè(ə)rɑ́n|-ɔ́n/ 副 〚章・英では古〛 **1** その上に (on that [it]). I went to the table and laid the book ～. 私はテーブルのところまで行きその上に本を置いた. **2** ＝thereupon.

there're /ðərə, 強 ðé(ə)rə/ there are の短縮形.

‡there's /ðərz, 強 ðeərz/ there is [has] の短縮形.

The·re·sa /təríːsə, -zə|-zə/ 名 **1** 女子の名《愛称 Tess, Tessa, Terry》. **2 Saint** ～ ＝Teresa 2.

thère·tó 副 〚章〛 **1** それに, そこへ, (to that [it]). **2** そのほかに, さらに, (in addition).

thère·to·fóre 副 〚章・法〛その時まで (until then); それ以前に (before that time); (→heretofore).

T

there·un·der /ðè(ə)rʌ́ndər/ 副 〖章・法〗 **1** その下に (under that). **2** それに従って (in accordance with that).

†**there·up·on** /ðè(ə)rəpɑ́n, ⌐-⌐|-pɔ́n, ⌐-⌐/ 副 〖章〗 **1** その後ただちに (immediately after that, upon that), そこで (then), (→hereupon). I ～ called him on the phone. そこでただちに私は彼に電話をかけた. **2** その結果として (as a result of that); その問題について (about that matter). They reached an agreement ～. 彼らはその問題について合意に達した.

‡**there·with** /ðèərwíθ, -wíð/ 副 **1**〖章〗それとともに (with that [it]; →herewith). We were ～ finished with the business. 我々はそれをもって会社と縁を切った. **2**〖古〗＝thereupon 1.

therm /θəːrm/ 名 C 〖物理〗 サーム《熱量の単位で数種類ある; 英国では 100,000 British thermal units でガス使用量の単位》. [＜ギリシア語 *thérmē*「熱」]

therm- /θəːrm/ 〈複合要素〉＝thermo-.

‡**ther·mal** /θə́ːrm(ə)l/ 形 〈普通, 限定〉 **1** 熱の, 熱量の, 温度の. a ～ unit 熱量単位. a ～ power station 火力発電所. **2** 熱い; 温泉の. a ～ bath 温浴. a ～ spring 温泉. ～ regions 温泉地帯. **3** 〔衣服が〕保温の, 防寒の. ～ underwear 防寒下着. ── 名 C **1** 〖気象・空〗熱気泡, 熱上昇気流. **2** 〈～s〉 防寒着.

thèrmal bárrier 名 C 〖空〗熱障壁《大気の摩擦熱による航空機の速度限界点》.

thèrmal capácity 名 aU 〖物理〗熱容量《物体の温度を摂氏 1 度上昇させるのに必要な熱量》.

thèrmal effíciency 名 U 熱効率.

thèrmal pollútion 名 U 熱汚染《例えば原子力発電所など高熱廃水による》.

therm·ic /θə́ːrmik/ 形 ＝thermal.

ther·mi·on /θə́ːrmàiən, -miən/ 名 C 〖物理〗熱イオン.

ther·mi·on·ic /θə̀ːrmaiɑ́nik, -mi-|-miɔ́n- ⊛/ 形 〖物理〗熱電子の, 熱イオンの.

thèr·mi·ón·ics 名 〈単数扱い〉 熱イオン学.

thermiònic túbe 〖米〗 [**válve** 〖英〗] 名 C 熱電子管.

ther·mo- /θə́ːrmou/ 〈複合要素〉「熱」の意味《母音の前では therm-》. [ギリシア語 *thermós* 'hot']

thérmo·còuple 名 C 〖物理〗熱電対(つい)《温度計の一種》.

thèrmo·dynámic /⊛/ 形 熱力学の.
▷ **ther·mo·dy·nam·i·cal·ly** /-k(ə)li/ 副

thèrmo·dynámics 名 〈単数扱い〉 熱力学.

thèrmo·eléctric, -trical /⊛/ 形 熱電気の.
▷ **ther·mo·e·lec·tri·cal·ly** 副

T

thermoelèctric cóuple 名 ＝thermocouple.

thermoelèctric efféct 名 UC 〖物理〗熱電効果.

thèrmo·electrícity 名 U 〖物理〗熱電気.

thérmo·gràph 名 C 〖医〗温度記録計, サーモグラフ.

ther·mog·ra·phy /θəːrmɑ́grəfi|-mɔ́g-/ 名 U 〖医〗温度記録, サーモグラフィ, 《体の各部から出る熱を記録する; 乳癌の診断などに利用》.

‡**ther·mom·e·ter** /θərmɑ́mətər|-mɔ́m-/ 名 (複 **～s** /-z/) C **温度計**, 寒暖計, (→temperature, mercury). a centigrade [Celsius] ～ 摂氏温度計. a clinical ～ 体温計, 検温器. →Fahrenheit thermometer.

> 連結 the ～ falls [rises]; the ～ indicates [registers, stands at].. // shake down the ～

[thermo-, -meter]

thèrmo·métric /⊛/ 形 温度計の; 温度計による.

thèrmo·núclear /⊛/ 形 熱核反応の, 核融合の. a ～ bomb 熱核爆弾 (hydrogen bomb とも言う). a ～ warhead 熱核弾頭. ～ reaction 熱核反応.

thèrmo·plástic /⊛/ 形 熱可塑性の《熱すると柔らかくなる; ↔thermosetting》.
── 名 UC 熱可塑性物質《プラスチックなど》.

ther·mos /θə́ːrməs|-mɔs/ 名 C 〈又は T-〉〖商標〗サーモス(魔法瓶)(〖米〗 **thérmos bòttle**, 〖英〗 (**thérmos**) **flàsk**). The ～ was full of hot coffee. 魔法瓶に熱いコーヒーがいっぱい入っていた.

thérmo·sètting 形 〔プラスチックが〕熱硬化性の (↔ thermoplastic).

thérmo·sphère 名 〖気象〗〈the ～〉熱圏《大気の中間層 (mesosphere) よりも上の部分; 最高 600km に達する範囲で, 非常に高温》.

ther·mo·stat /θə́ːrməstæ̀t/ 名 C サーモスタット, 自動温度調節器. [thermo-, ギリシア語 *stásis*「静止」]

ther·mo·stat·ic /θəːrməstǽtik ⊛/ 形 自動温度調節の. ▷ **ther·mo·stat·i·cal·ly** /-k(ə)li/ 副

the·sau·rus /θisɔ́ːrəs/ 名 (複 **the·sau·ri** /-rai/, **～es**) C シソーラス, 分類語彙(い)辞典, 《意味によって語を分類した Roget /rouʒéi/ 編のものが有名》; (特殊分野の)辞典. a ～ of American slang アメリカ俗語辞典. [＜ギリシア語「宝庫」]

‡**these** /ðiːz/ 〈this の複数形〉 代 **これら(のもの[人])** (→those); 今述べたこと; 次に述べること; (→this 代 3). Are ～ yours or Jane's? これらはあなたのものですか, ジェーンのものですか. *These* are my brothers. この人たちは私の兄弟です. 注意 日本語では「これら」と訳さないほうが自然な場合が多い. *These* are hard times. 近ごろは生活が苦しい (★*These*＝*These* times).
── 形 **これらの**, **この**; **近ごろの**; (→those); 今述べた; 次に述べる. ～ new shoes of mine 私のこの新しい靴 (注意 靴は ～ shoes では 1 足; shoes が複数形なので this は使えず, this pair of shoes のようにいう). *These* students are freshmen; those are sophomores. こちらの学生は 1 年生, あちらの学生は 2 年生です. I have been teaching here ～ five years. 私はこの 5 年間 [5 年前から]ここで教えている (★for the past five years のほうが普通). in ～ days of.., ～ days →day (成句). [＜中期英語 *this* 'this'＋*-e* (複数語尾)]

the·ses /θíːsiːz/ 名 thesis の複数形.

The·seus /θíːsiəs, -sjuːs/ 名 〖ギ神話〗テーセウス《怪物 Minotaur を退治した英雄》.

†**the·sis** /θíːsəs/ 名 (複 **the·ses** /-siːz/) C **1** 〖章〗論題; 主張. I proved his ～ wrong. 私は彼の主張が誤りであることを証明した. **2** 論文 (dissertation) 《卒業論文, 修士論文, 博士論文など》. a doctoral ～ 博士論文. write a ～ *on* Victorian novels ヴィクトリア朝時代の小説に関する論文を書く. [＜ギリシア語「置くこと」]

Thes·pi·an /θéspiən/ 〖章・時に戯〗〈又は t-〉 形 演劇の, 悲劇の; 劇的な《＜*Thespis*》. the ～ art 演劇.
── 名 C 俳優.

Thes·pis /θéspis/ 名 テスピス《紀元前 6 世紀のギリシアの詩人; ギリシア悲劇の始祖とされる》.

Thess. Thessalonians.

Thes·sa·lo·ni·an /θèsəlóuniən ⊛/ 形 (古代)テサロニケの. ── 名 C **1** (古代)テサロニケ人. **2** 〈～s; 単数扱い〉〖聖〗『テサロニケ人への第 1 の[第 2 の]手紙』《それぞれ新約聖書中の一書》.

Thes·sa·lo·ni·ki /θèsɑːlɔːníːkiː/ 名 テサロニケ, テサロニカ, 《ギリシア北東部, マケドニア中部の港市; ローマ帝国領マケドニアの首都; 英語名 Salonika》.

Thes·sa·ly /θésəli/ 名 テッサリア《ギリシア中東部エーゲ海沿岸の地方》.

the·ta /θéitə, θíː-|θíːtə/ 名 UC シータ《ギリシア語アルファベットの 8 番目の文字; Θ, θ; ローマ字の th に当たる》.

thews /θ(j)uːz/ 名 〈複数扱い〉〖雅〗筋肉 (muscles); 体力.

‡they /ðei/ 代 (人称代名詞; 3 人称・複数・主格; 所有格 their, 目的格 them, 所有代名詞 theirs, 再帰代名詞 themselves) **1**〈普通, 前に出た人, 動物, 物を示す名詞を受けて〉 **彼(女)らは[が]**, それらは[が]. Our children are out, but ～ are coming back soon. 子供たちは外出中ですがまもなく帰って来ます. *They'* re really exciting stories. それらは本当にわくわくする物語です.

> 語法 (1) 総称的用法の単数形の不定代名詞を受けることがある: *Everyone* tried the best ～ could. (みんな最善を尽くした)《従来は *he* could としたが, 男性・女性に共通な単数の代名詞がないし, *he or she* could とするのはぎこちないこともあり, さらに意味上 1 人だけを指してはいないこともあって they が使われるようになってきた》. (2) 集合名詞を受ける場合, 一つの組織体と見れば単数の it, 個々の成員を意識すれば they を用いる: *The class* seemed incomplete without *its* star student. (花形の生徒が欠席していてクラスは物足りない感じがした) The bell rang and *the class* hastened to *their* seats. (ベルが鳴り, 生徒たちは自分の席に急いだ)

2 (**a**) (**一般の**)**人々**, 世間の人. *They* say [＝People say, It is said] that he will run for mayor. 彼は市長に立候補するそうだ.

> 語法 (1) we 2 と同じく総称的用法であるが, they は自分を除いた言い方である点 we と異なる. (2) 関係代名詞 who, that の先行詞として用いられることがある: *They who* want to succeed must work hard. (成功したい者は勤勉でなければならない)《今日では They who.. の代わりに Those who.. が普通; →those》.

(**b**) (ある特定のことに)関係ある人たち. *They* usually sell things cheap at that store. あの店ではいつも物が安い. *They* speak English and French in Canada. カナダでは英語とフランス語を話す. (**c**) 当局(者). *They* would throw you in jail at once. あなたはたちまち投獄されますよ. [＜古期北欧語]

‡they'd /ðeid/ they had [would]の短縮形.

‡they'll /ðeil/ they will [shall]の短縮形.

‡they're /ðéiər, ðeər/ they are の短縮形.

‡they've /ðeiv/ they have の短縮形.

THI temperature-humidity index.

thi·amine, -min /θáiəmìːn, -min/ 名 U 〖生化〗チアミン《ビタミン B_1 の別名》.

‡thick /θik/ 形 e 【厚い】 **1** (**a**) **厚い** (↔thin). a ～ sweater 厚いセーター. a ～ and heavy dictionary 分厚くて重たい辞書. We need a ～*er* board. もっと厚い板が必要だ. They covered the wall with a ～ coat of paint. 壁にペンキを厚く塗った. (**b**) 厚さ..の〈長さを表す名詞のあとに用いて〉. ice ten centimeters ～ 厚さ 10cm の氷. The tank's armor plate was more than two inches ～. タンクの装甲板の厚さは 2 インチ以上あった.

2【太い】**太い**, ずんぐりした, (↔thin). a ～ tree trunk 太い木の幹. ～ fingers [ankles] 太い指[足首]. a ～ rope 太い綱. a ～ line 太い線.

【中身の詰まった＞密な】 **3** (草, 木が)密集した, **茂った**, (髪などが)密な, 濃い, 豊かな, 〔群衆などが〕びっしり詰まった, (↔thin; 類語 →dense). a ～ forest 密生した林. a ～ shower of fan letters ひっきりなしに来るファンレター. He has a ～ head of hair. 彼は頭髪が多い. The sheep had a ～ coat of fur. 羊は全身ふさふさした毛に覆われていた. The flies are ～ around the meat. ハエが肉の周りにびっしりたかっている.

4〈叙述〉〔場所, 物が〕一杯な, 覆われた, 〈*with* ..で〉. air ～ *with* smoke 煙の充満した空気. The desk was ～ *with* dust. 机はほこりが厚く積もっていた. The meadow was ～ *with* wild flowers. 草地は野生の花が一面に咲いていた.

【濃い】 **5**〔液体が〕**濃厚な**, どろどろの, 濁った, (↔thin). ～ honey [soup, syrup] 濃いはちみつ[スープ, シロップ]. **6**〔霧, 闇などが〕**濃い**, 深い, (dense; ↔thin). a ～ fog 濃い霧. ～ darkness 濃い闇. The smoke was so ～ we couldn't see. 煙が濃くて何も見えなかった.

7【関係が濃い】〖話〗親密な〈*with* ..と〉. Meg and Bob are very ～ *with* each other. メグとボブはお互いにかなり親密だ.

【濃い＞不透明な】 **8**〔声が〕はっきりしない, だみ声の. He was drunk and his speech was ～. 彼は酔っぱらっていてはっきりしゃべれなかった.

9〔天候などが〕曇った, どんよりした. ～ weather 曇天. a ～ sky 雲が立ち込めた空.

10〖話〗〔頭が〕ぼんやりした, 鈍い, (二日酔などで)痛い; 頭の悪い, 愚かな, (stupid). Don't be so ～. もっと頭を働かせてくれ. have a ～ head 頭が悪い; (二日酔などで)頭が痛い.

【濃い＞強い】 **11**〔なまりが〕強い, 顕著な. speak with a ～ German accent 強いドイツなまりで話す. His accent is so ～ as to be almost unintelligible. 彼のなまりはひどくて何を言ってるのかほとんど分からない.

12〈叙述〉〖主に英話〗ひどすぎる, 度の過ぎた. It's a bit (too) ～ to expect me to finish it all off in a week. これ全部を 1 週間以内に仕上げろというのはちょっとひどすぎる.

(as) thìck as thíeves 〖話〗〈非難して〉べったりの仲で.

(as) thìck as twò (shòrt) plánks 〖英話〗全く愚かで (★形 1 と 10 の意味をかけた言い方).

gèt [gìve a pèrson] a thìck éar 〖英話〗耳がはれるほど殴られる[人を殴る].

the thìck énd of.. 〖英話〗 ..に近い量[金額など]. pay *the* ～ *end of* £5,000 for a used car 中古車に 5 千ポンドもの金を払う.

thìck on the gróund 〖主に英話〗たくさんの, うようよ[掃いて捨てるほど]いる[ある].

── 名 U 〈普通 the ～〉 **1** 厚い[太い]部分. the ～ *of* his thumb 彼の親指の太い部分. **2** (群衆, 森林などの)最も密集した場所; (人の活動の)激しい時期[場所]. in the ～ *of* the fight 戦いがたけなわな時に.

through thìck and thín よい時も悪い時も, どんなことがあっても. We'll help each other *through* ～ *and thin*. 僕らはよい時も悪い時も助け合って行こう.

── 副 ＝thickly 1. Don't spread the butter too ～. バターを厚く塗りすぎないでくれ. The snow was falling ～. 雪は降りしきっていた. The fighting was fierce and the blood ran ～. 戦いは激烈で血がおびただしく流された.

lày it òn thíck →lay[1].

thick and fást ひっきりなしに, 矢継ぎ早に. The complaints began to arrive ～ *and fast*. 苦情がどんどん来始めた. [＜古期英語]

***thick·en** /θík(ə)n/ 動 (～s /-z/| 過 過分 ～ed /-d/| ～·ing) 他 **1** を厚く[太く]する. **2** を密集[密生]させる. **3** を濃くする. ～ the soup スープを濃くする. **4**〔声など〕を不明瞭にする; 〔話の筋など〕を複雑にする. ── 自 **1 厚く**[太く]なる. **2** 密集[密生]する. **3 濃くなる**. The fog quickly ～*ed*. にわかに霧が濃くなった. **4** 不明瞭になる; 複雑になる. The plot ～*ed*. 話の筋がこみ入ってきた. ◇↔thin 形 thick [thick, -en]

thíck·en·er, thíck·en·ing 名 UC (液体を濃くする)濃厚剤.

***thick·et** /θíkət/ 名 (複 ～s /-ts/) C **1 低木の茂み**, やぶ. hide in the ～ 茂みの中に隠れる. **2**〈比喩的〉(考え, 記憶などの)錯綜, もつれ. [＜古期英語; thick, -et]

thìck·héaded /-əd ◎/ 形 〖話〗ばかな, 愚かな.

T

▷～·ness 名
†**thick·ly** /θíkli/ 副 **1** 厚く, 太く, 濃く, 密に. a ～ populated area 人口密集地域. **2** 不明瞭に; だみ声で.
*__thick·ness__ /θíknəs/ 名 (複 ～·es /-əz/) **1** UC **厚さ, 太さ, 濃さ**; 濃密, 繁茂; (声の)不明瞭(りょう)さ; 愚鈍. the ～ of a wall 壁の厚さ. The board has a ～ of three centimeters [is three centimeters in ～]. 板の厚さは3cmある. **2** C 枚, 層 (layer). wrap the article in two ～*es* of newspaper 新聞紙を2枚重ねて品物を包む. **3** UC 〈普通 the ～〉 厚い部分 〈*of* ..〔壁など〕の〉.
thìck·sét /形/ 形 **1** 〔人や体つきが〕太くて短い, ずんぐりした. **2** 繁茂した; 密集した. a shady grove ～ with bamboo trees 竹のびっしり生えた暗いやぶ. **3** 目のつんだ〔生地など〕. ── 名 C ＝thicket.
thìck-skínned /形/ 形 **1** 〖時に軽蔑〗(非難, 侮辱などに)鈍感な; 厚顔な. **2** 皮(膚)の厚い.
thìck-wítted /-əd 形/ 形 ＝thickheaded.
‡**thief** /θi:f/ 名 (複 **thieves** /θi:vz/) C **泥棒**, こそどろ, 盗賊, (類語 thief は暴力を用いず, こっそり持ち去る; →theft, robber). a chicken [car] ～ 鶏[車]泥棒. The ～ was caught at once. 泥棒はすぐに捕まった. Who's the ～? 取ったのはだれか. Stop, ～! 泥棒, 待て. Set a ～ to catch a ～. →set 動 他 13.
◇形 thievish 動 thieve [＜古期英語]
thieve /θi:v/ 動 自 泥棒をする, 物を盗む. ── 他 〔物〕を盗む. (→steal, rob). ◇名 thief, theft
thiev·er·y /θí:v(ə)ri/ 名 (複 **-er·ies**) UC 〖主に雅〗盗み (theft).
thieves /θi:vz/ 名 thief の複数形.
thiev·ing /θí:viŋ/ 名 U 〖章・雅〗盗み, 泥棒をすること. ── 形 〈限定〉物を盗む; 泥棒のような.
thiev·ish /θí:viʃ/ 形 〖主に雅〗盗癖のある; 泥棒のような, こそこそした. ▷～·**ly** 副 ～·**ness** 名
*__thigh__ /θai/ 名 (複 ～**s** /-z/) C もも, ふともも, 《腰とひざの間; 鳥, 動物の後脚の同じ部分》. [＜古期英語「(脚の)ふくれ太った部分」]
thígh·bòne 名 C 大腿(たい)骨.
thim·ble /θímb(ə)l/ 名 C (裁縫用の)指ぬき.
thim·ble·ful /θímb(ə)lfùl/ 名 C 〖話〗ごく少量 〈*of* ..〔酒など〕の〉《＜指ぬき1杯の量》.
Thim·bu /tímbu:/ 名 ティンブー, チンブー, 《Bhutan の首都》.
‡**thin** /θin/ 形 e (～·**ner**|～·**nest**)
【薄い】 **1 薄い** (↔thick). a ～ blanket 薄い毛布. ～ ice 薄い氷. ～ paper 薄い紙. a ～ slice of bread 薄いパン1切れ. a ～ summer dress 薄い夏のドレス. The walls of the cabin were too ～ to keep out the cold. 小屋の壁は薄くて寒気を防ぐことができなかった.
【細い】 **2 細い** (↔thick). a ～ thread 細い糸. ★「髪が細い」ときは Her hair is *fine* のように言う.
3 やせた, ほっそりした, (↔fat, thick; 類語 しばしば病後などのやせた状態を言う; →slim). ～ fingers 細い指. He looks ～ after his sickness. 彼は病後でやつれて見える. These cattle are too ～ to sell now. この牛たちはやせすぎていて今は売れない.
【中身の薄い】 **4** 〔液体が〕**薄い**, 水っぽい; (↔thick); 〔気体が〕**希薄な** (↔dense); 〔土壌が〕やせた. ～ soup 薄いスープ. a ～ mist 薄いもや. This wine's a bit ～, isn't it? このワインは少し水っぽいね.
5 〔髪, 群衆などが〕まばらな (↔thick). My hair's getting ～ on top. 私の髪は上の方が薄くなってきた. The attendance has been ～ lately. 近ごろは出席者が少ない.
6 乏しい; 不作の. a ～ purse 軽い財布. ～ profits わずかな利益. a ～ year 凶作の年.
7 〔論点, 言い訳などが〕浅薄な, 見えすいた, 根拠[説得力]のない; 実質[内容]のない. a ～ excuse 見えすいた言いわけ. a ～ plot 薄っぺらな筋. He had only the ～*nest* of alibis. 彼には全く根拠薄弱なアリバイしかなかった.
【薄い＞弱い】 **8** か細い〔声など〕, かすかな, 淡い, 〔光, 色など〕; 〖写〗〔ネガなどが〕コントラストの弱い. a ～ smile かすかな作り笑い.
hàve a thìn tíme 〖話〗うまく行かない; いやな思いをする.
into thìn áir あとかたもなく〔消えるなど〕.
out of thìn áir 何もない所から, 無から〔出現する〕.
thìn on the gróund 〖主に英話〗少数で, 乏しい.
thìn on tóp 〖話〗頭のてっぺんが薄くなって.
wèar thín (1) すり減って薄くなる (→wear 動 自 1). (2) 〔冗談などが〕(いい古されて)面白くなくなる; 〔我慢などが〕しきれ[続けられ]なくなる. Any first-rate joke will *wear* ～ if repeated time and time again. どんなすばらしいジョークでも何度も繰り返せば気が抜けるよ. My patience was *wearing* ～. 私はしだいに我慢ができなくなり[しびれを切らし]始めていた.
── 副 (～·**ner**|～·**nest**) ＝thinly.
── 動 (～**s**|-**nn**-) 他 **1** を薄くする; を細くする. **2** を希薄にする, 薄める; をまばらにする; 〔草木など〕を間引く. ～ (*down*) soup by adding water 水を加えてスープを薄める. have one's hair ～*ned* 髪をすいてもらう.
── 自 **1** 薄くなる; 細くなる. **2** 希薄になる; まばらになる; やせる. His hair is ～*ning* rapidly. 彼の髪はどんどん薄くなっている. ◇↔thicken
thìn dówn 薄く[細く]なる; 体重が減る.
thìn /../ dówn ..を薄く[細く]する; 〔液体など〕を薄める; ..の体重を減らす. ～ *down* paint with water 塗料を水で薄める.
thìn óut 〔群衆, 交通などが〕まばらになる; 〔町, 村, 地域などが〕人口が減少する, 閑散となる. The crowd ～*ned out* slowly. 群衆はゆっくり散って行った.
thìn /../ óut ..をまばらにする; 〔草木など〕を間引く; ..を少なくする. [＜古期英語]
thine /ðain/ 代 〖古〗 **1** 〈thou の所有代名詞〉 なんじのもの. **2** 〈母音で始まる名詞の前で, thy の代わりに〉 なんじの. [＜古期英語]
‡**thing** /θiŋ/ 名 (複 ～**s** /-z/)
【(有形の)物】 **1** C **物** (類語 名前で呼ぶことができないか, その必要のない物を指すことが多い; →stuff); 物体, 実体; (生きものに対して)無生物. What is that ～ you've got on your head? Don't tell me it's a hat! 君が頭の上に乗せてきた物はいったい何だ. まさか帽子じゃあるまいね. What use do you find in this ～? こんなしろものが何の役に立つというのかね (★the, this, that などの付いた thing が軽蔑, 不快, いらだちなどの意味を含むことがある). I've been looking for my watch since morning. Oh, where is the (damned) ～? 朝から時計を探しているんだ. いったいあれはどこにあるんだろう. All the ～*s* in the house were burned. 家の中のすべての物が焼けた. Aren't you hungry? You haven't touched a ～. 空腹ではないのですか. あなたは何1つ食べていない. sweet ～*s* 甘い物. There can be no such ～ as perfection. 完璧(ぺき)などというものはあり得ない. a ～ of the past 過去のもの[時代遅れのこと]. a good [bad] ～ about.. のいい[悪い]所.
2 【身の回りの物】 **(a)** 〈one's ～s〉 身の回り品, 所持品. Let's pack our ～*s*. 所持品を荷造りしよう. We'll send your ～*s* on after you. 後からあなたの荷物は送ってあげます. **(b)** 〈～s〉 〖法〗財産. ～*s* personal [real] 動産[不動産] (＝personal [real] property).
3 C 衣服. swimming ～*s* 水泳の支度, 水着類. put on [take off] one's ～*s* コート[上着など]を着る[脱ぐ]. I don't have a ～ to wear. 私は着るものが何もない.
4 【必要な物】 〈～s〉 道具, 用具. fishing ～*s* 釣り道具 (fishing tackle). tea ～*s* 茶道具.
5 【作った物】 C (芸術上の)作品. He has composed a number of ～*s* worth listening to. 彼は聴きごたえ

のある作品を幾つか作曲している.
【生き物】 **6** Ⓒ **動物**;〘話〙(..な)人, やつ,《軽蔑, 哀れみ, 愛情などを表す》. all living ~*s* 生きとし生けるもの. dumb ~*s* (口のきけない)動物. Your child's such a sweet little ~. おたくのお子さんは何てかわいいんでしょう. Oh, poor ~! おやかわいそうに. You silly ~! このおばかさん.
【事, 事物】 **7** Ⓒ **事**, 出来事, 行為, 問題; 言葉, 考え; 事項, 件. A strange ~ happened. 不思議な事が起こった. What a silly ~ to do! 何てばかな事をするのだ. Don't ever do a ~ like that. そんな事は二度とするなよ. How dare you say such a ~? よくもそんな事が言えるね. We have many ~*s* to talk over. 私たちは相談しなければならない事がたくさんある. the ~ with ..の問題(点). He always manages to say the right ~. 彼はいつもちゃんとその場に適した事が言える. What kind of ~*s* did you have in mind? どんな事を考えていたのか. in all ~*s* あらゆる点で. of all ~*s* こともあろうに. check every little ~ 細目に至るまで点検する. I've heard ~*s* about him. 彼については良からぬうわさを聞いている《<いろいろと聞いている》. I'm fed up with this money ~. こういう金の問題というやつはうんざりだ(★〘話〙では, 臨時に形容詞用法になった名詞の修飾を受けることがある).
8 〈~s〉 **物事**; 事情, 事態. He takes ~*s* too seriously [easy]. 彼は物事をまじめ[楽観的]に考えすぎる. How are ~*s* going? 事態はどう動いているか. *Things* are getting worse. 事態はますます悪くなっている. He put ~*s* in order before he left. 彼は身辺整理をしてから去った.
9 〈~s〉〈形容詞が続いて〉 ..の文物, 風物. have a liking for ~*s* Japanese 日本の風物を好む.
【大事な物[事]】 **10** 〈the ~〉 適当な物[事], 必要[重要]な物[事]. do the right ~ その場にふさわしい事をする. This is just the ~ for me. これは私におあつらえむきだ. It's not the ~ to talk with your mouth full. 口に食物を入れたまま話すのは礼儀にかなったことではない. The (great) ~ is not to be happy, but to discharge one's duties. 大事なのは幸福になる事ではなくて責務を果たすことである.
11 Ⓒ 〘話〙〈one's (own) ~〉 一番好きな事; (性格的に)一番向いている事. I am now free to do my own ~. 今私は自分の一番好きな事が自由にできる.
12 Ⓒ 〘話〙 (**a**) 注目すべき[すばらしい]物[事]. Now there's a ~! さあいいものがあるぞ. (**b**) 情事. have a ~ going with ..と関係を続けている.
13 〈the ~〉 (最新)流行型〈*in* ..の〉. the latest ~ *in* cars 最新型の車.
.. and thíngs 〘話〙 ..など. We had books and drinks *and* ~*s* to help pass the time. 本や飲み物などが我々の暇つぶしに役立った.
Anòther thíng is .. =***Anòther thíng, ..*** 〘話〙 さらに, もう 1 つの重要な点[問題点]は.
as thìngs áre [***gó, stánd***] こういう事態では; 世間の標準から言うと. *As* ~*s are,* we can't ask him for any more money. 今の状態では彼にこれ以上金の無心はできない.
be àll thíngs to àll mén [***péople***] 皆に気に入られるようにふるまう, 八方美人でいようとする,《聖書から; 今では性差別を避けるためしばしば people を使う》.
be nòt fèeling the thíng 〘英〙 体の具合がよくない.
dò one's òwn thíng 〘話〙 自分の好きなようにふるまう[生きる].
dò thíngs to .. 〘話〙 ..に多大の[顕著な]影響を及ぼす.
fírst thíng →first.
for óne thìng 1 つには, 1 つの理由として, (参考 これに追加して「もう 1 つには」,「もう 1 つの理由として」と言う時は for another (thing) を用いる). *For one* ~, we haven't got the money. 1 つには我々にはその金がない.
hàve a thíng about .. 〘話〙 ..が大嫌い[好き]だ.
hèar thíngs →hear.
It's a gòod thíng (***that ..***) →good.
(***jùst***) ***óne of thòse thìngs*** (説明のつかない)宿命的な事, とやかく言っても仕方のない事.
knòw a thìng or twó →know.
màke a gòod thíng (***out***) ***of ..*** ..をうまく利用する, ..から利益を得る.
màke a thíng of [***about***] ***..*** 〘話〙 (1) ..を問題にする, 重大視する. (2) ..について騒ぎ立てる.
not gèt a thíng out of .. (1) 〔人など〕から何ひとつ聞き出せない. (2) ..を(楽しんで)鑑賞できない.
of áll thìngs →of ALL (形)...
óne thìng and anóther 〘話〙 あれやこれや, いろんな物[事]. (what) with *one* ~ *and another* なんやかんやで.
Óne thìng is cértain. 〈次に言うことを強調して〉 次のことだけは確かである.
sèe thíngs →see[1].
tàking óne thìng with anóther あれこれ事情を考え合わせると.
tèll a pèrson a thìng or twó 人に小言を言う, 人を叱(しか)責する.
(***the***) ***lást thìng*** →last[1].
[<古期英語「集会, 事, 物」]

thing·a·ma·jig, thing·a·ma·bob, thing·u- /θíŋəmədʒìg/, /-bɑ̀b|-bɔ̀b/ 名 Ⓒ 〘話〙 何とかいう人[もの]《名前を忘れたり, 伏せたりする時に用いる》.

thing·um·my /θíŋəmi/ 名 (複 **-mies**) =thingamajig.

thing·y /θíŋi/ 名 (複 **-gies**) =thingamajig.

‡**think** /θiŋk/ 動 (~s /-s/|過 過分 **thought** /θɔːt/| **think·ing**) 他 【思う, 想像する】 **1** (**a**) VO (~ *that* 節/"引用") **..と/「..」と思う**, 考える, 想像する. I ~ (*that*) he's right. 彼は正しいと思う. I ~ it's going to rain, isn't it? 雨が降りそうですね(★付加疑問に注意). I don't ~ it will rain tonight. 今晩は雨は降らないと思う (注意 I ~ it will not rain tonight. はあまり使わない). "Do you ~ (*that*) it will snow?" "No, I don't ~ *so*. [No, I ~ *not*.]"「雪が降ると思いますか」「いえ, 思いません」(★この so は that it will snow の代わりで, not は that it will not snow の代わり;〘話〙では I don't think so. の方が普通). I *thought* I told [asked] you to be here before 7 o'clock. 7 時前にここに来るように言った[頼んだ]じゃないか《皮肉, 非難などの意味を含む》. I *had thought* you'd apply for the job. 君はその仕事に応募すると思っていたんだが (★過去完了形は「応募しなかった」ことを表す). 語法 次のように挿入節として文中, 文尾に用いることがある: You wanted, I ~, to go to college. (確か君は大学に進学したかったんだよね). That's his appeal, I ~. (そこが彼の魅力だと思います) "That's good," I *thought*.「それはいい」と私は思った.
(**b**) VOC (~ X (*to be*) Y) **X を Y とみなす**, 判断する, 思う. 〈主に受け身で〉. He *thought* her (*to be*) very charming. 彼は彼女をとても魅力的だと思った(★ He *thought* (that) she was very charming. (→(a))の方がより一般的). He is *thought to be* one of the most prolific writers in Japan. 彼は日本で最も多作な作家の 1 人と考えられている. I *thought* it better not to tell him. 彼には言わないほうがいいと僕は思った. I ~ it possible that she might remarry her former husband. 彼女が前の夫と再婚する可能性はあると思う(★最後 2 例の it は形式目的語).
2 〈*wh-* で始まる疑問文に用いて〉〔だれが[いかになど]..と〕思う, 判断する, 想像する. What do you ~ happened then? 次に何が起こったと思いますか. Who do you ~ you are! あなたは何て身の程知らずなんでしょう《<自分を何様だと思っているのか》.

3 〔VO〕(～ *that* 節/*to do*) . . ということを/. . すると予想する, 予期する. We all *thought* (*that*) he would marry her. 彼が彼女と結婚するものと我々はみな考えていた. We didn't ～ it would get this cold. こんなに寒くなるとは予期していなかった. I never *thought to* see you here. ここで君に会うなんて思いもしなかった.

【思いつく】 **4** 〔VO〕(～ *wh* 節・句)〈cannot, could not に続いて〉 **. .か分からない**, 見当がつかない. I cannot ～ *why* she married him. なぜ彼女が彼と結婚したのか見当もつかない. He couldn't ～ *where* to go. 彼にはどこへ行ったらいいのか分からなかった.

5 〔VO〕(～ *wh* 節・句)〈cannot [could not] や try [want など] to の後に用いて〉. . かを思い出す. I cannot ～ *who* he is. あの人がだれだか思い出せない. I'm trying to ～ *how* to spell the word. その単語の綴(つづ)りを思い出そうとしているところだ.

6 〔VO〕(～ *that* 節/〖章〗 *to do*) . . しようと思う, するつもりである. I ～ (*that*) I'll tell him. 彼に話をしようと思う. I *thought to* return the money. その金は返すつもりだった.

【考える】 **7 を考える**, 心にいだく, (〔類語〕「考える」の意味の最も一般的な語; →cogitate, consider, contemplate, deliberate, meditate, mull[1], muse, ponder, reason, reflect, ruminate, weigh). ～ strange thoughts 奇妙なことを考える (★しばしば形容詞を伴った thought を同族目的語にとる). What were you ～*ing*? 何を考えていたのか. I *thought* as much. そんなことだと思った.

8 〔VO〕(～ *wh* 節・句) . . かを考慮する, 熟慮する. ～ how young he still is 彼がまだいかに若いかを考慮する. ～ *what* to do next 次にどうするかを考える.

9 (のことばかり)を考える. ～ money 金のことで頭が一杯である. He talks and ～*s* nothing but politics. 彼が話すこと, 考えることといったら政治のことしかない.

10 〔VOC〕(～ *oneself* . .) 考えて. . の状態になる, 考えすぎて. . になる. ～ *oneself* mad 考えすぎて気が変になる.

── 自 **考える**, 思う; よく考える, 熟考する; 考えつく, 思い出す; (〔語法〕about, of, on, upon, over などを伴うことが多い; →成句). ～ hard 一生懸命考える. ～ in English 英語で考える. Use your head, you're not ～*ing*. 頭を使え, 考えていないじゃないか. I *thought* for a moment before answering him. 少し考えてから彼に返答した. I'm awfully sorry, I (just) wasn't ～*ing*. 本当に申し訳ない. 私が浅はか[うかつ]でした 《<よく考えなかった》. Don't ～ badly of her. 彼女のことを悪く思うな. What do you ～ *of* [*about*] this idea? この考えをどう思いますか (〔語法〕think には普通 how を使わず, how の場合は How do you feel about. . ? と言う). Shut up! I can't hear myself ～. 黙れ, うるさくて何も[専念]できない.

〔語法〕〈think と進行形〉意見を述べる時のような静的な表現では進行形にしない (他 2 の例)が, 頭の中で起こる思考活動を述べる時には進行形が可能である (他 7, 成句 think about の例など).

◇名 thought

I dón't thìnk. 〖話〗全くねえ (★本意は「私はそうは決して思っていない」で, 皮肉な付け足しに用いる). You're a great help, *I don't* ～. 君は大そう役に立つよ, 全くの話が.

I thìnk nót. そうでないと思う (=I don't think so.; →他 1 (a) ★). "Is he coming?" "*I* ～ *not.*"「彼は来ますか」「来ないでしょう」

I wòuld [***shòuld***] ***have thóught . .*** (てっきり[当然]). . と思っていた(のに).

lèt me thínk ちょっと待ってください(今, 答えますから).

Thàt's what 〔yóu, etc.〕 ***thìnk.*** それは〔あなた〕の考えに過ぎない, 私はそうは思わない.

thínk about . . . . のことを考える; 〔計画など〕を検討する; . . を思い出す. I ～ *about* you all the time. いつもあなたのことを考えているわ. when you ～ *about* it よく考えてみると. I've been ～*ing about* dating Jane. ジェーンとデートしようかと考えていた. ～ *about* a problem 問題を検討する. He was ～*ing about* his first wife. 彼は最初の妻を思い出していた.

thìnk agáin 考えを変える, 考え直す.

thìnk ahéad to . . 〔将来の事〕に思いを馳(は)せる.

thìnk alóud 考えごとを口に出す; 独り言を言いながら考える. "What did you say?" "Sorry, I was just ～*ing aloud*."「何て言いました」「すみません. ただ独り言を言ってただけです」

thìnk báck 思い出す, 思い返す, 〈*on, to* . .〔昔の事〕を〉.

thìnk bétter of . . (1)〔人など〕を見直す, . . に対する評価を変える, (***thìnk*** (***àll***) ***the bétter of . .*** とも言う). When I had seen her several times I *thought better of* her. 彼女に何度か会って私は彼女を見直した. (2) 考え直して. . をやめる. She started to say something but *thought better of* it. 彼女は何か言いかけたが思い直した.

thìnk bíg 〖話〗でっかい事をやろうとする.

thìnk fít →fit[1].

thínk for onesèlf 自分の考え[意見]を持つ, 主体[自主]性がある.

****thìnk íll of . .*** 〔人〕**を悪く思う** (↔think well of. .). Don't ～ *ill of* me because I criticize you. 君を批判するからといって私を悪く思わないでくれ.

****thìnk líttle of*** X (1) **X を軽く[低く]見る**. Critics *thought little of* the play. 批評家たちのその劇の評価は低かった. (2)〈X は doing〉. . することを(そう)いとわない, 苦にしない.

****thìnk múch*** [***híghly***] ***of . .*** **. . を高く評価する**; . . をもてはやす. The drug was *much thought of* at first. その薬は初めは評判がよかった. 〔語法〕much の代わりに a lot, a great deal, the world なども使われる.

thìnk nóthing of X (1) X を軽蔑する. (2)〈X は doing〉. . することをなんとも思わない, . . しても平気である; . . するのをいとわない. Students nowadays ～ *nothing of* coming late to class. 近ごろの学生は授業に遅れるのをなんとも思わない. (3)〈X は it; 命令形で〉どういたしまして, どうぞお気になさらずに, 《礼やわびに対する丁寧な返事》. "I don't know how to thank you. ." "That's all right. *Think nothing of* it."「何とお礼を申し上げたらいいのか. .」「いいんです. 気にしないでください」.

****thínk of . .*** (1) **. . のことを考える**, 熟考する; . . について判断する; . . をみなす〈*as* . . と〉. What did you ～ *of* him? 彼のことはどう思いましたか. People *thought of* him *as* a complete fool. 人々は彼を全くのばかだと思った. The English ～ *of* ships *as* female. 英国人は船を女性と見なす. come to ～ *of* it →come (成句). (2) . . を想像する; . . を思い出す; . . を忘れないでいる. I can't ～ *of* switching careers now. 今さら職業を変えるなんて考えられない. I remembered her face but I couldn't ～ *of* her name. 彼女の顔は覚えていたが名前が思い出せなかった. (3) **. . を思いつく**, 考えつく, 考慮してみる. ～ *of* a good idea いい考えを思い付く. I couldn't ～ *of* anything to say. 何も言うことを思いつかなかった. I *thought of* resignation, but thought better of it later. 辞職も考えたが後で考えを変えた. (4) . . しようかと考えている; . . するつもりである; 〈*doing* . . を〉. I'm ～*ing of* emigrating to Australia. オーストラリアに移住するつもりだ. I *thought of* calling you but it was too late. 君に電話しようと思ったが夜がもう遅かった.

thínk on . . 〖古・方〗. . を考える; . . を思い出す.

thìnk on one's féet その場で質問に答える, 即断する.

T

think /../ óut (1)〔問題など〕を考え抜く. ～ the problem *out* 問題を考え抜く. Have you *thought out* all the difficulties? 問題点はすべて十分考えたか. (2)〔案など〕を考え出す, 案出する. ～ *out* a plan 計画を作る.
think òut lóud ＝THINK aloud.
think /../ óver ..をよく考えてみる, 熟考する. *Think* it *over* carefully before you decide. 結論を出す前にそれをよく考えてください.
think /../ thróugh ＝THINK /../ out (1).
think to onesèlf (..と)心中思う, ひそかに考える. Ten to one, I *thought to* my*self*, it's drugs. 十中八九それは麻薬だという気がした.
thìnk twíce 再考する; 熟慮する; 〈*about* (do*ing*) ..(すること)について〉. After this everybody will ～ *twice* before lending him money. こんな事があったからには彼に金を貸すのはだれでも二の足を踏むだろう.
thìnk /../ úp 〖話〗..を考え出す, 考案する. ～ *up* one excuse after another 口実を次々に考え出す.
**thìnk wéll of..* 〔人〕をよく思う (↔think ill of..).
To thínk (that)..! ..と考えると〔悲しい, 驚くなど〕. *To* ～ *that* people still believe in that nonsense! 世間では今もそんなばかな事を信じているとはねえ.
Whàt do you thínk? (何だと思う＞)実はですね, 知ってるかい, 《意外なことなどを切り出す時に言う》. *What do you* ～? She's been promoted! あのね, 今度彼女が昇進したんだ.
── 名 aU 〖話〗考えること. have a (long) ～ about a question 問題を(とくと)考える. Give it a good ～. この件はよく考えろ.
have [have gòt] anòther think cóming 〖話〗考え違いをしている, 考え直さなくてはいけない.
[＜古期英語 *thenčan*「自分に見えるようにする＞思う」(＜*thynčan* 'seem')]

thínk·a·ble 形 〈叙述; 普通, 否定語を伴う〉考えられる (↔unthinkable).

†thínk·er 名 **1** C 考える人, ..な考え方をする人; 思索家, 思想家. a great [deep] ～ 偉大な思想家[考え深い人]. **2** 〈The T-〉『考える人』《ロダン (Rodin) の彫刻》.

***think·ing** /θíŋkiŋ/ 名 U **1 思考**, 思索. one's way of ～ (人の)物の考え方. plain living and high ～ 質素な生活と高遠な思索. **2** 意見, 判断; 思想. What's your ～ *on* this question? この問題について君の意見はどうか.
to mỳ (wày of) thínking 私の考えでは (in my opinion). She is, *to my* ～, a very clever woman. 私の考えでは彼女はとても利口な女性だ.
── 形 ℂ 〈限定〉**考える**; 思考力のある; ものの分かった. a ～ man 物を考える人, 心ある人, 《男》. Man is a ～ reed. 人間は考える葦(あし)である《Pascal の言葉の英語訳》. Man is said to be a ～ animal. 人間は考える動物であると言われる.
pùt ón one's thínking càp →cap[1].

thínk pìece 名 C 〖米〗(新聞・雑誌の)解説[論説]記事.

thínk tànk 名 C シンクタンク, 頭脳集団.

†thín·ly 副 薄く; まばらに. ～ sliced meat 薄く切った肉. The country is ～ populated. その国の人口は希薄だ. make a ～ veiled allusion to.. それとなく..のことを(あてこすって)言う.

thín·ner 名 **1** U (特にペンキの)薄め液, シンナー, 《例えば turpentine》. **2** C 薄く[細く]する人[もの].

thín·ness 名 U 希薄; 細いこと, やせていること.

thin·nish /θíniʃ/ 形 やや薄い[細い], ややまばらな; やせぎみの.

thìn-skínned /⑧/ 形 **1** 〖時に軽蔑〗怒りっぽい, 感じやすい, (↔thick-skinned). **2** 皮(膚)の薄い.

thi·o·pen·tal /θàiəpéntæl, -tɔ̀ːl/ 名 U 〖薬〗チオペンタールナトリウム (**thiopèntal sódium**) 《麻酔催眠剤》.

‡third /θəːrd/ 〈3rd とも書く〉 形 **1** **(a)** 〈普通 the ～〉**第3の**, 3番目の. be in the ～ grade 3年生である. the ～ man from the left 左から3番目の人. play the ～ movement 第3楽章を演奏する. for the ～ time 3度目に. a case of ～ time lucky 3度目の正直. in the ～ place 第3に (thirdly). **(b)** 〈a ～〉(3番目に)もう1つの, 別の. Try it a ～ time. (今度が3度目の時に)もう1回やってごらん. "Let's listen to him!" cried a ～ man.「彼の言うことを聞こうじゃないか」とまた別の男が叫んだ.
2 3分の1の. a ～ part of ..の3分の1.
── 名 (複 ～s /-dz/) **1** **(a)** C 〈普通 the ～〉**3番目の人[もの]**. **(b)** 〈a ～〉(3番目の)もうひとりの人[もうひとつのもの]. One of the dogs was black, another was brown, and a ～ was black and white. その犬の1匹は黒, もう1匹は茶, もう1匹は白黒まだらだった.

> 語法 形 名 どちらの場合も〈the ～〉は順序が既に決まっている時の言い方, 〈a ～〉は上例のように多数の中の任意の3番目を言う.

2 C 〈普通 the ～〉(月の) **3日**. on the ～ of April＝on April (the) ～ 4月3日に.
3 C **3分の1**. one ～ of the population 人口の3分の1. two ～*s* 3分の2. The pie was divided into ～*s*. パイは3等分された. cut the number of employees by a ～ 従業員の数を3分の1だけ減らす. The trip was a ～ over. 〈副詞的〉旅行は3分の1が終わった.
4 〈the T-; 人名の後に付けて〉 **..3世**. Richard the *Third* [Richard III] リチャード3世.
5 U (自動車などの)第3速, サードギア; 〖野球〗サード, 3塁. The runner slid into ～ (base). 走者は3塁へ滑り込んだ.
6 C (競技での) 3等(賞), 3位; 〖英大学〗優等学位3級《優等学位で1番低い》. get a ～ in history 〖英〗歴史の3級の優等学位をとる.
── 副 第3に; 3番目に; 第3位に. The horse finished ～. その馬は3着だった.
[＜古期英語 *thridda*; のちに r の位置が i の後に変わった (→bird, thirteen, thirty)]

thìrd báse 名 U (★the を付けない)〖野球〗3塁.

thìrd báseman 名 C 〖野球〗3塁手.

thìrd-cláss /⑧/ 形 **1** 3等[級]の; 三流の. **2** 〖米〗第3種の. ～ mail 第3種郵便物《書籍, ちらし広告などを含む》. ── 副 **1** 3等で. travel ～ 3等で旅行する. **2** 〖米〗第3種郵便で〔送るなど〕.

thìrd cláss 名 U 3等, 3級; 3等船室.

thìrd-degrée /⑧/ 形 第3級[度]の. a ～ burn 〖医〗第3度火傷《最重症のやけど》.

thìrd degrée 名 〈the ～〉〖話〗(容疑者に対する警察などの)過酷な尋問, 拷問.

thìrd dimension 名 〈the ～〉第3次元《高さ》.

thìrd estáte 名 〈the ～〉第3階級; (特にフランス革命前の)中産階級.

thìrd fínger 名 〈the ～〉薬指 (ring finger とも言う).

Thìrd Fórce 名 〈the ～〉第三勢力《特に緩衝の役をする国家群》.

Thìrd Internátional 名 〈the ～〉＝Comintern.

thírd·ly 副 第3に, 3番目に.

thìrd mán 名 C 〖クリケット〗サードマン《野手の1人; その位置》.

thìrd párty 名 〈単数形で〉**1** 〖法〗第3者. *third-party* insurance 第3者保険《他人に与えた損害の賠償支払いのための保険》. **2** 〖米〗(民主党, 共和党以外の)第3の政党.

thìrd pérson 名 〈the ～〉〖文法〗第3人称 (→person 文法).

T

thìrd pèrson sìngular prèsent fórm [名] [C] 〘文法〙第 3 人称単数現在形.

thìrd ráil [名] [C] 第 3 軌条《電車の送電用のレール》.

thìrd-ráte /[移]/ [形] 3 等の; 三流の, 劣等な. a ～ writer 三流の作家. ▷**third-rater** [名] [C] 三流の人.

Thìrd Réich [名] 〈the ～〉第 3 帝国 (→Reich).

†**Thìrd Wórld** [名] 〈the ～〉第 3 世界《主にアジア・アフリカ・中南米の開発途上国》.

‡**thirst** /θəːrst/ [名] [aU] **1** のどの渇き. die *of* ～ のどの渇きで死ぬ. quench [slake] one's ～ 渇きをいやす. **2** 渇望, 熱望, 〈*for*, 〘雅〙 *after* ..に対する〉. He has a great ～ *for* knowledge. 彼の知識欲は大したものだ. His ～ *after* power was insatiable. 彼の権力への渇望は満足することを知らなかった.
── [動] (～s /-ts/|[過] [過分] **thúrst·ed** /-əd/|**thúrst·ing**) [自] **1** 〘章・雅〙 [VA] (*～ for, after..*) *..*を渇望する. ～ *for* a drink しきりに一杯飲みたがる. ～ *after* glory 栄光を渇望する. **2** 〘古〙のどが渇く. ◇[形] thirsty
[<古期英語]

‡**thirst·y** /θə́ːrsti/ [形] [e] (**thírst·i·er**|**thírst·i·est**) **1** のどの渇いた; 〔土地などが〕(水[雨]不足で)からからの, 乾燥した. I always get ～ when I sing. 私は歌を歌うといつものどがからからになる. The ～ land drank in the rain. 乾燥した土地は雨を飲み込んだ. **2** 〈主に限定〉〔作業などが〕のどの渇く, 渇きを覚えさせる. Digging the garden is ～ work. 庭を掘るのはのどの渇く仕事だ. **3** 〈叙述〉渇望する〈*for* ..を〉. The philosopher is ～ *for* truth. 哲学者は真理を懸命に求めている. ◇[名], [動] thirst
[<古期英語; thirst, -y[1]]
▷**thirst·i·ly** [副] のどが渇いて; 渇望して.

‡**thir·teen** /θəːrtíːn/ [名] **1** [U] (基数の)13. [参考] キリストの最後の晩餐(さん)の人数が13 人だったこと, 十字架上での処刑が 13 日(の金曜日)だったことで不吉な数とされる. ただし, それ以前から 13 が素数であることもあるが, それ以上の数は未知の数として不吉な数とされていた. **2** [U] **(a)** 13 時; 13 歳; 13 ドル[ポンドなど]. **(b)** 13 分; 13 セント[ペンスなど]. **3** 〈複数扱い〉13 個[人].
── /[移]/ [形] 13 の; 13 個[人]の; 〈叙述〉13 歳で. ～ girls 13 人の少女. I'm ～. 私は 13 歳です.
[<古期英語 *thrēotiene*; three, -teen]

*__thir·teenth__ /θəːrtíːnθ [移]/ 〈13th とも書く〉[形] **1** 〈普通 the ～〉第 **13** の, 13 番目の. **2** 13 分の 1 の.
── [名] ([複] ～s /-θs/) [C] **1** 〈普通 the ～〉第 **13** 番目(の人, 物). **2** 13 分の 1. two *13ths* 13 分の 2. **3** 〈普通 the ～〉(月の) 13 日. the *13th* of May＝May (the) *13th* 5 月 13 日.

*__thir·ti·eth__ /θə́ːrtiəθ/ 〈30th とも書く〉[形] **1** 〈普通 the ～〉第 **30** の, 30 番目の. **2** 30 分の 1 の.
── [名] ([複] ～s /-θs/) [C] **1** 〈普通 the ～〉第 **30** 番目(の人, 物). **2** 30 分の 1. seven *30ths* 30 分の 7. **3** 〈普通 the ～〉(月の) 30 日. the *30th* of June 6 月 30 日.

‡**thir·ty** /θə́ːrti/ [名] ([複] **-ties** /-z/) **1** [U] (基数の) **30**. **2** 30 を表す記号《30, XXX, xxx など》. **3** [U] **30 歳**; 30 分; 30 ドル[ポンド, セント, ペンスなど]. **4** 〈複数扱い〉30 個[人]. **5** [U] 〘テニス〙サーティ《ゲームの 2 ポイント目の呼び方; →forty》. **6** 〈one's thirties〉(年齢の) 30 代《30s, 30's とも書く》. a man in his early [late] *thirties* 30 代前半[後半]の男. **7** 〈the thirties〉(世紀の) 30 年代, (温度の) 30 度台, 《the 30s, the 30's とも書く》. in the (early) *thirties* 30 年代(初期)に. temperatures in the low [high] *thirties* 30 度台前半[後半]の温度.
── [形] 30 の; 30 個[人]の; 〈叙述〉30 歳で. ～ women 30 人の女性. The woman is ～. あの女性は 30 歳である.　[<古期英語 *thritig*; three, -ty[2]]

Thìrty-nine Árticles [名] 〈the ～〉(英国国教の) 39 か条(の信条)《英国国教会の聖職志願者はこれに同意することを求められる》.

thìrty-sécond nòte [名] [C] 〘米〙〘楽〙32 分音符 (〘英〙 demisemiquaver).

thírty sòmething [名] **1** [U] 30 歳代. **2** [C] 30 歳代の人《特に, yuppie など仕事で成功した人》.

Thìrty Years' Wár [名] 〈the ～〉30 年戦争《主に 1618–48 年のドイツの宗教戦争》.

‡**this** /ðis/ [代] 〈指示代名詞〉([複] **these** /ðiːz/)
【**これ**】 **1** 〈話し手の身近にあるものを指して〉**これ**; この物, この人; (↔that). *This* is my book. これは私の本です. Shall we buy ～ or that? これを買いましょうかそれともあれにしましょうか. What's all ～? これは一体何ごとか. Tom, ～ is Dick. トム, ディックを紹介するよ. Hello, ～ is Jack (speaking). もしもし, ジャックですが. "Who's ～, please?" 〘米〙(電話で)どなたでしょうか (★〘英〙では that を使う). I've never felt like ～ before. 僕は今までこんな気分になったことはない.
2 〈抽象的なものについて〉**これ**; 今回, ここ, この世; 今, 今日. Is ～ your first time in London? ロンドンは初めてですか. *This* is how it is. (実は)こういう訳[事情]なのです. *This* is where I live. 私の家はここです. I expected you to come long before ～. もっと前に来ると思っていた. Do you know what day ～ is? 今日は何の日か知っているか.
3 **(a)** 今述べたこと; 次に述べること; ([注意] 「次に述べること」を指すには this を用い, that は用いない). Who told you ～? それはだれから聞いたか. The bus and the bicycle collided. I reported ～ immediately to the police. バスと自転車は衝突した. 私はただちにこの事を警察に通報した. I'll just say ～. I don't like it. 言っておきたいことが 1 つある―わしはそれが気にいらない. The question is ～. Will they help us? 問題はこれだ, すなわち, 彼らが我々を援助してくれるかだ.
(b) 〈that と相関的に〉後者 (★この意味では the latter の方がよく使われる; →latter 2, that 3 (a)).
at thís →at.
this and thát＝***thìs, thàt and the óther*** 〘話〙あれやこれや, いろいろなこと[物]. We talked about ～ *and that*. 我々はいろんな事を話し合った.
this or thát 〘話〙あれやこれや. A lot of people simply must have the latest ～ *or that*. 最新式のあれやこれやをどうしても欲しい人が多い.
with thís →with.
── [形] 〈指示形容詞〉([複] **these** /ðiːz/) **1** この, ここの, こちらの; 今述べた; 次に述べる, 次の. ～ book この本. ～ country この国. ～ life この世, 現世. ～ bicycle of yours この君の自転車 (→yours 2 [語法]).
2 今(こ)〔月, 週, など〕, 現在の. ～ minute 今, 即刻. ～ morning [evening, week, month, year] けさ[今晩, 今週, 今月, 今年]. ～ day week 先週[来週]の今日 (→week 1). ～ very moment まさにこの瞬間. ～ time 今度は. about ～ time yesterday 昨日の今時分. by ～ time 今ごろまでには. at ～ point 現時点で. I might be going to France ～ September. 今年の 9 月にフランスへ行くことになるかもしれない. ～ summer この夏 ([語法] 現在に比較的近い過去または未来の今年の夏; 現在から何か月も遠い今年の夏または昨年[来年]の夏は last [next] summer).
3 〘話〙ある 1 人の[1 つの] ([語法] 物語などで既に話者の心の中にある人[もの]として述べ, 聞き手に身近な感じを与える). There was ～ kid who always played with me. いつも私と一緒に遊んだ仲よしが 1 人いた. He comes across as ～ nice old man. 彼は好好爺(や)という感じがする.
this hére 〘俗〙この (this). ～ *here* man この男.
This is it. (1) これ(を捜していたん)だ; さあ, お待ちかねの

ものです, お待たせいたしました. (2) おっしゃる通りです. (3) これでおしまい, はいこれまで. (4)〘話〙ここが肝心な[問題の]ところだ; さあ, いよいよだ[今だ].

── 副〈指示副詞; 副詞, 形容詞の前に付けて〉〘話〙こんなに, これだけ, (so). No kidding, it was ～ big. 冗談なんかじゃない, それはこんなに大きかったんだ《身振りで示しながら言う》. What heavy traffic! It isn't usually ～ bad. なんてひどい込みようだ. いつもはこんなにひどくないんだが. this many [much].. これぐらいの数[量]の...

thís mùch こんなに(たくさん);〈次に述べることを指して〉これだけは; (→as [so] MUCH). I know ～ *much*, that the show will go on. 私にもこれだけは分かっている, ショーは中止しないということだ.

[＜古期英語 *this*「この」(単数中性形; 他に男性形, 女性形があったが滅びた)]

This·be /θízbi/ 名〘ギ神話〙ティスベー《Pyramus に愛された乙女》.

†**this·tle** /θís(ə)l/ 名 C アザミ《キク科; スコットランドの国花》. the Order of the *Thistle*〘英〙あざみ勲位《16名(主にスコットランド貴族)が受ける》.

thístle·dòwn 名 U アザミの種子の冠毛.

this·tly /θísli/ 形 アザミのような, とげのある; アザミの生い茂った.

thith·er /θíðər, ðíð-|ðíðə/ 副〘古〙そこへ; その方へ; (↔hither). hither and ～ →hither (成句).

tho, tho' /ðou/〘話・詩〙接, 副 ＝though.

thole /θoul/ 名 C (舟べり (gunwale) の)かい受け軸.

thóle·pìn 名 ＝thole.

Thom·as /táməs|tɔ́m-/ 名 **1** 男子の名《愛称 Tom, Tommy》. **2**〘聖書〙トマス《キリストの 12 使徒の 1 人; →doubting Thomas》. **3 Dyl·an** /dílən/ ～ トマス (1914–53)《ウェールズ出身の英国の詩人》. [ヘブライ語「双子児」]

Thòmas Cóok 名 トマス・クック《英国の大手旅行社; 1841 年 Thomas Cook (1808–92) が創業》.

Tho·mism /tóumìz(ə)m/ 名 U トミズム, トマス説, 《Thomas Aquinas の学説》. ▷**Thó·mist** 名

Thòmp·son submachíne gùn /tàm(p)s(ə)n|tɔ̀m-/ 名 C〘商標〙トムソン式小型機関銃《携行可能; 俗称 Tommy gun》.

thong /θɔːŋ|θɔŋ/ 名 C **1** 革ひも《物を縛ったり, むち, サンダルに使う》. **2**〘米〙〈～s〉サンダル (flip-flop).

Thor /θɔːr/ 名〘北欧神話〙トール《雷, 戦争, 気象, 農業などの神; Thursday は「トールの日」の意味》.

tho·ra·ces /θɔ́ːrəsìːz/ 名 thorax の複数形.

tho·rac·ic /θɔːrǽsik, θou-/ 形〘解剖・動〙胸部[胸郭]の.

tho·rax /θɔ́ːræks/ 名 (複 **tho·ra·ces** /-rəsìːz/, **～·es**) C〘解剖・動〙胸部, 胸郭.

Thor·eau /θɔ́ːrou/ 名 **Henry David ～** ソーロー (1817–62)《米国の思想家・著述家》.

tho·ri·um /θɔ́ːriəm/ 名 U〘化〙トリウム《放射性元素; 記号 Th》.

***thorn** /θɔːrn/ 名 (複 **～s** /-z/) **1** C (主に植物の)とげ, 針. Roses have ～*s*.＝No rose without a ～.〘諺〙バラにとげあり, とげのないバラはない, 《この世には完全な幸福はない》. **2** UC〈主に複合語に用いて〉とげのある植物, 〈特に〉サンザシ. a ～ bush サンザシのひと株. **3** C ソーン (þ)《古期英語で用いられた rune 起源の文字; th の音 /θ/, /ð/ を表した》. ◇形 thorny

a thórn in a pèrson's síde [flésh] 心配[苦労]の種《＜〘聖書〙『コリントの信徒への手紙 2』12:7》. You've been *a* ～ *in* my *side* for long enough. おまえは長いこと心配の種だったがもうたくさんだ.

on thórns (悪事などが露見しないかと)絶えず不安で.

the crówn of thórns (キリストが十字架にかけられる時にかぶらされた)イバラの冠;〈一般に〉苦難.

[＜古期英語]

thórn àpple 名 C〘植〙チョウセンアサガオの類; サンザシの実 (haw).

‡**thorn·y** /θɔ́ːrni/ 形 e **1** とげの多い. **2** 困難な, 厄介な, 〔問題など〕. a ～ path (苦難に満ちた)'イバラの道'. a ～ problem 厄介な問題. ▷**thorn·i·ness** 名

thor·o /θɔ́ːrou, -rə|θʌ́rə/ 形, 副〘話〙＝thorough.

tho·ron /θɔ́ːrɑn|-rɔn/ 名 U〘化〙トロン《radon の放射性同位元素; 記号 Tn》.

‡**thor·ough** /θɔ́ːrou, -rə|θʌ́rə/ 形 m **1 完全な**. a ～ investigation 完全な調査. a ～ knowledge of the subject 問題についての十分な知識. **2**〈限定〉全くの. a ～ gentleman 徹底した紳士. a ～ rascal 全くの悪党. **3** 徹底的な, 細かな点まで行き届く. a ～ worker 綿密な仕事をする人. He is ～ in everything. 彼は何事も徹底的にやる. [＜古期英語 *thuruh* (through の強調形)]

‡**thor·ough·bred** /θɔ́ːroubrèd, -rə-|θʌ́rə-/ 形 **1** 〔動物, 特に馬が〕純血種の, (→pedigree, purebred). **2**〔人が〕毛並みのいい.

── 名 C **1** 純血種の馬[動物];〈T-〉サラブレッド《英国産の競走馬の品種》. **2** 毛並みのいい人.

†**thor·ough·fare** /θɔ́ːroufèər, -rə-|θʌ́rə-/ 名 **1** C (交通の激しい)大通り, 往来. **2** U 通り抜け, 通行.

Nò thóroughfare〘掲示〙通行[通り抜け]禁止.

[＜中期英語; through, fare]

thòrough·góing /⑧/ 形 **1** 完全な, 完璧(ぺき)な, 徹底した〔行為など〕. a ～ reform 徹底的改革. **2**〈限定〉全くの (utter). a ～ fool 全くのばか.

***thor·ough·ly** /θɔ́ːrouli, -rə-|θʌ́rə-/ 副 m **完全に**, 全く; 徹底的に. be ～ annoying 迷惑至極である. get ～ exhausted 疲れ果てる. search ～ 徹底的に調べ上げる.

thór·ough·ness 名 U 完全, 徹底. a reputation for ～ in research 調査が行き届いているという評判.

thórough·pàced /-t/ 形 **1**〔馬が〕すべての歩調を訓練された. **2**〈限定〉全くの, 徹底した, (thoroughgoing).

‡**those** /ðouz/ 代〈that の複数形; 普通の用法は →that 代〉**人々**, ひと, (★関係詞節か形容詞(句)を伴って用いる; 同じ意味で単数形の he も用いるが〘章・雅〙). *Those* who were tired didn't go farther. 疲れた人たちは先へ行かなかった. There may be ～ who are against this plan. この計画に反対の人がいるかもしれない. All ～ present were astonished at the news. 居合わせた人はみなその知らせに驚いた. Heaven helps ～ who help themselves. (→HELP oneself).

── 形 that の複数形 (→that 形).

[＜古期英語 *thās* (this の複数形); 中期英語末期から that の複数形に変った]

‡**thou**[1] /ðau/ 代〘古〙なんじ《2 人称単数主格; 所有格は thy [thine], 目的格は thee, 複数形は ye [you]》. *Thou* shalt not steal. (なんじ盗むなかれ)《聖書から》.

> 語法 thou を主語とする動詞は語尾に -st 又は -est がつく: didst, goest. また are, have, shall, will, were は, それぞれ art, hast, shalt, wilt, wast [wert] となる. 参考 現在では神に祈る場合や, クエーカー教徒の間などでだけ用いられる.

[＜古期英語 (2 人称単数の人称代名詞)]

thou[2] /θau/ 名 (複 ～, ～s) C〘話〙千; 千分の 1 インチ; 千ドル[ポンドなど]; 《＜*thou*sand》.

‡**though** /ðou/ 接 **1** *..*であるけれども, にもかかわらず, (→although 語法). *Though* she had no money, she wanted to buy the dress.＝She wanted to buy the dress, ～ she had no money. 彼女は金もないのにそのドレスが買いたかった (語法 though 節は主節の前にも後にも置くことができる). *Though* (he was) old

T

and weak, he still worked at it. 年をとって弱ってはいたが彼はなおその仕事を続けた (語法 though 節の主語が主節の主語と同一である時は, though 節の主語と be 動詞は省略してもよい). Ill ～ he was (=*Though* he was ill), he went to work as usual. 彼は病気だったがいつものように仕事に行った (語法 この文では, 強調のため語順が転換されている; →as 接 6). a handsome ～ brainless young man 頭は空っぽだがハンサムな青年.
2 たとえ..でも (even if) (★even though とも言う). Let's try, (even) ～ we may fail. 失敗するかもしれないが, やってみよう.
3 〈補足的に〉 もっとも..ではあるが. He is determined to go, ～ I don't know why. 彼は行くことに決めている, 理由は私には分からないが. He has much money, ～ not so much as he used to. 彼には金がある, もっとも昔ほどではないが.
as thòugh.. =AS if...
Whát thòugh.. =WHAT if.. (2).
── 副 《話》 けれども, しかし, やはり, (however) (★文末, 又は文中に置く). I missed the bus. John gave me a ride, ～. 私はバスに乗り遅れた, でもジョンが車に乗せてくれた. It's true, ～, for all that. でも, やっぱりそれは本当なんだ. [<古期英語]

‡**thought**[1] /θɔːt/ 名 (複 **～s** /-ts/) 【思考】 **1** U **考えること**, 思考, 思索; 考慮, 熟考; 思考[想像, 推理]力. after much ～ よく考えた上で. without ～ 考えずに, 無分別に. be deep [lost] in ～ 物思いにふけっている. He shuddered at the mere [very] ～ of it. 彼はそのことを考えただけで身震いした. I have given the matter considerable ～. この問題を私は相当に考慮した. lack ～ 思考力が欠けている.
【考え】 **2** UC 思うこと, **考え**; 意見; (類語 idea などとは異なり, 理性的な思考の結果を意味する). a happy ～ 名案. I suddenly had a ～. 突然私にある考えが浮かんだ. He put down his ～*s* in the notebook. 彼は自分の意見をノートに書きつけた. He kept his ～*s* to himself. 彼は自分の考えを人に話さなかった. read a person's ～*s* 人の心のうちを読む. "Why don't we dine out?" "Yes, that's a ～." 「外に食事に出ようじゃないか」「うん, そいつは名案だ」

連結 a pleasant [a sad, a sober; an evil; a passing] ～

3 U **意図**, 考え; 予想; 〈*of* (do*ing*), *to* do ..(しよう, しそうだ)という〉. I gave up all ～ *of going* to college. 大学進学の考えはすっかり捨てた.
4 U (ある個人, 時代, 国, 階級などの)**思想**, 考え方. modern ～ 近代思想. scientific ～ 科学思想. a school of ～ 学派.
5 【おもんぱかり】 UC **思いやり**, 注意, 配慮, 〈*for* ..への〉. a kind ～ 親切な配慮. Show some ～ *for* others. 他の人たちのことも多少は考えなさい. Taking no ～ *for* his own safety, he plunged into the burning house. 彼は我が身の安全など忘れて燃えている家へ飛び込んだ. "I'm sorry to have kept you waiting." "Don't give it another ～." 「待たせてしまってごめん」「気にしなくていいよ」
6 aU 《話》 〈副詞的〉 ほんの少し, こころもち, (a little). He became a ～ more careful thereafter. 彼はその後ほんの少し注意深くなった.
◇動 think 形 thoughtful, thoughtless
(***as***) ***quick as thóught*** たちまち, ただちに.
sècond thóught [《英》 ***thóughts***] →second[1].
[<古期英語 (*ge*)*thōht* 「考え(られた事)」]

thought[2] 動 think の過去形・過去分詞.

thóught contròl 名 U 思想統制.

‡**thought·ful** /θɔ́ːtf(ə)l/ 形 m **1 考え込んでいる**, 考えにふける, 思案げな. The student was ～ for a moment and then wrote the answer. 学生はしばらく考え込んでから答えを書いた. **2 思慮深い**, 思想に富む. a ～ person [action] 思慮深い人[行動]. a ～ book 思想に富んだ本. **3** 〈叙述〉 **用心深い**, 気をつける, 〈*of* ..に〉. I was not ～ enough *of* my own safety. 私は身の安全に対する注意が足りなかった. **4 思いやりのある**, 親切な, 〈*of, about, for* ..に対して〉. Try to be more ～ *of* others. もっと他人に思いやりを持ちなさい. It was ～ of him [He was ～] to send her flowers. 彼女に花を送るとは彼も思いやりのあることをしたものだ.
[thought, -ful] ▷**～·ly** 副 考え込んで; 思慮深く; 用心深く; 親切に. **～·ness** 名 U 思慮深いこと; 親切.

†**thóught·less** 形 **1** 考えない 〈*of* ..のことを〉; 不注意な; 無思慮な. a ～ driver 不注意な運転手. He was utterly ～ *of* its consequences. 彼はその結果を全く考えていなかった. **2** 思いやりのない, 心ない, 不親切な. a ～ remark 思いやりのない言葉. It was very ～ of her [She was very ～] not to invite him. 彼を招待しなかったとは彼女もずいぶん薄情だ. ◇↔thoughtful
▷**～·ly** 副 軽率に; 不親切に. **～·ness** 名 U 思慮のなさ, 軽率; 不親切.

thòught-óut /移/ 形 〈普通 well など副詞を伴って〉 考え抜かれた. a well [carefully] ～ plan よく考え抜かれた案.

thóught police 名 〈the ～〉 思想警察 《<Orwell 作 *Nineteen Eighty-Four* 『1984 年』より》.

thóught-provòking 形 〔言葉, 書物などが〕深く考えさせる, 示唆に富んだ.

thóught-rèader 名 C =mind reader.

‡**thou·sand** /θáuz(ə)nd/ 名 (複 **～s** /-dz/) **1** C 千; 千個[人]; 千ドル[ポンド]; 千の記号 《1000, M》; (注意 数詞又は数を示す形容詞を伴う時は複数形にしない: 例 five [several] *thousand*). by the ～ 千単位で.
2 〈～s〉 **何千**, 無数, (many). ～*s* of people 数千[無数]の人たち. tens [hundreds] of ～*s* of.. 何万[何十万]という... ～*s* upon ～*s* of.. 何千何万という... by (the) ～*s* 幾千となく, 無数に.
a..in a thóusand 千に 1 つの.., 千人に 1 人の.., ずばぬけた... *a* man *in a* ～ 男の中の男.
a thòusand and óne 非常にたくさんのもの[人].
a thòusand to óne きっと, 確かに, (→a HUNDRED [TEN] to one). It's *a* ～ *to one* that he won't keep that promise. まず絶対に彼はその約束は守らないだろう.
óne in a thóusand 千に 1 つ, 千人に 1 人; ずばぬけたもの[人].
── 形 ¢ **千の**; 千個[人]の; **無数の**; (→hundred, million). more than two ～ applicants 2 千人以上の志願者. a ～ times 千回も, 何度も何度も. A ～ thanks [apologies, pardons]. 本当にありがとう[すみません].
(***a***) ***thòusand and óne..*** 無数の... We still have *a* ～ *and one* things to do. やらなければならないことがまだ山ほどある. [<古期英語]

Thòusand and Òne Níghts 名 〈the ～〉 『千一夜物語』 《Arabian Nights に同じ》.

thóusand·fòld 形, 副 千倍の; 千倍に(して).

Thòusand Island dréssing 名 U 《料理》 サウザンドアイランド・ドレッシング 《マヨネーズにトマトケチャップ, ピメント, 刻んだキュウリなどを加えたドレッシング》.

*__thou·sandth__ /θáuz(ə)n(t)θ/ 〈1,000th とも書く〉 形 **1** 〈普通 the ～〉 **千番目の**. **2** 千分の 1 の. a ～ part of it その千分の 1.
── 名 (複 **～s** /-θs/) C **1** 〈普通 the ～〉 **千番目**, 千番目のもの[人]. **2** 千分の 1. three ～*s* 千分の 3.

Thrace /θreis/ 名 トラキア(地方) 《バルカン半島東部の地方》; トラキア 《古代の国家で, 今日のブルガリア, ギリシア, トルコにまたがる; のちローマの属領となった》.

Thra·cian /θréiʃ(ə)n/ 形 トラキア(人[語])の.
―― 名 C トラキア人; U トラキア語《印欧語の 1 つ》.

thrál·dom 名 《英》=thralldom.

thrall /θrɔːl/ 名 《雅》 **1** C 奴隷, とりこ, 〈*to, of* ..の〉. He is a ～ *to* drink. 彼は酒のとりこになっている. **2** U 奴隷的境遇, 束縛. He is already in the ～ of numerous vices. 彼はすでに数知れない悪徳に陥っている.
in thráll (*to* ..) (..に)縛られて, (..の)とりこになって. a man *in* ～ *to* Mammon 金の亡者. The music held the audience *in* ～. その音楽は聴衆の心を完全に捕らえた.

thrál(l)·dom /-dəm/ 名 U 《雅》奴隷の境遇, 束縛.

†**thrash** /θræʃ/ 動 他 **1** (むち, 棒で)を打つ《罰として》; を打ちのめす; を激しく(何度も)打つ. They ～*ed* him within an inch of his life. 彼らは虫の息になるまで彼を打ちのめした. **2** 《話》〔競技の相手など〕をこてんこてんにやっつける. The Tigers ～*ed* the Giants 8-0. タイガースはジャイアンツを 8 対ゼロで大敗させた. **3** 〔手足〕を激しく動かす, ばたつかせる, 〈*about*〉. **4** =thresh.
―― 自 **1** 激しく動く, のたうち回る, 〈*about, around*〉. A fish was ～*ing about* in the net. 網の中で魚が 1 匹暴れ回っていた. **2** 〔船が〕波[風]に逆らって進む. **3** =thresh.
thràsh /../ óut 〔問題など〕を徹底的に論じる; (検討を重ねて)〔結論など〕を出す. The matter needs to be ～*ed out*. この問題は徹底的にもむ必要がある. ～ *out* a compromise 妥協案を産み出す.
―― 名 C **1** =thrashing 1, 2. **2** 《話》どんちゃん騒ぎ, 豪華パーティー. [＜古期英語; thresh の異形]

thrásh·er 名 C **1** 《鳥》ツグミモドキ《北米産の鳴鳥》. **2** =thresher 2.

‡**thrásh·ing** 名 **1** C むち打つこと; 殴ること. I gave him a good ～. 私は彼をさんざんぶん殴った. **2** C 打ち負かすこと. get [give them] a ～ 大敗する[彼らを大敗させる]. **3** =threshing.

thràsh métal 名 U 《楽》スラッシュ(メタル)《ポピュラーミュージックの一種》.

‡**thread** /θred/ 名 (複 ～**s** /-dz/)
【糸】 **1** UC 糸, 縫い糸, (類語 細いより糸を指し, 主に縫い糸(時に織り糸)用; →line[1] 6). sew with cotton [silk] ～ 木綿[絹]糸で縫う. a needle and ～ 糸を通した針(★単数扱い). a spool 《米》 [reel 《英》] of ～ (糸を巻いた)糸巻き 1 個. The ～ of the button is loose. ボタンの糸がゆるくなっている.
【線, 筋】 **2** C 糸のように細く長いもの《(金属, 光などの)細い線; (煙などの)細い筋; 毛, クモの糸など》. a ～ of light [smoke] 1 条の光[ひと筋の煙]. a ～ of hope 一縷(る)の望み. **3** C 《機》ねじ山, ねじ筋.
4 C (議論, 物語の)筋, 筋道. the ～ of an argument 議論の筋. When the client had finished, he took [picked] up the ～(*s*) with a question. 依頼人が話し終わると彼は質問をして話をつないだ. lose the ～ of one's *thought* 思索の流れが途切れる. gather up the ～*s* of a debate 討論者の議論を整理する. However, let me return to my original ～. だが, 話の本筋に戻るとしよう.
5 〈the [one's] ～〉 生命の糸, 人間の寿命. the ～ of life 命, 玉の緒.
6 《主に米旧俗》〈～s〉 着物.
hàng by a thréad →hang.
have nòt a drỳ thréad on one ずぶぬれである.
pìck [tàke] ùp the thréads of .. (中断した後)〔仕事, 人との関係など〕をまた始める. He *picked up the* ～*s of* his life. 彼は(失敗などの後)一層活発な生活をまた始めた.
―― 動 (～**s** /-dz/|過 過分 **thréad·ed** /-əd/|**thréad·ing**) 他 **1** 〔針など〕に糸を通す. ～ a needle 針に糸を通す. **2** 〔ビーズなど〕に糸を通す; に糸を通してつなぐ〈*together*〉. ～ shells *together* 貝殻に糸を通してつなぐ. **3** 〔フィルム〕を映写機にかける; 〔映写機〕にフィルムをかける. **4** 〔ねじなど〕にねじ山[ねじ筋]をつける. **5** 〔街路, 人混みなど〕を縫うように進む.
―― 自 VA 縫うように進む〈*between, through* ..の間を〉.
thrèad one's wáy thròugh [to] .. ..の間を[..へと]縫うようにして進む. The boat ～*ed* its *way through* the islands. 船は島々の間を縫うようにして進んだ.
[＜古期英語「撚(よ)られたもの」; throw と同根]

‡**thréad·bàre** 形 **1** 〔布, 衣服などが〕すり切れた; 〔人が〕ぼろをまとった. a ～ overcoat すり切れた外套(とう). He was ～ and barefoot. 彼はぼろ服を着てはだしだった.
2 〔しゃれや議論が〕古臭い, 陳腐な, 貧弱な. a ～ joke 古臭いしゃれ.

thréad·lìke 形 (糸のように)細長い.

Thrèad·néedle Strèet 名 スレッドニードル街《英国ロンドンのシティの銀行街》. the Old Lady of ～ 'スレッドニードル街の老婦人'《イングランド銀行 (Bank of England) の俗称》.

thréad·wòrm 名 C 《虫》ギョウチュウ《子供の直「腸に寄生する」》.

thread·y /θrédi/ 形 e 糸のような, 糸状の; 繊維質の; 〔脈拍, 声などが〕か細い.

‡**threat** /θret/ 名 (複 ～**s** /-ts/) 【脅威】 **1** UC おどし, 脅迫, 〈～ *to* do/*that* 節 ..(する)という〉. make [utter] empty ～*s* 空おどしをする. under ～ of death 殺すとおどされて. Never make ～*s* you cannot carry out. 《諺》実行できないおどしはするな《成算のない時はおとなしくしていなさい》.
2 C 〈普通, 単数形で〉 脅威になるもの[人] 〈*to* ..にとって〉. A reckless driver is a ～ *to* everybody else. 無謀運転者は他のすべての人にとって脅威である. pose a great ～ to ..に重大な脅威をもたらすものである.

連結 a great [a dire, a grave, a major, a serious; a constant; an imminent] ～ // present a ～

3 C 〈普通, 単数形で〉 おそれ, 兆(きざ)し, 〈*of* ..〔悪い物事〕の〉. There is a ～ *of* rain in the clouds. この雲行きでは雨になる.
◇動 threaten [＜古期英語「群衆, 圧迫, 脅威」]

‡**threat·en** /θrétn/ 動 (～**s** /-z/|過 過分 ～**ed** /-d/|～**·ing**) 他 【脅威を感じさせる】 **1** (**a**) 〔人〕をおどす, 脅迫する. He shook his fist and ～*ed* me. 彼はこぶしを振りあげて私をおどした. (**b**) 〔人〕をおどす 〈*with* ..と〉. He was ～*ed with* hanging. 彼は吊(つ)るし首にするぞと言っておどされた. (**c**) 〔仕返し, 処罰など〕をするぞとおどす; VO (～ *to do*) ..すると言っておどす. He ～*s* revenge. 彼は復讐(しゅう)するぞとおどしている. He ～*ed to* beat me if I didn't obey. 彼は私が言うことをきかなければ殴るぞとおどした.
2 〔平和など〕をおびやかす. Drugs are one of the dangers which ～ modern society. 麻薬は現代社会をおびやかす危険の 1 つである.
3 〔悪いこと〕のおそれがある, 前兆である; VO (～ *to do*) ..しそうである. Those clouds ～ rain. あの雲は雨の前兆だ. Influenza is ～*ing to* spread. インフルエンザが広がるおそれがある.
―― 自 **1** おどす, 脅迫行為をする. His voice was soft but his eyes ～*ed* unmistakably. 彼の声は穏やかだったが目は間違いなく脅迫の目つきだった. **2** 〔悪いことが〕迫ってくる, 起こりそうである. He disappeared whenever trouble ～*ed*. 何か困ったことが起こりそうになるときまって彼は姿を隠した. ◇名 threat
[threat, -en] ▷ **～·er** 名 C 脅迫者; おびやかす物[事].

T

threat·ened /θrétnd/ [形] **1** おどされている, 脅威を感じている. **2** (動植物の種などが)絶滅の危機に瀕している. a ～ species 絶滅のおそれのある種.

†**thréat·en·ing** [形] **1** おどす, 脅迫的な. He gave me a ～ look. 彼は私をおどすような目つきでにらんだ. **2** 険悪な, 荒れ模様の,〔天気など〕. The sky looks ～. 空模様が怪しい. ▷ **～·ly** [副] 脅迫的に, 脅迫して; 険悪に.

‡**three** /θri:/ (★用法 →five) [名] ([複] **～s** /-z/) **1** [U] (基数の)3, 三. page ～ (第) 3 ページ.
2 [U] (**a**) 3 時; 3 歳; 3 ドル[ポンドなど]; 《何の量かは前後関係で決まる》. at ～ in the afternoon 午後 3 時に. (**b**) 3 分; 3 インチ; 3 セント[ペンスなど]; 《(a) より低い単位の量を示す》. **3** 〈複数扱い〉 3 人; 3 つ, 3 個. *Three* of them have passed. 彼らのうち 3 人が合格した. **4** [C] 3 人 [3 つ]ひと組のもの. **5** [C] (文字としての) 3, 3 の数字[活字] 《3, lll, iii など》. **6** [C] (トランプの) 3 の札; (さいころの) 3 の目.
── [形] **1** 3 人の; 3 つの, 3 個の. ～ children 3 人の子供. ～ fifths 5 分の 3. **2** 〈叙述〉 3 歳の. when I was ～ 私が 3 歳の時.
[＜古期英語 *thrī(e), thrēo*]

thrèe-bágger [名] [C] 〖米話〗〖野球〗 ＝three-base hit.

thrèe-base hít [名] [C] 〖野球〗 3 塁打.

thrèe-card tríck [名] [U] スリーカード・トリック 《伏せた 3 枚のトランプカードのうちどれがクイーン札か当てるゲーム》.

thrèe chéers [名] →cheer 3.

thrèe-córnered /[移]/ [形] **1** 角の 3 つある〔帽子など〕. **2** 3 つどもえの〔争いなど〕, 3 派鼎立(ていりつ)の〔党派, 組織など〕.

three-D, 3-D /ˌ-ˈ- [移]/ [形], [名] [U] 3 次元(の), 立体化(の), 立体的な, 《＜*three-d*imensional》.

thrèe-day evént [名] [C] 3 日連続馬技大会 《dressage, cross-country riding, show jumping より成る》.

thrèe-day méasles [名] [U] 〖話〗 三日ばしか 《風疹(rubella) の俗称》.

thrèe-day wéek [名] [C] (不況時の)週 3 日労働.

three-decker /ˌ-ˈ--, ˈ-ˌ--/ [名] [C] **1** (昔の) 3 層甲板の帆船. **2** 3 枚重ねのサンドイッチ[ケーキ]. **3** 3 巻本 《19 世紀の英国の長編小説は多く 3 巻本であった》.

‡**thrèe-diménsional** /[移]/ [形] ＝three-D.

thrèe estátes [名] 〈the ～〉 →estate (成句).

thrée·fòld [形] 3 倍の; 3 重の; 3 部から成る.
── [副] 3 倍に; 3 重に.

Thrèe Górges dàm [名] 三峡ダム 《中国湖北省宜昌に建設中の世界最大のダム》.

thrèe-hálfpence [名] [U] 〖英〗 1 ペンス半.

thrèe-hánded /-əd [移]/ [形] 〈限定〉 3 人で行う〔トランプ遊びなど〕.

Thrèe Kíngs [名] ＝Magi.

thrèe-legged ráce /-leg(ə)d-/ [名] [C] 2 人 3 脚(競走).

thrèe-line whíp [名] [C] 〖英〗(政党総務が議員に対して発する)緊急登院指令書 《緊急の意味で 3 本線を引いたことから》.

Thrèe Mile Ísland [名] スリーマイル島 《米国ペンシルヴァニア州のサスケハナ川中の島; 1979 年の原子力発電所事故が原発の安全性の問題を提起することとなった》.

thrèe-mile límit [名] 〈the ～〉〖国際法〗 3 マイル海域 《海岸から 3 マイルの範囲の海域; しばしば領海の限界とされる》.

thrèe of a kínd [名] [C] 〖トランプ〗 スリーカード 《ポーカーで同点の札 3 枚のそろい》.

three·pence /θrép(ə)ns, θríp-/ [名] 〖英〗 **1** [C] ＝threepenny bit. **2** [U] 3 ペンス(の金額).

three·penny /θrípèni|θrép(ə)ni, θríp-/ [形] 〖英〗 3 ペンスの.

thrèepenny bít [**píece**] [名] [C] 3 ペンス硬貨《1971 年以前の旧貨幣制度下の》.

thrèe-pháse /[移]/ [形] 〖電〗 3 相の.

thrèe-píece /[移]/ [形] 〔衣服などが〕 3 つぞろいの, 3 点セットの. a ～ suit スリーピース.

thrèe-plý /[移]/ [形] 3 重の; 〔合板などが〕 3 枚張りの; 〔糸などが〕 3 本よりの.

thrèe-point lánding [名] [UC] **1** 〖空〗 3 点着陸 《2 個の主車輪と前輪または尾輪が同時に着地する理想的着陸法》. **2** 満足な成果, 上首尾.

thrèe-point túrn [名] [UC] (自動車の) 3 点[切り返し]ターン 《狭い場所で, 前進・後退・前進で方向転換すること》.

‡**thrèe-quárter** /[移]/ [形] **1** (全体の) 4 分の 3 の; 〔服などが〕(通常の) 4 分の 3 の(長さの), 七分(ぶ)の. a ～ (length) sleeve 七分袖(そで). **2** 〔肖像画が〕 7 分身の; 顔の 4 分の 3 を示す. ～ time 〖楽〗 4 分の 3 拍子 《ワルツなどのリズム》. ── [名] [C] 〖ラグビー〗 スリークォーター (**thrèe-quarter báck**) 《halfbacks と fullbacks の間に位置する》.

thrèe-ring círcus [名] [C] 〖米〗 **1** 同時 3 本立てサーカス 《3 つの出し物が並行して行われる最も本格的なもの》. **2** にぎやかな行事, ごった返し.

thrèe R's /-ɑ́:rz/ [名] 〈複数扱い〉(初等教育の基本である)読み書き算数 《*r*eading, w*r*iting, a*r*ithmetic》.

thrèe·scóre /[移]/ 〖古〗 [形], [名] [U] 60 (の). ～ (years) and ten＝three SCORE and ten.

thrée·some [名] [C] **1** 3 人組. **2** 〖ゴルフ〗 スリーサム 《1 人対 2 人の競技》.

thrée-stàr [形] 〔ホテル, レストランなどが〕 3 つ星の, 中級の, (→star [名] 3).

thrèe-whéeler [名] [C] 三輪(軽)自動車.

thrèe Wise Mén [名] ＝magi.

Thrèe Wise Mónkeys [名] 〈the ～〉 見猿(ざる)聞か猿言わ猿.

thren·o·dy /θrénədi/ [名] ([複] **-dies**) [C] 〖雅〗 哀歌; 挽(ばん)歌, 葬送歌.

thresh /θreʃ/ [動] [他], [自] (穀物などを)脱穀する.
thrèsh /../ óut ＝THRASH /../ out.
[＜古期英語「足で踏みつける」]

thrésh·er [名] [C] **1** 脱穀する人; 脱穀機. **2** 〖魚〗 オナガザメ (**thrésher shàrk**).

thrésh·ing [名] [U] 脱穀.

thréshing flòor [名] [C] 脱穀場.

thréshing machìne [名] [C] 脱穀機.

***thresh·old** /θréʃ(h)ould/ [名] ([複] **～s** /-dz/) [C] **1** 敷居, 玄関口. cross their ～ 彼らの家の敷居をまたぐ, 彼らの家に入る. She stood on the ～ and looked inside. 彼女は敷居の上に立って中をのぞいた.
2 〈普通, 単数形で〉 **出発点**, 発端. The scientists were on [at] the ～ of a great discovery. 科学者たちは大発見を目前にしていた.
3 〖心・生理〗 閾(いき) 《意識作用が生じ始める境界となる刺激量》; (一般に)限界, 境界, 基準点. [＜古期英語]

thrèshold of cónsciousness [名] [C] 〖心〗 識閾(しきいき).

threw /θru:/ [動] throw の過去形.

‡**thrice** /θrais/ [副] 〖旧〗 3 度; 3 倍; (★今は普通 three times を使う; →once, twice). ring the bell ～ そのベルを 3 度鳴らす. Its price was ～ its value. 値段は真価の 3 倍もした. [＜中期英語; three, -s (3)]

†**thrift** /θrift/ [名] [U] **1** 倹約, 節約, (↔waste). She had to practice ～. 彼女は倹約しなければいけなかった. **2** 〖植〗 ハマカンザシ, アルメリア, (sea-pink). **3** 〖米〗 貯蓄金融機関 (thrift institution; 〖英〗 savings bank). [＜古期北欧語「繁栄」(＜thrive)]

thríft·less [形] 倹約しない; 貯蓄心のない.

thríft shòp [名] [C] 〖米〗 中古品特売店 《利益は慈善事業に回す》.

***thrift·y** /θrífti/ [形] [m], [e] (**thrift·i·er**|**thrift·i·est**)
1 倹約する, つましい, ([類語] やりくりのうまさを強調; →

economical). a ～ shopper むだな買い物をしない人. **2** 繁盛している; (植物などが)繁茂している, 元気に成長する. [thrift, -y[1]] ▷**thrift·i·ly** 副 **thrift·i·ness** 名

***thrill** /θril/ 名 (複 **～s** /-z/) C **1** *ぞくぞくする感じ*《喜び, 恐怖, 興奮などの》; スリル; 身震い. a ～ of joy [terror] *ぞくぞくするほどのうれしさ*[*ぞっとする恐怖感*]. The movie was full of ～*s*. 映画はスリルに満ちていた. a gang of teenagers out for ～*s* and excitement スリルと興奮を求めるティーンエージャーの群れ.
2 鼓動, 脈拍, 震動.
thrills and spills 〖話〗はらはらどきどきのスリル.
—— 動 (**～s** /-z/|過 過分 **～ed** /-d/|**thríll·ing**) 他 *をぞくぞく*[*ぞっと*]*させる*. be ～*ed* with joy [horror] うれしくてわくわくする[恐怖でぞっとする]. Adventure stories always ～ me. 冒険談はいつも僕をわくわくさせる. We were ～*ed* to see Japan beat North Korea in soccer. 日本が北朝鮮にサッカーで勝つのを見て心が躍った. —— 自 *ぞくぞく*[*ぞっと*]*する*〈*at, to*〉..に〉 VA (～ ***through ..***); 〔喜び, 恐怖などが〕〔身〕にしみ渡る. ～ at the scenic wonders すばらしい光景に胸をわくわくさせる. ～ *to* the sound of his singing 彼の歌声に胸をときめかす. ～ with joy 喜びでぞくぞくする. Fear ～*ed through* my veins. 恐ろしくて背筋が寒くなった.
be thrilled to bíts 〖話〗ひどく興奮する, 大喜びする.
[＜古期英語 *thyrlian*「穴(*thȳrel*)をあける」; 中期英語で r が母音の前に移動した]

†**thríll·er** 名 C スリルに富んだ小説[劇, 映画], スリラー, 《特に犯罪, 暴力を扱った》.

‡**thríll·ing** 形 *ぞくぞく*[*ぞっと*]*させる*; スリル満点の. a ～ experience 思い出してもぞくぞく[ぞっと]する経験.
▷**～·ly** 副 *ぞくぞく*[*ぞっと*]*するほど*; スリル満点に.

***thrive** /θraiv/ 動 (**～s** /-z/|過 **throve** /θrouv/, **～d** /-d/|過分 **～d, thriv·en** /θrív(ə)n/|**thrív·ing**) 自 **1** **繁栄する**; 成功する; (類語 ある条件故に[にもかかわらず]めざましく繁栄するという意味; →prosper). Those companies ～ *on* government contracts. それらの会社は政府の仕事を請負って栄えている. a *thriving* business 繁盛している事業. a *thriving* town 繁華な町.
2 〔動植物が〕よく育つ, 繁茂する; 〔悪事などが〕はびこる. Begonias do not ～ in a cold climate. ベゴニアは寒い風土ではよく育たない. Prejudice ～*s on* ignorance. 偏見は無知を栄養にしてはびこる.
thríve on .. (1) →自 1, 2. (2) ..があると(かえって)元気が出る. Our team ～*s on* pressure. 我がチームはプレッシャーがあると元気が出る. Jane ～*s on* parties. ジェーンはパーティーだと(俄(が)然)生き生きしてくる.
[＜古期北欧語「つかむ, 栄える」; →thrift]

thriv·en /θrív(ə)n/ 動 thrive の過去分詞.

thro', thro /θru:/ 〖詩〗前, 副 ＝through.

‡**throat** /θrout/ 名 (複 **～s** /-ts/) C **1** *のど*, 咽喉(いんこう); 首の前面. clear one's ～ せき払いする. have a sore ～ (風邪などで)のどが痛い. He held the knife to my ～. 彼は私ののど元にナイフをつきつけた. **2** のど状の物; (物の)口, 首. the ～ of a bottle 瓶の首. **3** 〖章〗(小鳥の)鳴き声, 声.
(***be***) ***at èach òther's thróats*** 互いに激しく戦って[口論して]いる.
cùt one anòther's thróats 過度の競争をして共倒れになる《＜互いに相手ののどもとを切る》.
cùt *one's* ***òwn thróat*** (自らの愚行で)自滅を招く.
cùt *a pèrson's* ***thróat*** 人を破滅させる.
flỳ at *a pèrson's* ***thróat*** 突然激怒して人を攻撃する.
jùmp down *a pèrson's* ***thróat*** →jump.
lìe in *one's* ***thróat*** 白々しいうそをつく.
stìck in *one's* ***thróat*** →stick[2].
tàke [***sèize***] *a pèrson* ***by the thróat*** 人ののど首をつかむ; 人の死命を制する, 人をぎゅうぎゅういわせる.
thrùst [***fòrce, ràm***]***..down*** *a pèrson's* ***thróat*** 人に〔自分の意見など〕を無理やり認めさせる. He tried to *ram* his ideas *down* my ～. 彼は自分の考えを私に押しつけようとした.
[＜古期英語「ふくらんだ場所, のど(ぼとけ)」]

-thróat·ed /-əd/ 〈複合要素〉「..ののどをした」の意味. full-*throated* (声を張り上げた). white-*throated* (のどの白い).

thróat lòzenge 名 C のどあめ.

throat·y /θróuti/ 形 e 〖話〗 **1** 〔人が〕しわがれ声の. **2** 〔声が〕低く太い《のどの奥から出たように》; 喉音の. a ～ singer [voice] 低音の歌手[しわがれ声]. **3** (牛, 馬などが)のど元の大きい. ▷**throat·i·ly** 副 **throat·i·ness** 名

***throb** /θrɑb|θrɔb/ 動 (**～s** /-z/|過 過分 **～bed** /-d/|**thrób·bing**) 自 〔心臓, こめかみなどが激しく〕**動悸**(き)**を打つ**; どきどきする; ずきんずきんする[痛む]; 〔エンジンなどが〕鼓動する, 規則的に(単調に)鳴る. My heart ～*bed* with emotion. 感動して私の心臓の鼓動は激しくなった. His finger ～*bed* with pain. 彼の指はずきんずきんと痛んだ. Drumbeats ～*bed* in the darkness. ドラムの響きが脈打つように闇(やみ)の中にとどろいた.
—— 名 C 鼓動; (激しい)動悸; 振動, 鳴り響き. the ～ of my pulse [heart] 私の脈拍[心臓の動悸]. Each ～ of pain made me gasp. 痛みがずきんとくる度に私は声を出してあえいだ. a ～ of joy 喜びのための胸の高鳴り. the ～ of a drum [an engine] ドラム[エンジン]の響き.
[＜古期英語; 擬音語か]

thrób·bing 形 **1** 〔頭, 傷などが〕ずきずきする. **2** 活気にあふれた, にぎやかな. London is a ～ city. ロンドンは活気あふれる都市だ.

‡**throe** /θrou/ 名 C 〖章〗〈普通 ～s〉激痛; もがき, 断末魔の苦しみ; 苦悩. the ～*s* of childbirth 産みの苦しみ. The country is in the ～*s* of inflation [civil war]. その国はインフレ[内戦]で苦しんでいる.
[＜古期英語「脅威」]

throm·bin /θrámbən|θrɔ́m-/ 名 U 〖生化〗トロンビン《血液の凝固に関与する酵素》.

throm·bo·cyte /θrámbəsàit|θrɔ́m-/ 名 C 〖解剖〗血小板, 栓球(せんきゅう).

throm·bo·sis /θrɑmbóusəs|θrɔm-/ 名 (複 **throm·bo·ses** /-si:z/) UC 〖医〗血栓症[形成]; 〖話〗冠状動脈血栓症 (coronary thrombosis).
▷**throm·bot·ic** /-bátik|-bɔ́t-/ 形

throm·bus /θrámbəs|θrɔ́m-/ 名 (複 **throm·bi** /-bai/) C 〖医〗血栓. [＜ギリシア語「塊り」]

***throne** /θroun/ 名 (複 **～s** /-z/) **1** C **王座**, 玉座, 《(女)王, 司教などの儀式用座席》. **2** U 〈the ～〉**王位**, 王権. be on the ～ 王位についている. ascend the ～ 即位する. succeed to the ～ 王位を継承する. The rebels overthrew the ～. 反乱軍は王位を転覆した.

連結 come to [mount; occupy, sit on; abdicate, give up; seize, usurp] the ～

3 〈～s〉座天使《第 3 位の天使; →angel》
◇動 enthrone [＜ギリシア語「高い席」]

***throng** /θrɔ:ŋ|θrɔŋ/ 名 (複 **～s** /-z/) C 〈単数形で複数扱いもある〉**群衆**, 人だかり; 多数〔の人々など〕. a ～ *of* people 大勢の人々. *Throngs of* refugees were crossing the border. 多数の難民が国境を越えていた.
—— 動 (**～s** /-z/|過 過分 **～ed** /-d/|**thróng·ing**) 他 〔場所〕に**群がる**, 押しかける. Shoppers ～*ed* the department store. 買い物客がそのデパートに押しかけた.
—— 自 VA (～ ***around, into, to, etc. ..***)〔人々が〕..に群がる, 殺到する. ～ *around* the statue 彫像の周りに群がる. People were ～*ing to* get into the concert hall. 人々は音楽会場へ入るために群がってきた.
thróng with .. ＝***bethrónged with ..*** 〔場所が〕..で一杯である. The aisles were ～*ed with* bargain hunters. 通路は格安品をあさる人でいっぱいだった.

[<古期英語「圧迫する, 群がる」]

thros·tle /θrás(ə)l|θrɔ́-/ 名 C 〖詩〗〖鳥〗ウタツグミ (thrush[1]).

throt·tle /θrátl|θrɔ́tl/ 名 C 〖機〗絞り弁, スロットル, (throttle valve)《エンジンへの燃料流量を調節する弁》. Open [Close] the ～ a little more. もう少しスロットルを開けろ[閉めろ]《開ければスピードが出る》. at full ～ 全速力で.

── 動 他 **1** ののどを絞める, を窒息させる, (strangle). **2** 〔活動, 発言など〕を抑圧する. ～ the press 報道機関を抑圧する. **3** 〖機〗〔ガソリンなど〕の流れを押さえる《絞り弁で》. ***thròttle*** (/..̗/) ***báck*** [***dówn***] エンジンの燃料流量を減らして(〔車, 船舶, 航空機など〕を)減速する. He ～*d down* as he approached the corner. 彼は曲がり角に近づいた時減速した. [throat, -le[1]]

‡through /θruː/ 前 〖貫いて, 通り抜けて〗 **1 ..を通って, 通り抜けて**; ..を通して. They escaped ～ the backdoor. 彼らは裏口から逃げた. The train was going ～ a tunnel. 列車はトンネルを通過中だった. He made his way ～ the crowd. 彼は群衆の間をかき分けて進んだ. The sun broke ～ the clouds. 日光が雲間からもれた. look ～ a telescope 望遠鏡をのぞいて見る. An idea flashed ～ his mind. ある考えが彼の脳裏をかすめた. **2** 〔騒音など〕にかき消されずに, ..を貫いて. I could hear his voice ～ the noise in the station. 彼の声は駅の騒音に消されずに聞こえた.

3 (a) 〔関門〕をくぐり抜けて, 〔赤信号〕を止まらずに(通過して). get wine ～ Customs ワインを(ごまかして)税関を通す. drive ～ the red light 赤信号を無視して車を走らせる. **(b)** 〔困難〕を切り抜けて; (承認などされて)..を通過して. the generations that have come ～ two world wars 2つの世界大戦を生き抜いた世代. The bill went ～ Parliament. 法案は議会を通過した.

〖通過して>終了して〗 **4 ..を終わって**; ..を経験して. What time are you ～ work? 仕事は何時に終わりますか. I'm only halfway ～ my lunch. 昼食はまだ半分しか食べていない. I'm all the way ～ the novel. その小説は読み終わった. get ～ high school 高校を卒業する. go ～ ordeals 苦しい経験をする. I'm ～ eating. もう食べ終わったよ. I have been ～ all sorts of hardships. 私はあらゆる苦難をくぐり抜けて来た.

〖(端から端まで)通しで〗 **5 ..の至る所に[を]**, ..中(じゅう)に[を]. He wandered ～ Europe. 彼はヨーロッパのあちこちを旅行した. The news spread ～ the country. ニュースは国中に広まった. Blood circulates ～ the body. 血液は体内を循環する. He looked ～ the papers. 彼は書類をあちこち調べた.

6 ..の始めから終わりまで, の間ずっと. all ～ the year 1年中. He talked about it all ～ dinner. 彼は食事の間ずっとその話ばかりしていた. Singing and dancing continued ～ the night. 歌と踊りは1晩中続いた. The dog was at my side ～ the whole trip. 旅の始めから終わりまで犬は私のそばを離れなかった.

7 〖米〗..まで. from Monday ～ Friday 月曜日から金曜日まで (★金曜日も含む; →to 前 4 注意). We stayed there ～ September. 9月末までそこに滞在した. all the children from 10 ～ 12 10歳から12歳までの子供《12歳を含む》.

〖媒介を通して〗 **8 ..を通じて**, ..によって. I met him ～ John. 私はジョンを通じて彼と知り合った. ～ violence 暴力によって. We are related ～ marriage. 私たちは結婚によって親戚(せき)になっている. learn ～ doing 実践によって学ぶ.

9 ..のせいで, ..のために. ～ carelessness 不注意が原因で. The quarrel began ～ her misunderstanding. 争いは彼女の誤解から起こった. The woman refused help ～ pride. 女は誇りのために援助を断った.

10 〔涙〕ながらに. She nodded ～ her tears. 彼女は泣きながらうなずいた.

── 副 C 〖貫いて, 通って〗 **1 貫いて**, 通して. run a person ～ with a sword 人を剣で刺し貫く. We're just passing ～. 我々はただ別の所へ行く途中です.

2 〖英〗電話がつながって 〈*to* ..に〉 (→7). Can you put me ～ *to* Mr. Carter? カーター氏につないでくれますか. You are ～. 先方様がお出になりました《交換手の言葉》.

3 〖うまく通過して〗 **うまくいって**, 成功[合格]して; (難局などを)切り抜けて, 通過して. I wondered if he could get ～. 彼が成功するかどうか私には分からなかった. Will he pull ～, doctor? 先生, 彼は持ちこたえるでしょうか. The bill went ～. 法案は(議会を)通過した.

4 〖あまねく貫いて〗 **すっかり**, どこもかしこも. I was wet ～. 私はびしょぬれになった. The meat was cooked ～. 肉はよく火が通っていた.

〖通しで〗 **5 ずっと** 〈*to* ..まで〉. This train goes right ～ *to* London. この列車はロンドンまで直通だ. She cried all the night ～. 彼女は夜通し泣いていた.

6 始めから終わりまで, 残らず. I read the book ～. 私はその本を読み通した. **7 終わって** 〈*with* ..を〉; 〖米〗(通話が)終わって, 済んで, (→2). Are you ～ ***with*** your lunch? 昼食は済みましたか. I'll soon be ～. 私の方はまもなく終わります. Are you ～? 通話は終わりましたか.

8 〖話〗用済みになって 〈*with* ..が〉; 〔人などが〕見込みがなくて, 使いものにならなくて, 〈*as* ..として〉; 無関係になって 〈*with* ..と〉. Are you ～ ***with*** my pen yet? 私のペンの御用は済みましたか. You have failed again; you're ～. 君は又しくじった, もう君に用はない. be ～ *as* a politician 人の政治生命が絶たれる. I'm ～ ***with*** her for good. 彼女とはきっぱり縁を切った.

thròugh and thróugh 完全に, 徹頭徹尾. He was a villain ～ *and* ～. 彼は徹底的に悪党だった.

── 形 C 〖通しの〗 **1** 〈限定〉突き通す〔光線など〕. **2** 〈限定〉**直通の**〔列車など〕; 優先通行の〔道路など〕《交差点で一時停止を必要としないのを言う》. a ～ ticket 通し切符. a ～ train to London ロンドンへの(乗り換えなしで行ける)直通列車. No ～ road. =No THOROUGHFARE. [<古期英語 *thurh*; thorough と同源]

‡through·out /θruːáut/ 前 **1 ..を通して(の)**, の間中. ～ one's life 一生を通じて(の). ～ the night ひと晩中. The crowd shouted ～ the game. 観衆は試合の間中喚声を上げていた. **2 ..の至る所に[の]**, のすみずみまで[の]. ～ the store 店中くまなく. people ～ the country 国中の人々.

── 副 〈普通, 文末に置かれて〉 **1** どこもかしこも, 至る所に. The laboratory is painted white ～. 研究所はどこもかしこも白く塗られている. **2** 一貫して, 始めから終わりまで; すっかり. The general remained loyal ～. 将軍は最後まで裏切らなかった. Your story is a fiction ～. 君の話は徹頭徹尾作り話だ.

[<古期英語 *thurh ūt*「完全に通して」]

thróugh·pùt 名 UC (一定時間内の)原料処理量; 〖電算〗(一定時間内の)情報処理量[能力], スループット.

thróugh·wày 名 (複 **～s**) 〖米〗=expressway.

throve /θrouv/ 動 thrive の過去形.

‡throw /θrou/ 動 (**～s** /-z/|過 **threw** /θruː/|過分 **～n** /-n/|**thrów·ing**) 他 〖投げる〗 **1 を投げる**; VOO (～ X Y)・VOA (～ Y ***to*** X) X に Y (ボールなど)**を投げる**, 投げ与える; (類語「投げる」を表す最も一般的な語; →cast, chuck[1], fling, hurl, pitch[1], toss). I *threw* the ball over the fence. 僕の投げたボールは柵(さく)を越えてしまった. Don't ～ your clothes on the floor. 床の上に衣類を投げ捨ててはいけない. *Throw* me the ball. =*Throw* the ball *to* me. そのボールを私に投げてよこせ. *Throw* me the magazine, please. その雑誌をこっちに投げて渡してくれないか. They began to ～ stones *at* the policemen. 彼らは

警官に向かって石を投げ始めた.（語法 throw..*at* と throw..*to* の違いは →at 2 (a)).
2 (**a**)〔視線, 言葉など〕を向ける, **投げつける**;〔疑い〕をかける,〔罪〕をかぶせる,〈*on, upon* ..に〉; VOO (〜 X Y)・VOA (〜 Y ***at*** X) **X に Y を向ける**, 投げつける. He *threw* me an angry look.＝He *threw* an angry look *at* me. 彼は怒った目つきで私をにらんだ. 〜 the blame *on* a person 人に罪を着せる. 〜 a person a kiss 人に投げキスをする. The trees *threw* long shadows (*on* the grass). 木は(芝生の上に)長い影を落としていた. 〜 doubt *on*.. に疑いをかける. 〜 light *on*.. →light (成句). (**b**)〔打撃など〕を与える; VOO (〜 X Y)・VOA (〜 Y ***at*** X) X (敵など)に Y (打撃など) **を与える**. 〜 a punch (人に)パンチを食らわす. He *threw* his opponent a fatal blow. ＝He *threw* a fatal blow *at* his opponent. 彼は相手に致命的な強打を浴びせた. (**c**) VOA (〜 X ***into*** ..) X (精力, 人など)を..に投入する, つぎ込む; (〜 X ***at*** ..) ..に X (金) をつぎ込む. 〜 all one's energy [10,000 men] *into* the project [the battle] その計画に全精力を傾ける[その戦いに 1 万の兵を投入する]. You can't solve a problem by 〜*ing* money at it. 金をばらまいても問題は解決できない. (**d**)〔発作など〕を起こす. 〜 a fit 発作を起こす (→成句). 〜 a tantrum かんしゃくを起こす.
3 を**投げ倒す**, 投げとばす. He *threw* his opponent down and pinned him. 彼は相手を投げ倒し押さえつけた. He was 〜*n* from his horse. 彼は馬から振り落とされた.
4〔さいころ〕を振る, 投げる; (さいころを振って)の目を出す. 〜 three fours in a row 4 の目を続けて 3 回出す.
5〖米話〗〔ゲーム〕にわざと負ける, を'投げる'《八百長試合などで》.
【投げる＞急に動かす】 **6** VOA (〜 X ***at, around*** ../〜 X ***back, up***) **..めがけて, のまわりに/後ろへ, 上へ X** (体又はその一部) **を急激に動かす**. I *threw* myself *at* the thief. 私は泥棒に飛びかかった. 〜 one's arms *around* a person's neck 人の首に抱きつく. 〜 one's head *back* 頭をぐいと後ろへ引く. 〜 one's hand *up* 手をさっと上げる.
7 (**a**) VOA (〜 /X/ ***on***)〔着物など〕を**急いで着る**; (〜 /X/ ***off***) を急いで脱ぐ; (〜 X ***over*** ..) X (ショールなど) を〔肩など〕に無造作に掛ける. He *threw on* a shirt. 彼は急いでシャツを着た. She *threw* her clothes *off*. 彼女は急いで着物を脱いだ. (**b**)〔動物などが皮, 羽など〕を(自然に)落とす, 脱ぎ[生え]替わらせる, (shed). The snake has 〜*n off* its skin. その蛇は脱皮したばかりだ.
8〔機械のスイッチなど〕を入れる, 切る,〔レバーなど〕を動かす; VOA〔車など〕を変速する. He *threw* the switch and the machine started. 彼がスイッチを入れると機械が動き出した. He *threw* the lever that opened the floodgates. 彼は水門を開けるレバーを動かした. The car was 〜*n into* reverse [third]. 車のギアがバック[3 速]に入った.
【急に投げ込む＞陥れる】 **9** VOA (**a**) を(無造作に)置く. He *threw* his coat *on* the floor. 彼はコートを床にぽいと置いた. (**b**) (〜 X ***into***..) X (人, 物)を(..の状態に)**投じる, 陥れる**. They *threw* him *into* prison. 彼らは彼を牢(ろう)にぶちこんだ. The meeting was 〜*n into* confusion. 会議は混乱に陥った.
10〖話〗をびっくりさせる, あわてさせる. That really *threw* me. あれには本当に面食らった. Don't let her 〜 you. 彼女の言うことに影響されるな.
【急に作る, 作り出す】 **11**〔橋など〕を急いでかける, 造る. We *threw* a makeshift bridge across the stream. 我々は川に急造の橋をかけた.
12〖話〗〔パーティー, 宴会など〕を催す, 開く,〈受け身不可〉. Let's 〜 a party next Saturday. 今度の土曜日にパーティーをやりましょう.
13〔家畜が〕〔子〕を産む.
14〔ろくろにかけて陶器〕を形作る;〖繊維〗〔生糸〕によりをかけて糸にする;〔木材〕を旋盤にかける.
15〔声〕を張り上げる[響かせる];〔声〕を別の所から聞こえるように出す《腹話術などで》.
16 を変える, 直す; を翻訳する;〈*into* ..〔ある形, 言語など〕に〉.
17〖野球〗〔投手が〕〔三振[完全試合]〕を取る, 達成する.
18〖主に英話〗〔機械類〕を使いものにならなくする, 壊す.
19〖マレーシア・シンガポール〗を捨てる.
20〖スコ・方〗を吐く, あげる.
21〖主にスコ〗を妨げる, 失敗させる.
22〖スコ〗〔いくらいくら〕を稼ぐ.
── 自 **1** 投げる, 投球する. I can't 〜 that far. 僕はそんなに遠くまで投げられない. **2**〖スコ・方〗吐く, あげる. **3**〖スコ〗反目する, 言い争う,〈*with* ..と〉.
***thrów /../ abóut* [*aróund*]** (1) ..を投げ散らかす. Her clothes were 〜*n about* all over the room. 彼女の衣類は部屋中に投げ捨ててあった. (2) ..を振り回す. They *threw* their arms *about* frantically. 彼らは気でも狂ったように腕を振り回した. (3)〔金など〕を乱費する. She 〜*s* her money *around* as if she were a millionaire. 彼女はまるで百万長者であるかのように金をむだ遣いする. (4)〖話〗〔名前など〕を(ひけらかすように)口にする, 引き合いに出す. (5)〈次の表現で〉〜 one's weight *about* [*around*] →weight (成句).
thròw a fít 〖話〗かんかんに怒る; びっくり仰天する.
thròw /../ asíde 〔計画, 信条など〕を(見)捨てる, 拒否[拒絶]する.
****thròw /../ awáy*** (1) **..を捨てる**; ..を浪費する; ..をむだにする. Lending him money is just like 〜*ing* it *away*. 彼に金を貸すのはまるで金を捨てるようなものだ. His advice was 〜*n away* on his son. 彼は息子に忠告したがむだであった. He *threw away* all his chances for success. 彼は成功の好機をすべて棒に振った. (2)〖劇〗〔せりふ〕をさらりと[さりげなく]言ってのける.
thròw báck 〔動植物などが〕先祖返りをする〈*to* ..へ〉.
****thròw /../ báck*** (1)〔ボールなど〕を**投げ返す**;〔敵など〕を撃退する; ..を後退させる. The enemy forces were 〜*n back*. 敵軍は撃退された. (2)〔人〕を頼らせる, 依存させる,〈*on, upon* ..〔手段など〕に〉〈受け身で〉. We were 〜*n back on* our own resources. 我々は自分たちの才覚で何とかやっていくしかなくなった. (3)〔昔の(いやな)こと〕を思い出させる〈*at* ..〔人〕に〉. (4) ＝THROW /../ down (4).
thròw /../ dówn (1) ..を投げ捨てる, 投げ倒す, (→他 3); ..を打ち負かす. 〜 oneself *down* さっと横になる, 身を投げ出す. *Throw down* your weapons and come out. 武器を捨てて出て来い. (2)〔挑戦状など〕をたたきつける. (3)〖旧〗〔建物〕を取り壊す. (4)〖米俗〗..を急いで飲み食いする, ..にぱくつく, ..をあおる.
thròw /../ ín (1) ..を投げ込む;〖サッカー, バスケなど〗〔ボール〕をサイドラインからスローインする. (2) ..を挿入する;〔言葉〕をはさむ. 〜 *in* jokes to make a lecture enjoyable 講演を楽しくするためジョークをさしはさむ. (3)〖話〗..をおまけに付ける. If you buy the tape recorder, they'll 〜 *in* a tape. そのテープレコーダーを買えばテープを 1 本おまけにくれる. The room costs $60 a night, with breakfast 〜*n in*. お部屋代は朝食付きで 1 泊 60 ドルです. (4)〔ギア〕をかみ合わせる,〔クラッチ〕を入れる. (5)〔仕事など〕をやめる.
thròw ín with.. 〖米話〗..と協力する, 仲間になる.
thròw it ín ＝throw in the TOWEL.
thròw óff (1)〔猟犬などが〕狩りを始める;〈一般に〉開始する. (2)〖オース・ニュー話〗あざける〈*at* ..を〉.
****thròw /../ óff*** (1) **..を急いで脱ぐ** (→他 7). (2)〔習

T

慣, 拘束など〕を振り捨てる. ～ *off* the mask 仮面を脱ぐ. (3)〔追跡者など〕を逃れる, まく. ～ *off* a tackler (ラグビーで)タックルをかわす. (4)〔病気など〕から回復する. I'm trying to ～ this cold *off*. この風邪を何とか治そうとしている. (5)〔詩など〕を即座に作る, こともなげに書く. The poem was ～*n off* in an idle moment. その詩はぶらぶらしていた時に書きなぐったものだ. (6)〖主に米〗〔人〕を当惑させる, まごつかせる.

thròw /../ ón ..を急いで着る (→他 7 (a)).

thrów onesèlf at .. (1)〔人など〕に飛びかかる (→他 6). (2)〖話〗〔女が男〕に媚(こ)を売る, モーションをかける.

thrów onesèlf into .. (1)..に身を投げる, 飛び込む. (2)..に没頭[専念]する; 〔政界など〕に身を投じる. She *threw herself into* her studies. 彼女は勉強に身を入れた.

thrów onesèlf on [***upon***] ***..*** (1)..に襲いかかる. (2)..に頼る, すがる.

****thròw /../ ópen*** (1) **..をさっと開ける**. ～ *open* the door ドアをさっと開ける. (2)〔非公開の場所, 文書など〕を開放[公開]する; 〔討論, 競技会など〕に自由に参加させる; 〈*to* ..に〉. The race was ～*n open to* anyone willing to compete. レースはやってみたいという人ならだれでも参加できるようになった.

****thròw /../ óut*** (1) **..を投げ出す**, 捨てる; ..を追い出す; ..を解雇する; 〈*of* ..から〉. ～ the old shoes *out* 古靴を捨てる. The city authorities managed to ～ *out* the squatters. 市当局は不法占拠者たちを追い出すのに成功した. He was ～*n out of* college for not paying his tuition. 彼は学費未納で大学を放校処分となった. (2)..を(突き出して)増築する. The building had ～*n out* a new wing since I had last seen it. その建物は私が以前見た後で横に突き出して増築していた. (3)〔ヒントなど〕を**さりげなく**[うかつに]**口にする**. He *threw out* a hint but I didn't catch it. 彼がさりげなくヒントをもらしたのに私は気がつかなかった. (4)〔提案など〕を否決する. The motion was ～*n out* by the chairman. 動議は議長によって却下された. (5)〔芽など〕を出す. The plants began to ～ *out* new shoots. 植物は新芽を出し始めた. (6)〔光, 熱など〕を発する. The pot *threw out* good smells. なべからいいにおいが立ちのぼった. (7)〖野球〗送球して〔走者〕をアウトにする. He was ～*n out* trying to steal home. 彼はホームスチールを試みたがアウトになった. (8)〔人〕を混乱させる, こんぐらからす.

thròw /../ óver (1)〔特に恋人〕を捨てる. She *threw* him *over* for a younger man. 彼女は彼を捨ててもっと若い男に走った. (2)〔条約など〕を破棄する. (3)〔政府など〕を転覆させる.

thròw /../ togéther (1)〔人々〕を(偶然)一緒にする. Fate *threw* them *together*. 運命が彼らを一緒にした. (2)..を寄せ集める; 〔料理など〕を手早く作る; ..を急いで書く. My wife can ～ something *together* right away. 家内がすぐ何か食事の支度をします.

thròw [***flìng***] ***.. to the wínds*** →wind[1].

thròw úp 〖話〗吐く, もどす. I felt like ～*ing up*. 吐き気がした.

****thròw /../ úp*** (1) **..を投げ上げる**; 〔窓〕を押し上げる; 〔両手〕を上げる (→throw up one's HANDS); ..を打ち上げる《海辺などに》. (2)..を急いで建てる. ～ *up* barricades バリケードを築く. (3)..を明るみに出す, 〔新事実など〕を掘り出す. (4)〔偉人など〕を生む. New leaders will be gradually ～*n up*. 次第に新しい指導者が生まれてくるだろう. (5)..を放棄する, やめる. ～ *up* one's job 仕事をやめる. (6)〖米〗..のことをしつこくとがめだてする. ～ it *up* to ..に小言を言う. (7)〖話〗..を吐く, もどす.

── 名 (複 ～s /-z/) Ⓒ **1 投げること**; (野球の)投球, 送球; (さいころを)振ること; (釣り糸を)投げること. That was a good ～ from left field to the catcher. レフトからキャッチャーへのあの送球はよかった. He lost his money on one ～ of the dice. 彼はさいころのひと振りで金をすってしまった. →DISCUS throw, JAVELIN throw.
2 投げれば届く距離; 射程. She lives within [at] a stone's ～ of [from] my house. 彼女は私の家のすぐ近くに住んでいる《<家から石を投げれば届く所に》. have a ～ of (several hundred meters) (数百メートル)の射程がある. **3**〖米〗(いす, ソファーなどの)カバー; 小型のじゅうたん; (**thrów rùg**). **4**〖地〗(垂直)落差《断層の》. **5**〖話〗冒険; 機会; 試み. one's last ～ 最後のチャンス. **6**〖英俗〗(みんなにおごる)番, その代金.

a thrów 〖話〗〈副詞的〉めいめい, 1つにつき, (each). "How much are they?" "Two dollars *a* ～."「いくらだい」「1個2ドルです」

[<古期英語 *thrāwan*「よじる, ねじる」]

thrów·awày 名 (複 ～s) Ⓒ **1**〖主に米話〗広告びら, ちらし, (→THROW /../ away (成句)). **2** 使い捨てのもの《容器, 紙おむつなど》.

── 形 〈主に限定〉**1** 使い捨ての〔紙コップなど〕. a ～ plastic bottle 使い捨てのプラスチック製瓶. a serious litter problem in our ～ world 使い捨て社会における深刻なごみ問題. **2** わざとさらりと述べた〔せりふなど〕.

thrów·bàck 名 Ⓒ **1** 投げ返し. **2** (進歩などの)阻止, 阻害. **3** (動植物の)先祖返り (→THROW back); (流行などの)復活; 〈*to* ..への〉. The boy is a ～ *to* his great-grandfather. この子はひいおじいさんに生き写しだ. You're a ～ *to* the apes. 君はチンパンジーに逆戻りしているよ.

thrów·er 名 Ⓒ 投げる人[もの]. a discus ～ 円盤投げ選手. a flame ～ 火炎放射器.

thrów-ìn 名 Ⓒ 〖サッカー・バスケなど〗スローイン《サイドライン外に出た球の投入》.

thrown /θroun/ 動 throw の過去分詞.

thru /θruː/ 〖米〗前, 副, 形 ＝through.

thrum[1] /θrʌm/ 動 (～s|-mm-) 他 **1**〔ギターなど〕をつま弾く, かき鳴らす, (strum). **2**〔指で机など〕をこつこつたたく. ～ the desk＝～ on the desk (→自 2).

── 自 **1** VA (～ *on* ..) ..をつま弾く. **2** VA (～ *on* ..) ..をこつこつたたく. ～ on the desk 机をこつこつたたく. **3**〔大きな機械が〕ごとごと音を立てる.

── 名 Ⓒ つま弾く[たたく]こと[音]. [擬音語]

thrum[2] 名 Ⓒ (織物の)織り端(の糸); 糸くず.

†**thrush**[1] /θrʌʃ/ 名 Ⓒ ツグミ《ツグミ科の鳴鳥の総称; song ～ (ウタツグミ), blackbird などを含む》.
[<古期英語]

thrush[2] 名 Ⓤ 〖医〗鵞口瘡(がこうそう), 口腔カンジダ症, 《特に子供の口, のどなどの炎症》; 膣(ちつ)カンジダ症.

thrust** /θrʌst/ 動 (～s /-ts/|過 過分 ～|**thrúst·ing**) 他 【**強く押す**】 **1** VOA **を..急に強く押す** 〈*aside, away, out*〉〈*against, in, into* ..の方に〉; (～ X ***in, into ..) X を..に突き刺す, 突込む; (～ X ***through***) X を突き通す, 貫く. ～ a man *aside* 人を脇(わき)へ押しのける. ～ a chair *forward* いすをぐいと前へ押し出す. ～ one's hand *into* one's pocket ポケットに手を突っ込む. ～ a knife *into* a man's back 男の背中にナイフを突き刺す. He ～ *out* a large friendly hand for me to shake. 彼は大きな手を親しげに突き出して私に握手を求めた. The spear ～ the knight *through*. 槍が騎士の体を貫いた.
2 VOA (～ X ***on*** [***upon***] ***..***) X を〔人〕に押しつける; (～ X ***into ..***) X (人) に..を強いる. They ～ me thankless task *upon* me. 彼らはそのありがたくない仕事を私に押しつけた. His death ～ me *into* command. 彼の死によって急に私が指揮をとることとなった. He had leadership ～ *upon* him. 彼は心ならずも指導者にされた.
3 VOA (～ ***oneself into ..***) **..に割り込む**; (～ ***oneself forward***) 出しゃばる, 押し進む; (～ ***oneself in, into ..***) ..に干渉する, おせっかいする. He ～ him*self into*

T

the conversation. 彼は無作法にも会話に割り込んできた. She always ～s herself *forward*. 彼女はいつも出しゃばる. Don't ～ yourself *into* other people's affairs. 他人の事柄に干渉するのはよしなさい. ～ one's nose into →nose(成句).

── ⾃ **1 押す**, 突く; 刃物で刺す; 〈*at* ..を〉押し進む〈*through* ..(の中)を〉. The fencers continued ～*ing* and parrying. フェンシングの選手は突いたりかわしたりしていた. She ～ *at* him with the knife. 彼女はナイフで彼に突きかかった. The enemy tanks ～ through the gap. 敵の戦車はその間隙(げき)を利して侵入してきた.
2〖章〗VA〔物が〕突き出る,〔草木などが〕伸びる, 広がる,〈*up, out*〉〈*out of, through, out from*..から〉. A crocus ～ ⌞*up through* [*out of*] the snow. クロッカスが雪の中から芽を出した.

thrùst one's wáy (***through*** ..) (群衆などを)押し分けて進む (→way¹ 2 語法).

── 名 (複 **～s** /-ts/) **1** C **急に強く押すこと**[突くこと]; 強いひと押し, ひと突き. make a ～ with one's elbow ひじでひと突きする. My final ～ burst the door open. 私の最後のひと押しでドアはばんと開いた. A single sword ～ killed him. 剣でひと突きされて彼は死んだ.
2 U (ジェット機などの)推進力.
3 C **猛烈な攻撃**, 敵陣突破; 激しい批判. halt the enemy ～ 敵の侵入を食い止める. the critic's ～*s* at the Administration 評論家による政府攻撃.
4 U〈the ～〉(意見, 活動などの)主眼, 要点,〈*of* ..の〉. the main ～ of the campaign その運動の主眼とするところ. [<古期北欧語]

thrúst·er 名 C **1** 小型ロケットエンジン《軌道修正用の》. **2**〖話〗出しゃばり屋.

thru·way /θrúːwèi/ 名 (複 **～s**)〖米〗=expressway.

Thu·cyd·i·des /θuːsídədìːz|θju(ː)-/ 名 ツキディデス (460?–395? B.C.)《ギリシアの歴史家》.

‡**thud** /θʌd/ 名 C どさっ, ずしん,《重い物の落ちる音》. fall with a ～ どさっと落ちる, どしんと倒れる.
── 動 (**～s**|**-dd-**) ⾃ どさっと落ちる; ずしんと響く;〔心臓が〕(驚き, 喜びなどで)どきんどきんと打つ.

‡**thug** /θʌg/ 名 C 暴漢, 凶漢, 殺し屋.

thug·ger·y /θʌ́gəri/ 名 U 暴力行為.

thug·gish /θʌ́giʃ/ 形 暴漢の, 暴行の.

Thu·le /θ(j)úːliː|θjúːl(i)/ 名 ツーレ《古代ギリシア・ローマ人が世界の果てにあると信じていた国; 極北の地》.

thu·li·um /θ(j)úːliəm/ 名 U〖化〗ツリウム《希土類元素; 記号 Tm》.

‡**thumb** /θʌm/ 名 (複 **～s** /-z/) C (手の)**親指**; (手袋などの)親指; (参考 fingers (指) の中に含めないことが多いが, We have five fingers on each hand. (私たちは両方の手に指が 5 本ずつある)のように言う; 足の親指は big toe). Stop sucking your ～. 親指をしゃぶるのはよしなさい. The hitchhiker was sticking out his ～ on the roadside for a long time. ヒッチハイカーは道端で長い間親指を上げていた (→他 2).

be àll thúmbs〖話〗不器用である. He *is all* ～*s* when it comes to fine work. 細かい仕事になると彼は不器用だ.

bìte one's thúmbs at .. ..を侮辱する, ..にけんかを売る,《親指を上に向けてくわえ, はね上げるようにする身ぶりから》.

stànd [***stìck***] ***óut like a sòre thúmb***〖話〗ひどく人目につく[場違いだ].

thùmbs dówn 不同意[不満足](の合図). get [receive] the ～*s down* 拒否される, 受け入れられない. give..the ～*s down* ..を拒否する, 承認しない.

thùmbs úp 同意[満足](の合図). *Thumbs up!* よろしい, いいぞ. give..the ～*s up* ..を承認する.

twiddle one's thúmbs →twiddle.

under a pèrson's thúmb〖話〗人の言いなりになって. He is completely *under* his wife's ～. 彼は完全に女房の言いなりになっている.

── 動 他 **1**〔ページなど〕を親指でめくる[よごす];〔本など〕を手早くめくる, 飛ばしながら読む;〈*through*〉. The book was badly ～*ed*. その本は手あかでひどく汚かった. a well-～*ed* dictionary 手あかのついた辞書.
2〖話〗親指で合図して通りすがりの車などに〔便乗〕させてもらう. The boy ～*ed* a ride [lift〖英〗] to town. 少年はヒッチハイクして町まで行った.

── ⾃ **1** VA (**～ *through* ..**)〔ページなど〕をぱらぱらめくる. I was ～*ing through* a magazine when I saw the ad. ある雑誌をぱらぱらめくっている時その広告を見つけた.
2〖話〗ヒッチハイクする (hitchhike).

thùmb one's nóse at .. →nose.
[<古期英語「(ふくらんだ)指」]

thúmb ìndex 名 C 切り込み, つめかけ,《辞書などのページの端につけた切り込み》.

thúmb·nàil 名 C **1** 親指のつめ. **2**〈形容詞的〉ごく小さい[短い]. a ～ sketch 簡単な記述, (人の経歴などの)寸描.

thúmb·prìnt 名 C (特に照合のための)親指の指紋「(→fingerprint).

thúmb·scrèw 名 C **1**〖機〗つまみねじ. **2** 親指締め《昔の拷問道具》. put the ～*s* on a person 人に圧力をかける.

thúmb·stàll 名 C (親指用の)指サック.

thúmb·tàck 名 C〖米〗画鋲(びょう) (〖英〗drawing pin).

*__thump__ /θʌmp/ 名 (複 **～s** /-s/) C **ごつん[どしん]と打つこと; ごつん, どしん**,《音》. She sat on the sofa with a ～. 彼女はソファーの上にどしんと座った.

── 動 他 **1** を(こぶしで)ごつんと打つ; をごつんごつん殴る. He ～*ed* the boy on the head. 彼は少年の頭をごつんと殴った. He ～*ed* his baseball glove and waited for the ball. 彼はグローブをこぶしでたたいてからボールを待った.
2 VOA をごつんとぶつける, どすんと置く,〈*against, on, into* ..に〉. ～ one's fist *on* the table こぶしでテーブルをどんとたたく. ～ a heavy bag *down on* the floor 重いかばんを床にどさっと置く.
3 にごつん(ごつん)とぶつかる. The branches were ～*ing* the windows in the wind. 風で枝が窓にごつんごつんとぶつかっていた.
4〔楽器〕をがんがん鳴らす〈*out*〉; VOA (～ /X/ *out*) (曲)を〔楽器〕でがんがん弾く〈*on* ..〔楽器〕で〉. ～ a drum 太鼓を打ち鳴らす. He ～*ed out* a lively march *on* the old piano. 彼はその古ピアノをがんがんたたいて威勢のよい行進曲を弾いた.

── ⾃ **1** VA ごつんと打つ; どしんとぶつかる,〈*against, at, on* ..を, に〉. Somebody is ～*ing on* the door. だれかドアをたたいている. **2** どしんどしんと歩く. **3**〔心臓などが〕どきんどきんと打つ. a ～*ing* headache 頭が割れそうな頭痛. His heart was ～*ing* with excitement. 興奮で彼の心臓はどきどきした.

── 副 ごつんと, どしんと. The workman fell ～ on the ground. 職人は地面にどさっと落ちた. [擬音語]

thúmp·ing〖英話〗形 ばかに大きい; 途方もない. a ～ lie まっかなうそ. ── 副 すごく, 途方もなく. a ～ great idiot とんでもない大ばか.

‡**thun·der** /θʌ́ndər/ 名 (複 **～s** /-z/) **1** U **雷**, 雷鳴, (★「稲妻」は lightning). a clap [peal] of ～ 雷鳴. There's ～ in the air. 雷が来そうだ. There was ～ and lightning all night. ひと晩中雷が鳴り, 電光が走った. **2** UC〈普通 ～s〉雷のようなとどろき. the ～ of distant guns はるか離れた大砲のとどろき. ～*s* of applause 万雷の拍手喝采(さい). **3** U〖章〗(人の)怒り (anger), 'かみなり'; 激しい非難; おどし. John risked his father's ～ when he disobeyed him. ジョンは父に怒

T

られるのを承知で言いつけに逆らった. 「す》.
By thúnder! 〖話〗本当に, 全く, 《驚き, 満足などを表す》.
in thúnder 一体全体 (on earth)〈疑問詞の後で〉. What *in* ~ is the matter with you? お前は一体全体どうしたんだ.
like [as blàck as] thúnder 〖話〗ひどく怒って.
stèal a pèrson's thúnder 人がしようとしていることを先にやる, 人のお株を奪う. You *stole* my ~ when you announced that. 君があれを公表してしまったので僕の出る幕がなくなった.
— 動 (~s /-z/|過 過分 **~ed** /-d/|**~·ing** /-d(ə)riŋ/) 自 **1**〈it を主語にして〉**雷が鳴る**. It was *~ing*, and there was a lot of lightning. 雷が鳴り, あちこち稲妻が走った. **2** 大きな音を出す; VA 大きな音をたてて行く〈*along, by, past*〉. Artillery *~ed* in the distance. 遠くで大砲がとどろいた. The herd of elephants *~ed away*. 象の群れは地響きを立てて遠ざかった. A motorcycle *~ed by*. オートバイが雷のような大音響を上げて走り去った.
3 VA (~ ***at, against..***) ..を激しく非難する. ~ against extravagant spending 浪費を糾弾する. The politician *~ed at* the President's plans. その政治家は大統領の案をこきおろした.
— 他 VO (~ X/"引用") X を/「..」とどなって言う〈*out*〉. ~ *out* one's words 言葉を大声で言う. The crowd *~ed* its approval. 群衆は大声で賛意を表した. [<古期英語]
thúnder·bìrd 名 C サンダーバード《北米先住民の伝説の鳥; 雷電や雨を起こすと信じられた》.
†**thunder·bolt** /θʌ́ndərbòult/ 名 C **1** 雷電, 落雷. That ~ was close. 今の落雷は近かった. **2** 思いがけない困った事, 寝耳に水の出来事. The news was a ~ to her. そのニュースは彼女には青天の霹靂(へきれき)だった.
thúnder·clàp 名 C 雷鳴; =thunderbolt 2.
thúnder·clòud 名 C 雷雲.
thún·der·er /-d(ə)rər/ 名 **1** C 大声でどなる人. **2**〈the T-〉=Jupiter.
thúnder·hèad 名 C 入道雲, 積乱雲.
thún·der·ing /-d(ə)riŋ/ 形 **1** 雷鳴のする; とどろく. **2**〖話〗〈限定〉ものすごい, 途方もない. The match ended in a ~ victory for our team. 試合は我々の圧倒的な勝利に終わった. — 副〖話〗途方もなく.
‡**thun·der·ous** /θʌ́nd(ə)rəs/ 形 雷のような, とどろき渡る. ~ applause 万雷の拍手. ▷ **~·ly** 副 雷鳴のように.
thúnder·shòwer 名 C 雷雨.
***thun·der·storm** /θʌ́ndərstɔ̀ːrm/ 名 (複 **~s** /-z/) C **雷雨**. A ~ broke up the picnic. 雷雨に襲われピクニックの人たちは散り散りに逃げた.
thúnder·strùck 形〈主に叙述〉びっくり仰天して. He was ~ by the news. 彼はそのニュースにびっくりした.
thun·der·y /θʌ́nd(ə)ri/ 形〔天候が〕雷の来そうな.
Thur., Thurs. Thursday.
thu·ri·ble /θ(j)ú(ə)rəb(ə)l/ 名 C〖カトリック〗香炉 (censer).
‡**Thurs·day** /θə́ːrzdei, -di/ 名 (複 **~s** /-z/) C (★用法 →Sunday 注意) **1**〈しばしば無冠詞〉**木曜日**《略 Th, Thur., Thurs.; <古期英語「Thor (北欧神話の神)の日」から》. **2**〈形容詞的〉木曜日の. on ~ morning 木曜日の朝. **3**〈副詞的〉〖話〗木曜日に;〈~s〉〖米話〗毎週木曜に.
‡**thus** /ðʌs/ 副 ¢〖章〗**1 こういうふうに; そのようにして**. Push the button ~. こういうふうにボタンを押しなさい. *Thus* he lost all he had. こうして彼は持っていたものをすべて失った. **2 従って, それゆえに, かくて**. You failed all your tests. *Thus* you can't graduate. 君は全部のテストに落ちた. 従って卒業できない. **3**〈形容詞, 副詞を修飾して〉**この程度まで**. ~ much これだけは. *Thus* far there have been no changes. これまでのところ変化はない. **4** 例えば, その例として.
thùs and thús [***só***] 一定[かくかく]の方法で, 指示された通りに. [<古期英語]
thwack /θwæk/ 名, 動 =whack.
‡**thwart** /θwɔːrt/ 動 他 を妨げる, 阻止する;〔人, 計画など〕を失敗させる. ~ a person's plans 人の計画をじゃまする. be *~ed* in one's attempt 試みが挫折(ざせつ)する.
— 名 C (ボートの)漕(こ)ぎ座. [<古期北欧語]
‡**thy** /ðai/ 代〖古〗なんじの, そちの, (your)《thou の所有格; →thine》. ~ name なんじの名前. [<古期英語]
‡**thyme** /taim/ 名 UC〖植〗タイム, タチジャコウソウ, 《シソ科の草本; 葉を香辛料にする》.
thy·mol /θáimoul, -mɑl|-mɔl/ 名 U〖化〗チモール《防腐剤; タイムなどが原料》.
thy·mus /θáiməs/ 名 C〖解剖〗胸腺 (**thýmus glànd**).
‡**thy·roid** /θáirɔid/ 名 C〖解剖〗甲状腺 (**thýroid glànd**).
thy·rox·ine, -in /θairɑ́ksi(ː)n, -ən|-rɔ́k-/, /-ən/ 名 U〖生化〗チロキシン《甲状腺ホルモン》.
thy·self /ðaisélf/ 代〖古〗なんじ自身 (yourself)《thou の再帰形》. Love thy neighbor as ~. 隣人をなんじ自身のごとく愛すべし《聖書から》.
Ti〖化〗titanium.
ti /tiː/ 名 =si.
Tiàn·an·men Squáre /tjɑ̀ːnɑːnmən-|tiæ̀nən-mən/ 名 天安門広場《中国ペキン市の広場; 1989 年の天安門事件の舞台》.
Tian·jin /tjɑ̀ːndʒín/ 名 テンチン, 天津(てんしん), 《中国河北省の都市》.
Tian Shan /tjɑ̀ːn-ʃɑ́ːn/ 名〈the ~; 複数扱い〉テンシャン[天山(てんざん)]山脈 《Kirghiz 共和国から中国の新疆(しんきょう)ウイグル自治区にまたがるアジア中部の大山脈》.
ti·ar·a /tié(ə)rə, -ǽrə|tiɑ́ːrə/ 名 C **1** 宝石つき小王冠《女性の頭飾り》. **2** ローマ教皇の 3 重冠.
Ti·bet /tibét/ 名 チベット《中国南西部の自治区》.
Ti·bet·an /tibétn/ 形 チベットの; チベット人[語]の.
— 名 C チベット人; U チベット語.
tib·i·a /tíbiə/ 名 (複 **tib·i·ae** /-biìː/, **~s**) C〖解剖〗脛(けい)骨 (shinbone).
tic /tik/ 名 aU〖医〗(特に顔面)筋肉のけいれん.
tick**[1] /tik/ 動 (**~s** /-s/|過 過分 **~ed** /-t/|**tíck·ing**) 自 **1**〔時計などが〕**かちかちいう**; VA (~ ***away, by, past)〔時が〕過ぎる. listen to the clock *~ing* 時計がかちかちいうのを聞く. The clock [Time] was *~ing away*. 時間が刻々と過ぎ去っていた. **2**〖話〗〔機械などが〕(うまく)動く, 作動する. The engine is old but it's still *~ing*. エンジンは古いがまだ動いている.
— 他 **1** VOA (~ /X/ ***away, by***)〔時計が〕X (時) をかちかち刻む. ~ *away* the seconds〔時計が〕かちかちと秒を刻む. **2** に点検[照合]済みのしるしを付ける, をチェックする,〈*off*〉. ~ (*off*) the items on the list 表の項目をチェックする.
tìck /../ óff (1) = 他 2. (2)〖英話〗..をしかりとばす. (3)〖米話〗..を怒らす.
tìck /../ óut〔受信機が, 通信〕を(かちかちと)打ち出す.
tìck óver (1)〔車のエンジンが〕アイドリングする (idle). (2)〔事が〕(これといった発展なしに)どうにか続いて行く.
what màkes a pèrson tíck〖話〗人の行動の動機.
— 名 (複 **~s** /-s/) C **1** (時計などの)かちかちいう音. **2**〖英〗点検[照合]済みの印《✓など》(〖米〗check). **3**〖主に英話〗一瞬の間 (moment). I'll be back in a ~. すぐに戻って来ます. [擬音語]
tick[2] 名 C **1**〖虫〗ダニ. **2**〖英話〗いやな[つまらない]やつ. [<古期英語]
tick[3] 名 C (まくら, マットレスなどの)粗くて厚い表布, 皮(がわ), カバー; U =ticking.
tick[4] 名 U〖英話〗信用; 掛け売り[買い]. give ~ 掛け

売りする. buy on ～ 掛けで買う. [＜*tick*et]

tíck·er 名 C **1**〘米〙チッカー《株式市況速報機;〘英〙tape machine》. **2** 電信受信機. **3**〘俗〙時計. **4**〘俗〙心臓.

tícker·tàpe 名 U **1** チッカー (ticker 1) 受信用紙テープ. **2** (窓から投げられる)歓迎用紙テープ. a ～ parade to honor the Persian Gulf veterans 湾岸戦争復員者の(紙吹雪)歓迎パレード.

‡tick·et /tíkət/ 名 (複 **～s** /-ts/) **1** C **切符**; 入場券; 乗車券. a bus [train] ～ バス[汽車]の切符. a theater [concert] ～ 劇場[音楽会]の入場券. a single [return] ～〘英〙片道[往復]切符. a one-way [round-trip] ～〘米〙片道[往復]切符. a commutation ～〘主に米〙定期[回数]乗車券. a season ～〘英〙定期券. Admission by ～ only.〘掲示〙入場券をお持ちでない方の入場お断り. **2** C (商品に付けた)**正札**, 値札; 付け札《サイズ, 品質などを示す》. **3** C〘俗〙質札.
4 C〘話〙(交通違反者に渡される)チケット[呼び出し状]. get a parking ～ 駐車違反のチケットを渡される.
5 C〘主に米〙(政党の)公認候補者名簿; (選挙に際して政党が掲げた)政策. on the Democratic ～ 民主党公認候補となって. **6** U〘話〙〈the ～〉まさに必要なもの[こと]. That's just the ～. まさにそれだ, いいぞ.
7 C〘話〙(船長や飛行機操縦士の)免状.
gèt one's tícket〘話〙除隊になる.
splìt one's tícket →split.
── 動 他 **1**〔商品など〕に(定価, サイズなどを書いた)札を付ける. **2** VOA (～ X ***for*** ..) X(物)を〔特定の用途〕にあてる. **3**〔交通違反者〕に呼び出し状を出す, を呼び出す, 〈*for* ..〔違反〕で〉.
[＜古期フランス語 *etiquet*「貼りつけたもの, 張り札」; etiquette と同源]

tícket àgency 名 C (特に劇場の)切符取扱所, プレイガイド.

tícket collèctor 名 C (駅の)集札係.

tícket òffice 名 C 出札所 (→booking office).

tìcket of léave 名 C〘英史〙仮出獄許可証.

tícket wìndow 名 C 切符売り窓口.

tíck·ing 名 U マットレスやまくら用の厚地の綿布.

tìcking-óff 名 (複 **tickings-off**) C〘英話〙小言, 叱(しっ)責, (＜TICK..off (2)). give a person a ～ 人をしかる.

***tick·le** /tík(ə)l/ 動 (**～s** /-z/|過 過分 **～d** /-d/|**-ling**) 他
1 (指先などで)〔人, 体の一部〕を**くすぐる**; をむずがゆがらせる. ～ a person in the ribs 人の脇(わき)腹をくすぐる. He ～*d* my feet with a blade of grass. 彼は細い葉っぱで私の足をくすぐった. The blanket ～*s* me. この毛布は(掛けると)むずがゆい.
2〔人〕を**楽しませる**, 喜ばせる, 〔虚栄心など〕をくすぐる, 〈*with*, *at*, *by* ..で〉. The story ～*d* the children. 物語を聞いて子供たちは面白がった. The idea ～*d* my fancy. その考えを聞いてこれは面白そうだと思った.
── 自 **1**〔人, 体の一部が〕むずむずする, くすぐったい. My nose ～*s*. 鼻がむずむずする. **2**〔物が〕むずがゆがらせる, くすぐったい. The peach fuzz ～*s*. 桃のうぶ毛がむずがゆい.
***be tìckled* ⌊*pínk* [*to déath*]**〘話〙非常に喜ぶ.
── 名 UC くすぐり; くすぐったいこと. [tick, -le¹]

tíck·ler 名 C **1** くすぐる人[もの]. **2**〘米〙メモ帳, 備忘録, (**tíckler fìle**). **3**〘話〙難問, 難題, 難しい事態.

tick·lish /tíkliʃ/ 形 **1**〔人が〕くすぐったがりの; 〔体の一部が〕くすぐったい. **2**〘話〙〔問題, 事態が〕扱いにくい, 微妙な; 〔人が〕すぐ腹を立てる, 怒りっぽい. a ～ problem [situation] 微妙な問題[事態]. ▷ **～·ly** 副 **～·ness** 名

tick·tack /tíktæ̀k/ 名 C **1** (心臓の)どきどき(する感じ). **2**〘米〙＝ticktock.

tìck-tack-tóe 名 U〘米〙三目並べ《〇×が3つ続くように並べ合う, 五目並べに似た遊戯;〘英〙noughts and crosses》.

tick·tock /tíktɑ̀k|-tɔ̀k/ 名 C ((大)時計の)かちかち.

tic-tac-toe /tìktæktóu/ 名 ＝tick-tack-toe.

‡tid·al /táidl/ 形 **1** 潮の; 潮の作用による; 潮の干満のある[の影響を受ける]. a ～ current 潮流. **2**〔活動などが〕(一定不変ではなく)むらがある.

tìdal pówer stàtion [plànt] 名 C 潮力発電所.

tìdal ríver 名 C 感潮河川《潮の影響をかなり上流まで受ける川》.

tídal wàve 名 C **1** (地震などによる)津波 (参考 津波は潮 (tide) とは関係ないので学術的には tsunami を用いる). **2** (抗議や人気などの)澎湃(ほうはい)たる高まり, 怒涛(とう)の勢い. a ～ of protest 津波のような抗議の動き.

tid·bit /tídbìt/ 名 C〘米〙**1** (うまい食物の)ひと口. **2** (面白いニュースの) 1片 (〘英〙titbit).

tid·dle·dy·winks /tídldiwìŋks/ 名〈単数扱い〉おはじき飛ばし《小さな円盤を飛び上がらせてカップの中へ入れる遊戯》.

tid·dler /tídlər/ 名 C〘英〙**1**〘話〙小さな魚, 雑魚(ざこ). **2**〘話〙ちびっこ. **3**〘俗〙半ペニー貨.

tid·dl(e)y /tídli/ 形 e〘英話〙**1** ほろ酔いの.
2 とても小さな.

tíddl(e)y·wìnks /tídli-/ 名 ＝tiddledywinks.

‡tide /taid/ 名 (複 **～s** /-dz/)【潮の流れ】**1** C **潮**, 潮の干満; 潮流. at low [high] ～ 干[満]潮に. the flood [ebb] ～ 満[干]潮. The ～ is going out [coming in]. 今は引き[満ち]潮である. When the ～ is down [out], we dig for clams. 潮が引いた時我々はハマグリを採る. The ship will sail with the ～. 船は(引き)潮に乗って出航する.
2 C **形勢**, 傾向; 時流; 盛衰. go with [against] the ～＝swim with [against] the ～ 時勢に従う[逆らう]. the ～ of public opinion 世論の大勢. the high ～ of fortune 幸運の絶頂. The ～ turned against him. 形勢は彼にとって不利になった. That battle turned the ～ of the war. その戦闘は戦争の流れを一変させた.
3【潮どき】U〘古〙時, 時期; 季節; (★今では yule*tide* など複合語の一部として). noon～ 真昼. spring～ 春. Time and ～ wait(s) for no man.〘諺〙歳月人を待たず. ◇形 tidal
wòrk dòuble tídes 普通の2倍働く, 全力で働く.
── 動 他 VOA (～ X ***over*** ..) X(人)に〔困難な時期など〕を切り抜けさせる. They had enough food to ～ them *over* the winter. 彼らには冬を乗り切るのに十分な食糧があった.
── 自 VA (～ ***over*** ..)〔困難, 障害など〕を乗り切る, 切り抜ける.
tìde /../ óver 〔人〕に(逆境などを)乗り切らせる. Will fifty dollars ～ you *over* till next week? 50ドルで来週までやっていけるか. [＜古期英語「時, 時間」]

tíde·lànd 名 U〘米〙干潟《満潮時に浸水する海岸の低地帯》.

tíde·màrk 名 C **1** 潮位線《満潮又は干潮時の》. **2**〘英話〙体の洗った部分と洗ってない部分の境界線; 浴槽内壁に残る垢(あか)の線.

tíde tàble 名 C 潮汐(せき)表《ある場所での毎日の一定時刻の潮の高さを示す表》.

tíde·wàter 名 U **1** 満潮時に海岸を覆う水. **2** 河口の水《潮の影響を受ける》. **3**〘米〙低い海岸地帯《特に Virginia 州の》.

tíde·wày 名 (複 **～s**) C **1** 潮流の(狭い)流路. **2** (狭い流路を流れる)強い潮流.

†tid·ings /táidiŋz/ 名〘古〙〈単複両扱い〉たより (news). glad [sad] ～ 吉報[悲報]. good [evil] ～ よい[悪い]知らせ. [＜古期英語「起こったこと」]

‡ti·dy /táidi/ 形 e (**-di·er**|**-di·est**) **1** きちんとした, 整

然とした, (類語 手入れが行き届いて, 整頓(ㅊ) されているという意味; →neat, orderly, shipshape, trim). a ～ apartment 小ざっぱりしたアパート. a ～ desk 整然とした机(の上). a ～ mind 整然とした思考(の持ち主). **2** きれい好きな, きちょうめんな. a ～ person 身ぎれいにしている人. **3**〖話〗かなりの〔金額など〕(considerable). a ～ sum of cash 相当な額の現金.

── 動 (**-dies**|過 過分 **-died**|**～·ing**) 他 をきちんとする, 整頓する, 〈*up*〉. ～ (*up*) a room 部屋を片付ける. ～ one's hair 髪を整える. ～ (*up*) oneself 身うくろいする.

── 自 片付ける, 整頓する.

tìdy /../ awáy 〖主に英〗〔物〕を片付ける, しまいこむ. *Tidy* your books *away* when you've finished your homework. 宿題を終えたら本を片付けなさい.

tìdy /../ óut 〖主に英〗〔机, 戸棚など〕(の中)を整理する, 片付ける.

── 名 (複 **-dies**) C **1** 小物入れ; (台所の流しの)ごみ入れ. **2**〖主に米〗いすのカバー.

[<古期英語「時にかなった」; tide, -y[1]]

▷**ti·di·ly** 副 きちんと, 整然と; 身ぎれいに. **ti·di·ness** 名 U きちんとしていること; 身ぎれいなこと.

‡**tie** /tai/ 動 (**～s** /-z/|過 過分 **～d** /-d/|**tý·ing**) 他

〖結ぶ〗 **1 を結びつける**, ゆわえる, 《ひも, ロープなどで》〈*up, together*〉〈*to* ..に〉; 〔人の気持ちなど〕を結びつける. She ～*d* the package *up*. 彼女は小包をしっかりくくった. He ～*d* the horse *to* a tree. 彼は馬を木につないだ. 類語 tie はひもやロープで 1 つの物を別の物に結びつけること; →fasten. The two cities are ～*d* in a friendly relationship. 2 つの都市は友交関係で強く結ばれている.

2〖楽〗〔音符〕を(弧線で)結合する.

3〔ネクタイ, リボンなど〕を 結ぶ; 〔靴, 帽子など〕のひもを結ぶ; 〔結び目など〕を作る. There was a ribbon ～*d* in her hair. 彼女は髪にリボンが結んであった. Let me ～ your shoes. 私が靴のひもを結んであげます. ～ a knot 結び目を作る.

〖縛る〗 **4 を束縛する** (bind); を拘束する 〈*to* ..〔仕事など〕に〉; (→TIE /../ down). My tongue is ～*d*. 私は口止めされている. Fear ～*d* him *to* his chair. 恐怖のあまり彼はいすから動けなかった. He was ～*d to* a job he hated. 彼は嫌いな仕事に縛りつけられていた. His hands are ～*d*.= He has his hands ～*d*. 彼は思うままの行動ができない《<両手が縛られている》.

5〖縛り合う〗〔試合など〕を引き分けにする; 〔相手チームなど〕と引き分ける, 同点になる; とタイになる; 〈普通, 受け身で〉. be ～*d* 引き分ける. ～ one's opponent 相手と引き分ける. ～ a record タイ記録になる.

── 自 **1** 結ばれる, 結べる. The bonnet ～*s* under the chin. そのボンネットはあごの下で結ばれる.

2 同点になる, タイになる, 〈*with* ..〔相手〕と/*for* ..(の成績など)で〉. ～ *with* him *for* first place 彼と同点の 1 位になる.

fit to be tied 〖話〗ひどく怒って.

tìe /../ dówn (1)〔人〕を立てないように縛る, 押さえつける. (2)〔人〕を束縛する; 〔人〕を縛りつける〈*on, to* ..に〉. My baby ～*s* me *down to* the house. 赤ん坊に縛られて家から出られない. be ～*d down to* a responsible position 責任ある立場に縛りつけられる.

tìe ín 密接に関連する, 一致する; 時間的に一致する; 〈*with, to* ..と〉. Your story doesn't ～ *in with* his. 君の話は彼の話と合わない.

tìe /../ ín (1) ..を密接に関連させる, 一致させる; ..を時間的に一致させる; 〈*with, to* ..と〉. ～ *in* the protest demonstrations *with* the introduction of the bill into parliament その法案の議会提出に合わせて抗議デモを行う. (2)〖米〗〔商品〕を抱き合わせで販売する〈*with* ..と〉.

tìe togéther 結合する; 〔話が〕つじつまが合う, 一致する.

tìe /../ togéther ..を結びつける; 〔話〕のつじつまを合わせる, ..を一致させる. England and America are ～*d together* by a common language. 英国と米国とは共通の言語によって結びついている. 「と〉.

tìe úp 〖話〗関連をもつ; 提携[タイアップ]する; 〈*with* ..↑

****tìe /../ úp*** (1) **..をしっかり縛る**, 包装する, (→他 1). (2)〈普通, 受け身で〉〖話〗〔人〕を忙しくさせる. I'm afraid I'm ～*d up* this afternoon. 残念ですが, 今日の午後は暇がありません. (3)〖話〗〔準備など〕を完了する, まとめる; 〔問題など〕に決着をつける. My plans for my holiday are all ～*d up*. 休暇の計画はすっかりできた. (4) **..を(縛って)動けなくする**; 〔ボート〕をつなぐ, 舫(ㅎ)う, (moor); 〔交通, 生産など〕を止める. The traffic was ～*d up* by the parade. パレードで交通止めになった. (5)〈普通, 受け身で〉〖話〗〔金など〕を自由に使えないようにする〈*in* ..に投資して〉. He's got most of his money ～*d up in* oil. 彼の金はほとんど石油(事業)につぎ込まれて動かせない. (6)〖話〗**..を関連づける**, 結びつける; ..を提携させる; 〈*with* ..と〉.

── 名 (複 **～s** /-z/) C 〖結ぶもの〗 **1** (結ぶための)ひも. She unfastened the ～*s* and removed the boots. 彼女はひもを緩めてブーツを脱いだ. **2**〖楽〗タイ, 弧線, (→slur). **3**〖建〗つなぎ材; 〖米〗(鉄道の)まくら木 (〖英〗sleeper). **4 結び(目)**; **ネクタイ** (necktie は〖主に米〗; →bow tie, four-in-hand). Some people never wear ～*s*. 決してネクタイをしない人もある.

〖束縛〗 **5**〈普通 ～s〉**縁**, きずな, 結びつき, (類語 bond のほうがより強い結びつき); 〈普通 a ～〉(人の自由を束縛する)重荷, 足手まとい. family [religious, economic] ～*s* 家族のきずな[宗教的結びつき, 経済的連携]. There are blood ～*s* between the two. 2 人の間には血のきずながある. One's own children can be a ～. 自分の子供が重荷になることがある.

6〖縛り合い>未決着〗(得点, 得票などの)**同点**, 同数, タイ, 引き分け; 〖英〗(トーナメント中の) 1 試合. The game ended in a ～. ゲームは引き分けに終わった. play [shoot] off the ～ 引き分け後の再試合をする. a cup ～ 優勝杯争奪戦. [<古期英語「結ぶ」; tow[1] と同根]

tíe bèam 名 C 〖建〗つなぎ梁(ㅎ), 小屋梁.

tíe·brèak(·er) 名 C 〖テニス〗タイブレーク《ゲームカウントが 6 対 6 になった時に行う余分のゲーム; この勝者がセットを得る》.

tíe clàsp [clìp] 名 C ネクタイ止め《挟むタイプのもの; **tíe bàr** もほぼ同じ; →tiepin》.

tìed cóttage 名 C 〖英〗農場付属住宅《農場主が小作人に貸す》.

tìed hóuse 名 C 〖英〗(特定の会社製造のビールだけを売る)特約酒場 (↔free house).

tíe-dỳe 動 他 を絞り染めにする. ▷**～·ing** 名 U 絞り染め.

tíe-ìn 名 C **1** つながり, (因果)関係. a ～ between smoking and lung cancer 喫煙と肺癌(ㅎ)との関連. **2** 抱き合わせ販売[広告](品).

── 形 抱き合わせの. a ～ sale 抱き合わせ販売.

tíe-òn 形 結びつける〔札, ラベルなど〕.

tíe·pìn 名 C ネクタイピン《安全ピン型 (〖米〗stickpin) と, タイを突き刺して裏で留め具で留める型 (〖米〗tie tack) がある》.

†**tier**[1] /tiər/ 名 C (階段式の座席の) 1 段, 1 列; (重なった)層; 段階, 階層. ～*s* of seats 階段式の座席. in ～*s* 段々になって. a three-～(ed) cake 3 段になったケーキ. a two-～ gender system 文法的性の 2 本立て体系《男性・女性だけで中性がない》. ▷**～ed** 形 段[層]になった.

ti·er[2] /táiər/ 名 C 結ぶ人[もの].

tierce /tiərs/ 名 C 〖カトリック〗第 3 時課《午前 9 時の祈り; →canonical hours》.

tíe tàck 名〘米〙＝tiepin.
tíe-ùp 名 C **1** 関係, 結びつき; 提携, 合同, タイアップ. **2**〘米〙業務の停止《事故, ストライキなどによる》; 交通途絶[渋滞]. **3**〘米〙牛舎; (船の)係留所.
tiff /tif/ 名 (複 **～s**) C **1** (恋人同士などの)いさかい. have a ～ with ..といさかいをする. **2** 不機嫌.
Tif·fa·ny /tífəni/ 名 **1** ティファニー《米国 New York 市にある高級アクセサリー店; **Charles L. ～** (1812–1902) が創業》. **2 Louis Comfort ～** ティファニー(1848–1933)《米国のステンドグラス器製作者; 1の創始者の息子》.
tif·fin /tífən/ 名 U 〘インド・パキスタン〙昼食.
Tif·lis /tíflis, tiflí:s/ 名 ＝Tbilisi.
tig /tig/ 名 U 〘英〙鬼ごっこ (tag²).
‡**ti·ger** /táigər/ 名 (複 **～s** /-z/) C **1**〘動〙トラ (女 tigress); (cougar, jaguar など)トラに似た動物. →paper tiger. **2** 狂暴[残忍]な人. He's a real ～ when he's roused. 彼は興奮すると本当に狂暴になる.
càtch [*gèt, hàve*] *a tìger by the táil* 予想もしなかった苦境に陥る.
fìght like a tíger 猛烈に働く.
rìde the [*a*] *tíger* 〘話〙危険な生き方をする, いつ何時破滅するか分からない, 《＜トラに乗る》. [＜ギリシア語]
Tíger Bàlm 名 U 〘商標〙タイガーバーム, 虎標萬金油, 《マレーシアで広く万能薬として用いられるメントール入りの軟膏(こう)》.
tíger bèetle 名 C 〘虫〙ハンミョウ.
tíger càt 名 C 〘動〙ヤマネコ; とら猫.
tíger·èye 名 ＝tiger's-eye.
ti·ger·ish /táig(ə)riʃ/ 形 **1** トラのような; 狂暴な, 残忍な. **2** 〔人が〕すごく活動的な.
tíger lìly 名 C 〘植〙オニユリ.
tíger mòth 名 C 〘虫〙ヒトリガ.
tíger's-èye 名 UC 〘鉱〙虎眼(とらめ)石.
tíger shàrk 名 C イタチザメ《人食いザメ》.
‡**tight** /tait/ 形 e 【透き間のない, 詰まった】 **1** ぴったり合った〔衣服など〕; きつい, 窮屈な; (↔easy). a ～ collar きつい襟. Aren't the shoes too ～ for you? その靴はきつすぎませんか.
2 透き間のない, きっちり詰まった; 厳重な, 厳しい. a ～ schedule ぎっしり詰まった予定. pack a box ～ with books 箱に本を透き間なく詰める. ～ discipline 厳しい訓練. He holds ～ control of the company. 会社は彼の厳重な統制下にある.
3 水[空気]の漏らない, 目の詰まった, (→-tight). a ～ ship 水の漏らない船. Is the roof completely ～? 屋根は絶対に雨が漏らないだろうね.
4【酒が詰まった】〘話〙〈叙述〉酔っ払った. He was so ～ he couldn't walk. 彼は酔って歩けないほどだった.
【締まった】 **5** (**a**) 締まった, きっちりした; 固く結んだ; (↔loose). a ～ drawer 固くて開かない引き出し. Make sure the cover of the jar is ～. つぼのふたを締め忘れないように. a ～ knot 固い結び目. (**b**) 〔人, 国家などが〕利益, 信念などで固く結ばれた. a ～ cluster of people 結束の固い集団. a ～ pop group よくまとまったポップグループ.
6 ぴんと張った, 引き締まった, (↔slack). a ～ drum [sail] ぴんと張った太鼓[帆]. Pull this string ～. このひもをぴんと張りなさい.
7【張り詰めた】 (**a**) 互角の〔試合など〕. a ～ contest 互角の勝負. (**b**) いらいらした, ぴりぴりした. a ～ smile こわばった[作り]笑い.
8【固く握り締めた】〘話〙けちな, 締まり屋の, 握り屋の, (tightfisted, stingy).
【窮屈な】 **9** (特に胸を)締めつけるような. The ～ feeling in the chest has gone. 胸を締めつけるような不快感は消えた.
10 (**a**) 困難な, 窮屈な; 動きのとれない; 〔立場など〕. His wife's extravagance drove him into a ～ spot. 妻の浪費癖で彼は進退きわまった. (**b**) 〔土地などが〕狭い, 余裕のない; 〔角度, カーブなどが〕急な. a ～ parking space 狭い駐車場. a ～ bend (道路, 川などの)急な曲り目.
11〘商〙金詰まりの; 品薄の; (↔easy). a ～ money policy 金融引き締め政策. The money market is very ～. 金融市場は逼迫(ひっぱく)している. Lumber is very ～. 木材が品薄だ.
a tìght fít 〘話〙 (服などの)窮屈な合い具合. This dress is *a* ～ *fit*. このドレスは窮屈だ.
a tìght squéeze すし詰め(状態); 窮地, 苦境.
kèep a tight réin on .. →rein.
rùn a tìght shíp 会社や組織などを(規則を順守することによって)上手に経営[管理]する.
tíght lìttle ちっぽけな. on this ～ *little* island このちっぽけな島で.
── 副 e しっかりと, 固く. Hold ～*er*. もっとしっかり握れ. He screwed the lid on ～. 彼はふたをねじって固く締めた. This shirt fits me ～. このシャツは僕の体にぴったり合う.
sìt tíght その場を動かない, じっとしている; 何もしない; 自説を曲げない. We had to *sit* ～ and wait for the storm to blow over. 我々はじっとしてあらしが吹きやむのを待たねばならなかった.
slèep tíght ぐっすり眠る.
[＜古期北欧語「ぎっしり詰まった, 水をもらさない」]
-tight 〈複合要素〉「..を通さない, ..の漏れない; 透き間のない」の意味. air*tight*. water*tight*. skin*tight*.
*__tight·en__ /táitn/ 動 (**～s** /-z/｜過 過分 **～ed** /-d/｜**～·ing**) 他 〔管理, 統制など〕を引き締める, 強化する; を固くする; をぴんと張る; 〈*up*〉. ～ (*up*) a bolt ボルトを固く締める. ～ a string on the guitar ギターの弦を締める. ～ *up* the money supply 金融を引き締める.
── 自 締まる; 固くなる. His muscle ～*ed* with cold. 彼の筋肉は寒さで固くなった. ◇↔loosen 形 tight
tìghten one's [*the*] *bélt* →belt.
tìghten úp 厳しくする〈*on* ..について〉. The police have ～*ed up on* drunk driving. 酔っ払い運転の取り締まりが厳しくなった.
tìghten /../ úp 〔罰則など〕を厳しくする.
tìght·físted /-əd ⑧/ 形〘話〙締まり屋の, けちな, 握り屋の. ▷ **～·ness** 名
tìght·knít /⑧/ 形 緊密に組織された, しっかり組み立てられた. a ～ group 緊密[閉鎖的]な集団.
tìght-lípped /-t ⑧/ 形 **1** 口を固く閉じた, ものを言おうとしない, 《特に怒りの表情》. **2** 無口な, 口数の少ない.
†**tíght·ly** 副 しっかりと, きつく, 固く, 厳しく.
tíght·ness 名 U 引き締まっていること; 固いこと; 窮屈; (金融などの)逼迫(ひっぱく).
‡**tíght·ròpe** 名 C (綱渡りの)張った綱. perform on a ～ (軽業師が)綱渡りをする. ***trèad*** [***wàlk***] ***a tíghtrope*** 綱渡りをする《比喩的に, 非常に小さいしくじりも身の破滅になるような危なっかしい状況を言う》.
tíghtrope wàlker 名 C 綱渡り師.
*__tights__ /taits/ 名〈複数扱い〉タイツ《女性用の下着; 又はダンサー, 曲芸師などが着るぴったりした衣装》; 〘英〙パンティーストッキング (〘米〙 panty hose).
tíght·wàd 名 C 〘米・オース話〙けちん坊, しみったれ.
ti·gon, -glon /táigən/, /-glən/ 名 C 〘動〙タイゴン, タイグロン, 《雄のトラと雌のライオンの子; ＜*ti*ger＋li*on*; →liger》.
ti·gress /táigrəs/ 名 C 〘動〙雌のトラ (男 tiger).
Ti·gris /táigrəs/ 名 〈the ～〉ティグリス川《Euphrates と合流してペルシア湾に注ぐ》.
tike /taik/ 名 ＝tyke.
ti·ki /tí:ki/ 名 **1** 〈T-〉ティキ《ポリネシア神話で, 人類を創造した神》. **2** C ティキ像《木・石の小像でお守りとして

T

所持する》. [マオリ語「像」]

til, 'til /til/ 〖米・非標準つづり〗 前, 接 =till[1].

ti·la·pi·a /tilɑ́:piə, -léi-/ 名 C 〖魚〗 テラピア《アフリカ産のカワスズメ科淡水魚; 口中で子を育てる; 食用》.

til·de 名 C **1** /tíldə/ ティルデ《スペイン語で n の上に付ける ˜ (例 señor), ñ はニュに近い音; 国際音標文字では母音字の上(例 ɑ̃) につけて鼻音化を表す》. **2** /tild/ = swung dash.

‡tile /tail/ 名 (複 **~s** /-z/) C **1** かわら; タイル《床, 壁張り用; 装飾用; 金属, プラスチック製などのものもある》; (排水用の)土管. replace broken ~*s* 割れたかわらを取り替える. a (vinyl) ~ floor (ビニール)タイル張りの床.
2【タイル状のもの】(マージャン, スクラブルなどの)牌(ぱい).
3 〖話〗 シルクハット (silk hat).
hàve a tíle lòose 〖話〗 気が変である.
(òut) on the tíles 〖英話〗 放蕩(とう)して《屋根に上がって猫が暴れることから》. spend a night *on the* ~*s* 飲んだり踊ったりして夜を過ごす.
— 動 他 〔屋根〕をかわらでふく; 〔床, 壁など〕にタイルを張る. ~ a floor 床にタイルを張る.
[<古期英語 (<ラテン語 *tēgula*「覆い>瓦」)]

til·er /táilər/ 名 C かわら[タイル]職人.

til·ing /táiliŋ/ 名 U かわらふき[タイル張り](工事); 〈集合的〉 かわら[タイル]類; かわら屋根, タイル面.

‡till[1] /til/ ★語法, さらなる用例などについては until の項を参照のこと. 前 **1** ..まで(ずっと); 〈否定文で〉..までは(..ない). (up) ~ then その時まで (★ up till と言っても till と同じ意味). wait ~ tomorrow あしたまで待つ. work from morning ~ night 朝から夜まで働く. play ~ ⌊five o'clock [after dark] 5 時[暗くなる]まで遊ぶ. up ~ 2000 2000 年まで. stay up ~ late at night 夜ふかしをする. Closed ~ Thursday. 〖掲示〗 水曜まで閉店《木曜には開く》. He didn't come home ~ midnight. =It was not ~ midnight that he came home. 彼はやっと真夜中に帰宅した. **2** 〖米・方〗 ..(分)前. My watch says ten ~ seven. 私の時計では 7 時 10 分前だ. **3** 〖主にスコ・北イング〗 =until 3.
— 接 **1** ..まで(ずっと), ..する時まで; 〈否定文で〉..してはじめて(..する). Stay here ~ the rain stops. 雨が止むまでここにいなさい. Don't do anything ~ I get back to you. こちらから連絡するまでは何もするな. **2** 〖スコ・アイル〗 ..するために, ..のように, (so that).
[<古期英語「..へ」(<古期北欧語 *til* 'to'); 「..まで」の意味は中期英語から]

till[2] 動 他 〖旧〗〔土地〕を耕す (plough). [<古期英語「(得ようと)試みる」]

till[3] 名 C (商店, 銀行などの)現金箱, 現金用引き出し《cash register の一部》; 金銭登録器, レジ, (cash register). ***hàve* [*with*] *one's fíngers in the tíll*** 〖話〗 勤めている店の現金に手をつける[つけて].

tíll·a·ble 形 耕作に適した〔土地など〕.

till·age /tílidʒ/ 名 U **1** 耕作. **2** 耕地.

till·er[1] /tílər/ 名 C 〖船〗 舵(だ)の柄.

till·er[2] 名 C 耕作者, 農夫.

†tilt /tilt/ 動 他 を傾ける, かしげる. He ~*ed* the bottle higher to get the last drop. 彼は最後の 1 滴まで飲もうと瓶を高くかしげた. ~ one's head slightly to one side 首を少しかしげる.
— 自【かしぐ】**1** 傾く, かしぐ. The tower began to ~ soon after its construction. 塔は建設後間もなく傾き始めた. Public opinion ~*ed* ⌊toward [away from] the new party. 世論は新しい党⌊の方へ傾いた[から離れた].
【突いて倒そうとする】**2** 〔中世の騎士が〕やり試合をする; VA (~ *at* ..) ..をめがけてやりで突きかかる.
3 VA (~ *at* ..) ..を非難攻撃する.
tìlt at wíndmills →windmill.
— 名 **1** UC 傾き, 傾斜. give a ~ to a cask たるを傾ける. wear one's hat at a ~ 帽子を斜めにかぶる. on the ~ 傾いて. **2** C (中世騎士の)やりの突き 〈*at* ..への〉; やり試合. **3** C 非難攻撃 〈*at* ..に対する〉.
(at) fùll tílt 全速力で; 全力を出して. The car was going *full* ~. 車は全速力で走っていた.
hàve* [*màke*] *a tílt at .. 〔論争などで〕〔人〕を(軽く)攻撃する.
[<中期英語 (?<古期英語「あやふやな」)]

tilth /tilθ/ 名 U 耕作(された状態); 耕地.

Tim /tim/ 名 Timothy の愛称.

Tim. Timothy 2.

***tim·ber** /tímbər/ 名 (複 **~s** /-z/) **1** U (建築用の)材木, 角材, (〖主に米〗 lumber). Japan imports most of its ~. 日本は木材の大部分を輸入している. **2** U (材木用の)樹林; 〖主に米〗 森林地. put an area under ~ ある地域に植林する. **3** C 横木, 棟(むな)木; 〖船〗 肋(ろく)材. **4** U 〖章〗 〈修飾語(句)を伴って〉 人材, 素質. a player of major-league ~ 大リーグ級の(力量を持った)選手.
— 間 (木が)倒れるぞ《伐採の際の警告》.
[<古期英語「建物, 建材」]

tím·bered 形 **1** 〔建物が〕木造の; 〈複合要素〉 造りが..材の. **2** 立ち木のある.

tim·ber·ing /tímb(ə)riŋ/ 名 U **1** 〈集合的〉 建築用材. **2** (建物などの)木組み.

tímber·lànd 名 U 〖米〗 木材用森林地.

tímber·line 名 C 〈the ~〉 (高山, 極地の)樹木限界線.
「北部・カナダの》.

tímber wòlf 名 C 〖動〗 シンリンオオカミ《特に北米↑

tímber·yàrd 名 C 〖英〗 材木置き場.

tim·bre /tǽmbər, tím-/ 名 UC 〖楽〗 音色, 音質.
[<ギリシア語「大鼓」]

tim·brel /tímbrəl/ 名 〖古〗 =tambourine.

Tim·buk·tu /tìmbʌktú:, ⌐⌐⌐/ 名 ティンブクトゥ, トンブクトゥ, 《アフリカ北西部, マリ中部の町; サハラ砂漠の南縁にあり, 隊商路の終点として 14-16 世紀ごろに栄えた》; 〈一般に〉 非常に遠い所. from here to ~ ここからはるか遠い所まで.

Time /taim/ 名 『タイム』(誌) 《米国ニューヨーク市の Time 社刊行の週刊誌; 1923 年創刊》.

‡time /taim/ 名 (複 **~s** /-z/)
【時間】 **1** U 〈無冠詞で〉 **時間**, 時; 歳月; 〈T-〉 = Father Time. ~ and space 時間と空間. till the end of ~ 世の終わりまで. *Time* is money. 〖諺〗 時は金なり. *Time* flies. 〖諺〗 時は走り去る (→tempus fugit). Only ~ will tell if he's right. 彼が正しいかどうかは時がたたねば分からない. *Time* heals all wounds. 時はすべての傷をいやす. It's only a matter [question] of ~ before he is arrested. 彼が逮捕されるのは時間の問題だ.
2 U 〈修飾語(句)を伴って〉 ..標準時. Greenwich (Mean) *Time* グリニッジ標準時. Eastern *Time* 〖米〗 東部標準時. British Summer *Time* 英国夏時間.
3【期間】 aU (..の)**期間**, 間. for a ~ →成句. I'll be here a short ~ only. ここにはわずかの間しかいない. It's (been) a long ~ since I heard from you last. この前お手紙を頂いてから長いことたちました. You've been (quite) a ~. ずいぶん時間がかかったね. in a week's ~ 1 週間ほど⌊して[すれば] (★in a week より漠然とした言い方). **4** U **時間**, **暇**, 〈*for* ..のための *to* do ..する〉. There is little ~ left. 残り時間がない. I was some ~ finding the bus stop. バス停を見つけるのにちょっと時間がかかった. She has little ~ *for* reading. 彼女には本を読む暇などない. I had no ~ *to* do it. 私にはそれをやる時間がなかった.
【必要な時間】 **5** U 〈しばしば one's ~〉 (奉公の)年季; 〈修飾語(句)を伴って〉 勤務[就業]時間; 時間給. serve

out one's ～ 年季を勤め上げる. →full [part] time. receive double ～ for overtime 超過勤務に 2 倍の時間給をもらう.
6 Ⓤ 〖話〗刑期. serve [do] ～ 刑期を務める, '臭い飯を食う'. He got two years off his ～ for good behavior. 彼は服役態度が良かったので刑期を 2 年短縮された.
7 Ⓒ 〖競技〗所要時間; 〈間投詞的〉やめ! タイム! My ～ was a little over four minutes. 僕のタイムは 4 分をわずかにオーバーした. *Time*, please! 〖英〗閉店の時間です《パブの店主などの文句》. scored the winner nine minutes from ～ 試合終了 9 分前に決勝点を入れた.
【特定の時】 **8** Ⓤ 〈しばしば the ～〉**時刻**. What's the ～?＝What ～ is it?＝〖米〗What ～ do you have? ＝Have you got the ～? 今何時ですか. She could tell (〖英〗the) ～ before she could count. 彼女は数の勘定ができないうちから時計が読めた.
9 Ⓤ **(a)** (特定の)時, 折り; 季節; 時 〈*for* ..のための〉; (語法 (1) half ～, closing ～ などのように, 修飾語(句)を伴うことが多い. (2) bed～, tea～ などのように複合要素にもなる). It's the children's bed～. もう子供たちの寝る時間だ. at tea～ お茶の時間に. It's ～ *for* tea. お茶の時間です. You may come any ～ you like. いつでも好きな時にいらっしゃい (★any ～, every ～, next ～ などは, この例のように, 接続詞的に使われることもある). When was the last ～ I saw you? この前(最後に)お会いしたのはいつでしたかね. At that [the] ～ I was ill in bed. 私はそのころ病気で寝ていた. at this ～ of (the) year この季節に. It's very warm for the ～ of year. 今ごろの季節にしてはとても暖かだ. at Christmas～ クリスマスの季節に. at your ～ of life 君の年齢になって(は). The ～ will come when the truth will come out. 本当のことが分かる時が来るだろう. My ～ has come to work on the night shift. 私の夜勤時間になった.

> 連結 a proper [an appropriate; a convenient; a favorable, an opportune] ～

(b) 〈it is (about) ～ to do [that 節]で〉もう..すべき時[ころ合い]である (語法 that 節内の動詞には(仮定法)過去形を用いる). It's ～ for you to get married. もう結婚してもいいころですよ. It's ～ you went to school. 学校に行く時間ですよ. Isn't it about ～ our baby could walk? うちの子はそろそろ歩けるようになるころじゃないのか. It is high ～ ..→high の成句.
10 Ⓒ 時機, タイミング; 〈the ～〉好機, (絶好の)チャンス, 〈*to* do ..する〉. Now's the ～ *to* sell. 売るなら今だ.
11 【経験を伴った時】 aⓊ (つらい, 楽しい)**経験**. have a great ～ すばらしい経験をする. have a good [bad, hard] ～ (of it) →成句.

> 連結 a great [a delightful, an enjoyable, a lovely, a marvelous; a lively, a thrilling; a dull; a tough; a harrowing, a trying] ～

【時期】 **12** Ⓤ 〈しばしば one's ～〉(人の)一生; 〈特に〉若いころ; 死期; (妊婦の)分娩(べん)期. The money will last my ～. 私の生きている間はこの金で足りるだろう. His ～ was approaching [drawing near]. 彼の死期は近づいていた. When my ～ comes, I hope to be ready. 最期の時が来た時には心の準備ができているようにしておきたい.
13 Ⓒ 〈普通 ～s〉**時代**; 当時; 現代; 時勢, 時世, 景気. in ancient ～s 古代に. in Napoleon's ～ ナポレオンの時代に. in our ～(s) 現代に[の]. in those difficult ～s 困難な当時(に). the painters of the ～ 当時[現代]の画家たち. *Times* are changing. 時勢は(どんどん)変わっている. in these ～s こういうご時世で(は). as ～s go 今の時世では. move [keep up] with the ～s 時流に乗る, 時勢に合わせる. behind the ～s →成句. We have hard ～s ahead of us. これから先, 我々には苦しい生活が待っている. good [hard] ～s 好[不]景気.
【事の起こる時＞回数】 **14** Ⓒ **..回**, ..度; **..倍**. eat three ～s a day 1 日に 3 回食べる. many ～s [〖詩・雅〗many a ～] たびたび, 何度も. more ～s than not たいてい. nine ～s out of ten →nine (成句). for the first ～ 初めて. I'm telling you for the hundredth ～ not to slam the door! ドアをばたんと閉めるなともう何べんも言ってるじゃないか. next ～ 今度, 次回に. I can't do it this ～. それは今回はできません. Six ～s five is thirty. 5 の 6 倍は 30 (参考 6×5＝30 の読み方; 日本人はこの式を「6 の 5 倍」と解するが英米人は逆), 6 掛ける 5 は 30. This box is five ～s ⌊as large as [larger than] that one. この箱はあの箱の 5 倍も大きい. charge three ～s the normal price 普通の値段の 3 倍請求する.
15 【歩数】 Ⓤ 〖軍〗行進速度.
16 Ⓤ 〖楽〗拍子, テンポ. in slow ～ ゆっくりしたテンポで. beat ～ 拍子を取る. in ³/₄ ～ 4 分の 3 拍子で《in three-quarter ～ と読む》.

against tíme 期限を切られて; 猛烈な速度で. work *against* ～ 時間に迫られて大急ぎで働く.
ahèad of tíme 定刻より早く. get there *ahead of* ～ 定刻前にそこに着く.
***ahèad of one's tíme* [*the tímes*]** 時世に先んじて.
áll in gòod tíme →good.
****àll the tíme*** **(1)** **その間中ずっと**, 初めからずっと. The baby kept crying *all the* ～. 赤ん坊は泣き通しだった. **(2)** 〖米〗いつも (always). Things like this happen *all the* ～. こういう事はしょっちゅう起こる. **(3)** 〈接続詞的〉..する間ずっと. *All the* ～ the hare was sleeping, the tortoise plodded on. ウサギが眠っている間中カメはこつこつ進んで行った.
(*and*) *abòut tíme* (*tòo*) 〖話〗〈文末に付けて, 又は応答として〉(それも)遅きに失するぐらいだ. The minister resigned—*and about* ～ *too!* 大臣は辞任したよ. 遅過ぎるぐらいだがね.
at àll tímes いつも, 常時. You must be ready *at all* ～*s*. 常に用意していなくてはいけない.
at ány time →any.
at a tíme 一度に; 続けざまに. I'll answer your questions one *at a* ～. 一度に 1 つずつ君たちの質問に答えよう. work for days *at a* ～ 幾日も続けざまに働く.
at nó tìme 決して..ない (never). *At no* ～ did anyone write such a story. 未だかつてそんな小説を書いた人はいない.
at óne tìme **(1)** 同時に. I can watch TV and do my homework *at one* ～. 私はテレビを見るのも宿題をするのと同時にできます. **(2)** 一時は, かつて. They had been friends *at one* ～ (or another). 彼らはかつて友達だった.
at óne tìme or anòther (過去の)いろいろな時[折]に, (いつとは言えないが)何かの折に. I have read all these books *at one* ～ *or another*. これらの本はいつとは言えないが前にみな読んでいる.
at the sáme tìme →same.
at thìs tìme of dáy (1 日のうちの)この時刻になって; 〈一般に〉こんなに遅く, 今ごろになって. No financial aid could save the firm *at this* ～ *of day*. どんな財政的援助も今となってはその会社を救えないだろう.
at tímes 時々.
before a pèrson's tíme 人が生まれる前に, 人の時代がまだ来ないうちに. Young people know very little about World War II; it was *before* their ～. 若い人たちは第 2 次大戦のことをほとんど知らない, 生まれる前のことだったから.
before one's tíme 天寿を全うせずに〔死ぬなど〕; 月足ら

T

ずで〔生まれるなど〕; (→名 12).

*behind the tímes 時世[勢]に遅れて.

behind tíme (予定より)遅れて, 遅刻して. We're *behind* ～ according to our schedule. 我々はスケジュールより遅れている.

between tímes 合間(合間)に, 時折.

bùy time ＝gain TIME (1).

*by the tíme.. 〈接続詞的〉 ..する時までに. I shall have a house of my own *by the* ～ I'm fifty. 私が50歳になるまでには自分の家が持てるだろう.

for àll tíme 永久に; どんな場合にも.

*for a tíme しばらくの間, 一時. They kept silent *for* a ～. 彼らはしばらく黙っていた.

for the tìme béing →being.

*from tìme to tíme 時々 (sometimes). He visited us *from* ～ *to* ～. 彼は時々私たちを訪ねてくれた.

gàin tíme (1) (口実を設けたり, 相手の行動を妨害したりして)時をかせぐ. (2)〔時計が〕進む (↔lose time).

gìve a pèrson the tíme of his [her] lífe 〖話〗人にこの上なく楽しく過ごさせる.

hàlf the tíme (1) その半分の時間. I can do that in *half the* ～. 僕ならそれを半分の時間でやれる. (2)〖話〗その時間の大半(を); たいてい.

hàve a gòod [bàd, hàrd] tíme (of it) 面白い思いをする[ひどい目にあう]. Did you *have a good* ～ at the party? パーティーは楽しかったですか. I *had a hard* ～ finding her house. 彼女の家を見つけるのに難儀した.

hàve a lòt of tíme for.. 〖話〗..を敬愛する, ..に熱を上げる.

hàve an èasy tíme (of it) 〖話〗(努力もせずに)楽な暮らしをする.

hàve nò tíme for.. 〖話〗..を構ってやらない; ..を嫌う. I *have no* ～ *for* liars. うそつきは嫌いだ.

hàve the tìme of one's lífe 〖話〗この上なく楽しく過ごす.

in bàd tíme 遅れて.

in gòod tíme →good.

*in nó tìme (at áll) ただちに, すぐに, 《in ⌊less than [next to] no time などとも言う》. They fixed the car *in no* ～ *at all*. 彼らは車をまたたく間に直した.

in one's òwn gòod tíme 〖話〗自分が都合のよい時に; 自分のペースで.

in one's òwn tíme 自由時間に, 勤務時間外に.

*in tíme (1) 間に合って 〈*for* ..に/*to* do ..するのに〉. You're just *in* ～ *for* supper. あなたはぎりぎり夕食に間に合った《*in* plenty of ～ *for* ならば「悠々間に合う」》. I'll be home *in* ～ *to* see the children before they go to bed. 子供たちが寝る前に顔が見られる時間に帰ってくるつもりだ. (2) そのうちに, やがて. You'll be sorry *in* ～. そのうちにきっと後悔するぞ. (3) 調子を合わせて 〈*to*, *with* ..〔音楽など〕に〉. He tapped his foot *in* ～ *to* the music. 彼は音楽に合わせて片足で床を鳴らした.

in one's tíme 盛りのころには; 人が(何らかの意味で)関係していたころには; これまでに. She was a great beauty *in* her ～. 彼女は盛りのころには大変な美人だった. Mr. Smith was the Principal *in* my ～. 私が ⌊学生だった[勤めていた]ころはスミス先生が校長でした. I have had plenty of enemies *in* my ～. 私はこれまでに随分敵を作ってきた.

It is hìgh tíme.. →high.

kèep gòod [bàd] tíme 〔時計が〕きちんと合う[合わない].

kèep tíme (1) 拍子を取る; 拍子に合わせて歌う[踊るなど]. He *kept* ～ with a stick. 彼は棒きれで(たたいて)拍子を取った. (2) 就業時間を記録する. The machine *keeps* ～ for us. 機械が我々の就業時間を記録している.

kill tíme 暇をつぶす (→kill 動 他 8).

knòw the tìme of dáy 万事心得ている.

lòse nò tíme (in) dóing ただちに..する. They *lost no* ～ *in* send*ing* the injured to the hospital. 彼らはただちにけが人を病院に送った.

lòse tíme 〔時計が〕遅れる (↔gain time); 時間を無駄にする, ぐずぐずする.

màke (gòod) tíme (予想よりも)早く進む; 急ぐ.

màke tíme with.. 〖米俗〗〔女性〕を(うまく)くどく, 物にする.

not gìve a pèrson the tìme of dáy 人を無視する, 「相手にしない.

no tíme 〖話〗あっという間. It was *no* ～ before she returned. 彼女はすぐに戻って来た.

of àll tíme 古今を通じて(の). the greatest book *of all* ～ 古今を通じて最高の書.

on one's òwn tíme (1)〖米〗＝in one's own TIME. (2) 無報酬で.

*on tíme (1) 定刻に, 時刻通りに. When I was in Britain 20 years ago, trains rarely ran *on* ～. 20年ほど前私が英国にいたころは列車は時刻通りに走るのはまれだった. (2)〖米話〗分割払いで, クレジットで. We bought the car *on* ～. この車は月賦で買った.

out of tíme (期限などに)遅れて; 拍子が外れて 〈*with* ..とは〉.

over tíme 徐々に; やがて.

pàss the tìme of dáy →pass.

sóme tìme or óther いつか(そのうち).

*tàke tíme 時間がかかる, 時日を要する, (→take 他 28). Will the repairs *take* ～? 修繕に時間かかりますか.

tàke one's tíme ゆっくりする. *Take* your ～ and tell me everything. 急がないで全部話しなさい.

tàke tìme óff [óut] (何かするための)時間を作る, 暇をみつける.

tìme after tíme＝tìme and (tìme) agáin 何度も. He repeated the same story ～ *after* ～. 彼は同じ話を再三再四繰り返した.

tíme enòugh 十分早い. Tomorrow morning will be ～ *enough*. あすの朝で十分間に合う.

Tíme wás when.. 昔は..したものだった (★was は「存在した」, when 以下は Time にかかる修飾節).

with tíme 時がたつにつれて, やがて. Your grief will pass *with* ～. 君の悲しみはやがて消え去るだろう.

── 動 (～s /-z/|過 過分 ～d /-d/|tím·ing) 他 **1** (a) の時刻を決める; によい時間を選ぶ; VOA (～ X *for* ..) X を〔..時〕にする[決める](しばしば受け身で). He ～*d* his arrival just right. 彼の到着のタイミングはぴったりだった. The announcement was well-～*d*. その発表は時宜を得ていた. The next show will be ～*d for* 6:30. 次のショーは6時30分です. (b) VOC (～ X *to do*) ..するように X (列車など)の時刻を定める, X (時計など) を..するように調節する, 〈普通, 受け身で〉. a train ～*d to* arrive at 7 o'clock 7時着予定の列車. The bomb was ～*d to* explode at 6 o'clock. 爆弾は6時に爆発するように仕掛けられていた. The President's address was ～*d to* coincide with the dinner hour. 大統領の演説(の放送)は夕食時にぶつかるように組まれた.

2 VO (～ X/*wh* 節) X〔競走, 選手など〕の時間[速度]を/..かを計る. He was ～*d* at four minutes flat. 彼のタイムは4分フラットだった. The egg wasn't ～*d* properly. 玉子の(ゆでる)時間が適当でなかった. **3**〔ボールなど〕をタイミングよく ⌊打つ[シュートする].

4 の調子を合わせる 〈*to* ..に〉.

[<古期英語 *tīma*]

tìme and a hálf 名 U 5割増し賃金《しばしば超過勤務に対して支払われる》.

tìme and mótion stùdy 名 C 作業研究《時間と作業量との関係を調べる》.

tíme bòmb 名 C **1** 時限爆弾. **2** 〈比喩的〉(いつ爆発するか分からない)危険をはらんだ状況など, '時限爆弾'.

tíme càpsule 名 C タイムカプセル《現代の記録などを後世に伝えるために収納・埋設する容器》.

tíme·càrd 名 C タイムカード《time clock に挿入して

就業時間を記録する》.

tíme clòck 名 C タイムレコーダー; タイマー (timer).

‡**tíme-consùming** 形 時間をくう.

tíme depòsit 名 C 定期[通知]預金.

tíme dràft 名 C 〖米〗〖商〗一覧後定期払い手形 (→sight draft).

tíme expòsure 名 C 〖写〗(瞬間露出に対して)タイム露出《バルブなどを使用して行う普通, 数秒間の露出》.

tíme fùse 名 C 時限信管.

tíme-hònored 〖米〗, **-oured** 〖英〗 形 〈良い意味で〉古くからの, 昔ながらの, 由緒ある. a ～ custom 古来の習慣.

tìme immemórial 名 U 太古, 大昔. from [since] ～ →immemorial (成句).

tíme·kèeper 名 C **1** (競技などの)タイムキーパー, 計時係. **2** (作業などの)時間記録係, タイムレコーダー. **3** 時計 (★普通, 正確不正確の意味の形容詞を付ける). a good [bad] ～ 正確[不正確]な時計.

tíme kìller 名 C 暇つぶし(をする人).

tíme làg 名 UC 関連する2現象間の時間のずれ[遅れ]《例えば都会に始まった流行が地方に伝わるのに要する時間》.

tíme-làpse 形 維持露出(撮影)の〔映画など〕《長い時間間隔を置いて撮影したコマをつなげて普通の速さで映写する方法》.

‡**tíme·less** 形 **1** 永久の; 超時間的な; (類語「時の流れを超越している」という意味で, 普通, 価値ある物に用いる; →eternal). **2** 時間に影響されない; 不滅の. **3** いつでも有効な[可能ななど]. ▷ **～·ly** 副 **～·ness** 名

tíme lìmit 名 C タイムリミット, 日限, 時限.

time·li·ness /táimlinəs/ 名 U 時を得たこと.

tíme lòck 名 C 〖米〗時限錠《時間がくるまで開かない》.

*__time·ly__ /táimli/ 形 e (**-li·er**|**-li·est**) **時を得た**, ちょうどよい時の. His ～ advice saved me from making a fool of myself. 彼の時を得た助言のおかげで私はばかなことをせずに済んだ. a ～ hit 〖野球〗タイムリーヒット.

tíme machìne 名 C (SF に登場する)タイムマシーン《それに乗って過去又は未来に運ばれる》.

tìme óff 名 ＝timeout 2.

‡**time·out** /⌐⌐, ⌐⌐/ 名 UC **1** (競技中などの)タイム. call ～ タイムを要求する. **2** (仕事中の)休憩. take a ～ 休憩を取る.

tíme·pìece 名 C 〖古〗時計《clock, watch 共に「含む」》.

‡**tim·er** /táimər/ 名 C **1** ＝timekeeper 1, 2. **2** ストップウォッチ. **3** タイムスイッチ, タイマー.

Tìmes /taimz/ 名 **1** 〈The ～〉『(ロンドン)タイムズ』《英国の有力新聞; 付属に週刊の **the Tìmes Lìterary Súpplement** (『タイムズ文芸付録』)がある》. **2** 〈The ..～〉『..タイムズ』《新聞名の一部に用いて》. The New York ～『ニューヨークタイムズ』.

tíme·sàving 形 時間節約の[になる].

tíme scàle 名 C (一連の出来事を考慮する際の)時間の尺度.

tíme·sèrver 名 C (権力者などへの)迎合者; 日和見「主義者.

tíme·sèrving 形, 名 U 日和見主義(の).

tíme·shàre 名 C time sharing 2 の方式の別荘[マンション].

tíme shàring 名 U **1** 時分割《コンピュータの同時利用》. **2** 時分割使用(方式)《共有のリゾートマンション, 別荘などの》.

tíme shèet 名 ＝timecard.

tíme sìgnal 名 C (ラジオ, テレビなどの)時報.

tíme sìgnature 名 C 〖楽〗拍子記号.

Tìmes Squáre 名 タイムズスクエア《New York 市の Seventh Avenue に Broadway が斜めに交差して道幅が広くなった所; 付近は劇場, レストランなどの多い盛り場; 以前この角に『ニューヨークタイムズ』の本社があった》.

tíme swìtch 名 C タイム[時限]スイッチ.

‡**time·ta·ble** /táimtèib(ə)l/ 名 (複 **～s** /-z/) C **1** (列車, バスなどの)**時刻表**; (学校の)**時間割り**. consult a train ～ 列車の時刻表を調べる. **2** (計画などの)予定表. The project is going according to the ～. 計画は予定表どおりに進んでいる.

── 動 他 〈普通, 受け身で〉〔会合など〕を予定[設定]する〈*for* ..〔ある時刻〕に〉; VOC (**～ X *to do***) X(人)が..するよう時間[予定]表を作る[定める]. The interview is ～*d for* 3 o'clock. インタビューは3時に予定されている. They are ～*d to* take two grammar lessons a week. 彼らは週2回文法の授業を受ける時間割りになっている.

tíme trìal 名 C (特に自転車競技の)独走時間競走《別々に走って所要時間を比較する》.

tíme wàrp 名 C (SF における)時間歪曲(わいきょく), ワープ,《現在から過去または未来の世界への瞬時の移行》; 〖話〗時間が止まったような錯覚.

tíme·wòrk 名 U 時間ぎめの仕事, 時給[日給]制の仕事, (→piecework).

tíme·wòrn 形 古ぼけた, 古くなって傷んだ; 使い古した; (古くから行われて)陳腐な.

tíme zòne 名 C 時間帯《同一標準時を用いる地帯; 地球をほぼ経線に沿って15°ずつ分け24ある; →standard time》.

*__tim·id__ /tímәd/ 形 e **臆**(おく)**病な**, 気が小さい, 内気な, 恐れて, (↔bold). a ～ smile おずおずとした微笑. She is as ～ as a rabbit [mouse]. 彼女はひどく臆病だ. Little Johnnie is ～ *with* strangers [dogs]. ジョニー坊やは知らない人に対しておどおどする[犬を怖がる]. [＜ラテン語「怖がる」] ▷ **～·ness** 名 U 臆病, 小心.

ti·mid·i·ty /timídəti/ 名 U 臆(おく)病, 小心, 内気.

†**tím·id·ly** 副 臆(おく)病に, おずおずと.

†**tim·ing** /táimiŋ/ 名 U タイミング, 時間調節,《劇, 音楽, 競技などにおける, 最大効果をあげるための時機の選び方, テンポなどの調節》. His ～ is as good as any dancer's. 彼のテンポの取り方はどの踊り手にも負けない. *Timing* is everything in publishing. 出版にはタイミングが何よりも大事だ.

Ti·mor /tíːmɔːr, timɔ́ːr/ 名 ティモール《インドネシア中部, 小スンダ列島最大の島》.

tim·or·ous /tím(ə)rəs/ 形 〔人が〕臆(おく)病な, 小心の, びくびくした. ▷ **～·ly** 副 おずおずと. **～·ness** 名

Tim·o·thy /tíməθi/ 名 **1** 男子の名《愛称 Tim》. **2** 『テモテへの第1[第2]の手紙』《Paul から弟子 Timothy への書簡集; 新約聖書中の一書; 略 Tim.》.

tim·o·thy /tíməθi/ 名 U 〖植〗オオアワガエリ (**tímothy gràss**)《牧草の一種, イネ科》.

tim·pa·ni /tímpəni/ 名 U 〈単複両扱い〉ティンパニ《kettledrum 2個以上の組み合わせ, オーケストラの一部; 単数形 **tim·pa·no** /-nou/》. [イタリア語]

tím·pa·nist /-ist/ 名 C ティンパニ奏者.

‡**tin** /tin/ 名 (複 **～s** /-z/) **1** U **すず**《金属元素; 記号 Sn》. a ～ mine すず鉱(山). **2** U **ブリキ** (tinplate). a kettle made of ～ ブリキのやかん. **3** C 〖英〗(ブリキ)缶, 缶詰, 1缶の量, (〖米〗can); 〖英〗(パンやケーキを焼く)ブリキの容器 (〖米〗pan). a ～ of peaches [tobacco] 桃の缶詰[刻みたばこひと缶]. a ～ box ブリキ缶[箱].

── 動 (**～s**|**-nn-**) 他 **1** 〖英〗を缶詰にする (〖米〗can). ～ fruit [fish] 果物[魚]を缶詰にする. **2** にすずめっきをする. [＜古期英語]

tìn cán 名 C ブリキ缶; (特に空の)缶詰の缶.

tinc·ture /tíŋ(k)tʃər/ 名 **1** UC 〖医〗チンキ. ～ of iodine 〖薬〗ヨードチンキ. **2** aU 〖雅〗(色, 味の)気味, 少々(..な)所, 〈*of*〉. a ～ *of* red 赤み. a ～ *of* tobacco たばこのかすかなにおい. have a ～ *of* learning 学問をかじっている. **3** UC 〖紋章〗〈普通 ～s〉紋章に用いられる

T

金属色・原色・毛皮(の総称).

> 参考 (1) 紋章に使用される tincture は金属色 (metals), 原色 (colors), 毛皮模様 (furs) の3種類. (2) 金属色は or /ɔːr/ (金色), argent (銀色); 原色は gules (赤), azure (青), sable (黒), vert (緑), purpure /pə́ːrpjuər/ (紫), sanguine (深紅); 毛皮模様は ermine (白テン)などに限られる.

── 動 他 《雅》に気味を与える, 色彩を与える, 〈*with* ..の〉. a remark ～*d with* sarcasm 皮肉を帯びた言葉. [＜ラテン語「染料」(＜*tingere* 'tinge')]

tin·der /tíndər/ 名 U ほくち《昔, 火打ち石の火を取るのに用いた》; (乾いて)火の付きやすいもの; (→flint). be as dry as ～ ほくちのように乾いている. [＜古期英語]

tínder·bòx 名 C **1** ほくち箱《昔, 鉄, 火打ち石, ほくちなどの点火用品を入れた箱》. **2** (一触即発の)危険な場所[状態]. The Middle East is a ～. 中東はいつ爆発するか分からない地域だ.

tine /tain/ 名 C (フォークなどの)歯; (シカの角などの)枝.

tìn éar 名 C 《米話》(音楽などの分からない)音痴.

tín·fòil 名 U (特に食物を料理するために包むのに用いる)銀紙, (アルミ)ホイル.

ting /tiŋ/ 動 他 をちりんと鳴らす. ── 自 ちりんと鳴る. ── 名 C ちりん《鈴などの音》.

ting·a·ling /tìŋəlíŋ/ 名 C ちりんちりん《鈴などの音》.

***tinge** /tindʒ/ 名 aU 淡い色, 色合い; (..の)気味, ..じみたところ, 〈*of*〉(類語 着色したり, 混ぜ合わせるなどしてできる淡い色; →color). blue with a ～ *of* green 緑がかった青. He spoke without a ～ *of* remorse. 彼は後悔など少しも感じていないような話し方をした.

── 動 (**tíng·es** /-əz/|過 過分 ～**d** /-d/|**tíng·ing**) 他 〈普通, 受け身で〉 **1** に淡く色をつける 〈*with* ..で〉; VOC (～ X Y) X(空など) を Y に染める. The sky was ～*d with* pink [crimson] near the horizon. 地平線近くの空は薄桃色[あかね色]に染まっていた. **2** に気味を帯びさせる 〈*with* ..の〉. Her compliments were ～*d with* malice. 彼女のあいさつには敵意が混じっていた. [＜ラテン語 *tingere*「塗る, 染める」]

†**tin·gle** /tíŋg(ə)l/ 動 自 **1** 〔耳や手などが〕ひりひり[ちくちく]する[痛む], うずく, 〈*with, from* ..で〉. The cold made my ears ～. ＝My ears ～*d* with the cold. 寒さで耳がひりひりした. **2** 〔人, 体が〕ぞくぞく[わくわく]する 〈*with* ..〔興奮など〕で〉. My very toes ～*d with* delight. うれしくて足の指までぞくぞくした. I was *tingling with* eagerness to meet her. 早く彼女に会いたくてうずうずしていた. **3** VA 〔身震い, 戦慄(りつ)などが〕走る 〈*down* ..〔背筋など〕を〉.

── 名 aU ひりひりする痛み, うずき; (わくわくする)興奮. with a ～ of excitement わくわく興奮して. [＜中期英語 (?＜tinkle)]

ting·ly /tíŋgli/ 形 ひりひり[ちくちく]する; ぞくぞくする, 心の暖まるような.

tìn gód 名 C 《話》(尊敬に値しない)食わせ者.

tìn hát 名 C 《話》軍用ヘルメット.

tín·hòrn 《米俗》形, 名 C 見えっぱり(な), はったり屋(の), 《特にギャンブラーについて言う》.

ti·ni·ly /táinili/ 副 ごく小さく, ちっぽけに.

ti·ni·ness /táininəs/ 名 U ごく小さい[ちっぽけな]こと.

‡**tin·ker** /tíŋkər/ 名 **1** C 鋳掛け屋《旅をして回る》. **2** C 下手な職人. **3** aU 鋳掛け; 下手な修理, いじり回し. have a ～ at a TV set テレビを直そうといじり回す. **4** C 《話》きかん坊.

nòt càre* [*gìve*] *a tìnker's dámn 《米話》[***cúrse, cúss*** 《英話》] 少しも構わない 〈*for* ..を〉.

── 動 自 **1** 鋳掛けする. **2** VA 修理しようとして下手にいじる, いじくり回す, 〈*at, with* ..を〉. ～ *at* a broken clock こわれた時計を修理しようとして下手にいじる. Who's been ～*ing with* my camera? 僕のカメラをいじくり回したのはだれだ. **3** VA とりとめのない事をして時間を過ごす 〈*about, away*〉. [＜中期英語(＜?)]

†**tin·kle** /tíŋk(ə)l/ 名 C 〈普通, 単数形で〉 **1** ちりんちりん《鈴などの音》. **2** 《英話》電話(の呼び鈴). Give me a ～ when you want me to come. 私に来て欲しい時にはお電話ください. **3** 《英話・婉曲》おしっこをすること.

── 動 自 **1** ちりんちりんと鳴る. **2** 《英話・婉曲》おしっこをする. ── 他 をちりんちりんと鳴らす. The music box ～*d* a lullaby. オルゴールは子守歌をちりんちりんと奏でた. [《廃》*tink*「ちりんという」, -le[1]]

tìn líz·zie /-lízi/ 名 C 《話》安物[ポンコツ]の車.

‡**tinned** 形 《英》缶詰にした (《米》canned); すずめっきをした.

tín·ner 名 C **1** すず坑の坑夫. **2** ＝tinsmith.

tin·ni·tus /tináitəs, tín-/ 名 U 《医》耳鳴り.

tin·ny /tíni/ 形 e **1** すずの(ような); すずを含む. **2** 〔音が〕ブリキをたたくような, 金属的な. **3** 《俗》ちゃちな, くずの, 値打ちのない. ▷**tin·ni·ly** 副 **tin·ni·ness** 名

tín òpener 名 C 《英》缶切り (《米》can opener).

Tìn Pan Álley 名 〈しばしば t- p- a-; 集合的に〉ポピュラー音楽界《作曲家, 演奏家, 歌手, プロデューサーなどの総称; もと Broadway の劇場街を指した; tinpan は「安ピアノ」》.

tín plàte 名 ＝tinplate 名.

tín·plàte 名 U ブリキ《単に tin とも言う》.

── 動 他 をすずめっきする.

tín·pòt 形 《英話》程度の悪い, ちゃちな.

tin·sel /tíns(ə)l/ 名 U **1** (装飾用などの)ぴかぴか光る金属片. **2** ぴかぴかした安物; 虚飾, ぴかぴか.

tin·sel(l)ed, tin·sel·ly /tíns(ə)ld/, /-s(ə)li/ 形 金属片で飾った; 派手に飾り立てた.

Tínsel·tòwn 名 《話》金ぴかの町《Hollywood の俗称》.

tín shèars 名 〈複数扱い〉《米》金(かな)切りばさみ「(snips).

tín·smith 名 C すず細工師; ブリキ職.

tìn sóldier 名 C 鉛の兵隊《tin だがほとんどが鉛の鋳物でできたおもちゃ》.

†**tint** /tint/ 名 C **1** 淡色, ほのかな色; 色合い, 濃淡; (類語 普通 tint は薄い明るい色合い; →color). grey with a ～ of blue 青みがかった灰色. autumnal ～*s* 秋色, 紅葉. The sky at sunrise was filled with ～*s* of red and orange. 夜明けの空はさまざまな色合いの赤とオレンジでいっぱいだった. **2** (淡い色合いの)染髪剤. **3** 〈普通, 単数形で〉(ほのかに)髪を染めること.

── 動 他 に(薄く)色を付ける; 〔髪〕を(ほのかに)染める. ～*ed* glasses (淡い色の)サングラス. have one's hair ～*ed* 髪を染めている. [＜ラテン語「染められた」(tinge の過去分詞)]

tín·tàck 名 C 《英》すずでめっきした鋲(びょう).

Tin·tàg·el Héad /tintǽdʒəl-/ 名 ティンタジェル岬《イングランド南西部, コーンウォール西海岸の岬; アーサー王が生まれたと伝えられる **Tintàgel Cástle** がある》.

tin·tin·nab·u·la·tion /tìntənæbjəléiʃ(ə)n/ 名 UC ちりんちりん(と鈴を鳴らすこと).

tín·tỳpe 名 UC 鉄板写真(法)《紙ではなく鉄板に印画した旧式の写真》.

tín·wàre 名 U 〈集合的〉すず[ブリキ]製品.

‡**ti·ny** /táini/ 形 e (**-ni·er**|**-ni·est**) ごく小さい, ちっぽけな, (↔huge). a ～ baby chick 小さなひよこ. a ～ chance (of success) (成功の)ごくわずかな見込み.

tiny líttle*＝*lìttle tíny 《話》とてもちっちゃな. [《廃》*tine*「小さな」, -y[1]]

-tion /ʃ(ə)n/ 接尾 動詞に付けて「行為, 状態, 結果など」を意味する名詞を作る. destruc*tion*. solu*tion*. [ラテン語 *-tiō*]

‡**tip**[1] /tip/ 名 (複 ～**s** /-s/) C **1** 先, 先端. the ～ of a pencil 鉛筆の先. the ～*s* of one's toes つま先 (→

tiptoe). I burned the ~ of my finger. 指先をやけどした. **2** 先端に付けるもの《キャップ, 石突き, 先皮など》. white shoes with black ~*s* 黒の先皮の付いた白靴. cigarettes with ~*s* フィルター付きの紙巻きたばこ. **3** (山などの)頂上, てっぺん. **4** (茶の)新芽.

(jùst) the tìp of the íceberg (ほんの)氷山の一角.

on the tìp of *one's* ***tóngue*** 口先まで出かかって, 思い出しかかって. His name? Wait, wait, it's right *on the* ~ *of* my *tongue*. あの男の名前ですか. ちょっと待ってください, 口先まで出かかっているんですが.

── 動 (~s|-pp-) 他 に先を付ける; の先端に付ける〈*with* ..を〉. an arrow ~*ped with* poison 先に毒の付いた矢. ~*ped* cigarettes フィルター付きの紙巻きたばこ. a rubber-~*ped* cane ゴムの石突きのついた杖. [<古期北欧語]

***tip**[2] /tip/ 名 (複 **~s** /-s/) C 【ささやかな好意】 **1** チップ, 心付け, 祝儀. He put a ~ on the table and stood up. 彼はテーブルの上にチップを置いて立ち上がった.

2 助言; 秘訣(ひけつ); (特に賭(か)け, 相場などで)内報, 情報, 〈*on, for, about* ..の/*that* 節 ..という〉. cooking ~*s* 料理のこつ. Take a ~ from me. = Take my ~. 私の助言を聞きなさい. give him a ~ *on* the races [market] 彼にレースの予想[相場の情報]を教えてやる. give the police a ~ 警察に内報する.

── 動 (~s|-pp-) 他 **1** 〔ウエーターなど〕にチップをやる; VOO (~ X Y) X(人)に Y(金額) のチップをやる. ~ the bellboy (ホテルなどの)ボーイにチップをやる. We ~*ped* the taxi driver $1. タクシーの運転手に 1 ドルのチップをやった.

2 を予想する; VOA (~ X *as* [*for*] Y) X が Y になると予想する; VOC (~ X *to do*) X が..すると予想する. I'm ~*ping* Mr. Anderson *as* [*for*] the next President. 次期大統領はアンダーソン氏と予想しています. He was ~*ped* *for* success [*to* succeed]. 彼は成功すると思われ(てい)た. Are you ~*ping* Black Beauty *to* win? ブラックビューティーが勝つという予想なんだね.

── 自 チップをやる.

tìp /../ óff 〔警察など〕に内報する, 〔人〕に警告する, 〈*about* ..について/*that* 節 ..と〉. He ~*ped* me *off* *about* the coup. 彼はクーデターについて私に内報してくれた. The police were ~*ped off that* an attempt was being planned on the President's life. 警察は大統領暗殺の計画が立てられているという秘密情報を得た. [?<tip[4]]

tip[3] 動 (~s|-pp-) 他 【傾ける】 **1** を傾ける, かしげる. She ~*ped* her head to the side. 彼女は首をかしげた. **2** VOA (~ X *over, up*) X をひっくり返す, 倒す. The dog ~*ped* the table *over*. 犬がテーブルをひっくり返した. **3** 〔帽子〕をちょっとあげる, 〔帽子に〕ちょっとさわる, 《あいさつのため》. He ~*ped* his hat as he walked by her. 彼は彼女の脇(わき)を通った時帽子をちょっとあげてあいさつした. 【傾けて空ける】 **4** 《英》〔ごみなど〕を捨てる. **5** VOA X (容器の中身) を出す〈*out, off*〉〈*in, into* ..に〉. ~ the milk *into* a bucket その牛乳をバケツに移す.

── 自 **1** 傾く〈*up, down*〉〈*to, toward* ..に〉. The ship ~*ped* on its side. 船は横にかしいだ. **2** VA (~ *over, up*) ひっくり返る. The car hit a ditch and ~*ped over*. 車は溝に突っ込み, ひっくり返った.

── 名 **1** aU 傾く[傾ける]こと. **2** C 《英》ごみ捨て場 (dump); 《英話》ごみため(みたいに汚い場所). [?<古期北欧語]

tip[4] 名 C **1** 軽くたたくこと. **2** 《野球》チップ. hit a foul ~ チップする. ── 動 (~s|-pp-) 他 **1** を軽くたたく. **2** 〔ボール〕をチップする, かすらせる. [?<低地ドイツ語「軽くさわる」]

tìp-and-rún /⑧/ 形 《英》〈限定〉不意に襲ってすぐ引き上げる〔襲撃など〕.

típ·càrt 名 C ダンプ式 2 輪車《車体を傾けて積載物を落とすことができる荷車・手押し車》.

‡**típ-òff** 名 (複 **~s**) **1** C (役に立つ)情報, 内報; 警告. **2** UC 《バスケ》= jump ball.

típ·per lòrry [trùck] /típər-/ 名 《英》= dump truck.

tip·pet /típət/ 名 C **1** 長い肩かけの一種《両端は前に垂れる; 昔の女性用》; (ずきん, 袖(そで), スカーフなどの)垂れ. **2** (裁判官, 聖職者の用いる)肩ぎぬ.

tip·pex /típeks/ 動 他 《英》〔文字など〕を修正液で消す〈*out*〉《<《商標》 *Tippex* (又は *Tipp-Ex*)》.

tip·ple /típ(ə)l/ 《話》 動 自 常習的に(大)酒を飲む. ── 名 C 〈普通, 単数形で〉アルコール飲料, 酒.

típ·pler 名 C 《話》(大)酒飲み.

tip·si·ly /típsili/ 副 ほろ酔いで, よろよろと.

tip·si·ness /típsinəs/ 名 U ほろ酔い状態.

típ·stàff 名 (複 **~s, -staves**) C 法廷警吏.

tip·ster /típstər/ 名 C (競馬などの)予想屋.

tip·sy /típsi/ 形 e 《話》ほろ酔いの.

***tip·toe** /típtòu/ 名 C 〈又は ~s〉つま先.

on típtoe(s) (1) つま先で; 抜き足差し足で. stand *on* ~ つま先で立つ. I walked *on* ~ up the stairs. 階段を抜き足差し足で登って行った. (2) 待ち望んで〈*for* ..を〉. My sister is *on* ~ *for* your answer. 妹は君の答えを熱心に待っている.

── 動 自 つま先[抜き足差し足]で歩く〈*out of* ..から/*to* ..へ〉. We ~*d* away from the sleeping baby. 私たちは眠っている赤ん坊のそばから忍び足で離れた.

── 形, 副 つま先で立って[歩いて]; 大いに期待して; 注意深い[く]. [<tip+toe]

tìp·tóp /⑧/ 形 《話》絶好の, 最高の. be in ~ health 最高に元気である. ── 副 申し分なく, 最高に. ── 名 C 絶頂.

típ-ùp 形 〈限定〉上げ起こし式の. a ~ seat (劇場などの)上げ起こし式のいす.

TIR Transport International Routier (国際道路輸送)《欧州大陸のトラックに付ける》. [フランス語 'International Road Transport']

ti·rade /táireid, təréid|tairéid, tə-/ 名 C 長広舌; 長い攻撃演説. a ~ against political corruption 政界の腐敗に対する攻撃演説. [フランス語]

Ti·ra·na /tirá:nə/ 名 ティラナ《アルバニアの首都》.

***tire**[1] /taiər/ 動 (**~s** /-z/|過 過分 **~d** /-d/|**tir·ing** /tái(ə)riŋ/) 他 **1** 〔物事が〕〔人〕を疲れさせる (類語「疲れさせる」の意味の最も一般的な語; →do in, exhaust, fag, fatigue, wear out, weary). Walking soon ~*s* me. 歩くとすぐ疲れる. **2** を飽きさせる, うんざりさせる. You ~ me. 君にはうんざりだ.

── 自 **1** 疲れる (★get [be] tired の方が普通). I ~ so easily lately. このごろとても疲れやすくなった.

2 VA (~ *of* (*doing*)..) ..(するの) に飽きる, うんざりする. The child ~*d of* the game very soon. 子供はすぐに遊びに飽きた. She never ~*s of* boast*ing* of her son. 彼女は飽きることなく息子の自慢をする. ◇形 tiresome

tìre óut へとへとに疲れる. He ~*d out* quickly. 彼はすぐ疲れ果ててしまった.

tìre /../ óut ..をへとへとに疲れさせる. The long hike had ~*d* us all *out*. 長いハイキングで我々は皆へとへとに疲れた. [<古期英語]

‡**tire**[2] 《米》, **tyre** 《英》 /taiər/ 名 (複 **~s** /-z/) C **1** (自動車などの)タイヤ. inflate a ~ タイヤに空気を入れる. The ~ went flat. タイヤがパンクした. Will no one help me change the ~? タイヤの交換に手を貸してくれる人はいないかしら. a flat ~ →flat[1] 形 6. **2** (木製の車輪を保護する)輪金. ── 動 他 にタイヤを装着する. [<at*tire*]

tíre chàin 名 C (タイヤの)すべり止めの鎖, チェーン.

T

‡**tired** /taiərd/ 形 m, e 【くたびれた】 **1** 疲れた, くたびれた, 〈*from* ..〔仕事など〕で/〘まれ〙 *by, with* ..で〉(類語 様々な程度の疲れを表す表現がある; →all in, beaten, dead 9, dog-tired, exhausted, worn-out 3). with ～ eyes 疲れた目で. I'm [I feel] very ～. 私はとても疲れた. He gets ～ easily. 彼は疲れやすい. You look ～. 君は疲れたような顔をしている. I was ～ *out* [～ to death] *from* running. 私は走って疲れ果てていた. He looked old and ～ at the age of thirty. 30 歳にして彼はくたびれた老人のようであった. with a ～ gait 疲れた足取りで. **2** くたびれた〔服など〕; 陳腐な, 古臭い, 〔言葉など〕. a speech full of ～ old sayings 陳腐な格言ばかり並べた演説.

【うんざりした】 **3** 〈叙述〉 飽きた, うんざりした, 〈*of* (do*ing*) ..(するの)に〉. I'm ～ *of* (listen*ing* to) your conversation. 君の話にはもう飽きた. He grew ～ *of* his quiet life. 彼は静かな生活に飽き足らなくなった. You make me ～. 君にはうんざりする; そんないやなことは言うな.

sìck and tíred of .. ..がすっかりいやになって.

[＜tire[1] (の過去分詞)] ▷**tíred·ly** 副 さも疲れたように; うんざりして. **tíred·ness** 名 U 疲労; 倦(けん)怠.

†**tíre·less** 形 〔人が〕疲れを知らない, 勤勉な; 〔努力などが〕たゆみない. a ～ worker いくら働いても疲れを知らない人. ～ industry たゆみない勤勉.

▷**～·ly** 副 疲れずに; たゆまず. **～·ness** 名

***tire·some** /táiərsəm/ 形 m **1** うるさい, 面倒な, いらいらさせる. a ～ child うるさい子供. Answering all their questions was ～. 全部の質問に答えるのは面倒だった. It is ～ of him [He is ～] always to come last of all. 彼はいつも最後に来るなんてしゃくにさわる.

2 (長たらしくて)退屈な, つまらない. a ～ ceremony 退屈な儀式. a ～ monologue つまらない独り語り.

[tire[1], -some]

▷**～·ly** 副 うるさく; うんざりするほど. **～·ness** 名

‡**tir·ing** /tái(ə)riŋ/ 形 疲れさせる; 退屈な. a long and ～ speech 長くて退屈な講演.

ti·ro /tái(ə)rou/ 名 (複 **～s**) ＝tyro.

Tir·ol 名 ＝Tyrol.

Ti·ro·le·an, -lese 形, 名 ＝Tyrolean, Tyrolese.

'tis /tiz/ 〘詩·古〙 it is の短縮形.

***tis·sue** /tíʃuː/ 名 (複 **～s** /-z/) **1** UC 〘生物〙(動植物の細胞から成る)**組織**. muscular [nervous] ～ 筋肉[神経]組織. **2** U ＝tissue paper 1. **3** C (特に鼻紙用の)**ちり紙**, ティッシュ(ペーパー). a box of ～*s* ティッシュひと箱. I need a ～ so I can blow my nose. 鼻をかむのにちり紙が欲しい. **4** UC **薄い織物**. **5** C 〘章〙 織り交ぜ, 連続, 〈*of* ..〔うそなど〕の〉. a ～ *of* lies うそのかたまり.

[＜古期フランス語「織られた(もの)」(＜ラテン語 *texere* 'weave')]

tíssue pàper 名 U 薄葉(うすよう)紙 《いたみやすい物などを包むのに用いる》. a dress wrapped in ～ 薄紙に包んだドレス.

tit[1] /tit/ 名 ＝titmouse.

‡**tit**[2] 名 C **1** 〘話〙 乳首; 〈普通 ～s〉 〘話·卑〙 乳房, おっぱい. **2** 〘卑〙 間抜け.

gèt on a pèrson's títs 〘英俗〙 ひどく人の気にさわる.

tit[3] 名 〈次の成句のみ〉 ***tit for tát*** 〘話〙 しっぺ返し, 売り言葉に買い言葉; 〈副詞的〉 しっぺ返しとして.

Tit. Titus.

Ti·tan /táitn/ 名 C **1** 〘ギ神話〙 タイタン 《Uranus (天の神)と Gaea (地の神)との間に生まれた巨人族(の 1 人)》. **2** 〈t-〉 怪力の持ち主; 巨人. **3** 巨大なもの; 強大な力を発揮する人[もの]; 巨匠. the weary ～ アトラス神; 老大国 《英国のような》. **4** 〈the ～〉 ＝Helios. **5** 〘天〙 タイタン 《土星の第 6 衛星》. **6** タイタン 《米国の ICBM》.

Ti·ta·ni·a /titéiniə|-tɑ́ː-/ 名 ティターニア 《中世伝説の妖(よう)精の女王; Shakespeare の *A Midsummer Night's Dream* に登場する》.

Ti·tan·ic /taitǽnik/ 形 **1** タイタン (Titan) の(ような). **2** 〈t-〉 強力な, 巨大な. ── 名 〈the ～〉 タイタニック号 《1912 年処女航海の途上, 北大西洋で氷山と衝突して沈没した英国の豪華客船》.

ti·ta·ni·um /taitéiniəm/ 名 U 〘化〙 チタン 《金属元素; 記号 Ti》.

tít·bìt 名 〘英〙 ＝tidbit.

titch·y /títʃi/ 形 e 〘英話〙 ちっちゃな, ちっぽけな.

tit·fer /títfər/ 名 C 〘英俗〙 帽子 (hat).

tithe /taið/ 名 C **1** 〘史〙 〈しばしば ～s〉 十分の一税 《昔牧師の生活のために教区民が年間収入の 10 分の 1 を納めた》. **2** 10 分の 1; 小部分; 〈*of* ..の〉. I haven't *a* ～ *of* his talent. 私は彼の才能の 10 分の 1 も持っていない. ── 動 他 に十分の一税を課する. ── 自 十分の一税を納める. [＜古期英語 'tenth']

títhe bàrn 名 C 〘史〙 十分の一税として徴収した穀物貯蔵用の納屋.

Ti·tian /tíʃən/ 名 **1** ティツィアーノ (1477?-1576) 《ヴェネツィアの画家》. **2** U 〈t-〉 赤褐色, 金茶色, 《Titian red とも言う; Titian が髪の色として好んで用いたことから》.

Tit·i·ca·ca /tìtəkɑ́ːkə/ 名 **Lake** ～ ティティカカ湖 《アンデス山中, ボリビア西部からペルー南東部にかけて広がる南米最大の湖; 世界の大湖沼のうち標高が一番高い》.

‡**tit·il·late** /títəlèit/ 動 他 を刺激する, いい気持ちにする, 《特に性的に》; をくすぐる (tickle). ▷**tìt·il·lá·tion** 名 UC 気持ちのいい刺激; くすぐり; くすぐったさ.

tit·i·vate /títəvèit/ 動 〘話〙 他 を着飾らせる. ～ oneself めかす. ── 自 着飾る, めかす.

▷**tìt·i·vá·tion** 名 U おめかし.

tít·làrk 名 C 〘鳥〙 タヒバリ.

‡**ti·tle** /táitl/ 名 (複 **～s** /-z/) 【肩書き】 **1** C **肩書き**, 称号, 敬称, 爵位, 《Mr., Lord, Dr., Professor, Lady など》. a man of ～ 肩書きのある人, 貴族. He was given a ～ by the King. 彼は王から爵位をもらった. **2** C **書名**; 表題, 題名. the ～ of a book 本の書名. What's the play's ～? その劇の題名は何というのか. the ～ story (短編集などの)表題作. under the ～ of ..という表題[書名]で.

3 C 〈普通 ～s〉 (映画, テレビの)字幕, タイトル, (→subtitle, credit titles).

【所有者の肩書き】 **4** aU 〘法〙 **所有権**; 正当な権利; 〈*to* ..〔土地, 財産など〕の〉. the ～ *to* the throne 王位請求権. The family has since held ～ *to* the estate. それ以後その家族が土地の所有権を握ってきた.

5 C 選手権, タイトル, (championship). a ～ fight (ボクシングの)選手権戦. win the tennis ～ テニスの選手権を獲得する. win the beauty contest ～ 美人コンテストで女王になる.

連結 hold [defend; lose, surrender; retain] a ～

◇動 entitle 形 titular

── 動 他 VOC (～ X Y) X に Y という標題[書名など]を与える; X に Y という称号を与える. He ～*d* the poem "The Waste Land". 彼はその詩に "The Waste Land (荒れ地)" と題をつけた. [＜ラテン語 *titulus*「銘, 表題」]

‡**tí·tled** 形 爵位のある《Lord, Lady など》. ～ ladies 貴族の婦人たち. belong to the ～ class 貴族階級に属する.

títle dèed 名 C (不動産)権利証書.

títle·hòlder 名 C 選手権保持者[チーム], チャンピオン.

títle pàge 名 C (本の)表題紙, 扉, 《巻頭にあって書名·著者名などを記したページ》.

títle ròle 名 C 主題役 (name part) 《劇の題名になっている人物の役; 例えば *Othello* 中の Othello》.

ti·tlist /táitlist/ 名 ＝titleholder.

tit·mouse /títmàus/ 名 (複 **tit·mice** /-màis/) C

〘鳥〙シジュウカラ, ヤマガラなどの類, ((tit とも言う)).

Ti·to /tíːtou/ 名 チトー (1892–1980) ((旧ユーゴスラヴィアの指導者・大統領; 旧ソ連のスターリン主義に抵抗して共産圏内で非同盟中立主義を貫いた)). ▷**Tí·to·ìsm** 名 U チトー主義.

tit·ter /títər/ 動 自 (当惑して神経質に, あるいは照れかくしに)くすくす笑う, 忍び笑いする. ── 名 C くすくす笑い, 忍び笑い. ▷**~·ing·ly** /-t(ə)riŋli/ 副 くすくす笑いながら.

tit·ti·vate /títəvèit/ 動 =titivate.

tit·tle /títl/ 名 **1** C (文字の上・下につける)小点, 点画, ((i の点など)). **2** aU わずか, 少し, 〈多く否定文で〉.
nòt one* [*a*] *jòt or títtle 少しも..ない.
to a títtle きっかり, ぴたりと〔一致するなど〕.

títtle-tàttle 〘話〙 名 U つまらないうわさ話, よもやま話. ── 動 自 うわさ話[よもやま話]をする.

tit·ty /títi/ 名 (複 **-ties**) 〘俗〙 =tit² 1.

tit·u·lar /títʃələr/ 形 **1** 表題の, 題名の; 肩書きの, 称号の. a ~ character (小説などの)題名の人物. a ~ saint (その名を取った教会の)守護聖人. a ~ rank 爵位. **2** 名義だけの; 有名無実の. a ~ sovereign 名義だけの主権者. the ~ head of government 政府の名目上の長. ◇名 title

Ti·tus /táitəs/ 名 **1** ティトゥス (40?–81) ((ローマ皇帝; 在位 79–81)). **2** テトス ((使徒パウロ (St. Paul) の友人)). **3** 『テトスへの手紙』((新約聖書中の一書; 略 Tit.)).

Ti·u /tíːuː/ 名 ティーウ ((ゲルマン神話の戦争・空の神; *Tue*sday は「ティーウの日」から)).

tiz·zy /tízi/ 名 aU 〘話〙 のぼせ上がり.
in a tízzy のぼせ上がって.

T-jùnction 名 C T 字路; (パイプなどの) T 字型継ぎ手.

TKO technical knockout.

Tl 〘化〙 thallium.

TLC 〘話〙 tender loving care (優しい世話[心遣い]).

Tlin·git /tlíŋgət/ 名 (複 **~, ~s**) 〈the ~(s); 複数扱い〉 トリンギット族 ((Alaska に住んでいる北米先住民)); C トリンギット族の人.

T-lỳmphocyte 名 C 〘解剖〙 T リンパ球, T 細胞, (T-cell) ((胸腺(せん)で分化したリンパ球で免疫に関与する)).

TM trademark; transcendental meditation.

Tm 〘化〙 thulium.

TN 〘郵〙 Tennessee; Tunisia.

Tn 〘化〙 thoron.

tn ton; train.

TNT /tìːentíː/ 名 U ティーエヌティー ((高性能火薬の一種; <*tri*nitro*to*luene)).

TO telegraph office; turn over.

‡**to** /(子音の前) tu, tə, (母音の前) tu; 強 tuː/ 前

I 〈一般的な前置詞用法〉

【..の方向へ】 **1** **..へ**, ..に, ..まで, (↔from). the way *to* the station 駅への道. open the door *to* peace 平和への扉を開く. I'm going *to* the bookstore. 本屋へ行くところです. Turn *to* the left. 左に曲がりなさい. We went *to* school together. 私たちは一緒に学校へ行った. The runner got back *to* first. 走者は 1 塁に戻った. How far is it from Tokyo *to* Osaka? 東京から大阪までどのぐらいありますか. *to* the left 左側に. The lake lies *to* the south of the woods. 湖は森の南方にある (★to を in にすると「森の(中の)南部にある」という意味). He threw the ball *to* me. 彼はボールを私に投げてよこした (注意 次の例文の *at* との違いに注意: He threw the stone *at* me. (彼は石を私めがけて投げつけた); →at 3 (a)).

2 【..の目標に向かって】 **..の(目的の)ために**, ..に対する. *to* that end その目的のために. He came *to* our help. 彼は我々を助けに来てくれた (→for 前 2 ★). sing a baby *to* sleep 歌を歌って赤ん坊を寝かしつける. They built an altar *to* their god. 彼らは神に祭壇をささげた. They drank *to* his health. 彼らは彼の健康を祈って乾杯した.

【..に達するまで】 **3** **..まで**, ..に至るまで. The water came (up) *to* my neck. 水は私の首までの深さがあった. I'm wet *to* the skin. ずぶぬれだ. The citizens supported the Mayor *to* a man. 市民たちは 1 人残らず市長を支持した. The apple was rotten *to* the core. リンゴはしんまで腐っていた. from beginning *to* end 初めから終わりまで. count (from one) *to* ten (1 から) 10 まで数える. *to* the minute 1 分もたがわず.

4 **..(の時)まで** (till); 〔時刻が〕**..(分)前** (↔past). from Wednesday *to* Monday next week inclusive (=from Wednesday *through* Monday next) 水曜日から次の週の月曜日まで (注意 inclusive がなくても両端の日を含むのが常識であるが, through を使えば inclusive を使うのと同様明確; →through 前 7). It's ten (minutes) *to* six. 今 6 時 10 分前です (★〘米〙では to の代わりに of [before] を用いることがある). He will remember the scene *to* his dying day. 彼はその光景を死ぬまで忘れないだろう. From ten *to* six is your watch. 10 時から 6 時までが君の見張りの時間だ.

【..の結果になるまで】 **5** **..に**, ..へ; ..になるまで. The lights changed *to* green. 信号が青に変わった. *to* a pulp →pulp (成句). He filled the bag *to* bursting. 彼は袋が破れるまでぎゅうぎゅう詰めた. The glass was broken *to* pieces. コップは粉々に割れた. gamble oneself *to* poverty 賭博(とく)で貧乏になってしまう. jump out of a window *to* safety 窓から飛び出して助かる. We did our best, but *to* no effect. ベストを尽くしたが何の効果もなかった.

6 〈普通 to a person's.. の形で〉〔驚き, 喜びなど〕**を感じるように**; ..を感じたことには. (much) *to* my surprise (大変)驚いたことには. *To* my joy, I won the first prize. うれしかったことには 1 等賞を獲得した.

【..に付けて, 付いて】 **7** **..に**, ..へ, ..に付けて. They were dancing cheek *to* cheek. 彼らはほおを寄せて踊っていた. The doctor applied salve *to* her burns. 医者は彼女の火傷(やけど)に膏(こう)薬を塗った. The notice was fastened *to* the bulletin board. 掲示は掲示板に留められた. stick *to* one's principle 主義に固執する. a medical center affiliated *to* the university 大学付属の医療センター.

8 **..に**, ..に加えて. add two *to* five 5 に 2 を加える. In addition *to* his, there was her income. 彼の収入に加えて彼女の収入もあった.

9 **..に属する**, ..の, ..にとっての. a secretary *to* a congressman 議員秘書. Who has the key *to* the car? 車の鍵(かぎ)を持っているのはだれか. You can't go and that's all there is *to* it. お前は行ってはいけない, ただそれだけだ. There's nothing [much] *to* it. それは[ほとんど]重要ではない.

【..に応じて】 **10** ..に合わせて, ..につけて, ..と一緒に. We danced *to* the music. 我々は音楽に合わせて踊った.

11 ..に応じて, ..に合って, ..の通りに. Is the wine *to* your taste, sir? ワインはお口に合うでしょうか. This overcoat was made *to* order. この外套(とう)は注文して作らせた.

12 【..に対応して】 ..に対して; ..につき. There are two pints *to* a quart. 1 クォートは 2 パイントから成る. There are 100 cents *to* every dollar. 100 セントで 1 ドルになる. What C is *to* D, A is *to* B. →what (成句). It's ten *to* one (that) he'll win. 十中八九彼の勝ちだろう. This car does 10 kilometers *to* the liter. この車は 1 リットルで 10 キロ走る. We students live and sleep two *to* a room. 我々学生は 1 部屋に 2 人で寝起きしています.

T

【..と対立して】 **13** **..と向かい合って**, ..に面して. the tree opposite *to* the house 家の向かい側にある木. Stand face *to* face [back *to* back]. 面と向かい合って[背中合わせに]座ってごらん. The stream runs at an angle *to* the house. 川は家の傍らを斜めに流れている.
14【..と対比して】 **..に比べて**, ..に対して. This is nothing *to* what you've done. これはあなたのした事に比べれば取るに足りない. My car is inferior *to* yours. 私の車は君の車に劣る. I prefer tea *to* coffee. コーヒーよりお茶の方が好きです. The score was 5 *to* 7. スコアは5対7だった. We won by two *to* one. 我々は2対1で勝った.
【..に対して】 **15** **..に**, ..へ, (★間接目的語が副詞句になったものであることを示す). I'll give this book *to* him. =I'll give *him* this book. この本を彼にやる. This book was given (*to*) me by my uncle. この本はおじからもらったものだ《この to の省略については →give 1 語法》. I'll send it *to* you. それをあなたに送ってあげる.
16 **..に対して**[対する]; ..への. visible *to* the naked eye 肉眼で見える. This carpet is soft *to* the touch. このじゅうたんは肌触りがいい. things he did *to* me 彼が私にしたいろいろなこと. Be sweet *to* your grandma. おばあちゃんには親切にするのよ. What do you say *to* that? それはどう思いますか. a right *to* the throne 王位継承権. a letter *to* Susan スーザンへの手紙. a solution *to* the problem 問題への解答.
17 **..にとって**. He looked *to* me like a monster. 私には彼は怪物に見えた. *To* me the idea seemed nonsense. 私にはその考えは愚劣に思えた. of no use *to* me 私には無用な.
18〖数〗..乗. Ten *to* the third [Ten *to* the power of three] is 1,000. 10の3乗は1,000《10^3=1,000》.
19〈受け身の動作の主語を導いて〉..に, ..によって. He is known *to* the public as a champion of human rights. 彼は人権の擁護者として世間に知られている.
20〈慣用的に特定の動詞, 名詞, 形容詞などと結合[相関]して〉testify *to* ..を証明する. ascribe X *to* Y XをYのせいにする. *to* a T ぴったり. as [with respect] *to* ..に関して. due *to* ..のために.
21〖古〗〈場所を示して〉..で, ..に, (at). Where's she *to*? 彼女はどこ.
II〈動詞の原形に付けて「to 不定詞」を作る; →infinitive 文法〉

> 語法 (1) この to は元来「..へ」という方向を示す前置詞であったことは We forced him *to* go. (元来の意味は「我々は彼を行くことへと強制した」)のような例を見れば納得されるが, やがて to の本来の意味が忘れられ, 単に不定詞の記号となった. 時に to だけが残って不定詞の代わりをすることがある: You can go if you want *to*. (行きたければ行ってもよい)《to=to go》 (2) not, never などの否定語は to の前に置く: I told her *not to* see Bob. (彼女にボブに会うなと言った) (3) 意味上の主語を明示するためには「for+名詞」を to の前に置く (→for 23, of 19). (4) 完了形不定詞の「to have+過去分詞」は文の述語動詞で示されるより以前の事柄を示す: I'm sorry *to have kept* you waiting. (お待たせしてすみません) (5) to do の間に副詞が割り込むことがあるが, これは split infinitive と呼ばれ, その副詞が不定詞を修飾することが多い: I failed to *entirely* understand what he meant. (私は彼の言葉の意味が完全には理解できなかった). entirely を to の前, または文尾に置くと, failed, understand のどちらを修飾するのか曖昧になってしまう. (6) want [get, off] X *to* do など多くの VO, VOC, VOO の動詞の目的補語, 目的語などとして用いる. (7) enough [too] (..) to do, be apt to do など多くの副詞・形容詞と共に熟した表現を作るが, これらについては各項目を参照. (8)「be to do」の表現については be 助 4 を参照.

22〈名詞用法〉 **..すること**. For you *to* resign now would be utter folly. あなたが今辞めるのは全くの愚行であろう (★文頭に置く主語用法は〖章〗に多い). His wish is (for his son) *to* marry Meg. 彼の望みは(息子が)メグと結婚することだ《補語》. He began *to* laugh. 彼は笑い出した《目的語》.

> 語法 (1) 形式主語[目的語]構文でしばしば用いられる; →it 代 4, 5: It'll be easy (for you) *to* persuade Ed. ((君が)エドを説得するのは簡単だよ) I found it difficult *to* live with him. (彼との同居生活は大変でした)

23〈形容詞用法〉 **..するための**, ..すべき; ..(する)という. There is a lot *to* do [*to* be done] today. 今日はやることがたくさんある. the world *to* come 来世. She has a tendency *to* get fat. 彼女は太りやすい体質だ. his decision *to* be a doctor 彼の医者になろうという決意 (★his decision と同格的用法).
24〈副詞用法〉 **(a)**〈目的〉 **..するために** (→in order [so as] to do). I came *to* help you. 君を助けに来た. **(b)**〈原因・(判断の)理由〉 ..して, ..とは. I'm pleased *to* meet you. お目にかかれてうれしい. You are kind [It's kind of you] *to* invite me. お招きくださりありがとう. **(c)**〈結果〉(結局) ..となる[する]; (..すると) ..である; ..するまで. I tried hard only *to* fail. がんばったものの結局失敗した. I woke up *to* find myself alone. 目を覚ますとひとりっきりになっていた. He lived *to* be ninety-nine. 彼は99歳になるまで生きていた. **(d)**〈条件・仮定〉..(だったと)すれば. You'd be stupid not *to* accept his proposal of marriage. 彼のプロポーズを受けないとすれば君はばかだよ. *To* hear him (=If you heard him) speak Spanish, you would take him to be a Spaniard. 彼がスペイン語を話すのを聞けば, 君は彼をスペイン人だと思うだろう.
25〈独立不定詞〉(★主に文修飾副詞的役割を果たすもので, 成句表現に多い). *To* ⌞be honest [begin with], I don't like school. 正直言うと[まず第一に], 僕は学校がきらいだ. She speaks French, not *to* mention English. 彼女は英語はもちろんフランス語も話す. *To* die so young! そんな若くして死ぬなんて(かわいそうになど)《嘆息を表す》.
26〈疑問詞+to do〉いつ[どこへ, 何をなど]..すべきか, ..すべきかどうか. Tell me *where* [*whether*] *to* date her. 彼女とどこでデートしたらいいか[デートすべきかどうか]教えてくれ.
to and from ..への行きと帰りに. I walk *to and from* work, a distance of two miles. 私は仕事場まで2マイルの距離を歩いて往復する.
── /tuː/ 副 **1** 意識が戻って, 正気に, (to oneself, to one's senses). When he came *to* again, he was lying on a hospital bed. 彼は気がついたら病院のベッドに寝ていた. **2** (戸, 窓などが)閉まって, 閉じて; (船などが)停止して. He pulled the door *to*. 彼はドアを引いて閉めた. bring ..*to* →bring (成句).
3 活動の状態に (★fall, set, turn などと結合する). I turned *to* with a will. 本腰を入れて(仕事に)取りかかった. **4** (何分)前で《何時か明白な場合に》; 前方に. It's ten minutes *to*. 10分前です. Her hat is on wrong side *to*. 彼女の帽子はうしろ前になっている.
5〖海〗風上に. heave [lie] *to* →heave, lie[1].
tò and fró →fro. [<古期英語 *tō*]

†toad /toud/ 名 C **1**〖動〗ヒキガエル (→frog 類語). **2** いやなやつ. [<古期英語]

T

tóad·èater 名 C おべっか使い (toady).

tóad·fìsh 名 (複 →fish) C 〘魚〙アンコウ科の魚《米国大西洋岸産》.

tóad-flàx 名 C 〘植〙ウンラン(海蘭)《砂地に生える多年草》.

tòad-in-the-hóle 名 UC トードインザホール《衣(ころも)付きの焼きソーセージ; 英国の料理》.

tóad·stòol 名 C 〘植〙キノコ,〈特に〉毒キノコ, (→mushroom).

toad·y /tóudi/ 名 (複 **toad·ies**) C おべっか使い, へつらう人. He's the boss's ～. 彼はボスのたいこ持ちだ.
── 動 (**toad·ies**|過 過分 **toad·ied**|～**·ing**) 自 おべっかを使う, へつらう,〈*to* ..に〉. Stop ～*ing* up *to* him. 彼にへつらうのはよせ. [＜*toadeater*] ▷～**·ism** 名 U おべっか(を使うこと).

tò-and-fró /移/ 形 前後に[左右に]動く (→to and fro). The ～ motion was hypnotic. 前後運動には催眠術のような力があった. ── 名 U 〘話〙〈the ～〉(人, 物の)行き交い; 前後に[あちこち]動くこと.

‡**toast**[1] /toust/ 名 U トースト《(キツネ色に)焼いたパン》. a slice of buttered [dry] ～ バターを塗った[塗らない]トースト1枚. I have ～ and marmalade for breakfast. 朝食にはトーストにマーマレードをつけて食べる.
(*as*) ***wàrm as tóast*** ぽかぽかと暖かい.
hàve a pèrson on tóast 〘話〙人を自分の思うままにする.
── 動 (～**s** /-ts/|過 過分 **tóast·ed** /-əd/|**tóast·ing**) 他 **1** 〔パンなど〕を(キツネ色に)焼く, 火であぶる. **2** 〘話〙〔冷えた足など〕をよく暖める. ～ one's feet [oneself] by the fire 火で足[体]をよく暖める. ── 自 〔パンなどが〕(キツネ色に)焼ける.
[＜古期フランス語「あぶる, 焼く」(＜ラテン語 *torrēre* 'parch')]

toast[2] 名 **1** C 乾杯, 祝杯; 乾杯の言葉. drink [propose] a ～ to the bride and groom 花嫁, 花婿のために乾杯ﾚする[の言葉を述べる] (参考 まず Here's to the bride and groom. などと言ってから簡単なお祝いのスピーチをすることが多い). **2** 〈the ～〉乾杯を受ける人; 乾杯の対象となる物事; 人気者. The singer was the ～ of Broadway. その歌手はブロードウェーの人気者だった.
── 動 他 の(健康, 幸福, 成功などの)ために乾杯する〈*in, with* ..で〉. ～ the (health of the) new mayor 新市長の健康を祝して乾杯する.
[昔, ワインなどのグラスに香辛料を加えたトースト (toast[1]) 片を入れて味を良くしたことから]

tóast·er 名 C (電気)トースター. The toast sprang out of the ～. トーストがトースターから飛び出した.

tóaster òven 名 C オーブントースター.

toast·ie /tóusti/ 名 C 焼いたサンドイッチ.

tóasting fòrk 名 C (パン焼き用の)長柄のフォーク.

tóast·màster 名 C 宴会の司会者; 乾杯の音頭を取る人.

tóast·mìstress 名 C 宴会の女性司会者; 乾杯の音頭を取る女性.

tóast ràck 名 C (卓上用の)トースト立て.

toast·y /tóusti/ 形 e **1** トーストのような. **2** 〘米話〙暖かくて快適な.

TOB takeover bid.

‡**to·bac·co** /təbǽkou/ 名 (複 ～(e)s /-z/) **1** UC (特にパイプ用の)(刻み)たばこ (参考 (1) cigaret(te) (紙巻きたばこ), cigar (葉巻), snuff (かぎたばこ)などを含めることもある. (2) 種類を言う時は C). a mixture of several ～*s* 数種類のたばこの混ぜ合わせ. chewing [pipe] ～ かみ[パイプ用]たばこ. a ～ pouch 刻みたばこ入れ. **2** U 〘植〙タバコ《ナス科》. They planted corn and ～. 彼らはトウモロコシとタバコを植えた. **3** U 喫煙. the harmful effects of ～ 喫煙の悪影響. give up ～ 禁煙する. [＜スペイン語 (＜カリブ語「タバコの葉を巻いたもの, パイプ」)]

to·bác·co·nist /-kənist/ 名 C たばこ屋《人》. a ～'s (shop) たばこ屋《店》.

tobácco plànt 名 C タバコ《植物》.

To·ba·go /toubéigou|tə-/ 名 トバゴ(島)《西インド諸島南東部の島; トリニダード・トバゴ共和国の一部を成す; →Trinidad》.

-to-be /tu-bíː/〈複合要素〉「未来の, 将来..になる」の意味. a bride-*to-be* (未来の花嫁).

To·bi·as /təbáiəs, tou-/ 名 男子の名《愛称 Toby》.

to·bog·gan /təbágən|-bɔ́g-/ 名 C 〘米〙トボガン《先端を丸く曲げた平底そりの一種》. on a ～ トボガンに乗って. ── 動 自 **1** 〘米〙トボガンで滑る. I used to go ～*ing* when I was in Canada. カナダにいた時はよくトボガン遊びをしたものだ. **2** 〘英〙そり (sledge) で坂を滑り降りる. **3** 〔物価, 運などが〕急落する. [＜北米先住民語]

To·by /tóubi/ 名 **1** Tobias の愛称. **2** (複 **-bies**) C 〈t-〉ビールジョッキ (**tóby jùg**)《3角帽をかぶった太った老人の形をしたもの》.

toc·ca·ta /təkáːtə/ 名 C 〘楽〙トッカータ《オルガン, ピアノ用の即興曲風の曲》. [イタリア語 'touched']

toc·sin /táksən|tɔ́k-/ 名 C 〘雅〙警鐘; 警報.

tod /tɑd|tɔd/ 名〈次の成句のみ〉
on one's tód 〘英話〙独りで.

‡**to·day,** 〘旧〙**to-day** /tədéi, tu-/ 副 ⓒ **1** 今日(きょう)(は), 本日(は); 今日中に. It is Monday ～. 今日は月曜日です. The ship leaves ～. 船は今日出帆する. ～ week 〘英〙＝a week ～ 先週[来週]の今日 (★文脈で「先週」か「来週」か決まる). a week ago [from] ～＝～ last [next] week 〘米〙先週[来週]の今日. He is leaving for Italy ﾚa week (from) ～ [〘英〙～ week]. 彼は来週の今日イタリアへたつ. It is six years ago ～ that my father died. 私の父が死んだのは6年前の今日でした.
2 現在(では), 今日(こんにち)では[の], (参考 形 は present-day, 又は today's, of today を使う; →名 2). More women have jobs ～ than their mothers did. 今日では1世代前と比べてより多くの女性が仕事を持っている. Tokyo ～ has grown too large. 今日の東京は大きくなりすぎた.
── 名 U **1** 今日(きょう), 本日. *Today* is Monday. 今日は月曜日です. Have you seen ～'s paper? 今日の新聞を見ましたか. **2 現代**, 今日(こんにち). the science of ～ 現今の科学. the youth of ～＝～'s [present-day] youth 今日の若者. He is one of ～'s greatest minds. 彼は現代の最も偉大な知性の持ち主の1人である.
[＜古期英語 *tō dæg* 'on (this) day']

tod·dle /tádl|tɔ́dl/ 動 自 **1** 〔赤ん坊などが〕よちよち歩く. The child is just learning to ～. 子供はやっとよちよち歩きができるようになった. **2** 〘話〙VA 歩く (walk); 行く (go);〈*off, over*〉. Why don't you ～ *over*? I'll be waiting. 出かけていらっしゃい, 待ってますから《電話で》.

‡**tód·dler** 名 C よちよち歩きの[歩き始めた]幼児.

tod·dy /tádi|tɔ́di/ 名 U **1** トディー《ウイスキーに湯, 砂糖などを加えた飲み物》. **2** ヤシの樹液; ヤシ酒.

‡**to-dó** 名 (複 ～s) C 〘話〙〈普通 a ～〉大騒ぎ (fuss). make a great ～ about ..について大騒ぎする. Let's have a big ～ and invite everyone. にぎやかなパーティーを開いてだれもかれも呼ぶことにしよう.

‡**toe** /tou/ 名 (複 ～**s** /-z/) C **1 足の指** (★手の指は finger). the big [great] ～ 足の親指. the little ～ 足の小指. **2** (靴, 靴下などの)**つま先**. I have a hole in the ～ of my sock. 靴下のつま先に穴があいている. **3** つま先に似た物; (道具の)先端, (ゴルフクラブの)先端.
dìg one's tóes ìn 頑として自分の考え[計画など]を変えない.
dìp one's tòes in(to) (the wáters of).. 慎重に..を始める[やってみる].
from tòp to tóe →top.

T

on one's tóes (1)つま先立ち[歩き]で. He stood *on* his ~*s* and reached for the book. 彼はつま先立ちして本に手を伸ばした. (2)待ち構えて, 気を張りつめて, 油断しないで, 機敏で. You have to keep *on* your ~*s* if you wish to remain in your job. 君の今の仕事を続けたいなら, いつも気を張りつめていなくてはいけない. (→on TIPTOE(s))

trèad* [*stèp*] *on a pèrson's tóes (1)人の足を踏む. (2)人を怒らせる, 人の感情を害する. I hope I'm not *tread* ing *on* your ~*s* by making critical remarks about your paper. あなたの論文について批判的なことを言ってあなたの感情を害さなければいいのですが.

tùrn up one's tóes 〖話〗死ぬ.

── 動 (~s|過 過分 ~d|~·ing) 他 **1** につま先で触れる; をつま先でける. **2** 〔靴・靴下など〕に新しいつま先を付ける, のつま先を縫う[修理する]. **3** 〖ゴルフ〗〔球〕をゴルフの toe で打つ. ── 自 つま先で歩く[立つ].

tòe the líne [〖米〗***márk***] (1)(競技で)スタートラインに立つ. The runners ~*d the line* and got set. 走者たちはスタートラインにつき, 次に用意の姿勢をとった. (2)(党, 集団の)命令に従う. I learned to ~ *the* (party) *line* in the army. 軍隊で命令に服従する癖がついた.

[<古期英語]

tóe càp 名 C (靴の)つま先の皮[金属など].

-toed /toud/ 〈複合要素〉「足の指が..本ある; ..の足の指をもった」の意味. five-*toed* (足の指が 5 本ある).

TOEFL /tóufl/ Test of English as a Foreign Language (トーフル《米国留学希望の外国人のための英語検定試験》).

tóe·hòld 名 C **1** 〖登山〗(岩の上などの)つま先をかけるわずかな場所. **2** ちょっとした足掛かり[支え]. **3** 〖レスリング〗トウホールド《足(指)固め》.

tóe·nàil 名 C **1** 足指のつめ. **2** 斜めに打ち込んだくぎ.

toff /tɑf, tɔːf|tɔf/ 名 (複 ~s) C 〖主に英旧俗〗(ばかにめかした)上流社会人《主に男性》. [?<*tuft*]

tof·fee /tɔ́ːfi, tɑ́fi|tɔ́fi/ 名 UC 〖英〗砂糖・バターなどで作るアメの一種. ***càn't*** 〔sing〕 ***for tóffee*** 〖英話〗とても〔歌うことは〕できない.

tóffee-àpple 名 C 〖英〗薄い甘い衣をつけて串刺しにしたリンゴ.

tóffee-nòsed 形 〖英話〗上流気取りの, 俗物根性の.

tof·fy /tɔ́ːfi, tɑ́fi|tɔ́fi/ 名 (複 -fies) 〖英〗=toffee.

to·fu /tóufuː/ 名 U 豆腐. [日本語]

tog /tɑg, tɔːg|tɔg/ 動 (~s|-gg-) 他 〖話〗を着飾らせる. ~ oneself up [out] 盛装する.

to·ga /tóugə/ 名 C トーガ《古代ローマ市民が着たゆるやかな外衣》. ▷ **to·gaed** /-gəd/ 形 トーガをまとった.

T **:to·geth·er** /təgéðər/ 副 C **1** 一緒に, ともに; 集まって; 結合して; 共同して; 結婚[同棲]して. Let's all sing ~. みんな一緒に歌いましょう. The teacher called the students ~. 先生は生徒を呼び集めた. They all stood ~ to defend their country. 全員が国を守ろうと団結して立ち上がった. our long years ~ 我々が共に暮らした長い年月.

2 一緒にして, ひっくるめて, 全部で. all ~ →all 代 (成句). put /../ ~ →put (成句).

3 互いに. Japan and America are affected ~ by changes in either one. 日本とアメリカは相手の中で起こった変化によって相互に影響される.

4 同時に. The bombs went off ~. 爆弾は同時に破裂した. They started to speak all ~. みんな一斉にしゃべり出した. **5** 引き続いて. It would snow for days ~. 幾日も雪が降り続くことがあった. **6** (1 つのものが)ぎっしりと詰まって, 密に, まとまって. squeeze a thing ~ ものをぎゅっと固める. hang ~ →hang (成句).

clòse* [*nèar*] *togéther (相互に)接近して; 親密で.

gèt it* (*àll*) *togéther 〖話〗(1)(仕事, 生活, 精神面などで)安定[落ち着き]を取り戻す, しゃんとする. (2)(女性が)豊満な体をしている.

togéther with.. ..と一緒に; ..に加えて. *Together with* his family, we went picnicking. 彼の一家と連れ立って私たちはピクニックに出かけた. His personality ~ *with* his appearance made him popular. 容姿に加えて人柄が彼を人気者にした.

── 形 〖話〗落ち着いた, しっかりした, 分別をわきまえた. an incredibly ~ young person 信じられないほどしっかりした若者.

[<古期英語 *tō* 'to'+*gædere* 「一緒に」(gather と同源の語)]

to·géth·er·ness 名 U 連帯感[意識], 一体感. They have a feeling of ~. 彼らには連帯感がある.

tog·ger·y /tɑ́g(ə)ri|tɔ́g-/ 名 U 〖話〗衣類.

tog·gle /tɑ́g(ə)l|tɔ́g(ə)l/ 名 C トグル, 留め木式ボタン, 《主に duffel coat に用いる》.

tóggle swìtch 名 C (電流用の)トグルスイッチ《つまみを上下[左右]に動かしてオン・オフを切り替える》.

To·go /tóugou/ 名 〈the ~〉トーゴ《アフリカ中西部ギニア湾に臨む共和国; 首都 Lomé》. ▷ **To·go·lese** /tòugəlíːz/ 形, 名 (複 ~) C トーゴの; トーゴ人.

togs /tɑgz, tɔːgz|tɔgz/ 名 〖話〗〈複数扱い〉衣服 (clothes); 〖オース・ニュー〗水着 (bathing suit).

***toil** /tɔil/ 〖雅〗名 U **骨折り**; 骨の折れる仕事, 労苦; (類語 骨の折れる又は不愉快な(普通, 長期間の)仕事; →work 1). He finished the work after years of ~. 彼は何年も苦労してその作品を完成した.

> 連結 hard [arduous; incessant, unremitting] ~ // endure [lighten, mitigate] the ~

── 動 (~s /-z/|過 過分 ~ed /-d/|**tóil·ing**) 自 **1** 骨を折る, 骨折って働く〈*away*〉; VA 精を出す〈*at, on, over* ..に〉. ~ *at* the task 課業に精を出す. **2** VA 骨を折って進む〈*along, up, through* ..を〉. The soldiers ~*ed up* the hill. 兵士たちは苦労して丘を登った.

tòil and móil →moil.

[<アングロノルマン語「口論する」(<ラテン語 *tudiculāre* 'stir')]

tóil·er 名 C あくせく働く人; 労働者.

:toi·let /tɔ́ilət/ 名 (複 ~s /-ts/) **1** C **便所**, **トイレ**, (lavatory, W.C.); **便器**. The boy flushed the ~. 少年は便所の水を流した. 参考 (1) 英米の家庭内ではこれらは bathroom の中にあることが多く, 「トイレはどこですか」は, Where is the bathroom? とか Where can I wash my hands? などと言う. (2) 特に公衆便所には public convenience 〖英〗, rest room 〖米〗など, 遠回しな言い方がある. (3)「排泄する」(urinate, defecate) の代わりに婉曲に go to the toilet と言うことがある.

2 U 〖旧章〗**化粧**, 身づくろい. We waited while they made their ~. 我々は彼女らが化粧している間待っていた. **3** U 〖章〗服装, 髪型. **4** U (手術, 産後の)体の洗浄. **5** 〈形容詞的〉化粧の. ~ articles 化粧道具.

[<フランス語「小さな布 (*toile*)」; 意味変化は「タオル>化粧>化粧室>便所」]

tóilet bàg 名 C 化粧道具[洗面用具]入れ.

tóilet pàper 名 U トイレットペーパー.

tóilet pòwder 名 U 化粧用パウダー《入浴後, ひげそり後などに使う》.

toi·let·ries /tɔ́ilətriz/ 名 〈複数扱い〉洗面化粧用品《石けん, 歯磨き, クリームなど》.

tóilet ròll 名 UC トイレットペーパー(のひと巻き).

tóilet ròom 名 C 化粧室; 便所.

tóilet sèat 名 C 便座.

tóilet sèt 名 C 化粧道具 1 式.

tóilet sòap 名 U 化粧石けん.

tóilet tàble 名 C (鏡付きの)化粧台.

toi·lette /twɑːlét, tɔilét/ 名 U 〖章〗〈気取って〉化粧(toilet 2). [フランス語 'toilet']

tóilet tìssue 名 ＝toilet paper.

tóilet-tràin 動 他 〔幼児〕に用便のしつけをする.

tóilet tràining 名 U (幼児に対する)用便のしつけ.

tóilet wàter 名 U 化粧水《オーデコロンなど》.

toils /tɔilz/ 名 〖主に雅〗〈複数扱い〉網(net), わな. be caught in the ～ of the law 法の網にかかる.

tóil·some 形 骨の折れる, 苦しい. ▷**～·ly** 副 **～·ness** 名

tóil·wòrn 形 苦労にやつれた.

to·ing and fro·ing /tùːiŋ-ən-fróuiŋ/ 名 (複 **toings and froings**) U 〈時に複数形で〉行ったり来たり; 右往左往, あたふたと動き回ること. after months of ～ between Whitehall departments (英国の) Whitehall の諸官庁を何か月も行ったり来たりした後で. [＜to-and-fro]

To·kay /toukéi/ 名 (複 **～s**) UC トカイ(ワイン)《ハンガリー北部の町トカイ産, またはカリフォルニア産の白ワイン》.

***to·ken** /tóuk(ə)n/ 名 (複 **～s** /-z/) C 【しるし】 **1** しるし, 証拠. A white flag is a ～ of surrender. 白旗は降伏のしるしである. **2** 記念品, 形見; 証拠品. receive birthday ～*s* 誕生日の贈り物をもらう. He gave me a ring as a farewell ～. 彼は指輪を別れの記念にくれた.
【代用物】 **3** 代用貨幣《地下鉄, バス, 電話料金などに硬貨の代わりに用いる》. **4** 〖英〗商品引換券. a £50 book ～ 50ポンドの図書券.
by the sàme [thìs] tóken 同様に, 同じ理由で; その上; その証拠に. Bad workmen blame their tools; *by the same* ～, a good teacher needs few mechanical aids. 下手な職人が道具に文句を言う; それと同じことで, 良い教師は補助教材などあまり必要としないのだ.
in tóken of . .＝as a tóken of . . ..のしるし[証拠]として; ..の記念に. The chiefs exchanged gifts *in* ～ *of* their new friendship. 酋(しゅう)長は新たな友好関係の記念に贈り物を交換した.
── 形 〈限定〉しるしばかりの, 形だけの. with only a ～ resistance ほんの申し訳程度の抵抗をしただけで.
[＜古期英語; teach と同根]

tó·ken·ìsm 名 U 建前主義《特に, 人種差別, 性差別撤廃に賛成しながら努力は最小限に留めること》.

tòken móney 名 U (以前商売で用いられた)名目貨幣; 代用貨幣.

tòken páyment 名 UC 内払い《債務承認の証拠としての》; (わずかな)形だけの支払い.

tòken stríke 名 C 〖英〗名目的ストライキ《短時間で終わる》.

To·kyo·ite /tóukjouàit/ 名 C 東京人.

told /tould/ 動 tell の過去形・過去分詞.

To·le·do /təlíːdou/ 名 (複 **～s**) C トレド刃[剣]《スペイン Toledo 原産の名刀》.

***tol·er·a·ble** /tál(ə)rəb(ə)l|tɔ́l-/ 形 m **1** 我慢のできる (↔intolerable). The heat is ～ if you don't work. 働かないのならこの暑さは我慢できる. **2** かなりよい; まあまあの; 並みの. a ～ income かなりの収入. a ～ meal まあまあの食事. [tolerate, -able]

‡**tól·er·a·bly** 副 我慢のできる程度に; まあまあ; かなりに. She has ～ good looks. 彼女の器量は十人並み. The patient is ～ well this morning. 病人は今朝はかなり具合がいい.

†**tol·er·ance** /tál(ə)rəns|tɔ́l-/ 名 **1** UC 耐久力, 抵抗力, 〈*of, to* ..〔困難, 苦痛など〕に対する〉. He has no ～ *to* cold. 彼は寒さに弱い. **2** UC 〖生物・医〗耐性〈*to, of* ..〔薬品, 毒物など〕に対する〉. set ～ levels on residue PCB in foodstuffs 食品中の残留 PCB 許容レベルを決める. **3** U 寛容, 雅量, 〈*for, towards, of* ..に対する〉(↔intolerance). **4** UC 〖建・機〗許容限度[誤差]. **5** ＝toleration 1.

†**tol·er·ant** /tál(ə)rənt|tɔ́l-/ 形 **1** 寛容な, 寛大な, 〈*of, toward, about* ..に〉; 黙認する〈*of* ..を〉; (↔intolerant). I'm not very ～ *of* that kind of mistake. その種の間違いは許せない. **2** 〖医〗耐性のある〈*of* ..に〉. ◇名 tolerance ▷**～·ly** 副 寛大に.

***tol·er·ate** /tálərèit|tɔ́l-/ 動 (**～s** /-ts/|過 過分 **-at·ed** /-ted/|**-at·ing**) 他 **1** を寛大に扱う, 大目に見る; を我慢する, に耐える; VO (～ X('s) *doing* ..) (X が)..するのを大目に見る, 許す; (類語「(寛大にも)黙認する」の意味が強く, 苦痛や困難には普通用いない; →bear[1]). They wouldn't ～ our belief. 彼らは我々の信仰を許さなかった. I won't ～ (him [his]) lying. (彼が)うそをつくのは許せない. How can you ～ him? よくあんな男に我慢ができるね. ～ some inconvenience 少しの不便は我慢する.
2 〔薬品, 放射能など〕に対して耐性[許容性]がある. Her hair won't ～ another dyeing. 彼女の髪はもう1度染めたらだめになる. ◇形 tolerant 名 tolerance, toleration [＜ラテン語 *tolerāre*「耐える」]

†**tòl·er·á·tion** 名 U **1** (特に信仰の)自由の承認. **2** ＝tolerance 3.

Tol·kien /tálkiːn|tɔ́l-/ 名 **J.R.R. ～** トールキン(1892–1973)《英国の文献学者・作家》.

***toll**[1] /toul/ 名 (複 **～s** /-z/) C **1** (道路, 橋などの)通行料金; (港湾などの)使用料金. We must pay a ～ when we cross the bridge. その橋を渡る時は通行料を払わねばならない. **2** 〖米〗長距離電話料. How much is the ～ to Denver, Colorado? コロラド州デンヴァーへの電話料はいくらですか. **3** 〈普通, 単数形で〉損失, 犠牲; 死傷者数. Last week's traffic ～ was very high. 先週の交通事故死傷者は大変多数だった. The Easter holidays took a heavy ～. 復活祭の休みで(交通事故による)死傷者が多く出た. →death toll.
tàke its [their, a hèavy] tóll 大きな損失[損害]をもたらす〈*on* ..に〉. The strain was *taking its* [Years of strain were *taking their*] ～ *on* his health. そのような[何年にもわたるそのような]過労は彼の健康にこたえていた. [＜古期英語(＜ギリシア語「税」)]

***toll**[2] /toul/ 動 (**～s** /-z/|過 過分 **～ed** /-d/|**tóll·ing**) 他 **1** 〔鐘〕をゆっくり繰り返し鳴らす. ～ a funeral knell 弔鐘を鳴らす. **2** 〔鐘が時刻, 死, 葬式など〕を知らせる. ～ the hour 〔鐘が正時〕を知らせる. ～ his death 〔鐘が〕彼の死を告げる. His speech ～*ed* the end of an era. 彼の演説は一時代の終わりを告げていた. ── 自 〔鐘が〕ゆっくりと繰り返して鳴る; 鐘を鳴らす. The bells were ～*ing* for the dead. 死者を弔う鐘が鳴っていた.
── 名 aU 〈時に the ～〉鐘がゆっくりと繰り返して鳴る音; 鐘を鳴らすこと. [＜中期英語 *tolle(n)*「引っぱる, 誘う」]

tóll bàr 名 C (通行料などを支払うまで降ろしておく)遮断機.

tóll·bòoth 名 C 料金所(tollgate).

tóll brìdge 名 C 有料の橋.

tóll càll 名 C 〖米〗長距離通話(↔local call).

tóll collèctor 名 ＝tollkeeper.

tòll-frée /⑳/ 形, 副 〖米〗フリーダイヤルの[で]《特定の電話番号にかけると通話料が受信者払いになる仕組み》.

tóll·gàte 名 C (特に高速道路の)料金所.

tóll·hòuse 名 (複 →house) C 通行料金徴収所(の建物).

tòllhouse cóokie 名 C 〖米〗チョコレート片入りクッキー.

tóll·kèeper 名 C 通行料金徴収係.

tóll ròad 名 C 有料道路.

tóll·wày 名 (複 **～s**) ＝toll road.

Tol·stoy /tálstɔi|tɔ́l-/ 名 **Leo ～** トルストイ(1828–1910)《ロシアの小説家》.

tol·u·ene /táljuìːn|tɔ́l-/ 名 U 〖化〗トルエン《無色の

T

可燃性液体; 火薬, 合成樹脂などの原料》.

Tom /tɑm|tɔm/ 名 **1** 男子の名《Thomas の愛称》. **2** Ⓒ 〖話〗〈t-〉動物の雄, 〈特に〉雄猫 (tomcat). ***Tòm, Dìck, and*** [***or***] ***Hárry*** 〖軽蔑〗だれも彼も, 猫も杓子(しゃくし)も, (★普通 every [any] 〜 として使う).

tom·a·hawk /tάməhɔ̀:k|tɔ́m-/ 名 Ⓒ (北米先住民の)いくさ斧(おの), 戦斧(せんぷ). ***bùry the tómahawk*** 〖米〗 =bury the HATCHET.
── 動 他〔人〕をまさかりで打つ[殺す]. [<北米先住民語]

Tòm and Jérry 名 UC 〖米〗トムアンドジェリー《ラム酒, ブランデー, 卵, ナツメグ, 時に牛乳を混ぜた飲料; 熱くして飲む》.

‡**to·ma·to** /təméitou, -mά:-|-mά:-/ 名 (複 **〜es** /-z/) Ⓒ トマト(の実, 植物). [<スペイン語(<中米先住民語)]

*__tomb__ /tu:m/ 名 (複 **〜s** /-z/) Ⓒ **1 墓**, 墓所, 霊廟(びょう), 納骨堂, (類語 普通, 装飾した墓所で広い内部を持つ; → grave[1]). visit an ancient king's 〜 古代の王の墓を見学する. **2** 墓穴. [<ギリシア語「土まんじゅう, 塚」]

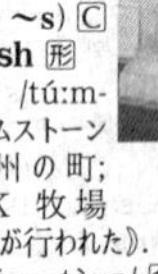
[tomb 1]

tom·bo·la /tɑmbóulə|tɔm-/ 名 UC 〖英〗(一種の)福引き, 富くじ.

tóm·bòy 名 (複 **〜s**) Ⓒ おてんば娘. ▷ **〜·ish** 形

Tomb·stone /tú:mstòun/ 名 トゥームストーン《米国アリゾナ州の町; 1881 年に「OK 牧場 (corral) の決闘」が行われた》.

†**tomb·stone** /tú:mstòun/ 名 Ⓒ 墓石, 墓碑.

tóm·càt 名 Ⓒ 雄猫《〖話〗では単に tom とも言う; ↔ tabby》.

Tòm Cóllins 名 UC 〖米〗トムコリンズ《ジンにレモン, 砂糖, 炭酸水を混ぜたカクテル》.

tome /toum/ 名 Ⓒ 〖雅・戯〗大きな本, 大冊.

tom·fool /tὰmfú:l|tɔ̀m-/ 名 Ⓒ ばか者, 間抜け. ── /⑲/ 形 〈限定〉ばかげた.

tòm·fóol·er·y /-ləri/ 名 (複 **-er·ies**) UC ばかげた行為.

Tom·my /tάmi|tɔ́mi/ 名 **1** Thomas の愛称. **2** Ⓒ 〈又は t-〉〖英話〗英国の兵卒; 〖米〗英国兵.

Tòmmy Át·kins /-ǽtkinz/ 名 〖話〗=Tommy 2.

Tómmy gùn 名 Ⓒ 〖話〗〈又は t-〉トムソン式自動小銃; 〈一般に〉軽機関銃.

tom·my·rot /tάmirὰt|tɔ́mirɔ̀t/ 名 Ⓤ 〖旧話〗ばかげたこと, ナンセンス.

to·mog·ra·phy /təmάgrəfi|-mɔ́g-/ 名 Ⓤ レントゲン断層写真術. [<ギリシア語 *tómos*「切片」, -graphy]

‡**to·mor·row** /təmάrou, -mɔ́:r-|təmɔ́rou, tu-/ 副 Ⓒ あした(は), 明日(は); 将来, いつか. I leave 〜. あした出発する. It'll be fine 〜. あしたは晴天でしょう. 〜 week 〖英〗来週[先週]のあした.
── 名 **1** Ⓤ あした, 明日. (the) day after 〜 明後日. *Tomorrow's* weather will be good. あしたの天気はいいだろう. I'll see you at nine 〜 morning. 明朝 9 時にお会いしましょう. Don't put off till 〜 what you can do today. 〖格言〗今日できることを明日に延ばすな. *Tomorrow* is another day. 〖諺〗明日は明日の風が吹く. **2** aU (近い)将来, 明日. the world of 〜 明日の世界. Who knows what 〜 will bring? 明日何が起こるかだれにも分からない. one who lives in hope of a better 〜 より良い将来を望みながら生きる人. [<中期英語 *to morwen* (<古期英語 *tō morgenne*「朝に, 明日」to, morrow)]

Tòm Sáwyer 名 トム・ソーヤー《Mark Twain の小説に出る主人公で, 機知と空想力に富む少年; →Huckleberry Finn》.

Tòm Thúmb 名 親指トム《童話の主人公》; ちび.

tom·tit /tάmtìt|tɔ́m-/ 名 Ⓒ 〖英話〗〖鳥〗シジュウカラ (titmouse) の類.

tom-tom /tάmtὰm|tɔ́mtɔ̀m/ 名 Ⓒ トムトム《手でたたく胴の長い, 又は棒でたたく大型の太鼓》.

-tom·y /təmi/ 〈複合要素〉「分断, 切開」の意味の名詞を作る. ana*tomy*. [<ギリシア語 *tomḗ* 'cutting']

‡**ton** /tʌn/ 名 (複 **〜s** /-z/, 〜) Ⓒ **1** トン《重量の単位》. 20 〜(*s*) of coal 石炭 20 トン. 参考 日本, フランスで使うメートルトン (metric ton) は 1,000kg; 英トン (long ton) は約 1,016kg; 米トン (short ton) は約 907kg.
2 トン《船舶の大きさの単位》. a 50,000 〜 tanker 5 万トンのタンカー. 参考 登録トン《船の容積単位》は 100 立方フィート; 積載トン《貨物積載能力の単位》は 40 立方フィート; (軍艦の)排水トンは海水 35 立方フィートの重量.
3 〖話〗ばかげた重さ. The box weighs (half) a 〜. 箱は途方もなく重い.
4 〖話〗〈普通 〜s〉 **(a)** たくさん, どっさり. 〜*s* of money 大金. 〜*s* of shoes たくさんの靴. We had 〜*s* of fun. たっぷり楽しんだ. **(b)** 〈副詞的〉非常に, とても. I can sleep 〜*s* better after a glass of whiskey. ウイスキー 1 杯飲んだ後はずっとよく眠れる.
5 〖英話〗〈普通 the 〜〉時速 100 マイル (→ton-up). do a [the] 〜 時速 100 マイル(以上)で飛ばす.
(***còme dówn***) ***like a tòn of brícks*** →brick.
[<古期英語 *tunne*「大樽」]

ton·al /tóun(ə)l/ 形 **1** 〖楽〗調性の, 音色の. **2** 〖絵画〗色調の, 色合いの. ◇名 tone

to·nal·i·ty /tounǽləti/ 名 (複 **-ties**) UC **1** 〖楽〗調性, 調子. **2** 〖絵画〗色調.

‡**tone** /toun/ 名 (複 **〜s** /-z/) **【調子】 1** Ⓒ **調子**, 音色, 《音の音質・高低・強弱を総合して》. the deep 〜 of a pipe organ パイプオルガンの低く太い音色. adjust the 〜 of the radio ラジオの音調を調節する.

連結 a clear [a bright; a dulcet, a sweet; a harsh; a piping; a soft] 〜

2 Ⓒ 〈しばしば 〜s〉 **口調**, 語調, 語気; (新聞などの)論調. in gentle 〜*s* 穏やかな調子で. He softened his 〜. 彼は口調を柔らげた. Don't use that 〜 of voice with me. 私に向かってそんな口のきき方をするな. the 〜 of the press 新聞の論調.

連結 an angry [an apologetic; an arrogant; a contemptuous; a critical; an emphatic; a firm; a friendly; a happy; a harsh; a sad; a sarcastic; a serious; a solemn] 〜

3 Ⓒ 〖楽〗楽音; 全音, 全音程; 〖音声〗音の高低, 抑揚.
4 Ⓒ (電話で)ぴー[つー]というような音. →dial tone.
5 Ⓒ 〖絵画・写〗色調; 色合い, 濃淡; (類語 色調の違いに重点がある; →color). green with a yellowish 〜 黄色味がかった緑色. a dress in several 〜*s* of blue 濃淡さまざまの青色をした服.
【基調】 6 Ⓤ (心身の)正常な状態, 健康. poor muscle 〜 弱くなった筋肉. recover mental 〜 平静に返る. His skin has the 〜 of a young man's. 彼の肌は青年の肌のように張りがある.
7 【傾向】 Ⓤ 気風; 風潮, 一般的傾向. the 〜 of an army [the school] 軍隊の士気[校風]. improve the low moral 〜 道徳的退廃の風潮を改善する. set the

〜 (for [of]..) (..の)基調[風潮]を確立する, (会合などの)雰囲気を作りあげる.
—— 動 他 に音色[色調]を帯びさせる; の音調[色調]を変える; 〖絵画・写〗の色調を変える. —— 自 調子[色調]を帯びる; 〔色が〕調和する 〈*with* ..と〉.
tòne dówn 調子を落とす[和らげる].
tòne /../ dówn ..の調子[色調]を和らげる; ..を弱める. 〜 *down* a speech 演説の口調を和らげる. They should 〜 *down* all this violence on TV. テレビ画面でのこういった暴力は少なくすべきだ.
tòne ín (with..) (..と)調和する. These cushions 〜 *in* well *with* the rugs. このクッション(の色)はじゅうたんとよく調和している.
tòne úp 調子が高まる; 強まる.
tòne /../ úp ..の調子を高める; ..を強める. Brisk walking 〜*s up* the muscles. 速い散歩は筋肉を強くする. [<ギリシア語 *tónos*「張ること, 緊張, 音の調子」]
tóne àrm 名 C (レコードプレーヤーのピックアップの)アーム.
tóne còlor 名 C 〖楽〗音色.
-toned /tound/ 〈複合要素〉「..の調子の, ..の音色の」などの意味. high-*toned*.
tòne-déaf /㊥/ 形 音痴の.
tóne dìaling 名 U トーンダイアリング, 音声ダイヤル方式, 《電話機のボタンを押すと発生する電子音を電話局が番号として読み取る方式》.
tóne lànguage 名 C 〖言〗音調言語 《中国語のように音調の変化で語の意味の違いを表す言語》.
tóne·less 形 **1** (色が)はっきりしない, くすんだ. **2** (声が)抑揚のない, 単調な. **3** 生気のない, 退屈な. ▷ **〜·ly** 副 **〜·ness** 名
tóne pòem 名 C 〖楽〗音詩 《交響詩 (symphonic poem) などのように詩的内容を音楽で表現する》.
ton·er /tóunər/ 名 UC **1** (プリンター, 複写器の)トナー. **2** 化粧水[ローションなど]の一種.
tong /tɑŋ, tɔːŋ|tɔŋ/ 名 C 〈単数形で複数扱いもある〉 **1** (中国の)党, 結社. **2** (米国における)中国人の秘密結社. [<中国語「堂」]
Ton·ga /tɑ́ŋgə|tɔ́ŋ-/ 名 トンガ 《南西太平洋の小王国; 英連邦の一員; 首都 Nuku'alofa》. ▷ **Ton·gan** /-n/ 形, 名 トンガ(語)の; C トンガ人; U トンガ語.
Tong·king /tɑ̀ŋkíŋ|tɔ̀ŋ-/ 名 =Tonkin.
tongs /tɑŋz, tɔːŋz|tɔŋz/ 名 〈複数扱い〉 はさみ道具 《角砂糖ばさみ, 火ばし, やっとこなど》. a pair of sugar [ice] 〜 角砂糖[氷]ばさみ 1 個.
hàmmer and tóngs →hammer.
not tòuch..with a pàir of tóngs [bárgepole] →bargepole.
‡**tongue** /tʌŋ/ 名 (複 〜s /-z/) 【舌】 **1** C 舌. put [stick] out one's 〜 舌を出す《診察を受ける時, 軽蔑する時など》. **2** UC (牛などの, 料理した)舌肉, タン. stewed 〜 タンシチュー. **3** C 舌状のもの《鐘・鈴の舌, 炎の舌, 靴の舌革, 細長い岬, 狭い入江, (管楽器の)舌, (馬車)のながえ, (さねはぎの)さね, (転てつ機の)可動部分など》.
【舌の使用>言葉】 **4** C **話す力; 話し方**, 言葉遣い; 発言. a slip of the 〜 失言; 言い間違い. find one's 〜 (びっくりした後などに)やっと口がきけるようになる. have a ready [sharp, bitter] 〜 弁舌によどみがない[毒舌家である]. lose one's 〜 (恥ずかしさ, 驚きなどで)口がきけなくなる. Hold [Watch] your 〜! 黙れ[言葉遣いを慎め]. The news was on everyone's 〜 by afternoon. 昼すぎまでにはだれもかれもそのうわさをしていた. Has the cat got your 〜? (いつになく黙っている人, 特に子供に対して)どうして何も言わないの[しゃべらないの].
5 C 〖章〗(ある国, 民族の)**言語**, 国語, (language); 〖聖書〗(ある言語を話す)国民. the German 〜 ドイツ語. Japanese is my mother 〜. 日本語が私の母語だ. ◇形 lingual
bìte one's tóngue (1) 舌をかむ. (2) 本音を言うまいとこらえる. (3) 失言を悔いる, 言った後でしまったと思う, 〈*off*〉.
gèt one's tóngue around [round].. 〖話〗〔難しい言葉, 名前〕を正しく発音する.
gìve a pérson the ròugh síde of one's tóngue 人をしかりつける.
gìve tóngue 〖章〗(気持ちなどを)口に出して言う, 表現する.
guàrd one's tóngue うっかり(秘密を)しゃべらないように気をつける.
kèep a cìvil tóngue (in one's héad) 言葉遣いを慎む.
lòosen a person's tóngue 〔酒(の酔い)などが〕人の口を軽くさせる.
on the tìp of one's tóngue →tip[1].
sèt [stàrt] tóngues wàgging うわさの種になる.
spèak in tóngues (宗教体験による恍惚(こう)状態などで)訳の分からない言語を話す.
spèak [tàlk] with (a) fòrked tóngue 二枚舌を使う.
with one's tóngue hànging óut 大変のどが渇いて; 渇望して.
(with) (one's) tòngue in (one's) chéek 〖話〗皮肉に, ひやかし半分に.
—— 動 (〜s|過 過分 〜d|tóngu·ing) 他 **1** 〔管楽器〕を舌で音を断続させながら吹く. **2** 〖建〗〔板など〕にさねを造る; をさねはぎにつぐ. **3** に舌で触れる; をなめる. **4** をしゃべる. —— 自 **1** 舌で断続音を出しながら管楽器を吹く, タンギングする. **2** しゃべる. [<古期英語]
-tongued /tʌŋd/ 〈複合要素〉「..舌の」,「言葉遣いが..の」の意味. double-*tongued* (二枚舌の). sharp-*tongued*.
tóngue deprèssor 名 C 〖米〗(医師が用いる)舌圧子《舌を押さえるへら》.
tòngue-in-chéek /㊥/ 形 ひやかし半分の, 皮肉な.
tóngue-làshing 名 U 厳しい叱(しっ)責.
tóngue-tìed 形 舌足らずの; (恥ずかしさなどで)口がきけない.
tóngue twìster 名 C 早口言葉 (jawbreaker) 《早く発音すると舌がもつれがちな語句; 例: Peter Piper picked a peck of pickled pepper.》.
†**ton·ic** /tɑ́nik|tɔ́n-/ 名 **1** C 〖医〗強壮剤. a 〜 for my cold 私の風邪を治す強壮剤. hair 〜 養毛剤. **2** C 元気づけるもの. Her visit was a real 〜 to [for] me. 彼女の見舞いに私は本当に元気づけられた. **3** U トニック (tonic water) 《キニーネ水; 炭酸水の一種で, ジン, ウオッカなどを割る》; 〖米ニューイングランド〗=soda pop. →gin and tonic. **4** C 〖楽〗主調音, 基音.
—— 形 **1** 〖章〗〔薬などが〕強壮にする; 元気づける. Swimming has a 〜 effect. 水泳は体を強くする効果がある. **2** 〖音声〗音調の, 音調を利用する; 〖楽〗主調音の. a 〜 language =tone language.
[<ギリシア語「緊張の, 調子の」]
tònic áccent 名 C 〖音声〗=pitch accent.
to·nic·i·ty /tounísəti/ 名 U **1** 強壮(であること). **2** (筋肉, 組織の)緊張性《正常な張力状態》.
tònic sol-fá 名 UC 〖楽〗ソルファ記譜法《歌唱指導に用いる》.
tónic wàter 名 〖英〗=tonic 名 3.
‡**to·night** /tənáit/ 名 U **今夜**, 今晩. *Tonight* is my night off. 僕は今夜は夜勤がない. on 〜'*s* TV news 今夜のテレビニュースで. —— 副 C **今夜(は)**. It's cold 〜. 今夜は寒い. [<古期英語 *tō niht* 'at night'「(昼から見て)夜に, 今夜」]
Ton·kin /tɑ̀nkín|tɔ̀n-/ 名 トンキン《ヴェトナム北部の地方》. the Gulf of 〜 トンキン湾《南シナ海; ヴェトナム北東部沿いの湾; 東は中国の雷州半島, 海南島に囲まれている》.
ton·nage /tʌ́nidʒ/ 名 UC **1** (船, 積み荷の)トン数 (→

T

ton). The new ship has a ～ of 25,000. 新船のトン数は2万5千トンだ. gross [net] ～ 総[純]トン数. **2** (1国の海軍, 商船などの)総トン数. **3** トン税《積み荷にトン当たりでかけられる》.

tonne /tʌn/ [名] 〘英〙＝metric ton.

ton·neau /tʌnóu|tɔ́nou/ [名] ([複] **～s, ～x** /-z/) [C] 自動車の後部座席部分. [＜フランス語「小さな樽」]

-ton·ner /-tʌ́nər/ 〈複合要素〉「..トン積みの船[トラック]」の意味. a fifty-thousand-*tonner* (5万トンの船).

to·nom·e·ter /tounɑ́mətər|-nɔ́m-/ [名] [C] **1** トノメーター, 音振動測定器, 音叉(さ). **2** 〘医〙血圧計; 眼圧計.

ton·sil /tɑ́ns(ə)l|tɔ́n-/ [名] [C] 扁桃腺(へんとうせん).

ton·sil·lar /tɑ́nsələr|tɔ́n-/ [形] 扁桃腺(へんとうせん)の.

ton·sil·lec·to·my /tɑ̀nsəléktəmi|tɔ̀n-/ [名] ([複] **-mies**) [UC] 〘医〙扁桃腺(へんとうせん)切除(手術).

ton·sil·li·tis /tɑ̀nsəláitəs|tɔ̀n-/ [名] [U] 〘医〙扁桃腺炎.

ton·so·ri·al /tɑnsɔ́:riəl|tɔn-/ [形] 〘しばしば戯〙理髪(師)の. a ～ artist [parlor] 理容師[理髪店].

ton·sure /tɑ́nʃər|tɔ́n-/ [名] 〘キリスト教〙 **1** [U] (修道士になるための)剃(てい)髪; 剃髪式. **2** [C] (修道士の)頭のてっぺんを丸く剃(そ)った部分. —— [動] [他] 〔修道士〕に剃髪を施す. [＜ラテン語「剃る」; -ure] ▷**ton·sured** [形] 剃髪した.

tòn-úp /[移]/ [形] 〘英旧話〙〈限定〉〔特にオートバイの運転者が〕スピード狂の《時速100マイル以上のスピードで飛ばす》. ～ boys [kids] 暴走族.

To·ny /tóuni/ [名] (2で [複] **-nies, ～s**) **1** Ant(h)ony の愛称. **2** [C] トニー賞(メダル)《米国で各年度ごとに演劇界で優れた業績を挙げた者に与えられる賞; **Tóny Awàrd**》.

ton·y /tóuni/ [形] [e] 〘米俗〙ハイカラな, ぱりっとした.

‡too /tu:/ [副] [C] **1** (**a**) 〈形容詞, 副詞の前に用いて〉あまりに, **..すぎて**, (★後に *for* 句の来ることが多い). ～ beautiful *for* words 言葉に言えないほど美しい. This dress is (much) ～ large *for* you. このドレスはあなたには(大分)大きすぎる. That story is ～ nice by half; it's unbelievable. その話はすばらしすぎて信じられない. It was ～ difficult a problem *for* them. それは彼らには難しすぎる問題であった([語法] このように不定冠詞を伴う名詞句を作る時の語順は, too＋形容詞＋a[an]＋名詞; →so¹ 5 [語法] (3)).
(**b**) 〈～ X to do の形で〉**あまり X すぎて..できない**, ..するにはあまりに X である. ～ hot *to* eat 熱くて食べられない. The news is ～ good *to* be true. 本当とは思えないほどよい知らせだ. He is ～ much of a fool *to* understand us. あいつは本当にばかだから我々の言うことが分からない. The book was ～ difficult *for* me *to* read. その本は難しすぎて僕には読めなかった (＝The book was so difficult that I could not read it.) (★2つの文の it の有無に注意). He's *not* ～ young *to* see the reason. 彼はその理由が分からないほど幼くはない《He's ～ old *not to* see the reason. (「その理由が分からないにはあまりに年とりすぎている」が直訳)も同じ意味になる》.

2 〈文尾[文中]に用いて〉 **..もまた**; その上; しかも; (★ also よりもくだけた言い方; 否定の場合の either に対応する). He will come, ～. 彼も来るだろう (★否定は He won't come, *either*. 彼も来ないだろう). I, ～, studied in Canada. 僕もカナダで勉強した. The dog is hungry, and thirsty ～. 犬は空腹でその上のどが乾いている. "Have a good weekend." "You ～." 「楽しい週末をね」「君もね」 "I'm from Texas." "Me [Us] ～!" 「僕はテキサス出身だ」「私[私たち]もよ」 (★I am [We are] ～. よりくだけた言い方). It snowed yesterday, and in May ～. 昨日雪が降った, しかも5月になって. Won't you come with us, ～? 君も僕たちと一緒に来ませんか《勧誘》. Don't you think so, ～? 君もそう思いませんか.

> [語法] (1) too の位置はかなり自由で, 誤解のおそれがある時は修飾する語の直後に置く(上の第2例); ただし普通, 文頭では用いない; 会話では I studied in Canada *too*. でも I に強勢を置けば「私も..」の意味になる(通常は Canada に強勢があり「私はカナダでも..」の意味になる). (2) 文中で too の前後のコンマは, 次のように誤解のおそれのある場合以外は不要: He, *too*, often comes to see me. (彼も, よく私に会いに来る); この文を He too often comes... とすると「彼は何度も来過ぎる」の意味になってしまう. (3) 〘米〙では文頭に用いることがあるが, ぎこちない感じを与える場合もある: *Too*, crime seems to be on the increase. (それにまた犯罪が増えているらしい) (4) 否定平叙文では, too が否定語の前に置かれる: He won't come. She, *too*, won't come. (＝She won't come, either.) (彼は来ない. 彼女も来ない); 又, 勧誘の, あるいは肯定の答えを期待する否定疑問文では too が用いられる(上の最後の2例).

3 〘話〙**とても, 非常に**; 〈否定文で〉あまり(..でない). You're (really) ～ kind. なんてご親切なんでしょう. That's ～ bad. 本当にお気の毒です. The two men didn't get on ～ well. 2人の男はあまり仲良くなかった《実際は仲が悪いことの控え目な表現》.

4 〘米話〙実際, 確かに; いやそれどころか; (→so¹ 7). He said he would win and he did ～. 彼は勝ってみせると言ったが確かに勝った. "You're not tired." "I am ～!" 「君は疲れていないね」「いや疲れてるとも」

áll tòo →all [副].

but tóo ＝only TOO (1).

cànnot dò tóo.. →can¹.

nóne tòo (控え目な表現として)あまり..でない, 決して[少しも]..でない. He appeared *none* ～ glad to see us. 彼は我々に会って少しもうれしそうでなかった.

ònly tóo (1) 遺憾ながら大変. The rumors turned out to be *only* ～ true. うわさは残念ながら全く本当だった. (2) 実に, この上なく. I was *only* ～ glad to be able to help. お手伝いできてこれ以上の喜びはありません.

quìte tóo ＝TOO too.

tòo besídes 〘西インド諸島〙さらに, その上, (そして)また.

tòo múch (1)〔仕打ちなどが〕ひどすぎる. Honest criticism is all very well, but this is ～ much. 率直な批評も結構だが, これはひどすぎる. (2) 強すぎてかなわない, 手に負えない, 〈*for* ..にとって〉. The Giants were ～ *much for* the Yankees. ジャイアンツは強すぎてヤンキーズにはかなわなかった. (3) 〘主に米俗〙すこぶるすてきだ, すごい, 抜群だ.

tòo múch of a gòod thíng (度を越して)やりきれない, ありがた迷惑.

tòo tóo 〘話〙とてもすてきな; あまりにも. ★しばしば皮肉な表現; too-too とも書く.

[＜古期英語 *tō* (副詞) 'to' (の強調形); 16世紀から too の綴り]

took /tuk/ [動] take の過去形.

‡tool /tu:l/ [名] ([複] **～s** /-z/) [C] **1 道具**, 工具, ([類語] 主に職人などが手仕事のために使う道具を指す; →implement). the carpenter's ～*s* 大工道具. give one's father a new set of ～*s* for Christmas クリスマスに新しい工具一式を父に贈る. A bad workman quarrels with his ～*s*. 〘諺〙へたな職人は道具に難癖をつける.

2 〈一般に〉 (仕事に必要な)**道具**; 手段, 手だて. A politician's mouth is the most important ～ of his trade. 口は政治家の最も重要な商売道具だ. She made a ～ of her rich friend in her climb up the social

ladder. 彼女は社会階級のはしごを登るのに金持ちの友人を道具にした.
3 (人の)**お先棒**, 手先. He is just their ～. 彼は彼らの手先にすぎない. **4**〖卑〗男根 (penis).
5〖製本〗(表紙の)型押し模様.
dòwn tóols →down 動.
── 動 他 **1** を道具[工具]で細工する《本の表紙の型押し, 革細工など》. **2**〖話〗VOA を(のんびりと)走らせる〈*along* ..を〉.
── 自 **1** 道具で細工する. **2**〖話〗VA (道路を) (のんびり)車を走らせる, 車で走る〈*along, around, down*〉. We were ～*ing along* (the highway) when the tire blew. (街道を)走っていたらタイヤがパンクした.
tòol úp 工場に機械を設備する.
tòol /../ úp 〔工場など〕に機械器具を設備する. The plant was ～*ed up* for modern large-scale production. 工場は近代的大量生産のための機械を設備した.
[＜古期英語]
tóol·bòx 名 C 道具箱.
tóol·hòuse 名 ＝toolshed.
tóol·ing 名 U **1** 道具による細工[仕上げ];〖製本〗表紙の型押し. **2** (工場などの)機械設備.
tóol kìt 名 C (自動車, 自転車などに付属する)工具一式[セット].
tóol·màker 名 C (工作機械の製作・修理・保全を行う)機械技師; 道具[工具]製造業者.
tóol·ròom 名 C (工場の)工具室.
tóol·shèd 名 C 道具小屋.
toot /tuːt/ 動 他 〔らっぱ, 笛など〕をぷーぷー鳴らす. The driver ～*ed* his horn. 運転手は警笛を鳴らした.
── 自 らっぱ[笛など]を吹く;〔らっぱ, 笛などが〕ぷーぷー鳴る.
── 名 C ぷーぷー鳴る音. [擬音語] ▷**tóot·er** 名
‡**tooth** /tuːθ/ 名 (複 **teeth** /tiːθ/) C **1 歯**. cut a [its] ～ (赤ん坊が)歯が生える. have a ～⌊pulled (out) [out] by the dentist 歯医者に歯を1本抜いてもらう.

> 連結 a front [a back, a molar; a canine; a baby, a milk; a permanent; an artificial, a false; a decayed] ～ // extract [fill; crown] a ～; clean [brush; pick; gnash; grind] one's *teeth*

2 (歯車, のこぎり, くしなどの)歯; (植物の葉などの)葉状突起《タンポポの葉など》. the *teeth* of a comb [saw] くし[のこぎり]の歯.
3〖話〗〈普通 teeth で〉(かみつくような)力, 威力, 猛威; (法律などの)実効性, 強制力, 権限. The gale retained its *teeth*. 強風はまだ衰えていなかった. The Political Fund Control Law must be given more *teeth*. 政治資金規制法はもっと効力をもつようにしなければならない.
4 (食べ物の)好み. have a sweet ～. 甘い物が好きだ. have a great ～ for Chinese food 中華料理が大好きだ.
a tòoth for a tóoth '歯には歯を', された通りの仕返し, 《聖書から; →an EYE for an eye》.
bàre one's téeth 〔動物が〕歯をむき出して怒る.
between one's téeth 歯をくいしばったまま〔言う〕《怒りをかみ殺している表情》.
by the skìn of one's téeth →skin.
càst [thròw] ..in a pèrson's téeth ..のことで人を非難する. *throw* the evidence *in* his *teeth* 彼に証拠をつきつけて非難する.
clènch one's téeth ＝set one's teeth.
cùt one's téeth →cut.
cùt one's ***wísdom tèeth*** →wisdom tooth.
dràw X's téeth X から危険性を取り除く, を骨抜きにする.
gèt [sìnk] one's téeth into .. (1) ..にかみつく, ..を食う. (2)〔仕事, 問題など〕に没頭する, 熱心に取り組む. He needs something to *get* his *teeth into*. 彼には何か打ち込める事が必要だ.
grìt one's téeth →grit.
hàve a swèet tóoth →sweet.
in the téeth of .. ..にもかかわらず, ..に反対して; ..をまともに受けて, ものともせず. She married him *in the teeth of* her family's opposition. 家族の反対にもかかわらず彼女は彼と結婚した. proceed *in the teeth of* the wind 風を真っ向から受けて進む. fly *in the teeth of* .. ＝fly in the face of ..に(真っ向から)反抗する.
kìck a pèrson in the téeth〖話〗(その人の期待に反して)人を大いにがっかりさせる, 人にひどい仕打ちをする.
lìe in [through] one's téeth〖話〗ぬけぬけと[恥知らずな]うそを言う.
lòng in the tóoth〖話〗年取って, 老いて,《馬が年を取ると歯茎が縮んで歯が長くなったように見えることから》.
pùll a person's téeth 人の権限[権力]を奪い取る, 人を無力にする.
pùt téeth into [in] .. 〔法律など〕の実効性を高める[強制力を強める].
sèt one's téeth (1) 歯を食いしばる. (2)〖旧〗断固たる態度を取る. The government *set* its *teeth* against reform. 政府は改革に断固反対した.
sèt a pèrson's téeth on édge →edge.
shòw one's téeth 歯をむき出す; 敵意を(露骨に)示す. The union leaders *showed* their *teeth* and threatened to strike. 組合の指導者は怒りをむき出しにしてストライキをするぞとおどした.
sìnk [gèt ↑] one's téeth into ..
tàke the bít between one's téeth →bit[2].
tòoth and náil 猛烈に, 必死に. The two boys fought ～ *and nail*. 2人の少年は猛烈に戦った.
to the téeth 完全に, 寸分のすきもなく. armed *to the teeth* 完全に武装した. ◇形 dental
── 動 他〔のこぎりなど〕に歯を付ける, 目立てをする.
── 自〔歯車が〕かみ合う. [＜古期英語]
***tooth·ache** /túːθèik/ 名 UC 〈普通, 単数形で〉**歯痛**. have (got) (a) [a bad] ～ 歯が痛い[ひどく痛い].
***tooth·brush** /túːθbrʌ̀ʃ/ 名 (複 **～·es** /-əz/) C **歯ブラシ**. ▷**～·ing** 名 U 歯磨き(すること).
tóoth·còmb 名 C〖英〗目の細かいくし.
toothed /tuːθt, tuːðd/ 形 歯のある; ぎざぎざの.
-toothed 〈複合要素〉「..の歯のある」「歯が..の」の意味. big-*toothed* (大きな歯の付いた). six-*toothed* (6本の歯のある).
tóothed whàle 名 C〖動〗ハクジラ《マッコウクジラ, マイルカ, シャチなど; →whalebone whale》.
tóoth fàiry 名 C 歯の妖(よう)精《子供が抜けた乳歯を枕(まくら)の下に入れておけばコインに変えてくれるという小人》.
tóoth·lèss 形 **1** 歯のない; 歯の抜けた. **2** 無力な, 役に立たない, 強制力[効力]のない.
***tooth·paste** /túːθpèist/ 名 U **練り歯磨き**. squeeze ～ from the tube チューブを押して歯磨きを出す.
tóoth·pìck 名 C つまようじ《食卓で使ってはいけない》.
tóoth pòwder 名 U 歯磨き粉.
tooth·some /túːθs(ə)m/ 形〖章・戯〗**1**〔食物が〕おいしい, うまい. **2** (性的)魅力のある. ▷**～·ly** 副 **～·ness** 名
tooth·y /túːθi/ 形 e〖話〗歯が大きく目立つ. have a ～ smile 大きく歯を見せて笑う.
too·tle /túːtl/〖話〗動 他 〔笛など〕を静かに吹き続ける;〔メロディー〕を吹く〈*on* ..で〉; (→toot). ── 自 **1** 静かに吹き続ける〈*on* ..〔笛など〕を〉. **2**〖話〗VA (車などでのんびり) 行く. ── 名 C 笛などを吹く音. [toot, -le[1]]
toots /tuːts/ 名 (複 **～·es**) C〖米旧話〗ねえさん, ねえちゃん, (★なれなれしい呼びかけに用いる).
toot·sy, -sie /tútsi/ 名 (複 **-sies**) C **1**〖幼〗あんよ

T

(foot). **2**〖米話〗＝toots.

‡**top**[1] /tɑp|tɔp/ 名 (複 **〜s** /-s/)

【てっぺん】 **1** Ⓒ〈普通 the 〜〉(**a**) **頂上**, 頂; 頭; てっぺん; 上部; 先端; (木の)こずえ; (類語「最高の部分」を意味する最も一般的な語; →peak, summit). the 〜 of a mountain 山頂. at the 〜 of the page ページの上部に. the 〜 of a finger 指の先端. the tree 〜*s* 森のこずえ. (**b**)〖主に英〗通りの(話者から遠い方の)外れ, 端. The beauty shop is at the 〜 of this road. その美容院はこの道の向こうの端にある.

2 Ⓒ〈普通 the 〜〉(容器の)ふた, 栓; (自動車などの)屋根, ほろ. the 〜 of a bottle 瓶の栓. the 〜 of a convertible コンバーチブルのほろ.

3 Ⓒ〈普通 the 〜〉(テーブルなどの)**表面**, 台板. the 〜 of the table＝the table 〜 テーブルの台板. the 〜 of the pond 池の水面.

4 Ⓤ〈the 〜〉(一番の)**上席**; **首席**, 最高位. sit at the 〜 of the table 食卓の上座に座る. He is at the 〜 of his class. 彼はクラスで 1 番だ. You will rise to the 〜 of your field. 君はその分野で第一人者になるだろう.

5 Ⓤ〈the 〜〉**極限**, 極度, 絶頂, 極致; 最も優れた部分. at the 〜 of one's voice あらん限りの声を出して. the 〜 of the harvest 収穫の最良部分.

【上の部分】 **6** Ⓒ〈普通 〜s〉(ニンジン, ダイコンなどの)地上に出た部分, 葉っぱ. carrot [turnip] 〜*s* ニンジン[カブ]の葉っぱ.

7 Ⓒ 上半身に着る衣類《blouse, jumper などの総称》. a pajama 〜 パジャマの上着 (→bottoms).

8 Ⓒ〖野球〗(回の)表 (↔bottom).

9 Ⓤ ＝top gear.

at* [*to* ↓] *the tòp of one's bént

blòw one's tóp〖話〗かんしゃくを起こす.

còme to the tóp 現れる; 他に抜きん出る.

***from tòp to bóttom* [*tóe*]** 頭のてっぺんから足のつま先まで; 完全に. search the house *from* 〜 *to bottom* 家の中をくまなく探す. scrub the child *from* 〜 *to toe* 子供を頭のてっぺんから足のつま先までごしごし洗う.

gò over the tóp (1)(突撃のために)壕(ごう)を飛び出して行く;〖話〗決然と行動に移る. (2)〖米〗目標以上の成績を上げる. (3)〖英話〗〔いたずらなどの〕度が過ぎる.

***in tòp* (*géar*)**〖英〗〔自動車が〕トップ(ギア)で.

off the tòp of one's héad 深く考えずに, 即座に.

on tóp (1) 上に; 頭のてっぺんが;〖英〗バスの 2 階席に. a birthday cake with twelve candles *on* 〜 ろうそくが 12 本立った誕生日のケーキ. be bald *on* 〜 頭のてっぺんがはげている. (2) 成功して; 勝って. come out *on* 〜 成功する, 勝つ. (3) 支配して. He re- mained *on* 〜 until deposed by the army. 軍によって退位させられるまで彼は最高の地位にあった.

on tóp of . . (1) . .の上に. The wall fell *on* 〜 *of* the child. 壁が子供の真上に倒れてきた. (2) . .に加えて. She lost her way and *on* 〜 *of* that it began to rain. 彼女は道に迷ったが, それに加えて雨が降り出した. (3) . .を支配して. get *on* 〜 *of* . .を征服[圧倒]する. (4) . .を管理して. be *on* 〜 *of* the situation 事態を掌握している.

on tòp of the wórld〖話〗意気揚々とした.

over the tóp〖英話〗度を越して[た], やり過ぎて[の], (→go over the TOP (3)). That joke's *over the* 〜. あの冗談は度が過ぎた.

***rèach* [*rìse to*] *the tòp of the trée* [*ládder*]** 最高の地位に就く; 第一人者になる.

to the tòp of one's bént 力の限り; 思う存分.

── 形 **1** 頂上の; 一番上の; 冒頭の, 最初の. the 〜 floor 最上階. the 〜 class in this school この学校の最上級. **2** 最高(級)の, 首席の; 主要な. at 〜 speed 最高の速度で. a 〜 secret 極秘事項. the 〜 ten 上位 10 まで, ベストテン, 《特に, 売れ行きのよいレコードなどに言う》. come (out) 〜 1 番[首席]になる.

── 動 (**〜s**|**-pp-**) 他 **1** の頂上に達する, を登りきる. 〜 a peak 山頂に達する.

2 の頂上を覆う, にふたをする, をトッピングとして加える, 〈*with* . .で, を〉. 〜 a cake with chocolate cream ケーキにチョコレートクリームをのせる. a mountain 〜*ped with* snow 雪を頂いた山.

3 の首位を占める; の頂上にある. He 〜*ped* the league in homers. 彼はホームランの数でリーグの首位に立った. 〜 the bill →bill[1] (成句).

4 より高い; にまさる, を越える. He 〜*s* six feet. 彼は身長 6 フィート以上ある. The firm 〜*ped* all rivals in total earnings. その会社は総収益で競争相手をすべて抜いた.

5〖ゴルフ〗〔球〕の上部をたたく.

6〔草木〕を刈り込む; 〔ニンジンなど〕の頭部(の葉)を切り取る. 〜 and tail gooseberries〖英〗(食用とするため)グーズベリーの両端を切り取る.

7〖俗〗を絞首刑にする; 〈〜 oneself〉自殺する.

tòp /../ óff〖米〗(1) . .を仕上げる, 締めくくる, 〈*with* . .で〉. He 〜*ped* the meal *off with* a glass of brandy. 彼は食事の締めくくりにブランデーを 1 杯飲んだ. (2) ＝TOP /../ out. (3)〔ガソリンなど〕を満タンにする.

tòp óut (数量的に)頂点に達する, 頭打ちになる.

tòp /../ óut〔大きな建築物〕の完工式を行う;〔船〕に満載する〈*with* . .を〉.

tòp /../ úp〔容器〕を(つぎ足して)いっぱいにする〈*with* . .〔液体など〕で〉; . .の不足分を補充[補てん]する;〖話〗〔人〕のグラスに飲み物をつぐ. 〜 *up* a battery バッテリー液を補充する. Let me 〜 you *up*. 1 杯(酒を)つがせてください.

to tòp it áll 挙げ句の果てに. [＜古期英語]

***top**[2] /tɑp|tɔp/ 名 (複 **〜s** /-s/) Ⓒ こま. spin a 〜 こまを回す. The 〜 sleeps. (回っている)こまが澄む.

slèep like a tóp ぐっすり眠る. [＜古期英語]

to·paz /tóupæz/ 名 **1** Ⓤ〖鉱〗黄玉(おうぎょく). **2** Ⓒ トパーズ《黄玉を磨いて作った宝石; →birthstone ★》. **3** Ⓒ 南米産のハチドリ (humming bird) の一種.

tóp bòot 名 Ⓒ〈普通 〜s〉乗馬靴《ひざまで届く》.

tòp bráss 名 Ⓒ〖話〗〈集合的〉高級将校.

tóp·còat 名 **1** ⓊⒸ (ペンキなどの)仕上げ塗り. **2** ＝overcoat.

tòp dóg 名 Ⓒ〖話〗勝者, うわ手, (↔underdog).

tòp-dówn /㊦/ 形 **1** 上意下達方式の《最高責任者から下部に指示が伝わる形式》. **2**〔計画, デザインなどが〕全体論から始めて細部に至る. ◇↔bottom-up

tòp dráwer 名〈the 〜〉一番上の引き出し;〖旧話〗(社会の)最上層.

tóp·drèss /〖英〗はまた ˌ-ˊ-/ 動 他〔畑など〕に敷き肥する.

tóp·drèssing /〖英〗ˌ-ˊ--/ 名 Ⓤ (畑の表面に)敷き肥すること.

tope[1] /toup/ 名 (複 **〜, 〜s**) Ⓒ 小型のサメの一種《ヨーロッパ沿岸産》.

tope[2] 動 自 飲んだくれる, 酒びたりになる.

── 他〔酒〕をやたらに飲む.

to·pee /toupíː|ˊ-ˊ-/ 名 Ⓒ 防暑用ヘルメット《一種の草の髄から作る》. [＜ヒンディー語「帽子」]

To·pe·ka /təpíːkə/ 名 トピーカ《米国 Kansas 州の州都》.

top·er /tóupər/ 名 Ⓒ 大酒飲み, 飲んだくれ.

tòp-flíght /㊦/ 形〖話〗一流の, 最高の, (best).

top·gal·lant /tὰpgǽlənt, təgǽ-|tɔ̀p-, təgǽ-/〖船〗名 Ⓒ 上檣(しょう); 上檣帆; (→mast[1] 参考).

── 形 上檣の.

tòp géar 名 ⓊⒸ〖英〗(自動車の)高速ギア, (トップ)ギア (〖米〗high gear).

tòp hát 名 Ⓒ シルクハット.

tòp-héavy /㊦/ 形〈主に叙述〉頭の重い, 頭でっかちの; 不安定な《船などで重心が高く復元力の小さい状態》.

To·phet(h) /tóufit/ 名 〖聖書〗トペテ《Jerusalem 近くにあり, 古代ユダヤ人が異教の神 Moloch に子供を犠牲に捧げた場所》; U (焦熱)地獄.

tòp-hóle /㊗/ 形 〖英話〗ぴか一の (first-rate).

to·pi /toupí:|⁻⁻/ 名 =topee.

to·pi·ar·y /tóupièri|-piəri/ 名 (複 **-ar·ies**) U 装飾的刈り込み法 (**tòpiary árt**)《例えば樹を鳥の形などにする; ツゲ (boxwood) などを利用》; C 装飾的に刈り込んだ庭園.

[topiary]

[<ラテン語 *topia*「庭」(<ギリシア語 *tópos* 'place')]

‡**top·ic** /tápik|tɔ́p-/ 名 (複 **~s** /-s/) C **話題**; 論題, 題目. discuss ~*s* of the day [current ~*s*] 現在の話題を論じ合う. the main ~ of a lecture 講演[講義]の主題. a ~ sentence 主題文《普通パラグラフの最初に置かれてその主題を提示する》. [<ギリシア語「場所 (*tópos*) に関する>日常の(こと)」(意味の変化はアリストテレスの論文名から)]

‡**top·i·cal** /tápik(ə)l|tɔ́p-/ 形 **1** 時事問題の, 話題になっている. a ~ novel 時事問題を扱った小説. a ~ allusion 時事問題への言及. **2** 局地的な; 〖医〗〔薬品などが〕局所の[に用いる].
▷**~·ly** 副 話題に従って; 時事問題として.

top·i·cal·i·ty /tàpəkǽləti|tɔ̀p-/ 名 (複 **-ties**) **1** U 時事性, 話題になること. **2** C 〈普通 -ties〉時事問題.

tóp·knòt 名 C **1** (鳥の)冠毛. **2** (頭のてっぺんの)毛の房; まげ; (ちょう結びの)リボン《昔, 女性の頭に付けた》.

‡**tóp·less** 形 **1** 〔衣類が〕乳房を露出した, トップレスの. **2** 〔女性が〕トップレスを着た. **3** 〔バーなどが〕トップレスの女性を置いた. **4** 〖雅〗(先端が見えないほど)高くそびえた.

‡**tòp-lével** /㊗/ 形 最高レベル(の人たち)の, 首脳レベルの. a ~ conference トップ会談.

tòp·lófty /㊗/ 形 〖話〗威張った, 尊大な.

top·mast /tápmæ̀st, -məst|tɔ́pmɑ̀:st, -məst/ 名 C 〖船〗中檣(しょう) (→mast[1] 参考).

***top·most** /tápmòust|tɔ́p-/ 形 ⓒ **最高の**, 一番上の. the ~ floor of the building 建物の最上階.

tòp-nótch /㊗/ 形 〖話〗一流の; 最高級の.

topog. topographical; topography.

to·pog·ra·pher /təpágrəfər|-pɔ́g-/ 名 C 地形学者, 地誌作者.

top·o·graph·ic, -i·cal /tàpəgrǽfik|tɔ̀p- ㊗/, /-k(ə)l ㊗/ 形 地形学の; 地形上の; 地誌の.

tòp·o·gráph·i·cal·ly 副 地形(学)上.

to·pog·ra·phy /təpágrəfi|-pɔ́g-/ 名 (複 **-phies**) **1** U 地形学, 地誌. **2** UC (1 地方の)地勢(図).
類語 geography よりずっと小さい地域に関して用いる.

to·pol·o·gy /təpálədʒi|-pɔ́l-/ 名 U **1** 〖数〗位相, 位相数学, トポロジー. **2** 地勢学; 風土誌研究. [<ギリシア語 *tópos*「場所」, -logy]

tóp·per 名 C **1** 〖話〗シルクハット (top hat). **2** 〖英旧話〗一流の人[もの]; 優良品. **3** トッパー《たけの短い女性用のコート》.

‡**tóp·ping** 名 **1** UC トッピング《料理・菓子の上にかけたクリーム, ソースなど》. put chocolate ~ on a cake ケーキの上にチョコレートをかける. **2** 〈~s〉上部から取り除かれた部分《こずえなど》. **3** UC 頂部; 上部; 表層. —— 形 **1** 最高位の. **2** 〖主に英旧俗〗すばらしい (excellent).

†**top·ple** /táp(ə)l|tɔ́p-/ 動 自 ぐらつく; 倒れる; 〈*over*, *down*〉. The pile of bricks ~*d over* onto the ground. レンガの山は地面にくずれ落ちた. —— 他 をぐらつかせる; を倒す; 〈*over*〉. ~ the regime 政権を転覆する. [<top[1], -le[1]]

tòp-ránking /㊗/ 形 最高位の; 一流の.

tops /taps|tɔps/ 〖旧話〗名 (複 ~) C 〈the ~〉ぴか一《人, 物》. He is the ~ at golf. 彼はゴルフでは一流だ. —— 形 〈叙述〉一流で; 最高で. Who's ~ in the mystery field now? 推理小説界では今だれが第一人者ですか.

top·sail /tápsèil, -s(ə)l|tɔ́p-/ 名 C 〖船〗上檣(しょう)帆, トップスル, 《topmast に付けられた帆で, upper topsail と lower topsail に分かれる》.

‡**tòp-sécret** /㊗/ 形 (普通, 軍事上)極秘の. A ~ document was stolen from the Foreign Office. 極秘の書類が外務省から盗まれた.

tòp-shélf /㊗/ 形 〔雑誌が〕(性的に)挑発的な《この種の雑誌は書店の最上段の棚に置かれることから》.

tóp·sìde 名 **1** U 〖英〗トップサイド《脚の上部からとった上等の(牛)肉》. **2** C 〖船〗〈普通 ~s〉乾舷(げん)《喫水線より上の舷側》. **3** C 電離層 (ionosphere) の上層.

tóp·sòil 名 U 表土《植物が根をおろす部分》.

tóp·spìn 名 U (テニスなどで)トップスピン《ボールの上部を打って与える順回転; 地に着くと球は速力を増す》.

tòp stóry 名 〈the ~〉〖戯・俗〗(最上階>)'おつむ'《弱いなどと言う場合の》.

top·sy-tur·vy /tàpsitə́:rvi|tɔ̀p- ㊗/ 形 **1** あべこべの; 逆さまの. **2** めちゃくちゃの. —— 副 **1** あべこべに; 逆さまに. **2** めちゃくちゃに. —— 名 U **1** あべこべ; 転倒. **2** 混乱. ▷**~·dom** /-dəm/ 名 U めちゃくちゃ.

tòp táble 名 〖英〗=head table.

tóp·ùp 名 C (酒などの)つぎ足し《<TOP[1] /../ up》.

toque /touk/ 名 C トーク《縁なしの婦人帽》.

tor /tɔ:r/ 名 C 小さい岩山.

To·rah /tɔ́:rə, tóu-/ 名 〈the ~〉 **1** 〖ユダヤ教〗律法, トーラー, 《成文律法と口伝律法の総称》. **2** 〖聖書〗モーセの 5 書 (Pentateuch).

***torch** /tɔ:rtʃ/ 名 (複 **tórch·es** /-əz/) C **1** 〖英〗**懐中電灯** (〖米〗flashlight). **2** たいまつ. **3** 〖米〗(溶接用)ブローランプ (blow lamp, blowtorch). **4** (知識, 文化の)光, ともしび. the ~ of learning 学問の光. hand on the ~ 知識などの光を後世に伝える.

càrry a [the] tórch (1) 片思いする〈*for* ..に〉. (2) 忠実である, 運動をする, 〈*for*, *of* ..〔信念, 人など〕(のため)に〉.

—— 動 他 〖米俗〗に放火する.

[<古期フランス語「撚(よ)ったわら」(<ラテン語 *torquēre* 'twist')]

tórch·bèarer 名 C **1** たいまつ持ち. **2** (団体, 組織, 運動の)リーダー, 指導者, 旗頭.

tórch·lìght 名 U 懐中電灯[たいまつ]の明かり.

tórch sìnger 名 C 〖米〗torch song を歌う歌手.

tórch sòng 名 C (失恋などを歌った)センチメンタルな歌.

tore /tɔ:r/ 動 tear[2] の過去形.

tor·e·a·dor /tɔ́:riədɔ̀:r|tɔ́r-/ 名 C (特に騎馬の)闘牛士 (→matador). [スペイン語 (<「牛と闘う」)]

to·re·ro /təré(ə)rou/ 名 (複 **~s**) C (特に, 馬に乗らない)闘牛士《matador などを含む》. [スペイン語 (<*toro*「雄牛」)]

***tor·ment** /tɔ́:rment/ 名 (複 **~s** /-ts/) **1** UC (精神的, 肉体的な)**激しい苦痛**, 苦悩, 苦悶(もん), (類語 繰り返しに重点がある; →torture). He is in ~ with a bad headache. 彼はひどい頭痛で苦しんでいる. suffer ~*s* 苦しむ, 悩む. **2** C 苦痛[苦悩]の原因, 苦労の種. The boy is a constant ~ to his parents. 少年は両親の絶えない苦労の種だ.

—— /⁻⁻/ 動 (**~s** /-ts/|過 過分 **~·ed** /-əd/|**~·ing**) 他 を苦しめる, 悩ます; をいじめる; 〈*with*, *by* ..で〉. be ~*ed with* toothache [*by* hunger] 歯痛で[飢えに]苦しむ. ~ a person *with* [*by* asking] questions 人を質問攻めにする. The memory ~*ed* him for years. その記憶は何年も彼を苦しめた.

T

[＜ラテン語「拷問具」(＜*torquēre* 'twist')]

tor·men·tor /tɔːrméntər/ 名 C **1** 苦しめる人; 悩ますもの. **2** 〘劇〙 舞台のそでを隠すための幕[ついたて]. **3** 〘映〙 (撮影に使う)反響防止用ついたて.

torn /tɔːrn/ 動 tear² の過去分詞.

†**tor·na·do** /tɔːrnéidou/ 名 (複 ～(e)s) C **1** (特に米国中西部の)竜巻; (アフリカ西部の)大雷雨; 旋風, 暴風(雨). **2** 〈比喩的〉(銃弾, 非難, 喝采などの)あらし. [スペイン語「雷雨」]

To·ron·to /tərántou|-rɔ́n-/ 名 トロント《カナダ Ontario 州の州都》.

‡**tor·pe·do** /tɔːrpíːdou/ 名 (複 ～es) C **1** 水雷, 魚雷, 空中魚雷. **2** 〘米〙〘鉄道〙 信号雷管《警報用に線路上に置く》. **3** 〘米〙 かんしゃく玉《堅いものに打ちつけて破裂させる》. **4** 〘魚〙 シビレエイ (electric ray).

── 動 他 **1** を水雷[魚雷, 空中魚雷]で攻撃する, 破壊する. **2** 〔政策など〕をぶちこわす. The radicals tried to ～ the peace conference. 急進派は和平会議のぶちこわしを図った. [ラテン語「まひ＞シビレエイ」]

torpédo bòat 名 C 魚雷艇.

torpédo-boat destròyer 名 C 駆逐艦《普通, 単に destroyer と言う》.

torpédo tùbe 名 C 魚雷発射管.

tor·pid /tɔ́ːrpəd/ 形 〘章〙 **1** 活気のない, のろい, 鈍い. **2** 〔冬眠中の動物が〕動かない; 無感覚な. ▷ **～·ly** 副 不活発に. **～·ness** 名 ＝torpidity.

tor·pid·i·ty /tɔːrpídəti/ 名 U 〘章〙 不活発; 無感覚.

tor·por /tɔ́ːrpər/ 名 U 〘章〙 **1** 不活発, 無気力; 無感覚. **2** 冬眠. [＜ラテン語「まひ, 無感覚」]

torque /tɔːrk/ 名 **1** C 〘史〙 ねじった金属の輪《古代ブリトン人やゴール人が首や腕にはめた飾り》. **2** U 〘機〙 トルク《軸の回転力》. [torch と同源]

tórque convèrter 名 C 〘機〙 (自動車の)液体変速機, トルクコンバーター.

***tor·rent** /tɔ́ːrənt|tɔ́r-/ 名 (複 ～s /-ts/) C **1** 急流, 奔流, 激流. a mountain ～ 山あいの急流. **2** (奔流のような)ほとばしり; 連発; 〈～s〉 どしゃ降り. a ～ of abuse 悪口雑言の連発. a ～ of tears あふれる涙. The rain is falling *in* ～*s*. 雨が滝のように落ちて来る. [＜ラテン語「燃えている」(＜*torrēre* 'burn')]

‡**tor·ren·tial** /tɔːrénʃ(ə)l|tɔr-, tər-/ 形 急流の; ほとばしり出る; 猛烈な. a ～ rain 滝のような雨. ▷ **～·ly** 副

Tor·ri·cel·li /tɔ̀ːritʃéli|tɔ̀r-/ 名 **Evangelista ～** トリチェリ (1608-47)《イタリアの物理学者・数学者; 晴雨計を発明》. ▷ **～·an** /-ən/ 形 トリチェリの. ～*an* vacuum 〘物理〙 トリチェリの真空.

tor·rid /tɔ́ːrəd|tɔ́r-/ 形 **1** 焼けつくような, 炎熱の, 《主に風土について》; 熱帯の; (→frigid, temperate). **2** 熱烈な, 激しい, 〔感情, 恋愛, 物語など〕. **3** 〘英・オース〙 苦難の多い. a ～ time 多難な時期. [＜ラテン語「焼けた」(＜*torrēre* 'burn')] ▷ **～·ly** 副 焼けつくように; 熱烈に. **～·ness** 名

tor·rid·i·ty /tɔːrídəti|tɔr-/ 名 U 炎熱.

Tórrid Zòne 名 〈the ～〉 熱帯.

tor·si /tɔ́ːrsi/ 名 torso の複数形

tor·sion /tɔ́ːrʃ(ə)n/ 名 U ねじること; ねじれ; 〘機〙 ねじり力. ▷ **～·al** /-n(ə)l/ 形

tórsion bàlance 名 C ねじりばかり.

tórsion bàr 名 C 〘機〙 ねじりばね, トーションバー, 《車のサスペンションなどに用いる》.

‡**tor·so** /tɔ́ːrsou/ 名 (複 ～s, tor·si /-si/) C **1** (人体の)胴 (trunk). **2** トルソー《頭, 手, 足のない人体像》. **3** 〘章〙 未完成の[一部こわれた]作品. [イタリア語「茎, 切株」]

tort /tɔːrt/ 名 UC 〘法〙 不法行為《契約違反と刑事犯を除き, 損害賠償の対象になる不法行為の総称; 例えば assault, libel, fraud など》.

tor·te /tɔ́ːrtə, tɔːrt/ 名 (複 **tor·ten** /-tən/) C トルテ《卵・ナッツ・少量の小麦粉などで作るケーキ》.

tor·til·la /tɔːrtíːjə/ 名 UC トルティーヤ《トウモロコシパンの一種; 丸く平らで, 中に肉を詰めるのもある; メキシコで常食する》. [スペイン語「小さなケーキ」]

†**tor·toise** /tɔ́ːrtəs/ 名 C 〘動〙 (特に陸生の)カメ (→turtle). The *Tortoise* and the Hare「ウサギとカメ」《Aesop 寓(ぐう)話の 1 つ》. [＜古期フランス語 *tortue* (＜後期ラテン語「Tartarus からやって来た」); カメは冥界から生じたという俗信から]

tórtoise-shèll 名 **1** U べっこう. **2** C 三毛猫. **3** C 〘虫〙 ヒオドシチョウ.

tor·tu·os·i·ty /tɔ̀ːrtʃuásəti|-tjuɔ́s-/ 名 (複 **-ties**) UC 曲がりくねり, ねじれ; 不正.

‡**tor·tu·ous** /tɔ́ːrtʃuəs|-tju-/ 形 **1** 曲がりくねった. a ～ path 曲がりくねった小道. **2** 率直でない; 人をだます(ような). a ～ argument 回りくどい議論. ～ means 不正な手段. ▷ **～·ly** 副 曲がりくねって; 回りくどく, 不正に. **～·ness** 名 U 曲がりくねり; 回りくどいこと.

***tor·ture** /tɔ́ːrtʃər/ 名 (複 ～s /-z/) **1** UC (精神的, 肉体的な)ひどい苦痛, 苦悶(もん), (類語 耐えられないような苦しみ; →torment). be in ～ 苦悶している. endure the ～ of waiting 待つ苦しみに耐える.

2 U 拷問; C 拷問の方法. put a person to (the) ～ 人を拷問にかける. an instrument of ～ (拷問に用いる)責め道具. make a person talk by ～ 人を拷問にかけて口を割らせる. think out a new ～ 新しい拷問の方法を案出する. a ～ chamber 拷問室.

── 動 (～s /-z/|過 過分 ～**d** /-d/|**-tur·ing** /-tʃ(ə)riŋ/) 他 **1** 〔人, 動物〕をひどく苦しめる, 悩ます, 〈*with*, *by* ..で〉. be ～*d with* (a) headache [*by* conscience] 頭痛で苦しむ[良心の呵責(かしゃく)にさいなまれる].

2 を拷問にかける. ～ a prisoner to death 捕虜を拷問にかけて殺す. **3** 〔言葉〕を曲解する; 〔木など〕をねじ曲げる. [＜後期ラテン語「ねじること」(＜ラテン語 *torquēre* 'twist'); -ure]

tor·tur·er /tɔ́ːrtʃərər/ 名 C ひどく苦しめる人[物]; 拷問する人.

tor·tur·ous /tɔ́ːrtʃərəs/ 形 拷問の(ような). ▷ **～·ly** 副

†**To·ry** /tɔ́ːri/ 名 (複 **-ries**) C **1** 〘英史〙 トーリー党員, 王党員, (→Whig). the *Tories*＝the Tory Party. **2** 〘英話〙 (現在の)保守党員 (Conservative); 〈又は t-〉 保守主義者. **3** 〘米史〙 英国派《独立戦争当時, 独立に反対した》. [＜アイルランド語「無法者」]

To·ry·ism, t- /tɔ́ːriiz(ə)m/ 名 U 王党主義; 保守主義.

Tóry Pàrty 名 〈the ～〉 トーリー党.

tosh /taʃ|tɔʃ/ 名 U 〘主に英話〙 たわごと.

‡**toss** /tɔːs|tɔs/ 動 (**tóss·es** /-əz/|過 過分 ～**ed** /-t/, 〘詩〙 **tost** /tɔːst|tɔst/|**tóss·ing**) 他 **1** (**a**) をほうり上げる, ひょいと投げる, 〈*into* ..の中に〉 (類語 無造作に軽く, 又下手からすくうように, ほうり投げること; →throw). ～ a ball ボールをほうり上げる. ～ a pancake (フライパンの上で)ホットケーキを投げ上げて裏返す. The father ～*ed* the baby *into* the air. 父親は赤ん坊を(喜ばせるために)軽く空中にほうり上げた. (**b**) VOO (～ X Y)・VOA (～ Y *to* X) X (人)に Y (物)を投げてやる; X (仲間)に Y (ボール)をトスする. *Toss* me the ball. ＝*Toss* the ball *to* me. 僕にボールを投げてくれ. (**c**) 〔牛が〕を(角で)ほうり上げる.

2 (順番などを決めるために) 〔硬貨〕をほうり上げる 〈*up*〉. ～ a coin (*up*) →coin 名 1.

3 を激しく上下に動かす. The ship was ～*ed* about by the waves. 船は波にほんろうされた. The wind is ～*ing* the branches (about). 風が木の枝を激しく揺すぶっている. **4** 〔体の部分〕を急に動かす[後ろへ反らすなど]. ～ one's head (back) 頭をぐいと後ろへ反らす《反抗, 軽

蔑やいらいらした気持ちの表れ). **5**〘料理〙〔調理中の食品など〕をかき混ぜる, 混ぜ合わせる, 〈*in, with* ..〔調味料など〕と〉.
── [自] **1** (順番などを決めるために)硬貨をほうり上げる 〈*up*〉; [VA] (**~ (*up*) *for* ..**) 硬貨をほうり..を決める. The referee *~ed* (*up*) to decide which team was to kick off. どっちのチームにキックオフさせるか決めるためにレフェリーは硬貨をほうり上げた. ~ (*up*) *for* the only ticket 1枚しかない券を硬貨をほうり上げて決める.
2 揺れる; のたうち回る; 寝返りを打つ. Our ship *~ed* perilously in the stormy sea. 我々の船はあらしの海にもまれて今にも沈みそうだった. He was *~ing* (and turning) all night long. 彼はひと晩中寝返りを打っていた.
tòss /../ dówn =TOSS /../ off (3).
tòss a pérson for .. コインを投げて人と〔順番など〕を決める. I *~ed* John *for* the seat. 私はジョンとどっちがその席に座るかをコインを投げて決めた.
tòss /../ óff (1)〔馬が人〕を振り落とす. (2)〔仕事など〕を手早くやってのける. ~ *off* a novel in just three weeks 小説をわずか3週間で書き上げる. (3)〔酒など〕を一気に飲み干す.
tòss (onesèlf) óff 〘英卑〙自慰[マスターベーション]をする.
tòss /../ óut (1)〔不要な物など〕を捨てる, 処分する; ..を解雇する; 〔提案など〕を拒否する. (2)〘野球〙をトスしてアウトにする. The runner was *~ed out* at second base. 球がトスされてランナーは2塁でアウトにされた.
tòss úp 硬貨をほうり上げる (→[自] 1).
tòss /../ úp (1)〔硬貨〕をほうり上げる (→[他] 2). (2)〔食物など〕を手早く調理する. ~ *up* a light snack 手早く軽食を作る.
── [名] ([複] **tóss·es** /-əz/) **1** [C] **投げ上げること**; 〔頭を〕ぐいと後ろへ反らすこと. with a ~ of the head 頭をぐいと後ろへ反らして. **2** 〈the ~〉銭投げ《表が出るか裏が出るかで物事を決める》. win [lose] the ~ 銭投げに勝つ[負ける]. **3** [C] 〈単数形で; しばしば the ~〉上下の動き, 揺れ. the ~ of the waves 波浪.
àrgue the tóss (既に決まった事に)文句をつける, 難癖をつける.
not gìve [càre] a tóss 〘英話〙全然気にかけない, どうでもよい, 〈*about* ..(について)は〉. [?<北欧語]

tóss-ùp [名] **1** [C] 〈普通 a ~〉銭投げ《表が出るか裏が出るかで物事を決める》. The game had to be decided by a ~. 勝負はコインを投げて決めなければならなかった.
2 [aU] 〘俗〙五分五分の見込み. It's a ~ whether he will be elected or not. 彼が当選するかどうかは五分五分だ.

tost /tɔːst|tɔst/ [動] 〘詩〙toss の過去形・過去分詞.

tos·ta·da /toustáːdə|tɔs-/ [名] [C] トスターダ《揚げたトウモロコシパンに肉, 豆, レタス, トマトなどを乗せたメキシコ料理》.

tot[1] /tɑt|tɔt/ [名] [C] 〘話〙**1** 幼児, ちび. a tiny ~ おちびさん. **2** (酒の)ちょっぴり, 1杯.

tot[2] [動] (**~s**|**-tt-**) 〘話〙[他] を加える, 合計する, 〈*up*〉.
── [自] 合計(..に)なる 〈*up to* ..に〉. [<*total*]

‡**to·tal** /tóutl/ [形] [C] **1** **全体の** (↔partial); 総計の. the ~ amount [sum] 総額. a ~ eclipse of the sun [moon] 皆既日食[月食]. (a) ~ war 全面戦争. the ~ population of Japan 日本の総人口.
2 **完全な**, 全くの. ~ abstinence 絶対禁酒 (→teetotal). a ~ failure 完全な失敗. at a ~ loss 困惑しきって; 丸損になって. a ~ stranger 全然見知らぬ人.
3 全力を挙げての, 全面的な. ~ war 総力戦.
── [名] ([複] **~s** /-z/) [C] **合計**, 総計. What's the grand ~? 総計はいくらですか. A ~ of 35 persons applied for the job. その仕事に総数35名の人が応募した. in ~ 合計で.
── [動] (**~s** /-z/|[過] [過分] **~ed,** 〘英〙**~led** /-d/|**~·ing,** 〘英〙**~·ling**) [自] [VA] (**~ *up to* ..**) **合計..になる.** Our debts *~ed up to* $80,000. (我が社の)負債は総計8万ドルになった. ── [他] **1** を**合計する** 〈*up*〉; 合計..となる. ~ (*up*) a column of figures 縦の欄に並んだ数を合計する. Traffic accidents in this town ~ two hundred a year. この町の交通事故は年間200件に達する. **2** 〘米俗〙〔車など〕を完全に壊す, おしゃかにする.
[<ラテン語 *tōtālis*「全体の」(<*tōtus* 'all')]

†**to·tal·i·tar·i·an** /toutæ̀lətéə(ə)riən [移]/ [形] 全体主義の. a ~ state 全体主義国家. ── [名] [C] 全体主義者.

to·tàl·i·tár·i·an·ìsm [名] [U] 全体主義.

to·tal·i·ty /toutǽləti/ [名] ([複] **-ties**) 〘章〙**1** [U] 全体であること; 全一性. It is essential that we estimate the result *in its* ~. その結果を全体として評価することが肝要だ. **2** [C] 合計, 総計. **3** [C] 〘天〙皆既食(の時間) (total eclipse).

to·tal·i·za·tor /tóut(ə)ləzèitər|-laiz-/ [名] [C] 競馬[ドッグレース]賭(か)け金計算器 (pari-mutuel) 《bookmaker 方式と異なり, 日本はこの方式による》.

to·tal·ize /tóut(ə)làiz/ [動] [他] を合計する; を要約する.

tó·tal·ìz·er [名] [C] **1** 合計する人; 〘主に米〙加算器; (ガスの)メーターなど. **2** =totalizator.

***to·tal·ly** /tóut(ə)li/ [副] [C] **完全に**, 全く; ことごとく. The enemy was ~ destroyed. 敵は全滅した. I ~ forgot it. すっかり忘れていた.

tote[1] /tout/ [動] [他] 〘話〙を運ぶ; 〔武器など〕を持つ, 携帯する. ~ a gun 銃を持つ. ── [名] [U] 運ぶこと; [C] 荷物.

tote[2] [名] 〘話〙=totalizator.

tóte bàg [名] [C] 〘米〙(女性用)大型手さげ袋.

‡**to·tem** /tóutəm/ [名] [C] **1** トーテム《北米先住民がその氏族の象徴と考えた動植物などの自然物》; (一般に)象徴. **2** (特に木に彫った)トーテム像. [<北米先住民語]

to·tem·ic /toutémik/ [形] トーテム(信仰)の.

tó·tem·ìsm [名] [U] トーテム信仰.

tó·tem·ist [名] [C] **1** トーテム(信仰)の社会に属する人. **2** トーテム研究家.

tótem pòle [名] [C] トーテムポール《北米先住民がトーテム像を描いたり彫ったりした柱》.

†**tot·ter** /tátər|tɔ́tə/ [動] [自] **1** よろめく; よちよち歩く 〈*to* ..へ〉. The old man *~ed* down the stairs. 老人は階段をよろよろと降りて行った. **2** 〔建物などが〕ぐらつく; 〔国家, 制度などが〕崩壊しそうになる. The building began to ~ in the quake. 地震で建物がぐらつきだした. The country's economy is *~ing*. その国の経済は極めて不安定である. [<中期オランダ語「揺れる」] ▷**tot·ter·ing·ly** /-t(ə)riŋli/ [副] よろよろと; ぐらぐらしながら.

tot·ter·y /tát(ə)ri|tɔ́t-/ [形] よろよろする; ぐらぐらする.

tot·ting-up /tɑ̀tiŋʌ́p|tɔ̀t-/ [名] [U] 〘英話〙(以前の)'免停' 制度《交通違反の点数が一定に達すると運転免許を停止する方式》.

tou·can /túːkæn, -kən/ [名] [C] 〘鳥〙オオハシ《巨大なくちばしと美しい羽毛を持つ; 熱帯アメリカ産》.

‡**touch** /tʌtʃ/ [動] (**tóuch·es** /-əz/|[過] [過分] **~ed** /-t/|**tóuch·ing**) [他] **【手でさわる】** **1** にさわる, 触れる; に手を触れる, (手が)届く. *Touch* it and see if it's hot. それが熱いかどうかさわってみなさい. I felt someone ~ my shoulder [me on the shoulder] and turned. だれか人の手を肩に感じて振り向いた. Don't ~ the paintings [exhibits]. 絵[展示品]に手を触れるな. He ~*ed* his hat. 彼は帽子に手をやって会釈した. ~ wood →wood (成句).
2 〔食物, 飲み物; 元金など〕に**手をつける**; 〔仕事など〕に手をつける, 取りかかる; 〔人など〕に手を出す, 手出しする; 〈普通, 否定文で〉. What's wrong? You haven't *~ed* your supper. どうしたの, 夕ごはんをひと口も食べてないね. I never ~ a drop of alcohol. 私は酒は一滴もやらない.

T

He hasn't ～*ed* his work all this week. 彼はこの1週間はずっと仕事をしていない. I never even ～*ed* her. 彼女には指一本触れていない. ～ pitch 悪事に関係する. not ～ drugs 麻薬を使わない.

【ちょっとさわる】 **3** (**a**) を**軽く打つ**; 〔呼び鈴など〕を押す; 《まれ》〔楽器〕を弾奏する. ～ a bell ベルを押す. (**b**) 〔ある表情が〕に(ちらっと)浮かぶ. A small smile ～*ed* his lips. かすかな笑みが彼の口元に浮かんだ.

4 を(さらっと)描く; に加筆する; の仕上げをする. Her portrait was later ～*ed* (up) to reduce the wrinkles. 彼女の肖像画は後になってしわを減らすために筆が加えられた. ～ /../ in [up] →成句.

5 (**a**) 《章》 VOA (～ X *with* ..) Xに〔薄い色〕を付ける; Xに..の気味を持たせる; 〈普通, 受け身で〉. His hair was slightly ～*ed with* gray. 彼の髪は白くなりかけていた. admiration ～*ed with* envy 嫉妬(しっと)のまじった賞賛. (**b**) 〈受け身で〉気味[傾向]がある〈*by* ..の〉.

6 《章》 に**言及する**, 触れる. He ～*ed* the subject briefly in his talk. 彼は講演中その問題に簡単に触れた.

7 〔船が〕に寄港する, 立ち寄る. ～ port at Kingston, Jamaica ジャマイカのキングストンに寄港する. We won't ～ land for some time yet. まだしばらくはどこにも寄港しない.

【手が届く】 **8** に達する, 届く. I jumped and ～*ed* the ceiling. 跳び上がったら天井に手が届いた. The company's share prices at last ～*ed* 30 dollars. その会社の株価はついに30ドルに手が届いた. The car ～*ed* its maximum speed. 車はその車の出せる最高速度に達した. ～ bottom →bottom (成句).

9 【及ぶ】 に**匹敵する**, 劣らない, 〈*for*, *in* ..の点で/*as* ..として〉, 〈普通, 否定文で〉. No one can ～ him *for* diligence [*as* a playwright]. 勤勉の点で[劇作家として]彼に匹敵する者はいない.

【接触する】 **10** (**a**) に触れる, **接触する**; と隣接する; VOA (～ X *to* ..) Xを..に触れさせる, あてる, つける. The branches hung down and ～*ed* the ground. 枝は垂れ下がって地面に触れていた. The town ～*es* the Kansas border. その町はカンザス州境に接している. ～ the two wires together 2本の針金を接触させる. She ～*ed* her lips *to* his forehead. 彼女は唇を彼の額に触れた. (**b**) 《数》〔曲線など〕に接する.

11 【接触をとる】 《話》 VOA (～ X *for* ..) Xに..をせびる. ～ the bank *for* a loan 銀行に掛け合ってローンを借りる. Can I ～ you *for* ten dollars? 10ドル貸してほしいんだが.

【触れる＞影響する】 **12** (**a**) 《章》 に**関係する**; に影響する; にとって重要である. This problem ～*es* all of us. この問題は我々全てに関係がある. (**b**) に作用する, を処理する. Detergent won't ～ this dirt. 洗剤ではこの汚れは落ちない.

13 〔物事が〕〔人〕を**感動させる**; の心に触れる; の頭を狂わせる; (★普通, 受け身で用いられる; →touched). be ～*ed with* pity かわいそうになる. I was greatly ～*ed by* the sad story. その悲しい話に私はひどく心を打たれた. I was ～*ed that* they remembered my birthday. 彼らが私の誕生日を覚えてくれていたのでほろりときた. ～ a person on the raw →raw (成句). be a little ～*ed* in the head 頭が少し狂って[狂わされて]いる.

14 を**害する**, 傷つける. The orange crop was ～*ed* by frosts. オレンジの収穫は霜の害を受けた. The depression hasn't ～*ed* my company yet. 不景気はまだ我が社まで響いてはいない. ～ a person to the quick 人の感情を深く傷つける. His abuse did not ～ me. 彼の悪口は僕には痛くもかゆくもなかった.

── 自 **1 接触する**; 触れる. Their hands ～*ed*. 彼らの手が触れ合った. Do not ～. 触れないでください《展示会などでの掲示》. **2** 《まれ》 VC (～ X) Xの手ざわりがする.

tóuch at .. 〔船などが〕..に寄港する. The ship ～*ed at* Gibraltar. 船はジブラルタルに寄港した.

tòuch dówn (1) 《ラグビー・アメフト》タッチダウンする (→touchdown). (2) 〔飛行機などが〕着陸する.

tòuch** (a pèrson) **hóme 〔批評などが〕(人の)痛いところをつく.

tòuch /../ ín 〔絵の細部など〕を書き込む. Details in the background were ～*ed in* afterwards. 背景の細部は後になって加筆された.

tòuch /../ óff (1) 〔大砲など〕を発射する; 〔ダイナマイトなど〕を爆発させる; 〔爆発など〕を起こす. ～ *off* an explosion 爆発させる. (2) ..を始めさせる, 引き起こす, 触発する. ～ *off* an argument 論争を引き起こす. (3) ..を正確に描き出す. ～ *off* the dilemma of modern intellectuals 現代知識人のジレンマを巧みに表現する. (4) 《競馬》を僅(きん)差で負かす

tóuch on [upon] .. (1) ..に軽く言及する; ..に関係する. I want to ～ *on* one more subject. もう1つの問題に触れておきたい. (2) ..に接近する, 近い. I thought the scheme ～*ed on* madness. そのたくらみは狂気の沙汰(さた)に近いと思えた.

tòuch /../ óut 《野球》 ＝tag² 動 2.

tòuch the spót 《話》急所をつく; 申し分がない, うってつけである.

tòuch /../ úp (1) ..を(少し)修正する; ..の仕上げをする. ～ *up* a painting [photo] 絵に加筆する[写真を修正する]. ～ *up* one's makeup 化粧を直す. (2) 《英話》(性的に興奮させるために)〔人〕の体をなでる[愛撫(ぶ)する]; ..に痴漢行為をする.

── 名 (複 **tóuch·es** /-əz/) 【触れること】 **1** C **触れること**, さわること; 触れ方; 軽打. The door opens at a ～ of your hand. あなたの手がちょっと触れただけでドアは開く. give him a light ～ 彼に軽くさわる. at the ～ of a key キーを押して〔作動させるなど〕.

2 U **触覚** (sense of touch); C 〈普通, 単数形で〉**感触**, 手ざわり. the woolly ～ of the cloth その布の羊毛のような手ざわり. This cloth is silky to the ～. この布はさわった感じが絹のようだ. I like the cold ～ of marble. 大理石の冷たい感触が好きだ.

3 C (ピアノのキーなどの)手ごたえ, 調子. a piano with a smooth ～ タッチの滑らかなピアノ. This keyboard has a stiff ～. このキーボードはタッチがかたい.

4 U 《ラグビー・サッカー》タッチ《touchlines の外側の場所》; 《フェンシング》タッチ《1点となるひと突き》.

【ひと触れ】 **5** C (仕上げの)ひと筆, ひと書き; 加筆, 修正. put the finishing ～*es* to a picture 絵に仕上げの筆を加える.

6 C わずか, 気味; aU 軽い病気, 徴候; 《俗》(飲食物の)ほんの少し; 〈*of* ..の〉; 《アイル俗》ちょっとの間. a ～ *of* salt 少量の塩. There's a faint ～ *of* spring in the air. 風にかすかな春の気配が感じられる. Jane is a ～ darker than June. ジェーンはジューンよりもわずかに色が黒い(★このa touchは副詞的). a ～ *of* the sun 軽い日射病; わずかな日光. She seems to have a ～ *of* the flu. 彼女はインフルエンザ気味のようだ.

【触れ方】 **7** aU (芸術的)**技量**, 手際, 'こつ'; 演奏ぶり, タッチ; 筆致. He's losing his ～. 彼は技量が落ちてきた. The painter has a definite ～. あの画家にははっきりした特徴がある. He has a light ～ on the piano. 彼は軽いタッチでピアノを弾く. It is easy to recognize the Hemingway ～. ヘミングウェイの筆致はすぐ分かる. a man with the Midas ～ 金もうけの才のある人 (→Midas touch).

8 C (人の)物事のやり方, 手口. The author's personal ～*es* are sprinkled all over the book. いかにも著者らしいところがこの本の至る所に出ている. I recognized

Mary's feminine ～ in everything in the room. 部屋のすべてにメリーの女性らしいやり方が見てとれた. War has now lost its last ～*es* of humanity. 戦争は今や最後の人間的な所をも失ってしまった.

9 Ⓒ 〖俗〗(金を)せびること, 無心; 〈普通 easy [soft] ～で〉たかりやすい人. make a ～ (金を)せびる, ねだる.

****in tóuch* (*with*..)** (..と)(特に電話, 手紙で)**接触を保って**; (..の)事情に通じて. Have you been *in* ～ *with* Fred recently? フレッドと最近手紙のやりとりをしていますか. He wanted to get *in* ～ *with* his old friends. 彼は昔の友達と連絡を取りたいと思った. Let's keep [stay] *in* ～ (*with* each other). (音信不通にならないように)お互いに連絡を続けよう. The old lady kept *in* ～ *with* New York society. 老婦人はニューヨークの社交界と接触を保っていた. Can you put me *in* ～ *with* a good doctor? よいお医者さんを紹介してくれないか. remain *in* ～ *with* what's going on in biology 今なお生物学の最新の事情に通じている.

***lòse tóuch* (*with*..)** (..と)接触を失う; (..の)事情に疎くなる. I've *lost* ～ *with* him since. 以後彼とは音信不通です. *lose* ～ *with* reality 現実感覚を失う.

****out of tóuch* (*with*..)** (..と)**接触を失って**; (..の)事情に疎くなって. The leaders were *out of* ～ *with* the people. 指導者は国民と没交渉になっていた. be *out of* ～ *with* reality 現実に疎い.

***pùt the tóuch on*..** 〖話〗〔人〕に無心する 〈*for* ..〔金〕を〉(→動 他 11).

pùt*..*to the tóuch 〔ある物〕を(本物かどうか)試す.

tòuch and gó 危なっかしい状態; 素早い動き. It's ～ *and go* whether the patient will live. その患者が助かるかどうか全く分からない.

withìn tóuch 近うきやすい; 近くに 〈*of* ..の〉.

[＜古期フランス語 (?＜平俗ラテン語「打つ」)]

tóuch·a·ble 形 触れることができる.

tòuch-and-gó /-ən- ⑱/ 形 危なっかしい, 際どい. a ～ state of affairs 一触即発の事態.

tóuch·bàck UC 〖アメフト〗タッチバック《自陣の end zone で球を押さえること; 点にならない》.

‡**tóuch·dòwn** 名 UC **1** タッチダウン; その得点; 《(1)〖アメフト〗ボールを持って敵の end zone に入るか, end zone に転がっているボールを取ること, 6 点. (2)〖ラグビー〗〖米〗自陣の in-goal (goal line 後 25 ヤードまで)内でボールを押さえること, dropkick で試合再開; 〖英〗トライすること》. **2** (飛行機などの)着陸, 着地(の瞬間).

tou·ché /tuːʃéi, ⏑-/ 間 (一本)参った《フェンシング, 又は討論などで負けを認めて》. [フランス語 'touched']

touched /-t/ 形 〈叙述〉 **1** 〖話〗ちょっと頭のおかしい. **2** 感動した, ありがたく思って(いる), 〈*to* do..して/*that* 節..ということに[を]〉. →touch 動 他 13.

tòuch fóotball 名 U タッチフットボール《アメリカンフットボールの一種》.

†**tóuch·ing** 形 人を感動させる; 哀切な. What a ～ story! 何という悲しい話だ. ── 前 〖章〗〈時に as ～〉..に関して, に関わる. reach an agreement ～ their conflicting interests 彼らの相反する利害について協定に達する. ▷ ～·**ly** 副 感動的に; 涙を催させるほど.

tóuch-jùdge 名 Ⓒ 〖ラグビー〗線審.

tóuch·lìne 名 Ⓒ (フットボールなどの)タッチライン, 側線, 《競技場の長い両側の線; →goal line》.

tóuch-me-nòt 名 (複 ～s) Ⓒ 〖植〗ホウセンカ.

tòuch of náture 名 Ⓒ 生来の特質; 〖話〗(共感を呼ぶ)感情の発露.

tóuch·pàper 名 U (点火用の)導火紙.

tóuch·stòne 名 Ⓒ **1** 試金石《昔, 金・銀の純度を試験した》. **2** 真価を計るもの. Adversity is the ～ of friendship. 友情が本物かどうかは逆境になって分かる.

tóuch sỳstem 名 〈the ～〉タッチ・システム《配列を暗記して文字盤を見ずにキーをたたくタイピング方式; →hunt-and-peck》.

tóuch-tòne 形 〖商標〗〔電話が〕プッシュボタン式の.

tóuch-tỳpe 動 自 キーを見ないでタイプする.

tóuch·wòod 名 U ほくち, つけ木, 《朽ち木などから作った火打ち石の火花を移すもの》.

touch·y /tʌ́tʃi/ 形 e **1** 怒りっぽい, 気難しい. It's no use talking to you if you will be so ～. そう気難しいのじゃ君と話してもしようがない. **2** 〔体の一部が〕神経過敏な. **3** 〔問題などが〕扱いにくい; 〔情勢などが〕危険な. ▷ **touch·i·ly** 副 **touch·i·ness** 名

‡**tough** /tʌf/ 形 e

【頑強な】 **1** 〔肉などが〕**堅い** (↔tender); (曲げても)折れない. ～ meat 堅い肉. ～ leather 堅い革.

2 〔体格などが〕**頑丈**な, 強い. He has very ～ hands. 彼はとても頑丈な手をしている. a big, ～ dog 大きくて頑健な犬.

3 〔行動などが〕粘り強い; 頑固な, 妥協しない; 手ごわい, 強硬な, 厳格な. a ～ customer [nut] 〖話〗手ごわい相手. a ～ worker 粘り強く働く人. a ～ law 厳しい法律.

【手ごわい】 **4** 乱暴な, 無法な; 無法者の出入りする〔界隈(ﾜｲ)など〕. a ～ criminal 自分を悪いと思っていない犯罪者. a ～ guy 〖話〗腕っぷしの強い男; 無法者. belong to a ～ gang ならず者の仲間である. the ～ part of town 町で無法者の多い(荒っぽい)地域.

5 〔仕事などが〕骨の折れる, 困難な, (類語 difficult より口語的). a ～ job [day] 骨の折れる仕事[1 日]. a very ～ battle 大苦戦. a ～ nut to crack →nut (成句). It will be ～ to break his alibi. 彼のアリバイをくずすのは困難だろう.

6 〖話〗ひどい, 不運な, (too bad) 〈*on* ..にとって〉. (That's your) ～ luck. それは不運だったね《しばしば皮肉や口先だけの同情》. That's ～. それはお気の毒.

***as tòugh as òld bóots* [*léather*]** (1) 非常に堅い. (2) 非常に頑丈な. (3) 冷酷な.

***gèt tóugh with*..** ..に厳しくする, つらく当たる. You have to *get* ～ *with* these young men. この若者たちにはびしびししてやらなくてはいけない.

── 名 Ⓒ 〖話〗無法者, 乱暴者, ごろつき.

── 動 他 〖話〗を耐え忍ぶ, 我慢する. ～ it 我慢する.

tòugh* /../ *óut 〖話〗〔つらい状況など〕を耐え忍ぶ, 頑張り抜く. He managed to ～ it *out* under unfavorable conditions. 不利な条件のもとで彼はなんとか頑張り通した. [＜古期英語]

‡**tough·en** /tʌ́f(ə)n/ 動 他 **1** を堅くする; を頑丈にする; 〈*up*〉. **2** 〔政策, 規則など〕を強化する 〈*up*〉. ── 自 堅くなる; 強くなる. The fighter ～*ed* up for the bout. ボクサーは試合に向けて体を鍛えていた.

tough·ie, -y /tʌ́fi/ 名 (複 **tough·ies**) Ⓒ 〖話〗 **1** ＝tough. **2** 難問.

tóugh·ly 副 頑丈に; 粘り強く.

tòugh-mínded /-əd ⑱/ 形 現実的な, 意志の固い, めそめそしない. 「厳しさ.

tóugh·ness 名 U 堅いこと; 頑丈なこと; 粘り強さ;↑

tou·pee /tuːpéi|⏑-/ 名 Ⓒ (頭のはげた部分をぴたりと覆う)かつら, 入れ毛, 《男性用》.

‡**tour** /tuər|tuə, tɔː/ 名 (複 ～s /-z/) Ⓒ **1 周遊**, 旅行, 《観光, 視察などのために各地を回る旅行》; 小旅行, 見物; 〈*around* ..の〉(類語 観光, 視察などのために各地を回る旅行; →travel). a guided [conducted] ～ 案内人付きの旅行. a ～ of inspection 視察旅行. on a ～ *around* the world 世界 1 周旅行中で. go on a ～ of the factory 工場見学に出かける. make an annual ～ to Europe 年に 1 度のヨーロッパ旅行をする.

2 ＝tour of duty. **3** (劇団などの)巡業; (スポーツチームなどの)遠征旅行. a provincial ～ 地方巡業.

on tóur 〔劇団などが〕巡業中で; 〔仕事などで〕旅行中で.

T

take a company *on* ～ 劇団を巡業に連れて出る. The play went *on* ～. その芝居は巡業に出た.
── 動 他 を周遊する, 旅行する; を見物[見学]して回る; 〔地方など〕を巡業する. ～ Canada [the provinces] カナダを旅行する[地方を巡業する]. ～ the Ford Works フォード工場を見学する. ── 自 周遊する, 旅行する; 巡業する. ～ in [round] Italy イタリアを旅行する.
[＜古期フランス語「回転」(＜ラテン語 *tornus*「旋盤」; →turn)]

tour de force /tùər-də-fɔ́:rs/ 名 (複 **tours de force** /同/) C 離れ業; (芸術上の)力作. [フランス語 'feat of strength']

Tour de France /tùər-də-frǽns, -frɑ́:ns/ 名 〈the ～〉 ツール・ド・フランス《毎年フランスで開催される国内一周の長距離自転車レース》.

tóuring càr 名 C (昔流行した)観光用オープンカー《5 人以上乗れる》.

tóuring còmpany 名 C 地方巡業の一座.

***tour·ism** /tú(ə)rìz(ə)m/ 名 U **観光旅行**; 観光事業. *Tourism* has become a big industry. 観光事業は大きな産業になった.

‡**tour·ist** /tú(ə)rist/ 名 (複 **～s** /-ts/) C **1 観光客**, 旅行家. London is full of ～*s* in summer. 夏のロンドンは観光客でいっぱいだ. **2** 遠征中のスポーツマン. **3** 〈形容詞的〉観光用の; 観光客の. the ～ industry 観光産業. a ～ spot 観光名所. a ～ attraction 観光客を集める名所[行事]. ── 副 ツーリストクラスで. travel ～ ツーリストクラスで旅行する. [tour, -ist]

tóurist àgency 名 C 旅行案内社[代理店].

tóurist bùreau 名 C 旅行案内所.

tóurist clàss 名 U (航空機, 客船の)ツーリストクラス《運賃が安い》.

tóurist còurt 名 《米》＝motel.

tóurist hòme 名 C 《米》民宿.

tòurist (informátion) òffice 名 C 《主に英》旅行案内所.

tóurist tìcket 名 C 周遊券.

tóurist tràp 名 C 《話》客を食い物にする観光地.

tour·ist·y /tú(ə)risti/ 形 《話・軽蔑》観光客があふれている; 観光客めあての.

tour·ma·line /túərmələn, -lì:n|-lì:n/ 名 UC 《鉱》トルマリン, 電気石.

†**tour·na·ment** /túərnəmənt, tɔ́:r-|túə-, tɔ́:-/ 名 C **1** トーナメント, 勝ち抜き戦; 選手権大会. **2** (中世の騎士の)馬上槍(やり)試合 (joust) 大会. [＜古期フランス語]

tour·ney /túərni, tɔ́:r-|túə-/ 名 (複 **～s**) **1** ＝tournament 2. **2** 《章》＝tournament 1.

tour·ni·quet /túərnikət|-kèi/ 名 C 《医》止血帯.

tòur of dúty 名 C (軍人, 外交官の海外)在任期間.

tóur òperator 名 C 《英》(パッケージツアーなどを組む)旅行会社.

tou·sle /táuz(ə)l/ 動 他 〔髪など〕を乱す, くしゃくしゃにする. ～*d* hair 乱れ髪. ★過去分詞の形で形容詞的に使うことが多い. ── 名 U 乱れ髪.

tout /taut/ 動 自 **1** うるさく勧誘する 〈*for* ..を〉. **2** 競馬の情報を探り出す. **3** 《英》切符をプレミアム付きで売る. ── 他 **1** をうるさく勧める, しつこく売りつけようとする. **2** 〔競馬の情報〕を売る. **3** 《英》〔切符〕をプレミアム付きで売る. **4** を(宣伝などの目的で)べたほめする, 持ち上げる.
── 名 C (ホテルなどの)客引き; (競馬の)予想屋; 《英》ダフ屋 (《米》scalper).

tout en·sem·ble /tù:t-ɑ:nsɑ́:mb(ə)l/ 名 U (芸術作品などの)全体的効果[印象]. [フランス語 'all together']

†**tow**[1] /tou/ 動 他 〔船, 車など〕を綱[チェーン]で引く; 〔船〕を曳(えい)航する, 〔車〕を牽(けん)引する, 〈*to* ..へ〉. ～ a wrecked car *to* a garage 故障車を修理工場へ引いて行く. ～ a ship *into* [*to*] port 船を港へ引いて行く. They ～*ed* away all the cars parked here. 彼らはここに駐車してあった車を全部レッカー車で片付けてしまった.
── 名 UC 綱[チェーン]で引く[引かれる]こと.
in tów (1) 綱[チェーン]で引かれて. take a ship *in* ～ 船を引いて行く. (2) 《話》後に従えて; 世話をして. have [take] a person *in* ～ 人を後に従える; 人の世話をする, 人に道案内をする. She walked with all her children *in* ～. 彼女は子供たち全部を引き連れて歩いていた.
on [***under***] ***tów*** ＝in TOW (1).
[＜古期英語; tug と同源]

tow[2] 名 U 麻くず, 亜麻くず, 《ロープを作る材料》.

tow·age /tóuidʒ/ 名 U 引き船[牽(けん)引](する[される]こと); 引き船[牽引]料.

‡**to·ward** /tɔ:rd, təwɔ́:rd|təwɔ́:d, tu-, tɔ:d/ 前
【(方向)に向かって】 **1** (そこへ到着するしないに関係なく) **..の方へ**, ..に向かって. He walked slowly ～ us. 彼は我々の方へゆっくり歩いてきた. They were moving ～ war. 彼らは戦争に向かって進んでいた.
2 ..の方を向いて(いる), ..に面して(いる). My room faces ～ the south. 私の部屋は南を向いている. She stood with her back ～ us. 彼女は我々に背を向けて立っていた.
【(目的)に向かって】 **3** ..のために; ..の助けとして. work ～ a peaceful world 平和な世界を作るために働く. I made a small contribution ～ the new library. 新しい図書館のために少しばかり寄付をした.
【(対象)に向かって】 **4 ..に対して**(の). His attitude ～ us was very warm. 彼の我々に対する態度はきわめて暖かかった. How do you feel ～ him? 彼に対してどんな感情を持っていますか.
【(時間, 位置)に向かって＞近づいて】 **5** (**a**) **..に近く**, ..ごろ. ～ evening 夕方に. ～ the end of the 15th century 15 世紀の終わりごろ. (**b**) ..の近くに. Their home is ～ the museum. 彼らの家は博物館の近くにある.
── /tɔ:rd|tóuəd/ 形 **1** 差し迫っている; いま行われている. **2** 《まれ》好都合な; 従順な.
[＜古期英語 *tōweard*; to, -ward]

to·wards /tɔ:rdz, təwɔ́:rdz|təwɔ́:dz, tu-, tɔ:dz/ 前 ＝toward.

tów·away zòne 名 C 《米》(不法駐車車両の)レッカー移動区域, 引っ張り区域, 《違反車はレッカー車などで片付けられる》.

tów·bàr 名 C (車の)牽(けん)引棒《キャンピングカーなどを連結して牽引する》.

tów·bòat 名 C 引き船 (tugboat).

‡**tow·el** /táuəl, taul/ 名 (複 **～s** /-z/) C **タオル**, 手ぬぐい, ふきん. a bath ～ バスタオル. a dish ～ ふきん. a paper ～ 紙手ぬぐい. Dry your hands with this ～. この手ぬぐいで手をふきなさい.
thròw [***tòss***] ***in the tówel*** 《ボクシング》タオルを投げ入れる; 《話》敗北を認める, 降参する.
── 動 (～s|《英》-ll-) 他 をタオルでふく[ぬぐう] 〈*down*, *off*〉; VOC (～ X Y) X をタオルでふいて Y の状態にする. ～ oneself *down* 体をタオルでふく. ～ one's wet hair dry ぬれた髪をタオルでふく.
[＜古期フランス語]

tow·el·ette /tàuəlét/ 名 C 《米》タオレット, ぬれナプキン, 《体をふく湿った小型のペーパータオル》.

tów·el·ing 《米》, **tów·el·ling** 《英》 名 U タオル地. a ～ robe タオル地のガウン.

tówel ràil [**ràck**] 名 C (普通, 金属棒の)タオル掛け.

‡**tow·er** /táuər/ 名 (複 **～s** /-z/) C **1 塔**, やぐら; タワー. a bell ～ 鐘楼. a church ～ 教会の塔. a clock ～ 時

T

計台. a television ～ テレビ塔. **2** (塔になっている)要塞(さい).

── 動 自 **1** VA (**～ *above, over* ..**) ..の上に高くそびえる. The building ～*s* (high) *over* our houses. その建物は我々の家の上にそびえている. He ～*s over* his mother. 彼は母親よりはるかに背が高い. **2** VA (**～ *above, over* ..**) ..の上に抜きん出ている. The scholar ～*s above* his colleagues. その学者は同僚の中で抜きん出ている. **3** 〔タカ, ワシなどが〕(真っすぐに)舞い上がる〈*above, over* ..の上に〉. [＜ラテン語 *turris*「塔」(＜ギリシア語)]

tówer blòck 名 C 〖英〗高層ビル, 高層住宅.

Tòwer Brídge 名 〈(the) ～〉タワーブリッジ《ロンドン市内のロンドン塔の南にある Thames 川にかかる開閉橋》.

Tòwer Hámlets 名 タワーハムレッツ《Thames 川北岸にあるロンドンの自治区 (borough) の 1 つ》.

‡**tow·er·ing** /táu(ə)riŋ/ 形 〈限定〉**1** 背の高い; 高くそびえる; (類語 そびえるような高さ; →high). a ～ tree 高くそびえる木. **2** 傑出した; 非常に大きい; 〈限定〉激しい. a ～ achievement 偉業. a ～ ambition 大いなる野心. in a ～ rage 激怒して. ▷ **～·ly** 副

Tòwer of Bábel 名 〈the ～〉＝Babel 2.

tòwer of ívory 名 ＝ivory tower.

Tòwer (of Lóndon) 名 〈the ～〉ロンドン塔《ロンドン市内 Thames 川北岸にある旧要塞(さい); いくつかの塔から成り, かつては王宮, 監獄などに使われた》.

tòwer of stréngth 名 C 大いに頼りになる人.

tów·hèad 名 C 亜麻色[淡黄褐色]の髪の人.
▷ **～·ed** /-əd/ 形 亜麻色の髪をした.

tow·hee /táuhi:, tóu-/ 名 C 〖鳥〗トウヒチョウ《ホオジロ科の小鳥; 北米産》.

tów·lìne 名 ＝towrope.

‡**town** /taun/ 名 (複 **～s** /-z/) **1** C 町 (類語 village (村) よりは大きいが, city (市)よりは小さいもの; 〖話〗では city も town と呼ぶことが多い; →city). We live in a small ～ in the mountains. 我々は山の中の小さな町に住んでいる.

2 U 〈普通, 無冠詞で〉(町の)商業地区, 中心部, 繁華街. go to (the) ～ to do some shopping 町へ買い物に行く. have an office in ～ 町中(まちなか)に事務所を構えている. Why don't you meet me in ～ after work? 仕事が終わったら僕と町で会ってくれませんか.

3 U 〈普通, 無冠詞で〉首都, (その地域の)主要都市《England であれば普通 London を指す》; 自分の住んでいる町. come (up) to ～ 町へ来る, 上京する. You're new in ～, aren't you? この町では新顔だね. I was out of ～ when that happened. それが起こった時僕は首都を離れていた.

4 C 〈普通 the ～; 単数形で複数扱いもある〉(特定の)町の人々, 市民. The entire ～ was opposed to the project. 町民こぞってその計画には反対だった.

5 U 〈普通 the ～〉(生活の場としての)都会, 町の[都会]生活, (↔the country). The opportunities for amusement are far greater in the ～ than in the country. 娯楽の機会は都会では田舎よりはるかに多い.

6 〈形容詞的〉町の, 都会の. a ～ girl 都会の娘.

gò to tówn (1) 町へ行く; 上京する. (2) 〖話〗(はしゃいで)金を使いまくる. After winning the lottery, he really *went to town* on buying jewels for his wife. 宝くじを当てた後彼は札びらを切って妻に宝石を買い与えた. (3) 〖話〗徹底的にやる; こてんぱんにやっつける; 〈*on* ..を〉. The professor really *went to town on* my theory. 教授は私の理論をさんざんけなした. (4) 〖米話〗大成功する.

màn about tówn 遊び人.

(òut) on the tówn 〖話〗夜遊びして.

***pàint the* ⌞*tówn* [*tòwn* (*réd*)]** →paint.

tòwn and gówn →gown 4.
[＜古期英語「囲い地, 村落」]

tòwn céntre 名 C 〖英〗町の中心部, 繁華街, (〖米〗downtown).

tòwn clérk 名 C 〖米〗町政記録係; 〖英史〗市[町]書記《1974 年廃止》.

tòwn cóuncil 名 C 〖英〗町議会.

tòwn cóuncillor 名 C 〖英〗町議会議員.

tòwn críer 名 C (昔の)布告などを町内に触れ歩く人.

town·ee /tauní:/ 名 〖英〗＝townie.

tòwn gás 名 U 〖英〗(工場, 家庭用の)ガス.

tòwn háll 名 C 町役場, 市役所; 公会堂.

tówn hòuse 名 C **1** (2, 3 階建ての)連棟式都市住宅. **2** (普通, 田舎に本宅を持っている人の)町の邸宅 (→country seat).

town·ie /táuni/ 名 C **1** 〖話・軽蔑〗(田舎のことを知らない)都会[町]の人間. **2** (大学町の)学外者, 一般住民.

tòwn méeting 名 C 〖米〗町民大会.

tòwn plánning 名 U 都市計画.

tówn·scàpe 名 C 都会の風景(画) (→-scape).

tówns·fòlk 名 ＝townspeople.

tówn·shìp 名 C **1** 〖米・カナダ〗郡区《county の下位の行政区分》. **2** 〖米〗〖測量〗6 マイル平方の土地. **3** 〖南ア〗黒人居住区.

tówns·man /-mən/ 名 (複 **-men** /-mən/) C **1** 都市の住民; 都会人. **2** 同じ町の人.

tówns·pèople 名 〈複数扱い〉**1** 〈無冠詞〉都市の住民; 都会人. **2** 〈the ～〉(特定の)町の人々, 町民.

tówns·wòman 名 (複 **-women**) C **1** 都会の女性. **2** 同じ町の女性.

town·y /táuni/ 名 (複 **town·ies**) ＝townie.

tów·pàth 名 C (川, 運河沿いの)引き船道.

tów·ròpe 名 C (船, 車などを引く)引き綱.

tów trùck 名 〖米〗＝wrecker 2.

tox·(a)e·mi·a /tɑksí:miə|tɔk-/ 名 U 〖医〗毒血症, 妊娠中毒症.

tox·(a)e·mic /tɑksí:mik|tɔk-/ 形 毒血[妊娠中毒]症の兆候のある.

†**tox·ic** /tɑ́ksik|tɔ́k-/ 形 **1** 毒(性)の. **2** 中毒の. **3** 有毒な (poisonous). ～ waste 有毒廃棄物. [＜ギリシア語 *toxikón*「(矢に塗る)毒」]

tox·ic·i·ty /tɑksísəti|tɔk-/ 名 U 毒性(度).

tox·i·col·o·gist /tɑ̀ksikɑ́lədʒist|tɔ̀ksikɔ́l-/ 名 C 毒物学者.

tox·i·col·o·gy /tɑ̀ksikɑ́lədʒi|tɔ̀ksikɔ́l-/ 名 U 毒物学.

tòxic shóck sỳndrome 名 C 中毒性ショック症候群《高熱, 低血圧を伴う; 特に若い女性に見られる; 生理用タンポンの使用と関係があるとされる》.

‡**tox·in** /tɑ́ksən|tɔ́k-/ 名 C 毒素《普通, 病原となる》.

tox·o·plas·mo·sis /tɑ̀ksouplæzmóusəs|tɔ̀k-/ 名 U 〖医・獣医〗トキソプラズマ症《犬, 猫などの細胞内寄生虫トキソプラズマにより起こる; ペットから人間にも感染する》.

‡**toy** /tɔi/ 名 (複 **～s** /-z/) C **1** おもちゃ; (おもちゃのように)もてあそばれるもの. play with ～*s* おもちゃで遊ぶ. They resented being made ～*s* of. 彼らはおもちゃにされるのに憤慨した. Personal computers are now household ～*s*. パソコンは今では家庭の遊び道具のようなものである.

> 連結 a plastic [a wooden; a stuffed; a cuddly; a clockwork; a mechanical; an electronic; a hightech; an educational] ～

2 つまらないもの, 安ぴかもの. **3** (同類のものと比べて)小さいもの; 愛玩(がん)用の小形の犬. **4** 〈形容詞的〉おもちゃの; 愛玩用の〔小形の犬など〕. a ～ car [railway] おもちゃの車[鉄道]. a ～ soldier おもちゃの兵隊. a ～ poodle トイ

T

プードル(犬).
── 動 (~s|過 過分 ~ed|~·ing) 自 VA (~ *with* ..) ..をもてあそぶ; ..をまじめに考えない. The child ~*ed with* his food. 幼児は食べ物をもてあそんでいた《ちゃんと食べずに》. He is ~*ing with* the idea of going to Europe. 彼はヨーロッパへでも行こうかなどと考えている.
[<中期英語 (<?)]

tóy bòy 名 C 〚英話〛(年長の女性の)ずっと年下の愛人, '若いツバメ'. 「シーズーなど」.

tóy dòg 名 C 小形愛玩犬《マルチーズ, ポメラニアン,↑

Toyn·bee /tɔ́inbi/ 名 **Arnold Joseph ~** トインビー (1889–1975)《英国の世界史家》.

to·yon /tɔ́iɑn, tóujən|tɔ́iɔn, tóujən/ 名 C 〚植〛トイオン《カナメモチ属の常緑低木; 北米太平洋岸産》.

tóy·shòp 名 C おもちゃ屋.

tp. township; troop.

tpk(e). turnpike.

tr. transitive; translate(d); translator; treasurer; 〚楽〛trill; trust; trustee.

‡trace[1] /treis/ 動 (**trác·es** /-əs/|過 過分 **~d** /-t/|**trác·ing**) 他 【追跡する】 **1** 〔犯人など〕を**追跡する**, の跡をつける. ~ the footprints of the thief 泥棒の足跡をたどる.
2 の歴史[発展の跡など]をたどる, 〔道, 川など〕をたどる. ~ the beginnings of World War II 第2次世界大戦の発端をたどる. ~ a river to its mouth [source] (on a map) (地図で)川を河口[水源]までたどる.
3 の**起源を調べる**, 出所を明らかにする, 〔電話など〕を逆探知する, 〈*back*〉〈*to* ..までさかのぼって〉. The history of his family can be ~*d back to* the 12th century. 彼の家の歴史は12世紀までさかのぼることができる. Police ~*d* the gun *to* a small weapons shop in town. 警察はその銃が町の小さな銃砲店から出たことを突きとめた.
4 【突きとめる】 を見つける, 捜し出す. I can't ~ the bill they sent me. 彼らから送られた請求書が見つからない.
【たどって書く】 **5** を敷き写しにする, トレースする, 〈*over*〉. make a copy of the drawing by *tracing* it 図面をトレースして複写を作る.
6 の輪郭をかく; を図で示す; を計画する; 〈*out*〉. ~ a route on a map 地図に進路を書き込む. ~ *out* a basic policy 基本政策を立案する.
7 を苦労して[のろのろと]書く. He ~*d* his name with a shaking hand. 彼は震える手で自分の名をやっと書いた.
── 自 VA (~ (*back*) *to* ..) ..にさかのぼる, 由来する. *The custom* ~*s back to* the Middle Ages. この習慣の起源は中世にさかのぼる.
── 名 (複 **trác·es** /-əz/) **1** UC **跡**, 足跡; 痕(こん)跡, 形跡; (類語「何かの通過又は発生後に残される形跡」の意味の一般的な語で, 特に証拠となるようなもの; →footmark, footprint, scent 2, track, trail, vestige); (電話などの)逆探知. ~*s* of a bear in the snow 雪の中のクマの足跡. He followed the curving ~ of their skis. 彼はカーブする彼らのシュプールをたどって滑った. We've lost all ~ of our son. 我々は息子の行方が全く分からなくなった. hot on the ~*s* of ..を激しく追跡して. The civilization sank [disappeared, vanished] without (a) ~. その文明は跡かたもなく消えた. put a ~ on a call 電話を逆探知する.
2 C 少量, ほんのわずか, 気味, 〈*of* ..の〉. There was a ~ *of* humor in his eyes. 彼の目が笑っている感じだった. She didn't show a ~ *of* fear. 彼女は恐怖の色を少しも見せなかった. The water is now free from any ~*s of* poison. 水の中には少しの毒もなくなった.
3 C 線, 図形; (自動記録装置の)記録.
[<ラテン語 *tractus*; tract[1] と同源]

trace[2] 名 C 引き綱[鎖, 革]《牛馬が車を引くための; →harness 図》.

in the tráces 業務に従事して.

kìck over [*jùmp*] *the tráces* 〔人が〕言うことをきかなくなる, 規則を破る, 束縛を逃れ(て自由の身にな)る.

tráce·a·ble 形 跡を尋ねることのできる〈*to* ..まで〉; 起源を発する; 帰せられる; 〈*to* ..に〉.
▷**tràce·a·bíl·i·ty** 名

tráce èlement 名 C 〚生化〛微量元素《動植物の成長に不可欠なもの, 例えば鉄, 銅, マグネシウム》.

trác·er 名 C **1** 追跡者, 捜索者. **2** (輸送中などの)紛失物の照会状. **3** 遺失物[行方不明者]捜査係. **4** 模写する人; 透写用ペン, 鉄筆. **5** 〚軍〛曳(えい)光弾, 曳煙弾. a ~ bullet [shell] 曳光弾. **6** 〚医・生物〛トレーサー《人体内などでのある元素の動きを追跡するために少量加えられる放射性物質》.

trac·er·y /tréis(ə)ri/ 名 (複 **-er·ies**) UC 〚建〛狭間(はざま)飾り, トレーサリー, 《ゴシック建築の窓の上部などを飾る透かし彫り》.

tra·che·a /tréikiə|trəkíːə/ 名 (複 **tra·che·ae** /-kiìː|-kíːiː/) C 〚解剖〛気管 (windpipe).

tra·che·al /tréikiəl|trəkíːəl/ 形 気管の.

tra·che·i·tis /trèikiáitəs|træk-/ 名 U 〚医〛気管炎.

tra·che·ot·o·my /trèikiɑ́təmi|trækiɔ́t-/ 名 (複 **-mies**) UC 〚医〛気管切開(手術).

tra·cho·ma /trəkóumə/ 名 U 〚医〛トラコーマ, トラホーム. ▷**tra·cho·ma·tous** /-təs/ 形 トラコーマの[にかかった].

trac·ing /tréisiŋ/ 名 **1** U 跡をたどること; 追跡; 詮索(せんさく). **2** U 透写, 複写, トレーシング; C 写し, 透写図. **3** C (地震計など自動記録装置の)記録.

trácing pàper 名 U 透写紙, トレーシングペーパー.

‡track /træk/ 名 (複 **~s** /-s/) C
【通った跡】 **1** 〈しばしば ~s〉(人, 獣, 車などの)**通った跡**, わだち; 足跡; (類語 特に人, 動物, 車などの通過後に残るひと続きの「足跡, わだち」; →trace[1]). There was a pair of clear car ~*s* on the road. 道路には車のタイヤの跡がはっきり2本ついていた. There were bear ~*s* all over. そこら一面にクマの足跡があった.
【通り道】 **2** (踏みならした)**小道**. a narrow (beaten) ~ through the fields 野中の(踏みならした)小道. We followed the ~ to the lake. 我々はその小道をたどって湖へ出た. **3** 進路, 航路, 通ったコース. the ~ of a typhoon 台風の進路. follow in the ~ of Bashō 芭蕉の(旅の)跡をたどって行く.
4 (決まった)やり方, 常道. go along in the same ~ year after year 年々歳々同じようにやってゆく. follow a different ~ 方針を変える.
【軌道】 **5 鉄道線路**, 軌道; 〚米〛プラットホーム. a narrow-gauge ~ 狭軌の軌道. *Track* No.4 4番線. leave [jump] the ~ 脱線する. The city pulled up the streetcar ~*s*. 市は市電の線路を撤去した.
6 競走路, トラック, (→field); 〈the ~; 集合的〉トラック競技; =track and field. a running ~ 競走路.
7 【軌道に似たもの】 カーテンレール, (引き戸の)溝; (戦車, ブルドーザーなどの)無限軌道, キャタピラー, (→half-track). *Track* vehicles can move over rough ground. キャタピラー付きの車はでこぼこした所でもどんどん進める.
8 (LP, テープ, CDに録音された)曲(の1つ); (テープの)録音帯(の1つ), トラック, レコードの溝; 〚電算〛ディスクのトラック; 〚映〛=soundtrack. I like the first ~ on this side. この面の最初の曲が好きだ. a four-~ tape 4トラックのテープ.
9 〚米〛〚教育〛能力別し編成クラス[学習計画].

còver (*ùp*) [*hìde*] *one's trácks* 跡をくらます; 意図[計画]を隠す.

in one's trácks 〚話〛その場で; 突然. Her warning gesture stopped him *in* his ~*s*. 彼女の警告の合図に

T

彼はその場でぴたっと立ち止まった. He stopped (dead) *in* his 〜. 彼は突然立ち止まった[仕事の手を休めた].
kèep tráck of.. ..の消息を知っている. *keep* 〜 *of* incoming and outgoing shipments 積み荷の出入りを記録しておく. *keep* 〜 *of* a typhoon with radar レーダーで台風の跡をつけて行く.
lòse tráck (of..) (..を)見失う; (..の)行方が分からなくなる; (あまり多くて)数が分からなくなる. We *lost* 〜 *of* him right after graduation. 我々は卒業後すぐに彼の消息が分からなくなった. *lose* 〜 *of* the time 時間が分からなくなる.
màke trácks 〖話〗 (1) 急いで立ち去る. (2) 急いで行く 〈*for*..の方へ〉.
off the tráck (1) 脱線して. The train has gone *off the* 〜. 列車が脱線した. (2) 本題を離れて; 誤って. You're *off the* 〜 if you think that. そういう君の考え方は間違っている. (3) (犯人の)手がかりを失って; 〔犬が〕臭跡を失って. The police were way *off the* 〜. 警察は手がかりが全然つかめなかった.
on the rìght [wròng] tráck 〔考え方や, やり方が〕正しい[間違った]方向に進んで. We haven't discovered the cause yet, but I think we're *on the right* 〜. 原因はまだ見つからないが, (探している)方向は正しいと思う.
on the tráck (1) 本題から離れずに; 正しく. get [put] a policy *on the* 〜 政策を軌道に乗せる. Let's keep this discussion *on the* 〜. 議論が本題から離れないようにしよう. (2) 追跡して 〈*of*..〔犯人など〕を〉; 手がかりを得て 〈*of*..の〉. The police got *on the* 〜 *of* the murderer soon. 警察はまもなく殺人犯の手がかりをつかんだ.
on the wròng [rìght] síde of the trácks 〖米〗 貧しい[裕福な]人たちの住む地域に 《同じ階級の人々が鉄道線路のどちらかの側に集まって住む傾向があったことから》.
on a pèrson's [a thìng's] trácks = on the trácks of a pèrson [a thìng] →on the TRACK (2).
on tráck 〔人, 物が〕順調に行って, 軌道に乗って, うまく行きそうで. The negotiations are *on* 〜. 交渉は順調に進んでいる.
── 動 他 **1** 〔動物, 人など〕の跡をつける, を追跡する 〈*to*..まで〉. He 〜*ed* the bear *to* its den. 彼はクマを追跡して穴まで行った. 〜 a flying object by a radar レーダーで飛行物体を追跡する. **2** 〖米〗 〔泥, 雪など〕の足跡をつける; 〔床など〕に足跡をつける. 〜 (up) the floor with muddy shoes 泥靴で床を汚す. You're 〜*ing* mud into the house. ほら, あなたは靴に泥をつけたまま家に入っていますよ.
── 自 **1** 〔針が〕レコードの溝をたどる. **2** 〖米〗 あたりに足跡をつける. Who 〜*ed* on the clean floor? きれいな床に汚い足跡をつけたのはだれだ. **3** 〖映・テレビ〗 〔カメラ(マン)が〕移動して撮影する. 〜 *back* [*away*] 〔カメラが〕引く[離れる].
tràck /../ dówn (1) 〔獲物, 犯人など〕を追い詰める. They 〜*ed* the kidnapper *down* finally. ついに誘拐犯人を追い詰めて捕らえた. (2) 〔紛失物, 原因など〕を突き止める, 捜し出す. 〜 *down* the source of the rumors うわさの出所を突き止める.
[＜古期フランス語 (?＜中期オランダ語「引く」)]
track·age /trǽkidʒ/ 名 U 〖米〗 〈集合的〉 鉄道路線; 他社の線路使用権[料].
tràck and fíeld 名 〈集合的〉 陸上競技.
tracked /-t/ 形 無限軌道付きの.
tráck·er 名 C 追跡者.
trácker dòg 名 C 警察犬.
tráck evènt 名 C 〈普通 〜s〉 トラック競技[種目] (→field event).
tráck·ing 名 U **1** 追跡. **2** 〖米〗〖教育〗 能力別クラス編成(方式) (〖英〗 streaming).
trácking stàtion 名 C (人工衛星などの)追跡基地.
trácking sỳstem 名 ＝tracking 2.
tráck·làyer 名 C 〖米〗 線路工夫, 保線作業員, (〖英〗 platelayer).
tráck·less 形 **1** 道路のない, 人跡未踏の. **2** 無軌道の. a 〜 trolley＝a trolley bus (見出し語).
tráck mèet 名 C 〖米〗 陸上競技会.
tráck rècord 名 C 《競技場での記録＞》 (過去の)実績. have a good 〜 as a translator of Russian literature ロシア文学の翻訳者として立派な実績がある.
tráck shòes 名 〈複数扱い〉 (競走用)スパイクシューズ.
tráck·sùit 名 C トラックスーツ 《選手が競技していない時保温用に着る》.
tráck sỳstem 名 U 〖米〗〖教育〗 能力別クラス編成(方式) (tracking).
†**tract**[1] /trækt/ 名 C **1** 土地の広がり; 地域; (空, 海などの)広がり. a large 〜 of land 広大な地域. a 〜 of water 広い水域. **2** 〖解剖〗 管, 道; 器官の系統. the digestive 〜 消化管. [＜ラテン語 *tractus*「引くこと」(*trahere* 'draw, pull'の過去分詞)]
tract[2] 名 C 小冊子, パンフレット, 《特に宗教・政治関係の》. [＜ラテン語 *tractāre* 'treat' (の過去分詞)]
trac·ta·ble /trǽktəb(ə)l/ 形 **1** 〖章〗 〔人, 動物が〕従順な, 〔問題などが〕扱い[処理し]やすい. **2** 〔材料が〕細工しやすい. ▷**tràc·ta·bíl·i·ty** 名
‡**trac·tion** /trǽkʃ(ə)n/ 名 U **1** 牽(けん)引; 牽引力. **2** (車輪と道路などの表面の)粘着摩擦. **3** 〖医〗 (骨折治療などのための)牽引(療法). His leg is in 〜. 彼の足は牽引治療中だ.
tráction èngine 名 C (蒸気又はディーゼル)牽引車 《軌道を必要としない》.
‡**trac·tor** /trǽktər/ 名 (複 〜s /-z/) C **1** 牽(けん)引(自動)車, **トラクター**. a farm 〜 耕作用トラクター. **2** 〖米〗 トレーラー牽引車 《動力部と運転台だけから成る》. [＜後期ラテン語「引っ張るもの」; tract[1], -or[1]]
tràctor-tráiler 名 C 〖米〗 トレーラートラック 《独立した牽(けん)引部と荷台部を連結した大型トラック》.
trad /træd/ 〖主に英話〗 形 ＝traditional.
── 名 U 伝統的ジャズ(のスタイル) 《発祥当時 (1920年代)のジャズスタイル; **tràd jázz** とも言う》.
‡**trade** /treid/ 名 (複 〜s /-dz/) **1** U **貿易**, 通商; UC 商売; 〈the 〜〉..業[界]; (物々)交換; (類語 国家間などの大規模な商行為の意味で一般的な語; 国内の取引きも意味するがその場合 commerce より規模が小さい; →business). foreign 〜 外国貿易. an automobile 〜 dispute 自動車の貿易摩擦. a 〜 war 貿易戦争. domestic 〜 国内取引. a 〜 agreement between the two countries 両国間の貿易協定. Japan has a lot of 〜 with Canada. 日本はカナダと大量の貿易をしている. be in 〜 商売をしている. We're doing a very good 〜. 商売が繁盛している. *Trade* improved. 売れ行きがよくなった. He's in the tourist 〜. 彼は観光業界で働いている. in 〜 for..と交換に. make a 〜 of X for Y XをYと交換する.

> 連結 a large [(an) extensive; (a) brisk, (a) roaring, (a) thriving] 〜 ‖ conduct [engage in; develop] 〜 ‖ 〜 expands [flourishes; dwindles]

2 UC **職業**, 手職, (類語 大工や印刷工のように, 特に熟練を要する職業を言う; →occupation). the 〜 of a carpenter [printer] 大工職[印刷の仕事]. follow a 〜 職業に従事する. learn a 〜 手職を身につける. I'm a shoemaker by 〜.＝Shoemaking is my 〜. 私の職業は靴屋です. Jack of all 〜*s* (and master of none). 〖諺〗 多芸は無芸.
3 U 〈the 〜; 単複両扱い〉 同業者, (ある特定の)業界, 業者(たち); 〖英話〗 酒類販売業者. the publishing 〜

出版業界[業者仲間].

4 Ⓤ 〈普通 the ～; 単複両扱い〉 顧客, 得意先, (customers). The store lost its ～ to the supermarket. その店はスーパーマーケットにお客を取られた.

5 〖話〗〈the ～s〉 貿易風 (the trade winds).

── 動 (～s /-dz/|過|過分 **trád·ed** /-əd/|**trád·ing**) 自 **1** 取り引きする, 貿易する, 〈*with* ..と〉. ～ *with* the firm その会社と取り引きする. **2** 商う, 売買する, 〈*in* ..を〉. ～ *in* textiles 織物を売買する. **3** 〖米〗 いつも買い物をする〈*at, with* ..(の店)で〉.

── 他 **1** を交換する〈*with* ..〔人〕と〉; VOA (～ X *for*..) X を..と物々交換する; (類語 普通, 商品の交換に用いる; →exchange). ～ places *with* a person 人と場所を交換する. ～ ideas and discuss future plans 意見交換をして将来の計画について話し合う. ～ fire with.. と交戦する. He wanted to ～ his comics *for* my whistle. 彼はマンガを僕の笛と交換したがった. **2** 〖スポーツ〗 〔選手〕をトレードする.

tràde /../ ín 〔中古車など〕を下取りに出す. I ～*d in* my old car *for* [*on*] a new one. 私は新車を買うのに古い車を下取りに出した.

tràde /../ óff ..を売り払う; (交換のために)..を処分する, 犠牲にする. ～ *off* accuracy *for* ease of understanding 分かりやすさのために正確さを(ある程度)犠牲にする.

tráde on [*upon*].. 〔人の同情など〕に付け込む, ..を利用する. ～ *on* one's good looks 自分の美貌(ぼう)を売り物にする.

tràde úp 物を同種のより高価なものと交換する.

tràde /../ úp 〔物〕を同種のより高価なものと交換する.

[＜中期低地ドイツ語「わだち, 航路」; tread と同源]

▷ **trád(e)·able** 形

tráde associàtion 名 Ⓒ 同業者団体.

tráde bòok [**edìtion**] 名 Ⓒ (限定版, 豪華版などに対して)普及本[版].

tráde cỳcle 名 Ⓒ 〖英〗 景気循環 (〖米〗 business cycle).

tráde dèficit 名 ＝trade gap.

tráde dìscount 名 Ⓒ 業者間割引.

tráde fàir 名 Ⓒ 見本市.

tráde gàp 名 Ⓒ 貿易欠損, 輸入超過, (↔trade surplus).

‡**tráde-ìn** 名 Ⓒ 下取り(品). a ～ price [value] of .. の下取り価格.

tráde jòurnal 名 Ⓒ 業界誌.

tráde·màrk 名 Ⓒ **1** (登録)商標. **2** (個人, 行動の習慣的な)特徴, 標識, トレードマーク. Mr. Castro, whose beard is his ～ ひげでおなじみのカストロ氏.

tráde nàme 名 Ⓒ **1** 商号 《会社などの正式名称》. **2** 商品名; 商標 (brand name).

‡**tráde-òff** 名 (複 ～s) Ⓒ (妥協のための)交換(取引), (2 つのものの)兼ね合い, (何かを得るための)代償.

tráde prìce 名 Ⓒ 仲間値段, 卸し値.

***trad·er** /tréidər/ 名 (複 ～s /-z/) Ⓒ **1** 商人; 貿易業者. a fur ～ 毛皮商人. **2** 貿易船, 商船. **3** 〖米〗〖商〗 トレーダー 《顧客よりも自分のために株式の投機的売買を行う業者》.

tráde ròute 名 Ⓒ 通商路, 貿易ルート.

tráde schòol 名 ⓊⒸ 職業学校.

tràde sécret 名 Ⓒ 企業秘密 《比喩的には, それによって人より優位に立てる秘密》.

***trades·man** /tréidzmən/ 名 (複 **-men** /-mən/) Ⓒ **1** 〖英〗 (小売り)商人 (shopkeeper); 御用聞き, (商品の)配達員. **2** 〖主に米〗 職人, 熟練工.

trádes·pèople 名 〈複数扱い〉 (小売り)商人たち.

tràdes únion 名 〖主に英〗 ＝trade union.

Tràdes Union Cóngress 名 〈the ～〉 労働組合会議 《英国の労組の連合体; 略 TUC》.

tráde sùrplus 名 Ⓒ 貿易黒字 (↔trade gap).

†**tràde únion** 名 Ⓒ 〖英〗 労働組合 (〖米〗 labor union).

tràde únionism 名 Ⓤ 労働組合の組織[主義].

tràde únionist 名 Ⓒ 労働組合員[主義者].

tráde wìnds 名 〈the ～〉 貿易風 《北[南]緯 30 度付近から絶えず赤道に向かって吹く北東[南東]の風; 昔, 帆船が航行に利用した》.

tráding còmpany [**fìrm**] 名 Ⓒ 貿易商社.

tráding estàte 名 Ⓒ 〖英〗 工業団地 (industrial estate; 〖米〗 industrial park).

tráding flòor 名 Ⓒ 〈普通, 単数形で〉 (株式取引所の)立ち会い場 《取引所構内にある公式の売買場》.

tráding pàrtner 名 Ⓒ 貿易相手国.

tráding pòst 名 Ⓒ (未開地域などに設けられた)交易所.

tráding stàmp 名 Ⓒ (商店の出す)景品引換券 《何枚か集めると景品と引き換える》.

‡**tra·di·tion** /trədíʃ(ə)n/ 名 (複 **～s** /-z/) ⓊⒸ **1** 伝統; 慣例, しきたり; (芸術上の)伝統的様式[流儀]. keep up the family ～*s* 家のしきたりを守る. keep to the ～ 伝統を守る. be in the ～ of ..の伝統を受け継いでいる. have a long ～ of freedom 自由の長い伝統がある.

> 連結 an ancient [an old, a time-honored; a venerable; a popular] ～ // follow [maintain; cherish; break (with), discard] (a) ～

2 伝説, 伝承, 言い伝え. according to long ～ 古くからの言い伝えによれば. be handed down by ～ 言い伝えられる. That was the family ～. その家にはそういう言い伝えがありました. *Tradition* says [has it, runs] that ..と言い伝えられている. [＜ラテン語「引き渡す (*trādere*) こと, 伝承」(＜trans-＋*dare* 'give')]

***tra·di·tion·al** /trədíʃ(ə)nəl/ 形 ⓜ **1** 伝統の; **伝統的な**; 慣例的な. ～ foods for Thanksgiving 感謝祭の伝統的な食べ物. It is ～ to throw rice on a newly married couple. 新婚夫婦に米粒を投げるしきたりがある. **2** 伝説の; 伝承による. a ～ fairy story 伝承おとぎ話. **3** 〔ジャズが〕トラディショナルな (→trad).

tradìtional grámmar 名 Ⓤ 伝統文法 《構造主義文法, 変形生成文法などが現れる以前の文法》.

tra·dí·tion·al·ìsm 名 Ⓤ (特に宗教に関しての)伝統主義.

‡**tra·dí·tion·al·ist** 名 Ⓒ, 形 伝統主義者(の).

tra·di·tion·al·is·tic /trədiʃ(ə)nəlístik ◈/ 形 伝統主義の, 伝統主義的な; 伝統を固守する.

†**tra·dí·tion·al·ly** 副 **1** 伝統的に, 伝統に従って. *Traditionally*, the Japanese worship their ancestors. 伝統的に日本人は祖先を崇拝する. **2** 伝承によって.

tra·duce /trəd(j)ú:s/ 動 他 〖章〗 〔人〕をそしる, 中傷する, (slander). ▷ **～·ment** 名 **tra·duc·er** 名

Tra·fal·gar /trəfǽlgər/ 名 (**Cape**) ～ トラファルガー(岬) 《スペイン南端西岸の岬; 1805 年, この沖合で英国の Nelson がスペイン・フランス連合艦隊を破った》.

Trafàlgar Squáre 名 トラファルガー広場 《ロンドン中心部の広場; 中央南寄りに Nelson の立像をのせた大円柱 (Nelson's Column) が立っている》.

‡**traf·fic** /trǽfik/ 名 Ⓤ 【行き来】 **1** (人, 車, 船, 航空機の)**交通**, 往来, 通行; 交通量; (行き来する)人, 車. an air ～ controller 航空管制官. a ～ policeman 交通警察官. There is a lot of ～ on this road. この道路は交通量が多い. *Traffic* is backed up. 交通が渋滞している. The streets were closed to ～ during the parade. 道路はパレードの間(車両)通行禁止になった. Slower *Traffic* Keep Right 「遅い車両は右車線を通

T

行のこと」《道路の表示》.

連結 heavy [light, little] ~ // control [regulate; block, hold up, obstruct; stop] (the) ~

2 (客, 貨物の)輸送; 運輸業. The ~ on the railroad lines was interrupted for several hours. 鉄道輸送は数時間にわたって停止された. The recent hijacks have caused a decrease in passenger ~. 最近続いたハイジャック事件は旅客輸送の減少をもたらした.
3【商品の行き来】取り引き, 商売, 貿易, 〈*in* ..〔商品〕の〉; 交渉〈*with* ..との〉; (類語 悪い意味で用いることが多く, 密売買など違法な取り引きを指す; →business). ~ *in* slaves 奴隷売買. the ~ *in* drugs [stolen goods] 麻薬密売[盗品の売買]. Until quite recently literature had no ~ *with* linguistics. ごく最近まで文学は言語学と交渉を持たなかった.
— 動 (~s | 過 過分 **-ficked** | **-fick·ing**) 自 VA (~ *in* ..)〔商品〕を取り引きする, (特に不正に)売買する, 〈*with* ..と〉; (~ *with* ..) ..と(不正に)通じる, 交渉する. ~ *in* smuggled goods 密輸品を売買する. ~ *in* arms *with* the guerrillas ゲリラ軍と武器の取り引きをする.
[<古期フランス語「通商, 運輸」]

traf·fi·ca·tor /trǽfikèitər/ 名 C 〘英〙(自動車の)進行方向指示器《<*traffic* indic*ator*; 昔使われたもので, 現在は〘米〙turn signal, 〘英〙indicator と呼ばれるランプが使われている》.

tráffic càlming 名 U (ある地域の)車のスピード抑制措置の行使《路面に 凸凹 を付けたり, 道路を狭くするなど》.

tráffic cìrcle 名 C 〘米〙円形交差点, ロータリー, (〘英〙roundabout).

tráffic còne 名 C コーン《道路工事の区間などを示す円錐(すい)形の標識》.

tráffic còp 名 C 〘米話〙 **1** 交通整理の警官. **2** 交通係の警官《交通違反者を取り締まる》.

tráffic còurt 名 C 交通裁判所.

tráffic ìndicator 名 =trafficator.

tráffic ìsland 名 C 安全地帯.

tráffic jàm 名 C 交通渋滞.

‡**tráf·fick·er** 名 C 〈普通, 悪い意味で〉商人, (麻薬などの)売買人; 周旋屋; 〈*in* ..の〉.

tráffic lìght 名 C 〈普通 ~s〉交通信号灯.

tráffic offènse 名 C 交通違反.

tráffic sìgn 名 C 交通標識.

tráffic sìgnal 名 〈普通 ~s〉=traffic light.

tráffic wàrden 名 C 〘英〙交通巡視員《主に都市の路上駐車を取り締まる》.

tra·ge·di·an /trədʒíːdiən/ 名 C **1** 悲劇作者. **2** 悲劇俳優. [<古期フランス語]

tra·ge·di·enne /trədʒìːdién/ 名 C 悲劇女優.

‡**trag·e·dy** /trǽdʒədi/ 名 (複 **-dies** /-z/) **1** C (1 編の)**悲劇**; U (演劇の種類としての)悲劇; (↔comedy). a ~ in five acts 5 幕物の悲劇. *Hamlet* is one of Shakespeare's greatest *tragedies*. 「ハムレット」はシェークスピアの最も偉大な悲劇の 1 つだ. a ~ king [queen] 悲劇俳優[女優]. **2** UC **悲劇的事件**, 惨事. avoid the ~ of war 戦争の悲劇を避ける. The loss of his daughter was a personal ~. 娘の死は彼にとって悲運だった. It is a ~ that thousands of children die of hunger every year. 毎年何千人もの子供たちが餓死しているのは痛ましい事だ. ◇形 tragic [<ギリシア語「ヤギ(*trágos*)の歌(*ōidḗ*)」; 見事な演技の賞品がヤギだったから, Satyr 役の俳優がヤギの皮を着たから, の両説がある]

***trag·ic** /trǽdʒik/ 形 m (1 は ©) **1** 〈限定〉**悲劇の** (↔comic). a ~ actor 悲劇俳優. a ~ poet 悲劇詩人.
2 悲劇的な; 不運な; 悲痛な. a ~ event 悲惨な出来事. a ~ cry 悲痛な叫び. Her death was a ~ loss to the acting profession. 彼女の死は演劇界にとって悲劇的な損失だった. ◇名 tragedy

trag·i·cal /trǽdʒik(ə)l/ 形 =tragic.

trág·i·cal·ly 副 悲劇的に, 悲惨に. His life ended ~. 彼の生涯は悲惨な結末となった.

tràgic fláw 名 C 悲劇的欠点《悲劇の主人公の悲惨な結末の元となる性格的欠点》.

trag·i·com·e·dy /trædʒəkɑ́mədi | -kɔ́m-/ 名 (複 **-dies**) UC 悲喜劇; 悲喜こもごも(の出来事).

trag·i·com·ic, -i·cal /trædʒəkɑ́mik | -kɔ́m- ⑱/, /-k(ə)l ⑱/ 形 悲喜劇的な. ▷**trag·i·com·i·cal·ly** 副

‡**trail** /treil/ 動 (~s /-z/ | 過 過分 **~ed** /-d/ | **tráil·ing**) 他 **1** を引きずる, 引きずって行く, (類語 軽い物を「背後に引きずって行く」の意味で, 無意識の場合にも用いる; → pull). The child was ~*ing* a toy cart. 子供はおもちゃの荷車を引っ張って行った. He dropped his arm over the side and ~*ed* his hand in the water. 彼は舟べりから腕を垂らして手を水の中で(舟の動きにまかせて)引きずった. **2** 〔人, 動物〕の跡を追う. Police ~*ed* the convicts with dogs. 警察は犬を使って(逃げた)囚人たちの跡を追った.
3 に遅れ(を取)る, を追う. The Giants are ~*ing* the front-running Dragons by two games. ジャイアンツはトップのドラゴンズを 2 ゲーム差で追っている.
4 〔煙など〕をたなびかせる; 〔ほこりなど〕を立てる, 漂わす. **5** をだらだらと話す. **6** (草などを踏みつけて)に道をつける; 〔小道〕を踏みつけて作る. **7** 〔映画, テレビ番組など〕を予告する.
— 自 **1** VA 〔着物などが〕**引きずる** 〈*along, around, behind*〉〈*behind* ..の後ろに〉. Her long skirt ~*ed along*. 彼女の長いスカートのすそが引きずっていた.
2 VA 足を引きずって[くたびれたように]歩く, のろのろと歩く, 〈*along, behind*〉〈*behind* ..の後について〉. Boys ~*ed along behind* the parade. 少年たちはパレードの後からぞろぞろくっついて行った.
3 遅れ(を取)る, リードされる, 〈*behind* ..に〉. Mr. A is ~*ing behind* Mr. B in the popularity polls. A 氏は人気投票では B 氏に遅れを取っている. We were ~*ing* by three goals at half-time. ハーフタイムでは 3 ゴールだけリードされていた.
4 〔つる草などが〕はう〈*along, ovre* ..を〉. Vines ~*ed along* the garden wall. ツタが庭の塀をはっていた.
5 〔煙, 雲などが〕たなびく. **6** 〔犬が〕臭跡を追う.
***tràil awáy* [*óff*]** 〔声などが〕次第に消える. The dying man's voice [man] ~*ed off* to a whisper. 死にかけた男の声は段々小さくなって最後はささやき声になった.
— 名 (複 ~s /-z/) C **1 跡**, 通った跡; 〘狩猟〙獣の臭跡; (類語 その跡を頼りに追跡, 尾行などをすることに重点がある; →trace[1]). follow a ~ of blood 点々とついた血の跡をたどる. They tried to cover their ~. 彼らは自分たちの通った跡を隠そうとした. lose the ~ 臭跡を失う. The police are on the ~ of the bank robbers. 警察は銀行強盗を追跡している.
2 (辺境地などの)踏みならされてできた道, 小道. He followed a narrow ~ over the mountain. 彼は小道に沿って行って山を越えた. →Oregon [Santa Fe] Trail.
3 (煙など)長くたなびくもの, 列; 長く引いた(衣服の)すそ. a ~ of black smoke left by an engine 機関車が残していったひと流れの黒煙. A ~ of reporters followed him into the office. 記者たちが列をなして彼の後を追って事務室へ入った.
blàze a* [*the*] *tráil →blaze[2].
hìt the tráil 〘米話〙旅立つ.
***hòt* [*hàrd*] *on a pèrson's* [*a thìng's*] *tráil*=*hòt* [*hàrd*] *on the tráil of a pèrson* [*a thìng*]** →hot.
[<ラテン語 *trāgula*「地引き網」(<*trahere* 'draw')]

tràil bìke 名 C トレールバイク《悪路を走れる小型オートバイ》.

tráil·blàzer 名 C 〘主に米〙 **1** 荒野を切り開く人.

T

2 (事業, 研究などの)草分け, 開拓者.
tráil·blàzing 〘米〙 形, 名 U 先駆的な(発見など).
†**trail·er** /tréilər/ 名 C **1** ひきずる人; 追跡する人[動物, もの]. **2** つる草. **3** (トラクターなどに引かれる)付随車, トレーラー. The jeep pulled a two-wheel 〜. ジープは2輪トレーラーを引いていた. **4** 〘米〙(自動車で引く)トレーラーハウス (**hóuse tràiler**; 〘英〙 caravan). Americans like to travel in 〜*s*. アメリカ人はトレーラーハウスで旅行するのが好きだ. **5** (テレビ・ラジオ番組などの)予告編.
tráiler càmp [còurt, pàrk] 名 C 〘米〙 トレーラーハウス用キャンプ場.
trail·er·ite /tréilərài t/ 名 C 〘米〙 トレーラーハウスで旅行[生活]する人.
tráiler trùck 名 C 〘米〙 トレーラートラック.
tráil·ing 形 〈限定〉(すそなどを)引きずる, はいまつわる〔つる草など〕. ▷〜**·ly** 副
tràiling arbútus 名 =arbutus 1.
tràiling édge 名 C (航空機の翼の)後縁.
tráil mìx 名 =gorp.
Tràil of Téars 名 〈the 〜〉〘米史〙 涙の道《1820–40年代に米国政府によってミシシッピ川西の居留地に送り込まれた先住民がたどった苦難の旅のルート》.
‡**train** /trein/ 名 (複 〜**s** /-z/) C
【続く列】 **1** (動く人や車の)**長い列**, 行列, 隊. a funeral 〜 葬列. a 〜 of camels ラクダの列.
2【車の列】 **列車** (注意 車両が何台か連なったもので, 電車でも汽車でもよい; 以下の例文では列車と訳してあるが, 実際の日本語では状況に応じて電車, 汽車, 新幹線などと使い分けるのが普通). a 〜 station 鉄道の駅. travel by 〜 列車で旅行する. on 〘米〙[in 〘英〙] a 〜 列車の中で, 車内で. get on [off] a 〜 列車に乗る[から降りる]. catch [miss] one's 〜 いつも乗る列車に間に合う[乗り遅れる]. take a 〜 to Boston ボストンへ列車で行く. the 9:30 [nine-thirty] a.m. 〜 for Boston ボストン行きの午前9時30分の列車. change 〜*s* at Okayama for Yonago 岡山で米子行きに乗り換える. The 〜 has ten cars 〘米〙[〘英〙 carriages]. この列車は10両編成だ.

> 連結 a passenger [a commuter; a goods, a freight; a slow, a stopping; an express; a through; a boat; a night; a down; an up] 〜

3【人の列】〈単数形で複数扱いもある; 集合的〉 従者, 随員. the king and his 〜 王とその随員. Half a dozen journalists were included in the President's 〜. 5, 6人の報道関係者が大統領の一行に加えられていた.
4 (床に引きずる婦人服の)裳裾(もすそ). wear a dress with a long 〜 裳裾の長い服を着る. carry the bride's 〜 花嫁衣装の裾を持って行く.
5 (火薬の)導火線; (流れ星の描く)光の線; (彗(すい)星の)尾.
【連続】 **6** (観念, 出来事などの)連続, つながり; (事件などの)続き, 後. a 〜 *of* events 次々に起こる出来事. in the 〜 *of* the Revolution 革命の後に. The noise interrupted his 〜 *of* thought. その物音で彼の思考の流れが中断された.
in* (*gòod*) *tráin 〘章〙〔準備, 議論が〕順調に進んで, 手順がちゃんと整って. Everything was *in good* 〜 for the conference. 会議の段取りはすべてついていた.
── 動 (〜**s** /-z/|過 過分 〜**ed** /-d/|**tráin·ing**) 他
【ある方向に向ける】 **1** (**a**) を**訓練する**, しつける, 養成する; にトレーニングをさせる; 〈*for* ..に備えて〉. 〜 nurses 看護婦を養成する. 〜 soldiers in the use of weapons 兵隊に武器の使用法を訓練する. His children are all well-〜*ed*. 彼の子供は皆しつけがいい. 〜 young men and women *for* professions 若い男女に(知的)専門職につくための教育を施す. 〜 a horse *for* a race レースに備えて馬を調教する. (**b**) VOC (〜 X *to do*) X(人, 動物など)を..するように訓練する; VOO (〜 X *how* 句) Xに..の仕方を教える. She 〜*ed* her baby (*how*) *to* use the toilet. 彼女は赤ん坊にトイレの使い方をしつけた.
2 VOA (〜 X *on* [*upon*], *at* ..) X(砲, カメラなど)を..に向ける. All cameras were 〜*ed on* the courthouse entrance. 全てのカメラは裁判所の入り口に向けられていた.
3【仕立てる】 VOA 〔木, 枝など〕を特定の形に仕立てる《曲げたり, 切ったりして》〈*against*, *along*, *around*, *over* ..に〉. 〜 ivy *over* a fence ツタを柵にはわせる.
── 自 VA (〜 *for* ../〜 *to do*) ..に備えて/..するように訓練する; (〜 *as* ..) ..としてのトレーニング[訓練]を受ける. I 〜*ed to* be a lawyer but decided to be a composer instead. 私は法律家になる教育を受けたが, それをよして作曲家になる決心をした. They are 〜*ing for* the boat race. 彼らはボートレースに備えて練習している. 〜 *as* a singer 声楽の訓練を受ける.
[<古期フランス語「引く」(<ラテン語 *trahere* 'draw')]
▷**tráin·a·ble** 形 訓練[養成]できる, 陶冶(とうや)性のある.
tráin·bèarer 名 C (特に花嫁の)裳裾(もすそ)持ち.
trained 形 訓練された; 熟練した. a 〜 soldier 百戦錬磨の兵士. The animal did not escape his 〜 hunter's eye. その動物は彼のハンターとしての老練な眼から逃れられなかった.
‡**train·ee** /treiníː/ 名 C 訓練を受ける人; 練習生. a 〜 pilot 飛行操縦訓練生.
▷〜**·ship** /-ʃìp/ 名 U 訓練生の身分[期間].
trainée solìcitor 名 C 〘英〙 司法実務修習生《2年間法律事務所で実習する》.
*__train·er__ /tréinər/ 名 (複 〜**s** /-z/) C **1 訓練する人**; 調教師; (スポーツチームなどの)トレーナー《けがなどの場合に応急処置をする》. a race-horse 〜 競馬の調教師. **2** 〘空〙 練習機. **3** 〘英〙〈〜s〉(ゴム底の)運動靴 (sneakers).
tráin fèrry 名 C 列車乗り入れ連絡船.
‡**train·ing** /tréiniŋ/ 名 U **1 訓練**, 鍛練; 研修; 練習; (馬などの)調教. a 〜 institute 研修所. go into 〜 for the competition 競技に備えて練習する. The job requires technical 〜. この仕事は専門教育を必要とする.

> 連結 arduous [grueling, rigorous; intensive; extensive; thorough; professional] 〜 // give [provide; get, receive] 〜

2 (競技者の, 良い)コンディション. be in [out of] 〜 コンディションが良い[悪い].
tráining còllege 名 UC 〘英〙 =training school; 〘英〙 教員養成所(〘米〙 teachers college).
tráining pànts 名 〈複数扱い〉 しつけ用パンツ《おむつがとれたばかりの幼児にはかせる厚手のパンツ》(参考 日本語の「トレ(ーニング)パン(ツ)」は sweat pants と言う).
tráining schòol 名 UC (特定の職業につく人の)養成所.
tráining shìp 名 C 練習船[艦].
tráining shòes 名 =trainer 3.
tráin·lòad 名 C ひと列車分(の貨物, 乗客).
tráin·man /-mən/ 名 (複 **-men** /-mən/) C 〘米〙 列車乗務員; 制動手 (brakeman).
tráin òil 名 U 鯨油, 海獣[魚]の油.
tráin sèt 名 C (おもちゃの)列車セット《レールの上を走らせる》.
tráin·sìck 形 汽車に酔った. ▷〜**·ness** 名
tráin spòtter 名 C 〘英〙(ナンバープレート集めが趣味の)機関車マニア.
tráin spòtting 名 U 〘英〙 機関車のナンバープレート集め.
traipse /treips/ 〘話〙 動 自 VA 歩き回る; だらだら歩く, とぼとぼ[重い足どりで]歩く 〈*around*, *about*〉. ── 名 C 歩き回ること; とぼとぼ歩くこと.

***trait** /treit|trei, treit/ [名] ([複] **~s** /-ts|-z, -ts/) [C] **特色**, 特性, 特徴, ([類語] characteristic より形式ばった語; →character). Honesty is one of the basic *~s* of the English character. 正直は英国人の性格の中の基本的特徴の1つである. I hope he has some good *~s*. 彼にもどこかいい所があるはずだ.
[<古期フランス語「ひと引き」(<ラテン語 *tractus* 'tract¹')]

trai·tor** /tréitər/ [名] ([複] **~s** /-z/) [C] **反逆者**; 裏切り者; 〈*to* ..に対する〉. become a ~ *to* one's country 国賊になる. ***tùrn tráitor (***to*** ..) (..を)裏切る, (..に)謀反する. [<ラテン語 *trāditor*「引き渡す(*trādere*)者」; →tradition] ▷**trai·tress** /-trəs/ [名] [女]

trai·tor·ous /tréit(ə)rəs/ [形] 〖主に雅〗 反逆の, 裏切りの; 危険な. ▷**~·ly** [副] 反逆して, 裏切って.

‡**tra·jec·to·ry** /trədʒékt(ə)ri/ [名] ([複] **-ries**) [C] (弾丸などの)弾道; 軌道.

†**tram** /træm/ [名] [C] **1** 〖英〗 市街電車, 路面電車, (tramcar とも言う; 〖米〗 streetcar, trolley). by ~ 電車で. There aren't many *~s* left running in Tokyo. 東京では市街電車はもうあまり走っていない. **2** 〖英〗 電車軌道. **3** (鉱山などの)軌道; トロッコ. [<中期低地ドイツ語「木の棒, 車軸」]

trám·càr [名] [C] 〖英〗 市街電車 (tram).

trám·lìne [名] [C] 〈普通 ~s〉 **1** 〖英〗 市街電車線路 (tramway). **2** 〖話〗 (テニスコートの) (2本の)サイドライン 《シングルスは内側の線を使う》.

tram·mel /trǽm(ə)l/ 〖章・雅〗 [名] [C] **1** 〈~s〉 自由を拘束するもの, 束縛; じゃま. the *~s* of convention うるさいしきたり. **2** (鳥, 魚などを捕まえる)網. **3** 〖米〗 (暖炉などにつるす)自在かぎ. ―― (**~s**|〖英〗 **-ll-**) [動] [他] の自由を拘束する, を束縛する. He was *~ed* with debts. 彼は借金でがんじがらめであった.

***tramp** /træmp/ [動] (**~s** /-s/|[過] [過分] **~ed** /-t/| **trámp·ing**) [自] **1** [VA] **どしんどしん歩く** 〈*about, around*〉〈*through* ..を〉. Who is *~ing about* upstairs? 2階でどしんどしん歩いているのはだれだろう.
2 [VA] (**~ *on*** [***upon***] ***..***) ..を踏みつける; ..を踏みにじる. Someone *~ed on* my toes on the train. 電車の中でだれか私の足を踏みつけた. The dictator *~ed on* the people's rights. 独裁者は市民の権利を踏みにじった.
3 [VA] てくてく歩く; 徒歩で旅をする; 〈*about, around, over* (..を)〉. He *~ed all over* the country. 彼は国中を徒歩で旅をした.
―― [他] **1** を踏みつける. **2** を**徒歩で行く**; を放浪する. ~ the streets 町を歩き回る. ~ it 徒歩で行く.
―― [名] ([複] **~s** /-s/) **1** [U] 〈普通 the ~〉 (行進などの)**重い足音**. the steady ~ of marching soldiers 行進して行く兵隊の規則正しい足音.
2 [C] (長い)徒歩旅行. go for a ~ ハイキングに行く.
3 [C] 〖軽蔑〗 浮浪者. The police drove the *~s* out of the city. 警察は浮浪者を市から追い出した.
4 [C] 〖俗・英では旧〗 ふしだらな女; 売春婦.
5 [C] 不定期貨物船 (**tràmp stéamer**).
on (***the***) ***trámp*** 渡り歩いて, 放浪して. He spent two years *on the* ~. 彼は2年間放浪して過ごした.
[<中期英語(<?)]

***tram·ple** /trǽmp(ə)l/ [動] (**~s** /-z/|[過] [過分] **~d** /-d/| **-pling**) [他] **1 を踏みつける**, 踏みつぶす. be *~d* to death 踏み殺される. ~ out a fire 火を踏み消す. Don't ~ the flower beds. 花壇を踏み荒らさないでください. **2** 〔法律, 権利, 人の感情など〕を踏みにじる.
―― [自] **1** [VA] どしんどしん歩く 〈*about, around* (..を)〉. **2** [VA] 踏みつける; 踏みにじる; 〈*on* [*upon*], *over* ..を〉. Tyrants ~ *on* the rights of the people. 暴君は人民の権利を踏みにじる. I left him because he was always *trampling on* my feelings. 彼はいつも私の感情を踏みにじったので彼のもとを去った.
tràmple /../ dówn [***underfóot***] ..を踏みつぶす; ..を踏みにじる. Naughty children *~d* all the flowers *underfoot*. いたずらっ子たちが花をみんな踏みつぶしてしまった. The majority *~d down* all minority objections. 多数派は少数派の反対意見を全て踏みつぶした.
―― [名] [C] 踏みつけること; 踏みつぶす音. [tramp, -le¹]

tram·po·line /trǽmpəli:n, ⌐-⌐|⌐-⌐/ [名] [C] トランポリン 《跳躍運動用の台》. ―― [動] [自] トランポリンを使う. ▷**tram·po·lin·er** [名]

trám·ròad [名] 〖主に米〗 =tramway 3.

trám·wày [名] ([複] **~s**) [C] **1** 〖英〗 市街電車線路 (tramline). **2** 〖米〗 ロープウエー. **3** (鉱山, 石切場などの)トロッコ用軌道.

tran- /træn/ [接頭] trans- の s の前における異形.

‡**trance** /træns|trɑ:ns/ [名] [C] 夢うつつ, 恍惚(こう); 昏(こん)睡[失神]状態; 〖心霊〗 トランス 《一時的な神がかり状態》. fall into a ~ うっとりとなる; 失神する. be in a ~ 忘我の状態にある. [transit と同源]

tran·ny, tran·nie /trǽni/ [名] ([複] **-nies**) [C] 〖英旧話〗 トランジスターラジオ (transistor radio).

†**tran·quil** /trǽŋkwəl/ [形] (〖英〗 **-ll-**) 〔環境などが〕静かな, 穏やかな; 〔心などが〕落ち着いた, 平静な. a ~ lake 静かな湖. a ~ life in the country 田舎の平穏な生活. in a ~ voice 落ち着いた声で. a ~ mind 平静な心. [<ラテン語 *tranquillus*「平穏な」] ▷**~·ly** [副]

†**tran·quil·i·ty** 〖米〗, **-quil·li·ty** 〖英〗 /træŋkwíləti/ [名] [U] 平静, 平穏, 落ち着き.

trán·quil·ize 〖米〗, **-quil·lize** 〖英〗 [動] [他] を静める, 落ち着かせる. ―― [自] 静まる, 落ち着く.
▷**tràn·quil·(l)i·zá·tion** [名]

‡**trán·quil·ìz·er** 〖米〗, **-quil·lìz-** 〖英〗 [名] [C] 精神安定剤, トランキライザー.

trans. transaction(s); transfer; transitive; translated (by); translation; translator; transportation.

trans- /træns, trænz/ [接頭] 「横切って; 越えて; 別の場所[状態]へなど」の意味 (★s の前では tran- となる). *trans*continental. *trans*cend. *trans*form. [<ラテン語 *trāns* 'across, through, beyond']

‡**trans·act** /trænsǽkt, trænz-|trænz-/ 〖章〗 [動] [他] 〔事務など〕を処理する; 〔取り引きなど〕を行う. ~ business with ..と取引きをする. [trans-, act] ▷**~·or** /-tər/ [名] [C] 処理者.

†**trans·ác·tion** [名] 〖章〗 **1** [U] (業務, 取り引きの)取扱い, 処理. the ~ of a deal 取り引きの処理. **2** [C] 取り引き, 売買. a business ~ 商取引. a shady ~ 後ろ暗い取引き. **3** 〈~s〉 (学会などの会合の)議事録, 報告書. ◇[動] transact ▷**~·al** /-nəl/ [形]

trans·al·pine /trænsǽlpain, trænz-|trænz-/ [形] **1** (特にイタリア側から見て)アルプスの向こうの (↔cisalpine). **2** アルプス横断の.

‡**trans·at·lan·tic** /trænsətlǽntik, trænz-|trænz-[移]/ [形] **1** 大西洋の向こう側の, (ヨーロッパから見て)アメリカの, (アメリカから見て)ヨーロッパの. Britain's ~ ally 洋を隔てた英国の友邦. **2** 大西洋横断の. a ~ flight 大西洋横断飛行. **3** 大西洋を挟む国々の. a ~ agreement 大西洋沿岸国協定.

trans·ceiv·er /trænsí:vər/ [名] [C] 無線送受信機, トランシーバー. [<*trans*mitter+*receiver*]

‡**tran·scend** /trænsénd/ [動] [他] 〖章〗 **1** 〔経験, 知識などの限界〕を超越する ([類語] 超越して他を寄せつけない感じが強い; →surpass). His love for her *~ed* mere passion. 彼の彼女に対する愛は単なる情熱を超越していた. **2** にまさる, をしのぐ. [<ラテン語 (<trans-+*scandere*「登る」)]

tran·scend·ence, -en·cy /trænséndəns/, /-si/

T

[名][U] 超越, 超絶; 卓絶.

‡**tran·scend·ent** /trænséndənt/ [形] 〘章〙卓越した, 抜群の. the ～ genius of Shakespeare シェイクスピアの無類の天才. ▷**～·ly** [副] 卓越して.

tran·scen·den·tal /trænsendéntl [移]/ [形] **1** (カント哲学で)先験的な; 超絶主義の. **2** 超自然的な, 深遠な. **3** 卓越した. ▷**～·ly** /-t(ə)li/ [副] 先験的に; 超自然的に.

tràn·scen·dén·tal·ìsm /-t(ə)lìz(ə)m/ [名][U] 〘哲〙(Kant の)先験論; (Emerson などの)超絶主義.

tràn·scen·dén·tal·ist /-t(ə)list/ [名][C] 〘哲〙先験論者; 超絶論者.

transcendèntal meditátion [名][U] 超越瞑(めい)想法《ヒンドゥー教起源の瞑想法》.

trans·con·ti·nen·tal /trænskɑntənéntl | trænzkɔn- [移]/ [形] 大陸横断の. a ～ railroad 大陸横断鉄道.

‡**tran·scribe** /trænskráib/ [動][他] **1** を書き写す. **2** 〔速記, 録音したものなど〕を普通文字などに書き換える, 転写する. The stenographer *～d* her notes of the speech. 速記者は演説の(速記)ノートを普通文字に転写した. ～ from a tape to a CD テープの録音を CD に再録する. **3** 〔音声〕を発音記号に書き換える. **4** ＝transliterate. **5** 〘楽〙を編曲する 〈*for* ..〔他の楽器用など〕に〉. **6** 〘放送〙を録音[録画]する 〈*on, onto* ..〔テープ, CD など〕に〉. **7** 〘生化〙〔遺伝情報〕を転写する. [＜ラテン語(＜trans-＋*scrībere*「書く」)]

‡**tran·script** /trǽnskript/ [名][C] **1** 写し, 複写, コピー. **2** 〘米〙(学校の)成績証明書. **3** 〘生化〙(遺伝情報の)写し.

tran·scríp·tion [名] **1** [U] 書き写すこと, 転写; [C] 写し, 複写. the ～ of the proceedings 議事録の写し. **2** [U] 発音記号[他の言語の文字]への書き換え; [C] 発音記号[他の言語の文字]に書き換えたもの. a phonetic ～ 発音記号に書き換えたもの. **3** [UC] 〘楽〙編曲. **4** [UC] 〘放送〙録音, 録画. **5** [UC] 〘生化〙(DNA から RNA への遺伝情報の)転写.

trans·duc·er /trænsd(j)úːsər, trænz- | trænz-/ [名][C] 〘理〙(エネルギー)変換器《電波を音波に変えるラジオ受信機がその例》.

tran·sept /trǽnsept/ [名][C] 〘建〙袖(そで)廊, 翼廊, 《十字形の教会堂の左右の翼部; →church 図》.

‡**trans·fer** /trænsfə́ːr, trǽnsfər/ [動] (**～s** /-z/ | [過] [過分] **～red** /-d/ | **-fer·ring** /-riŋ/) [他] **1** **を移す**; を運ぶ; 〈*from* X *to* Y X から Y へ〉. The cargo was *～red from* the ship *to* the dock. 貨物は船から波止場へ移された. She *～red* her affection to another man. 彼女は他の男の人に心を移した.
2 **を転任させる**, 転校[学]させる; 〔プロ選手など〕を移籍させる; 〈*from* X *to* Y X から Y へ〉. The player will be *～red to* another team. その選手は他のチームに移籍させられるだろう. **3** 〔図案, 絵など〕を写す, 転写する.
4 〘法〙〔財産, 権利など〕を譲渡する 〈*to* ..に〉.
5 〔金〕を振り込む 〈*into* ..〔口座〕に〉. Nowadays our salaries are mostly *～red into* our bank accounts. 今日給料はたいてい銀行口座に振り込まれる.
── [自] **1** **転任する**, 転校[学]する, 移る, 〈*to* ..へ〉. The boy *～red to* a local school. 少年はその土地の学校へ転校した. **2** **乗り換える**, 乗り物を換える, 〈*to* ..に〉. ～ from a train *to* a bus 電車からバスに乗り換える. ～ at Narita 成田で飛行機を乗り換える.
── /⌒-/ [名] **1** [UC] 移動; 転任, 転校[学]; (プロ選手などの)移籍. ask for a ～ out of this area この地域以外の所への転勤希望を申し出る. **2** [C] 転任者; 転校生; 移籍選手. **3** [C] 〘主に米〙乗り換え切符; 乗り換え場所. **4** [C] 〘主に英〙転写図; 移し絵. **5** [UC] 〘法〙(財産, 権利などの)譲渡; [C] 譲渡(証書). **6** [UC] 〘商〙振り込み, 振替, 為替. [＜ラテン語 *transferre*「向こうへ運ぶ (*ferre*)」]

trans·fer·a·bil·i·ty /trænsfə̀ːrəbíləti/ [名][U] 移しうること; 譲渡可能であること.

trans·fer·a·ble /trænsfə́ːrəb(ə)l, trǽnsf(ə)r-/ [形] 移しうる; 譲渡できる; 転写できる.

trans·fer·ee /trænsfəríː/ [名][C] **1** 転任[転校, 移籍など]される人. **2** 〘法〙譲り受け人(にん).

trans·fer·ence /trænsfə́ːrəns, trǽnsf(ə)r-/ 〘章〙 [名][U] **1** 移る[移す]こと, 移転; 転任; 譲渡; 転写. **2** 〘精神分析〙(感情)転移.

tránsfer fèe [名][C] (プロフットボール選手の他チームへの)移籍料.

tránsfer lìst [名][C] (プロサッカーの)移籍[トレード]「要員名簿.

trans·fer·or /trænsfə́ːrər/ [名][C] 〘法〙譲渡人.

tránsfer pàssenger [名][C] (特に, 飛行機の)乗り継ぎ[乗り換え]客.

trans·fer·ral, -fer·al 〘米〙 /trænsfə́ːrəl/ [名] ＝transference.

trànsfer RNÁ /-ɑ̀ːrenéi/ [名][U] 〘生化〙転移 RNA 《特定のアミノ酸と結合し, リボゾームまで運ぶリボ核酸》.

trans·fig·u·ra·tion /trænsfìgjəréiʃ(ə)n, træ̀nsfig-/ [名] **1** 〘章・雅〙[UC] 変形, 変貌(ぼう). **2** 〈the T-〉 〘聖書〙キリストの変容《『マタイによる福音書』17 章 1–9 節》; 変容の祝日, 顕栄祭, 《8 月 6 日》.

trans·fig·ure /trænsfígjər | -gə/ [動][他] 〘章・雅〙 **1** の形[姿]を変える; を変貌(ぼう)させる. Her face was *～d* with joy. 彼女の顔は喜びで輝いた. **2** を尊い姿に変容させる, 神々しくする; 理想化する.

trans·fix /trænsfíks/ [動][他] 〘章〙 **1** を突き通す, 突き刺す, 〈*with* ..で〉. ～ a tiger *with* a spear トラをやりで突き刺す. **2** 〔恐怖などが人〕をその場にくぎ付けにする, 立ちすくませる, 〈普通, 受け身で〉. be [stand] *～ed with* amazement [fear] 驚き[恐怖]のあまり身動きができない[立ちすくむ]. ▷**trans·fix·ion** /-fikʃ(ə)n/ [名]

***trans·form** /trænsfɔ́ːrm/ [動] (**～s** /-z/ | [過] [過分] **～ed** /-d/ | **～·ing**) [他] **1** 〔外形, 性質, 機能など〕を**変化させる**; を変形[変容, 変質, 変換]させる; 〈*into* ..に〉 (change). The experience *～ed* her. その経験をしたあと彼女は別人のようになった. The agricultural country was *～ed into* an industrial one. その農業国は工業国に一変した.
2 〘生物〙を変態させる; 〘物理〙〔エネルギー〕を変換する; 〘電〙〔電流〕を変圧する; 〘数〙〔数など〕を変換する; 〘言〙〔文〕を変形する; 〈*into* ..に〉. The worm *～ed* itself *into* a butterfly. 毛虫がチョウに変わった.
── [自] 変形[変容, 変質, 変換]する 〈*into* ..に〉.
[＜ラテン語「変形する」(＜trans-＋*formāre* 'form')]
▷**～·a·ble** [形] 変形可能な.

†**trans·for·ma·tion** /trænsfərméiʃ(ə)n/ [名][UC] 変形; 変質; (昆虫などの)変態; 変圧; 変換.

tràns·for·má·tion·al /-nəl [移]/ [形] 変形の.

transformàtional grámmar [名][U] 〘言〙変形文法《generative grammar と表裏をなすもので, 現実の文を深層構造から変形によって生成されたと見る; 1960 年代以降, 従来の structural linguistics に取って代わり言語学界に革命を起こした》.

trans·form·a·tive /trænsfɔ́ːrmətiv/ [形] 変形させる力がある.

trans·fórm·er [名][C] **1** 〘電〙変圧器, トランス. **2** 変化させる人[物].

trans·fuse /trænsfjúːz/ [動][他] **1** 〘医〙〔血〕を輸血する, 〔食塩水など〕を輸液する; 〔人, 動物〕に輸血する. **2** 〔熱意など〕を吹き込む.

‡**trans·fu·sion** /trænsfjúːʒ(ə)n/ [名][UC] 〘医〙輸血 (blood transfusion), 輸液.

‡**trans·gress** /trænsgrés, trænz- | trænz-/ [動] 〘章〙

㊀ **1**〔限度など〕を超える. **2**〔法律など〕を犯す,〔規則など〕に背く. ― ㊁ 法律を犯す, 規則違反をする; (宗教, 道徳上の)罪を犯す〈*against* ..に対して〉. [＜ラテン語 (＜trans-＋*gradī*「歩む」)]

trans·gres·sion /trænsgréʃ(ə)n, trænz-|trænz-/ 名 UC 〖章〗違反; 犯罪; (宗教, 道徳上の)罪.

trans·gres·sor /trænsgrésər, trænz-|trænz-/ 名 C 〖章〗違反者; (宗教, 道徳上の)罪人.

tran·ship /trænʃíp/ 動 (～s|-pp-) ＝transship.

tran·sience, -sien·cy /trǽnʃ(ə)ns|-ziəns/, /-si/ 名 U 〖章〗一時的であること, はかなさ.

†**tran·sient** /trǽnʃ(ə)nt|-ziənt/ 形 〖章〗 **1** 一時的な, はかない. ～ popularity つかの間の人気. How ～ is the beauty of flowers! 花の美しさの何とはかないことか.
2〔客などが〕通過するだけの, 短期滞在の. a ～ guest at a hotel ホテルの短期滞在客. ～ farm labor〈集合的〉短期の農業労働者. ― 名 C 〖米〗(ホテルなどの)短期滞在客 (↔resident); 渡り労働者. [＜ラテン語 *transīre*「向こうへ行く (*īre*)」(の現在分詞)] ▷ **～·ly** 副 一時的に.

***tran·sis·tor** /trænzístər, -sís-/ 名 (複 **～s** /-z/) C **1** 〖電〗トランジスター《半導体を用い増幅, 発振させる電子回路素子》. **2** トランジスターラジオ (**transìstor rádio**). [＜*trans*fer＋re*sistor*]

tran·sis·tor·ize /trænzístəràiz, -sís-/ 動 ㊀ 〔器具〕にトランジスターを使用する, をトランジスター化する. the compactness of ～*d* equipment トランジスター化された機器の軽少さ.

†**tran·sit** /trǽnsət, -zət/ 名 **1** U 通過, 通行; 空港などでの乗り継ぎ; 推移, 変化. They granted us safe ～ across the country. 彼らは国内を安全に通過させてくれた. the ～ from dictatorship to democracy 独裁体制から民主制度への移行.
2 U 運送, 輸送. My letter was lost in ～. 私の手紙は輸送中になくなった. mass ～ 大量輸送(事業)《電車・バスなどによる》. in ～ 輸送中に[の]. Public ～ is in bad shape financially. 公共輸送機関は財政が赤字になっている. **3** UC 〖天〗小天体の他の天体面通過.
4 C ＝transit instrument.
[＜ラテン語 *transīre*「向こうへ行く (*īre*)」(の過去分詞)]

tránsit càmp 名 C (難民, 兵士などの)一時滞在用キャンプ.

tránsit dùty 名 UC (貨物などの)通行税.

tránsit ìnstrument 名 C **1** (天体観測用の)子午(線)儀. **2** (測量用の)転鏡儀, トランシット.

***tran·si·tion** /trænzíʃ(ə)n, -síʒ(ə)n/ 名 (複 **～s** /-z/) UC **1 移り変わり**, 移行, 変遷. the ～ from a feudal to a modern society 封建社会から近代社会への変遷.
2 過渡期, 変わり目. a ～ period [stage] 過渡期. Japan in ～ 過渡期の日本. [transit, -ion]

†**tran·sí·tion·al** /-nəl/ 形 移り変わる, 過渡期の. ▷ **～·ly** 副 過渡的に.

tran·si·tive /trǽnsətiv, -zə-/〖文法〗形 他動詞の, 他動性を持つ, (↔intransitive). ― 名 C 他動詞. ▷ **～·ly** 副 他動詞的に; 他動詞として.

trànsitive vérb 名 C 他動詞《略 vt., v.t.》.

tránsit lòunge 名 C 空港の乗り継ぎ客用待合室.

tran·si·to·ry /trǽnsətɔ̀:ri, -zə-|-t(ə)ri/ 形 一時的な, はかない, (transient).
▷ **tran·si·to·ri·ly** 副 **tran·si·to·ri·ness** 名

tránsit pàssenger 名 C 通過客《飛行機の寄航する空港でいったん降ろされるが空港外に出られない客》.

tránsit vìsa 名 C 通過査証[ビザ]《滞在は許されない》.

trans·lát·a·ble 形 翻訳できる.

‡**trans·late** /trænsléit, trænz-, ⌐–/ 動 (～s /-ts/|過 過分 **-lat·ed** /-əd/|**-lat·ing**) ㊀
【他の表現に移す】 **1 を翻訳する**, 訳す,〈*from* ..から/*into* ..へ〉(類語「翻訳する」の意味の最も一般的な語; →put 7, render). ～ English [Shakespeare] *into* Japanese 英語[シェイクスピアの作品]を日本語に訳す. a poem ～*d from* the German ドイツ語から翻訳された詩. ～ a book *from* Russian *into* Japanese 本をロシア語から日本語に訳す. *Narikin* is often ～*d* (as) ‘nouveau riche’.「成金」はよく(フランス語で) nouveau riche と訳される.
2〔暗号など〕を翻訳する〈*into* ..〔普通の言葉など〕に〉. ～ radio signals 電信符号を翻訳する. ～ information *into* computer language 情報をコンピュータ言語に変える.
3 VOA (～ X *into* ..) Xを〔他の形〕に変える. ～ a campaign promise *into* action 選挙公約を実行に移す. ～ one's dream *into* reality 夢を実現する.
4 VOC (～ X *to do*) X(言動など)を..すると解釈する, 説明する; VOA (～ X *as* ..) Xを..と解釈する. She ～*d* his silence *to* mean that he was not interested. 彼が黙っているのは関心がないことを意味すると彼女は説明した. I ～ this petition *as* a protest. この請願を抗議だと私は解釈する.
5〖生化〗〔遺伝情報〕を翻訳する.
【他の場所へ移す】 **6**〖章〗〔人〕を移動させる;〖聖書〗を(死を経ずに)昇天させる;〖キリスト教〗〔司[主]教(bishop)〕を転任させる.
7〖数〗〔関数など〕を平行移動させる.
― ㊁ **1** 翻訳する, 翻訳を仕事とする. **2** 翻訳できる; VA (**～ *to, as* ..**) ..と翻訳される; (**～ *as* ..**) ..と解釈される. These poems do not readily [easily] ～ into English. これらの詩は容易には英語に訳せない. “Ryori no Tetsujin” literally ～*s as* “Iron Men of Cooking.”「料理の鉄人」は字義通りには “Iron Men of Cooking” と訳される. **3** VA (**～ *into* ..**) ..(ということ)に変わる, なる. Hardships in his youth ～*d into* great success. 彼の若い時の苦労は大きな実を結ぶことになった.
◇名 translation [＜ラテン語 *translātus* (*transferre* ‘transfer’ の過去分詞)]

‡**trans·la·tion** /trænsléiʃ(ə)n, trænz-/ 名 (複 **～s** /-z/) **1** U **翻訳**(する[される]こと), 訳(す[される]こと); UC 訳文, 翻訳; C 訳書. literal [free] ～ 直訳[自由訳]. do [make] an English ～ of *Genji Monogatari*『源氏物語』を英訳する. read Dickens in ～ ディケンズを翻訳で読む.

連結 a correct [a close, a faithful, a word-for-word; a loose] ～

2 U 言い換え, 置き換え, 移し換え,〈*into, to* ..への〉;〖数〗平行移動;〖生化〗(遺伝情報の)翻訳. the ～ of words *into* action 言葉を実行に移すこと.
◇動 translate [translate, -ion]

‡**trans·la·tor** /trænsléitər, trænz-, ⌐––/ 名 C 翻訳家; 訳者; 通訳 (interpreter).

trans·lit·er·ate /trænslítərèit, trænz-|trænz-/ 動 ㊀ を字訳[音訳]する, 書き直す,〈*into* ..〔他国語の文字〕に/*as* ..と〉(transcribe). ★ある語をその発音通り他国語の文字に書き直す; 例えば “さよなら” を sayonara と, ギリシア語 σχολή を skholḗ《school の語源》と書き直すこと.

tràns·lit·er·á·tion 名 UC 字訳, 音訳,《ある語をその発音通り他国語の文字に書き直すこと[直したもの]》.

trans·lu·cence, -cen·cy /trænslú:s(ə)ns, trænz-|trænz-/, /-si/ 名 U 半透明.

‡**trans·lu·cent** /trænslú:s(ə)nt, trænz-|trænz-/ 形 (曇りガラスのように)半透明の《transparent と opaque の間》. ▷ **～·ly** 副

T

trans·lu·nar /trænslúːnər, trænz-|trænz-/ [形] **1** 月の向こうにある; 天上の; 理想的な. **2** 〔宇宙船が〕月に向かう.

trans·ma·rine /trænsməríːn, trænz-|trænz- [移]/ [形] 海の向こう側の, 海外の, (overseas); 海を横断する.

trans·mi·grate /trænsmáigreit, trænz-|trænz-/ [動][自] **1** 〔霊魂が〕転生する. **2** 移住する.

tràns·mi·grá·tion [名][U] **1** (死亡のとき霊魂が)他の体に入ること, 転生. **2** 移住.

trans·mis·si·ble /trænsmísəb(ə)l, trænz-|trænz-/ [形] 送る[伝える]ことのできる; 伝染する.

†**trans·mis·sion** /trænsmíʃ(ə)n, trænz-|trænz-/ [名] **1** [U] 送る[伝える]こと; 送られる[伝えられる]こと; (病気の)伝染. the ～ of secret documents 秘密文書の送達. the ～ of traditional culture 伝統文化の継承. **2** [UC] 放送. **3** [C] (自動車の)伝動装置, 変速装置, 《clutch, gears, shaft から成り, エンジンから axle へ動力を伝える装置》. an automatic [a standard] ～ 自動[標準]変速 ([参考]「ノークラッチ」は和製英語). ◇[動] transmit

†**trans·mit** /trænsmít, trænz-|trænz-/ [動] (～s|-tt-) [他] **1** 〔貨物など〕を送る; 〔知識など〕を伝える, 伝達する; 〔病気など〕を伝染させる; 〈*to* ..へ〉. ～ a letter by hand 手紙を手渡しする. ～ a tradition *to* the younger generation 若い世代に伝統を伝える. a disease ～*ted* by mosquitoes 蚊によって媒介される病気. **2** 〖無電〗〔信号, 情報〕を送信する; を放送する. a ～*ting* station 放送局, 送信局. **3** 〖物理〗〔光, 熱, 音など〕を伝導する. ～ light 光を通す. Wires ～ electricity. 針金は電気を伝える. **4** 〖機〗〔動力など〕を伝動する.
── [自] 送信する; 放送する. ◇[名] transmission
[<ラテン語 (<trans-+mittere「送る」)]
▷ **～·ta·ble, ～·ti·ble** [形] **～·tal** /-t(ə)l/ [名]

†**trans·mít·ter** [名][C] **1** 送る[伝える]人[物]; (病気などの)媒介者. **2** (ラジオ, テレビの)発信装置; (無電の)送信器; (電話の)送話器.

trans·mog·ri·fi·ca·tion /trænsmɑ̀grəfəkéiʃ(ə)n, trænz-|trænzmɔ̀g-/ [名][UC] 〖戯〗(魔法などによる)完全な変形.

trans·mog·ri·fy /trænsmɑ́grəfài, trænz-|trænzmɔ́g-/ [動] (-fies|[過] [過分] -fied|～·ing) [他] 〖戯〗〔人〕を完全に変貌させる, の形[性格]を一変させる, 《魔法などによって》.

trans·mut·a·ble /trænsmjúːtəb(ə)l, trænz-|trænz-/ [形] 〖章〗変化[変形, 変質]できる. ▷**-bly** [副]

trans·mu·ta·tion /trænsmjuːtéiʃ(ə)n, trænz-|trænz-/ [名][UC] 〖章〗変化, 変形, 変質.

trans·mute /trænsmjúːt, trænz-|trænz-/ [動][他] 〖章〗を変化[変形, 変質]させる〈*into* ..〔高尚なもの〕に〉. try to ～ base metals *into* gold 卑金属を金に変えようと試みる. ── [自] 変化[変形, 変質]する.

trans·na·tion·al /trænsnǽʃənl, trænz-|trænz- [移]/ [形] 〔企業などが〕超国籍の, 多国籍の.

trans·o·ce·an·ic /trænsouʃiǽnik, trænz-|trænz- [移]/ [形] **1** 大洋横断の. **2** 大洋のかなたの, 海外の.

tran·som /trǽns(ə)m/ [名][C] 〖建〗 **1** 楣(まぐさ)《ドアとその上の窓との間を仕切る横材》(lintel). **2** 窓の仕切り; 仕切り窓. **3** 〖米〗(ドア, 窓の上の)欄間窓, 明かり取り, (**tránsom wìndow**; 〖英〗fanlight).

tran·son·ic /trænsɑ́nik|-sɔ́n-/ [形] 〖空〗音速に近い(→sonic, supersonic). [trans-, sonic]

transp. transport; transportation.

trans·pa·cif·ic /trænspəsífik|trænz- [移]/ [形] **1** 太平洋横断の. **2** 太平洋のかなたの.

trans·par·ence /trænspé(ə)rəns/ [名][U] 透明状態; 透明度.

‡**trans·par·en·cy** /trænspé(ə)rənsi/ [名] ([複] **-cies**) **1** ＝transparence. **2** [C] 透かし絵[文字]; (カラー写真の)スライド (slide); トランスパレンシー(フィルム), トラペン, 《OHP で教材などをスクリーンに映し出す大型のフィルム》.

‡**trans·par·ent** /trænspé(ə)rənt/ [形][m] **1 透明な** (↔opaque; →translucent); 〔服などが〕透けて見える. ～ glass 透明なガラス. a ～ liquid 透明な液体. Her dress is almost ～. 彼女の服は透けて見えそうだ.
2 分かりやすい, 明瞭(りょう)な; 率直な. works of ～ simplicity 分かりやすく単純な作品.
3 見えすいた〔うそなど〕. I won't be deceived by those ～ excuses. あんな見えすいた言い訳にはだまされないぞ.
[<中世ラテン語「透けて見える」(<ラテン語 trans-+*pārēre* 'appear')]
▷**～·ly** [副] 透き通って; 明らかに.

tran·spi·ra·tion /trænspəréiʃ(ə)n/ [名][U] **1** (水分の)蒸発, 発散. **2** (秘密が)漏れること.

‡**tran·spire** /trænspáiər/ [動][自] 【発散する】 **1** 〔動植物が〕水蒸気を発散する; 〔水分が〕蒸発する, 〔においなどが〕発散する. Moisture ～*s* through the skin. 水分が皮膚から蒸発する. 【表面に出る】 **2** 〈it ～s that ..として〉..(という秘密など)が漏れる, 明るみに出る. *It* ～*d that* he had been receiving bribes. 彼がわいろを受け取っていたことが明るみに出た. **3** 〖話〗〔事件などが〕起こる (happen) (★この意味に用いるのは誤りとする意見もある). What has ～*d* since I left? 私が去ってから何が起こったのか. ── [他] 〔水分など〕を発散する. [<ラテン語 (<trans-+*spīrāre* 'breathe')]

†**trans·plant** /trænsplǽnt|-plɑ́ːnt/ [動][他] **1** 〔植物〕を移植する. ～ flowers from pots to the garden 花を鉢から庭へ植え替える. **2** 〖医〗〔器官, 組織など〕を移植する. ～ a heart [kidney] 心臓[腎(じん)臓]を移植する. **3** 〔人〕を移住させる; の場所を移す, を移転する. Many Chinese were ～*ed* to Malaya. 多くの中国人がマラヤに移住した. ── [自] [VA] (A は様態の副詞) 移植できる. ～ well [easily] 簡単に移植できる.
── /⌐-/ [名][C] **1** 移植された植物. **2** 〖医〗移植(された)器官[組織]. **3** 〖医〗移植(手術). [<ラテン語 (<trans-+*plantāre*「植える」)]

trans·plan·ta·tion /trænsplæntéiʃ(ə)n|-plɑːn-/ [名][U] 移植.

trans·po·lar /trænspóulər, trænz-|trænz- [移]/ [形] 北極[南極]を越える; 極地を横断する.

tran·spond·er /trænspɑ́ndər|-spɔ́nd-/ [名][C] トランスポンダー《レーダーなどの信号を受信して自動的に応答を送ることができる装置; <*trans*mitter+*responder*》.

‡**trans·port** /trænspɔ́ːrt/ [動] (～s /-ts/|[過] [過分] ～·ed /-əd/|～·ing) [他] 【よそへ運ぶ】 **1 を輸送する**, 運ぶ, ([類語] 大量に長距離輸送する場合に用いる; →carry). ～ goods by truck 品物をトラックで輸送する. ～ passengers 乗客を輸送する. **2** 〖史〗を流刑に処する. ～ convicts to the colonies 囚人を植民地に追放する.
3 【心を運び去る】 〖雅〗を有頂天にする, 夢中にする, 〈*with* ..〔感情など〕で〉; [VOA] 〔人〕に思いを馳せさせる〈*into*, (*back*) *to* ..〔別の場所, 時〕に〉; 〈普通, 受け身で〉. The child was ～*ed with* delight. 子供は有頂天になって喜んだ. The music ～*ed* him. その音楽は彼に我を忘れさせた. I was ～*ed* back *to* childhood. 私は幼年時代に戻ったような気持ちになった. ◇[名] transportation
── /⌐-/ [名] ([複] **～s** /-ts/) **1** [U] 〖主に英〗**輸送**; 輸送機関; (★〖米〗では普通 transportation). the ～ of supplies by air 物資の空輸. public ～ 公共輸送機関. a ～ company 運送会社. a ～ ship 輸送船. London *Transport* ロンドン交通局. **2** [U] 〖英話〗乗り物の便, '足'. I'd like to go to the exhibition, but I've no ～. 展覧会には行きたいが私には乗り物がない.
3 [C] (兵員や物資の)輸送船[機]. The tanks were

brought in on huge ~*s*. 戦車は超大型輸送機で運ばれてきた. **4** [C] 〖史〗流刑囚.

in a tránsport of ..*＝*in tránsports of .. 〖雅〗〔喜びなど〕で有頂天になって,〔怒りなど〕に狂って.

[＜ラテン語 *transportāre*「向こうへ運ぶ (*portāre*)」]

▷ **~·a·ble** [形] 輸送できる, 持ち運びできる.

‡**trans·por·ta·tion** /trænspɔːrtéiʃ(ə)n/ [名] [U] **1** 〖主に米〗**輸送**; 輸送機関, 交通機関《公共の列車・バス, 航空機, 船, 車など》; (★〖英〗では普通 transport を用いる). the ~ of farm products to market 農産物の市場への輸送. The company paid for his ~. 会社は彼の交通費を支払った. a ~ company 運送会社. the public ~ system 公共輸送機関.
2 〖米〗運送料, (旅客)運賃.
3 〖米〗乗り物の便, '足'. "Have you got ~?" "Yes, I borrowed my old man's car."「乗り物はありますか」「ええ, おやじの車を借りました」 **4** 〖史〗流刑(の期間).
◇[動] transport [transport, -ation]

transport café /⌐－－⌐/ [名] [C] 〖英〗(幹線道路沿いの)長距離トラック運転手相手の食堂.

trans·pórt·ed /-əd/ [形] 〖雅〗うっとりとなった (→transport [動] 3).

trans·pórt·er [名] [C] 運送者; 運搬装置; (大型の)車両輸送車, 輸送機.

Tránsport Mìnister [名] (英国の)運輸相《俗称; →department》.

tránsport plàne [名] [C] (主に兵員, 軍需品の)輸送機.

tránsport shìp [名] [C] (主に兵士を運ぶ)輸送船.

trans·pose /trænspóuz/ [動] [他] **1** を置き換える, 入れ換える. ~ words in a sentence 文中の語を置き換える. **2** 〖楽〗〔曲〕を移調する, 移調して演奏する; 〖数〗を移項[変換]する.

trans·po·si·tion /trænspəzíʃ(ə)n/ [名] [UC] **1** 置き換え, 入れ換え. **2** 〖楽〗移調(曲).

trans·put·er /trænspjúːtər | trænz-/ [名] [C] 〖電算〗トランスピュータ《莫(ばく)大な量の情報を高速処理できる高性能マイクロチップ》.

trans·sex·u·al /træn(s)sékʃuəl | trænzséksju-/ [名] [C], [形] 性倒錯者(の); 性転換者(の).

trans·ship /trænsʃíp/ [動] (~s | -pp-) [他] 〔貨物〕を他の船[車など]に移す, 積み換える.
▷ **~·ment** [名] [U] 積み換え.

Tràns-Sibèrian Ráilroad [Ráilway] /træns- | trænz-/ [名] 〈the ~〉シベリア(横断)鉄道《ロシアのチェリャビンスクからウラジオストク間 7,416km の鉄道でモスクワへ直結する; 1891–1916 年に建設》.

trans·son·ic /træn(s)sánik | -sɔ́n-/ [形] ＝transonic.

tran·sub·stan·ti·a·tion /trænsəbstænʃiéiʃ(ə)n/ [名] [U] 〖神学〗全質変化説《パンとワインがキリストの肉と血に変化するというカトリック教会と東方正教会の教説》.

trans·u·ran·ic /trænsjuːrǽnik | trænz- [形]/ [形] 〖理・化〗超ウランの《原子番号 93 以上の放射性元素について言う》. a ~ element 超ウラン元素.

Trans·vaal /trænsváːl, trænz- | trǽnzvɑːl/ [名] トランスヴァール《南アフリカ共和国北東部の州; 世界最大の金の産地》.

trans·ver·sal /trænsvɔ́ːrs(ə)l, trænz- | trænz-/ [形] 横断の; 横断線の. ── [名] [C] 横断線.

trans·verse /trænsvɔ́ːrs, trænz-, ⌐－ | trænz-/ [形] 横の, 横切る. a ~ beam 横材. a ~ section 横断面.
▷ **~·ly** [副] 横に, 横切って.

trans·ves·tism /trænsvéstiz(ə)m, trænz- | trænz-/ [名] [U] 服装倒錯《男性が女装し, 女性が男装したがる欲望, またその行為》.

‡**trans·ves·tite** /trænsvéstait, trænz- | trænz-/ [形], [名] [C] 服装倒錯者(の).

Tràns Wòrld Áirlines /træns- | trænz-/ [名] トランスワールド航空《米国の航空会社; 略 TWA》.

Tran·syl·va·ni·a /trænsəlvéinjə, -niə/ [名] トランシルヴァニア《ルーマニアの西部; 11 世紀から 1918 年までハンガリー領; Dracula 伯爵の故郷とされている》.

‡**trap**[1] /træp/ [名] ([複] ~s /-s/) [C] 【(ばね仕掛けの)わな】
1 (動物を捕らえるばね仕掛けの)わな; 落とし穴. set [lay] a ~ for mice ネズミ取りを仕掛ける (→mousetrap).
2 (人を陥れる)**計略**, 謀略, わな, 《時に「身動きの取れない窮地」の意味で》. fall [walk] into a ~ わなに掛かる, 術中に落ちる. The soldiers were caught in a ~. 兵隊はわなに掛かった. The police laid a ~ for the thieves. 警察は泥棒にわなを仕掛けた.
3 (排水管などの)トラップ《U [S] 型部分で, そこに常時水がたまっていて臭気の逆入を防ぐ》.
4 〖米〗(ゴルフの)バンカー (sand trap, bunker).
5 ＝speed trap.
【ばね仕掛けで作動するもの】 **6** (ドッグレースの出発直前に)犬を入れておく囲い. **7** (クレー射撃の)トラップ, 標的射出装置. **8** 〖俗〗口 (mouth). Shut your ~! 黙れ. **9** 〈~s〉打楽器類. **10** 【スプリングのきいた乗り物】2 輪の軽馬車. **11** ＝trapdoor.
── [動] (~s /-s/ | [過] [過分] ~ped /-t/ | tráp·ping) [他]
1 〔動物〕を**わなで捕らえる**. a ~*ped* fox わなに掛かったキツネ. **2** 〔場所〕にわなを仕掛ける. **3** 〔人〕を計略にかける, だます; [VOA] (~ X ***into*** (*doing*) ..) X をだまして..させる. She ~*ped* him *into* wedlock. 彼女は彼をだまして結婚させた. He was ~*ped into* giv*ing* away the secret. 彼は計略にひっかかって秘密をばらした. **4** 〔流れなど〕をせき止める; [VOA] (~ X ***in, into*** ..) X (人, 動物)を..に閉じ込める. The bear was ~*ped* in the cave. クマはほら穴に追い詰められた. **5** 〖サッカー〗〔パスされた球など〕を足や体で止めてコントロールする.
── [自] わなで動物を捕らえる《特に毛皮を取るために》.
[＜古期英語]

trap[2] 〖米〗[動] (~s | -pp-) [他] 〔馬〕に馬飾りを付ける; を付属[装飾]品で飾る. [?＜古期フランス語「布」]

tráp·dòor [名] [C] (天井, 屋根などの)はね上げ戸, (床, 舞台などの)上げぶた; 落とし戸.

trapes /treips/ [動] ＝traipse.

tra·peze /træpíːz | trə-/ [名] [C] (体操, 曲芸用の)ぶらんこ. a ~ artist ぶらんこ乗り.

tra·pe·zi·um /trəpíːziəm/ [名] ([複] ~s, **tra·pe·zi·a** /-ziə/) [C] 〖数〗〖米〗不等辺四辺形; 〖英〗台形.

trap·e·zoid /trǽpəzɔ̀id/ [名] [C] 〖数〗〖米〗台形; 〖英〗不等辺四辺形. [ギリシア語「テーブル」, -oid]

tráp·per [名] [C] (特に毛皮を取る目的で)わなで獣をとる猟師.

†**tráp·pings** [名] 〈複数扱い〉 **1** 馬飾り. **2** (特に権力, 富などを示す)美々しく飾った衣装, 付属物《豪華な車, 邸宅など》; (うわべの)装飾. [＜trap[2]]

Trap·pist /trǽpist/ [名] 〖カトリック〗 **1** [C] トラピスト会修道士. **2** 〈the ~s〉トラピスト修道会《シトー派 (Cistercians) に属する》.

traps /træps/ [名] 〈複数扱い〉〖話〗持ち物, 携帯品, 手荷物.

trapse /treips/ [動] ＝traipse.

tráp·shòoting [名] [U] クレー射撃.

***trash** /træʃ/ [名] [U] **1** 〖米〗(捨てる)ごみ, くず, ([類語] rubbish と同じ意味の米語; →garbage). Take out the ~ before you leave for work. 出勤の前にごみを外へ出しておきなさい. **2** くだらない著作, 愚作; つまらない考え; つまらない物. He wrote fourteen novels, all ~. 彼は小説を 14 書いたがみんな駄作だ.
3 〖主に米話〗〈集合的又は個別的〉くだらない人間, 能なし. They think I'm ~, but I'll show them. 彼らはおれを能なしだと思っているが今に目にもの見せてやるぞ.

── 動 他 〘俗〙〔公共物など〕をぶち壊す (vandalize). [＜?]

trásh càn 名 C 〘米〙ごみ入れ, くず物入れ, (〘英〙dustbin).

trásh compàctor 名 C 〘米〙ごみ圧縮器《台所用品; ごみを裁断し圧縮して小さく固める》.

trásh·màn /-mæ̀n/ 名 (複 **-men** /-mèn/) C 〘米〙(トラックによる)ごみ収集員.

trásh·y 形 くずの; 無価値な, 役に立たない.

‡**trau·ma** /tráumə, trɔ́ː-/ 名 (複 **trau·ma·ta** /-tə/, **～s**) UC **1** 〘心〙精神的外傷《心に永続的な傷を残すような激しいショック》; 〘話〙ショッキングな経験. He suffered a severe ～ at the front line. 彼は戦線で激しい精神的ショックを受けた《その後遺症が長く続いた》. **2** 〘医〙外傷. [ギリシア語 'wound']

†**trau·mat·ic** /trəmǽtik, trɔː-|trɔː-/ 形 **1** 〘心〙精神的な傷を与える; 〘話〙衝撃的な, ショッキングな. His parents' divorce was a ～ experience to him. 両親の離婚は彼にとって衝撃的な経験だった. **2** 外傷の; 外傷用の. ▷**trau·mat·i·cal·ly** /-k(ə)li/ 副 衝撃的に.

‡**trau·ma·tize** /tráumətàiz, trɔ́ː-|trɔ́ː-/ 動 他 **1** 〘心〙に精神的な傷を与える. **2** に外傷を与える.

trav·ail /trǽveil, trəvéil|trǽveil/ 名 **1** U 〘古・雅〙産みの苦しみ, 陣痛, (labor). a woman in ～ 産気づいた女. **2** UC 労苦, 骨折り, 困難; きつい仕事. [travel と同源]

‡**trav·el** /trǽv(ə)l/ 動 (**～s** /-z/|〘米〙**～ed**, 〘英〙**～led** /-d/|〘米〙**～·ing**, 〘英〙**～·ling**) 自

【動き回る】 **1 旅行する**; 移動する, 通う; 〈*to* ..へ/*across*, *in*, *through* ..を〉. ～ *abroad* 海外旅行をする. ～ *around* the world 世界1周の旅をする. ～ all *over* the country 国中旅して回る. She has never ～*ed outside* of Kansas before. 彼女はこれまでカンザス州の外へ出たことがない. ～ *first class* 1等で旅行する. How *far* do you ～ *to* work? 仕事場までどのくらいありますか. ～ *light* 軽装で旅行する.

2 〔思いが〕及ぶ; 〔目が〕見回す; 〈*over*..に, を〉. His mind ～*ed over* the recent events. 彼は最近の出来事を思いめぐらした. Her eyes ～*ed around* the courtroom. 彼女は法廷をぐるっと見渡した.

3 VA (**～ *for* ..**)〔会社など〕のセールスマンとして巡回する; (**～ *in* ..**)〔商品〕を巡回販売する; (★この意味では進行形にしない). ～ in insurance 保険の巡回セールスマンをする.

【進む】 **4** 〔光, 音などが〕**進行する**, 動いていく. Light ～*s* faster than sound. 光は音よりも速く進む. Bad news ～*s* quickly [fast]. 〘諺〙悪いうわさは速く広まる, 「悪事千里を走る」. The hurricane is ～*ing* in a northeasterly direction. ハリケーンは北東に向かって進んでいる. The pollen ～*ed* on the bodies of insects. 花粉は昆虫の体に付いて運ばれた.

5 〘話〙大急ぎで歩く; 〔馬, 車などが〕早く走る. The old mare can really ～ when she has a mind to. その気になりさえすればこの老いぼれ馬も速く走れる.

6 VA 〈A は様態の副詞〉〔ワインなどが〕輸送に耐える. This sort of goods ～*s* well [badly]. この種の商品は(いたみにくく)輸送に耐える[(いたみやすくて)輸送が難しい].

7 〘バスケ〙ボールを持ったまま3歩以上歩く《反則》.

── 他 **1** を旅行する. ～ South America 南米を旅行する. **2** 〔ある距離〕を行く, 踏破する. ～ 500 miles 500マイル踏破する.

tràvel wéll (1)〔考え, 方法などが〕広く(外国でも)受け入れられる. That kind of music ～*s well*. そのような音楽は広く楽しまれる. (2) →自 6.

── 名 (複 **～s** /-z/) **1** U **旅行**(すること) (注意 *a* travel は誤り; 類語 travel は旅行を意味する最も一般的な語であるが, 周遊[観光]旅行の意味に用いられることが多い; →excursion, jaunt, journey, junket, outing, tour, trip, voyage). *Travel* broadens the mind. 旅は心を広くする.

2 〈～s〉〈特に〉長期の旅行, 海外旅行. Did you go to Rome during your ～*s*? 旅行中ローマへ行きましたか. He's just returned from his ～*s*. 彼は旅行から帰ってきたばかりだ.

3 〈～s〉旅行記, 旅行談, 紀行(文). He wrote a number of ～*s*. 彼は数冊の旅行記を書いた. *Gulliver's Travels*『ガリバー旅行記』.

4 U 〘機〙動程, 行程.

[＜古期フランス語「苦労して旅をする」(＜ラテン語 *tripālis*「(拷問用の) 3本の杭 (*pālus*)」)]

trável àgency [àgent's] 名 C 旅行代理店.

trável àgent 名 C 旅行業者.

trav·e·la·tor /trǽvəlèitər/ 名 ＝travolator.

trável bùreau 名 ＝travel agency.

Trável·càrd 名 C 〘英〙トラヴェルカード《Greater London 内で通用する電車, バス, 地下鉄の割引き切符》.

tráv·eled 〘米〙, **-elled** 〘英〙 形 **1** 〔人が〕広く旅をした. a (widely) ～ man 旅行経験の豊富な人. **2** 〔道, 地方などが〕旅行者の多い. a well-～ road 旅行者のよく通る道.

‡**trav·el·er** 〘米〙, **-el·ler** 〘英〙 /trǽv(ə)lər/ 名 (複 **～s** /-z/) C **1 旅行者**, 旅人; 旅行家. an airplane ～ 航空旅客. a great ～ 大の旅行家.

連結 a seasoned [an experienced; an inveterate; a weary; a solitary] ～

2 〘主に英〙巡回販売人, セールスマン, 〈*in* ..〔商品〕の〉(〘米〙traveling salesman, 〘英〙commercial traveller とも言う). **3** 〘英〙〈又 T-〉ジプシー (gypsy). [travel, -er¹]

tráveler's chèck 〘米〙, **tráveller's chèque** 〘英〙 名 C 海外旅行者用小切手《略 TC》.

tràveler's tále 名 C (人が知らないと思ってする)旅行帰りのほら話.

trável expènses 名 〈複数扱い〉〘米〙旅費.

tráv·el·ing 〘米〙, **-el·ling** 〘英〙 名 U **1** 旅行(すること); 巡業. **2** 〈形容詞的〉旅行(用)の. a ～ bag 旅行かばん. ── 形 巡業する.

tráveling fèllowship 名 C (海外)旅行奨学金.

tràveling sálesman 名 C 巡回販売人, セールスマン, (→traveler 2).

trávelling expènses 名 〘英〙＝travel expenses.

trávelling pèople [fòlk] 名 〈複数扱い〉〈又は T- P- [F-]〉〘英〙流浪の民, ジプシー, (gypsies).

trav·e·log(ue) /trǽvəlɔ̀ːg|-lɔ̀g/ 名 C (スライドなどを用いて行う)旅行談; 紀行映画. [travel, -logue]

trável-sìck 形 〔人が〕乗り物に酔った. ▷**～·ness** 名 U 乗り物酔い.

trável sìckness 名 U 乗り物酔い.

trav·ers·a·ble /trǽvəːrsəb(ə)l/ 形 横切ることのできる.

***trav·erse** /trǽvəːrs, trævə́ːrs|⌐⌐/ 動 (**-ers·es** /-əz/|過 過分 **～d** /-t/|**-ers·ing**) 〘章〙 他 **1 を横切る**, 横断する; を横切っている. The caravan ～*d* the desert. 隊商は砂漠を横断した. The searchlights ～*d* the sky. 探照灯は空を端から端へ照らしていった. The canyon is ～*d* by a single rope bridge. 渓谷には綱の橋が1本かかっているだけだ. **2** 〔場所〕をあちこち動く. **3** (登山, スキーで)〔斜面〕を斜めに横断する, ジグザグ登る[滑る], トラバースする. **4** を注意深く読む, 詳しく考察[検討]する. **5** を妨害する; に反対する. **6** 〔砲口〕を旋回する.

── 自 **1** 横切る. **2** 前後[左右]に動く. **3** 〘登山〙斜面をジグザグに登る; 〘スキー〙ジグザグに滑降する.

── /trǽvəːrs/ 名 C 1 横切ること, 横断. 2〖登山〗ジグザグ登り(の場所), トラバース. 3〖軍〗塹壕(ざんごう)の防御土塁《横からの攻撃を防ぐ》. 4 横に渡したもの; 横材, 横木. [<ラテン語 (<trans-+*vertere*「向ける」)] ▷ **trav·ers·er** 名

trav·er·tine /trǽvərtiːn, -tən|-tən/ 名 U〖鉱〗石灰華《イタリアで建築材に用いる》.

trav·es·ty /trǽvəsti/ 名 (複 **-ties**) C (まじめな作品などを)茶化したもの; こっけい化, 戯画化; 下手な模倣; こじつけ. The report is a ～ of the facts. その報告は事実をねじ曲げたものだ. ── 動 (**-ties**|過 過分 **-tied**|～·**ing**) 他 を茶化す, 戯画化する. [<フランス語「変装した」]

tra·vois /trəvɔ́i/ 名 (複 ～ /-vɔ́iz/) C トラボイ《北米平原部の先住民族の簡易なそり; 2本の棒を結び合わせたもの; 馬や犬が引く》.

trav·o·la·tor /trǽvəlèitər/ 名 C〖英〗〖<商標〗(ベルト式の)動く歩道(〖米〗moving sidewalk)《ショッピング街や空港にある; <*travel*+ esca*lator*》.

trawl /trɔːl/ 名 C 1 トロール網, 底引き網, (**tráwl nèt**). 2〖米〗はえなわ, 流し針, (**tráwl lìne**). 3 徹底的探索.

── 動 自 1 トロール網[はえなわ]で魚をとる. ～ for mackerel トロール網[はえなわ]でサバをとる. 2 徹底的に探す. ～ through a book *for* an apt quotation うまい引用句は無いかと本の中を探し回る.

── 他 1〔魚〕をトロール網[はえなわ]でとる;〔トロール網〕を引く;〔はえなわ〕を垂らす;〔海, 湖など〕の底引き漁をする. 2〔場所など〕を徹底的に探す. ～ the files *for* information on the suspect 容疑者についての情報を求めて書類ファイルを詳しく探す.

[<中期オランダ語「引く」; trail と同源]

tráwl·er 名 C トロール船; トロール漁業者.

tráwler·man /-mən/ 名 (複 **-men** /-mən/) C トロール船の乗組員.

‡**tray** /trei/ 名 (複 ～**s** /-z/) C 1 **盆**, トレイ. a plastic [wooden] ～ プラスチックの[木製の]盆. carry glasses on a ～ グラスを盆に乗せて運ぶ. 2 盆ひと盛り分〈*of* ..の〉. a ～ *of* food 盆にひと盛りの食物. 3 (容器としての)浅皿; 浅箱《机上書類入れなどの》; (引き出し, トランクなどの)仕切り箱. a developing ～ (写真の)現像皿[バット]. a pen ～ ペン皿. →in(-)tray, out(-)tray. [<古期英語; tree と同源]

†**treach·er·ous** /trétʃ(ə)rəs/ 形 1 反逆の, 裏切りの, 〈*to* ..に対して〉. a ～ disciple 反逆する弟子. He was ～ *to* the King. 彼は王を裏切った. 2 当てにならない; 危険な; (安全に見えて)油断ならない. ～ weather 当てにならない天気. a ～ memory 危なっかしい記憶力. play football on a ～ surface (滑って)危ないグラウンドでフットボールをする. ◇名 treachery

▷～·**ly** 副 裏切って. ～·**ness** 名

†**treach·er·y** /trétʃ(ə)ri/ 名 (複 **-er·ies**) 1 U 裏切り, 変節, 不忠実, (類語 特に「ひそかな裏切り」の感じが強い; →betrayal). 2 C〈普通 -ries〉裏切り[背信]行為. ◇形 treacherous [<古期フランス語「だます」; trick, -ery]

trea·cle /tríːk(ə)l/ 名 U 1〖英〗糖蜜(みつ)(〖米〗molasses). 2 (甘ったるい)感傷趣味. [<ギリシア語「野生動物の毒の(解毒剤)」]

trea·cly /tríːkli/ 形 e 1 糖蜜(みつ)の. 2 甘くて濃い〔飲み物など〕. 3 甘ったるい〔声, 言葉など〕.

***tread** /tred/ 動 (～**s** /-dz/|過 **trod** /trɑd|trɔd/|過分 **trod·den** /trɑ́dn|trɔ́dn/, **trod**|**tréad·ing**) 他 1〖章〗〔道など〕を**歩く**, 行く. ～ a path through a field 野中の小道を行く. ～ the path of righteousness 正義の道を行く. 2 を踏みつける, 踏みつぶす, 〈*out, down*〉. ～ grapes (ワインを作るために)ブドウを踏みつぶす. ～ *out* a fire 火を踏み消す. ～ *down* a person's feelings 人の感情を踏みにじる. 3〔道など〕を踏みつけて作る. 4〖英〗〔泥など〕を足につけて持ち込む.

── 自 1 VA 踏む; 歩く; 注意して扱う. ～ carefully 慎重に行動する. ～ lightly そっと歩く. 2 VA (～ ***on, upon*** ..) ..を踏みつける, 踏みつぶす. ～ *on* the flowers 花を踏みにじる. ～ *on* a person's foot 人の足を踏みつける.

trèad /../ ín ..を土の中へ踏み込む.

trèad in a pèrson's fóotsteps [***stéps***] →footstep.

trèad on áir →air.

trèad on a pèrson's córns [***tóes***] →corn[2], toe.

trèad on the héels of a person=***trèad on a pèrson's héels*** ..のすぐ後に続く.

trèad the bóards〖雅・戯〗=TREAD the stage.

trèad the stáge 舞台を踏む; 俳優である.

trèad wáter (過去(分詞)は treaded) (1) 立ち泳ぎする. (2)〈普通, 進行形で〉進歩[進展]のない(不満足な)状態にある, 同じことをし続けるだけである.

── 名 1 aU 踏むこと; 歩き方; 足音. walk with a heavy ～ どしんどしんと歩く. 2 C (階段の)踏み段; (はしごの)横木. 3 UC (タイヤの)接地面, トレッド; (タイヤの面の)刻み; 靴の底《土踏まず (shank) の部分を除く; →sole[2]》. The tire ～*s* are worn. タイヤのトレッドが擦り減っている. [<古期英語]

trea·dle /trédl/ 名 C (旋盤, ミシンなどの)踏み板.

── 動 自 踏み板を踏んで動かす. [tread, -le[2]]

‡**tréad·mìll** 名 C 1 踏み車《日本の足踏み水車の類》. 2〈the ～〉(昔囚人に科した)踏み車の刑. 3 (訓練や健康増進のための)トレッドミル. 4 単調な仕事. She wanted to take a few days' rest from the ～ of housework. 彼女は単調な家事から数日間解放されたいと思った.

treas. treasurer; treasury.

†**trea·son** /tríːz(ə)n/ 名 U 1 背信, 裏切り, 〈*to, against* ..に対する〉(類語 特に母国に対する裏切り行為を言う; →betrayal). 2 反逆罪; 利敵行為. commit an act of ～ 反逆[利敵, 売国]行為を行う.

◇形 treasonable, treasonous [<ラテン語「引き渡す (*trādere*) こと」; →tradition]

tréa·son·a·ble 形 反逆の, 国事犯の; 背信的な.

▷**-bly** 副 反逆して; 裏切って.

trea·son·ous /tríːz(ə)nəs/ 形 =treasonable.

‡**treas·ure** /tréʒər/ 名 (複 ～**s** /-z/) 1 U〈集合的〉**宝物**, 財宝, 《金銭, 金銀, 宝石などの》. dig for buried ～ 埋蔵された宝を捜して地面を掘る.

2 C (個々の)**貴重品**, 宝物. art ～*s* 貴重な美術品. The brooch was her greatest ～. そのブローチは彼女にとって一番大切な宝だった. 3 C〖話〗貴重な人; 最愛の者; (★子供などへの呼びかけにも用いる). He is a real ～ to our company. 彼は本当に我が社の宝だ. Stop crying, ～. かわいい子よ, 泣くのはおよし.

── 動 他 1 を宝として蓄える. ～ (up) jewels [valuable postage stamps] 宝石類[貴重な郵便切手]を蓄える. 2 を秘蔵する, 大事にする; を心に銘記する. He ～*s* the watch his father gave him. 彼はお父さんにもらった時計を大切に持っている. She ～*d* every word he said. 彼女は彼の言ったことを一言一句心に銘記した. [<ギリシア語「宝物」; thesaurus と同源]

tréasure hòuse 名 C 宝庫, 宝物庫.

tréasure hùnt 名 C 宝捜し(遊び).

***treas·ur·er** /tréʒ(ə)rər/ 名 (複 ～**s** /-z/) C **会計係**, **出納官**; (学会などの)会計担当者.

Tréasure Stàte 名〈the ～〉宝の州《米国 Montana 州の俗称》.

tréasure(-)tròve 名 1 U (発掘された)所有者不明の埋蔵物《金銭, 金銀, 宝石など》. 2 C〈一般に〉宝

T

庫. [<フランス語 'found treasure']

*__treas·ur·y__ /tréʒ(ə)ri/ 名 (複 **-ur·ies** /-z/) **1** Ⓒ (特に昔の)**国庫**; (公共団体などの)基金, 公庫. **2** Ⓒ **(a)** (城, 寺院などの)宝庫, 宝物庫[室, 殿]. **(b)** (知識などの)**宝庫**; (詩文などの)名作集. a ～ of useful information 役にたつ知識の宝庫. *A Treasury of English Literature*『英文学名作選』《書名》. **3**〖米〗〈the T-〉**財務省**;〖英〗**大蔵省**《大蔵大臣は the Chancellor of the Exchequer》. [treasure, -ry]

Tréasury Bènch 名 〈the ～〉〖英〗下院の国務大臣席 (→frontbench).

tréasury bìll 名 Ⓒ〖米〗(短期の)政府[〖英〗大蔵省]証券.

tréasury bònd 名 Ⓒ〖米〗財務省債券.

tréasury certìficate 名 Ⓒ〖米〗(利付き)政府証券.

‡**treat** /triːt/ 動 (～s /-ts/|過 過分 **tréat·ed** /-əd/|**tréat·ing**) 他 【取り扱う】 **1** VOA **(a)**〔人〕を**扱う**, 待遇する. Don't ～ me *as if* I were a child. 私を子供みたいに扱わないでください. The people ～*ed* the poor man very *warmly* [*coldly*]. 人々は貧しい男をとても暖かく[冷たく]扱った. **(b)**〔物事〕を**取り扱う**;〔問題など〕を論ずる, 述べる. *Treat* your books *with* more care. もっと丁寧に本を取り扱いなさい. He ～*ed* the matter very *lightly* in his book. 彼はその問題は本の中でごく軽く扱った.

2 VOA (～ X *as* Y) X をYとみなす. ～ rumors *as* facts うわさを事実とみなす. We ～*ed* his words *as* a warning. 我々は彼の言葉を警告と受け取った.

3【好遇する】〔人〕にごちそうする;〔人〕におごる〈*to* ..を〉;〈～ oneself で〉奮発する;〔選挙民など〕を供応する. I will ～ you all. みんなにおごってあげよう. He ～*ed* me *to* a movie and dinner. 彼は私に映画と食事をおごってくれた.

【処置を施す】 **4**〔病人〕を**治療する**;〔負傷など〕の手当てをする;〔人〕に治療する〈*for* ..〔病気〕の〉(類語 完全に治すわけではない; →cure). The doctor ～*ed* my broken leg. 医者は僕の足の骨折の手当てをしてくれた. I was ～*ed for* a decayed tooth today. 今日虫歯の治療をしてもらった.

5 (薬品などで)を処理する. ～ a metal plate with acid 金属板を酸で処理する.

── 自 **1** ごちそうする, おごる. **2**〖章〗交渉する〈*with* ..と〉.

trèat a pérson like dírt [***a dóg***]〖話〗人をないがしろに扱う.

tréat of..〖章〗〔本などが〕〔問題〕を論じる, 取り扱う. This essay ～*s of* U.S.-Japan relations. この論文は日米関係を取り扱っている.

tréat oneself to.. 奮発して..を買う[食べる], ..を奮発する, 楽しむ. I'm going to ～ my*self to* a holiday in Europe next year. 来年は思い切ってヨーロッパの休日を楽しむつもりだ.

── 名 Ⓒ 【もてなし】 **1** (特に思いがけない)うれしい[楽しい]事. It was a real ～ to see my old friend. 旧友に会えたのは本当にうれしかった. **2** おごる番, おごり. This is my ～. これはぼくがおごるよ. **3**〖英話〗〈a ～; 副詞的〉すばらしくよく[うまく] (★look, work などの動詞の後に置く). The plan worked *a* ～. 計画はすごくうまく行った. This wine goes down *a* ～. このワインはすごくうまい.

stànd tréat〖話〗おごる. My friend insisted on *standing* ～. 友人はどうしてもおごると言ってきかなかった.

[<ラテン語 *tractāre*「引き回す, 管理する, 遇する」(< *trahere* 'draw')] ▷**tréat·a·ble** 形 処理できる; 治療可能な.

†**trea·tise** /tríːtəs|-təz, -təs/ 名 Ⓒ (学術的な)論考, 論文, ..論, 《普通 essay より長いもの》. a ～ *on* population 人口論. *A Treatise of Human Nature*『人性論』《David Hume の著書》. [<古期フランス語「扱う」]

‡**treat·ment** /tríːtmənt/ 名 (複 **～s** /-ts/) **1** Ⓤ **取り扱い**; 扱い方. The teacher gave each student fair ～. 先生は生徒1人1人を公平に扱った. give a person the full ～〖話〗人を非常に手厚くもてなす; 人を極端にひどく扱う.

連結 courteous [kind, sympathetic; proper; equal; brutal, harsh, inhuman; unjust; special] ～

2 Ⓤ (医者のする)処置, 治療; Ⓒ 治療薬[法]. be under (medical) ～ 治療を受けている. prescribe a new ～ for the disease 病気に対して新薬を処方する[新療法をすすめる].

連結 prompt [emergency, urgent; intensive; life-saving; painless; surgical; outpatient] ～ // give [administer, provide; need] ～

*__trea·ty__ /tríːti/ 名 (複 **-ties** /-z/) **1** Ⓒ (国家間の)**条約**. a peace ～ 平和条約. conclude a commercial ～ with.. と通商条約を結ぶ. *International Treaties*『国際条約集』.

連結 make [negotiate; confirm, ratify, sign; comply with, observe; break, violate; abrogate] a ～

2 Ⓤ〖章〗(個人間の)契約.

in tréaty 交渉[商議]中で〈*with* ..と〉. [tract², -y²]

tréaty pòrt 名 Ⓒ〖史〗条約港《19 世紀後半から 20 世紀前半にかけて中国, 日本, 朝鮮にあった条約による開港場》.

†**tre·ble** /tréb(ə)l/ 形 **1** 3 倍の, 3 重の, (triple). buy .. for ～ the price ..を定価の 3 倍で買う. He earns ～ my salary. 彼は私の給料の 3 倍も稼ぐ. **2**〖楽〗最高音部の, ソプラノの;〔声が〕かん高い.

── 名 **1** Ⓤ 3 倍, 3 重のもの. **2**〖楽〗Ⓤ 最高音部; Ⓒ 最高音部の楽器[人, 声]; かん高い声[音]. **3**〖競馬〗3 重勝.

── 動 他 を 3 倍にする. ── 自 3 倍になる. The city has ～*d* in size since then. その市はそれ以来 3 倍の大きさになった. [triple と同源]

tréble chànce 名 〈the ～〉〖英〗サッカー賭博(とばく)の一種.

tréble clèf 名 Ⓒ〖楽〗高音部記号, ト音記号.

tre·bly /trébli/ 副 3 倍に; 3 重に.

‡**tree** /triː/ 名 (複 **～s** /-z/) Ⓒ **1 木**, 樹木, 高木, (類語 生きている立ち木を表す一般的な語, 特にマツやスギのように中心になる幹がはっきり見分けられるもの; →bush, shrub, wood 1). an apple ～ リンゴの木. a cherry ～ 桜の木. a rose ～ バラの木 (参考 本来は rose bush と言うが立ち木の形に近い時は rose tree と呼ぶことがある).

連結 plant [prune, trim; cut down, fell; topple; uproot] a ～ // a ～ grows [dies; falls]

2 木製品〈主に複合語を作る〉. a boot [shoe] ～ 靴の木型. a clothes ～ 帽子・外套(とう)掛け.

3 樹木状の図; 系図 (family tree).

grów on trées →grow.

òut of one's trée〖話〗分別を失って, 気が狂って.

rèach the tòp of the trée →top¹.

ùp a trée〖話〗(1) 木に追い上げられて. (2) 進退きわまって (up a GUM tree).

── 動 他〔獣など〕を木に追い上げる. The dog ～*d* the cat. 犬は猫を木に追い上げた. [<古期英語 *trēo*]

trée fàrm 名 Ⓒ 植木畑.

trée fèrn 名 Ⓒ〖植〗木生シダ《木質の茎が直立する》.

trée fròg 名 C 〘動〙アマガエル《樹上に棲(す)む習性がある》.
trée hèath 名 UC 〘植〙ブライア (brier²).
trée hòuse 名 C 樹上の小屋《主に子供の遊び場》.
trée·less 形 樹木のない.
trée lìne 名 ＝timberline.
trée-lìned 形 〔道路などが〕並木の.
trèe of knówledge (of gòod and évil) 名 〈the ～〉〘聖書〙知恵の木《『創世記』から》.
trèe of lífe 名 〈the ～〉〘聖書〙生命の木《『創世記』から》.
trée pèony 名 C 〘植〙ボタン.
trée sùrgeon 名 C 樹木外科技術者.
trée sùrgery 名 U 樹木外科術《樹木の病気を処置したり, 枯木対策をしたりする》.
trée tòad 名 ＝tree frog.
†**trée·tòp** 名 C こずえ, 木のてっぺん.
tre·foil /trí:fɔil, tré-/ 名 C **1** 〘植〙シロツメクサ属の植物《クローバーなど 3 葉の》. **2** 〘建〙(浮彫りなどの) 3 葉模様 (→foil).
‡**trek** /trek/ 名 C 長く苦しい旅行; 〈特に〉徒歩旅行; (南アフリカの)集団移住. start on a 5-day ～ in T-shirts under a hot sun 炎天下に T シャツで 5 日間の徒歩旅行に出かける. ── 動 (～s|-kk-) 自 **1** 長い苦しい旅をする; トレッキングする; 〈*through* ..を〉. ～ across a desert 苦労して砂漠を横断する. **2** 〘話〙(徒歩で)行く. **3** 〘南ア〙(牛車で)旅行する; 移住する. [＜アフリカーンス語 (＜オランダ語「引く, 旅行する」)]
trel·lis /tréləs/ 名 UC 格子; 格子垣[棚]《つる草, ブドウなどをはわせる》. ── 動 他 を格子垣[棚]で支える. ～*ed* roses 格子垣にはわせたバラ.
tréllis·wòrk 名 U 格子細工 (latticework).
trem·a·tode /trémətoud, trí:m-/ 名 C 〘動〙吸虫類の生物《寄生虫の一種》.
‡**trem·ble** /trémb(ə)l/ 動 (～s /-z/|過 過分 ～d /-d/|-bling) 自 【震える】 **1** 〔体, 声などが〕**震える** (類語 恐怖や寒さなどで体が小刻みに震えること; →shake). She ～*d* with fear. 彼女は恐ろしさで身震いした. with *trembling* fingers 震える指先で. His voice ～*d* with anger. 彼の声は怒りに震えた.
2 〔大地などが〕震動する; 〔木の葉などが〕そよぐ, 揺れる. The bridge ～*d* under the heavy traffic. 橋は激しい通過車両の重みで揺れた. The breeze made the leaves ～. 木の葉がそよ風にそよいだ.
3 【おののく】ひどく心配する, 気をもむ; VA (～ *to do*) ..しておののく. I ～ for [with worry about] his safety. 彼の安否が心配でたまらない. I ～ *to* think what might happen. 何が起こるかと思うと気が気でない.
be [gò] in fèar and trémbling (of ..) 〘話〙(..を)ひどくこわがる.
── 名 aU 震え, おののき. There was a ～ in his voice. 彼の声は震えていた.
àll of [in] a trémble 〘話〙ぶるぶる震えながら, 非常に動揺して. [＜ラテン語 *tremere*「震える」]
trém·bler /-blər/ 名 C 震える人[物]; (ベルの)震動板.
trém·bling·ly /-bliŋ-/ 副 震えながら; 恐れおののいて.
trèmbling póplar 名 ＝aspen.
trem·bly /trémbli/ 形 〘話〙震える; おののく.
*__tre·men·dous__ /triméndəs/ 形 m **1** とても大きい, 巨大な. a ～ earthquake 大地震. a ～ difference 大変な差. **2** すさまじい; 〘話〙大変な, ものすごい. at a ～ speed ものすごいスピードで. a ～ talker ものすごいおしゃべり. His success was a ～ surprise to me. 彼の成功は私にとって大変な驚きであった. **3** 〘話〙すばらしい. a ～ singer [voice] すばらしい歌手[声]. We had a ～ time last night. ゆうべは実に楽しかった. [＜ラテン語「震えさせるような」(→tremble)] ▷～·**ness** 名
†**tre·mén·dous·ly** 副 ものすごく; すばらしく. He was ～ surprised. 彼はとても驚いた.

trem·o·lo /tréməlòu/ 名 (複 ～s) C 〘楽〙 **1** トレモロ《細かく震える(弦)楽器の音や歌声》. **2** (オルガンの)トレモロ装置. [イタリア語「震え」]
‡**trem·or** /trémər/ 名 C **1** (大地の)震動. an earth ～ 小さな地震, 微震. A slight ～ ran through the building. 建物全体がかすかに震動した.
2 身震い; (恐怖, 病気などによる)震え. a ～ in one's voice 震え声. a ～ of excitement 興奮の身震い. The ～ in his hands was due to old age. 彼の手の震えは老齢のせいだった. **3** (木の葉などの)微動, そよぎ.
trem·u·lous /trémjələs/ 形 〘章〙 **1** 身震いする, 震える. in a ～ voice 震え声で. write in a ～ hand 筆跡が震えている. **2** 〔人が〕不安な, 神経質な; 臆(おく)病な. a pale, ～ young man びくびくした青白い青年.
▷～·**ly** 副 震えて; びくびくして. ～·**ness** 名
†**trench** /trentʃ/ 名 C **1** 溝, 堀. dig a ～ along the side of a road 道路沿いに溝を掘る. **2** (軍隊の)塹壕(ざんごう). ～ warfare 塹壕戦. open the ～*es* 塹壕を掘り始める. **3** 〘地〙海溝.
── 動 他 **1** 〔場所〕に溝[堀]を掘る. **2** 〔陣地など〕に塹壕を掘る, を塹壕で守る. ── 自 **1** 堀[塹壕]を掘る. **2** VA (～ *on* [*upon*] ..) 〔権利, 土地など〕を侵す, 侵害[侵食]する; ..に接近する, 近接している.
[＜ラテン語 *truncāre*「切り取る」(の過去分詞)]
trench·an·cy /træntʃ(ə)nsi/ 名 U (批評などの)鋭さ, 痛烈なこと.
trench·ant /træntʃ(ə)nt/ 形 **1** 鋭い, 痛烈な, 〔批評など〕. ～ satire 辛辣(らつ)な皮肉. a ～ speech 激越な演説. **2** 〔輪郭などが〕はっきりした, 明確な. [＜古期フランス語「切るような」; trench, -ant] ▷～·**ly** 副 鋭く, 痛烈に.
trénch còat 名 C (もと, 塹壕(ざんごう)内で着た)防水外套(とう), トレンチコート.
trench·er[1] /træntʃər/ 名 C 木製の大皿《昔, 食物を切ったり盛ったりするのに用いた》.
trench·er[2] 名 C **1** 堀[溝]を掘る人. **2** 塹壕(ざんごう)兵.
tréncher·man /-mən/ 名 (複 -men /-mən/) C 〘雅·戯〙食べる人, 〈特に〉大食家. a good [poor] ～ 大食[小食]家.
trénch fèver 名 U 〘医〙塹壕(ざんごう)熱《リケッチアによって起こる; 第 1 次大戦時に塹壕内の兵士に流行》.
trénch fòot 名 U 〘医〙塹壕(ざんごう)足《凍傷に似た足の疾患》.
trénch knìfe 名 C (白兵戦用の)両刃の短剣.
trénch mòrtar [gùn] 名 C 〘軍〙迫撃砲.
trénch mòuth 名 U 〘医〙塹壕(ざんごう)口内炎《バクテリアによる口内疾患; 口内の粘膜などに潰瘍(かいよう)が生じる》.
trènch wárfare 名 U 塹壕(ざんごう)戦.
*__trend__ /trend/ 名 (複 ～s /-dz/) C **1** 方向; **傾向**, 大勢. the coastline's southeastern ～ 南東に向かっている海岸線. the ～ of public opinion 世論の傾向. plot the ～ on a chart 傾向をグラフで表す. Stock prices are on a downward ～. 株価は下落傾向にある.
2 流行 (fashion). What is the latest ～ in men's clothing? 男性の服装の最新の流行はどうか.

連結 the current [a recent; a general; a marked; an undesirable; a welcome] ～ // reverse a ～

sèt [stàrt] a [the] trénd 流行を作り出す.
── 動 自 VA 向かう, 傾く, 〈*to, toward* ..に〉. The mountains ～ *toward* the coast. 山脈は海岸線に向かって連なっている. Car sales ～*ed* sharply *downward*. 車の販売数が急激に下降した.
[＜古期英語「向かう」]
trénd·sètter 名 C 〘話〙流行を作り出す[一般化する]人 (→set the TREND).
†**trend·y** /tréndi/ 〘話〙形 e 最新流行の, トレンディな,

T

しゃれた, 〔服, レストランなど〕; 流行を追う〔若者など〕.
── 名 (複 **trend·ies**) Ⓒ 流行を追う人, 最新流行の考え[ものなど]. young *trendies* 流行を追う若者たち.
▷**trend·i·ness** 名 Ⓤ 流行を追うこと.

Trent /trent/ 名 トレント《イタリア北部の都市; 1545-63年にカトリックの宗教会議 (**the Còuncil of Trént**) が開かれた; イタリア名 Trento》.

Tren·ton /tréntən/ 名 トレントン《米国 New Jersey 州の州都; 独立戦争で米国軍が英国軍を破った戦場 (1776年)》.

tre·pan /tripǽn/ 動 (~s|-nn-) =trephine.
── 名 1 =trephine. 2 Ⓒ 立て坑開削機.

tre·phine /trifáin, -fí:n/ 名 Ⓒ 〖医〗(頭骨に穴をあける)冠状のこぎり. ── 動 他 〔頭骨〕に冠状のこぎりで穴をあける.

trep·i·da·tion /trèpədéiʃ(ə)n/ 名 Ⓤ 〖章〗恐怖, おののき; 狼狽(ろうばい); (類語 起こるかもしれない恐ろしい事に対する心配; →fear). in ~ (恐怖に)おののいて.

***tres·pass** /tréspəs/ 動 (~·es /-əz/|過 過分 ~ed /-t/|~·ing) 自 1 〖法〗**不法侵害をする**; 侵入する; 〈*on*, *upon* ..〔他人の土地など〕に〉(→intrude). ~ *on* a person's land [rights] 人の土地に侵入する[権利を侵害する]. No *Trespassing*. 〖掲示〗立入禁止.
2 〖章〗VA (~ *on* [*upon*] ..) 〔他人の好意など〕につけ込む; 〔他人の時間など〕をじゃまする. ~ *upon* a person's patience 人が我慢してくれるのをいいことに迷惑をかける. You have been ~*ing on* my time long enough. 君にはもうこれ以上僕の時間のじゃまをしてもらいたくない. 3 〖古〗〖聖書〗VA (~ *against* ..) ..に対して罪を犯す. ~ *against* God 神に背く行為をする.
── 名 1 UC 〖法〗不法侵害; 家宅侵入. 2 UC (他人の時間, 好意などへの)迷惑, じゃま. 3 Ⓒ 〖古〗〖聖書〗(宗教上の)罪. Forgive us our ~*es*. 我らの罪を許したまえ. [<ラテン語 (<trans-+*passāre*「通る」)]

trés·pass·er 名 Ⓒ (他人の土地への)侵入者. *Trespassers* will be prosecuted. 侵入者は告発されます《立入禁止の掲示》.

tress /tres/ 名 Ⓒ 〖雅〗〈普通 ~es〉女性の長いふさふさした髪. golden ~*es* ふさふさした金髪.

tres·tle /trés(ə)l/ 名 Ⓒ 1 架台, うま, 《2つ並べて板を載せるとテーブルなどができる》. 2 〖土木〗(陸橋などの)構脚; =trestle bridge.

trèstle brídge 名 Ⓒ 構脚橋.

trèstle táble 名 Ⓒ 架台テーブル.

tréstle·wòrk 名 UC 〖土木〗構脚工《陸橋の脚組み》.

Tre·vel·yan /trivéljən, -víl-/ 名 **George Macaulay** ~ トレヴェリアン (1876-1962)《英国の歴史家;『英国史』(1926)》.

trews /tru:z/ 名 〖主に英〗〈複数扱い〉トゥルーズ《ぴったりしたタータンのズボン; もとスコットランド兵士の服装; 現在は女性用》. [<ゲール語]

trey /trei/ 名 (複 ~s) Ⓒ (さい, トランプ札の) 3 (の目).

tri- /trai/ 〈複合要素〉「3, 3重の」の意味. *tri*angle. *tri*cycle. [ラテン語 *trēs*, ギリシア語 *treis* 'three']

tri·a·ble /tráiəb(ə)l/ 形 〖法〗公判[審判]に付すことができる.

tri·ad /tráiæd, -əd/ 名 1 Ⓒ 〈単数形で複数扱いもある〉3つ組, 3人組. 2 〈T-〉(中国の)犯罪的秘密結社.
▷**tri·ád·ic** 形

tri·age /tri:á:ʒ|´-/ 名 Ⓤ (病院での)傷病者の(治療の)優先順位付け.

‡**tri·al** /tráiəl/ 名 (複 ~s /-z/)
【試み, 試し】 1 Ⓒ **試み**, 企て, (attempt). His third ~ was a success. 彼の3度目の試みは成功した.
2 (a) UC **試験**, 試し, 試用, (test), (類語 人の適性や物の性能などを知るために実際に短期間使用してみること; → experiment). give the machine a ~ =put the machine to ~ 機械を試運転してみる. He was to be given a ~ in the office. 彼は事務所で試しに使ってもらうことになった. (b) 〈形容詞的〉試験的な, 試すための. a ~ flight 試験飛行. a two-month ~ period 2か月の試用期間. make a ~ calculation (of..) (..を)試算する. →trial marriage.
3 Ⓒ 〈普通 ~s〉(スポーツの)予選試合《オリンピックなどへの出場者を決める》.
【試練】 4 Ⓒ **試練**; 困難; 厄介なこと, 困り者. Misfortune is a great ~. 不幸は大変な試練だ. English was a terrible ~ for him. 彼にとって英語は頭痛の種だった.
5 【審判】 UC 〖法〗**裁判**, 審理; 公判. a ~ for murder [theft] 殺人[窃盗]犯の裁判. a public ~ 公判. ~ by jury 陪審審理. go to ~ 裁判を受ける.
◇動 try
brìng..to tríal=pùt..on tríal ..を告発する, 公判に付する.
on a trìal básis 試験的に. employ a person *on a ~ basis* for two months 2か月の試用期間で人を仮採用する.
on tríal (1) 試験的に, 試しに. take a person for a month *on* ~ 試しに人を1か月使ってみる. buy an encyclopedia *on* ~ 気に入らなければ返すという条件で百科事典を買う. (2) 試験の結果として. The machine proved excellent *on* ~. 使ってみると機械は申し分なかった. (3) 裁判にかけられて, 審理中で, 〈*for* ..の容疑で〉. She is *on* ~ *for* arson. 彼女は放火のかどで裁判にかけられている. go *on* ~ 裁判にかけられる.
stànd tríal for.. ..の容疑で裁判を受ける.
[try, -al]

trìal and érror 名 Ⓤ 試行錯誤《試みと失敗を繰り返しながら目ざす結果に達する方法》. learn by ~ 試行錯誤によって学習する[学ぶ].

trìal ballóon 名 Ⓒ 観測気球; (世論の反応を見る「ための)探り.

tríal còurt 名 Ⓒ 事実[第一]審裁判所(ここでの裁判官が **tríal jùdge**; ↔appellate court).

tríal jùry 名 =petty jury.

trìal márriage 名 UC 試験結婚《結婚相手としての適不適を試すため一定期間同棲(せい)する》.

trìal rún 名 Ⓒ 試運転, 試乗; 〈一般に〉試行.

trìals and tribulátions 名 〈複数扱い〉辛苦.

trìal separátion 名 UC (離婚決定前の)試験別居期間.

‡**tri·an·gle** /tráiæŋg(ə)l/ 名 (複 ~s /-z/) Ⓒ 1 **三角形**. 2 三角形のもの; 〖米〗**三角定規** (set square). 3 トライアングル《三角形の金属打楽器》. 4 3つ組, 3人組; 三角関係(の男女) (a love triangle; the eternal triangle とも言う).

> 参考 quadrangle [tetragon] (四角形), pentagon (五角形), hexagon (六角形), heptagon (七角形), octagon (八角形), nonagon (九角形), decagon (十角形).

[<ラテン語「3角(の)」; tri-, angle]

†**tri·an·gu·lar** /traiǽŋgjələr/ 形 1 三角形の. 2 3者の間の; 3国間の; 三角関係の. a ~ contest 三つ巴(どもえ)の戦い. ◇名 triangle ▷~**·ly** 副

tri·an·gu·late /traiǽŋgjəlèit/ 動 他 1 を三角形に分ける. 2 を三角測量する. ── /-lət/ 形 三角形から成る.

tri·àn·gu·lá·tion 名 Ⓤ 三角測量術.

trìangulátion stàtion 名 Ⓒ 〖英〗三角点 (bench mark)《三角測量の基準点》.

Tri·as·sic /traiǽsik/ 形 〖地〗三畳紀の.

Trìassic Périod 名 〈the ~〉三畳紀(層).

tri·ath·lete /traiǽθli:t/ 名 Ⓒ トライアスロン選手.

tri·ath·lon /traiǽθlɑn|-lɔn/ 名 Ⓒ トライアスロン

T

《水泳, 自転車, マラソンを続けて行う》.
[tri-; →pentathlon]

†**trib·al** /tráib(ə)l/ [形] 部族の, 種族の. a ～ dance 部族の踊り. ◇[名] tribe ▷**～·ly** [副]

trib·al·ism /tráibəlìz(ə)m/ [名] [U] 部族制度; 部族の生活[感情], 部族への帰属意識; 部族主義.

‡**tribe** /traib/ [名] (複 **～s** /-z/) [C] 〈単数形で複数扱いもある〉 **1** (普通, 文明化されていない)**部族**, 種族. a cannibal ～ 人食い種族. the chief of a ～ 種族の族長. the ～*s* of ancient Israel 古代イスラエルの 12 支族. many ～*s* of American Indians 北米先住民の多くの部族. The whole ～ was [were] wiped out by smallpox. 部族全員天然痘にかかって死に絶えた.
2 〖生物〗 ..族 《科 (family) と属 (genus), 又は目 (order) と科の間のグループについて漠然と用いる; →classification》. the cat ～ 猫族.
3 〖しばしば軽蔑・戯〗 仲間, 連中; 有象無象, 大勢. the ～ of racing fans 競馬仲間. ～*s* of baseball spectators 野球観客の大群.
4 〖話・戯〗 家族, 一族, (family). How's your ～? 御一同お元気ですか. ◇[形] tribal
[＜ラテン語 *tribus* 「(古代のローマの) 3 部族(のひとつ)」]

tríbes·man /-mən/ [名] (複 **-men** /-mən/) [C] 部族の一員《男》.

‡**trib·u·la·tion** /trìbjəléiʃ(ə)n/ [名] [UC] 〖章〗 苦難; 試練. in ～ 苦しんで. a time of ～ 苦難の時期. a life full of ～*s* 苦難に満ちた生涯. [＜ラテン語「苦しめること」]

†**tri·bu·nal** /traibjú:n(ə)l, tri-/ [名] [C] **1** 裁判所, 法廷, ([参考] 正規の裁判所体系外で特殊な問題の裁定を行うものに用いることが多い); 裁判官席, 判事席. an international ～ 国際裁判所. A special ～ was set up to try the traitors. 反逆者たちを裁くために特別の法廷が作られた. **2** (世論などによる)裁き, (良心などによる)最後の裁決. be subject to the ～ of popular taste 大衆の好みという裁きに服する. [tribune[1], -al]

trib·une[1] /tríbju:n/ [名] **1** [C] (古代ローマの)護民官《平民の権利を守るために選ばれた役人》. **2** [C] 民衆の指導者, 人民の保護者. **3** 〈the.. T-〉 ..トリビューン《新聞名》. the Chicago *Tribune* 『シカゴトリビューン』紙. [＜ラテン語「部族 (*tribus*) の長」]

trib·une[2] [名] [C] **1** 壇, 演壇. **2** (バジリカ風教会の)後陣, 司教席. [＜tribune[1]]

Trib·u·nite /tríbjunàit/ [名] [C] 〖英〗 (機関紙 *The Tribune* に拠(よ)る)労働党内の極左派の人《その集団を **the Tríbune Gròup** と呼ぶ》.

†**trib·u·tar·y** /tríbjətèri|-t(ə)ri/ [名] (複 **-tar·ies**) [C]
1 納貢(こう)者 〈*to* ..への〉; 属国 〈*to* ..の〉.
2 支流 (→distributary). a ～ of the Amazon River アマゾン川の支流. Several *tributaries* flow into this river. 数本の支流がこの川に流れ込む.
── [形] **1** 〔人, 国などが〕貢ぎ物を納める, 従属する, 〈*to* ..に〉. a ～ nation 属国. **2** 支流の. a ～ river 支流. a stream ～ to the river その川の支流. ◇[名] tribute

*__trib·ute__ /tríbju:t/ [名] (複 **～s** /-ts/) [UC]
【ささげ物】 **1 貢ぎ物**; 税; 〖旧〗 (和平, 臣従のしるしとしての)朝貢. pay an annual ～ to the king 王に年貢を納める. a nation under ～ 属国. exact ～ from .. から強制的に金などを取り立てる.
【敬意のしるし】 **2 賛辞**; 感謝[尊敬]のしるし, 贈り物. a ～ of praise 賛辞. pay (a) ～ to ..に敬意を表する. lay a floral ～ 弔花をささげる.
3 【しるし】 表れ, 証拠, 〈*to* ..〔力, 値打ちなど〕の〉. The size of the audience is a ～ *to* the star's undiminished popularity. 聴衆がこんなに多いのはこのスターのいまだ衰えない人気の証拠だ.
◇[形] tributary [＜ラテン語「(部族間で)分配されるもの」(＜*tribuere* 'assign' の過去分詞)」]

trice[1] /trais/ [名] 〈次の用法のみ〉 ***in a tríce*** 〖話〗 またたく間に, たちまち.

trice[2] [動] [他] 〖海〗 〔帆〕をつり上げてくくる.

tri·ceps /tráiseps/ [名] (複 **～·es, ～**) [C] 〖解剖〗 三頭筋《上膊(はく)後方にある》.

tri·cer·a·tops /traisérətɑ̀ps|-tɔ̀ps/ [名] 〖古生物〗 [C] トリケラトプス, 三角竜, 《恐竜の一種》. [＜ギリシア語「3」＋「角(つの)」＋「顔」]

tri·chi·na /trikáinə/ [名] (複 **～s, tri·chi·nae** /-ni:/) [C] 〖動〗 旋毛虫《人間や豚などに寄生する》.

trich·i·no·sis /trìkənóusəs/ [名] [U] 〖医〗 旋毛虫病《調理不十分の豚肉などを食べるとかかる》.

trich·i·nous /tríkənəs, trəkái-/ [形] 〖医〗 旋毛虫(病)の; 旋毛虫病にかかった.

tri·chlo·ro·e·thane /trɑ̀iklɔ:rouí:θein/ [名] [U] 〖化〗 トリクロロエタン《溶剤として用いられる有毒化合物; これによる地下水汚染が問題になっている》.

tri·chol·o·gy /trikɑ́lədʒi|-kɔ́l-/ [名] [U] 毛髪学. [＜ギリシア語 *thrix* 'hair'] ▷**tri·chol·o·gist** [名]

trich·o·mo·ni·a·sis /trìkouməná iəsis/ [名] [U] 〖医〗 トリコモナス症.

tri·chot·o·my /traikɑ́təmi|-kɔ́t-/ [名] [UC] 三分(ぶん), 三分法; 〖神学〗 三分説《人間性を肉・心・霊に分ける》.

tri·chro·mat·ic /trɑ̀ikroumǽtik [移]/ [形] 3 色の; 〖印〗 3 色版の; 〖写〗 3 色天然色の; 三原色の.

‡**trick** /trik/ [名] (複 **～s** /-s/) [C]
【たくらみ】 **1 ごまかし**, 策略; 幻覚. obtain money by a dirty [mean] ～ 汚い手口で金を得る. Her tears were just a ～ to win his sympathy. 彼女の涙は彼の同情を得んがための計略にすぎなかった. ～*s* of the memory 記憶のいたずら, 思い違い. through some odd ～ of fancy 空想力が妙に働いて. a ～ of the light 目の錯覚.
2 いたずら, 悪さ; ばかげた[子供じみた]行為. a mean ～ 悪い冗談. He likes to play ～*s on* his friends. 彼は友達にいたずらをするのが好きだ. He's up to his (old) ～*s* again. 〖話〗 彼はまた例の悪さ[いたずら]をしている.

1, 2 の [連結] a base [a cheap, a dishonest, a low, a rotten, a sly] ～ // use [pull] a ～

【(目をあざむく)早業】 **3 手品**, 早業; 芸当; (映画の)トリック. a conjurer's ～ 奇術, 手品. do [perform] card ～*s* トランプ手品をやってみせる. This stupid dog won't learn any ～*s*. この間抜け犬は芸当を覚えない.
4 【(早業の)こつ】 (物事をする)**こつ**, 秘訣(けつ). learn the ～*s* of the trade 商売上の駆け引きを覚える. I've not quite learned the ～ of making good tea. おいしい紅茶をいれるこつがまだよく分からない.
5 【こつ＞変わったやり方】 (妙な)癖, 習慣. have a ～ of scratching one's head 頭をかく癖がある.
【1 回の仕事】 **6** 〖トランプ〗 トリック, 1 巡(に出した札), 〈集合的〉 場札《順ぐりに 1 枚ずつ出す》; 1 回の勝ち.
7 〖海〗 舵(だ)手の勤務時間《普通 2 時間》.
dò* [*tùrn*] *the tríck 〖話〗 目的を遂げる; 〔薬などが〕効く. I feel much better now—that brandy *did the* ～. だいぶ気分がよくなった—あのブランデーが効いたようだ.
every tràck in the bóok 〖話〗 ありとあらゆる手〔を使うなど〕. try [use] *every* ～ *in the book* 考えうるかぎりの手練手管を駆使する.
Hòw's trícks? 〖話〗 どうかね景気は (How are you?).
knòw a tríck wòrth twó of thàt それよりずっとよい方法を知っている.
nòt* [*nèver*] *miss a tríck 〖話〗 好機を逃さない.
the whòle bàg of trícks →bag.
Trìck or tréat! お菓子をくれないといたずらするぞ《Halloween に子供たちが人の家の玄関に来て言う決まり文

句》.

—— [形]《話》〈限定〉**1** 手品用の; トリックの, 人の目をあざむく. ～ candies made of wax ろうで作った偽のキャンディー. ～ photography トリック写真術, 特撮術.

2《米》時々[思わぬ時に]がくっとなる〔関節など〕. a ～ shoulder はずれやすい肩. **3** 人をひっかけるような〔問題など〕. ～ questions ひっかけるような問題.

4 こつを心得た, うまい, 軽業的な. ～ riding (いんちきくさい手も含めて)軽業的な乗り方, 曲乗り.

—— [動] (～s /-s/|[過][過分] **～ed** /-t/|**tríck·ing**) [他]

【だます】**1**〔人〕をだます; [VOA] (～ X *into* (*doing*) ..) X (人)をだまして..させる; (～ X *out of* ..) X (人)をだまして..を取る; ([類語] あの手この手を使ってだますという感じが強い; →deceive). He ～*ed* her *into* sign*ing* the paper. 彼は彼女をだまして書類にサインさせた. The man was ～*ed out of* his money. 男は金をだまし取られた.

2【人の目をごまかす】[VOA] (～ X *out, up*)〈普通, 受け身で〉X (人など) を飾り立てる. The girls were ～*ed out* [*up*] for the party. 娘たちはパーティーのために着飾っていた. [＜古期フランス語「あざむき」(＜*trichier* 'deceive')]

trick·er·y /trík(ə)ri/ [名][U] 策略; 詐欺.

trick·i·ly /tríkili/ [副] 狡猾(こうかつ)に, 抜け目なく.

trick·i·ness /tríkinəs/ [名][U] 狡猾(こうかつ)さ; 扱いにくさ.

†**trick·le** /trík(ə)l/ [動][自] **1** したたる, ちょろちょろ流れる, 〈*down, over* ..を/*into* ..の中に〉. Tears ～*d down* her cheeks. 涙が彼女の頬(ほお)をしたたり落ちた. The water ～*d down* the riverbed. 水が川底をちょろちょろと流れていた. **2** [VA]〔人などが〕ぽつぽつ集まる[行くなど]〈*into* ..に/*out of* ..から〉. The students ～*d into* the classroom. 学生がぽつぽつ教室へ入ってきた. The profits ～*d away*. 利益は少しずつなくなった.

—— [他] をしたたらせる; をちょろちょろ流す.

—— [名][C]〈普通, 単数形で〉**1** (水などの)したたり. A slow ～ of blood ran down his arm. 血が彼の腕をゆっくりとしたたり落ちた. **2** (人などのわずかな)流れ; ほんの少し〈*of* ..の〉. There was only a ～ *of* customers during the morning. 午前中はお客はちらほらだった. [＜中期英語; 擬音語か]

tríckle chàrger [名][C]《電》細流充電器.

trickle-down effect /ˊ--- -ˊ|-ˊ-ˊ --ˊ/ [名][C]《経》トリクルダウン[通貨浸透]効果《大企業に流入させた資金が次第に経済機構の末端まで浸透して景気を刺激するという効果》.

trick·ster /tríkstər/ [名][C] 詐欺師, ぺてん師.

trick·sy /tríksi/ [形][e] いたずら好きな.

‡**trick·y** /tríki/ [形][e] **1**〔問題, 仕事などが〕扱いにくい, 微妙な, 意外に困難な. a ～ problem 難しい[微妙な]問題. **2**〔人などが〕狡猾(こうかつ)な, ずるい, 油断のならない. a ～ salesman 信用のおけないセールスマン.

tri·col·or《米》, **-our**《英》/tráikʌ̀lər|tríkələ, tráikʌ̀lə/ [形] 3色の. —— [名] **1** [C] 3色旗. **2**〈the T-〉フランス国旗《青・白・赤の3色》.

tri·cot /trí:kou|tríkou, trí:-/ [名][U] トリコット《婦人服地の一種》.

tri·cus·pid /traikʌ́spid/ [形] 3つの尖(せん)頭のある〔歯など〕;《解剖》〔心室の〕三尖弁の. —— [名][C] 三尖歯;《解剖》三尖弁(又は **tricùspid válve**).

tri·cy·cle /tráisik(ə)l/ [名][C] 3輪車《子供用などの》; (3輪の)車いす《病人用などの》; オート3輪.

Tri·dent /tráid(ə)nt/ [名][C] **1**《ギ・ロ神話》三つ叉の ほこ《海神 Neptune [Poseidon] の持ちもの, 海の支配権の象徴》. **2**〈t-〉三つ叉のやす《魚を突くための》. [＜ラテン語 (＜tri-＋*dēns*「歯」)]

tri·den·tate /traidénteit/ [形] 三歯の; 三つ叉の.

Tri·den·tine /traidéntain, -ti:n/ [形] **1** トレント (Trent) の. **2** トレント会議の[に基づく]. the ～ Mass 正統ローマカトリック式のミサ. —— [名][C] 正統ローマカトリック教徒.

‡**tried** /traid/ [動] try の過去形・過去分詞.

—— [形] 試験済みの; 信頼のおける. a ～ and true friend 頼りになる友.

tri·en·ni·al /traiéniəl/ [形] **1** 3年ごとの (→annual). **2** 3年続く. —— [名][C] **1** 3年ごとの行事. **2** 3年祭. ▷ **～·ly** [副] 3年ごとに.

tri·er /tráiər/ [名][C] 努力する人; がんばり屋.

tries /traiz/ [動] try の3人称・単数・現在形.

—— [名] try の複数形.

Tri·este /triést/ [名] トリエステ《イタリア北東部の港湾都市; 帰属問題でイタリアと旧ユーゴスラビア(現スロベニア)の間で紛争が続いたが 1975 年に正式にイタリア領と認められた》.

***tri·fle** /tráif(ə)l/ [名] ([複] **～s** /-z/) **1** [C] つまらない物, くだらない事. quarrel over ～*s* つまらない事でけんかをする. stick at ～*s* つまらない事にこだわる. waste time on ～*s* くだらない事に時間を浪費する. **2** [C] 少量; わずかの金. It cost him just a ～. そのために彼が払ったのはごくわずかの金だった. **3** [UC]《英》トライフル《ワインなどに浸したスポンジケーキ; デザートなどに出す》.

a trífle〈副詞的〉少し. The girl was *a* ～ shy. 少女は少し内気だった.

—— [動] (～s|[過][過分] **～d**|**-fling**) [自] [VA] (～ *with* ..) ..をいいかげんにあしらう, いじくる. ～ *with* one's beard ひげをいじくる. He ～*d with* her feelings.《章》彼は彼女の気持ちをもてあそんだ. a man not to be ～*d with* 軽々しく扱えない人間. —— [他] [VOA] (～ X *away*) X (時間, 金など) を浪費する〈*on* ..に〉. ～ one's life *away* 一生のらくらして過ごす.

◇[形] trifling [＜古期フランス語「あざけり」]

trí·fler [名][C] ふざける人, 軽薄な人; のらくら者.

***tri·fling** /tráifliŋ/ [形][m] つまらない, 取るに足りない事; わずかな, ささいな. a ～ matter 取るに足りない事. a ～ sum わずかな金額. for a ～ reason ささいな理由で.

◇[名] trifle ▷ **～·ly** [副] 軽薄に; ふざけて.

tri·fo·li·ate /traifóuliət/ [形]《植》3つ葉の.

tri·fo·ri·um /traifɔ́:riəm/ [名] ([複] **tri·fo·ri·a** /-riə/) [C]《建》トリフォリウム《教会堂の側廊上層の壁》.

trig[1] /trig/ [形] こぎれいな; きちんとした.

trig[2] [名] ＝trigonometry.

trig. trigonometric; trigonometry.

***trig·ger** /trígər/ [名] ([複] **～s** /-z/) [C] (銃砲の)引き金, (爆弾などの)起爆装置;〈比喩的〉'引き金', 誘因. pull the ～ 引き金を引く. be the ～ for ..のきっかけとなる.

quìck on the trígger (1) 早撃ちがうまい. (2)《話》〔反応などが〕すばやい, 抜け目がない.

—— [動][他] を引き起こす, 始動させる, のきっかけになる, 〈*off*〉. The small incident ～*ed* (*off*) a large demonstration by the people. その小さな事件がきっかけで民衆の大規模なデモが起こった.

[＜オランダ語「引く(*trekken*) もの」; trek と同源]

trígger-hàppy [形]《話》やたらに銃[ピストル]を撃ちたがる; けんか早い, 好戦的な.

tri·glyph /tráiglif/ [名][C]《建》トリグリフ《ドリス式 (Doric) 建築の frieze 中で3本の縦溝を持つ部分》.

trig·o·no·met·ric, -ri·cal /trìgənəmétrik [移]/, /-k(ə)l [移]/ [形] 三角法の, 三角法による.

▷ **trig·o·no·met·ri·cal·ly** [副]

trig·o·nom·e·try /trìgənɑ́mətri|-nɔ́m-/ [名][U]《数》三角法. [ギリシア語「三角形」, -metry]

tríg pòint /tríg-/ [名]《英話》＝triangulation station.

tri·graph /tráigræf|-grɑ:f/ [名][C] 3字1音, 三重音字, 《*sch* ism, pi*tch* の斜体部分など; →digraph》.

tri·he·dron /traihí:drən|-hédrən/ [名] ([複] **～s, -he-**

dra /-drə/) Ⓒ 〖数〗三面体. ▷**tri·he·dral** /-drəl/ 形
trike /traik/ 名 〖英話〗=tricycle.
tri·lat·er·al /tràilǽt(ə)rəl ㊇/ 形 **1** 3辺をもつ. **2** 3者に関係のある. a ～ agreement 3者協定.
▷**～·ly** 副
tril·by /trílbi/ 名 (複 **-bies**) Ⓒ 〖英〗(フェルト製の)中折れ帽 (**trìlby hát**).
tri·lin·gual /tràilíŋgwəl ㊇/ 形 3か国語を話す〔人, 地域など〕; 3言語の〔辞書など〕; (→bilingual).
▷**～·ly** 副
‡**trill** /tril/ 名 Ⓒ **1** 〖楽〗顫(せん)音, トリル. **2** (鳥の)さえずり. **3** 〖音声〗顫動音《たとえば r, R で表記される音》; (r 音などの)巻き舌発音《オペラ歌手の r 音など》.
── 動 他 **1** を震え声で歌う; をトリルで演奏する; Ⓦ (～ "引用")「..」と震え声で言う. **2** 〔r 音など〕を巻き舌で発音する. ── 自 **1** 震え声で歌う; トリルで演奏する. **2** 〔鳥などが〕さえずる. [<イタリア語]
†**tril·lion** /tríljən/ 名 Ⓒ **1** 〖米〗1兆《million の2乗; 10^{12}》. **2** 〖英古〗百京(けい)《million の3乗; 10^{18}》.
▷**tril·lionth** /-θ/ 形, 名
tril·li·um /tríliəm/ 名 Ⓒ 〖植〗トリリウム《エンレイソウ属の植物; 葉が三方に輪生する》.
tri·lo·bate /trailóubeit/ 形 〖植〗〔葉が〕三裂の.
tri·lo·bite /tráiləbàit/ 名 Ⓒ 〖古生物〗三葉虫.
‡**tril·o·gy** /tríləd͡ʒi/ 名 (複 **-gies**) Ⓒ (小説, 劇, 音楽などの)三部作.
***trim** /trim/ 動 (**～s** /-z/|過 過分 **～med** /-d/|**trím·ming**) 他 【**きちんとさせる**】 **1** **を刈り込む**, 手入れする. ～ one's nails つめを切る. get [have] one's hair ～*med* 調髪してもらう. ～ a hedge 生け垣を刈り込む. ～ the pages of a book (とじて製本する前に)へりを裁ち落とす. ～ a lamp ランプの芯(しん)を切る.
2 〔余分なものなど〕を**切り取る**, 〔写真など〕をトリミングする, 画面の形を整える, 〈*off*, *away*〉; 〔予算など〕を削減する, 縮小する. ～ the fat *off* [*away* from] the meat 肉から脂身を取る. ～ a budget 予算を削減する. ～ the work force 従業員を削減する.
3 を飾る; に飾り付けをする; 〈*with* ..で〉. ～ a Christmas tree クリスマスツリーに飾り付けをする. ～ a dress *with* lace 服をレースで飾る.
4 【さっぱりと片付ける】〖話〗(スポーツで)をやっつける. The Mets ～*med* the Pirates, 5–0. メッツはパイレーツを5対0で破った (★5–0は five to zero [〖英〗 nil, nothing] と読む).
【**調整する**】 **5** 〔帆〕を調節する; 〔船や飛行機〕の釣り合いをとる《積み荷などの配置を変えて》.
6 (日和見的に)〔主義, 主張〕を変える.
── 自 **1** 〔帆が〕風受けのいい位置へ移動する; 〔船などが〕釣り合いがとれる. **2** 時流に迎合する, 日和見する.
── 形 ⓔ (**trím·mer**|**trím·mest**) **きちんとした**, 小ぎれいな; ほっそりした; (類語 neat の意味に加えて, 外観がすっきりしている感じが強い; →tidy). a ～ garden 手入れの行き届いた庭. a ～ woman かっこうのいい女性. a ～ waist ほっそり[締まった]胴回り.
── 名 **1** ⓐⓊ 刈り込み, 切り取り, 手入れ. His hair was in obvious need of a ～. 彼の髪は明らかに手入れが必要だった. **2** Ⓤ きちんとした状態; 準備の整った状態; (健康などの)調子. The ship was in good sailing ～. 船は出帆準備が整っていた. be in (fighting) ～ for ..にそなえて体調が万全である. get into ～ 体調を整える. The car was out of ～. 車は調子が悪かった.
3 Ⓤ (衣服の)飾り, 装飾; (自動車の装飾的な)内装. a car with red ～ 赤い内装の車.
[<中期英語 (?<古期英語「強化する, 整える」)]
tri·ma·ran /tráimərӕn/ 名 Ⓒ トライマラン《3船体を平行につないだ高速ヨット; →catamaran》.
tri·mes·ter /traiméstər/ 名 Ⓒ **1** 〖米〗(3学期制の)学期 (→semester). **2** 3か月(の期間)《特に, 妊娠期間について言う》.
trim·e·ter /trímətər/ 名 Ⓒ 〖韻律学〗3歩格《詩脚 (foot) が3つある詩行; →meter²》.
trím·ly 副 きちんとして, 小ぎれいに.
trím·mer 名 Ⓒ **1** 整頓(とん)する人; 飾り付ける人; 手入れする人. **2** 断ち切る物《はさみ, ナイフ, (ランプなどの)芯(しん)切りなど》. **3** 日和見する人.
‡**trím·ming** 名 **1** ⓊⒸ 整頓(とん), 仕上げ; 刈り込み, 手入れ; 〖写〗トリミング. **2** Ⓒ 〈普通 ～s〉 (服, 帽子などの)飾り, 装飾; (料理などの)添え物, 付け合わせ. **3** Ⓒ 〈普通 ～s〉 切りくず, (裁縫の)裁ちくず.
trím·ness 名 Ⓤ 整っていること, 小ぎれいなこと.
tri·month·ly /traimʌ́nθli/ 形, 副 3か月ごとの[に].
tri·nal /tráin(ə)l/ 形 3部からなる, 3重の.
trine /train/ 形 3倍の, 3重の.
Trin·i·dad /trínədæd/ 名 トリニダード《西インド諸島南東部の島; トリニダードトバゴの主島》.
▷**Trìn·i·dád·i·an** /-dǽdiən, -déid- ㊇/ 形, 名
Trìnidad and To·bá·go /-(ə)n-təbéigou/ 名 トリニダードトバゴ《西インド諸島中の共和国; 首都 Port-of-Spain; 英連邦の一員》.
Trin·i·tar·i·an /trìnəté(ə)riən ㊇/ 〖キリスト教〗 形 三位(さんみ)一体(説)の; 三位一体を信じる. ── 名 Ⓒ 三位一体説信奉者.
tri·ni·tro·tol·u·ene /trainàitroutɑ́ljuì:n|-tɔ́l-/ 名 Ⓤ トリニトロトルエン《強力な爆薬; 略 TNT》.
‡**Trin·i·ty** /trínəti/ 名 (複 **-ties**) **1** 〖キリスト教〗〈the ～〉三位(さんみ)一体《父なる神 (the Father) と子なるキリスト (the Son) と聖霊 (the Holy Ghost) を一体と見る; キリスト教の根本的教義の1つ》. **2** Ⓤ 〖キリスト教〗三位一体の祝日 (**Trìnity Súnday**)《Whitsunday の次の日曜日》. **3** Ⓒ 〈単数形で複数扱いもある〉〖雅〗〈t-〉3つ組, 3人組.
[<ラテン語「3つ1組」(<*trīnus* 'trine')]
Trínity Hòuse 名 〖英〗水先案内協会.
Trínity tèrm 名 ⓊⒸ 〖英〗(大学の)第3学期《普通4–6月; →Michaelmas term, Lent term》.
trin·ket /tríŋkət/ 名 Ⓒ 小さな装身具; 安物の宝石.
tri·nom·i·nal /trainóumən(ə)l/ 名 Ⓒ **1** 〖数〗3項式. **2** 〖生物〗3名法《属, 種, 亜種を示す》.
── 形 **1** 〖数〗3項(式)の. **2** 〖生物〗3名法の.
***tri·o** /trí:ou/ 名 (複 **～s** /-z/) Ⓒ **1** 〈単数形で複数扱いもある〉**3つ組**, 3人組, トリオ. There is a ～ of them to take care of. 彼ら3人組を始末しなければならない.
2 〖楽〗 (**a**) 〈単数形で複数扱いもある〉 トリオ, 3重唱[奏]団, (→solo, duet, quartet, quintet). He sang in a ～ when he was in high school. 彼は高校時代にトリオを組んで歌っていた. (**b**) 3重唱[奏]曲, トリオ.
[イタリア語 (<ラテン語 *trēs* 'three')]
tri·ode /tráioud/ 名 Ⓒ 〖電子工〗3極真空管.
tri·o·let /tráiələt|trí:-, trái-/ 名 Ⓒ 〖韻律学〗トリオレット《abaaabab と押韻する8行詩; 1行目は4行目と7行目で繰り返され, 2行目は8行目で繰り返される》.
tri·ox·ide /traiɑ́ksaid, -sid/ 名 Ⓒ 〖化〗三酸化物.
‡**trip** /trip/ 名 (複 **～s** /-s/) Ⓒ
【**軽やかな歩み>出歩き**】 **1 旅行**; 遠足; (類語 特に短い旅行を指すことが多い; →travel). a bus ～ バス旅行. a holiday ～ 休暇旅行. a ～ abroad 海外旅行. a ～ around the world 世界1周旅行. go on a ～ to ..への旅行に出かける. make [take] a ～ to ..へ旅行する. He is away on a ～ now. 彼は今旅行に出ていて留守です.

連結 a camping [a motor, a sea, a walking; a one-day, a summer, a weekend, a vacation; a pleasure, a sightseeing, a shopping] ～ // plan

T

[arrange, organize] a ～

2 (用事や職業上の)出歩き, 外出. one's daily ～ to and from work 毎日の通勤往復. go on a sales ～ セールスに出かける. make a ～ to the drugstore ドラッグストアへ行って(買い物をして)くる.
3【幻の中の旅】〖話〗(幻覚剤使用による)幻覚; 妄想. an acid ～ エルエスディー (LSD) による幻覚体験[トリップ]. →ego trip.
【ちょこちょこ歩き＞踏み外し】 **4** つまずき, 踏み外し; 過失, 過ち. a ～ of the tongue 失言.
5〖機〗掛け外し装置《スイッチ, ばねなど》.
── [動] (～s /-s/|[過] [過分] **～ped** /-t/|**tríp·ping**) [自]
【つまずく】 **1** つまずく, つまずいて倒れる, 〈*up, over*〉〈*over, on* ..に〉. Don't ～ *over* that wire! その針金に足を取られるな. She ～*ped on* the rug. 彼女は敷物につまずいた.
2 やり損なう, 間違いをする, 〈*up*〉. catch a person ～*ping* 人の揚げ足を取る, 人の落ち度を見つける. His tongue ～*ped*. 彼は失言をした. He ～*ped up* at the job interview. 彼は就職面接でへまをやった.
【軽やかに歩く】 **3** [VA] 早く軽快に歩く[踊る]〈*along, down* ..を〉. She ～*ped* gaily *down* the steps. 彼女は軽快な足どりで階段を降りてきた. The dancers ～*ped* lightly *across* the stage. 踊り手たちは舞台の端から端へ軽々と踊って行った.
4〖話〗〈しばしば進行形で〉幻覚症状に陥る〈*out*〉〈*on* ..〔幻覚剤〕によって〉.
── [他] **1**〔人〕をつまずかせる, の足をすくう, 〈*up*〉. I was ～*ped up* by someone's foot. だれかの足につまずいて転んだ. **2**〔人〕をしくじらせる, にぼろを出させる, 矛盾したことを言わせる; の落ち度を見つけ出す; 〈*up*〉. Lawyers try to ～ *up* witnesses in court. 弁護士は法廷で証人にぼろを出させようと努力する. **3**〖機〗〔スイッチ, ばねなど〕を始動させる.
[＜古期フランス語 (＜中期オランダ語 *trippen* 'skip, hop')]

tri·par·tite /traipɑ́ːrtait/ [形] **1** 3 部に分かれた;〔葉が〕3 深裂の. **2** 3 者間の. a ～ agreement 3 者間の協定. **3**〔書類などが〕同文 3 通の.

tripe /traip/ [名] [U] **1** 牛などの胃壁《食用にする》. **2**〖話〗くだらない話[考え, 読み物, 音楽など].

tríp·hàmmer [名] [C]〖機〗はねハンマー《重くて機械「で動かす》.

triph·thong /trífθɔːŋ|-θɔŋ/ [名] [C]〖音声〗3 重母音《例えば fire の英音における /aiə/; →diphthong》.

***tri·ple** /tríp(ə)l/ [形] [C̸] **1** 3 部分[3 者]から成る. **2** 3 重の; 3 倍の; (→single, double). demand ～ pay 3 倍の賃金を要求する. a ～ whiskey ウイスキーのトリプル (1 杯)《シングルの 3 倍》. **3**〖楽〗3 拍子の.
── [名] [C] **1** 3 倍の数[量]; (ウイスキー, ブランデーなどの)トリプル. **2**〖野球〗3 塁打.
── [動] [他] **1** を 3 倍にする. **2**〖野球〗3 塁打を打って〔走者〕を生還させる. ── [自] **1** 3 倍になる. **2**〖野球〗3 塁打を打つ. [＜ラテン語 *triplus*「3 倍の」]

trìple Á [名] **1**〖米話〗米国自動車協会 (AAA). **2** [U]〖軍〗対空砲火《＜*a*nti*a*ircraft *a*rtillery》.

Trìple Allíance [名] 〈the ～〉3 国同盟《特に 1882–1915 年, ドイツ・オーストリア・イタリア間に結ばれていたもの》.

trìple crówn [名] ＝tiara 2; 〈the ～〉(競馬, 野球などの) 3 冠王.

Trìple Enténte [名] 〈the ～〉3 国協商《1907 年から第 1 次大戦までイギリス・フランス・ロシア間に結ばれていた》.

tríple jùmp [名] 〈the ～〉〖競技〗3 段跳び (hop,「step, and jump).

trìple pláy [名] [C]〖野球〗3 重殺, トリプルプレー.

trìple stéal [名] [C]〖野球〗3 重盗.

tri·plet /tríplət/ [名] [C] **1** 3 つ子の 1 人; 〈～s〉3 つ子 (→twin). **2**〖楽〗3 連符;〖韻律学〗3 行連句. **3** 3 つ組, 3 つぞろい.

tríple tìme [名] [U]〖楽〗3 拍子.

tri·plex /trípleks/ [名] **1** [C]〖米〗3 階建てアパート. **2** [U]〖英〗〖商標〗〈しばしば T-〉トリプレックスガラス《自動車用の安全ガラス》. ── [形] ＝triple.

trip·li·cate /tríplәkәt/ [形] 同文で 3 通作った〔書類など〕(→duplicate). ── [名] [C] 3 通作った同一文書の 1 通《特に 3 通目のもの》. ***in tríplicate*** 3 通に(作られた). be drawn *in* ～〔書類が〕3 通に作られる.
── /-kèit/ [動] [他] **1**〔書類など〕を 3 通に作成する《内 1 通は原本》. **2** を 3 倍にする.

tri·ply /trípli/ [副] 3 重に, 3 倍に.

‡**tri·pod** /tráipɑd|-pɔd/ [名] [C] 3 脚台, 3 脚のテーブル; (カメラなどの) 3 脚.

Trip·o·li /trípәli/ [名] トリポリ《リビアの首都》.

tri·pos /tráipɑs|-pɔs/ [名] [C]〖英〗(Cambridge 大学の) BA の学位の優等試験.

tríp·per [名] [C] **1** つまずく人. **2**〖英・しばしば軽蔑〗日帰りの(観光)旅行者. **3**〖話〗幻覚剤使用者. **4** ＝trip 5.

tríp·ping [形]〔人が〕足取りが軽い, 〔足取りが〕軽快な. ▷**～·ly** [副] 軽快に; すらすらと.

trip·tych /tríptik/ [名] [C] 3 枚続きの祭壇画[彫刻]《主に宗教的な題材を扱ったもの; →diptych》.

tríp·wìre [名] [C] 仕掛け線《わな, 爆薬につないで地上に張り, 人, 動物を引っ掛ける》.

tri·reme /tráiriːm/ [名] [C] (古代ギリシア・ローマの) 3「段オールの軍船.

tri·sect /traisékt/ [動] [他] を 3 (等)分する.

tri·sec·tion /traisékʃ(ә)n/ [名] [U] 3 (等)分.

Tris·tan /trístәn/ [名] ＝Tristram 2.

Tris·tram /trístrәm/ [名] **1** 男子の名. **2**〖中世伝説〗トリストラム, トリスタン, 《イゾルデとの悲恋物語は詩, 劇などの素材になっている; →Iseult [Isolde]》.

tri·syl·lab·ic /tràisәlǽbik, trì- [移]/ [形] 3 音節の.

tri·syl·la·ble /traisíləb(ə)l, tri-/ [名] [C] 3 音節語 (→monosyllable).

trite /trait/ [形]〔語句, 思想などが〕ありふれた, 使い古された, 陳腐な. a ～ remark 陳腐な言葉. [＜ラテン語「すり減った」(*terere* 'rub' の過去分詞)] ▷**tríte·ly** [副] 陳腐に. **tríte·ness** [名] [U] 平凡, 陳腐.

trit·i·um /trítiәm/ [名] [U]〖化〗トリチウム《水素の放射性同位元素; 記号 T》.

Tri·ton /tráitn/ [名] **1**〖ギ神話〗トリトン《Poseidon の息子でホラガイを持つ半人半魚の海神》. **2**〖天〗トリトン《海王星の 2 つの衛星の 1 つ; 他は Nereid》. **3** [C]〈t-〉〖貝〗ホラガイ.

‡**tri·umph** /tráiәmf/ [名] ([複] **～s** /-s/) **1** [C] **大勝利**, 大成功. the ～ of right over might 力に対する正義の勝利. a ～ of modern science 近代科学の大業績. The new play was a ～. 新作の劇は大成功だった.
2 [U] **大勝利[大成功]の喜び**. shouts of ～ 勝ちどき. with a smile of ～ 勝利のほほえみをたたえて. return home in ～ 意気揚々と帰ってくる.
3 [C] (古代ローマの)凱(がい)旋行列.
── [動] (～s /-s/|[過] [過分] **～ed** /-t/|**～·ing**) [自] **1 勝利を得る**, 勝つ, 〈*over* ..に〉. Medical science has ～*ed over* smallpox. 医学はついに天然痘を撲滅した. **2 勝ち誇る**, 喜び勇む. He ～*ed* over his rival's misfortunes. 彼は競争相手の不幸に凱(がい)歌をあげた.
◇[形] triumphal, triumphant [＜ラテン語「勝利, 凱旋(がいせん)」(?＜ギリシア語)]

tri·um·phal /traiʌ́mf(ә)l/ [形] 勝利の, 勝利を祝う; 凱(がい)旋の. a ～ march 凱旋行進(曲).

triùmphal árch [名] [C] 凱(がい)旋門.

***tri·um·phant** /traiʌ́mf(ә)nt/ [形] [C̸] **1 勝利を得た**;

T

成功した. the ～ troops 戦勝軍. We were ～ at the games. 我々はその試合で勝利を得た. **2** 勝ち誇った, 意気揚々とした. give a ～ shout 勝ちどきをあげる. His expression was ～. 彼は得意の表情だった.
◇名 triumph ▷**～·ly** 副 勝ち誇って, 意気揚々と.

tri·um·vir /traiʌ́mvər/ 名 (複 **～s, tri·um·vi·ri** /-vərài, -vəri:/) Ⓒ **1** (古代ローマ) 3 執政官の 1 人. **2** 〈一般に〉3 人による支配者集団の 1 人.

tri·um·vi·rate /traiʌ́mvərət/ 名 Ⓒ **1** (古代ローマの) 3 頭政治, 3 人執政. **2** 〈単数形で複数扱いもある〉3 頭政治; 3 人組.

tri·une /tráiju:n/ 形 三位(さんみ)一体の〔神〕.

tri·u·ni·ty /traijú:nəti/ 名 UC 三者一体(のもの); 〈しばしば T-〉三位(さんみ)一体 (Trinity).

tri·va·lent /traivéilənt/ 形 〖化〗3 価の.
▷**tri·va·lence** /-ləns/ 名

triv·et /trívət/ 名 Ⓒ **1** (なべなどを載せる 3 本脚の)五徳. **2** (熱い皿などを載せる)短い脚付きの鉄製の台《食卓などに置く》. ***(as) rìght as a trívet*** →right 形.

‡**triv·i·a** /tríviə/ 名 **1** 〈複数扱い〉つまらないこと, ささいなこと, (trifles). His thesis treats of absolute ～. 彼の論文はまったくささいなことを扱っている. a knowledge of ～ (クイズの問題のような)雑学的知識. **2** trivium の複数形.

***triv·i·al** /tríviəl/ 形 ⓜ **1** つまらない, 取るに足りない. ～ matters ささいな事柄. a ～ problem 取るに足りない問題. a ～ sum ささいな金額. **2** 当たり前の, 平凡な. ～ everyday life 平凡な日常生活. **3** 〖植・動〗種を示す, 種の. **4** trivium の. [＜ラテン語「3 本の道が交わる所＞ありふれたこと (＜tri-＋*via* 'road')」] ▷**～·ly** 副 つまらなく, ささいに.

triv·i·al·i·ty /trìviǽləti/ 名 (複 **-ties**) **1** Ⓒ 取るに足りない物事. domestic *trivialities* 家庭内のささいな事柄. **2** Ⓤ つまらなさ, 平凡さ.

trív·i·al·ìze 動 他 をつまらなくする; を重要でなくする.
▷**trìv·i·al·i·zá·tion** 名

triv·i·um /tríviəm/ 名 (複 **triv·i·a** /tríviə/) Ⓒ (中世の学校における 7 教養科目中の) 3 学《文法, 論理学, 修辞学》.

tri·week·ly /traiwí:kli/ 副, 形 **1** 3 週に 1 回(の). **2** 1 週に 3 回(の). **──** 名 (複 **-lies**) Ⓒ 3 週 1 回[1 週 3 回]発行の新聞[雑誌など].

-trix /triks/ 接尾 「..する女性」の意味を表す. avia*trix* (女性飛行家). execu*trix*. [ラテン語; -tor で終わる語の女性形]

tro·cha·ic /troukéiik/ 〖韻律学〗形 強弱[長短]格の (→trochee; ↔iambic). **──** 名 Ⓒ 強弱格の詩行.

tro·che /tróuki|trouʃ/ 名 Ⓒ (丸い)錠剤, トローチ, 《口の中でなめ, 口腔(こう)内やのどの治療用》. [＜ギリシア語「小さな輪」]

tro·chee /tróuki:/ 名 Ⓒ 〖韻律学〗強弱格《詩脚 (foot) が強音・弱音 /́×/ の 2 音節でできているもの: 例 Thróugh the|shádows|ánd the|súnshine; iamb ほど一般的ではない》; (古典詩の)長短格.

trod /trɑd|trɔd/ 動 tread の過去形・過去分詞.

trod·den /trɑ́dn|trɔ́dn/ 動 tread の過去分詞.

trog·lo·dyte /trɑ́glədàit|trɔ́g-/ 名 Ⓒ **1** (有史以前の)穴居人. **2** 隠者, 世捨て人. **3** 類人猿《ゴリラ, チンパンジーなど》. [＜ギリシア語「ほら穴 (*trṓglē*) に住む者」]

troi·ka /trɔ́ikə/ 名 Ⓒ **1** トロイカ《ロシアの 3 頭立ての馬車[そり]》. **2** 〈単数形で複数扱いもある〉3 者協同, トロイカ方式; 3 頭政治; 3 人組. [＜ロシア語]

Troi·lus /trɔ́iləs, tróui-/ 名 〖ギ伝説〗トロイラス《トロイ王 Priam の息子; 恋人クレシダ (Cressida) との悲恋はしばしば文学の題材となる》.

Tro·jan /tróudʒ(ə)n/ 形 トロイ(人)の (→Troy).
── 名 Ⓒ **1** トロイ人. **2** 勤勉な人, 勇者.
wòrk like a Trójan 一生懸命働く.

Tròjan hórse 名 Ⓒ **1** ＝the wooden horse. **2** (外部から潜入した)破壊工作員.

Tròjan Wár 名 〈the ～〉トロイ戦争《Homer 作 *Iliad* の題材》.

troll[1] /troul/ 動 自 **1** 輪唱する. **2** 流し釣りする〈*for* ..を〉. **──** 他〔歌〕を輪唱する. [＜古期フランス語「走り廻る」]

troll[2] 名 Ⓒ 〖北欧神話〗トロール《洞窟(くつ), 小山などに住み超自然的な力を持つとされる怪物; 巨人や小人などいろいろな姿で描かれる》. [＜古期北欧語]

†**trol·ley** /trɑ́li|trɔ́-/ 名 (複 **～s**) Ⓒ **1** 〖米〗路面電車 (trolley car); 〖英〗トロリーバス. **2** 〖英〗(2 輪又は 4 輪の)手押し車, トロッコ. **3** 〖英〗ワゴン《キャスター付きで, 料理を運んだりするもの (**téa tròlley**), スーパーマーケットで買い物を運ぶのに使うもの (**shópping tròlley**) など》. **4** 〖電〗触輪《電車, トロリーバスなどのポールの先端にあって架線と接している車輪; 又 **trólley whèel**》.
off one's trólley 〖話〗頭が変な[で] (mad), 頭が混乱して. [?＜troll[1]]

trólley bùs 名 Ⓒ トロリーバス《trolley 4 によって電気を取り入れて動くバス》.

trólley càr 名 Ⓒ 〖米〗路面電車 (streetcar;「〖英〗tram).

trol·lop /trɑ́ləp|trɔ́l-/ 名 Ⓒ **1** 自堕落な女. **2** ふしだらな女; 売春婦 (prostitute).

trol·ly /trɑ́li|trɔ́-/ 名 (複 **-lies**) ＝trolley.

trom·bone /trɑmbóun|trɔm-/ 名 Ⓒ 〖楽〗トロンボーン《金管楽器の一種》.

trom·bón·ist /-ist/ 名 Ⓒ トロンボーン奏者.

tromp /trɑmp|trɔmp/ 動 〖米話〗＝tramp.

trompe l'oeil /trɔ̀:mp-lɔ́i/ 名 (複 **trompe l'oeils** /同/) UC 〖美〗だまし絵《一見現実かと思わせるような効果の絵》; だまし絵の効果(を持つ作品). [フランス語 'deceives the eye']

‡**troop** /tru:p/ 名 (複 **～s** /-s/) **1** Ⓒ (人, 動物の)**集団**, 群れ, 《特に移動中の》. a ～ of elephants [children] 象の一群[一群の子供]. ～*s* of friends 大勢の友人. in a ～ 一団となって. **2** 〈～s〉**軍隊**; 兵士たち. 10,000 ～*s* 1 万の軍勢. The general inspected the ～*s*. 将軍は兵士を閲兵した. **3** Ⓒ 騎兵[戦車]中隊. **4** Ⓒ ボーイ[ガール]スカウトの中隊《32 名以下》.
── 動 自 VA 群れをなして進む, ぞろぞろ来る[行く], 〈*to* ..へ/*into* ..の中へ〉. The students ～*ed into* the classroom. 学生はぞろぞろ教室へ入ってきた.
[＜フランス語 *troup*eau「群れ」(?＜ゲルマン語)]

tróop càrrier 名 Ⓒ 軍隊輸送機[船].

†**tróop·er** 名 Ⓒ **1** 騎兵; 戦車兵. **2** 〖米〗州警察官; 騎馬警官. **3** 〖主に英〗＝troopship.
swèar like a tróoper 汚い言葉を盛んに使う.

tròoping (of) the cólour(s) 名 Ⓤ 〖英〗軍旗敬礼分列式《軍旗をささげて兵士の前を行進する; 国王[女王]の公式誕生日 (the Queen's birthday) に行う》.

tróop·shìp 名 Ⓒ 兵員輸送船.

trop. tropic(al).

trope /troup/ 名 Ⓒ 〖修辞学〗比喩(ゆ); 比喩的用法《metaphor, metonymy, irony などの総称》. [＜ギリシア語「回転」]

***tro·phy** /tróufi/ 名 (複 **-phies** /-z/) Ⓒ **1** (競技の)**優勝記念品**, 賞品, トロフィー, 《カップ, 盾など》. win a golf ～ ゴルフで優勝トロフィーを獲得する. **2** (戦勝, 狩猟などの)記念品, 戦利品, 《敵の軍旗, 獣の頭など; 普通, 室内に飾っておく》. He hung the deer's head on the wall as a ～ of his hunting trip. 彼は狩猟旅行の記念品として壁にシカの首を掛けた. a ～ wife お飾り妻《富と権力を象徴する若くて美しい(後)妻》. **3** (古代ギリシア・ローマの)戦勝記念碑. [＜ギリシア語「(分捕り品を掛ける)戦勝記念碑」]

T

†**trop·ic** /trάpik|trɔ́p-/ 名 〈しばしば T-〉 **1** Ⓒ 回帰線《南, 北 2 本ある》. **2** 〈the ~s〉 熱帯《南北回帰線間の地域》, 熱帯地方. The hottest parts of the earth are in the ~*s*. 地球で一番暑い所は熱帯にある. ── 形 =tropical. [<ギリシア語「回転 (*tropḗ*)の」]

***trop·i·cal** /trάpik(ə)l|trɔ́p-/ 形 **1** ⓒ **熱帯の**, 熱帯地方の. a ~ disease 熱帯病. a ~ fish 熱帯魚. ~ plants 熱帯植物. a ~ (rain) forest 熱帯(雨)林. a town in ~ Africa アフリカの熱帯地方の町. **2** ⓜ 酷暑の. ~ climate 熱帯性気候. [tropic, -al]

tròpical yéar 名 Ⓒ 太陽年, 回帰年,《365 日 5 時間 48 分 46 秒》. ▷**~·ly** 副

Tròpic of Cáncer 名 〈the ~〉 北回帰線《北緯 23°27′》,(北半球で)夏至線.

Tròpic of Cápricorn 名 〈the ~〉 南回帰線《南緯 23°27′》,(北半球で)冬至線.

tro·pism /tróupiz(ə)m/ 名 Ⓤ 〖生物〗(刺激に対する)向性, 屈性. ▷**tro·pis·tic** /troupístik/ 形

tro·po·pause /tróupəpɔ̀:z, trá-|trɔ́-/ 名 〖気象〗〈the ~〉 圏界面《成層圏と対流圏の境界面》.

tro·po·sphere /tróupəsfìər, tráp-|trɔ́p-/ 名 〖気象〗〈the ~〉 対流圏《赤道上空では地表から約 10-20 km の高さ; →stratosphere》.

▷**trò·po·sphér·ic** /-sférik ⑧/ 形

Trot /trɑt|trɔt/ 名 〖話〗=Trotskyist.

***trot** /trɑt|trɔt/ 名 (複 **~s** /-ts/) **1** aU (馬の)**速歩**(はやあし), だく足,《右前足と左後足, 左前足と右後足を同時に動かして走る走り方; →gallop》. The cavalry went at a ~. 騎兵隊は速歩で走って行った.

2 aU (人の)急ぎ足, 小走り; Ⓒ 急ぎ足の散歩. go at [for] a ~ 早足┗で行く[の散歩に行く]. The little boy broke into a ~ to catch up with his father. 少年は父親に追いつこうと小走りに追いかけた.

3 Ⓒ 〖米俗〗(学生の)とらの巻, (特に語学テキストの)翻訳本, (pony). **4** 〖話〗〈the ~s〉 腹下し.

on the trót 〖話〗(1) 動き通しで, 休まずに, いつも忙しい. keep a person *on the* ~ 人を休む暇なくこき使う. (2) 立て続けに. read two novels *on the* ~ 小説を 2 冊立て続けに読む.

── 動 (~s /-ts/|過 過分 **~·ted** /-əd/|**trót·ting**) 自 **1** 〔特に馬が〕**速歩で駆ける**. The horses are ~*ting*. 馬が速歩で駆けて行く. The dog ~*ted* along after the sheep. 犬は小走りに羊を追った. **2** VA 〔人が〕**急いで歩く**, 小走りに走る, 〈*along*〉〈*to* ..へ〉. The child was ~*ting beside* his father. 子供は父親のわきをちょこちょこ走っていた. **3** VA 〖話・戯〗さっさと行く, とっとと(出て)行く, ちょっと(..へ)ひと走りする, 〈*to* ..へ〉. "You children ~ off to bed," said the father. 父親が「子供たちはさっさと寝なさい」と言った. Now I must be ~*ting* off home. もう家に帰らなくちゃならない.

── 他 **1** 〔特に馬〕を速歩で駆けさせる. **2** 〔ある距離〕を速足で行く.

tròt /../ óut 〖話〗..を見せびらかす; 〔古くさい話など〕を(繰り返し)書く[口にする]. He always ~*s out* the same old jokes. 彼はいつも同じ古い冗談を言う.

[<古期フランス語 (<ゲルマン語)]

troth /trɔ:θ, trouθ|trouθ, trɔθ/ 名 Ⓤ 〖古〗 **1** 誠実, 忠実, (faith). by my ~ 誓って, 断じて. **2** 真実 (truth). in ~ 実に, 本当に. **3** 忠実の誓い; 婚約.

plight one's tróth →plight[2].

[<古期英語; truth の異形]

Trot·sky /trátski|trɔ́t-/ 名 **Leon ~** トロツキー (1879-1940)《ロシアの革命家; Stalin に追われて亡命, 暗殺された》. ▷**Trót·sky·ìsm** /-kìiz(ə)m/ 名 Ⓤ トロツキー主義《一国社会主義でなく世界革命を主張》.

Trót·sky·ist 形, 名 Ⓒ トロツキー主義の(人).

Trót·sky·ite /-àit/ 名, 形 =Trotskyist.

trót·ter 名 **1** Ⓒ 速歩に調教された馬. **2** UC (食用としての)豚[羊]の足.

trou·ba·dour /trú:bədɔ̀:r|-dùə, -dɔ̀:/ 名 Ⓒ トゥルバドール《11-13 世紀にイタリア, スペイン, 南フランスの貴人の館(やかた)を巡り歌を作り吟じた叙情詩人》.

****trou·ble** /trʌ́b(ə)l/ 名 (複 **~s** /-z/)

【苦労, 骨折り】 **1** UC (**a**) **困難**, 苦労; 心配, 悩み; 悩みの種, やっかい者. What's the ~, John? 何を困っているんだ, ジョン. The main ~ is lack of money. 主たる悩みは金のないことだ. She has had many ~*s* in her lifetime. 彼女は生きている間苦労が多かった. A ~ shared is a ~ halved. 〖諺〗悩みは打ち明ければ半分になる. He's nothing but ~ here. 彼はここでは全くの困り者だ. That's the least of my ~*s*. そんなことは苦労のうちに入りません《もっと大変な苦労がある》. (**b**) 〈have ~ do*ing* で〉 ..するのに苦労する. I have ~ fall*ing* asleep. 私は寝付きが悪い. Did you have any ~ find*ing* the bank? 銀行を見つけるのに手間取りましたか.

> 連結 serious [considerable; needless; personal; domestic, family; financial] ~ // make [cause; avoid] ~; minimize [remedy] (the) ~ // ~ is brewing

2 aU **面倒**, 手数; 骨折り; 迷惑, やっかい. Thank you for your ~. お骨折りありがとうございました. "Can I hitch a ride with you?" "No ~ (at all)." 「車に便乗させてもらえますか」「お安いご用です」 If it's any ~, don't bother. 面倒なら放って置いてください. The child gives me [puts me to] so much ~. あの子は手がかかる. Don't go to any ~ for me. 私ならお構いなく. She went to the ~ to cook [of cooking] us a meal. 彼女はわざわざ私たちに食事を作ってくれた. It will save ~ if we start now. 今出発[開始]すればあとの手数が省ける. take ~ 骨を惜しまない. He took all the ~ to write me a recommendation. 彼はわざわざ私に推薦状を書いてくれた. be more ~ than it is worth 手数をかけるだけの価値がない[骨折りがいがない]. His meals are a great ~ to prepare. 彼の食事の支度をするのは実に手間がかかる.

【面倒な事態】 **3** UC 動乱, 紛争; いざこざ, ごたごた; 〈the Troubles〉 北アイルランド紛争《新旧両教徒間などの抗争で, 1920 年代に端を発する》. labor ~*s* 労働争議. After the king died, there was ~ in the land. 王の死後, 国中に動乱が起こった.

4 Ⓤ (処罰を受けるような)困った事態, 警察ざた; 〖話〗未婚女性の妊娠. I don't want any ~. 面倒なことには巻き込まれたくない. in ~, get into ~, →成句.

5 Ⓤ 危険(な状態). I saved the little boy in ~. 私は危なかった男の子を救助した. You'll get in ~ if you're not careful. 気をつけないと危ないぞ.

【故障】 **6** Ⓤ (機械などの)故障. I'm having some ~ with my car. 私の車はどこか故障している. locate the source of the ~ 故障の原因を突き止める. The ~ is in the fuel line. 故障は燃料管にある.

7 UC 病気, 疾患. stomach ~ 胃病, 胃の不調. He has heart ~. 彼は心臓が悪い. His ~ seems to be mental. 彼の病気は精神的なもののようだ. I have ~ with my right shoulder. 右肩に故障がある.

8 【欠陥】 Ⓒ 悪い所, 欠点, 〈*with* ..の〉. The ~ *with* him is (that) he doesn't study. 彼の欠点は勉強しないことだ. ◇形 troublesome

àsk for tróuble (軽率なことをして)わざわざ災難を招く. Saying such a thing to him is *asking for* ~. 彼にそんなことを言うのはわざわざ災難を招くようなものだ.

be nò tróuble やっかいでない; たやすい; 〔子供などが〕世話[手]がかからない.

bòrrow tróuble 取り越し苦労をする.

gèt into tróuble (1) いざこざを起こす〈*with* ..と〉. (2) 検挙される, 処罰されるようなことをする,〈*with* ..〔警察〕に〉. (3)〖話〗〔未婚女性が〕妊娠する.
gèt a pèrson into tróuble 人を面倒なことに巻き込む;〖話〗未婚女性を妊娠させる.
*****in tróuble*** (1) 困って, 苦しんで; 財政困難で. I'm *in* ～ and I need your help. 僕は困っている, 君に助けてもらいたい. Liverpool had Manchester *in* ～ in the first half. リヴァプール《サッカーのチーム》は前半マンチェスターを苦しめた. (2) いざこざを起こして, 掛かり合いになって,〈*with* ..と〉. (3) 検挙されて, 処罰されそうで,〈*with* ..〔警察〕に〉. He is *in* ～ *with* the law. 彼は警察と面倒なことになっている. (4)〖話〗〔未婚女性が〕妊娠して.
lòok [***àsk*** ↑] ***for tróuble***
màke tróuble ごたごたを起こす.
mèet tróuble hàlfway →halfway.
rùn into tróuble (1) 困ったことになる. (2) いざこざを起こす〈*with* ..と〉.
spèll tróuble for .. 〔物事が〕..にとって困ったことになることを予想させる (→spell[1] ⑩ 3).
The tróuble is (that) .. 困ったことに[問題は]..である.
tròuble and strífe 〈one's ～〉〖英〗妻《strife /straif/ と wife /waif/ との脚韻俗語; →rhyming slang》.
―― 動 (～s /-z/|過 過分 ～d /-d/|-bling) ⑩ **1** を乱す, 波立たせる. The wind ～*d* the surface of the pond. 風が池の面を波立たせた.
2 を悩ます, 苦しめる. What's *troubling* you? 何をお悩みですか. be ～*d* about [with] family matters 家庭のことで苦労する. He is ～*d* by his wife's weak health. 彼は妻の病弱に苦しんでいる. He looks ～*d*; what's wrong? 彼は何か悩んでいる顔つきだ, 何があったのだろう. You needn't ～ your head with such trifles. そんなつまらないことを心配することはない.
3 (a)〔人〕に迷惑をかける, をわずらわす. I won't ～ you again. 2度とご迷惑はおかけしません. I'm sorry to ～ you, but could you (possibly) call me back later? ご面倒で恐縮ですが後ほどまた電話をいただけますか. Sorry to have ～*d* you. お手数をかけてすみませんでした. **(b)** VOA (～ X *for* Y)・VOC (～ X *to do*) (迷惑を顧みずに) X に Y を [X に..するように]頼む. May I ～ you *for* a light? すみませんがマッチ[ライター]をお貸しください. May I ～ you *to* close the window? すみませんが窓を閉めてくれませんか.
4〔病気などが〕〔人〕を苦しめる. The old woman was ～*d* by [with] aches and pains. 老婦人は体のあちこちの痛みに苦しんでいた. My back is *troubling* me again. 私はまた腰痛に苦しめられている.
―― ⓐ 心配する; 骨を折る; VA (～ *to do*) わざわざ..する;〈普通, 否定文, 疑問文で〉. You don't have to ～ about her now. もう彼女のことは心配しなくてもいい. Oh, don't ～ (about it), thanks. (その件は)どうぞお構いなく. He did not ～ *to* prepare for the exam. 彼はわざわざ受験[試験]勉強はしなかった. Don't ～ *to* see me off. お見送りいただくには及びません.
I'll [***I must***] ***tròuble you to dó*** ..してくれないか《皮肉をこめた命令調》. *I'll* ～ *you to* hold your tongue. 黙っていてくれないか.
tróuble onesèlf (***about*** [***over***] ..) (..を)心配する; (..に)関係する. You don't have to ～ your*self*. 心配しなくてもいい.
tróuble onesèlf to dó 骨を折って..する, わざわざ..する. He never ～*d* him*self to* write to us. 彼はわざわざ私たちに手紙などくれなかった.
[＜ラテン語 *turbidus*「混乱した」(＜*turba* 'disorder')]
†**tróu·bled** 形 **1** 悩んでいる, 心配している;〔表情, 行動などが〕困ったような. **2**〔世相などが〕荒れた, 騒然とした.
tròubled wáters 名 (荒れる海＞)混乱状態. fish in ～ →fish (成句). pour oil on ～ →oil (成句).
tròuble-frée /⑧/ 形 問題[心配]のない.
tróuble·màker 名 C ごたごたを起こす人, 争議の扇動者.
tróuble·shòoter 名 C **1** (機械などの)故障を見つけて修理する専門家. **2** 紛争解決者[調停員].
*****trou·ble·some*** /trʌ́b(ə)ls(ə)m/ 形 m **1** うるさい, 面倒な. a ～ child うるさい子供. a ～ car (故障ばかりして)やっかいな車. **2** 難しい, 扱いにくい. a ～ problem 難しい問題. [trouble, -some] ▷ **～·ly** 副 **～·ness** 名
tróuble spòt 名 C 紛争[騒擾(じょう)]多発地域.
trou·blous /trʌ́bləs/ 形〖古・雅〗**1** 騒乱の, 騒然たる, 乱れた. ～ times 乱世. **2** ＝troublesome.
†**trough** /trɔːf|trɔf/ 名 C **1** (細長い)飼い葉桶(おけ), 水槽,《家畜用》; 洗い桶, こね鉢. **2** (波と波の間の)谷. **3**〖気象〗気圧の谷. **4** (屋根の)雨どい. **5**〖地〗地溝. **6** 景気などの谷[落ち込み]. [＜古期英語; tree と同根]
trounce /trauns/ 動 ⑩ **1** を打ちのめす; をひどくこらしめる. **2**〖話〗を打ち負かす.
troupe /truːp/ 名 C (歌手, 俳優, 踊り手などの)一座. a ～ of traveling actors 旅回りの役者一座. ―― 動 ⓐ〔役者たちが〕巡業する. [フランス語 'troop']
troup·er /trúːpər/ 名 C **1**〖旧〗(一座の)座員, 団員. **2** 頼りになる人, 頼もしい人,《a good trouper とも言う》.
trou·ser /tráuzər/ 形〈限定〉ズボンの. roll up one's ～ legs ズボンをひざのあたりまでまくり上げる. a ～ factory ズボン工場.
tróuser prèss 名 C ズボンプレッサー.
*****trou·sers*** /tráuzərz/ 名〈複数扱い〉ズボン (→slacks, breeches). 参考〖米〗では pants と言うことが多い. 語法 数える時は a pair of ～ (ズボン1着)〈単数扱い〉, two pairs of ～ (ズボン2着)〈複数扱い〉のように言う.

連結 put on [take off; zip (up); undo, unzip] one's ～; wear ～

càtch a person with his[***her***] ***tróusers dòwn***〖話〗＝catch a person with his[her] PANTS down.
wèar the tróusers〖話〗〔主に妻が〕亭主を尻(しり)に敷く. 参考〖米〗では wear the pants の方が普通.
[＜〖古〗*trouse* (trews の異形)＋*drawers*]
tróuser-sùit 名〖主に英〗＝pantsuit.
trous·seau /trúːsou/ 名 (複 **～x** /-z/, **～s** /-z/) C 嫁入り道具.
[フランス語「小さな包み」]
***trout** /traut/ 名 **1** C (複 ～, ～s /-ts/)〖魚〗マス《サケ科ニジマス属の淡水魚の総称》. a rainbow ～ ニジマス. **2** U (料理した)マス(の身). **3** C〖英話〗〈普通 old ～〉愚かで醜い[気難しい]老女.
[＜古期英語 (＜ギリシア語「嚙む魚」)]
trove /trouv/ 名 ＝treasure(-)trove.
trow·el /tráuəl/ 名 C **1** こて《左官などが使う》. **2** 移植ごて《園芸用》. ***lày it òn with a trówel*** ＝LAY it on thick. [＜ラテン語 *trulla*「スコップ」]
Troy /trɔi/ 名 トロイ《小アジア北西部の古代都市; トロイ戦争が行われた場所》. ◇形 Trojan
troy /trɔi/ 形 トロイ(金)衡の. ―― 名 ＝troy weight.
tróy wèight 名 U トロイ衡, 金衡,《金, 銀, 宝石などを量るのに用いる衡量; →avoirdupois》. ★後置して用いる: 3 pounds *troy* (*weight*).
tru·an·cy /trúːənsi/ 名 U 無断欠席, ずる休み.
tru·ant /trúːənt/ 名 C **1** 無断欠席者; ずる休みの生徒. **2**〖軽蔑〗職務を怠る者. **3**〈形容詞的〉ずるける; 怠惰な. ***plày trúant*** 学校をずる休みする; 仕事をさぼる; (〖米話〗play hooky). The pupil often *plays* ～

T

from school. その生徒[児童]はたびたび学校をさぼる. [＜古期フランス語「浮浪者」(＜ケルト語)]

trúant òfficer [名][C] 〖米〗無断欠席生徒補導員.

†**truce** /tru:s/ [名][UC] **1** 休戦(期間) (armistice); 停戦協定. a flag of ～ 休戦の白旗. make a two-day ～ 2 日間休戦する. **2** (苦痛, 労苦などの)中断, 中休み. [＜古期英語「約束」(「信頼」の複数形)]

Trù·cial Státes /trú:ʃəl-/ [名] 〈the ～〉トルーシャルステーツ《**Trùcial Omán** とも言い, the United Arab Emirates の 1971 年までの旧称》.

‡**truck**[1] /trʌk/ [名] (複 **～s** /-s/) [C] **1** 〖主に米〗トラック, 貨物自動車, (〖主に英〗 lorry). a delivery ～ 配送用トラック. transport goods by ～ トラックで荷物を輸送する. **2** 〖英〗(鉄道の)無蓋(がい)貨車. **3** 手押し車; 運搬車; トロッコ.

── [動] [他] をトラックで運ぶ. ── [自] 〖米〗 **1** トラックを運転する; トラック輸送業を営む. **2** 〖話〗[VA] のんきに旅する[進む, 行く] 〈*along, down*〉. I'm just ～*ing along*. ただぶらぶら歩いているだけです.

[＜ラテン語「鉄の輪」(＜ギリシア語 *trokhós* 'wheel')]

truck[2] [名][U] **1** (物々交換の)品物. **2** 〖米〗市場向け野菜・果物. **3** (賃金の)現物支給. ***hàve nò trúck with . .*** . .と取り引き[交際]しない; . .と関係がない.

── [動] [他] 〖古〗〔品物〕を交換する 〈*for* . .〔他の品物〕と〉. ── [自] 物々交換する, 取り引きをする, 〈*with* . .〔人〕と〉. [?＜古期フランス語]

truck·age /trʌ́kidʒ/ [名][U] 〖米〗トラック輸送(料).

‡**trúck·er** [名][C] 〖米〗 **1** トラック運転手; トラック輸送業者. **2** ＝truck farmer.

trúck fàrm [名][C] 〖米〗市場向け野菜果物農園 (〖英〗 market garden) 《その農園主は **trúck fàrmer**, その事業は **trúck fàrming**》.

trúck·ing [名][U] 〖米〗トラック輸送(業).

truck·le /trʌ́k(ə)l/ [動] [自] 頭が上がらない; へつらう; 〈*to* . .に〉. ── [名] ＝truckle bed.

trúckle bèd [名] 〖英〗＝trundle bed.

trúck·lòad [名][C] トラック 1 台分の積み荷.

trúck stòp [名] 〖米〗＝transport café.

trúck sỳstem [名] 〈the ～〉〖英史〗(産業革命初期のころの賃金の代わりの)現物支給.

truc·u·lence, -len·cy /trʌ́kjələns, trú:-/, /-si/ [名][U] **1** 残忍, 獰猛(どうもう). **2** 辛辣(らつ), 痛烈. **3** 攻撃性.

truc·u·lent /trʌ́kjələnt, trú:-/ [形] **1** 残忍な, 獰猛(どうもう)な. a ～ villain 凶漢. **2** 辛辣(らつ)な, 痛烈な, 〔批評など〕. **3** 攻撃的な, 威嚇(かく)的な.

▷**～·ly** [副] 残忍に; 痛烈に; 威嚇的に.

†**trudge** /trʌdʒ/ [動] [自] [VA] 重い足取りで歩く, とぼとぼ歩く, 〈*along, around*〉〈*through, over* . .を〉 ([類語] 根気よい着実な歩み; →walk). ～ *up* the hill 骨を折って坂道を登る. ～ *off* to work とぼとぼ出勤する. I ～*d home through* deep snow. 深い雪の中を家までとぼとぼ歩いた.

── [他] 〔ある距離〕を重い足取りで歩く.

── [名][C] (長い)苦しい歩行, とぼとぼ歩き. [＜?]

trudg·en /trʌ́dʒən/ [名][U] 〖水泳〗抜き手 (**trúdgen stròke**).

‡**true** /tru:/ [形] [e] (**trú·er** /-ər/｜**trú·est** /-əst/)

〖真正の〗 **1** 本当の, 真実の; 〈the ～; 名詞的〉真実 (truth); (↔false). a ～ story 本当の話, 実話. Is the news ～? その知らせは本当か. Is it ～ that they are getting married next month? 彼らが来月結婚するというのは本当ですか. His story doesn't sound [ring] ～. 彼の話は本当ではなさそうだ.

2 本物の, 真正の; 純粋な; ([類語] false に対する語で, 一定の規準や型に合っていることに重点がある; →real). a ～ diamond 本物のダイヤモンド. ～ friendship 真の友情. ～ gold 純金. ～ love まことの愛. a ～ Picasso 本物のピカソ(の作品).

3 〖偽りのない〗 忠実な, 誠実な, 〈*to* . .に〉(faithful). a ～ heart 誠実な心. be ～ *to* one's principles 自己の主義に忠実である. be ～ *to* one's word 約束を守る. be ～ *to* one's friend 友人に忠実である.

〖正しい〗 **4** 正確な, 間違いのない, (exact); 違いのない 〈*to* . .と〉. a ～ copy 正確な写し. a ～ sign 確かな兆候. ～ weight 正確な重さ. in the ～ sense of the word その語の正確な意味において. be ～ *to* life [nature] 実物通り[自然のまま]である, 真に迫っている.

5 正当な (proper); 当てはまる 〈*of* . .に〉. the ～ heir 正当な後継者. The same is [holds] ～ *of* us all. 同じことが私たちみんなに当てはまる.

6 正しい位置に置かれた, 狂っていない〔角度, 車輪, 音調など〕. ～ north 真北. This wheel isn't quite ～. この車輪は少し狂っている.

*__còme trúe__ 〔夢, 希望, 予測, 警告などが〕本当になる, 事実となる, 実現する. It has *come* ～, just as she predicted. 彼女の予言した通りになった. His dream *came* ～ at last. 彼の夢はついに実現した.

hòld trúe →hold.

It is trúe [Trúe,] . .(,) bùt . . なるほど. .だがしかし. . . *It is* ～ that I saw him *but* we didn't talk. なるほど彼には会ったが話はしなかった.

shòw one's trùe cólors 正体を現す.

trùe to fórm →form.

trùe to týpe →type.

── [副] 真実に; 狂わずに, 正確に; 〖生物〗純粋に; (★主として次のような特定の動詞と用いられる). aim ～ ねらいを誤らない. speak ～ 本当のことを言う. breed ～ 純血種を産む.

── [名][U] 正確であること[状態] 〈主に次の成句で〉.

out of trúe 調整不良で, 狂って. This sight is often *out of* ～. この照準器はしばしば狂う.

── [動] [他] を正しく合わせる[調整する] 〈*up*〉.

◇[副] truly [名] truth [＜古期英語「忠実な, 誠実な」]

trùe bíll [名][C] 〖米法〗適正原案《大陪審が裏書きした起訴状案》.

trùe-blúe /[移]/ [形] **1** (主義, 人などに)忠実な. **2** 〖英〗頑固な保守派の. 「党員.

trùe blúe [名][C] **1** 忠実な人. **2** 〖英〗頑固な保守↑

trùe-bórn /[移]/ [形] **1** 生(き)っ粋の. a ～ Londoner ちゃきちゃきのロンドンっ子. **2** 嫡出の. 「純血種の.

trùe·bréd /[移]/ [形] **1** 〔人が〕育ちのいい. **2** 〔動物が〕↑

trùe-fálse /[移]/ [形] 真偽択一式の, 正誤を決める. a ～ test 真偽判断式テスト. 「直な.

trùe·héarted /-əd [移]/ [形] **1** 誠実な, 忠実な. **2** 正↑

trùe-lífe /[移]/ [形] 〈限定〉事実に基づいた〔物語など〕. a ～ story 実話.

trúe·lòve [名][C] **1** 真実の恋人. **2** 〖植〗ツクバネ草.

trúelove knòt [名][C] 真心結び《変わらぬ愛情の印としての堅いリボン結び》.

trùe nórth [名][U] 真北《magnetic north に対して》.

‡**truf·fle** /trʌ́f(ə)l/ [名][C] **1** フランスショウロ, トリュフ, 《地下にできる, 芳香があり美味なキノコ; ブタに探させる》. **2** トリュッフル《ココアをまぶしたチョコレート菓子》.

trug /trʌg/ [名][C] 〖英〗(園芸用の)浅い平底のかご《道具, 花などの運搬用》.

tru·ism /trú:iz(ə)m/ [名][C] 自明の理, 分かり切った事; 古くさい文句. ▷**tru·ís·tic** /tru:ístik/ [形]

Trùk Íslands /trʌ̀k-/ [名] 〈the ～〉トラック諸島《西太平洋 Caroline 群島中の島群; 第 2 次大戦では日本海軍の重要な基地; 戦後米国の信託統治領; 1979 年以降ミクロネシア連邦の一部》.

‡**tru·ly** /trú:li/ [副] [m] **1** 真実に, 偽りなく; 正確に, 寸分たがわず. Tell me ～. 私に本当の事を言いなさい. History helps us to understand our age more ～. 歴史

は我々の時代をより一層正しく理解する助けとなる. You cannot ~ call him English; he was born in Scotland. 彼はスコットランド生まれなので彼を English と呼ぶのは正しくない (参考 English を外国人はとかく「イギリス人」の意味に使うが, 厳密には「イングランド人」という意味でスコットランド人は含まれない). It is ~ said that time is money. 時は金だと言われるがその通りだ.

2 **誠実に**, 忠実に; 心から. I am ~ grateful for your kind help. あなたの親切なご助力に心から感謝します. I admire her ~. 彼女を心から崇拝している.

3 **本当に**; 実に. a ~ interesting book 本当に面白い本. This is ~ amazing. これには全く驚いた. I am ~ happy. 私は本当に幸福です. I ~ believe the data is trustworthy. 私は本当にそのデータは信頼できると思います.

4 〈挿入または文頭で〉 実は, 本当のところ. What I meant to say, ~, was that his way of thinking was old-fashioned. 私の言いたかったのは, 実は, 彼の考え方は古いということだった. *Truly*, why didn't you accept the offer? 本当のところ, どうしてその申し出を受けなかったのですか.

Yòurs trúly, →yours.

Tru·man /trú:mən/ 名 **Harry S ~** トルーマン (1884–1972) 《米国第 33 代大統領 (1945–53); 広島, 長崎への原爆投下を命じた》.

‡**trump**[1] /trʌmp/ 名 Ⓒ **1** (トランプの)切り札; 〈~s〉 切り札の組. 参考 日本語で言う「トランプ」は (playing) cards. **2** 奥の手, 最後の手段, (→trump card). **3** 〖旧話〗立派な人, 信頼できる人.

còme [tùrn] up trúmps 〖話〗〔物事が〕予想以上にうまく行く; (予想外に)親切[気前よく]ふるまう.

hòld [hàve] àll the trúmps ＝hold all the ACES.

── 動 他 **1** 〖トランプ〗〔札〕を切り札で取る. **2** に勝つ, 勝る. ***trùmp /../ úp*** 〔理由など〕をでっち上げる. They *~ed up* a charge to put him in jail. 彼を投獄するために彼らは罪名をでっち上げた. [triumph の変形]

trump[2] 名 Ⓒ 〖雅〗 **1** らっぱ (trumpet). **2** らっぱの音.

trúmp càrd 名 Ⓒ 〈普通 a [one's] ~〉 **1** 切り札. have [hold] a ~ 切り札を握っている. **2** 奥の手. play one's ~ 奥の手を使う.

trumped-up /trʌ̀mptʌ́p ㊀/ 形 でっち上げられた〔罪状など〕.

trump·er·y /trʌ́mp(ə)ri/ 〖雅〗 名 Ⓤ **1** 見かけ倒しの安物. **2** ばかげた考え[行動など].

── 形 **1** 見かけ倒しの. **2** くだらない.

*__trum·pet__ /trʌ́mpət/ 名 (複 **~s** /-ts/) Ⓒ **1** 〖楽〗トランペット; トランペットの音; トランペット奏者. **2** らっぱ(の音); らっぱのような音; 象のほえ声. **3** らっぱ状のもの; 開花したラッパズイセン; (らっぱ形の)補聴器[スピーカーなど].

blòw one's òwn trúmpet 自慢話をする. The candidates were busy *blowing* their *own ~s*. 候補者たちは自画自賛に忙しかった.

── 動 自 **1** らっぱを吹く. **2** 〔象が〕ほえる. ── 他 を吹聴する. She's *~ing* her daughter's accomplishments. 彼女は娘の多芸ぶりを触れ回っている. [＜古期フランス語「小さなラッパ (trump[2])」]

trúmpet càll 名 Ⓒ らっぱの合図; (緊急)出動の命令.

trúmpet crèeper 名 Ⓒ 〖植〗アメリカノウゼンカズラ.

trúm·pet·er 名 Ⓒ **1** トランペット奏者; らっぱ手. **2** 吹聴する人.

trun·cate /trʌ́ŋkeit|-ˊ-/ 動 他 **1** の頭部[尾部]を切る. **2** 〔文章など〕を切り詰める. ── /ˊ-/ 形 ＝truncated. [＜ラテン語「(先端を)切り取る (＜trunk)」]

trun·cat·ed /ˊ--|-ˊ--/ 形 端[先]を切り取った; 切り詰められた.

trun·cá·tion 名 Ⓤ 端[先]の切断; 切り詰め.

trun·cheon /trʌ́ntʃ(ə)n/ 名 Ⓒ **1** 〖英〗(巡査の)警棒 (〖米〗nightstick). **2** (権威を表す)杖(つえ), 職杖(じょう). [＜古期フランス語「切り株」(＜ラテン語 'trunk')]

‡**trun·dle** /trʌ́ndl/ 動 他 VOA 〔手押し車など〕をごろごろ動かす. ── 自 VA 〔車などが〕ごろごろ動く; 〔人が〕のんびり歩く. ── 名 ＝trundle bed.

trúndle bèd 名 〖米〗キャスター付きベッド 《他のベッドの下に押し入れられる低いベッド》.

[trundle bed]

‡**trunk** /trʌŋk/ 名 (複 **~s** /-s/) Ⓒ

【木の主要部分】 **1** **幹**. carve one's name on the ~ of a tree 木の幹に名前を彫る.

2 【幹のようなもの】 **象の鼻**. The elephant picked up the food with his ~. 象は鼻で食べ物を拾い上げた.

3 ＝trunk line.

4 【(幹から作った)容器】 **トランク** 《箱形の旅行用大かばん; 初めは木の幹をくりぬいて作ったと言う; suitcase より大きい》. **5** 〖米〗トランク 《自動車後部の; 〖英〗boot》.

【体の主要部分】 **6** (人, 動物の)**胴**, 胴体, 主要部分. He has a short ~ and long legs. 彼は胴が短く脚が長い. **7** 【胴をおおうもの】 〈~s〉 (男子用の)運動用パンツ, トランクス. bathing [swimming] *~s* 水泳パンツ. [＜ラテン語 *truncus*「(枝を切り落とされた)幹」]

trúnk càll 名 Ⓒ 〖英旧〗長距離[市外]通話 (long-distance call).

trúnk hòse 名 〈複数扱い〉 (16–17 世紀に男子がはいた)もも部分がふくらんだ半ズボン.

trúnk lìne 名 Ⓒ **1** (鉄道などの)幹線, 本線. **2** (電話の)長距離線.

trúnk ròad 名 Ⓒ 〖英〗幹線道路.

trúnk ròute 名 Ⓒ 〖英〗(道路, 鉄道の)幹線ルート.

trun·nion /trʌ́njən/ 名 Ⓒ **1** (大砲の)砲耳 《砲架上の砲身を支える左右に突き出した部分》. **2** 〖機〗トラニオン, 耳軸.

truss /trʌs/ 名 Ⓒ **1** 〖建〗トラス, 桁(けた)構え, 《屋根, 橋などを支える骨組み》. **2** 〖医〗ヘルニア[脱腸]帯. **3** 〖英〗(干し草, わらなどの)束.

── 動 他 **1** を(ロープなどで)縛りつける 〈*up*〉. **2** (料理するために)〔カモ, 鶏など〕の脚と翼を胴体に縛りつける 〈*up*〉. **3** 〔屋根, 橋〕を桁構えで支える. [＜古期フランス語] ▷**trúss·ing** 名 Ⓤ 〖建〗トラス部[材].

trúss brìdge 名 Ⓒ トラス橋.

‡**trust** /trʌst/ 名 (複 **~s** /-ts/) **1** Ⓤ **信頼**, 信用, 〈*in* ..に対する〉, (類語 相手の誠実さや能力などに基づく信頼; →belief); Ⓒ 頼りになる[信頼できる]人[物]. She doesn't have much ~ *in* his word. 彼女は彼の約束をたいして信用していない. Place [Put] your ~ *in* me and I will take care of everything. 私にお任せ下されば万事処理いたします. Don't betray his ~ (*in* you). 彼の信頼を裏切ってはいけない.

[truss bridge]

> 連結 deep [absolute, complete; blind, unquestioning] ~ // win [earn, gain; abuse] a person's ~

2 aU 確信, 期待, 〈*that* 節 ..という〉. I have a ~ *that* he will finish the work by tomorrow. 彼はきっと明

日までに仕事を終えてくれるものと信じています.
3 Ⓤ **委託**; 保管, 監督; Ⓒ 委託物. I left my dog in ~ with a neighbor while I was away. 留守の間犬を近所の人に預けた. The boy was then put in his uncle's ~. それから少年はおじさんの世話になることになった. We are unequal to so large a ~. そんなに大きなものを預かることはできない.
4 Ⓤ (信頼, 委託にこたえる)責任[義務]. fulfil [be true to] one's ~ 責任を果たす. a breach of ~ 背任(罪). He's in a position of considerable ~. 彼は相当責任のある地位にいる.
5〖法〗Ⓤ 信託; Ⓒ 信託財産; Ⓒ 保管委員会. The money is held in ~ until you come of age. その金はお前が成年に達するまで信託に預けてある. I set up a ~ in my daughter's name. 私は娘の名前で信託財産を設けた. →National Trust.
6 Ⓤ〖商〗信用販売, クレジット. sell goods on ~ 品物を信用貸しで売る.
7 Ⓒ〖経〗トラスト, 企業合同,《市場独占を目的とする; →cartel, syndicate》.
tàke..on trúst (調べないで)〔人の言うことなど〕をそのまま信用する.
── 動 (~s /-ts/|過 過分 **trúst·ed** /-əd/|**trúst·ing**) 他 **1** (**a**) を**信用する**, 信頼する; を当てにする. He is a man to be ~*ed*. 彼は信頼できる人物だ. I don't ~ his story. 彼の話は信用しない. You can't ~ the buses. バスは当てにならない. We can't ~ him an inch. あいつは全く信頼できないやつだ. (**b**) VOC (~ X *to do*) Xを**信頼して..させる**; Xが..するのを当てにする. I ~ him *to* do the work without supervision. 私は彼は監督なしでも仕事がやれると信じている. Can we ~ you *to* keep a secret? 秘密を守ってくれますか. *Trust* you (=It is typical of you) *to* make errors and be scolded by the coach! 〈皮肉〉君はよくエラーをしてコーチに怒られるね.
2 VOA (~ X ***with..***) X(人)に**..を任せる**, 委託する; X(秘密など)を〔人〕に打ち明ける; (~ X ***to..***) ..にXを預ける. I would ~ him *with* my life [secret]. 彼になら私の命を預けてもよい[秘密を打ち明けてもよい]. The ring was too precious to ~ *to* anyone. その指輪は余りにも貴重なものでだれにも任せられなかった.
3 VOA (~ X ***for..***) X(人)に..を掛け売りする, 貸す.
4〖章〗VO (~ *that* 節) ..と信じる (believe), ..であればよいと思う (hope). I ~ (*that*) you met him there. あちらで彼に会われたことと思います.
── 自〖章〗**1 望む**. You're comfortable, I ~. ご不自由ではないと思いますが (語法 I *trust* という形で文の末尾にしばしば用いられる).
2 VA (~ ***in..***) ..を信じる. *In* God we ~. 我々は神を信ずる《米国の貨幣に刻まれている標語》. You should ~ more *in* your own judgment. 君は自分自身の判断をもっと信じるべきだ.
3 VA (~ ***to..***) ..を当てにする. He always ~*ed to* luck. 彼はいつも運を当てにしていた.
***nòt trúst** a pèrson **as fàr as** [**fàrther than**] one **could thrów** him* [*her*] 絶対人を信用しない.
[<古期北欧語]

trúst·bùster 名 Ⓒ〖米話〗独禁法違反取締官《連邦司法省反トラスト局の係官の通称》.
trúst còmpany 名 Ⓒ 信託会社.
†**trus·tee** /trʌstíː/ 名 Ⓒ **1** (他人の財産保管などの)受託人; 管財人. **2** (大学, 会社などの)理事, 評議員. a board of ~*s* 理事会.
Trùstee Sávings Bànk 名 〈the ~〉トラスティー貯蓄銀行《英国の主要信託貯蓄銀行の1つ; 略 TSB》.
trus·tée·ship /-ʃip/ 名 **1** UC 受託人の地位[権能]. **2** Ⓤ (国連から委任された)信託統治; Ⓒ 信託統治領 (trust territory).
trust·ful /trʌ́stf(ə)l/ 形 =trusting. ▷~·**ly** 副 信頼して. ~·**ness** 名 Ⓤ 信じやすさ.
trúst fùnd 名 Ⓒ 信託財産《例えば生まれた孫に金持ちの祖父が出資して trust fund を設定すると, 受託者はこれを運用して増やし, 一定の据置き期間後に受益者に給付する; このような生まれながらの金持ちともいうべき子供を **trúst fund bàby**〖米俗〗と言う》.
trúst·ing 形 他人を信じる; 信じやすい. ▷~·**ly** 副 信頼して. ~·**ness** 名
trúst tèrritory 名 Ⓒ (国連から委任された)信託統治領.
***trust·wor·thy** /trʌ́stwəːrði/ 形 ⓔ (-**thi·er**|-**thi·est**), ⓜ **信頼できる**; 当てになる. a ~ pilot 信頼できるパイロット. I doubt if that information is ~. その情報が信頼できるか疑っている. [trust, -worthy] ▷**trust·wor·thi·ly** 副 信頼できるように, 頼もしく. **trust·wor·thi·ness** 名 Ⓤ 信頼できること, 頼もしさ.
†**trust·y** /trʌ́sti/ 形 ⓔ〖旧又は戯〗信頼できる; 当てになる (dependable); 忠実な (faithful). one's ~ rifle (正確なので)信頼できるライフル. ── 名 (複 **trust·ies**) Ⓒ (特権を与えられている)模範囚.
‡**truth** /truːθ/ 名 (複 ~**s** /truːðz, -θs/) **1** Ⓤ **真実**; 事実; 真相. Beauty is ~, ~ beauty. 美は真実なり, 真実は美なり《Keats の詩の一節》. There's some ~ in [to] what he says. 彼の言うことにも少々当たっているところがある. the ~, the whole ~, and nothing but the ~ 真実, 真実の一切, そしてただ真実のみ《法廷での証人の宣誓の中の文句》. The ~ was obvious. 真相は明白だった. *Truth* [The ~] will out.〖諺〗真実はいつかは明らかになるもの.

> 連結 the absolute [the complete; the bare, the honest, the plain] ~ // seek [elicit, establish, find (out); accept, face; reveal; stretch] the ~

2 Ⓤ 真実性, 真実味. deny the ~ of his statements 彼の陳述の真実性を否定する. the ~ of the actor's characterization of the politician その政治家にふんした俳優の迫真性.
3 Ⓒ (証明できる)事実, 真理. a general [universal] ~ 一般的真理. scientific ~*s* 科学的真理.
4 Ⓤ 誠実; 正直. doubt his ~ 彼の誠実さを疑う. test the ~ of his character 彼の人柄の誠実さを試す.
in trúth〖章〗本当に; 実は; (truly). *In* all ~, the play was terrible. 実は芝居はひどいものだった.
tèll the trúth and shàme the dévil〖話〗思い切って本当のことを言う.
The trúth is that... =***The trúth is, ...*** 実を言うと... *The* ~ *is*, I just don't have the money. 実を言うとその金の持ち合わせがない.
to tèll (***you***) ***the trúth*** = ***trùth to téll*** 実を言うと (★普通, 文頭に用いる). *To tell the* ~, I don't like her. 実を言うと, 彼女は嫌いだ.
[<古期英語; true, -th¹]

trúth drùg 名 Ⓒ〖話〗自白薬《意識下の感情などを話させるような薬; 精神分析などに用いる》.
†**truth·ful** /trúːθf(ə)l/ 形 **1**〔人が〕本当のことを言う, うそをつかない. a ~ child 正直な子供. **2**〔話などが〕真実の, 本当の. a ~ story (うそでない)真実の話.
trúth·ful·ly 副 **1** 誠実に; まさしく; 真に. I can ~ say that ..と言えば事実に即したことになろう, ..と言って誤りでない. **2** 本当のことを言えば.
trúth·ful·ness 名 Ⓤ 誠実; 真実.
trúth sèrum 名 =truth drug.
trúth sèt 名 Ⓒ〖論・数〗真理集合《ある命題を真にするものの全体からなる集合》.
‡**try** /trai/ 動 (**tries** /-z/|過 過分 **tried** /-d/|**trý·ing**) 他 **【試みにやってみる】 1** を**試す**; を使ってみる, 食べてみる; に

行って[当たって]みる;〔ドア, 窓など〕を(開くかどうか)試してみる; (【類語】「試みる」の意味の最も一般的な語で, 成功の可能性はある; →attempt, endeavor, essay, strive). He made you do it to ～ your strength. 彼は君の力を試すために君にそれをさせたのだ. She *tried* the cake and liked it. 彼女はそのケーキを食べてみておいしいと思った. "You wanna leave a message?" "No, thanks. I'll ～ her at home again."「何か伝言はありますか」「いえ, 結構です, 彼女の家の方にまたかけてみます」《電話で》. He *tried* the door, but it wouldn't move. 彼はそのドアを開けようとしてみたが少しも動かなかった.

2 を試みる, やってみる; 【VO】(～ *doing*/*wh* 節・句) **試しに..してみる**/**..かを試みる**. ～ a new remedy 新治療を試みる. ～ a jump 飛んでみる. I *tried* get*ting* up early for my health. 健康のために早起きをやってみた. He *tried how* long he could stand on his hands. 彼はどの位の間逆立ちしていられるかやってみた.

3 【VO】(～ *to do*) **..しようと努める**, 努力する, (→TRY and do [be] 成句). I *tried to* get up early but I was too tired and sleepy. 早起きしようと試みたが, あまりに疲れていて眠たかった (【語法】この例のように try to do は「しようと努力する」の意味で, その行為の成否は分からない; →2 try doing). *Try* not *to* forget this. この事を忘れないようにしなさい.

【試験する】 **4**【試練を与える】を苦しめる; に無理をさせる; を疲れさせる. My patience was severely *tried*. 堪忍袋の緒が切れそうだったがやっとのことで我慢した. The small print of the book will ～ your eyes. その本の小さな活字では目が疲れるでしょう.

5【審判を行う】【法】〔人, 事件など〕を裁判する, 審理する. ～ a person for murder 人を殺人罪で審理する. ～ a case 事件を裁く.

6【料理】〔脂肪など〕を絞り出す, (溶かして)精製する, 〈*out*〉.

7〔木材〕にかんなをかけて仕上げる.

8【まれ】(議論の上)〔問題〕に決着をつける.

— 自 試みる; やってみる; 努力する. I don't think I can do it, but I'll ～. 私にそれができるとは思わないがやってみよう. She couldn't drive a car if she *tried*.【話】彼女に車の運転なんかできっこないさ. ◇名 trial

nòt for wànt* [*làck*] *of trýing 全力を尽くして, 精一杯やって.

***trỳ and dó* [*bé*]**【話】..しようと努める (～ to do [be]) (【語法】この成句は命令文や助動詞の後で原形のまま用いる). *Try and* get it finished by tomorrow. 明日までに仕上げるよう頑張ってくれ.

trỳ báck【米話】電話をかけ直す. *Try back* in an hour. 1時間後にまたかけてくれ.

trỳ..báck【米話】〔人〕に電話をかけ直す.

trý for..〔地位, 仕事, チャンスなど〕を得ようと(競争[努力])する; ..を志願する. ～ *for* the presidency 大統領の地位を争う. The President was ～*ing for* peace while preparing for war. 大統領は戦争の準備をしながらも平和を求めて努力していた. ～ *for* a scholarship 奨学金を得ようと努力する[試みる].

***trỳ for whíte* [*bláck*]**【南ア史】(白人[黒人]社会にとけ込んで)白人[黒人]になりすまそうとする.

trỳ it ón (1)【英話】ずうずうしくしたり逆らったりし続ける《どこまでそれが許されるか知るために》. (2) だまそうとする, 言い寄ろうとする, 〈*with* ..を, に〉.

trỳ /../ ón (1) ..を着て[かぶって, はいて]みる〈*for* ..〔サイズなど〕が合うか〉. She *tried on* the dress in the fitting room. 彼女は試着室でその服を着てみた. (2)【英話】(相手が怒るかどうか試しに)〔怒られそうな事〕をやってみる, でだまそうとする, 〈*with* ..〔人〕に, を〉. Don't ～ anything *on with* me. おれにちょっかいを出してみるようなことはするな.

trỳ /../ óut〔企画, 機械など〕を試してみる, 〔新薬など〕を試用する, 〈*on* ..に〉. ～ *out* a new car 新車を試走してみる.

trỳ óut for..【米】〔チーム, 劇の役など〕に応募する (＝TRY for..). ～ *out for* the leading role 主役のオーディションに応募する.

— 名 (複 **tries** /-z/) C **1** 〈しばしば a ～〉(新しい)試み; 努力; 〈*at* (*doing*) ..しようとする〉. Just have a ～. さあやってみなさい. Let's give it [him] a ～. やってみよう[彼を試しに使ってみよう]. That's worth a ～. やってみる価値はある.

2【ラグビー】トライ《相手チームのインゴール(ゴールラインの後ろ)の地面にボールを付けること》;【アメフト】トライフォーポイント《touchdown 後に与えられる得点追加 (1点又は2点)のチャンス; **trỳ for póint** とも言う》.

give..the óld cóllege trỳ【米話】..に全力を尽くす[で当たる].

[＜古期フランス語「ふるいにかける」(＜?)]

‡try·ing /tráiiŋ/ 形 m **1** つらい, 苦しい. a ～ day 骨の折れる1日. a ～ experience 苦しい経験. Those were ～ times. 当時は生きていくのが大変な時代だった. **2**〔人が〕我慢のできない, しゃくにさわる. a ～ person しゃくにさわる人. You are very ～ to me sometimes. 君には時々我慢ができなくなる. ▷ **～·ly** 副

trý·òn 名 C **1**【英話】だまそうとする試み. Their recent friendly attitude is a ～; don't be taken in. 彼らの最近の友好的態度の陰には何かある, だまされるな. **2** (仮縫い服の)試着, 仮縫い.

trý·òut 名 C 予行, テスト;【米】(俳優, 選手などの)選考試験, オーディション; (新しい劇などの)試演.

tryp·an·o·some /tripǽnəsòum, trípənəsoum/ 名 C【動】トリパノソーマ《住血鞭(べん)毛虫の一種》.

tryp·sin /trípsin/ 名 U【生化】トリプシン《膵(すい)臓液中の消化酵素》.

tryp·to·phan /tríptəfæn/ 名 U【生化】トリプトファン《不可欠[必須]アミノ酸の一種》.

try·sail /tráisèil,【海】-sl/ 名 C【海】トライスル《荒天時に付ける小縦帆》.

trý squàre 名 C (大工用の)直角[正角]定規.

tryst /trist, traist/ 名 C【古・戯】(秘密の)会合の約束《恋人同士の》; 会合, デート, (の場所).

‡tsar /zɑːr, tsɑːr/ 名 ＝czar.

tsa·ri·na /zɑːríːnə, tsɑː-/ 名 ＝czarina.

tsar·ist /záːrist, tsáː-/ 形 ＝czarist.

tset·se /t(s)étsi/ 名 C【虫】ツェツェバエ《アフリカ産の吸血性のイエバエの一種; 眠り病などの媒介をする; **tsétse flỳ** とも言う》.

T. Sgt. Technical Sergeant.

***T-shirt** /tíːʃəːrt/ 名 (複 **～s** /-ts/) C ティーシャツ, 半そでの丸首シャツ, 《tee shirt ともつづる》.

Tsing·tao /tsìŋtáu/ 名 ＝Qingdao.

tsk /tisk/ 間 ちぇっ, ちっ, 《tut と同様, click 名 3 の音をこのつづりで示す; いらだち, 不満, 非難などを表す》.

tsp teaspoon(s); teaspoonful(s).

T́-squàre 名 C T定規.

tsu·na·mi /tsunáːmi/ 名 (複 **～s, ～**) C 津波 (→tidal wave). [日本語] ▷**tsu·na·mic** /-mik/ 形

TT teetotal; teetotaller;【英】Tourist Trophy (ツーリスト賞オートバイレース《毎年 Man 島で開催》); tuberculin-tested.

TTL【電子工学】transistor transistor logic (トランジスタートランジスター論理)《入力側, 出力側の双方にトランジスターを用いた論理回路》.

T́TL méter 名 C【写】TTL 露出計《撮影レンズを通して測光する露出計; ＜*through-the-lens meter*》.

TU【英】trade union.

Tu. Tuesday.

*__tub__ /tʌb/ 名 (複 ~s /-z/) C **1** たらい, (大きな)おけ; たらい[おけ] 1 杯(の量) (tubful). a ~ of water たらい[おけ] 1 杯の水. **2**〖話〗ふろおけ (bathtub);〖英話〗入浴. soak in the ~ 湯船に浸る. The tired man wanted a hot ~. くたびれた男は熱い湯に入りたかった.
3〖話〗のろくてぶかっこうなボート[船]. an old ~ ぽんこつ船. **4** (プラスチックや紙製の)小型容器 (1 杯の量)《バターやアイスクリームなどの食品用》. **5**〖話〗太った人, でぶ.
── 動 (~s|-bb-) 自〖英話〗入浴する.
[<中期オランダ語]

tu·ba /t(j)úːbə/ 名 C チューバ《低音の大型金管楽器》. [ラテン語「ラッパ」]

tù·bal prégnancy /t(j)ùːbəl-/ 名 UC 卵管妊娠.

tub·by /tʌ́bi/ 形 e 〖話〗(おけのように)ずんぐりした, 太った, 〔人など〕. ▷**tub·bi·ness** 名

‡**tube** /t(j)uːb/ 名 (複 ~s /-z/) C **1** (金属, ガラス, プラスチック, ゴムなどの)**管**, くだ, 筒. a glass [plastic, rubber] ~ ガラス[プラスチック, ゴム]管. the inner ~ of a bicycle tire 自転車のタイヤのチューブ.
2 (歯磨き, 絵の具などの)**チューブ**. a ~ of toothpaste [glue] チューブ入り練り歯磨き[接着剤] 1 本.
3〖生物〗管, 管状器官; 卵管 (Fallopian tube); (管楽器の)管. the bronchial ~*s* 気管支. have one's ~*s* tied (卵管結紮(けっさつ)の)不妊手術を受ける.
4 (ラジオなどの)真空管《〖英〗では valve が普通》.
5 (テレビなどの)ブラウン管 (cathode-ray tube).
6〖米話〗〈the ~〉=television 1, 2 (→box[1] 12).
7 トンネル. An underwater ~ connects the two cities. 海底[河底]トンネルで 2 市はつながっている.
8〖英話〗〈しばしば the T-〉(特に London の)地下鉄 (underground;〖米〗subway). go by [on the] ~ 地下鉄で行く. **9**〖オース話〗(缶ビールの)缶. ◇形 tubular
gò down the túbe(s)〖主に米話〗破滅する, 破産する; 台無しになる. [<ラテン語 *tubus*「管」]

túbe·less 形 〔タイヤなどが〕チューブの(いら)ない《タイヤに直接空気が入る》.

tu·ber /t(j)úːbər/ 名 C **1**〖植〗塊茎《ジャガイモのようなこぶ状の地下茎》. **2**〖解剖〗結節, 病的隆起.
[ラテン語「腫れ物」]

tu·ber·cle /t(j)úːbərk(ə)l/ 名 C **1**〖植〗小塊茎, 塊根. **2**〖解剖〗(小さな)瘤(りゅう). **3**〖医〗結核結節.
[tuber, -cle]

túbercle bacìllus 名 C 結核菌.

tu·ber·cu·lar /t(j)u(ː)bə́ːrkjələr/ 形 **1** 結節の. **2** =tuberculous.

tu·ber·cu·lin /t(j)u(ː)bə́ːrkjələn/ 名 U〖医〗ツベルクリン《結核診断用の注射液》. a ~ test ツベルクリン検査.

tubèrculin-tésted /⁽⁺⁾/ 形〔牛乳が〕ツベルクリン検査済みの.

†**tu·ber·cu·lo·sis** /t(j)u(ː)bə̀ːrkjəlóusəs/ 名 U〖医〗結核, 〈特に〉肺結核,《略 TB;〖旧〗consumption》. pulmonary ~ 肺結核. [tubercle, -osis]

tu·ber·cu·lous /t(j)u(ː)bə́ːrkjələs/ 形 結核性の; 結核にかかった.

túbe·ròse 名 C〖植〗ゲッカコウ(月下香)《ヒガンバナ科の草本; 芳香がある》.

tu·ber·ous /t(j)úːb(ə)rəs/ 形 **1**〖植〗塊茎状の, 塊茎のある. **2**〖解剖〗結節のある, 結節状の.

†**túbe tòp** 名 C〖米〗チューブトップ《伸縮性のある素材でできた円筒型のもので胸からウェストまでボディーラインを見せて着る女性用衣服; 肩ひもはない;〖英〗boob tube》.

túb·fùl /-fùl/ 名 C たらい[おけ] 1 杯(の量).

‡**túb·ing** 名 **1** U 管; 〈集合的〉管類. one meter of ~ 1 メートル分の管. **2** C (一定の長さの)管.

túb-thùmper 名 C〖話〗〈けなして〉わめき立てる弁士[説教師].

túb-thùmping 形 〈けなして〉(しゃべり方が)強圧的にまくし立てる.

‡**tu·bu·lar** /t(j)úːbjələr/ 形 **1** 管状の; 管から成る; 管のある. ~ furniture (スチール)パイプ製家具. **2**〖米俗〗いかす, すごくよい. totally ~ 最高にいかす. ◇名 tube

tu·bu·late /t(j)úːbjələt, -lèit/ 形 =tubular.

tu·bule /t(j)úːbjuːl/ 名 C 小管, 細管.

TUC〖英〗Trades Union Congress.

*__tuck__ /tʌk/ 動 (~s /-s/|過 過分 ~ed /-t/|túck·ing) 他
【押し込む】 **1** VOA X を**押し込む**, しまい込む, 〈*in*, *into* ..に〉. ~ a handkerchief *in* [*into*] one's pocket ハンカチをポケットに押し込む. ~ a bag *under* one's arm かばんを脇(わき)の下にかかえる. with his legs ~*ed under* him 足を縮こめて. Clara ~*ed* her child *into* bed. クララは子供をベッドに寝かしつけた.
2 VOA 〔衣類, ナプキンなど〕の**端を突っ込む**, をたくし込む, 〈*into*, *under* ..に〉. ~ a napkin *under* the chin あごの下にナプキンを差し込む. *Tuck* your shirt *into* your pants. シャツのすそをズボンに突っ込みなさい. ~ *in* the flap of an envelope 封筒のふたを差し込む.
【(押し込んで)見えないようにする】 **3** VOA (~ X ***away***/ ***in***, ***behind***, ***etc***...) X (家など)を〔隠れた場所に〕建てる. Their house was ~*ed behind* a tall building [~*ed away among* the trees]. 彼らの家は高い建物のかげ[林の中]に隠れるように建っていた.
4 〔服〕にひだ (tuck) を付ける.
tùck /../ awáy〖話〗 (1) ..をしまい込む, 隠す. ~ *away* a little money 小金をため込む. ~ oneself *away* 隠れる. (2) ..をたらふく食う. He ~*ed away* so much that he couldn't move. 彼は身動きができないほどたらふく食った.
tùck ín〖英話〗むさぼり[思う存分]食う.
tùck /../ ín (1) ..を差し込む (→他 2). (2)〔特に子供〕を気持ちよくくるんでやる 《寝具を胸の上まで引き上げて》. Climb into bed and I'll ~ you *in*. ベッドに入ったら毛布で(気持ちよく)くるんであげよう.
túck into..〖話〗..をがつがつ食う.
tùck /../ úp (1)〔すそ, そでなど〕をまくり上げる, たくし上げる. ~ *up* one's sleeves そでをまくり上げる. (2) = TUCK /../ in (2).
── 名 **1** C 縫いひだ, あげ, タック. **2** C (脂肪抜きなどの)整形手術. **3** U〖英旧話〗食べ物, 〈特に〉ケーキ, 菓子. [<中期オランダ語「引っ張る」]

túck·er[1] 名 C **1** (ミシンの)ひだ取り器. **2** (昔の婦人服の)胸襟当て《レースなどの》. **3**〖オース話〗食物.

tuck·er[2] 動 他〖米話〗をへとへとに疲れさせる〈*out*〉.

túcker-bàg 名 C〖オース話〗タッカーバッグ《(旅行者の)食料携帯袋》.

túck-ìn 名 C 〈普通, 単数形で〉〖英話〗大ごちそう.

túck shòp 名 C〖英旧話〗(学校内の)菓子店.

-tude /t(j)uːd/ 接尾 「状態, 度合い」の意味の抽象名詞を作る. soli*tude*. magni*tude*. [ラテン語]

Tu·dor /t(j)úːdər/ 名 **1** テューダー《英国の王家 (1485–1603) の名前》. the House of ~ テューダー王家. **2** C テューダー家の人. the ~*s*= the House of ~ (→1).
── 形 **1** テューダー王家[王朝]の. **2**〖建〗テューダー様式の 《英国ゴシック様式の最末期》. [<Owen *Tudor* (Henry V の未亡人と結婚した Wales の騎士); Tudor は Theodore に相当するケルト名]

Tue(s). Tuesday.

‡**Tues·day** /t(j)úːzdei, -di/ 名 (複 ~s /-z/) (★用法→Sunday 注意) **1** C 〈しばしば無冠詞〉 **火曜日**《略 Tu., Tue., Tues.》. **2** 〈形容詞的〉 火曜日の. **3** 〈副詞的〉火曜に; 〈~s〉火曜にはいつも. [<古期英語「Tiu の日」].

tu·fa /t(j)úːfə/ 名 U〖鉱〗テュファ《湧(ゆう)泉の周囲に沈殿する多孔質の石灰華》; =tuff.

tuff /tʌf/ 名 U〖鉱〗凝灰岩《多孔質の岩》.

tuf·fet /tʌ́fət/ 名 C **1** (草の)ふさ, ひと塊, (tuft). **2** 低い腰掛け, スツール.

‡**tuft** /tʌft/ 名 C **1** ふさ, ふさふさした束, 〈*of* ..〔毛, 羽毛, 草など〕の〉. a ～ *of* grass [hair] ひとむらの草[ひとふさの髪]. grow in ～*s* ふさになって生える. **2** (樹木の)茂み, やぶ. [?＜古期フランス語] ▷**túft·ed** /-əd/ 形 **1**〔鳥が〕冠毛の生えた. **2** ふさの付いた; ふさふさした. 「生した.

tuft·y /tʌ́fti/ 形 e ふさの多い; ふさのようになった, 群↑

*__tug__ /tʌɡ/ 動 (～s /-z/|過 過分 ～**ged** /-d/|**túg·ging**) 他 **1** をぐいと引く, 強く引っ張る, 引きずる, (類語 断続的に, 何回も全力で引っ張ること; →pull). ～ a car out of the mud ぬかるみから車を引っ張り出す. ～ a heavy trunk 重いトランクを引きずる. **2** を引き船で引く (tow). ～ a ship out of port 船を港外へ引き出す.

── 自 VA (～ *at*..) ..を力を出して引く. ～ *at* a person's sleeve 人のそでをぐいと引っ張る.

── 名 C **1** 強く引くこと. give a ～ at a person's hair 人の髪の毛を強く引っ張る. **2** 突然の激しい感情. **3** ＝tugboat. **4** 努力, 奮闘, 競争.

[＜古期英語; tow¹ と同源]

túg·bòat 名 C 引き船, タグボート, (tug).

tùg of lóve 名 C 〈単数形で〉〖英話〗親権者争い《実の親が子を取り戻そうとして養親と争う》.

tùg of wár 名 UC **1** 綱引き. **2** (特に 2 者間の)勢力争い, 激闘, 主導権の奪い合い.

†**tu·i·tion** /t(j)uːíʃ(ə)n/ 名 U **1** 授業料《特に大学, 私立学校の》(**tuítion fèe**). **2**〖章〗教授, 授業, 〈*in* ..の〉. give [have] private ～ *in* English 英語の個人教授をする[受ける]. [＜ラテン語「保護」] ▷ ～·**al** /-nəl/ 形

tu·la·re·mi·a /tùːlərímiə/ 名 U 〖獣医〗野兎(やと)病, ツラレミア, 《ウサギなどの齧歯(げっし)類の動物の伝染病; 人間にもうつる》(rabbit fever).

‡**tu·lip** /t(j)úːləp/ 名 (複 ～s /-s/) C 〖植〗チューリップ(の花, 球根). [＜トルコ語「ターバン」]

túlip trèe 名 C 〖植〗ユリノキ, ハンテンボク, 《北米産; モクレン科の高木》. 「い木質で家具の材料》.

túlip·wòod 名 U ユリノキ (tulip tree) の木材《軽↑

tulle /tuːl|tjuːl/ 名 U チュール《ベールなどに用いる網状の薄絹, 薄ナイロン; ＜産地のフランスの都市名》.

Tul·sa /tʌ́lsə/ 名 タルサ《米国 Oklahoma 州北東部の都市; 米国石油産業の中心地の 1 つ》.

tum /tʌm/ 名 〖英幼・戯〗＝tummy.

*__tum·ble__ /tʌ́mb(ə)l/ 動 (～s /-z/|過 過分 ～**d** /-d/|**-bling**) 自 【急に転がる】 **1** 転ぶ, 倒れる; (もんどり打って)転がり落ちる, 転落する; 〈*down, over, off*〉〈*from* ..から〉. ～ *down* the stairs 階段から転がり落ちる. ～ *over* the roots of a tree 木の根につまずいて転ぶ. The fruit ～*d from* the overturned basket. ひっくり返ったかごの中から果物が転がり落ちた.

2 転げ回る, のたうち回る; VA 転がるように行く[来る]; あわてて[どやどやと]行く[来る]; 〈*into* ..の中へ/*out of* ..から〉. toss and ～ (*about*) in pain 痛くて転げ回る. ～ *along* 転がるように走って行く. ～ *out of* [*into*] bed ベッドから飛び出す[に飛び[転がり]込む]. The words ～*d out of* her lips. 言葉が彼女の口からぽんぽん飛び出した.

3 (体操練習で)宙返り[とんぼ返り]をする.

4 【転がり着く】〖話〗VA (～ *to*..) ..に[を]急に気がつく, 思い当たる, 悟る. It took me some time before I ～*d to* him [what he meant]. 彼という人間[彼の意図]が分かるまでしばらく時間がかかった.

【転げ落ちる】 **5** VA (～ *down*)〔建物が〕崩れ落ちる.

6〔価格が〕急落する, 〔量が〕急に減じる, 〈*by* ..だけ/*from* ..から/*to* ..まで〉. Stock prices ～*d* today. 今日株価が急落した.

7〔川, 滝などが〕(激流となって)流れ(落ち)る.

── 他 **1** を倒す; を投げ落とす. Trees were ～*d* over by the wind. 木は風でなぎ倒された. The passenger was ～*d* out of the car. 乗客は車から投げ出された. He ～*d* the papers back into the drawer. 彼は書類を元の引き出しへ投げ込んだ.

2 を投げ散らかす; をくしゃくしゃにする. in ～*d* confusion 〔部屋などが〕ごちゃごちゃに散らかって.

tùmble over one anóther to dò 先を争って..しようとする.

── 名 **1** C 転ぶこと, 転倒; 転落. take a ～ in the dark 暗やみで転ぶ. **2** aU 混乱, ごちゃごちゃ. The furniture was all in a ～. 家具はごちゃごちゃになっていた. [＜古期英語「踊る」; -le¹]

túmble·dòwn 形 〈普通, 限定〉〔建物が〕今にも倒れそうな, 朽ちかけた; 荒れ果てた.

túmble drìer [drỳer] 名 C 回転式乾燥機.

tùmble-drý 動 他 〔洗濯物〕を(回転式)乾燥機にかける.

†**tum·bler** /tʌ́mblər/ 名 C **1** (平底で柄のない)大コップ, タンブラー; タンブラー 1 杯. **2** (錠の)槓桿(こうかん)《鍵(かぎ)でこれを回すと錠があく》. **3** 軽業師; 体操選手.

túmbler drìer [drỳer] 名 ＝tumble drier.

túmble·wèed 名 U 風転草《枯れると根元から折れ丸くなって風に飛ばされる, 北米西部産; アマランサス (amaranth) などを含めた総称》.

tum·bling /tʌ́mbliŋ/ 名 U 〖米〗〖体操〗タンブリング《マット上での跳躍・回転運動》.

tum·brel, -bril /tʌ́mbrəl/ 名 C **1** (農夫の)肥料運搬車《後ろに倒して荷を落とす式の》. **2**〖史〗(フランス革命時代の)死刑囚護送車《簡単な作りの荷車》.

tu·me·fac·tion /t(j)ùːməfǽkʃ(ə)n/ 名 〖章〗 U 腫(は)れ上がること; C 腫れ物.

tu·me·fy /t(j)úːməfài/ 動 〖章〗 他 を腫(は)れ上がらせる. ── 自 腫れ上がる. 「上がり.

tu·mes·cence /t(j)uːmés(ə)ns/ 名 U 〖章〗腫(は)れ↑

tu·mes·cent /t(j)uːmés(ə)nt/ 形 〖章〗腫(は)れ上がった; 〔性器が〕勃(ぼっ)起した.

tu·mid /t(j)úːməd/ 形 〖章〗 **1** 腫(は)れ上がった, 肥大した. **2** 〔文体などが〕大げさな, 誇張した.

tu·mid·i·ty /t(j)uːmídəti/ 名 U 〖章〗 **1** 腫(は)れ(上がり). **2** (文体などの)誇張.

‡**tum·my** /tʌ́mi/ 名 (複 **-mies**) C 〖話〗おなか. [＜*stomach*＋*-y*³]

†**tu·mor** 〖米〗, **-mour** 〖英〗 /t(j)úːmər/ 名 C **1** 腫(は)れ物. **2**〖医〗腫瘍(しゅよう). [＜ラテン語 *tumēre*「腫れる」]

tu·mor·ous /t(j)úːmərəs/ 形 腫(は)れ物の(ある).

tu·mu·li /t(j)úːmjəlài/ 名 tumulus の複数形.

*__tu·mult__ /t(j)úːmʌlt/ 名 (複 ～**s** /-ts/) UC 〖章〗 **1** (群衆などの)騒ぎ, 喧噪(けんそう); 騒動, 暴動. the rush hour ～ ラッシュアワーの喧噪. an age of political ～ 政治的動乱の時代. His remarks caused a ～ among the audience. 彼の言葉は聴衆の間に騒ぎを引き起こした. **2** (心の)混乱, 動揺. His mind was in (a) ～. 彼は気が転倒していた. [＜ラテン語「不安, 騒動」(＜ *tumēre* 'swell')]

†**tu·mul·tu·ous** /t(j)uːmʌ́ltʃuəs/ 形 **1** 騒々しい; 混乱した. a ～ meeting 騒然とした集会. The fans gave the rockstar a ～ welcome. ファンはそのロックミュージックのスターを大騒ぎして歓迎した. **2**〔心が〕動揺した. **3** 混乱[騒乱]を引き起こす. **4**〔波, 風などが〕荒い, 激しい. ▷ ～·**ly** 副 騒々しく; 荒れ狂って.

tu·mu·lus /t(j)úːmjələs/ 名 (複 ～**·es**, **tu·mu·li** /-lài/) C 古墳, 塚. [ラテン語「ふくれたもの」]

tun /tʌn/ 名 C **1** (ビール, ワインなどの)大酒だる; 発酵おけ. **2** タン《酒類の容量単位; 252 ガロン》.

*__tu·na__ /t(j)úːnə/ 名 (複 ～, ～s) **1** C 〖魚〗マグロ, ツナ, (tunny). **2** U マグロの肉 (**túna fìsh**). [＜ギリシア語]

tun·a·ble /t(j)úːnəb(ə)l/ 形 **1** 調律できる. **2** 調子の合った. ▷**tùn·a·bíl·i·ty** 名 **-bly** 副

T

túna mèlt 名 U 〖米〗ツナメルト《パンに溶かしたチーズとツナを乗せた料理; 主に昼食用》.

tun·dra /tʌ́ndrə/ 名 UC (シベリアなどの)ツンドラ, 凍土帯. [ロシア語(<ラップ語)]

‡tune /t(j)uːn/ 名 (複 ～s /-z/) **1** C 曲, 節, メロディー; 歌曲. Everybody knows the ～ to this song. この歌の節はだれでも知っている.

> 連結 a catchy [a happy, a merry; a haunting; a lilting; a plaintive, a sad; a rollicking; a romantic; a stirring] ～ // play [hum; sing; whistle; compose, write] a ～

2 U 正しい調子, 音程. **3** U 調和, 協調.

càll the túne 〖話〗決定権を持つ, 命令する立場にある, 《<(楽士にやらせる)曲を指定する》.

càrry a túne 正しいメロディーで歌う.

chànge one's túne 意見[態度]を変える. He'll *change* his ～ when he learns about this. これを知ったら彼も態度を変えるだろう.

dànce to a pèrson's túne 人の言いなりになる.

in [out of] túne (1) 調子が合って[はずれて]. They sang *in* ～. 彼らはよく調子を合わせて歌った. The piano is *out of* ～. ピアノは調子が狂っている. (2) 協調して[仲が悪く]〈*with* ..と〉. He is no longer *in* ～ *with* the times. 彼はもう時勢に合わなくなった.

sìng anòther [a dìfferent] túne ＝change one's TUNE.

to the túne of .. (1) ..の曲に合わせて. (2)〖話〗..という(高)額まで. We were robbed *to the* ～ *of* $5,000. 我々は大枚5千ドルも奪われた.

── 動 (～s /-z/|過 過分 ～d /-d/|**tún·ing**) 他 **1** 〔楽器〕の**調子を合わせる**, を調律する, 〈*up*〉. The piano hasn't been ～*d* for years. そのピアノは長年調律していない. **2** 〔エンジン〕の調子を整える, を調整する, 〈*up*〉. This engine [car] needs *tuning up*. このエンジンは[この車はエンジンを]調整する必要がある. **3** 〔テレビ, ラジオ〕を合わせる〈*to* ..〔局, 番組〕に〉(→成句 TUNE /../ in). Keep your dial ～*d to* WQXF. ラジオのダイヤルを引き続き WQXF にお合わせください. Stay ～*ed*, please. そのまま聴いて下さい.

tùned ín to .. ..と調子が合って, ..に理解があって. politicians ～*d in to* the needs of the people 庶民の欲しい物がよく分かる政治家.

tùne ín チャンネルを回す[ダイヤルを合わせる]〈*to, on* ..に〉. We ～*d in to* NHK to hear the news. 我々は NHK にダイヤルを回してニュースを聴いた.

tùne /../ ín 〔ラジオ, テレビ〕のダイヤル[チャンネル]を合わせる〈*to, on* ..に〉. Keep your set ～*d in on* Channel Five. 引き続き第5チャンネルでお楽しみください.

tùne óut (1) 雑音が聞こえないようにダイヤルを回す; チャンネル[番組]を他に変える. (2)〖主に米話〗耳を貸さない, そっぽを向く, 無視する.

tùne /../ óut (1) (ダイヤルをひねって)〔雑音, 番組など〕を聞こえなくする; 〔ラジオ, テレビ〕を他のチャンネル[番組]に変える. ～ *out* the news ニュースから他の番組に回す. (2)〖主に米話〗に耳を貸さない, を無視する.

tùne úp 楽器の調子を合わせる.

tùne /../ úp →他 1, 2. [tone の変形]

túne·a·ble 形 ＝tunable.

tune·ful /t(j)úːnf(ə)l/ 形 (調べの)美しい; 音楽的な(音を出す). ▷ **～·ly** 副 美しい調べで. **～·ness** 名

túne·less 形 (調べの)美しくない; 調子はずれの; 音楽にならない. ▷ **～·ly** 副 **～·ness** 名

tun·er /t(j)úːnər/ 名 C **1** (テレビ, ラジオの)同調器, チューナー(部分). **2** (ピアノなどの)調律師.

túne-ùp 名 C (エンジンなどの)調整.

túng òil /tʌ́ŋ-/ 桐(きり)油《塗料の原料; 中国原産のアブラギリ(**túng trèe**) からとる》.

tung·sten /tʌ́ŋstən/ 名 U 〖化〗タングステン《金属元素; 記号 W; 公式名称は wolfram》. [スウェーデン語「重い石」]

Tun·gus /tuŋgúːz|túŋgus/ 名 (複 ～·es, 〈集合的〉～) **1** 〈the ～(es); 複数扱い〉ツングース族《東部シベリアのモンゴルの1種族》; C ツングース族の人. **2** U ツングース語.

†tu·nic /t(j)úːnik/ 名 C **1** (古代ギリシア人, ローマ人の)半そで又はそでなしでひざまでの服. **2** (警官, 軍人の制服の)短い上着. **3** そでなしのゆったりした上着《女学校の制服など》. **4** チュニック《ゆったりした婦人用上着の一種でしばしば胴がベルト締めになっている》. [<ラテン語]

túning fòrk 名 C 〖楽〗音叉(さ)《楽器調律用のU字形鋼鉄棒》.

túning pèg 名 C 〖楽〗(弦楽器の)糸巻き.

Tu·nis /t(j)úːnəs/ 名 チュニス《チュニジアの首都》.

Tu·ni·sia /t(j)uːníʒə, -ʃ(i)ə|-ziə/ 名 チュニジア《北アフリカの共和国; 首都 Tunis》. ▷ **Tu·ni·si·an** /-ən/ 形, 名

‡tun·nel /tʌ́n(ə)l/ 名 (複 ～s /-z/) C **1** トンネル, 地下道; (鉱山の)坑道. a railroad ～ 鉄道のトンネル. make a ～ through a hill [under the sea] 山[海底]にトンネルを掘る. They escaped through a secret ～ under the house. 彼らは家の下の秘密の地下道を通って脱出した. The train entered a long ～. 列車は長いトンネルに入った. **2** (動物が掘った)穴.

sèe the líght at the ènd of the túnnel やっと希望の光を見出す. I think we can *see the light at the end of the* ～. (長い苦労の末)やっと成功のめどがついたようだ《<トンネルの出口に光が見える》.

── 動 (～s|〖英〗-ll-) 他 **1** 〔山など〕にトンネルを掘る. **2** VOA 〔通路など〕を掘る, 掘り進む〈*through* ..に/*under* ..の下に/*to* ..へ〉. They ～*ed* their way *out of* the prison. 彼らはトンネルを掘って刑務所を脱走した.

── 自 トンネルを掘る; VA (トンネルのように)もぐって進む; 〈*into, through* ..の中へ/*under* ..の下に〉. Moles have ～*ed under* the lawn. モグラが芝生の下に穴を掘った.

[<古期フランス語「樽」(*tonne* 'tun' の指示語)]

túnnel vìsion 名 U **1**〖医〗視野狭窄(さく)症. **2**〖話〗視野の狭さ, 偏狭.

tun·ny /tʌ́ni/ 名 (複 ～, -nies) ＝tuna 1.

tup /tʌp/ 名 C 〖主に英〗雄羊 (ram).

tu·pe·lo /t(j)úːpəlòu/ 名 (複 ～s) C 〖植〗アメリカヌマミズキ《北米産》; U ヌマミズキ材.

tup·pence /tʌ́p(ə)ns/ 名 〖英話〗＝twopence.

tup·pen·ny /tʌ́p(ə)ni/ 形 〖英話〗＝twopenny.

Tup·per·ware /tʌ́pərwèər/ 名 U 〖商標〗タッパー(ウエア)《ポリエチレン製の食品密封保存容器》.

tuque /t(j)uːk/ 名 C チューク《カナダでかぶる先のとがった毛糸編みの帽子》.

‡tur·ban /tə́ːrbən/ 名 C **1** ターバン《シーク[ヒンドゥー, イスラム]教徒の男が頭に巻く》. **2** ターバン風の婦人帽子. [<ペルシア語] ▷ **～ed** 形 ターバンを巻いた.

tur·bid /tə́ːrbəd/ 形 **1** 〔液体が〕混濁[汚濁]した. **2** 混乱した〔頭など〕. **3** 濃い〔雲, 煙, 霧など〕. ▷ **tur·bid·i·ty** /təːrbídəti/, **～·ness** 名

tur·bi·nate /tə́ːrbənət, -nèit/ 形 〖章〗〔貝などが〕渦巻き形の, らせん状の; 〖解剖〗甲介骨の. ── 名 C 巻き貝; 甲介骨《鼻孔上部にある》(**tùrbinate bóne**).

‡tur·bine /tə́ːrbən, -bain/ 名 C 〖機〗タービン《高温・高圧ガスなどで回転する原動機》. [<ラテン語 *turbō*「渦巻」]

tur·bo- /tə́ːrbou/ 〈複合要素〉「タービン」の意味.

túrbo·chàrged 形 ターボ(チャージャー)付きの〔エンジン, 車など〕.

túrbo·chàrger 名C 〘機〙ターボ(チャージャー)《タービンによる supercharger; 単に turbo とも言う》.

túrbo·fàn 名C ターボファンエンジン; ターボファン(航空)機.

túrbo·jèt 名C **1** ターボジェットエンジン (**túrbojet èngine**). **2** ターボジェット(航空)機.

túrbo·pròp 名 C **1** ターボプロップエンジン (**túrboprop èngine**). **2** ターボプロップ(航空)機.

tur·bot /tə́ːrbət/ 名 (複 ～, ～s) **1** C 〘魚〙カレイの類《ヨーロッパ産》. **2** U カレイの肉.

‡**tur·bu·lence, -len·cy** /tə́ːrbjələns/, /-si/ 名U **1** (海, 天候などの)大荒れ. **2** 騒乱, 動乱, 動揺. **3** 〘気象〙乱気流.

†**tur·bu·lent** /tə́ːrbjələnt/ 形 **1** 荒れ狂う〔波, 風など〕. **2** 不穏な, 動乱の, 〔時代など〕; かき乱された, 動揺した, 〔感情など〕. **3** 乱暴な, 手に負えない, 〔群衆など〕.
[＜ラテン語「かき回す, 混乱させる」(＜*turba* 'crowd')]
▷ **～·ly** 副

turd /təːrd/ 名C **1** 〘卑〙糞(ふん)(の塊), くそ. **2** 〘俗〙くそったれ野郎 (★呼びかけにも用いる). You ～! このくそったれめ. [＜古期英語]

tu·reen /təríːn, tjə-/ 名C ふた付きの食卓用鉢《スープなどを入れそこから各自に取り分ける》.

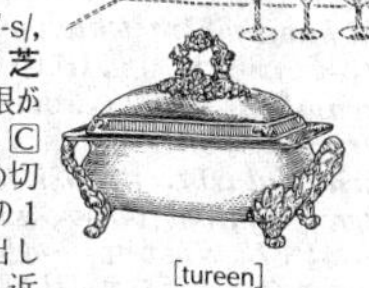
[tureen]

*__turf__ /təːrf/ 名 (複 **～s** /-s/, **turves** /təːrvz/) **1** U 芝生, 芝土, 《芝とその根が張っている土の層》. **2** C 芝土の 1 片《移植のため切り取った》. **3** C 泥炭の 1 片《燃料として切り出した》. **4** U 〘主に米話〙近所となり, 自分の縄張り. a ～ battle [war] 縄張り争い. **5** U 〈the ～〉競馬; 競馬場.
── 動 他 〔地面〕を芝生で覆う. ***tùrf /../ óut* [*óff*]** 〘英話〙〔人〕を追い払う; 〔物〕を投げ出す. [＜古期英語]

túrf accòuntant 名C 〘英章〙＝bookmaker 1.

Tur·ge·nev /tuərɡéinjəf|təːɡéinjev/ 名 **Ivan Sergevich ～** ツルゲーネフ (1818-83)《ロシアの小説家》.

tur·gid /tə́ːrdʒəd/ 形 〘章〙**1** ふくれた, 腫(は)れ上がった. **2** 〔用語, 文体が〕仰々しい, もったいぶった. ▷ **～·ly** 副

tur·gid·i·ty /təːrdʒídəti/ 名U 〘章〙**1** ふくれ, 腫(は)れ. **2** 仰々しさ, 誇張.

Tu·rin /t(j)ú(ə)rin/ 名 トリノ《ポー (Po) 川に臨むイタリア北西部の都市; イタリア自動車産業の中心地の 1 つ; イタリア名 Torino》.

Tùrin Shróud 名 トリノの聖布《十字架にかかって死んだキリストの遺体を包んだ経かたびらとされる布》.

†**Turk** /təːrk/ 名C トルコ人 (→Turkey).

Turk. Turkey; Turkish.

Tur·ke·stan /tə̀ːrkəstǽn, -stáːn|-stáːn/ 名 トルキスタン《中国, ロシア, アフガニスタンにまたがるアジア中西部の広大な地域》.

†**Tur·key** /tə́ːrki/ 名 トルコ《中東の共和国; 首都 Ankara; →Turk, Turkish》.

*__tur·key__ /tə́ːrki/ 名 (複 **～s** /-z/, ～) **1** C **七面鳥**; U 七面鳥の肉《Christmas に, 又米国では Thanksgiving の料理として roast される》. Thanksgiving without ～ isn't Thanksgiving. 七面鳥(料理)がない感謝祭なんて感謝祭じゃない. **2** C 〘ボウリング〙ターキー《3 回連続のストライク》. **3** 〘主に米話〙C (映画, 演劇などの)失敗作 (flop). **4** 間抜けなやつ《呼びかけとしても用いる》.
tàlk túrkey 〘主に米話〙率直に[ずばずば]ものを言う《商談などで》.
[＜*Turkey* cock; この鳥がトルコ経由でもたらされたことから]

túrkey bùzzard [**vùlture**] 名C 〘鳥〙ヒメコンドル《米国南部・中南米産のコンドルの一種》.

túrkey còck 名C **1** 雄の七面鳥. **2** 気取り屋, いばり屋.

Tùrkey réd 名U 鮮紅色; 緋(ひ)木綿.

Tur·kic /tə́ːrkik/ 名C, 形 チュルク語(の)《トルコ, 中央アジア南部で話されるウラル・アルタイ系の諸語》.

†**Turk·ish** /tə́ːrkiʃ/ 形 トルコの; トルコ人の; トルコ語の; トルコ風の; (→Turkey, Turk). ～ tobacco トルコたばこ. ── 名U トルコ語.

Tùrkish báth 名C トルコ式ふろ, 蒸しぶろ.

Tùrkish cóffee 名UC トルココーヒー《強くて甘いブラックコーヒー》.

Tùrkish delíght 名U ゼリー状のキャンディーの一種.

Tùrkish Émpire 名 〈the ～〉＝Ottoman Empire.

Tùrkish tówel 名C (けばの長いテリ織りの)トルコタオル.

Tur·ki·stan /tə̀ːrkəstǽn, -stáːn|-stáːn/ 名 ＝Turkestan.

Turk·men·i·stan /tə̀ːrkmenistǽn|-stáːn/ 名 トルクメニスタン《中央アジアの共和国; カスピ海東岸にあり, ウズベキスタン, イラン, アフガニスタンに隣接する; 首都 Ashkhabad; CIS 構成国の 1 つ》.

Tur·ko·man /tə́ːrkəmən/ 名 (複 **～s**) C トルクメン人《アラル海周辺, イラン, アフガニスタンに住む》; U トルクメン語.

Tùrks and Cái·cos Ìslands /-kéikəs-/ 名 〈the ～〉タークスアンドケーコス諸島《西インド諸島の Bahama 諸島の南西にある 30 の島から成る英国の植民地; 首都 Grand Turk》.

tur·mer·ic /tə́ːrmərik/ 名U **1** 〘植〙ウコン《ショウガ科; インド産》. **2** ウコンの根の粉末, ターメリック, 《染料, 調味料, カレー粉の原料など》.

†**tur·moil** /tə́ːrmɔil/ 名 aU 騒ぎ, 騒動, 混乱. be in (a) ～ 混乱状態にある. The King's death threw the country into (a) ～. 王の死は国を混乱に陥れた. [＜?]

‡**turn** /təːrn/ 動 (**～s** /-z/|過 過分 **～ed** /-d/|**túrn·ing**)
自 【**回る**】 **1 回る**, 回転する. I heard a key ～ in the lock. かぎが錠の中で回る音が聞こえた. A wheel *～s on* its axle. 車輪は車軸を中心にして回転する. The door *～s on* its hinges. その戸は蝶番(ちょうつがい)で動く. The earth *～s (a)round* the sun. 地球は太陽のまわりを回っている. ～ *on* one's heel →heel[1].
2 〔頭が〕くらくらする, 目が回る, 目まいがする.
【**ひっくり返る**】 **3 ひっくり返る**, 転覆する; 寝返りを打つ. Our boat *～ed* upside down. 我々のボートがひっくり返った. ～ (over) in bed 寝床で寝返りを打つ.
4 〔胃が〕(ひっくり返るように)むかつく. make a person's stomach ～ 人の胃をむかつかせる; (不快感で)人の胸くそを悪くする.
【**向きを変える**】 **5 向きを変える**, 振り向く 〈*around*〉; VA 向く, 顔をそらす 〈*from* ..から〉; 〔関心などが〕向く 〈*to* ..に〉. The wind *～ed from* the north to the west. 風向きが北から西へ変わった. She *～ed* to greet me. 彼女は振り向いて私にあいさつした. ～ at the door and say goodby 戸口で振り返ってさよならを言う. All faces *～ed toward* me. みんなの顔が私の方を向いた. He *～ed from* the horrible sight. 彼はその恐ろしい光景から顔をそむけた. At this she *～ed* quickly to go. そこで彼女は立ち去ろうと素早く向きを変えた.
6 引き返す, 戻る; VA **曲がる**, **それる**. Let's ～ (back) before it's too late. あまり遅くならないうちに引き返そう. *Turn* (*to* the) left at the next crossing. 次の交差点で左へ曲がりなさい. ～ *round* a corner 角を曲がる. The road *～s* south at that point. 道はその地点で南に曲がる.
【**向かって進む**】 **7** VA **頼って行く** 〈*to* ..に/*for* ..〔助力

など〕を求めて〉. ～ *to* one's friends *for* help 友人に助けを求める. I don't know where to ～ *for* the money. その金をどこに求めたらよいのか分からない.

8 🄥 (**～ *to* (*doing*)..**) ..を本格的にやりだす; ..に着手する. He ～*ed to* teach*ing* at forty. 彼は 40 歳で教職についた. ～ *to* crime 罪の道を歩み始める.

9【向かってくる】 刃向かう, 食ってかかる, 反抗する. Even a worm will ～. →worm 图 1. ～ against.. →成句. ～ on.. →成句(2).

【転進する＞変化する】 **10** 🄥 転じる, 変化する. His health ～*ed for* the better. 彼の健康は好転した.

11 (**a**) **変わる**, 色が変わる, 変質する《酸っぱくなる, 腐るなど》; 改宗する; 〖俗〗寝返る; (→12). The tide has ～*ed*. 潮が変わった; 〈比喩的〉 形勢が一変した. The leaves are beginning to ～. 葉の色が変わり始めた. The milk has ～*ed*. 牛乳が酸っぱくなった. (**b**)〖英〗〔試合が〕流れが変わる《主にジャーナリズムで用いる》.

12 🄥 (**～ *into, to*..**) **..になる**; 🄒 (**～ X**) Xになる. Will the snow ～ *to* rain? 雪は雨になりそうですか. Caterpillars ～ *into* butterflies. 毛虫はチョウになる. ～ forty 40 歳になる. He ～*ed* deadly pale. 彼は真っ青になった. ～ communist 共産主義者になる (★補語が名詞の時は無冠詞). a writer ～*ed* politician 作家上がりの政治家 (★～ed は who has ～ed の意味). Her hair is beginning to ～ grey. 彼女の髪は灰色になり始めている.

13 🄥〔商品が〕さばける.

14〖クリケット〗〔球が〕カーブする; 〖ゴルフ〗折り返す《後半のラウンドを始める》. **15**〖海〗間切る.

— ⓗ 【回す】 **1** を回す, 回転させる; 〔栓など〕をひねる (→成句 TURN /../ off [on]); 〔足首〕をひねる, くじく. ～ a wheel 輪を回す. ～ a key in the lock かぎを錠に入れて回す. ～ the steering wheel to the right ハンドルを右に切る.

2 (ろくろ[旋盤]で回して)を形作る; 〔言葉をこね回して文など〕をよい形に作る; 回転して〔ある動作〕をする. ～ an epigram 警句をひねる. a well-～*ed* phrase うまい言い回し. ～ a somersault とんぼ返りをする.

3〔資金など〕を回転させる; 〔利益など〕を得る. We are not yet ～*ing* a profit. まだ利益は上がっていない. ～ an honest penny →penny.

【回る】 **4**〔街角など〕を曲がる; を迂(う)回する. *Turn* the next corner. 次の角を曲がりなさい. ～ the enemy's flank 敵の側面を迂回する.

5 (角を曲がるように)〔年齢〕を越す, に届く, 〔時刻〕を過ぎる. He has ～*ed* sixty. 彼は 60 を越した. It's just ～*ed* six o'clock. 6 時を回ったばかりだ.

【ひっくり返す】 **6 をひっくり返す**, 裏返す; を転覆させる; 〔土地〕を掘り返す; 〔刃〕をまくれさせる. ～ the pages of a book 本のページを繰る. ～ an omelette オムレツをひっくり返す. A large wave ～*ed* our boat upside down. 大波が我々のボートを転覆させた.

7〔頭など〕の調子を狂わす, 〔胃〕をむかつかせる; を腐敗させる. His rapid promotion has ～*ed* his head. 早い昇進で彼はのぼせ上がっている. The warm weather has ～*ed* the milk. 暑さで牛乳が変質した[腐った].

【向きを変える, 向ける】 **8** 🄥🄐 〔家畜など〕を追いやる; を(..に) そらす, 転じる; 〈*to, into* ..〔ある方向[場所]〕へ/ *out of, from* ..〔ある場所〕から〉. ～ cattle *into* the corral 家畜を囲いに追い込む. ～ a person *out of* his house 人を家から追い出す. The storm ～*ed* their ship *from* her course. あらしに流されて彼らの船は針路からそれた. ～ the conversation away *from* sensitive topics さしさわりのある話題から会話をそらす.

9 の向き[進路]を変える; 〔弾丸など〕をはね返す, かわす.

10 🄥🄐 **の向きを変える** 〈*to, toward* ..の方へ〉; 〔注意など〕を向ける 〈*to* ..へ〉, 〔銃, 怒りなど〕を向ける 〈*on* ..に〉. Turn your face *toward* me. 顔を私の方に向けなさい. ～ one's back *to* the light *on*.. →back (成句). ～ one's hand *to* a job 仕事に手をつける. ～ one's steps *homeward* 家路につく. ～ one's thoughts *to* one's boyhood 自分の少年時代に思いをはせる. ～ one's attention *to* the scenery 景色に注意を向ける. ～ a blind eye [a deaf ear] *to*.. →blind, deaf, (成句).

【変える】 **11** (**a**) (**～ X *into, in*..**) **Xを..に変える**, 変化[変質, 変身]させる; (**～ X *into*..**) Xを..に訳す, 言い換える. ～ seawater *into* fresh water 海水を淡水に変える. Midas ～*ed* everything he touched *to* gold. ミダスは触れた物すべてを黄金に変えた. ～ a picture *into* money 絵を金に換える. ～ the study *into* a living room 書斎を居間に(模様替え)する. ～ a sentence *into* French 文をフランス語に(翻訳)する.

(**b**) 🄥🄞🄒 (**～ X Y**) XをYに変える[にする]. ～ the leaves yellow 葉を黄色に変える. Care ～*ed* his hair gray. 心配で彼の髪は白くなった. ～ milk sour 牛乳を酸敗させる. (**c**)〖英〗〔試合〕の流れを変える《主にジャーナリズムで用いる》.

12〖クリケット〗〔球〕をカーブさせる. **13**〔活字〕を逆字にする. **14**〖米俗〗を堕落させる. **15**〖古〗に賛辞を述べる.

Lèft* [*Rìght*] *túrn! 〖英〗左向け左[右向け右]《軍隊の号令; 〖米〗Left [Right] face!》.

nòt know whére* [*whìch wáy*] *to túrn (どっちを向くべきか分からない＞)どうしていいか分からない, 途方に暮れる.

tùrn abóut ＝TURN around.

tùrn /../ abóut ＝TURN /../ around.

****túrn against..*** **..に反抗する**; ..を嫌う.

***túrn* X *against* Y** X(人)をYに対して反抗させる, XにYを嫌わせる. What has ～*ed* the child *against* me? 何であの子は私に反抗する[私を嫌う]のか.

****tùrn aróund*** (1) **回る**; 回れ右する, 振り向く. I ～*ed around* when I heard a sound behind me. 背後に物音を聞いて振り返った. (2) (考えを)一変する, 変節する; 〔株式市況などが〕がらりと変わる; 〔事業などが〕好転する. (3) 〈～ around and do の形で; ★do は say, do など〉 人の意表を突く[いつもの自分とは全く違った]ことを言う[する], 態度をがらりと変えて..する. (4)〖海〗寄港業務を完了する.

****tùrn /../ aróund*** (1) **..を回す**; ..を回れ右させる, 振り向かせる. ～ the car *around* 車の向きをくるりと変える. (2) ..を一変させる, 変節させる; 〔経済, 事業など〕を好転させる, 立て直す. (3)〖海〗〔船〕に寄港業務を完了させる.

tùrn asíde わきを向く, 顔[視線]をそむける 〈*from* ..から〉.

tùrn /../ asíde ..をわきへそらす; ..を受け流す, かわす.

****tùrn awáy*** **立ち去る**; (見)捨てる 〈*from* ..を〉; 顔をそむける 〈*from* ..から〉. You shouldn't ～ *away from* the poor child. そのかわいそうな子供を見捨てるべきではない.

tùrn /../ awáy ..を追い返す, 〔入りたい人〕を入れない; ..への援助を断る. The seats were sold out and we were ～*ed away*. 席は売り切れで我々は入場を断られた.

****tùrn báck*** **引き返す**, 戻る. There can be no ～*ing back*. 後戻りはもうできない.

tùrn /../ báck (1) ..を引き返させる; 〔時計, 時の流れなど〕を元へ戻す. (2)〔紙の端など〕を折り返す. ～ *back* the corner of the page ページの端を折り曲げる.

****tùrn dówn*** 〔道路, 景気などが〕**下り坂になる**.

túrn down.. 曲がって..を行く. ～ *down* an alley 角を曲がって路地に入る.

****tùrn /../ dówn*** (1) **..を下へ(折り)曲げる**, 〔ページなど〕を折り返す. ～ *down* the corners of one's mouth 口をへの字に曲げる. ～ *down* a bed (整えた)ベッドの上掛けの 1 方の角を折り返す《入りやすくするため》. (2)〔トランプ札〕を伏せる. (3)〔音量, 光など〕を(つまみを回して)下げる,弱くする. ～ down a lamp ランプの芯(しん)を下げる. (4)〔申し込み(者), 提案など〕をはねつける, 断る, (refuse, reject). The manuscript was ～ed down. 原稿はつっ返された.

*tùrn ín 中へ入る[曲がる]; 立ち寄る; 〖話〗寝床へ入る. His feet ～ in. 彼の足は内まただ. ～ in upon oneself 自分の殻に閉じこもる.

*tùrn /../ ín (1)..を中に入れる, 〔家畜〕を追い込む; ..を折り込む, 内へ(折り)曲げる. (2)〔使用済みの物〕を返す; ..を(下取りに)出す. ～ in the camping gear before leaving 出発前にキャンプ用具を返す. (3)〔書類など〕を提出する, 渡す; 〔ある成績〕に達する. ～ in one's report 報告書を出す. ～ in one's best time 〔運動選手などが〕自己最高タイムを出す. (4)〖話〗..を(警察などに)引き渡す. ～ oneself in 自首する; 投降する. (5)..をやめる, 中止する.

tùrn ..ìnside óut (1)〔ポケットなど〕を裏返しにする, 〔ある場所〕を全部ひっくり返して調べる. (2)〔物事が〕..を一変させる. (3)(別の見方を求めて)..を子細に検討する.

*tùrn óff (1)横町に入る; 〔道が〕分かれる. (2)〔水, ガスが〕止まる, 〔明かりが〕消える.

túrn off.. ..から横町[支線など]へ入る; ..から分かれる. ～ off the main street into a narrow lane 大通りから狭い路地に入る.

*tùrn /../ óff (1)(栓をひねって)〔ガス, 水道〕を止める, 〔電流, ラジオ〕を切る, 〔電灯, テレビ〕を消す; 〈一般に〉〔継続的供給〕を止める; (↔TURN /../ on (1)). Don't forget to ～ off the lights when you leave. 出て行く時には電灯のスイッチを切るのを忘れるな. (2)〖英〗〔使用人など〕を首にする. (3)〖話〗〔人〕に嫌気を起こさせる (↔TURN /../ on (2)). Rock ～s me off. ロックなんてくそ面白くもない. All her friends were ～ed off by her haughtiness. 彼女の友人はみな彼女がお高くとまっているのに愛想が尽きた.

tùrn ón (1)〖話〗(麻薬などで)うっとりとなる〈to ..に〉. (2)〔水, ガスが〕出る, 〔明かりが〕つく.

*túrn on [upon].. (1)→自 1. (2)..に食ってかかる, ..を攻撃する. The dog ～ed on its master. 犬が飼い主に刃向かった. (3)..に依存する, ..次第である. Everything ～s upon her will. 万事彼女の意志次第だ. The whole dispute ～s on a very small point. その紛争全体の元になっているのは非常に小さな点だ. (4)〔議論などが〕..を主題とする.

*tùrn /../ ón (1)(栓をひねって)〔ガス, 水道〕を出す, 〔電流〕を通す, 〔電灯, テレビ, ラジオ〕をつける; 〈一般に〉〔継続的な供給〕を始める; (↔TURN /../ off (1)). ～ on the gas ガスを出す. ～ on the light [television] 電灯[テレビ]をつける. ～ on music 音楽をかける. We'll have to get the water ～ed on. 水道を引いてもらわなければならない. (2)〖話〗..に興味を持たせる, ..をかかわらせる, 〈to ..に〉; をわくわくさせる; (↔TURN /../ off (3)); ..を性的に興奮させる. Rock ～s me on. ロックを聞くとしびれちゃう. (3)〖話〗を(麻薬などで)うっとりさせる, 幻覚症状を起こさせる.

*tùrn óut (1)外に向く[曲がる]; 外へ出る, 繰り出す; 〈for ..のために/to do ..しようと〉; 〖話〗床(とこ)を離れる. Do I have to ～ out in this nasty weather? このひどい天気の中を出かけなくてはならないのか. A huge crowd ～ed out to watch the game. その試合を見ようと大群衆が繰り出した. (2)(a)〈～ out (to be) X で〉X となる, X であることが分かる (prove). The business ～ed out a success. 事業はうまく行った. The dirty boy ～ed out (to be) a prince in disguise. その汚い少年は変装した王子だと分かった. (b)〔事が〕成り行く. Everything ～ed out well [badly]. 何もかもうまく行った[行かなかった]. as it ～ed out 結果から見れば, 結局のところ. (c)〈It ～s out that ..で〉..となる, ..であることが分かる. Now it ～s out that you were right after all. 結局君が正しかったということが分かった.

*tùrn /../ óut (1)(栓, つまみをひねって)〔ガス, 電灯など〕を消す. (2)..を追い出す; ..を首にする. ～ out the occupants into the streets 居住者を路上に追い出す. ～ out the horses to grass 馬を放牧に出す. (3)〔ポケットなど〕を裏返しにする《中の物を全部出すため》; 〖英〗(中の物を出して)〔部屋, 引き出しなど〕を空っぽにする, 〔中の物〕を出す. (4)..を作り出す, 製造する; 〔技術などを持った人〕を生み出す. This factory ～s out 500 cars a month. この工場は車を月 500 台生産する. (5)..に(ある)服装をさせる〈well, smartlyなどを伴い, 普通, 受け身で〉. ～ out one's children nicely 子供にちゃんとした服を着せる. He is always smartly ～ed out. 彼はいつも身だしなみがいい.

*tùrn óver (1)ひっくり返る, 転がる. She felt her heart ～ over in her chest. 彼女は胸の中で心臓がひっくり返る思いだった. Please ～ over. →PTO. (2)〔エンジンなどが〕かかる, 始動する. (3)〔商品が〕回転する, 売りさばかれる. (4)〔胃が〕むかつく. (5)〖米俗〗'薬(やく)'を断つ.

*tùrn /../ óver (1)..をひっくり返す, 転がす, 倒す. ～ over the pancake パンケーキをひっくり返す. ～ over the hay (よく乾かすために)干し草をひっくり返す. (2)〔本(のページ)〕をめくる, 〔何かを捜して書類など〕をひっくり返す. ～ over a new leaf →leaf. (3)..を(頭の中で転がすように)あれこれ考える. I ～ed it over in my mind all night. 私はひと晩中その事をあれこれ考えた. (4)..を渡す, 譲り渡す; ..を(警察などに)引き渡す; 〈to ..に〉. Turn those keys over to her when you are through. 済んだらそのかぎを彼女に渡しなさい. ～ oneself over to the police 警察に自首する. (5)〔金〕を回転させる; 〔いくらの額〕の商い[売り上げ]がある; 〔店が在庫〕を回転させる. ～ over £3,000 a week 週 3 千ポンドの売り上げがある. (6)〔エンジン〕を始動させる. (7)〖話〗〔場所〕を襲う, 荒らす; 〔場所など〕を(ひっかき回して)捜索する, 調べる. (8)..の使い方を変える〈to ..に〉.

tùrn róund ＝TURN around.

tùrn /../ róund ＝TURN /../ around.

tùrn tó (本気で)仕事にかかる. Now let's ～ to. さあ始めよう.

*túrn to.. (1)→自 5, 7, 8, 12. (2)〔..ページ〕を開く. Please ～ to page 18. 本の 18 ページを開けてください.

*tùrn úp (1)上に曲がる[向く]; 〔景気などが〕上り坂になる. The road ～s up sharply from there. 道はそこから急に上り坂になる. (2)〔人が〕(ひょっこり)姿を現す, 〔物が〕(偶然)出て来る, 〔事が〕起こる; (..であると)分かる, 判明する. He ～ed up at my office yesterday. 彼は昨日僕の会社にひょっこり訪ねて来た. Something is sure to ～ up. きっと何とかなるさ《楽天主義の人の言葉》. (3)〖海〗間切る.

*tùrn /../ úp (1)..を起こす, 立てる; 〔そで口など〕を(上へ)折り返す. ～ up the collar of one's overcoat オーバーの襟を立てる. ～ up the ends of one's trousers ズボンの裾(すそ)を折り返す. (2)〔トランプ札〕を上に向ける, 〔ある札〕をめくって出す. (3)..を掘り出す, 発掘する; ..を(調査して)あばき出す, 発見する. ～ up human bones 人骨を掘り出す. Police have ～ed up little information about him yet. 警察は彼についての情報をまだあまり掘り出していない. (4)〔ガス, 石油ストーブ, ラジオなど〕を(つまみをひねって)明るく[強く, 大きく]する. (5)〖話〗〔人〕に吐き気を催させる. The mere sight of him ～s me up. あの男を見ただけで胸がむかむかする. (6)〖俗〗〈～ it up で; 普通, 命令文で〉やめる, よす.

túrn upon.. ＝TURN on..

tùrn ..ùpside dówn ＝TURN..inside out (1)(2).

Whatèver tùrns you ón! 〖話〗私は全然興味がない, 少しも面白い[すばらしい]とは思わない. "I think her new

CD is fantastic!" "*Whatever ~s you on!*"「彼女の新しい CD は最高だよ」「(あんなの)どこがいいのさ」
── 名 (複 **~s** /-z/) Ⓒ 【回る[回す]こと】 **1 回転**; 向ける[向く]こと. give another ~ to the screw ねじをもうひとひねりする. by a ~ of Fortune's wheel 運命の女神の紡ぎ車の 1 回転で 《運命ががらりと変わる際に言う》. with a meaningful ~ of his eyes toward me 意味ありげに私の方に目を向けて.
2 歩き回ること, 散歩, ドライブ, 乗馬. take a brisk ~ in the park 公園の中を勢いよく散歩する. take a dozen ~*s* up and down the room 部屋を 10 回あまり行きつ戻りつする.
【回って来るもの】 **3 順番**, 番. It is our ~ to laugh. 今度は我々が笑う番だ. wait one's ~ 順番を待つ. in one's next ~ at bat 次の打席で.
4 〈単数形で〉 ひと仕事; 〖英〗 (交替勤務の)出番. take a ~ at the wheel 運転の番を引き受ける. I haven't done a ~ for months. 何か月も仕事を全然していない. not do a hand's ~ 縦の物を横にもしない. be on the night ~ 夜勤をしている.
5 (寄席, 演芸などの 1 つの)出し物, 演目.
【方向の転換】 **6 曲がる[曲げる]こと**; 折り返し, ターン. The road took a sharp ~ to the left. 道は鋭く左へ曲がった. The car made a right ~ [a ~ to the right]. 車は右に曲がった[方向転換した].
7 曲がり具合, 格好. the ~ of the leg 足の格好.
8 曲がり角. at a ~ in the road 道が曲がる所で.
9 〈the ~〉 変わり目, 転換期, 〈*of* ..の〉. the ~ *of* the century 世紀の変わり目.
【変化】 **10** 〈単数形で〉 (事態などの)**転換**, 新発展. The discussion took a new ~. 議論は新しい方向へ発展した. take a ~ for the better →成句. I didn't foresee this ~ of events. こんな成り行きになるとは思わなかった.
11 【心身状態の変化】 〖話〗 (病気の)発作; 〈単数形で〉 ぎょっとすること. He's had one of his ~*s*. 彼はいつもの発作が起きた. Oh, it's you! You gave me quite a ~. なんだ君か. びっくりしたよ.
12 〖金融〗 (株などの)売買; 買値と売値の差(額), 利ざや.
【方向>特性】 **13** 〈単数形で〉 (生まれつきの)性向; 才能. be of an artistic ~ (of mind) 芸術家肌である. have a ~ for mathematics 数学の才がある.
14 【性向の表れ】 〈形容詞をつけて〉 (親切な, 良い, ひどいなど)行為. do a person a good [bad] ~ 人のために良かれと思って(..を)する[人にひどい仕打ちをする]. One good ~ deserves another. 〖諺〗 善行は善行で報いられるに値する, '情けは人のためならず', '相身互いだ' (>お互い助け合おう).
15 言い回し. a beautiful [happy] ~ of phrase [expression] 美しい[巧みな]言い回し. **16** 性交, '一発', 《特に売春婦との》.
at èvery túrn 曲がるたびに; 至る所で[に]; しょっちゅう. He opposes me *at every* ~. 彼はことごとに私に反対する.
a tùrn of spéed 急加速, 急成長; 瞬発力.
a tùrn of the scréw →screw.
****by túrns*** かわるがわる, 交替で. They helped the poor family *by* ~*s*. 彼らは交替でその貧しい家庭を助けた. He was gay and serious *by* ~*s*. 彼ははしゃいだり, まじめになったり, くるくる変わった.
càll the túrn 結果を正しく予言する.
****in túrn*** (1) **順番に(なって)**; 交替で. We introduced ourselves *in* ~. 私たちは順番に自己紹介をした. He was *in* ~ a writer, a teacher, and a government official. 彼は順ぐりに作家, 教師, 官吏になった. (2) = in one's TURN.
****in one's túrn*** (1) **自分の番に**. speak *in* one's ~ 自分の番が来て話す. (2) **入れ替わって**, 今度は自分が. One who laughs at others' misery will *in* (his) ~ be laughed at. 他人の不幸を笑うものは今度は自分が笑われるだろう.
on the túrn 変わり目にさしかかって; 〖話〗 〔牛乳などが〕 腐りかかって.
out of túrn 順番を無視して; 時[場所柄, 方法など]をわきまえずに. speak *out of* ~ (順番を無視して)かってにしゃべりだす; (人の気持ちなど構わずに)かってな事を言う.
sèrve a pèrson's túrn 人の役に立つ. This will *serve* my ~. これで私には間に合うでしょう.
tàke a tùrn for the bétter [***wórse***] 〔病状などが〕急に快方に向かう[悪化する].
tàke (***it in***) ***túrns*** (***to*** *do*) 交替で(..)する. They *took it in* ~*s to* carry the suitcase. 彼らは交替でスーツケースを運んだ.
tàke one's túrn 順番を引き受ける. Father *takes* his ~ (at) washing up. 父も順番で皿洗いをします.
tàke túrns 交替でする 〈*at* ..を/*doing*, *to* do ..するのを〉. Let's *take* ~s sleep*ing*. 交替で眠ろう. *take* ~*s at* the wheel [*at* driving the car] 交替で車の運転をする.
to a túrn 〔料理の加減が〕 適度に, 申し分なく. a roast done *to a* ~ ちょうどよく焼けた肉.
tùrn (***and tùrn***) ***abóut*** =by TURNS.
[<古期英語 (<ラテン語 *tornāre*「旋盤で回す」(<ギリシア語 *tórnos* 'lathe'))]

túrn·abòut 名 Ⓒ **1** 転向, 旋回, 転換. **2** (思想, 政策などの突然の)転向, (反対党などへの)寝返り. **3** 〖主に英〗 =merry-go-round.

túrn·aròund 名 Ⓒ **1** 方向転換, 転回; (車の)方向転換[U ターン]場所. **2** 転向, 変節, 寝返り, (turnabout). **3** 〈普通, 単数形で〉 状況の(好)展開 〈*in* ..〔経済など〕の〉. **4** 〈普通, 単数形で〉 (船, 航空機などの)折り返し航行準備(に要する時間).

túrn·bùckle 名 Ⓒ ターンバックル, 引き締めねじ, 《中空の連結用ねじ金具》.

túrn·còat 名 Ⓒ 裏切り者, 変節者.

túrn·còck 名 〖英〗 =stopcock.

túrn·dòwn 形 〈限定〉 折り返しの〔襟など〕 (↔stand-up). ── 名 Ⓤ 〖米話〗 拒否, はねつけ.

Tur·ner /tə́ːrnər/ 名 **Joseph Mallord** /mǽlərd/ **William** ~ ターナー (1775–1851) 《英国の画家》.

túrn·er 名 Ⓒ **1** 旋盤工; ろくろ師. **2** (パンケーキなど料理用の)返しべら.

turn·er·y /tə́ːnəri/ 名 Ⓤ 旋盤[ろくろ]細工; 旋盤[ろくろ]製品; Ⓒ 旋盤[ろくろ]工場.

‡turn·ing /tə́ːrniŋ/ 名 (複 **~s** /-z/) **1** Ⓤ **回転**; 方向転換; 変化. **2** Ⓒ (道路の)**曲がり目**, 曲がり角. take the first ~ on [to] the left 最初の曲がり角を左へ曲がる.

tùrning círcle 名 Ⓒ (車の)最小回転半径(の描く円).

túrning pòint 名 Ⓒ 〈普通, 単数形で〉 転換点, 転機, 変わり目, 〈*in* ..における/*for* ..にとっての〉. the ~ *in* [*of*] one's career 生涯の転機.

‡tur·nip /tə́ːrnəp/ 名 **1** Ⓒ 〖植〗 カブ; カブハボタン. **2** ⓊⒸ カブの根 《食用, 飼料用》. [<中期英語 (?<turn+*nepe*「カブ」)]

túrn·kèy 名 (複 **~s**) Ⓒ (昔の)牢(ろう)番, 看守.
── 形 〈限定〉 完成引き渡し契約の〔建物など〕 《1 人の請負師が着工から完成まで責任を持つ》.

túrn·òff 名 (複 **~s**) Ⓒ **1** わき道, 分岐点, 《主要[高速]道路などから分かれる ramp など》; わき道にそれる[ランプに入る]こと. **2** 〖話〗 〈単数形で〉 不快な人[物], 興ざめ; (性的に)そそらない人[物].

túrn·òn 名 Ⓒ 〖話〗 〈普通, 単数形で〉 (特に, 性的に)刺激する[興味をそそる]人[物] 〈*to* ..にとって〉.

T

‡**túrn·òut** 名 **1** C 〈普通, 単数形で〉参会者(数); 観客(数); 投票者(総数). There was a poor ～ for the match [election] because of bad weather. 悪天候のため試合の観客は少なかった[選挙への出足はよくなかった]. **2** C 身なり; 装備. **3** C 〘英〙(部屋, 戸棚などの)大掃除. **4** C 〘米〙(狭い道路上の)車の待避所. **5** aU (労働者, 工場などの)生産高 (output).

†**túrn·òver** 名 **1** C (車などの)転覆, 転倒. **2** aU 〔商品の〕(一定期間内の)回転率 〈*of* ..の〉. **3** aU (一定期間内の)総売上高, 出来高 〈*of* ..〔株式売買など〕の〉. **4** aU (新規労働者による)補充率《一定期間内の》, 労働移動(率), 離職[転職](率). **5** UC 小型の折り重ねパイ《果実など入り》. **6** 〘球技〙ターンオーバー《バスケットボール, フットボールなどでエラー, 反則でボールが相手側に移ること》.

turn·pike /tə́ːrnpàik/ 名 C **1** 〘米〙(有料)高速道路 (pike, **tùrnpike róad**). **2** 〘史〙＝tollgate.

túrn·ròund 名 ＝turnaround.

túrn sìgnal 名 C 〈普通 ～s〉〘米〙(自動車の前後左右4つの)進行方向指示ランプ (〘英〙では普通 indicator).

túrn·stìle 名 C 回転木戸; 回転改札口《硬貨, 乗車券などを挿入すると腕木が回って1人ずつ通す》.

[turnstile]

túrn·stòne 名 C 〘鳥〙キョウジョシギ《餌(えさ)を捜して石をひっくり返す習性がある》.

túrn·tàble 名 C **1** 回転台, 転車台, 《機関車や大型車の向きを変える装置》. **2** (レコードプレーヤーの)ターンテーブル. **3** (食卓の)回転盆.

túrn-ùp 名 C **1** 〘英〙〈しばしば ～s〉(ズボンの裾(すそ)の)折り返し (〘米〙 cuff). **2** 〘英話〙突然で思いがけない出来事 (**tùrn-up for the bóok(s)**).

tur·pen·tine /tə́ːrpəntàin/ 名 U テレビン油《ペンキの薄め液, 絵筆の洗浄などに用いる》.

tur·pi·tude /tə́ːrpət(j)ùːd|-tjùːd/ 名 U 〘章〙邪悪; 卑劣; 背徳.

turps /təːrps/ 名 〘話〙＝turpentine.

‡**tur·quoise** /tə́ːrk(w)ɔiz|-kwɑːz, -kwɔːz/ 名 **1** UC トルコ石《宝石; →birthstone ★》. **2** U トルコ石色《青緑色》. ── 形 青緑色の, 空色の. [＜古期フランス語 'Turkish']

‡**tur·ret** /tə́ːrət|tʌ́r-/ 名 C **1** (城壁, 建物などの一角に付いた)小塔, やぐら. **2** (戦車, 軍用機, 軍艦などの)(旋回)砲塔. **3** (旋盤の)タレット(台). [＜古期フランス語]

túr·ret·ed /-əd/ 形 小塔のある; 砲塔のある.

***tur·tle**[1] /tə́ːrtl/ 名 (複 ～s /-z/, ～) C 〘動〙カメ, 〘主に英〙〈特に〉ウミガメ; U ウミガメの肉《食用》; (→tortoise; ★〘米〙では陸棲 (terrapin など)・水棲を問わず turtle と総称することが多い). [tortoise と同源; 語形は turtle[2] に影響された]

tùrn túrtle 〘話〙〔船, 車が〕ひっくり返る (capsize).

tur·tle[2] 名 〘古〙＝turtledove.

túrtle·dòve 名 C 〘鳥〙コキジバト《キジバトの一種; やさしい鳴き声と雌雄のむつまじさが特徴》.

túrtle·nèck 名 C 〘米〙 **1** とっくり襟, タートルネック, 《折り返し無し》, (〘英〙 polo-neck《折り返し有り》). **2** タートルネックのセーター. ▷ **～ed** /-t/ 形

turves /təːrvz/ 名 turf の複数形.

Tus·can /tʌ́skən/ 形 **1** トスカナの. **2** 〘建〙トスカナ様式の. ── 名 **1** C トスカナ人. **2** U トスカナ語《トスカナ地方のラテン語; Dante の『神曲』はこれで書かれ, イタリア標準語の基礎となった》.

Tus·ca·ny /tʌ́skəni/ 名 トスカナ《イタリア中部の西海岸に面した州; 州都 Florence; イタリア名 Toscana》.

tush[1] /tʌʃ/ 間 〘古〙これはしたり, ふん, あきれた, 《じれったさ, 軽蔑, 非難などを表す》. [＜古期英語]

tush[2] 名 C きば (tusk).

tush[3] 名 C 〘米話〙尻(しり), けつ, (bottom).

†**tusk** /tʌsk/ 名 C (象, イノシシ, セイウチなどの)きば. [＜古期英語 *tux* (tush[2] の異形)]

túsk·er 名 C 〘話〙tusk を持つ動物《象, イノシシ, セイウチなど》.

Tus·saud's /tuːsóuz|təsɔ́ːdz/ 名 マダム・タッソー蠟(ろう)人形館《有名人の蠟人形を陳列している London の名所; **Màdame Tussáud's**》.

‡**tus·sle** /tʌ́s(ə)l/ 〘話〙 動 自 **1** 取っ組み合いをする, 争う; 競い合う; 〈*with* ..と/*over* ..をめぐって/*for* ..を得ようと〉. ～ *for* the ball ボールを取り合う. **2** 格闘する 〈*with* ..〔難問など〕と〉. ── 名 C 〘話〙取っ組み合い; (激しい)言い争い; (難問などとの)格闘; 〈*with* ..との/*over* ..をめぐっての〉. have a ～ *over* the TV channel テレビのチャンネル争いをする.

tus·sock /tʌ́sək/ 名 C (小さな)茂み, くさむら. ▷ **～·y** /-ki/ 形

tússock mòth 名 C 〘虫〙毒蛾(が).

tut /tʌt/ 間, 名 C ちぇっ(という舌打ち)《困惑, 非難などを表す舌打ちの音; 普通2度繰り返す; →click 名 3》.
── (～s|-tt-) 動 自 ちぇっと舌打ちする.

Tut·ankh·a·men, -mon, -mun /tùːtɑːŋkɑ́ːmən/ 名 ツタンカーメン《古代エジプトの王 (1361–1352 B.C.); その墓が1922年に発見された》.

tu·te·lage /t(j)úːtəlidʒ/ 名 〘章〙 **1** U 保護, 後見. **2** aU 保護[後見]されること; 保護[後見]される期間. **3** U 指導, 訓育. under the ～ of ..の指導下に.

tu·te·lar·y, -te·lar /t(j)úːtəlèri|-ləri/, /-tələr/ 〘章〙形 守護する; 保護[後見]の. a ～ deity 守護神.

***tu·tor** /t(j)úːtər/ 名 (複 ～s /-z/) C **1** (時には住み込みの)家庭教師 (→governess). The rich boy had a ～ instead of going to school. 金持ちの少年は学校へ行かずに家庭教師が付いていた. **2** 〘英〙(大学の)個別指導教官, チューター. **3** 〘米〙(大学の)指導助手 (teaching assistant; instructor の下位). **4** 〘英〙(特に音楽の)教習書.
── 動 他 **1** 〔人〕の家庭教師をする 〈*in* ..について〉. Beth ～*ed* him *in* math. ベスは彼に数学の個人教授をした. **2** 〔学科〕を家庭教師として教える. ～ French フランス語の家庭教師をする. **3** 〔人〕をしつける; 〔動物〕をならす, 訓練する. **4** 〘章〙〔感情など〕を抑制する.
── 自 **1** 家庭教師をする 〈*in* ..について〉. **2** 〘米話〙個人教授を受ける 〈*in* ..〔科目など〕の〉. He's ～*ing in* all of his school subjects. 彼は学校の全教科について個人教授を受けている.
[ラテン語「保護者」(＜*tuērī*「見る, 護る」)]

tu·to·ri·al /t(j)uːtɔ́ːriəl/ 形 **1** 〘章〙家庭教師の. **2** 〘英〙個別指導(教官)の. ── 名 C 〘英〙(大学の)個別指導時間.

tu·tor·ship /t(j)úːtərʃip/ 名 U tutor (2, 3) の職[地位].

tut·ti-frut·ti /tùːtifrúːti/ 名 U 刻んだ数種の果物(とつぶしたクルミ)を入れたアイスクリーム.

tùt-tút 動 (～s|-tt-) ＝tut.

Tu·tu /túːtuː/ 名 **Des·mond ～** トゥトゥ (1931–)《南アフリカの大主教; アパルトヘイトに猛反対した; ノーベル平和賞》.

tu·tu /túːtuː/ 名 C チュチュ《バレエ用の短いスカート》.

Tu·va·lu /tuvɑ́ːluː, tuːvəlúː/ 名 ツヴァル《中部太平洋の島国で, 英連邦の一員; 首都 Funafuti》.

tu-whit tu-whoo /tu(h)wìttu(h)wúː/ ほーほー《フクロウの鳴き声》.

tux /tʌks/ 名 〘米話〙＝tuxedo.

tux·e·do /tʌksíːdou/ 名 (複 ～(e)s) C 〘主に米〙タキ

シード《男子の略式夜会服; 〘英〙 では普通 dinner jacket》. [＜*Tuxedo* Park (初めて着用されたクラブがあるニューヨークの地名)]

‡**TV** /tìːvíː/ 名 (複 **～s, ～'s** /-z/) **1** U テレビ(放送). go on *TV* テレビに出る, テレビで放映される. watch a baseball game on *TV* 野球の試合をテレビで見る. **2** C テレビ受像機. turn on [off] the *TV* テレビをつける[切る]. **3** /形/〈形容詞的〉テレビの. a *TV* commercial テレビのコマーシャル. [＜*television*]

TVA Tennessee Valley Authority.

TV dínner 名 C テレビ食《調理してトレーに載せた冷凍食品でちょっと温めれば食べられる; テレビを見ながら用意したり食べたりできることから》.

TV evángelist 名 ＝televangelist.

TV gáme 名 C テレビゲーム.

TVP textured vegetable protein.

TWA Trans World Airlines.

twad·dle /twɑ́dl|twɔ́dl/ 名 U むだ口, くだらない話, 駄文. ── 動 自 くだらない話をする[書く]. ▷**twad·dler** 名

Twain /twein/ 名 →Mark Twain.

twain /twein/ 名 UC 〘詩・古〙 2つ; 2人; 一対; (two). cut in ～ 真っ二つに切る. ***nèver the twàin shall méet*** 両者は(違いすぎて)決して両立しない《＜Kipling の詩句》. [＜古期英語 *twēgen* (two の男性形)]

‡**twang** /twæŋ/ 名 C **1** (弦などの)ぶーん[びーん]と鳴る音 **2** 鼻声, 鼻にかかる音. He has a nasal ～ in his speech. 彼は鼻にかかった声で話す. ── 動 他 〔弦(楽器)など〕をぶーん[びーん]と鳴らす. ── 自 〔弦(楽器)などが〕ぶーん[びーん]と鳴る. [擬音語] ▷**twang·y** /twǽŋi/ 形 ぶーんと鳴る, 鼻声の.

'twas /twəz, 強 twɑz|twəz, 強 twɔz/ 〘詩・古〙 it was の短縮形.

twat /twɑt|twɔt/ 名 C **1** 〘卑〙 女性の陰部. **2** 〘英俗〙 いやなやつ, ばか, 《呼びかけとしても》.

tweak /twiːk/ 動 他 **1** 〔耳, 鼻など〕をぐいとひねる, ぐいと引っ張る. **2** 〔デザイン, システムなど〕をマイナーチェンジする. ── 名 C **1** (耳, 鼻などを)ひねること, ぐいと引っ張ること. **2** マイナーチェンジ.

twee /twiː/ 形 〘英話〙 小ぎれいさが鼻につく, いやにすま「しこんだ.

Tweed /twiːd/ 名 〈the ～〉 ツイード川《スコットランド南部とイングランド北東部を流れる; 上流域は tweed の原産地》.

†**tweed** /twiːd/ 名 **1** U ツイード《数色の糸で織った目の粗い羊毛生地の一種》. my ～ suit 私のツイード服. **2** 〈～s〉 ツイード服. [〘スコ〙 *tweel* 'twill' の誤読から]

twee·dle·dum and twee·dle·dee /twìːdl-dʌ́m-ən-twìːdldíː/ 名 **1** C うり二つの2人[2物]. **2** 〈T- and T-〉 ツイードルダムとツイードルディー《ルイス・キャロル作 *Through the Looking-Glass* 中のよく似た兄弟》.

tweed·y /twíːdi/ 形 e **1** ツイードの(ような). **2** ツイードの服を常用する. **3** きさくな, 気取らない, 《戸外での運動を好むタイプの》; 〈悪い意味で〉(田園に住みスポーツを愛好する)上流人士風の.

'tween /twiːn/ 前 〘詩・古〙 ＝between.

tweet /twiːt/ 動 自 〔小鳥が〕ちっちと鳴く, さえずる. ── 名 C ちっちというさえずり.

twéet·er 名 C ツイーター, 高音専用スピーカー, (→woofer).

tweeze /twiːz/ 動 他 〘主に米〙 〔毛など〕をピンセット[毛抜き]で抜く. [＜*tweezers*]

tweez·ers /twíːzərz/ 名 〈複数扱い〉 ピンセット, 毛抜き. a pair of ～ ピンセット1丁.

‡**twelfth** /twélfθ/ 〈12th とも書く〉 (★用法 →fifth) 名 (複 **～s** /-θs/) C **1** 〈普通 the ～〉 **第12番目**(の人, 物). **2** 〈普通 the ～〉 (月の)12日. the ～ [12th] of April 4月12日. **3** **12分の1**. a [one] ～ 12分の1. five ～*s* 12分の5.

── 形 **1** 〈普通 the ～〉 **第12の**, 12番目の, (→twelve). the ～ year of Showa 昭和12年 (★Showa twelve とも言える). **2** 12分の1の. a ～ part of ..の12分の1. [＜中期英語; twelve, -th²]

Twélfth Dày 名 12日節 (Epiphany)《クリスマスから12日目の1月6日》.

twèlfth mán 名 C 〘クリケット〙 補欠[控え]選手.

Twélfth Nìght /〘英〙 ⌐⌐/ 名 12日節の前夜《1月5日の夜》, 十二夜; 12日節の夜《1月6日の夜》; 『十二夜』《Shakespeare の喜劇 (1601)》.

‡**twelve** /twelv/ (★用法 →five) 形 **1** **12人の; 12個の**. **2** 〈叙述〉 12歳で.

── 名 (複 **～s** /-z/) **1** U (基数の)12. **2** U **12時; 12歳**. at ～ noon [midnight] 正午に[真夜中の12時に]. a boy of ～ 12歳の少年. **3** 〈複数扱い〉 **12人; 12個**. **4** C 12人[12個]1組のもの. **5** (文字としての) 12 [XII, xii], 12の数字[活字]. **6** 〘聖書〙 〈複数扱い〉 〈the T-〉 キリストの12使徒.

[＜古期英語; 原義は「10数えて2余り」; →eleven]

twelve·mo, 12mo /twélvmou/ 名 (複 **～s**) ＝duodecimo.

twélve·mònth 名 aU 〘英旧〙 12か月, 1年.

12-step program /⌐- ⌐-/ 名 〘米〙 ＝recovery program.

twèlve-tóne /形/ 形 〘楽〙 12音(階)の.

‡**twen·ti·eth** /twéntiəθ/ 〈20th とも書く〉 (★用法 →fifth) 名 (複 **～s** /-θs/) C **1** 〈普通 the ～〉 **第20番目**(の人, 物). **2** 〈普通 the ～〉 (月の) **20日**(はつか). the ～ [20th] of April 4月20日. **3** **20分の1**. a [one] ～ 20分の1. three ～*s* 20分の3.

── 形 **1** 〈普通 the ～〉 **第20の**, 20番目の. the ～ century 20世紀. for the ～ time これでもう20遍も《回数の多いことを表す》. **2** 20分の1の. a ～ part of ..の20分の1. [＜古期英語; twenty, -th²]

‡**twen·ty** /twénti/ (★用法 →five) 形 **1** **20人の; 20個の**. **2** 〈叙述〉 20歳で. **3** 多数の. I've said this to you ～ times 君にはこれを20回も[何度も何度も]言ったんだよ.

── 名 (複 **-ties** /-z/) **1** U (基数の)20. **2** U **20歳**. **3** 〈複数扱い〉 **20人; 20個**. **4** C 20人[20個]1組のもの. **5** 〈one's -ties〉 (年齢の) **20代**. women in their late *twenties* 20代後半の女性. **6** 〈the -ties〉 (世紀の) 20年代, 〈特に〉 1920年代. He was in Paris during the (nineteen-)*twenties*. 彼は1920年代はパリにいた. **7** (文字としての) 20, XX, xx, 20の数字[活字]. [＜古期英語; twain, -ty²]

twènty-fírst /形/ 形 21番目の. ── 名 C 〘英話〙 21歳の誕生日《英国ではかつて21歳で法的に成人としたので, 重要な誕生日》.

twènty-fíve 名 **1** U 25. **2** C 〘ラグビー〙 25ヤードライン. **3** C 25口径の銃.

24 hour clock /⌐-⌐-⌐/ 名 C (1日) 24時制《列車のダイヤ, 放送などに用いる; 例えば午後2時は1400と書き, fourteen hundred hours と読む》.

twènty-óne 名 〘米〙 ＝blackjack 4.

20 Questions /⌐- ⌐-/ 名 20の質問《yes 又は no としか答えてもらえない質問を繰り返してある物の名を当てるゲーム; 日本の昔のラジオ番組「20の扉(とびら)」, 〘米〙 の Animal, Vegetable, or Mineral》.

twènty-twénty /形/ 形 正常な視力の《20フィート離れて1/3インチ大の文字が識別できる; 20/20とも書き, 20/40なら正常視力で40フィート離れて見える物が20フィートでないと見えないことを表す》.

── 名 U 正常視力 (**twènty-twenty vísion**).

twènty-twó [名][C] 〖米〗22 口径の銃《小口径(0.22 インチ)の銃; **.22** /tù:tú:/ とも言う》.

'twere /twər, 強 twə:r/ 〖詩·古〗 it were の短縮形.

twerp /twə:rp/ [名][C] 〖俗〗ばか者, いやなやつ.

‡**twice** /twais/ [副][C] **1** **2 度**, 2 回, (→once). I've been here ～. ここへは 2 度来たことがある. ～ a week 週 2 回. ～ over 2 度も(繰り返して).
2 **2 倍**. He had ～ as much money as I. 彼は私の倍の金を持っていた. ～ that amount その倍の量[額]. I am ～ your age. 私の年は君の倍ある. *Twice* three is six. 3 の 2 倍は 6 ([参考] 特に〖話〗では two times とも言う; 他の回数[倍数]と対比される時は two times もよく用いられる; 3 回[3 倍]以上は three times, four times のように言う; ただし, 3 度[3 回, 3 倍]は〖古〗または〖章〗では thrice とも言う). He is ～ the man he was. 彼は以前よりずっと元気だ. Bob is ～ the man (that) you are. 君よりボブの方がずっと強い[優れている, 上手だなど].
thìnk twíce →think.
[＜中期英語 *twie* 'twice'; -s 3]

twìce-tóld /[移]/ [形] 〈限定〉すでに話された; 言い古された〔話など〕. a ～ tale 言い古された話.

twid·dle /twídl/ [動][他] **1** 〔指など〕をくるくる回す. **2** (手で)をもてあそぶ. **——** [自] **1** [VA] (～ *with*..) ..をいじる, もてあそぶ. Stop *twiddling with* your spoon and eat. スプーンで遊ばないで食べなさい. **2** ぐるぐる回る.
twìddle one's thúmbs (1) (手持ちぶさたで)両手を組んで親指同士をくるくる回す. (2) 〖話〗(何もしないで)ぶらぶらする.
—— [名][aU] **1** 軽くひねる[くるくる回す]こと; もてあそぶこと. **2** (小さな)ひねった飾り(書き). ▷**twid·dler** [名]

twid·dly /twídli/ [形] 〖話〗扱いにくい, 少々ひねくれた.

***twig**[1] /twig/ [名] ([複] **～s** /-z/) [C] **小枝**, 若枝, (→branch [類語]). A ～ snapped under his foot. 彼に踏まれて小枝が 1 本ぽきっと折れた. [＜古期英語]

twig[2] [動] (**～s**|**-gg-**) 〖英俗〗[他] が分かる, に気がつく; [VO] (～ ***that*** 節/***wh*** 節) ..ということが/..かが分かる. ～ *what*'s happening 何が起こっているかに気づく. **——** [自] 分かる.

twig·gy /twígi/ [形][e] **1** 小枝の多い. **2** 小枝のような; やせた.

***twi·light** /twáilàit/ [名][U] **1** (日の出前, 日没後の)**薄明, 薄暮**, (dusk); たそがれ[かわたれ]どき. the morning ～ あさぼらけ. at ～ たそがれどきに. *Twilight* slowly faded into night. たそがれの光はゆっくり消えて夜になった. **2** (経歴, 活動などの)衰退(期), たそがれ. in the ～ of my life 我が人生のたそがれに. spend one's ～ years in Brighton ブライトンで晩年を送る. [＜中期英語「(昼と夜の間の)薄い光」]

twílight slèep [名][U] 〖医〗半麻酔(状態)《特に無痛分娩(べん)のための》.

twílight zòne [名][C] **1** (都市部の)たそがれ区域《建物が老朽化してさびれた地区》. **2** (どちらとも決めかねる)中間領域.

twi·lit /twáilit/ [形] 薄明かりの, ほの暗い; ぼんやりした, おぼろげな.

twill /twil/ [名][U] 綾(あや)織り; 綾織物. **——** [動][他] を綾織りにする. ▷**～ed** [形] 綾織りの.

'twill /twəl, 強 twil/ 〖詩·古〗 it will の短縮形.

‡**twin** /twin/ [名] ([複] **～s** /-z/) [C] **1** **双子の 1 人**; 〈～s〉双子, 双生児; (→triplet, quadruplet, quintuplet). identical [fraternal] ～*s* 一卵性[二卵性]双生児. John is my ～. ジョンは僕の双子の兄弟です. They are ～*s*. 彼らは双子です. **2** 非常によく似た人[もの], 対の一方; 〈～s〉一対. **3** 〈the Twins〉＝Gemini.
—— [形][C] **1** **双子の**. Jane is my ～ sister. ジェーンは私の双子の姉妹です. They are ～ brothers. あの兄弟は双子です. **2** 非常によく似た; 対になった. There are ～ statues at the entrance. 入り口に一対の像がある.
—— (**～s**|**-nn-**) [動][他] 〈普通, 受け身で〉を対にする; を姉妹都市にする; 〈*with* ..と〉. Tokyo is ～*ned with* New York. 東京はニューヨークと姉妹都市になっている. [＜古期英語 'double']

twìn béd [名][C] ツインベッド(の一方), 〈普通 ～ beds として〉ツインベッド《2 人用に single bed が 2 つ; →double [形] 2》.

twìn-bédded /-əd [移]/ [形] ツインベッドの入れてある〔ホテルの客室など〕.

Twìn Cíties [名] 〈the ～〉双子都市《米国の Minnesota 州の隣り合っている Minneapolis 市と St. Paul 市》.

†**twine** /twain/ [動][自] [VA] ..にからまる, 巻きつく, 〈*about, around*〉. The vine ～*d around* the tree. つる草はその木に巻きついていた.
—— [他] **1** [VOA] 〔つる, ひもなど〕をからます, 巻きつける, (intertwine) 〈*about, around* ..に〉. His arm was ～*d about* her waist. 彼は腕を彼女の腰に回していた. She ～*d* her finger *in* her hair. 彼女は指を髪の毛にからませた. **2** 〔ひも, 糸など〕をよる, より合わせて作る 〈*into* ..を〉; を編む. ～ strings *into* a rope ひもをより合わせてロープを作る. ～ a garland of flowers 花輪を編む.
—— [名][U] よりひも, 麻ひも; より糸; より合わせること; ねじれ, もつれ. tie up a package with ～ 包みを(麻)ひもで縛る. [＜古期英語「より糸」]

twìn-éngine(d) /[移]/ [形] 双発の〔飛行機など〕.

†**twinge** /twindʒ/ [名][C] **1** 刺すような痛み (pain), うずき. **2** (心の)痛み, (良心などの)呵責(かしゃく). [＜古期英語]

***twin·kle** /twíŋk(ə)l/ [動] (**～s** /-z/|[過] [過分] **～d** /-d/|**-kling**) [自] **1** 〔星などが〕**ぴかぴか光る**, きらめく, ([類語] 瞬間的に柔らかく光ること; →shine). The stars are *twinkling* in the sky. 星が空にまたたいている. **2** 〔目が〕**輝く** 〈*with* ..で〉. Their eyes were *twinkling with* excitement [amusement]. 彼らの目は興奮で[楽しそうに]きらきら光っていた.
3 〔まぶたが〕またたく; 〔踊る人の足などが〕きびきび動く.
—— [名][aU] 〈時に the ～〉 **1** **きらめき**. the ～ of the stars [town lights] 星[町の灯]のきらめき. **2** (目の)**輝き**. There was a mischievous ～ in his eye(s). 彼はいたずらっぽく目を輝かした. **3** ＝twinkling. **4** (踊る人の足などの)きびきびした動き.
in a twínkle ＝in the TWINKLING of an eye.
when you were jùst a twínkle in your fàther's éye 〖話·戯〗お前が生まれる以前に.

twìn·kling [名][aU] またたき; 瞬間.
in the twínkling of an éye たちまち, 一瞬のうちに. *In the* ～ *of an eye* the ragged girl had been transformed into a lovely princess. ぼろをまとった娘はたちまち美しいお姫様に変わっていた. [＜古期英語]

twín-lèns [形] 〖写〗2 眼の (→single-lens). a ～ reflex (camera) 2 眼レフ.

twin·ning /twíniŋ/ [名][U] 〖英〗(町と外国の町の間に)友好関係を結ぶこと, 結んだ友好関係.

twìn róom [名][C] ツインルーム《twin bed を備えた部屋》.

twìn-scréw /[移]/ [形] 〔船が〕2 スクリュー装備の.

twín sèt [名][C] (同色の婦人用)セーターとカーディガンのアンサンブル.

Twìn Tówers [名] 〈the ～〉ツインタワーズ《New York の World Trade Center ビルの通称》.

twìn tówn [名][C] 〖英〗(普通, 外国の)姉妹都市.

twìn túb [名][C] 2 槽式洗濯機.

†**twirl** /twə:rl/ [動][他] **1** をくるくる回す; を振り回す. ～ a stick [baton] 棒を振り[バトンをくるくる]回す. **2** 〔ひげなど〕をひねくり回す; をくねらす. ～ one's mustache ひげをひねる. **——** [自] **1** くるくる回る; くねる. The dancers ～*ed* around (the floor). 踊り手たちは(床の上を)ぐるぐる踊り回った. Smoke ～*ed* from the chimney. 煙が煙

T

突からくねくねと立ちのぼった. **2** 急に向きを変える.
twirl one's thúmbs ＝TWIDDLE one's thumbs.
── 名 C **1** (急激な)ひねり[回転]. **2** ＝twiddle 2.
[?＜*tw*ist＋wh*irl*]
twírl·er 名 ＝baton twirler.
twirp /twəːrp/ 名 ＝twerp.
***twist** /twist/ 動 (～s /-ts/|過 過分 **twíst·ed** /-əd/|**twíst·ing**) 他 【巻きつける】 **1** VOA を巻く, 巻きつける, 〈around, *about*, *on* ..の周りに〉. She ～*ed* her hair *around* the curlers. 彼女は髪の毛をカーラーに巻きつけた.
【ひねる, よる】 **2** VOA (～ X ***together***) X (糸など)をより合わせる. a strong rope made by ～*ing* wires *together* 針金をより合わせた丈夫な綱.
3 〔縄など〕をよって作る; VOA (～ X ***into..***) X を編んで..を作る. ～ a rope 縄をなう. ～ the flowers *into* a wreath 花を編んで花輪にする.
【ねじ曲げる】 **4** をねじる, 曲げる, 〈*into* ..の形に〉; 〔体(の一部)〕をよじる; VOA (～ X ***off*** (..)) (..から) X をねじり取る, ねじって放す. ～ the handle to the right 取っ手を右に曲げる. ～ a wire *into* the shape of a star 針金をねじ曲げて星の形にする. The car was ～*ed* out of shape. 車は原形をとどめないまでにつぶされた. ～ an apple *off* a tree リンゴを木からもぎ取る. The fox ～*ed* itself free from the trap. 狐は身をよじってわなから抜け出た. He ～*ed* his neck around to look back. 彼は首をまわして後ろを見た. ～ the cap *off* (a bottle) (瓶から)ふたをねじって取る.
5 〔足首など〕をくじく, 捻挫(ねんざ)する. He ～*ed* his left ankle. 彼は左の足首をくじいた.
【ゆがめる】 **6** 〔顔など〕をゆがめる. a face ～*ed* with pain 痛みでゆがんだ顔.
7 〔心, 気持ち〕をゆがめる, ひねくれさせる, 〈普通, 過去分詞で〉. His war experiences have ～*ed* him. 戦争体験が彼をゆがめた. He has a ～*ed* personality. 彼はひねくれた性格の持ち主だ.
8 〔言葉など〕の**真意を曲げる**, を曲解する; 〔事実など〕をゆがめる. You've ～*ed* my meaning. 君は僕の真意を曲解している. He ～*ed* the facts to make an alibi. 彼はアリバイを作るために事実をゆがめた.
── 自 **1** ねじれる; 曲がる; からまる; 渦を巻く. Her lips ～*ed* into a strained smile. 彼女は唇をゆがめて無理に微笑をこしらえた. **2** 〔川, 道などが〕曲がりくねる. The path ～*ed* and turned through the forest. 小道は林の中を曲がりくねって続いていた.
3 体をくねらす, 身をよじる. She ～*ed* out of his embrace. 彼女は身をくねらせて彼の腕の中から逃れた.
4 〖ダンス〗ツイストを踊る.
twist a pèrson's árm (1) 人の腕を(背中に)ねじ上げる. (2) 人に無理強いする.
twist a pérson around* [*round*] *one's lìttle fínger →finger.
twist one's wáy 縫って通る 〈*through* ..〔人ごみなど〕を〉. ～ one's *way through* the crowd 人ごみの中を縫って通る (→way[1] 2 語法).
── 名 (複 ～s /-ts/) 【ひねり, ねじり】 **1** C ねじれ; より, ゆがみ; 捻挫(ねんざ); (意味の)こじつけ. give the rope a few more ～*s* ロープをもう 2, 3 回よる. a ～ in one's tongue 舌のもつれ. the upward ～ of her nose 彼女の鼻がつんと上を向いていること. give a ～ to a person's words 人の言葉を曲解する. **2** UC より合わせたもの; より糸, 絹糸, よりひも. sew with ～ より糸で縫う.
3 UC ひねった形のもの; ねじりパン; ひねりたばこ; レモンの小片《飲み物のグラスの縁に添える》. a ～ of smoke よじれて立ち上る煙. **4** UC ((野球, クリケットなどで)球に与える)ひねり. **5** U 〈the ～〉 ツイスト《ロックのリズムに合わせて激しく腰をひねる踊り; 1960 年代に流行した》.
【ねじれ具合】 **6** C (道, 川などの)カーブ, 湾曲. The road has lots of ～*s* and turns in it. その道路は曲がりくねっている.
7 C (人の)性向, 傾向; ひねくれ. an eccentric ～ 奇癖.
8 C (事件などの)意外な展開, ひとひねり. He ended the story with a ～. 彼の話は意外な展開を見せて終わった. by a ～ of fate 偶然に, 運命のいたずらで.
9 C 〖米俗〗いかす若い女.
round the twíst 〖英話〗頭が少々変で; 逆上して.
twists and túrns 曲がりくねり (→6); 紆余(うよ)曲折.
[＜古期英語]
twíst·ed /-əd/ 形 〔性格が〕ゆがんだ, ひねくれた.
twíst·er 名 C **1** (糸などを)よる人; ねじる人; ツイストを踊る人. **2** より糸機; 〖球技〗ひねり球. **3** 〖話〗不正直者, ごまかす人. **4** (**a**) 〖話〗難問. (**b**) ＝tongue twister. **5** 〖米話〗旋風 (tornado), 竜巻 (whirlwind).
twíst-tìe 名 C ツイストタイ《ビニール袋などを閉じるのに用いる紙やプラスチックで覆った針金》.
twist·y /twísti/ 形 e **1** 曲がりくねった〔道路など〕; ねじれの多い. **2** 不正直な.
twit /twit/ 動 (～s|-tt-) 他 〔人〕を(軽い気持ちで)あざける, ひやかす, 〈*about*, *on*, *with* ..(の理由)で〉.
── 名 C **1** ひやかすこと. **2** 〖話〗間抜け, とんま.
†**twitch** /twitʃ/ 動 他 **1** をぴくぴく動かす, ひきつらせる. The rabbits are ～*ing* their noses. ウサギたちは鼻をぴくぴく動かしている. **2** VOA をぐいと引く; をひったくる 〈*out of* ..から〉. He ～*ed* the bag *out of* her hand. 彼は彼女の手からバッグをひったくった. ── 自 **1** ぴくぴく動く, けいれんする. Her face ～*ed* with pain. 彼女の顔は苦痛のためにひきつった. **2** VA ぐいと引く, ひったくる, 〈*at* ..を〉.
── 名 C **1** (筋肉などが)ぴくぴく動くこと, けいれん, (→tic). a ～ of one's eyelid まぶたのけいれん. **2** ぐいと引くこと; ひったくり. **3** (心身の)うずき, 激しい痛み.
[＜古期英語「つまむ」]
▷**twitch·y** /twítʃi/ 形 〖話〗ぴくぴくした, びくついた.
twítch·er 名 C 〖英話〗バードウォッチャー.
twit·ter /twítər/ 動 自 **1** 〔鳥が〕さえずる. ～*ing* birds さえずる小鳥. **2** 〖話〗興奮して[不安に浮かされたように](甲(かん)高い声で)べらべらしゃべりまくる 〈*on*, *about* ..について〉. **3** くすくす笑う. ── 他 VO (～ "引用") 「..」としゃべりまくる, 'さえずる'.
── 名 **1** aU 〈時に the ～〉 さえずり. **2** C 〈普通 a ～〉 〖話〗そわそわ[おどおど]すること. She sat in her chair all in [of] a ～. 彼女はとてもそわそわしながらいすに座っていた. **3** C くすくす笑い. [擬音語]
twit·ter·y /twítəri/ 形 よくさえずる; 〖話〗そわそわ[おどおど]した.
'twixt /twikst/ 前 〖詩・古〗＝betwixt, between.
‡**two** /tuː/ (★用法 →five) 名 (複 ～s /-z/) **1** U (基数の) 2, 二. **2** U (**a**) 2 時; 2 歳; 2 ドル[ポンドなど]《何の量かは前後関係で決まる》. (**b**) 2 分; 2 インチ; 2 セント[ペンスなど]; 《(a) より低い単位の量を示す》. **3** 〈複数扱い〉 2 人; 2 つ, 2 個. ～ by [and] ～ 2 人 [2 つ] ずつ. **4** C 2 人 [2 つ] 1 組のもの. **5** C (文字としての) 2 [II, ii], 2 の数字[活字]. **6** C (トランプの) 2 の札; (さいころの) 2 の目.
by* [*in*] *twòs and thrées 三々五々, ちらほら. The guests left *by* ～*s and threes*. 客は三々五々帰っていった.
in twó 2 つに. split a log *in* ～ 丸太を 2 つに割る.
pùt twò and twó togéther (人が知られたくないことを)あれこれ突き合わせて推測する.
Thàt màkes twó of us. 〖話〗私も同様[同感]だ.
Twò can plày at thát gàme. この仕返しはきっとするぞ《不公平, 不親切だった相手へのおどしの文句》.
── 形 **1** 2 人の; 2 つの, 2 個の. a day or ～ 一両日. one or ～ pages 1, 2 ページ; 数ページ. **2** 〈叙述〉 2 歳

T

で. [＜古期英語 *twā* (女性形, 中性形; 男性形は twain となった)]

twò-a-pénny /㊙/ 形 〖英〗 〈叙述〉 安く手に入る, 掃いて捨てるほど有る.

twó-bàgger 名 〖俗〗＝two-base hit.

twò-base hít 名 Ⓒ 〖野球〗 2 塁打.

twó-bìt 形 〈限定〉〖米話〗 25 セント (two bits) の; 〖米俗〗 安物の; つまらない.

twó-by-fòur 形 〖米〗 **1** ツーバイフォー工法の. **2** 〖話〗 ちっぽけな, 狭い, 〔部屋など〕.
— 名 Ⓒ ツーバイフォー《断面 2×4 インチの材木; 削るので実際は $1^5/_8 \times 3^5/_8$ インチになる》.

twò cénts 名 〖米話〗 **1** はした金; つまらないもの. **2** 〈one's ～ cents (worth) で〉 くだらない意見[見解].
pùt ín one's twò cénts* (*wòrth*)＝*pùt one's twò cénts in 自分の見解を述べる, 口をはさむ, 口出しする.

twò-cýcle /㊙/ 形 〖米・カナダ〗〖機〗 〔内燃機関が〕 2 サイクルの.

twò-diménsional /㊙/ 形 **1** 2 次元の. **2** 〔小説 (の登場人物など)が〕 深みに欠ける, 平面的な.

twò-édged /㊙/ 形 **1** 両刃の (double-edged). a ～ sword 両刃の剣. **2** 2 つの目的[効果]を持つ, 敵を傷つけるが自らも傷つく. Strikes are a ～ tactic. ストライキは両刃の剣のようなものだ. **3** (賛否)両様に解せる.

twò-fáced /-t ㊙/ 形 〔人が〕 裏表のある, 偽善的な.
▷ **two-fac·ed·ly** /-féisədli, -féist-/ 副 偽善的に.

two·fer /túːfər/ 名 Ⓒ 〖米話〗 (劇場などの)ペア券購入カード《(ほとんど) 1 枚分の値段で 2 枚買える》; (同様の割引をしてくれる)半額クーポン. [＜*two for* one]

twò-físted /-əd ㊙/ 形 〖米話〗 **1** 殴り合いしようと構えている. **2** 力強い, 精力的な.

two·fold /tùːfóuld ㊙/ 形, 副 2 倍の[に]; 2 重の[に]; 2 要素[部分]から成る. This reform serves a ～ purpose. この改革は 2 重の目的に役立つ[一石二鳥だ].

twò-hánded /-əd ㊙/ 形 **1** 両手で使う, 両手用の 〔刀剣など〕. **2** 手を 2 本持った; 両手ききの. **3** 2 人用 [引き]の〔のこぎりなど〕. **4** 両手が(同じように)使える.

twò-line whíp 名 Ⓒ 〖英議会〗 (議員に対する)登院指令書《three-line whip ほど緊急でない場合の》.

two·pence /tʌ́p(ə)ns/ 名 〖英〗 **1** Ⓤ 2 ペンス(の金額) (→penny). **2** Ⓒ 2 ペンス銅貨 (two-penny piece). **3** Ⓤ 〖話〗 〈否定文で〉 ほんのわずか[いささか](も..ない).
nòt càre* [*gìve*] *twópence 〖英話〗 少しもかまわない.

two·pen·ny /tʌ́p(ə)ni, 〖米〗 túːpèni/ 形 〈限定〉 **1** 2 ペンスの. **2** 安っぽい, つまらない, 価値のない, (〖英話〗 **twòpenny-hálfpenny**).

twòpenny píece 名 Ⓒ 〖英〗 2 ペンス銅貨.

‡**twò-píece** /㊙/ 形 〈限定〉 上下でそろいの, ツーピースの, 〔服, 女性の水着など〕. — 名 Ⓒ ツーピースの服.

twó-plỳ 形 2 枚重ねの; 2 本よりの〔糸など〕.

twò-séater 名 Ⓒ 2 人乗り自動車[飛行機など].

twò-síded /-əd ㊙/ 形 両面[裏面]のある.

two·some /túːs(ə)m/ 名 Ⓒ 〖話〗 〈普通 a ～〉 **1** 2 人組. **2** 2 人でするゲーム[ダンス, ゴルフなど].

twó-stàr 形 〔ホテル, レストランなどが〕 2 つ星の, まあまあの, (→star 名 3).

twó-stèp 名 Ⓒ **1** ツーステップ《社交ダンスの一種》. **2** ツーステップ用の曲.

twò-stróke /㊙/ 形 〖英〗＝two-cycle.

Twò Thousand Guíneas 名 〈the ～〉 2 千ギニーレース《英国五大競馬の 1 つ; New Market で開催される》.

twó-tìme 動 他 〖話〗 **1** 〔配偶者・愛人〕を裏切って浮気をする. **2** を裏切る, だます. ▷ **two-tim·er** 名

twó-tòne 形 〈限定〉 ツートンカラーの; 2 色の; 1 色で濃淡のある.

'twould /twəd, 強 twud/ 〖古・詩〗 it would の短縮形.

‡**twò-wáy** /㊙/ 形 **1** 両面通行の〔道など〕 (→one-way). a ～ street 両面通行の通り. **2** 発信受信共に可能な〔ラジオなど〕. **3** 相互的な, 双務的な.

twò-way mírror 名 Ⓒ マジックミラー《裏側からは透けて見える; 例えば警察で被疑者の面通しに用いるような》.

twò-whéeler 名 Ⓒ 2 輪(自転)車《tricycle に対して》.

twp. township.

TX 〖郵〗 Texas.

-ty[1] /ti/ 接尾 形容詞から「性質, 状態, 度合い」を表す名詞を作る. safe*ty*. novel*ty*. [ラテン語 *-tās*]

-ty[2] 接尾 「10」の意味. thir*ty*. six*ty*. [古期英語 *-tig*]

‡**ty·coon** /taikúːn/ 名 Ⓒ **1** 実業界の大立て者, 大資本家. **2** (徳川幕府の)将軍. [＜日本語「大君」]

ty·ing /táiiŋ/ 動 tie の現在分詞・動名詞.

tyke /taik/ 名 Ⓒ **1** (雑種の)やくざ犬. **2** 〖話〗 (特にいたずらな)子供. **3** 〖主に英〗 田舎者; くだらないやつ. **4** 〖英俗・軽蔑〗 ヨークシャー出身者 (**Yòrkshire týke**). **5** 〖オース俗・軽蔑〗 ローマカトリック信者.

Ty·ler /táilər/ 名 タイラー **1 John ～** (1790–1862) 《米国第 10 代大統領 (1841–45)》. **2 Wat** /wɑt | wɔt/ **～** (?–1381) 《イングランドの農民一揆(いっき)の指導者》.

tym·pa·na /tímpənə/ 名 tympanum の複数形.

tym·pa·ni /tímpəni/ 名 ＝timpani.

tym·pan·ic /timpǽnik ㊙/ 形 太鼓のような; 〖解剖〗 鼓膜の.

tympànic mémbrane 名 Ⓒ 鼓膜.

tym·pa·nist /tímpənist/ 名 ＝timpanist.

tym·pa·ni·tis /tìmpənáitəs/ 名 Ⓤ 〖医〗 中耳炎.

tym·pa·num /tímpənəm/ 名 (複 **～s, tym·pa·na** /-nə/) Ⓒ **1** 〖解剖〗 中耳; 鼓膜 (eardrum). **2** 〖建〗 ティンパナム《破風(はふ)の引っこんだ三角面の部分, 又はドア, 窓の迫持(せりもち)と楣(まぐさ) (lintel) との間の部分》. **3** 〖楽〗 ドラム. **4** 〖電〗 (電話機の)振動板.

Tyn·dale /tíndl/ 名 **William ～** ティンダル (1492?–1536) 《イングランドの宗教改革運動家; 聖書をギリシア語原典から英訳して殉教した》.

Tyne /tain/ 名 〈the ～〉 タイン川《イングランド北東部を流れ北海に注ぐ》.

Tyne and Wear /tàin-ənd-wíər/ 名 タインアンドウィア《イングランド北東部の旧州; 州都 Newcastle》.

typ. typographer; typographic(al); typography.

‡**type** /taip/ 名 (複 **～s** /-s/) **1** Ⓒ **型**, タイプ, 類型, 種類, (類語 顕著な共通点によって客観的に区別される型, 種類; →kind[2]). a new ～ of car＝a car of a new ～ 新型の車. ～ O blood O 型の血液. I don't like that ～ of person. 私はあのタイプの人間は好きでない. What ～ (of) car do you drive? どういう型の車を運転していますか (★このような of を省略するのは主に 〖米話〗). Show me another pen of this ～. この種類のペンをもう 1 本見せてください. You're not my ～. あなたは私の好みのタイプじゃないわ; 私とは全然違ったタイプの人だ.
2 Ⓒ **典型**, 見本; 典型的な人物; 〈*of* ..の〉. a perfect ～ *of* the American hero アメリカ的英雄の完全な典型. His characters are ～*s* rather than people. 彼の描く人物は生きた人間ではなくむしろ類型(化した人間)だ.
3 〖印〗 Ⓤ 〈集合的〉 **活字**; 字体; (印刷された)文字; Ⓒ (1 個の)活字. a book in large ～ 大きな活字の本. set ～ 活字を組む. Your story is in ～. 君の記事はもう活字に組まれている. Her typewriter has pica ～. 彼女のタイプライターは活字がパイカである.
trùe to týpe 典型的な[に], 型通りの[に], (→true to FORM).
— 動 他 **1** 〔病気, 血液など〕の型を突きとめる. **2** VOA

T

(〜 X *as..*) X (人や物) を..の型とみなす; に分類する. **3** をタイプライター[ワープロ, コンピュータ]で打つ 〈*out*〉. Please 〜 this letter by noon. 昼までにこの手紙を打ってください. ── [自] タイプライターを打つ 〈*away*〉. The new clerk 〜*s* well. 新しい事務員はタイプがうまい.
týpe /../ úp 〔手書きのもの〕をタイプで仕上げる.
[<ギリシア語 *túpos*「印, 像」(<「打つ」)]

-type /taip/ 〈複合要素〉「..型, 式」「..版」の意味; arche*type*. stereo*type*. tele*type*.

týpe·càst [動] (→cast) [他] 〔俳優〕に同じ役柄を割りふる, 当たり役を(続けて)演じさせる.

týpe·fàce [名] [C] 〖印〗活字面《大きさと字体; 単に face とも言う》.

týpe·scrìpt [名] [UC] タイプライターで打った原稿[文書].

týpe·sèt [動] (→set) [他] 〖印〗を植字する.

týpe·sètter [名] [C] **1** 植字技術者 (compositor). **2** 植字機.

týpe·sètting [名] [U] 植字.

týpesetting machíne [名] [C] 〖印〗自動植字機.

týpe·wrìte [動] (→write) [他] をタイプライターで打つ(単に type とも言う).

‡**type·writ·er** /táipràitər/ [名] ([複] 〜**s** /-z/) [C] タイプライター. Her letter was written on a 〜. 彼女の手紙はタイプしてあった. The stenographer used an electric 〜. 速記タイピストは電動タイプを使っていた.

týpe·wrìt·ing [名] [U] タイプライターを打つこと; タイプ技術; 〈集合的〉タイプした物.

týpe·wrìt·ten [動] typewrite の過去分詞.
── [形] タイプライターで打った《単に typed とも言う》.

týpe·wròte [動] typewrite の過去形.

typh·li·tis /tifláitis/ [名] [U] 〖医〗盲腸炎.

†**ty·phoid** /táifɔid/ [名] [U] 〖医〗腸チフス (**tỳphoid féver**). catch 〜 腸チフスにかかる. [typhus, -oid]

Tỳphoid Máry [名] **1** チフスのメリー (1870-1938)《本名 Mary Mallon というニューヨークの料理人; 腸チフスの伝染源とされた》. **2** [C] 病菌[害悪, 好ましくない考えなど]をまき散らす人.

***ty·phoon** /taifúːn/ [名] ([複] 〜**s** /-z/) [C] **台風** (★特に太平洋西部に発生するもの; hurricane は特に大西洋西部に発生するものを言う; →cyclone, hurricane). The island was hit by several 〜*s* last year. その島は昨年台風に数回襲われた. [<中国語「大風」]

ty·phus /táifəs/ [名] [U] 〖医〗発疹(ほっしん)チフス (**tỳphus féver**). [ラテン語 (<ギリシア語「もや, 煙」)]

‡**typ·i·cal** /típik(ə)l/ [形] [m] **1 典型的な**; 代表する 〈*of* ..を〉. a 〜 American 代表的なアメリカ人. Pope is a 〜 English poet of the eighteenth century. ポープは典型的な英国 18 世紀の詩人だ. a man 〜 *of* the profession その職業を代表する人間.
2 特有の, 特徴的な, 〈*of* ..に〉; 特徴を示している 〈*of* ..の〉. the clothes 〜 *of* college boys 男子学生特有の服装. It is 〜 *of* him to say so. そう言うのはいかにも彼らしい. With 〜 prudence he sought the advice of his teacher. いかにも彼らしい慎重さで彼は先生の助言を求めた. "He's late again." "*Typical!*"「彼はまた遅刻だ」「例によってだ」 ◇[名] type [type, -ical]

†**týp·i·cal·ly** [副] **1** 典型的に; 独特に; 特徴を示して. Mr. Mackintosh is 〜 Scottish. マッキントッシュさんは典型的にスコットランド人的だ. **2** いつでもそうであるが, いかにもその人[物]らしく. Though delighted with the honor, he was, 〜, shy and nervous. その名誉を喜んではいたが, 彼はいかにも彼らしく, はにかんで落ち着かなかった. *Typically*, Ned made no comment, either favorable or not. お決まりのように, ネッドは良いとも悪いとも言わなかった. **3** 一般的に(言って), 普通(は), (normally).

typ·i·fi·ca·tion /tìpəfikéiʃən/ [名] [UC] 型による表示, 典型, 象徴.

†**typ·i·fy** /típəfài/ [動] (**-fies** | [過] [過分] **-fied** | 〜**·ing**) [他] 〈普通, 進行形にはしない〉 **1** を型によって示す. 〜 the main classes of verbs 主たる動詞の種類を代表的な型を挙げて示す. **2** の特質を表す. Romanticism *typifies* his works. ロマン主義が彼の作品の特質である. **3** の典型である, を代表する. He *typified* the new rich. 彼は新興成金の典型的人物だった. **4** を象徴する. The dove *typifies* peace. ハトは平和を象徴する.

‡**typ·ing** /táipiŋ/ [名] =typewriting.

týping pàper [名] [U] タイプ用紙.

týping pòol [名] [C] (大勢集まっている)タイプ室(のタイピストたち).

***typ·ist** /táipist/ [名] ([複] 〜**s** /-ts/) [C] タイピスト; タイプライターを打つ人. a good [fast] 〜 タイプの上手な[速い]人. ◇[動] type

ty·po /táipou/ [名] ([複] 〜**s**) [C] 〖話〗誤植 (typographical error).

ty·pog·ra·pher /taipágrəfər | -pɔ́g-/ [名] [C] **1** 印刷技術者. **2** 植字技術者.

ty·po·graph·ic, -i·cal /tàipəgrǽfik/, /-k(ə)l [移]/ [形] 印刷(上)の. a 〜 error 誤植.
▷**ty·po·graph·i·cal·ly** [副] 印刷上.

ty·pog·ra·phy /taipágrəfi | -pɔ́g-/ [名] [U] **1** 印刷術. **2** 印刷の体裁[仕上がり].

ty·pol·o·gy /taipálədʒi | -pɔ́l-/ [名] [U] **1** 〖神学〗予表論, 標式説. **2** 類型学; 〖言〗類型論.

†**ty·ran·ni·cal** /tərǽnik(ə)l, tai-/ [形] 暴君的な, 圧制的な, 専横な; 暴虐な. a 〜 ruler 専制君主.
◇[名] tyranny ▷〜**·ly** [副] 暴君的に, 専横に; 暴虐に.

ty·ran·ni·cide /tərǽnisàid, tai-/ [名] [U] 暴君殺害; [C] 暴君殺害者.

tyr·an·nize /tírənàiz/ [動] [自] [VA] (〜 ***over..***) ..に対して暴政を行う; ..をしいたげる. He was a harsh man, who 〜*d over* his family. 彼は冷酷な男で, 家族をしいたげた. ── [他] に暴威をふるう; をしいたげる.
◇[名] tyranny

ty·ran·no·saur, -sau·rus /tirǽnəsɔ̀ːr/, /tirǽnəsɔ́ːrəs/ [名] [C] 〖古生物〗ティラノサウルス《白亜紀の肉食恐竜》. [<ギリシア語「君主」+「とかげ」]

tyr·an·nous /tírənəs/ [形] =tyrannical.

***tyr·an·ny** /tírəni/ [名] ([複] **-nies** /-z/) **1** [U] **暴政**; 専制政治; 圧制. fight 〜 暴政と戦う. The boy ran away to escape his father's 〜. 少年は父の圧制を逃れようと家出した. **2** [C] 〈しばしば -nies〉暴虐行為. **3** [C] (古代ギリシアなどの)専制君主国. [<ギリシア語]

***ty·rant** /tái(ə)rənt/ [名] ([複] 〜**s** /-ts/) [C] **暴君**, 専制君主; 圧制者. Nero was a Roman 〜. ネロは古代ローマの専制君主であった. The father was a 〜 over his family. その父親は家族に対して暴君であった. [<ギリシア語 *túrannos*「(専制)君主」]

Tyre /taiər/ [名] テュロス, 〖聖書〗ツロ, 《古代フェニキアの港市; 富と悪徳で有名》.

tyre /taiər/ [名] 〖英〗=tire².

Tyr·i·an /tíriən/ [形] テュロス (Tyre) の.

Tỳrian púrple [名] [U] テュロス紫《古代ギリシア・ローマ人が貝から得た深紅色又は紫色の染料》.

ty·ro /tái(ə)rou/ [名] ([複] 〜**s**) [C] 〖旧話〗初心者, 初学者. [<中世ラテン語「新兵」]

Tyr·ol /tírɑl, táiroul | tiróul, tírəl/ [名] 〈the 〜〉チロル《アルプス山脈の 1 地方; オーストリア西部とイタリア北部にまたがる; Tirol ともつづる》.

Ty·ro·le·an /tiróuliən/ [名], [形] =Tyrolese.

Tyr·o·lese /tìrəlíːz [移]/ [名] ([複] 〜) [C] チロルの住民.
── [形] チロル(住民)の.

tzar /zɑːr, tsɑːr/ [名] =czar.

tza·ri·na /zɑːríːnə, tsɑːr-/ [名] =czarina.

tzét·ze (flỳ) /t(s)étsi-/ =tsetse.

T

U

U, u /ju:/ 名 (複 **U's, Us, u's** /-z/) **1** UC ユー《英語アルファベットの第 21 字》. **2** C 〈大文字で〉 U 字形のもの.

U[1] /ju:/ 形 【主に英話】〔特に言葉遣いが〕上流階級の (↔non-U) 《<*u*pper (class)》.

U[2] 形, 名 C 【英】【映】一般向きの(映画) 《どの年齢の子供も見ることを許される(映画); <*u*niversal; →film rating》.

U[3] University; unit; united; 【化】 uranium.

UAE United Arab Emirates.

UAR United Arab Republic.

UAW United Automobile Workers (全米自動車労働組合).

U-bend /jù:bénd/ 名 C (排水管などの) U 字管《U 字形の部分に水がたまって臭気などを通さない; →trap 3》.

UB 40 /jù:-bì:-fɔ́:rti/ 名 **1** C (英国の)ユービーフォーティ, 失業手当 (*u*nemployment *b*enefit) 受領者証明書. **2** C 【英話】(登録された)失業者.

‡**u·biq·ui·tous** /ju:bíkwətəs/ 形 【章, 又は戯】同時に至る所に存在する[起こる], 遍在する; どこにでも ある[現れる]. [<ラテン語 *ubique* 'everywhere'] ▷**~·ly** 副 **~·ness** 名

u·biq·ui·ty /ju(:)bíkwəti/ 名 U 【章】遍在.

U-bòat 名 C U ボート《特に第 2 次大戦中のドイツの潜水艦》. [<ドイツ語 *Untersee*boot 'undersea-boat']

U-bòlt 名 C U 字(形)ボルト.

UC 名 the University of California (カリフォルニア大学) 《Berkley 他 8 つのキャンパスがある》.

uc upper case.

UCAS /jú:kəs/ Universities and Colleges Admissions Service ((英国の)大学入学選考センター).

UCCA /ʌ́kə/ 【英】 Universities Central Council on Admissions (大学入学中央審議会).

UCLA University of California at Los Angeles (カリフォルニア大学ロサンゼルス校).

ud·der /ʌ́dər/ 名 C (牛, ヤギなどの)乳房.

u·do /ú:dou/ 名 (複 **~s**) C 【植】ウド《日本や中国に産し, 若い茎は食用》. [日本語]

Uf·fi·zi /ju:fítsi/ 名 ウフィツィ(美術館) 《イタリアの Florence にある》.

UFO /jú:fou, jù:efóu/ 名 (複 **~'s, ~s**) C ユーフォー, 未確認飛行物体, 《空飛ぶ円盤など; <*u*nidentified *f*lying *o*bject》. a ~ sighting UFO の目撃.

u·fol·o·gy /ju:fɑ́lədʒi|-fɔ́l-/ 名 U ユーフォー学, 未確認飛行物体研究.

U·gan·da /(j)u:gǽndə/ 名 ウガンダ《アフリカ中東部の共和国; 英連邦の一員; 首都 Kampala》. ▷**~n** 名, 形

‡**ugh** /w:x, uh, ʌx, ə:h/ 間 うっ, わっ, おお, 《嫌悪, 軽蔑, 恐怖などを示す発声》.

ug·li /ʌ́gli/ 名 (複 **~s, ~es**) UC アグリ《グレープフルーツとタンジェリンの交配種》.

‡**ug·ly** /ʌ́gli/ 形 e (**-li·er**|**-li·est**)
【不快感を与える】 **1** 醜い, 見苦しい, (↔beautiful) (類語 (女の)人の容貌(ぼう)について用いると露骨になるので, 「器量がよくない」という意味では plain, 【米】 homely などを用いる). an ~ shack 見苦しい小屋. an ~ old fellow 醜い老人. an ~ sight 醜い光景.
2 大変不快な; 醜悪な; いやな. an ~ story 不愉快な話. What an ~ prejudice! 何と不愉快な偏見でしょう.
【機嫌の悪い】 **3** 【話】不機嫌な; 怒りっぽい; 意地の悪い; けんか好きな. be in an ~ mood 機嫌が悪い.
4 〔天候, 事態などが〕険悪な, 荒れ模様の, 不気味な. an ~ wound ひどい傷. The sky looks ~. 空模様は険悪だ. The situation is getting *uglier*. 事態はますます悪化していく.
rèar [***ràise***] ***its ùgly héad*** 〔偏見などが〕醜い頭をもたげる.
[<古期北欧語「恐ろしい」] ▷**ug·li·ly** 副 **ug·li·ness** 名 U 醜いこと; 見苦しいこと; 不快.

ùgly Américan 名 C 醜いアメリカ人《滞在先の人々や文化に無神経なために大変いやがられる在外米人》.

ùgly cústomer 名 C 【話】始末の悪いやつ, 厄介者, 手に負えない人.

ùgly dúckling 名 C '醜いアヒルの子'《幼い時は見込みがないと思われたのが後に立派になる人; Andersen の童話から》.

U·gric /(j)ú:grik/ 名 U, 形 ウゴル語派(の) 《Finno-Ugric 語族の下位区分; ハンガリー語など》.

uh /ʌ, ə:/ 間 **1** =huh. **2** えー, あー, 《次に言う言葉を捜したり考えをまとめたりする間の無意味な発声》.

UHF, uhf 名 【ラジオ・テレビ】 ultrahigh frequency (超高周波) 《300–3000 メガヘルツの周波数; →VHF》. a ~ television set UHF 用テレビ.

‡**uh-huh** /1 では əhʌ́, 2 では ʌ́ʌ̀/ 間 **1** うんうん, なるほど, 《相手の言葉を肯定したりよく注意して聞いていることなどを示す》. **2** =uh-uh.

UHT ultra heat treated (高熱処理した). *UHT* milk 超高温処理のミルク.

uh-uh /ʌ́ʌ̀/ 間 うーん《相手の言葉に対する否定を示す》.

UK, U.K. United Kingdom.

U·kraine /ju:kréin/ 名 〈the ~〉 ウクライナ《独立国家共同体 (CIS) の構成国の 1 つ; ロシア南西部; 首都 Kiev》.

U·krain·i·an /ju:kréiniən/ 形 ウクライナの; ウクライナ人[語]の. ── 名 C ウクライナ人; U ウクライナ語.

u·ku·le·le /jù:kəléili/ 名 C ウクレレ《ハワイの 4 弦楽器》. [ハワイ語「跳ねている (*lele*) ノミ (*uku*)」]

U·lan Ba·tor /ù:lɑ:n-bɑ́:tɔ:r/ 名 ウランバートル《モンゴル人民共和国の首都; Ulaan Baator ともつづる》.

‡**ul·cer** /ʌ́lsər/ 名 C **1** 【医】 潰瘍(かいよう). a gastric [stomach] ~ 胃潰瘍. **2** 悪弊. [<ラテン語 *ulcus*]

ul·cer·ate /ʌ́lsərèit/ 動 他, 自 (に)潰瘍(かいよう)を生じさせる[生じる].

ùl·cer·á·tion 名 C 潰瘍(かいよう); U 潰瘍化.

ul·cer·ous /ʌ́ls(ə)rəs/ 形 潰瘍(かいよう)性の; 潰瘍にかかった; 腐敗させる.

-ule /(j)u(:)l/ 接尾 「小さい」の意味. glob*ule*. gran*ule*. [ラテン語]

ul·lage /ʌ́lidʒ/ 名 U アレージ《タンク, 瓶, たるなどの内容が蒸発などで空いている部分の容積》.

ul·na /ʌ́lnə/ 名 (複 **ul·nae** /-ni:/, **~s**) C 【解剖】尺骨《前腕の小指側の骨; →radius 4》. [ラテン語「ひじ」] ▷**ul·nar** /-nər/ 形

Ul·ster /ʌ́lstər/ 名 **1** アルスター《もとアイルランド北部の州 (province) の名; 南部 (Monaghan と Cavan), 北西部 (Donegal) を除いた部分はアイルランド独立の際, 北アイルランド (Northern Ireland) として英国に残った》. **2** 〈通俗に〉北アイルランド. **3** C 〈u-〉 アルスター外套(とう) 《ベルト付きの緩やかな長い外套》.

ult /ʌlt/ [形] 〖英旧〗先月の (ultimo)《商業文で》. on the 10th ～ 先月の 10 日に.

ult. ultimate; ultimately; ultimo.

ul·te·ri·or /ʌltí(ə)riər/ [形] 〈限定〉 **1** 〔動機, 理由などが〕表に出ない, 隠れた, 裏の. ～ motives [reasons] 隠れた動機[理由]. **2** 向こう側の; かなたの, より遠くにある. **3** 後に来る, 将来の. [ラテン語「より遠い」(*ulter* 'beyond' の比較級)]

ul·ti·ma /ʌ́ltəmə/ [名][C] 語末音節 (→antepenult, penult). [ラテン語 'the last']

ul·ti·ma·ta /ʌ̀ltəméitə/ [名] ultimatum の複数形.

***ul·ti·mate** /ʌ́ltəmət/ [形][©] 〈限定〉 **1 最終の**, 最後の; **究極の**, 結局の; ([類語] 究極的な限界を意味する; →last¹). an ～ decision 最終決定. ～ responsibility 最終責任. the ～ weapon 究極兵器《全人類を絶滅することのできる核兵器など》. Our ～ goal is to establish world peace. 我々の究極の目標は世界平和を樹立することである. **2** 根本の, 根源の, 基本的な. ～ principles 根本原理. **3** 〖話〗最大限の; 極限の; 最高[最悪]の. the ～ effort 最大限の努力. The floodtide reached its ～ level at noon. 上げ潮は正午に最高に達した. the ～ debauchery 放蕩(とう)の極み.

── [名][C] 〈the ～〉 究極のもの, 極致 〈*in* ..の〉. the ～ *in* lethal weapons 究極の殺人兵器. the ～ *in* pleasure 最高の楽しみ.

[<ラテン語 *ultimus*「最も遠い, 最後の」(*ulter* 'beyond' の最上級)]

†**úl·ti·mate·ly** [副] 最終的に, 結局; 〈文修飾〉 究極的には. Who is ～ responsible for this? この責任は究極的にはだれにあるのか. *Ultimately*, he agreed to our proposal. 結局, 彼は我々の提案に同意した.

ùltima Thúle [名] 〈the ～〉 **1** ＝Thule. **2** 世界の最果て, 遠い未知の国. **3** 極限; 遠い目標. [ラテン語 'furthest Thule']

†**ul·ti·ma·tum** /ʌ̀ltəméitəm/ [名] ([複] ～s, **ul·ti·ma·ta**) [C] 最後通牒(ちょう); 最終的申し入れ[提案]. deliver [issue] an ～ 最後通牒を渡す. [ラテン語「最後のもの」]

ul·ti·mo /ʌ́ltəmòu/ [形] 〖まれ〗〈名詞の後に置いて〉《商業文で》先月の《現在では普通, 省略形 ult を用いる; →inst., proximo》. on the 25th ～ 先月の 25 日に. [ラテン語 'in the last (month)']

ul·tra /ʌ́ltrə/ [形] 〔思想などが〕過激な, 極端な.

── [名][C] 過激論者, 極端論者.

ultra- [接頭] 「極端に, 超.., 過..など」の意味.

ùltra·high fréquency [名] →UHF.

ul·tra·ma·rine /ʌ̀ltrəmərí:n [移]/ [形] **1** 紺青(こんじょう)(色)の (deep-blue). **2** 海外の, 海のかなた(から)の.

── [名] **1** [U] 紺青色, ウルトラマリーン. **2** [UC] 紺青色の絵の具《もと lapis lazuli の粉末から作った》.

ùltra·mícroscòpe [名][C] 超[限外]顕微鏡.

ùltra·mìcroscópic /[移]/ [形] 超顕微鏡的な; 極小の.

ùltra·módern /[移]/ [形] 超現代的な.

ultra·mon·tane /ʌ̀ltrəmɑ́ntein|-mɔ́n- [移]/ [形] **1** 山の向こう側にある; (北から見て)アルプス南方の, イタリアの. **2** 〖カトリック〗教皇権至上主義の《各国支部の権限を抑えようとする》.

ùltra·nátionalìsm [名][U] 超国家主義.

ùltra·nátionalist [名][C] 超国家主義者.

ùltra·shórt /[移]/ [形] **1** 極めて短い. **2** 〖理〗超短波の. an ～ wave 超短波.

ùltra·sónic /[移]/ [形] 超音波の《人間の耳には聞こえないほど大きい振動数の音について言う》.

ùltra·sónics [名] 〈単数扱い〉 超音波学.

†**últra·sòund** [名][U] **1** 〖理〗超音波《診療, 検査などに用いる》. **2** 超音波による診断[治療].

†**ùltra·víolet** /[移]/ [形] **1** 紫外(線)の《略 UV》. ～ rays 紫外線 ([参考] 赤外線は infrared rays). **2** 〈限定〉 紫外線利用の. an ～ lamp 紫外線灯.

u·lu·late /jú:ljəlèit/ [動][自] 〖章〗〔犬などが〕ほえる, 〔フクロウなどが〕ほーほーと鳴く; 〔人が〕(泣き)わめく.

▷ **ù·lu·lá·tion** [名]

U·lys·ses /ju(:)lísi:z/ [名] **1** 〖ギ神話〗ユリシーズ《イタカ (Ithaca) の王でトロイ戦争におけるギリシア軍の指揮官の 1 人; 叙事詩 *Odyssey* の主人公; Odysseus のラテン語名》. **2** 『ユリシーズ』《James Joyce の小説 (1922)》.

um /ʌm, əm/ [間] うむ, えー(と), 《ためらいの声》.

um·bel /ʌ́mbəl/ [名][C] 〖植〗散形花(序).

um·ber /ʌ́mbər/ [名][U] アンバー《顔料として用いられる茶色の土》; (焦げ)茶色. raw ～ 生アンバー《茶色の顔料》. ── [形] (焦げ)茶色の.

[<ラテン語「陰」]

um·bil·i·cal /ʌmbílik(ə)l, ʌ̀mbilái- [移]/ [形] 臍(へそ)の, 臍の緒の.

umbílical còrd /〖英〗 ⌐-⌐-⌐/ [名][C] 臍(へそ)の緒《比喩的には「断ち難いきずな」の意味になる》.

um·bra /ʌ́mbrə/ [名] ([複] **um·brae** /-bri:/, ～s) [C] **1** 〖天〗本影《月食・日食の際の地球[月]の影》; (太陽黒点の)半暗部. **2** 影; 陰.

[ラテン語 'shade']

um·brage /ʌ́mbridʒ/ [名][U] 〖章〗(軽視, 侮辱などに対する)不快, 立腹.

tàke úmbrage (at..) (..に)立腹[憤慨]する.

‡**um·brel·la** /ʌmbrélə/ [名] ([複] ～s /-z/) [C] **1 傘**, こうもり傘, 雨傘; 〖米〗日傘, 日よけ; ([類語] 傘を表す一般的な語で, 普通は雨傘を指す; →parasol, sunshade). a beach ～ ビーチパラソル. put up [down] an ～ 傘をさす[たたむ]. close an ～ 傘をたたむ. leave an ～ on the bus 傘をバスに置き忘れる. Will you let me walk under [May I share] your ～? あなたの傘に入れていただけませんか.

> [連結] a collapsible [a telescopic] ～ // open [unfurl; fold (up), roll] an ～

2 〖軍〗(爆撃機援護の)傘形の戦闘機隊; (敵機に対しての)砲火弾幕.

3 (国, 団体による) 保護, 後援; 包括的組織 [団体]. under the Conservative ～ 保守党の傘下に. a nuclear ～ 核の '傘'《核保有国が提供する保護》.

4 〈形容詞的〉 ひっくるめた, 包括的な. "Cancer" is an ～ term [word] for many complex diseases. 「癌(がん)」というのは多くの複雑な病気をひっくるめて言う語である. an ～ organization for local environmentalist groups 環境保護主義の地域グループを統括する団体.

[<イタリア語「小さな陰 (*ombra*)」(<ラテン語 *umbra*)]

umbrélla stànd [名][C] 傘立て.

umbrélla trèe [名][C] タイサンボクの類《北米産; モクレン科の高木》.

u·mi·ak /ú:miæ̀k/ [名][C] ウミアク《木の枠に皮を張ったエスキモーのボート》. [イヌイット語「女性用の舟」]

um·laut /úmlaut/ [名] 〖言〗 **1** [U] ウムラウト, 母音変異, 《特にゲルマン系の言語において(今は普通, つづりには現れない)後続音節中の i, u の影響による母音変化; たとえば man →men, foot →feet; ドイツ語の ü, ö, ä も同種の現象; mutation とも言う; →ablaut》. **2** [C] (ウムラウトによって生じた) 変母音 《たとえば ä /e/》; ウムラウト記号 (¨). [ドイツ語 'around-sound']

ump /ʌmp/ 〖米話〗 [名], [動] ＝umpire.

‡**um·pire** /ʌ́mpaiər/ [名] ([複] ～s /-z/) [C] **1 審判員**, アンパイア, ([類語] 普通, 野球, テニス, バレーボール(副審), バドミントン, クリケットなどの審判員で, バスケットボール, サッカー, ラグビー, ボクシング, レスリング, バレーボール(主審)などの審判員は referee; umpire は指定された場所で審判を行うが, referee は動き回って審判を行う(バレーボールを除

く); →judge). act as ～ アンパイアをする (★この場合は無冠詞). **2** (紛争などの)仲裁人, 裁定人.

── 動 他, 自 **1** (を)審判する 〈*for, in* ..の〉. ～ a game 試合の審判をする. **2** 〔紛争など〕の裁定をする.

[＜中期英語 (a *n*)*umpere* (＜古期フランス語 *nomper* 'non-peer'「同等ではない人, 第三者」)]

ùmpire-in-chíef 名 (複 **umpires-**) C 〖野球〗主審.

ump·teen /ʌmptíːn ㊎/ 〖話〗形 〈限定〉, 代 数えきれないほどたくさん(の), 多数(の). I have ～ reasons to hate him. 私には彼を嫌う理由が山とある.

ump·teenth /ʌmptíːnθ ㊎/ 形 〈限定〉, 代 何番目か の(もの), 何番目か分からないほど後の(もの). She sang it for the ～ time. 彼女は何度となくそれを歌った.

UN, U.N. 〈the ～〉 United Nations.

'un, un /ən/ 代 〖話・方〗 ＝one. the young ～*s* 若い者たち. This is a good ～. こいつはいいや.

un-[1] 接頭 **1** 形容詞, 動詞の分詞形, (よい意味を持つ) 副詞, 名詞に付けて「否定」の意味を表す. *un*happy. *un*able. *un*expected. *un*ending. *un*fortunately. *un*truth. *un*happiness.

> 語法 (1) in- (又はその変形) を付けて「否定」を表す語を作る場合を除いてほとんどあらゆる語に用いることができる; 従って本書の見出し語に採用されていない語についてはun- を not に置き換えて読めばよいことが多い.
> (2) 単なる「否定」でなく意味が加えられたり, もとの語の意味のうち限られた意味だけが否定になることがある: *un*advised (軽率な), *un*canny (薄気味悪い), *un*easy (不安な), *un*moral (道徳に関係のない; →immoral)
> (3) un- の付く語が「非難」などの意味を含む時, 単なる否定には non- を用いる: *non*scientific (科学と関係がない), *un*scientific (非科学的な)
> (4) un- を付けない形が普通用いられない語がある: *un*speakable, *un*couth, *un*kempt, *un*beknown.

2 名詞に付けて「欠如」の意味を表す. *un*rest, *un*faith (不信心).

[古期英語 *un-*; ラテン語 *in-*, ギリシア語 *a-* に相当する]

un-[2] 接頭 **1** 動詞に付けてその逆の動作を表す語を作る. *un*tie. *un*leash. *un*burden. *un*cork.

> 語法 (1) 必ずしも逆の動作を表す語でないこともある: *un*ravel (ほどく, 解く), *un*loose (解く) (2) untied のような場合, 'un-[1]＋tied' (結ばれていない)と 'untie＋-(e)d' (ほどかれた)との 2 つの分析が可能である.

2 名詞に付けてその名詞の表す物, 又はその性質・状態を取り去ることを示す動詞を作る. *un*man. *un*mask.

[古期英語 *un-*, *on-*]

ùn·a·báshed /-t ㊎/ 形 恥じない, 平然とした, 厚かましい. 「えない.

ùn·a·bát·ed /-əd ㊎/ 形 〔人の力, 風の強さなどが〕衰↑

‡**un·a·ble** /ʌnéib(ə)l/ 形 C 〈叙述〉(..することが)できない (→成句 be ～ to do; →incapable 類語).

◇↔able 名 inability

be unàble to dó 〖やや章〗..することができない (cannot) (↔be able to). I *am* ～ *to* walk as fast as he can. 私は彼のように速く歩けない. [un-[1], able]

> ★ (1) cannot には未来形, 完了形がないので, will [shall] be unable to, have [has, had] been unable to で代用する; →able 語法 (3): My secretary will *be* ～ *to* finish typing the report by tomorrow. (私の秘書はこの報告書のタイプを明日までには終えられないでしょう) (2) 過去のある特定の時のことを述べるには could not より was [were] unable to の方が好まれる; →able 語法 (2)

ùn·a·brídged /㊎/ 形 〔本などが〕省略していない, 縮約[要約]してない, 完全な.

ùn·ac·cént·ed /-əd ㊎/ 形 アクセント[強勢]のない.

†**ùn·ac·cépt·a·ble** /㊎/ 形 受け入れられない, 許容[容認]できない; 気に入らない. the ～ face of capitalism 資本主義の醜い面.

ùn·ac·cóm·pa·nied /㊎/ 形 **1** 同伴者のない; 伴われない 〈*by* ..に〉. **2** 〖楽〗無伴奏の.

ùn·ac·cóm·plished /-t ㊎/ 形 **1** 成就していない, 未完成の. **2** 無芸の, 無教養の.

‡**un·ac·count·a·ble** /ʌnəkáuntəb(ə)l ㊎/ 形 **1** 説明のできない, 訳の分からない; 不思議な. an event ～ to me 私にとって不可解な事件. ～ profit 説明できない利益. **2** 責任がない 〈*for*..に〉. He is ～ *for* this matter. 彼はこの事に対して責任がない.

ùn·ac·cóunt·a·bly 副 説明のできないほどに, 不可解なほどに; 〈文修飾〉不可解にも, どういう訳か分からないが. He was ～ cross yesterday. どういう訳か彼は昨日不機嫌だった.

ùn·ac·cóunt·ed-for /-təd- ㊎/ 形 〈限定; 叙述の場合は **ùnaccóunted** for となる〉説明され(てい)ない, 原因[使途など]不明の. ～ expenses 使途不明の出費. These are facts though they are *unaccounted for*. これらは事実です, その理由は説明できないが.

†**un·ac·cus·tomed** /ʌnəkʌ́stəmd ㊎/ 形 **1** 〈叙述〉不慣れの, 慣れていない, 〈*to* ..に〉. I am quite ～ *to* speaking in English. 私は英語で話すことに全く慣れていない. **2** 〈限定〉普通でない, 珍しい. his ～ good cheer 彼のいつにない上機嫌. He paid his old parents an ～ visit. 彼は珍しく年とった両親を訪ねた.

ùn·ac·knówl·edged /㊎/ 形 **1** (十分に)認められない, 無視されている. **2** 感謝されない(で).

ùn·ac·quáint·ed /-əd ㊎/ 形 **1** 知られていない; (お互いに)知り合いでない. **2** 不案内な, 疎い, 〈*with* ..に〉. He seems to be ～ *with* basic table manners. 彼はテーブルマナーの基本を知らないようだ.

ùn·a·dópt·ed /-əd ㊎/ 形 〖英〗〔道路が〕公道でない, 私道の, 《修理費用は住民の負担》.

ùn·adórned /㊎/ 形 飾りのない, 簡素な.

ùn·a·dúl·ter·àt·ed /-əd ㊎/ 形 **1** 〔特に食品が〕混ぜ物のない, 不純物が入っていない. **2** 〈限定〉純然たる, 全くの, (utter). ～ friendship 純粋の友情. ～ nonsense 全くのナンセンス.

ùn·ad·vísed /㊎/ 形 **1** 思慮のない, 軽率な. John agreed to the proposal with ～ haste. ジョンは軽率にも急いでその提案に賛成した. **2** 助言を受けていない.

un·ad·vis·ed·ly /-ədli/ 副 無分別に, 軽率に.

†**ùn·af·féct·ed**[1] /-əd ㊎/ 形 〈主に叙述〉影響を受けない; 心を動かされない; 〈*by* ..に〉. ▷～**·ly** 副

ùn·af·féct·ed[2] /-əd ㊎/ 形 気取らない, ありのままの, うわべだけでない; 素朴な, 誠実な. ▷～**·ly** 副

ùn·a·fráid 形 〈叙述〉恐れない(で) 〈*of* ..を〉.

†**ùn·áid·ed** /-əd ㊎/ 形 助けのない, 援助なしの. the ～ eye 肉眼. He did it ～. 彼はそれを独力でやった.

ùn·á·lien·able /㊎/ 形 ＝inalienable.

ùn·al·lóyed /㊎/ 形 〖章〗〔感情などが〕まじりけのない, 純粋な. ～ joy 純粋な喜び.

ùn·ál·ter·a·ble /㊎/ 形 変更できない, 不変の. ▷**-bly** 副 変更できないように.

ùn·áltered /㊎/ 形 変更のない, 元のままの.

ùn-Ā·mér·i·can /㊎/ 形 **1** アメリカ(人)らしくない, 非アメリカ的な. **2** 〔理念などが〕反アメリカの, アメリカの国益に反する. ～ activities 非米活動. ★non-American (アメリカ的でない)とは意味が異なる; →un-[1] 語法 (3).

‡**u·na·nim·i·ty** /jùːnənímәti/ 名 U (全員の)合意, 満場一致. with [by] ～ 満場一致で.

***u·nan·i·mous** /ju(ː)nǽnəməs/ 形 C **1** 〈叙述〉 (**a**) 〔人々が〕**満場一致で**, 同意見で, 合意して, 〈*in, for,* *about* ..について〉. The judges were ～ *in* rejecting the appeal. 裁判官は全員一致でその控訴を棄却した. (**b**) 同意見で〈*that* 節 ..ということに〉. The committee were ～ *that* the reform plan (should) be carried out. その改革案を実施すべきだということに委員全員が同意した. **2**〔決定などが〕満場一致の, 全員異議のない. a ～ decision 満場一致の決定. by a ～ vote 全員一致の賛成投票で. [＜ラテン語 (＜*ūnus*「1つ」＋*animus*「心」)]

†u·nán·i·mous·ly 副 満場一致で, こぞって.

‡ùn·an·nóunced /-t ㊕/ 形 〔人が〕居ること[到着すること]を知らされていない; 予告なしの; 取次ぎの案内も受けずに[入るなど].

ùn·án·swer·a·ble /㊕/ 形 **1**〔問題などが〕答えられない, 解答できない. **2**〔訴訟事件などが〕反駁(ばく)できない, 反論の余地がない.

‡ùn·án·swered /㊕/ 形 答えのない. The crucial question remains ～. その重大質問はまだ答えが出されていない.

ùn·ap·péal·ing /㊕/ 形 訴える所のない, 魅力のない.

ùn·ap·próach·a·ble /㊕/ 形 **1**〔人が〕近うきにくい, 話しかけにくい. **2**〔場所などが〕近うけない, 到達できない.

ùn·ár·gu·a·ble /㊕/ 形 議論の余地がない. ▷**-bly** 副

†ùn·ármed /㊕/ 形 武器を持たない[用いない], 非武装の; 素手でする. Karate is an art of ～ defense. 空手は武器を用いない護身術である. ～ combat 素手の闘い. [un-[1], armed]

‡ùn·a·shámed /㊕/ 形 恥を知らない, ずうずうしい, 平然とした. the ～ pursuit of profit なりふり構わぬ利益追求.

ùn·a·shám·ed·ly /-ədli/ 副 〘雅〙恥じることなく, 「ぬけぬけと; 動じないで.

ùn·ásked /-t ㊕/ 形 **1**〈叙述〉頼まれない[なく]; 招かれない(で). She helped me ～. 彼女は頼まれないのに私を助けてくれた. **2** 求められない〈*for*〉. an ～ gift 求めないのにもらった贈り物. The contributions were ～ *for*. その寄付は自発的になされたものである. **3**〔質問が〕発せられない(で).

ùn·as·sáil·a·ble /㊕/ 形 **1** 攻めようがない, 難攻不落の. **2** 否認しがたい; 論破できない. ▷**-bly** 副

ùn·as·súm·ing /㊕/ 形 気取らない, でしゃばらない; 控え目な. ▷**～·ly** 副

ùn·at·táched /-t ㊕/ 形 **1** 結びつけられていない; 関係がない〈*to* ..と〉. **2** 婚約[結婚]していない, 独身の.

ùn·at·ténd·ed /-əd ㊕/ 形 **1** 供を連れない, 付き添われない〈*with, by* ..に〉. his ～ arrival 彼の部下を伴わない到着. a trip ～ *by* adventures 冒険を伴わない旅行. **2** 世話をされていない, 顧みられない, ほうりっ放しの, 放置された. ～ wounds 手当てをしていない傷. They left the work ～. 彼らは仕事をほうりだした. Don't leave your suitcase ～ at the station. 駅でスーツケースをほうりっ放しにしておいてはいけない.

‡ùn·at·trác·tive /㊕/ 形 人を引きつけるものがない, 魅力がない. ▷**～·ly** 副 **～·ness** 名

‡ùn·áu·tho·rized /㊕/ 形 正式の許可を得てない. an ～ biography 書かれた本人によって公認されていない伝記.

‡ùn·a·váil·a·ble /㊕/ 形 **1** 利用できない. **2** 入手できない. **3**〔人が〕手があいていない, 面会できない.

ùn·a·váil·ing /㊕/ 形 無益な, むだな, 無効の. All my efforts to persuade him were ～. 彼を説得しようとした私の努力はすべてむだだった.

‡ùn·a·vóid·a·ble /㊕/ 形 避けられない, やむを得ない. an ～ problem 避けて通れない問題. an ～ mistake どうしても起こり得る誤り. ▷**-bly** 副 やむを得ず.

†un·a·ware /ʌ̀nəwéər ㊕/ 形 〈叙述〉気うかない〈*of* ..に〉; 知らない〈*of* ..を/*that* 節 ..ということを〉. They were carelessly ～ *of* the danger. 彼らはうかつにもその危険に気うかなかった. He seemed ～ *of* what was going on. 彼は何が起こっているかを知らないようだった. I was ～ *that* she was so sick. 私は彼女(の病気)がそれほど悪いことに気うかなかった. be politically ～ 政治にうとい. ── 副 ＝unawares.
[un-[1], aware] ▷**～·ness** 名

†un·a·wares /ʌ̀nəwéərz/ 副 **1** 気うかずに, うっかり, 無意識に. He gave away the secret ～. 彼はうっかりその秘密を漏らしてしまった. **2** 思いがけず, 不意に. The gentleman sneaked up on them ～. その紳士は彼らにこっそり近ういた.

tàke* [*càtch*] *a pèrson unawáres 人を不意に襲う; (不意に現れて)人を驚かす. The garrison was *taken* ～. 守備隊は不意打ちをくらった. [unaware, -s 3]

ùn·bácked /-t ㊕/ 形 **1** 支援[後援](者)のない, 孤立無援の. **2**〔いすなどが〕背のない; 裏張りのない. **3**〔馬が〕人を乗せたことがない. **4**〔競走馬などが〕賭(か)け手のない.

ùn·bál·ance 動 他 **1** を不均衡にする; の釣り合いを乱す. **2**〔人(の心)〕を錯乱させる;〔平静〕を乱す, 動揺させる. ★名詞として日本語では「アンバランス」と言うが, 英語で 名 は imbalance と言う.

‡ùn·bál·anced /-t ㊕/ 形 **1** 釣り合いのとれない, 均衡を失った. **2** 不安定な; 心の平衡を失った, 精神的に錯乱した.

ùn·bár 動 (～s|-rr-) 他 **1**〔戸, 門〕から横木[かんぬき]をはずす;〔戸など〕を開ける. ～ the gate 門のかんぬきを抜く. **2**〘章〙の門戸を開く, を開放する. ～ the way to world peace 世界平和への道を開く.

***un·bear·a·ble** /ʌ̀nbé(ə)rəb(ə)l ㊕/ 形 ⓜ **耐えられない**, 我慢できない. an ～ burden 耐え難い重荷. The heat has become ～. 暑さは耐えられなくなった.
[un-[1], bearable] ▷**-bly** 副 耐えられないほどに.

‡ùn·béat·a·ble /㊕/ 形 何[だれ]にも負けることがない, 無敵の; それにまさるものがない.

‡ùn·béat·en /㊕/ 形 **1**〔チーム, 記録などが〕負けたことのない, 不敗の. **2** 人跡未踏の.

un·be·com·ing /ʌ̀nbikʌ́miŋ ㊕/ 形 〘旧〙 **1** 不適切な, ふさわしくない,〈*to, for, of* ..にとって〉. in language ～ (*to*) a gentleman 紳士にふさわしからぬ[あるまじき]言葉で (★*to* の省略は〘今はまれ〙). That's levity ～ in a bishop. それは主教にあるまじき軽薄さだ. behavior ～ *for* educated people 教育のある人らしくない行動. It is ～ *of* him to have done such a thing. そんなことをしたとは彼らしくない. **2** 不似合いな, 不釣り合いな. Her dress was very ～. 彼女のドレスは大変不似合いであった. ▷**～·ly** 副 不似合いに; 不適切に.

un·be·known, -knownst /ʌ̀nbinóun ㊕/, /-nóunst ㊕/ 形〈叙述〉, 副 未知の[で]; 知られずに〈*to* ..に〉. *Unbeknown to* me, they had used my tape recorder. 私が知らないうちに彼らは私のテープレコーダーを使っていた.

ùn·be·líef 名 Ⓤ 〘章〙(特に宗教に関して)信じないこと, 不信仰, 不信心, (類語 明らかな証拠がないために神の存在を信じないこと; →disbelief). [un-[1], belief]

†ùn·be·líev·a·ble /㊕/ 形 信じ難い, 信じられない(ほどの). ▷**-bly** 副 **1** 信じられないほど. **2**〈文修飾〉信じられないことだが.

ùn·be·líev·er 名 Ⓒ **1** 不信心者, 不信仰者; 無宗教の人. **2** 信じない人, 懐疑家.

ùn·be·líev·ing /㊕/ 形 **1** 信じようとしない, 信じない; 疑い深い, 懐疑的な. **2** 不信心の, 信仰しない. ▷**～·ly** 副 疑って.

ùn·bénd 動 (→bend) 他 **1**〔曲がった物〕をまっすぐにする, 伸ばす. ～ a bow (弦をはずして)弓を伸ばす. **2**〔帆, 綱など〕を緩める, ほどく. **3**〔心, 体〕を解放する, くつろがせる, 休ませる. He *unbent* himself [his mind] from the strains of business. 彼は仕事の緊張から自分を解放した. ── 自 **1** まっすぐになる, 伸びる. **2** くつろぐ, 打ち解ける, しゃちほこばらない.

ùn·bénd·ing /(移)/ 形 **1** 〔精神などが〕不屈の, 不退転の. **2** 打ち解けない, しゃちほこばった; 硬直した, かたくなな.

un·bent /ʌ̀nbént/ 動 unbend の過去形・過去分詞.

†**ùn·bí·ased,** 〖主に英〗**-assed** /ʌ̀nbáiəst (移)/ 形 偏見[先入観]のない, 公平な. ▷ **～·ly** 副

ùn·bíd·den /(移)/ 形 〖主に雅〗 **1** 頼まれない, 要求されない; 招かれない. an ～ guest 招かれざる客. She walked in ～. 彼女は呼ばれないのに入って行った. **2** 命じられ(てい)ない, 自発的な.

ùn·bínd 動 (→bind) 他 **1** 〔縄, 結び目など〕を解く, ほどく. ～ the ropes 縄をほどく. **2** を解放する, 釈放する. The prisoner was *unbound*. その囚人は自由の身になった.

ùn·blém·ished /-t (移)/ 形 **1** きずのない, 欠点のない. **2** 汚れのない, 潔白な.

un·blessed, -blest /ʌ̀nblést/ 形 **1** 祝福されない; 神聖でない. **2** のろわれた, よこしまな; みじめな.

ùn·blínk·ing /(移)/ 形 **1** まばたきをしない. **2** (恐怖, 悲哀などに)平然とした. **3** 動揺しない, ひるまない. ▷ **～·ly** 副

ùn·blúsh·ing /(移)/ 形 赤面しない, 恥知らずの, 厚かましい. ▷ **～·ly** 副 臆(おく)面もなく.

ùn·bólt 動 他 〔戸など〕のかんぬきをはずして開ける. ▷ **～·ed** /-əd (移)/ 形 かんぬきのはずされた.

†**ùn·bórn** /(移)/ 形 まだ生まれていない; 将来の. the right of the ～ baby 胎児の権利. ～ generations (まだ生まれない)次の数世代の人々.

ùn·bós·om 動 他 〖章〗〔内心〕を打ち明ける, 告白する, 〈*to* ..に〉. ～ one's sorrows 悲しみを打ち明ける. ～ oneself *to* one's friend 友人に心を打ち明ける, 意中を語る.

ùn·bóund 動 unbind の過去形・過去分詞. ── /(移)/ 形 **1** 縛られていない; 束縛されない, 解放された. **2** 〔本が〕とじていない, 未製本の.

ùn·bóund·ed /-əd (移)/ 形 制限のない; 限りがない. the ～ ocean 果てしない大洋. He was driven by ～ ambition. 彼は限りない野心に駆り立てられた.

un·bowed /ʌ̀nbáud (移)/ 形 〖主に雅〗 **1** 曲がっていない. **2** 屈しない, 不屈の. 「ない.

ùn·bréak·a·ble 形 **1** 壊れない. **2** 守らなければいけ↑

ùn·brí·dled /(移)/ 形 《bridle 1 を着けていない＞》抑えられない, 拘束のない; とめどのない. ～ rage 激怒. She has an ～ tongue. 彼女はとめどなくしゃべる.

†**ùn·bró·ken** /(移)/ 形 **1** 壊れていない, 破損のない; 完全な. an ～ dish 欠けていない皿. The seal was ～. 封は切られていなかった. **2** 中断されない, 途切れない. There was five minutes of ～ silence. 5分間だれも沈黙を破る者はいなかった. in an ～ line 連綿として. **3** 〔記録などが〕負かされない, 破られない. **4** 乗り馴(な)らされていない. an ～ horse 乗り馴らされていない馬. **5** 屈しない. ～ spirit 不屈の精神. **6** 〔約束などが〕破られない, 守られる.

ùn·búck·le 動 他 の締め金[バックル]をはずす.

ùn·búr·den 動 他 〖章〗 **1** 話すことによって〔自身(の心など)〕を楽にする, 〔秘密など〕をうち明ける〈*to* ..〔人〕に〉; VOA (～ X ***of*** ..) X(自分(の心など))から〔重荷, 秘密など〕を取り除く. ～ oneself 心の中を打ち明けてほっとする. She ～*ed* her heart to her friends. 彼女は彼女の心の中を友人たちに打ち明けた. He ～*ed* himself *of* a secret. 彼は秘密を打ち明けて心の重荷を下ろした. **2** 〔事が〕〔人〕に重荷[負担]を感じさせない〈普通, 受け身で〉. be ～*ed* by expectations of success 成功の期待を重荷に感じない. **3** の荷を降ろす, 〔荷物〕を降ろす〈*of* ..〔人〕から〉; 〔人〕から降ろす〈*of* ..〔荷物など〕を〉.

ùn·bútton 動 他, 自 (の)ボタンをはずす.

ùn·bút·toned /(移)/ 形 **1** ボタンをはずした[て]. **2** 格式ばらない; くつろいだ.

ùn·cálled-fòr /(移)/ 形 〔言動などが〕不必要な, 余計な, 言わずもがなの. He made an ～ remark about the productivity of the American laborer. アメリカの労働者の生産性について彼は言わずもがなのことを言った.

‡**un·can·ny** /ʌnkǽni (移)/ 形 **1** 神秘的な, 不思議な; ものすごい, 薄気味悪い. The empty house had an ～ look. その空き家は不気味に見えた. **2** 〔感覚などが〕超人的な; 並はずれて(すぐれて)いる. an ～ sense of hearing 異常に鋭敏な聴力. ▷ **un·can·ni·ly** 副 薄気味悪く[悪いほど].

ùn·cáp 動 (～s|-pp-) 他 **1** 〔瓶など〕のふたをとる. **2** 〔人〕の帽子をとる, を脱帽させる. **3** の上限をはずす.

ùn·cápped /-t/ 形 〖主に英〗(選手が)国の代表に選ばれたことがない. 「手入れのしてない.

ùn·cáred-fòr /(移)/ 形 世話されない, ほったらかしの;↑

un·cár·ing /(移)/ 形 面倒見の悪い, ほったらかしにする.

ùn·céas·ing /(移)/ 形 絶え間ない, 不断の, ひっきりなしの. ～ efforts for world peace 世界平和を求める不断の努力. ▷ **～·ly** 副 絶え間なく. 「ない, 無検閲の.

ùn·cénsored /(移)/ 形 〔出版物などが〕検閲を受けてい↑

ùn·cèr·e·mó·ni·ous /(移)/ 形 **1** 儀式ばらない, くだけた; 略式の. The wedding dinner was a rather ～ affair. 結婚披露宴はかなり簡素なものだった. **2** (出し抜けで)失礼な; ぞんざいな. He made an ～ departure while I was speaking. 私が話しているのに彼は出し抜けに出て行った. ▷ **～·ly** 副 儀式ばらずに; 無作法に, 無造作に. **～·ness** 名 U 儀式ばらないこと; 無作法.

‡**un·cer·tain** /ʌnsə́ːrtn (移)/ 形 m **1** 〔物事が〕**不確実**な, はっきりしない, 未定の; あやふやな; (↔certain). an early scroll of ～ authorship 作者不明の古い巻き物. a woman of ～ age 年齢が定かでない女 (★婉曲に中年女性について言う). The future of this firm is ～. この会社は将来どうなるか分からない. It remains ～ whether the vacant post will be filled soon. その空席になっているポストがすぐ埋まるかどうかは未定のままだ.

2 〈叙述〉〔人が〕**確信がない**, はっきり分からない, 断言できない, 〈*of, about, as to* ..について〉(★*wh* 節[句]が続く時はしばしば of [about, as to] が省略される). I am ～ *of* success. 成功の確信は持てない. The high official said he was ～ *of* all the details. その高官は詳細全部については分からないと言った. We're all ～ (*about*) how he's going to solve the problem. 彼がその問題をどのように解決するつもりなのか私たちはみんな見当がつかない. He looked ～ (*of*) what to do. 彼はどうしたらよいのか分からない様子だった.

3 当てにならない, 頼みにならない; 〔天候などが〕変わりやすい, 不安定な. a man of ～ temper お天気屋の男. the ～ weather forecast 当てにならない天気予報.

in nò uncèrtain térms あいまいさのない言葉で, はっきり, きっぱりと. [un-[1], certain]

ùn·cér·tain·ly 副 不確実に; あやふやに; よろよろと〔立ち上がるなど〕; 自信無さそうに. [uncertain, -ly[1]]

***un·cer·tain·ty** /ʌnsə́ːrtnti/ 名 (複 **-ties** /-z/) **1** U **不確実**, 不確定; 確信を持てないこと, ちゅうちょ; 当てにならないこと; 不安定. with ～ 危なげに, 不安定に. There is some ～ (about) whether the experiment will succeed. 実験が成功するかどうか少し心配だ. the ～ of the weather 天気の変わりやすいこと. The evidence left no room for ～. その証拠で疑いの余地がなくなった. **2** C 〈しばしば -ties〉不確実な事, 不確定要素. The stock market is full of *uncertainties*. 株式市場は不確定要素に満ち満ちている. [un-[1], certainty]

uncértainty prìnciple 名 〈the ～〉〖物理〗不確定性原理.

ùn·cháin 動 他 の鎖を解く; を解放する, 自由にする.

U

‡**ùn·chál·lenged** /㊙/ 形 **1** 誰何(すいか)されない(で). **2** 異議なしの[なく], 是非を問われない, 反対なしで. The Prime Minister's criticism of the Opposition won't go ~. 首相の野党批判はそのままでは済まされないだろう.

ùn·chánge·a·ble /㊙/ 形 変えることのできない; (一定)不変の; 安定した.

†**un·changed** /ʌ̀ntʃéindʒd ㊙/ 形 変わっていない, 不変の, もとのままの. The situation remains ~. 事態はもとのままである.

ùn·chàr·ac·ter·ís·ti·cal·ly 副 柄にもなく, いつ「もの..らしくなく.

ùn·chár·i·ta·ble /㊙/ 形 無慈悲な, 無情な, むごい, 厳しい. ▷**-bly** 副 無慈悲に.

ùn·chárt·ed /-əd ㊙/ 形 海図[地図]が作られていない; 未知の, 未踏の. an ~ area of the continent その大陸の未踏の地域. ~ territory [seas, waters] 未踏の分野.

ùn·cháste /㊙/ 形 **1** 身持ちの悪い, 不貞な. **2** みだ「らな, 猥褻(わいせつ)な.

‡**ùn·chécked** /-t ㊙/ 形 **1** 阻止[抑制]されない; 野放しの. The disease remained ~ for several years. その病気は数年間広がるのを防げなかった. go [continue] ~ (規制なしに)野放しにされる. **2** 未検査の, 引き合わせしていない.

ùn·chrís·tian /㊙/ 形 **1** キリスト教の精神に反する, 非キリスト教徒的な. **2** 親切でない, 寛大でない, 思いやりがない.

un·ci·al /ʌ́nʃ(i)əl|-siəl/ 名 C アンシアル字体《4–9 世紀に筆写に用いられた; 太くて丸味がある字体》; アンシアル字体の写本. [＜ラテン語「1 インチ (*uncia*) の」]

ùn·cív·il /㊙/ 形 無作法な, 無礼な; ぞんざいな.

ùn·cív·i·lìzed /㊙/ 形 未開の, 野蛮な. at an ~ hour (夜中[早朝]の)とんでもない時間に (→ungodly 2).

ùn·clád 動 《古・雅》 unclothe の過去形・過去分詞. ── /㊙/ 形 《章》 衣服を着ない, 裸の.

ùn·cláimed 形 要求され(てい)ない; 持ち主不明の, 受け取り人のいない, 〔手荷物など〕.

ùn·clásp 動 他 **1** の留め金をはずす. **2** 〔握っている両手など〕を離す. ── 自 留め金がはずれる.

ùn·clássified /㊙/ 形 分類していない, 未整理の.

‡**un·cle** /ʌ́ŋk(ə)l/ 名 (複 **~s** /-z/) C **1** 〈しばしば U-〉 おじ《広義にはおばの配偶者も含む; ↔aunt》. He's my ~ on my mother's side. 彼は母方のおじです. *Uncle* Harry ハリーおじさん (★姓には付けない). **2** 《話》 おじさん《子供にとって親しい年上の男性》. **3** 《俗》 質屋.

sày* [*crỳ*] *úncle 《米俗》 降参する; '参った' (Uncle!) と言う (★例えば, 取っ組み合いで上になった方が "Say uncle!" と言うと, 負けを認めた方が "Uncle! Uncle!" と言う).

Ùncle Tòm Cóbleigh* [*Cóbley*] *and áll だれもかれも, あの人もこの人も(皆) (★Uncle の前に Old を付けることもある). 「おじ」]

[＜ラテン語 *avunculus*「小さな祖父 (*avus*), (母方の)」

ùn·cléan /㊙/ 形 **1** よごれた, 汚い; 不潔な. **2** (宗教的, 道徳的に)不浄な, 不純な, けがれた, けがらわしい. an ~ spirit 悪霊. ▷**~·ly** 副 **~·ness** 名

†**ùn·cléar** /㊙/ 形 **1** 不明瞭(りょう)な, はっきりしない. **2** はっきり分かっていない 〈*about* ..について〉. It's ~ what actually happened that day. あの日実際には何が起こったのかはっきりしない.

ùn·clénch 動 他 〔固くしまったもの〕を押しあける, 押し開く. ── 自 〔固くしまったものが〕ゆるむ, 開く.

Ùncle Sám 名 《話》 サムおじ《典型的米国人, また米国(政府)を擬人化して言う; 頭文字 US が米国と同じ; John Bull とは異なり米国の愛国的な象徴; →John Bull》.

Ùncle Tóm 名 **1** トムじいや《H.B. Stowe 作 *Uncle Tom's Cabin* の主人公》. **2** C 《軽蔑》 白人のご機嫌をとろうとする黒人. He is no ~. 彼は白人に迎合するような黒人ではない.

ùn·clóak 動 他 **1** の外套(とう)を脱がせる. **2** を暴露する, 「あばく.

ùn·clóse 動 他 を開ける. ── 自 開く.

ùn·clóthe 動 (→clothe) 他 **1** の衣服を脱がせる. **2** の覆いをとる; を明らかにする.

ùn·clóthed /㊙/ 形 裸の.

ùn·clóud·ed /-əd ㊙/ 形 **1** 雲のない, 晴れた. **2** 明瞭(りょう)な, はっきりした.

ùn·clút·tered /㊙/ 形 ごたごたしていない, すっきりした; 〔場所が〕取り散らかっていない.

ùn·cóil 動 他 〔巻いた物〕を解く, ほどく. ── 自 〔巻いた物が〕解ける; 〔蛇が〕とぐろを解く.

ùn·cól·ored 《米》, **-oured** 《英》 /㊙/ 形 **1** 彩色のない; 地色のままの. **2** 《章》 地のままの, ありのままの, (plain).

ùn·cómbed /㊙/ 形 〔髪が〕梳(と)かしていない, 乱れた.

‡**un·com·fort·a·ble** /ʌ̀nkʌ́mfərtəb(ə)l ㊙/ 形 m **1** 〔物事, 場所などが〕**居心地の悪い**, 〔家, 服などが〕住み[着]心地が悪い; 気まずい. an ~ chair 座り心地のよくないいす. They found the place ~ to live in. 彼らはその場所が住み心地の悪い所だと分かった.
2 〔人が〕不快な; **落ち着かない**, 不安な, そわそわする. The heat of the room made me ~. 部屋は暑くて気分が悪かった. **3** 〔事実などが〕不愉快な, 認めたくない; 〔事態などが〕厄介な; 不快に思って 〈*with* ..を〉. an ~ memory 不愉快な思い出. [un-[1], comfortable]
▷**-bly** 副 居心地悪く; 落ち着かないで, ぎこちなく. *uncomfortably* hot [crowded] 暑くて[混んでいて]いやな.

ùn·com·mít·ted /-əd ㊙/ 形 **1** 縛られていない 〈*to* ..〔主義, 主張など〕に〉, 属していない 〈*to* ..〔団体など〕に〉; 中立の, 支持政党のない, 無党派の. **2** 約束していない 〈*to* ..〔ある事〕を〉, 言質を与えない 〈*to* ..に〉. ~ to any course of action どんな行動を取るか態度を決めていない. **3** 〈the ~; 名詞的; 複数扱い〉 支持政党のない人たち, 無党派層.

‡**un·com·mon** /ʌnkɑ́mən|-kɔ́m-/ 形 m **1** まれな, 珍しい, (rare) (↔common). an ~ name 珍しい名前. Nowadays it is not ~ for a woman to change careers. 女性が職業を変えることは今ではまれではない.
2 《旧章》 非凡な; すばらしい. a woman of ~ wit and charm 非凡な機知と魅力を持った女性. [un-[1], common] ▷**~·ness** 名

†**un·com·mon·ly** /ʌ̀nkɑ́mənli|-kɔ́m-/ 副 《章》 極めて; 珍しいほど. an ~ pretty girl 非常にきれいな女の子. ~ warm weather 並はずれて暖かい天候. [un-[1], commonly]

ùn·com·mú·ni·cà·tive /㊙/ 形 打ち解けない; 無「口な.

ùn·com·pli·mén·ta·ry /㊙/ 形 失礼な, 無礼な.

ùn·com·pre·hénd·ing /㊙/ 形 (事態などが)よく分かっていない, 不審に思っている.
▷**~·ly** 副 分からないで, 不審そうに.

‡**ùn·cóm·pro·mis·ing** /㊙/ 形 非妥協的な, 妥協しない, 徹底的な, 頑固な, 融通のきかない. He took an ~ stand on the issue. 彼はその問題について非妥協的な立場をとった.

ùn·con·cérn 名 U 無関心; むとんちゃく; 平気. with ~ 無関心に, 平然と.

ùn·con·cérned /㊙/ 形 **1** (**a**) 気にしない, 平気な[で], 〈*about, for* ..を, に〉; 無関心で 〈*with* ..に〉. I can't be ~ *about* your future. 私は君の将来について無関心でおれない. They seem ~ *with* the future of their country. 彼らは自国の将来について関心がないようだ. (**b**) 〈叙述〉 平気で, 気にしない, 〈*that* 節 ..ということに[を]〉. **2** 関係しない 〈*in, with* ..に, を〉, 無関係の[で] 〈*with* ..と〉. 「関心に, 平然と.

ùn·con·cérn·ed·ly /-(ə)dli/ 副 むとんちゃくに, 無

U

†ùn·con·dí·tion·al /[移]/ [形] 無条件の, 無制限の. (an) ～ surrender 無条件降伏. ▷ **～·ly** [副] 無条件に.

ùn·con·dí·tioned /[移]/ [形] **1** ＝unconditional. **2** 〖心〗無条件の. ～ reflex 無条件反射.

‡ùn·con·fírmed /[移]/ [形] 未確認の. an ～ report [rumor] 未確認の報道[の噂].

ùn·con·néct·ed /-əd [移]/ [形] **1** つながっていない, 連続し(てい)ない **2** 関係のない, 連絡のない.

†ùn·cón·quer·a·ble /[移]/ [形] 征服できない; 克服しがたい. [un-¹, conquerable]

un·con·scion·a·ble /ʌnkánʃ(ə)nəb(ə)l|-kɔ́n- [移]/ [形] 〖章・戯〗 **1** 過度の, 不合理な; めちゃくちゃな. take an ～ time 途方もなく時間がかかる. **2** 非良心的な. ▷ **-bly** [副]

‡un·con·scious /ʌnkánʃəs|-kɔ́n- [移]/ [形] [c] **1 意識を失った**, 気絶した, 意識不明の. He was ～ for about two hours. 彼は約 2 時間気絶していた. **2 気づかない** ⟨*of* ..に⟩, 知らない ⟨*of* ..を⟩. He seemed ～ *of* my presence. 彼は私がいることに気づかない様子だった. **3** 無意識の; 意図的でない. an ～ habit 無意識に出る癖. ～ humor 巧まざるユーモア.

— [名] [U] ⟨the [a person's] ～⟩ 〖心〗無意識. the world of dreams and the ～ 夢と無意識の世界. ◇↔conscious [un-¹, conscious] ▷ **～·ness** [名] [U] 無意識; 意識不明.

†ùn·cón·scious·ly [副] 無意識に, 知らず知らずのうちに, うっかりと.

ùn·con·síd·ered /[移]/ [形] **1** 〔言動などが〕十分考慮されていない, 不用意な, 軽率な. **2** 無視された; 考慮されない; 取るに足らない.

†ùn·còn·sti·tú·tion·al [形] 憲法違反の, 違憲の.

ùn·con·tést·ed /-əd/ [形] 反対のない, 議論の余地がない. an～ election 無風選挙. an ～ divorce 円満離婚.

***un·con·trol·la·ble** /ʌnkəntróuləb(ə)l [移]/ [形] [m] **制御[抑制]できない**, 抑えがたい; 〔人, 状況などが〕手に負えない. ～ children 手に負えない子供たち. He was seized with ～ rage. 彼は抑えられない怒りに襲われた. [un-¹, controllable] ▷ **-bly** [副]

‡ùn·con·trólled /[移]/ [形] 抑制され(てい)ない, 自由な, やりたい放題の; 規制のない, 野放しの.

†ùn·con·vén·tion·al /[移]/ [形] 慣例に従わない, 因習にとらわれない; 型にはまらない, 自由な. ▷ **～·ly** [副] **ùn·con·vèn·tion·ál·i·ty** [名]

ùn·con·vínced /-t/ [形] 納得していない ⟨*of* ..を/*that* 節..ということを⟩.

ùn·convíncing [形] 説得力のない, 信じられない.

ùn·cóoked /-t [移]/ [形] 料理していない, 生(なま)の.

un·cóol [形] 〖話〗ださい, 野暮ったい.

ùn·co·óp·er·a·tive /[移]/ [形] 非協力的な.

ùn·co·ór·di·nàt·ed /-əd [移]/ [形] **1** 〔動作などが〕ぎこちない. **2** 〔計画などが〕調整のうまくとれていない, まとまりのない, ばらばらな.

ùn·córk [動] [他] 〔瓶など〕のコルク栓を抜く.

ùn·cóunt·a·ble /[移]/ [形] **1** 数えることのできない. **2** 〖文法〗不可算の (noncount). an ～ noun 不可算名詞.

— [名] [C] 〖文法〗不可算名詞.

> [文法] **uncountable** (不可算名詞). 物質名詞と抽象名詞はその表すものの性質上 uncountable であるが, 具体的な 1 つの物または行為を示す場合, 普通名詞として使われることがある. 本書では [U], [C] とにそれぞれの訳語を与え, また同じ訳語になる場合は [UC] として示した. しかし information や furniture のように [C] として使われない語を「1 つの」という意味で表したい時には a *piece* of information, an *article* of furniture のように言わなければならない.
> knowledge のように複数にはならないが不定冠詞は付く語もある. 本書ではこれを [aU] で示した. こう示していない語でも, 一般に [U] の名詞は形容詞が付くとそれだけ個別化されるので不定冠詞を付ける場合がある.

ùn·cóunt·ed /-əd [移]/ [形] 数えられてない; 無数の.

ùn·cóu·ple [動] [他] **1** 〔車両など〕の連結をはずす. **2** を解放する; 〔犬など〕を解き放す.

un·couth /ʌnkú:θ/ [形] 〖章〗〔人, 行為などが〕無骨な, 粗野な, 野暮な, 無作法な; 〔言葉などが〕ぞんざいな, 乱暴な; ぎこちない. ～ manners 無作法. ▷ **～·ly** [副] **～·ness** [名]

†un·cov·er /ʌnkʌ́vər/ [動] [他] **1** 〔容器など〕の覆いを取る, のふたをあける. ～ the dish. 料理の入った皿のふた[覆い]を取る. **2** 〔秘密など〕を暴露する, 明るみに出す. ～ a political scandal 政界のスキャンダルを明るみに出す. **3** 〔埋蔵物など〕を発掘する, 掘り出す. **4** 〖章〗(敬意を表して)〔頭〕から帽子を脱ぐ. — [自] 〖章〗(敬意を表して)脱帽する. ◇↔cover [un-², cover]

ùn·cóv·ered /[移]/ [形] **1** 覆い[屋根など]のない. **2** 帽子をかぶっていない. **3** 保険をかけていない.

un·crít·i·cal [形] 批判的でない; 無批判な[で] ⟨*of* ..に⟩, 鵜呑(うの)みにする ⟨*of* ..を⟩. people who are ～ *of* propaganda (主義などの)宣伝を鵜呑みにする人たち. ▷ **～·ly** [副]

ùn·cróss [動] [他] 〔組んだ腕, 脚など〕の交差を解く.

ùn·crossed /-t [移]/ [形] 〖英〗〔小切手が〕線引きでない.

ùn·crówned /[移]/ [形] まだ王冠をいただいていない; (実権はあるが)正式の王[女王]でない.

uncròwned kíng [quéen] [名] ⟨the ～⟩ 無冠の国王[女王]; (ある分野での)最高の人, 第一人者, '無冠の帝王', ⟨*of* ..の⟩. the ～ of jazz ジャズ界の大御所.

ùn·crúsh·a·ble /[移]/ [形] **1** 押しつぶされない; 〔布などが〕しわにならない. **2** 不屈の.

UNCTAD /ʌ́ŋ(k)tæd/ United Nations Conference on Trade and Development (国連貿易開発会議).

unc·tion /ʌ́ŋ(k)ʃ(ə)n/ [名] [U] **1** (宗教的聖別の印としての)塗油 (→anoint), 塗油式, 《特にカトリックで臨終の人の体に聖油を塗る儀式; 終油の秘跡》; (塗油に用いる)聖油. **2** 感動的な口調[態度]; うわべだけの感激[熱心さ]. [＜ラテン語「塗油」(＜*unquere* 'anoint')]

unc·tu·ous /ʌ́ŋ(k)tʃuəs/ [形] 〖章〗 **1** 油の, 油のような[で]; 滑らかな, すべすべした. **2** お世辞たらたらの[で]; (うわべだけ)熱心そうな[で], さも感動したような[で]. ▷ **～·ly** [副] お世辞たらたら(で). **～·ness** [名] [U] お世辞.

ùn·cúl·ti·vàt·ed /-əd [移]/ [形] **1** 未耕作の, 未開墾の. **2** 教養のない, 洗練されていない; 粗野な.

ùn·cúred /[移]/ [形] **1** 治療されていない, まだ治っていない. **2** (塩漬けなどにして)保存されていない.

ùn·cúrl [動] [他] の縮れを直す; をまっすぐに伸ばす.

ùn·cút /[移]/ [形] **1** 〔草木が〕切られていない, 刈られていない; 〔場所が〕草[木]を刈られていない. **2** 〔本が製本の際〕へりを切りそろえてない, アンカットの[で]. [参考] 通俗的には unopened (ページを切ってない)の意味にも用いる. **3** 〔映画, 本などが〕省略してない, 無削除の. **4** 〔宝石などが〕カット加工してない. 「しの〔証券など〕.

ùn·dát·ed /-əd [移]/ [形] **1** 日付なしの. **2** 償還期限な

‡un·daunt·ed /ʌndɔ́:ntəd [移]/ [形] 〖やや章〗⟨主に叙述⟩ ひるまない ⟨*by* ..に⟩; 勇敢な, 不屈の. He was ～ *by* his failure. 彼は失敗にめげなかった. [un-¹, daunted] ▷ **～·ly** [副] ひるまずに.

un·de·ceive /ʌndisí:v/ [動] [他] 〖章〗 の迷いを解く, 〔人〕に自分の誤りを悟らせる. ～ oneself 自分の思い違いに気づく.

‡ùn·de·cíd·ed /-əd [移]/ [形] **1** 〔問題などが〕未決(定)の, 未定の; 〔勝負などが〕決まらない. **2** ⟨叙述⟩〔人が〕決心がついていない ⟨*about, as to,* (*about*) *wh* 節・句 ..につい

て〉. Mother was ～ *whether* to go or not. 母は行くべきかどうか決めかねていた.

ùn·de·cláred /(移)/ [形] **1**〔物品が〕税関に申告されていない. **2**〔戦争が〕宣戦布告されない.

ùn·de·lív·er·a·ble /(移)/ [形] 〔郵便物などが〕配達不(可)能な. If ～, please return to: 一 配達不能の場合は右に[..に]返送してください.

ùn·de·lív·ered /(移)/ [形] **1** 釈放[解放]され(てい)ない. **2**〔郵便物などが〕配達されない, 未配達の;〔伝言などが〕伝えられない.

ùn·de·mánd·ing /(移)/ [形] **1**〔仕事などが〕きつくない, 楽な. **2**〔人が〕(要求が)厳しくない. an ～ husband うるさく言わない夫.

‡**ùn·dèm·o·crát·ic** /(移)/ [形] 非民主的な, 民主的でない.

ùn·de·món·stra·tive /(移)/ [形] 感情を外に表さない, 内気な, 無口な.

†**ùn·de·ní·a·ble** /(移)/ [形] **1** 否定[否認]できない; 疑いの余地のない, 明白な. an ～ fact 否定しようのない事実. **2** 申し分のない, 優れた.
▷**-bly** [副] 否定しようがなく, 紛れもなく, 確かに.

ùn·de·pénd·a·ble /(移)/ [形] 頼りにならない; 信頼できない.

‡**un·der** /ʌ́ndər/ [前] **【下に】 1 ..の下に**; ..の真下に;〔覆い包む物〕の中に, の内部に; ..のもとに; (↔over; [類語] あるものの「真下に」という意味; →below);〔畑などが〕..に覆われて[を植えられて]. ～ a tree 木の下に. ～ a hill 丘のふもとに. ～ the bridge 橋の下に (★*below* the bridge は「橋より下流に」). the desk ～ the clock 掛け時計の真下にある机. ～ the ground 地下に, 地中に. ～ water 水中に. ～ the skin 皮下に. Wear a sweater ～ your coat. 上着の下にセーターを着なさい. The subway runs ～ this street. 地下鉄はこの通りの下を走っている. The student held a book ～ his arm. その学生は本を1冊小脇(わき)にかかえていた. The baby came out from ～ the table. 赤ん坊はテーブルの下から出てきた (★under the table 全体が from の目的語). My knees trembled ～ me. 立っているとひざが震えた. This field is ～ corn [clover] at present. この畑には現在トウモロコシ[クローバー]が植えてある.
2【下に隠れて】 ..に隠れて, ..にかこつけて. ～ a false name 偽名を使って. ～ the cover of darkness 夜陰に乗じて. He went ～ the name of Dick. 彼はディックという名で通っていた. He gained their confidence ～ the pretense of being a fellow laborer. 彼は労働者の仲間だという触れ込みで彼らの信頼を得た.
【下位に】 3【以下で】 ..未満で[の], ..より下で[の], (↔over). children ～ twelve (years old) 12 歳未満の子供 (★12 歳は含まない; しばしば ùnder-twélves のような複合語となる). It cost ～ two thousand yen. それは2千円かからなかった. She was here for ～ an hour. 彼女がここにいたのは1時間足らずでした. speak ～ one's breath 小声で話す. ～ (the rank of) a colonel 大佐より下の位の. ～ age [weight] →age, weight (成句).
4【所属して】〔所属, 種類, 項目〕のもとに, ..に含まれる, ..に属する. *Under* what family do the animals belong? それらの動物は(分類学上)何科に属しますか. The two problems obviously do not come ～ the same category. これら2つの問題は明らかに同じ種類に属するものではない. You will find the phrase "up front" ～ "up" in this dictionary. この辞書では up front という成句は up の項にあります. We classify this book ～ biographies. 私たちはこの本を伝記(の部門)に含めます.
5【従属して】〔支配, 監督, 保護など〕**の下に**, のもとで. a man ～ me 自分の監督下にある男 (★a man *below* me は位が自分より下の男). The island remained ～ Spanish rule for two hundred years. その島は200年間スペインの支配下にあった. We studied ～ Dr. Hill for two years. 私たちは2年間ヒル博士のもとで学んだ. new bills passed ～ President Clinton クリントン大統領の政権下で通過した新法案.
【力の下に, 影響を受けて】 6〔圧迫, 苦痛, 刑罰など〕**を受けて**,〔影響, 義務〕のもとで. ～ the effect of the medicine 薬の作用で. ～ the influence of wine 酒の勢いで. I won't do it ～ the threat of punishment. 罰するとおどかされても私はそれはしない. ～ a great mental strain 大きな精神的圧迫を感じて. ～ orders 命令を受けて. ～ oath 宣誓して. ～ treatment for a stomach ulcer 胃潰瘍(かいよう)の治療を受けて. I was ～ the impression that he was coming. 私は彼がやって来るという印象を受けた. ～ pain of .. →pain (成句).
7 (a)〔ある条件, 状態, 事情〕のもとに. ～ such conditions [circumstances] このような条件[事情]のもとに. **(b)**〘占星〙〔..星座〕のもとに. I was born ～ Aquarius. 私は水瓶(かめ)座の生まれだ.
8 ..されている, ..中の[で]. a road ～ construction 工事中の道路. a question ～ discussion 論議されている問題. ～ investigation 調査中の[で]. The wall is ～ repair now. その壁は今修理中です.
9〘海〙〔帆, 蒸気など〕を推進力として. ～ steam [sail, canvas]〔蒸気船[帆船]が〕航行中で.
── [副] ⓒ **1** 下に, 下へ; 真下に. *Under* you come. 下に来なさい. go under, get..under →go, get (成句). **2** 水中に. Can you stay ～ for two minutes? 君は2分間水中にもぐっていられるか. **3** 未満で, 以下で. I bought this book for 5 dollars or ～. 私はこの本を5ドルかそれよりも安く買った. **4** 従属して; 圧倒されて. The rebels were quickly brought ～. 反徒たちはすぐに鎮圧された.
dòwn únder →見出し語.
one degrèe únder〘話〙(少々)顔色[具合]が悪くて.
òut from únder〘話〙危険[窮地]を脱して.
── [形] ⓒ **1** 下の, 下部の; 下位の, 従属した. the ～ lip [jaw] 下唇[あご]. the ～ surface of a leaf 葉の裏側. ～ servants 下働き, 下男. **2** 定量[規定]以下の. an ～ dose of medication 定量以下の服用量. **3**〈叙述〉(麻酔などの)作用を受けて(無意識状態で);〘話〙酒に酔って. put a patient ～ (麻酔で)患者の意識を失わせる. Just relax. You're getting very sleepy .. very sleepy .. OK. She's completely ～. さあ楽にして. あなたはとても眠くなってくる..とっても眠くなってくる..よし, 彼女は完全に催眠術にかかった. [＜古期英語 *under*]

under- [接頭] 名詞, 形容詞, 動詞, 副詞に付けて「下の[に, から]; 劣った; より重要でない; より少なく[小さく, 安く]; 不十分になど」の意味を表す. [古期英語]

ùnder·achíeve /-rətʃíːv/ [動] [自] 〔特に生徒が〕予期されるほど成績が良くない《「成績が悪い」の婉曲表現》.
▷**under·achiev·er** [名] [C] 成績不振児. **～·ment** [名]

ùnder·áct /-rǽkt/ [動] [他], [自] 〔役者が〕(役を)不十分に[控え目に]演じる.

ùnder·áge /-réidʒ (移)/ [形] 未成年の; 法定年齢に達しない. ～ drinking 未成年飲酒.

únder·àrm /-rɑ̀ːrm/ [形] **1**〘婉曲〙わきの下(armpit)の. an ～ deodorant わきの下の防臭剤. **2** ＝underhand 2. ── [副] ＝underhand 2.

únder·bèlly [名] (複 -lies) [C] **1** (動物の)下腹部; (飛行機などの)下部. **2**〈普通 the ～〉攻撃に弱い所, 急所; 暗黒面;〈*of* ..の〉.

ùnder·bíd [動] (～s | [過] [過分] ～ | ～·ding) [他] **1**〔人〕よりも安い値をつける, 安く入札する. **2**〘ブリッジ〙〔持ち札〕より低くビットする.

únder·bòdy [名] [C] (車体などの)下部; (動物などの)腹側.

ùnder·bréd /(移)/ [形] **1** 育ちの悪い; 下品な. **2**〔馬が〕純血種でない.

U

únder·brùsh 名 U 〘主に米〙(森の大木の下の)下ばえ, やぶ, (undergrowth).

ùnder·cápitalìze 動 他 〔企業など〕に十分資本をつぎ込まない.

ùnder·càrriage 名 C **1** (自動車などの)車台. **2** (飛行機の)着陸装置 (landing gear).

únder·càrt 名 〘英〙=undercarriage.

ùnder·chárge 動 他, 自 **1** (人に)価格[料金]以下の請求をする. **2** (銃に)十分に装薬しない; (電池に)十分に充電しない. ── 名 C 価格[料金]以下の請求.

‡**únder·clàss** 名 C (将来に希望のない)最下層階級, どん底階級. The ~ are people below the working class. どん底階級というのは労働者階級より下である.

ùnder·cláss·man /-mən/ 名 C (複 **-men** /-mən/) 〘米〙(大学・高校の)下級生.

únder·clòthes 名 〘主に章〙〈複数扱い〉下着, 肌着, (underwear). change one's ~ 下着を取り替える.

únder·clòthing 名 U 下着, 肌着.

únder·còat 名 UC **1** (ペンキの)下塗り. **2** 〘米〙(自動車の)アンダーコーティング《車体底部にさび防止などのためにタール質の塗料を塗ること, その塗料》. **3** (犬などの長い毛の下の)短毛, にこ毛.

‡**ùnder·cóver** /®/ 形 内密の, 秘密の; スパイ活動をする; 囮(おとり)捜査の. an ~ agent 諜(ちょう)報員, 囮捜査官. an ~ cop 囮捜査の警官.

‡**únder·cùrrent** 名 C **1** (水流, 空気などの)底流, 下層流. **2** (表面に現れない(時勢の))伏流, 底流, 暗流, 〈*of* ..の〉.

‡**ùnder·cút** 動 (→cut) 他 **1** の下部を切り取る. **2** 〔他〕より商品を安値で売る; 〔他〕より安い賃金で働く. ~ rivals 競争相手より安く売る. **3** に不利に影響する, を弱める, のじゃまをする. The discovery of his taking bribes has seriously ~ his reputation. 彼が賄賂(わいろ)を取ったことが分かって彼の評判はがた落ちだ. **4** (ゴルフ, テニスなどで)〔球〕を逆回転するように打つ.
── /ˊ-ˋ-/ 名 **1** C 下部を切り取ること. **2** C (木を倒す側の)切り込み. **3** C アンダーカット《ゴルフ, テニスなどで球を逆回転するように打つこと》. **4** U 〘英〙牛のひれ肉《fillet, tenderloin とも言う》.

†**ùnder·devéloped** /-t ®/ 形 **1** 発達不十分の, 発育不全の. **2** 〔国などが〕低開発の (★今では developing (開発途上の)を使う). **3** 〘写〙〔ネガが〕現像不足の.

‡**únder·dòg** 名 C **1** (試合などで)勝ち目のない人. **2** 〈the ~〉(政治的, 社会的不正などの)犠牲者; 敗残者, '負け犬'; (↔top dog).

ùnder·dóne /®/ 形 〘英〙〔肉などが〕ざっと焼いた, 生焼けの, (↔overdone; →rare[2]). ~ beef 生焼けの牛肉.

ùnder·dréss 動 自 簡単[略式]すぎる服装をする.

ùnder·emplóyed /-dərim-/ 形 不完全⌞雇用[就業]の《能力だけの仕事を与えられていなかったり, フルタイムの仕事を必要として[望んで]いるのにパートタイムの仕事しか与えられていない場合に言う》.

ùnder·emplóyment /-dərim-/ 名 U 不完全⌞雇用[就業].

†**ùnder·éstimate** /-dərés-/ 動 他 〔費用など〕を安く見積もる; 〔人の能力など〕を低く評価する, みくびる. ~ the enemy's strength 敵の戦力を過小評価する. ~ the difficulty of the task. その仕事の難しさを見くびる.
── /ʌndəréstəmət/ 名 C 安い見積もり; 低い評価, 過小評価. ▷ **ùnder·èstimátion** 名

ùnder·expóse /-dəriks-/ 動 他 〘写〙〔フィルムなど〕を露出不足にする.

ùnder·expósure 名 U 〘写〙露出不足.

ùnder·féd 動 underfeed の過去形・過去分詞.
── /®/ 形 十分食物を与えられていない; 栄養不足の.

ùnder·féed 動 (→feed) 他 **1** に食物を十分与えない. **2** 〔炉など〕に下部から燃料を補給する.

únder·fèlt 名 U じゅうたんの下に敷くフェルト.

ùnder·fináncеd /-t/ 形 〔企業などが〕資金が十分でない.

ùnder·flóor /®/ 形 〘英〙〈限定〉〔特に暖房設備が〕床下(埋め込み)式の. ~ heating 床下暖房.

ùnder·fóot 副 **1** 足の下に[で](は); 踏みつけて. be trampled ~. 踏みつぶされる. **2** じゃまになって, 足手まといになって. Dogs tend to get ~ when we go on holiday. 犬たちは休暇で旅行するときしばしばじゃまになる.

únder·gàrment 名 C 〘章または旧〙下着, 肌着.

ùnder·gírd 動 他 を支える, 強化する.

***un·der·go** /ʌndərgóu/ 動 (**~es** /-z/|過 **-went** /-wént/|過分 **-gone** /-gɔ́:n, -gɑ́n|-gɔ́n/|**~·ing**) 他
1 〔変化, 試練など〕を経験する. The country has *undergone* great changes since the war. この国は戦争後たいへん変わった. **2** 〔試験, 検査など〕を受ける. ~ an examination [interview]. 試験[面接]を受ける. ~ an operation for appendicitis 虫垂炎[盲腸炎]の手術を受ける. **3** 〔苦難など〕を耐える, 忍ぶ. ~ many trials. 幾多の試練に耐える. ~ years of poverty 長年の貧乏に耐える. [<古期英語「下を行く」; under, go]

under·gone /ʌndərgɔ́:n, -gɑ́n|-gɔ́n/ 動 undergo の過去分詞.

únder·gràd 名 =undergraduate.

***un·der·grad·u·ate** /ʌndərgrǽdʒuət/ 名 (複 **~s** /-ts/) **1** C **学部学生**, 大学生, 《卒業生, 大学院学生と区別して; →graduate》. a lecture for ~*s* 学部学生のための講義. **2** 〈形容詞的〉学部の, 大学生の. an ~ student 学部の学生. [under-, graduate]

‡**un·der·ground** /ʌndərgráund ®/ 形 ⓒ 〈限定〉
【地下の】 **1** **地下の**. an ~ car park 地下駐車場. ~ water 地下水. an ~ passage 地下道.
【地下の>秘密の】 **2** 隠れた, 秘密の; 潜行した. their ~ activities 彼らの秘密の行動. form an ~ organization 秘密[地下]組織を結成する. an ~ movement 地下運動. **3** 反体制的な, 非合法の; 過激な; 〔演劇, 新聞などが〕前衛的な; アングラの. an ~ theater アングラ劇場. ~ films 前衛的な映画. an ~ newspaper (秘密出版の)地下新聞. ~ economy アングラ経済.
── 名 (複 **~s** /-dz/) **1** C 〘英〙〈普通 the ~〉**地下鉄** (〘米〙subway; →tube, Metro). an *Underground* station (ロンドンの)地下鉄の駅. Certain stations on the *Underground* are closed on Sundays. ロンドンの地下鉄の駅のうちのあるものは日曜日に閉鎖される (★「ロンドンの地下鉄」の意味を表す時は普通大文字で始める). go ⌞on the ~ [by ~]. 地下鉄で行く.
2 U 地下(道). **3** C 地下組織, 秘密抵抗組織. the French ~ during World War II 第 2 次大戦中のフランスの(対独)秘密抵抗組織. **4** 〈the ~〉アングラ.
── /ˊ-ˋ-/ 副 ⓒ **1** **地下に[で]**. Moles burrow ~. モグラは地下に穴を掘る. **2** 潜行して, 秘密に. go ~ 地下に潜る《非合法運動などで》. [under-, ground[1]]

ùnderground ráilroad 名 **1** C 地下鉄 (subway, 〘英〙underground railway). **2** 〈the U- R-〉〘米史〙逃亡奴隷支援組織《奴隷制度廃止以前に自由州やカナダへの奴隷の逃亡を助けた》. **3** 秘密支援組織.

‡**únder·gròwth** 名 U 〘英〙(大きい木の)下ばえ, やぶ.

ùnder·hánd /®/ 形 **1** 秘密の; 不正直な; 不正な; (↔aboveboard). by ~ means 不正な手段で. **2** 〘球技〙下手投げ[打ち]の (↔overhand).
── 副 **1** 秘密に; ずるく. **2** 〘球技〙下手投げ[打ち]で.

ùnder·hánded /-əd ®/ 形 **1** =underhand 1. **2** 人手の足りない, 手不足の. ▷ **~·ly** 副 **~·ness** 名

ùnder·húng /®/ 形 〔下あごが〕上あごよりも突き出た, 受け口の.

ùnder·láid 動 underlay[2] の過去形・過去分詞.

ùnder·láin /-léin/ 動 underlie の過去分詞.

ùnder·láy[1] /-léi/ 動 underlie の過去形.

U

ùnder·láy² [動] (→lay¹) [他] の下に置く[敷く] 〈*with* ..を〉. ── /⌐‐⌐/ [名] ([複] **~s**) [UC] (絶縁, 防音などのためのじゅうたんなどの)下敷き《→underfelt; ゴム製もある》.

†**un·der·lie** /ʌ̀ndərlái/ [動] (→lie) [他] **1** の下にある[横たわる]. Solid rock ~*s* this topsoil. この表土の下は堅い岩である. **2** の基礎を成す, 土台になる. Firmness of purpose ~*s* his success. 彼の成功の基礎を成すのは決意の固さである. flatteringly but with *underlying* sarcasm へつらうように, しかし底に皮肉をこめて. **3**〔行動, 態度などが〕の裏にある. Some secret agreement must ~ this affair. この事件の裏には何か密約があるに違いない. **4**〔抵当などが〕に対して優先する. [under-, lie¹]

‡**un·der·line** /ʌ̀ndərláin/ [動] (**~s** /-z/|[過] [過分] **~d** /-d/|**-lin·ing**) [他] **1**〔語句など〕の下に線を引く《強調するためなど》. *Underline* important words in red. 重要な語には赤で下線を引きなさい. The book title was ~*d*. その書名にはアンダーラインが引いてあった. Put the ~*d* parts into Japanese. 下線部分を日本語に訳しなさい. **2**〖主に英〗(**a**)〔考え, 感情など〕を強調する (emphasize). The speaker ~*d* three points in his speech. 弁士は演説で 3 つの点を強調した. He ~*d* the need for action. 彼は行動することの必要性を力説した. ~ the legitimacy of one's challenge for the title 自分のタイトル挑戦の正当性を強調する. (**b**) [VO] (~ ***that*** 節/***wh*** 節) ..ということを/..かを強調する. ~ *how* important this is これがいかに重要であるかを強調する.
── /⌐‐⌐/ [名] ([複] **~s** /-z/) [C] 下線, アンダーライン. [under-, line¹]

†**un·der·ling** /ʌ́ndərliŋ/ [名] [C] 〖軽蔑〗下っ端, 下役; 下男, 下女.

únder·lìp [名] [C] 下唇 (lower lip).

ùnder·lýing /[移]/ [形] **1** 下に横たわる, 下にある. the ~ rock layers 下にある岩の層. **2** 基礎になる, 基本的な. ~ principles 基本的な原理. **3** 根底にある; 底流にある, 隠れた, 裏に潜んだ. an ~ motive 根底にある動機. ~ reasons 隠れた理由. **4**〖言〗(生成文法で)基底の.

ùnder·mánned /[移]/ [形]〔船が〕乗組員不足の;〔工場などが〕人員不足の.

ùnder·méntioned /[移]/ [形]〖英〗〈限定〉下記の (↔above-mentioned). the ~〈名詞的; 複数扱い〉下記の事項[人, 物].

†**ùnder·míne** [動] [他] **1** の下を掘る; に坑道を掘る; の土台を浸食する. ~ a fence 柵(さく)の下に穴を掘る. The sea has *undermined* the cliff. 海が崖(がけ)下を浸食した. **2**〔健康など〕を次第に損なう;〔名声など〕をひそかに[徐々に]傷つける. Overwork is *undermining* his health. 過労が彼の健康をひそかに蝕(むしば)んでいる. Stop trying to ~ the program. 計画を台無しにするようなことはやめなさい. ~ one's confidence 徐々に人の自信をなくさせる. [under-, mine²]

U

únder·mòst [形], [副] 一番下の[に], 最低の[に].

***un·der·neath** /ʌ̀ndərní:θ/ [前] **1** ..**の下に[の]**; ..の下面[下側]に[の]. ~ the bed ベッドの下に. ~ the floor board 床板の下に[下側に]. from ~ the bridge 橋の下から.

> [語法] The ball rolled ~ the table. (1) ボールはテーブルの下をころがっていった《テーブルの下を通過した》. (2) ボールはテーブルの下でころがった 《テーブルの下の範囲を出ない》.

2 ..の支配下に. Russia ~ the Czars 皇帝支配下のロシア. **3** ..の(外観の)裏には, の底には. There must be something ~ his flattery. 彼がお世辞を言う裏には何かあるに違いない.
── [副] [¢] **1** 下に, 下側に. The prices for each item are listed ~. 各品物の定価は下の表に書いてあります. I wore a thick woolen shirt ~. 私は下に厚いウールのシャツを着ていた.
2 内面は, 裏には. He seems to be brave, but ~ he's a coward. 彼は勇敢そうに見えるが内面は臆(おく)病者だ.
── [名]〖話〗〈普通 the ~〉底(部), 底面; 裏側;《the top に対する》.
[<古期英語 (<under-+*neothan*「下に」; →beneath」)]

ùnder·nóurish [動] [他] に栄養を十分与えない.

ùnder·nóurished /-t [移]/ [形] 栄養不良の.

ùnder·nóurishment [名] [U] 栄養不良.

ùnder·páid [動] underpay の過去形・過去分詞.
── /[移]/ [形] 安い給料しかもらっていない; 仕事に見合うだけの給料をもらっていない. ~ workers 安い給料で使われている労働者たち.

‡**únder·pànts** [名] 〈複数扱い〉ズボン下, パンツ. ★〖英〗では男性用;〖米〗では女性用にも使う.

únder·pàss [名] [C] (鉄道, 道路下を横切る)地下道, ガード下の通路, (→overpass, flyover).

ùnder·páy [動] (→pay) [他]〔人〕に(給料を)十分払わ「ない.

‡**ùnder·pín** [動] (**~s**|**-nn-**) [他] **1**〔特に壁〕を下から支える. **2**〔議論など〕を支持する, 強化する.

únder·pìnning [名] [UC] **1** (壁などの)土台; 支え, 支柱. **2** 支持, 応援. **3**〈~s〉〖米話〗(人の)脚.

ùnder·pláy [動] (**~s**|[過] [過分] **~ed**|**~·ing**) [他], [自] **1** (を)(実際より)大したことがなさそうに見せる. ~ one's hand 手のうちを全部は見せない. **2** =underact.

únder·plòt [名] [C] (小説, 劇などの)脇(わき)筋.

ùnder·pópulated /-əd [移]/ [形] 人口過少の, 過疎の.

ùnder·prívileged /[移]/ [形] (社会的, 経済的に)恵まれない (★多くの場合 poor の婉曲語). the ~ 恵まれない人々《社会的, 経済的弱者》.

ùnder·prodúction [名] [U] 低生産, 生産不足.

ùnder·próof /[移]/ [形] アルコール含有量が標準強度以下の (→proof [形] 5).

ùnder·quóte [動] =underbid.

‡**ùnder·ráte** [動] [他] を安く見積もる; を低く評価する; を見くびる, 軽視する; (↔overrate). ▷**under·rat·ed** [形]

‡**under·score** /⌐‐⌐/〖主に米〗[動] **1** に下線を引く. **2** を強調する; [VO] (~ ***that*** 節・***wh*** 節) ..ということを/..かを強調する. ~ *how* difficult it is それがいかに難しいかを強調する. →underline 2. **3**〔映画〕にバックミュージック[サウンドトラック]を付ける. ── /⌐‐⌐/ [名] [C] **1** 下線. **2** サウンドトラック用音楽.

ùnder·séa /[移]/ [形] 〈限定〉海中の.
── [副] =underseas.

únder·sèal〖英〗[名] =undercoat 2.
── [動] [他]〔自動車〕にアンダーコーティングをする.

ùnder·séas [副] 海中で[に], 海底で[に].

‡**un·der·sec·re·tar·y** /ʌ̀ndərsékrətèri|-sékrət(ə)ri/ [名] ([複] **-tar·ies**) [C] 次官 (★米政府の公式語形は under secretary と 2 語にするが, 英政府では 1 語とする). a parliamentary [permanent] ~〖英〗政務[事務]次官.

ùnder·séll [動] (→sell) [他]〔他〕よりも品物を安く売る; を安売りする. ~ oneself 自分の値打ちを控え目に述べる.

ùnder·séxed /-t [移]/ [形] 性的欲求が低い, 性欲が弱い, (↔oversexed).

únder·shìrt [名] [C]〖主に米〗(アンダー)シャツ, 肌着,「(〖英〗vest).

ùnder·shóot [動] (→shoot) [他]〔ミサイル, 飛行機, 飛行士が〕〔目標, 滑走路〕に届かない(うちに着弾[着陸]する). ── [自] 目標に着かないうちに着弾[着陸]する.

únder·shòrts [名]〈複数扱い〉(男の)パンツ《下着》.

ùnder·shót [動] undershoot の過去形・過去分詞.
── /⌐‐⌐/ [形] **1**〔水車が〕下射式の (↔overshot). an ~ wheel 下射式水車. **2** =underhung.

úndersìde [名][C]〈普通 the ～〉下面, 下側, 底面. the ～ of American society アメリカ社会の底辺.

ùndersígned /[移]/ [形]〈限定〉(下に)署名のある. the ～〈名詞的; 単複両扱い〉署名者.

ùndersízed /[移]/ [形] 普通より小さい, 小形の; 成長不十分な; (↔oversized).

úndersкìrt [名][C] アンダースカート (petticoat)《スカートの下にはく》.

ùnderslúng /[移]/ [形]〔車のシャーシーなどが〕下方から↑「車軸に取り付けられた.

ùndersóld [動] undersell の過去形・過去分詞.

ùnderstáffed /-t [移]/ [形] 人員不足の.

‡**un·der·stand** /ʌ̀ndərstǽnd/ [動] (～s /-dz/|[過] [過分] -stood /-stúd/|～·ing) [他]

【よく分かる】 **1 (a)** を理解する, [VO] (～ *wh* 節・句) ..かを理解する, ..かが分かる, ([類語]「理解する」の意味で一般的な語; →apprehend, comprehend, MAKE /../ out). Do you ～ my question? 私の質問の意味が分かりますか. She can ～ Spanish perfectly. 彼女はスペイン語が完璧に分かる. The children easily *understood* the meaning of the proverb. 子供たちはその諺(ことわざ)の意味を簡単に理解した. I can't ～ *what* he means by this. 彼はこんな事をしてどういうつもりなのか私にはわからない. They ～ *how* to use the machine. 彼らはその機械の使い方を知っている. Her brother ～*s* space science. 彼女の兄は宇宙科学を理解している.

(b) [VO] (～ *that* 節) **..ということを自覚する.** Only today has she begun to ～ *that* she does not love him. 今日になって初めて彼女は彼を愛していないことが分かった.

(c) [VO] (～ X('s) *doing*) Xが..するのを理解する. I can't ～ your [you] behav*ing* like that.＝I can't ～ *why* you behaved like that (→(a)). 君がなぜあんな行動をとったのか私には分からない.

2〔人の性質, 気持ちなど〕をよく知っている, 親身になって理解する;〔人(の言うこと)〕を理解する. ～ one another [each other]. 互いに気心が通じ合っている; ぐるになっている. He *understood* their feelings sympathetically. 彼は彼らの感情を親身になって理解した. I don't ～ you. ＝I don't ～ *what* you are saying (→1 (a)). 君の言うことが分からない.

【了解する】 **3**《しばしば章》**(a)** [VO] (～ *that* 節) **..と思う, 解釈する, 了解する, 聞いている.** It is *understood that* you are planning to buy some property. あなたが何か資産を購入しようとしておられることは分かっています. We ～ there was some trouble here last night. What happened? こちらで昨夜何かもめごとがあったということですが, 一体何が起こったのですか. Do I [Am I to] ～, then, *that* you had no prior knowledge of the incident? それではあなたはこの事件のことを前もって知らなかったというわけですね. Your son, I ～, is going to America next month. 聞くところによると息子さんは来月アメリカに行かれるそうですが. "Professor Smith is ill." "So I ～."「スミス教授は病気です」「そうだそうですね」《心配していることを含意; I ～ it. とは言えない》. as I ～ it 私の理解では.

(b) [VOC] (～ X *to do*) Xが..する[である]と思う, 解釈する, 了解する. Mr. Martin *understood* my silence *to* be a refusal. マーチン氏は私が黙っているのを拒絶だと解した.

【解釈する】 **4** [VOA] (～ X *in*..) Xを..の意味に解釈する; (～ X *by* Y) YをXと解する; (～ X *as* Y) XをYと解する; [VOC] (～ X *to do*) Xを..すると解する〈do は普通 mean など〉. The phrase has to be *understood* here *in* its figurative sense. その句はここでは比喩(ひゆ)的な意味に解釈されなければならない. What am I *to* ～ *by* his refusal? 彼の拒絶をどう解釈したらよいのでしょう. 'Old age' is often *understood to* mean 'being over sixty-five'.「老年」とはしばしば「65歳を超えていること」という意味に解される.

5〔言葉など〕を頭の中で補う, 補って解釈する, 〈しばしば受け身で〉. In this case the verb 'is' may be *understood*. この場合動詞の is が省かれていると見てよい.

── [自] **1 理解する,** 理解力がある, 分かる; 了解する; 聞き及ぶ. Do you ～? 分かりますか;〈指示を与えた後で〉分かったか (＝You ～?). Leave that alone, ～? いじくりまわすな, 分かったか (★you を省略することもある; Is that *understood*? も同様に使う). I don't [can't] ～. 分からないな[わ] (★I don't [can't] ～ it. とも言う). [参考] I *understand*. は単に相手の言うことが聞き取れたというだけでなく,「了承した」という意味に取られるので使用に注意を要する. **2** 理解を示す. If you go away, I'll ～. 去ると言うなら, それもいいだろう.

give a pèrson to understánd that.. →give.

****màke onesèlf understóod*** **自分の言うことを人に分からせる,** 自分の意思を伝える. Despite the language barrier, he seemed to have no trouble *making* him*self understood*. 言葉の障壁にもかかわらず彼は自分の意思を伝えるのに困らないようだった.

[＜古期英語「下[間]に立つ＞理解する」; under-, stand]

†**ùn·der·stánd·a·ble** /[移]/ [形] 理解できる; 同情できる. His English is not ～. 彼の(話す)英語は理解できない. Her refusal to appear in court is quite ～. 彼女が法廷に出廷するのを拒否したのは十分理解できる.

ùn·der·stánd·a·bly [副] 理解できるように;〈文修飾〉理解できることだが, もっともだが. Tom's mother was ～ upset by his arrest. トムのお母さんがトムの逮捕に動転したのもよく分かる.

‡**un·der·stand·ing** /ʌ̀ndərstǽndiŋ/ [名] ([複] ～s /-z/) **1** [aU] **理解;** 判断(力); 解釈, 意見; 心得, 知識. in my ～ 私の理解では. She has a clear ～ of this problem. 彼女はこの問題をよく理解している. It was my ～ that John was one of our allies. ジョンは我々の味方の1人であると私は理解していた. What is your ～ of this poem? あなたはこの詩をどう解釈しますか. According to my ～, the committee is reluctant to investigate this matter. 私の考えるところでは委員会はこの件を調査することをしぶっている.

> [連結] a good [a correct; a full, a profound, a thorough; a poor] ～ // gain [acquire] an ～

2 [aU] **理解力; 知力,** 知能; 分別, 思慮. a man of [without] ～ 分別のある[ない]男. a person with a fine ～ 物分かりのよい人. The examination is designed to test ～. この試験は理解力を試すものです. It is beyond my daughter's ～. それは私の娘の頭では無理です.

3 [aU] 意思疎通; (理解から生ずる)思いやり. mutual ～ between two countries 2国間の相互理解. We tried to make a secret ～ with them. 我々は彼らとひそかに意思の疎通を図ろうとした. The committee showed a deep ～ of the plight of the refugees. 委員会は難民の窮状に深い思いやりを示した.

> [連結] a friendly [a sympathetic, a deep; a tacit] ～ // bring about [foster, promote] ～

4 [C]〈普通, 単数形で〉(事前の)了解, 意見の一致, 同意, 協調,〈*between*..の間の〉. reach [come to] an ～ on [about] the conditions その条件について合意に達する. on this ～ こういう了解の上で. **5** [U]《哲》悟性.

on the understánding that.. ..という了解のもとに. The money was lent him *on the* ～ *that* he would return it within two months. その金は2か月以内に返済するという了解で彼に貸された.

── [形] 理解力のある; 分別のある; 物分かりのいい; 思い

やりのある. I come home late every night, but my wife is very ～. 私は毎晩遅く帰宅するが妻は大変物分かりがいい. [understand, -ing]
▷～·ly [副] 物分かりよく; 思いやりをもって.

‡**ùnder·státe** [動] [他] **1** を控え目に述べる, を(気持ちを)抑えて表現する. **2**〔数, 量, 程度など〕を少なめに言う. **3**〔物事〕を実際より重要でないように思わせる. ◇↔overstate, exaggerate ▷**under·stat·ed** /-əd/ [形]〈限定〉控え目な, じみな.

†**ùnder·státe·ment** [名] [U] 控え目に述べること; [C] 控え目な表現《rather good の意味で not bad と言うなど; rather 4 もこれであるが, 一般に米国人よりも英国人の好む表現法; ↔overstatement》. To say that he's good at English is an ～. 彼は英語がうまいと言うのは控え目な言い方だ《実はそれどころではない》. the ～ of the year [month, century] 大変控え目な言い方.

un·der·stood /ʌ̀ndərstúd/ [動] understand の過去形・過去分詞.

únder·stùdy [名] (［複］ **-stud·ies**) [C] (本役が病気, 事故の時, 代わりを務める)代役(俳優); 代理人; 〈*to*..〔人〕の/*for*..〔役〕の〉.
── [動] (**-stud·ies**|[過] [過分] **-stud·ied**|**～·ing**) [他], [自] (の)代役をする; (の)代役をするために稽(けい)古をする. ～ (Miss Soams as) Ophelia オフィーリア役(のソームズ嬢)の代役をする.

‡**un·der·take** /ʌ̀ndərtéik/ [動] (**～s** /-s/|[過] **-took** /-túk/|[過分] **-taken** /-téikən/|**-tak·ing**) [他]
1〖やや章〗[VO] (～ X/*to* do) X(仕事など)に/..することに**着手する**, 乗り出す, Xを/..をし始める, 企てる. ～ a voyage 航海に乗り出す. The directors were reluctant to ～ a risky venture. 役員たちは危険な事業に乗り出すのをしぶった. ～ *to* campaign for office (立候補して)選挙運動をし始める.
2〖章〗〔仕事, 地位, 責任など〕を**引き受ける**; [VO] (～ *to do*) ..することを引き受ける, 約束する, ..することに同意する. ～ the responsibilities for another 人に代わって責任をとる. Susie always ～*s* what the others don't want to do. スージーは他の人たちがやりたがらないことをいつも引き受ける. Her aunt *undertook to* look after the orphaned children. 彼女のおばは孤児たちの面倒を見ることを引き受けた.
3 [VO] (～ ***that*** 節) **..であると保証する**, 断言する, 請け合う. I will ～ *that* none of us will intrude upon you. 我々のだれもあなたのおじゃまをしないよう保証します.
[＜中期英語; under-, take]

un·der·tak·en /ʌ̀ndərtéikən/ [動] undertake の過去分詞.

†**un·der·tak·er** /ʌ́ndərtèikər, 2 では ⌐-⌐-/ [名] [C]
1〖英〗葬儀屋 (funeral director;〖米〗mortician).
2〖まれ〗引き受け人. [undertake, -er¹]

***un·der·tak·ing** /ʌ̀ndərtéikiŋ, 3 では ⌐-⌐-/ [名] (［複］ **～s** /-z/) **1** [C]〈普通, 単数形で〉**仕事**, 事業. a vast [huge] ～ 大事業. a daring ～ 大胆な[一か八かの]企て. a charitable ～ 慈善事業. a social ～ 社会事業. They ventured on a new ～. 彼らは思い切って新しい事業に乗り出した.

> [連結] a bold [an ambitious; a costly; a difficult, a formidable; a hazardous, a risky; a rash; a worthwhile] ～ // embark on [launch; abandon] an ～

2 [C] 〖章〗保証, 約束, 〈*to* do ..する/*that* 節 ..という〉. Simon gave them an ～ *to* pay [*that* he would pay] the debt within a year. サイモンは 1 年以内に借金を返済するという保証をした. **3** [U] 葬儀(取り扱い)業. [undertake, -ing]

ùnder-the-cóunter /[移]/ [形] 〖話〗秘密に売買された, やみ取引の; 違法の. ～ sales 密売.

ùnder-the-táble /[移]/ [形] (取引が)違法な, 秘密の.

únder·thìngs [名]〈複数扱い〉〖話〗下着.

‡**un·der·tone** /ʌ́ndərtòun/ [名] [C] **1** 低い声, 小声. speak in an ～ [in (low) ～*s*] 小声で話す. **2** 根底にある気持ち, (感情の)'底流', 〈*of* ..という〉(→overtone). I noticed an ～ of anxiety in her letter. 私は彼女の手紙の裏にある不安の気持ちに気づいた. **3** (透けて見える)下塗りの色調. There is an ～ of brown in his landscapes. 彼の風景画は褐色が下地になっている. [under-, tone]

un·der·took /ʌ̀ndərtúk/ [動] undertake の過去形.

únder·tòw [名] [aU] **1** 水面下の逆流, 岸から返す引き波; 暗流. A child was caught in an ～. 子供が引き波にさらわれた. **2** 潜在的な意識[感情]〈*of* ..という〉.

ùnder·úsed /[移]/ [形] 十分に利用されていない.

ùnder·útilìzed /[移]/ [形] ＝underused.

‡**ùnder·válue** [動] [他] を安く見積もる, 低く評価する, 過小評価する. feel ～*d* 低く評価されていると思う.
▷**-valuation** [名]

únder·vèst [名] [C]〖主に英〗(アンダー)シャツ, 肌着.

‡**ùnder·wáter** /[移]/ [形], [副] 水面下の[に], 水中の[に]. an ～ camera 水中カメラ. an ～ boat 潜水艦.

‡**ùnder·wáy** /[移]/ [形]〈叙述〉＝under WAY¹.

†**únder·wèar** [名] [U]〈集合的〉肌着, 下着. [under-, wear]

ùnder·wéight /[移]/ [形] (標準より)重量不足の; 量目不足の. He is ～ by two pounds for his height. 彼は身長から見て 2 ポンドだけ標準体重以下だ. ── /⌐-⌐/ [名] [UC] 重量不足 (↔overweight).

un·der·went /ʌ̀ndərwént/ [動] undergo の過去形.

†**under·world** /ʌ́ndərwə̀ːrld/ [名]〈the ～〉**1** 犯罪社会, 暗黒街; 下層社会. a boss of the ～ 暗黒街の顔役. have ～ connections 暗黒街との結びつきがある. **2**〖ギ・ロ神話〗〈普通 U-〉あの世, 黄泉(よ)の国. [under-, world]

‡**ùnder·wríte** [動] (→write) [他] **1**〔保険会社が保険証書〕に(保険引き受けの)署名をする. **2**〔証券会社が会社の株式発行〕を引き受ける《一括して引き受け一般に売りさばく》. **3**〖章〗〔物(の購入), 活動資金のローンなど〕の融資を引き受ける; (当人の代わりに)〔赤字など〕の弁済を引き受ける. ～ the cost of a project 計画の費用を引き受ける.

únder·wrìter [名] [C] **1** 保険業者, 〈特に〉海上保険業者. **2** 証券引き受け業者.

ùnder·wrít·ten [動] underwrite の過去分詞.

ùnder·wróte [動] underwrite の過去形.

ùn·de·sérved /[移]/ [形] 値しない, 不相応な, 不当な. ～ punishment 不当な罰.

un·de·serv·ed·ly /-vədli/ [副] 不当にも. He is ～ little known in this country. 彼は我が国では不当にもあまり知られていない.

***un·de·sir·a·ble** /ʌ̀ndizái(ə)rəb(ə)l [移]/ [形] [m]〖主に章〗**望ましくない**, 好ましくない. Overwork has an ～ effect on one's health. 過労は健康に好ましくない影響を及ぼす. an ～ character 好ましくない人物. an ～ experience あまりしたくない経験. an ～ result 望ましくない結果. ── [名] [C]〖軽蔑〗(社会, 国家にとって)好ましくない人物[物]. [un-¹, desirable] ▷**un·de·sir·a·bil·i·ty** /ʌ̀ndizài(ə)rəbíləti/ [名] **-bly** [副]

†**ùn·de·vél·oped** /-t [移]/ [形]〔特に地域, 国家が〕未開(発)の; 未発達の, 未熟の; (→underdeveloped).

ùn·díd [動] undo の過去形.

un·dies /ʌ́ndiz/ [名]〖話〗〈複数扱い〉(特に女性用の)下着類 (underclothes). in her ～ 下着で. [*under*wear, -ie, -s 1]

ùn·dígnified /[移]/ [形] 威厳のない, ぶざまな, みっともない.

ùn·di·lút·ed /-əd/ 形 薄めてない, 生(き)の; まじりけのない, 純粋な, 〔愛情など〕.

ùn·dis·chárged /移/ 形 1〔特に船荷が〕降ろされていない. 2〔借金が〕未返済の;〔破産者が〕免責になっていない. 3〔銃が〕発射されていない.

ùn·dís·ci·plined 形 規律のない, しつけができていない.

ùn·dis·cóv·ered /移/ 形 発見されない, 未発見の; 未知の.

ùn·dis·gúised /移/ 形 1 変装しない, 仮面をかぶらない. 2 公然の, あからさまの, ありのままの. 「平気な.

ùn·dis·máyed /移/ 形 うろたえ(てい)ない, ひるまない,↑

‡**ùn·dis·pút·ed** /-əd 移/ 形 議論の余地のない, 異議のない; 当然の. That company is the ～ leader in mobile phones. あの会社は携帯電話の分野では文句なく先頭に立っている.

ùn·dis·tín·guished /-t 移/ 形 特に目立たない, 特別すぐれてはいない, 平凡な.

ùn·dis·túrbed /移/ 形 乱されない, じゃまされない, 手をつけない; 平穏な. sleep ～ 安らかに眠る.

ùn·di·víd·ed /-əd 移/ 形 1 分けられていない, 分離[分割]されていない. ～ property 分割されていない財産.
2 全体的な; 統一された, 集中した. with ～ attention 専念して. Give your ～ attention to his words. 彼の言葉を1つも聞き漏らさないようにしなさい.

‡**un·do** /ʌndúː/ 動 (-does /-dʌ́z/|過 -did /-díd/|過分 -done /-dʌ́n/|～·ing) 他
1〔ひも, 結び目など〕をほどく, 緩める;〔包みなど〕を開く, あける;〔ボタン, かんぬきなど〕をはずす;〔人〕の衣服を脱がせる,〔衣服〕を脱ぐ. ～ a knot 結び目をほどく. ～ a package 包みをあける. Please ～ the baby. 赤ん坊の着物を脱がしてください. He *undid* the buttons. 彼はボタンをはずした. First I had to ～ the string on the outside. まず外側のひもをほどかなければならなかった.
2 を元通りにする, 元へ戻す, 取り消す;〔結果, 効果など〕をなくす. ～ one's mistake 誤りを正す. What is done cannot be *undone*.〖諺〗してしまった事は元へ返らない, '覆水盆に返らず'. He undid all the good work. 彼はそれまでのいい事を何もかも帳消しにしてしまった. ～ the damage 悪影響を取り除く.
3〖主に古〗〔人〕を破滅させる, 零落させる, (ruin)〈普通, 受け身で〉. His follies have *undone* him. 彼の愚かな行為は彼の身の破滅を招いた. I am *undone*! おれはもうおしまいだ (★この undone は 形 とも考えられる).
[＜古期英語; un-², do¹]

ùn·dócumènted 形 1 就業[移民]証明書を所持していない〔労働者など〕. 2 /‐‐‐‐‐, ‐‐‐‐‐/ 文書に記録[で証明]されていない.

ùn·dó·ing 名 U 1 元へ戻すこと; 帳消し. 2〖主に章〗〈普通 one's ～〉破滅, 零落, 堕落, (downfall); 破滅[堕落]の原因. Gambling was his ～. 賭(か)け事が彼の破滅のもとだった.

ùn·do·més·ti·càt·ed /-əd 移/ 形 1〔動物が〕飼い馴(な)らされていない. 2〔人が〕家庭的でない,〔女性が〕家事が好きでない.

‡**un·done** /ʌndʌ́n/ 動 undo の過去分詞.
── 形 C 1〈done の否定〉していない, 終わっていない. He died with his work still ～. 彼は仕事を未完成のままにして死んだ. She left her housework [nothing] ～. 彼女は家事をほったらかしておいた[何事も中途半端にしなかった]. 2〈undo の過去分詞から〉(a)〈叙述〉ほどけた, 外れた, 緩んだ. Your shoelaces are ～. 靴のひもがほどけていますよ. The button wouldn't come ～, so I tore it off. ボタンがどうしてもはずれないので私はそれをひきちぎった. (b) →undo 3.

†**ùn·dóubt·ed** /-əd 移/ 形〈限定〉疑う余地のない, 確かな; 本物の. ～ evidence 確かな証拠. an ～ Constable 正真正銘のコンスタブル(の絵画). [un-¹, doubted]

***un·doubt·ed·ly** /ʌndáutədli/ 副 C 疑う余地なく, 確かに, (類語 doubtless より強い表現). You are ～ right about it. そのことについてあなたの言うことは全く正しい. *Undoubtedly* Jack told a lie. ジャックがうそをついたのは間違いない. [undoubted, -ly¹]

ùn·dráw 動 (→draw) 他〔カーテンなど〕を引いて開ける.

ùn·dráwn 動 undraw の過去分詞.

un·dreamed-of /ʌndríːmdɑ̀v, -drémt-|-ɔ̀v 移/ 形〈undreamt of ともつづる〉夢にも思わない, 思いもよらない. an ～ gift 夢想もしない贈り物. an ～ result 思いがけない結果. Trains now can go at a speed previously *undreamt of*. 今や列車はかつては夢にも思わなかった速力で走ることができる.

ùn·dréamt-òf /-drémt-/ 形 ＝undreamed-of.

***un·dress**¹ /ʌndrés/ 動 (～·es /-əz/|過 過分 ～ed /-t/|～·ing) 他 の服を脱がせる, を裸にする. She ～*ed* the child. 彼女は子供の服を脱がせた. He ～*ed* himself and had a shower. 彼は服を脱ぎシャワーを浴びた.
── 自 服を脱ぐ. The tired boy fell asleep without ～*ing*. 疲れた少年は服を脱がずに眠った. [un-², dress]

ùn·dréss² 名 U 1〖章〗裸(同然)の状態. in a state of ～ 裸(同然の状態)で. 2 (礼装でない)平服;〖軍〗通常軍装. [un-¹, dress]

ùn·dréssed /-t 移/ 形 1〈主に叙述〉服を着ていない, 裸(同然)の, ふだん着の; 寝巻き姿の. get ～ 服を脱ぐ (↔ get dressed). 2〔肉, サラダなどが〕ソース[ドレッシング]がかかっていない. 3〔傷が〕包帯をしてない. 4〔皮が〕なめしてない.

ùn·dréw 動 undraw の過去形.

ùn·drínk·a·ble /移/ 形 飲めない《不純又はまずくて》.

†**ùn·dúe** /移/ 形〈限定〉〖章〗1 不相応な, 過度の. ～ expenses 過大な支出. with ～ haste 不必要に急いで. 2 不当な, 不法な. ～ criticism 不当な批判.

un·du·lant /ʌ́ndʒulənt|-dju-/ 形 波打つ; 波状の. ～ fever〖医〗波状熱.

un·du·late /ʌ́ndʒəlèit|-dju-/ 動 自〖章〗〔水面, 草原などが〕波打つ, 波立つ;〔土地などが〕起伏する, うねる;〔体などが〕くねる(ように動く). *undulating* hills 起伏に富む丘陵. ── 他 を波立たせる, うねらせる. [＜後期ラテン語「小さな波の立つ」(＜ラテン語 *unda* 'wave')]

ùn·du·lá·tion 名 1 U 波動, うねり; 起伏. Caterpillars move by ～. イモムシは体をくねらせて進む. 2 C〈しばしば ～s〉起伏のある箇所. a succession of gentle ～*s* ひと続きの緩やかな起伏.

un·du·la·to·ry /ʌ́ndʒələtɔ̀ːri|-djulət(ə)ri/ 形 起伏する; 波動する, 波状の.

†**ùn·dú·ly** 副〖章〗過度に, 不必要に, 不当に. Don't be ～ nervous. 過度に神経質になるな. ◇形 undue [undue, -ly¹]

ùn·dý·ing 形〈限定〉終わることのない, 不滅の, 永遠の. My ～ love (for Ann) 私の(アンへの)変わらぬ愛.

ùn·éarned /移/ 形 1 労せずして得た. ～ income 不労所得. ～ increment (土地などの)自然増価. an ～ run〖野球〗敵失[相手のエラー]による得点 (→earned run). 2〔賞などが〕身にあまる. ～ praise 不相応な賞賛.

‡**ùn·éarth** 動 他 1 を掘り出す, 発掘する;〔しまい忘れていた物など〕を見つけ出す. ～ fossils 化石を発掘する.
2〔陰謀, 秘密など〕を(調査して)見つける, 明るみに出す, あばく. ～ a plot 陰謀を暴露する. That detective will be able to ～ every fact pertaining to the crime. その探偵ならその犯罪に関する事実をすべて明るみに出すことができるだろう.

ùn·éarth·ly /移/ 形 1 超自然的な, 神秘的な. ～ beauty この世のものとも思われない美しさ. 2 気味の悪い, すごい. an ～ shriek 気味の悪い悲鳴. 3〈限定〉〖話〗〔時刻などが〕常識はずれの, とんでもない. She often calls me *at an* ～ *hour*. 彼女はよくとんでもない時刻に電話をかけてくる《たとえば真夜中や早朝に》. [un-¹, earthly]

U

‡**ùn·éase** 名 U 〖雅〗不安; 気まずさ, 緊張関係. He was uneasy, and his ～ made him rude. 彼は不安だった, そして不安のために無礼な態度をとった. ～ between two nations 2国家間の緊張.

†**ùn·éas·i·ly** /ʌníːzili/ 副 不安で, 心配そうに; 落ち着かないで, 窮屈そうに, ぎこちなく. The student looked at the examiners ～. 学生は不安そうに試験官たちを眺めた. [uneasy, -ly¹]

ùn·éas·i·ness /ʌ̀níːzinəs/ 名 aU 不安, 心配; 落ち着かなさ, 窮屈. sweep away ～ 不安を払いのける. I was conscious of a vague ～. 私は漠然とした不安を意識した.

‡**un·eas·y** /ʌníːzi/ 形 e (**-eas·i·er**|**-eas·i·est**)
1 〔人が〕**不安な**, 心配な, 〈*about, at* ..のことで〉; 〔物事が〕人を不安にする, 心配な. an ～ sensation 不安な感じ. pass ～ hours 何時間も不安な時を過ごす. Conny's parents were very ～ *about* her going to the meeting alone. コニーの両親は彼女が独りでその会へ行くことを大変心配した.
2 〔人, 態度などが〕**落ち着かない**; 窮屈そうな, ぎこちない. look around in an ～ manner 落ち着きのない様子であたりを見回す. She looked ～ in the professor's presence. 教授の前では彼女は落ち着かない様子だった. an ～ laugh ぎこちない笑い. a rather ～ atmosphere かなり窮屈な雰囲気. I felt ～ in tight clothes. 服がきつくて窮屈だった. **3** 不安定な. an ～ peace 不安定な平和. an ～ coalition government 不安定な連立政権.
4 〔本, 音楽などが〕難解な. [＜中期英語; un-¹, easy]

ùn·ec·o·nóm·ic /㊞/ 形 経済的でない, 不経済な; 採算のとれない.

ùn·èc·o·nóm·i·cal /㊞/ 形 ＝uneconomic.

ùn·éd·u·càt·ed /-əd ㊞/ 形 教育のない, 無教育な. ～ English 無教育者の英語. the ～ 教育のない人たち.

ùn·e·mó·tion·al /㊞/ 形 **1** 感情的でない, 感情を表に出さない, 情にもろくない. **2** 冷静な, 非情な. ▷**～·ly** 副

ùn·em·plóy·a·ble /㊞/ 形 〔人が〕雇うのに適さない, 雇用不適の.

***un·em·ployed** /ʌ̀nimplɔ́id ㊞/ 形 ℂ **失業した**, 仕事のない, 手のすいている, 暇な. ～ miners 失業中の坑夫たち. John has been ～ for months. ジョンはもう何か月間も失業中である. **2** 利用[活用]していない, 遊休の. ～ talents 生かされていない技術. ～ capital 遊休資本.
── 名 〈(the) ～; 複数扱い〉 失業者たち. He joined the ranks of the ～. 彼は失業者の仲間入りをした. The number of ～ in Britain fell by 4,900 last month. 英国の失業者数は先月4,900人減少した (★ the number [total] of ～ の場合, the は不要). [un-¹, employed]

‡**un·em·ploy·ment** /ʌ̀nimplɔ́imənt/ 名 U **1** 職のないこと, **失業**(状態). the fear of ～ and starvation 失業と飢えの恐れ. **2** 失業(という現象), 失業者数, 失業率. high ～ (rate) 高い失業率. *Unemployment* is on the rise in this country. 我が国の失業者数は増加しつつある. **3** 〖米話〗失業手当. [un-¹, employment]

unemplóyment bènefit 〖英〗, **unemplóyment compensàtion** 〖米〗 名 UC 失業手当.

unemplóyment insùrance 名 U 〖主に米〗失業保険.

unemplóyment lìne 名 C 〖米〗失業手当を受ける人の列, 失業状態.

†**ùn·énd·ing** /㊞/ 形 終わることのない, 果てしない; 〖話〗ひっきりなしの; (類語 しばしば不快な状態に用いる; → eternal). ～ strife 果てしない争い. ～ happiness 永遠の幸福. ▷**～·ly** 副

ùn·en·dúr·a·ble 形 耐えられない.

ùn·en·líght·ened /㊞/ 形 **1** 情報[知識]を与えられていない, 啓発されていない; (説明されても)まだよく分からない. **2** 無知な; 偏見[迷信]にとらわれた.

ùn·én·vi·a·ble /㊞/ 形 〔仕事などが〕うれしくない, いやな, 気が進まない.

UNEP /júːnèp/ United Nations Environmental Program (国連環境計画).

†**un·e·qual** /ʌníːkwəl/ 形 ℂ **1** 等しくない, 同等でない, 〈*to* ..と/*in* ..〔数量, 大きさなど〕の点で〉. numbers ～ *to* each other 互いに等しくない数. ～ *in* price 値段が同じでない. pots of ～ weight and volume いろいろ違った重量や容積のつぼ. be ～ in size [weight] 大きさ[重さ]が違う. children of ～ abilities 能力が異なる子供たち. **2** 一様でない, 不ぞろいの; 釣り合いを欠いた, 不平等な; 〔試合などが〕一方的な, 勝負にならない. an ～ artist 出来にむらのある芸術家. an ～ match 一方的な試合. an ～ marriage 不釣り合いな結婚. consumers' ～ battle with rising living costs 上昇する生活費に対する消費者の一方的に不利な戦い. **3** 〈叙述〉〖章〗〔人が〕耐えられない〈*to* ..〔仕事など〕に〉. Cecil felt himself ～ *to* the task. セシルは自分にその仕事をする能力がないと感じた. ◇名 inequality
── 名 C 同等でない人[物].
▷**～·ly** 副 同等でなく; 不平等に; 一様でなく.

ùn·é·qualed 〖米〗, **-qualled** 〖英〗 形 匹敵するものがない, 無比の. an ～ masterpiece 無類の傑作.

‡**ùn·e·quív·o·cal** /㊞/ 形 〖章〗あいまいでない, 紛らわしくない, 明瞭(りょう)な; 無条件の. ▷**～·ly** 副 明白に.

un·err·ing /ʌnɔ́ːriŋ ㊞/ 形 誤りをしない; 的をはずさない, 的確な. ～ *in* one's judgment 判断に間違いがない. have an ～ eye [sense] for ..に対する的確な目[センス]を持っている. ▷**～·ly** 副 過(あやま)たずに, 誤り(も)なく.

UNESCO, Unes·co /juːnéskou/ 名 ユネスコ, 国際連合教育科学文化機関, 《*U*nited *N*ations *E*ducational, *S*cientific, and *C*ultural *O*rganization の略》.

ùn·escórt·ed /-əd/ 形 護衛のない; 付き添いのない; 〔女性が〕相手のいない.

ùn·éth·i·cal 形 非倫理的な, 道義に反する.

†**un·e·ven** /ʌníːv(ə)n/ 形 **1** 平らでない, でこぼこの, 不ぞろいの. an ～ road でこぼこ道. **2** 一様でない, 等質でない, むらのある; 不規則な. a person of ～ temper むら気の人. The quality of the company's products is ～. その会社の製品の品質にはむらがある. an ～ heartbeat 不規則な心臓の鼓動. **3** 釣り合わない, 一方的な, 公平でない. an ～ contest 一方的な試合[競争]. Their scores are ～. 両者の得点には差がありすぎる. **4** 奇数の (odd). ～ numbers 奇数. ▷**～·ly** 副 **～·ness** 名

ùneven (pàrallel) bárs 名 〈the ～; 複数扱い〉 (体操の)段違い平行棒.

ùn·e·vént·ful /㊞/ 形 事件のない, 平穏無事な; 平凡で退屈な. an ～ life 平穏[平凡]な生涯. an ～ summer (事件のない)平穏な夏.
▷**～·ly** 副 事件もなく, 平穏無事に. **～·ness** 名

ùn·ex·ám·pled /㊞/ 形 〖章〗無類の, 並ぶもののない; 前例のない. an ～ achievement 空前の偉業.

ùn·ex·cép·tion·a·ble /㊞/ 形 〖章〗(高望みをすればきりがないが)文句のつけようがない, 申し分ない. ▷**-bly** 副

ùn·ex·cép·tion·al /㊞/ 形 〖章〗 **1** 例外でない, 通例の (ordinary). **2** 例外を認めない[許さない]. ▷**～·ly** 副

ùn·ex·cít·ing /㊞/ 形 興奮させない, 平凡な.

***un·ex·pect·ed** /ʌ̀nikspéktəd ㊞/ 形 m 意外な, 予期しない; **思いもよらない**, 突然の. receive an ～ welcome 予想外の歓迎を受ける. An ～ event took place there. 予期しない出来事がそこで起こった. This is [was] an ～ pleasure. 偶然会えてうれしいね. The ～ always happens. 予想外の事がいつも起こる. [un-¹, expected] ▷**～·ness** 名 U 思いがけないこと, 意外性.

†**ùn·ex·péct·ed·ly** /-ədli/ 副 思いがけなく, 突然; 〈文修飾〉意外にも. He showed up ～ last night. 彼はゆ

うべ思いがけなく現れた. We had to face an ～ powerful enemy. 予期した以上に強力な敵に対することになった.

ùn·ex·pláined /㊗/ 形 (理由, 原因などが)説明されていない, はっきりしない.

un·éx·pur·gàt·ed /-əd/ 形 〔書物などが〕不穏当[猥褻(わいせつ)]な箇所が削除されていない. an ～ edition 無削除版.

‡**un·fáil·ing** 形 **1** 〔特に好ましいものが〕尽きない, 絶えることのない, 常に変わらぬ. ～ interest 尽きない興味. an ～ source of water 尽きることのない水源. ～ support 常に変わらぬ援助. **2** 頼むに足る, (信頼を)裏切ることのない. an ～ friend 信頼できる友人.
[un-[1], failing] ▷ **～·ly** 副 絶えることなく; 確実に.

*__un·fair__ /ʌ̀nféər ㊗/ 形 e **1 不公平な**, 不当な, (↔fair). an ～ judge 不公平な裁判官. ～ treatment 不公平な扱い. ～ fines 不当な罰金. ～ competition 不正競争. All of them protested against the ～ decision. 彼らは全員その不公平な判定に抗議した.
2 不正な, 不正直な. an ～ player ずるい競技者. It is ～ of him to mention my past mistakes. 私の過去の誤りを持ち出すなんて彼は(やり方が)汚い.
[un-[1], fair[1]] ▷ **～·ly** 副 不公平に, 不当に, 不正直に. **～·ness** 名 U 不公平, 不当, 不正, 不正直.

unfàir tráde pràctice 名 C 不公正貿易慣行.

†**ùn·fáith·ful** /㊗/ 形 **1** 不貞の 〈*to* ..に, に対して〉. He has never been ～ *to* his wife. 彼は妻を裏切ったことは一度もない. **2** 〖まれ〗忠実[誠実]でない 〈*to* ..に対して〉. an ～ servant 忠実でない召使い. **3** 〔記述, 翻訳などが〕(原文に)忠実でない, 不正確な.
▷ **～·ly** 副 不誠実に. **～·ness** 名

ùn·fál·ter·ing /-t(ə)riŋ ㊗/ 形 〖章〗よろよろしない, しっかりした, ゆるぎない; ちゅうちょしない. with ～ steps しっかりした足取りで. ～ resolution 断固とした決意.
▷ **～·ly** 副

†**ùn·fa·míl·iar** /㊗/ 形 **1** 〔物事が〕よく知られていない, 見慣れない, なじみが薄い, 〈*to* ..〔人〕に〉. ～ faces 見慣れない顔[人々]. This street is quite ～ *to* me. この通りは私には全くなじみがない. **2** 〔人が〕知らない, 不慣れの, 親しんでいない, 経験のない, 〈*with* ..を, に〉. a tourist ～ *with* Japanese ways 日本の習慣に慣れていない旅行者. Marilyn was ～ *with* that kind of party. マリリンはその種のパーティーを経験したことがなかった.

ùn·fa·mìl·i·ár·i·ty 名 U (物の)なじみ薄さ; (人の)不慣れ, 経験不足.

‡**ùn·fásh·ion·a·ble** /㊗/ 形 流行遅れの. ▷**-bly** 副

†**ùn·fás·ten** 動 他 を緩める, はずす, ほどく. with one's flies ～*ed* ズボンの前(のファスナー[ボタン])を開けたまま.
── 自 はずれる. [un-[2], fasten]

ùn·fáth·om·a·ble 形 〖章〗 **1** 深さが測れない, 底の知れない. an ～ sea 底知れない深い海. **2** (深遠で)測りがたい, 理解しがたい, 説明がつかない. ～ emotion 不可解な心の動揺. ▷**-bly** 副

ùn·fáth·omed 形 **1** 測深されない. **2** 〔秘密などが〕測り知れない, よく分かっていない.

*__un·fa·vor·a·ble__ 〖米〗, **-vour-** 〖英〗 /ʌ̀nféiv(ə)rəb(ə)l/ 形 m **1** 〔物事が〕**都合の悪い**, 好ましくない, 不利な, 〈*to, for* ..にとって〉. ～ conditions 不利な条件. The weather was ～ *for* sailing. 天候は帆走に向いていなかった. ～ balance of trade 輸入超過.
2 〔人が〕**好意的でない**, 反対の. his ～ reaction 彼の否定的な反応. hold an ～ opinion of the bill その法案に対して⌊好意的でない意見を持つ[否定的である]. The orchestra's performance received ～ reviews. そのオーケストラの演奏は悪評を受けた. ◇ ↔favorable
[un-[1], favorable]

ùn·fá·vor·a·bly 〖米〗, **-vour-** 〖英〗 副 不利に; 不親切に, 否定的に. compare ～ with ..と比べると見劣りがする. Some people look ～ on the city's redevelopment plan. 市の再開発計画を良しとしない人たちもいる.

un·fazed /ʌ̀nféizd ㊗/ 形 〖話〗平気な, 平然としている.

ùn·féa·si·ble 形 実行できない.

ùn·féel·ing /㊗/ 形 **1** 感覚のない, 感情のない. **2** 思いやりのない, 不人情な, 心ない, 冷酷な. ▷ **～·ly** 副

ùn·féigned /㊗/ 形 うわべだけではない, 心からの, 誠実な.

ùn·fét·tered /㊗/ 形 〖主に章・雅〗足枷(かせ)をはずされた; 束縛を受けない, 自由な.

†**ùn·fín·ished** /-t ㊗/ 形 **1** 出来上がっていない, 未完成の. an ～ story 未完結の物語. I don't like to leave the work ～. 私はその仕事を未完了のままにしておきたくない. **2** (磨き, 塗装などの)仕上げの済んでいない; 〔布が〕加工処理の済んでいない.

†**ùn·fít** /㊗/ 形 **1** 不適当な, 適任でない, 〈*for* ..に〉; 適さない, 不向きな, 〈*to* do ..するのに〉. That fruit is ～ *for* eating [*to* eat]. その果実は食用に適さない. He is ～ *for* military service. 彼は兵役に適さない. Those houses are ～ *for* human habitation. あんなのは人間が住めるような家ではない. **2** 不健康な, 不健全な.
── 動 (～s|-tt-) 他 VOA (～ X ***for*** ..) 〖まれ〗X (人)を..に不適当にする, 不向きにする, X (人)に..の資格を失わせる.

un·flag·ging /ʌ̀nflǽgiŋ ㊗/ 形 衰えない, たゆまぬ; 不断の. ～ effort たゆまぬ努力. the ～ support of one's wife 不断の内助の功. ▷ **～·ly** 副 たゆまず, 不断に.

un·flap·pa·ble /ʌ̀nflǽpəb(ə)l ㊗/ 形 〖主に英話〗あわてない, 落ち着き払った, すぐにかっとしない.
▷**-bly** 副 平然と, 落ち着き払って.

ùn·flát·ter·ing /-t(ə)riŋ ㊗/ 形 実物[実際]以上に悪く見せる(ような).

ùn·flédged /㊗/ 形 **1** 〔鳥が〕羽のはえそろっていない, まだ飛べない. **2** 〔人が〕無経験の, 未熟な, (↔full-fledged).

ùn·flínch·ing /㊗/ 形 ひるまない, しりごみしない; 変わる[弱まる]ことのない, 断固とした. ～ courage [fight] ひるむことのない勇気[闘志]. ▷ **～·ly** 副 変わることなく.

ùn·fó·cus(s)ed /-t ㊗/ 形 **1** 〔視線などが〕焦点の定まらない, ぼんやりとした. **2** 〔目的, 意図などが〕定まらない; 〔議論などが〕まとまりのない.

†**un·fold** /ʌ̀nfóuld/ 動 他 **1** 〔折りたたんだものなど〕を広げる, 開く, (↔fold). ～ a letter 手紙を開く. ～ a table (折りたたみ式の)テーブルを広げる. Louise ～*ed* the napkin on her lap. ルイーズはひざの上にナプキンを広げた. **2** 〔計画, 秘密など〕を(徐々に)明らかにする, 明るみに出す, 知らせる; 〔話など〕を展開させる. Don't ～ our plans to outsiders. 私たちの計画を外部の者に漏らすな. The plot ～*ed* itself soon. その陰謀はまもなく明るみに出た.
── 自 **1** 〔つぼみなどが〕開く; 〔風景などが〕広がる, 見えてくる. The buds ～ in early spring. つぼみ[芽]は早春に開く. The Scottish landscape ～*ed* before our eyes. スコットランドの風景が我々の眼前に開けた.
2 〔事の状況, 事実などが〕(徐々に)知られてくる, 明らかになる, はっきりしてくる; 〔物語などが〕展開する. The details of the plan ～*ed*. その計画の詳細がだんだん明らかになってきた. as the story ～*s* 話が展開するにつれて.
[un-[2], fold]

ùn·fórced /-t ㊗/ 形 強いられたのではない; 自発的な.

ùn·fore·sée·a·ble 形 予期[予測]できない.

†**un·fore·seen** /ʌ̀nfɔːrsíːn ㊗/ 形 予期しない, 思いがけない, 意外な. ～ circumstances 予期しない状況.

†**un·for·get·ta·ble** /ʌ̀nfərgétəb(ə)l ㊗/ 形 〔経験などが〕忘れられない, いつまでも記憶に残る. an ～ scene 忘れられない光景. an ～ day いつまでも記憶に残る日.

U

▷-bly 副 忘れられないほどに.

†**ùn·for·gív·a·ble** /㊙/ 形 許されない, 容赦できない.

ùn·for·gív·ing /㊙/ 形 〔人, 物事が〕容赦ない.

ùn·fórmed /㊙/ 形 **1** まだ形を成さない, 定形のない. **2** 十分発達していない, 未熟の.

ùn·forth·cóm·ing 形 **1** 〔人が〕(情報公開などに)協力的でない. **2** 〔物が〕必要な時に手元にない.

‡**un·for·tu·nate** /ʌnfɔ́ːrtʃ(ə)nət ㊙/ 形 ⓜ

【不運な】 **1** 不運な, 不幸な, (↔fortunate). the ~ women in the Bible 聖書に出てくる不幸な女性たち. What an ~ situation! 何と不幸な事態でしょう. You were ~ ⌞in losing [enough to lose] your passport. 旅券をなくしたとはあなたは運が悪かった. It was [is] ~ that he had an accident on his way home. 不運なことに彼は帰宅の途中で事故に遭った. How ~ that his wife died. 彼の奥さんが亡くなって本当に残念なことです. ◇名 misfortune

【不運な＞不成功の】 **2** 不成功の. an ~ expedition 不成功に終わった探検. an ~ result まずい結果.

3 〔言葉などが〕不適切な, 不穏当な, 具合の悪い; 遺憾な. a most ~ choice of words きわめて不適当な言葉の選択. make an ~ slip of the tongue まずい言い損ないをする. ── 名 Ⓒ 〖婉曲〗不運な人, 不幸な人. One more ~ jumped to her death. また 1 人の不幸な女性が身投げした. [un-¹, fortunate]

‡**un·for·tu·nate·ly** /ʌnfɔ́ːrtʃ(ə)nətli/ 副 ⓜ 不運にも, 不幸にも, あいにく; 残念[遺憾]ながら; (↔fortunately). They were ~ caught in a traffic jam on their way. 彼らは運悪く途中で交通渋滞につかまった. I'd like to come to your party, but ~ I have a previous engagement. お宅のパーティーに行きたいのですが, あいにくほかに先約があるものですから. *Unfortunately* [=It is unfortunate that] I have to cancel my lecture. あいにく休講にしなくてはなりません. [unfortunate, -ly¹]

†**ùn·fóund·ed** /-əd ㊙/ 形 事実に基づかない, 根拠のない, (↔well-founded). ~ rumors 事実無根のうわさ.

ùn·fréeze 動 (→freeze) 他 **1** 〔凍った物〕を溶かす. **2** 〖経〗〔資金など〕の凍結を解く; の制限を解除する.

ùn·fre·quént·ed /-əd ㊙/ 形 めったに人が訪れない, 人跡まれな; 人通りの少ない.

†**ùn·friend·ly** /㊙/ 形 **1** 〔人(の行為)などが〕友情を欠いた, 不親切な; 敵意を持った. an ~ neighbor 不親切な隣人. a distinctly ~ look はっきりと敵意を示す表情. **2** 都合の悪い. ▷**un·friend·li·ness** 名

-unfriendly 〈複合要素〉名詞, 時に副詞に付けて「..のために役立たない, ..に不親切な, ..に有害な」の意味を表す. user-*unfriendly* 使用者に不便な[不親切な]. environment(ally)-*unfriendly* 環境にやさしくない[害を及ぼす].

ùn·fróck 動 他 (罰として)から僧の身分を剝(は)奪する, 「の法衣を剝(は)ぐ」.

ùn·frúit·ful /㊙/ 形 **1** むだな, 効果のない. make ~ efforts むだな努力をする. **2** 実を結ばない; 不毛の. ▷~·**ly** 副

‡**ùn·ful·fílled** /㊙/ 形 成し遂げられていない, 実現されていない; (自分の)才能を十分に発揮できていない.

ùn·fún·ny 形 面白く[おかしく]もない.

‡**ùn·fúrl** 動 他 〔帆, 旗, 傘など巻いたもの〕を広げる. ── 自 広がる; 〔物語, 出来事(のシーン)が〕展開する[される].

ùn·fúr·nished /-t ㊙/ 形 〔貸しアパート[家]などが〕家具付きでない.

ùn·gáin·ly /㊙/ 形 〔動作, 態度などが〕見苦しい, ぶざまな, ぎこちない. ▷**un·gain·li·ness** 名

ùn·gén·er·ous /㊙/ 形 **1** 狭量な; 卑劣な. **2** 金離れが悪い, けちな; 〔金額が〕乏しい, 少ない. **3** 不公平な, 不当な. ▷~·**ly** 副 狭量に; 出し惜しみして; 不当に.

ùn·gírd 動 (→gird) 他 の帯を解く, (帯を解いて)を緩める.

ùn·gírt 動 ungird の過去形・過去分詞.

ùn·glúed /㊙/ 形 はがされた, ばらばらになった. ***còme unglúed*** (1) 〔部品などが〕はずれる; 〔計画, 話の筋などが〕がたがたになる. (2) 〖米話〗〔家などが〕がたがくる; 〔交渉などが〕だめになる. (3) あわてる. (4) かっとなる, 頭にくる.

ùn·gód·ly /㊙/ 形 **1** 〖雅・旧〗不信心な, 神を敬わない; 罪深い. **2** 〖話〗〈限定〉とても嫌な; とんでもない, 常識はずれの. Eleven o'clock at night is an ~ hour for visiting a friend. 夜の 11 時とは友人を訪ねるにはとんでもない時間だ. ▷**un·god·li·ness** 名

ùn·góv·ern·a·ble /㊙/ 形 〖章〗制御できない[しがたい], 手に負えない; 統治できない. ~ passions 抑えきれない激情. an ~ mob 制御できない群衆.

ùn·grá·cious /㊙/ 形 丁寧でない; ぶしつけな, 無礼な. ▷~·**ly** 副

ùn·gram·mát·i·cal /㊙/ 形 文法的に間違いの, 「非文法的な.

†**un·grate·ful** /ʌŋɡréitf(ə)l ㊙/ 形 **1** 恩知らずの (↔grateful). Don't be ~ to them. あの人たちへの感謝を忘れるな. **2** 〖雅〗〔人, 仕事などが〕不愉快な, 報われない. ▷~·**ly** 副 感謝を忘れて. ~·**ness** 名 Ⓤ 忘恩.

ùn·gréen 形 **1** 〔製品などが〕環境に悪い[有害な]. **2** 〔人, 組織などが〕環境問題を考えない[に無関心な].

ùn·gróund·ed /-əd ㊙/ 形 **1** 根拠のない, いわれのない. **2** 基礎(知識)のない.

ùn·grúdg·ing /㊙/ 形 物惜しみしない, 気前のいい; 進んで行う. ~ admiration 惜しみない賞賛. ▷~·**ly** 副

ùn·guárd·ed /-əd ㊙/ 形 **1** 無防備の, 番人のいない; 守り[見張り]のいない. **2** 不注意な, 油断した, うっかりした. an ~ remark 不注意な発言. I revealed our plans in an ~ moment. うっかりしたはずみに我々の計画を漏らしてしまった. **3** 〔発言などが〕率直な, 本心からの.

un·guent /ʌ́ŋɡwənt/ 名 ⓊⒸ 〖しばしば雅〗軟膏(こう) (ointment). [＜ラテン語 *unguere*「油を塗る」]

un·gu·late /ʌ́ŋɡjulət, -lèit/ 形 蹄(ひづめ)状の; ひづめのある; 有蹄類の.

── 名 Ⓒ 有蹄動物.

[＜ラテン語 *ungula*「ひづめ」]

ùn·hál·lowed /㊙/ 形 **1** 清められていない, 神聖でない, 不浄の. **2** 〖雅〗〈限定〉罪深い, 不信心な, (wicked).

ùn·hánd 動 他 〖古・戯〗〔人〕から手を離す (LET /../ go) 〈普通, 命令文で〉.

†**un·hap·pi·ly** /ʌnhǽpili/ 副 **1** 不幸(のうち)に, みじめに; 悲しげに. live ~ みじめな生活をする. an ~ married woman 不幸な結婚をした女性.

2 〈文修飾〉不幸にも, 残念ながら. *Unhappily* I'm not strong enough to accept the post. 残念だが私はその役を引き受けられるほど丈夫でない. [unhappy, -ly¹]

ùn·háp·pi·ness /ʌnhǽpinəs/ 名 ⓊⒸ 不幸; 不運, 不快(感), 不満(足).

‡**un·hap·py** /ʌnhǽpi ㊙/ 形 ⓔ (**-pi·er**|**-pi·est**)

1 (**a**) 不幸な, みじめな, (↔happy). a very ~ old man 大変不幸な老人. her ~ life 彼女のみじめな生活. John looked very ~. ジョンは大変不幸せそうな様子だった. (**b**) うれしくない, 悲しい; 不満で, 不安で; 〈*about, at, over* ..で, について/*with* ..に/*to* do ..して/*that* 節 ..ということは〉. What is she so ~ *about*? 彼女は何がそんなに悲しいのだろう. They were all ~ *about* [*at*] the result. 彼らはみんなその結果に不満だった. He was ~ *with* his new secretary. 彼は新しい秘書が気に入らなかった. **2** 〔物事が〕不運な, あいにくの, 不幸を招く; 〔人が〕気の毒な. What an ~ situation! なんと不運な状況だろう. **3** 〖章〗〈主に限定〉〔表現などが〕不適当な, 拙劣な. a very ~ choice of words 非常にまずい言葉の選び方. [un-¹, happy]

‡**ùn·hármed** /㊙/ 形 無傷の[で], 損なわれていない.

ùn·hár·ness 動 他 **1** の馬具を解く; 〔馬〕を自由にする. **2** のよろいを脱がせる.

ùn·héalth·ful 形 健康に悪い.

***un·health·y** /ʌ̀nhélθi ㊐/ 形 e (**-healthi·er**|**-healthi·est**)
1 健康でない, 病弱な; 不健康そうな. an ～ child 病身の子供. an ～ complexion 病んでいる人の顔つき.
2 健康によくない, 健康的でない. ～ habits 健康に悪い習慣. an ～ occupation 健康によくない職業.
3 〔道徳的, 精神的に〕不健全な, 病的な. an ～ interest in death 死への病的な関心. **4** 〖話〗危険な. an ～ situation 危険な状況. ◇↔healthy [un-¹, healthy]
▷ **un·health·i·ly** 副 不健康に; 不健全に. **un·health·i·ness** 名 U 不健康; 不健全.

‡**ùn·héard** /㊐/ 形 〈主に叙述〉 **1** 聞こえない. **2** 傾聴されない; (特に法廷で)聞いてもらえない, 弁明を許されない. His request went ～. 彼の要求は聞き流された[無視された].

†**ùn·héard-òf** 形 **1** 今まで聞いたことのない, 前例のない, 前代未聞の. an ～ calamity 空前の大惨事. It is ～ for anyone to speak ill of our founder. だれかが我々の創立者のことを悪く言うのを聞いたことがない. **2** 奇妙な, 風変わりな; ひどい, とんでもない. an ～ scandal 前代未聞のスキャンダル. **3** 無名の. an ～ actress 無名女優. [unheard, of]

ùn·héed·ed /-əd ㊐/ 形 〔訴え, 警告などが〕注意されない, 注目されない, 顧みられない. Their appeals went ～. 彼らの訴えは無視された.

ùn·hélp·ful 形 助けにならない.

ùn·hér·ald·ed /-əd/ 形 **1** 予告なしの. **2** 〖ジャーナリズム〗〔芸術家, スポーツ選手などが〕才能を世に認められていない.

ùn·hés·i·tàt·ing /㊐/ 形 ちゅうちょしない, ぐずぐずしない. ▷ **～·ly** 副 ちゅうちょせず(に), 迷わず.

ùn·hínge 動 他 **1** 〔ドアなど〕を蝶番(ちょうつがい)からはずす. **2** 〖話〗〔人, 心〕を乱す, 狂わせる.

ùn·hínged /㊐/ 形 **1** 蝶番(ちょうつがい)のはずれた. **2** 〖話〗気が狂った, 錯乱した. His reason was quite clearly ～. 彼は明らかに正気を失っていた.

ùn·hítch 動 他 〔馬など〕を解き放す; を自由にする.

ùn·hó·ly /㊐/ 形 〈限定〉 **1** 〖主に雅〗神聖でない, 不浄の. **2** 不信心な, 罪深い. **3** 〖話〗ひどい, とんでもない. an ～ price とんでもない値段. an ～ mess ひどい混乱.
an unhòly allíance いかがわしい結託, 野合.

ùn·hóok 動 他 をかぎ[釣り針]からはずす; 〔人, 衣服など〕のホックをはずす; (連結器をはずして)〔車輌〕を切り離す.

ùn·hóped-fòr /-t- ㊐/ 形 とても望めないような, 望外の; 思いもかけない. an ～ piece of good luck 思いがけない幸運.

ùn·hórse 動 他 **1** 〔人〕を馬から引きずり落とす. **2** を打ち負かす, 破る; をうろたえさせる.

ùn·húr·ried /㊐/ 形 急がない, あわてない; ゆったりとした〔ペースなど〕. ▷ **～·ly** 副

†**ùn·húrt** /㊐/ 形 (損)害を受けていない, 無傷で.

un·hy·gi·en·ic /ʌ̀nhaidʒiénik, -dʒíːn-|-dʒíːn- ㊐/ 形 非衛生的な.

u·ni /júːni/ 名 C 〖英・オース話〗大学 (university).

u·ni- /júːnə/ 〈複合要素〉「一, 単」の意味. *uni*form. *uni*ty. *uni*te. [ラテン語 *ūnus* 'one']

u·ni·cam·er·al /jùːnəkǽm(ə)rəl ㊐/ 形 〔議会が〕1 院制の (→bicameral). [uni-, ラテン語 *camera*「部屋」, -al]

UNICEF /júːnəsèf/ 名 ユニセフ, 国連児童基金, 《United Nations Children's Fund の旧称 *U*nited *N*ations *I*nternational *C*hildren's *E*mergency *F*und の略》. work for ～ ユニセフで働く.

ùni·céllular /㊐/ 形 〖生物〗単細胞の. a ～ organism 単細胞生物.

Úni·còde 名 U 〖電算〗ユニコード《1 文字を 16 bit で表わし, 世界の諸言語の文字に対応可能とした文字コード, 国際標準》.

úni·còrn 名 C **1** 一角獣, ユニコーン《馬の体とライオンの尾を持ち額に 1 本の渦巻き状の角のある架空の動物; 純潔の象徴》.
2 〖紋章〗一角獣, ユニコーン《英国王室の紋章 (achievement) ではライオンと相対して楯 (escutcheon) を支えており, Scotland を象徴する》. **3** 〈the U-〉〖天〗一角獣座《オリオン座近くの星座》. [＜ラテン語 (＜uni-＋*cornus*「角(つの)」)]

[unicorn 1]

úni·cỳcle 名 C 1 輪車《1 輪の自転車》.

ùn·i·dén·ti·fì·a·ble /㊐/ 形 〔物事が〕確認できない; 正体不明の.

‡**ùn·i·dén·ti·fied** /㊐/ 形 身元不明の; 未確認の, 正体不明の; (★ある理由で正体を明かせないという場合もある). an ～ body [corpse] 身元不明の死体. information from ～ sources ある筋からの情報. An ～ airplane invaded Japanese airspace. 国籍不明の飛行機が日本の領空を侵犯した.

unidèntified flýing óbject 名 →UFO.

ùn·ìd·i·o·mát·ic /㊐/ 形 〔語法が〕慣用的でない.

†**u·ni·fi·ca·tion** /jùːnəfəkéiʃ(ə)n/ 名 U 統一, 一体化. the ～ of Germany ドイツの統一. ◇動 unify

‡**u·ni·form** /júːnəfɔ̀ːrm/ 形 ⓒ **1** 一様な, 均一の, 均質の, むらのない. The sky was a ～ gray. 空は一面灰色であった.
2 一定の, 不変の; 終始変わらない. drive at a ～ speed 一定のスピードで車を走らせる. her ～ attitude toward all people どの人に対しても変わることない彼女の態度.
3 同一の, 画一的な. ～ in size [appearance] 大きさ[見た目]が一様で. The new houses were of a ～ height. それらの新築の家はみな同じ高さであった. be of a ～ opinion 意見が一致している. a row of ～ houses ひと並びの全く同じ型の家々.
── 名 (複 **～s** /-z/) UC **1** 制服, 軍服; ユニホーム; (★制帽なども school uniform に入る). The pupils wear gray ～s. 生徒たちは灰色の制服を着ている. men in ～ 制服[軍服]を着た男たち. in full ～ (軍人が)正装して. put on [wear] school ～ 制服を着る. My father was in ～ for two years. 私の父は 2 年間軍隊にいた. **2** (特定集団の)'制服'. the post-hippie ～ ポスト・ヒッピーの制服[いでたち].
[＜ラテン語 *ūniformis*; uni-, form]

‡**ú·ni·fòrmed** 形 制服を着た; 武官である. a ～ policeman 制服を着た警官 (↔plainclothesman).

***u·ni·form·i·ty** /jùːnəfɔ́ːrməti/ 名 U **一様性**; 画一性, 整一性, 均一, 均質; 一定, 不変. the dull ～ of suburban houses 郊外の住宅の面白味のない画一性. [uniform, -ity]

†**ú·ni·fòrm·ly** 副 一様に, 均等に; 一致して, 同一に, 一律に; 一定して, 不変に.

†**u·ni·fy** /júːnəfài/ 動 (**-fies**|過 過分 **-fied**|**～·ing**) 他
1 を一つに[一体化]する; を統一する. We should try to ～ the various factions. 我々は種々な党派を統一すべきである. *unified* European currency EC 統一通貨.
2 を同一[一様]化する. ── 自 一つになる; 一体化する, 〈*with* ..と〉. ◇名 unification [uni-, -fy]

†**ùni·láteral** /㊐/ 形 一方だけの; 片側に偏した; 一方的な; 〖法・商〗片務的な; (→bilateral, multilateral). ～ disarmament 一方的軍備縮小. take ～ action 一方的に行動する. ▷ **～·ly** 副 一方的に.

ùni·láteralìsm 名 U 一方的軍縮論; 一方的政策.

ùni·língual /㊐/ 形 〔民族, 国家が〕1 言語(使用)の (↔multilingual; →monolingual, bilingual).

U

‡ùn·im·ág·i·na·ble /㊣/ 形 想像もできない; 思いもよらない. The earthquake caused ~ damage. 地震は想像を絶する被害をもたらした.

ùn·im·ág·i·na·tive /㊣/ 形 想像力のない, 創意に欠ける, 面白味のない, 散文的な. 「ていない.

ùn·im·páired /㊣/ 形 損なわれていない, 損傷を受け↑

ùn·im·péach·a·ble /㊣/ 形 〖章〗 **1** 弾劾できない. **2** 非の打ちどころのない; 疑われる点などない. **3** 信頼できる, 確実な. The information comes from an ~ source. その情報は信頼できる筋から得たものです.
▷ **-bly** 副 「い.

ùn·im·péd·ed /-əd ㊣/ 形 妨げられない, じゃまされな↑

***un·im·por·tant** /ʌ̀nimpɔ́ːrt(ə)nt ㊣/ 形 ⓜ **重要でない**, 取るに足りない, ささいな. Nothing in this job is ~. この仕事には重要でないことは何もない. [un-[1], important]

‡ùn·im·préssed /-t ㊣/ 形 〈叙述〉感動しない, 感銘を受けない, 〈*by*, *with* ..に〉. 「い, 印象的でない.

ùn·im·prés·sive /㊣/ 形 (人に)強い印象を与えな↑

ùn·im·próved /㊣/ 形 **1** 改良されない; 未改良の. **2** 〔土地が〕未耕作の. **3** 〔健康が〕よくならない.

ùn·in·fléct·ed /-əd ㊣/ 形 **1** 屈曲のない. **2** 〔声などが〕抑揚がない. **3** 〖文法〗語形変化のない.

ùn·in·fórmed /㊣/ 形 **1** 情報を受けていない, 知らされていない; 不十分な情報に基づく (→educated 2). I just made an ~ guess about it. それについてただ当て推量をしただけだ. **2** 無知の, 無学の.

ùn·in·háb·i·ta·ble /㊣/ 形 住むに適さない, 住めない. Big cities are becoming more and more ~. 大都会はだんだん居住に適さなくなってきている.

ùn·in·háb·it·ed /-əd ㊣/ 形 人の住まない, 無人の. an ~ island 無人島.

ùn·in·híb·it·ed /-əd ㊣/ 形 抑制[束縛]されない, 遠慮のない; 〈特に〉性的な抑圧[恥じらい]を感じない, 天真爛漫(らんまん)の. an ~ laugh 遠慮のない笑い. ▷ **~·ly** 副

ùn·in·í·ti·at·ed /-əd ㊣/ 形 **1** 〖主に戯〗手ほどきを受けていない, 未経験の, 初心の. **2** 〖章·戯〗〈the ~; 名詞的; 複数扱い〉未経験者, 初心者.

ùn·ín·jured /㊣/ 形 傷害を受けていない, 損なわれていない, 無傷の. They escaped ~ from the accident. 彼らは事故から無傷で脱出した. 「ない, 平凡な.

ùn·in·spíred /㊣/ 形 霊感を受けていない, 独創性の↑

ùn·in·spír·ing /㊣/ 形 霊感を与えない, 想像力をかきたてない; (人を)感激させない; 退屈な.

ùn·in·tél·li·gent 形 頭の悪い, 知力に欠ける.

‡ùn·in·tél·li·gi·ble /㊣/ 形 理解できない, 訳の分からない; 判読できない. He writes ~ English. 彼は訳の分からない英語を書く. ▷ **-bly** 副

ùn·in·ténd·ed /-əd ㊣/ 形 意図しない, 計画的でない.

ùn·in·tén·tion·al /㊣/ 形 故意でない, 意図的でない. ▷ **~·ly** 副

ùn·ín·ter·est·ed /-əd ㊣/ 形 興味を持たない, 無関心な, 〈*in* ..に〉 (→disinterested). I am quite ~ *in* sport. 私はスポーツには全く興味がない.

***un·in·ter·est·ing** /ʌ̀níntrəstiŋ ㊣/ 形 ⓜ **面白くない**, 興味をそそらない, 退屈な. I found the story ~. その話は面白くなかった. [un-[1], interesting]

†ùn·in·ter·rúpt·ed /-əd ㊣/ 形 **1** 中断されない, 絶え間ない. **2** 〔景色が〕何物にもさえぎられない. ▷ **~·ly** 副

ùn·in·vít·ed /-əd ㊣/ 形 招かれない, 差し出がましい. an ~ guest 押しかけ客.

ùn·in·vít·ing /㊣/ 形 (人を)引き付けない.

‡un·ion /júːnjən/ 名 (複 **~s** /-z/) **1** ⓊⒸ **結合**, 合体; 合併, 合同; 団結. effect the ~ of several companies いくつかの会社の合併を達成する. a close ~ of theory and practice 理論と実際の緊密な結びつき. *Union* is strength. 〖諺〗団結は力なり.

2 Ⓤ **一致**, **和合**, 調和. act in ~ with the opposition party 野党と共同歩調をとる. The two sisters lived in perfect ~. 2 人の姉妹は(心が)完全に一致して(仲よく)暮らした.

3 〖雅〗ⓊⒸ 結婚; Ⓤ 結婚の結びつき. a happy ~ 幸せな結婚. a ~ of two like souls 似た者同士 2 人の結婚. They were joined in holy ~. 彼らは聖なる結合で結ばれた《結婚のこと》.

4 Ⓒ〈単数形で複数扱いもある〉**同盟**, 組合, 協会; 労働組合. join a labor 〖米〗[trade 〖英〗] ~ 労働組合に入る.

5 **(a)** 〈しばしば U-〉 Ⓒ **連邦**, 国家連合. the Soviet *Union* 〖史〗ソ連邦. **(b)** 〈the U-〉アメリカ合衆国; 連合王国 (the United Kingdom); 〖米史〗南北戦争の時米連邦政府のもとにとどまった諸州 (↔the Confederate States); 〖英史〗1707 年の England と Scotland の合同; 1801 年の大ブリテンとアイルランドの合同.

6 Ⓒ〈しばしば U-; 単数形で複数扱いもある〉(大学の)学生クラブ《学生の娯楽·文化活動の組織》; 学生会館.

7 Ⓒ 〖機〗(パイプなどの)接合管, 接ぎ手.

8 Ⓒ 〖数〗和集合.

[＜ラテン語 *ūniō*「1 つ (*ūnus*) にすること」]

ùnion cátalog 〖米〗 [**cátalogue** 〖英〗] 名 Ⓒ (いくつかの図書館[部門]の)総合目録.

únion·ìsm 名 Ⓤ **1** (労働)組合主義. **2** 〈しばしば U-〉〖英·アイル史〗アイルランド統一主義《Gladstone の唱える Home Rule に反対し大ブリテンとアイルランドの統一を主張した》; (北アイルランドの)ユニオニストの主張 (→unionist 2); 〖米史〗(南北戦争当時の)連邦主義《南北の分離に反対した》.

ún·ion·ist 名 Ⓒ **1** 労働組合員; 労働組合主義者. **2** 〈U-〉 ユニオニスト 《**(a)** 1920 年のアイルランド統治法以前はアイルランドの独立に反対. **(b)** 1920 年以後は北アイルランド(アルスター)のアイルランド共和国との併合に反対し, イギリスとの統合維持を主張》. **3** 〈しばしば U-〉〖米史〗(南北戦争当時の)連邦主義者 (↔Confederate).

ùn·ion·i·zá·tion 名 Ⓤ 労働組合結成; 労働組合加入.

ún·ion·ìze 動 他 を組織して労働組合を結成する, 組合に加入させる. ~*d* workers 組織労働者. ― 自 労働組合に加入する[を結成する]. 「英国国旗.

Ùnion Jáck [Flág] 名 〈the ~〉 連合王国国旗,↑

Únion of Sòviet Sòcialist Repúblics 名 〈the ~〉〖史〗Soviet Union の正式名.

Ùnion Pacífic 名 〈the ~〉 ユニオンパシフィック(社)《米国中西部から太平洋岸に至る路線を持つ鉄道会社》.

únion shòp 名 Ⓒ ユニオンショップ《被雇用者が非労働組合員であっても一定期間内に組合に加入することを条件とする制度; →closed shop, open shop》.

únion sùit 名 Ⓒ 〖米〗ユニオンスーツ《シャツとズボンがひと続きになっている男性又は子供用の下着》.

‡u·nique /juːníːk/ 形 ⓜ, ⓔ (**u·niqu·er**|**u·niqu·est**) **【一つしかない】** **1** Ⓒ **(a)** **唯一の**; 独特の. For Christians God is a ~ being. キリスト教徒にとって神は唯一無二の存在である《ギリシアの神々などと違って》. Getting money should not be your ~goal in life. 金もうけを人生の唯一の目標にしてはいけない. **(b)** 〔物事が〕特有の 〈*to* ..に〉. Ancestor worship is not ~ *to* this country. 祖先崇拝は我が国独特のものではない.

2 類がない, 特別な; 無比の. My position was ~; so you won't learn anything from my experience. 私の立場は特別なので, 私の経験は君の参考にならないでしょう. Shakespeare was ~ among his contemporaries. シェークスピアは同時代人の中では無類の存在であった. a ~ opportunity to buy a house 家を買うまたとない機会 (★*the* only opportunity to buy a house (家を買う唯一の機会)とは違い, 不定冠詞であるこ

とに注意).
3〘話〙珍しい, 風変わりな, (unusual). a ～ gift 珍しい贈り物. His style of dress is certainly ～. 彼の服装は確かに風変わりだ.

> 語法 very, more [most] などによる修飾を非難する声が英米ともにあるが, 実際には使われている. quite [absolutely] ～ の場合も異論はあるが, 正しい用法.

[フランス語(＜ラテン語 *ūnicus*「唯一の」)]
▷ **～·ly** 副 唯一; 比類なく; 特有に. **～·ness** 名

úni·sèx 形〔服装, 髪型などが〕男女両用の, 男女の区別のつかない; 男女差のない服装をする〔世代など〕; その種の衣類を売る〔店〕. ～ clothing ユニセックスの服.
── 名 U (服装などの)男女無差別[ユニセックス]化.

ùni·séxual /㊇/ 形 **1** 男女両用の (unisex). **2**〘生物〙単性の.

†**u·ni·son** /jú:nəs(ə)n, -z(ə)n/ 名 U **1** 調和, 一致. **2**〘楽〙斉唱, 斉奏; 同音.
in únison (1) 調和して, 一致して, 協調[協力]して, 〈*with* ..と〉. act *in* ～ *with* the neighboring country 隣国と共同歩調を取る. (2) 一斉に. They spoke all *in* ～. 彼らは一斉にしゃべった. (3) 斉唱で.
[＜ラテン語 (＜uni-＋*sonus*「音」)]

‡**u·nit** /jú:nət/ 名 (複 **～s** /-ts/) C
【分割できないもの】 **1 単位**; 構成単位, (全体の中の) 1 個, 1 人. an administrative ～ 行政単位. The family is a ～ of society. 家庭は社会の単位である. A word is a ～ of language. 語は言語の単位である.
2 (**a**) (計量などの)**単位**. a monetary ～ 貨幣単位. A gram is a ～ of weight. グラムは重さの単位です.
(**b**)〘英〙アルコール摂取単位《ワインならグラス 1 杯, ビールなら 1 パイントに相当; アルコール 9g》.
3 (**a**) 〈単数形で複数扱いもある〉 (軍隊などの)部隊, (組織などの)部署, 部門. a member of the Japanese-American ～ 日系アメリカ人部隊の隊員. (**b**) (病院などの)部門, 科, 病棟. **4** (学科目の)単位, 単元.
5〘数〙(**a**) 1 (の数). The number 5 consists of five ～*s*. 5 という数は 1 が 5 個より成る.
(**b**) 1 の位の数《1–9》. First add all the ～*s*. まず 1 の位の数を合計しなさい.
6 設備一式, セット; (組み合わせ家具などの)ユニット; (機械などでひとまとまりになった)部品. a kitchen ～ 台所セット《流し, ガス台など一式》. an air-conditioning ～ 冷暖房装置一式. **7** 〈形容詞的〉 単位の; ユニット式の.
[＜*unity*＋*digit*; 最初は「(数学の単位としての) 1」の意味]

U·ni·tar·i·an /jù:nəté(ə)riən ㊇/ 名 C 〘キリスト教〙ユニテリアン派の教徒《神の単一性を主張し, 三位(み)一体を認めない》. **──** 形 ユニテリアン派(教徒)の.

Ù·ni·tár·i·an·ìsm 名 U ユニテリアン派の教義.

u·ni·tar·y /jú:nətèri|-t(ə)ri/ 形 **1** 単位の; 単位として用いる. **2** 統一の; 統一をめざす. **3** 中央集権制の, (連邦ではなく)単一政府の.

‡**u·nite** /ju(:)náit/ 動 (**～s** /-ts/|過 過分 **u·nit·ed** /-əd/|**u·nit·ing**) 他 【1 つにまとめる】 **1** を**結合させる**, 結びつける; を接合させる, つなぐ; を合併する; (類語 結合したものが 1 つのものとして機能するような緊密な一体化を意味する; →combine, connect, join, link). ～ theory and practice 理論と実践を結びつける. The two companies were ～*d* to form a new company. その 2 つの会社は合併して新しい会社を作った.
2 を結婚させる. They were ～*d* in holy matrimony. 彼らは神聖な結婚によって結ばれた.
3〔性質など〕を合わせ持つ 〈*with* ..と〉. His daughter ～*s* beauty and [with] intelligence. 彼の娘は美しさと知性を兼ね備えている.
4 を団結させる; VOA (～ X ***against***..) ..に対して X を結束させる. the common interests that ～ the two countries その 2 国を団結させる共通の利害関係. The Finnish people were ～*d* in their resistance to the invaders. フィンランド国民は一致団結して侵略者たちに抵抗した. ～ oneself *against* the eneny 敵に対して結束する.
── 自 **1 結びつく**; 一体になる; 合併する; 化合する; 〈*with* ..と〉. Oil and water will not ～.＝Oil will not ～ *with* water. 油と水は 1 つにならない. Hydrogen and oxygen ～ to form water. 水素と酸素が化合して水になる. **2 団結する**, 力を合わせる, 協力する, 〈*in* ..において/*against* ..に対して/*behind* ..〔人〕の下に/*to* do ..するために〉. All the students ～*d in* producing the play. 全学生がその劇の上演に協力した. All these factors ～*d to* create a new political situation. これらすべての要因が一緒になって新しい政治的状況を生み出した. ◇名 union, unity
[＜ラテン語 *ūnīre*「1 つ (*ūnus*) にする」(の過去分詞)]

***u·nit·ed** /ju(:)náitəd/ 形 m **1 連合した**, 合併した. the ～ forces of the two countries 2 か国の連合軍. **2** 団結した; 一致した, 協力した, 〈*against, on, to* ..に対して/*in* ..において〉. present a ～ front against the aggressor nation 侵略国に対して共同戦線を張る. make a ～ effort 一致協力する. **3** 気持ちが一致した, 愛情で結ばれた. a ～ family 愛情のきずなに結ばれた家族. a group ～ in spirit 一心一体の集団. *United* we stand, divided we fall.〘諺〙団結すれば存続し, 分裂すれば滅ぶ. ▷ **～·ly** 副 連合して.

Unìted Áirlines 名 ユーナイテッド航空《米国の航空会社》.

Unìted Àrab Emírates 名 〈the ～〉 アラブ首長国連邦《7 つの首長国から成る; 首都 Abu Dhabi; 略 UAE》.

Unìted Àrab Repúblic 名 〈the ～〉 アラブ連合共和国《Egypt と Syria, ついで Yemen が参加して成立 (1958); のち分裂 (1961); Egypt の旧正式名; 略 UAR》.

***Unìted Kíngdom (of Grèat Británn and Nòrthern Íreland)** 名 〈the ～〉 **連合王国**《英国の正式名; 首都 London; 略 UK, U.K.; →Great Britain》.

‡**Unìted Nátions** 名 **1** 〈the ～; 単数扱い〉 **国際連合**《1945 年創立; 本部は New York 市にある; 略 UN, U.N.》. **2** 〈複数扱い〉 (第 2 次大戦中の)反枢軸連合国《1942 年のワシントン宣言署名国; 26 か国》.

Unìted Nations Univérsity 名 〈the ～〉 国連大学《本部東京; 略 UNU》.

Unìted Prèss Internátional 名 〈the ～〉 (米国の) UPI 通信社《略 UPI》.

‡**Unìted Státes (of América)** 名 〈the ～; 単数扱い〉 **アメリカ合衆国**《50 の州と首都 Washington のある the District of Columbia (略 DC) から成る; 略 US, U.S., USA, U.S.A.; →America》. ★19 世紀末までは複数扱いもあり, 現在も時に見られる.

ùnit prícing 名 U〘商〙単位価格表示《例えば魚 1 匹の値段ではなく, 100 グラム当たりの値段を示す》.

ùnit trúst 名 C〘英〙契約型投資信託(会社)《受託会社が管理する;〘米〙mutual fund》.

***u·ni·ty** /jú:nəti/ 名 (複 **-ties** /-z/) 【一つのまとまり】
1 UC **単一**, 単一性; 統一(性); まとまり, 一貫性; 統一体. the ～ of the self 自我の統一性. find ～ in variety 多様の中に統一を見いだす. a picture lacking in ～ まとまりを欠いた絵. European ～ ヨーロッパの統合.
2 U **一致**, 調和, 和合, 〈*with* ..との〉. ～ of faith 信仰の一致. Quarreling spoiled our ～. いさかいで私たちの融和が壊れた. Few of the tribes lived in ～ *with* their neighbors. それらのうち近隣の部族と仲よくしている部族はほとんどなかった. **3** U〘数〙(単位としての) 1.

U

◇動 unite [uni-, -ty[1]]

univ., Univ. university.

u·ni·va·lent /jù:nəvéilənt ㊙, ju(:)nívə-/ 形 〖化〗1価の.

úni·vàlve 〖動〗形 **1** 〔殻が〕単弁の. **2** 〔軟体動物が〕単殻の. ── 名 C 単殻軟体動物(の殻).

‡**u·ni·ver·sal** /jù:nəvə́:rs(ə)l ㊙/ 形 ⓒ 【共通の】 **1** 普遍的な, 一般的な; 一般に行われている, どこにでもある, 遍在する; (類語 森羅万象に当てはまる普遍性に重点があり, 一般性の度合いは general より高い). ～ truth 普遍的真理. a ～ rule 一般的法則. a ～ practice 世間一般の慣行. ～ stillness あたり一帯の静けさ.

2 すべての人々の, 万人(共通)の; 成員全体の, (ある集団)全員の. win ～ acceptance すべての人の承認を得る. ～ human characteristics 万人に共通の特質. There was ～ agreement as to who should represent them. だれを代表者にしようかについては全員が一致した.

【全体の】 **3** 全世界の; 宇宙の. ～ gravitation 万有引力. They are working for ～ peace. 彼らは世界平和のために尽力している.

4 【全般の】 広範囲の, 多方面にわたる; あらゆる目的にかなう, 万能の. ～ travel 世界を股(また)にかけての旅行. ～ application どんな目的にも利用[適用]できること. a ～ spanner 自在スパナ. a ～ genius 万能の天才.

5 〖論〗全称の (↔particular). a ～ proposition 全称命題.

── 名 C **1** 普遍性, 普遍的特性. **2** 〖論〗全称命題; 〖哲〗普遍概念. [universe, -al]

Univèrsal Declaràtion of Hùman Ríghts 名 〈the ～〉 世界人権宣言 《1948年に国連が行った》.

ùniversal grámmar 名 U 普遍文法.

ù·ni·vér·sal·ist 名 C **1** 知識[関心, 活動]が多方面の人. **2** 〈U-〉 普遍救済論者, ユニヴァーサリスト.

u·ni·ver·sal·i·ty /jù:nəvə:rsǽləti/ 名 U 普遍性, 一般性; 普及; 広範.

univèrsal jóint [cóupling] 名 C 〖機〗自在継ぎ手.

univèrsal lánguage 名 C 国際(補助)語; 世界共通の表現 《音楽など》.

†**ù·ni·vér·sal·ly** 副 普遍的に; 全般的に; 全員によって; 広範囲に; 全世界に. a ～ accepted fact あまねく認められている事実.

univèrsal próduct còde 名 〈the ～〉 統一商品コード 《商品の包装に印刷してある短い黒線の列で, スーパーマーケットの勘定カウンターなどではこれを光学読み取りし品物の値段などを記録する; 略 UPC; bar code の一種》.

univèrsal súffrage 名 U 普通選挙権.

univérsal tìme 名 U 世界時 《略 UT; Greenwich Mean Time に同じ; 1972年からはさらに正確を期するため universal time coordinated (協定世界時; 略 UTC) を用いている》.

‡**u·ni·verse** /jú:nəvə̀:rs/ 名 **1** 〈the ～, the U-〉 **宇宙**, 万物, 森羅万象. 参考 space は地球の大気圏外の宇宙を指す. God made the ～. 神は宇宙を創造した. The ～ seems boundless to man. 宇宙は人間には果てしないものに思える. **2** 〈the ～〉 **全世界**, (全)人類. The whole ～ will admit the truth. 全人類はその真理を是認するであろう. This is the most wicked place in the ～. 〖話〗ここはこの世で一番邪悪な所だ. **3** C (ある)宇宙, (ある)世界. one's private ～ 人の個人的世界. **4** 〖論〗議論の領域 《**the ùniverse of díscourse** とも言う》; 〖統計〗母集団. [<ラテン語「一つにされたもの, 全世界」(<uni-+*vertere* 'turn' (の過去分詞))]

U·ni·ver·si·ade /jù:nəvə́:rsiæd/ 名 ユニバーシアード 《国際学生競技大会 (World University Games) の通称》.

‡**u·ni·ver·si·ty** /jù:nəvə́:rsəti/ 名 (複 **-ties** /-z/) **1** C **大学**, 〈特に〉総合大学, (→college). go to (a) ～ 大学に行く[通う], 大学に入る, (語法 〖英〗ではしばしば無冠詞; 〖米〗では go to the ～ とも言う; 一般的には go to college). Her brother went to the *University* of California. 彼女の兄はカリフォルニア大学に通った (語法 地名, 人名に付く場合は普通, 無冠詞: Oxford [Harvard] *University*; ただし *The* Johns Hopkins *University*). His daughter is at (the) ～. 彼の娘さんは大学に行っている.

> 連結 a famous [an elite, an Ivy-League, a prestigious; an obscure; an ancient; a redbrick; a private; a public; a state] ～ // enter [attend; finish, graduate (from), leave] (a) ～

2 U 〈the ～; 単複両扱い〉 〈集合的〉 大学の学生・職員; 大学当局. **3** ㊙/ 〈形容詞的〉 大学の. a ～ professor 大学教授. a ～ man 〖旧〗大学生 (a ～ student); 大学出身者; 《男》. a ～ town 大学都市.
[<ラテン語「一つにされたもの, 全体>(学生・教職員の)共同体」; universe, -ity]

univèrsity exténsion 名 C 大学公開講座 《一般市民や勤労者のための夜間講座など》.

Univérsity Màtch 名 〈the ～〉 両大学対抗試合 《オックスフォード大学とケンブリッジ大学の間で毎年行われるラグビーの試合》.

UNIX /jú:niks/ 名 U 〖商標〗ユニックス 《米国 AT & T の Bell Labs で開発された時分割処理システム用の operating system》.

***un·just** /ʌ̀ndʒʌ́st ㊙/ 形 m **不正な**; 不当な, 不公平な; (↔just). We received very ～ treatment. 私たちはとても不当な扱いを受けた. [un-[1], just]

ùn·jús·ti·fì·a·ble ㊙/ 形 言い訳のたたない, 道理に合わない. ▷**-bly** 副

‡**ùn·jús·ti·fìed** ㊙/ 形 **1** 〔言動などが〕正当化されない, 不当な. **2** 根拠のない, いわれのない.

†**ùn·júst·ly** 副 不正に(も); 不当に(も); 不公平に(も).

un·kempt /ʌ̀nkém(p)t ㊙/ 形 **1** 〔髪が〕くしを入れない, ぼうぼうの. **2** 〔服装, 外見などが〕だらしのない, 乱れた, 〔庭などが〕荒れ放題の. [un-[1], 〖古〗*kempt* 'combed']

‡**un·kind** /ʌ̀nkáind ㊙/ 形 e, m **1** **不親切な**, 不人情な, 思いやりのない, 冷酷な, 〈*to* ..に対して〉 (↔kind). Mrs. Jones was very ～ *to* us. ジョーンズ夫人は私たちに対して大変不親切であった. What an ～ thing to say! なんて薄情な言葉でしょう. It is very ～ of you to say so. そんなことを言うなんてあなたはひどい. **2** 〖章〗〔天気などが〕悪い, 不愉快な, ひどい. ～ weather ひどい天候. [un-[1], kind[1]]

ùn·kínd·ly 副 不親切に, 不人情に; 悪意をもって. He took my remark ～. 彼は私の言葉を悪くとった.
── 形 〖古〗不親切な; 荒々しい〔気候など〕; 不毛な〔土地など〕.

ùn·kínd·ness 名 U 不親切, 不人情; C 不親切な行為[態度].

ùn·knów·a·ble ㊙/ 形 知ることのできない.

ùn·knów·ing ㊙/ 形 〖主に雅〗知らない, 気づかない. an ～ trespasser それと知らずに侵入した人.
▷ **～·ly** 副 それと知らずに, 気づかずに; 知らない間に.

‡**un·known** /ʌ̀nnóun ㊙/ 形 ⓒ **知られていない**, 未知の, 〈*to* ..に〉; 不明の, 無名の. an ～ region 人に知られていない地域. an ～ face 見知らぬ顔. an ～ actress 無名の女優. This hot spring is ～ *to* many people. この温泉はあまり人に知られていない.

unknówn to .. 〔人〕に知られずに. *Unknown to* her husband, she bought the mink coat. 夫の知らないうちに彼女はそのミンクのコートを買った.

── 名 C **1** 〈しばしば the ～〉 未知の物[事], 未知の世界. **2** 未知[無名]の人. **3** 〖数〗未知数.
[un-[1], known]

ùnknown quántity [名][C] **1**〘数〙未知数. **2** 未知数の人[物], 真価の分からない人[物].

ùnknown sóldier [wárrior] [名]〈the ～〉無名戦士《世界大戦で戦死した無名戦士の記念碑として英国では London の Westminster Abbey に the Tomb of the *Unknown Warrior* が, 米国では Washington, D. C. 近くの Arlington National Cemetery に the Tomb of the *Unknown Soldier* がある》.

ùn·láce [動][他]〔靴などの〕ひもを解く, ゆるめる.

ùn·láde [動] (→lade) [他]〔船などの〕荷を降ろす.

ùn·látch [動][他] の掛け金[締め金]をはずす.

†**un·law·ful** /ʌ̀nlɔ́ːf(ə)l [移]/ [形] 違法の, 非合法の. ▷**～·ly** [副] 非合法に. **～·ness** [名]

‡**un·lead·ed** /ʌ̀nlédəd [移]/ [形]〔ガソリンなどが〕無鉛の.

ùn·léarn [動] (→learn) [他]〔知っていること, 学んだことなど〕を忘れる, 念頭から除く (★積極的に再学習する場合にも用いる).

un·learn·ed /ʌ̀nlə́ːrnəd, 2 では -lə́ːrnt, -nd [移]/ [形] **1** 無学の, 無教育の. the ～ 無学の人たち. **2** 習っていない; 習わないで知っている, 生得の. an ～ habit 自然に身についた習慣. [un-¹, learned]

un·learnt /ʌ̀nlə́ːrnt/ [動] unlearn の過去形・過去分詞. **——** [形] ＝unlearned 2.

‡**ùn·léash** [動][他] **1**〔犬など〕の革ひもを解く; を解放する. **2**〔抑えていた感情など〕を発散させる,〔攻撃など〕を加える,〈*on, upon, against* ..に対して〉. ～ one's anger 怒りを爆発させる.

un·leav·ened /ʌ̀nlév(ə)nd [移]/ [形] **1** パン種を入れてない《こうして焼いたパンはふくらまず, 平たく固い》. **2** 新味のない, 旧態依然とした.

‡**un·less** /ənlés/ [接] **もし..でなければ, ..する時以外は, ..でない限り,** (if..not; except when). *Unless* it rains, Amanda will come. 雨が降らなければアマンダは来るでしょう. You can never know children ～ you love them. 子供が好きでない限り子供を理解することは決してできない. I don't use taxis ～ (it is) absolutely necessary. 私は絶対必要な時以外はタクシーを使わない. All the books in this list were published in London ～ stated otherwise. 特にどこどこと断ってない限りこの表の本はすべてロンドンで出版されたものである.

> [語法] (1) 最後の 2 例のように unless 節中の主語と動詞(普通 be 動詞)はしばしば省かれる.
> (2) I won't phone you, unless something unforeseen happens. (予期せぬ事態が起こらないかぎり, 電話はしません)では予期しないことは起こるとは思っていないことを含意する. unless は〈..の場合を除いては〉を表すのが普通.
> (3) unless 節中には仮定法を用いることはまれ. たとえば, If he had not helped me... の意味で *Unless* he had helped me.. とは普通は言わない.
> (4) if..not, unless のどちらも使える場合もある: *If* you do *not* work harder, you will fail your exams.＝You will fail your exams *unless* you work harder.

[＜中期英語 *on lesse* (*than* ..) 'on less'「(..より)低い状況では」; 後に on が un-¹ に変わり 1 語となった]

ùn·lét·tered /[移]/ [形]〘章〙無教育の; 無学な, 読み書きのできない; (↔lettered).

ùn·lí·censed /[移]/ [形] **1** 無免許の; 無認可の. **2** 抑えられない, 抑制されない.

‡**un·like** /ʌ̀nláik [移]/ [形][m]〈叙述〉**似ていない**, 同じでない, 異なった. The two brothers are ⌊as ～ as possible [～ in every way]. その 2 人の兄弟は似ても似つかない[1 から 10 まで似ていない]. ～ signs 異符号《＋と－》.

—— [前] **1 ..と似ない(で)**, ..と違って (different from). *Unlike* his brother Frank, Bob is shy. 兄のフランクと違ってボブは恥ずかしがり屋だ. The taste is not ～ that of curry powder. 味はカレー粉の味に似ていなくはない. [語法] *Unlike* many children's books, the characters are realistic. (大方の児童書と違って, 登場人物はリアルである)のような文は,「本」と「(登場)人物」を比べているので, *Unlike* those in many children's books (子供の本の人物)にすべきとされているが, 実際にはこの形も用いられている. **2** ..らしくなく. It's (most [quite, very]) ～ him to get so angry. あんなに怒るなんて(まったく)彼らしくない.

[un-¹, like²] ▷**～·ness** [名][U] 似ていないこと.

***un·like·ly** /ʌ̀nláikli [移]/ [形][m], [e] (**-li·er**|**-li·est**)
1 ありそうもない; ..しそうもない〈*to* do〉; (↔likely). an ～ situation ありそうもない状況. in the ～ event of .. 万が一..の場合には. It is ～ that he told a lie. 彼がうそをついたとは思えない. They are ～ *to* come today.＝It is ～ (that) they will come today. 彼らは今日は来そうもない. Help came from an ～ quarter. 助けは思いがけない方面から来た. What an ～ pair! 何と不似合いのカップルだ.
2 成功しそうもない, 見込みがない. an ～ candidate 当選見込み薄の候補者. A victory is ～ but not impossible. 勝利はおぼつかないが不可能ではない.
[un-¹, likely]
▷**un·like·li·ness, un·like·li·hood** /-hùd/ [名][U] ありそうもないこと.

un·lim·ber /ʌ̀nlímbər/ [動][他] **1**〔砲〕の前車を取りはずす, の発砲準備をする. **2** を(行動に備えて)準備する.

***un·lim·it·ed** /ʌ̀nlímətəd [移]/ [形][m] **1 限りない**, 無限の, 果てしない; 絶大な. ～ wealth 莫(ばく)大な富. ～ knowledge 膨大な知識. Our time is not ～. 我々の時間は無制限ではない. **2 制限されない**, 無条件の. ～ liability〘商〙無限責任. [un-¹, limited] ▷**～·ly** [副]

ùn·líned /[移]/ [形] **1**〔衣服が〕裏地のない. **2**〔紙などが〕線を引いていない, 罫(けい)のない.

ùn·líst·ed /-əd [移]/ [形] **1** リストに載っていない;〘主に米〙電話帳に載っていない (〘英〙ex-directory). an ～ telephone number 電話帳に載っていない電話番号. **2**〘経〙〔株式が〕上場されていない, 非上場の.

ùn·lít /[移]/ [形] **1**〔火, たばこなどが〕火をつけられていない, 点火されてない. **2**〔街, 建物などが〕明かりがついていない.

***ùn·lóad** [動] (**～s** /-dz/|[過][過分] **～ed** /-əd/|**～·ing**) [他]
1〔船, 車など〕**の荷を降ろす**,〔倉庫〕の荷を始末する;〔積み荷, 乗客など〕を降ろす〈*from, off* ..から〉. ～ a ship 船の荷を降ろす. ～ cargo 積み荷を降ろす. **2**〔心の重荷〕を降ろす,〔不快なもの〕を取り除く;〔悩みなど〕を打ち明ける〈*to*..に〉;〔厄介事など〕を押し付ける,〔粗悪品など〕を売りさばく,〈*on, onto* ..に〉. ～ responsibilities 責任の重荷を降ろす. He had no one *to* whom he could ～ his anxieties. 彼には心配事を打ち明けられるような人がいなかった. They ～*ed* their problem *on* me. 彼らは自分たちの問題を私に押し付けた. **3**〔銃砲〕から弾丸を抜き取る,〔カメラ〕からフィルムを抜き取る. He ～*ed* his gun. 彼は銃から弾丸を抜き取った. **4**〔株など〕を(大量に)売り払う.
—— [自] **1**〔船, 車, 人が〕荷降ろしをする. **2** 弾丸[フィルムなど]を抜き取る. [un-², load]

***ùn·lóck** [動] (**～s** /-s/|[過][過分] **～ed** /-t/|**～·ing**) [他]
1〔戸など〕の**錠をはずす**[開ける], を開ける; をゆるめる. ～ a door [box] ドア[箱]の錠をはずす. He ～*ed* his grip on the handle. 彼はハンドルを強く握っていたのをゆるめた.
2〔隠されていたものなど〕を明るみに出す, 解く;〔秘密など〕を打ち明ける, 漏らす. ～ the secrets of space 宇宙の神秘を明らかにする.
—— [自] 錠が開く. The door ～*s* easily. ドアは簡単に開く. [un-², lock]

ùn·lóoked-fòr /-lúkt-/ [形]〘主に雅〙予期しない, 思

U

いがけない, 意外な. 「(→un- 2 語法 (1)).

ùn·lóose 動 他 《主に雅》を解く, ゆるめる; を解放する;↑

ùn·lóos·en 動 他 =loosen.

ùn·lóv·a·ble /移/ 形 愛されそうもない, 魅力がない.

ùn·lóved /移/ 形 愛されていない.

ùn·lóve·ly /移/ 形 かわいくない, 魅力がない. 「い.

ùn·lóv·ing /移/ 形 愛情がない, (愛すべきなのに)愛さな↑

ùn·lúck·i·ly 副 不運にも, あいにく, 不幸にも. ～ *for* her 彼女⌞には不運だが[にとって不運なことに]. He wanted to buy the book, but ～ he did not have money enough to pay for it. 彼はその本を買いたかったが, あいにく代金を支払うだけの金を持ち合わせていなかった.

‡**un·luck·y** /ʌnlʌ́ki 移/ 形 e (**-luck·i·er**|**-luck·i·est**) **1 不運な**; 不幸な; うまくいかない; 〈*in, at* ..に関して〉. an ～ man 運の悪い男. Lucky *at* cards, ～ *in* love. 《諺》トランプでは幸運, 恋愛では不運. Last year he was ～ *in* everything. 昨年は彼は何をしてもついてなかった. I was ～ enough to lose the bet. 私は運悪く賭(か)けに負けた.

2 不吉な, 縁起の悪い. He was born under an ～ star. 彼は悪い星のもとに生まれた. Some people believe that thirteen is an ～ number. 13は不吉な数だと思っている人もいる.

3 時期の悪い, あいにくの. ～ weather あいにくの天候. ～ circumstances あいにくの事情. in an ～ hour 折悪しく. [un-[1], lucky]

ùn·máde /移/ 形 **1** (まだ)造られていない, でき上がっていない; 〔評判が〕落ちた. **2** 〔特にベッドが〕(まだ)整えられていない.

ùn·mán 動 (～s|-nn-) 他 **1** 《雅》の勇気をなくさせる, を意気地なくする. **2** 〔船などから〕乗組員を奪う. [un-[2], man]

ùn·mán·age·a·ble /移/ 形 (大きすぎて)取り扱いにくい; 御しがたい, 手に余る〔子供など〕.

ùn·mán·ly /移/ 形 男らしくない, めめしい, 臆(おく)病な. [un-[1], manly]

ùn·mánned /移/ 形 〔飛行機, 宇宙船などが〕(自動操縦で)乗組員なしの; 〔駅などが〕無人の.

ùn·mán·ner·ly /移/ 形 《章》無作法な, ぶしつけな.

ùn·márked /-t 移/ 形 **1** 印のない. an ～ police car 覆面パトカー. **2** 注目されない. **3** 《スポーツ》マークされていない. **4** 《言》無標の.

***un·mar·ried** /ʌnmǽrid 移/ 形 C **未婚の**, 独身の, (↔married). an ～ mother 未婚の母. an ～ couple 同棲(どうせい)している2人. [un-[1], married]

ùn·másk 動 他 の仮面を取り去る[はぐ]; の正体を暴露する. ～ hypocrisy 偽善の仮面をはぐ.

── 自 **1** 仮面を脱ぐ. **2** 正体を現す.

ùn·mátched /-t 移/ 形 **1** 他に並ぶものがない, 無比の. He remains ～ as a chess player. 彼はチェスの指し手としては依然として無敵だ. **2** 不揃(ぞろ)いの.

ùn·méan·ing /移/ 形 無意味な, くだらない.

ùn·méas·ured /移/ 形 限りがない, 無限の; 計り知れない. 「ため)口にすべきでない.

ùn·mén·tion·a·ble /移/ 形 口に出せない; (下品な↑

ùn·mén·tion·a·bles 名 〈複数扱い〉《婉曲》《古・戯》下着 (underclothes); ズボン (trousers).

ùn·mér·ci·ful /移/ 形 無慈悲な, 無情な, 残酷な. ▷～**ly** 副 「されない.

ùn·mét 形 〔ノルマ, 要求などが〕満たされていない; 達成↑

ùn·mínd·ful /移/ 形 《章》〈叙述〉心に留めない 〈*of* ..を〉; 不注意な; 気うかない, むとんじゃくな; 〈*of* ..に〉. be ～ *of* one's health. 健康にむとんじゃくである.

ùn·míss·a·ble 形 〔映画などが〕見逃すことのできない, 必見の; 見過ごしにできない.

†**ùn·mis·ták·a·ble** /移/ 形 間違えようのない, 明白な, 紛れもない. in the ～ voice of my father 紛れもなく私の父の声で. ▷**-bly** 副 間違いなく, 明らかに.

ùn·mít·i·gàt·ed /-əd 移/ 形 〈限定〉 **1** 和らげられない, 軽減されない. long years of ～ suffering 苦痛が少しも軽くならないで続く長い年月. **2** 全くの, 紛れもない; 救いようのない. an ～ fool 全くのばか.

ùn·míxed /-t 移/ 形 混じり気のない, 純粋な.

ùn·mo·lést·ed /-əd 移/ 形 じゃまされていない, 悩まされていない. In the park, squirrels roamed ～. 公園ではリスが悠々と遊んでいた.

ùn·móor 動 他 のともうなをとく, の錨(いかり)を上げる.

ùn·mór·al /移/ 形 道徳と無関係な, 超道徳的な, (amoral; →immoral).

‡**ùn·móved** /移/ 形 〈叙述〉 **1** 情けを知らない, 哀れみのない. **2** 物に動じない, 無感動な; 冷静な, 平然とした. Her husband was ～ by her tears. 夫は彼女の涙に心を動かされなかった.

ùn·mú·si·cal /移/ 形 **1** 〔人が〕音楽が分からない[下手な]. **2** 非音楽的な, 耳障(ざわ)りな.

ùn·múz·zle 動 他 **1** 〔犬など〕の口輪をはずす. **2** に言論の自由を与える.

‡**ùn·námed** /移/ 形 **1** 名前が明らかにされない; 無名の. **2** 〔感情などが〕はっきり(何だと)言えない.

***un·nat·u·ral** /ʌnnǽtʃ(ə)rəl 移/ 形 m

【自然に反する】 **1** (**a**) **不自然な**, 普通でない, 異常な, (↔natural). die an ～ death 異常な死に方をする. There is something ～ about his leaving so suddenly. 彼があれほど突然にいなくなったのには何か不自然なところがある. His son has an ～ fondness for raw carrots. 彼の息子は生のニンジンが異常に好きだ. (**b**) 〔髪などが〕染めた.

2 わざとらしい, 気取った. his ～ manner 彼のわざとらしい態度. I don't like the model's ～ way of walking. そのモデルの気取った歩き方は好きではない.

【人情にそむく】 **3** 人道に反する, 不人情な; 残忍な. His brutality toward the children was ～. 子供たちに対する彼の虐待は人道に反するものであった. They regarded him as an ～ fiend. 彼らは彼を残忍酷薄な人だと思った. [un-[1], natural]

ùn·nát·u·ral·ly 副 不自然に[なほど], 異常に; わざとらしく; 人情にそむいて. an ～ partial witness 異常に片方に味方した証人. He spoke, not ～, in favor of his uncle's proposal. 彼は自分のおじの提案に賛成演説をしたが, それも無理はない.

†**un·nec·es·sar·i·ly** /ʌ̀nnèsəsérəli|ʌnnésəs(ə)r-, ʌ̀nnèsəsér-/ 副 必要以上に, いたずらに. This book is ～ difficult (=more difficult than is necessary). この本は不必要に難しい《もっとやさしく書けるはずだ》.

‡**un·nec·es·sar·y** /ʌ̀nnésəsèri|-s(ə)ri 移/ 形 C **不必要な**, 余計な. ～ worry 無用の心配. go to ～ expense 無駄な出費をする. It is ～ for us to go there today. 私たちが今日あそこへ行く必要はない. [un-[1], necessary]

‡**ùn·nérve** 動 他 の気力をそぐ, 勇気[決断力]を失わせる; をびっくりさせる. ▷**un·nerv·ing** 形

†**ùn·nó·ticed** /-t 移/ 形 〈叙述〉注目されないで; 気うかれないで. go ～ 気うかれないままである. His mistake passed ～. 彼の間違いは見落とされた.

ùn·núm·bered /移/ 形 **1** 《主に雅》数え切れない, 無数の. **2** 番号の付いてない.

UNO /júːnou/ United Nations Organization (国際連合機構)《UN の古い呼称》.

ùn·ob·sérved /移/ 形 観察されない, 注意されない, 気うかれない; 〔規則などが〕守られない.

ùn·ob·táin·a·ble /移/ 形 手に入らない, 入手不能の.

‡**ùn·ob·trú·sive** /移/ 形 でしゃばらない, 控え目の, 目立たない, 静かな. ▷～**ly** 副 ～**ness** 名

U

†**ùn·óc·cu·pìed** /㊙/ 形 **1**〔部屋, 土地などが〕ふさがっていない, 空いている, (類語 人が使っていないことに重点がある; →empty, vacant). an ～ park bench だれも座っていない公園のベンチ. an ～ post 空席(の役職). **2** 仕事のない, 手のすいている. an ～ hour 何もすることのない1時間. **3** 占領されていない.

†**ùn·of·fí·cial** /㊙/ 形 **1** 非公式の, 私的な. an ～ offer 非公式の提案. an ～ strike 〖英〗(組合が認めない)非公式ストライキ, 山猫スト, (wildcat strike). **2** 非公認の; 未確認の. ▷ **～·ly** 副 非公式に, 私的に.

ùn·ó·pened /㊙/ 形 開かれていない, 封を切っていない; 〔本の〕ページが切ってない (→uncut 参考).

ùn·ór·gan·ìzed /㊙/ 形 **1** 組織[整理]されていない, 未組織の, 未整理の. **2**〔労働者などが〕組織化されていない, 労働組合に加入していない.

†**ùn·ór·tho·dòx** /㊙/ 形 正統でない, 異端の; 異端的な; 型破りの.

†**ùn·páck** 動 他 **1**〔包み, 荷〕を解く, あける; から荷を降ろす. ～ a trunk トランクをあける. ～ a cart 2 輪荷馬車から荷を降ろす. **2**〔荷物を解いて〕を取り出す. ～ one's clothes 荷を解いて衣服を取り出す. **3** を分析する.
── 自 荷を解く.

***ùn·páid** /㊙/ 形 Ⓒ **1** 未払いの, 未納の. an ～ bill 未払いの請求書. **2** 無給の, 無報酬の. ～ work 無報酬の仕事. [un-[1], paid]

ùn·pál·at·a·ble /㊙/ 形〖章〗**1**〔食物が〕まずい, 口に合わない. **2**〔提案などが〕不快な, 受け入れ難い.

†**ùn·pár·al·lèled** /㊙/ 形〖章〗並ぶもののない, 無類の.

ùn·pár·don·a·ble /㊙/ 形〖章〗許せない. an ～ sin 許し難い罪.

ùn·pàr·lia·mén·ta·ry /㊙/ 形 議院の慣例に反する; 〔言動が〕議院内で許されない.

ùn·pa·tri·ót·ic /㊙/ 形 愛国心のない, 非愛国的な.

un·péel 動 他 の皮をむく. ～ a banana バナナの皮をむく. [un-[2], peel (名)]

un·péeled 形 皮をむいていない. [un-[1], peeled]

un·péople 動 他 の住民を絶やす[激減させる] (depopulate).

un·per·son /ˊ--, ˋ-ˊ-/ 名 Ⓒ 存在を全く無視された人, 過去の人, 〈特に〉失脚した政治家.

ùn·per·túrbed 形 泰然自若としている.

ùn·píck 動 他 **1**〔縫ったものなど〕をほどく. **2** のあらを(徹底的に)探す.

ùn·pín 動 (～s|-nn-) 他 からピン[留め針]を抜く, (ピンを抜いて)をほどく, ゆるめる.

ùn·pláced /-t㊙/ 形 **1** 場所が与えられない, 居場所がない. **2** (競馬, 競技などで3位以内に)入賞しない, 着外の.

ùn·pláy·a·ble /㊙/ 形 **1**〔音楽が〕(難しくて)演奏困難な. **2**〔ボールが〕(速くて)とても打ち返せない, 打てない. **3**〔グラウンドが〕競技に適さない.

***un·pleas·ant** /ʌnpléz(ə)nt ㊙/ 形 Ⓜ **1** 不愉快な, いやな, (↔pleasant). This has been one of the most ～ days of my life. 今日は私の生涯のうちでもっとも不愉快な日の1つだった. an ～ experience いやな経験. speak in an ～ way 不快な話し方をする.
2〔人が〕意地悪な, 不親切な, 〈*to*, *with* ..に〉. I found my roommate very ～ when I asked for his help. 私はルームメイトに助けを求めた時彼が非常に意地悪だということが分かった. make oneself ～ *to* a person 人に意地悪をする.
[un-[1], pleasant] ▷ **～·ly** 副 不愉快に.

ùn·pléas·ant·ness 名 **1** Ⓤ 不愉快, 不快. I felt some strong ～ at the meeting. その会ではある種の強い不快感を感じた. **2** Ⓒ 不愉快なこと; 不和, 仲たがい, いざこざ. I had a trivial ～ with my neighbor. 隣人との間でつまらないいざこざがあった.

ùn·plúg 動 (～s|-gg-) 他 **1**〔電気器具〕のプラグ[差し込み]を抜く. Could you ～ the TV? テレビのコンセントを抜いてくれますか. **2** の障害物を取り除く.

ùn·plúgged 形 (ミュージシャンなどが)アンプを使わない.

un·plumbed /ʌnplʌ́md ㊙/ 形 深さが計り知れない; 底知れない, よく分からない.

ùn·pol·lút·ed /-əd ㊙/ 形 汚染されていない; 汚されない.

***un·pop·u·lar** /ʌnpɑ́pjələr|-pɔ́p- ㊙/ 形 Ⓜ 人気がない, 評判が悪い, 〈*with*, *among* ..に〉; はやらない. an ～ politician 人気のない政治家. The song is deeply ～ *with* young people. その歌は若い人たちにはまるで人気がない. The management's decision was ～ *among* the workers. 経営者側の決定は労働者たちの間では不評だった. [un-[1], popular]

un·pop·u·lar·i·ty /ʌnpɑ̀pjəlǽrəti|-pɔ̀p-/ 名 Ⓤ 不人気, 評判の悪さ.

ùn·prác·ticed〖米〗, **-tised**〖英〗/-t ㊙/ 形 経験に乏しい, 未熟な, 〔手つきなどが〕慣れない. an ～ typist 下手なタイピスト. with ～ hands 慣れない手つきで.

†**un·prec·e·dent·ed** /ʌnprésədèntəd|-dənt- ㊙/ 形 先例のない, 空前の. an ～ event [success] これまでにない出来事[成功]. ▷ **～·ly** 副

ùn·pre·díct·a·ble /㊙/ 形 予測できない, 予言できない, (人の)意表をつく; 〔人が〕何をしでかすか分からない. ▷**-bly** 副 **ùn·pre·dìct·a·bíl·i·ty** 名

ùn·préj·u·diced /-t ㊙/ 形 偏見のない, 先入観のない, 公平な.

ùn·pre·méd·i·tat·ed /-əd ㊙/ 形 あらかじめ考えていない, 前もって計画しない, 故意でない; その場の. ～ homicide 過失致死(罪).

‡**ùn·pre·páred** /㊙/ 形 **1** 準備をしてない, 用意不十分の; 即座の. Dinner is still ～. 食事の用意はまだできていない. an ～ speech 即席のスピーチ.
2 準備[覚悟]ができていない 〈*for* ..の/*to* do ..する〉. I was ～ *for* the next lecture. 私はその次の講義の準備ができていなかった. I was ～ *for* the news [*to* see you]. 私はその知らせを[あなたに会おうとは]予期していなかった. catch a person ～ 人の不意を打つ.

ùn·prè·pos·séss·ing /㊙/ 形〖章〗魅力的でない, 見た目に悪い, ぱっとしない.

‡**ùn·pre·tén·tious** /㊙/ 形 見えをはらない, もったいぶらない; 控え目の. ▷ **～·ly** 副 **～·ness** 名

ùn·prín·ci·pled /㊙/ 形〖章〗〔人, 行為が〕無節操な; 道徳心を欠いた.

ùn·prínt·a·ble /㊙/ 形〔文章, 絵画などが〕印刷[出版]に適さない, 印刷できない.

‡**ùn·pro·dúc·tive** /㊙/ 形 生産力のない; 非生産的な; 収益のない; 生じない 〈*of* ..を〉. an ～ argument 非生産的な議論. an ～ week 仕事をしない一週間.

ùn·pro·fés·sion·al /㊙/ 形〖軽蔑〗**1**〔行為などが〕職業倫理[習慣]に反する, 専門家にふさわしくない. **2** 専門家でない, 素人の; 専門[本職]外の, 素人くさい.
▷ **～·ly** 副

†**ùn·próf·it·a·ble** /㊙/ 形 利益にならない; 無駄な.

ùn·prómpt·ed /-əd/ 形 他からの要請[示唆]によらない, 自発的な.

ùn·pro·nóunce·a·ble 形〔語, 名前などが〕(難しくて)発音できない.

ùn·pro·téct·ed /-əd/ 形 保護されていない; 無防備の. ～ sex コンドームを付けないセックス.

ùn·pro·víd·ed /-əd ㊙/ 形〖章〗〈主に叙述〉資金などが供給されないで; 暮らしにこと欠いて; 〈*for* を伴って〉. She was left ～ *for*. 彼女は暮らしにこと欠く状態で取り残された.

ùn·pro·vóked /-t ㊙/ 形 挑発[刺激, 扇動]されたのではない. an ～ attack いわれのない攻撃.

‡**ùn·púb·lished** /-t ㊙/ 形 未出版の, 未(公)刊の.

ùn·pún·ished /-t ㊙/ 形〈叙述〉罰せられないで. go ～ 罰せられないで済む.

U

ùn·put·dówn·a·ble /㊥/ 形 〖主に英話〗〔本が〕面白くてやめられない.

‡**ùn·quál·i·fied** /㊥/ 形 **1** 無資格の; 資格がない〈*as* ..の〉, 不適任な〈*for* ..に〉; 資格がない〈*to* do ..する〉. an ～ teacher 無資格の教師. He was obviously ～ *for* the job. 彼は明らかにその仕事に不適任であった. I am totally ～ *to* judge wines. 私にはワイン(のよしあし)を判定する資格が全くない. **2** 制限のない, 無条件の; 絶対的な. ～ support [approval] 無条件の援助[賛成]. an ～ success 文句なしの成功.

ùn·quénch·a·ble /㊥/ 形 消せない, 抑えられない. an ～ fire 消せない火. an ～ thirst for knowledge 抑えきれない知識欲.

†**ùn·qués·tion·a·ble** /㊥/ 形 疑いの余地のない, 全く確かな. ～ honesty 疑いのない正直さ. a man of ～ character 文句なしに立派な人格の男性.

ùnquéstionably 副 間違いなく. ～ the best dancer in the club クラブ中で疑いなく最良の踊り手.

ùn·qués·tioned /㊥/ 形 **1** (当然のこととして)受け入れられている, 問題視[疑問視]されない; 間違いない, 明白な, 紛れもない, (どこから見ても)文句なしの. the ～ hero of the game その試合の紛れもないヒーロー[殊勲者]. **2** 取り調べられない, 審査されない.

ùn·qués·tion·ing /㊥/ 形 疑わない, 信頼しきった. ～ acceptance 黙って受け入れること. ～ obedience 絶対的な服従. ▷ **～·ly** 副

ùn·quí·et /㊥/ 形 〖雅〗〈普通, 限定〉 **1** 動揺している, 不穏な. ～ times 不穏な時代. **2** 〔人, 心などが〕不安な; 落ち着かない. ～ slumbers 安らか[穏やか]ならざる眠り.

ùn·quóte 動 自 引用(文)を終わる (★電文朗読や口述する時, また口頭で伝える時, quote と相関的に用いる; 書かれた文では“..”が使われているが, それを読む時にそれぞれ quote, unquote と発音する). The president said, (*quote*) the negotiations are concluded, (～). 社長は言った―(かっこ開く)―交渉はまとまった―(かっこ閉じる). →quote 自.

‡**un·rav·el** /ʌnrǽv(ə)l/ 動 (～s|〖英〗-ll-) 他 **1** 〔もつれた糸, 編物など〕をほどく, 解く. ～ a sweater セーターをほどく. **2** 〔事態など〕のもつれを解く, 〔難問など〕を解決する. ～ a mystery なぞを解く. **3** 〔計画など〕を駄目にする, 〔まとまったもの〕を分裂[分解]させる.

── 自 **1** 〔もつれが〕解ける, ほどける; 解明される, 明らかになる. **2** 〔計画などが〕駄目になる; 〔まとまったものが〕分裂[分解]する.

ùn·ráv·el·ing 〖米〗, **-rav·el·ling** 〖英〗 形 悪化しつつある.

un·read /ʌnréd ㊥/ 形 **1** 〔書物などが〕(まだ)読まれていない. **2** 〔人が〕(あまり)本を読まない; 教育がない, 無知の; (→well-read).

ùn·réad·a·ble /㊥/ 形 **1** 〖軽蔑〗(つまらなくて)読むに堪えない, (難しくて)読みこなせない. **2** 読めない, 判読できない (illegible). ▷ **-bly** 副

ùn·réad·y 形 **1** 〈叙述〉用意[準備]ができていない. **2** 敏活でない, 手早くない.

†**un·re·al** /ʌnrí(ː)əl, -ríːl ㊥/ 形 **1** 現実のものでない, 実在しない, 架空の; 非現実的な. an ～ world 想像上の世界. **2** 人為[人工]的な; 偽の, 見せかけの. **3** 〖話〗(驚くほど)すばらしい.

‡**ùn·re·al·ís·tic** /㊥/ 形 非現実主義の; 非現実的な〔計画など〕. ▷ **un·re·al·is·ti·cal·ly** /-k(ə)li/ 副 非現実的に.

ùn·re·ál·i·ty /ʌnriǽləti/ 名 (複 -ties) **1** Ⓤ 非現実(性). **2** Ⓒ 実在しないもの.

***un·rea·son·a·ble** /ʌnríːz(ə)nəb(ə)l ㊥/ 形 ⓜ **1** 〔人が〕道理をわきまえない, **無分別な**. Don't be ～! 聞き分けのないことを言わないで. **2** 〔要求などが〕合理的でない, **無理な**, (類語「度を越す」,「図に乗る」という点で思慮分別が足りないという意味; →irrational). The union made ～ demands. 組合は不当な要求をした. **3** 〔価格, 費用などが〕不当な, 法外な. The cost is more than just expensive; it is ～. その費用は高いというだけではない, 法外である.

[un-[1], reasonable] ▷ **～·ness** 名

ùn·réa·son·a·bly 副 無分別に; 不合理に; 不当に; 法外に; 〈文修飾〉不合理にも. Not ～, Sally refused his offer of assistance. サリーが彼の援助の申し出を断ったのも理屈に合わないことではない.

un·rea·son·ing /ʌnríːz(ə)niŋ ㊥/ 形 〖章〗理性を働かさない; 思慮のない; 不条理な. be roused to ～ fury 前後の見境もつかないほどの憤怒に駆られる.

ùn·réc·og·nìz·a·ble /㊥/ 形 見分け[識別]がつかない. ▷ **-bly** 副 見分けがつかないほど(に).

ùn·réc·og·nìzed /㊥/ 形 **1** (十分に)認識されていない; 〔価値などが〕(十分に)認められない, 評価されない. go ～ 見逃される. **2** 〈叙述〉〔人が〕(だれだと)見分けられない. He remained ～ by many people at the party. そのパーティーで彼は多くの人にだれだと知られないままだった.

ùn·rè·con·strúct·ed 形 〖しばしば戯〗〔思想, 人などが〕前近代的な, 時代がかった.

ùn·re·córd·ed /-əd ㊥/ 形 記録[録音]されていない, 記録に載っていない.

ùn·réel 動 他, 自 〔糸, ホースなど〕をリールから出す[ほどく]; 〔糸, ホースなどが〕リールから出る.

ùn·re·fíned /㊥/ 形 **1** 〔食品などが〕精製されていない. **2** 〔人が〕上品でない, 洗練されていない, がさつな.

ùn·re·fléct·ing /㊥/ 形 反省しない; 思慮のない.

ùn·re·gen·er·ate /ʌnridʒén(ə)rət ㊥/ 形 **1** (精神的, 道徳的に)生まれ変わっていない, 更生していない. an ～ sinner 悔い改めぬ罪人(つみびと). **2** 古い考えが変えられない. an ～ reactionary こちこちの反動主義者.

‡**ùn·re·lát·ed** /-əd ㊥/ 形 関係[関連]がない.

‡**ùn·re·lént·ing** /㊥/ 形 **1** 容赦しない; (相変わらず)無情な, 厳しい. He's ～ in handling his men. 彼は部下を扱うのに容赦しない. **2** 終始変わらない; 依然として手をゆるめない, たゆまない. be under ～ mental pressure 絶え間なく精神的圧迫を受ける.

▷ **～·ly** 副 容赦なく; たゆまなく.

‡**ùn·re·lí·a·ble** /㊥/ 形 信頼できない; 頼みにならない; 無責任な. a piece of news from an ～ source 信頼できない筋からの情報. ▷ **-bly** 副

ùn·re·líeved /㊥/ 形 〔悪い状態が〕変化のない, 単調な; 徹頭徹尾の, 全くの. ～ boredom 全くの退屈. a play of ～ dullness 面白い所の1つもない芝居.

▷ **～·ly** /-vədli/ 副 徹底して, 一貫して.

ùn·re·márked /-t ㊥/ 形 〈普通, 叙述〉気づかれない(で), 注目されない(で). His mistake went ～. 彼の間違いは気づかれなかった. She entered the room ～. 彼女はだれにも気づかれないで部屋に入った.

ùn·re·mít·ting /㊥/ 形 〖章〗休むことのない, 絶え間ない; 根気のいい, 辛抱強い. ～ efforts 絶え間ない努力. The scientist is ～ in conducting his experiments. その科学者は辛抱強く実験を行っている.

▷ **～·ly** 副 絶え間なく; 根気よく.

ùn·re·péat·a·ble /㊥/ 形 **1** 再び繰り返せない, 又とない. ～ prices もう二度とない安値. **2** 〔言葉が〕あまりにも下品で再び口に出せない.

ùn·re·pént·ant 形 後悔していない; 悔いを改めないで〔死ぬなど〕.

ùn·rèp·re·sént·a·tive /㊥/ 形 代表していない, 典型的でない.

ùn·re·quít·ed /-əd ㊥/ 形 〖章〗報われない〔愛情など〕. ～ love 片思い.

ùn·re·sérved /㊥/ 形 **1** 遠慮のない, 率直な. He is ～ in manner. 彼は態度が率直である. **2** 〖章〗制限のない, 無条件の, 全面的な. express one's ～ approval 全面的に賛成であると言う. **3** 〔席などが〕予約してない.

ùn·re·sérv·ed·ly /-ədli/ 副 **1** 遠慮なく, 率直に. **2**

U

無制限に, 全面的に. 「である; 〈*to* ..に対して〉.
ùn·res·pón·sive /㊙/ 形 〖軽蔑〗敏感でない; 鈍感↑
†**ùn·rést** 名 Ⓤ 社会的不安, 不穏な状勢; (精神的な)動揺, 不安. industrial ～ 産業不安. produce political ～ 政治的動揺を招く[生む]. This public ～ may lead to violence. この大衆の不穏な動きは暴動に発展するかもしれない.

連結 social [civil, popular; ethnic, racial; widespread] ～ // stir up [foment; excite, spark] ～

ùn·re·stráined /㊙/ 形 抑制されない; 抑えられない; 野放しの. ～ anger 抑えきれない怒り.
ùn·re·stráin·ed·ly /-ədli/ 副 抑えきれないで[ほど]. weep ～ 手放しで泣く.
‡**ùn·re·stríct·ed** /-əd ㊙/ 形 制限なしの; 〔特に道路が〕スピード制限なしの; 〔視野などが〕遮るものがない.
ùn·re·wárd·ed /-əd ㊙/ 形 報いられない; 成果が得られない. His effort was ～. 彼の努力は報いられなかった.
ùn·re·wárd·ing /㊙/ 形 報いをもたらさない, やりがいがない. an ～ task やりがいのない仕事.
ùn·ríp 動 (～s|-pp-) 他 を裂いて開ける; の縫い目を裂く.
ùn·rípe /㊙/ 形 熟していない; 未熟な.
ùn·rí·valed 〖米〗, **-valled** 〖英〗 /㊙/ 形 匹敵するもののない, 無類の, 極めて優秀な. ～ bravery たぐいまれな勇敢さ. be ～ in wealth 富では並ぶ者がない.
†**ùn·róll** 動 他 **1** 〔巻いた物〕を広げる, 開く. ～ a scroll and hang it on the wall 巻き物を広げて壁に掛ける. **2** 〖雅〗〔話など〕を展開させる, 繰り広げる.
— 自 **1** 広がる, 開く. **2** 〖雅〗〔出来事, 思い出などが〕展開する, 繰り広げられる.
ùn·rúf·fled /㊙/ 形 **1** 心の乱れていない, 冷静な. ～ composure 揺るがない落ち着き. **2** 静かな, 滑らかな; 〔水面などが〕波立っていない.
ùn·rúled /㊙/ 形 支配されていない, 統治されない.
†**un·rul·y** /ʌnrú:li ㊙/ 形 〔人が〕御しにくい, 手に負えない; 〔物事が〕始末の悪い, 扱いにくい. an ～ urchin 手に負えない腕白小僧. Mother lost patience with her ～ hair. 母は思いどおりにならない自分の髪の毛に我慢できなくなった. [un-¹, 〖廃〗*ruly*「従順な」] ▷**un·rul·i·ness** 名
UNRWA /ʌ́nrə/ 名 国連(パレスティナ)難民救済事業機関《*U* nited *N*ations *R*elief and *W*orks *A*gency (for Palestine Refugees in the Near East) の略》.
ùn·sád·dle 動 他 **1** 〔馬〕から鞍(くら)をはずす. **2** = unseat 1. — 自 馬の鞍をはずす.
‡**ùn·sáfe** /㊙/ 形 **1** 安全でない, 危険な. ～ sex 安全でない性行為 《特にエイズ予防のためのコンドームを使用しない》. **2** 〖英法〗くつがえされる可能性のある.
ùn·sáid /㊙/ 動 unsay の過去形・過去分詞.
— /㊙/ 形 〈un-¹＋said (過去分詞)〉〈叙述〉(心に思ったが)言わない, 口に出さない. That is [Some things are] better left ～. それは言わずにおいた方がいいでしょう[口に出さない方がいいこともある].
ùn·sál·a·ble /㊙/ 形 売り物にならない, 売れない.
ùn·sále·a·ble /㊙/ 形 ＝unsalable.
un·san·i·tar·y /ʌnsǽnəteri|-t(ə)ri ㊙/ 形 非衛生的な, 不潔な.
†**ùn·sàt·is·fác·to·ry** 形 ⓜ 不満足な, 不十分な, 意に満たない. It was a most ～ interview for both parties. それは双方にとって極めて不満足な面会であった. [un-¹, satisfactory]
ùn·sát·is·fìed 形 **1** 不満足な; 不満な; 〈*with* ..に〉. **2** 〔要求などが〕満たされていない.
ùn·sát·is·fỳ·ing 形 満足のいかない; 納得できない.
‡**ùn·sát·u·ràt·ed** /-əd ㊙/ 形 **1** びしょぬれではない. **2** 〖化〗未飽和の; 不飽和の.
ùn·sá·vor·y 〖米〗, **-vour·y** /㊙/ 〖英〗 形 **1** 味[香り]の悪い; 風味のない. **2** (道徳上)かんばしくない, 感心できない. an ～ character いかがわしい人物.
ùn·sáy 動 (→say) 他 〖主に雅〗〔自分の言葉〕を取り消す, 撤回する, (take back).
‡**un·scathed** /ʌnskéiðd ㊙/ 形 〈叙述〉無傷の, 無事な. In spite of the nasty weather the climbing party came back ～. 悪天候にもかかわらず登山隊は無事帰還した.
ùn·schóoled /㊙/ 形 訓練を受けていない 〈*of* ..の〉, 教え込まれていない 〈*in* ..を〉.
ùn·scì·en·tíf·ic /㊙/ 形 〔着想, 議論などが〕科学に基づかない, 非科学的な; 〔人が〕科学を知らない; (→un- 1 語法 (3)).
ùn·scrám·ble 動 他 **1** 〔混乱〕を元に戻す, 〔乱雑さ〕を整頓(とん)する. ～ the litter on the desk 散らかっている机の上を整理する. ～ one's thoughts 考えを整理する. You can't ～ an egg. 後戻りはできない《＜一度炒り卵にしたら元には戻らない》. **2** 〔暗号など〕を解読する (decode). ～ a secret message 秘密通信を解読する.
ùn·scréw 動 他 **1** のねじを抜く; のねじを回してはずす. ～ a mirror ねじを回して鏡を取りはずす. **2** 〔瓶の栓など〕を回して抜く[開ける]. ～ an electric bulb from the socket ソケットから電球を回して抜く.
ùn·scrípt·ed /-əd ㊙/ 形 〔演説, 放送などが〕草稿なしの, 脚本[台本]なしの, ぶっつけ本番の.
†**ùn·scrú·pu·lous** /㊙/ 形 良心のない, 不謹慎な, 無節操な, 何でもやりかねない. an ～ merchant 悪徳商人. use ～ tricks to evade taxes 脱税のために破廉恥な手を使う. ▷**～·ly** 副 無節操に, 不謹慎に. be ～*ly* selfish 恥も外聞もなく利己的である. **～·ness** 名
ùn·séal 動 他 **1** の封を切る. This confidential letter has been ～*ed* by someone. この親展の手紙はだれかに封を切られている. **2** 〔閉じた心など〕を開く.
ùn·séa·son·a·ble /㊙/ 形 **1** 季節はずれの; 〔天候などが〕不順な. an ～ typhoon 季節はずれの台風. **2** 時機の悪い, 潮時を心得ない. pay an ～ visit 時をわきまえない訪問をする. ～ advice 時機を失した忠告.
▷**-bly** 副 季節[時期]はずれに. It's *unseasonably* cold. 季節はずれの寒さだ.
ùn·séa·soned /㊙/ 形 **1** 〔食物が〕味つけしてない. **2** 〔材木などが〕十分乾燥していない. **3** 訓練[経験]不足な.
ùn·séat 動 他 **1** 〔馬が人〕を振り落とす; 〔人〕を落馬させる. **2** 〔人〕を失職させる, 〔現職〕の議席を奪う, を落選させる.
ùn·séed·ed /-əd ㊙/ 形 〔選手, チームなどが〕シードされ(てい)ない.
ùn·sée·ing /㊙/ 形 目が見えない(かのような); (視線を向けてはいるが)何も見てはいない, 注意しない. with ～ eyes うつろな目で. ▷**～·ly** 副
ùn·séem·ly /㊙/ 形 〖章〗〔態度, 行為などが〕場所柄をわきまえない, 場違いの, 時宜を得ない; 見苦しい, みっともない; 無作法な. It would be ～ to attend a party so soon after your father's death. 君の父親が亡くなって間もないうちにパーティーに出席しては世間体がよくないだろう. ▷**un·seem·li·ness** 名 Ⓤ 無作法.
†**un·seen** /ʌnsí:n ㊙/ 形 **1** 目に見えない; 予見できない. ～ dangers around us 我々の周りの目に見えない危険. buy..sight ～ ..を見ないで買う. **2** 気づかれない. He went out of the room ～. 彼は気づかれずに部屋を出て行った. **3** 〖主に英〗〔翻訳が〕即席[初見]でなされた.
— 名 **1** Ⓒ 〖主に英話〗(試験問題で)初見の翻訳(課題)文. **2** Ⓤ 〈the ～〉霊界.
*****un·self·ish** /ʌnsélfiʃ ㊙/ 形 ⓜ **利己的でない**, わがままでない; 思いやりのある. [un-¹, selfish] ▷**～·ly** 副 利己的でなく. **～·ness** 名 Ⓤ 利己的でないこと.
ùn·sèn·ti·mén·tal /㊙/ 形 感傷的でない; 感情に流されない.
ùn·sér·vice·a·ble /㊙/ 形 〖章・戯〗(破損したり古く

U

なったりして)役に立たない.

‡**ùn·sét·tle** 動 他 〔人, 心など〕を動揺させる, 混乱させる, 不安にさせる; を不安定にする, 〔胃〕の調子を狂わせる. The news totally ~*d* her. その知らせで彼女は全く取り乱してしまった. The oysters ~*d* my stomach. あのカキを食べて胃の調子がおかしくなった.

***un·set·tled** /ʌ̀nsétld (移)/ 形 **1** [m] (**a**) 〔世情が〕不安な, 混乱した. (**b**) 〔天候が〕定まらない. ~ weather 変わりやすい天候. (**c**) 〔人が〕定住しない. **2** [m] 〔精神が〕不安定な; まだ決まっていない, ぐらついている; 〔人, 心が〕落ち着きを失った, 動揺している. I'm ~ as to how to do it. それをどうやってするか決心がつかないでいる. **3** [C] 〔問題などが〕未解決の; 支払いの済まない, 未決済の. one's ~ accounts 未払いの勘定. The terms of the agreement remained ~. 協定の条件は未決定のままだった. **4** [C] 定住者のいない. an ~ desert region 定住者のいない砂漠地帯. **5** [m] 〔胃の〕具合が悪い. [un-[1], settled]

ùn·séx 動 他 《雅》 **1** の性能力を奪う. **2** 〔男・女〕の性的特質をなくする.

ùn·séxed /-t (移)/ 形 雌雄鑑定の済んでいない〔ニワトリのひななど〕.

ùn·sháck·le 動 他 **1** の枷(かせ)をはずす. **2** を釈放する, 自由の身にする.

ùn·shád·ed /-əd (移)/ 形 〔電灯などが〕かさ[覆い]がない, 裸の.

ùn·shák·a·ble /(移)/ 形 〔信念などが〕揺るがしがたい, 容易に動揺しない. ▷**-bly** 副

ùn·shák·en /(移)/ 形 揺るがない, 動揺しない; 確固とした〔信念など〕. ~ conviction 不動の確信.

un·sháv·en /(移)/ 形 ひげをそって(い)ない.

ùn·shéathe 動 他 〔剣, ナイフなど〕をさやから抜く.

ùn·shód /(移)/ 形 **1** 《雅》〔人が〕靴をはいていない (barefoot). **2** 〔馬が〕蹄(てい)鉄を着けていない. ★shod は他動詞 shoe の過去分詞.

‡**ùn·síght·ly** /(移)/ 形 不体裁な, 見苦しい. an ~ birthmark 目ざわりなあざ. ▷**un·sight·li·ness** 名

ùn·sínk·a·ble /(移)/ 形 不沈の.

†**un·skilled** /ʌ̀nskíld (移)/ 形 **1** 〔人が〕未熟な, 熟練していない 〈*in* ..に〉; 〔作品が〕出来ばえの悪い. an ~ dentist 未熟な歯科医. ~ labor 〈集合的〉 未熟練労働者. ~ *in* carpentry 大工仕事が下手で[な].
2 〔仕事が〕熟練を要しない.

ùn·skíll·ful 《米》, **-skíl·ful** 《英》 /(移)/ 形 不器用な, 下手な. ▷**~·ly** 副 不器用に.

ùn·smíl·ing /(移)/ 形 《章》 笑顔をみせない; むっつりした. ▷**~·ly** 副

ùn·snáp 動 (~s|-pp-) 他 のスナップをはずす, (スナップをはずして)を開ける, 開く.

ùn·snárl 動 他 のもつれをほどく.

ùn·só·cia·ble /(移)/ 形 非社交的な, 人づき合いの悪い, 無愛想な. He is ~, but not unkind. 彼は無愛想だが不親切ではない.

ùn·só·cial /(移)/ 形 **1** 〔信念, 行動などが〕反社会的な. **2** =unsociable. **3** 《主に英》 勤務時間外の. I sometimes had to work ~ hours. 私は時々時間外勤務をしなければならなかった.

ùn·sóld /(移)/ 形 売れないで; 売れ残りの.

ùn·so·líc·it·ed /-əd (移)/ 形 懇願されない, 求めたのでない, (おせっかいで)迷惑な. ~ advice 頼まないのに与えられる助言. ~ mail 勝手に送ってくる郵便物《ダイレクトメールなど》.

ùn·sólved 形 未解決の, 解決されていない.

ùn·so·phís·ti·cat·ed /-əd (移)/ 形 **1** 〈良い意味で〉 人ずれのしない, うぶな, 素朴な; 〈悪い意味で〉 単純な, 洗練されていない. an ~ countryman 素朴な地方人《男》. **2** 〔機械, 道具, 理論などが〕複雑でない, 精密でない. an ~ tool 簡単な道具.

ùn·sóught /(移)/ 形 捜されない; 求められない; 求めたのではない.

ùn·sóund /(移)/ 形 **1** 〔体, 精神が〕不健康な, 健全でない. He can do only light work because of an ~ heart. 彼は心臓が悪いので軽い仕事しかできない. **2** 〔建物などが〕堅固でない. ~ pillars 今にも倒れそうな柱. The old house is structurally ~. その古い家は構造上しっかりしていない. **3** 〔考えなどが〕根拠の薄弱な. an ~ argument あやふやな議論. **4** 〔経営などが〕不健全な, 危険な; 信用できない.
of unsòund mínd 《法》 精神異常の[で] 《責任能力がない》. ▷**~·ness** 名

ùn·spár·ing /(移)/ 形 **1** 《章》 物惜しみしない, 気前のいい; 惜しまない 〈*in, of* ..を〉. his ~ help 彼の惜しみない援助. be ~ *of* money 金離れがいい. be ~ *in* praising one's rival 競争相手に賞賛を惜しまない.
2 容赦しない, 手厳しい. ~ censure 容赦しない非難.
▷**~·ly** 副 物惜しみせずに; 手厳しく.

†**ùn·spéak·a·ble** /(移)/ 形 **1** 〔喜び, 恐怖などが〕言葉に表せない, 言語に絶する. an ~ fear 言いようのない恐ろしさ. a problem of ~ complexity 口に言えないほど複雑な問題. **2** 言いようもなく悪い, 口にするのも嫌な, 実にひどい. His behavior at the party was ~. パーティーでの彼のふるまいは言語道断だった.
▷**-bly** 副 口に言えないほど(ひどく).

‡**ùn·spéc·i·fìed** /(移)/ 形 明示されてない; 不特定の.

ùn·spóiled /(移)/ 形 **1** 損なわれていない. **2** 甘やかされていない.

‡**ùn·spó·ken** /(移)/ 形 言葉に表されない; 暗黙の.

ùn·spórt·ing /(移)/ 形 〔試合のやり方などが〕フェアではない.

ùn·spórts·man·lìke 形 スポーツマンらしくない, 競技精神にかなっていない.

ùn·spót·ted /-əd (移)/ 形 《主に古》 **1** 汚れ[しみ]のない. **2** 非の打ち所のない〔評判など〕.

†**un·sta·ble** /ʌ̀nstéib(ə)l/ 形 **1** ぐらぐらした, 不安定な. **2** 気持ちが変わりやすい, 落ち着かない. **3** 《化》 分解しやすい. ▷**-bly** 副 **~·ness** 名

ùn·stát·ed /-əd (移)/ 形 明言されてはいない.

ùn·stéad·y /(移)/ 形 **1** 〔物が〕ぐらぐらする; 不安定な. an ~ foothold 不安定な足場.
2 〔歩き方などが〕ふらつく, よろめく. ~ steps おぼつかない足取り. ~ on one's feet 足がふらついて, よろめいて.
3 〔態度, 習慣などが〕一貫しない, 変わりやすい; 一定[一様]でない; 不規則な, むらのある. ~ pulse 不規則な脈拍. Prices are ~ of late. 近ごろは物価が不安定だ.
▷**un·stead·i·ly** 副 不安定に, ぐらついて; ふらふらして. **un·stead·i·ness** 名

ùn·stíck 動 (→stick[2]) 他 〔張った物など〕をはがす. ── 自 はがれる, とれる.

ùn·stínt·ing /(移)/ 形 物惜しみしない, 気前のいい, 〈*in* ..について〉.

ùn·stóp 動 (~s|-pp-) 他 の栓を抜く; の詰まった物を除く. ~ a wine bottle ワインの栓を抜く. ~ a sewer どぶをさらう.

‡**ùn·stóp·pa·ble** /(移)/ 形 止められない, 止まらない.

ùn·stráp 動 (~s|-pp-) 他 〔箱, トランクなど〕のひもを緩める[取りはずす].

ùn·stréssed /-t (移)/ 形 《音声》 無強勢の, アクセントのない.

ùn·stríng 動 (→string) 他 **1** 〔楽器の弦〕をはずす[緩める]. **2** 〔神経〕を衰弱[消耗]させる; 〔人〕を神経質にする.

ùn·strúc·tured /(移)/ 形 構造化されない, 構造をもたない, ばらばらの.

ùn·strúng /(移)/ 形 **1** 〔楽器の弦が〕緩んだ[はずれた]; 〔ビーズなどが〕糸から抜けた. **2** 神経が弱った; 抑制力がなくなった.

ùn·stúck /(移)/ 形 〔張った物などが〕はがれた, はずれた.
còme [becòme] unstúck (1) はがれる, はずれる. (2) 《話》 失敗する; ひどい目に遭う, 立ち往生する.

ùn·stúd·ied /(移)/ 形 学ばないで得た; わざとらしくない, 自然な. her ~ amiability 彼女の巧まざる愛想のよさ.

ùn·sub·stán·tial /[移]/ [形] **1** 実体のない; 実質のない; 〔食物などが〕見かけばかりの. **2** 非現実的な, 空想的な.

ùn·sub·stán·ti·àt·ed /-əd [移]/ [形] 実証されない, 証拠立てられない; 根拠のない.

†**ùn·suc·céss·ful** /[移]/ [形] 不成功の, 失敗の; 不出来な, 不成功で, 失敗して, 〈*in* ..に〉. an ~ work 失敗作. We were ~ *in* our attempt to convince him. 我々は彼を納得させようとして失敗した. an ~ candidate for the presidency 大統領選挙落選者.
▷ **~·ly** [副] 不成功に. I ~*ly* tried to teach my dog tricks. 私の犬に芸を教え込もうとしたがだめだった.

‡**ùn·suít·a·ble** /[移]/ [形] 不適当な, 不向きな, 〈*for, to* ..に〉. a comic story ~ *for* children 子供に向かない滑稽(こっけい)物語. ▷ **-bly** [副] **~·ness** [名]

ùn·súit·ed /-əd [移]/ [形] **1** 適さない, 不向きな, 〈*for, to* ..に /*to* do ..するのに〉. **2** 釣り合わない; 〔男女が〕合わない.

un·sul·lied /ʌ̀nsʌ́lid [移]/ [形] 〖主に雅〗汚(けが)れなき〔名声など〕; 非の打ち所のない.

ùn·súng /[移]/ [形] 歌われない; 〖章〗(詩などで)歌われたことがない; (評価はあるのに)評判にはならない. the ~ heroes and heroines of the nursing profession 看護の業にたずさわる␣無名の男女の英雄たち[陰の功労者].

ùn·sup·pórt·ed /-əd [移]/ [形] **1** 身寄りがない; 扶養してくれる人がいない. **2** (倒れないようにするための)支えがない. **3** 〔主張などが〕支持されない, 実証されない.

‡**ùn·súre** /[移]/ [形] **1** 〈叙述〉(**a**) 〔人が〕確信できない, 自信がない, 〈*of, about* ..に〉. men ~ *of* themselves with women 女性にどう対したらよいのか自信のない男たち. He felt ~ *about* the outcome. 彼は結果については確信がもてないと感じた. (**b**) 確信できない 〈(*of, about*) *wh* 節・句 ..かを〉. I was ~ (*of* [*about*]) *what* to do [*what* I should do]. どうしたらよいのか分からなかった.
2 不確かな; あやふやな. an ~ footing 不安定な足場[立場].

ùn·sur·pássed /-t [移]/ [形] 勝るもののない, 比類ない, 非常にすぐれた, 上に出るもののない.

ùn·sur·prís·ing /[移]/ [形] 驚くほどのことはない, 予想できる. ▷ **~·ly** [副]

‡**ùn·sus·péct·ed** /-əd [移]/ [形] **1** 疑われていない. **2** 思いもよらない; 考えられない(ような); 実に意外な. I was astonished at his ~ obstinacy. 彼の思いがけない頑固さに私は一驚した.

ùn·sus·péct·ing /[移]/ [形] (人を)疑わない, 怪しまない, 信用する. an ~ victim 人をすぐに信用してだまされる人. the ~ passengers 怪しいと思っていない[気がついていない]乗客たち.

ùn·sus·táin·a·ble [形] **1** 支えられない, 維持できない. **2** 許し難い, 認め難い.

ùn·swéet·ened /[移]/ [形] 〔飲食物が〕糖分[甘味料]を含まない.

ùn·swérv·ing /[移]/ [形] 〔意志などが〕確固たる, 一途(いちず)な, 〔人が〕わき目もふらない. ~ loyalty to the king 国王への一途な忠誠.

ùn·sym·mét·ri·cal [形] 相称的でない, 非対称的な; 非対称の.

ùn·sỳm·pa·thét·ic /[移]/ [形] **1** 同情のない, 思いやりのない. **2** 共感しない, 冷淡な 〈*to, toward* ..に〉.
▷ **un·sym·pa·thet·i·cal·ly** /-k(ə)li/ [副]

ùn·sỳs·tem·át·ic /[移]/ [形] 体系的でない, 非系統的な, 非組織的な. ▷ **un·sys·tem·at·i·cal·ly** /-k(ə)li/ [副]

ùn·támed /[移]/ [形] **1** 〔土地などが〕自然のままの, 荒れ果てた. **2** 〔人が〕他人に抑制[影響]されない, 独立心のある, 自由な. **3** 〔動物が〕飼いならされていない.

ùn·tán·gle [動] [他] **1** 〔もつれたもの〕をほどく. **2** 〔複雑な問題など〕を解決する.

ùn·tápped /-t [移]/ [形] **1** (たるの)栓があけてない. **2** 活用されていない, 未開発の〔資源, 経験, 知識など〕. realize the ~ potential of the workforce 潜在労働力を稼働させる.

ùn·táught /[移]/ [形] **1** 自然に会得した, 生まれながらの. **2** 教育のない, 無学な.

‡**ùn·tén·a·ble** /[移]/ [形] (攻撃に対して)守りきれない; 批判に耐えられない〔議論など〕, 主張しがたい; 〔立場などが〕支持できない. be in a completely ~ position (支持されない)絶体絶命の窮地にある.

†**un·think·a·ble** /ʌ̀nθíŋkəb(ə)l [移]/ [形] **1** 考えられない, 思いもよらない; そうなって欲しくない. Retreat is ~. 退却なんて考えられない. **2** 〈the ~; 名詞的〉思いもよらないこと.

ùn·thínk·ing /[移]/ [形] 思慮のない, 深く考えない, 心ない; 軽率な, 不注意な.
▷ **~·ly** [副] 無分別に; 深く考えずに.

ùn·thóught-òf [形] 思いもよらない, 実に意外な[で].

ùn·thréad [動] [他] **1** 〔針など〕の糸を抜き取る. **2** 〔迷路など〕を抜け出す; 〔なぞ〕を解く.

*__un·ti·dy__ /ʌ̀ntáidi [移]/ [形] [e] (**-di·er**|**-di·est**) 〔人が〕きちんとしていない, だらしがない; 〔場所などが〕取り散らかした, 乱雑な. his ~ clothes 彼のだらしない服装. ~ hair 汚い髪. an ~ room 散らかった部屋. [un-¹, tidy] ▷ **un·ti·di·ly** [副] だらしなく; 取り散らかして. **un·ti·di·ness** [名]

†**ùn·tíe** [動] (~**s**|[過] [過分] ~**d**|**-ty·ing**) [他] 〔結び目など〕を解く, 〔結んだ物〕をほどく, 〔包みなど〕を開く; 〔つないだ動物〕を解き放す. ~ a tight knot きつい結び目をほどく. ~ a parcel ひもを解いて包みを開く. ~ one's shoes 靴のひもをほどく. with shoelaces ~*d* 靴のひもが解けたままで.

‡**un·til** /əntíl/ [語法] (1) till と until は同じ意味で以下の例でも until を till と置き換えてもよいが, 一般に until の方が(若干改まった響きがあり)広く用いられる. また文頭では until が好まれる傾向がある.一方, till は主に談話体で用いられることが多い. (2) 'til は〖主に米話〗で, 'till は非標準的. [参考] 歴史的には till の方が until より古い形.
── [前] 【ある時点まで】 **1** **..**まで(ずっと), ..になるまで, ([語法] 普通, 肯定文で, 述語動詞は継続を表すものが用いられる (→by 10 [語法])). (*up*) ~ last week 先週まで (★ *up until* と言っても until と同じ意味). ~ recently [then] 最近[その時]まで (★then は [名] とも考えられるが, このように副詞を伴うことがある). Let's wait here ~ two o'clock. ここで2時まで待ちましょう. We stayed up ~ *after* midnight. 我々は真夜中すぎまで起きていた (★このように前置詞句を目的語にとることがある).I had lived in Paris ~ the war. 私は戦争(が始まる)までパリに住んでいた《★戦争中を含まない》. The exhibition will be open ~ May 2. 展覧会は5月2日まで開いています《★5月2日を含む》. You may have a vacation ~ Monday. 月曜日になるまで休んでいいよ《★普通, 月曜日は休みに含まれない. 月曜日が仕事日でない場合, 特にそうである; ..through Sunday とすれば月曜日が含まれないことがはっきりする (→through [前] 7)》. I have ~ the end of this month to sign the contract. その契約にサインするのに今月の末までの余裕がある. It has taken ~ now to achieve everything. すべてを成し遂げるのに今までかかった《上の2例の until 句は名詞的でそれぞれ have と take の目的語》. [参考] until such time as .. (..する時まで)という冗語的な言い方もあるが, 本来 such time as は不要.
2 〈否定文で〉 **..**までは(..ない) (before). He did not realize what was happening ~ too late. 彼は何が起こっているかずっと気がつかず, 気づいた時はもう手遅れだった. I did not see them again ~ the following Christmas. その次のクリスマスまで私は彼らに再会しなかった. It was not ~ Wednesday that I phoned the

U

office. 水曜日になって初めて事務所に電話をした (=〖章〗Not ~ Wednesday did I phone the office.). 語法 (1) 1 と異なり述語動詞は瞬間的動作を表すものも用いられる. (2)〖話〗では Go straight on ~ Trafalgar Square. (トラファルガー広場までまっすぐ行きなさい)(=.. ~ you get to ..) のように, 主に地名が来て「..(に着く)まで」の意で用いることがある (→前 3).

3〖主にスコ・北イング〗〈場所に関して〉..まで (as far as); ..へ (to). Stay on the train ~ Edinburgh and then change for Aberdeen. エディンバラまでこの列車で行ってそこでアバディーン行きに乗り換えなさい.

── 接 **【ある時点まで】** **1** *..*まで(ずっと), ..する時まで. I'll wait here ~ school is over. 学校が終わるまでここで待ちましょう. 語法 普通, 肯定文で, 主節の述語動詞は継続を表すものが用いられる.

2〈否定文で〉 *..*(する)までは(..ない), ..してはじめて(..する) (before; →前 2 語法). Ned couldn't solve that problem ~ the teacher explained it. ネッドは先生が説明するまではその問題が解けなかった. I didn't know very much about babies ~ I had my own. 私は自分の赤ん坊ができるまで赤ん坊のことはあまりよく分からなかった. We didn't get to the theater ~ after the play had begun. 劇場に着いたときにはすでに芝居は始まっていた.

【ある程度・結果になるまで】 **3** ..するほどまで; ..してついに. Stella worked hard ~ she became sick. ステラは病気になるほど一生懸命働いた. They walked on and on, ~ they found a little stream. 彼らはどんどん歩いて行ったがついに小さな流れを見つけた. (注意 until の前がコンマで切れている時はこのように訳したほうが自然なことが多い). Boil the macaroni in salted water ~ (it is) tender. 塩を入れた熱湯でマカロニを柔らかくなるまでゆでなさい (★このような until 節の主語・動詞の省略は調理法の指示などでよく見られる). 語法 1 と同様, 普通, 肯定文で, 主節の述語動詞は継続を表すものが用いられる.

unlèss and untíl =until.

[<中期英語 *untill* (<古期北欧語 *und*「..まで」+till[1])]

†**ùn·tíme·ly** /移/ 形 **1** 早すぎる, 時期尚早の. come to an ~ end あまりに早く終わる《人の若死になど》. her ~ death at 28 彼女の 28 歳でのあまりに早すぎる死. **2** 時宜を得ない, 折の悪い; 季節[時期]はずれの. an ~ joke 時をわきまえない冗談. an ~ snowfall 季節はずれの降雪.

── 副 折悪しく, あいにく; 尚早に.

▷**un·time·li·ness** 名 U 早すぎること; 時を得ないこと.

un·tinged /ʌntíndʒd 移/ 形 色がついてない, 偏見がない; 兆候が全くない, 気(け)がない, 〈*by, with* ..の〉. a speech not ~ *with* sarcasm 当てこすりの気味がないでもない発言.

ùn·tír·ing /移/ 形 疲れを知らない, たゆみない, ひるまない. He was ~ in his efforts to succeed in life. 彼は立身出世しようとたゆまぬ努力を続けた.

▷**~·ly** 副 たゆまずに.

un·to /ʌ́ntu, ʌ́ntu:, ʌ́ntə/ (★/ʌ́ntu:/ は主として文の終わりに用いられ, /ʌ́ntu/ は母音の前, /ʌ́ntə/ は子音の前に用いられる) 前 〖古〗..に, ..へ, ..まで, (to, until). Strait is the gate which leadeth (→-eth 2) ~ life. 命に至る門は狭い《聖書から》. be a law ~ oneself →law (成句). [<*until*+*to*]

‡**ùn·tóld** /移/ 形 **1** 語られない; 明らかにされない. He left the story ~. 彼はその話を秘密のままにしておいた. **2**〈主に限定〉数えられない(ほど多くの), 無数の, 多大な. ~ hardships 数え切れない苦難. ~ damage 多大な害. ~ suffering 言うに言われないほどの大きな苦しみ. a man of ~ wealth 巨万の富を持つ男.

ùn·tóuch·a·ble /移/ 形 **1** 手で触れることのできない, 手の届かない. **2** 非難[攻撃など]の及ばない, 法の手の及ばない. **3** 比類のない, とてもかなわない, 無敵の. **4** 手を触れてはならない; 触れるのもけがらわしい, 不浄の.

── 名 C 〈時に U-〉不可触賤(せん)民《インドの最下層民, 上級者が触れるとけがれるとされた; 1949 年のインド憲法でこの名称もその表す差別も違法とされた》. ▷**-bly** 副

‡**ùn·tóuched** /-t 移/ 形 **1** 手を触れられてない; 元のままの[で]. He left his meal ~. 彼は食事に手をつけなかった. **2** 影響されない, 無傷の; 心を動かされない. I was ~ by his appeal for help. 彼の助けを求める声に動かされなかった. **3**〔問題などが〕取り上げられない, 言及されない. **4** 未開発の, 昔のままの.

un·to·ward /ʌ̀ntóuərd, -tɔ́:rd|-tɔ́:d 移/ 形 〖章〗〔出来事が〕運の悪い, 都合の悪い. an ~ accident 具合の悪い事件. unless anything ~ happens 不測の事態が起こらぬかぎり. [un-[1], toward 形] ▷**~·ly** 副 **~·ness** 名

ùn·tráined /移/ 形 訓練されていない[を受けていない], 練習を積んでいない; しつけられていない.

ùn·trám·meled〖米〗**, -melled**〖英〗/移/ 形〖章〗かせをはめていない; 制約[妨害]を受けない, 自由な.

‡**ùn·tréat·ed** /-əd 移/ 形 **1** 治療されていない, 手当てをされていない. **2**〔有害物などが〕安全処理がされていない. ~ chemicals 未処理の化学⌊物質[薬品]. **3** 加工されていない.

un·tried /ʌntráid 移/ 形 **1** まだ試みられていない; 試練を経ていない, 試験済みでない. an ~ newcomer 能力不明の新人. **2** (法廷で)未審理の[で]. The case remains ~. その事件は未審理のままである.

un·trod, -trod·den /ʌ̀ntrɑ́d|-trɔ́d 移/, /-trɑ́dn|-trɔ́dn 移/ 形 人が足を踏み入れたことがない. ~ regions 人跡未踏の地域.

ùn·tróu·bled /移/ 形 困惑していない, 悩まされていない; 落ち着いた.

†**ùn·trúe** /移/ 形 **1** 真実でない, 偽りの. **2** 忠実[誠実]でない, 不貞を働く, 〈*to* ..に〉. be ~ *to* one's principle 自分の信念に忠実でない. **3** 標準[型, 寸法]に合わない. an ~ window frame 寸法の合わない窓枠.

ùn·trúst·wòr·thy /移/ 形 信頼できない, 当てにならない. ▷**un·trust·wor·thi·ness** 名

ùn·trúth 名 (複 →truth)〖章〗U 虚偽; C 虚言, うそ; (類語 lie[2] の婉曲的な表現).

ùn·trúth·ful /移/ 形 **1** うそをつく(ような)〔人〕. **2** うその, 偽りの. an ~ statement 虚偽の申し立て.

▷**~·ly** 副 偽って.

ùn·túrned /移/ 形 〈主に叙述〉ひっくり返されない; 回されない; (→成句 leave no STONE ~).

ùn·tú·tored /移/ 形〖主に雅〗(正規の)教育を受けていない, 無学の, 無知の; 素朴な.

ùn·twíne 動 =untwist.

ùn·twíst 動 他 のよりを解く. ── 自 よりが解ける; ほどける.

ùn·ús·a·ble /移/ 形 使用できない, 使用に適さない.

‡**un·used**[1] /ʌnjú:st 移/ 形 〈叙述〉慣れていない, 経験がない, 〈*to* ..に, の〉. My wife is ~ *to* this mode of life. 妻はこうした生活様式に慣れていません. I am ~ *to* being spoken to by a stranger on the street. 町中で見知らぬ人に話しかけられたことはあまりない.

‡**un·used**[2] /ʌnjú:zd 移/ 形 使用されていない; まだ使われたことのない, さらの. a set of ~ wine glasses 使ったことのないワイングラスひとそろい.

‡**un·u·su·al** /ʌnjú:ʒuəl 移/ 形 m **1** 普通でない; まれな, 珍しい; 風変わりな; 異常な; (↔usual). an ~ custom 珍しい習慣. an ~ situation 異常な状況. It was ~ for him to be so late.=It was ~ that he was so late. 彼がこんなに遅れるのは珍しかった. There was nothing ~ about him when I last saw him. この前彼に会った時彼には何も変わった所はなかった.

2 並外れた; 独特の. a man of ~ wit 並外れた機知を持った男. His achievement is ~ in that he was suffering from a chronic disease all the while. 彼の業績はその間ずっと慢性的な病気をわずらっていたという点で実に並外れたものである. [un-¹, usual]

***un·u·su·al·ly** /ʌnjúːʒuəli/ 副 ⓒ **1 異常に**, 普通以上に; 珍しく, いつもと違って. Mike was ~ friendly to me that day. その日マイクはいつになく僕に親しみを示した. *Unusually for* her, she managed to get there on time. 彼女には珍しく時間通りに着くことができた. **2 非常に**, 著しく, (extremely). Our baby is ~ fond of porridge. うちの赤ん坊は非常におかゆが好きだ.

ùn·út·ter·a·ble /㊅/ 形 〘章〙〈限定〉 **1** 言葉には言い表せない, 言うに言われない; 言語に絶した. ~ grief 言うに言われない悲しみ. **2** 底抜けの; お話にならない. an ~ liar とんでもない大うそつき. ▷**-bly** 副

ùn·vár·nished /-t ㊅/ 形 **1** ワニスを塗ってない. **2** 粉飾のない, ありのままの. tell the (plain) ~ truth 飾らない真相を告げる.

ùn·vár·y·ing /㊅/ 形 変わらない, 一定の, 不変の.

†**ùn·véil** 動 他 **1** のベール[覆い]を取り除く; 〔像など〕の除幕式を行う. The Islamic woman ~*ed* her face. そのイスラム女性は顔のベールを脱いだ. ~ a new statue 新しい像の除幕式を行う. **2** 〔秘密など〕を明かす; 〔正体〕を明らかにする. ~ a secret plan 秘密の計画を公表する. **3** 〔新製品など〕を初公開する.
— 自 自分のベール[覆い]を取る; 正体を現す.

ùn·vérsed /-t ㊅/ 形 〘章〙〈叙述〉 熟達していない, 慣れていない, 〈*in* ..に〉.

ùn·vóiced /-t ㊅/ 形 **1** 声[言葉]に出さない. an ~ protest 無言の抗議. **2** 〘音声〙 無声の (voiceless). ~ consonants 無声子音 《/t/, /f/, /ʃ/など》.

ùn·wáged /㊅/ 形 〘主に英・婉曲〙〔人が〕職がない, 失業中の. the ~ 失業者たち (★複数扱い).

†**ùn·wánt·ed** /-əd ㊅/ 形 望まれ(てい)ない, 用のない; 望んだわけではない〔妊娠など〕; 不必要な; 役に立たない.

ùn·wár·rant·a·ble /㊅/ 形 〘章〙 立証できない; 是認できない, 不当な.

‡**ùn·wár·rant·ed** /-əd ㊅/ 形 許せない; 根拠のない, いわれのない, 不当な. ~ objection 理由のない反対.

†**ùn·wár·y** 形 警戒し(てい)ない, 不注意な, うかつな. the ~ だまされやすい人たち (★複数扱い). ▷**un·war·i·ly** /㊅/ 副 不注意に. **un·war·i·ness** 名 Ⓤ 不注意.

ùn·wáshed /-t ㊅/ 形 **1** 洗ってない, ふろに入らない; 不潔な. **2** 〘軽蔑〙 下層の, 無知な. the (great) ~ 下層民(社会).

ùn·wá·ver·ing /㊅/ 形 ぐらつかない; 毅(き)然とした. ▷**~·ly** 副 一心不乱に, じっと.

un·wea·ried /ʌnwí(ə)rid ㊅/ 形 疲れていない; 疲れを知らない; 不屈の.

ùn·wéd /㊅/ 形 未婚の (unmarried). an ~ mother 未婚の母.

†**ùn·wél·come** /㊅/ 形 歓迎されない, 招かれざる, 〔客など〕; 喜ばれない. ~ news うれしくない知らせ. I hope I'm not ~ here. ここにやって来ておじゃまじゃないでしょうね.

ùn·wél·com·ing /㊅/ 形 **1** 歓迎しない, 友好的でない, 人を寄せつけない; 敵意を持った. **2** 居心地の悪い〔部屋など〕.

‡**ùn·wéll** /㊅/ 形 〈叙述〉 **1** 気分がすぐれない, (一時的に)加減が悪い, (類語 ill, sick よりも軽い). **2** 〘婉曲〙〔女性が〕生理中の.

ùn·whóle·some /㊅/ 形 **1** (心身の)健康に悪い. an ~ environment 健康によくない環境. **2** (道徳的, 精神的に)不健全な, 有害な. ~ amusements 不健全な娯楽. **3** 不健康(そう)な. ~ skin 不健康そうな皮膚.

ùn·wíeld·y /㊅/ 形 **1** 〔荷物が〕(重さ, 大きさなどのため)扱いにくい, 運びにくい. heavy, ~ baggage 重くて扱いにくい手荷物. **2** 使いにくい; 厄介な; (ばか大きくて)みっともない; 〔組織などが〕大きくなりすぎて機能しない, 非能率的な. a complex, ~ formula 複雑で使いにくい公式. his ~ mouth 彼のばか大きい口.
▷**un·wield·i·ness** 名 Ⓤ 扱いにくさ; 厄介なこと.

***un·will·ing** /ʌnwíliŋ ㊅/ 形 ⓜ (**a**) 〈限定〉 **気が進まない**, いやいやながらの, (reluctant; ↔willing). ~ permission 不承不承の許可. ~ students やる気のない学生. (**b**) ..する気がない 〈*to* do〉. He was ~ *to* go to the ball. 彼は舞踏会に行く気持ちになれなかった.
[un-¹, willing] ▷**~·ness** 名 Ⓤ 気が進まないこと.

†**ùn·wíll·ing·ly** 副 いやいやながら, しぶしぶ.

‡**un·wind** /ʌnwáind/ 動 (→wind²) 他 **1** 〔巻いたものなど〕をほどく, 解く. ~ a ball of wool 巻いた毛糸をほどく. **2** 〔人〕の緊張をほぐす, をリラックスさせる. — 自 **1** 巻きが戻る, ほどける. **2** 〘話〙 緊張が解ける, ほっとする, リラックスする. ~ at a karaoke bar カラオケバーで羽を伸ばす.

‡**ùn·wíse** /㊅/ 形 賢明でない; 愚かな. an ~ decision 愚かな決定. It is ~ of you to spend a lot of money on jewelry. 宝石類にたくさんの金を費やすのは愚かなことだ. ▷**~·ly** 副 愚かに(も).

‡**ùn·wít·ting** /㊅/ 形 〘章〙〈普通, 限定〉 知らない, 気がつかない; 故意でない; 無意識の. an ~ offense against good manners 知らずに行った無礼なふるまい. an ~ pawn in the power game 右も左も分からない権力闘争の走狗(そう). ▷**~·ly** 副 それと知らずに; 何気なく.

un·wont·ed /ʌnwóuntəd, -wɔ́ːnt-, -wʌ́nt-|-wóunt- ㊅/ 形 〈限定〉〘主に章〙 普通でない, 異常な; 珍しい, まれな. show ~ generosity いつになく気前よさを見せる. ▷**~·ly** 副 **~·ness** 名

‡**ùn·wórk·a·ble** /㊅/ 形 **1** 実行できない. an ~ plan 実行不可能な計画. **2** 運転[操作, 細工]できない.

ùn·wórld·ly /㊅/ 形 世俗的でない, 名利を超越した; 現世を離れた. ▷**un·world·li·ness** 名

***un·wor·thy** /ʌnwə́ːrði ㊅/ 形 ⓔ (**-thi·er**|**-thi·est**)
1 値しない 〈*of* ..に〉; 値しない 〈*to* do ..するに〉. a deed ~ *of* praise 賞賛に値しない行為. I am ~ *of* such honors. 私にはそのような栄誉を受ける資格がありません. a man ~ *to* be chosen as captain キャプテンに選ばれるに値しない男.
2 ふさわしくない 〈*of* ..〔地位, 身分など〕に〉. His ~ abuse shocked us. 身の程をわきまえぬ彼の悪口雑言に我々はひどく不愉快だった. conduct ~ *of* a gentleman 紳士にあるまじき行為. Such behavior is ~ *of* you. そのようなふるまいはあなたにふさわしくない. The rascal is ~ *of* the family name. その悪党は家名のけがれである. **3** 〈普通, 限定〉 **恥ずべき**, 不名誉な. an ~ remark 恥ずべき発言. an ~ son 不肖の息子.
4 価値のない. their ~ purposes 彼らのくだらない目的.
[un-¹, worthy] ▷**un·wor·thi·ly** 副 不面目に; 見苦しく. **un·wor·thi·ness** 名 Ⓤ 不面目; 見苦しさ.

un·wound /ʌnwáund/ 動 unwind の過去形・過去分詞.

‡**ùn·wráp** 動 (~s|-pp-) 他 〔包みなど〕をほどく, 開ける.
— 自 〔包装が〕ほどける.

‡**ùn·writ·ten** /㊅/ 形 **1** 書かれていない, 記録されていない; 成文のない. **2** 〔紙などが〕字が書いてない, 白紙の. **3** 文字[書き言葉]を持たない〔言語〕.

unwrìtten láw [**rúle**] 名 Ⓒ 不文法, 慣習法, 「不文律.

ùn·yíeld·ing /㊅/ 形 曲がらない, へこまない; (圧力, 影響などに)屈しない, 譲らない.

ùn·yóke 動 他 **1** の軛(くびき)をはずす. **2** を離す; を解放「する, 自由にする.

ùn·zíp 動 (~s|-pp-) 他 **1** のチャック[ファスナー, ジッパー]を開ける. ~ his pants ズボンのチャックを開ける. **2** 〘電算〙〔ZIP 形式の圧縮ファイル〕を解凍する. — 自 チャックなどが開く; ファスナーなどで取りはずせる.

‡**up** /ʌp/ 副 ⓒ (語法 (1) 比較級はないが(形の上での比較級 upper は意味上は独立した形容詞となっている), 最上級には uppermost がある. (2) be 動詞の補語となった場

合は叙述形容詞に近い. (3) 各動詞との結合についてはそれぞれの動詞の項参照)

【上へ, 上に】 **1** 上へ(の), 上の方へ(の), 上がって, (↔ down). climb *up* to the top of a hill 丘の頂上へ登る. The birds flew *up* into the air. 小鳥たちは空中へ飛び上がった. At the news Bill jumped *up* in surprise. その知らせにビルは驚いて跳び上がった. Everyone looked *up* at the plane flying. だれもが飛んでいる飛行機を見上げた. the road *up* のぼりの道路. pick *up* a stone 石を拾い上げる.

2 上に(あって); 〔太陽などが〕昇って. Mr. Smith lives three floors *up*. スミスさんは 3 階上に住んでいる. The sun is already *up*. 太陽はもう昇っている.

3【上に出て】(中から)出て, (表面に)現れて. This plant will come *up* again next spring. この植物は来春また芽を出すでしょう. dig *up* potatoes ジャガイモを掘り上げる.

4【表に出て】〔問題などが〕持ち上がって, 起こって; 持ち出されて; 〘話〙乗り気で〈*for* ..に〉. Something's *up*. 〘話〙何か[どこか]変だ. Their demand was *up* for discussion. 彼らの要求は討議の場に持ち出されていた. She was *up* for promotion. 彼女に昇進の話が出ていた. The house is *up* for sale. その家は売りに出されている.

【起き上がって】 **5** 起立[直立]して, 立って, 立[建]てて; (寝た位置から)起き上がって; 起床して. stand *up* 立ち上がる. sit *up* in bed ベッドで起き上がる《上半身を起こす》. put *up* a house 家を建てる. get *up* early in the morning 朝早く起きる. Isn't Father *up* yet? お父さんはまだ起きていませんか. stay [be] *up* all night 夜通し起きている.

6【立ち上がって】〔コンピュータなどが〕作動して, 使える状態で. Is this computer back *up* yet? このコンピュータは元通りに動くようになりましたか.

【立って】 **7** 〘野球〙打席に立って. The first time *up*, he hit a home run. 第 1 打席で彼はホームランを打った.

8 法廷に立って, 裁判にかけられて, 〈*for* ..の罪で〉; 立候補して〈*for* ..に〉. He was [came] *up* before the magistrate *for* a traffic offense. 彼は交通違反で治安判事の前に呼び出された. He is *up for* re-election as mayor. 彼は再選を目ざして市長選に出馬している.

【上昇して】 **9** (**a**) 上がって, 高まって; 向上して; 大きくなって; 増加[増大]して; 値上がりして; 昇進して. grow *up* in the country 田舎で成長する. The river is *up* today. 川は今日増水している. The wind is *up*. 風が起こった. come *up* in the world 出世する. Food prices are *up*. 食料品が高くなっている. (**b**) 〘英旧〙〔ビールなどが〕泡立って.

10 〔気持ちが〕のぼせ上がって, 沸き立って, 元気よく, 興奮して; 高揚して; 〘米俗〙麻薬でぼうっとして. My blood is *up*. 血が沸き立っている. His temper is *up*. 彼はかんしゃくを起こしている. We were worked *up*. 我々は興奮していた. Speak *up*! 大きな声で話せ.

11【落ちないで】落伍しないで, 遅れずに, 調子を保って. I'll catch *up* later. あとから追いつきます. The boy couldn't keep *up* the pace. 少年は同じ歩調を続けられなかった.

12【先まで昇って】(**a**) 〘話〙先んじて, 進んで; 精通して. Peter is (well) *up* in mathematics [on politics]. ピーターは数学がよくできる[政治に詳しい].
(**b**) 〘競技〙(相手より..点)勝って; 〘米〙(得点が)双方とも(..点)ずつで, ともに. The player finished two *up* on his opponent. その選手は相手に 2 点差をつけて試合を終えた. The score is six *up*. スコアは 6 対 6 だ.

13【上りきって>完全に】〈強意語〉(**a**) すっかり**..**する, ..し終わる, ..し切る, ..し尽くす. drink *up* 飲み干す. Did you use *up* the ink? インクを使い切ったのか. The dog ate *up* the food quickly. 犬は食事をたちまち平らげた. tear *up* a letter 手紙を細かく破ってしまう. Let's finish *up* in a hurry. 急いで終わりにしよう. 注意 強意の働きがなくなっている場合もある: light *up* a candle (ろうそくに火をともす) end *up* as head of the company (会社の社長で終わる). (**b**) 〈be の後に用いて〉終って, 済んで, なくなって. Time is *up*. もう時間切れです. The game is *up*. 万事休す《勝負はついた》. Tea's *up*. お茶が入ったよ.
(**c**)【固定して】しっかりと. tie a person *up* 人を縛り上げる. All the doors are locked *up*. 扉はみんな鍵(かぎ)がかかっている.
(**d**)【合わせて】一緒に, 合計して. add *up* figures 数字を合計する.
(**e**)【次々と加えて】せっせと; しまい込んで. save *up* money 金をため込む. store *up* corn for the winter 冬の用意に穀物をしまっておく.

【(心理的な)中心に向かって】 **14** こちらへ, 自分の方へ. Come *up* here. こっちへ来なさい. A gentleman came *up* to me. 1 人の紳士が私の方に近づいて来た.

15【時間的にこちらへ】今まで, これまで. He's been shrewd from childhood *up*. 彼は子供の時からずっと抜け目がなかった.

16 (..の方へ)近づいて. The beggar walked *up* to the door. こじきはドアの方へ歩み寄った. *Up* close, he was sweating. すぐ近くで見ると彼は汗をかいていた.

【上(かみ)に向かって】 **17** 〘主に英〙(ロンドンへ)向かって; (自分の大学, 特にオックスフォード大学, ケンブリッジ大学)へ. I'm going *up* to London. ロンドンに行きます. Glen went *up* to Oxford. グレンはオックスフォード大学に進学した[帰って行った].

18【地図の上方へ】北上して, 北の方へ. go *up* to Boston (より南の方から)ボストンへ出掛ける. They went *up* north. 彼らは北の方へ行った. They live *up* in Carlisle. 彼らは北の方カーライルに住んでいる.

19 〘海〙風上へ.

20 〘話〙〔酒が〕氷なし(のストレート)で. Bring me a bourbon, *up*. バーボンをくれ, ストレートで.

be àll úp with.. ..は万事休すだ, もうだめだ. It seems to *be all up with* their team. =All seems to be *up* with their team. 彼らのチームはもうお手上げのようだ.

úp against.. 〘話〙〔困難など〕に直面して. He was [came] *up against* a tremendous difficulty. 彼は非常な困難に直面していた[した]. We were *up against* it when it started to snow. 雪が降り出してきて我々は困り果てた.

***ùp and aróund* [*abóut*]** (病気が治って)起き出して; また活動を始めて. Betty's mother is *up and about* again. ベティの母は元気になって動き回っている.

Ùp and át 'èm. 〘話〙しっかり働け, 仕事にかかれ.

ùp and dóing (1) 忙しく立ち働いて, 大いに活躍して. (2) =UP and around [about].

****ùp and dówn*** (1) 上に下に. The man bounced the child *up and down* on his knees. 男は子供をひざに乗せ上げたり下げたりした. (2) あちこちと, 行きつ戻りつ. I looked for my purse *up and down* in the street. 私は通りをあちこち財布を捜し回った. (3) 〘話〙(浮き沈みがあって)不安定で; 変わりやすい.

úp for.. →4, 8.

ùp frónt (1) 〘話〙先頭に立って; 前面に(出て); (バスなどの)前の方の席に《乗用車なら運転者の隣り》. (2) 〘話〙前払いで, 前金で; 元手として. (3) 非常に正直に, はっきりと. I've got to tell you something—*up front*. 君に言わなきゃならない事がある—正直に. (4) 〘米俗〙初めから[は]; すぐに.

****úp to..*** (1) (時間, 程度, 数量, 価値などが)**..**まで, ..に

至るまで，(★時間に関しては up till [until] とも言う)．I'm satisfied with my new house *up to* now. これまでのところ新しい家に満足している. *up to* the beginning of the twentieth century 20世紀の始めまで. *up to* and including March 10 3月10日まで(当日を含む). *Up to* six people can play this game. 6人までがこのゲームをやれる. He is not *up to* his father as a scholar. 彼は学者として父には及ばない. (2)〖話〗〈普通，否定文・疑問文で〉..に耐えられる; ..できる〈do*ing* ..することが〉. Do you think Natalie is *up to* the task? ナタリーはその仕事に耐えられると思いますか. My English is not *up to* simultaneous interpretation. 私の英語では同時通訳はおぼつかない. Do you feel *up to going* out today? 今日は外出できそうですか《病人などに向かって》. This book is not *up to* much. この本は大したものではない. (not) *up to* par →par 成句. (3)〖話〗..を(こそこそと)やって(いる)，..で忙しい，..しようとして(いる). What are you *up to* now? 何をこそこそやっているんだ; 何をたくらんでいるんだ. The cat is *up to* some mischief again. 猫がまた何か悪さをしている. *up to* no good →good 名 成句. (4)〖話〗..の責任で; ..次第で;〈*to* do ..するのは〉. It's *up to* the court to decide. 決定を下すのは法廷である. You've been given an opportunity, but it's *up to* you to make the best of it. 君は機会を与えられたが，それを生かすのは君次第だ. (5)〖英学生俗〗..先生の指導を受けて.

ùp tóp 〖話〗おつむが〔からっぽでなど〕; 心が.

úp until [***tìll***] =until 前 1.

Úp (***with***)***..!*** ..よ立て，奮起せよ. *Up with* you!〖話〗(さっさと)起きなさい. *Up with* you, young men! 若者たちよ，立て. *Up* (*with*) the Democrats! 民主党員奮起せよ，民主党万歳.

Ùp yóurs [***yóu***]***!*** 〖卑〗ちくしょう，くそくらえ，《yours =your ass》.

Whàt's úp? 〖話〗(1) 何事ですか，どうしたんだ. *What's up* with Ben [your car]? ベン[君の車]はどうかしたのかい. (2) よう，元気，調子どう，(最近)どうしてる，《主に男性が使う軽いあいさつ》.

── 前 【上方へ】 **1** ..を登って，..の上へ[に]. climb *up* a mountain 山を登る. I hate going *up* and down these stairs. この階段を上がったり降りたりするのが嫌だ. get *up* the promotion [social] ladder〈比喩的〉出世[社会]の階段を登って行く.

2〔流れ〕をさかのぼって;〔川〕の上流へ[に]，川上へ[に]. row *up* a stream 流れを漕(こ)いでのぼる. We traveled *up* the river in a canoe. 私たちはカヌーで川をさかのぼった.

【(心理的な)中心に向かって】 **3**〔道など〕に沿って，を(こちらに[こちらから])，(★(坂など)を登って，という1の意味とは区別される). walk *up* the street 通りを歩いて(こちらに)来る[向こうに歩いて行く]. Our office is *up* the block. うちの事務所は1区画行った先にあります.

4【奥の方に】〔海岸〕から内陸部へ[に]; ..の内部へ[に]. travel *up* (the) country 内陸地方へ旅行する. The settlement was ninety kilometers *up* country. その植民地は90キロ奥地にあった.

5〖俗〗〔女〕と(セックスを)やって. **6**〖話・方〗..へ (to); ..で (at).

ùp and dówn .. →1; ..を行きつ戻りつして; ..のあちこち(至る所)で.

── 形 C〈限定〉 **1** 上りの;〔列車などが〕上り線の; 中心地行きの; (注意〖米〗では「北へ向かう」，「住宅地域へ向かう」，〖英〗では「大都市へ向かう」の意; →down 形 2 参考). an *up* train 上り列車. an *up* platform 上り線プラットフォーム. **2** 上方に向かう，上に行く. Take the *up* elevator. 上りのエレベーターにお乗りなさい.

── 名 C **1** 上り，上り坂; 上昇，向上; 値上がり. **2** 幸運; 隆盛;〖話〗わくわくさせる[胸を躍らせる]もの. **3**〈単数形〉ボールが地面にバウンドして上昇中の状態. **4**〖話〗=upper 名 2.

in twò úps 〖オース〗すぐに.

on an úp 〖話〗上機嫌で.

on the ùp (***and úp***) (1)〖米話〗正直で，開けっ広げで. (2)〖英話〗いい方に向かって，持ち直して. Business is *on the up and up*. 商売は上向きだ.

****ùps and dówns*** (1) 浮き沈み，栄枯盛衰. Father had his *ups and downs* in his career. 父の経歴にも浮き沈みはあった. (2) (価格などの)高低，上がり下がり. the *ups and downs* of stock prices 株価の騰落.

── 動〖話〗(**~s**|**-pp-**) 他 を上げる，高める，(raise);〔価値など〕を(急に)増す. The typhoon has *upped* the prices of vegetables. 台風で野菜の値段が急騰した.

── 自 **1**〈up and do で〉いきなり[思い切って]..する. One day he just *upped* and disappeared. ある日突然彼は姿を消した. 語法 up を活用させないで，up and を「急になど」の意味で単に副詞的に用いることがある: He *up and* left her. (彼は急に彼女のもとを去った).

2〈up with ..で〉..を持ち[拾い，振り]上げる.

ùp stícks 〖話〗よそに移り住む.

[＜古期英語 *up*(*p*), *uppe*]

up- 接頭 **1** 動詞(及び動詞から派生した形容詞・名詞)につけて「上に，上方に」の意味を加える. *up*lift. *up*standing. *up*bringing. **2** 名詞につけて「さらに上(方)に」の意味の加わった形容詞，副詞を作る. *up*hill. *up*stream. **3** 名詞，動詞につけて「取り除いて，逆さまに」の意味の加わった動詞を作る. *up*set. *up*root. **4** 名詞につけて「より高い[よい]部分」の意味の加わった名詞，形容詞，副詞を作る. *up*land. *up*town. [古期英語]

‡**ùp-and-cóming** /-ən- ㊙/ 形〈主に限定〉頭角を現しつつある，将来有望な.

ùp-and-dówn /-ən- ㊙/ 形 **1** 上下に動く，あちこち動く. **2** 浮き沈みのある; 上がり下がりのある. **3**〖主に米〗垂直の (vertical);〔崖(がけ)などが〕急な.

U·pan·i·shad /u:pǽniʃæd|upʌ́niʃəd, -pǽn-/ 名 C〈普通 -s〉ウパニシャッド《古代インドの一群の哲学書; バラモン教の聖典ベーダの最後の部分》.

úp·bèat 名 C〖楽〗〈普通 the ~〉(主強拍に入る前の)指揮棒の振り上げ; 弱拍音. ── 形〖話〗〔人(の考え)が〕楽観的な; 景気のいい; 陽気な. ◇↔downbeat.

†**up·braid** /ʌpbréid/ 動 他〖章〗〔人〕を叱(しっ)責する，ひどくしかる，〈*with* ..のことで/*for* doing ..することについて〉(類語 reproach より形式ばった語; →blame). He *~ed* his son *for* [*with*] idleness. 彼は息子をぶらぶらしていると言って叱(しか)った.

‡**úp·brìng·ing** 名 aU 養育，しつけ，(子供の)教育. His delinquency is a result of the bad ~ he received. 彼の非行は受けたしつけの悪さの結果だ.

連結 a correct [a decent, a proper; a strict; a narrow; a poor; moral; religious] ~

UPC universal product code.

úp·chùck 動〖米話〗自 げろを吐く. ── 他 を吐く.

‡**úp·còming** 形〖主に米〗〈限定〉近く起こる，来(きた)るべき，(forthcoming); 近々発売される. the ~ commencement やがて来る卒業式.

ùp·cóuntry /㊙/ 形 内陸(から)の，奥地(から)の; 内陸[奥地]への. ── 副 内陸に[へ]，奥地に[へ].

†**up·date** /⌐⌐|⌐⌐/ 動 他 **1** を最新式のものにする，〔記事など〕を新しくする，(改訂して)〔本など〕を最新のものにする. **2** に最新情報を提供する〈*on* ..について〉.

── /⌐⌐/ 名 UC 最新情報〈*on* ..の〉; 最新のもの.

Up·dike /ʌ́pdaik/ 名 **John** (**Hoyer**) ~ アップダイク (1932-)《米国の小説家》.

úp·dràft〖米〗, **-dràught**〖英〗名 C 上昇気流.

U

ùp·énd 動 他 **1** を逆さまに置く[立てる, する]. **2** (ボクシングなどで)をノックダウンする, 負かす. **3** 〔人〕を仰天させる; 〔生活など〕をめちゃくちゃにする.

ùp·frónt /⑱/ 形 〖話〗 **1** 目立つ, 主要な. **2** 率直な, 単刀直入の 〈*about* ..のことで〉. an ~ discussion 率直な議論. **3** 〖フットボール〗フォワードの位置で. **4** 前もっての, 前払いの, 前金の. an ~ payment 前金. —— 副 =UP front.

‡**ùp·gráde** 動 他 〔使用人など〕を昇進させる, 昇格させる 〈*to* ..に〉; を格上げする, の質を改善する. ~ one's service サービスを良くする. Please ~ my seat to first class. 席をファーストクラスに変えてください.

—— /⌐⌐/ 名 C **1** 上り坂, 上り勾(こう)配, (↔downgrade). **2** (改良された)新型; グレードアップ. the ~ to version 8 ヴァージョン 8 へのグレードアップ製品. ***on the úpgrade*** 向上[進歩]して(いる), 改善されて(いる).

úp·gròwth 名 **1** U 成長, 発達. **2** C 成長したもの.

†**up·heav·al** /ʌphíːv(ə)l/ 名 UC **1** 持ち上げる[られる]こと, 持ち上がり. **2** (社会, 政治などの)激変, 大変動; 大騒ぎ. a violent economic ~ 経済上の激変. **3** 〖地〗 隆起.

ùp·héave 動 他 **1** を持ち上げる; を押し上げる, 隆起させる. **2** を激変させる; を混乱させる.

up·held /ʌphéld/ 動 uphold の過去形・過去分詞.

†**up·hill** /ʌphíl ⑱/ 形 **1** 上り坂の, 上りの, 〔道など〕. **2** 丘の上の. **3** 骨の折れる, つらい. an ~ task 骨の折れる仕事. fight an ~ battle [struggle] against illness 病気と苦闘する. —— /⌐⌐/ 名 C 上り斜面《特に急な》.
—— 副 坂の上へ, 上方に向かって. walk ~ 坂を歩いて上る. It's a half-mile ~. 上り半マイル(の距離)です.

***up·hold** /ʌphóuld/ 動 (~s /-dz/| 過 過分 **up·held** /ʌphéld/|~·ing) 他 **1** を持ち上げる, 下から支える, (support). Slender pillars ~ the heavy roof. 細い柱が重い屋根を支えている.
2 を支持する, に賛成する; を遵守する, 維持する. ~ a person in his belief 人の信念を支持する. ~ the right of every citizen to vote 市民各人の投票権を擁護する. The higher court *upheld* the lower court's verdict. 上級裁判所は下級裁判所の評決を支持した.
[up-, hold[1]] ▷ **~·er** 名 C 支持[擁護]者.

up·hol·ster /ʌphóulstər/ 動 他 **1** 〔いす, ソファーなど〕に詰め物をして布を張る 〈*in, with* ..で〉. **2** 〔部屋〕にじゅうたん[カーテンなど]を取り付ける.

‡**up·hól·stered** 形 **1** 〔いす, ソファーなどが〕詰め物をして布を張った. **2** 〖戯〗〈well ~ として〉〔人が〕太った, 肉うきのよい.

up·hol·ster·er /ʌphóulst(ə)rər/ 名 C いす張り職人; 室内装飾業者.

‡**up·hol·ster·y** /ʌphóulst(ə)ri/ 名 U **1** 〈集合的〉 室内装飾品《じゅうたん, カーテン, いすなど》; 室内品施工材料《いす, 寝台の上張り, 詰め物など》. **2** 室内装飾業.

UPI United Press International.

úp·kèep 名 U **1** 維持, 保存; 扶養, 養育; 〈*of* ..の〉. **2** 維持費.

up·land /ʌ́plənd/ 名 **1** C 〈しばしば ~s〉 高地, 山地; (洪水で冠水する所より)高い地域. inhabitants of the ~*s* その高地に住む人々. **2** 〈形容詞的〉 高地の, 山地の.

ùp·líft 動 他 **1** 〖章〗 を揚げる, 持ち上げる. pose with one's arms ~*ed* 両腕を高くかかげてポーズをとる. **2** を(精神的, 感情的に)高揚させる. The overwhelming victory made them feel ~*ed*. 圧倒的勝利が彼らを高揚させた. **3** 〔人〕を(社会的に)向上させる. 類語 精神的な意味に用いるほうが多い; →raise.
—— /⌐⌐/ 名 **1** U 持ち上げること, (下からの)支え; C 持ち上げるもの, 下から支えるもの. **2** UC 高揚[向上](させる物事). **3** aU (経済の)浮揚.

‡**ùp·líft·ing** /⑱/ 形 (精神的に)高揚させる; 向上させる. The preacher delivered an ~ sermon. 牧師は精神を高揚させる説教をした.

úp·lòad 名 他 〖電算〗〔プログラムファイルなど〕をアップロードする《手元のコンピュータからホストコンピュータへ移す》.

‡**ùp·márket** /⑱/ 形 高級品(指向)の, 高級な, (〖米〗 upscale).

úp·mòst 形 =uppermost.

‡**up·on** /əpɔ́ːn, əpάn|əpɔ́n/ 前 =on.

> 語法 (1) upon と on は普通, 同義でどちらを用いても大差はないが, upon の方が on より〖章〗にふさわしい. 例えば rely *on* [*upon*] (..を当てにする), be based *on* [*upon*] (..に基づいている)などどちらでもよい言い方があるが, upon の方がより〖章〗. ただし upon で代用できない場合もある: *on* Monday (月曜日に), a book *on* brain death (脳死についての本).
> (2) 慣用上又は文のリズムや口調によって upon の方が用いられる[好まれる]場合は次の通り: (a) once *upon* a time (昔々), depend *upon* it (確かに), *upon* my word (誓って) (★音節が弱強弱強の順になる)など特定の成句で. (b) 動詞を伴って文[節]尾に来る場合: If my advice had been acted *upon*, the project would have worked. (私の助言に従っていたら, その計画はうまくいっただろう).
> (3)「..に差し迫って」の意味で用いられる upon は普通 on に置き換えられない: Christmas is *upon* us. (クリスマスが近づいている).

X̀ ***upon*** *X̀* 次々と続く X, 度重なる X, (★X は無冠詞単数形の同じ名詞). row *upon* row of seats ずらっと並ぶ座席の列. They fought battle *upon* battle. 彼らは戦いを繰り返した (=..one battle after another).
[<中期英語 *up on*]

‡**up·per** /ʌ́pər/ 形 ⓒ 〈限定〉 **1 上の方の**, 上部の, (↔lower). an ~ room 上の部屋. the ~ lip 上唇. the ~ shelf 上段の棚. the ~ story 階上. the ~ limit 最大限. **2 上位の**, 上級の, 上流の, (↔lower). He's in the ~ circle of society now. 彼は今では上流社会に属している.
3 (a) 高地の; 奥地の; (川の)上流の. the ~ Colorado (River) コロラド川の上流. (b) 〖米〗 (より)北方の, 北部の. *Upper* New York State ニューヨーク州北部.
4 〖地〗〈U-〉 後期の. the *Upper* Cambrian 後期カンブリア紀.
gèt [***gàin, hàve***] ***the ùpper hánd*** (***of, over..***) (..より)優勢である, 優位に立つ; (..を)支配する; (..を)掌中に収める.
the ùpper stóry (1) →1. (2) 〖戯〗 おつむ.
—— 名 C **1** 〈普通 ~s〉 革靴の甲皮(こうがわ)《靴底を除いて上全体を指す》. **2** 〈~s〉 上の入れ歯; 上の歯. **3** 〖話〗 覚醒(せい)剤 (↔downer).
(***dòwn***) ***on one's úppers*** 〖話〗 ひどく貧乏で.
[<中期英語; up, -er[2]]

ùpper árm 名 C 上膊(はく), 二の腕.

ùpper·cáse /⑱/ 形 〖印〗 大文字(活字)の (↔lowercase). ~ letters 大文字 (→upper case).

ùpper cáse 名 〖印〗 C 大文字用植字ケース; U 大文字活字 (↔lower case). in ~ 大文字で.

‡**ùpper·cláss** /⑱/ 形 **1** 〖時に軽蔑〗 上流(階級)の. The woman's manner is unbearably ~. あの女性の態度は上流ぶって我慢ができない. **2** 〖米〗 上級(生)の.

ùpper cláss 名 〈the ~(es); 単数形で複数扱いもある〉 上流階級.

ùpper·cláss·man /-mən/ 名 (複 **-men** /-mən/) C 〖米〗 上級生《大学, 高校の 3 年生と 4 年生》.

ùpper crúst 名 〈the ~〉 〖話・戯〗 上流社会, 富裕

階級.
úpper·cùt 名C 〖ボクシング〗アッパーカット.
Ùpper Hóuse [Chámber] 名〈the ～〉(2院制議会の)上院《英国の the House of Lords, 米国の the Senate など》.
úpper·lìp 名C **1** 上唇. **2** 鼻の下.
ùpper mìddle cláss 名〈the ～〉上層中産[中流]階級(↔lower middle class).
***up·per·most** /ʌ́pərmòust/ 形 ⓒ **最上[最高]の**, 一番上の, (↔nethermost); 最高位の; (大事で)真っ先に思い浮かぶ, 最重要の. the ～ branches of the great oak その巨大なカシの木の一番高い枝.
── 副 **1** 最上[最高]に; 真っ先に. *Uppermost* in my mind is your welfare. いつも念頭にあるのはあなたの幸福のことだ. **2**〈名詞の後で〉(..を)上にして〔置くなど〕.
còme úppermost (in one's mìnd) 真っ先に思い浮かぶ. The thought of his own safety naturally *came* ～. 自分の身の安全が一番気になったのは当然だ.
[upper, -most]
Ùpper Vól·ta /-vɑ́ltə|-vɔ́l-/ 名 オートボルタ《アフリカ西部の共和国 Burkina Faso の旧名》.
up·pish /ʌ́piʃ/ 形 〖主に英話〗=uppity. ▷**～·ly** 副 **～·ness** 名
up·pi·ty /ʌ́pəti/ 形 〖主に米話〗思い上がった, 生意気な, (pert).
ùp·ráised 形 持ち上げた, (声を)張り上げた.
‡**up·right** /ʌ́pràit, ˌ-ˊ-/ 形 ⓒ 【**まっすぐな**】**1 直立した**, 垂直の, (類語 perpendicular などよりくだけた語で, 厳密に垂直なことに重点はなく, 傾いたり倒れたりした状態と対比して「直立した」の意味). an ～ posture 直立の姿勢. an ～ pole まっすぐ立っている竿(さお). an ～ chair 背のまっすぐないす.
2 正直な, 公正な. an ～ judge 公正な裁判官. ～ dealings 公正な取引.
3 縦型の, 縦長の, 〔ピアノ, 電気掃除機など〕. →upright piano.
── /ˌ-ˊ-/ 副 まっすぐに, 直立して; 姿勢よく. walk ～ ぴんと背を伸ばして歩く.
── /ˌ-ˊ-/ 名 **1** U 垂直. **2** C まっすぐなもの; (書棚などの)縦板《shelf に対して》; 支え柱; (サッカーなどの)ゴールポスト(の1本). **3** C =upright piano.
[<古期英語; up-, right[1]] ▷**～·ly** 副 直立して, まっすぐに. **～·ness** 名 U 直立; 正直, 公正.
ùpright piáno 名C 竪(た)型ピアノ (→grand piano).
ùp·ríse 動 (→rise) 自 **1** 起き上がる; 起床する. **2** 上がる; 登る; 上り坂になる. **3** 増大する, 高まる.
── /ˊ-ˌ-/ 名C **1** 上昇; 登ること. **2** 上り坂.
†**up·ris·ing** /ʌ́pràiziŋ, ˌ-ˊ-/ 名C 反乱, 暴動.
ùp·ríver /移/ 形 上流の. ── 副 上流に.
***up·roar** /ʌ́prɔ̀ːr/ 名 aU **大騒ぎ**, 大騒動; わーわー[がやがや]言う声[音]; (類語 人々がわめき叫ぶ大騒音; → sound[1]). in an ～ 大騒ぎして; 大騒動になって. Don't get your bowels in an ～! 〖俗〗そう興奮するなよ.
[<中期オランダ語「騒動」]
up·roar·i·ous /ʌprɔ́ːriəs/ 形 **1** 騒がしい, やかましい. an ～ party 騒々しいパーティー. ～ laughter どっという笑い声. **2** 大笑いさせる(ような), 面白おかしい. an ～ comedy 抱腹絶倒の喜劇.
▷**～·ly** 副 騒々しく, やかましく; 陽気に. laugh ～*ly* 腹を抱えて[ゆすって]大笑いする. **～·ness** 名
†**ùp·róot** 動 他 **1**〔人, 風などが〕を根こぎにする (root up). The heavy storm ～*ed* the trees in my garden. 大あらしはうちの庭の木を根こぎにした. **2** を根絶する, 絶滅する. ～ a bad habit 悪癖を断ち切る. **3** (定住した土地から)を追い立てる, 立ち退かせる〈*from* ..から〉. They ～*ed* themselves [were ～*ed*] from their old home and moved to the suburbs. 彼らは(住み慣れた)古い家を立ち退くことを余儀なくされ郊外に引っ越した. The civil war ～*ed* many citizens from their homes. 内戦で多くの市民が家を追われた.
ùp·róse 動 uprise の過去形.
UPS[1] United Parcel Service (ユナイテッド小包運送会社).
UPS[2] uninterrupted power supply (無停電電源装置)《停電などの非常時に, 一定時間電力を供給する装置》.
úp·scàle 形 〖米〗(収入と教育が)平均以上の; 上層階級[裕福な人]を対象とした; 高級な.
‡**up·set** /ʌpsét/ 動 (～s /-ts/|過 過分 ～|～·ting) 他
1 をひっくり返す, 倒す, (★普通, 間違って倒すことを表す). ～ a vase 花瓶をひっくり返す. ～ the milk ミルクをこぼす. The boat was ～ by the strong wind. 船は強風で転覆した. The glass of wine was ～ and soiled her blouse. ワインのグラスが倒れて彼女のブラウスをよごした.
2〔計画など〕を狂わす, 〔秩序など〕をめちゃめちゃにする. The weather ～ all our travel plans. 天候のために私たちの旅行計画はすべてだめになった.
3〔人〕の**気を転倒[動転]させる**, をろうばいさせる, 動揺させる; を悩ます, 心配させる. Her father was terribly ～ by the news. 彼女の父はその知らせを聞いてひどくうろたえた. Please don't get ～ about being late. 遅れたことを気に病まないでください.
4〔胃など〕の調子を悪くする[狂わせる]. The raw oysters ～ his stomach. 彼は生ガキで胃の具合が変になった. **5** (予想に反して)を負かす.
── 自 ひっくり返る, 転覆する, 倒れる; 〔液体などが〕(容器から)あふれ出る, こぼれる. This table lamp ～*s* easily. この卓上スタンドは倒れやすい.
── 形 **1** 気が動揺[動転]している, (度を失うほど)憤慨して, がっかりする, 〈*at, about, with* ..に(対して)/*that* 節 ..ということに〉. Joan was ～ *at* having her behavior criticized. ジョーンは自分のふるまいを批判されて動揺していた. I was very ～ *that* he made a sarcastic remark about my book. 僕の本のことで彼が嫌味を言ったのでむかむかした. **2** 調子をくずした, ちょっとおかしい, 〔胃など〕. I have an ～ stomach. 私は胃の調子が悪い.
── /ˊ-ˌ-|ˌ-ˊ-/ 名 **1** UC 転覆, 転倒. **2** UC 混乱; ろうばい, 不安. His sudden illness caused the ～ of all our arrangements. 彼の突然の病気は我々の手はずをすべて狂わせた. **3** C (体, 特に胃の)不調. a stomach [tummy] ～ 胃[おなか]の不調. **4** C (競技, 選挙などの)予想外の敗北.
[<中期英語「立てる」(<up-+set); 意味が 'ひっくり返った'のは19世紀から]
úpset prìce 名 〖米〗=reserve price.
ùp·sét·ting /移/ 形 気を動転させる(ような).
†**úp·shòt** 名U 〖話〗〈the ～〉結末, 結果, 'とどのつまり', (outcome). In the ～, Keith was fired. つまるところキースは首になった. The ～ (of it all) was that they were divorced. 結局のところ彼らは離婚した.
***up·side** /ʌ́psàid/ 名 (複 ～s /-dz/) C **1 上側**, 上面, 上部. **2** (株価などの)上昇傾向. **3** 〖主に米〗よい面.
── 前 〖米話〗..の側面を. ～ his face 彼の横っ面を〔張るなど〕.
****ùpside dówn*** 〈副詞句として〉**上下逆さまに**, ひっくり返しに. You're looking at the picture ～ *down*. 君は絵を逆さまに見ている. The bus fell ～ *down* into the valley. バスは谷へ真っ逆さまに転落した.
tùrn ..ùpside dówn (1) ..を上下逆さまにする, ひっくり返す. (2)〔家, 部屋など〕をめちゃくちゃにする. Sarah *turned* the house ～ *down* but couldn't find the ring. サラは家中を引っかき回したが指輪は見つからなかった. [up-, side]
ùpside-dówn /移/ 形 上下逆さまの, ひっくり返した;

U

本末転倒の; 混乱した.

úpside-down càke 名 UC アップサイドダウン・ケーキ《フルーツを下にして焼いたものを上下逆にして出す》.

up·si·lon /jú:psəlɑ̀n, -lən|ju:psáilən/ 名 UC イプシロン《ギリシア語アルファベットの 20 番目の字 Υ, υ; ローマ字の U, u 又は Y, y に当たる》.

ùp·stáge /㊀/ 副 〖劇〗舞台の奥に[へ, で]. ── 形 **1** 〖劇〗舞台奥の. **2** 〖話〗もったいぶった, 高慢ちきな.
── 動 他 **1** 〖劇〗〔共演者〕より舞台奥の方へ動く《その結果共演者は観客に背を向けることになる》; の影を薄くさせる (outshine). **2** 〖話〗〔他人〕を押しのけて注目を独占する.

‡**up·stairs** /ʌ̀pstéərz ㊀/ 副 ⓒ **1** **上の階に[へ]**, 階上に[へ], (★実際の場面(住宅内など)では「2 階に[へ]」と訳してよいことが多い). go ～ 階上へ行く《便所へ行く, 寝室へ退くなどの含みがあることがある》. My room is ～. 私の部屋は上の階にある. We have an office ～. 私たちの事務所は階上にあります. **2** 〖俗〗頭(のほう)が〔変だ, 弱いなど〕. He isn't right [is a little slow] ～. あの男おつむがおかしい[少々弱い]. not have much ～ おつむがよろしくない[弱い].
kìck a pèrson upstáirs →kick.
── 形 〈限定〉階上の (→副 ★). the ～ neighbor 上の階に住んでいる隣人. the Man ～ 〖米話〗天にまします お方《神のこと》.
── 名 〈(the) ～; 単複両扱い; すぐ上の階を指せば単数扱い, 複数階であれば複数扱い〉〖話〗階上 (→副 ★). The ～ consists of two large bedrooms and a bathroom. 2 階には 2 つの大きな寝室と浴室がある.
◇↔downstairs [＜up stairs「階段を上って」]

ùp·stánding /㊀/ 形 〖章〗〈限定〉**1** 直立の[した]; 背が高くてがっしりした. **2** 〔人が〕正直で信頼できる, 立派な, まっとうな.

‡**úp·stàrt** 名 C 〖軽蔑〗(横柄な)成り上がり者.
── 形 成り上がりの, 駆け出しの.

ùp·státe /⁻́⁻/ 形 〖米〗(州の)大都会から離れた, (特に)北部の, (州の大都会から北方に離れた)へんぴな地方の. in ～ New York ニューヨーク州の北部で (★北部以外も指す). ── /⁻́⁻/ 副 北の北部へ[へんぴな地方へ].
── /⁻́⁻/ 名 U 〖米〗(大都会から離れた)州の北部; 州のへんぴな地方.

†**ùp·stréam** /㊀/ 副 上流に[で, へ], 川をさかのぼって, 流れに逆らって. ── 形 上流(で)の; 上流に向かう, さかのぼる. ◇↔downstream

‡**úp·sùrge** 名 C **1** 急な高まり〈*of* ..〔感情など〕の〉. **2** 急上昇; 急増〈..の〉. an ～ in oil prices 石油価格の急騰.

ùp·swéep 動 (→sweep) 他 をなで上げる; を上方に「曲げる.

ùp·swépt 動 upsweep の過去形・過去分詞. ── /㊀/ 形 **1** 〔髪が〕なで上げた, アップの. **2** 上方に曲げた.

úp·swìng 名 C (ブランコの)振り上がり; 急上昇〈*in* ..の〉; 急増, 急進展, 〈*in* ..の〉.

úp·tàke 名 **1** 〈the ～〉(特に新しいものに対する)理解力 (→成句). **2** 〈単数形で〉(体などへの)摂取(量).
quick [slòw] on the úptake 〖話〗飲み込みが早い[遅い], 分かりがいい[悪い].

ùp·tém·po /㊀/ 形 〖楽〗アップテンポの.

ùp·tíght /㊀/ 形 〖話〗 **1** (不安などで)こちこちになった[て], びくびくした[て]; ひどく悩んで〈*about* ..のことを〉. I don't like city life, because I get ～ *about* things like crowds, noise and smog. 僕は都会生活はいやだ, 人ごみや騒音やスモッグといった物がやたら気になるんだ.
2 ひどくお堅い. This college is the last stronghold of ～ coat-and-tie traditionalism. この大学は背広にネクタイというお堅い伝統主義の最後のとりでである.

‡**up-to-date** /ʌ̀ptədéit ㊀/ 形 ⓜ **1** **最新(式)の**, 最新の事実[情報]の入った. an ～ hotel 最新式設備を備えたホテル. my ～ computer 最新の私のコンピュータ. the most ～ teaching method 最新式の教授法. This book brings us ～ on the political situation in the Middle East. この本は中東の政治情勢について最新の情報を与えてくれる.
2 時代遅れでない, 現代的な, (↔out-of-date). He's not ～ in his ideas. 彼は考えが時代遅れだ.
[＜up to date] ▷**～·ness** 名

ùp-to-the-mínute /㊀/ 形 〈限定〉最新の, 最新流行の; 最新の情報を含んだ. Our station broadcasts ～ news every hour. 当局は 1 時間ごとに最新ニュースを放送する.

ùp·tówn 〖米〗副 (ビジネス街から離れた)住宅地区に[へ]; 市[町]の北部に[へ]. go [live] ～ 住宅地区に行く[住む]. ── /㊀/ 形 住宅地区の. ── 名 U 住宅地区. ◇↔downtown

úp·trènd 名 C (経済などの)上昇傾向.

†**úp·tùrn** 名 C **1** 騒動, 混乱. **2** 上昇, 増加; 好転, 改善; 向上; 〈*in* ..の〉. an ～ *in* stock prices 株価の上昇. Business took a sharp ～. 景気は急に好転した.

ùp·túrned /㊀/ 形 **1** 上を向いた; 先が上の方に向いた〔鼻など〕. **2** 〈限定〉ひっくり返された.

‡**up·ward** /ʌ́pwərd/ 副 ⓒ **1** **上の方に**, 上に向かって, 上へ; (川などを)さかのぼって. look ～ 上の方を見る. We had to climb farther ～. 私たちはさらに上の方へ登らねばならなかった. From the waist ～ his body is a mass of scars. 彼の体は腰から上が傷跡だらけである. Prices continued to move ～. 物価は上昇し続けた.
2 ..以来, 以降; ..以上. from one's teens ～ 10 代の時以来. Admission to the show is from ten dollars ～. ショーの入場料は(一番安くて) 10 ドルからである. 語法 〖米〗では主に upward, 〖英〗で主に upwards.
and úpward ..(及びそれ)以上. Children of six years *and* ～ are required to attend primary school. 6 歳以上の子供は小学校に行かねばならない.
úpward of .. ..より多くの, ..以上の (more than). The sculpture was valued at ～ *of* two hundred thousand dollars. その彫刻は 20 万ドルより高く値踏みされた.
── 形 ⓒ 〈主に限定〉**上向きの**, 上方への; 上昇する; 向上する. an ～ current of air 上昇気流. an ～ glance 上目使い. an ～ trend in business 景気の上昇傾向. ◇↔downward
[＜古期英語; up-, -ward] ▷**～·ly** 副 上方へ.

ùpwardly móbile 形 (社会的)上方[上昇]志向の.

ùpward mobílity 名 U 社会の上層への移動(性), 上昇志向(性); 社会的[経済的]な向上(をする能力).

úp·wards 副 ＝upward.

up·wind /ʌ̀pwínd ㊀/ 形, 副 逆風の[で], 風上の[で, に]. be ～ *of* a bear クマの風上にいる.

Ur /əːr, uər/ 名 ウル《ユーフラテス河口 Sumer にあった「古代都市」》.

U·ral /jú(ə)rəl/ 形 ウラル山脈[川]の. ── 名 **1** 〈the ～〉ウラル川《ウラル山脈に発しカスピ海に注ぐ》. **2** 〈the ～s〉ウラル山脈 (**the Ùral Móuntains**)《ロシア共和国内のヨーロッパとアジアの境を成す大山脈》.

U·ral-Al·ta·ic /jù(ə)rəlæltéiik ㊀/ 形 ウラルアルタイ (Ural-Altai) 地方[住民]の; 〖言〗ウラルアルタイ語族の.
── 名 U 〖言〗ウラルアルタイ語族《フィン語, マジャール語, トルコ語, モンゴル語などを含む》.

u·ra·ni·nite /ju(ə)réinənàit/ 名 U 〖鉱〗閃(せん)ウ「ラン鉱.

†**u·ra·ni·um** /ju(ə)réiniəm/ 名 U 〖化〗ウラン, ウラニウム, 《放射性金属元素; 記号 U; 核燃料, 核兵器の製造などに用いられる》. ～ 235 ウラン 235《ウランの放射性同位体の 1 つ; 核分裂をし, 核エネルギーに利用される》. ～ 238 ウラン 238《ウランの放射性同位体の 1 つ》.
[＜*Uranus*＋*-ium*]

U·ra·nus /jú(ə)rənəs/ 名 **1**〘ギ神話〙ウラヌス《宇宙を支配していた最古の神》. **2**〘天〙天王星.

***ur·ban** /ə́:rbən/ 形 ⓒ 〈普通, 限定〉**都市の**; 都会に住む; 都会的な; (↔rural, rustic). ～ life 都会生活. ～ problems 都市問題. an ～ center (都市の)人口密集地, 大都市地域. the ～ jungle アスファルトジャングル. [＜ラテン語「都市 (*urbs*) の」]

ùr·ban dís·trict 名 C 〘英史〙準自治都市.

ur·bane /ə:rbéin/ 形 都会風の; 洗練された, 上品な. ▷ **～·ly** 副

ùrban guerrílla 名 C 都市ゲリラ.

ur·ban·ite /ə́:rbənàit/ 名 C 〘主に米〙都市生活者.

ur·ban·i·ty /ə:rbǽnəti/ 名 (複 **-ties**) **1** U 都会風; 上品さ, 洗練, 優雅さ. **2** C 〈-ties〉(都会的な)洗練された態度[言葉遣いなど].

‡**ùr·ban·i·zá·tion** 名 U 都会化, 都市化.

úr·ban·ìze 動 他 を都会化する, 都市化する; 〔人〕を都会的にする, 洗練する.

ùrban renéwal 名 U (老朽建物一掃による)都市改造[再開発].

ùrban spráwl 名 U アーバン・スプロール現象《無秩序な都市化; →sprawl 名 2》.

ur·chin /ə́:rtʃən/ 名 C **1**〘旧〙いたずらっ子, 腕白小僧; (卑しい身なりの)男の子, 浮浪児. a street ～ 路上のいたずら小僧. **2**〘動〙ウニ (sea urchin).

Ur·du /úərdu:|úə-, ə́:-/ 名 U ウルドゥー語《インドヨーロッパ語族に属し Hindustani 語の一分派; パキスタンの公用語; パキスタン, インドなどのイスラム教徒が用いる》.

-ure /ər/ 接尾 動詞に添えてその「動作, 結果, 集合体」を表す名詞を作る. cens*ure*. creat*ure*. legislat*ure*. [古期フランス語(＜ラテン語 *-ūra*)]

u·re·a /ju(ə)rí:ə|júəriə/ 名 U 〘化〙尿素.

u·re·mi·a /ju(ə)rí:miə/ 名 U 〘医〙尿毒症.

u·re·ter /ju(ə)rí:tər/ 名 C 〘解剖〙尿管, 輸尿管.

ur·e·thane /jú(ə)rəθèin/ 名 U 〘化〙ウレタン.

u·re·thra /ju(ə)rí:θrə/ 名 (複 **u·re·thrae** /-θri:/, **～s**) C 〘解剖〙尿道.

‡**urge** /ə:rdʒ/ 動 (**úrg·es** /-əz/|過 過分 **～d** /-d/|**úrg·ing**) 他 **【ある方向にせき立てる】1 (a)** VOA 〔馬, 人など〕**を追い立てる**, せき立てる, 駆り立てる, 〈*on*, *onward*, *along*, *forward*〉. ～ a horse *on* [*forward*] 馬を駆り立てる. Susie was exhausted, but fear ～*d* her *on*. スージーは疲れ切っていたが恐ろしさに駆られて先を急いだ. **(b)** VOA (～ X ***on***) (一層努力するように)X をせき立てる. ～ the workers *on* to greater efforts もっと働くように従業員の尻を叩く.

2 VOO (～ X ***to*** do) X に**..するようしきりに促す[勧める, 頼む]**; VO (～ (X's) ***doing***/***that*** 節) (X が)..することをしきりに勧める; VOA (～ X ***into doing***/X ***to*** Y) しきりに[しつこく]促して X に**..させる**/X に Y **をさせる**. She ～*d* me *to* join the club.＝She ～*d that* I (should) join the club.＝She ～*d* my join*ing* the club. 彼女は私にクラブに入るようにしきりに勧めた. (★VOO が普通). I was ～*d* not *to* resign the post. 辞職しないように懇願された. They ～*d* the government *into* allocat*ing* money for welfare facilities. 彼らは政府に迫って福祉施設のための金を割り当てさせた. The prospect of fame and wealth ～*d* him *to* the task. 名誉と富が得られる見込みから彼はその仕事を引き受ける気になった.

3 を強く主張する, 熱心に提唱する, 力説する, 〈*on* ..〔人〕に〉; VO (～ ***doing***/***that*** 節) ..と強く主張する, 力説する. We ～*d* his competence.＝We ～*d that* he was competent. 我々は彼が適任であることを力説した. The lecturer ～*d* (*on* the audience) the importance of conservation. その講演者は(聴衆に)資源保護の重要性を力説した. He strongly ～*d that* we (should) use more coal as fuel. 彼は燃料に石炭をもっと多く使うべきだと強く主張した.

── 名 (複 **úrg·es** /-əz/) C 〈普通, 単数形で〉**衝動**, 熱望, 切迫した気持ち, 〈*to* do ..したいという〉. a powerful sexual ～ 強烈な性的衝動. the ～ *for* power 権力欲. satisfy an ～ *to* express oneself 強い自己表現欲を満足させる. I sometimes have an ～ *to* visit my hometown. 私は時々郷里を訪れたい衝動に駆られる.

> 連結 a sudden [a strong; an overwhelming, an irresistible] ～ // feel [check, control, stifle, suppress; feel; gratify] an ～

[＜ラテン語 *urgēre*「押す」]

ur·gen·cy /ə́:rdʒ(ə)nsi/ 名 U **1** 緊急(性), 切迫. a matter of some ～ 相当緊急な事柄. **2** 執拗(よう)さ, 熱意; 強要.

‡**ur·gent** /ə́:rdʒ(ə)nt/ 形 m **1**〔事態が〕**急を要する**, 緊急の; 重大な. an ～ telegram 至急電報. an ～ phone call 緊急電話. an ～ situation 緊急事態. There is an ～ need for food. 食料が緊急に必要だ. The present political system is in ～ need of improvement. 現在の政治制度は緊急に改善される必要がある.
2〔人が〕求めてやまない, しつこく求める〈*with* ..〔人〕に/*for* ..を〉; 〔態度などが〕せき立てる(ような). The employees were ～ in demanding a pay raise. 従業員たちは賃上げをしつこく催促した. My sister was ～ *with* me *for* particulars. 妹は詳しく話してくれと私にしつこくせがんだ.
[＜ラテン語「押している」(*urgēre* 'press' の現在分詞)]
▷ **～·ly** 副 緊急に; せがんで. need money ～*ly* 緊急に金が必要である.

úrg·ing 名 U 要請. at a person's ～＝at the ～ of a person 人の強い要請により.

u·ric /jú(ə)rik/ 形 〘医〙〈限定〉尿の; 尿から得た. ～ acid 〘化〙尿酸.

u·ri·nal /jú(ə)rən(ə)l|juəráin(ə)l/ 名 C **1** (男子用の)小便所; (壁に取り付けた)小便器. **2** (病人などのための)しびん, 便器.

u·ri·nal·y·sis /jù(ə)rənǽləsis/ 名 (複 **u·ri·nal·y·ses** /-sì:z/) UC 〘医〙尿分析, 検尿.

‡**u·ri·nar·y** /jú(ə)rənèri|-n(ə)ri/ 形 尿の; 泌尿(器)の. the ～ organs 泌尿器.

‡**u·ri·nate** /jú(ə)rənèit/ 動 自 小便をする, 放尿[排尿]する.

ù·ri·ná·tion 名 U 放尿[排尿].

‡**u·rine** /jú(ə)rən/ 名 U 小便, 尿. pass ～ 放尿する. [＜ラテン語 *ūrīna*「尿」]

URL 〘電算〙Uniform Resource Locator《インターネット上のページのアドレスを示すもの》.

†**urn** /ə:rn/ 名 C **1** つぼ, かめ, 《特に 1 本足の, 又は台の付いたもの》; 骨つぼ, 遺骨[灰]入れ. **2** (注ぎ口付きの紅茶, コーヒーの)大型ポット. [＜ラテン語 *urna*「かめ」]

u·ro·gen·i·tal /jù(ə)rədʒénətl ⑱/ 形 泌尿生殖器の.

u·rol·o·gy /ju(ə)rɑ́lədʒi|-rɔ́l-/ 名 U 泌尿器学, 泌尿科学. ▷ **u·rol·o·gist** 名 C 泌尿科医.

Ùr·sa Májor /ə́:rsə-/ 名 〘天〙大熊(おおぐま)座. [ラテン語]

Ùr·sa Mínor /ə́:rsə-/ 名 〘天〙小熊(こぐま)座. [ラテン語]

ur·sine /ə́:rsain/ 形 クマ(類)の; クマに似た. [＜ラテン語 *ursus*「クマ」]

ur·ti·car·i·a /ə:rtəké(ə)riə/ 名 U 〘医〙じんましん.

U·ru·guay /jú(ə)rəgwèi|úrəgwài/ 名 ウルグアイ《南米南東部の共和国; 首都 Montevideo》.

U·ru·guay·an /jù(ə)rəgwéiən|ùrugwái- ⑱/ 形 ウルグアイ(人)の. ── 名 C ウルグアイ人.

Ùruguay Róund 名 〈the ～〉ウルグアイラウンド《GATT 加盟国の多角的貿易交渉》.

U

*US[1], U.S. /jùːés/ 合衆国, 連邦, (United States). ★(1)普通 the を伴う. (2)/⑱/〈形容詞的〉the *US* team (合衆国チーム). *US* computer development (合衆国のコンピュータ開発).

US[2] 〖話〗unserviceable. This ballpoint is *US* already. このボールペンもう書けなくなっちゃった.

‡us /(ə)s, 強 ʌs/ 代〈we の目的格〉 **1** (a)〈動詞, 前置詞の目的語として〉**我々を[に], 私たちを[に]**. Will you see *us* home? 私たちを家まで送ってくれますか. The man told *us* we could park our car here. その人は私たちにここは駐車ができると言った. None of *us* noticed Paula going out. 私たちのうちだれもポーラが出て行くのに気がつかなかった. (b)〈be 動詞の補語として〉She couldn't believe it was *us*. 私たちだとは彼女は信じられなかった. **2**〈人間一般を指して〉Our eyes help *us* to relate to other people. 私たちの目は他の人たちと私たちを関係うけるのを助けてくれる. **3**〈editorial 'we' の目的格; →we 4〉Let us consider the evidence in detail. その証拠を詳細に検討してみよう.
4 (a)〖話〗〈we の代わりに〉It's not *us* that tried to upset their plans. 彼らの計画をだめにしようとしたのは私たちじゃない. 語法 動名詞の意味上の主語としての us については →me 2 語法. (b)〖主に方言〗＝we. *Us* lived in a two-story house. 俺たちゃ2階家に住んでたんだ. **5**〈動詞の間接目的語として; ＝ourselves〉〖主に米〗We built ～a shack by the lake. 私たちは湖畔に小屋を建てた. **6**〖英・非標準〗＝me. Give *us* a fiver. 5 ポンドちょうだい.
be ús 私たちにふさわしい[適している].
òne of ús 私たちの仲間の一人. Will you be *one of* ～? 仲間にならないか.
ùs and thém, thèm and ús おれたちとやつら, やつらとおれたち, 《こっちはこっち, あっちはあっちという関係》.
[＜古期英語 *ūs*]

‡*USA, U.S.A /jùːèséi/ 名〈the ～〉**アメリカ合衆国** (United States of America).

ùs·a·bíl·i·ty 名 U 使用可能なこと; 有用性.

us·a·ble /júːzəb(ə)l/ 形 使用できる; 使用に適した.

USAF United States Air Force (米国空軍).

*us·age /júːsidʒ, -zidʒ/ 名 (複 -ag·es /-əz/) **1** U **使用(法)**; 待遇(の仕方), 取り扱い(方); 使用度. rough ～ 荒っぽい使い方. The tools had been worn smooth by long ～. それらの道具は長い間使われたためすり減ってつるつるしていた. **2** UC 慣習, 慣例, しきたり. **3** UC (言語の)**慣用(法)**, 語法; 正用法. modern English ～ 現代英語慣用法.

> 2, 3 の 連結 correct [proper; accepted, established; current; common, general, popular] ～

[use, -age]

us·ance /júːz(ə)ns/ 名 U 〖商〗手形(慣習)期限, ユーザンス, 《慣習に基づく外国手形支払猶予期間》.

ÙSÁ Todáy 名 『ユーエスエートゥデー』《米国の全国紙》.

USCG United States Coast Guard (米国沿岸警備隊).

‡use /juːz/ 動 (ús·es /-əz/|過 過分 ～d /-d/|ús·ing) 他
【使う】 **1** **を用いる**, 使用する, 使う; 〔商品など〕を使っている; (類語「使用する」の意味の最も一般的な語; 人を目的語にすると冷遇や酷使の含みがある; →employ 3, utilize). ～ a computer [dictionary, library] コンピュータ[辞書, 図書館]を使う. ～ the toilet トイレを使う, 用を足す. I never ～ taxis. タクシーには決して乗りません. "Can [Could] I ～ your telephone?" "Yes, of course." 「電話をお借りしてもいいですか」「はい, どうぞ」(→borrow 類語). Please don't ～ that knife for cutting cheese. そのナイフをチーズを切るのに使わないでください. I can't ～ anyone who isn't willing to work. 働く気のない者は使えない. No butter is ～*d* in this dish. この料理にバターは使われていません. He ～*s* this as a table. 彼はこれをテーブルとして使っている. What kind of detergent do you ～? あなたはどんな洗剤を使っていますか. a much- ～*d* expression よく使われる表現.
2 〔体, 能力など〕**を働かせる**, 活用する; 〔権力, 手段など〕を行使する. ～ one's feet '足を使う', 歩く. ～ one's eyes (目を働かせて)見る. ～ force 暴力をふるう, 武力を使う. *Use* your head [brains]. 頭を使え. *Use* your loaf! → loaf[1] 3. *Use* a little patience with small children. 幼い子供に対しては少し気を長く持って接しなさい. ～ extreme caution 極力注意する.
3【使い切る】**を消費する**, 費やす. Beth ～*d* all her savings [money] on a trip abroad. ベスは貯金[金]を全部海外旅行で使ってしまった. Don't ～ all your time on one project. 1つの計画のために全部の時間を費やすな.
【利用する】 **4** 〔人, 物事〕を利用する, 手段に使う. You're just *using* me (for your own ends). あなたはただ私を利用しているだけだ. He ～*d* his political influence to save the situation. 彼は自分の政治力を利用して急場を収拾した.
【扱う】 **5**〖章〗VOA〔人〕を(..に)**扱う**, 待遇する, あしらう. ～ a person ill 人をひどく扱う. I'm afraid you ～*d* him badly. 君は彼にひどい扱いをしたようだね. *Use* others as you would have them ～ you. 自分がしてほしいように他人を遇しなさい.
6 〔麻薬など〕を常用する.
còuld [càn] úse .. 〖話〗..が得られたらありがたい; ..があれば[をすると]よくなる. I *could* ～ a cup of hot tea. 熱いお茶が1杯あったらありがたい.
Ùse by .. 賞味[使用]期限..《食品などの包装に記される》. *Use by* Jun. 30, '02 賞味[使用]期限 2002年6月30日.
ùse a pèrson's náme 人(の名)を引き合いに出す.
*ùse /../ úp (1) ..**を使い果たす**[つくす]. We ～*d up* all the butter at breakfast. 朝食でバターは全部使ってしまった. ～ *up* the world's resources 世界の資源を使いつくす. (2)〖話〗..をへとへとにする〈受け身で〉. She's ～*d up* with overwork. 彼女は働き過ぎて疲れ切っている.

── /juːs/ 名 (複 ús·es /-əz/) 【使用】 **1** U **使用**(する[される]こと); 利用. the ～ of force (武)力の行使. We got a bowler hat for ～ in the play. 我々はその芝居で使う山高帽を手に入れた. This parking lot is for the ～ of employees [customers] only. この駐車場は職員[お客様]専用です.

> 連結 constant [daily, everyday; regular; frequent; occasional; general, universal; public; private] ～

2 U 使い方, 使われ方. the ～ of the verb 'do' 動詞 do の使い方. the wise ～ of one's leisure 余暇の賢明な使い方. I was taught the ～ of the word processor. 私はワープロの使い方を教わった.

> 連結 correct [proper; effective; erroneous, wrong] ～

3 U 使う能力, 使用の自由[権利]. lose [regain, recover] the ～ of one's right arm 右腕が使えなく[またで使えるように]なる. Graduate students have [are given] the ～ of the staff library for their research. 大学院生は研究のために教員図書室を使用できる.
4【使用の目的】UC **用途**; 使い道; 使う必要, 入用. This acid has several important industrial ～*s*. この酸には重要な工業用途がいくつかある. You'll find all kinds of ～*s* for this gadget. この道具にはいろいろな使

い道があることが分かるでしょう.
5【使用の効果】 Ⓤ **効用**, 有用, 有益. What's the ～ of worrying?＝What ～ is worrying?＝What's the ～ worrying? 〘米話〙心配して何になるんだい. Is this desk any ～ (to you)?＝Do you have any ～ for this desk? この机は(君の)役に立ちますか. How much ～ did you get out of the machine? その機械がどれだけ君の役に立ちましたか.
6 Ⓤ 〘法〙(土地などからの)収益(権).
【習慣的使用＞習慣】 **7** Ⓤ 習慣, 慣例, しきたり. It is his ～ to take a long walk early in the morning. 早朝長い散歩をするのが彼の習慣である. ～ and wont 世の習わし. Long ～ has inured me to it. 長年の習慣でそれを苦に思わなくなった. 「礼.
8 Ⓒ 〘キリスト教〙(ある教会[管区]特有の)礼拝式, 典↑
by (the) úse of.. ..を使って. find out the meaning of a word *by (the)* ～ *of* a dictionary 辞書を使って単語の意味を知る.
****còme into úse*** **用いられるようになる**. When did "OK" *come into* common ～? "OK" はいつ一般に使われるようになったのか.
gò out of úse →out of USE.
hàve it's [one's] úse 〘話・しばしば戯〙〔物, 人が〕役に立つこともある.
****hàve nò úse for..*** (1) **..の必要がない**, ..に用がない. We *have no* ～ *for* you. お前には用がない(から絶交だ). (2)〘話〙..は嫌いだ, ..を我慢できない. I *have no* ～ *for* that kind of man. 私はああいう種類の男は嫌いだ.
****in úse*** **使用されて**; 行われて. The car won't be *in* ～ next Saturday. 次の土曜日は車が空いています. This room is *in* ～every day [*in* daily ～]. この部屋は毎日使われている. I couldn't get through to him because his phone was *in* ～. 電話が話し中だったので彼に連絡がつかなかった.
It's nò úse. 〘話〙だめだ, うまくいかない.
****màke (the bèst [gòod, fùll]) úse of..*** **..を(最大限に, うまく, 十分に)利用する**. *Make good* ～ *of* this opportunity. この機会をうまく利用しなさい. She *made the best* possible ～ *of* her time. 彼女は時間をできる限りうまく利用した.
****nò úse*** **役に立たない**. It's *no* ～ ⌞to complain [complaining]. 不平を言ってもむだだ. There's [It's] *no* ～ (their) complaining about it. それについて(彼らが)不平を言ってもしょうがない. This car is *no* ～ to man or beast. この車は全くだめだ[役に立たない].
****of úse*** **有用で**, 役立って. I hope this money will be *of* some ～ to you. このお金は多少ともお役に立つでしょう. information *of* great ～ 非常に役に立つ情報. His help will be *of* no ～ to me at all. 彼の援助は私には何の役にも立たないだろう.
out of úse 使用されないで. Steam locomotives have gone *out of* ～ now. 蒸気機関車は今や使われなくなった.
****pùt..to úse*** **..を活用する**, 利用する; ..を使用する. The basement was *put to good* ～ as a recreation room. 地下室は娯楽室として有効に使われた. The farmer will not *put* his land *to* more productive ～. その農夫は自分の土地をもっと生産的に活用しようとしない. [＜古期フランス語 (＜ラテン語 *ūti*「使う」)]

úse·a·ble 形 ＝usable.
úse-by-dàte /júːz-/ 名 Ⓒ 〘主に英〙賞味期限.
‡used[1] /juːst/ 形 ⓜ 〈叙述〉**慣れて(いる)** 〈*to* ..に〉(★used to は子音の前で /júːstə/, 母音の前で /júːstu/ と発音する; ↔unused[1]). a man ～ *to* hard work つらい仕事に慣れている男. 類語 accustomed は〘章〙.
****be úsed to..*** **..に慣れている**. I *am* not ～ *to* this kind of business. 私はこの種の実務に不慣れです. My father *is* ～ *to* getting up early. 父は早起きに慣れている.
****gèt [becòme] úsed to..*** **..に慣れる**. We soon *got* ～ *to* their ways. 私たちはすぐに彼らのやり方に慣れた. I don't think I'll ever *get* ～ *to* living in the country. 田舎住まいにはとても慣れるとは思わない.
── /juːs(t)/ 助 自 〈常に to 不定詞を伴い used to 全体が助動詞の働きをする; used to の発音については →形〉〈過去の習慣を表す〉 **..するのが常だった**, ..する習慣であった; 〈過去の状態・事実を表す〉 **以前は..した[であった]**. I ～ *to* smoke, but I don't any ⌞more [longer]. 私は以前はたばこを吸っていましたが, 今はもう吸いません. "Do you play tennis?" "No, but I ～ *to*."「テニスはしますか」「いえ, 前はよくしましたが」. There ～ *to* be a store right here. 以前ちょうどここに商店があった. Barbara is more talkative than she ～ *to* be. バーバラは前よりおしゃべりになった. He does not come as often as he ～ (*to*). 彼は前ほどちょいちょいやって来ない. in what ～ *to* be West Germany (以前西ドイツだった所＞)旧西ドイツでは. I never ～ *to* eat out. 以前は外食することは決してなかった. Didn't he ～ *to* live in Kyushu? 彼は前は九州に住んでいたんじゃないのか. She ～ [didn't ～] *to* be a vegetarian, didn't [did] she? 彼女は以前は菜食主義者⌞でしたよね[ではなかったよね]. ★She did ～ *to* work here, didn't she? (彼女, 以前ここで働いていたよね)は非標準とされる.

語法 (1) 疑問文, 否定文には次の形のどちらも用いられるが, did を使うのが普通で (→上の例も参照), used を助動詞的に使うのは〘やや旧〙又は〘非常に章〙である: What ～ he *to* drink after dinner?＝What *did* he *use(d) to* /júːs(t)tə/ drink after dinner? (あの人は夕食後いつも何を飲んでいましたか)
She ～ *not* [*usedn't* /júːsnt/] *to* smoke. 〘英〙＝She *didn't use(d) to* /júːs(t)tə/ smoke. 〘英・米〙(彼女は以前はたばこを吸わなかった)
(2) **used to** と **would** の違い.
(a) used to は現在と対比された過去の反復的, 習慣的行為を表し, would は主語の特徴的な習慣・行動を表す. He *used to* spend most evenings at his uncle's house. (彼は夜は大抵おじの家で過ごしたものだった) He would spend most evenings playing chess. (彼は夜は大抵チェスをして過ごした)
(b) used to は状態を表す動詞とも用いられるが, would は不可. Bob *used to* be very slim when he was young. ボブは若いときは大変スリムだった. I *used to* live in Tokyo, but I moved in 1996. 私はかつては東京に住んでいたが, 1996 年に引っ越した.
(c) 現在との対比は used to を使い, would は使えない. Things aren't what they used to be. (状況はかつてとは違う)《この場合 would は不可》
(d) used to は人間以外も主語になるが, would は不可. That building *used to* be a brewery. あの建物は昔はビール醸造所だった.
(e) used to の後に受け身を使うことができるが, would には使えない. When I was a child, I *used to* be allowed to drink coffee. (子供の頃, 私はコーヒーを飲むことを許されていた)
(3) used to も would も具体的な数, 期間を表す副詞類と一緒には使えない. I went to Dublin twice as a student. (私は学生時代にダブリンに 2 回行った). I lived in Ireland for three years. (私は 3 年間アイルランドに住んだ)
(4) used to と頻度の副詞は used の前にも後にも使えるが, 前に置いた方が口語では普通. He always used to be afraid of dogs. 〘話〙＝He used always to be afraid of dogs. 〘形式ばった表現〙(彼はかつてはい

つも犬をこわがっていた)

[use の過去分詞]

***used**[2] /juːzd/ 形 ⓜ **1 中古の**, 使用済みの, (↔new, unused[2]). a ~ car 中古車. ~ clothes 古着. collect ~ stamps 使用済みの切手を集める. ~ nuclear fuel 使用済み核燃料. **2** 汚い, 汚れた. a ~ towel 汚れたタオル. [use の過去分詞]

‡**use·ful** /júːsf(ə)l/ 形 ⓜ **1** 〔物が〕**役に立つ**, 有用な, 有益な, 〈*to* ..〔人〕に /*for* ..にとって〉 (↔useless). a ~ tool 役に立つ道具. This book is very ~ *to* us [*for* our studies]. この本は私たち[私たちの勉強]にとって大変有益です. It is very ~ in old age to have a doctor friend. 年をとると医者の友人を持つことは非常に便利だ. Thank you very much for your ~ advice. 有益な助言を与えてくださって大変ありがとう. **2** 〔人が〕役に立つ, **有能な**. I don't know how I can make myself ~ to society. どうしたら社会のために役に立てるか分からない. **3** 〖英話〗いい, なかなかの. a ~ sportsman なかなかのスポーツマン.

***còme in úseful** ＝come in HANDY.

[use, -ful] ▷ **~·ly** 副 有益に, 役に立つように.

***use·ful·ness** /júːsf(ə)lnəs/ 名 Ⓤ **有用**(性), 有効性; 有益; 有能. the ~ of a dictionary 辞書の効用. The old TV has outlived its ~. その古テレビはもう寿命だ.

‡**use·less** /júːsləs/ 形 ⓜ **1** 〔物が〕**役に立たない**, 無用な, (↔useful). ~ information 無用な情報. You shouldn't read such ~ books. そんな無益な本を読むべきでない. **2** 成功の見込みがない, **むだな**. a ~ attempt むだな試み. It is ~ ⌞to resist [resisting] him. 彼に抵抗してもむだだ (★to 不定詞の方が普通). **3** 〔人が〕役に立たない, 何もできない, 〈*at* ..の面で〉. a ~ fellow 役立たず, ろくでなし. He is ~ *at* swimming. 彼は水泳はだめだ. [use, -less]

▷ **~·ly** 副 むだに; 無益に. **~·ness** 名 Ⓤ 無用; 無益.

***us·er** /júːzər/ 名 (複 **~s** /-z/) Ⓒ **使用者**, ユーザー; 利用者; 消費者. a dictionary ~ 辞書の使用者. an end ~ 末端消費者; エンドユーザー《普通のパソコン使用者》.

úser fèe 名 Ⓒ 受益者負担金.

†**ùser-fríendly** /㊥/ 形 〔コンピュータなどが〕使用者に便利な[使いやすい], 使い勝手のよい. ▷**-li·ness** 名

ùser ínterface 名 Ⓒ 〖電算〗ユーザー・インターフェース《PC の操作上, ソフト[ハード]ウェアでユーザーが直接接触する部分; キーボードは入力用インターフェースであり, ディスプレイやプリンタは出力用インターフェース》.

úser·nàme 名 Ⓒ ユーザーネーム《コンピュータ使用者の識別用名前; →password》.

†**ush·er** /ʌ́ʃər/ 名 (複 **~s** /-z/) Ⓒ **1** (教会, 劇場などの) 案内係. The ~ led me to my seat. 案内係が私を座席へ案内してくれた. **2** 〖英〗(特に法廷の)廷吏, 守衛, (〖米〗bailiff).

── 動 他 〖章〗VOA を案内する; を先導する. We were ~*ed to* our table by the waiter. 私たちはウエーターにテーブルに案内された. ── 自 案内役をする.

ùsher /../ ín (1)〔客〕を案内して通す. ~ *in* a guest 客を招じ入れる. (2) ..の先触れになる; ..の始まりを告げる; ..を始める. The new regime ~*ed in* a number of reforms. 新政権は多くの改革に着手した. A long spell of rain ~*ed in* the autumn. 長雨と共に秋が訪れた.

ùsher /../ óut 〔客など〕を送り出す.

[<ラテン語「門番」(<*ōstium* 'door')]

ush·er·ette /ʌ̀ʃərét/ 名 Ⓒ (映画館などの)女性の案内係(兼売り子).

USIA United States Information Agency (米国「文化情報局).

USIS United States Information Service (米国(大使館)広報文化局).

USMC United States Marine Corps (米国海兵隊).

USN United States Navy (米国海軍).

US Open /ニ-ニ-/ 名 〈the ~〉 全米オープン《ゴルフ・テニスの 4 大大会の 1 つ》.

USS United States Senate (米国上院); United States Ship [Steamer, Steamship] (米国船[汽船]).

USSR 〖史〗Union of Soviet Socialist Republics.

usu. usually.

‡**u·su·al** /júːʒuəl/ 形 ⓜ **通例の**, 通常の, 普段の; いつもの; (↔unusual). their ~ breakfast of toast, eggs and milk トースト, 卵, 牛乳という彼らのいつもの朝食. He gave his ~ answer. 彼はお決まりの返事をした. She wasn't her ~ self. いつもの彼女ではなかった. Is it ~ for you to get up so late? いつもこんなに遅く起きるんですか. The students are more active than ~ today. 学生たちは今日はいつもより活発である.

as is úsual with* [*in, for*] *.. **..にはいつものことだが.** *as is* ~ *with* such cases そういう場合には普通のことだが. He arrived, *as is* ~ *with* him, ten minutes late. いつものことだが彼は 10 分遅れてやって来た.

(*as*) *pèr úsual* →per.

as úsual **いつものように**, 例のごとく. *As* ~, she took my advice. いつものように彼女は私の助言に従った. They paid no attention to their old mother's complaints, *as* ~. いつものように彼らは老母の愚痴に注意を払わなかった. Nothing happened, and our life went on *as* ~. 何事も起こらず我々の生活はいつものように動いて行った.

the* [*my*] *úsual 〈名詞的〉(私の)いつもの物, お決まり(の飲み物など).

[<ラテン語「いつも使っている」(<*ūsus*「使用」)]

▷ **~·ness** 名

‡**u·su·al·ly** /júːʒuəli/ 副 ⓜ **通例**, 通常; 一般に; いつもは. Tom ~ studies in his own room. トムはいつもは自分の部屋で勉強する. *Usually* we don't go out on Sundays. 私たちは日曜日には外出しないのが通例です. It isn't ~ so cold at this time of year. 例年ならこの時期にはこれほど寒くない. Ned was more than ~ short with me. ネッドはいつにも増して私にそっけなかった.

> 語法 It is..that ~. の強調構文で usually だけでは強調の焦点とならないが, 次の例のような場合は可: It was usually in the mornings that he saw his patients. 彼が患者をみるのは普通午前中だった.

[usual, -ly[1]]

u·su·fruct /júːz(j)ufrʌkt, júːs(j)u-|júːzju-, júːsju-/ 名 Ⓤ 〖法〗用益権, 使用権.

u·su·rer /júːʒ(ə)rər/ 名 Ⓒ 〖旧・軽蔑〗高利貸し.

u·su·ri·ous /juːʒú(ə)riəs|-zjúər-/ 形 〖章・軽蔑〗高利貸しの; 高利の; 暴利をむさぼる.

▷ **~·ly** 副 **~·ness** 名

†**u·surp** /juːsə́ːrp, -zə́ːrp|-zə́ːp/ 動 他 〖章〗〔権力, 地位など〕を(不法に)奪う, 強奪する. ~ the throne 王位を簒(さん)奪する. ~ a person's rights 人の権利を不法に奪う. [<ラテン語「自分の使用 (*ūsus*) のために奪う (*rapere*)」] ▷ **~·er** 名 Ⓒ 強奪者.

u·sur·pa·tion /jùːsərpéiʃ(ə)n, -zər-|-zəː-/ 名 ⓊⒸ (地位, 権力などの)強奪.

u·su·ry /júːʒəri/ 名 Ⓤ 〖旧・軽蔑〗**1** 高利の貸付; 高利貸し業. **2** (不当な)高利.

UT[1] universal time.

UT[2], **Ut.** Utah.

U·tah /júːtɑː/ 名 ユタ《米国西部の州; 州都 Salt Lake City; 略 UT 〖郵〗, Ut.》. [北米先住民語「山の民」]

UTC Coordinated Universal Time (協定世界時) [<フランス語 *universal temps coordonné*]

†**u·ten·sil** /ju(ː)téns(ə)l/ 名 Ⓒ 〖章〗用具, 道具, 器具;

台所道具, 家庭用品; (類語 最も典型的には, なべなどの小型容器を指す; →implement). cooking ～s 調理器具. farming ～s 農具. household ～s 家庭用品. writing ～s 筆記用具. [＜ラテン語「使用 (*ūsus*) に適した(もの)」]

u·ter·ine /jú:tərin, -ràin|-ràin/ 形 **1**〖解剖〗子宮の. a ～ fibroid 子宮腫瘍. **2** 同母異父の. ～ brothers 種違いの兄弟.

‡**u·ter·us** /jú:t(ə)rəs/ 名 (複 **u·ter·i** /-rai/, ～**es**) C〖解剖〗子宮. [ラテン語 'womb']

‡**u·til·i·tar·i·an** /ju:tìləté(ə)riən ⑱/ 形 **1** 実用的な, 実利的な; 功利的な. in a ～ way 実利的に. **2** 実利主義の; 功利主義の.

── 名 C 実利主義者; 功利主義者.

u·tìl·i·tár·i·an·ìsm 名 U〖哲〗功利説[主義]《最大多数の最大幸福の実現を行為の理想とする》.

***u·til·i·ty** /ju:tíləti/ 名 (複 **-ties** /-z/) **1** U 役に立つこと, 有用性, 効用; 実用(性). a book of practical ～ 実際の役に立つ本. Such information has little ～ for me. そのような情報は私にはほとんど無益である.

2 C 役立つ物, 実用向きの物.

3〈形容詞的〉実用向きの, 実用本位の; 多目的の; 万能の. a ～ knife 万能ナイフ. ～ furniture 実用向きの家具. a ～ player〖野球〗どのポジションでもこなせる選手.

4 C〈しばしば -ties〉公益事業 (public utility)《水道, ガス, 電気, 鉄道, 電信電話など》; (日常生活に必要な)**利用設備**《電気, ガス, 水道など》. My rent includes *utilities*. 私は電気代・ガス代込みで部屋を借りている. ～ bills 光熱費(の支払い).

[＜ラテン語「有用な (*ūtilis*) こと」]

utìlity póle 名 C〖米〗電柱.

utílity ròom 名 C ユーティリティルーム《家庭のボイラー, 冷暖房装置, 洗濯機などをまとめて設備してある部屋》.

u·ti·liz·a·ble /jú:təlàizəb(ə)l/ 形 利用できる.

†**ù·ti·li·zá·tion** 名 U 利用, 活用.

***u·ti·lize** /jú:təlàiz/ 動 (**-liz·es** /-əz/|過 過分 ～**d** /-d/|**-liz·ing**) 他 〖章〗**を利用する**, **活用する**, 役立たせる, 〈*for* ..のために /*as* ..として〉 (類語 use より形式ばった語で, 物の実用的活用を意味する). ～ natural resources 天然資源を利用する. ～ nuclear energy *for* peaceful purposes 核エネルギーを平和目的に利用する. I wonder how I can best ～ my abilities. どうしたら私の能力を一番よく生かすことができるだろうか. [＜ラテン語 *ūtilis*「有用な」; -ize]

***ut·most** /ʌ́tmòust, -məst/ 形 ¢〈限定〉 **1**〈普通 the ～〉**最大限の**, 極度の. with the ～ pleasure この上もなく喜んで. with one's ～ effort できる限り努力して. a conference of the ～ importance 極めて重要な会議. draw up a plan with the ～ care 最大の注意を払って計画を立案する. **2**〖章〗最も遠い. to the ～ ends of the earth 地の果てまで(も).

── 名 U〈普通 the ～〉**最大限**; 極限; 極度, 極端.

dò* [*trỳ*] *one's útmost to do 〖章〗..をするため全力を尽くす. He *did* his ～ *to* please his old parents. 彼は老いた両親を喜ばせるためにできる限りのことをした.

to the útmost 力の及ぶ限り; 極限まで. We shouted *to the* ～ of our strength. 私たちは声を限りに叫んだ. Small farmers were taxed *to the* ～. 小農たちはぎりぎりまで税を課せられた.

[＜古期英語「一番外の」; out, -most]

***U·to·pi·a** /ju:tóupiə, -pjə/ 名 (複 ～**s** /-z/) **1** ユートピア《Sir Thomas More 作 *Utopia* (1516) の中に描かれた理想国; 題名はモアの造語で「どこにも無い所」(＜ギリシア語 *ou* 'not'＋*tópos* 'place') の意味》. **2** C〈時に u-〉〈一般に〉理想郷, 理想的社会; 理想的社会改革案.

‡**U·to·pi·an** /ju:tóupiən, -pjən/〈又は u-〉形 **1** 理想郷の, ユートピアの, 理想的社会の. **2**〈普通, けなして〉非現実的な, 夢想的な. ── 名 C **1** 夢想的[非現実的]社会主義者; 夢想家 **2** 理想郷[ユートピア]の住民.

u·tó·pi·an·ìsm 名 U ユートピア的理想; 空想的社会主義[改革案].

U·trecht /jú:trekt/ 名 ユトレヒト《オランダ中部の商業都市》.

U·tril·lo /ju:trílou/ 名 **Maurice** ～ ユトリロ (1883–1955)《フランスの画家》.

***ut·ter**[1] /ʌ́tər/ 形 ¢〈限定〉**全くの**, 完全な; 無条件の, 徹底的な; (類語 普通, 否定的な意味を持った語に付ける; →complete 3). ～ darkness 真っ暗やみ. ～ disbelief 全くの不信. an ～ fool この上ないばか. This is ～ madness [nonsense]. これは全くの狂気の沙汰(さた)[ナンセンス]だ. He stared at me in ～ astonishment. 彼は驚きのあまり私をじっと見たままだった. [＜古期英語 (*ūt* 'out'の比較級)]

***ut·ter**[2] /ʌ́tər/ 動 (～**s** /-z/|過 過分 ～**ed** /-d/|～**ing** /-t(ə)riŋ/)〖章〗他 【外に出す】 **1**〔声, 言葉など〕**を発する**, 出す. ～ a groan うめき声を立てる. Someone ～*ed* a cry of joy. だれかが喜びの叫び声を上げた. Nora was too surprised to ～ a word. ノーラは驚きのあまりひと言もしゃべれなかった. **2**〔考え, 気持ちなど〕を口にする, 言う, 述べる. The crowd began ～*ing* protests against the police. 群衆は警察に対して抗議を口にし始めた.

3〔偽造通貨など〕を行使する, 流通させる.

── 自 発言する, 意見を表明する.

[＜中期オランダ語「話す, 市場に出す」]

†**ut·ter·ance** /ʌ́t(ə)rəns/ 名〖主に章〗 **1** U 言葉に出すこと, ものを言うこと. The dying man attempted ～ in vain. 死にかけている人は何か言おうとしたが声にならなかった. **2** C 言葉, 発言;〖言〗発話《行為, またはそれによって発せられる一区切りのことば》. his public ～*s* 彼の公の発言. **3** aU 話しぶり; 話す能力. her clear ～ 彼女のはっきりした口のきき方.

give útterance to.. 〖章〗..を言葉に表す. She never *gave* ～ *to* her personal feelings. 彼女は個人的な感情を口に出して言うことは決してなかった.

***ut·ter·ly** /ʌ́tərli/ 副 ¢ **全く**, すっかり, 完全に. You're ～ wrong. 君は完全に間違っている. He was ～ exhausted. 彼は疲れ切っていた. 語法 普通, 悪い意味の語を修飾する (→utter[1] 類語) が, He ～ adores her. (彼女にぞっこん惚(ほ)れている)のような場合もある.

ut·ter·most /ʌ́tərmòust/ 形, 名 〖主に雅・章〗＝utmost.

‡**U-turn** /jú:tə̀:rn/ 名 C **1** (自動車などの) U ターン. No ～.〖掲示〗U ターン禁止. do [make] a ～ U ターンする. **2**〖話〗〖普通, 軽蔑〗(政策などの) 180 度の転換, 逆転. do [make] a ～ 180 度の政策転換をする [U ターンする].

UV ultraviolet.

UV-A 320–380 ナノメートルの波長を持つ長波長紫外線. [＜*u*ltra*v*iolet A]

UV-B 280–320 ナノメートルの波長を持つ中波長紫外線. [＜*u*ltra*v*iolet B]

u·vu·la /jú:vjələ/ 名 (複 ～**s**, **u·vu·lae** /-lì:/) C〖解剖〗口蓋(がい)垂, のどひこ. [＜ラテン語「小さなブドウ」]

u·vu·lar /jú:vjələr/ 形〖解剖〗口蓋(がい)垂の.

── 名 C〖音声〗口蓋垂音.

ux·o·ri·ous /ʌksɔ́:riəs/ 形〖雅〗妻を溺(でき)愛する. an ～ husband 愛妻家. [＜ラテン語 *uxor*「妻」] ▷～**·ly** 副 ～**·ness** 名

Uz·bek /úzbek, ʌ́z-/ 名 (複 ～, ～**s**) **1** C ウズベク人《中央アジアのウズベキスタン共和国に住むトルコ民族の一員》. **2** U ウズベク語.

Uz·bek·i·stan /ùzbekistǽn, ʌ̀z-, -stá:n/ 名 ウズベキスタン《CIS 構成共和国の一員; 首都 Tashkent》.

U·zi /ú:zi/ 名 (複 ～**s**) C〖商標〗ウージー《イスラエル製の軽機関銃; ＜発明者 *Uzi* Gal》.

U

V

V, v /viː/ 名 (複 **V's, Vs, v's** /-z/) **1** UC ヴィ《英語アルファベットの第 22 字》. **2** C 〈大文字で〉 V 字形のもの. **3** U (ローマ数字の) 5. *VI* [*vi*] =6. *VII* [*vii*] =7. **4** C 《米話》 5 ドル紙幣.

V 《化》 vanadium; 《数》 vector; victory; volt.

V. Venerable; Viscount.

v. velocity; verb; verse; version; versus; very; vice-; vide; village; voice; volume.

VA 《郵》, **Va.** Virginia.

VA 《米》 Veterans Administration; Vice Admiral; 《英》 Order of Victoria and Albert (ヴィクトリア・アルバート勲章).

vac /væk/ 名 C **1** 《英話》 (大学の)休暇 (vacation). **2** =vacuum cleaner.

***va·can·cy** /véikənsi/ 名 (複 **-cies** /-z/)

【空き】 **1** C (アパート, ホテルなどの)**空き部屋**, 空き家. There are no *vacancies* at this hotel. このホテルは満室だ. **2** C (地位などの)**空席**, 欠員. a ~ to be filled immediately すぐに埋めなければならない空席. We have several *vacancies* for salesmen. 我が社には男子外交員数人の欠員がある.

【空白】 **3** UC 空虚, から(の状態); 空間. With glazed eyes the soldier stared into ~. その兵士はどんよりした目で空(くう)を見つめた.

4【心の空白】 U 放心(状態), うわの空, ぼんやりしていること. a bereaved wife with an expression of ~ on her face 夫に先立たれて放心した顔つきの妻.

◇形 vacant [→vacant; -ance]

***va·cant** /véikənt/ 形 ⓒ (★4, 5 は ⓜ)

【(一時的に)からの】 **1** 〔家, 部屋などが〕**空いている**, 無人の, (類語 特に(一時的に)人がいないことに重点がある; a ~ room (ホテルなどの空室)と an empty room (からっぽの部屋)とを比較). a ~ lot 空き地. a ~ bed (病院の)空きベッド. Is this seat ~? この席は空いていますか. find a ~ parking space 空いている駐車スペースを見つける. '*Vacant*' 「空き」 《浴室, 便所などの表示; ↔'Occupied'》.

2 〔地位などが〕**空席の**, 欠員になっている. The post of manager fell [was left] ~ because of death. 支配人が死亡したためにその地位は空いた[空席のままだった]. An election was held to fill the ~ seat. その空席を埋めるために選挙が行われた. "situations ~" advertisements 求人広告.

3 〔時間などが〕**空いている**, 暇な, 何もしていない. I have much ~ time this week. 今週は空いている時間がたくさんある.

【何も入っていない】 **4** からの, 空白の. stare into ~ space 虚空を見つめる.

5【空白になっている】 〔心, 頭が〕 ぼんやりした, うつろな, 放心している; からっぽの, 内容のない, 空虚な. have a ~ look [expression] on one's face 顔にぼんやりした表情を浮かべ(てい)る.

[<ラテン語 *vacāre* 「空である」(の現在分詞); -ant]

▷ **~·ly** 副 ぼんやりと, 放心して. stare ~*ly* into space ぽかんと空(くう)を見つめる.

vàcant posséssion 名 U 《英》 即時入居可能↑「《不動産の広告》.

‡**va·cate** /véikeit | vəkéit/ 動 他 《章》 **1** 〔家, 場所などを〕を立ち退く, あける. ~ one's apartment アパートを立ち退く. You must ~ this area because of the danger. この区域は危険だから立ち退かなければならない.

2 〔地位, 職などを〕を辞職する, 退く, 空席にする. Robert was appointed to the job when the position was ~*d*. その地位が空席になるとロバートがそこに任命された.

‡**va·ca·tion** /veikéiʃ(ə)n, və- | və-/ 名 (複 **~s** /-z/)

1 UC 《主に米》 **休暇**, 休日, 休み, (《英》 holiday(s)). take a ~ of two weeks [some ~] 2 週間の[少し]休暇を取る. go *on* a long ~ 長い休暇を取る[取って出かける]. Tom spends his annual ~ in the mountains. トムは年に 1 度の休暇を山で過ごす. 参考 日数にかかわらず 1 回の休暇を指す; 《英》でも日数に関係なく a holiday が使えるが, 2 日以上には holidays も用いる.

2 C (学校の)**休暇**; (法廷の)休廷期間. the summer ~ 夏休み. the Christmas ~ クリスマス休暇. the Easter ~ 復活祭休暇《学校の春休み》. 参考 (1) 学校の休暇の場合, 《英》では大学に限られ, university [college] *vacation* に対し school *holidays* と言う. (2) 議会の休会は recess.

3 〈形容詞的〉 休暇(のため)の. make a ~ trip to Florida フロリダへ休暇旅行をする. a nice ~ resort 休暇を過ごすのによい行楽地.

4 U 《章》 立ち退き, 引き払い; 辞職; (動 vacate).

on vacátion 《主に米》 休暇に[で]. I'll take care of your dog while you are *on* ~. 君が休暇を取っている間私が犬の世話をしてやろう.

── 動 自 《主に米》 休暇を取る; 休暇を過ごす 〈*in*, *at* ..〔場所〕で〉; (《主に英》 holiday). ~*ing* young men 休暇を取っている若者たち. Dick always ~*s in* Spain. ディックは休暇をいつもスペインで過ごす.

[<ラテン語「空(から)であること」(<*vacāre* 'be empty'); -tion]

va·cá·tion·er 名 =vacationist.

va·cá·tion·ist 名 C 《米》 休暇利用客, 行楽客, 避暑[避寒]客, (《英》 holidaymaker).

‡**vac·ci·nate** /vǽksənèit/ 動 他 に種痘をする; に予防接種をする, ワクチン注射をする, 〈*against* ..予防の〉. Your children must be ~*d against* measles. あなたの子供たちははしかの予防接種を受けなければならない.

†**vac·ci·na·tion** /vӕksənéiʃ(ə)n/ 名 UC 種痘; 予防接種, ワクチン注射, 〈*against* ..予防の〉. ~ *against* typhoid fever 腸チフスの予防注射.

‡**vac·cine** /væksíːn, ⌐-| ⌐-/ 名 UC **1** (天然痘予防の)痘苗(とうびょう), 牛痘種. **2** 〈一般に〉 ワクチン. [<ラテン語「牝牛 (*vacca*) の」]

‡**vac·il·late** /vǽsəlèit/ 動 自 《章》 **1** 揺れる, 動揺する; 前後[左右]に動く. **2** 《普通, 軽蔑》 ぐらつく, 迷う, ためらう. ~ *between* two opinions 2 つの意見のどれにするか迷う. [<ラテン語 *vacillāre* 「揺れる」]

vàc·il·lá·tion 名 UC 《章》 **1** 動揺. **2** 《普通, 軽蔑》 迷い, ためらい.

vac·u·a /vǽkjuə/ 名 vacuum の複数形.

va·cu·i·ty /vækjúːəti, vək-/ 名 (複 **-ties**) 《章》 **1** UC 〈時に -ties〉 空虚, から; 真空. **2** U 放心; 愚鈍. **3** C 〈普通 -ties〉 ばかげた発言[行為, 考え].

vac·u·ous /vǽkjuəs/ 形 《章》 **1** 心のうつろな, 〔表情などが〕ぼんやりした; 愚かな, ばかげた. a ~ face うつろな顔. **2** 無意味な, 目的のない. a ~ life 無意味な人生.

▷ **~·ly** 副 **~·ness** 名

***vac·u·um** /vǽkju(ə)m/ 名 (複 1, 3 は **~s** /-z/, **vac·**

V

u·a /vǽkjuə/; 4 は **～s**) **1** Ⓒ **真空**; Ⓤ 真空状態. Sound does not travel in a ～. 音は真空中では伝わらない. a perfect ～ 完全真空. the degree of ～ 真空の度合い. **2** ⓐⓊ 空白, 空虚; 空所. The divorce created a great ～ in her life. 離婚のために彼女の人生には大きな空白ができた. His sudden death has left a political [power] ～. 彼の急死は政治的[権力の]空白をもたらした. **3** Ⓒ (外界から隔絶された)孤立状態. Man can't live in a ～. 人は孤立して[真空状態で]は生きていけない. **4** Ⓒ 〖話〗＝vacuum cleaner; 〈普通, 単数形で〉電気掃除機をかけること.
── 動 ⓐ, ⓗ 〖話〗(を)電気掃除機で掃除する 〈*out*〉. [ラテン語 (*vacuus*「空の」の中性形の名詞化)]

vácuum bòttle 名 Ⓒ 〖米〗魔法瓶. →thermos.

vácuum clèaner 名 Ⓒ 電気掃除機.

vácuum flàsk 名 Ⓒ 〖英〗魔法瓶. →thermos.

vàcuum-pácked /-t ㊇/ 形 〔特に市販の食品が〕真空包装した.

vácuum pùmp 名 Ⓒ 真空[排気]ポンプ.

vácuum tùbe 〖米〗[**vàlve** 〖英〗] 名 Ⓒ 真空管.

va·de me·cum /vèidi-mí:kəm, vɑ̀:di-méikəm/ 名 Ⓒ 携帯用参考書, 必携(の書物), 便覧. [ラテン語 'go with me']

vag·a·bond /vǽgəbɑ̀nd|-bɔ̀nd/ 名 Ⓒ 〖旧〗放浪者, 浮浪者. lead the life of a ～ 放浪生活をする.
── 形 放浪の, 浮浪の. ～ tendencies 放浪癖. [＜ラテン語「放浪する」]

vág·a·bònd·age /-idʒ/ 名 Ⓤ **1** 放浪; 放浪生活. be seduced into ～ from one's regular trade 正規の商売を棄てて放浪生活に引きずり込まれる.
2 〈集合的〉放浪者たち.

va·gar·i·ous /veigé(ə)riəs, və-/ 形 常軌を逸した, 気まぐれな.

va·ga·ry /véigəri, vəgé(ə)ri/ 名 (複 **-ries**) Ⓒ 〈しばしば -ries〉途方もない考え, とっぴな行為, 奇行; 気まぐれ, むら気. the *vagaries* of chance 偶然のいたずら. [＜ラテン語「放浪する」]

va·gi /véidʒai/ 名 vagus の複数形.

va·gi·na /vədʒáinə/ 名 (複 **～s, va·gi·nae** /-ni:/) Ⓒ **1** 〖解剖〗膣(ちつ). **2** 鞘(さや)状のもの. [ラテン語「(刀の)さや」]

vag·i·nal /vǽdʒən(ə)l|vədʒáin-/ 形 **1** 膣(ちつ)の. **2** 鞘(さや)(状)の.

va·gran·cy /véigrənsi/ 名 Ⓤ 放浪, 浮浪; 〖法〗浮浪罪 《米国の州によっては公共の場所を徘徊(はいかい)するだけでこの罪になる》.

†**va·grant** /véigrənt/ 名 Ⓒ **1** 放浪者, 浮浪者, (vagabond). **2** 〖法〗(生活手段のない)住所不定者.
── 形 〈限定〉**1** 放浪の, さすらう. enter a ～ life 放浪生活に入る. a ～ player 旅芸人. **2** 〖雅〗〔気持ち, 考えなどが〕変わりやすい, 気まぐれな. ～ activities 気まぐれな行動. [＜ラテン語 *vagārī*「放浪する」(の現在分詞)]

‡**vague** /veig/ 形 ⓔ (**vágu·er**|**vágu·est**)
【不明瞭(りょう)な】 **1** 〔考え, 意味などが〕**あいまいな**, 不明確な, 漠然とした, (類語 意味そのものの限界が明確でないこと; →ambiguous). a ～ answer [promise] あいまいな答え[約束]. I have only ～ memories of my father. 私は父のことは漠然としか覚えていない. Kate had a ～ impression that she had seen the man. ケートは以前にその男に会ったことがあるという感じが漠然とした.
2 (**a**) 〈叙述〉〔人が〕(わざと)はっきり言わないで, あいまいな態度で; はっきり分からないで; 〈*about, on* ..について〉. He was deliberately [suitably] ～ *about* the reason for his absence. 彼は欠席の理由についてわざと[適切に]言葉をにごした. I'm still ～ *about* what she means. 彼女の真意は今だにはっきりつかめない. (**b**) 〔人の表情, 身振りなどが〕はっきりしない, 要領を得ない. with a ～ smile あいまいな微笑を浮かべて.
3 〔形, 色などが〕**ぼんやりした**, はっきりしない. The ～ outline of the hills was visible in the distance. 遠くにぼんやりした丘の輪郭が見えていた.
4 〖話〗〈限定; 普通, 否定・疑問・条件文中で最上級にして〉ほんのわずかの. I haven't the ～*st* idea who I met in the darkness. 暗闇(やみ)で会った人がだれか全く分からない. [＜ラテン語 *vagus*「放浪の, 不確かな」]

†**vágue·ly** 副 ぼんやりと, 漠然と, あいまいに, 何となく. Ted could remember the accident only ～. テッドはその事故のことをぼんやりとしか思い出せなかった.

vágue·ness 名 Ⓤ 漠然, あいまいさ.

va·gus /véigəs/ 名 (複 **va·gi** /véidʒai/) Ⓒ 〖解剖〗迷走神経 (**vàgus nérve**).

‡**vain** /vein/ 形 ⓔ 【実(じつ)のない】 **1** **うぬぼれの強い**; 虚栄心の強い; **自慢する**, 鼻にかける, 〈*of, about* ..を〉. a ～ actress うぬぼれの強い女優. Steve is ～ *of* his knowledge of French. スティーヴはフランス語を知っていると自慢している. The fashion model is rather ～ *about* her figure. そのファッションモデルは自分の容姿をかなり鼻にかけている. **2** 〈主に限定〉**むだな**, 無益な, 無効の. make a ～ effort むだな努力をする. The fox made ～ attempts to escape from the hounds. そのキツネは猟犬から何度も逃げようとしたがむだだった. It is ～ to resist. 〖章〗抵抗してもむだだ.
3 〖旧・雅〗〈限定〉**空虚**な, はかない, むなしい, 無意味な. a ～ promise 口先だけの[むなしい]約束. ～ longings for impossible things 不可能なことを望むはかない願い. ～ deeds 無意味な行為. ◇名 vanity
***in váin** (1) むなしく, **むだに**. The firemen tried *in* ～ to extinguish the fire. 消防士たちはその火事を消そうとしたがむだだった. He didn't die *in* ～. 彼の死はむだではなかった. (2) むなしい, むだで. All our efforts to save him were *in* ～. 彼を助けようとした我々の努力はむなしかった. (3) 軽々しく, みだりに. Don't take the Lord's name *in* ～. 〖旧〗神の名をみだりに口にするものではない《聖書から》. take a person's name *in* ～ (居合わせていない)人の(意見だなどと言ってその)名を軽々しく口にする.
[＜ラテン語 *vānus*「中味のない, 空(から)っぽの」]

vàin·glórious /㊇/ 形 〖主に雅・古〗うぬぼれの強い, 高慢な; 虚栄心の強い. ▷ **～·ly** 副 うぬぼれて, 高慢に.

váin·glòry /また ⌒⌒⌒/ 名 Ⓤ 〖主に雅・古〗うぬぼれ, 大自慢; 虚栄(心).

***vain·ly** /véinli/ 副 ⓜ **1** **むだに**, 無益に, むなしく, (in vain). The wife ～ waited for her husband day after day. 妻は夫(の帰り)を来る日も来る日も待ったがむだだった. **2** うぬぼれて, 自慢して.

váin·ness 名 Ⓤ むだ, むなしさ; 空虚; 虚栄.

Vais·ya /váiʃə, -sjə/ 名 Ⓒ ヴァイシャ《インド 4 姓中の第 3 階級である庶民; →caste》.

val·ance /vǽləns/ 名 Ⓒ **1** たれ布《ベッド, 棚などの回りに付ける短い布》. **2** 〖米〗カーテンの金具隠し, 飾りカーテン, 《カーテンの取り付け部を隠したり, 装飾用として窓の上部に付ける; 〖英〗pelmet》. ▷ **～d** /-t/ 形

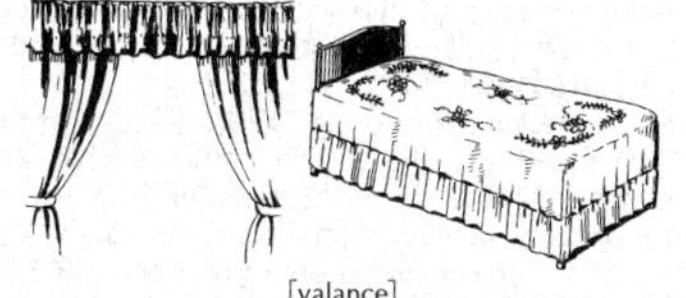
[valance]

‡**vale** /veil/ 名 Ⓒ 〖詩〗谷, 谷間, (valley) 《しばしば地名の一部として》. stroll o'er hill and ～ 丘を越え谷を越えて歩く. this ～ of tears この涙の谷間 《憂(う)き世のこと》. [＜ラテン語 *vallis* 'valley']

val·e·dic·tion /vælədíkʃ(ə)n/ 名 〖章〗Ⓤ 告別; Ⓒ

V

告別の辞.［＜ラテン語「さよなら(*valē*)を言う(*dīcere*)こと」］

val·e·dic·to·ri·an /væ̀lədiktɔ́:riən/ 名 C 〘米〙(告別演説をする)卒業生総代《普通, 首席の卒業生; →salutatorian》.

val·e·dic·to·ry /væ̀lədíkt(ə)ri ⑱/ 形 〘章〙告別の. ～ remarks 告別の辞. —— 名 (複 **-ries**) C 〘米〙(卒業生総代の)告別演説.

va·lence[1] /véiləns/ 名 C **1** 〘主に米〙〘化〙原子価. **2** 〘生物〙(染色体などの結合の)数価.［＜ラテン語「力」］

val·ence[2] /vǽləns/ 名 ＝valance.

Va·len·ci·a /vəlénʃiə/ 名 **1** バレンシア《スペイン東部の州; その州都》. **2** C バレンシアオレンジ (**València órange**)《米国産のオレンジの一種》.

Va·len·ci·ennes /vəlènsién|væ̀lənsién/ 名 **1** ヴァランシエンヌ《フランス北部の都市》. **2** U ヴァランシエンヌレース (**Valenciènnes láce**)《ボビンレースの一種; もとヴァランシエンヌ産》. 「lence[1] 1.

va·len·cy /véilənsi/ 名 (複 **-cies**) 〘主に英〙＝va-↑

-va·lent /véilənt, vələnt/ 〈複合要素〉〘化〙「..(原子)価の」の意味の形容詞を作る.［ラテン語「力のある」］

val·en·tine /vǽləntàin/ 名 C **1** ヴァレンタインのカード[贈り物]《聖ヴァレンタイン祭の日に普通, 匿名で恋人に送る》. **2** 聖ヴァレンタイン祭の日に選んだ[選ばれた]恋人.

Válentine('s) Dày 名 聖ヴァレンタイン祭の日《3世紀ごろのキリスト教殉教者とされる聖ヴァレンタインを祭る; 2 月 14 日; Saint Valentine('s) Day とも言う; 日本のようにチョコレートを贈る習慣はない》.

va·le·ri·an /vəlí(ə)riən/ 名 **1** UC 〘植〙カノコソウ《ヨーロッパ・アジア産; オミナエシ科の多年草; においの強い白又は赤の小さな花をつける》. **2** U 〘薬〙吉草根(きっそうこん)《カノコソウの根から採った鎮静剤》.

Va·lé·ry /væləri:, væləri|væləri/ 名 **Paul** ～ ヴァレリー (1871–1945)《フランスの詩人・批評家・思想家》.

val·et /vǽlət, -lei/ 名 C **1** (男子の衣類, 食事などの世話をする)従僕 (gentleman's gentleman). **2** (ホテルなどの)ボーイ. —— 動 他, 自 (に)従者として仕える; (の)身の回りの世話をする.

val·e·tu·di·nar·i·an /væ̀lət(j)ù:dəné(ə)riən/ 〘章〙名 C **1** 病弱な人. **2** 健康のことばかり気にする人. —— /⑱/ 形 病弱な, 病身の; 健康を気にしすぎる.

val·e·tu·di·nar·y /væ̀lət(j)ú:dənè(ə)ri ⑱/ 名 (複 **-ries**), 形 ＝valetudinarian.

Val·hal·la /vælhǽlə/ 名 〘北欧神話〙ヴァルハラ《Odin 神の大広間; 戦死者の霊がここへ招かれ, もてなされると言われる》.［＜古期北欧語 (＜「戦死者」＋「広間」)］

val·iance /vǽljəns/ 名 U 〘主に雅〙勇敢, 勇壮.

val·ian·cy /vǽljənsi/ 名 ＝valiance.

‡**val·iant** /vǽljənt/ 形 〘主に雅〙〔人, 行為が〕(特に戦闘で)勇敢な, 勇壮な, (類語 絶対優勢な敵に対し正義の戦いをいどんで発揮された勇敢さ, のニュアンスがある; →brave). a ～ corps 勇敢な軍団. well-known for his ～ deeds in the war 戦争中の英雄的行為で有名で. make a ～ attempt to rescue the drowning people おぼれる人々を救助しようと果敢な試みをする. ◇名 valor

váliant·ly 副 勇敢に, 勇ましく.

*__val·id__ /vǽləd/ 形 m, e **1** 〔理由, 議論などが〕**十分根拠がある**, 妥当な, 正当な. He couldn't give a ～ reason for his absence. 彼は欠席の正当な理由を示せなかった. a ～ objection [criticism] 正当な反対論[批評]. It is ～ to consider him a great poet. 彼を大詩人と考える根拠は十分ある. The point Dr. Hill made in his speech was absolutely ～. ヒル博士が講演で力説した点は全く正しかった.

2 〔方法, 調査などが〕役立つ, 効果的な. ～ data 役に立つデータ. a ～ solution to the problem 問題への有効な解決法.

3 〘法〙**合法的な**; 有効な, 効力のある. a ～ contract 合法的な契約. a ～ claim 法律に則(のっと)った要求. a ticket ～ for three days 3 日間有効な切符. This treaty is ～ under international law. この条約は国際法のもとで効力を持つ. ◇↔invalid

［＜ラテン語「丈夫な」(＜*valēre* 'be strong')］

▷ **～·ly** 副 理にかなって; 合法的に. **～·ness** 名 U 妥当(性), 正当(性); 合法(性).

‡**val·i·date** /vǽlədèit/ 動 他 〘章〙**1** を法的に有効に[と]する. ～ a treaty 条約を批准する. **2** を正当と認める, の正当性を立証する; を公認する. ～ an allegation 申し立てを正当と認める. ◇↔invalidate

▷ **vàl·i·dá·tion** 名 UC 〘章〙有効化; 承認.

†**va·lid·i·ty** /vəlídəti/ 名 U **1** (議論などの)正当性, 妥当性. No one questioned the ～ of his statement. だれも彼の言うことの正当性を疑わなかった.

2 〘法〙有効性, 合法性; 効力.

va·lise /vəlí:s|-lí:z/ 名 C 〘旧〙旅行用手さげかばん (suitcase).［＜イタリア語］

‡**Val·i·um** /vǽliəm/ 名 (複 **～, ～s**) UC 〘商標〙ヴァリアム《鎮静剤; 常用すると危険で, 医師の処法が必要》.

Val·kyr·ie, Val·kyr /vǽlkəri, vælkí(ə)ri/, /vǽlkiər/ 名 〘北欧神話〙ワルキューレ《Odin 神の 12 人の侍女の 1 人; 戦死した英雄たちの霊魂を Valhalla に案内してもてなすと言う》.［＜古期北欧語「戦死者を選ぶ者」］

‡**val·ley** /vǽli/ 名 (複 **～s** /-z/) C **1** (山あいの)**谷**, 谷間, 渓谷, (類語 谷をさす一般的な語; →canyon, glen, gorge, gully, ravine, vale). cross a deep ～ and climb a steep mountain 深い谷を横切り険しい山を登る. a river flowing in the ～ 谷間を流れる川.

2 〈普通, 単数形で〉(大河の)流域(地帯, 平野, 盆地). the Thames ～ テムズ川流域. The ～ is fertile. その流域の土地は肥沃(よく)である.

［＜ラテン語 *vallis*「山に囲まれたもの＞谷」］

†**val·or** 〘米〙, **-our** 〘英〙/vǽlər/ 名 U 〘主に雅〙(特に戦闘における)勇気, 武勇, (bravery). an act of ～ 勇気ある行為. fight with ～ 勇敢に戦う. ◇形 valiant

［＜ラテン語「力, 価値」(＜*valēre* 'be strong')］

val·or·ize /vǽləràiz/ 動 他 の価格を定める; の物価を安定させる. ▷ **vàl·or·i·zá·tion** 名 U (政府の)物価安定策.

val·or·ous /vǽl(ə)rəs/ 形 ＝valiant.

valse /vɑ:ls/ 名 ＝waltz.

‡**val·u·a·ble** /vǽljəb(ə)l|vǽlju(ə)b(ə)l/ 形 m

1 高価な. ～ jewelry 高価な宝石類. The car is ～. その車は高価だ. **2 貴重な**, 大切な; 役に立つ, 有益な, 〈*for, to* ..にとって〉(↔valueless, worthless; 類語 金銭的に又は有用であるために価値が高いことを意味する; →invaluable, precious, priceless). extremely ～ materials きわめて貴重な資料. a ～ experience 貴重な経験. waste ～ time 大切な時間を浪費する. ～ friends 大切な友達. Your help was very ～ *to* me. 君の援助は私に大変役立った.

—— 名 (複 **～s** /-z/) C 〈普通 ～s〉**貴重品**《宝石, 貴金属類など》. Put your ～*s* in the safe. 貴重品は金庫にしまいなさい. ［value, -able］ ▷ **-bly** 副

val·u·ate /vǽljuèit/ 動 〘米〙＝value 1.

†**val·u·a·tion** /væ̀ljuéiʃ(ə)n/ 名 **1** UC (価格の)評価, 査定; (能力, 人格などの)評価, 価値判断. I had a ～ made of my Renoir. 私のルノワール(の絵)を評価してもらった. Nobody takes Bob at his own ～. ボブが自分で思っているほどに彼を評価する人はいない.

2 C 評価額, 査定価格. at a fair ～ 公正な価格で. They set [put] a high ～ on this diamond. このダイヤを彼らは高い値に評価した.

‡**val·ue** /vǽlju:/ 名 **1 (a)** aU **価値**, 値打ち; 有用性, 重要性. realize the ～ of music 音楽の価値を知る.

V

The monetary ～ of the car is small. その車は金額的には大した物ではない(が珍しい物だなど). The new invention has some ～ for my research. その新発明品は私の研究にいくらか役に立つ. place [put, set] a high ～ on education 教育を重視する. This watch has little practical ～ but has immense sentimental ～. この時計はあまり実用性はないが, (懐しいなど)気持ちの上でとても大切なものだ. What's the ～ of arguing about such trivial matters? そんなささいな事を議論して何になるのか.

連結 great [enormous, immense, inestimable; lasting, permanent; doubtful; low] ～ // assess [estimate; heighten, increase; diminish, lessen] the ～ // the ～ appreciates [depreciates]

(b) Ⓤ 〈名詞を前に伴って〉(..の[を与える])価値; 効用. news ～ 報道価値, ニュースヴァリュー. add novelty [curiosity] ～ 目新しい[好奇心をそそる]価値を足す. →nuisance value.

2 ⓊⒸ **(a)** **価格**, 値段, (類語 worth と同じく金銭的価値を意味するが, 特に実際的な有用性に重点がある). the market ～ of Gogh's paintings ゴッホの絵の市場価格 (→face value, street value). Property ～*s* have fallen somewhat. 不動産価格が少し下がった. Oil steadily went up [down] in ～. 石油はじりじり値上[下]がりを続けた. This jewel will hold its ～. この宝石の(商品)価値は変わらないでしょう. order books to the ～ of 1000 dollars 千ドル相当の本を注文する.

(b) (通貨の)交換価値. The ～ of the yen has risen rapidly. 円高が急速に進んだ.

3 Ⓤ (価格とは別に物そのものの)価値; 価値相応の代価[代償]. The shares are good [poor] ～ at the current price. その株式は今の価格ならしお買い得[買うのは損]だ. You should pay the ～ of the wrecked car. 君は壊した車の弁償をしなければならない. You always get (good) ～ for (your) money at that restaurant. あのレストランではいつも値段に見合った料理が出る.

4 〈～s〉 価値観, 価値基準, 《人生で価値ありとされるものの基準》. middle-class ～*s* 中産階級の価値観. Don't impose your ～*s* on others. 君の価値観を他人に押しつけてはいけない. moral ～*s* 道徳的価値規準. a different set of ～*s* 異なった種類の価値観.

5 ⓊⒸ (語などの)(正確な)意義, 意味, 趣旨.

6 Ⓒ 〖数〗数値, 値(あたい); 〖楽〗(音符の表す)音の長さ; 〖絵画〗色価, ヴァルール; 明暗度; 〖音声〗音価.

***of válue** **価値がある**, 貴重な; 有用な. an invention *of* ～ 価値ある発明品. The discovery is *of* great [little, no] ～. その発見の価値は大きい[ほとんどない, 全くない].

── 動 (～s /-z/|過 過分 ～d /-d/|**vál·u·ing**) 他

1 (a) (金銭的に)を**評価する**; の値段を見積もる 〈*at* ..と〉; (類語 普通, 品物の金銭的評価に用いる; →evaluate). I had this car ～*d*. 私はこの車の値踏みをしてもらった. The jeweler ～*d* the diamond *at* $5,000. 宝石商はそのダイヤモンドを5千ドルと評価した.

(b) (有用[重要]性などの点で)を**評価する**, 判断する. How do you ～ him as a sculptor? 彫刻家として彼をどう評価しますか. ～ health above wealth 富よりも健康の方が大事だと考える.

2 の価値を(高く)評価する; を**尊重する**, 大切にする. The father ～*d* his children's opinion. その父親は子供たちの意見を尊重した. The student ～*d* your friendship very highly. その学生は君の友情をとても大切にした. ◇形 valuable

[＜フランス語「価値」(＜ラテン語 *valēre* 'be strong')]

vàlue-added táx 名 Ⓤ 〖英〗付加価値税 《米国の sales tax, 我が国の消費税に相当; 略 VAT》.

vál·ued 形 貴重な, 大切な; 高く評価された. a ～ friend 大事な友人.

válue jùdg(e)ment 名 Ⓒ 価値判断.

vál·ue·less 形 価値のない, 役に立たない, 取るに足りない, (↔valuable). ▷ **～·ness** 名

vál·u·er 名 Ⓒ **1** 評価者. **2** 〖英〗価格査定人.

***valve** /vælv/ 名 (複 **～s** /-z/) Ⓒ **1** (機関などの)**弁, バルブ**. **2** 〖解剖〗(血管, 心臓などの)弁, 弁膜. ～*s* of the heart 心臓弁膜. **3** 〖楽〗(金管楽器の)弁, バルブ. **4** (2枚貝の)殻. **5** 電子管 (electron tube), 〖英〗真空管 (〖米〗vacuum tube). [＜ラテン語「折りたたみ戸」]

val·vu·lar /vǽlvjələr/ 形 **1** 弁の(ある), 弁状の, 弁の働きをする. **2** 心臓弁膜の.

va·moose /væmúːs|və-/ 動 自 〖米旧俗〗急いで立ち去る, 逃げる, ずらかる, 〈しばしば命令形で〉.

vamp[1] /væmp/ 名 Ⓒ **1** (靴, 長靴の)つま革; つま革修繕用の革. **2** 〖話〗〖楽〗即興伴奏[前奏].

── 動 他 **1** 〔靴, 長靴〕に新しいつま革をつける, を新しいつま革をつけ換えて修繕する. **2** 〖話〗〖楽〗〔歌など〕に即興伴奏[前奏]をつける 〈*out, up*〉.

── 自 〖話〗〖楽〗即席伴奏[前奏]をする.

vàmp /../ úp 〖話〗〔うそ, 口実など〕をでっちあげる; 〔古い材料〕の焼き直しをする.

vamp[2] 〖旧話〗名 Ⓒ 妖(よう)婦 (vampire).

── 動 他 〔男〕をたらし込む, 食い物にする.

‡**vam·pire** /vǽmpaiər/ 名 Ⓒ **1** 吸血鬼《死体に宿り生き返らせて夜眠っている人の血を吸うといわれる悪霊; →Dracula》. **2** 他人を食い物にする悪者; 妖(よう)婦. **3** ＝vampire bat. [＜ハンガリー語(?＜トルコ語「魔女」)]

vámpire bàt 名 Ⓒ 〖動〗(熱帯南米産の)吸血コウモリ.

[van[1] 1]

***van**[1] /væn/ 名 (複 **～s** /-z/) Ⓒ 〈しばしば複合語として〉 **1** (特に荷物用の)**有蓋(がい)トラック**, バン. a furniture ～ 家具運搬車. a police ～ 警官輸送車; 囚人護送車. **2** 〖英〗〖鉄道〗**有蓋貨車** (〖米〗boxcar; ↔wagon). a goods ～ (有蓋)貨物車. a guard's ～ 車掌車. →luggage van. [＜cara*van*]

†**van**[2] 名 Ⓤ 〈the ～〉 **1** 〖章〗(軍隊, 艦隊などの)先陣, 前衛, (↔rear). **2** (文化, 社会運動などの)先頭, 先駆. Sweden has led the ～ in social reform. スウェーデンは社会改革の先頭に立ってきた. This magazine is in the ～ of the anti-government movement. この雑誌は反政府運動の先頭を切っている. [＜*van*guard]

va·na·di·um /vənéidiəm/ 名 Ⓤ 〖化〗ヴァナジウム《金属元素; 記号 V》.

Van Állen bèlts /væn-ǽlən-/ 名 〖物理〗〈the ～〉ヴァンアレン帯《地球を取り巻く2つの放射能帯; **Van Àllen radiátion bèlts** とも言う》.

Van Bu·ren /væn-bjúː(ə)rən/ 名 **Martin ～** ヴァンビューレン (1782–1862)《米国の第8代大統領 (1837–41)》.

Van·cou·ver /vænkúːvər/ 名 **1** ヴァンクーヴァー《カナダ太平洋岸 British Columbia 州の都市・海港》. **2** ヴァンクーヴァー島 (**Vancòuver Ísland**)《British Columbia 州南西の島》.

Van·dal /vǽndl/ 名 Ⓒ **1** ヴァンダル人; 〈the Vandals〉 ヴァンダル族 《4, 5世紀に南ヨーロッパを荒らしローマを占領したゲルマン民族の一部族》. **2** 〈v-〉 文化[芸術]の破壊者; 公共物[自然景観]の破壊者.

── 形 **1** ヴァンダル族の. **2** 〈v-〉 文化[公共物など]を破壊する, 野蛮な.

‡**van·dal·ism** /vǽnd(ə)lìz(ə)m/ 名 Ⓤ 文化[芸術]の破壊; 公共物[自然景観]の破壊; 蛮行.

V

van·dal·ize /vǽnd(ə)làiz/ 動 他 〔文化, 芸術, 公共物など〕を破壊する. ~ public telephones 公衆電話をぶち壊す.

Van·dyke, Van Dyck /væn(-)dáik/ 名 **1 Sir Anthony ~** ヴァンダイク (1599-1641)《オランダの画家, 晩年英国に移り Charles I 世の宮廷画家; フランドル派の巨匠》. **2** 〈しばしば v-〉 C (**a**) 先のとがった短いあごひげ (**Vandỳke béard**). (**b**) ヴァンダイクカラー《縁にぎざぎざのある幅広のえり; **Vandỳke cóllar** [**cápe**] とも言う》.

vane /vein/ 名 C **1** 風見, 風向計, (weather vane). ★鶏の形をしたものは weathercock と言う. **2** (風車, 水車, プロペラなどの)翼, 羽根. **3** (矢の)矢羽.

Van Gogh →Gogh.

‡**van·guard** /vǽngɑ̀ːrd/ 名 **1** 〈the ~〉(軍隊, 艦隊, 行進などの)先陣, 前衛, 先頭, (↔rear guard).
2 〈the ~〉(文化, 社会運動などの)先頭, 先駆.
3 C 〈単数形で複数扱いもある; 集合的〉前衛隊の兵士, 先兵; 先駆者, 先導者.
[＜古期フランス語 *avant-garde* 'fore-guard']

†**va·nil·la** /vənílə/ 名 **1** C ヴァニラ《ラン科のつる性植物; アメリカ熱帯地方産》. **2** U ヴァニラエッセンス《ヴァニラの実から採った香料》. ~ ice cream ヴァニラアイスクリーム. [＜スペイン語「小さなさや」(＜ラテン語 *vāgina*)]

‡**van·ish** /vǽniʃ/ 動 (~·es /-əz/|過 過分 **~ed** /-t/|~·ing) 自 **1** (急に)消える, 姿を消す, たちまち見えなくなる, (類語 消え方の速さ, 不思議さを強調する; →disappear). When Beth heard the news, her smile *~ed*. その知らせを聞いたとたんベスの笑みは消えた. The ship *~ed* below the horizon. その船は水平線下に姿を消した. ~ into thin air [without trace] 跡形もなく(さっと)消える. do a *~ing* act 〖話〗(探している人の前から)突然姿を消す, 'どろん' をきめる.
2 (い)なくなる, 消滅する, 絶滅する; 〔希望, 見込みなどが〕失せる. Dinosaurs *~ed* off the face of the earth more than 60 million years ago. 恐竜は 6000 万年以上前に絶滅し地表から消えた. Many scholars are searching for *~ed* civilizations. 多くの学者たちは消滅した文明を捜し続けている. **3** 〖数〗ゼロになる.
[＜ラテン語「消える, なくなる」(＜ex-¹ ＋*vānus* 'empty'); evanesce と同源]

vánishing crèam 名 U ヴァニシングクリーム《肌を柔らかくする化粧下地用クリームの一種》.

vánishing pòint 名 C 〈単数形で〉〖美〗(透視画法での)消点; (ものがなくなる[見えなくなる])最後の 1 点. be reduced almost to the ~ ほとんどゼロ近くに減少する. My self-control reached ~. 私の自制心も尽きた.

[vanishing point]

ván·i·to·ry [**vánity**] **ùnit** /vǽnətɔ̀ːri-|-tri-/ 名 〖英〗＝vanity 5 (b).

***van·i·ty** /vǽnəti/ 名 (複 **-ties** /-z/) **1** U **虚栄心**, うぬぼれ; 虚飾. Jane is full of ~. ジェーンは虚栄心が強い. Give up your ~. うぬぼれを捨てなさい.

連結 hurt [injure, wound; flatter, gratify, tickle] a person's ~

2 U 〖章〗むなしさ, 空虚さ; 無益, 無意味, 無価値. mock the ~ of the world 世の中のむなしさをあざわらう. Obsessed with the ~ of his own existence, Paul killed himself. ポールは自分の生きていることが無意味だという思いに取りつかれて自殺した. **3** C 〈普通 -ties〉空虚[無意味]な事[物, 行動など]. the *vanities* of life 人生につきまとうくだらない事. **4** C ＝vanity bag [case].
5 C (**a**) 〖米〗化粧台 (dressing table). (**b**) 洗面台(のキャビネット). ◇形 vain [vain, -ity]

vánity bàg [**càse**] 名 C (女性用の)携帯用化粧道具入れ.

Vànity Fáir 名 **1** 虚栄の市(いち)《Bunyan 作 *The Pilgrim's Progress* の中に出てくる Vanity という町で開かれる市場の名; Thackeray 作の小説名にもなった》.
2 C 〈普通, 単数形で〉〈しばしば v- f-〉〖雅〗虚栄と軽薄さに満ちた大都会[この世].

vánity plàte 名 C 〖主に米〗(金を払って好きな文字や数字を選ぶ)'お好みナンバープレート'.

vánity prèss [**pùblisher**] 名 C 〖主に米〗自費出版書専門出版社.

†**van·quish** /vǽŋkwiʃ/ 動 他 〖主に雅〗 **1** 〔相手〕を打ち負かす, 征服する, (類語 相手を完敗させること; →defeat). Napoleon was *~ed* at Waterloo. ナポレオンはワーテルローで完敗した. I was *~ed* in argument by John. 私は議論でジョンに完全に打ち負かされた.
2 〔感情など〕を克服する, 抑制する, に打ち勝つ. Her belief in God *~ed* her fear of death. 彼女は神を信じたために死が怖くなくなった.
[＜古期フランス語 (＜ラテン語 *vincere*「征服する」)]

van·tage /vǽntidʒ|vɑ́ːn-/ 名 U **1** 優越, 優勢, 有利な地位. **2** 〖主に英〗〖テニス〗ヴァンテージ《deuce 後の最初の 1 得点; ＜ad*vantage*》.

vántage gròund 名 C (攻撃, 防御, 眺望などが)有利な位置 (point of vantage とも言う).

vántage pòint 名 C **1** ＝vantage ground. From our ~ on the hill, we could see all the enemy's movements. 丘の上という我々に有利な位置から敵の動きのすべてを見ることができた. **2** 見地, 観点, 《特に有利な》. from the ~ of fifty years later 50 年たったという有利な観点から見れば.

Va·nu·a·tu /vænuɑ́ːtuː/ 名 ヴァヌアツ《太平洋南西部の共和国; 首都 Port Vila》.

vap·id /vǽpəd/ 形 〖章〗 **1** 〔飲み物が〕味のない, 気の抜けた. **2** 〔話, 書き物, 人などが〕活気のない, つまらない, 退屈な. [＜ラテン語「蒸気を出してしまった」] ▷**~·ly** 副 **~·ness** 名

va·pid·i·ty /væpídəti, və-/ 名 (複 **-ties**) 〖章〗 **1** U 味のないこと; 活気のないこと, 退屈. **2** C 〈普通 -ties〉退屈な言葉[発言].

***va·por** 〖米〗, **-pour** 〖英〗 /véipər/ 名 (複 **~s** /-z/)
1 UC **蒸気**, 湯気; 霧, もや. A thin ~ rose from the marsh. 沼から薄もやが上った. **2** U 〖物理〗気体《液体・固体が加熱などによって気化したもの; 水蒸気 (water vapor)》. **3** UC (医療用の)吸入剤; (噴霧器などからの)霧. **4** 〖古・戯〗〈the ~s〉気ふさぎ, 憂うつ症; 失神しそうな症状; 《腹部のガスによるとされた》.
── 動 自 **1** 蒸発する, 気化する; 蒸気を出す. **2** ほらを吹く, 気炎をあげる. [ラテン語 'steam, heat']

vápor bàth 名 C 蒸気浴, 蒸しぶろ.

va·por·ish /véip(ə)riʃ/ 形 **1** 蒸気のような; 蒸気の多い. **2** 〖古〗憂うつの.

và·por·i·zá·tion 名 U 蒸発(作用); 気化.

va·por·ize /véipəràiz/ 動 他 を蒸発[気化]させる.
── 自 蒸発[気化]する.

vá·por·ìz·er 名 C 蒸発器; 噴霧器; 吸入器.

va·por·ous /véip(ə)rəs/ 形 〖章〗 **1** 蒸気の多い; もやのかかった, 霧でよく見えない. **2** 蒸気のような, 蒸気状の. **3** 空虚な, はかない; 空想的な. ▷**~·ly** 副 **~·ness** 名

vápor tràil 名 C 飛行機雲 (contrail, condensation trail).

va·pour /véipər/ 名 〖英〗＝vapor.

va·que·ro /vɑːkéi(ə)rou/ 名 (複 **~s**) C (メキシコ, アメリカ南西部の)カウボーイ. [スペイン語 (＜*vaca* 'cow')]

var. variable; variant; variation; variety.

Va·ra·na·si /vərɑ́ːnəsiː/ 名 ヴァラナシ《インド東北部, ガンジス川に沿う聖都; 旧称 Benares》.

vàr·i·a·bíl·i·ty 名 U 変わりやすさ; 可変性.

†**var·i·a·ble** /vé(ə)riəb(ə)l/ 形 **1** 変わりやすい, 変化しやすい; 一定しない; (changeable; ↔invariable). ～ weather 変わりやすい天気. ～ winds (風向きが)変わりやすい風. a man of ～ moods 気まぐれ者.
2 変えられる, 変更[調節]できる, 可変的な. shelves of ～ height 高さをいろいろに変えられる棚. at ～ speeds いろいろな速度で.
3 (質に)むらがある, 一定しない. The pianist's performance was ～. そのピアニストの演奏は安定していなかった.
4〖数〗可変の, 不定[変数]の. **5**〖天〗〔星が〕変光する. **6**〖生物〗変異する. ◇動 vary
── 名 C **1** 変わりやすい[変化する]もの, 可変要素. I can't tell you the exact cost beforehand because there are so many ～*s*. いろいろに変わる要素が多いもので正確な費用を前もってお知らせできません.
2〖数〗変数 (↔constant). **3** ＝variable star.
▷**-bly** 副 変わりやすく, 不定に; 変動[可変]的に. ～**ness** 名

vàriable stár 名 C〖天〗変光星.

‡**var·i·ance** /vé(ə)riəns/ 名 UC (意見, 考えなどの)相違, 不一致; 不和, 仲たがい, 論争. There is some ～ in the two accounts. その2つの説明には少し食い違いがある. ～ among tribes 部族間の不和.
at váriance 〖章〗〔物事が〕食い違って, 矛盾して; 〔人が〕不和で, 仲たがいして; 〈*with* ..と〉. The brothers are *at* ～ *with* each other over the inheritance. 兄弟は遺産相続をめぐってもめている.

‡**var·i·ant** /vé(ə)riənt/ 形〈限定〉**1** (同種のもの, 標準的なものとはやや)変わった, 異なった. ～ pronunciations of the same word 同じ語の違ったいろいろな発音.
2 変わりやすい, 一定でない.
── 名 C **1** 変種, 変形. **2** 異形《ある語の発音又はつづり字上の変種; often の発音で /ɔ́ːfn/ と /ɔ́ːftn/, enquire と inquire, などの類》.

***var·i·a·tion** /vè(ə)riéiʃ(ə)n/ 名 (複 ～**s** /-z/)
【変化】**1** UC **変化**, 変動. ～(*s*) of air pressure 気圧の変化. There is little seasonal ～ in temperature here. 当地では季節による気温の変化はほとんどない. Prices shown are subject to ～. 表示価格は変更することがあります. **2** UC 差異; 変化量, 変化度. There is some ～ between the original and the copy. 原物と写しには少し違いがある.
【変化した物】**3** C 変形(物), 変種, 異形. a ～ of the original story 元の話を変えたもの.
4 C〖楽〗変奏(曲, 部). play ～*s* of the same theme 同一主題の変奏曲を演奏する. ～*s* on a theme by Mozart モーツァルトの主題による変奏曲.
[＜ラテン語「変化する (*variāre*) こと」; -tion]

var·i·col·ored〖米〗, **-oured**〖英〗/vé(ə)rikʌ̀lərd/ 形 色とりどりの, まだらの.

var·i·cose /vǽrəkòus/ 形〖医〗静脈瘤(りゅう)(性)の, 〔静脈が〕異常にふくれあがった. ～ veins (特に脚の)静脈瘤.

†**var·ied** /vé(ə)rid/ 形 **1** さまざまの, 種々の. The kinds of flowers he grows are extremely ～. 彼が栽培する花の種類は非常に多い. The people in our firm are from ～ backgrounds. 我が社の社員はいろいろな経歴を持っている. **2** 変化に富んだ, 多様な; 移り変わる. ～ scenery 変化に富んだ風景. a ～ menu いろいろと料理の品数が多い献立(表). He has led a very ～ life. 彼は大変多彩な生活をしてきた.
▷～**·ly** 副 さまざまに, 多様に.

‡**var·ie·gat·ed** /vé(ə)r(i)əgèitəd/ 形 **1**〔花, 葉などが〕雑色の, まだらの, 斑(ふ)入りの, 絞りの. a ～ tulip 絞りのチューリップの花. **2**〖章〗多種多様の.

var·ie·ga·tion /vè(ə)r(i)əgéiʃ(ə)n/ 名 U (花, 葉などの)雑色, まだら, 斑(ふ)入り, 絞り; 雑色を付けること.

‡**va·ri·e·ty** /vəráiəti/ 名 (複 **-ties** /-z/)
1 U **変化**, 多種; 多様性. a career full of ～ 変化に満ちた一生. enjoy the ～ of city life 変化に富んだ都会生活を楽しむ. The man's work was without ～. その男の仕事は単調なものだった. You had better do something else ⌊for (the sake of) ～ [to add ～ to your life]. 君は目先を変える[生活に変化をつける]ために何かほかのことをした方がいい.
2 C **種類**;〖生物〗異種, 変種,《ある species の範囲内での別種》;〈*of* ..の〉(★of に続く名詞は普通, 単数形で無冠詞) (→classification 参考) (類語 同一種類の中で, 細かな点で区別される異種; →kind[2]). regional *varieties* of English 地域で異なるさまざまな英語. a ～ of bear クマの一種. a new ～ of dahlia 新種のダリア. many *varieties* of seashell 多くの種類の貝.
3〈a ～〉**いろいろな..**〈*of*〉(★of に続く可算名詞は複数形). a ～ *of* cars いろいろな車. a large ～ *of* food(s) 種々雑多な食べ物. a wide ～ *of* uses 多種多様な用途.

連結 a staggering [a bewildering, an impressive, a rich, an unlimited, an unparalleled] ～

4 U〖主に英〗＝variety show.
of the..varíety〖しばしば戯〗〔人, 物が〕..の種類「[タイプ]で.
[＜ラテン語「種々雑多な (*varius*) こと」, -ty[1]]

varíety mèat 名 U〖米〗(食用の)臓物, もつ.

varíety shòw 名 C〖主に英〗＝vaudeville.

varíety stòre 名 C〖米〗ヴァラエティーショップ《安価な品物を各種取りそろえた雑貨店》.

var·i·form /vé(ə)rəfɔ̀ːrm/ 形〖章〗いろいろな形をした, 形の異なった.

va·ri·o·la /vəráiələ/ 名 U〖医〗痘瘡(そう)《small「pox, cowpox など》.

var·i·om·e·ter /ve(ə)riɑ́mətər|-ɔ́m-/ 名 C **1**〖電〗ヴァリオメーター《ラジオなどの》. **2**〖空〗昇降測定器.

var·i·o·rum /vè(ə)riɔ́ːrəm/ 形 多くの注を付けた, 集注の. ── 名 C 集注版, 集注本, (variorum edition)《多くの専門家の注釈を集成した, 又は異文を付した》.

‡**var·i·ous** /vé(ə)riəs/ 形 m (★3は ©)
【いろいろな】**1** さまざまな, いろいろな; 異なった, 違った. There are ～ things to take into consideration. 考慮しなければならないことがいろいろある. Helen had ～ reasons for being late. ヘレンが遅れた理由はいろいろあった. There are ～ views about the origin of 'OK'. OK の起源についての説はまちまちである.
2 多様な, 多彩な, 多方面にわたる; 変化に富んだ. The young man's tastes are many and ～. その若者の趣味は多種多様である. **3**〈限定〉幾つかの, たくさんの. The ship called at ～ ports. その船は幾つもの港に寄港した. ◇動 vary 名 variety
[＜ラテン語 *varius*「いろいろな」; -ous]

‡**vár·i·ous·ly** 副 さまざまに, いろいろに; いろいろの名前で. She is known ～ as Bess, Betty, or Lizzie. 彼女はベス, ベティー, リジーなどいろいろに呼ばれている.

var·let /vɑ́ːrlət/ 名 C〖古〗**1** 騎士の従者, 小姓. **2** 悪漢, ごろつき.

var·mint /vɑ́ːrmənt/ 名 C〖米話〗害になる動物[鳥, 昆虫]《特にキツネ》; 厄介者, もてあまし者, 悪がき.
[＜*vermin*]

***var·nish** /vɑ́ːrniʃ/ 名 (複 ～**·es** /-əz/) **1** UC **ニス**, ワニス; 上薬;〖英〗＝nail varnish. This box needs another coat of ～. この箱はもう一度ニスを塗る必要がある. **2** U〈the ～〉(ニス塗りの)光沢面. The ～ on the desk shone in the sunlight. ニス塗りの机の表面は日光が当たって輝いた. **3** aU うわべの見せかけ; 虚飾, ご

まかし. a ～ of good manners うわべだけ上品な作法.
── 動 他 **1** にニスを塗る,〔つめ〕にエナメルを塗る.
2 のうわべを飾る, 見かけを繕う,〈*over*〉. ～ a lie with an innocent look そしらぬ顔をしてうそをごまかす.
[＜ギリシア語 'Berenice'(最初にニスが用いられたリビアの古都)]

var·si·ty /vɑ́ːrsəti/ 名 (複 **-ties**) C **1**〖英旧話〗〈しばしば the V-〉大学《＜*university*; 特に Oxford 又は Cambridge 大学を指す》;〈形容詞的〉大学の, 大学間の. the *Varsity* regatta オックスフォード大学・ケンブリッジ大学対抗レガッタ. **2**〖米〗大学[学部, 学科, クラブ]代表チーム;〈形容詞的〉(大学などの)代表の. the ～ baseball team 大学の野球チーム.

‡**var·y** /vé(ə)ri/ 動 (**-ries** /-z/|過 過分 **-ried** /-d/|**～·ing**) 自 **1 変わる**, 変化する, (類語 変化から来る(一連の)違い, また標準的タイプからのずれに重点がある; → change). The prices of vegetables ～ from day to day. 野菜の値段は毎日のように変わる. The boiling point *varies* with [according to] atmospheric pressure. 沸騰点は気圧によって変化する. His ～*ing* attitude confused me. 私は彼のいろいろと変わる態度に面食らった.
2 (同種類のものの間で)**異なる**, 違う; いろいろである; むらがある. ～ in size [price] 大きさ[値段]がいろいろある. Opinions ～ greatly [enormously, widely] *from* person *to* person [*with* the individual]. 意見は人によって大いに異なる. Kate's story *varied* somewhat *from* yours. ケートの話は君のとは少し違っていた. workers with ～*ing* degrees of skill 熟練の程度がさまざまな工員たち.
3 それる, はずれる,〈*from* ..から〉. conduct that *varies from* the code 規則からはずれる行状.
── 他 **1** を**変える**, 変更する; を修正する. An old man does not like to ～ his way of life. 老人は生活様式を変えるのを好まない. ～ the original schedule 最初の予定を変更する.
2 に**変化をつける**, を多様にする. My monotonous life is *varied* only by occasional visits from my former students. 私の単調な生活が破られるのは時たま昔の学生が訪れる時だけだ.
◇名 variation, variety 形 variable, various, variant
[＜ラテン語 *variāre*「変化する」(＜*varius*「いろいろ「な」)]

Vas·co da Ga·ma /vǽskou-də-gǽmə|-gɑ́ːmə/ 名 →Gama.

vas·cu·lar /vǽskjələr/ 形〖解剖・生物〗導管の, 脈管の, 血管の. the ～ system〖動〗脈管系;〖植〗維管束系. [＜ラテン語「小さな管(*vās*)の」]

vas·cu·lum /vǽskjuləm/ 名 (複 **vas·cu·la** /-lə/, **～s**) C 植物採集箱, 胴乱. [ラテン語「小さな器」]

‡**vase** /veis, veiz|vɑːz/ 名 (複 **vás·es** /-əz/) C **花瓶**; (装飾品としての)瓶, つぼ. a ～ filled with roses バラをいっぱいに差した花瓶. [＜ラテン語 *vās*「器, 管」]

V

va·sec·to·my /vəséktəmi/ 名 UC〖医〗精管切除, パイプカット,《普通, 避妊のため男性がする》.

Vas·e·line /vǽsəlìːn/ 名 U〖商標〗ワセリン.

vas·o·mo·tor /vӕsoumóutər|vèiz-/ 形 血管の拡張・収縮をつかさどる, 血管運動神経の.

vas·sal /vǽs(ə)l/ 名 C **1** (中世の封建君主から領地を授けられた)家臣, 臣下. **2** 召し使い; 奴隷.
── 形 家臣の; 隷属する, 隷属的な. a ～ state 属国.

vas·sal·age /vǽsəlidʒ/ 名 U **1** (中世封建時代の)家臣の身分; 隷属的地位. **2** 忠誠(心).

‡**vast** /væst|vɑːst/ 形 e 〈普通, 限定〉**1 巨大な, 広大な**, 果てしない, 茫漠(ぼう)とした, (類語 全く漠とした空間的広がりを強調する; →large). a ～ building 巨大な建物. the ～ universe 広大な宇宙. a ～ expanse of plains 果てしない平原. look over the ～ sea 茫漠とした海を見渡す.
2〔数, 量, 程度などが〕莫(ばく)大な, おびただしい;〖話〗非常な, 大変な, (very great). a ～ amount of money 巨額の金. the ～ difference between the two opinions 2つの意見の非常な相違. a ～ crowd of people 大変な人込み. the ～ majority of students 圧倒的多数の学生. Tom has made a ～ improvement in his German. トムはドイツ語が非常に上達した.
[＜ラテン語 *vāstas*「荒れ果てた, 何もない」]

†**vást·ly** 副 **1** 広大に, 広々と. **2** 莫(ばく)大に, おびただしく; 非常に, はるかに. The patient's health has ～ improved. その患者の健康状態は非常によくなった. This car is ～ superior to that one. これはあの車よりはるかにいい車だ.

†**vást·ness** 名 U 広大, 巨大; 莫(ばく)大, おびただしさ; C 〈普通 ～es〉果てしない広がり.

VAT /vìːeitíː, væt/ value-added tax. How much is 15 percent ～ on £90? 90 ポンド(の買い物)に付く 15% の VAT はいくらですか.

vat /væt/ 名 C 大だる, 大おけ,《醸造, 染色, 皮なめし「用などの」》.

†**Vat·i·can** /vǽtikən/ 名 〈the ～〉 **1** ヴァチカン宮殿《ローマ教皇が住む; ローマ市内にある》.
2 ローマ教皇庁《ローマカトリック教会を統率する》.

Vàtican Cíty 名 〈the ～〉ヴァチカン市国《ローマ市内にあるローマ教皇が統治する小独立国》.

vau·de·ville /vóud(ə)vil/ 名 U 〖主に米〗ヴォードヴィル《歌, 踊り, 曲芸, 寸劇などをひとまとめにしたショー;〖英〗variety show》. [フランス語 (＜「Valley of Vire (ノルマンディの地名)の歌」)]

vau·de·vil·lian /vòud(ə)víljən/ 名 C ヴォードヴィ「リアン, 寄席芸人.

Vaughan Wil·liams /vɔ̀ːn-wíljəmz/ 名 **Ralph** ～ ヴォーン・ウィリアムズ (1872–1958)《英国の作曲家》.

***vault**[1] /vɔːlt/ 名 (複 **～s** /-ts/) C **1 アーチ形**「**屋根**[**天井**]. The ～ of this cathedral is very high. この大聖堂のアーチ形天井は非常に高い.
2 地下室, 地下貯蔵室; (銀行などの)金庫室. a wine ～ ワイン貯蔵室. All my valuables are locked in the ～. 私の貴重品は全部金庫室にしまってある.
3 (教会, 墓地の)地下納骨所《一族の遺骸(がい)を厳重に納棺して置く所》. Father's body lay at rest in the ～. 父の亡きがらは地下納骨所に安らかに眠った.
4〖詩〗〈the ～〉大空, 蒼穹(そうきゅう). the ～ of heaven 天空. **5**〖解剖〗蓋(がい)《口蓋, 頭蓋など》.
── 動 他 にアーチ形天井[屋根]を付ける; をアーチ形天井[屋根]にする.
[＜ラテン語「渦巻状の」(＜*volvere* 'roll'); vault[2] と「同源」]

vault[2] 動 自 (手, 棒などを支えにして)跳ぶ; VA 跳び乗る〈*into, onto* ..に〉, 跳び越す〈*over* ..を〉. ～ lightly *onto* a horse [*into* a saddle] 馬[くら]にひらりと跳び乗る. ～ *over* a brick wall れんが塀を跳び越す.
── 他 を跳び越す. The boy used a pole to ～ a ditch. 少年は棒を使って溝を跳び越した.
── 名 C (手, 棒などを支えにしての)ひと跳び.
[＜ラテン語 *volvere*「転がす」]

váult·ed /-əd/ 形 〔部屋, 通廊などが〕アーチ形天井のある,〔屋根が〕アーチ形をした; アーチ形屋根のある.

váult·ing[1] 名 U **1** アーチ形天井構造. **2**〈集合的〉(アーチ形天井の)アーチ.

váult·ing[2] 形 **1** 跳ぶ, 跳び越す. **2**〖主に雅〗〔野心などが〕高すぎる, 度を越した. ～ ambition 身の程を知らない野心. ── 名 U 跳ぶこと, 跳び越すこと, 跳躍.

váulting hòrse 名 C 跳馬《体操用具》.

vaunt /vɔːnt/〖章〗動 自 自慢する, ひけらかす,〈*of, about* ..を〉. ── 他 を自慢する. He is forever ～*ing* his riding skill. 彼はいつも自分の乗馬の腕前を自慢している. ── 名 UC 自慢, 大言壮語. ▷ **váunt·ed**

/-əd/ 形 ご自慢の. **váunt·ing·ly** 副 自慢して, 誇らしげに.

VC Vice-Chairman; Vice-Chancellor; 〖英〗 Victoria Cross.

V-chip /víːtʃìp/ 名 V チップ《テレビでの暴力・性的描写が映らないようにするチップ》.

*__VCR__ video cassette recorder.

VD venereal disease.

VDT video display terminal.

VDU visual display unit.

‡__'ve__ /v/ 〖話〗 I, we, you, they に続く have の短縮形. I'*ve* finished lunch. 私は昼食を終えた.

†__veal__ /viːl/ 名 U 子牛 (calf) の肉. [＜ラテン語「小さな子牛 (*vitulus*)」]

vec·tor /véktər/ 名 C **1** 〖数〗 ベクトル (↔scalar). **2** 〖生物〗 病菌媒介生物《ハエ, カなど》. **3** 〖空〗 (飛行機の)針路.

Ve·da /véidə, víː-/ 名 〈the ～(s)〉 ヴェーダ《4 編より成る古代インドのヒンドゥー教聖典》.

V-E Day /vìːíː-dèi/ 名 (第 2 次大戦の連合国側の)ヨーロッパ戦勝利の日《1945 年 5 月 8 日; ＜*V*ictory in *E*urope *Day*》.

veep /viːp/ 名 C 〖米話〗 副大統領; 〈V-〉 米国副大統領; [＜*VP* (＜*v*ice-*p*resident)].

‡__veer__ /viər/ 動 自 **1** VA 〔歩行者, 車, 道路などが〕方向を変える, 曲がる, それる. The car ～*ed to* the left at the crossroads. その車は十字路を左へ折れた. **2** VA 〔風が〕ゆっくりと右回りに向きを変える《例えば西風だったのが徐々に北風に変わるような場合を言う; ↔back》. The typhoon ～*ed* back *towards* the coast. 台風は海岸方向へ向きを変えた. **3** VA 〔意見, 話などが〕変わる, 〔人が〕意見[計画など]を変える. While we were talking about the economy, the conversation suddenly ～*ed round to* air pollution. 経済について話し合っているうちに突然大気汚染の話になった. **4** 〖海〗 〔船が〕針路を変える《特に風下に》.

── 他 **1** 〖海〗 〔船の〕針路を変える《特に風下に》. **2** 〔意見, 計画など〕を変える. ── 名 C 方向転換.

‡__veg__ /vedʒ/ 名 (複 ～) UC 〖英話〗 (主に調理した)野菜 (vegetable).

Ve·ga /víːgə/ 名 〖天〗 ヴェガ《琴座 (Lyra) の 1 等星; 織女星に当たる》.

‡__ve·gan__ /víːdʒən|-gən/ 名 C 極端な菜食主義者 (類語 vegetarian より厳格で, 動物性の食物を全く食べず, 絹や革製品も使わない).

‡__veg·e·ta·ble__ /védʒ(ə)təb(ə)l/ 名 (複 ～**s** /-z/) **1** C 〈普通 ～s〉 **野菜**, 青物. fresh ～*s* 新鮮な野菜. green ～*s* 葉物, 葉菜類. seasonal ～*s* 季節の野菜. frozen ～*s* 冷凍野菜. grow [raise] ～*s* 野菜を栽培する. Celery is a ～ good for health. セロリは健康にいい野菜である. They served a meal of roast beef and two ～*s*. ローストビーフと 2 種類の(付け合わせ)野菜の食事が出た.

連結 crisp [leafy; root; raw; cooked] ～*s* // chop [slice; dice; boil; steam; sauté; stir-fry] ～*s*

2 U 植物 (plant)《動物, 鉱物と並べて animal, ～, or mineral と言う》. **3** C (脳の損傷などによる)植物状態の人; 無気力人間. ── 形 ⓒ 〈限定〉 **1 野菜の**, 青物の. a ～ garden [plot] 菜園. a ～ knife 菜切り包丁. a ～ salad 野菜サラダ. **2** 植物の, 植物性の. a ～ cell 植物細胞. use ～ oil for cooking 料理に植物性油を使う. **3** 植物状態の. **4** 植物的な; 単調な, つまらない. [＜ラテン語「元気をつける(もの)」(＜*vegetāre* 'animate')]

vègetable kíngdom 名 〈the ～〉 植物界.

vègetable márrow 名 C 〖植〗 ペポカボチャ《西洋カボチャの一種》.

végetable spònge 名 C 〖植〗 へちま.

†__veg·e·tar·i·an__ /vèdʒətéəriən/ 名 C 菜食主義者 (類語 動物・魚の肉は食べないが鶏卵, 牛乳, チーズなどはとる点が vegan と異なる).

── 形 形 **1** 菜食主義の, 菜食主義者の. **2** 〔食事が〕野菜だけの. My aunt is on a ～ diet. おばは菜食を守っている. ▷ ～**·ism** 名 U 菜食主義.

veg·e·tate /védʒətèit/ 動 自 (社会活動をせず)ぼんやりと単調[無為]な生活をする, 無為徒食する.

†__veg·e·ta·tion__ /vèdʒətéiʃ(ə)n/ 名 U **1** 〈集合的〉 植物, 草木. Thick ～ covered the place. そこは植物が一面に茂っていた. **2** (ある地域特有の)植物全体. jungle ～ ジャングルに生えている植物. [＜ラテン語「成長する力」]

veg·e·ta·tive /védʒətèitiv|-tət-/ 形 **1** 植物の. **2** 〔植物が〕(生殖能力はなくても)生長能力のある, 生長に関係のある〔機能など〕. **3** 〔生活が〕無為徒食の, 無為の. a ～ life 無為の生活. ▷ ～**·ly** 副 ～**·ness** 名

veg·(g)ie /védʒi/ 名 C 〖話〗 **1** ＝vegetable. **2** ＝vegetarian.

†__ve·he·mence__ /víːəməns/ 名 U 激しさ, 激烈; 熱心, 熱烈. recoil before his ～ 彼の激しさにたじたじとなる. He spoke with ～ about political corruption. 彼は激しい口調で政治腐敗について語った.

*__ve·he·ment__ /víːəmənt/ 形 ⓜ **1** 〔好悪, 賛否などが〕激しい, 激烈な; 熱烈な. a ～ argument 激論. ～ anger 激怒. a ～ attack [protest] 激しい攻撃[抵抗]. The statesman is ～ about the establishment of world peace. その政治家は熱心に世界平和の確立を求めている. **2** 〔動き, 勢いなどが〕激しい, 荒々しい. a ～ wind 激しい風. speak with ～ gestures 激しい身ぶりで話す. [＜ラテン語 *vehemēns*「激しい」(?＜「心を運び去られた」)] ▷ ～**·ly** 副 激しく; 熱烈に.

‡__ve·hi·cle__ /víːik(ə)l, (〖米〗ではしばしば, 〖英〗でもときに) víːhi-/ 名 (複 ～**s** /-z/) C 【乗り物】 **1** 〖章〗 **乗り物**, 輸送機関, 車両; 運搬具. public ～*s* 公共の乗り物. a space ～ 宇宙船. All ～*s* are prohibited in this street on Sundays. 日曜日には乗り物はすべてこの通りに乗り入れを禁止されている.

【運ぶもの】 **2** 手段, 伝達[表現]手段; 能力発揮の手段; 〈*for* (do*ing*) ..(すること)のための〉. Language is the ～ *for* (convey*ing*) thought. 言語は思想の伝達手段である. The movie is nothing more than a ～ *for* the stars. その映画はスターたちの見せ場を作るためのものにすぎない. [＜ラテン語「運ぶ (*vehere*) 道具」]

ve·hic·u·lar /vi(ː)híkjələr/ 形 〖章〗 乗り物の; 車の. a ～ tunnel 車両用のトンネル. closed to ～ traffic 車両通行止めで.

V-8 /vìːéit/ 名 C 〖機〗 V 型 8 気筒エンジン.

*__veil__ /veil/ 名 (複 ～**s** /-z/) C

1 ベール; (修道女の)ベール《頭から両肩に垂らす布製のもの》. raise [drop, lower] one's ～ ベールを上げる[下げる]. The widow wore a ～ at the funeral. その未亡人は葬式の時ベールをかぶっていた.

2 覆い, 幕, カーテン, 衝(つい)立て. draw [lift] a ～ 幕を引く[上げる]. There was a ～ of mist over the valley. 谷には霧のベールがかかってい(てよく見えなかっ)た. A ～ of cloud covered the top of the mountain. 山頂は雲で覆われてい(て見えなかっ)た. The plans were hidden in a ～ of secrecy [silence]. その計画は秘密[沈黙]のベールに隠されていた. **3** ＝velum.

beyond the véil あの世に[で].

dràw a véil over.. 〔不快なことなど〕を口に出さずにおく, 秘密にしておく.

tàke the véil (1) 修道女になる. (2) 〔イスラム圏の女性が〕顔をベールで覆って伝統の服装を守る.

under the véil of.. ..に隠れて, ..という口実で. Paul cheated me of money *under the* ～ *of* friend-

V

ship. ポールは友情にかこつけて私から金をだまし取った.
── 動 (~s /-z/|過 過分 ~ed /-d/|véil·ing) 他
1〔顔など〕をベールで覆う; を覆って見えなくする. The Muslim women ~*ed* their faces. イスラム教徒の女性たちは顔をベールで覆っていた. The airport was ~*ed* in the fog. 空港は霧に包まれていた.
2 を包み隠す, 秘密にする. She ~*ed* her anger with a smile. 彼女は怒りを微笑で隠した. His death is ~*ed* in mystery. 彼の死はなぞに包まれている.
[＜ラテン語 *vēlum*「覆い」]

‡**veiled** 形 1 ベールをかぶった. 2 隠された; はっきりとは表されない. (thinly) ~ threats それとはなし(だが見え見え)の脅迫. 「生地.

véil·ing 名 U 1 ベールで覆うこと. 2 ベール; ベール用↑

‡**vein** /vein/ 名 (複 ~s /-z/)
1 C 〖解剖〗**静脈** (↔artery); 〈通俗に〉血管. The blue of her ~*s* showed beneath her pale skin. 彼女の青白い皮膚の下に静脈が青く見えていた.
2 C 〖動〗(昆虫の羽の)翅(し)脈; 〖植〗葉脈.
3 C 〖地〗鉱脈, 岩脈; (石, 木材, ある種のチーズなどの)縞(しま)模様, 木目. a ~ of gold 金の鉱脈. marble with bluish ~*s* 青味がかった縞模様のある大理石.
4 aU 気分, 気持ち, 調子. speak in (a) leisurely [serious] ~ のんびりした気分[まじめな調子]で話す. I was in the ~ for crying. 泣きたい気持ちだった.
5 aU (一脈の, ちょっとした)特徴, 傾向; ..気味; 〈*of* ..〔性質など〕の〉. There is a ~ *of* perverseness in him. 彼にはちょっと片意地なところがある. The book has a rich ~ *of* humor throughout. その本には一貫して豊かなユーモアの特徴がある.
in* ⌞*the sàme* [(*a*) *sìmilar*] *véin 同じ[似た]調子で; 同じ[似た]言い方をすれば. Bad money drives out good, the saying goes. *In the same* ~, bad religions drove out good religions in the bubble age. 悪貨は良貨を駆逐すると諺は言う. 同じ言い方をすれば, バブルの時代, 悪しき宗教が良き宗教を駆逐した.
[＜ラテン語 *vēna*「血管, 静脈」]

veined 形 脈[筋, 葉脈, 縞(しま)模様]のある. a ~ hand 静脈の浮き出た手.

véin·ing 名 U 1 脈[筋, 縞(しま)模様]を付けること. 2 〈集合的〉脈[縞](模様).

ve·la /víːlə/ 名 velum の複数形.

ve·lar /víːlər/ 形 〖解剖〗軟口蓋(がい)の (→velum); 〖音声〗軟口蓋音の. ── 名 C 軟口蓋(子)音 《/k/, /g/, /ŋ/ など》.

ve·lar·ize /víːləràiz/ 動 他 〖音声〗〔音〕を軟口蓋(がい)化する 《例えば pool の /l/ は直前の母音の影響で pill よりも velarize されている; ↔palatalize》.

Ve·láz·quez /vəlǽskəs, -láːskeis|vilǽskwiz, -skiz/ 名 **Diego Rodriguez de Silva y ~** ベラスケス (1599-1660) 《スペインの画家》.

Vel·cro /vélkròu/ 名 U 〖商標〗ヴェルクロ 《日本語で言うマジックテープ》. [フランス語 (＜'hooked velvet')]

veld, veldt /velt/ 名 UC 〈the ~〉(南アフリカの高原の)草原地. [オランダ語 'field']

vel·lum /véləm/ 名 U 1 上等皮紙 《子牛, 子羊などの皮から作る; 本の表紙, ランプのかさなどに用いる; parchment より高級》. 2 模造皮紙. [＜古期フランス語「子牛」]

ve·loc·i·pede /vəlɑ́səpiːd|-lɔ́s-/ 名 C 1 〖米〗子供用 3 輪車. 2 (昔の)自転車 《足で地面を蹴(け)って進めるものが多かった》; 〖戯〗自転車.

†**ve·loc·i·ty** /vəlɑ́səti|-lɔ́s-/ 名 (複 -ties) 1 aU 〖章〗速度, 速さ; 高速. at a peak ~ 最高速度で. at a ~ of 400 meters a second 毎秒 400 メートルの速度で.
2 UC 〖物理〗速度 《方向性 (vector) を持つ; これに比べ speed は scalar である》. the ~ of sound 音速.
[＜ラテン語 *vēlox*「速い」; -ity]

ve·lour(s) /vəlúər/ 名 U ヴェロア 《絹, 綿などを起毛したビロード又はフェルト風の織物; 服地, 室内装飾品, 帽子などに用いられる》. [フランス語 'velvet']

ve·lum /víːləm/ 名 (複 **ve·la** /-lə/) C 〖解剖〗軟口蓋(がい) (soft palate).

*__vel·vet__ /vélvət/ 名 U 1 ベルベット, ビロード. as smooth [soft] as ~ ベルベットのように滑らか[柔らか]な.
2 (シカの)袋角(ふくろづの)の皮.
be on vélvet 〖話〗有利な立場にある; 金回りがいい.
── 形 ベルベット製の; ベルベットのような, ベルベットのように柔らかい. ~ goods ベルベット製品.
an* [*the*] *ìron hánd in a* [*the*] *vèlvet glóve 外柔内剛, 外面上の優しさ.
[＜ラテン語 *villus*「ふさふさした毛」]

vel·vet·een /vèlvətíːn/ 名 1 U ベッチン(別珍), 綿ビロード. 2 〈~s〉綿ビロード製のズボン.

vél·vet·y 形 1 ビロードのように柔らかい[滑らかな]. The cloth feels ~. その布は肌触りがいい. 2〔色, 音などが〕柔らかな; 〔酒などが〕口当たりのいい[まろやかな].

Ven. venerable.

ve·nal /víːn(ə)l/ 形 〖章〗 1〔人が〕買収されやすい, 金で動く. the ~ electors 買収されやすい選挙人たち.
2〔地位, 行為などが〕賄賂(わいろ)で得られた, 金銭ずくの; 買収による. a ~ position 金で得た地位. [＜ラテン語「販売 (*vēnum*) の」] ▷ **ve·nal·i·ty** /viːnǽləti/ 名 U 金銭[欲得]ずく. **~·ly** 副

vend /vend/ 動 他 1〖主に章〗を売り歩く, 行商する.
2〖法〗〔土地, 家屋など〕を売却する (sell). [＜ラテン語 (＜*vēnum* 'sale'＋*dare* 'girl')]

vend·ee /vendíː/ 名 C 〖法〗買い手, 買い主, (buyer; ↔vendor).

†**vénd·er** 名 ＝vendor.

‡**ven·det·ta** /vendétə/ 名 C (2 家族間の)あだ討ち 《特に Corsica 島などにみられる根深い憎み合いによるもの》; 根深い怨(えん)恨関係. [イタリア語; vengeance と同源]

vénd·i·ble 形 販売可能な, 売ることのできる.
── 名 C 〈普通 ~s〉販売可能な物品, 売り物.
▷ **vènd·i·bíl·i·ty** 名

vénding machìne 名 C 自動販売機.

†**ven·dor** /véndər, -dɔːr/ 名 C 1 行商人, (街頭の)物売り; 〖法〗(土地, 家屋などの)売り手, 売り主, (seller; ↔vendee). 2 ＝vending machine.

‡**ve·neer** /vəníər/ 名 1 UC (木材, 家具などの表面に張る)化粧板 《内側の材料より上質の》. 2 UC (合板用の薄い)単板. ★日本語で言うベニヤ板 (plywood) はこれを張り合わせたもの. 3 C 〈普通, 単数形で〉うわべだけの見せかけ[装飾] 〈*of* ..の〉. a thin ~ *of* culture over coarseness 下品さを覆い隠した薄っぺらな教養.
── 動 他 1 に化粧板を張る, をくっつけて合板を作る.
2 のうわべを飾る; を覆い隠す 〈*with* ..で〉.
[＜ドイツ語 (＜古期フランス語 'furnish')]

‡**ven·er·a·ble** /vén(ə)rəb(ə)l/ 形 〈普通, 限定〉
1〔人が〕(高齢, 高位, 人徳などで)立派な, 尊敬すべき. a ~ old conductor 立派な老指揮者.
2〔建物, 場所などが〕古びて荘厳な, 神聖な; 由緒ある. a ~ church 荘厳な教会. a ~ tradition of the village その村の由緒ある伝統. this ~ old desk of mine 〖戯〗この尊く古びたる我が机.
3 〈普通 the V-〉(**a**) 〖英国国教〗..師 《副監督 (archdeacon) の尊称; 略 Ven.》. the *Venerable* Mr. Jones ジョーンズ師. (**b**) 〖カトリック〗..尊者 《聖人までの 3 段階中最低位の人に対する尊称》.
▷ **vèn·er·a·bíl·i·ty, ~·ness** 名 **-bly** 副

‡**ven·er·ate** /vénərèit/ 動 他 〖章〗を尊敬する, 崇敬する, あがめる, (類語 特に聖なるもの, 高齢者, 由緒あるものなどを尊敬すること; →respect). [＜ラテン語 *venerārī*

「敬愛する」(＜*venus* 'love')]

vèn·er·á·tion 名 U 尊敬; 崇敬. hold one's ancestors in ～ 祖先を崇拝する.

ve·ne·re·al /vəní(ə)riəl/ 形 〈限定〉〘医〙 **1** 性交によって起こる[伝わる]. **2** 性病の[にかかった]. [＜ラテン語「性愛 (*venus*) の」]

venèreal diséase 名 UC 性病《略 VD》.

Ve·ne·tian /vəníːʃ(ə)n/ 形 ヴェニス[ヴェネツィア](人)の; ヴェニス[ヴェネツィア]風[派]の. ◇名 Venice
── 名 C ヴェニス[ヴェネツィア]人.

Venètian blínd 名 C 板すだれ《木片, 金属片, プラスチック板 (slat) をつうった日よけ; ひも, 鎖などで開閉する》.

Venètian gláss 名 UC ヴェネツィアングラス《ヴェニス付近産の高級ガラス器の一種》.

Ven·e·zue·la /vènəzwéilə, -zwíː-|vènezwéi-/ 名 ベネズエラ《南米北部の共和国; 首都 Caracas》.
▷ **Ven·e·zue·lan** /-n ⑱/ 形, 名

*__venge·ance__ /véndʒ(ə)ns/ 名 U **復讐**(しゅう), 報復, あだ討ち; aU 復讐行為; (類語 被害者が自分以外の場合にも用いられる; →revenge). The young man set Sam's house on fire for ～. その若者は仕返しにサムの家に火をつけた. He swore ～ for his brother's murder. 彼は兄の殺害に対して復讐を誓った.
◇動 avenge
***tàke véngeance on* [*upon*] . .** . .に復讐する.
with a véngeance 〘話〙激しく, ひどく; 極端に; 全く. Last night it snowed *with a* ～. ゆうべは実にひどい雪だった. Your idea is stupid *with a* ～. 君の考えはばかばかしいよ, 全く.
[＜ラテン語 *vindicāre* 'vindicate'; -ance]

venge·ful /véndʒf(ə)l/ 形 〘主に雅〙〔気持ち, 行動が〕復讐(しゅう)心に燃えた (revengeful). I didn't mean to be ～. 私は仕返しをするつもりはなかった.
▷ **～·ly** 副 復讐心に燃えて. **～·ness** 名

ve·ni·al /víːniəl/ 形 〔過失, 犯罪などが〕軽い, ささいな, 見逃せる. a ～ mistake ささいな誤り.

vènial sín 名 U 〘カトリック〙小罪 (↔mortal sin).

Ven·ice /vénəs/ 名 ヴェニス, ヴェネツィア, 《イタリア北東部の港市; 観光・文化の中心地; イタリア語名 Venezia》.

ven·i·son /vénəsən, -zən|vén(ə)z(ə)n/ 名 U シカ (deer) の食肉. [＜ラテン語「狩(の獲物)」]

‡**ven·om** /vénəm/ 名 U **1** (毒蛇, 毒グモ, サソリなどの)毒液, 毒. The ～ of a rattlesnake is extremely dangerous. ガラガラヘビの毒は非常に危険だ.
2 悪意, 怨(えん)恨, 憎悪; 毒舌. He said with ～ that he would repay me for my ill-treatment. 彼は私の行った虐待に対して仕返しをすると恨みを込めて言った.
[＜ラテン語「毒＜媚薬」(＜*venus* 'love')]

ven·om·ous /vénəməs/ 形 **1** 有毒の; 毒液を分泌する. a ～ spider 毒グモ. **2** 〔言葉, ふるまいなどが〕悪意に満ちた, 毒のある. with ～ eyes 悪意に満ちた目で. You ～ devil! このいやな野郎め.
▷ **～·ly** 副 有毒に; 悪意を抱いて. **～·ness** 名

ve·nous /víːnəs/ 形 **1** 静脈の (↔arterial). ～ blood 静脈血. a ～ injection 静脈注射.
2 葉脈の多い, 葉脈のはっきりした. ◇名 vein

‡**vent**[1] /vent/ 名 **1** C (気体, 液体などの)はけ口, 抜け口; 通気孔, 排気孔; (笛などの)指穴; (火山の)噴気孔. The smoke escaped through the ～. 煙は通気孔から出ていった. **2** aU (感情などの)はけ口. Their frustrations found a ～ in drinking. 彼らの欲求不満は酒を飲むことにはけ口を見いだした. **3** C (鳥, 魚, 爬(は)虫類などの)肛(こう)門.
***gìve vént to* . .** 〔激しい感情など〕をぶちまける, 表に出す; 〔奇声など〕を発する. The students *gave* ～ *to* their anger in demonstrations. 学生たちは怒りをデモの形で発散させた.
── 動 他 **1** に穴[口]をあける, はけ口[抜け口]を作る; 〔液体や煙など〕を放出する. **2** 〔感情など〕にはけ口を与える, を発散させて憂さを晴らす, 〈*in* . .で〉; 〔感情など〕をぶちまける 〈*on* . .に〉. Mike ～*ed* his feelings *in* poetry. マイクは自分の感情を詩に表した. The strikers ～*ed* their anger *on* the management. ストをやっている連中は怒りの気持ちを経営者側にぶちまけた. [＜ラテン語「風」]

vent[2] 名 C ベンツ《コート, 上着などの後部中央又は両脇(わき)のすその切り込み》. [＜ラテン語「割る」]

†**ven·ti·late** /véntəlèit/ 動 他 **1** 〔部屋, 建物など〕を換気する, に風を通す, を風[新鮮な空気]にあてる. This room is full of cigarette smoke and needs to be ～*d*. この部屋はたばこの煙がいっぱいだから換気する必要がある. **2** 〔問題など〕を公開して自由に論議[討議]する. The proposal has to be ～*d* in the press. その提案は新聞に公表して論議されなければならない. [＜ラテン語「風 (*ventus*) を起こすためにあおぐ」]

*__ven·ti·la·tion__ /vèntəléiʃ(ə)n/ 名 U **1 換気**, 通風, 空気の流通; 換気装置. a room with good ～ 換気のいい部屋. There's no ～ in my room. 私の部屋には換気装置がない. a ～ system 換気装置系統.
2 (問題などの)自由な論議; 公開討議. The problem deserves a thorough ～. その問題は十分に公開討議する価値がある.

ven·ti·la·tor /véntəlèitər/ 名 C 換気装置, 換気扇, 換気窓, 通風孔[管].

ven·tral /véntrəl/ 形 〘解剖・動〙腹の, 腹部の, 腹側にある, (↔dorsal). [＜ラテン語 *venter* 'belly']

vèntral fín 名 C 〘魚〙腹びれ.

ven·tri·cle /véntrik(ə)l/ 名 C 〘解剖〙 **1** (心臓の)心室. **2** (脳髄, 喉(こう)頭などの)室, 空洞.

ven·tri·lo·qui·al /vèntrəlóukwiəl ⑱/ 形 腹話術の.

ven·tril·o·quism /ventríləkwìz(ə)m/ 名 U 腹話術. ▷ **ven·tríl·o·quist** 名 C 腹話術師.

ven·tril·o·quize /ventríləkwàiz/ 動 自 腹話術で話す; 腹話術を行う.

ven·tril·o·quy /ventríləkwi/ 名 ＝ventriloquism.

*__ven·ture__ /véntʃər/ 名 (複 **～s** /-z/) C 【冒険】 **1 冒険**, 冒険事業, (類語 冒険に伴う生命, 金銭上の危険の意味を伴う; →adventure). make a ～ into the Amazon jungle アマゾンの密林への探検に出かける. start a new business ～ 新しい投機的事業を始める.
2【金銭上の冒険】**投機**, やま. a ～ in publishing 冒険的な出版企画. invest in a ～ 一か八かの投資をする.
at a vénture 運任せに; でたらめに. draw a bow *at a* ～ でたらめに弓を引く; 〘旧〙当て推量をする.
── 動 (**～s** /-z/|過 過分 **～d** /-d/|**-tur·ing** /-tʃ(ə)riŋ/) 他 〘章〙 **1** 〔生命, 金銭など〕を**危険にさらす**, 賭(か)ける 〈*on* . .に〉. The soldiers ～*d* their lives for their country. 兵士たちは祖国のために命を賭けた. Ted ～*d* most of his money *on* the horse race. テッドは持ち金の大部分をその競馬に賭けた. Nothing ～(*d*), nothing gain(ed). 〘諺〙虎(こ)穴に入らずんば虎児を得ず.
2 の**危険を冒す**, にあえて立ち向かう; を思い切ってする. The hunters ～*d* the blizzard and went into the woods. ハンターたちは大吹雪を冒して森の中へ入って行った. ～ ⌞a visit to [*to* visit (→3 (b))] a gynecologist 思い切って産婦人科へ行く.
3 (**a**) 〔考えなど〕を**思い切って言う[言ってみる]**. Bill ～*d* an apology to Tom. ビルは(ちゅうちょしていたが)思い切ってトムに謝った. I hesitate to ～ an opinion in such expert company. このような専門家が同席しているところでは意見を述べるのをちゅうちょします. (**b**) VO (～ *to do*) **思い切って . .する, あえて . .する**, (★多くの場合, to do は言語表現を表す動詞). I ～*d to* write George that his novel was not interesting. 私はジョージの小説は面白くないとあえて手紙で彼に言ってやった. May I ～

V

to ask why? 失礼ですが理由をお聞きしてもよろしいでしょうか. (c) ㊊ (～ *that* 節/"引用") 思い切って..ということを/「..」と言う. I ～ (*to* say) *that* you are wrong. あえて申しますがあなたは間違っている. "I love you," she ～*d*.「あなたが好きです」と彼女は思い切って言った.

―― ㊀ ㊋ 危険を冒してする[行く]; (～ *on* [*upon*]..) 思い切って..を試みる. The old man seldom ～*s out of* town. その老人は危険を冒して町から外へ出ることはめったにない. ～ *into* a cave 思い切って洞窟(どう)に入る. We ～*d on* the project without preparation. 我々は準備もしないまま計画に乗り出した.
[＜中期英語 *aventure* 'adventure']

vénture bùsiness 名 C ベンチャービジネス, 研究開発型企業.

vénture càpital 名 U 危険投資資本《venture business へ投下されたもの; 投機資本》.

vén·tur·er /-rər/ 名 C 冒険者; 投機師.

vénture scòut 名 C 〖英〗ヴェンチャースカウト《ボーイスカウトの年長隊員; →boy scout》.

vén·ture·some /-s(ə)m/ 形 〖主に雅〗 **1** 〔人が〕冒険好きな; 大胆な; 向こう見ずな. **2** 〔行為が〕危険な, 冒険的な. ～ investment 危険性の高い投資.
▷ **～·ly** 副 **～·ness** 名

vén·tur·ous /-rəs/ 形 ＝venturesome.

‡**ven·ue** /vén(j)u:/ 名 C **1** 〖法〗(陪審裁判の開かれる)裁判地. change the ～ 裁判地を変更する《暴動を避けたり, 公平な裁判を行うため》. **2** 〖英〗(競技会などの)開催地; 会合場所. [古期フランス語 'coming, arrival' (＜ *venir* 'come' の過去分詞)]

†**Ve·nus** /ví:nəs/ 名 **1** 〖ロ神話〗ヴィーナス《愛と美の女神; ギリシア神話の Aphrodite》. **2** C ヴィーナス女神像. **3** 〖天〗金星 (→Lucifer, Hesperus). [ラテン語「(性)愛」]

Ve·nu·sian /vin(j)ú:ʒən/ 形 金星の.
―― 名 C (SF 小説などの)金星人.

Vènus of Mí·lo /máilou, mí:-/ 名 〈the ～〉ミロのヴィーナス(像)《ギリシアの Milo 島で発見された》.

Ve·nus's-fly·trap /vì:nəs(iz)fláitræp/ 名 C ハエジゴク, ハエトリソウ, 《米国東部沿岸産の食虫植物》.

ve·ra·cious /vəréiʃəs/ 形 〖章〗 **1** 〔人が〕真実を語る, 誠実な. **2** 〔言葉などが〕真実の, 本当の; 正確な.
[＜ラテン語 *vērax*「正直な」(＜*vērus* 'true')]
▷ **～·ly** 副 誠実に, 真実に; 正確に. **～·ness** 名

ve·rac·i·ty /vərǽsəti/ 名 U 〖章〗誠実, 正直; 正確さ, 真実性.

***ve·ran·da(h)** /vərǽndə/ 名 (複 **～s** /-z/) C 〖章〗ヴェランダ, 縁側. ★〖米〗では porch と言うことが多い.
[＜ヒンディー語]

‡**verb** /və:rb/ 名 (複 **～s** /-z/) C **動詞**. an auxiliary ～ 助動詞. an intransitive [a transitive] ～ 自[他]動詞. a regular [an irregular] ～ 規則[不規則]動詞.
[＜ラテン語 *verbum*「ことば」]

V

†**ver·bal** /və́:rb(ə)l/ 形 **1** 言葉の[に関する], 言葉から成る, 言語による. Shakespeare's ～ magic シェークスピアの言葉の魔術. ～ skills 言語能力. a ～ difference 言葉の上での相違. have a good ～ memory 語を正確に記憶する. ～ and non-verbal communication 言語的および非言語的コミュニケーション.
2 口頭の, 口で言った, (spoken, oral; ↔written). a ～ message 伝言. I got ～ confirmation of the rumor. 私は人の口からそのうわさの確証を得た.
3 言葉の上[口先]だけの. Mike's support of the program was strictly ～. マイクはその計画を支持すると言ったがそれは全く口先だけのことだった.
4 逐語的な, 文字通りの. a ～ translation 逐語訳.
5 〖文法〗動詞の, 動詞から派生した.
―― 名 C 準動詞《不定詞, 動名詞, 分詞の総称》.
[＜ラテン語「ことば (*verbum*) の」]

vér·bal·ìsm 名 **1** C (1つの)言語的表現《語, 句など》; 語句(の使用, 選択). **2** U 字句にこだわること. **3** C (空疎な)決まり文句.

vér·bal·ist 名 C **1** 言葉の達人. **2** 字句にこだわる人.

vér·bal·ìze 動 〖章〗 ㊀ **1** を言葉で表す, 言語化する. **2** 〔名詞など〕を動詞化する. ―― ㊀ **1** 言語で表現する. **2** 冗言を費やす. ▷ **vèr·bal·i·zá·tion** 名

vér·bal·ly 副 **1** (文書でなく)口頭で. **2** 動詞として.

vèrbal nóun 名 C 〖文法〗動詞的名詞; 動名詞 (gerund).

ver·ba·tim /və(:)rbéitəm|və:-/ 副 逐語的に, 1語1語(そのままに). translate the Bible ～ 聖書を逐語的に翻訳する. ―― 形 逐語的な, 言葉通りの. a ～ report of the witness's statement 証人の発言の逐語的な報告. [中世ラテン語 'word by word']

ver·be·na /və(:)rbí:nə|və:-/ 名 C 〖植〗クマツヅラ, バーベナ, 《クマツヅラ科の植物》.

ver·bi·age /və́:rbiidʒ/ 名 U 〖章〗言葉数の多いこと, 多言, 冗長.

ver·bose /və(:)rbóus|və:-/ 形 〖章〗言葉数の多い, 冗長な, くどい, (wordy).
▷ **～·ly** 副 冗長に, くどくどと. **～·ness** 名

ver·bos·i·ty /və(:)rbɑ́səti|və:bɔ́s-/ 名 U 〖章〗言葉数の多いこと, 冗長, くどいこと, (wordiness).

ver·dan·cy /və́:rdnsi/ 名 U 〖雅・詩〗 **1** 青々としていること; 新緑. **2** 未熟さ.

ver·dant /və́:rd(ə)nt/ 形 〖雅・詩〗 **1** 〔土地が〕青々と草木が茂った; 〔草木が〕緑の, 青々とした. a ～ hillside 草木が青々と茂った丘の斜面. **2** 〔色が〕新緑色の. **3** 未熟な. [＜古期フランス語「緑になりつつある」(＜ラテン語 *viridis* 'green')] ▷ **～·ly** 副

Verde /və:rd/ 名 **Cape ～** ヴェルデ岬《セネガル (Senegal) の岬; アフリカ大陸の最西端》.

Ver·di /véərdi/ 名 **Giuseppe ～** ヴェルディ (1813–1901)《イタリアの歌劇作曲家》.

***ver·dict** /və́:rdikt/ 名 C **1** 〖法〗(陪審の)**評決**, 答申, (参考 陪審の全員一致を原則とするが少数の反対があっても有効とする地方もある; verdict に基づいて裁判官が下す判決が sentence). The jury brings in a ～ of guilty or not guilty. 陪審員団は有罪か無罪かの評決を下す. The jury reached its ～. 陪審員は評決に達した. receive a guilty ～ 有罪の評決を受ける.

> 連結 arrive at [deliver, render, return; appeal; sustain; overturn] a ～

2 判断, 判定, 意見(発表), 〈*on*, *about* ..についての〉. What is your ～ *on* the new cabinet? 新内閣に対する君の評定はどうだ.
[＜ラテン語「真実を語ること」(＜*vērus* 'true'＋*dīcere* 'say')]

ver·di·gris /və́:rdəgrì:s|-gris/ 名 U 緑青(ろくしょう).

ver·dure /və́:rdʒər/ 名 U 〖雅・詩〗 **1** 緑; 新緑色. the fresh ～ of the grass 草の新緑. **2** 新緑の草木[若葉]. **3** 新鮮さ, みずみずしさ.

ver·dur·ous /və́:rdʒərəs/ 形 〖雅・詩〗 **1** 青々とした; 新緑の. **2** 緑の草木[新緑]に覆われた.

†**verge**[1] /və:rdʒ/ 名 **1** C 縁, へり; 境界; 〖英〗道路わきの草地, 花壇のへり. putt from the ～ of the green (ゴルフで)グリーンの縁からパットする.
2 〈the ～〉間際, 瀬戸際, 〈*of* ..の〉. Migraine drove her to the ～ of suicide. 偏頭痛のため彼女は自殺寸前のところまで行った. **3** C 権標, 権杖(けんじょう), (mace).
***on* [*to*] *the vérge of* (*doing*)..** ..の瀬戸際に[の], 今にも..するばかりの[で]. My uncle was *on* [came *to*] *the* ～ *of* economic ruin. おじは経済的破滅に瀕(ひん)して[するに至って]いた. We were *on the* ～ *of* starting without him, when he arrived. 彼なしで出発しようとしていたちょうどその時に彼がやって来た.

―― 動自 1 VA (～ *on* [*upon*]..) ..と境を接する, 隣接する. My estate ～*s on* the lake. 私の土地はその湖に隣接している. 2 VA (～ *on* [*upon*]..) 〔ある状態など〕に近い, 近うきつつある. Her queer actions ～*d on* madness. 彼女の奇行は狂気に近かった. I am *verging on* 70 but can't retire yet. 私は 70 に近うきつつあるがまだ引退できない. [<ラテン語 *virga*「棒, 杖」]

verge[2] 動自 VA 向く, 傾く, 〈*to, toward* ..に〉. Our economy is *verging toward* inflation. 我が国の経済はインフレの傾向がある. [<ラテン語「傾く」]

verg·er /vɔ́ːrdʒər/ 名 C 1 〖主に英〗権標捧持者《権標 (verge[1] 3) を持って高位聖職者や大学学長を先導する》. 2 〖英〗(教会堂の)世話係, 管理担当者,《祭服やその他の教会備品の管理をする》.

Ver·gil /vɔ́ːrdʒəl/ 名 =Virgil.

ver·i·est /vériəst/ 形 〈形容詞 very の最上級〉〖雅〗全くの, この上ない.

ver·i·fi·a·ble /vérəfàiəb(ə)l/ 形 確認[証明, 立証]できる. an easily ～ statement 簡単に確認できる陳述.

ver·i·fi·ca·tion /vèrəfəkéiʃ(ə)n/ 名 U 1 (真実であると)確認すること, 立証. Hypotheses need ～. 仮説は立証が必要である. 2 (真実であることの)証拠, 根拠. We find no ～ of his statement. 彼の陳述の根拠が見いだせない.

†**ver·i·fy** /vérəfài/ 動 (-fies | 過 過分 -fied | ～·ing) 他 1 〔事態, 行為などが, 陳述, 事実などの正しさ〕を証明[実証, 立証]する, 裏付ける, (↔falsify). The truth of the witness's statement has been *verified*. 証人の陳述が本当であることは証明された. Experimental results *verified* the hypothesis. 実験結果がその仮説の正しさを証明した. 2 が正しいかどうかを確かめる, を確認する; VO (～ *that* 節/*wh* 節) ..(か)を確かめる. I could not ～ my son's story. 私は息子の話の正しさを確かめられなかった. Nobody could ～ *that* [*whether*] Ted was heir to the fortune. テッドがその財産の相続人であること[かどうか]はだれにも確認できなかった. [<ラテン語 *vērus*「真実の」; -ify]

ver·i·ly /vérili/ 副 〖古〗真実に, 誠に, (語法 古い訳の聖書に多い強意語で今では説教などに用いられる). *Verily*, ～, I say unto you. よくよくあなたがたに言っておく,《昔の訳では》誠に誠に汝(なんじ)らに告ぐ.

ver·i·sim·i·lar /vèrəsímələr ⑧/ 形 〖章〗真実らしい; もっともらしい, ありそうな.

ver·i·si·mil·i·tude /vèrəsəmílət(j)ùːd/ 名 〖章〗 1 U 真実らしさ, 本当らしさ; 真に迫っていること, 迫真性. 2 C 真実らしく見える事柄, 本当らしい話.

‡**ver·i·ta·ble** /vérətəb(ə)l/ 形 〖章〗〈限定〉真の, 紛れもない. a ～ riot 紛れもない暴動. Mr. Smith is a ～ gentleman. スミス氏は正真正銘の紳士だ. He is a ～ Shylock. あの男は(欲張りで)シャイロックそこのけだ. ▷**-bly** 副 まさしく, 紛れもなく. **～·ness** 名

ver·i·ty /vérəti/ 名 (複 **-ties**) 〖雅〗 1 U 真実(性). the ～ of the report その報告の真実性. 2 C 〈普通 -ties〉真実の陳述; 真理. the *verities* of the Christian religion キリスト教の真理.

ver·juice /vɔ́ːrdʒùːs/ 名 U 1 (未熟な果実の)すっぱい果汁《昔, 料理に用いた》. 2 気難しさ; 不機嫌.

Ver·laine /verléin/ 名 **Paul** ～ ヴェルレーヌ (1844–96)《フランスの象徴派詩人》.

Ver·meer /vərmíər/ 名 **Jan** ～ フェルメール (1632–75)《オランダの画家》.

ver·mi·cel·li /vɔ̀ːrməséli, -tʃéli/ 名 U ベルミチェリ《スパゲッティより細いパスタ; →macaroni, spaghetti》. [イタリア語「小さな worm」]

ver·mi·cide /vɔ́ːrməsàid/ 名 UC 駆虫剤, 虫下し; 殺虫剤.

ver·mic·u·lite /vəːrmíkjəlàit/ 名 U 〖鉱〗バーミキュライト, 蛭(ひる)石,《熱するとヒルのように伸びる; 断熱材などに用いる》.

ver·mi·form /vɔ́ːrməfɔ̀ːrm/ 形 蠕(ぜん)虫状の, (ミミズ, うじ虫などの)虫の形をした.

vèrmiform appéndix 名 〈the ～〉〖解剖〗虫垂, 〈俗に〉盲腸.

ver·mi·fuge /vɔ́ːrməfjùːdʒ/ 名 UC 駆虫剤, 虫下し.

‡**ver·mil·ion, -mil·lion** /vərmíljən/ 名 U 朱; 朱色. ―― 形 朱の; 朱色の; 朱塗りの.

†**ver·min** /vɔ́ːrmən/ 名 U 〈集合的; 普通, 複数扱い〉 1 (作物, 家禽(きん)などを食い荒らす)害獣, 害鳥,《キツネ, イタチ, ネズミ, フクロウなど》. 2 (人などにたかる)害虫《ノミ, シラミ, ナンキンムシなど》. 3 〖軽蔑〗社会の'ダニ'ども, 有害無益なやつら. Bevan denounced the Conservatives as lower than ～. ベヴァンは保守党を害虫以下だとこきおろした. [<古期フランス語(<ラテン語 *vermis* 'worm')]

ver·min·ous /vɔ́ːrmənəs/ 形 1 害虫のわいた, 寄生虫だらけの. 2 〔病気が〕害虫の媒介する. Malaria is a ～ disease. マラリアは害虫が移す伝染病である. 3 〖軽蔑〗〔人が〕ダニのような; 不愉快な. ▷**～·ly** 副

Ver·mont /vəːrmɑ́nt | -mɔ́nt/ 名 ヴァーモント《米国北東部の州; 州都 Montpelier; 略 VT 〖郵〗, Vt.》.

ver·mouth /vərmúːθ | vɔ́ːməθ/ 名 UC ヴェルモット《薬草などで味付けした白ワイン; 食前酒又はマティーニなどのカクテル用》.

ver·nac·u·lar /vərnǽkjələr/ 形 1 〔言語, 語法が〕自国の, その国の; その土地特有の. one's ～ tongue 自国語. 2 その国[土地]の言葉を用いた; 日常語を用いた. a ～ drama その土地の方言で書かれた芝居.

―― 名 C 〈the ～〉(特に外国語に対して)自国の話し言葉, 自国語; 土地言葉; 日常語; (参考 元来はラテン語に対して, それが各地方でくずれて生じたフランス語, イタリア語などを指す). speak in the ～ 土地言葉で話す. What do you call this flower in the ～? 君の国の言葉ではこの花を何と言いますか. the ～*s* of West Africa 西アフリカの諸地方語. [<ラテン語 *verna*「自分の家で生まれた奴隷」]

ver·nal /vɔ́ːrn(ə)l/ 形 〖雅〗 1 春の; 春のような; 春に起こる[現れる]. ～ green 春の緑. 2 青春の, 若々しい. [<ラテン語 *vēr*「春」] ▷**～·ly** 副

vèrnal équinox 名 〈the ～〉春分 (→autumnal equinox).

Verne /vəːrn/ 名 **Jules** ～ ヴェルヌ (1828–1905)《フランスの小説家》.

ver·ni·er /vɔ́ːrniər/ 名 C 遊尺, 副尺, 遊標, (**vérnier scàle**).

Ve·ro·na /viróunə/ 名 ヴェローナ《イタリア北部の都市》.

ver·o·nal /vérən(ə)l/ 名 U 〖商標〗〈しばしば V-〉ヴェロナール《睡眠剤》.

ve·ron·i·ca /vərɑ́nikə | -rɔ́n-/ 名 C 1 〖植〗クワガタソウ《ゴマノハグサ科の草本; speedwell》. 2 〖キリスト教〗ヴェロニカ, 聖顔(布),《処刑場への途上, 血の流れるキリストの顔を拭った布きれに顔の像が残ったという; 布を渡したとされる聖女 Veronica にちなむ》.

ver·ru·ca /vərúːkə/ 名 (複 **～s, ver·ru·cae** /-rúːkiː, -siː/) C 1 〖医〗(普通, 足の裏にできる)いぼ, たこ, (wart). 2 〖動·植〗いぼ状突起.

Ver·sailles /vəːrsái, veər- | veə-, vəː-/ 名 ヴェルサイユ《パリ西方のルイ 14 世が築いた宮殿がある都市; 第 1 次世界大戦の講和条約締結地》.

†**ver·sa·tile** /vɔ́ːrsətl | -tàil/ 形 1 〔人が〕多才の, 多芸の, 融通のきく; 〔才能が〕多方面にわたる. a ～ actress (いろいろな役をこなせる)多芸な女優. a man with a ～ mind 広い精神を持った人. 2 〔物が〕用途の広い, 多目的の; いろいろな働きをする. [<ラテン語「くるくる動き回る」(<*vertere* 'turn')] ▷**～·ly** /-tl(l)i | -tàilli/ 副

ver·sa·til·i·ty /vɔ̀ːrsətíləti/ 名 U 多才, 多芸; 用途の広さ.

V

***verse** /vəːrs/ 名 (複 **vérs·es** /-əz/) **1** U **韻文** (↔prose). a story written in ～ 韻文で書かれた物語.
2 U 詩形, 詩格. iambic [trochaic] ～ 弱強[強弱]格の詩形. →blank verse, free verse.
3 U 〈集合的〉 詩, 詩歌; 〈～s〉 〖旧〗 詩 (poetry). epic [lyrical] ～ 叙事[叙情]詩.
4 C 詩行 《詩の 1 行 (line)》. The last three ～*s* of the poem are impressive. *その詩の終わりの 3 行は印象的である.* **5** C (詩の)節, 連, (stanza); (歌詞の)番. I know only the first two ～*s* of the poem. *その詩の初めの 2 節しか知らない.*
6 C (聖書の)節 《chapter の下位区分で番号が付されている; 普通, 1 文から成る; 略 v., vs.》. He quoted a ～ from the Bible. 彼は聖書から一節を引用した.
chàpter and vérse →chapter.
[＜ラテン語 *versus* 「鋤(すき)の回転, うね」 (＜*vertere* 'turn')]

versed /vəːrst/ 形 〈叙述〉 〈しばしば well ～〉 熟達した, 熟練した, 精通した, 〈*in* ..に〉. The old man is well ～ *in* Japanese mythology. *その老人は日本の神話に精通している.*

ver·si·cle /vɔ́ːrsikl/ 名 C **1** 短詩. **2** 〖キリスト教〗 唱句 《礼拝式で牧師が朗詠し会衆が唱和する; 普通, 聖書『詩篇』(Psalms) からの一節》.

ver·si·fi·ca·tion /vəːrsəfəkéiʃ(ə)n/ 名 U **1** 作詩, 詩作; 韻文化. **2** 作詩法, 韻律法. **3** 韻律(形式).

ver·si·fi·er /vɔ́ːrsəfàiər/ 名 C 作詩家; 詩人, (特に)へぼ詩人.

ver·si·fy /vɔ́ːrsəfài/ 動 (**-fies** | 過 過分 **-fied** | **～·ing**) 他 〔散文〕を韻文にする; 〔物語など〕を詩にする, 韻文で表現する. ～ a folktale 民話を詩にする.
── 自 〖しばしば軽蔑〗 (下手な)詩を作る.

***ver·sion** /vɔ́ːrʒ(ə)n, -ʃ(ə)n | -ʃ(ə)n/ 名 (複 **～s** /-z/) C **【元の形を変えたもの】** **1** **翻訳**; 訳文; 〈しばしば V-〉 (聖書の)..訳, ..版. the German ～ of *Othello* 『オセロ』のドイツ語訳. →Authorized Version, Revised Version.
2 (ある個人の)**説明**, 意見, (1 つの)解釈; 異説. Each of them gives a different ～ of the event. *その事件については彼らの 1 人 1 人話が違う.* In another ～ of the story, the hero becomes a king. *その物語の異本では主人公は王になる.*
3 (あるものの)異形, 別形式; ..版, ..化. Nancy has an old [abridged] ～ of the dictionary. *ナンシーはその辞書の旧[簡約]版を持っている.* the film ～ of *King Lear* 映画化された『リヤ王』.

連結 a condensed [a simplified; an enlarged; an improved; a modified; a censored; an expurgated; an uncut; an updated; an official] ～ // bring out [issue] a ～

4 (演技[演奏]者の)作品解釈.
[＜中世ラテン語「転換」(＜ラテン語 *vertere* 'turn'); 「-sion」]

V

vers li·bre /vèər-líːbr(ə)/ 名 U 自由詩. [フランス語 'free verse']

ver·so /vɔ́ːrsou/ 名 (複 **～s**) C **1** (開いた)本の左ページ; (印刷物, 原稿などの)裏面; (↔recto). **2** (メダル, 貨幣などの)裏 (↔obverse).

†**ver·sus** /vɔ́ːrsəs/ 前 〖章〗 (競技, 訴訟などでの)..対.. 《略 v., vs.》. an Oxford ～ Cambridge regatta オックスフォード対ケンブリッジのレガッタ. the case of Mr. Smith ～ Mr. Brown スミス氏対ブラウン氏の訴訟事件 (★versus の前には原告(上告審では控訴者)を置く). We argued about airlines ～ the Shinkansen. 飛行機対新幹線(のどっちがよいか)の議論をした.
[ラテン語「(..に)向きを変えられた」]

‡**ver·te·bra** /vɔ́ːrtəbrə/ 名 (複 **ver·te·brae** /-brìː/, **～s**) C 〖解剖〗 脊椎(せきつい)骨, 椎骨. the *vertebrae* 脊柱, 背骨, (backbone).

ver·te·bral /vɔ́ːrtəbrəl/ 形 脊椎(せきつい)の; 椎骨から成る. the ～ column 脊柱.

ver·te·brate /vɔ́ːrtəbrət, -brèit/ 形 脊椎(せきつい)[背骨]のある, 脊椎動物の. ～ animals 脊椎動物.
── 名 C 脊椎動物.

ver·tex /vɔ́ːrteks/ 名 (複 **～·es, ver·ti·ces**) C **1** 〖章〗 頂点, 最高点. **2** 〖解剖〗 頭頂; 〖数〗 頂点, 角頂; 〖天〗 天頂. [ラテン語「渦巻＞頂点」]

‡**ver·ti·cal** /vɔ́ːrtik(ə)l/ 形 ⓒ **1 垂直の**, 直立の, 縦の; 垂直に上昇[下降]する; (↔horizontal; 類語 perpendicular に比べ, 必ずしも厳密に垂直とは限らない). The tower is not completely ～ to the ground. *その塔は地面に完全に垂直ではない.* The plane went into a ～ dive. *その飛行機は垂直に急降下した.* a ～ motion 上下運動. ～ fins 縦ひれ 《背びれ, しりびれなど》. ～ takeoff 垂直離陸. **2** 〔支配構造などが〕垂直の, 縦の. a society with a ～ structure タテ[上下]構造の社会.
3 〖数〗 頂点の; 〖天〗 天頂の. a ～ angle 対頂角.
4 〖解剖〗 頭頂の. **5** 〖経〗 上下一貫した, 垂直的な, 《同一企業内で製品の生産・流通・販売の諸段階を処理する》. ～ integration 垂直的統合.
── 名 C 垂直線, 垂線; 垂直面; 垂直位. The pillar was out of the ～. 柱は垂直になっていなかった.
[＜ラテン語「頂点 (*vertex*) の」]

†**vér·ti·cal·ly** 副 垂直に, 縦に. a ～ structured society タテ構造の社会.

vèrtical thínking 名 U 垂直思考 《一般的な原理から個々の事実を推論する常識的な考え方; ↔lateral thinking》.

ver·ti·ces /vɔ́ːrtəsìːz/ 名 vertex の複数形.

ver·tig·i·nous /vəːrtídʒənəs/ 形 〖章〗 **1** (特に高所にいるために)めまいがする; 目が回るような. **2** ぐるぐる回る, 回転する, (whirling). **3** 目まぐるしい; 不安定な.
▷ **～·ly** 副

ver·ti·go /vɔ́ːrtigòu/ 名 (複 **～es**) UC 〖医〗 めまい, 「眩暈(げんうん)」.

‡**verve** /vəːrv/ 名 U (芸術作品などの)迫力, 気迫, 活気, 情熱. The pianist performed with tremendous ～. *そのピアニストはものすごい気迫で演奏した.*

‡**ver·y** /véri/ 副 ⓒ **1 非常に**, 大変, 極めて. a ～ able woman とても有能な女性. How ～ lovely you are! 君は本当に何てきれいなんだろう. The soldier was ～ brave. *その兵士は大変勇敢だった.* The family received me ～ warmly. *その家族は私をとても温かく迎えてくれた.* I like oranges ～ much. 私はオレンジが大好きです. a ～ highly praised book 絶賛されている本. Ed is ～ English. エドはいかにも英国人らしい (注意 この 'English' は「英国的な」). There were ～ few passengers in the train. *その列車には乗客はほんのわずかしか乗っていなかった.* "Is she well?" "*Very.*" 「彼女は元気にしてますか」「とっても」 "Did you enjoy the party?" "*Very* much so." 「パーティーは楽しかったですか」「ええ, とっても」 (★"Yes." の意味の強意表現). That's ～ kind of you. ご親切に, ありがとう. I'm so ～ glad to see you again. 再会できて本当にとてもうれしい.

語法 (1) very は形容詞・副詞・形容詞化した分詞の原級及び最上級 (→3) を修飾する (→much 副 1 (a)): ～ tired (非常に疲れた), a ～ interesting story (大変面白い話); 単独で述語動詞を修飾することはなく, I like oranges ～. などとは言えない (→上の第 5 例) (2) 十分に形容詞化していないため, 限定的に用いられた時だけ very に修飾される過去分詞もある: a ～ damaged car (ひどく傷んだ車), The car is *much* damaged. (その車はひどく傷んでいる) (3) 感情や心的状態を意味する過去分詞は very で修飾されるものが (特に 〖話〗 では)多い: amused, disappointed, ex-

cited, frightened, interested, pleased, puzzled, worried など (4) 受け身として用いられ動詞の性質が強い過去分詞を修飾するには much, 又は very much が用いられる: The problem has been (*very*) *much* discussed. (その問題は大いに議論されてきた) (5) さらなる強調のために very を繰り返して用いることがある: I'm ～, ～ pleased. (とっても, とってもうれしいです) (6) few, little, many, much などは本来, 形容詞であるために代名詞用法の時も very で修飾できる: I see ～ little of him. (彼にはほとんど会いません)

2 〈否定文で〉あまり[たいして]..ではない. The student did not study ～ hard. その学生はあまり熱心には勉強しなかった. I didn't pay ～ much attention to him. 彼にはそれほど注意を払わなかった. (★not は very を否定)

3 全く, まさに, 本当に, (語法 形容詞の最上級, first, last, next, same, opposite 又は own など限定的意味の強い語の前に添えて用いる). Ted was the ～ best ⌊player [of players] in the team. テッドはそのチームでまさに最優秀選手だった. It was the ～ first time Bill saw a lion. ビルがライオンを見たのは全くその時が初めてだった. Your hat is the ～ same as mine. 君の帽子は私のと全く同じだ. You'd better send her a Christmas card at the ～ least. 彼女には最小限クリスマスカードくらい送った方がいい. The president promised to visit us with his ～ own mouth. 大統領は私たちを訪ねると自分の口で約束した.

nòt véry (1) あまり(..でない), 少しだけ. "Did you find the book interesting?" "*Not* ～." 「その本は面白かったですか」「いやそんなに面白くなかった」 (2) あまり..でないどころか..の反対. My wife was *not* ～ pleased when I got home drunk at midnight. 酔って夜中に帰宅したら妻は(喜ぶまいことか)腹を立てた.

vèry góod (1) とてもいい. (2) 〖英旧〗結構です, 分かりました, 承知しました, 《同意, 是認を表すていねいな表現》. "Type this letter, please." "*Very good*." 「この手紙をタイプしてください」「承知いたしました」

vèry wéll (1) とてもいい, とてもうまく. (2) 承知しました (★very good (2) と同様に用いられる場合もあるが, しばしば, しぶしぶ同意する気持ちを表す). "How about seven o'clock?" "*Very well*." 「7 時でどうでしょうか」「結構です」*Very well*, if that's the way you want it. 君がそうしたいのならまあそうしよう.

── 形 〈限定〉〈名詞の意味の強調〉 **1** ⓒ (**a**) 〈普通 the [this, that, one's] ～〉 まさにその, ちょうどその; 全く同じの; (目的などに)ぴったりの; まさにその..がかえって. Here comes the ～ man you are waiting for. さあまさに君の待っている男が来た. They were married that ～ day. 彼らはまさにその日に結婚した. This is my father's ～ watch left to me. これは私に(形見として)残された父の時計に他なりません. This brooch is the ～ thing for your dress. このブローチはあなたのドレスにぴったりです. The ～ step taken to help him brought about his ruin. 彼を助けようとして取られたその手段がかえって彼を破滅させた. catch a person in the ～ act → act (成句). The ～ idea! →idea (成句).

(**b**) 〈end, top など「端(はし)」に関する名詞に付けて; the ～〉 ぎりぎりの, 全くの. at the ～ beginning of his speech 彼の話の一番初めに. the ～ bottom どん底.

(**c**) 〈the ～〉 ただ..だけで(も) (mere); ..でさえ (even). Mary faints at the ～ sight of a snake. メリーは蛇を見るだけで卒倒する. The ～ thought of the terrible event makes me tremble. 私はその恐ろしい事件のことを考えただけでも身震いする. The ～ flowers sighed as the beautiful woman walked past. その美人が通ると花までもがため息をついた(ほどだった).

2 (比較級は使わないが最上級 (veriest) は使う) 〖雅〗真の, 紛れもない. The writer's latest novel is a ～ masterpiece. その作家の最新の小説は紛れもない傑作である. [＜ラテン語 *vērus*「真実の」]

vèry hìgh fréquency 名 Ⓤ 〖ラジオ・テレビ〗超短波. →VHF.

Vér·y lìght /véri-, víəri-/ 名 Ⓒ ヴェリー式信号弾《救助を求めて海上で打ち上げる夜間信号》.

vèry lòw fréquency 名 Ⓤ 〖ラジオ・テレビ〗超長波. →VLF.

ves·i·cle /vésikl/ 名 Ⓒ **1** 〖解剖〗小嚢(のう), 小胞. **2** 〖医〗小泡, 小水泡.

ve·sic·u·lar /vəsíkjulər/ 形 **1** 〖解剖〗小嚢(のう)の, 小胞の. **2** 〖医〗小泡の, 小水泡の.

ves·per /véspər/ 名 **1** Ⓒ 〖詩〗晩, 夕暮れ, (evening). **2** 〈V-〉 ＝Hesperus. **3** Ⓒ 〖英国国教〗晩禱(とう)の鐘, 〖カトリック〗晩課の鐘, (**vésper bèll**). **4** 〈～s〉 晩禱, 晩課 (evensong; →matins); 晩禱[晩課]の時刻. ── 形 〈限定〉 晩禱[晩課]の. [ラテン語「夕方」]

Ves·puc·ci /vespúːtʃi/ 名 **Amerigo ～** ヴェスプッチ (1454-1512) 《数回アメリカに渡ったイタリアの航海者・商人; America の名は彼のラテン名 Americus に由来する》.

＊ves·sel /vés(ə)l/ 名 (複 **～s** /-z/) Ⓒ 【入れ物】 **1** (**a**) 〖章〗(液体を入れる)容器, うつわ, 《普通, コップ, 茶わん, バケツ, 瓶, たるなど丸形のもの》. (**b**) 〖聖書・戯〗(神の怒り, 恵みなどを受ける器としての)人. a weaker ～ '弱きうつわ', 女性.

2 〖章〗(大型の)船 (類語 客や荷物を運ぶものとしての大型の船を意味する文章体の語; →ship). a merchant ～ 商船. a rescue ～ 救助船.

3 〖解剖・動・植〗導管, 脈管, 管. blood ～*s* 血管. [＜ラテン語「小さな器 (*vās*)」]

＊vest /vest/ 名 (複 **～s** /-ts/) Ⓒ **1** 〖米〗チョッキ, ヴェスト, (〖英〗では商業語で, 一般には waistcoat を用いる). **2** 〖英〗シャツ, 肌着, (〖米〗undershirt). **3** (特別な用途の)胴衣. a bullet-proof ～ 防弾チョッキ. a life ～ 救命胴衣. ── 動 他 **1** 〖古・詩〗に長衣[祭服]を着せる. **2** 〖章〗VOA (～ X *in* Y/Y *with* X) X (財産, 権利など)を授ける, 与える. Our constitution ～*s* ultimate authority *in* the people. 我々の憲法では究極的権威は人民にある. Every citizen is ～*ed with* civil rights. 市民はみな公民権を与えられている.

── 自 〖章〗VA (～ *in*..) 〔権利, 財産などが〕..に帰属する. All property rights ～*ed in* the church. すべての財産権は教会に帰属した.

[＜ラテン語「衣服」(＜*vestīre* 'clothe')]

Ves·ta /véstə/ 名 〖ロ神話〗ウェスタ《家庭の火と炉の「女神」》.

ves·tal /véstl/ 形 **1** 女神ウェスタの; ウェスタに一身を捧げた. **2** 処女の; 純潔な, 貞淑な. ── 名 Ⓒ **1** ＝vestal virgin. **2** 貞淑[純潔]な女性; 処女.

vèstal vírgin 名 Ⓒ **1** ウェスタの処女《ウェスタに仕え, その祭壇の不滅の聖火を守る; 6 人いる》. **2** 〖話〗あまりにも貞淑な(色気の無い)女.

vést·ed /-əd/ 形 〔財産などが〕帰属の確定した〔権利など「が」既得の.

vèsted ínterest 名 〈しばしば非難して〉 **1** ⓊⒸ 強い利害関係, 既得権, 利権, (**vèsted ríghts**). The aristocracy has a ～ in the existing social system, and is averse to all change. 貴族階級は現存の社会組織⌊に強い利害関係を持っている[で得をしている]のであらゆる変化をきらう. **2** 〈vested interests〉 強い利害関係を持っている人々, 既得権所有者層.

ves·tib·u·lar /vestíbjulər/ 形 **1** 玄関(ホール)の. **2** 〖解剖〗(耳, 鼻などの)前庭の.

ves·ti·bule /véstəbjùːl/ 名 Ⓒ **1** 玄関, 玄関ホール, ロビー. **2** 〖米〗出入り台, デッキ, 《客車の連結部; 乗降客の通路になる》. **3** 〖解剖〗(耳, 鼻などの)前庭, 内耳腔(こう).

véstibule tràin 图Ⓒ 〖米〗連廊列車《デッキがあり, 他の車両に通り抜けられる; →corridor train》.

‡**ves·tige** /véstidʒ/ 图Ⓒ **1** 跡; 痕(こん)跡; 面影, 名残; 残存物; 〈*of* ..の〉 (類語 現存しない物の名残, また面影が中心的意味; →trace[1]). Paul erased the last ～ *of* his having been in the house. ポールはその家にいたことを示す最後の跡を拭(ぬぐ)い去った. No ～ *of* the prosperous town remains now. 繁栄した町の面影は今全く残っていない. **2** 〈普通, 単数形で〉 ほんのわずか 〈普通, 否定文で〉. There is not a ～ of kindness in him. あの男には親切心がひとかけらもない. **3** 〖生物〗 痕跡器官.
[<ラテン語「足跡」]

ves·tig·i·al /vestídʒiəl/ 形 **1** 〖生物〗 退化した; 痕(こん)跡の. a ～ tail 退化した尾. **2** 痕跡として残る.
▷ **～·ly** 副

vést·ment 图Ⓒ 〖章〗〈しばしば ～s〉 衣服; 礼服, 「式服; 祭服, 法衣.

vèst-pócket /㊙/ 形 **1** 懐中用の, ごく小型の. a ～ camera ポケットカメラ. **2** 極めて小規模の.

ves·try /véstri/ 图 (複 **-tries**) Ⓒ **1** (教会の)祭服室, 祭具室, (→church 図). **2** (非国教会の)教会付属室 [事務室] 《礼拝, 祈禱(とう)会, 日曜学校教室などに使用》. **3** 〖英国国教〗 教区委員会(の委員たち).

vés·try·man /-mən/ 图 (複 **-men** /-mən/) Ⓒ 〖英〗 教区委員, 教区代表者.

ves·ture /véstʃər/ 图Ⓤ 〖雅·詩〗 衣服 (clothing); 「覆い (covering).

Ve·su·vi·us /vəsúːviəs/ 图 **Mount ～** ヴェスヴィオ山《イタリアのナポリ湾東岸にある活火山》.

‡**vet**[1] /vet/ 〖話〗 图Ⓒ 獣医 《<*vet*erinary》.
── 動 (～s|-tt-) 他 〖主に英〗 **1** 〔動物〕を診療する. **2** 〖話〗〔人〕を診察する. **3** 〖話〗〔人の履歴, 資格など〕を調査[検査, 審査]する.

vet[2] 图 〖米話〗 ＝veteran 2.

vetch /vetʃ/ 图Ⓒ 〖植〗 カラスノエンドウ, ヤハズエンドウ, 《マメ科の植物で主に家畜の飼料·土壌改良用》.

***vet·er·an** /vét(ə)rən/ 图 (複 **～s** /-z/) Ⓒ **1** 老練者, ベテラン; 老兵, 古つわもの. a ～ of the political campaign 政治運動のベテラン. a ～ of two World Wars 2度の世界大戦を戦った歴戦の士. **2** 〖米〗 (老若を問わず)退役軍人 (〖主に英〗 ex-serviceman), 復員軍人. a ～s' association 在郷軍人会. **3** 使い古された物.
── 形 老練な, ベテランの; 〔兵士が〕実戦経験の豊富な. a ～ baseball player 老練な野球選手. a ～ campaigner for peace ベテランの平和運動家. a ～ sailor 歴戦の海軍兵. [<ラテン語 *vetus* 'old']

véteran càr 图Ⓒ 〖英〗 ベテランカー《1916 年以前(特に 1905 年)に製造された自動車; →vintage car》.

Vèterans Administrátion 图 〈the ～〉〖米〗 退役軍人援護局《1930 年設立》.

Véterans(') Dày 图 (米国·カナダの)復員軍人の日《第 1 次·第 2 次世界大戦の終戦を記念する 11 月 11 日の法定休日; もとは 10 月の第 4 月曜; Armistice Day とも呼ばれた; →Remembrance Day [Sunday]》.

vet·er·i·nar·i·an /vèt(ə)rəné(ə)riən/ 图Ⓒ 〖米〗 獣医 (〖英〗 veterinary (surgeon)).

‡**vet·er·i·nar·y** /vét(ə)rənèri|-n(ə)ri/ 形 〈限定〉 家畜の病気治療の[に関する], 獣医の. a ～ hospital 家畜病院. ～ medicine 獣医学. ── 图 (複 **-nar·ies**) Ⓒ 獣医. [<ラテン語 *veterinal* 'cattle']

vèterinary súrgeon 图Ⓒ 〖英〗 獣医 (〖米〗 veterinarian).

†**ve·to** /víːtou/ 图 (複 **～es**) **1** ⓊⒸ (特に国際政治上の職権による)拒否権; 拒否権の行使[発動]. exercise the (power of) ～ over [on] a resolution 決議に対して拒否権を行使する. The President's ～ sent the bill back to Congress. 大統領が拒否権を行使したためにその法案は議会へ戻された. The bill was passed over the President's ～. その法案は大統領の拒否権行使にも拘わらず通過した《両院で再度 2/3 以上の票で可決されると成立する》. **2** Ⓒ 〖米〗 拒否理由通知書 (**véto mèssage**). **3** Ⓒ 禁止; 拒否; 〈*on, upon* ..に対する〉. The mayor set [put] his ～ *on* the city plan. 市長はその都市計画を不許可にした.
── 動 他 **1** 〔職権によって法案など〕を拒否[否認]する. The bill may be ～*ed* by the President. その法案は大統領に拒否されるかも知れない. **2** を禁止する, 差し止める. Mother will not ～ our going on a picnic. 母は私たちがピクニックに行くのを止めはしないだろう.
[ラテン語 'I forbid'; 元老院の法案を拒否する時のローマ護民官の決まり文句]
▷ **～·er** 图Ⓒ 拒否権を行使する人; 禁止する人.

†**vex** /veks/ 動 〖旧·章〗 他 〈しばしば受け身で〉 **1** をいらだたせる, うるさがらせる, じらす; を怒らせる; (類語 annoy より強意的で形式ばった語). The pupil's attitude always ～*es* Mr. West. その生徒の態度はいつもウエスト先生をいらだたせる. All the citizens were ～*ed at* the postal delays. 市民はみな郵便遅配にやきもきしていた. My wife was ～*ed* ⌞with me for forgetting [*that* I had forgotten] her birthday. 妻は私が彼女の誕生日を忘れたことで腹を立てた.
2 を悩ませる, 困らせる. My grandfather is ～*ed* with rheumatism. 祖父はリューマチに悩まされている. Europe was then ～*ed* by religious conflict. 当時ヨーロッパは宗教上の紛争で悩んでいた.
[<ラテン語 *vexāre*「がたがた揺り動かす」]

‡**vex·a·tion** /vekséiʃ(ə)n/ 图 〖旧·章〗 **1** Ⓤ いらだたせる[される]こと, 苦しむこと; いらだたしさ, 腹だたしさ. To my great ～, all the gas stations were closed that day. その日は全く腹だたしいことにガソリンスタンドはすべて休業していた. **2** Ⓒ 〈しばしば ～s〉 腹のたつ人[物事]; しゃく[悩み]の種. Their wayward son is a great ～ to them. わがままな息子は彼らの大きな悩みの種である.

vex·a·tious /vekséiʃəs/ 〖旧·章〗 形 腹だたしい, いらいらさせる; 面倒な, 厄介な. It was terribly ～ not to have any money then. その時一文なしだったのは全く腹だたしかった. a ～ matter 面倒な問題. ▷ **～·ly** 副

vexed /-t/ 形 〖旧·章〗 **1** いらいらした, 怒った, (→vex 1). a ～ look 不快の表情. **2** 困らせる, 困った, 厄介な. a ～ question 手こずらされる厄介な問題.
▷ **vex·ed·ly** /véksədli/ 副

véx·ing 形 〖旧·章〗 煩わしい, いやな.

v.g. very good《特に教師が生徒の提出した作文などを評価して書き付ける》.

v.g.c. very good condition.

VHF, vhf 〖ラジオ·テレビ〗 very high frequency (超短波)《30–300 メガヘルツの周波数; →UHF》.

v.i. verb intransitive (↔v.t.); vide infra.

***vi·a** /váiə, víːə/ 前 **1** ..経由で (by way of), を経て. come back to Rome ～ Paris パリ経由でローマへ帰る. **2** ..によって, を介して. send books ～ air mail 航空便で本を送る. read *Faust* ～ an English version『ファウスト』を英訳で読む. [ラテン語 *viā*「道によって」]

vì·a·bíl·i·ty 图Ⓤ **1** (胎児, 新生児, 種子などの)生育能力. **2** 実行力; (計画などの)実行可能性. I doubt the project's ultimate commercial ～. その企画が結局商業的にやって行けるかどうか疑わしい.

†**vi·a·ble** /váiəb(ə)l/ 形 **1** 〔胎児, 新生児, 種子などが〕生育できる, 生きられる. Born so prematurely, the baby seemed hardly ～. あまり早く産まれ過ぎたので, その赤ん坊はとても生きられそうになかった. **2** 〔計画などが〕実行できる, 実現[実用]可能な. The plan seems ～. その計画はうまくいきそうだ. be economically ～ 〔会社などが〕経済的にやって行ける. [<フランス語 *vie* 'life'; -able]
▷ **-bly** 副

vi·a·duct /váiədʌ̀kt/ 图Ⓒ (谷, ハイウェーなどにかけた)

高架橋, 陸橋; 高架道路[鉄道].

vi·al /váiəl, vail/ 名 C (薬, 香水などを入れる)小瓶. ★今では phial を用いることが多い.

vi·ands /váiəndz/ 名 〈複数扱い〉〖古〗食物; 珍味 (delicacies).

vibes /vaibz/ 名〖話〗**1** (複 ~) C 〈単複両扱い〉= vibraphone. **2** 〈複数扱い〉= vibration 2.

‡**vi·brant** /váibrənt/ 形 **1**〖雅〗〔音, 声が〕力強い, 響き渡る, 張りのある. **2** 〔色, 光などが〕鮮やかな. **3** 活気にあふれた, 精力的な. the ~ atmosphere of the city その都会の活気にあふれた雰囲気. The old man is still ~ *with* health and energy. その老人はまだまだ健康と元気とがあふれている. ▷ **vi·bran·cy** /váibrənsi/ 名 **~·ly** 副

vi·bra·phone /váibrəfòun/ 名 C〖楽〗ヴィブラフォン《電気共鳴装置の付いた鉄琴; 略 vibes》.

***vi·brate** /váibreit|-´-, ´-/ 動 (~s /-ts/|過 過分 **-brat·ed** /-əd/|**-brat·ing**) 自 **1 震動する**, 震える, 揺れる, (類語 非常に細かな速い震え(例えば弦楽器の弦のような)を言う; → shake 自 3). The passing express made the house ~. 通過する急行列車が家を震動させた. feel a motor *vibrating* モーターが震動するのを感じる. **2** 〔音, 声が〕**響き渡る**, よく通る; 反響する. The ship's horn ~*d* into the fog. 船の警笛は霧の中へ響き渡った. **3 感動する** 〈*to* ..に〉; **ぞくぞくする** 〈*with* ..で〉. The bride was *vibrating with* happiness. 花嫁は幸福でわくわくしていた. ~ *to* the grandeur of the landscape 景色の雄大さに感動する.

— 他 を震動させる, ぶるぶる震わす.

[<ラテン語 *vibrāre*「振動させる」(の過去分詞)]

†**vi·brá·tion** 名 **1** UC 振動; 震動. The ~ of the window woke me up. 私は窓の震動で目が覚めた. **2** C〖話〗〈普通 ~s〉(人や場所などから受ける)精神的感応, 心の震え, (よい[悪い])感じ, (→vibes). get good ~*s* from a person 人からいい印象を得る.

vi·bra·to /vibrɑ́ːtou/ 名 (複 ~s) C〖楽〗ビブラート, 振動音. [イタリア語 'vibrated']

vi·bra·tor /váibreitər|-´-/ 名 C **1** 振動させるもの[人]. **2** 電気マッサージ器, バイブレーター.

vi·bra·to·ry /váibrətɔ̀ːri|-t(ə)ri/ 形 振動[震動]する; 振動性の.

vi·bur·num /vaibə́ːrnəm/ 名 C〖植〗ガマズミ属の各種植物; U その樹皮《薬用》.

Vic /vik/ 名 Victor の愛称.

Vic. Victoria.

vic. vicar(age); vicinity.

†**vic·ar** /víkər/ 名 C **1**〖英国国教〗教区牧師《昔は教区の tithes をもらう資格がない点で rector と区別されていた; 教区での職責は rector と同じ; →curate》. **2**〖米〗(聖公会の)会堂牧師《教区内の 1 chapel の責任者》. **3**〖カトリック〗教皇[司教]代理.

[<ラテン語「代理の(人)」; vicarious と同源]

vic·ar·age /vík(ə)ridʒ/ 名 C 教区牧師 (vicar) の住居, 牧師館.

vi·car·i·ous /vaiké(ə)riəs, vik-/ 形 **1** 他人の身になって経験する[受ける]. Watching the film, Susie felt a ~ sadness. スージーはその映画を見て自分のことのように悲しみを味わった. I took a ~ delight in Tom's success. 私はトムの成功が我がことのようにうれしかった. **2**〖章〗〔人, 物事が〕代理の, 代わりの. **3**〖章〗〈普通, 限定〉身代わりの. John made a ~ sacrifice of himself. ジョンは身代わりの犠牲になった. [<ラテン語「代理の」] ▷ **~·ly** 副 身代わりに; 代理で. **~·ness** 名

Vìcar of (Jèsus) Chríst 名 〈the ~〉〖カトリック〗キリストの代理者《教皇を指す》.

***vice**[1] /vais/ 名 (複 **víc·es** /-əz/) **1** UC **悪**; (個々の)悪徳; (↔virtue). know the difference between virtue and ~ 善と悪の違いを知る. such ~*s* as greed and envy 貪(どん)欲やそねみのような悪徳. **2** C〖話・戯〗**悪習**, 悪癖. the ~ of smoking 喫煙の悪習. I admit that greed is one of my ~*s*.〖戯〗欲張りなのは生まれつきでね. **3** U (公序良俗に反する)悪徳(行為)《売春, 麻薬常用, 賭博(とばく)の類》. protect the young from ~ 若者を悪の道から守る. a ~ girl 売春婦. a ~ ring (売春仲介などの)不法行為者集団. **4** C (性格上の)弱点, 短所; 欠陥. the ~ of obstinacy 強情さの短所. This car has the ~ of eating up gas. この車はガソリンを食うのが欠点だ. ◇形 vicious [<ラテン語 *vitium*「欠陥」]

vice[2] 名〖英〗= vise.

vi·ce[3] /váisi/ 前〖章〗..の代理として, ..に代わって. Miss Johnson has been appointed as cashier ~ Mrs. Clark retired. 退職したクラーク夫人に代わってジョンソン嬢が会計係に任命された. [ラテン語 'in place of' (<*vicis*「位置, 交代」)]

vice- /vais/ 接頭「副, 代理, 次など」の意味. [ラテン語 'vice[3]']

vìce ádmiral 名 C 海軍中将.

vìce-cháirman /-mən/ 名 (複 **-men** /-mən/) C 副議長; 副委員長; 副会長.

vìce-cháncellor 名 C 大学副総長《〖英〗では事実上の学長; →chancellor》.

vìce-cónsul 名 C 副領事.

více·like 形〖英〗= viselike.

vi·cen·ni·al /vaiséniəl/ 形 20 年間の; 20 年ごとの.

vìce-présidency 名 (複 **-cies**) UC 〈普通 V- P-〉副大統領[副総裁, 副社長]の地位[任期].

†**vìce-président** 名 C **1** 〈普通 V- P-〉副大統領 (→veep). **2** 副総裁; 副社長; 副会長; 副頭取; 副学長. ▷ **vìce-pres·i·dén·tial** /-prezədénʃ(ə)l 形/ 形

vìce·régal /形/ 形 総督[太守]の; 副王の.

vice·reine /váisrein/ 名 C 総督[太守]夫人.

vice·roy /váisrɔi/ 名 (複 ~s) C (植民地, 属領などを統治する)総督, 太守; 副王.

více squàd 名 C (警察の)風俗犯罪取締班.

†**vi·ce ver·sa** /vàisi-və́ːrsə/ 副 逆に, 反対に; その逆も同じ. People should be governed by laws and not ~. 人民は法に支配されるべきであり, その逆(=法が人民に勝手にされること)であってはならない. The Republicans slandered the Democrats, and ~. 共和党員は民主党員を中傷し, 逆に民主党員は共和党員を中傷した. [ラテン語 'relations being reversed']

Vi·chy /ví(ː)ʃiː/ 名 **1** ヴィシー《フランス中部の鉱泉都市; 第 2 次大戦中の親独政権所在地》. **2** U ヴィシー鉱泉水 (**Víchy wàter**).

vic·i·nal /vísənl/ 形〖章〗近所の, 付近の; 近隣の.

†**vi·cin·i·ty** /vəsínəti/ 名 (複 **-ties**)〖章〗**1** UC 〈しばしば -ties〉近所, 付近, 近辺, (類語 ラテン語由来の形式ばった語で, 土地に重点がある; →neighborhood). Last night a big fire broke out in my ~. ゆうべ私の近所で大火事があった. Tokyo and its *vicinities* 東京とその近郊. **2** U 近いこと, 接近, 近接, 〈*of, to* ..に〉. The farm's ~ *to* town made marketing easy. その農場は町に近かったため生産物を市場に出すのが楽だった.

in the vicínity of..〖章〗(1) ..の近くに[で, の]. The accident happened *in the* ~ *of* the airport. その事故は空港の近くで起きた. (2) (数量などが)およそ..で[の]. The price of this car is *in the* ~ *of* $8,000. この車の値段は約 8 千ドルです. [<ラテン語「近所」]

***vi·cious** /víʃəs/ 形 m 【性格の悪い】 **1 悪意のある**, 意地の悪い. Bill made some ~ remarks about you. ビルは君の悪口を言った. have a ~ tongue 毒舌である. **2** 〔馬などが〕癖の悪い, (かんが強くて)扱いにくい, 凶暴な; 〔道具などが〕危険な, けがをしやすい. a ~ horse 御しにくい

V

馬. a ～ dog 獰(どう)猛な犬.
3【手に負えない】残忍な, 容赦しない;〖話〗ひどい, 激しい. a ～ criminal [murder] 残酷な犯人[殺人]. a ～ attack 容赦のない攻撃. He gave the barking dog a ～ kick. 彼はほえる犬を激しくけった. a ～ toothache ひどい歯痛. a ～ storm 激しいあらし. **4**〖章〗悪い, 悪徳の, (★元になる名詞 vice¹ に最も近い語義だが, だんだん使われなくなっている; ↔virtuous). a ～ life 邪悪な生活. a ～ practice 悪習.
[＜ラテン語「欠陥 (*vitium*) のある, 邪悪な」]

vìcious círcle 名 C 〈単数形で〉悪循環〈*of* ..の〉(↔virtuous circle). the ～ *of* disease causing poverty and poverty causing disease 貧困が病気を生み, 病気が貧困を生むという悪循環.
▷**～·ly** 副 意地悪く; 乱暴に, 激しく. **～·ness** 名

†**vi·cis·si·tude** /vəsísət(j)ù:d/ 名 C 〖章〗〈普通 ～s〉(人生の)移り変わり, 浮き沈み, 有為転変. the ～*s* of fortune 運命の移り変わり. [＜ラテン語「変化」(＜*vicis*「交代」)]

Vicks·burg /víksbə:rg/ 名 ヴィックスバーグ《米国 Mississippi 州の都市; 南北戦争時の激戦地》.

*__vic·tim__ /víktəm/ 名 (複 **～s** /-z/) C **1** (**a**) (戦争, 災害などの)**犠牲者**; 損害を受けた物; (病気に)かかった人, 傷病者. the annual number of ～*s* of automobile accidents 1年間の自動車事故の犠牲者数. make ～*s* of the innocent 罪のない人々を犠牲にする. famine ～*s*＝～*s* of famine 飢饉(きん)の被災者. The war ended with many ～*s*. その戦争は多くの犠牲者を出して終結した. (**b**) (詐欺, ぺてんなどの)被害者, 'かも'; (魅力, 流行などの)とりこ. a ～ of slander 中傷のえじき(になる人). a fashion ～〖話〗流行にふりまわされる人.
2 (神への)いけにえ, 犠牲. offer a ～ to the deity 神にいけにえを供える.
be* [*becòme*] *a vìctim of one's òwn succéss みずからの成功の犠牲(者)ₗである[になる]; 成功が仇(あだ)となる. When he reached the top after working hard, he died of a heart attack. He *became a* ～ *of* his *own success*. 彼が一生懸命働いて頂点に登りつめた時, 彼は心臓発作で死んだ. 成功が身を滅ぼしたのだ.
fàll* (*a*) *víctim to.. ..の犠牲になる, とりこになる. The singer *fell* ～ *to* ₗa capricious fate [AIDS]. その歌手はₗ気まぐれな運命[エイズ]の犠牲になった.
[＜ラテン語「いけにえ(の動物)」]

vìc·tim·i·zá·tion 名 U 犠牲にする[なる]こと; 欺く↑「[かれる]こと.

‡**vic·tim·ize** /víktəmàiz/ 動 他 **1** を犠牲者にする; に罪を着せる, を悪者にする. **2** をいじめる; (弱みにつけこんで)をだます. Poor widows were ～*d*. かわいそうに未亡人たちが食い物にされた.

Vic·tor /víktər/ 名 男子の名《愛称は Vic》.

†**vic·tor** /víktər/ 名 C 〖主に雅〗(戦いの)勝利者, 征服者, (conqueror); (競技, 試合などの)勝者, 優勝者, (winner). [ラテン語 (＜*vincere* 'conquer')]

V

Vic·to·ri·a /viktɔ́:riə/ 名 **1** 女子の名. **2** ヴィクトリア女王 (Queen Victoria) (1819–1901)《英国の女王; 在位 1837–1901》. **3** ヴィクトリア《オーストラリア南東部の州》. **4** 〈Lake ～〉ヴィクトリア湖《アフリカ東部のウガンダ, タンザニア, ケニアの国境にあるアフリカ最大の湖》. **5** ヴィクトリア《香港(ほんこん)の首都》. **6** ヴィクトリア《Seychelles の首都》. **7** ヴィクトリア《英国のロンドン中央部にある大きな駅; 主にイングランド南部方面行きの列車が出る》.

vic·to·ri·a /viktɔ́:riə/ 名 C 2人乗り4輪馬車の一種《折りたたみ式ほろの付いた低く軽い馬車》.

Victòria and Àlbert Muséum 名 〈the ～〉ヴィクトリアアルバート博物館《ロンドンにある絵画をはじめさまざまな貴重な美術品などを所蔵する博物館》.

Victòria Cróss 名 〈the ～〉〖英〗ヴィクトリア十字勲章《武勲をたてた英国軍人に授けられる; 1856年にヴィクトリア女王が制定; 略 VC》; C その所持者.

Victòria Fálls 名 〈複数扱い〉ヴィクトリア滝《アフリカ南部 Zambezi 川の大滝》.

†**Vic·to·ri·an** /viktɔ́:riən/ 形 **1** ヴィクトリア女王(時代)の. the ～ age ヴィクトリア朝《1837–1901》. **2** ヴィクトリア朝風の; (ヴィクトリア朝の中産階級のように)お上品ぶった, 偽善的な. ～ architecture ヴィクトリア朝風の建築. **——** 名 C ヴィクトリア朝時代の人.

Vic·tó·ri·an·ìsm 名 U ヴィクトリア朝風; お上品ぶ↑「り.

*__vic·to·ri·ous__ /viktɔ́:riəs/ 形 m **1 勝利を得た**, 勝った, 〈*over* ..に対して/*in* ..に〉; 勝ち誇った. a ～ army 勝利軍. We were ～ *over* the other team [*in* the contest]. 我々は相手チームに[競技に]勝った. **2** 〈限定〉勝利の, 優勝の. The returning army was welcomed with ～ cheers. 帰還した軍隊は勝利の歓呼で迎えられた. [victory, -ous] ▷**～·ly** 副 勝って; 勝ち誇って. **～·ness** 名

‡**vic·to·ry** /víkt(ə)ri/ 名 (複 **-ries** /-z/) UC **勝利**, 戦勝; 優勝; 征服, 克服; 〈*over* ..に対する/*in* ..における〉(↔defeat). achieve [score] a glorious ～ *over* the enemy 敵に輝かしい勝利を収める. win a landslide ～ *in* the general election 総選挙で地滑り的に大勝する. lead the troops to ～ 軍隊を勝利に導く. sweep to ～ 圧勝する. declare [celebrate] ～ 勝利ₗ宣言をする[を祝う]. gain a miraculous ～ *over* cancer 奇跡的に癌(がん)を克服する. The judgment is a ～ for common sense. その判決は理に適(かな)っている《＜良識の勝利》.

> 連結 a crushing [a decisive, an overwhelming, a resounding, a sweeping; a narrow, a Pyrrhic] ～ // score a ～; secure (a) ～

[＜ラテン語 *victōria*「勝つ (*vincere*) こと」]

Víctory Mèdal 名 〈the ～〉〖米〗大戦参加記念章《第1次と第2次大戦との2種ある勲章》.

vict·ual /vítl/ 名 C 〖古〗〈普通 ～s〉食料, 飲食物. **——** 動 (**～s**|〖英〗**-ll-**) 他 〔多勢の人〕に食料を供給する, に食料を積み込む. **——** 自 食料を積み込む[貯蔵する].
[＜ラテン語「生活必需品, 糧食」(＜*vivere* 'live')]

vict·ual·er〖米〗, **-ual·ler**〖英〗/vít(ə)lər/ 名 C **1** (特に軍隊への)食料供給業者. **2**〖英〗＝licensed victualler.

vi·cu·ña /vikú:njə, vaikú:nə|vikjú:nə/ 名 **1** C ビクーニャ《南米産のラマに似たラクダ科の動物; 良質の毛を持つ》. **2** U ビクーニャの毛で織ったラシャ《スカーフ, 外套(とう)などに用いる》. [スペイン語 (＜南米先住民語)]

vid. vide.

vi·de /váidi(:), vídei/ 動 他 〈命令形で〉を見よ, 参照せよ, (see). ～ p35 35ページを見よ. [ラテン語 'See!']

vìde ín·fra /-ínfrə/ 動 下記を見よ《略 v.i.》. [ラテン語 'See below!']

vi·de·li·cet /vədéləsèt|-dí:-/ 副 〖章〗すなわち, 換言すれば. ★(1) 公文書, 論文などに用いられる形式ばった語. (2) 普通 viz. と略し namely と読む. [ラテン語 'it is permitted to see']

*__vid·e·o__ /vídiòu/ 名 (複 **～s** /-z/) **1** U ビデオ《ビデオ装置で録音・録画, 再生すること》; テレビの映像[画像]. make use of ～ for teaching English 英語教育にビデオを利用する. **2** C 録画したビデオテープ(による番組); UC〖話〗＝videotape. a home ～ (素人の)手作りビデオ. watch the ～ of 'Jane Eyre'「ジェーン・エア」のビデオを観る. a blank ～ ビデオ用生(なま)テープ. record a program on ～ 番組を録画する. Many horror films are available on ～. たくさんのホラー映画がビデオで手に入る. **3** C ＝video cassette; ＝video cassette↓ 「recorder.
—— 動 他 ＝videotape.
—— 形 〈限定〉**1** テレビの; テレビの映像[画像]の (→

audio). **2** ビデオの; ビデオテープによる. a ~ shop [library] ビデオショップ[ライブラリー]. I have a ~ recording of the ceremony. その式典を録画したビデオを持っている. [ラテン語 'I see' (<*vidēre*「見る」)]

vídeo arcàde 名 C 《米》(盛り場などの)テレビ[ビデオ]ゲームセンター (《英》amusement arcade).

vídeo càmera 名 C ビデオカメラ.

vìdeo cassétte 名 C ビデオカセット.

vìdeo cassétte recòrder 名 C ビデオカセット用レコーダー《略 VCR》.

vídeo·cònference 名 C テレビ会議《音声と画像を送信し合って遠隔地の人が参加できる》.

vídeo·dìsc 名 C 《テレビ》ビデオディスク《録画用[済み]の円盤》.

vìdeo displáy tèrminal 名 C 《主に米》《電算》データ表示装置, モニター, 《略 VDT; →visual display unit》.

vídeo gàme 名 C テレビ[ビデオ]ゲーム.

vídeo jòckey 名 C ビデオジョッキー《ビデオ音楽番組などの司会進行係; →disc jockey》.

vìdeo násty 名 C 《話》暴力的で猥褻(わいせつ)なビデオ.

vídeo recòrder 名 =video cassette recorder.

vídeo·phòne 名 C テレビ電話.

*__vídeo·tàpe__ 名 UC 《テレビ》**ビデオテープ**, 録画用テープ. ── 動 他 をビデオテープに録画する. [video, tape]

vídeotape recòrder 名 C ビデオテープレコーダー《略 VTR》.

video·tex(t) /vídiətèks(t)/ 名 U ビデオテックス《電話回線などを用いて加入者(のテレビ画面)に情報を提供するシステム》.

vìde sú·pra /-s(j)úːprə/ 上記を見よ《略 v.s.》. [ラテン語 'See above!']

†**vie** /vai/ 動 《章》(~**s**|過 過分 ~**d**|**vý·ing**) 自 VA 競う, 張り合う, 〈*with* ..〔人〕と/*for* ..を/*to do* ..しようと〉. The two young men ~*d with* each other in bravery. 2人の若者は勇敢さを競い合った. Jim ~*d with* Sam *for* [*to* win] first place in the high jump. ジムはサムと走り高跳びで1位を争った. [<《廃》envy (<ラテン語 *invitāre*「誘う, いどむ」)]

Vi·en·na /viénə/ 名 ウィーン《オーストリアの首都; ドイツ語名 Wien》.

Viènna sáusage 名 UC ウィンナソーセージ.

Vi·en·nese /vìːəníːz|vìə- 形/ 形 ウィーンの, ウィーン人の, ウィーン風の. ── 名 (複 ~) C ウィーン人.

Vien·tiane /vjèntjáːn/ 名 ヴィエンチャン《ラオスの首都; タイとの国境近くにある》.

Vi·et·cong /vìètkáŋ, vjèt-|-kɔ́ŋ/ 名 (複 ~) C ヴェトコン 《(南)ヴェトナム民族解放戦線の俗称; その一員; **Viet Cóng** ともつづる》.

Vi·et·minh /vìètmín, vjèt-/ 名 (複 ~, ~**s**) 〈the ~〉ヴェトミン《ヴェトナム独立同盟》; C ヴェトミン《ヴェトナム独立同盟員; **Viet Mính** ともつづる》.

Vi·et·nam, Vi·et Nam /vìːètnáːm, vjèt-|vjètnǽm, -náːm/ 名 ヴェトナム《インドシナ半島にある国; 首都 Hanoi; 1976年 North Vietnam と South Vietnam が統一された》.

Vi·et·nam·ese /vìːètnəmíːz, vjèt-|vjèt- 形/ 形 ヴェトナムの, ヴェトナム人の, ヴェトナム語の.
── 名 (複 ~) C ヴェトナム人; U ヴェトナム語.

Vìetnam Wár 名 〈the ~〉ヴェトナム戦争(1954–75).

‡**view** /vjuː/ 名 (複 ~**s** /-z/)
【見ること】 **1** U **見る[眺める]こと**, 見えること; C 〈単数形で〉一見, 一覧, 〈*of* ..の〉. at first ~ 一目で, 一見して. Our last ~ of the village was at sunset. 私たちが最後にその村を見たのは日暮れ時だった.

2 U **視界**, 視野; 視力. The ship soon came into ~. その船はまもなく見えてきた. be lost to ~=disappear from ~ 見えなくなる. That tall building keeps Mt. Fuji out of ~. あの高いビルで富士山が見えない. The island was still beyond our ~. その島はまだ私たちのいる所からは見えなかった. There was a tall man standing in front of me, blocking [obstructing] my ~ of the screen. 背の高い男が私の前に立っていて, これが邪魔になってスクリーンが見えなかった.

3【ものの見方】 C (**a**) **考え**; 意見, 見解; 〈*about, on* ..についての, *that* 節 ..という〉(類語 普通, 感情や個人的性向に色付けられた意見を意味する; →opinion). She holds conservative ~*s about* how girls should be brought up. 女の子はどう育てるべきかについて彼女は古風な考えを持っている. I oppose his ~*s on* religion. 彼の宗教観には反対だ. In my ~, the law should be amended. 私の考えではその法律は修正すべきだ. I take the ~ [My ~ is] *that* school fees are too high. 私の考えでは授業料は高すぎる. →point of view.
(**b**) 〈普通, 単数形で; 修飾語を伴って〉(..な)**見方**, 考え方, 解釈, 〈*of* ..(について)の〉 have a realistic ~ of life 人生について現実的な見方をする. The late Premier's diary, gives readers an inside ~ of politics. 亡くなった首相の日記は, (体験に基づく)政治の内幕を読者に見せてくれる.

> 連結 a broad [a sound, a sensible; a radical; a one-sided; a superficial; a gloomy] ~ // express [advance; maintain, favor, support; accept; adopt; abandon] a ~

【見えるもの】 **4** C **眺め**, 風景, 景色; 見晴らし, 展望; (類語 特定の場所から見える眺め, 景色を意味する; →sight). The new station building has spoiled the ~ of the historic city. 新しい駅ビルは史都の景色を台無しにした. a room with a ~ 見晴らしのある部屋. You will get a better ~ of the sea from the upstairs windows. 上の階の窓からは海がもっとよく見える. This tower commands a ~ of the whole city. この塔からは町全体が見える.

5 C 風景画[写真]. a postcard with a ~ of Mt. Fuji 富士山の絵葉書.

6 C (物事を)見渡すこと, 概観. a general ~ of our economy 我が国の経済の概観.

7【将来の概観】 C 見通し, 期待, 見込み, 〈*of* ..の〉. He took the entrance examination with no ~ *of* success. 彼は合格の見込みがないのにその入学試験を受けた. The ~ for the country's future is bright. その国の将来の見通しは明るい.

*__in víew__ (1) **見えて**, 見える所に. There was not a man *in* ~ on the street. 通りには人ひとり見えなかった. Always keep your child *in* ~ while you walk in the street. 通りを歩く時は子供さんから目を離してはいけません. (2) 《章》考慮して, もくろんで, 意中に. I had my failing health *in* ~ when I sought a job in the countryside. 私が田舎に職を求めたのは私の衰えて行く健康を考えたからだ. He always has a long-term project *in* ~. 彼はいつも長期計画をもくろんでいる.

*__in víew of..__ (1) **..の見える所に**; ..から見える所に. At last we came *in* ~ *of* the mountaintop. とうとう私たちは山頂の見える所に来た. flout the law *in* full ~ *of* the police 警察から丸見えの所で法を無視する. (2) ..を考慮して; ..を予想して, 見込んで; ..の故に. *In* ~ *of* the price of the new car, you had better buy a used one. その新車の値段を考えると君は中古車を買った方がいい.

on víew 展示されて, 公開されて. Turner's paintings are *on* ~ at the museum now. ターナーの絵が今その美術館で展示中である.

tàke a dìm [pòor] víew of.. →dim.

tàke the lòng víew 長い目で見る 〈*of* ..を〉.

to the víew 公然と, 公に; 見える所に.
with a víew to.. ..を期待して, 目的として. open negotiations *with a* ~ *to* reconciliation 和解を目的として交渉を開始する.
*****with a víew to doing*** =〖旧〗***with the*** [***a***] ***víew of dòing*** ある事をする目的で, するつもりで. We held a meeting *with a* ~ *to* discuss*ing* the problem. 私たちはその問題を議論するために会合を開いた.
── 動 (~s /-z/|過 過分 **~ed** /-d/|**víew·ing**) 他〖章〗 **1** を(つくづく)眺める, (注意して)見る; を調べる, 観察する, 視察する; 〔展覧会, 庭園など〕を見て鑑賞する. ~ the island from an airplane 飛行機からその島を眺める. The doctor ~*ed* the wound. 医者はその傷を調べた. Tomorrow we'll ~ the house we're thinking of buying. 我々は買おうと思っている家を明日見に行くつもりだ. **2** 〔テレビ, 映画など〕を見る, 視聴する, (watch). **3** VOA (~ X ***as..***) **Xを..と見なす**, 考える; を見る, 考慮する, 〈*with, in, from* ..で, から〉. The natives ~ the old man's words *as* law. 原住民はその老人の言葉を法律と見なしている. We need to know *how* the rest of the world ~*s* Japan. 我々は世界の他の国々が日本をどのように見ているかを知る必要がある. ~ the bill *from* every angle その法案をあらゆる角度から考える. ~ a tempting offer *with* caution [suspicion] 心をそそる申し出は用心して[疑って]見る.
[<古期フランス語「見られるもの」(<ラテン語 *vidēre* 'see')]

†víew·er 名 C **1** 見る人, 見物人, 観察者. **2** (テレビ)視聴者. **3** ビューアー《スライドなどの拡大透視兼編集用機器》.

‡víew·fìnder 名 C (カメラの)ファインダー.

view·ing 名 C **1** (展示物などを)見ること, 鑑賞; 展覧会. I was invited to a private ~ *of* the Gogh exhibition. 私はゴッホ展の内見会に招かれた. **2** テレビの試聴; 〈集合的〉テレビ番組.

víew·less 形 **1**〖米〗意見のない, 見解を述べない. **2**〖詩〗目に見えない (invisible). ▷ **~·ly** 副

***view·point** /vjúːpɔ̀int/ 名 (複 **~s** /-ts/) C **1** **見地** (point of view), 観点, 立場; 見解. From an economic ~, the plan has no merits. 経済的見地からするとその計画には利点がない. My ~ differs from yours. 私の見解は君のとは違う. **2** 観察する地点.

‡vig·il /vídʒəl/ 名 UC **1** (見張り, 看病, 祈りなどのための)徹夜, 寝ずの番; (死者の)通夜. The patient thanked the nurse for her nightly ~*s*. 患者はその看護婦の夜ごとの看病に感謝した.
2 〈the ~〉 祝祭日の前夜[前日]《断食して祈禱(とう)をする》; 〈普通 ~s〉 祝祭日前夜[前日]の祈禱. the Easter ~〖キリスト教〗御復活の徹夜《復活祭の前夜にする》.
kèep (***a***) ***vígil*** (見張り, 看病などで)寝ずの番をする, 徹夜をする. *keep* ~ *over* a sick child 病気の子供を寝ずに看病する.
[<ラテン語「(寝ないで)起きている」(<*vigēre*「元気である」)]

V

vig·i·lance /vídʒələns/ 名 U 用心, 警戒.

vígilance committèe 名 C 〈単数形で複数扱いもある〉〖米〗自警団《特に南北戦争のころ米国南部で奴隷(解放主義者)を非合法的手段で脅迫・暴行したので悪名が高い》.

‡vig·i·lant /vídʒələnt/ 形 絶えず警戒[注意]を怠らない; 油断のない, 注意深い, 用心深い. keep a ~ lookout at the border 油断なく国境を警戒する.
▷ **~·ly** 副 警戒[注意]して; 油断なく, 用心深く.

‡vig·i·lan·te /vìdʒəlǽnti/ 名 C 自警団員《〖米〗では vigilance committee の団員》. [スペイン語]

vi·gnette /vinjét/ 名 C **1** 飾り模様, カット; 唐草模様; 《本のタイトルページ, 章頭, 章尾に付ける; 昔, ブドウのつる (vine) の図案が多かった》. **2** ヴィネット《特に, 輪郭をぼかした風景, 半身像の写真[絵画]》. **3** 小品文. *Eighteenth-Century Vignettes*『18 世紀(に関する)小品集』 [フランス語「小さな vine」]

***vig·or**〖米〗, **-our**〖英〗/vígər/ 名 U **1 活力**, 精力; (強い)精神力, 体力, 元気. mental ~ 精神力. The sick man recovered his ~. その病人は元気を回復した. The old professor was full of ~. 老教授は元気いっぱいだった. set to work with renewed ~ 元気を新たに仕事にかかる. **2** (言葉, 文章などの)勢い, 力強さ, 迫力. protest a plan with ~ 計画に猛反対する. The ~ of the general's words raised the morale of the soldiers. 将軍の言葉の力強さが兵士たちの士気を高めた. [ラテン語 (<*vigēre*「元気である」)]

***vig·or·ous** /víg(ə)rəs/ 形 m **1 精力旺(おう)盛な**, 活力のある; 元気な, はつらつとした. a ~ old man 元気いっぱいの老人. Mr. Grey is still continuing his ~ activity in the business world. グレー氏はまだ実業界で精力的な活動を続けている.
2 〔言葉, 動きなどが〕力強い, 迫力のある; 活発な, 盛んな; 激しい. write in a ~ style 力強い文体で書く. They had a ~ argument about the problem. 彼らはその問題について活発な議論をした. ~ exercise 激しい運動. a ~ opponent of the bill その議案の猛烈な反対者.
3 〔植物が〕丈夫でよく育つ. ~ grass 生育のいい芝草.
▷ **~·ly** 副 精力的に; 力強く, 勢いよく. **~·ness** 名

vig·our /vígər/ 名〖英〗=vigor.

‡Vi·king, vi- /váikiŋ/ 名 C **1** ヴァイキング《8–10 世紀ごろヨーロッパ北部・西部の海岸を荒らし回ったスカンジナヴィア人《集合的には the ~*s*》; イングランド北東部に定住したのはデーン人 (→Dane) と呼ばれ, その中からは国王 Canute を出した》. **2** 〈形容詞的〉ヴァイキングの.
[<古期北欧語「入り江 (*vik*) の住人」]

***vile** /vail/ 形 e (**víl·er**|**víl·est**) **1** (道徳的に)**低劣な**, 邪悪な. a ~ criminal 悪質な犯罪者. that ~, vulgar Corsican adventurer あの低劣で俗悪なコルシカ出の山師《ナポレオン 1 世を非難して》.
2 ひどく不快な, いやな, 汚い. a ~ smell [odor] いやなにおい, 悪臭. ~ language 汚い言葉《swearing や卑語を多く使う》.
3〖話〗〈非難をこめて〉**とても悪い**; ひどい, (nasty). We had ~ weather yesterday. 昨日はひどい天気だった. The food at that hotel is ~! あのホテルの食物は最低だ. He's in a ~ temper. 彼はひどく機嫌が悪い.
4 〔仕事などが〕卑しい, 下等な.
[<ラテン語 *vīlis*「価値のない」] ▷ **vile·ly** /váilli/ 副 よこしまに; 下劣に. **víle·ness** 名 U よこしま; 下劣, 下品.

vil·i·fy /víləfài/ 動 (**-fies**|過 過分 **-fied**|**~·ing**) 他〖章〗を中傷する, の(いわれのない)悪口を言う.
▷ **vil·i·fi·ca·tion** /vìləfəkéiʃ(ə)n/ 名

***vil·la** /vílə/ 名 (複 **~s** /-z/) C **1** (田舎の広い庭園付き)**大邸宅**, 屋敷; (保養地にある富豪の)別宅. **2** (地中海沿岸などのヴァカンス用)**大別荘** (→cottage). rented ~*s* in the South of France 南仏の貸別荘. **3**〖英〗(一戸建て, または 2 軒続きの)郊外住宅〈しばしば住所名の一部として〉. Hawthorn *Villa* さんざし荘. [<ラテン語 'farmstead'; もと, 古代ローマで金持ちが持った(農場つき)田舎の別宅を指した]

‡vil·lage /vílidʒ/ 名 (複 **-lag·es** /-əz/) C **1 村**, 村落, (類語 hamlet より大きく town より小さい; →city). live in a ~ 村に住む. a farming ~ 農村. ~ life 村の生活. ~ elders 村の長老たち. **2** 〈the ~; 単数形で複数扱いもある〉 村人たち. The ~ was against the construction of an atomic power plant. 村民は原子力発電所の建設に反対だった. [<古期フランス語「村」(<ラテン語「田舎の屋敷 (*villa*) の」); -age]

†vil·lag·er /vílidʒər/ 名 C 村人, 村民.

***vil·lain** /vílən/ 名 (複 **~s** /-z/) C **1 悪者**, 悪漢, 悪党;〖英話〗犯人 (criminal). kick ~*s* out of the

town 町から悪者たちを追い出す. **2** 〈the ～〉(問題などを起こした)張本人; 元凶. the chief [main] ～ 主たる元凶. **3** (劇, 映画, 小説などの)悪役, かたき役, 《↔hero; 例えば *Othello* に出る Iago》. **4** 〘話・戯〙(子供, 動物を指して)いたずら者, やつ, (rascal). Don't run about in the room, you little ～! こいつめ, 部屋で走り回るな.
the villain of the piece 〘しばしば戯〙問題を起こした張本人, 元凶. In this case, society, and not any individual, is *the* ～ *of the piece*. この場合, だれか個人でなく社会が悪者なのだ. [villein の異形]

‡**vil·lain·ous** /vílənəs/ 形 **1** 〘主に雅〙悪者の, 悪漢のような; 極悪非道な, 悪辣(らつ)な. a ～ deed 悪い所業. **2** 〘話〙ひどい, いやな, (very bad). ～ weather ひどい天気. This soup tastes ～. このスープはいやな味がする. ▷～**·ly** 副

†**vil·lain·y** /víləni/ 名 (複 **-lain·ies**) 〘雅〙 **1** U 極悪非道. **2** C 悪事, 悪行, 極悪非道な行為.

-ville /-vil/ 接尾 **1** 地名中で「町」の意味. Nash*ville*. **2** 特定の性質を持った土地[状態]を表す俗語的表現を作る. squares*ville* (まじめ人間ばかりの社会).

vil·lein /vílən/ 名 C (中世ヨーロッパ封建時代の)農奴, 隷農, 《他に対しては自由民であるが領主に対しては束縛される半自由農》. [＜古期フランス語「農奴」(＜ラテン語 *villa*)]

víl·lein·age /-idʒ/ 名 U 農奴の身分[地位].

vim /vim/ 名 U 〘旧話〙精力, 元気, 活気, (energy). Grandpa has a lot of ～ and vigor. おじいちゃんは元気いっぱいだ.

vin·ai·grette /vìnəgrét|-nei-/ 名 **1** C 気つけ薬入れ, 嗅瓶(かぎびん). **2** U ＝vinaigrette sauce. [フランス語 (vinegar の指小語)]

vinaigrétte sàuce 名 UC ヴィネグレットソース《酢, 油, タマネギ, パセリなどで作った冷肉・魚肉用のソース》.

Vin·cent /víns(ə)nt/ 名 男子の名.

Vin·ci /víntʃi/ 名 →da Vinci.

vin·di·ca·ble /víndəkəbl/ 形 〘章〙弁護し得る; 立証し得る.

‡**vin·di·cate** /víndəkèit/ 動 他 **1** 〔人〕の潔白を証明する, 嫌疑を晴らす; 〔物事〕への非難を取り去る. The facts ～ Jack completely. いろいろな事実でジャックの潔白が完全に証明される. **2** 〘章〙〔権利, 主張など〕の正当さを立証する. ～ one's right 自分の権利の正当さを立証する. [＜ラテン語 *vindicāre*「要求する, 復讐する」]

vìn·di·cá·tion 名 **1** U 擁護(する[される]こと); 弁護, 弁明. speak in ～ of one's policy 自分の政策を弁護する. **2** U 証明, 立証. **3** C 立証[弁護]の根拠となる事実. Extreme poverty was a ～ of his theft. 赤貧のためというのが彼の盗みを弁明する根拠だった.

vin·dic·a·tive /víndəkèitiv, -kət-/ 形 擁護する; 弁護[弁明]的な.

vin·di·ca·to·ry /víndikətɔ̀ːri|-kèitəri/ 形 ＝vindicative.

‡**vin·dic·tive** /vindíktiv/ 形 復讐(しゅう)心のある, 執念深い; 報復的な. The woman has a ～ nature. その女は執念深い. ～ punishment 報復的懲罰. ▷～**·ly** 副 ～**·ness** 名

***vine** /vain/ 名 (複 ～**s** /-z/) C **1** つる, つる草. The wall is covered with ～*s*. 壁はつる草で覆われている. **2** ブドウの木 (grapevine).
wither* [*die*] *on the vine 〔計画, アイデアなどが〕(成功する前に)頓挫(とんざ)する, 立ち消えになる, 立ち枯れる.
[＜ラテン語 *vīnea*「ブドウの木[畑]」(＜*vīnum* 'wine')]

víne·drèsser 名 C ブドウ手入れ人《樹の》.

vin·e·gar** /vínigər/ 名 U **1** 酢, 食用酢. **2** 不機嫌(な言動, 顔, 態度). **3** 〘米話〙活力. ***full of piss and vinegar →piss. [＜古期フランス語「すっぱいワイン」(＜ラテン語 *vīnum* 'wine'＋*ācer* 'sour')]

vin·e·gar·y /vínig(ə)ri/ 形 **1** 酢のような; すっぱい. **2** 不機嫌な; 気難しい, 怒りっぽい. keep a ～ countenance 渋い顔をしている.

vin·er·y /váin(ə)ri/ 名 (複 **-ries**) C ブドウ温室; ブドウ園.

†**vine·yard** /vínjərd/ 名 C ブドウ園《特にワイン用のブドウを栽培する》.

vingt-et-un /vænteiə́ːŋ/ 名 〘トランプ〙＝twenty-one. [フランス語]

vin·i·cul·ture /víníkʌ̀ltʃər/ 名 U ワイン用ブドウ栽培(術).

vi·no /víːnou/ 名 (複 ～**es**) UC 〘話〙(特に安物の)ワイン.

vi·nous /váinəs/ 形 〘章・戯〙ワインの; ワインの味がする; ワイン色の; ワインに酔った.

†**vin·tage** /víntidʒ/ 名 **1** UC (毎年醸造する)ワイン; ＝vintage wine. This French wine is of 1967 ～ [of the ～ of 1967]. このフランスワインは 1967 年のものだ. **2** C 〈普通, 単数形で〉(毎年のワイン用の)ブドウ収穫高; ワイン生産高. an abundant [a poor] ～ ブドウの豊作[不作]. **3** C 〈普通, 単数形で〉(ワイン用の)ブドウ収穫(期); ブドウの醸造(期).
4 UC 〘話〙(製造[産出など]された)特定の年[時期]; 所属する年代. an automobile of 1970 ～ 1970 年型の車. words of recent ～ 近ごろできた単語.
── 形 〈限定〉 **1** 〔ワインが〕良質の, 上等の. **2** 優良(作)品が作られた時期に生産された; 〔家具などが〕年代ものの. **3** 特に傑出した時期[年代]の〔作品など〕; 典型的な. This novel is really ～ Hawthorne. この小説は最高にホーソーン的である. [＜ラテン語「ブドウの収穫」]

víntage càr 名 C 〘英〙ヴィンテージカー《1917–30 年に生産された自動車; →veteran car》.

vín·tag·er 名 C ブドウ収穫人.

vìntage wíne 名 UC ヴィンテージもの(のワイン)《vintage year のブドウで作ったワイン》.

vìntage yéar 名 C (ワイン作りで)秀作年, 当たり年, 《良いブドウが取れた年》; 〈一般に〉大当たりの年.

vint·ner /víntnər/ 名 C 〘旧〙ワイン売買業者.

†**vi·nyl** /váinəl/ 名 **1** U 〘化〙ビニール基. **2** UC ビニール《種々の工業製品として, 特に PVC》. **3** UC 〘話〙((音楽)レコード材料としての)ビニール; レコード《1 枚または集合的に》. put..on ～ レコードに録音する. [＜ラテン語 *vīnum* 'wine']

vìnyl plástic 名 UC ビニール樹脂; ビニール.

vi·ol /váiəl/ 名 C ヴィオール《16–17 世紀の弦楽器; ヴァイオリンの前身》.

‡**vi·o·la**[1] /vióulə/ 名 C ヴィオラ《ヴァイオリンとチェロの中間の大きさの弦楽器》. [イタリア語 'viol']

vi·o·la[2] /váiələ/ 名 C スミレ《スミレ科スミレ属の植物の総称; violet, pansy など》. [ラテン語]

vi·o·la·ble /váiələbl/ 形 犯し得る, 破り得る; 汚し得る.

viòla da gámba /-də-gɑ́ːmbə, -gǽm-/ 名 C ヴィオラダガンバ《viol の類の低音楽器; cello の前身》. [イタリア語 'viol for the leg']

***vi·o·late** /váiəlèit/ 動 (～**s** /-ts/|過 過分 **-lat·ed** /-əd/|**-lat·ing**) 他 〘章〙 **1** 〔法律, 規則, 約束など〕を**破る**, 犯す, (break). You must not ～ the Constitution. 憲法を犯してはならない. ～ a commandment 戒律を破る. **2** を侵害する; 〔平和など〕を乱す (disturb). I didn't mean to ～ your privacy. 君のプライバシーを侵害するつもりはなかった. **3** 〔神聖なもの〕を汚す, 冒瀆(とく)する; 〔墓など〕を荒らす. ～ the sacred precincts of a cathedral 大聖堂の神聖な境内を汚す. **4** 〘婉曲〙〔女性〕を犯す, 暴行する, (rape). [＜ラテン語 *violāre*「力 (*vīs*) ずくで扱う」]

†**vì·o·lá·tion** 名 **1** U (法律, 規則などの)違反; C 違反行為. You are in ～ of the regulations. 君は規則違反をしている. **2** UC 妨害; 侵害. The ～ of the border received swift protest. 国境侵犯は速やかに抗議を受けた. a ～ of human rights 人権の侵害. **3** UC (神聖なものに対する)冒瀆(とく). **4** U 〘婉曲〙婦女暴行 (rape).

vi·o·la·tor /váiəlèitər/ 名 C **1** 違反者; 侵害者. **2**

〖婉曲〗(婦女)暴行者 (rapist). **3** 冒瀆(ぼうとく)者.

‡**vi·o·lence** /váiələns/ 名 U **1 暴力**, 暴行, 乱暴, (★時に rape の婉曲語として用いる). use ～ 暴力を用いる. domestic ～ 家庭内暴力. commit an act of ～ against a vagrant 浮浪者に暴力を働く. At last the students resorted to ～. ついに学生たちは暴力に訴えた. **2**〔感情, 言葉, 行動などの〕**激しさ**, 激烈さ. The ～ of his rage gave us a shock. 彼の怒りの激しさは我々にショックを与えた. say with sudden ～ 急に激しい調子で言う. The angry mob broke the iron gate with great ～. 怒った群衆は猛烈な勢いで鉄の門を壊した.
3 (自然現象などの)**激しさ**, 猛烈さ. the ～ of the typhoon 台風の猛威.
dò víolence to .. 〖章〗(1) ..に暴行を加える;〔感情など〕を傷つける. My words *did* ～ *to* Jane's feelings. 私の言葉はジェーンの感情を傷つけた. (2)〔主義, 規則など〕に背く, 違反する. (3)〔意味, 事実など〕を曲げる;〔景観など〕をそこなう, 台無しにする. His translation *does* ～ *to* the original. 彼の翻訳は原作をひどく曲げている.
[→violent; -ence]

‡**vi·o·lent** /váiələnt/ 形 m
【激しい】 **1 激しい**, 猛烈な. walk in a ～ storm 激しいあらしの中を歩く. a ～ eruption from the volcano 火山の大噴火. Mike received a ～ blow on the jaw. マイクはあごを強打された.
2〔行動, 感情などが〕**激烈な**, 過激な, 興奮した; 急激な. George had a ～ quarrel with his wife. ジョージは奥さんと大げんかをした. a ～ speech 激越な演説. ～ change 急激な変化.
3 ひどい, 非常な, はなはだしい;〔色彩などが〕強烈な. feel a ～ pain in the head ひどい頭痛がする. a ～ color けばけばしい色.
【暴力の】 **4**〔人, 行為が〕**狂暴な**, 暴力的な, 乱暴な. a ～ man 狂暴[乱暴]な人. The servant laid ～ hands on his master. その召し使いは主人に暴力をふるった. **5** 〈限定〉暴力[事故]による; 暴力場面の多い〔ドラマなど〕. die a ～ death 変死する. a ～ film 激しいアクション映画. [＜ラテン語 *violentus*「激しい」(＜*vīs* 'strength')]

***vi·o·lent·ly** /váiələntli/ 副 m **1 激しく**, 猛烈に; 乱暴に, 手荒に. sob ～ 激しく泣きじゃくる. be ～ opposed to a policy ある政策に猛反対である. The door was ～ opened. ドアは荒々しく開けられた. **2** 暴力によって. The man died ～. その男は事故で死んだ[変死した].

‡**vi·o·let** /váiələt/ 名 **1** C 〖植〗**スミレ**; スミレの花. **2** U スミレ色. **3** →shrinking violet. ── 形 スミレ色の. [＜古期フランス語「小さな viola²」]

‡**vi·o·lin** /vàiəlín/ 名 (複 ～s /-z/) C **1 ヴァイオリン**. play the ～ ヴァイオリンを弾く. play a serenade on the ～ ヴァイオリンでセレナーデを弾く. **2** (オーケストラの)ヴァイオリン奏者. the first [second] ～ 第1[2]ヴァイオリン奏者. [＜イタリア語 *violino*「小さな viola¹」]

†**vì·o·lín·ist** 名 C ヴァイオリン奏者[演奏家].

vi·ol·ist /váiəlist/ 名 C ヴィオール奏者.

vi·o·lon·cel·lo /vì:ələntʃélou, vàiə-|vàiələn-/ 名 (複 ～s) C チェロ (cello). [＜イタリア語 (＜*violone*「大きな viola¹」＋*-cello* (指小辞))]
▷**vi·o·lon·cel·list** 名 C チェロ演奏家.

†**VIP** /vì:aipí:/ 名 (複 ～s) C 〖話〗重要人物, 要人, 《＜*v*ery *i*mportant *p*erson》.

vi·per /váipər/ 名 C **1**〖動〗クサリヘビ; マムシ; 毒蛇. **2** (マムシのような)腹黒い人, 恩知らずの人.
nùrse a vìper in one's bósom 恩をあだで返すような人物に親切にする. [ラテン語]

vi·per·ish /váipəriʃ/ 形 ＝viperous.

vi·per·ous /váipərəs/ 形 **1** マムシのような. **2** 腹黒い; 意地悪い.

vi·ra·go /vəréigou|-rá:-, -réi-/ 名 (複 ～(e)s) C **1** 〖章〗口やかましい女, がみがみ言う女, (shrew). **2**〖古〗女丈夫 (amazon). [＜ラテン語「男 (*vir*) のような女」]

‡**vi·ral** /vái(ə)rəl/ 形 ウィルス (virus) の[による].

vir·e·o /víriòu/ 名 (複 ～s) C 〖鳥〗モズモドキ (米国産の鳴鳥).

Vir·gil /vә́:rdʒəl/ 名 **1** 男子の名. **2** ウェルギリウス (70–19B.C.)《ローマの詩人; *Aeneid* の作者》.

Vírgin 名 〈the ～〉＝Virgin Mary.

***vir·gin** /vә́:rdʒən/ 名 (複 ～s /-z/) **1** C **処女**; 〈時に〉童貞の男性. marry a ～ 処女と結婚する. **2** 〈the V-〉聖母マリア (Virgin Mary). **3** C 〖キリスト教〗修道女, 童貞女. **4** 〈the V-〉〖天・占星〗＝Virgo. **5** C 〖動〗交尾したことのない雌.
── 形 © **1** 〈限定〉**処女の**, 童貞の. **2** 処女らしい, 処女にふさわしい. a girl of ～ modesty 処女らしく慎み深い少女. **3 汚れのない**, 純潔な, 清純な. tread on the ～ snow 処女雪[新雪]を踏む. **4**〔行為などが〕**初めての**, 最初の;〔土地などが〕人跡未踏の, 未開墾の;〔領域, 分野などが〕未開拓の;〔物が〕未使用の. a ～ voyage 処女航海. ～ soil 処女地. a ～ forest 処女林, 原生林. ～ pulp (再生でない)バージンパルプ.
[＜ラテン語 *virgō*「処女」]

vir·gin·al /vә́:rdʒən(ə)l/ 形 **1** 処女の; 処女らしい, 処女にふさわしい. the ～ membrane 処女膜 (hymen). **2** 純潔な, 汚れていない. ── 名 C 〖楽〗〈普通 (pair of) ～s〉ヴァージナル《16–17 世紀に用いられた方形で脚の無いハープシコード; 若い女性がよく弾いたことからか》.

vìrgin bírth 名 〈the ～〉〖神学〗〈しばしば V- B-〉処女降誕《キリストが処女マリアから産まれたこと; →Immaculate Conception》.

Vir·gin·ia /vərdʒínjə, -niə/ 名 **1** 女子の名. **2** ヴァージニア《米国東部の州; 州都 Richmond; 略 VA〖郵〗, Va.; エリザベス一世 (*Virgin* Queen) にちなむ》. **3** U 米国ヴァージニア州産のたばこ (Virginia tobacco).

Virgìnia créeper 名 C 〖植〗アメリカヅタ《壁などにはわせる北米産のツタ;〖米〗では woodbine とも言う》.

Vir·gin·ian /vərdʒínjən, -niən/ 名 C ヴァージニア州の人. ── 形 ヴァージニア州の.

Virgìnia réel 名 C 米国のフォークダンスの一種.

Vìrgin Íslands 名 〈the ～〉ヴァージン諸島《Puerto Rico 東方にあり, 東側が英領, 西側は米領》.

vir·gin·i·ty /və(:)rdʒínəti/ 名 U **1** 処女であること, 処女性; 童貞. lose one's ～ 処女を失う. **2** 純潔, 清純.

Vìrgin Máry 名 〈the ～〉聖母マリア.

Vìrgin Quéen 名 〈the ～〉処女王《英国の Elizabeth I》.

Vir·go /vә́:rgou/ 名 (複 ～s) 〖天〗乙女座;〖占星〗処女宮《黄道12宮の6番目; →zodiac》; C 処女宮生まれの人《8月23日–9月22日の誕生者》.

vir·gule /vә́:rgju:l/ 名 C 〖印〗斜線 (/).

vir·i·des·cent /vìrədésnt ◎/ 形 淡緑色の, 緑がかった.

‡**vir·ile** /vírəl|vírail/ 形 **1**〔性格, 文体などが〕男らしい, 男性的な; 力強い. speak in a ～ way 男らしい話し方をする. **2**〔男性が〕性機能の健全な. [＜ラテン語 *vir*「男」]

vi·ril·i·ty /vəríləti/ 名 U **1** 男らしさ, 男っぽさ. **2** (男性の)性機能(のあること).

vi·rol·o·gy /vairálədʒi|vàiərɔ́l-/ 名 U ウイルス学.
▷**vi·rol·o·gist** 名 **vi·ro·log·i·cal** /vài(ə)rəlάdʒik(ə)l|-lɔ́dʒ- ◎/ 形

vir·tu /vəːrtú:/ 名 U **1** 美術[骨董(こっとう)]趣味; 鑑識(眼). **2** 〈集合的〉美術品, 骨董品. an article [object] of ～ (1個の)美術品, 骨董品.
[イタリア語 'virtue']

†**vir·tu·al** /vә́:rtʃuəl/ 形 〈限定〉(名目上でなく)事実上の, 実質上の. The plan is a ～ impossibility. その計画は実際上不可能だ. She's the ～ head of the

firm. 彼女はその会社の社長も同然だ. [＜中世ラテン語「力 (*virtūs*) のある」]

*__vir·tu·al·ly__ /vɔ́ːrtʃuəli/ 副 ⓒ **事実上**, 実際上; ほとんど (almost). It is ～ impossible to get to the airport before noon. 正午前に空港に着くのは事実上不可能だ. My work on this dictionary is ～ over. この辞書の私の仕事はほとんど終わったようなものです. in ～ every country of the world ほとんど世界各国に.

vìrtual reálity 名 Ⓤ バーチャルリアリティ, 仮想現実感, 《コンピュータ技術によって作りあげた現実そっくりに見える世界》.

‡**vir·tue** /vɔ́ːrtʃuː|-tjuː, -tʃuː/ 名 (複 **～s** /-z/)
【道徳的長所】 **1** Ⓤ **美徳**, 徳; 高潔; Ⓒ (個々の)美徳; (↔vice). a man of ～ 有徳の人. a paragon of ～ 美徳の鑑(かがみ). Patience is the most difficult ～. 美徳のうち忍耐ほど難しいものはない. Kindness is a ～. 親切は徳である. *Virtue* is its own reward. 【諺】 徳はそれ自身がその報酬《徳行によって物質的報いを期待すべきではない》.
2 Ⓤ 【戯】(女性の)貞操, 純潔, (chastity). a woman of easy ～. 【旧】 貞操観念の薄い[尻(しり)軽な]女. protect [lose] one's ～ 貞操を守る[失う].
【取り柄】 **3** Ⓒ 長所, 利点, (↔fault). Mr. Long's speeches have the ～ of being brief. ロング先生のお話は短いのが取り柄だ. The ～ of this sewing machine is that it needs so little repair. このミシンの利点は修理がほとんどいらないことだ.
4 ⓊⒸ 効力, (薬などの)効能. a medicine of dubious ～ ききめの疑わしい薬.
5 Ⓒ 【神学】 力(りき)天使 (→angel). ◇形 virtuous
by* [*in*] *vírtue of .. 【章】 ..のおかげで, ..によって, ..のために. Ted rose in the company *by* ～ *of* hard work. テッドは勤勉さのおかげで会社で出世した.
màke a vìrtue of necéssity →necessity.
[＜ラテン語 *virtūs*「男らしさ, 力」(＜*vir* 'man')]

vir·tu·os·i·ty /vəːrtʃuάsəti|-tjuɔ́s-/ 名 Ⓤ 妙技《特に音楽演奏の》.

‡**vir·tu·o·so** /vəːrtʃuóusou|-tjuóuzou/ 名 (複 **～s**, **vir·tu·o·si** /-siː|-ziː/) Ⓒ 巨匠; (特に)音楽の名演奏家. a ～ on the piano ピアノの名手. a ～ performance 巨匠らしい演奏ぶり. [イタリア語 'skilful']

*__vir·tu·ous__ /vɔ́ːrtʃuəs/ 形 ⓜ **1** 【章】**有徳の**, 高徳の, 高潔な, (↔vicious). a ～ priest 高徳の牧師. ～ deeds 徳行. **2** 【旧・戯】〔女性が〕貞淑な, おかたい. **3** 【軽蔑】 有徳者ぶる, 独善的な. ～ indignation (自らを正しいとする)独善的な怒り. ◇名 virtue
▷**～·ly** 副 高潔に, 有徳者ぶって. **～·ness** 名

vìrtuous círcle 名 Ⓒ 〈単数形で〉 良循環 (↔vicious circle).

vir·u·lence, -len·cy /vír(j)ələns/, /-si/ 名 Ⓤ **1** 毒性, 有毒; 悪性. **2** 【章】 (ひどい)憎しみ, 悪意, 敵意.

‡**vir·u·lent** /vír(j)ələnt/ 形 **1** 毒性の強い, 猛毒の. The fish contains a ～ poison. その魚には猛毒がある. **2** 〔病気が〕悪性の, 生命にかかわる. **3** 【章】〔感情, 言葉などが〕憎しみにあふれた, 悪意[敵意]のある; 〔色が〕毒々しい. with ～ spite 非常な悪意をもって. [＜ラテン語 *vīrus*「毒」] ▷**～·ly** 副 憎々しげに, 悪意をもって.

*__vi·rus__ /vái(ə)rəs/ 名 (複 **～·es** /-əz/) Ⓒ **1** 【医】 ウイルス, 濾(ろ)過性病原体; 〈一般に〉 病毒, 病原菌; (→germ, bacteria). the flu [measles] ～ インフルエンザ[はしか]ウイルス. a ～ infection ウイルス伝染病. AIDS is caused by a ～. エイズはウイルスによって引き起こされる. **2** 【話】 ウイルス性疾患. **3** 【電算】 ＝computer virus. **4** (精神・道徳上の)害毒. The rich often catch the ～ of art collecting. 金持ちは美術品収集の虫に取りつかれることが多い. [ラテン語「毒(液)」]

Vis. Viscount(ess).

Vísa (càrd) /víːzə-/ 名 Ⓒ 【商標】 ヴィザ(カード) 《国際的なクレジットカード》.

†**vi·sa** /víːzə/ 名 Ⓒ ビザ, 査証, (旅券などの)裏書き. apply for a U.S. ～ 米国へのビザを申し込む《その国にある米国大使館に申し込む》.

> 連結 a student [a working; a tourist; a transit; an entry; an exit; a valid] ～ // grant [issue; obtain; extend; renew] a ～

── 動 (～s|過 過分 ～ed|～·ing) 他 〔旅券〕を査証する, に裏書きする. get one's passport ～*ed* 旅券のビザを取る.
[＜ラテン語「見られる」(*vidēre* 'see' の過去分詞)]

vis·age /vízidʒ/ 名 Ⓒ 【雅】 顔 (face); 顔つき, 容貌(ぼう). a grim ～ 厳しい顔つき. [古期フランス語「見られるもの」]

-visaged 【雅】〈複合要素〉「..の顔つき[顔だち]をした」の意味. round-*visaged* (丸顔の).

vis-à-vis /vìːzəvíː ㊙/ 【章】 副 向かい合って, 相対して, 〈*to, with* ..と〉. I sat ～ *to* Mary at the table. 私はメリーと食卓に向かい合って座った.
── 前 **1** ..と向かい合って (face to face with). **2** ..に対して; ..と比較して; ..に関して. Our welfare program is far behind, ～ that in your country. 我々の福祉計画はあなたの国のものに比べてずっと遅れている. [フランス語 'face-to-face']

Visc. Viscount(ess).

vis·cer·a /vísərə/ 名 〈the ～; 複数扱い〉 **1** 【解剖】 内臓. **2** 【話】 はらわた, 腸, (bowels).

vis·cer·al /vís(ə)rəl/ 形 **1** 【解剖】 内臓の. **2** 【章】 本能的な, 深い感情に基づく, 根源的な.

vis·cid /vísəd/ 形 ＝viscous.
▷**～·ly** 副 **vis·cid·i·ty** /visídəti/ 名

vis·cose /vískous/ 名 Ⓤ 【化】 ヴィスコース《人造絹糸, セロハンなどの原料》.

vis·cos·i·ty /viskάsəti|-kɔ́s-/ 名 Ⓤ 粘ること; 粘り「気, 粘(着)性.

‡**vis·count** /váikàunt/ 名 Ⓒ 子爵 (→duke 参考).

vis·count·cy /váikàuntsi/ 名 (複 **-cies**) ⓊⒸ 子爵の地位[身分].

vís·còunt·ess /-əs/ 名 Ⓒ 子爵夫人; 女子爵 (→「duke 参考).

vis·cous /vískəs/ 形 粘着性の; どろどろ[べとべと]した.
▷**～·ly** 副 **～·ness** 名

vise 【米】, **vice** 【英】 /vais/ 名 Ⓒ 万力(まんりき). The man held me in a grip as tight as a ～. その男は私を(万力のように)しっかりとつかまえていた.
── 動 他 を万力で締める.

víse·lìke 形 【米】 万力(まんりき)のような; つかまえて離さない, しっかりした. a ～ grip 強い握り締め.

Vish·nu /víʃnuː/ 名 ヴィシュヌー《ヒンドゥー教３大神の第２神で「保存の神」; →Brahma, Siva》.

‡**vìs·i·bíl·i·ty** 名 (複 **-ties**) Ⓤ 目に見えること; 視界; ⓊⒸ 【気象】 視程. because of poor ～ 視界が悪いために. The rain reduced ～ to zero. 雨で視程ゼロになった.

*__vis·i·ble__ /vízəb(ə)l/ 形 ⓜ **1 目に見える**, 肉眼で見える, (↔invisible). The lighthouse became ～ in the distance. その灯台は遠くに見えてきた. stars ～ to the naked eye 肉眼で見える星. **2 明白な**, 明らかな. show a ～ improvement 目に見えて進歩する. He answered my questions with ～ impatience. 彼は明らかにいらいらしながら私の質問に答えた. That he was lying was ～ to all of us. 彼がうそをついていることは我々すべてに明白だった. **3** 人の目にさらされている, はでに活躍している《特にテレビなどで》. [＜ラテン語「見える」(＜*vidēre* 'see'); -ible]

vís·i·bly 副 目に見えて, 目立って; 明らかに. Your English has improved ～. 君の英語は目に見えて上達

V

した.

Vis·i·goth /vízəgɑ̀θ|-gɔ̀θ/ 名 〈the ～s〉 西ゴート族《5 世紀にイベリア半島に王国を建設した; →Ostrogoth》; C 西ゴート人.

‡vi·sion /víʒ(ə)n/ 名 【見る力】 **1** U 視力, 視覚. The boxer lost his ～ in one eye. そのボクサーは片目の視力を失った. 20-20 ～ is regarded as perfect. 20-20 の視力が正常とみなされる (→twenty-twenty). an organ of ～ 視覚器官. a field of ～ 視野, 視界.

連結 an acute [a keen; a good; a normal; a poor; a dim, a blurred] ～

2【見通す力】 U **想像力**, 先見の明, 洞察力. Statesmen should be men of great (breadth of) ～. 政治家は洞察力を大いに持った人でなければならない.

【目に見えるもの】 **3** C 光景; 有様, 状況. a splendid ～ of the island その島のすばらしい眺め.

4 U (テレビ·映画の)映像, 画像.

【心に見えるもの】 **5** C 未来像, ヴィジョン, 心像; 考え, 見解. The failure of the plot shattered his ～s of power. 彼は陰謀に失敗して権力獲得の夢が破れた. have a pessimistic ～ of reality 悲観主義的な現実観を抱く. have ～s of being applauded on the stage (そんなことはありそうもないが)舞台で喝采(かっさい)を浴びている姿を頭に描く.

連結 an ambitious [a far-sighted, a fleeting, a grim, an idyllic, an imaginative, a prophetic, a rosy, an uplifting] ～

6 C **幻**, 幻影; 幻想, 夢想, 空想. The oracle appeared in a ～. 神託は幻となって現れた. the fondest ～s of girls 少女たちが最も好んで抱く夢.

7 C 〖雅〗〈普通, 単数形で〉 夢のようなもの; 珍しい[意外な]物事, 美しい眺め[人]. She was a ～ of sheer beauty. 彼女は完璧(ぺき)な美人だった.

[<ラテン語「見ること, 見えるもの」(<*vidēre* 'see'); -sion]

†vi·sion·ar·y /víʒənèri|-n(ə)ri/ 形 **1** 先見の明のある, 洞察力[ヴィジョン]を持った. **2** 幻想的な, 幻の(ような). a ～ image 幻影. **3** 非現実的な, 実際的でない; 架空の. a ～ proposal 実際的でない提案. **4** 〔人が〕幻想[空想]にふける, 夢想的な.

── 名 (複 **-ar·ies**) C **1** 幻影を見る人, 幻視者; 予見力のある人. **2** 夢想家, 現実離れした(事を考える)人.

‡vis·it /vízət/ 動 (～s /-ts/|過 過分 ～·ed /-əd/|～·ing) 他 【人を訪れる】 **1** を**訪問する**; の客として滞在する. Please ～ us once in a while. たまには私たちのところへ遊びに来てください. My sons will be *～ing* their grandfather over the holidays. 息子たちは休暇中おじいさんのところで過ごすことになろう. I *～ed* him at his office. 私は事務所に彼を訪れた.

2 〔病人など〕を見舞う, 慰問する; 〔医者が病人〕を往診する, 〔病人が診察に医者〕をたずねる. Susan *～ed* me in the hospital every day. スーザンは私を見舞いに毎日病院へ来てくれた. The doctor will ～ you in the afternoon. 先生は午後あなたの診察に来ます.

【場所を訪れる】 **3** へ行く, 見物に行く; を参観[見学]する. Many foreigners ～ the ancient city. 多くの外国人がその古都を訪れる. The museum is often *～ed* by young people. その博物館には若者たちがよく行く.

4 を視察する, 調査に行く. The mayor *～ed* all the municipal hospitals. 市長はすべての市立病院を視察した.

【災害が訪れる】 **5** 〖古〗〔災害, 病気などが〕を**襲う**, 見舞う; を悩ます; 〈しばしば受け身で〉. Formerly the region was often *～ed* with famine. その地方は昔はよく飢饉(きん)に見舞われた.

6 〖主に聖書〗 VOA (～ X *on* [*upon*] ..) ..に X (罪(の報い)など)を負わす, 被らせる, 〈普通, 受け身で〉. the afflictions *～ed on* Job ヨブに課された苦難. The sins of the fathers are *～ed upon* their children. 親の因果が子に報いる.

── 自 **1** 訪問する; 見物する; 視察する. **2** 〖米〗 VA (～ ***with ..***) 〔人〕を見舞う; 〔人〕のところに滞在する; 〔場所〕に滞在する 〈*in*, *at* ..に〉. Right now many tourists are *～ing at* the hotel [*in* this city]. 今そのホテルに[当市に]多くの観光客が滞在している.

3 〖米話〗 おしゃべりする, 雑談する, 〈*with* ..〔人〕と〉 (chat). ～ over the phone 電話でおしゃべりする. Your child often *～s with* her neighbors in class. お宅のお子さんは授業中によく隣の人とおしゃべりをします.

── 名 (複 **～s** /-ts/) C **1 訪問**; 見舞い, 慰問; (診察, 法律相談などに)出向くこと; (類語 〖英〗では visit を長時間の訪問又は職務上の訪問に用い, 短時間の訪問には call を用いる; 〖米〗の visit はどちらにも用いる). Yesterday I had [received] a ～ from my uncle [the police]. 私は昨日おじ[警察]の訪問を受けた. The doctor was busy making home *～s*. 医者は往診するのに忙しかった.

連結 a short [a brief, a flying, a hurried; a personal, a private; a social; a formal, an official] ～; frequent [repeated; occasional] ～s // expect [cancel; cut short; fit in; schedule; come on; go on] a ～

2 滞在, 逗(とう)留. The children went for a long ～ to their uncle's. 子供たちはおじさんのところへ行ってしばらく滞在した.

3 見物, 観光; 見学, 参観; 視察, 巡視. My father is now on a ～ to New Zealand. 父は今ニュージーランドを訪れている. Is this your first ～ to this museum? この博物館へはこれが初めてですか.

4 〖米話〗 雑談, おしゃべり. I had a nice ～ with him. 彼と楽しいおしゃべりをした.

gò on a vísit to .. **..を訪問する**, 訪ねる, 《かなり長い滞在の含みがある》. *go on a ～ to* India インド旅行に行く.

pày* [*màke*] *a vísit to .. ..を(ちょっと)訪問する. *pay a ～ to* a doctor [lawyer] お医者さんに(診察のため)[弁護士に相談しに]行く. *pay a ～ to* one's parents 両親に会いに行く.

[<ラテン語 *visitāre*「しばしば見に行く」(<*visāre*「調べる」<*vidēre* 'see')]

vis·it·ant /vízət(ə)nt/ 名 C **1** 〖雅〗(特に超自然界からの)訪問者, 来訪者; 幽霊, 亡霊. **2** 〖鳥〗渡り鳥.

vis·it·a·tion /vìzətéiʃ(ə)n/ 名 C **1** (牧師の)訪問, 見舞い. **2** 視察, 巡視; 〔特に司教の〕教区巡察.

3 天の配剤《天罰, 天恵など》; 災難, 災害. *Visitations* of storms and floods were taken as signs of God's wrath. あらしや洪水の災害は神の怒りの印と考えられた.

4 〖話〗(迷惑な)長逗(とう)留, 長っ尻(ちり), 〈*from* ..の〉.

vís·it·ing 名 U **1** 訪問, 見舞い; 視察, 巡視.

2 〈形容詞的〉 訪問の; 巡察の. a ～ book 訪問者名簿. Mr. Jones is on ～ terms [has a ～ acquaintance] with the novelist. ジョーンズ氏はその小説家と訪問し合うほどの親しい間柄である.

── 形 訪問している. a ～ team 遠征チーム, ビジター, (↔home team). a ～ student 派遣留学生.

vísiting càrd 名 C (訪問用)名刺.

vìsiting fíreman 名 C 〖米話〗 **1** (丁重にもてなすべき)大切な訪問客. **2** 金離れのいい観光客.

vísiting hòurs 名 〈複数扱い〉 (入院患者などの)面会時間.

vìsiting núrse 名 C 〖米〗 巡回保健婦.

vìsiting profèssor 名 C 客員教授《短期間他大

学から招かれる》.

vìsiting téacher 名C 〖米〗家庭巡回教師《家庭との連絡, 通学できない生徒の教育などに当たる》.

***vis·i·tor** /vízətər/ 名 (複 ~s /-z/) C **1** 訪問者, 来客; 宿泊客, 滞在客; 見舞い客. We had two ~*s* today. 今日は来客が2人あった. **2** 観光客; 参観[見学]者. The art gallery was full of student ~*s* from the country. 美術館は地方からの学生の参観者でいっぱいだった. I am a frequent ~ to the museum. 私は博物館によく出掛けます. No ~*s* (allowed). 見学お断り; 面会謝絶; 《掲示》. **3** 視察者, 巡視官. **4** 渡り鳥. [visit, -or¹]

vísitors' bòok 名C (旅館, ホテルの)宿泊者記名帳; (教会, 大使館, 観光場所などの)訪問者署名帳.

vi·sor /váizər/ 名C **1** 〖史〗(かぶとの)面頰(めんぼお)《顔を見せたり隠したりするために開閉できる》. **2** (帽子の)まびさし, つば. **3** 車の日よけ板 (sun visor)《フロントガラスの上部に付いていて上げ下げができる》.

[visor 1, 2]

VISTA Volunteers in Service to America (ボランティアによる米国政府の救貧計画).

‡**vis·ta** /vístə/ 名C 〖章〗 **1** 見通し, 展望, 眺望, (類語 特に両側に並木, 建物などが並んだ狭く長い眺め; →sight). drive through an endless ~ of pines 果てしない松並木を両側に眺めながらドライブする.
2 (未来への)展望, 予想; (過去への)回想, 追憶. The invention of the steam engine opened up new ~*s* of industrial development. 蒸気機関の発明で産業の発展の新しい見通しができた.

***vis·u·al** /víʒuəl, 〖英〗-zjuəl/ 形C 〈限定〉**1** 視覚の, 視覚に関する. a ~ test 視力検査. ~ organs 視覚器官. ~ acuity 視力. the ~ field 視野. a ~ impression 見た印象. **2** 視覚にょよる[訴える]. ~ landing 有視界着陸. the ~ arts 視覚芸術《絵画, 映画, 舞踊など》. [<ラテン語 *vīsus*「見ること, 視力」(< *vidēre* 'see'); -al]

vìsual áid 名C 視覚教育機器《スライド, 映画, 掛け図など》.

vìsual displáy ùnit 名C 〖主に英〗〖電算〗データ表示装置, モニター, 《略 VDU; →video display terminal》.

vìs·u·al·i·zá·tion 名U はっきり思い浮かべること, 想像すること.

†**vis·u·al·ize** /víʒuəlàiz/ 動他 **1** を視覚化する, 目に見えるようにする **2** をはっきり心に描く, 想像する; VO (~ *doing*/X('*s*) *doing*/*wh* 節・句) ..することを/X が..することを/..かをはっきり心に描く, 想像する. I tried to ~ (myself) speed*ing* along in a racing car. 僕は(自分が)レーシングカーで疾走する様子を想像してみた. Can you ~ *what* your son will be like when he grows up? 息子さんが成長したらどんなになるか想像できますか.

vís·u·al·ly 副 **1** 視覚に関して, 視覚的に; 目に見えるように. ~ handicapped 目に障害がある. **2** 見かけは; 見たところでは.

***vi·tal** /váitl/ 形 m **1** 絶対に必要な, 重大な, 〈*to*, *for* ..にとって〉(類語 重要な存在だから不可欠だという意味; →necessary). Your help is ~ *to* the program. 君の援助はその計画にどうしても必要だ. Enough sleep is of ~ importance *for* your health. あなたの健康には十分な睡眠が絶対重要だ. make a ~ decision 重大決心をする. play a ~ role in ..に重要な役割をする. It is ~ that he (should) finish the work today. どうしても彼がその仕事を今日終えることが必要だ.
2 生き生きした, 活気に満ちた. a ~ personality 活発な性格. The writer is noted for his ~ style. その作家は力強い文体で有名だ. the ~ spark 活気, 生気.
3 〈限定〉**生命の**, 生命に関する; 生命維持に必要な. the ~ organs 生命維持に欠かせない諸器官 (→名 1).
4 致命的な, 命にかかわる. a ~ wound 致命傷.
◇名 vitality
── 名 〈~s〉 **1** 〖主に古・戯〗生命維持に必須の諸器官《心臓, 肺臓, 脳, 胃腸など》; 〈the ~s〉〈特に〉(股(こ)間の)急所. **2** (物事の)重要部分, 急所, 核心. the ~*s* of this problem この問題の核心.
[<ラテン語「生命 (*vīta*) に関する」]

vìtal capácity 名U 肺活量.

vìtal fúnction 名C 〖生理〗生活機能《呼吸や消化など》.

vi·tal·ism /váitəliz(ə)m/ 名U 〖哲〗生気論《生物は物理・化学的に説明できない生命力を持つ, とする》.

***vi·tal·i·ty** /vaitǽləti/ 名U **1** 生命力, 生活力; 活力, 持続力. Strong sunshine is essential to the plant's ~. その植物の活力には強い日光が欠かせない. **2** 活気, 生気, 元気. a young man always full of ~ いつも活気に満ちている若者. [vital, -ity]

vi·tal·ize /váitəlàiz/ 動他 **1** に生命[活力]を与える. **2** に活気を与える, を元気づける; を活性化する. ~ the flagging industry 振るわない産業に活を入れる.
▷ **vì·tal·i·zá·tion** 名

vi·tal·ly /váitəli/ 副 **1** 生命にかかわるほどに, 致命的に. **2** 極めて, この上なく. be ~ important 極めて重要である.

vìtal sígns 名 〈複数扱い〉〖医〗生命徴候《呼吸, 脈拍, 体温など》.

vìtal statístics 名 〈時に単数扱い〉**1** 人口動態統計《出生, 結婚, 死亡などの統計》. **2** 〖戯・旧〗(女性の)バスト・ウエスト・ヒップの寸法.

***vi·ta·min** /váitəmən | vít-, váit-/ 名UC ビタミン. This food is rich in ~*s*. この食物はビタミンが豊富です. ~A ビタミン A. ~ pills ビタミン剤. ~ deficiency ビタミン不足. [<ラテン語 *vita*「生命」+amine「アミン」; 初め, アミノ酸が含まれていると考えられた]

ví·ta·min·ize 動他 〔食品〕にビタミンを加える; のビタミンを強化する.

vi·ti·ate /víʃièit/ 動他 〖章〗 **1** を損なう, 害する, (spoil); 〔空気など〕を汚染する; 〈しばしば受け身で〉. ~ public morals 社会の風紀を害する. His prose style is ~*d* by too many flowery expressions. 彼の散文体は美辞麗句が多すぎて質を落としている.
2 を無効にする. Logical contradiction ~*s* his argument. 論理的矛盾で彼の議論は成り立たない. ~ a contract 契約を無効にする. [<ラテン語 *vitium* 'vice¹']
▷ **vì·ti·á·tion** 名U 悪化(させること); 無効化.

vit·i·cul·ture /vítəkʌ̀ltʃər, váit-/ 名U (ワイン醸造のための)ブドウ栽培(学).
▷ **vìt·i·cúl·tur·al** /-tʃərəl 形/ 形 **vìt·i·cúl·tur·ist** /-tʃərist/ 名U ブドウ栽培家.

vit·re·ous /vítriəs/ 形 ガラスのような; ガラス質の[製の]. [<ラテン語 *vitrum*「ガラス」]

vìtreous húmor 名U 〖解剖〗(眼球の)ガラス体液.

vit·ri·fi·ca·tion /vìtrəfikéiʃən/ 名 **1** U ガラス(質)化. **2** C ガラス化したもの.

vit·ri·fy /vítrəfài/ 動 (-fies | 過 過分 -fied | ~·ing) 他 (熱で)をガラス化する, ガラス状にする.
── 自 ガラス化する, ガラス状になる.

vit·ri·ol /vítriəl/ 名U **1** 〖化〗硫酸塩; 硫酸 (**òil of**

vítriol). blue copper ～ 硫酸銅. **2** 辛辣(らつ)な言葉[批評], 痛烈な皮肉.

vit·ri·ol·ic /vìtriálik|-ɔ́l-⑱/ 形 **1** 硫酸(塩)の, 硫酸(塩)のような. **2** 〔言葉, 批評などが〕辛辣(らつ)な, 痛烈な. a cruel and ～ speech 残酷で辛辣な演説.

vi·tu·per·ate /vait(j)úːpərèit, vi-/ 動 他, 自 〘章〙(を)ののしる, 罵(ば)倒する; (を)叱(しっ)責[非難]する. [＜ラテン語「非難する」(＜*vitium* 'vice¹')] 「難.

vi·tù·per·á·tion 名 U 〘章〙罵(ば)倒; 叱(しっ)責, 非↑

vi·tu·per·a·tive /vait(j)úːpərèitiv, -p(ə)rət-, vi-/ 形 〘章〙〔言葉, 人などが〕罵(ば)倒する, 毒舌の. ▷～**·ly** 副

vi·va[1] /víːvə/ 間 万歳. ── 名 C 万歳の叫び. [イタリア語 'May (he) live!']

vi·va[2] /váivə/ 名 C 〘英話〙＝viva voce 2.

vi·va·ce /vivɑ́ːtʃei, -tʃi|-tʃi/ 〘楽〙副, 形 活発に[な]. [イタリア語 'lively']

‡**vi·va·cious** /vəvéiʃəs, vai-/ 形 (普通, 女性が)活発な, 元気のいい; 快活な, 陽気な. a very ～ girl 大変陽気な女の子. [＜ラテン語 *vīvāx*「元気な, 長生きの」] ▷～**·ly** 副 活発に; 陽気に. ～**·ness** 名 U 活発; 陽気.

vi·vac·i·ty /vəvǽsəti, vai-/ 名 U 活発, 活気; 快活, 陽気. Sally has such ～! サリーはなんと元気なんだろう.

Vi·val·di /vivɑ́ːldi/ 名 **Antonio** ～ ヴィヴァルディ (1675?-1741)《イタリアの作曲家》.

vi·var·i·um /vaivé(ə)riəm/ 名 (複 ～**s**, **vi·var·i·a** /-riə/) C (自然の生息状態に近くした)動物[植物]育成場[飼育器]; 自然ㇾ動物[植物]園.

vi·va vo·ce /vàivə-vóusi/ **1** 口頭の[で]. The examination was conducted ～. その試験は口頭で行われた. **2** (大学の)口頭試験 (→viva²). [ラテン語 'with the living voice']

vive /víːv/ 間 万歳. [フランス語 'May (he) live!']

‡**viv·id** /vívəd/ 形 e **1** 〔光, 色などが〕鮮やかな, 強烈な, (↔dull). the ～ colors of the autumn forest 秋の森の目の覚めるような色. The festival decorations were ～ in the sunlight. 祭の飾りは鮮やかに日の光に照り映えていた. **2** 〔描写, 表現, 記憶などが〕生き生きとした, はつらつとした; 生々しい. The actor gave a ～ performance. その俳優は真に迫った演技を見せた. the ～ description of the scene その場面の生彩のある描写. The event is still ～ in my memory. その事件は今でも私の記憶に生き生きと残っている. **3** 〔想像力などが〕活発な, 旺(おう)盛な. a ～ imagination 活発な想像力. [＜ラテン語 *vividus*「活気のある」(＜*vivere* 'live')] ▷～**·ness** 名 U 鮮やかさ; 活発さ, 生気.

†**vív·id·ly** 副 **1** 鮮やかに, 鮮明に. a ～ colored bird 鮮やかな色をした鳥. **2** ありありと, 生々しく, 真に迫って; はつらつと. The terrible scene remains ～ in my memory. その恐ろしい光景は私の記憶にまざまざと残っている.

viv·i·fy /vívəfai/ 動 他 に生気[生命]を与える; を生き生きさせる, 活気づける. ▷**vi·vi·fi·ca·tion** /vìvəfikéiʃən/ 名

vi·vip·a·rous /vaivíp(ə)rəs|vivíp-/ 形 〘動〙胎生の (→oviparous).

viv·i·sect /vívəsèkt, ⌐⌐⌐/ 動 他, 自 (を)生体解剖する. ▷**vìv·i·séc·tion** 名 UC 生体解剖. **vìv·i·séc·tion·ist** /-ʃənist/ 名 C 生体解剖(論)者.

vix·en /víks(ə)n/ 名 C **1** 雌ギツネ (男 fox). **2** 〘旧〙意地悪女, 口やかましい女. [＜中期英語 *fixen*「雌ギツネ」; v- は南部方言の形から] 「口やかましい.

vix·en·ish /víks(ə)niʃ/ 形 〘旧〙〔女が〕意地悪な,↑

†**viz.** /viz/ 副 すなわち, 言い換えれば. ★普通 namely /néimli/ と読む; →videlicet ★

vi·zier, -zir /vəzíər, vízjər|vəzíə, víziə/ 名 C (旧トルコ帝国などイスラム教国の)高官, 大臣.

vi·zor /váizər/ 名 ＝visor.

V-J Day /vìːdʒéi-dèi/ 名 (第2次大戦の連合国側の)対日戦勝記念日《1945年8月15日; ＜*V*ictory over *J*apan Day》.

Vla·di·vos·tok /vlæ̀divɑ́stɑk|-vɔ́stɔk/ 名 ウラジオストク《ロシア共和国シベリア南東の日本海に面した海港》.

VLF, vlf 〘ラジオ・テレビ〙 very low frequency (極長波)《3-30 キロヘルツの周波数》.

V-neck /víːnèk/ 名 C (衣類の) V 字襟, V ネック. ▷～**ed** /-t/ 形 V 字襟の, V ネックの.

VO very old《ブランデーの等級を表す》.

VOA Voice of America.

vo·cab /vóukæb/ 名 〘話〙＝vocabulary 2.

vo·ca·ble /vóukəb(ə)l/ 名 C 語, 単語,《特に意味上の単位としてよりも音又は文字の集まりとして見た》.

‡**vo·cab·u·lar·y** /voukǽbjəlèri, və-|-ləri/ 名 (複 **-lar·ies** /-z/) **1** (**a**) UC **語彙**(い)《ある職業, 階級などに属する人々又は個人の用いる語全体》. one's active [passive] ～ 人の能動[受容]語彙《人がㇾ理解し運用できる[理解はするが運用できない]語全体》. a list of ～ to teach 学習指導用語彙表. John has a large [limited] ～. ジョンは語彙がㇾ豊富である[限られている, 少ない]. increase the power of one's ～ 自分の語彙力を増す. The word sympathy is not in her ～. 彼女には思いやりの気持ちなどまるでない《＜彼女の語彙に「同情」という語はない》. Physicists have their own ～. 物理学者には特有な用語がある. (**b**) C (ある言語の)語の総体, 語彙. The English ～ contains borrowings from many other languages. 英語の語彙は多くの他言語からの借入語を含んでいる.

連結 a rich [an abundant, an extensive, a wide; a poor, a small] ～ // develop [build up, enlarge, enrich, extend, improve, widen] one's ～

2 C 単語集, 語表; (簡略な)辞書. This book has a ～ in the back. この本は後ろに単語集が付いている.
3 UC 〘電算〙(コンピュータシステム用の)コード[用語]表. [＜ラテン語 *vocābulum*「語」(＜*vocāre* 'call'); -ary]

†**vo·cal** /vóuk(ə)l/ 形 **1** 〈限定〉声の, 音声の; 声に関する. the ～ organs 音声器官. the ～ range 声域.
2 ⓒ 声に出した; 話される, 歌われる; 声楽の; (↔instrumental). The criticism became ～ at last. その批判はついに口に出された. ～ music 声楽. a ～ number 声楽曲. **3** m 〘話〙自由に意見を述べる〈*in, about* ..について〉; やかましくしゃべり立てる, 声高な. one of the most ～ among the anti-nuclear activists 反核運動家のうちで最も積極的に発言する人の1人. He was very ～ *about* his claim to the property. 彼はその財産の所有権を強く主張した.
── 名 C 〈しばしば ～s〉ヴォーカル《バンド演奏の一部としてのポピュラー歌手の歌》. [＜ラテン語「声 (*vōx*) の」]

vócal còrds [chòrds] 名 〈複数扱い〉声帯.

vo·cal·ic /voukǽlik, və-/ 形 **1** 母音の; 母音性の. **2** 母音を含む; 母音に富む.

vó·cal·ist 名 C 歌手 (↔instrumentalist);〈特に〉ヴォーカル (vocal) の歌手.

vó·cal·ìze 動 〘章〙他 **1** を声に出す; を口にする, 歌う. **2** 〘音声〙〔子音〕を母音化する《例えば /r/ を /ə/ にする類》; 〔無声音〕を有声化する. ── 自 **1** 声を出す,〈特に〉歌う. **2** 〘楽〙同じ母音で(メロディーをつけて)発声練習をする.

vó·cal·ly 副 声で, 声に出して; 口頭[言葉]で; 声高に.

*__vo·ca·tion__ /voukéiʃ(ə)n/ 名 **1** aU 神のお召し; 天職, 使命(感). Many nurses consider their profession as a ～. 多くのナースは, 自分たちの仕事を天職と考

えている. **2** Ⓒ **職業**, 業務, 仕事, (類語 金銭的報酬よりも他人に奉仕するために選んだ職業; →occupation). Bill decided to make medicine his ～. ビルは医者を職業に決めた. You've missed your ～. You should find your true ～. 君は職業を誤っている. 君にふさわしいまことの仕事を見つけるべきだ.
3 ⓐⓤ 適性; 素質, 才能; 〈*for* ..〔特に価値ある職業〕に対する〉. He has no ～ *for* [*to*] the priesthood. 彼は聖職には全く向いていない. She is a teacher by ～. 彼女は天性の教師だ. [＜ラテン語「呼ぶ (*vocāre*) こと」]

vo·ca·tion·al /voukéiʃ(ə)nəl/ 形 職業の, 職業上の; 職業訓練のための. a ～ disease 職業病. ～ training [guidance] 職業訓練[指導]. ～ education 職業教育. go to ～ school 職業(訓練)学校へ通う.

voc·a·tive /vάkətiv|vɔ́k-/ 〖文法〗 形 呼格の; 呼びかけの. ── 名 Ⓒ 呼格; 呼格の語.

vo·cif·er·ate /vousífərèit/ 動 自, 他 〖章〗(を)大声で言う, どなる, やかましく言いたてる, (類語 形式ばった語, 特に不平や怒りからどなる場合; →cry 1). [＜ラテン語「叫ぶ」(＜*vōx* 'voice')]

vo·cìf·er·á·tion 名 ⓊⒸ 〖章〗(不平, 怒りなどから)叫ぶこと; 叫び, わめき, 怒号.

‡**vo·cif·er·ous** /vousíf(ə)rəs/ 形 〖章〗〔人, 言葉などが〕大声で叫ぶ, どなる; 騒がしい, やかましい.
▷ **～·ly** 副 **～·ness** 名

‡**vod·ka** /vάdkə|vɔ́d-/ 名 Ⓤ ウォトカ《ライ麦・ジャガイモなどを原料にするロシアの蒸留酒》. [ロシア語 (「水」の指小語)]

†**vogue** /voug/ 名 Ⓒ **1** 流行, はやり, 〈*of, for* ..の〉; 流行品; (類語 普通, 一時的に相当広く普及すること; →fashion). A rock-and-roll ～ swept the country. ロックンロールの流行がその国を風靡(び)した. a ～ *for* broad ties 幅の広いネクタイの流行. **2** 〈単数形で〉 人気, 世間の受け. The song had a great ～ a few years ago. その歌は 2, 3 年前にすごく人気があった.
be àll the vógue 〖話〗 大はやりである.
còme into vógue 流行する, はやり出す.
gò out of vógue 流行遅れになる, すたれる.
****in vógue*** **流行して(いる)**, はやって(いる). This kind of hair-do is now much *in* ～ in Paris. この種の髪型は今パリで大流行している.
[古期フランス語「ひと漕(こ)ぎ＞進路, 流行」]

‡**voice** /vɔis/ 名 (複 **vóic·es** /-əz/)
【声】 **1** (**a**) ⓊⒸ **声**; 声の質[状態, 調子]. I heard my father's ～ inside the room. 部屋の中で父の声がするのが聞こえた. in a clear [angry] ～ はっきりした[怒った]声で. speak under one's ～ 小声で話す. keep one's ～ down 声をひそめる. recognize [mistake] a person's ～ 人の声⌞が(だれそれのと)分かる[を間違える]. My son's ～ is starting to break. 息子は声変りしはじめている. Jill cried for help at the top of her ～. ジルは声を張り上げて助けを求めた. Don't speak to me in that tone of ～! そんな口調で私に物を言うな. How's your ～ today? 今日は君の声の調子はどうですか. (**b**) Ⓤ 声を出す力, 発話能力. →lose one's VOICE (成句).

> 連結 a loud [a faint, a low(-pitched), a small; a high(-pitched), a shrill; a deep; a hoarse, a husky; a gentle, a soft, a sweet; a gruff; a rough; a sharp, a stern; an angry, an excited, a worried] ～ // lift up [drop, lower] one's ～

2 Ⓒ (人の声に似た)音; (神, 良心, 義務などの)声, お告げ. the ～ of a stream 小川の音. the ～ of God 神の声. the ～ of conscience [reason] 良心[理性]の声. A ～ within me [My inner ～] says I shouldn't be so idle. 私の内心の声(良心)がこんなに怠けていてはいけないと言う. **3** ⓊⒸ 歌声; 〖楽〗 Ⓒ (合唱などの)パート, 声部; 歌手. a girl with a lovely singing ～ 素晴らしい歌声の少女. a soprano ～ ソプラノ声部.
4 Ⓤ 〖音声〗 有声, 声, (↔breath) 《声帯の振動で起こる響き; 母音及び b, d, g, v, z などの子音の響き》.
【声による意見の発表】 **5** ⓐⓤ **発言権**, 投票権, 影響力; 発言する力; Ⓒ 代弁者 (spokesman). The minority has little ～ in national affairs. 少数党は国事にはあまり発言権がない. have a ～ in determining the company's policy 会社の政策を決めるのに発言権を持つ. Indignation gave him ～ to challenge the mayor. 怒りに駆られて彼は市長に詰め寄るだけの力が出た. The handicapped have found a ～ in Senator Green. 身体障害者にはグリーン上院議員という代弁者が見つかった.
6 Ⓒ (発表された)**意見**, 意思, 希望. My uncle's ～ was against the war. おじの意見はその戦争に反対だった. You should also listen to dissenting ～*s*. 異議を唱える人々の声にも耳を傾けるべきだ.
7 Ⓤ (意見などの)発表, 発言. The poet's love of beauty found ～ in his works. 詩人の美を愛する気持ちは作品に表れ出た.
8 【発言の仕方】 Ⓒ 〈普通, 単数形で〉 〖文法〗 **態**. in the active [passive] ～ 能動[受動]態で.
a vòice (crỳing) in the wílderness →wilderness.
be in (gòod) vóice (歌う)声の調子がいい.
fìnd one's vóice (1) 何とか声が出る. The girl was so stunned that she ⌞couldn't *find* [lost] her ～ for a while. 少女はあまりのショックにしばらくは声が出なかった. (2) 〔作家が〕独創的な文体[テーマ]を見出す.
gìve vóice to .. 〖章〗〔意見, 感情など〕を口に出す, 言葉にする, 表現する.
lòse** one's **vóice (1) (風邪などで)声が出なくなる, 声をからす. (2) (驚き, 気後れなどで)声を失う. (→find one's VOICE (1)).
màke** one's **vóice hèard 所信を表明する; 意見を尊重させる.
ràise** one's **vóice (1) 一段高い声で話す, 声を励ます; (怒って)声を荒らげる 〈*to, at* ..に〉. I've never heard him *raise* his ～ *to* [*at*] anybody. 私はだれに対してでも彼が声を荒らげるのを聞いたことがない. (2) 不平を言う, 反対を表明する, 〈*against* ..に〉. The working classes *raised* their ～ *against* the war. 労働者階級は戦争反対の声をあげた.
with òne vóice 〖雅〗 声をそろえて; 異口同音に; 一斉に. The committee members accepted the proposal *with one* ～. 委員たちは全員一致でその提案を受諾した. speak *with one* ～ 声をそろえて同意見であることを表明する.
── 動 他 **1** 〔考えなど〕を(はっきり)言葉に表す, 表現する, 表明する. The citizens ～*d* concern about the projected nuclear power plant. 市民たちは原子力発電所計画について懸念を表明した. **2** 〖音声〗〔特に子音〕を有声音で発音する. [＜ラテン語 *vōx*「声」]

vóice bòx 名 Ⓒ 〖話〗 喉(こう)頭 (larynx).

vóice màil 名 Ⓤ ボイスメール《デジタル録音・再生により声を送る電子郵便》.

voiced /vɔist/ 形 **1** 声に出した[表した]. **2** 〖音声〗 有声音の (↔voiceless). ～ consonants 有声子音 《/b/, /d/, /g/ など》.

-voiced 〈複合要素〉「..声の; 声が..の」の意味. loud-*voiced* (声の大きな).

vóice·less 形 **1** 声がない; 無言の; 口がきけない. **2** 意見を言わない; 発言[投票]権のない. **3** 〖音声〗 無声音の (↔voiced). ～ consonants 無声子音 《/p/, /t/, /k/ など》.

Vòice of América 名 〈the ～〉 'アメリカの声' 《米国政府の海外向け宣伝放送; 略 VOA》.

vóice-òver 名 U (映画・テレビの)ナレーターの声《その姿は画面に出ない》.

vòice recórder 名 C ボイスレコーダー《航空機の操縦室内に装備された音声記録装置; →flight recorder, black box》.

vóice vòte 名 C 〘米〙 発声投票《賛成, 反対を aye, no と言う声の大小で判断する》.

*__void__ /vɔid/ 形 **1** 〘雅〙 Ⓒ 空虚な (empty). ～ space 虚空. **2** 〘章・雅〙 ℮ 〈叙述〉 ない, 欠けている, 〈*of* ..が〉. His argument is ～ *of* reason. 彼の議論は道理を欠いている. **3** 〘章・法〙 Ⓒ 無効の, 効力がない, (invalid). ***nùll and vóid*** →null.
── 名 〘章〙 **1** 〈the ～〉 (地球をとりまく)空間 (outer space); 空虚, 真空. the stars blinking down out of the ～ 宇宙空間からまたたく星. **2** C 〈普通, 単数形で〉 空所; 割れ目; ぽっかりと空いた穴[場所]. **3** C 〈普通, 単数形で〉 空虚感, むなしさ. Her death left a profound ～ in his life. 彼女の死は彼の人生に深い空虚感を残した.
── 動 他 **1** 〘法〙 〔契約, 条約など〕を無効にする. **2** 〘章〙 を空にする; 〔大, 小便〕を排泄(せつ)する (excrete). ～ the bladder [bowels] 小便[大便]を排泄する(＜膀胱(ぼうこう)[腸]を空にする). [＜ラテン語 *vocivus*「空(から)の」]

vóid·a·ble 形 〘法〙 無効にできる.

voile /vɔil/ 名 U ヴォイル《半透明の薄い生地; 夏服, カーテンなどに用いる》.

vol volcano; 〈しばしば V-〉 volume; volunteer.

†**vol·a·tile** /válətl|vɔ́lətàil/ 形 **1** 揮発性の; 爆発しやすい. ～ oil 揮発(性)油. Thinner is a ～ liquid. シンナーは揮発性の液体である.
2 〔人, 性質などが〕移り気の, 気まぐれな. Bill is so ～ in his politics. ビルは政治的意見が定まらない. **3** 〔政治, 経済状況などが〕不安定な, 流動的な, 一触即発の.
[＜ラテン語「飛んでいる」(＜*volāre* ‘fly’)]

vol·a·til·i·ty /vàlətíləti|vɔ̀l-/ 名 U **1** 揮発性. **2** 移り気, 気まぐれ. **3** 不安定(性).

vol-au-vent /vɔ̀ulouvɑ́:ŋ|vɔ́l-/ 名 UC ボロバン《野菜・牛[鶏, 魚]肉入りパイの一種》. [＜フランス語 ‘flight in the wind’]

†**vol·can·ic** /valkǽnik|vɔl-/ 形 **1** 火山の; 火山性の; 火山によって生じる. ～ activity 火山活動. a ～ earthquake 火山性地震. ～ rocks 火山岩. ～ eruptions 噴火. ～ ash(es) 火山灰.
2 火山のある, 火山の多い. a ～ region 火山地帯.
3 〔性質, 感情などが〕非常に激しい, 激烈な. Kate has a ～ temper. ケートは激しい気性の持ち主だ.
▷ **vol·can·i·cal·ly** /-k(ə)li/ 副 火山のように, 激烈に.

volcànic bómb 名 C 〘地質〙 火山弾《噴火の際, 弾丸状になって噴き上げられる熔(よう)岩の破片》.

volcànic gláss 名 U 〘鉱〙 黒曜石 (obsidian).

vol·can·ism /válkənìz(ə)m|vɔ́l-/ 名 U 火山活動[現象].

‡**vol·ca·no** /valkéinou|vɔl-/ 名 (複 ～(e)s /-z/) C 火山. an active ～ 活火山. a dormant ～ 休火山. an extinct ～ 死火山. The ～ erupted two years ago. その火山は2年前に爆発を起こした. 参考 「噴火口」は crater, 「噴気孔」は vent, 噴出した「熔(よう)岩」は lava, 「熔岩流」は lava flow, 地中の「岩漿(しょう)」は magma. [イタリア語 (＜ラテン語「Vulcan の」)]

vol·ca·nol·o·gist /vàlkənálədʒist|vɔ̀lkənɔ́l-/ 名 C 火山学者.

vol·ca·nol·o·gy /vàlkənálədʒi|vɔ̀lkənɔ́l-/ 名 U 火山学.

vole /voul/ 名 C ハタネズミ《大きな頭, 小さく丸い耳, 短い尾を持つ; 野原, 森などに生息する》.

Vol·ga /válgə|vɔ́l-/ 名 〈the ～〉 ヴォルガ川《ロシア西部を流れカスピ海に注ぐヨーロッパ最長の川》.

vo·li·tion /voulíʃ(ə)n, və-/ 名 U 〘章〙 意志作用, 意欲, 決断; 意志力, 決断力. ***of one's òwn volítion*** 〘章〙 自分の意志で; 進んで (willingly). He went to Africa *of* his *own* ～. 彼は自分の意志でアフリカに行った. [＜ラテン語「欲する (*velle*) こと」]

vo·lí·tion·al /-əl/ 形 意志の; 意志的な; 意志に基づいた. ▷ **～·ly** 副

Volks·wa·gen /fóulksvɑ̀:gən, vóulkswɑ̀:-|fɔ́lks-, vɔ́lkswɑ̀:-/ 名 (複 ～, ～s) C 〘商標〙 フォルクスワーゲン《ドイツ製の大衆車; 略 VW》.

†**vol·ley** /váli|vɔ́li/ 名 (複 ～s) C **1** 一斉射撃; 一斉に発射された弾丸[矢, 石など]. fire a ～ 一斉射撃をする. loose a ～ *of* arrows at the enemy 敵をめがけて一斉に矢を放つ. **2** (悪口, 質問などの)連発. let out a ～ of curses at the culprit その犯人にののしりの言葉を浴びせかける. **3** 〘球技〙 ボレー《テニス, サッカーなどで球が地につかないうちに打ち[けり]返すこと》. kick a ball on the ～ 球を落ちる前にける.
── 動 (～s|過 過分 ～ed|～·ing) 他 **1** 〔弾丸, 矢など〕を一斉に発射する; 〔悪口, 質問など〕を連発する. **2** 〔球〕をボレーで打ち返す[けり返す]. ── 自 **1** 一斉発射する; 〔銃砲が〕一斉発射される. **2** ボレーをする. [＜ラテン語「飛ぶ (*volāre*) こと」]

*__vólley·bàll__ /válibɔ̀:l|vɔ́li-/ 名 (複 ～s /-z/) **1** U 〘球技〙 バレーボール. **2** C バレーボール用のボール.

vol·plane /válplèin|vɔ́l-/ 動 自 〘空〙 〔飛行機が〕(エンジンを止めて)滑空する. ── 名 C 滑空.

vols volumes.

*__volt__ /voult/ 名 (複 ～s /-ts/) C 〘電〙 ボルト《電圧の単位; 略 V》.

‡**volt·age** /vóultidʒ/ 名 UC 〘電〙 電圧, 電圧量. high [low] ～ 高[低]電圧. 参考 米国では110ボルト, 英国では240ボルトの電流が使われている.

vol·ta·ic /valtéiik|vɔl- 形/ 形 流電気の; 電流の. a ～ battery ボルタ電池《特に voltaic cell を2つ以上連結したもの》. [＜Alessandro *Volta* /vóultə/ (1745–1827)《最初に電池を発明したイタリアの物理学者》]

voltàic céll 名 C ボルタ電池.

Vol·taire /voultéər, val-|vɔ́l-/ 名 ヴォルテール (1694–1778)《フランスの啓蒙思想家》.

vol·tam·e·ter /valtǽmətər|vɔl-/ 名 C 電解電流計, ボルタメーター, 《電流計の一種》.

vòlt-ámpere 名 C 〘電〙 ボルトアンペア《電力量測定の単位》.

volte-face /vɑ̀ltfɑ́:s|vɔ̀lt-/ 名 C 〈普通, 単数形で〉 (逆方向への)急転換; (意見, 態度などの)豹(ひょう)変, 転向. [＜イタリア語 ‘turn-face’]

vólt·mèter 名 C 〘電〙 電圧計.

vòl·u·bíl·i·ty 名 U 多弁, おしゃべり; 口達者.

‡**vol·u·ble** /váljəb(ə)l|vɔ́l-/ 形 〘章〙 **1** 〔人が〕多弁な, 口達者な. **2** 〔話などが〕流暢(ちょう)な, 多言を弄(ろう)した, よどみない. ▷ **-bly** 副 口達者に; 流暢に.

‡**vol·ume** /váljəm|vɔ́lju:m/ 名 (複 ～s /-z/)
【量】 **1** UC 体積, 容積; 分量; (企業などの)生産[販売, 取り引き]量, 出来高. containers of various ～*s* 種々の容積の入れ物. The company's sales ～ has risen markedly. その会社の販売量は目立って伸びてきた. The water in the jar was 5 liters in ～. かめの水は5リットルの量だった.
2 U 音量, ボリューム. turn down [up] the ～ on a TV set テレビの音量を下げる[上げる]. at full ～ 音量をいっぱいに上げて. The singer has a voice of great ～. その歌手は声量が豊かだ.
3【多量】 C 〈しばしば ～s〉 大量, 多量, たくさん. It's the sheer ～ of traffic that causes severe jams. ひどい渋滞を起すのは, まさに交通量の多さだ. ～*s* of smoke もくもくと立ち昇る煙. His speech inspired ～*s*

of criticism. 彼の演説は多くの批判をまき起こした.
4【かさばる書物】Ⓒ 巻, 冊, 《続き物の書物, 雑誌などの1冊; 略 vol》(★volume も book も共に「巻」と訳されることがあるが, 前者は外形的な1冊1冊を意味し, 後者は内容的な区分けに重点がある; →book); 〖章〗**書物**《特に大型の》, 本. a dictionary in thirteen ~*s* 13巻から成る辞書. *Volume* [Vol] 4 第4巻. magazines kept in bound ~*s* 何巻かに製本して保存されている雑誌. This library has over 50,000 ~*s*. この図書館には5万冊以上の書物がある.
pump ùp the vólume (1)大音量で音楽を鳴らす. (2)大声援をおくる.
spèak vólumes (物言わないけれども)雄弁に物語っている, 十分に証明する, 〈*for* ..を/*about* ..について〉. This act *speaks* ~*s for* George's courage. この行為はジョージの勇気をはっきり証明している.
[<ラテン語 *volūmen*「巻物」(<*voluere* 'roll')]

vol·u·met·ric /vɑ̀ljumétrik|vɔ̀l- ㊥/ 形 体積[容積]測定の.

‡**vo·lu·mi·nous** /vəl(j)úːmənəs/ 形 〖章〗 **1** 容積の大きい, たくさん入る. **2** 大量の, 豊富な. ~ information 豊富な情報. **3**〔書物が〕巻数の多い, 大部の;〔報告書などが〕多言を費やした. **4**〖しばしば軽蔑〗〔著述家が〕多作の. **5**〔衣類, 垂れ幕などが〕ゆったりした, たっぷりした, だぶだぶの. a ~ skirt ゆったりしたスカート.
▷**~·ly** 副 **~·ness** 名

†**vol·un·tar·i·ly** /vɑ́ləntèrəli, ⌣⌣´⌣⌣|vɔ́lənt(ə)r-/ 副 自発的に, 進んで; ボランティアとして.

‡**vol·un·tar·y** /vɑ́ləntèri|vɔ́lənt(ə)ri/ 形 Ⓒ
1 自発的な, 自ら進んでする; 有志の, 志願の; (↔compulsory). a ~ army 義勇軍. make a ~ confession 自発的に白状する. live a ~ exile 自ら好んで異郷に生活を送る. Attendance at the meeting is ~. 集会への出席は随意です.
2 (**a**)〈普通, 限定〉ボランティアの, 無料奉仕による. a ~ helper ボランティアのヘルパー. do ~ work ボランティア活動をする. work for disabled people on a ~ basis 身体障害者のために無償で奉仕する. (**b**)〈限定〉〔施設が〕篤志家の手による, 任意寄付による. a ~ hospital 任意寄付によって運営される病院.
3 自由意志を持った. a ~ agent 自由意志で行動できる存在. **4**〖生理〗随意的な (↔involuntary). ~ muscles 随意筋.
── 名 (複 **-tar·ies**) Ⓒ 〖楽〗(教会で礼拝の前後, 中間に行う)オルガン独奏.
[<ラテン語 *voluntās*「意志」(<*velle* 'wish'); -ary]

vóluntary schòol 名 UC 〖英〗有志立学校《私立であるが公費の援助を受ける; 受けないのは independent school》.

*__vol·un·teer__ /vɑ̀l(ə)ntíər|vɔ̀l-/ 名 (複 **~s** /-z/) Ⓒ
1 **志願者**; 奉仕者, ボランティア; 〈*for* ..の/*to* do ..をする〉. We need some ~*s* ⌞to do [*for*] the work. 我々はその仕事をやってくれる有志が数人必要だ.
2 **志願兵**《徴兵によらない》, 義勇兵. Sam was a ~ in the army. サムは志願兵だった. Britain's armed services now consist entirely of ~*s*. 現在英国の軍隊はすべて志願兵で構成されている.
3〈形容詞的〉志願の, 有志の; 奉仕の; 志願兵の. a ~ worker 奉仕勤労者. a ~ army 義勇軍.
── 動 自 **1** (奉仕を)自発的に申し出る〈*for* ..のために/*as* ..として〉. A friend of mine ~*ed for* the medical mission. 私の友達はその医療団に志願した. ~ *as* a teacher 教師として奉仕したいと申し出る. a spirit of ~*ing* ボランティア精神.
2 志願する〈*for* ..〔軍隊〕に〉, 志願兵になる. ~ *for* [*to* join →他 1] the navy 海軍を[に入ることを]志願する.
── 他 **1**〔奉仕, 援助など〕を進んで申し出る, 自発的に行う;〔援助品など〕を積極的に供与する; VO (~ *to do*) ..することを進んで申し出る. She ~*ed* her services as a nurse. 彼女は看護婦としての奉仕を買って出た. Tom will ~ *to* help us. トムは進んで私たちを援助すると言ってくれるだろう.
2 (**a**)〔助言, 情報など〕を進んで提供する. ~ an opinion (頼まれないのに)自分から意見を述べる. (**b**) VO (~ *that* 節/"引用") ..ということを/「..」と進んで言う. "I'll do the dishes," Jim ~*ed*. (=Jim ~*ed* that he'd do the dishes.)「僕が皿洗いをやる」とジムは自分から言った.
3〔人〕を勝手に⌞指名する[割り当てる]〈*for* ..〔仕事など〕に/*as* ..として〉; VOC (~ X *to do*) X〔人〕に..させたらどうかと提案する;〈普通, 受け身で〉. I was ~*ed* ⌞*for* the job [*to* clean the kitchen]. 私がいいとその仕事[台所掃除]を押しつけられた. [<*voluntary*+*-eer*]

vo·lup·tu·ar·y /vəlʌ́ptʃuèri|-əri/ 名 (複 **-ar·ies**) Ⓒ 〖雅〗〈普通, 非難して〉官能の喜びにふける人, 色欲におぼれる人; ぜいたくな暮らしを好む人.

‡**vo·lup·tu·ous** /vəlʌ́ptʃuəs/ 形 **1**〈しばしば非難して〉〔人, 生活などが〕官能的な喜びにふける, 色欲におぼれる;〔欲望, 芸術作品などが〕官能的な. ~ desires 肉欲. **2**〈良い意味で〉〔女性, 女性の体などが〕肉感的な, セクシーな, 豊満な. a ~ beauty セクシーな美人. a ~ mouth 肉感的な口. **3** (感覚的に)快い, 肌触りの良い; 満ち足りた. [<ラテン語 *voluptās*「快楽」]
▷**~·ly** 副 官能的に. **~·ness** 名 U 官能的なこと; 色っぽさ.

vo·lute /vəlúːt/ 名 Ⓒ **1**〖建〗渦形, 渦巻き飾り, 《特にイオニア式, コリント式などの柱の上部に施された》. **2**〖動〗(巻き貝の)渦巻き.

vo·lút·ed /-əd/ 形 **1** 渦巻き形の. **2**〖建〗渦形の, 渦巻き飾りのある.

Vol·vo /vɑ́lvou|vɔ́l-/ 名 Ⓒ 〖商標〗ヴォルヴォ《スウェーデン製の自動車》.

†**vom·it** /vɑ́mət|vɔ́m-/ 動 自 **1** 嘔(おう)吐する, へどを吐く, もどす. In the storm even the crew ~*ed*. あらしに乗組員までもへどを吐いた. **2**〔煙, 熔(よう)岩などが〕(勢いよく, 大量に)吹き出る, 流れ出る, 〈*out*〉. Black oil ~*ed out* of the well. 黒い油が油井(ゆせい)からどっと吹き出た.
── 他 **1**〔胃の中の物〕を嘔吐する, 吐く, もどす, 〈*up*〉. Your son ~*ed* his lunch today. 息子さんは今日昼に食べたものを吐いた. **2** を(勢いよく, 大量に)吐き出す, 噴出する, 〈*out, forth*〉. The huge chimney ~*s* volumes of smoke into the air. その巨大な煙突はもうもうとした煙を大気の中に吐き出す.
── 名 Ⓒ 嘔吐, 吐くこと; U 嘔吐物, へど.
[<ラテン語 *vomere*「吐く」]

voo·doo /vúːduː/ 名 (複 **~s**) U ヴードゥー教《(西インド諸島などの)黒人間に見られる一種の原始宗教; **vóo·doo·ìsm** とも呼ばれる》. ── 動 他 にヴードゥー教のまじないをかける. [<西アフリカ語「霊, 悪鬼」] ▷**~·ist** 名 Ⓒ ヴードゥー教⌞徒[祈禱(とう)師].

vo·ra·cious /vɔːréiʃəs, və-/ 形 **1** がつがつ食う, 大食いの, 暴食する. a ~ eater 大食いの人[動物]. **2** 飽くことを知らない, 貪(どん)欲な. have a ~ thirst for beer ビールをいくら飲んでも飲み足りない. a ~ reader of detective stories 推理小説をむさぼり読む人. [<ラテン語 *vorāre*「むさぼり食う」] ▷**~·ly** 副 がつがつと; 貪欲に, むさぼるように.

vo·rac·i·ty /vɔːrǽsəti, və-/ 名 U 〖章〗 **1** 大食, 暴食. **2** 貪(どん)欲, 強欲.

vor·tex /vɔ́ːrteks/ 名 (複 **~es, vor·ti·ces**) Ⓒ **1** (水などの)渦, 渦巻き; 旋風. **2**〖雅〗〈the ~〉(社会情勢の)渦. be drawn into the ~ of revolution 革命の渦中に巻き込まれる. [ラテン語]

vor·ti·cal /vɔ́ːrtik(ə)l/ 形 渦巻く, 渦巻きのような, 旋回する. ▷**~·ly** 副

V

vor·ti·ces /vɔ́ːrtəsiːz/ 名 vortex の複数形.
Vos·tok /vɑ́stɑk | vɔ́stɔk/ 名 C ヴォストーク《旧ソ連の 1 人乗り宇宙船; 6 機あった》.
vot·a·ble /vóutəb(ə)l/ 形 **1** 票決できる. **2** 投票権がある.
vo·ta·ress /vóutərəs/ 名 C 女性の votary.
vo·ta·rist /vóutərist/ 名 ＝votary.
vo·ta·ry /vóut(ə)ri/ 名 (複 **-ries**) C **1** 聖職者, 修道士[女]. **2**〘章〙信者, 信心家, 崇拝者. **3**〘章・戯〙(主義, 運動などの)熱心な支持者, 傾倒者; (趣味などの)心酔者. a ～ of classical music 古典音楽の心酔者. a ～ of women's lib ウーマンリブの支持者. [＜ラテン語 *vōtum*「誓い」; -ary]
‡**vote** /vout/ 名 (複 ～**s** /-ts/) **1** C **投票**; 票決, 採決, 決議; 〈*on*, *about* ..についての〉(★投票用紙, 挙手, 起立, 発声などによる; →poll, ballot). a ～ of confidence [no confidence, censure] 信任[不信任]投票. The matter was decided [settled, resolved] by a ～ of the committee. 問題は委員会の投票によって決定された. The bill came to the ～. その法案は票決に付された. a rising [standing] ～ 起立採決. take [hold, have] a ～ *on* a question ある問題について採決を行う. propose a ～ of thanks〘主に英〙感謝決議を提案する《主催者などに拍手で感謝を表すよう聴衆に提案すること》. One man one ～. 一人一票《選挙の根本原則; 人口に応じて選挙区の定員数を絶えず調整する必要がある》.
2〈the ～〉**投票権**, 選挙権, 決議権. Women did not have the ～ in those days. その当時女性には投票権がなかった. The ～ in the matter is not given to the students. その問題の決議権は学生たちには与えられていない.
3 C (個々の)**票**; 投票用紙 (ballot). count the ～*s* 票を数える. buy ～*s* 投票を買収する. receive [poll] more than 5,000 ～s 5000 票以上を獲得する. cast a [one's] ～ for [against] a candidate 候補者に賛成[反対]の 1 票を投ずる. by 294 ～*s* to 49 294 票対 49 票で. Anything good for health gets my ～.〘話〙健康に良いことはなんでも賛成だ(＜私の(賛成)票を得る).
4〈the ～; 集合的〉投票総数; 得票数;〈修飾語を伴って〉(特定の)集団票. get 70% of the ～ 投票総数の 70% を得る. Opposition parties are trying to increase their share of the ～. 野党は彼らの得票率を上げようと懸命だ. the black ～ 黒人票. the floating ～ 浮動票. win the blue-collar ～ 肉体労働者票を獲得する.
5 C〈単数形で〉投票結果. a close [unanimous] ～ きわどい[満場一致の]投票結果. The Act passed ⌞by a ～ of 294 to 49 [on a 294-to-49 ～]. その法律は 294 対 49 の投票結果で通過した (→3 の第 5 例).
pùt..to the vóte ..を票決に付する, ..の採決を行う.
── 動 (～**s** /-ts/|過 過分 **vót·ed** /-əd/|**vót·ing**) 自 **投票する**, 〈*for*, *in favor of* ..に賛成して/*against* ..に反対して/*on* ..について〉. You have the right and the responsibility to ～. 君たちには投票する権利と責任がある. ～ *for* [*against*] the bill その法案に賛成[反対]の投票をする. ～ for the Labour candidate 労働党候補に投票する. ～ *on* the matter under discussion 議論している問題を投票して決める. ～ by ballot 無記名投票をする. He is old enough to ～ in the national election. 彼は国政選挙で投票できる年になっている.
── 他 **1**〔政党, 候補者など〕に**投票する**;〔賛成, 反対〕の投票をする. ～ Republican [Bush] 共和党候補者[ブッシュ]に投票する. ～ yes or no 賛否いずれか投票する.
2 (**a**)〔議案など〕を可決する, 票決する; を投票で選ぶ. The House ～*d* economic sanctions against South Africa. 下院は南アフリカに対する経済制裁を可決した.
(**b**) VO (～ *to do*/*that* 節) ..することを/..ということを投票で決める[選ぶ], 可決する. The Senate ～*d that* all trade restrictions (should) be lifted. ＝The Senate ～*d to* lift all trade restrictions. 上院は貿易制限を全廃することを議決した. (**c**) VOC (～ X Y) X を Y に投票で選ぶ; VOA (～ X ***into/out of..***) X を投票で〔政権の座など〕⌞に選出する/から追い出す. He was ～*d* mayor. 彼は市長に選出された. The governor was ～*d out of* office. 知事は投票によって職を追われた.
3 VOO (～ X Y)・VOA (～ Y ***for*** [〘米〙***toward,***〘英〙***to***] X) X に Y (権限, 資金など)を票決によって与える. Parliament ～*d* ⌞the Institute £200,000 [£200,000 *for* the Institute] to help them in their research. 議会はその研究所の研究助成のため 20 万ポンドの支出を決議した.
4 VOC (～ X Y) 投票により X を Y の受賞者[作品]に選ぶ;〘話〙多くの人が X を Y と認める, 衆議一決する. Critics ～*d* the novel the best. 批評家はこぞってその小説を最優秀と認めた. The picnic was ～*d* a great success. ピクニックは大成功だったとみんなに言われた.
5〘話〙VO (～ ***that*** 節)〈普通 I を主語として〉..と提案する (suggest), ..してはどうか. I ～ (*that*) we go to the mountains this summer. この夏は山へ行こうじゃないか.
vòte /../ dówn〔議案など〕を否決する. The amendment was ～*d down*. その修正案は否決された.
vòte /../ ín (投票で)..を(議員などに)選出する.
vòte /../ óff (投票で)..を(委員などから)解任する.
vòte /../ ón (投票で)..を(委員などに)選出する.
vòte /../ óut ..を(投票で)追い出す, 落選させる.
vòte /../ thróugh〔議案など〕を投票で可決する. The tax measure has already been ～*d through* by both Houses. 租税法案はすでに両院を通過している.
vòte with one's féet〘話〙出席[欠席]で賛否の意志を表す;〈特に〉退場[退会など]して反対する.
[＜ラテン語 *vōtum*「誓い, 願望」(＜*vovēre* 'vow')]
***vot·er** /vóutər/ 名 (複 ～**s** /-z/) C **1 投票者**; 選挙人. **2** 有権者.
vót·ing 名 U 投票, 選挙.
vóting bòoth 名 C〘米〙投票用紙記入所 (〘英〙polling booth).
vóting machìne 名 C〘米〙投票機《投票用紙を使わず機械で投票する; 集計も自動的に行われる》.
vóting pàper 名 C〘英〙投票用紙 (〘米〙ballot).
vo·tive /vóutiv/ 形 (神, 聖人への誓いを果たすために) 奉納した. ～ offerings 奉納供物. a ～ tablet 奉納額.
vouch /vautʃ/ 動 自 **1** VA (～ ***for..***) ..を保証する. No one will ～ *for* the man. その男の保証人になる人はいないだろう. ～ *for* his honesty 彼が正直なことを保証する. **2** VA (～ ***for..***) ..を請け合う; ..と断言[証言]する. I can ～ *for* it that no one entered the room. だれもその部屋へ入らなかったと断言できる. **3** VA (～ ***for..***)〔物事が〕..を証拠だてる. His popularity with his friends ～*es for* his good nature. 友達の間での彼の人気は彼の人柄の良さを証明している. [＜ラテン語「召喚する」]
‡**vóuch·er** 名 C **1** 保証人, 引受人. **2**〘法〙領収書. **3**〘英〙商品(引換)券 (gift voucher), 割引券. a luncheon ～〘英〙昼食(補助)券《社員などに支給され, 指定された一般食堂で使う》.
vòuch·sáfe 動 他〘雅〙**1** を与える, 許す, 賜る; VOO (～ X Y)・VOA (～ Y ***to*** X) X (目下の人)に Y を与える; (類語 親切心や好意から特に目下の者に与えること; →give). May God ～ you a pleasant journey! ご旅行の楽しくあるようお祈りします. **2** VO (～ ***to do***) ..し給う, ..してくださる. The Duke ～*d to* attend the party. パーティーへ公爵のご臨席を賜った. [＜中期英語「安全で

V

あると保証する」; vouch, safe]

vow** /vau/ 名 (複 **～s** /-z/) C (神かけての)**誓い**, 誓約. The son took a ～ to revenge his father's murder. その息子は殺された父の仇(あだ)を討つ誓いを立てた. a marriage ～ 結婚の(時にする)誓約. be under a ～ of silence 他言しないという誓約をしている. ***tàke vóws (誓いを立てて)修道士[女]になる (→monastic 1).

> 連結 a solemn [a sacred; a passionate] ～ // make [fulfill; keep, observe; break, violate] a ～

── 動 (**～s** /-z/|過 過分 **～ed** /-d/|**vów·ing**) 他 **1** 〖章〗を**誓う**. ～ allegiance 忠誠を誓う.
2 VO (**～ *to do***) **必ず..すると誓う**, 固く約束する; VO (**～ *that* 節/"引用"**) ..と/「..」と誓う, 誓約する. The boys ～*ed* ⌞never *to* swim [*that* they would never swim] in the river. 少年たちは 2 度とその川で泳がないと誓った. "I'll beat the record," he ～*ed*.「記録を破る」と彼は誓った.
3 〖章〗をささげると誓う. ～ one's life to the service of God 神に尽くすことに一生をささげるという誓いをする.
[＜ラテン語 *vovēre*「(おごそかに)誓う」; vote と同源]

***vow·el** /váuəl/ 名 (複 **～s** /-z/) C **1** 〖音声〗**母音**. French ～*s* フランス語の母音. **2** 母音字《a, e, i, o, u, aw, ah など》. ◇↔consonant [＜古期フランス語 (＜ラテン語 *vōcālis*「母音」＜*vōx* 'voice')]

vox po·pu·li /vàks-pápjəlài|vɔ̀ks-pɔ́p-/ '民の声', 世論, (〖英話〗 **vòx póp**). *Vox populi*, vox Dei /dí:ai/. '民の声は神の声'《世論は大切》. [ラテン語 'people's voice']

‡**voy·age** /vɔ́iidʒ, vɔidʒ/ 名 (複 **-ag·es** /-əz/) C **1** **航海**, 航行, (類語 (かなり長い) 船または空の旅; →travel). a maiden ～ 処女航海. the ～ from Hawaii to San Francisco ハワイからサンフランシスコまでの船旅. go on a long (sea) ～ 長い航海に出る. make [take] a ～ across the Pacific 太平洋を船で横断する.
2 空の旅; 宇宙旅行. an airplane ～ 飛行機の旅. The trip to the moon is still an adventurous ～. 月への旅はまだ冒険的な宇宙旅行だ.
3 〈the ～s〉 旅行記, 航海記.
── 動 自 〖雅〗航海する, (海路で)長い旅行をする.
[＜古期フランス語 (＜ラテン語 *viāticum*「旅(の費用)」)]

vóy·ag·er 名 C **1** 〖旧〗航海者, 航行者,《未知の土地を行くことを暗示する》. **2** 〈V-〉 ヴォイジャー《木星・土星を観測するための米国の無人探査機》.

vo·yeur /vwɑ:jə́:r/ 名 C のぞき屋《一種の変態性欲者》. [フランス語 'seer']

vo·yéur·ìsm /-rìz(ə)m/ 名 U のぞき(趣味).

vo·yeur·is·tic /vwɑ̀:jərístik 形/ 形 のぞき趣味の.
▷**vo·yeur·is·ti·cal·ly** /-k(ə)li/ 副

VP, V. Pres. Vice-President.

VS Veterinary Surgeon.

vs. verse; 〖主に米〗 versus.

v.s. vide supra.

V-sign /ví:sain/ 名 C ヴィーサイン《勝利(の期待)のしるし; 手の甲を内に向けて人さし指と中指で V 字形を作る; →peace sign; 〖英〗では同じ身ぶりを手の甲を外に向けてすると野卑な軽蔑, 立腹, 嘲(ちょう)笑を表す》.

V-6 /vì:síks/ 名 C 〖機〗V 型 6 気筒エンジン.

VSO very superior [special] old《ブランデーの等級; VO より高級》; 〖英〗 Voluntary Service Overseas (海外奉仕協力隊).

VSOP very superior [special] old pale《ブランデーの等級; VSO より高級》.

VT 〖郵〗, **Vt.** Vermont.

vt., v.t. verb transitive (↔vi.).

VTOL /ví:tɑl|-tɔl/ 名 C, 形 〖空〗垂直離着陸機(の)《＜*v*ertical *t*akeoff and *l*anding; →STOL》.

VTR video tape recorder.

Vul·can /vʌ́lkən/ 名 〖ロ神話〗ヴァルカン, ウルカヌス,《火と鍛冶(かじ)の神》.

vul·can·ite /vʌ́lkənàit/ 名 U 硬質ゴム, エボナイト.

vùl·can·i·zá·tion 名 U (ゴムの)加硫.

vul·can·ize /vʌ́lkənàiz/ 動 他 〔ゴム〕を加硫する《ゴムを強化するため高温下で硫黄などで処理する》.

Vulg. Vulgate.

vulg. vulgar(ly).

***vul·gar** /vʌ́lgər/ 形 m, e **1** **卑しい**, 下品な, 俗悪な, 悪趣味の. a man of ～ taste 趣味の悪い人. a ～ man 低俗な男. With its garish furniture, the room struck me as very ～. けばけばしい家具でその部屋はとても俗悪な感じだった. To make noises while eating soup is ～. スープを飲む時に音を立てるのは下品だ.
2 卑猥(わい)な, 野卑な. ～ graffiti on the wall 壁に書いた卑猥な落書き. ～ expressions such as the four-letter words 4 文字語のような野卑な表現.
3 〈限定〉 **(a)** 〔言語が〕一般庶民の; 自国語の. the ～ name of a flower 花の俗称(ラテン語の学名ではなく). →Vulgar Latin. **(b)** 〖主に雅〗大衆の, 庶民の; 通俗的な, 一般に流布した. the ～ (herd) 一般庶民. ～ entertainments 大衆娯楽. ～ prejudices 広く行われている偏見. [＜ラテン語「大衆 (*vulgus*) の」]

vùlgar fráction 名 〖英〗 ＝common fraction.

vul·gar·i·an /vʌlgé(ə)riən/ 名 C 〖章〗野卑な成り上がり者; 俗物.

vúl·gar·ìsm /-rìz(ə)m/ 名 〖章〗 **1** ＝vulgarity 1. **2** C 下品な言葉(遣い), 卑語. 'Shit' is a ～. 'くそ' は野卑な言葉である.

vul·gar·i·ty /vʌlgǽrəti/ 名 (複 **-ties**) **1** U 下品, 野卑, 俗悪, 悪趣味. **2** C 〈しばしば -ties〉 下品な言葉, 野卑な行為.

vùl·gar·i·zá·tion 名 UC 俗悪化, 低俗化; 通俗化.

vul·gar·ize /vʌ́lgəràiz/ 動 他 を下品にする, 低俗にする, 俗悪化する; を通俗化する. Tourist spots are liable to be ～*d* rapidly. 観光地は急速に俗化されがちだ.

Vùlgar Látin 名 U 平俗ラテン語《Classical Latin に対し日常用いられた談話体のラテン語; フランス語, イタリア語などの母体》.

vúl·gar·ly 副 下品に, 俗悪に; 通俗(的)に.

Vul·gate /vʌ́lgeit, -gət/ 名 〈the ～〉 ウルガタ聖書《4 世紀に編まれたカトリック教会公認のラテン語訳聖書》. [＜後期ラテン語「大衆化された, 一般向けの」]

vul·ner·a·ble /vʌ́ln(ə)rəb(ə)l/ 形 **1** 〔人, 感情, 体などが〕傷つきやすい, 弱い, 〈*to* ..に〉. a ～ girl 傷つきやすい少女. The boxer's jaw is his ～ spot. そのボクサーの弱点はあごである. ～ *to* criticism 批判に傷つきやすい. Men in high positions are often ～ *to* corruption of power. 高位にある人はしばしば権力から来る腐敗に抵抗できない. **2** 〔場所, 物事が〕攻撃を受けやすい 〈*to* ..の〉; 弱い, もろい, 〈*to* ..〔攻撃など〕に〉. The castle was very ～ *to* attack from the sea. その城は海からの攻撃に非常にもろかった. [＜ラテン語 *vulnerāre*「傷つける」; -able] ▷**vùl·ner·a·bíl·i·ty** 名 もろさ, 脆(ぜい)弱性, 〈*to* ..に対する〉. **-bly** 副

vul·pine /vʌ́lpain/ 形 **1** 〖動〗キツネの; キツネに類する. **2** 〖主に雅〗〔顔つきなどが〕ずるそうな; ずるい, こうかつな, (crafty). [＜ラテン語 *vulpēs*「キツネ」]

†**vul·ture** /vʌ́ltʃər/ 名 C **1** 〖鳥〗ハゲワシ, コンドル. **2** (弱い者を食い物にする)残忍強欲な人. [＜ラテン語]

vul·va /vʌ́lvə/ 名 (複 **vul·vae** /-vi:/, **～s**) C 〖解剖〗(女子の)外陰部, 陰門. [ラテン語 'womb']

v.v. vice versa.

vy·ing /váiiŋ/ 動 vie の現在分詞形.

W

W, w /dʌ́blju(ː)/ 名 (複 **W's, Ws, w's** /-z/) **1** UC ダブリュー《英語アルファベットの第 23 字》. **2** C 〈大文字で〉 W 字形のもの.

W 〘化〙 tungsten; watt(s); Wales; Wednesday; Welsh; west; western; women's (size)《衣類の表示》.

w. week; wide; width; weight.

WA 〘郵〙 Washington《州》; Western Australia.

wab·ble /wɑ́b(ə)l|wɔ́-/ 動, 名 ＝wobble.

WAC 〘米〙 Women's Army Corps (陸軍婦人部隊).

Wac /wæk/ 名 C 〘米〙 陸軍婦人部隊の隊員.

wack /wæk/ 形 〘主に米〙 ひどい, ださい, やぼったい; 極端な, 変わった; 《＜wacky》. ── 名 ＝wacko.

wack·o /wǽkou/ 〘話〙 名 (複 **～s**) C 奇人, 変人. ── 形 ＝wacky.

wack·y /wǽki/ 形 〘話〙〔人, 考え, 行動などが〕狂った, 奇妙な, ばかげた, (crazy). ▷ **wack·i·ness** 名

‡**wad** /wɑd|wɔd/ 名 C **1** 小さい塊, 束, 〈*of* ..〔綿, 紙など柔らかい物〕の〉. a ～ *of* chewing tobacco ひと塊のかみたばこ. make a ～ out of a piece of paper 紙切れを丸める. **2** 詰め物, 当て物, パッキング; (銃砲の火薬・散弾を押える)押さえ, 'おくり'. The package was stuffed with ～*s of* newspaper. その荷物には新聞紙の詰め物がしてあった. **3** (札)束. a ～ of bank notes 札束. **4** 〘米俗〙 どっさり, 多額(の金). **5** 〘英俗〙 ロールパン(bun), サンドイッチ.

blòw onés* [*the whòle*] *wád 有り金をはたく 〈*on* ..に〉.

── 動 (～s|-dd-) 他 **1** 〔綿, 紙など〕を小さく丸める, 固める 〈*up*〉. ～ (*up*) the paper into a ball 紙を丸めて玉にする. **2** に詰め物をする, 当て物をする, 〈*with* ..で〉. a quilt ～*ded with* feathers 羽毛を詰めた掛けぶとん. ～ one's ears against the noise (詰め物などで)耳をふさいで騒音を避ける.

wad·a·ble /wéidəbl/ 形 歩いて渡ることができる.

wád·ding 名 U (梱包用などの)詰め物; (特に医療用の)詰め綿.

wad·dle /wɑ́dl|wɔ́dl/ 動 自 〈しばしばけなして〉(アヒルのように)よたよた[よちよち]歩く 〈*along, around*〉.
── 名 C 〈普通, 単数形で〉 よたよた[よちよち]歩き. walk with a ～ よたよた歩く.

***wade** /weid/ 動 (～s /-dz/|過 過分 **wád·ed** /-əd/|**wád·ing**) 自 **1** VA (水, ぬかるみなどの中を)**歩いて渡る[進む]**, 徒渉する, 〈*across*〉. ～ *in* [*across*] a stream 小川の中を歩く[を歩いて渡る]. ～ *through* deep snow 深い雪の中を歩いて行く. The river is too deep to ～ *across*. その川は歩いて渡るには深すぎる. **2** 〘米〙 水遊びをする (paddle[2]).
── 他 〔川, ぬかるみなど〕を歩いて渡る[進む]. ～ a shallow river 浅い川を歩いて渡る.

wàde ín 〘話〙 (困難なことに)元気よく取り掛かる; 激しく攻撃する. We have a lot of homework, so let's ～ *in* right now. 宿題がたくさんあるからさっさと取り掛かろう.

wáde into .. 〘話〙 ..に元気よく取り掛かる; ..に(激しく)突っかかる. ～ *into* a hard job きつい仕事に決然と取り掛かる.

wàde thróugh 〘話〙 骨折って進む; (困難, 退屈な事態などを)何とか切り抜ける.

wáde through .. 〘話〙 ..を骨折って進む; 〔困難, 退屈な事態など〕を何とか切り抜ける. ～ *through* a difficult book 難しい本を何とか読み通す. [＜古期英語]

wade·a·ble /wéidəbl/ 形 ＝wadable.

wad·er /wéidər/ 名 C **1** (川などを)歩いて渡る人. **2** ＝wading bird. **3** 〈～s〉 (魚釣りなどにはく)防水長靴《太ももまでのものと胸までのものとがある》.

wadge /wɑdʒ|wɔdʒ/ 名 C 〘英話〙 (丸めた)塊「(wad).

wa·di, -dy /wɑ́di|wɔ́di/ 名 (複 **～(e)s**) C 涸(か)れ谷, ワジ, 《北部アフリカ, アラビアなどの砂漠地帯にあり, 雨期にだけ水が流れる》. [＜アラビア語「谷」]

wáding bìrd 名 C 渉禽(きん)類の鳥《ツル, サギなど》.

wáding pòol 名 C 〘米〙 (公園などの)浅い子供用プール; (小児用の)ビニールプール; (〘英〙 paddling pool).

WAF Women in the Air Force (米国空軍婦人部隊). 《その一員が **Waf** /wæf/ 名 C (複 **～s**)》

†**wa·fer** /wéifər/ 名 C **1** ウエハース《薄い軽焼きの菓子》. (as) thin as a ～ (ウエハースのように)非常に薄い. **2** 〘カトリック・英国国教〙 聖餅(へい) 《パン種を入れない聖餐(さん)用の薄く丸いパン》. **3** (封書, 公文書などに用いる丸い)封緘(かん)紙. **4** 〘電子〙 ウエハー《集積回路用のシリコン板》. ── 動 他 を封緘紙で封をする. [＜アングロノルマン語(＜中期低地ドイツ語「ハチの巣」)]

wàfer-thín /⑱/ 形 (ウエハースのように)非常に薄い; 僅少な, 僅差の.

waf·fle[1] /wɑ́f(ə)l|wɔ́f(ə)l/ 名 C ワッフル《バターケーキの一種; 日本の柔らかい「ワッフル」と違ってかりっと焼いたもので, 普通シロップをかけて食べる》. [＜オランダ語 'wafer']

waf·fle[2] 名 U 〘主に英話〙 むだ口, 駄文; 言い逃れ.
── 動 自 **1** 〘主に英話〙 (長々と)むだ口をきく, つまらない文を書く; 言い逃れする; 〈*on*〉. **2** 〘米話〙 あいまいな態度をとる, 明確な対応をしない, 〈*on, about, over* ..について〉.

wáffle ìron 名 C ワッフルの焼き型.

‡**waft** /wæft, wɑːft|wɑːft, wɔft/ 〘章〙 動 他 〔物, におい, 音など〕を浮動させる, 漂わせる, 〈*along*〉. The wind ～*ed* the curtains. 風でカーテンがふわりとなびいた. The fragrance of roses was ～*ed* through the window. バラの香りが窓を通って漂ってきた. ── 自 VA 〔におい, 音などが〕浮動する, 漂う, 〈*along, in, through, up*〉.
── 名 C **1** 風に送られてくるにおい[音]; (ひと吹きの)微風. a ～ of spring air ひと吹きの春の外気. **2** 浮動, 漂うこと.

***wag**[1] /wæg/ 動 (～s /-z/|過 過分 **～ged** /-d/|**wág·ging**) 他 **1** 〔尾など〕を(上下[左右]に)**振る**, 振り動かす. The puppy ～*ged* its tail. 子犬は尾を振った. ～ one's finger at a person 人に向かって指を左右に振る《人を非難する動作》. ～ one's head 頭を振る《あざけりなどの動作》. **2** 〔舌, あごなど〕を絶えず動かす《むだ話や陰口で》.
── 自 **1** **振れる**, 揺れる. The seal's head ～*ged* back and forth rhythmically. アザラシの頭はリズミカルに前後に揺れた. **2** 〔舌, あご, あごひげなどが〕絶えず動く, よく回る, 《おしゃべり, うわさなどをして》. Local tongues began to ～ after the man was arrested. その男が逮捕されると地元ではそのうわさで持ち切りになった. Beards [Chins, Tongues] are ～*ging*. 人々がしゃべっている. **3** 〔世の中などが〕進む, 動く. So the world ～*s*. 〘古〙 これぞ世の習わし. **4** 〘英俗〙 さぼる 〈*from* ..を〉 (play truant).

The táil wàgs the dóg. 〘話〙 (尾が犬を振る＞)下の者が上の者を左右する, 下剋(こく)上になる.

── 名 C 〈普通, 単数形で〉 (尾などを)振ること; ひと振

り. The dog welcomed us with a ～ of its tail. その犬は尾を振って我々を出迎えた.
[＜中期英語 (?＜古期北欧語「揺らす」)]

wag[2] 名 C 《旧話》ひょうきん者, おどけ者.

*__wage__ /weidʒ/ 名 (複 **wág·es** /-əz/) **1** C 〈しばしば～s〉**賃金**, 給料, (類語 主に肉体労働者の日給又は週給; →pay). a weekly ～ of $300 300 ドルの週給. Ned earns good ～*s*. ネッドは高給取りだ. a ～ increase [raise] 賃上げ. The laborers demanded higher ～*s*. 労働者たちは賃上げを要求した. The old man makes a living ～ repairing shoes. その老人は靴修理で生活賃金をかせいでいる.

連結 decent [poor] ～*s* // pay [raise; freeze; cut, reduce, slash] a person's ～*s*

2 〈～s; 単複両扱い〉報い, 報償. The ～*s* of sin is death. 罪の報いは死である《聖書から》.
── 動 他 〔戦争, 運動など〕を行う, 始める, 続ける, 〈*against, on* ..に対して〉. ～ war *against* [*on*] social ills 社会の悪と戦う. ～ a vigorous campaign to save the refugees 難民救済の活発な運動を行う.
[＜古期北部フランス語 *wage* (＝古期フランス語 *g(u)age* 「抵当」); gage[1] と同源]

wáge clàim 名 C (労働組合の)賃上げ要求.

wáge èarner 名 C **1** 賃金労働者. **2** (一家の)稼ぎ手, 生計維持者.

wáge frèeze 名 C (特に政府による)賃金凍結.

wáge hìke 名 《米》＝wage raise.

wáge pàcket 名 C 《英》給料袋(の中身)(《米》pay envelope).

‡**wa·ger** /wéidʒər/ 《旧·章》名 C 賭(か)け (bet); 賭け金, 賭けた物. lay [make] a ～ on the horse その馬に賭ける. have a ～ of $50 on the boxing match そのボクシング試合に 50 ドルを賭ける.
── 動 他 **1** 〔金, 物〕を賭ける 〈*on* ..に〉; VOO (～ X Y) X (人)と Y (金など)を賭ける 〈*that* 節 ..ということに〉; (***bet***). ～ a large sum of money *on* the dark horse ダークホースに大金を賭ける. I will ～ you one dollar *that* his team will win. 彼のチームが勝つと君に 1 ドル賭けよう (★目的語 you と one dollar のいずれか一方, 又は両方ともなくてもよい). **2** VO (～ ***that*** 節) ..ということを請け合う. I will ～ *that* Mike will come. ＝Mike will come, I ～. マイクが来るのは請け合いだ.
── 自 賭ける 〈*on*..に〉.

wáge ràise [**rìse** 《英》] 名 C 賃上げ.

wáge scàle 名 C 《経》賃金スケール; 賃金表.

wáge slàve 名 C 《戯·軽蔑》賃金生活者, '賃金の奴隷'.

wáge·wòrker 名 《米》＝wage earner.

wag·ger·y /wǽgəri/ 名 (複 **-ger·ies**) U ひょうきん, こっけい; C 〈主に -geries〉冗談, 悪ふざけ.

wag·gish /wǽgiʃ/ 形 《旧話》ひょうきんな, こっけいな, おどけた. ▷ **～·ly** 副 ひょうきんに, おどけて. **～·ness** 名

wag·gle /wǽg(ə)l/ 動, 名 《話》＝wag[1].

†**wag·gon** /wǽgən/ 名 《英》＝wagon.

wág·gon·er 名 《英》＝wagoner.

wag·gon·ette /wæ̀gənét/ 名 《英》＝wagonette.

Wag·ner /vɑ́:gnər/ 名 **Richard ～** ワーグナー (1813-83) 《ドイツの作曲家》.

Wag·ne·ri·an /vɑːgní(ə)riən/ 形 ワーグナー作[風]の《壮大な規模と激しい熱情が特色》. ── 名 C ワーグナー(音楽)の崇拝者; ワーグナー風の作曲家.

‡**wag·on,** 《英》 **wag·gon** /wǽgən/ 名 (複 **～s** /-z/) C **1** (4 輪の)**荷馬車** (→cart). a ～ loaded with hay 干し草を積んだ荷馬車. a covered ～ 幌(ほろ)馬車. **2** 《米》(子供のおもちゃの) 4 輪荷車. **3** 《英》《鉄道》無蓋(がい)貨車 (goods waggon; 《米》freight car). **4** ワゴン《キャスター付きの配膳(ぜん)台》(《英》trolley). **5** 《米》ライトバン (→van[1] 1); ＝station wagon; 《米》＝patrol wagon.

bè* [*gò*] *on the wágon 《話》禁酒している[する]《＜給水車に乗って(水ばかり飲んで)》.

cìrcle the wágons*＝*dràw* [*pùll*] *one's wàgons into a círcle 〈複数主語で〉共同戦線[防護線]を張る.

fàll off the wágon 《話》禁酒をやめ(てまた飲み始め)る.

fìx** a person's* (lìttle rèd***) ***wágon*** 人に目に物見せてやる; 人に逆ねじをくわせてやる.

── 動 他 を wagon で運ぶ.
[＜オランダ語「4 輪馬車」]

wág·on·er 名 C (荷馬車の)御者.

wag·on·ette /wæ̀gənét/ 名 C (昔の)軽 4 輪遊覧馬車《座席が向かい合っている》.

wag·on-lit /vægɔːníː, wæg-/ 名 (複 **wag·on(s)-lits** /同/) C (ヨーロッパ大陸の鉄道の)寝台車. [フランス語 (＜*wagon*「客車」＋*lit*「寝台」)]

wágon·lòad 名 C 荷馬車 1 台分の積み荷.

wágon tràin 名 C 《米史》荷馬車の隊列《開拓者や軍需品を運んだ》.

wág·tàil 名 C 《鳥》セキレイ《尾羽根を絶えず上下に「振る」》.

Wa(h)·ha·bi /wɑhɑ́:bi/ 名 C ワハーブ派信徒《コーランの教義を厳守するイスラム教徒》.

wa·hi·ne /wɑhí:ni/ 名 C (ポリネシア, 特にハワイの)女性; (海水浴場に出没する)魅力的な女性, 女性サーファー.

wa·hoo /wɑ́:hu:/ 名 C 《植》ニレ; ニシキギ; 《北米産》.

wah-wah /wɑ́:wɑ:/ 名 U 《楽》ワウワウ(音)《トランペットなどの管楽器の朝顔を開閉して出す波状音; エレキギターのペダル (**wáh-wah pèdal**) 操作で出す同様の音》.

waif /weif/ 名 (複 **～s**) C **1** ひょろひょろにやせた[貧相な]人《特に, 女性や子供》. **2** 浮浪者, 宿なし, 〈特に〉浮浪児; 飼い主のない動物, のら犬, 捨て猫など. **3** 捨てられた物, くず. *wàifs and stráys* 浮浪者たち; 寄せ集め.

wáif·lìke 形 やせてひょろひょろした, やせっぽちの.

Wai·ki·ki /wàikikí:/ 名 ワイキキ《Hawaii 州の Oahu 島 Honolulu 湾の海浜地帯》.

*__wail__ /weil/ 動 (**～s** /-z/| 過 過分 **～ed** /-d/| **wáil·ing**) 自 **1** (悲しんで)**声をあげて泣く**, (苦しんで)泣きわめく, 〈*with* ..で/*over* ..のことで/*for* ..を求めて〉(類語 しばしば長時間大声で泣く; →cry 4). ～ *with* pain 痛くて泣きわめく. The bereaved wife ～*ed for* her husband. 夫に先立たれた妻は夫のことを思い声をあげて泣いた.
2 〔風, サイレンなどが〕悲しげな音を立てる. The wind ～*ed* through the trees. 風は木々の間をむせぶように吹き抜けた. **3** 《軽蔑》嘆く, くどくど愚痴を言う, 〈*over, about* ..を〉. Bill is always ～*ing about* his pay. ビルはいつも安い給料のことで愚痴をこぼしている.
── 他 **1** 《古》を嘆き悲しむ. **2** VO (～ ***that*** 節/"引用") ..であると/「..」と苦しげに[悲しそうに]言う[叫ぶ, 歌う]. She ～*ed that* she was lonely.＝"I'm lonely," she ～*ed*. 「私は寂しい」と彼女はつらそうに言った. ～ one's unhappy fate 身の不幸を嘆く.
── 名 C **1** 嘆き悲しむこと; 泣きわめく声. hear the widow's ～ of grief その未亡人の悲しみの声を聞く. **2** (風, サイレンなどの)悲しげな音, むせび音(ね).
[＜古期北欧語「泣き叫ぶ」]
▷ **wáil·er** 名 C 泣きわめく人; 嘆き悲しむ人.

wail·ful /wéilf(ə)l/ 形 《詩》嘆き悲しむ, 悲しい.
▷ **～·ly** 副

Wàiling Wáll 名 〈the ～〉嘆きの壁《エルサレムの高い城壁の一部; 金曜日にユダヤ人がこの前で祈り, 自分たちの苦しみを嘆く》.

wain /wein/ 名 **1** C 《古》(農作物用の) 4 輪大馬車.

W

2 〈the W-〉 大ぐま座, 北斗七星, (Charles's Wain). [wagon の異形]

wain·scot /wéinskət, -skɑ̀t|wéinskət/ 〘建〙 [名] [U] (内壁の)板張り, 羽目, 〈特に〉腰張り, 腰羽目.
── [動] (~s|-t(t)-) [他] に腰板を張る.

[wainscot]

wáin·scot·ed /-əd/ [形] (腰)羽目板を張った.

wáin·scot·ing [名] [U] 腰張り[羽目板]材料; 〈集合的〉 (腰)羽目板, 腰張り, 羽目板張り.

wáin·wrìght [名] [C] 荷車製造[修理]人.

‡**waist** /weist/ [名] ([複] ~s /-ts/) [C]
【人体のくびれ】 **1** ウエスト, 腰, 《ribs と hips の中間部》; 胴のくびれ. Helen measures 24 inches around the ~. ヘレンのウエストは 24 インチある. have ⌞a slender [no] ~ ほっそりしたウエストをしている[ウエストのくびれがない＞ずん胴だ]. He took her round the ~. 彼は彼女の腰に手を回した.
2 衣服のウエスト; 衣服の胴部 《肩から腰まで》; 〘米〙 (婦人, 子供用の)ブラウス (shirtwaist). The dress is belted at the ~. そのドレスはウエストにベルトが付いている. The ~ is tight for me. ウエストがきつい.
【くびれた部分】 **3** (楽器や物の)くびれた中央の部分; (ハチなどの)胸と胴の間のくびれ. the ~ of a violin ヴァイオリンの胴のくびれた部分.
4 【中央部】 〘船〙 中部甲板; (飛行機の)胴体中央部.
[＜中期英語(＜古期英語); wax² と同根]

wáist bàg [páck] [名] ＝fanny bag.

waist·band /wéis(t)bæ̀nd/ [名] [C] (ズボン, スカートなどのウエスト部に縫い付けた)バンド状の布, 帯.

†**waist·coat** /wéskət, wéis(t)kòut|wéis(t)kòut/ [名] [C] 〘英〙 チョッキ, ベスト, (〘米〙 vest).

wàist-déep /[移]/ [形], [副] 腰までの深さの[に].

wáist·ed /-əd/ [形] **1** 〔衣服が〕腰部のくびれた.
2 〈複合要素〉 腰が..の. narrow-~ 腰部がくびれた.

wàist-hígh /[移]/ [形], [副] 腰までの高さの[に].

wáist·lìne [名] [C] **1** 腰部のくびれ, 腰の線. **2** 〘洋裁〙 ウエストの寸法; ウエストライン 《ウエストの位置》.

‡**wait** /weit/ [動] (~s /-ts/|[過] [過分] **wáit·ed** /-əd/|**wáit·ing**) [自] **1** (a) 待つ, 待ち構える, 〈*for* ..を〉 (→await [類語]). Please ~ until I come back. 私が戻るまで待ってください. *Wait* a minute [second, moment]. ちょっと待ってくれ. *Wait for* it. 〘話〙 適当な時[命令する]まで待て. What are you ~*ing for?* 〘話〙 さっさと指図どおりにしろ. The passengers are being kept ~*ing* at the station. 乗客は駅で待たされ続けている. Time and tide ~ *for* no man. 〘諺〙 歳月人を待たず. The festival was ~*ed for* by the villagers. その祭りは村人たちに待ちこがれられていた. ~ *for* one's opportunity 好機を待つ. (b) [VA] (~ *for* X *to do*) X (人・物事)が..するのを待つ, 期待する; (~ *to do*) 待って..する. ~ *for* the day *to* come その日がくるのを待つ. The spectators were ~*ing for* the boxer *to* appear in the ring. 観客はそのボクサーがリングに登場するのを待っていた. *Wait to* hear his opinion. 待って彼の意見を聞きなさい. She says she can't ~ *to* go back home. 彼女は一刻も早く家へ帰りたいと言っている.
2 〈進行形で〉 〔物事が〕用意ができている 〈*for* ..〔人〕のために〉. Your meal is ~*ing* (*for* you). お食事の用意ができております.
3 〈しばしば can [cannot] ~〉 〔物事が〕そのままにされる, 延ばされる; 放っておかれる. I was leaving for the Riviera tomorrow, but the holiday *can* ~. 明日リヴィエラへたつところでしたが休暇は延ばしてもいいんです.
── [他] **1** 〔機会, 順番, 命令など〕を待つ, 待ち受ける, (★「人」を待つ場合は wait for..). The young man ~*ed* his chance to get even with Tim. その若者はティムに仕返しをする機会を待った. *Wait* your turn like all the rest of us. 私たちみんなと同じように順番を待ちなさい. **2** 〘話〙 を延ばす, 遅らせる, 〈*for* ..〔人〕のために〉. The wife ~*ed* dinner *for* her husband. 妻は夫のために夕食を遅らせた.
(jùst) you wáit 〘話〙 今に見てろ 《脅迫》.
wàit abóut [aróund] ぶらぶらして[いらいらして]待つ.
wàit and sée 成り行きを見守る, 静観する; 楽しみにして待つ.
wàit behínd (個人的に話すため) あとに居残る.
wàit ín (来客の予定があるので)家にいる 〈*for* ..を待って〉.
****wáit on [upon]..*** (1) 〔人〕に仕える, ..の身の回りの世話をする. The old man has no one to ~ *on* him. その老人には面倒を見てくれる人がいない. ~ *on* a person hand and foot 一から十まで行き届いた世話をする. (2) 〔人〕に給仕する; 〔客〕に応対する. They ~ *on* you badly in that store. あの店の客あしらいはひどい. Have you been ~*ed on*? もうご用を伺ったでしょうか 《店員が客に言うことば》. (3) 〘雅〙 (結果として)..に伴う; ..による, かかっている. Success ~*s upon* diligence. 成功は勤勉に伴う. (4) 〘主に米話〙 ..(の結果 [成り行き, 出方, 態度]など)を待つ, 見守る, (wait for). (5) 〘古〙 〔人〕を表敬訪問する.
wàit on 〘米〙 [***at*** 〘英〙] ***táble*** (食卓で)給仕をする; 給仕を務める.
wàit /../ óut 〔悪天候, 危機など〕が過ぎ去るまで(おとなしく)待つ. We decided to ~ *out* the typhoon. 台風が過ぎるまでじっとして待つことにした.
wàit úp (1) 寝ないで待つ 〈*for* ..〔人など〕を〉. June ~*s up for* her husband every night. ジューンは毎晩夫の帰りを寝ずに待っている. (2) 〈普通, 命令形で〉 〘米話〙 止る, 止って待つ.
── [名] [C] **1** 〈単数形で〉 待つこと 〈*for*..を〉; 待ち時間. have a long ~ *for* the bus バスを長い間待つ.

> [連結] an endless [a protracted; a tiring, a weary; a boring; an exasperating; an anxious] ~

2 〘英古〙 〈the ~s〉 (特にクリスマスに)家々を回る賛美歌隊.
lày [lìe in] wáit for.. ..を待ち伏せる.
[＜古期フランス語「待ち伏せる, 見張る」(＜ゲルマン語「目をさましている」); wake¹ と同根]

‡**wait·er** /wéitər/ [名] ([複] ~s /-z/) [C] **1** (ホテル, レストランなどの)給仕人, ウエーター, ([女] waitress). *Waiter*, two beers, please. ボーイさん, ビール 2 杯ください. **2** 待つ人. **3** 給仕盆 (→dumbwaiter 2). [wait, -er¹]

wáit·ing [名] [U] **1** 待つこと. No ~ 〘英〙 駐停車禁止 (〘米〙 No stopping). **2** 給仕すること.
in wáiting (王, 女王などに)仕えて, 宮仕えの, (→lady-in-waiting).

wáiting gàme [名] [C] 持久戦術. play a ~ 持久「戦術をとる.

wáiting lìst [名] [C] 順番[キャンセル]待ち名簿 〈*for*..の/*to* do ..する〉. be on the ~ *for* a ticket 切符のキャンセル待ちをしている.

wáiting màid [名] [C] (宮仕えの)侍女.

wáiting ròom [名] [C] (駅, 病院などの)待合室.

wáit·lìsted /-əd/ [形] (特に飛行機の)キャンセル待ち⌞をしている[名簿に載っている].

wáit-pèrson [名] [C] 給仕人 (★性差別を避けるための waiter, waitress の代用語).

‡**wait·ress** /wéitrəs/ [名] ([複] ~·es /-əz/) [C] ウエートレス, (女性の)給仕, ([男] waiter). [waiter, -ess]

‡**waive** /weiv/ 動 他 **1**〖主に章・法〗〔権利, 機会など〕を放棄する;〔要求など〕を差し控える, 主張しないでおく. ～ a privilege [claim] 特権を放棄する[要求を控える].
2〔問題など〕を先送りにする, 延期する.

waiv·er /wéivər/ 名〖法〗**1** Ⓤ(権利, 主張などの)放棄, 棄権. **2** Ⓒ 棄権証書.

‡**wake**[1] /weik/ 動 (～s /-s/|過 **woke** /wouk/,〖主に米〗**～d** /-t/|過分 **wok·en** /wóukən/,〖米〗**woke**,〖主に米〗**～d**|**wák·ing**) 自 **1 目を覚ます**, 目が覚める, 起きる, 〈*up*〉(類語 wake は waken, awake よりも一般的な語). ～ *up* at six every morning 毎朝 6 時に起きる. He *woke* from [out of] a deep sleep. 彼は深い眠りから覚めた. I *woke* (*up*) *to* a loud knocking on my door. ドアを叩く大きなノックの音に目が覚めた. I *woke* with a sore throat. 目が覚めたらのどが痛かった. I *woke* to find that the snow lay thick all over the ground. 起きたら雪が地面に厚く積もっていた. ～ from hibernation 冬眠から覚める.
2 (精神的に)**目覚める**〈*from, out of* ..から〉; 気うく〈*to, up to* ..に〉; (★この意味では awake が普通). ～ *from* one's reverie 夢想から目覚める. *Wake up* and smell the coffee.〖米話〗現実[真実]を受け入れなさい《＜目覚めてコーヒーのにおいをかげ》. ～ *to* the true state of affairs 正しい情勢を悟る. Just then the girl *woke up to* the danger. ちょうどその時少女は危険に気ついた. ～ *up to* the fact that.. ということに目覚める[気付く].
3〖雅〗(夜)目を覚ましている, 起きている, (be awake). Do I ～ or sleep? 私は起きているのだろうか眠っているのだろうか. **4**〖主にアイル〗通夜をする.
── 他 **1**〔人〕の**目を覚まさせる**, 起こす, 〈*up*〉. Please ～ me *up* at six tomorrow morning. 明朝 6 時に起こしてください. The noise downstairs *woke* John *from* [*out of*] his nap. 階下の物音でジョンは居眠りから目を覚ました.
2〔人〕を**精神的に目覚めさせる**; 気うかせる, 悟らせる, 〈*to, up to* ..に〉; を奮起させる, 元気うける; をよみがえらせる; (★この意味では awake(n) が普通). The child's death *woke* the father *up to* his foolishness. 子供に死なれて父親は自分の愚かさに気ついた.
3〖章〗〔記憶など〕を呼び起こす;〔こだまなど〕を起こす. The sight of a lion *woke* the old terror inside the hunter. ライオンを見るとそのハンターの心の中に昔の恐怖がよみがえった. The place *woke* memories of my happy days. その場所は私の幸せな日々を思い出させた.
4〖雅〗の平安[静けさ]を乱す.
5〖主にアイル〗〔死者〕の通夜をする.
Wàke úp!〖話〗起きろ; 聞け, 注意して.
── 名 Ⓒ **1** (葬式前夜の)通夜;〖主にアイル〗通夜の集まり. hold a ～ 通夜をする. **2**〈普通 ～s〉(イングランド北部の工場地帯の年に 1 度の)労働者の公休日.
[＜古期英語; watch と同源]

wake[2] 名 Ⓒ **1** (船が通って水面にできた)船跡, 航跡. **2** (物の通った)跡; (飛行機などが残す)猛烈な風.
in the wáke of.. (1) ..のすぐ後を追って. Sea gulls followed *in the* ～ *of* the ship. カモメが船のすぐ後を追った. (2) ..に引き続いて; ..の結果として. Fires *in the* ～ *of* the earthquake destroyed most of the city. 地震に続いて起きた火災が市の大半を焼き尽くした.
lèave .. in its wáke 〔天災などが〕後に〔損害, 惨状など〕を残す[残して去る].
[?＜古期北欧語「(船が作る)氷の穴」]

wake·ful /wéikf(ə)l/ 形 **1**〔夜などが〕眠れない, 不眠の;〔人が〕目が覚めている, 起きている. spend a ～ night 眠れぬ夜を過ごす. The baby is ～. その赤ん坊は目を覚ましている. **2** 不寝番の. **3**〖章〗油断のない, 隙(すき)なく構えた. ▷ **～·ly** 副 眠れずに, 目を覚まして. **～·ness** 名 Ⓤ 眠れないこと, 不眠.

Wàke Ísland /wèik-/ 名 ウェーク島《北太平洋, ハワイの西方にある米領の環状珊瑚(さんご)島》.

*__wak·en__ /wéikən/ 動 (～s /-z/|過 過分 **～ed** /-d/|**～·ing**)〖章〗他 **1**〔人〕の**目を覚まさせる**, を起こす, 〈*up*〉. A noise like that would ～ the dead. そんな音を聞けば死人でも目を覚ますだろう. All of us were ～*ed* by an earthquake. 私たちはみな地震で目が覚めた. **2** を奮起させる, 喚起する, (★この意味では awaken が普通). What ～*ed* your interest in art? 何が君の芸術への興味をかき立てたのか. ── 自 **目を覚ます**, 目が覚める, 〈*up*〉(→ wake[1] 自 類語). I ～*ed* early this morning. けさは早く目が覚めた. [＜古期英語「(事態などが)生じる」]

wákes wèek 名 ＝wake[1] 2.

wáke-up càll 名 Ⓒ **1** (ホテルで客を起こすための)目覚ましコール (→morning call). **2**「目覚めよ」という呼びかけ〈*for, to* ..への〉.

wak·ey wak·ey /wèiki-wéiki/ 間〖英話・戯〗起きろ (wake up).

wak·ing /wéikiŋ/ 形〈限定〉目が覚めている, 起きている,〔時間〕. a ～ dream 白日夢. Dick spends every ～ minute thinking about baseball. ディックは目を覚ましている時はいつでも野球のことを考えている.

Wàl·den Pónd /wɔ̀:ldən-/ 名 ウォールデン湖《米国 Massachusetts 州 Concord 付近の小湖; H.D. Thoreau がこの近くの森で生活し, *Walden, or Life in the Woods* を書いた》.

Wàl·dorf sálad /wɔ̀:ldɔ:rf-/ 名 Ⓤ ウォールドーフサラダ《刻んだリンゴ, セロリー, ナッツのマヨネーズ和(あ)え; ＜ニューヨークのホテル *Waldorf*-Astoria Hotel》.

wale /weil/ 名 Ⓒ **1** むちの跡, みみずばれ. **2** (コールテンなどの織物の)うね. ── 動 他 **1** にむちの跡をつける. **2**〔織物〕をうねをつけて織る.

*__Wales__ /weilz/ 名 **ウェールズ**《Great Britain 島の南西部の地域; 首都 Cardiff》. ◇形 Welsh [古期英語「外国人」]

Wa·les·a /vəwénsə/ 名 **Lech** ～ ワレサ (1943-)《ポーランドの「連帯」の指導者; 大統領 (1990-95); ノーベル平和賞授賞 (1983)》.

‡**walk** /wɔ:k/ 動 (～s /-s/|過 過分 **～ed** /-t/|**wálk·ing**) 自 **1 歩く**, 徒歩で行く, (類語「歩く」の意味の最も一般的な語; →hobble, limp[1], perambulate, plod, ramble, shamble, stroll, strut[1], tiptoe, toddle, trudge). Don't run; ～. 走るな, 歩きなさい. Our baby has just begun to ～. うちの赤ん坊は歩き始めたばかりだ. ～ around in the woods 森の中を歩き回る. ～ home 歩いて家へ帰る. ～ to work 歩いて仕事に行く. The horse ～*s* nicely. その馬は歩き方がすばらしい. ～ one mile [hour] to attend school 1 マイル [1 時間] 歩いて通学する. run before one can ～ 歩けるようになる前に走る(ようなまねをする), 基本を身に付けずに難しいことに手を出す,《逆は ～ before one can run》.
2 散歩する, 散策する. ～ about ぶらつく. ～ along the river 川沿いを散歩する. go ～*ing* in the mountains 山歩きをしに行く. My father ～*s* half an hour every morning. 父は毎朝 30 分散歩する.
3〖野球〗(四球で 1 塁へ)出塁する, '歩く'.
4〔おもちゃなどが〕(歩くように)動く. **5**〔幽霊が〕出る, 現れる. They say ghosts often ～ in the old house. その古い家には幽霊がよく出るそうだ. **6**〖雅〗世を渡る, 身を処する. ～ in peace 平和に暮らす. **7**〔物が〕紛失する; 盗まれる. **8**〖バスケ〗＝travel 7;〖クリ〗〔審判判定の前に〕〔打者が〕退場する. **9**〖米話〗無罪放免となる, 釈放される. **10**〖俗〗その場を立ち去る, 出て行く,《怒って, 抗議のためなど》; ストライキをする.
── 他【**歩く**】**1**〔通り, 場所など〕を歩く, 歩いて通る; を歩測する;〔幽霊が〕に出る, 現れる. The students ～*ed* the neighborhood distributing pamphlets. 学生た

W

ちは近所を歩いてパンフレットを配った. The captain was seen to ～ the deck. 船長が甲板を(あちこち)歩くのが見えた.

【歩かせる】 **2** 〔犬など〕を散歩させる; 〔馬など〕をゆっくり進める; VOA 〔人〕を歩いて⌊連れて[送って]行く. Harry is out ～*ing* his dog. ハリーは犬を散歩させに出かけている. The policeman ～*ed* the man *to* the police station. 警察はその男を警察署まで歩いて連行した. I'll ～ you *home*. お宅までお送りします.

3 〖野球〗〔打者〕を(四球で 1 塁へ)歩かせる, 出塁させる. **4** を歩きながらする; VOA を歩いて運ぶ; を歩くように動かす. ～ guard 歩きながら見張りをする. ～ a bicycle *up* a slope 自転車を押して坂を上る. **5** 〖米話〗〔超過予約で〕〔予約客〕を別のホテルに差し向ける. **6** 〖英俗〗を持ち逃げする.

wàlk áll over .. ＝walk over...

wàlk awáy from .. (1) ..を放ったらかす. (2) 〖話〗(競争, 競技などで)..を楽に引き離す, ..に楽勝する. His horse ～*ed away from* the others to win the race. 彼の馬は他を大きく引き離して楽勝した. (3) 〔事故〕から(ほとんど)無傷で助かる. Jim ～*ed away from* the crash unharmed. ジムはその衝突事故から無傷で脱出した.

wàlk awáy with .. 〖話〗 (1) ..を持ち逃げする, 盗む. Who ～*ed away with* my ballpoint? ぼくのボールペンを持って行ったのはだれだ. (2) 〔賞など〕を楽に勝ち取る, 'さらう'. ～ *away with* the trophy トロフィーをかっさらう.

Wàlk góod! 〖西インド諸島〗お元気で, 幸運を祈ります.

wàlk hóme →自 1; (試合に)楽勝する.

wàlk ín on .. 〔人〕のいる所へずかずか入る《多く, ばつの悪い場面に》.

wálk into .. (1) ..に入る; (歩いていて)..にうっかりぶつかる. (2) 〖話〗〔仕事など〕を楽々と手に入れる. (3) 〖話〗〔罠(わな)など〕にひっかかる. (4) 〔困難な事態〕にはまり込む.

wálk it (1) (乗り物に乗らずに)歩いて行く (foot it). (2) 〖話〗楽勝する.

wàlk óff (急に)立ち去る.

wàlk /../ óff 〔酔い, 痛み, 体重など〕を歩いてなくする. ～ *off* some weight 歩いて少し体重を減らす.

wàlk óff [awáy↑] with ..

wàlk ón (1) 〔役者が〕ちょい役をやる. (2) 〖米(学生)俗〗〈命令形で〉ばか言え, まさか.

****wàlk óut*** (1) (特に不満の意思表示として)**急に出て行く**. He ～*ed out* of the meeting in a fury. 彼はかんかんになって会合から突然出て行った. (2) 〖話〗ストライキをする (go on strike). (3) 〖英旧話〗求愛する, 付き合う, 〈*with* ..に, と〉.

wàlk óut on .. 〖話〗〔困っている人, 妻子など〕を見捨てる, 置き去りにする, (desert).

wálk over .. 〖話〗 (1) ..に楽勝する. (2) 〔人〕を踏みつけにする, しいたげる. Don't let him ～ *over* you like that. そんなに彼の言うなりになっていてはいけない.

wàlk táll 鼻を高くする, 意気揚々となる.

wàlk the stréets (1) 街を歩き回る. (2) 〖話〗宿なしの生活をする; 〖婉曲〗売春婦をする.

wàlk the wálk 約束を実行する.

wàlk /../ thróugh 〔芝居の台本など〕の下稽(げい)古をする, リハーサルをする; 〖話〗..をおざなりに行う[演じる].

wálk X through Y X(人)に Y をゆっくり説明する[教える] X(人)に Y の手ほどきをする.

wàlk úp (1) 歩いて行く, 近寄る, 〈*to* ..へ〉. A policeman ～*ed up to* the car. 警官はその車に近寄って来た. *Walk up!* いらっしゃい《見せ物などの呼び込みの声》. (2) 階上へ歩いて上がる.

wálk up .. 〔通りなど〕を歩く, ..を歩いて登る.

── 名 C 【歩くこと】 **1 歩くこと**, 歩行. drop into a ～ 走るのをやめて歩きだす. **2 散歩**; 遠足, 徒歩旅行. Let's⌊go for [take, have] a ～ to the beach. 浜辺へ散歩に行こう. take a dog for a ～ 犬を散歩に連れて行く. **3** 〖野球〗(四球で 1 塁へ)歩くこと, 出塁すること; 〖バスケ〗＝travel 自 7 をすること.

【歩く距離】 **4** 〈単数形で〉**歩行距離**. a ten-minute [(a) ten minutes'] ～ 歩いて 10 分の距離. The station is (about) five minutes' ～ from my house. 駅は私の家から歩いて(およそ) 5 分です. within a few minutes' ～ of the park 公園から歩いて 2, 3 分の所に.

【歩き方】 **5** 〈単数形で〉歩き方; 歩度, (馬の)並み足, 正常歩, (→gait[2]). proceed at a brisk ～ さっさと歩いて行く. Everybody knew Jane by her ～. だれでも歩き方でジェーンだと分かった. He is old, with a slow heavy ～. 彼は年老いて歩き方もゆっくりと重い.

【歩く場所】 **6 歩道**; 散歩道; 〖英〗巡回[配達]区域. A dog came up the ～. 犬が歩道をやって来た. You shouldn't play catch on the ～. 歩道でキャッチボールをしてはいけない.

7 (家畜などの)囲い, 飼育場; 植林地《コーヒーなどの》. a poultry ～ 養鶏場.

8 〈a ～〉〖米話〗朝飯前のこと. **9** 〖英〗儀式ばった行列. **10** 〖古〗行状, 処世.

àll wàlks [èvery wàlk] of lífe あらゆる職業[階級, 身分]. people from *all* ～*s of life* あらゆる職業[階級]の人々.

in a wálk 〖米〗楽々と〔勝つなど〕.

tàke a wálk (1) 散歩する. (2) ストライキをする. (3) 〖米話〗立ち去る, 消え(うせ)る; 〖米俗〗首になる.

[<古期英語「転がる, さまよう」; 「歩く」の意味は中期英語から]

wálk·abòut 名 **1** U (オーストラリア先住民が仕事を離れて行う未開地などの)短期間の放浪. **2** C 〖主に英話〗(国王, 女王などが)群衆の間を歩き回ること, 非公式視察. go on a ～ 非公式視察に出かける.

gò wálkabout (1) 〔オーストラリア先住民が〕短期間の放浪を行う. (2) 〖英話・戯〗〔物が〕(他人に持ち去られるなどして)紛失する, どこかに行く.

walk·a·thon /wɔ́ːkəθɑ̀n|-θɔn/ 名 C ウォーカソン《慈善事業の寄付金集めのためなどの長距離歩行行進; <*walk*＋*marathon*》.

wálk·a·wày 名 (複 ～s) C 〖主に米話〗楽勝, 楽勝試合, (walkover).

wálk·er 名 C **1** (**a**) 歩行者, 歩く人; 散歩する人. (**b**) 〈形容詞を伴って〉歩くのが..な人. a fast [good] ～ 速足の[足の達者な]人. **2** (幼児, 身障者用の)歩行器.

walk·ie-look·ie /wɔ̀ːkilúki/ 名 C 携帯用テレビカメラ.

wálk·ies /-iz/ 名 〈複数扱い〉〖英話〗犬の散歩.

walk·ie-talk·ie /wɔ̀ːkitɔ́ːki/ 名 C 〖話〗トランシーバー, 携帯用無線電話機.

wálk-ìn 形 〈限定〉 **1** 立って入れる大きさの. a ～ closet 納戸《中へ人が歩いて入れるほど広い closet》. **2** 〖米〗〔アパートが〕(玄関を共有せず)直接各自の部屋に入れる. **3** 〔医院, 患者, 客などが〕予約なしの. ── 名 C **1** 立って入れる大きさの冷蔵庫[保冷室]. **2** (選挙での)楽勝(**wálk-in vìctory**). **3** 予約なしの患者[客など].

†**wálk·ing**[1] 名 **1** U 歩くこと, 歩行. I prefer ～ to taking a taxi. 私はタクシーに乗るより歩いた方がいい. **2** U 〖バスケ〗トラベリング《反則》. **3** 〈形容詞的〉(**a**) 歩いて行う. a ～ trip [tour] 徒歩旅行. (**b**) 歩行用の, 徒歩用の, 散歩用の. ～ shoes 散歩用の靴.

wálk·ing[2] 動 walk の現在分詞. ── 形 歩いている, 歩く; 生き...

wàlking délegate 名 C 〖米〗(労働組合本部が派遣する)支部巡回役員.

wàlking díctionary [encyclopédia] 名 C 非常に博学な人, '生き字引'. 「どじな人.

wàlking disáster 名 C ひどい目にばかり会う人,

wálking pàpers 名 〈複数扱い〉〖米話〗解雇(通

知) (〖英話〗 marching orders).

wálking rèin 名 ＝leading rein.

wálking stìck 名 C 1 つえ, ステッキ. 2 〖虫〗 ナナフシ.

wàlking wóunded 名 〈普通 the ～; 複数扱い〉 1 〖米〗 歩行可能な負傷兵(たち). 2 〖米話〗 精神[情緒]障害者(たち).

Wálk·man /-mən/ 名 (複 ～s, -men /-mən/) C 〖商標〗 ウォークマン《携帯用ヘッドホンステレオ》.

wálk-òn 名 C (せりふがなく歩くだけの)端役 (**wálk-on pàrt**).

wálk·òut 名 C 1 ストライキ. 2 (会合からの)退場, 退席; (団体などからの)脱退; 《不満表示としての》.

wálk·òver 名 C 〖話〗 楽勝; 不戦勝.

wálk-thròugh 名 U (芝居などの)下稽(げい)古, リハーサル.

wálk-ùp 〖米話〗 名 C (高層なのに)エレベーターのないアパート[建物]; その 1 室.

── 形 〈限定〉〔アパートが〕エレベーターのない.

‡**wálk·wày** 名 (複 ～s) C 1 (公園, 庭園などの)歩行者専用道路, 散歩道. 2 〖主に米〗 (工場内などの)通路, 渡り廊下.

walk·y-talk·y /wɔ̀:kitɔ́:ki/ 名 (複 -talk·ies) ＝walkie-talkie.

‡**wall** /wɔ:l/ 名 (複 ～s /-z/) C 【壁】 1 (a) 壁; (石, 木, れんがなどの)塀, 垣. hang a picture on the ～ 壁に絵を掛ける. a lofty ～ around the city 町に巡らせた高い城壁. paint a wooden ～ 板塀にペンキを塗る. (Even the) walls have ears. 〖諺〗 壁に耳あり. (b) 〈the W-〉 ＝Berlin Wall; ＝Wailing Wall.

> 連結 a stone [a brick; a concrete; a plaster; a paneled; a solid; a thick; a bare, a blank; an inner, an interior; an outer, an exterior] ～ // build [erect] a ～

2 〈普通 ～s〉 城壁; 防壁. the castle protected by ～*s* and moats 城壁と堀で守られた城. the Great *Wall* (of China) 万里の長城.

3【内壁】 (空洞になった物, 容器, 臓器などの)内壁, 内面. the ～*s* of the esophagus 食道の内壁.

【壁のようにそびえるもの】 4 断崖(がい)絶壁, 噴き上がる水, 燃え上がる炎など. A ～ of fire prevented the firemen from going into the building. 火の壁のために消防士たちは建物に入れなかった. climb up a ～ of rock 岩壁を登る.

5【遮るもの】 障害, 障壁. surmount the ～ of racial discrimination 人種差別の壁を乗り越える. The interviewer was confronted by a ～ of silence. インターヴュアーは沈黙の壁にぶつかった《質問に答えてもらえなかった》.

clìmb [***cràwl***] ***the wáll***(***s***) 〖話〗 〈普通, 進行形で〉 (欲求不満で)じりじり[いらいら]する.

drìve [***pùsh, sènd***] ***..to the wáll*** 〔人〕を窮地に追い込む, 進退きわまらせる, 《＜壁際に追い詰める》.

gò to the wáll (1) (試合などに)負ける. (2) (事業などに)失敗する, 倒産する. Lots of small businesses have *gone to the* ～ in recent years. 近年多くの小企業が倒産した.

have *one's* ***bàck to*** [***against***] ***the wáll*** 追い詰められる, 窮地に陥る.

hìt a brìck wáll 壁にぶち当たる, ゆきづまる.

hìt a [***the***] ***wáll*** 限界を感じる.

hòle in the wáll →hole.

rùn [***bàng***] *one's* ***héad against a*** (***brìck***) ***wáll*** 〖話〗 不可能な事を試みる.

ùp against a (***brìck***) ***wáll*** 窮地に陥って, 進退きわまって. come [run] *up against a* ～ にっちもさっちも行かなくなる.

up the wáll 〖話〗 かんかんに怒って; 気が狂いそうになって. go *up the* ～ かんかんに怒る. drive [send] a person *up the* ～ 人を激怒[いらいら]させる.

with *one's* ***bàck to*** [***against***] ***the wáll*** (壁を背に)追い詰められて, 窮地に陥って. The candidate will have to fight *with* his *back to the* ～ in the coming election. その立候補者は次の選挙では非常に苦戦するだろう.

── 動 他 1 を壁[塀]で囲む 〈*in*〉; を壁[塀]で仕切る[封鎖する] 〈*off*〉; に城壁を巡らす, を城壁で防御する. We ～*ed off* our garden to keep intruders out. 我々は他人が入り込まないように庭に壁を巡らした. 2 〔入り口, 窓など〕を壁で[壁のように]ふさぐ 〈*up*〉. 3 を閉じ込める 〈*in, up*〉 〈*in* ..に〉. ～ a witch (*up*) *in* a dungeon 魔女を地下牢に閉じ込める.

[＜古期英語(＜ラテン語「防護柵＞城壁」)]

wal·la·by /wɑ́ləbi|wɔ́l-/ 名 (複 -bies) C 〖動〗 ワラビー《小形のカンガルー》.

Wal·lace /wɑ́ləs|wɔ́l-/ 名 男子の名.

wal·la(h) /wɑ́lə|wɔ́lə/ 名 C 〖話〗 (インドで)..係, ..を仕事とする人, 《普通, 男性》. a book ～ 本屋.

wáll bàrs 名 (体育館の壁に取りつけた)肋木.

wáll·bòard 名 U 壁張り用材; C 人造壁板.

wáll·chàrt 名 C (教室などの)壁に張る絵図表.

walled 形 壁[塀]を巡らした. a ～ town in ancient Greece 古代ギリシアの城壁を巡らした町.

‡**wal·let** /wɑ́lət|wɔ́l-/ 名 (複 ～s /-ts/) C 1 札入れ, 紙入れ, 財布, 《主に男性用; 〖米〗では billfold とも言う; →purse 1》. 2 (公文書などを入れる)革かばん. 3 〖古〗 (巡礼, 乞食(こじき)などの)合切袋, 雑のう. [＜中期英語]

wáll·èye 名 C (角膜の濁りによる)白目; 外斜視(の目).

wáll·éyed /⌒/ 形 〖俗・軽蔑〗 白目がちの, 白目の; 外斜視の (↔cross-eyed).

wáll·flòwer 名 C 1 ニオイアラセイトウ《アブラナ科の多年草; 南ヨーロッパ原産》. 2 〖話〗 '壁の花' 《ダンスパーティーで 1 人で壁際にいる人, 主に女性》; 引っ込み思案の女性.

Wal·loon /wɑlú:n|wɔl-/ 名 C ワロン人《ベルギー南部・南東部に住みフランス語を話す》; U ワロン語《フランス語の一方言》.

wal·lop /wɑ́ləp|wɔ́l-/ 〖話〗 動 他 1 をぶん殴る; 〔物〕を強く打つ. The child got ～*ed* for his mischief. その子供はいたずらをしてこっぴどく殴られた. 2 をたたきのめす, こてんこてんにやっつける, 〈*at* ..〔試合など〕で〉.

── 名 1 C 〖話〗 強い一打, 強烈なパンチ. 2 U 〖英俗〗 ビール. 3 C 強烈なスリル.

wál·lop·ing 〖話〗 形 〈限定〉 ばかでかい; ひどい. a ～ amount of money 巨額の金. a ～ lie 真っ赤なうそ.

── 名 C 1 強打. 2 完敗. get a terrible ～ ぼろ負けをする.

‡**wal·low** /wɑ́lou|wɔ́l-/ 動 自 1 ころげ回る 〈*about, around*〉 〈*in* ..〔泥, 水など〕の中を〉; 〔船が〕荒波にもまれる; よたよた進む. The children were ～*ing* (*about*) *in* the mud. 子供たちは泥んこの中でころげ回っていた.

2 おぼれる, ふける, 〈*in* ..〔快楽, 悪など〕に〉; 〖軽蔑〗 くよくよとふける 〈*in*..〔悲しみ, 敗北感など〕に〉. ～ in pleasure 快楽にふける. 3 VA (～ *in*..) ..を余るほど持つ. The old man is ～*ing in* money. その老人はうなるほど金を持っている.

── 名 C 〈普通, 単数形で〉 1 ころげ回ること; (風呂などに)つかること, ひと浴び. 2 動物が喜んでころげ回る場所《泥地, 砂地, 池など》. [＜古期英語]

wáll pàinting 名 UC 壁画(法), フレスコ画(法).

†**wáll·pàper** 名 U 壁紙. ── 動 他, 自 (部屋に)壁紙を張る.

wáll pàss 名 C 〖サッカー〗 壁パス《他の選手にパスし, 直後に返球させる》.

Wáll Strèet /wɔ́ːl-/ [名] **1** ウォール街《New York 市にある通り; 米国金融の中心地; →Lombard Street》. **2** 米国金融市場.

Wàll Strèet Jóurnal [名] 〈the ～〉『ウォールストリート・ジャーナル』《米国の経済専門の日刊紙》.

wàll-to-wáll /-tə-㊙/ [形] **1** 〔敷物などが〕壁から壁までの, 床いっぱいの; 部屋中の. ～ sounds (部屋などに)響きわたる音. **2**〖話〗至る所にある, 場所[時間]全体を埋めつくす; 全面的な, とことんまでの. ── [副] 床全体に.

wal·ly /wáli|wɔ́li/ [名] (複 **-lies**) [C]〖英話〗ばか, 間抜け, 役立たず.

†**wal·nut** /wɔ́ːlnʌ̀t, -nət/ [名] **1** [C]〖植〗クルミ(の実); クルミの木 (**wálnut trèe**). **2** [U] クルミ材《高級家具材》. **3** [U] クルミ色, 赤褐色. [<古期英語「外国の木の実」]

Wal·pole /wɔ́ːlpoul/ [名] **Sir Robert ～** ウォールポール (1676–1745)《英国の政治家; 初代首相 (1715–17, 1721–42)》.

wal·rus /wɔ́ːlrəs/ [名] (複 **～es, ～**) [C] セイウチ《北氷洋に群棲(ぐんせい)するセイウチ科の海獣》. [<ゲルマン語; 原義は 'horse-whale']

wàlrus mústache [名] [C] せいうちひげ《両端がだらりと下がった口ひげ》.

Walt /wɔːlt/ [名] 男子の名《Walter の愛称》.

Wal·ter /wɔ́ːltər/ [名] 男子の名《愛称 Walt》.

Wal·ton /wɔ́ːltən/ [名] **Izaak ～** ウォルトン (1593–1683)《英国の随筆家; *The Compleat Angler*『釣魚(ちょうぎょ)大全』の著者》.

†**waltz** /wɔːlts|wɔːls/ [名] [C] **1** ワルツ《2 人で踊る 4 分の 3 拍子のダンス》. **2** ワルツ曲, 円舞曲. **3**〖話〗楽勝.
── [動] [自] **1** ワルツを踊る 〈*with* ..と〉. **2** [VA]〖話〗軽快な足取りで歩く. ～ *into* [*out of*] the room 足取り軽く部屋に入ってくる[から出て行く]. ── [他] 〔パートナー〕をワルツでリードする.
wàltz óff with ..〖話〗(1) ..を持ち逃げする, 盗む. (2)〔賞など〕を楽々とかっさらう.
wáltz through ..〖話〗..を楽々と[上手に]突破する. ～ *through* the four years of college (ガツガツ勉強せずに)大学の 4 年間を楽々と過ごす.
[<ドイツ語 *Waltzer* (<「回る」)]

wam·pum /wámpəm|wɔ́m-/ [名] [U] **1** 貝殻玉《貝殻を糸に通したもの; 昔北米先住民が貨幣・装飾に用いた》. **2**〖米話〗金(かね) (money). [<北米先住民語]

WAN /wæn/ [名] [U]〖電算〗ワン《コンピュータが情報供給源を共有できる広域ネットワーク; <*w*ide *a*rea *n*etwork》.

‡**wan** /wɑn|wɔn/ [形]〖主に雅〗**1** 青白い, 青ざめた. The patient's face was ～. その患者の顔は青白かった. **2**〔表情などが〕弱々しい, 疲れた, 力のない;〔光, 明りなどが〕かすかな. The girl gave me a ～ smile. その少女は私に向かって弱々しくほほえんだ. [<古期英語「暗い」]
▷ **wán·ly** [副] 青ざめて; 弱々しく. **wán·ness** [名] [U] 青白さ; 弱々しさ.

†**wand** /wɑnd|wɔnd/ [名] [C] **1** (魔法使い, 手品師などの)細いつえ, さお. wave one's magic ～ 魔法のつえをひと振りする《不可能な事を可能にする》. **2**〖話〗指揮棒. **3** (職権を示す)職杖(じょう). **4** ＝light pen. [<古期北欧語]

‡**wan·der** /wándər|wɔ́n-/ [動] (**～s** /-z/|[過] [過分] **～ed** /-d/|**～·ing** /-d(ə)riŋ/) [自]
【さまよう】 **1** さまよう, 歩き回る, ぶらつく; 放浪する; 〈*about, around*〉. ～ aimlessly 当てもなくふらつく. ～ *about* in the forest 森の中をさまよう. ～ *about* the town 町を歩き回る. My father ～*ed* far and wide in his youth. 父は若いころ広くほうぼうを放浪した. The old man ～*ed* in to see me. その老人は(用事もないのに)ふらりと会いに来た.
2 道に迷う, 迷子になる, 〈*off*〉. The hikers ～*ed off* in the mountain. そのハイカーたちは山中で道に迷った.
【本道をはずれる】 **3**〔人や話などが〕わき道へそれる, 脱線する; それる 〈*from, off* ..から〉. The politicians have ～*ed from* their original purpose. あのような政治家は本来の目的からはずれてしまっている. ～ *off* the point 論点からそれる.
4〔人, 考えなどが〕取り留めがない, 混乱する;〔目, まなざし, 手などが〕当てもなく動く, きょろきょろする. Mary is delirious and her mind is ～*ing*. メリーは精神錯乱を起こしていて何を言っているのか分からない. The patient ～*ed* in his talk. その患者は話にとりとめがなかった.
5【くねって進む】〔川, 道, 山脈などが〕曲がりくねって進む[続く]. The river ～*s* through the jungle. その川はジャングルの中をうねって流れている.
── [他] をさまよう; を放浪する. ～ the hills 丘をあちこちさまよい歩く. I ～*ed* the London streets, admiring the old buildings. 私は古い建物を感心して眺めながらロンドンの街を歩き回った.
── [名] [C] 〈普通, 単数形で〉〖話〗ぶらつくこと; 散歩. take a ～ 散歩する. [<古期英語]

†**wán·der·er** /-d(ə)rər/ [名] [C] さまよう人, 放浪者; 歩き回る動物.

wán·der·ing /-d(ə)riŋ/ [形] 〈限定〉 **1** さまよう; 放浪の. a band of ～ musicians 放浪楽団. **2**〔川, 道などが〕曲がりくねった. ── [名] 〈～s〉 **1** 放浪; 放浪の旅. **2** (高熱などでの)うわごと. ▷ **～·ly** [副] 放浪して; さまよって.

Wàndering Jéw [名] **1** 〈the W- J-〉 さまよえるユダヤ人《中世伝説で, 刑場に引かれるキリストを侮辱したために世界の終末まで放浪させられる罰を与えられたといわれるユダヤ人》. **2** 〈w- J-〉 [C] 放浪する人, 定住しない人. **3** 〈w- J-〉 [C]〖植〗ムラサキツユクサ.

wan·der·lust /wándərlʌ̀st|wɔ́n-/ [名] [aU] 放浪願望; 旅行熱. [ドイツ語 'wander-desire']

Wands·worth /wándzwərθ|wɔ́n-/ [名] **1** ウォンズワース《ロンドンの自治区の 1 つ; Thames 河畔にある; 2 があることで有名》. **2** ウォンズワース刑務所.

†**wane** /wein/ [動] [自] **1**〔月が〕欠ける (↔wax). **2** だんだん小さくなる;〔勢力などが〕衰える, 弱まる; 終わりに近づく. Tom's influence over his class is *waning*. トムの級友たちに対する支配力は弱まってきている. Winter ～*d* and the snow began to melt. 冬が終わりに近づき雪が解け始めた.
wàx and wáne →wax².
── [名] [U] **1** (月の)欠け. **2** 減少; 衰微.
on the wáne (1)〔月が〕欠け始めて(いる). (2)〔勢力などが〕衰え始めて(いる), 下火になって(いる). The singer's popularity is on the ～. その歌手の人気は落ち目になっている. [<古期英語「減少する」]

wan·gle /wǽŋg(ə)l/〖話〗[動] [他] をうまくせしめる, だまし取る, 〈*out of* ..から〉; [VOA] (～ X *into* (*doing*)..) X (人)をだまして..させる. I ～*d* a ticket *out of* him.＝I ～*d* him *into* giv*ing* me a ticket. 彼から切符を 1 枚うまくせしめた. ── [自] ごまかす, だます; うまく抜け出す 〈*out of* ..〔困難など〕から〉.
wàngle one's wáy [***wángle onesèlf***] ***in*** [***out of***] ***..*** まんまと..に入り込む[..から抜け出す].
── [名] [C] ごまかし, 切り抜け.

wank /wæŋk/〖英卑〗[動] [自] 自慰をする 〈*off*〉.
── [名] [C] 〈単数形で〉自慰(行為).

wánk·er [名] [C]〖英卑〗**1** 自慰をする人. **2** ばか, 役立たず.

wánk·y /-i/ [形] [e]〖英卑〗大ばかな.

wan·na /wánə|wɔ́nə/〖非標準〗＝want to; want a. I ～ go to the movies. 映画見に行きてえな.

wan·na·be(e) /wánəbi|wɔ́n-/ [名] [C]〖話〗(衣服などをまねて憧(あこが)れの(有名)人になりきっている)熱烈なファン

《< wanna [want to] be》.

‡want /wɑnt, wɔːnt | wɔnt/ 動 (~s /-ts/ | 過 過分 **wánt·ed** /-əd/ | **wánt·ing**) 他 〈普通, 進行形にしない〉

【欲しい, 望む】 **1** を**欲する**, が**欲しい**, を**望む**; 〔人〕を性的に欲する; (類語 「欲しい, 望む」の意味で最も一般的な語; 原義「欠けている(から欲しい)」の意味合いが感じられることが多い; →crave, desire, long², wish, yearn). *Want* a beer? ビール飲むかい (★Do you の省略). What do you ~ (with me)? 何が欲しいのか; 用件は何だ, (私に)何の用だ. The more you have, the more you ~. 持てば持つほど欲しくなる. They ~*ed* the man as their leader. 彼らはその男にリーダーになってもらいたかった. What I ~ is for you to marry Sarah. 私が望むのはあなたとサラの結婚だ. He gasped out how desperately he ~*ed* her. ただもう君が欲しいのだと彼は彼女にあえぎあえぎ言った.

2 VO (~ *to do*) **..したい**. George ~*ed to* be a doctor. ジョージは医者になりたいと思った. I've been ~*ing to* visit Paris. ずっとパリに行きたいと思ってたの. Do you ~ *to* come with me? いっしょに来たいか[来るかい]. You may go if you ~ to. 行きたければ行ってよろしい (★to で to go を表す).

> 語法 want (to do) はややぶしつけな表現なので相手に対する依頼や問いかけには普通 would [should] like (to do) を用いる. I'd like a cup of coffee. (コーヒーを1杯いただきたい) Would you like to come with me? (一緒にいらっしゃいますか)

3 VO (~ X *to do*/X *doing*) X(人など)に**..してもらいたい** (★〖米話〗では *for* X *to* do も用いる; ~ X do*ing* は主に否定文に用いられる). Father ~*ed* me *to* be an engineer. 父は私を技師にしたかった. I ~ you *to* read this letter. 私は君にこの手紙を読んでもらいたい. I ~ very much *for* Jane *to* be on time. 是非ジェーンに時間を守ってもらいたい. Do you ~ me *to* drive you home? 家まで車で送りましょうか. Nancy doesn't ~ her husband know*ing* her secret. ナンシーは夫に自分の秘密を知られたくないと思っている. 参考 (1) 特に〖米〗では ~ *for* X *to* do になることがある (→for 23 語法): I ~ very much *for* her *to* remarry. (彼女には再婚してもらいたいと強く思っている). (2) *that* 節を従えることもある: You ~ *that* I should work part-time here. (私にここでパートで働いて欲しいというのかね).

4 (**a**) VO (~ X Y/X *done*) **X が Y であること/X が..されるのを望む**. I ~ the roof *painted* red. 屋根を赤く塗ってもらいたい. The two drivers didn't ~ the police *involved* in the trouble. 2人の運転手はそのもめごとに警察の手を借りたくなかった. The manager ~*ed* the job (*to be*) *done* with the greatest care. 支配人はその仕事が細心の注意をもってなされるのを望んだ. (**b**) VOA に[を]..して欲しい. I ~ her *out of* here immediately. 今すぐ彼女にここから出ていってもらいたい. He ~*ed* his money [son] *back*. 彼は金を返して[息子に戻ってきて]欲しかった.

【(欲しい原因として)欠けている】 **5**〖章〗を**欠いている**, 持っていない; が不足している; に達しない. The doll ~*s* a hand. その人形には片手がない. The singer has a nice voice, but she ~*s* personality. その歌手は声はいいが個性に欠けている. It ~*s* three minutes *of* [*to*] two o'clock. 2時3分前だ. The fund ~*ed* only a few dollars *of* $50,000. その資金は5万ドルにほんの数ドル足りなかった.

【欠く > 必要とする】 **6**〖話〗を**必要とする**; VO (~ *doing*) ..される必要がある (★*doing* は受け身の意味をもつ). This stew ~*s* a little more salt. このシチューにはもう少し塩が必要だ. The patient ~*s* plenty of rest. その患者は十分な休養を要する. This watch ~*s* repair*ing*. この時計は修理しなければならない. What my son ~*s* is spanking. うちの息子に必要なことはしりたたきだ.

7〔人〕に用がある, を用事で呼ぶ; 〔犯人など〕を捜している; 〈しばしば受け身で〉. Your father is ~*ed* on the telephone. 君のお父さんに電話がかかっているよ. Knock on the door when you ~ me. 私に用がある時はドアをノックしなさい. You are ~*ed* immediately in your office. 用事があるから君はすぐ会社に行かなくてはならない. The man is ~*ed* for murder. その男は殺人容疑で指名手配されている.

8〖話〗VO (~ *to do*) ..すべきである, ..しなければならない, (ought) (★I, we は主語にならない). The law itself ~*s to* be changed. 法律自体を変えなくてはいけない. You might ~ to live with her. 彼女と暮らしたほうがいいかもしれないね. You don't ~ *to* drink so much. 君はそんなに酒を飲むべきではない.

── 自 **1** VA (~ *for, in..*) **..が欠けている**, 足りない. The leader ~*ed for* judgment. その指導者には判断力が欠けていた.

2〖章〗暮らしに不自由する. The Whites were never rich, but they never ~*ed*. ホワイト家の人々は決して金持ちではなかったが暮らしには困らなかった.

3 望む; 好む; 〖話〗VA (..へ) 行き[来]たがる (★A は方向を示すもの). We can wait for you if you ~. 君がそうして欲しいなら私たちは君を待っていてもいい. The dog ~*s in* [*out*]. 犬が入って来たがっている[出て行きたがっている].

hàve a pèrson where one wánts him [*her*] 人を思いのままに操る[完全に掌握する]. We'*ve got* them right *where* we ~ them now. 今や奴らは我々に首根っこを押えられたも同然だ.

wànt for nóthing 〔人が〕ないものはない; 何不自由ない.

wànt ín (*on..*) [***out*** (*of..*)] (1) →自 3. (2)〖米・スコ〗(計画などの)仲間に入りたがる[から抜けたがる].

wánt X ***of*** Y 〖章〗Y(人)に X を望む. What do you ~ *of* me? 私にどうして欲しいのか.

── 名 (複 **~s** /-ts/) 【必要】 **1** U **必要**, 入り用. The refugees are *in* ~ *of* food, clothing and shelter. その難民たちには衣食住が必要だ. **2** C 〈普通 ~s〉 **必需品**, 入り用なもの; 欲しいもの. a man of few ~*s* 欲の少ない人. a long-felt ~ 長い間欲しいと思っていた物. The prisoners' ~*s* were barely supplied. 囚人たちの必需品はかつかつしか供給されなかった.

【必要なものの不足】 **3** aU **欠乏**, 不足, (lack). My head was hazy *for* [*from*] ~ *of* sleep. 睡眠不足で頭がぼんやりしていた. *For* ~ *of* fresh air we became sick. 新鮮な空気の不足で我々は気分が悪くなった.

4 U **貧困**, 困窮. The young men of today don't know real ~. 現代の若者は本当の貧困を知らない. The islanders live *in* great ~. 島民たちは非常に困窮している.

[< 古期北欧語「欠乏(している)」; wane と同根]

wánt àd 名 C 〖主に米話〗(新聞, 雑誌などの) 3行広告 (〖英〗small [classified] ad).

wánt·ed /-əd/ 形 **1** 〈広告文などで〉 ..入用, 求む... *Wanted* a secretary. 求む秘書 (★A secretary is wanted. が倒置・省略されたもの). *Wanted*: receptionist, female. 求む女性受付係. **2** 指名手配の. a ~ man お尋ね者. be placed on a (nation-wide) ~ list (全国)指名手配中である.

***want·ing** /wɑ́ntiŋ, wɔ́ːnt- | wɔ́nt-/ 形 ℂ 〈叙述〉 **1** 〖章〗**欠けている**, ない; 足りない, 不足している, (lacking) 〈*in* ..が〉; 不適格である, 不十分である. A few pages are ~. 2, 3ページが欠けている. He is ~ *in* common sense. 彼は常識に欠けている. The program was found ~ *in* several respects. その計画はいくつかの点で不十分だと分かった. **2**〖婉曲〗頭が弱い.

W

── 前 ..のない, ..がなくて; ..が不足した[して]; ..を除いた[て]. a coat ～ some buttons ボタンがいくつか取れている上着.

†**wan·ton** /wάntən, wɔ́ːn-|wɔ́n-/ 形 **1** 理不尽な, いわれのない; むちゃな. a ～ act of destruction 不当な破壊行為. ～ waste でたらめな浪費. **2**〘旧〙〔特に女性が〕不貞な, 浮気な. a ～ woman 浮気女. ～ behavior ふしだらなふるまい. **3**〘章〙気まぐれな; 〔考えなどが〕奔放な; いたずらな, はね回る. act in a ～ manner 気まぐれな行動をする. a ～ look いたずらっぽい顔つき. **4**〘章〙〔植物などが〕伸び放題の, 生い茂った. a ～ growth of vines 勝手放題に伸びたつる. ── 名 C 〘旧〙浮気者《特に女》, 不貞な女. [＜中期英語「しつけが欠けている」] ▷**～·ly** 副 理不尽に, ひどく; みだらに; 気まぐれに. **～·ness** 名 U 不当; 浮気; 気まぐれ.

wap·i·ti /wάpəti|wɔ́p-/ 名 (複 **～s, ～**) C 〘動〙ワピチ (elk)《北米・アジア産の大形のシカ》.

‡**war** /wɔːr/ 名 (複 **～s** /-z/) **1** (**a**) U (平和に対して)**戦争**, 戦争状態, 〈*against, on* ..に対する〉 (↔peace), (類語 国家間の(時に長期にわたる) 戦争; the Franco-Prussian *War* のように戦う国家の名を冠することが多い; →fight). the issues of peace and ～ 平和と戦争についての問題. We must avoid ～ by all possible means. 我々はどんなことをしても戦争を避けなければならない. Germany declared ～ *on* [*against*] Russia. ドイツはロシアに宣戦を布告した. This means ～!〘話・戯〙こうなればやる[戦う]しかない. (**b**) C (個々の)**戦争**, 戦役. a lost ～ 敗戦. a racial ～ 異人種間の戦争. a nuclear ～ 核戦争. the period between the ～*s* 両大戦の間の時期. A ～ broke out between England and France. 英国とフランスの間に戦争が起こった. (**c**) U 戦術, 兵法; 軍事. the art of ～ 戦術.

> 連結 a fierce [a bloody, a brutal] ～ // carry on [enter into, start; win; lose] a ～ // ～ erupts [rages; drags on]

2 UC 闘争, 戦い, 争い, 〈*against, on* ..との〉; (経済的な)競争. an ideological ～ イデオロギー闘争. the ～ *against* an endemic disease 風土病との戦い. the ～ *on* poverty 貧困との闘争. a ～ of words 舌戦. a price ～ 値下げ競争, a trade ～ 貿易戦争. 参考 civil ～, class ～, cold ～, guerilla ～, total ～, world ～.

*__*at wár*__ 戦争中で; 不和で, 〈*with* ..と〉 (↔at peace). England was *at* ～ *with* France at the time. 当時英国はフランスと戦争中だった.

càrry the wár into the ènemy's cámp (積極的に)敵陣に攻め入る.

gò to wár (1) 戦争を始める 〈*against, with* ..と〉. (2)〘米〙戦争に行く, 出征する.

have bèen in the wárs〘話・戯〙けがをした[ひどい目にあわされた]様子である.

màke* [*wàge*] *wár on* [*against*]*.. ..に戦争をしかける; 〔社会悪など〕と戦う.

── 動 (**～s**|**-rr-**) 自 **1**〘雅〙戦争をする, 戦う, 〈*with, against* ..と〉; 争う 〈*for* ..を求めて〉.

2 激しく闘う 〈*against, on* ..〔病気など〕と〉. ～ *against* evil 悪と戦う.

[＜古期北部フランス語 *werre* (＝古期フランス語 *guerre* 「戦争」＜ゲルマン語)]

War. Warwickshire.

wár bàby 名 C 戦争中[直後]に生まれた子《特に私生児》.

Wàr between the Státes 名 〈the ～〉 (米国)南北戦争 (the Civil War)《特に南部で用いられた》.

‡**war·ble**[1] /wɔ́ːrb(ə)l/ 動 自 **1** 〔小鳥が〕さえずる; 〔小川などが〕小鳥がさえずるような音を立てる. **2** 〔特に女性が〕声を震わせて歌う 〈*away*〉. **3**〘米〙ヨーデルを歌う. **4** 〔電話などが〕震音を立てる.

── 他 を声を震わせて歌う; 〔小鳥が〕をさえずって歌う; 〈*out*〉. The birds ～*d* (*out*) their morning song in the garden trees. 小鳥は庭の木で朝の歌をさえずった.

── 名 C 〈単数形で; 普通 the ～〉さえずり; さえずるような歌声; (電話の)震音.

war·ble[2] 名 C **1** (馬の背の)鞍(くら)ずれ《こぶ》. **2** (ウシバエ (**wárble flỳ**) の幼虫による)家畜の背のはれもの.

wár·bler /-blər/ 名 C **1** さえずる鳥, 鳴鳥; 声を震わせて歌う人《特に女性》. **2** (ヨーロッパ産の)ウグイス科の鳴鳥; アメリカムシクイ科の鳥.

wár bònnet 名 C (後部に鳥の羽を付けた北米先住民の)出陣帽.

wár brìde 名 C 戦争花嫁《戦時中に, (特に外国の)兵士と結婚した》.

wár càbinet 名 C 戦時内閣.

wár chèst 名 C 〘米〙戦費; (政治運動などの)軍資金.

wár clòuds 名 〈複数扱い〉戦雲, 戦争[闘争]の気配.

wár clùb 名 C (北米先住民が用いた)戦闘用こん棒.

wár correspòndent 名 C 従軍記者.

wár crìme 名 C 戦争犯罪.

wár crìminal 名 C 戦争犯罪人, 戦犯.

wár crỳ 名 C (battle cry とも言う) **1** 鬨(とき)の声. **2** (政党などの)スローガン, 標語.

***ward** /wɔːrd/ 名 (複 **～s** /-dz/) 【保護, 監督】 **1** U 〘雅〙**保護**, 後見; 監督, 監視. be in ～ to ⌞the court [one's uncle] 裁判所の監督[叔父の後見]下にある. The rebel leaders are said to be under ～ somewhere. 反乱軍の指導者たちはどこかに監禁されているそうだ.

2 C 被保護者; 〘法〙被後見人, 被保護者, (**wàrd of cóurt**; ↔guardian).

3 C 〈普通 ～s〉かぎの刻み目; 錠の中の突起.

【保護[監視]の下にある場所】 **4** C **病棟**, 病室; (刑務所の)監房; (城の)庭. the children's ～ 小児病棟. a surgical ～ 外科病室. an isolation ～ (病院の)隔離⌞室[病棟]. the inner [outer] ～ 内[外]庭.

5【区画】 C (都市の行政)区; 選挙区. the headman of a ～ 区長.

***keep wàtch and wárd* (*over..*)** keep watch (→watch) を強めた形《本来 watch は夜間の, ward は昼間の警戒》.

── 動 VOA (～/X/*off*) X (危険, いやなものなど)をかわす, よける, 避ける. ～ *off* the evil spirits 悪霊から身を守る. The boxer tried to ～ *off* the blow, but in vain. そのボクサーはパンチをかわそうとしたがむだだった.

[＜古期英語「見張り(をする)」; guard と同源]

-ward /wərd/ 接尾 「..の方へ(の)」の意味の形容詞・副詞を作る (★副詞の場合, 〘英〙では普通 -wards を用いる). up*ward*. north*ward*. [古期英語]

wár dànce 名 C (未開民族の)出陣[戦勝]の踊り.

†**war·den** /wɔ́ːrdn/ 名 C **1** 〈しばしば複合語で〉管理人, 監視員.→traffic warden. **2**〘米〙刑務所長; 〘英〙＝warder 2. **3** (官公署などの)長, 監督官.

4〘英〙(ある大学・学校の)校長, 学長, 学寮長. [＜古期北部フランス語; guardian と同源]

wárd·er 名 C **1**〘主に米〙番人, 見張り人. **2**〘英〙(刑務所の)看守 (〘米〙guard).

wàrd in cháncery 名 C 〘英法〙大法官庁における被後見人《両親をなくした子供など》.

ward·ress /wɔ́ːrdrəs/ 名 C 〘英〙婦人看守.

***ward·robe** /wɔ́ːrdròub/ 名 (複 **～s** /-z/) **1** C **洋服だんす**, 納戸, 衣装部屋. **2** C 〈集合的〉(個人の)**衣類**, 持ち衣装; (ある季節用の)衣類. have a large ～ 衣装をたくさん持っている. Mother left her summer ～ in the villa. 母は夏衣装をすべて別荘に置いてきた. **3** U (劇団

W

の)持ち衣装, 衣装部. [<古期北部フランス語(< *warder*「守る」+*robe*「衣装」)]

wárdrobe màster [mìstress] 名 C (劇団の)衣装係の男性[女性].

wárdrobe trùnk 名 C (立てるとたんすの用をする)衣装トランク.

wárd·ròom 名 C **1** (軍艦の)士官室. **2** 〈the ～; 集合的〉(軍艦の)士官たち.

-wards 接尾 「..の方へ」の意味の副詞を作る(★〖米〗では主に -ward を用いる; →-ward ★). south*wards*.

ward·ship /wɔ́ːrdʃìp/ 名 U **1** 後見, 監督, 保護. be under his ～ 彼の後見下にある. **2** 後見されている身分[立場].

†**ware** /weər/ 名 **1** 〖旧〗〈～s〉商品 (goods). Uncle George is out peddling his ～*s* in the town. ジョージおじさんは町へ行商に出かけている. **2** U 〈集合的〉製品, 器物; 瀬戸物, 陶器; (★主に複合要素として用いられる). table～ 食器. →hard[brass, earthen, glass, silver, soft, stone, tin; kitchen; china]ware. [<古期英語「気をつけるべき物」]

***ware·house** /wéərhàus/ 名 (複 **-hous·es** /-zəz/) C **1** (商品などを収納する)**倉庫**, 収納庫; 家具倉庫《持ち主のために保管する》. the supplies stored in the ～ 倉庫にしまってある在庫品.
2 〖英〗問屋, 卸売り商; 大規模安売り店. **3** 倉庫パーティー《倉庫などでポピュラーミュージックに合わせてダンスをする; **wárehouse pàrty** とも言う》.
── /wéərhàuz/ 動 他 〔商品など〕を倉庫に収納する[貯蔵する].

wárehouse·man /-mən/ 名 (複 **-men** /-mən/) C 倉庫係; 倉庫業者.

†**war·fare** /wɔ́ːrfèər/ 名 U **1** 戦闘(行為); 戦争状態; (類語 biological ～, chemical ～ のように主に戦争の手段・形態を示す時に用いる語; →fight). jungle ～ ジャングルでの戦闘. wage guerrilla ～ against ..に対してゲリラ戦を行う. **2** 闘争, 争い. economic ～ 経済戦争. [<中期英語「軍の遠征」]

wár fòoting 名 aU (軍隊などの)戦時体制.

wár gàme 名 C 机上作戦演習; 〈しばしば ～s〉(実戦を模した)軍事演習.

wár gòd 名 C 軍神《特にギリシア神話の Ares 又はローマ神話の Mars を言う》.

‡**wár·hèad** 名 C (ミサイル, 魚雷などの)弾頭. a missile with a nuclear ～ 核弾頭付きのミサイル.

War·hol /wɔ́ːrhoul/ 名 **Andy ～** ウォーホル (1928–87)《米国の画家・映画製作者・ポップアートの代表者》.

wár-hòrse 名 C **1** (昔の)軍馬. **2** 〖話〗(歴戦の)古つわもの; 老練家; 老練な政治家. **3** 〖話〗ありふれた出し物《音楽, 演劇など》.

†**war·i·ly** /wé(ə)rili/ 副 気をつけて, 用心深く, 油断なく. The fox approached the henhouse ～. そのキツネは用心深く鶏小屋に近づいた. ◇形 wary

war·i·ness /wé(ə)rinəs/ 名 U 用心, 注意.

Wàr in the Pacífic 名 〈the ～〉太平洋戦争.

†**wár·lìke** 形 **1** 好戦的な; 挑戦的な. a ～ tribe 好戦的な部族. **2** 戦争の(ための), 軍事の. a ～ action 軍事行動. ◇↔pacific [war, -like]

war·lock /wɔ́ːrlɑ̀k|-lɔ̀k/ 名 C (物語などに出てくる)男の魔法使い (wizard).

wár·lòrd 名 C 〈時に非難して〉(一地域を支配する)大将軍; 〖中国史〗軍閥の首領.

‡**warm** /wɔːrm/ 形 e 【暖かい】**1** 〔気候, 空気などが〕**暖かい**, 温暖な, (★時にはやや暑い (rather hot) の意味にも用いられる; ↔cool, cold); 〔衣類などが〕暖かい, 保温のよい; 〔食物などが〕温かい. a ～ blanket 暖かい毛布. ～ soup 温かいスープ. It was a ～ day in May. 5月の暖かい日であった. Florida is much ～*er* than Michigan. フロリダはミシガンよりずっと暖かい. Get ～ by the fire. 火のそばで暖まりなさい. Keep your room ～. 部屋を暖かくしておきなさい. wrap up ～ 暖かい服装をする (★ warm を 副 と考えることもできる).
2 暖まる(ような)〔運動など〕, 〔体が〕ほてる. The children got ～ from jump rope. 子供たちは縄跳びをして体が熱くなった.
3 【暖かい感じを与える】〔色, 音などが〕暖かい感じの (↔cool, cold). ～ hues 暖色《赤[黄色]みがかった色》. paint the wall a ～ brown 壁を赤[黄色]みがかった茶色に塗る.
4 心の暖かい, 思いやりのある, 心のこもった, (↔cold). a ～ welcome 心のこもった歓迎. ～ friendship 暖かい友情. a ～ feeling 暖かいほのぼのとした気持ち. in a ～ and kindly voice 心のこもった優しい声で.
5 【ぬくぬくとした】〖英旧話〗暮し向きのよい, 裕福な.
6 【まだ暖かみの残っている】**(a)** 〔獲物の臭跡などが〕新しい, 付いたばかりの, (hot). the ～ trail [scent] of a fox キツネの真新しい足跡[臭跡]. **(b)** 〈叙述〉(隠れん坊, クイズなどで)もう少しで見つかりそうな〔人〕, 当たりそうな〔答え〕, (↔cold). Am I right? At least tell me if I'm ～. 当たっているかい. せめて答えに近いかどうかだけは教えてよ. You're getting ～. (当たらずとも) いい線いってるよ.
【熱した>激しい】 **7 (a) 熱烈な**, 熱心な; 〔議論などが〕活発な, 激しい. Sally takes a ～ interest in cooking. サリーは料理に熱心な興味を持っている. The argument got a little ～. 議論は少し激しくなった. **(b)** 〔性質などが〕興奮しやすい; 挑発的な, 好色な. Cathy has a ～ temper. キャシーは怒りっぽい性質だ.
8 【きつい】〖話〗〔立場, 状況などが〕苦しい, 骨の折れる, 不愉快な. ～ work 骨の折れる仕事. make things [it] ～ for him 彼にいたたまれぬ思いをさせる.
as wàrm as tóast →toast[1].
kèep a person's séat wàrm 〖話〗(他の人が着任するまで)一時的にその地位につく 《<いすを暖めておいてやる》.
◇名 warmth
── 動 (～s /-z/|過 過分 ～ed /-d/|**wárm·ing**) 他
1 を暖める, 熱する, 〈*up*〉(↔cool). *Warm* your hands at the fire. 火にあたって手を暖めなさい. ～ *up* the soup for dinner 夕食用にスープを温める. ～ oneself 体を暖める. This new heater ～*s up* the room quickly. この新しいヒーターは部屋をすぐに暖める.
2 を熱心にさせる; を興奮させる, 元気づける. The leader's words ～*ed* the boys to their task. リーダーの言葉に元気づけられて少年たちは自分たちの仕事に精を出した.
3 〔人, 心など〕を暖かい気持ちにする, 感動させる. The guests were ～*ed* by the unexpected hospitality. 客たちは予期せぬ歓待ぶりに心が暖まった.
── 自 **1 暖まる**, 暖かくなる, 〈*up*〉. Wait until the stew ～*s up*. シチューが温まるまで待ちなさい.
2 〖話〗熱心になる, 興味を持つ, 〈*to*, *toward* ..に〉. The boxer didn't seem to ～ *to* the fight till the sixth round. そのボクサーは第6ラウンドまでは戦うのに気が乗って来ないようだった.
3 好感を抱く, 親しみを覚える, 同情を寄せる, 〈*to*, *toward* ..に〉. a boy that everyone ～*s to* right away だれでもすぐ親しみを感じる少年.
wàrm /../ óver 〖米〗(1) 〔料理など〕を温め直す. (2) 〔同じ考えなど〕を焼き直しする, 蒸し返す.
wàrm úp (1) →自 1. (2) 軽く準備運動をする, ウォーミングアップをする. (3) 〔機械, エンジンなどが〕暖まる. (4) 〔人・物事が〕活気づく. The party didn't ～ *up*. そのパーティーは盛り上がらなかった.
wàrm /../ úp (1) →他 1. (2) 〖英〗=WARM /../ over (1). (3) 〔機械, エンジンなど〕を暖める. (4) 〔人・物事〕を活気づける. ～ *up* an audience with a joke 冗談を言って観客の雰囲気を盛り上げる.

W

wàrm úp to .. 〖米話〗〔人〕が好きになる, に好感を抱く, (→自 3).

── 名 **1** aU 〖話〗 暖まること, 暖めること. have a ～ by the stove ストーブのそばで暖を取る. **2** 〈the ～〉〖主に英〗 暖かい場所[状態]. come into the ～ 暖かい所へ入る. [＜古期英語] ▷ **wárm·ness** 名 ＝warmth.

wàrm-blóoded /-əd ㊥/ 形 **1** 〔動物が〕温血の. **2** 激しやすい, 熱血の. ◊↔cold-blooded ▷ **～·ly** 副 **～·ness** 名

wàrmed-óver /㊥/ 形 〖米〗 **1** 〔料理などが〕温め直した. **2** 〔意見などが〕焼き直しの, 新鮮味のない.

wàrmed-úp /㊥/ 形 ＝warmed-over 1.

wár memòrial 名 C 戦没者記念碑.

wárm·er 名 C 加熱装置, 暖め器. a foot ～ 足温器.

wàrm frónt 名 C 〖気象〗 温暖前線 (↔cold front).

wàrm-héarted /-əd ㊥/ 形 心の暖かい, 思いやりのある, 親切な. a ～ soul 温情家. ▷ **～·ly** 副 **～·ness** 名

wárming pàn 名 C 寝台あんか《長い柄の付いた銅製の石炭あんか; 昔寝る前にベッドを暖めるのに用いられた》.

warm·ish /wɔ́ːrmiʃ/ 形 やや暖かい, 暖か目の.

***warm·ly** /wɔ́ːrmli/ 副 m **1** 暖かく, 暖かに. The baby was wrapped up ～ in a blanket. その赤ん坊は暖かく毛布にくるまれていた. **2** 熱心に, 熱烈に; 興奮して. speak ～ of prices 物価について熱心に話す. **3** 思いやりをもって, 親切に. welcome guests ～ 客を心から歓迎する.

wár·mònger 名 C 〖軽蔑〗 戦争挑発者, 戦争屋, 主戦論者. ▷ **～·ing** /-g(ə)riŋ/ 名 U, 形 戦争挑発(の).

***warmth** /wɔːrmθ/ 名 U **1** 暖かさ, 温暖. The ～ of the room made the children sleepy. 部屋が暖かかったので子供たちは眠くなった. **2** 興奮, 激情; 熱心, 熱情. Rose spoke with ～ of the terrible event. ローズはその恐ろしい事件について興奮して話した. **3** 思いやり, 暖か味, 親切. The young man is bright but he has no ～. その若者は頭はいいが全く思いやりがない. **4** 〖絵画〗 (色の)暖かい感じ. ◊形 warm [warm, -th[1]]

‡**wárm-ùp** 名 C **1** ウォーミングアップ, 準備運動. **2** (機械, エンジンなどの)暖機運転.

‡**warn** /wɔːrn/ 動 (～s /-z/|過 過分 ～ed /-d/|wárn·ing) 他 【前もって知らせる】 **1** (a) 〔人など〕に警告する, 注意する, 〈*of* ..を〉; 〔人など〕に用心させる 〈*against*, *about* ..について; *against* do*ing*..しないよう〉. I ～ you, stay away from my daughter. 警告しておくが私の娘には近寄るな. You have been ～*ed!* いいかね, これで君に注意したんだよ《後で聞かなかったなどと言うな》. The radio was ～*ing* us *of* the approaching typhoon. ラジオは我々に接近している台風の警告をしていた. Be ～*ed*. (以下のことに)気をつけてください; いいですか. ～ the climbers *about* falling rocks 落石に気をつけるように登山者に注意する. The father ～*ed* his sons *against* swim*ming* in the river. 父親は息子たちにその川では泳ぐなと警告した.

(b) VO・VOO (～ (X) ***that*** 節/"引用") (X(人など)に)..と警告する, 注意する; 「..」と警告する. The teacher ～*ed* Joe *that* he should not break the school regulations. 先生はジョーに校則に違反しないようにと警告した. The Finance Minister ～*ed that* higher wages would stimulate inflation. 大蔵大臣は高賃金はインフレをあおることになるだろうと警告した. **(c)** VOO (～ X ***to do***) X(人など)に..するように警告する. The doctor ～*ed* Paul ⌊*to* keep regular hours[not *to* drink too much]. 医師はポールに⌊規則正しい生活をする[飲み過ぎない]ようにと注意した.

2 〔人など〕に予告する, 通告する, 〈*of* ..を〉; VOO (～ X ***that*** 節) X(人)に..と通告する. The heavy clouds ～*ed* the sailors *of* an approaching storm. 重く垂れ込めた雲は水夫たちに近づいているあらしを予告した. The buzzer ～*ed* the audience *that* the play would begin in a few minutes. ブザーは観客にあと 2, 3 分で芝居が始まることを告げた.

── 自 警告する, 警戒する, 〈*of* ..を/*against* (do*ing*) ..(すること)に対して〉.

wàrn /../ awáy ＝WARN /../ off.

wàrn /../ óff ..を警告して遠ざける[去らせる]. The policeman ～*ed* the children *off*. 警官は子供たちを危険だと言ってどかせた.

wárn X *off* Y X に警告して Y から遠ざける. ～ the crowd *off* the spot where the accident happened 警告して事故現場から群衆を遠ざける.

[＜古期英語「気をつける」]

***warn·ing** /wɔ́ːrniŋ/ 名 (複 ～s /-z/) **1** UC **警告**, 警報, 注意; 戒め; 警告[戒め]になる物事. an air-raid ～ 空襲警報. a written ～ 警告書. He ignored my repeated ～s. 彼は私の度重なる警告を無視した. a ～ ⌊*against* driving[not to drive] fast スピードを出さないようにとの警告. Early hurricane ～s reduced the damage. 早くハリケーン警報が出たので被害は少なくて済んだ. We should take ～ from his bankruptcy. 私たちは彼の破産を戒めとすべきだ. a ～ to the young to be careful in driving motorcars 自動車運転には注意深くせよという若者への警告. Let it [that] be a ～ to you. これを今後の戒めにしなさい. words of ～ →下段の表.

> 連結 a strong [a clear, a grim, a solemn, a strict, a timely, an urgent] ～ // give [issue; receive; heed; disregard] a ～

2 C 徴候, 前兆. It started raining without any ～ at all. 何の前触れもなく雨が降りだした. **3** U 〖主に英〗 (解雇, 辞職などの)予告, 通告, 通知, (★notice の方が普通). give a month's ～ 1 か月後の解雇を予告する.

── 形 〈限定〉 警告の, 警戒の, 戒めの. ～ lights 警報灯. ～ coloration (動物の)警戒色. ～ shots 警告のための発砲. the ～ signs of heart trouble 心臓病の予兆. hear ～ bells 予鈴[警報ベル]が聞こえる; 良くない事が起こり[起こってい]そうだ.

▷ **～·ly** 副 警告して; 警戒して.

危険を知らせる英語表現 (Words of warning)

Back off!	さがれ. どけ.
Break it up!	やめろ. よせ.
Can it!/Shut up!	静かにしろ. 黙れ.
Cut it [that] out!	やめろ. よせ.
Drop it!	落とせ. (手を)離せ. やめろ. よせ.
Duck!	伏せろ. かがめ.
Freeze!/You freeze!	動くな. じっとしていろ.
Get away!	さがれ. 消えうせろ.
Get back!	さがれ. どけ.
Get down!	降りろ. 伏せろ. かがめ.
Get down on your knees!	ひざまずけ.
Get lost!	あっちへ行け. 消えうせろ.
Get out of here!	出て行け. いい加減にしろ.
Get out of the way!	どけ, じゃまだ
Get your hand off!/Hand off!	手を離せ. さわるな.
Hands in the air!/Get your hands in the air!/Put your hands in the air!/Your hands in the air!/Hands up!/Put your hands up!/ Get your hands up!	手を挙げろ.
Hold it!	止まれ. 待て.
Halt!/Pull over!	止まれ《車などに対して》.
Let go of me!	放せ.
Look out!	あぶない. 気を付けろ.

Move it!	どけ. 行け. それを動かせ.
Snap out of it!	しっかりしろ.
Stand back!	そこどけ. さがれ.
Stay down!	伏せていろ. じっとしていろ.
Watch out!	危ない. 気を付けろ.
You are under arrest.	(お前を)逮捕する.
You listen to me!	俺の言うことを聞け. 俺の言うとおりにしろ.

作成・海外旅行安全対策推進委員会
監修・運輸省

wárning tràck 名 C 〖野球〗警告帯《外野でフェンス添いに残した土の部分; 飛球を追う野手にフェンスの存在を気づかせる》.

Wár Office 名 〈the ～〉〖英史〗陸軍省.

Wàr of Indepéndence 名 〈the ～〉American Revolution.

wàr of nérves 名 C 神経戦.

War of 1812 /wɔ̀ːr-əv-eitìːntwélv/ 名 〈the ～〉〖史〗1812 年戦争《米国と英国の貿易戦争 (1812–15)》.

‡**warp** /wɔːrp/ 動 他 **1** 〔物〕を反らせる, 曲げる, ゆがめる. The record was ～*ed* by the sun. そのレコードは日に当たってゆがんだ. **2** 〔心, 判断, 意味など〕をゆがめる, 曲げる. have a ～*ed* mind 心がゆがんでいる. *Warped* by his terrible childhood, the man grew into a vicious criminal. 子供時代がひどかったため心がゆがみ, その男は凶悪な犯罪人になった. The translation badly ～*s* the original. その翻訳は原作をひどくゆがめている.
3 VOA 〖海〗〔船〕を引き綱で引く〈*to* ..へ〉. ── 自 **1** 〔物が〕反る, 曲がる, たわむ. **2** 〔心, 判断などが〕ゆがむ.
── 名 **1** C 〈単数形で〉(木材などの)反り, ひずみ, ゆがみ. There is a ～ in the floor. 床がひずんでいる. **2** C 〈単数形で〉心のゆがみ, ひがみ, ひねくれ, 偏屈. **3** C ワープ《SFなどで日常と異なる時間や空間に急激に移行すること》. →time warp. **4** U 〈the ～; 集合的〉(織物の)縦糸 (↔weft, woof). **5** C 〖海〗(船の)引き綱.
[＜古期英語「投げる」]

wár pàint 名 U **1** 出陣の化粧絵の具《特に北米先住民が体に塗った》. **2** 〖戯〗メーキャップ.

wár·pàth 名 (複 →path) C (アメリカ先住民の)戦いに行く道〈特に次の成句で〉.
on the wárpath (1) 戦争中で; 戦争への途中で; 戦おうとして. (2) かんかんに怒って, けんか腰で; 気負い立って.

warped /-t/ 形 〔人・心が〕ゆがんだ, ひねくれた; 〔物が〕ゆがんだ, 反った.

‡**wár·plàne** 名 C 軍用機.

*__war·rant__ /wɔ́ːrənt | wɔ́r-/ 名 (複 **～s** /-ts/)
【(正当であるという)保証】 **1** U 〖章〗**正当な理由**; 根拠; 権限; 〈*for* ..の/*for doing, to* do ..する〉. You have no ～ *for* (mak*ing*) such a claim. 君にはそんな要求をする正当な理由[権利]はない. slander without ～ 正当な根拠のない中傷.
2 C 保証, 保証となるもの. In this novel I did not go beyond the ～ of my own experience. この小説で私は自身の経験が保証してくれること以上を書きはしなかった.
【保証する書類】 **3** C 〖法〗(逮捕, 家宅捜索などの)**令状**; 委任状. There is a ～ out for the man. その男に逮捕状が出ている. The police made a forcible search without a ～. 警察は令状がないまま家宅捜索を強行した. issue a ～ for his arrest 彼に逮捕状を出す. Police served a new arrest ～ on the 15-year-old boy already in detention. 警察はすでに身柄拘留されている 15 歳の少年に対して新たな逮捕令状を執行した. →death warrant, search warrant. **4** C 証明書, 許可証, 免許証. **5** C 〖軍〗准士官(任命)辞令.
── 動 (**～s** /-ts/| 過 過分 **～ed** /-əd/| **～ing**) 他
1 〔物事が〕**を正当とする**, 是認する, (justify). Circumstances ～*ed* his action. 状況からみて彼の行動は妥当だった. His failure doesn't ～ firing him. 失敗したからといって彼を首にするのは正当ではない. Prospects for the peace talks do not ～ optimism. 和平交渉の展望は楽観を許さない.
2 (a) VO (～ X/*that* 節) **X を/..ということを保証する** (*guarantee*). This sewing machine is ～*ed* for a year. このミシンは 1 年間の保証付きである. The shop ～*s* the quality of all its goods. その店は全商品の品質を保証している. I ～ *that* this tie is made of pure silk. このネクタイは純絹製であることを保証する.
(b) VOC (～ X (*to be*) Y) **X が Y であることを保証する**. The teacher will ～ Tom diligent. 先生はトムが勤勉なことを保証してくれるだろう. The drug was ～*ed* not *to be* habit-forming. その薬は習慣性はないと保証されていた.
(c) VOO (～ X *that* 節) 〖章〗X (人)に..であることを保証する, 請け合う. I'll ～ you *that* our team will win. 我がチームが勝つことは請け合いだ. 語法 I('ll) warrant, I('ll) warrant you は〖旧〗でしばしば付加的に用いられる: Frank is a liar, I'll ～ (you). (フランクは間違いなくうそつきだ)
[＜古期北部フランス語(＝古期フランス語 *garant(ier)*)「保証(する)」]

wár·rant·a·ble 形 是認できる, 保証できる; 正当な. ▷**-bly** 副

war·ran·tee /wɔ̀ːrəntíː | wɔ̀r-/ 名 C 〖法〗被保証人.

wár·rant·er 名 ＝warrantor.

wàrrant of attórney 名 C 委任状.

wárrant òfficer 名 C 〖軍〗准士官, 准尉, 《将校と下士官との間》. 〖法〗保証人.

war·ran·tor /wɔ́ːrəntɔ̀ːr | wɔ́rəntɔ̀ː, -tə/ 名 C 〖法〗保証人.

‡**war·ran·ty** /wɔ́ːrənti | wɔ́r-/ 名 (複 **-ties**) UC **1** (商品などの品質, 修理に対する)保証(書). Is there a ～ on this camera? このカメラには保証が付いていますか. The refrigerator is still under ～. その冷蔵庫はまだ保証期間中である. **2** 〖章〗正当な理由; 権限; 〈*for* ..の〉. What ～ do you have *for* searching my house? 何の権限があって私の家の捜索をするのか.

War·ren /wɔ́ːrən, wɑ́r- | wɔ́r-/ 名 男子の名.

war·ren /wɔ́ːrən | wɔ́r-/ 名 C **1** ウサギの飼育場[群棲(せい)地]. **2** 入り組んでごみごみした地域[建物].

†**war·ring** /wɔ́ːriŋ/ 形 〈限定〉交戦中の; 敵対する.

†**war·ri·or** /wɔ́ːriər | wɔ́r-/ 名 C 〖雅〗武士, 武人; 古つわもの; (特に未開部族の)戦士. a ～ nation 勇武な国民[民族]. [古期北部フランス語]

War·saw /wɔ́ːrsɔː/ 名 ワルシャワ《Poland の首都》.

Wàrsaw Páct 名 〈the ～〉ワルシャワ条約機構《1992 年解消した東欧共産圏諸国の軍事協定》.

†**war·ship** /wɔ́ːrʃìp/ 名 C 軍艦《battleship, cruiser, destroyer など》.

Wàrs of the Róses 名 〈the ～〉〖英史〗バラ戦争 (1455–85)《York 家(白バラ)と Lancaster 家(赤バラ)との王位争いの内乱》.

‡**wart** /wɔːrt/ 名 C **1** いぼ. **2** (木の)こぶ. **3** 欠点.
wàrts and áll 〖話〗悪い点も全部含めて. [＜古期英語]
「顔にいぼ状の突起がある》.

wárt·hòg 名 C 〖動〗イボイノシシ《アフリカ南部産;顔にいぼ状の突起がある》.

*__war·time__ /wɔ́ːrtàim/ 名 U **戦時** (↔peacetime). in ～ 戦時中に. ～ propaganda 戦時の宣伝活動.

wár·tòrn 形 〈限定〉戦争で荒廃[疲弊(ひへい)]した.

wart·y /wɔ́ːrti/ 形 e **1** いぼ[こぶ]のある, いぼ[こぶ]だらけの. **2** いぼ[こぶ]状の.

wár whòop 名 C (北米先住民の)鬨(とき)の声.

War·wick·shire /wɔ́ːrikʃər | wɔ́r-/ 名 ウォリックシャー《イングランド中部の州; 州都 Warwick》.

wár wìdow 名 C 戦争未亡人.

W

†war·y /wé(ə)ri/ 形 e 用心深い, 油断のない, 〈*of* ..に対して〉; 慎重な; (類語 特に未経験・未知の事柄に対する不安に根ざす用心深さを言う; →careful). have a ～ look 油断のない顔つきをしている. Be ～ *of* strangers. 知らない人には用心しなさい. Jim was very ～ *of* lending money. ジムは金を貸すことには非常に用心深かった. keep a ～ eye on a flock of sheep 羊の群れを油断なく見張る. [〖古〗 *ware*「用心深い」, -y¹]

wár zòne 名 C 交戦地帯.

‡was /wəz, 強 wɑz|wəz, 強 wɔz/ 動, 助 be の第 1 [3] 人称・単数・直説法・過去形 (→be). 語法 主語が第 1 [3]人称・単数の時はしばしば仮定法過去形として were に代わって用いられる: If I ～ younger, I would climb the mountain. (もっと若かったらその山に登るところだが).
[＜古期英語 *wæs* (*wesan* 'be' の過去単数形)]

Wash /wɔːʃ, wɑʃ|wɔʃ/ 名 〈the ～〉 ウォッシュ湾《英国東部の Norfolk 州と Lincolnshire 州の間の北海の浅い入り江》.

‡wash /wɔːʃ, wɑʃ|wɔʃ/ 動 (**wásh·es** /-əz/|過 過分 **～ed** /-t/|**wásh·ing**) 他 【水で洗う】 **1 を洗う**, 洗濯する; VOC (～ X Y) X を洗って Y の状態にする. ～ one's hands and face 手と顔を洗う. The child can ～ himself. その子は自分で体を洗える. ～ the dishes 食器洗いをする. Mother ～*ed* a lot of clothes yesterday. 母はきのう衣類をたくさん洗濯した. *Wash* your car clean. 自分の車を洗ってきれいにしなさい.

2 VOA (～/X/*away*) X (汚れなど)**を洗い落とす**; 〈比喩的〉を洗い清める; (～ X *off, from, out of* Y) Y から X を洗い落とす. →成句 WASH /../ off, WASH /../ out. The rain ～*ed away* the dust of the summer. 雨は夏のほこりを洗い流した. Bertha's tears of remorse ～*ed away* her guilt. バーサの悔恨の涙が彼女の罪を洗い清めた. ～ the stains *off* one's hands 手からよごれを洗い落とす.

3 〔鉱石など〕を洗う《金などを見つけるために》.

【洗って流す】 **4** VOA **を押し流す**, 洗い流す, 〈*away*, *out*, *up*〉〈普通, 受け身で〉. A lot of houses were ～*ed away* by the flood. その洪水で多くの家が押し流された. be ～*ed* ashore [overboard, downstream] (波で)岸に打ち上げられる[船外にさらわれる, 下流に流される].

5 〔波, 流れなどが〕に打ち寄せる, を洗って浸食する, えぐる; 〔穴や水路など〕を掘る 〈*through* ..に〉 The waves ～*ed* a tunnel *through* the rocks. 波が岩を浸食してトンネルを掘った. The base of the lighthouse was ～*ed* by the sea. その灯台の土台には波が打ち寄せた.

【表面を洗う】 **6** を濡らす, 潤す. flowers ～*ed* with a heavy dew たっぷり露に濡れた花. **7** に薄く塗る, かぶせる; にめっきする; 〈*with* ..を〉. ～ the canvas *with* pale pink キャンバスを淡いピンク色に塗る.

── 自 【洗う】 **1 体(の一部)を洗う**. *Wash* before meals. 食事の前には手を洗いなさい. The child often fails to ～ behind his ears. その子はよく耳の後ろを洗わない《子供には耳の後ろは洗いにくい; →WET behind the ears》. **2 洗濯する**. Jane spent the whole morning ～*ing*. ジェーンは午前中ずっと洗濯をした.

【洗える】 **3** VA 〈A は様態の副詞〉 **洗濯がきく**; (色, 生地を損なわずに) 洗える; 〔汚れなどが〕洗って落ちる. This kind of cloth ～*es* well. この種の生地は洗濯がよくきく.

4 【洗いがきく＞品質がいい＞信頼できる】〖話〗 調査[検査]に耐える; 信用を得る; 〈*with*..の〉〈普通, 否定・疑問文で〉. I thought of telling my teacher why I was late, but didn't think it would ～ *with* her. 遅刻のわけを先生に説明しようと思ったが, 信じてもらえないと思っ(てやめ)た. Roy's explanation is interesting, but it won't ～. ロイの解釈は面白いが突っこむとぼろが出る.

【(洗うように)寄せる】 **5** VA 〈*against*, *along*, *over* ..を, に〉〖章〗〔波が〕洗う, 打ち寄せる. The waves ～*ed against* [*over*] the beach. 波は浜に打ち寄せた.

6 VA (～ ***over, through*** ..)〖章〗〔感情の波が〕..(の心)に押し寄せる. A feeling of pity for the poor dog ～*ed over* her. 彼女は哀れな犬に対する不憫(びん)の念に駆られた.

【洗われる】 **7** VA (～ ***away, out***) (水に)流される, さらわれる; えぐられる. The bridge ～*ed away* in the flood. 橋は洪水で流された.

wàsh /../ dówn (1)〔ほこり, 汚れなど〕を洗い落とす, 押し流す. (2)〔車, 壁など〕を**ざぶざぶ洗う**, 洗い流す. The walls have to be ～*ed down* before you paint them. 塀はペンキを塗る前に洗わなければならない. (3)〔食物〕をのどへ流し込む; 〔薬〕を飲み込む; 〈*with* ..〔飲み物, 水など〕で〉. ～ the bread *down with* milk 牛乳でパンを流し込む.

wàsh one's hánds 手を洗う; 手洗いへ行く.

wàsh one's hánds of .. →hand.

wàsh óff 洗って落ちる. These fruit stains won't ～ *off*. この果物のしみはぜんぜん落ちない.

wàsh /../ óff 〔ほこり, 汚れなど〕を洗って落とす, ..を洗ってきれいにする.

wàsh óut (1) 押し流される, 洗い流される (→自 7). (2)〔汚れ, 色などが〕落ちる, さめる. (3)〖米話〗落第する; 失敗する.

wàsh /../ óut (1)〔汚れ, 色など〕を**洗い落とす**, あせさせる; 〔汚れた服, 容器など〕をよく洗う. When you've brushed your teeth, ～ your mouth *out*. 歯ブラシで歯をみがいた後は口をすすぎなさい. (2) ..を押し流す, 洗い流す, (→他 4). (3)〔あらし, 洪水などが〕..を破壊する; 〔雨などが, 競技など〕を中止させる; 〔考え, 案, 希望など〕を捨てる, 断念する. The baseball game was ～*ed out* by the hurricane. その野球試合はハリケーンのために中止された. The second explosion ～*ed out* all hopes for survivors. 2度目の爆発で生存者への望みはすべてなくなった.

wásh over .. (1) →自 5, 6. (2)〖話〗〔非難などが〕〔人〕にあまり応(こた)えない, 聞き流される.

wàsh úp (1)〖米〗手や顔を洗う. (2)〖英〗(食後の)食器を洗う. Nelly helped her mother ～ *up* after dinner. ネリーは夕食後母親の食器洗いを手伝った.

wàsh /../ úp (1)〔波などが〕..を打ち上げる. A big shark was ～*ed up* on shore. 大きなサメが海岸に打ち上げられた. (2)〖英〗〔食後の食器〕を洗う. (3)〖話〗..を失敗させる, だめにする, 一巻の終わりにする, 〈普通, 受け身で〉. Bill's career in law was ～*ed up* after the incident. ビルの法律家としての経歴はその事件の後台無しになった.

── 名 (複 **wásh·es** /-əz/) **1** aU **洗う[洗われる]こと**, 洗濯; 〈the ～〉(洗濯屋での)洗濯. give the dog a ～ 犬を洗う. be in the ～ (洗濯物が)洗濯中である. The boy looked as if he had not had a ～ for years. 少年はまるで何年間も体を洗っていないかのように見えた. send a coat to the ～ 上着を洗濯に出す.

2 aU **洗濯物**, 洗い物. do the ～〖英〗洗濯をする. put the ～ in the sun 洗濯物を日に当てて乾かす. have a large ～ 洗濯物がたくさんある. hang the ～ on the line 洗濯物を物干し綱に掛ける.

3 aU〖章〗(水の)流れ, (波が)打ち寄せる˪こと[音]; (波が寄せるように)光に照らされること. The ～ of the waves against the cliffs kept me awake all night. 断崖(がい)に打ち寄せる波の音で夜通し眠れなかった.

4 C 〈しばしば複合語で〉洗浄剤; 化粧水. a mouth ～ うがい薬. an eye ～ 洗眼剤.

5 aU 水っぽい飲食物; U 汁混じりの残飯《豚の飼料になる》. **6** C (ペンキ, 金などの)薄い皮膜, めっき.

7 aU (船が進む時にできる)波, うねり; (飛行機によってできる)気流, 洗流. **8** UC ＝wash drawing.

còme óut in the wásh 〘話〙《洗濯して⌊はっきりする[消える]>》 (1) 〔恥ずべきことなどが〕世間に知れる. (2) 〔困難などが〕やがてうまく片付く, どうにかなる.

── 形 〘米話〙〈限定〉洗濯のきく (washable). a ～ coat 洗濯のきく上着. [<古期英語; water と同根]

Wash. Washington《州名》.

†**wásh·a·ble** 形 (生地, 色を損なわずに)洗える; 洗濯のきく. ▷**wàsh·a·bíl·i·ty** 名 U 洗濯のきくこと.

wàsh-and-wéar /-(ə)n- 移/ 形 〘主に米〙〔ワイシャツなどが〕洗濯後アイロンなしで着られる, ノーアイロンの, (wash'n'wear).

wásh·bàsin 名 〘英〙 =washbowl.

wásh·bòard 名 C **1** 洗濯板. **2** 〘米〙 =baseboard.

wásh·bòwl 名 C 〘米〙 洗面器; 洗面台 (washstand).

wásh·clòth 名 (複 →cloth) C 〘米〙 (洗顔用)タオル, 手ぬぐい, 《正方形で小型; 顔や体を洗うのに使う; 〘英〙 facecloth》.

wásh·dày 名 (複 ～s) UC 〘旧〙〈しばしば無冠詞〉洗濯日《しばしば家庭によって曜日を決めている》.

wásh dràwing 名 UC 単彩画(法), 墨絵(画法).

wàshed-óut /-t- 移/ 形 **1** 〈普通, 限定〉洗濯で色のさめた, 洗いざらしの. **2** 〈普通, 叙述〉くたくたに疲れた, くたびれた.

wàshed-úp /-t- 移/ 形 **1** きれいに洗った. **2** 〔人が〕すっかりしくじった, どうしようもない, だめになった.

‡**wásh·er** 名 C **1** 洗濯する人; 洗い手. **2** 〘話〙 洗濯機 (washing machine), 洗浄機. an electric ～ 電気洗濯機. a dish ～ 皿洗い機. **3** (ナットを緩まないようにする)座金, ワッシャー, 《プラスチック, ゴム, 金属などの》.

wàsher·drýer, -dríer 名 C 洗濯乾燥機《洗濯機と乾燥機が一体化したもの》.

wásher·wòman 名 (複 **-women**) C (昔の, 雇われ)洗濯女, 洗濯婦.

wash·e·te·ri·a /wɑ̀ʃərtí(ə)riə|wɔ̀ʃ-/ 名 〘英〙 コインランドリー(〘米〙 laundromat). [<*wash*+cafe*teria*]

wásh·hànd 形 〘英〙 洗面用の.

wáshhand bàsin 名 =washbasin.

wáshhand stànd 名 =washstand.

wásh·hòuse 名 (複 →house) C 洗濯場; 洗濯屋.

†**wásh·ing** 名 UC **1** 洗う[洗われる]こと, 洗濯. help Ma do the ～ お母さんが洗濯するのを手伝う. give a dirty shirt a good ～ 汚れたシャツをよく洗う.
2 〈集合的〉洗濯物, 洗い物. hang the ～ out 洗濯物を外に干す. bring in the ～ 洗濯物を取り込む. I have a lot of ～ to do today. 今日は洗濯物がたくさんある.
3 (洗い出された)砂金など; 洗浄剤[液]; めっき液[皮膜].

wáshing dày 名 〘英〙 =washday.

wáshing lìne 〘主に英〙 名 =clothesline.

wáshing lìquid 名 UC (洗濯用)洗剤せっけん.

wáshing machìne 名 C 洗濯機.

wáshing pòwder 名 UC (洗濯用)粉せっけん.

wáshing sòap 名 U 洗濯せっけん.

wáshing sòda 名 U 洗濯ソーダ.

***Wash·ing·ton** /wɔ́:ʃiŋtən, wɑ́ʃ-|wɔ́ʃ-/ 名 **1** ワシントン《米国の首都; メリーランド州とバージニア州の間にありどの州にも属さない; しばしば **Wáshington, D̀. C̀.** としてワシントン州と区別される; 米国政府を指すことがある》. **2** ワシントン《米国北西部・太平洋岸の州; 州都 Olympia; 略 Wash., WA 〘郵〙》. **3 George ～** ワシントン (1732–99)《独立戦争の総司令官; 米国初代大統領 (1789–97)》. [1, 2 は<George *Washington* (3)]

Wash·ing·to·ni·an /wɔ̀:ʃiŋtóuniən, wɑ̀ʃ-|wɔ̀ʃ-移/ 形 ワシントン(州)の; ジョージ・ワシントンの.
── 名 C ワシントン(州)の人.

Wàshington Mónument 名 〈the ～〉ワシントンモニュメント《Washington, D.C. にある; George Washington を記念する高い石の碑》.

Wàshington Póst 名 〈the ～〉『ワシントンポスト』《Washington, D.C. で発行されている有力日刊紙》.

Wàshington's Bírthday 名 ワシントン誕生日《2月22日; 米国の大部分の州では2月の第3月曜日として法定休日になっている》.

‡**wàshing-úp** 名 U 〘英〙 食後の皿洗い; (洗う前の)汚れた食器類.

wàshing-úp bòwl 名 C 〘英〙 (プラスチック製の)食器洗い桶(おけ).

wàshing-úp lìquid 名 U 〘英〙 食器洗い用洗剤.

wásh·lèather 名 UC (羊, カモシカなどの)もみ革, セーム革, 《ガラス, 金属などを磨く; →chamois》.

wàsh'n'wéar /-(ə)n-/ 形 =wash-and-wear.

wásh·òut 名 **1** U (道路, 鉄道などの)流失, 崩壊; C 流失[崩壊]箇所. **2** C 〘話〙 大失敗, へま. **3** 〘話〙 C (勉強, 修業などからの)落ちこぼれ.

wásh·ràg 名 〘米〙 =washcloth.

wásh·ròom 名 C 〘米・婉曲〙 洗面所; 手洗い, 便所; (lavatory).

wásh·stànd 名 C 洗面台《洗面道具一式を置く台; 昔寝室に置いた》; (給水設備の付いた)洗面台.

wásh·tùb 名 C 洗濯だらい.

wásh·wòman 名 (複 **-women**) =washerwoman.

wash·y /wɔ́:ʃi, wɑ́ʃi|wɔ́ʃi/ 形 e 〈けなして〉 **1** 〔液体が〕薄い, 水っぽい. ～ soup 薄いスープ. **2** 〔色が〕淡い, あせた. **3** 〔性格, 文体, 表現などが〕力のない, 弱々しい.

⁂**was·n't** /wɑ́z(ə)nt|wɔ́z(ə)nt/ 〘話〙 was not の短縮形.

WASP, Wasp /wɑsp, wɔ:sp|wɔsp/ 名 C 〘米〙 〈普通, 非難して〉アングロサクソン系白人のプロテスタント教徒, ワスプ, 《<*W*hite *A*nglo-*S*axon *P*rotestant; 米国の支配階級を成すと言われる》.

†**wasp** /wɑsp, wɔ:sp|wɔsp/ 名 C **1** 〘虫〙 スズメバチ, ジガバチ. **2** 怒りっぽい人, 気難し屋. [<古期英語]

wasp·ish /wɑ́spiʃ, wɔ́:sp-|wɔ́sp-/ 形 **1** スズメバチのような; =wasp-waisted. **2** 〈普通, 非難して〉怒りっぽい, 短気な; 意地悪な. a ～ remark 意地の悪い言葉. ▷**～·ly** 副 **～·ness** 名

wásp wàist 名 C (女性の)非常に細くくびれた腰.

wàsp-wáisted /-əd 移/ 形 〘旧〙〔特に女性が〕腰のくびれた, 細腰の.

wasp·y /wɑ́spi, wɔ́:spi|wɔ́spi/ 形 e =waspish.

was·sail /wɑ́s(ə)l, -seil|wɔ́seil/ 〘古〙 名 **1** U (特にクリスマスの)酒宴, 酒盛り; 酒宴用の酒《特に香料入りのビール, ワイン》. **2** C (昔, 健康を祝して行った)乾杯の声《'Good Health' と言う》.
── 動 自 酒宴に加わる, 酒盛りをする; 乾杯する.
gò wássailing クリスマスキャロルを歌って家々を回る.
[<古期北欧語 'Be in health!']

Wás·ser·mann tèst /wɑ́sərmən-|wɔ́s-/ 名 C ワッセルマン反応検査《梅毒の血清診断法》.

wast /wəst, 強 wɑst|wəst, 強 wɔst/ 動 〘古〙 2人称・単数・主格 thou に用いる be の直説法・過去形. ★これに相当する現在形は art.

wast·age /wéistidʒ/ 名 aU (使用, 腐食などによる)消耗, 損耗, ロス; 消耗度, 消耗高. estimate the ～ of electricity at $2,000 電力のロスを 2,000 ドルと見積もる. natural ～ (退職, 転職などによる従業員の)自然減.

⁂**waste** /weist/ 動 (**～s** /-ts/|過 過分 **wást·ed** /-əd/|**wást·ing**) 他 【無駄使いする】 **1** (**a**) を無駄にする, 浪費する, 〈*on* ..に〉; 〔機会など〕を逸する (miss). Jack ～*d* most of his money *on* horse racing. ジャックは大部分の金を競馬に無駄使いした. Don't ～ your time *on* such a TV program. そんなテレビ番組を見て時間を浪費するな. a ～*d* opportunity 逸した機会.
(**b**) 〔人, 能力など〕を無駄使いする 〈*in* ..〔仕事など〕で/*as*

..として〉; 〔良い物, 言葉など〕を無駄に使う 〈*on* ..〔人〕に〉; 〈普通, 受け身で〉. He's ～*d in* his present job. 彼は今の仕事では生かされていない. His jokes were ～*d on* them. 彼の冗談は彼らには(鈍感なため)全く通じなかった.

【だんだん無くする】 **2** 〔特に病気が〕〔体力〕を(徐々に)**弱らす**, むしばむ, 消耗させる, 衰えさせる, 〈普通, 受け身で〉. Alice was ～*d* by consumption. アリスは肺結核でやつれていた.

3 〔土地, 国など〕を**荒らす**, 荒廃させる, 〈しばしば受け身で〉. Our town was ～*d* by the bombs. 私たちの町は爆弾で荒廃した. The building was ～*d* by years of neglect. その建物は何年も手を入れなかったために荒れ放題になっていた. **4** 〖米俗〗〔人〕を消す (kill).

― 自 **1** 無駄使いする, 浪費する. *Waste* not, want not. 〖諺〗 無駄がなければ不足もない 《今浪費すれば後で困る》. **2** 無駄に使われる, 無駄になる. **3** (徐々に)減っていく, 消耗する. The water supply was *wasting* day by day. (水源地の)貯水量は日ごとに減っていた. **4** 〔時が〕過ぎて行く.

wàste awáy 衰弱する, やつれる, 弱くなる. The girl has been *wasting away* since she was sent to hospital. その少女は入院後だんだん衰弱してきている.

wàste one's bréath [***wórds***] →breath.

wàste nò tíme (***in***) ***dóing***＝***lòse nò tíme in dóing*** →time.

― 名 **1** aU 無駄, **無駄使い**, 浪費, (↔thrift). It's a ～ of time ⌞to wait [waiting] for Carl. カールを待つのは時間の無駄だ. Haste makes ～. 〖諺〗 急(せ)いては事を仕損じる.

連結 needless [deplorable, senseless, sheer, shocking; unavoidable] ～ // cause [cut down on, reduce; eliminate] ～

2 UC 〈しばしば ～s〉 **廃物**, 残り物, くず, (類語 工場などから出る廃水・廃棄物を指すことが多い; →garbage); (人, 動物の)排泄物. chemical ～*s* 化学廃棄物.

連結 industrial [nuclear; household; solid; liquid; hazardous; toxic; recyclable] ～ // treat ～

3 C 〖雅〗 〈しばしば ～s〉 **荒れ地**, 荒涼とした原野[水面]; 荒涼とした光景; (類語 一般的に人の住めない, また耕作されていない荒れ地; →desert[1]). the ～*s* of the Sahara 荒涼としたサハラの砂漠. **4** U 消耗; 摩損; 衰弱. **5** U (家屋などの)損傷; (土地などの)荒廃.

a wàste of spáce 〖話〗 役立たず(な人), でくのぼう.

gò [***rùn***] ***to wáste*** 無駄になる, 浪費される. I hate to see food *go to* ～. 食べ物が無駄になるのは絶対に見たくない. The farmers' efforts *went to* ～ owing to the flood before the harvest. 収穫期前の洪水のために農民たちの努力は水の泡になった.

lày wáste to.. ..を完全に破壊する.

― 形 ℂ **1** 〈限定〉 **廃物の**, 残り物の; 廃(棄)物用の; 不用の; 余分の. ～ water 廃水. ～ products (生産過程における)廃品. a ～ container 廃棄物容器. dispose of ～ materials in the ocean 廃物を海洋に投棄処分する. a ～ pitch 〖野球〗 捨て球, 遊び球. **2** 〔土地などが〕**荒れた**, 不毛の, 耕やされていない. a ～ land of cactus and sand サボテンと砂しかない不毛の地. The abandoned land lies ～. その見捨てられた土地は荒れ放題である.

lày /../ wáste 〖章〗 〔土地, 国など〕を荒らす, 荒廃させる. This city was *laid* ～ by air raids in World War II. 当市は第 2 次大戦時に空襲で荒廃した.

[＜古期北部フランス語(＜ラテン語 *vāstāre* 「空(から)の (*vāstus*) 状態にする」)]

wáste·bàsket 名 C 〖主に米〗 (紙)くずかご, くず入れ (wastepaper basket).

wast·ed /wéistəd/ 形 **1** 無用な, むだな. **2** 衰弱した, やつれた. **3** 〖俗〗 麻薬中毒の; 酒に酔った.

wáste dispòsal 名 **1** ＝disposal 4. **2** U 廃棄物処理.

***waste·ful** /wéistf(ə)l/ 形 m **無駄に使う**, 浪費する, 〈*of* ..を〉; 不経済な, 無駄な; (↔economical, frugal). Don't be so ～ *of* your money. そんなに金を無駄使いするな. a ～ man 浪費家. ～ habits 浪費癖.
[waste, -ful] ▷ **～·ly** 副 無駄に, 不経済に. **～·ness** 名 U 浪費; 不経済.

‡**wáste·lànd** 名 **1** UC 荒れ地, 不毛の地; 未開墾地; (類語 不毛であることに重点がある; →desert[1]).
2 C 〈普通, 単数形で〉 (知的・精神的な) '荒れ地' 《不毛の社会, 生活, 状態など》. a cultural ～ 文化荒廃の地.

waste·pa·per /wéis(t)pèipər|⌐⌐⌐/ 名 U 紙くず, ほご.

wástepaper bàsket 名 (★〖英〗では /⌐⌐⌐⌐⌐/ が最も普通) ＝wastebasket.

wáste pìpe 名 C 排水管.

wáste pròduct 名 C 産業廃棄物; (有機体の)老「廃物.

wást·er 名 C **1** 〈しばしば複合語で〉 (金, 時間などを)浪費する人[もの]. a time-～ 時間⌞を無駄にする人[が無駄になる事]. **2** 浪費家; ろくでなし. **3** 不良品.

wáste·wàter 名 U 廃水; 汚水, 下水.

wast·ing /wéistiŋ/ 形 〈限定〉 **1** 荒廃させる, 破壊的な. **2** 〔病気が〕体力を消耗させる.

wast·rel /wéistrəl/ 名 C 〖雅〗 〈非難して〉 浪費家, 乱費家; ろくでなし, やくざ者; 浮浪者.

‡**watch** /wɑtʃ, wɔːtʃ|wɔtʃ/ 動 (**wátch·es** /-əz/|過 過分 **～ed** /-t/|**wátch·ing**) 自

【油断なく見続ける】 **1 注意して見る**, 綿密に観察する. ～ breathlessly 息を殺してじっと見る. *Watch* carefully now. さあよく注意して見なさい. The boy ～*ed* as the snake swallowed a frog. 少年はそのヘビがカエルを飲み込む間じっと見ていた. Father never plays baseball, but he likes to ～. 父は野球はしないが, 見るのは好きだ.

2 見張りする, 警戒する; 用心する. The guards were ～*ing* along the fence. 警備員が塀に沿って見張っていた. *Watch* when you talk about religion. 宗教について話す時は用心しなさい.

3 〖古〗 寝ずの番をする. The mother ～*ed* all night at the bedside of her sick child. その母親は病気の子供のベッドのわきでひと晩中寝ずの番をした.

4 (見張って)待つ, 期待する; VA (～ ***for*** X/***for*** X ***to*** *do*) X を/X が..するのを待ち構える[受ける]. ～ *for* the mailman (*to* come) 郵便配達人が来るのを待つ. ～ *for* a chance 機会を待つ.

― 他 【動きを見守る】 **1** (**a**) を**見守る**, よく見る; を見物する; VO (～ ***wh*** 節・句) ..かをよく見る; (類語 動く[変化する]物を注意して見ること; 静止している物には普通使わないので「絵を見る」は watch a picture とはせず look at; →see). ～ television テレビを見る. ～ a football game フットボールの試合を見る. *Watch what* the coach does. コーチのすることをよく見ていなさい. *Watch what* you're doing! 〖話〗 それそれ(何をしているんだ)気をつけなさい. (**b**) VOC (～ X *do*/X *doing*) X が..する/X が..しているのを見守る 〈受け身不可〉. The mother was ～*ing* her son *cross* the street. その母親は息子が通りを横切るのを見守っていた. The climbers ～*ed* the sun ris*ing*. 登山者は日が昇るのを見詰めていた.

【用心して見守る】 **2** を**見張る**, 監視する, の番をする; VO (～ ***that*** 節) ..するように注意している. Several policemen ～ the building. 数人の警官がその建物を見張っている. set a dog to ～ sheep 犬に羊の番をさせる. He felt that he was being ~*ed*. 彼は監視されているような気がした. *Watch that* the baby does not fall out of the bed. 赤ん坊がベッドから落ちないように気をつけていなさい.

3 の世話をする, 看病をする. The nurse ~*ed* the wounded soldiers all night. その看護婦は負傷兵たちを徹夜で看病した.

4 〔機会など〕を期待して待つ, うかがう. ~ one's time 機会を待つ. A ~*ed* pot never boils. 〖諺〗期待して待つ間は長い《なべは見張っているといつまでも煮えない(感じがする)》.

5 〖話〗に注意する, 気をつける. ~ one's language [mouth] 言葉づかいに気をつける. *Watch* yourself! (けがなどしないように)気をつけろ; 言動に気をつけろ. ~ one's weight [one's calories] 太らないよう体重[(食事の)カロリー]に気をつける.

Wátch it! 〖話〗気をつけろ, 注意しろ.

wàtch óut 注意する, 用心する, 〈*for* ..に〉; 警戒する, 見張る, 〈*for* ..を〉. *Watch out*, the man has a gun! 気をつけろ, その男は銃を持っている. ~ *out for* avalanches 雪崩に注意する.

wátch over.. ..を監視する; ..を護衛する; ..の世話をする. Will you ~ *over* my bag while I'm buying our tickets? 切符を買う間私のかばんを見張っていてくれませんか.

wàtch one's stép →step.

Wàtch this spáce. 〖ジャーナリズム〗今後この欄に注目されたし, 乞御期待.

Yòu wátch. 見てごらん《私の言う通りになるよ》.

—— 名 (複 **wátch·es** /-əz/)

【見張り】 **1** aU **警戒**, 見張り; 用心, 注意. He was under continuous ~. 彼は絶えず見張られていた.

連結 a close [a careful, a vigilant] ~ // keep (a) ~ (on..)

2 C 当直勤務時間; 〖海〗ワッチ《船員が4時間ずつ分担する当直時間》; U 当直. be on [off] ~ 当直[非番]である. hold the midnight ~ 真夜中(午前 0-4 時)の当直に就く. **3** aU 寝ずの番, 寝ずの看護; C 〖雅〗〈普通 ~es〉夜(寝ずに[眠れずに]起きている時間). in the night ~es = in the ~es of the night 夜寝られない時に.

4 C 〈単数形で; しばしば the ~〉(1人又はひと組の)番人; U 〈the ~; 単複両扱い〉〈集合的〉夜警団, 夜番の人々. set [put] a ~ on the house その家に番人を付ける.

【時間を見張るもの】 **5** C **時計** 〈しばしば複合語で〉(類語 腕時計, 懐中時計など携帯用のものを指す; 置き時計, 柱時計などは clock). a wrist~ 腕時計. a ~ and chain 鎖つきの時計. My ~ neither gains nor loses. 私の時計は進みも遅れもしない.

連結 an accurate [a reliable; an analog; a digital; a mechanical; an electronic, a quartz] ~ // set [adjust; wind (up)] a ~; check one's ~ // a ~ keeps (good) time; a ~ is fast [right; slow]

****kèep (a) wátch*** 見張る, 寝ずに番する[看病する], 〈*on, over* ..を〉; 警戒する, 注意して待つ, 〈*for* ..を〉. *keep* ~ *over* the treasure 宝物の番をする. *keep* (*a*) close ~ *on* the radicals' activities 過激派の活動を厳しく監視する. *keep* ~ [*a* ~ *out*] *for* an invader 侵入者を警戒する.

on the wátch 見張って, 警戒して; 待ち構えて; 〈*for* ..を〉. Be *on the* ~ *for* any sign of enemy movement. 敵が動く気配がないか見張っておれ.

[＜古期英語「不寝番をする」; wake[1] と同源]

wátch·a·ble /-əbl/ 形 〖話〗〔テレビ番組や映画が〕面白い, 見がいがある.

wátch·bànd 名 C 〖米〗腕時計のバンド.

wátch·càse 名 C (腕[懐中]時計の)側(がわ).

wátch chàin 名 C 懐中時計の鎖.

‡**wátch·dòg** 名 C **1** 番犬. **2** 油断のない番人; 監視員. a ~ committee 監視委員会. Amnesty International plays the part of the human rights ~. 国際人権救援機構は人権を護る番犬の役を果たしている.

wátch·er 名 C **1** 番人, 監視人; 当直者. **2** 不寝番をする人; 看護人. **3** 〖米〗選挙立会人. **4** 〈しばしば複合語で〉(テレビの)視聴者, 観客; 観察者, ウォッチャー. a royal-~ 王室ウォッチャー. a ~ of the skies 〖雅〗空[星]を見つめる人 (star-gazer). →bird-watcher.

***watch·ful** /wátʃf(ə)l, wɔ́:tʃ-|wɔ́tʃ-/ 形 m **用心深い**, 注意深い, 油断のない, 〈*of, for, against* ..に対して〉; 警戒する. keep a ~ eye out *for* drugs 麻薬に目を光らせている. Be ~ *for* cars when you cross the street. 道を横断する時は車に注意しなさい. The statesman is always ~ *of* what he says. その政治家はいつも自分の言うことに用心している. [watch, -ful]

▷ **~·ly** 副 用心深く, 油断なく; 警戒して. **~·ness** 名 U 用心深いこと; 警戒.

wátch glàss 名 C 〖英〗腕[懐中]時計のガラスぶた.

wátching brìef 名 C 〖英法〗(弁護士あての)訴訟警戒依頼.

wátch·màker 名 C 時計屋《時計の製造, 修理をする》.

wátch·màking 名 U 時計製造[修理].

‡**wátch·man** /-mən/ 名 (複 **-men** /-mən/) C ガードマン, 警備員; 夜警.

wátch nìght 名 C 除夜(の礼拝式).

wátch-night sèrvice 名 UC 大みそかの夜の礼拝.

wátch·stràp 名 〖英〗= watchband.

wátch·tòwer 名 C 物見やぐら, 監視塔.

wátch·wòrd 名 C **1** 〖史〗(軍隊の)合い言葉 (password). **2** (政党, 社会運動などの)スローガン, 標語. the Revolutionary ~*s* of "liberty, equality, fraternity" 「自由, 平等, 友愛」という(フランス)革命のスローガン.

‡**wa·ter** /wɔ́:tər, wát-|wɔ́:tə/ 名 (複 **~s** /-z/)

【水】 **1** U (**a**) **水** (★温度に関係なく用いられ,「冷たい」とは限らない). Father drinks a glass of ~ every morning. 父は毎朝コップに1杯水を飲む. Add two cups of ~ and stir the mixture. カップ2杯の水を加えてかきまぜなさい. Oil and ~ do not mix well. 油と水はよく混ざらない. hard [soft] ~ 硬水[軟水]. A lot of ~ has flowed under the bridge since then. あれから随分月日がたったものだなあ (→WATER under the bridge). (**b**) (水道の)水, 用水. turn on [off] the ~ (栓をひねって)水を出す[止める]. →running water.

連結 hot [boiling; warm; tepid; cold; clean, pure; dirty, murky, polluted; drinking, potable; running; fresh; sea] ~ // draw [run; pour; spill; splash; sprinkle] ~ // ~ boils [evaporates; freezes; pours, runs; trickles; drips; leaks]

2 U 〈the ~〉**水中**. dive in the ~ 水にもぐる. Some snakes live in (the) ~. 水中に住む蛇もいる.

【大量の水】 **3** 〈~s〉川, 湖, 〖雅〗**海**; (海, 川, 湖などの)満々たる水; 洪水. cross the ~*s* 海[川, 湖]を渡る. the blue ~*s* of the Pacific 太平洋の青海原. Still ~*s* run deep. →deep 副.

4 〈~s〉(一国の)**海域**, 水域; 近海, 領海. Japanese ~*s* 日本近海. within our territorial ~*s* 我が国の領海内で.

5 U 水面, 海面. a leaf floating on the ~ 水面に浮いている一枚の木の葉. swim with one's head under the ~ 頭を水中に入れたまま泳ぐ.

6 U 水位, 潮位; 水深. →high [low] water.

W

7 Ⓤ 海路, 水路, (→by WATER).
【成分を含む水】 8〈しばしば ~s〉鉱泉水, 温泉の湯, 《飲料用》. table ~(s) 食卓用鉱泉水. take [drink] the ~s 鉱泉水を飲む, 湯治する.
9 Ⓤ 水溶液; 水薬; 水っぽい飲食物 《味の薄いスープなど》. lime ~ 石灰水. soda ~ ソーダ水.
10 Ⓤ 分泌液《涙, 汗, 尿, 唾(だ)液など》; (体の一部に病的にたまった)水; 〈普通 ~s〉羊水. ~ on the brain 脳水《hydrocephalus でたまる》. The slap brought the ~ to Mike's eyes. 平手打ちをくってマイクの目から涙が出た. a woman's ~ breaks [《英》 ~s break] 女性が(出産のために)破水する.
11 Ⓤ 水彩絵の具; Ⓒ 水彩画; (watercolor).
【成分>純度>品質】 12 Ⓤ (ダイヤなどの光沢・透明度による)品質; 品位, 程度, (→成句 of the first WATER).
13【仕上げ】 Ⓒ (織物, 金属などの)波紋.
14 Ⓒ 〖経〗水増し資本.
above wáter (1) 水面から首が出て. (2) (財政上などの)困難を免れて. My uncle is barely keeping *above* ~ in the business. おじはその事業をかろうじて続けている.
****by wáter*** 船で, 水路で, (→by LAND). go to Hawaii *by* ~ 船でハワイへ行く.
gèt into [be in] hòt wáter →hot water.
****hòld wáter*** (1) 〔容器が〕水を漏らさない. (2) 〖話〗〔理論, 計画, 論点などが〕理にかなう, すきがない, 〈普通, 否定文で〉. Your argument does not *hold* ~. 君の議論は成り立たない.
in [into] dèep wáter(s) →deep.
in smòoth wáter(s) (困難の後)順調で.
like wáter 〖話〗湯水のように, 惜しまずどんどん. Bill spent his money *like* ~. ビルは金を湯水のように使った.
màke wáter (1) =pass WATER. (2) 〔船などが〕浸水する.
mùddy the wáters 事態を(さらに)混乱させる.
of the fìrst wáter 第一級の. a craftman [fool] *of the first* ~ 第一級の職人[きわめつきのばか者].
on the wáter 船に乗って; 水上に.
pàss wáter 〖章〗小便する, 排尿する.
thròw [pòur] còld wáter on [over] . . 〖話〗〔計画, 考えなど〕の難点を突く, . . に水を差す, けちをつける. She loves to *pour cold* ~ *on* everybody's plans. 彼女はだれの計画にもけちをつけたがる.
tàke (the) wáter (1) 水に入る; 〔船が〕進水する. (2) 乗船する.
tèst the wáter(s) 探りを入れる, 様子をみる.
under wáter 水没して.
trèad wáter →tread.
wàter over the dám = wàter under the bridge (振り返ってはいけない)過去の出来事 (→图 1 (a) 最後の例文). It's all ~ *under the bridge*, I know, but my wife suffered because of that water. 振り返っちゃいけないのはよく分かっているが, 妻はそのことで大変苦しんだのだ.
— 動 (~s /-z/|過 過分 ~ed /-d/|~·ing /-t(ə)riŋ/) 他 1 〔植物, 地面など〕に水をかける[まく], 水をやる. ~ the tulips in the garden 庭のチューリップに水をやる. ~ the lawn twice a week 週に２度芝生に水をまく. 2 〔動物〕に水を飲ませる, 水をやる. ~ a horse 馬に水を飲ませる. 3 〔エンジン, 船など〕に給水する. 4 を灌漑(かんがい)する, に水を供給する, 〈しばしば受け身で〉. The river keeps our land well ~*ed* all year round. その川は私たちの土地に年中水を供給してくれる. 5 を水で薄める, 水で割る. ~ Scotch スコッチウイスキーを水で割る. →WATER /../ down. 6 〖経〗〔資本〕を水増しする《資産の増加に相応しない株式を発行して》. ~*ed* capital 擬制資本.
— 自 1 〔目が〕涙を出す; 〔口が〕よだれを垂らす. The smoke made our eyes ~. 煙で私たちの目から涙が出た. Bob's mouth ~*ed* at the sight of the beefsteak. ボブはビフテキを見て口からよだれを垂らした.
2 〔動物が〕水を飲む, 水を飲みに行く. The lions ~ at this river early in the morning. ライオンは朝早くこの川で水を飲む. 3 〔エンジン, 船などが〕給水される.
màke a person's mòuth wàter 人の食欲をかき立てる; 人によだれが出るほど欲しくさせる.
wàter /../ dówn 〈しばしば受け身で〉 (1) . . を水で薄める[割る]; . . を水増しする. This brandy has been ~*ed down*. このブランデーは水で薄めてある. (2) . . に手加減を加える; . . を柔らげる; を骨抜きにする. The criticism was ~*ed down* so as not to offend the writer. その批評は作者の感情を害さないように手加減して述べられた. He ~*ed down* the shock by telling her that he was only slightly injured. 彼女に彼は軽いけがをしただけだと言ってショックを柔らげた.
[<古期英語; wash, wet と同根]

Wáter Bèarer 图 〈the ~〉 =Aquarius.
wáter bèd 图 Ⓒ ウォーターベッド《温水を入れたマットレスを使用, 主に病人用》.
wáter bèetle 图 Ⓒ 〖虫〗水中に住む甲虫《ゲンゴロウなど》.
wáter bìrd 图 Ⓒ 水鳥.
wáter bìscuit 图 Ⓒ (小麦粉と水(や脂肪)で作った)甘味のないビスケット.
wáter blìster 图 Ⓒ (皮膚にできる)水ぶくれ, 水疱(ほう).
wáter·bòrne 形 1 水上に浮かぶ; 〔貨物が〕水上輸送の. 2 〔伝染病が〕飲料水を媒介とする.
wáter bòttle 图 Ⓒ 〖英〗水差し; 水筒 (〖米〗 canteen); =hot-water bottle.
wáter·bùck 图 Ⓒ 〖動〗ウォーターバック《水辺や湿地に住むアフリカ産のレイヨウ》.
wáter bùffalo 图 Ⓒ 〖動〗水牛《東南アジアで耕作に使用》.
wáter bùg 图 Ⓒ 〖米話〗〖虫〗水中[水辺]に住む昆虫《チャバネゴキブリなど》.
wáter-bùs 图 Ⓒ (川, 湖などの)水上バス.
wáter bùtt 图 Ⓒ 〖英〗天水おけ.
wáter cànnon 图 Ⓒ (デモ隊などを鎮圧するための)放水砲.
wáter càrt 图 Ⓒ 散水車.
wáter chèstnut 图 Ⓒ ヒシ(の実)《水生植物》; オオクログワイ(の塊茎)《中国料理に用いる》.
wáter clòck 图 Ⓒ 水時計.
wáter clòset 图 Ⓒ 〖旧〗(水洗)便所《略 W.C., w.c.》.
‡**wáter·còlor** 〖米〗, **-our** 〖英〗 图 1 ⓊⒸ 〈普通 ~s〉水彩絵の具 (★油絵の具は oil color). 2 Ⓤ 水彩画法. 3 Ⓒ 水彩画. ▷~·**ist** /-rist/ 图 Ⓒ 水彩画家.
wáter-còoled 形 水冷式の. a ~ engine 水冷式エンジン.
wáter còoler 图 Ⓒ 飲料水冷却器.
wáter·còurse 图 Ⓒ 1 (川, 地下などの)水流. 2 水路, 運河.
wáter·cràft 图 1 Ⓤ (操艇, 水泳などの)技術. 2 Ⓒ (個々の)船; 〈集合的〉船舶.
‡**wáter·crèss** 图 Ⓤ オランダガラシ, クレソン, 《アブラナ科の草本; 葉をサラダやスープにする》.
wáter cùre 图 Ⓒ 水治療法 (hydrotherapy).
wáter cỳcle 图 〈the ~〉(地球上の)水循環《海水が蒸発して陸に雨となって降り, また海に戻る》.
wáter divìner 图 Ⓒ 〖英〗水脈探知者.
wátered 形 1 灌漑(かんがい)された. 2 〔織物, 金属などが〕波紋のある. ~ silk 波紋を付けた絹. 3 水で割った.
‡**wàtered-dówn** /⑧/ 形 1 水で薄めた[割った]. 2 面白味が薄れた.
***wa·ter·fall** /wɔ́:tərfɔ̀:l, wɑ́t-|wɔ́:-/ 图 (複 ~s /-z/) Ⓒ 1 滝 (類語 滝を表す一般的な語; →cascade, cataract, fall 2). 2 後ろに垂らした女性の髪型.
wáter fìlter 图 Ⓒ (飲料水の)濾(ろ)過器, 浄水装置.
wáter flèa 图 =Cyclops 2.

wáter fòuntain 名 ＝drinking fountain.
wáter·fòwl 名 (複 ～, ～s) Ⓒ (狩猟用の)水鳥《カモ, ガンなど; →water bird》.
‡**wáter·frònt** 名 Ⓒ 〈普通, 単数形で〉臨海[水辺]地帯, ウォーターフロント, 《川, 湖, 海に接した土地》, 河岸(かし); 海岸通り.
wáter gàp 名 Ⓒ (川の流れている)峡谷.
Wat·er·gate /wɔ́:tərgèit, wát-|wɔ́:-/ 名 **1** ウォーターゲート事件《1972年, 米国民主党全国委員会のある Washington, D.C. の Watergate ビルに共和党側の人物が盗聴器を仕掛けたことに始まり, Nixon 大統領が辞任に追い込まれた》. **2** 〈または w-〉 Ⓒ (ウォーターゲート事件のような)政治的スキャンダル.
wáter gàte 名 Ⓒ 水門.
wáter gàuge 名 Ⓒ 水位計; (貯水池, ボイラーなどの)水面計.
wáter glàss 名 **1** Ⓒ 大コップ(tumbler). **2** Ⓒ (管状, 箱型の)水中眼鏡. **3** Ⓤ 水ガラス《珪(けい)酸ソーダの溶液; 特に防腐用として卵の殻に塗る》.
wáter hàmmer 名 Ⓒ 水撃の音《管内の水流を急に止めた時に生ずる》.
wáter hèn 名 Ⓒ バン《水辺に生息するクイナ科の鳥》.
wáter hòle 名 Ⓒ (乾燥地帯の)水たまり《野生動物の水飲み場》.
wáter ìce 名 ⓊⒸ シャーベット《果汁・砂糖入りのデザート用氷菓子》.
wá·ter·ing /-t(ə)riŋ/ 名 Ⓤ 散水; 給水.
wátering càn [pòt] 名 Ⓒ じょうろ.
wátering càrt 名 ＝water cart.
wátering hòle 名 Ⓒ **1** ＝water hole. **2** 〖俗〗パブ, 酒場, 《ふざけて言う》.
wátering plàce 名 Ⓒ **1** 〖主に英〗海水浴場; (保養用の)温泉場. **2** (動物の)水飲み場(water hole). **3** ＝watering hole 2.
wáter jàcket 名 Ⓒ 水ジャケット《機械の過熱冷却用水タンク》.
wáter jùmp 名 Ⓒ (障害競馬[競走]の)水濠(ごう).
wá·ter·less 形 **1** 水のない, 乾いた. **2** 〔料理などが〕水のいらない.
wáter lèvel 名 Ⓒ **1** 水位; ＝water table. **2** 水準器.
wáter lìly 名 Ⓒ 〖植〗スイレン.
wáter lìne 名 Ⓒ 〈普通, 単数形で〉〖海〗喫水線.
wáter·lògged 形 〔船などが〕浸水した; 〔木材, 地面などが〕水びたしになった.
Wa·ter·loo /wɔ́:tərlù:, ⸗⸗⸗|⸗⸗⸗/ 名 **1** ワーテルロー《1815年ナポレオンが Wellington 指揮の連合軍に大敗したベルギー中部の村》. **2** Ⓒ 〈普通, 単数形で; 時に w-〉(異例な成功の後の)大敗北, 惨敗.
*mèet one's **Wáterloo*** [***wáterloo***] 大敗北を喫する.
wáter màin 名 Ⓒ 水道[給水]の本管.
wáter·man /-mən/ 名 (複 **-men** /-mən/) Ⓒ 船頭; (船の)こぎ手.
wáter·màrk 名 Ⓒ **1** (海, 川などの)水位標. the high ～ of a river 川の最高水位標. →high-water mark, low-water mark. **2** (紙の)透かし(模様).
── 動 他 〔紙など〕に透かし(模様)を入れる.
wáter mèadow 名 Ⓒ (定期的に冠水する)牧草地.
wáter·mèlon 名 ⓊⒸ 〖植〗スイカ.
swàllow a wátermelon sèed 〈普通, 過去形で〉〖米俗〗妊娠する, (スイカみたいに)腹ぼてになる.
wáter mèter 名 Ⓒ (水の流量を測る)量水器, 水道のメーター.
wáter mìll 名 Ⓒ 水車小屋; (水車による)製粉所.
wáter mòccasin 名 Ⓒ ウォーターモカシン《米国南東部の川, 湿地などに住む大型の毒蛇》.
wáter nỳmph 名 Ⓒ 〖ギ・ロ神話〗水の精《美少女の姿をした女神》.
wáter pìpe 名 Ⓒ **1** 送水管. **2** 水ぎせる《煙を水中に通す喫煙具》.
wáter pìstol 名 Ⓒ 水鉄砲.
wáter plànt 名 Ⓒ 水生植物, 水草.
wáter pòlo 名 Ⓤ 〖競技〗水球.
wáter·pòwer 名 Ⓤ 水力.
***wa·ter·proof** /wɔ́:tərprù:f, wát-|wɔ́:-/ 形 ⓒ 防水の, 水を通さない. a ～ overcoat 防水外套(とう). a ～ watch 防水の時計. ── 名 (複 ～s) **1** Ⓒ 防水服, 〖主に英〗防水レインコート. **2** Ⓤ 防水布.
── 動 他 〔布など〕を防水加工する. [water, -proof]
wáter ràt 名 〖話〗＝water vole.
wáter ràte 名 Ⓒ 〖英〗水道料金.
wàter-repéllent, -resístant /⑧/ 形 (waterproof ではないが)水をはじく, (完全ではないが)耐水性の, 防水性の.
wáter rìghts 名 〈複数扱い〉水利権.
wáter·scàpe 名 Ⓒ 水辺の風景; 水景画.
‡**wáter·shèd** 名 Ⓒ **1** 分水界[線]. **2** 〖米〗(川の)流域. **3** (問題, 事態などの)分岐点, 別れ目. the ～ of my life 私の生涯の分岐点. the ～ election of 1979 1979年の(英国の)分岐点となった総選挙《以後保守政権が続いた》.
wáter·sìde 名 Ⓒ 〈the ～〉水辺, 水際; 〈形容詞的〉水辺の, 水際の.
wáter-skì 動 (～s|過 過分 ～ed|～·ing) 自 水上スキーをする. go ～*ing* in the lake 湖へ水上スキーをしに行く. ▷ ～·er 名 Ⓒ 水上スキーをする人.
wáter skì 名 Ⓒ 水上スキー(water-skiing)用の板.
wáter-skìing 名 Ⓤ 〖競技〗水上スキー.
wáter snàke 名 Ⓒ 〖動〗水蛇《水中[水辺]に住み無毒》.
wáter sòftener 名 ⓊⒸ 硬水軟化し剤[装置].
wáter-sòluble 形 水に溶ける, 水溶性の.
wáter spàniel 名 Ⓒ (水鳥狩猟用の)スパニエル犬.
wáter spòrts 名 水上[水中]競技.
wáter-spòut 名 Ⓒ **1** (海上の竜巻きによって生じる)水柱. **2** (縦の)雨どい.
wáter sprìte 名 Ⓒ 水の精.
wáter strìder 名 Ⓒ 〖虫〗アメンボ.
wáter supplỳ 名 Ⓒ **1** 給水(設備); 上水道. **2** (町, 地域などの)貯水量.
wáter tàble 名 Ⓒ 地下水面.
wáter·tìght 形 **1** 〔容器(状の物)が〕水を通さない, 防水の. ～ shoes 防水靴. **2** 〔議論, 計画などが〕水も漏らさぬ, すきのない, 完璧(ぺき)な.
wáter tòwer 名 Ⓒ **1** 給水塔. **2** (昔の高所火災用)放水やぐら.
wáter vàpor 名 Ⓤ (特に沸騰点以下で蒸発した)水蒸気.
wáter vòle 名 Ⓒ 〖動〗(水辺に住む)ミズハタネズミ.
wáter wàgon 名 Ⓒ 〖主に米〗給水車.
‡**wáter·wày** 名 (複 ～s) Ⓒ **1** (川などの船の通る)水路, 航路. **2** (特に木の甲板の)排水溝.
wáter·wèed 名 Ⓒ (各種の)水草, 藻(も).
wáter whèel, wáter·whèel 名 Ⓒ 水車.
wáter wìngs 名 〈複数扱い〉(水泳練習用の両肩につける)翼型浮き袋.
wáter·wòrks 名 **1** 〈単複両扱い〉水道[給水]設備. **2** 〈単数扱い〉給水[送水]場. **3** 〈複数扱い〉〖英話・婉曲〗泌尿器系統. **4** 〈複数扱い〉(見せ物としての)大噴水; 水芸.
tùrn on the wáterworks 〖話〗〈非難して〉(手放しで)泣き出す, 涙を流す; お涙頂戴を演じる.
wáter·wòrn 形 〔岩などが〕水に洗われて磨滅した.
***wa·ter·y** /wɔ́:t(ə)ri, wát-|wɔ́:-/ 形 ⓔ (**-ter·i·er**|**-ter·i·est**) **1** 水の; 水のような. **2** 〔飲食物が〕**水っぽい**;

W

〔土, 土地などが〕湿った, 水気の多い, 水っぽい. ～ coffee 薄いコーヒー. **3**〔目が〕涙ぐんだ. The smoke made my eyes ～. 私は煙が目にしみて涙が出た. **4**〔空, 月, 雲などが〕雨模様の, 湿っぽい. a ～ sky 雨模様の空. **5**〔色などが〕薄い, 淡い. **6**〔文体, 会話などが〕気の抜けた, 面白味のない.

a wàtery gráve 〖章〗'水中の墓'. go to *a* ～ *grave* 溺(でき)死する, 海の藻屑(もくず)となる. [water, -y¹]

▷**wa·ter·i·ness** 名 U 水っぽいこと; (文体などの)面白みのなさ.

WATS /wɑts|wɔts/ 名 U 〖米〗長距離電話サービス《一定の月ぎめ料金で契約地域への長距離電話が何回でもかけられる; ＜*W*ide *A*rea *T*elecommunications *S*ervice》.

Wat·son /wɑ́ts(ə)n|wɔ́t-/ 名 **1** 男子の名. **2 Dr.** ～ ドクター・ワトソン《Conan Doyle 作の推理小説に登場する医師で Sherlock Holmes の親友》.

Watt /wɑt, wɔːt|wɔt/ 名 **James** ～ ワット (1736–1819)《蒸気機関を完成したスコットランドの機械技術者・発明家》.

†**watt** /wɑt, wɔːt|wɔt/ 名 C ワット《電力の単位; 略 W, w》. a 100-～ light bulb 100 ワットの電球.

watt·age /wɑ́tidʒ, wɔ́ːt-|wɔ́t-/ 名 aU (電気器具の)ワット数. an electric iron with a ～ of 800 watts 800 ワットの電気アイロン.

wátt·hòur 名 C ワット時《1 時間 1 ワットの電力量; 略 Wh, wh》.

wat·tle /wɑ́tl, wɔ́ːtl|wɔ́tl/ 名 **1** U (壁, 垣, 屋根用の)編み枝; 〈～s〉編み枝用の材料《小枝, 細棒》. **2** U 〖植〗アカシアの一種《オーストラリア産; その金色の花はオーストラリアの国花》. **3** C (七面鳥などののどに下がっている)肉垂(にくすい).

wàttle and dáub 〖建〗荒打ち漆喰(しっくい)《編み枝に漆喰を塗ったもの; 以前壁用に使われた》.

wát·tled 形 **1** 編み枝で作った. **2** 肉垂のある.

wátt·mèter 名 C 〖電〗電力計.

Waugh /wɔː/ 名 **Evelyn** ～ ウォー (1903–66)《英国の小説家》.

Wave /weiv/ 名 C 〖米〗海軍婦人予備部隊員 (→ Waves).

‡**wave** /weiv/ 名 (複 **～s** /-z/) C

【波】 **1** 波, 波浪; 〖章〗〈the ～s〉海 (sea). the ～s lashing the rocks on the shore 岸の岩を激しく打っている波. The ～s ran very high. 波は非常に高かった.

> 連結 tall [mountainous, towering; foaming, frothy] ～s // ～s billow [roll, surge, swell] // ～s break on the shore; dash [crash, smash; thunder; lap] against the shore

2〖物理〗波動, 波, 《音波, 電波など》. radio ～s 電波. light ～s 光波. sound ～s 音波.

3 (頭髪の)ウェーヴ, 波. Patty's hair has a beautiful ～. パティーの髪にはきれいなウェーヴがかかっている. a permanent [natural] ～ パーマネント[天然パーマ].

【うねり】 **4** (地形の)起伏, うねり; 波動; 波状. the golden ～s of daffodils ラッパスイセンの金色の波.

5 (感情などの一時的な)高まり, 高潮, うねり. Ben used dirty words in a ～ of anger. ベンは憤慨のあまり汚い言葉を使った.

6 (気象, 社会情勢などの)急激な変動, 波; (到来する移民, 渡り鳥などの)波, 波状攻撃. a hot [cold] ～ 熱[寒]波. in ～s (→成句). The police tried to check the crime ～. 警察は押し寄せる犯罪の波を阻止しようとした.

【波のように動かすこと】 **7** (合図[あいさつ]のために)手[ハンカチなど]を振ること. The boy bade Susie good-by with a ～ of his hand. その少年は手を振ってスージーに別れを告げた. **8**〖米〗＝Mexican wave.

in wáves 波状的に, 定期的にどっと. Refugees entered our country *in* ～*s*. 避難民たちが波状的に我が国に押し寄せた.

màke wáves 〖話〗 (1) 波乱を起こす, 波風を立てる. (2) 波紋を広げる, 新風をおくる.

the wàve of the fúture 未来の波, (未来に向けての)時代の趨勢(すうせい). Deregulation is *the* ～ *of the future* and Japan must ride this wave. 規制緩和は時代の波で日本もこの波に乗らなくてはならない.

── 動 (～s /-z/|過 過分 ～d /-d/|**wáv·ing**) 自

1〔旗, 枝などが〕揺れる, 翻(ひるがえ)る. We could see the branches *waving* in the wind. 枝が風に揺れるのが見えた. **2** 手[ハンカチなど]を振る〈*at, to* ..に向かって/*to* do ..するように〉. The children ～*d at* the train. 子供たちは汽車に手を振った. Mike ～*d to* me as the car started. マイクは車が動きだすと私に手を振った.

3 波立つ, うねる; 〔頭髪が〕ウェーヴがかかっている. a *waving* line of mountains うねった山並み. Mary's hair ～s a little. メリーの髪は少しウェーヴがかかっている.

── 他 **1**〔手(に持った物)〕を振る, 揺り動かす, 〈*about*〉〈*to, at* ..に〉. ～ a handkerchief ハンカチを振る. The pupils ～*d* their hands *to* the teacher. 生徒たちは先生に手を振った. The villagers sang merrily *waving* their mugs of beer. 村人たちはビールの入ったジョッキを振り回しながら陽気に歌った.

2 (a) VOA 〔人〕に手[ハンカチなど]を振って合図する. The old man ～*d* the children *away* from the garden. その老人は手を振って子供たちに庭から出て行くように合図した. The policeman ～*d* us *on* [*through*]. その警官は私たちに進む[通り抜ける]ように手を振って合図した.

(b) VOO (～ X Y)・VOA (～ Y *to* X) 手[ハンカチなど]を振って X に Y (合図・あいさつ)をする. Kate ～*d* me hello from the bus. ケートはバスから私に手を振ってあいさつした. The girl ～*d* good-by *to* him from the window. その少女は窓から手を振って彼に別れを告げた. Because of the argument with his boss, he has ～*d* good-by *to* his promotion. 〖話〗上司と口論したために彼の昇進の目はなくなってしまった. (c) VOO (～ X *to do*) X に手[ハンカチなど]を振って..するように合図する. The manager ～*d* the boys *to* get out of the way. 支配人は少年たちにじゃまにならない所へ行くように手を振って合図した.

3〔頭髪〕にウェーヴをかける; をうねらせる, 波立たせる. have one's hair ～*d* at a beauty parlor 美容院で髪にパーマをかけてもらう.

wàve /../ asíde ..を払いのける; 〔考え, 提案など〕を退ける. Steve's suggestion was ～*d aside*. スティーヴの提案は退けられた.

wàve /../ dówn (合図に)手を振って〔車, 運転手〕を止める. The patrolman ～*d* us *down*. 巡回警官は我々の車を手を振って止めた.

wàve .. óff ..を手を振って見送る.

[＜古期英語「うねる, (合図に)手を振る」; 名 は 動 から]

wáve bànd 名 C 〖通信〗(ラジオなどの)周波帯.

‡**wáve·lèngth** 名 C **1**〖物理〗(音波, 電波などの)波長. **2** (各自の)考え方. be on a the same ～ 波長が合う; 考え方が一致する. He and I are on a different ～. 彼と私は波長が合わない[ものの考え方が全く違う].

wáve·less 形 波[波動]のない; 静かな.

wave·let /wéivlət/ 名 C 小波, さざ波.

***wa·ver** /wéivər/ 動 (複 ～s /-z/|過 過分 ～ed /-d/|～·ing /-riŋ/) 自 【ゆらぐ】 **1** 揺れる; 〔炎などが〕ゆらめく, ちらちらする; 〔声, 手などが〕震える. ～ in the breeze そよ風に揺れる. The girl's voice ～*ed* with emotion. その少女の声は感動で震えた.

【ぐらつく】 **2** 動揺する, ぐらつく; 変動する; 〔軍隊などが〕浮き足立つ. The rope bridge ～*ed* as Ted walked across. ロープの釣り橋はテッドが渡るとぐらぐら揺れた.

Stock prices ~*ed* for a while. 株の相場はしばらく安定しなかった.

3 迷う, 決めかねる, ためらう, 〈*between* ..の間で/*in* ..で〉. ~ *between* acceptance and rejection 受け入れようか断ろうかと迷う. He never ~*ed in* his faith in Christianity. 彼はキリスト教の信仰でぐらつくことはなかった. [＜古期北欧語「揺れる, ふらつく」]

▷ **~·er** /-v(ə)rər/ 名 C 揺れる人[物]; 迷う人. **~·ing·ly** /-v(ə)riŋli/ 副 揺れ動いて; ためらって, 迷って.

Waves, WAVES /weivz/ 〖米〗名 海軍婦人予備部隊《＜*W*omen *A*ccepted for *V*olunteer *E*mergency *S*ervice; →Wave》.

†**wav·y** /wéivi/ 形 e **1** 波の多い, 波立つ; 波動する, 揺れる. **2** 波状の, うねった, 起伏のある. ~ lines 波線. ~ hair ウェーヴのかかった髪. ~ terrain うねった地形.

▷ **wav·i·ly** 副 波立って; うねって. **wav·i·ness** 名 U 波立ち; 波形.

wa-wa /wɑ́:wɑ:/ 名 ＝wah-wah

‡**wax**[1] /wæks/ 名 U **1** ろう; みつろう (beeswax); 〈形容詞的〉ろう製の. melt ~ ろうを溶かす. This doll is made of ~. この人形はろうでできている. **2** (家具などを磨く)ワックス; 封ろう (sealing wax). **3** 耳あか (earwax). **4** 〖話〗(蓄音機の)レコード. put..on ~ ..をレコードに録音する. The song can now be heard on ~. その歌は今はレコードで聞ける.

be wàx in a pèrson's hánds 完全に人の言いなりになっている.

── 動 他 **1** にろう[ワックス]を塗る, をワックスで磨く. ~ a car 車にワックスをかける. ~ the kitchen floor 台所の床にワックスを塗る. **2** 〔脚など〕をワックスで脱毛する. **3** 〖話〗をレコードに吹き込む. **4** 〖米俗〗〔人〕をこてんこてんに負かす[やっつける]. [＜古期英語]

wax[2] 動 自 **1** 〔月が〕満ちる, 大きくなる, (↔wane). **2** 増大する, 強くなる. Prices continued to ~. 物価は上がり続けた. **3** 〖雅〗VC (~ X) 〔人が〕Xの状態になる (become). The old man ~*ed* angry with his disobedient daughter. その老人は言うことをきかない娘に腹を立てた.

wàx and wáne 〔月が〕満ち欠けする; 盛衰[増減]する. The empire ~*ed and waned* with the ages. その帝国は時代と共に盛衰した. [＜古期英語「増大する」]

wax[3] 名 aU 〖主に英話〗かっとなること, かんしゃく. get into a ~ かっとなる. [?＜*wax*[2] angry]

wáx bèan 名 C 〖植〗(米国産)インゲンマメの一種.

wàxed jácket 名 C ろう引きジャケット《防水性のアノラック風の上着》.

wáx(ed) pàper 名 U パラフィン紙, ろう紙.

wax·en /wǽks(ə)n/ 形 **1** 〖古〗ろう製の; ろう引きの. **2** (ろうのように)なめらかな; 柔らかい, 柔軟な. **3** 〖章〗〔顔などが〕青白い. a young woman with a ~ complexion 青白い顔をした若い女性.

wáx mòth 名 C 〖虫〗ハチミツガ.

wáx musèum 名 C 〖米〗ろう人形の陳列館 (waxworks).

wáx mỳrtle 名 C 〖植〗(米国産)ヤマモモ.

wáx·wìng 名 C 〖鳥〗レンジャク《翼の先端が赤いろうのような光沢がある》.

wáx·wòrk 名 **1** C ろう細工(品); ろう人形. **2** 〈~s; 単複両扱い〉ろう人形の陳列(館)《ロンドンの Tussaud's が有名》.

wax·y[1] /wǽksi/ 形 e ＝waxen 2, 3.

▷ **wax·i·ly** 副 **wax·i·ness** 名

wax·y[2] 形 〖英俗〗怒った (angry).

‡**way**[1] /wei/ 名 (複 **~s** /-z/)

【行く道】 **1** (**a**) C 〈しばしば the ~〉**道**, 通路, 道筋, 〈*to* ..〔ある場所〕への〉(類語 道を表す一般的な語; 特に, 具体的な道路そのものよりも道筋, 方向などの意味での道を指す; →path, road, street). Please tell me the ~ *to* the station. 駅へ行く道を教えてください. take the shortest ~ *to* the lake 最も近い道を通って湖へ行く. on one's ~ home 帰り道の途中で. (**b**) C 〈しばしば地名を伴って, 又は複合要素として〉道路, 通り. a high~ 幹線道路. a rail~ 鉄道. His house stands across [over] the ~. 彼の家は道の向こう側に立っている. York *Way* ヨークウェー. Kings~ キングズウェー. 《共にロンドンの街路名》. (**c**) U 〈the [one's] ~〉通り道, 進路, 行く手. stand in the ~ じゃまになる (→成句 in the way). (**d**) 〈~s; 単数扱い〉(新造船の)進水台.

2 【道を行くこと】 U 〈one's ~〉**進行**, 前進; 速度. gather [lose] ~ →成句. Slowly we made our ~ through the forest. 我々はゆっくり森の中を進んだ.

> 語法 make one's ~ をモデルに他の動詞を用いて簡潔な表現を作る; 例えば *elbow* one's way は make one's ~ by *elbowing* (ひじでかき分けて進む) の意味; 意味上 way を目的語にするのが不自然な動詞や自動詞を用いることもできる: *dance* one's ~ to world fame＝make one's ~ to world fame by *dancing* (ダンスで世界的に名声を博する), *lie* one's ~ out of awkward situations (うそを言ってまずい立場を切り抜ける). 同様に push [bore[1], chop[1], clear, crash, crush, fight, force, shoulder, shove, struggle, thrust; feel, find, fumble, grope, pick, poke[1], thread, twist, weave, win, wind[2]; pay, wing, work] one's ~ それぞれの動詞の項参照.

3 【道のり】 aU (★〖米話〗では a ~s の形もある; →-ways) **距離**, 道のり; (時間・程度の)隔たり. It is a long ~ to the village. その村まではかなり遠い. have a long ~ to go 〈比喩的にも〉この先道のりはまだ長い. The theater is a long ~ from here. その劇場はここからずっと遠くにある. My uncle lives a little ~ off. おじは少し離れたところに住んでいる. My son can swim quite a ~. 息子はかなりの距離を泳げる. Christmas is a long ~ off. クリスマスはまだずっと先だ. The station is not a great ~*s* away. 駅は大して遠くない.

4 【人生行路】 C 人生の道; 経験の範囲. come a person's ~ →成句.

【進路＞方向】 **5** C **方向**, 方角, 〈普通, 副詞的〉. This ~, please.(＝Please come this ~.) こちらへどうぞ. The river is the other ~. 川は反対の方角にある. The children were looking our ~. 子供たちは我々の方を見ていた. Which ~ is the post office? 郵便局はどの方向ですか. the other ~ about (→成句).

6 【方面】 U 〖話〗〈代名詞の所有格や地名などを伴い副詞句として〉(..の)近所, 付近. The family moved somewhere out Boston ~. その家族はどこかボストンあたりへ引っ越した.

7 【向き】 aU 〖話〗(健康, 事情などの)状態, 具合. Your mother is not in a good ~, so you'd better call the doctor. 君の母親の具合はよくないから医者を呼んだ方がいい. Things have been in a bad ~ ever since the manager died. 支配人が死んでから事態はずっと思わしくない.

【方面＞分野】 **8** C **点**, 観点, 細目, (respect). The book is excellent in every ~. その本はあらゆる面ですぐれている. The position offered was very attractive in some ~*s*. 勧められた勤め口はいくつかの点でなかなか魅力的なものだった.

9 U 〖話〗職業, 商売. My uncle is in the grocery ~. おじは食料品の商売をしている.

10 【分野＞部分】 (分割された)部分. be divided two [three] ~*s* 2[3]分割される.

【道筋＞やり方】 **11** C **やり方**, 仕方; 様式, 風習; 方法, 手段; 〈*to* do, *of* doing ..する〉(類語 方法の意味で最も一般的な語; fashion 1, manner, method). a right [wrong] ~ 正しい[間違った]方法. the best ~ (for you) *to* learn Italian (君が)イタリア語を学ぶ最善の方法. There are many ~*s of* arrang*ing* flowers. 花を生けるには多くの方法がある. the American ~ of life [living] アメリカ人の生活様式. The girls wore their hats in so many different ~*s*. 少女たちは全くばらばらなかっこうで帽子をかぶっていた. 語法 this, that などを伴う場合には前置詞 in が省略されることがある (《話》では省略するのが普通): June always acted (in) that ~. (ジューンはいつもそんなふうにふるまった), Don't write a letter (in) this ~. (こんなふうに手紙を書いてはいけない); 次の that ~ は補語の役をし, in を用いない: Well, it certainly looks *that* ~. (うん確かにそんなふうに見える). There is no ~ to do [of doing]. . . する手立てはない, . . するのは不可能だ.

12 Ⓒ (**a**) (個人の)**習慣**, 癖, 流儀; 〈しばしば ~s〉 話しぶり, 物腰; 〈しばしば ~s〉 (社会などの)慣習, ならわし; (類語 habit より意味が広い). get into [out of] bad ~*s* 悪習慣がつく[をやめる]. Susie has a ~ of wiggling her hips when she walks. スージーは歩く時腰をくねらす癖がある. These young people have not learned the ~*s* of the world. この若い人たちはまだ世間のならわしが身についていない. (**b**) 〈~s〉 行状, 身持ち. mend one's ~*s* 行いを改める.

****àll the wáy*** (1) **途中ずっと**; 初めから終わりまでずっと; はるばる. Mr. Smith drove *all the* ~ from Chicago to New York. スミス氏はシカゴからニューヨークまでずっと車を運転した. The girl was weeping *all the* ~. その少女はずっと泣き通しだった. He has come to attend my wedding *all the* ~ from the States. 彼は私の結婚式に出席するためはるばる米国から来てくれた. (2) 全部, 全く. I go *all the* ~ with you on this matter. この事については私はあなたに全面的に同意します.

along the wáy 道に沿って; 道すがら.

àlways the wáy 《話》(特に悪い事について)いつもながらの事. "Mike is absent." "That's *always the* ~ when we need him." 「マイクは来てない」「彼が必要な時はいつもこうだ」.

a wáys →名 3.

be sèt in one's wáys (年齢のせいで, 習慣, 考え方などに)凝り固まっている.

****by the wáy*** (1) (話題を変える時に)**ところで**; ついでながら. *By the* ~, have you received the letter yet? ところで君はもうその手紙を受け取りましたか. (2) 途中で; 道端で[に]. He drove on and on, but I suggested eating lunch somewhere *by the* ~. 彼はどんどん車を飛ばしたが私は途中どこかで昼食にしようと提案した.

****by wáy of . .*** (1) 《章》 **. .経由で**, . .を通って, (via). John went to Paris *by* ~ *of* London. ジョンはロンドン経由でパリへ行った. Buddhism reached Japan *by* ~ *of* Korea. 仏教は朝鮮を経て日本に到来した. (2) . .のつもりで; . .として. Don't say so even *by* ~ *of* a joke. 冗談にもそんな事を言うな. (3) . .するために. go to the village *by* ~ *of* helping them 彼らを助けるために村へ行く. (4) 《主に英旧》 いつも. .する; 〔. .という〕評判である; 〔. .の〕状態[身分]で; 〈do*ing*〉. My mother is *by* ~ *of* complain*ing* about high prices. 母は物価高をこぼしてばかりいる. Tom is *by* ~ *of* be*ing* a friend of mine. トムはまあ私の友人と言ってもいいでしょう.

clèar the wáy (通れるように)道をあける; 道を開く; 〈*for* . .に, への〉.

còme a pèrson's wáy 〔事件が〕人に起こる; 〔物が〕人の手に入る. the first chance that has *come* my ~ 私に巡って来た最初の機会.

cùt bóth wàys →cut.

èach wáy 《英》 (競馬などで)複勝へ(の) (賭(か)けた馬[犬]が 3 着以内に入れば当たり). bet £100 *each* ~ on a horse 馬に複勝へ 100 ポンド賭ける.

fìnd one's wáy →find.

gàther wáy 〔船などが〕速度を増す (↔lose way).

gèt [hàve] one's (ówn) wáy 思い通りにする, 気ままにふるまう. Mary insisted on *having* her *own* ~. メリーは自分の思い通りにすると言い張った.

****gìve wáy*** (1) **屈する**, 降参する, **譲歩する**, 折れる, 〈*to* . .に〉. Don't *give* ~ *to* their request. 彼らの要求に屈するな. (2) 道を譲る 〈*to* . .〔人〕に〉. (3) 〔心が〕くじける; 身を任せる 〈*to* . .〔怒り, 悲しみなど〕に〉. *give* ~ *to* despair 絶望に陥る. *give* ~ *to* tears [anger] たまりかねて泣き[怒り]出す. (4) 崩れる, 壊れる, 切れる. The roof *gave* ~ under the snow. 雪の重みで屋根は崩れた. The rope *gave* ~. ロープが切れた. (5) とって代わられる 〈*to* . .に〉. Tears *gave* ~ *to* smiles. 涙が微笑に変わった. My health improved as the severe winter *gave* ~ *to* spring. 酷寒が去って春になるにつれて私の健康は良くなった.

gò a lóng wày →go.

gò out of one's [the] wáy (1) 寄り道をする, 回り道をする. (2) わざわざ. .する; ことさら. .する; 〈*to* do〉. Joe *went out of the* ~ *to* find a job for me. ジョーは私に仕事を見つけようとわざわざ骨折ってくれた.

gò one's ówn wày 我が道を行く, 自分の思い通りにふるまう. Jack continued to *go* his *own* ~, heedless of his parents' advice. ジャックは両親の忠告を無視して思い通りにふるまい続けた.

gò the wáy of . . . .と同じ道をたどる[運命になる].

gò a person's wáy (1) 人と同じ方向へ行く, 人について行く. (2) 〔物事が〕人に都合よく運ぶ.

gò one's wáy 《旧》 立ち去る.

hàve a wáy with . . 〔人, 動物など〕を扱うのがうまい. Hal *has a* ~ *with* children. ハルは子供の扱いがうまい.

hàve a wáy with one 魅力[説得力]を持っている. The man really *has a* ~ *with* him. その男にはだれでも惚(ほ)れ込む.

hàve it bóth wàys 両天びんにかける, (正反対の)両方から利を得る. ★特に you can't に続けて用いる.

hàve it one's (ówn) wày =get [have] one's (own) WAY.

in a bíg wày 大規模に; 《話》 熱狂的に; 派手に. Tom is a coffee merchant *in a big* ~. トムは大々的にコーヒーの商売をしている. He fell for Jane *in a big* ~. 彼はジェーンにぞっこん惚(ほ)れ込んだ.

in a smáll wày 小規模に, 細々と.

****in a wáy*=*in óne wày*** **ある意味では**, ある程度は. Tom is a poet *in a* ~. トムはある意味では詩人だ.

in móre wàys than óne 2 つ以上の意味で.

in nó wày 決して. .ない. The two incidents are *in no* ~ related. その 2 つの事件は全く関係がない.

in one's (òwn) wáy (1) 自分のやり方で. Let me do it *in* my *own* ~. それを私のやり方でやらせてくれ. (2) 自分なりに, それなりに. He's quite a good fellow *in* his ~. 彼は彼なりにいい男だ. The play is all right *in* its ~, but the plot is a little too complicated. その戯曲はそれなりに結構だが筋がちょっと複雑すぎる.

****in the [a pèrson's] wáy*** (通るのに)**じゃまになって**. Some boys stood *in* her ~. 数人の少年が彼女の(行く手をふさいで)じゃまをした. There's a barricade *in the* ~. じゃまなバリケードがある. Something has always stepped *in the* ~ to prevent me from doing so. いつも何かが割り込んで来て私がそうするのを妨げた.

****in the wáy of . .*** (1) **. .のじゃまになって**. His pride always stood *in the* ~ *of* success. 彼の高慢さがいつも彼の成功のじゃまをした. (2) . .としては, . .の点で. Do you have anything *in the* ~ *of* food? 食べ物は何か持っていますか.

W

lèad the wáy 道案内をする, 先導する; 指導する, 手本を示す. The old man *led the* ~ through the forest. その老人が森の中の道案内をした. Sweden *led the* ~ in social welfare. スウェーデンは社会福祉で先頭を切った.
lòok the óther wày そっぽを向く; 見て見ぬふりをする. Local police *looked the other* ~ while the casino continued to operate. 地元の警察はカジノが営業を続けているのに知らん顔をしていた.
lòse wáy 〔船などが〕速度を落とす (↔gather way).
****lòse** one's* [***the***] ***wáy*** (1) **道に迷う**. The party *lost* its [*the*] ~ in the woods. 一行は森の中で道に迷った. (2) 目的を見失う.
màke wáy (1) 道をあける; 席を譲る; 〈*for* ..のために〉. The onlookers *made* ~ *for* the stretcher. 見物人たちは担架を通すために道をあけた. *make* ~ *for* a younger man 後進に道を譲る. (2)〖雅〗進む, はかどる, (advance).
****màke** one's* ***wáy*** (1) **進む**, 行く, (→图 2). (2) (社会で)自力でのし上がる; 自活する; (努力して)出世する, 成功する, (***màke** one's* ***ówn wày***).
nò wáy〖話〗(1)〈間投詞的〉ちがう, だめだ, とんでもない, (no). "Will you go with Bill?" "*No* ~!"「ビルと一緒に行くのか」「とんでもない」(2) 決して..ない (never). *No* ~ are we going to step aside. 我々は譲る意志は全然無い (★文頭にくると倒置が起こる). (3)〈there's no ~ ..として〉..は決してあり得ない. There's *no* ~ (that) I'll do such a thing. 私は絶対にそんな事しません.
óne wày and anóther あれやこれやで, あれこれ考え合わせて. Though over seventy, he leads a pretty busy life *one* ~ *and another*. 70歳を越しているが, 彼は何やかやとかなり忙しい日を送っている.
****óne wày or anóther*** どうにかして; あれやこれやで. I got through college *one* ~ *or another*. 何とか(やりくりして)大学は卒業した.
óne wày or the óther 何とかして, どちらにしても. I want to have your answer now *one* ~ *or the other*. (yes か no か)どちらにせよ今返事が欲しい.
on the wày óut (1) 出かける途中で. (2)〖話〗すたれかかって, 時代遅れで; 死にかかって. Miniskirts are *on the* ~ *out*. ミニスカートはすたれかけている.
****on** one's* [***the***] ***wáy*** (1) **途中で**〈しばしば副詞(句)を伴う〉. I met Jane *on* my ~ to the station. 駅へ行く途中でジェーンに会った. Jimmy saw a car accident *on the* ~ back from school. ジミーは学校から帰る途中で自動車事故を見た. (2) 出かけるところで, 出発し(かけ)て. I've got to be *on* my ~ now. もう帰らなきゃ. "I want you to come over here right away." "I'm *on* my ~."「こっちにすぐ来て欲しい」「すぐ参ります」(3) 進行中で; 近づいて; 〈*to* ..に〉;〖話〗〔子供が〕できて, おなかに入って. They're well *on* their ~ *to* getting a divorce. 彼らは離婚の1歩手前まできている. Their next child is *on the* ~. 彼らは次の子がもうすぐ生まれる.
òpen the wáy for [***to***] ***..*** ..への道を開く.
****out of the*** [*a pèrson's*] ***wáy*** (1)〈副詞的, 形容詞的〉じゃまにならない所に; どけて, 離れて; 片付けて, 始末して. Please get *out of the* ~. すみませんがどいてください. Stay *out of* my ~ for a while. しばらく(じゃまにならないように)離れていなさい. The king tried to put his cousin *out of the* ~. 王はいとこを殺そう[追い払おう]とした. All the chairs are *out of the* ~. いすは全部片付いている. (2)〈副詞的, 形容詞的〉道を離れて[外れて], 人里離れて. The church was far *out of* her ~. その教会は彼女の行く道筋から遠く離れていた. (3)〈形容詞的〉変わった, 異様な. The idea is a little *out of the* ~ in my opinion. 私の意見ではその考え方は少し異常だ. (4)〈形容詞的〉解決[処理]された, 済んだ. The difficult problem is not *out of the* ~ yet. その難問はまだ解決されていない.
òut** one's* ***wáy〖話〗近所に[で].
pàve the wáy for [***to***] ***..*** →pave.
pày** one's* (ówn***) ***wày*** →pay.
pùt anòther wáy 言い換えれば (★この put は過去分詞).
pùt** a pèrson* ***in the wáy of .. 人に..を得られるようにしてやる, 人に..ができるようにしてやる. I'd like to be *put in the* ~ *of* an opportunity to visit Paris. パリに行く機会が得られるようにしてもらいたい.
sèe** one's* ⌞wáy*** [***wày cléar***] ***to dòing*** [***to dò***] ..する見通しがつく, ..できるように思う, 〈普通, 否定文, 疑問文で〉. I can't *see* my ~ *clear to* mak*ing* a trip to England this year. 今年は英国へ旅行ができそうにない.
shòw the wáy =lead the WAY.
tàke** one's* ***ówn wày =go one's own WAY.
Thát's the wày! =WAY to go!
thát wày →that.
the òther way abóut [***aróund***] 逆に, 反対に. hold a wrench *the other* ~ *around* スパナを逆さまに持つ. It is said I hit him but in fact it was *the other* ~ *around*. 私が彼を殴ったと言われているが本当はその逆だった.
(***There are***) ***no twò wàys abóut it.*** 他に⌞やり[考え]ようは(2つと)ない.
****the wáy*** (1) **..のやり方** (★後続する節との間に in which を補って解釈する). Nobody likes *the* ~ you behave. 君のふるまい方を好む人はいない. (2)〈接続詞的〉**..するように** (as); ..するところから判断すれば. I want to be able to speak French *the* ~ Mary does. 私はメリーのようにフランス語が話せるようになりたい. There must be something wrong with the engine *the* ~ that car runs. あの車の走り方ではエンジンにどこか故障があるに違いない. (3)〈接続詞的〉..するために (so that).
under wáy 〔船が〕いかりを上げて, 航行中で; 〔計画, 活動などが〕進行中で. The ship had not been *under* ~ a week when it was attacked by pirates. その船はいかりを上げて1週間もしないうちに海賊に襲われた. The project has got *under* ~. その計画は始まった.
wàys and méans (ある事をするための)方法と財源; 〈一般に〉方法, 手段, やり方. have ~*s and means* of getting weapons 武器の入手方法がある. the *Ways and Means* Committee of the House of Representatives (米国の)下院歳入委員会.
Wày to gó!〖米話〗その調子; よくやった, でかした.
[<古期英語 *weġ*;「動く, 運ぶ」の語根から]

way[2] 副〈副, 前 の前に置いて〉〖話〗ずっと, はるかに, (far). ~ down this river この川をずっと下って. Bob was ~ behind in his studies. ボブは勉強がずっと遅れていた. ~ back in 1950 ずっと昔の1950年に. That stone is ~ too heavy. あの石ははるかに重すぎる.
[<*away*]

wáy·bìll 名 C 乗客名簿; 貨物運送状.

way·far·er /wéifè(ə)rər/ 名 C〖章〗(徒歩の)旅人.

way·far·ing /wéifè(ə)riŋ/ 形, 名 U〖章〗徒歩旅行(をする).

wày ín 名 C〖英〗入り口 (entrance).

wày·láid 動 waylay の過去形・過去分詞.

wày·láy 動 (→lay[1]) 他 〔人〕を待ち伏せる; を(いきなり)呼び止める; 《特に襲うために》. ▷ **~·er** 名 C 待ち伏せをする人.

wáy-màrk 名 C〖英〗(ハイキングコースなどの)道しるべ, 目印.

Wayne /wein/ 名 **John** ~ ウェイン (1907–79)《米国の映画俳優》.

wày-óut /㊇/ 形〖旧話〗とっぴな, 風変わりな; 前衛的な. a ~ life style 先端的な生活スタイル.

W

wày óut 名 C 〖英〗 **1** 出口 (exit). **2** (困難な事態などからの)逃げ道, 打開策.

-ways /weiz/ 接尾 「方向, 位置, 様態」を示す副詞を作る. length*ways*. [way, -s 3]

‡**wáy·sìde** 名 〈the ～〉 路傍, 道ばた. a milestone by the ～ 路傍の里程標. a ～ inn 道ばたの宿屋.
fàll by the wáyside (初志を貫けないで)途中で挫折(ざせつ)する《種が畑でなく道ばたに落ちて鳥に食われてしまったという聖書の故事から》.

wáy stàtion 名 C 〖米〗(主要駅間の)小駅, 中間駅,《急行列車は停車しない》. 「train).

wáy tràin 名 〖米〗(各駅停車の)普通列車 (local↑

‡**way·ward** /wéiwərd/ 形 **1** 〔人, ふるまいが〕わがままな, 強情な. his ～ son 彼のわがままな息子. **2** むら気の; 変わりやすい〔風など〕. [＜中期英語 *awayward*「そっぽを向いた」; away, -ward] ▷**～·ly** 副 **～·ness** 名

wáy·wòrn 形 旅で疲れた.

wa·zoo /wəzúː/ 名 C 〖米卑〗けつ (ass²).
hàve .. ⌊(còming) out the wázoo [ùp the wázoo] 大量の..がある[を持つ].

WB, W/B waybill. 「協会).

WBA World Boxing Association (世界ボクシング↑

WBC World Boxing Council (世界ボクシング評議↓

WbN west by north. ⌊会).

WbS west by south.

W.C., w.c. 〖旧〗 water closet; without charge.

WCC World Council of Churches (世界教会協議会).

‡**we** /wi, 強 wiː/ (★主格補語の時は常に /wiː/) 代 (人称代名詞; 1人称・複数・主格; 所有格 our, 目的格 us, 所有代名詞 ours, 再帰代名詞 ourselves, 3, 4 では ourself)
【自分を含む人々】 **1** 私たちは[が], 我々は[が]. *We* study English at school. 私たちは学校で英語を勉強する. *We* have three daughters. 私たちには娘が 3 人いる. It's *we* that are responsible for the accident. その事故に責任があるのは私たちである.

> 語法 (1) we には相手を含める場合と含めない場合とがある; 上の *We* have three daughters. が夫婦間で言われたのなら前者, 夫か妻かが第三者に言ったのなら後者である; 次の例では著者や講演者が読者, 聴衆を含めて we を用いる: as *we* saw on page 100 (100 ページにあったように) (2)「当店は, 弊社は」の意味で自分が所属する商店や会社などを表すことがある; また自分を含めてある地域や社会を漠然と指すことがある: *We* don't sell coffee, only tea. (私どもではコーヒーは扱っておりません. 紅茶だけです.) *We* have a mild climate here. (当地の気候は温暖である); →they 2, you 6. (3) 乗り物の乗務員が乗客に対して用いる自分も含めた we もある; 「当列車は」「本船は」「この飛行機は」などの意味になる: *We* will soon make a brief stop at Kyoto. (間もなく京都に短時間停車いたします).

2 〈総称的用法〉(一般人としての)我々は[が], 人はみな, (★この用法の we は自分を含めて言う; →one 代 1, you 5, they 2). *We* have to follow the dictates of our conscience. 我々は良心の命令に従わねばならない. *We*, the people, declare ourselves free. 我々人民は自由であることを宣言する. In Japan, *we* have a lot of rain in June. 日本では 6 月に雨が多い.
【I の代用】 **3** 〖章〗 朕(ちん)は[が], 余は[が], (★君主などが公式の場合に自分を指して用いる; これを一般に Royal (君主の) "we" と呼ぶ). *We* are pleased to learn of the victory of our fleet. 余は我が艦隊の勝利を知って喜んでいる.
4 我々は[が] (★新聞, 雑誌の編集者が親しみ, 謙遜(けんそん)を表すために自分を指して用いる; これを一般に editorial (編集者の) "we" と呼ぶ). *We* are obliged to question the soundness of the plan. その計画の妥当性を疑わざるをえない.
【you の代用】 **5** あなたは[が] (★子供, 病人などに対して共感の気持ちを表すため; これを一般に Paternal (親心の) "we" と呼ぶ). *We* must not tell lies, boy. 坊や, うそをついちゃいけないよ. How are *we* today, Mr. White? ホワイトさん, 今日は気分はいかがですか《医師や看護婦が患者に》. [＜古期英語 *wē*]

WEA 〖英〗 the Workers' Educational Association (労働者教育協会)《労働階級の人に低授業料で教育を行う民間団体》.

‡**weak** /wiːk/ 形 e 【弱い】 **1** (a) 〔体, 力などが〕弱い; 〔物が〕弱い, もろい; (類語 体などが弱いことを表す最も一般的な語; →delicate 7, feeble, fragile, frail, infirm, weakly); 〈the ～; 名詞的; 複数扱い〉 弱者(たち). a ～ girl (体の)弱い少女. the ～ 弱者たち. a man of ～ constitution 体の弱い人. Joe has a ～ stomach. ジョーは胃が弱い. Mary was getting ～*er* and ～*er* every day. メリーは日ごとに弱っていった. a ～ pillar 弱い柱. (b) 〔人, 団体などが〕影響力の弱い; 〔国, 軍事力などが〕弱い. (c) 〔音, 光などが〕弱々しい, かすかな; 〔反応, 表情などが〕力のない. speak in a ～ voice 弱々しい声で話す. wear a ～ smile 元気のないほほえみを浮かべる.
2 〔知覚, 知能, 学力などが〕劣った, 弱い; 下手な 〈*in, at* ..が〉. ～ sight 弱い視力. a ～ subject 不得意科目. a ～ point [spot] 弱点. Sam is ～ in the head. 〖話〗 サムは頭が弱い. Tommy is ～ *at* [*in*] history. トミーは歴史に弱い.
3 〔意志, 性格などが〕弱い; (道徳的に)弱い. a man of ～ character 性格[意志]の弱い人. Bob made a promise never to drink again but was too ～ to keep it. ボブは二度と酒は飲まないと約束をしたが意志が弱すぎて守れなかった.
【効き目が弱い】 **4** 〔スープ, 酒などが〕水っぽい, 薄い. This coffee is a little too ～. このコーヒーは少し薄すぎる.
5 〔議論, 証拠などが〕根拠の不十分な, 説得力の弱い; 〔制度, 方法などが〕弱点のある. a ～ alibi あやふやなアリバイ. Mike accused me on ～ evidence. マイクは私を不十分な証拠に基づいて告訴した. His article is ～ on documentation. 彼の論文は文献による裏付けが不十分だ.
【勢いが弱い】 **6** 〖商〗〔市場などが〕弱気の, 下向きの. a ～ market 弱含みの市場. a ～ yen 円安.
7 〖文法〗〔動詞が〕弱変化の. a ～ verb 弱変化動詞《もともと語幹母音の変化によらず語尾に -ed, -d を付けて過去形・過去分詞形を作る動詞; 現在の規則動詞よりは広く, make, have, put, send なども含まれる; このような動詞の変化を弱変化 (weak conjugation) と言う》.
8 〖音声〗 強勢[アクセント]のない; 弱形の. a ～ syllable アクセントのない音節. a ～ form 弱形《can の /k(ə)n/, him の /im/ など》. ◇↔strong
in a wèak móment →moment.
wèak at the knées 〖話〗(恐怖, 病気などで)ひざががくがくして立てない, へなへなとなって.
[＜古期北欧語「弱い, やわな」; 原義は「曲がる, 屈する」]

‡**weak·en** /wíːkən/ 動 (～s /-z/|過 過分 ～ed /-d/|～·ing) 他 を弱める; をもろくする; 〔酒, 茶など〕を薄める; (↔strengthen). The fever ～*ed* the patient. 熱でその患者は衰弱した. The new data certainly ～ your theory. その新しいデータは間違いなく君の理論をぐらつかせる. ― 自 弱まる; 〔意志, 決心などが〕ぐらつく, くじける. The dollar has been ～*ing*. ドル安になってきている. His courage ～*ed* in the face of many dangers. 幾多の危険に直面して彼の勇気はくじけた. [weak, -en]

wéaker sèx 名 〈the ～〉〖旧・婉曲〗 女性 (★現在

W

では差別的表現と考えられている).

wéak·fìsh [名] ([複] →fish) [C] 〖米〗ニベ科の食用魚《米国大西洋岸産》.

wèak-knéed /[移]/ [形] **1** ひざが弱い. **2** 弱腰の, 臆(おく)病な; 決断力のない. ～ foreign policy 軟弱外交.

‡**weak·ling** /wíːkliŋ/ [名] [C] 弱い人[動物], 病弱者, 虚弱者; 決断力のない人, 臆(おく)病者. [weak, -ling]

wèak línk [名] [C] (鎖の)弱い環; 弱点, 'アキレス腱'; (→link 1).

†**wéak·ly** [形] 病弱な, 虚弱な, ([類語] 慢性的に weak なのを言う). a ～ old man 病弱な老人.

── [副] 弱く, 弱々しく; 意気地なく, 優柔不断に.

wèak-mínded /-əd [移]/ [形] **1** 低能の; 精神薄弱の. **2** 決断力のない, 気の弱い. ▷ **～·ly** [副] **～·ness** [名]

***weak·ness** /wíːknəs/ [名] ([複] **～·es** /-əz/)

【弱さ】 **1** [U] **弱さ**, もろさ; 薄弱; (根拠などの)不十分さ. ～ of character 性格の弱さ. a sign of ～ 弱さの表れ, 決断力の欠除. the ～ of the evidence 証拠の不十分さ. **2** [U] **病弱**, 虚弱; 衰弱. *Weakness* kept my mother in bed. 母は病弱で寝たきりだ.

【弱み】 **3** [C] **弱点**, 欠点, ([類語] 自制心が働かないことに起因する小さな欠点; →fault). Drinking is one of his *～es*. (酒を)飲むのが彼の欠点の 1 つだ.

4 [C] 好きでたまらないこと 〈*for* ..が〉《何かが好きでたまらないことはその人の弱みにもなる》. Steve has a ～ *for* cognac. スティーヴはコニャックには目がない.

wèak síster [名] [C] 〖米話〗(集団内の)頼りにならない人, 臆(おく)病者, 足手まとい, 《普通, 男性》; (全体の中の)弱い[もろい]部分.

wèak-wílled /[移]/ [形] 意志の弱い.

weal[1] /wiːl/ [名] [U] 〖古・雅〗福祉, 繁栄, (well-being) 〈普通, 次の句で〉. in ～ and [or] woe 幸福な時も不幸な時も. for the common [general, public] ～ 公共の福祉のために. [<古期英語「富, 財産」]

weal[2] [名] ＝welt 3.

weald /wiːld/ [名] **1** [C] 森林地帯; 広野. **2** 〈the W-〉ウィールド地方《Surrey, Kent, East Sussex の諸州を含むイングランド南東部; 昔は森林地帯, 今は牧羊業とホップ生産が盛ん》. [<古期英語]

‡**wealth** /welθ/ [名] **1** [U] **富**, 財産. plenty of ～ 大財産. a man of great ～ 大富豪《男》. Health is better than ～. 健康は富にまさる.

> [連結] vast [fabulous, untold] ～ // acquire [gather; accumulate, amass; lavish, squander] ～

2 [aU] 〈大げさに〉豊富, 多量, 多数, 〈*of* ..の〉. a ～ *of* new information 豊富な新情報. The book contains a ～ *of* illustrations. その本には挿絵がたくさん入っている. the ～ *of* the soil and the sea 豊かな農産物と海産物, 山海の幸.

[<中期英語; well[1] (または weal[1]), -th[1]]

wealth·i·ly /wélθili/ [副] 裕福に, 豊かに. The man is ～ endowed with genius. その男は天賦の才を十分に与えられている.

wealth·i·ness /wélθinəs/ [名] [U] 富裕, 裕福; 豊富.

wéalth tàx [名] [UC] 富裕税.

‡**wealth·y** /wélθi/ [形] [e] (**-thi·er**|**-thi·est**) **1 富んだ**, 裕福な, ([類語] 安定した財力, 社会的影響力などに重点がある; →rich); 〈the ～; 名詞的; 複数扱い〉富める者たち. a ～ businessman 富裕な実業家. Diligence made Jim ～. ジムは勤勉なために金持ちになった.

2 富んだ, 恵まれた, 〈*in* ..に〉. The island is ～ *in* natural resources. その島は天然資源が豊富だ.

[wealth, -y[1]]

‡**wean** /wiːn/ [動] [他] **1** 〔幼児, 幼獣〕を離乳させる, 乳離れさせる. ～ a baby 赤ん坊を離乳させる.

2 [VOA] (～ X *off, from* ..) X(人)に〔好ましくない習慣, 嗜(し)好など〕を捨てさせる, やめさせる. It is difficult to ～ Johnny *off* TV. ジョニーをテレビから引き離すのは難しい. Father tried to ～ himself *from* liquor. 父は酒をやめようと努めた.

3 [VOA] (～ X *on* ..) X(人)を..の影響のもとで育てる〈しばしば受け身で〉. Our generation has been *～ed on* television. 我々の世代はテレビの影響を受けて育ってきた. [<古期英語]

wean·ling /wíːnliŋ/ [名] [C] 乳離れしたばかりの子供[動物の子].

‡**weap·on** /wépən/ [名] ([複] **～s** /-z/) [C] **武器**, 兵器; 凶器; 対抗手段[行動]. a lethal ～ →lethal. nuclear *～s* 核兵器. soldiers armed with *～s* 武装兵. raise a ～ against a person 人に向かって武器を振り上げる. Patience is sometimes the most effective ～. 忍耐はもっとも効果的な武器になることがある. [<古期英語]

> [連結] a deadly [a heavy; a light; a powerful; a sophisticated; a high-tech; a biological, a chemical, a conventional; a strategic, a tactical] ～ // fire [carry; draw; brandish, wield; cock; aim; load] a ～

wéap·oned [形] 武装した, 武器を持った.

wéap·on·less [形] 武器のない[を持たない].

weap·on·ry /wépənri/ [名] [U] 〈集合的〉武器[兵器]類. strategic ～ 戦略兵器(類).

‡**wear**[1] /weər/ [動] (**～s** /-z/|[過] **wore** /wɔːr/|[過分] **worn** /wɔːrn/|**wéar·ing** /wé(ə)riŋ/) [他]

【身につけている】 **1** を**着ている**, はいている, かぶっている; を身につけている; ([類語] wear, have on は「身につけている」状態を, put on は「身につける」という動作を表す: *put* a hat *on* (帽子をかぶる)). What shall I ～ today? 今日はどんな服を着ていたらいいですか. ～ green 緑色の服を着ている. ～ glasses [a jewel] 眼鏡をかけている[宝石を身につけている]. British policemen usually ～ no guns. 英国の警官は普通, 銃を携帯していない.

[語法] wear の目的語となるものの範囲は非常に広く, 例えば口紅 (lipstick) や香水 (perfume) も目的語になる.

2 〔ひげなど〕をはやしている; [VOC] (～ X Y) X(頭髪など)を Y にしている; [VOA] (～ X *in* ..) X(頭髪)を..にしている. ～ a beard あごひげをはやしている. ～ one's hair ⌊short [waved, *in* a ponytail] 髪を短くしている[髪にパーマをかけている, ポニーテールにしている].

3 【顔に'つける'】 **(a)** 〔表情など〕を**表している**, の顔つきをしている; 〔ある様子〕を見せている. ～ a sour look 不機嫌な顔つきをしている. ～ a smile 微笑を浮かべている. **(b)** 〔船が旗〕を掲げている

4 〈抽象的なものを目的語にして〉を担う, 保つ. He *～s* his honors with modesty. 彼は栄誉を受けながら謙虚である. She *～s* her years well. 彼女は少しも老けない.

5 【我慢して着る】 〖話〗に反対しない, を(不満でも)辛抱する, 〈普通, 疑問文・否定文で〉. He wants to be a boxer, but his parents will never ～ it. 彼はボクサーになりたがっているが両親はそれには絶対賛成しないだろう.

【着古す＞すり減らす】 **6** を使い古す, 着古す; を**すり減らす**; [VOC] (～ X Y) X をすり減らして[使い古して] Y にする. Constant use *～s* your jacket quickly. いつも着ていると上着は早くいたむ. ～ one's socks into holes ソックスを穴だらけになるまではく. The carpet is *worn* thin. そのカーペットはすり減って薄くなっている. The waves have *worn* the rock smooth. 波が岩をすり減らしてなめらかにした.

7 [VOA] (すり減らして)〔穴, 溝など〕を(..に)掘る, 作る. ～ a path *in* the field (踏み締めて)野原に小道を作る. ～ a hole *in* the rug 敷物をすり減らして穴をあける.

8 〔人〕を疲れさせる, やつれさせる, 〈しばしば受け身で〉. The mother was *worn* from nursing her son. 母親

W

は息子の看病で疲れていた.
9〖雅・詩〗〔時〕を過ごす〈doing ..して〉. **10**〖主にスコ〗〔羊など〕を次第に囲いに追い込む.
━ 自 **【次第に減る】** **1 すり減る**, 磨滅する; 使い古される, 損耗する; WC (~ X) すり減って X になる. The collar of my shirt has *worn*. 私のシャツのカラーはすり減っている. The doormat is ~*ing* thin. ドアマットはすれて薄くなってきた.
2 VA (~ *on, away*)〔時が〕ゆっくり経過する; 進行する. The afternoon *wore on*, but nobody showed up. 午後もだんだん遅くなってきたのにだれも姿を見せなかった.
3【すり減り方が..である>もつ】 VA〈A は様態, 時間を表わす副詞〉**長持ちする**, 使用に耐える, もつ;〈~ well で〉〖話〗〔人が〕いつまでも若々しい. That worsted will ~ well [badly]. あのウーステッド(毛織物)は長持ちする[しない]. She is over sixty, but she's *worn* well. 彼女は 60 過ぎだがまだ若々しい.
4〖主にスコ〗(ゆっくり)前進する.
wèar awáy (1) すり減る, 消耗する. (2)〔時が〕ゆっくり経過する. The summer *wore away*. 夏はゆっくり過ぎていった.
****wèar /../ awáy*** **..をすり減らす**, 消耗させる. Time has *worn away* the huge rock. 時の経過とともにその巨大な岩はすり減ってきた.
wèar dówn すり減る, 使い古される.
wèar /../ dówn (1) ..をすり減らす, 使い古す. The soles of the shoes are *worn down*. その靴の底皮はすり減っている. (2)〔人〕を疲れさせる. His recent illness has really *worn* him *down*. 彼は最近の病気ですっかり参ってしまった. (3)〔敵など〕を徐々に弱める, に粘り勝ちする, を克服する. We gradually *wore down* their opposition to our scheme. 我々の計画に対する彼らの反対を徐々に弱らせた.
wèar /../ ín〖英〗〔新しい靴〕を履き慣らす.
wèar óff (1) すり減る, すり切れる. The patterns on the plate *wore off*. 皿の模様はすり減って薄れた. (2) 徐々になくなる. Betty's charm never *wore off* as she grew older. ベティーの魅力は年をとるにつれて衰えることはなかった. The pain slowly *wore off*. 痛みは次第になくなった.
****wèar /../ óff*** (1) **..をすり減らす**, 使い減らす. ~ *off* the heels of the shoes 靴のかかとをすり減らす. (2) を徐々になくす. ~ *off* some of the fat by running 走って脂肪を減らす.
wèar óut (1) すり減る, すり切れる. The seat of his pants has *worn out*. 彼のズボンのしりはすり切れている. (2) 徐々になくなる. My fear began to ~ *out*. 私の恐怖は消え始めた.
****wèar /../ óut*** (1) **..をすり減らす**, 使い古す. The socks are *worn out*. その靴下ははき古されている. (2)〔人〕を**疲れ切らせる**, 飽きさせる;〔忍耐など〕を尽き果てさせる; (類語 ほぼ exhaust の意味; →tire). You must be *worn out* after such a long walk. 君はそんなに長く歩いた後だから疲れ切っているに違いない. My patience is *worn out*. 私は堪忍袋の緒が切れた. We waited for the storm to ~ itself *out*. 我々はあらしが自然に吹き止むのを待った.
wèar thróugh =WEAR out (1).
wèar /../ thróugh =WEAR /../ out (1).
wèar thín →thin.
━ 名 U **1 着用**, 身につけること; 使用. a suit for formal ~ 正装用スーツ. The coat is suitable for casual ~. その上着はふだん着に適している. be in ~〔衣服などが〕着用されている; 流行している.
2〈集合的〉衣服, 衣類,〈しばしば複合語を作る〉(類語 一定の型又は目的を持ったもの; →clothing). summer ~ 夏着. men's [ladies', children's] ~ 紳士[婦人, 子供]服. visiting ~ 訪問着. sports~ 運動着. under ~ 下着類. This kind of town ~ is now in vogue. この種の町着が今流行している.
3 磨滅, 損耗. These tires show no sign of ~. これらのタイヤはすり減っている様子が全くない.
4 使用に耐えること, 耐久性[力], 長持ち. There is still another year of ~ left in the shoes. その靴はまだもう1年はもつ.
be the wòrse for wéar (1) 着古されて(いたんで)いる, 使い古されている, くたびれている. (2)〖話〗〔人が〕疲れ(た様子をし)ている; 酔っ払っている.
wèar and téar すり切れ, いたみ. the ~ *and tear* on a car's engine 自動車のエンジンのいたみ.
[<古期英語「(衣服を)着る」]
wear[2] 動 (~s | 過 **wore** | 過分 **worn** | **wéar·ing**) 他〖海〗〔船〕を下手回しにする《風上に間切って進む場合, 方向転換の際図のように船首を1回転させる; →tack[1] 名 3 (c)》. **━** 自〔船が〕下手回しで向きを変える.
wear·a·ble /wé(ə)rəb(ə)l/ 形〔衣服, 装身具などが〕着用できる, 身につけられる; 着用に適した. **━** 名 C〈普通 ~s〉衣類. ▷ **wèar·a·bíl·i·ty** 名
wear·er /wé(ə)rər/ 名 C (衣類, 装身具などの)着用者, 使用者.
†**wea·ri·ly** /wí(ə)rili/ 副 **1** 疲れて. sigh ~ 疲れてため息をつく. walk ~ だるそうに歩く. **2** 退屈して, 飽き飽きして.
wea·ri·ness /wí(ə)rinəs/ 名 U **1** 疲労. feel ~ 疲労を感じる. **2** 退屈, 飽きること.
wear·ing /wé(ə)riŋ/ 形 **1** 疲れさせる; うんざりさせる. a ~ job 疲れる仕事. **2** 消耗させる, 弱くする.
wéaring appàrel 名 U〖章〗〖しばしば商〗衣料.
wea·ri·some /wí(ə)ris(ə)m/ 形 **1** 疲れさせる. a ~ task 疲れる仕事. **2** 退屈な, 飽き飽きする, うんざりする. a ~ holiday [speech] 退屈な休日[演説].
▷ **~·ly** 副 **~·ness** 名
***wea·ry** /wí(ə)ri/ 形 e (**-ri·er** | **-ri·est**) **1 疲れた**, 疲れている. ~ hikers 疲れたハイカーたち. get ~ by working hard 懸命に働いて疲れる. wear a ~ look 疲れた顔をする. The boys were ~ from the long walk. 少年たちは長い間歩いたために疲れていた.
2〈叙述〉**飽き飽きした**, うんざりした,〈*of* (do*ing*)..(すること)に〉. The hostages were ~ *of* the monotonous life. 人質たちは単調な生活に飽き飽きしていた. I've gotten ~ *of* (hear*ing*) your complaints. 君の不平(を聞くの)はもうたくさんだ.
3〈限定〉飽き飽きさせる, 退屈な; 疲れさせる. spend ~ days 退屈な日々を過ごす.
━ 動 (**-ries** /-z/ | 過 過分 **-ried** /-d/ | **~·ing**) 他〖章〗
1 を**疲れさせる** (類語 疲れさせて興味や熱意をなくさせるという意味を含む; →tire[1]). The old man was *wearied* by the long wait. 老人は長く待たされて疲れた.
2 を**退屈させる**, 飽き飽きさせる;〔人〕をうんざりさせる〈*with* ..で〉. The students were *wearied* to death by his lecture. 学生たちは彼の講義に退屈しきっていた. My wife always *wearies* me *with* her complaints. 妻はいつも不平を言って私をうんざりさせる.
━ 自〖章〗**1**〔体などが〕疲れる. **2** 退屈する, 飽きる, うんざりする,〈*of* ..に〉. ~ *of* reading philosophical works 哲学書を読むことに飽きる.
[<古期英語; wear[1] とは無関係]
‡**wea·sel** /wí:z(ə)l/ 名 C **1**〖動〗イタチ. **2**〖話〗(イタチのように)ずるい人, 油断のならない人. **3** 雪上車.
━ 動 自 (~s | 〖英〗-ll-)〖主に米話〗**1** 言葉をぼかす, 逃げ口上を使う. **2** VA (~ *out*) 義務[約束など]を逃れようとする, へっぴり腰の態度をとる; 回避する〈*of* ..〔責任など〕を〉. [<古期英語]
wéa·sel·ly 形 イタチのような, こそこそした.

W

wéasel wòrd 名 C 〘話〙意味をぼかすための言葉, 逃げ口上用の語, 《例えば it is alleged》.

‡**weath·er** /wéðər/ 名 U **1 天気**, 天候, 気象, (類語 ある場所での短期間の空模様; →climate). fine [bad] ～ 好天気[悪天候]. favorable ～ 好都合の天気. How was the ～ in Chicago? シカゴの天気はどうでしたか. Suddenly the ～ turned so bad. 急に天気はひどくなった. if this ～ holds [breaks] この天候が続けば[変われば]. What will the ～ be like? 天気はどうなるだろうか. In clear ～ we can see Mt. Fuji from here. 天気がいい時はここから富士山が見える.

連結 agreeable [beautiful, ideal; foul, inclement, nasty, rough, wretched; changeable; wet; dry] ～ // the ～ changes [improves; worsens]

2 〈しばしば the ～〉荒天, 荒れ模様. under stress of ～ 悪天候に妨げられて.

in àll wéathers どんな天候でも; どんな時世[境遇]にあっても.

màke hèavy wéather of.. 〘英〙..を難儀がる; ..を難しく考え過ぎる.

under the wéather 〘話〙健康がすぐれず; 不快で; 酔って, (少し)悪酔いして.

wèather permítting = ***if wèather permíts*** 天気が許せば. The party was to make an assault on the summit next day, ～ *permitting*. 一行は天気さえ許せば翌日登頂を試みる予定だった.

── 形 風上の, 風上にある, (windward). on the ～ side 風上に.

── 動 他 **1** 〔木材など〕を風雨にさらす, 外気にさらす; VOC (～ X Y) X を外気にさらして Y にする. ～ timber 木材を外気にさらして乾かす. **2** 〔岩石など〕を風化させる〈普通, 受け身で〉. ～*ed* rocks 風化した岩. **3** 〔悪天候, 困難など〕に耐える, を切り抜ける. ～ a danger 危険を乗り切る. ～ a [the] storm あらしを乗り切る; 難局を切り抜ける. **4** 〘海〙〔船が岬など〕の風上を通る.

── 自 **1** 外気で変化する; 風化する. **2** 外気(にさらされるの)に耐える. This raincoat ～*s* well. このレインコートは雨風に当たってもよくもつ.

wèather thróugh (悪天候, 困難などを)切り抜ける.

[＜古期英語; たぶん wind[1] と同根]

wéather-bèaten 形 **1** 風雨にたたかれた; 雨風でいたんだ. a ～ hut 風雨にさらされた小屋. **2** 〔顔, 皮膚などが〕風に吹かれ日に焼けた.

wéather·bòard 名 C 〘英〙〘建〙下見板; U 下見張り (**wéatherbòarding** とも言う; →clapboard).

wéatherboard hòuse 名 C 下見板造りの家《特に米国の New England に多い; clapboard house とも言う》.

wéather-bòund 形 〔船, 飛行機などが〕悪天候で遅れた, 進めない; 悪天候で家にこもった.

Wéather Bùreau 名 〈the ～〉〘米〙気象局, 気象庁, 《現在は **the Nàtional Wéather Sèrvice** と呼ぶ; 〘英〙 Meteorological Office》.

wéather chàrt 名 =weather map.

wéather·còck 名 C **1** (鶏の形をした)風見. ★鶏の形をしていない風向計は (weather) vane と言う. **2** (風見のように)気の変わりやすい人, お天気屋, '風見鶏(どり)'.

wéather èye 名 C 〈単数形で〉 **1** 天候(の変化)を読む鋭い眼. **2** 用心, 警戒.

kèep one's [a] wèather èye ópen いつも注意[準備]している〈*for* ..〔困難など〕に対して〉.

wéather fòrecast 名 C 天気予報. What's the ～ for tomorrow? 明日の天気予報はどうですか.

wéather fòrecaster 名 C 天気予報係[官].

wéather·glàss 名 C 晴雨計 (barometer).

weath·er·ing /wéð(ə)riŋ/ 名 U 〘地〙(木材, 岩石の)風化(作用).

wéath·er·ìze /-(ə)ràiz/ 動 他 〘米〙〔家など〕の断熱効果を強化する.

wéather·màn /-mæ̀n/ 名 (複 **-men** /-mèn/) C 気象台員, (ラジオ, テレビの)天気予報係[官]; 気象学者 (meteorologist). The ～ says tomorrow will be a cloudy day. 天気予報では明日は曇りだ.

wéather màp 名 C 天気図, 気象図.

wéather·pèrson 名 C (ラジオ, テレビの)天気予報係《男女共用の語》.

wéather·pròof 形 〔衣服, 建物などが〕風雨に耐える.
── 動 他 を風雨に耐えるようにする.

wéather ràdar 名 C 気象レーダー.

wéather repòrt 名 C 天気予報, 気象情報.

wéather sàtellite 名 C 気象(観測人工)衛星.

wéather shìp 名 C 気象観測船.

wéather stàtion 名 C 気象台, 測候所.

wéather strìp 名 C 目詰め《戸, 窓の目張り用の金属, ゴムなど》.

wéather-strìp 動 に目詰めをする.

wéather·strìp·ping 名 =weather strip; U 〈集合的に〉目詰め材.

wéather vàne 名 C 風見, 風向計, 《単に vane とも言う; →weathercock》.

wéather-wìse 形 **1** 天気の予測がうまい. **2** 世論[民衆の感情]の変化をうまく予測する.

wéather-wòrn 形 =weather-beaten 1.

***weave** /wiːv/ 動 (～s /-z/|過 **wove** /wouv/|過分 **wov·en** /wóuv(ə)n/, **wove**|**wéav·ing**) (★過去形・過去分詞は 自 2 と *weave* one's way では **～d**) 他
1 (a) 〔糸など〕を**織る**, 〔竹など〕を**編む**; 〔布など〕を**織る**, 〈*from, out of* ..から〉. ～ wool 毛糸を編む. (b) VOA (～ X *together*) X (材料)を織り[編み]合わせる. ～ thin bamboo strips *together* to make a basket 竹ひごを編んでかごを作る. (c) VOA (～ X *into* Y) **X を織って[編んで] Y を作る**. ～ grass *into* a hat 草を編んで帽子を作る. ～ a basket *out of* bark 木の皮でかごを編む. The cloth is *woven of* silk. その布は絹織物である.
2 〔クモなどが巣〕**を作る**. A spider was *weaving* a web. クモが巣を張っているところだった.
3 〔計画, 小説の筋など〕を作り上げる, 仕組む; 〔事実など〕を編む, 組み立てる, 織り込む, 〈*into* ..〔物語など〕に〉. ～ a tale 物語を作る. The writer *wove* his personal history *into* the novel. その作家はその小説に自分の経歴を織り込んだ.
4 VOA を縫うように進ませる. ～ one's way (→成句). Mother struggled to ～ a comb *through* my disobedient hair. 母は私のいうことをきかない髪をけんめいにくしでとかそうとした.
── 自 **1** 機(はた)を織る, 織物を作る. **2** VA 〔人, 車などが〕縫うようにして進む; 〔道などが〕曲がりくねる; 〈*through* ..を〉. The motorcyclist ～*d through* the slowly moving traffic. ライダーは渋滞する車の間を縫って走った.

gèt wéaving 〘英話〙(仕事などに)元気よく取りかかる; 速く歩き始める, 急ぐ.

wèave one's wáy (群衆の中を)縫うようにして進む (→way[1] 2 語法).

── 名 C 織り方, 編み方; ..織り, ..編み. a herringbone ～ 杉あや織り. [＜古期英語; web と同根]

†**weav·er** /wíːvər/ 名 C **1** 織る[編む]人; 機織(はたお)り職人. **2** =weaver-bird.

wéaver-bìrd 名 C 〘鳥〙ハタオリドリ《熱帯産》.

wéav·ing 名 U 機(はた)織り.

Web /web/ 名 〈the ～〉=World Wide Web.

***web** /web/ 名 (複 **～s** /-z/) C **1** (現在織機にかかっている)ひと機(はた)分の織物. **2 クモの巣** (cobweb). a butterfly caught in a spider's ～ クモの巣にひっかかったチョ

W

ウ. spin [weave] a 〜〔クモが〕巣を張る. **3** 網〈*of* ..の〉; 張りめぐらした仕組み〈*of* ..を〉. a 〜 *of* streets 網の目のような街路. Roy was trapped in a 〜 *of* lies. ロイはうそを張りめぐらした話にひっかかった. a tangled 〜 大混乱, 手のつけられない紛糾. **4** (水鳥などの)水かき; (コウモリなどの翼状の)膜, 蹼(ぼく). **5** ひと巻きの印刷用紙. [<古期英語]

webbed 形 **1**〔水鳥などの足が〕水かきのある;〔足指が〕間に水かき状の膜のある. 〜 toes 水かきのある足指. **2** クモの巣状の.

wéb·bing 名 U **1** (丈夫な)帯ひも《いすのスプリングの支え, 座席ベルトなどに用いる》; (野球のグラブ・ミットの)網; (ラケットの)ネット. **2** 水かきの皮膜.

We·ber /vé:bər/ 名 **Max** 〜 ウェーバー (1864–1920)《ドイツの経済学者・社会学者》.

web·foot 名 (複 →foot) C **1** /ᐩᐩ/ 水かきのある足. **2** /ᐩᐩ/ 水かきのある動物[鳥].

wèb-fóot·ed /-əd 形/ 形 足に水かきのある.

wèb óffset 名 U 〖印〗オフセット輪転印刷(法).

wéb·sìte 名 C 〖電算〗(インターネットの)ウェッブサイト, www サイト, (→site 3).

Web·ster /wébstər/ 名 **Noah** 〜 ウェブスター (1758–1843)《米国の辞書編集者・著作家》.

wèb-tóed /形/ 形 =web-footed.

*__wed__ /wed/ 動 (〜s /-dz/|過 過分 **wéd·ded** /əd/, 〜|**wéd·ding**) 他 **1** (**a**)〖古, 又は新聞用語〗と**結婚する** (marry); をめとる; に嫁ぐ. My son will 〜 Miss Jones in June. 私の息子は6月にジョーンズ嬢と結婚する. (**b**)〔牧師が〕を**結婚させる**; を結婚させる〈*to* ..に〉. Mrs. West is eager to 〜 her girls *to* wealthy men. ウエスト夫人は娘たちを金持ちの男に嫁がせたがっている.
2〖雅〗を結合させる, 結びつける,〈*to* ..に〉(unite). 〜 science *to* art 科学を芸術に結合させる. **3**〖章〗VOA (〜 X *to*..) X を〔仕事, 考えなど〕に執着させる〈普通, 受け身で〉. 〜 oneself *to* .. =be 〜*ded to* .. (→wedded 3).
── 自〖古, 又は新聞用語〗結婚する.
[<古期英語「(抵当を入れて)約束する>結婚する」; wage と同根]

Wed. Wednesday.

‡**we'd** /wid, 強 wi:d/ we had [would, should] の短縮形. We thought 〜 seen the man before. 我々はその男を以前見たことがあると思った. *We'd* better start at once. 我々はすぐ出発した方がいい. *We'd* like to see your father. 我々は君のお父さんに会いたい.

‡**wéd·ded** /-əd/ 形〖章〗**1**〈限定〉結婚した[している]; 結婚の; (★married の方が普通). a lawful 〜 wife 法的に結婚している妻. 〜 life 結婚生活. **2**〈叙述〉(密接に)結びつけられた, 結合された,〈*to* ..に〉. **3**〈叙述〉〔考え, 仕事など〕に執着して(いる), 没頭して(いる),〈*to* ..に〉. Professor Smith is 〜 *to* the traditional theory. スミス教授は伝統的な理論に執着している.

‡**wed·ding** /wédiŋ/ 名 (複 〜s /-z/) C **1 結婚式**, 婚礼. a church 〜 教会で行う結婚式. Helen and Bob's 〜 will take place next Sunday. ヘレンとボブの結婚式は次の日曜日に行われる. a 〜 dress [gown] ウェディングドレス. a 〜 card [invitation] 結婚式の招待状. a 〜 present 結婚祝いの贈り物. **2**〈普通, 修飾語を伴って〉..婚式, 結婚記念日. golden 〜 (anniversary) 金婚式《結婚50年目の記念日[式]; →silver [diamond, wooden] wedding (anniversary)》. **3**〖章〗(2つの異質な物の)結合, 融合. [<古期英語]

wédding bànd 名 =wedding ring.

wédding bèll 名 C 結婚式の鐘《結婚式を知らせる教会の鐘》.

wédding brèakfast 名 C〖英〗結婚披露宴《結婚式後, 新婚旅行出発の前に家族と招待客とで行う簡単な会食》.

wédding càke 名 UC ウェディングケーキ.

wédding chàpel 名 C 結婚式用の礼拝堂.

wédding dày 名 C **1** 結婚式の日. **2** 結婚記念日.

wédding màrch 名 C 結婚行進曲.

wédding nìght 名 C 結婚初夜.

wédding recèption 名 C 結婚披露宴.

wédding rìng 名 C 結婚指輪.

*__wedge__ /wedʒ/ 名 (複 **wédg·es** /-əz/) C **1** くさび. use a 〜 to split logs 丸太を割るためにくさびを使う. drive a 〜 into a log 丸太にくさびを打ち込む. **2** 分裂させる原因, 'くさび'. The dispute drove a 〜 between the two political parties. その議論は2つの政党の間を決裂させるくさびとなった. **3** くさび [V 字]形の物; ウェッジヒール (wedge heel) の靴.〖ゴルフ〗ウェッジ《頭部がくさび形のクラブ》. a 〜 of pie (くさび形に切った)パイのひと切れ.

__the thìn ènd of the wédge__ 重大事へ発展しそうな「ささいな事柄.

── 動 (**wédg·es** /-əz/|過 過分 **〜d** /-d/|**wédg·ing**) 他 **1** (**a**) にくさびを打ち込む, をくさびで裂く. 〜 a log 丸太にくさびを打ち込む. (**b**) を**くさびで固定する**[締める]; VOC (〜 X Y) X をくさびで Y の状態にしておく. 〜 a support under the beam 梁(はり)の下のところで支柱をくさびで固定する. 〜 the door open 戸をくさびで留めて開けておく. **2** VOA を無理に押し込む, 割り込ます〈*in, into* ..に/*between* ..の間に/*under* ..の下に〉. In the train I was 〜*d between* two big men. 電車の中で私は2人の大男の間にはさみ込まれた. The hostages were 〜*d into* a small room. 人質たちは狭い部屋に押し込められた. The fat man 〜*d* himself [his way] *into* the taxi. 太った男は体を押し込むようにしてタクシーに乗り込んだ.
── 自 VA (〜 *in*) (無理に)割り込む; (〜 *in, into, through*..) ..に割り込む. [<古期英語]

wedged 形 くさび形の.

wédge hèel 名 C ウェッジヒール《shank (土踏まず)が無く, heel と sole が平らにつながっている靴底》; ウェッジヒールの靴.

wédge-shàped /-t/ 形 くさび形[状]の, V 字形の.

Wedg·wood /wédʒwùd/ 名 U〖商標〗ウェッジウッド焼き《英国の陶器; 青地に白の古典的なデザインが特徴; <創業者 Josiah *Wedgwood*》.

wéd·lòck 名 U〖旧章〗(合法な)結婚状態, 婚姻.
__bòrn in__ [*__out of__*] *__wédlock__*〖章〗嫡出[庶出]の[で].
[<古期英語「結婚の誓い」]

‡**Wednes·day** /wénzdi, -dei/ 名 (複 **〜s** /-z/) (★用法 →Sunday 注意) **1** C〈しばしば無冠詞〉**水曜日**《略 Wed(s).》. **2**〈形容詞的〉水曜日の. **3**〈副詞的〉水曜日に; 〈〜s〉水曜日にはいつも. [<古期英語「Woden の日」]

Weds. Wednesday.

wee[1] /wi:/ 形〈限定〉**1**〖スコ〗ごく小さい, ちっちゃな. a 〜 boy ちっちゃな男の子. **2**〖話〗ごくわずかの, ちょっぴりの. a 〜 drop of whiskey ほんのひとたらしのウイスキー. **3**〖米〗〔時刻が〕早い. sit up until the 〜 hours of the morning [night] 夜中1,2時ごろまで起きている (→small hours).
__a wée bit__〖話〗ほんの少し. You're just *a* 〜 *bit* wrong. 君はちょっぴり間違っている.
[<古期英語「重さ, 量」; 現在の意味は a little *wee*「わずかな(量)」からか]

wee[2] 名, 動 =wee-wee.

‡**weed** /wi:d/ 名 (複 〜s /-dz/) **1** C **雑草**; UC 水草, 海草. pull up the 〜*s* in the garden 庭の雑草を抜く. My garden is overgrown with 〜*s*. 我が家の庭は雑草が生い茂っている. Ill 〜*s* grow apace.〖諺〗憎まれっ子世にはばかる《雑草は生長が速い》. **2** C〈the 〜〉〖旧話〗〈集合的〉巻きたばこ, 葉巻; たばこ. **3** U〖旧俗〗マリファナ. **4** C〖話〗やせてひょろひょろした人, '豆もやし';

W

へなちょこ人間, 弱虫.
── 動 (~s /-dz/|過 過分 wéed·ed /-əd/|wéed·ing) 他 〔庭など〕の**草取りをする**, から雑草を除く. I find it tiresome to ~ the garden. 庭の草取りは面白くない. ── 自 草取り[除草]をする.
wèed /../ óut 〔無用[有害]なもの[人]〕を取り除く, 除去する, 〈*out of, from* ..から〉. ~ the dandelions *out of* the lawn 芝生からタンポポを取り除く. The irrelevant data have to be ~*ed out*. 無関係な資料は除かなければならない. [<古期英語]
wéed·er 名 C 草取りをする人; 除草器[具].
wéed kìller 名 C 除草剤 (herbicide).
weeds /wi:dz/ 名〖古〗〈複数扱い〉(特に未亡人の)喪服 (widow's weeds). [<古期英語「衣服」]
weed·y /wí:di/ 形 e **1** 雑草だらけの. a ~ lawn 雑草だらけの芝生. **2** (雑草のように)成長が速い, すぐにはびこる. **3**〖話〗〔人, 動物が〕ひょろ長い, ひ弱(そう)な.
▷ **weed·i·ly** 副 **weed·i·ness** 名
‡**week** /wi:k/ 名 (複 ~s /-s/) 【週】 **1** C **週** ((日曜又は月曜からの 7 日間; 〖米〗では日曜~土曜, 〖英〗では月曜~日曜を言うことが多い)); 1 週間, 7 日間. What day of the ~ is it today? 今日は何曜日ですか. There are seven days in a ~. 1 週間には 7 日ある. We have an English examination this ~. 今週英語の試験がある. The puppy is three ~*s* old. その子犬は生後 3 週間です. Mother was ill in bed all ~. 母はその週ずっと病気で寝ていた. write a letter once a ~ 週に 1 度手紙を書く. stay for two ~*s* 2 週間滞在する. take a two ~*s'* holiday 2 週間の休暇を取る. We haven't heard from him for ~*s*. 彼から何週間も便りがない. pay the wages by the ~ 週ぎめで賃金を払う. every other ~ 隔週ごとに. last [next] ~ 先[来]週. the ~ before last [after next] 先々[来々]週. on Monday ~=a ~ on Monday 来週の月曜日に. a ~ from [ago] today 来週[先週]の今日 ((〖英旧〗ではこれを today [this day] ~ で表し,「先週」と「来週」の区別は文脈による)). a ~ last Friday この前の金曜の 1 週間前に. She was married ˛a ~ ago Friday〖主に米〗[Friday ~〖主に英〗]. 彼女は先週の金曜日に結婚した. We will hold a meeting ˛a ~ from tomorrow〖主に米〗[tomorrow ~〖主に英〗]. 我々は来週のあした会議を開く.
2 U 〈しばしば W-〉(特別な行事などのある)..週間. Fire Prevention *Week* 火災予防週間. Christmas ~ クリスマス週間.
3【週の就業日】C (月曜日から金曜日または土曜日までの)就業[授業]日, 平日; 週労働時間, 週..時間制, (→workweek). I have no time during the ~. 私は平日には暇がない. The five-day ~ is becoming usual in Japan, too. 週 5 日制は日本でも普通になってきている. work a 42-hour ~ 週 42 時間制で働く.
a wèek of Súndays*=*a wèek of wéeks → Sunday.
from wèek to wéek =WEEK by week.
knóck a person into the mìddle of nèxt wéek 〖話〗〔人〕を打ちのめす.
wèek after wéek =WEEK in, week out.
wèek by wéek 1 週また 1 週と〔大きくなるなど〕.
wèek ín, wèek óut 来る週も来る週も, (相も変わらず)毎週. Every Sunday, ~ *in*, ~ *out*, he goes golfing. 毎日曜日来る週も来る週も彼はゴルフに行く. [<古期英語]
‡**week·day** /wí:kdèi/ 名 (複 ~s /-z/) C (日曜日(・土曜日)を除いた)**平日**, 週日, ウイークデー. I am very busy (on) ~*s*. 私は平日は非常に忙しい(★ on を略すのは〖米〗). ~ opening hours 平日の営業[開店, 閉館]時間.
‡**week·end** /wí:kènd|⏑⏑/ 名 (複 ~s /-dz/) C **1 週末** ((金曜日の夜, 又は土曜日の午後から次の週の仕事[学校など]が始まるまで)). a long ~ (土, 日の 2 日間又は金と月の一方又は両方を含めた)長い週末. spend the ~ at the seaside 海辺で週末を過ごす. (on) ~*s*〖米〗= at ~*s*〖英〗週末に.
2 〈形容詞的〉週末の. take a ~ trip 週末旅行をする. a ~ cottage 週末に使う別荘.
over the wéekend 週末をずっと; 先週末に.
── 動 自 〈普通, 進行形で〉週末を過ごす. My parents are ~*ing* at Karuizawa. 両親は軽井沢で週末を過ごしている. 「行用の)小かばん.
wéek·ènd·er 名 C **1** 週末の旅行者. **2** (週末旅↑
wéek·lòng 形 〈限定〉(期間が)一週間の. a ~ tour of Japan 一週間の日本旅行.
‡**week·ly** /wí:kli/ 形 ¢ **毎週の**; 週 1 回の; 週刊の; 週ぎめの. Sam pays a ~ visit to his parents. サムは毎週彼の両親を訪ねる. a ~ magazine 週刊誌. a ~ wage 週給.
── 副 ¢ **毎週**; 週 1 回; 週ぎめで. "Time" is published ~. 『タイム』誌は毎週発行される. Jim is paid ~. ジムは週給をもらっている.
── 名 (複 -lies) C (新聞, 雑誌の)週刊紙[誌] (→periodical 参考); 週報. [week, -ly²]
wéek·nìght 名 C 平日の夜.
wee·nie /wí:ni:/ 名 C 〖米〗 **1** =frankfurter. **2** 〖俗〗嫌なやつ, ばか; 'おたく'. a computer ~ コンピュータおたく. **3**〖俗〗=penis. [<*wiener*+*-ie*]
wee·ny /wí:ni/ 形 e 〖話〗ちっちゃな, ちっぽけな. [<*wee*¹+*tiny*]
‡**weep** /wi:p/ 動 (~s /-s/|過 過分 **wept** /wept/|**wéep·ing**) 自 **1**〖章〗(声を上げないで)**泣く**; 悲しむ, 嘆く, 〈*for, over* ..を〉; 泣く〈*to* do ..して〉; (類語 cry より形式ばった語, また泣き声よりも涙ぐむことに重点がある). ~ for joy うれし泣きする. The girl's eyes were red from ~*ing*. その少女の目は泣いたために赤くなっていた. ~ *for* lost opportunities 逸した機会を嘆く. I could have *wept* when..〖話〗..した時は泣きたい思いだった((ほんとにがっかりした)). The mother *wept over* the death of her son. 母親は息子の死を泣いて悲しんだ. Mary *wept* at [*to* hear] the sad news. メリーはその悲報を聞いて泣いた. **2** しずくを垂らす; 〔傷口などが〕血[膿(うみ)など]をしたたらせる. **3**〖雅〗〔空が〕雨を降らす.
── 他 **1**〖古〗を泣いて悲しむ[嘆く]. The young man *wept* his dead love. その若者は恋人の死を泣いて悲しんだ. **2**〖章〗〔涙〕を流す. ~ bitter tears 悲嘆の涙を流す.
wèep onesèlf óut 思う存分泣く.
wèep onesèlf to sléep 泣きながら寝入る.
── 名 C 〈単数形で〉泣くこと, ひと泣き. [<古期英語]
wéep·er 名 C **1** 泣く人; 泣き虫; (昔, 葬式に雇われた)泣き男[女]. **2** 〈~s〉(昔, 男子の帽子に付けた)喪章; (昔, 寡婦のかぶった)黒いベール.
weep·ie /wí:pi/ 名〖話〗=weepy. 「ている.
wéep·ing 形 **1** 涙を流す, 泣く. **2** 〔木が〕枝のしだれ↑
wèeping wíllow 名 C 〖植〗シダレヤナギ.
weep·y /wí:pi/ 形 e 〖話〗 **1** すぐに泣く, 涙もろい. **2** 〔物語, 映画などが〕お涙ちょうだいの, 涙をそそる. a ~ movie 泣かせる映画.
── 名 (複 -pies) C お涙ちょうだい物.
wee·vil /wí:v(ə)l/ 名 C ゾウムシ((ゾウムシ科の甲虫(コクゾウムシなど)の総称)). [<古期英語「カブトムシ」]
wee-wee /wí:wì:/ 〖主に英話・幼〗 名 aU おしっこ, しーしー, (urine). Have [Do] a ~. しーしーをしなさい.
── 動 自 おしっこをする. [擬音語]
wef with effect from (..以降有効).
weft /weft/ 名 **1** C 〈普通 the ~〉(織物の)横糸

(woof; ↔warp). **2** UC 織物 (woof). [＜古期英語]

‡weigh /wei/ 動 (～s /-z/|過 過分 ～ed /-d/|**wéigh·ing**) 他 【重さを量る】 **1** の重さを量る, 目方をみる; を秤(はかり)にかける. *Weigh* the package on the scale. 小包を秤にかけて重さを量りなさい. Have you *～ed* yourself recently? 最近体重を量りましたか. ～ a ton めちゃくちゃに重い.

2 【重みを量る】 VO (～ X/*wh* 節) X/. .かをよく考えて[調べて]みる, 熟考する; VOA (～ X *against, with* Y) X を Y と比較する; (類語 あらゆる面から比較「考量」すること; →think). You should ～ your words before beginning to speak. 君は話し始める前に言葉をよく吟味すべきだ. ～ the merits of the plan *against* the costs その計画の利点をそれに必要な費用と比較してよく考える.

── 自 【重さがある】 **1** VC (～ X) X の重さ[目方]がある. How much do you ～? 体重はどれくらいありますか. Tom ～*s* 110 pounds. トムの体重は 110 ポンドである.

2 【重みがある】 **(a)** VA **重要である**, 重要視される, 〈*with* . .〔人〕に〉. Dick's opinion ～*s heavily* in this decision. この決定はディックの意見による所が大きい. The point ～*ed with* the planners. その点が計画者たちに重要視された. **(b)** VA 不利になる 〈*against* . .〔人〕に〉.; 有利になる 〈*in favor of* . .〔人〕に〉. The impression he gave in the TV debate ～*ed heavily* ⌞*against* him [*in* his *favor*] with the voters. 彼のテレビ討論での印象は有権者たちの目に不利[有利]に作用した.

3 【重荷になる】 VA (～ *on* [*upon*] . .) . .に負担になる, 重圧を加える. Deserting his wife and children ～*s heavily on* Paul's mind. ポールは妻子を見捨てたことで心を非常に重くしている.

wèigh ánchor →anchor.

wèigh /../ dówn 〈しばしば受け身で〉 (1) . .を重みで押し下げる, たわませる. The branches were ～*ed down* by the snow. 枝は雪の重さでたわんでいた. (2)〔人〕の気を沈み込ませる, 気を重くさせる. Pete has been ～*ed down* with family problems recently. ピートは近ごろ家庭問題で気をめいらせている.

wèigh ín (1)〔ボクサーなどが〕試合前に体重測定を受ける;〔騎手が〕レース後に体重測定を受ける《くらなども含む》. The champion ～*ed in* at 145lbs. チャンピオンは試合前の計量で 145 ポンドだった. (2)〖話〗(議論などに)加わる 〈*with* . .〔意見など〕を持ち出して〉; 援助する 〈*with* . .〔寄付, 貸与など〕で〉. Finally the chairman ～*ed in with* his own opinion. とうとう議長は自分の考えを持ち出して加勢した. (3)〖ジャーナリズム〗参画する, 関与する, 〈*on* . .〔審議, 策定など〕に〉.

wèigh óut 〔騎手が〕レース前に体重測定を受ける.

wèigh /../ óut . .を量って分ける. ～ *out* 100 grams of sugar 砂糖を 100 グラムだけ量り分ける.

wèigh /../ úp 〖主に英〗 . .を理解しようと努める; . .を比較検討する;〔人, 物の〕値打ちを計る, 品定めをする. ～ *up* the merits and demerits 長所と短所を比べてよく考える. [＜古期英語「運ぶ」]

wéigh·brìdge 名 C 計量台《車両を乗せて計れるように地面と同じ高さにしてある》.

wéigh-ìn 名 C 〈普通, 単数形で〉(ボクサー, 騎手などの)試合前[レース後]の体重測定.

wéighing machìne 名 C (重い物[人]を計る)計量機, はかり.

wéighing scàle 名 C 天秤(てんびん).

‡weight /weit/ 名 (複 ～s /-ts/)

【重さ】 **1** U **重さ**, 重量; 重いこと[性質]; 体重; C 〖競技〗(ボクシングなどの)体重による階級, 規定のウェート. gross ～ 総重量. net ～ 正味の重量. sell oranges by ～ オレンジを目方で売る. the piers supporting the ～ of the bridge 橋の重さを支えている橋脚. give short ～ 量目を少なく渡す[ごまかす]. What is the ～ of this box? この箱の重さはどれくらいですか. gain [put on] ～ 体重が増える. lose [take off] ～ 体重が減る. Mr. Brown is 170 pounds in ～. ブラウン氏は体重が 170 ポンドある.

2 C 目方に相当する量. a five-kilo ～ of flour 小麦粉 5 キロ分.

3 U 〖物理〗重量. The ～ of an object depends on its mass and the gravitational force acting on it. 物体の重量はその質量とそれに作用する重力で決まる.

4 U 衡量; C 重量単位. ～*s* and measures 度量衡. metric ～ メートル法による衡量.

5 【重い物】 C 重量物; 分銅, おもり; おもし, 文鎮 (paperweight); 〖競技〗砲丸; (重量挙げなどの)バーベル. a pound ～ 1 ポンドの分銅. lift ～*s* 重い物を持ち上げる; バーベルを挙げる. put a ～ on the lid of a box 箱のふたにおもしを載せる.

【重み】 **6** U **重要さ**, 重要性, 重み, (類語 他と比較しての重要性; →importance); 有力, 勢力. a problem of great ～ 重大な問題. a man of ～ 実力者, 勢力家, 《男》. The new Prime Minister attaches [gives] ～ to diplomacy. 新首相は外交を重要視している. Professor Smith's views have a good deal of ～ with him. スミス教授の意見は彼に大きな影響力がある. The incident has ⌞added [lent more] ～ to her claim. その出来事は彼女の主張の正当性をより強固なものにした.

7 【重圧】 C 〈普通, 単数形で〉 **負担**; 重荷, 重圧. feel the ～ of responsibility 責任の重圧を感じる. The failure in the enterprise was a ～ on my father's mind. 事業に失敗したことが父の心に重荷となった.

be wòrth one's [its] wèight in góld →worth.

càrry wéight 〔人, 意見などが〕重要である; 影響力がある; 〈*with* . .に〉. The mayor's appeals *carried* no ～ *with* the citizens. 市長の訴えは市民に全く影響を与えなかった.

pùll one's wéight (仲間に劣らず)自分の役目[仕事]を果たす《＜体重分ボートをこぐ》.

tàke the wéight off one's féet [légs] 〖話〗(長時間立った[歩いた]あとで)座る, 腰かける.

thròw one's wéight abòut [aròund] 〖話〗いばり散らす; 権力を振り回して指図する.

thròw one's wéight behind . . 〔人〕を支援する, 後押しする.

under the wéight of . . . .の重圧のもとで, . .に押されて. The minister was forced to resign *under the* ～ *of* public criticism. 世論の評判の重圧のもとに大臣は辞任に追い込まれた.

under [over] wéight 重量[体重]が不足[超過]して. The boxer was a little *over* ～. そのボクサーは規定のウェートを少し超過していた.

── 動 他 **1** を重くする, に重みを加える, 〈*with* . .で〉; におもりを付ける. ～ a fishing line 釣り糸におもりを付ける. Those special shoes are ～*ed with* lead. あの特殊な靴は鉛で重くしてある.

2 〔人〕に負わせる 〈*down with* . .〔重い荷物など〕を〉;〔人〕を苦しめる, 悩ませる 〈*down with* . .で〉; 〈しばしば受け身で〉. Meg was ～*ed down with* [*by*] two large suitcases. メグは大きなスーツケースを 2 つ重そうに下げていた. Ted looks ～*ed down with* remorse. テッドは後悔で苦しんでいるようだ.

3 を片寄らせる, 操作[細工]する, 〈*in favor of* . .に有利に/*against* . .に不利に〉 〈普通, 受け身で〉. The test was ～*ed against* those who had little scientific knowledge. テストは科学知識のあまりない者には不利に作られていた.

4 〔織物〕を鉱物などを混ぜて重くする.

[＜古期英語; weigh, -t (抽象名詞化語尾)]

wéight contròl 名 U (肥満防止のための)体重管理.

wéight·ing 名 aU 〖英〗地域手当て《生活費の高い地域で支給される》.

wéight·less 形 **1** 重さが(ほとんど)ない. **2** (宇宙などで)無重力の. ▷**～·ly** 副 **～·ness** 名 U 無重力[量].

wéight lìfter 名 C 重量挙げ選手.

wéight lìfting 名 U **1** 〖競技〗重量挙げ. **2** ウェートトレーニング《筋力強化のためにバーベルなどを用いて行う; **wéight tràining** とも言う》.

†**weight·y** /wéiti/ 形 e **1** 〖雅〗〔物が〕重い. a ～ box 重い箱. **2** 〖章〗重要な, 重大な; 有力な, 勢力のある. ～ issues 重大問題. a man of ～ influence 大有力者《男》. **3** 〖章〗〔心配などが〕重苦しい, 負担になる. ▷**weight·i·ly** 副 重く; 重大に; 重苦しく. **weight·i·ness** 名 U 重いこと; 重要性; 重苦しさ.

Wei·mar /váimaːr/ 名 ワイマール《ドイツ中東部の都市; 18–19 世紀ドイツの芸術・文化の中心地; ワイマール憲法の制定地》.

weir /wiər/ 名 C **1** (川の)堰(せき). **2** (漁獲用の)梁(やな).

†**weird** /wiərd/ 形 **1** (超自然的で)不思議な, 異様な; 不気味な. We heard a ～ sound in the dark. 私たちは暗やみの中で不気味な物音を聞いた. **2** 〖話〗妙な, 風変わりな; いただけない. ～ and wonderful 奇抜な, 奇想天外な. ～ clothes へんてこな衣服.
[＜古期英語「運命」] ▷**wéird·ly** 副 不気味に; 変てこに. **wéird·ness** 名 U 不気味さ; 奇抜さ.

weird·ie /wíərdi/ 名 C 〖話〗変人, 奇人.
── 形 変な, 奇妙な.

weird·o /wíərdou/ 名 (複 **～s**), 形 ＝weirdie.

Wèird Sísters 名 〈the ～〉運命の 3 女神 (the Fates).

welch /weltʃ, welʃ|welʃ/ 動 ＝welsh.

‡**wel·come** /wélkəm/ 間 ようこそ, いらっしゃい. *Welcome*, Bill! いらっしゃい, ビル. *Welcome* home [back]! (長らく留守をしていた人に)お帰りなさい. *Welcome to* San Francisco! サンフランシスコへようこそ.
Wélcome abòard! →aboard 副.
Wèlcome to the clúb! →club[2].
── 名 (複 **～s** /z/) C **歓迎**, 歓待; 歓迎のあいさつ[言葉]. The family gave me a kind [warm, hearty] ～. その一家は私を親切に[暖かく, 心から]迎えてくれた. The novel idea had a cool ～. その新しい考えは冷ややかな迎えられ方をした. a ～ speech＝a speech of ～ 歓迎の辞.

> 連結 a cordial [an enthusiastic, a rousing; a chilly] ～ // offer [extend; receive] a ～

bìd a pèrson wélcome＝sày wélcome to a pèrson 人を歓迎[歓待]する.
outstày [overstày] one's wélcome 長居しすぎて嫌われる.
wéar òut [overstày] one's wélcome あまりしばしば訪ねて[長居しすぎて]嫌われる, 愛想を尽かされる.
── 動 (**～s** /-z/|過 過分 **～d** /-d/|**-com·ing**) 他 **1** 〔人〕を**歓迎する**, 喜んで迎える; を出迎える. The general was ～*d* by large crowds. その将軍は大群衆に歓迎を受けた. My aunt ～*d* the orphan in and gave him something to eat. おばはその孤児を迎え入れて食べ物を与えた. ～ a person with flowers [an embrace] 人を花で[抱擁して]迎える.
2 〔考え, 援助など〕を喜んで受け入れる, 歓迎する; 〔提案, 行為など〕を(認めて)支持する; VOA (..という風に)を受け入れる, 受け取る; に対応する. ～ his proposal with open arms 彼の提案を大歓迎する. Our father is ready to ～ our advice. 父は私たちの助言を喜んで受け入れる. The villagers ～*d* the proposal indifferently [enthusiastically]. 村人たちはその提案を冷淡な態度で[熱狂的に]受け入れた.
── 形 ⓒ (★2 は m) **1** 〔客などが〕**歓迎される**, 喜んで迎えられる. a ～ guest 歓迎される客. You are always ～ here. 君はここではいつでも歓迎だ.
2 ありがたい, 結構な. ～ news ありがたい知らせ. show ～ signs of recovery 回復のうれしい兆しを示す. Your help will certainly be ～. 君が援助してくれれば本当にありがたい. a ～ development 歓迎すべき進展[変化].
3 〈叙述〉自由に使える〈*to* ..を〉; 〈時に皮肉〉自由である〈*to* do ..することは〉. You are ～ *to* the use of my camera any time. 君はいつでも私のカメラを使って構わない. Ted is ～ *to* say whatever he pleases. テッドは勝手に好きなことを言うがいい.
màke a pèrson wélcome 人を客として喜んで迎える. The Whites *made* us warmly ～. ホワイト一家は私たちを暖かく迎えてくれた.
****You are wélcome.*** (親切な行為に対する相手の礼に応えて)どういたしまして (★Don't mention it. の方が丁寧; Not at all., That's all right., Forget it. とも言う; お世辞に対して相手が Thank you. と言った場合には用いない). "Thank you for your kindness." "*You're* ～."「ご親切ありがとう」「どういたしまして」
[＜古期英語 *wilcuma*「来てくれるのがうれしい客」(＜'will 名'＋'come'); 中期英語で well[1] に影響されて綴りが wel- に変わった]
▷**～·ly** 副 歓迎されて. **～·ness** 名 U 歓迎されること. **～r** 名 C 歓迎する人.

wélcome màt 名 C 〖米〗ドアマット (doormat) 《普通 welcome と書いてある》.
put òut the wélcome màt 大歓迎をする〈*for* ..を〉《玄関の前にドアマットを出して歓迎する》.

wélcome wàgon 名 C 〖米〗歓迎のワゴン《新しく転入してきた人に生活情報などをいち早く提供する車[組織]》; 新入りを歓迎する人[物]. ***roll òut the wélcome wàgon for..*** 〔新入り〕を歓迎する.

wél·com·ing 形 歓迎する; 暖かい雰囲気の. a ～ smile 歓迎のほほえみ. a ～ party 歓迎会. ▷**～·ly** 副 歓迎して, 心から.

‡**weld** /weld/ 動 他 **1** を溶接する, 鍛接する; 〔2 つの金属など〕を溶接する〈*together*〉; VOA (～ X (*on*) *to*..) X を..に溶接する. ～ two pieces of metal *together* 2 片の金属を溶接する. **2** VOA 〔人々など〕を結合させる, 密着させる, 〈*together*〉〈*to* ..に/*into* ..に(なるように)〉. The two countries were ～*ed* (*together*) in a new treaty. その 2 国は新条約で堅く結ばれた. ～ the players *into* a strong team 選手たちを結束させて強いチームにする. ── 自 **1** 溶接を行う. **2** 溶接される. The joints did not ～ readily. その接合部はすぐには溶接できなかった. ── 名 C 溶接部; UC 溶接.

wéld·er 名 C 溶接工.

***wel·fare** /wélfèər/ 名 U **1 福祉**, 厚生; 繁栄. social ～ 社会福祉. the ～ of the whole country 国全体の繁栄. **2** ＝welfare work. **3** 〖米〗生活保護 (〖英〗social security).
on wélfare 〖米話〗生活保護を受けて. be [go] *on* ～ 生活保護を受けている[受けるようになる].
[＜中期英語; well[1], fare]

wélfare stàte 名 C 福祉国家.

wélfare wòrk 名 U 福祉事業.

wélfare wòrker 名 C 福祉事業家.

wel·far·ism /wélfe(ə)rìz(ə)m/ 名 U 〖米〗〈けなして〉福祉国家主義的政策[信念, 態度].

wel·kin /wélkin/ 名 〖詩〗〈the ～〉大空, 天, (the sky).

‡**well**[1] /wel/ 副 (**bet·ter**|**best**) (★6 は ⓒ)
【満足に】 **1** うまく, 上手に; 立派に; (↔badly). sing a song ～ 歌をうまく歌う. a job ～ done うまくできた仕事. behave ～ 立派にふるまう. How ～ does Jack speak Italian? ジャックはどれほど上手にイタリア語を話し

W

ますか.

2 **都合よく**, ぐあいよく; 適切に; (↔badly). choose words ～ 適切な言葉を選ぶ. go ～→成句. Nick advised me ～. ニックは私に適切な助言をしてくれた.

3 好意的に, 親切に. The villagers treated us very ～. 村人たちは我々を大変親切にもてなしてくれた. mean ～ →mean (成句). speak [think] ～ of →speak, think (成句).

4 裕福に; 豊富に, 豊かに. live ～ 安楽に暮らす. The job pays ～. その仕事はいい金になる.

【十分に】 **5** **十分**に, よく; 大いに. sleep ～ よく寝る. I don't know him very ～. 私は彼をあまりよく知らない. Shake the medicine ～ before taking it. 飲む前に水薬を十分に振ってください. The plan was not very ～ thought out. その計画はたいしてよく考えられたものではなかった. It is ～ worth the trouble. それは手間をかける値打ちが十分にある. I can ～ believe his story. 彼の話は十分信用できる.

6 Ⓒ かなり, 相当(に), ずいぶん. sit ～ back in a chair 深々といすに座る. till ～ on into the nineteenth century 19 世紀に入ってかなりたつまで. ～ past midnight 真夜中をかなり過ぎて. She is ～ over ninety. 彼女は 90 歳を優に越えている. Mike is ～ behind Susie in French. マイクはフランス語ではスージーより相当に遅れている.

***as wéll** (1) **..も又**, その上..も, (→also 語法). George is going to college *as* ～. ジョージは大学へも行くつもりでいる. Tom learned Latin, and Greek *as* ～. トムはラテン語を学びその上ギリシア語も学んだ. (2) 同じように上手に. He can play the violin *as* ～ (as Bob). 彼は(ボブと)同じくらい上手にバイオリンを弾くことができる (→as WELL as.. (1)).

***as wéll as..** (1) **..と同じくらい上手に**, ..に劣らず. Polly can skate *as* ～ *as* any of her brothers. ポリーは彼女の兄弟のだれにも劣らず上手にスケートができる. Sam speaks Spanish *as* ～ *as* he writes it. サムはスペイン語を書くのと同じようにうまく話す. (2) 〈X as well as Y の形で〉 Y はもちろん X も, Y だけでなく X も, (語法 普通 X と Y は文法的に同等な語句である; X as well as Y を主語とする述語動詞の人称・数は X に一致する; →NOT only.. but also..). Nancy went to London *as* ～ *as* Paris. ナンシーはパリばかりでなくロンドンへも行った. Hal *as* ～ *as* his parents is going to Europe. 両親はもちろんハルもヨーロッパへ行くことになっている. *As* ～ *as* being a college student, I am on the editorial staff of a magazine. 私は大学生であるほかに, ある雑誌の編集に参加している.

be wèll ín with.. 〖話〗〔偉い人など〕と親しい, に受けがよい.

be wèll óff 裕福[快適]である; 豊富である 〈*for* ..が〉; (↔be badly off). The family *was* very ～ *off* in those days. 当時その家族は暮らし向きがとてもよかった. We*'re* ～ *off for* clinics around here. このあたりには診療所が多い.

be wèll óut of.. 〖英話〗〔いやな事など〕をうまく免れている[よかった]. You*'re* ～ *out of* that dirty and dangerous job. 君はあの不潔で危険な仕事をやめて良かった.

be wèll úp in [on].. 〖主に英話〗..をよく知っている, ..に精通している. Bill *is* ～ *up in* the latest computer technology. ビルは最新のコンピュータ技術をよく知っている.

cànnot (vèry) wéll do とても[どうしても]..できない. I couldn't ～ refuse the girl's request. 私はその少女の願いをどうしても断れなかった (★could を仮定法過去として「とても断ることなどできない」の意味にとることも可能).

còme òff wéll 〔仕事などが〕うまくいく, うまくやる.

dò oneself wéll ぜいたくな暮らしをする.

dò wéll (1) うまくいく, 成功する. He's *doing* ～ *at* school [*with* his furniture business]. 彼は学校の成績がいい[家具の商売がうまくいっている]. (2) 〈進行形で〉 順調に健康を回復する, 元気になる. (3) 賢明である, よい, 〈*to* do ..するのが〉. Sam *did* ～ *to* buy the house. サムはその家を買って賢明だった.

dò wéll by.. 〔人に〕親切にする.

dò wéll out of.. →do.

***gò wéll** (1) 〔物事が〕**順調に行く** 〈*with* ..にとって〉. All *went* ～ *with* the business. その事業はすべて順調に行った. (2) 似合う, マッチする 〈*together*〉 〈*with* ..と〉. The tie doesn't *go* ～ *with* the coat. そのネクタイは上着と合わない.

may (jùst) as wèll dó (as X) (X は原形を含む動詞(句)) (1) X するのも..するのも同じだ; X するより..する方がよい. You *may as* ～ do it now *as* (do it) later, since you must do it anyway. どうせそれをしなくてはならないのだから, あとでするのも今するのも同じだ 《今したらよい》. (2) (第 2 の as 以下を略し, または as not と考えて) ..しても同じだ; ..した方がよい; (★「(しないより)した方がよい」の意味で, had better より弱く婉曲的; →had BETTER do). You *may as* ～ come with me (*as* not). 私と(来ないより)一緒に来たらよい. Unless one travels with an open mind, one *may just as* ～ stay at home. 心を開いて旅行するのでなければ(旅行しても)家にいるのと同じだ.

***may wèll dó** (1) **..するのはもっともだ**. Kate *may* ～ complain of her husband. ケートが夫の不平を言うのはもっともだ. (2) たぶん..だろう. The answer *may* ～ be right. その答えはたぶん正しいだろう.

***mìght (jùst) as wèll dó (as X)** (1) ＝may (just) as WELL do (as X) (★その例文中の may を might にすると遠回しで控え目な表現になる). (2) (X するのは) **..するようなものだ**, ..するのも同然だ, (★普通, 事実でない事, 不可能な[と思われる]事を引き合いに出して). One *might just as* ～ attempt to arrest an avalanche *as* try to hold back that crowd. あの群衆を押し止めようとするのはなだれを止めようとするようなものだ. You never listen; I *might as* ～ talk to a stone wall. 君はちっとも聞いていない, これでは石の壁に向かって話しているのも同然だ. (3) X するぐらいなら..する方がましだ. You *might as* ～ die *as* marry such a man. そんな男と結婚するぐらいなら死んだ方がましだ.

mìght wèll dó (1) ..するのはもっともだ (★may を使うより控え目). (2) ..するのももっともだった.

prètty wéll (1) まあまあ元気に. (2) かなりうまく. She plays the piano *pretty* ～. 彼女はかなり上手にピアノを弾く. (3) ほとんど (almost). The house is *pretty* ～ finished. その家はほとんどでき上がっている. Bill was *pretty* ～ the only one with the courage to speak out. 思い切って意見を言う勇気のある者はビルくらいのものだった.

spèak wéll for.. →speak.

spèak [thìnk] wéll of.. →speak, think.

stànd wéll with.. 〔人〕の気に入る, 受けがいい. Hal did not *stand* ～ *with* his fellows. ハルは仲間の受けがよくなかった.

wèll and trúly 〖話〗 全く, 本当に, (completely). Before the year was out, their love affair was ～ *and truly* over. その年の終わりまでには彼らの情事は完全に終わっていた.

wèll awáy (1) 前進して, 順調に進んで. (2) 〖話〗 酔って; ぐっすり眠って.

Wèll dóne! お見事, よくやった.

wéll enòugh かなりよく, かなり元気で.

── 形 (**bet·ter**|**best**) 【良好で満足できる】 **1** 〈普通, 叙述〉 **健康で**, 丈夫で, 元気で, (↔ill, sick; 類語 普通, 叙述的に用いられ, その時の壮健さを意味する談話体の語; →healthy). feel [look] ～ 気分がよい[元気そうで

ある]. "How are you?" "Very ～, thank you."「お元気ですか」「ありがとう, とても元気です」I hope you will get ～ soon. 早く元気になってくれたまえ. ★原級をShe's a very ～ woman. (彼女は非常に丈夫な女だ)のように限定的に用いることがある.

2〈叙述〉都合がいい, 運がいい, 満足な,〈*with* ..にとって〉. Everything will be ～ *with* Jim in the end. ジムにとって最後にはすべてうまくいくだろう. All's ～ that ends well.〘諺〙(途中で色々いざこざがあっても)終わりが良いものはすべて良い.

3〈叙述〉適当な, 妥当な; 当を得た. It would be ～ to see the doctor. 医者にみてもらった方がよかろう. It's ～ that Kate never knew about the accident. ケートがその事故のことを全く知らなかったのはいいことだ.

àll very wéll [***wèll and góod***] (***, but..***) まことに結構だ(が..)《普通, 不満を切り出す前口上に使う》. That's *all very* ～, *but* what can we do for the orphans? それは結構なことだが私たちは孤児たちに何ができようか.

be (***jùst***) ***as wéll*** (1) 最も適当である, 一番いい,〈*to* do ..するのが〉. It would *be just as* ～ *to* start before dark. 暗くなる前に出発した方がよかろう. (2) 悪いことではない, 当を得ている. It's (just) *as* ～ that he wasn't informed. 彼に知らせなかったのはよかった.

── 間 **1** おや, まあ,《驚き》. *Well*, are you from California? へえー, 君はカリフォルニア出身だったのか. "Tom was elected chairman." "*Well*, ～!"「トムが議長に選ばれた」「へえー, 驚いた」

2 ええと, そうですね,《ためらい, 疑い》. *Well*, let me see ... ええと, はてな. *Well*, I am not sure. そうですね, はっきりとは分かりません.

3 やれやれ, まあまあ,《安心, あきらめ》. *Well*, you finally found the house, huh? やれやれ, やっとその家が見つかったんだね. *Well*, that's all we can do. まあ, 私たちにできるのはそれだけだ. oh ～ →成句

4 そうね, なるほど,《譲歩》. *Well*, the story is true. そうね, その話は本当だろう.

5 さて《話などの区切り[終了]》; さて, ところで,《話の続行》; それで(その続きは)?《情報の要求》. *Well*, let's have a break. さて, ここで一休みしよう. *Well*, let me go on with my story. さて, 話の続きをさせてください. *Well*, who came next? それで, 次にだれが来たの.

6 まあいいでしょう《同意, 受諾》. *Well*, I agree to the proposal. まあいい, その提案には賛成しよう.

7 (ではなくて)実際は, というより,《前言の修正[訂正]》. The title "Ms" was by then accepted ― ～, tolerated by the authorities.「ミズ」という肩書きはその頃には役所が受け入れる―というよりは黙認されるようになっていた.

òh wéll まあ(仕方がない)《あきらめ》. *Oh* ～, I can't complain―it's my own fault after all. まあ文句は言えないよ―結局僕が悪かったんだから.

vèry wéll →very.

wèll hónestly [***réally***] 全く(ひどいものだ)《怒り, 不快》.

Wèll, I néver! →never.

── 名 U よい事, 幸せ,〈次の成句で〉.

lèt [***lèave***] ***wèll*** (***enòugh***) ***alóne*** 無用なおせっかいはしない.

wìsh *a person* ***wéll***＝***wìsh wéll to*** *a pèrson* 人の幸福を祈る.

[＜古期英語「大いに, 大そう」; will[1] と同根で, 原義は「思い通りに」]

***well**[2] /wel/ 名 (複 **～s** /z/) C 【泉】 **1**〘旧〙泉.

2〘旧章〙(知識などの)みなもと, 源泉. a ～ of knowledge 知識の源泉.

【井戸】 **3** 井戸; 油井(ゆせい) (oil well). dig [drive, sink] a ～ 井戸を掘る. The water from this ～ is not good to drink. この井戸の水は飲めない.

【井戸に似たもの】 **4** 階段の吹き抜け; エレベーターの縦穴; インクつぼ (inkwell).

5〔英〕(裁判官席の前にある)弁護士席.

── 動 自 **1** 流れ出る, わき出る; 噴出する;〈*out, up*〉〈*from, out of* ..から〉. Blood ～*ed out from* his mouth. 血が彼の口から流れ出た. Her eyes ～*ed with* tears. 彼女の目に涙が出て来た. **2**〘雅〙〔感情が〕こみ上げてくる〈*out, up*〉. [＜古期英語「湧き立つ水＞泉」]

‡**we'll** /wil, 強 wiːl/ we will, we shall の短縮形.

well- /wel/ 〈複合要素〉「よく, 十分に」の意味《しばしば過去分詞と共に複合形容詞を作る》. *well*-chosen. *well*-done.

wèll-acquáinted 形 〈叙述〉よく知っている〈*with* ..を〉.

wèll-adjústed /-əd 移/ 形 **1**〔人が〕(社会に)十分に順応した. **2** よく調整された.

wèll-advísed /移/ 形 〈普通, 叙述〉思慮のある, 分別のある,〈*to* do ..するとは〉; 用心深い. You were ～ *to* sell off the stock. 君があの株式を売り払ったのは賢明だった《普通 well advised と書く》.

wèll-appóinted /-əd 移/ 形 〔住宅, ホテルなどが〕設備の整った.

wèll-atténded /移/ 形 〔会合などが〕出席者の多い, 盛況の.

‡**wèll-bálanced** /-t 移/ 形 **1**〔食事などが〕釣り合いのとれた. **2**〔人, 性格などが〕良識のある; 正気の.

wèll-beháved /移/ 形 行儀のよい.

†**wèll-béing** 名 U 安楽(な生活), 福利, 幸福; 健康. I returned from my vacation filled with a sense of ～. 私は幸福感で一杯になって休暇から帰った.

wèll-belóved /移/ 形 最愛の; 敬愛されている (★儀式, 書状などに用いられる). ── 名 C 最愛の人.

wèll-bórn /移/ 形 生まれのいい, 家柄のいい.

†**wèll-bréd** /移/ 形 **1**〘旧〙育ち[しつけ]のいい; 行儀のいい. **2**〔馬, 犬などが〕良種の.

wèll-bròught-úp /移/ 形 〔普通, 子供が〕育ち[しつけ]がいい, 行儀がいい.

‡**wèll-búilt** /移/ 形 **1**〔人が〕体格のよい; 均整のとれた. **2**〔建物が〕頑丈な, しっかりした造りの.

wèll-chósen /移/ 形 〔言葉などが〕精選された.

wèll-condítioned /移/ 形 体調良好な; 気力充実の.

wèll-condúcted /-əd 移/ 形 〔会議などが〕適切に運営された.

wèll-connécted /-əd 移/ 形 よい血縁[縁故]関係に恵まれた.

wèll-cóvered /移/ 形 〘英話〙〔人が〕太った, たっぷり肉のついた.

wèll-cút /移/ 形 〔衣服が〕高級[上等]な仕立ての.

‡**wèll-defíned** /移/ 形 **1** 外形がはっきりした, すぐそれと分かる. **2** はっきり述べられた, 明確に規定された.

wèll-desérved /移/ 形 〔賞・罰などが〕(受ける人にとって)当然の. He has the ～ reputation of being the best golfer of the day. 彼は当代随一のゴルファーだという名声を得ているがそれも当然のことである《He *deserves* the reputation..*well*. のような文が基にある》.

wèll-devéloped /-t 移/ 形 よく発達[発育]した; 十分発展[開発]した; 十分に展開された〔議論など〕.

wèll-dispósed /移/ 形 **1** 好意を持っている, 同情的な,〈*to, toward* ..に〉. **2** 気立てのいい, 親切な.

wèll-dócumented 形 これまでに十分に書かれ(裏うけされ)て来た.

wèll-dóing 名 U 善行, 徳行.

wèll-dóne /移/ 形 **1**〔料理, 特に肉が〕よく[焼けた, 煮えた](→rare[2] 参考). I want my steak ～. ステーキはよく焼いてもらいたい. **2** 立派[満足]に行われた.

‡**wèll-dréssed** /-t 移/ 形 立派な服を着た, 身なりのよい.

‡**wèll-éarned** /移/ 形 〔労働などの代償などが〕受けて当然の. We took a ～ rest. (よく働いたので)当然の休みをとった.

W

wèll-endówed /[移]/ [形] **1** 恵まれた, 不自由のない, 〈*with* ..〔財力, 資質など〕に〉. **2**〖話・戯〗〔女性が〕バストが豊かな;〔男性が〕巨根を持つ.

Welles /welz/ [名] **Or·son** /ɔ́ːrs(ə)n/ 〜 ウェルズ (1915–85)《米国の映画俳優・監督・プロデューサー》.

wèll-estáblished /-t [移]/ [形] 定着した; 確立した.

wèll-fávored〖米〗, **-voured**〖英〗/[移]/ [形]〖古〗器量のいい, 顔立ちのよい.

wèll-féd /[移]/ [形] 栄養十分な; 太った.

wèll-fíxed /[移]/ [形]〖話〗=well-to-do.

wèll-fóund /[移]/ [形] =well-appointed.

wèll-fóunded /-əd [移]/ [形] 事実に基づいた, 根拠十分な, (↔unfounded).

wèll-gróomed /[移]/ [形] 身なりの整った;〔馬, 芝生などが〕手入れが行き届いた.

wèll-gróunded /-əd [移]/ [形] **1**〈叙述〉教育[訓練]を十分に受けた〈*in* ..の〉. **2** =well-founded.

wèll-guárded /[移]/ [形]〔秘密が〕よく守られた.

wéll·hèad [名][C] 水源; みなもと, 源泉.

wèll-héeled /[移]/ [形]〖話〗金持ちの.

wèll-húng /[移]/ [形]〖話〗〈良い意味で〉〔男性が〕巨根の;〖まれ〗〔女性が〕胸が豊かな.

wel·lie /wéli/ [名]〖英話〗=welly.

‡**well-infórmed** /[移]/ [形] 博識の, 物知りの; 精通している〈*in, about* ..〔ある問題〕に〉.

Wel·ling·ton /wéliŋtən/ [名] ウェリントン **1**《ニュージーランドの首都》. **2 Arthur Wellesley** 〜 (1769–1852)《1815 年 Waterloo で Napoleon I を破った英国の軍人, 首相 (1828–30); the First Duke of Wellington となった; the Iron Duke とあだ名された》.

wel·ling·ton /wéliŋtən/ [名][C]〖主に英〗〈普通 〜s〉(ひざまでの)ゴム長靴 (**wéllington bòot**;〖米〗rubber boot). [<Wellington 2]

wèll-inténtioned /[移]/ [形] 善意の, (不首尾だったが)善意から出た〔行為など〕.

wèll-júdged /[移]/ [形] 判断が適切な.

wèll-képt /[移]/ [形] **1** 手入れの行き届いた. **2**〔秘密が〕漏(も)れていない.

wèll-knít /[移]/ [形]〔体, 人などが〕肉の締まった.

‡**well-known** /wèlnóun [移]/ [形][m] **有名な**, 周知の, ([類語]「広く知られた」の意味の客観的な語; →famous). a 〜 fact 周知の事実. The writer is 〜 all over the world. その作家は世界的に有名である. [well-, known]

wèll-líned /[移]/ [形]〖話〗**1**〔財布が〕金でふくらんだ. **2**〔胃袋が〕食物でいっぱいの.

‡**well-máde** /[移]/ [形] **1**〔物が〕格好のよい, 出来のよい. **2**〔人, 動物が〕がっしりした; 均整のとれた.

wèll-mánnered /[移]/ [形] 行儀のいい; いんぎんな, 上品な.

wèll-márked /-t [移]/ [形] 明確な, はっきりと見分けがつく.

wèll-mátched /-t [移]/ [形] 技量伯仲の; 似合いの, 相応の.

‡**wèll-méaning** /[移]/ [形]〔人が〕善意のある;〔行為が〕(不首尾だったが)善意から出た.

wèll-méant /[移]/ [形] (不首尾だったが)善意でした.

wèll·ness [名][U]〖米〗健康, 壮健.

wéll-nìgh [副]〖章〗ほとんど (almost). It is 〜 impossible to win the game. その試合に勝つことはほとんど不可能だ.

†**well-óff** /[移]/ [形] (**bet·ter-off**|**best-off**) **1**〈普通, 叙述〉=well off (→be WELL off). **2**〈叙述〉順境で, うまくいって. People don't know when they are 〜. 順境にある時は気づかないものだ. ◇↔badly-off

wèll-óiled /[移]/ [形]〖話〗**1**〔組織などが〕円滑に機能する《<充分に油をさした》. **2** 酔った.

wèll-órdered /[移]/ [形] 整然とした, 秩序だった.

‡**wèll-páid** /[移]/ [形]〔仕事が〕給料のいい;〔人が〕給料をたっぷりもらっている.

wèll-presérved /[移]/ [形] **1**〔古い物が〕保存のよい. **2** 年の割に若々しい, 老け込まない.

wèll-propórtioned /[移]/ [形] よく釣り合い[均斉]のとれた.

wèll-réad /-réd [移]/ [形]〔人が〕多読の; 博識の, 精通している, 〈*in* ..について〉.

wèll-róunded /-əd [移]/ [形] **1**〔人が〕丸々とした, ふっくらした. **2**〔文体, 考えなどが〕釣り合いのとれた; よく練られた. **3**〔経験などが〕多方面にわたる,〔人が〕多才な. a 〜 education 全人教育. **4**〔人が〕円満な性格の.

wèll-rún /[移]/ [形]〔会社などが〕順調に[効率的に]経営されている.

Wells /welz/ [名] **H(erbert) G(eorge)** 〜 ウェルズ (1866–1946)《英国の小説家・文明批評家》.

wèll-séasoned /[移]/ [形] =seasoned.

wèll-sét /[移]/ [形] **1** しっかりと固定された. **2**〖まれ〗〔人, 体格などが〕がっしりした.

wèll-spént /[移]/ [形]〔金, 時間などが〕有効に使われた.

wèll-spóken /[移]/ [形] **1**〔人が〕言葉遣いの洗練された. **2**〖英〗〔人, 言葉遣いが〕地方訛(なま)りのない, 標準語を話す.

wéll·sprìng [名][C] **1** 水源. **2**〖主に雅〗〔知識などの〕(尽きない)みなもと, 源泉.

wèll-táken /[移]/ [形]〔議論などが〕適切な, 十分根拠のある.

wèll-thóught-òf /-ʌ̀v|-əv [移]/ [形]〔人が〕評判がいい.

wèll-thòught-óut /[移]/ [形] 綿密な[に考えた], よく練り上げた.

wèll-thúmbed /[移]/ [形]〔本などが〕手あかのついた.

wèll-tímed /[移]/ [形] 時を得た, 時宜にかなった,〔助言など〕.

***well-to-do** /wèltədúː [移]/ [形][m]〖話〗**裕福な**, 暮らし向きのいい, ([類語] 不自由なく暮らせる程度; →rich). the 〜 裕福な人々.

wèll-trável(l)ed [形] **1** 旅の経験が豊富な. **2**〔道などが〕人通りの多い.

wèll-tríed /[移]/ [形] 多くの試練に耐えてきた, 試験済みの,〔方法など〕.

wèll-tródden /[移]/ [形]〔道などが〕踏みならされた, 人通りの多い. a 〜 path 踏みならされた小道; お定まりのコース.

wèll-túrned /[移]/ [形]〖章〗〔言葉などが〕うまく表現された, ぴったりの;〔脚などが〕均整のとれた, すらりとして美しい.

wèll-uphólstered [形]〔いすなどが〕詰め物のたっぷり入った, 快適な;〖英話・戯〗〔人が〕太った.

wèll-vérsed /[移]/ [形]〈叙述〉精通[熟達]している〈*in* ..に〉.

wéll-wàter, wéll wàter [名][U] 井戸水.

wéll-wìsher [名][C] 人の幸福[物事の成功]を願う人; 応援者, 支持者.

wéll-wòman [形]〈限定〉〖英〗女性の健康保持のための〔医療機関など〕. a 〜 clinic 女性健康相談クリニック.

wèll-wórn /[移]/ [形] **1**〔品物が〕使い古した, すり切れた. **2**〔表現が〕ありふれた, 陳腐な.

wel·ly /wéli/ [名] ([複] **-lies**)〖英〗**1** [C]〖話〗〈普通 -lies〉=wellington. **2** [U]〖俗〗努力; 力.

wélly bòot [名] =welly 1.

†**Welsh** /welʃ/ [形] ウェールズの; ウェールズ人[語]の.
── [名][U] **1** ウェールズ語. **2**〈the 〜; 集合的〉ウェールズ人. [<古期英語「外国(人)の」]

welsh /welʃ/ [動][自]〖話〗(★ウェールズ人にとっては軽蔑語) **1** (賭(か)け事などの)借金を払わない〈*on* ..に〉; 払わない〈*on* ..〔借金〕を〉. **2** 約束を守らない〈*on* ..〔人〕に対して〉; 守らない〈*on* ..〔約束〕を〉. [<?] ▷ **wélsh·er** [名]

Wèlsh córgi [名][C]〖英〗ウェルシュコルギ《ウェールズ産の脚の短い犬; 牛の番犬》.

Wèlsh dréssser 名 C 〘英〙 ウェルシュドレッサー《上部に小さな棚がたくさん付いた食器戸棚》.

Wèlsh Guárds 名 〈the ～; 複数扱い〉(英国の)近衛(このえ)連隊《昔はウェールズ人から構成されていた》.

Wélsh·man /-mən/ 名 (複 **-men** /-mən/) C ウェールズ人の男性.

Wèlsh rábbit [rárebit] 名 UC チーズトースト《溶かしたチーズにビールなどで味をつけてトーストに塗り焼いたもの》.

Wélsh·wòman 名 (複 **-women**) C ウェールズ人の女性.

welt /welt/ 名 C **1** (靴の甲革と底革の)継ぎ目革. **2** 縁飾り《袖(そで)口のニットなど》. **3** むち跡, みみずばれ; 〘話〙(跡が残るほどの)強打, 殴打.

── 動 他 **1** 〔靴〕に継ぎ目革をつける; に縁飾りをつける. **2** 〘話〙(跡が残るほど)を強く殴る.

Welt·an·schau·ung /véltɑːnʃàuuŋ|-tæn-/ 名 UC 世界観. [ドイツ語 'world view']

wel·ter /wéltər/ 動 自 **1** ころげ回る, のたうち回る, 〈*in* ..の中を〉; VA (～ *in* ..) 〔血など〕にまみれる; (wallow). The hippos ～*ed* happily *in* the mud. カバは楽しそうに泥の中をころげ回った. **2** VA (～ *in* ..) 〔快楽, 仕事など〕に浸る, 没頭する. **3** 〔海などが〕(激しく)波立つ, うねる.

── 名 **1** U ころげ回ること. **2** aU 〈単複両扱い〉混乱, ごった返し; ごちゃまぜ. **3** U (海などの)うねり.

wélter·wèight 名 C (ボクシングなどの)ウェルター級選手. ── 形 〈限定〉ウェルター級の.

wen /wen/ 名 C 〘医〙 皮脂嚢腫(のうしゅ)《皮膚, 特に頭部などにできるはれ物, こぶ》.

the grèat wén '偉大なこぶ'《ロンドンの俗称; ぶざまに肥大した当時のロンドンを William Cobbett (1762–1835) がこう呼んで有名になった》.

wench /wentʃ/ 〘古・戯〙 名 C (特に, 召使いなどの)娘, 小娘, 女の子.

── 動 自 多くの女性と寝る《特に売春婦と》.

wend /wend/ 動 (★古い過去形 went は go の過去形に転じた) 他 〘主に雅〙〈次の成句のみ〉. ***wènd one's wáy*** 赴く, 立ち去る, (go). ── 自 〘古〙 行く, 進む. [＜古期英語「向きを変える, 去る」]

Wén·dy hòuse /wéndi-/ 〘英〙 ＝playhouse 2.

Wens·ley·dale /wénzlidèil/ 名 U ウェンズレーデール《(もと Yorkshire で作られた)白チーズ》.

went /went/ 動 **1** go の過去形. **2** 〘古〙 wend の過去形・過去分詞.

wept /wept/ 動 weep の過去形・過去分詞.

‡**were** /wər, 強 wəːr/ 動, 助 **1** be の直説法・複数[第2人称・単数]・過去形 (→be). The boys ～ all hungry. 少年たちはみな空腹だった.

2 be の仮定法・単数および複数・過去形 (→be). If the man ～ here, he would get angry. もしその男がここにいたら怒るだろう. If it ～ to rain tomorrow, how disappointed would they be? 万一明日雨が降ったら彼らはどんなにがっかりするだろうか. 語法 第1人称・3人称・単数の時 〘話〙 ではしばしば were の代わりに was が用いられる: I wish he was here. (彼がここにいてくれたらなあ). ただし, 倒置形では常に were が用いられる: *Were* this true, ... (仮にこれが真実ならば, ..)

as it wére →as.

if it were nót for＝wère it nót for →if.

were to (*dó*) →be 助 5.

[＜古期英語 *wæron* (*wesan* 'be' の過去複数形)]

‡**we're** /wiər/ we are の短縮形.

‡**weren't** /wəːrnt/ were not の短縮形.

were·wolf /wíərwùlf, wə́ːr-/ 名 (複 →wolf) C 〘伝説〙 オオカミになった人; オオカミ人間; 残忍な人; (**wér·wòlf** ともつづる). [＜古期英語 (＜*wer* 'man'＋*wulf* 'wolf')]

wert /wərt, 強 wəːrt/ 動 〘古〙 2人称単数主格 thou に呼応する be の直説法[仮定法]の過去形.

Wes·ley /wésli, wéz-/ 名 **John ～** ウェスリー (1703–91)《英国の宗教改革者; メソジスト派 (Methodism) の創始者, evangelism を説く》.

Wes·ley·an /wésliən, wéz-/ 形 ウェスリー(教派)の.

── 名 C ウェスリー教徒, メソジスト教徒.

▷ **～·ism** 名

Wes·sex /wésiks/ 名 **1** 〘英史〙 ウェセックス《イングランド南西部にあった古代のサクソン王国》. **2** ウェセックス地方《現在の Dorsetshire とその周辺; Thomas Hardy の作品の舞台となった》.

‡**west** /west/ 名 **1** U 〈普通 the ～〉**西**, 西方, 《略 W; →north 参考》. from east to ～ 東から西へ. the sun setting in the ～ 西に沈んでいく太陽. sail to the ～ 西に向かって航海する.

2 〈the ～ 又は the W-〉(特定の国の)**西部(地方)**. the *West* of Germany ドイツの西部地方.

3 〈the W-〉**西洋**, 欧米, 《普通, ヨーロッパとアメリカを指し, アフリカは含まない》. the cultural traditions of the *West* 西洋の文化的伝統.

4 〘米〙〈the W-〉**西部**《普通, Mississippi 川以西の地方》. The frontier moved from the East to the *West*. (米国開拓時代の)辺境は東部から西部へ移っていった. **5** 〘史〙〈the W-〉(共産圏に対して)西側(諸国) (↔the East). ◇形 western, westerly

in [on] the wést of .. ..の西部[西側]に. I was born *in the* ～ *of* England. 私はイングランド西部に生まれた.

to the wést of .. ..の西方に(当たって). Ireland is *to the* ～ *of* England. アイルランドはイングランドの西方にある.

── 形 ¢ 〈限定〉**1 西の, 西方の**; 西への; (→north 語法). the ～ border of the country その国の西国境. **2** 〔風が〕西からの. a warm ～ wind 暖かい西風. **3** 西部の.

── 副 ¢ **1 西へ[に]**, 西方へ[に], (→north ★). My house faces ～. 私の家は西を向いている. The ship was sailing ～. その船は西へ向かって航海していた. **2** 西に 〈*of* ..の〉. The park is three miles ～ *of* this town. その公園はこの町から3マイル西にある. the country lying ～ *of* the river その川から西にある地方.

gò wést (1) 西[西部]へ行く; 〔太陽が〕西に傾く. *Go* due ～ of here. ここから真西へ行きなさい. (2) 〘英旧話〙 死ぬ《die の婉曲語; ＜日が西に傾く》; こわれる, だめになる. The TV has *gone* ～. そのテレビはこわれている.

òut Wést 〘米〙 西部で[へ] (↔back East).

[＜古期英語 *west*; 原義は「日の沈む所」]

Wèst Bánk 名 〈the ～〉ヨルダン川西岸《イスラエルが占拠しているがアラブ人との係争の地》.

wést·bòund 形 西へ行く[向かう]. a ～ train [road] 西行きの列車[道路].

wèst by nórth 名 U, 形, 副 西微北(の, へ, に)《略 WbN》.

wèst by sóuth 名 U, 形, 副 西微南(の, へ, に)《略 WbS》.

Wèst Cóast 名 〈the ～〉〘米〙 太平洋岸(の諸州)《California, Oregon, Washington》.

Wèst Cóuntry 名 〈the ～〉〘英〙 イングランド南西部地方(の諸州)《Somerset, Devon, Cornwall》.

Wèst Énd 名 〈the ～〉ウェストエンド《ロンドンの中央部で, 国会議事堂, 諸官庁, 4大公園, 一流ホテル, 商店, クラブ, 劇場などがある繁華で高級な地区; →East End》.

wést·er 名 C 西風《特に, 強風, 暴風》.

west·er·ing /wéstəriŋ/ 形 〈限定〉西へ傾く〔太陽〕.

†**west·er·ly** /wéstərli/ 形 〈普通, 限定〉**1** 西への; 西の. **2** 〔風が〕西からの. a gentle ～ wind 穏やかな西風.

── 副 **1** 西方へ, 西に. **2** 西方から〔風が吹くなど〕.

── 名 (複 -lies) C 西風.

‡west·ern /wéstərn/ 形 C **1 西にある**; 西向きの; **西へ行く[向かう]**; 〔風が〕西からの; (↔eastern). *Western* Europe 西ヨーロッパ. the ～ part of Spain スペインの西部. a ～ course 西回りの航路. a ～ wind 西風.
2〖米〗〈W-〉西部(諸州)の; 〈一般に〉西部地方の. a *Western* cowboy 西部のカウボーイ.
3〈W-〉**西洋の**, 欧米の; 〖史〗(共産圏に対する)西側諸国[陣営]の. the *Western* mode of life 西洋の生活様式. the *Western* countries 西洋[西側]諸国. ◇名 west
── 名 C 〈しばしば W-〉西部劇, ウェスタン, 《米国開拓時代のカウボーイなどの生活を扱った映画, 小説など》. watch *Westerns* on TV テレビで西部劇を見る.
[＜古期英語]

Wèstern Austrália 名 ウェスタンオーストラリア《オーストラリア西部の州》.

Wèstern Chúrch 名 〈the ～〉西方教会, ローマカトリック教会, (→Eastern Church).

†wést·ern·er 名 C **1** 西部地方の人. **2**〈W-〉西洋人; 〖米〗西部(生まれの)人.

Wèstern Frónt 名 〈the ～〉西部戦線《第1次世界大戦の激戦地となったフランスおよびベルギーの地区》.

Wèstern Hémisphere 名 〈the ～〉西半球.

Wèstern Ísles 名 ウェスタンアイルズ《スコットランド北西沖の諸島からなる; 1975年に新設された州》.

†wèst·ern·i·zá·tion 名 U 西洋化, 欧米化.

wést·ern·ìze 動 他 〔習慣, 生活様式など〕を西洋化する, 欧米風にする.

Wèstern médicine 名 U 西洋医学.

wéstern·mòst 形 最も西の, 極西の, 西端の.

wèstern ómelet 名 C 〖米〗ウェスタンオムレツ《ハム・ピーマン・タマネギ入りのオムレツ》.

Wèstern (Ròman) Émpire 名 〈the ～〉西ローマ帝国 (395–476; →Roman Empire).

Wèstern Sahára 名 西サハラ《アフリカ北西部の大西洋沿岸の地域; モロッコ, アルジェリア, モーリタニアと接する旧スペイン領》.

Wèstern Samóa 名 →Samoa.

wèstern sándwich 名 C 〖米〗ウェスタンサンドイッチ《western omelet 入りのサンドイッチ》.

Wèstern Wáll 名 ＝Wailing Wall.

Wèst Gérmany 名 〖史〗西ドイツ《旧ドイツ連邦共和国の通称; 首都 Bonn; →Germany》.

Wèst Índian 形, 名 C 西インド諸島の(人).

Wèst Índies 名 〈the ～〉西インド諸島《米国フロリダ半島南方, 大西洋とカリブ海にある島々》.

Wèst Mídlands 名 〖英〗ウェストミッドランド《イングランド中部の旧州》.

West·min·ster /wés(t)mìnstər/ 名 **1** ウェストミンスター《ロンドン中央部にある自治区; 国会議事堂, Westminster Abbey などがある; 公式名 the City of Westminster》. **2** (Westminster にある)英国国会議事堂《公式名 the Palace of Westminster》; 英国国会.

W

Wèstminster Ábbey 名 ウェストミンスター寺院《Westminster にあるゴシック建築の大寺院; 国王の戴(たい)冠式などの国事が行われ, 国王, 国民的英雄などが葬られる; the Abbey とも言う; →Poets' Corner》.

Wèstminster Cathédral 名 ウェストミンスター大聖堂《Westminster にあり英国カトリック教の総本山》.

Wèstminster Schóol 名 ウェストミンスター校《Westminster にある有名なパブリックスクール》.

wèst-nòrth·wést 名 U 〈普通 the ～〉西北西《略 WNW》. ── 形 西北西(へ)の; 〔風が〕西北西(から)の. ── 副 西北西へ[に].

Wèst Póint 名 〖米〗ウェストポイント《New York 市の北方にある軍用地; 陸軍士官学校がある》.

wèst-sòuth·wést 名 U 〈普通 the ～〉西南西《略 WSW》. ── 形 西南西(へ)の; 〔風が〕西南西(から)の. ── 副 西南西へ[に].

Wèst Sússex 名 ウェストサセックス《イングランド南東部の州》.

Wèst Virgínia 名 ウェストヴァージニア《米国東部の州; 州都 Charleston; 略 WV〖郵〗, W.Va.》.

***west·ward** /wéstwərd/ 副 C **西方へ**, 西に. sail ～ 西に向かって航海する. ── 形 C **西に向かう**; 西方の. the ～ movement of the population 人口の西方への移動. ── 名 U 〈the ～〉西部; 西方.

wést·ward·ly 副, 形 西方へ(の); 〔風が〕西から(の).

wést·wards 副 ＝westward.

Wèst Yórkshire 名 ウェストヨークシャー《イングランド北部の旧州》.

‡wet /wet/ 形 e (wét·ter|wét·test)
【ぬれた】 **1** ぬれた, 湿った, 〈with ..で〉; 〔顔, ほほなどが〕涙でぬれた, 〔目が〕涙でいっぱいの; 〔子供が〕おむつをぬらした. a ～ shirt ぬれたシャツ. be sopping [dripping, soaking, wringing] ～ びしょぬれである. My mother got ～ on her way home. 母は帰り道で雨にぬれた. The grass is still ～ *with* dew. 草はまだ露にぬれている. a ～ face＝a face ～ *with* tears 涙でぬれた顔.
2 雨(降り)の, 雨がちの, (rainy). ～ weather 雨天. They will soon have a ～ season in Africa. アフリカではもうじき雨期に入る.
3【からっとしない】〖英話・軽蔑〗めそめそした, 意気地のない; 〔行為などが〕自信のない, 熱意の欠けた.
【乾いていない】 **4** 〔ペンキ, セメント, インクなどが〕まだ乾いていない, 塗りたての. ～ cement まだ乾いていないセメント. **5** 〔魚が〕生の, 新鮮な. ◇↔dry **6**〖米話〗酒類の製造・販売を認めている. a ～ town 酒の販売を認めている町.
àll wét 〖米俗〗すっかり間違った, 見当ちがいで.
wèt behind the éars 未熟な, '尻(しり)の青い', (immature).
Wèt Páint 〖掲示〗「ペンキ塗り立て」(〖英〗Fresh Paint).
wèt thróugh*＝*wèt to the skín びしょぬれになって. The boy walked in the rain and got ～ *to the skin*. その少年は雨の中を歩いてずぶぬれになった.
── 動 (～s /-ts/|過 過分 ～, **wét·ted** /-əd/|**wét·ting**) 他 をぬらす, 湿らす. ～ a handkerchief with cold water ハンカチを冷水で湿らす. Johnny ～ the bed [himself] last night. ジョニーはゆうべ寝小便をした(★この意味では普通, 過去形・過去分詞に wet を用いる). ── 自 **1** ぬれる, 湿る. **2** 小便をする.
── 名 **1** U 湿気, 湿り. **2** U 〈the ～〉雨天, 雨(降り); (雨後の)ぬかるみ. **3** C 〖英俗〗〈単数形で〉酒の1杯. have a ～ 1杯ひっかける. **4** C 〖米話〗禁酒反対者. **5** C 〖英話〗**(a)** 頭の弱い人, ばか. **(b)** (英国自由党の)穏健派の政治家. [＜古期英語; water と同根]
▷**wét·ly** 副 ぬれて, 湿って. **wét·ness** 名 U ぬれていること, 湿気.

wét·bàck 名 C 〖米話〗(米国への)不法入国メキシコ人労働者《Rio Grande 川を泳いで渡ることから》.

wèt blánket 名 C 〖話・軽蔑〗一座の興をそぐ人[もの], けちをつける人.

wèt céll 名 C 湿電池 (→dry cell).

wét dòck 名 C 係船ドック《潮の干満に関係なく一定の水位を保つようにしてあるドック; ↔dry dock》.

wèt dréam 名 C 夢精, 性夢.

wét·fìsh 名 (複 →fish) C 鮮魚.

weth·er /wéðər/ 名 C 去勢した雄羊.

wét·lànds 名 〈複数扱い〉沼沢地, 湿地.

wét-lòok 形 〔布地, 革などが〕光沢仕上げの.

wét-nùrse 動 他 **1** の乳母になる, に乳母として乳をやる. **2**〖軽蔑〗をかわいがりすぎる, 甘やかす.

wét nùrse 名 C (授乳のために雇われた)乳母 (↔dry nurse).
wét sùit 名 C ウェットスーツ《体にぴったりしたゴム製の潜水服; 少し水を通す》.
wét·ting 名 aU ぬれること. get a real ～ ずぶぬれになる.
wétting àgent 名 C 湿潤剤.
wétting solùtion 名 C コンタクトレンズの湿潤液.
wet·tish /wétiʃ/ 形 湿っぽい, 湿りけのある.
‡**we've** /wiv, 強 wiːv/ 〖話〗 we have の短縮形.
WFTU World Federation of Trade Unions (世界労働組合連盟).
Wh, wh watthour.
‡**whack** /(h)wæk/ 動 他 **1** 〖話〗 を(棒などで)ぴしゃりと打つ, (音をたてて)強く打つ. **2** 〖米俗〗 を山分けする 〈*up*〉. **3** VOA 〖話〗 を置く 〈*in* ..に〉.
── 名 C **1** 強く打つこと; そのぴしゃりという音. Jim gave me a ～ for insulting him. ジムは侮辱したと私をぴしゃりと打った. **2** 〖英話〗 〈普通, 単数形で〉 (公平[正当]な)分け前 (share). get one's ～ 分け前をもらう. pay (the) full ～ 全額を支払う. **3** 〖話〗 〈普通, 単数形で〉 ひとつやってみること 〈*at* ..を〉. My uncle decided to take [have] a ～ *at* training the horse. おじはその馬を調教してみることにした.
out of whack 〖主に米話〗 調子[具合]が悪い. This sewing machine seems to be *out of* ～. このミシンは故障しているようだ. [擬音語]
whacked /-t/ 形 〈叙述〉 〈しばしば ～ out として〉 〖主に英話〗 疲れ切った; 〖米話〗 (酒で)酔っぱらった, (麻薬で)ふらふらした, 'ラリった'.
whácк·er 名 C 〖話〗 **1** (同種の中の)大きなもの[人]. **2** 大ぼら, 大うそ, 大風呂敷.
whácк·ing 〖主に英話〗 名 UC ぴしゃりと打つこと. ── 形 でかい; すごい. ～ losses 大損害. a ～ apple ばかでかいリンゴ. ── 副 〖話〗 すごく. a ～ great wrestler すごくでかいレスラー.
whack·y /(h)wǽki/ 形 ＝wacky.
‡**whale**[1] /(h)weil/ 名 (複 **～s** /z/) C 〖動〗 クジラ. a bull [cow] ～ 雄[雌]クジラ. a calf ～ クジラの子.
a whále of a .. 〖話〗 でっかい..; 素晴らしい... have *a* ～ *of a* time 素晴らしく楽しい時を過ごす. tell *a* ～ *of a* lie 大ぼらを吹く.
── 動 自 捕鯨に従事する, クジラをとる. go *whaling* 捕鯨に出る. [＜古期英語]
whale[2] 動 他 〖米話〗 を殴る, むちで打つ. ── 自 VA (～ *into* ..) ..を攻撃する.
whále·bàck 名 C **1** クジラの背のような形のもの《丸い丘, 波など》. **2** 〖米〗 亀(き)甲甲板貨物船《昔, 5 大湖で用いられた》.
whále·bòat 名 C 両端のとがった細長いボート《もとは捕鯨用; 今は救命作業用など》.
whále·bòne 名 **1** U クジラのひげ《昔, コルセットに用いた》. **2** C クジラのひげの細工物.
whálebone whàle 名 C 〖動〗 ヒゲクジラ《セミクジラ, ナガスクジラなど; →toothed whale》.
whále òil 名 U 鯨油.
whal·er /(h)wéilər/ 名 C **1** 捕鯨をする人. **2** 捕鯨船.
‡**whal·ing** /(h)wéiliŋ/ 名 U 捕鯨; 捕鯨(産)業.
wháling màster 名 C 捕鯨船船長.
wháling shìp 名 C 捕鯨船 (whaler).
wham /(h)wæm/ 〖話〗 名 C どかん[ばーん]という音《強打, 爆発などによる》; 強打. ── 間 どかん, ばーん, ぴしゃり. ── 動 自 VA どかんとぶつかる 〈*against, into* ..に〉. ── 他 をどかんとぶつける. [擬音語]
wham·my /(h)wǽmi/ 名 (複 **-mies**) C 〖米話〗 **1** 縁起の悪いもの (jinx); 呪(じゅ)術; 凶眼. put a [the] ～ on a person 人の不運を念じる. **2** 破壊的[致命的]な一撃. be hit with a double ～ of a tax increase and higher prices 増税と物価高という二重の災難[ダブルパンチ]に見舞われる.
whang /(h)wæŋ/ 〖話〗 名 C ぴしゃり[どん]という音; 強打. ── 動 他 を強く打つ, ぴしゃり[どん, がん]と打つ.
*__wharf__ /(h)wɔːrf/ 名 (複 **wharves** /(h)wɔːrvz/, **～s** /-s/) C **波止場**, 埠(ふ)頭, (類語 波止場を表す最も一般的な語; →dock, jetty, pier, quay). All the family waited for John on the ～. 家族そろって波止場でジョンを待った. the ship tied up at the ～ 波止場につながれている船. ── 動 他 〔船〕を波止場につなぐ; に波止場を設ける; 〔船荷〕を波止場で積み降ろしする. [＜古期英語]
wharf·age /(h)wɔ́ːrfidʒ/ 名 U 波止場の使用(料).
wharf·in·ger /(h)wɔ́ːrfindʒər/ 名 C 波止場の所有者[管理人].
wharves /(h)wɔːrvz/ 名 wharf の複数形.
‡**what** /(h)wɑt|(h)wɔt/ 代
I 〈疑問代名詞〉
1 何, どれ, どんな物[事]; いくら, どれだけ; (語法 what は不定数量の中から選択する場合に, which は特定数量の中から選択する場合に用いられる; 形 1 の場合も同じ)
(a) 〈主語として〉 *What* made you believe such a story? どうしてそんな話を信じたのか. *What* has become of the man? その男はどうなったのか. *What*'s the matter with Mr. Green? グリーン氏はどうしたのか.
(b) 〈主格補語として〉 *What* on earth is that box? 一体あの箱は何ですか (→whatever 代 3). *What* is the time? 今何時ですか (＝What time is it?).
(c) 〈他動詞の目的語として〉 *What* do you have in your hand? 君は手に何を持っていますか. My uncle asked me ～ I wanted. おじは私に何が欲しいか尋ねた. I wonder ～ to buy for his birthday present. 彼の誕生日のプレゼントに何を買おうかしら.
(d) 〈前置詞の目的語として〉 *What* is this movie about? この映画は何についてのものか. *What* did you come here for? 君は何のためにここへ来たのか. *What* did the fish look like? その魚は何に似ていましたか.
2 (職業, 国籍などを尋ねて)何者, どんな人, どこの人. "*What* is your father?" "He is a doctor." 「お父さんは何[どんな仕事]をしてるの」「医者です」 (★相手に直接尋ねる場合は, *What* are you? とするとぶしつけな言い方なので普通 *What*'s your occupation?, *What* do you do (for a living)? などを用いる). "*What*'s your nationality?" "I'm British." 「国籍はどちらですか」「イギリスです」
3 どれほど, いくら. *What* is the population of Italy? イタリアの人口はどれぐらいですか. *What* did they charge you for the repair? その修繕にいくら請求されましたか.
II 〈関係代名詞〉
4 **..するもの[こと]** (that which); ..するもの[こと]は何でも (anything that). **(a)** 〈関係詞節中で主語として〉 *What* surprised me most was a huge rock. 私を最も驚かせたのは巨大な岩だった. I waited and waited for ～ seemed like an hour. 私はかれこれ[およそ] 1 時間と思えるほどの時間待ちに待った.
(b) 〈関係詞節中で他動詞の目的語として〉 There is some truth in ～ Bill says. ビルの言うことには幾分真実がある. Let's hear ～ they have to say. 彼らの言い分を聞こうじゃないか. You may do ～ you please. 君は好きなことは何でもしていい. Why did you say ～ you did? どうして君はあんな事を言ったのか《文末の did は said の代わり》.
(c) 〈関係詞節中で前置詞の目的語として〉 *What* Mrs. Smith is most proud *of* is her son's success in life. スミス夫人が最も誇りとしているのは息子が出世したことだ.
(d) 〈関係詞節中で主格補語として〉 Tom is not ～ he was. トムは以前のトムではない. All is not ～ it seems. すべてが見かけ通りとは限らない. Diligence made Bob

～ he is. 勤勉のおかげで今日のボブがある.
5 〈挿入的な節を導いて〉(さらに)..なことには. The house is too old, and, ～ is more, it is too expensive. その家は古すぎる, おまけに値段が高すぎる. Three years later my son returned, and, ～ was really amazing, he brought back a wife with him. 3 年後に息子は帰ってきた, しかも本当に驚いたことには妻を連れてきた. **6**〖非標準〗＝that, which, who.
and (I dòn't knów) whàt áll〖俗〗..など, その他なにやかや.
and whát nòt＝and [or] whàt háve you〖話〗《名称を列挙した後で》その他いろいろ, ..など. Put your books, notebooks, pencils, *and* ～ *not* into the bag. 本やノートや鉛筆その他をかばんに入れなさい.
but whát 〈否定文に用いて〉..でない(ところの). There was no man in the town *but* ～ knew Mr. White. その町にはホワイト氏を知らない者は 1 人もいなかった.
còme what máy [wíll] →come.
for whàt it [he, etc.] ís ありのままに, 実質どおりに. At last people saw him *for* ～ *he was*. 遂に人々は彼の正体[真価]を知った.
gèt whàt fór〖話〗罰せられる. Mike will *get* ～ *for* if he drives his father's car again. マイクはまた父親の車を運転したらひどい罰を受けるだろう.
gìve a person whàt fór〖話〗人を厳しく罰する.
I knòw whát＝I'll tèll you whát いい話がある, いい考えがある. *I know* ～, let's play ping-pong. いい考えがある. ピンポンをやろう.
knòw whàt's whát →know.
nò mátter whàt →matter.
or whát〖話〗〈疑問文の文末で他の可能性を打ち消して〉それとも何か(別のものがあると言うのか). Does he want the cash, *or* ～? あの男は現金が欲しいのか, それとも何か別のものか(そんなことはあるまい).
Sò whát?〖話〗それがどうした(と言うのだ), そんなことはどうでもいいではないか.
****Whát about ..?*** (1)(相手に何かを勧めて)..(して)はどうかね. *What about* taking a shower? シャワーを浴びてはどうかね. It's after twelve; ～ *about* lunch? 12 時を過ぎた, 昼飯にしませんか. (2)..はどうしたか. *What about* your homework? 宿題はどうしましたか.
Whàt [Hòw] about thát (, thèn)! →how.
Whàt do you sáy to ..? →say.
****Whàt fór?*** (1) 何のために, なぜ,《What did you do that for? のような文の省略形》. (2)〈名詞として〉〖話〗罰, こらしめ, 厳しく責めること. get ～ *for* (→成句). give a person ～ *for* (→成句).
****Whát if ..*** (1) もし..だとしたらどうなるだろうか. *What if* a nuclear war should break out? 核戦争が起こったらどうなるだろうか. (2)..したって構うものか (★(1) の修辞疑問的転用). *What if* we're caught in a shower! にわか雨に降られたって構わない.
whàt is cálled＝whàt you [we, they] cáll →call.
Whàt ís it? (1) 何の用だ, なんだい. (2)〖米俗〗やあ(Hello).
Whàt Č is to Ď, À is to Ɓ. A の B に対する関係は C の D に対する関係と同じである (★what 節は主節の補語の働き). *What* salt *is to* food, wit *is to* conversation. 会話にとって機知は食物に対する塩のようなものである《それがないと気が抜けたものになる》.
whàt it tákes〖話〗成功に必要なもの《才能, 財産など》(★普通, 動詞 have の目的語として). Pete has ～ *it takes* to do the job. ピートはその仕事をうまくやるのに必要な要素を備えている.
Whát of ..? ..はどうしたのか《What has become of .. の省略形》. *What of* your son? 君の息子はどうしたのか.
Whàt óf it? ＝So WHAT?
Whàt's it to yóu?〖話〗君には関係ない, 大きなお世話だ; ＝So WHAT?
Whàt's with ..?〖話〗..はどう(か)したのか; ..はどういう訳か. Hi, Bob, ～*'s with* you? やあ, ボブ, どうしてる[元気]?《ここは単なるあいさつ文句》.
Whát though ..! ＝WHAT if .. (2).
You whát? [*!*] 何だって; 何だと;《問い返しで, 又は驚きなどを表す》.
── 形 **1**〈疑問形容詞〉**何の**, どんな; どれだけの. (→代 1 語法). *What* song is she singing? 彼女は何の歌を歌っているのか. *What* kind of camera did you buy? どんな種類のカメラを買いましたか. Of ～ use is it to know such a thing? そんな事を知って何の役に立つのか. Do you know ～ time the train will arrive? その列車が何時に着くか知っていますか.
2〈感嘆文で〉**何と(いう)** (→how 4 語法). *What* a big airplane that is! あれは何と大きな飛行機だろう. *What* kind men they are! 彼らは何と親切な人たちだろう. *What* nonsense! 何とばかな.
3〈関係形容詞〉 **..する[である]すべての**, ..するだけの. The statesman gained ～ support he needed. その政治家は必要なだけの支持を得た (＝..*all the* support *that* he needed). I can lend you ～ books you want to read. あなたが読みたいと思う本はどれでも貸してあげますよ.
whàt líttle [féw] .. わずかだが全部の... She did her best with ～ *little* strength she had. 彼女はわずかな力を全部出して最善を尽くした. I gave ～ *few* coins I had to the beggar. 私は少しではあったがありったけの硬貨をそのこじきに与えた.
── 副 どれほど; いかに, どのように. *What* does it help to weep over the man's death? その男の死を泣いて悲しんでどれほど役立つのか. *What* do you think of this book? 君はこの本のことをどう思いますか (★what の代わりに how を使うと動詞は feel).
whàt with X̌ and (whàt with) Ý X やら Y やらのために《好ましくない事態の理由うけが多い》. *What with* hunger *and* (～ *with*) fatigue, the dog died at last. 空腹やら疲労やらでその犬はとうとう死んだ.
── 間 **1** 何だって, 何,《驚き, 疑い, 怒りなどを表す》. *What!* Did you break that vase? 何だって! あの花瓶を割ったのか. **2** 何だい《呼びかけに対する返事》; 何だって(もう 1 度言ってくれ)《Pardon (me). よりぶしつけな言い方》. "Dick?" "*What?*" "May I use your car?"「ディック」「何だい」「君の車を使っていいかい」
3〖主に英話〗〈付加疑問的に〉ねえ[全く]..だね, ..だよね. Stunning news, ～? ショッキングなニュースでしょ[だろ].
4 まあ, たぶん,《数量などを推測して》. My father has been studying French for ─ ～ ─ eight years. 父はフランス語をえー, たぶん 8 年間勉強している.
── 接〖話〗..(の)限り. I helped her ～ I could. 彼女をできる限り助けてやった.
[＜古期英語 *hwæt* (*hwā* 'who' の中性形)]

what·cha·ma·call·it /(h)wátʃəməkɔ̀ːlit | (h)wɔ́tʃ-/ 名 U 〖米話〗＝what-d'you-call-it《＜what you may call it》.

what'd /(h)wátəd | (h)wɔ́t-/ what did の短縮形. *What'd* you say? 何と言ったんですか.

whát-d'you-càll-him, -her, -it, -'em /-dju-/ 名 U〖話〗だれそれさん, 何とかさん; 何とかいうもの. ★名前が思い出せない時に用いる; 男には -him, 女には -her, 物には -it, 複数には -'em の形を用いる.

what·e'er /(h)wɑtéər | (h)wɔt-/ 代, 形 〖詩〗＝whatever.

‡what·ev·er /(h)wɑtévər|(h)wɔt-/ 代 **1** 〈関係代名詞〉 **..するもの[こと]は何でも** (anything that) (★関係代名詞 what の強調形). *Whatever* is left is yours. 残っているものはみな君のものだ. You may eat ~ you like. 君の好きなものは何でも食べていい. I'll pay you ~ you want. あなたの欲しいだけ払いましょう.
2 (a) 〈譲歩節を導いて〉 **何が..しようとも, 何を..しようとも**, (no matter what). *Whatever* ⌞may happen [happens], don't be discouraged. 何が起ころうとも失望してはいけない (★未来のことでも *will* happen とはしない). *Whatever* you do, do your best. 何をするにしても最善を尽くしなさい. *Whatever* the weather (may be), we'll start at seven. 天候がどうであれ私たちは7時に出発する.
(b) 〖米〗 何でも, 何であろうと, 《話し手の無関心を表す》. "Shall I take you to the zoo or the aquarium?" "*Whatever*." 「動物園か水族館に連れて行ってやろうか」「どちらでも」《気乗りしない返事》.
3 〖話〗 〈疑問代名詞〉 **一体何が[を]** (★疑問代名詞 what の強調形; what ever ともつづる; →what 代 1; →ever 3 (b)). *Whatever* in the world happened? 一体全体何が起こったのか. *Whatever* does this word mean? 一体この語はどんな意味なのだろうか.
or whatéver 〖話〗 (同類のものを列挙した後で)何かそのようなもの. She wants to be a poet, a novelist, *or* ~. 彼女は詩人か小説家かそのようなものになりたいと思っている.
Whatèver néxt? →next 副.
whatéver you dò 〈命令文とともに用いて〉 〖話〗 いいか, 言っておくが, 絶対に, 《念押し, 警告》. Don't, ~ *you do*, tell him the truth. いいか, 彼には本当のことを言うんじゃないぞ.
whatéver you sày [***think***] 〖話〗 (相手の言ったことに対してしぶしぶながら)分かったよ, 言う通りにするよ.
── 形 **1** 〈関係形容詞〉 **..するどんな..でも** (★関係形容詞 what の強調形). Wear ~ hat you please. どれでも好きな帽子をかぶりなさい. Mike took ~ action he thought necessary. マイクは必要と思う行動は何でもとった.
2 〈譲歩節を導いて〉 **どんな..が[を]..しようとも**. *Whatever* weather we may have, I'll go fishing tomorrow. 天候がどうであれ私は明日釣りに行く. *Whatever* reasons Ted may have, he is to blame for the failure. テッドにどんな理由があるにせよ, その失敗は彼の責任だ.
3 〈否定文, 疑問文で名詞, 代名詞のあとにつけて〉 **少しの..も, 何の..も**, (at all). Our teacher has no sense of humor ~. 私たちの先生には少しもユーモア感覚がない. War achieves nothing ~, except misery. 戦争は悲惨以外の何ももたらさない. Did you hear anything ~ about it? そのことについて何か少しでも聞いていますか. [<中期英語; what, ever]

whàt-fór 名 U 〖英話〗 罰. give a person ~ 人をとっちめる.

***what'll** /(h)wɑ́tl|(h)wɔ́tl/ what will の短縮形. *What'll* the weather be like tomorrow? 明日の天気はどんなだろう.

what·not /(h)wɑ́tnɑ̀t|(h)wɔ́tnɔ̀t/ 名 **1** U 〖話〗 何やかや, いろんなもの, (→and WHAT not). The box is full of toys and ~. その箱はおもちゃや何かでいっぱいである. **2** C (置物, 書物などを置く)飾り棚《特にビクトリア朝時代に用いられた》.

***what're** /(h)wɑ́tər|(h)wɔ́tə/ what are の短縮形. *What're* you going to do today? 今日何をする予定ですか.

‡what's /(h)wɑts|(h)wɔts/ 〖話〗 what is, what has, what does の短縮形. *What's* the time? 何時ですか. *What's* made you sick? 何で気分が悪くなったんですか).

whát's-his[her]-nàme 名 〖話〗 = what-d'you-call-him[her].

whát's-it, whát's-its-nàme 名 〖話〗 = what-d'you-call-it.

whàt·so·é'er /-éər 移/ 代, 形 〖詩〗 = whatsoever.

†whàt·so·éver /移/ 代, 形 〖雅〗 = whatever (★強意に用いる).

what've /(h)wɑ́təv|(h)wɔ́t-/ what have の短縮形.

wheal /(h)wiːl/ 名 = wale 1.

‡wheat /(h)wiːt/ 名 U 〖植〗 **小麦**, 小麦(の粒). raise ~ 小麦を栽培する. grind ~ into flour 小麦をひいて粉にする. a sheef of ~ 小麦の一束. a vast field of ~ 広大な小麦畑. 参考 大麦は barley, ライムギは rye, オートムギは oats.
sèparate [***sort*** (***òut***), ***sìft***] (***the***) ***whèat from*** (***the***) ***cháff*** 良い物[人]を悪い物[人]から区別する《<もみがらと小麦を選別する》. [<古期英語; white と同根]

whéat bèlt 名 C 小麦生産地帯, 麦どころ.

whéat càke 名 C (完全)小麦粉で作ったパンケーキ.

wheat·en /(h)wíːtn/ 形 〈普通, 限定〉 小麦の; 小麦で作った; 小麦色の.

whéat gèrm 名 U 麦芽, 小麦胚(はい)芽, 《ビタミンに富む》.

whéat·mèal 名 〖主に英〗 = whole-wheat.

whee /(h)wiː/ 間 ひゃっほー, わーい, 《子供などの歓喜の叫び声》.

whee·dle /(h)wíːdl/ 動 他 **1** を甘言で誘う, 口車に乗せる; VO (~ "引用") 「..」と甘言で誘う. "Please, for my sake," she ~*d*. 「お願い, 私のために」と彼女は甘く言った. **2** (a) VOA (~ X *into* Y [*doing*]) X(人)に甘言で[ねだって]Yをさせる. Sam was ~*d into* join*ing* the club by Sally. サムはサリーの口車に乗せられてそのクラブに入れられた. **(b)** (~ X *out of* Y) X(物)をY(人)から[X(人)からY(物)を]甘言でだまし取る. Ann ~*d* a new fur coat *out of* her husband. アンはうまいことを言って夫から毛皮のコートをせしめた. ── 自 甘言を弄(ろう)する, ねだる. [?<ドイツ語「尻尾を振る, へつらう」] ▷ **whee·dler** 名 C 甘言でだます人. **whee·dling·ly** 副 甘言で.

‡wheel /(h)wiːl/ 名 (複 **~s** /-z/)
【(車の)輪】 **1** C **車輪**, 輪, 車. the front ~*s* of a car 自動車の前輪. **2** 【車輪で動く乗り物】 C 〖米話〗 自転車; 〖話〗 ⟨(set of) ~s⟩ 自動車.
【車輪状のもの】 **3** C ⟨the ~⟩ (自動車の)ハンドル, (船の)舵(だ)輪, (steering wheel). take the ~ 車を運転する[船を操縦する]. **4** C (製陶用の)ろくろ (potter's wheel); 紡ぎ車. the potter turning the ~ ろくろを回している陶工. **5** C (ルーレットなどの)回転盤. **6** C 運命の輪. the ~ of fortune = Fortune's ~ →成句.
【車輪の回転】 **7** UC 回転, 旋回; (特に兵隊の)旋回運動. a right [left] ~ 右[左]旋回.
8 C 〈普通 ~s〉 原動力, 推進力; 機構. the ~*s* of government 政治機構.
9 C 〖米俗〗 (財界, 政界などの)大物 (big wheel).
****at*** [***behind***] ***the whéel*** (自動車の)ハンドルを握って, (船の)舵輪を取って; 支配して. Tom dozed off *at the* ~. トムは車を運転中にうとうとした. the man *at the* ~ 運転している人, 舵手; 支配権を握っている人.
fèel like the third [***fifth***] ***whéel*** (自分を)余計者と感じる.
Fórtune's whéel 運命の女神の車輪; 運命の移り変わり.
gò on (***òiled***) ***whéels*** すらすら進む; 〔事が〕順調に運ぶ.
kèep the whéel tùrning 物事が転がって行くよう必要な手を打つ.
òil the [***one's***] ***whéels*** →oil 動.
on whéels 車輪の付いた; 車輪で(動く).

pùt a spóke in** a pèrson's **whéel →spoke.
pùt* [*sèt*] *one's shóulder to the whéel →shoulder.
reinvènt the whéel 無駄なことをする.
sèt the whéel in mòtion (*to do*) (..するために)必要な措置を取る.
spin** one's **whéels 〖米話〗(やみくもな努力が空転して)進展がない, いたずらに時間を浪費する.
whèels within whéels (輪の中に又輪があるような)複雑な構造, こみいった事情; 隠れた動因.
── 動 (~s /-z/|過 過分 **~ed** /-d/|**whéel·ing**) 他 **1** 〔車輪の付いた物〕を(両手で)**動かす**. ~ a handcart 手押し車を押す. **2** VOA〔物, 人を〕(手押し)**車で運ぶ**〈*to, into* ..へ/*along* ..を〉. use a cart to ~ the baggage to the car 手荷物を車まで運ぶのに手押し車を使う. **3** VOA の向きを変えさせる; を回転[旋回]させる; 〈*about, around*〉. ~ a car *around* 車の向きを変える.
── 自 **1**〔鳥, 飛行機の群れなどが〕旋回する. **2** (急に)向きを変える, 向き直る; 考え方[意見など]を急に変える, 転向する; 〈*about, around*〉. The lion ~*ed around* and started to back away. そのライオンはぐるりと向きを変えて戻って行き始めた.
whèel and déal 〖話〗(商売, 政治などで)手練手管を尽くす, 抜け目なく立ち回る, かせぎまくる.
whèel /../ óut 〖主に英話〗〔古くさい[使い古しの]考え, 議論など〕を持ち出す. He ~*ed out* the old argument to get an advantage over us in the deal. 彼は取り引きで我々より有利になろうとして昔の議論を持ち出した.
[<古期英語「車輪」; 原義は「回転するもの」]

whéel bàg 名 C (旅行用の)キャスター付きかばん.

whéel·bàrrow 名 C 手押し1輪車.

whéel·bàse 名 UC ホイールベース《自動車の前後の車軸間の距離》.

***whéel·chàir** 名 (複 **~s** /-z/) C (病人, 身体障害者などのための)**車いす**. be confined to a ~ 車いす生活を余儀なくされる.

whéel clàmp 名 C (駐車違反車の)車輪固定具.

wheeled 形 **1** 車輪の付いた. **2**〈複合要素〉..個の車輪が付いた. an eight-~ truck 8輪トラック.

whéel·er 名 **1** C 車をひく[押す]人, 車ひき. **2**〈複合要素〉..輪のもの. a four-~ 4輪馬車. **3** =wheelwright. **4** =wheel horse 1.

whèeler-déaler 名 C 〖話〗**1** (商品を車で売り歩く)行商人. **2** 抜け目のない商売人, やり手; 策士.

whèeler-déaling 名 U 〖話〗抜け目なく[精力的に]立回ること; 手練手管.

whéel hòrse 名 C **1** (4頭又は2頭立ての馬車の)後馬. **2**〖米話〗(特に, 政党などの)しっかりした働き者.

whéel·hòuse 名 (複 →house) C (小型[旧型]船の)操舵(だ)室.

wheel·ie /(h)wí:li/ 名 C 〖話〗ウィーリー, 後輪走行,《自転車・オートバイの前輪を宙に浮かせて走る業(わざ)》.

whéelie bìn 名 C 車付きのごみ箱.

whéel·ing 名 U **1** (手押し)車で運ぶこと. **2** (車で走行する場合の)道路状況.
whèeling and déaling =wheeler-dealing.

whéel·man /-mən/ 名 (複 **-men** /-mən/) C **1**〖米〗舵(だ)手. **2**〖俗〗(逃走車の)運転手.

whéel·wrìght 名 C (特に, 昔の)車大工, 車輪製造[修理]人.

‡**wheeze** /(h)wi:z/ 動 自 〔人が〕(喘(ぜん)息などで)ぜーぜーいう;〔機械などが〕ぜーぜーいう音を出す. ── 他 VO (~ X/"引用") Xを/「..」とぜーぜーいいながら言う〈*out*〉. ── 名 C **1** ぜーぜーいう音. **2**〖旧英話〗名案; (古くさい)しゃれ, 地口.

wheez·y /(h)wí:zi/ 形 e ぜーぜーいう(音を出す).
▷**wheez·i·ly** 副 **wheez·i·ness** 名

W

whelk /(h)welk|welk/ 名 C 〖貝〗エゾバイ《北大西洋・北太平洋産の巻き貝の類; 食用》.

whelm /(h)welm/ 動 他 〖雅〗**1** を水に沈める. **2**〔洪水, やみなどが〕を飲み込む. **3** を圧倒する (overwhelm).

†**whelp** /(h)welp/ 名 C **1** 犬の子; (ライオン, トラ, クマ, オオカミなどの)子. **2**〖旧〗悪がき, 青二才. ── 動 自, 他 〖旧〗〔犬などが〕(子を)産む. [<古期英語]

‡**when** /(h)wen/ 副 **1**〈疑問副詞〉**いつ**; どんな場合に. *When* is your birthday? 君の誕生日はいつですか. *When* will he arrive at Narita? 彼はいつ成田に着きますか. I wonder ~ John will come. ジョンはいつ来るのだろうか. I asked him ~ to start. いつ出発したらいいのかと彼に尋ねた.

> 語法 この when は完了を表す現在完了時制とともには用いない; *When* have you read the book? は誤りで *When* did you read the book? (いつその本を読みましたか)が正しい; しかし, 経験を表す場合は可能: *When* have you been to Hawaii? (いつハワイに行ったことがありますか); また修辞疑問にも用いられる: *When* have I disobeyed your order? いつ私があなたの命令に背いたことがありますか(ありません).

2〈関係副詞〉(**a**)〈制限用法〉..する(ところの) (★時を表す先行詞の後で). Now is the time ~ we must stop fighting. 今こそ戦いをやめる時だ. I remember the day ~ I first met Mr. Johnson. 私は初めてジョンソン氏に会った日を覚えている.

> 語法 この when はしばしば省略され, that で代用されることもある (→that 代〈関係代名詞〉2): My father died in the year (that) the war broke out. (父はその戦争が始まった年に死んだ) The accident happened on the very day (that) Paul's first son was born. (その事故はちょうどポールの長男が生まれた日に起きた)

(**b**)〈非制限用法〉(..すると)**その時** (and then) (★普通 when の前にコンマを置く). Helen's father died of cancer in 1962, ~ she was only five. ヘレンの父は1962年にがんで亡くなったが, その時彼女はたった5歳だった. Susie sat up until midnight, ~ she heard a strange noise. スージーは真夜中まで起きていた, するとその時奇妙な物音が聞こえた.
(**c**)〈先行詞を含む用法〉..する時 (★名詞節を導く; 含まれる意味上の先行詞は普通 the time と考えられる). Spring is ~ I am happiest. 春は私が最も楽しい時だ.
── 接 **1** **..する時に**, ..の時. Don't make (a) noise ~ you eat your soup. スープを飲む時には音を立てるな. *When* you have finished your homework, you may watch television. 宿題が終わったらテレビを見ていいですよ.

> 語法 主節と従節の主語が同一の場合, 従節の「主語+be」が省略されることがある; 又慣用的表現では主語が異なっても省略される: The writer completed his first book ~ (he was) still a college student. (その作家はまだ大学生だった時に処女作を書き上げた) *When* (you are) in Rome do as the Romans do. →Rome. Use my dictionary ~ (it is) necessary. (必要な時は私の辞書を使いなさい)

2 **..する時はいつでも** (whenever). *When* I raise the subject, my parents pretend not to hear. 私がその話題を持ち出すといつも両親は聞こえないふりをする. My wife smiles at me ~ she wants something. 妻は欲しいものがある時はいつも私にほほえみかける.
3 ..したらすぐ (as soon as). *When* you hear the bell, come into the classroom. ベルが聞こえたらすぐ教室に入ってきなさい.

4 ..のに (although). George blamed me ～ he was just as much to blame. ジョージは私と同じくらい悪いのに私を責めた.
5 ..ならば (★if と異なり, その事態が生じるのは確定的); ..なので, ..を考えると. Tell him so ～ he comes in the afternoon. 午後彼がやって˪来たら[来るから]そう伝えてくれ. How can the farmers defend themselves ～ they have no guns? 農夫たちは銃を持っていない˪ならば[からには]どうやって自分たちを守れようか.
as [if] and when (..) →as, if.
── 代 **1**〈疑問代名詞〉いつ (★普通, 前置詞の目的語として). Till ～ can you stay with us? いつまで私たちのところに滞在できますか. Since ～ have you been learning French? いつからフランス語を学んでいますか.
2〈関係代名詞〉〖章〗(そして)その時. We came here five days ago, since ～ the weather has been fine. 私たちは 5 日前にここへ来ました, それ以来ずっといい天気です (★この since when は since which time と言い換えられる).
── 名 〈the ～(s)〉 時; 場合. The policeman was sure that Bill had stolen the money, but did not know the ～ and where. 警官はビルがその金を盗んだことは確信していたがそれがいつどこでなのか分からなかった.
Sày whén. 〖話〗(酒などをついでやりながら)ちょうどいい時そう言いなさい《ちょうどいい分量になったら "When." と答える》.
when àll is sáid and dóne →all.
[＜古期英語 *hwanne*]

*__whence__ /(h)wens/ 〖古・雅〗 副 **1**〈疑問副詞〉(**a**) どこから (from where). *Whence* came this sadness of heart? この心の悲しさはどこから来たのか. The villagers wondered ～ the man had come. 村人たちはその男はどこから来たのかといぶかった. (**b**) どうして, なぜ. *Whence* came the trouble? その困難な事態はどうして起こったのか.
2〈関係副詞〉 (**a**)〈制限用法〉 **そこから..する(ところの)**; そこから..するところへ. They do not know the source ～ these evils sprang. 彼らはこれらの害悪の生じた根源を知らない. ★先行詞が表されないことがある: They went back ～ they came. (彼らは来た所へ帰って行った) (**b**)〈非制限用法〉(そして)そこから; そのために, そのことから; (★普通 whence の前にコンマを置く). We found a hut, ～ a strange sound was heard. 私たちは小屋を見つけた, するとそこから奇妙な音が聞こえてきた.
── 代 **1**〈疑問代名詞〉どこ. *From* ～ are you? 君はどこから来たのか[どこの出身か]. **2**〈関係代名詞〉..するところの. the source *from* ～ these evils spring これらの害悪が生じる根源. 語法 whence＝from where だから from whence とするのは不合理だが, 昔から使われている; しかしこれを不可とする人もある. [when, -s 3]

when·e'er /(h)wenéər/ 接, 副 〖詩〗＝whenever.

‡**when·ev·er** /(h)wenévər/ 接 **1** **..する時はいつでも; ..するたびに**. Please come ～ it suits you. いつでも都合のいい時に来てください. I listen to music ～ I feel sad. 悲しい時にはいつも音楽を聞きます. I read my child to sleep at night ～ (it is) possible. 私は可能な時はいつも夜子供に本を読んでやって寝つかせる.
2〈譲歩節を導いて〉〖話〗**いつ..しようとも**(no matter when). *Whenever* you (may) come, you will find the manager in. 君がいつ来ようとも支配人はいます.
── 副 〈疑問副詞〉 一体いつ (★when の強調形; when ever ともつづる). *Whenever* did you stop smoking? 一体いつ君は禁煙したのか.
or whenéver いつであろうと. Whether they leave on Saturday, Sunday, *or* ～, they will find the expressway jammed all day long. あの人たちが土曜, 日曜, いやいつ出発するにしろ高速道路は四六時中渋滞しているだろう. [＜中期英語; when, ever]

whèn·so·éver 接, 副 〖雅〗＝whenever.

‡**where** /(h)weər/ 副 **1**〈疑問副詞〉(**a**) どこに, どこで; どこへ. *Where* is your bag? 君のかばんはどこにありますか. *Where* did you meet Tom? どこでトムに会いましたか. The man asked me ～ I was going. その男は私にどこへ行くところかと尋ねた. I don't know ～ to go. どこへ行ったらいいのか分からない. Let me see, ～ was I? ええと, どこまで話したかな《話が中断されたあと続ける時》.
(**b**) どの点で; どんな立場で. *Where* did the plan go wrong? どの点でその計画は失敗したのか. *Where* would the man be without his wife? その男は妻がいなかったらどうなるだろうか.
2〈関係副詞〉(**a**)〈制限用法〉 **..する(ところの)**. I remember the house ～ I was born. 私は自分の生まれた家を覚えている. This is the hotel ～ your father once stayed. これは君のお父さんがかつて泊まったホテルだ. Their mutual hatred reached a point ～ they no longer spoke to each other. 彼らの憎み合いは互いに口もきかないというほどにまでなった.
(**b**)〈非制限用法〉(そして)**そこに[で]**, そこへ, (and there) (★普通 where の前にコンマを置く). This morning Polly got on a bus, ～ she happened to meet her old friend. 今朝ポリーはバスに乗ると, そこで旧友にばったり会った. The writer's house in Surrey, ～ he wrote many stories, has recently been repaired. サレーにある作家の家は, そこで彼は多くの物語を書いたのだが, 最近修理された.
(**c**)〈先行詞を含む用法〉 **..する所** (★名詞節を導く; 含まれる意味上の先行詞は普通 the place と考えられる). The boy has never been more than thirty miles from ～ he lives. その少年は自分の住んでいる所から 30 マイル以上遠くへ行ったことがない. The hawk flew to ～ its chickens were waiting. タカはひなの待っている所へ飛んでいった. That's ～ you're wrong. そこが君の間違っている点だ.
3〖古〗こちらに, あちらに, (★see, look などの後で). Lo, ～ he comes. おっ, 来たな.
Where away? →away.
Whère do we gò from hére? (この現状では)次はどうしたらいいものやら.
where one is coming from →come.
whère it's át 〖英旧・米話〗 活動[活気]の中心地, 面白い所; 肝心かなめ[最高の]もの, 核心, 真相; 《where a person's at は「人の性質[立場, 真意, 生き方など]」》.
── 接 **1** **..する所に[へ]**. This dog has been lying ～ it is for more than an hour now. この犬は今いる所に 1 時間以上も寝そべっている. Take me ～ you found the treasure. 君がその宝物を見つけた所へ私を連れて行ってくれ.
2 **..する所で[へ]はどこでも** (wherever). You may sit ～ you like. 好きな所へ座っていい.
3 ..する場合に(は); ..の点で(は). *Where* there's a will, there's a way. →will 名 2. *Where* there are no democratic institutions, people may resort to direct action. 民主制度のない場合は人々は直接行動に訴えることがある. Tact often succeeds ～ force fails. 力ずくで成功しない場合にちょっとした気配りで成功することがよくある. ～ possible [necessary] 可能[必要]な場合は(いつでも).
4 ..であるのに, ..であるのに対し. He is untidy now, ～ once he was well groomed. 彼はかつては身だしなみが良かったのに今はだらしなくしている.
5〖米話〗..ということ (that). I see ～ his company went bankrupt. 彼の会社は倒産したようですな.
── 代 〈疑問代名詞〉**1** どこ (★普通, 前置詞の目的語として). *Where* are you calling from, John? ジョン, どこから電話をかけているの. *Where* to, sir? お客さん, どちらまで《タクシーの運転手などが言う》. **2**〖非標準〗〈関係代名詞〉..する(ところの). the state ～ she comes from 彼女の出身地の州.

── 名 〈the ～(s)〉 場所.

the whère and whén [*hów*] 場所と時間[方法]. *the* ～ *and when* of the crime その犯罪の発生場所と時刻. [＜古期英語 *hwær*]

†where·a·bouts /(h)wé(ə)rəbàuts|⌐-⌐/ 副 〈疑問副詞〉どの辺に[で]. *Whereabouts* did the accident happen? その事故はどの辺で起きたのか. I wonder ～ the teacher lives. その先生はどのあたりに住んでいるのかしら.

── /⌐-⌐/ 名 U 〈the [one's] ～; 単複両扱い〉(人の)居場所, (物の)ありか. The man's ～ is [are] known. その男の居場所は分かっている. Keep us informed as to your ～. 君の居所は私たちにいつも知らせておきなさい.

***where·as** /(h)we(ə)rǽz/ 接 **1**〖章〗〈主節の前で〉..であるのに,〈主節の後で〉が一方.., (while). *Whereas* Ed promised to come, in reality he did not. エドは来ると約束したのに実際は来なかった. The father was a coal miner, ～ his son became a millionaire. 父親は炭坑夫だったが息子は百万長者になった. **2**〈法律文などの文頭に用いて〉..であるが故に, ..という事実故に.

where·at /(h)we(ə)rǽt/ 副〖古〗**1**〈疑問副詞〉何に対して; 何で. **2**〈関係副詞〉(**a**)〈非制限的に〉それに対して, そこで, そのために, (at which). (**b**)〈制限的に〉そこで..する(ところの).

†where·bý 副〖章〗**1**〈関係副詞〉(それによって)..する(ところの) (by which). What is the information ～ the police found the suspect? 警察が容疑者を捜し出した情報は何か. **2**〈疑問副詞〉何によって, どんな手段で.

where'd /(h)weərd/ where did, where would の短縮形.

wher·e'er /(h)wè(ə)réər/ 接, 副〖詩〗＝wherever.

†where·fore /(h)wéərfɔ̀:r/ 副〖古〗〈疑問副詞〉なぜ, なに故に, (why). ── 接〖古〗それ故に. *Wherefore* they are no more twain, but one flesh. それ故に彼らはもはや2人ではなくひとつの肉である《聖書から》.

── 名 C 〈しばしば ～s〉 理由 (reason), 原因 (cause),〈普通, 次の成句で〉.

the whýs and whérefores of.. →why.

where·fróm 副〖古〗**1**〈疑問副詞〉どこから. **2**〈関係副詞〉(そこから)..する(ところの) (from which).

‡where·in /(h)we(ə)rín/ 副〖章〗**1**〈疑問副詞〉どこに[で]; どの点で. *Wherein* am I at fault? いかなる点で私は誤っているのか.

2〈関係副詞〉(そこで)..する(ところの) (in which). the house ～ the writer died その作家が死んだ家.

where'll /(h)weərl/ where will, where shall の短縮形.

where·of /(h)we(ə)rʌ́v, -rʌ́v|-rɔ́v/ 副〖章〗**1**〈疑問副詞〉何の[について], だれの[について]. **2**〈関係副詞〉(それについて)..する(ところの) (of which [whom]). the charges ～ I stood accused 私が告発されている罪.

where·on /(h)we(ə)rɑ́n, -rɔ́:n|-rɔ́n/ 副〖古・戯〗**1**〈疑問副詞〉何の上に. **2**〈関係副詞〉(その上に)..する(ところの) (on which). the evidence ～ the theory is based その理論が基づいている証拠. **3** ＝whereupon 1.

where're /(h)wé(ə)rər/ where are の短縮形.

‡where's /(h)weərz/ where is, where has の短縮形.

whère·so·éver 接, 副〖雅〗＝wherever.

where·tó 副〖章〗**1**〈疑問副詞〉何に, どこへ; 何のために; 何へ向かって. **2**〈関係副詞〉(それ[そこ]へ)..する(ところの) (to which).

†where·up·on /(h)wè(ə)rəpɔ́:n, -əpɑ́n, ⌐-⌐|(h)wèərəpɔ́n/ 副〖章〗**1**〈接続詞的〉するとすぐ. Jim hit a home run, ～ all of us cheered. ジムはホームランを打った, そこで私たちはみな喝采(さい)した. **2**〈疑問副詞・関係副詞〉＝whereon.

where've /(h)weərv, (h)wé(ə)rəv/ where have の短縮形.

‡wher·ev·er /(h)we(ə)révər/ 接 **1** ..する所はどこでも; ..する場合はいつでも. The singer was welcomed ～ he went. その歌手はどこへ行っても歓迎された. The soldier always thought of his wife and children ～ he was. その兵士はどこにいてもいつも妻子のことを考えた. *Wherever* (it was) possible, he helped poor people. 彼はできる場合はいつでも貧しい人々を助けた.

2〈譲歩節を導いて〉どこに[へ]..しようとも (no matter where). *Wherever* the man is [may be], the police will surely find him out. その男がどこにいようとも警察は必ず見つけ出すだろう.

── 副 〈疑問副詞〉一体どこに[へ] (★where の強調形; where ever ともつづる). *Wherever* did you put the watch? 一体その時計をどこに置いたのか.

or wheréver〖話〗(場所を列挙した後で)それとも⌊どこか[どこへでも]. This summer I will take you to London, Paris, *or* ～. この夏ロンドンかパリかどこかに連れて行ってやろう. [＜中期英語; where, ever]

where·wíth /-wíθ, -wíð/ 副〖古〗**1**〈疑問副詞〉何によって[と共に]. **2**〈関係副詞〉(それで)..する(ところの) (with which).

where·with·al /(h)wéərwiðɔ̀:l/ 名 U 〖話〗〈the ～〉必要な手段[金]〈*to* do ..するために〉.

wher·ry /(h)wéri/ 名 (複 **-ries**) C **1** (河川, 港湾用の)はしけ, 渡し舟. **2** (競技用の) 1人漕(こ)ぎスカル; 手漕ぎボート.

‡whet /(h)wet/ 動 (～s|-tt-) 他 **1**〖章〗〔刃物〕を研ぐ. ～ a knife ナイフを研ぐ. **2**〔興味, 食欲, 欲望など〕を刺激する, そそる. ～ the tyrant's territorial appetite その暴君の領土欲をそそる. ── 名 C **1** 研ぐこと. **2** 刺激(物); 食前酒. [＜古期英語「鋭くする＞研ぐ」] ▷

whét·ter 名 C (刃物の)研ぎ屋; (興味, 食欲などを)刺激する人[物].

‡wheth·er /(h)wéðər/

【2つのうちいずれか一方】 接 **1**〈名詞節を導いて〉〈～ X or not〉Xかどうか; 〈～ X or Y〉XかYか. (**a**)〈他動詞の目的語となる名詞節を導いて〉I don't know ～ Frank will join the club *or not*. フランクがそのクラブに入るかどうかは分からない. The boys asked their teacher ～ he liked baseball (*or not*). 少年たちは先生に野球が好きかどうか尋ねた. I can't tell ～ she bought the ring *or* ～ she was given it. 彼女がその指輪を買ったのかもらったのかは分からない. 語法 この場合 or not は省略されることが多く,〖話〗では whether はしばしば if で置き換えられる (→if 7 語法).

(**b**)〈主語又は主格補語となる名詞節を導いて〉*Whether* you join us *or not* is up to you. 君が我々に加わるかどうかは君次第だ. *Whether* the news is true *or* false makes little difference.＝It makes little difference ～ the news is true *or* false. その知らせが本当かどうかはほとんど問題ではない. What I really want to know is ～ you will marry her. 私が本当に知りたいのは君が彼女と結婚するのかどうかだ.

(**c**)〈名詞と同格になる名詞節を導いて〉The question ～ Kate should marry the man *or not* had bothered her for days. ケートはその男と結婚すべきかどうかで幾日も悩んだ.

(**d**)〈前置詞の目的語となる名詞節を導いて〉An artist's success depends after all upon ～ he has talent *or not*. 芸術家の成功は窮極的に才能があるかどうかにかかる. take up the question as to ～ we should move to a quieter neighborhood もっと静かな場所に引っ越すべきかどうかという問題を取り上げる (★この as to は省略

されることがある).
(**e**)〈不定詞を導いて〉I did not know ~ to laugh *or* cry. 笑うべきか泣くべきか分からなかった.
2〈譲歩節を導いて〉〈~ X or not〉X であろうとなかろうと;〈~ X or Y〉X であろうと Y であろうと. *Whether* you like it *or not*, you have to do your homework. 好もうと好むまいと君は宿題をやらなければならない. *Whether* rich *or* poor, all have to work. 金持ちであろうと貧乏人であろうとみな働かねばならない.
whèther or nó (1)〈接続詞句〉=WHETHER or not. (2)〈副詞句〉いずれにせよ, ともかく. The bill is going to be passed ~ *or no*. 議案はいずれにしても可決されようとしている. (3)〈名詞句〉そうであるか否か. Please tell me ~ *or no*. そうなのかどうかを話してください.
*__*whèther or nót*__* (1) **..かどうか**; ..であろうとなかろうと (★圏 1, 2 の whether X or not の代わりに用いられる). Do you know ~ *or not* the report is based on facts? その報告書が事実に基づいているかどうか知っていますか. Jack has not decided ~ *or not* to go yet. ジャックはまだ行くかどうか決めていない. *Whether or not* you agree, I'm going to apply for the job. 君が同意しようとしまいと私はその仕事口に応募してみるつもりだ. (2) **いずれにしても, とにかく; どうしても.** Mary must marry the man ~ *or not*. ともかくメリーはその男と結婚しなければならない.
―― 代 〖古〗(2 者の中の)いずれか; どちらでも.
[<古期英語 *hwether*]
whét·stòne 名 C 砥石(と).
whew /hwju:, hju:/ 間 ひゃー, へえー, (phew)《安堵(ど), 不快, 疲労感, 驚きなどを表す; 会話では「ひゅー」とかすれた口笛のような音を出す》.
whey /(h)wei/ 名 U 乳漿(しょう)《チーズの製造過程などで牛乳から凝乳 (curd) を除いた水っぽい液》.
‡**which** /(h)witʃ/ 代〈単複両扱い〉
I〈疑問代名詞〉
1 どれ, どちら, どの人, (→what 代 1 語法).
(**a**)〈主語として〉*Which* is your hat, this or that? どちらが君の帽子ですか, これですかそれともあれですか. *Which* are June's parents? どの人がジューンの両親ですか. *Which* of the two is going to Paris? その 2 人のうちどちらがパリへ行くのですか. The young man asked the policeman ~ was the way to the museum. その若者は警官にどちらが博物館へ行く道かを尋ねた.
(**b**)〈他動詞の目的語として〉*Which* of these flowers do you like best? これらの花のうちどれがいちばん好きですか. There were so many fine watches at the store that Susie didn't know ~ to buy. その店にはいい時計がたくさんあったのでスージーはどれを買ったらいいのか分からなかった.
(**c**)〈前置詞の目的語として〉*Which* are you talking about? 君はどちらのことについて話しているのか.
II〈関係代名詞〉
2〈制限用法〉**..する(ところの)** (★普通, 先行詞はもの, 事, 動物; 目的格の場合は省略できる).
(**a**)〈関係詞節中で主語として〉Look at the house ~ stands on the hill. 丘の上に立っている家を見てごらん. *Cinderella* is a story ~ is known almost all over the world. 『シンデレラ』はほとんど世界中に知られている物語だ. It is the curriculum ~ has to be changed. 変えなければならないのはカリキュラムだ. It was Bill's bicycle ~ the boy rode away on. その少年が乗って行ったのはビルの自転車だった. (語法 上の 2 例は it..X that.. (強調構文)に相当; →it 6). the rumor ~ the actor declared was false その俳優がうそだと断言したうわさ (語法 the actor declared が挿入されているが which が was の主語; the actor declared (that) *it* was false の *it* が関係代名詞になって前に移動したものと考える).
(**b**)〈関係詞節中で他動詞の目的語として〉The novel (~) the writer has just completed will be published next June. その作家がちょうど書き終えた小説はこの 6 月に出版される予定である. I lost the watch (~) my uncle had bought for me. おじに買ってもらった腕時計をなくしてしまった.
(**c**)〈関係詞節中で前置詞の目的語として〉This is the necklace (~) Nancy is very proud of.=This is the necklace of ~ Nancy is very proud. これはナンシーがとても自慢しているネックレスだ (★前置詞を関係代名詞の前に置く場合は関係代名詞を省略できない).
(**d**)〈whose に相当する of which で〉the house the roof *of* ~ is red=the house *whose* roof is red 屋根が赤い家. 語法 of which はぎこちなく, whose も不自然な表現で, ともにあまり用いられない; 特に〖話〗では上例を the house with a red roof などと言い換えるのが普通.
(**e**)〈前置詞+which *to* do で〉My father has no room in ~ *to* study. 父には勉強する部屋がない.

> 語法 which の先行詞が that 又は those によって修飾されることがある. この場合 that [those] は the より意味が強く, 先行詞が which から離れた時に先行詞を明確にする: Harry sold *that* part of his land ~ he had inherited from his father. (ハリーは自分の土地のうち父親から相続した部分を売った)

3〈非制限用法〉**そしてそれは[を]; しかしそれは[を]**; (★文章体に多く用いられ, 普通, 前にコンマ又はセミコロンを置く). (**a**)〈関係詞節中で主語として〉The old man's dog, ~ used to follow him everywhere, died last week. その老人の犬はどこへでも彼について行っていたが先週死んだ.
(**b**)〈関係詞節中で他動詞の目的語として〉The Belmont Hotel, ~ Mr. Smith planned, stands on a hill. ベルモントホテルはスミス氏が設計したものだが丘の上に立っている.
(**c**)〈関係詞節中で前置詞の目的語として〉My grandfather liked to walk in the park, in ~ there were many cherry trees. 祖父はその公園を歩くのが好きだった, そしてそこには桜の木がたくさんあった.
(**d**)〈whose に相当する of which で〉Far ahead of us was Mt. Fuji, the top of ~ was still covered with snow. はるか前方には富士山があり, その頂上はまだ雪に覆われていた. →2(d) 語法
(**e**)〈関係詞節中で主格補語として〉My elder sister is a teacher, ~ I should also like to be. 姉は教師だが, 私も先生になりたい. 語法 (1) 人が先行詞でも, 職業, 地位, 性格などを指す場合には who を用いない. (2) 制限用法では主格補語となる関係代名詞は that が普通; →that〈関係代名詞〉1(b).
(**f**)〈句, 節, 文またはその内容を先行詞として〉We tried to force the door open, ~ was found to be impossible. 私たちはドアを押し開けようとしたが不可能であることが分かった《先行詞は to force the door open》. Tom said he was ill; ~ was a lie. トムは病気だと言ったが, それはうそだった《先行詞は (Tom) said he was ill》. 注意 先行文(の一部)を受ける which で文を始めるのは昔からある構文であるが, 最近よく見られる: His essays reveal his love of small living things. *Which* is why I enjoy reading them. 彼の随筆には小さな生き物に対する愛情が表れている. それで私は彼の随筆を読むのが楽しいのだ.
(**g**)〈後続する節を先行詞として〉The writer began to write a novel again, and, ~ is harder to believe, he quit drinking. その作家はまた小説を書き始めた, そしてもっと信じがたいことには酒をやめた《先行詞は he quit drinking》.
4〈先行詞を含む用法〉どちらでも..なもの (whichever)

(★名詞節を導く). Take ～ you like. どちらでも好きな方を取りなさい.
thát whìch →that〈指示代名詞〉3 (b).
Whìch is whích? どっちがどっちか《もの, 人について》.
── 形 **1**〈疑問形容詞〉どの, どちらの. *Which* street goes to the station? どの通りが駅へ通じていますか. *Which* season do you like best? どの季節がいちばん好きですか. Father told me ～ book I should read. 父は私にどちらの本を読むべきかを話した. The boys didn't know ～ way to go. 少年たちはどの道を行ったらいいのか分からなかった.
2〈関係形容詞〉(**a**)〖章〗〈非制限用法〉そして[しかし]その... The patient was asleep, during ～ time the nurse was beside the bed. その患者は眠っていた, そしてその間中看護婦はベッドのそばにいた. The doctor told her to take a few days' rest, ～ advice she followed. 医師は彼女に 2, 3 日休養するように勧め, 彼女はその忠告に従った. (**b**)〈制限用法〉どの..でも, ..するものはどれでも, (whichever). Use ～ dictionary you like. どちらでも好きな辞書を使いなさい.
[＜古期英語 *hwilč*; 中期英語で -l- が脱落]

*__which·ev·er__ /(h)witʃévər/ 代 **1**〈関係代名詞; 先行詞を含んで〉**どの..でも**, ..するものはどれでも (any one that). Take ～ you like. どちらでも好きな方を取りなさい. Give Ted ～ you think would be useful to him. どちらでも彼に役に立つと思う方をテッドに与えなさい (★ you think は挿入節で, whichever は would be useful の主語).
2〈譲歩節を導いて〉**どちらが[を]..しようとも** (no matter which). *Whichever* is [may be] adopted, large expenditures will be called for. どちらが採用されても多額の費用が必要になるだろう.
3〖話〗一体どちらが[を] (★疑問代名詞 which の強調形; which ever ともつづる). *Whichever* of these two cars will you buy? 一体君はこの 2 台の車のどっちを買うつもりなんだ.
── 形 **1**〈関係形容詞〉**..するどちらでも**, どの..でも, (any..that). Choose ～ course you like. どちらでも好きな課程を選びなさい.
2〈譲歩節を導いて〉 **どちらの..が[を]..しようとも** (no matter which). *Whichever* team wins [may win], it doesn't matter to me. どちらのチームが勝とうが私には問題ではない. [＜中期英語; which, ever]

which·so·éver /㊙/ 代, 形〖古〗〈強意〉＝whichever.

whick·er /(h)wíkər/ 動 自 いななく. ── 名 C いななき.

‡**whiff** /(h)wif/ 名 (複 ～s) C **1**〈普通, 単数形で〉(空気, 風, 煙などの)ひと吹き; かすかな香り. a ～ of the chemical 化学薬品のぷんと来るにおい. **2**〈普通 ～s〉吸い込むこと〈*of* ..〔空気, 煙など〕を〉. **3**〖話〗小型の葉巻き. **4**〈普通, 単数形で〉気配, 'におい'. There was a ～ of rumor about the dissolution of the Lower House. 衆議院の解散のうわさがかすかに流れていた.
5〖米話〗(野球などの)空振り, 三振.
── 動 他 **1** を軽く吹き出す. **2**〔たばこ〕を軽くふかす.
── 自 **1**〖英話〗いやなにおいがする. **2**〖米話〗(野球などで)空振りする, 三振する. [擬音語]

whif·fet /(h)wífət/ 名 C〖米話〗小さな人; 取るに足りない人.

whif·fle /(h)wífl/ 動 自 **1**〔風が〕そよぐ;〔風が〕向きを変える. **2**〔炎, 葉などが〕揺れる, 揺らめく. **3**〔考えなどが〕定まらない, ぐらつく. ── 他〔風が〕を吹き散らす; を揺らす; をぐらつかせる. [whiff, -le¹] ▷**whif·fler** 名 C 考えの定まらない人, 移り気の人.

whif·fy /(h)wífi/ 形 e〖英話〗いやなにおいがする, 臭い.

‡**Whig** /(h)wig/ 名 C **1**〖英史〗ホイッグ党員 (→Tory). the ～*s*＝the Whig Party. **2**〖米史〗(英国からの)独立支持者. **3**〖米史〗(1834–56 の)共和党員《その後 Republican となる》. [＜スコットランド語 *whiggamore*「馬 (mare) を駆る者」]

Whig·ger·y /(h)wígəri/ 名 ＝Whiggism.

Whig·gism /(h)wígiz(ə)m/ 名 U ホイッグ主義.

Whíg Pàrty 名〈the ～〉ホイッグ党《17, 8 世紀に英国で台頭した民権党で 19 世紀半ばに自由党 (the Liberal Party) となった》.

‡**while** /(h)wail/ 名 aU **時間**, 期間; (しばらくの)**間**. for a ～ しばらくの間. quite a ～＝a good [great] ～ かなり長い間. a short [little] ～ ago 少し前に. Pete kept us waiting (for) a long ～. ピートは私たちを長い間待たせた. After a ～, the child went to sleep. しばらくしてその子供は寝入った. I'll finish my homework in a little ～. 私はじきに宿題を終える.
****àll the whíle*** (1) **その間ずっと**. The man pretended to be asleep *all the* ～. その男はその間中眠ったふりをしていた. I listened to his story, *all the* ～ doubting its truth. 私は彼の話を聞いた, その間ずっとほんとかどうか疑いながら. (2)〈接続詞的〉..する間中ずっと. *All the* ～ Bill was away in the Antarctic, his wife prayed for his safe return. ビルが南極に行っている間ずっと彼の妻は彼が無事に帰って来るように祈っていた.
àll this whíle この長い間[今まで]ずっと.
between whíles 時々, 時折. My uncle visited us *between* ～*s*. おじは時々私たちを訪れた.
ònce in a whíle →once.
the whíle〖章〗その間中. She begged his forgiveness, sobbing *the* ～. 彼女は彼の許しを請うた, その間ずっと泣きながら.
wòrth** (a pèrson's)* ***whíle →worth.
── 接 **1** **..する[している]間に**; ..すると同時に; ..する[している]限り. Mr. and Mrs. White prepared for a trip ～ their children were sleeping. ホワイト夫妻は子供たちが眠っている間に旅行の準備をした. *While* Jack is our boss, we have to obey him. ジャックが私たちの雇い主である限り私たちは彼に従わねばならない.
語法 主節と従節の主語が同一の場合, 従節の「主語＋be 動詞」が省略されることがある: You shouldn't speak ～ (you are) eating. (食べている間はしゃべるべきでない); I met Mr. Green ～ (I was) in London. (私はロンドンにいる間にグリーン氏に会った).
2〈譲歩節を導いて〉〖章〗 **..なのに**, ..であるが, (although) (★この while 節は主節に先行する). *While* I admit that it is difficult, I do not think it impossible. それが困難なことは認めるが不可能だとは思わない.
3〈対照を表す節を導いて〉〈主節の前で〉 **..なのに対して**,〈主節の後で〉が一方, (whereas); 同時に. *While* the walls are brown, the ceiling is white. 壁は茶色だが天井は白だ. Sam was poor, ～ his elder brother Roy was very rich. サムは貧乏だったが, 一方兄のロイは大金持ちだった. They are satisfied with their lives ～ at the same time they don't expect [not expecting] any improvement in the future. 彼らは生活に満足しているが, 同時に一方では将来の向上は期待していない.
── 動 他 VOA (～/X/*awáy*) (好きなことをして, 又はぶらぶらして) X (時間など) を過ごす. Steve ～*d away* the summer day fishing. スティーブはその夏の日を釣りをして過ごした.
[＜古期英語 *hwīl*「時間」; 接続詞用法は古期英語 *thā hwīle the*.. 'during the time that..' の省略から]

whi·lom /(h)wáiləm/ 形, 副〖古〗かつて(の), 以前(の), (former(ly)). [＜古期英語 *hwīl* 'while' (の複数与格形)]

whilst /(h)wailst/ 接〖主に英〗＝while.

***whim** /(h)wim/ 名 (複 ～s /-z/) C **気まぐれ**, むら気;

移り気, 出来心; 〈*to* do ..したいという〉. a passing ～ 一時の気まぐれ. Tony bought a camera on [at] a ～. トニーは気まぐれでカメラを買った. Polly felt a ～ *to* go to the museum. ポリーはふと博物館へ行ってみたくなった. Mike's daughter is full of ～*s*. マイクの娘はひどく気まぐれである. [<?]

‡**whim·per** /(h)wímpər/ 動 自 **1** 〔子供などが〕しくしく泣く; 〔犬などが〕くんくん鳴く. **2** 泣き声を出す, 泣きそうな声で話す[ぶつぶつ不平を言う]. ── 他 VO (～ X/"引用") ..を/「..」と泣き声で言う. ── 名 C しくしく泣く[すすり泣く]声; (犬などの)くんくん鳴く声. [擬音語]

whim·sey /(h)wímzi/ 名 (複 **～s**) ＝whimsy.

‡**whim·si·cal** /(h)wímzik(ə)l/ 形 **1** 気まぐれな, むら気の. **2** 突飛な, 風変わりな. a ～ idea 突飛な考え.
▷ **～·ly** 副 気まぐれに; 風変わりに.

whim·si·cal·i·ty /(h)wìmzikǽləti/ 名 (複 **-ties**) **1** U 気まぐれ; 風変わり. **2** C 〈普通 -ties〉 気まぐれ[風変わり]な考え; 奇矯な行動.

whim·sy /(h)wímzi/ 名 (複 **-sies**) **1** C 気まぐれ[風変わり]な考え. **2** U 気まぐれ; 奇妙なユーモア. [< whim]

whin /(h)win/ 名 U 又は 〈～s〉 《主に英》 ハリエニシダ (gorse, furze).

whín·chàt 名 C マミジロノビタキ 《欧州産渡り鳥》.

†**whine** /(h)wain/ 動 自 **1** 〔子供が〕むずかって泣く; 〔犬などが〕くんくん鳴く (→bark[1], yelp); 〔弾, 機械などが〕ひゅーひゅーという音を立てる. The dog began to ～ when it was tied up. その犬はつながれるとくんくん鳴き始めた. **2** 泣き言を言う, 愚痴をこぼす, 〈*about* ..について〉. Housewives are always *whining about* high prices. 主婦たちは物価が高いといつも愚痴を言っている.
── 他 VO (～ X/*that* 節/"引用") X (泣き言)を/..と/「..」とめそめそ言う 〈*out*〉.
── 名 C 〈普通, 単数形で〉 哀れっぽい泣き声, (犬などの)くんくん鳴く声; (弾, 機械などの)ひゅーひゅーいう音. [< 古期英語]

whin·er /(h)wáinər/ 名 C むずかる子供, 泣き言を言う人, こぼし屋.

whinge /(h)windʒ/ 《主に英話》 動 自 (いつも)泣き言を言う. ── 名 C 〈普通, 単数形で〉 泣き言, 不平. ▷ **whíng·er** 名

whin·ny /(h)wíni/ 動 (**-nies** | 過 過分 **-nied** | **～·ing**) 自 〔馬が〕(ひんひんと)いななく (neigh).
── 名 (複 **-nies**) C (馬の)いななき.

***whip** /(h)wip/ 動 (**～s** /-s/ | 過 過分 **～ped** /-t/, 《米》 **～t** /-t/ | **whíp·ping**) 他
【むちで打つ】 **1** VOA (命令, 罰のために) をむちで打つ; (～ X *into* ..) X をむちで打って..させる. The teacher used to ～ lazy pupils. その先生は怠惰な生徒をむちで打ったものだ. ～ a horse *on* [*up*] 馬にむちを入れて走らせる. The driver ～*ped* the mules *into* a trot. 御者はラバをむち打って速足で走らせた.
2 【むちを入れる】 VOA (～ X (*up*) *into* [*to*] Y) X を刺激して[激励して, せき立てて] Y (状態など)にする; (～ X *on*) X を督励してもっと働かせる. He ～*ped* himself *to* his work. 彼は自らを励まして仕事をした. The agitator's words ～*ped* the mob (*up*) *into* a frenzy. 扇動者の言葉は群衆を刺激して熱狂させた. The captain ～*ped* his men *on* to drive back the enemy. 隊長は敵を撃退すべく部下を叱咤(しった)激励した.
3 《章》〔雨, 風などが〕を激しく打つ. the wind ～*ping* the windows 激しく窓を打つ風.
4 を厳しく批判[非難]する, たたく; 《話》〔相手など〕をやっつける. I was really ～*ped* in the tennis match with Tom. 私はトムとのテニスの試合で完全にやっつけられた.
5 〔こま〕を(むちで打って)回す.
【さっと動かす】 **6** VOA 〔物〕をさっと[すばやく]動かす, ひったくる. The policeman ～*ped out* his pocketbook. 警官は手帳をすばやく取り出した. Davy ～*ped* the ball *out of* my hand. デーヴィは私の手からボールをさっと取った. The young man bowed, ～*ping off* his hat. その若者は帽子をさっと脱いでお辞儀した.
7 《英旧話》 を盗む, くすねる, (steal).
8 〔卵, クリームなど〕をかき混ぜる, 泡立てる, 〈*up*〉. ～*ped* cream (ケーキ用の)泡立てたクリーム.
【ひも(<むち)で固定する】 **9** 〔棒, 綱の端など〕を糸[ひも]で巻いてほぐれないようにする; 〔布地の縁(へり)〕をかがる, まつる.
10 《海》 を滑車つきロープで引き上げる.
── 自 **1** VA 〔人が〕さっと動く. ～ *up* the stairs 階段をさっと上る. The players ～*ped out into* the field. 選手たちはさっと競技場へ入って行った. **2** 〔旗などが〕はためく.
whip aróund (1) さっと振り向く. (2) 《英》 集めて回る 〈*for* ..〔金など〕を〉.
whíp around .. 〔角など〕をさっと曲がる.
whìp /../ ín 〔猟犬など〕をむちで呼び集める.
whìp .. into shápe 《話》 ..をなんとかまとめ上げる[様にする].
whíp through .. 《主に英話》〔仕事〕を手早くかたづける.
whìp /../ úp (1) 〔聴衆など〕を駆り集める. (2) 〔感情, 興味など〕を刺激する, 高める; 〔人〕を刺激する (→他 2). (3) 《話》〔食事, 計画など〕を手早く作る.
── 名 (複 **～s** /-s/) C **1** (棒の先に綱, 革ひもなどを付けた)むち (参考 昔, 子供などの懲らしめに用いた棒状のむちは cane 又は rod, 乗馬用のむちは crop, 小枝のむちは switch). crack a ～ むちを鳴らす. beat a slave with a ～ むちで奴隷を打つ.
2 《政》 (党の)院内幹事 《票決その他に関して院内で党を統率する》.
3 《英》 (議会の)週間議事予定表 《院内幹事が自党議員に配る; 投票予定事項に重要さに応じて下線を引き, 最重要事項には 3 本引くので **thrèe-line whíp** と呼ぶ》.
4 むちの使い手; 御者; 《狩》 ＝whipper-in.
5 ホイップ 《クリーム又は卵を泡立てて作ったデザート用の菓子》; (針金製の)泡立て器. strawberry ～ イチゴ(入り)ホイップ.
6 《海》 滑車付きのロープ 《ものを引き上げる》.
a fàir cràck of the whíp →crack[1].
[?< 中期オランダ語「揺れる, 跳ぶ」]

whíp·còrd 名 U **1** (むち, 縄などに用いる)きつく編んだひも. **2** 畝(うね)織物の一種.

whíp hànd 名 C **1** (御者などが)むちを握る手. **2** 〈普通 the ～〉 優位; 有利な立場.
hàve [*gèt*] *the whíp hànd over ..* 〔人〕を支配[統制]する.

whíp·làsh 名 **1** C むち縄 《むちの柄から先の部分》. **2** C むちのひと打ち. **3** C ぴくっと感じること. the ～ of disgust 突然の激しい嫌悪感. **4** U むち打ち症 (**whíplash ìnjury**).

whíp·per 名 C むち打つ人[物].

whìp·per-ín /-rín/ 名 (複 **whippers-**) C **1** 猟犬係 《キツネ狩りで huntsman の助手として猟犬を指揮する》. **2** ＝whip 2.

whípper·snàpper 名 C 《旧話》 生意気[でしゃばり]な若僧.

whip·pet /(h)wípət/ 名 C ホイペット犬 《グレーハウンドに似た小型競走犬》. [?< *Whip it!* 'Move quickly!']

whíp·ping 名 UC 〈普通, 単数形で〉 whip すること, 〈特に〉 むち打ち(の刑).

whípping bòy 名 C **1** 《史》 王子の学友でその身代わりとなって罰を受ける子供. **2** (他人の罪を負う)身代わり (scapegoat).

whípping crèam 名 U ホイッピングクリーム 《乳脂肪を十分含み, 泡立てるのに適したクリーム》.

whípping tòp 名 C むちごま 《むちで打って回す》.

W

whip·poor·will /(h)wípərwil|(h)wípuə-/ 名 C 〘鳥〙ホイップアウィル《(北米産の)ヨタカの一種; この語の発音は鳴き声に似せたもの》.

whip·py /(h)wípi/ 形 e 〔棒, 茎などが〕しなやかな, 弾力性がある.

whíp-ròund 名 C 〘英話〙(慶弔時などに仲間, 会員間で行う)寄付集め, 募金.

whíp·sàw 名 C ホイップソー《長い細身の横引きのこぎり; 普通 2 人でひく》. ── 動 (→saw²) 他 **1** をホイップソーでひく. **2** 〘米話〙を二重に負かす[やっつける], 泣き面に蜂の目に遭わせる.

whíp·stìtch 動 他 のへりをかがる. ── 自 かがり縫いをする. ── 名 C かがり縫い.

whipt /(h)wipt/ 動 〘米〙 whip の過去形・過去分詞.

whir /(h)wəːr/ 動 (~s|-rr-) 自 ひゅーっ[ぶーん]と飛ぶ, ぶんぶんと回る. The bee ~*red* past my ear. ミツバチが私の耳のそばをぶーんと飛んで行った. The electric fan ~*red* monotonously. 扇風機は単調にぶーんとうなっていた. ── 名 C 〈普通, 単数形で〉(鳥の翼, モーターなどの)ひゅーっ[ぶーん]という音. [?<古期北欧語]

*__whirl__ /(h)wəːrl/ 動 (~s /-z/|過 過分 ~ed /-d/|whírl·ing) 自 **1** ぐるぐる[くるりと]回る, (高速で)回転する; 旋回する; 渦巻く; 〈*about, around*〉. The dancer ~*ed around* the room. 踊り子は部屋中をぐるぐる踊り回った. Frank ~*ed on* me and said, "You keep your mouth shut". フランクはくるりと私の方に振り向いて言った,「お前は黙っていろ」. A hawk was ~*ing* overhead. タカが頭上を旋回していた. the snow ~*ing around* the windows 窓辺に渦巻く雪.
2 VA 〔車, 人などが〕飛ぶように走り去る. The truck ~*ed down* the road. そのトラックは道を猛スピードで走って行った. **3** 〔頭が〕くらくらする; めまいがする. My mind was ~*ing* with too many new ideas. 私は新しいアイディアが次々に出てきて頭が混乱していた.
── 他 **1** をぐるぐる回す, (高速で)を回転させる; を渦巻かせる 〈*about, around*〉. The wind ~*ed* the fallen leaves *around*. 風に落ち葉が渦巻いた.
2 VOA 〔車などが〕を速く運ぶ 〈*away, off*〉. Many oxen were ~*ed away* in the flood. 多くの雄牛がその洪水で瞬く間に押し流された.
── 名 (複 ~s /-z/) C **1** 〈単数形で; しばしば a ~〉回転, 旋回; 渦巻き. The firemen disappeared in a ~ of smoke. 消防士たちは煙の渦の中へ消えて行った.
2 (頭の)混乱, 錯乱. The news of Ted's death set his wife in a ~. テッドの死の知らせで妻の頭は混乱した.
3 次々に起こる出来事; 騒動. Life in the resort was a ~ of swimming, fishing and dancing. 保養地での生活は水泳や釣りやダンスの目まぐるしいほどの連続だった. **4** 〘話〙試み, 試し, (try). You had better give the man a ~ before you hire him. 雇う前にその男を試してみた方がいい. [<古期北欧語] ▷**whírl·er** 名

whirl·i·gig /(h)wə́ːrligìg/ 名 **1** C 回るおもちゃ《こま, 風車など》. **2** C 回転木馬 (merry-go-round). **3** UC 回転[旋回]運動; 変転.

whírligig bèetle 名 C 〘虫〙ミズスマシ.

†**whírl·pòol** 名 C **1** (水流の)渦, 渦巻き. **2** 混乱, 騒動. **3** 渦巻風呂, 渦流浴, (**whírlpool bàth**).

†**whírl·wìnd** 名 C **1** 旋風, つむじ風. **2** (旋風のように)あわただしい行動; (感情の)あらし. **3** 〈形容詞的〉急激な, あわただしい. a three-day ~ campaign tour 3 日間の駆け足遊説旅行.
Sòw the wind and rèap the whírlwind. 〘諺〙悪事が元でひどい報いを受ける.

whir·ly·bird /(h)wə́ːrlibəːrd/ 名 C 〘米旧俗〙ヘリコプター.

whirr /(h)wəːr/ 動, 名 〘英〙=whir.

whish /(h)wiʃ/ 動 自 しゅー[ぴゅー]と鳴る, しゅーっと音を立てて動く. ── 名 C しゅー[ぴゅー]という音.

‡**whisk** /(h)wisk/ 動 他 **1** VOA 〔ハエ, ちりなど〕を(軽く)払う, 払いのける, 〈*away, off*〉. ~ the dust *away* from the table テーブルからほこりを払う.
2 〔尾など〕を(軽く)さっと振る. The horse ~*ed* its tail. 馬はさっとしっぽを振った.
3 VOA をさっと運ぶ, 持ち[連れ]去る, をさっと動かす, 〈*away, off*〉〈*from, out of* ..から/*to* ..へ〉. The child was ~*ed out of* the room. 子供はさっと部屋から連れ出された. ~ *out* a gun さっとピストルを出す. ~ a patient *off to* a hospital 患者を病院に急送する. **4** 〔特に卵〕を(泡立て器で)泡立てる, かき混ぜる, 〈*together*〉.
── 自 さっと動く; さっと立ち去る. The boy ~*ed* out of sight around the corner. その少年は角をさっと曲がって見えなくなった.
── 名 C **1** 〈普通, 単数形で〉ひと払い, (馬のしっぽなどの)ひと振り. **2** (小枝, 羽毛, わらなどの)小さな束《柄をつけてほうきなどにする》; 小さなほうき, はたき; =whisk broom. **3** (卵, クリームなどの)泡立て器. [<古期北欧語]

whísk bròom 名 C (ほうき形の)洋服ブラシ.

†**whisk·er** /(h)wískər/ 名 C **1** 〈普通 ~s〉ほおひげ (→beard★). grow [wear] ~*s* ほおひげをはやす[はやしている]. The man shaved the ~*s* off. その男はほおひげをそり落とした. **2** 〈普通 ~s〉(猫, ネズミなどの)ひげ; (昆虫の)触角. **3** 〈a ~〉〘主に英語〙わずかの距離, 僅差. by a ~ わずかの差で, もう少しのところで. He came within a ~ of death [scoring a hat trick]. 彼は危うく死を免れた[もう少しでハットトリックを演ずるところだった]. [whisk, -er¹]

whísk·ered 形 ほおひげをはやした.

whisk·er·y /(h)wískəri/ 形 ほおひげのような; ほおひげのある.

*__whis·key__ /(h)wíski/ 名 (複 ~s /-z/) **1** U ウイスキー. ~ and soda ウイスキーソーダ. ~ and water 水割りウイスキー. 参考 (1) 米国とアイルランドでは whiskey, イギリスでは whisky のつづり字が好まれる. 米国産でもスコッチは whisky とつづるのが普通. (2) 種類を言う場合は C になる: Some ~*s* are at their best at twelve years old. (ある種のウイスキーは 12 年ものが最高である)
2 C ウイスキー 1 杯 (a glass of whiskey). Three ~*s*, please. ウイスキーを 3 杯ください. [<ゲール語「命の水」]

*__whis·ky__ /(h)wíski/ 名 (複 **-kies** /-z/) =whiskey.

‡**whis·per** /(h)wíspər/ 動 (~s /-z/|過 過分 ~ed /-d/|~·ing /-p(ə)riŋ/) 自 **1** ささやく 〈*to* ..に〉. Mike ~*ed to* me [in my ear] so that no one else could hear. マイクはほかのだれにも聞こえないように私にささやいた[耳打ちした]. **2** ひそひそ話す, 内緒話をする, 〈*about* ..について〉. ~ *about* the scandal そのスキャンダルのことをこっそりとうわさする. **3** 〘雅〙〔風などが〕さらさら音を立てる. listen to the wind ~*ing* in the trees 木々の間でさらさらと音を立てている風に耳を傾ける.
── 他 **1** をささやく 〈*to* ..に〉; VOO (~ X *to do*) X(人)に..するように小声で言う. Mary ~*ed* something in Tom's ear. メリーはトムの耳に何かささやいた. Sam ~*ed* me *to* pretend not to know the fact. サムは私にその事実を知らないふりをするようにと耳打ちした. **2** VO (~ *that*/"引用") ..であるとうわさする, こっそり話す/「..」とささやく. It is ~*ed that* the Prime Minister is critically ill. 首相の病気は重態だとうわさされている.
── 名 (複 ~s /-z/) **1** C ささやき, 小声. talk in a ~ [in ~*s*] 小声で話す. **2** C ひそひそ話; うわさ. a ~ that Kate will marry the man ケートがその男と結婚するだろうというわさ. **3** C 〈普通, 単数形で〉〘雅〙(風などの)さらさらいう音. There was only a ~ of wind in the park. 公園ではさらさらという風の音しか聞こえなかった.
4 C 〈普通, 単数形で〉ごく微量, こん跡, 〈*of* ..の〉.
5 U 〘音声〙ささやき(音).
[<古期英語; 擬音語起源で whistle と同根]

W

whísper·er /-rər/ 名Ⓒ **1** ささやく人. **2** 陰口をきく人.

whíspering campàign 名Ⓒ 中傷作戦《組織的に口うてでデマなどを流して競争相手を陥れる》.

whíspering gàllery 名Ⓒ ささやきの回廊《ささやき声でも遠くまで反響するような構造になっている》.

whist /(h)wist/ 名Ⓤ ホイスト《2人ずつ組んだ2組で行うトランプ遊び; ブリッジの前身》. [?<whisk]

whíst drìve 名Ⓒ ホイストドライブ《数組が相手を交替して行うホイスト大会》.

‡**whis·tle** /(h)wís(ə)l/ 動 (~s /-z/|過 過分 ~d /-d/|-tling) 自 **1 口笛を吹く**; 口笛で合図する〈*to* ..に/*to* do ..するように〉. Ted always ~*s* (*to* himself) while he is working. テッドはいつも仕事をしながら口笛を吹く. He ~*d to* his dog *to* set. 彼は(猟)犬にセットするように口笛で合図した.
2〔やかんなどが〕ひゅーっと音を立てる; VA〔風が〕ひゅーと吹く;〔矢などが〕ぴゅーっと飛ぶ. The kettle began *whistling*. やかんがひゅーひゅーと音を立て始めた. The wind ~*d through* the trees. 風が木々の間をひゅーっと吹き抜けた. The shell ~*d past* above my head. 砲弾はぴゅーと私の頭上を飛んで行った.
3 汽笛[警笛]を鳴らす. I heard the train ~ in the distance. 遠くで列車が汽笛を鳴らすのが聞こえた.
4〔小鳥が〕さえずる. The garden was full of *whistling* birds. その庭はぴーぴーさえずる小鳥でいっぱいだった.
— 他 **1**〔曲など〕を**口笛で吹く**;〔不満の気持ちなど〕を口笛で示す. ~ a gay tune 愉快な曲を口笛で吹く.
2 VOO (~ X *to do*) Xに..するよう口笛で合図する; VOA を口笛で呼んで..する. ~ a dog (*to* come) *back* 口笛を吹いて犬を呼び戻す.
whìstle .. down the wínd ..を放す, 放棄する,《タカ狩りで獲物を追わない時は風下へ放すことから》.
whístle for .. (1) ..を口笛[警笛]で呼ぶ. He ~*d for* a taxi. 彼は口笛を吹いてタクシーを呼んだ. (2)〖話〗..(の支払いなど)を要求しても無駄である. Although Paul wants the money back, he will have to ~ *for* it. ポールはその金を返してもらいたがっているがだめだろう.
whìstle in the dárk (恐ろしい[危険な]状況で)こわくないふりをする, 強がって見せる,《<恐怖を紛らすために暗闇(やみ)で口笛を吹く》.
whìstle /../ úp (1) ..を笛で呼び集める. (2) ..を手早くこしらえる〈*from* ..〔乏しい材料〕で〉.
— 名 (複 ~s /-z/) **1** Ⓒ **口笛**. dance to a ~ 口笛に合わせて踊る. **2** Ⓒ **警笛**, 汽笛; 笛, 呼び子, ホイッスル. The ~ blew and the train began to move. 汽笛が鳴って列車は動き始めた. The referee blew his ~ to start the game. レフェリーは試合開始のホイッスルを吹いた. **3** UC (風, 矢などの)ひゅーっという音; (小鳥の)さえずり.
(as) clèan as a whístle 〖話〗まったくきれいで[清潔で]; 完全に潔白で.
blòw the whístle on .. 〖話〗(1)〔不正(をする人)〕を密告する, (内部)告発する;〔秘密など〕を暴露する. (2)〔人〕に(止めるように)警告を発する;〔不正行為など〕を止めさせる.
wèt one's whístle 〖旧・戯〗1杯やる, (酒で)のどを潤す,《この whistle は「のど」の意味》.
[<古期英語; 擬音語起源で whisper と同根]

whístle·blòwer 名Ⓒ〖主に米〗密告者.

whis·tler /(h)wíslər/ 名Ⓒ **1** 口笛を吹く人; 笛のような音を出すもの[動物]. **2**〖動〗大型のマーモット《北米北西部の山岳地帯に生息》.

whístle-stòp 名Ⓒ〖米〗**1** (合図しないと列車が止まらない)信号停車駅; (そのような駅しかない)小さな村[町]. **2** (遊説中の選挙候補者などの)小さな村[町]での演説《元は停車した列車の後部デッキから行った; このような遊説の旅を **whìstle-stop tóur** と言う》.

Whit /(h)wit/ 名 =Whitsun.

whit /(h)wit/ 名 aU〖章〗〈否定文で〉少しも(..ない), 全然(..ない). There wasn't a ~ of truth in the story. その話には真実性は少しもなかった. My wife doesn't care a ~ about jewelry. 妻はまるで宝石類に関心がない (a ~ = at all).

Whìt·ak·er's Álmanack /(h)wìtəkərz-/ 『ホイッティカー年鑑』《1868年に Joseph Whitaker が創始した英国の年鑑》.

‡**white** /(h)wait/ 形 ⓔ (**whít·er**|**whít·est**)
【白い】 **1 白い**, 白色の, (↔black). a dress (as) ~ as snow 雪のように真っ白なドレス. get a shirt ~ with bleach 漂白剤でシャツを白くする. paint the wall ~ 壁を白く塗る.
2〔クリスマス, 冬などが〕雪で真っ白な, 雪に覆われた. a ~ Christmas 雪のあるクリスマス.
3 空白の, 何も書いてない, (blank). a ~ space 余白.
4 Ⓒ 白衣の. a ~ monk 白衣の修道僧.
【白っぽい】 **5**〔顔などが〕**青白い**, 真っ青な,〈*with* ..で〉(pale). go [turn] ~ *with* fear 恐怖で真っ青になる. ~ as a sheet →sheet (成句). **6** Ⓒ〖英〗〔コーヒー, 紅茶が〕ミルク[クリーム]を入れた (↔black).
7〔髪などが〕白い, 銀色の, 灰白色の, (gray). The doctor has ~ hair. その医者は白髪頭である.
8 Ⓒ 白色人種の, 白人の, (↔colored). a ~ màn [wòman] 白人男[女]性. a school for ~ children only 白人の子供だけの学校. a ~ area 白人(だけ)の住む地域.
【真っ白な>潔白な】 **9** Ⓒ〖主に古〗汚れのない; 潔白な. a ~ reputation 汚れのない名声. ~er than ~ 純真無垢(く)な, 虫も殺さぬ善良な. **10** Ⓒ〖話〗〔人が〕立派な, 寛容な. **11** Ⓒ〔魔法, うそなどが〕悪意[害, 罪]のない. →white lie, white magic.
【無色の】 **12** Ⓒ〔水, ガラスなどが〕透明な, 色のない;〔ワインが〕白の. **13**【赤くない】体制派の, 超保守の, 反動の, (↔red 4).
◇動 whiten
blèed .. whíte →bleed.
— 名 **1** Ⓤ **白**, 白色, (↔black). *White* is my favorite color. 白は私の好きな色だ.
2 UC 白い絵の具[ペンキ, 染料]; Ⓤ **白衣**; Ⓒ〈~s〉〖主に英〗(白い)運動着. a nurse in ~ 白衣の看護婦.
3 Ⓒ **白人** (↔colored). the ill feeling toward the ~*s* 白人に対する反感. **4** Ⓒ (目の)白目; UC (卵の)白身 (→egg[1] 参考). an egg ~ = the ~ of (an) egg 卵の白身. **5** =white wine.
— 動 他 を白くする, 白く塗る.
white óut (雪や霧で)視界がきかない, 目がくらむ.
white /../ óut〔書き損じ〕を白い修正液で消す;〖印〗..に余白を空ける.
[<古期英語 *hwīt*]

white álloy 名 =white metal.

white ánt 名Ⓒ〖虫〗シロアリ (termite).

white bácklash 名Ⓒ (特に米国の, 黒人に対する)白人の反発.

whíte·bàit 名Ⓤ シラス《イワシ, ニシンなどの稚魚で食用》.

whíte bèar 名Ⓒ〖動〗シロクマ.

white bèet 名 =sugar beet.

white bírch 名Ⓒ〖植〗シラカバ.

white blóod cèll 名 =white corpuscle.

whíte·bòard 名Ⓒ 白板《黒板に対して》.

white bóok 名Ⓒ〖米〗白書《政府が刊行する白い装丁の報告書; white paper より重要なもの》.

whíte-brèad 形〈限定〉〖米話〗白人中流階級的な; 当りさわりのない, 単調な, 平凡な.

white bréad 名Ⓤ (精白した小麦粉で作る)白パン.

white cáne 名 =white stick.

white·cap /(h)wáitkæ̀p/ 名Ⓒ〈普通 ~s〉白波, (白く泡立つ)波頭.

white cédar [名][C]〖植〗ヌマヒノキ.
white cèll [名] =white corpuscle.
white cóal [名][U] '白い石炭'《発電のエネルギー源としての水》.
white-cóllar /[移]/ [形] 〈限定〉ホワイトカラーの, 事務職の, 頭脳労働者の, (↔blue-collar). a ~ worker 頭脳労働者. a ~ crime 知的犯罪.
white córpuscle [名][C] 白血球.
whited sépulcher [名][C]〖章〗偽善者 (hypocrite)《イエスが偽善のパリサイ人を「白く塗った墓」にたとえたことから; 聖書から》.
white dwárf [名][C]〖天〗白色矮(わい)星《高温で密度の高い恒星; →red giant》.
white élephant [名][C] **1** 白象《珍種で崇拝の対象; シャム王が嫌いな臣下に与えてその飼育費で破産させようとした》. **2** (費用のかかる)持て余しもの, 無用の長物.
white élephant sàle [名]〖米旧〗=jumble sale.
white énsign [名][C] 英国軍艦旗 (→red ensign).
white-fáced /-t [移]/ [形] **1** 顔の青白い. **2**〔馬などが〕額に白斑(はん)のある.
white féather [名]〈the ~〉臆(おく)病の証拠《尾羽に白い羽毛のある闘鶏は弱いことから》. show the ~ 弱音を吐く, おじけづく.
white·fìsh [名] ([複] →fish) [C] **1** シロマスの類《サケ科の淡水魚》; アマダイの類《海洋食用魚》. **2** 白身の魚《カレイ, タラなど》.
white flág [名][C] 白旗《降伏・休戦の印》.
white flíght [名][UC]〖米〗白人の脱出《黒人が転居してくることを恐れて中産階級の白人が大挙してある地区から去ること》.
white flóur [名][U] (ふすまと麦芽を除いた)白小麦粉.
White Fríar [名][C]〖カトリック〗カルメル会修道士《白い法衣をまとうことから》.
white fróst [名][U] 白霜《普通の霜; →black frost》.
white gásoline [gás] [名][U] 無鉛ガソリン.
white góld [名][U] ホワイトゴールド《金とプラチナ, ニッケルなどとの合金》.
white gòods [名]〈複数扱い〉白い家庭用品《タオル, シーツなど布製品及び〖米〗では冷蔵庫, ストーブなども含まれる》.
white-háired /[移]/ [形] **1** 白髪の; 金髪の. **2**〖話〗お気に入りの (fair-haired).
‡**White·hall** /(h)wáithɔ̀ːl/ [名] **1** ホワイトホール《ロンドン中央部にある官庁街》. **2** [U]〈単複両扱い〉英国政府; 英国官庁.
white·hèad [名][C]〖話〗(頭部の)白いにきび.
white-héaded /-əd [移]/ [形] **1**〔鳥, 動物などが〕頭の白い. **2** =white-haired 2.
white héat [名][U] 白熱《金属が熱せられて白くなる時の熱度》; 激情.
white hóle [名][C]〖天〗ホワイトホール《ブラックホールの出口とされる仮説上の場所; →black hole》.
white hópe [名][C]〈普通, 単数形で〉〖話〗大いに期待されている人.
white hórses [名]〈複数扱い〉〖主に英雅〗白波, 白い波頭, (whitecap).
white-hót /[移]/ [形] **1**〔金属などが〕白熱した. **2** 激しい〔怒りなど〕, 激烈な.
White Hòuse [名]〈the ~〉**1** ホワイトハウス《Washington, D.C. にある米国大統領官邸》. **2** 米国大統領の職[権威, 意見]. **3**〖米話〗米国政府.
white knìght [名][C] (特に倒産しかけた事業などの)救済者[会社]; 主義のために闘う人; 《Lewis Carroll 作 *Through the Looking-Glass* の中の登場人物から》.
white léad [名][U] 白鉛《絵の具, パテなどの原料》.
white líe [名][C] 悪意のないうそ.
white líght [名][U]〖物理〗白色光.
white líghtning [名]〖米俗〗=moonshine 3.
white-lívered /[移]/ [形] 臆(おく)病な; 元気のない; 顔色の悪い.
white·ly [副] 白く(見えるように), 白っぽく.
white mágic [名][U] 悪魔の力を借りない魔術, 祈り, 《雨ごいなどよい事をもたらすために行う; →black magic》.
white man's búrden [名]〈the ~〉(有色人種に対する)白人の責任《特に, 植民地の民族を指導する; Kipling の詩の題名から》.
white màtter [名][U]〖解剖〗(脳の)白質 (→gray matter).
white mèat [名][U] 白肉《鶏, 子牛, 豚の肉; 特に調理された鶏の胸肉; →red meat》.
white métal [名][U] (スズを含んだ)銀色の合金.
White Móuntains [名]〈the ~〉ホワイト山脈《米国 New Hampshire 州北部にある; アパラチア山脈の一部》.
†**whit·en** /(h)wáitn/ [動][他] を(より)白くする. ── [自] (より)白くなる. ▷ **~·er** [名][C] 白くする人[もの]; 漂白剤.
†**white·ness** [名][U] **1** 白さ. **2** 青白さ. **3** 潔白.
White Níle [名]〈the ~〉白ナイル (→Nile).
whit·en·ing /(h)wáit(ə)niŋ/ [名][U] **1** 白くする[なる]こと, 漂白; 漂白剤. **2** =whiting[1].
white nóise [名][U]〖物理〗ホワイトノイズ《広い周波数領域にわたる同じ強さのノイズ》.
white óak [名][C]〖植〗(樹皮の白い)オーク; [U] その木材.
white·òut [名] **1** [C] ホワイトアウト《極地などで一面の雪と猛吹雪で視界が悪く, 方向感覚も無くなる現象》; 猛吹雪, ブリザード. **2** [U]〖米〗修正液.
White Páges [名]〈the ~; 単数扱い〉〖米〗ホワイトページ《個人の電話加入者を載せた電話帳; →Yellow Pages》.
white páper [名][C] 白書《政府が刊行する報告書; →white book, blue book》.
white pépper [名][U] 白コショウ《皮を取り去り中の種子だけを挽(ひ)いたもの; →black pepper》.
white píne [名][C] ストローブマツ《北米東部産の松》; [U] ストローブマツ材.
white plágue [名]〈the ~〉〖話〗肺結核 (tuberculosis).
white potàto [名][C]〖米〗ジャガイモ.
white ráce [名]〈the ~〉白色人種.
white ròom [名][C] 清浄室, 無菌室, (clean room).
White Rússia [名] 白ロシア《旧ソ連邦内の共和国》.
White Rússian [名][C] 白ロシア人.
white sàle [名][C]〖米〗(シーツ, ナプキンなどの)白布製品の特売.
white sàuce [名][UC] ホワイトソース《小麦粉, バター, 牛乳などに調味料を加えて作ったとろりとしたソース》.
white sláve [名][C] '白人奴隷'《だまされたり強制されて売春婦となった白人》.
white slávery [名][U] 強制売春.
white·smìth [名][C] **1** ブリキ職人. **2** 鉄器の磨き[仕上げ]職人.
white spírit [名][U]〖主に英〗(ペンキ溶剤用の)軽油.
white stíck [名][C] (盲人の)白い杖.
white suprémacy [名][U] 白人至上[優越]主義.
white-tailed déer [名][C] オジロジカ《尾の下側の毛が白い北米産のシカ》.
white·thòrn [名] =hawthorn.
white·thròat [名][C] ノドジロムシクイ《ウグイス科の小鳥; ヨーロッパ産》.
white-tíe /[移]/ [形] 白い蝶(ちょう)ネクタイ着用の〔パーティーなど〕.
white tíe [名] **1** [C] (正式の)夜会服用の白い蝶(ちょう)ネクタイ (→black tie). **2** [U] (男性の正式の)夜会服.
white trásh [名][U]〖米〗〈集合的; けなして〉(貧しく無教養な)白人のくず.
white·wàll [名][C]〖米〗ホワイトウォール《側面部に白

線のある自動車用タイヤ》.

‡**whíte·wàsh** 名 **1** U 水しっくい, のろ,《白色で壁, 天井などの上塗り用》. **2** UC (欠点, 罪などを)覆い隠すこと[手段]. **3** UC 〖米話〗〖スポーツ〗大勝, 零封.

— 動 他 **1** 〔壁, 天井など〕に水しっくいを塗る. **2** 〔欠点, 罪など〕を覆い隠す, 取り繕う, 糊塗(こと)する. I have no wish to ～ my sin. 私は自分の罪を取り繕う意志はない《潔く認める》. **3** 〖米話〗に大勝する, を零封する.

whìte wáter 名 U (早瀬などの)白く泡立つ水流.

whìte-water ráfting 名 U (平たいボートでの)急流下り《危険なスポーツ》.

whìte wédding 名 C 純白の結婚式《キリスト教の伝統的な結婚式; 純潔を示す白い花嫁衣装を着用》.

whìte whále 名 ＝beluga 2.

whìte wíne 名 UC 白ワイン (→red wine, rosé).

whíte·wòod 名 U 白色木材《家屋の内部仕上げ, 家具などに用いる》; C その木材の採れる木《シナノキ, ユリノキなど》.

whit·ey /(h)wáiti/ 名 (複 ～s) C 〖米俗〗〈又は W-〉〈けなして〉 **1** 白んぼ, 白人. **2** 〈単数形で複数扱いもある〉白人ども.

whith·er /(h)wíðər/ 副 〖古・雅〗 **1** 〈疑問副詞〉どこへ(where). *Whither* goest thou? いずこに行きたまうや. *Whither* Japan? どうなる日本《新聞の見出しなど》.

2 〈関係副詞〉 (**a**) 〈制限的〉 そこへ. . する(ところの) (to which, where . . to). the town ～ the soldiers went 兵士たちが行った町. (**b**) 〈非制限的〉 そしてそこへ. (**c**) 〈接続詞的〉 どこへでも. . するところへ. Flee ～ you will. どこへでも好きなところへ逃げて行け.

whit·ing[1] /(h)wáitiŋ/ 名 U 白亜, 胡粉(ごふん), 《パテ, 銀磨きなどに用いる》.

whit·ing[2] 名 (複 ～, ～s) C 〖魚〗 **1** (ヨーロッパ産の)小ダラ. **2** (北米大西洋岸産の)ニベの類《食用》.

whit·ish /(h)wáitiʃ/ 形 白っぽい, 白みがかった.

whit·low /(h)wítlou/ 名 C 〖医〗瘭疽(ひょうそ).

Whit·man /(h)wítmən/ 名 **Walt** ～ ホイットマン (1819–92)《米国の詩人》.

Whit·mon·day /(h)wìtmʌ́ndi, -dei/ 名 (複 ～s) UC 聖霊降臨祭 (Whitsunday) の翌日の月曜日 (**Whìt Mónday**).

Whit·ney /(h)wítni/ 名 **Mount** ～ ホイットニー山《米国の Sierra Nevada 中の最高峰 (4,418m)》.

Whit·sun /(h)wíts(ə)n/ 名 **1** ＝Whitsunday. **2** ＝Whitsuntide.

Whit·sun·day /(h)witsʌ́ndi, (h)wíts(ə)ndèi/ 名 (複 ～s) UC 聖霊降臨祭《復活祭後の第 7 日曜日》. [＜古期英語 'white Sunday'; この日に洗礼が多く, 受洗者が白衣を着たことから]

Whít·sun·tìde 名 UC 聖霊降臨節《Whitsunday からの 1 週間; 特にこの週の初めの 3 日》.

‡**whit·tle** /(h)wítl/ 動 他 **1** 〔木など〕を少しずつ削る 〈*away, down*〉; を(木などを削って)作る; VOA (～ X *from* Y/～ Y *into* X) Y を削って X を作る. ～ a peg *from* a branch＝～ a branch *into* a peg 小枝を削ってくいを作る. **2** VOA (～/X/*away, down*) X (費用, 文書, 勢力など)を少しずつ減らす[削る]; 〔差など〕を小さくする. ～ *down* the report 報告書を(あちこち少しずつ削って)短くする.

— 自 VA (～ *at* . .) 〔木など〕を少しずつ削る, 削減する. [＜古期英語] ▷ **whit·tler** 名 C 木彫師.

whit·y /(h)wáiti/ 形 e 白みがかった, 白っぽい, (whitish).

‡**whiz** /(h)wiz/ 動 (**whíz·es**|**-zz-**) 自 **1** VA ひゅーと飛ぶ[鳴る]. A bullet ～*zed past* my ear. 弾丸が私の耳をかすめてびゅーんと飛んで行った. **2** VA 〖話〗〔車などが〕猛スピードで走る. ～ *off* to Canada カナダへすっ飛んで行く. **3** VA 〖話〗すばやく片付ける. ～ *through* the homework 宿題をさっと終える. **4** 〖米俗〗小便[放尿]する.

— 名 (複 **whíz·zes**) **1** UC (弾丸, 矢などの)びゅー[びゅーん]という音. **2** C 〈普通, 単数形で〉〖話〗名人, 達人, 〈*at* . . の〉. **3** C 〈単数形で〉〖米俗〗放尿. [擬音語]

whìz·báng 名 C **1** 'ヒュードカン'《第 1 次大戦時の速射砲弾》. **2** 〖米話〗目立つもの, すごいもの.

— 形 〖米話〗すごい, 一流の.

whíz kìd 名 C 〖主に米話〗若いやり手, すご腕の青年.

whizz /(h)wiz/ 動, 名 ＝whiz.

WHO World Health Organization.

‡**who** /huː/ 代 (所有格 **whose**, 目的格 **whom**) 〈単複両扱い〉

I 〈疑問代名詞〉

1 〈普通, 姓名, 血族関係などを尋ねて〉 だれが, だれで.

(**a**) 〈主語として〉 *Who* won first prize? だれが 1 等賞を取りましたか. *Who* do you think did that? だれがそれをしたと思いますか. *Who* knows? だれが知っているか (No one knows).

(**b**) 〈主格補語として〉 *Who* is that woman there? あそこにいる女性はだれですか. *Who* do you think those tall boys are? あの背の高い少年たちはだれだと思いますか. "*Who*'s Emily?" "Emily's my best friend."「エミリーってだれ」「エミリーは私の一番の仲よしよ」 I didn't know ～ was ～ at that party. 私はあのパーティーではだれがだれだか分からなかった (★最初の who は主語, 2つ目のは補語). *Who*'s he to give me orders? 僕に命令するなんて彼は何者だ《とんでもない奴(やつ)だ》.

(**c**) 〈Christian name の後に置いて〉 どこの. "Oh, there's Mike!" Lucy cried. "Mike ～?" "Don't you know him? Mike Crowley."「あっ, マイクがいる」とルーシーは叫んだ. 「どこのマイクだい」「知らないの? マイク・クローリーよ」 (語法 この形式は突然有名になった人などについてやや皮肉に使うことがある). "Jimmy ～?" "Jimmy Carter." 「どこのジミーだ」「ジミー・カーターというんだ」

2 〖話〗〈動詞・前置詞の目的語としての whom の代わりに用いて; 前置詞の直後には用いられない〉 だれを[に]. *Who* can we trust? 私たちはだれを信頼できるのか. *Who* do you think you're talking to? 君はだれに向かって話していると思っているのか.

II 〈関係代名詞〉

3 〈制限用法〉 **. . する(ところの)** (★普通, 先行詞は人). a woman ～ can type well タイプが上手に打てる女性. a man ～ I thought must be an Englishman 私が英国人に違いないと思った男性 (★who は must be の主語). It was my uncle (～) bought me a bicycle. 私に自転車を買ってくれたのはおじだった (★語法 it . . X that . . (強調構文)に相当; →it 6).

> 語法 (1) 〖話〗では whom の代わりに用いられることがあるが, 疑問詞の場合ほど一般的ではない: the friend ～ I wrote to (私が手紙を書いた友達). (2) 〖話〗では There is [are] 及び It is [was] の次の(代)名詞を先行詞とする関係代名詞 who が省略されることがある: *There is* a student (～) wants to see you. (あなたに会いたいという学生が来ています) (3) 関係詞節中で補語になる場合は who ではなく that が普通 (→that 〈関係代名詞〉 1 (b)). (4) 先行詞が人の集団を表す語 (family, team など)で複数扱いの場合は who を, 単数扱いの場合は which が用いられる. a family ～ are all well (家族全員が元気な一家) a team *which* has won the championship (優勝したチーム)

4 〈非制限用法〉 そして[しかし]その人(たち)は[が] (and he [she, they]); 〈挿入的に〉 その人(たち)は. . だが[なので]; (語法 (1) 文章体に多く用いられ, 普通, 前にコンマを置く. (2) この関係詞節が文末にくる時は前後関係により and, but, for などに導かれる等位節に, 挿入的に用いられる場合は because, though, when などに導かれる従属節に相当する意味になることが多い). I met Mr. Smith, ～ said nothing about the matter. 私はスミス氏に会ったが彼はその件については何も言わなかった (who＝but he). He had two sons, ～ became teachers. 彼には2人の息子があって, 2人とも教師になった (who＝and they). The manager will employ Mr.White, ～ can speak Spanish. 支配人はホワイト氏を雇うだろう, というのは彼はスペイン語を話せるから (who＝for he). My uncle, ～ was not well educated, succeeded as a politician. 私のおじは教育はあまりないが, 政治家として成功した (who＝though he).

5 〈先行詞を含んで〉 **(a)** 〚古〛 ..する人 (he [those] who); ..する人はだれでも (anyone who). *Who* steals my purse, steals trash. 私の財布を盗む者はくずを盗むようなものだ《金は盗まれても惜しくない; Shakespeare の作品から》. **(b)** 〈関係代名詞節中の補語として〉 ..ひと (the man who). I like ～ I am and where I am. 私は今ある自分, 今いる所が好きだ.

as whò should sáy 〚古〛 ..と言わんばかりに.

[＜古期英語 *hwā*「だれ」(男性・女性形; 中性形 *hwæt* は what になった)]

whoa /(h)wou, hou | wou/ 間 **1** (馬に対して)どうどう《「止まれ」の合図》. **2** 〚話〛 待て待て, そこまで, 《相手が速くしゃべりすぎたり, 憶測で話すのをやめさせて》.

‡**who'd** /hu:d/ who would, who had の短縮形. *Who'd* say such a thing in public? だれが人前でそんな事を言うだろうか(だれも言わないだろう). the man ～ lived in the room before you moved into it 君がその部屋へ引っ越す前にそこに住んでいた男.

who·dun·it, who·dun·nit /hu:dʌ́nət/ 名 C 〚話〛 推理小説, 推理劇[映画], 《＜Who done it? (done は正しくは did)》.

who·e'er /hu:éər/ 代 〚詩〛 ＝whoever.

‡**who·ev·er** /hu:évər/ 代 (所有格 **whos(e)ever,** 目的格 **whomever,** 〚話〛 ～) 〈関係代名詞; 先行詞を含む〉

1 ..する人はだれでも (anyone who). *Whoever* wants the book may have it. その本が欲しい人はだれでももらえる. Sam helps ～ asks for his help. サムは彼の援助を求める人ならだれでも援助する (語法 この whoever は asks の主語; その格は関係詞節内の動詞との関係で決まり, 主節の動詞 (help の目的語になっていること) とは無関係; →whomever 〈関係代名詞〉).

2 〈譲歩の副詞節を導いて〉 **だれが..しても** (no matter who). *Whoever* ⌞may come [comes], don't open the door. だれが来てもドアを開けてはいけない. I love Susie, ～ her father may be. 私はスージーの父親がだれであろうとスージーが好きだ.

〈疑問代名詞〉 **3** 〚話〛 一体だれが (★who の強調形; **who ever** ともつづる). *Whoever* told you the story? 一体だれが君にその話をしたのか.

or whoéver またはだれでも. Call Jack, Tom, *or* ～. ジャックかトムか, またはだれでもいいから呼んでくれ.

[＜中期英語; who, ever]

‡**whole** /houl/ 形 ⓒ **1** 〈限定; 普通 the ～, one's ～〉 **全体の**, 全.., (類語 part に対する語; →entire) (語法 複数名詞や地名とは用いず, 「全生徒」は the ～ pupils ではなく名詞形を用いて the ～ of the pupils 又は *all* the pupils と言う). learn the ～ lesson by heart その課全体を暗記する. His ～ family welcomed me. 彼の家族全員が私を歓迎してくれた. do something with one's ～ heart ある事に専心する.

2 〈限定〉 〔時間などが〕 **丸(々)**.., 全.., ..中(ずっと). stay at a hotel for two ～ weeks 丸2週間ホテルに滞在する. for the ～ two weeks その2週間まるまる. spend the ～ afternoon reading 午後ずっと読書をして過ごす.

3 〈(代)名詞の後で〉 丸ごと(の). cook a turkey ～ 七面鳥を1羽丸ごと料理する. The baby swallowed the piece of candy ～. 赤ん坊はキャンディーを1つ丸飲みした.

4 〈限定; 強調語に用いて〉 〚話〛 全.., 全くの. that ～ bunch of idiots あの大ばかども. You can't find his like in the ～ (wide) world. 彼みたいな人は世界中どこを捜してもいない. A ～ new world opened up to her when she married. 彼女は結婚すると全く新しい世界が開けてきた.

5 完全な, 欠けるところのない. make a ～ collection of the writer's novels その作家の小説を1つ残らず収集する.

6 無傷の, 無事な. with [in] a ～ skin 無傷で. return from the expedition ～ 遠征から無事に帰る.

7 〚古〛 健康な, 壮健な, (healthy). ◇副 wholly

a whòle lót 〚話〛 大いに.

a whòle lót of .. 〚話〛 たくさんの... We have *a* ～ *lot of* problems. 我々は問題をたくさんかかえている.

a whòle nèw báll gàme →ball game 2.

gò the whòle nìne yárds →yard[2].

màde out of whòle clóth 〚米話〛 でっち上げの, 根も葉もない《whole cloth は「幅広の上等品」であったが, この成句は, 買い手をごまかすための文句として使われた》.

── 名 C **1** 〈単数形で; 普通 the ～〉 **全部**, 全体. Bob spent the ～ of his money. ボブは持ち金を全部使った. a ～ consisting of four parts 4つの部分から成る全体. **2** 統一体. an organic ～ 有機的統一体. an organization integrated into a ～ 1つの全体に統合された組織.

****as a whóle*** **全体として(見た)**, 総括的に(見ると). the society *as a* ～ 全体としての社会. consider the problem *as a* ～ その問題を総括的に考える.

****on*** [***upon***] ***the whóle*** **概して**, 全体的に見て; 大体において. *On the* ～, he has a very engaging personality. (悪い点もあるが)全体的に見ると彼はなかなか魅力的な個性を持っている.

[＜古期英語 *hāl*「無傷の, 健全な」; hale[1] と同源; wh- の綴りは15世紀に始まった]

▷ **whóle·ness** 名 U 全体, 総体; 完全.

whole blood 名 U **1** /ˊ-ˊ/ 全血《採取後, いかなる成分も除去していない輸血用血液》. **2** /ˊ-ˊ/ ＝full blood 2.

whóle·fòod 名 U 〈又は ～s〉 自然食品, 無添加「食品.

whóle gàle 名 C 〚気象〛 全強風《時速55-63マイル》.

whóle·gràin 形 〈限定〉 〚主に英〛 〔穀粒が〕 全粒の, 無精白の.

‡**whòle-héarted** /-əd ⑱/ 形 心からの, 熱意を込めた, (↔half-hearted). ～ thanks 心からの感謝. make a ～ effort 精いっぱい努力する. ▷ **～·ly** 副 心から; 心を込めて. **～·ness** 名 U 誠意, 真心, 心がこもっていること.

whòle-hóg /⑱/ 形 〈限定〉 徹底的な, とことんまでの.

whòle hóg 〚話〛 名 極限, 限界, (普通, *次の成句で*).

gò (the) whòle hóg 徹底的に[とことんまで]やる.

── 副 徹底的に, とことんまで.

whòle hóliday 名 C 全休日 (→half-holiday).

‡**whóle·mèal** 〚英〛 形 ＝whole-wheat.

whòle mílk 名 U 全乳《どの成分も除いていない牛乳》.

whóle nòte 名 C 〚米〛〚楽〛 全音符 (〚英〛 semi-「breve).

whòle númber 名 C 〚数〛 整数 (integer).

whóle rèst 名 C 〚楽〛 全休止(符).

***whole·sale** /hóulsèil/ 名 U **卸売り**, 卸. sell cloth by [at] ～ 布を卸売り[卸値]で売る.

── 形 ⓒ **1 卸売りの**, 卸の. ～ goods 卸売り商品. a ～ store 卸問屋. **2** 大規模な, 大量の; 無差別の. tell a

～ lie 大うそをつく. a ～ dismissal of workers 労働者の大量解雇.

── 副 **1** 卸売りで, 卸値で. buy linen ～ リンネルを卸値で買う. **2** 大規模に, 大量に, ごっそり, 無差別に. Houses were bombed ～ by the enemy. 家屋は敵によって無差別に爆撃された.

── 動 他 〔物〕を卸売りする, 卸値で売る. ── 自 卸売りする. ◊↔retail [＜by *whole sale*「大量に」]

‡**whóle·sàler** 名 C 卸売業者 (↔retailer).

*__whole·some__ /hóuls(ə)m/ 形 m, e (-som·er|-som·est) **1** 健康によい, 健康的な, (類語 wholesome は環境, 食物, 事柄などが健康によいことを表す; →healthy). a ～ environment 健康によい環境. ～ food 健康食品. **2** (道徳的に)健全な, 有益な. Bob gave me some ～ advice. ボブは私に有益な助言をしてくれた. **3** 健康そうな. a ～look 健康そうな顔.

[whole, -some] ▷**～·ly** 副 **～·ness** 名

whòle-sóuled /移/ 形 ＝whole-hearted.

whóle stèp [tòne] 名 C 〖楽〗全音(程)《1 オクターブの 6 分の 1, half step の 2 倍の音程》.

whòle-whéat /移/ 形 〖米〗〈限定〉(麩(ふすま)を除いてない)完全小麦粉(製)の, 全粒粉の. ～ bread 完全小麦粉パン.

who'll /hul, 強 hu:l/ who will, who shall の短縮形.

‡**whol·ly** /hóul(l)i/ 副 ¢ 完全に, 全く, すっかり, (↔partially). The sick boy was ～ cured. その病気の少年はすっかり治った. a ～ inadequate answer 全く見当違いの答え. devote oneself ～ to one's studies 研究に没頭する. I don't ～ agree with you. 私は君に完全に同意している訳ではない (★否定語の後に用いて部分否定になる). ◊形 whole [whole, -ly¹]

‡**whom** /hum, 強 hu:m/ 代 〈who の目的格〉

〈疑問代名詞〉 **1** だれを, だれに, (語法 whom は〖話〗では, 前置詞の直後に来る時以外は普通 who を用いる; 「前置詞＋whom」は〖章〗で〖話〗では「who.. 前置詞」(最後の 2 例)の形で表す). *Whom* [〖話〗Who] do you like best? 君はだれが最も好きですか. *Whom* [〖話〗Who] are you talking about? 君はだれのことを話しているのか. I don't know ～ [〖話〗who] Kate loves. ケートがだれを愛しているのか分からない. I didn't know ～ [〖話〗who] to believe. 私はだれを信じていいのか分からなかった. With ～ did you play tennis?＝〖話〗Who did you play tennis with? 君はだれとテニスをしたのか. "I bought a watch." "For ～ [〖話〗Who for]?"「時計を買ったんだ」「だれのために」

〈関係代名詞〉 **2** (**a**) 〈制限用法〉 **..する(ところの)** (★先行詞は人; 〖話〗ではこの関係代名詞は省略されることが多い). the woman (～) you saw this morning 君が今朝会った婦人. the girl to ～ Bill spoke＝the girl (～) Bill spoke to ビルが話しかけた少女. (★whom を省略すると, それに付けるべき前置詞は節の最後に回される)

(**b**) 〈非制限用法〉 **そして[しかし]その人を[に]**; 〈挿入的に〉その人(たち)を[に]..だが[なので]; (★文章体に多く用いられ, 普通, 前にコンマを置く, この関係代名詞は省略できない). He was forsaken by his King, ～ he had served so loyally. 彼は王に見捨てられた, 王にあれほど忠勤を励んでいたのに. Mr. Wilson, with ～ I am on intimate terms, invited me to his villa. ウィルソンさんは私と親しい仲なのだが, 私を彼の別荘に招待してくれた. He has three sons, the youngest of ～ is a doctor. 彼には 3 人の息子がいるが, そのうち最も年下のは医者です.

3 〈関係代名詞; 先行詞を含む〉〈単複両扱い〉〖古〗..する人. *Whom* the gods love die young. 〖諺〗佳人薄命《＜神々の愛する人は若死にする》.

To whòm it may concérn →concern 動.

[＜古期英語 *hwām* (*hwā* 'who' および *hwæt* 'what' の与格)]

whom·éver 代 〈whoever の目的格; 〖話〗ではしばしば whoever を用いる〉 **1** 〈関係代名詞; 先行詞を含む〉..するだれにでも. *Whomever* [〖話〗Whoever] Father invites is welcome. 父が招く人ならだれでも歓迎します. The old man waved his hand to ～ he saw. その老人は会う人ごとに手を振った.

2 〈譲歩節を導いて〉 だれを[に]..しようとも (no matter whom). *Whomever* [〖話〗Whoever] we may choose as Premier, our foreign policy will not be much different. 我々がだれを首相に選んでも我が国の外交政策は大して変わるまい.

whomp /wɑmp|wɔmp/ 〖話〗名 C どすん, ばーん, ぴしゃ, 《強い打撃, 平手打ちなどの音》.

── 動 他 **1** をぴしゃりとたたく, ぶん殴る. **2** 〔人, 相手チームなど〕をこてんこてんにやっつける.

whòmp /../ úp 〖米話〗 (1) ..を急いで[すばやく]作る. (2) 〔興味など〕をかき立てる. [擬音語]

whòm·so·éver 代 〈関係代名詞〉〖章〗 whomever の強意形.

‡**whoop** /hu:p, (h)wu:p|hu:p, wu:p/ 名 C **1** (喜び, 熱狂を表す)わーっという叫び声 (→cry). give a ～ of delight 喜びの叫び声を上げる. with a ～ and a holler うわっと叫んで. **2** (フクロウ, ツルなどの)ほーほー鳴く声. **3** (百日咳(ぜき)による)ぜーぜーいう音.

not wòrth a whóop 〖話〗全く価値がない.

── 動 自 **1** (喜びなどで)わーっと叫ぶ. **2** 〔フクロウ, ツルなどが〕ほーほー鳴く. **3** (百日咳で)ぜーぜーいう.

── 他 **1** を叫んで言う. **2** 〔犬など〕を叫んでけしかける.

whòop it úp (1)〖話〗(大勢で)大いにはしゃぐ; 飲み食いして騒ぐ. (2)〖米〗熱気を盛り上げる 〈*for* ..への〉. [擬音語]

whoop·ee /(h)wú:pi|wupí:/ 〖話〗 間 わーい《喜びの叫び》. ── /ニ-/ 名 U 喜びの叫び声.

màke whóopee (1)〖旧話〗お祭り騒ぎをする, 羽目をはずす. (2)〖米話〗＝make love.

whóopee cùshion 名 C ぶーぶークッション《座るとおならのような音を出す; いたずら用》.

whóop·er 名 C **1** わーっと叫ぶ[ぜーぜーいう]人. **2** ＝whooping crane. **3** ＝whooping swan.

whóoping còugh 名 U 〖医〗百日咳.

whòoping cráne 名 C 〖鳥〗アメリカシロヅル《大きな声で whoop する; 絶滅に近い北米産のツル》.

whòoping swán 名 C 〖鳥〗オオハクチョウ《飛んでいる時に whoop する》.

whoops /(w)ups/ 間 ＝oops.

whóops-a-dàisy 間 ＝oops-a-daisy.

whoosh /(h)wu:ʃ/ 名 C 〈普通, 単数形で〉(空気, 水などの噴き出るような)しゅーっという音.

── 動 自 しゅーっという音を立てる; VA しゅーと音を立てて行く 〈*by*〉. [擬音語]

whop /(h)wɑp|(h)wɔp/ 〖主に米話〗 動 (～s|-pp-) 他 **1** をぶん殴る. **2** をこてんこてんに負かす.

── 名 C 殴打, ぶん殴り, '一発'; その音. [擬音語]

whóp·per 名 C 〖話〗 **1** ひどく大きな物. **2** 大ぼら. tell ～*s* 大ぼらを吹く.

whóp·ping 〖話〗 形 〈限定〉とてもでかい. a ～ lie 大ぼら. get a ～ $20 million a year 年 2 千万ドルというすごい実入りがある. ── 副 とても, すごく. a ～ big wedding cake すごくでかいウェディングケーキ. We had a ～ good time. 私たちはすごく楽しかった.

‡**whore** /hɔ:r/ 名 C 〖軽蔑〗売春婦 (prostitute); 淫乱(いんらん)女. [＜古期英語; 原義「欲望する者」]

‡**who're** /hú:ər/ who are の短縮形.

whóre·hòuse 名 (複 →house) C 〖旧話〗売春宿 (brothel).

whóre·màster 名 〖旧〗＝whoremonger.

whóre·mònger 名 C 〖旧〗 **1** ぽん引き; 売春宿の

W

主人. **2** 助平, 女漁り(する人).

whor·ing /hɔ́riŋ/ 名 U 〖旧〗女郎買い, 悪所通い.

whor·ish /hɔ́:riʃ/ 形 売春婦の(ような), みだらな.

whorl /(h)wə:rl/ 名 C **1** 〖植〗輪生体(節などに輪状についた葉, 花など). **2** 〖動〗(巻き貝などの)渦巻き. **3** (指紋の)渦巻き(の 1 つ).

whorled 形 輪生の; 渦巻き状の.

whor·tle·ber·ry /(h)wɔ́:rtlbèri/ 名 〖英〗＝bilberry.

‡**who's** /huz, 強 hu:z/ who is, who has, 〖話〗 who does の短縮形. *Who's* in charge here? ここの責任者はだれか. *Who's* seen a whale? 鯨を見たことがあるのはだれか.

‡**whose** /hu:z/ 代 〈who の所有格〉 **1** 〈疑問代名詞〉 (**a**) 〈名詞を修飾して〉 だれの. *Whose* car is this? これはだれの車ですか. I wonder ～ jacket this is. これはだれの上着かしら. (**b**) 〈独立して用いて〉 だれのもの. *Whose* is that ball? あのボールはだれのものですか. I don't care ～ it is. それがだれのでも構わない.

2 〈関係代名詞 who の所有格; 〖章〗では関係代名詞 which の所有格として又 of which の代わりに用いられる (→which 2 (d) 語法)〉.

(**a**) 〈制限用法〉 その..が..である(ところの). I have a friend ～ father is a famous novelist. 私には父親が有名な小説家である友達がいる. the mountain ～ top is covered with snow＝the mountain the top of which is covered with snow 頂上が雪に覆われている山. (**b**) 〈非制限用法〉 そして[しかし]その..は; 〈挿入的に〉 その..は..だが[なので]; (★普通, 文章体で前にコンマを置く; →who 4 語法). My uncle, ～ daughter lives in Paris, is going to make a tour of France with her. 私のおじは, 娘がパリに住んでいるのですが, 近く彼女とフランスを回る予定です. I bought a used car, ～ mileage is very bad. 中古車を買ったが燃費がとても悪い.

[＜古期英語 *hwæs* (*hwā* 'who', *hwæt* 'what' の属格)]

whos(e)·ev·er /hù:zévər/ 代 〈whoever の所有格〉 **1** 〈関係代名詞〉 ..するだれの..でも. **2** 〈譲歩の副詞節を導いて〉 たとえだれの.., だれのものであろうとも. **3** 〈疑問代名詞〉 一体だれの (★whose の強調形).

whó·so 代 〖古〗＝whoever.

whò·so·éver 代 〖古〗〈強意〉＝whoever 1, 2.

whò's whó 名 **1** U 〈集合的に〉 職場の人たち. know [learn] ～ in the office 職場の人たちがどんな人間かを知る. **2** 〈又は W- W-〉 C 紳士録, 名士録.

who've /hu:v/ 〖話〗 who have の短縮形.

wh-quèstion /dʌ̀blju:éitʃ-/ 名 C 〖文法〗 wh- 疑問文 《wh- 語で始まる疑問文; →yes-no question》.

whump /(h)wʌmp/ 〖話〗 名 C ごつん[どしん](という音). ── 動 自 ごつん[どしん]という. ── 他 をごつんと打つ[殴る].

‡**why** /(h)wai/ 副 **1** 〈疑問副詞〉 なぜ, どうして. "*Why* were you absent from school yesterday?" "Because I was sick."「なぜ昨日学校を休んだのか」「病気だったからです」(★why で始まる理由を尋ねる文には because で始まる従属節のみで答えるのが原則である). *Why* ever did you tell it to Mike? 一体どうしてそのことをマイクに話したんだ (★ever は why を強めて驚きを表す). "Can I go see Meg?" "I don't see ～ not."「メグに会いに行っていい」「いいわよ」. *Why* is it that Paul had to leave school? 一体どうしてポールは学校をやめなければならなかったのか (★why を強めた強調構文). *Why* should [〖米〗 would] you say such a cruel thing? 一体どうしてそんな残酷な事を言うのか (★should, would は「そんな事を言うべき理由がどこにあるのか」というような気持ちを表す). *Why* oh ～ did I let her live alone? 〖話〗 なんでまた彼女に 1 人暮らしをさせてしまったか (★悔恨の気持ちなどを表す).

> 語法 (1) "I don't want to see him." "*Why* not?" (「彼に会いたくないな」「どうしてさ」)のように, 否定文を受ける場合は Why? より Why not? が普通.
> (2) 文脈から明らかな場合は, 主語及び動詞が省略されることがある: *Why* so much noise here? (ここはどうしてこんなにうるさいの) *Why* so? (なぜそうなの) *Why* me? (なぜ私をなの) 《例えば I want you to do this. (君にこれをしてもらいたい)などと言われたのに対して》
> (3) 動詞の直前に置いて不賛成, 不支持などを表す. *Why* take a taxi? It's five minutes' walk to the theater. (なぜタクシーに乗るんだ. 劇場までは歩いて 5 分なのに) (★補えば *Why should you* take..).

2 〈関係副詞〉 ..する(ところの) (★先行詞の the reason 又は why のいずれか一方が省略されることが多い). Tell me the reason (～) you want to go to England. 君が英国へ行きたい理由を話してくれ. Bill's father died suddenly. That was ～ he had to leave college and go to work. ビルの父は急死した. そういう訳で彼は大学をやめて働かねばならなかったのだ. *Why* he decided to go to Africa is unknown to his wife. 彼がアフリカへ行くことにした理由は妻には知られていない.

Becàuse whý? →because.

Whỳ dòn't you* [*we, I*] *dó? (★(1) の意味か (2) の意味かは前後関係による) (1) なぜ..しないのか. (2) 〈提案, 勧誘などをする時に〉 ..してはどうですか; 〈we で〉 (一緒に) ..しましょうか; 〈I で〉 (私が)..しましょうか. *Why don't you* borrow the book from the teacher? 先生からその本を借りてはどうですか. Give her a call, ～ *don't you*? 彼女に電話してみたら. *Why don't we* meet around six? 6 時頃会おうじゃないか. *Why don't I* drive you home? 家まで車で送りましょうか.

Whỳ nót? (1) →1 語法 (1). (2) 〖話〗 もちろん(..する[してよい]), いいねー, いいですよ. "Another drink?" "*Why not?*"「もう 1 杯どうだ」「もちろんいただくよ」

Whỳ not dó? ＝Why don't you [we, I] do? (2). *Why not* go on a picnic? ピクニックに行ってはどうかね[行こうじゃないか].

── 名 (複 **～s**) C 〈普通 ～s〉 理由, 訳; 「なぜ」という質問.

the whỳs and whérefores of.. ..の理由[原因].

── /wai/ 間 **1** おや, なに, 《驚き》; もちろん 《承認》; だって, でも, 《抗議》; えーと, そのー, 《ためらい, 談話のつなぎ》. *Why*, that's ridiculous! なに, それはおかしい. *Why*, how nice you look, Beth. あら, すてきじゃない, ベス.

2 〈条件節に続けて〉 それでは, その時は, そりゃ. If you think Sam should be told, ～, tell him. サムに話しておくべきだと思うなら, そりゃもちろん話してやれ.

[＜古期英語 *hwȳ*「何によって＞なぜ」(*hwæt* 'what' の古い格の形)]

WI West Indian; West Indies; 〖郵〗 Wisconsin; 〖英〗 Women's Institute.

Wich·i·ta /wítʃətɔ:/ 名 ウィチタ 《米国 Kansas 州の中南部の(同州最大の)都市》.

‡**wick** /wik/ 名 UC (ろうそく, ランプなどの)芯(しん).

gèt on a pèrson's wíck 〖英話〗 人を絶えずいらいらさせる. [＜古期英語]

‡**wick·ed** /wíkəd/ 形 e, m 【邪悪な】 **1** 〔人, 行為などが〕 よこしまな, あくどい; 不正な; (類語 evil よりさらに不道徳で意識的な悪さを表す; →bad). a ～ man 悪人. ～ acts よこしまな行為. the ～ 邪悪な人たち.

2 悪意のある, 意地悪な. It's ～ of you to say such a rude thing. ＝You are ～ to say such a rude thing. そんな無礼なことを言うなんて君は意地が悪い. a ～ stepmother (おとぎ話などに登場する)意地悪なまま母.

3 悪さをする, いたずらな, 茶目な. a ～ smile いたずらっぽい[あだっぽい]微笑. have a ～ sense of humor 茶目っ気たっぷりのユーモア感覚がある.

W

【悪い＞ひどい】 **4**〖話〗ひどい, いやな, 不愉快な. a ～ hangover ひどい二日酔い. at a ～ price べらぼうな値段で. a ～ left hook (殴られる者から見て)猛烈な左フック. a ～ odor いやなにおい. ～ weather ひどい天気.
5【すごい】〖俗〗素晴らしい, すてきな, かっこいい.
[＜中期英語 *wikke*「悪い」(＜古期英語 *wicca*「魔法使い」)＋-ed (たぶん wretch*ed* の類推)]

wíck·ed·ly [副] 不正に; 意地悪く; ひどく.

†**wíck·ed·ness** [名] [U] よこしま, 不正; 意地悪.

‡**wick·er** /wíkər/ [名] [C] (枝編み細工用の)しなやかな小枝《柳の枝など》; [U] 枝編み細工; 〈形容詞的〉枝編み細工の, 小枝で編んだ. a ～ chair 小枝で編んだいす.

wícker·wòrk [名] [U] 枝編み細工; 〈集合的〉枝編み細工品.

‡**wick·et** /wíkət/ [名] [C] **1** (門に付いた)小門, くぐり門, (**wícket dòor** [**gàte**]); (駅の)改札口. **2**〖米〗(切符売り場, 銀行などの)窓口, 小窓. **3**〖クリケット〗(**a**) ウィケット, 3 柱門, 《3 本の棒 (stump) を立て, その上に木片 (bail) を 2 本渡す》. (**b**) 2 つのウィケットの間のグラウンド(の状態). a fast [slow] ～ (バウンドしたボールが)速い[遅い]グラウンド. (**c**) 打撃番. The bowler took three ～*s*. 投手は打者を 3 人アウトにした. **4**〖米〗〖クロッケー〗(ボールを通過させる)弓形の小門.
be on a stìcky wícket →sticky.
kèep wícket〖クリケット〗3 柱門を守備する (→wicketkeeper). [＜古期北部フランス語 (＜?)]

wícket·kèeper [名] [C]〖クリケット〗ウィケットキーパー《野球の捕手に相当》.

wick·i·up /wíkiʌ̀p/ [名] [C] (北米先住民の)小屋.

‡**wide** /waid/ [形] [e] (**wíd·er**|**wíd·est**)
【幅が広い】 **1 幅の広い** (↔narrow; [類語] 正確に測定できる両端の開きを言う; →broad); 〔衣類などが〕たっぷりした. The streets of New York are ～. ニューヨークの通りは幅が広い. a ～ ribbon 幅広のリボン. a ～ vest 幅のたっぷりしたチョッキ.
2 ..の幅がある. This river is 200 yards ～. この川は幅が 200 ヤードある. How ～ is the cloth? その布はどれだけの幅がありますか. a two-inch-～ belt 2 インチ幅のベルト.
3〔目, 戸などが〕**いっぱいに開いた**. The boy stood there with his eyes ～ with amazement. その少年は驚きで目を丸くしてそこに立っていた. wear a ～ smile 満面に微笑をたたえる. open the door ～ ドアを広く開ける.
4【目を大きく開けた】〖英話〗抜け目のない, こすからい; 用心深い. a ～ boy 油断もすきもないやつ.
【範囲が広い】 **5**〔面積, 範囲などが〕**広い**, 広大な; 〔知識などが〕広い, 広範な[にわたる]. in this ～ world この広い世界で. a man of ～ reading and retentive memory 博覧強記の人. a ～ selection of ladies' fashions 幅広く集めた各種のレディーズ・ファッション. have ～ experience in editing 編集に幅広い経験を持っている. in the ～*r* context of national economy 国家経済というより広い情況の中で.
6【広い＞大まかな】〔思想, 視野などが〕偏狭でない; 自由な; 大まかな. a ～ guess 大ざっぱな推察.
7【大まかに過ぎる】遠く外れた, それた, 〈*of* ..〔標的など〕から〉; まるで見当違いの〈*of* ..とは〉. The arrow went ～, hitting a tree. その矢は的を大きく外れて木に当たった. The criticism is grossly ～ *of* the mark. その批判はまるで的外れである. **8** かけ離れた. There is a ～ difference between the two cars. その 2 台の車には大きな違いがある. ◇[名] width
── [副] [e] (**wíd·er**|**wíd·est**) **1 広く**, 広範囲に. search far and ～ for the king あちこちくまなく王様を探す. **2 十分に(開いて)**; 大きく(広げて, 離れてなど). He held the door ～ open for the lady. 彼はその婦人が通れるようにドアを広く開けて押さえていた. stand with legs ～ apart 脚を大きく開いて立つ. **3** 外れて〈*of* ..〔標的など〕から〉, 見当違いに〈*of* ..とは〉. shoot ～ *of* the mark (撃って)的を外れる.
── [名] [C]〖クリケット〗(投手の)暴投《打撃側のチームに 1 点が与えられる》. ***dòne to the wíde*** →done.
[＜古期英語] ▷**wíde·ness** [名]

-wide 〈複合要素〉..の全体にわたる. nation*wide*. world*wide*.

wìde-ángle /[移]/ [形]〖写〗広角の. a ～ lens 広角レンズ.

wìde-awáke /[移]/ [形] **1** 完全に目を覚ました. **2**〈よい意味で〉〔人, 考えなどが〕油断のない; 抜け目がない. a ～ speculator 抜け目のない投機家. ── /⌐―⌐/ [名] [C] 広縁のフェルトの中折れ帽 (**wìde-awake hát**).

‡**wìde-éyed** /[移]/ [形] **1** (驚きなどで)目を大きく見開いた. **2** 純真な, ナイーブな.

*‡**wide·ly** /wáidli/ [副] [m] **1 広く**, 広範囲にわたって. The actress is ～ known. その女優は広く知られている. Penicillin began to be ～ used after World War II. ペニシリンは第 2 次世界大戦後に広く使用され始めた. He has read ～ in modern English literature. 彼は現代英文学を幅広く読んできた.
2 大いに, 非常に. English and Irish are ～ different. 英語とアイルランド語は非常に異なっている.

*‡**wid·en** /wáidn/ [動] (～**s** /-z/|[過] [過分] ～**ed** /-d/|～·**ing**) [他] **を広くする**, 広げる, 拡大する. ～ a street 街路を広げる. ── [自] **1** 広くなる, 広がる. A river generally ～*s* as it flows. 川はたいてい流れて行くにつれて広くなる. **2**〔目が〕大きく見開かれる. **3**〔差異などが〕拡大する. [wide, -en]

wìde-ópen /[移]/ [形] **1** 完全に[十分に]開いた. a ～ window 広く開いた窓. **2** (攻撃などに)全く無防備で, さらされて, 〈*to* ..の〉. **3**〔競技などが〕優勝確実の選手がいない. **4**〖米〗〔都市などが〕(酒, 犯罪, 賭博(とばく)などの)取り締まりのゆるい.

‡**wìde-ránging** /[移]/ [形] 広大な; 広範囲にわたる[及ぶ].

wide recéiver [名] [C]〖アメフト〗ワイドレシーバー《quarterback からロングパスを受ける役目》.

wìde-scréen /[移]/ [形]〖映〗ワイドスクリーンの, 広画面の.

***wide·spread** /wáidsprèd/ [形] [m] **広範囲にわたる**; 普及した, 大いに広まった. There was ～ disaster from the typhoon. その台風によって広範囲にわたる被害がでた. a ～ opinion [custom] 広く行き渡った意見[慣習]. AIDS is becoming ～. エイズは広範囲に広まってきている.

widg·eon /wídʒ(ə)n/ [名] ([複] ～, ～**s**) [C]〖鳥〗ヒドリガモ.

wid·get /wídʒət/ [名] [C]〖米〗**1** (名前が分からない[思い出せない])何とかいう部品[装置]. **2** (ある会社の代表的と考えられる)製品. [*gadget* の変形か]

*‡**wid·ow** /wídou/ [名] ([複] ～**s** /-z/) [C] **1 未亡人**, 後家, 寡婦, ([男] widower). a war ～ 戦争未亡人. [語法] Steve's [his] ～ (スティーブ[彼]の未亡人)とは言えるが, [男] の widower については Mary's [her] widower とは言えず, 単に Jack is a widower. (ジャックは男やもめである)のように言う. **2**〈修飾語を伴って〉〖戯〗..やもめ, ..ウィドー, 《夫が趣味, スポーツなどに熱中しているために, しばしば家に置き去りにされる妻》. a golf ～ ゴルフウィドー. **3**〖トランプ〗後家札《余分の札》.
── [動] [他] を未亡人[男やもめ]にする〈普通, 受け身で〉. She [He] was ～*ed* just over thirty. 彼女[彼]は 30 を越えたばかりで未亡人[男やもめ]になった.
[＜古期英語 *widewe*; 原義は「分けられた者」]

‡**wíd·owed** [形]〈限定〉やもめになった. ★男・女どちらにも用いられる.

†**wíd·ow·er** [名] [C] 男やもめ ([女] widow; →widow [語法]). [＜古期英語 *widewa*; 中期英語で widow と同形になったので -er[1] をつけた]

wídow·hòod [名] [U] 未亡人[男やもめ]の状態[暮らし, 期間].

W

wìdow's míte 名 〈the ～〉 貧者の一灯《聖書から》; (未亡人のわずかな)献金.
wìdow's péak 名 C (女性の額の) V 字形の生えぎわ, '富士額(ぴたい)', 《これがあると夫に早く死別するという迷信がある》.
wìdow's wéeds 名 〈複数扱い〉 未亡人の喪服.
‡**width** /widθ, witθ/ 名 (複 ～s /-s/) **1** UC **幅**, 横, 広さ, (→breadth, length). The bridge is of narrow ～. その橋は幅が狭い. This television set has a ～ of just two feet. このテレビは幅がちょうど 2 フィートである. a road 10 meters ⌞in ～ [wide] 幅 10 メートルの道路. **2** C (生地の)ひと幅《製造した時のままの幅(の布), 長さは考えないで言う》. Two ～*s* of cloth will be necessary for this window. この窓には(カーテン)生地がふた幅必要だろう. **3** C 水泳プールの横の距離 (★縦の距離は length). **4** U (心, 見解などの)広さ. The ～ of his vision is remarkable. 彼の視野の広さはすばらしい.
◇形 wide [wide, -th¹]
wídth·wàys 副 横(の方向)に.
†**wield** /wiːld/ 動 他 **1** 〖雅〗〔道具, 武器など〕を手で使う, 扱う. ～ a sword skillfully 剣を上手に使う. how to ～ a gun 銃の取り扱い方. **2** 〔勢力, 権力など〕を振るう, 行使する. ～ influence 勢力を振るう. ～ political power 政治力を行使する. [＜古期英語「支配する」]
▷ **wíeld·er** 名 C (武器, 権力などを)行使する人.
Wien /viːn/ 名 ウィーン《Vienna のドイツ語名》.
wie·ner /wíːnər/ 名 UC 〖米〗 **1** フランクフルト[ウィンナ]ソーセージ (frankfurter). **2** 〖卑〗＝penis. [＜ドイツ語 *Wiener*wurst 'Vienna sausage']
wíener ròast 名 C (野外での)ホットドッグパーティー.
Wie·ner schnit·zel /wíːnər-ʃnìtsəl, víːnər-/ 名 UC ウィンナーシュニッツェル《子牛肉のカツレツ》. [ドイツ語 'Vienna cutlet']
wiener·wurst /wíːnərwə̀ːrst/ 名 ＝wiener.
‡**wife** /waif/ 名 (複 **wives** /waivz/) C **1 妻**, 奥さん, 夫人, 女房, 細君, (↔husband). a nagging ～ (がみがみと)口うるさい女房. husband [man] and ～ 夫妻, 夫婦, (★この場合は冠詞を用いない). find [〖旧〗 take] a ～ 妻をめとる. Susie will make him a good ～. スージーは彼にとっていい奥さんになるだろう. his ～ of 20 years 20 年連れそった彼の奥さん.

> 連結 a devoted [a loving; an abused, a battered; an estranged; an ex-] ～ // leave [desert; divorce] one's ～

2 〈複合要素〉 ..女. →fish～, house～, mid～.
(*all*) *the wòrld and his wífe* →world.
tàke..to wífe 〖古〗 ..を妻にする. *take* a princess *to* ～ 王女を妻にめとる. [＜古期英語 *wīf*「女, 妻」]
wífe·hòod 名 U 妻であること, 妻の身分.
wífe·less 形 妻のない, 〔男が〕独身の.
wífe·lìke 形 ＝wifely.
wífe·ly 形 〈普通, 限定〉〖旧〗 妻の; 妻にふさわしい, 「妻らしい.
wífe swàpping 名 U 夫婦交換, スワッピング.
*__wig__ /wig/ 名 (複 ～s /-z/) C **1** かつら; (ヨーロッパで 17, 8 世紀に流行した)髪飾り《今日でも英国で裁判官は肩までかかる長いものを, 弁護士は短いものをかぶる》. wear a black ～ 黒いかつらをつけ(てい)る. **2** 〖話〗 叱責.
flip one's wíg 〖米俗〗 かんしゃくを起こす.
── 動 (～s|-gg-) 他 〖話〗 をひどく叱る. ── 自 〖米俗〗 VA (～ *out*) 興奮する, 夢中になる; 麻薬で陶然となる. [＜peri*wig*]
wigged 形 かつらをつけた.
wig·ging /wígiŋ/ 名 C 〖英旧話〗〈普通, 単数形で〉 ひどくしかりつけること. get a good ～ こっぴどくしかられる. give him a good ～ 彼をひどくしかる.
‡**wig·gle** /wíg(ə)l/ 動 自 もじもじする, くねくね[ぴくぴく]動く, 〔歯などが〕ぐらぐらする. Don't ～ in your chair. いすに座ってもじもじするんじゃない. ── 他 〔体(の一部)など〕をもじもじさせる, くねくね[ぴくぴく]動かす. Monroe ～*d* her hips sexily when she walked. モンローは歩く時は腰をセクシーにくねくねさせた.
── 名 C もじもじ[くねくね, ぴくぴく]すること[させること]; 身動き. The baby's toes gave a ～. その赤ん坊の足指はくねくね動いた.
gèt a wíggle òn 〖米俗〗 急ぐ (hurry up).
[＜中期オランダ語]
wíg·gler 名 C **1** 揺り動かす人. **2** ＝wriggler 2.
wig·gly /wígli/ 形 〖話〗 **1** くねくね[ぴくぴく, ぐらぐら]動く. **2** 波動する; 波打っている.
Wight /wait/ 名 **the Isle of ～** ワイト島《イングランド南海岸中央に近い小島, 保養地》.
wight /wait/ 名 C 〖古〗 人, 人間, (person).
wig·let /wíglət/ 名 C 〖米〗 (女性用の)部分かつら.
wig·wag /wígwæ̀g/ 動 (～s|-gg-) 他 **1** を(前後に)振る. **2** (手旗信号などで)を合図する. ── 自 手旗[光]信号をする. ── 名 UC (手旗, 光などの)信号. get the message by ～ 手旗信号で知らせを受ける.
wig·wam /wígwɑm, -wɔːm|-wæm/ 名 **1** C (北米先住民の)円形又は卵形の小屋 (→tepee). **2** 〈the W-〉 ＝Tammany Hall. [北米先住民語「彼らの住居」]

[wigwam 1]

wil·co /wílkou/ 間 〖無線〗 了解 《＜*will* comply》.
‡**wild** /waild/ 形 e 【自然のままの】 **1** ⓒ 〔動物が〕**野生の** (↔domestic), 〔植物が〕自生の (↔cultivated); 人になれ(てい)ない (↔domestic, tame). ～ animals 野生動物. ～ grass 野草. a ～ duck 野ガモ, カモ, 《アヒルはこれを飼いならしたもの》.
2 野蛮な, 未開の. a ～ savage 野蛮人.
【荒れた】 **3** 〔土地などが〕**荒涼とした**, 荒れ果てた; 人の住んでいない; 自然のままの; (↔cultivated); 乱雑な, 乱れた, だらしのない. the ～ scenery of the mountains 山々の荒涼とした風景. The land was completely ～. その土地は全く荒れ果てていた. ～ hair 乱れた髪.
4 〔天候, 海などが〕**荒れた**, 〔風などが〕激しい; 〔時勢などが〕動乱の. a ～ wind 激しい風. The waves were ～ last night. 昨夜は波が荒れ狂っていた.
5 〔人, 動作が〕**乱暴な**, 荒々しい, 手に負えない. a ～ boy (乱暴で)手に負えない少年. in ～ fury かんかんに怒って. make a ～ dash 猛然と走る. Tom's behavior at the party was ～. パーティーでのトムの行動は手に負えなかった.
【狂気じみた】 **6 狂気の**, 熱狂的な, 興奮した, 〈*with* ..で〉; 怒り狂った 〈*with* ..〔人〕に対して/*about, for* ..のことで〉. The passengers were ～ *with* fear. 乗客たちは恐怖で気も狂わんばかりだった. The sight made John ～. その光景にジョンは興奮した[怒り狂った].
7 〖話〗〈叙述〉 夢中な 〈*about* ..に〉; たまらない 〈*to* do ..したくて〉. Tim is ～ *about* skiing [the gal]. ティムはスキーに夢中だ[その女の子に首ったけだ]. My son is ～ *to* meet you. 息子はしきりに君に会いたがっている.
8 でたらめな, とっぴな, 的外れの. a ～ story でたらめな話. make a ～ guess 突拍子もない推測をする. a ～ plan とっぴな計画. throw a ～ ball 暴投する.
9 〖旧話〗〔パーティーなどが〕大変楽しい, 最高の.
◇名 wildness
beyond a person's wildest dréam 全く思いもよらない(ほど). His salary was *beyond* his ～*est dream*. 彼の給料は期待をはるかに上回った.

W

gò wíld 夢中になる; ひどく怒る; 〈*with*, *over* ..で〉. John *went* ～ *over* his new car. ジョンは自分の新車に夢中になった.

rùn wíld (1)〔植物が〕はびこる, 〔動物が〕野育ちである, 野生化する. You shouldn't let the grass *run* ～. 芝生を伸び放題にしておくべきではない. (2)〔人が〕したい放題にやる, 言うことをきかない. Don't let your children *run* ～. 子供たちを好き勝手にさせるな.

wìld and wóolly →woolly.

── 名 **1** 〈the ～s〉 荒野; 荒れ地, 未開地; (類語 人里を離れて, へんぴなことを強調する; →desert[1]). Some of the party were lost in the ～*s*. 一行のうち数人は荒野で道に迷った. **2** 〈the ～〉 野生の状態. the call of the ～ 荒野の呼び声, '野性の誘い', 《Jack London にこの題の小説がある》.

── 副 ＝wildly. ［＜古期英語］

wìld bóar 名 C 〖動〗イノシシ.

wíld càrd 名 C **1** 〖トランプ〗鬼札, 自由札, 《ジョーカーなど万能の札》. **2** 何をするか予測のつかない人, 予測できない要因. **3** ワイルドカード《(主催者が特別に参加させる)規定枠外の選手[チーム]》. **4** ワイルドカード《〖電算〗(他のどんな文字列をも表しうる)万能文字 (* や ? など)》.

wíld·càt 名 C **1** 〖動〗山猫, 〖米〗＝bobcat. **2** 野良猫 (**wìld cát**). **3** 〖話〗短気で乱暴な人. **4** (石油などの)試掘井. ── 形 〈限定〉〔事業, 計画などが〕無謀な, 向こう見ずな, 危険な, 行き当りばったりの; 〖米話〗〔列車が〕臨時運行の. a ～ scheme (財政上)無謀な計画.

wìldcat stríke 名 C 山猫スト《労働組合執行部の承認なしに一部が勝手に行う; 〖英〗では又, unofficial strike》.

Wilde /waild/ 名 **Oscar ～** ワイルド (1854–1900) 《英国の小説家・劇作家・詩人・批評家》.

wil·de·beest /wíldəbìːst/ 名 (複 **～, ～s**) ＝gnu.

Wil·der /wáildər/ 名 ワイルダー **1 Billy ～** (1906–) 《米国の映画監督》. **2 Laura Ingalls ～** (1867–1957) 《米国の児童文学作家》. **3 Thornton ～** (1897–1975) 《米国の小説家・劇作家》.

Wil·der·ness /wíldərnəs/ 名 〈the ～〉 ウィルダーネス **1** 《米国 Virginia 州北東部の森林地帯; 南北戦争で 1864 年に Grant と Lee が戦った戦場》. **2** 《パレスチナの南方と東方の不毛の地; 特にイスラエル人が約束の地 (Canaan) に入る前に放浪した地》.

†**wil·der·ness** /wíldərnəs/ 名 (複 **～es**) C 〈普通, 単数形で〉 **1** 〈the ～〉 荒野, 荒れ地; 原野; (類語 自然のままの道の無い荒野や森林地帯; →desert[1]). go out in the ～ 荒野へ出かけて行く.

2 (海, 平原などの)果てしない広がり; (人けのない)雑然とした広がり《一面の瓦礫(がれき), 立ち並ぶ廃屋など》. the endless ～ of the Gobi ゴビ砂漠の果てしない広がり.

3 〈a ～〉 雑然とした群れ[集まり]; 無数. a ～ *of* buildings ごたごたと立ち並んだ建物.

a vóice crỳing in the wílderness 荒野に叫ぶ声 《世人に無視される警告; 聖書から》.

in the wílderness 野に下(くだ)って[た], 政権の座を離れて[た].

［＜古期英語「野生の (*wild*) 動物 (*dēor*) の場所」; wild, deer, -ness］

wílderness àrea 名 C 〖米〗自然環境保護地域.

wìld-éyed /⑧/ 形 **1** 怒り[狂気]の目つきをした. **2** 〔考え, 人などが〕ばかげた, 極端な, 現実離れした.

wíld·fìre 名 U **1** 野火; 鬼火. **2** ＝Greek fire.

sprèad* [*go aròund*] *like wíldfire 〔疫病, うわさなどが〕(野火のように)たちまち広がる.

wíld flòwer 名 C 野の花, 野草.

wíld·fòwl 名 (複 **～, ～s**) C 猟鳥《特に水辺に住むカモ, ガンなど》.

wìld góose 名 C 〖鳥〗ガン, カリ, (→goose).

wìld-góose chàse 名 C 当てのない捜索, むだ足, ばかげた計画. lead a person on a ～ 人にむだな追求をさせる.

wìld hórse 名 C 野生の馬; 荒馬.

wìld hórses couldn't* [*wouldn't*] *drág ⌞*a person to do* [*..from a person*]⌟ 〖話〗どんなことをしても〔人〕を..する気にさせられない[〔人〕から〔秘密など〕を引き出すことはできない]《四頭の馬を罪人の四肢に結んで引っ張らせた昔の拷問, 処刑から》.

wìld hýacinth 名 C 〖植〗〖英〗＝bluebell; (北米産の)ヒナユリの一種.

wíld·ing 名 **1** C 野生植物; 野生リンゴ《木, 実》. **2** UC 〖米俗〗(若者集団の突発的な)路上無法行為.

*__wíld·lìfe__ 名 U 〈集合的〉 **野生動物[生物]**. ～ protection 野生動物の保護.

wíld·ling /-liŋ/ 名 ＝wilding 1.

*__wíld·ly__ /wáildli/ 副 m **1** 野生的に; 野生状態で. ～ overgrown banks 草の生い茂った堤.

2 激しく, 荒々しく, 乱暴に. dance about ～ 激しく踊り回る. run ～ out of the room 気が違ったように部屋から飛び出して行く. I'm so ～ happy. もう何も分からなくなるほどうれしい. **3** でたらめに. talk ～ 出任せを言う. I just guessed ～. ちょっと当てずっぽうを言っただけだ.

wìld mán 名 C **1** 野蛮人; 野蛮[乱暴]な人間; (savage). **2** (政党内部の)過激分子. **3** 〖話〗オランウータン (**wíld màn of the wóods**).

†**wíld·ness** 名 U **1** 野生. **2** (土地などの)荒廃. **3** 乱暴; 無謀; 狂気.

wìld óats 名 〖植〗野生のカラスムギ[エンバク]. sow one's ～ →oat (成句).

wìld pítch 名 C 〖野球〗(投手の捕手への)暴投.

wìld ríce 名 U 〖植〗マコモ《イネ科の多年草; 北米・中国産; 実は食用》.

wìld róse 名 C 〖植〗野バラ.

Wìld Wést 名 〈the ～〉 (19 世紀無法時代の)米国西部.

Wìld Wést shòw 名 C 大西部ショー《開拓時代のカウボーイやインディアンの離れ業などを見せる》.

wíld·wòod 名 C 〖詩〗自然林, 原生林.

wile /wail/ 名 〈～s〉 たくらみ, 策略, 手管.

── 動 他 〔人〕をだます; をだます[誘う] 〈*into* (do*ing*) ..するように〉; をだまして[誘って]離れさせる 〈*from*, *out of* ..から〉. ～ a boy *into* work*ing* 少年をだまして働かせる.

wile /../ awáy ＝WHILE /../ away. [?＜古期北欧語]

†**wil·ful** /wílf(ə)l/ 形 〖英〗＝willful.

wíl·ful·ly 副 〖英〗＝willfully.

wíl·ful·ness 名 〖英〗＝willfulness.

wil·i·ly /wáilili/ 副 ずるく, 悪賢く.

wil·i·ness /wáilinəs/ 名 U 狡猾(こうかつ), ずるさ.

Will /wil/ 名 William の愛称.

‡**will**[1] /(w)əl, l; 強 wil/ 助 (過去 **would**; 2 人称・単数・直説法・現在形 **wilt** 〖古〗; 短縮形 **'ll**, 否定の短縮形 **won't**) (★'ll と won't は主に主語として単独で用いられた代名詞の後に用いられる)

I 〈平叙文で〉

> 語法 (1) 単純未来に〖米〗では will を人称に関係なく用いる; 〖英〗では普通, 1 人称に shall, 2, 3 人称に will を用いるが, 〖米〗と同様に 1 人称にも will を使うことが広まってきている. (2) 意志未来については, 主語の意志を表すためにはすべての人称に will, 話し手の意志を表すためには 1 人称には will, 2, 3 人称には shall を用いるが, この shall の用法は〖章〗.

1 〈主語は 1 人称〉 (**a**) 〈意志未来〉 〈主語・話し手の意志〉 *..*(し)よう, するつもりだ. I ～ try. やってみましょう. I ～ *not* [*won't*] be late again. 2 度と遅れません. Yes, I ～ (do so). はい, そうします. We ～ do our best. 我々

W

は全力を尽くすつもりです. We ～ have our lunch here. ここで昼食をしましょう (★we will＝let us). I ～ go, whatever happens. 何が起こっても, 断固行きます (★このように強い意志を表す場合 will は強く /wíl/ と発音され, 'll と書かない).
(**b**)〈単純未来〉..でしょう. I'*ll* be twenty years old next Friday. 今度の金曜日で私ははたちになります. Next year we'*ll* be starting college. 来年私たちは大学生活が始まります (★未来進行形を使えば単純未来であることが明確).
2〈主語は 2, 3 人称〉(**a**)〈単純未来〉**..でしょう**. You ～ see. 今に分かるよ. I hope he ～ be able to come. 彼が来られるとよいが. The radio says that it ～ rain tomorrow. ラジオでは明日は雨になりそうだ. He ～ be getting into trouble one of these days. あの男はそのうちに困ったはめに陥るでしょう. People ～ *have forgotten* all about it in a month. 1 か月もたてばそんな事は世間では全く忘れてしまっているだろう (★「will＋have＋過去分詞」は未来完了形).
(**b**)〈意志未来〉〈主語の意志〉**..してくれる; どうしても..しようとする[..である]**; (★強い意志を表す場合 will は強く /wíl/ と発音される). You say you ～ help me, but it's too late. 私を助けてくださると言われますが, もう手遅れです. If you ～ wait a minute, I'll be able to go with you. ちょっとお待ちくだされば私も一緒に参れます (★条件節中では単なる未来の事を表すには現在形を用いるのが普通で, will を使えば主語の意志, 好意などを表す). Do as you ～. したいようにしなさい. He ～ have it that I am wrong. 彼は僕が間違っていると言い張る. She simply ～ have her own way. 彼女はしゃにむに我を通す. My daughter *won't* listen to me. 娘は私の言うことを聞こうとしない. This door *won't* open. この戸はどうしても開かない (★無生物に意志があるかのように表現する擬人的用法).
(**c**)〈命令, 依頼〉**..しなさい**. You ～ do exactly as I told you, do you understand? 僕の言った通りにするんだよ, 分かったね. You ～ stop that right now! そんな事すぐにやめなさい. The class ～ rise. (クラス)全員起立しなさい. ★こういう will は, 言われた相手が当然その要求に応ずることを前提としているので, しばしば高圧的な響きを持つ.
(**d**)〈推量〉 **..だろう**, ..でしょう. That man over there ～ be Tom's father. あそこにいるあの人はトムのお父さんでしょう. He ～ be staying at a hotel nearby. 彼は近くのホテルに泊まってるんでしょう. That'*ll* be the postman. あれは郵便屋さんでしょう. You ～ *have heard* of this. その事はもうお聞きでしょう (★未来完了形であるが, 過去又は完了したと思われる事についての推測を表す; →2 (a)).
(**e**)〈習性, 習慣〉**よく..する**; ..するものだ. My husband ～ smoke immediately after a meal. 夫は食事が終わるとすぐたばこを吸う(ことにしている). Old John always talks about the golden days of his life, as old men ～. ジョンじいさんは老人にありがちな事だが, 彼の人生の最盛期のことをしょっちゅう話している. Accidents ～ happen. →accident (成句). Boys ～ be boys. →boy 1 ★この will は普通, 強く /wíl/ と発音される.
(**f**)〈可能, 能力: 3 人称のみ〉..できる. That ～ do. それで間に合うでしょう. 語法「will have＋過去分詞」には未来完了の場合 (→2 (a) の最後の例)と過去についての推量 (→2 (d) の最後の例)を表す場合がある.
II〈疑問文で〉

> 語法 (**1**) 単純未来に〖米〗では人称に関係なく will を用いる;〖英〗では普通, 1, 2 人称に shall, 3 人称に will を用いるが, 1 人称に will を用いることもあり,〖話〗では 2 人称に will を用いる. (**2**) (相手の意志を尋ねる) 意志未来には 1, 3 人称に shall, 2 人称に will を用いる.

3〈主語は 1 人称〉〈単純未来〉**..でしょうか**, ..だろうか. When ～ we get there? 私たちはいつ向こうへ着きますか. *Will* I see you tomorrow? 明日お目にかかれましょうか. What on earth ～ I say? 一体何を言ったらいいんだろう (★困惑, 無力感などを表す;〖米〗に多い).
4〈主語は 2, 3 人称〉(**a**)〈単純未来〉**..でしょうか**, ..だろうか. *Will* you be free next Sunday? 今度の日曜日はおひまですか. What ～ he say about this? この事について彼はどう言うでしょう. *Will* your mother be at home tomorrow? 君のお母さんはあすご在宅でしょうか. When ～ you be visiting us again? いつまたおいでになりますか. 語法 上の例のような場合, When will you visit us again? とすると相手の意志を尋ねる文と解されるので, 単純未来であることを明示するためには未来進行形又は現在進行形を用いる.
(**b**)〈意志未来〉〈相手の意志を尋ねて〉**..するつもりですか**. "*Will* you fight with him?" "Yes, of course." 「あいつとけんかする気か」「うん, もちろんだ」I am going to see him tomorrow. *Will* you come? 僕は明日あの人に会いに行きます. 君も来ますか. Who ～ have some cola? コーラの欲しいのはどなた.
(**c**)〈依頼, 命令〉 **..してくれませんか**, ..してくれないか, (→(d) 語法). *Will* you lend me this book? この本貸してくれませんか. *Will* you be quiet, boys! お前たち静かにせんか. *Will* the person who took away my notebook please return it. 私のノートを持って行った人は返してください. Just wait a moment, ～ [*won't*] you? ちょっと待ってください. Don't be late again, ～ you? 2 度と遅れるな. 語法 上の 2 例のように, 肯定の命令文の付加疑問は will you? 又は won't you? 否定の命令文の場合は will you? となる.
(**d**)〈勧誘: 2 人称のみ〉**..しませんか**, ..してはどうですか. *Won't* you sit down? どうぞおかけください. *Will* you have some more tea? お茶をもっといかがですか. 語法 (c) と (d) では依頼, 勧誘などの気持ちが強い時は文尾を下降調で発音することが多く, 疑問符の代わりに終止符を用いてもよい.
(**e**)〈習性, 習慣〉 **よく..しますか**; ..するものか; (→2 (e)). Why ～ you always go against my advice? 君はどうしていつも私の忠告に逆らうのか. *Will* wood float on oil? 木は油に浮かびますか.
(**f**)〈可能, 能力: 3 人称のみ〉..できるか (→2 (f)). *Will* that do? それで間に合いますか.
[＜古期英語 *willan*「欲する, 願う」]

‡**will**[2] 名 (複 ～s /-z/)【意志】**1** UC〈しばしば the ～〉**意志**, 意欲. the freedom of the ～ 意志の自由. (a) free ～ 自由意志. want of ～ 意志薄弱.
2 aU (個人の)意志; 意図, 意思, 決意. have a strong ～ 意志が強い. have no ～ of one's own (人の言いなりになって)自分自身の意志が無い. do the ～ of a person 人の言う通りにする. the ～ of the people 人民の総意. the ～ to live 生きようとする意志. the ～ to power 権力への志向. Where there's a ～, there's a way.〖諺〗意志ある所に道あり《やる気さえあれば道は開ける》.

> 連結 an iron [an indomitable, a resolute, an unbending; a weak] ～ // do [obey, perform] a person's ～; impose one's ～ on ..

3【他人への意志】U 気持ち. men of good ～ 善意の人たち.
4【遺志】C **遺言(状)**《特に one's last will and testament として》. make [draw up] a ～ 遺言状を作成する. He remembered me in his ～. →remember 他 5.

W

【願望】 **5** UC 〈しばしば所有格を伴って〉 望み, 願い. work one's ~ 意図通りに行う. God's ~ 神のみ心. Thy ~ be done, on earth as in heaven. み心が天に行われる通り, 地にも行われますように《Lord's Prayer の一部》.

against** a pèrson's **wíll 人の意志に反して.

against** one's **wíll 自分の意(志)に反して, 不本意ながら. I was obliged to resign *against* my ~. 私は意に反して辞職を余儀なくされた.

at wíll 意のままに, 思うがままに; 気ままに, 好きなように. exercise control over . . *at* ~ 意のままに. . を支配する.

hàve no wíll of . . 《スコ》. . は好きで[楽しく]ない.

hàve** one's **wíll 思い通りにする, 思いを遂げる.

of** one's **òwn** (**frèe**) **wíll 全く自由意志で.

with a wíll 本腰を入れて, 本気で. In order to pass the entrance examination, you must work *with a* ~. 入試に合格するには本気で勉強しなくてはならない.

with the bèst wíll in the wórld 〈普通, 否定文で〉どんなに善意[努力]を尽くしても. *With the best ~ in the world*, I could not break him of his bad habit. どんなに努力しても私は彼に悪習をやめさせられなかった.

── /wil/ 動 他 **1** 《古》を望む; VO (~ ***to do/that*** 節) . . すること/. . ということを望む, 願う. those who ~*ed* the revolution 革命を望んだ人たち. She ~*ed to* be awake till his return. 彼女は彼が帰るまで起きていたいと思った.

2 を意図する; VO (~ ***that*** 節) 〔神などが〕. . ということを意図する[定める]; VO (~ X ***to do***) X に. . してほしいと念ずる, 念力などで X に. . させようとする. Fate ~*s that* the beautiful (should) die young. 佳人薄命は世の定めである. She spent an hour a day before her mirror, ~*ing* her reflection *to* become beautiful. 彼女は1日1時間鏡の前に座った, その映る姿に美しくなれと心に念じながら. He ~*ed* her *to* look his way. 彼は彼女に振り向いてくれと祈るような気持ちだった《振り向いてくれたかどうかは分からない》.

3 VOO (~ X Y)・VOA (~ Y ***to*** X) X に Y(財産など)を遺贈する; VO (~ ***that*** 節) . . と遺言する. My uncle ~*ed* me this picture. おじは遺言で私にこの絵を残してくれた.

── 自 《古》望む, 願う, 〈主に次の用例で〉. whether you ~ or not [no] 望むと否とにかかわらず.

Gòd wílling →god.

if you wíll →if.

***wíll** oneself* 自分に言い聞かせる, 固く決意する, 〈*to* do . . するように〉. She pressed her lips together, ~*ing herself* not *to* cry. 彼女は唇を固く閉じて自分自身に泣くなと強く言い聞かせた.

[<古期英語 *willa*「意志」, *willian*「望む, 意図する」(<*willa*)]

-willed /wild/ 〈複合要素〉「. . な意志を持った」の意味. weak-*willed* (意志の弱い).

wil·let /wílət/ 名 (複 **~s, ~**) C ハジロシギ《北米産の大型の渉禽(きん)類の鳥》.

†**will·ful,** 《英》 **wil-** /wílf(ə)l/ 形 **1** わがままな; 強情な, 頑固な. Don't be so ~! そんなにわがままにしてはいけない. **2** 〈限定〉〔行為などが〕故意の, わざとした. a ~ lie わざとついたうそ. ~ murders 謀殺. [will², -ful]

▷**~·ly** 副 **1** わがままに; 強情に. **2** 故意に, わざと. **~·ness** 名 U **1** わがまま; 強情. **2** 故意.

Wil·liam /wíljəm/ 名 **1** 男子の名《愛称 Will, Willie, Bill など》. **2 ~ I** /ðə-fə́:rst/ ウィリアム1世 (1027-87)《英国王 (1066-87); William the Conqueror (ウィリアム征服王)と称された》. **3 ~ III** /ðə-θə́:rd/ ウィリアム3世 (1650-1702)《英国王 (1689-1702); **William of Órange** とも呼ばれる》. [ゲルマン語「意志」+「かぶと」]

Wil·liams /wíljəmz/ 名 **Tennessee ~** ウィリアムズ (1911-83)《米国の劇作家》.

Wil·liams·burg /wíljəmzbə̀:rg/ 名 ウィリアムズバーグ《米国 Virginia 州の都市; Virginia 植民地の首都 (1699-1779); 植民地時代の建物などが多く復元され, 観光地となっている》.

Wil·lie /wíli/ 名 **1** William の愛称. **2** 女子の名.

wil·lie /wíli/ 名 =willy.

wil·lies /wíliz/ 名 《話》〈the ~; 複数扱い〉いらだち, おじけ, 〈普通, 次の成句で〉.

gìve a pèrson the willies 人をおじけさせる.

‡**will·ing** /wíliŋ/ 形 m **1** 〈叙述〉快く . . する, 進んで[いやがらずに] . . する 〈*to* do〉; 異議はない 〈*that* 節 . . することに〉; (類語 ready ほど自発的な積極性は無く, 必ずしも快諾を意味しない). Sam was ~ *to* work for Mr. Brown. サムはブラウン氏のために喜んで働いた. Are you ~ *that* he (should) be our leader? 彼が我々のリーダーになるのに異存ありませんか. **2** 〈限定〉〔人, 行為などが〕進んで行う, 自発的な. Employers like a ~ worker. 雇い主は進んで働く人を好む. ~ deference 自発的な服従. ~ support 心からの支援.

◇↔unwilling [will¹, -ing]

*__will·ing·ly__ /wíliŋli/ 副 m 喜んで, 進んで; 快く. Bob lent me his money ~. ボブは快く私に金を貸してくれた.

†**wíll·ing·ness** 名 aU 喜んですること; 快く[進んで]やる気持ち, 意欲. Dick showed a ~ to help us. ディックは私たちを喜んで助けようとする様子を見せた.

will-o'-the-wisp /wìləðəwísp/ 名 C **1** 鬼火, きつね火. **2** 人をだます人[もの]; (捕えどころのない)あやふやな人[考え]; 達成不可能な目標.

*__wil·low__ /wílou/ 名 (複 **~s** /-z/) **1** C 《植》ヤナギ (**wíllow trèe**). →weeping willow. **2** U ヤナギ材《クリケットのバットなどの材料》; C クリケットのバット.

wèar the willow 《旧》失恋する; 恋人の死を悲しむ《昔, ヤナギの枝で作った輪を身に着けて哀悼を表したことから》. [<古期英語]

wíllow pàttern 名 U (中国製陶磁器の)白地にあい色のヤナギ模様.

wíllow·wàre 名 U ウィローウエア《willow pattern が描かれた陶磁器》.

wil·low·y /wíloui/ 形 **1** 〔人が〕(ヤナギのように)しなやかですらっとした. **2** ヤナギの多い; ヤナギの茂った.

‡**wíll·pòwer** 名 U 意志力, 自制力.

Wil·ly /wíli/ 名 =Willie.

wil·ly /wíli/ 名 (複 **-lies**) C 《英話・幼》おちんちん.

wil·ly-nil·ly /wìliníli/ 副 **1** いやおうなしに, いやでもおうでも. We had to accept the order, ~. 我々はいやおうなしにその注文を引き受けざるをえなかった. **2** 行き当りばったりに, 無計画に; 手当り次第に. [<古期英語 *wile hē, nyle hē* 'will he or will he not']

Wil·son /wílsən/ 名 ウィルソン **1 Sir Harold ~** (1916-95)《英国の政治家; 首相 (1964-70, 74-76)》. **2 Wood·row** /wúdrou/ **~** (1856-1924)《米国第28代大統領 (1913-21)》.

wilt¹ /wilt/ 動 《古》will の2人称・単数・直説法・現在形 (★主語 thou に呼応する).

‡**wilt**² 動 自 〔草木などが〕しおれる, しぼむ; 〔人が〕弱る, しょげる. ── 他 〔草木など〕をしおれさせる; 〔人を〕弱らせる. ── 名 U (植物の)立ち枯れ病.

Wil·ton /wílt(ə)n/ 名 C ウィルトンじゅうたん (**Wìlton cárpet**)《最初イングランド南部の Wilton で織られた》.

Wilts /wilts/ Wiltshire.

Wilt·shire /wílt-ʃər/ 名 ウィルトシャー《イングランド南部の州; 州都 Trowbridge》.

‡**wil·y** /wáili/ 形 e ずるい, 悪賢い. ◇名 wile

wim·ble /wímb(ə)l/ 名 C (種々の)錐(きり)《gimlet など》.

Wim·ble·don /wímb(ə)ldən/ 名 ウィンブルドン《ロン

W

ドン南西部の1地区; 毎年6-7月にここで全英テニス選手権大会が開かれる》.

wim·min /wímən/ 名 〈複数扱い〉 女性たち(women). ★男女同権主義者について[によって]書かれた文章中に用いられる. women 中の「男」と解しうる men を変えることと, 発音に近づけるためのつづり替え.

WIMP, Wimp, wimp /wimp/ 名 U 〖電算〗ウィンプ《<*w*indows, *i*cons, *m*ice, *p*ull-down menu の頭字語で GUI の一種》.

‡wimp /wimp/ 〖話・軽蔑〗 名 C 弱虫, 意気地なし; ぱっとしない人; 《特に男》. ── 動 自 VA (～ *out*) 弱虫である; おじけづく〈*of* ..に〉.

wimp·ish /wímpɪʃ/ 形 〖話・軽蔑〗弱虫の, 意気地のない.

wim·ple /wímp(ə)l/ 名 C (中世に女性が用いた)ベール, ずきん, 《今では修道女がかぶる》.

wimp·y /wímpi/ 形 e =wimpish.

‡win /wɪn/ 動 (～s /-z/|過 過分 **won** /wʌn/|**wín·ning**) 自 **1 勝つ**〈*in*, *at* ..〔競技, ゲームなど〕で/*against* ..〔相手〕に〉; (競走, 競馬などで) 1着になる, 優勝する; (↔lose). We *won* by a score of eight to six. 我々は8対6で勝った. Which team *won*? どちらのチームが勝ったのか. ～ by a nose [head] (競馬などで)鼻[頭]の差で勝つ. ～ *at* cards [tennis] トランプ[テニス]に勝つ. The Yankees *won against* Boston. ヤンキースはボストンに勝った.

2 (賭(か)け事, 当てものなどで)当たる, 勝つ. His letter came after all, so you ～! 彼の手紙は結局来ました, だからあなたの勝ちです.

── 他 【勝つ】 **1**〔戦争, 競技, 議論など〕に**勝つ**(↔lose). We *won* the baseball game 3 to 1. 私たちはその野球の試合に3対1で勝った.

【努力して勝ち取る】 **2**〔勝利, 賞など〕を**勝ち取る**, 獲得する, 〈*in* ..で〉; 〔金〕を獲得する, 巻き上げる, 〈*from*, *off* ..〔人〕から/*at*, *on* ..〔賭(か)など〕で〉. ～ a splendid victory 堂々たる勝利を収める. ～ first prize *in* the speech contest 弁論大会で1等賞を取る. ～ one's seat 議席を獲得する.

3 (**a**) (けんめいに働いて)〔生計, パンなど〕を手に入れる, 得る, (earn). (**b**)〔愛情, 好意, 支持, 名声など〕を(努力, 才能で)手に入れる. learn how to ～ friends 友達を得る方法を学ぶ. ～ the support of women 女性の支持を得る. ～ her heart 彼女の心を射止める. ～ one's spurs →spur.

4 VOO (～ X Y)・VOA (～ Y *for* X) X(人)に Y を得させる, 与える. Economic growth *won* the government public confidence [public confidence *for* the government]. 経済成長で政府は国民の信頼を得た.

5【目標に到達する】〖章・雅〗(骨折って)にたどり着く, 到達する. ～ one's way →成句. The sailors finally *won* the shore. 水夫たちはやっと海岸にたどり着いた.

càn't wín 〖話〗どうやってもうまくいかない. Both my parents are against this marriage. I *can't* ～. 僕の親は2人ともこの結婚に反対している. お手上げだよ.

win /../ báck 〔失地, 信頼, 愛情など〕を回復する, 取り戻す.

***wín on* [*upon*] ..** ..の心をだんだん引きつける.

win or lóse 勝っても負けても; 成功しても失敗しても.

wìn óut 〖話〗(努力, 苦闘の末に)勝つ〈*over*, *against* ..に〉; やり抜く, 成功する. It was a tough situation, but we *won out* in the end. 難しい状況であったが我々は結局うまくやり遂げた.

***wìn /../ óver* [*róund*]** 〔人〕を(説得して)味方に引き入れる; 〔人〕を説き伏せる〈*to*..を支持するように〉. You've *won* me *over* with your perfect logic. 君は完璧(ぺき)な論理で私を説き伏せた. I'd like to ～ you *round to* my way of thinking. 君に私の考えに同調してもらいたい.

wìn the dáy 勝利を得る; 成功する.

win thróugh 〖話〗 (1) =WIN out. (2) (トーナメントなどで)苦闘の末に勝ち進む〈*to* ..〔決勝など〕へ〉.

wìn one's wáy 苦労して進む; 努力して成功する; うまくたどり着く〈*to* ..へ〉; (→way[1] 2 語法). Bill *won* his *way to* fame and glory. ビルは首尾よく名声と名誉を手に入れた.

Yòu wín. 〖話〗(もういい)分かったよ, 君の言う通りにするよ.

── 名 C (特に競技, 競走などでの)勝利, 成功; 1着, 優勝. have five ～*s* and two defeats [losses] 5勝2敗である. [<古期英語「争う, 戦う」]

†wince /wɪns/ 動 自 ひるむ, たじろぐ, しり込みする; びくっとする; 〈*at* ..に〉. ～ with pain 痛くてびくっとする. He ～*d at* my severe countenance. 彼は私の厳しい顔つきを見てたじろいだ. ── 名 C 〈普通, 単数形で〉ひるみ, たじろぎ, しり込み. [<古期フランス語「避ける, かわす」]

▷ **wínc·er** 名

win·cey·ette /wɪ̀nsiét/ 名 U 〖英〗ウィンシエット《軽い綿ネル; パジャマなどに用いる》.

‡winch /wɪntʃ/ 名 C ウインチ, 巻き上げ機; (回転砥石(といし)などを動かす)クランク.

── 動 他 VOA 〔物〕をウインチで巻き上げる[下ろす].

Win·ches·ter /wíntʃèstər, -tʃəs-|-tʃəs-/ 名 **1** ウィンチェスター《英国 Hampshire 州中部の都市, 州都; 英国最古の public school である Winchester College がある》. **2** C 〖商標〗ウィンチェスター《ライフル銃; **Wìnchester rífle** とも言う; 製造者 D.F. Winchester (米国人)の名から》.

‡wind[1] /wɪnd/ (★〖詩〗では時に /waɪnd/) 名 (複 ～s /-dz/) 【風】 **1** UC〈しばしば the ～〉**風** (★程度を言う時は U, 種類を言う時は C; 類語 風を表す最も一般的な語であるが, 強く不快な風を表すことが多い. 又人工的な風をも意味する; →air 6, blast, breeze, gale, gust, squall[1], storm, zephyr). a blast of ～ 一陣の風. a gentle ～ 穏やかな風. a sultry day without a breath of ～ 風がそよとも吹かない蒸し暑い日. the ～ created by a passing truck 通過するトラックが起こした風[あおり]. Can you hear something on the ～? 風に乗って何かが聞こえてきますか. The ～ is blowing from the northwest at twenty miles per hour. 風は北西から時速20マイルで吹いている(★英語では風速は時速..マイルで表す). The ～ is rising [falling]. 風が出てきた[収まってきた]. There was no [little] ～ yesterday. 昨日は全く[ほとんど]風がなかった. ～ and weather 風雨(にさらされること). It is an ill ～ that blows nobody (any) good. →blow[1] 他 2.

> 連結 a strong [a high; a gentle, a light; a fair, a favorable; an adverse; a biting, a cold, an icy] ～ // the ～ dies down [abates, subsides; lulls; howls, moans, roars, shrieks]

【風向き】 **2**〈～s〉(風が吹いて来る)方向, 方位, (→cardinal points)〈主に次の成句で〉. to the four ～*s*.

3 C (事態を動かす)風, 影響力; (世論などの)風向き, 動向. The ～*s* of change began to blow in earnest. 変化の風が本格的に吹き始めた.

【風に乗った臭気】 **4** U (獲物, 追われている人などの)風に運ばれて来るにおい; 気配; うわさ. get ～ of.., take ～ →成句. The hounds caught ～ of the fox. 猟犬たちはキツネのにおいをかぎつけた.

5 U (胃, 腸にたまる)ガス《飲食物とともに入るものと, 胃腸内で発生するものとがある》. break ～ →成句.

6【屁(へ)みたいなもの】 U〖話〗無意味な言葉[話], ばかばかしい物事. The politician's speech was mere ～. その政治家の演説はまるでたわごとのようなものだった.

【息】 **7** U 息, 呼吸. lose [regain] one's ～ 息を切らす[つく]. have a long ～ 息が長く続く.

8 (**a**)〈the ～〉管楽器(類)(wind instruments). a ～

W

band 吹奏隊. (**b**) Ⓤ 〈the ～; 単複両扱い〉(オーケストラの)管楽器部.
against the wínd 風に逆らって. sail *against the* ～ →sail.
before the wínd 順風[追い風]を受けて, 風下へ, (↔ against the wind). sail *before the* ～ →sail.
between wìnd and wáter 〖海〗船の喫水線部に《この部分は船の急所》; 急所に.
brèak wínd 〖婉曲〗放屁(ᵛ)する, おならをする.
down the wínd 風下へ, 追い風を受けて.
flìng [thròw ↓] ..to the wínds
gèt one's sècond wínd →second wind.
gèt one's wínd (bàck) 息をつく《息を切らした後正常な呼吸に戻る》.
gèt [hàve] the wínd ùp 〖話〗ぎょっと[どきっと]する.
gèt [hàve] wínd of .. 〖話〗〔陰謀など〕をかぎつける, ..の気配に気づく. We *got* ～ *of* a plan to buy us out. 我々の株を買い取ろうとする計画をかぎつけた.
hàve the wínd of .. (1)〖海〗〔他船〕の風上にある. (2) ..より優位にある. The navy seemed to *have the* ～ *of* the army. 海軍は陸軍より優位に置かれているようだった.
in the èye [tèeth] of the wínd＝in the wìnd's éye (真っ向から)風に逆らって.
in the wínd (1) 風を受けて. (2) 起こりかけて. There is something *in the* ～. 何か起こりそうな気配がする.
like the wínd (風のように)速く. He ran *like the* ～ to catch the bus. 彼はそのバスに乗り遅れまいと疾風のように走った.
off the wínd 〖海〗順風で.
on the wínd (音, においなどが)風に乗って〔運ばれるなど〕(→1 の用例).
pùt the wínd up a pèrson 〖英話〗人をぎょっとさせる.
ràise the wínd 〖英話〗金を工面する; 必要な手だてを講じる.
sàil ⌊near (to) [clòse to] the wínd →sail.
sée hòw [whìch wáy] the wìnd blóws (世論などの)風向き[情勢]を見る. Let's wait and *see how the* ～ *blows*. 待って情勢を見てみよう.
sóund in wìnd and límb →sound².
tàke the wínd out of a pèrson's sáils →sail.
tàke wínd うわさされる, 人に知られる.
thròw [flìng] ..to the wínds 〔警戒心, 慎みなど〕を全く捨ててしまう. *throw* caution *to the* ～*s* 警戒心をかなぐり捨てる.
to the fòur wínds 〖やや古〗四方(八方)に. His ill fame was scattered *to the four* ～*s*. 彼の悪名は四方八方に広まった.
up the wínd 風の来る方へ, 風上へ.
── 動 他 **1** を息切れさせる. The runner was ～*ed* at the end of the race. その走者は競走が終わった時息を切らしていた. **2** 〔猟犬などが獲物〕のにおいをかぎつける. **3** 〔馬など〕を休めて息を継がせる. **4** を風に当て(て乾燥させ)る, 〔部屋など〕に風を通す. **5** 〖英〗〔赤ん坊〕にゲップをさせる《食後, 背中を軽くたたいて》.
[＜古期英語 *wind*; weather と同根]

‡**wind**² /waind/ 動 (～s /-dz/| 過 過分 **wound** /waund/| **wínd·ing**) 他 **1** 〔毛糸など〕を巻く; に巻く 〈*with* ..〔糸, ひもなど〕を〉; を包む 〈*in* ..に〉; VOA (～ X *into* ..) X (毛糸など)を巻いて〔玉など〕にする; (～ X *around* ..) X を..に巻きつける. The soldier's left arm was *wound with* a bandage. その兵士の左腕には包帯が巻かれていた. ～ a baby *in* a shawl＝～ a shawl *round* a baby 赤ん坊をショールにくるむ. ～ yarn (up) *into* a ball 編み糸を巻いて玉にする. **2** 〔時計など〕を巻く 〈*up*〉; 〔取っ手など〕を回す. ～ (*up*) a clock 時計を巻く. ～ a handle clockwise ハンドルを右回りに回す. **3** (ウインチなどで)を巻き上げる 〈*up*〉, を取っ手を回して上げる[下げる] 〈*up, down*〉; を回して動かす. ～ (*up*) a bucket out of the well 井戸からバケツを巻き上げる. ～ *up* the window of a car 車の窓を巻き上げて閉める.
── 自 VA **1** 〔道, 川などが〕曲がる, 曲って[くねって]進む, 〈*along, among, through*〉. This river ～*s through* the woods. この川は森の中をうねって流れている. **2** 〔つるなどが〕巻きつく, からむ, 〈*around* ..に〉; 〔毛糸などが〕巻かれる 〈*into* ..〔玉〕になるように〉. the vine ～*ing around* a pole 柱にからみついたブドウのつる. The wool *wound into* a large ball. 毛糸は巻かれて大きな玉になった.
wìnd a pèrson around [round] one's lìttle fínger →finger.
wind /../ báck 〔フィルム, テープなど〕を巻き戻す.
wind dówn (1)〔時計のぜんまいが〕ゆるむ, 〔時計が〕止まりそうになる. (2)〔活動などが〕徐々に縮小[収束]する. (3)〔人が〕くつろぐ.
wind /../ dówn (1) →他 3. (2)〔活動, 事業など〕を徐々に縮小する, 徐々に停止する.
wind /../ fórward 〔テープ〕を早送りする.
wind /../ óff 〔巻いたもの〕を巻き戻す, ほどく, (unwind). ～ *off* a bandage 包帯を解く.
wind oneself into .. ＝WIND one's way (2).
wind úp (1)〖話〗終わる, 結末がつく; たどり着く; 果ては..ということになる, ..の羽目になる, (★副詞句, 形容詞, do*ing* を伴う). The game *wound up* in a draw. その試合は引き分けに終わった. We *wound up* in a small inn. ようやく我々は小さな宿屋にたどり着いた. ～ *up* in jail 最後には刑務所行きになる. You will ～ *up* penniless [wish*ing* you hadn't married]. 結局は無一文[結婚したのを後悔する]羽目になるよ. (2)〖野球〗〔投手が〕ワインドアップする.
****wind /../ úp*** (1) を巻いて玉にする; 〔時計など〕を巻く (→他 2); ..を巻き上げる (→他 3). (2) **..を終わりにする**, お開きにする, 〈*with* ..で〉; 〔会社など〕を(整理して)解散する. ～ *up* a party *with* a song 歌を歌ってパーティーをお開きにする. (3)〈受け身で〉緊張する, 興奮する. The boy was *wound up* about the examination. その少年は試験のことで緊張していた. (4)〖英話〗〔人〕を(からかって)怒らせようとする, 挑発する.
wìnd one's wáy (1)〔人が〕曲がりくねって進んで行く; 〔道, 川などが〕曲がりくねって進む. (→way¹ 2 語法) The river ～*s* its *way* among the hills. その川は丘陵の間を曲がりくねって流れる. (2) 上手に自分のものにする 〈*into* ..〔愛, 信用など〕を〉. Ted *wound* ⌊his *way* [*himself*] *into* the manager's trust and confidence. テッドはうまいことやって支配人の信頼と信用を得た.
── 名 Ⓒ **1** 巻くこと, (糸などの)ひと巻き. **2** 曲がること, ひと曲がり, ひとうねり.
[＜古期英語「速やかに行く, 巻きつく」]

wind³ /waind, wind|waind/ 動 (～s| 過 過分 **wínd·ed, wound**| **wínd·ing**) 他 〖雅〗〔笛, らっぱなど〕を鳴らす, 吹く. [＜wind¹]

wind·age /wíndidʒ/ 名 UC **1** (風によるミサイルの)偏流, 偏差; (偏差に対する)修正値. **2** 遊隙(ᵍᵉᵏⁱ)《砲身の内壁と砲弾との空隙》.

wínd·bàg /wín(d)-/ 名 Ⓒ **1** 〖話〗(つまらないことばかり言う)おしゃべりな人 (gasbag). **2** バグパイプの袋.

wínd·blòwn /wín(d)-/ 形 **1** 風に吹かれ[吹き寄せられ]た, 吹きさらしの; 〔樹木が〕風に吹かれて曲がった. **2** 〔髪が〕風で乱れた; 〔女性の髪型が〕ウィンドブロウンの《短髪を額の方へなでつけた型》.

wínd-bòrne /wín(d)-/ 形 〔花粉などが〕風に運ばれる, 風媒の.

wínd·brèak /wín(d)-/ 名 Ⓒ 風よけ, 防風塀[林].

wínd·brèaker /wín(d)-/ 名 Ⓒ 〖米〗ウインドブレーカー《風を通さないスポーツ用ジャンパー; もと商標; 〖英〗windjammer》.

W

wínd-chèater /wín(d)-/ 名 〖英旧〗=windbreaker.
wínd chìll /wín(d)-/ 名 U 風の冷却効果.
wínd chìmes /wín(d)-/ 名 〈複数扱い〉風鈴.
wínd còne /wín(d)-/ 名 =windsock.
wind·ed /wíndəd/ 形 **1** 息を切らした. **2** 〈複合要素〉息が..の. broken-～ 息切れする. short-～ 息が長く続かない.
wind·er /wáindər/ 名 C **1** 巻く人[物]; (支柱に巻きつく)回旋植物《アサガオなど》. **2** 糸巻き; (時計を巻く)かぎ, 竜頭(りゅうず). **3** らせん階段の段.
Win·der·mere /wíndərmìər/ 名 **Lake ～** ウィンダミアー湖《イングランド北西部, Cumbria 州湖水地方にあるイングランド最大の湖》.
‡**wind·fàll** /wín(d)-/ 名 C **1** 風で落ちた果実, 落果. **2** 思わぬ授かり物《遺産など》, 棚ぼた.
wínd fàrm /wín(d)-/ 名 C 風力発電基地.
wínd·flòwer /wín(d)-/ 名 C 〖植〗アネモネ (anemone).
wínd gàuge /wín(d)-/ 名 C 風速計, 風力計, (anemometer).
wínd hàrp /wín(d)-/ 名 =Aeolian harp.
wínd·hòver /wín(d)-/ 名 C 〖英〗〖鳥〗チョウゲンボウ (kestrel).
wind·i·ly /wíndili/ 副 風が強く, 強風を受けて.
wind·i·ness /wíndinəs/ 名 U **1** 風が多い[強い]こと. **2** 〖話〗(無意味な)おしゃべり; 大ぼら.
wind·ing /wáindiŋ/ 名 **1** U 巻くこと, 巻き上げること; C 巻いたもの. **2** U 曲がること; C 曲がった部分, カーブ. **3** C 〈しばしば ～s〉曲がった事, 不正な行動.
── 形 **1** 〔道, 川などが〕曲がりくねった. a ～ road 曲がりくねった道. **2** 〔階段が〕らせん状の.
wínding-shèet 名 C 〖古〗(死体を包む)経かたびら (shroud).
wínd ìnstrument /wín(d)-/ 名 C 〖楽〗管楽器, 吹奏楽器.
wind·jam·mer /wín(d)dʒæ̀mər/ 名 C **1** (大型の)帆船 《特に 19 世紀に商船に用いた》. **2** 〖英〗=windbreaker.
wind·lass /wíndləs/ 名 C 巻き上げ機《しばしば手回しのウインチ》.
wínd·less /wín(d)-/ 形 風のない, 無風の. ▷ **～·ly** 副 **～·ness** 名
†**wind·mill** /wín(d)mìl/ 名 C **1** 風車小屋; (風力発電用の)風車 (wind turbine). **2** かざぐるま (〖米〗pinwheel). ***fìght*** [***tìlt at***] ***wíndmills*** 空想の敵と戦う; 空想の意見に反対する; 《Don Quixote が風車を巨人と思い込んで戦ったという話から》.
‡**win·dow** /wíndou/ 名 (複 **～s** /-z/) C **1** (**a**) 窓《比喩的には「外界に向かって開く[何かがよく見えるようにしてくれる]もの」》. open [close] the ～ 窓を開ける[閉める]. He stood at a ～ looking out. 彼は窓辺に立って外を見ていた. jump out of the ～ to death 窓から飛び出して自殺する. English is the "～ on the world" so far as science and learning are concerned. 科学と学問に関するかぎり英語は「世界への窓」だ. The eyes are the ～*s* of the soul. 〖諺〗目は心の窓. (**b**) (一瞬開いた窓＞)短期間〈*of*..の〉. a ～ of opportunity for [to make] peace 一瞬訪れた和平の好機. a ～ of ICBM vulnerability 短期間だが ICBM 攻撃の脅威にさらされる時期.
2 窓ガラス(windowpane); 窓枠 (window frame). Sam broke the ～. サムが窓ガラスを割った.
3 (商店の)ショーウインドウ, 陳列窓, (show window).
4 (駅, 郵便局などの)窓口. Please buy your ticket at the ～. 窓口で切符を買ってください.
5 (窓付き封筒の)窓 (→window envelope).
6 〖電算〗ウインドウ《ディスプレイに別のファイルのデータなどを一時的に出す》.
flỳ [***gò***] ***out of*** [〖米〗***out***] ***the wíndow*** 〖話〗(窓から出て行く＞)はやらなくなる, 棄て去られる.
⌞***out of*** [〖米〗***out***] ***the wíndow*** 〖話〗問題にならない(で), 無用な[で], およびでない.
[＜古期北欧語「風 (*vindr*) の目 (*auga*)」; もと, 通風のために屋根や壁に作った穴]
wíndow bòx 名 C (窓の外側に置いた)植木箱.

[window box]

wíndow clèaner 名 C 窓ふき《人》.
wíndow drèsser 名 C ショーウインドーの飾りつけをする人《職業》.
wíndow drèssing 名 U **1** ショーウインドーの飾りつけ. **2** 見せ掛け, 粉飾.
wíndow ènvelope 名 C 窓付き封筒《中のあて名が見えるように透明な窓をあけた封筒》.
wíndow fràme 名 C 窓枠.
wíndow-lèdge 名 =windowsill.
wíndow·less 形 窓の(ついて)ない.
†**wíndow·pàne** 名 C 窓ガラス.
Wíndows 名 〖電算〗〖商標〗ウィンドウズ《米国の Microsoft 社が開発した operating system》.
wíndow sèat 名 C **1** 窓際のベンチ《窓の下に取り付けた腰掛け》. **2** (乗り物の)窓側の席 (→aisle 1).

[window seat 1]

wíndow shàde 名 C 〖米〗ブラインド, 日よけ, (blind).
wíndow-shòp 動 (～s |-pp-) 自 (品物を買わずに)ショーウインドーをのぞき歩きする. go ～*ping* ウインドーショッピングに行く. ▷ **～·per** 名 **～·ping** 名
wíndow·sìll 名 C 窓敷居, 窓台, (窓の下枠).
wínd·pìpe /wín(d)-/ 名 C 〖解剖〗気管.
wínd·pròof /wín(d)-/ 形 風を通さない, 風防の.
wínd·ròw /wín(d)-/ 名 C **1** (乾燥させるための)干し草[穀物の束]の列. **2** (風が吹き寄せた)葉やごみの列.
wínd scàle /wín(d)-/ 名 C 〖気象〗風力階級《ビューフォート風力階級では 0–12 級に分類されている》.
†**wínd·scrèen** /wín(d)-/ 名 〖英〗=windshield 1.
wíndscreen wàsher 名 C 〖英〗(車の)ウインドウォッシャー装置《ウォッシャー液を噴射する》.
wíndscreen wìper 名 〖英〗=windshield wiper.
wínd shèar /wín(d)-/ 名 UC ウインドシア《風速又は風向きの急な大変化; 着陸寸前の航空機にとって危険》.
†**wínd·shìeld** /wín(d)-/ 名 **1** 〖米〗(自動車などの前部の)フロントガラス, 風防ガラス (→car 図). ★ 注意 フロントガラスは和製英語. **2** (オートバイの)風防ガラス.
wíndshield wìper 名 C 〖米〗(自動車などの)ワイパー.
wínd·slèeve /wín(d)-/ 名 =windsock.
wínd·sòck /wín(d)-/ 名 C 〖空・気象〗風見用円錐(すい)筒, 吹き流し.
Wind·sor /wínzər/ 名 **1** ウィンザー《英国 Berkshire 州東部の都市; 英国王宮 **Wìndsor Cástle** の所在地》. **2 the Dùke of ～** ウィンザー公 (→Edward VIII). **3 the Hòuse of ～** ウィンザー家《1917 年以降の英国王室の名称》.
Wìndsor cháir 名 C ウィンザーチェア《半円形の背の付いた木製の食卓用いす》.
Wìndsor knót 名 C ウィンザーノット《1 回多く巻い

て幅広の三角形の結び目を作るネクタイの結び方》.

Wìndsor tíe 名 C ウィンザータイ《幅広の黒い絹のちょうネクタイ》.

wínd·stòrm /wín(d)-/ 名 C (豪雨などを伴わない)暴風.

wínd·sùrf /wín(d)-/ 動 自 ウインドサーフィンをする.

wínd·sùrfer 名 C ウインドサーファー.

wínd·sùrfing 名 U ウインドサーフィン《波乗り板(surfboard)に三角帆を付けて水上を走るスポーツ》.

wínd·swèpt /wín(d)-/ 形 **1**〔場所が〕吹きさらしの. the ～ moors of Haworth ホーワースの風吹きすさぶ荒野. **2**〔人, 髪などが〕(風に吹かれて[たように])乱れた, だらしのない.

wínd tùnnel /wín(d)-/ 名 C (物理実験用の)風洞(ﾄﾞｳ).

wínd tùrbine /wín(d)-/ 名 C (風力発電用の)風車.

wind·up /wáindʌ̀p/ 名 C **1**〖話〗終結, 結末, (conclusion). **2**〖野球〗(投手の)ワインドアップ. **3**〖英話〗(からかいによる)挑発.

wind·ward /wíndwərd/ 名 U 風上.

gèt to wíndward of.. (1)..の臭気を避けて風上に出る. (2)..より優位に立つ.

── 形 風上の, 風上にある. on the ～ side 風上に.

── 副 風上へ. sail ～〔船などが〕風上へ向かって進む. ◇↔leeward

Wìndward Íslands 名〈the ～〉ウィンドワード諸島 **1** 西インド諸島南東部の諸島. **2** 南太平洋のフランス領 Polynesia の諸島.

***wind·y** /wíndi/ 形 e (-di·er|-di·est) **1 風の強い**, 風のある; 風の吹きさらす. a ～ night 風の強い夜. It's dangerous to go out to sea in a boat in ～ weather. 風の強い時にボートで海に出るのは危険だ. **2**〖話〗〔人が〕むだ口をきく. a ～ propagandist 大げさな事を言う宣伝家. **3**〖話〗腸にガスが溜った, 鼓腸の. **4**〖英旧話〗びくびくした (nervous). [wind[1], -y[1]]

Wìndy Cíty 名〈the ～〉'風の街'《Chicago 市の俗称》.

‡**wine** /wain/ 名 (複 ～s /-z/) **1** UC **ワイン**, **ぶどう酒**, (★種類を言う時は C). red [white] ～ 赤[白]ワイン (→rosé). sweet [dry] ～ 甘口[辛口]のワイン. a bottle [glass] of ～ ワイン1瓶[1杯]. Let's have some ～ with dinner. 夕食を食べながらワインを飲もう. France is famous for her ～*s*. フランスはその(各種の)ワインで名高い. **2** UC 果実酒, ..酒. apple ～ りんご酒.
3 U ワインカラー, 暗赤色, (**wíne còlor**).

pùt nèw wíne into òld bóttles 古い革袋に新酒を入れる《これをすると袋が破れて酒が台無しになる; 古い形式をそのままにして新しい事を試みるたとえ; 聖書から》.

wíne, wòmen and sóng 酒と女と歌《古来男性の快楽とされるもの》.

── 動 他〔人〕をワインでもてなす. **──** 自 ワインを飲む〈主に次の成句で〉. ***wine and díne*** ふんだんに酒食を取る〈*with*..〔人〕と〉;〔人〕を酒食で存分にもてなす.
[＜古期英語 *wīn* (＜ラテン語 *vīnum*「ワイン」)]

wíne bàr 名 C〖英〗ワインバー《軽食も出すが主にワインを飲ませるバー》.

wine·bib·ber /wáinbìbər/ 名 C 大酒飲み, のんべえ.

wine·bib·bing /wáinbìbiŋ/ 形 大酒飲みの.
── 名 U 大酒を飲むこと.

wíne·bòttle 名 C ワインの瓶.

wíne cèllar 名 C (地下の)ワイン貯蔵室; U 貯蔵されたワイン(の量).

wíne-còlored 形 ワインカラーの, 暗赤色の.

wíne còoler 名 C **1** (白ワインを冷やすための)ワインクーラー. **2**〖米〗ワインクーラー《ワインと果汁と炭酸を混ぜた発泡性飲料》.

wíne·glàss 名 C **1** ワイングラス《チューリップ型で脚付きが標準》. **2** ワイングラス1杯分.

wíne·gròwer 名 C (ワイン用の)ブドウ栽培者; ワイン醸造者.

wíne lìst 名 C ワインリスト《レストランなどのワイン一覧表》.

wíne·prèss 名 C (ワインを造るための)ブドウ搾り器《昔は踏んでブドウをつぶしたが今は普通, 機械化されている》.

wíne ràck 名 C ワインラック《ワインの瓶を横置きする木[金属]製のラック》.

win·er·y /wáin(ə)ri/ 名 (複 -er·ies) C〖主に米〗ワイン醸造所.

wíne·skìn 名 C (ヤギ革などで作った)ワイン用の革袋.

wíne tàster 名 C ワインの｟利き酒をする人[鑑定家].

wìne vínegar 名 U ワインヴィネガー《ワインから作る食用酢》.

wíne wàiter 名〖英〗＝sommelier.

‡**wing** /wiŋ/ 名 (複 ～s /-z/) C
【翼】**1** (鳥などの)**翼**, (昆虫などの)**羽**; (カエデなどの翼状果の)翼, 翼弁; (ニワトリの)手羽肉. The pigeon spread [flapped] its ～*s*. ハトは翼を広げた[羽ばたきをした].
2 (飛行機などの)**翼**;〔ヘリコプター, 風車などの〕羽. The ～ came off the airplane. 飛行機から翼がはずれた.
3【飛行機】(**a**)〖英〗〖空軍〗(2個以上の squadron (中隊)から成る)飛行大隊;〖米〗〖空軍〗(2個以上の航空群より成る)航空団. (**b**)〈～s〉空軍兵記章.
【翼状の側面部】**4**〖建〗(建物の)翼, 袖(ｿﾃﾞ). a new ～ of the hospital 病院の新病棟. the American ～ of the Metropolitan Museum of Art メトロポリタン美術館のアメリカ館. **5**〈the ～s〉(舞台の)袖(ｿﾃﾞ)《客席からは見えない》. watch a play from the left side of the ～*s* 左の袖から芝居を見る.
6〖英〗(自動車などの)フェンダー, 泥よけ, (〖米〗fender; →car 図). **7**〖軍〗(本隊の左又は右の)翼, 側面部隊.
8〈普通, 単数形で〉〖政〗(右翼, 左翼の)翼; 派. Mr. White belongs to the right ～ of the party. ホワイト氏はその党の右派に属する. **9**〖競技〗(サッカー, ホッケーなどの)ウイング; ウイングの選手 (winger).

clìp a pèrson's wíngs 人の活動を制限する[抑える]; 人に金銭上の制限を加える, 《＜鳥の羽を切り詰めて飛べなくする》.

gèt one's wíngs (試験に合格して)パイロットの資格を得る, 飛行士になる.

in the wíngs (舞台の袖で出番を待って＞)準備を整えて, 待機して. The old president will retire soon, but his son is waiting *in the* ～*s*. 老社長は間もなく引退するが彼の息子が(後継者として)待機している.

lènd [gìve] wíngs to.. 〔人〕の足を速める;〔物事〕の進行を速める. The news *lent* ～*s to* the farmer. 農夫はその知らせを聞いて夢中で走って行った.

on the wíng (1)〖雅〗飛んでいる, 飛翔(ﾋｼｮｳ)中の. shoot a wild goose *on the* ～ 飛んでいるガンを撃つ. (2) 活動中で; 旅行して.

sprèad [strètch] one's wíngs (1)〔鳥, 昆虫が〕翼[羽]を広げる. (2)〔人が〕羽を伸ばす; 活動[関心]の幅を広げる; 能力を発揮する.

tàke (to itsèlf) wíngs 〔金銭, 物などが〕(羽が生えて飛び去ってしまうように)あっという間になくなる.

tàke..under one's wíng 〔人〕を保護する, かばう, 〔人〕の面倒を見る.

tàke wíng 〖雅〗〔鳥などが〕飛び立つ;〔空想などが〕天駆ける.

── 動 他 **1** に翼[羽]をつける〈*with*..で〉; を飛ばす. ～ a ball ボールを飛ばす[投げる]. **2** の速度を速める. Anticipation ～*ed* the lovers' steps. 期待に胸をはずませて恋人たちは歩調を速めた. **3**〔鳥〕の翼を射る, 翼に傷を負わす. **4**〘話〙〔人〕の腕などに軽いけがをさせる.
— ⓐ VA〘章〙(翼で)飛ぶ. The jet plane ~*ed across* the sky. ジェット機は空を飛んで行った.
wíng it〘米話〙(準備なしに)ぶっつけ本番でやる[しゃべる].
wìng one's wáy〔鳥などが〕飛んで行く; 飛行機で行く; (→way¹ 2 語法). [<古期北欧語; wind¹と同根]

wíng chàir 名 C 袖(そで)いす《背の部分から袖のようにすきま風よけが出ている》.

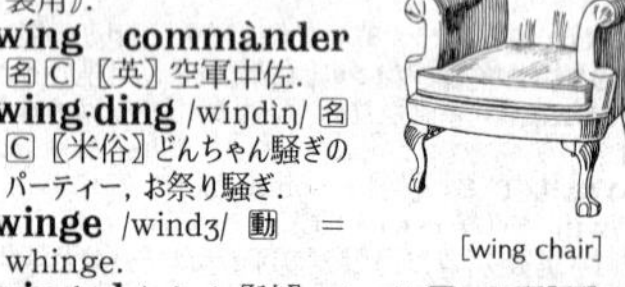
[wing chair]

wíng còllar 名 C ウイングカラー《スタンドカラーの前端が下に折れたカラー; 正装用》.

wíng commànder 名 C〘英〙空軍中佐.

wing·ding /wíŋdiŋ/ 名 C〘米俗〙どんちゃん騒ぎのパーティー, お祭り騒ぎ.

winge /windʒ/ 動 = whinge.

‡**winged** /wiŋd,〘詩〙wíŋəd/ 形 **1** 翼[羽]のある. ~ insects 羽のある昆虫. a ~ seraph 翼を持った熾(し)天使. a delta-~ supersonic plane 三角翼の超音速機. **2** 翼で飛ぶような; 速い, 迅速な. ~ words 適切な言葉《<翼で飛んで行くように目標にぴったりと当たる》. **3** 崇高な.

wíng·er 名 C〘主に英〙〘競技〙(サッカー, ホッケーなどの)ウイングの選手 (wing 9).

wíng·less 形 翼[羽]のない.

wíng mìrror 名 C〘英〙(自動車の)サイドミラー (side-view mirror).

wíng-nùt 名 C (2 枚の耳のついた)蝶(ちょう)ナット (butterfly nut).

wíng shòt 名 C **1** 飛ぶ鳥を撃つこと. **2** 飛鳥射撃の名手.

wíng·spàn 名 C 翼幅《鳥, 昆虫, 飛行機などの広げた両方の翼[羽]の全長》.

wíng·sprèad 名 = wingspan

wíng tìp 名 C **1** (航空機の)翼端. **2** (靴の)つま革. **3** つま革に飾り穴のある靴.

‡**wink** /wiŋk/ 動 (~s /-s/|過 過分 ~ed /-t/|wínk·ing) ⓐ **1** (片目をまばたきさせて)**目くばせする, ウインクする**, 〈*at* ..に〉(類語 主に片目を閉じて相手に目くばせすること; →blink). The young man ~*ed at* June. その若者はジューンにウインクした.
2〔人, 両目が〕まばたきする, まばたく. My eyes ~*ed* in the strong light. 私は強い光を浴びてまばたきした.
3〔星, 光などが〕きらめく, またたく;〘英〙〔明かり, ライトなどが〕点滅する (〘米〙blink). The lights on the Christmas tree ~*ed* on and off. クリスマスツリーの明かりが点滅した.
— 他 **1**〔両目, 片目〕をまばたきさせる.
2 をウインクして知らせる;〘英〙を光などを点滅させて知らせる (〘米〙blink). Father ~*ed* his agreement on the matter. 父はその件についての同意をウインクで伝えた.
3 VOA (~/X/***away, back***) X (涙)をまばたきして取り除く. The little boy tried to ~ *back* his tears. その少年はまばたきして涙を落とそうとした.
as eàsy as wínking〘話〙いとも簡単に, やすやすと.
wínk at.. ..を見て見ぬふりをする, 大目に見る. ~ *at* injustice 不正を黙過する.
— 名 (複 ~s /-s/) C **1 目くばせ, ウインク; まばたき**. Jim gave me a ~ to follow. ジムは私について来るようにと目くばせした. without a ~ まばたきもせずに. A nod is as good as a ~. →nod 1.
2 短時間の眠り;〈a ~; 否定文で〉またたきする間, **ほんの一瞬**,《主に眠りについて》. I couldn't sleep a ~ [get a ~ of sleep] worrying about the result. 私はその結果が心配で一睡もできなかった. →forty winks. **3** C (光, 星などの)きらめき (twinkle).
quìck as a wínk〘米話〙たちまち, すばやく.
tìp a pèrson the wínk〘話〙人にこっそり知らせる[警告する]. [<古期英語「目を閉じる」]

wínk·er 名 C **1**〈普通 ~s〉(馬の)目隠し (blinker). **2**〘英話〙〈~s〉(自動車などの)ウインカー, 点滅方向指示器 (〘米〙blinkers).

win·kle /wíŋk(ə)l/ 名 C タマキビガイ (periwinkle)《巻き貝の一種; 食用》.
— 動 他〘主に英話〙VOA を抜き取る, えぐり取る, 引っ張り出す;〔人, 情報など〕を引っ張り出す, 引き出す;〈*out*〉〈*of* ..から〉.

wínkle-pìcker 名 C〘英旧俗〙〈普通 ~s〉先の長くとがった靴.

‡**win·ner** /wínər/ 名 (複 ~s /-z/) C **1 勝利者**, 優勝(候補)者; 受賞(見込み)者[作品]; (競馬の)勝ち(そうな)馬. a Nobel prize ~ ノーベル賞受賞者. the ~ of this year's Derby 今年のダービーの勝ち馬. **2**〘話〙成功した[しそうな]物事. Our new camera is a real ~. 我が社の新製品のカメラは大ヒット商品だ. [win, -er¹]

Win·nie-the-Pooh /wìniðəpú:/ 名 くまのプーさん《A.A. Milne 作の児童物語; その主人公のクマ》.

†**wín·ning** 名 **1** U 勝つこと, 勝利, 受賞. **2**〈~s〉賞金, (賭(か)けの)もうけ, 勝利金. Al spent all his ~*s* on drinks. アルは賭けでもうけた金を全部酒に使った.
— 形 **1** 勝った; 勝ちを決める, 決勝の. the ~ home run 決勝ホームラン. **2**〈限定〉人を引きつける, 愛嬌(きょう)のある, 人なつこい. Willie has ~ ways with him. ウイリーには物腰に人を引きつける所がある. ▷ **~·ly** 形 愛嬌よく.

wìnning pítcher 名 C〘野球〙勝利投手.

wínning pòst 名 C〘競馬〙決勝点(の標柱).

Win·ni·peg /wínəpèg/ 名 **1** ウィニペグ《カナダ西部の都市》. **2 Lake ~** ウィニペグ湖《カナダ西部の大湖》.

win·now /wínou/ 動 他 **1** (唐箕(とうみ)などで)〔穀物の〕もみがらを吹き分ける〈*out, away*〉;〔もみがらを〕吹き分ける〈*from* ..〔穀物〕から〉. ~ barley 大麦のもみがらを吹き分ける. ~ *away* the husks *from* the grain 穀物から殻を吹き分ける. **2** VOA を選び出す, より抜く,〈*out*〉;〔不要な物[人]〕をふるい落とす〈*out, away, down*〉; を識別する〈*from* ..から〉. ~ the list of contestants *to* ten ふるいにかけて応募者を 10 人にしぼり込む. ~ useful facts *from* a report 報告書から役に立つ事実を選び出す. [<古期英語 (<wind¹)]

wi·no /wáinou/ 名 (複 ~s) C〘米俗〙アル中《特に, 貧しい[ホームレスの]》.

win·some /wíns(ə)m/ 形〘章〙〔人, 容貌(ぼう), 態度などが〕魅力のある, 愛嬌(きょう)のある. [<古期英語 (<*wyn*「喜び」+-some)] ▷ **~·ly** 副 魅力的に. **~·ness** 名 U 魅力, 愛嬌.

Win·ston /wínstən/ 名 男子の名.

‡**win·ter** /wíntər/ 名 (複 ~s /-z/) **1** UC〈普通, 無冠詞単数形, 又は the ~〉**冬** (参考 北半球では通俗的には 12 月から 2 月; 天文学的には冬至から春分まで). in the dead of ~ 真冬に. We're going to Italy this ~. 私たちはこの冬にイタリアへ行く. I remember the ~*s* in Chicago well. 私はシカゴでの冬をよく覚えている. These plants bloom in (the) ~. これらの植物は冬に花を咲かせる. the ~ of 1993–4 1993 年から 4 年にかけての冬.

連結 a hard [a harsh, a rigorous, a severe; a chilly, a cold, a frigid; a mild] ~ // ~ comes

2 UC 晩年, 衰退期; 逆境. Western civilization may have entered its ~ of decline. 西洋文明は衰退期に入ったのかもしれない.

W

3 Ⓒ 〈普通, 数詞を伴って〉〖詩・雅〗年 (year), ..歳, (★特に苦難の年月, 老齢者に用いる; →summer 3). a man of sixty-five ~*s* 65 歳の人.

4 〈形容詞的〉冬(期)の; 冬用の. a cold ~ night 寒い冬の夜. a ~ coat 冬用の上着.

── 動 自 VA 〖章〗冬を過ごす, 避寒する, 〈*in, at* ..で〉. ~ *in* Florida フロリダで冬を過ごす. ── 他 〔家畜〕を冬の間飼う, 〔植物〕を冬の間囲う.

[＜古期英語; 原義は「湿った季節」で wet と同根]

wínter gàrden 名 Ⓒ 冬期庭園《ガラス張りの, 熱帯植物を栽培する温室兼娯楽場用の庭園》.

wínter·grèen 名 **1** Ⓒ ヒメコウジ《ツツジ科の小低木; 北米産; 実は食用》. **2** Ⓤ その葉から採った油《消炎剤》(**òil of wíntergreen**); その芳香.

wín·ter·ìze /-ràiz/ 動 他 〖主に米〗〔不凍液などで自動車[断熱材などで家]〕に防寒装置をする.

wínter·kìll 動 〖米〗 他 〔作物, 植木など〕を寒さで枯らす. ── 自 冬枯れする.

wìnter mélon 名 Ⓒ 冬メロン《冬まで貯蔵がきく》; トウガン, 冬瓜.

wìnter quárters 名 〈単複両扱い〉(軍隊, サーカス団などの)冬営地.

wínter slèep 名 Ⓤ 冬眠 (hibernation).

wìnter sólstice 名 〈the ~〉冬至(とうじ).

wìnter spórts 名 〈複数扱い〉ウインタースポーツ《スキー, スケート, アイスホッケーなど》.

wínter·tìde 名 〖詩〗＝wintertime.

wínter·tìme 名 Ⓤ 冬, 冬期. in (the) ~ 冬(期)に.

win·ter·y /wínt(ə)ri/ 形 ＝wintry.

win·try /wíntri/ 形 **1** 冬の, 冬のような; 寒い; 荒涼とした. on a ~ night 冷え冷えする夜に. a ~ landscape 荒涼とした風景. **2** 〔微笑, あいさつなどが〕冷ややかな, 冷たい. a ~ smile 冷笑. ▷ **wint·ri·ness** 名

win·y /wáini/ 形 ワインのような.

‡wipe /waip/ 動 (~**s** /-s/ | 過 過分 ~**d** /-t/ | **wíp·ing**) 他

1 をぬぐう, ふく, 〈*on, with* ..で〉. ~ one's hands *on* a towel タオルで手をぬぐう. ~ oneself 体をふく. *Wipe* your shoes before you come in. 入る前に靴をふきなさい.

2 (**a**) 〔汚れ, しみなど〕をふき取る, ぬぐい落とす, 〈*away, off*〉〈*from, off* ..から〉. *Wipe away* your tears. 涙をぬぐいなさい. The boy ~*d* the dirt *from* [*off*] his hands. その少年は手からほこりをぬぐい落とした. (**b**) VOA (~ X (*out*) *from* ..) X(出来事, 思いなど)を〔記憶, 心など〕からぬぐい去る, 忘れる. I couldn't ~ the incident *from* my memory [mind]. その事件を記憶からぬぐい去ることは(しようとしても)できないだろう. (**c**) 〔録音テープなど〕を消す, 消去する. 〈*off* (..から)〉.

3 VOC (~ X Y) X をふいて Y の状態にする. ~ a plate dry [clean] 皿をふいて乾かす[きれいにする].

4 VOA (**a**) (~ X *over* [*across*] Y) X(布など)をこすりつけて Y をふく. He ~*d* a handkerchief *across* his face. 彼はハンカチで顔をぬぐった. (**b**) (~ X *over* Y) X を Y にこすりつける; (~ X *into* [*onto*] Y) X を Y にすり込む. ~ oil *over* the glove グローブにオイルを塗り込む.

be wiped óut 〖俗〗 (1) 疲れきっている. (2) 麻薬に陶然となっている.

wìpe /../ dówn 〔車, 壁など〕をふいてきれいにする.

wìpe /../ óff (1) →他 2 (a), (c). (2) 〔借金など〕を返す, 帳消しにする.

wìpe ..off ⌊***the fàce of the éarth*** [***the máp***] ..を完全に滅ぼす[抹殺する].

wìpe óut 〖主に米話〗(バランスを失って)転倒する; 〔自動車が〕衝突する.

wìpe /../ óut (1) ..を全滅させる, 殲(せん)滅[撲滅]する, 〈しばしば受け身で〉. The whole village was ~*d out* by the landslide. 村全体が地すべりで壊滅した. (2) ..をふき取る, 〔容器など〕の内側をきれいにする. ~ *out* a box 箱の中を掃除する. (3) ＝WIPE /../ off (2). Inflation has ~*d out* the wage increases. インフレが賃上げを帳消しにしてしまった. (4) →他 2 (b). (5) 〖俗〗..を消す, ばらす, (kill). (6) 〖英〗〔侮辱など〕に報復する.

wìpe the flóor with .. →floor.

wìpe the slàte cléan →slate[1].

wìpe the smíle [***grín***] ***off a person's fáce*** 〖話〗人の顔から笑いを消す, 人をさっと青ざめさせる.

wìpe úp 〖英旧〗(洗った)皿をふいて乾かす.

wìpe /../ úp 〔水滴, 汚れなど〕を布でふき取る; 〖英旧〗〔洗った皿など〕をふいて乾かす.

── 名 Ⓒ ぬぐう[ふく]こと. Give your face a good ~. 顔をよくふきなさい. [＜古期英語]

wip·er /wáipər/ 名 Ⓒ **1** ふく[ぬぐう]人; ふく物《タオル, ハンカチなど》. **2** 〈普通 ~s〉自動車のワイパー (windshield wiper; →car 図).

‡wire /waiər/ 名 (複 ~**s** /-z/) **1** (**a**) UC **針金**; 電線; ワイヤー, ケーブル, 《編んだ針金》. iron ~ 鉄線. bend the ~ 針金を曲げる. coil ~ 針金をぐるぐる巻く. Electricity travels through ~*s*. 電気は電線の中を流れる. →live wire. (**b**) Ⓤ 針金製の囲い[枠, おりなど]; 鉄条網. get through the ~ 針金の囲いから抜け出す. behind the ~ 刑務所[収容所]に入って. (**c**) Ⓒ (ウサギなどを捕える)わな. (**d**) Ⓒ (楽器の)金属弦. (**e**) Ⓒ 〖米〗決勝線《競馬走路のゴール上に張ったワイヤー》. down to the ~, get in under the ~ →成句.

2 〖米〗 UC **電報** (telegram); Ⓤ 電信 (telegraph). receive a ~ from home 故郷から電報を受け取る. I sent him a ~. 彼に電報を打った. Let me know by ~ when you will arrive at the station. 君が駅にいつ着くか電報で知らせてくれ.

dòwn to the wíre 〖米〗(競走などで)最後の最後まで (→1 (e)).

gèt (***ín***) ***under the wíre*** 〖米話〗時間ぎりぎりで間に合う (→1 (e)).

gèt one's wíres cròssed (1) 電話が混線する. (2) 〖話〗混乱して聞き間違える.

pùll (***the***) ***wíres*** (1) 操り人形を操る. (2) ＝pull (the) STRINGS.

── 動 (~**s** /-z/ | 過 過分 ~**d** /-d/ | **wír·ing** /wái(ə)riŋ/) 他 **1** 〔建物〕に**電線を引く**, 電気配線を施す; を配線する, 電源に接続する; 〈*up*〉. ~ a new house *for* electricity 新しい家に電線を引く[電気配線を施す].

2 (**a**) を針金で結ぶ[つなぐ]〈*together*〉〈(*on*) *to* ..に〉. ~ beads into a necklace ビーズを針金でつないでネックレスにする. (**b**) に針金を入れる, を針金で補強する, 〈普通, 受け身で〉. a ~*d* bra ワイヤー入りのブラジャー.

3 〖米〗(**a**) を**電報で知らせる**; 〔人〕に電報を打つ; VOO (~ X Y)・VOA (~ Y *to* X) X に Y を電報で知らせる; VOO (~ X *that* 節) X に..と電報で知らせる; VOO (~ X *to*-*do*) X に..するように電報で知らせる. ~ the sad news 悲報を電報で知らせる. *Wire* your parents the result. 結果を両親に電報で知らせなさい. I ~*d* Mr. Smith *that* I would arrive in Chicago at seven in the morning. 私はシカゴに午前 7 時に着くとスミス氏に電報で伝えた. George ~*d* his father *to* come home at once. ジョージは父親にすぐ帰宅するようにと電報を打った. (**b**) 〔金〕を電報為替で送る〈*from* ..から/*to* ..へ〉; VOO (~ X Y) X (人)に Y (金)を電報為替で送る.

── 自 〖米〗電報を打つ. ~ for [to] a person (to come) 人に(来るようにと)電報を打つ.

wire ín 〖英話〗熱心に仕事に取りかかる.

[＜古期英語]

wíre brùsh 名 Ⓒ (さび, ペンキなどを落とす)ワイヤーブラシ.

wíre·cùtters 名 〈複数扱い〉針金切り, ペンチ.

W

wired 形 1 有線の. 2 針金で作った; 針金で縛った. 3 〖米話〗興奮した, 神経が高ぶった. 4 〈また ～ up〉盗聴器が仕掛けられた.

wíre·dràw 動 (→draw) 他 1 〔金属〕を延ばして針金にする. 2 を長引かせる, 引き延ばす. 3 〔論点など〕をあまりにも微細に論ずる.

wíre gàuge 名 C ワイヤーゲージ《針金の太さを測る》.

wìre gáuze 名 U (細い針金の)細目金網.

wìre-háired /㊀/ 形 〔特に犬が〕剛毛の, 毛のこわい.

***wire·less** /wáiərləs/ 形 ⓒ 1 電線を用いない. 2 〈限定〉**無線の**, 無線電信[電話]の. a ～ station 無電局. 3 〖英旧〗ラジオの (radio). a popular ～ talk show 人気のあるラジオトークショー《有名人のインタヴュー》.

―― 名 (複 ～·es /-əz/) 1 U **無線電信[電話]**, 無電. by ～ 無線電信で. 2 〖英旧〗〈the ～〉**ラジオ(放送)**, 無線放送. I heard the news on [over] the ～. 私はそのニュースをラジオで聞いた. 3 C 〖英旧〗ラジオ(受信機). ★今では 2, 3 の意味では radio の方が普通.

wíreless sèt 名 C 〖英旧〗無線電信[電話]機; ラジオ(受信機).

wìre nétting 名 U 金網.

Wíre·phòto 名 (複 ～s) 〖商標〗 U 有線電送写真法; C 有線電送写真.

wíre·pùller 名 C 〖主に米〗黒幕《人》.

wíre·pùlling 名 U 〖主に米〗裏面策動, 裏工作.

wìre rópe 名 C ワイヤーロープ, 鋼索.

wíre sèrvice 名 C 〖米〗通信社.

wíre·tàp 動 (～s|-pp-) 〖主に米〗 自 (電話などに盗聴装置を仕掛けて)盗聴する. ―― 他 〔情報, 電話など〕を盗聴する. ―― 名 C 電話盗聴機.

▷ **～·per** 名 C 盗聴者. **～·ping** 名 U 盗聴.

wire wheel 名 C 1 /ˊ-ˋ/ (スポーツカーなどの)スポーク車輪. 2 /ˋ-ˊ/ (金属の掃除・仕上げ用の)回転式ワイヤーブラシ.

wìre wóol 名 =steel wool.

wíre·wòrm 名 C コメツキムシなどの幼虫《農作物の害虫》.

‡wir·ing /wái(ə)riŋ/ 名 U (建物の)電気配線.

‡wir·y /wái(ə)ri/ 形 e 1 針金のような; 〔髪, 草などが〕堅い, ごわごわした. 2 〔人が〕やせぎすだが筋骨がたくましい.

▷ **wir·i·ness** 名

Wis., Wisc. Wisconsin.

Wis·con·sin /wiskánsən|-kɔ́n-/ 名 ウィスコンシン州《米国中北部の州; 州都 Madison; 略 WI 〖郵〗, Wis., Wisc.》. [北米先住民語(「草地」または「ビーバーの地」か)]

‡wis·dom /wízdəm/ 名 (複 ～s /-z/) 1 U (a) **知恵, 賢明さ**; 分別; 常識, 良識. profound ～ 英知. a man of ～ 賢人. The chairman showed his ～ in the decision. 議長がその決定をしたのは賢明だった. Experience is the mother of ～. 〖諺〗経験は知恵の母である. I question [doubt] the ～ of buying on credit. クレジットで買うのは分別のあることだとは思わない. (b) (過去から蓄積されてきた)知恵. the ～ of (the) ages 昔からの知恵. 2 U **知識**, 学識, 学問. technological ～ 工業技術上の知識. 3 UC 金言, 格言. [<古期英語; wise, -dom]

Wìsdom of Sólomon 名 〈the ～〉〖聖書〗『ソロモンの知恵』《旧約聖書外典の 1 編》.

wísdom tòoth 名 C 知恵歯, 親知らず. cut one's *wisdom teeth* 親知らずがはえる; 分別がつく年ごろになる.

‡wise[1] /waiz/ 形 e (wís·er|wís·est) 〖章〗 1 **賢い, 賢明な, 聡(そう)明な**; 思慮のある, 分別のある; (類語 広い知識と正しい理解力, 判断力を備えていることを意味する; →clever; ↔foolish, stupid). a ～ man 賢い人. the three ～ men→Magi. a ～ selection 賢明な選択. be older and ～*r* 経験を積んで前より賢くなっている. I thought it ～*r* to wait a little longer. 私はもう少し待った方が賢明だと思った. It was very ～ of you to delay your decision. =You were very ～ to delay your decision. 君が決定を延ばしたのは非常に賢いやり方だった..

2 物知りの, 博学の; 学識のある; 詳しい, 通じている, 〈*in* ..に〉. a ～ scholar 博学な学者. Dr. Smith is not ～ *in* worldly matters. スミス博士は世間の事には疎い.

3 気づいて(いる), 知って(いる), 〈*to* ..に, を〉(aware). I didn't tell anyone about my plan, but Bob was ～ *to* it. 私は自分の計画のことはだれにも言わなかったが, ボブは知っていた. get ～ to.. →成句.

4 賢そうな, 知ったかぶりの. with a ～ nod of the head 物知り顔にうなずいて.

5 〖米話〗抜け目がない, ずる賢い.

àct* [*gèt*] *wíse 〖米話〗生意気[失礼]に振舞う 〈*with* ..に対して〉.

***(as) wise as Sólomon* [*an ówl*]** 非常に賢い.

gèt wise to.. 〖話〗..に気づく, ..を知る.

pùt a pèrson wíse to.. 〖話〗人に..を知らせる.

the wíser それだけ知識がふえて, それに気づいて, 〈否定構文で〉. After all those investigations into the cause of the fire, we are still none *the* ～*r*. あの火事の原因をあれだけ調査しても, まだ一向に分からない. He went out of the room without anyone being *the* ～*r*. 彼はだれにも気づかれないで部屋を出た.

wise after the evént 事後に気づいて. It is easy to be ～ *after the event*. 〖諺〗事が済んでから悟るのは容易である, 'げすの後知恵'.

―― 動 〖米俗〗 他 〔人〕を賢くする, 〔人〕に気づかせる.

wise úp 知る 〈*to* ..を〉.

wise /../ úp ..に知らせる 〈*to* ..を〉〈普通, 受け身で〉. get ～*d up to* the fact 事実を知る. [<古期英語]

wise[2] 名 C 〈単数形で〉〖古〗やり方 (way, manner) 〈普通, 次の用法で〉. in this ～ こんなふうに. in no ～ 決して..ない. in any ～ どうしても. [<古期英語; wit[1] と同根]

-wise 接尾 〈名詞・副詞につけて次のような意味を表す副詞を作る〉 1 「..のように」like*wise*. 2 「..の位置[方向]に」clock*wise*. 3 「..に関して, ..の点で」money-*wise* (金銭面で). ★最近の傾向として 3 の意味で, 特に〖米〗では, いろいろな名詞に付けて(多くは臨時に)新しい副詞 (tax*wise* (税金面で), profit*wise* (利益の点で), temperature-*wise* (気温の点で)など)が作られる. [wise[2]]

wíse·àcre 名 〖旧〗=wise guy.

wíse·cràck 〖話〗 名 C 気の利いた[機知に富んだ]言葉, 警句. ―― 動 自 気の利いた言葉を吐く.

wíse gùy 名 C 〖話〗知ったかぶり屋.

***wise·ly** /wáizli/ 副 m 1 賢く, 賢明に, 抜け目なく. choose ～ 賢明に選ぶ. act ～ 賢明に[抜け目なく]ふるまう. 2 賢明にも. Dick ～ decided not to attend the party.(=It was *wise of* Dick to decide...) 賢明にもディックはそのパーティーに出席しないことに決めた.

wi·sent /ví:zent, wí:z(ə)nt/ 名 C 〖動〗ヨーロッパバイソン (→bison). [ドイツ語]

‡wish /wiʃ/ 動 (wísh·es /-əz/|過 過分 ～ed /-t/|wísh·ing) 他 【願望を抱く】 1 VO (～ *that* 節) **..であったらいいと思う**; ..であることを願う; (語法 that は普通, 省略され, この節中の動詞は時制の一致を受けない; wish の時制の表す時から見て現在の実現不可能な願望を表すには仮定法過去形 (be の場合〖話〗では直説法過去形) が, 又過去の実現しなかったことへの願望・後悔の気持ちを表すには仮定法過去完了形が用いられる; →desire, hope 類語). I ～ I were [〖話〗was] taller. もっと背が高かったらいいんだがなあ. How I ～ I were [〖話〗was] young again! もう 1 度若くなれたらどんなにいいだろう. Susie

W

～*es* [～*ed*] she could be a pianist. スージーはピアニストになれたらいいなあと思っている[思った]. I ～ you wouldn't talk to me as if I were a suspect. まるで私が容疑者みたいな口のきき方はやめてくれないか (★いらだちなどの気持ちを含む). My father ～*es* [～*ed*] he had not bought the car. 父はその車を買わなければよかったと思っている[思った]. I ～ I could have met you at the station. 君を駅まで出迎えられればよかったのだがなあ.

2 VO (～ *to do*) (できたら)**..したいと思う**. I don't ～ *to* talk with such a man again. そんな男とは2度と話したくない. Tom ～*ed to* be treated fairly. トムは公平に扱ってもらいたいと思った. I don't ～ *to* interrupt but can I join you in the game? すみませんが私をゲームに加えてくれませんか.

【希望する】 **3** を**望む**, 願う, 欲しがる, (類語 wish for 又は want の方が普通). if you ～ it 〖章〗お望みならば (★it を略す方が普通; →自 2). Polly ～*ed* nothing more of her husband. ポリーはそれ以上夫に何も望まなかった. You may take whichever you ～. 君はどちらでも欲しい方を取っていい.

4 VO (～ X *to do*) **X に..してもらいたいと思う**; VOC (～ X Y) X を Y してほしいと思う. Do you really ～ me *to* attend the party? 君は本当に私にそのパーティーに出席してもらいたいと思っているのか. Do you ～ your coffee black or white, sir? コーヒーはブラックにいたしましょうかミルクを入れましょうか. I ～ dinner (*to* be) served at eight. 夕食は8時に出してください.

5 VO (～ ***that*** 節) ..であることを望む (★that は普通, 省略される). I ～ it would stop raining. 雨がやまないかなあ. I ～ you would stop drinking. 君に禁酒してもらいたい.

6 (**a**) VOC (～ X Y) X が Y の状態であるように願う (★Y は名詞にはならない); VOA が(..のようで)あればいいと願う. The man ～*ed* himself dead many times that day. その男はその日何度も死にたいと思った. Everybody ～*ed* the man *away*. だれもがその男がいなくなってくれればいいと思っていた. We all ～ you *well*. 私たちはみな君の幸福を願っている. None of us ～ Kate *ill*. 私たちの中にケートの不幸を望む者は1人もいない. (**b**) VOA (～ X Y) X (人) が Y の場所にいればいいと願う. We all ～*ed* him anywhere except in our house. 私たちは皆彼が家以外のどこかにいればいいのにと思った.

【祈願する】 **7** VOO (～ X Y)・VOA (～ Y *to* X) X に Y を切に願う, 祈る. All of us ～ you a speedy recovery. =All of us ～ a speedy recovery *to* you. 私たちはみな君が早く回復することを祈っている. I ～ you a happy birthday [a Merry Christmas]. 誕生日[クリスマス]おめでとう. I ～ you joy of it. 〖話・しばしば戯〗せいぜいお楽しみなさい《特に話し手が面倒なことなどにもう関係がなくなってほっとした時に言う》.

8 VOO (～ X Y) X に Y とあいさつする. Tommy ～*ed* his parents goodnight and left the room. トミーは両親におやすみを言って部屋を出た.

── 自 **1** VA (～ ***for..***) **..を望む**, 欲しがる; (～ ***for*** X ***to do***) X が..することを願う; (★普通, 望みの薄い物事を願う). Everybody ～*es for* peace. だれでも平和を望む. My son ～*es for* a camera. 息子はカメラを欲しがっている. She ～*ed for* her son *to* get well. 彼女は息子が良くなることを願った. **2** 望む, 願う; 願い事をする. As [Just as] you ～. お望み通りにします; どうぞ, ご勝手に. You can sing if you ～. 歌いたければ歌っていい (★〖章〗では wish の次に it を入れる; →他 3). She closed her eyes and ～*ed*. 彼女は目を閉じて願った. ～ on a star 星に願いをかける.

I [***You***] ***wish!*** 〖話〗(そう)だといいけどね.

wish X (〖米〗 ***off***) ***on*** [***upon***] Y 〖話〗Y に X〔不快な仕事など〕を押しつける. Jane would often ～ her children *on* her husband on Sundays. ジェーンは日曜日にはよく子供たちを夫に押しつけた. I wouldn't ～ her *on* my worst enemy. 彼女はどんな悪いやつに押しつけるのも気がひける(ほどいやな女だ).

── 名 (複 **wísh·es** /-əz/) **1** UC **願い**, 望み, 〈*for* ..を求める〉; 願望, 希望, 〈*to* do ..したい/*that* 節 ..したいという〉. express one's ～ *for* peace 平和への願いを述べる. I have no ～ *to* see the man again. 私はその男には2度と会いたくない. She had an earnest ～ *that* her daughter (should) marry a peer. 彼女は娘に貴族と結婚してもらいたいという切なる願いを持っていた. I bought a new house in obedience to my wife's ～*es*. 私は妻のたっての希望により新しい家を買った. All my sons left our town against my ～*es*. 息子たちはみな私の願いに反して町を出て行った. The ～ is father to the thought. 〖諺〗望みは考えの親《こうなればよいと願っているうちにやがてその願い通りになると思いこむ; wishful thinking を指している》.

連結 a fervent [a strong; a (long-)cherished] ～ // get [fulfill, realize] one's ～; grant [carry out, gratify, meet] a person's ～

2 C 望む物[事], 願い事. Make a ～ when you see a shooting star. 流れ星を見たら願い事をしなさい. Ted was granted three ～*es*. テッドは3つの願い事をかなえてもらった. get one's ～ 望みがかなう. At last his ～*es* came true. ついに彼の願い事はかなえられた.

3 C 〈普通 ～es〉 (**a**) **切なる願い**, 幸福を祈る気持ち[言葉]. New Year's ～*es* 新年を祝う言葉. Please send my best ～*es* to your family. ご家族のみなさんによろしく伝えてください. With best ～*es*. ご多幸をお祈りします《手紙などの結びの文句》. (**b**) 要請, 命令.

Your wish is my commánd. 〖章〗いつでもお望み通りにいたします. [＜古期英語]

wísh·bòne 名 C (鳥の胸にある)叉(さ)骨, '願かけ骨', 《V 字形の骨でこれを2人で引っ張り合って長い方を取ると願い事がかなうと言う》.

wísh·er 名 C 願う[祈る]人; 〈複合要素〉..と願う人. a well-～.

wish·ful /wíʃf(ə)l/ 形 〖章〗 **1** 願っている, 望んでいる, 〈*to* do ..したいと〉; 切望している〈*for* ..を〉. **2**〔目つきなどが〕物欲しそうな.

▷ **～·ly** 副 切望して; 物欲しそうに. **～·ness** 名

wísh fulfìllment 名 U 〖精神分析〗(夢の中などでの)願望充足.

wìshful thínking 名 U 希望的観測; 〖心〗願望的思考; 《事実よりも自分の願望に基づく考え方》.

wíshing càp 名 C (かぶればどんな願い事もかなうという)魔法の帽子《童話などで》.

wíshing wèll 名 C 願いの井戸《コインを投げ入れると願い事がかなうと言う》.

wísh list 名 C 〖話〗欲しい物の表.

wish·y-wash·y /wíʃiwɔ̀ːʃi, -wɑ̀ʃi|-wɔ̀ʃi/ 形 e **1** 〔スープ, 茶などが〕薄い, 水っぽい. **2**〔人が〕煮え切らない, はっきりしない. ▷ **wishy-wash·i·ness** 名 **wishy-wash·i·ly** 副

‡**wisp** /wisp/ 名 C **1** (わらなどの)小さな束, (髪などの)房. A ～ *of* hair fell over the girl's left eye. ひと房の髪がその少女の左目の上に垂れ下がっていた. **2** (煙, 蒸気などの)ひとすじ, 切れはし. ～*s of* smoke 幾すじかの煙. **3** 小さくひょろ長いもの[人]. a ～ of a girl か細い少女. **4** (シギなどの)群れ.

wisp·y /wíspi/ 形 e **1** 小さく束ねた, 小さな房にした. a ～ piece of straw わらの小束. **2** 細い, ひものような.

wist /wist/ 動 〖古〗 wit² の過去形・過去分詞.

wis·tar·i·a /wistí(ə)riə, -té(ə)r-|-téər-/ 名 = wisteria.

W

wis·te·ri·a /wistí(ə)riə/ 名 UC 〘植〙フジ. [＜米国の解剖学者 C. *Wistar* (1761–1818)]

†**wist·ful** /wístf(ə)l/ 形 m **1** 物欲しそうな, 物足りなそうな. a ～ look 物欲しげな顔つき. I felt ～ about leaving the town where I grew up. 育った町を去るのが心残りだった. **2** 物思いに沈んだ. Sally looks ～ today. サリーは今日は沈んだ顔つきをしている. [?＜〘廃〙*wist*ly「熱心に」＋wish*ful*] ▷ **～·ness** 名

wíst·ful·ly 副 物欲しそうに; 物思いに沈んで. "I wish I might visit London again", said he ～.「またロンドンに行ってみたいものだ」と彼はほんとに行きたそうに言った.

‡**wit**[1] /wit/ 名 (複 **～s** /-ts/) 〚知的能力〛 **1** U 又は〈～s〉**知力**, 理解力; 分別, 才覚, 知恵. lack the ～ to appreciate the situation 状況を判断する知力に欠ける. ⌞use all one's ～*s* [have the ～] to survive in the jungle 密林で生き延びる⌞ために頭を使う[だけの知恵がある]. The new manager has quick ～*s*. 新しい支配人は理解が速い[機転が利く].

2 U 又は〈～s〉**正気**, 理性. lose [regain] one's ～*s* 正気を失う[取り戻す]. The shock has done great damage to her ～*s*. そのショックで彼女は気が動転してしまっていた.

〚才知のひらめき〛 **3** U **機知**, 頓智(とんち), ウイット, (類語 知的なおかしみを表す; →humor 4). The essay is full of ～ and humor. その随筆はウイットとユーモアでいっぱいだ.

連結 lively [keen, sharp; acid, trenchant; cynical, dry, wry; sophisticated] ～

4 C 機知に富む人, ウイットのある人. Mark Twain was quite a ～. マーク・トウェーンは全く機知に富んだ人だった. ◊形 witty

****at one's wìt's*** [***wits'***] ***énd*** **途方に暮れて**. Tom was *at* his ～*'s end* about what to do. トムはどうしていいのか見当がつかなかった.

collèct [***gàther***] ***one's wíts*** 気を取り直す, 心を落ち着ける.

hàve a rèady wít すぐさま頓智を働かす.

hàve [***kèep***] ***one's wíts about one*** 抜け目がない; 状況判断が速い.

lìve by one's wíts (まじめに働かず)小才を働かせて世渡りする.

nòt beyond the wít of .. 〘しばしば戯〙..の理解の限界は越えていない, にとってそんなに難しいことではない.

out of one's wíts 正気を失って, 気が転倒して. The chairman must be *out of* his ～*s* to suggest such a thing. そんな事を提案するとは委員長は気が狂ったに違いない. The child was frightened *out of* his ～*s* by the thunderbolt. その子供は落雷にびっくり仰天した.

pìt one's wíts against .. ..と知恵比べをする. (→ pit[1] 動 2).

sèt one's wíts to .. ..と論争する.

[＜古期英語(＜*witan* 'wit[2]')]

wit[2] 動 ((I, he) **wot**, (thou) **wottest**|過 過分 **wist**|**wít·ting**) 〘古〙 自, 他 (を)知る〈現在では次の成句のみ〉. ***to wít*** 〘章・法〙すなわち (that is to say). [＜古期英語「知る」]

***witch** /witʃ/ 名 (複 **wítch·es** /-əz/) C **1 魔女**, 女魔法使い, 《ほうきの柄 (broomstick) に乗って空を飛ぶと信じられていた; 中近世史の「魔女狩り」について言う場合男性をも指す; 男 wizard》. She was burned as a ～. 彼女は魔女だとされて焼き殺された. **2** 魔術師. **3** 魅力的な女. **4** 醜い老婆, 鬼ばば, (hag). [＜古期英語 *wicce*]

†**wítch·cràft** 名 U (魔女が行う)魔法, 魔術. practice ～ 魔法を使う.

wítch dòctor 名 C まじない師《未開社会で魔術によって病気を追い払ったりする; →medicine man》.

witch·er·y /wítʃ(ə)ri/ 名 U **1** ＝witchcraft. **2** (特に女性の)魅力(を発揮すること).

witches' Sábbath 名 C 悪魔の宴《年に 1 回開くと伝えられる深夜の宴会》.

wítch hàzel 名 C アメリカマンサク《北米産; 樹皮と葉は薬用》; U そのエキス《傷薬》.

wítch-hùnt 名 C 魔女狩り《中世から近世初めにかけて行われた; 現代では反体制派への迫害の意味に用いる》.

wítch·ing 形〈限定〉 **1** 魔女にふさわしい, 魔力のある. **2** 魅力のある.

wítching hòur 名〈the ～〉(魔女が横行するという)真夜中.

‡**with** /wið, wiθ/ 前 〚..と一緒に〛 **1 ..と(一緒に)**, と共に. Come ～ us. 私たちと一緒に来なさい. I climbed Mt. Fuji ～ three friends of mine. 友人 3 人と富士山に登った. The nurse is always ～ the old man. その看護婦はいつもその老人に付き添っている.

2〚所属〛 **..のところで**, の家に; ..に属して[勤めて, 雇われて], ..の(者で); ..に指導されて. In London I'll be staying ～ my son. ロンドンでは息子の家に滞在するでしょう. I got a job ～ ⌞my uncle [an export company]. ⌞おじのところ[輸出会社]に職を得た. a Tokyo correspondent ～ *The Times* タイムズ社の東京特派員. I'm ～ the FBI. FBI の者ですが. study linguistics ～ Professor Smith スミス教授について言語学を研究する.

3 ..の手元に; ..の手にゆだねて. Mrs. West left her cat ～ me. ウエスト夫人は彼女の猫を私に預けた. Leave the letter ～ the receptionist. 手紙は受付係に預けておきなさい.

4 ..と(結んで), ..と一緒に. The railroad connects our town ～ the city. 鉄道が私たちの町をその市と結んでいる. mix whiskey ～ soda ウイスキーにソーダ水を混ぜる. accept a treaty ～ one condition 条件を 1 つ付けて条約を承認する. take coffee ～ a little sugar 砂糖を少し入れてコーヒーを飲む.

5 (**a**) **..と一致して**, ..に賛成して; ..と(合って). I agree ～ you on that point. その点では君に同意する. vote ～ Mr. Brown ブラウン氏に投票する.

(**b**) 〘話〙〈普通, 疑問文・否定文で〉〔人(の話)〕が理解できて, の議論について行って. Are you ～ me? 私の言ってること分かるかい.

6〚..と時, 方向, 程度を同じくして〛 ..と同時に, と共に, と同様に; ..につれて. *With* those words, the philosopher died. そう言い残してその哲学者は死んだ. *Gone* ～ *the Wind*『風と共に去りぬ』《Margaret Mitchell の小説の題名》. Taxes increased ～ the increase in military spending. 税金は軍事費の増加につれて増した. The boat drifted ～ the current. ボートは潮流に乗って漂流した. ～ experience [age] 経験を積む[年を経る]につれて.

〚..を(一緒に)持って〛 **7 ..を持っている**, ..の付いた, (↔without). You'd better take an umbrella ～ you today. 今日は傘を持って行ったほうがいい. Do you have some money ～ you? 今金の持ち合わせがありますか. a knife ～ a wooden handle 木製の柄が付いたナイフ. a gentleman ～ a beard あごひげをはやした紳士. a man ～ a knowledge of the computer コンピュータの知識のある人. 語法 (1)「着用」を表す場合には in を用いる: a man *in* a wig (かつらを着けた男) a lady *in* spectacles (眼鏡をかけた婦人) a girl *in* a short skirt (短いスカートをはいた少女). (2) →about 前 4 語法

8〚..を持っているのに〛 ..にもかかわらず, ..がありながら, 〈普通 all one's を従えて〉. *With* all his drawbacks he is loved by everybody. 彼は欠点があるにもかかわらず, だれからも愛される. *With* all her money, Susie was not happy. あれだけお金がありながらスージーは幸福ではなかった.

W

9【..を持っていれば】..であるなら, ..があれば, (↔without). *With* a little more care, he would not have made such a mistake. もう少し注意をしていれば彼はそんな誤りはしなかっただろう. *With* a good manager, you will be able to expand your business. いい支配人がいれば君は事業を拡張することができるだろう.

【..を伴って】 **10** **(a)**〈抽象名詞を目的語として〉**..をもって, ..で.** ～ pleasure 喜んで. ～ great interest 強い興味をもって. ～ difficulty やっとのことで. 語法 副詞で表せる場合が多い: ～ ease＝easily (たやすく), ～ great anger＝very angrily (ひどく怒って). **(b)**〈表情, 動作などを表す名詞を目的語として〉**..しながら, ..して.** Bob greeted me ～ a smile. ボブはほほえみながら私にあいさつした. "My son has failed in the exam," said Mrs. Brown ～ a sigh.「息子は試験に落ちました」とブラウン夫人はため息をついて言った.

11【(ある状況)を伴って】 **..を..(のまま)にして**など (★普通「with＋名詞＋形容詞[分詞, 副詞(句)]」の形で用いる); (ある時間や距離を)残したままで. ～ prices so high 物価がこんなに高くては[高いので]. Polly left the kitchen ～ the kettle boiling. ポリーはやかんを沸騰させたままにして台所を出た. ～ one's eyes shut 目を閉じて. He began to work ～ his sleeves rolled up. 彼は腕まくりして仕事にかかった. He didn't dare to cheat in the exam ～ the supervisor watching him. 彼は試験監督に監視されていてカンニングをする勇気がなかった. The manager came in ～ a bag under his arm. 支配人は小わきにかばんをかかえて入ってきた. The runner fell down ～ another three kilometers to go. その走者はあと3キロを残して倒れた.

【..を(一緒に)使って＞..によって】 **12** **..(という道具)で, ..を使って,** (↔without; →by 5 語法). cut a tree ～ an ax おので木を切る. Birds fly ～ their wings. 鳥は翼で飛ぶ.

13 **..(という材料)で, ..を.** a garden covered ～ snow 雪でおおわれた庭. fill a glass ～ wine グラスにワインを満たす. provide the students ～ necessary books 学生たちに必要な本を与える.

14 **..(という言葉など)で, ..と言って.** begin a speech ～ a joke 冗談で演説を始める. end up ～ coffee 食事をコーヒーで終える. He broke in ～ "Can I join you?" 彼は「仲間に入ってもいいかい」と言って口をはさんできた.

15 ..(という原因)によって, ..のために; ..を考えに入れると. go mad ～ grief 悲しみで気が狂う. turn pale ～ fear 恐怖で青ざめる. The man was half dead ～ fatigue. その男は疲労で半分死にかかっていた. *With* this weather, the ferry will be late. この天候を考えるとフェリーボートは遅れるだろう.

【..と一緒に＞..を相手にして】 **16** **..に反対して, ..を相手に; ..に対して.** argue ～ a person 人と議論する. fight ～ one's enemy 敵と戦う. trade ～ many countries 多くの国を相手に貿易をする. be angry [patient] ～ a person 人に腹を立てる[我慢する]. Be careful ～ this wine glass. このワイングラスは気をつけて扱いなさい. You are too strict ～ your children. 君は自分の子供たちに厳しすぎる.

17 ..と(比べて). compare baseball ～ cricket 野球をクリケットと比べる. My son's head is level ～ my eyes. 息子の頭は私の目の高さです.

【..に対して＞..に関して】 **18** **..について(は), ..にとって(は).** What's the matter ～ you? どうしたのですか. That's all right ～ me. 私はそれで構いません. That's always the case ～ my brother. 兄はいつもそうだ. have nothing to do ～ →have to do with (DO[1] 成句).

19 ..と(別れて), ..から離れて. break ～ a boyfriend ボーイフレンドと別れる. Hal was unwilling to part ～ his car. ハルは自分の車を手放す気にはなれなかった.

20〈副詞に続けて〉..を..せよ. Down ～ tyranny! 圧制を打ち倒せ. Away ～ the rioters! 暴徒たちを追っ払え. In ～ you. 入れ.

whàt with X́ and (whàt with) Ý →what 副.

****with áll..*** (1)→14. (2) ..がいっぱいあるので. *With all* the work I have to do, I can hardly take a holiday now. しなくてはならない仕事がこんなにあっては休暇もろくに取れない.

wíth it 〖話〗(1)(考え, 行動, 好み, 服装などが)時代遅れでない, 先端的な[で]. (2) 状況[人の話など]が飲み込めて. (3) その上, おまけに.

with thát [thís] (1) それ[これ]と共に. (2) そう[こう]言ってから. *With that* the priest left the house. そう言って牧師はその家を出た.

[＜古期英語 *with*「..に逆らって」; 古期英語 *mid*「..と一緒に」の意味を中期英語で取り込んだ]

with·al /wiðɔ́ːl/ 〖古〗 副 その上(に); 同様に; 同時に. His daughter was a great beauty and a lady of wit ～. 彼の令嬢は大そう美人でその上才女だった.
── 前〈常に節, 文の終わりに置いて; 普通, 疑問文, 否定文で〉..でもって (with). He had nothing which he could feed himself ～. 彼は食べる物が何もなかった.

***with·draw** /wiðdrɔ́ː, wiθ-/ 動 (～s /-z/|過 **-drew** /-drúː/|過分 **～n** /-n/|**～·ing**) 他
【出したものを引っ込める】 **1**〔手, 足など〕を**引っ込める**〈*from* ..から〉. Nancy quickly *withdrew* her hand *from* the boiling water. ナンシーは熱湯からさっと手を引っ込めた.
2〔視線など〕をそらす〈*from* ..から〉;〔カーテンなど〕を引く.
3〖章〗〔約束, 申し出など〕を**撤回する**, 取り消す. ～ a statement [an offer] 声明[申し出]を撤回する. ～ one's horse from the race 自分の馬の出走を取り消す.
4〔軍隊〕を撤退させる;〔人, 物〕を退(ひ)かせる, 引っ込める;〔子供〕を退学させる;〈*from* ..から〉. Neither side agreed to ～ its troops. どちらの側も軍隊を撤退させることに同意しなかった. ～ one's labor〖英〗ストライキをする.
5【回収する】〔預金〕を**引き出す**, 下ろす;〔通貨, 商品など〕を回収する;〈*from* ..から〉. I must ～ all my money *from* the bank. 私は銀行から預金を全部下ろさなくてはならない. ～ the sleeping pills *from* sale [the market] その睡眠薬を市場から回収する.
── 自 **1**〔人などが〕**引き下がる**, 引っ込む; 引退する;〔軍隊が〕撤退する;〈*from* ..から/*to, into* ..へ〉. My father ～*s into* his study after supper. 父は夕食後には書斎へ引っ込んでしまう. He *withdrew* (*into* himself) after his book was criticized severely. 彼は自分の本が酷評されてから自分の殻に閉じこもってしまった. ～ *from* public life 公的な生活から引退する. The army *withdrew* overnight. 軍隊は夜のうちに撤退した. **2** (申し出などを)取り消す, やめにする, 手を引く.
3 脱退する, やめる,〈*from* ..から〉; 出場を取り消す〈*from* ..の〉. ～ *from* an alliance 連合から脱退する. ～ *from* college 大学を退学する. Mr. Green finally *withdrew from* the race. グリーン氏はとうとうそのレースの出場を取り消した.
[＜中期英語 (＜*with-* 'away from'＋draw)]

†**with·draw·al** /wiðdrɔ́ːəl, wiθ-/ 名 UC **1** 引っ込めること, 引っ込むこと. **2** (預金の)引き出し. **3** (軍隊の)撤退. **4** 撤回, 取り消し. **5** (麻薬の)使用中止, '薬(やく)切れ'; ＝withdrawal symptoms.

withdráwal sỳmptoms 名 (麻薬の)禁断症状.

‡**with·drawn** /wiðdrɔ́ːn, wiθ-/ 動 withdraw の過去分詞. ── 形 **1**〔人, 顔つきなどが〕内向的な, 引っ込み思案な, 口数の少ない. a ～ boy 内向的な少年. **2** 人里離れた, 引っ込んだ,〔土地など〕. **3** 回収された.

W

▷～·ness 名

with·drew /wiðdrúː, wiθ-/ 動 withdraw の過去形.

withe /wiθ, wið, waið/ 名 (複 ～s /-θs, -ðz/) C (柳などの)細枝《しなやかなのでこれで束ねた物を縛ったりかごを編んだりする》.

***with·er** /wíðər/ 動 (～s /-z/|過 過分 ～ed /-d/|～·ing /wíð(ə)riŋ/) 自【勢いを失う】1〔特に草木が〕しおれる, 枯れる, しぼむ, 〈*up*〉. The grass has all ～*ed* in the heat. 暑さで草はみなしおれた.

2〔愛情, 容色などが〕衰える;〔希望などが〕しぼむ, 薄れる; 〈*away*〉. Our hopes soon ～*ed away*. 私たちの希望は間もなくしぼんでしまった.

── 他 **1** をしおれさせる, 枯らす, しぼませる, 〈*up*〉. The hot sun has ～*ed* all the flowers in the garden. 照りつける太陽で庭の花は全部しおれた.

2〔愛情, 容色など〕を衰えさせる;〔希望など〕をしぼませる, 薄れさせる; 〈*away*〉.

3〔人〕をたじろがせる, ひるませる, 〈*with* ..で〉. She ～*ed* him *with* a revengeful glance. 彼女は復讐(しゅう)心に燃えた目でにらんで彼を縮み上がらせた.

wither on the víne →vine.

[＜中期英語「風雨にさらす」(weather の変形)]

wíth·er·ing /-riŋ/ 形 **1** しおれさせる, 枯らす. the ～ heat 草木もしおれる暑さ. **2**〔言葉, 表情などが〕(人を)たじろがせる, ひるませる. a ～ glance 人を縮み上がらせるような一べつ. ▷～·ly 副

with·ers /wíðərz/ 名〈複数扱い〉鬐(き)甲《馬などの肩甲骨間の隆起; 物を引く時の力がここにかかるように首輪(collar) を掛ける》.

with·held /wiðhéld, wiθ-/ 動 withhold の過去形・過去分詞.

***with·hold** /wiðhóuld, wiθ-/ 動 (～s /-dz/|過 過分 -held /-héld/|～·ing) 他 **1** を与えずにおく, 差し控える, 〈*from* ..に〉. ～ a question 質問を控える. ～ the name of the suspect 容疑者の名前(の発表)を差し控える. The manager *withheld* his permission *from* Pete. 支配人はピートに許可を与えずにおいた.

2〔感情など〕を抑える, 抑制する. ～ oneself 自制する. The teacher could not ～ his anger. 先生は怒りを抑えられなかった.

── 自 VA (～ ***from*** (*doing*)..) (..をすること)を差し控える. [＜中期英語 (＜*with*- 'away'＋hold[1])]

withhólding tàx 名 UC 《米》源泉課税(額).

‡**with·in** /wiðín/ 前【..の内側に】**1**《英では章》..の内側に[へ], ..の中に[へ], (inside; ↔without). The children were ～ the house. 子供たちは家の中にいた. Stay ～ the city. 市から出てはいけない. 類語 inside (例えば *inside* the box (箱の中に))に比べて比較的大きな物について用いられることが多い.

2 (組織; 構造など)の内部に. have a powerful influence ～ the government 政府内に強力な影響力を持つ. Anger suddenly surged ～ me. 怒りが突然(体内に)こみ上げて来た. ～ the framework of modern rationalism 近代合理主義の枠内で. a play ～ a play 劇中劇.

【..の範囲内に】**3** ..以内(の時間)に, ..のうちに, (↔outside). ～ ten minutes 10 分以内に. Pay me back the money ～ a year. その金は 1 年以内に返してください (語法 in a year は「1 年たったら」の意味; →in 前 7 (c)). ～ three weeks of first meeting her 彼女に初めて会って 3 週間もたたない内に. Two murders were committed ～ one week in this district. この地区で 1 週間の間に 2 回殺人があった.

4 ..以内(の距離)に, ..の範囲内に. The park is ～ two miles of my house. この公園は私の家から 2 マイル以内の所にある (★of が普通だが, from を使うこともある). ～ hearing distance 呼べば聞こえる範囲内に. ～ five minutes' walk of the station 駅から歩いて 5 分以内の所に. ～ sight [the reach] of →sight [reach] (成句).

5 ..の(及ぶ)範囲内に. live ～ one's income 自分の収入の範囲内で生活する. I'll do everything ～ my power to help you. 私は君を助けるために力の及ぶ限り何でもしよう.

withín onesèlf (1) 心の中で. (2) 力を出し切らずに, 余力を残して. Evans ran well ～ him*self*. エヴァンズは十分に余力を残して走った.

── 副《章・雅》**1** 内側で, 中で, 内部で; 屋内[室内]で; (inside; ↔without). Wait ～ while I talk with the man. 私がその男と話している間, 中で待っていてくれ. Enquire ～.《外の掲示で》中で問い合わせてください.

2 心の中で(は). Paul is afraid of snakes ～. ポールは内心蛇がこわい.

── 名 U 《章》内部, 内側. analyze the society from ～ 社会を内側から分析する.

[＜古期英語「内側に[で]」]

‡**with·out** /wiðáut/ 前 【..の範囲外に＞..なしに】**1** ..なしで, ..が欠けて, ..のない, (↔with). My husband went out ～ his overcoat. 夫はオーバーなしで外出した. a knife ～ a handle 柄のない[とれた]ナイフ. ～ fail →fail (成句). The rumor is quite ～ foundation. そのうわさは全く根も葉もないことだ. The composition is not ～ some minor mistakes. その作文はいくつか小さな誤りが無いわけではない. I dialed Bill's number twice, ～ an answer. ビルの電話番号を 2 度回したが応答がなかった. ～ (any) difficulty →difficulty (成句).

2〈動名詞を目的語として〉..しないで, ..せずに. speak French ～ mak*ing* mistakes 間違わずにフランス語を話す. She walked away ～ look*ing* back. 振り返ることもしないで彼女は歩き去った. I must start for Europe ～ her know*ing* it. 私は彼女に知られずにヨーロッパへ出発しなければならない (★her は knowing の意味上の主語).

3 ..なしでは, ..がなければ, (↔with). *Without* water, no living thing could survive. 水なしではどんな生物も生きられないだろう. *Without* your help, I would have failed. 君の援助がなければ私は失敗していただろう.

【..の外側に】**4**《古・詩・雅》..の外(側)に (outside; ↔within). The statesman tried to build good relations within and ～ Asia. その政治家はアジアの内外に友好関係を築こうとした.

dó [gó] without .. →do[1], go.

It gòes without sáying that .. →say.

nòt [nèver] dó without dóing ..せずに..することはない, ..すれば必ず..する. I *never* go to London ～ visit*ing* the British Museum. 私はロンドンへ行けば必ず大英博物館を訪れる. *Not* a day passed ～ my think*ing* of you. 君のことを思わない日は 1 日もなかった.

without númber →number.

without so múch as .. →much 副.

── 副《古・詩・雅》**1** 外に[は], 外部に[は]; 上辺は, 表面は; (outside; ↔within). The house was rotting ～. その家は外側が腐りかけていた. **2** 屋外で. Your friend is waiting ～. お友達が表で待っています.

dó [gó, réckon] without .. →do, go, reckon.

── 名 U 《章》外部, 外側. Food was supplied from ～. 食料は外部から供給された.

── 接《非標準・方》＝unless.

[＜古期英語「外側に[で]」]

***with·stand** /wiðstǽnd, wiθ-/ 動 (～s /-dz/|過 過分 -stood /-stúd/|～·ing) 他 **1** に抵抗する, 逆らう, (類語 相手の攻撃から自分を守るために抵抗すること; →

oppose). ~ the enemy's attack 敵の攻撃に抵抗する. **2** に**耐える**, 持ちこたえる. ~ pain 痛みに耐える. ~ the test of time 時の試錬に耐える《後世まで残る》. This metal cannot ~ intense heat. この金属は高熱に耐えられない. ── 自 抵抗する; 耐える.
[<古期英語(<*with*- 'against'+stand)]

with·stood /wiðstúd, wiθ-/ 動 withstand の過去形・過去分詞.

with·y /wíði/ 名 (複 **with·ies**) =withe.

wít·less 形 **1** 知恵のない, 分別のない; 愚かな. **2** 気の狂った. scare [frighten] a person ~ 人をひどくおびえさせる. ▷**~·ly** 副 **~·ness** 名

‡**wit·ness** /wítnəs/ 名 (複 **~·es** /-əz/)
【証人】 **1** Ⓒ **目撃者** 〈*to, of* ..の〉 (eyewitness). Bill is the only ~ *to* [*of*] the accident. ビルはその事故のたった1人の目撃者である.
2 Ⓒ (法廷などの)**証人**. a ~ *for* the defense [prosecution] 弁護[検察]側の証人. be called as (a) ~ 証人として呼ばれる. No person shall be compelled in any criminal case to be a ~ *against* himself. 何人も刑事事件において自己に不利な証言をするよう強制されてはならない《米国憲法修正第5条 (Fifth Amendment) から; →take the FIFTH》.
3 Ⓒ (文書の)連署人; 立会人; 〈*to* ..の〉. A will is usually invalid without (the signatures of) two ~*es*. 遺言状は2人の連署人(の署名)がなければ普通無効である.
【証明】 **4** 【章】 Ⓤ 証拠, 証明; (法廷などの)証言; Ⓒ 証拠になるもの[人] 〈*to* ..の〉. The big house is a ~ *to* the owner's great wealth. その大きな家は所有者が大資産家であることの証拠だ. bear ~ →成句.
5 ⓊⒸ 【米】(会衆の前での)信仰告白《キリスト教の》.
bèar wítness* 【章】 **証言する; 証明[立証]する 〈*that* 節 ..ということを〉; 証拠になる 〈*to* ..の〉. *bear* false ~ 偽証する. All the people in the room *bore* (me) ~ *that* I had not touched the vase. 私がその花瓶に触れなかったことはその部屋にいた人全員が証明してくれた.
be wítness to.. 【章】..を目撃する, の現場に居合わせる; ..を証言できる.
càll* [*tàke*] *..to wítness ..を証人として呼ぶ, 証人とする.
── 動 (~·es /-əz/|過 過分 **~ed** /-t/|**~·ing**) 他 **1** を**目撃する**; の場所に居合わす, に立ち合う. ~ an event 事件を目撃する. ~ the ceremony その儀式を自分の目で見る. The year 1815 ~*ed* the downfall of Napoleon. 1815年にナポレオンは没落した《<1815年がナポレオン没落を目撃した》.
2 を**証言する**, 立証する; の証拠である. Susan's trembling hands ~*ed* her anger. スーザンの震える手は彼女の怒りを物語っていた.
3 (連署人[立会人]として)〔文書に〕署名する; 〔文書の署名〕に連署して文書の法的有効性を保証する.
── 自 **1** 〔人が〕証言する, 〔物事が〕証明する, 〈*to* ..を〉; 証言をする 〈*against* ..に不利な/*for* ..に有利な〉. ~ *to* the truth of his warnings 彼の警告の正しさを証明する. Bob ~*ed to* having seen the man come out of the house. ボブはその男がその家から出て来るのを見たと証言した. **2** 【主に米】信仰告白を行う.
(*as*) *wítness..* 【章】..が証明しているように (★witness は仮定法現在, それに続く名詞がその主語). The rumor of the President's illness is untrue, *as* ~ his appearance at yesterday's meeting. 大統領の病気のうわさは間違いだ, 昨日の会に彼が出席したことがその証拠だ.
[<古期英語「知っていること」; wit², -ness]

wítness bòx 名 【英】=witness stand.

wítness stànd 名 Ⓒ 【米】証人席《ここに立って証言する》. take the ~ 証言台に立つ.

-wit·ted /wítəd/ 〈複合要素〉「知恵[知能]がある」の意味. half-*witted*. quick-*witted*. thick-*witted*.

wit·ter /wítər/ 動 自 【英話】長々と[くどくどと]話す 〈*on*〉 〈*about* ..〔つまらない事〕を〉.

Witt·gen·stein /vítgənʃtàin/ 名 **Ludwig ~** ヴィトゲンシュタイン (1889-1951)《オーストリア生まれで世界的な影響力を持った英国の哲学者》.

wit·ti·cism /wítəsìz(ə)m/ 名 Ⓒ 名文句, 警句.

wit·ti·ly /wítili/ 副 機転をきかせて, しゃれて.

wit·ti·ness /wítinəs/ 名 Ⓤ 機知に富むこと.

wít·ting·ly 【章】副 (すべて承知の上で)意識的に; 故意に.

***wit·ty** /wíti/ 形 ⓔ (**-ti·er**|**-ti·est**) 〔人, 言葉などが〕**機知に富んだ**, 気のきいた. a ~ writer 警句のうまい作家. a ~ retort 軽妙な切り返し. [wit¹, -y¹]

wive /waiv/ 【古】動 他 〔妻〕をめとる; に妻をめとらせる. ── 自 妻をめとる.

wi·vern /wáivərn/ 名 =wyvern.

wives /waivz/ 名 wife の複数形.

wiz /wiz/ 名 =wizard 3.

†**wiz·ard** /wízərd/ 名 Ⓒ **1** (男の)魔法使い (女 witch). **2** 手品師, 奇術師. **3** 名人, 天才, 〈*at* ..の/*with* ..を扱う〉. a ~ *at* chess チェスの名人. **4** 【電算】ウィザード《ソフトのインストール時などに, 操作ガイドを段階的に表示する画面[機能]》.
── 形 【主に英旧話】すごい, すばらしい.
[<中期英語「賢人」; wise¹, -ard]

wíz·ard·ly 形 魔法使いのような; 不思議な; すばらしい.

wiz·ard·ry /wízərdri/ 名 Ⓤ **1** 魔法, 魔術. **2** 妙技.

wiz·en /wíz(ə)n/ 形 =wizened.

wiz·ened /wíz(ə)nd/ 形 〔人, 顔などが〕しわだらけの, やせこけた; 〔果物などが〕しなびた, しぼんだ.

wk weak; week; work.

wkly weekly.

wks weeks.

WL water line; wavelength.

Wm William.

WMO World Meteorological Organization (世界気象機関).

WNW west-northwest.

WO War Office; Warrant Officer.

wo¹ /wou/ 間 =whoa.

wo² walkover; 【商】written order.

w/o without.

woad /woud/ 名 Ⓤ **1** 【植】タイセイ. **2** 大青(たいせい)《昔の紺色染料; 今は indigo を用いる》.

wob·ble /wάb(ə)l|wɔ́b-/ 動 自 **1** 〔いす, テーブルなどが〕ぐらぐらする, がたつく; 〔脚などが〕ふらつく; ⓋⒶ 〔人が〕よろよろ歩く 〈*about, along, around, off*〉. The drunken man was *wobbling*. その酔っ払いは足がふらついていた. **2** 〔声, 音などが〕震える. **3** 〔意見, 気持ちなどが〕ぐらつく, 動揺する. ── 他 〔物〕をぐらぐらさせる.
── 名 Ⓒ 〈普通, 単数形で〉ぐらつき; (声, 音などの)震え; 動揺. [<低地ドイツ語]

wób·bler 名 Ⓒ **1** よろよろする人[物]. **2** (意見, 考えなどが)ぐらつく人.

wób·bling 形 ぐらつく; 動揺する.

wob·bly /wάbli|wɔ́b-/ 形 ⓔ **1** ぐらぐらする; よろよろする; 〔声などが〕震える. draw a ~ line (真っすぐでなく)震える線を描く. **2** 〔会社, 組織, 経済などが〕不安定な, 危なっかしい. ── 名 Ⓒ 【英話】〈次の成句で〉 ***thròw a wóbbly*** 急に興奮する[感情的になる]《怒ったり, 怖がったりする》. ▷**wob·bli·ness** 名

Wo·den /wóudn/ 名 ウォーディン《アングロサクソン民族の主神; 北欧神話の Odin; →Wednesday》.

W

wodge /wɑdʒ|wɔdʒ/ 名 C 〖英話〗大きな固まり[束], 大量. a ~ of cake ケーキの大きなひと切れ.

***woe** /wou/〖雅·戯〗名 (複 ~s /-z/) **1** U **悲哀**, 悲痛, (類語 深い悲しみを表す古風な語; →sadness). a tale of ~ 聞くも哀れな身の上話, 泣き言. Her life was full of misery and ~. 彼女の人生は悲惨と悲哀に満ちていた. **2** C 〈普通 ~s〉災難, 苦難. the nation's financial ~*s* その国の財政難.

in wèal and [or] wóe →weal[1].

Wòe betíde..! ..に災いあれ.

Wòe is mé! ああ悲しい, おおつらい.

—— 間 =Woe is me!

[<古期英語「悲しいかな」(間)]

woe·be·gone /wóubigɔ̀ːn|-gɔ̀n/ 形 〖主に雅〗悲しみに沈んだ, 憂いに満ちた. [<中期英語; woe, 〖廃〗*begone* 'surrounded']

‡**woe·ful** /wóuf(ə)l/ 形 〖主に雅〗 **1** 悲痛な, 悲惨な, 哀れな. a ~ look 悲痛な顔つき. **2** 悲しむべき, 情けない; ひどい. ~ poverty [ignorance] ひどい貧困[無知].

▷ **~·ly** 副 悲しげに, 痛ましく. **~·ness** 名 U 悲痛[悲惨]なこと.

wog /wɑg|wɔg/ 名 C 〖英卑〗(白人から見て)色の(浅)黒い外国人.

wok /wɑk|wɔk/ 名 C 中華なべ. [<中国語]

woke /wouk/ 動 wake[1] の過去形·過去分詞.

wok·en /wóukən/ 動 wake[1] の過去分詞.

wold /would/ 名 UC **1** 〈しばしば ~s〉原野, (不毛の)高原. **2** 〈普通 Wolds〉..丘陵《イングランドの地名の一部として》. the Yorkshire *Wolds* ヨークシャー丘陵. [<古期英語]

‡**wolf** /wulf/ 名 (複 **wolves** /wulvz/) C **1** 〖動〗オオカミ. A pack of *wolves* chased the deer. 一群のオオカミがそのシカを追った. *wolves* howling at the moon 月にほえるオオカミ. **2** (オオカミのように)残忍な人, 貪(どん)欲な人. **3** 〖話〗女性を引っ掛けようとする男, 女たらし. **4** 〖楽〗(弦楽器が胴と共鳴して出す)耳障りな音, ウルフ音, (**wólf nòte**).

a wólf in shèep's clóthing →sheep.

crỳ wólf 《オオカミだ! と叫ぶ>》うその警告を出して人を騒がす《イソップ物語から》.

kèep the wólf from the dóor 飢えをしのぐ; 家族が飢えないようにする(だけ稼ぐ); 《この wolf は「飢え」の意味》. His small income barely *kept the ~ from the door*. 彼のわずかな収入で何とか飢えをしのげた.

thròw a pérson to the wólves=***thròw a pérson to the líons*** →lion.

—— 動 他 〖話〗をがつがつむさぼり食う〈*down*〉. The hungry boy ~*ed* (*down*) his food. その空腹な少年はがつがつ食べた.

[古期英語; 原義は「引き裂くもの」か]

wólf càll 名 C 〖米〗セクシーな女性に男性がかける賛嘆の叫び声; =wolf whistle.

wólf chìld 名 C オオカミなどに育てられた(人間の)子, オオカミ少年.

wólf cùb 名 C **1** オオカミの子. **2** 〖英〗ボーイスカウトの年少団員《8–11 歳; 今では cub scout と言う》.

wólf dòg 名 C **1** オオカミ狩り用の猟犬. **2** オオカミと犬の雑種.

Wolfe /wulf/ 名 **Thomas (Clayton) ~** ウルフ (1900–33)《米国の小説家》.

wólf·fìsh 名 C オオカミウオ《丈夫な歯を持った大型の海産魚》.

wólf·hòund 名 C ウルフハウンド《昔オオカミ狩りに用いた大型の猟犬》.

wolf·ish /wúlfiʃ/ 形 **1** オオカミのような. **2** 〖旧〗残忍な; 貪(どん)欲な. a ~ look 残忍そうな顔つき. ▷**~·ly** 副

wólf pàck 名 C **1** オオカミの群れ. **2** (連係攻撃を行う)潜水艦[航空機]群. **3** (米国の若者の)強奪[略奪]集団, ギャング.

wolf·ram /wúlfrəm/ 名 =tungsten.

wolf·ram·ite /wúlfrəmàit/ 名 U 〖鉱〗鉄マンガン重石《タングステンの原鉱》.

wolfs·bane /wúlfsbèin/ 名 U 〖植〗トリカブト, レイジンソウの類《キンポウゲ科》.

wólf-whìstle 動 自 wolf whistle を吹く.

wólf whìstle 名 C (路上で見かけたセクシーな女性に男性が吹く高音から下降する調子の)口笛.

Wol·sey /wúlzi/ 名 **Thomas ~** ウルズィー (1475?–1530)《英国の枢機卿(すうきけい)·政治家; York の大主教, 大法官; Henry 8 世の離婚問題で失脚》.

wol·ver·ine, -ene /wùlvəríːn, ⌐--⌐|⌐--⌐/ 名 **1** C (北米産の)クズリ《アナグマの類の獰(どう)猛な野獣》; U その毛皮. **2** C 〖米話〗〈W-〉米国 Michigan 州人.

Wòlverine Státe 名 〈the ~〉'クズリの州'《米国 Michigan 州の俗称》.

wolves /wulvz/ 名 wolf の複数形.

‡**wom·an** /wúmən/ 名 (複 **wom·en** /wímən/) **1** C (成年の)**女**, 女性, 婦人, (↔man; →lady 5 (a) 語法). a hardworking ~ よく働く女. a ~ about town (金持ちで遊び人の)有閑女性. a career ~→career 4. a ~ of easy virtue→virtue 2. Your daughter is not a child any more, but a ~. 君の娘はもう子供ではなく大人だ. She is a gardening [dog] ~. 彼女は園芸[犬]好きだ.

> 連結 a young [a middle-aged, an elderly, an old; a short, a tall; a slim, a thin, a fat, a plump, a stout; a slight(ly built), a buxom, a well-built; a charming; an attractive, a beautiful, a comely, a good-looking, a handsome, a pretty; a homely, a plain, an ugly; a married, a single; a working] ~

2 〈単数無冠詞; 総称的〉女性, 女(というもの). *Woman* has been said to be the weaker sex. 女は(男より)弱い性だと言われてきた.

3 U 〈the ~〉女らしさ, 女性的な感情. There was little of the ~ in Susie. スージーには女らしいところがほとんどなかった. The mother chided her boy for playing the ~. 母親は息子が女々しいふるまいをしたのでしかった. **4** C 〖軽蔑〗女のような男, 女々しい男.

5 C 〖話〗〈one's ~〉女房; 恋人, '彼女'; (★女性に対して失礼な言い方). my [the old] ~ うちのかみさん, '山の神'. another [the other] ~ 別の女, 不倫相手.

6 C 〖話〗女の召し使い, お手伝い.

7 〖話〗〈女性に対する呼びかけ〉おい, ねえ, 《怒り, いらだちなどを表す》. Cut it out, ~! おい, やめろ.

8 〈形容詞的〉女(性)の, 婦人の, 女流の, (→lady 7 語法) (★複数名詞を修飾する場合は複数形になる). a ~ writer 女流作家. three *women* drivers 3 人の女性ドライバー. ◇形 womanly

be one's òwn wóman 〔女性が〕自主独立である; 自分を失わずしゃんとしている.

màke an hònest wóman of.. →honest.

[<古期英語 *wifmann*「女 (*wif*) の人 (*mann*)」]

-woman 〈複合要素〉(複 **-women**) **1** ..国の女性. French*woman*. **2** (職業, 地位などについている)女性[婦人].. police*woman*.

wóman·hòod 名 U **1** (成年の)女であること; 女らしさ. **2** 〈単複両扱い〉〈集合的〉女性, 婦人. *Womanhood* has been oppressed in this country. この国では女性は虐げられてきた.

wom·an·ish /wúməniʃ/ 形 〖普通, 軽蔑〗〔男が〕女のような, 女々しい. a man of ~ timidity 女のような小心な男.

wóm·an·ist 名 C (米国の有色人種の)男女同権主

W

義者.

wóm·an·ìze 動 自 (常習的に)女遊びをする, 女道楽にふける. ── 他 〔男を〕女々しくする, 軟弱にする.
▷ **wo·man·iz·er** 名 C 女道楽をする人, 女たらし.

wóman·kìnd 名 U 〈単複両扱い; 集合的〉〖章〗女性, 婦人, (↔mankind 2).

wóman·lìke 形 ＝womanly.

***wom·an·ly** /wúmənli/ 形 e (-li·er|-li·est), m 女らしい, 女性にふさわしい, (類語 いい意味で「女らしい」ことを表す語で, 性別表示には用いない; →feminine). The new nurse looks ～. 新しい看護婦は女らしく見える.
▷ **wom·an·li·ness** 名

wòman of the stréets 名 C 街娼(しょう), 売春婦.

wòman of the wórld 名 →world 8.

wòman's [wòmen's] ríghts 名 〈複数扱い〉女権《法的, 社会的に男性と平等な権利》.

wòman súffrage 名 U 婦人参政権.

†**womb** /wu:m/ 名 C **1** 子宮; (胎児を守る子宮のような)狭い安全な場所. **2** (物事の)発生場所. in the ～ of time 将来(起こるべき). [＜古期英語「腹, 子宮」]

wom·bat /wámbæt|wɔ́mbət/ 名 C ウォンバット《オーストラリア産の穴居性・夜行性の有袋動物》. [＜オーストラリア先住民語]

wom·en /wímən/ 名 woman の複数形.

wómen·fòlk(s) 名 〈複数扱い〉〖話〗**1** 女たち, 女性たち. **2** (家族, 親族の)女連中.

wómen·kìnd 名 ＝womankind.

Wòmen's Ínstitute 名 〈the ～〉〈単複両扱い〉(英連邦の)婦人協会《特に地方都市の家事, 社会・文化活動のための》.

Wòmen's Líb 名 〖話〗＝Women's Liberation.

Wòmen's Líbber 名 〖話〗＝Women's Liberationist.

Wòmen's Liberátion 名 U 〈又は w- l-〉女性解放運動, ウーマンリブ, 《1968 年ごろに米国で始まった》.

Wòmen's Liberátionist 名 C 〈又は w- l-〉女性解放運動家.

wómen's mòvement 名 〈the ～〉女性解放運動(に参加する女性たち).

wòmen's réfuge 名 〖英〗＝women's shelter.

wómen's ròom 名 C 〖米〗女性用トイレ (ladies' room; 〖英〗Ladies).

wòmen's shélter 名 C 〖米〗(夫の虐待から逃れる)母子保護施設, '駆け込み寺'.

wómen's stùdies 名 〈複数扱い〉女性学《女性の社会的地位の変遷を扱う》.

won /wʌn/ 動 win の過去形・過去分詞.

‡**won·der** /wʌ́ndər/ 動 (～s /-z/|過 過分 ～ed /-d/|～·ing /-d(ə)riŋ/) 自 【不思議に思う】**1** 驚く, 驚嘆する, 〈*at* ..に/*to* do ..して〉; 不思議に思う. ～ *at* the boy's talent 少年の才能に驚く. It's not to be *～ed at* that Tom got first prize at the contest. トムが競技会で 1 等を取ったのは驚くにたりない[当然だ]. I *～ed to* come across your aunt on the train. 君のおばさんに電車の中でばったり会って驚いた.

【(はっきり分からず)不審に思う】**2** 疑う, いぶかる, 〈*about* ..を〉; ..かしらと思う, ..ではないかと思う; (★「..ではあるまい」,「..は怪しい」と疑うこと). ～ *about* the man's sanity その男が正気であろうかと疑う. People *～ed about* the source of the news. 人々はそのニュースの出所はどこだろうと不審がった. Does he really mean it? I ～ (*about* that). 彼は本気でそう言っているのか. 私は怪しいと思う.

── 他 **1** 𝕍𝕆 (～ *that* 節) **..ということに驚く**, 不思議に思う. I ～ (*that*) you can bear to part with such treasures. こんな宝物をよく手放せるね, 不思議だ. I ～ I didn't kill myself. よくも自殺しなかったものだと我ながら思う. I shouldn't ～ (*that*) your son went bankrupt. 〖英話〗君の息子が破産したのは驚くに当たらない. He'll do everything for himself, I shouldn't ～. 〖英話〗彼は何もかもみんな独りでやるよ, たぶん.

2 𝕍𝕆 (～ *wh* 節・句/*if* 節/"引用") **..かしら(と思う)**, ..だろうか(と思う)/「..」と思う. I ～ *what* has become of him. あの人はいったいどうなったんだろう. I ～ *why* Nancy is so late. どうしてナンシーはこんなに遅いのだろうか. One *～s how* such a thing could happen. どうしてこんな事が起こり得たのか不思議だ. I ～ *if* [*whether*].. →成句.

3 𝕍𝕆 (*wh* 節・句) ..したらいいだろうか; 〈普通, 進行形で〉..について思案する, あれこれ考える. Nelly *～ed which* sweater to buy. ネリーはどちらのセーターを買ったらいいかと考えた. I was *～ing how* to break this news to her. この知らせをどうやって彼女に伝えたものか思案していた.

I wónder 〈文末に付加して〉どうしたものか(私は迷う); 疑問に思う. Where shall I go this weekend, *I ～?* この週末どこへ行ったものだろう(迷っている). But is this right(↗), *I* ～(↗)? しかしこれでいいんでしょうか(よく分かりませんが) (★I ～↘ の音調だと(そうは思えません)の意味になる).

***I wónder if* [*whèther*]..** ..かどうか疑問に思う. (1)〈if 節に対して中立的〉*I ～ if* it will rain tomorrow. 明日は雨が降るかどうだろう. (2)〈if 節中の肯定・否定が意味上逆転する〉But *I ～ if* it's right. しかしそれがいいかどうか怪しい《It's *not* right. の含みがあり, I wonder if は I don't think.. に近い》. *I ～ if* it's not better to start at once. すぐ出発したほうがいいのじゃないだろうか《It's better.. の含みがある; not が無くても同じ意味だが, 有るほうが談話体》. (3)〈if 節中の肯定・否定が逆転しない; (2) の場合よりもまれ〉For a moment *I ～ed if* I had died. 一瞬私は死んだのではないかという気がした. (4)〈依頼の婉曲表現〉*I ～ if* you could come to see me tomorrow. 明日おいで願えないでしょうか.

── 名 (複 ～s /-z/) **1** U **驚き, 不思議, 驚嘆.** I was filled with ～ at the sight. 私はその光景を見て驚きでいっぱいだった. The child gazed in ～ at the lion. 子供は驚いてライオンを見つめた.

2 C **不思議な物[事]**, 驚くべき物事; 奇跡; 驚くべき人, 天才. A ～ lasts but nine days. 〖諺〗人のうわさも 75 日《＜驚くべき事は 9 日しか続かない; →a nine days' WONDER (成句)》. The pyramids are one of the Seven *Wonders* of the World. ピラミッドは世界の七不思議の 1 つである. The ～ is that [It is a ～ (that)] the boys survived. 少年たちが生存していたのは奇跡だ. That architect is a ～. あの建築家は天才だ. What a ～! なんと素晴らしい[不思議な]ことだ. →chinless wonder.

3 〈形容詞的〉驚異の, すばらしい. a ～ drug for cancer 癌(がん)の特効薬.

and nò* [*lìttle, smàll*] *wónder 〈先行する文の内容を受けて〉それもそのはず(不思議ではない). Mrs. Green refused the invitation, *and no* ～. グリーン夫人はその招待を断ったが, それもそのはずだ.

a nìne dàys' wónder じきに騒がれなくなる事柄《A wonder lasts but nine days. (→名 2) という諺から》.

for a wónder 不思議にも, 意外にも. Ted arrived on time, *for a* ～. 意外にもテッドは時間通りに到着した.

(It is) nò* [*lìttle, smàll*] *wónder (that).. ..ということは不思議でない, 道理で..だ. *No* ～ the man tried to kill himself. その男が自殺しようとしたのもむりはない.

Wònders will nèver céase! 〖話〗(ささいな事に対して皮肉を込めて)これは驚きだ.

wòrk* [*dò*] *wónders 奇跡を行う; 素晴らしい結果をもたらす〈*for* ..に対して〉. The new surgical technique has *worked* ～*s*. その新しい外科技術は驚くべき効果をあ

げた. This drug will *do ~s for* a runny nose. この薬は鼻水に不思議なほどよく効く. [＜古期英語]

‡**won·der·ful** /wʌ́ndərf(ə)l/ 形 ⓜ **1 素晴らしい**, すてきな. have a ~ time 素晴らしい時を過ごす. What a ~ day! 何とすてきな日なのだろう. The idea is ~. その考えは素晴らしい.
2 不思議な, 驚くべき. a ~ anecdote 不思議な逸話. ~ inventions 驚くべき発明品. It's ~ that the old man has recovered from his illness. その老人が病気から回復したのは驚くべきことだ. [wonder, -ful]

***won·der·ful·ly** /wʌ́ndərf(ə)li/ 副 ⓒ **1 素晴らしく**. You speak French ~ well. あなたはフランス語を素晴らしく上手に話す. **2 驚くほど**, 不思議なほど. Helen is ~ optimistic, considering her difficulties. ヘレンは難事を抱えている割には驚くほど楽天的だ.

won·der·ing /wʌ́nd(ə)riŋ/ 形 不思議そうな; 感嘆している. ▷ **~·ly** 副 不思議そうに.

wónder·lànd 名 **1** Ⓤ おとぎの国, 不思議の国. *Alice's Adventures in Wonderland*『不思議の国のアリス(の冒険)』《Lewis Carroll 作の童話》.
2 Ⓒ 〈普通, 単数形で〉(景観, 天然資源などに恵まれた)素晴らしい場所.

wón·der·ment 名 Ⓤ 驚き, 驚嘆; Ⓒ 驚くべき物[事]. in [with] ~ 驚いて.

wónder-strìcken, -strùck 形 驚いて[感嘆して]あっけにとられた.

wónder-wòrker 名 Ⓒ 奇跡を行う人.

won·drous /wʌ́ndrəs/ 〖詩・雅〗 形 ＝wonderful 1.
—— 副 ＝wonderfully 1. ▷ **~·ly** 副

won·ga /wɑ́ŋgə | wɔ́ŋ-/ 名 Ⓤ 〖英俗〗 金, ぜに, (money). [?＜ロマーニー語「石炭, 金(かね)」]

wonk /wɑŋk | wɔŋk/ 名 Ⓒ 〖米話〗 ガリ勉屋, (強烈な)仕事人間.

won·ky /wɑ́ŋki | wɔ́ŋ-/ 形 ⓔ **1** 〖英話〗〔いすなどが〕ぐらぐらする; (体調が悪くて)足がふらつく. **2** 〖米俗〗 くそまじめな; ガリ勉の〔学生〕, 猛烈に働く.

‡**wont** /wɔːnt, wount | wount/ 形 〈叙述〉〖旧・雅〗. . し慣れた, . . するのが常である, 〈*to* do〉 (★今では accustomed to do*ing* が普通). My mother was ~ *to* sing while washing the dishes. 母はよく皿洗いをしながら歌を歌っていた. I no longer work as hard as I was ~ *to*. 私はもう昔よくやっていたほど猛烈には働かない.
—— 名 Ⓤ 〖章・雅〗〈しばしば one's ~〉 習慣 (類語 habit より文語的な語). use and ~ 世の習わし. My father took a cold bath this morning, as is his ~. 父は今朝いつものように冷水浴をした.
[＜古期英語 *wunian*「住む, 慣れている」(の過去分詞)]

‡**won't** /wount/ will not の短縮形 《＜will の古形 wol(l)＋not》. It ~ rain tomorrow. あしたは雨が降らないだろう. *Won't* you go on a hike with us? 私たちと一緒にハイキングに行きませんか.

wont·ed /wɔ́ːntəd, wóunt- | wóunt-/ 形 〈限定〉〖旧章〗 慣れた; いつもの, 例の, (customary). Jack showed up at his ~ hour. ジャックはいつもの時間に現れた.

won·ton /wɑ́ntɑ̀n | wɔ̀ntɔ́n/ 名 Ⓤ ワンタン; ワンタン入りスープ (**wónton sòup**). [＜中国語]

†**woo** /wuː/ 動 他 **1** 〖旧〗〔女性〕に求愛する, 求婚する, (court). **2** 〔人〕に支持などを切望する, せがむ. They ~ customers at that store. あの店は客に取り入ろうとする. ~ good players away from rival teams ライバルチームから良い選手を口説いて移籍させる. **3** 〔名声, 財産など〕を追求する. [＜古期英語]

‡**wood** /wud/ 名 (複 **~s** /-dz/) 〖木材〗 **1** Ⓤ **木材, 材木**, 《樹木の幹, 枝の樹皮に覆われた木質部分; 類語 物質としての木を指す; →tree》 (★種類を言う時は Ⓒ). an old bridge made of ~ 木造の古い橋. Hickory is a hard ~. ヒッコリーは堅い木材だ.
2 Ⓤ まき, たきぎ. Put more ~ on the fire. 火にもっとまきをくべなさい.
3 【木材の産地】 Ⓒ 〈しばしば ~s; 複数形で単数扱いもある〉 **森, 林**, (類語 forest より小さい). get lost in the ~(*s*) 森の中で道に迷う.
〖木製の物〗 **4** 〈the ~〉 たる, おけ, 〈普通, 次の用法で〉. in [from] the ~ たるの中に[から]. wine from the ~ (びん詰めでなく)たるから出したワイン.
5 Ⓒ 〖ゴルフ〗 ウッド, 木製ヘッドのクラブ, (→iron).
6 ＝bowl[2] 名 1.
7 〈the ~〉 (器具, 武器などの)木製部, 木製の柄; (テニス, バドミントンのラケットの)フレーム.
8 ＝woodwind.
cànnot sèe the wóod for the trées 〖英〗 木を見て森を見ない, 小事にとらわれて大局が見えない.
out of the wóods 〖米〗 [***wóod(s)*** 〖英〗] 〖話〗 危険[困難]を脱して 〈普通, 否定文で〉. The patient is still not *out of the* ~*s*. 患者はまだ危険状態を脱していない.
tòuch [〖米〗 ***knock (òn)***] ***wóod*** (こう言っても)'つき'が逃げませんように, くわばらくわばら, 《自慢の発言をした後で, そのたたりを恐れて木製の物にさわるまじないが起源, 今では間投詞的に用いる》. I've never had a serious illness—*touch* ~! 私は大病をしたことがない. (と偉そうな事を言ったが)罰が当たりませんように.
—— 形 木製の (wooden). a ~ floor 板張りの床(ゆか).
—— 動 他 **1** に木を植える, 植林する; を樹木で覆う. **2** にまきをくべる. **——** 自 まきを集める 〈*up*〉. [＜古期英語]

wòod álcohol 名 ＝methyl alcohol.

wòod anèmone 名 Ⓒ 〖植〗 ウッドアネモネ 《数種のアネモネの総称》.

wóod·bìne 名 Ⓤ 〖植〗 **1** スイカズラ (honeysuckle). **2** 〖米〗 アメリカヅタ (Virginia creeper).

wóod blòck 名 Ⓒ **1** 版木. **2** (舗装用, 床材などの)木れんが.

wóod·bòrer 名 Ⓒ 木材に穴をあける昆虫.

wóod·càrver 名 Ⓒ 木彫師.

wóod·càrving 名 **1** Ⓤ 木彫; 木彫術. **2** Ⓒ 木彫物, 木彫作品.

wóod·chùck 名 Ⓒ 〖動〗 (北米産の)マーモット (→ marmot).

wóod·còck 名 (複 ~s, ~) Ⓒ 〖鳥〗 ヤマシギ.

wóod·cràft 名 Ⓤ **1** 森林技術 《森林生活に必要な狩猟, キャンプなどの技術》. **2** 木彫, 木工; 木彫[工]術.

wóod·cùt 名 Ⓒ **1** 版木. **2** 木版; (挿絵などの)木版画; 《まさ目の板に彫る; →wood engraving》.

wóod·cùtter 名 Ⓒ **1** 〖旧〗 きこり. **2** 木版画家.

†**wóod·ed** /-əd/ 形 木の茂った; 森の多い.

***wood·en** /wúdn/ 形 **1** ⓒ 〈主に限定〉 **木製の**, 木でできた. a ~ box 木の箱. a ~ house 木造の家. **2** ⓜ 〔動作などが〕ぎこちない, 不器用な; 〔表情などが〕生気のない. She gave me a ~ smile. 彼女は私に力なくほほえんだ. [wood, -en] ▷ **~·ly** 副 不器用に; 生気のない表情で. **~·ness** 名 Ⓤ 不器用; 生気のなさ.

wóod engràver 名 Ⓒ 木版師, 木彫師.

wóod engràving 名 Ⓤ 木版(術); Ⓒ 木版画; 《木口(こぐち)に彫る; →woodcut》.

wòoden-héaded /-əd ⊛/ 形 〖話〗 ばかな (stupid).

wòoden hórse 名 〈the ~〉 〖ギ神話〗 木馬 《ギリシア軍がトロイ軍をあざむくのに用いた》 (Trojan horse).

wòoden Índian 名 Ⓒ 〖米〗 北米先住民の木像 《等身大で昔たばこ屋の看板に使われた》.

wòoden spóon 名 **1** Ⓒ 木製のスプーン. **2** 〈the ~〉 〖英話〗 (競技などの)最下位の選手[チーム]に与えられるものとされる架空の賞 (booby prize).

wóoden·wàre 名 Ⓤ 〈集合的〉 木製の台所用品 《ボール, 皿など》.

wòoden wèdding (annivérsary) 名 Ⓒ 木

婚式《結婚 5 年目》(→wedding).

wood·i·ness /wúdinəs/ 名 U 樹木[森]の多いこと; 木質.

†**wood·land** /wúdlæ̀nd, -lənd/ 名 U 〈しばしば ～s〉森林地帯. ～ creatures 森に住む動物.

wóod·lòt, wóod lòt 名 C 〖米〗植林地.

wóod·lòuse 名 (複 →louse) C 〖虫〗ワラジムシ, ダンゴムシ.

wóod·man /-mən/ 名 (複 **-men** /-mən/) C **1** きこり. **2** ＝woodsman.

wóod·nòte 名 C 〈しばしば ～s〉森の調べ《鳥や動物の鳴き声》.

wóod nỳmph 名 C 森の精 (dryad).

‡**wóod·pècker** 名 C 〖鳥〗キツツキ《キツツキ科》.

wóod pìgeon 名 C モリバト《野生の大型のハト》.

wóod·pìle 名 C まき[材木]の山.

wóod pùlp 名 U (製紙用)木材パルプ.

wóod·rùff 名 (複 ～s) C 〖植〗クルマバソウ.

wóod scrèw 名 C 木(もく)ねじ.

wóod·shèd 名 C まき小屋. ── 動 自 〖米俗〗〔特に, ジャズ音楽家が〕楽器の練習をする.

woods·man /wúdzmən/ 名 (複 **-men** /-mən/) C **1** 森の住人; 森の生活に必要な技術を身に付けた人. **2** 木工熟練者.

wóod sòrrel 名 C 〖植〗カタバミ.

wóod spìrit 名 ＝methyl alcohol.

Wóod·stòck 名 ウッドストック《New York 州南東部の村, 1969 年のロックフェスティバルに 40 万人といわれた若者が集まった》.

woods·y /wúdzi/ 形 e 〖米〗森のような, 森を思わせるような.

wóod tàr 名 U 木(もく)タール《木材, ロープなどの防腐剤》.

wóod thrùsh 名 C 〖鳥〗(米国東部産の)ツグミの一種.

wóod tùrning 名 U ろくろ木工細工.

wóod·wind /-wìnd/ 名 **1** C 木管楽器. **2** 〈〖米〗the ～s, 〖英〗the ～; 〖英〗は単複両扱い〉(オーケストラの)木管楽器部(の奏者たち).

†**wóod·wòrk** 名 U **1** 木工, 木材工芸. **2** 〈集合的〉木工品《主に家具》. **3** (家の)木造部分.

còme* [*cràwl*] *out of the wóodwork 〖話〗〔今までどこにいたか分からない連中が〕(うまみのありそうな時に)突然ぞろぞろ出て来る.

wóod·wòrking 名 U 木工術; 木工業.

wóod·wòrm 名 **1** C 〖虫〗〈普通 ～s〉木食い虫《木に穴をあけるテッポウムシなど》. **2** U 木食い虫による害.

wood·y /wúdi/ 形 e **1** 木の茂った; 森の多い. a ～ hill 樹木の生い茂った丘. **2** 木質の; 木材のような.

woo·er /wúːər/ 名 C 〖古〗求婚者, 求愛者, (suitor).

woof[1] /wuf, wuːf | wuːf/ 名 **1** C 〈普通 the ～〉(織物の)横糸 (weft; ↔warp). **2** UC 織物 (weft).

woof[2] /wuf/ 〖話〗名 C 犬のうーというりうなり声.
── 間 うー《犬がうなる時の発声》.
── 動 自 〔犬が〕うーとうなる.

woof·er /wúfər | wúː-/ 名 C ウーファー, 低音専用スピーカー, (→tweeter).

woof·ter /wúftər/ 名 C 〖英俗〗へなへなした男, おかま野郎.

‡**wool** /wul/ 名 U **1** 羊毛 (★ある種のヤギ, アルパカ, ラマなどの毛にも言う). *Wool* comes from sheep. 羊毛は羊から取る. Australia exports a lot of ～. オーストラリアは多くの羊毛を輸出している.
2 毛糸; 毛織物, ウール; 毛織りの衣類. a ball of ～ 毛糸の玉. *Wool* is too warm to wear in the summer. 毛織物は夏に着るには暑すぎる.
3 〈しばしば複合語で〉羊毛状のもの; (植物の)わた毛, 綿花; (動物の)むく毛. →cotton wool, mineral wool, steel wool. **4** 〖戯〗頭髪; 〈特に〉ちぢれ毛.
5 〈形容詞的〉羊毛の, 毛織物の, ウールの. a ～ sweater ウールのセーター.

àll wóol and a yàrd wíde 〖米話〗〔人が〕本当に親切な; 正真正銘の, 本物の; 《＜羊毛 100% で幅が規定どおり 1 ヤードのウール地》. Mr. Smith is a real gentleman—*all ～ and a yard wide*. スミス氏は正真正銘の紳士だ.

dỳed in the wóol (1) 紡ぐ前に染めた. (2) ＝dyed-in-the-wool.

Grèat* [*Mùch*] *crý and lìttle wóol. →cry.

kèep* [*lòse*] *one's wóol 〖英話〗怒らない[怒る].

out of the wóol 〔羊が〕毛を刈り取られて(shorn).

pùll the wóol over a pèrson's éyes 人をだます, 人の目をくらます. [＜古期英語]

***wool·en** /wúl(ə)n/ 〖米〗形 ℂ **1** 羊毛の; 羊毛製の, ウールの. ～ yarn 毛糸. a ～ blanket ウールの毛布. **2** 〈限定〉羊毛[毛織物]を扱う.
── 名 〈～s〉毛織りの衣類; 毛織物《生地》. a special detergent for ～*s* 毛織物用の特殊洗剤.

Woolf /wulf/ 名 **Virginia** ～ ウルフ (1882–1941)《英国の作家・批評家》.

wóol·gàthering 名 U 取り留めのない空想; 放心(状態); 《生け垣などにひっかかった羊毛を集めてぶらぶら歩く様子から》. ── 形 うわの空の, 放心した, ぼんやりした.

wóol·gròwer 名 C 牧羊飼育(業)者.

wool·len /wúl(ə)n/ 形, 名 〖主に英〗＝woolen.

‡**wool·ly** /wúli/ 形 e **1** 羊毛製の, 羊毛の. a ～ coat ウールの上着. **2** 羊毛のような, けばだった. **3** 〔考えなどが〕不明確な, ぼんやりした. a ～ idea はっきりしない考え.

wìld and wóolly 〖米話〗(無法時代の米国西部のように)荒っぽい, 波瀾(らん)に満ちた. a *wild and* ～ man 荒くれ男.
── 名 (複 -lies) C 〖話〗〈普通 -lies〉毛織りの衣類《セーター, 下着など》. ▷ **wool·li·ness** 名

wóolly bèar 名 C 毛虫.

wòolly-héaded /-əd 形/ 形 **1** (羊のような)もじゃもじゃ髪の. **2** 頭が混乱した[はっきりしない].

wòolly líberal 名 C 〖主に英〗(考えのはっきりしない)左翼の人《右翼の人が軽蔑的に用いる》.

wòolly-mínded /-əd/ 形 /形 ＝woolly-headed 2.

wóol·pàck 名 C **1** 羊毛ひと袋. **2** 〖気象〗(羊毛のような)積雲, 入道雲.

wóol·sàck 名 **1** C 羊毛を入れる袋. **2** 〖英〗〈the ～〉上院議長席《羊毛を詰めた座席; 上院議長は大法官 (Lord Chancellor) が務める》; 大法官の職.

wool·y /wúli/ 形, 名 〖米〗＝woolly.

woop·ie /wúpi/ 名 C (退職後の)裕福族の老人《＜*w*ell-*o*ff *o*lder *p*erson＋-*ie*》.

wooz·y /wúːzi/ 形 〖話〗e (酒酔い, 病気などで)めまいがする, 頭がくらくらする, ぼーっとする, (dizzy); 頭が混乱した. ▷ **wooz·i·ly** 副 **wooz·i·ness** 名

wop /wɑp | wɔp/ 名 C 〈時に W-〉〖俗・軽蔑〗イタリア人, イタリア系移民, 'イタ公'.

Worces·ter /wústər/ 名 ウスター《イングランド西部の都市; 磁器で有名》.

Wòrcester chína [pórcelain] 名 U ウスター(産の)磁器.

Worces·ter·shire /wústərʃər/ 名 ウスターシャー《イングランド中西部の州; 略 Worcs.》.

Wórcester(shire) sàuce 名 U ウスターソース《Worcestershire 州原産のソース; 日本語で一般に「ソース」と言われているもの》.

‡**word** /wəːrd/ 名 (複 **～s** /-dz/)
【言葉】 **1** C 語, 単語. French ～*s* フランス語の単語.

What is the German ~ for 'bird'? 「鳥」の意味のドイツ語の単語は何か.

連結 a colloquial [a formal; a native; a foreign; an archaic, a dated, an obsolete; a dialectal; a four-letter, an obscene] ~

2 Ⓒ 言葉, 談話; 〈the (right) ~〉 適切な[ぴったりの]言葉, 語; 〈a ~; 否定文で〉 一言も(..ない). a man of few ~s 口数の少ない男. put the feeling into ~s= give ~s to the feeling その感じを言葉に表す. big ~s 大言壮語. beyond ~s 言葉では表せないぐらい. a play on ~s →play (图 1 (b)). be not the ~ for.. →成句. He's sick—yes, 'sick' is the ~. 彼は病気, そうまさに「病気」なのだ. in ~ and deed 言行ともに. without a ~ 一言も言わずに. don't remember [understand] a ~ 一言も憶えていない[分からない]. *Words* failed him at the sight. その光景を見て彼は唖(ぁ)然として口が利けなかった. I ⌞couldn't find the [had no] ~s for [to express] what I wanted to say. 私は言いたいことを述べる言葉が見つからなかった.

3 Ⓒ **短い言葉**, 一言, 短い談話. a ~ of warning 警告の言葉. say a ~ of advice [thanks] 一言忠告[感謝]する. have a ~ [a few ~s] with him 彼とちょっと話をする.

4 〈~s〉 歌詞, せりふ. The tune fits the ~s. その曲は歌詞に合っている.

5【言葉のやりとり】〈~s〉 口論, 議論. hot ~s 激しい口論. come to ~s 口論になる.

6【聖なる言葉】〈W-; the~〉 聖書, 福音, 神の言葉 (**Wòrd of Gód**).

【言葉による取り決め】 **7** Ⓒ 〈単数形で; one's ~〉 約束; 保証. a ⌞man of his [woman of her] ~ 約束を守る男性[女性]. keep [break, go back on] one's ~ 約束を守る[破る]. You have my ~ on it. そのことは私が保証する. His ~ is his bond. →bond (成句).

【言葉による伝達】 **8** Ⓤ 便り, 知らせ; 伝言; うわさ. bring ~ of the defeat 敗北の知らせを伝える. pass [spread] the ~ 伝言を伝え回す. I haven't had ~ from my son recently. 最近息子から便りがない. *Word* came that they had little snow in London. ロンドンでは雪が少ないという知らせが届いた. The ~ is [*Word* has it] that the dissolution of the House of Commons is near. 下院の解散が近いといううわさだ.

9 Ⓒ 〈普通, 単数形で〉 指図, 命令; 〈the ~〉 合い言葉. say the ~ (→成句). give the ~ to dive (水に)飛び込めと命ずる. On his ~ the soldiers began marching. 彼の指図で兵士たちは行進を始めた.

at a wórd 一言で, (頼めば)すぐに. Bob will help us *at a* ~. ボブは言えばすぐに手伝ってくれるだろう.

a wòrd in* [*out of*] *séason 時宜を得た[得ない]助言.

be ⌞***as gòod as* [*trùe to*] *one's wórd*** 約束を守る.

be bètter than one's wórd →better[1].

be lòst for wórds (驚いたりして)何を言っていいかわからない, 言葉に窮する.

be nòt the wórd for.. 〖話〗..をうまく表した言葉ではない. Rich *isn't the* ~ *for* it! He is a billionaire. 金持ちなんてものではない. 彼は億万長者だ.

by* [*through*] *wòrd of móuth 口頭で, 口伝えで, 口コミで. The news was passed around *by* ~ *of mouth*. そのニュースは口伝えで広がった.

èat one's wórds 自分の誤りを認める, (恐縮して)前言を取り消す. He said I would fail, but I made him *eat* his ~. 彼は(私に)君は失敗するだろうと言ったが, (成功して)彼に言った事を取り消させた.

from the wòrd gó →go 图.

gèt a wórd in édgeways →edgeways.

gìve..one's wórd 〔人〕に約束する 〈*that* 節..と〉.

hàng on a person's ⌞***wórds* [*èvery wórd*]** 人の話を熱心に聞く.

hàve a wórd in a pèrson's éar 〖話〗人に耳打ちする.

hàve the làst* [*fìnal*] *wórd (議論で)返答できないような決定的なことを言う, 'とどめを刺す'; 最後の断を下す.

hàve wórds with.. ..と口論する 〈*about, over* ..のことで〉. I *had* ~*s with* my wife *over* our son's education. 私は息子の教育のことで妻と口論した.

****in a* [*òne*] *wórd*** **一言で**; 一言で言えば. explain *in a* ~ 一言で説明する. *In a* ~, we failed in the attempt. 簡単に言えば我々はその試みに失敗したのだ.

in as màny wórds =in so many WORDS.

****in òther wórds*** **言い換えれば**. *In other* ~*s*, Ed wants to refuse the invitation. 別の言葉で言えばエドはその招待を断りたいのだ.

in one's òwn wórds (人のまねなどでなく)自らの言葉で〔話すなど〕.

in so màny wórds 〈しばしば否定文で〉 その通りの言葉で, はっきりと, 《<それだけの数の単語で》. Did the woman tell you *in so many* ~*s* that you were not welcome? その女は「あなたは歓迎されていない」とはっきり君に言ったのか.

in the wòrds of a pérson*=*in a pèrson's wórds 人の言い方を借りるなら.

in wòrds of óne sỳllable (単音節語のように)平易な言葉で(言うと).

***nèver have a gòod* [*bàd*] *wórd to sày for* [*about*]..** 〖話〗〔人〕を絶対に良く[悪く]言わない.

on* [*with*] *the wórds そう言ってすぐ.

pùt wórds in* [*into*] *a pèrson's móuth →mouth.

sày* [*put ìn*] *a* (*gòod*) *wórd for.. ..のために弁護[口添え]する.

sày the wórd 〖話〗しなさい[してもいい]と言う. Just *say the* ~, and I'll call a doctor for you. 頼むと一言言えば医者を呼んでやる.

sènd wórd 伝言する, 申し伝える, 〈*to* ..に〉. We *sent* ~ *to* John to return at once. 我々はジョンにすぐ帰るようにと伝言した. They *sent* ~ that they would be late. 彼らは遅れるだろうと知らせてきた.

sùit the áction to the wórd (おどしとして)言ったことをすぐ実行する.

tàke a pèrson at his* [*her*] *wórd 人の言うことを真(ま)に受ける[信用する].

tàke the wórds out of a pèrson's móuth → mouth.

tàke a pèrson's wórd for it 人の言うことが正しいと認める.

the làst wórd →last word.

tòo..for wòrds 言葉に言い表せないほど..で, ひどく..で, (★..は形容詞; →too 1 (a)). The accident was *too* shocking *for* ~*s*. その事故はあまりにも衝撃的で言葉に表せなかった.

upon my wórd 〖旧〗 (1) 誓って, 確かに. (2) これはこれは 《驚きを表す感嘆句; My word! とも言う》.

wèigh one's wórds 言葉を慎重に選ぶ.

wòrd by wórd (1) 1 語ずつ. A poem should not be read ~ *by* ~, but phrase by phrase. 詩は 1 語ずつでなく句にまとめて読むべきである. (2) =WORD for word (1).

wòrd for wórd (1) 逐語的に〔翻訳するなど〕; 一語一語そのままに. repeat what the teacher said ~ *for* ~ 先生の言ったことを一言も違(たが)えずに繰り返す. (2) =WORD by word (1). ★word *by* word は文中の語を「1 つ 1 つ拾って」, word *for* word は 2 つの文中の単語の 1 対 1 の対応を表すのが本来の意味; しかし両者はしばしば混同される.

one's wòrd of hónor (人が)名誉にかけて誓った約束.
── 動 他 を言葉で表す; VOA〈A は様態の副詞〉を..に言い表わす. The girl couldn't ～ her feelings well. その少女は自分の気持ちをうまく言い表せなかった. a carefully ～*ed* answer 慎重な語句を用いた答弁.
[＜古期英語]

word·age /wə́ːrdidʒ/ 名 U 1〈集合的〉言葉 (words). **2** (物語, 小説などの)語数. **3** 冗長. **4** 言葉遣い.

wórd·assoċiàtion 名 U 〖心〗単語連想《性格, 心理状態を知る手がかりとする》.

wórd blìndness 名 U 〈通俗に〉失読症 (〖医〗alexia, dyslexia).

wórd·bòok 名 C 単語集, 辞書, (類語 dictionary ほど網羅的・詳細でない).

wórd clàss 名 C 〖文法〗品詞 (part of speech).

wórd formàtion 名 U 〖文法〗語形成.

> 文法 **word formation** (語形成). 新語を作る方法には, (1) 全く新しく作る方法, (2) 語を組み合わせて作る方法 (composition (合成)), (3) 語に接頭辞か接尾辞をつけて作る方法 (derivation (派生)), (4) 前 2 者を合わせた方法, (5) 語に複合要素 (combining form) をつける方法がある.
> (1) の例は Kleenex, nylon など. (2) は weekend のように 1 語に書くもの, weather-beaten のようにハイフンで結ぶもの, head office のように 2 語に書くものがある.「名詞＋名詞」の組み合わせではハイフンを使うものは少ないが, 形容詞的に使うときにはハイフンを入れるのが好ましい (test tube →a *test-tube* baby). (3) は kind → kind*ly*, better→better*ment*; gain →*re*gain, war →*post* war. (4) は kindhearted のような場合で, まず kind heart ができ(合成), それに -ed が付いて(派生) kindhearted となったものである (→-ed 語法). (5) は →combining form.

wòrd-for-wórd /㊥/ 形 〈限定〉逐語的の〔翻訳など〕(→WORD for word).

word·i·ly /wə́ːrdili/ 副 言葉数多く, くどく.

wórd·i·ness 名 U 言葉数の多いこと, 冗漫.

wórd·ing 名 U 言葉遣い; 表現の仕方, 言い回し.

wórd·less 形 **1**〈限定〉言葉ʟで表せない[にならない]; 言葉によらない. ～ grief 無言の悲嘆. **2** 言葉がʟ出ない[使えない]. stand dumfounded and ～ あきれて物が言えないで立っている. ▷ **～·ly** 副 **～·ness** 名

wòrd-of-móuth /㊥/ 形 口伝えの, 口コミの, (→by [through] WORD of mouth).

wórd òrder 名 U 〖文法〗語順.

wòrd-pérfect /㊥/ 形 〖英〗＝letter-perfect 1.

wórd pìcture 名 C 生き生きと描写した文, 活写.

wórd·plày 名 U 軽妙な言葉のやりとり, しゃれ.

wórd pròcess 動 他 〔原稿など〕をワープロで打つ[清書する].

wórd pròcessing 名 U ワードプロセシング《コンピュータによる文書の作成・記憶・編集》.

wórd pròcessor 名 C ワープロ《コンピュータによる言語情報処理装置》.

wórd·smìth 名 C 文筆家, '物書き'.

wórd squàre 名 C 四角連語《縦横どちらに読んでも同じ語になるように並べた方陣》.

Words·worth /wə́ːrdzwə(ː)rθ/ 名 **William ～** ワーズワース (1770–1850)《英国の詩人》.

wórd wràp 〖電算〗名 U ワードラップ《語間を自動的に調整して行末の単語を分綴しないで済むようにする機能》. ── 動 他 自 (行を)ワードラップする.

wórd wràpping 名 ＝word wrap.

word·y /wə́ːrdi/ 形 e **1** 言葉数の多い, 冗漫な. a ～ report くどくどした報告. **2** 言葉の[に関する] (verbal).

wore /wɔːr/ 動 wear の過去形.

‡work /wəːrk/ 名 (複 **～s** /-s/)

【仕事】**1** U **仕事**; **労働**, 作業; (類語 機械による仕事も含めて「(活動としての) 仕事」を表す最も一般的な語; →drudgery, grind 3, labor 1, task, toil). do outdoor ～ 戸外の仕事をする. This machine can do the ～ of ten men. この機械は 10 人分の仕事ができる. Breaking a path through the snow is hard ～. 雪の中に道を切り開いて進むのは大変な作業だ.

> 連結 rewarding [satisfying; pleasant; easy; arduous, backbreaking, grueling, heavy, laborious; monotonous; repetitive; menial] ～

2 U 〖物理〗仕事, 仕事量.
3 aU (すべき)**仕事**, 業務; 事業. assign ～ 仕事を割り当てる. begin [finish] the day's ～ その日の仕事を始める[終える]. have a lot of ～ to do やる仕事がたくさんある. carry on a great ～ 大事業を行う.
4 U (やりかけなどの)仕事《勤め先の仕事, 針仕事など》. bring some ～ home from the office 職場から家に仕事を持ち帰る. Mother took her ～ out into the garden. 母は仕事を庭に持ち出した《縫い物, ししゅうなど》.
5【学ぶ者の仕事】U **勉強**, 研究; 努力. Scientists started ～ *on* the project. 科学者がその計画について研究を開始した. All ～ and no play makes Jack a dull boy. 〖諺〗よく学びよく遊べ《＜勉強ばかりして遊ばないと子供はばかになる》.
6【仕事ぶり】U 仕事ぶり, 腕前; 成績. Your ～ has shown a little improvement lately. 君の腕前は最近少し良くなった. You have to do better ～ in English. 君は英語の成績をもっとよくしないといけない.
7【建設する仕事】〈～s〉土木工事; (土木による)建造物《橋, ダムなど; →public works》.
8 C〈普通 ～s〉防御工事, とりで.
【仕事の場】**9** U〈無冠詞で〉**仕事**(の口), 職; 職業; 職場; (類語 どのような仕事・職(業)にも適用できる日常的な語; →occupation). look for part-time ～ 非常勤の勤め口を探す. What line of ～ are you in? どういう方面のご職業ですか. leave ～ at five in the afternoon 夕方 5 時に職場を出る. go to ～ early in the morning 朝早く仕事に出かける.
10【作る場】〈～s; 単複両扱い〉製作所, 工場, 〈しばしば複合要素として〉. The iron ～*s* is [are] closed this week. 今週鉄工所は閉まっている. a steel～*s* 製鋼所. a glass～*s* ガラス工場.
【仕事の成果】**11** C〈普通 ～s〉**(a)** (芸術上の)**作品**; 著作. the complete ～*s* of Keats キーツの全集. **(b)** 業績. Your good ～*s* will live after you. 君の立派な業績は後世まで残るだろう.
12 U 細工; 製作;〈集合的〉細工物, 作品, 製品, 《特に手工品》. a vase with careful ～ 念入りな細工を施した花瓶. This cushion is my own ～. このクッションは私の手作りです.
13 U 仕業; 効果, 作用. a nasty piece of ～ 意地悪な行為. That must be the ～ of a thief. それは泥棒の仕業に相違ない. The drug has begun to do its ～. 薬が効き始めた.
【(全体的)仕掛け】**14**〈the ～s〉(時計などの)機械仕掛け.
15〈the ～s〉〖話〗全部, 一切合財. He bought a suit, shoes, a shirt and a tie—the ～*s!* 彼はスーツ, 靴, ワイシャツそれにネクタイを全部買った.
16〈～s〉〖米俗〗(麻薬常用者の)注射器など.

áll in the* [*a*] *dáy's wórk 当たり前の[で], 日常茶飯事の[で].

__at wórk__ (1) **仕事中の**[で]; 仕事にかかって〈*on* ..の〉.

W

Father is still *at* ～ in his study. 父はまだ書斎で仕事をしている. be *at* ～ *on* a novel 小説の執筆中である. (2) 就業中の[で]; 勤務先に. Don't call me *at* ～. 私の勤務中は電話をかけないでくれ. (3)〔機械などが〕運転中で. (4)〔力などが〕作用して. I think some supernatural force is *at* ～ here. ここでは何か超自然的な力が働いていると思う.

gèt (down) to wórk 仕事に取りかかる; 仕事を始める〈*on* ..の〉; ..し始める〈*to* do, do*ing*〉.

gìve..the (whòle) wórks 〖話〗 (1)〔人〕を(殴ったりして)ひどい目にあわす; 〔人〕を殺す. (2)〔人〕に洗いざらいしゃべる. (3)〔人〕にできるだけのことをしてやる; 〔物〕にできるだけの手を加える.

gò to wórk (1) 仕事に出かける (→6). (2) ＝get (down) to WORK.

hàve** one's **wórk cùt óut (for** one**) 〖話〗(特に時間を限られた)難しい仕事を引き受けている.

in the wórks 〖話〗計画中で; 準備中で.

in wórk 就職して (↔out of WORK).

màke hàrd wórk of.. ..を(実際よりも)難しい仕事に見せる.

màke lìght wórk of.. ..をさっさと済ませる, 軽く片付ける.

màke shòrt wórk of.. 〖話〗〔食物, 仕事など〕をさっさと片付ける.

****out of wórk*** 失業して (↔in work).

sèt to wórk ＝get (down) to WORK.

sèt [pùt]** a person **to wórk 人を仕事に取りかからせる.

shòot the wórks 〖米俗〗一(いち)か八(ばち)かやってみる, (失敗覚悟で)全力投球する.

── 動 (～s /-s/|過 過分 ～ed /-t/, 〖古〗 **wrought** /rɔːt/|**wórk·ing;** ★注記のある場合以外の **wrought** は〖古〗) 自 【(遊んでいないで)仕事をする】 **1 (a)** 働く, 作業する, (↔play); 努力する, 働く, 〈*for* ..を求めて/*to* do ..するために〉. ～ eight hours a day 1 日 8 時間働く. ～ for nothing [small pay] ただ[低賃金]で働く. ～ *for* peace 平和のために働く. ～ hard to persuade them out of the plan 彼らを説得してその計画を断念させるように懸命に努力する. enjoy ～*ing* with one's hands 手仕事を楽しむ. Bill ～*s* with [under] me. ビルは私の仕事仲間[部下]だ. **(b)** VA (**～ *with, among..***)〔病人, 貧しい人など〕のために働く. ～ *with* blind children 目の見えない子供たちのために働く.

連結 ～ diligently [energetically, feverishly, strenuously, tirelessly, zealously; desultorily]

2 勉強[研究]する; 精を出す〈*at, on* ..に〉; 書く, 制作する, 〈*on* ..〔小説など〕を〉; VA (**～ *on..***) ..を研究する〈進行形で〉. ～ *on* [*at*] a problem in mathematics 数学の問題に取り組む. an artist ～*ing on* a picture 絵画を制作中の画家.

3 勤めている, 職についている, 〈*at, in, for* ..に〉. ～ *in* [*at*] a factory 工場勤めである. Sam ～*s for* an oil company [Mr. Smith]. サムは石油会社[スミス氏のところ]に勤めている.

【正常に働く】 **4**〔機械などが〕動く, 異常がない; 〔車輪などが〕回転する; 〔心臓などが〕働く. This clock doesn't ～ any more. この時計はもう動かない. My stomach is ～*ing* badly. 腹具合が悪い.

5 (a)〔計画などが〕うまく行く; VA〔事が〕(有利, 不利などに) 作用する, 働く. Let's see if it ～*s*. それがうまく行くかどうか見てみよう. The new system ～*ed* ⌊*in* our favor [*against* us]. 新しい制度が我々に有利[不利]に働いた. **(b)**〔薬などが〕効く, 作用する, 〈*on* ..に〉. The charm has ～*ed on* him. 彼にまじないが効いた.

6〔イースト菌, ビールなどが〕発酵する.

【徐々に動く】 **7 (a)** VA (骨折って) 少しずつ進む; (ある方向に)次第に動く; 〖海〗〔船が〕(風上に)進む. ～ slowly *through* the deep snow 深い雪の中を 1 歩 1 歩ゆっくり進む. The wind has ～*ed round to* the north. 風向きが次第に北に変わった. **(b)** VC (～ X) 徐々に[いつの間にか] X の状態になる. The screw ～*ed* (itself) loose. ねじがゆるんできた (★itself が付けば VOC (→他 5 (b)). His hands finally ～*ed* free of the ropes. (もがいているうちに)ついに彼の手は縄から抜けた.

8 【揺れ動く】〔波, 心などが〕揺れる; 〔顔などが〕ひきつる. The seaweed ～*ed* to and fro. 海藻は波のまにまに揺れ動いた. The girl's mouth ～*ed* and she began to cry. 少女の口元がゆがんで彼女は泣き出した.

【手を働かせる】 **9** VA (**～ *in, with..***)〔革など〕の細工をする, (専門)職人である, (★〖章〗では worked は時に wrought になる). ～ *in* copper [leather] 銅[革]細工(の仕事)をする.

10 【手を加えられる】 VA 〔生パンなどが〕(こねて)作られる, 形になる. This metal ～*s easily*. この金属は加工しやすい.

── 他 【仕事をさせる】 **1** VOA〔人, 牛馬など〕を働かせる, 使う; 〔学生など〕を勉強させる; 〔人〕を(ひどくなど)働かせる; (～ X ***to..***) X (人, 動物)を働かせて〔死など〕に至らせる. ～ one's laborers long hours 労働者を長時間働かせる (★long.. は副詞的名詞句). ～ oneself to death (過労で)死んでしまうまで働く. You're ～*ing* your horse too *hard*. 君は馬を酷使している.

2〔機械など〕を動かす, 操作する; 〔船, エレベーターなど〕を運転する; 〔人形など〕を手で操る; 〈しばしば受け身で〉. This sewing machine is ～*ed* by electricity. このミシンは電動です. Tell me how to ～ this machine. この機械の使い方を教えてください.

【円滑に動かす＞経営する】 **3**〔農場, 会社など〕を動かす, 運営する; 〔油田, 鉱山など〕を操業する; 〔土地〕を耕す; 〔企画など〕を進める. ～ a railroad 鉄道を経営する. ～ the land for generations 何世代にもわたってその土地を耕作する.

4 を巡回して仕事をする; 〔セールスマンなどが〕の地区を受け持つ; が職場である, で仕事[商売など]をする. The policeman ～*s* this district. その巡査がこの地区の担当です. The cops were ～*ing* the scene. 警官が現場で作業をしていた.

【徐々に動かす[変える]】 **5 (a)** VOA〔物〕を少しずつ動かして..におさめる[届かせる]; 〔人〕を次第に興奮させて[動かして]..の状態にさせる. We ～*ed* the heavy box *into* the corner. 我々はその重い箱をじわじわと動かしてすみに寄せた. ～ oneself *into* a rage 興奮して怒り出す. The naughty boy tried to ～ the girl *to* tears. いたずらな少年は少女を泣かせようとした. **(b)** VOC (～ X Y) X を徐々に動かして Y の状態にする. The captive ～*ed* his hands free. 捕虜は(縛られた)手をもがいて自由にした.

【徐々に作り出す】 **6** (★〖章〗では worked は時に wrought) **(a)**〔生パン, 粘土など〕をこねる; 〔金属など〕を打って形にする; VOA (～ X ***to, into..***) X をこねて[鍛えて]..にする. ～ butter and sugar バターと砂糖を練り合わせる. *Work* the copper *into* a pan. 銅を打ってなべを作りなさい.

(b) に細工をする; を縫って[編んで]作る; VOA (～ X ***with*** Y)・(～ Y ***on*** X) X に Y (模様など)をししゅうする; 〈しばしば受け身で〉. This stone is easily ～*ed*. この石は細工しやすい. ～ a napkin *with* initials＝～ initials *on* a napkin ナプキンに頭文字を縫い取る.

7 〖主に米〗〔問題など〕を苦労して解く; を計算する.

8〔驚異, 変化など〕をもたらす, 引き起こす, (★〖章〗では worked は時に wrought). ～ harm 害をもたらす. Christ ～*ed* many miracles. キリストは多くの奇跡を行った.

9〘米話〙に取り入る, をたらし込む;〘俗〙をだます. **10**〘西インド諸島〙として働く. ～ cook コックをやる. **11**〘主にオース・ニュー〙〔牛など〕を(追い)集める.

***wórk against*..** →自 5 (a).
***wòrk aróund to*..**〔問題など〕にやっと取りかかる.
wòrk awáy (*at*..) (..に)せっせと励む.
wòrk báck〘オース話〙残業する.
wòrk ín〔ほこりなどが〕入り込む, 侵入する.
wòrk /../ ín (1)〔文, 挿絵など〕を挿入する;〔冗談など〕を(上手に)はさむ;〔かぎなど〕を(なんとか)差し込む. ～ *in* humor うまくユーモアを交える. (2)〔人〕のために時間[場所]の都合をつける. I can ～ you *in* on Monday. 月曜ならお会いできますが.
***wórk into*..**〔ほこりなどが〕..に入り込む.
***wórk* X *into* Y** (1) X(挿絵など)を Y に挿入する; X(冗談など)を Y に(上手に)はさむ. ～ humor *into* a story 話にうまくユーモアを交える. (2) X を(なんとか) Y (予定など)に組み込む. ～ four meetings *into* one's schedule 予定に会合を 4 つ入れる.
***wòrk ín with*..** ..と協力する; ..と協調する.
wórk it〘話〙(1) うまくやってのける. (2) (なんとか)手配する. He will ～ *it* so that we get the invitations. 招待状がもらえるように彼が取り計らってくれるだろう.
wòrk /../ óff (1) ..を取り除く;〔借金など〕を働いて返す;〔仕事の遅れ〕を取り返す;〔滞貨, 余分な精力など〕の吐け口を見つける. ～ *off* one's obligation 債務を果たす. ～ *off* one's excess fat by doing exercises 運動してぜい肉を取る. (2)〔うっぷんなど〕を晴らす〈*on, against* ..に向かって〉. Don't ～ your anger *off on* us. 私たちに当たり散らさないで欲しい. ～ *off* steam →steam 成句.
wòrk ón 働き続ける.
***wórk on*..** (1) →自 2. (2) ..に働きかける, 影響を与える, (→自 5 (b)); ..を説得する; (★〘章〙では worked はしばしば wrought). I'm ～*ing on* Dad to buy me a new car. 新車を買って欲しいとおやじにねだっている.
wòrk óut (1) 次第に抜け出る. Your blouse has ～*ed out*. ブラウスが(スカートのウエストから)はみ出ている. (2)〔金額などが〕算定される〈*at, to* ..と〉. Your pay ～*s out at* 200 pounds a week. 君の週給は 200 ポンドになる. (3)〔問題などが〕解ける;〔答えが〕出る. (4)〔仕事などが〕うまくゆく; 〈副詞を伴って〉 ..の結果になる. Our plans ～*ed out* well [badly]. 我々の計画はうまくいった[失敗した]. (5) (スポーツなどの)練習をする; 体を鍛える; (→workout).
****wòrk /../ óut*** (1)〔費用など〕を計算する. ～ *out* 15 percent VAT on £85 85 ポンドに対する 15% の付加価値税を計算して出す. (2)〔問題, 暗号など〕を**解決する**, **解く**;〔人の性質など〕を理解する. I can't ～ *out* what you think. 君の考えが分からない. (3) **..を(なんとか)やり遂げる**; ..をうまく治める, 処理する. ～ *out* a mutual agreement 相互の合意にこぎつける. Things will ～ themselves *out* in time. 事態はいずれ丸く治まるだろう. ～ it *out* with her 彼女とうまく話をつける. (4)〔計画など〕を綿密にたてる, 作成する;〔方法など〕を考え出す. Bill ～*ed* the idea *out* in the bathroom. ビルは浴室でその考えを思いついた. (5)〘米〙..を働いて払う[返す]. I ～ *out* my rent by washing dishes. 家賃の分だけ皿洗いをする. (6)〔鉱山など〕を掘り尽くす; ..を仕事で疲れさせる;〈普通, 受け身で〉. I'm quite ～*ed out*. 仕事で疲れ果てている.
***wórk over*..** ..を徹底的に調べる.
wórk /../ óver (1)〔原稿など〕を書き直す. (2)〘話〙..をひどい目にあわす. Two guys ～*ed* me *over* good. 2 人の男にさんざん痛めつけられた.
wòrk thíngs ＝WORK it.
***wórk to*..**〔計画など〕に従って行動する. ～ *to* rule → rule 成句.
***wórk toward*..** ..を達成するために努力する.
wòrk úp 徐々に至る[達する]〈*to* ..に〉; 出世する. ～ *up to* a climax 最高潮に達する. The manager ～*ed up* from an office boy. 支配人は給仕から身を起こした.
wòrk /../ úp (1)〔人〕を徐々に興奮させる〈*into, to* ..に〉;〔興味, 熱意など〕をあおる, 刺激する;〔汗〕をかく;〔食欲, のどの渇きなど〕をつのらせる. Don't get ～*ed up* over nothing. つまらぬことに興奮しなさんな. take exercise to ～ *up* an appetite 食欲増進のため運動をする. The man ～*ed* himself *up into* a fit of rage. その男はだんだん興奮してとうとう怒り出した. (2)〔会社, 商売など〕を次第に発展させる;〔支持者など〕の数[勢力]を増す. (3)〔材料など〕を練りまぜて作る, 加工する;〔着想など〕をまとめる〈*into* ..に〉. ～ *up* one's notes *into* a thesis 覚え書きを論文にまとめる. (4) ..を研究して作る.
wórk upon [*on* ↑]..
wòrk one's wáy 働きながら[苦労して]進む (→way[1] 2 語法); 次第に出世する〈*up*〉. ～ one's *way* through college 働きながら大学を出る. ～ one's *way* forward in the jungle ジャングルの中を苦労しながら前進する. ～ one's *way up* from the bottom 下積みからたたき上げる. [＜古期英語]

-work〈複合要素〉 **1** ..細工(品), ..仕事. wicker*work*. needle*work*. **2** ..構造(の物). frame*work*. net*work*.

‡**wórk·a·ble** 形 **1**〔計画などが〕実行可能な. a ～ scheme 実行できる計画. **2**〔機械などが〕運転できる, 動き[動かし]うる. **3**〔材料などが〕手で加工できる. **4** 操業できる[する価値がある]. ▷ **～·ness** 名

work·a·day /wə́ːrkədèi/ 形 〈限定〉平日の; 平凡な, ありふれた, つまらない.

‡**work·a·hol·ic** /wə̀ːrkəhɔ́ːlik|-hɔ́l-/ 名 C〘話〙仕事中毒者, 仕事の虫. [＜*work*＋alco*holic*]

work·a·hol·ism /wə́ːrkəhɔ̀ːliz(ə)m|-hɔ̀l-/ 名 U 仕事中毒.

wórk·bàg 名 C 道具袋《特に裁縫用具を入れる》.
wórk·bàsket 名 C (裁縫用具用の)道具かご.
wórk·bènch 名 C (大工などの)仕事台, 細工台.
wórk·bòok 名 C **1** (器具の)使用説明書. **2** ワークブック, 練習帳; (学生用)学習計画帳.
wórk·bòx 名 C 道具箱.
wórk càmp 名 C **1** (宗教団体などの)奉仕活動キャンプ. **2** (公共事業労働などに従事させる)模範囚収容キャンプ.
wórk clòthes 名〈複数扱い〉作業着.
wórk·dày 名 (複 ～s) C **1** 仕事日, 勤務日; 平日. **2** 1 日の勤務時間. an eight-hour ～ 8 時間労働(制).
wòrked-úp 形〈叙述〉〘話〙興奮して〈*about*..のことで〉(→WORK /../ up (1)).

‡**work·er** /wə́ːrkər/ 名 (複 ～s /-z/) C **1 働く人**, 勉強する人;〘話〙働き者. a hard ～ 勤勉家.
2 研究者, 活動家. a student ～ 学生運動家.
3 労働者, 労務者. a factory ～ 工員.

> 連結 a skilled [a competent; a diligent, an industrious, a productive; a lazy; a full-time; a part-time] ～ // hire [take on; lay off; dismiss, fire, let go, sack] a ～

4〘虫〙働きバチ, 働きアリ. [work, -er[1]]

wórk èthic 名 U〘主に米〙労働観[倫理]《労働の倫理的価値を尊重する》. Protestant ～ プロテスタント的労働倫理.
wórk expèrience 名 U (実務)経験;〘英〙労働実習(期間).
wórk·fàre 名 U 勤労福祉制度《福祉手当受給者にその見返りとして公共事業などの労働を求める》. [＜*work*＋wel*fare*]

W

wórk fàrm 名C (青少年犯罪者のための)更生農場.

wórk fòrce 名C 〈普通, 単数形で〉(国, 地方などの)全労働人口; (企業の)全従業員.

wórk·hòrse 名C **1** 使役馬《競走, 乗馬用の馬に対して》. **2** 馬車馬のように働く人, 精力家. a willing ～ 仕事の '鬼'. **3** 便利重宝なもの《乗り物, 器材など》.

wórk·hòuse 名 (複 →house) C **1**〖米〗(軽犯罪者を集団で働かせる)矯正院 (house of correction). **2**〖英史〗救貧院.

work-in /wə́ːrkìn/ 名C 〈普通, 単数形で〉(抗議行動としての)職場占拠《労働者が自主的に操業する》.

***work·ing** /wə́ːrkiŋ/ 名 (複 **～s** /-z/) **1** U **仕事**, 労働. farm ～ 農場の仕事. **2** C 〈しばしば ～s〉(機械などの)**動かし方**; 作用, 働き. the ～*s* of the device その装置の動かし方. **3** 〈～s〉(鉱山などの)採掘所.

―― 形 © 〈限定〉 **1 働く**; 労働に従事する. the ～ population 労働人口. ～ power 労働力. **2** 仕事の, 作業の; 労働に使われる. shorten ～ hours 労働時間を短縮する. ～ clothes 仕事着, 作業着. ～ conditions [practices] 労働条件[慣習]. **3 実用的な**, 実際に役立つ; 基礎的な. a ～ hypothesis 作業仮説《研究などを進める上で手段として用いる》.

working breakfast /ˊ-- ˋ-|ˋ- ˊ-/ 名C 仕事の話をしながらの朝食.

working capital /ˊ-- ˋ--|ˋ- ˊ--/ 名U 運転資本;〖経〗流動資本 (↔fixed capital).

wòrking-cláss /⑧/ 形 〈限定〉労働者階級の.

working class(es) /ˊ-- ˋ(-)|ˋ- ˊ(-)/ 名 〈the ～〉労働者階級.

working day /ˊ-- ˋ|ˋ- ˊ/ 名 ＝workday.

wórking gìrl 名C **1**〖旧婉曲〗＝prostitute. **2** 若い女性労働者, OL.

wórking gròup 名 ＝working party.

wòrking knówledge 名 aU 十分実際の役に立つ知識. She has a ～ of French. 彼女には一応役に立つフランス語の知識がある.

wórking-lèvel 形 〈限定〉事務[実務]レベルの〔会談など〕.

wòrking lífe 名C 就働期《人生のうちの労働に従事する時間》; (機械などの)耐用年数, 寿命.

working lunch /ˊ-- ˋ|ˋ- ˊ/ 名C 仕事の話をしながらの昼食.

wòrking majórity 名C 〈普通, 単数形で〉(可決に必要なだけの)(絶対)多数.

wórking·màn /-mæ̀n/ 名 (複 **-men** /-mèn/) C 労働者, 工員.

wórking men's clùb 名C 労働者クラブ《労働者が集まるパブに似た社交場》.

wòrking módel 名C (機械などの)実用模型《実物と同じ働きをする》.

wòrking móther 名C (家庭外に仕事を持つ)働く母親.

working order /ˊ-- ˋ-|ˋ- ˊ-/ 名U (機械の)正常運転. in ～ 正常に運転して, (物事などが)順調で.

wórking òut 名U **1** 算定, 算出. **2** (計画などの)綿密な立案, 案出.

wórking pàpers 名〖米〗(未成年者や外国人の就業に必要な)就業調書.

wórking pàrty 名C **1**〖英〗特別問題調査委員会; 作業部会. **2** (兵隊や囚人の)作業班.

wòrking wéek 名〖英〗＝workweek.

wórking·wòman 名 (複 **-women**) C 女性労働者, 女子工員.

wórk·less 形 仕事のない, 失業した.

‡**wórk·lòad** 名C (一定時間内に機械や人が行う(べき))仕事量; かかえ込んだ仕事. struggle with a heavy ～ たくさんの仕事量(をこなそう)と戦う.

‡**work·man** /wə́ːrkmən/ 名 (複 **-men** /-mən/) C **職人**, 職工; 労働者; 〈形容詞をつけて〉仕事(ぶり)が..な人. a skilled ～ 熟練工. A bad ～ always blames [quarrels with] his tools.〖諺〗弘法(こうぼう)筆を選ばず《＜下手な職人は道具に文句をつける》.

wórkman·lìke 形 職人らしい; 手際のいい.

wórk·man·ly 形 ＝workmanlike.

‡**wórk·man·ship** /-ʃìp/ 名U **1** (職人の)技量, 腕前; 出来栄え. The chair is of exquisite ～. そのいすはじつに巧妙に作られている. **2** 細工品; 手工芸品. a sample of his ～ 彼が作った物の1例.

wórk·màte 名C〖主に英〗仕事仲間, 職場の同僚, (類語 colleague はホワイトカラーについて, workmate はブルーカラーについて言う).

wòrkmen's compensátion 名U 労働者災害補償《労務による災害に対して雇用者の入っている政府管掌保険から被雇用者に支払われる》.

wòrk of árt 名C 美術[芸術](作)品.

‡**wórk·òut** 名C〖話〗**1** (スポーツなどの)練習(のひと区切り). **2** 体操, 体の鍛練.

wórk·pèople 名〖主に英〗〈複数扱い〉〈集合的〉労働者, 〈特に〉工員.

wórk pèrmit 名C 就労許可証.

wórk·pìece 名C 製造過程にある製品; 道具[機械]で製造する物.

‡**wórk·plàce** 名C 仕事場, 作業場.

wórk·ròom 名C 仕事部屋, 作業室.

wórk shèet 名C **1** 作業票《仕事の進度などを記録する》. **2** 練習問題用紙.

‡**work·shop** /wə́ːrkʃɑ̀p|-ʃɔ̀p/ 名 (複 **～s** /-s/) C **1 仕事場**, 工場, (類語 小規模の(手工業の)工場を指す; →factory). He has a ～ near his home. 彼は自宅近くに仕事場を持っている. **2** 研修会; 研究グループ. an English-teaching ～ 英語教育の研究会.

wórk-shỳ 形〖英〗仕事嫌いの, 怠惰な.

wórk sòng 名C〖米〗(仕事をしながら皆で歌う)作業[労働]歌.

wórk·spàce 名UC〖電算〗作業領域《計算機処理中にデータを一時的に格納しておく主記憶内の領域》.

wórk·stàtion 名C〖電算〗ワークステーション《中央にあるコンピュータと結ばれたパソコンやオフコン; ワークステーションが備えられた仕事場》.

wórk stòppage 名UC〖米〗一斉作業停止《ストライキのように組織的でなく自然発生的》.

wórk stùdy 名U 労働[作業]能率研究.

wòrk-stúdy prògram 名C〖米〗労働就学課程《高校・大学で実際に労働を経験しながら学ぶ》.

wórk sùrface 名 ＝worktop.

wórk·tàble 名C (職人の)仕事台; (引き出し付きの)裁縫台.

wórk·tòp 名C (料理する時にいろいろに使う)調理台[冷蔵庫, 食器棚など]の上面.

wòrk-to-rúle 名C〖英〗遵法闘争 (→work to RULE).

wórk·wèek 名C 〈単数形で〉〖米〗週労働時間[日数] (〖英〗working week). a 5-day ～ 週5日労働.

wórk·wòman 名 (複 **-women**) C 女性労働者; 女子工員[熟練工].

‡**world** /wəːrld/ 名 (複 **～s** /-dz/)

【世界】 **1** (a) 〈the ～〉**世界**; 地球; (類語 人間活動の場としての地球を強調する語; →earth). travel around [round] the ～ 世界一周旅行をする. The writer is famous all over the ～. その作家は世界中で有名である. The ～ is getting smaller every year. 世界は毎年小さくなっている.

(b) 〈形容詞的〉世界の, 世界的な. a ～ language 世界語《例えば世界各地で用いられている英語; 又 Esperanto のような人工国際語》. a ～ history 世界史. a ～ figure 世界的に有名な[一流の]人.
2〈しばしば the W-〉〈修飾語句を伴って〉**..世界**, ..国家群. the Western ～ 西側世界. the New *World* 新世界. the Third *World* 第 3 世界. the developing [developed] ～ 開発途上[先進]諸国.
3【地球に似た世界】Ⓒ 天体, 惑星. other ～*s* than ours 地球以外の天体. invaders from another ～ 他の惑星からの侵入者.
4【世界の住人】〈the ～〉(**a**) **人類**, 地球上の人間. All the ～ mourned his death. 世界中の人々が彼の死を悼んだ. (**b**) 万物, 森羅万象; 天地, 宇宙. the creation of the ～ 万物の創造.
5【広大(な世界)>大量】(**a**)〈a [the] ～ 又は ～s〉多数, 多量. The trip did my son a [the] ～ *of* good. その旅は息子にとって大いにためになった.
(**b**)〈～s 又は a ～; 副詞的に〉ひどく, たいそう. ～*s* apart→apart (成句). They live a ～ away from each other. 彼らは遠く離れて暮らしている.
【特定の世界】**6** Ⓒ〈the ～〉〈普通, 単数形で, 修飾語句を伴って〉(**a**) (活動などの)**分野[領域]**; ..社会;〈*of* ..の〉. the ～ *of* sport スポーツ界. the business ～ 実業界. (**b**) (動植物などの)界, 世界, (kingdom). the plant ～ 植物界.
7 Ⓒ (生活の場所としての)世界; (個人の経験する)世界[世間]. the real ～ 現実の世界; 実社会. an imaginary ～ 想像の世界. the outside ～ 外界. He has never seen the ～ beyond his home town. 彼は故郷の町の外の世界を見たことがない. It's a small ～! 世間は狭いものですね 《思いがけない場所で知人に会った[のことを耳にした]時に言う》. In an ideal [a perfect] ～, I'd like to devote myself to my studies. 理想を言えば研究に専念できればよいのだが.
【世の中】**8** Ⓒ〈普通 the ～〉**世間**, 俗世間; 俗事; 情勢; 現世. a man [woman] of the ～ 世慣れた男[女]. see the ～ 世の中を知る. the ways of the ～ 世間の慣習. this [the] ～ この世. the next [other] ～＝the ～ to come〖雅〗あの世. How's the ～ going? 景気はどうですか. What is the ～ coming to? 一体世の中はどうなってしまうのか 《驚いたり呆れたりしたときの言葉》. He thinks the ～ owes him a living. 彼は(必要な努力もしないで)世間が自分を食わせてくれるのは当然だと思っている.
9【世の人々】〈the ～〉**世間の人々**, 一般大衆. the opinions of the ～ 大衆の意見. The whole ～ is against the man. 世間の人たちはみなその男の敵だ.
(all) the wòrld and his wífe 〖話〗だれもかれも, みんな, わんさと集まった人だかり.
àll the wòrld óver ＝the (whole) WORLD over.
be àll the wórld to.. 〔人〕にとってすべてである. The lovers *were all the* ～ *to* each other. その恋人たちは互いにとってかけがえのない者だった.
begin the wórld →begin.
be not lóng for this wórld この世にいるのも長くない, もうすぐ死にそうである.
bring..into the [this] wórld 〔子〕を産む; 〔助産婦などが〕〔子〕を取り上げる.
còme [gò, mòve] dówn in the wórld 落ちぶれる.
còme into the [thìs] wórld 〔子供が〕産まれる, この世に生を受ける.
dèad to the wórld →dead.
dòne to the wórld →done.
for (àll) the wórld →not for (all) the WORLD.
for àll the wórld like [as if].. ちょうど..のようで[であるかのように]. The whale looked *for all the* ～ *like* a huge rock. その鯨はまるででっかい岩のように見えた.
gèt [hàve] the bést [wórst] of ⌞bòth [àll (pòssible)]⌟ wórlds 両方[すべて]からいい[悪い]所だけをつまみ取る.
gò [mòve úp, màke one's wáy] in the wórld 出世する, 成功する.
hàve the wórld before one 前途洋々である.
in a wòrld of one's ówn 〖話〗自分だけの世界に, 自分の殻に閉じこもって, 〔暮らすなど〕.
****in the wórld*** (1)〈最上級を強めて〉**世界中で**; (どこをさがしても(い)ないような)最高の. the highest mountain *in the* ～ 世界中で最も高い山. the most beautiful woman *in the* ～ 絶世の美女. with the best will *in the* ～ →will[2] (成句). (2)〈疑問詞を強めて〉**一体全体** (on earth). How *in the* ～ did you get this rare book? 一体どうやってこの珍本を手に入れたのですか. Who *in the* ～ broke the vase? 一体全体だれがその花瓶を割ったのか. (3)〈否定を強めて〉絶対に, 決して. She hasn't a care *in the* ～ now. 彼女は今は全く何一つ心配事がない.
mèan (àll) the wórld to.. ＝be all the WORLD to ....
nòt for (all) the wórld どうしても[絶対に]..ない《<世界をくれても..しない》. I would*n't for the* ～ try to influence your opinion. ご意見をどうこうしようという気持ちは全くありません.
on tòp of the wórld →top[1].
out of this [the] wórld 〖話〗(この世のものとは思われないほど)実に素晴らしい. Your blouse is *out of this* ～. 君のブラウスはなんとも素晴らしい.
sèe the wórld 世界を広く見て回る, 見聞を広める.
sèt the wórld [〖英〗the Thámes] on fíre →fire.
the ènd of the wórld →end.
the (whole) wòrld óver 世界中(至るところ)で.
the wórld is a person's óyster. 〔人が〕好き勝手に何でもできる.
the wòrld, the flèsh, and the dévil 世俗の誘惑《名利と肉欲と悪心》.
thìnk the wórld of.. ..をこの上なく高く評価している; ..を熱愛している.
to the wòrld's énd 世界の果てまで, 永遠に.
wàtch the wòrld go bý 人々の往き来を眺める; (身の回りの)情勢を見守る.
wòrlds apárt →apart.
wòrld without énd 永遠に, とわに, 《祈りの中で》.
would gìve the wórld 〖話〗どんなこともいとわない〈*for*..のためなら; *to* do..するためなら〉.
[<古期英語「(神々の時代に対して)人間 (*wer*) の時代>現世, 世界」]
Wòrld Bánk 名〈the ～〉〖話〗世界銀行《国連の1機関で加盟国の開発と進歩のために 1945 年に設立された; 正式名 the International Bank for Reconstruction and Development (国際復興開発銀行)》.
wórld-bèater 名 Ⓒ 世界の第一人者《主に競技者に言う》; 世界の 1 級品.
wórld-bèating 形 世界一の.
‡**wòrld-cláss** /㊥/ 形 世界で一流の, 世界的な.
Wòrld Còuncil of Chúrches 名〈the ～〉世界教会協議会 《ローマカトリック教会以外の諸教会が参加; 本部は Geneva にある》.
Wòrld Cóurt 名〈the ～〉国際司法裁判所《所在地はオランダの the Hague; 正式名 the International Court of Justice》.
Wòrld Cúp 名〈the ～〉ワールドカップ《1930 年から 4 年ごとに開催されているサッカーの世界選手権試合》.
wòrld exposítion 名 ＝world's fair.
‡**wòrld-fámous** /㊥/ 形 世界的に有名な.

W

Wòrld Héalth Organizàtion 名 〈the ～〉 世界保健機関《略 WHO》.

world·ling /wə́ːrldliŋ/ 名 C 俗人, 俗物.

***world·ly** /wə́ːrldli/ 形 e (-li·er|-li·est) **1** 〈限定〉この世の; 世間の. ～ affairs 世間の俗事. ～ goods (この世の)財産. **2** 世才のある, 世慣れた; 世俗的な, 名利を追う; (類語 即物的な関心に重点があり, しばしば軽蔑の気持ちを含む; →earthly, mundane, profane, secular, temporal). ～ wisdom 世才. ～ people 俗人たち. [world, -ly²] ▷ **world·li·ness** 名 U 世俗的なこと.

wòrldly-mínded /㊞/ 形 俗っぽい, 名利を追う.

wòrldly-wíse /㊞/ 形 〔人が〕世渡り上手な, 世慣れた.

wórld mùsic 名 U 世界の音楽《欧米以外のポピュラー音楽; サルサ, レゲエ, アフリカの諸音楽など》.

wòrld pówer 名 C 世界的強国, 列強(の一).

Wòrld Séries 名 〈the ～〉〖野球〗ワールドシリーズ《米国 2 大リーグ (American League と National League) の優勝チーム間で毎年行う選手権試合》.

wórld('s) fàir 名 C 世界博覧会.

wórld-shàking, -shàttering 形 世界を震撼(かん)させる(ような).

Wòrld Tráde Cènter 名 〈the ～〉世界貿易センター《New York 市 Manhattan にある世界第 2 の高さの一対のビル》.

‡**wórld-vìew** 名 C 世界観. [ドイツ語 *Weltanschauung* の英訳]

Wòrld Wár 名 〈the ～〉第 1 次 [2 次]世界大戦.

wòrld wár 名 UC 世界戦争.

Wòrld Wàr I /-wʌ́n/ 名 第 1 次世界大戦 (1914–18) (〖主に英〗 the First World War).

Wòrld Wàr II /-túː/ 名 第 2 次世界大戦 (1939–45) (〖主に英〗 the Second World War).

wòrld-wéary /㊞/ 形 世の中に飽きた, 厭(えん)世的な. ▷ **world-wear·i·ness** 名

***world·wide** /wə̀ːrldwáid ㊞/ 形 ℂ 世界中に広がった; 世界的な. ～ famine 世界的な飢饉(きん). enjoy a ～ reputation 世界的名声を博す. The problem of environmental pollution is ～. 環境汚染の問題は世界的なものだ. ── 副 世界中で; 世界中に(広がって); 世界中を. As many as 100 million people ～ may be affected by AIDS. 世界中で 1 億人もの人々がエイズに患っているかもしれない. The fashion spread ～. その流行は世界中に広がった. travel ～ 世界中を旅する.

Wòrld Wide Fùnd for Náture 名 〈the ～〉世界自然基金《略 WWF; 前身は World Wildlife Fund (世界野生動物基金)》.

Wòrld Wide Wéb 名 〈the ～〉ワールド・ワイド・ウェブ《インターネット機能の 1 つで, ブラウザーの使用により, 簡単な操作で世界中のコンピュータからホームページを呼び出せる; 略 www (ダブリューダブリューダブリュー, スリーダブリュー)》.

‡**worm** /wəːrm/ 名 (複 **～s** /-z/) **1** C (**a**) 虫《ミミズ, ヒル, 毛虫など骨や脚のないはう虫》; 寄生虫. Even a ～ will turn. 〖諺〗一寸の虫にも五分の魂《虫でも反撃してくるものだ》. The early bird catches the ～. →bird 成句. an intestinal ～ 腸内の寄生虫. The cat has ～s. その猫は寄生虫がいる. (**b**) 〈複合要素〉..の幼虫, ..虫. an earth～ ミミズ. a glow～ ツチボタル. **2** C 虫けらのような人, いやな[哀れな]人. **3** C 〖機〗ウォーム《ねじなどのらせん部》. **4** 〈～s; 単数扱い〉〖医〗寄生虫病.

a càn of wórms →can².

The wòrm túrns. ふだんおとなしい[従順な]人(々)が(耐えかねて)過激な行動に出る《<Even a ～ will turn.; →1 (a)》.

── 動 自 VA 虫のように動く, はうようにして進む.

── 他 **1** VOA 〈～ one's way/～ oneself; A は方向を示す副詞句〉 を徐々に進む 〈*across* ..を横切って/*through* ..を通って〉. The troops ～*ed* their *way* ⌞*across* the muddy field [*through* the jungle]. 軍隊はぬかるんだ野原を横切って[密林を通って]のろのろと進んだ.

2 VOA (～ X *out of, from* Y) Y (人)から X 〔秘密, 情報など〕を時間をかけて引き出す. Mary tried to ～ the secret *out of* her husband. メリーは夫からその秘密を聞き出そうとした.

3 〔犬など〕から虫を駆除する. ～ a cat 猫に駆虫剤を飲ませて駆虫する.

wòrm oneśelf [*one's wáy*] *into* .. (1) ..にこっそり入り込む. (2) 巧みに取り入って..を得る. Mike ～*ed* his *way into* the job. マイクは何とか[策を弄(ろう)して]その仕事にありついた.

wòrm oneśelf [*one's wáy*] *out of* (*dóing*) .. (うまい口実を使うなどして) 〔頼まれたことなど〕を(するのを)免れる, 逃げる. [<古期英語「ヘビ, 竜」]

wórm càst 名 C (地面に残された)ミミズの糞(ふん).

wórm-èaten 形 **1** 〔家具などが〕虫食いだらけの. a ～ book 虫の食った本. **2** 〖話〗古臭い; 古くてぼろぼろの.

wórm gèar [**whèel**] 名 C 〖機〗ウォーム歯車.

wórm·hòle 名 C (木材などの)虫の食った穴; (地面の)虫の掘った穴.

wòrm's-eye víew 名 C 〈普通, 単数形で〉 **1** 虫瞰(かん)図; 下からの眺め[見方]; (↔bird's-eye view). **2** 地に足のついた物の見方.

wórm·wòod 名 U **1** 〖植〗ニガヨモギ《キク科ヨモギ属の草本; アブサン (absinth) に入れる苦い油を採る》. **2** 〖雅〗苦さ; 苦悩(の種).

worm·y /wə́ːrmi/ 形 e **1** 虫の食った; 虫だらけの, 虫のたかった. **2** 虫のような, 虫けらみたいな, 卑しい. ▷ **worm·i·ness** 名

†**worn** /wɔːrn/ 動 wear の過去分詞.

── 形 **1** 〔衣服などが〕擦り切れた, 使い古した. a ～ shirt 着古したシャツ. **2** 〔人, 表情などが〕疲れ果てた, やつれた. Susie looks ～ today. スージーは今日は疲れているような顔をしている.

wòrn-óut /㊞/ 形 **1** 〈限定〉〔衣服, 道具などが〕擦り切れた, 使い古した. **2** 〈限定〉〔言葉, 表現などが〕陳腐な, 古臭い. **3** 〈叙述〉〔人が〕疲れ果てた, やつれ切った.

†**wor·ried** /wə́ːrid|wʌ́r-/ 形 心配そうな; 心配している, 悩んでいる, 〈*about* ..のことで/*that* 節 ..するのではないかと〉. have a ～ look 心配そうな顔をしている. be ～ to death ひどく心配している. I'm much [very] ～ *about* your health. 私は君の健康がとても心配だ. I was *worried that* you might not come. 私は君が来ないのではないかと気をもんでいた. ▷ **～·ly** 副

wor·ri·er /wə́ːriər|wʌ́r-/ 名 C 悩ます[苦しめる]人; 心配性の人.

wor·ri·ment /wə́ːrimənt|wʌ́r-/ 名 〖話〗 U 心配, 苦労; C 心配[苦労]の種.

wor·ri·some /wə́ːris(ə)m|wʌ́r-/ 形 **1** 〔物事が〕気にかかる, 心配な; 面倒な. **2** 〔人が〕心配性の, くよくよする. ▷ **～·ly** 副 気をもんで; くよくよと.

‡**wor·ry** /wə́ːri|wʌ́ri/ 動 (**-ries** /-z/|過 過分 **-ried** /-d/|**～·ing**) 自 **心配する**, くよくよする, 〈*about, over* ..を〉. You ～ too much. 君は心配し過ぎる. Don't ～. 心配しなさんな. There is nothing to ～ *about*. 心配することは何もない. He has enough to ～ *about*. 〖話〗彼は心配事を十分抱えている[多忙で他のことを考えるひまはない]《余計なことでわずらわさないように》.

── 他 【**しつこく苦しめる**】 **1** (**a**) 〔人〕を**心配させる**, 不安にさせる, 〈*about, over* ..のことで〉. Don't ～ yourself too much *about* your health. 健康のことであまり心配し過ぎるな. What is ～*ing* you? 君は何を心配しているのか. It *worries* me that Mary has not returned yet. メリーがまだ帰って来てないのが心配だ. (**b**) 心配させる〈受け身で〉. →worried. (**c**) VOC (～ X Y) 心配させて X を Y の状態にする. ～ oneself sick 心配して病気になる.

2 VO (～ *that* 節/*wh* 節) ..ということ/..かを心配する. We *worried that* we would get lost in the forest. 我々は森で道に迷うのを心配した.

3 〔人〕を**悩ます**, 苦しめる, いらいらさせる, 〈*with* ..で〉. The noise of the traffic *worried* my grandmother. 交通騒音が祖母を悩ました. Don't ～ me *with* such trivial matters. そんなささいな事で私を困らせないでください.

4 VOA (～ X *for..*) X (人)に..をせがむ; VOC (～ X *to do*) X に..するようにせがむ. Polly *worried* me *for* [*to* give her] a birthday present. ポリーは私に誕生日のプレゼントをせがんだ.

5 〔犬などが〕をくわえて引っ張る[振り回す]. The cat *worried* a small lizard for an hour. その猫は小さなトカゲを 1 時間もくわえて振り回していた.

I should wórry. 〖話〗〈反語的〉一向に構わない.

nòt to wórry 〖英話〗心配ご無用.

wòrry alóng [***thróugh***] 〖話〗苦しいながらも何とかして暮らして[切り抜けて]行く.

wórry at.. (1)〔問題など〕を解決しようと努力し続ける. Tom *worried* away *at* the problem. トムはどうにかしてその問題を解こうと苦心した. (2)〔人〕にせがむ〈*to* do ..するように〉. Kate *worried at* her father *to* take her to the concert. ケートは父親に音楽会へ連れて行ってくれとせがんだ. (3)〔犬などが〕..をくわえて振り回す.

wòrry /../ óut 〔問題など〕を苦しんで解く.

── 名 (複 **-ries** /-z/) **1** U **心配**, 苦労. You've caused us a lot of ～. 君のおかげで私たちはひどく心配した. **2** C **心配事**, 心配させる人, 苦労の種〈*for, to* ..にとって〉. Try to forget your *worries* and relax. 心配事を忘れて気を楽にするようにしなさい. **3** C〈普通, 単数形で〉(人の)役目, 分担. Making a reservation is yóur *wòrry*. 予約をするのは君の仕事だ.

[＜古期英語「絞め殺す」]

wórry bèads 名 心配の数珠(じゅず)《指で触れていると緊張がほぐれる》.

wórry·gùts 名 〖英〗＝worrywart.

†**wór·ry·ing** 形 **1**〔物事が〕心配な, 気にかかる; 厄介な. ～ matters いろいろ厄介な問題. **2** 心配事の多い, 問題山積の. a ～ week (いろいろあって)頭の痛い一週間. ▷**～·ly** 副 心配して; 面倒に.

wórry·wàrt 名 C 心配性の人.

‡**worse** /wəːrs/ 形〈bad, ill の比較級; ↔better〉

1《原級 bad》**より悪い**, より劣る, もっとひどい. This man is far [much] ～ than a murderer. この男は人殺しよりずっと悪いやつだ. Things are getting ～ and ～. 事態はだんだん悪化している. *Worse* weather was expected. 天候はもっと悪くなるだろうと予測された. Such books are ～ than useless. こういう本は無益どころではなくもっと悪い《有害だ》. I'm glad the wound was no ～. 傷がこのくらいで済んでよかった. It could have been ～. 〖話〗もっとひどいことになっていたかも知れなかった《この程度で済んだのは不幸中の幸い》. The patient is no ～ than he was yesterday. 患者は(悪いことは悪いが)昨日と同じくらいです.

2《原級 ill》〈叙述〉〔気分, 病気が〕**より悪い**, よりすぐれない. I feel ～ than yesterday. 昨日よりいっそう気分が悪い. The patient looks a little ～ today. その患者は今日は少し具合が悪そうだ.

*(***and***) ***whàt is wórse*** **さらに悪いことには**. It was getting dark, *and what was* ～, it began to rain heavily. だんだん暗くなってきた, その上さらに悪いことには雨が激しく降り始めた.

be the wòrse for drínk 酒に酔っぱらっている.

be the wòrse for wéar →wear.

come òff wórse ＝come off WORST.

còuld be wórse 《場合によってはもっと悪い事態になることも考えられる＞》このくらいで済んでよかった. The defeated Democrats comforted themselves with "It *could* have *been* ～." 負けた民主党の連中は「まあこのくらいで済んでよかった」と自らを慰めた.

nòne the wórse (***for..***) (..にもかかわらず)相変わらず同じで (→副 成句 none the WORSE (for..)). The girl was *none the* ～ *for* the traffic accident. その少女は交通事故にあっても何ともなかった.

****so mùch the wórse*** (***for..***) (**..のために**)**それだけますます悪い**.

to màke màtters wórse ＝(and) what is WORSE.

wòrse lúck →luck.

wòrse stíll ＝(and) what is WORSE.

── 副 〈badly, ill の比較級; ↔better〉 **1 より悪く**, より下手に. The boy is behaving ～ than usual today. その少年は今日はいつもより行儀が悪い. The captives were treated ～ than before. 捕虜たちは以前よりもひどい扱いを受けた. We could do ～ than accept the offer. その申し出を受けるのも悪くあるまい《＜「受ける」よりもっと悪いことをする可能性がある》.

2 いっそう激しく. My tooth ached ～ than before. 私の歯は前よりいっそう痛くなった.

be wòrse óff より貧乏[不快, 不都合]である (→be BADLY off; ↔be BETTER off).

can [***could***] ***dò wórse than*** *dó* ..するのも悪くはない[捨てたものではない].

nòne the wórse (***for..***) (..にもかかわらず)それでも, 変わることなく, (→形 成句 none the WORSE (for..)). Everybody likes Ted *none the* ～ *for* his faults. テッドは欠点があるがそれでもだれからも好かれる.

── 名 U **いっそう悪いこと**; 〈the ～〉敗北, いっそう悪い事態. There is ～ to follow. もっと悪いことが続く.

for bétter or (***for***) ***wórse*** →better[1] 名.

for the wórse いっそう悪い方へ(の). take a turn *for the* ～〔病人, 病状が〕いっそう悪い方へ向かう. a change *for the* ～ 悪化.

gò from bàd to wórse →bad.

[＜古期英語 *wyrs(a)* (比較級の形だが原級の語は不明; *yfel* 'evil' の比較級として用いられた)]

†**wors·en** /wə́ːrs(ə)n/ 動 他 をもっと悪くする[悪化させる]. ── 自 もっと悪くなる[悪化する].

‡**wor·ship** /wə́ːrʃip/ 名 U 【尊びあがめること】 **1 崇拝**, 尊敬; 賛美. hero ～ 英雄崇拝. the ～ of money 金銭崇拝. kneel down in ～ 崇拝の気持ちを込めてひざまずく. **2 礼拝**, 参拝. a place [house] of ～ 礼拝所《教会, 寺院など》. attend ～ 礼拝に参列する.

3【尊敬に値する人】〖英〗〈W-〉閣下《市長, 治安判事などへの敬称として》. 語法 2 人称としては your *Worship*, 3 人称としては his [her] *Worship* の形で用いる.

── 動 (**～s**|〖英〗**-pp-**) 他 **1** を崇拝する, 尊敬する. ～ idols 偶像を崇拝する. Steve ～*s* his father. スティーブは父親を尊敬している.

2 を礼拝する. ～ the gods 神々を礼拝する.

── 自 崇拝する; 礼拝に加わる. Which church do you ～ at? どこの教会で礼拝をしていますか.

wòrship at the álter [***shríne***] ***of..*** ..を支持する, 信奉する.

wòrship the gróund *a pèrson* ***wálks*** [***tréads***] ***on*** →ground[1]. [＜古期英語; worth, -ship]

‡**wór·ship·er** 名 C 〖主に米〗 **1** 崇拝者. **2** 礼拝者, 参拝者.

wor·ship·ful /wə́ːrʃipf(ə)l/ 形〈限定〉 **1** 〖主に英〗〈敬称; しばしば the W-〉尊敬すべき, 尊い. the *Wor-*

shipful the Mayor of.. 尊敬すべき..市長閣下. **2**〖章〗信心深い, 敬虔(けん)な. ▷**～·ly** 副

‡**wór·ship·per** 名〖英〗=worshiper.

‡**worst** /wəːrst/ 形〈bad, ill の最上級; ↔best〉

1《原級 bad》**最も悪い**, 最もひどい; 一番下手な. the ～ singer ⌊of the three [in the class] 3人の中[クラス中で]一番歌の下手な人. He is his own ～ enemy. 彼がうまく行かないのは彼自身のせいだ.《<自分にとって最悪の敵だ》. This is the ～ bread I've ever eaten. こんなまずいパンは食べたことがない. The traffic jam here is ～ between five and six in the afternoon. ここの交通渋滞は午後5-6時が最悪だ.

> 語法 (**1**) 限定用法では the をつけるが, 叙述用法では the をつけないことが多い. (**2**)〖話〗では2つ[2人]の場合でも用いる.

2《原級 ill》〈叙述〉〔気分, 病気が〕最も悪い. His allergy is ～ in spring. 彼のアレルギーは春が最もひどい.

come òff wórst 大敗する, 最下位になる.

(in) the wòrst wáy 〖米話〗大いに. She wants to get married *in the* ～ *way*. 彼女は何としても結婚したいと思っている.

wòrst of áll 〈文修飾〉何よりも悪いことには.

—— 副〈badly, ill の最上級; ↔best〉**最も悪く**, 一番ひどく; 最も下手に. Tom played the guitar ～ of all. トムはみんなの中でギターを最も下手に弾いた. Mary suffered ～. メリーが一番の被害者だった. the ～-dressed man in the party 一行の中で最もひどい身なりの男.

—— 名〈the ～〉最悪; 最悪の状態; (↔best). We should expect [fear] the ～. 私たちは最悪の事態を覚悟すべきだ. The ～ is over. 最悪の事態は過ぎた.

at one's wórst 最悪の状態で. When things are *at* their ～, you can always count on him for help. 最悪の事態になったら, 君はいつでも彼に援助を頼むことができる.

at (the) wórst いくら悪くても, 最悪の場合でも[には]. *At* ～, I'll be fined $30. 最悪の場合でも[せいぜい] 30 ドルの罰金だ. *At the* ～, there will be a civil war. 最悪の場合には内乱になるだろう.

dò one's wórst いくらでも勝手なことをする. Let him *do* his ～. 彼にいくらでもむちゃなことをさせるがいい(大したことはあるまい).

gèt [hàve] the wórst of it 〖話〗(戦いなどに)負ける.

gèt [hàve] the wórst of ⌊bòth [àll (pòssible)] wórlds →world.

if (the) wòrst còmes to (the) wórst いよいよ最悪の場合になったら[なっても].

màke the wórst of.. ..を悲観する, 最悪に考える.

The wórst of it is that.. 最も悪い[困る]ことには..だ. *The* ～ *of it is that* my son doesn't want to go to school. 一番困ることは息子が学校へ行きたがらないことだ.

—— 動 他〖主に古〗を打ち破る〈普通, 受け身で〉.

[<古期英語 *wyrrest(a)* (*yfel* 'evil' の最上級として用いられた; →worse)]

W

wòrst(-)case scenário 名〈the ～〉(予想される[起こりそうな])最悪の事態[シナリオ].

wor·sted /wústəd/ 名 U ウーステッド, 梳(そ)毛糸; ウーステッドの織物. **——** 形〈限定〉ウーステッドの. [<英国 Norfolk 州の産地名]

wort /wəːrt/ 名 U 麦汁(ばくじゅう)《麦芽の振り出し汁; 発酵してビールになる》.

‡**worth** /wəːrθ/ 形 C〈叙述; (代)名詞, 動名詞を目的語とする〉

> 語法 like, near などと共に worth は古くから目的語をとる形容詞であった. like, near が前置詞的な性格を強めてきたにもかかわらず, worth は前置詞的な用法を発達させず, もっぱら叙述的な用法に用いられ, 目的語をとる例外的な形容詞となっている.

【値打ちがある】 **1 価値がある**〈do*ing* ..する〉; ..に値する. Boston is a city ～ visit*ing*. ボストンは訪れる価値打ちのある都市だ. This case is not ～ inquir*ing* into. この事件は調査する価値がない. If a thing is ～ do*ing*, it's ～ do*ing* well.〖諺〗行うに足ることならば, りっぱに行うだけの価値がある. This novel is better [more] ～ read*ing* than most. この小説はたいていの小説より読む価値がある (語法 このように better を前に置けば比較級的に用いることができ, 又例外的に more の使用も可能). It is hardly ～ the effort. それは努力してみる価値はほとんどない.

2 (a) ..の価値[値打ち]がある. This suit is not ～ the price. この服は値段ほどの価値がない. This picture is ～ every cent of the one thousand dollars I paid for it. この絵は私がそれに払った千ドルの価値は十分にある. not ～ a bean [straw, red cent] 全然価値のない. This agreement isn't ～ the paper it's written on. この契約は全く価値がない 《<書く紙だけの価値もない》. A bird in the hand is ～ two in the bush. →a bird in the hand (bird 成句).

(b) ..の値段[額]である, 〔いくら〕かかる. The book is ～ $10. その本は10ドルする. order an oil-refining plant ～ £5m 総額5百万ポンドかかる石油精製工場設備を注文する. a post ～ $100,000 a year 年俸10万ドルの職. For some time after the War, one dollar was ～ 360 yen. 戦後しばらく1ドルは360円に相当していた. How much is [What's] the watch ～? その時計はいくらしますか.

3【値打ちの物を持つ】..だけの財産を持っている. The widow is said to be ～ over five million dollars. その未亡人の財産は500万ドルを超えると言われる.

be wòrth one's [its] wèight in góld 〔人が〕非常に役立つ[親切であるなど]《<自分の体の重さ分の金の値打ちがある》; 〔物が〕値千金である, 極めて貴重である.

for àll one is wórth 〖話〗全力を尽くして, 懸命に. The boy ran *for all* he *was* ～. その少年は力いっぱい走った.

for whàt it is wórth どの程度信頼できるかはともかく. *For what it's* ～, the rumor is that the chairman will resign. 本当かどうかは分からないがともかくうわさでは議長は辞任するだろうとのことだ.

It is wòrth (whíle) dóing.. =***It is wòrth whíle to dó..*** することは時間をかけるだけの価値がある. *It is* ～ *while* see*ing* that movie. =*It is* ～ *while to* see that movie. その映画は見る価値がある. 語法 同じ意味を That movie is ～ see*ing*. (→形 1) や It is ～ see*ing* that movie. でも表せるが, That movie is ～ while seeing. や It is ～ to see that movie. は誤り.

It is wòrth a person's whíle to dó. ..することは人が(それだけの)時間をかける価値がある. *It is* ～ your *while to* visit the town. その町は君が訪れるだけの価値がある.

Whàts it wórth? 〖話・戯〗(数えて[そうして]やったら)いくらくれるか.

wórth it それだけの価値がある (★it は前文の内容を受ける). I paid $1,000 for this bicycle, but it's really ～ *it*. この自転車に千ドル払ったが間違いなくそれだけの価値がある. The effort is plainly ～ *it*. (徒労に終わるかもしれないが)明らかにその努力はやってみる価値はある.

wòrth one's sált →salt.

wòrth (a pèrson's) whíle (時間をかけて)するだけの価値がある. I don't think the attempt has been ～ my *while*. その試みは私にとってやりがいがなかったと思う.

Help me with mowing the lawn; I'll make it ～ your *while*. 芝生を刈るのを手伝ってくれないか，ちゃんとお礼はするから.

—— 图 U **1** 価値，値打ち. the ～ of the land 地価. The metal is of little ～. その金属にはほとんど値打ちがない. What is the ～ of the house? その家の価値はどれほどか. **2** (一定金額，又は一定期間間に合う)だけの分量. two dollars' ～ of doughnuts 2 ドル分のドーナツ. three days' ～ of food 3 日分の食料. **3** 財産，富.

gèt one's móney's wòrth →money.

pròve one's wórth おのれの真価を証明する.

[＜古期英語]

wor·thi·ly /wə́ːrðili/ 副 立派に; 相応に，応分に.

wor·thi·ness /wə́ːrðinəs/ 图 U 価値のあること; 立派，相応.

***worth·less** /wə́ːrθləs/ 形 m **1** 価値のない，役に立たない. This book is ～ to me. この本は私には役に立たない. **2** 〔人が〕取り柄のない，不品行の. a ～ drunkard 役立たずの飲んだくれ. ▷**～·ly** 副 価値なく，むだに. **～·ness** 图 U 無価値; 無益.

***worth·while** /wə̀ːrθ(h)wáil ⑧/ 形 C **時間[金]をかける価値のある**，骨を折るだけの値打ちがある. a ～ project やってみる価値のある計画. It is ～ to get [getting] a regular checkup. 定期健康診断は受ける価値がある.

‡**wor·thy** /wə́ːrði/ 形 e (**-thi·er**|**-thi·est**) **1** 〘章〙〈限定〉価値のある; 立派な，尊敬すべき; 相応な; (★皮肉にも用いる). a ～ student 立派な学生. a ～ charity 立派な慈善行為. a ～ prize ふさわしい賞品.

2 〈叙述〉ふさわしい，値する，〈*of* (do*ing*)..(する)に/*to* do ..するに〉. His brave action is ～ *of* a medal. 彼の勇敢な行為は勲章に値する. The soldiers were ～ *of* recognition. その兵士たちは功績を認められるのにふさわしかった. The party has no leader ～ *of* the name. その政党にはリーダーという名にふさわしいリーダーがいない. A man like that is not ～ *to* hold public office. そのような男は公職につくのにふさわしくない.

—— 图 (複 **-thies**) C 〘章〙立派な人物; 〘しばしば戯〙お偉方. [worth, -y¹]

-worthy 〈複合要素〉 **1** ..に値する. praise*worthy*. **2** ..に耐える. air*worthy*. sea*worthy*.

wot /wɑt|wɔt/ 動 wit² の 1 人称・3 人称単数直説法現在形.

wot·cher /wɑ́tʃər|wɔ́tʃə/, **wot·cha** /-ə/ 間 〘英旧俗〙やあ (hello). [＜What cheer?]

‡**would** /(w)əd, d, 強 wud/ 助 (**will** の過去形; 否定の短縮形 **wouldn't**)

I 〈直説法過去形〉

1 〈従属節，間接話法，又それに近い文脈の中での時制の一致による〉 (**a**) 〈意志未来〉 ***..しよう***. I said I ～ try. ＝I said, "I will try." やってみましょうと私は言った. We promised we ～ not do that again. そんな事もうしませんと私たちは約束した. You said you ～ help me. 君は助けてくれると言った.

(**b**) 〈単純未来〉 ***..だろう***. No one dreamed that he ～ be elected. だれも彼が当選するとは夢にも思わなかった. 語法 〘英〙では 1 人称とともに用いられた shall は過去時制の間接話法で主語が 2 人称又は 3 人称に変わると would になる: He said that he ～ be twenty years old soon.＝He said, "I shall be twenty years old soon." (彼はまもなく 20 歳になると言った).

2 〈独立文で〉 (**a**) 〈強い意志，固執〉 **どうしても*..しようとした*** (★発音は強形の /wud/). He ～ have his own way. 彼は自分の思い通りにすると言ってきかなかった. Sleep *would*n't come, however hard I tried. どうやってみても眠れなかった. The door *would*n't open. そのドアはどうしても開かなかった.

(**b**) 〈過去の繰り返し，習慣〉 よく***..したものだ*** (→used¹ 動 語法). Every now and then an owl ～ call in the distance. 時々フクロウが遠くの方で鳴いた. He ～ often come to have a chat with me of an evening. 彼はよく夜雑談しに来たものです.

(**c**) 〈現在の繰り返し，習慣〉 いつも..する[になる] 《しばしば好ましくないことについて》. He ～ park his car in front of my house. 彼はいつも私の家の前に車を止め(て困)る.

(**d**) 〈疑問詞と共に修辞的疑問を表す〉 一体，..するはずがあろう(か). How the hell ～ I know? おれが知ってるわけねーだろう. Why ～ I kill her? なんで私が彼女を殺さなきゃいけないの.

II 〈仮定法〉

3 (**a**) 〈条件節中で; 主語の意志〉 ***..するつもりである***. You could do that if you ～. やる気があれば君はやれるのだが. We should [would] be much obliged if you ～ come. おいでくだされば幸いに存じます (★「もし万一..する意志があるならば」の意味;「意志」の意味がない時は普通の仮定法過去形又は should がくる; 帰結節には直説法がくることもある; →should 8, will 2 (b)).

(**b**) 〈I wish に続く節中で〉 ..であるように. I wish the rain ～ stop. 雨がやんでくれればいいのに.

4 〈帰結節中で〉 (**a**) ***..(する)だろう***; 〈would have＋過去分詞の形で〉 ***..しただろう***，..だったろう. I ～ help you if I could. 私にできるのならお手伝いするのですが(できません). If he saw this, he ～ be angry. (ここに居ないからいいが)彼がもしこれを見たら怒るだろう. Without water, every living thing ～ die. もし水がなかったら，生き物はみな死んでしまうだろう. If he had seen it, he ～ have been angry. もし(あの時)彼がそれを見たら怒っただろう.

(**b**) 〈条件節無しで〉 ***..するだろう***; 当然..する[した](だろう). No other man ～ put up with this. ほかの男ならこれを我慢しないでしょう (★条件の意味が主語に含まれている). I *would* n't do that! 僕だったらそんな事しないよ (★Don't do that! と言うのにほとんど等しい). "He says you're unkind." "Of course he ～." 「君は不親切だと彼は言ってるよ」「そりゃあ彼は言うだろうな」 That's just what he ～ say. それはまさに彼の言いそうな事だ. I ～ have thought he would help us. 彼は我々を助けてくれると(てっきり)思ってたのに (★驚き，非難などの気持ちを含む).

5 〈仮定の意味が弱まって〉 (**a**) 〈Would you..? で丁寧な依頼・勧誘を表す〉 ..してくださいませんか，..してはどうですか. *Would* you please give me some more tea? すみませんがもう少しお茶をいただけませんか (★Will you please..? より丁寧). *Would* you mind carrying this for me? ちょっとこれを運んでくださいませんか (★Do you mind..? より丁寧). Get me the paper, ～ you, dear? 新聞を取ってきてくれるかい. *Would* you like another cup of coffee? コーヒーをもう 1 杯いかがですか.

(**b**) 〈好き嫌い; 主語は 1 人称〉 ..なのですが，..(したい)と思う. I'*d* like (to have) a glass of water. 水が 1 杯欲しいのですが (→like¹ 3 (a)). We'*d* prefer to take a rest. 我々はひと休みしたいのですが.

(**c**) 〈推測・婉曲〉 (恐らく)..だ(った)ろう，(まあ)..でしょう. It ～ be about a mile from here to town. ここから町まで 1 マイルくらいでしょう. How old ～ she be? 彼女一体いくつでしょうか. I think this ～ be cheap at 1,000 yen. 千円ならこれは安いと思います (「実際の値段は知らないが千円だったら」の意味). That ～ be in the year 1960. それは確か 1960 年だったと思います (★この場合は would be＝was perhaps). I *wouldn't* know. 存じません (★I don't know. の婉曲的表現). *Would* you remember his phone number? ひょっとして[もしかして]彼の電話番号覚えてますか.

I would lìke to dó →like[1] 3 (a).
would bétter dò 〖米〗 ＝had BETTER[1] do.
would (jùst) as sóon →soon.
Wóuldn't it? 〖オース・ニュー俗〗全くねー, ったくもう(むかつくなど), 《いらだち, 嫌悪などを表す》.
would ráther →rather.
would sóoner X than Y →soon.
Wóuld that .. 〖章・雅〗..であったらよいのに (if only). *Would that* my father were alive! 父が生きていてくれたらなあ.
[＜古期英語 *wolde* (*willan* 'will[1]' の過去形)]

†**wóuld-bè** 形 〈限定〉自称..の; ..になるつもりの, ..志望の. a ～ music critic 自称音楽評論家. a ～ doctor 医師志望者. a ～ kindness ひとりよがりの親切.

‡**would·n't** /wúdnt/ would not の短縮形.

wouldst /wədst, 強 wudst/ 助 〖古〗主語 thou に呼応する will の 2 人称・単数・過去形.

would've /wúdəv/ would have の短縮形.

‡**wound**[1] /wuːnd/ 名 (複 ～s /-dz/) C **1** 傷, 負傷, (類語 弾丸, 刃物などで意図的につけられた外傷; 人, 動物だけにではなく樹木の幹などにつけられた傷にも用いる; →injury, hurt). die from [of] head ～*s* 頭の傷がもとで死ぬ. receive a serious ～ ひどい傷を受ける. The ～ will heal before long. その傷は間もなく治るだろう.

連結 a severe [a deep; a bleeding; a deadly, a fatal; a slight] ～ // inflict [dress] a ～

2 (感情, 名声などを)傷つけ(られ)ること, 精神的痛手. get deep psychological ～*s* 精神的に深い傷を負う. The bribery case was a ～ *to* his reputation. その汚職事件は彼の名声を傷つけた.
lìck one's wóunds →lick.
òpen [reòpen] òld wóunds 古傷をつつく; 苦い経験を思い出させる.
rùb sált into a pèrson's wóund(s) →salt.
── 動 他 **1** を傷つける, に傷を負わす, (injure). The explosion ～*ed* five persons. 爆発で 5 人けがをした. The soldier was badly ～*ed* in the arm. その兵士は腕をひどくけがしていた. **2** 〔感情, 名声など〕を傷つける, 害する. My pride was deeply ～*ed* by the remark. 私の誇りはその言葉に深く傷つけられた. [＜古期英語]

wound[2] /waund/ 動 wind[2], wind[3] の過去形・過去分詞.

wound·ed /wúːndəd/ 形 **1** 負傷した. mortally ～ 致命傷を負った. the ～ 負傷者たち. **2** 〔誇り, 名誉などが〕傷ついた.

Wòunded Knée 名 **the Battle of** 〖米史〗ウーンディッドニー(の戦い)《1890 年に South Dakota の小村 Wounded Knee の先住民居留地で起こった連邦政府軍と先住民との最後の大規模な衝突; 300 人を超える非武装のスー族の女性, 子供が虐殺された》.

wound-up /wàundʌ́p ⑧/ 形 〈普通, 叙述〉興奮した, 緊張した, (→WIND /../ up).

wove /wouv/ 動 weave の過去形・過去分詞.

wo·ven /wóuv(ə)n/ 動 weave の過去分詞.

W

‡**wow**[1] /wau/ 間 〖話〗わあ, まあ, 《驚き, 喜びなどを表す》.
── 名 C 〈単数形で〉〖話〗大当たり, 大成功.
── 動 他 〖話〗に大いに受ける, をやんやと言わせる, 〈*with* ..で〉. Mike ～*ed* the crowd *with* his speech. マイクは演説で群衆を大いにわかせた.

wow[2] 名 U ワウ《モーターの回転むらによるレコード・テープの再生音のゆがみ》.

WP weather permitting; word processing; word processor.

WPA 〖米〗Works Progress Administration (公共事業促進局).

wpb wastepaper basket.

WPC 〖英〗woman police constable (婦人警官).

wpm words per minute ((タイピスト・速記者の)毎分語数).

WPS 〖英〗woman police sergeant (婦人巡査部長).

WRAC 〖英〗Women's Royal Army Corps (英国陸軍婦人部隊) (★〖話〗では /ræk/ と発音).

wrack /ræk/ 名 **1** U 破壊, 荒廃, (＝rack[4]). go to ～ and ruin 荒廃する, 破滅する.
2 C 難破船(の残骸(ざん)). **3** U 浜に生える[打ち上げられた]海草《肥料などにする》. **4** ＝rack[2].

WRAF 〖英〗Women's Royal Air Force (英国空軍婦人部隊) (★〖話〗では /ræf/ と発音).

wraith /reiθ/ 名 C **1** 〖雅〗(人の死亡直前[直後]に現れるという)生き霊; 〈一般に〉幽霊, (ghost). **2** やせた人.

‡**wran·gle** /rǽŋg(ə)l/ 動 自 大声で口論する, 激しく議論する, 〈*with* ..と/*about, over* ..について〉. ── 他 〖米〗(放牧地で)〔馬, 羊など〕の世話[番]をする.
── 名 C 口論, 激論, 論争, (類語 普通, 大声を出した激しい口論に用いる; →quarrel).

wrán·gler 名 C **1** 口論[激論]する人. **2** 〖英〗(ケンブリッジ大学の)数学の学位 1 級合格者. **3** 〖米〗カウボーイ; 乗用馬の世話係.

‡**wrap** /ræp/ 動 (～s /-s/|過 過分 ～ped /-t/, wrapt /-t/|**wráp·ping**) 他 **1** (**a**) を包む, くるむ, 〈*up*〉〈*in* ..に〉. The woman ～*ped* herself *in* a blanket. その女性は毛布にくるまった. The box was ～*ped in* brown paper. 箱は茶色の紙に包まれていた.
(**b**) VOA (～ X ***around, about*** ..) ..に X を巻きつける. ～ a towel *about* the baby 赤ん坊の体をタオルでくるむ. The soldier had a bandage ～*ped round* his arm. 兵士は腕に包帯を巻いていた. The girl ～*ped* her arms *around* her father. 少女は父親に(両腕を巻きつけて)抱きついた.
2 を隠す, 覆う, 〈*in* ..の中に〉; VOA (～ X (***up***) ***in*** ..) X (計画, 事件など)を..でおおい隠す〈受け身で〉. The entire city was ～*ped in* fog. 町全体が霧に包み込まれていた. What happened there is ～*ped in* mystery. そこで起きた事はなぞに包まれている.
3 〖電算〗〔ワープロが〕〔単語など〕をラップする《分綴しないで自動的に次行に送る》〈*to, onto* ..へ〉.
be wràpped úp in .. (1) ..にすっかり包まれている. (2) ..に没頭している, 夢中になっている. *be* ～*ped up in* thought 物思いにふけっている. Tom *is* completely ～*ped up in* his new job. トムは新しい仕事にすっかり夢中になっている. (3) ..に深くし関係がある[かかわっている].
wràp a pérson around [round] one's lìttle fínger →finger.
wràp a pèrson (úp) in cótton wòol 〖英〗〔子供など〕を過保護にする.
wràp úp (1) 暖かい衣服をまとう. (2) 〖俗〗おしゃべりをやめる, だんまりを決めこむ, 〈wrap it up とも言う; 普通, 命令形で〉.
wràp /../ úp (1) ..を包む〈*in* ..で〉(→1 (a)). ～ *up* a book *in* paper 本を紙で包む. (2) 〖主に話〗..を仕上げる; ..を要約する. We can ～ *up* this job in another week. 私たちはこの仕事をもう 1 週間で仕上げられる.
── 名 **1** C 〖旧〗(体, 床などを)覆うもの《ショール, スカーフ, じゅうたんなど》. **2** U 包む物, 包装紙; (食品を包む)ラップ (plastic wrap).
tàke the wráps off .. ..を公開する, ..のベールを取る.
under wráps 〖話〗人目を避けた, 秘密の. The decision should be kept *under* ～*s*. その決定は秘密にしておくべきだ. [＜中期英語 (＜?)]

wráp·aròund 形 **1** 〔衣服が〕体に巻きつけるタイプの. a ～ skirt 巻きスカート. **2** 広角の. a ～ windshield

広角フロントガラス. ── 名 C 体に巻きつける衣服《巻きスカートなど》.

wráp·per 名 C **1** 包む人. **2** 包装紙, 包み紙. **3** (新聞, 雑誌などの)帯封(おびふう); 〖主に英〗本のカバー(jacket; →cover). **4** (女性用のゆったりした)部屋着, 化粧着.

‡**wráp·ping** 名 UC 〈普通 ~s〉包装紙[布].

wrápping pàper 名 U 包装紙, 包み紙.

wrapt /ræpt/ 動 wrap の過去形・過去分詞.

wráp-ùp 名 C 〖米話〗(ニュースなどの)要約.

†**wrath** /ræθ, rɑːθ|rɔ(ː)θ/ 名 U 〖旧・雅〗激怒, 憤激, (類語 古風な語で, しばしば復讐(しゅう)の意図も含む; →anger). The workers displayed great ~ at the decision. 労働者たちはその決定に激しい怒りを示した. incur the ~ of God 神罰を招く. [<古期英語; wroth, -th¹]

wrath·ful /rǽθf(ə)l, rɑ́ːθ-|rɔ́(ː)θ-/ 形 〖旧・雅〗激怒[憤激]した. ▷**~·ly** 副 〖旧・雅〗憤激して. **~·ness** 名 U 〖旧・雅〗激怒[憤激](すること).

wrath·y /rǽθi, rɑ́ːθi|rɔ́(ː)θi/ 形 〖米〗＝wrathful.

‡**wreak** /riːk/ 動 他 〖章〗**1** 〔復讐(しゅう), 罰, 暴力など〕を加える 〈*on* [*upon*] ..に〉. ~ vengeance *upon* the enemy 敵に復讐する. **2** 〔被害, 破壊など〕をもたらす 〈*on* ..に〉. The tornadoes ~*ed* havoc *on* that area. 竜巻はその地域に甚大な被害を与えた. [<古期英語]

wreath /riːθ/ 名 (複 **~s** /-ðz/) C **1** 花輪; 花冠. a funeral ~ 葬儀の花輪. hang a ~ on the door ドアに花輪をかける. **2** (煙, 霧などの)輪, 渦巻き. [<古期英語「撚(よ)ったひも」(<writhe)]

†**wreathe** /riːð/ 動 他 〈しばしば受け身で〉〖雅〗**1** 〔花輪〕を作る, 〔花など〕を編む 〈*into* ..〔花輪〕に〉; を(花輪のように)飾る 〈*with* ..で〉. ~ laurel leaves *into* a crown 月桂樹の葉で冠を作る. The coffin was ~*d with* flowers. ひつぎは花で飾られていた. **2** を巻く, からませる, 〈*around* ..に〉; に巻きつける 〈*in* ..を〉, を包む 〈*in* ..で〉; VOA (~ X *in*..) X(建物, 風景など)を包み込む〈受け身で〉. Amy ~*d* her arms around her father's neck. エーミーは両腕を父親の首にからませた. A python ~*s* itself round its victim. ニシキヘビは餌食(えじき)に巻きつく. The girl's face was ~*d in* smiles. その少女は満面に微笑をたたえていた. The tops of the highrise buildings were ~*d in* mist. 高層ビルのてっぺんは霧に包まれていた.

── 自 **1** VA 〔煙, 霧などが〕輪になって流れる 〈*upward* 上へ〉. **2** 〔つる草などが〕からみつく 〈*about*, *around* ..に〉. [<wreath]

***wreck** /rek/ 名 (複 **~s** /-s/) **1** U 〖雅〗**難破**, 難船. salvage a ship from ~ 難破船を救助する.

2 C (**a**) **難破船**; (浜に打ち上げられた)難破船の残骸(がい), 難船貨物. a sunken ~ 沈んだ難破船. The ~ of the liner was never found. その定期船の残骸は全く見つからなかった. (**b**) 〖話〗(壊れた家, 乗り物などの)残骸; (壊れかけた)車など, ぽんこつ. the ~ of an airplane (墜落した)飛行機の残骸. drive around in an old ~ ぽんこつ車を乗りまわす. (**c**) 〖米〗(自動車の)衝突(事故), (飛行機の)墜落, (crash).

3 U 破壊, 破滅; 挫(ざ)折. arrest the ~ of the natural countryside 自然のままの田園の破壊を止める. go to ~ (and ruin) めちゃめちゃに壊れる. the ~ of the students' hopes 学生たちの希望の挫折.

4 C 〖話〗〈普通, 単数形で〉(健康を害して)見る影もない人, (精神的に)廃人同様の人; 敗残者. She's been a complete nervous ~ since her husband's death. 彼女は夫を亡くしてからすっかり神経が参っている. a ~ of one's former self 昔の面影もない落ちぶれた人.

── 動 (**~s** /-s/|**~ed** /-t/|**wréck·ing**) 他 **1** 〈しばしば受け身で〉(**a**) 〔船〕を**難破させる**; 〔車など〕を(事故で)壊す, 破壊する. The tanker was ~*ed* off the coast. タンカーはその海岸の沖で難破した. a ~*ed* car めちゃめちゃに壊れた車. (**b**) 〔船員など〕を遭難させる.

2 を(**めちゃめちゃに**)**破壊する**; 〔計画など〕を台無しにする; 〖米〗〔建物, 自動車など〕を取り壊す, 解体する. The news ~*ed* my dreams. その知らせは私の夢をぶち壊した. Hal's health was ~*ed* by overwork. ハルの健康は過労ですっかり損なわれた.

── 自 **1** 〔船が〕難破する. **2** 壊れる, 破滅する. [<アングロノルマン語(<古期北欧語「駆る」)]

‡**wreck·age** /rékidʒ/ 名 U **1** 難破船の残骸(がい), 難船貨物; (壊れた車, 家などの)残骸. **2** 〈比喩的〉(人生, 希望などの)挫(ざ)折した残骸. put together the ~ of our friendship 我々の友情の壊れた残骸を何とか修復する.

wréck·er 名 C **1** 破壊者; (昔, 強奪の目的で)船を難破させた海賊. **2** 〖米〗レッカー車 (tow truck; 〖英〗breakdown truck)《故障車, 違法駐車車を移動させる》. **3** 〖主に米〗(建物, 自動車などの)解体業者. **4** (難破船から貨物を引き上げる)救難船[者].

Wren /ren/ 名 C 〖英話〗英国海軍婦人部隊員 (→WRNS).

‡**wren** /ren/ 名 C 〖鳥〗ミソサザイ《山中の水辺にすむミソサザイ科の小型の野鳥; 鳴き声が美しい》.

***wrench** /rentʃ/ 動 (**wrénch·es** /-əz/|過 過分 **~ed** /-t/|**wrénch·ing**) 他 **1** (急激に)をねじる, よじる; VOC (~ X Y) X をねじって Y の状態にする. ~ a box open 箱をこじ開ける. ~ oneself free 身を振りほどく.

2 VOA (**a**) をねじり取る, もぎ取る, 〈*away*, *off*〉〈*from*, *out of*, *off* ..から〉. ~ a button *off* ボタンをもぎ取る. ~ a pole *out of* the ground 地面から柱を引き抜く. ~ a pistol (*away*) *from* the killer's hand 殺し屋の手からピストルをもぎ取る. (**b**) 〔目, 気持などを〕そらす 〈*from* ..から/*to* ..へ〉. ~ one's eyes *from* a horrible sight 恐ろしい光景から目をそむける.

3 を捻挫(ねんざ)する, くじく. Will ~*ed* his ankle in the race. ウィルはそのレースで足首を捻挫した.

4 〔事実, 意味など〕を曲げる, こじつける. ~ the chairman's intended meaning 議長の意図した意味を曲げる. **5** 〔心, 気持ちなど〕を苦しめる (rack).

── 自 ねじる 〈*at* ..を〉.

── 名 C **1** 〈普通, 単数形で〉急激にねじること; ねじり取ること. open the bottle with one ~ ひとひねりして瓶をあける. give the doorknob a ~ ドアの取っ手をぐいと回す. **2** 捻挫(ねんざ). **3** 〈単数形で〉(別離などの)悲痛, 苦痛. the profound ~ of parting 別れの深い悲しみ.

4 (事実, 意味などの)曲解, こじつけ. **5** 〖米〗スパナ, レンチ, (〖英〗spanner)《工具》; 〖英〗自在スパナ (monkey wrench).

thròw a wrènch in the wórks 〖米〗＝throw a SPANNER in the works. [<古期英語]

‡**wrest** /rest/ 動 他 VOA 〖章〗**1** をねじり取る, もぎ取る, 〈*from*, *out of* ..から〉. ~ a knife (*away*) *from* him [his hand] 彼[彼の手]からナイフをもぎ取る. **2** 〔勝利, 承諾など〕を力ずくで取る; を骨折って手に入れる; 〈*from*, *out of* ..から〉. ~ power (*away*) *from* the King 国王から権力を奪い取る. **3** 〔事実, 意味など〕を曲げる, こじつける.

── 名 C **1** ねじり, もぎ取り; こじつけ. **2** 〖古〗(ピアノ・ハープなどの)調律キー. [<古期英語; wrist と同根]

***wres·tle** /rés(ə)l/ 動 (**~s** /-z/|過 過分 **~d** /-d/|**-tling**) 自 **1 格闘する**, レスリングをする, 〈*with* ..と〉. ~ *with* the champion チャンピオンとレスリングをする. Both got angry and they ~*d together*. 両方とも怒って取っ組み合いをした. **2** 戦う 〈*with* ..〔悪, 誘惑など〕と〉; 取り組む 〈*with* ..〔仕事, 問題など〕に〉. ~ *with* an important problem 重大問題に取り組む.

── 他 とレスリング[格闘]をする; VOA 取っ組み合いをして を..にする. ~ a calf *to* the ground 子牛を地面にねじ伏

せる. ～ a revolver *off* [*from*] a person. 格闘して人の手からピストルを奪う. ～ a person *out of* a room 人を部屋から押し出す。

── 名 C 1 レスリング[相撲](の 1 試合); 格闘. 2 奮闘. [＜古期英語; wrest, -le[1]]

†**wrés·tler** 名 C レスリングの選手, レスラー. a sumo ～ 力士.

***wres·tling** /résliŋ/ 名 U レスリング; 格闘.

‡**wretch** /retʃ/ 名 C 1 かわいそうな人, みじめな人. a ～ of a man 哀れな男. 2 《しばしば戯》 悪党, ひどいやつ, 困ったやつ, 《人, 動物》. You ～! こいつめ, この野郎. [＜古期英語「追われた者」]

***wretch·ed** /rétʃəd/ 形 e m (★3 は普通 ©)
1 《章》 哀れな, みじめな, 不幸な. The family lived a ～ life during the war. その家族は戦争中みじめな生活をした. The illness made Sue feel ～. その病気はスーをみじめな気持ちにした.
2 《章》 劣った, 質の悪い, 粗末な. a ～ hut あばら屋. a ～ meal お粗末な食事.
3 《話》〈限定〉いやな, 不愉快な, ひどい; いまいましい. ～ weather いやな天候. We had a ～ time at the party. 私たちはそのパーティーで不愉快な思いをした. My ～ watch has stopped again! ちくしょう, 時計がまた止まっている.
[＜中期英語; wretch, -ed] ▷～**·ly** 副 みじめに. ～**·ness** 名 U みじめさ, 悲惨; 卑劣.

wrick /rik/ 動, 名 ＝rick[2].

‡**wrig·gle** /ríg(ə)l/ 動 自 1 もじもじする, 落ち着きなく体を動かす; のたくる, のたうち回る, 〈*about*〉; VA のたくって進む, うねうね動く; VC (～ X) もがいて X の状態になる. the girl was *wriggling* in her seat. その少女は座席で体をもじもじさせていた. The snake ～*d along* the road. 蛇は道路をのたくって行った. 2 《話》 VA (～ ***out of*** (*doing*) ..) ..(すること)から何とか(ごまかして)逃れる. ～ *out of* the trouble [sweeping the floor] 面倒な事[床掃き]から何とか逃れる.

── 他 〔体(の一部)〕をうごめかす, くねらす; VOA を体をくねらせて進む. 〈*across* ..を〉; VOC (～ X Y) X (身体など)をくねらせて Y の状態になる. Sally danced *wriggling* her hips. サリーは腰をくねらせて踊った. The captive ～*d* himself free. その捕虜は身をくねらせて(縄を解き)体を自由にした. The worm ～*d* its way *across* the leaf. 虫は葉を横切ってくねくねと進んだ.

wriggle off the hóok 《話》(責任, 仕事などを)うまいこと逃れる.

── 名 C 〈普通, 単数形で〉のたくり, うごめき.
[＜中期低地ドイツ語]

wríg·gler 名 C 1 のたくる人[もの]. 2 《虫》 ボウフラ.

wrig·gly /rígli/ 形 e のたうち回る; くねくねする; のらりくらりの.

Wright /rait/ 名 ライト 1 **Frank Lloyd** ～ (1869–1959) 《米国の建築家; 東京の帝国ホテル, New York の Guggenheim Museum などをデザインした》.
2 **Orville** /ɔ́:rvil/ ～ (1871–1948) 《兄 **Wilbur** /wílbər/ (1867–1912) とともに 1903 年飛行機を発明した》.

-wright /rait/ 〈複合要素〉「..職人」,「..製作者」の意味. a ship*wright*. a play*wright*. [古期英語 'worker']

***wring** /riŋ/ 動 (～**s** /-z/| 過 過分 **wrung** /rʌŋ/| **wríng·ing**) 他 【絞る】 1 〔水分を含んだ物〕を絞る 〈*out*〉; VOC (～ X Y) X を絞って Y の状態にする. ～ (*out*) a wet towel ぬれタオルを絞る. ～ the wet clothes dry ぬれた衣服を絞って脱水する.
2 〔液体〕を搾り出す 〈*out*〉〈*from*, *out of* ..から〉. ～ juice *from* an orange オレンジからジュースを搾る.
3 VOA (～ X ***from, out of*** ..) X (金銭など)を人から搾り取る; X (同意, 言葉など)を(無理やり)人から取りつける. Tom has been ～*ing* money *from* his uncle for years. トムは何年間もおじから金を搾り取っている. ～ the truth *out of* the accused 被告人に真実を言わせる.
【固く握る[締める]】 4 〔手など〕を固く握り締める; 〔首など〕を強くひねる, ねじ折る. ～ a person's hand 人と固く握手する. The girl *wrung* her hands in fear. その少女は怖くて両手を固く握り合わせた. I *wrung* the chicken's neck and cooked it for dinner. その若鶏(どり)の首をひねって夕食用に料理した. I'd like to ～ his neck. 《話》 彼の首をねじ折ってやりたいものだ.
5 〔心〕を締め付ける, 苦しめる. It *wrung* Kate's tender heart to see the boy so troubled. その少年がそんなに困っているのを見てケートの優しい心は痛んだ.

wrìnging wét 絞れるほどにずぶぬれで.

── 名 C 〈普通, 単数形で〉 1 絞ること; ひとねじり. give the wet shirt a ～ ぬれたシャツをひと絞りする.
2 手を握ること. 3 (チーズの)型付け器; (リンゴなどの)汁搾り器. [＜古期英語; wrong と同根]

wríng·er 名 C 1 絞る人. 2 (旧式の洗濯機に付いている手回しの)絞り器(mangle).

pùt .. through the wríngerr 《話》(尋問などで)..を締め上げる, つらい立場に立たせる.

***wrin·kle**[1] /ríŋk(ə)l/ 名 (複 ～**s** /-z/) C 〈普通 ～s〉(皮膚, 布などの)しわ, ひだ. the ～*s* in the old man's brow その老人の額のしわ. iron out the ～*s* of the skirt スカートにアイロンをかけてしわを伸ばす.

── 動 (～**s** /-z/| 過 過分 ～**d** /-d/| **-kling**) 他 にしわを寄せる 〈*up*〉. ～ *up* one's forehead 額にしわを寄せる. He ～*d* (*up*) his nose at the stink. 彼は悪臭をかいで鼻にしわを寄せた《不快の表情》. Age ～*d* her face. 彼女は年のせいで顔にしわが寄った. ～*d* hands しわの寄った手.

── 自 しわが寄る, しわになる. This shirt never ～*s*. このシャツは全然しわにならない.
[＜中期英語 *wrinkled* (?＜古期英語「曲りくねった」)]

wrin·kle[2] 名 C 《話》 うまい思いつき; ちょっとした助言. Can't you give me a ～? 何か新しい趣向を考えてくれないか. [＜wrinkle[1]]

wrin·klie /ríŋkli/ 名 C 《英話》 しわくちゃばあさん[じいさん]. [wrinkle, -ie]

wrin·kly /ríŋkli/ 形 e しわの寄った; しわの寄りやすい.
── 名 (複 **-klies**) ＝wrinklie.

‡**wrist** /rist/ 名 (複 ～**s** /-ts/) C 手首; (衣服の袖(そで)などの)手首の部分. Susan sprained her ～ playing tennis. スーザンはテニスをしていて手首をくじいた. slash [slit] one's ～(*s*) (自殺を図って)手首(の静脈)を切る. The policeman caught Jim by the ～. 警官はジムの手首をつかまえた. [＜古期英語; wrest, writhe と同根]

wríst·bànd 名 C 1 (シャツの)袖(そで)口, カフス. 2 (腕時計などの)バンド.

wrist·let /rístlət/ 名 C 1 ブレスレット, 腕輪. 2 腕時計の金属製バンド.

wríst·wàtch 名 C 腕時計.

wrist·y /rísti/ 形 e (テニス, クリケットなどで)〔打球が〕手首[リスト]を利かせた.

writ[1] /rit/ 名 1 C 《法》 令状. ask for a ～ of habeas corpus 人身保護令状を請求する. 2 U 〈the W-〉 ＝Holy Writ.

writ[2] 動 《古》 write の過去形・過去分詞.

wrìt lárge →write.

‡**write** /rait/ 動 (～**s** /-ts/| 過 **wrote** /rout/| 過分 **writ·ten** /rítn/, 《古》 **writ** /rit/| **wrít·ing**) 他
【書き記す】 1 〔文字, 手紙, 文章など〕を書く, 書き記す; (タイプライターなどで)を記入する; (類語 「書く」の意味の一般的な語; →jot, note, scratch, scrawl, scribble). ～ a letter 文字[手紙]を書く. ～ one's name [ad-

dress] 名前[住所]を書く. ～ English well 上手に英語を書く. ～ ten pages 10 ページ書く.
【書いて伝える】 **2** (**a**) [VOO] (～ X Y)・[VOA] (～ Y *to* X) X に Y (手紙など)を**書く**;〖主に米〗[VOO] (～ X *that* 節/X *wh* 節・句) X に..と/X に..かと手紙で知らせる. *Write* us a letter as soon as you reach Chicago. シカゴに着いたらすぐ私たちに手紙を書いてください. Jimmy ～*s* a letter *to* me every month. ジミーは毎月私に手紙を書いてくる. Tom *wrote* me (to say) *that* he would not attend the party. トムはそのパーティーに出席しないと私に手紙で知らせてきた.
(**b**) [VO] (～ *that* 節/"引用") ..と/「..」と手紙で知らせる;〖主に米〗〔人〕に**手紙を書く** (→自 3 ★). My uncle *wrote that* he had sent me a new dictionary. おじは私に新しい辞書を送ったと手紙で知らせてきた. I'll ～ you when I find a job for you. 君の仕事が見つかったら君に手紙を書こう.
(**c**)〖米〗[VOO] (～ X *to do*) X に..するようにと手紙を書く. I *wrote* my son *to* come back soon. 息子にすぐに帰れと手紙を書いた.
(**d**) [VO] (～ *that* 節/"引用") (書物などで) ..と/「..」と書いている, 言っている. Carlyle ～*s that* the true university is a collection of books. カーライルは真の大学とは図書の収集であると書いている.
3〖電算〗[VOA] (～ X *to, onto* ..) X (データなど)を〔記憶装置など〕に書き込む, 記憶させる.
4 (**a**)〔小説など〕を**書く**, 著述する;〔音楽〕を作る, 作曲する. a play *written* by Shaw ショーが書いた芝居. ～ a sonata ソナタを作曲する. ～ one's will 遺言状を書く.
(**b**)〔文書など〕に書き込む;〔法律文書など〕を作成する; [VOO] (～ X Y) X (人)に Y (文書など)を書いてやる. ～ (him) a check [prescription] (彼に)小切手[処方箋(せん)]を書く.
(**c**)〖保険〗＝underwrite 1.
5〈受け身で〉〔感情などが〕はっきり表れる〈*on, all over* ..〔顔〕に〉. Sadness was *written on* the faces of the people. 悲しみが人々の顔にありありと表れていた.
6〖カナダ・南ア〗〔試験〕を受ける.
── 自 【書く】 **1 書く**, 字を書く; [VA]〈A は様態の副詞〉〔人が〕(..に)書く, 〔ペンなどが〕(..に)書ける. something to ～ with 何か書くもの《鉛筆, ペンなど; with の代わりに on を用いれば「紙」》. Jim couldn't read or ～. ジムは読み書きができなかった. *Write* in ink, not in pencil. 鉛筆ではなくインクで書きなさい. ～ about Italy イタリアについて書く. ～ poorly 下手な字[文章]を書く. The pen ～*s* beautifully. そのペンはきれいに書ける.
2【書き物をする】**著述する**, 著述家である. go to Europe to ～ 書き物をするためにヨーロッパへ行く. The writer began *writing* at the age of thirty. その作家は 30 歳の時著述を始めた. He ～*s* for the magazines and newspapers on gardening. 彼は雑誌や新聞に園芸について書いている.
3【手紙を書く】 (**a**) **手紙を書く**〈*to* ..に〉(★〖主に米〗では前置詞 to が省略され 他 2 (b) になる). Nancy ～*s to* her mother every week. ナンシーは毎週母親に手紙を書く. My son has *written to* me ˪to say [saying] that he will not be home for the winter holidays. 息子は冬休みには帰省しないと手紙を書いてきた. (**b**) **手紙を書く**〈*to* do; do*ing* ..するために〉. She *wrote* ask*ing* her father to send her some money. 彼女は父親に金を送って欲しいと手紙を書いた.
4〖電算〗[VA] (～ *to, onto* ..)〔記憶装置など〕に(データなどを)書き込む.
(and) thàt's àll* [*whàt*] *she wróte 〖米話〗それで全部[おしまい]さ.
***write awáy for* ..** →WRITE for .. (1).
write báck 手紙で返事をする, 返事を書く, 〈*to* ..に〉. Bill *wrote back* to accept my invitation. ビルは私の招待に応じると返事を書いてきた.
write dówn 調子を下げて(分かりやすく)書く. The author deliberately *wrote down* to his readers. その作家は読者のために故意に調子を下げて書いた.
write /../ dówn (1) ..を書き留める, 記録する; ..を記述する〈*as* ..であると〉. ～ *down* the number of the car その車のナンバーを書き留める. The writer *wrote* himself *down as* a Catholic. その作家は自分のことをカトリック教徒だと書いた. (2) (紙上で)..をけなす, こきおろす, (↔WRITE /../ up (1)).
***wríte for* ..** (1) ..を手紙で求める[注文する]. ～ (away) *for* the application form 手紙で申込用紙を送ってくれるように求める. (2)〔新聞, 雑誌など〕に寄稿する. ～ *for* the school newspaper 学校新聞に寄稿する.
write ín 手紙で注文する〈*for* ..を〉; (手紙で)意見を寄せる〈*to* ..〔新聞社, 会社, 公的人物など〕に〉. ～ *in for* tickets ahead of time 前もって切符を手紙で注文する.
****write /../ ín* ..**を書き込む, 書き入れる;〖米〗〔候補者〕の名前を書いて投票する.
***wríte* X *into* Y** X (特別事項など)を Y (契約書など)に加える.
write óff 手紙で求める[注文する]〈*for* ..を〉(→WRITE for .. (1)).
write /../ óff (1)〔文章, 手紙など〕をすらすらと書く. (2)〖会計〗〔負債など〕を帳消しにする. (3) ..をみなす〈*as* ..〔失敗, 取るに足りないものなど〕と〉; をだめなものとみなす. Britain then was *written off as* a third-rate power. 当時英国は三流国とみなされていた. Don't ～ *off* the project before it has fairly started. ちゃんと始まってもいないのにその計画をだめだと決めつけてはいけない. (4) ..を(修理できないほど)めちゃめちゃに壊す.
write /../ óut (1) ..を全部書く. (2) ..を清書する, 正式に書く. The manuscript had been *written out* by hand. その原稿は手で清書されていた. (3)〔登場人物〕をおろす, はずす, 〈*of* ..〔連続ドラマなど〕から〉. (4)〔小切手など〕に書き込む. ～ (her) *out* a receipt (彼女に)レシートを書いてやる.
write úp. ＝WRITE in.
write /../ úp (1)〔商品, 芝居など〕をほめて書く (↔WRITE /../ down (2)). The play was *written up* in the local newspaper. その芝居は地元の新聞にほめて書かれた. (2)〔覚え書きなど〕を改めて詳しく書く. I *wrote up* the paper from my lecture notes. 講義メモを基にしてその論文を詳しく書いた. (3)〖米〗〔人〕に呼出し状を送る〈*for* ..の〉. (4)〖会計〗..の帳簿価格を引き上げる. (5)〔日記など〕に現在までの記入をする.
writ* [*written*] *lárge 〖章〗特筆大書されて; はっきりと分かる; 大規模で. The discoveries are *writ large* on the pages of English history. その発見は英国史に大書されている.
〔He〕 ***wròte the bóok*** 〖話〗〔彼は〕詳しい, 何でも知っている, 〈*on* ..〔ある分野〕に(ついて)〉.
[＜古期英語「ひっかく, 刻みつける＞書く」; 樹皮 (→book) や板, 石などに文字を刻みつけたことから]

wríte-ìn 名 C 〖米〗書き込み投票《候補者名を投票者が記入して行う投票》.

‡**wríte-òff** 名 (複 ～s) C **1** (帳簿からの)削除, 帳消し. **2**〖主に英話〗(破損がひどく)修理できない[おしゃかになった]車[飛行機]. **3**〈単数形で〉〖話〗失敗˪作[者]; 不毛[無成果](の時期).

‡**writ·er** /ráitər/ 名 (複 ～s /-z/) C **1** 書き手, 筆記者;〖英〗(官庁, 海軍などの)書記. a neat ～ きちんとした字を書く人. **2 作家**, 文筆家; 著者, 筆者. a well-known ～ 有名な作家. the ～ of this book この本の著者. the present ～ (論文などの書き手が自分を指して)筆者(★3 人称扱い).

W

連結 a famous [a distinguished; an established, a successful; a major; a first-rate; an accomplished; a gifted, a talented; an obscure; a mediocre, a second-rate; a prolific; an aspiring; an up-and-coming; a struggling] ～

wrìter's blóck 名 U (作家の, 心因性の)創作力途絶, スランプ.

wríter's cràmp 名 U 〘医〙書痙(しょけい), 指けいれん.

wríte-ùp 名 C (商品, 芝居などに対する, 普通, 好意的な)記事. get a good ～ in the paper 新聞で好評を得る.

†**writhe** /raið/ 動 自 **1** (激痛などで)身もだえする, のたうつ. The boy ～*d* (*around*) in pain. その少年は痛くてのたうち回った. **2** 苦悩する. ～ with shame 恥ずかしくてばつの悪い思いをする. [＜古期英語;「ねじる, 撚(よ)る」; wrist と同根]

‡**writ·ing** /ráitiŋ/ 名 (複 ～s /-z/) **1** U **書くこと**, 執筆; 著述; 著述業. make a living by ～ 著述で生計を立てる. at [as of] this ～ 今これを書いている時点では.
2 U **書き物**; 文書; C 〈～s〉(戯曲, 小説などの)作品. a fine piece of ～ すぐれた書き物. Answer my questions in ～, please. 私の質問に文書でお答えください. the ～*s* of Mark Twain マーク・トウェーンの作品集.
3 U **筆跡** (handwriting), 書体; 書法; 文体. It's difficult to read his ～. 彼の筆跡を読むのは難しい. Tom used strange ～ in the letter. トムはその手紙に奇妙な書法を使った. informal ～ くだけた書き方[文体].
the wríting on the wáll 災いの前兆《聖書から》.

wríting dèsk 名 C 書き物机.

wríting ìnk 名 U (印刷用インクに対して)筆記用インク.

wríting matèrials 名 筆記用具《ペン, 鉛筆, インクなど》.

wríting pàd 名 C (はぎ取り式の)便箋(せん).

wríting pàper 名 U 筆記用紙, 便箋, 《notepaper とも言う》.

‡**writ·ten** /rítn/ 動 write の過去分詞.
── 形 C **書かれた**, 書いた; 成文の. a ～ examination 筆記試験. ～ language 文語, 書き言葉, (↔spoken language). the ～ word 書き言葉, 文章語. ～ law 成文法.

WRNS Women's Royal Naval Service (英国海軍婦人部隊; /renz/ とも発音する; →Wren).

‡**wrong** /rɔːŋ | rɔŋ/ 形 m, e
【正しくない】 **1** 〈叙述〉**不正の**, 悪い, (↔right; 類語 社会通念上一般に悪い, という意味; →bad). Stealing is ～. 盗みは悪いことだ. It is ～ ˪to [that you should] tell a lie. うそをつくのはよくない. It was ～ of you [You were ～] to have doubted Jim. 君がジムを疑ったのは悪いことだった.
2【正常でない】〈叙述〉**具合が悪い**, 調子が悪い, 故障して, 〈*with* ..に関して, は〉. There's something ～ *with* my car. 私の車はどこか故障している. What's ～ (*with* you)? どうかしたの. What's ～ *with* drinking with my own money? 身銭を切って飲んでどこがいけないか. There's nothing ～ (*with*..). (..は)異状[問題]はない.
3【向きが正しくない】**裏の**, 逆の, 反対の, (↔right). The box is ˪～ side up [＝upside down]. その箱は逆さまだ. Jimmy put on his sweater ˪～ side out [＝inside out]. ジミーはセーターを裏返しに着た.
【見当はずれの】 **4 誤った**, 間違った, 〈*about*..について/*in*..において/*to* do, in do*ing* ..することで〉, (↔right, correct). a ～ answer 誤った答え. dial the ～ number 間違い電話をかける. the ～ way to deal with women 間違った女性の扱い方. take a ～ train 間違った汽車に乗る. The police arrested the ～ man. 警察は別人を誤認逮捕した. I was ～ ˪*about* his character [*in* my guess]. 私は彼の性格を誤解していた[推測が外れた]. I think they were ～ *to* marry [*in* marry*ing*]. 彼らが結婚したのは間違いだったと私は思う.
5 〈普通, 限定〉**不適当な**, ふさわしくない, 〈*for* ..に/*to* do..するのに〉, 場違いの, (↔right). the ～ place *to* park a car 車を駐車するのに不適当な場所. She wore the ～ clothes *for* the occasion. 彼女はその場にはふさわしくない服を着ていた. The secret document fell into the ～ hands. 秘密文書はまずい連中の手に渡った.
be in the wròng pláce at the wròng tíme 〘話〙思い掛けず ˪災難にあう[トラブルに巻き込まれる].
cátch a pèrson on the wròng fóot 人に不意打ちをくらわす.
gèt (hòld of) the wròng énd of the stíck →stick[1].
gèt on the wròng síde of.. 〔人〕の機嫌を損じる, に嫌われる.
get òut of béd on the wròng síde →bed.
go dòwn the wròng wáy 〔飲食物が〕気管に入る.
on the wròng síde of.. →side.
on the wròng síde of the trácks →track.
pròve a pèrson wróng 人の思い違いを明らかにする.
the wròng wày aróund 順序が狂って; 向きが狂って, さかさまに.
── 名 **1** U **悪**, 不正; よこしま; (↔right). know the difference between right and ～ 正邪の区別がつく[分かる]. do ～ 悪いことをする, 悪事を働く.
2 C 〘章〙悪行, 悪事, 不正行為; 過失. right a ～ 不正を正す. Two ～*s* do not make a right. 〘諺〙悪事を重ねても善事にはならぬ《悪事の仕返しに悪事をしても事態はよくならない》.
can dò nò wróng 〔人が〕完全無欠である.
****dò a pèrson wróng＝dò wróng to a pèrson*** (1) **人を不当に扱う**, 虐待する. (2) 人を誤解(して悪者扱い)する.
****in the wróng*** **悪い**; 誤って; 不正で. I was *in the* ～ that time. あの時は私が間違っていた.
── 副 〈動詞の前に用いることはなく, 普通, 文末に用いる〉 **1** 間違って, 誤って. think [hear] ～ 思い[聞き]違いをする. Bill answered ～. ビルは間違った答えをした. You must have understood it ～. 君はそれを誤解していたに違いない. **2** 不正に, 不当に. They treated us ～. 彼らは我々を不当に扱った.
gèt..wróng 〘話〙〔人, 言葉など〕を誤解する, 勘違いする. Don't *get* me ～—I'm not blaming you. 誤解しないでくれ. 君を責めているのではない. *get* [*have*] it all ～ 状況[事態]をすっかり誤解する.
gò wróng (1)〘旧〙正道を踏み外す, 堕落する; 方向を誤る. The young unemployed are likely to *go* ～. 若い失業者たちは悪の道に走りやすい. (2) 失敗する, まずいことになる. Everything *went* ～ with him after the divorce. 離婚後は彼にとって万事うまくいかなかった. You can't *go* ～. きっとうまく行く. (3)〔機械などが〕調子が狂う. This clock has *gone* ～ again. この時計はまた狂ってしまった.
── 動 他 〘章〙**1** 〔人〕を不当に扱う. It's not easy to forgive those who have ～*ed* you. 自分を不当に扱った人々を許すのは難しい. **2** 〔人〕を見損なう, 侮辱する. You ～ me by believing such rumors. そんなうわさを信じるなんて君は私を見損なっているぞ.
[＜古期北欧語「ねじ曲がった, ゆがんだ」; wring と同根]

wróng·dòer 名 C 悪事を働く人, 犯罪者; 悪人.

‡**wróng·dòing** 名 U 悪事を働くこと; UC 悪事, 犯罪; 悪行.

wròng-fóot 動 他 〘主に英〙**1** (テニスなどで)〔相手〕にバランスを崩させるショットを打つ. **2** (思いがけな質問など

W

で)〔相手〕の不意[虚]を突く.

‡**wrong·ful** /rɔ́ːŋf(ə)l|rɔ́ŋ-/ [形] 〈普通, 限定〉 **1** 不当な, 不正な. ~ dismissal 不当解雇. **2** 不法な. ▷**~·ly** [副] 不当に, 不正に; 不法に.

wròng·héaded /-əd [移]/ [形] 〔人が〕分からず屋の, 頑固な; 〔考えなどが〕間違った.
▷**~·ly** [副] 頑固に; 頑迷に. **~·ness** [名]

*__wrong·ly__ /rɔ́ːŋli|rɔ́ŋ-/ [副] [m] 〈普通, 過去分詞・動詞の前で用いる〉 **1** 不当に, 不正に. The woman has ~ accused me. その女性は不当に私を責めた. **2** 誤って, 間違って; 不適切に. a letter ~ addressed あて先の間違っている手紙. He ~ took me for a teacher. 彼は間違って私を教師と思った. rightly or ~ 適否は別として, いずれにしても.

wróng'un /-ən/ [名] [C] 〖話〗悪党, 卑劣なやつ. [<wrong one]

wrote /rout/ [動] write の過去形.

wroth /rɔːθ|rouθ, rɔːθ/ [形] 〖古・詩〗〈叙述〉激怒した, 荒れ狂った, (wrathful). [<古期英語]

wrought /rɔːt/ [動] 〖古〗work の過去形・過去分詞. ── [形] 〖古・雅〗作られた, なされた, 〈*of* ..によって〉. a carefully ~ tiara 丹念な仕上げの小王冠. a monument ~ *of* marble 大理石でできた記念碑.

wròught íron [名] [U] 錬鉄.

wròught-úp /[移]/ [形] 非常に興奮した, いらいらした. The consumers are ~ over the high prices. 消費者たちは高物価にいらだっている.

wrung /rʌŋ/ [動] wring の過去形・過去分詞.

WRVS 〖英〗Women's Royal Voluntary Service (英国婦人挺身隊).

‡**wry** /rai/ [形] 〈普通, 限定〉 **1** 〔顔, 表情などが〕しかめた; ひねくれた. a ~ grin 苦笑. make a ~ face 顔をしかめる. **2** 皮肉の, 当てこすりの. ~ wit 皮肉っぽい頓智(とんち). **3** ゆがんだ, ねじれた. a ~ nose 曲がった鼻.
▷**wrý·ly** [副] 顔をしかめて, ゆがめて. **wrý·ness** [名]

WSW west-southwest.

wt. weight.

wun·der·kind /vúndərkìnt|wʌ́ndəkìnd/ [名] ([複] **~·er** /-kìndər/, **~s**) [C] 天才児, 神童. [ドイツ語]

wurst /wəːrst, wurst|wəːst/ [名] [C] 〖話〗ソーセージ.

wuss /wus/ [名] [C] 〖米俗〗弱虫, いくじなし.

WV, W.Va. West Virginia.

WWF World Wide Fund for Nature; 〖旧〗World Wildlife Fund.

WW I World War I.

WW II World War II.

WWW World Weather Watch (世界気象監視計画); World Wide Web.

WX women's extra-large size ((衣服の)婦人特大サイズ).

WY, Wy. Wyoming.

wych-elm /wítʃèlm/ [名] [C] 〖植〗(北・西ヨーロッパ産の)ニレ属の一種.

wých hàzel /wítʃ-/ [名] ＝witch hazel.

Wyc·liffe /wíklif/ [名] **John ~** ウィクリフ (1320?–84) 《英国の宗教改革家; 彼の指導下に英訳聖書が初めて完成した》.

Wyo. Wyoming.

Wy·o·ming /waióumiŋ/ [名] ワイオミング《米国北西部の州; 州都 Cheyenne; 略 WY〖郵〗, Wy., Wyo.》. [北米先住民語「大きな川底」]

Wy·o·ming·ite /waióumiŋàit/ [名] [C] ワイオミング州の人.

WYSIWYG, wysiwyg /wíziwig/ [形] 〖電算〗スクリーン表示がプリントアウトされたものと同一であることを示す《< *W*hat *Y*ou *S*ee *I*s *W*hat *Y*ou *G*et》.

wy·vern /wáivərn/ [名] [C] ワイヴァン, 飛竜, 《翼を持つ 2 本脚の架空の動物; 紋章に用いられる》. [<ラテン語「マムシ」]

W

X

X, x /eks/ [名] ([複] **X's, Xs, x's** /éksəz/) **1** [UC] エックス《英語アルファベットの第 24 字》. **2** [C]〈大文字で〉X 字形(のもの). **3** [U] (ローマ数字の) 10. *XXIV*[*xxiv*]=24. *XIX*[*xix*]=19. *XL*[*xl*]=40. *XC*[*xc*]=90. **4** [UC]〘数〙未知数の記号《普通, 小文字で斜体; →y, z》; 未知の人[もの]. Mr. *X* 某氏. **5** [C] キスの符号《特に手紙やカードの結びに Love from Jane *XXX* などのように書いて示す》. **6** [C] (文盲者の署名代わりの) X[×]印 (→cross); (投票用紙などの)選択の印; (地図, 図表などの)特定の地点を示す印. **7** [C] 誤りを示す印. **8** [U] Christ を表す記号《→*X*mas, *XP*》.

X /eks/ [形], [名] [C]〘米映〙成人向きの(映画)《18 歳未満は入場できない; 広告などでポルノ度を強調して *XX*, *XXX* なども付けたが 1991 年に廃止, NC-17 がこれに代わった; 〘英〙では 1983 年に廃止, 18 がこれに代わった; →film rating》.

x /eks/ [動] [他]〘米〙に X 印を書き入れる; (X 印で)を指示する〈*in*〉; を X 印で削除する〈*out*〉(→CROSS /../ out).

Xan·a·du /zǽnədùː/ [名] [C] 桃源郷《S.T. Coleridge がその詩 *Kubla Khan* で描いた壮麗で贅(ぜい)を尽くした場所の名前から》.

xan·thic /zǽnθik/ [形]〘まれ〙〘植〙黄色の.

Xan·thip·pe /zæntípi, -θípi/ [名] **1** クサンティッペ《Socrates の妻; 口やかましい悪妻の典型》. **2** [C] 口やかましい女, がみがみ女.

xan·thous /zǽnθəs/ [形] 黄色の.

Xav·i·er /zéiviər, zǽv-/ [名] **Francisco** ～ ザヴィエル (1506–52)《Jesuit 派のスペイン人宣教師; 1549 年日本にキリスト教を初めて伝えた》.

x̧-àxis [名] [C]〘数〙X 軸 (→y-axis).

X̧ chrómosome [名] [C]〘生物〙X 染色体《性染色体の 1 つ; →Y chromosome》.

Xe〘化〙xenon.

xe·bec /zíːbek/ [名] [C] (地中海沿岸の)小型 3 本マスト帆船. [＜アラビア語]

xe·non /zíːnɑn, zé-|zénɔn/ [名] [U]〘化〙キセノン《希ガス元素; 記号 Xe》.

xe·no·phile /zénəfàil/ [名] [C] 外国(人)好きの人.

xen·o·phobe /zénəfòub/ [名] [C] 外国(人)嫌いの人.

‡**xen·o·pho·bi·a** /zènəfóubiə/ [名] [U] (極端な)外国人嫌い, 外国恐怖症. [ギリシア語 *xénos*「外国人(の)」, -phobia]

xen·o·pho·bic /zènəfóubik [移]/ [形] (極端に)外国人嫌いの, 外国恐怖症の.

Xen·o·phon /zénəfən/ [名] クセノフォン (431?–355? B.C.)《ギリシアの哲学者・歴史家》.

xe·ro·graph·ic /zì(ə)rəgrǽfik [移]/ [形] ゼログラフィの[による], 乾式複写(法)の.

xe·rog·ra·phy /zi(ə)rɑ́grəfi|-rɔ́g-/ [名] [U] ゼログラフィ, 乾式複写(法). [ギリシア語 *xērós*「乾燥(した)」, -graphy]

xe·ro·phyte /zí(ə)rəfàit/ [名] [C]〘植〙耐乾性植物《サボテンなど》. ▷**xe·ro·phyt·ic** /zì(ə)rəfítik/ [形]

‡**Xe·rox, xe-** /zí(ə)rɑks|-rɔks/ [名] [UC]〘商標〙ゼロックス《米国製乾式複写機の一種, 又はそれによる複写法》; [C] ゼロックスでコピーしたもの.
── [動] [他] をゼロックスでコピーする.

Xer·xes /zə́ːrksiːz/ [名] ～ **I** /ðə-fə́ːrst/ クセルクセス 1 世 (在位 485–465 B.C.)《ペルシアの王》.

xi /zai, sai/ [名] [UC] クシー, クザイ, 《ギリシア語アルファベットの 14 番目の文字; Ξ, ξ; ローマ字の X, x に当たる》.

X·ing, x- /krɔ́ːsiŋ|krɔ́-/ [名] [C]〘米〙《道路標識として》=crossing. ★路面には XING と書かれている.

Xin·hua /sìnhwɑ́ː/ [名] 新華社《中国の国営通信社; 1937 年設立; 英語名 the New China News Agency; 略 NCNA》.

-xion /kʃ(ə)n/ [接尾]〘主に英〙名詞語尾 -tion の異形 (★現在では -ction が一般のつうり字法: conne*xion*, conne*ction*; refle*xion*, refle*ction*).

XL extra large (特大の).

†**Xmas** /krísməs, éks-/ [名] [UC]〘話〙クリスマス. ★キリストを表すギリシア語の頭文字が X であることから. アポストロフィをつけて X'mas と書くのは誤り.

XP /kάirou, kíː-/ [名] キーロー《キリストの印; キリストを意味するギリシア語 XPΙΣΤΟΣ (Christos) の最初の 2 文字; CHI-RHO とも書く》.

X̧-ràted /-əd/ [形]〘米〙(映画が)成人向きの, X の表示のある (→X, film-rating).

†**X-ray, x-** /éksrèi/ [名] ([複] **～s**) [C] **1**〈普通 **～s**〉エックス線, レントゲン線, (Roentgen rays). **2** レントゲン写真. **3**〘話〙レントゲン検査. ── [形] エックス線の, レントゲンの. an ～ photograph レントゲン写真.
── [動] (**～s**|[過] [過分] **～ed**|**～·ing**) [他]〈しばしば x-〉**1** のレントゲン写真を撮る **2** をエックス線で検査する ～baggage 手荷物をエックス線で検査する. **3** をレントゲンで治療する.
[＜ドイツ語 *X-Strahlen* の英訳; 発見者 (→roentgen) による造語; X- は発見当時, 性質が不明だったことから]

X̧ rày [名] [C] =X-ray.

X̧-ray astrònomy [名] [U] X 線天文学.

X̧-ray stàr [名] [C]〘天〙X 線星.

XS extra small.

Xt Christ《*Xt*ian=Christian》.

xy·lem /záilim, -lem/ [名] [U]〘植〙木(質)部.

xy·lo·phone /záiləfòun, zí-/ [名] [C] 木琴, シロフォン. play the ～ 木琴を演奏する. [ギリシア語 *xúron*「木(材)」, -phone]

xý·lo·phòn·ist [名] [C] 木琴奏者.

Y

Y, y /wai/ 名 (複 **Y's, Ys, y's** /-z/) **1** UC ワイ《英語アルファベットの第 25 字》. **2** C 〈大文字で〉Y 字形(のもの). **3** UC 〖数〗未知数の記号, 第 2 未知数《普通, 小文字で斜体; →x, z》.

Y[1], ¥ yen[1].

Y[2] 〖米話〗YMCA; YWCA; 〖化〗yttrium.

y. yard(s); year(s); yen.

-y[1], **-ey** /i/ 接尾 〈名詞(まれに動詞)に付け次の意味の形容詞を作る〉 **1**「..だらけの, ..に満ちた, やや..の, ..から成る」の意味. greas*y*. dirt*y*. sugar*y*. glue*y*. clay*ey*. **2**「..しがちの, ..する傾向がある」の意味. stick*y*. sleep*y*. **3**「..のような, ..を好む」の意味. flower*y*. hors*y*. dogg*y*. [古期英語 *-ig*]

-y[2] 接尾 〈動詞又は形容詞に付けて名詞を作る〉 inquir*y*. deliver*y*. jealous*y*. [古期フランス語 (<ラテン語 *-ia*)]

-y[3], **-ie** /i/ 接尾 **1**〈名詞に付けて「親愛」の意味を添える; 愛称, あだ名を作る〉(★特に子供を表す語や子供が使う語に用いられる). Johnn*y*. dadd*y*. Frank*ie*. aunt*ie*. bird*ie*. **2**〈形容詞に付けてあだ名などの名詞を作る〉fatt*y* でぶちゃん. tubb*y* でぶっちょ. [中期英語 (<スコットランド英語)]

‡**yacht** /jɑt|jɔt/ 名 (複 **~s** /-ts/) C **1** ヨット《スポーツ又は競漕(そう)用の軽快な帆船; →sailboat, sailing boat》. a forty foot [40 ft] ~ 全長 40 フィートのヨット. ~ racing ヨットレース. a ~ harbor ヨットハーバー. **2** (レジャー用の)ヨット, 快走船,《しばしばエンジンつき; 特に豪華な船でかなり大型のものもある》. The actor is fond of sailing on [in] a ~. その俳優はヨットで帆走するのが好きだ.

── 動 自 ヨットに乗る; ヨットで航海[帆走]する; ヨットレースをする. go ~*ing* ヨット遊びに行く.

[<オランダ語「追跡(船)」; 海賊を追跡したことから]

yácht clùb 名 C ヨットクラブ.

‡**yácht·ing** 名 U ヨット操縦(術); ヨット遊び; ヨット航海. a ~ race ヨットレース[競走]. Summer is the ~ season. 夏はヨット遊びの季節だ.

yachts·man /jɑ́tsmən|jɔ́ts-/ 名 (複 **-men** /-mən/) C ヨット操縦者; ヨット所有者;《男性》.

yáchts·man·shìp /-ʃip/ 名 U ヨット操縦術.

yachts·woman /jɑ́tswùmən|jɔ́ts-/ 名 (複 **-women**) C 女性のヨット操縦者[所有者].

yack /jæk/ 動, 名 =yak[2].

yack·e·ty-yak, -yack /jækitijǽk/ 動, 名 〖俗〗=yak[2].

yah[1] /jɑː/ 間 やあ, やあい,《不快, あざけり, 挑戦などを表す》.

yah[2] 副 〖米話〗=yes.

Ya·hoo[1] /jɑ́ːhuː|jəhúː, jɑ́ːhuː/ 名 (複 **~s**) C **1** ヤフー《Swift の小説 *Gulliver's Travels* 中の人間の形をした獣》. **2** 〈y-〉(獣のように)粗野な人間. **3** 〈~!〉〖商標〗〖電算〗ヤフー《ホームページの分野別リスト》.

Ya·hoo[2], **y-** /jəhúː/ 間 ヤッホー《興奮, 喜び, 嫌悪などを表す》.

Yah·veh, -weh /jɑ́ːvei/, /-wei/ 名 (旧約聖書の)神, ヤーウェー, ヤハウェ,《Jehovah の別名》. [ヘブライ語「存在」(神を表す子音列 *YHVH* に母音を付けた)]

yak[1] /jæk/ 名 C ヤク, リギュウ,《中央アジア原産の毛の長い牛; チベットなどで飼育; 運搬[肉, 乳]用》. [<チベット語]

yak[2] 〖話〗動 (**~s**|**-kk-**) 自 (つまらない事を)おしゃべりする, べらべらしゃべる, 〈*away, on*〉. They were ~*king* all night long. 彼らは夜通しおしゃべりをしていた.

── 名 U つまらないおしゃべり.

Yále[1] (**lòck**) /jéil/ 名 C 〖商標〗イェール錠, シリンダー錠.

Yàle[2] (**Univérsity**) /jèil-/ イェール大学《米国 Connecticut 州 New Haven にある私立大学; Ivy League の 1 つ; 1701 年創立》.

y'all /jɔːl/ 代 〖米南部〗=you-all.

Yal·ta /jɔ́ːltə|jǽl-/ 名 ヤルタ《ウクライナの黒海に臨む港湾都市; 1945 年, ここで Churchill, Roosevelt, Stalin がヤルタ会談 (Yalta Conference) を行った》.

yam /jæm/ 名 C **1** ヤマノイモ《ヤマノイモ属の植物の総称; 熱帯産》; その根[塊茎]《食用》. **2** 〖米〗サツマイモ (sweet potato) の一種. [<西アフリカ語]

yam·mer /jǽmər/ 動 自 〖話〗めそめそする (wail); くどくど愚痴をこぼす (grumble). [古期英語]

yang /jɑːŋ, jæŋ/ 名 U (中国哲学の)陽 (↔yin).

Yan·gon /jæŋgɔ́ːn|-gɔ́n/ 名 ヤンゴン《ミャンマー(旧ビルマ)の首都; 旧名 Rangoon》.

Yang·tze (**Kiang**) /jǽŋtsi (-kjǽŋ)/ 名 〈the ~〉揚子江《Chang Jiang の古いつづり; 本来は長江の下流の 1 部を指す》.

‡**Yank** /jæŋk/ 名 〖話・軽蔑〗=Yankee.

‡**yank** /jæŋk/ 〖話〗動 他 **1** (**a**) をぐいと引っ張る; VOA を引きずり出す[下ろすなど] 〈*out* (*of*..から/*to, into*..へと)〉; (類語 tug より口語的で, 主に 1 回だけの引く動作に用いる; →pull). They ~*ed* the young man off the horse. 彼らはその若者を馬から引きずり下ろした. ~ a boy *to* his feet 少年をぐいと引っ張って立たせる. (**b**) VOC (~ X Y) X を引っ張って Y の状態にする. ~ a drawer open 引き出しを乱暴に引っ張って開ける. **2** 〖米俗〗を解雇する, 仕事から降ろす. The manager ~*ed* the pitcher. 監督はそのピッチャーを引っ込めた.

── 自 VA ぐいと引っ張る 〈*at, on*..を〉.

── 名 C ぐいと引くこと.

†**Yan·kee** /jǽŋki/ 名 C 〖話〗ヤンキー. 参考 (1)〖米〗では米国北部又は北東部諸州の人, 特に New England の人を指す; 又米国史では南北戦争中の北軍兵士を指す. (2) 米国外では一般にアメリカ人の(軽蔑的)あだ名として用いる. [?<オランダ語 *Janke* (*Jan* 'John' の指小語; ニューヨークのオランダ系移民がコネティカットのイギリス系移民をあざけった呼び名)]

Yànkee Dóodle 名「ヤンキー・ドゥードゥル」《米国独立戦争当時の流行歌》; =Yankee.

Ya·oun·dé /jɑːundéi|-ˊ-ˊ-/ 名 ヤウンデ《カメルーンの首都》.

yap /jæp/ 動 (**~s**|**-pp-**) 自 **1** 〔子犬, 小形犬が〕けたたましくほえる, きゃんきゃんほえたてる, 〈*at*..に〉. **2** 〖話〗(つまらない事を)べちゃくちゃしゃべる 〈*away, on*〉. Stop ~*ping!* くだらないおしゃべりはやめろ.

── 名 **1** C けたたましくほえること; その声. **2** U 〖話〗くだらないおしゃべり. **3** C 〖米〗口 (mouth).

‡**yard**[1] /jɑːrd/ 名 (複 **~s** /-dz/) **1** C (建物に隣接した)庭, 囲い地; (作業用の)中庭; 構内; (類語 建物に付属した比較的小さな耕作してない土地; 〖英〗ではコンクリートなどで舗装してある庭, 〖米〗では garden と同様, 芝などの植えてある庭も指す). a front [back] ~ 前[裏]庭.

2 Ⓒ〈複合要素として〉..製造場; 仕事場, 作業場, 置き場. a brick～ れんが製造場. a lumber～ 材木置き場. a ship～ 造船所. a farm～ 農場[農家]の庭. a school～ 校庭. **3** Ⓒ (鉄道の)操車場.
4〖英話〗〈the Y-〉＝Scotland Yard.
[＜古期英語「囲った場所」; garden と同源]

‡**yard**[2] /jɑːrd/ 名 (複 **～s** /-dz/) Ⓒ **1** ヤード《長さの単位; 91.44 センチメートル; 36 インチ; 3 フィート; 略 y., yd.》; ヤール《日本語では織物の場合, 普通「ヤール」と言う》. The rug is three ～*s* long and two ～*s* wide. その敷物は長さは 3 ヤードで幅は 2 ヤードだ. **2** 1 ヤード[ヤール]の長さの物. **3**〖船〗帆桁(ほげた). **4**〖話〗〈～s〉(何ヤードも＞)長大, 沢山. ～*s* of lace 大変な長さの組紐. My guess was ～*s* out. 私の推測は大はずれだった.
by the yárd (1) ヤード単位で. (2) 沢山; 長々と.
gò the whòle nìne yárds〖話〗できる限りのことをやる, 目一杯頑張る.
[＜古期英語「(長さを計るための)棒」]

yard·age[1] /já:rdidʒ/ 名 Ⓒ ヤードで測った長さ[分量]《生地, ゴルフコースなどの長さに用いる》.

yard·age[2] 名 Ⓤ 駅構内使用権(料)《家畜や荷物置き場としての》.

yárd·àrm 名 Ⓒ〖船〗桁端(こうたん)《帆桁(ほげた)のつけ根から先》.

yárd·bìrd 名 Ⓒ〖米俗〗囚人; 新兵.

yárd gòods 名〈複数扱い〉〖米〗(1 ヤールいくらで売買される)標準幅の商品, (特に)織物.

yárd·màn /-mæ̀n/ 名 (複 **-men** /-mèn/) Ⓒ **1** (鉄道などの)構内作業員. **2**〖米〗庭師; 屋外作業者.

yárd·màster 名 Ⓒ (鉄道などの)構内作業主任.

yárd sàle 名 ＝garage sale.

‡**yárd·stìck** 名 Ⓒ **1** ヤード尺《1 ヤードの長さの物差し》. **2** 比較[測定]の基準. Don't measure what's occurring in India by a Western ～. インドで起こっている事を西洋の物差しで測ってはいけない.

yárd·wòrk 名 Ⓤ 庭仕事.

yar·mul·ke /já:rməlkə/ 名 Ⓒ ヤムルカ《ユダヤ教徒の男子が祈禱(きとう)や儀式などでかぶるお椀(わん)形の小さな帽子》.

†**yarn** /jɑːrn/ 名 (複 **～s** /-z/)【紡ぎ糸】**1** Ⓤ (紡(つむ)ぎ)糸, 織り糸, 編み糸, 撚(よ)り糸, (類語 天然[人工]繊維から紡いだ糸で, 織物, 編み物に用いる; →line[1]). spin ～ 糸を紡ぐ. woolen ～ 毛糸.
【紡ぎ出したもの＞延々と長い話】**2** Ⓒ〖話〗(長途旅行者の)みやげ話, 冒険談, (類語 しばしば誇張された作り話やまゆつばの話を言う; →story[1]). That's just a ～. それはただの作り話だ.
spìn a yárn →spin.
── 動 自〖話〗長々と冒険談などをする. [＜古期英語]

yar·row /jǽrou/ 名 ⓊⒸ〖植〗(セイヨウ)ノコギリソウ《キク科》.

yash·mak /jǽʃmæk/ 名 Ⓒ ヤシュマク《イスラム教国の女性が人前でかぶるベール》.

yat·a·ghan /jǽtəgæ̀n, -gən|-gən/ 名 Ⓒ ヤタガン剣《イスラム教徒の用いるつばなしの S 字形の長剣》.

yaw /jɔː/ 動 自〔船, 飛行機などが〕航路[針路]から外れる. ── 名 Ⓒ **1** 航路[針路]から外れること, 偏走; 偏(かた)揺れ. **2** 偏揺れ角(度). register a ～ of 45° 偏揺れ角 45 度を示す.

yawl /jɔːl/ 名 Ⓒ **1** 船載ボート《4 人又は 6 人でこぐ》. **2** 2 本マストの小型帆船.

*__yawn__ /jɔːn/ 動 (**～s** /-z/|過 過分 **～ed** /-d/|**yáwn·ing**) 自 **1** あくびをする. ～ over a dull book 退屈な本を読みながらあくびをする. check oneself in the act of ～*ing* あくびが出かかったのをこらえる. The ～*ing* child soon fell asleep. あくびをしていた子供はやがて眠った.
2〔淵(ふち), 割れ目などが〕口を大きく開け(ている). a ～*ing* pit 口を大きく開けた穴. The Grand Canyon ～*ed* in front of us. グランドキャニオンが私たちの眼前にぱっくりと口を開けた. the ～*ing* gap between the young and the old 若者と老人との間にある大きな溝. ── 他 VO (～ *that* 節/"引用") あくびをしながら..と/「..」と言う.
── 名 (複 **～s** /-z/) Ⓒ **1** あくび. with a ～ あくびをしながら. smother [stifle, stop] a ～ あくびをかみ殺す. provoke a ～ あくびを起こさせる, 退屈させる. **2** 大きく[広く]開いた口[穴, 割れ目など]. **3**〖話〗〈普通, 単数形で〉(あくびばかり出る)退屈なこと[人]. The meeting was a big ～. 会合はとても退屈だった. [＜古期英語]

yáwn·er 名 Ⓒ あくびをする人; ＝yawn 3.

yawp /jɔːp/〖米話〗動 自 **1** 大声[しわがれ声, 金切り声]で叫ぶ. **2** ばかげた話し方をする. ── 名 Ⓒ 金切り声, わめき声.

yaws /jɔːz/ 名〖医〗〈単数扱い〉イチゴ腫(しゅ)《熱帯伝染性皮膚病》.

ý-àxis 名 Ⓒ〖数〗Y 軸 (→x-axis).

Yb〖化〗ytterbium.

Ý chrómosome 名 Ⓒ〖生物〗Y 染色体《性染色体の 1 つ; →X chromosome》.

y·clept /iklépt/ 形〖古〗..と呼ばれる, ..という名の, (called).

yd. yard(s).

yds yards.

‡**ye**[1] /ji, 強 jiː/ 代 **1**〖古〗なんじら, 御身たち, 《もと thou の複数主格で, 主語や呼びかけに用いたが, 後に目的格 you と混同された》. **2**〖俗〗＝you《主格・目的格》. How d'*ye* do? ご機嫌はどうだね. [＜古期英語]

ye[2] /jiː/ 定冠詞 ＝the (参考 ye は, th /θ, ð/ の音を示す古期英語の文字 þ を y と混同したもの; →thorn 3). *Ye* Arte Shoppe 美術品店《古風に気取って書いた看板; ＝The Art Shop》.

yea /jei/ 副〖古〗しかり, さよう, (yes; ↔nay).
── 名 Ⓒ 肯定; 賛成; 賛成投票. the ～*s* and nays 賛否の投票. [＜古期英語]

‡**yeah** /jeə, jæə/ 副〖話〗＝yes. Oh, ～? え, ほんとかい. "She said she loves me." "*Yeah*, ～!"「彼女, 俺のこと愛してるって」「そうかい, そうかい」《信じていない》.

‡**year** /jiər|jiə, jəː/ 名 (複 **～s** /-z/) Ⓒ **1 年**《1月 1 日から 12 月 31 日までの》, 暦年 (calendar year). the ～ before last 一昨年, おととし. the next [following] ～ その翌年. the ～ after next 再来年, 明後年. in the ～ 1985 1985 年に. every ⌞two ～*s* [third ～] 2 年[3 年]ごとに. this time [day] next ～ 来年の今ごろ[今日]. this time of (the) ～ 1 年のこの時期. There are 365 days in a ～. 1 年は 365 日です. What ～ is this? 今年は何年ですか. 語法 this year (今年), last year (昨年), next year (来年), every year (毎年)なども前置詞を付けないで副詞的に用いられる.
2 1 年(間)《任意の 365 日間》. for thirty ～*s* 30 年間. in two ～*s* time 2 年たてば[たって]. How many ～*s* have you been in Japan? もう日本に何年いますか. My mother died two ～*s* ago. 母は 2 年前に亡くなりました (It ⌞has been [is] two years [Two years have passed] since my mother died.). a five-～ plan 5 か年計画. a ～ (from) today 今日から 1 年前[後], 昨年[来年]の今日. ripen with the ～*s* 年月と共に成熟する.

1, 2 の 連結 a good [a fruitful, a profitable, a successful; a memorable; a record; a bad, a difficult, a disastrous, a lean] ～.

3 **..歳**; 〈～s〉年齢; (類語 この意味で一般的な語; →summer, winter). a girl of eight (～*s*)＝an eight-～-old girl 8 歳の少女. Angela is ⌞two ～*s* younger than I [younger than I by two ～*s*]. アンジェラは私より 2 歳年下です. My son will be 14 ～*s* ⌞old [of age] next week. 私の息子は来週 14 歳になる. Her uncle looks young [old] for his ～s(＝for his age). 彼女のおじは年齢の割に若く[老(ふ)けて]見える. She walks fast for a woman of her ～s. 彼女はあの年齢の女性としては歩くのが早い. beyond one's ～s 年齢以上に〔老成しているなど〕.

4 〈～s〉 多年, 非常に長い間. It's ～s(＝ages) since I saw you last. この前会ってからずいぶん経(た)ちましたね. over the ～s 長年にわたって, 長年の間に(は). I've known him for ～s (and ～s). 彼とは長年の[長い長い]付き合いです.

5 年度; 学年 (school [academic] year); 〖英〗..学年の生徒[学生]. a fiscal ～ 会計年度. the fiscal ～ 1984＝the 1984 fiscal ～ 1984 会計年度. a second-～ student [a second ～] 2年生. The new school ～ begins in September in America. 新しい学年は米国では 9 月に始まる. Jane is in her third ～ of college. ジェーンは大学の 3 年に在学しています.

6 〈～s〉 時代. in the ～s of King Henry VIII ヘンリー 8 世時代に.

****all (the) yèar róund [aróund]*** **1 年中**. Tourists visit the island *all ～ round*. その島は 1 年中旅行客が訪れる.

****from yèar to yéar*** **年々**, 毎年. Total rice production varies *from ～ to ～*. 米の総収穫量は年々変わる.

nòt [nèver] in a mìllion [hùndred] yéars 決して[絶対に]..ではない.

of làte yéars →late.

of the yéar その年最も傑出した.., 年間最優秀の.., 《新聞, 雑誌などによってそれぞれの分野から選ばれた人[物]》. man [car] *of the* ～ (ある分野で)今年(最高)の男[車].

put yéars on .. 〖話〗..を年をとったように見せる; ..に年とったように感じさせる; (↔take years off ..). The shock *put ～s on* her. ショックで彼女は老けて見えた. It *puts* ten *～s on* you when you wear that dress. あのドレスを着ると 10 も老けて見えるよ.

take yéars off .. 〖話〗..を年より若く見せる; ..に年より若く感じさせる. A long rest has *taken ～s off* her. 長く休んだので彼女は若返った.

the yèar dót 〖英話〗 西暦一年; 大昔; (〖米〗 the year one). since [from] *the ～ dot* 大昔から.

the yèar of gráce [our Lórd] 〖章〗 西暦.

yèar after yéar 来る年も来る年も, 毎年. The four seasons recur *～ after ～*. 四季は毎年めぐって来る.

yèar by yéar 年ごとに, 年々.

yèar ín, yèar óut 年々歳々; 年がら年中. That old man boasts of his grandson *～ in, ～ out*. あの老人は年がら年中孫の自慢をしている. [＜古期英語]

yéar·bòok 名 C **1** 年鑑; 年報. **2** 〖米〗 卒業記念アルバム.

year·end /jì(ə)rénd ⑱/ 名 C, 形 年末(の).

year·ling /jíərliŋ/ 名 C **1** (動物の) 1 年子 《満 1 歳から満 2 歳まで》. **2** 〖競馬〗 当歳馬 《生まれた年の翌年の 1 月 1 日から生後 2 回目の 1 月 1 日まで; 日本では(明け) 2 歳馬に当たる》. [year, -ling]

‡**yèar·lóng** /⑱/ 形 〈限定〉 1 年間の, 1 年にわたる.

‡**year·ly** /jíərli|jə́ː-, jíə-/ 形 ⓒ **1 年 1 回の; 毎年の**; (類語 英語本来の語でラテン語系の annual より平易な語). a ～ event 毎年の行事. a ～ publication 年 1 回の刊行物. **2 1 年間の**; 1 年単位の, 年決めの, 1 年間続く. a ～ income 年収. ── 副 **1** 毎年, 年々, (every year). twice ～ 年に 2 回. **2** 1 年に 1 回 (once a year). This beauty contest is held ～. この美人コンテストは年 1 回行われている.

── 名 C 年 1 度の刊行物[行事]. [year, -ly²]

†**yearn** /jəːrn/ 動 自 **1** VA (*～ for, after ..*) ..を慕う, 恋い慕う, ..にあこがれる. ～ *for* fame 名声にあこがれる. ～ *after* one's home country 故郷に思いを馳(は)せる.

2 VA (*～ to do*) ..したいと熱望する, しきりに願う(類語 long² とほぼ同義だが文語的; →want). They *～ed to* go to France. 彼らはしきりにフランスに行きたがった.

3 〖古〗 VA ..を哀れに思う 〈*over, toward* ..を〉. The parents *～ed over* their delicate child. 両親は自分たちの病弱な子を不憫(びん)に思った. [＜古期英語]

yéarn·ing 名 UC あこがれ, 思慕, 〈*for* ..に対する〉; 熱望, 切望, 〈*to* do ..したいという〉. Jacqueline has a strong ～ *for* the Central Asian region. ジャクリーンは中央アジア地域に対して強いあこがれを抱いている.
▷ **～·ly** 副

‡**yèar·róund** /⑱/ 形, 副 一年中(の), 年間を通じて(ある, 使用できる).

yèars [àge] of discrétion 名 〈the ～〉 → discretion (成句).

***yeast** /jiːst/ 名 U **1** イースト, 酵母菌. They use ～ in making beer. ビールを造るのに酵母菌を使う. **2** パン種; 固形イースト. The ～ makes the bread rise. パン種はパンをふくらませる. **3** 影響を与えるもの, 刺激; 騒音, 興奮. [＜古期英語]

yéast càke 名 UC 〖米〗 **1** 固形生イースト. **2** (イーストでふくらませた)甘パン.

yeast·y /jíːsti/ 形 e **1** イーストの; イーストに似た[を含む]. **2** 発酵する; 泡立つ. **3** 落ち着かない; 浮き浮きしている. ▷ **yeast·i·ness** 名

Yeats /jeits/ 名 **William Butler ～** イエーツ (1865–1939) 《アイルランドの詩人・劇作家; 1923 年ノーベル文学賞受賞》.

yegg /jeg/ 名 C 〖主に米俗〗 金庫破り; 泥棒.

***yell** /jel/ 動 (**～s** /-z/|過 過分 **～ed** /-d/ **yéll·ing**) 自 **1 叫ぶ**, わめく, 金切り声を上げる, 〈*out*〉 〈*at* ..に向かって〉 (類語 声高く, 又鋭く, 恐怖, 怒り, 喜びなどの感情を込めて叫ぶこと; →cry 1). ～ in anger 怒ってどなる. ～ with fear 怖くて叫ぶ. David *～ed at* the girl across the street. デイヴィッドは通りの反対側の女の子に向かって叫んだ. "Don't ～! I can hear you," said my mother. 「どならないで. 聞こえますよ」と母が言った. The *～ing* mob attacked the jail. 暴徒の群れは叫び声を上げながら監獄を襲った. ～ *out* for help 大声で助けを求める. **2** 〖米〗 エール[声援]を送る 〈*for* ..〔チームなど〕に〉.

── 他 VO (*～ X/that* 節/"引用") X を/..であると/「..」と叫んで[わめいて]言う 〈*out*〉. ～ *out* orders *at* servants 召し使いたちに大声で命令する.

── 名 C **1** 叫び声, 金切り声, わめき. let out a ～ of terror 恐怖の叫び声を上げる. give a ～ 叫び声を上げる. **2** 〖米〗 エール 《応援団の声をそろえての声援》. [＜古期英語]

‡**yel·low** /jélou/ 形 e **1 黄色い**, 黄色の. ～ flowers 黄色の花. a ～ school bus 黄色いスクールバス 《米国で》. Butter is ～. バターは黄色い. The leaves of the trees have turned ～. 木々の葉は黄色くなった. **2** 〔人が〕皮膚の黄色い; 黄色人種の. **3** 〖話〗 臆(おく)病な, 意気地のない, (cowardly). **4** 嫉妬深い, ねたみ深い. **5** 〔新聞などが〕扇情的な.

── 名 (複 **～s** /-z/) **1** UC **黄色**. bright ～ 鮮やかな黄色. Blue and ～ were our school colors. 青と黄色は私たちのスクールカラーだった. *Yellow* is the complementary color of blue. 黄色は青の補色である.

2 UC 黄色いもの; 黄色い絵の具[顔料, 染料]; ＝yellow light; U 黄色い服. **3** UC (卵の)黄身, 卵黄, (yolk).

── 動 他 を黄色にする; を黄色に染める. linens *～ed* with age 古くなって黄ばんだリンネル製品.

── 自 黄色くなる, 黄ばむ. White walls ～ over time. 白壁は時が経つと黄ばむ.

[＜古期英語; gold と同根] ▷～·ness 名

yéllow-bèl·lied /-bèlid/ 形 〘話〙 臆(おく)病な, 弱虫な.

yéllow-bèlly 名 C 臆(おく)病者.

yèllow bíle 名 =choler 2.

yéllow·bìrd 名 C 〘鳥〙 黄色の羽の鳥, 〈特に〉 オウゴンヒワ.

yéllow càb 名 C 〈しばしば Y- C-〉 イエローキャブ《米国 New York 市の公認タクシーの通称; 車体が黄色に塗られている》.

yèllow cárd 名 C **1** (フットボールなどでの)選手に示される反則警告カード (→red card). **2** 予防接種証明書.

yèllow féver 名 U 黄熱病.

yéllow·hàmmer 名 C キアオジ《ホオジロ科の鳴(な)き鳥; ヨーロッパ産》.

†**yel·low·ish** /jélouiʃ/ 形 黄色がかった, 黄ばんだ.

yéllow jàck 名 **1** U =yellow fever. **2** 名 C 〘海〙 (黄色い)検疫旗 (**yéllow flàg**).

yéllow jàcket 名 C 〘米〙 スズメバチ (wasp) の一種.

yèllow jóurnalism 名 U 〘米〙 扇情的ジャーナリズム.

yéllow lìght 名 C 〘米〙 (交通信号の)黄色 (→amber).

yèllow líne 名 C 〘英〙 駐車禁止を示す道路わきの線《2 本線 (double yellow line) は 1 本線 (single yellow line) より規制が厳しい》.

yèllow ócher 名 U 黄土; 淡黄褐色, 黄土色.

Yèllow Páges 名 〘商標〙 (電話帳の)職業[企業]別ページ; 職業別電話帳; 《黄色の紙に印刷されている》.

yèllow péril 名 〈the ～〉 黄禍《黄色人種が西洋文明を破滅させるのではないかという白色人種の危機感》.

yéllow pìne 名 UC (北米産の)松; 松材.

yèllow préss 名 〈the ～〉 〘話・軽蔑〙 扇情的新聞, '赤新聞'.

Yèllow Ríver 名 〈the ～〉 黄河 (Hwang Ho) 《中国第 2 の大河》.

Yèllow Séa 名 〈the ～〉 黄海《中国北東部と朝鮮半島の間の海》.

Yèllow·stone Nàtional Párk /jèloustoun-/ 名 〈the ～〉 イエローストーン国立公園《米国北西部 Wyoming, Montana, Idaho 州にまたがる雄大な景色の自然公園; 大渓谷・温泉・間欠泉などがある》.

yèllow stréak 名 〈普通, 単数形で〉 臆(おく)病な性格.

yel·low·y /jéloui(:)/ 形 =yellowish.

†**yelp** /jelp/ 動 自 **1** (特に犬が苦しんだり, 怒ったりして)きゃんきゃん鳴く, ほえ立てる, (→bark[1], whine). The dog ～*ed* in pain. 犬は痛がってきゃんきゃん鳴いた. **2** 叫び声[悲鳴]を上げる.

── 名 C (犬の)きゃんきゃん鳴く声, ほえ声; (人の)叫び声, 悲鳴. give [let out] a ～ (犬が)きゃんと鳴く; 叫び声を上げる. [＜古期英語「自慢する」]

Yelt·sin /jéltsin/ 名 **Boris ～** エリツィン (1931-) 《ロシアの政治家; 連邦大統領 (1991-2000)》.

Yem·en /jémən, jéi-/ 名 イエメン《アラビア半島南端の紅海とアデン湾に面する共和国; 正式名 Republic of Yemen; 首都は San'a, 経済の中心都市は Aden; 1990 年までは北イエメン, 南イエメンに分かれていた》.

Yem·e·ni /jéməni/ 名 C イエメン人. ── 形 イエメン(人)の.

Yem·en·ite /jémənàit/ 名, 形 =Yemeni.

*__yen__[1] /jen/ 名 (複 ～) C 円《日本の貨幣単位; 略 Y, ¥》. a strong ～ 円高. The dollar has dropped by 10% against the ～ during the last two months. ドルはこの 2 か月で円に対して 10% 下げた. [＜日本語]

yen[2] 名 C 〈単数形で〉 〘話〙 熱望, 強い願望, 〈*for* .. に対する/*to* do .. したいという〉. have a ～ *for* fame 名声にあこがれる. He had a ～ *to* go abroad. 彼はしきりに外国に行きたがっていた. [＜中国語 *yen* (煙)「アヘン(の煙)」]

yen·ta, yen·te /jéntə/ 名 (複 ～s) C 〘俗〙 うわさ話やおしゃべりの好きな女, おせっかいな女.

yeo·man /jóumən/ 名 (複 **-men** /-mən/) C **1** 〘英史〙 独立自営農, 郷士, ヨーマン, 《gentry と農場労働者との中間の階級》. **2** 〘古〙 (国王, 貴族の)従者. **3** 〘英〙 騎馬義勇隊の一員 (→yeomanry 2). **4** 〘米〙〘海軍〙 事務担当下士官. **5** 〈形容詞的〉 =yeomanly 2.

[＜中期英語 (?＜young man)]

▷**～·ly** 形 **1** yeoman 1 の. **2** 力強い; 心強い, 頼みになる.

yèoman of the guárd 名 C 〘英〙 国王の衛兵, 近衛兵, (〘話〙 beefeater) 《現在は儀式的な役割を果たすだけ; Tudor 王朝時代の服を着てロンドン塔の守衛を務める姿はロンドン名物の 1 つ》.

yeo·man·ry /jóumənri/ 名 U 〘英〙 〈普通 the ～; 単複両扱い〉 **1** 〘史〙 独立自営農民階級, 郷士階級. **2** 騎馬義勇隊《昔は独立自営農の子弟で編成された; 現在は国防義勇予備軍に属する》.

yèoman('s) sérvice 名 U (特に大事な時の)忠勤, 適切な助力.

‡**yep** /jep/ (★/p/ 音は破裂させないで止める) 副 〘米話〙 =yes (↔nope).

yer /jər/ 代 =your.

‡**yes** /jes/ 副 **1** 〈質問を肯定して〉 はい, そうです, ええ; 〈否定の疑問文などに対して〉 いいえ (↔no) (★この場合, 日本語の返事との違いに注意). "Can you swim?" "*Yes*, I can." 「泳げますか」「ええ泳げます」 "Is this bicycle yours?" "*Yes*." 「この自転車はあなたのですか」「そうです」 "Don't you like it?" "*Yes*, I like it." 「それが好きではないんですか」「いいえ好きです」 "You need not go there, I suppose?" "*Yes*, I must go." 「君は行かなくてよいでしょうね」「いいえ行かなくてはなりません」 "Would you like a cup of tea?" "*Yes*, please." 「お茶はいかがですか」「はい, いただきます」

2 〈呼びかけなどに応じて〉 はい. "Ned!" "*Yes*, Mother." 「ネッド」「はい, お母さん」 "Waiter!" "*Yes*, sir!" 「ボーイさん」「はい」 "Close the window!" "*Yes*, sir." 「窓を閉めなさい」「はい」

3 〈同意, 承諾を表して〉 **(a)** その通りです. "This is a very good dictionary." "*Yes*, it is." 「これは大変優れた辞書です」「その通りです」 "She's so selfish." "*Yes*, ～. I quite agree." 「あの子はほんとわがままね」「そう, そう, 全く同感です」 **(b)** それはそうです(が..), なるほど(しかし..), (★相手の発言に必ずしも同意しかねる場合); 〈yes, yes として; いらだちを表す〉 はいはい(分かりました). "We need a bigger house." "(Ah) ～, but do we have the money?" 「もっと大きな家が必要ね」「もっともだが, そんな金はあるかね」 "You've got to eat more vegetables and less meat, and also .." "*Yes*, ～, okay." 「野菜をもっと食べて, お肉を減らして, それと..」「はいはい, 分かってます」

4 〈前出語句を確認, 強調して〉 **(a)** そう(なん)です; (そう,)それどころか, その上, しかも, (★しばしば yes, and .. の形で使う). I beat Thomas—～, Thomas the champion. 私はトマスに勝った—そうです, (ほかならぬ)チャンピオンのトマスにです. He was ready, ～, (and) eager to be of service. 彼はいつでも手伝うつもりだった, それどころか役に立ちたくてたまらなかった. **(b)** 〈失念していたことなどを思い出して〉 そうそう, そうだった.

5 〈疑問, 催促を表して〉 (★上昇調で発音する) **(a)** 〈疑い, いらだちなどの気持ちを表す〉 え? そう(ですかね)? まさか. "He's a cunning fellow." "*Yes?*" 「彼はずる賢い男だ」「ほんと?」

(b) 〈話の先を促す〉 なるほど, それで. *Yes?* And then

what happened? それで? それからどうなりました.
(**c**) はい? 何でしょうか; (客などに用件などをたずねて)ご用は? "I must ask you a favor." "*Yes?*"「お願いがあるのですが」「はい, 何でしょう」"*Yes?*" "I'd like three tickets, please."「何でしょうか」「切符を3枚ください」(**d**) (相手に自分の言葉を確かめて)いいですね? "Stay here. *Yes?*"「ここにいなさい. いいですか」《子供に向かって》.
yès and nó さあどうかな, どちらとも言えない. "Is your business going smoothly?" "*Yes and no.*"「お仕事は順調に行ってますか」「うんとも言えるし, いいえとも言える」
── 名 (複 **yés·(s)es**) **1** UC「はい」と言う言葉, イエスという返事; 肯定, 承諾, 同意; (↔no). give a ～ 承諾の返事をする. I said [answered] ～. 私は「はい」と返事した. answer with a ～ or a no イエスかノーではっきり答える. **2** C 〈しばしば ～es〉 賛成投票; 賛成投票者; (aye).
── 動 (**yés·(s)es**|過 過分 **～(s)ed**|**～·(s)ing**) 他, 自 (に)「はい」と言う; 同意する.
[<古期英語 (yea の強調形)]

ye·shi·va(h) /jəʃíːvə/ 名 (複 **～s, ye·shi·voth** /-ʃìːvóut/) C **1** 正統派ユダヤ教の初等教育学校. **2** 正統派ユダヤ教専門学校《主にラビ (rabbi) 養成のための》.

yes-man /jésmæ̀n/ 名 (複 **-men** /-mèn/) C 《軽蔑》(上役などの言うことを)何でもはいはいと聞く人, イエスマン; 人の言いなりになる(卑屈な)人.

yès-nó quèstion, yès/nó- /jèsnóu-/ 《文法》'yes-no' 疑問文《答えに yes か no を要求する疑問文; →wh-question》.

yes·ter- /jéstər/ 〈複合要素〉 昨日の, 昨.. *yester*eve 昨晩. *yester*morn 昨日の朝. ★yesterday 以外は《古・詩》. [<古期英語 'yesterday']

‡**yes·ter·day** /jéstərdi, -dèi/ 名 (複 **～s** /-z/) **1** U きのう, 昨日. There was nothing but bad news in ～'s newspaper. きのうの新聞には悪いニュースしかなかった. *Yesterday* was Friday. きのうは金曜日だった.
2 UC 《章》 昨今, (きのうのように)近い過去. a thing of ～ ついきのうの事.
3 〈形容詞的〉 きのうの, 昨日の. ～ morning [afternoon, evening] きのうの朝[午後, 晩]. 語法 →last 形 5 (b).
(***the***) ***dày before yésterday*** →day.
── 副 **1** きのう(は), 昨日(は). It was a nice day ～. きのうはよい天気だった. They arrived here ～. 彼らはきのうこちらに着いた. *Yesterday* we went to the movies. きのう私たちは映画を見に行った. ～ week 《英》先週のきのう, 8日前に《今日が水曜なら先週の火曜》.
2 つい昨日, つい最近; 近ごろ. I was not born ～. だまされるほど初心(うぶ)ではない《<きのう生まれたんじゃない》.
[<古期英語「昨日の日」; yester-, day]

yéster·yèar 《古・詩》 副 昨年は.
── 名 U **1** 昨年. **2** (比較的最近の)過去. Whatever happened to the cinema beauties of ～? ついこの間まで活躍していたあの映画界の美女たちはどうしたのだろう.

‡**yet** /jet/ 副 ⓒ 【今のところまだ】 **1** 〈否定文で〉 まだ, まだ(..ない), いまだに. The work is not ～ finished. 仕事はまだ終わっていない. The airplane has not arrived ～. 飛行機はまだ着かない. Breakfast is not ready ～. 朝食はまだ用意ができていない. Haven't you finished ～? まだ終わりませんか. Don't go ～. まだ行かないで. She won't come just ～. 彼女は今すぐには来ないだろう.

> 語法 (1) yet に対して肯定文では already が用いられる: Bert has not finished his homework *yet*. (バートはまだ宿題を終えていない); 比較: Bert has *already* finished his homework. (バートはもう宿題を終えた)
> (2) 相手の質問に対して「まだです」と答える場合は普通 Not *yet* と言う: "Have you eaten?" "*Not yet.*" (=No, I have *not* eaten *yet*.) (「もう食べましたか」「まだです」).

2 〈肯定文で〉 《章》 まだ, 今でも; 依然として; まだこれから; (注意 この意味では普通 still が用いられるが, yet は感情的色彩を帯びる). There is ～ time. まだ時間がある. The baby is crying ～. 赤ちゃんはまだ泣いている. He has ～ much to say. 彼はまだ言うことがたくさんある. There's more ～ to come. まだこれから色々なことが起こる.
3 そのうち, 今に, いつかは. We'll get there ～. やがて着くでしょう. You may ～ be happy. いつの日か幸せになるでしょう. 語法 助動詞の後に yet を置くのは《章》.
【今までにもう】 **4** 〈肯定の疑問文で〉 もう, 既に. Has he come ～? 彼はもう来ましたか. Need you go ～? もう行かなくてはなりませんか. Is that supermarket open ～? そのスーパー(マーケット)はもう開いていますか. 語法 この場合 yet でなく already を用いれば,「驚き, 意外」の気持ちを含む.
5 【今まででは】 〈肯定文で; 最上級の後に用いて〉 現在までに, 今までのところ. the largest diamond ～ found これまでに発見された最大のダイヤモンド. his best novel ～ (これまでで)彼の最高傑作の小説.
【まだその上に】 **6** まだその上に, さらに. ～ once more なおもう1度. There's ～ another chance. まだもう1度機会がある.
7 〈しばしば比較級と共に用いて〉 さらに, その上, 一層, (still). a ～ more difficult problem なお一層難しい問題. Prices climb higher and ～ higher while the government continues to do nothing. 政府が何もしないでいる間に物価はさらにますます高くなる. Better ～, take regular exercise. さらにいいことは, 規則的に運動することだね.
****and yét*** それでも, しかもなお. a strange *and* ～ true story 奇妙だが本当の話. another *and* ～ another 1つまた1つ, 次々に. He was an ugly man, *and* ～ she loved him. 彼は醜い男だったが, それでも彼女は彼を愛していた.
****as yét*** 《章》(将来はいざ知らず)**今までのところでは**(まだ), これまでは, (so far); それまでは; (語法 しばしば完了形の動詞とともに否定文・疑問文で). I've heard nothing *as* ～. 今のところは何も聞いていない. an *as* ～ unknown country 未知の土地.
be yèt to dó まだ..していない. The roses *are* ～ *to* bloom this year. 今年はまだバラが咲いていない.
but yét それでもやはり, だが. She felt lonely *but* ～ relieved. 彼女は寂しい思いをしたがほっとした. Glen didn't promise, *but* ～ I think he'll come. グレンは約束はしなかった, でも彼は来ると思う.
have yèt to dó →have.
nor yét ..もまた..でない; まして..でない[しない]. They received no U.S. aid, *nor* ～ requested any. 彼らは米国の援助を受けなかったし, またどんな援助も要求しなかった.
yèt agáin (強調して)もう一度, またもや. *Yet again* we have had the tragedy of an airline accident. またまた航空事故という悲劇があった.
── 接 **それにもかかわらず**, が**しかし**, けれども, (nevertheless; 類語 but, however と同様に逆接を表すが, それより意味が強い; 語法 しばしば (al)though と相関的に用いる). He [Although he] seems honest, ～ I don't trust him. 彼は正直者のようだが, それでも私は彼を信用しない. [<古期英語]

yet·i /jéti/ 名 C (ヒマラヤの) 雪男 (Abominable Snowman). [<チベット語]

†**yew** /juː/ 名 **1** Ⓒ イチイ《イチイ科の常緑高木; 赤い実をつける; **yéw trèe** とも言う; 墓地に植えることが多い》. **2** Ⓤ イチイ材《以前は弓を作った; 今は建築, 家具の材料》. [＜古期英語]

YH youth hostel.

YHA 〖英〗Youth Hostels Association.

Yid, yid /jid/ 名 Ⓒ 〖俗・軽蔑〗ユダヤ人.

Yid·dish /jídiʃ/ 名 Ⓤ イディッシュ語《ドイツ語, ヘブライ語, スラヴ語などの混成言語; ヘブライ文字で書き, 中央・東ヨーロッパ, 米国などのユダヤ人が用いる》. ── 形 イディッシュ語の. [＜ドイツ語 'Jewish (German)']

‡**yield** /jiːld/ 動 (**~s** /-dz/|過 過分 **~·ed** /-əd/|**yíeld·ing**) 他 【与える】 **1** 〔利益など〕を**生む**, 生じる; 〔収穫など〕をもたらす. an investment *~ing* 10 percent 1割の利を生む投資. ~ a good [poor] result よい[まずい]結果をもたらす. The tree *~s* fruit every year. この木は毎年果実をつける. The soil is sandy and so it does not ~ a good rice crop. この土壌は砂地だから米の収穫があまりよくない. His business has *~ed* no profits this year. 彼の事業は今年は利益が上がらなかった.

2 〖章〗 VOO (~ X Y)・VOA (~ Y *to* X) 〔物, 事が〕XにYを提供する, 与える. The large trees *~ed* us a pleasant shelter from the sun. 大木は私たちのよい日よけになった.

【与える＞譲る】 **3** (**a**) 〔権利, 地位など〕を(しぶしぶ)**放棄する**, 譲る, (圧力を受けて敵などに)明け渡す, 引き渡す, 〈*up*〉〈*to* ..に〉. ~ ownership 所有権を譲る. ~ a fort 要塞(さい)を明け渡す. ~ ground *to* the enemy 退却する. We had to ~ (*up*) the position *to* the enemy. 我が軍は敵にその地点を明け渡さなければならなかった.

(**b**) 〖章〗を与える, 譲る; VOO (~ X Y)・VOA (~ Y *to* X) XにYを与える, 譲る. Father *~ed* us his property. 父は私たちに財産を譲った. ~ a step 一歩を譲る. ~ consent 承諾する. ~ a point (in argument) 論点を譲歩する. ~ the right-of-way (over) *to* the other driver 他の車に先を譲る (→自 2). ~ the palm *to* them 彼らに勝ちを譲る. She *~ed* her permission *to* them. 彼女は彼らに許可を与えた.

yíeld onesèlf (up) to .. 〔誘惑, 感情など〕に負ける, 身を任せる.

yìeld /../ úp 〖章〗(1) →他 3 (a). (2) 〔秘密など〕を明らかにする, (強制されて)暴露させられる.

── 自 【与える】 **1** 〔土地などが〕**作物を産出する**; 利益などを生む. The apple tree *~ed* well [poorly] this year. このリンゴの木は今年はたくさんなった[あまりならなかった].

【譲る】 **2** 〖米〗道を譲る〈*to* ..〔他の車〕に〉. '*Yield*' 道を譲れ《交通標識; 日本の「前方優先道路」に相当》. **3** 〖米〗(討論などで)発言権を譲る〈*to* ..に〉.

4 〖章〗 VA (~ *to ..*) ..に置き換わる, 移り変わる. The LP has largely *~ed to* the CD. LPにCDがほとんど取って代わった.

【譲る＞屈する】 **5** 〖章〗**屈服する**, 降参する; 従う, 譲る; 〈*to* ..に〉. ~ *to* the pressures of public opinion 世論の圧力に屈する. ~ *to* conditions 条件に従う. They refused to ~ *to* his demand. 彼らは彼の要求に応じなかった. Jimmy *~ed to* the temptation. ジミーは誘惑に負けた. ~ *to* none だれにも負けない, 人後に落ちない.

6 (押されて)曲がる, たわむ, くずれる, 〈*to* ..〔圧力〕に〉. The steel bar finally *~ed* under the terrific weight. 大変な重さで鋼鉄の棒はとうとう曲がった. The gate would not ~ *to* our pushing. いくら押しても門は開かなかった.

── 名 (複 **~s** /-dz/) UC **1** **産出(額)**; 収穫(高). a good [high] ~ of wheat 小麦の豊作. What's the corn ~ this year? 今年のトウモロコシの収穫はどうですか.

2 収益; 利回り (**cùrrent yíeld**). the ~(*s*) on one's shares 株の利回り. an investment with a high ~ 高利回りの投資物件. [＜古期英語「支払う, 報いる」]

yíeld·ing 形 **1** 〔物が〕曲がりやすい, 柔軟な. The old cushion was not ~ at all. 古いクッションは柔軟性が全くなかった. **2** 〔人が〕言いなりになる, 従順な. As he aged, he became more ~ to his children. 年をとるにつれて彼も子供たちの言うことを前よりも聞くようになった. ▷ **~·ly** 副

yin /jin/ 名 Ⓤ (中国哲学の)陰 (↔yang).

yip /jip/ 動 (**~s**|**-pp-**) 自 〔犬が〕きゃんきゃんほえる. ── 名 Ⓒ きゃんきゃんほえる声.

yip·pee /jípiː/ 間 〖話〗わあい, こりゃいい, しめた, 《喜び, はしゃぎなどを表す》.

yip·pie, -py /jípi/ 名 (複 **-pies**) Ⓒ 〖米〗イッピー(族) 《過激な hippie; ＜*Y*outh *I*nternational *P*arty＋hip*pie*》.

YMCA Young Men's Christian Association (キリスト教青年会).

YMHA Young Men's Hebrew Association (ユダヤ教青年会).

yo /jou/ 間 〖俗〗よう, あいよ, 《親しい同士の間のあいさつ》; いいね《提案などに対して》.

yob /jɑb|jɔb/ 名 (複 **~s**) Ⓒ 〖英俗・古〗〖軽蔑〗ちんぴら, 不良少年, 《boy の逆つづり》.

yob·bo /jɑ́bou|jɔ́b-/ 名 (複 **~s**) ＝yob.

yo·del /jóudl/ 名 Ⓒ ヨーデル《地声から裏声, 裏声から地声に変わる歌(い方); 特にスイスやチロルの山間住民の》. ── 動 (**~s**|〖英〗**-ll-**) 他, 自 (を)ヨーデルで歌う; ヨーデルを歌う. [ドイツ語] ▷ **~·er,** 〖英〗 **~·ler** 名

yo·dle /jóudl/ 名, 動 ＝yodel. ▷ **yo·dler** 名

‡**yo·ga** /jóugə/ 名 Ⓤ 〖ヒンドゥー教〗ヨガ《宇宙と精神との合一を理想とするインドの神秘哲学》; ヨガ行《身体・精神からの解放を目指す修行》. [＜サンスクリット語「くびきでつなぐこと＞合一」]

‡**yo·g(h)urt, -ghourt** /jóugərt|jɔ́gə(ː)t/ 名 Ⓤ ヨーグルト; Ⓒ ヨーグルト1個[ひと瓶]. [＜トルコ語]

yo·gi /jóugi/ 名 Ⓒ ヨガの行者.

▷ **yo·gic** /jóugik/ 形 ヨガの. ~ exercises ヨガの修行.

yoicks /jɔiks/ 間 (猟犬をけしかける時の)ほーい, はいっ.

†**yoke** /jouk/ 名 Ⓒ 【くびき】 **1** (2頭の牛などをつなぐ)くびき. put a ~ *on* the oxen＝put the oxen *to* a ~ 牛にくびきをかける (★くびきをかけられるのは普通 ox (労役牛)).

2 (くびきにつないだ) 2頭の牛[家畜]; (牛などの)一対. a ~ of oxen 2頭ひと組の牛. three ~ of oxen 6頭の牛. ★この意味ではしばしば単複同形.

【くびき状のもの】 **3** 天秤(びん)棒. **4** 襟肩, ヨーク, 《身ごろ, スカートの上部に入れる切り替え布》. the ~ of a shirt ワイシャツのヨーク.

【くびき＞拘束するもの】 **5** 束縛, きずな, 結合するもの. the ~ of friendship [marriage] 友情[夫婦]のきずな. the tribal ~ 部族のきずな.

6 〖章〗支配; 圧迫; 苦役. the ~ of tyranny 暴政的支配. shake [throw, cast] off the ~ of ..の支配[束縛]から自由になる. submit to the Mafia ~ マフィアの支配に屈する. come [pass] under the ~ of a dictator 独裁者に支配される[屈服する].

── 動 他 **1** にくびきをかける, をくびきでつなぐ; を付ける, つなぐ, 〈*to* ..に〉. ~ oxen (together) 牛をくびきでつなぐ. ~ oxen *to* a plow (くびきをかけて)牛をすきにつなぐ.

2 〖章〗〔人, 考えなど〕を一緒にする, 結合させる〈*to, with* ..に[と]〉. be *~d to* [*with*] a strange fellow 変わった男といっしょになる. be *~d* in marriage 結婚で結ばれる. [＜古期英語; yoga と同根]

yo·kel /jóuk(ə)l/ 名 C 〖戯・軽蔑〗田舎者.

†**yolk** /jouk/ 名 UC (卵の)黄身, 卵黄, (→egg 参考). [<古期英語「yellow なもの」]

Yom Kip·pur /jɑ̀m-kípər|jɔ̀m-/ 〖ユダヤ教〗贖(しょく)罪の日《ヘブライ語で the Day of Atonement の意味; 10 月の上旬に当たり, その日は断食して祈る》.

yon /jɑn|jɔn/ 形, 副 〖古〗=yonder.

yond /jɑnd|jɔnd/ 形, 副 〖古〗=yonder.

yon·der /jɑ́ndər|jɔ́n-/ 〖古・方〗 形 あそこの, 向こうの; あそこに見える. ～ hills 向こうの丘. on that road ～ あの向こうの道で. the wild [wide] blue ～ 大空. Go to ～ village. あっちの村へ行け. *Yonder* farm sells fresh milk. あそこの農場では搾りたての牛乳を売っている. ★上の 2 例のようにこの語の前には定冠詞不要.

── 副 向こうに, あそこに. here and ～ あちこちに. *Yonder* stands an oak. あそこにオークの木がある. [<中期英語 (<ゲルマン語)]

yonks /jɑŋks|jɔŋks/ 名 U 〖英話〗とても長い間. I haven't seen you for ～. ずいぶんお久しぶりですね. ～ ago ずっと以前に.

yoo-hoo /júːhùː/ 間 おーい, やっほー, やーい, 《呼びかけや注意を引くのに発する》.

yore /jɔːr/ 名 〖雅〗昔 〈次の用法のみ〉.

in dàys of yóre 昔は.

of yóre 昔の, いにしえの. [<古期英語]

York /jɔːrk/ 名 **1** ヨーク《英国 North Yorkshire 州の州都》. **2** 〖英史〗ヨーク王家 (**the Hòuse of Yórk**) 《Edward IV から Richard III まで (1461–85 年); 白バラを紋章とした; →Lancaster》.

York·ist /jɔ́ːrkist/ 形, 名 C 〖英史〗ヨーク王家の(人), 白バラ党の(党員), 《バラ戦争 (Wars of the Roses) 当時の; →Lancastrian》.

York·shire /jɔ́ːrkʃər/ 名 ヨークシャー《以前のイングランド北東部の州; 1974 年に North Yorkshire, Humberside, Cleveland の一部, South Yorkshire, West Yorkshire に分割; 略 Yorks.》.

Yòrkshire púdding 名 UC ヨークシャープディング《卵, 小麦粉, 牛乳などをこねて焼く; roast beef につきもの》.

Yòrkshire térrier 名 C ヨークシャーテリア《毛の長い小形犬の一種》.

Yórk·tòwn 名 ヨークタウン《米国 Virginia 州南東部の村; 1781 年ここで Lord Cornwallis が Washington に降伏して独立戦争が終わった》.

Yo·ru·ba /jɔ́ːrəbə|jɔ́rubə/ 名 (複 ～, ～s) **1** 〈the ～(s); 複数扱い〉ヨルバ族《アフリカ西部, 主としてナイジェリア南西部の大西洋沿岸地域に住む黒人の一部族》; C ヨルバ族の人. **2** U ヨルバ語.

Yo·sèm·i·te Nàtional Párk /jousèməti-/ 名 〈普通 the ～〉ヨセミテ国立公園《米国 California 州中部 Sierra Nevada 山脈中の美しい渓谷》.

‡**you** /ju, jə, 強 juː/ 代 (複 ～) (人称代名詞; 2 人称; 単数[複数]・主格[目的格]; 所有格 your, 所有代名詞 yours, 再帰代名詞 yourself [yourselves]) 語法 動名詞の意味上の主語としての you については →me 2 語法.

【(話し相手の)あなた(たち)】 **1** 〈主語として〉あなたは[が], 君は[が]; あなたたちは[が], 君たちは[が]. *You* look happy. あなた(たち)はうれしそうだ. *You* are students. 君たちは学生だ. *You*'re right. あなたの言う通りだ. Would ～ like some coffee? コーヒーはいかがですか.

2 〈目的語として〉あなたを[に], 君を[に]; あなたたちを[に], 君たちを[に]. I like ～. 君(たち)が好きだ. I wish ～ good luck. どうぞお幸せに. Did she agree with ～? 彼女はあなたに同意しましたか.

3 〈呼びかけ〉おまえ(たち), 君(たち) 《you に強勢を置く》. *You* fool! このばかめ. *You* boys, stop talking! そこの男の子たち, おしゃべりをやめなさい. *You* [Don't *you*] come here! 君ここへ来なさい [こちらには来るな]《命令文》.

4 〖話〗あなたに似合ったもの. I don't think that hat is really ～. どうもその帽子は君らしくないと思う.

【(話し相手を含む)人々】 **5** 〈総称〉人は, 人はだれでも; 人を[に]; (語法 (1) 日本語に訳す時表現しないことが多い. (2) 形式ばった言い方では one を用いる). How do ～ spell the word? その語はどうつづりますか. It's sure to make ～ angry. それにはきっと腹が立ちますよ. I hate to talk about things ～ can't prove. 証明できない事をどうこう言うのはいやだ. To enter, ～ slid back a light wooden door. 入るのには軽い木戸を横に引くのだった. *You* shouldn't judge a person by his appearance. 人を見かけで判断すべきではない.

6 〈話し相手の所属する特定の地域, 場所の人々を指して〉あなたがたは[が]; あなたがたを[に]; (注意 日本語に訳す時表現しないことが多い). How do ～ cook this fish in France? フランスではこの魚をどう料理しますか. Do ～ have books for children? お宅の店では子供向きの本を置いていますか.

fór you あなたのために. 注意 次の慣用表現ではほとんど意味がない: He gave everything to charities. That's Richard *for* ～. 彼は全てを慈善施設に寄付した. まったくリチャードらしいねえ. That's a big apple *for* ～. でっかいリンゴだな, 全く.

Yóu and your . .! また君の口癖の. .だ. "Three hundred and sixty people attended the meeting." "*You and your* figures!"「その会に 360 人の出席者がありました」「またお得意の数字が出たね」

yóu and yòurs あなたとあなたの家族や親しい友人たち. a gift for ～ *and yours* あなたとご家族・友人たちのための贈り物.

you know →know.

You nèver can téll. (先の事は)分からないものです《You can nèver téll. が普通の語順; 語順転倒によって強調される》.

you sée →see[1].

[<古期英語 *ēow* (2 人称複数の与格・対格; 主格は *gē* 'ye[1]'); 中期英語末期から主格に用いられるようになった]

you(-)all, you'all /juːɔ́ːl, jɔːl/ 代 〖米南部〗君たち, あなた方, 〈主に単数の you と区別して〉.

‡**you'd** /juːd/ you had, you would の短縮形.

yòu-know-whát 代 〖話〗例のあれ. ★はっきり言わなくても相手に分かるもの.

yòu-know-whó 代 〖話〗例のあの人. ★はっきり言わなくても相手に分かる人.

‡**you'll** /juːl/ you will, you shall の短縮形.

‡**young** /jʌŋ/ 形 e (～·er /jʌ́ŋgər/|～·est /jʌ́ŋgəst/)

【年が若い】 **1** 若い; 幼い; 年下の; (↔old). a ～ actor 若い俳優. ～ people 青年男女. ～ animals 若い動物. a ～ tree 若い木. a ～ child 幼児; (未成年の)子供. ～ ones 子供たち, 動物の子たち. his ～(*er*) brother [sister] 彼の弟[妹]. Who's that ～ man? あの青年はだれですか. Alice is three years ～*er* than I [～*er* than I by three years]. アリスは私より 3 つ年下だ. Tom is the ～*est* of five children. トムは 5 人兄弟の末っ子だ.

2 (**a**) 〖章〗〈the+比較級; 同名の人, 父子, 兄弟などを区別して〉年下の方の (→junior). the ～*er* Pitt=Pitt the *Younger* 小ピット, 息子のピット. (**b**) 〖旧〗〈特に父子を区別する場合, 名前の前につけて〉息子の; 年下の方の. the ～ Joneses ジョーンズ家の子供たち. I met ～ White on the street the other day. 私は先日通りで息子の方のホワイトさんに会った. (**c**) 〈親しみその他の感情をこめて呼びかける場合 man, lady などと共に〉Now stop being a fool, (my) ～ man. ねえ君, ばかなまねはやめたまえ.

【若々しい】 **3** 若々しい, 元気な; 青年(時代)の. in his

～ days 彼の若いころには. Our teacher looks ～ for her age. 私たちの先生は年の割に若く見える. He has a very ～ face. 彼は大変若々しい顔つきをしている. She's over sixty, but she's ～ at [in] heart. 彼女は 60 過ぎだが気持ちは若い. Her hairstyle is much too ～ for her. 彼女の髪型はあまりにも若作りだ. I am not as [so] ～ as I ⌞used to be [(once) was]. 私も昔ほど若くはない《元気, 活力などを失ったように感じる時などによく使う表現》. It's no wonder you get tired after a long walk—you're not getting any ～*er*. 長い散歩の後疲れるのも当然だ, だれだって年はとるものさ.

【まだ日が早い】 **4** 〔時日, 季節, 夜などが〕浅い, まだ早い; 初期の. The day was still ～. まだ朝のうちだった. The night [spring] is yet ～. 夜はまだふけていない[春はまだ浅い].

5 新しくできた; 新興の; (new). a ～ nation 新興国. a ～ university 新しい[新設の]大学. a ～ ship 新造船.

6【未熟な】経験の浅い, 未熟な, 〈*in, at* ..に〉. Mr. West is still ～ *at* the work. ウエストさんはその仕事にはまだ慣れていない. ～ *in* crime 犯罪歴が浅い.

◇图 youth

You're ònly young ónce.〖諺〗若い時は一度だけ《若い内に楽しめるだけ楽しんでもよいの意》.

—— 图〈複数扱い〉 **1**〈the ～〉若い人たち, 青年, 若者, (youth). The ～ are never satisfied with the world as it is. 若い者は今のままの世の中に決して満足しない. We have to preserve the land for the ～. 若い人たちのためにその土地を保存しておかなくてはならない. a music festival for the ～ and the ～ at [in] heart 若い人たちと気の若い人たちのための音楽祭.

2〈集合的〉(動物の)子. I saw parent birds teaching their ～ how to fly. 私は親鳥がひな鳥に飛び方を教えているのを見た.

(*be*) ***with yóung*** 〔主に動物が〕子をはらんで.

yòung and óld (***alike***) 若者も年寄りも, 老いも若きも,《*the* ～ and *the* old の *the* が対句なので省略された》. *Young and old* are at one in their admiration of his music. 老いも若きもこぞって彼の音楽の愛好者だ.

[＜古期英語 *geong*]

yòung blóod 图 Ⓤ Ⓒ〖話〗血気盛んな若い者たち; 若々しい考え[思いつきなど].

young·ish /jʌ́ŋiʃ/ 形 やや[かなり]若い. a man of sixty and his ～ wife 60 歳の男とかなり若い妻.

yòung lády 图 Ⓒ〖旧〗〈my, your, his などを冠して〉ガールフレンド, 恋人.

young·ling /jʌ́ŋliŋ/ 图 Ⓒ 幼いもの; 若い人[動物]; 若木.

yòung mán 图 Ⓒ〖旧〗〈my, your, her などを冠して〉ボーイフレンド, 恋人.

Yòung Preténder 图〈the ～〉〖英史〗若僭王《James II の孫 Charles Edward Stuart (1720-88); →Old Pretender》.

***young·ster** /jʌ́ŋstər/ 图 (複 ～s /-z/) Ⓒ **若者**; 子供; 青少年; 若い馬[動物]. You're just a ～. 君はまだほんの若者だ. Listen to me, ～! 若い人, さあ私の言うことを聞きなさい. [young, -ster]

Yòung Túrk 图 Ⓒ **1** 青年トルコ党員《1908 年政府に改革を要求して反乱を起こした》. **2** 急進派の青年.

‡**your** /jər, 強 juər | jə, 強 jɔː, juə/ 代〈you の所有格〉

【(話し相手の)あなた(がた)の】 **1** あなたの, 君の; あなたたちの, 君たちの. I saw ～ father yesterday. 昨日君のお父さんに会った. May I have ～ name? お名前をお聞かせくださいますか.

【(話し相手を含む)人々の】 **2**〈総称〉人の (→you 5, 6) (★日本語に訳す時表現しないことが多い). *Your* doctor will talk to you about ～ baby's feeding schedule. 医者は赤ちゃんの授乳計画について話すでしょう.

3〖普通, 軽蔑〗君たちの言う, 例の, いわゆる, 〈非難の意味を含む〉. The poodle was none of ～ little white miniatures. そのプードル犬はありきたりの白いちっぽけなやつなんぞじゃなかった. You and ～..→you (成句).

4〖英話〗例の, かの, 〈普通 typical, famous などを伴って表現を強める〉. Is he ～ typical English gentleman? 彼が例の典型的英国紳士ですか.

5〈尊称の前につけて; you の敬語に相当; 動詞は 3 人称扱い〉 *Your* Majesty 陛下. *Your* Highness 殿下.

[＜古期英語 *ēower*]

‡**you're** /juər, júːər | juə, jɔː/ you are の短縮形.

‡**yours** /juərz | jɔːz, juəz/ 代〈you の所有代名詞〉

1〈単複両扱い〉あなたのもの, 君のもの; あなたたちのもの, 君たちのもの. 語法「your＋名詞」の代用として, 名詞が文脈から明らかである場合に用いる: *Yours* is [are] out of the question. (君のは問題にならない) Is this umbrella ～? (この傘はあなたのですか). *Yours* was the best essay. 君のが一番いい論文だった.

2〈of ～ で〉あなた(たち)の. 語法 a, an, this, that, no などの付いた名詞の後に用いる: a friend *of* ～ (あなたの友人). some fine old customs *of* ～ (あなた方のすばらしい古い習慣のいくつか).

Yòurs trúly [***fáithfully, sincérely, éver***], 敬具, 草々など, 《手紙の結びの言葉; コンマの後は改行して署名する》.

> 参考 (1) 普通 truly と faithfully は丁寧で初めて手紙を出す人などに対して, sincerely は知っている人などに対して, また ever や単に Yours は友人などに対して用いられる.〖米〗では faithfully はほとんど使われない. (2) ever 以外の副詞の前に very を付けて強調することがある. (3) Truly yours, のように副詞を前にしてもよい.

yòurs trúly〖話・戯〗小生, 我が輩,《I, me, myself の代わり》. Everybody knew about it but ～ *truly*. 小生以外の人はみんなそのことを知っていました.

[＜中期英語; your, -s 3]

‡**your·self** /jərsélf, juər- | jə-, jɔː-, juə-/ 代 (複 **-selves** /-selvz/)〈you の再帰代名詞〉(★再帰代名詞に共通な用法・用例は→oneself) **1**〈強意用法〉**あなた自身で[が], 君自身で[が]**. Do it ⌞～ [by ～]. 自分でやりなさい. You ～ know how dangerous it is. あなた自身それがどれほど危険かを知っているでしょう. You told me so ～.＝You ～ told me so. 君が自分で私にそう言った.

2〈再帰用法; ★強勢は /-⌣/ で動詞の方を強く発音する〉**あなた自身を[に], 君自身を[に]**. Know ～. /⌣-⌣/ 自分自身を知りなさい. Wash ～. 体を洗いなさい. How did you hurt ～? どうやってけがをしたの. Stop making such a fool of ～. そんなにばかな事をするのはやめなさい. You should be ashamed of *yourselves*. 君たちは自分自身を恥ずかしいと思うべきだ.

3〖話〗本来[いつも, 平素]のあなた(の精神的[身体的]状態). You aren't [don't seem] ～ today. 今日はいつもの君らしくない.

★成句については →oneself.

[＜中期英語; your, self]

your·selves /jərsélvz, juər- | jə-, jɔː-, juə-/ 代 yourself の複数形.

‡**youth** /juːθ/ 图 (複 ～s /juːθs, juːðz | juːðz/)

1 Ⓤ〖章〗**若さ**, 若いこと (↔(old) age); 若々しさ, 元気; 血気. try hard to recapture one's ～ 若さを取り戻そうと一生懸命に努力する. My son is full of ～. 私の息子は元気いっぱいだ. He has kept his ～ well. 彼は若さをよく保っている.

2 Ⓤ **青春時代**, 青年期; (発達, 成長の)初期. He studied painting in France in his ～. 彼は若い時フランス

で絵の勉強をした. the ～ of a nation 国家の初期の時代.

3 Ⓒ 若者, 青年;〘しばしば軽蔑〙若造, 青二才; (★普通, 男性を指す). a ～ of twenty はたちの若者. half a dozen ～*s* and maidens 6 人の若い男女. a group of ～*s* 一団の若者.

連結 a handsome [a fresh-faced; a strong; a tall; a lanky; a weedy; an awkward; a callow; an impetuous, a reckless; a headstrong, a wayward] ～

4 Ⓤ〈普通 the ～; 単複両扱い〉〈集合的〉青年男女, 若い人たち, 〈*of* ..の〉. the ～ *of* the town 町の青年男女. the fashion for the ～ *of* today 今日の若人のためのファッション.

◇形 young, youthful [＜古期英語]

yóuth clùb 名 Ⓒ 青少年クラブ《余暇活動のために教会, 地方自治体などが主催する》.

yóuth cùlture 名 ⓊⒸ 若者文化《若者たちの活動, 関心事などの総体》.

***youth·ful** /júːθf(ə)l/ 形 ⓜ **1**〔人が〕若い (young); 青年の. a ～ person 若い人. in my more ～ days 私のもっと若いころ. **2** 若々しい; 元気な, 溌剌(はつらつ)とした. You have a very ～ face. あなたは大変若々しい顔をしている. ～ vigor 溌剌とした生気. **3**〔外観などが〕青年らしい, 若者にふさわしい. a ～ style 若々しいスタイル. **4**〔発達段階などが〕初期の;〔季節などが〕早い.

[youth, -ful] ▷ **～·ly** 副 若々しく; 青年らしく. **～·ness** 名 Ⓤ 若いこと, 若々しさ.

yóuth hòstel 名 Ⓒ ユースホステル.

yóuth hòsteller 名 Ⓒ ユースホステル利用者.

yóuth hòstelling 名 Ⓤ ユースホステル利用の旅.

‡**you've** /juv, jəv, 強 juːv/ you have の短縮形.

yowl /jaul/ 名 Ⓒ (犬, 猫などの)長く悲しげな鳴き声[うなり声]. utter [make] a ～ 鳴く, うなる. ── 動 自〔犬, 猫などが〕悲しそうに鳴く, うなる.

yo-yo /jóujou/ 名 (複 ～s) Ⓒ **1** ヨーヨー《おもちゃ》. **2** 急激に変動[上下]するもの. **3**〘米俗〙ばか者.

yr. year; younger; your.

yrbk. yearbook.

yrs. years; yours.

YST Yukon Standard Time.

YT〘英〙Youth Training (青少年職業訓練制度).

yt·ter·bi·um /itə́ːrbiəm|itɔ́ː-/ 名 Ⓤ〘化〙イッテルビウム《希金属元素; 記号 Yb》.

yt·tri·um /ítriəm/ 名 Ⓤ〘化〙イットリウム《希金属元素; 記号 Y》.

Y2K pròblem 名〈the ～〉(コンピュータの)西暦 2000 年問題《Y2K＝year 2000 /tuː-θáuz(ə)nd/》.

yu·an /juːáːn/ 名 (複 ～) Ⓒ 元《中国の貨幣単位》.

Yu·ca·tan, -tán /juːkətǽn, -táːn/ 名 ユカタン半島《メキシコ湾とカリブ海にはさまれた中米の半島》.

yuc·ca /jʌ́kə/ 名 Ⓒ イトラン, ユッカ, 《米国南西部・中南米産のユリ科の観賞用植物》.

yuck /jʌk/ 間〘俗〙(嫌悪, 不快, 拒絶などを表して)おえっ, げーっ.

yuck·y, yuk·ky /jʌ́ki/ 形 ⓔ〘俗〙ひどい, ひどく不快な, すごくまずい.

Yu·go·slav /júːgouslàːv/ 形 ユーゴスラヴィア(人)の. ── 名 Ⓒ ユーゴスラヴィア人.

Yu·go·sla·vi·a /jùːgousláːviə/ 名 ユーゴスラヴィア (社会主義連邦共和国)《ヨーロッパ南東部の国; 首都 Belgrade; 1918 年成立したが 1991 年解体が始まり, Slovenia, Croatia, Macedonia, Bosnia and Hercegovina と新ユーゴ (Serbia と Montenegro) の 5 共和国に分裂, 2000 年末現在なお政情が定まらない》.

yuk /jʌk/ 間 ＝yuck.

Yu·kon /júːkan|-kɔn/ 名〈the ～〉 **1** ユーコン《カナダ北西部の準州 (territory)》. **2** ユーコン川《ユーコン準州から Alaska 中央部を経て Bering Sea に注ぐ》.

Yúkon (Stàndard) Tìme 名 Ⓤ〘米〙ユーコン(標準)時《米国標準時間の 1 つ; 略 YST; →standard time》.

yule /juːl/ 名 Ⓤ〘古〙〈しばしば Y-〉クリスマス (Christmas); クリスマスの季節 (**yúle sèason**). [＜古期英語「クリスマス」; 本来はゲルマン民族の冬至のころの祭りを指した]

yúle lòg 名 Ⓒ クリスマスの大まき《クリスマス前夜に炉で燃やす》; それに似せたケーキ.

yúle·tìde 名 Ⓤ〈しばしば Y-〉〘詩・旧〙クリスマスの季節 (Christmastide).

yum·my /jʌ́mi/ 形〘話〙おいしい.

yum-yum /jʌ̀mjʌ́m/ 間〘話〙おいしい, うまい; うまそう.

‡**yup·pie, -py** /jʌ́pi/ 名 (複 **-pies**) Ⓒ〘話〙ヤッピー《1980 年代から見られる都会派高所得層の若手エリート; 時に軽蔑をこめて使われる; ＜young *u*rban [*u*pwardly mobile] *p*rofessionals＋hip*pie*》.

yup·pi·fy /jʌ́pifài/ 動 他〔場所, 環境など〕をヤッピー (yuppie) 風[向き]にする, ヤッピー化する.

yurt /juərt/ 名 Ⓒ ユルト, パオ, 《中央アジア遊牧民の移動式テント小屋》.

YWCA Young Women's Christian Association (キリスト教女子青年会).

YWHA Young Women's Hebrew Association (ユダヤ教女子青年会).

Z

Z, z /ziː|zed/ 名 (複 **Z's, Zs, z's** /-z/) **1** UC ズィー，ゼッド，《英語アルファベットの第 26 字[最後の字]》．**2** C〈大文字で〉Z 字形(のもの)．**3** UC 〖数〗未知数の記号，第 3 未知数，《普通，小文字で斜体; →x，y》．
from Á to Ź →A.

Z 〖記号〗〖化〗atomic number; zenith; 〖電〗impedance.

z. zero; zone.

Za·greb /záːgreb/ 名 ザグレブ《Croatia の首都》．

Za·ire /zɑːíər|zaiíə/ 名 〖史〗ザイール《コンゴ民主共和国の旧称; もとベルギー領コンゴ; 首都 Kinshasa》．

Zam·be·zi /zæmbíːzi/ 名〈the ～〉ザンベジ川《中央アフリカ南部を流れる大河》．

Zam·bi·a /zǽmbiə/ 名 ザンビア《アフリカ南部中央の共和国; 首都 Lusaka》．

Zam·en·hof /záːmənhouf|zǽmənhɔf/ 名 **Lazarus Ludwig ～** ザメンホフ (1859–1917)《ポーランドの眼科医; 国際語エスペラント (Esperanto) の創始者》．

za·ny /zéini/ 名 (複 **-nies**) C **1** ひょうきん者，おどけた人．**2** (昔の喜劇の)道化師．── 形 e 〖話〗ふざけた，ばかげた．[＜イタリア語 *Giovanni* 'John' (の愛称)] ▷ **za·ni·ly** 副 **za·ni·ness** 名

Zan·zi·bar /zǽnzəbɑ̀ːr|⌐⌐⌐/ 名 ザンジバル《Tanzania 連合共和国東岸の島; もと英国保護領》．

‡**zap** /zæp/ 〖話〗動 (～s|-pp-) 他 **1** (特に銃で)を殺す，攻撃する; 強打する，やっつける．**2** VOA を素早く移動する[運ぶ，送る]〈*down, past, along* (..)/*into*..の中へ〉．The boat ～*ped* us *down* (the river). ボートは我々を勢いよく下流に運んだ．**3**〔テレビのチャンネル〕を(リモコンで)変える; (チャンネルを変えたり，早送りなどをして)〔コマーシャルなど〕を飛ばす; を(テープから)消す〈*out*〉．**4** 〖米〗をマイクロ波[レンジ]で調理する．
── 自 VA 素早く動く; (～ *through*..)〔仕事など〕を大急ぎでやる，..を飛ばす．A motorcycle ～*ped past*. バイクが疾走して通り過ぎた．～ *through* TV commercials テレビコマーシャルを飛ばす．
── 名 U 〖話〗活力，ガッツ．
── 間 **1** ばしっ，どすっ，《漫画などで打撃，破壊の擬音》．**2** ＝wow.

zap·per /zǽpər/ 名 C 〖米話〗(テレビの)リモコン．

zap·py /zǽpi/ 形 e 〖話〗威勢のいい，元気な．

Zar·a·thus·tra /zæ̀rəθúːstrə/ 名 ツァラツーストラ《Zoroaster の別名》．

***zeal** /ziːl/ 名 U 〖章〗**熱意**，熱心，熱中，〈*for*..に対する/*in doing*..する〉．with (great) ～ (大変)熱心に．He showed great ～ *for* his mission. 彼は自分の使命に強い熱意を示した．Her ～ can't be matched by anyone. 彼女の熱心さにはだれもかなわない．

> 連結 ardent [fervent; excessive; patriotic, religious, revolutionary] ～ // display ～; arouse [awaken] a person's ～

[＜ギリシア語「競争，熱意」]

zeal·ot /zélət/ 名 C 〈普通，非難して〉熱狂者; 狂信者．

zeal·ot·ry /zélətri/ 名 U 〖章〗熱狂(的な行動)．

†**zeal·ous** /zéləs/ 形 m 熱心な，熱中した，熱狂的な，〈*for, in*..に〉; 熱意のある〈*to* do, *in doing*..する〉．a ～ patriot 熱狂的な愛国者．～ *for* liberty 自由を熱望して．They were ～ *to* aid [*in* aid*ing*] these refugees. 彼らは熱心にこれらの難民を助けた．
[zeal, -ous; jealous と同源]
▷ **～·ly** 副 熱心に，熱狂的に．**～·ness** 名

†**ze·bra** /zíːbrə|zé-, zíː-/ 名 (複 ～s, ～) C 〖動〗シマウマ，ゼブラ．[?＜(アフリカの)コンゴ語]

zèbra cróssing 名 C 〖英〗(黒白の縞(しま)に塗った)横断歩道《普通 Belisha beacon などの信号が設置され，歩行者優先; 〖米〗crosswalk》．

ze·bu /zíːbuː/ 名 C ホウギュウ，コブウシ，《背に大きなこぶのある牛; インド，中国，東アフリカなどで家畜として飼育される》．

Zech. 〖聖書〗Zechariah.

Zech·a·ri·ah /zèkəráiə/ 名 〖聖書〗**1** ゼカリヤ《紀元前 6 世紀の Israel の預言者》．**2**『ゼカリヤ書』《旧約聖書中の一書; 略 Zech.》．

zed /zed/ 名 〖英〗＝zee.

zee /ziː/ 名 C 〖米〗Z [z] の字[音]．

Zeit·geist /tsáitgàist, záit-/ 名 U〈the ～; しばしば z-〉時代精神，時代思潮．[ドイツ語 'time spirit']

Zen /zen/ 名 U 禅，禅宗 (Zen Buddhism)．

†**ze·nith** /zíːnəθ|zé-/ 名 C **1** 〖天〗〈the ～〉天頂《ある地点の真上の天空; ↔nadir》．**2**〈普通，単数形で〉(希望，幸福などの)頂点，絶頂，最高潮．Her delight rose to its ～. 彼女の喜びは絶頂に達した．Great Britain was at its ～ in the late Victorian Age. 英国はヴィクトリア時代後期にその全盛期にあった．[＜アラビア語「(頭上の)道」]

Ze·no /zíːnou/ 名 ゼノン (336?–264 B.C.)《ギリシアの哲学者でストア学派の祖》．

Zeph. 〖聖書〗Zephaniah.

Zeph·a·ni·ah /zèfənáiə/ 名 〖聖書〗**1** ゼファニヤ《紀元前 7 世紀のヘブライの預言者》．**2**『ゼファニヤ書』《旧約聖書中の一書; 略 Zeph.》．

zeph·yr /zéfər/ 名 **1** C 〖詩〗西風《しばしば gentle, sweet などに形容され，春を告げる風とされる点で日本語の「東風(こち)」と対照される》; 〖章〗微風．**2** U〈Z-〉ゼファー《擬人化された西風》．[＜ギリシア語]

Zeph·y·rus /zéfərəs/ 名 〖ギ神話〗ゼピュロス《西風の神》．

zep·pe·lin, Zep- /zép(ə)lin/ 名 C ツェッペリン飛行船《＜ドイツの発明者 F. von *Zeppelin*》．

Zer·matt /tsermáːt|zɔ́ːmæt/ 名 ツェルマット《スイス南西部，マッターホルン山の北東麓(ろく)にある登山・スキー基地，観光地》．

‡**ze·ro** /zí(ə)rou|zíər-/ 名 (複 ～(e)s /-z/)
1 C (数字の)0，零，ゼロ，(→nought)．Two minus two equals ～. 2 引く 2 は 0.

> **zero の読み方**
> **電話番号**: 033-4017 (*o* /ou/ three three four *o* one seven), 300-6215 (three double *o* six two one five). (★0 を zero と読むこともある)
> **スポーツ**: (サッカー，ラグビーなど) with the score of 5–0 (five nil または five (to) nothing).
> (テニス): The score is 30–0. (thirty love)
> **小数点**: 3.02 (three point *o* [zero] two), 0.4% (zero [nought] point four percent).

2 U (温度計などの目盛りの)**零度**，零点，(★〖英〗〖米〗では温度は華氏で言うことが多いが，摂氏の零度 (＝氷点)を意味することもある)．sixteen degrees below ～ 零下

Z

16 度. The indicator on the scale pointed to ～. 計器の目盛りの針がゼロを指していた. The temperature fell [rose] to ～. 温度は零度に下[上]がった. get ～ in math 数学で零点をとる. **3** Ⓤ 全くないこと, 皆無, (nothing). "How're your experiments going?" "*Zero*."「実験の進み具合はどうですか」「さっぱりです」 **4** 〈形容詞的〉零の; 皆無の. get ～ results なんの成果も得られない. ～ growth ゼロ成長. at ～ degrees centigrade 摂氏零度で (→degree 2 ★).
— 動 他 **1** 〔計器〕の目盛りをゼロに合わせる. **2** VOA (～ /X/ *in*) X (銃砲など)の照準[ねらい]を定める. ～ *in* one's rifle *at* 100 yards 100 ヤードの距離に銃の照準を合わせる.
zèro ín on .. (1) ..に銃などのねらいを定める. (2) ..にねらいを定める, 注意を集中する; ..に向かって集まる. Iraqi ground and air forces have struck into Iran, ～*ing in on* the Iranian oil center. イラクの陸空軍はイランに攻め入り, イランの石油中心地を目ざしている. ～ *in on* one single issue 1 つの論点に的をしぼる.
[<アラビア語「空(から)の」]

zéro-bàse(d) /-(t)/ 形 ゼロベースの《予算編成などの際前年度の実績と無関係にゼロから検討する》. ～ budgeting ゼロベースの予算編成.

zèro grávity 名 Ⓤ 〖物理〗無重力(状態).

zéro hòur 名 Ⓤ **1** 〖特に軍〗行動[作戦]開始時刻. **2** 決定的瞬間.

zèro populátion gròwth 名 人口ゼロ成長《出生率と死亡率が同じの状態; 略 ZPG》.

zèro-rát·ed /-réitəd ⑱/ 形 〔商品, サービスなどが〕付加価値税を免除された.

zèro-súm gàme 名 Ⓒ ゼロサムゲーム《ゲーム参加者の得失の和が常にゼロになるゲーム; 一方の得が他方の損に等しくなる》; 〈一般に〉ゼロサムゲームのような関係[結果].

zèro-zéro /⑱/ 形 〖気象〗水平・垂直ともに視界ゼロの.

†**zest** /zest/ 名 (複 ～s /-ts/) 【刺激するもの】 **1** aU 風味; 趣; 妙味, 魅力. The possibility of danger gives (a) ～ to adventures. 危険が伴うことがあるので冒険は面白味が出る. Soon modeling lost its ～ for her. 間もなくモデル業は彼女にとって魅力がなくなった.
2 Ⓒ (食物に風味を添えるための)レモン[オレンジなど]の皮.
【刺激された興味】 **3** aU 熱意, 熱心, 強い興味, 〈*for* ..への〉. work with ～ 熱心に勉強する. a ～ *for* life 生への意欲.
[<フランス語「(風味用の)オレンジの皮」]

zést·ful /-f(ə)l/ 形 熱心な; 趣[風味]のある. ▷ **～·ly** 副

ze·ta /zéitə, zíːtə/ 名 UC ゼータ《ギリシア語アルファベットの 6 番目の文字; Z, ζ; ローマ字の Z, z に当たる》.

zeug·ma /z(j)úːgmə/ 名 Ⓤ くびき語法《2 つ(以上)の名詞が 1 つの動詞に支配されること; 例 *Time* and *her aunt* moved slowly. (時はゆっくりと過ぎて行き, 彼女のおばもゆっくりと動いた); →syllepsis》. [<ギリシア語「つなぐこと」]

Zeus /zuːs|zjuːs/ 名 〖ギ神話〗ゼウス《Olympus 山の主神; ローマ神話の Jupiter に当たる》.

Zhou En·lai /dʒòu-ènlái/ 名 周恩来 (1898–1976)《中国の政治家; 国務院総理 (1949–76)》.

zig·gu·rat /zígurӕt/ 名 Ⓒ ジグラット《古代アッシリア・バビロニアの階段を巡らしたピラミッド型の神殿》.

***zig·zag** /zígzӕg/ 名 (複 ～s /-z/) Ⓒ ジグザグ, Z 字形, 稲妻形. go in a ～ [in ～s] ジグザグに進む. The lightning made a ～ in the sky. 稲妻が空にジグザグ模様を描いた.
— 形 〈限定〉ジグザグの, Z 字形の, うねうねした. a ～ route to the top of the mountain 山頂への曲がりくねった道. — 副 ジグザグに, Z 字形に. The path runs ～ [in a ～] across the hillside. 小道がジグザグに丘の中腹を横切っている (★後の方は 名). — 動 (～s| -gg-) 自 ジグザグに進む[曲がっている]. a ～*ging* road ジグザグに曲がっている道路. — 他 をジグザグに動かす, ジグザグの形[模様]にする. [<フランス語 (<ドイツ語)]

zilch /ziltʃ/ 名 〖米俗〗 **1** Ⓤ ゼロ, 無. be worth ～ 無に等しい. **2** Ⓒ 取るに足りない人[物, 話など], だめな人.

zil·lion /zíljən/ 名 UC 〖話〗無数, (何兆億という)天文学的数字. ～*s* of .. 無数の... [<*Z* (未知の量)+*million*]

Zim·ba·bwe /zimbáːbwi/ 名 ジンバブエ《アフリカ南部の共和国; もとの Rhodesia; 首都 Harare》.

Zím·mer (fràme) /zímər-/ 名 Ⓒ 〖英〗〖商標〗(傷病[身障, 高齢]者用の)歩行器.

†**zinc** /ziŋk/ 名 Ⓤ 〖化〗亜鉛《金属元素; 記号 Zn》.↓

zìnc óxide 名 Ⓤ 酸化亜鉛. ↓[ドイツ語]

zing /ziŋ/ 名 **1** Ⓒ ひゅーっという音. **2** 〖話〗 aU 活気, 生気. put a ～ into ..に生気を吹き込む[を引きたてる].
— 動 自 VA ひゅーっという音をたてる, びゅんびゅんと飛ぶ[突進する]. — 他 〖話〗を活気づける.

zíng·y /-i/ 形 e 〖話〗熱っぽい, 刺激的な. 「科》.

zin·ni·a /zíniə, -njə/ 名 Ⓒ 〖植〗ヒャクニチソウ《キク↑

†**Zi·on** /záiən/ 名 **1** シオン山《Jerusalem にあるユダヤ人の神聖視する山; 昔ダヴィデ王 (David) がここに宮殿を建て, その子 Solomon は神殿を築いた》. **2** Ⓤ 〈集合的〉イスラエル人, ユダヤ民族; イスラエル. **3** Ⓤ 天国, 神の国. **4** Ⓤ 〈集合的〉キリスト教会. [<ヘブライ語「丘」?]

Zí·on·ìsm 名 Ⓤ シオニズム《パレスチナにユダヤ人国家の建設を目指した運動; Israel 建国後もその育成に力を尽くす》.

Zí·on·ist 名 Ⓒ シオン主義者, シオニスト.
— 形 シオン主義の, シオニストの.

ZIP /zip/ 名 〖電算〗ジップ《DOS 用データ圧縮ソフト (PKZIP など) を使ったファイルフォーマット》.

Zip /zip/ 名 〖電算〗〖商標〗ジップ《大容量を記録できる記憶媒体》.

‡**zip**[1] /zip/ 名 **1** Ⓒ ぴゅっ, ぴゅー; びりっ; 《弾丸などの飛ぶ音, 布を裂く音》. the ～ of a bullet 弾丸のぴゅーという音. **2** Ⓤ 〖話〗元気いっぱい, はりきり. He's full of ～. 彼は元気いっぱいだ. **3** 〖主に英〗=zipper.
— 動 (～s|-pp-) 自 **1** 〔弾丸などが〕ぴゅーと音を立てて飛ぶ[進む]. **2** びりっと音を立てて裂ける. **3** 〖話〗 VA 勢いよく進む[行く] 〈*along, past, through* (..を, に)/*to, into* ..へ〉. He ～*ped into* the gym to do some training. 少し運動をしようと彼はジムへ飛び込んで行った. They ～*ped through* their work. 彼らは素早く仕事を片付けた. **4** ジッパーで開閉できる.
— 他 **1** をジッパー[ファスナー, チャック]で開く[閉じる]; VOC (～ X Y) X をファスナーで Y の状態にする. *Zip* the back of my dress, will you? 背中のチャックを上げて[下げて]くれませんか. ～ up one's lip [mouth] 〖主に米俗〗〈比喩的〉口を閉じる, 何もしゃべらない, 秘密を守る. She ～*ped* the bag *open* [*shut*]. 彼女はかばんのファスナーを開けた[締めた]. **2** 〖電算〗〔ファイル〕を ZIP 形式で圧縮する (★→unzip).
zìp /../ úp ..のジッパーを締める. *Zip* me *up* [*Zip up* my dress], please. 私の洋服のジッパーを締めてくれませんか. [擬音語]

zip[2] 名 UC 〖米俗〗〖主にスポーツ〗無得点, 零点, (〖英〗 nil).

zip[3] 動 他 〖米話〗にジップ・コード[郵便番号]を記入する.

‡**zíp còde, ZIP Còde** 〖米〗ジップ・コード, 郵便番号, 《州名のあとにつける 5 ないし 9 けたの数; 9 けたの場合は初めの 5 けたは州, 都市, 郵便局区, 郵便局を示し, あとの 4 けたは私書箱, 建物などを示す; →〖英〗 postcode; <*z*one *i*mprovement *p*lan》.

zíp fàstener 名 〖英〗=zipper.

‡**zip·per** /zípər/ 名 Ⓒ 〖主に米〗ジッパー, ファスナー, チャック(主に〖英〗 zip, zip fastener). ▷ **～ed** 形

Z

zip·py /zípi/ 形 e 〘話〙きびきびした, はりきっている.

zir·con /zə́ːrkɑn|-kɔn/ 名 U 〘鉱〙ジルコン《各種の色を持つ; 12 月の誕生石》. [＜ペルシア語「金の」]

zir·co·ni·um /zəːrkóuniəm/ 名 U 〘化〙ジルコニウム《金属元素; 記号 Zr》.

zit /zit/ 名 C 〘主に米俗〙(顔の)にきび (pimple).

zith·er /zíðər, zíθər/ 名 C チター《水平にして琴のように弾く 30–40 弦の弦楽器》. ▷ **～·ist** /-rist/ 名

zizz /ziz/ 名 aU 〘英話〙うたた寝, 居眠り. ***hàve* [*tàke*] *a zízz*** うたた寝する, 居眠りする.

Zn 〘化〙zinc.

†**zo·di·ac** /zóudiæk/ 名〘天·占星〙**1** 〈the ～〉黄道帯《太陽と月と主な惑星が見かけ上そこを運行するとされる天球上の帯状区域》; 12 宮《黄道帯を 12 等分し, 星座を配したもの》. **2** C 12 宮一覧図 (→horoscope).

> **the sìgns of the zódiac** (黄道 12 宮)
> Aries 白羊宮; Taurus 金牛宮; Gemini 双子宮; Cancer 巨蟹(かに)宮; Leo 獅子(し)宮; Virgo 処女宮; Libra 天秤(びん)宮; Scorpio 天蝎(かつ)宮; Sagittarius 人馬宮; Capricorn 磨羯(まかつ)宮; Aquarius 宝瓶(へい)宮; Pisces 双魚宮.

[＜ギリシア語「動物の小さな像(の輪)」]

zo·di·a·cal /zoudáiək(ə)l/ 形 〘天〙黄道帯の.

zodìacal líght 名 U 〘天〙黄道光《日没後の西空また日の出前の東空で, 黄道帯に現れる薄明かり; 宇宙浮遊物質による太陽光の反射とされる》.

Zo·la /zóulə/ 名 **Èmile ～** ゾラ (1840–1902)《フランスの自然主義小説家》.

zom·bi(e) /zɑ́mbi|zɔ́m-/ 名 **1** C ゾンビー《魔法で生き返らされた死体; 西インド諸島の迷信; →voodoo》; U 死人を生き返らせる超自然力を持つ蛇の霊. After my husband's death I walked around like a ～. 夫の死後私はゾンビーのようにふらふら歩き回っていました. **2** C 〘軽蔑〙(死人であるかのように動きがのろい)ぐず, ぼんやりしたやつ. I am such a mechanical ～. 私は機械については全く音痴だ. **3** UC ゾンビー《ラムベースの強いカクテルの一種》. [＜西アフリカ語]

zon·al /zóun(ə)l/ 形 帯の, 帯状の; 地帯[区域]に分けられた. a ～ division 地帯区分. ▷ **～·ly** 副

‡**zone** /zoun/ 名 (複 **～s** /-z/) C **1** 地帯, 地域, 区域, (類語 主に目的·機能·特色に従って区分される一定範囲 (例えば文教地区, 交戦区域) を指す; →area). a commercial ～ 商業地域. a residential ～ 住宅地区. Drive slowly in school ～*s*. 通学路区域ではゆっくり運転しなさい. a demilitarized ～ 非武装地帯. the erogenous ～*s* of the body 人体の性感帯.

> 連結 a danger [a war; a safe, a safety; a neutral; a pedestrian; a no-parking; a postal] ～

2 〘地〙(気温によって緯度で分けた地球上の 5 つの)帯(たい). the torrid ～ 熱帯. the temperate ～*s* (南北)温帯. the frigid ～*s* (南北)寒帯. **3** 〘米〙(電話, 小包郵便などの)料金同一区域. **4** 〘米〙郵便番号区域.

── 動 他 **1** を地帯[区域]に分ける. **2** 〔地域〕を区分する, 区画する, 〈*as, for* ..として〉. This area was ～*d for* industrial purposes. この地域は産業用の地区に指定された. **3** を帯状に囲む. [＜ギリシア語「帯」]

zóne defènse 名 U 〘バスケ〙ゾーンディフェンス《各選手が man-to-man でなく範囲を分担する防御法》.

zon·ing /zóuniŋ/ 名 U (都市計画で)用途別地域指定《住宅用, 商業用などと指定する》.

zonked /zɑŋkt|zɔŋkt/ 形 〘俗〙 **1** 酒に酔っ払った[て]; 麻薬に酔った[て]. **2** 疲れ果てた[て] 〈*out*〉.

‡**zoo** /zuː/ 名 (複 **～s** /-z/) C **1** 動物園《＜*zoo*logical garden(s)》. Ueno *Zoo* 上野動物園. **2** 〘俗〙汚い[乱雑な]場所; そこにいる人たち. Senators began muttering about "that ～" a floor below. 上院議員たちは 1 階下の "あの動物園" 《ここでは下院を指す》についてぶつぶつ言い始めた.

zo·o- /zóuə/ 接頭 動物の.

zòo·geógraphy 名 U 動物地理学.

zóo kèeper 名 C 動物園の飼育係.

†**zo·o·log·i·cal** /zòuəlɑ́dʒik(ə)l|-lɔ́dʒ- 形/ 形 動物学の; 動物に関する.

zoològical gárden(s) 名 C 〘章〙動物園.

zo·ol·o·gist /zouɑ́lədʒist|-ɔ́l-/ 名 C 動物学者.

***zo·ol·o·gy** /zouɑ́lədʒi|-ɔ́l-/ 名 U **動物学**. [＜ギリシア語 *zôion* 'animal', -logy]

†**zoom** /zuːm/ 動 自 **1** 〔飛行機が〕急上昇する; 〘話〙〔物価などが〕急騰する; 〈*up*〉. Prices ～*ed*. 物価が急に上がった. Exports are ～*ing* (*up*) owing to the cheap dollar. ドル安で輸出が急増している. **2** 〘話〙 VA 〔乗り物·運転者が〕速く走る; ぶーんといって動く; 〈*by, past, away* (..)〉. The driver ～*ed by* us. そのドライバー(の運転する車)は私たちのそばをぴゅっと走りすぎた. **3** 〔映画·テレビ用のカメラが〕画像を連続的に(急に大きく, 又は小さく)変化させる.

***zòom ín* (*on..*)** (1) 〘映·テレビ〙(..の画像を)急に拡大する, クローズアップにする. The TV camera ～*ed in on* the President's face (for a close-up). テレビのカメラがズームして大統領の顔を大写しにした. (2) (関心, 注意などを)(..に)集中する, (..に)焦点を合わせる.

zòom óff 〘話〙急いで立ち去る.

zòom óut 〘映·テレビ〙画像をズームして小さく[ロングショットに]する.

── 名 aU (飛行機の)急上昇(の(ぶーんという)音); (乗り物の)速く走るぶーんという音. [擬音語]

zóom lèns 名 C 〘写〙ズームレンズ《被写体に焦点を合わせたまま倍率を連続的に変えられる》.

zo·o·phyte /zóuəfàit/ 名 C 〘動〙植虫類《イソギンチャク, ヒトデ, サンゴ, カイメンなど形や生態が植物に近い動物》.

zòo·plánkton 名 U 〘生物〙動物プランクトン, 浮遊動物.

zóo·spòre 名 C 〘生物〙精胞子, 遊走子.

zóot sùit /zúːt-/ 名 C 〘話〙ズート服《1940 年代初めに 10 代の若者の間に流行した, 肩幅の広い長い上着とすそがつぼまっただぶだぶのズボンから成る男子服》.

zoot·suit·er /zúːts(j)ùːtər/ 名 C ズート服を着る人.

Zo·ro·as·ter /zóurouæ̀stər, zɔ́ː-|zɔ̀rouǽstə/ 名 ゾロアスター, ツァラツーストラ, (Zarathustra)《古代ペルシア国教ゾロアスター教の開祖; 紀元前 7 世紀後半から 6 世紀にかけて布教》.

Zo·ro·as·tri·an /zòurouǽstriən, zɔ̀ː-|zɔ̀- 形/ 形 ゾロアスター[拝火]教の. ── 名 C ゾロアスター[拝火]教徒.

Zò·ro·ás·tri·an·ìsm 名 U ゾロアスター教, 拝火教, 《闇(やみ)[悪]を克服するための光[善]の戦いを説いた》.

Zou·ave /zuːɑ́ːv, zwɑːv/ 名 C **1** ズアーヴ兵《フランス軽歩兵; もとはアルジェリア人で編成され, 派手な服を着ていた》. **2** ズアーヴ兵の服装をした兵隊; (特に南北戦争時その服装をした)義勇隊[兵].

zounds /zaundz/ 間 〘古〙(驚き, 怒りなどを表して)ちくしょう, これはしたり. [＜God's wounds]

zow·ie /záui/ 間 〘米〙(驚き, 喜びを表して)わあっ, ええっ.

zoy·si·a /zɔ́isiə, -ʃə/ 名 C 〘植〙芝.

ZPG zero population growth.

Zr 〘化〙Zirconium.

zuc·chet·to /zuːkétou|tsuː-/ 名 (複 **～s**) C 〘カトリック〙ズケット《高位聖職者用椀(わん)形小帽子》.

zuc·chi·ni /zuːkíːni/ 名 (複 **～, ～s**) C 〘米〙〘植〙ズッキーニ《夏カボチャの一種; その実; 矮(わい)性でキュウリ形; 緑色の未熟の実が食用》(〘英〙courgette). [＜イタ

Z

リア語「小さなヒョウタン」]

Zu·lu /zúːluː/ 图 (複 ~s, ~) **1** 〈the ~(s); 複数扱い〉ズールー族《南アフリカ共和国に住むバンツー(Bantu)族の一部族》; Ⓒ ズールー族の人. **2** Ⓤ ズールー語. ── 形 ズールー人[語]の.

Zu·ni /zúːnji/ 图 (複 ~s, ~) **1** 〈the ~(s); 複数扱い〉ズーニー族《北米先住民の一部族》; Ⓒ ズーニー族の人. **2** Ⓤ ズーニー語.

Zu·rich, Zü·rich /z(j)ú(ə)rik/ 图 **1** チューリッヒ《スイス北部の州》. **2** チューリッヒ《1 の州都; スイス最大の都市; 世界の銀行業の中心》.

zwie·back /swíːbæk, swáɪ-, zwíː-, -bɑːk | zwíːbæk/ 图 Ⓒ ドイツ風ラスク(rusk)の一種《薄切りのパンを焼いて作る菓子》. [ドイツ語 'twice-baked']

Zwing·li /zwíŋgli/ 图 **Ulrich ~** ツヴィングリ(1484–1531)《スイスの宗教改革者》.

zy·gote /záɪgout/ 图 Ⓒ 〖生物〗接合子; 接合体.

zy·mase /záɪmeɪs/ 图 Ⓤ 〖化〗チマーゼ《糖を分解してアルコールに変える酵素》.

zy·murgy /záɪməːrdʒi/ 图 Ⓤ 発酵[醸造]学.

zzz /zː, zzz, zːzːzː/ 間 ぐーぐー《漫画でよく使われるいびきの音》.

Z

不規則動詞表

原　形	過去形	過去分詞
abide とどまる	abode, abided	abode, abided
alight[1] 降りる	alighted, alit	alighted, alit
arise 現れる	arose	arisen
awake 目が覚める	awoke, awaked	awoken, awaked, awoke
baby-sit 留守中子守りをする	baby-sat	baby-sat
backbite 陰口を言う	backbit	backbitten, backbit
backslide 逆戻りする	backslid	backslid, backslidden
be (am; is; are 〘古〙 art) ..である	was, 〘古〙 wast; were, 〘古〙 wert	been
bear[1] 運ぶ;産む	bore	borne; born
beat たたく	beat	beaten, beat
become ..になる	became	become
befall 起こる	befell	befallen
beget 〔子供を〕こしらえる	begot, 〘古〙 begat	begotten, 〘米〙 begot
begin 始まる	began	begun
behold 見る	beheld	beheld
bend 曲げる	bent	bent
bereave 奪う	bereft, bereaved	bereft, bereaved
beseech 請う	besought, beseeched	besought, beseeched
beset 包囲する	beset	beset
bespeak 示す	bespoke	bespoke, bespoken
bestrew まき散らす	bestrewed	bestrewed, bestrewn
bestride またがる	bestrode	bestridden
bet 賭(か)ける	bet, betted	bet, betted
betake 赴く	betook	betaken
bethink 熟考する	bethought	bethought
bid 値をつける	bade, bid	bidden, bid
bide 待つ	bided, bode	bided
bind 縛る	bound	bound
bite かむ	bit	bitten, bit
bleed 血が出る	bled	bled
bless 祝福する	blessed, blest	blessed, blest
blow[1] 吹く	blew	blown, blowed
blow[3] 咲く	blew	blown
break こわす	broke	broken
breast-feed 母乳で育てる	breast-fed	breast-fed
breed 子を産む	bred	bred
bring 持ってくる	brought	brought
broadcast 放送する	broadcast, broadcasted	broadcast, broadcasted
browbeat 脅しつける	browbeat	browbeaten, browbeat
build 建てる	built	built
burn[1] 焼く	burned, burnt	burned, burnt
burst 破裂する	burst	burst
bust[2] 破裂させる	busted, bust	busted, bust
buy 買う	bought	bought
can ..することができる	could	
cast 投げる	cast	cast
catch 捕らえる	caught	caught
chide 叱責(しっせき)する	chid, chided	chid, chidden, chided
choose 選ぶ	chose	chosen
cleave[1] (切り)割る	cleaved, cleft, clove	cleaved, cleft, cloven
cling くっつく	clung	clung
clothe 衣服を着せる	clothed, 〘古・雅〙 clad	clothed, 〘古・雅〙 clad
colorcast カラー放送する	colorcast, colorcasted	colorcast, colorcasted
come 来る	came	come
cost 〔物がいくら〕する	cost, costed	cost, costed
creep はう	crept	crept
crow[2] ときを作る	crowed, crew	crowed
curse のろう	cursed, curst	cursed, curst
cut 切る	cut	cut

原　形	過去形	過去分詞
dare あえて..する	dared, 〚古〛durst	dared
deal² 分ける	dealt	dealt
deepfreeze 急速冷凍する	deepfroze, deepfreezed	deepfrozen, deepfreezed
dig 掘る	dug	dug
dive 飛び込む	dived, 〚米〛dove	dived
do¹ (does) する	did	done
draw 引く	drew	drawn
dream 夢を見る	dreamed, dreamt	dreamed, dreamt
dress 服を着せる	dressed, 〚古〛drest	dressed, 〚古〛drest
drink 飲む	drank	drunk
drive 追いやる; 運転する	drove	driven
dwell 住む	dwelt, dwelled	dwelt, dwelled
eat 食べる	ate	eaten
fall 落ちる	fell	fallen
feed 食物を与える	fed	fed
feel 感じる	felt	felt
fight 戦う	fought	fought
find 見つける	found	found
fix 据え付ける	fixed, 〚主に詩〛fixt	fixed, 〚主に詩〛fixt
flee 逃げる	fled	fled
fling 力いっぱい投げる	flung	flung
floodlight 投光照明で照らす	floodlighted, floodlit	floodlighted, floodlit
fly¹ 飛ぶ;逃げる;フライを打つ	flew;fled;flied	flown;fled;flied
forbear¹ 差し控える	forbore	forborne
forbid 禁じる	forbade, forbad	forbidden, forbid
forecast 予報する	forecast, forecasted	forecast, forecasted
forego＝forgo	forewent	foregone
foresee 予見する	foresaw	foreseen
foretell 予告する	foretold	foretold
forget 忘れる	forgot	forgotten, 〚米・英古〛forgot
forgive 許す	forgave	forgiven
forgo なしで済ませる	forwent	forgone
forsake 見捨てる	forsook	forsaken
forswear 誓ってやめる	forswore	forsworn
freeze 凍る; 凍らせる	froze	frozen
gainsay 否定する	gainsaid, gainsayed	gainsaid, gainsayed
geld 去勢する	gelded, gelt	gelded, gelt
get 得る	got	got, 〚米〛gotten
gild¹ 金箔(ぱく)を着せる	gilded, gilt	gilded, gilt
gird 帯を巻く	girded, girt	girded, girt
give 与える	gave	given
gnaw がりがりかじる	gnawed	gnawed, gnawn
go 行く	went	gone
grave³ 銘記する	graved	graven, graved
grind 砕く	ground	ground
grow 生える; 育つ; 栽培する	grew	grown
hamstring ひかがみの腱を切る	hamstrung	hamstrung
hang つり下げる; ぶら下がる	hung, hanged	hung, hanged
have (has) 持っている	had	had
hear 聞く	heard	heard
heave 持ち上げる	heaved, 〚海〛hove	heaved, 〚海〛hove
hew たたき切る	hewed	hewed, hewn
hide¹ 隠す	hid	hid, hidden
hit 打つ	hit	hit
hold¹ 持っている	held	held
hurt けがをさせる; 痛む	hurt	hurt
inset 差し込む	inset, insetted	inset, insetted
interbreed 異種交配させる[する]	interbred	interbred
interweave 織り合わせる	interwove	interwoven, interwove
jerry-build 安普請で建てる	jerry-built	jerry-built
keep 保つ; ままでいる	kept	kept
kneel ひざまずく	knelt, kneeled	knelt, kneeled
knit 編む	knit, knitted	knit, knitted
know 知っている	knew	known

原　形	過 去 形	過去分詞
lade 荷を積み込む	laded	laded, laden
lay[1] 横たえる	laid	laid
lead[1] 案内する	led	led
lean[1] 上体を曲げる; もたれる	leaned, leant	leaned, leant
leap はねる	leaped, leapt	leaped, leapt
learn 学ぶ	learned, learnt	learned, learnt
leave[1] 去る	left	left
lend 貸す	lent	lent
let[1] ..させる	let	let
lie[1] 横たわる	lay	lain
light[1,3] 点火する;ふと出会う	lighted, lit	lighted, lit
lip-read 視話で理解する	lip-read	lip-read
list[4] 気に入る	list, listed	list, listed
lose 失う	lost	lost
make 作る	made	made
may ..してもよい	might	
mean[1] 意味する	meant	meant
meet[1] 会う	met	met
methinks 私には..と思われる	methought	
miscast 不適当な役にあてる	miscast	miscast
misdeal 配りそこなう	misdealt	misdealt
mislay 置き忘れる	mislaid	mislaid
mislead 判断を誤らせる	misled	misled
misread 誤読する	misread	misread
misspell つづりを間違える	〖主に米〗misspelled, 〖主に英〗misspelt	〖主に米〗misspelled, 〖主に英〗misspelt
misspend 誤って使う	misspent	misspent
mistake 誤解する; 間違える	mistook	mistaken
misunderstand 誤解する	misunderstood	misunderstood
mow[1] 刈る	mowed	mowed, mown
offset 相殺する	offset	offset
outbid[1] ..より高い値をつける	outbid	outbidden, outbid
outdo (outdoes) 勝る	outdid	outdone
outfight 打ち勝つ	outfought	outfought
outgrow ..より大きくなる	outgrew	outgrown
outlay 費やす	outlaid	outlaid
outride ..より巧みに乗る	outrode	outridden
outrun ..より速く走る	outran	outrun
outsell ..より多く売る	outsold	outsold
outshine ..より明るく光る	outshone	outshone
outwear ..より長持ちする	outwore	outworn
overbear 押さえつける	overbore	overborne
overbid 高値をつける	overbid	overbidden, overbid
overcast 雲で覆う	overcast	overcast
overcome 打ち勝つ	overcame	overcome
overdo (overdoes) 使い過ぎる	overdid	overdone
overdraw 超過引き出しをする	overdrew	overdrawn
overeat 食べ過ぎる	overate	overeaten
overfly 上空を飛ぶ	overflew	overflown
overgrow はびこる	overgrew	overgrown
overhang 上に差しかかる	overhung, overhanged	overhung, overhanged
overhear ふと耳にする	overheard	overheard
overlay[1] 乗せる	overlaid	overlaid
overlie 上に横たわる	overlay	overlain
overpay ..だけ余計に払う	overpaid	overpaid
override 無視する	overrode	overridden
overrun 荒らす, はびこる	overran	overrun
oversee 監督する	oversaw	overseen
oversell 売り過ぎる	oversold	oversold
overshoot 越して撃つ, 射損ねる	overshot	overshot
oversleep 寝過ごす	overslept	overslept
overspread 一面に広がる	overspread	overspread
overtake 追いつく	overtook	overtaken
overthrow 転覆させる	overthrew	overthrown

原　形	過 去 形	過去分詞
partake 参加する	partook	partaken
pay 払う	paid	paid
pen[2] 檻[囲い]に入れる	penned, pent	penned, pent
pinch-hit ピンチヒッターに立つ	pinch-hit	pinch-hit
plead 嘆願する	pleaded, plead, 〚米〛pled	pleaded, plead, 〚米〛pled
power-dive 急降下する[させる]	power-dived, 〚米〛power--dove	power-dived
prepay 先払いする	prepaid	prepaid
proofread 校正する	proofread	proofread
prove 証明する	proved	proved, proven
put 置く	put	put
quick-freeze 急速冷凍する	quick-froze, quick-freezed	quick-frozen, quick-freezed
quit やめる	quitted, 〚主に米〛quit	quitted, 〚主に米〛quit
read[1] 読む	read	read
rebind 縛り直す	rebound	rebound
rebroadcast 再放送する	rebroadcast, rebroadcasted	rebroadcast, rebroadcasted
rebuild 再建する	rebuilt	rebuilt
recast 鋳直す	recast	recast
redo (redoes) もう１度やる	redid	redone
relay[2] 張り直す	relaid	relaid
remake もう１度作る	remade	remade
rend 裂く	rent	rent
repay 金を返す	repaid	repaid
rerun 再上映[放送]する	reran	rerun
reset 再び置く	reset	reset
retake 再び取る	retook	retaken
retell 再び語る	retold	retold
rethink 再び考える	rethought	rethought
rewrite 書き直す	rewrote	rewritten
rid 取り除く	rid, ridded	rid, ridded
ride 馬に乗る	rode	ridden
ring[2] 鳴る	rang	rung
rise のぼる	rose	risen
rive 裂く	rived	rived, riven
roughcast 荒塗り仕上げにする	roughcast	roughcast
roughhew 荒削りする	roughhewed	roughhewed, roughhewn
run 走る	ran	run
saw[2] のこぎりで切る	sawed	sawed, 〚主に英〛sawn
say 言う	said	said
see[1] 見る	saw	seen
seek 捜し求める	sought	sought
sell 売る	sold	sold
send 送る	sent	sent
set 置く	set	set
sew 縫う	sewed	sewn, sewed
shake 振る	shook	shaken
shall ..するでしょう	should	
shave そる	shaved	shaved, shaven
shear 刈る	sheared	shorn, sheared
shed[1] 流す; 脱ぐ	shed	shed
shine 輝く; 磨く	shone; shined	shone; shined
shit 糞をする	shit, shat, shitted	shit, shat, shitted
shoe 靴をはかせる	shod, shoed	shod, shoed
shoot 撃つ	shot	shot
show 見せる; 見える	showed	shown, showed
shred ずたずたにする	shredded, 〚米〛shred	shredded, 〚米〛shred
shrink 縮む; 縮ませる	shrank, shrunk	shrunk, shrunken
shrive 懺悔(ざんげ)を聞いて罪を許す	shrived, shrove	shrived, shriven
shut しめる	shut	shut
sight-read 初見で演奏する	sight-read	sight-read
simulcast 同時放送する	simulcast	simulcast
sing 歌う	sang, 〚旧〛sung	sung
sink 沈む	sank, 〚旧〛sunk	sunk, 〚まれ〛sunken
sit 座る; 座らせる	sat, 〚古〛sate	sat

原　形	過 去 形	過去分詞
skin-dive スキンダイビングをする	skin-dived, 〚米〛skin-dove	skin-dived
slay 殺す	slew	slain
sleep 眠る	slept	slept
slide 滑る; 滑らせる	slid	slid, 〚古〛slidden
sling 投げつける	slung	slung
slink こそこそ歩く	slunk	slunk
slit 縦に切る	slit	slit
smell においをかぐ; 悪臭を放つ	〚主に米〛smelled, 〚主に英〛smelt	〚主に米〛smelled, 〚主に英〛smelt
smite 強く打つ	smote	smitten, 〚米〛smote
sow[1] 種をまく	sowed	sown, sowed
speak 話す	spoke, 〚古〛spake	spoken, 〚古〛spoke
speed 急ぐ	sped, speeded	sped, speeded
spell[1] つうる	〚主に米〛spelled, 〚主に英〛spelt	〚主に米〛spelled, 〚主に英〛spelt
spellbind 呪文で縛る	spellbound	spellbound
spend 費やす	spent	spent
spill[1] こぼす	spilled, spilt	spilled, spilt
spin 紡ぐ	spun, 〚古〛span	spun
spit[1] つばを吐く	spat, 〚古〛spit	spat, 〚古〛spit
split 割る	split	split
spoil 台無しにする	spoiled, spoilt	spoiled, spoilt
spoon-feed スプーンで食べさせる	spoon-fed	spoon-fed
spread 広げる	spread	spread
spring 跳ねる	sprang, sprung	sprung
stand 立ち上がる	stood	stood
stave 穴をあける	staved, stove	staved, stove
steal 盗む	stole	stolen
stick 突く	stuck	stuck
sting 刺す	stung	stung
stink いやなにおいがする	stank, stunk	stunk
strew まき散らす	strewed	strewed, strewn
stride 大またに歩く	strode	stridden
strike 打つ	struck	struck
string 糸を通す	strung	strung
strive 努力する	strove, 〚米〛strived	striven, 〚米〛strived
sublet 又貸しする	sublet	sublet
sunburn 日焼けさせる	sunburned, sunburnt	sunburned, sunburnt
swear 誓う	swore	sworn
sweat 汗をかく	sweat, sweated	sweat, sweated
sweep 掃く	swept	swept
swell ふくらむ	swelled	swelled, swollen
swim 泳ぐ	swam	swum
swing 揺れる	swung	swung
take 手に入れる	took	taken
teach 教える	taught	taught
tear[2] 引き裂く	tore	torn
telecast テレビで放送する	telecast, telecasted	telecast, telecasted
tell 話す	told	told
think 考える	thought	thought
thrive 繁栄する	throve, thrived	thriven, thrived
throw 投げる	threw	thrown
thrust 急に強く押す	thrust	thrust
toss ほうり上げる	tossed, 〚詩〛tost	tossed, 〚詩〛tost
tread 歩く	trod	trodden, trod
typewrite タイプライターで打つ	typewrote	typewritten
unbend まっすぐにする	unbent	unbent
unbind ほどく	unbound	unbound
unclothe 衣服を脱がせる	unclothed, 〚古・雅〛unclad	unclothed, 〚古・雅〛unclad
underbid 安い値をつける	underbid	underbid
undercut 商品を安値で売る	undercut	undercut
undergo 経験する; 受ける	underwent	undergone
underlay[2] 下に置く	underlaid	underlaid
underlie 下にある	underlay	underlain

原　形	過去形	過去分詞
underpay 十分払わない	underpaid	underpaid
undersell 安売りする	undersold	undersold
undershoot 届かない	undershot	undershot
understand 理解する	understood	understood
undertake 着手する	undertook	undertaken
underwrite 引き受ける	underwrote	underwritten
undo (undoes) ほどく	undid	undone
unlearn 忘れる	unlearned, unlearnt	unlearned, unlearnt
unsay 取り消す	unsaid	unsaid
unwind ほどく	unwound	unwound
uphold 支持する	upheld	upheld
upset ひっくり返す	upset	upset
wake[1] 目を覚ます	woke, waked	woken, woke, waked
waylay 待ち伏せる	waylaid	waylaid
wear 着ている	wore	worn
weave 織る	wove	woven, wove
wed 結婚する	wedded, wed	wedded, wed
weep 泣く	wept	wept
wet ぬらす	wet, wetted	wet, wetted
whip むちで打つ	whipped, 〖米〗whipt	whipped, 〖米〗whipt
will ..(し)よう	would	
win 勝つ	won	won
wind[2] 巻く	wound	wound
wind[3] 鳴らす	winded, wound	winded, wound
withdraw 引っ込める	withdrew	withdrawn
withhold 与えずにおく	withheld	withheld
withstand 抵抗する	withstood	withstood
work 働く	worked, 〖古〗wrought	worked, 〖古〗wrought
wrap 包む	wrapped, wrapt	wrapped, wrapt
wring 絞る	wrung	wrung
write 書く	wrote	written, 〖古〗writ

1983 年 1 月 1 日　　グローバル英和辞典発行
1994 年 1 月 15 日　　新グローバル英和辞典発行
2001 年 1 月 15 日　2 版新グローバル英和辞典発行

新グローバル英和辞典

第 2 版

2001 年 1 月 15 日　第 1 刷発行

監　修　木原研三（きはら・けんぞう）

発行者　株式会社 三省堂　代表者 五味敏雄

印刷者　三省堂印刷株式会社

発行所　株式会社 三省堂
〒101-8371
東京都千代田区三崎町二丁目22番14号
電話　編集　(03) 3230-9411
　　　営業　(03) 3230-9412
振替口座　00160-5-54300
商標登録番号　1739146・1739147

〈2 版新グローバル英和・2,302 pp.〉

落丁本・乱丁本はお取替えいたします

ISBN4-385-10727-0

THE UNITED KINGDOM OF GREAT BRITAIN AND NORTHERN IRELAND
THE REPUBLIC OF IRELAND
UNITED KINGDOM
REPUBLIC OF IRELAND
FRANCE
Scotland
England
Wales
Northern Ireland
LONDON
DUBLIN
Atlantic Ocean
North Sea
Irish Sea
Celtic Sea
English Channel
Edinburgh
Glasgow
Belfast
Cardiff
Aberdeen
Inverness
Dundee
Newcastle upon Tyne
Liverpool
Manchester
Birmingham
Bristol
Oxford
Cambridge
Galway
Limerick
Cork
Waterford
Calais
Shetland Is.
Lerwick
Fair Isle
Orkney Is.
Kirkwall
John o'Groat's
RUSSIAN FEDERATION
Bering Sea
British Columbia
Vancouver
Victoria
Seattle
Olympia
Portland
Salem
Sacramento
Oakland
San Francisco
Carson City
Yosemite National Park
Sierra Nevada
Las Vegas
Los Angeles
Disneyland
San Diego
Pacific Ocean
California Pen.
AUSTRALIA
PAPUA NEW GUINEA
Arafura Sea
Timor Sea
Indian Ocean
Coral Sea
Darwin
Gulf of Carpentaria
Cape York
Great Barrier Reef
Derby
Townsville
Northern Territory
Queensland
Rockhampton
Western Australia
South Australia
Brisbane
New South Wales
Newcastle
Sydney
Perth
Adelaide
CANBERRA
Albany
Great Australian Bight
Victoria
Melbourne
South Australian Sea
Bass Strait
Tasman Sea
Tasmania
Hobart
NEW ZEALAND
Whangarei
Auckland
North Island
Tasman Sea
New Plymouth
Palmerston North
Nelson
WELLINGTON
Westport
South Island
Christchurch
Queenstown
Dunedin
Invercargill
Stewart Is.
Chatham Is.
Pacific Ocean